W0243950

Sur tablette ou smartphone :
Téléchargez l'application «iMemento» sur l'Apple Store (iPhone & iPad) ou sur Google Play (Androïd)

Sur votre ordinateur :
RDV sur abonnes.efl.fr

Les avantages des versions numériques :

> Un contenu actualisé en permanence à chaque connexion.

> Des fonctionnalités pratiques : moteur de recherche, copier-coller, marque-page, notes, favoris...

?

COMMENT ÇA MARCHE

Vous disposez déjà de votre login et mot de passe ?

Votre login et votre mot de passe restent identiques.

Si vous avez perdu vos codes d'accès, vous pouvez contacter notre Service Relation Clients au **01 83 10 10 10** (du lundi au vendredi, de 9h à 18h).

Vous n'avez pas d'identifiant ?

Rendez-vous sur : www.efl.fr/activation

Et utilisez le code personnel d'activation ci-dessous :

1524908PI8

MIFRS

Mise à jour

pwc

INCLUS dans votre abonnement :
la **version numérique** de votre Mémento sur le web
ou sur tablette et mobile.

Votre code personnel d'activation est disponible
en première page de cet ouvrage.

Et aussi, chaque mois par :

- Le **FRC** (Feuillet Rapide Comptable) : toute l'actualité pertinente pour votre activité, accompagnée de solutions concrètes pour une application réussie.

- Le **NAVIS Comptable Conso France/IFRS** : un outil unique pour maîtriser la comptabilité et ses évolutions tant sur les principes français qu'en normes IFRS.

Rendez-vous sur notre boutique en ligne pour en savoir plus :
www.efl.fr

EDITIONS FRANCIS LEFEBVRE

Tour Lefebvre Dalloz, 10 place des Vosges
CS 80357, 92072 Paris La Défense Cedex

ISBN 978-2-36893-651-1

MÉMENTO EXPERT

pwc

IFRS

Arrêté des comptes 2023

24

A jour au 1er juin 2023

EDITIONS
FRANCIS LEFEBVRE

Auteur pwc

Olivier SCHÉRER
Leader technique IFRS

Joëlle MOUGHANNI — **Liza THÉRACHE AIT-KHALED**
Co-responsables Publications IFRS

et la contribution des spécialistes IFRS

Frédéric ALLÈGRE
Marie-Claude CANAVAGGIO
Bénédicte GAYMARD
Anne GIZARDIN
Cyril KANONY
Angilbert LEFEBVRE
Selim MAHJOUBI
Lisa MERILLAT
Joëlle MOUGHANNI
Tanguy RANNOU
Valérie RIES
Nathan STIOUI
Liza THÉRACHE AIT-KHALED

et pour la responsabilité de la gestion administrative de l'ouvrage

Muthoni MEYER

Département Technique Normes IFRS de pwc

Créateur du Mémento IFRS en 2008 : Claude LOPATER, ancien associé PwC

Avant-propos

Mémento IFRS 2024 : maîtriser l'essentiel des IFRS, appréhender les difficultés d'application et accompagner la transition aux nouvelles normes

Cette seizième édition du Mémento IFRS vous permet :
- de **maîtriser les points clés des IFRS** en vigueur ;
- de **résoudre les aspects les plus complexes de leur application pratique** ;
- d'**intégrer** les nouveautés de l'année pour mieux les **appréhender** et les **appliquer**.

Maîtriser l'essentiel des IFRS Chaque chapitre de cet ouvrage débute par un « **Essentiel de la norme** », pour un premier niveau de lecture synthétique des IFRS, y compris pour les **spécificités sectorielles** (Assurance, Agriculture).

Résoudre les difficultés pratiques d'application des IFRS L'application des IFRS peut confronter les utilisateurs à des difficultés pratiques. Pour faire face à cette complexité, plus de **1 300 Questions/Réponses** exposent la problématique et la solution de manière synthétique, puis sont suivies d'un **argumentaire détaillé,** illustré par de **nombreux exemples et cas pratiques,** pour un second niveau de lecture des IFRS, complémentaire et opérationnel.

Nos Questions/Réponses ont trait aux thématiques suivantes :

1. la **comptabilisation,** l'**évaluation,** ainsi que la **présentation** des états financiers et l'**information** à fournir en annexe ;
2. le **contexte réglementaire** (IFRS applicables pour les comptes 2023, IFRS non encore applicables, projets en cours) ;
3. les **enjeux climatiques dans les états financiers** ;
4. les principales **divergences entre Règles françaises et normes IFRS**.

Accompagner les changements induits par les nouveaux textes et autres sujets d'actualité et anticiper l'impact de leur application Ces nouveautés résultent des textes et amendements récemment publiés par l'IASB, des décisions de l'IASB sur les projets en cours de discussion, des décisions de l'IFRS IC et de l'ESMA, des recommandations de l'AMF et de l'ANC, ou encore des problématiques issues de la pratique.

Vous trouverez ci-après la liste des principales nouveautés intégrées dans cette édition du Mémento IFRS 2024, classées par thématique.

Des réponses liées à l'actualité disponible jusqu'au 1er juin 2023 Les réponses aux questions présentées dans cet ouvrage résultent de l'analyse des normes d'application obligatoire aux exercices ouverts à compter du 1er janvier 2023, sur la base de l'actualité au **1er juin 2023**.

Les textes non encore applicables de manière obligatoire ne sont pas pris en compte dans nos réponses, mais ces nouveautés sont signalées sous forme d'une « ***évolution de ...*** » alertant sur les changements attendus ou possibles.

Le **Mémento IFRS** est également disponible sur **Internet** dans le **Navis Comptable Conso France/IFRS** (Ed. Francis Lefebvre, www.efl.fr) dans lequel tous les commentaires renvoient, par des liens interactifs, aux textes intégraux des normes IFRS (Code IFRS en anglais et en français).

Avec cet outil, vous bénéficiez des **mises à jour du Mémento IFRS effectuées en cours d'année** afin de refléter au plus près l'actualité.

Remerciements

Le Mémento IFRS 2024 est élaboré par les équipes du département Consultations et Publications de PwC France, sous la supervision d'**Olivier Schérer**, Associé, Leader technique IFRS, la coordination de **Joëlle Moughanni** et **Liza Thérache Aït-Khaled**, co-responsables des Publications IFRS, et la responsabilité de la gestion administrative de **Muthoni Meyer**.

Nous remercions tout particulièrement :
– nos spécialistes IFRS : **Frédéric Allègre, Marie-Claude Canavaggio, Bénédicte Gaymard, Anne Gizardin, Cyril Kanony, Angilbert Lefebvre, Selim Mahjoubi, Lisa Merillat, Joëlle Moughanni, Tanguy Rannou, Valérie Ries, Nathan Stioui** et **Liza Thérache Aït-Khaled** ;
– nos expertes en règles françaises : **Anna Gérard** et **Magali Dos Santos** ;
– nos relectrices : **Hélène Farouz** et **Mathilde Auzias**.

Comme pour chacun des autres ouvrages rédigés par PwC (Mémentos Comptable, Comptes consolidés, Fusions & Acquisitions), nous espérons que cette édition du Mémento IFRS vous permettra de mieux comprendre les IFRS et de disposer d'analyses et de points de vue pertinents pour appréhender l'actualité IFRS d'aujourd'hui et de demain.
En vous souhaitant une bonne lecture.

1er juin 2023
Olivier Schérer

Nouveautés 2023

Nous listons ci-après les principales nouveautés introduites depuis la précédente édition.

Présentation des états financiers et informations en annexe (IAS 1) :
- entrée en vigueur de l'amendement qui clarifie les informations à fournir dans les états financiers sur les méthodes comptables (seules les « informations significatives » sont requises) ;
- publication des amendements relatifs au classement d'un passif en courant ou en non courant, en particulier pour les passifs non courants assortis de covenants.

Etat des flux de trésorerie (IAS 7) :
- publication d'un amendement visant à améliorer l'information financière relative aux opérations de « reverse factoring », devant permettre aux utilisateurs des états financiers d'évaluer les effets de ces opérations sur les passifs et les flux de trésorerie de l'entité initiatrice de l'opération, de même que sur le risque de liquidité en découlant.

Méthodes comptables, changements d'estimations comptables et erreurs (IAS 8) :
- entrée en vigueur de l'amendement qui définit la notion d'estimation comptable et facilite la distinction entre un changement de méthode comptable et un changement d'estimation comptable.

Impôts sur le résultat (IAS 12) :
- entrée en vigueur de l'amendement relatif à des actifs et passifs résultant d'une même transaction, limitant le champ d'application de l'exemption à la comptabilisation initiale d'un impôt différé et précisant les principes de comptabilisation d'impôts différés sur les transactions telles que les contrats de location et les obligations de démantèlement ;
- publication de l'amendement relatif à la réforme fiscale internationale qui introduit une exception à l'obligation de comptabiliser les impôts différés résultant de la mise en œuvre des règles du Pilier 2, ainsi qu'une obligation d'information spécifique dans l'annexe des états financiers.

Consolidation et Regroupements d'entreprises (IFRS 3, IAS 28, IAS 36) :
- évolution vers le stade de normalisation du projet « Goodwill et dépréciation », dont l'objectif ultime est d'accroître l'utilité de l'information fournie aux investisseurs en ce qui concerne les regroupements d'entreprises ;
- évolution vers le stade de normalisation du projet « Equity Method » dont l'objectif est d'apporter des réponses aux difficultés d'application de la méthode de la mise en équivalence.

Instruments financiers (IAS 32, IFRS 9/IAS 39 et IFRS 7) :
- publication d'un amendement visant à améliorer l'information financière relative aux opérations de « reverse factoring » (affacturage inversé et opérations similaires) ;
- publication d'un exposé-sondage proposant d'amender (i) la norme IFRS 9 afin de clarifier les modalités d'application du critère de « prêt basique » à certains actifs financiers, ainsi que les modalités de décomptabilisation des passifs financiers réglés par paiement électronique, et (ii) la norme IFRS 7 afin de préciser les informations requises quant aux instruments de capitaux propres comptabilisés sur option à la juste valeur en contrepartie des autres éléments du résultat global ;
- publication d'une « Request for information » portant sur la revue de l'application (« Post-implementation Review/PIR ») de la norme IFRS 9 pour ce qui concerne la dépréciation des actifs financiers.

Contrats de location (IFRS 16) :
- publication de l'amendement relatif aux opérations de cession-bail avec loyers variables non basés sur un indice ou un taux ;
- décision de l'IFRS IC apportant un éclairage pour déterminer si un fournisseur a un droit substantif de substitution de l'actif mis à disposition d'un client.

Contrats d'assurance (IFRS 17) :
- entrée en vigueur de la norme IFRS 17 (et de ses « consequential amendments » d'autres normes) qui annule et remplace la norme IFRS 4 et contient l'ensemble des principes de comptabilisation, d'évaluation et de présentation des contrats d'assurance ainsi que les informations à fournir y relatives.

Plan général de l'ouvrage*

** Un plan détaillé est fourni au début de chaque chapitre.*

Principales abréviations

ACE	Accountancy Europe
AGA	Attribution gratuite d'actions
AMF	Autorité des Marchés Financiers
ANC	Autorité des Normes Comptables
APE	Appel public à l'épargne
ARC	Accounting Regulatory Committee
ASAF	Accounting Standards Advisory Forum
ASC	Accounting Standards Codification
BFR	Besoin en fonds de roulement
BMTN	Bon à moyen terme négociable
BSA	Bon de souscription d'actions
CCE	Cash and cash equivalents
CDO	Collaterized debt obligation
CDS	Credit default swap
CE	Commission européenne
CESR	Committee of European Securities Regulators (devenu ESMA)
CFH	Cash-flow hedge (couverture de flux de trésorerie)
CMS	Obligation « constant maturity swap »
CNC	Conseil National de la Comptabilité (devenu ANC)
CRC	Comité de la Réglementation Comptable
CSM	Contractual Service Margin
CVA	Credit Value Adjustment
CVAE	Cotisation sur la valeur ajoutée des entreprises
DBO	Defined benefit obligation
DP	Discussion Paper (document pour discussion)
DVA	Debit Value Adjustment
EAP	Expert Advisory Panel
EBF	European Banking Federation
EBA	European Banking Authority
EBITDA	Excédent brut avant impôts, taxes et dotations aux amortissements
ECB	European Central Bank
ECF	Expected Cash-flows
ECL	Expected Credit Losses
ED	Exposure Draft (exposé-sondage)
EECS	European Enforcers Coordination Sessions
EFRAG	European Financial Reporting Advisory Group
ESMA	European Securities and Markets Authority (ex-CESR)
EMTN	Emprunt à moyen terme négociable
FAS	Financial Accounting Standard
FASB	Financial Accounting Standards Board
FCAG	Financial Crisis Advisory Group
FCC	Fonds commun de créances
FCP/FCPE	Fonds commun de placement/Fonds commun de placement d'entreprise
FCT	Fonds commun de titrisation
FEE	Fédération des Experts-comptables Européens (devenue ACE)
FVH	Fair value hedge (couverture de juste valeur)
GAAP	Generally Accepted Accounting Principles
HTC	Hold To Collect
HTCS	Hold to Collect and Sell
HTS	Hold To Sell
IAS	International Accounting Standard

IASB	International Accounting Standards Board
IASB Update	Compte-rendu des réunions et décisions de l'IASB
IASC	International Accounting Standards Committee (devenu IASB)
IASCF	International Accounting Standards Committee Foundation (devenue IFRS Foundation)
ICO	Initial Coin Offerings (émission d'offre de jetons numériques)
IFRIC	International Financial Reporting Interpretations Committee (devenu IFRS IC)
IFRIC Update	Compte-rendu des réunions et décisions de l'IFRS IC
IFRS	International Financial Reporting Standards
IFRS IC	IFRS Interpretations Committee (ex-IFRIC)
IOSCO	International Organization of Securities Commissions (OICV en français)
IPO	Initial public offering
JOUE	Journal officiel de l'Union européenne
OCA	Obligation convertible en actions
OCEANE	Obligation convertible en actions nouvelles ou existantes
OCI	Other Comprehensive Income
OICV	Organisation internationale des commissions de valeurs mobilières
OP	Obligation de performance
OPA	Offre publique d'achat
OPCVM	Organisme de placement collectif en valeurs mobilières
OPE	Offre publique d'échange
ORA	Obligation remboursable en actions
PAA	Premium Allocation Approach
PEE	Plan d'épargne entreprise
PME	Petites et moyennes entreprises
PSI	Prestataire de services d'investissement
Rec.	Recommandation
Règl.	Règlement (exemples : Règl. ANC, Règl. AMF)
SA	Société anonyme
SAC	Standards Advisory Council (devenu IFRS Advisory Council)
SEC	Securities and Exchange Commission
SIC	Standing Interpretations Committee de l'IASC (devenu IFRIC puis IFRS IC)
Sicav	Société d'investissement à capital variable
SME	Small and medium-sized entity
SPE	Special purpose entity
SPV	Special purpose vehicle
TEG	Technical Expert Group
TIE	Taux d'intérêt effectif
TRG	Transition Resource Group
TSDI	Titre subordonné à durée indéterminée
TSS	Titre super subordonné
UE	Union européenne
UGT	Unité génératrice de trésorerie
US GAAP	United States Generally Accepted Accounting Principles
VFA	Variable Fee Approach

NORMES IAS/IFRS ET INTERPRETATIONS SIC/IFRIC

IFRS International Financial Reporting Standards

IFRS 1	Première application des IFRS
IFRS 2	Paiement fondé sur des actions
IFRS 3	Regroupements d'entreprises
IFRS 4*	Contrats d'assurance
IFRS 5	Actifs non courants détenus en vue de la vente et activités abandonnées
IFRS 6	Prospection et évaluation de ressources minérales
IFRS 7	Instruments financiers – Informations à fournir
IFRS 8	Secteurs opérationnels
IFRS 9	Instruments financiers
IFRS 10	Etats financiers consolidés
IFRS 11	Partenariats
IFRS 12	Informations à fournir sur les intérêts détenus dans d'autres entités
IFRS 13	Evaluation de la juste valeur
IFRS 14**	Comptes de report réglementaires
IFRS 15	Produits des activités ordinaires tirés de contrats conclus avec des clients
IFRS 16	Contrats de location
IFRS 17	Contrats d'assurance

* Norme remplacée par IFRS 17 pour les exercices ouverts à compter du 1er janvier 2023
** Norme non applicable en Europe aux exercices ouverts au 1er janvier 2023

IAS International Accounting Standards

IAS 1	Présentation des états financiers
IAS 2	Stocks
IAS 7	Etat des flux de trésorerie
IAS 8	Méthodes comptables, changements d'estimations comptables et erreurs
IAS 10	Evénements postérieurs à la période de reporting
IAS 12	Impôts sur le résultat
IAS 16	Immobilisations corporelles
IAS 19	Avantages du personnel
IAS 20	Comptabilisation des subventions publiques et informations à fournir sur l'aide publique
IAS 21	Effets des variations des cours des monnaies étrangères
IAS 23	Coûts d'emprunt
IAS 24	Informations relatives aux parties liées
IAS 26	Comptabilité et rapports financiers des régimes de retraite
IAS 27	Etats financiers individuels
IAS 28	Participations dans des entreprises associées et des joint ventures
IAS 29	Information financière dans les économies hyper-inflationnistes
IAS 32	Instruments financiers – Présentation
IAS 33	Résultats par action
IAS 34	Information financière intermédiaire

IAS 36	Dépréciation d'actifs
IAS 37	Provisions, passifs éventuels et actifs éventuels
IAS 38	Immobilisations incorporelles
IAS 39	Instruments financiers – Comptabilisation et évaluation
IAS 40	Immeubles de placement
IAS 41	Agriculture

Interprétations SIC et IFRIC

SIC 7	Introduction de l'euro
SIC 10	Aide publique – Absence de relation spécifique avec des activités opérationnelles
SIC 25	Changements de statut fiscal d'une entreprise ou de ses actionnaires
SIC 29	Accords de concession de services – Informations
SIC 32	Immobilisations incorporelles – Coûts liés aux sites Web
IFRIC 1	Variation des passifs existants relatifs au démantèlement, à la remise en état des sites et prestations similaires
IFRIC 2	Parts sociales des entités coopératives et instruments similaires
IFRIC 5	Droits aux intérêts émanant de fonds de gestion dédiés au démantèlement, à la remise en état et à la réhabilitation de l'environnement
IFRIC 6	Passifs découlant de la participation à un marché spécifique – Déchets d'équipements électriques et électroniques
IFRIC 7	Application de l'approche du retraitement dans le cadre d'IAS 29
IFRIC 10	Information financière intermédiaire et dépréciation
IFRIC 12	Accords de concessions de services
IFRIC 14	Plafonnement de l'actif au titre des régimes à prestations définies, les exigences de financement minimal et leur interaction
IFRIC 16	Instruments financiers – Couvertures d'un investissement net en devises
IFRIC 17	Distribution d'actifs non monétaires aux actionnaires (dividendes en nature)
IFRIC 19	Extinction de passifs financiers avec des instruments de capitaux propres
IFRIC 20	Frais de découverture engagés pendant la phase de production d'une mine à ciel ouvert
IFRIC 21	Taxes (« Levies »)
IFRIC 22	Transactions en monnaies étrangères et contrepartie anticipée
IFRIC 23	Incertitude relative aux traitements fiscaux

TITRE 1

Les IFRS aujourd'hui et demain

CHAPITRE 1

Les IFRS aujourd'hui

Plan du chapitre §§ 11000

QUESTIONS/REPONSES PRATIQUES

Remarque importante

Les réponses aux questions présentées dans ce chapitre résultent de l'analyse de l'actualité institutionnelle et réglementaire disponible au 1er juin 2023. 11006

Remarque Seules les normes comptables IFRS (sous la responsabilité de l'IASB) sont développées dans cet ouvrage, les normes de reporting de développement durable (sous la responsabilité de l'ISSB) n'étant pas abordées (voir nº 11010). En conséquence, sauf mention contraire expresse, toute référence aux normes IFRS se rapporte aux **normes comptables IFRS**.

SECTION I

Le référentiel IFRS

I. L'IFRS Foundation

A. Présentation générale

Présentation de l'IFRS Foundation

11010 ***Question***

Quelle est l'institution en charge de la normalisation comptable internationale (normes IFRS) ?

Réponse

C'est l'IFRS Foundation qui édicte les normes IFRS. Créé en 2001, l'IFRS Foundation est un organisme indépendant, à but non lucratif, enregistré dans l'Etat du Delaware (Etats-Unis). Il est supervisé par le Monitoring Board (voir n° 11015). Sa mission générale est d'élaborer un ensemble cohérent de normes comptables financières (par l'intermédiaire de l'IASB, voir n° 11030) et de reporting sur le développement durable (par l'intermédiaire de l'ISSB) à usage général, de haute qualité, compréhensibles, à vocation contraignante et acceptées à l'échelle mondiale, sur la base de principes clairement articulés.

L'IFRS Foundation est une organisation privée qui, en avril 2001, a pris la suite de l'International Accounting Standards Committee (IASC) fondé en 1973 par 10 organismes professionnels comptables, dont celui de la France.

Remarque Seules les normes comptables IFRS (sous la responsabilité de l'IASB) sont développées dans cet ouvrage, les normes de reporting de développement durable (sous la responsabilité de l'ISSB) n'étant pas abordées.

Commentaires :

1. **Mission et objectifs** La mission générale de l'IFRS Foundation est d'élaborer, par l'intermédiaire de l'IASB (International Accounting Standards Board, voir n° 11030) et de l'ISSB (International Sustainability Standards Board), dans l'intérêt public, des normes pour l'information financière à usage général de haute qualité, compréhensibles, à vocation contraignante et acceptées à l'échelle mondiale (appelées « normes IFRS »), sur la base de principes clairement énoncés. L'IASB est responsable de l'élaboration d'un ensemble de normes comptables (appelées « normes comptables IFRS ») et l'ISSB est responsable de l'élaboration d'un ensemble de normes de reporting de développement durable (appelées « normes IFRS de reporting de développement durable »). Ces deux ensembles complémentaires de normes IFRS visent à fournir des informations de haute qualité, transparentes et comparables dans les états financiers et dans le reporting sur le développement durable, qui sont utiles aux investisseurs et aux autres participants des marchés financiers mondiaux dans leur prise de décisions économiques.

L'IFRS Foundation se doit également de (Constitution § 2) :
- promouvoir l'utilisation de ces normes et leur application rigoureuse, et
- faciliter l'adoption de ces normes dans le monde entier en favorisant la convergence des normes locales avec les normes IFRS.

2. **Structure** La structure de l'IFRS Foundation est organisée en 3 niveaux, comme le montre le schéma ci-après :
- un organe de supervision : le Monitoring Board (voir n° 11015) ;
- un organe de gouvernance : les Trustees de l'IFRS Foundation (voir n° 11020) ;
- deux organes de normalisation : l'International Accounting Standards Board (voir n° 11030) soutenu par son comité technique l'IFRS Interpretations Committee (voir n° 11035), et l'International Sustainability Standards Board/ISSB (créé le 3 novembre 2021).

A cette structure s'ajoutent des organes de conseil et de consultation.

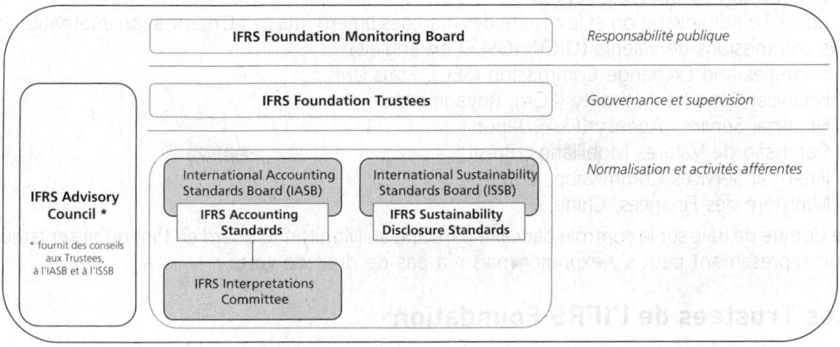

B. Les organes de supervision et de gouvernance

Le Monitoring Board de l'IFRS Foundation

Question 11015

Quel est le rôle du Monitoring Board de l'IFRS Foundation ?

Réponse

Le Monitoring Board, organe de supervision, a pour missions :
- d'assurer une interaction formelle entre les principaux régulateurs boursiers internationaux et l'IFRS Foundation ;
- de contribuer à garantir la responsabilité publique (« public accountability ») de l'IFRS Foundation ; et
- de promouvoir le développement d'un corps de normes comptables financières et de reporting de développement durable de haute qualité.

Dans ce cadre, le Monitoring Board a pour principales responsabilités :
- de participer au processus de sélection des membres de l'IFRS Foundation (Trustees) et d'approuver leur nomination ;
- de s'entretenir avec les Trustees concernant leurs responsabilités (en particulier les aspects réglementaires, légaux et politiques liés à la supervision de l'IASB) ;
- d'examiner les modalités de financement de l'IASB conclues ou envisagées par les Trustees ;
- d'examiner la supervision par l'IFRS Foundation du processus de normalisation de l'IASB (procédures d'élaboration des normes, de détermination de son programme de travail, etc.).

Commentaires Le Monitoring Board a pour objectif d'assurer une interaction formelle entre l'IFRS Foundation et les principaux régulateurs boursiers internationaux qui autorisent ou imposent l'utilisation des IFRS dans leurs juridictions, les aidant ainsi dans leurs missions relatives à la protection des investisseurs, à l'intégrité des marchés et à l'organisation de ces derniers.

En outre, le Monitoring Board doit contribuer à garantir la responsabilité publique (« public accountability ») de l'IFRS Foundation et à promouvoir le développement d'un corps de normes de grande qualité.

Le « Memorandum of understanding to strengthen the institutional framework of the International Financial Reporting Standards Foundation » (MoU), mis à jour en mai 2023, définit la composition et les responsabilités du Monitoring Board.

Le Monitoring Board de l'IFRS Foundation est composé des principaux régulateurs de marché (Constitution § 22).

Ses membres actuels ayant droit de vote sont :
- Commission européenne (CE) ;
- Conseil d'administration et le comité des marchés émergents de l'Organisation internationale des commissions de valeurs (OICV, IOSCO en anglais) ;
- Securities and Exchange Commission (SEC), Etats-Unis ;
- Financial Conduct Authority (FCA), Royaume-Uni ;
- Financial Services Agency (FSA), Japon ;
- Comissão de Valores Mobiliários, Brésil ;
- Financial Services Commission, Corée ;
- Ministère des Finances, Chine.

Le Comité de Bâle sur le contrôle bancaire participe au Monitoring Board en tant qu'observateur. Son représentant peut s'y exprimer mais n'a pas de droit de vote.

Les Trustees de l'IFRS Foundation

11020 *Question*

Quel est le rôle des Trustees au sein de l'IFRS Foundation ?

Réponse

Les Trustees sont responsables de la gouvernance de l'IFRS Foundation. A ce titre, ils nomment les membres des organes de normalisation et de conseil, ils s'occupent du financement et du budget et établissent la stratégie.

Commentaires :

1. **Mission et objectifs** En charge d'assurer la gouvernance de l'IFRS Foundation, les Trustees se doivent de (Constitution § 14 et 16) :
- nommer les membres de l'International Accounting Standards Board (IASB), de l'IFRS Interpretations Committee (IFRS IC), de l'IFRS Advisory Council et de l'International Sustainability Standards Board (ISSB) ;
- revoir tous les ans la stratégie de l'IFRS Foundation et celles de l'IASB et de l'ISSB, ainsi que leur efficacité ;
- approuver le budget et trouver des moyens de financement ;
- promouvoir les travaux de l'IFRS Foundation ainsi qu'une application rigoureuse des IFRS ;
- établir et amender les procédures de l'IASB, de l'ISSB, de l'IFRS IC et de l'IFRS Advisory Council ; et
- approuver les amendements de la Constitution après avoir suivi un processus rigoureux (due process).

Indépendamment de ce rôle, les Trustees ont la possibilité de faire des commentaires sur les agendas de l'IASB et de l'ISSB, sans toutefois interférer dans leur détermination (Constitution § 16d).

2. **Composition** L'organe de gouvernance de l'IFRS Foundation se compose de 22 membres selon la répartition géographique suivante (Constitution § 5 et 7) :
- Europe : 6 ;
- Amériques : 6 ;
- Asie-Océanie : 6 ;
- Afrique : 1 ;
- autre (au choix parmi les zones ci-avant, tout en veillant à l'équilibre de la répartition) : 3.

C. Les organes de normalisation comptable : IASB et IFRS IC

L'International Accounting Standards Board

11030 *Question*

Qui élabore les normes comptables IFRS ?

11030 (suite)

Réponse

C'est l'International Accounting Standards Board (IASB) qui élabore les normes comptables internationales d'information financière (International Financial Reporting Standards ou IFRS). Ce conseil se compose normalement de quatorze membres nommés par les Trustees de l'IFRS Foundation sur la base de leurs compétences, de leur expérience pratique et de critères géographiques.

Pour élaborer les normes comptables internationales d'information financière, l'IASB se fonde également sur les principes définis dans le « due process handbook » (voir n° 11065).

Commentaires :

1. **Mission de l'IASB** L'IASB est l'une des instances de normalisation de l'IFRS Foundation (voir n° 11010). Elle a l'autorité pour assurer le fonctionnement d'un « due process » pour la normalisation comptable internationale. Ce « due process » est décrit dans la Constitution.

L'IASB est en charge (Constitution § 37) :

- du développement et de la publication des normes comptables IFRS. De ce fait, l'IASB est responsable de toutes les questions techniques, y compris la préparation et la publication des exposés-sondages (ED), amendements et normes IFRS ;

Rappel A l'occasion de la restructuration de l'IASC en 2001, la dénomination des nouvelles normes a été modifiée en « International Financial Reporting Standards » (normes internationales d'information financière ou IFRS). Ce choix témoignait ainsi du souci de privilégier l'information financière. Les anciennes normes adoptées par l'IASC continuent de s'appeler « International Accounting Standards » (IAS).

- de l'approbation et de la publication des interprétations IFRIC ;
- de l'élaboration et du suivi de son programme de travail technique, après consultation des Trustees et de l'IFRS Advisory Council, et de la mise en place d'une consultation publique tous les cinq ans sur ce programme.

Remarque A la suite de la consultation lancée en mars 2021, l'IASB a publié, le 29 juillet 2022, son 3e programme de travail quinquennal 2022-2026. Parmi ses priorités pour les 5 prochaines années, l'IASB a principalement décidé :
- de maintenir l'orientation stratégique et l'équilibre de ses activités actuelles, tout en augmentant légèrement les efforts pour le développement de l'information financière numérique et l'amélioration de la compréhensibilité et l'accessibilité des normes comptables IFRS ;
- de faire avancer les projets en cours ; et
- d'ajouter à son plan de travail des projets sur les actifs incorporels, l'état des flux de trésorerie et les risques liés au climat dans les états financiers.

2. **Structure de l'IASB** :

a. **Composition de l'IASB** L'IASB se compose normalement de 14 membres, y compris le président et le vice-président (Constitution § 25). Ces membres sont nommés par les Trustees (Constitution § 16a et 25, voir n° 11020). Chacun des membres dispose d'un droit de vote (Constitution § 35).

Remarque Comme prévu par la Constitution (§ 25 et 27), il peut arriver que le nombre des membres soit en deçà de 14 sans porter atteinte au bon fonctionnement du conseil.

Les membres de l'IASB sont sélectionnés en fonction de leurs compétences et de leur expérience pratique en tant qu'auditeur, universitaire, préparateur ou utilisateur d'états financiers (Constitution § 26), ainsi que selon des critères géographiques (Constitution § 27).

La répartition géographique des membres de l'IASB doit normalement être la suivante (Constitution § 27) :

- Europe : 4 ;
- Amériques : 4 ;
- Asie-Océanie : 4 ;
- Afrique : 1 ;
- autre (au choix parmi les zones ci-avant, tout en veillant à l'équilibre de la répartition) : 1.

b. **Mandat des membres de l'IASB** Les membres de l'IASB sont initialement nommés pour 5 ans. Ce mandat est renouvelable une fois pour 3 ans avec la possibilité de renouvellement jusqu'à 5 ans maximum sans, toutefois, excéder un total de 10 ans (Constitution § 31).

3. **Organisation** La langue de travail de l'IASB est l'anglais (Constitution § 38).

L'IASB est basé au Royaume-Uni et l'adresse de son site Internet est : www.ifrs.org .

L'IFRS Interpretations Committee

11035 *Question*

Quel est le rôle de l'IFRS Interpretations Committee ?

Réponse

Ce comité a pour rôle d'examiner et de définir le traitement comptable approprié aux questions d'interprétation qui lui sont soumises à l'occasion de l'application d'une norme ou concernant des thèmes non traités par les normes en vigueur ou par les projets en cours, en s'appuyant notamment sur les principes directeurs du Cadre conceptuel de l'IASB (voir n° 12501 s.).

Les projets d'interprétation (« Draft Interpretation ») et les interprétations (« IFRIC Interpretation ») doivent être soumis à l'approbation de l'IASB avant publication.

L'IFRS IC n'est pas un comité d'urgence. Pour élaborer ses interprétations, l'IFRS IC se fonde également sur les principes définis dans le « due process handbook » (voir n° 11080). Il en est de même désormais pour les « Agenda Decisions » (voir n° 11090).

Commentaires :

1. **Rappel historique** En mars 2002, les membres de l'IASC créent l'International Financial Reporting Interpretations Committee (IFRIC) pour remplacer le Standing Interpretations Committee (SIC). L'IFRIC est renommé IFRS Interpretations Committee (IFRS IC) à la suite de la révision de la constitution de l'IASCF en février 2010.
2. **Rôle de l'IFRS IC** Le manuel des procédures de consultation (« due process handbook ») rappelle que pour développer ses interprétations, l'approche de l'IFRS IC se fonde sur les principes du Cadre conceptuel de l'IASB (voir n° 12501 s.) en coopération avec les régulateurs nationaux, dans un objectif de convergence entre la réglementation locale et les IFRS, en veillant à proposer des solutions de qualité. Les projets d'interprétation (« Draft Interpretation ») et les interprétations (« IFRIC Interpretation ») rédigés par l'IFRS IC doivent être soumis à l'approbation de l'IASB avant publication (Constitution § 43c). Il en est de même désormais pour les « Agenda Decisions », voir n° 11090.
3. **Composition** Les 14 membres de l'IFRS IC ayant droit de vote sont nommés par les Trustees de l'IFRS Foundation (Constitution § 16a et 39, voir n° 11020). Ils sont choisis essentiellement pour leurs compétences techniques et pratiques des normes IFRS. La durée de leur mandat est de 3 ans renouvelable (Constitution § 39).

En outre, des représentants d'organisations nommés par les Trustees peuvent participer aux réunions de l'IFRS IC en tant qu'observateurs sans droit de vote.

4. **Présidence** Le président est nommé par les Trustees de l'IFRS Foundation. Il peut être un membre de l'IASB, le directeur des activités techniques, un autre membre de l'équipe de l'IASB d'un niveau hiérarchique élevé ou une autre personne dûment qualifiée. Il peut prendre part aux discussions mais n'a pas droit de vote (Constitution § 40).

D. Les organes de consultation

L'IFRS Advisory Council

11050 *Question*

Quel est le rôle de l'IFRS Advisory Council ?

Réponse

L'IFRS Advisory Council est l'organe consultatif stratégique officiel des Trustees de l'IFRS Foundation, de l'IASB et de l'ISSB. Il se compose d'un large éventail de représentants, comprenant des individus et des organisations qui s'intéressent à l'information financière internationale. Son objectif est de fournir un soutien et des conseils stratégiques à l'IFRS Foundation.

Commentaires :

1. **Composition** L'IFRS Advisory Council (ex-Standard Advisory Council/SAC) doit comprendre au moins 30 membres (Constitution § 62). Ils comprennent des investisseurs, des analystes

financiers et d'autres utilisateurs d'états financiers, ainsi que des préparateurs, des universitaires, des auditeurs, des régulateurs, des organismes comptables professionnels et des normalisateurs. Il s'agit d'avoir des profils variés, tant en termes géographiques que de fonctions exercées.

Selon l'IFRS Foundation, la composition de l'IFRS Advisory Council doit permettre à l'IASB de recevoir les points de vue d'un large éventail de parties intéressées et donner ainsi une grande autorité aux points de vue exprimés.

2. **Membres** Les membres de l'IFRS Advisory Council sont nommés par les Trustees de l'IFRS Foundation (Constitution § 16c et 60, voir nº 11020) pour un mandat de 3 ans renouvelable. Le président, nommé également par les Trustees de l'IFRS Foundation, ne peut être membre de l'IASB, de l'ISSB, ni du personnel technique. L'IFRS Foundation peut l'inviter à participer à ses réunions (Constitution § 62).

3. **Organisation** L'IFRS Advisory Council doit tenir au moins 2 réunions par an (Constitution § 63).

Les autres organes consultatifs pour la normalisation comptable

Question 11055

Quels sont les autres organes consultatifs de l'IFRS Foundation pour la normalisation comptable et quel est leur rôle ?

Réponse

L'IFRS Foundation, via ses deux organes de normalisation – l'IASB et l'ISSB – interagit avec les différentes parties prenantes au travers d'organes de consultation. Cela lui permet de pouvoir consulter largement sur ses différents travaux et les adapter aux besoins de ces différentes parties prenantes.

Les 3 principaux organes de consultation permanents pour l'IASB sont :
- l'Accounting Standards Advisory Forum (ASAF) qui regroupe la communauté mondiale des normalisateurs nationaux et des organismes régionaux. Leur contribution est importante dans le cadre du rapprochement entre les normes comptables locales et les IFRS ;
- le Capital Market Advisory Committee (CMAC) qui réunit des investisseurs à l'échelle internationale. Ils sont de grands utilisateurs des normes IFRS et fournissent de ce fait des informations importantes ;
- le Global Preparers Forum (GPF) qui rassemble les entreprises utilisant les normes comptables IFRS. Ces préparateurs fournissent des commentaires importants sur l'application pratique des normes.

A ceux-là, peuvent s'ajouter des groupes consultatifs ad hoc par thèmes ou par projets.

II. La normalisation comptable

A. Processus de normalisation comptable

Question 11060

Comment sont élaborées et publiées les normes comptables IFRS et les interprétations IFRIC ?

Réponse

Le processus de normalisation comptable est défini dans le « due process handbook » établi par l'IFRS Foundation et révisé en août 2020. Il énonce les principes qui s'appliquent à l'IASB et à l'IFRS IC concernant leurs activités de normalisation, l'élaboration de documents destinés à soutenir l'application cohérente des normes IFRS et la taxonomie IFRS.

Commentaires :

1. **Principes fondamentaux** La procédure de normalisation comptable doit respecter les trois principes fondamentaux suivants :
– transparence : l'IASB mène son processus d'élaboration des normes de manière transparente ;
– consultation complète et juste : doivent être prises en compte les perspectives de l'ensemble des parties concernées par les normes comptables IFRS, d'un point de vue global ; et
– garantie de la responsabilité publique de l'IFRS Foundation : l'IASB analyse les effets potentiels de ses propositions sur les parties concernées et explique les fondements de ses décisions de développer ou de modifier une norme.

Cela implique, entre autres, que les réunions de l'IASB soient publiques et que l'ensemble des documents (ordre du jour, résumés des discussions et des décisions, lettres de commentaires reçues sur les documents de consultation) relatifs à l'examen préalable des normes comptables IFRS soient disponibles sur le site Internet de l'IASB.

2. **Etapes de la procédure** Le manuel de procédures (« due process handbook ») détaille les différentes étapes conduisant à l'élaboration et la publication des amendements, normes, interprétations et autres textes (« Agenda Decisions », documents à vocation pédagogique (« Educational material »), guides d'application pratique (« Practice Statement »), etc.).

a. **Programme de travail** Le plan de travail (work plan) est constitué par l'ensemble des projets gérés par l'IASB et l'IFRS IC. Il rassemble les projets et les activités qui constituent des étapes vers d'éventuelles publications par l'IASB et l'IFRS Interpretations Committee. Tous les 5 ans, l'IASB procède à une consultation pour définir les priorités en matière de normalisation et élaborer le plan de travail à venir.

Fin juillet 2022, l'IASB a publié un « Feedback Statement » sur son nouveau plan de travail quinquennal 2022-2026 (voir n° 11030).

Pour établir ce plan de travail, l'IASB poursuit un programme de recherche lui permettant de voir émerger les thèmes à traiter. Le plan de travail est également alimenté par l'IFRS IC, les différents comités consultatifs (IFRS Advisory Council, Accounting Standards Advisory Forum/ASAF, etc.) ainsi que les autres parties prenantes. Cependant, au cours de son programme de travail quinquennal, l'IASB peut ajouter des sujets à son agenda si nécessaire. De même, l'IFRS IC peut demander à l'IASB d'examiner une question.

b. **Critères de normalisation** Afin de déterminer l'importance du projet de normalisation, l'IASB ou l'IFRS Interpretations Committee examine différents critères tels que l'existence d'un manque dans la manière dont certains types de transactions ou d'activités sont présentés dans les rapports financiers, l'importance de la question pour les utilisateurs des états financiers, les types d'entités susceptibles d'être affectées par le projet de normalisation, si la question est plus répandue dans certains pays que dans d'autres. L'IASB n'ajoute un projet au plan de travail que s'il conclut que les avantages obtenus des améliorations apportées à l'information financière l'emporteront sur les coûts pour les mettre en œuvre.

3. **Contrôle** L'IFRS Foundation a prévu un comité de surveillance de la conformité au processus de normalisation (« Due Process Oversight Committee »/DPOC).

B. Elaboration d'une norme comptable IFRS

Processus d'élaboration d'une norme

11065 ***Question***

Quel est le processus d'élaboration ou d'amendement d'une norme comptable IFRS (« due process ») ?

Réponse

Le processus d'élaboration d'une nouvelle norme est défini au chapitre 6 du « due process handbook » de l'IFRS Foundation. Le même processus s'applique à l'amendement d'une norme existante.

Une fois les thèmes à traiter déterminés et les moyens techniques mis en place, les différentes étapes du processus sont, en général, les suivantes :
– identification des problématiques liées aux thèmes et notamment l'application du Cadre conceptuel de l'IASB ;
– constitution d'un « advisory group » dont le rôle est de conseiller l'IASB sur le projet ;

- élaboration et publication d'un « Discussion Paper » présentant de manière générale le thème examiné (problématiques, approches envisageables, etc.) pour appel à commentaires ;
- élaboration et publication d'un exposé-sondage (« exposure draft »), constituant un projet formel de norme, pour appel à commentaires ;
- réflexion sur la pertinence de débats publics ou de tests de terrain (« field tests ») ;
- élaboration du texte après analyse des commentaires ;

Dans certains cas, il peut être nécessaire de procéder à une réexposition du texte.

- approbation du texte ;

Le texte doit être approuvé par 8 membres si l'IASB comprend 13 membres ou moins, et par 9 membres si l'IASB en comprend 14 (Constitution § 36). En outre, il doit inclure les opinions divergentes et les bases de conclusions.

- publication du texte définitif (norme ou amendement) ;
- revue de son application normalement après deux ans d'application au niveau mondial, soit entre 30 et 36 mois après son entrée en vigueur (procédure de « Post-implementation Review »/PIR).

L'obligation d'une revue d'application (PIR) d'une nouvelle norme ou d'un amendement majeur d'une norme existante a été formellement introduite dans le « due process ». Elle vise pour l'IASB à déterminer :
- si la norme est appliquée conformément aux objectifs déterminés lors de son élaboration ;
- si les parties intéressées sont satisfaites ;
- les difficultés de mise en œuvre rencontrées ou les critiques formulées.

Après la publication d'un appel à commentaires (« Request for information »), l'IASB centralise l'ensemble des réponses reçues puis en publie la synthèse dans un « Report and feedback statement ». Ce rapport vise à :
- analyser les réponses reçues à ses appels à commentaires, par type de répondant (préparateurs, cabinets d'audit, normalisateurs, régulateurs, investisseurs) et zones géographiques ;
- présenter les constats et commenter les résultats obtenus ;
- statuer sur les étapes à venir.

Processus d'amélioration annuelle des IFRS

Question 11070

Quel est le processus suivi par l'IASB pour l'élaboration d'amendements de normes dans le cadre de la procédure annuelle d'amélioration des IFRS (« annual improvements process ») ?

Réponse

La procédure annuelle d'amélioration des IFRS est destinée aux amendements de normes mineurs (§ 6.10 du « due process handbook »).

Elle consiste à publier, une fois par an, un exposé-sondage unique regroupant des propositions d'amendements de différentes normes destinés à clarifier les normes IFRS, à corriger des conséquences mineures et imprévues, à résoudre les incohérences relevées entre les normes ou à combler un vide réglementaire.

Ces propositions sont soumises à appel à commentaires pendant au moins 90 jours et les amendements définitifs, une fois publiés, entrent en vigueur généralement pour les exercices ouverts au 1er janvier de l'année suivante.

Certains amendements de norme publiés dans le cadre de cette procédure peuvent être appliqués par les entreprises cotées européennes sans attendre leur adoption par la Commission européenne, à condition qu'il s'agisse uniquement d'amendements de normes elles-mêmes déjà adoptées (voir no 11134) et que ces amendements ne contredisent pas des principes existants.

C. Elaboration d'une interprétation

Processus d'élaboration d'une interprétation

11080 *Question*

Quel est le processus d'élaboration (« due process ») d'une interprétation de l'IFRS Interpretations Committee ?

Réponse

Le processus d'élaboration d'une interprétation de l'IFRS Interpretations Committee est détaillé au chapitre 7 du « due process handbook » et prévoit trois étapes principales, après la détermination du programme de travail :
- élaboration et publication d'un projet d'interprétation (« draft IFRIC Interpretation ») pour appel à commentaires, après validation du projet par l'IASB ;
- élaboration de l'interprétation ;
- ratification et publication de l'interprétation par l'IASB, les interprétations faisant partie intégrante des normes IFRS.

A partir du moment où un thème est inscrit au programme de travail de l'IASB, des procédures précises sont définies en matière de quorum, d'appel à commentaires, d'approbation et de publication.

Une interprétation définitive s'applique généralement aux périodes ouvertes à compter d'une certaine date (ou après une certaine date) généralement 3 mois après la publication du texte.

Les dispositions transitoires de première application d'un texte sont précisées dans l'interprétation. A défaut, il est présumé que les interprétations de l'IFRS IC s'appliquent rétrospectivement, conformément aux dispositions de la norme IAS 8 sur les changements de méthodes.

D. Application cohérente des normes comptables

« Agenda Decisions »

11090 *Question*

Qu'est-ce qu'une « Agenda Decision » (AD) ?

Réponse

L'IASB et l'IFRS Interpretations Committee (IFRS IC) veillent constamment à la cohérence d'application des normes IFRS. A cet effet, l'IFRS IC peut être saisi par les parties prenantes (utilisateurs, régulateurs, normalisateurs...) en cas de doute sur la comptabilisation appropriée d'une transaction particulière ou dans un contexte spécifique (Due Process Handbook § 5.13 à 5.19).

Si, à l'issue de l'examen d'une question, l'IFRS IC décide de ne pas l'inscrire à son programme de travail (en vue de l'élaboration d'une interprétation, voir nº 11080), il en expose les raisons dans une décision provisoire (Tentative Agenda Decision) ouverte aux commentaires publics durant généralement une période de 60 jours.

Après analyse des commentaires reçus, soit l'IFRS IC révise sa décision et la soumet à nouveau à commentaires, soit il la confirme et la publie sous forme d'« Agenda Decision », après approbation par l'IASB (Due Process Handbook § 8.7).

L'AD tirant son autorité des normes et interprétations qui fournissent la solution à la question (elle ne peut, en aucun cas, y apporter des ajouts ou modifications), une entité est tenue de les appliquer tout en reflétant les éléments explicatifs apportés par l'AD (Due Process Handbook § 8.4 à 8.6).

SECTION II

Les IFRS en Europe

I. Cadre juridique pour l'application des normes comptables IFRS par les sociétés cotées de l'Union européenne

A. Contexte réglementaire en Europe et en France

Contexte réglementaire en Europe

11110

Question

Quelles sont les normes comptables applicables par les sociétés européennes ?

Réponse

Depuis le 1er janvier 2005, le règlement européen (CE) n° 1606/2002 impose aux sociétés européennes cotées sur un marché réglementé de préparer et publier leurs comptes consolidés conformément aux normes comptables IFRS.

En outre, ce règlement permet aux Etats membres d'obliger ou d'autoriser les sociétés non cotées à appliquer les IFRS pour leurs comptes consolidés ou individuels. En France, cette possibilité n'est offerte qu'aux sociétés non cotées qui publient des comptes consolidés. Celles qui présentent des comptes individuels doivent utiliser les normes françaises.

Commentaires :

1. **Sociétés cotées** Le règlement (CE) n° 1606/2002 du 19/07/02, dit règlement « IFRS 2005 », impose aux sociétés européennes cotées sur un marché réglementé de préparer et publier des comptes consolidés conformes aux IFRS, à compter des périodes ouvertes le 1er janvier 2005.

La notion de « normes comptables internationales » retenue par le règlement européen (Règl. CE 1606/2002 art. 2) correspond à la notion générique d'« IFRS » telle que désignée dans la « Préface » aux IFRS (mai 2002, amendée en décembre 2018), et regroupant :
- les normes comptables internationales (IAS) existant en 2002 ;
- les normes comptables internationales d'information financière (IFRS) ;
- les interprétations s'y rapportant : interprétations du Standing Interpretations Committee (SIC) et de l'IFRS Interpretations Committee (IFRS IC) ;
- les modifications ultérieures de ces normes et les interprétations s'y rapportant ;
- les normes et interprétations s'y rapportant qui seront publiées ou adoptées à l'avenir par l'IASB.

Sont ainsi concernées par cette obligation toutes les sociétés :
- établies dans un Etat membre de l'Union européenne (UE) qui publient des comptes consolidés ; ce dispositif exclut ainsi les sociétés américaines cotées en Europe ;

> **Remarque** Les articles 4 et 5 du règlement « IFRS 2005 » font référence aux « sociétés ». Celles-ci sont définies par l'article 48 du traité instituant la CE (ex-article 58) : « Par sociétés, on entend les sociétés de droit civil ou commercial, y compris les sociétés coopératives, et les autres personnes morales relevant du droit public ou privé, à l'exception des sociétés qui ne poursuivent pas de but lucratif ». Cette définition sous-tend le champ d'application de toutes les directives comptables.

- dont les titres sont admis à la négociation sur un marché réglementé d'un Etat membre, à la date de clôture de leur bilan (Règl. CE 1606/2002 art. 4) ;

Remarques :

1. **Sociétés faisant appel public à l'épargne (APE) sur un marché réglementé** Le règlement européen est applicable obligatoirement aux sociétés faisant APE sur un marché réglementé (Euronext, en France). Il n'est donc pas obligatoire pour les sociétés faisant APE sur un marché non réglementé (Euronext Growth, ou marché libre en France). Ces dernières peuvent toutefois appliquer les IFRS dans leurs comptes consolidés, sur option.

2. **Sociétés dont seuls les titres de créances sont admis aux négociations sur un marché réglementé** Ces sociétés doivent établir et publier leurs comptes consolidés selon les IFRS depuis les exercices ouverts à compter du 1er janvier 2007. Elles ont, en effet, bénéficié d'un différé d'adoption (de 2005 à 2007), la France ayant retenu cette option offerte par le règlement européen (Ord. 2004-1382 du 20/12/04 art. 7), voir n° 11114.

- quel que soit leur secteur d'activité : entreprises industrielles et commerciales, établissements de crédit, compagnies d'assurance ;
- indépendamment de leur taille.

2. **Sociétés non cotées** Selon le règlement CE 1606/2002, art. 5, les Etats membres peuvent autoriser ou obliger les sociétés autres que celles visées par l'obligation générale à préparer leurs comptes consolidés en IFRS à compter du 1er janvier 2005. Cette possibilité concerne donc les sociétés européennes non cotées devant établir des comptes consolidés.

En France, cette option a été offerte aux sociétés non cotées par l'ordonnance n° 2004-1382 du 20/12/04, article 1er. Ce texte a modifié l'article L 233-24 du Code de commerce en dispensant les sociétés tenues d'établir et de publier des comptes consolidés de se conformer aux règles comptables prévues par les articles L 233-17-2 à L 233-23 et L 233-25 du Code de commerce (voir n° 11114).

Cette faculté est également ouverte aux personnes morales non cotées qui établissent des comptes consolidés sur une base volontaire, c'est-à-dire sans y être tenues en raison de leur forme juridique ou de la taille de leur groupe. Les sociétés qui n'optent pas pour les IFRS continuent donc d'appliquer les règles françaises (Règl. ANC 2020-01).

Remarque – Passage des normes comptables IFRS aux règles françaises pour les comptes consolidés des sociétés non cotées Dans l'hypothèse où une société ayant choisi le référentiel IFRS pour établir ses comptes consolidés décidait de revenir sur cette option, l'ANC a précisé les modalités de retour aux règles françaises (Règl. ANC 2012-02 du 7/03/12, abrogé par le règlement ANC n° 2020-01, relatif à l'application de l'article L 233-24 du Code de commerce) :

- l'abandon de l'« option IFRS » n'est soumis à aucune condition : les sociétés qui ont exercé cette option peuvent revenir à l'application des règles françaises sans avoir de justification à apporter ;
- un traitement rétrospectif : les ajustements en résultant sont comptabilisés en capitaux propres au bilan de l'exercice précédant le changement (si toutefois les données ne sont pas fiables, les ajustements peuvent être effectués de manière prospective) ;
- des comptes comparatifs nécessaires pour N-1 ;
- des informations à fournir en annexe.

Pour plus d'informations, voir Mémento Comptes consolidés n° 8120 s.

3. **Comptes individuels des sociétés cotées et non cotées** Le règlement (CE) n° 1606/2002 art. 5 permet également aux Etats membres d'autoriser ou d'obliger les sociétés autres que celles visées par l'obligation générale à préparer leurs comptes individuels en IFRS à compter du 1er janvier 2005. Cette option concerne donc toutes les sociétés européennes cotées ou non cotées. En France, cette option n'a pas été retenue (voir n° 11114).

Contexte réglementaire en France

11114 ***Question***

Quelles sont les normes comptables applicables en France ?

Réponse

Depuis l'entrée en vigueur du règlement européen CE 1606/2002 (voir n° 11110), les sociétés françaises cotées sur un marché réglementé doivent établir leurs comptes consolidés en IFRS.

Les options retenues en France pour les autres sociétés ainsi que pour les comptes individuels de toutes les sociétés sont les suivantes :

- les sociétés non cotées ont la faculté d'opter pour les IFRS pour établir leurs comptes consolidés ;
- mais seules les règles françaises peuvent être appliquées pour l'établissement des comptes individuels des sociétés cotées comme non cotées.

Commentaires Ces obligations actuelles sont schématisées dans le tableau ci-après :

	Règles françaises		Normes IFRS	
	Comptes sociaux	Comptes consolidés	Comptes sociaux	Comptes consolidés
Sociétés cotées	Obligatoires	Interdites	Interdites	Obligatoires
Sociétés non cotées	Obligatoires	Obligatoires sauf option IFRS	Interdites	Possibles sur option

B. Cadre juridique européen pour l'adoption des normes comptables IFRS

Normes comptables IFRS appliquées par les sociétés cotées européennes

11120

Question

Les sociétés cotées européennes appliquent-elles directement les normes comptables IFRS telles qu'adoptées et publiées par l'IASB ?

Réponse

Les sociétés cotées européennes doivent établir et publier leurs comptes consolidés conformément aux « normes et interprétations telles qu'adoptées par la Commission européenne ». Les IFRS applicables en Europe sont donc celles qui satisfont aux critères énoncés par le règlement CE 1606/2002 et qui ont été approuvées selon un mécanisme à double niveau (politique et technique) auquel sont soumises toutes les normes et interprétations.

Les normes IFRS applicables en Europe peuvent différer des normes publiées par l'IASB et l'IFRS IC, notamment en cas de refus de la Commission européenne d'adopter une norme dans son intégralité (IFRS 14, Comptes de report réglementaires) ou certaines dispositions d'une norme (« carve out », comme cela avait été le cas avec la norme IAS 39, Instruments financiers et comme cela va être le cas avec IFRS 17, Contrats d'assurance).

En outre, lors de l'adoption d'un texte de l'IASB ou de l'IFRS IC, l'Europe peut imposer un décalage de la date d'entrée en vigueur du nouveau texte et/ou des modifications des dispositions transitoires.

Commentaires Selon le règlement CE 1606/2002, dénommé en pratique « IFRS 2005 », les IFRS applicables en Europe sont celles qui satisfont à certaines conditions et qui sont approuvées selon un mécanisme à double niveau.

1. Critères d'adoption des normes comptables IFRS Une norme comptable internationale ne peut être adoptée que si elle répond à toutes les conditions suivantes (Règl. CE 1606/2002 art. 3.2) :
- elle n'est pas contraire au principe d'image fidèle énoncé par la directive comptable unique (art. 4, § 3 et 4 de la directive 2013/34/UE du 29/06/2013) ;
- elle répond à l'intérêt public européen ;
- elle satisfait aux critères d'intelligibilité, de pertinence, de fiabilité et de comparabilité exigés de l'information financière nécessaire à la prise de décisions économiques et à l'évaluation de la gestion des dirigeants de la société.

2. Mécanisme d'évaluation de l'applicabilité à deux niveaux Afin de vérifier que les normes comptables IFRS publiées par l'IASB répondent aux critères indiqués au point 1. ci-avant, la Commission européenne bénéficie de 2 niveaux de contrôle de leur applicabilité en Europe, avant de valider leur adoption :
- un **niveau technique** représenté par l'European Financial Reporting Advisory Group (EFRAG), voir nº 11124 ;
- un **niveau politique** avec le Comité réglementaire comptable (« Accounting Regulatory Committee »/ARC), voir nº 11128.

11120 (suite) **3. Normes adoptées au niveau européen** En règle générale, les normes adoptées par la Commission européenne correspondent aux textes publiés par l'IASB. Toutefois, des divergences peuvent survenir entre les normes de l'IASB et celles adoptées par la CE, en cas :

– de non-adoption d'une norme ou d'une interprétation – ce cas s'est produit avec IFRS 14, Comptes de report réglementaires. Il s'agit d'une norme temporaire offrant une solution comptable aux sociétés qui adoptent les normes comptables IFRS pour la première fois. La CE a décidé de ne pas proposer cette norme à l'adoption dans l'UE, très peu d'entreprises européennes entrant dans son champ d'application ;

– d'adoption partielle d'une norme ou d'une interprétation – ce cas s'est déjà rencontré avec le « carve out » d'IAS 39, Instruments financiers : comptabilisation et évaluation, norme ayant été adoptée par la CE à l'exception des dispositions concernant la comptabilité de couverture de prix d'un portefeuille d'instruments de taux d'intérêt (voir n° 50320). Le « carve out » d'IFRS 17, Contrats d'assurance, offrira, quant à lui, la possibilité de déroger, dans certains cas, à la règle des cohortes annuelles imposée par l'IASB. La Commission européenne a prévu de réexaminer cette exemption au plus tard le 31 décembre 2027, et pourrait alors proposer de la modifier ou d'y mettre fin (voir n° 65940R).

En outre, lors de l'adoption du texte, la Commission européenne peut imposer une autre date d'entrée en vigueur que celle prévue par l'IASB. Le règlement d'adoption peut également modifier les dispositions transitoires du texte.

4. Evaluation des normes IFRS en Europe Dix ans après l'entrée en vigueur du règlement n° 1606/202 instaurant l'application obligatoire des normes comptables IAS/IFRS pour les sociétés cotées européennes, la Commission européenne a lancé, le 7 août 2014, une consultation publique afin de recueillir l'avis des parties intéressées sur leur expérience en la matière (acteurs des marchés de capitaux, préparateurs et utilisateurs des états financiers, administrations publiques, universités, etc.). L'objectif de cette consultation était de pouvoir évaluer le règlement et les incidences des normes comptables IFRS dans l'Union européenne et, notamment, si l'objectif premier du règlement – accroître l'efficacité du fonctionnement des marchés de capitaux de l'Union européenne en harmonisant l'information financière et en exigeant un degré élevé de transparence et de comparabilité – a été atteint. La période de consultation s'est achevée le 31 octobre 2014, avec plus de 200 contributions recueillies.

Pour cette évaluation, il a également été tenu compte des conclusions du rapport Maystadt visant à renforcer le rôle de l'UE sur la scène internationale de la normalisation.

Dans son rapport publié le 18 juin 2015, la Commission tire un bilan globalement positif de l'évaluation du règlement. Le rapport détaille les conclusions de la Commission organisées selon les 3 thématiques suivantes :

a. Les critères d'évaluation Concernant l'appréciation du **caractère efficace** des normes comptables IFRS, la Commission considère que :

– les investisseurs sont largement favorables aux IFRS, lesquelles ont contribué à l'amélioration de la transparence et de la comparabilité des états financiers ;

– les IFRS permettent, en outre, un fonctionnement efficace des marchés de capitaux européens au sein de l'Union (hausse de la liquidité, diminution du coût du capital, etc.) et du marché intérieur ;

– le caractère mondial des normes comptables IFRS est désormais incontestable (application dans plus de 150 pays, voir n° 11210).

En matière d'**efficience** des IFRS, la Commission considère que le rapport avantages/coûts est généralement positif pour les entreprises, lesquelles sont par ailleurs globalement satisfaites des normes comptables IFRS.

En matière de **pertinence,** les IFRS ont permis de créer un langage comptable commun pour les marchés de capitaux, indispensable compte tenu de la mondialisation de l'économie.

En matière de **cohérence** interne du règlement IAS, le rapport rappelle qu'il pourrait être utile pour la Commission de procéder à une consolidation des normes et à une codification officielle (avec traduction dans l'ensemble des langues de l'Union). En outre, la Commission s'engage à limiter les points de frictions entre les normes comptables IFRS et la législation européenne et les législations nationales, notamment en matière de réglementation de l'information financière et prudentielle.

b. Les critères et la procédure d'adoption Le fonctionnement du processus d'adoption européen est satisfaisant et la réforme de l'EFRAG en 2014 (voir n° 11124) a contribué à renforcer la voix européenne dans le processus de normalisation comptable international.

c. La gouvernance :
– L'**IFRS Foundation** Elle est dotée d'une structure à trois niveaux, favorisant ainsi la transparence, la séparation des fonctions et une surveillance adéquate. Le rapport observe que l'Union européenne, y compris les contributions des Etats membres, représente le principal soutien financier de la Fondation, permettant de réduire la dépendance vis-à-vis du secteur privé. Au cours de la période considérée, la création du Forum consultatif des normes comptables (ASAF, voir n° 11055) avec représentation européenne, est un changement positif, tout comme les recommandations aux Trustees sur la méthodologie de travail de terrain (« Field tests ») et l'analyse des effets des normes comptables IFRS ou encore l'examen post-mise en œuvre des normes. De même, la révision du Cadre conceptuel de l'IASB, achevée en 2018 (voir n° 12501 s.), est une réponse à l'expression de préoccupations européennes. Le réexamen tous les 5 ans de la structure organisationnelle permet d'améliorer les points de faiblesse. Dans le cadre de la préparation du prochain examen, les Trustees ont publié un document de consultation sur les rapports de développement durable (rapports extra-financiers) en septembre 2020, afin de recueillir l'avis des parties prenantes pour orienter leurs discussions et dont les conclusions ont débouché sur la création de l'International Sustainability Standards Board (ISSB) en novembre 2021.
– L'**EFRAG** La réforme de l'EFRAG à la suite du rapport Maystadt est entrée en application le 31 octobre 2014. Elle a consisté à établir un nouveau conseil de l'EFRAG, son nouvel organe décisionnel, où les intérêts publics et privés sont représentés de manière équilibrée, afin de renforcer la légitimité de ses positions et de contribuer à l'objectif d'une Europe s'exprimant d'une seule voix. Cette réforme est considérée comme un facteur important de renforcement du poids de l'UE dans la procédure d'élaboration des normes comptables IFRS.

Remarque Le rapport sur cette évaluation, publié le 3 mai 2016 et qui a donné lieu à la résolution du Parlement européen du 7 juin 2016, fait un bilan globalement positif de l'application des normes IFRS en Europe durant les dix dernières années. Il invite à soutenir le rôle consultatif de l'EFRAG afin d'assurer une présence et une influence européennes dans l'élaboration et l'examen des normes comptables IFRS. Il note cependant que la non-généralisation de leur application au sein des Etats membres est de nature à limiter leurs effets positifs et invite la CE à œuvrer pour une application globale. Il recommande pour cela de s'appuyer sur les recommandations de l'ESMA. Il recommande également la création d'un jeu de normes simplifié applicable à l'ensemble des PME européennes.
Il note que les normes comptables IFRS ont contribué au renforcement des principes de transparence et de comparabilité et que cela devrait servir de référence dans l'élaboration des normes comptables européennes pour le secteur public (EPSAS).
Cependant, certaines marges d'amélioration ont été décelées, notamment une meilleure collaboration entre les parties impliquées dans le processus d'adoption et la réflexion, à moyen terme, d'une codification de la législation adoptant les normes IFRS, après l'adoption de plusieurs normes importantes.
Dans cette perspective d'amélioration, l'EFRAG a organisé, en novembre 2019, une conférence à Bruxelles sur le thème « Les IFRS et la régulation : à la recherche d'un terrain commun », pour déterminer si les normes comptables IFRS devraient être davantage basées sur des règles pour aider à leur mise en œuvre ou s'il revient aux régulateurs d'établir des règles de mise en œuvre de normes comptables IFRS qui seraient alors basées sur des principes.

Processus d'adoption des normes IFRS en Europe

Question 11122

Quel est le processus d'adoption des normes et interprétations IFRS par la Commission européenne afin d'être appliquées par les sociétés cotées européennes ?

Réponse

Le règlement européen « IFRS 2005 » (modifié en 2008 par le règlement CE 297/2008, voir n° 11128) prévoit une procédure de réglementation avec contrôle pour l'adoption des IFRS (Règl. CE 1606/2002 art. 3.1 et 6).

Après leur publication par l'IASB, les normes et interprétations IFRS ne peuvent être adoptées au niveau européen et appliquées par les sociétés cotées européennes que si le processus suivant est respecté :
– évaluation technique par l'EFRAG ;
– approbation par le Comité réglementaire comptable (Accounting Regulatory Committee/ARC) du projet de règlement d'adoption préparé par la Commission européenne (CE) ;

- intervention du Parlement européen et du Conseil pour contrôle (procédure de réglementation avec contrôle), voir n° 11128 ;
- adoption du règlement par la CE ;
- traduction dans chaque langue officielle de l'Union européenne ; et
- publication sous la forme d'un règlement au Journal officiel de l'UE (JOUE).

Commentaires Le processus d'adoption mis en place au niveau européen implique de suivre l'ensemble des étapes évoquées ci-après :

Remarque A la suite de l'instauration de la procédure de réglementation avec contrôle, le respect de toutes ces étapes requiert en principe un minimum de 8 mois, en admettant qu'aucune opposition ne se manifeste à l'encontre du texte en cause (voir n° 11128). En pratique, le processus dure en moyenne entre 8 et 10 mois.

- l'**EFRAG** réalise une évaluation technique, organise des forums de consultation et émet un avis sur la qualité technique des normes comptables IFRS et des interprétations de l'IFRS IC auprès de la CE ;
- la **Commission européenne** (CE) prépare un projet de règlement d'adoption ;
- le **Comité réglementaire comptable** (« Accounting Regulatory Council »/ARC) approuve le projet de règlement d'adoption à la majorité qualifiée (avis rendu à la CE dans un délai de 3 mois) ;
- si l'avis du Comité réglementaire comptable est positif, la **Commission européenne** soumet le projet de règlement au Parlement européen et au Conseil de l'Union européenne ;
- le **Parlement européen et le Conseil de l'Union européenne** ont 3 mois pour s'opposer à l'adoption du projet de règlement par la Commission européenne ;

Pour la procédure de réglementation avec contrôle, voir n° 11128.

- si le Parlement européen et le Conseil donnent un avis favorable à l'adoption ou s'ils ne manifestent aucune opposition dans les 3 mois, la **Commission européenne** adopte le projet de règlement ;
- après **traduction** dans chacune des langues officielles de l'UE, le projet de règlement est publié au **Journal officiel** et entre en vigueur à la date spécifiée dans le texte ou, à défaut, 20 jours après sa publication au JOUE.

Rôle de l'EFRAG

11124 ***Question***

Qu'est-ce que l'EFRAG et quel est son rôle ?

Réponse

L'European Financial Reporting Advisory Group (EFRAG) est un organisme privé indépendant, créé en juin 2001 par des organisations représentant la profession comptable européenne, les préparateurs et les utilisateurs, ainsi que les normalisateurs nationaux européens.

L'EFRAG est le comité technique comptable qui apporte son aide et ses compétences techniques à la Commission européenne aux fins de l'évaluation des normes comptables internationales.

En janvier 2022, l'EFRAG a revu son organisation pour étendre sa mission au développement de projets de normes de reporting de durabilité. L'EFRAG est désormais constitué de 2 piliers (« pillars ») :
- un pilier concernant l'information financière : l'EFRAG continue, comme auparavant, d'assurer son rôle de comité technique comptable qui doit apporter son aide et ses compétences techniques à la Commission européenne aux fins de l'évaluation des normes comptables internationales ;
- un pilier concernant l'information extra-financière : l'EFRAG est chargé de développer des projets de normes de reporting de durabilité pour la Commission européenne et applicables par les entreprises de l'Union européenne.

Chaque pilier est composé d'un conseil de l'information (Reporting Board) responsable de toutes les positions techniques dans son domaine de compétence et d'un groupe d'experts techniques (Technical Experts Group/TEG) lui fournissant des conseils.

Seul le pilier concernant l'information financière est impliqué dans le processus d'adoption des normes IFRS de l'IASB en Europe.

11124 (suite)

Commentaires :
1. **Rappel historique** A sa création en 2001, l'EFRAG, organisme privé, a reçu pour mission :
– de fournir une expertise technique à la CE sur l'utilisation des normes comptables IFRS en Europe ;
– de participer au processus de normalisation de l'IASB ; et
– de coordonner les points de vue européens sur les normes comptables.

Cette mission lui a permis de remplir le rôle de conseiller technique de la CE requis par le règlement CE 1606/2002, à savoir « un comité technique comptable doit fournir son aide et ses compétences techniques à la Commission européenne aux fins de l'évaluation par celle-ci des normes comptables internationales » (Règl. CE 1606/2002 § 10).

Un accord signé en mars 2006 entre la CE et l'EFRAG a officialisé ce rôle.

La gouvernance de l'EFRAG, modifiée fin 2014, lui permet :
– d'intégrer plus facilement les travaux des différentes parties prenantes européennes (normalisateurs, auditeurs, entreprises, utilisateurs, etc.) en permettant à celles-ci de figurer directement dans les nouvelles instances ;
– d'être capable d'analyser les conséquences économiques et financières pour l'Europe des normes proposées.

En janvier 2022, l'EFRAG a modifié ses statuts et sa gouvernance pour ajouter un nouveau pilier relatif à l'élaboration de projets de normes de reporting de durabilité (European Sustainability Reporting Standards/ESRS).

2. **Organisation** Comme schématisé ci-après, l'EFRAG se compose d'une Assemblée générale (General Assembly) et d'un Conseil administratif (Administrative Board). Il est organisé autour de 2 piliers : un pilier dédié à l'information financière et un pilier dédié à l'information de durabilité (extra-financière). Chacun de ces piliers dispose d'un Conseil de l'information (Reporting Board) et d'un Groupe technique (Technical Expert Group/TEG) (Statuts § 7.1). Les deux Conseils de l'information sont dotés d'un organe consultatif (notamment, le forum consultatif des normalisateurs nationaux pour le pilier financier).

Structure simplifiée de l'EFRAG

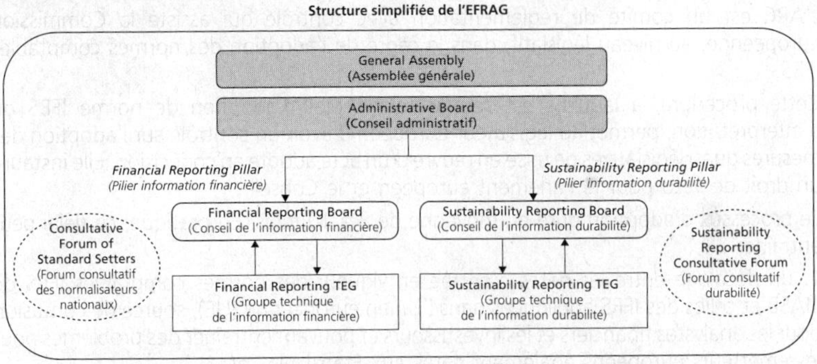

Remarque Nous ne détaillerons pas ci-après le pilier dédié à l'information de durabilité.

a. L'**Assemblée générale** assure la gouvernance. Elle est actuellement composée de toutes les organisations membres de l'EFRAG : 18 membres pour le pilier de l'information financière et 31 membres pour le pilier de l'information extra-financière.

La Commission européenne est invitée à participer aux réunions de l'Assemblée générale.

b. Le **Conseil administratif** est responsable de l'organisation, de l'administration, des finances et de la procédure de normalisation concernant les 2 piliers. Il n'est cependant pas impliqué dans des activités ou des postes techniques. Il comprend un minimum de 6 membres.

La Commission européenne y nomme un observateur ayant droit de parole (Règl. int. art. 12.4).

c. Le **Conseil de l'information financière** est responsable de toutes les positions de l'EFRAG sur l'information financière (Statuts § 7.9.1). Il comprend des organisations européennes parties prenantes, privées et publiques, ainsi que des normalisateurs comptables nationaux (les normalisateurs de France, d'Allemagne et d'Italie y bénéficient chacun d'un siège permanent).

La connectivité et la coordination entre l'information financière et l'information durabilité sont assurées par des moyens divers. Par exemple : présence, à titre d'observateur, du président du conseil de l'information financière à la réunion du conseil de l'information durabilité, et vice-versa ; mise en place de réunions conjointes ; possibilité de développer des projets de recherche conjoints (Règl. int. art. 46).

d. Le **Groupe technique (TEG) de l'information financière** se compose au minimum de 9 membres européens et au maximum de 22 membres ayant droit de vote (Règl. int. art. 38.1 et 38.2). Il est en charge du travail technique confié au conseil de l'information financière (Règl. int. art. 39). A cet effet, il donne son opinion sur les normes comptables IFRS proposées (tant sur les projets de textes que sur les textes définitifs) et sur leur application en Europe, sur la base d'une analyse technique et d'une consultation de tous les intéressés. Il transmet ses propositions de position au conseil qui est décisionnaire.

e. Le **Forum consultatif des normalisateurs nationaux** se compose des normalisateurs des pays de l'EEE (Espace économique européen, soit les 28 pays de l'Union européenne ainsi que la Norvège, l'Islande et le Liechtenstein). D'autres organismes de normalisation nationaux peuvent y être invités en qualité d'observateurs.

Cet organe consultatif se réunit trimestriellement afin de faciliter l'échange d'informations et de connaissances entre les différentes organisations, avec l'objectif final de permettre à l'EFRAG de mieux faire prendre en compte le point de vue européen tant par l'IASB que par l'IFRS IC dans les projets développés.

La langue de travail de l'EFRAG est l'anglais et l'adresse de son site internet est : www.efrag.org .

Rôle de l'ARC et procédure de réglementation avec contrôle

11128 ***Question***

Qu'est-ce que l'ARC et quel est son rôle ?

Réponse

L'Accounting Regulatory Committee (ARC, Comité de réglementation comptable) est un comité institué par la Commission européenne (CE) dans le cadre du mécanisme d'adoption des normes comptables IFRS. Il est composé de représentants des Etats membres et présidé par la CE.

L'ARC est un comité de réglementation avec contrôle qui assiste la Commission européenne, au niveau législatif, dans le cadre de l'adoption des normes comptables IFRS.

Cette procédure, à laquelle est soumis tout projet d'adoption de norme IFRS ou d'interprétation, permet au législateur européen d'avoir un contrôle sur l'adoption des mesures quasi législatives de mise en œuvre d'un acte adopté en codécision. Elle instaure un droit de veto pour le Parlement européen et le Conseil.

Le processus d'adoption dure en moyenne de 8 à 10 mois. En pratique, ce délai peut entraîner :

1. un décalage entre les dates d'entrée en vigueur des normes comptables IFRS de l'IASB et celles des IFRS appliquées dans l'Union européenne (UE), source de confusion pour les analystes financiers et les investisseurs et pouvant entraîner des problèmes pour les émetteurs européens également cotés aux Etats-Unis ; et

2. des difficultés pour les entreprises pour :
- préparer la première application des normes, les informations comparatives et les modifications significatives des systèmes d'information existants ; et
- déterminer leur stratégie par rapport à une éventuelle application anticipée des normes comptables IFRS.

Commentaires L'ARC est un comité de réglementation avec contrôle (art. 6, Règl. CE 1606/2002, modifié par le Règl. CE 297/2008 du 11/03/08), composé de représentants des Etats membres et présidé par la CE.

La France y est représentée par l'ANC et la Direction du Trésor.

La CE communique régulièrement avec l'ARC sur le statut des projets en cours de l'IASB et tous les documents y afférents élaborés par l'IASB, afin de coordonner les positions et faciliter les discussions sur l'adoption des normes comptables qui pourraient en résulter.

En outre, la CE doit informer en temps voulu l'ARC de son intention éventuelle de refuser l'adoption d'une norme (Règl. CE 1606/2002, art. 7).

Le représentant de la CE soumet à l'ARC tout projet de règlement d'adoption de norme et d'interprétation IFRS, après avis de l'EFRAG (voir n° 11124). L'ARC émet son avis sur ce projet dans un délai que le président peut fixer en fonction de l'urgence de la question. Cet avis est émis à la majorité qualifiée, le président ne prenant pas part au vote. 11128 (suite)

1. **Procédure de réglementation avec contrôle** (définie par l'art. 5 bis introduit par la décision du Conseil du 17/07/06 modifiant ainsi la décision du Conseil 1999/468/CE fixant les modalités de l'exercice des compétences d'exécution conférées à la Commission) Deux situations peuvent se présenter dans le cadre de cette procédure :

Des dispositions sont également prévues pour les questions de complexité, d'urgence ou d'efficacité.

a. **Mesures envisagées conformes à l'avis de l'ARC** La CE soumet alors le projet de mesures au Parlement européen et au Conseil de l'Union européenne pour contrôle. Le Parlement européen ou le Conseil peuvent s'opposer à l'adoption du projet par la CE, en motivant toutefois le refus. Ils doivent exprimer leur intention dans un délai de 3 mois à compter de leur saisine :
- s'ils s'opposent au projet de mesures, celles-ci ne sont pas arrêtées par la CE. Dans ce cas, la CE peut soumettre à l'ARC un projet de mesures modifié ou présenter une proposition législative sur la base du traité européen ;
- si, à l'expiration de ce délai, ni le Parlement européen ni le Conseil ne se sont opposés au projet de mesures, celles-ci sont arrêtées par la CE.

b. **Mesures envisagées par la CE non conformes à l'avis de l'ARC ou absence d'avis** La CE soumet alors au Conseil une proposition relative aux mesures à prendre et la transmet simultanément au Parlement européen. Le Conseil statue alors à la majorité qualifiée sur cette proposition dans un délai de 2 mois à compter de sa saisine :
- si, dans ce délai, le Conseil s'oppose à la majorité qualifiée aux mesures proposées, celles-ci ne seront pas arrêtées. Dans ce cas, la CE peut soumettre au Conseil une proposition modifiée ou une proposition législative sur la base du traité ;
- si le Conseil envisage d'adopter les mesures proposées, il les soumet alors au Parlement européen ;
- si le Conseil ne statue pas à l'expiration de ce délai, la CE soumet alors les mesures au Parlement.

Le Parlement européen statue à la majorité dans un délai de quatre mois à compter de la transmission de la proposition. Il peut s'opposer à l'adoption des mesures en cause en motivant son opposition. Si le Parlement s'oppose aux mesures proposées, celles-ci ne seront pas arrêtées. Dans ce cas, la CE peut soumettre au comité un projet de mesures modifié ou une proposition législative sur la base du traité. Si, à l'expiration de ce délai, le Parlement ne s'est pas opposé aux mesures proposées, celles-ci seront arrêtées par le Conseil ou par la CE, selon le cas.

2. **Une durée d'adoption avec des conséquences potentiellement pénalisantes pour les entreprises** L'IASB prévoit des délais d'au moins 12 mois (en général, de 12 à 18 mois), entre la date de publication d'une norme et sa date d'entrée en vigueur. Les conséquences pratiques de ces délais d'adoption au niveau européen pour les entreprises peuvent être de trois ordres :

a. un **décalage entre les dates d'entrée en vigueur** des normes comptables IFRS de l'IASB et celles des normes comptables IFRS appliquées dans l'UE ;

Ainsi, si une nouvelle norme comptable IFRS prévoit une option d'application anticipée, les sociétés cotées européennes ne peuvent pas utiliser cette option tant que cette norme n'a pas été adoptée en Europe. En outre, si une société a déclaré être conforme à la fois aux IFRS de l'UE et aux IFRS de l'IASB, elle ne peut plus se prévaloir de cette dernière mention tant que l'adoption en Europe n'est pas effective. Cette situation peut être source de confusion sur les marchés pour les analystes financiers et investisseurs.

En outre, les émetteurs européens cotés aux Etats-Unis bénéficient d'une exemption de rapprochement avec les US GAAP lorsque leurs états financiers sont conformes aux IFRS de l'IASB. Or, cette exemption ne trouve pas à s'appliquer en cas de divergences entre les IFRS telles qu'adoptées dans l'UE et les IFRS de l'IASB.

b. une **difficulté** en matière de préparation des **données comparatives** ;

De fait, dans un tel contexte d'incertitude, les entreprises, même celles qui n'envisagent pas une application anticipée, ne savent pas :
- s'il faut prévoir une adoption ;
- quand il convient de commencer à préparer la première application d'une norme, notamment s'agissant des informations comparatives ;
- ni quand préparer les actionnaires aux nouvelles informations.

Il en résulte une situation inconfortable dont la difficulté se trouve considérablement augmentée si le nouveau texte requiert une modification significative des systèmes d'information existants.

c. une **difficulté** pour apprécier l'**opportunité stratégique d'appliquer** ou non ces **textes de manière anticipée.**

Remarque Afin de limiter ces conséquences potentiellement pénalisantes pour les entreprises, toutes les parties concernées sont invitées à intervenir le plus en amont du processus d'élaboration des normes pour faire entendre leurs voix et faire en sorte que le processus d'adoption soit le plus efficace possible.

Conditions pour l'anticipation d'un texte publié par l'IASB non encore adopté au niveau européen

11134 ***Question***

Est-il possible, pour une entreprise cotée européenne, d'appliquer par anticipation une nouvelle norme IFRS (ou révision de norme) ou une nouvelle interprétation IFRS non encore approuvée par la Commission européenne ?

Réponse

La réponse diffère selon que le texte (norme/interprétation/amendement) présente ou non des contradictions avec les textes déjà approuvés par l'Europe :

1. **Texte n'entraînant pas de contradiction avec les textes déjà approuvés par l'Europe** (cas en général des amendements des normes IFRS résultant de la procédure annuelle d'amélioration des normes IFRS et des interprétations) : selon l'AMF, il est possible d'appliquer ce texte par anticipation même s'il n'est pas encore adopté par l'Europe.

   Pour la liste des textes applicables par anticipation, voir n° 11520.

Si l'entité décide d'appliquer par anticipation un texte non encore approuvé par l'Europe, l'AMF précise que les dispositions transitoires spécifiques prévues par l'IASB ne s'appliquent pas et qu'il convient alors, en cas de changement de méthode, d'en faire une application rétrospective, conformément à la norme IAS 8.

2. **Texte entraînant des contradictions avec les textes déjà approuvés par l'Europe** : selon l'AMF, tant que le texte n'est pas approuvé par l'Europe, l'anticipation n'est pas possible.

   Pour la liste des textes dont l'anticipation n'est, à notre avis, pas possible à ce jour, voir n° 11525.

En revanche, l'anticipation devient possible dès que le texte est approuvé par l'Europe, sous réserve toutefois qu'une telle application anticipée du texte soit autorisée tant par l'IASB que par le règlement européen l'ayant adopté.

Pour la liste des textes concernés, voir n° 11520.

L'AMF rappelle enfin qu'il est possible de prendre en compte, dès la clôture des comptes, des normes ou interprétations approuvées avant la date d'arrêté des comptes.

Commentaires Dans sa recommandation en vue de l'arrêté des comptes 2008, l'AMF a précisé (Rec. AMF 2008-22, Arrêté des Comptes 2008, § 9.1 s.) :
– qu'une norme IFRS non encore approuvée dans l'Union européenne peut être appliquée par anticipation dès lors qu'elle n'entraîne pas de contradiction avec les normes déjà approuvées par l'UE ;
– qu'une interprétation peut également être appliquée avant son approbation par l'UE.

Si l'entité décide d'appliquer un texte par anticipation alors qu'il n'est pas encore approuvé par l'Europe, l'AMF précise que les dispositions transitoires spécifiques éventuelles ne s'appliquent pas et que l'éventuel changement de méthode doit être appliqué rétrospectivement, conformément à la norme IAS 8.

En outre, l'AMF indique que, conformément à une position de l'ARC de novembre 2005, il est possible de prendre en compte dès la clôture les normes ou interprétations approuvées avant la date d'arrêté des comptes.

Enfin, lorsque des normes ou interprétations ont été publiées par l'IASB mais ne sont pas encore d'application obligatoire, des informations doivent être communiquées sur les incidences attendues (IAS 8.30 et .31 et Rec. AMF précitée).

Sur les informations à fournir en l'absence d'anticipation d'un texte publié par l'IASB, voir n° 55335.

II. Contrôle de l'application des IFRS en Europe

Mécanisme européen de contrôle pour l'application des normes IFRS : rôle de l'ESMA et des régulateurs nationaux (EECS)

11142

Question

Comment le contrôle de l'application des normes IFRS par les sociétés est-il organisé au niveau européen ? Quel est le rôle de l'ESMA et des régulateurs nationaux (EECS) ?

Réponse

L'ESMA (European Securities and Markets Authority) est l'autorité de régulation et de surveillance des marchés financiers de l'Union européenne. C'est une autorité indépendante qui fait partie du système européen de surveillance financière (European System of Financial Supervision/ESFS), un réseau centré sur les trois autorités européennes de surveillance (European Supervisory Authorities/ESAs).

Elle comprend un comité permanent des émetteurs (Issuers Standing Committee – ISC) dont un des groupes de travail est dédié au Financial Reporting et est chargé de la comptabilité, de l'audit et de l'information financière. Ce groupe travaille sur l'adoption des IFRS par l'UE et leur mise en application par les régulateurs nationaux.

Deux textes organisent le contrôle de l'application des normes comptables et interprétations IFRS et mettent en place une base de données qui contient les décisions prises par les instances nationales en matière d'IFRS, la base de l'EECS.

L'EECS (European Enforcers Coordination Sessions) réunit toutes les autorités nationales de régulation de l'Union européenne (UE) pour échanger des points de vue et discuter de leurs expériences en matière d'application des normes comptables IFRS. L'EECS n'est toutefois pas une instance d'interprétation.

Commentaires :

1. Rôle et compétences de l'ESMA L'European Securities and Markets Authority (ESMA) est l'autorité de régulation et de surveillance des marchés financiers de l'Union européenne.

Depuis 2011, l'ESMA a succédé au Comité européen des régulateurs de bourse (CESR) avec des compétences élargies.

La mission de l'ESMA, telle que définie en 2022 dans sa stratégie pluriannuelle 2023-28, est de renforcer la protection des investisseurs, de promouvoir le bon fonctionnement des marchés financiers et de préserver la stabilité financière. Elle se focalisera sur 2 axes thématiques : développer la finance durable et faciliter l'innovation technologique et l'utilisation efficace des données. Chaque année, avant le 30 septembre, l'ESMA établit un programme de travail annuel pour l'année suivante en accord avec la stratégie définie pour 2023-28. Après son adoption par les instances internes, celui-ci est transmis pour information au Parlement européen, au Conseil de l'Union européenne et à la Commission européenne, et est publié sur le site internet de l'ESMA.

Dans ce cadre, un des rôles de l'ESMA est de promouvoir l'application cohérente des normes internationales d'information financière (IFRS) et de favoriser la convergence des pratiques d'application en Europe en émettant des recommandations et des avis :

- publication d'instructions générales (guidelines) en 2014 ;
- publication de normes techniques ;

  L'ESMA met à jour les Regulatory Technical Standards/RTS et les fichiers de taxonomie associés relatifs à la taxonomie ESEF à utiliser pour la préparation des rapports financiers annuels au format ESEF, afin de refléter la version la plus récente de la taxonomie IFRS.

- publication des priorités européennes d'application commune (European Common Enforcement Priorities – ECEP) ;

  En effet, depuis 2012, l'ESMA identifie chaque année les priorités européennes d'application commune afin de promouvoir une application cohérente des normes comptables IFRS. Ces priorités constituent un axe essentiel de l'examen des états financiers des émetteurs et sont rendues publiques afin que les sociétés cotées et leurs auditeurs en tiennent compte lors de la préparation et de l'audit des états financiers. Elles sont ensuite relayées par les régulateurs nationaux (l'AMF en France).

– publication de déclarations, d'avis et de rapports ;

En 2019, l'ESMA a publié une déclaration publique sur l'application de la norme IAS 12 ; en 2021 un rapport sur les normes IFRS 10, IFRS 11 et IFRS 12 ; en 2022 des déclarations publiques sur la transparence dans la mise en œuvre de la norme IFRS 17 et sur les implications de l'invasion de l'Ukraine par la Russie sur les rapports financiers semestriels.

– publication régulière des extraits de sa base de données confidentielle de décisions d'exécution relatives aux états financiers, dans le but de fournir aux émetteurs et aux utilisateurs d'états financiers des informations pertinentes sur l'application appropriée des normes comptables IFRS.

L'ESMA adresse également des questions à l'IFRS Interpretations Committee sur des problématiques de convergence.

Par ailleurs, en juillet 2014, l'ESMA a signé avec l'IFRS Foundation un protocole de coopération.

2. **Cadre de contrôle** Il existe deux normes sur l'information financière pour améliorer une même approche de l'application des normes comptables IFRS au sein de l'UE.

a. La première, **Contrôle de l'application des normes d'information financière en Europe** (« Enforcement of standards on financial information in Europe » – CESR/03-073), publiée en mars 2003, énonce 21 principes sur différents aspects du contrôle des informations comptables (définition de la mise en application des normes comptables IFRS, instances compétentes, émetteurs et documents visés). Elle définit les actions et les pouvoirs des organismes chargés de contrôler l'application des normes comptables IFRS.

Ainsi, si une information significative manifestement erronée est publiée, ces régulateurs doivent obtenir une rectification appropriée et, si nécessaire, sa publication (CESR/03-073, principe 16).

Ce texte organise également la coordination des procédures entre les autorités de contrôle. Il précise que toute question comptable controversée doit être transmise aux organismes de normalisation ou d'interprétation, et que les régulateurs ne doivent pas publier de guide général d'application des normes comptables IFRS (CESR/03-073, principe 20).

b. La seconde, **Coordination du contrôle de l'application des normes** (« Coordination of enforcement activities » – CESR/03-317c), publiée en avril 2004, organise la coordination des pratiques de contrôle entre régulateurs nationaux :

– examen des décisions des régulateurs par un comité réunissant les membres de l'ESMA et les instances européennes chargées de la mise en œuvre des normes comptables IFRS, l'European Enforcers Coordination Sessions (EECS) ;

L'EECS réunit toutes les autorités nationales de régulation de l'Union européenne (UE) pour échanger des points de vue et discuter de leurs expériences en matière d'application des normes comptables IFRS. Il analyse et discute les décisions prises par les autorités nationales sur les états financiers IFRS publiés par les émetteurs cotés sur les marchés réglementés. Ces décisions sont rassemblées dans la base de données EECS, dont des extraits sont régulièrement publiés sur le site Internet de l'ESMA.

L'EECS n'est pas une instance d'interprétation : les décisions prises par les régulateurs ne constituent pas des interprétations applicables en général, rôle dédié à l'IFRS Interpretations Committee. Il ne prend pas non plus de décision car il n'approuve ni ne rejette les décisions des régulateurs nationaux qui appliquent leur jugement, leurs connaissances et leur expérience aux circonstances particulières des cas examinés.

– prise en compte des décisions des autres régulateurs avant toute nouvelle décision par une autorité de contrôle ;

– discussions avec les régulateurs pour toutes les décisions importantes, en respectant le temps et la confidentialité demandés ; et

– création d'une base de données des décisions d'application des normes comptables IFRS prises par les régulateurs nationaux de l'EECS servant d'outil de référence. Cette base EECS n'est pas publique, mais l'ESMA en publie régulièrement des extraits sur son site Internet.

Equivalence entre les normes IFRS et les GAAPs de pays tiers

11146 ***Question***

Quelles sont les règles comptables applicables dans les états financiers des émetteurs non européens dont les titres sont cotés sur un marché réglementé de l'Union européenne (UE) ou qui souhaitent faire appel public à l'épargne en Europe ?

Y a-t-il équivalence entre les normes comptables IFRS européennes et les principes comptables généraux (GAAPs) de ces pays tiers ?

Réponse

Les normes suivantes sont considérées comme équivalentes aux normes comptables IFRS adoptées par la CE, dans les états financiers annuels et semestriels du type d'émetteurs précité :
- les IFRS, si les notes annexes des états financiers vérifiés contiennent une déclaration explicite et sans réserve de la conformité de ces états financiers avec les IFRS conformément à IAS 1, Présentation des états financiers ;
- les GAAPs des Etats-Unis ;
- les GAAPs du Japon ;
- les GAAPs du Canada ;
- les GAAPs de la Corée du Sud ;
- les GAAPs de la Chine.

Remarques Afin de favoriser la coopération entre les normalisateurs nationaux et l'IASB, l'IFRS Foundation a créé un forum consultatif technique (l'ASAF), voir n° 11055.

Commentaires La plupart des textes européens sur la réglementation financière adoptés ces dernières années (directives Prospectus et Transparence notamment) contiennent des dispositions permettant à la Commission européenne d'adopter des décisions d'équivalence.

En effet, depuis 2007, à la suite des dispositions des directives Prospectus et Transparence, les émetteurs de pays tiers (émetteurs non européens dont les titres sont cotés ou qui font appel public à l'épargne en Europe) doivent préparer et présenter leurs états financiers sur la base (règlement (CE) n° 1569/2007) :
- des normes comptables IFRS adoptées dans l'UE ; ou
- des règles comptables de pays tiers que l'UE considère comme équivalentes aux normes comptables IFRS.

En règle générale, ces dispositions obligent la Commission à déterminer si les normes comptables appliquées dans les pays tiers sont équivalentes aux normes comptables IFRS appliquées dans l'UE. La Commission effectue ces évaluations sur la base de conseils techniques émis par l'Autorité européenne des marchés financiers (European Securities and Markets Authority – ESMA). En effet, depuis 2010, c'est l'ESMA, instituée par le règlement UE n° 1095/2010 du 24/11/10 et paru au JOUE du 15/12/10, qui est en charge d'élaborer des rapports à destination de la CE sur le niveau de convergence des normes comptables des pays tiers vers les normes IFRS, ainsi que sur la qualité de l'application et du contrôle de la communication des informations financières.

Une fois l'évaluation technique terminée et après en avoir rapporté au Parlement européen et au Conseil, la Commission peut officiellement adopter une décision d'équivalence. Celle-ci peut être indéterminée ou limitée dans le temps.

La décision 2008/961/CE et le règlement CE n° 1289/2008 du 12/12/08 (JOUE L340 du 19/12/08) – modifiés par la décision CE C(2012) 2256 du 11/04/12 et le règlement (UE) n° 310/2012 de la Commission, en date du 21/12/11, publié au JOUE le 13/04/12 – permettent de considérer comme équivalentes aux IFRS appliquées en Europe :
- les IFRS si les annexes contiennent une déclaration explicite et sans réserve que les états financiers sont conformes avec les IFRS selon IAS 1, Présentation des états financiers ;
- les normes nationales des Etats-Unis ; et
- les normes nationales du Japon.

Depuis, ont également été considérées comme équivalentes les normes nationales du Canada, de la Chine et de la Corée du Sud.

III. Organisations professionnelles participant au débat comptable en Europe

Rôle de Accountancy Europe

Question 11162

Qu'est-ce que Accountancy Europe et quel est son rôle ?

Réponse

Accountancy Europe, anciennement Fédération des experts-comptables européens (FEE – European Federation of Accountants), représente les organisations comptables professionnelles des Etats membres de l'Union européenne (UE) auprès des institutions européennes.

Accountancy Europe est une association internationale sans but lucratif conforme à la législation belge.

Commentaires :

1. **Objectifs** Accountancy Europe est une association à but non lucratif qui a pour objectifs statutaires :
– de promouvoir et défendre les intérêts de la profession comptable européenne au sens le plus large en tenant compte de l'intérêt général dans l'exercice de la profession ;
– d'œuvrer pour la défense, l'harmonisation et la libéralisation de la pratique et de la réglementation de la comptabilité, du contrôle des comptes et de l'information financière en Europe tant dans le secteur privé que dans le secteur public, en tenant compte des progrès réalisés au niveau mondial et, lorsque cela s'avère nécessaire, promouvoir et défendre les intérêts spécifiques européens ;
– de promouvoir la collaboration entre les différents organismes professionnels d'experts-comptables en Europe concernant des questions d'intérêt commun, tant dans le secteur public que dans le secteur privé ;
– d'identifier rapidement les développements qui peuvent influencer la pratique de l'expertise comptable, afin de sensibiliser les organisations membres à ce sujet et influencer l'évolution en coopération avec les autres organismes ;
– de constituer le seul organisme représentatif et consultatif de la profession européenne d'experts-comptables vis-à-vis des institutions de l'UE ;
– de représenter la profession européenne d'experts-comptables à l'échelon international.

2. **Travaux** Accountancy Europe consacre son activité à 6 domaines principaux d'intervention qui sont l'audit et la certification des comptes, les reportings financier et extra-financier, la fiscalité, la finance durable, la gouvernance d'entreprise et les PME. Le travail de l'association est effectué dans des groupes d'experts. Les thèmes de ceux-ci sont déterminés par le conseil d'Administration et les représentants des différents membres y participent en fonction de leur domaine d'expertise. Ces travaux prennent la forme d'études, de réponses à consultations, conférences, podcasts, etc.

Accountancy Europe est régulièrement invité à des groupes de travail pour contribuer à l'élaboration des politiques et à l'établissement de normes aux niveaux européen et international. Accountancy Europe travaille avec et intervient auprès de nombreux organismes européens et internationaux tels que l'European Financial Reporting Advisory Group (EFRAG), la Commission européenne, l'International Accounting Standards Board (IASB), l'Organisation de coopération et de développement économiques (OCDE), l'Organisation internationale des commissions de valeurs (IOCV ou IOSCO), ainsi que des organisations non gouvernementales (ONG).

3. **Organisation** Au 31 décembre 2022, Accountancy Europe fédère 50 institutions professionnelles de 35 pays. La profession comptable française y est représentée par l'Ordre des experts-comptables (CSOEC), la Compagnie nationale des commissaires aux comptes (CNCC) et l'Institut Français des Experts-Comptables (IFEC).

Les langues de travail d'ACE sont l'anglais et le français et l'adresse de son site internet est www.accountancyeurope.eu/.

Rôle de BusinessEurope

11164 ***Question***

Qu'est-ce que BusinessEurope et quel est son rôle ?

Réponse

BusinessEurope est l'organisme qui regroupe les fédérations patronales au niveau européen.

CHAPITRE 2

Les IFRS applicables pour les comptes 2023

Plan du chapitre §§ 11500

QUESTIONS/REPONSES PRATIQUES

Remarque importante

Les réponses aux questions ci-après résultent de l'analyse des textes et de l'actualité, sur la base des informations disponibles au 1er juin 2023. 11506

Manuel des normes IFRS applicables aux comptes IFRS 2023

Question 11507

Où trouver la version des normes IFRS applicables de manière obligatoire pour les comptes IFRS 2023 ?

Réponse

Dans l'ouvrage intitulé « IFRS® Standards Required 1 January 2023 » (Blue book), correspondant à l'édition publiée par l'IFRS Foundation en janvier 2023.

Cet ouvrage regroupe les normes et interprétations IFRS applicables obligatoirement aux exercices ouverts à compter du 1er janvier 2023 selon l'IASB.

En conséquence, il ne prend pas en compte les textes publiés mais non encore entrés en vigueur à cette date.

Cette version des normes contenues dans le « Blue Book » est celle se rapprochant le plus des normes applicables par les sociétés cotées européennes en 2023. En effet, les textes d'application obligatoire pour les comptes IFRS 2023 figurant dans cet ouvrage ne sont pas encore tous adoptés par la Commission européenne (voir no 11510).

A l'inverse, l'ouvrage intitulé « IFRS® Standards Issued at 1 January 2023 » (Red Book) est une version compilée de tous les textes IFRS publiés par l'IASB et l'IFRS Interpretations Committee, indépendamment de leur date d'entrée en vigueur. Peuvent ainsi y figurer des normes ou interprétations dont l'entrée en vigueur obligatoire selon l'IASB n'interviendra qu'après 2023.

Certains textes inclus dans le « Red Book » peuvent faire l'objet d'une application anticipée dès lors que l'IASB l'autorise et, pour les sociétés cotées européennes, que la Commission européenne les a adoptés.

La **version électronique des normes et interprétations obligatoires** pour les sociétés cotées européennes en 2023 est **disponible** dans les **Sources comptables IFRS (Code IFRS) du Navis Comptable Conso France/IFRS** (Ed. Francis Lefebvre, www.efl.fr), **en anglais** (texte officiel de l'IASB) et **en français** (traduction officielle de l'Union européenne) en regard.

Figurent également dans le Code IFRS, les normes, interprétations et amendements non encore applicables, les projets de normes ou d'interprétations en cours, les décisions de l'IFRS IC, les anciennes normes supprimées et amendements intégrés, etc.

A. Comptes IFRS 2023 des sociétés cotées européennes : textes obligatoires

Comptes IFRS 2023 : liste des nouveaux textes obligatoires pour les sociétés cotées européennes

11510 ***Question***

Quels sont les nouveaux textes d'application obligatoire pour la première fois dans les comptes consolidés IFRS 2023 des sociétés cotées européennes ?

Réponse

Les textes applicables obligatoirement par les sociétés cotées européennes pour la première fois dans leurs comptes clos au 31 décembre 2023 sont listés dans le tableau ci-après.

Remarque Certains de ces textes ont déjà pu être appliqués par anticipation dans les comptes 2022.

Rappel Une nouvelle norme ou interprétation, ou un nouvel amendement, doit être appliqué par les sociétés cotées européennes dès lors que ce texte a été adopté par la Commission européenne. Sa date d'entrée en vigueur est alors celle figurant dans le règlement d'adoption, qui peut différer de celle initialement prévue par l'IASB ou l'IFRS Interpretations Committee.

Pour les possibilités d'application anticipée des textes, voir n° 11134.

Normes impactées	Textes IASB applicables obligatoirement en 2023 par les sociétés cotées européennes	Date d'entrée en vigueur obligatoire en Europe	Dispositions transitoires	Réf.
IAS 1	Informations à fournir sur les méthodes comptables [1] (amendement publié 02/21)	1/01/23 Règl. UE 2022/357 du 2/03/22	Application prospective	n° 55355
IAS 8	Définition d'une estimation comptable (amendement publié 02/21)	1/01/23 Règl. UE 2022/357 du 2/03/22	Application prospective	n° 12686
IAS 12	Impôts différés relatifs à des actifs et passifs résultant d'une même transaction (amendement publié 05/21)	1/01/23 Règl. UE 2022/1392 du 11/08/22	Dispositions transitoires particulières [2]	n° 27570-1
IFRS 17	Contrats d'assurance (norme publiée 05/17 et amendée 06/20) [3]	1/01/23 Règl. UE 2021/2036 du 19/11/21	Dispositions transitoires particulières [4]	n° 65905R s.

Normes impactées	Textes IASB applicables obligatoirement en 2023 par les sociétés cotées européennes	Date d'entrée en vigueur obligatoire en Europe	Dispositions transitoires	Réf.
IFRS 17	Première application d'IFRS 17 et d'IFRS 9 – Informations comparatives (amendement publié 12/21)	1/01/23 Règl. UE 2022/1491 du 8/09/22	N/A (5)	nº 66060R

(1) Cet amendement a été accompagné d'une mise à jour du Practice Statement 2 « Making materiality judgements », dont l'application n'est pas obligatoire.
(2) Pour plus de précisions sur les modalités de transition de cet amendement, voir nº 27570-1.
(3) Dans la version de la norme adoptée par la Commission européenne, les sociétés cotées européennes ont la possibilité d'exempter les contrats mutualisés intergénérationnels et avec compensation des flux de trésorerie de l'exigence de cohorte annuelle imposée dans le texte tel que publié par l'IASB (voir nº 65940R).
(4) Des mesures de simplification ont été apportées par l'IASB, et approuvées par la Commission européenne, à l'application rétrospective de la norme IFRS 17 (voir nº 66070R).
(5) Cet amendement peut être appliqué par les entités concernées uniquement au moment où elles appliquent en même temps les normes IFRS 17 et IFRS 9 pour la première fois.

Comptes IFRS 2022-2023 (clôture décalée) : liste des nouveaux textes obligatoires pour les sociétés cotées européennes

Question 11515

Quels sont les nouveaux textes d'application obligatoire pour la première fois dans les comptes consolidés IFRS 2022-2023 des sociétés cotées européennes dont la clôture n'est pas calendaire ?

Réponse

Les textes applicables obligatoirement pour la première fois par les sociétés cotées européennes, dont la clôture n'est pas calendaire, dans leurs comptes consolidés IFRS 2022-2023, sont listés dans le tableau ci-après.

Rappel Une nouvelle norme ou interprétation, ou un nouvel amendement, doit être appliqué par les sociétés cotées européennes dès lors que ce texte a été adopté par la Commission européenne. Sa date d'entrée en vigueur est alors celle figurant dans le règlement d'adoption, qui peut différer de celle initialement prévue par l'IASB ou l'IFRS Interpretations Committee.

Pour les possibilités d'application anticipée des textes, voir nº 11134.

Normes impactées	Textes IASB applicables obligatoirement en 2022-2023 par les sociétés cotées européennes	Date d'entrée en vigueur obligatoire en Europe	Dispositions transitoires	Réf.
IAS 16	Produits antérieurs à l'utilisation prévue (amendement publié 05/20)	1/01/22 Règl. UE 2021/1080 du 28/06/21	Dispositions transitoires particulières (1)	nº 31126
IAS 37	Contrats déficitaires – Coût d'exécution du contrat (amendement publié 05/20)	1/01/22 Règl. UE 2021/1080 du 28/06/21	Dispositions transitoires particulières (2)	nº 39979
IFRS 3	Référence au Cadre conceptuel (amendement publié 05/20)	1/01/22 Règl. UE 2021/1080 du 28/06/21	Application prospective	nº 21361 et 21910

Normes impactées	Textes IASB applicables obligatoirement en 2022-2023 par les sociétés cotées européennes	Date d'entrée en vigueur obligatoire en Europe	Dispositions transitoires	Réf.
Améliorations des IFRS cycle 2018-2020 (amendements publiés 05/20)				
IAS 41	Impôts dans les évaluations de la juste valeur (3)	1/01/22 Règl. UE 2021/1080 du 28/06/21	Application prospective	n° 67017
IFRS 1	Filiale devenant un nouvel adoptant		N/A (4)	
IFRS 9	Décomptabilisation d'un passif financier : frais et commissions à intégrer dans le test des 10 %		Application prospective	n° 46175
IFRS 16	Avantages incitatifs à la location		N/A (5)	

(1) Pour plus de précisions sur les modalités de transition de cet amendement, voir n° 31126.
(2) L'amendement s'applique à l'ensemble des contrats en cours d'exécution à la date de première application, sans retraitement des informations comparatives présentées (l'impact cumulé de la première application de l'amendement étant présenté comme un ajustement des capitaux propres d'ouverture à la date de première application).
(3) L'amendement a supprimé la mention de l'exclusion des flux de trésorerie relatifs aux impôts lors de l'évaluation de la juste valeur des actifs biologiques sur la base de la valeur actualisée des flux nets de trésorerie attendus.
(4) L'amendement introduit une possibilité de traitement particulier, dans certaines conditions, du montant cumulé des différences de conversion dans les comptes individuels. En conséquence, il ne prévoit pas de disposition transitoire spécifique.
(5) S'agissant de l'amendement d'un simple exemple illustratif (IE 5, exemple 13), aucune disposition transitoire n'est prévue.

B. Comptes IFRS 2023 : textes pouvant être anticipés par les sociétés cotées européennes

Comptes IFRS 2023 : liste des textes pouvant être anticipés par les sociétés cotées européennes

11520 ***Question***

Quels sont les textes publiés par l'IASB pouvant être anticipés dans les comptes consolidés IFRS en 2023 par les sociétés cotées européennes ?

Réponse

Les normes, interprétations et amendements susceptibles d'être anticipés dans les comptes consolidés IFRS en 2023 (voir conditions au n° 11134) sont mentionnés dans le tableau ci-après, élaboré par nos soins.

Il s'agit de textes dont l'application anticipée est possible car :
- ces textes ont d'ores et déjà été adoptés au niveau européen ; ou
- ces textes sont des interprétations de textes en vigueur déjà approuvés par la Commission européenne et ils n'entraînent pas de contradiction avec ceux-ci (voir n° 11134). L'AMF ou l'ARC peuvent formuler une recommandation d'application anticipée spécifique pour certains d'entre eux.

Sur les informations à fournir en cas de non-anticipation d'un texte publié mais non encore entré en vigueur, voir n° 55335.
Sur la possibilité de changer d'option entre le premier et le second semestre concernant l'application anticipée d'une norme ou interprétation, et sur les conséquences d'un tel changement, voir n° 54560 s.

a. **Textes déjà adoptés par la Commission européenne et applicables par anticipation en 2023 :**

Aucun texte ne figure dans cette rubrique.

b. Textes non encore adoptés par la Commission européenne mais, à notre avis, applicables par anticipation en 2023 car interprétant sans contradiction des textes déjà adoptés.

Rappel En application de la hiérarchie des textes IFRS, les sociétés cotées européennes peuvent appliquer, dans leurs comptes IFRS, des amendements publiés par l'IASB et ce, indépendamment de leur adoption formelle par la Commission européenne, à condition qu'il s'agisse d'amendements de normes (i) déjà adoptées par la Commission européenne, (ii) conformes aux directives européennes et (iii) qui n'entraînent pas de contradiction avec les textes déjà approuvés (voir n° 11134).
Plus précisément :
1. si ces amendements sont adoptés par la Commission européenne avant la date d'arrêté des comptes annuels, ces textes pourront être appliqués par anticipation et les dispositions transitoires prévues par l'Europe s'appliqueront ;
2. si ces amendements ne sont pas adoptés par la Commission européenne avant la date d'arrêté des comptes, mais qu'une entreprise souhaite les appliquer par anticipation, une application rétrospective est requise. En effet, dans ce cas, les dispositions transitoires prévues dans l'amendement ne s'appliquent pas.

<table>
<tr><th>Textes IASB non encore adoptés par la CE mais, à notre avis, applicables par anticipation</th><th>Entrée en vigueur obligatoire selon l'IASB</th><th>Adoption attendue par la CE (« EU endorsement status report »)</th><th>Dispositions transitoires (voir point 2. ci-avant)</th><th>Réf.</th></tr>
<tr><td>Amendement IFRS 10 et IAS 28, Vente ou apport d'actifs entre un investisseur et une entité associée ou une coentreprise (publié 09/14)</td><td rowspan="2">Différée</td><td rowspan="2">Différée</td><td rowspan="2">N/A</td><td rowspan="2">n° 15101, 15592 et 23835</td></tr>
<tr><td>Amendement IFRS 10 et IAS 28, « Amendment Effective date of amendments to IFRS 10 and IAS 28 » (publié 12/15)</td></tr>
<tr><td>Amendement IAS 12, Réforme fiscale internationale – Règles du Pilier 2 (publié 05/23)</td><td>1/01/23</td><td>Non encore annoncée</td><td>Application rétrospective</td><td>n° 27506</td></tr>
<tr><td>Amendement IAS 7 et IFRS 7, Affacturage inversé – Accords de financement des dettes fournisseurs (publié 05/23)</td><td>1/01/24</td><td>Non encore annoncée</td><td>Application prospective (1)</td><td>n° 48215</td></tr>
<tr><td>Amendement IFRS 16, Dette de loyers dans une opération de cession-bail (publié 09/22)</td><td>1/01/24</td><td>Non encore annoncée</td><td>Application rétrospective</td><td>n° 33780</td></tr>
<tr><td colspan="5">(1) Au cours de l'exercice de première application, les entités n'auront pas à fournir d'informations comparatives, ou d'informations pour les clôtures intermédiaires. A notre avis, s'agissant d'améliorations d'informations à fournir en annexe, ces modalités transitoires pourront être appliquées avant même l'approbation par la Commission européenne.</td></tr>
</table>

C. Comptes IFRS 2023 : textes non applicables par les sociétés cotées européennes

Liste des textes non applicables par les sociétés cotées européennes en 2023

Question 11525

Quels sont les textes publiés par l'IASB mais non applicables par les sociétés cotées européennes dans les comptes IFRS 2023 ?

11525 (suite)

Réponse

Ce tableau présente les normes, interprétations ou amendements ne pouvant pas être appliqués par les sociétés cotées européennes dans leurs comptes IFRS 2023 (exercices ouverts à compter du 1er janvier 2023), ces textes n'ayant pas à ce jour fait l'objet d'une adoption par la Commission européenne et pouvant entraîner des contradictions avec les textes déjà adoptés (voir nº 11134).

Textes IASB non encore adoptés par la CE et, à notre avis, non applicables par anticipation en 2023	Entrée en vigueur obligatoire selon l'IASB	Adoption attendue par la CE (« EU endorsement status report »)	Dispositions transitoires	Réf.
Amendement IAS 1, Présentation des états financiers : classement des dettes en courant ou non courant (publié 01/20)	1/01/24 (1)	Non encore annoncée	Application rétrospective	nº 54006
Amendement IAS 1, Passifs non courants assortis de clauses restrictives (publié 10/22)	1/01/24	Non encore annoncée	Application rétrospective	nº 54006
IFRS 14, Comptes de report réglementaires (« Regulatory deferral accounts ») (publié 01/14)	1/01/16	(2)	N/A	
(1) L'amendement devait initialement être appliqué de manière obligatoire pour les exercices ouverts à compter du 1er janvier 2023. Toutefois, la date est reportée aux exercices ouverts à compter du 1er janvier 2024, pour alignement sur l'amendement relatif aux passifs non courants assortis de clauses restrictives. Pour plus de précisions, voir nº 54006. (2) IFRS 14 est une norme temporaire sur les activités à tarif régulé, offrant une solution comptable aux sociétés qui adoptent les normes IFRS pour la première fois. La Commission européenne ne proposera pas cette norme pour adoption dans l'UE, car très peu d'entreprises européennes entrent dans son champ d'application. La Commission indique qu'elle examinera toute future norme sur les activités à tarifs régulés, en vue d'une éventuelle adoption.				

ANNEXE

Comptes IFRS 2023 des sociétés cotées européennes : liste récapitulative des textes obligatoires

Ce tableau, établi par nos soins sur la base des informations disponibles au 1er juin 2023, présente l'ensemble des normes et interprétations adoptées au niveau européen, obligatoires pour les comptes IFRS 2023 des sociétés cotées européennes. 11600

Remarque Pour une meilleure lisibilité, la liste ci-après ne mentionne pas les amendements consécutifs des textes publiés sur les autres normes ou interprétations (« Consequential amendments »).

Normes/Interprétations obligatoires		Règlement d'adoption	
	Comptes IFRS 2023 des sociétés cotées européennes (exercices ouverts à compter du 1er janvier 2023)	N° Règl. UE	Date
IAS 1	Présentation des états financiers	1274/2008	17/12/08
	Amendement Instruments financiers remboursables au gré du porteur et obligations à la suite d'une liquidation (02/08)	53/2009	21/01/09
	Amendement Améliorations des IFRS (05/08)	70/2009	23/01/09
	Amendement Améliorations des IFRS (04/09)	243/2010	23/03/10
	Amendement Améliorations des IFRS (05/10)	149/2011	18/02/11
	Amendement Présentation des autres éléments du résultat global (06/11)	475/2012	5/06/12
	Amendement Améliorations des IFRS cycle 2009-2011 (05/12)	301/2013	27/03/13
	Amendement Initiative concernant les informations à fournir (12/14)	2015/2406	18/12/15
	Amendement Modifications des références au Cadre conceptuel dans les normes IFRS (03/18)	2019/2075	29/11/19
	Amendement Définition de la matérialité (10/18)	2019/2104	29/11/19
	Amendement Informations à fournir sur les méthodes comptables (02/21)	2022/357	2/03/22
	Interprétation :		
	SIC 29 Accords de concession de services : informations (amendé par IFRIC 12)	1126/2008 (1)	3/11/08
IAS 2	Stocks	1126/2008 (1)	3/11/08
	Interprétation :		
	IFRIC 20 Frais de découverture engagés pendant la phase d'exploitation d'une mine à ciel ouvert	1255/2012	11/12/12
IAS 7	Etat des flux de trésorerie	1126/2008 (1)	3/11/08
	Amendement Améliorations des IFRS (05/08)	70/2009	23/01/09
	Amendement Améliorations des IFRS (04/09)	243/2010	23/03/10
	Amendement Initiative concernant les informations à fournir (01/16)	2017/1990	6/11/17
IAS 8	Méthodes comptables, changements d'estimations comptables et erreurs	1126/2008 (1)	3/11/08
	Amendement Améliorations des IFRS (05/08)	70/2009	23/01/09
	Amendement Modifications des références au Cadre conceptuel dans les normes IFRS (03/18)	2019/2075	29/11/19
	Amendement Définition de la matérialité (10/18)	2019/2104	29/11/19
	Amendement Définition d'une estimation comptable (02/21)	2022/357	2/03/22
IAS 10	Evénements postérieurs à la période de reporting	1126/2008 (1)	3/11/08
	Amendement Améliorations des IFRS (05/08)	70/2009	23/01/09

11600 (suite)

Normes/Interprétations obligatoires		Règlement d'adoption	
Comptes IFRS 2023 des sociétés cotées européennes (exercices ouverts à compter du 1er janvier 2023)		N° Règl. UE	Date
IAS 12	Impôts sur le résultat	1126/2008 (1)	3/11/08
	Amendement Impôt différé : recouvrement des actifs sous-jacents (12/10)	1256/2012	13/12/12
	Amendement Comptabilisation d'actifs d'impôt différé au titre de pertes latentes (01/16)	2017/1989	06/11/17
	Amendement Améliorations des IFRS cycle 2015-2017 (12/17)	2019/412	14/03/19
	Amendement Modifications des références au Cadre conceptuel dans les normes IFRS (03/18)	2019/2075	29/11/19
	Amendement Impôts différés relatifs à des actifs et passifs résultant d'une même transaction (05/21)	2022/1392	11/08/22
	Interprétations :		
	SIC 25 Changements de statut fiscal d'une entreprise ou de ses actionnaires	1126/2008 (1)	3/11/08
	IFRIC 23 Incertitude relative au traitement des impôts sur le résultat	2018/1595	23/10/18
IAS 16	Immobilisations corporelles	1126/2008 (1)	3/11/08
	Amendement Améliorations des IFRS (05/08)	70/2009	23/01/09
	Amendement Améliorations des IFRS cycle 2009-2011 (05/12)	301/2013	27/03/13
	Amendement Clarifications sur les modes d'amortissement acceptables (05/14)	2015/2231	2/12/15
	Amendement Actifs biologiques producteurs (06/14)	2015/2113	23/11/15
	Amendement Améliorations des IFRS cycle 2010-2012 (12/13)	2015/28	17/12/14
	Amendement Modifications des références au Cadre conceptuel dans les normes IFRS (03/18)	2019/2075	29/11/19
	Amendement Produits antérieurs à l'utilisation prévue (05/20)	2021/1080	28/06/21
	Interprétation :		
	IFRIC 1 Variation des passifs existants relatifs au démantèlement, à la remise en état des sites et similaires	1126/2008 (1)	3/11/08
IAS 19	Avantages du personnel	475/2012 et rectificatif	1/01/13 5/06/12
	Amendement Régimes à prestations définies : cotisations des membres du personnel (11/13)	2015/29	17/12/14
	Amendement Améliorations des IFRS cycle 2012-2014 (09/14)	2015/2343	15/12/15
	Amendements Modification, réduction ou liquidation de régime (02/18)	2019/402	13/03/19
	Amendement Modifications des références au Cadre conceptuel dans les normes IFRS (03/18)	2019/2075	29/11/19
	Interprétations :		
	IFRIC 14 Plafonnement de l'actif au titre des régimes à prestations définies, exigences de financement minimal et leur interaction	1263/2008	16/12/08
	Amendement d'IFRIC 14 Améliorations des IFRS (05/10)	149/2011	18/02/11
IAS 20	Comptabilisation des subventions publiques et informations à fournir sur l'aide publique	1126/2008 (1)	3/11/08
	Amendement Améliorations des IFRS (05/08)	70/2009	23/01/09
	Interprétation :		
	SIC 10 Aide publique – Absence de relation spécifique avec des activités opérationnelles	1126/2008 (1)	3/11/08

11600 (suite)

Normes/Interprétations obligatoires Comptes IFRS 2023 des sociétés cotées européennes (exercices ouverts à compter du 1er janvier 2023)		Règlement d'adoption	
		N° Règl. UE	Date
IAS 21	**Effets des variations des cours des monnaies étrangères**	1126/2008 (1)	3/11/08
	Amendement Améliorations des IFRS (05/10)	149/2011	18/02/11
	Amendement Modifications des références au Cadre conceptuel dans les normes IFRS (03/18)	2019/2075	29/11/19
	Interprétations :		
	SIC 7 Introduction de l'euro	1126/2008 (1)	3/11/08
	IFRIC 22 Transactions en monnaie étrangère et contrepartie anticipée (12/16)	2018/519	28/03/18
IAS 23	**Coûts d'emprunt**	70/2009	23/01/09
	Amendement Améliorations des IFRS cycle 2015-2017 (12/17)	2019/412	14/03/19
IAS 24	**Information relative aux parties liées**	632/2010	19/07/10
	Amendement Améliorations des IFRS cycle 2010-2012 (12/13)	2015/28	17/12/14
IAS 26	**Comptabilité et rapports financiers des régimes de retraite**	1126/2008 (1)	3/11/08
IAS 27	**Etats financiers individuels**	1254/2012	11/12/12
	Amendement Sociétés d'investissement (10/12)	1174/2013	20/11/13
	Amendement Méthode de la mise en équivalence dans les états financiers individuels (08/14)	2015/2441	18/12/15
IAS 28	**Participations dans les entreprises associées et joint ventures**	1254/2012	11/12/12
	Amendement Application de l'exception de consolidation pour les sociétés d'investissement (12/14)	2016/1703	22/09/16
	Amendement Améliorations des IFRS cycle 2014-2016 (12/16)	2018/182	12/02/18
	Amendement Intérêts à long terme dans une entreprise associée ou une coentreprise (10/17)	2019/237	08/02/19
	Amendement Modifications des références au Cadre conceptuel dans les normes IFRS (03/18)	2019/2075	29/11/19
IAS 29	**Information financière dans les économies hyperinflationnistes**	1126/2008 (1)	3/11/08
	Amendement Améliorations des IFRS (05/08)	70/2009	23/01/09
	Interprétation :		
	IFRIC 7 Application de l'approche du retraitement dans le cadre d'IAS 29	1126/2008 (1)	3/11/08
IAS 32	**Instruments financiers : Présentation**	1126/2008 (1)	3/11/08
	Amendement Améliorations des IFRS (05/08)	70/2009	23/01/09
	Amendement Instruments financiers remboursables au gré du porteur et obligations à la suite d'une liquidation (02/08)	53/2009	21/01/09
	Amendement Classement des droits de souscription émis en devises (10/09)	1293/2009	23/12/09
	Amendement Améliorations des IFRS (05/10)	149/2011	18/02/11
	Amendement Améliorations des IFRS cycle 2009-2011 (05/12)	301/2013	27/03/13
	Amendement Compensation d'actifs et de passifs financiers (12/11)	1256/2012	13/12/12
	Amendement Modifications des références au Cadre conceptuel dans les normes IFRS (03/18)	2019/2075	29/11/19
	Interprétations :		
	IFRIC 2 Parts sociales des entités coopératives et instruments similaires	1126/2008 (1)	3/11/08
	IFRIC 19 Extinction de passifs financiers avec des instruments de capitaux propres	662/2010	23/07/10
IAS 33	**Résultat par action**	1126/2008 (1)	3/11/08
IAS 34	**Information financière intermédiaire**	1126/2008 (1)	3/11/08
	Amendement Améliorations des IFRS (05/08)	70/2009	23/01/09
	Amendement Améliorations des IFRS (05/10)	149/2011	18/02/11
	Amendement Améliorations des IFRS cycle 2009-2011 (05/12)	301/2013	27/03/13
	Amendement Améliorations des IFRS cycle 2012-2014 (09/14)	2015/2343	15/12/15

11600
(suite)

Normes/Interprétations obligatoires		Règlement d'adoption	
	Comptes IFRS 2023 des sociétés cotées européennes (exercices ouverts à compter du 1er janvier 2023)	N° Règl. UE	Date
	Amendement Modifications des références au Cadre conceptuel dans les normes IFRS (03/18)	2019/2075	29/11/19
	Interprétation :		
	IFRIC 10 Information financière intermédiaire et dépréciation	1126/2008 (1)	3/11/08
IAS 36	**Dépréciation d'actifs**	1126/2008 (1)	3/11/08
	Amendement Améliorations des IFRS (05/08)	70/2009	23/01/09
	Amendement Améliorations des IFRS (04/09)	243/2010	23/03/10
	Amendement Informations sur la valeur recouvrable des actifs non financiers (05/13)	1374/2013	19/12/13
	Amendement Modifications des références au Cadre conceptuel dans les normes IFRS (03/18)	2019/2075	29/11/19
	Interprétation :		
	IFRIC 10 Information financière intermédiaire et dépréciation	1126/2008 (1)	3/11/08
IAS 37	**Provisions, passifs éventuels et actifs éventuels**	1126/2008 (1)	3/11/08
	Amendement Modifications des références au Cadre conceptuel dans les normes IFRS (03/18)	2019/2075	29/11/19
	Amendement Contrats déficitaires – Coût d'exécution du contrat (05/20)	2021/1080	28/06/21
	Interprétations :		
	IFRIC 1 Variation des passifs existants relatifs au démantèlement, à la remise en état des sites et similaires	1126/2008 (1)	3/11/08
	IFRIC 5 Droits aux intérêts émanant de fonds de gestion dédiés au démantèlement, à la remise en état et à la réhabilitation de l'environnement	1126/2008 (1)	3/11/08
	IFRIC 6 Passifs découlant de la participation à un marché spécifique – Déchets d'équipements électriques et électroniques	1126/2008 (1)	3/11/08
	IFRIC 21 Taxes	634/2014	13/06/14
IAS 38	**Immobilisations incorporelles**	1126/2008 (1)	3/11/08
	Amendement Améliorations des IFRS (05/08)	70/2009	23/01/09
	Amendement Améliorations des IFRS (04/09)	243/2010	23/03/10
	Amendement Clarifications sur les modes d'amortissement acceptables (05/14)	2015/2231	2/12/15
	Amendement Améliorations des IFRS cycle 2010-2012 (12/13)	2015/28	17/12/14
	Amendement Modifications des références au Cadre conceptuel dans les normes IFRS (03/18)	2019/2075	29/11/19
	Interprétation :		
	SIC 32 Immobilisations incorporelles – Coûts liés aux sites Web	1126/2008 (1)	3/11/08
IAS 39	**Instruments financiers : Comptabilisation et évaluation**	1126/2008 (1)	3/11/08
	Amendement Améliorations des IFRS (05/08)	70/2009	23/01/09
	Amendement Reclassement des actifs financiers – date d'entrée en vigueur et transition (10/08)	824/2009	9/09/09
	Amendement Eléments éligibles à une opération de couverture (07/08)	839/2009	15/09/09
	Amendement Dérivés incorporés (12/08)	1171/2009	30/11/09
	Amendement Améliorations des IFRS (04/09)	243/2010	23/03/10
	Amendement Améliorations des IFRS (05/10)	149/2011	18/02/11
	Amendement Novation de dérivés et maintien de la comptabilité de couverture (06/13)	1375/2013	19/12/13
	Amendement Réforme des taux de référence (09/19)	2020/34	15/01/20
	Amendement Réforme des taux de référence, phase 2 (08/20)	2021/25	13/01/21
	Interprétations :		
	IFRIC 2 Parts sociales des entités coopératives et instruments similaires	1126/2008 (1)	3/11/08

11600 (suite)

Normes/Interprétations obligatoires		Règlement d'adoption	
Comptes IFRS 2023 des sociétés cotées européennes (exercices ouverts à compter du 1er janvier 2023)		N° Règl. UE	Date
	IFRIC 5 Droits aux intérêts émanant de fonds de gestion dédiés au démantèlement, à la remise en état et à la réhabilitation de l'environnement	1126/2008 (1)	3/11/08
	IFIC 16 Couverture d'un investissement net dans une activité à l'étranger	636/2009	22/07/09
	Amendement d'IFRIC 16 Améliorations des IFRS (04/09)	243/2010	23/03/10
	IFRIC 9 Réexamen des dérivés incorporés (3)	1171/2009	30/11/09
	Amendement d'IFRIC 9 Améliorations des IFRS (04/09)	243/2010	23/03/10
IAS 40	Immeubles de placement	1126/2008 (1)	3/11/08
	Amendement Améliorations des IFRS (05/08)	70/2009	23/01/09
	Amendement Améliorations des IFRS cycle 2011-2013 (12/13)	2014/1361 et rectificatif	18/12/14 22/01/15
	Amendement Transferts d'immeubles de placement (12/16)	2018/400	14/03/18
	Amendement Modifications des références au Cadre conceptuel dans les normes IFRS (03/18)	2019/2075	29/11/19
IAS 41	Agriculture	1126/2008 (1)	3/11/08
	Amendement Améliorations des IFRS (05/08)	70/2009	23/01/09
	Amendement Actifs biologiques producteurs (06/14)	2015/2113	23/11/15
	Amendement Modifications des références au Cadre conceptuel dans les normes IFRS (03/18)	2019/2075	29/11/19
	Amendement Améliorations des IFRS cycle 2018-2020 (05/20)	2021/1080	28/06/21
IFRS 1	Première application des IFRS	1136/2009	25/11/09
	Amendement Améliorations des IFRS (05/08) (amendement consécutif à IFRS 5)	70/2009	23/01/09
	Amendement Exemptions complémentaires pour les premiers adoptants (07/09)	550/2010	23/06/10
	Amendement Exemption limitée de l'obligation de fournir des informations comparatives selon IFRS 7 pour les premiers adoptants (01/10)	574/2010	30/06/10
	Amendement Améliorations des IFRS (05/10)	149/2011	18/02/11
	Amendement Hyperinflation grave et suppression des dates d'application fermes pour les premiers adoptants (12/10)	1255/2012	11/12/12
	Amendement Prêts publics (03/12)	183/2013	4/03/13
	Amendement Améliorations des IFRS cycle 2009-2011 (05/12)	301/2013	27/03/13
	Amendement Améliorations des IFRS cycle 2011-2013 (12/13)	2014/1361 et rectificatif	18/12/14 22/01/15
	Amendement Améliorations des IFRS cycle 2014-2016 (12/16)	2018/182	12/02/18
	Amendement Modifications des références au Cadre conceptuel dans les normes IFRS (03/18)	2019/2075	29/11/19
	Amendement Améliorations des IFRS cycle 2018-2020 (05/20)	2021/1080	28/06/21
IFRS 2	Paiements fondés sur des actions	1126/2008 (1)	3/11/08
	Amendement Conditions accessoires à l'acquisition des droits et annulation (01/08)	1261/2008	16/12/08
	Amendement Améliorations des IFRS (04/09)	243/2010	23/03/10
	Amendement Transactions intragroupe réglées en trésorerie (06/09)	244/2010	23/03/10
	Amendement Améliorations des IFRS cycle 2010-2012 (12/13)	2015/28	17/12/14
	Amendement Classement et évaluation des transactions dont le paiement est fondé sur des actions (06/16)	2018/289	26/02/18
	Amendement Modifications des références au Cadre conceptuel dans les normes IFRS (03/18)	2019/2075	29/11/19
IFRS 3	Regroupements d'entreprises	495/2009	12/06/09
	Amendement Améliorations des IFRS (05/10)	149/2011	18/02/11
	Amendement Améliorations des IFRS cycle 2010-2012 (12/13)	2015/28	17/12/14

11600
(suite)

Normes/Interprétations obligatoires		Règlement d'adoption	
Comptes IFRS 2023 des sociétés cotées européennes (exercices ouverts à compter du 1er janvier 2023)		N° Règl. UE	Date
	Amendement Améliorations des IFRS cycle 2011-2013 (12/13)	2014/1361 et rectificatif	18/12/14 22/01/15
	Amendement Améliorations des IFRS cycle 2015-2017 (12/17)	2019/412	14/03/19
	Amendement Modifications des références au Cadre conceptuel dans les normes IFRS (03/18)	2019/2075	29/11/19
	Amendement Définition d'une activité (10/18)	2020/551	21/04/20
	Amendement Modifications des références au Cadre conceptuel dans les normes IFRS (05/20)	2021/1080	28/06/21
	Interprétation :		
	IFRIC 17 Distributions d'actifs non monétaires aux actionnaires (dividendes en nature)	1142/2009	26/11/09
IFRS 5	Actifs non courants détenus en vue de la vente et activités abandonnées	1126/2008 (1)	3/11/08
	Amendement Améliorations des IFRS (05/08)	70/2009	23/01/09
	Amendement Améliorations des IFRS (04/09)	243/2010	23/03/10
	Amendement Améliorations des IFRS cycle 2012-2014 (09/14)	2015/2343	15/12/15
	Amendement Modifications des références au Cadre conceptuel dans les normes IFRS (03/18)	2019/2075	29/11/19
IFRS 6	Prospection et évaluation de ressources minérales	1126/2008 (1)	3/11/08
	Amendement Modifications des références au Cadre conceptuel dans les normes IFRS (03/18)	2019/2075	29/11/19
IFRS 7	Instruments financiers : Informations à fournir	1126/2008 (1)	3/11/08
	Amendement Améliorations des IFRS (04/09)	70/2009	23/01/09
	Amendement Améliorations des informations sur les instruments financiers (03/09)	1165/2008	27/11/08
	Amendement Reclassement des actifs financiers – date d'entrée en vigueur et transition (11/08)	824/2009	9/09/09
	Amendement Améliorations des IFRS (05/10)	149/2011	18/02/11
	Amendement Transferts d'actifs financiers (10/10)	1205/2011	22/11/11
	Amendement Compensation d'actifs financiers et de passifs financiers (12/11)	1256/2012	13/12/12
	Amendement Améliorations des IFRS cycle 2012-2014 (09/14)	2015/2343	15/12/15
	Amendement Réforme des taux de référence (09/19)	2020/34	15/01/20
	Amendement Réforme des taux de référence, phase 2 (08/20)	2021/25	13/01/21
IFRS 8	Secteurs opérationnels	1126/2008 (1)	3/11/08
	Amendement Améliorations des IFRS (04/09)	243/2010	23/03/10
	Amendement Améliorations des IFRS cycle 2010-2012 (12/13)	2015/28	17/12/14
	Amendement Modifications des références au Cadre conceptuel dans les normes IFRS (03/18)	2019/2075	29/11/19
IFRS 9	Instruments financiers	2016/2067	22/11/16
	Amendement Clauses de remboursement anticipé avec une pénalité symétrique (10/17)	2018/498	22/03/18
	Amendement Modifications des références au Cadre conceptuel dans les normes IFRS (03/18)	2019/2075	29/11/19
	Amendement Réforme des taux de référence (09/19)	2020/234	15/01/20
	Amendement Réforme des taux de référence, phase 2 (08/20)	2021/25	13/01/21
	Amendement Améliorations des IFRS cycle 2018-2020 (05/20)	2021/1080	28/06/21
IFRS 10	Etats financiers consolidés	1254/2012	11/12/12
	Amendement Guide de première application (06/12)	313/2013	4/04/13
	Amendement Sociétés d'investissement (10/12)	1174/2013	20/11/13
	Amendement Application de l'exception de consolidation pour les sociétés d'investissement (12/14)	2016/1703	22/09/16

11600
(suite)

Normes/Interprétations obligatoires Comptes IFRS 2023 des sociétés cotées européennes (exercices ouverts à compter du 1er janvier 2023)		Règlement d'adoption N° Règl. UE	Date
	Amendement Modifications des références au Cadre conceptuel dans les normes IFRS (03/18)	2019/2075	29/11/19
IFRS 11	**Partenariats**	1254/2012	11/12/12
	Amendement Guide de première application (06/12)	313/2013	4/04/13
	Amendement Comptabilisation des acquisitions d'intérêts dans des coentreprises qualifiées de joint operations (05/14)	2015/2173	24/11/15
	Amendement Améliorations des IFRS cycle 2015-2017 (12/17)	2019/412	14/03/19
IFRS 12	**Informations sur les participations dans d'autres entités**	1254/2012	11/12/12
	Amendement Guide de première application (06/12)	313/2013	4/04/13
	Amendement Sociétés d'investissement (10/12)	1174/2013	20/11/13
	Amendement Application de l'exception de consolidation pour les sociétés d'investissement (12/14)	2016/1703	22/09/16
	Amendement Améliorations des IFRS cycle 2014-2016 (12/16)	2018/182	12/02/18
	Amendement Modifications des références au Cadre conceptuel dans les normes IFRS (03/18)	2019/2075	29/11/19
IFRS 13	**Evaluation de la juste valeur**	1255/2012	11/12/12
	Amendement Améliorations des IFRS cycle 2011-2013 (12/13)	2015/28	17/12/14
	Amendement Améliorations des IFRS cycle 2010-2012 (12/13)	2014/1361 et rectificatif	18/12/14 22/01/15
IFRS 15	**Produits des activités ordinaires tirés de contrats avec des clients,** avec amendement de report de la date d'entrée en vigueur au 1/01/18	2016/1905	22/09/16
	Amendement Clarifications apportées à IFRS 15 (04/16)	2017/1987	31/10/17
	Amendement Modifications des références au Cadre conceptuel dans les normes IFRS (03/18)	2019/2075	29/11/19
IFRS 16	**Contrats de location** (01/16)	2017/1986	31/10/17
	Amendement Modifications des références au Cadre conceptuel dans les normes IFRS (03/18)	2019/2075	29/11/19
	Amendement Allègements de loyer liés à la Covid-19 (05/20)	2020/1434	09/10/20
	Amendement Réforme des taux de référence, phase 2 (08/20)	2021/25	13/01/21
	Amendement Allègements de loyer liés à la Covid-19 au-delà du 30 juin 2021 (03/21)	2021/1421	30/08/21
	Amendement Améliorations des IFRS cycle 2018-2020 (05/20)	2021/1080	28/06/21
	Interprétation :		
	IFRIC 12 Concessions de services	254/2009	25/03/09
IFRS 17	**Contrats d'assurance** (05/17) avec amendements (06/20)	2021/2036	19/11/21
	Amendement Première application d'IFRS 17 et d'IFRS 9 – Informations comparatives (12/21)	2022/1491	8/09/22

(1) **Règlement CE n° 1126/2008 du 3/11/08** Le 3/11/08, l'UE a publié le règlement CE n° 1126/2008 remplaçant les règlements n° 1725/2003 (adoptant le référentiel IFRS pour les sociétés cotées européennes), 1910/2005, 108/2006, 707/2004, 2086/2004, 2236/2004, 2237/2004, 2238/2004, 1910/2005, 708/2006, 1358/2007 et 1004/2008, pour y inclure toutes les normes présentées par l'IASB ainsi que toutes les interprétations de l'IFRIC s'y rapportant et adoptées intégralement dans la Communauté le 15/10/08, à l'exception de certaines parties d'IAS 39 (reprenant l'adoption partielle d'IAS 39 du Règl. 2086/2004 du 9/12/04).

CHAPITRE 3

Les IFRS de demain

12000

QUESTIONS/REPONSES PRATIQUES

Remarque importante

Les informations présentées dans ce chapitre concernant les projets en cours résultent de l'analyse de l'actualité institutionnelle et réglementaire (notamment du « Work Plan » de l'IASB relatif aux normes comptables IFRS) au 1er juin 2023. 12006

Remarque Pour la liste des nouveaux textes publiés (normes, amendements, interprétations) :
- applicables obligatoirement en 2023, voir nº 11510 ;
- applicables par anticipation en 2023, voir nº 11520 ;
- non applicables en 2023, voir nº 11525.

Rappel Seules les normes comptables IFRS (sous la responsabilité de l'IASB) sont développées dans cet ouvrage, les normes de reporting de développement durable (sous la responsabilité de l'ISSB) n'étant pas abordées (voir nº 11010).

Panorama des principaux projets en cours

Question 12010

Quels sont les travaux et réflexions en cours à l'IASB relatifs aux normes comptables IFRS ? Comment les entreprises peuvent-elles se préparer dans la perspective de ces changements ?

Réponse

Les tableaux ci-après détaillent le calendrier des principaux projets en cours à l'IASB portant sur les normes comptables IFRS. Ces travaux et réflexions sont présentés selon le programme de travail de l'IASB :
- les projets de normes et projets associés ;
- les projets de maintenance des IFRS actuellement en vigueur ;
- les projets de recherche ;
- les examens réalisés dans le cadre des « Post-implementation Reviews » (PIR) ; et
- les projets relatifs à la stratégie de l'IFRS Foundation.

Pour les entreprises, être au courant des différents textes nécessite une forte implication, consommatrice de temps en raison du nombre élevé de projets et de leur complexité. A cela peuvent s'ajouter des modifications importantes des projets, lors de la prise en compte par l'IASB des commentaires reçus à la suite de la publication du texte initial.

Cela requiert une compréhension des changements relatifs aux normes parues ou à paraître. Et, au-delà de cette connaissance technique générale, les entreprises doivent se préparer concrètement à la future application de ces nouveautés :

a. en sensibilisant dès que possible leurs dirigeants, administrateurs, comités d'audit et directions opérationnelles ;

12010
(suite)

b. en transposant ces évolutions aux spécificités de leur groupe et en évaluant leurs impacts ;

c. en tirant les enseignements immédiats sur :
- leurs décisions de croissance et d'opérations majeures ;
- leur stratégie de financement et de négociation des covenants ;
- leur communication financière ;
- la planification budgétaire et des ressources liées à l'adaptation des systèmes.

Commentaires :

1. **Calendrier des projets de normes et projets associés en cours** (sur la base du « Work Plan » de l'IASB au 1er juin 2023) :

ED : Exposure Draft (exposé-sondage)
DP : Discussion Paper (document pour discussion)

Titre du projet	Statut du projet	Prochaine étape	Réf.
Business Combinations – Disclosures, Goodwill and Impairment	DP/2020/01 Fin d'appel à commentaires : 31/12/20	ED à paraître au 1er sem. 2024	nº 21406 nº 36006
Disclosure Initiative – Subsidiaries without Public Accountability : Disclosures	ED/2021/7 Fin d'appel à commentaires : 31/01/22	Norme à paraître en 2024	
Dynamic Risk Management	DP/2014/1 Fin d'appel à commentaires : 17/10/14	ED à paraître en 2025	nº 44100
Equity Method	Discussions en cours	ED à paraître en 2024	nº 15650
Financial Instruments with Characteristics of Equity	DP/2018/1 Fin d'appel à commentaires : 7/01/19	ED à paraître au 2nd sem. 2023	nº 44100
Management Commentary	ED/2021/6 Fin d'appel à commentaires : 23/11/21	Orientation du projet à décider au 2nd sem. 2023	
Primary Financial Statements	ED/2019/7 Fin d'appel à commentaires : 30/09/20	Norme à paraître en 2024	nº 54006 nº 56305
Rate-regulated Activities	ED/2021/1 Fin d'appel à commentaires : 30/07/21	Norme à paraître en 2025	

2. **Calendrier des projets de maintenance des IFRS actuellement en vigueur** (sur la base du « Work Plan » de l'IASB au 1er juin 2023) :

ED : Exposure Draft (exposé-sondage)

12010 (suite)

Titre du projet	Statut du projet	Prochaine étape	Réf.
Annual Improvements to IFRS IAS 7 – Cost Method IFRS 1 – Hedge Accounting by a First-time Adopter IFRS 7 – Credit Risk Disclosures IFRS 7 – Disclosure of Deferred Difference between Fair Value and Transaction Price IFRS 7 – Gain or Loss on Derecognition IFRS 9 – Lessee Derecognition of Lease Liabilities IFRS 9 – Transaction Price IFRS 10 – Determination of a "De Facto Agent"	Discussions en cours	ED à paraître au 3e trim. 2023	
Classification and Measurement of Financial Instruments (Amendments to IFRS 9 and IFRS 7)	ED/2023/2 Fin d'appel à commentaires : 19/07/23	Compte-rendu à paraître au 3e trim. 2023	nº 44100
Climate-related Risks in the Financial Statements	Discussions en cours		nº 67620
Lack of Exchangeability (Amendments to IAS 21)	ED/2021/4 Fin d'appel à commentaires : 1/09/21	Amendement à paraître au 3e trim. 2023	nº 16106
Provisions – Targeted Improvements (Amendments to IAS 37, IFRIC 21 and the Conceptual Framework)	Discussions en cours	Orientation du projet à décider au 2nd sem. 2023	

3. Calendrier des projets de recherche en cours (sur la base du « Work Plan » de l'IASB au 1er juin 2023) :

DP : Discussion Paper (document pour discussion)

Titre du projet	Statut du projet	Prochaine étape	Réf.
Business Combinations under Common Control	DP/2020/2 Fin d'appel à commentaires : 1/09/21	Orientation du projet à décider au 3e trim. 2023	nº 23206
Extractive Activities	Discussions en cours	Orientation du projet à décider au 3e trim. 2023	

4. Calendrier des « Post-implementation Review » (PIR) en cours (sur la base du « Work Plan » de l'IASB au 1er juin 2023) :

RFI : Request for Information (demande d'informations)

Titre du projet	Statut du projet	Prochaine étape	Réf.
Post-implementation Review of IFRS 9 – Impairment	RFI/2023/1 Fin d'appel à commentaires : 27/09/23	Compte-rendu à paraître au 2nd sem. 2023	nº 44100
Post-implementation Review of IFRS 15 – Revenue from Contracts with Customers	Discussions en cours	RFI à paraître en juin 2023	nº 24998

5. Calendrier des projets relatifs à la stratégie de l'IFRS Foundation en matière de normalisation comptable (sur la base du « Work Plan » de l'IASB au 1er juin 2023) :

Titre du projet	Statut du projet	Prochaine étape	Réf.
Aucun projet en cours à cette date.			

TITRE 2

Principes fondamentaux des IFRS

CHAPITRE 4

Cadre conceptuel de l'information financière (Cadre conceptuel de l'IASB)

Plan du chapitre §§ 12500

L'ESSENTIEL DU CADRE CONCEPTUEL

Généralités

Le Cadre conceptuel de l'Information financière (le « Cadre conceptuel »), en vigueur actuellement, a été publié le 29 mars 2018 par l'IASB (« International Accounting Standards Board »), à la suite d'un processus de révision, initié en 2010, du Cadre émis en 1989. Il est applicable aux exercices ouverts depuis le 1er janvier 2020. 12501

Les changements apportés au Cadre conceptuel en 2018 ont visé à résoudre des difficultés pratiques d'application des normes IFRS et à refléter les principes, nouveaux ou modifiés, introduits par l'IASB dans ses publications récentes. Ils ont notamment consisté à :

- mettre à jour la définition d'actif, passif, produit et charge, et supprimer la notion de seuil de probabilité pour leur comptabilisation ;
- ajouter des principes en matière de décomptabilisation d'un actif ou d'un passif ;
- définir les différentes bases d'évaluation et leur sélection ;
- réintroduire la notion de « stewardship » (voir nº 12510) ainsi que le principe de prudence ;
- introduire de nouvelles dispositions en matière de présentation des états financiers et d'informations en annexe ; et
- apporter des précisions à des principes fondamentaux des IFRS (entité de reporting, unité de compte, continuité d'exploitation et maintien du capital).

Présentation du Cadre conceptuel

1. Statut du Cadre conceptuel Le Cadre conceptuel ne constitue pas une norme IFRS. Il ne prime, en aucun cas, sur une norme ou une interprétation en vigueur ou sur une de leurs dispositions (Cadre.SP1.2). 12505

N'ayant pas un caractère normatif, le Cadre conceptuel ne fait pas l'objet d'une adoption par la Commission européenne, contrairement aux normes et aux interprétations publiées par l'IASB et l'IFRS IC. Pour plus de précisions sur le cadre juridique européen applicable pour l'adoption des normes IFRS, voir nº 11120 s.

2. **Objet du Cadre conceptuel** Le Cadre conceptuel décrit l'objectif et les fondements conceptuels de l'information financière à usage général, avec pour objet d'aider (Cadre.SP1.1) :
- l'IASB à développer et à réviser les normes existantes sur la base de concepts cohérents et homogènes ;
- les préparateurs à développer des méthodes comptables cohérentes, lorsqu'aucune norme ne s'applique à certaines transactions ou circonstances ou dans le cas où une norme autorise un choix de méthode comptable ; et
- toutes les parties prenantes à comprendre et à interpréter les normes en vigueur.

3. **Contenu du Cadre conceptuel** Le Cadre conceptuel de l'information financière est **constitué de huit chapitres,** centrés sur la notion d'états financiers établis selon les principes des normes IFRS, plutôt que sur la notion d'information financière, beaucoup plus large que celle d'états financiers.

Ainsi, ces huit chapitres portent sur les éléments suivants :
- objectif de l'information financière à usage général ;
- caractéristiques qualitatives d'une information financière utile ;
- états financiers et entité de reporting ;
- éléments des états financiers ;
- comptabilisation et décomptabilisation ;
- évaluation ;
- présentation et informations en annexe ;
- concepts de capital et de maintien du capital.

Objectif de l'information financière à usage général

12510 L'**objectif de l'information financière** est, pour l'entité qui la présente, de fournir des informations qui soient utiles aux investisseurs, prêteurs et autres créanciers actuels et potentiels (qualifiés d'« **utilisateurs** » dans la suite de ce chapitre) dans leur prise de décisions relatives au financement de l'entité. De telles décisions couvrent l'acquisition, la vente ou la détention d'instruments de dettes ou de capitaux propres, l'octroi ou la souscription d'emprunts ou d'autres formes de crédits, ainsi que l'exercice de leur droit de vote ou de leur influence sur les actions de la direction susceptibles d'avoir un impact sur les ressources économiques de l'entité (Cadre.1.2).

Pour leur prise de décisions, les utilisateurs s'appuient sur les rendements attendus des ressources mises à la disposition de l'entité, par le biais de dividendes, de remboursements de principal et d'intérêts ou encore de l'augmentation des prix de marché. Ils fondent leurs attentes, d'une part, sur le montant, le calendrier et les incertitudes des entrées nettes futures de trésorerie de l'entité et, d'autre part, sur la capacité des dirigeants à rendre compte auprès des utilisateurs de la bonne gestion des ressources économiques mises à leur disposition (notion de « **stewardship** ») (Cadre.1.3).

Afin de permettre aux utilisateurs d'apprécier ces différents éléments, les rapports financiers de l'entité doivent fournir des informations sur sa situation financière, ses ressources économiques et les créances à son encontre, ainsi que sur les variations de ces éléments (Cadre.1.4).

Ces variations résultent de la performance financière de l'entreprise ainsi que d'événements ou transactions tels que l'émission de dettes ou d'instruments de capitaux propres.

Plus particulièrement, pour apprécier la notion de « stewardship », les utilisateurs doivent considérer les informations sur **l'efficience et l'efficacité** avec lesquelles la direction s'est acquittée de ses responsabilités relatives à l'utilisation des ressources économiques de l'entité (Cadre.1.4). Ces informations sont aussi utiles pour prédire l'efficience et l'efficacité avec lesquelles la direction fera usage des ressources économiques de l'entité au cours des périodes ultérieures. Elles peuvent donc servir à apprécier les perspectives d'entrées nettes futures de trésorerie de l'entité (Cadre.1.22).

Les rapports financiers ne sont pas conçus pour présenter la valeur de l'entité ; ils fournissent toutefois des informations qui aident les utilisateurs à estimer cette valeur (Cadre.1.7).

A cet effet, la **comptabilité d'engagement** permet une meilleure lecture de l'évaluation de la performance passée et future de l'entité (Cadre.1.17). Elle doit être complétée par une information sur les flux de trésorerie de l'entité qui aide les utilisateurs, pour une période donnée, à évaluer la capacité de l'entité à générer des entrées nettes futures de trésorerie et à comprendre comment l'entité les gère (Cadre.1.20). De même, une information sur les opérations telles que les émissions d'instruments de dette ou de capitaux propres est également importante car elle permet une compréhension globale des changements intervenus dans les flux de trésorerie de l'entreprise (Cadre.1.21).

Caractéristiques qualitatives d'une information financière utile

Les **caractéristiques qualitatives** d'une information financière utile permettent d'identifier les types d'informations qui peuvent être les plus utiles aux investisseurs, prêteurs et autres créanciers actuels et potentiels, pour leur prise de décisions concernant une entité sur la base de l'information contenue dans le rapport financier (Cadre.2.1). **12515**

Ces caractéristiques qualitatives s'appliquent aussi bien à l'information financière contenue dans les états financiers qu'à toute autre information financière établie par l'entité (Cadre.2.3).

Le Cadre conceptuel définit les caractéristiques qualitatives d'une information financière utile selon deux catégories : les caractéristiques qualitatives essentielles et les caractéristiques qualitatives auxiliaires.

La mise en œuvre de ces caractéristiques est soumise à **une contrainte de coût,** c'est-à-dire que les coûts de production de l'information doivent être justifiés par les avantages que cette information procure (Cadre.2.39).

Caractéristiques qualitatives essentielles Les caractéristiques qualitatives essentielles d'une information financière utile sont la pertinence et l'image fidèle (Cadre.2.5).

1. **La pertinence** Une information est pertinente si elle a la capacité d'influencer les décisions prises par les utilisateurs (Cadre.2.6). Pour cela, l'information doit avoir une valeur soit de prédiction, soit de confirmation, soit les deux (Cadre.2.7). La pertinence d'une information est influencée par son **importance relative (ou caractère significatif)** qui dépend de la nature et/ou de l'ampleur des éléments auxquels l'information se rapporte dans les rapports financiers (Cadre.2.11).

Une information est significative si **on peut raisonnablement s'attendre** à ce que son omission, son inexactitude ou son obscurcissement influence les décisions des principaux utilisateurs des rapports financiers (Cadre.2.11).

Certaines informations peuvent ainsi être jugées significatives (au sens de « material »), de par leur nature, et quelle que soit leur ampleur, par exemple les relations entre parties liées, les litiges impliquant l'entreprise ou encore une dépendance à un client, un fournisseur ou des salariés. Toutefois, l'appréciation de la matérialité reste une affaire de jugement. La norme IAS 1 définit et apporte des précisions utiles à l'application du principe de matérialité dans les états financiers, voir n° 53960.

2. **L'image fidèle** Pour refléter une image fidèle, le Cadre conceptuel rappelle la notion de **prééminence de la substance économique d'un événement ou d'une transaction sur sa forme juridique.** Ainsi, la présentation d'un événement ou d'une transaction uniquement selon sa forme juridique, alors que celle-ci est différente de sa substance économique, ne donne pas une image fidèle de cet élément (Cadre.2.12).

Par ailleurs, pour refléter une image fidèle, l'information financière doit comporter les trois caractéristiques suivantes (Cadre.2.13) :

a. **être exhaustive** : elle doit tenir compte de toutes les informations, descriptions et explications qui sont nécessaires à la compréhension par l'utilisateur du phénomène représenté (Cadre.2.14) ;

b. **être neutre** : une information financière neutre implique une absence de parti pris dans la sélection ou la présentation de l'information financière (Cadre.2.15) ;

La **prudence** est un concept, réintroduit dans le Cadre conceptuel, sous-jacent au principe de neutralité. La prudence doit être retenue dans l'exercice du jugement réalisé dans des conditions d'incertitudes et doit conduire à ne pas surévaluer les actifs et les produits ni à sous-évaluer les passifs et les charges, ou inversement (Cadre.2.16).

c. **être exempte d'erreur** : une information financière exempte d'erreurs signifie qu'il n'y a pas d'erreurs ou d'omissions dans la description du phénomène (Cadre.2.18).

Une image exempte d'erreurs ne signifie pas une image parfaitement exacte à tous les égards (Cadre.2.18).

Remarque En cas d'incertitude pesant sur l'évaluation, l'utilisation d'estimations raisonnables est essentielle à la préparation de l'information financière et ne nuit pas à l'utilité de cette information si les estimations sont décrites et expliquées avec clarté et exactitude (Cadre.2.19).

Caractéristiques qualitatives auxiliaires Les caractéristiques essentielles d'une information financière utile sont renforcées par les caractéristiques suivantes (Cadre.2.23) :

1. **la comparabilité** : les utilisateurs doivent être en mesure de comparer les états financiers d'une entreprise d'une période à une autre, ou ceux d'une entreprise à une autre (Cadre.2.24) ;

La permanence des méthodes est un moyen d'atteindre l'objectif de comparabilité (Cadre.2.26).

2. **la vérifiabilité** : la vérifiabilité aide à fournir aux utilisateurs l'assurance que l'information donne une image fidèle des phénomènes économiques qu'elle est censée représenter (Cadre.2.30) ;

3. **la rapidité** : la rapidité consiste à rendre l'information accessible aux utilisateurs à temps pour qu'elle ait la capacité d'influencer leurs décisions (Cadre.2.33) ;
4. **l'intelligibilité** : l'information est intelligible lorsqu'elle est classée, définie et présentée de façon claire et concise (Cadre.2.34).

Etats financiers et entité de reporting

12520 Une **entité de reporting** (ou entité comptable) est une entité qui doit ou qui choisit de préparer des états financiers à usage général. Ne s'agissant pas nécessairement d'une entité juridique, elle peut être constituée d'une seule entité, d'une partie d'une entité ou de plusieurs entités (Cadre.3.10). Dans le cas de comptes consolidés, l'entité de reporting correspond à l'ensemble constitué par la société mère et les filiales contrôlées (Cadre.3.11).

Les **états financiers** sont une forme spécifique du rapport financier à usage général. Ils comprennent les éléments suivants (Cadre.3.3) :
- l'état de situation financière (bilan) qui recense les actifs, passifs et capitaux propres ;
- l'état (ou les états) de la performance financière qui enregistrent les charges et les produits ;
- d'autres états ainsi que les notes aux états financiers, qui présentent une description (i) des éléments comptabilisés dans les états mentionnés ci-avant, (ii) des éléments non comptabilisés, (iii) des flux de trésorerie, (iv) des contributions des détenteurs de droits sur les capitaux propres et les distributions qui leur sont faites et (v) des méthodes, hypothèses et jugements utilisés dans l'élaboration des états financiers.

Les états financiers sont préparés pour une période déterminée (**période de reporting**) et présentent une **information comparative** pour au moins une période précédente (Cadre.3.4 et .3.5).

Une **information prospective (« forward-looking »)** peut être incluse dans les états financiers, si elle se rapporte aux actifs, passifs ou capitaux propres existant à la fin de la période de reporting ou au cours de celle-ci, ou aux produits et charges de la période, et si elle est utile aux utilisateurs des états financiers (Cadre.3.6).

A titre d'exemple, il peut s'agir d'une information sur les flux de trésorerie futurs estimés.

Des informations sur les transactions ou événements survenus après la fin de la période de reporting, **postérieurs à la clôture,** sont mentionnés dans les états financiers, s'ils sont nécessaires pour atteindre l'objectif des états financiers, tel qu'énoncé par le Cadre conceptuel (Cadre.3.7 ; voir n° 12510).

En outre, le Cadre conceptuel précise que les états financiers sont élaborés selon la **perspective de l'entité dans son ensemble** et non selon celle de tout ou partie des utilisateurs des états financiers de l'entité (Cadre.3.8).

Enfin, les états financiers doivent être établis sur une base de **continuité d'exploitation,** notamment lorsque l'entreprise prévoit de poursuivre ses activités dans un avenir prévisible, sauf si la direction a l'intention, ou n'a pas d'autre solution réaliste, que de liquider l'entité ou de cesser son activité (Cadre.3.9).

Dans ce dernier cas, l'entité n'est plus en mesure de retenir l'hypothèse de continuité d'exploitation et elle doit établir ses états financiers selon une autre base d'évaluation à définir et à mentionner en annexe (Cadre.3.9).

Eléments des états financiers

12525 Le Cadre conceptuel définit les éléments des états financiers que sont les **actifs,** les **passifs** et les **capitaux propres** (liés à la situation financière de l'entité) ainsi que les **produits** et les **charges** (reflétant la performance de l'entreprise) (Cadre.4.1).

1. **Un actif** est une ressource économique actuelle contrôlée par l'entité du fait d'événements passés (Cadre.4.3).

a. **Une ressource économique** est un droit qui a le potentiel de produire des avantages économiques (Cadre.4.4).

Un droit peut correspondre à une obligation d'une autre partie, par exemple un droit à recevoir de la trésorerie ou des biens ou services, ou refléter un droit sur un objet physique, par exemple la détention ou la location d'un bien ou encore un droit de propriété intellectuelle (Cadre.4.6). Le droit peut résulter d'un contrat ou d'une obligation légale, par exemple la détention d'un instrument de dette ou de capitaux propres, ou résulter d'autres droits, par exemple la création d'un savoir-faire qui n'est pas dans le domaine public (Cadre.4.7).

Le potentiel de produire des avantages économiques peut exister sans qu'il soit certain, ni même probable, que le droit produira des avantages économiques (Cadre.4.14 s.). 12525 (suite)

b. Le contrôle est défini comme étant la capacité actuelle de l'entité de diriger l'utilisation de la ressource économique et d'obtenir les avantages économiques que celle-ci génère ou générera dans le futur (Cadre.4.20).

2. Un passif est une obligation actuelle de l'entité de transférer une ressource économique du fait d'événements passés (Cadre.4.26).

a. Une obligation est un devoir ou une responsabilité que l'entité n'a pas de possibilité pratique d'éviter (Cadre.4.29). Une obligation peut être explicite (légale ou contractuelle) ou implicite (résultant des pratiques habituelles, des politiques publiées ou des déclarations expresses de l'entité si cette dernière n'a pas la capacité pratique d'agir autrement qu'en conformité avec ces pratiques, politiques ou déclarations) (Cadre.4.31).

b. Le transfert d'une ressource économique Il faut que les caractéristiques de l'obligation aient le potentiel d'imposer à l'entité le transfert de la ressource économique à une autre partie. Ce potentiel peut exister sans qu'il soit certain ni même probable que le transfert de la ressource économique sera imposé à l'entité (Cadre.4.37).

c. L'obligation actuelle résultant d'événements passés Deux conditions doivent être vérifiées pour qu'une obligation actuelle existe du fait d'événements passés : l'entité doit avoir obtenu des avantages économiques ou entrepris des actions en ce sens et, en conséquence, elle devra ou pourra devoir céder une ressource économique qu'autrement elle n'aurait pas eu à céder (Cadre.4.43). Une obligation actuelle peut exister, même si le transfert de ressource économique ne sera imposé à l'entité qu'à une date future (Cadre.4.46).

3. Les capitaux propres représentent l'intérêt résiduel dans les actifs de l'entreprise, après déduction de tous ses passifs (Cadre.4.63).

4. Les produits résultent d'accroissements d'actifs ou de diminutions de passifs qui se soldent par des augmentations de capitaux propres autres que celles se rattachant aux apports des titulaires de droits patrimoniaux (Cadre.4.68).

5. Les charges résultent de diminutions d'actifs ou d'accroissements de passifs qui se soldent par des diminutions de capitaux propres autres que celles se rattachant à des distributions aux titulaires de droits patrimoniaux (Cadre.4.69).

6. Autres définitions en relation avec les éléments des états financiers Le Cadre conceptuel définit également les notions suivantes :

a. Unité de compte Il s'agit d'un groupe de droits et/ou d'obligations auquel les critères de comptabilisation et d'évaluation s'appliquent (Cadre.4.48).

Dans certaines circonstances, il peut être approprié de retenir des unités de compte différentes pour, d'une part, la comptabilisation d'un actif ou passif donné et, d'autre part, son évaluation. Par exemple, comptabiliser des contrats de manière individualisée mais évaluer le portefeuille de contrats dans son ensemble (Cadre.4.49).

La sélection d'une unité de compte est effectuée de manière que les informations fournies au sujet de l'actif ou du passif ainsi que des produits et charges qui s'y rattachent soient pertinentes et fidèles (Cadre.4.51).

Le principe qui vise à traiter un ensemble de droits et d'obligations comme une seule unité de compte diffère du principe de compensation des actifs et des passifs (Cadre.4.54), voir n° 12540, point 2.

b. Contrat exécutoire Il est défini comme un contrat qui est inexécuté par les parties au contrat, c'est-à-dire qu'aucune des parties n'a rempli son obligation ou que les parties n'ont rempli leurs obligations que partiellement mais à des degrés identiques (Cadre.4.56). Ainsi, un contrat exécutoire contient un droit et une obligation combinés constitutifs d'un actif ou d'un passif unique. Lorsque les termes de la transaction sont favorables pour l'entité, l'entité a un actif ; elle a un passif dans le cas contraire (Cadre.4.57).

c. Substance des droits et obligations contractuels Le Cadre conceptuel précise la marche à suivre pour refléter fidèlement, dans les états financiers, un événement ou une transaction qui résulte de l'analyse des droits et obligations d'un contrat. Ainsi, les termes du contrat sont à analyser sur le plan légal mais il convient également de prendre en compte la substance économique de ces termes, ainsi que de ceux de tout autre contrat lié ou d'autres faits et circonstances qui pourraient en changer la lecture (Cadre.4.59 à .4.62).

Il s'agit du principe de prééminence de la substance sur la forme, voir n° 12515, point 2.

Comptabilisation et décomptabilisation

12530 **La comptabilisation** consiste à enregistrer dans les états financiers un élément qui répond à la définition de l'un de leurs constituants (actif, passif, capitaux propres, produit ou charge) (Cadre.5.1).

La comptabilisation initiale d'actifs ou de passifs issus de transactions ou d'autres événements peut entraîner la comptabilisation simultanée des produits et des charges qui s'y rapportent (Cadre.5.5).

Par exemple, la vente de marchandises au comptant entraîne la comptabilisation à la fois d'un produit (provenant de la comptabilisation d'un actif – la trésorerie reçue) et d'une charge (provenant de la décomptabilisation d'un autre actif – les marchandises vendues).

Cette comptabilisation simultanée des produits et des charges qui s'y rattachent est parfois appelée principe de « rattachement des charges aux produits ».

Toutefois, ce principe de « rattachement des charges aux produits » ne figure pas parmi les objectifs du Cadre conceptuel. Ainsi, il n'est pas possible de comptabiliser des éléments au bilan qui ne répondraient pas à la définition d'actifs, de passifs ou de capitaux propres selon le Cadre conceptuel pour justifier le principe de rattachement des charges aux produits.

Un élément n'est comptabilisé dans les états financiers que s'il répond à la définition d'un actif, d'un passif, de capitaux propres, ou encore d'une charge ou d'un produit. Un élément qui répond à l'une de ces définitions peut toutefois ne pas être comptabilisé (Cadre.5.6). En effet, un actif ou un passif n'est comptabilisé que si sa comptabilisation et celle des produits, charges ou variations des capitaux propres qui en résultent fournissent aux utilisateurs des états financiers une information utile, à savoir **pertinente** et donnant une **image fidèle** de ces éléments (Cadre.5.7). La comptabilisation d'un élément doit également tenir compte de la **contrainte de coût** rapporté aux bénéfices, telle qu'énoncée par le Cadre (Cadre.5.8 ; voir nº 12515).

Pour que la comptabilisation d'un élément soit **pertinente,** il convient de prendre en compte notamment le niveau d'incertitude lié à l'existence de cet élément ainsi que le niveau de probabilité de flux d'avantages économiques résultant de cet élément (Cadre.5.12). Ainsi, une faible probabilité d'existence d'un droit ou d'une obligation, ou une faible probabilité d'avantages économiques liés, n'exclut pas, en soi, la comptabilisation d'un actif ou d'un passif, mais les incertitudes qui en découlent doivent être prises en compte dans la comptabilisation, l'évaluation et les informations à fournir en conséquence (par exemple, la magnitude des flux estimés, leur calendrier et tout autre facteur altérant leur probabilité d'occurrence) (Cadre.5.13 à .5.17).
Pour que la comptabilisation donne une **image fidèle** de l'élément, il convient de prendre en compte notamment le niveau d'incertitude lié à l'évaluation de cet élément. Ainsi, un niveau d'incertitude élevé pourrait nuire à la représentation fidèle d'un élément, du fait de fourchettes d'estimations trop larges, de multiples scénarios possibles dont la probabilité d'occurrence est incertaine, de fortes sensibilités aux variations des hypothèses ou d'autres complexités. D'autres facteurs à prendre en compte pour la comptabilisation d'un élément comprennent la manière dont l'élément est fidèlement présenté par ailleurs dans les états financiers primaires ainsi que dans les notes annexes (Cadre.5.18 à .5.25).

La décomptabilisation, définie comme la sortie du bilan de tout ou partie d'un actif (lors de la perte de contrôle) ou d'un passif (lors de l'extinction de l'obligation) préalablement comptabilisé (Cadre.5.26), doit représenter de manière fidèle à la fois (Cadre.5.27) :
- les actifs et passifs conservés après la transaction ou l'événement ayant mené à la décomptabilisation ; et
- les variations des actifs et passifs résultant de cette transaction ou de cet événement.

Evaluation

12535 Ce chapitre du Cadre conceptuel porte, d'une part, sur la définition des **bases d'évaluation** retenues en IFRS qui reposent sur les concepts de **coût historique** et de **valeurs actuelles** (« current value », regroupant les concepts de juste valeur, valeur d'utilité ou de remboursement ou encore coût actuel) et, d'autre part, sur la sélection de la base d'évaluation, qui doit prendre en compte les caractéristiques qualitatives essentielles d'une information utile. Le Cadre conceptuel reconnaît également la pertinence d'utiliser, dans certains cas, plusieurs bases d'évaluation pour la comptabilisation d'un même élément au bilan, au compte de résultat ou en annexe.

1. Présentation des différentes bases d'évaluation :

a. Coût historique L'évaluation initiale d'un actif au coût historique repose sur la valeur des coûts encourus pour l'acquérir ou le créer, incluant le montant payé ainsi que les coûts de transaction. L'évaluation initiale d'un passif au coût historique repose, quant à elle, sur la valeur de la contrepartie reçue, diminuée des coûts de transaction (Cadre.6.5).

Le coût historique est ensuite révisé pour refléter, pour un actif, la consommation des avantages économiques en découlant, par le biais de son amortissement, la perte de valeur irrécouvrable de l'actif via sa dépréciation, les paiements reçus en contrepartie de tout ou partie de l'actif ou encore la capitalisation des intérêts correspondant à une composante de financement (Cadre.6.7). Pour un passif, le coût historique initial est révisé pour refléter l'exécution de tout ou partie de l'obligation (paiement ou livraison de biens ou de services, par exemple), l'effet des événements qui augmentent la valeur de l'obligation de telle sorte que le passif devient onéreux ou encore la capitalisation des intérêts correspondant à une composante de financement (Cadre.6.8). **12535** (suite)

Le coût amorti, retenu en IFRS pour l'évaluation des actifs et passifs financiers selon leur classement (voir nº 45080 et 46030), est une méthode d'évaluation au coût historique (Cadre.6.9).

b. **Valeur actuelle** Les valeurs actuelles des actifs et des passifs rendent compte des variations qu'ont connues, depuis la date d'évaluation antérieure, les estimations des flux de trésorerie et autres facteurs qu'englobent ces valeurs actuelles (Cadre.6.10). Trois types de valeur actuelle sont détaillés dans le Cadre conceptuel :

i. **La juste valeur** Il s'agit du prix qui serait reçu pour la vente d'un actif ou payé pour le transfert d'un passif lors d'une transaction normale entre des intervenants du marché à la date d'évaluation (Cadre.6.12). Si la juste valeur n'est pas directement déterminable par observation des prix sur un marché actif, l'évaluation repose alors sur des techniques d'évaluation indirecte, souvent basées sur l'estimation des flux de trésorerie, la valeur temps de l'argent et d'autres facteurs (Cadre.6.14).

La juste valeur est définie et déterminée conformément à la norme IFRS 13, Evaluation de la juste valeur (voir nº 13310 s.).

ii. **La valeur d'utilité et la valeur de remboursement** La valeur d'utilité est la valeur actualisée des flux de trésorerie (ou autres avantages économiques) que l'entité s'attend à tirer de l'utilisation d'un **actif** et de sa sortie à la fin de sa durée d'utilité (Cadre.6.17).

La valeur de remboursement est la valeur actualisée de la trésorerie (ou autres ressources économiques) que l'entité s'attend à devoir transférer pour acquitter un **passif** (Cadre.6.17).

A la différence de la juste valeur, ces valeurs actuelles reflètent une perspective propre à l'entité plutôt qu'une perspective des intervenants de marché (Cadre.6.20).

iii. **Le coût actuel** Le coût actuel **d'un actif** est le coût qu'il faudrait payer pour obtenir, à la date d'évaluation, un actif équivalent, ce qui inclut le montant à verser ainsi que les coûts de transaction que l'on engagerait à cette date. Le coût actuel d'un **passif** est la contrepartie que l'on recevrait pour un passif équivalent à la date d'évaluation, moins les coûts de transaction que l'on engagerait à cette date (Cadre.6.21).

Le coût actuel est une valeur d'entrée (comme le coût historique mais contrairement à la juste valeur qui est une valeur de sortie) qui reflète les conditions existant à la date d'évaluation (comme la juste valeur mais contrairement au coût historique) (Cadre.6.21).

2. **Sélection d'une base d'évaluation** La sélection d'une base d'évaluation pour un actif ou un passif, et les produits et charges qui s'y rattachent, doit s'appuyer sur la nature de l'information qui en découle, tant dans l'état de situation financière que dans l'(es) état(s) de la performance financière (Cadre.6.43). Ainsi, la base d'évaluation retenue doit permettre de répondre aux caractéristiques qualitatives essentielles prévues par le Cadre, à savoir la pertinence (qui sera prise en compte à travers les caractéristiques de l'élément et sa manière de contribuer aux flux de trésorerie futurs) et l'image fidèle. La contrainte de coût devra également être prise en compte (Cadre.6.44 s.).

Un tableau récapitulatif (Tableau 6.1), élaboré par l'IASB, distingue, pour les actifs, d'une part, et les passifs, d'autre part, les effets de chacune des bases d'évaluation sélectionnées sur la nature de l'information ainsi fournie dans les états financiers.

Dans certains cas, plusieurs bases d'évaluation doivent être retenues (Cadre.6.83) :

- une base d'évaluation au bilan (généralement, le coût historique) et une autre en annexe (généralement, la juste valeur) (Cadre.6.84) ;

Exemple Les immeubles de placement comptabilisés au coût au bilan et pour lesquels la juste valeur doit être indiquée en annexe (IAS 40, voir nº 31999).

- une base d'évaluation au bilan (généralement, la juste valeur ou une autre valeur actuelle) et une autre au compte de résultat (généralement, le coût historique), la différence entre les deux modes d'évaluation étant comptabilisée en autres éléments du résultat global (Cadre.6.85 et .6.86).

Exemple Les instruments financiers détenus dans le cadre d'un modèle de gestion dont l'objectif est de détenir des actifs pour recouvrer les flux de trésorerie contractuels et les flux de cessions (« Hold to collect and sell »/HTCS) (IFRS 9, voir n° 45080 s.).

3. Evaluation des capitaux propres L'évaluation de la valeur comptable totale des capitaux propres est indirecte. Elle correspond à la somme des valeurs comptables de tous les actifs constatés, après déduction de la somme des valeurs comptables de tous les passifs constatés (Cadre.6.87).

Ainsi, la valeur comptable des capitaux propres ne correspond ni à la valeur de marché des droits patrimoniaux détenus par les actionnaires sur l'entité, ni au montant qui serait reçu de la vente de l'entité dans sa globalité en situation de continuité d'exploitation, ni encore à celui qui résulterait de la vente de tous les actifs de l'entité et du règlement de tous ses passifs (Cadre.6.88).

Présentation et informations en annexe

12540 La présentation des éléments dans les états financiers primaires ainsi que les informations fournies en annexe sont des **outils de communication** (Cadre.7.1). Pour que cette communication soit efficace, le Cadre conceptuel précise qu'il est préférable de s'appuyer sur des objectifs et des principes de présentation et d'informations plutôt que sur des règles, notamment en matière d'agrégation d'éléments similaires ou de désagrégation d'éléments dissemblables et de regroupements d'informations de manière qu'elles ne soient pas obscurcies par des détails inutiles ou par une agrégation excessive (Cadre.7.2).

1. Objectifs et principes de présentation et d'information Un équilibre doit être établi entre, d'une part, l'octroi aux entités de la latitude nécessaire pour fournir une information pertinente donnant une image fidèle des éléments des états financiers et, d'autre part, l'exigence que l'information soit comparable dans le temps et entre entités (Cadre.7.4).

L'efficacité de la communication est également favorisée par la prise en compte des principes suivants (Cadre.7.6) :

- l'information doit être spécifique à l'entité et non générique ;
- la répétition d'informations dans différentes parties des états financiers n'est généralement pas nécessaire et peut nuire à leur bonne compréhension.

2. Classement Le classement consiste à répartir les éléments d'actifs, de passifs, de capitaux propres, de produits et de charges en fonction de caractéristiques communes aux fins de présentation et de communication d'informations (Cadre.7.7).

a. Classement des actifs et des passifs Le classement s'applique à l'unité de compte sélectionnée pour un actif ou un passif (Cadre.7.9).

La compensation des actifs et passifs consiste à comptabiliser et évaluer séparément un actif et un passif, en tant qu'unités de compte distinctes, mais à les présenter de manière groupée (en net) au bilan. Une telle présentation n'est généralement pas appropriée (Cadre.7.10).

b. Classement des capitaux propres Il peut être nécessaire de classer séparément les droits patrimoniaux qui ont des caractéristiques différentes (Cadre.7.12) et les composantes des capitaux propres qui sont assujetties à des exigences particulières de nature légale, réglementaire ou autre (Cadre.7.13).

c. Classement des produits et des charges Les produits et les charges sont classés (Cadre.7.15) :

- soit dans l'état du résultat net (compte de résultat) ;
- soit parmi les autres éléments du résultat global (« Other Comprehensive Income »/OCI).

L'état du résultat net (compte de résultat) est la source principale de l'information sur la performance financière ; c'est, en principe, l'endroit où figurent tous les produits et toutes les charges (Cadre.7.17).

L'IASB peut toutefois, lors de l'élaboration de normes, conclure que les produits et les charges résultant d'une variation de la **valeur actuelle** d'un actif ou d'un passif doivent être inclus, dans des circonstances exceptionnelles, parmi les **autres éléments du résultat global**, si l'exclusion de ces éléments de l'état du résultat net contribue à en améliorer la **pertinence** et la **représentation fidèle** (Cadre.7.17).

Cependant, les produits et les charges issus d'éléments évalués au coût historique ne pourront pas être enregistrés en autres éléments du résultat global (Cadre.7.18).

Exemple Pour les instruments financiers détenus dans le cadre d'un modèle de gestion dont l'objectif est de détenir des actifs pour recouvrer les flux de trésorerie contractuels et les flux de cessions, la partie des variations de valeur correspondant au produit des intérêts doit être comptabilisée au compte de résultat (Cadre.7.18).

Les éléments ainsi classés parmi les autres éléments du résultat global doivent, en principe, faire l'objet d'un reclassement (« **recyclage** ») dans l'état du résultat net (compte de résultat) d'une période ultérieure, dès lors qu'un tel reclassement permet d'améliorer la pertinence et la représentation fidèle de la performance au titre de la période ultérieure. Lorsqu'il n'y a pas, par exemple, de base claire permettant d'identifier la période au cours de laquelle ce « recyclage » doit être effectué, ou si le montant du reclassement ne peut être évalué de manière fiable, il peut être établi que les éléments inclus parmi les autres éléments du résultat global ne seront jamais recyclés en résultat (Cadre.7.19).

3. **Agrégation** L'agrégation d'éléments consiste à additionner des éléments d'actifs, de passifs, de capitaux propres, de produits ou de charges qui partagent des caractéristiques communes et un même classement (Cadre.7.20).

Concepts de capital et de maintien du capital

Concepts de capital Il existe deux concepts de capital (Cadre.8.1) : **12545**

1. **Le concept de capital financier** Selon le concept de capital financier, tel que celui de l'argent investi ou du pouvoir d'achat investi, le capital est synonyme d'actif net ou de capitaux propres de l'entité.

   La plupart des entités adoptent ce concept pour la préparation de leurs états financiers.

2. **Le concept de capital physique** Selon le concept de capital physique, tel que la capacité opérationnelle, le capital est considéré comme la capacité productive de l'entité fondée, par exemple, sur les unités produites par jour.

Concepts de maintien du capital et détermination du résultat Le concept de maintien du capital se rapporte à la façon dont une entité définit le capital qu'elle cherche à maintenir. Il fournit le lien entre le concept de capital et celui de résultat et sert de référence pour l'évaluation du résultat (Cadre.8.4).

1. **Maintien du capital financier** Un bénéfice est réalisé uniquement lorsque le montant financier (ou monétaire) de l'actif net à la clôture de la période dépasse le montant financier (ou monétaire) de l'actif net à l'ouverture de la période, après exclusion de toute distribution aux propriétaires et de tout apport de ces propriétaires au cours de la période (Cadre.8.3).
2. **Maintien du capital physique** Un bénéfice n'est réalisé que si la capacité productive physique (ou la capacité opérationnelle) de l'entité (ou les ressources ou fonds nécessaires pour atteindre cette capacité) à la clôture de la période dépasse cette même capacité à l'ouverture de la période, après exclusion de toute distribution aux propriétaires et de tout apport de ces propriétaires au cours de la période (Cadre.8.3).

QUESTIONS/REPONSES PRATIQUES

Remarque importante

Si la réponse apportée à la question présentée dans ce chapitre ne résulte pas directement de l'analyse des dispositions du Cadre conceptuel de l'information financière (Cadre conceptuel de l'IASB), elle y trouve toutefois sa place car elle traite d'un thème transversal dans les états financiers établis en IFRS. Elle résulte donc de l'analyse des différentes normes en vigueur actuellement, sur la base des informations disponibles au 1er juin 2023. **12605**

Différents taux d'actualisation en fonction des postes du bilan

Question **12610**

Un taux d'actualisation unique peut-il être retenu pour tous les postes du bilan qui doivent faire l'objet d'une actualisation ?

12610 (suite)

Réponse

Non. A titre illustratif, les postes du bilan suivants sont concernés par des problématiques d'actualisation, chacune répondant à des caractéristiques spécifiques :

– les dépréciations du goodwill et des titres mis en équivalence testés dans le cadre de la norme IAS 36 pour lesquels le taux d'actualisation est défini comme le taux de rendement attendu des capitaux employés ;

– les provisions au titre des avantages postérieurs à l'emploi (dont les engagements de retraite) relevant de la norme IAS 19 qui prévoit l'utilisation d'un taux d'actualisation défini comme le taux de rendement du marché des obligations d'entreprises de première catégorie ;

– les provisions non courantes relevant d'IAS 37 pour lesquelles le taux d'actualisation reflète les appréciations par le marché de la valeur temps de l'argent et des risques spécifiques au passif ;

– les dérivés actifs ou passifs relevant de la norme IFRS 9 pour lesquels le taux d'actualisation correspond à l'Euribor ou l'Eonia plus deux ajustements pour tenir compte du risque de solvabilité de la contrepartie (CVA) et du propre risque de défaut de l'entité (DVA) selon qu'il s'agit de dérivés actifs ou passifs ;

Remarque Pour le remplacement de ces taux dans le cadre de la réforme des taux d'intérêt de référence, voir nº 49900, point 1. et 49920, point 2c.

– la dette relative aux puts sur minoritaires relevant d'IAS 32 pour laquelle le taux d'actualisation n'étant pas défini par la norme, plusieurs pratiques sont à notre avis possibles.

Commentaires Il n'y a donc pas de taux d'actualisation unique qui peut être utilisé pour tous les postes du bilan. La détermination de chacun de ces taux, qui répond à une logique d'évaluation spécifique, peut ainsi s'avérer complexe, du fait notamment qu'ils sont généralement constitués de différents composants.

En février 2019, l'IASB a finalisé le projet portant sur les taux d'actualisation qu'il avait lancé en 2014, en publiant un rapport de synthèse (« Project Summary »). L'objectif du projet était double : (i) rechercher les raisons pour lesquelles des incohérences existent entre les différents taux d'actualisation imposés par les normes IFRS et (ii) évaluer dans quelle mesure l'IASB devait envisager d'y remédier. Le projet de recherche a mis en évidence différentes problématiques et l'IASB a finalement décidé de les traiter au cas par cas au travers d'autres projets que le Board a lancés sur les normes concernées (par exemple, le projet relatif à la dépréciation des actifs non financiers (IAS 36), voir nº 36006).

Le tableau ci-après, établi par nos soins, reprend les différentes composantes des taux d'actualisation utilisés dans le cadre de la préparation des états financiers IFRS.

Poste du bilan	Norme	Taux d'actualisation	Composantes du taux d'actualisation					
			Taux sans risque	Taux d'obligations d'entreprises de première catégorie	Beta sectoriel	Prime de risque de marché	Spread émetteur (risque de crédit)	Prime pour autre incertitude
Dépréciation des actifs non financiers : goodwill, voir nº 22715 ; titres MEE, voir nº 36865	IAS 36	Taux de rendement attendu des capitaux employés	X		X	X	X	X (si besoin)

12610 (suite)

Poste du bilan	Norme	Taux d'actualisation	Composantes du taux d'actualisation					
			Taux sans risque	Taux d'obligations d'entreprises de première catégorie	Beta sectoriel	Prime de risque de marché	Spread émetteur (risque de crédit)	Prime pour autre incertitude
Evaluation des avantages postérieurs à l'emploi et autres avantages long terme, voir n° 28369 et 28370	IAS 19	Taux de rendement du marché des obligations de première catégorie		X (1)				
Evaluation des provisions non courantes, voir n° 39961	IAS 37	Taux représentatif de la valeur temps de l'argent et du risque spécifique au passif	X					X (2)
Evaluation des dérivés actifs ou passifs, voir n° 48580 s.	IFRS 9/ IFRS 13	Euribor ou Eonia (3) plus ajustements pour tenir compte du risque de crédit de la contrepartie (CVA) et du propre risque de défaut de l'entité (DVA) selon qu'il s'agit de dérivés actifs ou passifs	X (3)				X (4)	X (5)
Puts sur intérêts minoritaires	IAS 32	Pas de taux défini, plusieurs approches possibles à notre avis	X			X (6)	X (6)	X (6)

(1) Ou, si marché non actif : taux d'obligations d'Etat.
(2) Risque spécifique au passif.
(3) Euribor si non collatéralisé, Eonia si collatéralisé.
(4) Selon IFRS 13, prise en compte d'un ajustement pour risque de défaut de l'entité (DVA).
(5) Selon IFRS 13, prise en compte d'un ajustement pour risque de crédit de la contrepartie (CVA).
(6) Et/ou options possibles.

Pour déterminer le taux d'actualisation, le taux sans risque, correspondant généralement au taux des obligations d'Etat, est utilisé comme base sauf dans le cas des engagements de retraite, avec les spécificités énoncées ci-après.

1. Pour déterminer le taux d'actualisation dans le cadre des **tests de dépréciation** (IAS 36), un certain nombre de primes de risques doivent être prises en compte :
- beta sectoriel ;
- prime de risque de marché ;

12610 (suite)
- spread émetteur ; et
- le cas échéant, prime pour autres incertitudes.

Le « gearing » devra également être déterminé pour pondérer le coût du capital et le coût de la dette.

Le « gearing » (ratio d'endettement) correspond au ratio de la dette financière et bancaire nette sur les capitaux propres de l'entreprise. Il mesure le risque de la structure financière de l'entreprise. Pour plus de précisions en matière de taux d'actualisation pour les tests de dépréciation, voir n° 36840.

2. Pour l'actualisation des **provisions non courantes** (IAS 37), le taux est un taux sans risque, ajusté du risque spécifique au passif, mais uniquement si ce risque spécifique n'est pas déjà reflété sous forme d'ajustement des flux de trésorerie futurs estimés.

Pour plus de précisions sur ce point, voir n° 39961.

3. Pour l'actualisation des **passifs au titre des avantages du personnel** (IAS 19), le taux de base à utiliser correspond à celui des obligations d'entreprises de première catégorie, ce qui est un taux à faible risque, mais pas sans risque.

Pour plus de précisions sur ce point, voir n° 28369 s.

CHAPITRE 5

Méthodes comptables, changements d'estimations comptables et erreurs (IAS 8)

Plan du chapitre §§ 12675

L'ESSENTIEL DE LA NORME IAS 8

Généralités

La norme IAS 8, Méthodes comptables, changements d'estimations comptables et erreurs, présente les critères à prendre en compte dans la sélection des méthodes comptables, la comptabilisation des changements de méthodes comptables, des changements d'estimations ou de corrections d'erreurs ainsi que les informations relatives requises en annexe (IAS 8.1 et .3). 12677

L'objectif de la norme IAS 8 est d'obtenir une présentation cohérente des états financiers des entités, permettant ainsi la comparabilité de ces états financiers dans le temps et avec les états financiers d'autres entités (IAS 8.1).

La norme IAS 8 précise les informations à fournir en annexe en cas de changement de méthode comptable. Les informations à fournir au titre de ces méthodes sont énoncées par la norme IAS 1, Présentation des états financiers (IAS 8.2), voir n° 54975 s.

Les incidences fiscales de ces changements et des corrections d'erreurs doivent être traitées conformément à la norme IAS 12 (IAS 8.4), voir n° 27451 s.

A. Méthodes comptables

Choix et cohérence des méthodes comptables

Les méthodes comptables correspondent aux principes, bases, conventions, règles et pratiques spécifiques appliqués par une entité pour la préparation et la présentation de ses états financiers (IAS 8.5). 12679

La **hiérarchie des textes** à appliquer pour le choix des méthodes comptables est la suivante (IAS 8.7 s.) :
- les dispositions des normes (IAS et IFRS) et des interprétations (SIC et IFRIC) ;
- les guides d'application des normes ;

  Ces guides, relatifs à une norme spécifique, sont destinés à aider les entités à appliquer les dispositions de cette norme. Leur application n'est obligatoire lors de la préparation des états financiers IFRS que s'il est indiqué qu'ils font partie intégrante de la norme (IAS 8.9).

- le Cadre conceptuel de l'IASB.

  Ce texte ne constitue pas une norme mais définit les concepts généraux de préparation et de présentation des états financiers (voir n° 12501 s.).

En l'absence de méthode comptable prévue spécifiquement pour une transaction donnée, il est nécessaire de faire preuve de jugement pour le choix des méthodes comptables afin de fournir une information (IAS 8.10) :

a. **adaptée aux besoins des utilisateurs des états financiers** qui prennent des décisions économiques sur cette base ; et

b. **fiable.** Une information fiable :
- donne une image fidèle de la situation ou de la performance financières ainsi que des flux de trésorerie de l'entité ;
- reflète la substance économique des transactions plutôt que leur seule forme juridique ;
- est neutre, prudente et complète dans tous les aspects significatifs.

Pour exercer son jugement, l'entité doit recourir (IAS 8.11 et .12) :
- tout d'abord, aux normes et interprétations applicables à des pratiques similaires ou liées ;
- dans un deuxième temps, aux définitions ainsi qu'aux critères de comptabilisation et d'évaluation des actifs, passifs, produits et charges tels que définis par le Cadre conceptuel (IAS 8.11) ;
- et enfin, aux positions officielles d'autres organismes de normalisation comptable (le FASB pour les US GAAP, l'ANC pour les règles françaises, etc.) qui utilisent un cadre conceptuel similaire à celui des IFRS pour élaborer les normes comptables, la littérature comptable ou les pratiques admises du secteur d'activité propre à l'entité (IAS 8.12).

  Pour un exemple pratique d'application de ces principes, tiré d'une décision de l'ESMA (EECS/0116-06, 07/16), voir n° 21670.

  Pour les informations à fournir en annexe concernant les thèmes dont le traitement comptable n'a pas fait l'objet d'un consensus à la date de clôture, voir n° 55360.

Les méthodes comptables doivent être appliquées en respectant le **principe de cohérence et de permanence des méthodes,** partant du principe que les états financiers sont établis selon les mêmes méthodes d'une période à une autre, pour toutes les catégories de transactions et événements similaires (IAS 8.13).

Changement de méthode comptable

12681 Une entité procède à un changement de méthode comptable dans **deux cas** uniquement (IAS 8.14 s.) :

1. lorsqu'une norme ou une interprétation le requiert ;

   Par exemple, lors de l'entrée en vigueur d'une nouvelle norme ou de la révision d'une norme existante.

   Pour un changement de méthode comptable consécutif à une décision de l'IFRS Interpretations Committee, voir n° 12712.

2. ou lorsque le changement de méthode permet de fournir une information plus fiable et pertinente sur les effets des transactions ou événements dans les états financiers, la situation et la performance financières ou les flux de trésorerie de l'entité.

Il s'agit alors d'un changement de méthode comptable volontaire.

  Selon l'AMF, il est possible qu'un changement de méthode comptable soit justifié par une pratique de place et une volonté de comparabilité accrue avec les pairs de l'entité ; l'échantillon utilisé devra alors être suffisamment important et représentatif (Rec. AMF 2012-16, Arrêté des Comptes 2012, § 6.3).

Remarque – Changement résultant de la première application d'un nouveau texte Lorsqu'un changement de méthode comptable intervient à l'occasion de la première application (obligatoire ou anticipée) d'un texte (nouvelle norme, norme révisée ou interprétation), il doit être comptabilisé conformément aux dispositions transitoires spécifiques prévues par cette norme ou interprétation, le cas échéant (IAS 8.19). **12681** (suite)

Ces dispositions transitoires prévoient les modalités d'application de la nouvelle méthode (application rétrospective totale, partielle ou application prospective, date d'application, type de transactions concernées, etc.).

En l'absence de dispositions transitoires spécifiques, ou en cas de changement de méthode volontaire, le changement de méthode doit être appliqué rétrospectivement (IAS 8.19).

Pour les modalités de transition lors de l'application anticipée d'un texte non encore adopté par la Commission européenne, voir nº 11134.

Recommandations de l'AMF Dans ses recommandations en vue de l'arrêté des comptes 2012, l'AMF a indiqué que, compte tenu des incertitudes existant jusqu'à l'adoption définitive d'un texte, il n'est pas possible de s'appuyer uniquement sur un projet de norme ou d'interprétation pour justifier un changement de méthode comptable (Rec. AMF 2012-16, Arrêté des Comptes 2012, § 6.3).

La **méthode rétrospective** consiste à appliquer la nouvelle méthode aux transactions, autres événements et situations, comme si cette méthode avait toujours été appliquée, sauf s'il est impraticable de déterminer les effets du changement spécifiquement liés à la période ou de manière cumulée (IAS 8.5 et .23).

L'ensemble des exercices publiés (dernier exercice et information comparative au titre des exercices précédents) doivent obligatoirement être ajustés. Ces ajustements concernent (IAS 8.22) :

- le solde d'ouverture, pour la période la plus ancienne présentée en comparatif, de chaque élément des capitaux propres affecté par le changement ;
- les autres montants comparatifs fournis dans les états financiers, comme si la nouvelle méthode comptable avait toujours été appliquée.

En outre, doit être également présenté un état de situation financière (bilan) additionnel ajusté des effets du changement de méthode à l'ouverture de la période la plus récente présentée en comparatif (imposé par IAS 1.40A et .40B) et ce, même si l'entité présente des données comparatives antérieures (IAS 1.40D).

Pour plus de précisions sur cet état de situation financière supplémentaire, voir nº 53963-2.

La détermination des ajustements liés à une nouvelle disposition est jugée « impraticable » lorsque l'entité conclut qu'elle ne peut parvenir à appliquer cette nouvelle disposition après avoir mis en œuvre tous les efforts raisonnables pour y arriver (IAS 8.5).

Remarque Lorsque l'effet d'un changement de méthode sur une ou plusieurs périodes présentées ne peut être déterminé en pratique, la méthode rétrospective doit être appliquée dès la première période (et pour les périodes suivantes) au cours de laquelle les incidences peuvent être déterminées. Ainsi, les soldes d'ouverture des actifs, des passifs et des capitaux propres sont ajustés sur la première période possible et sur les périodes suivantes (IAS 8.24).

Lorsque l'effet cumulé du changement de méthode à l'ouverture de la période en cours ne peut pas être déterminé, ce changement de méthode doit être comptabilisé selon la méthode prospective au cours de la première période où il peut l'être en pratique (IAS 8.25).

La **méthode prospective** consiste à appliquer la nouvelle méthode comptable aux transactions, autres événements et situations intervenant à compter de la date du changement de méthode (IAS 8.5), c'est-à-dire tant aux éléments préexistants à la date du changement qu'à ceux survenant postérieurement à celle-ci.

En revanche, **ne constituent pas des changements de méthodes comptables** (IAS 8.16) :

- l'application d'une méthode comptable à des transactions, autres événements ou conditions différant en substance de ceux survenus précédemment ; et
- l'application d'une nouvelle méthode comptable à des transactions, autres événements ou conditions qui ne se produisaient pas auparavant ou qui n'étaient pas significatifs.

Décision de l'ESMA L'ESMA a considéré qu'une exclusion des découverts bancaires de la rubrique « Trésorerie et équivalents de trésorerie » au sein de l'état des flux de trésorerie, du fait d'une absence de fluctuation de la position des comptes bancaires considérés et d'un changement des modalités de gestion de la trésorerie, constituait une modification des faits et circonstances de la période. En conséquence, l'ESMA a considéré qu'en application d'IAS 8.16a, ceci ne constituait pas un changement de méthode comptable et qu'il n'y avait donc pas lieu de retraiter l'état des flux de trésorerie présenté en comparatif (EECS/0122-11, 05/22).

Pour des précisions sur l'inclusion ou non des découverts bancaires en trésorerie et équivalents de trésorerie, voir nº 51318.

Informations en annexe en cas de changement de méthode

12683 **Changement de méthode imposé par une nouvelle norme ou interprétation** Lorsque la première application d'une nouvelle norme, d'une norme révisée ou d'une interprétation a une incidence sur la période en cours ou sur toute période antérieure, ou pourrait avoir une incidence sur des périodes futures, la norme IAS 8 impose de fournir un certain nombre d'informations (IAS 8.28).

L'entité doit ainsi mentionner en annexe :
- le nom de la norme ou de l'interprétation ;
- la nature du changement de méthode comptable ;
- si la norme contient des dispositions transitoires, le fait que le changement de méthode comptable est mis en œuvre conformément à ces dispositions transitoires ; une description de ces dispositions ainsi que, le cas échéant, la mention de celles susceptibles d'avoir une incidence sur les périodes ultérieures ;
- le montant des ajustements pour chaque ligne concernée des états financiers et le montant de l'ajustement des résultats par action de base et dilué (si approprié) pour l'exercice en cours et les exercices antérieurs retraités ;
- le montant de l'ajustement relatif aux périodes antérieures non présentées (dans la mesure du possible) ;
- lorsque l'application rétrospective est impraticable pour une période présentée ou pour les périodes antérieures non présentées, une description des circonstances ayant entraîné l'absence d'application rétrospective ainsi qu'une description de la manière et la date à partir de laquelle le changement de méthode a été appliqué.

En outre, l'entité doit également mentionner les effets des changements de méthodes comptables pour chaque période antérieure et à l'ouverture de la période en cours, pour chaque composante des capitaux propres (IAS 1.106b et .110).

Ces informations ne sont pas nécessaires pour les normes et interprétations qui sont non applicables à l'entité ou qui n'ont pas un impact significatif pour l'entité (IAS 1.30A et .31).

A notre avis, lorsqu'une norme ou interprétation autorise plusieurs modalités de comptabilisation ou des mesures de simplification, dont le choix d'application peut avoir un impact significatif sur les états financiers de l'entité, le choix effectué par l'entité doit être précisé.

Informations à fournir au titre d'une nouvelle norme ou interprétation publiée mais non encore entrée en vigueur obligatoirement Lorsqu'une entité n'applique pas par anticipation une nouvelle norme ou une interprétation publiée mais non encore entrée en vigueur de manière obligatoire, elle doit fournir un certain nombre d'informations dont :
- le fait qu'elle ne l'applique pas ; et
- des informations au titre de l'impact estimé de l'application de la nouvelle méthode sur les états financiers de l'entité au cours de la période de première application (IAS 8.30).

L'entité pourra ainsi fournir les éléments suivants (IAS 8.31) :
- le nom de la nouvelle norme ou interprétation ;
- la nature du changement de méthode qui en découlerait ;
- la date à laquelle l'application est obligatoire ;
- la date à laquelle l'entité prévoit d'appliquer ce nouveau texte ; et
- une description de l'impact prévu de première application (ou une déclaration sur le fait que l'impact n'est pas connu ou est en cours d'analyse).

Il n'est pas nécessaire de répéter ces informations dans les états financiers des périodes ultérieures (IAS 8.28 et .29).

12684 **Changement de méthode volontaire** En cas de changement de méthode volontaire ayant une incidence sur la période en cours ou sur toute période antérieure, ou pouvant avoir une incidence sur des périodes futures, les mêmes informations que pour un changement de méthode imposé par une nouvelle norme ou interprétation sont requises. La norme requiert également de mentionner les raisons pour lesquelles l'application de la nouvelle méthode fournit des informations plus fiables et plus pertinentes (IAS 8.29).

En outre, l'état de situation financière (bilan) supplémentaire devra dans ce cas être accompagné de notes annexes (IAS 1.40A s.).

Sur la nécessité de fournir un état de situation financière supplémentaire, voir n° 12681.

B. Estimations comptables

Définition

12686 Une méthode comptable peut exiger que des postes des états financiers soient évalués d'une manière qui implique une incertitude dans leur évaluation, c'est-à-dire que la méthode comptable peut nécessiter que ces éléments soient évalués pour des montants monétaires qui ne peuvent être observés directement et qui doivent donc être estimés. Dans un tel cas, une entité élabore une estimation comptable afin d'atteindre l'objectif fixé par la méthode comptable, sur la base de jugements et d'hypothèses fondés sur les dernières informations fiables disponibles (IAS 8.32).

Ainsi par exemple : la valeur nette de réalisation des stocks en application d'IAS 2, une provision pour obligations de garantie en application d'IAS 37, ou encore la juste valeur d'un actif ou d'un passif en application d'IFRS 13 (IAS 8.32).

Une estimation comptable est un montant monétaire dans les états financiers dont l'évaluation est soumise à incertitude (IAS 8.5).

Une estimation comptable repose sur des techniques d'évaluation et des données d'entrée (« inputs »). Ces techniques d'évaluation comprennent des techniques d'estimation (par exemple, des techniques utilisées pour déterminer une correction de valeur au titre des pertes de crédit attendues, en application d'IFRS 9) et des techniques de valorisation (par exemple, des techniques utilisées pour déterminer la juste valeur d'un actif ou d'un passif, en application d'IFRS 13) (IAS 8.32A).

Dans le référentiel IFRS, le terme « estimation » fait parfois référence à une estimation qui n'est pas une « estimation comptable » au sens de la présente norme comme, par exemple, des données d'entrée utilisées aux fins de l'établissement d'estimations comptables (IAS 8.32B).

Changement d'estimation comptable

Une entité peut devoir réviser une estimation comptable en cas de changements dans les circonstances sur lesquelles cette estimation était fondée, ou à la suite de nouvelles informations, de nouveaux développements ou d'un surcroît d'expérience. De par sa nature même, un changement d'estimation comptable ne concerne pas les périodes antérieures et ne constitue pas une correction d'erreur (IAS 8.34). 12687

Les effets, sur une estimation comptable, d'un changement de données d'entrée ou d'un changement de technique d'évaluation constituent des changements d'estimations comptables, à moins qu'ils ne résultent de la correction d'erreurs d'une période antérieure (IAS 8.34A).

Il en est ainsi, par exemple, du changement de la technique d'évaluation utilisée pour déterminer la juste valeur d'un immeuble de placement comptabilisé selon le modèle de la juste valeur conformément à la norme IAS 40, lors d'un passage d'une approche basée sur les résultats (projections de flux de trésorerie actualisés) à une approche basée sur des données de marché, notamment du fait de modifications des conditions du marché (IAS 8.IG exemple 4).
Il en est ainsi également d'un changement d'hypothèse sur la volatilité d'une action pour l'évaluation d'un instrument octroyé à des salariés conformément à la norme IFRS 2, s'agissant d'une modification dans les données d'entrée (IAS 8.IG exemple 5).

Difficulté pour distinguer un changement de méthode comptable d'un changement d'estimation

Il est parfois difficile d'opérer la distinction entre changement de méthode comptable et changement d'estimation comptable. 12690

Un changement de la base d'évaluation appliquée est un changement de méthode comptable et non un changement d'estimation comptable (IAS 8.35).

Tel peut être le cas, par exemple, d'actifs antérieurement évalués au coût historique et désormais évalués à la juste valeur.
En revanche, selon la norme IAS 16, Immobilisations corporelles, un changement du mode d'amortissement appliqué à un actif doit être comptabilisé comme un changement d'estimation comptable (IAS 16.61).

Lorsqu'il est difficile d'opérer la distinction entre changement de méthode comptable et changement d'estimation, le changement est traité comme un changement d'estimation comptable (IAS 8.35).

Comptabilisation d'un changement d'estimation comptable

L'effet du changement d'estimation comptable doit être comptabilisé selon la méthode prospective, c'est-à-dire qu'il est comptabilisé au cours des périodes courante et futures affectées par le changement (IAS 8.36 s.). 12691

Les changements d'estimation sont comptabilisés en ajustant, le cas échéant, la valeur des éléments d'actif, de passif ou de capitaux propres concernés par ce changement (IAS 8.37).

L'impact peut devoir être comptabilisé soit dans la composante résultat de l'état du résultat global (compte de résultat), soit parmi les autres éléments du résultat global (« Other Comprehensive Income »/OCI), selon que l'élément ajusté a été comptabilisé initialement en résultat ou directement en OCI.

Ainsi, par exemple, la réestimation de la valeur d'une immobilisation corporelle, comptabilisée selon la méthode de la réévaluation, doit être comptabilisée parmi les autres éléments du résultat global (OCI), conformément à IAS 16.39.

En revanche, l'ajustement des annuités d'amortissement d'une immobilisation corporelle, à la suite de la réduction de sa durée d'utilité, par exemple, doit être comptabilisé en résultat (IAS 16.61 et IAS 8.38).

Informations en annexe en cas de changement d'estimation

12693 L'annexe doit mentionner (IAS 8.39 et .40) :
- la nature du changement d'estimation comptable ;
- le montant de tout changement d'estimation comptable ayant une incidence sur la période en cours ou dont il est prévu qu'il aura une incidence sur des périodes ultérieures.

Si le montant de l'incidence sur les périodes ultérieures n'est pas indiqué parce que l'estimation est impraticable, ce fait doit être mentionné.

C. Erreurs

Définition

12695 Une erreur relative aux périodes antérieures est une omission ou une inexactitude des états financiers découverte au cours de l'exercice N, portant sur les états financiers d'une ou plusieurs périodes antérieures, et qui résulte de la non-utilisation ou de l'utilisation abusive d'informations fiables (IAS 8.5 et .41) :
- qui étaient disponibles lorsque la publication des états financiers de ces périodes a été autorisée, et
- dont il pouvait être raisonnablement attendu que ces informations soient obtenues et prises en compte pour la préparation et la présentation des états financiers.

Les corrections d'erreurs se différencient des changements d'estimations comptables. De par leur nature, les estimations comptables sont des approximations qui peuvent devoir faire l'objet d'un changement à mesure qu'apparaissent des informations complémentaires. Par exemple, le profit ou la perte comptabilisé(e) lors de la survenance d'une éventualité ne constitue pas la correction d'une erreur (IAS 8.48).

Des erreurs peuvent survenir à l'occasion de la comptabilisation, de l'évaluation, de la présentation ou de la fourniture d'informations sur des éléments des états financiers (IAS 8.41). Les erreurs incluent notamment les erreurs de calcul, les erreurs dans l'application des méthodes comptables, les négligences, les interprétations erronées de faits ainsi que les fraudes.

Les états financiers ne sont pas conformes aux IFRS s'ils contiennent soit des erreurs significatives, soit des erreurs non significatives commises intentionnellement pour parvenir à une présentation particulière de la situation financière, de la performance financière ou des flux de trésorerie d'une entité (IAS 8.41).

Comptabilisation d'une correction d'erreur

12697 L'ajustement consécutif à une correction d'erreur significative doit être comptabilisé de manière rétrospective comme si l'erreur ne s'était pas produite, c'est-à-dire en corrigeant la comptabilisation, l'évaluation ainsi que les informations présentées en annexe (IAS 8.42 et .43).

Le caractère significatif doit être apprécié selon les principes de la norme IAS 1, c'est-à-dire dès lors que l'erreur ou l'omission serait susceptible d'influencer les décisions économiques que les utilisateurs prendraient sur la base des états financiers (IAS 8.5 renvoyant à IAS 1.7, amendée en 2020). Des critères qualitatifs et quantitatifs sont pris en compte pour apprécier l'impact d'une erreur sur toutes les périodes présentées et déterminer la méthode la plus appropriée pour sa correction. Cette appréciation ne doit pas être réalisée uniquement sur la base d'un seul indicateur tel que son impact sur le résultat ou le report à nouveau d'une période mais plutôt sur la base des états financiers considérés globalement. L'avis du régulateur concerné doit également être considéré (IFRS Practice Statement 2 « Making Materiality Judgements », voir n° 53960, point 1.).

Décision de l'ESMA L'ESMA a apporté des précisions sur l'appréciation du caractère significatif d'une erreur, sous forme d'exemple illustratif (EECS/0113-05, 04/13).

Ainsi, si l'erreur qui a été commise affecte une ou plusieurs périodes présentées, les montants affectés doivent être ajustés sur ces mêmes périodes (retraitement de l'information comparative). Si l'erreur a été commise sur une période antérieure aux périodes présentées, les comptes d'actifs, de passifs et de capitaux propres d'ouverture de la première période présentée doivent être corrigés. L'impact de la correction d'erreur est ainsi constaté par ajustement des réserves d'ouverture (IAS 8.42).

En outre, un état de situation financière (bilan) ajusté des effets éventuels d'une correction d'erreur à l'ouverture de la période comparative la plus récente doit également être présenté (IAS 1.40A et .40B).

La correction d'une erreur significative d'une période antérieure est exclue du résultat de l'exercice au cours duquel elle est découverte (IAS 8.46).

Exemple Une société a contracté un emprunt pour financer l'extension d'une plateforme de distribution. L'échéance annuelle de paiement des intérêts est le 1er avril. Au 31/12/N-1, à la clôture de l'exercice, les intérêts courus non échus ont été calculés sur 6 mois au lieu de 9 mois. Le chef comptable s'en aperçoit au cours de l'exercice N après publication des comptes de l'exercice N-1. Le calcul des intérêts courus sur 6 mois au lieu de 9 mois (période du 1/04/N-1 au 31/12/N-1) constitue une erreur. En effet, au 31/12/N-1, lors de la préparation des états financiers, la société disposait de toute l'information nécessaire et l'on aurait raisonnablement pu s'attendre à un calcul des intérêts courus sur la période correcte, soit sur 9 mois.

Les états financiers N-1, présentés en information comparative dans les états financiers N, devront être corrigés si cette erreur (écart de 3 mois sur les intérêts courus non échus) est jugée significative. L'erreur doit être corrigée de manière rétrospective, comme si elle ne s'était jamais produite.

Deux cas limitent toutefois le retraitement rétrospectif :

1. **S'il est impraticable,** c'est-à-dire **s'il n'est pas possible en pratique de déterminer l'effet sur la ou les périodes présentées affectées par l'erreur,** les soldes d'ouverture des actifs, des passifs et des capitaux propres sont à ajuster sur la première période durant laquelle l'ajustement est praticable (IAS 8.43 s.).
2. **S'il est impraticable,** c'est-à-dire **s'il n'est pas possible en pratique de déterminer l'incidence cumulée, à l'ouverture de l'exercice en cours, de l'erreur sur toutes les périodes antérieures,** le retraitement est appliqué de manière prospective, dès la date à laquelle l'incidence peut être déterminée, sans correction au titre des périodes passées (IAS 8.45 s.).

Informations en annexe en cas de correction d'erreur

En cas de correction d'erreur, doivent être mentionnés (IAS 8.49) : **12699**
- la nature de l'erreur ;
- pour chaque période antérieure présentée, le montant des ajustements pour chaque ligne concernée des états financiers et le montant de l'ajustement du résultat par action de base et dilué (si approprié) ;
- le montant de la correction au début de la première période présentée ;
- si le retraitement rétrospectif est impraticable pour une période présentée, une description des circonstances justifiant l'absence d'application rétrospective et la manière et la date à partir de laquelle l'erreur a été corrigée.

Il n'est pas nécessaire de répéter ces informations dans les états financiers des périodes ultérieures.

Décision de l'ESMA L'ESMA a rappelé l'importance des informations à fournir en annexe au titre d'une correction d'erreur. Ainsi, dans le cas présenté, l'émetteur (une institution financière) a significativement retraité les chiffres comparatifs de l'échéancier des passifs financiers dans les notes annexes de l'exercice en cours, par rapport à ceux qui avaient été publiés lors de l'exercice précédent, et ce, sans fournir d'autre justification qu'une amélioration de la comparabilité. L'ESMA a considéré que de tels retraitements, compte tenu de leur nature et de leur matérialité, constituent une correction d'erreur au sens de la norme IAS 8 et que l'émetteur n'a pas respecté les exigences d'information requises par IAS 8 en la matière (EECS/0117-05, 10/17).

QUESTIONS/REPONSES PRATIQUES

Remarque importante

12706 Les réponses aux questions présentées dans ce chapitre résultent de l'analyse des dispositions de la norme IAS 8, Méthodes comptables, changements d'estimations comptables et erreurs, en vigueur actuellement, sur la base des informations disponibles au 1er juin 2023.

Pour une présentation des principales dispositions de la norme IAS 8, voir n° 12677 s.

Changements comptables à la suite d'une décision de l'IFRS IC

12712 ***Question***

Comment traiter l'application d'une nouvelle méthode comptable consécutive à une décision de l'IFRS Interpretations Committee (IFRS IC) ?

Réponse

L'application d'une nouvelle méthode à la suite d'une décision définitive de l'IFRS IC peut constituer, suivant les cas, un changement de méthode ou une correction d'erreur.

Quelle que soit sa qualification, un tel changement est d'application rétrospective.

Des informations appropriées et suffisantes doivent être fournies sur les raisons du changement, compte tenu des circonstances particulières, en faisant référence à la décision de l'IFRS IC.

Commentaires :

1. Contexte Dans certains cas, notamment en l'absence de dispositions précises des normes IFRS, les textes peuvent être compris/interprétés de différentes manières. Il peut également exister des conflits de textes, conduisant, en pratique, à des traitements comptables divergents suivant les entités.

Lorsque l'IFRS Interpretations Committee (IFRS IC) est saisi d'un tel sujet afin d'arbitrer entre les différentes méthodes comptables retenues dans la pratique, il peut décider d'instruire la question et d'y répondre, non pas en publiant une interprétation, mais en publiant une « agenda decision ».

Lorsqu'une question est soumise à l'IFRS IC, cela signifie qu'il existe un doute sur son traitement comptable. Il pourrait dès lors être présumé que la méthode comptable, appliquée dans les états financiers établis avant la décision, était basée sur une interprétation raisonnable de la norme concernée, en fonction des dispositions des IFRS applicables au moment où la méthode a été retenue.

Bien qu'elles fassent l'objet d'une publication disponible sur le site internet de l'IFRS Foundation, ces décisions ne font pas partie des normes IFRS et n'ont pas de force obligatoire, à l'inverse des interprétations.

En effet :
- elles ne suivent pas le même processus d'élaboration (« due process ») que les « vraies » interprétations ;
- il est considéré qu'elles apportent l'éclairage du normalisateur sur la façon de comprendre et d'appliquer les normes existantes ;
- elles ne sont pas approuvées par l'UE. En ce sens, elles n'ont donc pas de statut officiel en Europe.

Toutefois, la procédure d'élaboration de ces décisions est similaire à celle des interprétations :
- la question posée fait l'objet d'une analyse par le personnel de l'IFRS IC, formalisée dans des « staff papers », et discutée lors d'une (ou de plusieurs) réunion(s) de l'IFRS IC ;
- à l'issue de ces discussions, l'IFRS IC publie une décision provisoire (« tentative agenda decision ») ;
- chaque décision est ensuite soumise à une période d'appel à commentaires, en général de 60 jours ;
- à la suite de l'analyse des commentaires reçus, la décision provisoire peut être confirmée. Dans ce cas, l'IFRS IC publie sa décision définitive (« agenda decision »), qu'elle soumet au Board de l'IASB pour approbation.

Cette dernière étape est prévue dans la procédure de l'IFRS IC depuis août 2020, date à laquelle le manuel de procédure de l'IASB (« Due Process Handbook », § 8.7) a été mis à jour sur ce point. Si la décision provisoire n'est pas confirmée ou approuvée par l'IASB, le processus tel qu'évoqué ci-avant est de nouveau appliqué. L'IFRS IC peut alors proposer une nouvelle décision, décider d'inscrire finalement le sujet à son programme de travail ou encore renvoyer le sujet à l'IASB.

Les décisions définitives publiées par l'IFRS IC constituent un guide d'application. Aussi, lorsque la décision est justifiée par le fait que les textes sont suffisamment prescriptifs ou lorsque l'IFRS IC fournit des éléments d'analyse des textes par rapport à une situation donnée, il est attendu que les entités les prennent en compte en tant que guide d'application. **12712** (suite)

Remarque Ces décisions sont publiées sur le site internet de l'IFRS Foundation (notamment dans les IFRIC Updates et dans les compilations de décisions par date ou par norme). Elles sont **intégralement disponibles** en version électronique dans les **Sources comptables IFRS (Code IFRS) du Navis Comptable Conso France/IFRS** (Ed. Francis Lefebvre, www.efl.fr) et classées par date de publication ou par norme concernée.

2. **Incidences d'une décision de l'IFRS IC** Les éléments d'analyse fournis dans les motivations de la décision peuvent avoir des incidences pour les entreprises qui avaient une interprétation différente de la question. Plus précisément, une décision peut se traduire :
- soit par un **élargissement du choix des traitements comptables,** lorsque l'IFRS IC met en évidence d'autres pratiques ou analyses sans en déclarer aucune comme étant inappropriée. Dans ce cas, les entités ne devraient pas changer de traitement comptable, sauf à démontrer qu'un traitement comptable alternatif non remis en cause par l'IFRS IC fournit une meilleure information. Il s'agit alors d'un changement de méthode comptable volontaire (IAS 8.14b) ;
- soit par l'**impossibilité de continuer à appliquer un traitement comptable.** La question est alors de savoir comment les entités qui appliquaient une méthode comptable désormais jugée inappropriée doivent appliquer la nouvelle méthode comptable dans leurs comptes IFRS.

3. **Qualification du changement** L'application d'une nouvelle méthode comptable à la suite d'une décision de l'IFRS IC peut être qualifiée de différentes manières :
- **changement de méthode** Bien que la norme ne propose pas plusieurs méthodes, sa compréhension peut avoir donné lieu à des pratiques divergentes qui sont largement acceptées et utilisées, créant ainsi de fait plusieurs méthodes. Lorsque la décision confirme qu'une seule de ces méthodes fournit une bonne information dans les états financiers, et que cette méthode n'est pas celle appliquée par l'entreprise, celle-ci devrait, à notre avis, changer de méthode (IAS 8.14b) ;
- **correction d'erreur** Dans certaines circonstances, l'application de la nouvelle méthode (afin de se conformer à la méthode décrite par la norme) devrait constituer une correction d'erreur.

Bien que les impacts comptables et les informations à fournir soient similaires pour un changement de méthode comptable et une correction d'erreur, leurs conséquences peuvent différer en fonction de l'environnement réglementaire (diligences d'audit, par exemple). Les entreprises doivent donc porter une attention particulière à la façon dont les changements sont qualifiés et décrits. Toutefois, à notre avis, lorsqu'il n'est pas possible de déterminer si un changement lié à une décision de l'IFRS IC est un changement de méthode comptable ou une correction d'erreur, il nous paraît possible de ne pas qualifier ce changement en fournissant une information appropriée sur le changement (y compris la référence à la décision de l'IFRS IC).

4. **Calendrier d'application d'une décision définitive** Un changement résultant d'une décision définitive est en principe **applicable immédiatement à compter de la date de publication de cette décision,** ce qui est cohérent avec la notion de guide d'application. Ainsi, dès lors qu'un changement comptable consécutif à une décision de l'IFRS IC est effectué au cours d'une période postérieure à celle au cours de laquelle la décision est intervenue, alors même que l'entreprise avait un temps suffisant pour appliquer la décision au cours de la période de publication de cette dernière, il constitue, à notre avis, une correction d'erreur : dans ce cas, l'entreprise n'aurait pas appliqué correctement les textes en vigueur alors que leur interprétation (la décision de l'IFRS IC) était disponible.

En effet, en mars 2019, l'IFRS IC a précisé qu'une entité doit avoir un **temps suffisant** pour mettre en œuvre ses décisions, notamment lorsqu'elles impliquent des changements significatifs sur les comptes des entreprises (IFRIC Update 03/19). L'IASB, dans un communiqué de presse en date du 20 mars 2019, a apporté des précisions sur la notion de « temps suffisant » :
- la mise en œuvre doit être faite le plus tôt possible, dans les quelques mois qui suivent la publication de la décision définitive, et non quelques années ;
- il est nécessaire de faire preuve de jugement en tenant compte de la difficulté de mise en œuvre, notamment sur le plan opérationnel, l'entité pouvant avoir besoin d'obtenir de nouvelles informations ou d'adapter ses systèmes d'information.

Ces précisions ont été intégrées par l'IFRS Foundation dans la mise à jour du manuel de procédure de l'IASB (« Due Process Handbook »), publiée en août 2020.

12712 (suite) **5. Comptabilisation du changement** Conformément à la norme IAS 8 et en l'absence de disposition transitoire contraire, un **changement** résultant d'une décision définitive de l'IFRS IC est **applicable de manière rétrospective,** immédiatement à compter de la date de publication de la décision définitive de l'IFRS IC. En effet, selon la norme IAS 8, les retraitements liés à un changement de méthode ou à une correction d'erreur sont comptabilisés de façon rétrospective (IAS 8.19b et .42), sauf lorsque cela est impraticable (IAS 8.23 et .43).

Pour plus de détails, voir n° 12681 (changement de méthode) et n° 12697 (correction d'erreur).

6. Informations à fournir En plus des informations requises par la norme IAS 8 pour les changements de méthode (IAS 8.29) ou les corrections d'erreur (IAS 8.49), une entreprise devrait, à notre avis, fournir des **informations appropriées et suffisantes sur les raisons du changement,** compte tenu des circonstances particulières, en faisant **référence à la décision de l'IFRS IC,** et, le cas échéant, les raisons pour lesquelles la décision n'aurait pas été appliquée immédiatement.

CHAPITRE 6

Evénements postérieurs à la période de reporting (IAS 10)

Plan du chapitre §§ 12785

L'ESSENTIEL DE LA NORME IAS 10

Généralités

L'objectif de la norme IAS 10 est de prescrire quand une entité doit ajuster ses états financiers en fonction d'événements postérieurs à la période de reporting (date de clôture) et quelles informations fournir en annexe au titre de ces événements (IAS 10.1 et .2). 12792

Les événements postérieurs à la période de reporting sont définis comme les événements, favorables et défavorables, qui se produisent entre la date de fin de la période de reporting et la date d'autorisation de publication des états financiers (IAS 10.3).

Le schéma ci-après décrit les différentes étapes aboutissant à la publication des comptes et permet de visualiser la période pendant laquelle les événements postérieurs à la période de reporting doivent être considérés.

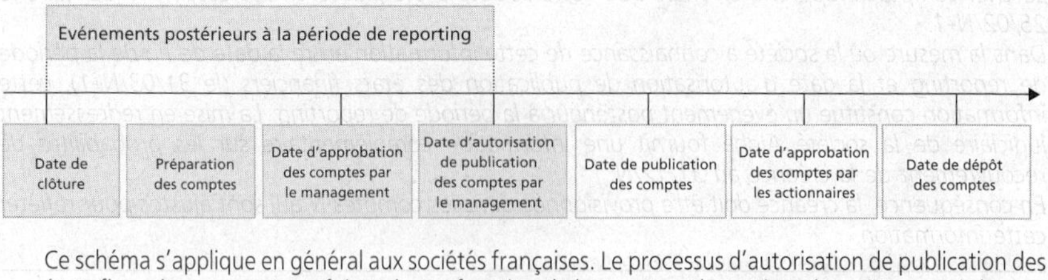

Ce schéma s'applique en général aux sociétés françaises. Le processus d'autorisation de publication des états financiers pourra toutefois varier en fonction de la structure de gestion, des exigences réglementaires et des procédures suivies pour la préparation et la finalisation des états financiers (IAS 10.4).

Exemple – Date d'autorisation de publication des comptes Le calendrier de publication des comptes d'une société clôturant le 31/12/N-1 est le suivant :
- 25/02/N : la direction achève le projet d'états financiers de l'exercice N-1 ;
- 21/03/N : le conseil d'administration examine les états financiers et autorise leur publication ;
- 22/03/N : l'entreprise annonce son résultat ainsi que d'autres informations financières, telles que le chiffre d'affaires ;
- 2/04/N : les états financiers sont publiés sur le site internet du groupe et mis à la disposition des actionnaires et des tiers ;
- 17/05/N : l'assemblée générale annuelle des actionnaires approuve les états financiers ;
- 19/05/N : les états financiers approuvés sont déposés auprès d'une autorité de réglementation (greffe du tribunal de commerce).

La date d'autorisation de la publication des états financiers est le 21/03/N (date à laquelle le conseil d'administration autorise leur publication). Les événements postérieurs à la période de reporting couvrent ainsi la période allant du 31/12/N-1 au 21/03/N.

Comptabilisation et évaluation des événements postérieurs à la période de reporting

12794 La norme IAS 10 distingue deux types d'événements postérieurs selon qu'ils sont liés ou non à une situation existant à la date de fin de la période de reporting. Elle prévoit également le traitement des dividendes et des événements remettant en cause la continuité d'exploitation de l'entité (IAS 10.8 s.) :

1. Evénements survenus après la période de reporting confirmant une situation existant à la date de fin de la période de reporting Si les événements contribuent à confirmer des situations qui existaient à la date de fin de la période de reporting, ils donnent lieu à des ajustements dans les états financiers de l'exercice N (IAS 10.8).

La norme IAS 10 ne comporte pas de disposition concernant l'évaluation des ajustements à constater. Ces ajustements doivent ainsi être évalués conformément aux normes relatives à ces événements (par exemple, IAS 37 pour les provisions, IAS 16 pour les immobilisations corporelles, IFRS 16 pour les contrats de location, IAS 36 pour les dépréciations d'actifs ou encore IFRS 9 pour les actifs financiers).

Exemples d'événements confirmant une situation existant à la date de fin de la période de reporting (fournis notamment par IAS 10.9) :
- une décision rendue par un tribunal après la période de reporting et qui confirme l'existence d'une obligation actuelle de l'entité, à la fin de la période de reporting ; cet événement impose à l'entité d'ajuster la provision déjà comptabilisée ou d'en constater une ;
- la réception après la période de reporting d'informations indiquant qu'un actif était déprécié à la date de fin de la période de reporting ou que le montant d'une perte de valeur préalablement comptabilisée au titre de cet actif doit être ajusté. Ainsi, la faillite d'un client survenant après la date de clôture confirme généralement que le client avait subi une détérioration de son crédit à la fin de la période de reporting. De même, la vente de stocks après la période de reporting peut donner des indications sur leur valeur nette de réalisation à la fin de la période de reporting ;
- la découverte d'une fraude ou d'une erreur démontrant que les états financiers étaient incorrects ;
- le résultat de discussions avec les représentants du personnel dans le cadre d'un plan de licenciements annoncé avant la fin de la période de reporting, voir nº 40550 ;
- la mise sur le marché en janvier N+1 d'une nouvelle gamme de téléphones portables rendant obsolète la gamme en stocks au 31/12/N, laquelle doit faire l'objet d'une dépréciation.

■ *Exemple 1*

Redressement judiciaire d'un client *Une créance sur la société Alpha figure pour un montant de 100 000 € à l'actif du bilan au 31/12/N.*

Le chef comptable apprend en mars que cette société a été placée en redressement judiciaire le 25/02/N+1.

Dans la mesure où la société a connaissance de cette information entre la date de fin de la période de reporting et la date d'autorisation de publication des états financiers (le 31/03/N+1), cette information constitue un événement postérieur à la période de reporting. La mise en redressement judiciaire de la société Alpha fournit une information complémentaire sur les probabilités de recouvrement de la créance au 31/12/N.

En conséquence, la créance doit être provisionnée dans les comptes N qui sont ajustés pour refléter cette information.

■ *Exemple 2*

Provision pour une garantie expirant avant la date d'autorisation de publication des comptes par le management *Au passif du bilan au 31/12/N figure une provision pour garantie destinée à couvrir le risque de défaut/dysfonctionnement d'une usine d'incinération livrée à un client. La garantie court jusqu'au 31/01/N+1. A cette date, il n'y a pas eu d'appel en garantie par le client.*

L'expiration de la garantie intervient entre la date de fin de la période de reporting et la date d'autorisation de publication des états financiers (le 31/03/N+1) et constitue un événement postérieur à la période de reporting nécessitant un ajustement des comptes au 31/12/N.

L'absence d'appel en garantie en date du 1/02/N+1 confirme que l'usine d'incinération livrée n'avait pas de défaut au 31/12/N.

En conséquence, la provision pour garantie doit être intégralement reprise dans les comptes au 31/12/N (réduite à zéro).

2. Evénements survenus postérieurement à la période de reporting relatifs à une situation nouvelle Si des événements font apparaître une situation nouvelle postérieure à la date de fin de la période de reporting, aucun ajustement ne doit être constaté dans les états financiers de l'exercice N, mais une mention en annexe doit être fournie s'ils sont significatifs (IAS 10.10 et .21). **12794** (suite)

Un événement postérieur à la période de reporting est significatif si l'on peut raisonnablement s'attendre à ce que l'absence d'indication en annexe d'un tel événement influence les décisions prises par les principaux utilisateurs sur la base des états financiers (IAS 10.21).

L'information à fournir porte sur la nature de l'événement et sur l'évaluation des incidences, ou sur l'indication que cette estimation ne peut pas être faite (IAS 10.21).

Exemples d'événements relatifs à une situation nouvelle survenant postérieurement à la période de reporting (fournis notamment par IAS 10.11 et .22) :
- un incendie détruisant une partie importante de l'outil de production ;
- un regroupement d'entreprises ;
- une cession de filiale ;
- l'annonce ou la mise en œuvre d'un plan de restructuration (voir n° 40505) ;
- une modification du taux d'impôt qui n'aurait pas été adoptée ou quasi-adoptée à la clôture ;
- la baisse de la juste valeur de placements financiers entre la date de fin de la période de reporting et la date d'autorisation de publication des états financiers (voir n° 12810).

■ *Exemple 1*

Décision d'expropriation *Au 31/12/N, les immobilisations corporelles d'une entreprise comprennent des entrepôts de stockage pour 340 000 €. Le 15/01/N+1, la mairie informe l'entreprise de sa décision d'exproprier la zone sur laquelle se situent ces entrepôts.*

La société doit-elle déprécier cet actif au 31/12/N, sachant que l'autorisation de publication des états financiers N ne devrait intervenir qu'en avril N+1 ?

La décision de la mairie d'exproprier (15/01/N+1) constitue bien un événement postérieur à la période de reporting, dès lors qu'elle intervient après la date de fin de la période de reporting mais avant la date d'autorisation de publication des états financiers (avril N+1).

Il s'agit d'une décision nouvelle, postérieure à la période de reporting et qui ne confirme pas une situation existant à cette date. En conséquence, les états financiers N ne doivent pas être ajustés. Toutefois, si tous les entrepôts de la société sont localisés dans la zone d'expropriation, l'impact de cette décision peut s'avérer significatif et une mention devra être incluse en annexe, le cas échéant.

■ *Exemple 2*

Litige prud'homal *Un litige prud'homal est provisionné au passif du bilan au 31/12/N pour un montant de 50 000 €. Une décision du tribunal intervient le 30/04/N+1 condamnant la société à verser un montant de 75 000 €.*

Sachant que l'autorisation de publication des comptes est intervenue le 15/04/N+1, la société doit-elle ajuster la provision initiale à 75 000 € dans les états financiers N ?

Cette décision du tribunal en date du 30/04/N+1 ne constitue pas un événement postérieur à la période de reporting dès lors qu'elle intervient postérieurement à la date d'autorisation de publication des états financiers (15/04/N+1).

En conséquence, les états financiers N ne doivent pas être ajustés.

■ *Exemple 3*

Variations du cours d'une devise *Une société vend sur le marché européen des machines-outils qu'elle achète exclusivement aux Etats-Unis. Les dettes fournisseurs sont composées à 90 % de factures établies en USD. Au cours du premier trimestre N+1, d'importantes fluctuations sont observées sur le taux de change USD/€.*

Les fluctuations du taux de change intervenant entre la date de fin de la période de reporting et la date d'autorisation de publication des états financiers (avril N+1) constituent bien un événement postérieur à la période de reporting. Toutefois, cet événement ne confirme pas une situation existant à la fin de la période de reporting, les fluctuations du taux de change n'apparaissant qu'au cours du premier trimestre N+1.

De ce fait, les états financiers au 31/12/N ne doivent pas faire l'objet d'un ajustement. Si l'impact des fluctuations des taux de change est significatif, une mention devra être incluse en annexe.

■ *Exemple 4*

Modification du nombre d'actions *Le nombre d'actions d'une société est modifié entre la date de fin de la période de reporting et la date d'autorisation de publication des états financiers, du fait d'un regroupement ou d'une division d'actions.*
Cet événement constitue un événement postérieur à la période de reporting qui ne doit pas donner lieu à ajustement des états financiers à la fin de la période de reporting car il ne confirme pas une situation existante à la fin de cette période. Une mention à cet effet devra être incluse en annexe.

> ***Remarque*** *Toutefois, selon la norme IAS 33, Résultats par action, si ces changements interviennent entre la date de clôture et la date de publication des comptes, les calculs des résultats par action doivent être effectués pour la période concernée et les périodes précédentes sur la base du nouveau nombre d'actions (IAS 33.64).*

3. Décision de distribution de dividendes après la période de reporting Dans le cas où une distribution de dividendes est proposée ou décidée après la période de reporting, l'entité ne doit pas comptabiliser ces dividendes en tant que passifs à la fin de la période de reporting, car aucune obligation n'existe à cette date (IAS 10.12).

Le montant des dividendes proposés ou décidés après la date de fin de la période de reporting est toutefois mentionné en annexe conformément à la norme IAS 1, Présentation des états financiers (IAS 10.13 et IAS 1.137).

4. Evénement remettant en cause la continuité d'exploitation Dans le cas où un événement postérieur à la période de reporting remet en cause la continuité d'exploitation de l'entité, il est nécessaire d'abandonner la convention de continuité d'exploitation pour la préparation et la présentation des états financiers. Une entité ne doit pas établir ses états financiers sur une base de continuité d'exploitation si la direction détermine, après la période de reporting, qu'elle a l'intention, ou qu'elle n'a pas d'autre solution réaliste, que de liquider l'entité ou de cesser son activité (IAS 10.14).

> Ce principe a été rappelé dans un « Education material » publié par l'IASB en janvier 2021, intitulé « Going concern – A focus on disclosure ». Pour plus de précisions sur ce document (disponible sur le site de l'IASB, www.ifrs.org, voir n° 55648).
>
> **Remarque** Si l'hypothèse de continuité d'exploitation est remise en cause après la date d'autorisation de publication des états financiers, les comptes ne doivent pas être ajustés.
>
> **Exemples de remise en cause de la continuité d'exploitation** :
> - existence après la fin de la période de reporting d'une intention de la direction de liquider ou de cesser l'activité ;
> - après la fin de la période de reporting, la liquidation ou la cessation de l'activité sont les seules solutions envisageables (même si la liquidation ou la cessation doit intervenir plus de 12 mois après la date de clôture).

Les états financiers doivent être établis selon une **autre convention plus appropriée** (par exemple en valeurs liquidatives). Des informations doivent être fournies en annexe, conformément à la norme IAS 1 (IAS 10.16 et IAS 1.25 s.).

> **Décision de l'IFRS IC** L'IFRS IC a apporté des précisions en 2021 sur deux cas très particuliers d'établissement d'états financiers en IFRS, lorsqu'une entité n'est plus en hypothèse de continuité d'exploitation pour l'année N (IFRIC update 06/21) :
>
> **Cas 1** : L'entité doit préparer des états financiers en N au titre de périodes antérieures, pour lesquelles aucun compte n'a déjà été établi, et alors qu'elle se trouvait lors de ces périodes en hypothèse de continuité d'exploitation : doit-elle retenir ou non l'hypothèse de continuité d'exploitation pour ces comptes ? L'IFRS IC a répondu qu'en application d'IAS 1.25 et d'IAS 10.14, cette entité doit établir ces états financiers en hypothèse de non-continuité d'exploitation. En effet, la remise en cause de l'hypothèse de continuité d'exploitation intervient pendant la période entre la date de clôture et la date d'arrêté des comptes, constituant ainsi un événement postérieur à la clôture qui, selon IAS 10.14, doit conduire l'entreprise à établir les comptes de la période antérieure en retenant l'hypothèse de non-continuité d'exploitation.
>
> **Cas 2** : L'entité doit-elle retraiter les comptes présentés au titre de la période comparative en hypothèse de non-continuité d'exploitation, alors que ces comptes ont été publiés précédemment en hypothèse de continuité d'exploitation ? Le Comité a constaté lors de ses recherches que, dans ce cas de figure, la pratique générale était de ne pas retraiter le comparatif. Considérant qu'il n'y avait pas suffisamment de diversité de pratiques pour justifier d'autres analyses, l'IFRS IC a décidé de ne pas inscrire ce sujet à son agenda.

Informations en annexe

12796 Les informations à communiquer en annexe concernent :

1. **la date d'autorisation de publication des états financiers ainsi que l'organe ayant autorisé cette publication** (IAS 10.17) ;

Il est important pour les utilisateurs des états financiers de savoir à quelle date leur publication a été autorisée car les états financiers ne reflètent pas les événements postérieurs à cette date (IAS 10.18).

En outre, si les propriétaires de l'entité ou d'autres ont le pouvoir de modifier les états financiers après leur publication, l'entité doit l'indiquer (IAS 10.17).

2. les événements survenus après la période de reporting confirmant une situation existant à la date de fin de la période de reporting : si une entité reçoit, après la période de reporting, des informations sur des situations qui existaient à la fin de la période de reporting, elle doit mettre à jour les informations fournies relatives à ces situations, même si ces informations ne remettent pas en cause la comptabilisation de cet événement dans ses états financiers (IAS 10.19) ;

3. les informations significatives sur les **événements survenus postérieurement à la période de reporting relatifs à une situation nouvelle** : lorsque des événements postérieurs à la période de reporting ne donnant pas lieu à des ajustements sont d'une importance telle que le fait de ne pas les mentionner pourrait avoir une incidence sur les décisions économiques des utilisateurs des états financiers, l'entité doit indiquer les informations suivantes en annexe (IAS 10.21) :
- la nature de l'événement ;
- une estimation de son effet financier ou l'indication que cette estimation ne peut être fournie.

Ces informations doivent être fournies pour chaque catégorie significative d'événements postérieurs à la période de reporting.

QUESTIONS/REPONSES PRATIQUES

Remarque importante

Les réponses aux questions présentées dans ce chapitre résultent de l'analyse des dispositions de la norme IAS 10, Evénements postérieurs à la période de reporting, en vigueur actuellement, sur la base des informations disponibles au 1er juin 2023. **12806**

Pour une présentation des principales dispositions de la norme IAS 10, voir n° 12792 s.

Chute des cours de bourse en début d'année N+1

Question **12810**

Des dépréciations sont-elles à comptabiliser dans les comptes de l'exercice N au titre d'une chute des cours de bourse début N+1 ?

Quelles informations fournir dans l'annexe au 31 décembre N ?

Réponse

Non, une chute brutale début N+1 des cours de bourse en pleine période d'arrêté des comptes IFRS de l'année N n'affecte pas l'évaluation des actifs, comme par exemple les placements en actions ou les stocks de matières premières, déterminée sur la base des cours au 31 décembre N.

En effet, l'événement est relatif à l'année N+1 et ne remet pas en cause les justes valeurs au 31 décembre N.

Toutefois, dès lors que les incidences, sur l'activité, de la chute des cours sont jugées significatives, la société doit les expliquer et si possible les quantifier dans l'annexe des comptes N.

Commentaires La question revient à déterminer si une chute brutale début N+1 des cours de bourse constitue ou non un événement post-clôture à refléter dans les comptes N et si cet événement justifie de déprécier les placements et les stocks dans le bilan N. En outre, il est également nécessaire de déterminer si l'exposition accrue aux risques est à mentionner dans les comptes N.

1. Valorisation dans les comptes N des placements financiers en actions et des stocks de matières premières (prise en compte ou pas de la baisse des cours début N+1) Les entités

12810 (suite) doivent retenir les cours de bourse à la date de clôture au 31 décembre N pour valoriser leurs placements financiers et leurs stocks de matières premières sans tenir compte de la chute des cours constatée en janvier N+1.

En effet, cette baisse des cours constitue un événement relatif à l'année N+1 (IAS 10.11 et .22g). Seuls les événements post-clôture, permettant de mieux apprécier une situation ou un risque existant à la date de clôture, entraînent un ajustement des valorisations à cette dernière date (IAS 10.8 et .9).

2. **Informations en annexe des comptes N relatives à la baisse des cours** Des informations sont à fournir en annexe dès lors qu'elles peuvent avoir un impact significatif sur le patrimoine et les activités de l'entité.

En effet, l'absence d'information pourrait avoir une incidence sur les décisions économiques prises par les investisseurs sur la base des états financiers. Dans ce cas, la norme IAS 10 requiert (IAS 10.21) :

- d'une part, d'expliquer la nature de l'événement, et donc le contexte de chute des indices boursiers ; et
- d'autre part, d'estimer l'effet financier ou, à défaut, d'indiquer qu'il ne peut pas être chiffré.

En outre, les incidences d'une baisse des cours devront être intégrées dans les informations sur les risques de marché requises par la norme IFRS 7, notamment à travers l'analyse de sensibilité du risque de variation des cours de bourse. Une information pourrait également devoir être fournie sur les risques de crédit et de liquidité, le cas échéant, si la baisse des cours affecte ces deux natures de risque pour l'entité (voir nº 52370 s.).

CHAPITRE 7

Transactions en monnaies étrangères (IAS 21)

Plan du chapitre §§ 13000

L'ESSENTIEL DE LA NORME IAS 21

Généralités

La norme IAS 21, Effets des variations des cours des monnaies étrangères, doit être appliquée pour (IAS 21.3) : 13005

- la comptabilisation des transactions et soldes en monnaies étrangères, à l'exception des transactions sur dérivés et des soldes qui entrent dans le champ d'application de la norme IFRS 9, Instruments financiers ;
- la conversion du résultat et de la situation financière des activités à l'étranger consolidées dans les états financiers de l'entité qui présente les états financiers, par intégration globale ou mise en équivalence ; et
- la conversion du résultat et de la situation financière d'une entité dans une monnaie de présentation.

Pour les deux derniers points ci-avant, voir « Conversion des états financiers des entreprises étrangères » au n° 16005 s.

1. Définitions

Transaction en monnaie étrangère et monnaie fonctionnelle

Selon la norme IAS 21 : 13007

1. une **transaction en monnaie étrangère** est une transaction libellée en monnaie étrangère, ou dont le règlement doit intervenir en monnaie étrangère (IAS 21.20), c'est-à-dire dans une monnaie différente de la monnaie fonctionnelle de l'entité (IAS 21.8) ;

Exemples de transactions en monnaie étrangère (IAS 21.20) :
- un achat ou une vente de biens ou services dont les prix sont libellés en monnaie étrangère (par exemple, une entité européenne dont la monnaie fonctionnelle est l'euro achète du pétrole en US$) ;
- un emprunt ou un prêt dont les montants à payer ou à recevoir sont libellés en monnaie étrangère (par exemple, une entité européenne contracte un emprunt en livres sterling pour financer l'acquisition d'une entreprise britannique) ;
- une acquisition/cession d'actifs ou un règlement de passifs, libellés dans une monnaie étrangère (par exemple, acquisition par une entité européenne de terrains et bâtiments situés au Canada et destinés à la construction d'une usine).

2. la **monnaie fonctionnelle** (ou monnaie de fonctionnement) est la monnaie de l'environnement économique principal dans lequel l'entité opère, c'est-à-dire normalement celui dans lequel l'entité génère et dépense principalement sa trésorerie (IAS 21.8 et .9 s.).
La monnaie fonctionnelle se distingue :
- de la monnaie de présentation qui est celle dans laquelle les états financiers sont établis (IAS 21.8) ;

Pour le choix de cette monnaie, voir nº 13112.

- de la monnaie locale qui est celle du pays où l'activité est exercée.

En général, la monnaie fonctionnelle correspond à la monnaie locale. Toutefois, il peut en être différemment, notamment :
- lorsque la monnaie dans laquelle une entité génère l'essentiel de ses flux de trésorerie est différente de la monnaie locale ;
- dans le cas d'entreprises dont l'exploitation fait partie intégrante des activités d'une autre entité qui établit ses comptes dans une autre monnaie : la monnaie fonctionnelle de ces entreprises correspond en général à la monnaie fonctionnelle de l'entité dont elle dépend.

2. Détermination de la monnaie fonctionnelle

Principe général

13009 Toutes les entreprises sont tenues d'établir leurs comptes individuels dans leur monnaie fonctionnelle (IAS 21.17), les transactions libellées dans une monnaie différente de cette monnaie étant comptabilisées comme des transactions en monnaie étrangère.

En général, la monnaie fonctionnelle est la monnaie du pays dans lequel une entité est située.

La norme IAS 21 fournit une liste d'indicateurs, détaillés ci-après, pour déterminer la monnaie fonctionnelle d'une entité :
- indicateurs primaires à considérer systématiquement ; et
- si nécessaire, des indicateurs secondaires.

a. **Indicateurs primaires reflétant l'environnement économique d'une entité** (IAS 21.9) :
- la monnaie qui influence principalement les prix de vente des biens ou services de l'entité et la monnaie du pays dont les forces concurrentielles et la réglementation déterminent de manière principale les prix de vente des biens et des services ;

Pour les deux points ci-avant, il s'agit souvent de la monnaie dans laquelle les prix de vente de ces biens et services sont libellés et réglés.

- la monnaie qui influence principalement le coût de la main-d'œuvre, des matériaux et des autres coûts relatifs à la fourniture de biens ou de services.

Il s'agit souvent de la monnaie dans laquelle ces coûts sont libellés et réglés.

b. **Indicateurs secondaires** Si les indicateurs primaires sont insuffisants pour identifier clairement la monnaie fonctionnelle d'une entité, deux autres indicateurs peuvent également être considérés même s'ils ne reflètent pas directement l'environnement économique de l'entité (IAS 21.10) :
- la monnaie dans laquelle sont générés les fonds provenant des activités de financement, c'est-à-dire de l'émission d'instruments de capitaux propres ou de dettes ;
- la monnaie dans laquelle les entrées de trésorerie provenant des activités opérationnelles sont habituellement conservées.

Remarque – Cas particulier d'une activité à l'étranger L'activité à l'étranger peut être une filiale, une succursale, une entreprise associée ou un partenariat de la société présentant les états

financiers (IAS 21.8). Lorsque l'entité est une **activité à l'étranger,** des indicateurs complémentaires doivent être considérés afin de déterminer si sa monnaie fonctionnelle est identique à celle de la société présentant les états financiers (IAS 21.11), c'est-à-dire :
- si ses opérations sont menées sous la forme d'une extension de la société présentant les états financiers ou au contraire si elles sont menées avec un degré d'autonomie important ;

Exemple d'entité constituant une extension de la société présentant les états financiers L'activité à l'étranger vend exclusivement des biens importés de la société présentant les états financiers et lui en remet le produit.

Exemple d'entité avec un degré d'autonomie important L'activité à l'étranger accumule de la trésorerie et autres éléments monétaires, encourt des charges, engendre des produits et négocie des emprunts, pratiquement tous libellés dans sa monnaie locale.

- si ses transactions avec la société présentant les états financiers représentent une proportion élevée ou faible du total de ses opérations ;
- si ses flux de trésorerie affectent directement les flux de trésorerie de la société présentant les états financiers et sont immédiatement disponibles pour remise à la société ;
- si les flux générés par ses opérations sont suffisants pour assurer le service des dettes existantes et normalement prévues, sans que la société présentant les états financiers doive mettre des fonds à disposition.

Changement de monnaie fonctionnelle

La monnaie fonctionnelle d'une entité reflète les transactions, événements et conditions sous-jacents pertinents pour une entité. Elle ne peut donc être modifiée qu'en cas de changement de ces transactions, événements et conditions sous-jacents (IAS 21.36). **13011**

Par exemple, un changement de la monnaie qui influence principalement les prix de vente des biens et des services peut entraîner un changement de la monnaie fonctionnelle d'une entité.
Tel peut être le cas d'une crise économique et financière, voir nº 13110.

Les principes de conversion applicables à la nouvelle monnaie fonctionnelle doivent alors être appliqués de manière prospective à compter de la date du changement (IAS 21.35).
En d'autres termes (IAS 21.37) :
- les éléments sont convertis dans la nouvelle monnaie fonctionnelle en utilisant le cours de change à la date du changement. Les montants convertis qui en résultent, pour les éléments non monétaires, sont traités comme un coût historique ;
- les écarts de change qui résultent de la conversion d'une activité à l'étranger précédemment comptabilisés parmi les autres éléments du résultat global (« Other Comprehensive Income »/OCI) ne sont pas reclassés dans le résultat avant la sortie de cette activité à l'étranger.

3. Comptabilisation des transactions en monnaie étrangère

Principe général de conversion d'une transaction en monnaie étrangère

Lors de la **comptabilisation initiale,** une transaction en monnaie étrangère doit être convertie dans la monnaie fonctionnelle, en appliquant au montant libellé en monnaie étrangère le cours de change en vigueur à la date de la transaction (IAS 21.21). **13015**

Pour des raisons pratiques, un cours approchant le cours en vigueur à la date de transaction est souvent utilisé. Par exemple, un cours moyen pour une semaine ou un mois peut être utilisé pour l'ensemble des transactions dans chaque monnaie étrangère survenant au cours de cette période, sauf en cas de fluctuations importantes de ce cours de change pendant cette période (IAS 21.22).
Pour les précisions apportées par l'interprétation IFRIC 22 sur le taux de change à utiliser pour comptabiliser les transactions d'achats et de ventes qui font l'objet de paiements d'avance, voir nº 13080.

A chaque **date de clôture,** le traitement diffère selon que les éléments sont monétaires ou non monétaires (IAS 21.23) :

Pour la distinction entre éléments monétaires et non monétaires, voir nº 13108.

- les **éléments monétaires** doivent être convertis en utilisant le cours de clôture ;

Les éléments monétaires correspondent aux liquidités et éléments d'actif et de passif, se caractérisant par le droit de recevoir ou l'obligation de délivrer un montant fixe ou déterminable d'unités monétaires (IAS 21.8).

– les **éléments non monétaires évalués au coût historique** doivent être convertis en utilisant le cours de change en vigueur à la date à laquelle la transaction a été comptabilisée initialement ;

Ainsi, il n'y a pas de nouvelle conversion de ces éléments postérieurement à la date de comptabilisation initiale.

Les éléments non monétaires sont les éléments de l'état de situation financière (ou bilan) autres que les éléments monétaires, se caractérisant par l'absence de droit de recevoir ou l'obligation de délivrer un montant fixe ou déterminable d'unités monétaires (IAS 21.8).

– les **éléments non monétaires évalués à leur juste valeur** en monnaie étrangère doivent être convertis au cours de change en vigueur à la date à laquelle cette juste valeur a été évaluée.

Remarques :

1. **Conversion et dépréciation** Dans le cas où la valeur comptable d'un actif non monétaire libellé en monnaie étrangère est déterminée en comparant deux ou plusieurs montants, la conversion dans la monnaie fonctionnelle peut entraîner une dépréciation dans la monnaie fonctionnelle qui n'aurait pas été nécessaire dans la monnaie étrangère et inversement (IAS 21.25).

Les montants à comparer sont :

– pour un élément de stock : le plus faible (i) du coût converti au cours de change à la date de détermination de ce montant et (ii) de la valeur nette de réalisation, selon la norme IAS 2, Stocks, convertie au cours de change à la date où cette valeur est déterminée ; ou

– pour un actif pour lequel il existe un indice de perte de valeur : le plus faible (i) de la valeur comptable, avant prise en compte d'éventuelles pertes de valeur, convertie au cours de change à la date de détermination de ce montant, et (ii) de la valeur recouvrable, selon la norme IAS 36, Dépréciation d'actifs, convertie au cours de change à la date où cette valeur est déterminée.

Exemple Une entreprise dont la monnaie fonctionnelle est l'US$ a acquis un stock pour 100 K€. Le taux de change à la date de la transaction est de 1 € = 0,8 US$.

A la clôture N, la valeur nette de réalisation est de 120 K€ et le taux en vigueur est de 1 € = 0,6 US$.

La valeur comptable du stock à la clôture est le montant le plus faible :

– du coût historique converti au cours de change à la date de la transaction (80 KUS$) ; et

– de la valeur nette de réalisation convertie au cours de change à la date où cette valeur a été déterminée (120 K€ × 0,6 = 72 KUS$), soit 72 KUS$, ce qui génère une provision pour dépréciation de 8 K$.

Dans la monnaie étrangère (l'euro), il n'y aurait pas eu à déprécier la valeur du stock, le plus faible des deux montants étant le coût historique de 100 K€ (par rapport à la valeur nette de réalisation de 120 K€).

2. **Variations significatives du taux de change intervenant après la période de reporting** Voir n° 12794, point 2. Exemple 3.

3. Concernant les **incidences sur les impôts différés d'une monnaie fonctionnelle différente de la monnaie locale,** voir n° 27572.

Comptabilisation des écarts de change

13017 Les écarts de change sont générés (IAS 21.28 s.) :

– soit lors du règlement de transactions en monnaie étrangère ;

– soit lors de la présentation de telles transactions dans les états financiers à des cours différents de ceux qui ont été utilisés pour leur comptabilisation initiale.

Le traitement des écarts de change diffère selon qu'ils sont liés à des éléments monétaires, non monétaires, ou encore à des éléments monétaires faisant partie d'un investissement net dans une activité à l'étranger :

1. **Les écarts de change liés aux éléments monétaires** doivent être comptabilisés dans le résultat de l'exercice au cours duquel ils surviennent (IAS 21.28).

Ainsi, lorsque la transaction est réglée au cours de la même période comptable que celle pendant laquelle elle a été effectuée, l'écart de change est comptabilisé en totalité dans le résultat de cette période comptable.

A l'inverse, lorsque la transaction est réglée lors d'une période ultérieure, l'écart de change, comptabilisé sur chaque période comptable jusqu'à celle au cours de laquelle intervient le règlement, est déterminé en fonction des changements de cours de change, intervenus au cours de chacune des périodes comptables (IAS 21.29).

Exemple Une société, dont la monnaie fonctionnelle est la £, a vendu des marchandises pour un montant de 1 000 K€ le 15/11/N.

Les taux de change en vigueur sont les suivants :

– au jour de la vente : 1 € = 0,71 £ ;

- à la date du règlement de la vente : 1 € = 0,89 £ ;
- à la date de clôture N : 1 € = 0,85 £.

Si la vente est réglée avant la clôture au 31/12/N, l'écart de change entre le cours du jour de la vente et le cours de la date de son règlement est comptabilisé en totalité sur l'exercice N, pour 180 K£ = 1 000 K€ × (0,89 – 0,71).

Si la vente est réglée après la clôture au 31/12/N, sur l'exercice N+1, les écarts de change suivants sont comptabilisés :
- pour l'exercice N : 140 K£ (= 1 000 K€ × (0,85 – 0,71) ;
- pour l'exercice N+1 : 40 K£ (= 1 000 K€ × (0,89 – 0,85).

Remarque Ces principes de comptabilisation ne s'appliquent pas aux éléments monétaires qualifiés d'instruments de couverture dans le cadre d'une couverture de flux de trésorerie entrant dans le champ d'application de la norme IFRS 9, Instruments financiers (IAS 21.27).

A notre avis, il en est de même pour les entreprises ayant fait le choix, suite à l'entrée en vigueur d'IFRS 9, de continuer à appliquer les dispositions de la norme IAS 39 sur la comptabilité de couverture (voir n° 49060).

2. Les **écarts de change liés aux éléments non monétaires** sont comptabilisés en résultat ou parmi les autres éléments du résultat global (OCI), par symétrie avec la comptabilisation des profits ou des pertes sur ces éléments non monétaires (IAS 21.30).

Par exemple :
- les écarts de change sur des immeubles de placement évalués selon le modèle de la juste valeur d'IAS 40 (voir n° 31993 s.) sont constatés en résultat, par symétrie avec la comptabilisation en résultat des variations de juste valeur ;
- les écarts de change relatifs aux immobilisations corporelles évaluées selon le modèle de la réévaluation d'IAS 16 (voir n° 30991) sont comptabilisés parmi les autres éléments du résultat global (OCI) par symétrie avec la comptabilisation des variations de juste valeur.

3. La norme prévoit un traitement spécifique pour les **écarts de change liés aux éléments monétaires faisant partie de l'investissement net** de l'entite présentant les états financiers **dans une activité à l'étranger** (IAS 21.32 s., voir n° 16009).

4. Informations sur les transactions en monnaie étrangère

Pour les informations à fournir en annexe sur la conversion des transactions en monnaie étrangère, voir n° 16027. **13021**

QUESTIONS/REPONSES PRATIQUES

Remarque importante

Les réponses apportées aux questions présentées dans ce chapitre résultent de l'analyse des dispositions de la norme IAS 21, Effets des variations des cours des monnaies étrangères, en vigueur actuellement, sur la base des informations disponibles au 1er juin 2023. **13075**

Pour une présentation des principales dispositions de la norme IAS 21 relatives à la conversion des états financiers des entreprises étrangères, voir n° 16005 s.

Evolution possible des réponses Pour les principales dispositions de l'exposé-sondage publié par l'IASB en avril 2021 visant à amender la norme IAS 21 en matière de taux à retenir lorsque le taux de change n'est pas observable, voir n° 16106.

Taux de change à utiliser sur des transactions d'achats et de ventes faisant l'objet de paiements d'avance (IFRIC 22)

Question **13080**

Quel est le taux de change à utiliser pour comptabiliser des transactions d'achats et de ventes qui font l'objet de paiements d'avance en devises étrangères ?

13080 (suite)

Réponse

Selon les précisions apportées par l'IFRS IC dans son interprétation IFRIC 22 « Transactions en monnaie étrangères et contrepartie anticipée », portant sur le taux de change à utiliser pour comptabiliser les transactions d'achats et de ventes qui font l'objet de paiements d'avance :

- les transactions d'achat ou de vente doivent être converties au cours de change en vigueur (« spot exchange rate ») à la date à laquelle l'actif ou le passif sont comptabilisés initialement ;

Il s'agit généralement de la date à laquelle le paiement d'avance est payé ou reçu. L'actif ou le passif qui résulte de l'avance n'est pas réévalué après sa comptabilisation initiale, s'agissant d'un élément non monétaire.

- en cas d'avances multiples, le cours de change doit être déterminé pour chaque transaction de paiement ou d'encaissement.

En pratique, plusieurs taux de change sont susceptibles d'être utilisés pour la conversion d'une même transaction d'achat ou de vente.

Commentaires L'interprétation IFRIC 22 « Transactions en monnaie étrangères et contrepartie anticipée » porte sur le taux de change à utiliser pour comptabiliser les transactions d'achats et de ventes qui font l'objet de paiements d'avance.

Cette interprétation impacte toutes les entités qui effectuent ou reçoivent des paiements d'avance en devises. Les impacts les plus significatifs concernent les paiements d'avance dans le cadre des contrats à long terme en devises. Ces accords sont très présents notamment dans le secteur de la construction et impactent aussi bien le fournisseur que ses clients (par exemple les compagnies maritimes ou aériennes).

Selon cette interprétation :

- un actif ou un passif non monétaire (un paiement anticipé ou un revenu différé) est comptabilisé à la date à laquelle le paiement d'avance est payé ou reçu. Celui-ci n'est pas réévalué par la suite et est décomptabilisé lorsque la transaction d'achat ou de vente est comptabilisée. Le taux de change appliqué pour comptabiliser le paiement d'avance et pour évaluer le montant de la transaction est le taux spot à la date de réception ou de paiement de l'avance (IFRIC 22.8) ;
- en cas d'avances multiples, le cours de change doit être déterminé pour chaque paiement ou encaissement (IFRIC 22.9).

En d'autres termes, en cas de paiement d'avance, le taux de change pour convertir la transaction d'achat ou de vente est celui de la date du paiement d'avance et non celui de la date de la transaction. De plus, en cas de paiement d'avance partiel, plusieurs de taux de change sont susceptibles d'être utilisés pour la conversion d'une même transaction d'achat ou de vente.

Par exemple, dans le cas d'une vente future en devises qui fait l'objet, en date de signature de la commande, de la réception d'une avance à hauteur de 40 % du prix total de la commande, le chiffre d'affaires comptabilisé lors de la vente sera converti sur la base de deux taux de change distincts : à hauteur de 40 % au taux de change du jour de l'avance et à hauteur de 60 % au taux du jour de la vente. Pour plus de détails, voir Exemple ci-après.

Si une partie du paiement intervient après la transaction, un actif ou un passif monétaire est comptabilisé à ce titre en date de la transaction, sur la base du taux de change à la date de la transaction. Les variations ultérieures de cet élément monétaire sont comptabilisées en écart de change au compte de résultat, sans impact sur le montant de la transaction elle-même.

L'interprétation IFRIC 22 présente les exemples d'application suivants :

- avance unique versée pour l'achat d'une immobilisation corporelle (IFRIC 22.IE2) ;
- avances multiples reçues pour un revenu reconnu à une date donnée (IFRIC 22.IE5) ;
- paiements multiples pour des achats de services durant une période donnée (IFRIC 22.IE11) ;
- avances multiples pour un revenu reconnu à plusieurs dates données (IFRIC 22.IE16).

■ ***Exemple***

(établi par nos soins) ***Cas d'une avance unique reçue pour une vente de biens***

Le 1/03/N, le fournisseur A conclut un contrat de vente avec le client B afin de lui livrer certains biens pour un prix total de 125 D (devises). A reçoit un paiement d'avance partiel de 50 D à cette date. Les biens sont livrés le 1/09/N et le chiffre d'affaires est également reconnu à cette date. Le solde de 75 D est reçu le 31/12/N.

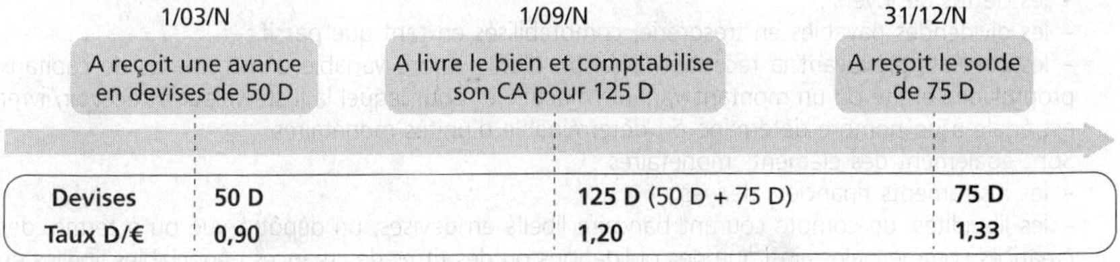

Note : D = devise

Solution de l'exemple *Au 1/03/N, A reconnaît un produit constaté d'avance (PCA) de 50 D converti au taux du jour de 0,90, soit 45 €. Ce PCA est représentatif d'un service à rendre dans le futur et ne se traduira pas par une sortie de trésorerie ultérieure. C'est donc un passif non monétaire dont la valeur en € est figée.*
Au 1/09/N, A livre le bien à B et comptabilise le chiffre d'affaires pour 125 D. A cette date, le taux est passé à 1,20.
Le montant en € du chiffre d'affaires comptabilisé par A au 1/09/N est de 135 € et correspond à la somme de deux éléments :
- à hauteur de l'avance partielle de 50 D au taux du jour de l'avance pour 45 €, en contrepartie de la reprise du passif non monétaire ;
- le solde de 75 D au taux du jour de la vente, en contrepartie de la comptabilisation d'une créance monétaire de 90 € (75 D convertis au taux du jour de la livraison).
Au 31/12/N, le taux est passé à 1,33. A reçoit le solde du paiement de B de 75 D, soit 100 €. La créance de 90 € est soldée et l'écart de change de 10 € est comptabilisé en résultat de change, sans impacter le chiffre d'affaires.
Le schéma suivant illustre les différentes étapes évoquées ci-avant :

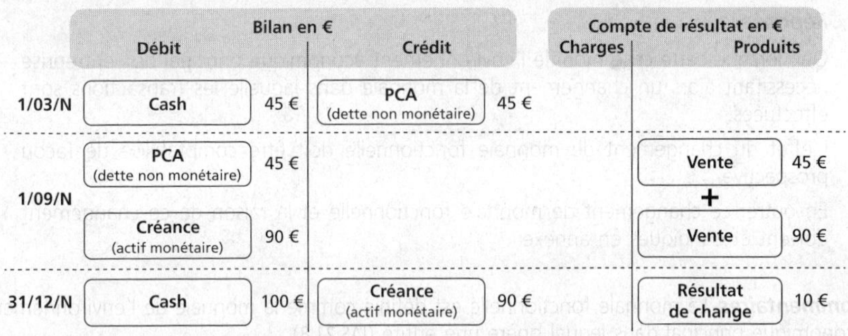

Distinction entre éléments monétaires et non monétaires

Question 13108

Quelle est la différence entre un élément monétaire et un élément non monétaire ?

Réponse

Un élément monétaire est le droit de recevoir (ou l'obligation de livrer) un nombre déterminé ou déterminable d'unités monétaires.

Une obligation est un actif monétaire.

Un élément non monétaire est défini par défaut comme n'étant pas un élément monétaire.

Une action est un actif non monétaire.

Commentaires Selon la norme IAS 21, les éléments monétaires sont les unités monétaires détenues et les éléments d'actif et de passif devant être reçus ou payés dans un nombre d'unités monétaires déterminé ou déterminable (IAS 21.8 et .16).

La norme fournit notamment les exemples suivants d'éléments monétaires (IAS 21.16) :
- les avantages au personnel à payer en trésorerie ;
- les provisions qui seront réglées en trésorerie ;

- les dettes de loyers ;
- les dividendes payables en trésorerie, comptabilisés en tant que passif ;
- les contrats prévoyant la réception/livraison d'un nombre variable d'instruments de capitaux propres de l'entité ou un montant variable d'actifs, et pour lequel la juste valeur à recevoir/livrer est égale à un nombre déterminé ou déterminable d'unités monétaires.

Sont également des éléments monétaires :
- les instruments financiers dérivés ;
- les liquidités, un compte courant bancaire libellé en devises, un dépôt à vue ou à terme, des créances commerciales ainsi que des obligations ou des titres de créances négociables libellés en devises.

A l'inverse, la caractéristique principale d'un élément non monétaire est l'absence de tout droit de recevoir (ou de toute obligation de livrer) un nombre fixe ou déterminable d'unités monétaires (IAS 21.16).

La norme fournit notamment les exemples suivants d'éléments non monétaires (IAS 21.16) : les montants payés d'avance pour des biens ou des services, les goodwills, les actifs incorporels, les stocks, les immobilisations corporelles, les droits d'utilisation, etc.
Sont également des éléments non monétaires : des actions détenues ou émises.

Monnaie fonctionnelle – Impact d'une crise financière et économique

13110 ***Question***

Une crise financière et/ou économique peut-elle conduire à redéfinir la monnaie fonctionnelle d'une entreprise ?

Réponse

Oui, lorsque cette crise modifie l'environnement économique principal de l'entreprise nécessitant alors un changement de la monnaie dans laquelle les transactions sont effectuées.

L'effet du changement de monnaie fonctionnelle doit être comptabilisé de façon prospective.

En outre, ce changement de monnaie fonctionnelle et la raison de ce changement doivent être indiqués en annexe.

Commentaires La monnaie fonctionnelle est définie comme la monnaie de l'environnement économique principal dans lequel opère une entité (IAS 21.8).

Pour les éléments à considérer pour déterminer la monnaie fonctionnelle, voir n° 13009.

Elle reflète les transactions, événements et conditions sous-jacents pertinents pour cette entité. En conséquence, une fois déterminée, elle ne peut être modifiée qu'en cas de changement de ces transactions, événements et conditions sous-jacents (IAS 21.13 et .36).

La norme mentionne qu'un changement de la monnaie qui influence principalement les prix de vente des biens et des services peut entraîner un changement de la monnaie fonctionnelle d'une entité (IAS 21.36). Une crise financière et économique ainsi que les fluctuations significatives de certaines devises en découlant peuvent entraîner des restructurations et des réorganisations d'entités au sein d'un groupe, des restructurations de dettes libellées en différentes devises, la perte d'autonomie de certaines filiales par rapport à leur société mère, etc.

Tous ces événements sont autant d'éléments de nature à modifier l'environnement économique principal dans lequel opère une entité. Si tel est le cas, la monnaie fonctionnelle doit être revue.

Exemples de facteurs nécessitant de reconsidérer la monnaie fonctionnelle :
- délocalisation d'usines et modification des sources d'approvisionnement entraînant une modification de la monnaie dans laquelle les achats sont libellés ;
- remboursement d'une avance financière substantielle de la société mère en euros permettant le financement des activités, grâce à la conclusion d'un nouvel emprunt auprès d'une banque locale en dollars, entraînant une modification de la monnaie dans laquelle sont générés les fonds provenant des activités de financement ;
- transformation de la structure juridique d'une filiale de distribution devenant un bureau de représentation directement géré par le siège, entraînant la détermination d'une nouvelle monnaie fonctionnelle pour la filiale (correspondant à la monnaie fonctionnelle de la mère).

L'effet d'un changement de monnaie fonctionnelle doit être comptabilisé de façon prospective (IAS 21.35 et .37). **13110** (suite)

Ainsi :

- l'ensemble des éléments est converti dans la nouvelle monnaie fonctionnelle en utilisant le cours de change à la date du changement. Les montants convertis qui en résultent pour les éléments non monétaires constituent le nouveau coût historique ;

Il peut être difficile de déterminer la date précise à laquelle le changement de monnaie fonctionnelle a eu lieu, notamment lorsque le changement a eu lieu progressivement durant l'année. Dans ce cas, il est possible, à notre avis, de comptabiliser le changement de monnaie fonctionnelle au début ou à la fin de l'exercice au cours duquel le changement intervient, selon que ce changement intervient plutôt près du début ou de la fin de l'exercice.

- la norme IAS 21 ne spécifie pas les taux auxquels les éléments de capitaux propres (capital social, postes de réserves) doivent être convertis. Toutefois, il semble cohérent, à notre avis, de les convertir également en utilisant le taux de change à la date de changement de monnaie fonctionnelle. Les écarts de change qui résultent de la conversion dans la nouvelle monnaie fonctionnelle sont constatés en autres éléments du résultat global (« Other Comprehensive Income »/OCI) ;
- les écarts de change antérieurs ne sont pas reclassés du poste « autres éléments du résultat global » en résultat avant la sortie de cette activité.

En outre, le changement de monnaie fonctionnelle et la raison de ce changement doivent être indiqués en annexe, que ce changement concerne l'entité présentant les états financiers ou une activité à l'étranger significative (IAS 21.54).

Remarque Un changement de monnaie fonctionnelle peut, dans certains cas, entraîner un changement de monnaie de présentation, dans la mesure où les entreprises peuvent préférer présenter leurs états financiers dans leur monnaie fonctionnelle.
Le choix de la monnaie de présentation représente un choix de méthode comptable (voir n° 13112) ; c'est pourquoi et contrairement à un changement de monnaie fonctionnelle, l'effet d'un changement de monnaie de présentation est comptabilisé de manière rétrospective comme si la nouvelle monnaie de présentation avait toujours été la monnaie de présentation.

■ *Exemple*

Une société française de distribution de composants électroniques commercialise ses produits en France, en Angleterre, en Suisse et aux Etats-Unis. Elle facture ses clients dans leur devise locale. Elle s'approvisionnait au Japon et réglait ses achats en yens. Sa monnaie fonctionnelle était le yen. Toutefois, suite à des difficultés d'approvisionnement, elle a dû s'approvisionner en Europe à compter du 30/04/N. Ses achats sont désormais réglés en euros et sa monnaie fonctionnelle est l'euro depuis le 30/04/N.

La monnaie de présentation de ses états financiers est également l'euro. La date de clôture annuelle est le 31 décembre.

Les taux de conversion EUR/JPY sont les suivants :

Taux du jour (30/04/N)	*1 EUR =*	*120.0 JPY*
Taux moyen de la période (1/01 au 30/04/N)	*1 EUR =*	*115.0 JPY*

Solution de l'exemple :

1. Situation comptable à la date du changement de monnaie fonctionnelle, au 30/04/N (JPY à EUR) :

	En JPY	*En EUR* (1)		*En JPY*	*En EUR* (1)
Immobilisations incorporelles	*2 400*	*20*	*Capital social*	*2 400*	*20*
Immobilisations corporelles	*5 040*	*42*	*Réserves*	*6 000*	*50*
Stock de marchandises	*12 000*	*100*	*Réserve OCI*		
Créances clients	*10 800*	*90*	*Résultat période*	*4 800*	*40*
Trésorerie	*5 760*	*48*	*Dettes d'exploitation*	*22 800*	*190*
Total	*36 000*	*300*	*Total*	*36 000*	*300*
(1) Valeur en JPY ÷ 120.0					

13110 (suite) *L'ensemble des éléments est converti dans la nouvelle monnaie fonctionnelle en utilisant le taux de change à la date du changement (30/04/N). Ce changement de monnaie fonctionnelle n'entraîne pas d'écart de conversion supplémentaire.*

2. Comparaison des situations comptables présentées en euros avant et après le changement de monnaie fonctionnelle :

	Avant [(1)]	*Après* [(1)]		*Avant*	*Après*
Immobilisations incorporelles	*20*	*20*	*Capital social*	*20* [(1)]	*20* [(1)]
Immobilisations corporelles	*42*	*42*	*Réserves*	*50* [(1)]	*50* [(1)]
Stock de marchandises	*100*	*100*	*Réserve OCI*	*2* [(2)]	
Créances clients	*90*	*90*	*Résultat période*	*42* [(3)]	*40* [(1)]
Trésorerie	*48*	*48*	*Dettes d'exploitation*	*190* [(1)]	*190* [(1)]
Total	*300*	*300*	*Total*	*300*	*300*

(1) Valeur en JPY ÷ 120.0
(2) 4 800 × (1 ÷ 120.0 – 1 ÷ 115.0) = (2)
(3) 4 800 ÷ 115.0 = 42

Avant le 30/04/N, la monnaie fonctionnelle est le yen et la monnaie de présentation est l'euro. L'entité convertissait (du yen vers l'euro) :

– les actifs et les passifs au taux de clôture de la période concernée ;
– les éléments de produits et charges au taux moyen de la période ;
– les capitaux propres au taux de clôture de la période.

> ***Remarque*** *Le montant des capitaux propres convertis dans la monnaie de présentation peut être différent si le groupe a pour méthode de les convertir au taux historique et non au taux de clôture (l'absence de mention particulière dans IAS 21 laissant le choix aux entreprises, voir n° 16015).*

Les écarts de change résultant de cette conversion sont comptabilisés en autres éléments du résultat global (OCI). Après le changement de monnaie fonctionnelle, la monnaie fonctionnelle comme la monnaie de présentation est l'euro. L'entité n'a pas de retraitement à effectuer. L'effet d'un changement de monnaie fonctionnelle est comptabilisé de façon prospective puisqu'il résulte d'un changement de circonstances. Les informations comparatives au 31/12/N-1 n'ont pas à être retraitées.

Choix de la monnaie de présentation

13112 ***Question***

Un groupe français, coté à Paris sur un marché réglementé, peut-il présenter ses comptes consolidés IFRS dans une autre monnaie que l'euro ?

Réponse

Oui, les groupes français ont la possibilité de présenter leurs états financiers consolidés IFRS dans la monnaie de leur choix.

Commentaires Un groupe français, dont les titres sont admis à la négociation sur un marché réglementé en France, doit présenter ses comptes consolidés en conformité avec les normes IFRS. Aussi, selon la norme IAS 21 (IAS 21.18 et .38), il devrait pouvoir établir ses comptes dans la **monnaie de son choix.**

> Ce choix est cohérent avec le fait que dans l'environnement actuel, de plus en plus internationalisé, la plupart des groupes effectuent des opérations dans plusieurs monnaies et ont donc plusieurs monnaies fonctionnelles. En outre, la direction peut utiliser plusieurs monnaies pour contrôler et gérer la performance et la situation financière de son groupe (IAS 21.BC11).

Ce choix de la monnaie de présentation a fait l'objet, en France, de discussions car les dispositions du Code de commerce ne reprennent pas clairement cette possibilité.

C'est l'articulation des articles du Code de commerce L 233-24 et L 233-22 qui a pour conséquence que les groupes français établissant des comptes consolidés en utilisant les normes IFRS sont dispensés d'appliquer les dispositions de l'article L 123-22 selon lequel les documents comptables sont établis en euros.

Ces groupes peuvent donc présenter leurs états financiers consolidés établis selon les normes IFRS dans la monnaie de leur choix. 13112 (suite)

L'article L 233-24 du Code de commerce dispose que : « Lorsqu'elles utilisent les normes comptables internationales adoptées par règlement de la Commission européenne, les sociétés commerciales qui établissent et publient des comptes consolidés au sens de l'article L 233-16 sont dispensées de se conformer aux règles comptables prévues par les articles L 233-17-2 à L 233-23 et L 233-25 pour l'établissement et la publication de leurs comptes consolidés. »
Même s'il n'est pas expressément visé par la dispense mentionnée ci-avant, l'article L 123-22, selon lequel les documents comptables sont établis en euros et en langue française, ne fait pas moins partie des principes comptables mentionnés à l'article L 233-22. En effet, l'article L 233-22 dispose que : « Sous réserve des dispositions de l'article L 233-23, les comptes consolidés sont établis selon les principes comptables et les règles d'évaluation du présent Code [...]. » Cela a pour conséquence de dispenser les groupes d'appliquer les dispositions de l'article L 123-22.
Rappelons par ailleurs que cette dérogation ne vaut que pour les comptes consolidés établis en IFRS. En effet, en France, le recours aux normes IFRS n'est imposé que pour ces seuls comptes par le règlement CE n° 1606/2002 du 19 juillet 2002. L'option donnée par ce règlement relative à l'application des normes IFRS dans les comptes sociaux annuels n'a pas été retenue.

CHAPITRE 8

Evaluation de la juste valeur (IFRS 13)

Plan du chapitre §§ 13300

L'ESSENTIEL DE LA NORME IFRS 13

A. Généralités

Objectifs

La norme IFRS 13, Evaluation de la juste valeur, a été publiée par l'IASB en mai 2011. 13310

Les objectifs de cette norme sont les suivants (IFRS 13.1) :
- donner une définition unique de la juste valeur ;
- fournir un cadre d'évaluation de la juste valeur ; et

– prescrire, pour toute évaluation à la juste valeur, les informations à communiquer.

Remarque La norme IFRS 13 n'a pas pour objectif de déterminer quand une évaluation à la juste valeur est requise ou autorisée. Une telle disposition est prévue, le cas échéant, par les normes relatives aux actifs ou passifs concernés.

Champ d'application

13312 Les dispositions d'IFRS 13 s'appliquent dès lors qu'une évaluation à la juste valeur ou qu'une information sur la juste valeur est requise ou autorisée par une autre norme IFRS (IFRS 13.5), à l'exception toutefois (IFRS 13.6) :

– des transactions relevant d'IFRS 2, Paiement fondé sur des actions ;

– des transactions relevant d'IFRS 16, Contrats de location ;

– des évaluations telles que la valeur nette de réalisation selon IAS 2, Stocks, ou la valeur d'utilité selon IAS 36, Dépréciation d'actifs ; ces évaluations, bien que présentant certaines similarités avec la juste valeur, ne répondent pas à la définition de juste valeur.

La définition de juste valeur par IFRS 13 (voir n° 13315) ne s'applique donc pas lorsqu'il est fait référence à la « valeur nette de réalisation » ou à la « valeur d'utilité ».

En outre, la norme prévoit d'autres exceptions en matière d'informations (voir Remarque au n° 13345).

B. Evaluation

1. Principes généraux

Définition unique de la juste valeur

13315 La norme IFRS 13 fournit une définition unique de la juste valeur.

La juste valeur est ainsi le prix qui serait reçu pour la vente d'un actif ou payé lors du transfert d'un passif dans une transaction normale, réalisée entre intervenants de marché, à la date de l'évaluation (IFRS 13.9).

Pour plus d'informations sur cette définition, voir n° 13370.

Pour l'impact sur la juste valeur d'événements postérieurs à la date d'évaluation, voir n° 13389.

Estimation de la juste valeur basée sur des hypothèses de marché

13317 La juste valeur doit être estimée sur la base des hypothèses et caractéristiques qui seraient retenues par des intervenants de marché, par exemple la localisation de l'actif ou encore les restrictions d'utilisation ou de vente de l'actif.

Il s'agit ainsi d'une évaluation basée sur des **hypothèses de marché propres à l'actif ou au passif** (« market-based ») et non sur des hypothèses spécifiques à l'entité qui détient l'actif ou le passif (IFRS 13.11).

La transaction doit avoir lieu (IFRS 13.16 et IFRS .A) :

– sur le **marché principal,** c'est-à-dire celui ayant les volumes et le niveau d'activité les plus élevés pour un actif ou un passif donné ;

– ou, à défaut, sur le **marché le plus avantageux,** c'est-à-dire celui qui maximise le prix de vente d'un actif ou qui minimise le prix de transfert d'un passif, après prise en compte des coûts de transaction et des coûts de transport.

Pour le calcul du prix de vente d'un actif ou du prix de transfert d'un passif retenu pour déterminer le marché le plus avantageux, voir n° 13374.

Le marché sur lequel une entité réalise normalement ses transactions est supposé être le marché principal ou le marché le plus avantageux, à défaut d'existence d'un marché principal (IFRS 13.17). En outre, le marché principal (ou le marché le plus avantageux) est nécessairement un marché auquel l'entité a accès au jour de l'évaluation (IFRS 13.19).

Pour plus d'informations sur le marché à retenir, voir n° 13374.

Remarque Les coûts de transaction (IFRS 13.25) :

– sont pris en compte pour le calcul du prix de vente d'un actif ou du prix de transfert d'un passif retenu pour déterminer le marché le plus avantageux (voir ci-avant) ;

- sont exclus, en revanche, pour la détermination de la juste valeur.

Les coûts de transport pour acheminer un actif jusqu'au marché principal (ou jusqu'au marché le plus avantageux) sont, quant à eux, pris en compte à la fois pour le calcul de son prix de vente dans le cadre de la détermination du marché le plus avantageux et pour la détermination de la juste valeur (IFRS 13.26 et .A).

2. Principes spécifiques selon la nature de l'élément évalué à la juste valeur

Actifs non financiers

La juste valeur d'un actif non financier est celle qui **optimise l'utilisation de cet actif par des intervenants de marché** (IFRS 13.27). Cette hypothèse d'utilisation optimale doit être (IFRS 13.28) : 13325
- physiquement possible ;
- légalement admissible ; et
- financièrement réalisable.

Cette notion d'**« utilisation optimale » de l'actif** (« highest and best use ») doit être considérée du point de vue des intervenants de marché, quelle qu'en soit l'intention d'utilisation de l'entité (IFRS 13.29).

Pour plus d'informations, voir n° 13378.

Passifs et instruments de capitaux propres émis

Lorsqu'il n'existe pas de prix coté pour un passif ou un instrument de capitaux propres de l'entité émettrice donné (ni pour un passif ou instrument de capitaux propres similaire) et que ce passif ou instrument de capitaux propres donne lieu à un actif dans les comptes d'une autre entité, la juste valeur de ce passif ou instrument de capitaux propres doit être égale à celle d'un instrument identique détenu à l'actif par un intervenant du marché (IAS 13.37). 13330

Il s'agit d'une évaluation par symétrie.

Dans le cas où le passif ou instrument de capitaux propres ne donne pas lieu à un actif dans les comptes d'une autre entité (cas de certains passifs résultant de la norme IAS 37), la juste valeur du passif ou instrument de capitaux propres doit être déterminée sur la base du montant qu'un intervenant de marché (IFRS 13.40 et .41) :
- devrait payer à un tiers pour s'acquitter de l'obligation relative à ce passif, y compris la prime de risque qu'il exigerait pour s'acquitter du passif à la place d'une autre société ; ou
- recevrait s'il émettait un passif/instrument de capitaux propres identique (avec le même risque de crédit) sur le marché principal ou le plus avantageux.

Pour plus de précisions sur l'évaluation d'un passif non coté, voir n° 13380.

En outre, la juste valeur de tous les passifs doit tenir compte du risque de non-exécution. Le risque de non-exécution inclut le risque de défaillance financière de l'entité (son risque de crédit propre) sans toutefois s'y limiter (IFRS 13.42).

Pour plus d'informations et sur la prise en compte du risque de non-exécution, voir n° 13382.

3. Principes spécifiques aux portefeuilles gérés sur une base nette

Lorsqu'un groupe d'actifs financiers et de passifs financiers est géré sur la base de leur exposition nette aux risques de marché ou au risque de crédit, il est possible, par exception et sous certaines conditions, de déterminer la juste valeur de ce groupe d'actifs et de passifs sur la base du prix de sortie de la position nette pour une exposition à un risque particulier (IFRS 13.48 et .49). 13335

Remarque Concernant cette exception, il est précisé (IFRS 13.52) que la notion d'« actifs financiers » et « passifs financiers » s'interprète dans ce cadre comme s'appliquant à tous les contrats entrant dans le champ d'application d'IFRS 9, qu'ils répondent ou non aux définitions d'actif financier ou de passif financier telles que prévues par IAS 32.

Toutefois, si les actifs et passifs financiers gérés sur une base nette ne peuvent pas être présentés dans les états financiers sur cette même base nette en application d'une disposition d'une norme IFRS, l'entité peut devoir affecter aux actifs et passifs individuels les ajustements faits au niveau du portefeuille selon une méthode appropriée compte tenu des circonstances (IFRS 13.50).

4. Techniques et paramètres d'évaluation

Techniques d'évaluation

13337 Les techniques d'évaluation doivent (IFRS 13.61) :
- être appropriées aux circonstances ;
- utiliser des données qui sont disponibles en quantité suffisante ;
- maximiser l'utilisation de paramètres observables et minimiser celle de paramètres non observables.

Elles doivent, en outre, être appliquées de manière homogène, sauf toutefois dans certains cas où une technique d'évaluation différente fournit une meilleure évaluation de la juste valeur. Tel peut notamment être le cas lorsque (IFRS 13.65) :
- de nouveaux marchés se développent ou les conditions de marché évoluent ;
- de nouvelles informations sont disponibles ou, à l'inverse, des informations jusqu'alors utilisées ne le sont plus ;
- les techniques d'évaluation s'améliorent.

En décembre 2012, l'IASB a publié (puis mis à jour en février 2013), à titre illustratif de la norme IFRS 13, des exemples de techniques d'évaluation de la juste valeur des instruments de capitaux propres non cotés entrant dans le champ d'application d'IFRS 9 (« Illustrative examples to accompany IFRS 13 Fair Value Measurement – Unquoted equity instruments within the scope of IFRS 9 Financial Instruments »). Les exemples de ce document font référence à des techniques basées sur :
- les données de marché (transactions de marché sur le même instrument, sur un instrument similaire, utilisation de multiples pour une entreprise comparable) ;
- les résultats (projections de flux de trésorerie actualisés ou autres méthodes) ;
- l'actif net comptable réévalué.

L'objectif de l'IASB n'est pas de recommander une technique d'évaluation en particulier, mais plutôt de souligner l'importance de l'exercice du jugement professionnel et de la prise en compte de tous les faits et circonstances lors d'une évaluation de la juste valeur.

A noter que l'IASB fournit également, en annexe de ces exemples, une liste de références permettant d'obtenir des détails complémentaires sur les techniques d'évaluation.

Remarque Ce document de l'IASB est publié afin de faciliter l'application de la norme IFRS 13 aux instruments financiers, à titre illustratif. Il n'a pas de caractère normatif.

Paramètres d'évaluation

13339 La norme IFRS 13 définit un principe d'évaluation de la juste valeur, prévoit des exceptions limitées à ce principe et traite également de situations pratiques spécifiques.

1. **Principe** En règle générale, la juste valeur d'actifs ou de passifs ayant un cours coté sur un marché actif est déterminée sur la base de ce cours.

Pour les notions de marché actif ou inactif, voir n° 13375.

Aucun ajustement à ce cours n'est autorisé, sauf exceptions (voir point 2. ci-après).

2. **Exceptions limitées** Par exception à ce principe, des ajustements peuvent être apportés au cours coté dans les cas limités suivants (IFRS 13.79) :
- si une entité détient un grand nombre d'actifs ou de passifs similaires mais non identiques pour lesquels, bien qu'un cours sur un marché actif soit disponible, il est difficile d'obtenir les informations sur le prix de chaque actif ou passif considéré individuellement ;
- si les cours cotés ne représentent pas la juste valeur ;
- si un passif ou instrument de capitaux propres est évalué sur la base d'un instrument identique négocié en tant qu'actif sur un marché actif et pour lequel le cours de marché a été ajusté pour en obtenir la juste valeur.

3. **Absence de cours coté** Lorsqu'un actif ou un passif n'a pas de prix coté sur un marché actif, il est possible de tenir compte d'une prime ou d'une décote liée au contrôle. En revanche, une société ne peut pas appliquer de décote en raison d'une grande quantité d'actifs détenus par rapport à la taille du marché (IFRS 13.69).

Pour plus d'informations, voir n° 13384.

4. **Existence de cours acheteur et vendeur** Lorsqu'il existe des cours acheteur et vendeur (« bid/ask price »), il convient de retenir le prix le plus représentatif de la juste valeur dans la

fourchette de prix entre ces deux cours (bornes incluses). La norme IFRS 13 ne requiert ni n'interdit, à titre d'approximation, l'usage du prix moyen entre le cours acheteur et le cours vendeur (IFRS 13.70).

Pour plus d'informations, voir n° 13386.

5. Hiérarchie des justes valeurs

Les justes valeurs sont classées selon une hiérarchie à trois niveaux (par ordre décroissant de priorité) fondée sur les données des techniques d'évaluation utilisées pour les déterminer (IFRS 13.72) : **13343**

- **niveau 1** : prix coté (sans ajustement) sur un marché actif pour un instrument identique ;

  Un marché actif est un marché sur lequel ont lieu des transactions sur l'actif ou le passif selon une fréquence et un volume suffisants pour fournir de façon continue de l'information sur le prix (IFRS 13.A).

  Pour les notions de marché actif ou inactif, voir n° 13375.

- **niveau 2** : évaluation utilisant uniquement des données observables sur un marché actif pour un instrument similaire ;
- **niveau 3** : évaluation utilisant principalement des données non observables.

  Pour la hiérarchie d'évaluation de la juste valeur, voir n° 13387.

C. Informations en annexe

Les informations requises par la norme IFRS 13 doivent permettre aux utilisateurs des états financiers d'apprécier (IFRS 13.91) : **13345**

- les techniques et les paramètres utilisés pour l'évaluation de la juste valeur des actifs et passifs après leur comptabilisation initiale, que cette évaluation soit récurrente ou non ;
- l'impact en résultat ou en autres éléments du résultat global (OCI) des évaluations récurrentes de la juste valeur utilisant principalement des données non observables.

L'information fournie au titre des évaluations de la juste valeur doit être établie en tenant compte (IFRS 13.92) :

- du niveau de détail nécessaire ;
- de l'importance relative à accorder aux informations requises ;
- de la nécessité de regrouper ou de ventiler certaines informations ;
- de la nécessité pour la compréhension des informations quantitatives de fournir ou non des informations complémentaires.

La norme requiert de fournir, a minima, certaines informations, notamment (IFRS 13.93) :

- la juste valeur à la date de clôture, pour toute évaluation de juste valeur, qu'elle soit récurrente ou non ;
- les motifs de l'évaluation pour les évaluations de juste valeur non récurrentes ;
- le niveau hiérarchique de l'évaluation, pour toute évaluation de juste valeur, récurrente ou non ;

  Recommandations de l'AMF Dans ses recommandations en vue de l'arrêté des comptes 2013, l'AMF indique qu'il est important que les sociétés précisent, pour les éléments significatifs et sensibles, le type d'analyse effectuée ayant permis de déterminer le niveau de juste valeur. En particulier, pour une valorisation d'immeuble de placement effectuée par un expert à partir de données de marché, la société devrait s'interroger sur le poids des retraitements effectués par l'expert afin de déterminer si le niveau de juste valeur est de niveau 2 ou de niveau 3 (Rec. AMF 2013-19, Arrêté des comptes 2013, § 2.1.3).

- pour les évaluations de juste valeur récurrentes, le montant des transferts de juste valeur effectués entre les niveaux 1 et 2 de la hiérarchie, les raisons de ces transferts et la politique suivie par l'entité en la matière ;
- les techniques et données d'évaluation utilisées pour les évaluations de juste valeur classées en niveau 2 ou 3 de la hiérarchie ;
- les changements de techniques d'évaluation de juste valeur et les raisons de ce changement ;
- des informations quantitatives spécifiques pour les évaluations de juste valeur classées au niveau 3 de la hiérarchie ;

  Recommandations de l'AMF Dans ses recommandations en vue de l'arrêté des comptes 2013, l'AMF rappelle l'importance des informations requises pour les valorisations de niveau 3 afin d'éclairer le lecteur sur les impacts des techniques d'évaluation utilisées, et recommande d'adapter le degré de granularité à la nature, aux caractéristiques et aux risques associés (Rec. AMF 2013-19, Arrêté des comptes 2013, § 2.1.3).

– si l'utilisation optimale d'un actif non financier évalué à la juste valeur diffère de son utilisation actuelle, la mention de ce fait et des raisons pour lesquelles l'actif n'est pas utilisé de façon optimale.

Remarque Les obligations d'informations de la norme IFRS 13 ne sont pas requises pour (IFRS 13.7) :
– les actifs du régime évalués à la juste valeur selon IAS 19, Avantages du personnel ;
– les placements comptabilisés au titre des régimes de retraite et évalués à la juste valeur selon IAS 26, Comptabilité et rapports financiers des régimes de retraite ;
– les actifs dont la valeur recouvrable est la juste valeur diminuée des coûts de sortie selon IAS 36, Dépréciation d'actifs.

QUESTIONS/REPONSES PRATIQUES

Remarque importante

13360 Les réponses aux questions présentées ci-après résultent de l'analyse des dispositions de la norme IFRS 13, Evaluation de la juste valeur, en vigueur actuellement, sur la base des informations disponibles au 1er juin 2023.

Pour une présentation des principales dispositions de la norme IFRS 13, voir nº 13310 s.

Post-implementation Review (PIR) d'IFRS 13 En janvier 2016, l'IASB a lancé la PIR de la norme IFRS 13, avec pour objectifs de s'assurer que l'information fournie par IFRS 13 est utile aux utilisateurs des états financiers, d'identifier les dispositions d'IFRS 13 qui induisent des difficultés de mise en œuvre pouvant aller à l'encontre d'une application homogène de la norme, et d'évaluer les coûts inattendus d'application du texte.

Un appel à commentaires (« Request for information ») a été publié en mai 2017 sur les thèmes de réflexion nécessitant une étude plus approfondie tels qu'identifiés lors de la première phase de la PIR, à savoir :
– l'utilité pour les utilisateurs des états financiers de l'information fournie par IFRS 13, et plus particulièrement les informations spécifiques aux évaluations de la juste valeur classées au niveau 3 de la hiérarchie ;
– la pertinence d'évaluer à la juste valeur soit les titres cotés de filiales, joint ventures et entreprises associées, soit la valeur recouvrable de l'unité génératrice de trésorerie cotée, voir nº 13384 ;
– la notion de l'utilisation optimale d'un actif non financier lorsque celui-ci est utilisé conjointement avec d'autres actifs et/ou des passifs, voir nº 13378 ;
– l'identification des dispositions d'IFRS 13 qui induisent des difficultés dans l'application du jugement.

Par ailleurs, le Board souhaitait savoir si une « guidance » sous la forme de supports pédagogiques pourrait être utile lors de l'évaluation de la juste valeur des actifs biologiques et des instruments de capitaux propres non cotés.

Au cours du premier semestre 2018, l'IASB a tenu deux réunions (janvier et mars) afin de faire le point sur les réponses reçues à la suite de l'appel à commentaires et décider des étapes suivantes.

Ainsi, après avoir constaté le bon fonctionnement de la norme IFRS 13, l'IASB a pris les décisions suivantes :
– les conclusions de la PIR d'IFRS 13 relatives à l'utilité des informations en annexe seront utilisées dans le cadre de l'initiative « Better Communication in Financial Reporting » de l'IASB ;
– l'IASB continuera d'assurer la liaison avec les évaluateurs, de suivre les nouvelles pratiques et d'encourager le développement et le partage des compétences ;
– les autres thèmes de réflexion identifiés lors de la première phase de la PIR ne feront pas l'objet de travaux supplémentaires.

Enfin, le 14 décembre 2018, le Board a publié une synthèse de ses conclusions dans un « Project Report and Feedback Statement ». Constatant que la norme IFRS 13 ne présente pas de dysfonctionnement particulier, l'IASB considère ainsi le projet achevé.

Propositions d'amélioration des informations à fournir en matière d'évaluation de la juste valeur (propositions d'amendements d'IFRS 13) Dans le cadre de son projet global intitulé « Disclosure Initiative » (voir nº 54975), l'IASB visait à préparer une procédure standardisée pour le Board lui permettant de développer et rédiger les informations à fournir en annexe qui seraient requises pour toute nouvelle norme lors de son élaboration. Un exposé-sondage (ED/2021/3, « Disclosure Requirements in IFRS Standards – A Pilot Approach – Proposed amendments to IFRS 13 and IAS 19 ») a été publié en mars 2021, présentant la procédure ainsi développée et testant celle-ci sur les informations à fournir en annexe au titre de l'évaluation de la juste valeur. Le document proposait une refonte complète de ces informations en amendant la norme IFRS 13 selon les nouveaux principes. La période d'appel à commentaires s'est terminée le 12 janvier 2022. Toutefois, lors de sa réunion d'octobre 2022, l'IASB a décidé de ne pas poursuivre les travaux d'amendement d'IFRS 13 pour les informations à fournir au titre de la juste valeur (IASB Update 10/22).

I. Généralités

Objectifs de la norme IFRS 13

Question 13365

Quels sont les objectifs de la norme IFRS 13, Evaluation de la juste valeur (« Fair Value Measurement ») ?

Réponse

Les objectifs de la norme IFRS 13 sont :
– la simplification et l'homogénéisation des méthodes d'évaluation de la juste valeur des actifs et passifs (financiers et non financiers) en regroupant dans une seule norme l'ensemble des dispositions auparavant dispersées dans un grand nombre de normes IFRS ;
– l'amélioration des informations à fournir en annexe sur les actifs et les passifs évalués à la juste valeur et sur les paramètres utilisés pour leur évaluation.

Commentaires La norme IFRS 13 a pour objectif de regrouper l'ensemble des dispositions relatives à la détermination de la juste valeur, lorsque son application est requise par une autre norme IFRS (IFRS 13.1).

II. Principes d'évaluation de la juste valeur

1. Principes généraux

Définition de la juste valeur

Question 13370

Comment la juste valeur est-elle définie par la norme IFRS 13 ?

Réponse

La juste valeur est « le prix qui serait reçu pour la vente d'un actif ou payé pour le transfert d'un passif, lors d'une transaction normale entre intervenants du marché à la date d'évaluation ».

Il s'agit donc d'un prix de sortie (« exit price »).

Commentaires La juste valeur définie par la norme IFRS 13 comme étant « le prix qui serait reçu pour la vente d'un actif ou payé pour le transfert d'un passif, lors d'une transaction normale entre intervenants du marché à la date d'évaluation » (IFRS 13.9) correspond donc à un prix de sortie (« exit price »).

La plupart des normes faisant référence à la juste valeur (avant l'entrée en vigueur d'IFRS 13) la définissaient comme le montant pour lequel un actif pourrait être échangé, ou un passif éteint, entre des parties bien informées, consentantes, et agissant dans des conditions de concurrence normale. Cette définition ne permettait pas de déterminer si la juste valeur correspondait alors à un prix d'entrée ou à un prix de sortie.

La norme IFRS 13 définit le prix d'entrée comme le prix qui a été effectivement payé pour acquérir un actif ou qui a été reçu pour assumer une dette. Il s'agit donc du prix d'une transaction qui a déjà été réalisée par l'entreprise lui permettant d'évaluer la juste valeur lors de la comptabilisation initiale de l'actif ou du passif concerné (IFRS 13.57).

Le prix de sortie est l'estimation du prix de vente d'un actif ou de transfert d'un passif entre participants de marché à la date d'évaluation. Il s'agit donc du point de vue d'un intervenant du marché qui détient l'actif ou qui doit le passif.

Au contraire du prix d'entrée qui se situe au niveau d'un acquéreur de l'actif ou du passif.

Le prix de vente d'un actif (juste valeur d'un actif) n'est pas nécessairement le prix auquel il a été acheté. De même, le prix qui serait payé pour le transfert d'un passif (juste valeur d'un passif) peut différer :
- de celui qui a été reçu pour l'assumer ;
- de celui qui serait payé pour éteindre le passif.

En outre, la juste valeur telle que définie par IFRS 13 ne prend pas en compte l'usage spécifique que peut faire une société d'un actif.

Remarque Dans la plupart des cas, le prix de sortie devrait être identique au prix d'entrée, sauf en cas de marché de vente différent du marché initial (voir n° 13372).

Evaluation initiale à la juste valeur : « day-one gain or loss »

13372 ***Question***

La norme IFRS 13 permet-elle de constater un « day-one gain or loss » lors de l'évaluation initiale à la juste valeur, notamment des instruments financiers ?

Réponse

La norme IFRS 13 n'interdit ni ne requiert de constater un « day-one gain or loss » et renvoie aux dispositions des autres normes IFRS.

Toutefois, la norme IFRS 13 n'est pas en contradiction avec les dispositions de la norme IFRS 9 sur ce point. En conséquence, concernant la comptabilisation initiale des instruments financiers basés sur des modèles d'évaluation complexes et utilisant des données non observables sur un marché, il est interdit de reconnaître un « day-one gain or loss » (voir n° 46650).

Commentaires :

1. **Notion de « day-one gain or loss »** Un « day-one gain » ou un « day-one loss » est la différence entre la juste valeur telle que définie par IFRS 13 (voir n° 13370) et le prix de transaction d'un actif ou d'un passif.

2. **Dispositions d'IFRS 13** La norme IFRS 13 n'interdit ni ne requiert de comptabiliser un « day-one gain or loss ». En revanche, elle indique que, si l'évaluation d'une telle différence est autorisée ou imposée par une autre norme IFRS, ce montant doit être comptabilisé en résultat, sauf disposition contraire de cette autre norme IFRS (IFRS 13.60).

La norme IFRS 13 n'étant pas en contradiction avec les dispositions de la norme IFRS 9 sur ce point, l'interdiction de reconnaître un « day-one gain or loss » demeure pour les instruments financiers dont la juste valeur est déterminée sur la base de modèles d'évaluation complexes et utilisant des données non observables sur un marché (niveau 3 de la hiérarchie de la juste valeur).

Pour la hiérarchie de la juste valeur, voir n° 13387.
Pour le « day-one gain or loss » au cas particulier des instruments financiers, voir n° 46650.

3. **Situations où la juste valeur peut différer du prix de transaction** Selon IFRS 13.B4, de telles situations pourraient se produire lorsque :
- la transaction est conclue entre parties liées ;
- la transaction est forcée ;

Par exemple, à la suite de contraintes réglementaires ou de difficultés financières d'une des parties.

- l'unité de compte retenue pour le prix de transaction est différente de celle utilisée pour l'évaluation de la juste valeur ;

Ce pourrait être le cas lorsque le prix de transaction inclut les coûts de transaction, alors qu'ils doivent être exclus de la juste valeur.

– le marché sur lequel a eu lieu la transaction est différent du marché retenu pour l'évaluation de la juste valeur (marché principal ou marché le plus avantageux).

■ *Exemple*

Avant l'application d'IFRS 13, un prêt non coté, porté à l'actif d'une banque est évalué sur la base du taux auquel d'autres banques auraient prêté (« entry price »). Avec IFRS 13, tous les prêts portés à l'actif doivent être initialement évalués à leur prix de sortie, c'est-à-dire au prix auquel ils pourraient être transférés.

Ainsi, s'il existe un marché de titrisation avec des prix observables, il sera nécessaire d'en tenir compte. Tout écart entre les prix d'entrée et de sortie de ces prêts devra alors être comptabilisé en résultat.

Marché à retenir pour l'évaluation de la juste valeur

Question 13374

Quel marché retenir pour procéder à l'évaluation de la juste valeur d'une transaction ?

Réponse

Selon la norme IFRS 13, la transaction de vente d'un actif ou de transfert d'un passif est supposée avoir lieu sur le marché principal, ou à défaut de marché principal, sur le marché le plus avantageux.

Commentaires :

1. **Détermination du marché principal** Le marché principal est le marché présentant le volume et le niveau d'activité les plus élevés pour un actif ou un passif donné (IFRS 13.A).

La norme ne requiert pas de réaliser une analyse exhaustive de tous les marchés possibles pour déterminer le marché principal, ou à défaut le marché le plus avantageux (voir ci-après), mais d'utiliser toutes les informations disponibles.

Le marché sur lequel une entité réalise généralement des ventes d'actifs ou des transferts de passifs est supposé être le marché principal, ou en l'absence de marché principal, le marché le plus avantageux (IFRS 13.17).

2. **Détermination du marché le plus avantageux** Le marché le plus avantageux est celui qui maximise le prix de vente d'un actif ou qui minimise le prix de transfert d'un passif (IFRS 13.A).

Maximiser le prix d'un actif non financier requiert de prendre comme hypothèse que des participants de marché en feraient une « utilisation optimale » (voir n° 13378).

Remarque S'il existe un marché principal pour l'actif ou le passif, l'évaluation de la juste valeur doit représenter le prix sur ce marché, même si le prix pratiqué sur un autre marché peut être plus avantageux à la date d'évaluation (IFRS 13.18).

Pour déterminer le marché le plus avantageux, une entité doit comparer les marchés sur lesquels elle pourrait vendre un actif ou transférer un passif.

L'identification du marché le plus avantageux prend en compte les coûts de transaction et de transport (IFRS 13.A). En revanche, la juste valeur inclut les coûts de transport pour acheminer un actif jusqu'au marché principal (ou jusqu'au marché le plus avantageux), mais exclut les coûts de transaction (IFRS 13.25).

Les **coûts de transaction** sont les coûts de vente d'un actif ou de transfert d'un passif sur le marché principal (ou le marché le plus avantageux) qui sont directement attribuables à la vente de l'actif ou au transfert du passif et qui satisfont aux critères suivants (IFRS 13.A) :
- ils résultent directement de la transaction et sont essentiels à cette transaction ;
- ils n'auraient pas été encourus par l'entité, si la décision de vendre l'actif ou de transférer le passif n'avait pas été prise.

Si une entité peut vendre un actif sur deux marchés ayant le même niveau d'activité, il convient d'abord de déterminer le marché le plus avantageux, puis de calculer la juste valeur sur ce marché (voir Exemple ci-après).

3. **Accès au marché** A la date d'évaluation de la juste valeur, l'entité doit avoir accès au marché principal, ou à défaut, au marché le plus avantageux. Ce marché est déterminé en prenant en compte chaque actif évalué et en se positionnant du point de vue de l'entité (IFRS 13.19).

Etant donné que des sociétés peuvent avoir accès à des marchés différents, il est possible pour un même actif détenu par deux sociétés différentes que le marché principal soit lui-même différent.

■ *Exemple*

Une société située à Lille commercialise des chocolats, pour moitié en France et pour moitié en Belgique. Dans le cadre d'un regroupement d'entreprises, les stocks de chocolats sont évalués à la juste valeur.

L'analyse des prix de vente, des coûts de transport et de transaction sur les deux marchés est la suivante :

	France	*Belgique*
Prix de vente (€/kg)	*55*	*57*
Coûts de transport	*– 2*	*– 3*
Prix de vente net des coûts de transport	*53*	*54*
Coûts de transaction	*– 1*	*– 3*
Prix de vente net des coûts de transport et de transaction	*52*	*51*

Quelle est la juste valeur d'un kilogramme de chocolat ?

***Solution de l'exemple** Au cas particulier, la société vend les mêmes volumes en France et en Belgique. Il n'y a donc pas de marché principal. Le marché le plus avantageux, déterminé après prise en compte des coûts de transport et de transaction est la France (52 €/kg contre 51 €/kg pour le marché belge).*

La juste valeur doit donc être déterminée sur le marché français. Elle est égale au prix de vente net des coûts de transport, soit 53 €/kg.

Marché actif, marché inactif

13375 ***Question***

Quelles sont les caractéristiques d'un marché actif ? Quand considère-t-on un marché comme inactif ?

Réponse

Selon la norme IFRS 13, un marché actif est un marché sur lequel ont lieu des transactions sur l'actif ou le passif selon une fréquence et un volume suffisants pour fournir de façon continue de l'information sur le prix.

A l'inverse, un marché est inactif lorsqu'il ne répond pas aux caractéristiques précitées.

La norme IFRS 13 liste des indicateurs permettant de déterminer si un marché est actif (tels que le faible nombre de transactions récentes, la forte variabilité des cours, etc.).

En tout état de cause, il est nécessaire de faire preuve de jugement, notamment pour apprécier le caractère « suffisant » de la fréquence et du volume.

Commentaires La norme IFRS 13 précise que la meilleure indication de la juste valeur d'un instrument financier est son cours coté sur un marché actif, lorsque ce dernier existe (IFRS 13.72).

Pour la hiérarchie de la juste valeur selon IFRS 13, voir nº 13387.

1. Notion de marché actif Un marché actif est un marché sur lequel ont lieu des transactions sur l'actif ou le passif selon une fréquence et un volume suffisants pour fournir de façon continue de l'information sur le prix (IFRS 13.A).

L'IASB a indiqué que, bien que cette définition de marché actif utilise des termes différents, elle est conforme aux définitions de marché actif données par d'autres normes IFRS (IFRS 13.BC169).

Remarque Les normes IAS 36, IAS 38 et IAS 41 définissent un marché actif comme un marché dans lequel :
- les biens échangés sont homogènes ;
- il existe à tout moment des intervenants de marché désirant réaliser une transaction ; et
- des prix sont disponibles pour le public (IFRS 13.BC169).

Selon IFRS 9, un marché actif est un marché dans lequel des cours sont aisément et régulièrement disponibles auprès d'une bourse, d'un courtier, d'un négociateur, d'une association sectorielle, d'un service d'évaluation des prix ou d'un organisme de réglementation et ces cours représentent des transactions réelles et régulièrement conclues sur le marché dans des conditions de concurrence normales (IFRS 13.BC169).

2. Modalités de détermination d'un marché actif selon IFRS 13 Il est important de déterminer si un marché actif existe dans la mesure où l'IASB considère que la juste valeur d'un actif ou d'un passif peut être affectée lorsque le volume ou le niveau d'activité pour cet actif ou ce passif a subi une baisse sensible par rapport à l'activité normale observée sur le marché pour l'actif ou le passif (ou pour des actifs ou des passifs similaires) (IFRS 13.B37). **13375** (suite)

La norme indique de plus que la baisse sensible du volume ou du niveau d'activité d'un actif ou d'un passif sur un marché peut être déterminée par l'évaluation de l'importance et la pertinence de facteurs tels que (IFRS 13.B37) :

a. il y a peu de transactions récentes ;

b. les cours ne sont pas établis à l'aide d'informations actuelles ;

c. les cours varient substantiellement dans le temps ou selon les teneurs de marché (par exemple, sur certains marchés de courtiers) ;

d. des indices qui présentaient auparavant une corrélation élevée avec la juste valeur de l'actif ou du passif ne présentent manifestement pas de corrélation avec les indications récentes de la juste valeur de l'actif ou du passif ;

e. les primes de risque de liquidité implicites, les rendements ou les indicateurs de performance (par exemple, les taux de défaillance ou la gravité des pertes) pour les transactions observées ou les prix cotés sont en hausse significative par rapport à l'estimation de l'entité quant aux flux de trésorerie attendus, compte tenu de toutes les données de marché disponibles au sujet du risque de crédit ou autre risque de non-exécution relatif à l'actif ou au passif ;

f. l'écart entre cours acheteur et cours vendeur est large ou est sensiblement en hausse ;

g. l'activité sur le marché pour les nouvelles émissions (le marché primaire) concernant l'actif ou le passif (ou des actifs ou passifs similaires) est sensiblement en baisse, ou ce marché est inexistant ;

h. il y a peu d'information publiée (comme dans le cas de transactions conclues sur un marché sans intermédiaire).

L'IASB précise toutefois qu'une baisse sensible du volume ou de l'activité d'un actif ou d'un passif sur un marché n'indique pas nécessairement que le prix d'une transaction ou le prix coté ne représente pas la juste valeur ou qu'une transaction réalisée sur ce marché n'est pas une transaction normale (IFRS 13.B38). Une analyse plus poussée des transactions ou des cours du marché serait alors nécessaire.

Selon IFRS 13.A, une transaction normale est une transaction qui suppose l'exposition de l'actif ou du passif sur le marché pendant une certaine période avant la date d'évaluation, de manière à permettre les activités de marketing habituelles et coutumières pour les transactions sur de tels actifs ou passifs ; il ne s'agit pas d'une transaction forcée (par exemple, une liquidation involontaire ou une vente sur saisie).

Pour l'évaluation d'un instrument de dette coté sur un marché inactif, voir nº 13385.

3. Précisions apportées par l'IASB Expert Advisory Panel (EAP) :

Remarque L'EAP est un groupe d'experts internationaux formé en mai 2008 par l'IASB à la suite de la demande du Forum de stabilité financière et des ministres du G8 pour l'aider à résoudre les problèmes d'évaluation des instruments financiers à la juste valeur dans des marchés non actifs. Ce groupe a publié le 31 octobre 2008 un rapport intitulé « Evaluation et présentation de la juste valeur des instruments financiers dans des marchés qui ne sont plus actifs (Measuring and disclosing the fair value of financial instruments in markets that are no longer active) » dont le statut est celui d'un guide à vocation éducative. Ce rapport a été approuvé le 5 novembre 2008 à la fois par la Commission européenne (CE) et le CESR (devenu l'ESMA).

Dans son rapport précité, l'EAP rappelle (§ 17) :
- qu'il n'existe pas de frontière clairement définie entre un marché actif et un marché inactif ; et
- qu'un des caractères distinctifs d'un marché inactif est certainement l'étendue des travaux à effectuer, lors du processus d'évaluation, pour s'assurer que le prix de transaction représente bien la juste valeur de l'instrument ou encore pour calculer les ajustements à apporter au prix de transaction pour que celui-ci reflète bien la juste valeur de l'instrument concerné.

Déterminer la juste valeur d'un instrument dans un marché qui est devenu inactif dépend des faits et circonstances et peut nécessiter de faire appel de manière significative au jugement (rapport susvisé, § 20).

Selon l'EAP, un marché inactif se caractérise principalement :
- par une diminution significative du volume et du niveau d'activité des échanges ;
- par une variation significative des prix obtenus dans le temps ou entre les différents acteurs de marché ;
- et enfin, par le fait que les prix obtenus ne correspondent pas à des transactions récentes.

Toutefois, ces caractéristiques ne peuvent pas, à elles seules, conduire à considérer qu'un marché est inactif. Il est également nécessaire d'apprécier le caractère régulier des transactions intervenant sur le marché. Selon le rapport précité (§ 18), l'appréciation du caractère « régulier » des transactions est affaire de jugement et dépend des faits et circonstances liés au marché de l'instrument que l'on cherche à évaluer.

A notre avis, les indicateurs donnés par IFRS 13 ne font que confirmer, en les complétant quelque peu, ceux donnés par l'Expert Advisory Panel en 2008.

4. **Précisions apportées par la recommandation AMF/CNC/CB/ACAM du 15 octobre 2008** Ces quatre autorités précisent que la détermination du caractère actif ou pas d'un marché, qui peut s'appuyer sur des indicateurs tels que :

- la baisse significative du volume des transactions et du niveau d'activité sur le marché ;
- la forte dispersion des prix disponibles dans le temps et entre les différents intervenants de marché ; ou
- le fait que les prix ne correspondent plus à des transactions suffisamment récentes requiert en tout état de cause, **l'utilisation du jugement.**

La CB et l'ACAM ont fusionné en 2010 au sein de l'Autorité de Contrôle Prudentiel et de Résolution (ACPR).

Le CNC a, quant à lui, fusionné avec le Comité de la Réglementation Comptable (CRC) au sein de l'Autorité des Normes Comptables (ANC).

5. **Décisions de l'ESMA** Le CESR (devenu l'ESMA) a remis en cause l'utilisation d'une technique d'évaluation pour des actions détenues par une entité alors qu'elles étaient bien cotées sur un marché actif (actions échangées sur 98 % des jours ouvrables et dans 62 % des cas avec un volume d'échange supérieur à 1 000 titres) (EECS/0610-01, 07/10).

L'entité avait en effet estimé que les actions n'étaient plus cotées sur un marché actif du fait, d'une part, que les échanges de transactions n'étaient pas réguliers et, d'autre part, que 90 % de ces actions étaient détenues uniquement par trois institutions financières. Elle avait, en conséquence, utilisé une technique d'évaluation basée sur d'éventuelles offres d'achat de ces actions non publiques sur le marché.

En 2014, l'ESMA s'est à nouveau prononcé sur la notion de marché actif dans un cas traitant de la juste valeur des instruments de capitaux propres émis en paiement d'un regroupement d'entreprises (EECS/0214-02, 11/14). Ainsi, selon l'ESMA, le classement d'un marché en marché émergent, de même qu'une diminution du volume des transactions sur une période donnée, ne justifient pas de considérer ce marché comme marché inactif. Il convient pour cela de se référer aux critères fixés par les paragraphes IFRS 13.69 à .79.

Dans le cas traité, l'ESMA rappelle que la juste valeur des titres émis en rémunération d'une transaction de regroupement d'entreprises doit être déterminée par référence au marché dès lors qu'il est considéré comme actif.

En 2015, l'ESMA a également critiqué le mode de détermination de la juste valeur d'instruments financiers, en contestant dans le cas qui lui était soumis les indicateurs retenus par l'entreprise pour apprécier le volume de transactions (EECS/0115-03, 07/15). En outre, l'ESMA a rappelé que les techniques d'évaluation pour déterminer la juste valeur doivent maximiser les facteurs observables et minimiser ceux qui ne le sont pas. De même, l'ESMA insiste sur le fait qu'une baisse significative du volume des transactions ou du niveau d'activité n'est pas suffisante pour conclure que les transactions ne sont pas régulièrement organisées et que le marché n'est pas actif.

Prise en compte du risque de défaut de la contrepartie

13376 ***Question***

Le risque de défaut de la contrepartie doit-il être pris en compte dans l'évaluation de la juste valeur d'un actif ou d'un passif ?

Réponse

Oui :

- si l'instrument est un passif, sa juste valeur doit prendre en compte le risque de non-exécution de l'entreprise, incluant son risque de crédit propre ;
- si l'instrument est un actif, sa juste valeur doit prendre en compte le risque de crédit de la contrepartie.

Commentaires Selon IFRS 13.42, la juste valeur de tous les passifs doit tenir compte du risque de non-exécution de l'entreprise, qui comprend notamment le risque de crédit propre à l'entité (« own credit risk »), c'est-à-dire son risque de défaillance financière (voir n° 13382).

L'évaluation d'un actif à la juste valeur doit quant à elle tenir compte du risque de défaillance de sa contrepartie.

Remarque En pratique, pour certains instruments financiers, notamment les dérivés, les cotations de marché ou techniques d'évaluation ne tiennent pas compte du risque de crédit des contreparties. Afin d'y remédier, les cotations et évaluations sont alors ajustées. Ainsi, pour les instruments dérivés :
- l'évaluation des passifs peut être ajustée afin de prendre en compte le risque de crédit propre : cet ajustement est communément appelé « Debit Valuation Adjustment »/DVA ;
- l'évaluation des actifs peut être ajustée afin de prendre en compte le risque de crédit de la contrepartie : cet ajustement est communément appelé « Credit Value Adjustment »/CVA.

Recommandations de l'AMF Dans ses recommandations en vue de l'arrêté des comptes 2013, l'AMF invite à préciser en annexe la méthodologie utilisée pour le calcul des ajustements liés au risque de non-exécution et à indiquer les impacts comptabilisés s'ils sont significatifs (Rec. AMF 2013-19, Arrêté des Comptes 2013, § 2.1.1).

Prise en compte de l'incertitude liée aux périodes de forte volatilité

Question 13377

Comment les incertitudes liées aux périodes de forte volatilité doivent-elles être prises en compte dans l'évaluation de la juste valeur des instruments financiers ?

Réponse

Dans les périodes de forte volatilité économique, il est difficile de tenir compte de l'ensemble des incertitudes liées à cet environnement dans un scénario unique de prévisions de flux de trésorerie. Ainsi, les entreprises peuvent devoir retenir plusieurs scénarios auxquels est appliquée une pondération.

Commentaires Certains événements (tels que la crise sanitaire liée à la Covid-19 intervenue en 2020) peuvent entraîner une augmentation significative des incertitudes sur les montants des flux de trésorerie des instruments financiers, ainsi que sur leur date de versement. Cet impact n'est pas nécessairement limité au risque de crédit des instruments financiers.

Par exemple, le montant et l'échéancier des flux de trésorerie associés aux prêts pourraient devenir plus incertains en raison des reports d'échéances qui pourraient être octroyés ou imposés par les gouvernements.

Pour les investissements en actions, les conditions économiques pourraient également donner lieu à une plus grande incertitude quant au montant et au calendrier des flux de trésorerie attendus.

Les entreprises peuvent ainsi ne pas être en mesure de prendre en compte l'ensemble des incertitudes liées à un environnement économique hautement volatile dans un seul scénario de prévisions de flux de trésorerie et peuvent devoir au contraire retenir plusieurs scénarios qu'il conviendra de pondérer selon leurs probabilités d'occurrence.

Les entreprises concernées devront documenter dans leurs états financiers les scénarios envisagés, les facteurs qui ont été intégrés dans chacun de ces scénarios, ainsi que les pondérations retenues.

La juste valeur de l'instrument financier correspondra alors à la moyenne des différents scénarios possibles pondérés par leur probabilité d'occurrence. Cette technique, conforme à IFRS 13.B25, permet ainsi d'incorporer les impacts de toutes les incertitudes sur les flux de trésorerie de chacun des scénarios.

Si les flux de trésorerie des différents scénarios ont été ajustés par un facteur de risque, ce même facteur de risque ne doit pas être pris en compte pour ajuster le taux d'actualisation (i.e. le taux sans risque) des flux de trésorerie. Inversement, si aucun facteur de risque n'a été pris en compte pour ajuster les flux de trésorerie des différents scénarios, alors le taux d'actualisation doit être ajusté pour prendre en compte ce facteur de risque.

Les paramètres d'estimation des flux de trésorerie doivent être basés, dans la mesure du possible, sur des données observables sur le marché et doivent être cohérents avec les attentes des intervenants du marché.

2. Evaluation des actifs non financiers

Utilisation optimale d'un actif non financier

13378 ***Question***

La norme IFRS 13 fait référence à la notion d'« utilisation optimale » pour l'évaluation d'un actif non financier. Que recouvre cette notion ?

Réponse

L'utilisation optimale d'un actif non financier est l'utilisation par les intervenants de marché, qui maximiserait sa valeur ou celle du groupe d'actifs et de passifs dont il fait partie.

L'évaluation de la juste valeur d'un actif non financier doit tenir compte de la capacité d'un intervenant de marché à générer des flux de trésorerie à partir de l'utilisation optimale de cet actif.

Commentaires :

1. **Généralités** L'évaluation de la juste valeur d'un actif non financier tient compte de la capacité d'un intervenant du marché à générer des avantages économiques en faisant une « utilisation optimale » de l'actif ou en le vendant à un autre intervenant du marché qui en ferait une utilisation optimale (IFRS 13.27). Il est donc nécessaire de déterminer ce que recouvre cette notion d'« utilisation optimale ».

L'utilisation optimale d'un actif non financier doit présenter les caractéristiques suivantes (IFRS 13.28) :

- physiquement possible : par exemple compte tenu de la taille ou de la localisation d'un terrain ;
- légalement admissible : elle ne doit pas enfreindre de restriction ou d'interdiction juridique ; et
- financièrement faisable : elle doit générer suffisamment de flux de trésorerie pour permettre à un intervenant de marché d'atteindre le retour sur investissement qu'il attendrait de cet actif. Cette caractéristique s'évalue après prise en compte de tous les coûts qu'un intervenant de marché devrait encourir pour changer l'usage de cet actif.

De plus, l'utilisation optimale d'un actif non financier doit être déterminée du point de vue d'un intervenant de marché, sans prise en compte des intentions spécifiques à l'entité qui évalue cet actif. Par exemple, l'utilisation optimale ne saurait se baser sur l'acquisition « défensive » d'un actif par une société, c'est-à-dire une acquisition qui aurait pour objectif non pas d'utiliser l'actif, mais d'empêcher un concurrent de le faire (IFRS 13.30).

Il est présumé que l'utilisation qu'une entité fait d'un actif non financier correspond généralement à son utilisation optimale (IFRS 13.29).

2. **Particularités lorsque l'utilisation optimale d'un actif non financier est atteinte en l'utilisant conjointement avec d'autres actifs et/ou des passifs** Dans un tel cas, la juste valeur est le prix qui serait obtenu sur le marché pour la vente de cet actif, en supposant qu'il serait utilisé conjointement avec d'autres actifs et/ou des passifs et que ces actifs et passifs seraient disponibles pour un intervenant de marché (IFRS 13.31(a)(i)).

Les dettes qui sont combinées à un ou plusieurs actifs pour permettre d'atteindre l'utilisation optimale d'un actif non financier ne peuvent être que des dettes qui servent à financer cet(s) actif(s) (IFRS 13.31(a)(ii)).

Les hypothèses retenues pour déterminer l'utilisation optimale d'un actif non financier et des autres actifs utilisés conjointement doivent être homogènes (IFRS 13.31(a)(iii)).

■ *Exemple*

La juste valeur d'un terrain à usage agricole doit être évaluée. Il est déterminé que l'utilisation optimale de ce terrain par un intervenant de marché est d'y construire des commerces. Comment évaluer la juste valeur de ce terrain ?

Solution de l'exemple *La juste valeur du terrain doit être évaluée en incluant tous les coûts nécessaires à la transformation du terrain à usage agricole en un terrain à usage commercial : par exemple frais juridiques, analyse de viabilité, études de trafic, coûts de démolition, etc. En outre, changer l'usage d'un terrain est généralement soumis à l'autorisation de certaines administrations. La transformation de l'usage du terrain présente donc un degré d'incertitude qu'il faut refléter dans l'évaluation de la juste valeur du terrain.*

A noter, toutefois, qu'une telle transformation de l'usage ne doit pas être prise en compte dans l'évaluation de la juste valeur si elle n'est pas faisable en pratique ou s'il est improbable qu'elle aboutisse.

3. Evaluation des passifs et instruments de capitaux propres émis non cotés sur un marché actif

Principe général

Question 13380

Comment évaluer un passif ou un instrument de capitaux propres émis non coté sur un marché actif ?

Réponse

La réponse diffère selon que le passif/instrument de capitaux propres donne lieu ou pas à un actif en contrepartie.

1. S'il existe un actif pour la contrepartie : le passif/instrument de capitaux propres est évalué sur la base de la juste valeur de cet actif.

2. S'il n'existe pas d'actif pour la contrepartie : le passif/instrument de capitaux propres est évalué sur la base du montant qu'un intervenant de marché :
- devrait payer pour s'acquitter de l'obligation relative à cet instrument, y compris la prime de risque qu'il exigerait pour s'acquitter de l'obligation à la place d'une autre société ; ou
- recevrait s'il émettait un instrument identique (avec les mêmes risques de crédit) sur le marché principal ou, à défaut, le plus avantageux.

Commentaires :

1. **Evaluation par symétrie avec la juste valeur d'un instrument identique détenu à l'actif par un intervenant de marché** Lorsqu'il n'existe pas de prix coté pour un passif ou instrument de capitaux propres émis par l'entité (ou pour un instrument similaire) et lorsque ce passif ou instrument de capitaux propres donne lieu à un actif dans les comptes d'une autre entité, la juste valeur de cet instrument doit être égale au montant d'un instrument identique détenu à l'actif par un intervenant de marché à la date d'évaluation (IFRS 13.37).

L'évaluation de la juste valeur d'un actif nécessite de prendre en compte le risque de crédit du débiteur.

L'application du principe d'IFRS 13.37 implique donc que l'évaluation de la juste valeur d'un passif/instrument de capitaux propres émis tienne compte du risque de crédit propre lié à cet instrument (voir n° 13382).

2. **Evaluation en l'absence d'élément identique détenu en tant qu'actif par un tiers** Dans ce cas, le passif ou instrument de capitaux propres doit être évalué sur la base du montant que l'entité devrait verser à un intervenant de marché qui reprendrait son obligation, en incluant la compensation (ou prime) qu'exigerait cet intervenant de marché (IFRS 13.40 et .41).

Cette prime vise à compenser les coûts d'exécution de l'obligation (par exemple, l'utilisation de ressources qui pourraient être utilisées à d'autres fins) ainsi qu'au risque de variabilité entre les flux que l'on s'attend à décaisser et ceux qui seront réellement payés (IFRS 13.B31 à .B33).

Juste valeur et risque de non-exécution d'un passif

Question 13382

Qu'est-ce que le risque de non-exécution d'un passif et doit-il être pris en compte dans l'évaluation de la juste valeur d'un passif ?

Réponse

Le risque de non-exécution d'un passif est le risque pour une entité de ne pas pouvoir faire face à ses engagements.

Il comprend le risque de défaillance financière de l'entité (risque de crédit propre) ainsi que d'autres facteurs qui peuvent empêcher l'entité de remplir l'obligation qu'elle a envers un tiers : risque opérationnel, risque technologique, risque commercial, risque réglementaire, etc.

Selon IFRS 13, la juste valeur d'un passif doit obligatoirement tenir compte de ce risque de non-exécution.

Commentaires La juste valeur de tous les passifs (financiers ou non financiers) doit tenir compte du risque de non-exécution, c'est-à-dire de ce que l'entité serait capable de rembourser et non pas du montant qu'elle devrait payer pour éteindre le passif (IFRS 13.42).

Ainsi, plus une entité a un risque élevé de défaillance, plus la valeur de ses passifs est réduite.

Le risque de non-exécution comprend notamment le risque de crédit propre à l'entité (IFRS 13.42), c'est-à-dire le risque de défaillance financière de l'entité. Le risque de non-exécution inclut également d'autres facteurs qui peuvent empêcher l'entité de remplir l'obligation qu'elle a envers un tiers : risque opérationnel, risque technologique, risque commercial, risque réglementaire, etc.

Le risque de non-exécution est présumé être le même avant et après le transfert du passif (IFRS 13.42).

Recommandations de l'AMF Dans ses recommandations en vue de l'arrêté des comptes 2013, l'AMF invite à préciser en annexe la méthodologie utilisée pour le calcul des ajustements liés au risque de non-exécution et à indiquer les impacts comptabilisés s'ils sont significatifs (Rec. AMF 2013-19, Arrêté des Comptes 2013, § 2.1.1).

Pour la méthode de calcul du risque de crédit propre dans l'évaluation d'une dette, voir nº 46130.

4. Paramètres utilisés pour les évaluations de la juste valeur

Juste valeur d'un actif ou d'un passif : primes et décotes

13384 ***Question***

Peut-on appliquer une prime ou une décote à la juste valeur d'un actif ou d'un passif ?

Réponse

La réponse diffère selon que l'actif ou le passif entre ou non dans le champ d'application d'IFRS 9.

1. Pour les actifs et passifs financiers dans le champ d'application d'IFRS 9 :

a. si l'actif ou le passif évalué à la juste valeur est coté sur un marché actif, en principe, aucun ajustement de la juste valeur n'est possible sauf dans certaines situations spécifiques ;

b. si l'actif ou le passif évalué à la juste valeur n'est pas coté sur un marché actif :

- il est possible d'appliquer une prime ou une décote liée au contrôle conféré par cet actif ou passif ;
- il n'est pas possible d'appliquer une prime ou une décote qui résulterait d'une grande quantité d'actifs ou de passifs détenus par rapport à la taille du marché.

2. Pour les autres actifs et passifs, en l'absence de précisions dans les textes, il est, à notre avis, possible de tenir compte d'une prime ou d'une décote pour l'évaluation de la juste valeur d'une participation dans des filiales, joint ventures ou entreprises associées. Et ce, même lorsque celles-ci se composent de titres cotés, dans la mesure où cette prime n'est pas relative à la taille de détention par rapport à la taille du marché, mais correspond bien à une caractéristique du bloc de titres à évaluer, non reflétée dans le cours d'une seule action.

Commentaires :

1. **Application d'une prime ou d'une décote à la juste valeur d'un actif financier ou d'un passif financier dans le champ d'application d'IFRS 9** Selon IFRS 13, il est possible d'ajuster la juste valeur d'un actif financier ou d'un passif financier non coté sur un marché actif du montant d'une prime ou d'une décote de contrôle. Toutefois, cet ajustement n'est pas autorisé s'il est relatif à la taille de détention par rapport à la taille du marché et s'il n'est pas calculé sur la même unité de compte que l'actif ou le passif évalué à la juste valeur (voir arbre de décision ci-après) (IFRS 13.69).

Unité de compte Il s'agit du niveau auquel un actif ou un passif est regroupé ou ventilé aux fins de sa comptabilisation, conformément à la norme IFRS qui impose ou permet son évaluation à la juste valeur (IFRS 13.A et .14). **13384** (suite)

En revanche, si l'actif ou le passif financier est coté sur un marché actif, il n'est pas possible d'ajuster son cours pour déterminer la juste valeur : la dernière phrase d'IFRS 13.69 interdit, en effet, d'appliquer une prime ou une décote quelle que soit sa nature à un actif ou un passif coté sur un marché actif.

Ainsi, la norme IFRS 13 interdit d'ajuster la juste valeur d'un actif ou d'un passif d'une prime ou d'une décote résultant de la taille du portefeuille d'actifs ou de passifs détenus (« blockage factors ») par rapport à la taille du marché, s'agissant alors d'une caractéristique de la participation détenue par l'entité plutôt que d'une caractéristique de l'actif ou du passif lui-même (IFRS 13.69).

Cependant, il existe des situations spécifiques qui justifieraient l'ajustement de la juste valeur d'un actif ou passif financier coté sur un marché actif (IFRS 13.79) :

Ces ajustements auront alors pour conséquence le classement de la juste valeur à un niveau inférieur dans la hiérarchie des techniques d'évaluation, voir n° 13343.

- l'entité détient un grand nombre d'actifs ou de passifs similaires mais non identiques pour lesquels un prix coté sur un marché actif est disponible mais sans que l'entité puisse obtenir des informations sur le prix de chaque actif ou passif à la date d'évaluation ;

Dans ce cas, faute de mieux, l'entité peut évaluer la juste valeur à l'aide d'une autre méthode qui ne repose pas exclusivement sur les prix cotés, par exemple une évaluation matricielle.

- le prix d'un actif ou passif financier coté sur un marché actif ne représente pas sa juste valeur à la date d'évaluation ;

Ce peut être le cas si, par exemple, des événements importants (transactions sur un marché sans intermédiaire, transactions sur un marché de courtiers, annonces) surviennent après la clôture du marché, mais avant la date d'évaluation.

- la juste valeur d'un passif ou instrument de capitaux propres de l'entité est évaluée à l'aide du prix coté d'un élément identique négocié en tant qu'actif sur un marché actif et que ce cours doit être ajusté pour tenir compte de facteurs propres à l'élément ou à l'actif.

Les facteurs susceptibles d'indiquer que le prix coté d'un actif devrait être ajusté sont notamment les suivants (IFRS 13.39) :
- le prix coté de l'actif vaut pour un passif ou un instrument de capitaux propres similaire (mais non identique) détenu en tant qu'actif par un tiers ;
- l'unité de compte pour l'actif n'est pas la même que pour le passif ou l'instrument de capitaux propres.

Ajustement de la juste valeur d'un actif ou d'un passif d'une prime ou décote

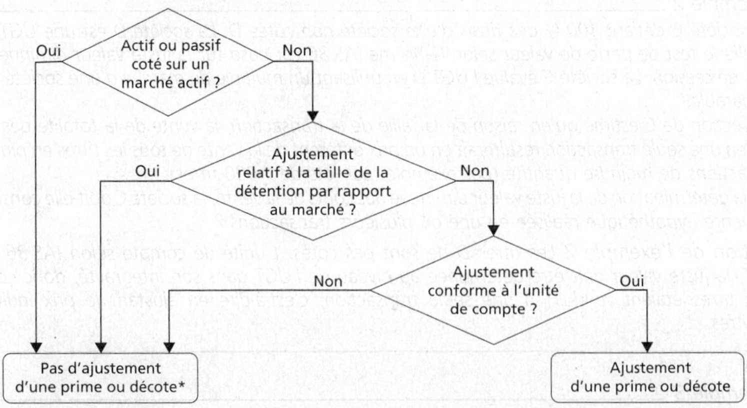

* Pour les actifs et passifs financiers cotés sur un marché actif, sauf situations spécifiques prévues par IFRS 13.79 (voir ci-avant)

2. Application d'une prime ou d'une décote à la juste valeur des actifs financiers constitutifs de titres de filiales, joint ventures et entreprises associées (et donc n'entrant pas dans le champ d'application d'IFRS 9) Selon IFRS 13.11, la juste valeur d'un actif ou d'un passif est estimée pour l'actif ou le passif spécifique. En fonction de son unité de compte, l'actif ou le passif évalué à la juste valeur peut devoir être considéré (IFRS 13.13) :
- soit individuellement (sur une base « stand-alone »), tel est le cas pour un instrument financier ou un actif non financier ;

13384 (suite) – soit au niveau d'un groupe d'actifs, d'un groupe de passifs ou d'un groupe d'actifs et de passifs (par exemple, une unité génératrice de trésorerie ou une activité).

En outre, selon IFRS 13.69, il n'est pas possible d'intégrer une décote ou une surcote qui n'est pas compatible avec l'unité de compte de l'actif.

Des utilisateurs des normes IFRS avaient demandé à l'IASB qu'il clarifie l'unité de compte pour des titres de filiales, joint ventures et entreprises associées, ce qui revient à savoir si l'interdiction d'appliquer une prime ou une décote à un bloc de titres cotés s'appliquait également à une filiale, joint venture ou entreprise associée dont l'unité de compte est la filiale, la joint venture ou l'entreprise associée dans sa globalité.

En janvier 2016, l'IASB avait finalement décidé de traiter le sujet dans le cadre de la Post-implementation Review (PIR) d'IFRS 13. Lors d'une réunion sur le suivi des travaux de la PIR en mars 2018, l'IASB a décidé de ne pas poursuivre les réflexions sur le sujet, estimant les coûts nécessaires supérieurs aux avantages qui en résulteraient.

Pour plus de détails sur la PIR d'IFRS 13, voir n° 13360.

En l'absence de précisions dans les textes, il est, à notre avis, possible de tenir compte d'une prime ou d'une décote pour l'évaluation de la juste valeur d'une participation dans des filiales, joint ventures ou entreprises associées, même lorsque celle-ci porte sur des titres cotés (niveau 1), de manière à refléter le pouvoir conféré par le bloc détenu. Il en serait de même pour l'évaluation de la juste valeur d'une unité génératrice de trésorerie (UGT) qui serait relative à une entité cotée. Quelle que soit la méthode retenue, il est nécessaire d'expliquer dans l'annexe des états financiers l'unité de compte retenue.

Recommandations de l'AMF Cette position est conforme à celle exprimée par l'AMF dans ses recommandations en vue de l'arrêté des comptes 2013 (Rec. AMF 2013-19, Arrêté des Comptes 2013, § 2.1.2).

■ *Exemple 1*

Un groupe A détient 30 % des titres d'une société B non cotée. Dans cette société, la majorité qualifiée requise pour certaines décisions est de 30 %. Les titres détenus dans B conférant une majorité de blocage au groupe A, le groupe estime que la valeur de ces titres est supérieure au nombre des actions détenues multiplié par leur valeur unitaire.

Pour évaluer la juste valeur des titres B dans le cadre d'un regroupement d'entreprises, le groupe A peut-il appliquer une prime de contrôle ?

Solution de l'exemple 1 *Oui, car il s'agit de titres non cotés sur un marché actif et la prime représente une caractéristique des titres détenus.*

■ *Exemple 2*

Une société C détient 100 % des titres d'une société non cotée D. La société D est une UGT pour laquelle le test de perte de valeur selon la norme IAS 36 est basé sur la juste valeur diminuée des coûts de cession. La société C évalue l'UGT D en utilisant un multiple de marché d'une société cotée comparable.

La direction de C estime qu'en raison de la taille de la transaction, la vente de la totalité des titres de D en une seule transaction résulterait en un prix différent de la vente de tous les titres en plusieurs transactions de moindre quantité (par exemple, par lots de 1 000 titres).

Pour la détermination de la juste valeur diminuée des coûts de la vente, la société C doit-elle considérer une vente hypothétique réalisée en une ou plusieurs transactions ?

Solution de l'exemple 2 *Les titres D ne sont pas cotés. L'unité de compte selon IAS 36 étant l'UGT, la juste valeur doit être déterminée au niveau de l'UGT dans son intégralité, donc comme si les titres étaient vendus en une seule transaction, c'est-à-dire en ajustant le prix individuel des titres.*

■ *Exemple 3*

Une société E détient la totalité des titres de l'entité F.

F est une UGT pour laquelle le test de perte de valeur selon la norme IAS 36 est basé sur la juste valeur diminuée des coûts de cession. La société E évalue la société F en utilisant les cash-flows actualisés de F (à partir des produits réalisés par F et de ses charges) et le coût moyen pondéré du capital.

La société E doit-elle ajuster les cash-flows actualisés d'une prime de contrôle ?

Solution de l'exemple 3 *Non, car la prime de contrôle est déjà incluse dans les cash-flows actualisés au « weighted average cost of capital » (WACC).*

■ *Exemple 4*

Un groupe M détient 20 % des titres d'une société F non cotée, sur laquelle il exerce une influence notable. Au 30/09/N, M lance une OPA et rachète à l'issue de l'OPA 45 % d'actions supplémentaires de F qui lui permettent d'exercer le contrôle sur F.

Avant l'annonce de l'OPA, le cours coté d'une action de F était de 14 €. Pour obtenir le contrôle de F, M a dû payer 20 € par action, soit l'équivalent d'une prime de contrôle de 6 € par action. Au jour de l'OPA, le cours coté était égal au prix payé par M, soit 20 € par action.

Selon IFRS 3, lors de la prise de contrôle, les actions antérieurement détenues, et qui, elles, ne conféraient pas le contrôle, doivent être réévaluées à la juste valeur.

Pour déterminer la juste valeur, au jour de la prise de contrôle, des 20 % d'actions de F antérieurement détenues par M, faut-il retrancher la prime de contrôle du prix payé ?

Solution de l'exemple 4 *En application du point 2. ci-avant, s'agissant d'une entreprise associée, pour évaluer la juste valeur des titres F antérieurement détenus, M peut décider de considérer que l'unité de compte est soit le titre individuel coté soit l'investissement dans sa globalité et ce, même si les titres de F sont cotés.*

Dans le premier cas, la juste valeur est égale au cours coté (soit 20 €) multiplié par le nombre de titres antérieurement détenus.

Dans le second cas, la juste valeur est égale au cours coté minoré de la prime de contrôle payée par M et qui ne porte pas sur les titres antérieurement détenus (soit 14 €).

Evaluation d'un instrument de dettes coté sur un marché inactif

Question 13385

Lorsqu'une entreprise a recours à une technique d'évaluation pour évaluer un instrument de dettes coté (obligation cotée, par exemple) sur un marché inactif, est-il possible de retenir la prime de liquidité constatée sur des prêts et créances non cotés mais ayant des caractéristiques comparables ?

Réponse

Non, selon l'IFRS IC. En effet, toute technique d'évaluation qui pourrait conduire à évaluer certains paramètres différemment de ce que feraient les intervenants du marché, avec comme conséquence d'arriver à un prix différent de ce qu'ils auraient retenu, n'est pas conforme aux dispositions de la norme IFRS 13.

Commentaires :

1. **Question posée à l'IFRS IC** L'IFRS IC a été interrogé sur la manière de déterminer le taux d'actualisation utilisé pour l'évaluation d'un instrument de dettes coté (utilisation d'une technique d'évaluation), lorsque le marché de cet instrument n'est pas actif et que ni le « spread » de crédit ni la prime de liquidité relatifs à cet instrument ne sont observables.

La question posée suggérait que, dans de telles circonstances, la prime de liquidité n'excède pas celle constatée sur des prêts et créances non cotés ayant des caractéristiques comparables aux titres cotés que l'entreprise cherchait à évaluer et que le modèle d'évaluation retenu devait avoir pour objectif de calculer la juste valeur des titres comme l'auraient fait des intervenants du marché agissant de manière rationnelle.

L'IFRS IC a décidé de ne pas inscrire ce point à son agenda.

> **Remarque** La question a été posée en 2009 alors que l'ancienne norme IAS 39 était encore applicable et intégrait les dispositions sur la juste valeur des instruments financiers. A notre avis, les éléments de réponse ci-après restent valables sous IFRS 13 pour la détermination de la juste valeur des instruments financiers dans le champ d'application d'IFRS 9.

2. **Eléments de réponse (IFRIC Update 03/09)** Selon IFRS 13 (et IAS 39 précédemment), le fait d'utiliser une technique d'évaluation en cas de marché non actif doit avoir pour objectif de déterminer le prix de transaction qui aurait été obtenu si l'instrument avait fait l'objet d'un échange, à la date de l'évaluation, échange motivé par des considérations d'activité économique normale.

En conséquence, la méthode d'évaluation doit inclure tous les facteurs que les intervenants du marché prendraient en considération pour établir le prix de l'instrument ; c'est l'approche retenue par tous les modèles reconnus pour l'évaluation d'un instrument financier.

Cours acheteur et cours vendeur

13386 ***Question***

Quel cours retenir pour l'évaluation de la juste valeur d'un actif ou d'un passif : le cours vendeur ou le cours acheteur ?

Réponse

Lorsqu'il existe des cours acheteur et vendeur (« bid/ask price »), il convient de retenir le prix le plus représentatif de la juste valeur dans la fourchette de prix entre ces deux cours (bornes incluses).

A notre avis, l'usage du prix moyen entre le cours acheteur et le cours vendeur n'est autorisé que pour les actifs ou passifs cotés sur un marché actif.

Commentaires Les marchés d'instruments financiers ou de certaines matières premières présentent généralement des cours « acheteur » et des cours « vendeur ».

La norme IFRS 13 indique, s'agissant de l'évaluation de la juste valeur d'un actif ou d'un passif, qu'il est nécessaire de retenir le prix le plus représentatif de la juste valeur mais que celui-ci peut être le cours acheteur, le cours vendeur ou tout autre prix inclus dans la fourchette comprise entre le prix acheteur et le prix vendeur (IFRS 13.70).

En outre, selon IFRS 13.71, l'utilisation du cours moyen (ou d'une autre convention) n'est pas interdite faute de mieux en pratique. Toutefois, la norme IFRS 13 ne précise pas quand il est approprié de retenir un cours moyen comme juste valeur. Deux positions peuvent donc être adoptées :

- soit, faute de précisions dans IFRS 13, on considère que le cours moyen peut être utilisé comme juste valeur quelles que soient les circonstances ;
- soit, on considère qu'IFRS 13.71 signifie que le cours moyen ne peut être retenu que dans certaines circonstances, sans que ces circonstances soient toutefois détaillées dans la norme.

A notre avis, l'utilisation d'un cours moyen « faute de mieux en pratique » serait appropriée pour les évaluations d'actifs et de passifs cotés sur un marché actif (évaluations relevant du niveau 1 de la hiérarchie de la juste valeur, voir n° 13387), ainsi que pour les actifs et passifs échangés sur des marchés et pour lesquels des cours vendeurs et acheteurs sont établis par des courtiers. De plus, l'utilisation d'un cours moyen peut être appropriée, dans certaines circonstances, lorsque des cours acheteurs et vendeurs sont utilisés par des intervenants de marché.

A notre avis également, d'une manière générale, moins les paramètres d'évaluation sont observables, moins il est probable qu'il existe une fourchette cours vendeur – cours acheteur et donc moins il est probable que l'utilisation du cours moyen soit appropriée. Par exemple, il peut être inapproprié d'utiliser un cours moyen lorsqu'il existe un écart significatif entre un cours acheteur et un cours vendeur. En effet, dans un tel cas, l'écart peut ne pas seulement être dû aux coûts de transaction, mais également à d'autres éléments tels que le manque de liquidité.

En outre, la norme IFRS 13 ne précise pas comment comptabiliser la différence entre le prix de transaction et le cours retenu pour l'évaluation de la juste valeur (voir n° 13372).

Hiérarchie d'évaluation de la juste valeur

13387 ***Question***

Quelle est la hiérarchie d'évaluation de la juste valeur retenue par IFRS 13 ?

Réponse

La norme IFRS 13 reprend la hiérarchie de la juste valeur antérieurement retenue par IFRS 7, Instruments financiers – Informations en annexe :

Niveau 1 : uniquement des prix cotés sur un marché actif pour un instrument identique et sans aucun ajustement ;

Niveau 2 : juste valeur déterminée à partir de données observables, soit directement (tel qu'un prix), soit indirectement (i.e. calculées à partir d'un autre prix), mais autres qu'un prix coté sur un marché actif relevant du niveau 1 ;

Niveau 3 : juste valeur déterminée à partir de données non observables sur un marché.

La norme IFRS 13 étend cette hiérarchie à l'évaluation de la juste valeur de tous les actifs et passifs (financiers et non financiers). Elle apporte également des précisions sur les principes à suivre pour classer une évaluation dans l'un des trois niveaux de la hiérarchie.

Commentaires La norme IFRS 13 reprend la hiérarchie de la juste valeur antérieurement prescrite par IFRS 7 pour les instruments financiers et la généralise à l'ensemble des actifs et passifs (financiers et non financiers) évalués à la juste valeur.
Elle précise qu'une évaluation est classée dans son intégralité au plus bas niveau de la hiérarchie correspondant aux paramètres utilisés qui sont significatifs (IFRS 13.73).

Elle souligne que le classement d'une évaluation dans un niveau de cette hiérarchie dépend des données utilisées et non de la technique retenue (IFRS 13.74).

Niveau 1 Les données utilisées pour l'évaluation de la juste valeur d'un actif ou d'un passif doivent provenir du marché principal (ou, à défaut, du marché le plus avantageux) et l'entité réalisant l'évaluation doit, à la date de l'évaluation, pouvoir vendre l'actif ou transférer le passif au prix coté retenu pour l'évaluation (IFRS 13.76 à .80).

Pour la définition du marché principal et du marché le plus avantageux, voir nº 13374.

Niveau 2 Les évaluations sont basées sur des prix de marché ajustés en fonction de paramètres tels que l'emplacement ou l'état dans lequel se trouve un actif ainsi que le niveau d'activité et le volume du marché sur lequel les données sont observées (IFRS 13.81 à .85).

Niveau 3 Les évaluations de niveau 3 sont à utiliser uniquement quand il n'existe pas de données observables. Même si les données utilisées ne sont pas observables sur un marché, l'évaluation de la juste valeur d'un actif ou d'un passif doit refléter les hypothèses qu'utiliseraient des intervenants du marché au cas particulier (IFRS 13.87).

Par exemple, l'évaluation de la juste valeur d'une société cible par un acquéreur ne doit pas prendre en compte les synergies qui sont spécifiques à l'acquéreur (IFRS 13.89).

La norme IFRS 13 permet également d'utiliser des cotations et des indices de prix publiés par certaines sociétés (IFRS 13.B45 à .B47). Ces informations peuvent être classées à n'importe quel niveau de la hiérarchie de la juste valeur, en fonction des données à partir desquelles elles ont été établies.
Les informations publiées par une société sont classées :
- en niveau 1 de la hiérarchie si elles peuvent être obtenues de différentes sources et portent sur des instruments ou des biens échangés sur un marché actif et ne font l'objet d'aucun ajustement ;
- en niveau 2 à condition que l'entité ait pu vérifier que les données utilisées par la société pour déterminer le prix ou l'index sont observables sur un marché.

■ *Exemple*

Une société A évalue les UGT B et C à la juste valeur. L'UGT B est évaluée sur la base de prévisions de cash-flows développées par la société A et il n'y a pas d'information disponible indiquant que les autres intervenants de marché utiliseraient des hypothèses différentes.
La juste valeur de l'UGT C est déterminée sur la base d'un multiple de prix observés sur des transactions d'activités similaires et en prenant en compte des paramètres liés au marché et propres à l'UGT C.
Dans quel(s) niveau(x) de la hiérarchie doivent être classées les évaluations à la juste valeur de ces UGT ?

Solution de l'exemple *L'évaluation de la juste valeur de l'UGT C doit être classée en niveau 2 et celle de l'UGT B en niveau 3, dans la mesure où la première est basée sur des éléments observables sur un marché et la deuxième non.*

Evénements postérieurs à la date d'évaluation

Question 13389

Pour évaluer un actif ou un passif à la juste valeur à la date de clôture, est-il possible de retenir des informations devenues disponibles après la date de clôture ?

Réponse

Oui, dès lors que ces informations pouvaient être connues par des intervenants du marché, à la date de clôture, au moyen des procédures habituelles et usuelles de contrôle.

Commentaires La norme IFRS 13 ne traite pas spécifiquement de la prise en compte d'événements postérieurs à la clôture dans l'évaluation de la juste valeur.

Il convient dès lors de se référer à la norme IAS 10, Evénements postérieurs à la date de clôture. Selon IAS 10.11, une diminution de la juste valeur d'un placement après la date de clôture n'entraîne pas d'ajustement dans les états financiers à la date de clôture dans la mesure où cette baisse de juste valeur est due à des circonstances survenues après la date de clôture.

Selon la norme IFRS 13, la juste valeur est le prix de la vente d'un actif ou du transfert d'un passif lors d'une transaction qui interviendrait entre des intervenants du marché à la date de clôture (IFRS 13.9). En outre, selon IFRS 13.A, les intervenants du marché sont bien informés, en ce qu'ils possèdent une compréhension raisonnable de l'actif ou du passif et de la transaction, fondée sur toutes les informations disponibles, y compris celles pouvant être obtenues au moyen des procédures habituelles et usuelles de contrôle diligent.

En conséquence, les informations devenues disponibles après la clôture ne doivent être utilisées dans l'évaluation de la juste valeur à la date de clôture que si un intervenant du marché pouvait raisonnablement en avoir connaissance à la date de clôture.

■ *Exemple 1*

Une société C détient des titres non cotés d'une société D, évalués à la juste valeur par les autres éléments du résultat global (juste valeur par OCI) selon IFRS 9.

Pour plus de détails sur le classement des instruments de capitaux propres en actifs financiers, voir nº 45260.

Après la date de clôture de ses états financiers, la société C apprend qu'une fraude majeure a été commise dans la société D, avant la date de clôture.

L'évaluation de la juste valeur des titres de D à la date de clôture doit-elle tenir compte de cette fraude ?

Solution de l'exemple 1 *Pour l'évaluation de la juste valeur des titres D, la fraude doit être prise en compte uniquement si elle pouvait être connue à la date de clôture par un intervenant du marché au moyen de procédures habituelles et usuelles de contrôle diligent.*

■ *Exemple 2*

Une société A détient des titres non cotés d'une société B, comptabilisés à la juste valeur par les autres éléments du résultat global (juste valeur par OCI) selon IFRS 9. Après la date de clôture des états financiers de A, la société B fait faillite.

L'évaluation de la juste valeur des titres de B à la date de clôture doit-elle tenir compte de sa faillite ?

Solution de l'exemple 2 *La faillite de B est un événement postérieur à la clôture qui n'entraîne pas d'ajustement de la juste valeur des titres B. Toutefois, l'impact des événements qui ont entraîné la faillite de B (par exemple la dégradation des marges, la perte de clients majeurs, etc.) doit être pris en compte dans le calcul de la juste valeur s'il s'agissait d'événements dont un intervenant du marché aurait raisonnablement pu avoir connaissance à la date de clôture.*

5. Evaluation de la juste valeur dans un regroupement d'entreprises

Evaluation d'un passif financier de l'acquise lorsque l'acquéreur a une qualité de crédit différente

13393 ***Question***

Dans un regroupement d'entreprises, lorsque l'acquéreur a une qualité de crédit différente de celle de l'acquise, comment faut-il évaluer un passif financier de l'acquise : en se basant sur la qualité de crédit de l'acquise ou sur celle de l'acquéreur ?

13393 (suite)

Réponse

A notre avis, le passif financier de l'acquise doit dès lors être basé sur la qualité de crédit de l'acquéreur, c'est-à-dire en utilisant le spread de crédit de l'acquéreur.

Commentaires :

1. **Généralités** Lors d'un regroupement d'entreprises, tous les actifs et passifs identifiables acquis doivent être évalués à la juste valeur à la date d'acquisition (IFRS 3.18), sauf exceptions spécifiquement prévues par la norme IFRS 3 (IFRS 3.24 à .31). Les passifs financiers de l'acquise ne font pas partie de ces exceptions et doivent donc être évalués à leur juste valeur.

La norme IFRS 3 reprend la définition de la juste valeur d'IFRS 13 (voir nº 13315) ainsi que des précisions sur l'évaluation de la juste valeur de certains actifs spécifiques et des intérêts minoritaires, mais aucune sur l'évaluation des passifs financiers (IFRS 3.B). Ce sont donc les dispositions d'IFRS 13 qui s'appliquent (IFRS 3.A renvoyant à IFRS 13 au niveau de la définition de la juste valeur).

Selon IFRS 13, la juste valeur d'un passif est basée sur le prix qui serait payé pour transférer l'obligation à un intervenant du marché à la date d'évaluation (IFRS 13.34), c'est-à-dire :

- le prix de transfert du passif (ou d'un passif similaire) sur un marché observable ;
- à défaut, la juste valeur du passif doit être égale à celle d'un instrument identique détenu à l'actif par un intervenant du marché (IFRS 13.37) ;

  Des ajustements pourraient être nécessaires dans certaines circonstances (IFRS 13.39).

- lorsqu'il n'y a ni cours de marché pour le transfert d'un passif ni élément identique détenu en tant qu'actif par un tiers, il est nécessaire de recourir à une technique d'évaluation en se plaçant du point de vue d'un intervenant du marché qui détient ce passif (IFRS 13.40 ; voir nº 13330 et 13380).

La norme IFRS 13 indique, en outre, que la juste valeur du passif (financier ou non financier) doit tenir compte de son risque de non-exécution (IFRS 13.42 et .43). Le risque de non-exécution recouvre notamment (mais pas uniquement) le risque de crédit propre, c'est-à-dire le risque de défaillance financière de l'entité pour ce passif spécifique (voir nº 13382).

La question se pose alors de savoir s'il convient de retenir le risque de crédit de l'acquise ou de l'acquéreur, celui-ci étant représenté par le spread de crédit de chacune de ces sociétés.

Rappel Le « spread » de crédit est la marge de crédit à additionner au taux d'intérêt de base (taux sans risque) pour obtenir le taux d'intérêt spécifique à une société.

Il convient, à notre avis, d'évaluer un passif financier de l'acquise en utilisant le **spread de crédit de l'acquéreur.**

En effet, selon IFRS 13.11, la juste valeur d'un actif ou d'un passif est estimée sur la base des hypothèses et caractéristiques qui seraient retenues par des intervenants du marché et qui sont propres à l'actif ou au passif et non sur la base des hypothèses spécifiques à l'entité qui détient l'actif ou le passif (voir nº 13317).

Pour évaluer un passif financier de l'acquise, il convient donc, à notre avis, de retenir les mêmes hypothèses que celles retenues par un intervenant du marché pour évaluer les titres de l'acquise, qu'elle soit cotée ou non (voir points 2. et 3. ci-après), à condition toutefois qu'aucune subordination ou garantie ne soit attachée à ce passif.

Le paiement d'un passif financier subordonné ne peut intervenir qu'après le paiement de certains autres passifs financiers, selon leur rang de subordination.

2. **Hypothèses retenues pour l'évaluation des titres d'une société cotée** Si la société acquise est cotée, le prix d'acquisition des titres est évalué dans les comptes de l'acquéreur sur la base du cours de marché des titres (voir nº 13387). On constate que, plus on s'approche de la date d'acquisition, plus le spread de crédit de la société acquise s'approche de celui de l'acquéreur.

Dans leurs évaluations, les investisseurs anticipent, en effet, la qualité de crédit qui résultera du futur regroupement d'entreprises, notamment lorsque la qualité de crédit de l'acquéreur est différente de celle de la société acquise.

Le cours de bourse reflète en pratique l'anticipation faite par les investisseurs. Ainsi, de la même manière que pour les données de marché utilisées pour évaluer les titres d'une société cotée à leur juste valeur, il est nécessaire, à notre avis, d'utiliser le spread de crédit de l'acquéreur et non celui de l'acquise pour évaluer un passif financier de la société acquise.

Remarque La prise en compte du spread de crédit résultant du regroupement d'entreprises peut apparaître non conforme à IFRS 3.18, selon laquelle la juste valeur des actifs et passifs de l'acquise doit être évaluée à la date d'acquisition et non en tenant compte d'éléments postérieurs au regroupement d'entreprises. Cependant, l'observation des données de marché montre que celles-ci reflètent la prise en compte de la qualité de crédit de l'acquéreur et ce, avant même la date du regroupement d'entreprises.

3. **Hypothèses retenues pour l'évaluation des titres d'une société non cotée** Pour évaluer la juste valeur des titres d'une société non cotée, les intervenants du marché anticipent également le spread de crédit qui résultera du regroupement d'entreprises.

Dans ce cas, il faut donc également retenir le spread de crédit de l'acquéreur pour évaluer un passif financier de l'acquise, en l'absence de toute subordination attachée à la dette de l'acquise.

Evaluation d'un passif non financier de l'acquise relevant de la norme IAS 37

13395 ***Question***

L'évaluation d'un passif non financier, relevant de la norme IAS 37, dans un regroupement d'entreprises doit-elle prendre en compte le risque de crédit propre ?

Réponse

A la date d'acquisition : l'évaluation de la juste valeur du passif non financier doit prendre en compte le risque de crédit propre à l'entité.

Après le regroupement d'entreprises : le passif non financier de l'acquise ne doit pas tenir compte du risque de crédit propre lié à ce passif.

La différence entre ces deux évaluations est une charge à comptabiliser en résultat.

Commentaires :

1. **Evaluation à la date d'acquisition d'un passif non financier de l'acquise relevant de la norme IAS 37** Dans un regroupement d'entreprises, selon IFRS 3.18, les actifs et les passifs identifiables de la société acquise doivent être évalués à la juste valeur à la date d'acquisition, sauf exceptions spécifiquement prévues par la norme IFRS 3 (voir n° 22030). Les passifs non financiers de l'acquise ne font pas partie de ces exceptions et doivent donc être évalués à leur juste valeur.

Comme pour les passifs financiers, la norme IFRS 3 ne comporte pas d'indication sur les modalités de détermination de la juste valeur et renvoie aux dispositions d'IFRS 13 (voir n° 13393, point 1.).

Selon IFRS 13.42 et .43, la juste valeur d'un passif non financier (comme d'ailleurs d'un passif financier) doit tenir compte de son risque de non-exécution. Le risque de non-exécution recouvre notamment (mais pas uniquement) le risque de crédit propre, c'est-à-dire le risque de défaillance financière de l'entité pour ce passif spécifique (voir n° 13382).

2. **Evaluation d'un passif non financier de l'acquise relevant de la norme IAS 37 après le regroupement d'entreprises** La norme IFRS 3 prévoit qu'après la date d'acquisition, les passifs assumés dans le cadre d'un regroupement d'entreprises doivent être comptabilisés et évalués conformément aux différentes normes IFRS qui leur sont applicables en fonction de leur nature (IFRS 3.54). Au cas particulier, c'est la norme IAS 37 qui trouve à s'appliquer.

La norme IFRS 3 énonce uniquement des principes spécifiques d'évaluation pour les passifs éventuels (IFRS 3.56). Ainsi, après leur comptabilisation initiale, les passifs éventuels de la société acquise sont évalués en retenant le plus élevé des deux montants suivants (voir n° 22102) :
- le montant déterminé selon IAS 37, Provisions, passifs éventuels et actifs éventuels ; et
- le montant constaté initialement à la juste valeur diminué, le cas échéant, des montants comptabilisés en revenus conformément à la norme IFRS 15, Produits des activités ordinaires tirés des contrats conclus avec des clients.

En matière d'évaluation, IAS 37.47 précise notamment que le ou les taux d'actualisation doivent être des taux avant impôts reflétant les appréciations actuelles par le marché de la valeur temps de l'argent et des risques spécifiques à ce passif.

En 2011, l'IFRS IC a reçu une demande d'interprétation concernant la notion de « risques spécifiques à ce passif », notamment pour savoir si le risque de crédit propre devait être exclu des ajustements appliqués au taux d'actualisation utilisé pour évaluer les passifs non financiers. Il a indiqué que la pratique la plus courante est d'exclure le risque de crédit propre, ce dernier étant généralement analysé comme un risque de l'entité, et non comme un risque spécifique à la dette. En conséquence, le risque de crédit propre à l'entité n'est pas pris en compte dans les « risques spécifiques au passif » (IFRIC Update 03/11).

3. Comptabilisation de l'écart entre le montant d'un passif non financier pris en compte à la date d'acquisition et son évaluation ultérieure La prise en compte du risque de crédit propre dans le taux d'actualisation d'un passif a pour effet d'augmenter le taux d'actualisation et donc mécaniquement de diminuer ce passif. **13395** (suite)

En conséquence, la juste valeur d'un passif non financier évaluée conformément à IFRS 13 (à la date d'acquisition) sera moins élevée que sa meilleure estimation déterminée selon IAS 37 (après le regroupement d'entreprises).

A notre avis, la différence entre ces deux montants est à comptabiliser en résultat.

■ *Exemple*

La société B produit de l'aluminium, activité très polluante pour les sols. Lorsque la société B cesse de produire de l'aluminium sur un terrain, elle a une obligation légale de dépolluer ce terrain. En conséquence et conformément à la norme IAS 37, la société B comptabilise au fur et à mesure de la dégradation du site un passif correspondant au coût de la dépollution du terrain qui sera réalisée dans 20 ans.

La société A acquiert la société B et évalue ses actifs et passifs conformément à IFRS 3. A la date d'acquisition de la société B, la provision pour remise en état du terrain a les caractéristiques suivantes :

- juste valeur tenant compte du risque de non-exécution : 110 (par hypothèse, le risque de non-exécution se limite au risque de crédit propre) ;

- ajustement de la juste valeur pour le risque de crédit propre : + 40 ;

- meilleure estimation excluant le risque de crédit propre : 150.

Solution de l'exemple *A la date d'acquisition, la provision est évaluée à la juste valeur, soit 110. Après le regroupement d'entreprises, cette provision est évaluée conformément à IAS 37, soit à hauteur de 150 et une charge de 40 est comptabilisée. Cette charge correspond au risque de non-exécution.*

TITRE 3

Consolidation

CHAPITRE 9

Etats financiers consolidés (IFRS 10)

Plan du chapitre §§ 15000

Plan du chapitre *(suite et fin)* §§

L'ESSENTIEL DE LA NORME IFRS 10

I. Généralités

Objectif

15005 La norme IFRS 10, Etats financiers consolidés, vise à établir les principes de préparation et de présentation des états financiers consolidés (IFRS 10.1). En ce sens, IFRS 10 :
- donne une définition unique du contrôle qui s'applique tant aux sociétés classiques qu'aux entités ad hoc ;
- pose les principes de consolidation ; et
- prescrit les exigences comptables à appliquer pour la préparation d'états financiers consolidés.

Champ d'application

15007 La norme IFRS 10 s'applique à toutes les sociétés mères qui doivent publier des états financiers consolidés. En revanche, elle ne s'applique pas aux régimes d'avantages postérieurs à l'emploi, ni aux régimes d'avantages à long terme du personnel auxquels s'applique la norme IAS 19, Avantages du personnel (IFRS 10.4A).

Par exception, une société mère est exemptée de présenter des états financiers consolidés si toutes les conditions suivantes sont remplies (IFRS 10.4) :
- il s'agit d'une société entièrement ou partiellement détenue par une autre société et dont tous les autres propriétaires ont été informés de l'absence de présentation d'états financiers consolidés, sans s'y opposer ;
- les instruments de dettes ou de capitaux propres émis par cette société mère ne sont pas cotés sur un marché organisé ;
- cette société mère n'a pas publié, ni n'est en train de le faire, d'états financiers consolidés dans le but d'émettre des instruments financiers cotés sur un marché organisé ;
- la société mère ultime ou une société mère intermédiaire de cette société publie des états financiers consolidés conformes aux IFRS.

Par exception, une société d'investissement n'est pas tenue de présenter des états financiers consolidés si, conformément à IFRS 10.31, elle a l'obligation d'évaluer toutes ses filiales à la juste valeur par résultat (IFRS 10.4B), sauf cas visés par IFRS 10.32.

Cette exemption de consolidation n'est pas applicable aux filiales de société d'investissement qui fournissent des services liés aux activités d'investissement de leur société mère (tels que définis par IFRS 10.B85C à .B85E) : ces filiales doivent, en effet, être consolidées selon les principes énoncés par IFRS 10.

Principales caractéristiques de la norme IFRS 10

15008 La norme IFRS 10 propose une définition unique du contrôle (voir n° 15010) et impose une analyse du contrôle fondée sur trois critères cumulatifs et applicable à la fois aux entités opérationnelles et aux entités ad hoc. La notion d'« entité ad hoc » est par ailleurs remplacée par celle d'« entité structurée ».

En outre, la norme IFRS 10 contient les développements suivants :
- l'appréciation du caractère substantif des droits en général, et des droits de vote potentiels en particulier ;
- la notion de contrôle de fait, voir nº 15015 ;
- des indications spécifiques aux franchises pour déterminer si les droits dont dispose un franchiseur sont substantifs ou protectifs, voir nº 15136 ;
- des critères spécifiques pour déterminer si une entité est une société d'investissement (IFRS 10.27 à .30), une exemption de consolidation applicable aux filiales d'une société d'investissement, sauf cas visés par IFRS 10.32, et une nécessité dans ce cas d'évaluer la participation dans ces filiales à la juste valeur par la contrepartie du résultat (IFRS 10.31), voir nº 15188.

Parmi les difficultés d'application de la norme IFRS 10, notons notamment :
- la notion d'agent ou de principal (« pouvoir délégué ») ;
- l'appréciation du contrôle des entités structurées ;
- l'identification des activités pertinentes, c'est-à-dire celles qui affectent significativement les rendements de l'entité ;
- l'impact des droits de vote potentiels détenus par l'investisseur pour apprécier le contrôle.

Le schéma ci-après, établi par nos soins, synthétise les principales difficultés d'application d'IFRS 10.

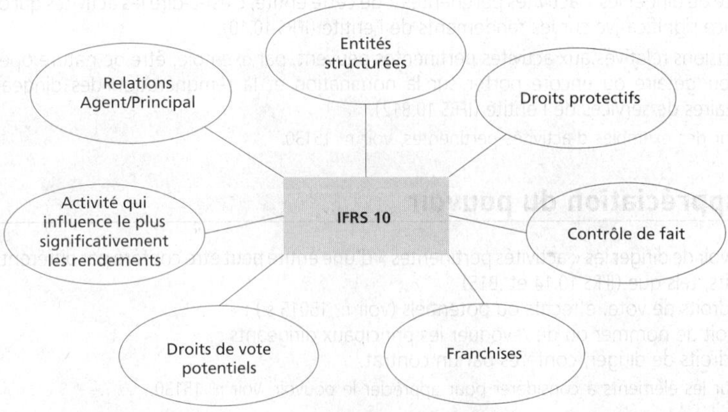

Enfin, les informations à fournir en annexe sont regroupées dans la norme IFRS 12, Informations à fournir sur les intérêts détenus dans d'autres entités, voir nº 24501 s.

II. Appréciation du contrôle

A. Définition du contrôle

Un investisseur contrôle une entité s'il détient cumulativement (IFRS 10.6 et .7) : **15010**
- le pouvoir sur cette entité (voir nº 15012 s.) ;
- une exposition ou des droits aux rendements variables de cette entité (voir nº 15018) ; et
- la capacité d'agir sur ces rendements, c'est-à-dire qu'il existe un lien entre les rendements et le pouvoir (voir nº 15020).

Tous les faits et circonstances doivent être considérés dans l'analyse du contrôle d'une entité. En outre, si les faits et circonstances indiquent que l'un de ces trois éléments a changé, l'investisseur doit alors procéder à une nouvelle appréciation du contrôle (IFRS 10.8).

Les normes IFRS 10 et IFRS 11 ne contiennent pas de disposition spécifique concernant la forme juridique des entités et font référence aux termes « filiales » et « entités » sans précision sur d'éventuelles restrictions relatives à la forme juridique et à l'existence ou non de la personnalité morale. A notre avis toutefois, en pratique, l'absence de disposition sur ce point dans la norme IFRS 10 ne remet pas en cause le principe selon lequel le contrôle de l'entité doit être examiné sans tenir compte de sa forme juridique (avec ou sans personnalité morale).

Un investisseur ne contrôle pas une entité **en cas de contrôle collectif.** En effet, si plusieurs investisseurs doivent agir ensemble pour diriger les activités pertinentes d'une entité, c'est-à-dire si aucun n'a la capacité de diriger individuellement ces activités pertinentes, ils la contrôlent alors collectivement ; aucun de ces investisseurs pris individuellement ne contrôle alors l'entité (IFRS 10.9).

Chacun de ces investisseurs doit comptabiliser sa participation selon la norme IFRS qui lui est applicable (IAS 28, IFRS 11 ou IFRS 9).

Pour la comptabilisation :

- d'une entreprise associée ou d'une joint venture selon IAS 28, voir n° 15377 et 15561 s. ;
- d'une joint operation selon IFRS 11, voir n° 15375 et 15450 ;
- d'un actif financier à la juste valeur selon IFRS 9, voir n° 45080.

B. Notion de pouvoir

1. Définition du pouvoir et des activités pertinentes

15012 Un investisseur détient le pouvoir sur une entité lorsqu'il a des droits effectifs lui conférant la capacité de diriger les « activités pertinentes » de cette entité, c'est-à-dire les activités qui ont une incidence significative sur les rendements de l'entité (IFRS 10.10).

Les décisions relatives aux activités pertinentes peuvent, par exemple, être de nature opérationnelle, budgétaire ou encore porter sur la nomination et la rémunération des dirigeants ou prestataires de services de l'entité (IFRS 10.B12).

Pour des exemples d'activités pertinentes, voir n° 15130.

2. Appréciation du pouvoir

15014 Le pouvoir de diriger les « activités pertinentes » d'une entité peut être conféré par différents types de droits, tels que (IFRS 10.14 et .B15) :

- des droits de vote, effectifs ou potentiels (voir n° 15015 s.) ;
- le droit de nommer ou de révoquer les principaux dirigeants ;
- des droits de diriger, conférés par un contrat.

Pour les éléments à considérer pour apprécier le pouvoir, voir n° 15130.

Recensement des droits

15015 L'appréciation du pouvoir pour les entités « classiques » repose généralement sur la prise en compte des droits de vote (voir point 1. ci-après).

Pour les entités « structurées », d'autres éléments peuvent être nécessaires à l'analyse (voir point 2. ci-après).

1. Entités « classiques » Dans le cas où les rendements sont considérablement affectés par les activités opérationnelles et de financement, et que les décisions concernant ces activités doivent être prises de façon continue, ce sont les droits de vote qui, pris individuellement ou conjointement avec d'autres accords, confèrent le pouvoir à un investisseur (IFRS 10.B16).

Pour l'appréciation du pourcentage de droits de vote, voir n° 15140.

Les droits de vote comprennent ceux découlant de la détention juridique (IFRS 10.B16), certains droits de vote potentiels, et les autres droits décisionnels relatifs aux activités de l'entité (IFRS 10.B49).

Les **droits de vote potentiels** sont des droits d'obtenir des droits de vote dans une entité, par exemple du fait d'une option d'achat portant sur des actions ou d'un instrument convertible en actions. Seuls les droits de vote potentiels substantifs sont pris en compte dans l'appréciation du pouvoir (IFRS 10.B47), voir n° 15160.

Pour le caractère substantif des droits de vote, voir n° 15016.

a. Pouvoir avec la majorité des droits de vote Une majorité de droits de vote confère à un investisseur le pouvoir sur une entité si (IFRS 10.B35) :

- les décisions relatives aux activités pertinentes de l'entité sont prises à la majorité des droits de vote ; ou
- la majorité des membres de l'organe de direction dirigeant les activités pertinentes est nommée à la majorité des droits de vote.

Ces droits de vote doivent également être substantifs et conférer la capacité actuelle de diriger les activités pertinentes de l'entité (IFRS 10.B36 et .B37).

Pour plus d'informations, voir n° 15145.

b. **Pouvoir sans la majorité des droits de vote** Un investisseur qui ne détient pas une majorité de droits de vote peut toutefois, sous certaines conditions, détenir le pouvoir sur une entité. Pour le déterminer, il convient d'examiner, en fonction des faits et circonstances, les effets :
- de l'existence éventuelle d'un accord contractuel portant sur les droits de vote (IFRS 10.B39) ;
- de l'existence éventuelle de droits découlant d'autres accords contractuels (portant par exemple sur la direction des activités pertinentes) (IFRS 10.B40) ;
- des droits de vote effectifs de l'investisseur (contrôle de fait, IFRS 10.B41 à .B45) ;

Un investisseur peut ainsi avoir un contrôle de fait sur une entité parce que, notamment, il détient le plus large bloc de titres et que le reste de l'actionnariat est très dispersé et dilué (voir n° 15155).

- des droits de vote potentiels de l'investisseur (IFRS 10.B47 à .B50) ; et
- de la possible combinaison des quatre éléments cités ci-avant (IFRS 10.B38).

Pour plus d'informations, voir n° 15150.

2. **Entités « structurées »** Lorsque les droits de vote n'ont pas d'incidence importante sur les rendements de l'entité (par exemple s'ils portent uniquement sur des décisions administratives alors que la gestion des activités est régie par des accords contractuels, ce qui est souvent le cas des entités ad hoc), l'investisseur doit analyser les accords contractuels pour déterminer s'il a des droits suffisants pour lui conférer le pouvoir sur l'entité (IFRS 10.11 et .B17).

La norme IFRS 10 donnant une définition unique du contrôle ne cite pas explicitement le cas des entités « ad hoc ». Cette notion, renommée « entités structurées », n'existe d'ailleurs que dans la norme IFRS 12 sur les informations relatives aux participations dans des entités (voir n° 15175 s. et 24525).

Dans ce cas, la norme IFRS 10 fournit des indicateurs généraux à prendre en compte pour effectuer cette appréciation (IFRS 10.B3), et notamment :
- l'objet et la structuration de l'entité (IFRS 10.B5 à .B8 et .B51) ;
- l'exposition aux risques encourus et aux avantages potentiels pour lesquels l'entité a été créée (IFRS 10.B8 et .B55 à .B57) ;
- les liens établis et les décisions prises lors de la conception de l'entité (IFRS 10.B51) ;
- les droits conférés par les accords contractuels établis lors de la conception de l'entité (IFRS 10.B52) ;
- la détention de droits sur les activités pertinentes, y compris lorsque celles-ci n'existent qu'à la survenance de certains événements ou circonstances (IFRS 10.B53) ;
- l'engagement pris par l'investisseur de s'assurer que l'exploitation réelle de l'entité est conforme à sa conception d'origine (IFRS 10.B54) ;
- la relation spéciale entre l'investisseur et l'entité telle qu'une dépendance managériale, technologique ou de financement (IFRS 10.B19).

Pour l'appréciation du contrôle des entités structurées, voir n° 15175 s.

Qualification des droits (droits substantifs et droits protectifs)

Pour apprécier s'il a le pouvoir, l'investisseur tient compte uniquement des droits substantifs (et non des droits protectifs). **15016**

L'existence de droits substantifs exerçables par d'autres investisseurs peut empêcher un investisseur d'obtenir le contrôle sur une entité, même s'ils ne font que conférer à leurs détenteurs la capacité actuelle d'approuver ou de bloquer des décisions ayant trait aux activités pertinentes (IFRS 10.B25). En conséquence, peuvent constituer des droits substantifs ou protectifs :
- les droits de vote ;

Les dispositions d'IFRS 10 sur le caractère substantif portent également sur les droits de vote potentiels (voir Remarque au point 1. ci-après).

- les autres droits portant sur la prise de décision (par exemple les droits octroyés par des accords contractuels).

1. **Droits substantifs** Un droit est substantif si :
- son détenteur a la capacité pratique d'exercer ce droit (IFRS 10.B22) ;

Certains obstacles peuvent empêcher un droit d'être substantif : ceci est le cas, par exemple, de l'existence de barrières économiques (telles que des pénalités, des contraintes légales ou réglementaires, un prix d'exercice trop élevé, etc.) (IFRS 10.B23).

– et ce droit peut être exercé lorsque les décisions concernant la direction des activités pertinentes doivent être prises (IFRS 10.B24).

Certains droits peuvent être substantifs même s'ils ne sont exerçables que dans le futur. Par exemple, dans le cas d'une entité pour laquelle les décisions relatives aux activités pertinentes sont prises en assemblée générale, une majorité de droits de vote qui serait exerçable à la prochaine assemblée des actionnaires constitue un droit de vote substantif (IFRS 10.B24).

Remarque L'appréciation du caractère substantif des droits de vote potentiels peut s'avérer délicate. Il convient notamment que l'investisseur analyse les termes et conditions de ces instruments ainsi que les attentes, motivations et raisons évidentes l'ayant conduit à les accepter (IFRS 10.B48).

2. **Droits protectifs** Aux droits substantifs s'opposent les droits protectifs qui ont pour but de protéger les intérêts de leur détenteur, sans toutefois lui conférer de pouvoir (IFRS 10.B27).

Ces droits portent sur des changements fondamentaux des activités de l'entité ou ne s'appliquent que dans des circonstances exceptionnelles (IFRS 10.B26). Il peut notamment s'agir d'un droit de veto détenu par un actionnaire minoritaire sur des investissements ou des émissions d'instruments de dettes et de capitaux propres très élevés ou encore du droit pour un prêteur de saisir certains actifs en cas de défaut de paiement de la part de l'emprunteur (IFRS 10.B28).

Remarque Les droits qui ne peuvent s'exercer que dans des circonstances exceptionnelles ou qui dépendent de la survenance de certains événements ne sont toutefois pas tous protectifs (IFRS 10.B26).

Pour l'appréciation du caractère substantif ou protectif des droits de l'investisseur, voir n° 15135.

C. Exposition ou droits aux rendements variables

15018 Pour contrôler une entité, un investisseur doit être exposé ou avoir des droits aux rendements variables d'une entité. Tel est le cas lorsque les rendements revenant à l'investisseur peuvent varier de manière positive et/ou négative, en fonction de la performance de l'entité (IFRS 10.15).

L'analyse doit être fondée sur la substance des accords liant l'investisseur et l'entité, indépendamment de leur forme juridique (IFRS 10.B56).

Les rendements peuvent inclure les dividendes, les changements de juste valeur d'un investissement, les bénéfices d'impôts, les économies d'échelle, etc. (IFRS 10.B57).

D. Capacité à agir sur les rendements

15020 Contrôler une entité nécessite non seulement de détenir le pouvoir, d'être exposé ou d'avoir droit aux rendements variables de l'entité mais également d'avoir la capacité d'agir sur les rendements variables de l'entité (IFRS 10.17).

Ainsi, une fois que l'investisseur a déterminé qu'il disposait du pouvoir sur l'entité, il doit déterminer s'il agit pour son propre compte (c'est-à-dire en tant que principal) ou en tant que simple agent (pouvoir délégué) (IFRS 10.B58).

La norme IFRS 10 fournit des indicateurs pour mener cette analyse (IFRS 10.B58 à .B72), tels que :
- l'étendue de son pouvoir décisionnel ;
- les droits détenus par les autres parties ;
- la rémunération à laquelle il a droit selon les accords de rémunération ;
- son exposition à la variabilité des rendements tirés des intérêts qu'il détient dans l'entité.

En outre, pour apprécier s'il contrôle une entité, un investisseur doit prendre en compte les droits décisionnels qu'il a délégués à un gérant considéré comme simple agent comme s'il les détenait directement (IFRS 10.B59).

Pour plus de détails, voir n° 15170 s.

E. Autres problématiques d'appréciation du contrôle

15022 La norme IFRS 10 traite également des problématiques suivantes :
- l'identification d'agents pouvant agir pour le compte d'un investisseur même en l'absence de contrat (agent de fait) (IFRS 10.B73 et .B74), voir n° 15174 ;

– la qualification d'une portion d'une entité comme une entité séparable (ou encore appelée « silo ») pour certains actifs et passifs spécifiques d'une entité, lorsque ces actifs et passifs répondent à certaines conditions (IFRS 10.B76 à .B79), voir nº 15182.

III. Traitement comptable

A. Consolidation des entités contrôlées

Principe

La société mère doit préparer des états financiers consolidés en utilisant des méthodes comptables uniformes pour les transactions et événements semblables se produisant dans des circonstances similaires (IFRS 10.19). **15025**

Un investisseur doit consolider une entité à compter de la date de prise de contrôle et doit cesser de la consolider lorsqu'il perd le contrôle de celle-ci (IFRS 10.20).

Pour la méthode de consolidation des entreprises contrôlées, voir nº 15186.

Procédures de préparation des états financiers consolidés

La norme IFRS 10 fournit des indications sur les procédures de consolidation des filiales (IFRS 10.B86 à .B95). **15026**

B. Intérêts minoritaires

Les intérêts minoritaires doivent être présentés parmi les capitaux propres, séparément de ceux détenus par les actionnaires de la société mère (IFRS 10.22). **15027**

Pour plus d'informations, voir IFRS 10.B94 à .B96.

C. Perte du contrôle

Lorsqu'une société mère perd le contrôle sur une entité, elle déconsolide cette entité, comptabilise la participation conservée à sa juste valeur à la date de la perte de contrôle et enregistre la perte ou le gain relatif à la perte du contrôle de son ancienne filiale (IFRS 10.25). **15029**

Remarques :
1. Les modifications de pourcentage d'intérêts qui renforcent le contrôle et les diminutions de pourcentage d'intérêts qui n'entraînent pas la perte du contrôle sont à comptabiliser en capitaux propres (IFRS 10.23 et .B96). Pour plus de détails, voir nº 23662.
2. L'IASB a discuté d'une requête de l'IFRS IC concernant la nécessité ou non de réévaluer à la juste valeur les intérêts conservés dans une joint operation, lorsque l'investisseur cède un groupe d'actifs à une joint operation dans laquelle il devient coparticipant ou simple partenaire (IASB Update 10/15). Aucune décision n'a été prise lors de cette discussion. L'IFRS IC a observé qu'une telle transaction présente des similitudes avec la vente ou la contribution d'actifs à une joint venture ou à une entreprise associée et a recommandé à l'IASB de considérer le sujet dans de futurs travaux sur IFRS 10 et IAS 28 (IFRIC Update 07/16).
Ce sujet n'a pas été rediscuté lors de la PIR des normes IFRS 10, IFRS 11 et IFRS 12 (voir nº 15101). Il pourrait néanmoins être traité dans le cadre du projet « Equity Method » mené par l'IASB (voir nº 15650).

QUESTIONS/REPONSES PRATIQUES

Remarque importante

Les réponses aux questions présentées ci-après résultent de l'analyse des dispositions de la norme IFRS 10, Etats financiers consolidés, en vigueur actuellement, sur la base des informations disponibles au 1er juin 2023. **15101**

Pour une présentation des principales dispositions de la norme IFRS 10, voir nº 15005 s.

15101 (suite) La norme IFRS 10 a été publiée en mai 2011 en même temps que les normes suivantes qui forment, ensemble, le « pack consolidation » :

- IFRS 11, Partenariats (voir nº 15358 s.) ;
- IFRS 12, Informations à fournir sur les intérêts détenus dans d'autres entités (voir nº 24501 s.) ;
- IAS 28, Participations dans des entreprises associées et des joint ventures (voir nº 15552 s.).

Il existe des interactions entre ces normes, notamment dans la démarche d'appréciation du contrôle, comme le montre le schéma ci-après.

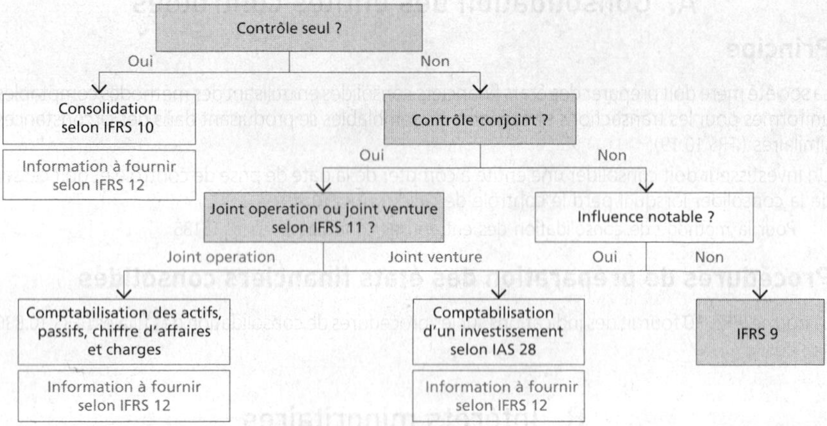

Ainsi, un investisseur va tout d'abord chercher à déterminer s'il y a contrôle, lequel s'appréciera selon IFRS 10. Si le contrôle exclusif ne peut être démontré, il s'agira d'apprécier s'il s'agit d'un contrôle conjoint. Une fois le contrôle conjoint établi, la norme IFRS 11 requiert de déterminer si le partenariat est une joint venture ou une joint operation. S'il n'y a ni contrôle exclusif, ni contrôle conjoint, l'investisseur doit alors s'interroger sur l'existence d'une influence notable au regard d'IAS 28. Et enfin, s'il n'y a ni contrôle exclusif, ni contrôle conjoint, ni influence notable, la participation est un actif financier évalué à la juste valeur, comptabilisé selon les modalités de la norme IFRS 9.

En outre, dans ces quatre configurations, la norme IFRS 12 impose de fournir un certain nombre d'informations en annexe.

« Post-implementation Review » (PIR) des normes IFRS 10, IFRS 11 et IFRS 12 En septembre 2019, l'IASB a lancé la PIR des normes IFRS 10, IFRS 11 et IFRS 12. Les objectifs étaient notamment de s'assurer de l'utilité de l'information fournie par ces normes aux utilisateurs des états financiers, d'identifier leurs dispositions qui induisent des difficultés de mise en œuvre pouvant aller à l'encontre de leur application homogène et d'évaluer les coûts inattendus de cette application.

Une demande d'informations (« Request for information ») a été publiée en décembre 2020 sur les thèmes de réflexion nécessitant une étude plus approfondie tels qu'identifiés lors de la première phase de la PIR.

En juin 2022, l'IASB a publié un compte-rendu des réponses à son appel à commentaires (« Report and Feedback Statement ») et a conclu qu'aucun sujet identifié dans le cadre de cette revue ne constitue un sujet suffisamment prioritaire (priorité haute ou moyenne) pour devoir être inscrit à l'ordre du jour de son programme de travail.

Evolutions possibles des réponses :

1. **Amendements des normes IFRS 10 et IAS 28, Vente ou apport d'actifs entre un investisseur et une entreprise associée ou une coentreprise** Un amendement, publié en septembre 2014, visait à clarifier le traitement de la vente ou de l'apport d'actifs par un investisseur à une entreprise associée ou une joint venture. Il précisait que lorsque cette opération entraîne une perte de contrôle avec maintien de l'influence notable d'une activité au sens d'IFRS 3, l'investisseur doit constater en résultat l'intégralité du profit ou de la perte de cession dégagé(e) et de l'impact de la revalorisation à la juste valeur de l'investissement résiduel. Dans le cas où il ne s'agit pas d'une activité, le résultat ne doit être constaté qu'à hauteur des participations non liées à l'investisseur dans l'entreprise associée ou la joint venture.

Ce sujet devant être traité dans le cadre du projet « Equity Method » mené par l'IASB (voir n° 15650), la date d'application obligatoire de cet amendement, prévue initialement pour les transactions réalisées au cours des exercices ouverts à compter du 1er janvier 2016, a été reportée, sans être toutefois précisée (amendement « Effective date of amendments to IFRS 10 and IAS 28 » publié en décembre 2015).

Pour plus de détails, voir n° 23835.

2. **Amendement de la norme IFRS 10 (notion d'agent de fait)** Dans le cadre du processus d'amélioration annuelle des IFRS, des discussions sont actuellement en cours à l'IASB concernant une proposition d'amendement du paragraphe B74 d'IFRS 10 sur la notion d'agent de fait. L'objectif de cet amendement est d'éviter d'aboutir à la conclusion que deux parties liées auraient le contrôle d'une même entité dans laquelle ils sont investisseurs.

IFRS 10.B74 précise actuellement qu'« une partie est agent de fait si l'investisseur ou ceux qui dirigent les activités de celui-ci ont la capacité de la faire agir pour le compte de l'investisseur ».

La nouvelle version du paragraphe B74 serait moins assertive et préciserait qu'« une partie pourrait être agent de fait si l'investisseur ou ceux qui dirigent les activités de celui-ci ont la capacité de la faire agir pour le compte de l'investisseur ».

Pour des informations sur le processus d'amélioration annuelle des IFRS, voir n° 11070.

L'exposé-sondage devrait être publié au 3e trimestre 2023.

I. Généralités

Objectif de la norme IFRS 10

15105

Question

Quel est l'objectif de la norme IFRS 10, Etats financiers consolidés ?

Réponse

Etablir les principes de présentation et de préparation des états financiers consolidés dès lors qu'une entité contrôle une ou plusieurs autres entités.

Commentaires Pour remplir cet objectif énoncé par IFRS 10.1 et .2 :
- requiert qu'une entité (la société mère) qui contrôle une ou plusieurs entités (les filiales) présente des états financiers consolidés ;

Pour le champ d'application de la norme IFRS 10 et les exemptions de présentation d'états financiers consolidés, voir n° 15007.

- définit le principe du contrôle et institue le contrôle comme la base de la consolidation (voir n° 15125) ;
- présente les modalités d'application du principe du contrôle permettant d'identifier si un investisseur contrôle une entité et doit de ce fait la consolider, voir n° 15125 s. ;
- définit les modalités d'établissement des comptes consolidés, voir n° 15186 s. ;
- définit les caractéristiques d'une société d'investissement et prévoit une exception à la consolidation de certaines filiales d'une société d'investissement, voir n° 15188.

D'autres normes s'appliquent également pour l'élaboration des états financiers consolidés :
- IFRS 11, Partenariats, pour la définition du contrôle conjoint, la classification des partenariats en deux catégories (joint ventures ou joint operations) et la méthode imposée pour la consolidation des joint ventures (mise en équivalence) ou des joint operations (quote-part des actifs et passifs), voir n° 15358 s. ;
- IAS 28, Participations dans des entreprises associées et des coentreprises, pour la définition des entreprises associées et de la mise en œuvre de la méthode de la mise en équivalence (applicable aux entreprises associées et aux joint ventures), voir n° 15552 s. ;
- IFRS 12, Informations à fournir sur les intérêts détenus dans d'autres entités, voir n° 24501 s.

Filiales détenues en vue de la vente

15115

Question

Faut-il exclure du périmètre de consolidation les filiales détenues uniquement en vue de leur cession dans un avenir proche ?

Réponse

Non, ces filiales doivent être incluses dans le périmètre de consolidation jusqu'à la date de perte effective du contrôle et ce :

- que la décision de cession soit intervenue dès la date d'acquisition de ces filiales ou à une date ultérieure ; et
- que ces filiales répondent ou non aux critères de classement en actifs non courants (ou groupes d'actifs) détenus en vue de la vente conformément à IFRS 5.

Si la cession entre dans le champ d'application d'IFRS 5, des règles d'évaluation, de présentation et d'information spécifiques sont toutefois prévues, voir n° 37060.

Commentaires Les IFRS imposent la consolidation de toutes les filiales jusqu'à la date de perte du contrôle et ce, que la décision de cession ait été prise dès la date d'acquisition de ces filiales ou à une date ultérieure (IFRS 5.BC53 et .BCZ20).

Toutefois, lorsque les conditions restrictives de classement en actifs non courants (ou groupe d'actifs) détenus en vue de la vente conformément à IFRS 5.6 s. sont remplies, des règles d'évaluation, de présentation et d'information spécifiques s'appliquent pour les actifs, passifs, produits et charges de ces filiales.

1. **Evaluation des actifs, passifs, produits et charges de la filiale destinée à être cédée** : évaluation globale du groupe d'actifs et de passifs de la filiale détenue en vue de la vente au plus faible de sa valeur nette comptable et de sa juste valeur nette des frais de cession (IFRS 5.15), ce qui équivaut à un test de dépréciation du groupe d'actifs mais selon des modalités particulières, voir n° 37060.

2. **Présentation des actifs, passifs, produits et charges de la filiale destinée à être cédée**

a. **Actifs et passifs de la filiale destinée à être cédée** Dès lors que les actifs et passifs de la filiale répondent aux critères de classement de la norme IFRS 5 (voir n° 37012), ils ne sont plus consolidés ligne à ligne comme dans le cas d'une intégration globale mais sont présentés sur deux lignes distinctes de l'état de la situation financière consolidé (bilan consolidé), respectivement en « actifs non courants détenus en vue de la vente » et « passifs directement liés à des actifs non courants détenus en vue de la vente » (IFRS 5.38).

Les gains et pertes relatifs aux actifs non courants et groupes d'actifs détenus en vue de la vente directement comptabilisés en autres éléments du résultat global (par exemple, les écarts de conversion sur les actifs destinés à être cédés) doivent figurer dans une rubrique distincte des autres éléments du résultat global (IFRS 5.38).

b. **Produits et charges de la filiale destinée à être cédée** Les produits et les charges de la filiale continuent à être intégrés ligne à ligne dans l'état du résultat global, sauf si la filiale destinée à être cédée est qualifiée d'activité abandonnée au sens d'IFRS 5.32.

Il en est ainsi notamment lorsque la filiale est acquise exclusivement en vue de sa revente ou lorsqu'elle constitue une ligne d'activité ou géographique principale et distincte, voir n° 37040.

Dans ce cas, le résultat net de cette filiale est présenté sur une ligne unique de l'état du résultat global consolidé « résultat des activités abandonnées » (IFRS 5.33).

Enfin, si la cession envisagée d'une filiale ne remplit pas les conditions d'IFRS 5, la consolidation de la filiale devra être effectuée selon les règles générales d'IFRS 10.

Entités non significatives

15120 ***Question***

Peut-on exclure du périmètre de consolidation les filiales non significatives ?

Réponse

Oui, si ces filiales sont jugées non significatives tant individuellement que considérées toutes ensemble.

Commentaires Compte tenu du principe de matérialité des IFRS (IAS 8.8 et IAS 1.7), certaines filiales peuvent, à notre avis, être exclues du périmètre de consolidation si elles sont jugées non significatives tant individuellement que considérées toutes ensemble.

Tel est le cas dès lors que la non-consolidation de ces entités ne peut pas avoir une influence sur les décisions prises par les utilisateurs des états financiers.

Il en est de même pour les joint ventures, joint operations ou entreprises associées.

Les entités exclues du périmètre de consolidation en raison de leur caractère non significatif devraient être examinées avec prudence chaque année afin de s'assurer qu'elles sont toujours jugées non significatives, tant individuellement que considérées toutes ensemble.

Dès lors qu'une entité redevient significative, la consolidation de cette entité est réalisée comme si celle-ci était intervenue effectivement à la date de sa prise de contrôle, d'où la nécessité de conserver un historique depuis cette date. A notre avis, si l'impact de la première consolidation est jugé significatif sur les états financiers de l'exercice de première consolidation, les résultats accumulés depuis la prise de contrôle devraient être comptabilisés dans le solde d'ouverture des capitaux propres de la première période présentée en comparatif et les périodes présentées en comparatifs devraient être retraitées (conformément aux principes applicables aux changements de méthodes comptables, IAS 8.22 s.).

Remarque Si les profits ou pertes accumulés depuis la prise de contrôle ne sont jugés significatifs ni par rapport aux résultats et aux capitaux propres des périodes antérieures, ni par rapport au résultat ou aux capitaux propres de l'exercice de première consolidation, l'entreprise pourrait en règle générale, à notre avis, choisir de les comptabiliser en résultat de l'exercice.

■ *Exemple*

Un groupe ayant des actifs nets de 500 K€ et un bénéfice avant impôts de 100 K€ a une filiale dont les actifs nets et le bénéfice s'élèvent respectivement à 10 K€ et 2 K€.

L'activité de la filiale est en baisse depuis quelques années car la demande pour l'unique produit fabriqué par l'entité a enregistré une baisse significative. La direction n'a pas consolidé la filiale depuis plusieurs années en raison de la faible valeur de son actif net et de son résultat net notamment.

Au cours de l'exercice, d'anciens employés ont entamé des poursuites judiciaires contre la filiale en réclamant une somme de 1,5 M€ pour préjudice de santé.

Solution de l'exemple *Les résultats de la filiale semblent être négligeables pour le groupe mais les poursuites judiciaires entamées contre elle constituent un élément important qui devrait être pris en compte dans les états financiers consolidés. En pratique, à notre avis, il convient de distinguer deux cas de figure :*

- si l'analyse des faits et circonstances au regard de la norme IAS 37 montre qu'une provision d'un montant significatif pour le groupe devrait être comptabilisée dans les comptes de la filiale, celle-ci devrait être consolidée afin de faire apparaître cette provision dans les comptes consolidés du groupe ;

- si au contraire cette analyse montre qu'il n'y a pas de provision significative à constituer mais uniquement une information en annexe, celle-ci devrait être mentionnée dans l'annexe aux comptes consolidés du groupe sans nécessairement consolider la filiale elle-même.

Cette analyse devrait être revue à chaque clôture.

II. Appréciation du contrôle

A. Définition unique du contrôle

Modèle de contrôle unique fondé sur trois critères cumulatifs

Question 15125

Quel est le modèle de contrôle défini par la norme IFRS 10 ?

Réponse

La norme IFRS 10 définit un modèle de contrôle unique applicable à toutes les entités et fondé sur trois critères cumulatifs.

Ainsi, un investisseur contrôle une entité s'il est exposé ou a droit aux rendements variables résultant de son implication dans l'entité et si le pouvoir qu'il détient sur cette entité lui permet d'influer sur ses rendements. C'est-à-dire s'il détient cumulativement :

- le pouvoir sur les activités pertinentes de cette entité ;
- une exposition ou des droits aux rendements variables de cette entité ; et
- la capacité d'agir sur ses rendements, c'est-à-dire s'il existe un lien entre les rendements et le pouvoir.

L'appréciation du contrôle d'une entité nécessite de considérer l'objet de l'entité ainsi que la manière dont elle a été structurée.

15125 (suite) ***Commentaires :***

1. Démarche d'appréciation du contrôle Ces dispositions résultent de la norme IFRS 10 (IFRS 10.6 et .7).

L'appréciation du contrôle nécessite donc de considérer cumulativement les trois éléments suivants :
- le pouvoir sur l'entité (voir n° 15135 s.) ;
- l'exposition ou les droits aux rendements variables de l'entité (voir n° 15165) ;
- la capacité de l'investisseur d'exercer son pouvoir pour influer sur ses propres rendements issus de son implication dans l'entité (voir n° 15170).

Les principes d'appréciation du contrôle, énoncés succinctement dans la norme, sont suivis d'un guide d'application détaillé comprenant de nombreux exemples et indicateurs qui décrivent des éléments susceptibles de conférer ou non le contrôle à l'investisseur. De là découle une multiplication des axes d'analyse.

Recommandations de l'AMF L'AMF attire l'attention des émetteurs sur le fait qu'il serait prématuré de conclure au contrôle ou à l'absence de contrôle sur la base d'un seul paragraphe considéré hors de son contexte, ou sur la base d'une similitude avec un exemple, sans avoir considéré les autres éléments d'analyse décrits dans le guide d'application (Rec. AMF 2013-19, Arrêté des Comptes 2013, § 5.1).

Ainsi, même lorsque la situation présente des similitudes avec certains aspects du guide d'application, il est essentiel de s'assurer, avant de conclure sur l'existence du contrôle, d'une part que les étapes du raisonnement ont été respectées et, d'autre part, que l'ensemble des faits pertinents ont été considérés (Rec. AMF 2013-19, Arrêté des Comptes 2013, § 5.1).

Remarques :
1. La notion de contrôle définie par la norme IFRS 10 ne vise que le contrôle individuel d'une entité par un investisseur. Elle exclut donc les situations de contrôle collectif (IFRS 10.9).
2. La norme IFRS 10 traite également de la qualification d'une portion d'une entité comme une entité séparable (ou encore appelée « silo ») pour certains actifs et passifs spécifiques de l'entité, lorsque ces actifs et passifs répondent à certaines conditions (IFRS 10.B76 à .B79), voir n° 15182.
3. Pour l'appréciation du contrôle d'une entité structurée, voir n° 15175.

Le modèle d'appréciation du contrôle repose sur les principes suivants :

Un modèle unique du contrôle

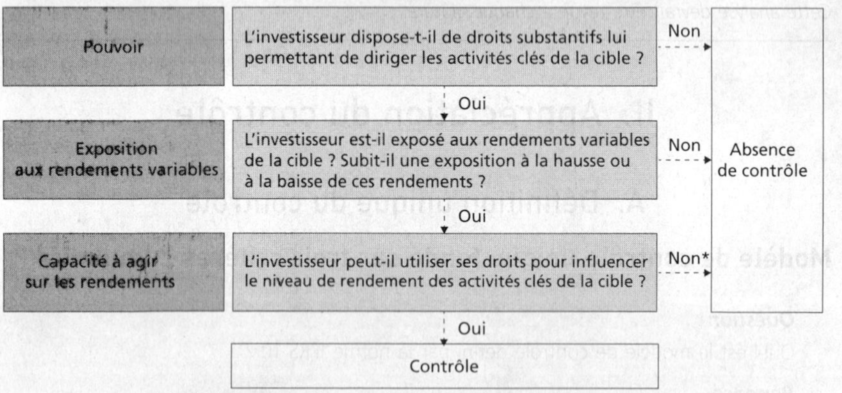

* Nécessité d'apprécier avec beaucoup d'attention tous les faits et circonstances

2. Nécessité de considérer l'objet et la manière dont l'entité est structurée L'appréciation du contrôle d'une entité nécessite de considérer son objet et la manière dont elle a été structurée. Cette analyse vise à permettre l'identification des activités pertinentes de l'entité, de la manière dont sont prises les décisions relatives à ces activités, de l'investisseur qui a la capacité de diriger ces activités et qui bénéficie des rendements qui y sont associés (IFRS 10.B5 à .B8).

Cet examen peut mettre en évidence :
- soit que l'investisseur contrôle l'entité par la détention de droits de vote. Tel est le cas en l'absence d'accord contractuel qui modifierait la manière dont les décisions sont prises (IFRS 10.B6) ;
- soit, au contraire, que la détention de droits de vote ne constitue pas l'élément important pour déterminer qui contrôle l'entité. Il convient dans ce cas de considérer d'autres facteurs

(IFRS 10.B7 renvoyant à IFRS 10.B3) et également de s'interroger sur la manière dont l'entité a été structurée, en lien avec les risques qu'elle encourt et ceux qui sont encourus par l'investisseur et par d'autres tiers impliqués dans l'entité (IFRS 10.B8).

Pour l'appréciation du pouvoir dans ces deux types d'entités, voir n° 15130 s.

3. **Nécessité de réaliser une nouvelle appréciation du contrôle en cas de changement des éléments considérés lors d'une précédente analyse du contrôle** Tout fait et circonstance indiquant que l'un des trois éléments à considérer dans l'appréciation du contrôle (voir point 1.) a changé nécessite de réaliser une nouvelle appréciation du contrôle (IFRS 10.8 et .B80 à .B85).

Pour plus de détails, voir n° 15126.

Réappréciation du contrôle

15126

Question

Dans quels cas un investisseur doit-il réapprécier le contrôle sur une entité ?

Réponse

Un investisseur doit réapprécier le contrôle sur une entité dès lors qu'une modification des faits et circonstances a une incidence sur l'un des trois critères cumulatifs du contrôle.

Commentaires Un investisseur doit tenir compte de l'ensemble des faits et circonstances lorsqu'il apprécie s'il a le contrôle d'une entité. Il doit réaliser une nouvelle appréciation du contrôle si les faits et circonstances indiquent qu'un (ou plusieurs) des trois critères cumulatifs définissant le contrôle (voir n° 15125) ont changé (IFRS 10.8, .B80 à .B85).

1. Les activités pertinentes d'une entité peuvent évoluer dans le temps. Si tel est le cas, il convient de réapprécier le contrôle au regard de ce changement des faits et circonstances qui affecte le critère relatif au pouvoir.

Tout changement dans la manière dont le pouvoir est exercé sur une entité doit donner lieu à une nouvelle appréciation du contrôle (IFRS 10.B81).

Les droits décisionnels peuvent, par exemple, être modifiés de telle sorte que les activités pertinentes ne soient plus dirigées par le biais des droits de vote mais par des accords contractuels conférant le pouvoir à une ou plusieurs autres parties.

De la même façon, l'entrée en procédure judiciaire d'une filiale visant à traiter les difficultés de l'entreprise constitue un élément nécessitant une nouvelle appréciation du contrôle. En effet, les prérogatives accordées à l'administrateur judiciaire par le juge pourraient être de nature à restreindre le pouvoir du groupe sur la filiale concernée. Par exemple, si le juge a la capacité pratique de dessaisir le dirigeant à tout moment pendant la période d'observation, il sera généralement conclu à la perte de contrôle dès l'ouverture de la procédure, quand bien même le dirigeant conserve en pratique la gestion des « opérations courantes » pendant cette période (cas des redressements judiciaires en France).

L'IFRS IC a indiqué que la survenance de faits et circonstances qui auraient des conséquences sur des droits analysés précédemment comme protectifs (voir n° 15135) doit entraîner une réappréciation du contrôle.

Tel serait le cas, par exemple, d'une dette dont le covenant n'est pas respecté, induisant la défaillance de l'emprunteur et aboutissant à rendre exerçables des droits de veto du créancier (IFRIC Update 09/13).

Un investisseur peut également acquérir le pouvoir sur une entité parce que les droits décisionnels détenus par une ou plusieurs autres parties qui l'empêchaient auparavant de contrôler l'entité sont échus (IFRS 10.B82).

2. Un investisseur doit examiner les changements qui ont une incidence sur son exposition ou ses droits aux rendements variables d'une entité (IFRS 10.B83). Un investisseur qui détient le pouvoir sur une entité peut, par exemple, perdre le contrôle de cette dernière s'il cesse de recevoir des rendements ou s'il cesse d'être exposé à certaines obligations. Tel serait le cas, par exemple, s'il est mis fin à un contrat lui donnant le droit de recevoir des commissions de performance.

3. Enfin, il convient de tenir compte de tout changement impactant la capacité d'un investisseur à exercer son pouvoir pour influer sur ses propres rendements (IFRS 10.B84). Par exemple, un investisseur doit apprécier s'il continue d'agir pour son propre compte (ou comme mandataire, selon le cas) si la rémunération globale entre les différentes parties prenantes est modifiée.

Recommandations de l'AMF Dans le contexte de la guerre en Ukraine, compte tenu notamment des diverses sanctions et mesures gouvernementales, l'AMF a insisté sur l'importance d'effectuer une analyse spécifique et détaillée avant de conclure au maintien ou à une perte du contrôle des filiales situées dans les zones concernées. En conséquence, l'AMF recommande d'indiquer dans les états financiers, de manière suffisamment détaillée et spécifique, l'ensemble des faits et circonstances ayant conduit au maintien ou à la perte de contrôle (modification de la gouvernance, restriction d'accès et d'utilisation des actifs, etc.) (Rec. AMF 2022-06, Arrêté des Comptes 2022, § 3.3).

B. Notion de pouvoir

1. Définition du pouvoir et des activités pertinentes

15130 ***Question***

Comment déterminer si un investisseur détient le pouvoir sur une entité ?

Réponse

Un investisseur détient le pouvoir sur une entité lorsqu'il a des droits effectifs et substantifs lui conférant la capacité de diriger les activités pertinentes de cette entité, c'est-à-dire les activités qui affectent significativement ses rendements.

Commentaires Il convient tout d'abord de comprendre les contours de la notion de pouvoir puis, dans un deuxième temps, d'apprécier cette notion dans le cas des entités classiques et des entités structurées.

1. Notion de pouvoir

a. **Détention de droits par l'investisseur** Un investisseur a le pouvoir sur une entité s'il dispose de droits qui lui confèrent la capacité actuelle de diriger les activités pertinentes de cette entité (IFRS 10.A et .10). Ces droits peuvent soit lui être conférés par les droits de vote attachés aux titres détenus, soit provenir d'autres éléments à considérer (par exemple un contrat) (IFRS 10.11).

b. **Activités pertinentes de l'entité** Les activités que l'investisseur doit être en mesure de diriger sont les « activités pertinentes » de l'entité, c'est-à-dire les activités qui affectent significativement les rendements de l'entité (IFRS 10.A). Les activités pertinentes sont différentes selon la nature de l'activité exercée par l'entité.

Il s'agit, par exemple (IFRS 10.B11) :
- des ventes et des achats de biens ou de services ;
- de la gestion d'actifs financiers pendant leur durée de vie (y compris en cas de défaut) ;
- de la sélection, l'acquisition ou la cession d'actifs ;
- des activités de recherche et de développement ;
- de la détermination de la structure de financement ou l'obtention de financement.

Les décisions relatives aux activités pertinentes peuvent être des décisions opérationnelles ou budgétaires, ou encore, par exemple, porter sur la nomination et la rémunération des dirigeants ou des prestataires de services de l'entité (IFRS 10.B12).

Une entité a la possibilité de diriger ces activités même si les droits qui lui confèrent ce pouvoir n'ont pas encore été exercés (IFRS 10.12).

L'identification des activités pertinentes passe par l'analyse du business model. Il convient donc d'analyser le type d'exposition que l'activité est susceptible de générer, les flux, les risques, la structure des coûts, la chaîne de valeur, etc.

Remarque Dans la quasi-totalité des cas, une entité a une(des) activité(s) pertinente(s). Concernant les entités structurées, les entités totalement autopilotées sont rares. Même si leurs activités sont largement prédéterminées, la survenance de certains événements peut déclencher une prise de décision qui a une incidence sur les rendements variables et constitue donc une activité pertinente.

Exemples d'analyse des activités pertinentes L'analyse des situations nécessite de bien cerner les interactions entre les différentes parties et la structuration de l'entité avant de commencer l'analyse du contrôle. En outre, il convient de ne pas s'arrêter à la détention capitalistique car les liens contractuels pourraient également être déterminants.

1. L'entité Glass produit et commercialise des verres de haute technologie. Elle est détenue par trois investisseurs : A, B et C. Chacun détient 33,3 % des droits de vote et les décisions sont

prises à la majorité simple. D est l'opérateur de l'usine et nomme le management opérationnel de Glass. Un contrat de distribution exclusif a été conclu entre Glass et D en vertu duquel D achète 100 % de la production de Glass. **15130** (suite)

Pour établir qui détient le pouvoir sur Glass, il convient avant tout de rappeler que la seule analyse de la gouvernance de Glass peut être inopérante dans la détermination du contrôle. En effet, le périmètre des activités pertinentes peut être plus large que celui de la seule entité parce que la gestion des activités clés peut être en réalité déportée dans des contrats connexes, comme un contrat d'approvisionnement ou un contrat de prestation de services.

Les termes du contrat peuvent notamment organiser la variabilité des rendements en dehors de l'entité. Ainsi, si les quantités et donc la production sont fixées par le client D et que les prix de vente sont eux aussi fixés au coût de revient plus une marge fixe, alors D gère les volumes et l'exposition au prix.

Dans le cas traité ici, l'activité Glass est une activité opérationnelle de production. Les activités clés sont celles relatives à l'achat des matières premières, à la production, à la gestion des stocks et aux ventes en prix et volume. Selon les modalités du contrat (politique de fixation de prix, fixation des volumes de production, exposition de D aux rendements de Glass), ce dernier pourrait éventuellement transférer la gestion des activités pertinentes de Glass à D.

2. Dans d'autres cas, l'activité peut dépasser le cadre d'une seule entité et englober plusieurs entités prises comme un tout. Tel peut être le cas si la production et la distribution d'une même activité sont logées dans deux entités juridiquement distinctes mais fonctionnant de manière totalement interdépendante et dont le management et le budget sont communs. Il faut alors considérer ces structures de manière regroupée afin d'avoir une vision de l'activité ou du projet dans son ensemble.

3. **Silos** Une même structure juridique peut contenir plusieurs entités qui fonctionnent de manière indépendante l'une de l'autre et qui ont chacune une activité propre. Dans ce cas, et si et seulement si elles sont indépendantes et étanches, elles forment des silos et l'analyse du contrôle devra être menée aux bornes de chacun de ces silos, voir également n° 15182.

c. **Droits substantifs** Les droits comprennent :
- les droits de vote résultant de la détention juridique (IFRS 10.B16) ;
- les droits de vote potentiels (IFRS 10.B47 s.) ; et

  Pour les droits de vote potentiels, voir n° 15160.

- les autres droits décisionnels relatifs aux activités de l'entité (IFRS 10.B49).

Lors de l'analyse du pouvoir, après avoir recensé les droits détenus dans une entité, il est nécessaire de s'interroger sur leur raison d'être, la manière dont ils ont été établis et l'objectif recherché par leur détenteur. Cette analyse peut nécessiter l'exercice du jugement.

Pour apprécier la notion de pouvoir, seuls sont à considérer les **droits substantifs,** c'est-à-dire les droits de vote ou autres droits contractuels (droit de révocation des dirigeants, droits de veto, etc.) qui donnent à l'investisseur la capacité de diriger les activités clés de l'entité ou qui l'en privent (IFRS 10.B22 s.).

Pour qu'un investisseur détenant plus de la moitié des droits de vote d'une entité détienne le pouvoir sur cette entité, il est nécessaire à la fois que les droits de vote soient substantifs, et qu'ils confèrent à l'investisseur la **capacité actuelle** de diriger les activités pertinentes de l'entité, c'est-à-dire généralement de déterminer les politiques opérationnelles et financières (IFRS 10.B36).

Ainsi, si une autre entité, qui n'est pas un agent de l'investisseur, détient des droits qui lui donnent la capacité de diriger les activités pertinentes, l'investisseur n'a pas le pouvoir.
Pour la notion de droits substantifs et la distinction avec les droits protectifs et des exemples d'analyse, voir n° 15135.

2. **Appréciation du pouvoir dans les entités classiques et dans les entités structurées** Même si la norme IFRS 10 fournit une définition unique du contrôle, l'appréciation du pouvoir nécessite, à notre avis en pratique, de distinguer les sociétés classiques et les entités structurées.

a. **Entités classiques** Dans les entités classiques, le pouvoir est essentiellement conféré par les droits de vote.

En général, lorsque les activités opérationnelles et de financement ont une incidence significative sur les rendements de l'entité, et que les décisions importantes concernant ces activités doivent être prises de manière continue, ce sont les droits de vote ou autres droits similaires qui, pris individuellement ou conjointement avec d'autres accords, confèrent le pouvoir à un investisseur (IFRS 10.B16).
Tel est généralement le cas des entités dites « classiques ».

b. **Entités structurées** Dans les entités structurées, il est nécessaire d'analyser si les accords contractuels régissant la gestion des activités opérationnelles et de financement ayant une incidence sur les rendements confèrent ou non le pouvoir à l'investisseur.

Lorsque les droits de vote n'ont pas d'incidence importante sur les rendements de l'entité, par exemple s'ils ne s'exercent que pour des décisions administratives, la direction des activités pertinentes étant régie par des accords contractuels, l'investisseur doit alors analyser ces accords contractuels pour déterminer s'il a des droits suffisants pour lui conférer le pouvoir sur l'entité (IFRS 10.B17).

Une telle situation se rencontre généralement dans le cas d'entités dites « structurées ».

Pour l'appréciation du contrôle dans le cas d'entités structurées, voir nº 15175 s.

3. Schéma récapitulatif des éléments à considérer pour apprécier le pouvoir

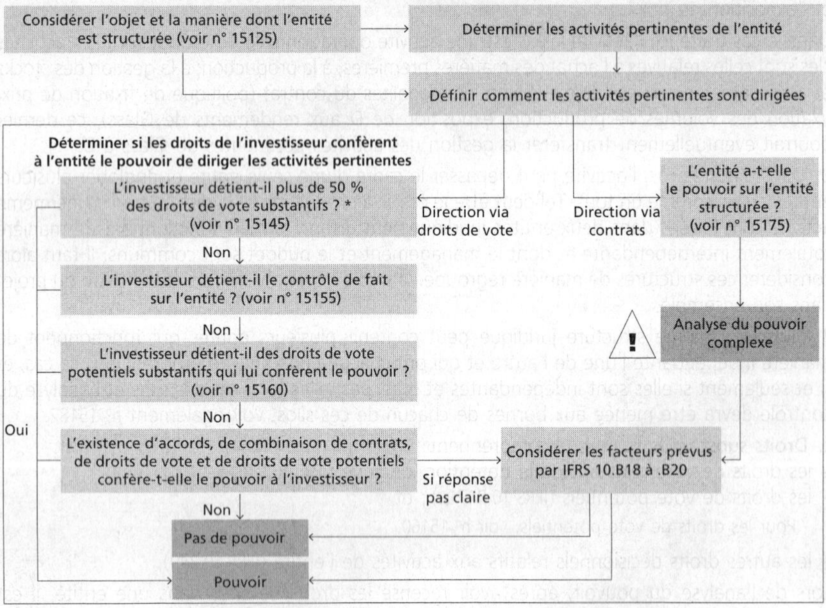

* Il convient en effet de s'assurer que les droits de vote sont substantifs, par opposition aux droits de vote protectifs (voir n° 15135).

2. Appréciation du pouvoir

a. Appréciation du caractère substantif ou protectif des droits de l'investisseur

Droits substantifs, droits protectifs

15135 ***Question***

Qu'est-ce qu'un droit substantif, par opposition à un droit protectif ?

Réponse

L'appréciation du pouvoir d'un investisseur sur une entité prend en compte uniquement les droits substantifs.

Les droits sont dits « substantifs » lorsque leur détenteur a la capacité, en pratique, de les exercer lors de la prise de décisions concernant les activités pertinentes de l'entité.

A l'inverse, les droits sont dits « protectifs » lorsqu'ils ont pour but de protéger les intérêts d'un investisseur, sans toutefois lui conférer le pouvoir sur l'entité à laquelle les droits se rattachent. Ils ont trait à des changements fondamentaux dans les activités d'une entité ou s'appliquent dans des circonstances exceptionnelles.

Commentaires Selon IFRS 10.B22, l'appréciation du pouvoir d'un investisseur sur une entité prend en compte uniquement les droits substantifs. Il convient ainsi de bien comprendre ce que recouvre la notion de droits substantifs par opposition aux droits protectifs. **15135** (suite)

1. **Droits substantifs** Les droits substantifs sont les droits qui donnent à un investisseur la capacité, en pratique, de diriger les activités pertinentes d'une entité (IFRS 10.B22).

L'existence de droits substantifs exerçables par d'autres investisseurs peut empêcher un investisseur de détenir le pouvoir sur une entité, même si ces droits ne font que conférer à leurs détenteurs la capacité actuelle de bloquer des décisions ayant trait aux activités pertinentes (IFRS 10.B25).

Afin de déterminer si les droits détenus par un investisseur sont substantifs, il convient de tenir compte de l'ensemble des faits et circonstances, par exemple (IFRS 10.B23) :

- l'existence d'obstacles (économiques ou autres) empêchant l'investisseur d'exercer ses droits ;

Peuvent constituer des obstacles à l'exercice des droits : des pénalités et incitations financières, un prix d'exercice ou de conversion dissuasif, des termes et conditions contractuels rendant improbable l'exercice des droits, l'absence de mécanismes clairs permettant l'exercice des droits, l'incapacité d'obtenir les informations permettant l'exercice des droits, des obstacles opérationnels, des contraintes réglementaires ou statutaires.

Exemples :

- une option d'achat dont l'exercice donnerait la majorité des droits de vote à un investisseur étranger dans un pays où il existe des restrictions réglementaires ou légales qui interdisent une telle détention à un investisseur étranger priverait cette option d'achat de sa substance ;
- une option d'achat qui permet à un investisseur de racheter la totalité de la participation de son partenaire mais qui n'a pas de substance si le partenaire est incontournable en raison de son savoir-faire, de ses parts de marché ou encore de son carnet d'adresses ;
- une option d'achat dont le prix d'exercice est beaucoup trop élevé par rapport à la valeur des actions sous-jacentes.

- l'existence de mécanismes pratiques permettant l'exercice des droits lorsque celui-ci requiert l'accord de plusieurs parties ou lorsque les droits sont détenus par plusieurs parties ;

L'absence de tels mécanismes peut être un indicateur que les droits peuvent ne pas être substantifs. Plus l'exercice des droits requiert l'accord d'un nombre important de parties, moins il est probable que ces droits soient substantifs. Toutefois, un conseil d'administration indépendant peut constituer un mécanisme permettant l'exercice pratique des droits détenus par de multiples investisseurs.

- l'intérêt qu'a le détenteur des droits à les exercer.

Enfin, les droits substantifs doivent également être exerçables en temps utile, c'est-à-dire lorsque les décisions relatives aux activités pertinentes doivent être prises (IFRS 10.B24).

Ainsi, les droits substantifs doivent généralement être immédiatement exerçables. Toutefois, certains droits peuvent être substantifs même s'ils ne sont exerçables que dans le futur, par exemple, lorsque des droits de vote potentiels peuvent être exercés avant la date à laquelle les décisions relatives aux activités pertinentes de l'entité doivent être prises. Tel pourrait être le cas d'une option d'achat qui n'est pas exerçable à la clôture d'un exercice mais qui le devient avant l'assemblée générale suivant la clôture.

Pour une illustration des droits substantifs, voir Exemple 1 ci-après.

La notion de droits substantifs est à opposer aux droits protectifs.

Pour des exemples d'analyse de droits, voir ci-après.

2. **Droits protectifs** Les droits protectifs ont trait à des changements fondamentaux dans les activités d'une entité ou s'appliquent dans des circonstances exceptionnelles (IFRS 10.B26). Les droits protectifs ont pour but de protéger les intérêts de leurs détenteurs sans toutefois leur conférer le pouvoir sur l'entité à laquelle les droits se rattachent. Un investisseur qui ne détiendrait que des droits protectifs ne pourrait pas détenir le pouvoir sur une entité, ni même empêcher un autre investisseur de détenir le pouvoir (IFRS 10.B27).

Il peut notamment s'agir (IFRS 10.B28) :

- du droit pour un prêteur d'empêcher un emprunteur d'exercer des activités pouvant significativement impacter son risque de crédit aux dépens du prêteur ;
- du droit de veto d'un actionnaire minoritaire sur les investissements supérieurs à ceux nécessaires dans le cadre de l'activité normale de l'entité ou d'approuver une émission d'instruments de dettes ou de capitaux propres ;
- du droit pour un prêteur de saisir certains actifs en cas de défaut de paiement de la part de l'emprunteur.

15135 (suite) **Exemple** Le pacte d'actionnaires de l'entité X prévoit que les minoritaires disposent du droit d'empêcher toute modification statutaire et en particulier un changement d'objet social.
Un tel droit de veto serait protectif et n'interférerait pas dans l'analyse du contrôle. Inversement, un droit de veto portant sur le budget serait un droit substantif et pourrait faire perdre le pouvoir au majoritaire.

IFRS 10.B26 précise que le fait que les droits s'appliquent dans des circonstances exceptionnelles ou dépendent de certains événements ne signifie pas nécessairement qu'il s'agit de droits protectifs.

Pour une illustration des droits protectifs, voir Exemple 2 ci-après.

■ *Exemple 1*

Appréciation du caractère substantif des droits détenus par un investisseur *Les décisions relatives aux activités pertinentes d'une entité A sont prises lors de l'assemblée générale annuelle. La prochaine AGO doit se tenir dans huit mois. Les actionnaires détenant individuellement ou collectivement plus de 5 % des droits de vote peuvent demander la tenue d'une assemblée générale, celle-ci ne pouvant toutefois pas se tenir avant un minimum de 30 jours.*

Les politiques concernant les activités pertinentes ne peuvent pas être modifiées en dehors de ces assemblées générales. Les décisions concernées incluent l'approbation d'une vente significative d'actifs de même que la décision de réaliser ou de céder des investissements significatifs.

Le caractère substantif des droits détenus par un investisseur est apprécié dans les quatre scénarios ci-après :

Scénario	*Appréciation du caractère substantif des droits détenus par l'investisseur*
L'investisseur détient la majorité des droits de vote	*Les droits de vote de l'investisseur sont substantifs. En effet :* *– l'investisseur peut prendre les décisions relatives aux activités pertinentes quand elles doivent être prises ;* *– le délai de 30 jours avant que l'investisseur puisse exercer ses droits de vote n'empêche pas celui-ci d'avoir la capacité actuelle de diriger les activités pertinentes.*
Un investisseur détient un contrat à terme ferme portant sur l'acquisition de la majorité des actions de l'entité. *Le dénouement du contrat doit intervenir dans un délai de 25 jours.*	*L'investisseur détient des droits substantifs lui conférant le pouvoir sur l'entité.* *En effet, même si les investisseurs actuels décidaient de convoquer une AG, celle-ci ne pourrait se tenir avant un délai de 30 jours. Ils n'ont donc pas la possibilité de modifier les politiques existantes relatives aux activités pertinentes de l'entité dans le délai de 25 jours à l'issue duquel le contrat à terme sera dénoué.* *Le contrat à terme ferme détenu par l'investisseur lui confère des droits substantifs qui lui donnent la capacité actuelle de diriger les activités pertinentes même avant le dénouement du contrat à terme.*
L'investisseur détient une option d'achat fortement dans la monnaie et exerçable dans un délai de 25 jours	*Même analyse que pour le scénario précédent.*
L'investisseur détient un contrat ferme à terme portant sur l'acquisition de la majorité des titres de l'entité. Il ne détient aucun autre droit dans l'entité. *La date de règlement du contrat interviendra à l'issue d'un délai de six mois.*	*L'investisseur n'a pas de droits substantifs lui conférant le pouvoir sur l'entité.* *Contrairement aux scénarios précédents, l'investisseur n'a pas la capacité actuelle de diriger les activités pertinentes de l'entité.* *En effet, les autres investisseurs peuvent modifier les politiques existantes relatives aux activités pertinentes de l'entité avant la date de dénouement du contrat à terme.*

■ *Exemple 2*

Droit protectif détenu par l'Etat (action privilégiée) *L'entité X, entreprise productrice d'acier appartenant à l'Etat, a été privatisée. Toutes les actions de X ont été vendues au public et à différentes entreprises. L'Etat a toutefois conservé une action privilégiée (« golden share ») qui lui permet, si nécessaire et dans l'intérêt national (cas de force majeure prévu par la loi, par exemple, une menace de guerre), de remplacer le conseil d'administration de X par des représentants de l'Etat.*

L'entité A, une autre grande entreprise productrice d'acier du même pays, a acquis dans le cadre d'une OPA, 80 % des droits de vote de X. L'Etat a conservé son action privilégiée et a confirmé que l'entreprise X reste indispensable à l'équilibre économique du pays.

Historiquement dans d'autres secteurs, l'Etat a déjà fait usage des actions privilégiées similaires qu'il détenait afin d'éviter une émission d'actions nouvelles ou la vente à des actionnaires étrangers d'un pourcentage significatif du capital ou encore pour réaliser toute action lui permettant de préserver les intérêts nationaux dans les secteurs concernés. **15135** (suite)

Solution de l'exemple 2 *L'action privilégiée détenue par l'Etat n'empêche pas l'entité A de diriger les activités pertinentes de X en contrôlant les politiques financières et opérationnelles. Les droits conférés par cette action privilégiée ont pour objectif de protéger les intérêts de leurs détenteurs et n'aboutissent ni à restreindre le pouvoir de A sur les activités pertinentes de X, ni à l'empêcher d'obtenir les avantages économiques liés à sa participation.*
L'entité A a donc le pouvoir sur l'entité X.

■ *Exemple 3*

Les entités Glass et Diorer créent une entité SunGlass détenue à 50 % par Glass et 50 % par Diorer. Glass apporte un site destiné à la production de lunettes de soleil, Diorer transfère la technologie critique pour le processus de production ainsi que la marque qui sera apposée sur les lunettes. Le pacte d'actionnaires prévoit que :
- *les décisions sont prises à l'unanimité ;*
- *si le conseil d'administration n'arrive pas à statuer sur une décision après deux réunions successives (deadlock), la résolution est portée en assemblée générale des actionnaires (processus d'« escalation »). En l'absence d'accord des parties en assemblée générale, un médiateur indépendant est nommé par les parties. La décision de ce dernier lie les parties.*

Solution de l'exemple 3 *Dans cette situation, un contrat impose l'unanimité des partenaires dans la prise de décision sur les activités clés. On rappelle que le contrôle conjoint existe en cas d'équité entre les partenaires pour prendre des décisions :*
- *dans le cadre de la gestion des affaires (cas d'entente entre les partenaires et d'absence de conflit), et en prêtant une attention particulière aux règles de majorité qualifiée qui peuvent exister sur certaines décisions – « reserved matters » ;*
- *en cas de conflit, d'« incompatibilité d'humeur » ou de divorce, aucune des parties ne devant alors être prédominante.*

A l'inverse, par exemple, en cas de « divorce », si l'un des partenaires peut reprendre l'activité, l'équité que suppose le contrôle conjoint peut être remise en cause.

Il est donc important d'analyser les différentes clauses du contrat liées aux modalités de prise de décision, de résolution des litiges et de sortie.
Dans cet exemple, une clause d'arbitrage qui confie à un tiers la décision finale respecte l'équité entre les partenaires et donc le contrôle conjoint.
De même, dans d'autres situations :
- *un processus de résolution des litiges prévoyant une « clause de sortie alternative » (appelé également mécanisme de « roulette russe ») maintient cette équité : l'un des partenaires propose d'acheter les titres de l'autre, l'autre peut alors accepter de vendre sinon il est contraint de racheter les titres du partenaire à l'origine de la demande. Dans ce cas, aucune partie n'étant privilégiée, il s'agit vraisemblablement bien de contrôle conjoint ;*
- *une clause de « drag along » ou de « tag along » (autre clause de sortie classique) qui permet à un actionnaire majoritaire de forcer la vente de 100 % du capital ou au minoritaire de demander de suivre et de faire partie de la vente des titres du majoritaire ; une telle clause ne remet pas en cause le contrôle conjoint car elle ne permet pas à l'un des partenaires de forcer la vente des titres de l'autre à son profit.*

Pour plus de détails sur ce type de clauses, voir nº 15161.

■ *Exemple 4*

Les hypothèses sont identiques à celles de l'exemple 3, à l'exception de la clause de résolution de deadlock qui prévoit qu'en cas de désaccord à l'AG :
- *soit Glass a l'option d'acquérir les 50 % d'actions de Diorer (« deadlock call option ») ;*
- *soit Diorer a l'option de vendre l'intégralité de ses actions à Glass (« deadlock put option ») ;*
- *le prix d'exercice des options sera déterminé à dire d'expert, c'est-à-dire à la juste valeur.*

Solution de l'exemple 4 *Pour l'analyse du contrôle dans ce cas, il convient de noter que les clauses de résolution de deadlock vont dans le même sens : que le put ou le call soit exercé, 100 % des actions reviendraient à Glass. Pour l'appréciation du pouvoir et notamment des droits substantifs, le call est en soi porteur de droits car il permet à Glass d'obtenir les droits de vote de son partenaire par l'exercice du call. A défaut de freins potentiels à cet exercice, le call confère à Glass le pouvoir et donc le contrôle.*

■ *Exemple 5*

Les hypothèses sont identiques à celles de l'exemple 4, avec les éléments complémentaires suivants concernant le processus de deadlock :
– si Glass exerce son call, alors Diorer a le droit de reprendre la technologie ainsi que la marque ;
– si à l'inverse, Diorer exerce son put, alors Sunglass peut conserver la technologie et la marque pour 10 ans en échange du paiement de redevances à des conditions de marché.

Solution de l'exemple 5 *Si Glass exerce son call, alors Glass est privé concomitamment de la technologie et de la marque Diorer, éléments indispensables à l'activité de Sunglass. Par conséquent, le call n'est pas substantif dans ce cas et il existe un contrôle conjoint de Sunglass.*

Remarque *Pour analyser les situations décrites dans ces exemples, qui peuvent paraître similaires, il est nécessaire de regarder toutes les clauses du contrat ainsi que les éléments de contexte et d'environnement avant de pouvoir statuer sur le pouvoir et donc sur le contrôle.*

Droits résultant d'un contrat de franchise

15136 ***Question***

Les droits résultant d'un contrat de franchise peuvent-ils être qualifiés de substantifs et conférer à un franchiseur le pouvoir sur un franchisé ?

Réponse

Les droits détenus par un franchiseur sur un franchisé sont généralement de nature protective.

Toutefois, il est nécessaire de faire preuve de jugement dans cette appréciation, en tenant compte des faits et circonstances spécifiques. En effet, dans certains cas, le franchiseur peut détenir des droits lui permettant de prendre des décisions relatives aux activités pertinentes du franchisé, susceptibles de lui conférer le pouvoir sur ce dernier.

Commentaires La norme IFRS 10 fournit des éléments d'appréciation spécifiques aux contrats de franchise visant à déterminer si un franchiseur doit consolider ou non ses franchisés.

Les contrats de franchise confèrent habituellement au franchiseur des droits décisionnels relatifs aux opérations du franchisé (IFRS 10.B29). En général, ces droits visent avant tout à protéger la marque du franchiseur. De ce fait, ils ne donnent pas nécessairement au franchiseur la capacité actuelle de diriger les activités pertinentes du franchisé, c'est-à-dire celles qui ont une incidence importante sur les rendements variables, tout comme ils ne limitent pas non plus nécessairement la capacité d'autres parties de les diriger (IFRS 10.B30).

La norme IFRS 10 précise toutefois qu'il est nécessaire de distinguer les droits destinés à protéger la marque en franchise, qui sont par nature protectifs, des autres droits permettant au franchiseur de prendre des décisions qui affectent significativement les rendements du franchisé (IFRS 10.B31). Il convient d'exercer son jugement afin de déterminer si les droits détenus par le franchiseur sont uniquement protectifs ou s'ils peuvent être substantifs.

A titre d'exemple, la structure de financement d'un franchisé peut affecter significativement ses rendements et constituer une activité pertinente. Ainsi, lorsqu'un franchiseur apporte un soutien financier à un franchisé, il est nécessaire d'analyser la nature et le niveau du soutien apporté ainsi que l'ensemble des clauses assorties. La norme précise que plus le soutien financier apporté est faible, moins le franchiseur est exposé à la variabilité des rendements du franchisé, et plus il est probable qu'il détient uniquement des droits protectifs (IFRS 10.B33).

Le franchiseur n'a pas le pouvoir sur le franchisé si d'autres parties ont des droits effectifs qui leur confèrent la capacité actuelle de diriger les activités pertinentes du franchisé (IFRS 10.B31).

Dans la pratique, il existe une grande diversité de contrats de franchise. Il est donc nécessaire de mener une analyse au cas par cas, en fonction des faits et circonstances spécifiques, en considérant également l'objet et la manière dont le contrat de franchise a été structuré.

b. Appréciation du pouvoir par les droits de vote

Détermination du pourcentage de droits de vote : cas d'une entité détenue indirectement

Question 15140

Comment déterminer le pourcentage de droits de vote dans une entité détenue indirectement par l'entreprise consolidante ?

Réponse

A notre avis, en additionnant les pourcentages de droits de vote détenus par la société consolidante et par ses filiales.

Les pourcentages de droits de vote détenus par les joint ventures et par les entités sous influence notable de l'entreprise consolidante sont exclus.

Commentaires A notre avis, le pourcentage de droits de vote s'apprécie en additionnant les pourcentages de droits de vote détenus par la société consolidante et ceux détenus par les entités qu'elle contrôle.

Sont donc exclus de ce calcul les pourcentages de droits de vote détenus par les joint ventures et par les entités sous influence notable de l'entreprise consolidante.

■ *Exemple 1*

Les entités A, B et C sont des filiales contrôlées à 100 % par la société M.
A, B et C détiennent chacune 18 % des droits de vote de l'entité D et nomment chacune un membre du conseil d'administration de D (sur cinq membres au total).

Par hypothèse, il n'existe aucun autre facteur que les droits de vote susceptible d'être pris en compte pour l'appréciation du contrôle.

Solution de l'exemple 1 *Le pourcentage de droits de vote de la société M dans l'entité D s'élève à 54 % (18 % + 18 % + 18 %) et M nomme, par l'intermédiaire de A, B et C, trois des cinq membres du conseil d'administration de D. L'entité D est vraisemblablement sous le contrôle exclusif de M.*

■ *Exemple 2*

L'entité A détient une participation de 80 % dans l'entité B qu'elle contrôle, ainsi qu'une participation directe de 25 % dans l'entité C. L'entité B détient quant à elle une participation de 30 % dans l'entité C.

Par hypothèse, il n'existe aucun autre facteur que les droits de vote susceptible d'être pris en compte pour l'appréciation du contrôle.

Solution de l'exemple 2 *L'entité A contrôle l'entité B et, par voie de conséquence, contrôle également les 30 % de droits de vote de B sur C. En outre, l'entité A détient une participation directe ainsi que les droits de vote correspondants dans l'entité C.*
Le total des droits de vote du Groupe A dans C est de 55 % (30 % + 25 %). Le Groupe A contrôle vraisemblablement l'entité C.

Absence de pouvoir malgré une détention supérieure à 50 % des droits de vote

Question 15145

Un investisseur détient-il le pouvoir sur une entité lorsqu'il détient, directement ou indirectement, plus de 50 % des droits de vote ?

Réponse

Oui, dès lors que les droits de vote détenus lui confèrent réellement le pouvoir sur l'entité, c'est-à-dire que :
- la direction des activités pertinentes résulte du vote du détenteur de la majorité des droits de vote ou la majorité des membres de l'organe de direction dirigeant les activités pertinentes est nommée à la majorité des droits de vote ; et
- les droits de vote sont substantifs et confèrent à l'investisseur la capacité actuelle de diriger les activités pertinentes de l'entité concernée.

Commentaires La norme IFRS 10 ne contient pas de présomption de contrôle lorsque l'entreprise détient plus de 50 % des droits de vote.

Elle précise qu'un investisseur détenant plus de la moitié des droits de vote a le pouvoir sur une entité dans les situations suivantes (IFRS 10.B35) :
- la direction des activités pertinentes résulte du vote du détenteur de la majorité des droits de vote ; ou
- la majorité des membres de l'organe de direction dirigeant les activités pertinentes est nommée par un vote du détenteur de la majorité des droits de vote.

Pour qu'un investisseur détenant plus de la moitié des droits de vote d'une entité détienne le pouvoir sur cette entité, il est nécessaire que les droits de vote (IFRS 10.B36) :
- soient substantifs ; et
- confèrent à l'investisseur la capacité actuelle de diriger les activités pertinentes de l'entité, c'est-à-dire généralement de déterminer les politiques opérationnelles et financières.

En conséquence, un investisseur qui détient plus de 50 % des droits de vote n'aura toutefois pas le pouvoir :
- si un autre investisseur dispose de droits réels (y compris de droits de vote potentiels substantifs) lui permettant de diriger les activités pertinentes de l'entité et qu'il n'est pas un agent de l'investisseur principal (IFRS 10.B36) ; ou
- si les droits détenus par l'investisseur majoritaire ne sont pas substantifs, par exemple si les activités pertinentes de l'entité sont dirigées par un gouvernement, une cour de justice, un administrateur, un liquidateur judiciaire, un créancier ou un régulateur (IFRS 10.B37).

Remarque La détention du pouvoir ne suffit pas à démontrer que l'investisseur exerce le contrôle sur l'entité. Il convient également d'apprécier si l'investisseur est exposé aux rendements variables de l'entité (voir n° 15165) et s'il a la capacité d'agir sur ces rendements (voir n° 15170).

■ *Exemple*

Une entité D est détenue par deux entités A et B détenant respectivement 60 % et 40 % des droits de vote.

A et B ont signé un accord selon lequel les décisions relatives aux activités pertinentes de D doivent être prises à l'unanimité des deux partenaires A et B.

Solution de l'exemple *A ne détient pas le pouvoir sur D. La détention de 60 % des droits de vote ne permet pas à A de diriger les activités pertinentes de D, c'est-à-dire généralement de déterminer les politiques opérationnelles et financières. En effet, l'accord signé entre A et B stipule que ces décisions nécessitent l'accord unanime de A et B. A et B exercent un contrôle conjoint sur D.*

Pouvoir malgré une détention inférieure à 50 % des droits de vote

15150 ***Question***

Un investisseur peut-il détenir le pouvoir sur une entité alors même qu'il détient 50 % ou moins des droits de vote ?

Réponse

Oui, il le peut dans l'une ou plusieurs des situations suivantes :
- des accords avec d'autres actionnaires lui permettent de disposer de leurs droits de vote ; et/ou
- des droits résultant d'accords lui confèrent le pouvoir de diriger les activités pertinentes de l'entité ; et/ou
- il détient le bloc de droits de vote le plus important, les droits de vote des autres investisseurs étant largement dispersés et dilués (contrôle de fait) ; et/ou
- il dispose de droits de vote potentiels substantifs qui, ajoutés aux droits de vote qu'il détient par ailleurs lui confèrent le pouvoir sur les activités pertinentes.

Commentaires Un investisseur peut détenir le pouvoir dans une entité malgré une détention inférieure ou égale à 50 % des droits de vote, dans l'une ou plusieurs des situations suivantes (IFRS 10.B38 s.) :

1. **Accords avec d'autres actionnaires permettant de disposer de leurs droits de vote** Un accord contractuel entre l'investisseur et d'autres détenteurs de droits de vote peut lui conférer le droit d'exercer suffisamment de droits de vote pour détenir le pouvoir, et ce même s'il ne détient

pas suffisamment de droits de vote pour lui donner le pouvoir sans cet accord contractuel. En outre, en vertu d'un accord contractuel, l'investisseur peut être en mesure d'orienter le vote d'un nombre suffisant d'autres détenteurs de droits de vote pour lui permettre de prendre les décisions relatives aux activités pertinentes (IFRS 10.B39). **15150** (suite)

Voir Exemple 1 ci-après.

2. Autres droits résultant d'accords conférant le pouvoir de diriger les activités pertinentes Combinés à des droits de vote, d'autres droits résultant d'accords contractuels peuvent conférer à l'investisseur la capacité actuelle de diriger les activités pertinentes, par exemple la direction du processus de fabrication de l'entité ou le pouvoir de diriger d'autres activités opérationnelles ou de financement de celle-ci (IFRS 10.B40).

Pour les cas de dépendance économique d'une entité à l'égard de l'investisseur (par exemple, si l'investisseur est le principal client de l'entité), voir n° 15153.

Voir Exemples 2 et 3 ci-après.

Décision de l'ESMA En 2015, l'ESMA a noté qu'un investisseur n'ayant aucune détention capitalistique d'une entité pouvait avoir le pouvoir sur les activités clés de cette entité (EECS/0215-05, 11/15).

3. Détention du bloc de droits de vote le plus important, les autres droits de vote étant largement dispersés et dilués (contrôle de fait) Un investisseur détenant moins de la majorité des droits de vote d'une autre entité détient des droits suffisants pour détenir le pouvoir sur l'entité si ces droits lui confèrent la capacité, en pratique, d'en diriger seul les activités pertinentes (IFRS 10.B41 à .B45).

Sur le contrôle de fait, voir n° 15155.

4. Détention de droits de vote potentiels substantifs L'appréciation du pouvoir doit tenir compte des droits de vote potentiels substantifs détenus tant par un investisseur que par les autres actionnaires (IFRS 10.B47). Si un investisseur détient moins de la majorité des droits de vote d'une entité mais qu'il dispose d'instruments convertibles ou d'options, y compris des contrats à terme lui conférant des droits substantifs, alors l'investisseur pourrait détenir le pouvoir sur l'entité (IFRS 10.B50).

Sur les modalités d'appréciation des droits de vote potentiels, voir n° 15160.

Sur la notion de droit substantif, voir n° 15135.

■ *Exemple 1*

Accords avec d'autres actionnaires permettant de disposer de leurs droits de vote *L'entité A détient 45 % des actions avec droit de vote de l'entité X. En outre, A a conclu un accord avec l'entité B – qui détient 20 % des droits de vote de X – accord selon lequel B votera toujours selon les instructions données par A.*

Solution de l'exemple 1 *L'accord entre A et B permet à A de bénéficier des 20 % de droits de vote de X détenus par B, B votant selon les instructions reçues de A. A disposant en outre directement de 45 % des droits de vote, elle détient donc le pouvoir sur X (45 % + 20 % de droits de vote).*

■ *Exemple 2*

Droits contractuels conférant le pouvoir de diriger les activités pertinentes *Trois entités A, B et C investissent dans l'entité D en vue de fabriquer des ballons de football. L'entité A a une expérience reconnue dans la fabrication de ces ballons et a développé une nouvelle technologie permettant d'améliorer le processus de production et la qualité des ballons. Les entités B et C sont des banques ayant auparavant financé les opérations de A. L'entité A apporte à D sa technologie et son savoir-faire alors que les entités B et C lui octroient le financement nécessaire à son activité.*

Les droits de vote de D se répartissent comme suit : 40 % détenus par A, 30 % détenus par B et 30 % détenus par C.

Chaque actionnaire désigne des administrateurs proportionnellement à son pourcentage dans le capital de D.

Un accord entre actionnaires prévoit que les administrateurs de D ne seront pas dirigeants de l'entité, à l'exception du directeur général et du directeur financier, tous deux systématiquement désignés par A du fait de son expertise technique. Cet accord délègue en outre au directeur général et au directeur financier le pouvoir de fixer les politiques opérationnelles et le budget de fonctionnement de D, les demandes de financement complémentaire – en pratique exceptionnelles – devant toutefois être soumises à l'approbation du conseil d'administration.

Solution de l'exemple 2 *La délégation des pouvoirs sur les politiques opérationnelles et le budget accordée aux directeurs désignés par A confère à cette dernière la capacité de diriger les activités pertinentes de D. Les décisions relatives aux politiques opérationnelles et au budget représentent, en effet, une part substantielle des décisions concernant une entité opérationnelle.*

Les pouvoirs exercés par l'ensemble des membres du conseil d'administration, notamment en matière de changement dans la structure du financement et du capital de D, sont en fait limités et confèrent à leurs détenteurs davantage de droits leur permettant de protéger leurs intérêts que de droits interférant sur les activités pertinentes de D.
L'appréciation du pouvoir dans des situations similaires doit être réalisée avec prudence et en faisant appel au jugement, la distinction entre les droits protégeant les intérêts des actionnaires et ceux leur conférant le pouvoir sur les activités pertinentes d'une entité pouvant être délicate à opérer et sujette à interprétation. Il convient également d'apprécier, pour démontrer que A a le contrôle de D, si A est exposée aux rendements variables de l'entité (voir n° 15165) et si elle a la capacité d'agir sur ces rendements (voir n° 15170).

■ *Exemple 3*

Droits contractuels conférant le pouvoir de diriger les activités pertinentes *Une entité A s'est engagée à vendre une entité C à une entité B ; cette vente est toutefois conditionnée à l'obtention d'un certain nombre d'agréments qui ne sont pas de pure forme.*
Les entités A et B ont conclu un contrat pour organiser la gestion de C par A (le vendeur) dans l'attente de l'obtention de ces agréments. Ce contrat limite les pouvoirs de A et lui interdit de prendre certaines décisions sans l'accord préalable de B (l'acquéreur).
Ces décisions portent sur la cession/le transfert d'actifs de C en dehors du cours normal de son activité, des actions relatives à d'importants litiges, l'octroi de dividendes, des modifications statutaires ou des modifications relatives à l'organisation actuelle de l'activité (« gestion en bon père de famille »).

Solution de l'exemple 3 *A notre avis, la mise en œuvre de ce type de restrictions relatives aux décisions prises par A ne confère pas à B le pouvoir de diriger les activités pertinentes de C avant l'obtention des agréments. En effet, ce contrat ne permet pas à B d'instaurer de nouvelles politiques opérationnelles ou financières de C ou d'abandonner celles actuellement suivies.*
En outre, en cas de non-obtention des agréments ou de non-respect des dispositions de ce contrat, A continuera à avoir le pouvoir sur les activités pertinentes de C. La mise en œuvre du contrat permet plutôt à B de protéger ses intérêts pendant cette période transitoire, sans remettre en cause le pouvoir exercé par A sur les activités pertinentes de C.

Dépendance économique d'une entité à l'égard d'un investisseur : appréciation du pouvoir

15153 ***Question***

La dépendance économique d'une entité à l'égard d'un investisseur accompagnée d'autres droits de l'investisseur dans l'entité peut-elle conférer le pouvoir à l'investisseur ?

Réponse

Oui, si l'ensemble des droits détenus par l'investisseur peuvent lui permettre d'influer sur les rendements de l'entité et lui conférer le pouvoir sur l'entité.

Commentaires En l'absence d'autres droits, la dépendance économique d'une entité à l'égard d'un investisseur (par exemple, si l'investisseur est le principal client de l'entité) ne confère pas à l'investisseur le pouvoir sur cette entité (IFRS 10.B40). En revanche, combinée à d'autres droits, la dépendance économique d'une entité à l'égard d'un investisseur peut conférer à l'investisseur la capacité actuelle de diriger les activités pertinentes et lui permettre d'influer sur les rendements de l'entité (pour une illustration, voir Exemple ci-après).

■ *Exemple*

E-Shopping est un centre commercial qui détient 40 % de F-Produits. F-Produits approvisionne E-Shopping en mobilier. Le capital restant de F-Produits, soit 60 %, est détenu par F, son fondateur historique.
Selon le pacte d'actionnaires :
– le conseil d'administration est composé de deux administrateurs, 1 nommé par E-Shopping, 1 nommé par F. Les décisions du conseil d'administration concernent le budget, la nomination du DG, du DAF ou du responsable des achats et sont prises à l'unanimité ;

– le contrat d'approvisionnement entre E-Shopping et F-Produits est conclu pour 10 ans et intègre une clause d'exclusivité selon laquelle E-Shopping est le seul client de F-Produits, qui produit à la commande. E-Shopping s'engage sur l'achat d'une quantité minimale de mobilier permettant à F-Produits de dépasser son point mort. Le prix de vente de F-Produits correspond au coût de revient augmenté d'une marge de 5 %.

L'analyse du contrôle de F-Produits a été réalisée en déterminant les faits pertinents pour apprécier les trois conditions nécessaires au contrôle (IFRS 10.7) :

Démarche d'appréciation du contrôle selon IFRS 10	*Faits pertinents pour apprécier le contrôle*
Pouvoir sur F-Produits	*Activités pertinentes de F-Produits : activité opérationnelle de production (achat de matières premières, production, gestion des stocks et ventes).* *Direction des activités pertinentes de F-Produits : la gouvernance de F-Produits pourrait laisser penser que cette entité est contrôlée conjointement, certaines décisions étant prises à l'unanimité des administrateurs : E-Shopping et F. Toutefois, le contrat d'approvisionnement organise en pratique les activités clés de F-Produits puisqu'il fixe le prix de vente et permet à E-Shopping de déterminer seul les volumes de production sur la base de son carnet de commandes.*
Exposition aux rendements variables	*Les deux actionnaires de F-Produits sont assurés de bénéficier de la marge de 5 % sur les ventes, à hauteur de leur participation dans le capital.* *E-Shopping est doublement exposé aux rendements variables de F-Produits :* *– non seulement au travers de sa participation de 40 % au titre de la marge fixe de 5 % de F-Produits ;* *– mais également en absorbant la fluctuation du prix de marché par rapport au coût de revient (+ 5 %) des marchandises achetées à F-Produits.*
Capacité à agir sur les rendements	*E-Shopping peut exercer son pouvoir, en commandant une partie plus ou moins importante de la production de F-Produits, pour influer sur les rendements variables tirés de son implication dans F-Produits.*
Conclusion	*E-Shopping contrôle F-Produits, les trois conditions nécessaires au contrôle étant remplies.*

Remarque L'analyse du contrôle dans le cadre de cet exemple aurait pu être différente en présence d'autres hypothèses.
Ainsi, les contrats suivants pourraient fragiliser l'argumentaire visant à démontrer le contrôle de E-Shopping sur l'entité :
– contrat d'approvisionnement ne prévoyant pas de quantité minimale ou permettant au fournisseur d'atteindre tout juste le point mort, ou encore prévoyant des prix de vente alignés sur les prix de marché ; ou
– une gouvernance de l'entité alignée sur les droits de vote détenus par les investisseurs.

Contrôle de fait : appréciation du pouvoir

Question 15155

Un investisseur ne détenant pas la majorité des droits de vote mais détenant le bloc de titres le plus important, le reste des droits de vote étant largement dispersé et dilué, peut-il détenir le pouvoir (contrôle de fait) sur une entité ?

Réponse

Oui, dès lors que ses droits de vote lui confèrent la capacité de diriger seul les activités pertinentes de l'entité.

Il convient d'exercer son jugement dans chacune des situations rencontrées, en analysant notamment les faits et circonstances suivants :
- l'importance relative des droits de vote détenus par l'investisseur par rapport à ceux détenus par les autres investisseurs et leur dispersion ;
- les droits de vote potentiels détenus par l'investisseur, par les autres investisseurs et par les autres tiers impliqués dans l'entité ;

15155 (suite)

- les droits conférés par des accords contractuels ;
- les autres faits et circonstances qui pourraient indiquer que l'investisseur a ou n'a pas la possibilité de diriger les activités pertinentes de l'entité (par exemple en analysant l'historique des prises de décision en assemblée générale).

Commentaires Ces dispositions sont explicitement prévues par IFRS 10.B41 à .B46.

Un investisseur peut ainsi détenir le pouvoir sur une entité alors même qu'il détient moins de la moitié des droits de vote s'il a la capacité, en pratique, d'en diriger seul les activités pertinentes (IFRS 10.B41).

Pour déterminer si un investisseur a le contrôle de fait sur une entité, il faut non seulement qu'il détienne le pouvoir sur l'entité parce qu'il a le plus large bloc de titres et que le reste de l'actionnariat est très dispersé et dilué, mais également que les autres conditions nécessaires au contrôle soient satisfaites (exposition aux rendements variables de l'entité et capacité d'agir sur ces rendements).

Pour apprécier l'existence du pouvoir, afin de déterminer si l'investisseur a le contrôle de fait de l'entité, il convient d'exercer son jugement dans chacune des situations rencontrées, en analysant tous les faits et circonstances, notamment les éléments suivants (IFRS 10.B42) :
- l'importance relative des droits de vote détenus par l'investisseur au regard de ceux détenus par les autres investisseurs et leur dispersion (IFRS 10.B42a) ;

Pour l'appréciation de cet élément, il convient de souligner que :
- plus l'investisseur détient de droits de vote, ou
- plus l'investisseur détient de droits de vote relativement aux autres investisseurs, ou
- plus le nombre des autres investisseurs devant agir ensemble pour s'opposer à une décision est important,

alors plus l'investisseur est susceptible de pouvoir diriger les activités pertinentes de l'entité.

- les droits de vote potentiels détenus par l'investisseur, les autres investisseurs ainsi que les autres tiers impliqués dans l'entité (IFRS 10.B42b) ;
- les droits conférés par des accords contractuels (IFRS 10.B42c) ;

Remarque Si les décisions relatives aux activités pertinentes sont prises à la majorité des droits de vote, si l'investisseur détient significativement plus de droits de vote que d'autres investisseurs ou groupe organisé d'investisseurs, et si les autres droits de vote sont largement dispersés, il pourrait être clair, après avoir considéré les trois facteurs énoncés ci-avant, que l'investisseur détient le pouvoir sur l'entité (IFRS 10.B43).

A l'inverse, dans certains cas, l'analyse des facteurs indiqués par IFRS 10.B42a à .B42c (voir ci-avant) peut clairement conduire à conclure que l'investisseur ne détient pas le pouvoir (IFRS 10.B44).

Recommandations de l'AMF Dans ce cas, l'AMF a indiqué qu'il n'est pas nécessaire de poursuivre l'analyse et d'analyser les autres faits et circonstances (Rec. AMF 2013-19, Arrêté des Comptes 2013, § 5.1).

Enfin, dans d'autres situations, l'analyse des facteurs indiqués par IFRS 10.B42a à .B42c (voir ci-avant) ne permet pas clairement de conclure sur l'existence du pouvoir. L'investisseur doit alors considérer d'autres facteurs, notamment ceux indiqués par IFRS 10.B18, .B19 et .B20 (IFRS 10.B45, voir également ci-après IFRS 10.B42d).

- les autres faits et circonstances qui pourraient indiquer que l'investisseur a ou n'a pas la possibilité de diriger les activités pertinentes de l'entité (par exemple en analysant l'historique des prises de décision en assemblée générale) (IFRS 10.B42d).

Décisions de l'ESMA En 2015 et en 2020, l'ESMA a rappelé qu'un investisseur ne détenant pas la majorité des droits de vote mais détenant le bloc de titres le plus important pouvait détenir le pouvoir sur une entité au regard de l'analyse des facteurs IFRS 10.B42 et .B45 (EECS/0215-06, 11/15 et EECS/0120-04, 04/20).

■ *Exemples fournis par la norme* **15155** (suite)

La norme fournit les exemples suivants, synthétisés par nos soins dans le tableau ci-après.

	Droits de vote détenus par l'actionnaire A le plus important	*Droits de vote détenus par les autres actionnaires les plus importants*	*Droits de vote détenus par les autres actionnaires*	*Autres faits et circonstances*	*L'investisseur le plus important a-t-il le pouvoir ?*
IFRS 10.B43 Exemple 4	*48 %*		*Plusieurs milliers d'actionnaires détenant chacun moins de 1 %.*	*Il n'existe pas d'accord entre les autres actionnaires pour se consulter ou prendre des décisions collectives.*	*Oui.*
IFRS 10.B43 Exemple 5	*40 %*	*12 actionnaires détiennent chacun 5 %.*		*Un pacte d'actionnaires confère à l'actionnaire principal le droit de nommer, révoquer et définir le niveau de rémunération des dirigeants responsables des activités pertinentes. Une majorité de 2/3 des voix est nécessaire pour modifier ce pacte.*	*Oui, en raison des droits qui lui sont conférés par le pacte, et sans tenir compte du fait qu'il pourrait ne pas exercer ce droit ou de la probabilité qu'il aurait de l'exercer. La simple répartition des droits de vote ne permet pas de conclure que A détient le pouvoir.*
IFRS 10.B44 Exemple 6	*45 %*	*2 actionnaires détiennent chacun 26 %.*	*3 actionnaires détiennent chacun 1 %.*		*Non. Il suffit en effet uniquement que les deux actionnaires détenant 26 % chacun s'unissent pour empêcher A de diriger les activités pertinentes.*
IFRS 10.B45 Exemple 7	*45 %*		*11 actionnaires détiennent chacun 5 %.*	*Il n'existe pas d'accord entre les autres actionnaires pour se consulter ou prendre des décisions collectives.*	*Non conclusif. Nécessité d'analyser d'autres faits et circonstances.*

15155 (suite)

	Droits de vote détenus par l'actionnaire A le plus important	Droits de vote détenus par les autres actionnaires les plus importants	Droits de vote détenus par les autres actionnaires	Autres faits et circonstances	L'investisseur le plus important a-t-il le pouvoir ?
IFRS 10.B45 Exemple 8	*35 %*	*3 actionnaires détiennent chacun 5 %.*	*Nombreux autres actionnaires détenant chacun moins de 1 %.*	*Il n'existe pas d'accord entre les autres actionnaires pour se consulter ou prendre des décisions collectives. Les décisions sont prises à la majorité simple. 75 % des droits de vote ont été exercés lors des dernières assemblées générales.*	*Non. La participation historiquement active des autres actionnaires en assemblée générale indique en effet, dans ce cas, que A n'a pas la capacité, en pratique, de diriger unilatéralement les activités pertinentes de l'entité. Et ce, même si lors des précédentes assemblées générales A a dirigé les activités pertinentes de l'entité en raison du nombre suffisant d'actionnaires ayant voté de la même manière que lui.*

D'autres exemples ont été élaborés par nos soins.

■ *Exemple 1*

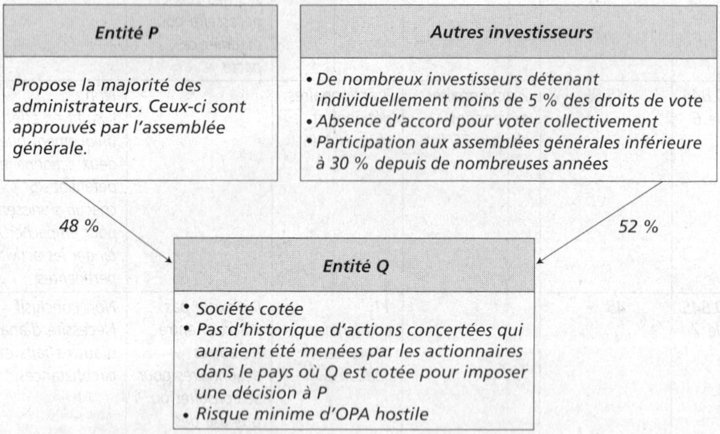

Solution de l'exemple 1 *Une première analyse doit être menée selon les principes énoncés dans IFRS 10.B42 :*

– taille relative du bloc de détention : l'entité P détient 48 % des droits de vote de l'entité Q, les autres investisseurs détenant individuellement moins de 5 % ;

– dispersion et dilution de l'actionnariat : les autres investisseurs détenant individuellement moins de 5 % chacun, il existe au moins 11 autres actionnaires.

Il convient également d'apprécier les autres faits et circonstances :

– il n'existe pas d'accord prévoyant le vote collectif des autres investisseurs, ceux-ci n'ont pas été très présents aux dernières assemblées générales et ils n'ont pas mené d'actions particulières ensemble dans le passé pour imposer une décision à P ;

– l'entité P a imposé à l'assemblée générale les administrateurs dont elle a proposé la nomination (IFRS 10.B18c).

Ces derniers éléments peuvent suggérer que l'entité P contrôle l'entité Q.

■ *Exemple 2* 15155 (suite)

L'entité P consolide l'entité cotée Q dont elle détient 51 %. Q est lourdement endettée et a commencé à générer des pertes. P décide de céder 2 % de sa participation à une banque d'investissement. Le schéma ci-après présente la situation post-cession et fournit des informations complémentaires.

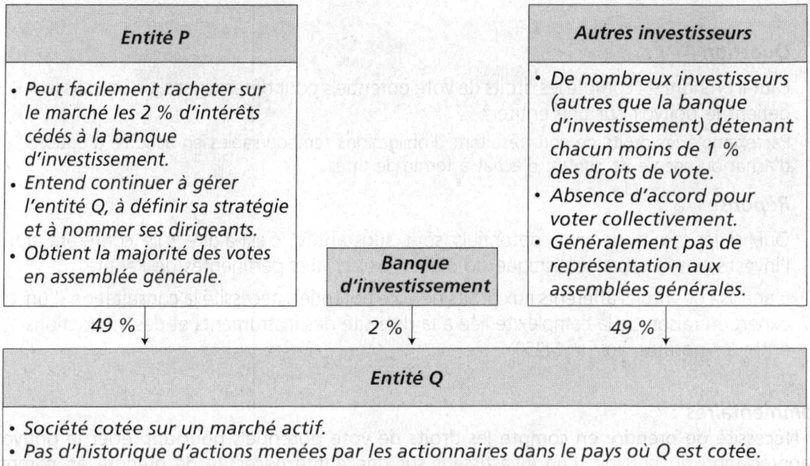

Solution de l'exemple 2 *L'entité P détient 49 % de l'entité Q. L'actionnariat résiduel est largement dispersé et dilué. P entend continuer à nommer les dirigeants de l'entité Q et à gérer ses activités pertinentes. P a la capacité, en pratique, de diriger les activités pertinentes de Q (IFRS 10.B18). Les principes d'appréciation de l'existence d'un contrôle de fait (IFRS 10.B42) couplés à l'analyse des facteurs d'IFRS 10.B18 suggèrent que l'entité P exerce probablement le pouvoir sur l'entité Q.*

■ *Exemple 3*

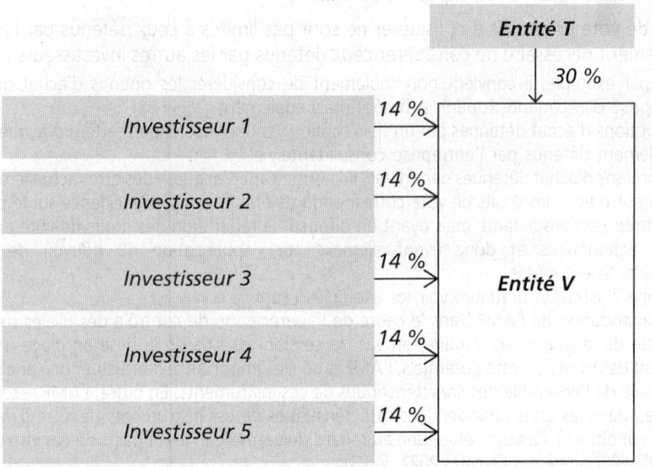

Les investisseurs 1 à 5 :
– sont des fonds de capital investissement ou des investisseurs institutionnels ;
– ne participent pas aux assemblées générales ;
– organisent régulièrement des réunions entre eux et avec les dirigeants de l'entité V.

Solution de l'exemple 3 *T ne contrôle pas V sur la base des principes d'IFRS 10.B42 :*
– taille relative du bloc de détention : l'entité T détient 30 % des droits de vote de l'entité V, cette détention excède certes les détentions des autres investisseurs (14 %) sans toutefois conférer à elle seule le pouvoir ;
– dispersion de l'actionnariat : 5 actionnaires détiennent le solde des droits de vote. Ils se rencontrent et pourraient vraisemblablement agir de concert aisément. Il suffirait que 3 actionnaires votent collectivement pour imposer leur décision à l'entité T.

c. Droits de vote potentiels

Incidence des droits de vote potentiels sur l'appréciation du pouvoir

15160 ***Question***

Faut-il prendre en compte les droits de vote potentiels pour déterminer si un investisseur détient le pouvoir sur une entité ?

Par exemple les droits de vote résultant d'obligations remboursables en actions, d'options d'achat ou encore de contrat d'achat à terme de titres.

Réponse

Oui, si les droits de vote potentiels sont substantifs, c'est-à-dire s'ils confèrent à l'investisseur la capacité pratique de diriger les activités pertinentes de l'entité.

L'analyse des droits afférents aux droits de vote potentiels nécessite la consultation d'un expert en raison de la complexité liée à la diversité des instruments et des interactions entre les normes, voir nº 24250.

Commentaires :

1. Nécessité de prendre en compte les droits de vote potentiels pour apprécier le pouvoir

L'appréciation du pouvoir d'un investisseur sur une entité nécessite de prendre en compte l'existence de droits de vote potentiels s'ils constituent des droits substantifs, c'est-à-dire s'ils confèrent à l'investisseur la capacité, en pratique, de diriger les activités pertinentes d'une entité au moment où les décisions sur les activités pertinentes ont besoin d'être prises (IFRS 10.B22).

Les droits de vote potentiels sont des droits d'obtenir des droits de vote dans une entité, par exemple du fait d'instruments convertibles ou d'options, comme des contrats fermes d'achat ou de vente à une date future (« forwards ») (IFRS 10.B47).

Il s'agit également, par exemple, d'obligations remboursables en actions, d'obligations convertibles en actions, de bons de souscription d'actions.

Les droits de vote potentiels à considérer ne sont pas limités à ceux détenus par l'investisseur, il est également nécessaire de considérer ceux détenus par les autres investisseurs (IFRS 10.B47).

Ainsi, par exemple, il convient non seulement de considérer les options d'achat détenues par l'entreprise consolidante (option achetée) mais également :

- les options d'achat détenues par un tiers (option vendue) qui lui permettent d'acquérir des titres actuellement détenus par l'entreprise consolidante ; et
- les options d'achat détenues par un tiers lui permettant d'acquérir des titres actuellement détenus par un autre tiers, les droits de vote correspondants étant alors sans incidence sur le pourcentage de l'entreprise consolidante mais ayant un effet sur la répartition des droits de vote entre tous les autres actionnaires et donc éventuellement sur l'appréciation du pouvoir de l'entreprise consolidante elle-même.

Pour une illustration pratique, voir les exemples ci-après.

Recommandation de l'AMF Dans le cadre de l'appréciation du contrôle des filiales russes dans le contexte de la guerre en Ukraine, en cas de cession assortie de la mise en place d'instruments donnant des droits de vote potentiels, l'AMF rappelle l'importance d'effectuer une analyse détaillée et globale de l'ensemble des caractéristiques de ces instruments. En outre, l'AMF recommande de préciser, dans les états financiers, les caractéristiques de ces instruments (fenêtre d'exercice, prix, autres conditions), l'analyse effectuée au regard du contrôle et les impacts de ces instruments (Rec. AMF 2022-06, Arrêté des Comptes 2022, § 3.3).

Afin de déterminer si les droits de vote potentiels doivent être pris en compte dans l'analyse du pouvoir, la norme IFRS 10 indique qu'il convient de se poser les trois questions suivantes :

a. Les droits sont-ils substantifs ou protectifs ? Seuls les droits de vote potentiels substantifs sont pris en compte dans l'appréciation du pouvoir (IFRS 10.B47).

Pour effectuer cette analyse, il convient de tenir compte de l'ensemble des faits et circonstances (IFRS 10.B23), par exemple :

- l'existence d'obstacles (économiques ou autres) empêchant l'investisseur d'exercer ses droits ;

Peuvent, par exemple, constituer des obstacles à l'exercice des droits de vote potentiels : un prix d'exercice ou de conversion dissuasif, des termes et conditions contractuels rendant improbable l'exercice des droits, des obstacles opérationnels, des contraintes réglementaires ou statutaires.

– l'intérêt qu'a le détenteur des droits à les exercer. **15160** (suite)

Par exemple, des droits de vote potentiels sont plus susceptibles d'être substantifs s'ils sont dans la monnaie ou si, pour d'autres raisons (réalisation de synergies…), leur détenteur aurait intérêt à les exercer.

Rappel Une option est dite « dans la monnaie » si :
- pour une option d'achat (call), le prix d'exercice de l'option est inférieur au cours du sous-jacent ;
- pour une option de vente (put), le prix d'exercice de l'option est supérieur au cours du sous-jacent.

Enfin, les droits substantifs doivent également être exerçables en temps utile, c'est-à-dire lorsque les décisions relatives aux activités pertinentes doivent être prises (IFRS 10.B24).

Ainsi, les droits substantifs doivent généralement être immédiatement exerçables. Toutefois, certains droits peuvent être substantifs même s'ils ne sont exerçables que dans le futur, voir point 2. ci-après.

Sur la notion de droits substantifs, voir n° 15135.

b. Quels sont l'objectif et la manière dont l'instrument a été structuré ? Quelles sont les autres implications de l'investisseur ? Déterminer si les droits de vote potentiels sont à prendre en compte dans l'analyse du pouvoir nécessite également de prendre en compte l'objectif et la nature de l'instrument conférant les droits de vote potentiels ainsi que l'objectif et la nature de tout autre lien entre l'investisseur et l'entité considérée (IFRS 10.B48).

Ceci implique notamment d'apprécier l'évaluation des divers termes et conditions de l'instrument ainsi que les attentes, motivations et raisons qui ont conduit l'investisseur à les accepter.

c. Existe-t-il d'autres droits de vote ou d'autres droits contractuels conférant à l'investisseur le pouvoir sur les décisions pertinentes de l'entité ? La détention de droits de vote potentiels, considérés seuls ou conjointement avec la détention d'autres droits, peut en effet conférer à l'investisseur le pouvoir de diriger les activités pertinentes de l'entité (IFRS 10.B50).

2. Des modalités d'appréciation complexes du caractère substantif des droits de vote selon IFRS 10 L'analyse des droits de vote potentiels selon IFRS 10 est un exercice complexe.

La norme IFRS 10 n'impose pas qu'une option d'achat, un contrat à terme ou une dette convertible en actions soient immédiatement exerçables pour les prendre en compte dans l'appréciation du contrôle.

En revanche, ces options devront être prises en compte si elles constituent un droit substantif. Ainsi, par exemple, une option non exerçable immédiatement pourra être substantive si elle peut être exercée par l'investisseur quand les décisions relatives aux activités pertinentes doivent être prises. Ceci sera le cas, par exemple, d'une option d'achat qui peut être exercée avant la prochaine assemblée générale, si cette dernière est l'organe où se prennent toutes les décisions pertinentes relatives à l'entité.

Ainsi, l'analyse des droits de vote nécessite de considérer la raison d'être et la conception de ces droits, l'objectif poursuivi par son détenteur et les facteurs pouvant motiver l'exercice de l'instrument (synergies, par exemple) ou à l'inverse pouvant le contraindre.

Droits de vote potentiels
(options d'achats, contrats à terme, dettes convertibles en actions…)

IFRS 10

Jugement nécessaire

Doivent être **substantifs :**
- absence de barrière à leur exercice
- exerçables lorsque les décisions structurantes doivent être prises

Nécessité d'analyser la **raison d'être** et la **conception** des droits ainsi que l'objectif poursuivi par leur détenteur

Pour une illustration pratique, voir les exemples ci-après.

■ *Exemple 1*

Option d'achat détenue par l'entreprise mère sur les titres d'une filiale *L'entité A, un détaillant de prêt-à-porter, a créé une entité Z pour promouvoir la distribution de ses produits dans un nouveau pays.*

L'entité A détient 49 % de cette nouvelle entité Z, le reliquat (51 %) étant détenu par un distributeur local. L'entité A détient également une option d'achat (« call ») lui permettant d'acquérir à tout moment ces 51 %, le prix d'exercice convenu étant égal à 51 % de la juste valeur de l'entité Z à la date d'exercice de l'option. L'exercice du call permettra à A de bénéficier des synergies entre son activité et l'activité de Z.

Solution de l'exemple 1 *Si elle était exercée, cette option d'achat porterait le pourcentage de droits de vote de A à 100 %. L'option d'achat est exerçable à tout moment et permettrait à A de disposer des droits de vote lors des prises de décisions.*

Le prix d'exercice de l'option d'achat étant la juste valeur des titres, elle n'est ni dans la monnaie, ni en dehors de la monnaie. Compte tenu du fait que A a la possibilité d'exercer cette option pour bénéficier des synergies entre son activité et l'activité de Z, il est très probable que A ait le pouvoir sur l'entité X.

■ *Exemple 2*

Option d'achat (en dehors de la monnaie) détenue par un minoritaire sur 35 % des titres d'une filiale de A *(IFRS 10.B50, Exemple 9) L'entité A détient un pourcentage de droits de vote de 70 % dans une entité X.*

L'entité détient 30 % des droits de vote de X ainsi qu'une option d'achat portant sur 35 % des titres X actuellement détenus par A. Cette option est exerçable à tout moment au cours des deux prochaines années. Le prix d'exercice de l'option d'achat est fixe et est très supérieur à la juste valeur (call très en dehors de la monnaie) des titres X et l'on s'attend à ce qu'il le reste pendant la période de deux ans jusqu'à l'échéance de l'option. A exerce ses droits de vote et dirige activement les activités pertinentes de X. Aucun autre élément n'est à prendre en compte dans l'analyse.

Solution de l'exemple 2 *Si elle était exercée, cette option d'achat réduirait le pourcentage de droits de vote de A à 35 % et B aurait alors 65 % des droits de vote de X. Toutefois, même si le call est immédiatement exerçable, il est peu probable que l'entité B l'exerce, compte tenu de son caractère actuel et futur très en dehors de la monnaie. Les droits potentiels conférés par l'option ne sont pas substantifs et ne remettent pas en cause le pouvoir de l'entité A sur l'entité X.*

Droits de vote potentiels – Incidence des clauses permettant d'acquérir ou de céder des titres

15161 ***Question***

Des clauses contractuelles permettant à un investisseur d'acquérir ou de céder des titres peuvent-elles représenter des droits de vote potentiels susceptibles de lui conférer le contrôle ?

Réponse

Une option d'achat (portant sur des titres auxquels des droits de vote sont attachés) confère à son détenteur des droits de vote potentiels à prendre en compte dans l'appréciation du contrôle dès lors qu'elle peut être exercée au moment où les décisions substantives doivent être prises.

En revanche, n'ont en général pas d'impact sur l'analyse du contrôle :

- une option de vente ;
- une clause de sortie (telle que « tag-along right », « drag-along right ») car elle ne permet à aucun investisseur de forcer la vente des titres d'autres investisseurs à son profit ;
- une clause de sortie alternative (« roulette russe ») qui représente un droit de sortie symétrique ; à condition de s'assurer que chaque investisseur ait la capacité pratique de l'exercer.

Toutefois, dans le cadre de l'appréciation du contrôle d'une entité structurée, de tels droits doivent être analysés avec précaution, en tenant compte de tous les faits et circonstances. En effet, dans ce type d'entité où les droits de vote ne représentent pas le critère déterminant pour établir le contrôle, ils peuvent être vecteurs de pouvoir.

Commentaires Il est fréquent, en pratique, que les pactes d'actionnaires (ou autres accords contractuels entre investisseurs) prévoient des clauses permettant à un (ou plusieurs) investisseur(s) d'acquérir les titres détenus par d'autres ou de céder ses (leurs) titres. Ces clauses peuvent être mises en œuvre soit immédiatement, soit ultérieurement (au cours d'une période de temps définie à l'avance ou à une date d'échéance), soit encore en cas de survenance d'un événement futur (clause de « deadlock », par exemple). **15161** (suite)

Les clauses les plus fréquemment utilisées sont notamment les suivantes :
- **option d'achat (« call option »)** Une telle option fournit à son détenteur le droit d'acquérir des titres détenus par un autre investisseur à un prix convenu, selon les modalités contractuelles ;
- **option de vente (« put option »)** Une telle option fournit à son détenteur le droit de vendre ses titres à un autre investisseur à un prix convenu, selon les modalités contractuelles ;
- **droit de sortie conjointe (« tag-along right »)** Si un investisseur (généralement majoritaire) souhaite céder ses titres et que les autres investisseurs ne souhaitent pas les acquérir, ces derniers peuvent obliger un tiers acquéreur à acheter également leurs titres aux mêmes conditions que celles offertes à l'actionnaire vendeur. Cette clause permet ainsi à un actionnaire minoritaire de demander de suivre et de faire partie de la vente des titres de l'actionnaire majoritaire ;
- **obligation de sortie conjointe (« drag-along right »)** Si un investisseur (généralement majoritaire) souhaite céder ses titres et que les autres actionnaires ne souhaitent pas les acquérir, il peut obliger ces derniers à céder également leurs titres aux mêmes conditions que celles qui lui sont offertes. Cette clause permet ainsi à un actionnaire majoritaire de forcer la vente de 100 % du capital d'une entreprise ;
- **clause de sortie alternative (« roulette russe »)** Ce type de clause s'applique généralement aux accords entre deux investisseurs uniquement. L'un des investisseurs propose d'acquérir les titres de l'autre, ce dernier peut alors accepter de vendre, sinon il est contraint de racheter les titres de l'investisseur à l'origine de la demande.

De telles clauses doivent être analysées afin de déterminer si elles sont susceptibles de conférer des droits de vote potentiels à leur détenteur ou à d'autres investisseurs. En effet, les droits de vote potentiels doivent être pris en compte dans l'appréciation du contrôle s'ils sont substantifs, c'est-à-dire s'ils confèrent à un investisseur la capacité actuelle de diriger les activités pertinentes d'une entité (IFRS 10.B22).

Pour l'incidence des droits de vote potentiels sur l'appréciation du pouvoir, voir nº 15160.

1. **Option d'achat** Une option d'achat (portant sur des titres auxquels des droits de vote sont attachés) confère à son détenteur des droits de vote potentiels. Si elle est substantive, c'est-à-dire si son détenteur a la capacité pratique de l'exercer au moment où les décisions concernant les activités pertinentes doivent être prises, elle est susceptible de conférer le pouvoir à son détenteur. Dans un accord conjoint, elle peut ainsi faire basculer le contrôle en faveur de l'un des partenaires.

Pour plus de détails, voir nº 15160 (Exemples 1 et 2) et 15420.

2. **Option de vente** Une option de vente détenue par un investisseur lui permet de vendre ses titres dans une entité : elle ne lui permet pas d'acquérir des droits de vote complémentaires. Le vendeur de l'option, quant à lui, est obligé d'acquérir les titres correspondants si le détenteur de l'option souhaite l'exercer. La décision d'achat n'étant pas sous son contrôle, ce dernier ne peut pas acquérir les titres lorsqu'il le souhaite. Par conséquent, généralement, une option de vente n'interfère pas dans l'appréciation du contrôle.

3. **Clauses de sortie (« tag-along », « drag-along », « roulette russe »)** :

a. En général, dans les **entités classiques**, où le pouvoir est essentiellement conféré par les droits de vote, de telles clauses ne devraient pas influer sur l'analyse du pouvoir. En effet, elles représentent un droit de sortie symétrique pouvant être exercé par chacun des investisseurs.

Les clauses de « tag-along » et de « drag-along » ne permettent à aucun investisseur de forcer la vente des titres d'autres investisseurs à son profit. Elles ne confèrent donc pas de droits de vote potentiels.

La clause de « roulette russe », quant à elle, conduit l'un des investisseurs à céder ses titres à l'autre investisseur. Toutefois, aucun investisseur n'est privilégié et chacun peut se retrouver en situation d'acquéreur. Il s'agit d'un droit symétrique qui ne permet à aucun investisseur d'obtenir, à sa seule initiative, les droits de vote détenus par l'autre investisseur. Une clause de roulette russe ne confère donc pas de droits de vote potentiels, à condition toutefois que chaque investisseur ait la capacité pratique d'exercer son droit.

Pour plus de détails, voir nº 15135, Exemple 3.

En effet, dans certaines situations, il est possible que l'un des investisseurs n'ait pas la capacité pratique d'exercer son droit de sortie. Tel est le cas, par exemple, si un investisseur n'a pas les ressources financières suffisantes pour exécuter l'offre d'achat. L'autre investisseur pourra actionner le mécanisme de roulette russe tout en sachant que le premier investisseur ne sera pas en mesure de lui acheter ses titres, et sera donc contraint de lui céder ses propres titres. L'investisseur ayant initié le mécanisme a ainsi la possibilité de forcer la vente des titres de l'autre investisseur à son profit. Dans une telle situation, la clause de roulette russe pourra s'analyser comme un droit de vote potentiel susceptible de lui conférer le pouvoir sur l'entité. Ce type de situation ne devrait toutefois pas être très fréquent en pratique.

b. Dans les **entités structurées,** qui sont conçues de telle manière que les droits de vote ne constituent pas le facteur déterminant pour établir le contrôle, l'analyse des clauses contractuelles d'achat et/ou de vente de titres doit être effectuée avec attention. En effet, une entité structurée étant rarement régie par ses statuts, de telles clauses peuvent conférer le pouvoir à un investisseur et ce, même si les droits correspondants s'exercent uniquement dans des circonstances particulières ou si des événements interviennent.

Pour plus de détails sur l'appréciation du contrôle des entités structurées, voir nº 15176.

C. Exposition ou droits aux rendements variables

Exposition ou droits aux rendements variables de l'entité

15165 ***Question***

Le contrôle d'une entité dépend notamment de l'exposition ou des droits de l'investisseur aux rendements variables de l'entité. Que signifie cette condition en pratique ?

Réponse

Cette condition du contrôle est satisfaite lorsque les rendements revenant à l'investisseur peuvent varier de manière positive et/ou négative, en fonction de la performance de l'entité. L'investisseur doit ainsi apprécier si les rendements lui revenant sont variables et à quel point ils le sont. Cette analyse est fondée sur la substance des accords liant l'investisseur et l'entité.

Commentaires Cette disposition résulte d'IFRS 10.7b, .15 et .B2b. La notion de rendement s'entend de manière large.

Par exemple, les paiements liés à une obligation assortie d'intérêts fixes sont des rendements variables parce qu'ils exposent leur détenteur au risque de crédit de l'émetteur de l'obligation (IFRS 10.B56).

Les rendements peuvent inclure les dividendes, les changements de juste valeur de l'investissement, les avantages fiscaux, les économies d'échelle, les synergies, les commissions de service, les commissions et l'exposition résultant de la fourniture d'une ligne de crédit ou de liquidités, etc. (IFRS 10.B57).

Un investisseur doit apprécier si les rendements lui revenant sont variables et à quel point ils le sont (IFRS 10.B56). L'analyse doit être fondée sur la substance des accords liant l'investisseur et l'entité, indépendamment de leur forme juridique (IFRS 10.B56).

Appréciation de l'exposition aux rendements variables : notions d'« absorption » et de « contribution » à la variabilité

15167 ***Question***

Dans le cadre de l'appréciation de l'exposition de l'investisseur aux rendements variables de l'entité, il est important de déterminer si celui-ci détient des instruments qui absorbent les rendements variables de l'entité ou au contraire répercutent des rendements variables.

Comment les notions d'absorption ou de contribution à la variabilité d'une entité interviennent-elles dans l'analyse du contrôle et que recouvrent-elles ?

Réponse 15167 (suite)

Le Board de l'IASB a indiqué qu'il s'attendait à ce qu'un investisseur soit exposé ou ait des droits aux rendements variables d'une entité lorsqu'il détient des instruments qui absorbent de la variabilité, c'est-à-dire qui réduisent l'exposition de l'entité aux risques qui sont à l'origine de la variabilité de ses rendements.

A l'inverse, les instruments qui répercutent de la variabilité ne sont pas pris en compte dans l'analyse de l'exposition aux rendements variables et ne peuvent donc pas, s'il s'agit de la seule exposition, conférer le contrôle.

Il n'est pas forcément simple de déterminer si un instrument absorbe de la variabilité ou y contribue. Il convient ainsi de faire preuve de jugement.

Exemples d'instruments absorbeurs de variabilité :
- une action : les actionnaires ont droit aux dividendes et à la variation de valeur de leur investissement ;
- un financement : en accordant un prêt à une entité, le prêteur est exposé au risque de crédit de cette dernière, c'est-à-dire qu'il court le risque de ne pas être remboursé. L'investisseur absorbe donc une fraction des rendements de l'entité.

Exemple d'instrument contributeur de variabilité : un emprunt. Une partie qui emprunte de l'argent à une entité n'absorbe pas la variabilité des rendements de cette entité mais répercute de la variabilité, c'est-à-dire son propre risque de crédit (risque de ne pas pouvoir la rembourser).

Commentaires Pour contrôler une entité, un investisseur doit, notamment, être exposé ou avoir des droits aux rendements variables de cette entité (IFRS 10.7). Tel est le cas lorsque les rendements revenant à l'investisseur peuvent varier de manière positive et/ou négative en fonction de la performance de l'entité (IFRS 10.15).

Le Board de l'IASB a indiqué qu'il s'attendait à ce qu'un investisseur soit exposé ou ait des droits aux rendements variables d'une entité lorsqu'il détient des instruments qui absorbent de la variabilité, c'est-à-dire qui réduisent l'exposition de l'entité aux risques à l'origine de la variabilité de ses rendements (IFRS 10.BC65 et .BC67).

Remarque Certains instruments sont destinés à transférer du risque de l'investisseur vers une autre entité. De tels instruments créent de la variabilité des rendements pour l'autre entité sans pour autant exposer l'investisseur à la variabilité des rendements résultant de la performance de l'autre entité (IFRS 10.BC66).

Par exemple, une entité A est créée pour proposer des opportunités d'investissement à des investisseurs qui souhaitent avoir une exposition au risque de crédit de l'entité Z (l'entité Z n'est liée à aucune des parties intervenant dans l'accord).

L'entité A obtient du financement en émettant des billets de trésorerie (« notes ») liés au risque de crédit de l'entité Z, souscrits par les investisseurs, et utilise les fonds pour investir dans un portefeuille d'actifs financiers sans risque.

L'entité A obtient une exposition au risque de crédit de l'entité Z par le biais d'un CDS (« credit default swap ») auprès d'une contrepartie tierce. Le CDS transfère l'exposition au risque de crédit de l'entité Z à l'entité A, en échange d'une commission payée par la contrepartie du swap. Les investisseurs dans l'entité A reçoivent un rendement plus élevé qui reflète à la fois le rendement relatif aux actifs du portefeuille et la commission reçue relative au CDS.

La contrepartie au swap n'a pas d'implication dans l'entité A qui l'expose à la variabilité des rendements relatifs à la performance de l'entité A car le CDS transfère de la variabilité à l'entité A plutôt qu'il n'absorbe la variabilité des rendements de l'entité A (IFRS 10.BC66).

Il n'est pas forcément simple de déterminer si un instrument absorbe de la variabilité ou y contribue. Il convient de faire preuve de jugement. Cette analyse est importante car seuls les instruments qui absorbent de la variabilité sont pris en compte dans l'exposition aux rendements variables alors que ceux qui répercutent de la variabilité ne sont pas à prendre en compte car ils ne procurent pas d'exposition à leur détenteur.

Nous fournissons ci-après deux listes d'instruments qui généralement, à notre avis, absorbent (a.) ou à l'inverse contribuent (b.) à la variabilité :

a. Instruments qui, pour leur détenteur, absorbent généralement de la variabilité de l'entité :
- instruments de capitaux propres émis par l'entité ou instruments de dettes émis par l'entité (indépendamment du caractère fixe ou variable du taux d'intérêt) ;

Tel est typiquement le cas d'une action ordinaire : un actionnaire ayant droit aux dividendes et à la variation de valeur de l'action, il est ainsi exposé aux rendements variables (il absorbe donc de la variabilité).

- les garanties sur les dettes de l'entité (celui qui a accordé la garantie assurant ainsi une responsabilité relative au paiement des dettes de l'entité) ;
- les garanties relatives à la valeur des actifs de l'entité ;
- les engagements de liquidité donnés à l'entité ;
- l'achat d'un call (option d'achat) à un prix d'exercice fixe (donne à l'acheteur le droit d'acheter un actif de l'entité à un prix fixé) ;
- la vente d'un put (option de vente) à un prix d'exercice fixe (entraîne l'obligation pour le vendeur d'acheter un actif de l'entité à un prix déterminé).

Ces instruments peuvent conférer à leur détenteur une exposition à la variabilité des rendements et conduire au contrôle de l'entité et donc à sa consolidation si les autres critères d'IFRS 10 sont également remplis.

b. **Instruments qui, pour leur détenteur, contribuent généralement à la variabilité de l'entité** :
- les montants dus à l'entité ;

Un tiers qui emprunte de l'argent à taux fixe à un émetteur contribue à la variabilité de l'émetteur en lui transférant son propre risque de crédit. Ainsi, il n'est pas exposé aux rendements variables de l'émetteur s'il n'a pas d'autres intérêts par ailleurs.

- la vente d'un call (option d'achat) à un prix d'exercice fixe (entraîne pour le vendeur l'obligation de vendre un actif de l'entité pour un prix déterminé) ;
- l'achat d'un put (option de vente) à un prix d'exercice fixe (donne à l'acheteur le droit de vendre un actif de l'entité à un prix fixé) ;
- les garanties reçues.

Ces instruments, pris individuellement, ne donnent généralement pas de droit ou n'exposent généralement pas l'investisseur aux rendements variables de l'entité. Celle-ci ne peut donc pas être consolidée si la détention de ce type d'instrument est la seule exposition de l'investisseur.

D. Capacité de l'investisseur à agir sur les rendements

Distinction agent/principal

15170 ***Question***

Le contrôle d'une entité dépend notamment de la capacité de l'investisseur à agir sur les rendements variables de l'entité. Que signifie cette condition en pratique ?

Réponse

Une fois que l'investisseur a déterminé qu'il disposait du pouvoir sur l'entité et qu'il était exposé ou avait droit aux rendements variables résultant de son implication dans l'entité, il doit apprécier si ce pouvoir lui permet d'influer sur les rendements de l'entité qui lui reviennent, c'est-à-dire notamment s'il agit pour son propre compte en tant que « principal » ou s'il agit en tant que simple « agent » (pouvoir délégué).

Un agent est principalement chargé d'agir pour le compte et au bénéfice d'une ou plusieurs autres parties (le principal). De ce fait, un agent ne contrôle pas l'entité lorsqu'il exerce son pouvoir décisionnel.

Commentaires :

1. **Appréciation du lien entre pouvoir et rendements pour déterminer si l'entité agit en tant que principal ou en tant qu'agent** Une fois que l'investisseur a déterminé qu'il disposait du pouvoir sur les activités pertinentes de l'entité et qu'il était exposé ou avait droit à des rendements variables résultant de son implication dans l'entité, il doit également déterminer s'il a la capacité d'exercer son pouvoir pour influer sur les rendements de l'entité qui lui reviennent (IFRS 10.17 et .B2c).

Ainsi, un investisseur qui dispose de droits lui permettant de prendre des décisions doit déterminer s'il agit pour son propre compte en tant que « principal » ou s'il agit en tant que simple « agent » (pouvoir délégué) (IFRS 10.18).

2. **Définition d'un agent** Un agent est principalement chargé d'agir pour le compte et au bénéfice d'une ou plusieurs autres parties (le principal). De ce fait, il ne contrôle pas l'entité lorsqu'il exerce son pouvoir décisionnel (IFRS 10.B58).

La norme traite également de l'identification d'agent pouvant agir pour le compte d'un investisseur, malgré l'absence de contrat (agent de fait) (IFRS 10.B73 et .B74) (voir Exemples 1 et 2 ci-après).

Un décideur ne doit toutefois pas nécessairement être considéré comme un agent du simple fait que d'autres parties peuvent bénéficier des décisions qu'il prend (IFRS 10.B58). **15170** (suite)

3. Appréciation du contrôle d'une entité par un investisseur qui a délégué son pouvoir pour certaines questions particulières Lorsqu'un principal délègue à un agent une partie de son pouvoir sur une entité, sans pour autant que l'agent ne contrôle l'entité car il exerce ce pouvoir pour le compte du principal, les droits décisionnels conférés à l'agent doivent être considérés comme étant détenus directement par le principal lors de la détermination du contrôle par ce dernier (IFRS 10.B58). Dans ce cas, le pouvoir est normalement détenu par le principal et non pas par l'agent (IFRS 10.B59).

4. Appréciation du pouvoir lorsqu'il existe plus d'un principal Dans ce cas, chacun des investisseurs détermine s'il détient le pouvoir sur l'entité en se référant aux dispositions générales d'IFRS 10.B5 à .B54 et à celles relatives plus spécifiquement à la notion d'agent et de principal (IFRS 10.B60 à .B72) (IFRS 10.B59).

Cette situation se rencontre notamment lorsqu'un fonds d'investissement est détenu par plusieurs investisseurs et qu'il est géré par un gérant. Si le gérant agit en tant qu'agent (pour le compte des investisseurs), ceci ne signifie pas nécessairement que l'un ou l'autre des investisseurs exerce le contrôle sur l'entité détenue (voir Exemple 3). Lorsqu'il existe plus d'un principal, chacun d'eux doit en effet déterminer s'il exerce le pouvoir sur l'entité sur la base d'un ensemble d'éléments constitués du pouvoir, de l'exposition aux rendements variables et de la capacité à agir sur les rendements (IFRS 10.B59). Si un investisseur détient, par exemple, une part importante du fonds, la détention restante étant dispersée, et que l'investisseur a la capacité, en pratique, de révoquer le gérant du fonds ou d'orienter les décisions qu'il prend, alors il est probable que cet investisseur détient le pouvoir et contrôle le fonds.

En janvier 2015, l'IFRS IC a précisé que, lorsque le gérant d'un fonds d'investissement, détenant lui-même des parts du fonds, ne détient pas le contrôle car il est démontré qu'il agit en tant qu'agent pour le compte des investisseurs (conformément à IFRS 10.B60 à .B72), il convient de s'interroger sur l'existence d'une influence notable, conformément aux critères d'IAS 28. En particulier, il est nécessaire d'apprécier si le pouvoir du gérant de participer aux politiques financières et opérationnelles, associé à sa détention capitalistique, lui confère une influence notable (IFRIC Update 01/15). La norme IAS 28 ne fournit, toutefois, aucune indication sur la façon dont le pouvoir de participer aux politiques financières et opérationnelles, détenu en tant qu'agent pour le compte d'un ou plusieurs investisseurs, peut affecter l'appréciation de l'influence notable. Cette appréciation requiert l'exercice du jugement et doit tenir compte de l'ensemble des faits et circonstances.

■ *Exemple 1*

Holding intermédiaire : agent de fait de la société mère ultime *La société Holdco, détenue à 100 % par sa société mère M, détient 100 % de la société opérationnelle Opi. Le seul objet de Holdco est la détention de la participation dans Opi. Holdco établit des comptes consolidés IFRS.*

La question est alors de savoir si Holdco agit en tant qu'agent de fait de sa mère M et en conséquence ne contrôle pas Opi.

Solution de l'exemple 1 *Holdco contrôle Opi du fait :*

- de sa détention de 100 % des titres Opi ; et

- de la possibilité pour les dirigeants de Holdco d'influer sur les décisions d'Opi via le pouvoir qui leur est conféré par les droits de vote attachés aux titres Opi.

Les titres Opi ainsi que le pouvoir sur Opi sont détenus par Holdco, et ceci indépendamment du degré d'implication de la mère ultime M dans Holdco ou du contrôle que M exerce sur l'organe de direction de Holdco.

Le pouvoir sur Opi appartient, en premier lieu, à Holdco plutôt qu'à sa mère M. En effet, M n'a délégué aucun pouvoir à Holdco. En outre, Holdco étant également exposé à la variabilité des rendements de Opi, Holdco n'est pas un agent de fait de M et Holdco doit consolider Opi.

■ *Exemple 2*

Employés agents de fait *L'entité X gère et a autorité pour prendre toutes les décisions concernant un fonds Z. L'entité X accorde des bonus à ses employés clés (dénommés KMP, key management personnel ci-après), sous la forme de titres du fonds, en fonction de la performance de Z et sous réserve du respect de certaines conditions. Les KMP peuvent également investir leur propre argent dans le fonds.*

L'entité X ne détient aucune participation directe dans le fonds.

X n'ayant pas de participation directe dans le fonds, ceci peut suggérer que X n'est pas significativement exposé aux rendements variables du fonds. Toutefois, les KMP peuvent, en substance, détenir leurs parts du fonds pour le compte de X. Le droit pour les KMP d'investir dans le fonds peut représenter une forme de rémunération et fournir des avantages indirects à X. Cette situation pourrait ainsi avoir un impact à la fois sur le critère d'exposition aux rendements variables (IFRS 10.7b) et sur l'analyse agent/principal (IFRS 10.7c et .B74) pour la détermination du contrôle selon que les KMP sont (ou non) considérés comme des agents de fait de X.

Solution de l'exemple 2 *Il est nécessaire de faire preuve de jugement pour déterminer :*
- si les KMP utilisent leur participation dans le fonds pour le compte de X ; ou
- si les parts du fonds sont des actifs personnels des KMP sur lesquels X n'a pas de pouvoir.
Pour se forger un jugement, il est nécessaire de tenir compte des faits et circonstances, par exemple :
- la position des KMP au sein de l'entreprise ;
- la raison pour laquelle les KMP détiennent ces titres ;
- si les droits conférés par la propriété de ces titres sont détenus par les KMP et si les KMP peuvent se séparer de leurs titres ou, a contrario, s'ils sont obligés de les conserver ;
- si les titres ont été octroyés par X ou s'ils ont été acquis par les KMP avec leurs propres fonds ;
- s'il existe des restrictions concernant le transfert de ces titres par les KMP sujettes à l'approbation de X ;
- comment, en pratique, les KMP exercent leurs droits de vote attachés à cette participation.
Sur la base de ces éléments, s'il ressort que les KMP sont des agents de fait, leur participation sera alors attribuée à X dans le cadre de l'analyse du contrôle du fonds par X.

■ *Exemple 3*

Détermination du pouvoir lorsqu'il existe plus d'un principal dans le cas d'un fonds où le gérant est un agent *Soit trois investisseurs A, B et C détenant respectivement 15 %, 30 % et 55 % d'un fonds géré par un gérant externe. Le gérant du fonds a des pouvoirs importants pour prendre des décisions en matière d'investissement et les investisseurs ne peuvent ni orienter ces décisions ni s'y opposer par un droit de veto. Le gérant du fonds peut être révoqué mais uniquement à l'issue d'un vote unanime des trois investisseurs. Au regard des critères d'IFRS 10, le gérant est considéré comme un agent. Il agit pour le compte des investisseurs (chacun d'eux étant un principal).*

Solution de l'exemple 3 *Un agent n'a pas le contrôle sur une entité détenue (IFRS 10.B58). Ainsi, le gérant ne contrôle pas le fonds. En conséquence, sur la base des circonstances de cet exemple, les investisseurs ne doivent pas s'attribuer le pouvoir de décision du gérant. Le gérant du fonds est un agent pour chacun des trois investisseurs. Dès lors que l'agent intervient pour plus d'un principal, chacun d'eux doit déterminer s'il a le pouvoir (IFRS 10.B59). Aucun des investisseurs n'a le pouvoir unilatéral d'orienter les décisions du gérant ou de le révoquer. Ainsi, aucun d'eux n'a individuellement la capacité de diriger les activités pertinentes du fonds (IFRS 10.B9).*

Indicateurs à considérer pour la distinction agent/principal

15171 ***Question***

Quels sont les indicateurs à considérer pour déterminer si une entité agit en tant qu'agent ou en tant que principal ?

Réponse

La norme IFRS 10 fournit des indicateurs pour mener cette analyse, notamment :
- l'étendue du pouvoir décisionnel sur l'entité détenue ;
- les droits détenus par les autres parties impliquées dans l'entité : droits de révocation substantifs, par exemple ;
- la rémunération du décideur selon les accords de rémunération et la variabilité associée à celle-ci ;
- l'exposition à la variabilité des rendements tirés d'autres intérêts détenus dans l'entité : fourniture d'une garantie concernant la performance de l'entité, par exemple.

Commentaires :

1. Eléments à considérer selon IFRS 10 pour déterminer si une entité agit en tant qu'agent
Il convient, dans cette analyse, d'apprécier dans son ensemble la relation entre le décideur, l'entité détenue et les autres parties ayant un lien avec l'entité détenue. Dans ce cadre, il convient de considérer en particulier les indicateurs suivants (IFRS 10.B60) :
- l'étendue du pouvoir décisionnel sur l'entité détenue (voir point 2. ci-après) ;
- les droits détenus par les autres parties impliquées dans l'entité (voir point 3. ci-après) ;
- la rémunération à laquelle le décideur a droit selon les accords de rémunération (voir point 4. ci-après) ;
- l'exposition à la variabilité des rendements tirés d'autres intérêts dans l'entité (voir point 5. ci-après).
Chacun de ces indicateurs doit être pondéré selon les faits et circonstances (IFRS 10.B60). Il convient d'apprécier tous ces indicateurs, sauf si une seule et même partie détient des droits substantifs lui permettant de révoquer sans motif le décideur (droits de révocation), ce qui est suffisant pour conclure que le décideur est un agent (IFRS 10.B61 et .B65).

15171 (suite)

2. **Etendue du pouvoir décisionnel sur l'entité détenue** Cet indicateur est apprécié en tenant compte des activités que peut mener le décideur telles que prévues dans les contrats ou selon la loi ainsi que de l'étendue du pouvoir du décideur concernant ces décisions (IFRS 10.B62).

L'étendue de l'autorité du décideur sur l'entité détenue peut être large et indiquer que le décideur peut détenir le pouvoir ; si elle est limitée, l'appréciation en termes de pouvoir devrait être inverse. Il convient également d'examiner l'objet et la manière dont l'entité a été structurée, les risques auxquels elle est exposée ainsi que ceux qu'elle a transmis aux parties impliquées (IFRS 10.B63). Si l'investisseur a joué un rôle important dans la conception de l'entité (y compris dans la détermination de l'étendue des pouvoirs décisionnels), cela peut indiquer qu'il souhaitait et pouvait obtenir des droits pour diriger les activités pertinentes (IFRS 10.B63).

3. **Droits détenus par les autres parties impliquées dans l'entité** Les droits substantifs détenus par d'autres parties peuvent affecter la capacité du décideur à diriger les activités pertinentes de l'entité (IFRS 10.B64 s.). Il s'agit :
- des droits de révocation substantifs (IFRS 10.B65) ;
- des droits qui limitent l'étendue du pouvoir du décideur (IFRS 10.B66) ; et
- des droits exerçables par le conseil d'administration (ou tout autre organe de direction) (IFRS 10.B67).

Concernant les droits de révocation substantifs, si ceux-ci sont détenus par une seule et même partie lui permettant de révoquer le décideur sans motif, ceci est un élément suffisant pour conclure que le décideur est un agent. Si les droits de révocation sont détenus par plusieurs parties, plus l'exercice des droits de révocation requiert l'action concertée d'un grand nombre de parties et plus grandes sont l'importance des autres intérêts du décideur et la variabilité associée à ceux-ci (voir point 5. ci-après), moins il faut alors accorder d'importance à cet indicateur (IFRS 10.B65).

Pour l'appréciation du caractère substantif :
- d'un droit de nomination annuelle du gérant par les investisseurs, voir n° 15173, Exemple 2 (hypothèses C) ;
- d'un droit de révocation assorti d'un préavis d'un an, voir Exemple ci-après.

4. **Rémunération à laquelle le décideur a droit selon les accords de rémunération** Plus la rémunération du décideur et la variabilité associée à celle-ci sont importantes par rapport aux rendements attendus des activités de l'entité, plus il est probable que le décideur agit pour son propre compte plutôt que pour celui d'autrui (IFRS 10.B68).

Le décideur ne peut pas être un agent si sa rémunération n'est pas en rapport avec les services fournis et si l'accord de rémunération ne prévoit pas des termes, conditions et montants habituels pour des accords relatifs à des services similaires (IFRS 10.B69 à .B70). A l'inverse, le fait que ces deux conditions soient remplies n'est pas suffisant pour conclure que le décideur est un agent (IFRS 10.B70).

5. **Exposition à la variabilité des rendements tirés d'autres intérêts dans l'entité** Si le décideur détient d'autres intérêts dans l'entité détenue, par exemple s'il fournit des garanties relatives à la performance de celle-ci, l'investisseur doit tenir compte de son exposition à la variabilité des rendements tirés de ces autres intérêts lorsqu'il évalue s'il est un agent. La détention d'autres intérêts dans l'entité peut indiquer qu'il agit pour son propre compte (IFRS 10.B72).

Pour apprécier son exposition à la variabilité des rendements, le décideur tient compte des éléments suivants :
- l'importance relative de ses intérêts et la variabilité associée à ceux-ci ; plus celles-ci sont importantes plus il est probable que le décideur agit pour son propre compte plutôt que pour celui d'autrui (IFRS 10.B72a) ;
- le fait que son exposition à la variabilité des rendements diffère ou non de celle des autres investisseurs et, dans l'affirmative, la possibilité que ses actions s'en trouvent influencées (IFRS 10.B72b). Ce pourrait être le cas par exemple lorsque le décideur détient des droits subordonnés dans l'entité détenue ou lui fournit d'autres formes de rehaussement de crédit.

■ *Exemple*

Appréciation du caractère substantif d'un droit de révocation assorti d'un préavis d'un an *Le fonds X est géré par un gérant qui peut être révoqué par la direction du fonds avec un préavis d'un an. Les membres de la direction sont indépendants du gérant et sont nommés par les investisseurs du fonds ; la majorité des investisseurs du fonds est indépendante du gérant. Il est possible de recruter d'autres gérants de fonds du même secteur capables d'assurer la gestion du fonds.*

Solution de l'exemple *La nomination d'un gérant de fonds pour une période limitée (voir n° 15173, Exemple 2, hypothèses C) diffère, à notre avis, d'un recrutement à durée indéterminée avec un droit*

de révocation assorti d'un préavis d'un an. La durée d'un an du préavis constitue en effet une période relativement longue qui peut constituer un frein à l'exercice du droit de révocation.
Concernant l'analyse du caractère substantif d'une telle disposition, les facteurs suivants doivent notamment être considérés :
- le préavis peut-il uniquement être signifié pendant une période limitée ?
- les décisions prises pendant la période de préavis affecteront-elles significativement les rendements du fonds ?

Indicateurs à considérer, en pratique, pour la distinction agent/principal

15172 ***Question***

En pratique, comment apprécier si une entité agit en tant qu'agent ou en tant que principal ?

Réponse

En faisant preuve de jugement dans l'analyse des indicateurs cités par IFRS 10 (voir nº 15171). Les indicateurs, qui sont notamment à considérer, ont été synthétisés par nos soins sous la forme du diagramme ci-après.

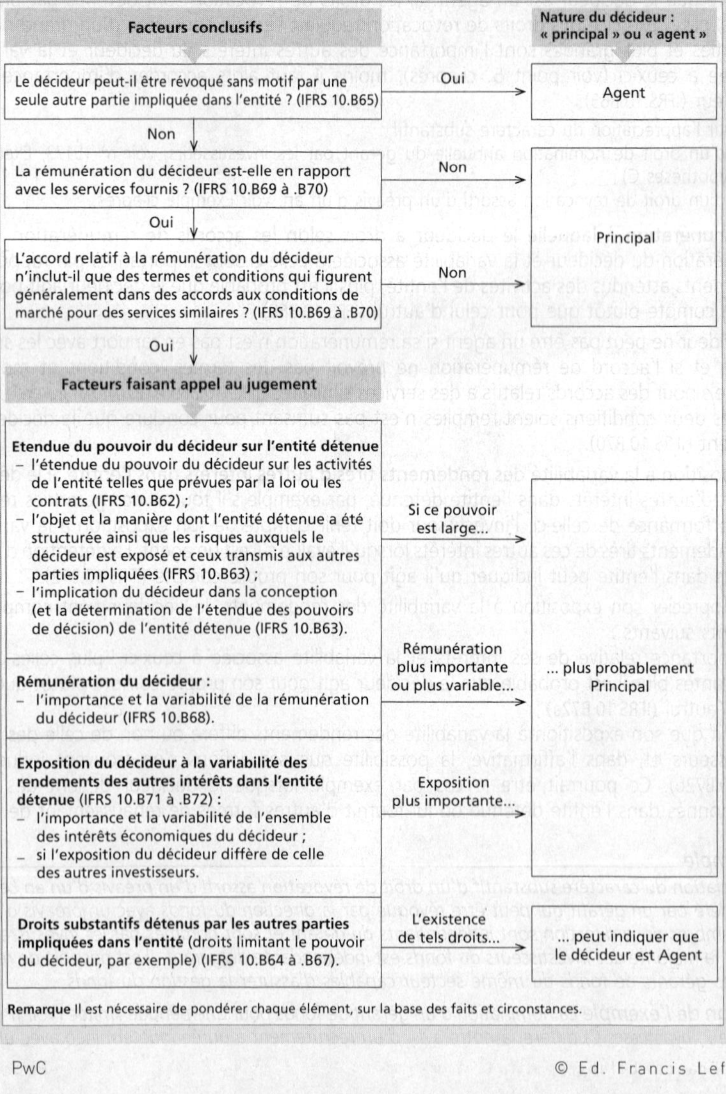

Application des indicateurs à considérer pour la distinction agent/principal

15173

Question

La norme IFRS 10 illustre-t-elle les indicateurs fournis pour apprécier si une entité agit en tant qu'agent ou en tant que principal ?

Réponse

Oui, la norme fournit notamment des exemples d'application de ces indicateurs dans le cas de gérants de fonds ou d'un conduit multi-cédants.

Commentaires La norme IFRS 10 illustre l'application pratique des indicateurs de distinction agent/principal à l'aide des exemples ci-après.

■ *Exemple 1*

(IFRS 10.B72, Exemple 13) Le gérant d'un fonds constitue, commercialise et gère un fonds réglementé dont les parts sont cotées. Le fonds est commercialisé comme un placement dans un portefeuille varié de titres d'entreprises cotées. Le gérant du fonds détient 10 % des titres du fonds.

Indicateurs IFRS 10	*Faits pertinents pour apprécier les indicateurs fournis par IFRS 10*
Etendue du pouvoir du décideur	*Le gérant agit conformément à des paramètres précis définis dans le mandat de gestion comme l'exigent la loi et les règlements en vigueur. Dans ce cadre, le gérant a le choix des actifs dans lesquels investir.*
Droits des autres parties	*Les investisseurs n'ont aucun droit substantif qui pourrait affecter le pouvoir de décision du gérant du fonds mais ils peuvent obtenir le remboursement de leur investissement dans certaines conditions fixées par le fonds.* *Le fonds n'est pas tenu de nommer un organe de direction indépendant. Il ne l'a pas fait.*
Rémunération du décideur	*Rémunération de marché égale à 1 % de la valeur de l'actif net du fonds. La rémunération est proportionnée aux services fournis.*
Exposition du décideur à la variabilité d'autres intérêts	*Le gérant du fonds détient une participation de 10 % du fonds.* *Le gérant n'a pas d'obligation de participer aux pertes du fonds au-delà de sa participation de 10 %.*

Solution de l'exemple 1 *Le gérant du fonds a des droits décisionnels, qui bien qu'encadrés notamment par le mandat de gestion, lui confèrent la capacité de diriger les activités du fonds. Il reçoit pour ses services une commission de marché qui correspond aux services fournis. Du fait de sa rémunération et de sa participation dans l'entité, il est exposé à la variabilité des rendements générés par l'activité du fonds, mais cette exposition ne permet pas de conclure que le gérant agit en tant que principal. L'analyse indique donc que le gérant est un agent.*

■ *Exemple 2*

(IFRS 10.B72, Exemples 14A, 14B et 14C) Le gérant d'un fonds constitue, commercialise et gère un fonds qui offre des possibilités de placement à un certain nombre d'investisseurs.

Indicateurs	*Hypothèses A*	*Hypothèses B*	*Hypothèses C*
Etendue du pouvoir du décideur	*Le gérant doit prendre des décisions dans le meilleur intérêt des investisseurs et dans le respect des accords régissant le fonctionnement du fonds. Le gérant dispose d'un large pouvoir de décision sur les activités pertinentes du fonds.*		
Droits des autres parties	*Les investisseurs peuvent révoquer le gérant par un vote à la majorité simple, mais uniquement en cas de manquement au contrat.*		*Le comité de direction du fonds est composé de directeurs indépendants du gérant, nommés par les autres investisseurs. La nomination du gérant intervient chaque année. Les services rendus par le gérant pourraient l'être par un autre gérant.*

15173 (suite)

Indicateurs	Hypothèses A	Hypothèses B	Hypothèses C
Rémunération du décideur	Le gérant perçoit une rémunération de marché composée : – d'une commission fixe égale à 1 % de la valeur des actifs gérés ; – d'une commission basée sur la performance du fonds correspondant à 20 % des profits du fonds si un certain niveau de profits est atteint. La rémunération est proportionnée aux services fournis.		
Exposition du décideur à la variabilité d'autres intérêts	Le gérant détient 2 % des titres du fonds, ce qui aligne son intérêt sur celui d'autres investisseurs. Il n'a aucune obligation de participer aux pertes au-delà de sa participation de 2 %.	Le gérant détient une participation plus substantielle dans le fonds. Il n'a aucune obligation de participer aux pertes au-delà de sa participation.	Le gérant détient 20 % des titres du fonds. Il n'a aucune obligation de participer aux pertes au-delà de sa participation de 20 %.

Solution de l'exemple 2

Hypothèses A	Hypothèses B	Hypothèses C
Le mode de rémunération du gérant basé sur l'augmentation de la valeur du fonds aligne ses intérêts sur ceux des autres investisseurs sans créer une exposition aux rendements variables telle que le gérant soit considéré comme principal.		
Le gérant est un agent. Bien que le gérant du fonds dispose d'un pouvoir de décision étendu et qu'il soit exposé à la variabilité des rendements du fait de sa participation de 2 % et de sa rémunération, son exposition n'est pas suffisante pour indiquer qu'il agit en tant que principal. De plus, les droits de révocation détenus par les autres investisseurs sont protectifs dès lors qu'ils ne peuvent être exercés qu'en cas de manquement au contrat.	La réponse dépend du montant de la participation détenue par le gérant. Par exemple, une participation de 20 % pourrait suffire au cas présent pour conclure que le gérant est principal. Tel serait le cas si la participation détenue par le gérant et sa rémunération créent une exposition à la variabilité des rendements générés par les activités du fonds d'une importance suffisante pour indiquer que le gérant agit pour son propre compte. Le montant de l'exposition qui conduirait à une qualification en principal varie selon les circonstances (selon les conditions de rémunération ou d'autres facteurs notamment). Les droits de révocation détenus par les autres investisseurs sont protectifs (comme dans l'exemple A).	Le gérant est un agent. La participation de 20 % détenue par le gérant et sa rémunération créent une exposition à la variabilité des rendements générés par les activités du fonds qui est d'une importance suffisante pour indiquer que le gérant agit pour son propre compte. Toutefois, les investisseurs ont des droits substantifs de révocation du gérant. En effet, ils peuvent faire révoquer le gérant par le conseil d'administration s'ils le souhaitent.

■ *Exemple 3*

(IFRS 10.B72, Exemple 15) Une entité est créée en vue de l'achat d'un portefeuille de titres à taux fixe adossés à des actifs. L'acquisition est financée au moyen de titres de créances à taux fixe et d'instruments de capitaux propres. Les instruments de capitaux propres sont conçus pour protéger les détenteurs des titres de créance (les créanciers) contre les premières pertes et pour permettre à leurs détenteurs de recevoir les rendements résiduels de l'entité.

L'opération a été présentée aux créanciers potentiels comme un placement dans un portefeuille de titres adossés à des actifs, avec une double exposition au risque : risque de crédit associé à la défaillance possible des émetteurs des titres détenus dans le portefeuille et risque de taux d'intérêt associé à la gestion du portefeuille.

Lors de la formation de l'entité, les instruments de capitaux propres représentent 10 % de la valeur des actifs acquis. Le gérant de l'entité détient une participation de 35 % des titres, le reste (65 %), ainsi que tous les titres de créance, sont détenus par un grand nombre de tiers investisseurs non liés et très dispersés.

15173 (suite)

Indicateurs IFRS 10	Faits pertinents pour apprécier les indicateurs fournis par IFRS 10
Etendue du pouvoir du décideur	Le gérant gère le portefeuille d'actifs en prenant des décisions de placement dans le respect des paramètres énoncés dans le prospectus de l'entité.
Droits des autres parties	Le gérant peut être révoqué sans motif sur décision prise à la majorité simple des autres investisseurs.
Rémunération du décideur	Rémunération du gérant composée : – d'une commission fixe de marché égale à 1 % des actifs sous gestion ; et – d'une commission de performance égale à 10 % du bénéfice, si le bénéfice excède un niveau déterminé. La rémunération est proportionnée aux services fournis.
Exposition du décideur à la variabilité d'autres intérêts	Le gérant du fonds détient une participation de 35 % du fonds. Le gérant est exposé à la variabilité des rendements du fait de sa participation et de sa rémunération.

Solution de l'exemple 3 *Bien qu'il exerce ses fonctions dans le respect des paramètres définis dans le prospectus de l'entité, le gérant a la capacité actuelle de prendre des décisions de placement qui ont une incidence importante sur les rendements de l'entité. Les droits de révocation détenus par les autres investisseurs reçoivent une pondération moindre dans l'analyse, car ils sont détenus par un grand nombre d'investisseurs très dispersés.*
Le gérant doit accorder une plus grande importance à son exposition à la variabilité des rendements liée à sa participation, laquelle est subordonnée aux titres de créance. L'exposition aux premières pertes et les droits résiduels sur les rendements de l'entité qui découlent de la participation de 35 % sont d'une importance suffisante pour indiquer que le gérant agit pour son propre compte et donc qu'il contrôle l'entité.

■ **Exemple 4**

(IFRS 10.B72, Exemple 16) Un décideur (le sponsor) parraine un fonds multi-cédants (le conduit) qui commercialise des titres de créance à court terme auprès de tiers investisseurs non liés. L'opération a été présentée aux investisseurs potentiels comme un placement dans un portefeuille d'actifs à moyen terme de qualité élevée, avec une très faible exposition au risque de crédit associé à la défaillance possible des émetteurs des actifs du portefeuille.
Divers cédants vendent au conduit des portefeuilles d'actifs à moyen terme de qualité élevée. Chacun gère le portefeuille d'actifs qu'il vend au conduit ainsi que les créances en cas de défaillance, en contrepartie d'une commission de gestion fondée sur le marché. Chaque cédant fournit également une protection contre les premières pertes relatives aux créances irrécouvrables de son portefeuille d'actifs par une surcollatéralisation des actifs cédés au conduit.

Indicateurs IFRS 10	Faits pertinents pour apprécier les indicateurs fournis par IFRS 10
Etendue du pouvoir du décideur	Le sponsor établit les modalités de fonctionnement du conduit et en gère les activités. Le sponsor approuve les vendeurs autorisés à vendre au conduit et les actifs qui seront achetés par celui-ci. Il prend également les décisions concernant le financement du conduit. Le sponsor agit dans les meilleurs intérêts de tous les investisseurs.
Droits des autres parties	Les investisseurs ne détiennent pas de droit substantif qui pourrait affecter le pouvoir de décision du sponsor.
Rémunération du décideur	Le sponsor reçoit une commission fondée sur le marché. Cette commission est en rapport avec les services fournis.
Exposition du décideur à la variabilité d'autres intérêts	Le sponsor a droit à tout rendement résiduel du conduit. Le sponsor fournit par ailleurs un rehaussement de crédit et des facilités de caisse au conduit. Le rehaussement de crédit absorbe les pertes à hauteur de 5 % de l'ensemble des actifs du conduit, après que les cédants ont assumé les premières pertes. Le sponsor n'accorde pas de facilité de caisse pour les actifs défaillants.

Solution de l'exemple 4 *Bien que le sponsor reçoive pour ses services une commission de marché qui est en rapport avec les services fournis, il est exposé à une variabilité significative des rendements, du fait de ses droits sur les rendements résiduels du conduit, du rehaussement de crédit et des facilités de caisse accordés au conduit.*

Le conduit est en effet exposé au risque de liquidité du fait de l'utilisation de titres de créance à court terme pour financer des actifs à moyen terme. Bien que chacun des cédants détienne des droits décisionnels qui ont une incidence sur la valeur des actifs du conduit, le sponsor possède un vaste pouvoir décisionnel qui lui confère la capacité actuelle de diriger les activités qui ont l'incidence la plus importante sur les rendements du conduit. Le sponsor a en effet établi les termes du conduit et il a le droit de prendre des décisions concernant les actifs (approbation des actifs achetés et de ceux qui les cèdent) et du financement du conduit (pour lequel il faut régulièrement trouver de nouveaux financements).

Le droit aux rendements résiduels du conduit et la fourniture d'un rehaussement de crédit et de facilités de caisse font que l'exposition du sponsor à la variabilité des rendements générés par les activités du conduit diffère de celle des autres investisseurs. Par conséquent, cette exposition indique que le sponsor agit pour son propre compte et donc qu'il contrôle le conduit. L'obligation qu'il a d'agir dans les meilleurs intérêts de tous les investisseurs ne l'empêche pas d'agir pour son propre compte.

Distinction agent/principal : indicateurs à considérer lorsque deux parties d'un même groupe partagent le pouvoir et l'exposition aux rendements variables

15174 ***Question***

Lorsque le pouvoir et l'exposition aux rendements variables sont partagés entre deux parties d'un même groupe, quels facteurs considérer afin de déterminer si l'une des parties est « agent de fait » de l'autre partie ?

Réponse

Une telle analyse requiert l'exercice du jugement sur la base des faits et circonstances spécifiques. Il convient de tenir compte notamment de la nature des relations entre les deux parties ainsi que de la façon dont elles interagissent.

Commentaires Dans son évaluation du contrôle, un investisseur doit prendre en considération la nature de sa relation avec les autres parties afin de déterminer si ces dernières peuvent agir pour son compte, en l'absence d'accord contractuel : autrement dit, si elles sont « agents de fait ».

Il est nécessaire de faire preuve de jugement dans cette appréciation, en tenant compte non seulement de la nature de la relation entre l'investisseur et les autres parties, mais également de la façon dont les parties interagissent entre elles (IFRS 10.B73).

Lorsque deux parties d'un même groupe partagent le pouvoir et l'exposition aux rendements variables d'une entité, il convient de s'interroger afin de déterminer si l'une des parties est agent de fait de l'autre partie. Cette appréciation dépend des faits et circonstances spécifiques. Il convient notamment d'apprécier :

- les raisons du partage de pouvoir et de l'exposition aux rendements variables entre les deux parties ;
- les accords contractuels existant entre les deux parties ;
- la façon dont les deux parties interagissent entre elles en pratique ; et
- la taille relative des deux parties au regard de leur exposition aux rendements variables.

Si un agent de fait est identifié, le principal doit déterminer s'il contrôle l'entité. Pour ce faire, il doit prendre en considération les droits décisionnels de son agent de fait ainsi que son exposition indirecte, ou les droits indirects aux rendements variables qu'il détient par son intermédiaire, en même temps que les siens (IFRS 10.B74).

■ ***Exemple***

Une société mère A détient deux filiales à 100 % :

- la société M qui est gérant d'un fonds d'investissement F dans lequel elle a une participation de 15 %. En tant que gérant, M reçoit une commission fixe de marché qui ne lui permet pas d'avoir une exposition supplémentaire aux rendements variables. Les termes du contrat de gestion confèrent à M le pouvoir de décision sur les activités pertinentes de F ; et

- la société S qui est également actionnaire de F à hauteur de 36 %.

Les 49 % restant dans le fonds d'investissement F sont détenus par plusieurs autres investisseurs. Les sociétés M et S établissent des comptes consolidés. Lors de l'analyse du contrôle de F, comment identifier si S est agent de fait de M (ou inversement) ? Est-il possible qu'aucune de ces deux entités ne soit considérée comme agent de fait de l'autre ?

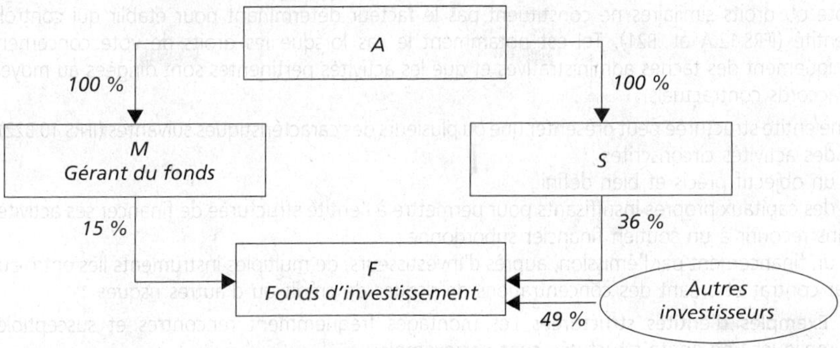

Solution de l'exemple *Comme indiqué ci-avant, les facteurs à considérer dans cette situation sont les suivants :*
– les raisons du partage du pouvoir et de l'exposition aux rendements variables entre les deux entités. Par exemple, S a-t-elle engagé M afin de gérer les actifs du fonds pour son compte ou, au contraire, détient-elle une participation dans F pour le compte de M et selon les instructions de la société mère A ?
– les accords contractuels entre les deux entités : au cas particulier, ils peuvent éventuellement indiquer si l'une des deux entités donne des instructions à l'autre entité ;
– la façon dont les deux entités interagissent, entre elles, en pratique. A titre d'exemple, S rencontre-t-elle directement M pour s'entretenir de la performance et de la stratégie d'investissement ? S a-t-elle la possibilité de révoquer M en tant que gestionnaire du fonds et de le remplacer par un autre gestionnaire de son choix ? S'applique-t-elle des consignes de vote de la part de M ou de la société mère A ?
– la taille relative des entités au regard de leur exposition aux rendements variables. Par exemple, les tailles relatives indiquent-elles qu'il est plus probable que l'une des deux entités soit l'agent de l'autre ?
Au cas particulier, il n'y a pas suffisamment d'éléments permettant de déterminer quelle partie est agent de fait de l'autre partie. En fonction des faits et circonstances, il peut éventuellement être conclu qu'aucune des deux entités (M et S) n'est l'agent de l'autre. Dans un tel cas, aucune ne doit consolider le fonds d'investissement F, quand bien même ce dernier est consolidé dans les comptes de la société mère ultime A.
Si, au contraire, il est déterminé que M agit en tant que principal, ce dernier doit tenir compte de la participation de S dans F (c'est-à-dire 36 %) afin de déterminer si son exposition aux rendements variables de F est suffisante pour en avoir le contrôle.
A noter que la prise en compte de la participation d'un agent de fait n'est valable que pour l'appréciation du contrôle. Ainsi, les intérêts minoritaires seront de 85 % si M conclut qu'il détient le pouvoir sur F (soit 100 % moins sa participation directe de 15 %) alors qu'ils seront de 64 % si c'est S qui détient le contrôle sur F (100 % – 36 %).

E. Appréciation du pouvoir dans les entités structurées

Notion d'entité structurée

Question 15175

Comment identifier une entité structurée ?

Réponse

Une entité structurée est définie comme une « entité conçue de telle manière que les droits de vote ou droits similaires ne constituent pas le facteur déterminant pour établir qui contrôle l'entité ». Cette définition est donnée non pas par la norme IFRS 10 mais par IFRS 12.

Commentaires :

1. **Notion d'entité structurée** La notion d'« entité structurée » n'est pas définie par la norme IFRS 10 mais par la norme IFRS 12.

Une entité structurée est définie comme une entité conçue de telle manière que les droits de vote ou droits similaires ne constituent pas le facteur déterminant pour établir qui contrôle l'entité (IFRS 12.A et .B21). Tel est notamment le cas lorsque les droits de vote concernent uniquement des tâches administratives et que les activités pertinentes sont dirigées au moyen d'accords contractuels.

Une entité structurée peut présenter une ou plusieurs des caractéristiques suivantes (IFRS 10.B22) :
- des activités circonscrites ;
- un objectif précis et bien défini ;
- des capitaux propres insuffisants pour permettre à l'entité structurée de financer ses activités sans recourir à un soutien financier subordonné ;
- un financement par l'émission, auprès d'investisseurs, de multiples instruments liés entre eux par contrat et créant des concentrations de risques de crédit ou d'autres risques.

2. **Exemples d'entités structurées** Les montages fréquemment rencontrés et susceptibles d'impliquer une entité structurée sont par exemple :
- des opérations comportant des contrats de location (opérations de cession-bail, etc.) ;
- des transactions impliquant la vente/le transfert d'actifs financiers à une entité (titrisation de créances, etc.) ;
- des accords d'externalisation ;
- des accords de financement d'actifs ou de projets ;
- des start-ups ou accords liés à des projets de recherche et de développement.

Définition unique du contrôle applicable également aux entités structurées

15176 ***Question***

Existe-t-il des modalités spécifiques d'appréciation du contrôle pour les entités structurées ?

Réponse

Non, la définition unique du contrôle de la norme IFRS 10 s'applique à toutes les entités.

La norme IFRS 10 fournit des indicateurs d'appréciation des éléments du contrôle dont certains peuvent concerner, en pratique, plus particulièrement les entités structurées.

En outre, les entités structurées doivent faire l'objet d'informations spécifiques requises par la norme IFRS 12.

Commentaires La norme IFRS 10 définit un modèle unique de contrôle (voir nº 15125). Elle fournit toutefois des éléments d'appréciation du contrôle dont certains peuvent concerner, en pratique, les entités structurées.

Pour la notion d'entité structurée, voir nº 15175.

Dans le cadre de l'appréciation du contrôle d'une entité structurée, il convient notamment d'apprécier :
- l'objet et la manière dont l'entité a été structurée, et en particulier la manière dont l'entité a été structurée en lien avec les risques qu'elle encourt et ceux qu'elle transfère et qui sont encourus par l'investisseur et par d'autres tiers impliqués dans l'entité (IFRS 10.B8) ;

  Sont à considérer non seulement les risques de perte ou de baisse de valeur (« downside risk ») mais également les potentialités de gains (IFRS 10.B8).
- l'implication et les décisions de l'investisseur lors de la création de l'entité (IFRS 10.B51) ;

  L'implication de l'investisseur dans la structuration de l'entité n'est toutefois pas un élément suffisant à lui seul pour conférer à l'investisseur le pouvoir sur l'entité (IFRS 10.B51).
- les accords conclus lors de la création de l'entité : option d'achat, de vente, droit de liquidation notamment (IFRS 10.B52) ;
- les activités pertinentes de l'entité ;

– les droits – résultant d'accords notamment – qui confèrent à l'investisseur le pouvoir de diriger les activités pertinentes (IFRS 10.B17), même si ceux-ci s'exercent uniquement dans des circonstances particulières ou si des événements interviennent (IFRS 10.B53), voir n° 15130 ; 15176 (suite)
– l'engagement implicite ou explicite d'un investisseur de s'assurer que l'entité fonctionne conformément à son objet et à la manière dont elle a été structurée (IFRS 10.B54) ;
– l'exposition ou les droits de l'investisseur aux rendements variables de l'entité, voir n° 15165 ;
– la capacité de l'investisseur à utiliser son pouvoir pour agir sur les rendements variables de l'entité, voir n° 15170.

Remarque La norme IFRS 12, Informations à fournir sur les intérêts détenus dans d'autres entités, requiert des informations spécifiques à fournir concernant les entités structurées (voir n° 24525).

■ *Exemple 1*

Entité structurée ayant une activité de gestion de créances *Trois investisseurs A, B et C créent une entité S dans laquelle est logé un portefeuille de créances. A, B et C détiennent chacun 1/3 des titres S. En outre, un pacte d'actionnaires spécifie que :*
– A est responsable de la sélection des créances : il compose le portefeuille de créances S selon les modalités convenues avec les autres investisseurs, ces modalités lui laissent toutefois une latitude importante dans la sélection. La trésorerie issue de l'encaissement des créances est utilisée en particulier pour acquérir d'autres créances ;
– B assure la gestion courante des créances, c'est-à-dire la réception des remboursements et des intérêts et le reversement aux autres investisseurs ;
– en cas de défaut sur une créance, C est une société de recouvrement et est responsable de toutes les décisions à ce titre.
Chacun des trois investisseurs intervient ainsi sur une activité distincte de S.

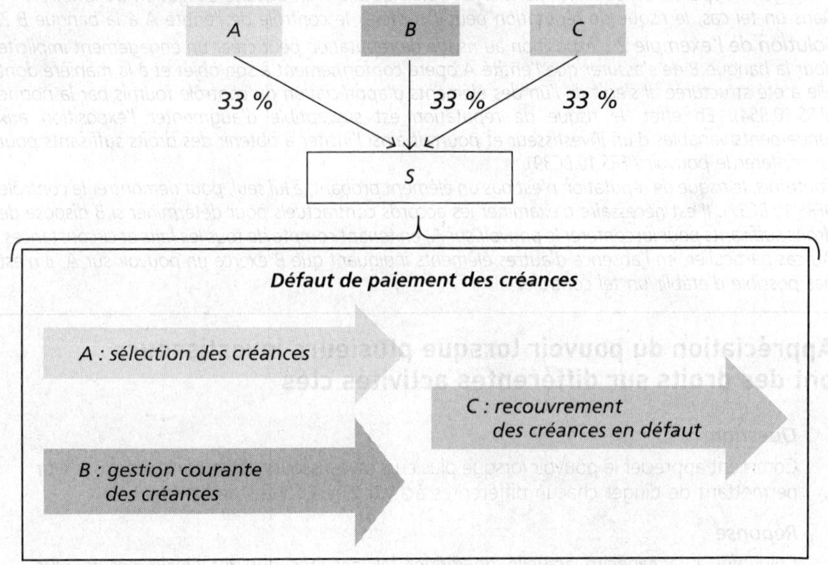

Qui de A, B ou C contrôle S et doit la consolider ?

Solution de l'exemple 1 *Un investisseur a le contrôle d'une entité s'il a le pouvoir d'utiliser ses droits substantifs pour influencer les activités pertinentes de l'entité, c'est-à-dire celles qui influencent le plus les rendements de cette dernière. Il convient donc de déterminer quelle activité de S influence le plus les rendements. En effet, les activités qui n'impactent pas significativement les rendements ne doivent pas être prises en compte lors de l'appréciation du contrôle.*
Dans le cas présent, la gestion courante des créances est une activité « mécanique » qui ne nécessite pas de prendre de décision et qui n'affecte pas les rendements de S. Ainsi, B n'a pas le pouvoir ni, par conséquent, le contrôle de S.
Pour déterminer parmi les deux autres activités laquelle influence le plus les rendements, la norme IFRS 10 fournit des indicateurs qu'il convient d'analyser :
– la raison d'être et la conception de l'entité ;
– les facteurs clés impactant les rendements (la marge, la valeur de l'entreprise, etc.) ;
– l'incidence du pouvoir décisionnel sur les rendements ; et
– l'exposition aux rendements.

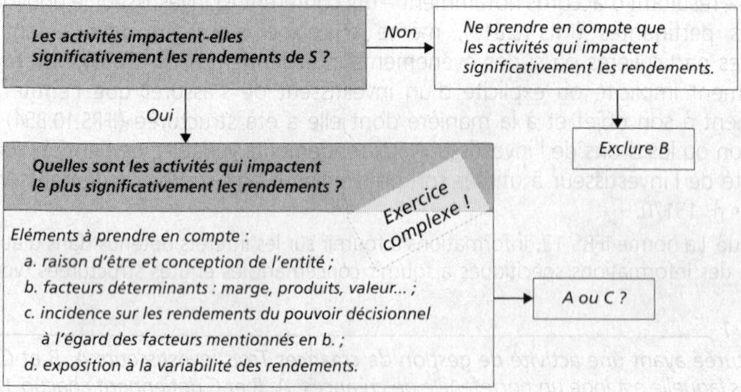

Les hypothèses présentées ne permettent pas de déterminer si l'activité qui influence le plus les rendements de S est la sélection des créances ou leur recouvrement. En conséquence, elles ne permettent pas de conclure qui de A ou de C contrôle S.

■ *Exemple 2*

Risque de réputation *Une banque B crée une entité A dont l'unique objet est d'acquérir des actifs financiers prédéfinis sur les marchés et d'émettre des titres adossés à ces actifs auprès d'investisseurs. La banque n'a pas d'autre intérêt, ni de droits décisionnels sur A après sa création. Sa réputation pourrait toutefois être entachée en cas de défaut de A. Afin de protéger sa réputation, B pourrait envisager d'apporter un soutien financier à A bien qu'elle n'ait aucune obligation de le faire. Dans un tel cas, le risque de réputation peut-il conférer le contrôle de l'entité A à la banque B ?*

Solution de l'exemple 2 *L'exposition au risque de réputation peut créer un engagement implicite pour la banque B de s'assurer que l'entité A opère conformément à son objet et à la manière dont elle a été structurée. Il s'agit de l'un des éléments d'appréciation du contrôle fournis par la norme (IFRS 10.B54). En effet, le risque de réputation est susceptible d'augmenter l'exposition aux rendements variables d'un investisseur et pourrait ainsi l'inciter à obtenir des droits suffisants pour lui conférer le pouvoir (IFRS 10.BC39).*

Toutefois, le risque de réputation n'est pas un élément probant, à lui seul, pour démontrer le contrôle (IFRS 10.BC37). Il est nécessaire d'examiner les accords contractuels pour déterminer si B dispose de droits suffisants pour lui conférer le pouvoir sur A, en tenant compte de tous les faits et circonstances. Au cas particulier, en l'absence d'autres éléments indiquant que B exerce un pouvoir sur A, il n'est pas possible d'établir un tel contrôle.

Appréciation du pouvoir lorsque plusieurs investisseurs ont des droits sur différentes activités clés

15177 ***Question***

Comment apprécier le pouvoir lorsque plusieurs investisseurs détiennent des droits leur permettant de diriger chacun différentes activités pertinentes de l'entité ?

Réponse

Celui qui a la capacité actuelle de diriger les activités qui ont l'incidence la plus importante sur les rendements variables de l'entité détient le pouvoir sur celle-ci.

Commentaires Si plusieurs investisseurs ont chacun des droits effectifs leur conférant la capacité de diriger de façon unilatérale des activités différentes, celui qui a la capacité actuelle de diriger les activités qui ont l'incidence la plus importante sur les rendements détient le pouvoir sur l'entité (IFRS 10.13).

L'exemple ci-après illustre l'analyse à mener pour apprécier le contrôle d'une entité structurée, lorsque deux investisseurs détiennent des droits leur permettant de diriger chacun différentes activités pertinentes de l'entité. Il se concentre sur les aspects de pouvoir sur les activités pertinentes et d'exposition aux rendements variables des investisseurs. Il convient toutefois de rappeler que, pour l'analyse, les autres éléments d'appréciation du contrôle particulièrement applicables aux entités structurées et non traités dans cet exemple doivent également être pris en compte (objet et manière dont l'entité a été structurée, implication et décision de l'investisseur lors de la création, etc., voir n° 15176).

15177 (suite)

■ *Exemple*

H-Immo a été créée dans l'objectif d'acquérir un actif destiné à être donné en location à la société Xpert. H-Immo ne détient pas d'autre actif. H-Immo est détenue à 100 % par la banque BK. L'acquisition est financée par un emprunt contracté auprès de BK.

Solution de l'exemple *La démarche d'appréciation du contrôle selon IFRS 10 est la suivante :*

1. ***Détermination des activités pertinentes de H-Immo :*** *L'objectif précis d'H-Immo étant organisé par les contrats de location et de financement, les droits de vote ne sont pas déterminants dans l'analyse du pouvoir. H-Immo est une entité structurée.*

Les activités pertinentes (c'est-à-dire celles qui ont un impact significatif sur les rendements variables de H-Immo) sont :

a. la gestion du risque de crédit lié au paiement des loyers ; et

b. la gestion de la valeur résiduelle de l'actif à la fin du contrat de location.

L'exploitation de l'actif ne constitue pas, au cas particulier, une activité pertinente de H-Immo, dans la mesure où elle n'a pas d'incidence sur les rendements de la société (les loyers perçus par H-Immo étant identiques quelle que soit l'utilisation de l'actif).

L'importance relative de ces deux activités pertinentes dépendra, entre autres, des conditions attachées au contrat de location et du risque de crédit de Xpert.

Ainsi, plus la durée du contrat est longue par rapport à la durée d'utilité de l'actif, ou plus le risque de crédit de Xpert est élevé, plus la gestion de celui-ci (et donc, des créances de loyers) pourrait constituer l'activité qui affecte le plus les rendements variables de H-Immo.

En revanche, plus la durée du contrat est courte, ou plus le risque de crédit de Xpert est faible, plus il est probable que la gestion de la valeur résiduelle de l'actif constitue l'activité qui génère le plus de rendements variables.

En fonction des faits et circonstances, d'autres activités pertinentes pourraient également devoir être analysées (par exemple, les décisions liées au refinancement de H-Immo ou à l'entretien de l'actif). Voir remarque ci-après.

2. ***Pouvoir sur les activités pertinentes :***

a. Le pouvoir sur la gestion du risque de crédit lié au paiement des loyers est détenu par la banque BK : en particulier, en cas de défaut de paiement des loyers par Xpert, BK a le pouvoir de reprendre possession l'actif.

b. Pour déterminer qui a le pouvoir sur la gestion de la valeur résiduelle de l'actif, il convient d'analyser ce qui peut advenir de l'actif à l'issue du contrat de location. Ainsi, par exemple, une option d'achat ou de renouvellement exerçable par Xpert sera à prendre en compte dans l'analyse du pouvoir :

– Une option d'achat de l'actif à l'issue du contrat de location donnera à Xpert le pouvoir sur cette activité pertinente.

– Une option de renouvellement du contrat donnera à Xpert le pouvoir sur la gestion d'une partie de la valeur résiduelle de l'actif (la partie qui pourrait être « consommée » pendant la durée de renouvellement).

Ces options ont un impact sur l'analyse du pouvoir qu'elles soient à prix fixe ou à la juste valeur. En revanche, une option à la juste valeur ne conférera pas à Xpert d'exposition aux rendements variables de l'entité (voir 3. ci-après).

3. ***Exposition aux rendements variables :***

– BK est actionnaire et prêteur de H-Immo. Elle absorbe ainsi la variabilité des rendements de H-Immo liée (a minima) au risque de crédit de Xpert. Il conviendra de tenir compte, dans l'analyse, de la nature du débiteur et de son niveau de risque de crédit.

– En fonction des faits et circonstances, Xpert peut être également exposée aux rendements variables de H-Immo. En effet, si Xpert a une option d'achat ou de renouvellement à prix fixe au terme du contrat, en exerçant cette option, Xpert bénéficierait (ou subirait) le différentiel entre le prix d'exercice fixe et la juste valeur (de l'actif ou des loyers). Elle absorberait ainsi une part de la variabilité de H-Immo. Si, en revanche, le prix d'exercice de l'option d'achat ou de renouvellement est la juste valeur à la date d'exercice, Xpert n'absorberait pas de variabilité.

4. ***Conclusion*** *Pour déterminer qui contrôle H-Immo, il convient de prendre en compte tous les faits et circonstances et faire preuve de jugement, afin d'apprécier qui a le pouvoir sur l'activité pertinente qui a le plus d'incidence sur les rendements de H-Immo.*

Remarque – Activités pertinentes d'une entité dédiée à la location d'un actif à un preneur unique L'IFRS IC a été interrogé afin de clarifier les bases sur lesquelles l'appréciation du contrôle doit être menée dans le cas d'une entité structurée dont l'objet consiste à louer le bien unique qu'elle détient à un preneur unique.

L'IFRS IC a conclu que :

– la gestion du risque de crédit et la gestion de la valeur résiduelle de l'actif sont des activités pertinentes de l'entité ;

– l'utilisation du bien, en revanche, ne constitue pas une activité pertinente car elle n'affecte pas les rendements variables de l'entité structurée. Ainsi, le droit d'utiliser l'actif, pris isolément, n'octroie pas au preneur de droits lui conférant le contrôle de l'entité structurée.

L'IFRS IC a précisé qu'il est nécessaire, pour l'analyse du contrôle, de tenir compte de tous les droits détenus sur l'entité structurée, qu'ils résultent du contrat de location ou d'autres accords contractuels entre les parties (IFRIC Update 05/15).

L'IFRS IC a décidé de ne pas ajouter ce sujet à son agenda, considérant que les dispositions d'IFRS 10 permettent de mener une telle analyse, lorsque l'ensemble des faits et circonstances est suffisamment précis.

Appréciation du pouvoir lorsque plusieurs investisseurs ont des droits sur des activités pertinentes au cours de périodes différentes

15179 ***Question***

Plusieurs investisseurs peuvent détenir des droits leur permettant de diriger chacun des activités pertinentes d'une entité au cours de périodes différentes. Dans un tel cas, un investisseur peut-il détenir le pouvoir sur une entité quand bien même ses droits portent sur une activité pertinente qui ne sera exercée que dans le futur ?

Réponse

Oui, un investisseur peut détenir le pouvoir sur une entité même s'il ne peut pas exercer dans l'immédiat ses droits portant sur les activités pertinentes de l'entité.

L'investisseur qui a la capacité de diriger les activités ayant l'incidence la plus importante sur les rendements variables d'une entité détient le pouvoir sur celle-ci, quand bien même ces activités ne sont pas réalisées dans l'immédiat.

Commentaires Un investisseur détient le pouvoir sur une entité s'il dispose de droits lui confèrent la capacité actuelle de diriger les activités pertinentes de cette entité (IFRS 10.10). Si plusieurs investisseurs ont chacun des droits effectifs leur conférant la capacité de diriger, de façon unilatérale, des activités pertinentes qui interviennent à des moments différents, il convient de déterminer quelle activité a l'incidence la plus importante sur les rendements variables de l'entité. Cette analyse est souvent complexe car elle intègre plusieurs paramètres. Il est ainsi nécessaire de faire preuve de jugement sur la base des faits et circonstances spécifiques.

Pour ce faire, il convient d'examiner les critères listés dans l'exemple 1 d'IFRS 10.B13 :
- la raison d'être et la conception de l'entité (a) ;
- les facteurs clés impactant les rendements (la marge, les produits, la valeur de l'entité, etc.) (b) ;
- l'incidence du pouvoir de décision de chaque investisseur sur les rendements de l'entité (c) ;
- et l'exposition des investisseurs à la variabilité des rendements (d).

Cette problématique peut concerner certains secteurs d'activité tels que, par exemple, la construction puis l'exploitation d'actifs industriels (infrastructures, autoroutes, plates-formes pétrolières, centrales biomasse, etc.) ou l'industrie pharmaceutique (phases de recherche, de développement suivies d'une phase de commercialisation). Dans la pratique, les activités ne sont pas toujours totalement dissociées, ce qui peut rendre l'analyse plus complexe.

■ *Exemple*

Les entités X et Y créent une nouvelle entité Z afin de construire et exploiter une autoroute à péage. L'entité X est responsable de la construction de l'autoroute prévue pour durer deux ans. Par la suite, l'entité Y prendra toutes les décisions relatives à l'exploitation du péage.

L'entité Y peut-elle détenir le pouvoir sur l'entité Z pendant la phase de construction, sachant que l'entité X prend toutes les décisions lors de cette phase ?

Solution de l'exemple *L'entité Y peut détenir le pouvoir sur l'entité Z si l'on considère que la phase d'exploitation du péage est l'activité qui a le plus d'incidence sur les rendements variables de l'entité Z et ce, même pendant la phase de construction.*

Pour mener l'analyse, il convient de considérer les critères d'IFRS 10.B13 et en particulier les facteurs qui déterminent la marge, les produits et la valeur de l'entité. Dans certains cas, la construction de l'autoroute peut être effectuée sous la supervision du Gouvernement et soumise à des audits de contrôle. L'entité X recouvre ses coûts liés à la construction plus une marge fixe au travers des prix qui seront pratiqués pour l'utilisation du péage, de telle sorte que X bénéficie en premier lieu des cash-flows générés par l'utilisation de l'autoroute.

L'entité Y est responsable de la gestion opérationnelle de l'autoroute, y compris la maintenance, et peut bénéficier d'une redevance équivalente à la trésorerie disponible au sein de l'entité Z après le règlement de toutes les charges (y compris la rémunération de l'entité X). Y a également la possibilité de déterminer les tarifs du péage.
Dans d'autres cas, il peut être convenu contractuellement que l'Etat fixe le prix du péage mais donne plus d'autonomie sur les modalités de construction de l'autoroute ; les entités X et Y partageant alors équitablement le cash-flow résiduel de l'entité Z.
L'ensemble des faits et circonstances spécifiques au projet doit être analysé au regard des critères listés par IFRS 10.B13 afin de déterminer si X a le contrôle dès la phase de construction.

Contrôle et consolidation de compartiments d'une entité (silos)

Question 15182

Un investisseur peut-il contrôler un compartiment isolé d'une entité plus large « silo » ?

Réponse

Oui.

Un investisseur doit considérer un compartiment d'une entité plus large comme une entité réputée distincte lorsque tous les actifs, passifs et capitaux propres de ce compartiment sont isolés du reste de l'entité dans son ensemble. Un compartiment de ce type est généralement appelé un silo.

Si un compartiment répond à la définition et aux conditions énoncées par la norme, l'investisseur apprécie s'il en a le contrôle selon les modalités définies dans IFRS 10 (pouvoir sur les activités pertinentes, exposition aux rendements variables et capacité à agir sur ces rendements).

Le compartiment est consolidé par l'investisseur qui le contrôle. Dans ce cas, les autres parties n'en tiennent pas compte lorsqu'elles évaluent si elles contrôlent l'entité hôte et lorsqu'elles la consolident.

Commentaires La norme IFRS 10 a introduit la notion de « silo », ou compartiment isolé d'une entité plus large. Ainsi, un investisseur doit considérer s'il traite une portion d'une entité plus large comme une entité réputée distincte. Si c'est le cas, l'investisseur doit se demander s'il contrôle ce compartiment (IFRS 10.B76).

1. Identification d'un silo Afin d'être considéré comme un silo, le compartiment d'une entité plus large doit nécessairement satisfaire aux conditions suivantes (IFRS 10.B77) :
- les actifs du compartiment (et les rehaussements de crédit y afférents, le cas échéant) sont la seule source de paiement pour les passifs ou pour les autres intérêts du compartiment ;
- aucune autre partie (outre celles qui détiennent les passifs du compartiment) n'a de droit ou d'obligation sur les actifs et sur les flux de trésorerie résiduels du compartiment ;
- en substance, aucun des rendements générés par les actifs du compartiment ne peut être utilisé par le reste de l'entité plus large ;
- en substance, aucun des passifs du compartiment n'est payable avec les actifs du reste de l'entité plus large.

Ainsi, **en substance, tous les actifs, passifs et capitaux propres de ce compartiment sont isolés du reste de l'entité dans son ensemble.** Dans ce cas, le compartiment d'une entité plus large est réputé être une entité distincte, sur laquelle l'analyse du contrôle doit être menée.

Cette condition est satisfaite quand, par exemple, les investisseurs externes dans une entité participent à chaque cellule ou compartiment pris séparément et non à un « actif global indifférencié », c'est-à-dire lorsqu'il n'y a pas de mutualisation des actifs ou passifs de l'entité.

Cette condition est généralement précisée dans les documents constitutifs de l'entité (parfois dans la législation du pays d'immatriculation), qui disposent que les créanciers de chaque compartiment de l'entité ne peuvent pas accéder aux actifs d'un autre compartiment et que les investisseurs ne participent ni aux pertes ni aux bénéfices des autres compartiments.

En France :
- compte tenu du principe général d'unicité et d'indivisibilité du patrimoine, cette mutualisation existe d'un point de vue légal en cas de liquidation de l'entité (sauf exception, voir ci-après). Le principe général d'unicité et d'indivisibilité du patrimoine peut toutefois rester très théorique dans le cadre du fonctionnement courant de structures particulières, s'il existe des clauses de limitation de responsabilité contractuelles, permettant que les différents compartiments soient isolés ;

– des dérogations à ce principe d'unicité et d'indivisibilité du patrimoine ont en outre été consacrées par le droit français pour certaines structures. Tel est le cas pour les sociétés de titrisation, qui ont une forme de SA ou de SAS, et pour lesquelles la dérogation qui existait déjà pour les fonds communs de titrisation a été étendue. Cette dérogation existe en période de fonctionnement courant, comme en cas de liquidation.

Le plus souvent, l'organe de direction de ce compartiment ou de l'entreprise qui comprend ce compartiment est soumis à des restrictions strictes et parfois permanentes dans son fonctionnement.

Bien que ce soit généralement le cas en pratique, l'IASB n'a pas souhaité restreindre la notion de « silo » aux entités hôtes dont les activités ne sont pas dirigées par les droits de vote (entités structurées) (IFRS 10.BC148).

2. Appréciation du contrôle sur un silo Lorsqu'un silo est identifié au sein d'une entité hôte, il convient d'identifier l'investisseur qui le contrôle. L'appréciation du contrôle sur un silo est menée selon les modalités définies dans IFRS 10 (IFRS 10.B78) :
- pouvoir sur les activités pertinentes du silo ;
- exposition aux rendements variables provenant de son implication dans le silo ; et
- capacité à utiliser son pouvoir pour agir sur ces rendements.

L'appréciation du contrôle doit être menée aux bornes du silo, indépendamment du reste de l'entité hôte.

Sur les modalités d'appréciation du contrôle, voir nº 15125 s.

3. Consolidation d'un silo Le silo est consolidé par l'investisseur qui le contrôle. Dans ce cas, les autres parties n'en tiennent pas compte lorsqu'elles évaluent si elles contrôlent l'entité hôte et lorsqu'elles la consolident (IFRS 10.B79).

III. Consolidation des entités contrôlées

Méthode de consolidation des entreprises contrôlées

15186 ***Question***

Comment consolider les filiales dans les comptes ?

Réponse

Par intégration globale.

Commentaires IFRS 10.19 et .B86 décrivent les procédures de consolidation des filiales (sans toutefois donner de nom à la méthode). Ces procédures sont celles de l'intégration globale :
- cumul des postes du bilan, du compte de résultat et des flux de trésorerie de la filiale et de ceux de la mère ;
- élimination de la valeur comptable des titres de la filiale dans le bilan de la mère et de la quote-part de la mère dans les capitaux propres de la filiale (la norme IFRS 3, Regroupements d'entreprises indique comment comptabiliser le goodwill, le cas échéant) ;
- éliminations des soldes et transactions intragroupes.

Remarque Sur ce dernier point, l'existence d'une perte intragroupe peut nécessiter la constatation d'une dépréciation dans les comptes consolidés.

En outre, les impôts différés sur des différences temporelles résultant de l'élimination des éléments intragroupes doivent être traités selon les modalités prévues par la norme IAS 12 (IFRS 10.B86).

La norme IFRS 10 impose également que les états financiers soient établis en utilisant des méthodes comptables homogènes pour des transactions et événements de même nature dans des circonstances similaires (IFRS 10.B87).

Si une entité du groupe utilise des méthodes comptables différentes de celles adoptées dans les états financiers consolidés, des ajustements appropriés sont apportés à ses états financiers lorsqu'ils sont utilisés pour préparer les états financiers consolidés (IFRS 10.B87).

La consolidation d'une entité doit intervenir à compter de l'obtention du contrôle par l'investisseur et cesser lors de la perte du contrôle (IFRS 10.20).

Selon cette méthode, les intérêts minoritaires sont présentés au sein des capitaux propres dans le bilan de l'ensemble consolidé et séparément des intérêts – part du groupe (IFRS 10.22).

Méthode de comptabilisation des entités contrôlées par une société d'investissement

15188

Question

Comment une société d'investissement doit-elle comptabiliser ses filiales ?

Réponse

Une société mère qui répond à la définition d'une société d'investissement est exemptée de préparer des comptes consolidés. La norme IFRS 10 requiert qu'elle évalue les participations dans ses filiales à la juste valeur par résultat, conformément aux dispositions d'IFRS 9.

Toutefois, par exception, une société d'investissement doit consolider toute filiale qui fournit des services liés à ses activités d'investissement et qui n'est pas elle-même une société d'investissement.

Commentaires :

1. **Exemption de présentation des états financiers consolidés** Conformément à IFRS 10, une société mère doit préparer des états financiers consolidés dans lesquels ses filiales sont consolidées par intégration globale. En revanche, cette obligation ne s'applique pas à une société mère qui répond à la définition d'une société d'investissement : elle est exemptée de préparer des comptes consolidés (IFRS 10.4B), à l'exception du cas visé par IFRS 10.32 (voir point 3. ci-après).

2. **Définition d'une société d'investissement :**

a. La norme IFRS 10 définit une société d'investissement comme une entité qui, cumulativement (IFRS 10.27) :

- obtient des fonds d'un ou plusieurs investisseurs en vue de leur fournir des services de gestion d'investissement ;

L'IFRS IC considère qu'une entité peut externaliser à un tiers tout ou partie d'une prestation de services de gestion d'investissement, tout en respectant le critère d'IFRS 10.27a (IFRIC Update 03/17, voir Remarque ci-après).

- s'engage auprès de ses investisseurs à ce que l'objet de son activité soit d'investir des fonds dans le seul but de réaliser des rendements sous forme de plus-values en capital et/ou de revenus d'investissement ; et
- évalue et apprécie la performance de la quasi-totalité de ses investissements sur la base de la juste valeur.

Décision de l'ESMA En janvier 2017, l'ESMA a considéré qu'une société qui appréciait la performance de ses investissements sur la base de revues périodiques de la performance opérationnelle et financière, et non sur la base de la juste valeur, ne pouvait être qualifiée de société d'investissement (EECS/0216-08, 01/17).

b. Pour déterminer si une entité répond à cette définition, il est nécessaire d'examiner si elle présente les **caractéristiques** suivantes, **typiques d'une société d'investissement** (IFRS 10.28) :
- elle a plus d'un investissement ;
- elle a plus d'un investisseur ;
- elle a des investisseurs qui ne sont pas des parties qui lui sont liées ; et
- elle détient des droits de propriété sous forme de titres de capitaux propres ou d'intérêts similaires.

Ces caractéristiques sont indicatives et doivent être appréciées avec jugement.

L'absence de l'une ou l'autre de ces caractéristiques typiques ne signifie pas nécessairement que l'entité ne peut constituer une société d'investissement. Dans un tel cas, IFRS 10.28 requiert d'expliquer dans l'annexe les raisons qui ont contribué à définir l'entité comme une société d'investissement, conformément aux dispositions d'IFRS 12.9A.

L'IFRS IC a confirmé qu'une entité qui remplit les trois éléments de la définition d'IFRS 10.27 (voir point a. ci-avant) est une entité d'investissement, même si elle ne possède pas une ou plusieurs des caractéristiques typiques énoncées dans IFRS 10.28 (voir point b. ci-avant). Dans ce cas, en l'absence de l'une ou de plusieurs de ces caractéristiques typiques, l'IFRS IC a rappelé que l'exercice du jugement est nécessaire pour déterminer si l'entité respecte les trois éléments de la définition d'IFRS 10.27 (IFRIC Update 03/17 ; voir Remarque ci-après).

3. Comptabilisation des filiales d'une société d'investissement Conformément à IFRS 10.31, une société d'investissement doit évaluer les participations dans ses filiales à la juste valeur par résultat, conformément aux dispositions d'IFRS 9.

Sur la possibilité de prendre en compte une prime ou une décote dans l'évaluation de la juste valeur d'une participation cotée sur un marché actif (et donc de se départir d'une évaluation égale au produit du cours de marché unitaire par la quantité de titres détenus), voir n° 13384.

La norme IFRS 10 prévoit toutefois une exception à ce principe pour les filiales qui fournissent des services liés à l'activité de société d'investissement de leur société mère (IFRS 10.32).

Ainsi, une filiale qui n'est pas elle-même une société d'investissement et dont le principal objectif et la principale activité consistent en des services liés aux activités d'investissement de sa société mère doit être consolidée par cette dernière (IFRS 10.32). Cela parce qu'elle agit comme une extension des opérations d'investissement de la société mère.

Si, au contraire, la filiale qui fournit ces services est également une société d'investissement, la société mère doit l'évaluer à la juste valeur par résultat (IFRS 10.B85E).

A noter qu'une filiale sans activité, créée uniquement dans le but de diminuer l'impôt payé par l'investisseur, ne devrait pas être consolidée puisqu'elle ne procure pas de service lié aux activités d'investissement de sa société mère (IFRIC Update 03/14).

L'IFRS IC a confirmé ces principes en mars 2017 (IFRIC Update 03/17, voir Remarque ci-après). Par ailleurs, l'IFRS IC a précisé qu'une entité d'investissement peut fournir, elle-même ou par l'intermédiaire d'une filiale, des services liés aux activités d'investissement à des tiers, pour autant que ces services soient complémentaires à ses activités d'investissement principales et, par conséquent, ne modifient pas l'objet commercial de l'entité d'investissement (IFRIC Update 03/17, voir Remarque ci-après).

4. Comptabilisation par la société mère d'une société d'investissement L'exemption de présentation de comptes consolidés ne s'applique à la société mère d'une société d'investissement que si cette dernière répond elle-même à la définition d'une société d'investissement. Ainsi, si la société mère n'est pas elle-même une société d'investissement, elle devra consolider toutes les entités qu'elle contrôle, y compris celles contrôlées par l'intermédiaire de la société d'investissement (IFRS 10.33).

Tel est le cas notamment lorsque les sociétés d'investissement ont pour société mère une banque, une société d'assurance ou encore une société de gestion.

Remarque En mars 2017, pour l'ensemble des sujets évoqués ci-avant, l'IFRS IC a conclu que les dispositions actuelles de la norme IFRS 10 sont suffisamment explicites pour ne pas nécessiter de porter le sujet à son agenda (IFRIC Update 03/17).

Consolidation d'une filiale dont la date de clôture est décalée

15191 ***Question***

Comment un groupe doit-il intégrer les comptes d'une filiale dont la date de clôture diffère de sa propre date de clôture ?

Réponse

Lorsque les dates de reporting de la société mère et d'une filiale sont différentes, la filiale prépare, pour les besoins de la consolidation, des états financiers supplémentaires à la même date que ceux de la société mère.

Toutefois, il est possible de déroger à ce principe sous deux conditions : (i) s'il est impraticable d'établir des comptes à la même date et (ii) si le décalage entre la date de clôture des comptes de la filiale et celle de la société mère n'excède pas trois mois. Dans ce cas, un ajustement des comptes de la filiale doit être effectué pour tenir compte des effets significatifs des transactions ou événements qui ont été traduits dans les comptes de la filiale durant cette période intercalaire.

Commentaires :

1. Principe d'établissement de comptes consolidés Les états financiers de la société mère et de ses filiales doivent, en principe, être établis à la même date de reporting (IFRS 10.B92). Lorsque les dates de reporting de la société mère et d'une filiale sont différentes, la filiale prépare, pour les besoins de la consolidation, des états financiers supplémentaires à la même date que ceux de la société mère (IFRS 10.B92).

Toutefois, il est possible de déroger à ce principe sous deux conditions : (i) s'il est impraticable d'établir des comptes à la même date et (ii) si le décalage entre la date de clôture des comptes de la filiale et celle de la société mère n'excède pas trois mois. Dans ce cas, un ajustement des comptes de la filiale doit être effectué pour tenir compte des effets significatifs des transactions ou événements qui ont été traduits dans les comptes de la filiale durant cette période intercalaire (IFRS 10.B93). **15191** (suite)

Interrogée à ce sujet, la Commission des études comptables de la CNCC a rappelé que la dérogation au principe d'alignement de la date de clôture de la filiale sur celle de la société mère n'est pas une mesure de tolérance, mais un traitement applicable uniquement **sous condition de pouvoir démontrer que cet alignement est impraticable.** L'impraticabilité porte sur l'impossibilité pratique d'établir ou de reconstituer les états financiers de la filiale à cette date (par exemple en raison de limites inhérentes au système d'information comptable qui ne peuvent être résolues) mais ne peut en aucun cas reposer sur l'insuffisance des moyens humains ou matériels disponibles pour les préparer. L'impraticabilité doit être démontrée au regard de tous les effets raisonnables déployés par la société mère pour la surmonter (EC 2020-38, publiée le 9/04/21 ; www.cncc.fr).
Ce rappel de la CNCC se fonde notamment sur la notion d'impraticabilité telle que définie par IAS 8.5.

2. Situations dans lesquelles un ajustement des comptes de la filiale est nécessaire pour l'établissement des comptes consolidés En pratique, pour l'établissement des comptes consolidés, un ajustement des comptes de la filiale ayant une clôture décalée (30/09, par exemple) par rapport aux comptes consolidés (arrêtés au 31/12, par exemple) est nécessaire lorsque :
- la filiale réalise pendant la période intercalaire (30/09 au 31/12) une ou plusieurs transactions significatives ou subit des événements ayant un effet significatif sur ses comptes sociaux ; ou
- le résultat de la filiale pendant la période intercalaire (30/09/N au 31/12/N) n'est pas comparable au résultat de la période intercalaire de l'exercice précédent (30/09/N-1 au 31/12/N-1), en raison, par exemple, des effets d'une crise économique au cours de la période intercalaire.

Dans ce cas, l'ajustement consiste à ajouter au résultat de la filiale le résultat intercalaire de l'exercice N (30/09/N au 31/12/N) et à déduire celui de l'exercice N-1 (30/09/N-1 au 31/12/N-1).

Cet ajustement permet ainsi de traduire dans les comptes consolidés les douze derniers mois d'activité de la filiale.

■ ***Exemple***

Une société mère clôture ses comptes consolidés le 31/12/N. Sa filiale clôture ses comptes annuels le 30/09/N.
La filiale a enregistré une perte de 1 000 K€ dans ses comptes clos au 30/09/N. Sur ces 1 000 K€, une perte de 100 K€ a été constatée entre le 1/10/N-1 et le 31/12/N-1.
En outre, compte tenu de difficultés économiques, la filiale estime avoir généré une perte de 500 K€ au cours du dernier trimestre de l'année N (1/10/N au 31/12/N).
Pour diverses raisons, la filiale n'est pas en mesure d'établir un autre jeu de comptes à la date de clôture de la société mère.

Solution de l'exemple *Pour l'établissement des comptes consolidés N, il est possible de retenir les comptes annuels de la filiale, le décalage entre la clôture des comptes de la filiale par rapport à celle des comptes consolidés n'excédant pas 3 mois.*
Toutefois, un ajustement est nécessaire compte tenu des effets significatifs des difficultés rencontrées sur le résultat intercalaire du 30/09/N au 31/12/N.
Les pertes de la filiale à intégrer dans les comptes consolidés de la société mère s'élèvent à 1 400 K€ et correspondent :
- *aux pertes de la filiale générées sur l'exercice clos le 30/09/N (1 000 K€) ;*
- *diminuées des pertes de la filiale supportées entre le 1/10/N-1 et le 31/12/N-1 (-100 K€) ;*
- *augmentées des pertes de la filiale encourues sur la période 1/10/N au 31/12/N (+ 500 K€).*

Un tel ajustement aurait pu ne pas être effectué si le résultat de la période intercalaire N et les composantes de ce résultat avaient été sensiblement identiques à ceux de la période intercalaire N-1.

CHAPITRE 10

Partenariats (IFRS 11)

Plan du chapitre §§ 15300

L'ESSENTIEL DE LA NORME IFRS 11

A. Généralités

Champ d'application

La norme IFRS 11 s'applique à tous les accords conjoints, c'est-à-dire aux accords en vertu desquels deux partenaires (ou plus) partagent le contrôle d'une activité (IFRS 11.4). **15358**

Pour que l'accord soit un partenariat, les deux conditions suivantes doivent être remplies :
- il existe un contrat entre les partenaires ; et
- cet accord confère aux partenaires le contrôle conjoint de l'activité (voir nº 15360 s.).

Pour les accords visés par la norme IFRS 11, voir nº 15401.

Le partenariat prend, en principe, la forme d'un contrat écrit mais peut également être formalisé différemment (IFRS 11.B2).

Le partenariat peut, par exemple, être un contrat spécifique conclu entre les partenaires ou encore un procès-verbal relatant les discussions entre les partenaires. Il peut également être prévu par les statuts ou les règlements du partenariat (IFRS 11.B2 et .B3).

Terminologie Afin de faciliter la lecture de ce chapitre, la terminologie retenue dans la traduction officielle publiée au JOUE (Journal officiel de l'Union européenne) :
- « joint venture » est traduite par « coentreprise » ;
- « joint operation » est traduite par « activité conjointe ».

B. Contrôle conjoint

Définition

15360 Le contrôle conjoint est le partage du contrôle d'une activité entre deux partenaires (ou plus) nécessairement formalisé.

Pour qu'il y ait contrôle conjoint, il convient de vérifier (IFRS 11.7 à .10) :
- que les partenaires, considérés collectivement, ont le contrôle de l'accord au sens d'IFRS 10, Etats financiers consolidés ;

C'est-à-dire que les partenaires ont ensemble la capacité de diriger les activités pertinentes de l'accord (voir nº 15012).

- et que les décisions concernant les activités pertinentes requièrent le consentement unanime des partenaires partageant le contrôle. Aucun des partenaires ne doit en effet être en mesure de contrôler unilatéralement l'activité. Ainsi, un partenaire qui contrôle conjointement un partenariat peut toujours empêcher les autres partenaires de contrôler unilatéralement le partenariat.

Les activités pertinentes sont définies dans IFRS 10 comme les activités qui ont une incidence importante sur les rendements de l'entité (IFRS 10.A).
Pour plus d'informations sur le contrôle conjoint et des exemples illustratifs, voir nº 15405 s.

Il est nécessaire de prendre en compte tous les faits et circonstances pour apprécier le contrôle conjoint (voir nº 15411). Tout changement de faits et circonstances doit donner lieu à une nouvelle appréciation du contrôle conjoint (IFRS 11.12 et .13).

Contrôle collectif « tournant »

15362 Si, dans un accord contrôlé collectivement par plus de deux partenaires, les décisions portant sur les activités pertinentes doivent être prises à la majorité simple et que cette majorité simple peut être atteinte par plusieurs combinaisons de partenaires agissant de concert, celui-ci n'est pas contrôlé conjointement (IFRS 11.B8).

En revanche, si l'accord spécifie quels partenaires (ou quels groupes de partenaires) sont tenus de s'entendre à l'unanimité sur les décisions concernant les activités pertinentes de l'accord, l'accord sera contrôlé conjointement (IFRS 11.B8).

C. Classification des partenariats : joint venture ou joint operation

Principe général

15365 Il existe deux catégories de partenariats : la joint venture et la joint operation.

Cette distinction est essentiellement basée sur la nature des droits et des obligations des partenaires sur le partenariat dans le cadre normal des activités et nécessite l'exercice du jugement (IFRS 11.14 et .B14).

Joint venture

15367 Une joint venture est un partenariat dans lequel les partenaires qui exercent un contrôle conjoint sur l'activité ont des droits sur l'actif net de celle-ci (IFRS 11.16). Les partenaires sont appelés les coentrepreneurs.

Joint operation

15369 Une joint operation est un partenariat dans lequel les partenaires qui exercent un contrôle conjoint sur l'entité ont des droits sur les actifs et des obligations sur les passifs relatifs à celle-ci (IFRS 11.15). Les partenaires sont appelés les coparticipants.

Démarche de classification

Pour qualifier le partenariat, il convient de prendre en compte tous les faits et circonstances. Ainsi, 15371
l'analyse du partenariat, sur la base des droits et obligations des partenaires, peut être effectuée en plusieurs étapes résumées dans le schéma ci-après.

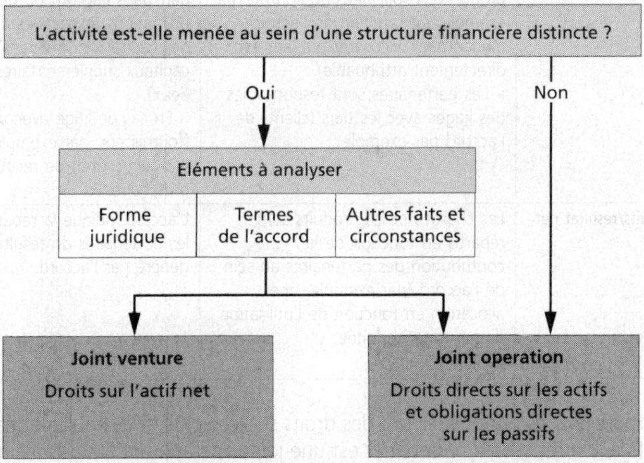

a. **Structure financière distincte** Si l'activité faisant l'objet du partenariat n'est pas menée au sein d'une structure financière distincte, le partenariat est automatiquement classé en joint operation (IFRS 11.B16).

Par structure financière distincte, la norme IFRS 11 désigne des entités (IFRS 11.A) :
- qui ont une personnalité morale ;
- qui n'ont pas de personnalité morale mais qui sont reconnues par la loi (par exemple, les sociétés en participation).

Si l'activité faisant l'objet du partenariat est menée au sein d'une structure financière distincte, il est nécessaire, pour classer le partenariat, d'analyser sa forme juridique, les termes du contrat ainsi que les autres faits et circonstances (IFRS 11.B15).

L'analyse de la forme juridique et des termes du contrat permet rarement de conclure qu'il s'agit d'une joint operation (sauf cas très spécifiques) ; il est alors nécessaire d'analyser les autres faits et circonstances.

b. **Forme juridique** (IFRS 11.B22 à .B24) En principe, la forme juridique de l'entité dans laquelle est logé l'accord détermine les droits initiaux des partenaires dans les actifs et les obligations sur les passifs relatifs à l'accord.

L'évaluation des droits et obligations des partenaires du fait de la seule forme juridique de l'entité suffit pour conclure que le partenariat est une joint operation **uniquement si** la forme juridique de l'entité ne crée pas de séparation entre les partenaires et l'entité (c'est-à-dire si les actifs et les passifs détenus dans l'accord sont les actifs et les passifs des partenaires).

Pour plus d'informations, voir n° 15435.

c. **Termes du contrat** (IFRS 11.B25 à .B28) Les termes de l'accord doivent être examinés pour déterminer la nature des droits et des obligations des partenaires.

Le tableau proposé par la norme (IFRS 11.B27), repris ci-après, donne des exemples de clauses que l'on pourrait retrouver dans un accord de joint operation ou de joint venture.

	Joint operation	Joint venture
Droits sur les actifs	Les partenaires partagent leurs droits (titre de propriété, etc.) sur les actifs de l'accord dans des proportions spécifiques (par exemple, en fonction de leur quote-part dans l'accord ou de l'activité menée au sein de l'accord et directement attribuable au partenaire).	Les actifs sont ceux de l'entité créée pour mener l'accord. Les partenaires n'ont aucun droit (droit de vendre, de nantir, etc.) ni titre de propriété sur ces actifs.

	Joint operation	Joint venture
Obligations sur les passifs	– Les partenaires partagent toutes les dettes, obligations, dépenses générées par l'accord dans des proportions spécifiées au contrat (par exemple, en fonction de l'activité menée par l'accord et qui leur est directement attribuable). – Les partenaires sont responsables des litiges avec les tiers (clients de l'accord par exemple).	– Les partenaires sont responsables des dettes de l'accord mais uniquement à hauteur de leur quote-part dans l'accord ou de leurs obligations respectives d'apporter des capitaux non versés ou des capitaux supplémentaires (ou les deux). – En cas de litige avec un tiers (fournisseur, par exemple), ce dernier n'a aucun droit de recours contre les partenaires.
Charges/produits/résultat net	Les charges et les produits sont répartis en fonction de la contribution des partenaires au sein de l'accord (par exemple, une allocation en fonction de l'utilisation d'une usine exploitée conjointement).	L'accord indique la répartition entre les partenaires du résultat net généré par l'accord.

Si l'accord stipule que les partenaires ont des droits sur les actifs et des obligations au titre des passifs relatifs à l'entreprise, le partenariat est une joint operation et il n'est pas nécessaire de prendre en considération les autres faits et circonstances (IFRS 11.B28).

d. **Autres faits et circonstances** (IFRS 11.B29 à .B32) Il convient d'examiner si les autres faits et circonstances donnent aux parties des droits directs sur les actifs et des obligations directes sur les passifs du partenariat (voir également n° 15438).

L'analyse des autres faits et circonstances pose de nombreuses difficultés pratiques et a suscité de nombreux débats de place. La norme n'a identifié qu'une seule situation dans laquelle l'analyse permettait de conclure que l'accord est une joint operation : si l'activité a été principalement conçue pour fournir sa production aux partenaires. Cela impliquerait en effet :
- que les partenaires ont droit à la quasi-totalité des avantages économiques découlant des actifs de l'entreprise ;
- que les passifs de l'entreprise sont en fait acquittés grâce aux flux de trésorerie reçus de la part des partenaires lorsqu'ils achètent la production.

Un enjeu important consiste à déterminer sur quelles bases les autres faits et circonstances doivent être appréciés. En particulier, est-ce que cette étape se limite au seul exemple fourni par la norme ou permet-elle une analyse en substance ?

D. Comptabilisation des partenariats

Joint operation

15375 Le coparticipant doit comptabiliser les éléments suivants au titre de ses intérêts dans une joint operation (IFRS 11.20) :
- ses actifs, y compris sa quote-part des actifs détenus conjointement, le cas échéant ;
- ses passifs, y compris sa quote-part des passifs assumés conjointement, le cas échéant ;
- sa quote-part des produits issus des ventes ;
- les charges qu'il a engagées, y compris sa quote-part des charges engagées conjointement, le cas échéant.

Pour la comptabilisation des intérêts dans une joint operation, voir n° 15450.
Cette méthode est proche de la méthode de comptabilisation des actifs contrôlés conjointement et des activités contrôlées conjointement selon l'ancienne norme IAS 31.

Lorsqu'un coparticipant acquiert des intérêts dans une joint operation qui constitue une activité au sens d'IFRS 3, il doit appliquer, à concurrence de sa quote-part, les principes de comptabilisation des regroupements d'entreprises établis selon IFRS 3 et selon d'autres normes IFRS, qui ne vont pas à l'encontre des dispositions d'IFRS 11, et fournir les informations qui y sont exigées pour les regroupements d'entreprises. Cette disposition s'applique aussi bien à l'acquisition des intérêts initiaux qu'aux acquisitions d'intérêts additionnels dans une joint operation qui constitue une activité au sens d'IFRS 3 (IFRS 11.21A).

Cette disposition s'applique également à la formation d'une joint operation si l'apport d'un des coparticipants au moment de la formation de la joint operation consiste en une activité (au sens d'IFRS 3) existante (IFRS 11.B33B). Toutefois, elle ne s'applique pas à l'acquisition d'intérêts dans une joint operation lorsque les coparticipants sont sous le contrôle ultime commun d'une ou plusieurs parties et que ce contrôle ultime n'est pas temporaire (IFRS 11.B33D).

Pour la définition d'une activité au sens d'IFRS 3, les principes de comptabilisation et l'information exigée pour les regroupements d'entreprises, voir n° 21353 s.

Parmi les principes de comptabilisation des regroupements d'entreprises qui ne vont pas à l'encontre des dispositions d'IFRS 11, la norme IFRS 11 mentionne (liste non exhaustive) (IFRS 11.B33A) :

- l'évaluation à la juste valeur des actifs identifiables et des passifs, sauf dans le cas des éléments particuliers pour lesquels IFRS 3 et d'autres IFRS prévoient des exceptions ;
- la comptabilisation en charges des frais connexes à l'acquisition dans les périodes au cours desquelles les coûts sont engagés et les services, reçus, à l'exception des coûts d'émission de titres d'emprunt ou de capitaux propres, qui doivent être comptabilisés selon IAS 32 et IFRS 9 ;
- la comptabilisation des actifs et des passifs d'impôt différé générés par la comptabilisation initiale des actifs ou des passifs, à l'exception des passifs d'impôt différé générés par la comptabilisation initiale du goodwill ;
- la comptabilisation du goodwill correspondant à l'excédent, le cas échéant, de la contrepartie transférée par rapport au solde net des montants, à la date d'acquisition, des actifs identifiables acquis et des passifs repris ;
- l'unité génératrice de trésorerie à laquelle un goodwill a été affecté doit faire l'objet d'un test de dépréciation au moins annuellement, ou lorsqu'il existe un quelconque indice que cette unité a pu se déprécier, comme l'exige IAS 36 pour un goodwill acquis dans un regroupement d'entreprises.

Lorsqu'un coparticipant accroît ses intérêts dans une joint operation qui constitue une activité (au sens d'IFRS 3), et qu'il en conserve le contrôle conjoint, les intérêts détenus antérieurement dans la joint operation ne sont pas réévalués (IFRS 11.B33C).

Les intérêts précédemment détenus par un coparticipant dans une joint operation qui constitue une activité (au sens d'IFRS 3) ne doivent pas être réévalués lorsque le coparticipant en obtient le contrôle conjoint (IFRS 11.B33CA).

En outre, en janvier 2016, l'IFRS IC a confirmé que, lorsqu'un coparticipant obtient le contrôle ou le contrôle conjoint d'une joint operation qui ne constitue pas une activité (au sens d'IFRS 3), les intérêts précédemment détenus par le coparticipant dans les actifs et les passifs de la joint operation ne doivent généralement pas être réévalués (IFRIC Update 01/16).

Par ailleurs, l'IASB a discuté d'une requête de l'IFRS IC concernant la nécessité ou non de réévaluer à la juste valeur les intérêts conservés dans une joint operation lorsque l'investisseur cède un groupe d'actifs à une joint operation dans laquelle il devient coparticipant ou simple partenaire (IASB Update 10/15). Aucune décision n'a été prise lors de cette discussion. L'IFRS IC a observé qu'une telle transaction présente des similitudes avec la vente ou la contribution d'actifs à une joint venture ou à une entreprise associée, thème qui fait désormais partie du projet « Equity Method » mené par l'IASB (voir n° 15650).

Joint venture

Le coentrepreneur doit comptabiliser ses intérêts dans une joint venture selon la méthode de la mise en équivalence conformément à la norme IAS 28. Participations dans des entreprises associées et des joint ventures (voir n° 15552 s.), sauf si l'entité est exemptée de l'application de la méthode de la mise en équivalence selon les dispositions de cette norme (IFRS 11.24). **15377**

Pour la mise en œuvre de la méthode de la mise en équivalence, voir n° 15563.

La méthode de l'intégration proportionnelle n'est plus autorisée. Toutefois, pour la possibilité de continuer à intégrer proportionnellement les joint ventures au niveau de l'information sectorielle, voir n° 15456.

E. Informations à fournir

Les informations à fournir au titre des intérêts détenus dans les partenariats sont traitées par la norme IFRS 12, Informations à fournir sur les intérêts détenus dans d'autres entités, voir n° 24501 s. **15385**

QUESTIONS/REPONSES PRATIQUES

Remarque importante

15400 Les réponses aux questions présentées ci-après résultent de l'analyse des dispositions de la norme IFRS 11, Partenariats, en vigueur actuellement, sur la base des informations disponibles au 1er juin 2023.

« Post-implementation Review » (PIR) des normes IFRS 10, IFRS 11 et IFRS 12 Voir nº 15101.

Evolution possible des réponses Les réponses apportées dans les développements ci-après ne prennent pas en compte les projets en cours de discussion à l'IASB et les amendements publiés non entrés en vigueur suivants :

1. Projet d'amendement de la norme IAS 28 « Equity Method » : voir nº 15650.

2. Amendements des normes IFRS 10 et IAS 28, Vente ou apport d'actifs entre un investisseur et une entreprise associée ou une joint venture : voir nº 15592.

A. Champ d'application

Accords visés par IFRS 11

15401 ***Question***

Quels sont les accords visés par la norme IFRS 11 ?

Réponse

Tous les partenariats, c'est-à-dire les accords en vertu desquels deux partenaires (ou plus) partagent le contrôle d'une activité économique, qu'elle soit menée ou non au sein d'une structure financière distincte de celle des partenaires.

Pour que l'accord soit qualifié de partenariat, les deux conditions suivantes doivent être remplies :
- les partenaires sont liés par un accord contractuel définissant les modalités d'implication des partenaires dans l'activité ; et
- cet accord confère aux partenaires le contrôle conjoint de l'activité.

Pour la définition du contrôle conjoint, voir nº 15405.

Commentaires :

1. **Champ d'application de la norme IFRS 11** La norme IFRS 11 s'applique à toutes les entités qui sont partenaires d'un accord conjoint (partenariat) et ce, que l'activité soit logée au sein d'une structure financière distincte (quelle qu'en soit la forme) ou non (IFRS 11.3).

2. **Existence d'un contrat** Pour que l'accord soit qualifié de partenariat au sens d'IFRS 11, les partenaires doivent être liés par un accord contractuel. Cet accord prend, en principe, la forme d'un contrat écrit mais il peut être formalisé de différentes manières (IFRS 11.B2).

Le partenariat peut, par exemple, être un contrat spécifique conclu entre les partenaires ou un procès-verbal relatant les discussions entre les partenaires (IFRS 11.B2). Il peut également être inclus dans les statuts, charte ou autres actes constitutifs de l'entité (IFRS 11.B3).

Le contrat définit les modalités d'implication des partenaires dans l'activité, objet de l'accord. Il définit en règle générale (IFRS 11.B4) :
- l'objet, l'activité et la durée du partenariat ;
- la manière dont les membres de l'organe de direction sont nommés ;
- le processus de prise de décisions : les sujets qui requièrent les décisions des partenaires, les droits de vote des partenaires, ainsi que les règles de majorité ;

Remarque C'est le mode de prise de décision ainsi que la manière dont les membres de l'organe de direction sont nommés qui établissent le contrôle conjoint.

- la participation au capital (ou autres contributions) des partenaires ;
- la manière dont les partenaires se partagent les actifs, les passifs, le chiffre d'affaires, les dépenses ou le résultat provenant du partenariat.

3. **Contrôle conjoint de l'activité, objet de l'accord** L'accord doit conférer aux partenaires le contrôle conjoint de l'activité. Le contrôle conjoint est le partage du contrôle d'une activité économique par deux partenaires (ou plus) en vertu d'un contrat. Il existe lorsque les décisions sur les activités pertinentes nécessitent le consentement unanime des partenaires (IFRS 11.A et .7).

Pour la définition du contrôle conjoint et des activités pertinentes, voir nº 15405.

Remarque Des parties peuvent être impliquées dans un partenariat sans pour autant exercer un contrôle conjoint sur ce partenariat (IFRS 11.11).

■ *Exemple*

A et B décident de créer un partenariat (société J). Une des clauses des statuts de l'entité J stipule que tous les actionnaires doivent unanimement se mettre d'accord sur les décisions relatives aux activités pertinentes de J.
A et B n'ont signé aucun autre contrat pour gérer les activités de J.

Solution de l'exemple *Même si A et B n'ont pas signé de contrat de joint venture distinct, la société J répond à la définition d'un partenariat entrant dans le champ d'application d'IFRS 11.*
En effet, les clauses prévues dans les statuts suffisent à démontrer l'existence d'un partenariat dès lors qu'elles engagent légalement les partenaires. De plus, les statuts confèrent à A et B le contrôle conjoint sur J.

B. Contrôle conjoint

1. Définition du contrôle conjoint

Définition générale du contrôle conjoint

15405

Question

Qu'est-ce que le contrôle conjoint ?

Réponse

Le contrôle conjoint est le partage contractuel du contrôle d'une activité économique.

Pour qu'il y ait contrôle conjoint d'une activité, il convient de vérifier que, grâce au processus décisionnel convenu entre les parties :
- les partenaires doivent agir de concert pour prendre les décisions relatives aux activités pertinentes de l'entité ou de l'activité économique, ce qui leur en confère ensemble le contrôle ; et
- qu'aucun des partenaires n'est en mesure de contrôler unilatéralement l'activité.

Commentaires Le contrôle conjoint est le partage **du contrôle** d'une activité par deux partenaires (ou plus) en vertu d'un contrat. Il existe lorsque les décisions relatives aux **activités pertinentes** nécessitent le consentement unanime des partenaires (IFRS 11.7).

La notion de contrôle citée par IFRS 11 correspond à celle définie par IFRS 10, Etats financiers consolidés (IFRS 11.B5). Un investisseur contrôle une entité lorsqu'il est exposé ou a des droits sur des rendements variables du fait de son implication dans l'accord et lorsqu'il est capable d'avoir une influence sur ces rendements du fait de son pouvoir sur l'accord (IFRS 10.A).
Les activités pertinentes sont définies dans la norme IFRS 10 comme étant les activités qui affectent significativement les rendements du partenariat (IFRS 10.A).

Ainsi, pour qu'il y ait contrôle conjoint d'une activité, il convient de vérifier (IFRS 11.B6) :
- dans un premier temps, si tous les partenaires (ou un groupe de partenaires), considérés collectivement, contrôlent l'accord, c'est-à-dire s'ils doivent agir collectivement pour diriger les activités pertinentes de l'accord (contrôle collectif) (IFRS 11.8) ;
- dans un second temps, si les décisions relatives aux activités pertinentes nécessitent le consentement unanime des partenaires qui contrôlent collectivement l'accord (IFRS 11.9).

Ainsi, un partenaire qui contrôle conjointement un accord peut toujours empêcher les autres partenaires de contrôler unilatéralement l'accord (i.e. les empêcher de prendre des décisions relatives aux activités pertinentes de l'accord sans son consentement). En revanche, si le

consentement unanime n'est exigé que pour les décisions protectives (i.e. liées à des changements fondamentaux des activités ou qui s'appliquent dans des circonstances exceptionnelles, IFRS 10.B26), le partenaire n'exerce pas le contrôle conjoint de l'activité (IFRS 11.10 et .B9).
Pour la notion de droits protectifs telle que définie par IFRS 10, voir n° 15016.

Ainsi, par exemple, le contrôle conjoint pourra être démontré lorsque deux partenaires détiennent chacun 50 % des droits de vote et les décisions relatives aux activités pertinentes doivent être prises à la majorité simple des droits de vote.

De même, si les règles de majorité concernant les décisions liées aux activités pertinentes requièrent un vote à l'unanimité des partenaires et prévoient, en cas de blocage sur ces décisions, le recours à un arbitre, le contrôle conjoint ne sera alors pas remis en cause (IFRS 11.B10).

En revanche, lorsque le minimum de droits de vote nécessaire pour approuver une décision peut être obtenu selon des combinaisons différentes de vote des participants, le contrôle conjoint n'existe pas (contrôle « tournant »). Sauf toutefois si l'accord précise quels sont les partenaires devant obligatoirement se mettre d'accord sur l'ensemble des décisions liées aux activités pertinentes du partenariat (IFRS 11.B6 et .B8 ; voir Exemple 1 ci-après).

Décision de l'ESMA L'ESMA a remis en cause la conclusion d'un contrôle conjoint par un émetteur sur cette base. Dans le cas considéré, l'émetteur détient 42 % d'une entité, le reste étant détenu par 8 autres investisseurs. Statutairement, il peut nommer 5 administrateurs sur 12. Les décisions liées aux activités pertinentes de l'entité nécessitent l'approbation des deux tiers des administrateurs. Puisqu'aucune de ces décisions ne peut être prise sans son accord, l'émetteur a conclu au contrôle conjoint sur l'entité. Cependant, l'ESMA a relevé que selon IFRS 11, le contrôle conjoint ne peut être conclu dans les situations où le pouvoir peut être exercé par plusieurs combinaisons d'investisseurs (EECS/0117-02, 10/17).

L'appréciation du contrôle conjoint nécessite de prendre en compte tous les faits et circonstances (IFRS 11.12). En outre, tout changement des faits et circonstances doit donner lieu à une nouvelle appréciation du contrôle conjoint de l'accord (IFRS 11.13).

■ *Exemple 1*

Une entité J est détenue par 4 entités A, B, C et D détenant chacune 25 % des droits de vote. Les accords contractuels prévoient qu'au moins 75 % des droits de vote sont nécessaires pour prendre une décision relative aux activités pertinentes de J.

Solution de l'exemple 1 *L'entité J n'est pas contrôlée conjointement par A, B, C et D. En effet :*
– certes, aucun partenaire ne peut prendre seul les décisions relatives aux activités pertinentes ;
– mais A, B, C et D contrôlent collectivement l'accord et l'approbation des décisions peut se faire selon diverses combinaisons de 3 ou 4 partenaires.
En conséquence, A, B, C et D sont présumés exercer chacun une influence notable sur J.

Remarque S'il existait un accord entre A, B et C stipulant qu'ils doivent agir tous les trois de concert pour les prises de décisions relatives aux activités pertinentes de J, A, B et C exerceraient le contrôle conjoint de J. D serait présumé exercer seul une influence notable sur J.

■ *Exemple 2*

Une entité J est détenue par 2 entités A et B à hauteur respectivement de 51 % et 30 % des droits de vote et par d'autres investisseurs à hauteur collectivement de 19 % des droits de vote. Selon les statuts de J, les décisions relatives à ses activités pertinentes doivent être approuvées à la majorité des trois quarts.

Solution de l'exemple 2 *L'entité J est contrôlée conjointement par A et B car ils détiennent collectivement 81 % des droits de vote et aucune décision relative aux activités pertinentes de J ne peut être prise sans leur accord commun. En outre, A ne contrôle pas J car il ne peut prendre seul les décisions relatives aux activités pertinentes de J, lesquelles doivent être prises à la majorité des trois quarts.*

Accord contractuel de partenariat et participation au contrôle conjoint

15408 ***Question***

Toutes les parties signataires d'un partenariat exercent-elles nécessairement le contrôle conjoint sur celui-ci ?

Réponse

Non. Pour qu'une partie signataire exerce le contrôle conjoint sur le partenariat, les décisions relatives aux activités pertinentes de celui-ci doivent nécessairement être prises avec son accord.

Commentaires Les parties signataires d'un partenariat ne participent au contrôle conjoint de celui-ci que si les décisions relatives à ses activités pertinentes ne peuvent se prendre qu'avec leur consentement. Elles disposent ainsi à plusieurs d'un droit substantif sur l'activité contrôlée conjointement. En effet, ces décisions doivent être prises à l'unanimité par les parties partageant le contrôle (IFRS 11.7).

Selon la norme IFRS 10, un droit est substantif dès lors que son détenteur a la capacité pratique de l'exercer au moment où les décisions relatives aux activités pertinentes doivent être prises, voir nº 15016.

Si le consentement unanime n'est exigé que pour les décisions conférant des droits protectifs, le partenaire n'exerce pas le contrôle conjoint de l'activité (IFRS 11.B9).

Selon la norme IFRS 10, les droits protectifs sont liés à des changements fondamentaux des activités ou s'appliquent dans des circonstances exceptionnelles (voir nº 15016).

Ainsi, un accord peut être un partenariat dans le champ d'application d'IFRS 11, même si certains partenaires n'exercent pas le contrôle conjoint sur l'activité du partenariat.

La norme IFRS 11 distingue les partenaires qui exercent le contrôle conjoint sur un partenariat (les « joint operators » ou « joint venturers ») et les autres partenaires qui n'exercent pas le contrôle conjoint (IFRS 11.11).

Si une partie prenante à un partenariat ne participe pas au contrôle conjoint, il convient d'apprécier si elle exerce une influence notable sur l'activité du partenariat, objet de l'accord conjoint.

■ *Exemple*

Une entité D est détenue par 3 entités A, B et C détenant respectivement 60 %, 30 % et 10 % des droits de vote. A et B ont signé un accord selon lequel les décisions relatives aux activités pertinentes de D doivent être prises à l'unanimité des deux partenaires A et B.

Solution de l'exemple *A et B exercent le contrôle conjoint sur D. En effet, l'accord signé entre A et B stipule que les décisions relatives aux activités pertinentes de l'entité D nécessitent l'accord unanime de A et B.*

En outre, bien que C soit partenaire de l'accord, il n'exerce pas le contrôle conjoint puisque les décisions relatives aux activités pertinentes de D peuvent être prises sans son accord.

Il conviendra d'apprécier la nature de la participation détenue par C (participation conférant l'influence notable ou actif financier).

Appréciation de l'existence d'un réel contrôle conjoint

Question 15411

Comment, en pratique, apprécier l'existence d'un réel contrôle conjoint des partenaires ?

Réponse

La seule dénomination légale de joint venture ne suffit pas à démontrer l'existence d'un accord conjoint. L'existence d'un accord constitue une condition nécessaire mais pas suffisante pour établir le contrôle conjoint.

Pour qu'il y ait un contrôle conjoint, tous les partenaires doivent agir ensemble pour diriger les activités qui ont une incidence importante sur les rendements et chaque partenaire doit avoir la capacité d'empêcher les autres partenaires de contrôler l'accord.

Cette appréciation du contrôle conjoint nécessite l'analyse non seulement des termes de l'accord contractuel et des activités pertinentes, mais également de tous les faits et circonstances pertinents.

Par exemple, un déséquilibre entre les droits et obligations des différents partenaires (conditions de sortie, modalités de partage des intérêts résiduels, etc.) pourrait démontrer l'absence de contrôle conjoint.

15411 (suite) *Commentaires :*

1. Existence d'un accord : condition nécessaire pour établir un contrôle conjoint, mais pas toujours suffisante

Pour la forme contractuelle de l'accord conjoint, voir nº 15401.

Pour que les parties signataires d'un accord contractuel exercent un contrôle conjoint, elles doivent agir ensemble pour diriger les activités pertinentes et chaque partenaire doit avoir la capacité d'empêcher les autres partenaires de contrôler unilatéralement cette entité ou activité (IFRS 11.10 et .B9).

Remarque La capacité d'empêcher les autres partenaires de contrôler unilatéralement l'accord est appréciée qu'elle soit ou non effectivement exercée.

Deux partenaires pourraient ainsi, par exemple, exercer un contrôle conjoint sur une entité même si l'un des deux assure la gestion opérationnelle de l'entité et détient le savoir-faire technologique, dès lors que l'autre détient des droits de veto substantifs sur les décisions concernant les activités pertinentes et ce, même s'il ne les exerce pas effectivement.

Ainsi, le fait pour un partenaire de ne pas exercer son « droit de veto » ou de ne pas participer effectivement aux prises de décisions sur les activités pertinentes :

- ne peut être considéré comme une remise en cause du contrôle conjoint dès lors que ce partenaire conserve la possibilité contractuelle de participer effectivement à ces prises de décision ;
- ne peut être considéré comme un indicateur de contrôle exclusif par le partenaire qui assure la gestion opérationnelle et/ou qui détient le savoir-faire technologique.

En cas de doute, il convient, à notre avis, d'analyser les modalités de gouvernance du partenariat, afin (IFRS 11.B6) :

- d'identifier les activités pertinentes relatives à l'entité ou à l'activité sous contrôle conjoint (voir point 2. ci-après) ; et
- de s'assurer que les décisions relatives à ces activités pertinentes nécessitent réellement le consentement unanime des partenaires (voir point 3. ci-après).

2. Identification des activités pertinentes qui nécessitent le consentement unanime des partenaires Les activités pertinentes sont définies par la norme IFRS 10. Il s'agit des activités qui influencent significativement les rendements de l'activité, objet de l'accord conjoint. Afin de déterminer quelles sont les activités pertinentes dans un accord, il convient d'examiner systématiquement tous les faits et circonstances relatifs à chacune des situations rencontrées.

3. Appréciation de la capacité d'empêcher les autres partenaires de contrôler l'entité Pour conclure au contrôle conjoint, il convient de s'assurer que le « droit de veto » dont bénéficient les partenaires est un droit substantif. Ainsi, aucune décision relative aux activités pertinentes ne doit pouvoir être prise sans leur consentement.

Selon la norme IFRS 10, un droit est substantif dès lors que son détenteur a la capacité pratique de l'exercer au moment où les décisions relatives aux activités pertinentes doivent être prises, voir nº 15016.

Décision de l'ESMA L'ESMA a considéré le cas d'une entité dans laquelle l'émetteur détient 49,5 % du capital, le reste étant détenu par un autre investisseur. L'émetteur ne peut nommer que 2 administrateurs sur 5 dans le conseil d'administration. Cependant, il dispose d'un droit de veto sur les décisions liées aux activités pertinentes de l'entité (budget, business-plan, investissements, etc.). L'ESMA a conclu que ce droit de veto est un droit substantif et que l'émetteur détient ainsi le contrôle conjoint sur l'entité, puisque les décisions structurantes de l'entité ne peuvent être prises sans l'accord unanime de ses deux actionnaires (EECS/0117-04, 10/17).

Si ce droit ne lui confère que des droits protectifs, le partenaire ne partage pas le contrôle de l'entité (IFRS 11.10 et .B9).

Selon la norme IFRS 10, les droits protectifs sont liés à des changements fondamentaux des activités ou s'appliquent dans des circonstances exceptionnelles (IFRS 10.B26).

La capacité d'empêcher les autres partenaires d'avoir le contrôle de l'entité doit être appréciée non seulement au regard des termes de l'accord contractuel et de la gouvernance de l'activité économique, objet de l'accord, mais également en tenant compte de tous les faits et circonstances pertinents mettant en évidence un déséquilibre entre les droits et obligations des différents partenaires.

Il est essentiel, à cet égard, de comprendre l'économie globale de la création et du fonctionnement de l'entité ou de l'activité.

Par exemple, les partenaires n'ont aucune raison d'assumer un risque ni de bénéficier d'avantages qui ne seraient pas proportionnels à leurs intérêts dans l'activité économique et ce, sans contrepartie.

Dans tous les cas, et surtout lorsque la transaction ne semble pas équilibrée, il convient à notre avis :

a. de s'assurer de la connaissance de tous les éléments du contexte et notamment de l'ensemble des accords mis en place dans le cadre du partenariat (accord conjoint mais aussi contrats, statuts et pactes d'actionnaires, etc.) ;

A ce titre, l'existence de clauses contractuelles précisant la nature du contrôle ou de l'influence exercés par chacun des partenaires ne constitue pas une démonstration du contrôle conjoint tel que défini sur le plan comptable.

b. de réaliser un examen scrupuleux des droits et obligations des partenaires, notamment concernant :
- les conditions de sortie du partenariat, voir nº 15420 ;
- les modalités de partage des intérêts résiduels ;
- l'existence d'une éventuelle durée définie de l'activité objet de l'accord conjoint.

Dans le cas où cette analyse ne permettrait pas de mettre clairement en évidence le contrôle conjoint de l'activité économique, une analyse des autres faits et circonstances est requise notamment pour s'assurer qu'aucun des partenaires n'exerce un contrôle exclusif de cette activité.

En outre, en cas de changement dans les faits et circonstances et notamment de gouvernance au sein du partenariat, une nouvelle analyse doit être réalisée afin de vérifier que le contrôle conjoint demeure inchangé et que l'une ou l'autre des parties prenantes à l'accord conjoint n'a pas perdu le contrôle (IFRS 11.BC23).

2. Incidence de certaines situations sur l'existence d'un contrôle conjoint

Incidence sur le contrôle conjoint d'une option d'achat de titres octroyée à l'un des partenaires

15420

Question

Une option d'achat de titres, auxquels des droits de vote sont attachés (call), octroyée à l'un des partenaires dans le cadre d'un accord conjoint, peut-elle remettre en cause le contrôle conjoint ?

Réponse

Oui, en règle générale, notamment lorsque :
- cette option d'achat confère à son détenteur un droit substantif, c'est-à-dire que le détenteur a la capacité pratique d'exercer ce droit lorsque les décisions concernant les activités pertinentes du partenariat doivent être prises ; et
- son exercice a pour effet de mettre fin à l'accord conjoint.

Commentaires Certains accords conjoints peuvent, en pratique, comprendre une clause (de sortie ou de « deadlock », par exemple) conférant à l'un des partenaires une option d'achat de titres de l'entité contrôlée conjointement dont l'exercice peut être réalisé immédiatement, ou ultérieurement, ou bien être conditionné à la survenance d'un événement futur.

Une telle clause peut remettre en cause le contrôle conjoint par les partenaires, notamment lorsque **l'option d'achat de titres de l'entité contrôlée conjointement** présente simultanément les caractéristiques suivantes :

Sur la définition et l'appréciation du contrôle conjoint, voir nº 15405 et 15411 respectivement.

1. **L'option porte sur des titres auxquels des droits de vote sont attachés** Elle confère ainsi, avant son exercice, des droits de vote potentiels à son détenteur.

Cette condition est généralement remplie.

2. **L'option d'achat confère à son détenteur un droit substantif** au sens de la norme IFRS 10, Etats financiers consolidés, c'est-à-dire que son détenteur a la capacité pratique d'exercer cette option lorsque les décisions relatives aux activités pertinentes du partenariat doivent être prises.

15420 (suite) L'appréciation du caractère substantif peut s'avérer délicate. Il convient notamment d'analyser les termes et conditions de ces instruments (prix et période d'exercice) ainsi que les attentes, motivations, et raisons évidentes ayant conduit le partenaire à les accepter (IFRS 10.B48). Ceci suppose, en particulier, que cette option soit exerçable (ou devienne exerçable par le bénéficiaire de l'option) lorsque les décisions relatives aux activités pertinentes doivent être prises ; ce qui exclut les options dont l'exercice est conditionné par un événement indépendant de la seule volonté du bénéficiaire.

Ainsi, par exemple, une option d'achat exerçable uniquement dans une situation de blocage des décisions entre les partenaires ne sera pas considérée comme substantive si les situations de blocage visées sont explicitement décrites et prévues dans l'accord et impliquent le recours à un arbitre. En effet, une telle option ne peut pas être exercée immédiatement et à la seule initiative de son détenteur, les situations de blocage étant prédéfinies et le recours à un tiers étant nécessaire.
Par ailleurs, l'option conférera à son détenteur un droit substantif seulement s'il n'existe pas d'obstacles économiques ou autres (par exemple, pénalités ou incitations financières) pouvant créer une barrière financière qui empêcherait son détenteur d'exercer ses droits (IFRS 10.B23).
Cette analyse se fonde sur les dispositions d'IFRS 10 qui prévoient explicitement que les droits de vote potentiels substantifs doivent être pris en compte pour apprécier le contrôle (IFRS 10.B47).
Pour la définition des droits substantifs, voir n° 15016.

3. **L'exercice de l'option d'achat rend caduc l'accord conjoint** Indépendamment de l'incidence de ces options sur les droits de vote relatifs de chacun des partenaires, il convient d'examiner si l'exercice de telles options remettrait ou non en cause le partage du contrôle tel que décrit dans l'accord contractuel. En effet, le partage du contrôle du fait d'un contrat est le critère déterminant dans l'appréciation du contrôle conjoint (IFRS 11.5). En pratique, il convient de vérifier si l'exercice de ces options aurait pour effet de mettre fin à l'accord conjoint.

Ainsi, une option d'achat présentant de telles caractéristiques et détenue par un partenaire pourrait lui conférer le contrôle exclusif, l'autre (ou les autres) partenaire(s) n'ayant plus que l'influence notable.

Remarque La question de la remise en cause du degré de contrôle ne se pose pas en cas d'options de vente de titres. En effet, une telle option exerçable lorsque les décisions relatives aux activités pertinentes doivent être prises est sous le contrôle du vendeur et non de l'acquéreur. Ce dernier ne peut donc pas acheter les titres correspondants (et donc les droits de vote sous-jacents) lorsqu'il le souhaite.

■ ***Exemple***

Les entités A et B interviennent dans le secteur de la pharmacie. En N, elles décident de créer à 50/50 une entité J de distribution de leurs produits en Asie. L'accord de joint venture prévoit que les décisions relatives aux activités pertinentes de l'entité J doivent être approuvées à la fois par A et B.
En cas de désaccord entre A et B sur des sujets relatifs aux activités pertinentes de J, l'accord conjoint prévoit que :
- l'entité A peut exercer une option d'achat sur la totalité des actions détenues par B ;
- l'entité B peut exercer une option de vente sur la totalité des actions qu'elle détient.
Le prix d'exercice de l'option d'achat est basé sur la valeur de marché des titres à la date d'exercice.
Il n'existe pas de disposition dans le contrat prévoyant le recours à un arbitre.
L'exercice de ces options a pour effet la résiliation immédiate de l'accord conjoint.

Solution de l'exemple *A et B n'ont pas le contrôle conjoint de l'entité J.*
En effet, A détient des options d'achat de titres J :
- lui conférant des droits de vote potentiels substantifs ;

A a la capacité pratique d'exercer son option car le prix d'exercice de l'option à la valeur de marché ne présente pas de caractère dissuasif pour A. En outre, A peut exercer son option immédiatement et à sa discrétion, les situations de désaccord ne contenant pas d'obligation de recourir à un arbitre. Ainsi, l'option peut être exercée lorsque les décisions relatives aux activités pertinentes de J doivent être prises.

- dont l'exercice rend caduc l'accord contractuel.
En conséquence, l'entité J est, à notre avis, contrôlée (exclusivement) uniquement par A, et ce dès l'exercice N.
Remarque *Si l'exercice des options impliquait de recourir à une procédure arbitrale ou judiciaire, dont l'issue ne dépend pas du détenteur de l'option, l'entité J ne serait pas considérée comme contrôlée exclusivement par A, l'entité A n'ayant pas la capacité pratique d'exercer l'option lorsque les décisions concernant les activités pertinentes de J doivent être prises. L'entité J serait donc contrôlée conjointement par A et B.*

Contrôle conjoint et partage des risques et avantages

Question 15423

Le contrôle conjoint d'une entité est-il remis en cause lorsque l'un des partenaires bénéficie de la majorité des avantages ou assume l'essentiel des risques ?

Réponse

Non, à notre avis, dès lors que les décisions concernant les activités pertinentes doivent être prises à l'unanimité par les partenaires partageant le contrôle.

Commentaires A notre avis, le partage inégal des risques et avantages liés à une entité ou une activité économique ne remet généralement pas en cause l'existence d'un contrôle conjoint lorsque celui-ci est établi par un accord contractuel, quelle que soit la forme de cet accord (sur la forme de l'accord, voir nº 15401).

En effet, le contrôle conjoint est défini comme le partage, en vertu d'un contrat, du contrôle d'une activité économique et n'existe que si les prises de décisions relatives aux activités pertinentes de l'activité nécessitent le consentement unanime des partenaires parties prenantes à cet accord (IFRS 11.7).

Pour les activités pertinentes, voir nº 15012.

Cette définition ne fait aucune référence à la nécessité d'un partage équilibré des risques et avantages entre les partenaires et il est relativement fréquent que les pourcentages d'intérêts de chacun des participants au contrôle conjoint soient différents, sans pour autant que cela remette en cause l'existence d'un contrôle conjoint établi contractuellement.

Tel pourrait être le cas par exemple d'un partenariat où les partenaires détiennent respectivement 40 % et 60 % des parts d'une entité mais où les décisions relatives aux activités pertinentes sont toutes prises de manière unanime.

Toutefois, l'analyse au cas par cas de tous les faits et circonstances est indispensable pour apprécier si le partage inégal des risques et avantages remet en cause ou non le contrôle conjoint.

C. Classification des partenariats

Deux types de partenariats : joint ventures et joint operations

Question 15430

Quels sont les deux types de partenariats définis par IFRS 11 et comment les distinguer ?

Réponse

La norme IFRS 11 définit deux types de partenariats :
- la joint venture (coentreprise) ; et
- la joint operation (activité conjointe).

La distinction entre ces deux catégories dépend de la nature des droits et des obligations des partenaires sur le partenariat dans le cadre normal de l'activité. Ainsi, si les partenaires ont des droits et des obligations sur l'actif net du partenariat, ce dernier sera une joint venture. En revanche, si les partenaires ont des droits directs sur les actifs et des obligations directes sur les passifs relatifs au partenariat, ce dernier sera une joint operation.

La norme propose une démarche d'analyse des droits et des obligations des partenaires pour déterminer la classification du partenariat. L'analyse nécessite de prendre en compte le modèle économique du partenariat ; la norme accorde une part importante à la teneur juridique des contrats.

Cette démarche est illustrée par le schéma ci-après :

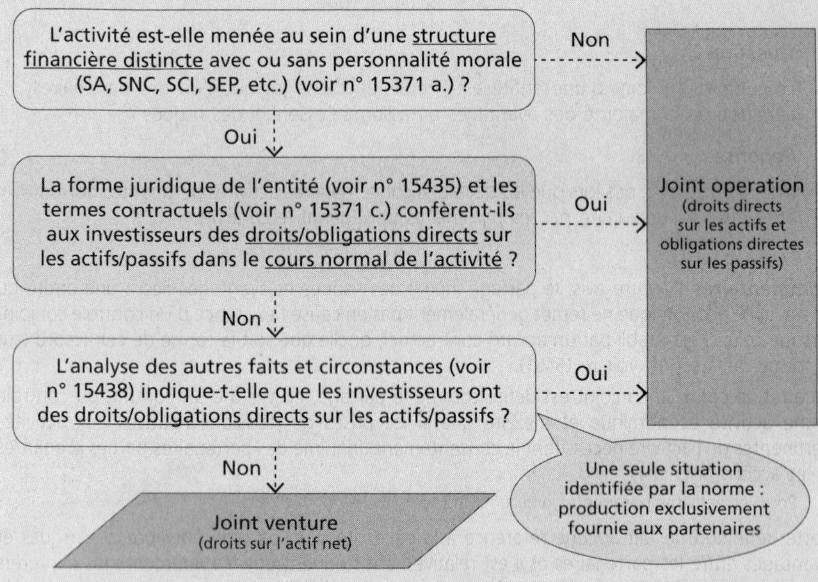

Forme juridique des partenariats

15435 ***Question***

Un partenariat dont la forme juridique crée une séparation entre les partenaires et le partenariat (cas d'une SA par exemple) peut-il être qualifié de joint operation ?

Réponse

Oui, mais ce sont des cas rares en pratique.

En effet, selon la norme IFRS 11, la forme juridique n'est pas prédominante. Ainsi, lorsque la forme juridique du partenariat confère une séparation entre les partenaires et le partenariat, il est possible que l'analyse des termes du partenariat et, s'il y a lieu, des autres faits et circonstances (étapes 2 et 3 du schéma au nº 15430) indique que les partenaires ont des droits sur les actifs et des obligations au titre des passifs relatifs à l'entité. Dans ce cas, le partenariat serait une joint operation.

Commentaires Selon la norme IFRS 11, la classification des partenariats nécessite une analyse en substance de l'accord pour déterminer si les partenaires ont des droits directs sur les actifs et des obligations directes sur les passifs relatifs à l'accord.

Lorsque la forme juridique du partenariat crée une séparation entre les partenaires et l'entité, il n'est pas possible de conclure immédiatement sur la classification en joint venture ou en joint operation.

Selon la norme IFRS 11, les partenariats logés dans une société anonyme par exemple ne sont pas systématiquement des joint ventures (voir Exemple au nº 15438).

En effet, c'est seulement lorsque la forme juridique de l'entité ne crée pas de séparation entre les partenaires et cette dernière (i.e. qu'il peut être conclu que les actifs et passifs de l'entité sont des actifs et passifs des partenaires) qu'il est possible de conclure dès ce niveau d'analyse que le partenariat est une joint operation (IFRS 11.B24), voir Exemple ci-après.

Il semblerait toutefois que les accords dont l'activité est logée dans un véhicule séparé mais dont la forme juridique ne confère pas de séparation entre les partenaires et le partenariat soient rares en pratique. Tel pourrait être le cas, à notre avis, de la société en participation (SEP), véhicule séparé mais n'ayant pas de personnalité morale, ni même de patrimoine propre, où la forme juridique ne confère donc pas de séparation entre les partenaires et le partenariat. Il conviendrait toutefois de s'assurer que la substance de l'opération et les termes de l'accord ne contredisent pas l'analyse.

Si la forme juridique du partenariat crée une séparation entre les partenaires et le partenariat, il convient, pour conclure sur la classification du partenariat, d'analyser dans un premier temps les termes de l'accord conjoint (étape 2 du schéma d'analyse précité) et dans un second temps les autres faits et circonstances (étape 3 du schéma d'analyse du nº 15430) (IFRS 11.B23).

Pour l'analyse des termes de l'accord conjoint, voir nº 15371, et sur l'analyse des autres faits et circonstances, voir nº 15438.

■ *Exemple*

(IFRS 11.IE2 à .IE8) Deux entités A et B, dans le secteur de la construction, fournissent des services à des entreprises du secteur public et du secteur privé.

A et B décident de s'associer en créant une structure financière distincte Z (véhicule séparé) qu'ils contrôlent conjointement et dont l'objet est la construction d'une autoroute pour le compte de l'Etat, en réponse à un appel d'offres. Le contrat de construction de l'autoroute est signé par Z pour le compte de A et B.

Les actifs et passifs nécessaires à la construction de l'autoroute sont logés dans l'entité Z. La forme juridique de Z confère à A et à B des droits sur les actifs et des obligations sur les passifs de Z. En outre, les termes du partenariat précisent que :

– A et B ont des droits, proportionnels à leur pourcentage de participation dans Z, sur les actifs nécessaires à la construction de l'autoroute ;

– A et B ont une responsabilité solidaire et conjointe d'assumer, à hauteur de leur pourcentage de participation dans Z, tous les passifs opérationnels et financiers liés à l'activité de Z ; et

– le profit ou la perte de Z est partagé entre A et B à hauteur de leur pourcentage de participation dans Z.

La coordination et la supervision des travaux seront effectuées par une personne désignée, à tour de rôle, soit parmi les salariés de A, soit parmi les salariés de B. Z facturera l'Etat au nom des deux partenaires A et B.

Solution de l'exemple *L'activité de Z est logée au sein d'une structure financière distincte (véhicule séparé). Toutefois, la forme juridique ne confère pas une séparation entre les partenaires et cette entité. En conséquence, Z est une joint operation. Cette analyse est renforcée par l'analyse des termes de l'accord.*

Analyse des « autres faits et circonstances »

Question 15438

Quels sont les autres faits et circonstances qui conduiraient à classer un partenariat en joint operation ?

Réponse

Lorsque l'analyse de la forme juridique puis des termes de l'accord (étape 2, voir nº 15430) ne permet pas de conclure sur le type de partenariat, il convient d'analyser les autres faits et circonstances (étape 3, voir nº 15430).

Cette analyse vise à déterminer si les partenaires ont des droits sur les actifs et des obligations sur les passifs relatifs au partenariat. Si tel est le cas, le partenariat sera une joint operation.

Par exemple, lorsque l'activité d'un partenariat est conçue essentiellement pour fournir sa production aux partenaires :

– les partenaires ont droit à la quasi-totalité des avantages économiques découlant des actifs du partenariat ;

– les passifs contractés par le partenariat sont, en pratique, remboursés grâce aux flux de trésorerie perçus lors de la vente de la production aux partenaires.

Le fait que les partenaires soient l'unique source de flux de trésorerie permet dès lors de démontrer que les partenaires ont une obligation sur les passifs relatifs au partenariat.

Commentaires Si les termes de l'accord ne viennent pas contredire la séparation créée par la forme juridique entre les partenaires et l'entité, il convient d'analyser les autres faits et circonstances afin de déterminer s'ils confèrent aux partenaires des droits directs sur les actifs et des obligations directes sur les passifs du partenariat (IFRS 11.B29).

La norme IFRS 11 a identifié notamment une situation permettant de conclure que les partenaires ont des droits sur les actifs et des obligations sur les passifs relatifs à l'accord. Il s'agit du cas où l'activité du partenariat est conçue essentiellement pour fournir sa production aux partenaires. Les partenaires auraient ainsi droit à la quasi-totalité des avantages économiques

15438 (suite) découlant des actifs du partenariat. Et les passifs contractés par le partenariat seraient, en pratique, remboursés grâce aux flux de trésorerie perçus lors de la vente de la production aux partenaires (IFRS 11.B31 et .B32).

L'analyse du partenariat pourrait être menée en répondant aux deux questions suivantes (IFRS 11.B33) :

– l'activité du partenariat est-elle conçue dans le but de fournir la production aux partenaires ?

Il convient dans ce cas de s'assurer que le partenariat ne peut librement vendre sa production à des tiers (IFRS 11.B31).

– le partenariat est-il de ce fait systématiquement dépendant des flux de trésorerie apportés par les partenaires pour le paiement de ses passifs ?

Décision de l'ESMA L'ESMA a accepté le classement par un émetteur d'un partenariat en joint operation, du fait de ses caractéristiques spécifiques. Ainsi, le partenariat présente une structure financière distincte et ses termes contractuels ne spécifient pas que les partenaires ont des droits/obligations directs sur ses actifs/passifs. Cependant, la totalité de sa production est destinée aux partenaires, à un prix correspondant au coût de production plus une marge fixe. Le volume de la production est décidé dans le budget annuel du partenariat. Si les partenaires n'achètent pas leur quote-part de production budgétée, ils doivent verser au partenariat, en compensation, une indemnité correspondant au prix prévu au budget. En outre, le partenariat est exclusivement financé par les partenaires. L'ESMA a conclu que ces éléments indiquent que le partenariat s'inscrit bien dans le cas de figure envisagé dans IFRS 11.B32 et doit ainsi être qualifié de joint operation (EECS/0116-02, 07/16).

Précisions apportées par l'IFRS IC concernant l'appréciation de l'analyse des autres faits et circonstances lors de la classification des partenariats en joint venture ou joint operation :

1. A la suite d'une démarche d'« outreach » limité lancée en 2013 par l'IASB visant à recenser les difficultés d'application d'IFRS 11, l'IFRS IC s'est penché sur la classification des partenariats en joint venture ou joint operation, et notamment l'appréciation de l'analyse des autres faits et circonstances. Les discussions ont débuté en janvier 2014 et se sont poursuivies jusqu'en mars 2015. La principale question traitée visait à déterminer sur quelle base l'analyse des autres faits et circonstances doit être menée. Deux vues ont ainsi été présentées.

– Une vue restrictive selon laquelle l'analyse des autres faits et circonstances doit être menée uniquement sur une base légale et contractuelle. Autrement dit, seuls les droits et obligations dits « exécutoires » doivent être pris en compte.

– Une seconde vue élargie qui ne limite pas l'analyse des autres faits et circonstances aux seuls droits et obligations exécutoires. Selon cette vue, il convient également de prendre en compte l'objet social de l'entité, son modèle économique en lien avec celui des partenaires ainsi que leur implication dans l'activité.

Après quelques mois de discussions sur ce thème, l'IFRS IC a statué et retenu en mai 2014 la première vue, privilégiant ainsi une lecture stricte de la norme. Les autres faits et circonstances sont donc appréciés pour déterminer s'ils confèrent aux partenaires des droits sur les actifs et des obligations sur les passifs qui, par nature, s'imposent aux partenaires d'un point de vue juridique ou contractuel (notion d'« enforceable ») (IFRIC Update 05/14 s'appuyant sur IFRS 11.14 et .B30).

Dans ses recommandations en vue de l'arrêté des comptes 2014, l'AMF, après avoir rappelé cette précision apportée par l'IFRS IC, indique qu'en conséquence l'objet et la structuration de l'entité, le modèle économique ou l'expérience passée ne sont pas pris en compte dans l'analyse des autres faits et circonstances, sauf s'ils créent des droits et des obligations qui s'imposent aux partenaires d'un point de vue juridique ou contractuel (Rec. AMF 2014-13, Arrêté des Comptes 2014, § 2.2.1).

L'IFRS IC a précisé qu'il est indispensable de démontrer que les partenaires ont à la fois des droits directs sur les actifs et des obligations directes sur les passifs pour qualifier l'entité de joint operation. Concernant la nécessité d'avoir des droits sur les actifs, il est indispensable de démontrer que les partenaires ont accès à la totalité des avantages économiques bruts qui découlent des actifs (la production, par exemple) et qu'ils en supportent les risques associés (IFRS 11.B31 et .B32). Il n'est, en revanche, pas suffisant de démontrer qu'ils ont accès à une partie seulement des avantages économiques. L'IFRS IC a précisé qu'il est également nécessaire de démontrer qu'il existe, pour les partenaires, une obligation légale ou contractuelle de transférer des flux de trésorerie sur une base continue, permettant de régler les passifs du partenariat (IFRS 11.B14, .B32 et .B33). A défaut de pouvoir faire cette démonstration, le partenariat sera une joint venture et devra être comptabilisé par mise en équivalence.

Pour le cas des entités projet, voir nº 15439. **15438** (suite)

L'IFRS IC a conclu que les dispositions actuelles sont suffisamment explicites et détaillées pour ne pas nécessiter d'amendement ni d'interprétation de la norme IFRS 11 (IFRIC Updates 11/14 et 03/15).

La position de l'IFRS IC aboutit à une lecture très juridique des autres faits et circonstances. Sur cette base, il devrait donc y avoir très peu de joint operations pour les partenariats logés dans une entité juridique distincte, en dehors du seul exemple fourni par la norme (IFRS 11.B32, Exemple 5).

2. L'IFRS IC a également été interrogé afin de préciser comment l'analyse des autres faits et circonstances doit être appliquée à des situations spécifiques où l'activité du partenariat est conçue essentiellement pour fournir sa production aux partenaires (variantes de l'exemple fourni par IFRS 11.B32). Il a notamment été demandé à l'IFRS IC de préciser dans quelle mesure les éléments suivants peuvent affecter la classification du partenariat lors de l'analyse des autres faits et circonstances :

- production vendue aux partenaires à un prix de marché ;

  La question visait à déterminer si le fait que la production soit vendue aux partenaires à un prix de marché peut empêcher le partenariat d'être classé en joint operation lors de l'analyse des autres faits et circonstances. L'IFRS IC a précisé que le prix de vente en lui-même ne constitue pas un élément déterminant dans l'analyse et qu'il convient notamment de s'assurer que les flux de trésorerie provenant des partenaires, résultant à la fois de la vente de la production à un prix de marché et de toute autre obligation de financement, sont suffisants pour permettre de régler les passifs du partenariat sur une base continue. L'exercice du jugement est donc nécessaire afin de déterminer si, dans un tel cas, le partenariat est une joint operation.

- financement apporté au partenariat par un tiers ;

  A la question de savoir si l'apport d'un financement par un tiers peut remettre en cause la classification d'un partenariat en joint operation, l'IFRS IC a indiqué que cet élément, en lui-même, n'affecte pas la conclusion tant que les flux de trésorerie provenant des partenaires, résultant à la fois de la vente de la production et de toute autre obligation de financement, sont utilisés pour régler les passifs du partenariat. L'IFRS IC a précisé que, bien qu'une partie des passifs puisse être réglée par les flux de trésorerie provenant du financement externe, l'obligation de remboursement de ce financement sera assurée par les flux de trésorerie provenant des partenaires. Cette analyse n'est, par ailleurs, pas affectée par le fait que le financement externe soit apporté lors de la création du partenariat ou durant sa phase d'exploitation.

- nature de la production du partenariat (caractère fongible ou spécifique) ;

  L'IFRS IC a précisé que la nature de la production fournie aux partenaires (qu'elle soit fongible ou spécifique à leurs besoins) n'est pas un critère déterminant dans l'analyse des autres faits et circonstances, s'appuyant sur la nécessité de démontrer qu'il existe, pour les partenaires, une obligation de transfert de flux de trésorerie pour régler les passifs du partenariat qui résulte de leurs droits et obligations sur les actifs du partenariat, indépendamment de la nature de la production réalisée par ces actifs.

- notion de production « essentiellement » fournie aux partenaires.

  La question visait à clarifier s'il convient de déterminer que la production est essentiellement fournie aux partenaires sur la base des volumes de vente ou sur la base du chiffre d'affaires. S'appuyant sur IFRS 11.B31 et .B32, l'IFRS IC a rappelé qu'il est nécessaire de démontrer que les partenaires ont accès à la totalité des avantages économiques bruts qui découlent des actifs et que les passifs du partenariat sont réglés par les flux de trésorerie reçus des partenaires. De fait, la notion d'avantages économiques bruts est indissociable des flux de trésorerie provenant des partenaires, et qui résultent de leurs droits et obligations sur les actifs. Sur cette base, l'IFRS IC a clarifié que l'appréciation doit être menée sur la base du chiffre d'affaires (et non des volumes de vente).

  L'IFRS IC a conclu que les dispositions actuelles sont suffisamment explicites et détaillées pour ne pas nécessiter d'amendement ni d'interprétation de la norme IFRS 11 (IFRIC Update 03/15).

3. En outre, l'IFRS IC s'est penché sur la classification de deux partenariats présentant des caractéristiques similaires, à l'exception de leur forme juridique (l'un étant logé au sein d'une structure juridique distincte et l'autre non). L'IFRS IC a reconnu que l'application d'IFRS 11 pouvait conduire à classer ces partenariats différemment dans la mesure où la forme juridique, pouvant affecter la nature des droits et obligations des partenaires, est un élément pertinent dans la classification des partenariats. Toutefois, l'IFRS IC a précisé que, dans un tel cas, la différence de traitement comptable ne remettait pas en cause le concept de « substance économique » d'IFRS 11 qui, selon l'approche retenue par la norme, vise à ce que la classification des partenariats reflète la nature des droits et obligations des partenaires.

L'IFRS IC a conclu que les dispositions actuelles sont suffisamment explicites et détaillées pour ne pas nécessiter d'amendement ni d'interprétation de la norme IFRS 11 (IFRIC Update 03/15).

■ *Exemple*

L'exemple ci-après, fourni par la norme, précise par ailleurs que le partenariat est conçu pour fonctionner au point mort. Cet élément n'est toutefois pas repris dans les paragraphes de la norme IFRS 11. Il s'agit à notre avis d'un élément important à prendre en compte lors de l'analyse car ce paramètre tend à confirmer que le partenariat n'assume aucun risque et notamment pas de risque lié au prix.

(IFRS 11.B32, Exemple 5) A et B décident de créer un partenariat, l'entité C, sous la forme d'une société avec personnalité morale.

A et B détiennent chacun 50 % de C. L'activité de C est la fabrication de matériaux que A et B utilisent au sein de leur propre processus de production. Le partenariat s'assure que A et B exploitent l'usine selon les spécifications quantitatives et qualitatives de A et B. Par ailleurs :

1. A et B ont décidé d'acheter conjointement 100 % de la production générée par C selon une proportion 50/50. C ne peut pas vendre sa production à des tiers sans l'approbation de A et de B ; Ceci devrait rarement se produire en pratique, C ayant été créé par les partenaires pour répondre à leurs propres besoins.

2. le prix de vente des matériaux produits par C est fixé conjointement par les partenaires de façon à couvrir les coûts de production et les coûts administratifs engagés par C. C est réputé de ce fait fonctionner au point mort.

***Solution de l'exemple** Compte tenu de la forme juridique de C (société avec personnalité morale), il existe une séparation entre les partenaires et C. En outre, les termes de l'accord ne précisent pas que A et B ont des droits sur les actifs et des obligations sur les passifs de C. L'analyse de la forme juridique et des termes de l'accord (étapes 1 et 2, voir nº 15430) conduit à considérer le partenariat comme une joint venture.*

Les partenaires doivent toutefois également tenir compte des autres faits et circonstances (points a. et b. ci-avant) :

– l'obligation pour A et B d'acheter la quasi-totalité de la production de C indique que C dépend exclusivement des partenaires pour la génération de ses flux de trésorerie. A et B ont donc l'obligation de financer le règlement des passifs de C ;

– le fait que A et B ont droit à la totalité de la production de C indique que A et B consomment la totalité des avantages économiques des actifs de C. A et B ont donc des droits sur la totalité des actifs de C.

Sur la base de l'analyse de ces autres faits et circonstances, il peut être déduit que C est une joint operation.

***Remarque** La conclusion sur la classification du partenariat serait identique si les partenaires A et B décidaient de vendre leur quote-part de production à des tiers au lieu de l'utiliser dans leur processus de fabrication.*

En revanche, si les termes de l'accord étaient modifiés de telle sorte que C aurait la possibilité de vendre sa production à des tiers, C assumerait dans ce cas lui-même les risques liés à la demande, aux stocks et au crédit. Ces changements conduiraient à requalifier C en joint venture.

Cas des entités projet

15439 ***Question***

Les entités projet, et notamment celles créées pour les partenariats de grands projets de construction, peuvent-elles répondre à la qualification de joint operations ?

Réponse

Selon l'IFRS IC, l'analyse des autres faits et circonstances doit être menée uniquement sur une base légale et contractuelle. Autrement dit, seuls les droits et obligations dits « exécutoires » doivent être pris en compte. Il est donc fort probable qu'un partenariat logé dans une structure distincte soit une joint venture.

Commentaires :

1. **Principales caractéristiques des entités projet** Les entités projet ont un business model bien spécifique :

– elles sont généralement constituées pour exécuter un projet unique pour le compte des partenaires ;

- elles ont une durée de vie définie, avec un objet social spécifique (par exemple la construction d'un immeuble) ;
- à l'issue de la construction, le projet est vendu à des tiers et le partenariat est dissout. La trésorerie générée par la vente n'est pas réinvestie dans la structure mais remonte aux partenaires ;
- ces entités ne fonctionnent pas de manière autonome. Elles dépendent des partenaires à tout point de vue (financier, opérationnel, commercial ou encore managérial) ;
- les risques liés au projet sont assumés par les partenaires.

2. Classification selon IFRS 11 des entités projet L'application littérale d'IFRS 11 conduit à qualifier ces entités de joint ventures bien que la mise en équivalence ne permette pas de traduire la substance économique de ce type de partenariats. A la suite d'une démarche d'« outreach » lancée en 2013 par l'IASB visant à recenser les difficultés d'application d'IFRS 11, l'IFRS IC s'est penché sur la qualification des partenariats en joint venture ou en joint operation, et notamment l'appréciation des autres faits et circonstances.

Pour plus de détails, voir n° 15438.

La problématique se résume à la question de savoir si une entité projet peut être une joint operation sur la base de son « business model ». Après plusieurs mois de discussions, l'IFRS IC a statué et précisé, en mai 2014, qu'il est indispensable de démontrer que les partenaires ont à la fois des droits directs sur les actifs et des obligations directes sur les passifs pour qualifier l'entité de joint operation. Ainsi, il est nécessaire de démontrer que les partenaires ont, d'une part, accès à la quasi-totalité des avantages économiques bruts qui découlent des actifs (la production, par exemple) et, d'autre part, l'obligation d'acquérir ces avantages économiques et d'en supporter les risques associés. Il n'est, en revanche, pas suffisant de démontrer qu'ils ont accès à une partie seulement des avantages économiques. L'IFRS IC a également précisé qu'il est impératif de démontrer qu'il existe, pour les partenaires, une obligation légale ou contractuelle de transférer des flux de trésorerie sur une base continue, permettant de régler les passifs du partenariat (IFRS 11.B14, .B32 et .B33). A défaut de pouvoir faire cette démonstration, l'entité projet sera une joint venture et devra être comptabilisée par mise en équivalence.

Il n'est donc pas impossible qu'une entité projet soit qualifiée de joint operation, toutefois, en pratique, ces cas devraient être très rares. En effet, dans ce type de partenariats, les parties ont rarement des droits directs sur l'output ; elles ont plutôt des droits directs sur le produit de la vente de cet output, mais net des coûts de production.

Recommandations de l'AMF Dans ses recommandations en vue de l'arrêté des comptes 2014, l'AMF recommande de tenir compte de ces conclusions de l'IFRS IC pour l'analyse des droits et obligations résultant de l'activité d'entités projet. Elle recommande également que l'analyse effectuée soit détaillée dans l'annexe (Rec. AMF 2014-13, Arrêté des Comptes 2014, § 2.2.1).

D. Enjeux comptables, stratégiques et opérationnels d'IFRS 11

Conséquences du classement en joint operation ou en joint venture sur les états financiers du partenaire

Question 15450

Quelles sont les conséquences du classement en joint operation ou en joint venture sur les états financiers du partenaire ?

Réponse

Si le partenaire détient des intérêts dans une joint operation, il doit constater sa participation dans cette activité selon une méthode qui, pour certains contrats, peut aboutir à un résultat proche de l'intégration proportionnelle (constatation de la quote-part des actifs, passifs, de chiffre d'affaires et de charges encourues, etc.). Pour d'autres contrats de nature différente, il pourra être nécessaire de constater 100 % de certains actifs et/ou de certains passifs, produits et/ou charges contrôlés ou assumés en totalité par l'un des partenaires. Au compte de résultat, la méthode aboutit généralement à constater des quotes-parts de produits et de charges.

15450 (suite) Si le partenaire détient des intérêts dans une joint venture, les intérêts détenus dans une joint venture doivent être comptabilisés selon la méthode de la mise en équivalence. Ainsi, la quote-part de l'activité du partenaire dans la joint venture n'apparaît que sur une seule ligne du compte de résultat et sur une seule ligne à l'actif du bilan.

Commentaires Selon la qualification du partenariat en joint operation ou en joint venture, la comptabilisation sera différente.

1. Si le partenaire (coparticipant) détient des intérêts dans une joint operation, il doit comptabiliser, dans le respect des normes IFRS applicables (IFRS 11.20 et .21) :
– les actifs qu'il contrôle et/ou sa quote-part des actifs détenus conjointement ;
– les passifs assumés et/ou sa quote-part des passifs détenus conjointement ;
– les charges qu'il engage directement et/ou sa quote-part des charges encourues conjointement ;
– le chiffre d'affaires provenant de la vente ou de l'utilisation de sa quote-part de la production de la joint operation et/ou sa quote-part de chiffre d'affaires résultant de la vente de biens ou de services réalisés par la joint operation.

Un investisseur qui détient une participation dans une joint operation mais qui n'exerce pas le contrôle conjoint doit comptabiliser ses intérêts, de la même manière, dès lors qu'il a des droits sur les actifs et des obligations sur les passifs de la joint operation (IFRS 11.23).

Pour les modalités de comptabilisation d'une prise d'intérêts dans une joint operation, voir n° 15375.

En cas de vente ou d'apports d'actifs d'un coparticipant à une joint operation, le coparticipant devra comptabiliser les gains et pertes découlant de ces transactions seulement à hauteur des intérêts des autres parties à la joint operation (IFRS 11.B34).

Le coparticipant devra éliminer dans ses comptes (consolidés et individuels) le gain ou la perte correspondant à son intérêt dans la joint operation.

Par ailleurs, lors de cette transaction, si une perte de valeur des actifs devant être vendus ou apportés est identifiée, celle-ci devra être intégralement comptabilisée par le coparticipant (IFRS 11.B35).

En cas d'achat d'actifs à une joint operation, le coparticipant ne devra comptabiliser sa quote-part de résultat de cession réalisé par la joint operation que lors de la cession ultérieure de l'actif acheté (IFRS 11.B36).

En outre, si lors de la transaction une perte de valeur de l'actif devant être acheté est identifiée, le coparticipant devra comptabiliser immédiatement sa quote-part de ces pertes.

Remarque L'un des avantages de la qualification d'un partenariat en joint operation est que la quote-part du chiffre d'affaires est maintenue au niveau de l'état du résultat global.

En revanche, les termes de l'accord conjoint peuvent conduire à comptabiliser des dettes plus importantes au niveau du bilan du partenaire (constatation de 100 % de certains passifs contrôlés ou assumés en totalité par l'un des partenaires).

L'IFRS IC a traité certains sujets, détaillés ci-après, relatifs à la comptabilisation d'une joint operation :

Reconnaissance du chiffre d'affaires La question visait à clarifier si un partenaire dans une joint operation (coparticipant) doit comptabiliser le chiffre d'affaires provenant de la vente de sa quote-part de la production de la joint operation, tel que requis par IFRS 11.20d, lorsque la production est destinée aux partenaires. L'IFRS IC s'est penché sur le cas d'un partenariat, logé au sein d'une structure distincte, et qualifié de joint operation sur la base de l'analyse des autres faits et circonstances car la production est intégralement vendue aux partenaires proportionnellement à leurs droits sur les actifs (voir n° 15438). Dans un tel cas, l'IFRS IC a conclu qu'IFRS 11.20d ne trouvait pas à s'appliquer, les partenaires ne pouvant reconnaître du chiffre d'affaires envers eux-mêmes. Ces derniers reconnaîtront leur chiffre d'affaires uniquement lors de la revente à des tiers. Par conséquent, en application d'IFRS 11.20d, un coparticipant ne peut reconnaître de chiffre d'affaires au titre des ventes réalisées par la joint operation que sur les ventes à destination de tiers.

L'IFRS IC a conclu que les dispositions actuelles sont suffisamment explicites et détaillées pour ne pas nécessiter d'amendement ni d'interprétation de la norme IFRS 11 (IFRIC Update 03/15).

Dichotomie entre la quote-part de production achetée par les partenaires et leur détention capitalistique L'IFRS IC a été interrogé sur le traitement comptable à retenir lorsque la part de la production que les partenaires s'engagent à acheter est différente de leur détention capitalistique. Il a été considéré le cas d'un partenariat logé au sein d'une structure distincte dont la production est essentiellement vendue aux partenaires à un prix lui permettant de fonctionner au point mort. Le partenariat est classé en joint operation car il est considéré, sur la base des autres faits et circonstances, que les partenaires ont des droits et des obligations directs (IFRS 11.32, Exemple 5). La question visait à déterminer sur quelles bases les partenaires doivent comptabiliser leurs quotes-parts d'actifs, de passifs, de revenus et de charges, conformément à IFRS 11.20, lorsque la part de la production qu'ils s'engagent à acheter est différente de leur détention capitalistique et que l'accord contractuel ne fournit aucune indication. L'IFRS IC a indiqué qu'il était nécessaire de comprendre la raison de cette dichotomie, qui peut résulter de différents scenarios, et exercer son jugement afin de déterminer une comptabilisation appropriée. **15450** (suite)

L'IFRS IC a conclu que les dispositions actuelles de la norme IFRS 11 n'étaient pas suffisamment explicites pour traiter la comptabilisation d'une joint operation dans les circonstances décrites. Toutefois, l'IFRS IC a décidé de ne pas ajouter ce sujet à son agenda, notant qu'il serait nécessaire de mener une analyse plus approfondie afin de développer le guide d'application de la norme (IFRIC Update 03/15). Aucun calendrier n'a toutefois été déterminé concernant cette analyse.

Comptabilisation de la dette de location afférente à un contrat de location souscrit dans le cadre d'une joint operation mais contracté par un seul des coparticipants L'IFRS IC a été sollicité sur les modalités de comptabilisation de la dette de location relative à un contrat de location souscrit dans le cadre d'une joint operation mais contracté par un seul des coparticipants : ce dernier doit-il en comptabiliser la totalité ou bien uniquement sa quote-part dans la joint operation ?

Sur les modalités de comptabilisation d'un contrat de location par le preneur, voir nº 32972 s.

L'IFRS IC a conclu que le coparticipant seul signataire du contrat de location doit comptabiliser 100 % de la dette afférente à ce contrat. L'IFRS IC a également souligné l'importance de fournir une information adéquate à ce titre, permettant aux utilisateurs de ses états financiers de comprendre la nature et les effets de ses relations contractuelles avec la joint operation et les autres coparticipants en application notamment des dispositions d'IFRS 12.20a (IFRIC Update 03/19).

Reconnaissance du chiffre d'affaires par un coparticipant lorsque la production reçue de la joint operation et vendue par le coparticipant au cours d'une période comptable diffère de sa quote-part contractuelle dans le partenariat L'IFRS IC a été interrogé sur les modalités de reconnaissance du chiffre d'affaires relatif à une production issue d'une joint operation, lorsque la production effectivement reçue par le coparticipant au cours d'une période comptable diffère de la production à laquelle il a contractuellement droit. Dans le cas de figure soumis à l'IFRS IC, le coparticipant a le droit de recevoir une quote-part fixe de la production de la joint operation et il est obligé de payer une quote-part fixe des coûts de production qu'elle encourt. Pour des raisons opérationnelles, la production effectivement reçue par le coparticipant et vendue à ses propres clients au cours d'une période comptable est différente de la quote-part de production à laquelle il a contractuellement droit.

L'IFRS IC a conclu qu'un coparticipant doit reconnaître son chiffre d'affaires sur la base du seul chiffre d'affaires effectivement réalisé avec ses propres clients, conformément à IFRS 15, et non sur la base du pourcentage théorique auquel il a droit dans la production de la joint operation. Par conséquent, le coparticipant ne comptabilise pas de chiffre d'affaires sur la production à laquelle il avait droit mais qu'il n'a pas reçue de la joint operation et qu'il n'a donc pas pu vendre (IFRIC Update 03/19).

2. Si le partenaire (coentrepreneur) détient une participation dans une joint venture, il doit constater sa participation selon la méthode de la mise en équivalence, sauf s'il est exempté de l'application de cette méthode selon les dispositions d'IAS 28 (IFRS 11.24).

Sur la méthode de mise en équivalence, voir nº 15561 s.

Ainsi, dans le bilan, la quote-part des actifs/passifs sera présentée en net en titres mis en équivalence et au sein du compte de résultat, seule la quote-part du résultat des sociétés mises en équivalence apparaîtra (pour sa présentation, voir nº 54044 à 54048). En revanche, la contribution à l'endettement n'apparaît plus en tant que telle sur la ligne du bilan correspondante.

La norme IAS 1 précise par ailleurs que les autres éléments du résultat global provenant des sociétés mises en équivalence doivent être présentés sur deux lignes distinctes et répartis entre (IAS 1.82A) :
- ceux qui seront reclassés en résultat, lorsque certaines conditions seront remplies ; et
- ceux qui ne seront pas reclassés ultérieurement en résultat.

Pour plus de détails sur ce point, voir nº 53971.

Pour les pistes de réflexion liées à la suppression de l'intégration proportionnelle pour les joint ventures, voir nº 15456 et 54044.

Un suivi de la performance des joint ventures grâce à l'information sectorielle

15456 ***Question***

L'information sectorielle est-elle une réponse possible à la comptabilisation selon la méthode de la mise en équivalence des joint ventures requise par IFRS 11 ?

Réponse

Oui.

Même si la norme IFRS 12, Informations à fournir sur les intérêts dans d'autres entités, requiert de fournir en annexe des informations détaillées sur l'activité des joint ventures (voir nº 24520), les partenaires peuvent continuer à intégrer proportionnellement leurs joint ventures au niveau de l'information sectorielle si le suivi de la performance de ces joint ventures par le principal décideur opérationnel dans le reporting interne s'effectue selon ces modalités, conformément à IFRS 8.

Commentaires :

1. Contexte et enjeux Lorsque le partenariat est une joint venture, c'est-à-dire lorsque les partenaires ont des droits uniquement sur l'actif net du partenariat, la norme IFRS 11 impose l'utilisation de la méthode de la mise en équivalence, voir nº 15377.

Pour la distinction entre joint ventures et joint operations, voir nº 15365.

Les partenaires doivent présenter sur une seule ligne du compte de résultat leur quote-part du résultat des joint ventures.

2. Quelles sont les informations à fournir pour les joint ventures comptabilisées selon la méthode de la mise en équivalence ? Certes, la norme IFRS 12 prévoit de fournir en annexe des informations détaillées sur l'activité des joint ventures significatives. Il s'agit notamment de communiquer, pour ces joint ventures, le montant global à 100 % (i.e. sans tenir compte de la quote-part d'intérêts détenus, IFRS 12.B14) du chiffre d'affaires, du résultat net et le montant des actifs et passifs courants et non courants, voir nº 24520.

Toutefois, les partenaires détenant des intérêts dans des joint ventures anciennement comptabilisées selon la méthode de l'intégration proportionnelle (telle qu'autorisée par l'ancienne norme IAS 31) peuvent avoir intérêt à continuer à intégrer proportionnellement leurs joint ventures au niveau de leur information sectorielle conformément à IFRS 8, Secteurs opérationnels.

3. Quelles sont les possibilités offertes par IFRS 8, Secteurs opérationnels ? La norme IFRS 8 permet de communiquer sur des indicateurs « non-GAAP » (i.e. non IFRS) dès lors que ceux-ci sont utilisés régulièrement par le principal décideur opérationnel de la société dans le cadre du reporting interne (IFRS 8.23).

Cela devrait être le cas lorsque les dirigeants suivent les performances des joint ventures plus finement qu'avec l'indicateur de la quote-part du résultat des sociétés mises en équivalence.

Pour les principes à respecter, voir nº 57935.

Si tel est le cas, le groupe pourrait par exemple communiquer sur un chiffre d'affaires incluant la quote-part de celui des joint ventures dans son information sectorielle fournie au sein de l'annexe aux états financiers, ainsi que dans les communiqués de presse, le rapport de gestion, etc.

Toutefois, s'agissant d'indicateurs non-GAAP, la norme IFRS 8 impose de fournir un rapprochement entre ces indicateurs tels que déterminés au niveau de l'information sectorielle et les comptes IFRS (IFRS 8.28).

Remarque Certains groupes qui mettent en équivalence leurs joint ventures depuis plusieurs années ont fait un choix différent. Ce choix est d'aligner leurs reportings interne et externe sur la mise en équivalence, ce qui sous-entend que les principaux décideurs opérationnels de ces groupes se contentent de suivre leurs joint ventures à l'aide d'une information très résumée dans leur reporting interne. Ce critère est donc celui déterminant pour la présentation de l'information sectorielle.

E. Augmentation ou diminution des pourcentages d'intérêts dans un partenariat

Variation de pourcentage d'intérêts dans une joint venture

Pour les augmentations du pourcentage d'intérêts dans une joint venture avec maintien de la mise en équivalence, voir n° 23480. **15460**

Pour les diminutions du pourcentage d'intérêts dans une joint venture qui reste mise en équivalence, voir n° 23485.

CHAPITRE 11

Participations dans des entreprises associées et des joint ventures (IAS 28)

Plan du chapitre §§ 15550

L'ESSENTIEL DE LA NORME IAS 28

A. Généralités

La norme IAS 28 vise à (IAS 28.1) : 15552
- prescrire le traitement comptable des participations dans des entreprises associées ;
- exposer les dispositions relatives à la mise en œuvre de la méthode de la mise en équivalence, qui s'applique aux entreprises associées et aux joint ventures.

Remarques :
1. Une entreprise associée est une entité sur laquelle l'investisseur exerce une influence notable (IAS 28.3).
2. Une joint venture est un partenariat dans lequel les parties, qui exercent un contrôle conjoint sur l'entité, ont des droits sur l'actif net de celle-ci (IAS 28.3), voir n° 15367.

B. Influence notable

Définition

15555 L'influence notable est le pouvoir de participer aux décisions liées aux politiques financières et opérationnelles de l'entité détenue sans toutefois exercer un contrôle exclusif ou conjoint sur ces politiques (IAS 28.3).

Un investisseur est présumé exercer une influence notable sur une entité s'il détient, directement ou indirectement, 20 % ou plus des droits de vote de cette entité (IAS 28.5).

Cette présomption peut être réfutée s'il est clairement démontré que l'investisseur n'exerce pas d'influence notable.

S'il détient, directement ou indirectement, moins de 20 % des droits de vote dans l'entité, l'investisseur est présumé, à l'inverse, ne pas exercer d'influence notable.

Cette présomption peut toutefois être réfutée et une ou plusieurs des situations suivantes peuvent généralement démontrer l'influence notable (IAS 28.6) :
- représentation au sein du conseil d'administration ou de l'organe de direction équivalent de l'entité détenue ;
- participation au processus d'élaboration des politiques, et notamment aux décisions relatives aux dividendes et autres distributions ;
- transactions significatives entre l'investisseur et l'entité détenue ;
- échange de personnel dirigeant ;
- fourniture d'informations techniques essentielles.

Remarque Le contrôle exclusif d'un actionnaire sur une entité n'exclut pas nécessairement qu'un autre investisseur puisse disposer de l'influence notable sur cette même entité (IAS 28.5).

Prise en compte des droits de vote potentiels

15557 Les droits de vote potentiels (bons de souscription d'actions, options d'achat d'actions, etc.) doivent être pris en compte pour l'appréciation de l'influence notable s'ils sont actuellement exerçables ou convertibles par leur détenteur et ce, qu'ils soient détenus par l'entreprise consolidante ou par des tiers (IAS 28.7).

Les droits de vote potentiels ne sont pas actuellement exerçables ou convertibles lorsque, par exemple, ils ne peuvent être exercés ou convertis qu'à une date future ou en cas de survenance d'un événement futur et incertain.

Pour apprécier si les droits de vote potentiels contribuent à l'existence d'une influence notable, il convient d'examiner tous les faits et circonstances qui affectent ces droits (conditions d'exercice par exemple), à l'exception des intentions de leur détenteur et de leur capacité financière à exercer ou convertir ces droits de vote potentiels (IAS 28.8).

Perte de l'influence notable

15559 Un investisseur perd l'influence notable sur une entité lorsqu'il perd le pouvoir de participer aux décisions liées aux politiques financières et opérationnelles de cette entité. La perte de l'influence notable ne coïncide pas nécessairement avec un changement du pourcentage d'intérêts dans l'entité (IAS 28.9).

La perte d'influence notable peut, par exemple, survenir lorsqu'une entreprise associée est soumise au contrôle des autorités publiques, d'un administrateur judiciaire ou d'un tribunal, ou encore à la suite d'un accord contractuel.

Pour les principes de comptabilisation d'une cession de titres d'une entreprise associée ou d'une joint venture induisant l'arrêt de l'application de la mise en équivalence, voir n° 23490.

C. Méthode de la mise en équivalence

Un investisseur qui exerce une influence notable sur une entité ou un contrôle conjoint sur une joint venture doit comptabiliser sa participation dans l'entreprise associée ou la joint venture selon la méthode de la mise en équivalence, sauf lorsque les conditions d'exemption d'application sont satisfaites (IAS 28.16). 15561

La norme IAS 28 fournit une liste précise d'exemptions (voir IAS 28.17 s.).
Pour le cas particulier des entités détenues par un organisme de capital-risque, voir n° 15567.

Mise en œuvre de la méthode de la mise en équivalence

Selon la méthode de la mise en équivalence, la participation dans une entreprise associée ou une joint venture est comptabilisée initialement au coût, puis la valeur comptable de la participation est augmentée ou diminuée de la quote-part de l'investisseur dans le résultat net de l'entité détenue après la date d'acquisition (IAS 28.10). 15563

Pour plus de précisions sur la comptabilisation des prises d'influence notable, voir n° 23456 s.

La quote-part de l'investisseur dans le résultat net de l'entité est comptabilisée dans le résultat net de l'investisseur, sur une ligne spécifique du compte de résultat.

Des ajustements de la valeur comptable de la participation peuvent également être nécessaires, au titre :
- des distributions reçues de l'entité détenue (dividendes, etc.) ;

Remarque En règle générale, la valeur comptable d'une participation mise en équivalence est réduite du montant des dividendes qu'elle distribue à l'investisseur.
La question se pose toutefois du traitement comptable d'une **distribution de dividendes pour un montant supérieur à la valeur comptable de la participation.** Dans ce cas, à notre avis, lorsque l'investisseur n'a aucune obligation de rembourser ce dividende à la société distributrice mise en équivalence, l'investisseur réduit la valeur comptable de la participation à zéro et constate l'excédent en profit.
Postérieurement à cette distribution, l'investisseur doit, à notre avis, faire un choix de méthode comptable sur la manière de comptabiliser sa quote-part dans les profits réalisés par l'entité mise en équivalence :
- soit immédiatement augmenter la valeur comptable de la mise en équivalence de cette quote-part de profits, puis mener un test de dépréciation de la participation (voir n° 15590) ;
- soit ne commencer à constater cette quote-part en augmentation de la valeur comptable de la mise en équivalence qu'une fois la distribution excédentaire absorbée par les profits ultérieurs.
La méthode comptable choisie doit être celle qui reflète le mieux les faits et circonstances.

- de la quote-part de l'investisseur dans les variations des autres éléments du résultat global de l'entité détenue.

Ces modifications sont comptabilisées dans les autres éléments du résultat global de l'investisseur (IAS 28.10).

La quote-part de l'investisseur dans les autres éléments du résultat global de l'entité est présentée sur deux lignes séparées distinguant (IAS 1.82Ab) :
- ceux qui ne seront pas reclassés ultérieurement en résultat ;
- ceux qui seront reclassés ultérieurement en résultat lorsque certaines conditions seront remplies.

En revanche, ces deux lignes distinctes ne seront pas détaillées en fonction de leur nature.
Remarque L'exposé-sondage « Equity method : share of other net assets changes » proposait d'amender la norme IAS 28 pour préciser la comptabilisation par l'investisseur des variations de l'actif net des entités mises en équivalence constatées directement dans les capitaux propres de ces dernières et correspondant, par exemple, à une émission d'actions au profit d'un tiers ou à un rachat d'actions auprès d'un tiers (ED/2012/3, 11/12). Toutefois, l'IASB avait finalement décidé de ne pas poursuivre ce projet. Cette problématique est désormais intégrée au projet « Equity Method » (voir n° 15650).

Incidence des droits de vote potentiels sur le pourcentage d'intérêts

Les droits de vote potentiels ou autres instruments dérivés ne doivent pas être pris en compte dans le pourcentage d'intérêts sauf s'ils donnent accès, dès à présent, aux rendements liés aux titres de participation (IAS 28.12 et .13), par exemple, des options croisées d'achat et de vente exerçables à une même date future et dont le prix d'exercice est fixe. 15565

Les droits de vote potentiels ou autres instruments dérivés qui ne donnent pas accès, dès à présent, aux rendements liés aux titres de participation dans une entreprise associée ou une joint venture doivent être comptabilisés selon la norme IFRS 9 (IAS 28.14).

Comptabilisation des autres instruments financiers dans une entreprise associée ou une joint venture

15566 La norme IAS 28 précise que la norme IFRS 9, Instruments financiers, s'applique à tous les autres instruments financiers dans une entreprise associée ou une joint venture auxquels la méthode de la mise en équivalence n'est pas appliquée, notamment les actifs financiers à long terme faisant partie de l'investissement net dans une entreprise associée ou une joint venture. IAS 28 précise également qu'IFRS 9 est d'abord appliquée à ces actifs, y compris les dispositions générales relatives à la dépréciation des actifs financiers, avant toute prise en compte des dispositions d'IAS 28 relatives à l'allocation des quotes-parts de pertes et des éventuelles pertes de valeur sur les entreprises mises en équivalence (IAS 28.14A).

Pour l'allocation des quotes-parts de pertes et des éventuelles pertes de valeur sur l'investissement net dans une entreprise associée ou une joint venture, voir n° 15588 et 15590.

Par ailleurs, lors de l'évaluation de ces actifs selon IFRS 9, il n'est pas tenu compte des ajustements de valeurs comptables induits par l'application d'IAS 28 (quotes-parts de pertes éventuelles de l'entreprise associée/joint venture ou charge de dépréciation de l'investissement net) (IAS 28.14A).

Afin d'illustrer l'interaction entre IFRS 9 et IAS 28, l'IASB a également publié un exemple d'application.

Pour la présentation au bilan des actifs à long terme faisant partie de l'investissement net dans une entreprise associée ou une joint venture, voir n° 15600.

Cas particulier des participations détenues par un organisme de capital-risque, un fonds commun de placement, une société d'investissement à capital variable ou une entité similaire

15567 Lorsque l'investisseur est un organisme de capital-risque, un fonds commun de placement, une société d'investissement à capital variable ou une entité similaire telle qu'un fonds d'assurance lié à des placements (ou lorsque la participation est détenue indirectement via une filiale qui est un organisme de ce type), il peut choisir de ne pas comptabiliser sa participation dans l'entreprise associée ou la joint venture selon la méthode de la mise en équivalence. En effet, IAS 28 autorise, dans ce cas, l'investisseur à comptabiliser sa participation à la juste valeur (avec constatation des variations de juste valeur en résultat) conformément à IFRS 9 (IAS 28.18).

Sur la possibilité de prendre en compte une prime ou une décote dans l'évaluation de la juste valeur d'une participation cotée sur un marché actif (et donc de se départir d'une évaluation égale au produit du cours de marché unitaire par la quantité de titres détenus), voir n° 13384, point 2.

Un exemple de fonds d'assurance lié à des placements est un fonds détenu par une entité en tant qu'élément sous-jacent d'un groupe de contrats d'assurance participatifs dits « directs ». Dans ce contexte, les contrats d'assurance comprennent les contrats d'investissement avec éléments de participation discrétionnaire (voir n° 66000R).

L'investisseur peut choisir d'appliquer cette exemption individuellement pour chaque participation dans une entreprise associée ou une joint venture, à la date de première comptabilisation de la participation (IAS 28.18).

Ainsi, le choix d'appliquer cette exemption n'est pas un choix de méthode comptable devant être appliqué à l'ensemble des participations dans les entreprises associées et les joint ventures de l'investisseur.

En outre, au sein d'un même groupe, une entreprise associée peut être détenue simultanément par deux types différents de filiales (IAS 28.19) :

- un organisme de capital-risque, un fonds commun de placement, une société d'investissement à capital variable ou encore une entité similaire telle qu'un fonds d'assurance lié à des investissements ;

  Pour cette partie de la détention, l'investisseur a le choix de la comptabiliser :
  - à la juste valeur selon IFRS 9, avec constatation des variations de juste valeur en résultat ; ou
  - selon la méthode de la mise en équivalence telle que définie par IAS 28.

  Ce choix est possible même si l'organisme de capital-risque (ou similaire) n'exerce pas l'influence notable sur cette partie de la détention mais que l'influence notable est démontrée par un autre lien de participation.

- et une entité opérationnelle plus « classique ».

  Pour cette partie de la détention, l'investisseur doit la comptabiliser selon la méthode de la mise en équivalence telle que définie par IAS 28.

Cas particulier de l'application de la mise en équivalence à une entreprise associée ou une joint venture qui répond à la définition d'une société d'investissement

Lorsqu'un investisseur détient une participation dans une entreprise associée ou une joint venture, qui répond à la définition d'une société d'investissement et qui détient elle-même des filiales, la question se pose de savoir s'il est possible de maintenir, lors de la mise en équivalence, l'évaluation à la juste valeur retenue par cette dernière pour évaluer ses participations. En effet, une société d'investissement doit évaluer la plupart de ses participations dans des filiales à la juste valeur, conformément à IFRS 9, avec constatation des variations de juste valeur en résultat (IFRS 10.31). **15568**

Pour plus de détails sur la définition d'une société d'investissement et la comptabilisation des entités contrôlées par une société d'investissement, voir n° 15188.

Ainsi, un investisseur a la possibilité, en appliquant la méthode de la mise en équivalence, de maintenir l'évaluation à la juste valeur utilisée par une société d'investissement pour ses propres participations (IAS 28.36A). Il s'agit d'une exception au principe d'harmonisation des méthodes comptables prévu par IAS 28.36, selon lequel il est nécessaire de comptabiliser des ajustements pour rendre les méthodes comptables de l'entreprise associée ou de la joint venture conformes à celle de l'investisseur (voir n° 15584).

L'investisseur n'a donc pas l'obligation de préparer des comptes consolidés au niveau de l'entreprise associée ou de la joint venture pour la mise en œuvre de la mise en équivalence car il bénéficie également de l'exemption de préparation de comptes consolidés applicable à l'entité mise en équivalence en raison de son statut de société d'investissement.

L'investisseur peut choisir d'appliquer cette exemption individuellement pour chaque participation dans une entreprise associée ou une joint venture, à la date la plus tardive, entre (i) la date de la première comptabilisation de la participation, (ii) la date à laquelle l'entreprise associée ou la joint venture devient une société d'investissement et (iii) la date à laquelle l'entreprise associée ou la joint venture devient une société mère (IAS 28.36A).

Ainsi, le choix d'appliquer cette exemption n'est pas un choix de méthode comptable qui doit être appliqué à l'ensemble des participations dans les entreprises associées et les joint ventures de l'investisseur.

Variations du pourcentage d'intérêts avec maintien de la méthode de la mise en équivalence : passage du contrôle conjoint d'une joint venture à l'influence notable (ou inversement)

Selon IAS 28, le passage de l'influence notable au contrôle conjoint d'une joint venture (ou inversement) ne constitue pas un événement nécessitant une réévaluation des intérêts conservés à la juste valeur (IAS 28.BC30). En effet, la méthode de la mise en équivalence continue à être appliquée dans les deux cas (contrôle conjoint d'une joint venture ou influence notable). Ainsi (IAS 28.24) : **15569**

- en cas de passage de contrôle conjoint d'une joint venture à influence notable (par cession partielle de titres ou par modification de gouvernance), seul un résultat de cession partiel lié à la quote-part cédée doit être constaté en résultat, la quote-part conservée des titres ne devant pas être réévaluée à la juste valeur par résultat ;
- en cas de passage d'influence notable à contrôle conjoint d'une joint venture (par acquisition partielle de titres ou modification de gouvernance), la quote-part antérieurement détenue avant la prise de contrôle conjoint ne doit pas être réévaluée à la juste valeur par résultat.

De même, les gains et pertes comptabilisés directement en autres éléments du résultat global (« Other Comprehensive Income »/OCI) doivent être recyclés en résultat proportionnellement à la quote-part cédée (IAS 28.25).

Pour plus de précisions sur la comptabilisation des variations de pourcentage d'intérêts avec maintien de la méthode de la mise en équivalence, voir n° 23480 s.

Variations du pourcentage d'intérêts avec changement de méthode

Passage d'entreprise associée ou de joint venture à filiale contrôlée exclusivement L'investisseur doit comptabiliser sa participation selon IFRS 3, Regroupements d'entreprises, et IFRS 10, Etats financiers consolidés (IAS 28.22). **15571**

Ce qui implique de réévaluer à la juste valeur la quote-part antérieurement détenue.

Passage d'entreprise associée ou de joint venture à actif financier selon IFRS 9 L'investisseur doit évaluer les intérêts conservés à leur juste valeur. Le résultat de cession correspond à la différence entre :
- la juste valeur des intérêts conservés et le produit de cession perçu ; et
- la valeur comptable de la participation.

En outre, tous les montants préalablement comptabilisés parmi les autres éléments du résultat global au titre de la participation dans une entreprise associée ou une joint venture doivent être comptabilisés par l'investisseur sur la même base que celle qui aurait été exigée si l'entité avait directement cédé les actifs ou passifs correspondants (IAS 28.22).

Ainsi, par exemple, les écarts de conversion comptabilisés en autres éléments du résultat global doivent être recyclés en résultat dès lors que l'investisseur cesse d'appliquer la méthode de la mise en équivalence.

Pour plus de précisions sur la comptabilisation des variations de pourcentage d'intérêts induisant l'arrêt de la méthode de la mise en équivalence, voir n° 23490 et 23760.

D. Classement des participations dans des entreprises associées ou joint ventures détenues en vue de la vente selon IFRS 5

15575 Un investisseur doit appliquer IFRS 5, Actifs non courants détenus en vue de la vente et activités abandonnées, à une participation dans une entreprise associée ou une joint venture qui répond aux critères de classement comme « détenue en vue de la vente » (IAS 28.20).

En outre, en cas de cession partielle, seule la quote-part des titres destinés à être cédés est reclassée en actifs destinés à être cédés tels que définis par IFRS 5 ; les titres destinés à être conservés continuant à être mis en équivalence jusqu'à la date de cession (IAS 28.20).

Ainsi, si un investisseur qui détient 25 % d'une entreprise associée s'est engagé à céder 5 % de ses titres, la cession étant hautement probable à la clôture, seuls les 5 % sont à traiter en actifs destinés à être cédés. Les 20 % destinés à être conservés continuent à être mis en équivalence jusqu'à la date de cession.

Conformément aux dispositions d'IFRS 5, les titres destinés à être cédés (5 % dans l'exemple) sont présentés sur une ligne distincte « actifs destinés à être cédés » au bilan de l'investisseur. Ils sont évalués au minimum de leur valeur comptable et de leur juste valeur nette des frais de cession et l'investisseur cesse de prendre en compte sa quote-part de résultat sur le pourcentage représentatif des titres destinés à être cédés à compter de la classification en actifs détenus en vue de la vente (pour plus de détails, voir n° 37052 s.).

Après la cession, les titres conservés sont comptabilisés conformément à IFRS 9, sauf si l'intérêt conservé demeure celui d'une entreprise associée ou d'une joint venture, auquel cas IAS 28 s'applique (IAS 28.20).

Pour les conséquences de l'application de la norme IFRS 5 aux cessions de titres d'entreprises associées et de joint ventures, voir n° 37070.

E. Mise en œuvre pratique de la méthode de la mise en équivalence

Comptabilisation initiale

15580 Lors de l'acquisition de la participation, le coût de la participation doit être comparé à la quote-part de l'investisseur dans la juste valeur nette des actifs et passifs identifiables de l'entité (IAS 28.32) :

Cela revient à réaliser une allocation du prix d'acquisition, en identifiant les actifs et les passifs identifiables de la participation et en les évaluant à la juste valeur, de la même manière que pour un regroupement d'entreprises sous IFRS 3 (voir n° 21361 s.). Ainsi, tous les actifs et passifs identifiables doivent être évalués à leur juste valeur dans le bilan d'ouverture, y compris ceux qui n'étaient pas reconnus précédemment par l'entreprise associée ou la joint venture (par exemple, un actif incorporel généré en interne, qui ne remplissait pas les critères de reconnaissance d'IAS 38, doit être reconnu lors de l'exercice d'allocation. En revanche, un goodwill comptabilisé par l'entreprise associée ou la joint venture sur des acquisitions antérieures ne répond pas à la définition d'un actif identifiable selon IFRS 3 et ne doit donc pas être reconnu lors de l'exercice d'allocation).

– si le coût de la participation est supérieur à la juste valeur nette des actifs et passifs identifiables de l'entité acquise, un goodwill lié à l'entreprise associée ou à la joint venture est inclus dans la valeur comptable de la participation. L'amortissement de ce goodwill n'est pas autorisé ;

Ainsi, si le coût de la participation est de 100 et la juste valeur de l'actif net s'élève à 80, la ligne « Participation mise en équivalence » présentée au bilan, sera évaluée à hauteur de 100, comprenant un goodwill notionnel de 20 qui sera comptabilisé à l'intérieur de la ligne de participation.

– si le coût de la participation est inférieur à la juste valeur nette des actifs et passifs identifiables de l'entité acquise, un produit (« badwill ») est comptabilisé dans le compte de résultat de la période, sur la ligne « Quote-part de résultat de l'entreprise associée ou de la joint venture ».

Dans une telle situation, la valeur des titres est augmentée du montant du badwill. La valeur comptable de la participation ne correspond alors pas au coût d'acquisition mais à la quote-part de l'investisseur dans la juste valeur de l'actif net acquis.

La quote-part de l'investisseur dans le résultat net de l'entité détenue doit ensuite être ajustée pour tenir compte de cette allocation, par exemple, de l'amortissement et de la dépréciation des actifs, sur la base de leur juste valeur respective à la date d'acquisition (IAS 28.32). Ainsi, toute survaleur liée aux actifs immobilisés amortissables qui aurait été déterminée au moment de la date d'acquisition sera comptabilisée en résultat post-acquisition de la société mise en équivalence, au fur et à mesure de l'amortissement desdits actifs.

Cas particulier d'une prise d'influence notable entre entreprises sous contrôle commun Un investisseur peut acquérir une participation dans une entreprise associée ou une joint venture auprès d'un vendeur avec lequel il est sous le contrôle commun d'une même (ou des mêmes) partie(s) ultime(s), pendant une période assez longue avant et après la transaction. La question se pose alors de savoir si l'acquéreur peut ne pas appliquer les principes d'IAS 28 à une acquisition entre entreprises sous contrôle commun en se référant à l'exclusion prévue par la norme IFRS 3 au titre des regroupements d'entreprises sous contrôle commun. Pour plus de précisions, voir nº 23220, point 3.

Date d'établissement des états financiers

Pour appliquer la méthode de la mise en équivalence, l'investisseur utilise les états financiers disponibles les plus récents de l'entreprise associée ou de la joint venture. Si la date de clôture de l'entreprise associée ou de la joint venture diffère de celle de l'investisseur, l'entreprise associée ou la joint venture doit établir des états financiers à la même date que les états financiers de l'investisseur, sauf impossibilité pratique (IAS 28.33). **15582**

Si des états financiers à des dates différentes sont utilisés, il convient d'effectuer des ajustements pour prendre en compte les effets des transactions ou événements importants intervenus entre les deux dates. A noter toutefois que l'écart entre la date de clôture de l'entreprise associée ou de la joint venture et celle de l'investisseur ne doit pas être supérieur à trois mois (IAS 28.34).

La durée des périodes de présentation de l'information financière et l'écart entre les dates de clôture, le cas échéant, doivent être identiques d'une période à l'autre (IAS 28.34).

Harmonisation des méthodes comptables

Les états financiers de l'investisseur doivent être établis en utilisant des méthodes comptables uniformes pour des transactions et événements semblables se produisant dans des circonstances similaires (IAS 28.35). Ainsi, si une entreprise associée ou une joint venture utilise des méthodes comptables différentes de celles de l'investisseur pour des transactions et événements semblables se produisant dans des circonstances similaires, des ajustements doivent être comptabilisés pour rendre les méthodes comptables de l'entreprise associée ou de la joint venture conformes à celles de l'investisseur (IAS 28.36). **15584**

Il existe toutefois une exemption à ce principe d'harmonisation des méthodes comptables pour les investisseurs détenant une participation dans une entreprise associée ou une joint venture qui répond à la définition d'une société d'investissement.

Pour plus de détails, voir nº 15568.

Eliminations des transactions « internes »

Les profits ou les pertes découlant de transactions « amont » (« upstream transactions ») ou « aval » (« downstream transactions ») entre un investisseur (y compris ses filiales consolidées) et une entreprise associée ou une joint venture ne sont comptabilisés dans les états financiers de l'investisseur qu'à concurrence des participations non liées à l'investisseur dans cette entreprise associée ou cette joint venture (IAS 28.28). **15586**

Les transactions « amont » sont, par exemple, les ventes d'actifs par l'entreprise associée ou la joint venture à l'investisseur.

Les transactions « aval » sont, par exemple, les ventes d'actifs par l'investisseur à l'entreprise associée ou la joint venture.

En conséquence, la quote-part de l'investisseur dans les profits ou les pertes de l'entreprise associée ou de la joint venture découlant de ses transactions doit être annulée.

Remarque Se pose toutefois la question du traitement de l'excédent lorsque, dans une transaction aval, la quote-part de profit à éliminer excède la valeur comptable des titres mis en équivalence. En attendant une évolution possible de la norme, l'investisseur doit faire un choix de méthode comptable pour le traitement de l'excédent de gain non éliminé (pour plus de détails, voir no 15690).

Traitement des pertes d'une entreprise associée ou d'une joint venture

15588 Si la quote-part de l'investisseur dans les pertes d'une entreprise associée ou d'une joint venture excède la valeur comptable de sa participation dans celle-ci, l'investisseur cesse de comptabiliser sa quote-part dans les pertes ultérieures (IAS 28.38).

La participation d'un investisseur dans une entreprise associée ou une joint venture est la valeur comptable de la participation déterminée par application de la méthode de la mise en équivalence, ainsi que toute quote-part à long terme qui, en substance, constitue une partie de la participation nette de l'investisseur dans l'entreprise associée ou la joint venture. Par exemple, un élément dont le règlement n'est ni planifié ni probable dans un avenir prévisible constitue en substance une extension de la participation de l'investisseur dans cette entreprise associée ou cette joint venture. De tels éléments peuvent comprendre des actions préférentielles et des créances ou des prêts à long terme, mais pas des créances clients, des dettes fournisseurs ou des créances à long terme assorties de sûretés adéquates, telles que des prêts garantis (IAS 28.38).

Les pertes comptabilisées lors de l'application de la méthode de la mise en équivalence qui excèdent la participation de l'investisseur en actions ordinaires sont imputées aux autres composantes de la quote-part de l'investisseur dans l'entreprise associée ou la joint venture selon l'ordre inverse de leur rang (c'est-à-dire selon leur ordre de priorité en cas de liquidation) (IAS 28.38).

Lorsque la quote-part de l'investisseur est ramenée à zéro, les pertes supplémentaires ne doivent pas faire l'objet d'une provision sauf si l'investisseur a une obligation légale ou implicite à ce titre ou a effectué des paiements au nom de l'entreprise associée ou de la joint venture (IAS 28.39).

Si l'entité détenue dégage ultérieurement des profits, l'investisseur ne recommencera à comptabiliser sa quote-part dans les bénéfices qu'à compter du moment où cette quote-part est égale ou supérieure à sa quote-part dans les pertes nettes non comptabilisées (IAS 28.39).

Indices de pertes de valeur et comptabilisation des dépréciations

15590 Après l'application de la méthode de la mise en équivalence, y compris la comptabilisation des pertes de l'entreprise associée ou de la joint venture, l'investisseur applique les dispositions de la norme IAS 28 pour déterminer s'il est nécessaire de réaliser un test de dépréciation sur la base d'indicateurs de perte de valeur (IAS 28.41A à .41C).

Cette disposition ne s'applique pas uniquement à la quote-part de l'investisseur dans l'entreprise associée ou la joint venture, mais également aux autres actifs à long terme détenus (par exemple, un prêt dont le règlement n'est ni planifié ni probable dans un avenir prévisible) qui font partie de l'investissement net dans l'entreprise associée ou la joint venture (IAS 28.38 et .40). Au préalable, ces autres actifs long terme faisant partie de l'investissement net doivent être évalués (et dépréciés, le cas échéant) selon les dispositions de la norme IFRS 9 avant toute application d'IAS 28 (IAS 28.14A).

Le goodwill n'est pas comptabilisé séparément puisqu'il fait partie de la valeur comptable de la participation de l'entité détenue (voir no 15580). En conséquence, il n'est pas soumis à des tests de dépréciation séparés tels que prévus par la norme IAS 36. Ainsi, dès lors qu'il existe une indication objective que la participation risque d'être dépréciée, c'est la valeur comptable totale de la participation qui est soumise à un test de dépréciation conformément à IAS 36, en tant qu'actif unique (IAS 28.42).

Le test de dépréciation consiste à comparer la valeur recouvrable (valeur la plus élevée entre la valeur d'utilité et la juste valeur) avec la valeur comptable de la participation.

Indices de dépréciation d'une participation dans une entreprise associée ou une joint venture mise en équivalence Des informations obtenues par l'investisseur sur les événements suivants sont considérées comme des indications objectives de dépréciation (IAS 28.41A) :
- des difficultés financières importantes de l'entreprise associée ou de la joint venture ;
- un manquement à un contrat tel qu'un défaut de paiement de l'entreprise associée ou de la joint venture ;
- l'octroi par l'investisseur à l'entreprise associée ou à la joint venture, pour des raisons économiques ou juridiques liées aux difficultés financières de l'entreprise associée ou de la joint venture, d'une facilité que l'investisseur n'aurait pas envisagée dans d'autres circonstances (par exemple, un abandon de créance) ;
- la probabilité croissante de faillite ou autre restructuration financière de l'entreprise associée ou de la joint venture ;
- la disparition d'un marché actif pour la participation nette en raison de difficultés financières de l'entreprise associée ou de la joint venture.

Outre ces types d'événements, l'investisseur doit être attentif à toute information portant sur des changements importants, ayant un effet négatif sur sa participation, qui sont survenus dans l'environnement technologique, de marché, économique, ou juridique dans lequel l'entreprise associée ou la joint venture exerce son activité, et qui indiquent que le coût de l'investissement pourrait ne pas être recouvré (IAS 28.41C).

Une baisse importante ou prolongée de la juste valeur d'un placement en deçà de sa valeur comptable constitue également une indication objective de dépréciation (IAS 28.41C). Il convient d'exercer son jugement pour apprécier si cette baisse de la juste valeur est « importante » ou « prolongée ». Ainsi :
- Une baisse « importante » doit être appréciée par rapport à la valeur comptable de l'investissement à la date d'appréciation, en tenant compte de facteurs qualitatifs et quantitatifs, tels que la volatilité attendue de l'investissement ; par exemple, une baisse de valeur plus importante d'un investissement plus risqué peut être tolérée avant d'envisager une perte de valeur.
- Une baisse « prolongée » doit être appréciée en fonction de la période pendant laquelle la juste valeur est inférieure à la valeur comptable. En général, une période de 12 mois ou plus en dessous de la valeur comptable est considérée comme une baisse prolongée, indépendamment de la durée totale de détention de l'investissement. Ainsi, la période d'appréciation déterminée par l'entité (par exemple, 12 mois ou plus) est la même que l'investissement soit détenu au total pour 2 ou 20 ans.

La méthode choisie par l'entité pour déterminer ce qui est considéré comme une baisse « importante » ou « prolongée » doit être appliquée de manière cohérente. Par exemple, les fluctuations générales du marché ne peuvent pas servir d'indicateur pour écarter l'existence d'une perte de valeur, et les prévisions de reprise future des valeurs de marché ne peuvent pas compenser une baisse importante ou prolongée.

Si, ultérieurement, la valeur recouvrable de la participation augmente, une reprise de perte de valeur doit être comptabilisée conformément à IAS 36. En effet, une perte de valeur comptabilisée dans ces circonstances n'est affectée à aucun actif inclus dans la valeur comptable de la participation dans l'entreprise associée ou de la joint venture, goodwill compris.

Pour déterminer la valeur d'utilité de la participation, l'investisseur estime :
- sa quote-part de la valeur actualisée des flux de trésorerie futurs estimés qui devraient être générés par l'entreprise associée ou la joint venture, y compris les produits procurés par la cession in fine de la participation ; ou
- la valeur actualisée des flux de trésorerie futurs estimés que les dividendes à recevoir de la participation et sa cession in fine devraient procurer.

La valeur recouvrable d'une participation dans une entreprise associée ou une joint venture est appréciée au niveau de chaque entreprise associée ou joint venture, sauf toutefois si l'entreprise associée ou la joint venture ne génère pas d'entrées de trésorerie largement indépendantes de celles générées par d'autres actifs de l'investisseur (IAS 28.43).

Apport d'un actif non monétaire à une entreprise associée ou à une joint venture

L'apport d'un actif non monétaire à une entreprise associée ou à une joint venture en contrepartie de titres de capitaux propres de l'entreprise associée ou de la joint venture doit être comptabilisé conformément aux dispositions relatives aux transactions internes (voir n° 15586), sauf lorsque l'apport est dépourvu de substance commerciale, tel que précisé par IAS 16 (IAS 28.30). 15592

Cela revient à constater un résultat de cession partiel. Si l'apport est dépourvu de substance commerciale, le profit ou la perte est considéré comme latent et n'est pas comptabilisé.

Evolution possible des normes En septembre 2014, l'IASB a publié un amendement des normes IFRS 10 et IAS 28 « Vente ou apport d'actifs entre un investisseur et une entreprise

associée ou une coentreprise » afin de supprimer une incohérence entre ces deux normes. Avant l'amendement, il existait un conflit de texte lorsqu'une société mère perdait le contrôle d'une filiale en l'apportant ou en la vendant à une société associée ou lors d'une création de joint venture. Les entreprises avaient alors le choix entre un gain total ou un gain partiel. Cet amendement clarifie que le profit ou la perte découlant de transactions « amont » (« upstream transactions ») ou « aval » (« downstream transactions ») entre un investisseur et une entreprise associée ou une joint venture portant sur des actifs ne constituant pas une activité au sens d'IFRS 3 n'est constaté qu'à hauteur des participations non liées à l'investisseur dans l'entreprise associée ou la joint venture. Dans le cas où il s'agit d'une activité, l'investisseur doit reconnaître la totalité du résultat dans ses états financiers. L'amendement crée une nouvelle ligne de démarcation basée sur la définition d'une activité (« business ») et requiert qu'un gain soit reconnu dans sa totalité, uniquement lorsque les actifs vendus ou apportés répondent à la définition d'un business au sens d'IFRS 3. A défaut, l'entreprise constatera un gain partiel.

Lors de sa réunion de janvier 2015, pour les apports d'actifs ne répondant pas à la définition d'une activité, l'IASB a décidé d'amender à nouveau IFRS 10 et IAS 28 afin de clarifier qu'un investissement dans une entreprise associée ou une joint venture, résultant de la perte de contrôle d'une filiale, devait être comptabilisé initialement à sa juste valeur à la date de la perte de contrôle. Cette valeur d'entrée exclut l'élimination du résultat interne qui doit être considérée comme un ajustement ultérieur, venant réduire la valeur comptable de la mise en équivalence (IASB Update 01/15).

La date d'application obligatoire de cet amendement, prévue initialement pour les transactions réalisées au cours des exercices ouverts à compter du 1er janvier 2016, a été reportée, sans être toutefois précisée (amendement « Effective date of amendments to IFRS 10 and IAS 28 » publié en décembre 2015). Ce thème fait désormais partie du projet « Equity Method » mené par l'IASB (voir n° 15650).

Dans l'attente de la date d'application définitive, les pratiques antérieures doivent être poursuivies. L'application anticipée de l'amendement publié en septembre 2014 reste toutefois possible, voir n° 11520.

F. Présentation dans les états financiers

Bilan

15600 La norme IAS 1, Présentation des états financiers, précise que les participations comptabilisées selon la méthode de la mise en équivalence doivent être présentées sur une ligne distincte dans l'état de situation financière (ou bilan) (IAS 1.54e).

Présentation des actifs à long terme faisant partie de l'investissement net dans une entreprise associée ou une joint venture Lorsque l'investisseur détient d'autres actifs à long terme qui, en substance, constituent une partie de la participation nette de l'investisseur dans l'entreprise associée ou la joint venture, les normes IFRS ne sont pas prescriptives sur la présentation de tels actifs au bilan.

> Par exemple, un élément dont le règlement n'est ni planifié ni probable dans un avenir prévisible constitue en substance une extension de la participation de l'investisseur dans cette entreprise associée ou cette joint venture. De tels éléments peuvent comprendre des actions préférentielles et des créances ou des prêts à long terme, mais pas des créances clients, des dettes fournisseurs ou des créances à long terme assorties de sûretés adéquates, telles que des prêts garantis (IAS 28.38).
> Pour plus de détails sur la comptabilisation de tels éléments, voir n° 15566.

Deux approches sont, à notre avis, acceptables :

- ces actifs étant évalués selon les dispositions d'IFRS 9 (voir n° 15566), ils peuvent être présentés parmi les actifs financiers, dans un poste distinct de la ligne présentant les participations mises en équivalence évaluées selon les dispositions d'IAS 28 ; ou
- alternativement, dans la mesure où ces actifs font partie de la participation nette de l'investisseur dans l'entreprise associée ou la joint venture (IAS 28.38), ils peuvent être présentés sur la même ligne que la participation mise en équivalence. Dans ce cas, la décomposition du poste entre l'actif à long terme et la participation mise en équivalence doit être explicitée en annexe dans les états financiers.

Compte de résultat

Pour la présentation de la quote-part de résultat des sociétés mises en équivalence (entreprises associées ou joint ventures), voir n° 54044 s. 15610

En cas de perte de valeur de l'entreprise associée ou de la joint venture constatée sur la période, la présentation de la charge de dépréciation doit suivre la présentation de la quote-part de résultat de l'entreprise associée ou de la joint venture (par exemple, en dehors du résultat opérationnel). Cependant, cette charge doit être présentée sur une ligne distincte de la quote-part de résultat de l'entreprise associée ou de la joint venture (IAS 1.82).

QUESTIONS/REPONSES PRATIQUES

Remarque importante

Les réponses aux questions présentées ci-après résultent de l'analyse des dispositions de la norme IAS 28, Participations dans des entreprises associées et des joint ventures, en vigueur actuellement, sur la base des informations disponibles au 1er juin 2023. 15650

Evolution possible des réponses Les réponses apportées dans les développements ci-après ne prennent pas en compte les projets en cours de discussion à l'IASB suivants :

1. Projet « Equity Method » En octobre 2020, l'IASB a relancé son projet de recherche sur la méthode de la mise en équivalence. En avril 2023, il a été décidé de faire évoluer ce projet vers le stade de normalisation, la prochaine étape étant la publication d'un exposé-sondage (date non encore connue). L'objectif du projet est d'élaborer des réponses aux difficultés d'application de la méthode de la mise en équivalence, telle que définie dans IAS 28, en utilisant les principes de la norme lorsque cela est possible.

Les principales problématiques d'application suivantes ont été identifiées dans le cadre de ce projet :

- comptabilisation des variations du pourcentage d'intérêts d'un investisseur dans une entité mise en équivalence ;
- comptabilisation des pertes en provenance d'une entité mise en équivalence ;
- vente d'une filiale à une entité mise en équivalence (interaction entre IFRS 10 et IAS 28) ;
- comptabilisation ultérieure des compléments de prix à la suite de l'acquisition d'une entité mise en équivalence ;
- imposition différée lors de la comptabilisation initiale d'une entité mise en équivalence.

2. Amendement des normes IFRS 10 et IAS 28 « Vente ou apport d'actifs entre un investisseur et une entreprise associée ou une joint venture » Voir n° 15592.

Elimination des transactions réalisées avec une entreprise associée ou une joint venture

Question 15660

Un groupe doit-il appliquer les procédures d'élimination pour ses relations avec une entreprise associée ou une joint venture mise en équivalence ?

Réponse

Non, à l'exception de la quote-part de profits ou de pertes découlant de transactions « amont » ou « aval » entre l'investisseur et l'entreprise associée ou la joint venture.

Cette quote-part de profits ou pertes doit en conséquence être éliminée dans les comptes consolidés du groupe à hauteur de la quote-part de l'investisseur dans l'entreprise associée ou la joint venture et ce, tant que l'actif sous-jacent à la transaction n'a pas été vendu à un tiers.

La quote-part de profits ou de pertes ainsi éliminée sera reconnue au compte de résultat ultérieurement lors de la vente de l'actif sous-jacent à un tiers.

Commentaires Les entreprises associées et les joint ventures ne font pas partie du groupe consolidé. En conséquence, les procédures d'élimination des soldes, transactions, produits et charges intragroupes, appliquées lors de la consolidation des filiales, ne sont pas appropriées lors de la comptabilisation des mises en équivalence.

Ainsi, par exemple, les créances ou les dettes issues des relations courantes entre le groupe (y compris ses filiales consolidées), d'une part, et les entreprises associées et les joint ventures, d'autre part, ne font pas l'objet d'élimination.

Il existe toutefois une exception à ce principe. En effet, les profits ou les pertes découlant de transactions « amont » (« upstream transactions ») ou « aval » (« downstream transactions ») entre un investisseur (y compris ses filiales consolidées) et une entreprise associée ou une joint venture ne doivent être comptabilisés dans les états financiers de l'investisseur qu'à hauteur de la quote-part des autres investisseurs dans cette entreprise associée ou cette joint venture (IAS 28.28).

Les transactions « amont » sont, par exemple, les ventes d'actifs par l'entreprise associée ou la joint venture à l'investisseur.

Les transactions « aval » sont, par exemple, les ventes d'actifs par l'investisseur à l'entreprise associée ou à la joint venture.

Pour le cas particulier d'une cession/apport d'activité au sens d'IFRS 3 par un groupe à une entité mise en équivalence, voir nº 15592.

Ainsi, la quote-part de l'investisseur dans les profits ou les pertes découlant de ces transactions « amont » ou « aval » doit être éliminée. Ce profit ou ce gain latent sera reconnu par l'investisseur lorsque l'actif concerné sera vendu à un tiers.

Pour les modalités d'élimination des transactions « amont », voir nº 15670.

Pour les modalités d'élimination des transactions « aval », voir nº 15680 et 15690.

Elimination des profits ou pertes relatifs aux transactions « amont »

15670 ***Question***

Comment un investisseur doit-il comptabiliser les profits ou les pertes réalisés par une entreprise associée ou une joint venture dans le cadre d'une transaction « amont » (« upstream ») ?

Réponse

Les profits ou pertes réalisés par l'investisseur dans le cadre d'une transaction « amont » doivent être éliminés à concurrence de la quote-part de participation de l'investisseur dans l'entité mise en équivalence.

Il existe, à notre avis, un choix de méthode comptable pour comptabiliser l'élimination soit en contrepartie de la valeur comptable des titres mis en équivalence, soit en contrepartie de la valeur comptable de l'actif acquis.

Commentaires Lors d'une transaction « amont » entre l'entreprise associée ou la joint venture (par exemple, les ventes d'actifs par l'entreprise associée ou la joint venture à l'investisseur), la quote-part de l'investisseur dans les profits ou les pertes découlant de cette transaction doit être éliminée. Ce profit éliminé sera externalisé et reconnu par l'investisseur lorsque l'actif sera vendu à un tiers.

A notre avis, un choix de méthode comptable est possible pour la comptabilisation de cette élimination.

1. L'investisseur peut éliminer la quote-part de résultat découlant de la transaction en contrepartie de la valeur comptable des titres mis en équivalence Cette approche est cohérente avec le paragraphe 10 d'IAS 28. En effet, la participation mise en équivalence est comptabilisée à son coût initial augmenté ou diminué de la quote-part de résultat de l'entité mise en équivalence (IAS 28.10).

Lors de la vente de l'actif à un tiers, l'externalisation de cette quote-part de profit viendra augmenter la participation de l'investisseur dans l'entreprise associée ou la joint venture.

2. L'investisseur peut éliminer la quote-part de résultat découlant de la transaction en contrepartie de la valeur de l'actif acquis Cette approche est cohérente avec le paragraphe 3 d'IAS 28. En effet, la participation mise en équivalence est comptabilisée à son coût initial augmenté de la variation de l'actif net (IAS 28.3).

Dans ce cas, la participation de l'entité dans l'entreprise associée ou dans la joint venture est augmentée des bénéfices que cette dernière génère en vendant ses actifs à l'investisseur. L'élimination de la quote-part de résultat découlant de la transaction est alors constatée en contrepartie de la valeur de l'actif acquis.

■ *Exemple*

Vente de stocks par une entreprise associée à son investisseur L'entité A détient 20 % de l'entreprise associée B. L'entité B est mise en équivalence dans les comptes consolidés de A.

B vend à A des marchandises pour un montant de 500. Le coût initial de ces marchandises chez B était de 300.

A la clôture, les marchandises sont toujours en stock au bilan de A. Elles seront revendues par A à un tiers en N+1.

Comment le profit réalisé par B, au titre de cette transaction, doit-il être comptabilisé dans les comptes de A ?

Solution de l'exemple *B a réalisé un profit de 200 (500 – 300). La quote-part de profit afférant à la participation de A est donc de 40 (200 × 20 %). A la clôture N, les marchandises n'ayant pas été vendues à un tiers, A doit éliminer cette quote-part de profit non externalisé, selon l'une des deux méthodes suivantes.*

Option 1 – Elimination en contrepartie des titres mis en équivalence

Année N – Annulation de la quote-part de profit liée à la vente de stocks

Dt	*Quote-part de résultat sur titres mis en équivalence*	*40*	
Ct	*Titres mis en équivalence*		*40*

Année N+1 – Externalisation du profit latent lors de la vente au client tiers en N+1

Dt	*Titres mis en équivalence*	*40*	
Ct	*Quote-part de résultat sur titres mis en équivalence*		*40*

Tout bénéfice supplémentaire réalisé par A lors de la vente de ses stocks sera comptabilisé en résultat – opérationnel (chiffre d'affaires – coût des ventes).

Option 2 – Elimination en contrepartie de l'actif acquis

Année N – Annulation de la quote-part de profit liée à la vente de stocks

Dt	*Quote-part de résultat sur titres mis en équivalence*	*40*	
Ct	*Stocks*		*40*

Année N+1 – Externalisation du profit latent lors de la vente au client tiers en N+1

Dt	*Stocks*	*40*	
Ct	*Quote-part de résultat sur titres mis en équivalence*		*40*

Tout bénéfice supplémentaire réalisé par A lors de la vente de la marchandise en stocks sera comptabilisé en résultat opérationnel (chiffre d'affaires – coût des ventes).

Elimination des profits relatifs aux transactions « aval »

Question 15680

Comment un investisseur doit-il comptabiliser les profits ou les pertes réalisés dans le cadre d'une transaction « aval » (« downstream ») avec une entreprise associée ou une joint venture mise en équivalence ?

Réponse

Les profits réalisés par l'investisseur dans le cadre d'une transaction « aval » doivent être éliminés à concurrence de la quote-part de participation de l'investisseur dans l'entité mise en équivalence.

Il convient d'éliminer cette quote-part de profit en réduisant la valeur comptable des titres mis en équivalence dans le bilan de l'investisseur.

Il existe, à notre avis, un choix de méthode comptable pour la contrepartie de cette diminution des titres mis en équivalence (cas d'une vente de stocks) :

– l'investisseur peut éliminer cette quote-part de profit sur une base brute : élimination d'une quote-part du chiffre d'affaires et élimination d'une quote-part du coût des ventes ; ou

15680 (suite) – l'investisseur peut éliminer cette quote-part de profit en diminution de la quote-part de résultat des sociétés mises en équivalence, sans impacter le chiffre d'affaires ni la marge brute.

Les pertes réalisées par l'investisseur ne doivent pas être éliminées.

Commentaires **Les profits réalisés par l'investisseur** à la suite d'une transaction « aval » (par exemple, les ventes d'actifs par l'investisseur à l'entreprise associée ou à la joint venture) doivent être comptabilisés à concurrence des intérêts des autres investisseurs dans l'entité mise en équivalence.

Ainsi, la quote-part de profit qui doit être annulée correspond à la quote-part de participation que détient l'investisseur dans l'entité mise en équivalence.

Il convient d'éliminer cette quote-part de profit en réduisant la valeur comptable des titres mis en équivalence dans le bilan de l'investisseur. En effet, il n'est pas possible de réduire la valeur comptable de l'actif comme pour une transaction « amont » (voir n° 15670) car l'actif a été transféré à l'entité mise en équivalence.

Pour les cas où la quote-part du profit à éliminer excède la valeur comptable des titres mis en équivalence, voir n° 15690.

En revanche, il existe, à notre avis, un choix de méthode comptable pour la contrepartie de cette diminution des titres mis en équivalence (cas d'une vente de stocks) :
– l'investisseur peut éliminer cette quote-part de profit sur une base brute : élimination d'une quote-part du chiffre d'affaires et élimination d'une quote-part du coût des ventes ;
– l'investisseur peut éliminer cette quote-part de profit en diminution de la quote-part de résultat des sociétés mises en équivalence, sans impacter le chiffre d'affaires et la marge brute.

Quant aux pertes réalisées par l'investisseur à la suite d'une transaction « aval », elles ne doivent pas être annulées. En effet, ces pertes représentent la mise en évidence d'une potentielle perte de valeur de l'actif antérieure au transfert.

■ *Exemple*

Vente de stocks à une entreprise associée *L'entité A détient 20 % de l'entité B. B est mise en équivalence dans les comptes consolidés de A.*

A vend à B des marchandises pour un montant de 500. Le coût initial de ses marchandises chez A était de 300.

A la clôture N, les marchandises sont toujours en stock au bilan de l'entreprise associée B.

Comment le profit réalisé par A doit-il être comptabilisé ?

Solution de l'exemple *L'entité A a réalisé un profit de 200 (500 – 300). Cependant, la vente ayant été réalisée avec une entreprise associée, la quote-part de profit correspondant au pourcentage de détention de A dans B doit être éliminée, soit 40 (200 × 20 %).*

A la clôture N, les marchandises n'ayant pas été vendues à un tiers, A doit éliminer cette quote-part de profit en diminuant la ligne « titres mis en équivalence ».

Les deux méthodes suivantes sont acceptables pour la comptabilisation de la contrepartie.

Option 1 – Elimination de la quote-part de profit en chiffre d'affaires et en coût des ventes

Ecriture d'annulation de la quote-part de profit sur vente de stocks par l'entité A

Dt	*Chiffre d'affaires (500 × 20 %)*	*100*	
Ct	*Coûts des ventes (300 × 20 %)*		*60*
Ct	*Titres mis en équivalence*		*40*

Option 2 – Elimination de la quote-part de profit en contrepartie de la quote-part de résultat des titres mis en équivalence

Ecriture d'annulation de la quote-part de profit sur vente de stocks par l'entité A

Dt	*Quote-part de résultat des sociétés MEE (100 – 60)*	*40*	
Ct	*Titres mis en équivalence*		*40*

Ces ajustements seront annulés par A lorsque les stocks seront vendus par B à un tiers.

Transaction réalisée en « aval » lorsque la quote-part de profit à éliminer excède la valeur comptable des titres mis en équivalence

Question 15690

Comment faut-il éliminer le profit relatif à une transaction « aval » lorsque la quote-part de profit à éliminer excède la valeur comptable de la participation de l'investisseur dans l'entité mise en équivalence ?

Réponse

Le gain latent est d'abord éliminé à concurrence de la valeur comptable de la participation mise en équivalence.

Pour la quote-part du gain latent qui excède la valeur comptable de la participation mise en équivalence, il existe, à notre avis, un choix de méthode comptable :
- soit ne pas éliminer cette quote-part excédentaire de gain latent et, en conséquence, la maintenir en résultat de l'investisseur ;
- soit éliminer cette quote-part et la comptabiliser en produit différé au passif de l'investisseur.

Commentaires Le gain relatif à une transaction « aval » (par exemple, les ventes d'actifs par l'investisseur à l'entreprise associée ou à la joint venture) doit être éliminé en réduction de la valeur comptable de la participation de l'investisseur dans l'entreprise associée ou la joint venture mise en équivalence (voir nº 15680).

Ainsi, lorsque ce gain excède la valeur comptable des titres mis en équivalence, se pose la question du traitement de cet excédent.

A notre avis, en l'absence de précision dans la norme, dès lors que la valeur comptable des titres mis en équivalence est ramenée à zéro, l'investisseur doit faire un choix de méthode comptable pour le traitement de l'excédent de gain non éliminé.

1. L'investisseur peut décider de ne pas éliminer cet excédent de gain et le maintenir en résultat En effet, conformément à IAS 28, si la quote-part de l'investisseur dans les pertes d'une entreprise associée ou d'une joint venture excède la valeur comptable de sa participation dans celle-ci, l'investisseur cesse de comptabiliser sa quote-part dans les pertes ultérieures (IAS 28.38). Les pertes supplémentaires ne doivent pas faire l'objet d'une provision sauf si l'investisseur a une obligation légale ou implicite à ce titre ou a effectué des paiements au nom de l'entreprise associée ou de la joint venture (IAS 28.39).

Ainsi, lors d'une transaction « aval », dans le cas où la quote-part de gain à éliminer excède la valeur comptable des titres mis en équivalence, l'excédent du gain peut ne pas être éliminé. Il est alors constaté immédiatement dans le résultat de l'investisseur.

A notre avis, tant que l'actif n'est pas vendu par l'entreprise associée ou la joint venture à un tiers, l'investisseur a le choix entre :
- imputer cette quote-part non éliminée sur sa quote-part des bénéfices futurs de l'entreprise mise en équivalence. Cette option implique d'effectuer un suivi extra-comptable ; ou
- continuer à comptabiliser sa quote-part de bénéfices futurs de l'entreprise mise en équivalence (sans jamais imputer la perte latente non éliminée) et externaliser le gain précédemment éliminé lors de la cession de l'actif à un tiers par la société mise en équivalence.

2. L'investisseur peut éliminer l'intégralité de la quote-part de profit en constatant un produit différé au passif Tant que l'actif n'est pas vendu à un tiers par l'entreprise associée ou la joint venture, l'investisseur comptabilise sa quote-part de bénéfices futurs en contrepartie de la ligne « Participation mise en équivalence » au bilan puis élimine le gain différé en contrepartie de cette participation pour le montant de cette quote-part. Ainsi, le gain différé ne sera repris au compte de résultat qu'une fois l'actif concerné vendu à un tiers.

■ *Exemple*

Vente de stocks à une entreprise associée *L'entité A détient 20 % de l'entité B. L'entité B est mise en équivalence. A vend un actif à B pour un montant de 400 en N. La valeur nette comptable de l'actif dans les états financiers de A est de 300 avant la cession.*

15690 (suite) *L'entité A a réalisé un profit de 100 (400 – 300). Cependant, la vente ayant été réalisée avec une entreprise associée, la quote-part de profit correspondant au pourcentage de détention de A dans B doit être éliminée, soit 20 (100 × 20 %).*
A la date de la transaction, la valeur nette comptable de la participation de A dans B s'élève à 5. L'entité A n'a aucune obligation de combler les pertes envers l'entité B et n'a pas octroyé de prêt à long terme à B.
En N+1, B réalise un bénéfice de 60. La quote-part de A dans ce bénéfice est de 12 (60 × 20 %).
Au 31/12/N+1, B détient toujours l'actif qu'elle a acquis auprès de A.
En N+2, l'actif est vendu à un tiers pour un montant correspondant à sa valeur nette comptable.
Comment le profit réalisé par A en N doit-il être comptabilisé ?

Solution de l'exemple *En N, A doit éliminer la quote-part de profit 20 (100 × 20 %) à hauteur de la valeur comptable de la participation de A dans B soit 5 pour ramener cette dernière à 0. L'excédent de profit non éliminé, soit 15 (20 – 5) peut être comptabilisé selon l'une des deux méthodes suivantes.*
Les deux méthodes suivantes sont acceptables pour la comptabilisation de la contrepartie.
1. L'excédent n'est pas éliminé et est constaté immédiatement dans le résultat de l'investisseur

Dt	Banque	400	
Ct	Actif		300
Ct	Titres mis en équivalence		5
Ct	Produit sur cession d'actif		95*

** 80 de profit correspondant à la quote-part des autres investisseurs et 15 de profit correspondant à la quote-part non éliminée.*
En N+1, B a réalisé des bénéfices. L'entité A bénéficie à nouveau d'un choix de méthode comptable :

Option 1 *– L'entité A peut éliminer le gain excédentaire restant, à concurrence des bénéfices disponibles, soit 12. Ainsi, aucune quote-part de bénéfices de B ne sera comptabilisée en résultat en N+1.*
Comptabilisation de la quote-part de bénéfice réalisé par B (60 × 20 %)

Dt	Titres mis en équivalence	12	
Ct	Quote-part de résultat des titres mis en équivalence		12

Elimination du profit latent à hauteur des résultats de B

Dt	Quote-part de résultat des titres mis en équivalence	12	
Ct	Titres mis en équivalence		12

La valeur comptable des titres de participation mis en équivalence de B reste à 0 et le montant du gain latent résiduel est de 3 (15 – 12).
Lorsque l'entité B vend l'actif à un tiers en N+2, B réalise un profit de zéro puisque l'actif, au cas particulier, est vendu pour un montant correspondant à sa valeur nette comptable. Le gain latent de 20, éliminé à hauteur de 17 (5 + 12), est alors externalisé et comptabilisé en résultat.

Dt	Titres mis en équivalence	17	
Ct	Produit sur cession d'actif		5
Ct	Quote-part de résultat des titres mis en équivalence		12

Option 2 *– L'entité A peut continuer à comptabiliser sa quote-part de résultat dans les bénéfices de B en N+2, soit 12, et augmenter la valeur comptable de sa participation dans B.*

Dt	Titres mis en équivalence	12	
Ct	Quote-part de résultat des titres mis en équivalence		12

A devra néanmoins réaliser un test de dépréciation de sa participation mise en équivalence s'il existe un indice que l'investissement a perdu de la valeur.
En N+2, lorsque l'actif est vendu par B à un tiers, l'entité A constate en résultat le produit de 5 précédemment éliminé.

Dt	Titres mis en équivalence	5	
Ct	Produit sur cession d'actif		5

*2. **L'investisseur comptabilise un produit différé au passif** Le profit latent de 15 correspondant à l'excédent de la valeur comptable des titres mis en équivalence est constaté en produit différé dans les comptes de l'investisseur.* 15690 (suite)

Dt	Banque	400	
Ct	Actif		300
Ct	Produit sur cession d'actif		80
Ct	Titres mis en équivalence		5
Ct	Produit différé (Bilan)		15

En N+1, A reconnaît en résultat sa quote-part dans les bénéfices de B, soit 12 (60 × 20 %), et élimine le produit différé pour le même montant en contrepartie de la valeur comptable des titres de participation mis en équivalence de B.

Dt	Titres mis en équivalence	12	
Ct	Quote-part de résultat des titres mis en équivalence		12

Dt	Produit différé (Bilan)	12	
Ct	Titres mis en équivalence		12

La valeur comptable des titres de participation mis en équivalence de B reste à 0 et le montant du gain latent résiduel est de 3 (15 – 12).
Lorsque l'actif est vendu par B à un tiers en N+2, l'intégralité du profit latent de 20 est constatée dans le compte de résultat consolidé.

Dt	Titres mis en équivalence	17	
Dt	Produit différé (Bilan)	3	
Ct	Produit sur cession d'actif		20

CHAPITRE 12

Conversion des états financiers des entreprises étrangères et hyperinflation (IAS 21, IAS 29)

Plan du chapitre §§ 16000

L'ESSENTIEL DES NORMES IAS 21 ET IAS 29

Principe général de conversion

16005 Le principe général de la conversion des comptes d'une entité étrangère, énoncé par la norme IAS 21, Effets des variations des cours des monnaies étrangères, est une **conversion en deux étapes,** autour de la **monnaie fonctionnelle** :
- dans un premier temps, les comptes de l'entité étrangère doivent être **convertis** de sa **monnaie locale à sa monnaie fonctionnelle,** lorsque celle-ci est différente (voir nº 16007 s.) ;
- puis les comptes de l'entité étrangère doivent être **convertis** de sa **monnaie fonctionnelle** à sa **monnaie de présentation,** lorsque celle-ci est différente (voir nº 16015 s.).

La **monnaie fonctionnelle (ou monnaie de fonctionnement)** est la monnaie de l'environnement économique principal dans lequel l'entité opère, c'est-à-dire celui dans lequel la trésorerie de l'entité est principalement générée et dépensée.
La norme IAS 21 fournit des indicateurs pour déterminer la monnaie fonctionnelle d'une entité (voir nº 13009).
La **monnaie de présentation** est la monnaie dans laquelle les états financiers d'une entreprise sont présentés. Cette monnaie est déterminée par l'entreprise selon ses propres besoins.

Remarque La norme IAS 21 traite également des modalités de comptabilisation des transactions en monnaies étrangères (voir nº 13005 s.). Des modalités de conversion spécifiques sont par ailleurs prévues par la norme IAS 29, Informations financières dans les économies hyperinflationnistes, dans le cas où l'entité opère dans une économie hyperinflationniste (voir nº 16019).

A. Conversion des états financiers de la monnaie locale à la monnaie fonctionnelle

Modalités de conversion identiques à celles applicables à la conversion des transactions en monnaies étrangères

16007 L'objectif de la conversion des états financiers de la monnaie locale à la monnaie fonctionnelle est d'aboutir aux mêmes états financiers que ceux qui auraient été obtenus si les comptes avaient été tenus directement dans la monnaie fonctionnelle (IAS 21.34).
Les principes de conversion en monnaie fonctionnelle des états financiers tenus en monnaie locale sont identiques aux principes de conversion appliqués aux transactions en monnaies étrangères (voir nº 13015 s.).

Principes de conversion des transactions en monnaies étrangères (rappel)
- éléments monétaires de l'état de situation financière (ou bilan) : convertis au cours de change à la clôture ;
- éléments non monétaires de l'état de situation financière (ou bilan) évalués au coût historique : convertis au cours de change à la date de la transaction ;
- éléments monétaires de l'état de situation financière (ou bilan) évalués à la juste valeur : convertis au cours de change à la date de détermination de la juste valeur ;
- produits et charges : convertis au cours de change à la date de chaque transaction (en pratique, cours moyen par semaine ou par mois, si ce cours moyen est proche du cours réel en vigueur à la date d'opération), sauf pour les dotations aux amortissements (cours de change en vigueur à la date de comptabilisation initiale des immobilisations correspondantes) ;
- écarts de change : comptabilisés en résultat de la période sauf ceux relatifs aux gains ou pertes sur éléments non monétaires comptabilisés parmi les autres éléments du résultat global (« Other Comprehensive Income »/OCI), comme les immobilisations corporelles évaluées selon le modèle de la réévaluation, par exemple.

Pour le recyclage des écarts de change en résultat, voir nº 16200 s.

Cas particulier de la conversion d'éléments monétaires faisant partie de l'investissement net dans une activité à l'étranger

16009 Les éléments monétaires faisant partie d'un investissement net dans une activité à l'étranger comprennent les dettes, les prêts et les créances libellés en monnaies étrangères qui concernent une activité à l'étranger et dont le règlement n'est ni planifié ni probable dans un avenir prévisible. Ils ne comprennent pas les créances clients ou les dettes fournisseurs (IAS 21.15).

Le traitement comptable des écarts de change relatifs à ces éléments diffère selon qu'il s'agit de (IAS 21.32) :

1. la **comptabilisation dans les états financiers individuels** :
- pour un élément monétaire libellé dans la monnaie fonctionnelle de l'entité présentant ses états financiers : comptabilisation de l'écart de change dans le résultat de l'activité à l'étranger ;
- pour un élément monétaire libellé dans la monnaie fonctionnelle de l'activité à l'étranger : comptabilisation de l'écart de change dans le résultat de l'entité présentant ses états financiers ;

2. la **comptabilisation dans les états financiers consolidés** de l'entité présentant les états financiers (dans lesquels l'activité à l'étranger est consolidée par intégration globale ou mise en équivalence, selon les cas) :
- comptabilisation initiale, parmi les autres éléments du résultat global (OCI), des écarts de change comptabilisés en résultat dans les comptes individuels ;
- reclassement en résultat de ces écarts de change accumulés dans une composante distincte des capitaux propres, uniquement lors de la sortie totale ou partielle de l'investissement net, c'est-à-dire lors de la comptabilisation du profit ou de la perte résultant de cette sortie.

Remarque Pour le traitement du remboursement d'un prêt intragroupe faisant partie de l'investissement net dans une filiale étrangère, voir n° 16280 et 16290 (cas d'un refinancement du groupe).

B. Conversion des états financiers de la monnaie fonctionnelle à la monnaie de présentation

Principes généraux de conversion (cas général d'une monnaie fonctionnelle non hyperinflationniste)

Le passage de la monnaie fonctionnelle à la monnaie de présentation s'applique (IAS 21.38) : **16015**
- aux entités ou aux activités à l'étranger dont la monnaie de présentation est différente de leur monnaie fonctionnelle ;
- aux activités à l'étranger dont la monnaie fonctionnelle est différente de la monnaie de présentation de l'entité qui les détient. Dans ce cas, les états financiers individuels doivent être convertis dans la monnaie de présentation de la société mère ou dans une autre monnaie de présentation librement choisie par le groupe pour les besoins de la consolidation.

1. **Modalités de conversion** Les modalités de conversion sont les suivantes (IAS 21.39 s.) :

a. **Les actifs et les passifs,** hors capitaux propres, de chaque état de situation financière (ou bilan) présenté (y compris les comparatifs) doivent être convertis au cours de clôture en vigueur à la date de chacun de ces états de situation financière (ou bilans).

Ce traitement s'applique également aux goodwills et aux ajustements à la juste valeur des actifs et des passifs provenant de l'acquisition d'une activité à l'étranger. Ces éléments sont en effet assimilés à des actifs et passifs de l'activité à l'étranger libellés dans la monnaie fonctionnelle de cette activité (IAS 21.47).

Pour les éléments de capitaux propres, tels que le capital social ou les postes de réserves, la norme IAS 21 ne spécifie pas à quels taux ces éléments doivent être convertis. En pratique, ils sont le plus souvent convertis à leur cours historique mais peuvent également être convertis au cours de clôture.

b. **Les charges et les produits** de chaque état présentant le résultat net et les autres éléments du résultat global (y compris ceux présentés à titre comparatif) doivent être convertis au **cours de change en vigueur à la date de chaque transaction.**

En pratique, un cours moyen pour la période peut être utilisé pour convertir les charges et produits, sauf si les cours de change ont connu des fluctuations importantes sur la période (IAS 21.40).

2. **Comptabilisation des écarts de change** Tous les écarts de change résultant de la conversion des états financiers selon ces principes doivent être constatés parmi les autres éléments du résultat global (OCI). Une partie est toutefois affectée aux intérêts minoritaires pour les activités à l'étranger consolidées dont le pourcentage de détention est inférieur à 100 % (IAS 21.41).

3. **Reclassement des écarts de change en cas de sortie** :

a. **Notion de sortie** Outre la cession de la totalité des intérêts d'une entité dans une activité à l'étranger, les cessions partielles suivantes sont également comptabilisées comme des sorties (IAS 21.48A) :
- cession partielle impliquant la **perte de contrôle d'une filiale** qui inclut une activité à l'étranger, que l'entité conserve ou non une participation ne donnant pas le contrôle dans son ancienne filiale après la cession partielle ; et

– cession partielle impliquant **la perte d'influence notable ou de contrôle conjoint d'un partenariat,** lorsque les intérêts conservés par l'entité consistent en un actif financier comprenant une activité à l'étranger.

La sortie totale ou partielle d'une activité à l'étranger peut se faire par sa vente, sa liquidation, le remboursement du capital apporté ou son abandon total ou partiel (IAS 21.49).

Toutes les autres diminutions de participation dans une activité à l'étranger sont des sorties partielles (IAS 21.48D).

Une réduction de la valeur comptable d'une activité à l'étranger, qu'elle résulte de ses propres pertes ou d'une perte de valeur comptabilisée par l'investisseur, ne constitue pas une sortie partielle (IAS 21.49).

b. Modalités de reclassement des écarts de change Lors de la sortie d'une activité à l'étranger, les écarts de change comptabilisés en autres éléments du résultat global et accumulés dans une composante distincte des capitaux propres sont **reclassés en résultat lors de la comptabilisation du profit ou de la perte résultant de la sortie** (IAS 21.48).

La classification d'une activité à l'étranger en tant qu'élément détenu en vue de la vente selon la norme IFRS 5 ne génère pas un recyclage en résultat des écarts de change comptabilisés parmi les autres éléments du résultat global ; les écarts de change étant recyclés en résultat lors de la cession effective de l'activité à l'étranger (IFRS 5.BC37 et .BC38).

Lors de la sortie partielle d'une filiale qui a une activité à l'étranger, le montant accumulé des écarts de change comptabilisés en autres éléments du résultat global est réattribué aux intérêts minoritaires à hauteur de la part cédée (IAS 21.48C).

Dans tous les autres cas de sortie partielle d'une activité à l'étranger, le montant cumulé des écarts de change comptabilisés en autres éléments du résultat global est reclassé en résultat à hauteur de la part cédée (IAS 21.48C).

Le traitement comptable des écarts de change exposé ci-avant suit le traitement comptable des réductions de périmètre et/ou du pourcentage d'intérêts dans les entités qui comprennent une activité à l'étranger.

Pour plus de détails sur la détermination et la comptabilisation du résultat de cession de titres :
- d'une filiale étrangère avec perte de contrôle, voir nº 23840 ;
- d'une filiale étrangère sans perte de contrôle, voir nº 23820 ;
- d'une entreprise associée sans perte d'influence notable, voir nº 23485.

4. Reclassement des écarts de change en cas d'acquisition des intérêts minoritaires d'une filiale qui a une activité à l'étranger A notre avis, en cas d'acquisition ultérieure des intérêts minoritaires d'une filiale qui a une activité à l'étranger, les écarts de change préalablement affectés aux intérêts minoritaires sont réaffectés au groupe.

Cela est cohérent avec :
- les dispositions de la norme IAS 21 sur les écarts de change en cas de cession partielle d'une filiale (voir point 3. ci-avant) ;
- IFRS 10.23, qui précise que les modifications du pourcentage de détention des titres de participation d'une société mère dans une filiale qui n'entraînent pas la perte du contrôle de celle-ci sont des transactions portant sur les capitaux propres ;
- la décision de l'IASB qui a clarifié qu'un changement du pourcentage d'intérêts dans une filiale qui ne se traduit pas par une perte de contrôle conduit à reclasser les autres éléments du résultat global entre le groupe et les minoritaires (IASB Update 05/09).

Cas particulier d'une monnaie fonctionnelle hyperinflationniste

16019 La norme IAS 29 fournit un certain nombre d'indicateurs à la fois quantitatifs et qualitatifs pour apprécier si une économie est en hyperinflation (IAS 29.3) :
- la population conserve ses avoirs en actifs non monétaires ou en une monnaie étrangère relativement stable (par exemple, le dollar américain ou l'euro) ;
- les transactions sont conclues par référence à une monnaie étrangère stable ;
- les ventes et les achats à crédit sont conclus à des prix qui tiennent compte de la perte de pouvoir d'achat attendue durant la durée du crédit ;
- les taux d'intérêt, les salaires et les prix sont liés à un indice de prix ; et

Tel serait le cas, par exemple, si ces éléments sont indexés sur l'inflation.

- le taux cumulé d'inflation sur trois ans approche ou dépasse 100 %.

Afin de consolider les comptes d'une entité dont la monnaie fonctionnelle est la monnaie d'une économie hyperinflationniste, il convient (IAS 21.42 et .43) :
- tout d'abord, de retraiter les états financiers de l'exercice N établis dans la monnaie fonctionnelle de l'entité selon, en général, la convention du coût historique. Ce retraitement

doit être effectué conformément aux principes de la norme IAS 29, notamment par application d'un indice général des prix, de sorte qu'ils soient exprimés dans l'unité de mesure en vigueur à la fin de la période N (IAS 29.8). Ainsi, l'ensemble des actifs et passifs non monétaires, ainsi que les éléments des capitaux propres, doivent être corrigés de l'inflation pour refléter l'évolution du pouvoir d'achat à la date de clôture. De même, l'état du résultat global (compte de résultat et autres éléments du résultat global) est retraité pour corriger l'inflation constatée sur la période. Les éléments monétaires ne sont pas retraités, puisqu'ils reflètent déjà le pouvoir d'achat à la date de clôture (IAS 29.12) ; 16019 (suite)

Remarques :

1. Dans certains cas (rares dans la pratique), une entité peut préparer ses états financiers selon la convention du coût actuel. Les éléments présentés au coût actuel ne sont pas retraités, car ils sont déjà exprimés dans l'unité de mesure en vigueur à la date de clôture. Les autres éléments du bilan sont retraités de la même manière que pour les états financiers établis selon la convention du coût historique (IAS 29.29), décrite ci-avant. L'ensemble des éléments de l'état du résultat global doivent également être retraités en appliquant un indice de prix général (IAS 29.30).

2. Les chiffres présentés en comparatifs (N-1) sont également retraités par application d'un indice général des prix, de sorte qu'ils soient exprimés dans l'unité de mesure en vigueur à la fin de la période N (IAS 29.8), sauf en cas de conversion des comptes dans la monnaie de présentation d'une économie qui n'est pas hyperinflationniste (voir ci-après).

3. Les ajustements portant sur les actifs et passifs non monétaires et le compte de résultat sont à constater sur une ligne spécifique au sein du compte de résultat conformément aux dispositions d'IAS 29 qui requiert que le gain ou la perte sur la situation monétaire nette fasse partie du résultat et soit présenté séparément (IAS 29.9).

4. Lorsque la filiale à l'étranger a été acquise par le groupe dans le cadre d'un regroupement d'entreprises, la comptabilité d'acquisition requise par IFRS 3 peut avoir conduit le groupe à constater un goodwill, des actifs incorporels et des réévaluations à la juste valeur des actifs acquis et des passifs assumés à la date d'acquisition. Ces éléments doivent également être ajustés selon IAS 29. Cependant, à notre avis, ces ajustements sont constatés directement en capitaux propres ou en autres éléments du résultat global (OCI), et non au sein du compte de résultat.

5. L'interprétation IFRIC 7, Application de l'approche du retraitement dans le cadre de la norme IAS 29, Information financière dans les économies hyperinflationnistes, précise la façon d'appliquer les dispositions d'IAS 29 à un exercice au cours duquel la monnaie fonctionnelle d'une entité devient hyperinflationniste (IFRIC 7.1).

– puis, de convertir au cours de clôture les états financiers ainsi retraités de la monnaie fonctionnelle à la monnaie de présentation des comptes consolidés. Les actifs, passifs, capitaux propres, produits et charges sont donc convertis au cours de clôture de l'exercice N.

En cas de conversion dans la monnaie de présentation d'une économie qui n'est pas hyperinflationniste, les chiffres comparatifs N-1 doivent être ceux qui ont été présentés comme des données de la période en cours dans les états financiers N-1 (IAS 21.42b).

Remarque – Restrictions en matière de taux de change et hyperinflation L'IFRS IC a reçu une demande de précision sur la conversion des résultats et position financière des opérations en monnaies étrangères effectuées au Venezuela. Cette question a émergé en raison d'un contrôle des changes strict dans ce pays, avec plusieurs taux de change officiels qui ne reflètent pas forcément le taux de change local d'hyperinflation ainsi que des restrictions sur les possibilités de conversion de la monnaie locale.

Se pose dès lors le problème de l'utilisation d'un taux de change officiel pour la conversion de l'investissement net dans une activité à l'étranger qui pourrait ne pas refléter correctement la performance financière et la position de cette activité à l'étranger dans les comptes consolidés du groupe. L'IFRS IC s'est ainsi prononcé sur les deux points suivants (IFRIC Update 11/14 et 09/18) :

1. Taux de change à retenir pour la conversion dans le cas où plusieurs taux existent Sur ce point, l'IFRS IC a observé peu de diversité en pratique, la pratique prédominante étant de se référer à IAS 21.26 qui contient des précisions sur le taux à retenir pour la conversion en monnaie fonctionnelle des opérations en monnaies étrangères lorsque plusieurs taux existent. En conséquence, et malgré une portée étendue de la question, l'IFRS IC a décidé de ne pas inscrire ce thème à son agenda.

Selon l'IFRS IC, il convient d'utiliser un taux unique, celui qui serait appliqué si le groupe pouvait remonter les fonds de son activité à l'étranger, à la date de clôture. Le taux officiel doit être retenu (et non un taux issu du marché parallèle). Cela implique de faire preuve de jugement dans le choix du taux officiel, s'il en existe plusieurs. En général, il s'agit du taux applicable aux remontées de dividendes (IFRIC Update 11/18).

2. Taux de change à retenir lorsqu'il existe un défaut de convertibilité à long terme Le taux à retenir pour la conversion de la situation financière et du résultat d'une activité à l'étranger n'est pas toujours directement observable. Tel peut être le cas lorsque la monnaie fonctionnelle de l'activité à l'étranger n'est pas convertible dans une autre monnaie sur une longue période et que le taux est géré par un mécanisme de contrôle des changes. Ce cas intervient en général lorsque la monnaie fonctionnelle de l'activité à l'étranger est hyperinflationniste.

L'IFRS IC a précisé que les comptes d'une société dont la monnaie fonctionnelle est hyperinflationniste doivent être convertis sur la base du taux de clôture (« taux spot » à la date de clôture, tel que défini selon IAS 21.8). Ce taux correspond au taux auquel une entité a accès à la fin de la période de reporting via un mécanisme légal d'échange. En cas d'absence durable de convertibilité, une entité doit déterminer si le taux de change officiel répond à la définition de taux de clôture au sens d'IAS 21. L'IFRS IC a considéré que les textes actuellement en vigueur permettent de déterminer si l'utilisation du taux de change légal est appropriée. L'IFRS IC a également insisté sur l'importance de fournir des informations en annexe pour comprendre les jugements et estimations exercés lors de la détermination de ce taux, notamment :
- les méthodes comptables significatives et les jugements significatifs retenus dans l'application de ces méthodes (IAS 1.117 à .124) ;
- les sources d'incertitude concernant les estimations pouvant générer un ajustement significatif de la valeur comptable des actifs et passifs au cours de l'exercice suivant et éventuellement une analyse de sensibilité (IAS 1.125 à .133) ;
- la nature et l'étendue des restrictions significatives sur la capacité d'une entité à accéder ou utiliser un actif ou dénouer des passifs du groupe, de ses joint ventures ou entreprises associées (IFRS 12.1 à .13, .20 et .22).

A notre avis, les informations suivantes pourront être fournies si elles sont jugées significatives et pertinentes :
- le taux de change retenu ainsi que les jugements ayant conduit au choix de ce taux ;
- les estimations qui pourraient donner lieu à des ajustements significatifs ;
- la nature et l'étendue des restrictions sur les actifs et la possibilité de régler les dettes ;
- la nature et l'étendue des risques liés aux instruments financiers ;
- la trésorerie détenue mais que le groupe ne peut pas utiliser ;
- les différences de change comptabilisées en résultat et en OCI ; et
- toute autre information utile, comme la valeur de l'actif net consolidé de la filiale.

En revanche, lorsqu'aucun taux de change n'est observable, l'IFRS IC a reconnu que les dispositions de la norme IAS 21 n'étaient pas suffisamment précises sur le taux à retenir. L'IFRS IC a donc proposé que des travaux additionnels soient menés sur ce thème (IFRIC Update 09/18).

Evolution possible de la norme Voir n° 16106.

Consolidation des états financiers d'une activité à l'étranger (en monnaie de présentation) : élimination des transactions et soldes intragroupes

16023 La consolidation des états financiers d'une activité à l'étranger, préalablement convertis dans la monnaie de présentation de l'entité présentant ses comptes consolidés, doit s'effectuer selon les méthodes de consolidation prescrites par la norme IFRS 10, Etats financiers consolidés (IAS 21.44 s.), voir n° 15026.

Ainsi, il est nécessaire d'éliminer les soldes et transactions intragroupes dans les états financiers de l'entité présentant les états financiers (IFRS 10.B86).

Les écarts de change sur les actifs et passifs monétaires intragroupes (créances, dettes, prêts, emprunts) sont comptabilisés en pertes et gains de change en résultat consolidé car l'entité présentant les états financiers est exposée aux risques de fluctuations des cours.

Par exception, ces écarts de change sont comptabilisés en autres éléments du résultat global (OCI) jusqu'à la cession de l'activité à l'étranger, dans le cas d'un élément monétaire faisant partie de l'investissement net d'une entreprise dans une activité à l'étranger (IAS 21.45 renvoyant à IAS 21.32).

Sur la notion d'élément monétaire faisant partie de l'investissement net à l'étranger, voir n° 16009.

C. Informations en annexe

Une entreprise doit fournir notamment les informations suivantes dans les notes annexes à ses états financiers (IAS 21.51 s.) : 16027

- le montant des écarts de change comptabilisé en résultat, hormis ceux générés sur les instruments financiers évalués à la juste valeur par résultat, conformément à la norme IFRS 9 ;
- les écarts de change nets comptabilisés en autres éléments du résultat global (OCI) et accumulés dans une composante distincte des capitaux propres et un rapprochement du montant de ces écarts de change à l'ouverture et à la clôture de l'exercice ;
- le cas échéant, le fait que la monnaie de présentation de la société mère d'un groupe diffère de sa monnaie fonctionnelle, ainsi que la monnaie fonctionnelle et la justification de l'utilisation d'une monnaie de présentation différente ;
- le cas échéant, le changement de la monnaie fonctionnelle de l'entité présentant les états financiers ou d'une de ses activités à l'étranger significatives, ainsi que la justification de ce changement.

Remarque Une entité peut présenter ses états financiers ou fournir des informations financières complémentaires, dans une monnaie qui n'est ni sa monnaie fonctionnelle ni sa monnaie de présentation et ce, sans respecter les principes imposés par les IFRS. Dans ce cas, elle doit dans ses états financiers (IAS 21.57) :

- identifier clairement ces informations comme étant des informations complémentaires afin de les distinguer des informations qui respectent les IFRS ;
- indiquer la monnaie de présentation de ces informations complémentaires ; et
- indiquer la monnaie fonctionnelle de l'entité ainsi que la méthode de conversion utilisée pour déterminer les informations complémentaires.

QUESTIONS/REPONSES PRATIQUES

Remarque importante

Les réponses aux questions présentées ci-après résultent de l'analyse des dispositions de la norme IAS 21, Effets des variations des cours des monnaies étrangères, et de la norme IAS 29, Information financière dans les économies hyperinflationnistes, en vigueur actuellement, sur la base des informations disponibles au 1er juin 2023. 16106

Pour une présentation des principales dispositions de la norme IAS 21 en matière de comptabilisation des transactions en monnaies étrangères, voir n° 13005 s.

Evolution possible des réponses En septembre 2018, l'IFRS IC a reconnu que les dispositions de la norme IAS 21 n'étaient pas suffisamment précises concernant le taux de change à retenir lorsque celui-ci n'est pas observable et a proposé que des travaux additionnels soient menés par l'IASB. L'IASB a donc engagé des travaux, en vue d'amender la norme IAS 21 (IASB Update 04/20), qui ont abouti à la publication, en avril 2021, de l'exposé-sondage « Lack of Exchangeability » (ED/2021/4). L'IASB est en cours de redélibération des propositions de l'exposé-sondage, à la suite de l'analyse des commentaires reçus, et devrait publier l'amendement définitif au cours du troisième trimestre 2023. Les principales propositions de l'exposé-sondage sont résumées ci-après.

1. **Evaluation de la convertibilité d'une monnaie** Une entité doit dans un premier temps évaluer si une monnaie est convertible en une devise étrangère. Pour ce faire, une entité doit :

a. déterminer si elle peut obtenir des devises étrangères dans des délais administratifs raisonnables ;

b. évaluer sa capacité à obtenir des devises étrangères et non son intention de le faire ;

c. prendre en compte uniquement les marchés ou les mécanismes d'échange qui créent des droits et obligations exécutoires ;

d. prendre pour hypothèse que le but d'obtenir des devises étrangères est de :

- régler des transactions individuelles en devises, en cas de conversion de ces transactions dans la monnaie fonctionnelle de l'entité ; ou
- réaliser l'actif net de l'entité, en cas de conversion des états financiers de l'entité dans la monnaie de présentation du groupe ;

e. conclure qu'une monnaie n'est pas convertible lorsque l'entité ne peut convertir en monnaie étrangère qu'un montant non significatif. En outre, en cas de transactions multiples en devise étrangère, l'entité devra évaluer si la monnaie est convertible sur une base agrégée, c'est-à-dire en considérant qu'elle doit convertir l'ensemble des transactions et non chaque transaction prise individuellement.

2. Taux à retenir lorsqu'il existe un défaut de convertibilité Lorsqu'une entité conclut que la monnaie n'est pas convertible, elle doit estimer le taux de change. L'objectif de cette estimation est d'appréhender le taux de change auquel une entité aurait pu avoir accès si la monnaie avait été convertible en une autre devise dans le cadre d'une transaction normale, réalisée entre intervenants de marché, reflétant les conditions économiques prévalant à cette date.

Une entité peut utiliser un taux observable, même si ce dernier ne répond pas à la définition d'un « taux spot » au sens d'IAS 21, à condition :

– que ce taux soit considéré comme un taux spot pour d'autres natures de transactions que celles réalisées par l'entité ; ou

– qu'il s'agisse du premier taux auquel l'entité pourrait échanger la monnaie, si cette dernière redevenait échangeable avant la date d'arrêté des comptes.

L'entité doit appliquer le taux de change ainsi estimé à :

– l'ensemble des transactions, et soldes d'actifs ou passifs, en cas de conversion de transactions en devises étrangères dans la monnaie fonctionnelle de l'entité ; ou

– aux états financiers dans leur ensemble, en cas de conversion des états financiers de l'entité dans la monnaie de présentation du groupe.

L'exposé-sondage prévoit également que les entités présentent des **informations additionnelles** en annexe, notamment sur les jugements et estimations réalisés.

3. Dispositions transitoires L'amendement serait applicable de manière prospective à compter de la date de sa première application, sans retraitement des périodes comparatives.

Ainsi :

– concernant la conversion des transactions en devises étrangères dans la monnaie fonctionnelle, une entité devrait convertir les éléments monétaires en devises étrangères et les éléments non monétaires évalués à la juste valeur dans une devise étrangère à la date de première application en utilisant le taux de change estimé à cette date, et reconnaître tout effet de l'application initiale de l'amendement en capitaux propres ;

– concernant la conversion des comptes dans une devise de présentation autre que sa devise fonctionnelle, une entité devrait convertir tous les actifs et passifs à la date de la première application en utilisant le taux de change estimé à cette date (ainsi que les éléments de capitaux propres si la monnaie fonctionnelle de l'entité est hyperinflationniste) et comptabiliser tout effet de l'application initiale de l'amendement comme un ajustement de la réserve de conversion en capitaux propres.

A. Généralités

Incidences d'une baisse significative des cours pendant l'exercice

16110 ***Question***

Quelles sont les incidences sur les états financiers d'une baisse significative du cours d'une devise étrangère survenue au cours de l'exercice ?

Réponse

Les incidences pourraient être notamment les suivantes :

1. détermination de manière suffisamment fine des cours moyens périodiques retenus comme approximation du cours réel en vigueur à la date de l'opération pour convertir les opérations effectuées dans cette devise et les produits et charges constatés résultant de ces opérations (cours moyens hebdomadaires plutôt que mensuels, par exemple) ;

2. incidence sur le résultat de la conversion des créances et dettes libellées dans cette devise ;

3. incidence sur les autres éléments du résultat global (OCI) de la conversion des investissements nets dans des entités étrangères dont la monnaie fonctionnelle est cette devise étrangère ;

4. dépréciation éventuelle de certains éléments d'actifs non financiers exprimés en euros alors que ces actifs libellés dans cette devise ne sont pas dépréciés ; **16110** (suite)
5. baisse de la valeur actualisée des flux futurs en devise et dépréciation éventuelle de certains actifs dans le cadre de tests de dépréciation ;
6. impacts sur le résultat et/ou sur les autres éléments du résultat global (OCI) des instruments financiers libellés dans cette devise étrangère ;
7. informations spécifiques à fournir dans les notes annexes.

Commentaires La baisse d'une devise par rapport à l'euro (monnaie fonctionnelle) ne pose pas en soi de problèmes spécifiques d'évaluation ou d'enregistrement comptable. Ce phénomène requiert toutefois une attention particulière de la part des groupes exposés à ce type de risque et l'appréciation ces dernières années de l'euro par rapport à un certain nombre de devises a rendu cette question plus sensible.

Une diminution du cours d'une devise peut avoir des incidences de diverses natures. Par exemple :

1. **Difficulté de détermination d'un cours moyen périodique de change** Une baisse significative ou des variations brutales et momentanées du cours d'une devise au cours de la période peuvent rendre difficile la détermination d'un cours moyen périodique. Elles peuvent notamment nécessiter de déterminer un plus grand nombre de taux moyens périodiques (taux hebdomadaires plutôt que taux mensuels, par exemple) afin de refléter au mieux le cours en vigueur à la date de chaque transaction.

Rappel Un cours moyen périodique hebdomadaire ou mensuel peut être utilisé pour des raisons pratiques comme cours proche du cours réel en vigueur à la date de l'opération pour la conversion des opérations en devises (IAS 21.21 et .22), ainsi que pour la conversion des produits et charges dans le cadre de la conversion des comptes en devises (IAS 21.39 et .40), à condition qu'il constitue une approximation raisonnable du cours du jour à la date des opérations.

2. **Impact sur le résultat de la conversion au cours de clôture des créances et dettes libellées dans cette devise** (sauf toutefois pour les créances et dettes dans cette devise faisant partie intégrante de l'investissement net dans une entité étrangère ou désignées en couverture de cet investissement net) ; cet impact peut être compensé par les couvertures mises en place par l'entité.

Rappelons que, dans ce cas, il s'agit de couverture dite « naturelle » qui ne bénéficie d'aucun traitement comptable particulier en IFRS.

Remarque – Cas d'une baisse (ou d'une hausse) continue significative du cours de la devise étrangère après la clôture Une baisse (ou une hausse) continue significative du cours de la devise étrangère au-delà de la date de fin de la période de reporting donne lieu uniquement à une information dans l'annexe, lorsqu'elle est considérée comme anormalement élevée (IAS 10.22g). Elle n'a aucun impact sur l'évaluation des éléments monétaires dans l'état de situation financière (bilan). En effet, aucune exception n'est prévue au principe général de conversion des éléments monétaires au cours de change en vigueur à la date de clôture selon IAS 21.23a.

3. **Impact sur les autres éléments du résultat global (OCI) des écarts de conversion sur les actifs nets des entreprises étrangères dont la monnaie fonctionnelle est la devise étrangère** Cet impact peut être compensé dans les autres éléments du résultat global du groupe par les gains enregistrés sur les opérations de couverture mises en place (couverture d'un investissement net en devises).

4. **Dépréciation éventuelle en euros d'actifs non monétaires non dépréciés lorsqu'ils sont en devises** Les actifs non monétaires acquis dans une devise étrangère qui s'est dépréciée par rapport à l'euro peuvent devoir faire l'objet d'une dépréciation dans les comptes consolidés établis en euros, alors même qu'aucune dépréciation n'est constatée dans cette devise étrangère. En effet, la valeur brute (et les amortissements, le cas échéant) est convertie en euros sur la base du cours historique alors que la valeur recouvrable ou la valeur de réalisation nette est convertie au cours de clôture (IAS 21.25).

■ ***Exemple***

Une société dont la monnaie fonctionnelle est l'euro acquiert le 15/09/N un stock de montres auprès d'un fournisseur étranger pour une valeur de 25 000 UC (unité de compte).

A cette date, le cours de l'unité de compte (monnaie dans laquelle le prix de vente est libellé) est de 0,85 €.

Aucun mouvement de stock n'est constaté entre la date d'acquisition au 15/09/N et le 31/12/N. A cette date :
- la valeur de réalisation nette est de 25 500 UC ; et
- le cours de change de l'unité de compte est de 1 UC = 0,78 €.

Solution de l'exemple *Au 31/12/N, dans le cadre du test de dépréciation des stocks, une provision pour dépréciation doit être comptabilisée pour 1 360 € au titre de la perte de valeur du stock de montres en euros, alors qu'aucune provision n'est nécessaire en UC. En effet :*
- aucune perte de valeur n'est à constater en UC, la valeur nette de réalisation du stock de montres en UC (25 500 UC) étant supérieure à la valeur comptable en UC (25 000 UC) ;
- en revanche, une perte de valeur de 1 360 € doit être comptabilisée au 31/12/N correspondant à l'excédent de la valeur brute des stocks (21 250 € = 25 000 UC × 0,85) par rapport à sa valeur de réalisation nette en euros (19 890 € = 25 500 UC × 0,78).

5. Plus généralement, dépréciation éventuelle des actifs non financiers dont les flux futurs sont estimés en devise étrangère (outre le cas précédent) Si la baisse de la devise étrangère par rapport à son cours à la date d'acquisition des actifs concernés constitue un indice de perte de valeur, l'entité doit réaliser un test de dépréciation de ces actifs (IAS 36.9 et .12c notamment). Si ces actifs sont des actifs non courants entrant dans le champ d'application de la norme IAS 36 (immobilisations corporelles et incorporelles, goodwill notamment), la valeur actualisée des flux futurs en devise est convertie au cours du jour à la date du calcul de la valeur d'utilité (IAS 36.54), c'est-à-dire à la date de clôture si le test de dépréciation est effectué à cette date.

6. Impacts sur le résultat et/ou sur les autres éléments du résultat global (OCI) des instruments financiers libellés en devise étrangère :
- impact en résultat de la part inefficace de certaines couvertures notamment lorsqu'elles sont faites au moyen d'options (plus grande volatilité des primes payées, qu'il s'agisse de primes brutes ou nettes) ;
- impact sur les autres éléments du résultat global (OCI) des gains ou pertes enregistrés sur les instruments de couverture de flux futurs de trésorerie (couverture de budgets et/ou de commandes fermes de ventes ou d'achats dans cette devise étrangère) ;
- impact en résultat de la conversion des instruments de dettes libellés dans cette devise étrangère (obligations, titres de créances négociables, etc.) évalués à la juste valeur par les autres éléments du résultat global (OCI) ou au coût amorti (IAS 21.28 et IFRS 9.IG E3.2) ;
- impact en résultat de la variation de valeur des instruments contenant un effet de levier important (par exemple, options à barrière désactivante ou contrat de change « accumulateur »).

7. Impact sur les informations à fournir en annexe Les informations à fournir sont requises par la norme IFRS 7 et sont relatives aux risques de marché et aux instruments financiers.

Notamment :
- description des objectifs poursuivis dans la gestion des risques financiers concernés (change, matières premières au cas particulier) ainsi que les politiques mises en œuvre, y compris la politique de couverture pour chaque type de risque (IFRS 7.31 et .32) ;
- pour chaque catégorie de couvertures (couverture de juste valeur, couverture de flux futurs de trésorerie et couverture d'investissements nets en devises), description de la stratégie mise en œuvre, des instruments de couverture utilisés (ainsi que leur juste valeur à la date de clôture), la nature des risques couverts et pour les couvertures de flux futurs de trésorerie, la date à laquelle les montants enregistrés parmi les autres éléments du résultat global (OCI) seront reclassés et si une opération future n'est plus considérée comme probable (IFRS 7.22 et .23) ;
- impact sur les autres éléments du résultat global (OCI) et précisions détaillées concernant les pertes ou gains en ce qui concerne les couvertures de flux futurs de trésorerie (IFRS 7.23) ;
- enfin, analyse de sensibilité pour chacune des principales devises concernées (IFRS 7.40 s.).

B. Recyclage en résultat des écarts de change liés à une activité à l'étranger

Principe général de recyclage en résultat

16200 ***Question***

Dans quels cas les écarts de change liés à une activité à l'étranger et comptabilisés parmi les autres éléments du résultat global (OCI) sont-ils recyclés en résultat ?

16200 (suite)

Réponse

En principe, lors de la sortie totale ou partielle de l'activité à l'étranger.

Le montant des écarts de change comptabilisés en capitaux propres devant être recyclés en résultat varie selon :
- la nature de l'opération (sortie totale ou partielle de l'activité à l'étranger) ;
- et également selon la méthode de consolidation retenue par le groupe (méthode directe ou par palier) si l'activité étrangère cédée est détenue de manière indirecte au travers d'une filiale étrangère.

Commentaires Voir n° 16015, point 3.

Rappel – Définition d'une activité à l'étranger Une activité à l'étranger est une filiale, une entreprise associée, un partenariat ou une succursale de l'entité présentant les états financiers, et dont les opérations sont basées ou conduites dans un pays ou dans une monnaie autre que ceux de l'entité présentant les états financiers (IAS 21.8).

Exemples d'opérations considérées comme des sorties d'activité à l'étranger :
- cession de titres d'une filiale étrangère avec perte de contrôle (voir n° 16210) ;
- cession totale d'une sous-filiale étrangère détenue par une filiale également étrangère (voir n° 16215) ;
- cession de titres d'une entreprise associée étrangère sans perte d'influence notable (voir n° 16240) ;
- prise de contrôle d'une entreprise associée, analysée comme une cession totale d'une entreprise associée suivie de l'acquisition d'une filiale (voir n° 16260).

Exemples d'opérations non considérées comme des sorties d'activité à l'étranger :
- cession de titres d'une filiale étrangère sans perte de contrôle (voir n° 16220) ;
- restructuration intragroupe (voir n° 16270) ;
- remboursement d'un prêt faisant partie de l'investissement dans la filiale étrangère dans le cadre d'un refinancement du groupe (voir n° 16290).

Exemple d'opérations pouvant être ou non considérées comme des sorties d'activité à l'étranger : remboursement d'un prêt faisant partie de l'investissement dans la filiale étrangère (voir n° 16280).

Tableau récapitulatif :

Avant cession/ prise de contrôle	Après cession/ prise de contrôle	Recyclage en résultat des écarts de change comptabilisés en Capitaux propres – part groupe	Réf.
Filiale	Filiale (cession d'intérêts sans perte de contrôle)	Non, mais reclassement des écarts de conversion (CTA/ « currency translation adjustments ») comptabilisés en « Capitaux propres – part groupe » en « intérêts minoritaires », à hauteur de la quote-part cédée.	n° 16220
Filiale	Joint venture/Joint operation Entreprise associée	Oui, recyclage en résultat de 100 % des CTA attribuables au groupe. Pas de recyclage en résultat de la quote-part de CTA attribuable aux intérêts minoritaires mais décomptabilisation du fait de la perte de contrôle.	n° 16210
Filiale	Participation (IFRS 9) ou 0 % (cession totale)	Oui, recyclage en résultat de 100 % des CTA attribuables au groupe.	n° 16210
Sous-filiale détenue par une filiale étrangère	Joint venture/Joint operation Entreprise associée Participation (IFRS 9) ou 0 % (cession totale)	Oui, mais le montant à recycler en résultat varie selon la méthode de recyclage retenue par le groupe (méthode directe ou par palier).	n° 16215

Avant cession/ prise de contrôle	Après cession/ prise de contrôle	Recyclage en résultat des écarts de change comptabilisés en Capitaux propres – part groupe	Réf.
Entreprise associée	Entreprise associée (avec réduction du pourcentage d'intérêts)	Oui, recyclage en résultat des CTA à hauteur de la quote-part cédée.	nº 16240
Entreprise associée	Filiale	Oui, recyclage en résultat de 100 % des CTA.	nº 16260
Entreprise associée Joint venture/Joint operation	Participation	Oui, recyclage en résultat de 100 % des CTA.	

Cession de titres d'une filiale étrangère avec perte de contrôle

16210 ***Question***

Lors de la cession de titres d'une filiale étrangère avec perte de contrôle, les écarts de change relatifs à la conversion des comptes de cette filiale, comptabilisés jusqu'alors parmi les autres éléments du résultat global (OCI), doivent-ils être recyclés en résultat ?

Réponse

Oui, pour 100 % de la quote-part attribuable au groupe. Il s'agit alors d'un élément du résultat de cession de la filiale étrangère. Et ceci, même si le groupe conserve une participation dans son ex-filiale, avec ou sans influence notable.

Commentaires Lors de la cession de titres d'une filiale étrangère avec perte de contrôle, les écarts de change relatifs à la conversion des comptes de cette filiale, comptabilisés jusqu'alors en Capitaux propres – Part du groupe parmi les autres éléments du résultat global (OCI), doivent, en principe, être recyclés en totalité en résultat (IAS 21.48 et .48A). La quote-part attribuable aux intérêts minoritaires n'est pas recyclée en résultat ; elle est toutefois décomptabilisée du fait de la perte de contrôle (IAS 21.48B).

Cas particulier d'une cession d'une sous-filiale étrangère détenue par une filiale également étrangère Dans ce cas, l'entreprise doit distinguer le montant de l'écart de conversion attribuable à la sous-filiale étrangère cédée de celui attribuable à la filiale étrangère. Ce montant varie selon la méthode retenue par le groupe (directe/palier) (voir nº 16215).

■ *Exemple*

Une société M, dont la monnaie fonctionnelle est la livre sterling, acquiert 80 % des titres d'une société A pour 120 M€. La monnaie fonctionnelle de A est l'euro et le cours de change est 1 € = 1 £ à la date d'acquisition. Parallèlement, M emprunte 100 M€ pour couvrir son investissement dans sa filiale. Les intérêts minoritaires ont investi 30 M€ dans le capital de A.

M sort partiellement de sa filiale A, en réduisant sa participation de 80 % à 20 %. A la date de cession, le cours de change est 1 € = 0,8 £. Par hypothèse, il n'y a aucune variation de l'actif net initial et la couverture de l'investissement net à l'étranger est efficace à 100 %.

Solution de l'exemple *Les écarts de change, relatifs à la conversion des comptes de A, comptabilisés jusqu'alors parmi les autres éléments du résultat global (OCI) et accumulés dans une composante distincte des capitaux propres de M, s'élèvent à 4 M£ avant la sortie partielle de la filiale et en tenant compte de la couverture [= capital de 120 M€ × (0,8 – 1) – emprunt de 100 M€ × (0,8 – 1)].*

Il s'agit d'une sortie partielle d'un investissement net à l'étranger avec perte de contrôle :

– la totalité des écarts de change liés à A et comptabilisés parmi les autres éléments du résultat global (en réserve de conversion/CTA) est recyclée. En effet, la perte de contrôle de A est un élément déclencheur de recyclage en résultat des écarts de change comptabilisés en OCI (CTA) même si M conserve une participation dans son ancienne filiale A, avec ou sans influence notable ;

– il n'y a aucun reclassement/réattribution de ces écarts de change au sein des réserves, entre part groupe et intérêts minoritaires.

Cession avec perte de contrôle d'une sous-filiale étrangère détenue par une filiale également étrangère

16215

Question

En cas de cession d'une sous-filiale étrangère détenue par une filiale également étrangère, comment déterminer l'écart de conversion à recycler en résultat ?

Réponse

Le montant à recycler en résultat correspond à l'écart de conversion relatif à la sous-filiale étrangère cédée. Toutefois, la difficulté est de distinguer au sein de l'écart de conversion global la part attribuable à la sous-filiale étrangère et celle attribuable à sa mère directe étrangère.

Il existe deux méthodes pour déterminer l'écart de conversion attribuable à la sous-filiale étrangère :

1. **la méthode directe** qui consiste à convertir les comptes de la sous-filiale étrangère directement dans la monnaie de présentation des comptes consolidés ;

2. **la méthode par palier** qui implique :

a. dans un premier temps, de déterminer l'écart de conversion relatif à la sous-filiale étrangère tel qu'il serait calculé si les comptes consolidés étaient établis au niveau de sa mère directe (étrangère),

b. puis, de convertir l'écart de conversion ainsi déterminé dans la monnaie de présentation des comptes consolidés du groupe.

Ces deux méthodes :
- produisent un écart de conversion global identique ;
- mais diffèrent quant à l'écart de conversion à recycler au titre de la cession de la sous-filiale étrangère.

Par exemple, la méthode par palier peut, dans certains cas, aboutir à ne recycler aucun écart de conversion au titre de la cession de la sous-filiale étrangère.

La méthode retenue doit être appliquée de manière cohérente et permanente à toutes les transactions de cession.

Commentaires La conversion des états financiers d'une filiale étrangère dans la monnaie de présentation des états financiers consolidés de la société mère conduit à comptabiliser les écarts de conversion parmi les autres éléments du résultat global (« Other Comprehensive Income »/OCI) (IAS 21.38 s.). Ces écarts de conversion accumulés en OCI doivent par la suite être recyclés en résultat lors de la sortie/cession de la filiale (IAS 21.48).

La mise en œuvre de ce principe de recyclage peut présenter des difficultés lorsque la cession concerne une sous-filiale étrangère détenue directement par une filiale également étrangère et que ces deux entités ont des monnaies fonctionnelles différentes (par exemple, une sous-filiale américaine détenue par une filiale anglaise). En effet, il est notamment difficile de distinguer la part de l'écart de conversion du sous-groupe (comprenant la filiale et la sous-filiale étrangères) attribuable à la sous-filiale étrangère de celle attribuable à sa mère directe.

La norme IAS 21 n'apporte pas de précision sur les modalités de détermination des écarts de conversion à recycler dans ce cas particulier. En revanche, l'interprétation IFRIC 16 relative aux couvertures d'un investissement net dans un établissement à l'étranger prévoit deux méthodes (IFRIC 16 et .AG8) :

a. **la méthode directe** selon laquelle les états financiers de la sous-filiale étrangère (par exemple libellés en USD) sont convertis directement dans la monnaie de présentation des états financiers consolidés (par exemple en euros) ;

b. **la méthode par palier** qui conduit :
- tout d'abord à convertir les états financiers de la sous-filiale étrangère (en USD) dans la monnaie fonctionnelle de sa mère directe (la filiale étrangère) (en GBP) afin de déterminer un écart de conversion (en GBP) au niveau du sous-palier de consolidation de la mère directe étrangère,
- puis à convertir l'écart de conversion ainsi déterminé (en GBP) dans la monnaie de présentation des états financiers consolidés (en euros).

Ces deux méthodes produisent un écart de conversion global (de la filiale étrangère et de la sous-filiale étrangère) identique.

16215 (suite) En revanche, elles n'aboutissent pas nécessairement au même résultat lorsqu'il s'agit de déterminer la part de cet écart de conversion global attribuable à chacune des deux sociétés étrangères et donc le montant à recycler en résultat lors de la cession de la sous-filiale étrangère (voir Exemple 1 ci-après).

En effet, en cas d'utilisation de la méthode par palier, l'interprétation IFRIC 16.17 autorise mais n'impose pas de procéder à un ajustement pour déterminer le montant qui aurait dû être calculé au titre de la sous-filiale étrangère si la méthode directe avait été utilisée.
En outre, l'application de la méthode par palier peut aboutir dans certains cas particuliers à ne pas recycler du tout d'écart de conversion dans le cadre de la cession (voir Exemple 2 ci-après).

Le choix de la méthode de consolidation (directe ou par palier) est un choix de méthode comptable qui doit être appliqué de manière cohérente et permanente à toutes les transactions de cession d'une entité étrangère.

Remarque Ce choix est à notre avis indépendant de la technique de consolidation (c'est-à-dire du processus de consolidation direct ou par palier) retenu par le groupe dans le cadre du processus de consolidation.

■ *Exemple 1*

Au 1/01/N, une société A située dans la zone euro crée :
– une filiale B, située au Royaume-Uni ayant pour monnaie fonctionnelle la livre sterling ; et
– une sous-filiale C détenue entièrement par la filiale B, située aux Etats-Unis et ayant pour monnaie fonctionnelle le dollar américain.
Par simplification, aucune opération n'est réalisée sur l'exercice N. La société A décide de céder sa sous-filiale C au 31/12/N. Les bilans de ces sociétés, juste avant la cession, sont les suivants :

A (Zone Euro)
100 % ↓

Société A (en K€)

Titres B	*73*	*Capital*	*73*

B (Royaume-Uni)
100 % ↓

Société B (en K£)

Titres C	*30*	*Capital*	*65*
Actifs	*35*		

C (Etats-Unis)

Société C (en K$)

Actifs	*50*	*Capital*	*50*

Les taux de conversion sont les suivants :
– 1/01/N : 1 € = 0,9 £ = 1,5 $ donc 1 $ = 0,6 £ ;
– 31/12/N : 1 € = 1,1 £ = 1,25 $ donc 1 $ = 0,88 £.

Solution de l'exemple 1 *Au 31/12/N, juste avant la cession de la société C, l'écart de conversion global des sociétés B et C s'élève à – 0,4 K€.*
Le montant d'écart de conversion attribuable à la société C et devant être recyclé en résultat lors de sa cession est de :
– 6,7 K€ si le groupe applique la méthode directe ;
– 12,7 K€ si le groupe applique la méthode par palier.
Le tableau ci-après détaille le calcul de l'écart de conversion global des sociétés B et C (en milliers d'euros) ainsi que la part attribuable à chacune de ces deux sociétés selon la méthode de conversion directe ou par palier.

	Méthode directe (K€)	*Méthode par palier (K€)*
Ecart de conversion attribuable à la société C	*6,7* *= 50 × [(1/1,25) – (1/1,5)]* (1)	*12,7* *= [50 × (0,88 – 0,6)] × 1/1,1* (3)

	Méthode directe (K€)	*Méthode par palier (K€)*
Ecart de conversion attribuable à la société B	*-7,1 = 35 × [(1/1,1) – (1/0,9)]* (2)	*-13,1 = 65 × [(1/1,1) – (1/0,9)]* (4)
Ecart de conversion global (B + C)	*-0,4* (1) et (2)	*-0,4* (3) et (4)

(1) Actifs C en $ × (cours clôture $/€ – cours d'ouverture $/€).
(2) Actifs B (hors titres C) en £ × (cours de clôture £/€ – cours d'ouverture £/€).
(3) Actifs C en $ × (cours de clôture $/£ – cours d'ouverture $/£] × cours de clôture £/€.
(4) Actifs B en £ (y compris titres C) × (cours de clôture £/€ – cours d'ouverture £/€).

■ *Exemple 2*

Même énoncé que l'Exemple 1, mais la sous-filiale C est une société anglaise dont la monnaie fonctionnelle est la livre sterling comme pour sa mère directe.
Les comptes de la société C (en livre sterling) sont les suivants :

Société C (en K£)

Actifs	*30*	*Capital*	*30*

Solution de l'exemple 2 *Au 31/12/N, juste avant la cession de la société C, l'écart de conversion global des sociétés B et C s'élève à – 13,1 K€.*
Le montant d'écart de conversion attribuable à la société C et devant être recyclé en résultat lors de sa cession est de :
– 6 K€ si le groupe applique la méthode directe ;
– 0 K€ si le groupe applique la méthode par palier.
Le tableau ci-après détaille le calcul de l'écart de conversion global des sociétés B et C ainsi que la part attribuable à chacune de ces deux sociétés selon la méthode de conversion directe ou par palier.

	Méthode directe (K€)	*Méthode par palier (K€)*
Ecart de conversion attribuable à la société C	*-6 = 30 × [(1/1,1) – (1/0,9)]* (1)	*0 = 0 × 1/1,1* (3)
Ecart de conversion attribuable à la société B	*-7,1 = 35 × [(1/1,1) – (1/0,9)]* (2)	*-13,1 = 65 × [(1/1,1) – (1/0,9)]* (4)
Ecart de conversion global (B + C)	*-13,1* (1) et (2)	*-13,1* (3) et (4)

(1) Actifs C en £ × (cours clôture £/€ – cours d'ouverture £/€).
(2) Actifs B (hors titres C) en £ × (cours de clôture £/€ – cours d'ouverture £/€).
(3) Dans les comptes consolidés de la filiale B, il n'existe pas d'écart de conversion relatif à la sous-filiale C, celle-ci ayant la même monnaie fonctionnelle que celle de B. Ecart de conversion en £ (= 0) × cours de clôture £/€ = 0.
(4) Actifs B en £ (y compris titres C) × (cours de clôture £/€ – cours d'ouverture £/€).

Cession de titres d'une filiale étrangère sans perte de contrôle

Question 16220

Lors de la cession de titres d'une filiale étrangère sans perte de contrôle, les écarts de change relatifs à la conversion des comptes de cette filiale, comptabilisés jusqu'alors parmi les autres éléments du résultat global (OCI), doivent-ils être recyclés en résultat ?

Réponse

Non, les écarts de change ne sont pas recyclés en résultat. Ils sont toutefois reclassés sur la ligne Intérêts minoritaires, à hauteur de la quote-part cédée. En effet, la cession de titres de la filiale sans perte de contrôle est considérée comme une transaction entre deux catégories de propriétaires (les majoritaires et les intérêts minoritaires), détenteurs des capitaux propres de la même entité économique.

Commentaires Voir n° 23820.

■ *Exemple*

(reprise de l'exemple du nº 16210) M cède des titres de sa filiale A et réduit sa participation de 80 % à 55 %.

Solution de l'exemple *Il s'agit d'une sortie partielle d'un investissement net à l'étranger sans perte de contrôle :*

- les écarts de change liés à A et comptabilisés parmi les autres éléments du résultat global (en réserve de conversion/CTA) ne sont pas recyclés en résultat car la nature du contrôle de M sur A n'est pas modifiée ;

- une partie de ces écarts de change est réattribuée aux intérêts minoritaires à hauteur de la part cédée (25 %), soit 1 M£ (= 25 % × 4 M£).

Cession de titres d'une entreprise associée étrangère sans perte d'influence notable

16240 ***Question***

Lors d'une cession de titres d'une entreprise associée étrangère sans perte d'influence notable, les écarts de change relatifs à la conversion des comptes de cette entreprise associée, comptabilisés jusqu'alors parmi les autres éléments du résultat global (OCI), doivent-ils être recyclés en résultat ?

Réponse

Oui, à hauteur de la quote-part cédée. En effet, comme l'entreprise associée ne fait pas partie du groupe, les autres actionnaires de l'entreprise associée ne sont pas considérés comme des contributeurs de capitaux pour le groupe. Ainsi, les transactions avec ces actionnaires ne sont pas considérées comme des transactions entre actionnaires d'un même groupe.

Il en est de même si la diminution du pourcentage d'intérêts résulte d'une dilution suite à une augmentation de capital de l'entreprise associée inégalement souscrite.

Commentaires Voir nº 23485.

■ *Exemple*

L'entité A détient 40 % de l'entité étrangère B sur laquelle elle exerce une influence notable et qu'elle consolide par mise en équivalence. L'entité A cède 20 % de sa participation, conservant 20 % dans l'entité B ainsi qu'une influence notable.

Solution de l'exemple *La réduction de la participation de A dans B est une sortie partielle au sens d'IAS 21.48D. La moitié de la participation dans B a été cédée. En conséquence, 50 % des écarts de change relatifs à l'entreprise associée B, comptabilisés jusqu'ici en autres éléments du résultat global doivent être recyclés en résultat.*

Prise de contrôle d'une entreprise associée

16260 ***Question***

Lors de la prise de contrôle d'une entreprise associée étrangère, les écarts de change relatifs à la conversion des comptes de cette entreprise associée, comptabilisés jusqu'alors parmi les autres éléments du résultat global (OCI), doivent-ils être recyclés en résultat ?

Réponse

Oui, à hauteur de 100 % des écarts de change comptabilisés parmi les autres éléments du résultat global (OCI).

La transaction est traitée conformément à la norme IFRS 3 comme :

- la vente d'une entreprise associée,
- suivie de l'acquisition d'une filiale.

Commentaires Voir nº 23760.

Restructuration intragroupe impliquant une activité à l'étranger sans modification du pourcentage d'intérêts

Question 16270

Lors d'une restructuration intragroupe consistant à transférer une activité à l'étranger d'une holding intermédiaire à une autre holding intermédiaire au sein du même groupe sans modification du pourcentage d'intérêts, les écarts de change relatifs à cette activité, comptabilisés jusqu'alors parmi les autres éléments du résultat global (OCI), doivent-ils être recyclés en résultat ?

Réponse

Non, car cette restructuration intragroupe ne modifie pas la participation du groupe dans l'activité à l'étranger.

Commentaires La norme IAS 21 requiert qu'en cas de sortie d'une activité à l'étranger, les écarts de change relatifs à cette activité à l'étranger, comptabilisés parmi les autres éléments du résultat global (OCI), soient reclassés dans le résultat lors de la comptabilisation du profit ou de la perte résultant de la sortie (IAS 21.48).

Dans le cas particulier d'une réorganisation d'un groupe et du transfert consécutif d'une activité à l'étranger d'une holding intermédiaire de ce groupe à une autre holding intermédiaire sans modification du pourcentage d'intérêts, le transfert de l'activité à l'étranger au sein du groupe :

- est une opération réalisée pour restructurer la participation du groupe dans l'activité à l'étranger, et non pour la réduire ;
- ne modifie pas la nature du contrôle du groupe dans l'activité à l'étranger. Seule la société mère directe de l'activité à l'étranger change.

En conséquence, du point de vue du groupe, la cession intragroupe de l'activité à l'étranger n'est pas considérée comme une sortie de cette activité. Les écarts de change, comptabilisés jusqu'alors parmi les autres éléments du résultat global (OCI) et accumulés dans une composante distincte des capitaux propres, ne sont donc pas recyclés en résultat.

Dans le cas d'une réduction du pourcentage de participation sans modification de la nature du contrôle, voir n° 16220.

Remarques :

1. Du point de vue tant de la holding intermédiaire qui cède l'activité à l'étranger que de celle qui acquiert l'activité à l'étranger, l'opération de cession est un indicateur que leur monnaie fonctionnelle peut avoir changé (IAS 21.13).

2. En effet, la monnaie dans laquelle les holdings reçoivent leurs dividendes est importante pour déterminer leur monnaie fonctionnelle, tout comme leur éventuelle activité opérationnelle et leur dépendance par rapport à leur société mère.
Ainsi, si les flux de trésorerie générés par ces holdings affectent directement les flux de trésorerie de leur société mère, qui est l'entité présentant les états financiers et qu'ils sont immédiatement disponibles pour lui être remis, leur monnaie fonctionnelle est vraisemblablement la même que celle de leur société mère (IAS 21.11c).

3. Du point de vue de la holding intermédiaire qui cède l'activité à l'étranger, il s'agit d'une cession avec perte de contrôle. En conséquence, si elle établit des comptes IFRS en tant que sous-groupe coté et que sa monnaie de présentation et la monnaie fonctionnelle de l'activité à l'étranger cédée sont différentes, les écarts de change générés au niveau du sous-groupe et liés à l'activité cédée doivent être recyclés en résultat (voir n° 16210).

Prêt en monnaie étrangère faisant partie de l'investissement net dans une filiale : incidence d'un changement de monnaie sur les écarts de change y afférents

Question 16275

Le changement de monnaie d'un prêt, libellé en monnaie étrangère et faisant partie de l'investissement net dans une filiale, induit-il la reprise en résultat des écarts de change constatés antérieurement en autres éléments du résultat global/OCI (capitaux propres recyclables) au titre de ce prêt ?

Réponse

Non, ces écarts de change ne doivent être repris en résultat que lors de la sortie de l'investissement net dans la filiale.

Cette position a été confirmée par le CESR (devenu l'ESMA).

Commentaires Lorsqu'un prêt consenti à une filiale est libellé dans une monnaie étrangère et que ce prêt fait partie de l'investissement net dans cette filiale, les écarts de change relatifs à ce prêt doivent être (IAS 21.32 renvoyant à IAS 21.48 et .33) :

- initialement comptabilisés en autres éléments du résultat global (OCI recyclables) ;
- puis être reclassés en résultat lors de la sortie de l'investissement net.

Un prêt consenti à une filiale fait partie d'un investissement net si son règlement n'est ni planifié ni susceptible d'intervenir dans un avenir prévisible (en ce sens, IAS 21.15).

La norme IAS 21 ne prévoit pas de traitement comptable particulier en cas de changement de la monnaie dans laquelle ce prêt est libellé. Or, la transformation d'un prêt en monnaie étrangère en un prêt libellé dans la monnaie de fonctionnement a pour effet de figer le montant des écarts de change y afférents constatés antérieurement en autres éléments du résultat global.

Dans ce contexte, la question est de savoir si ces écarts de change doivent ou non être repris en résultat dès le changement des caractéristiques dudit prêt (le montant des écarts de change étant figé), sans attendre la sortie effective de l'investissement net dans la filiale.

Le CESR (devenu l'ESMA) a confirmé que les écarts de change comptabilisés avant le changement de monnaie du prêt doivent être maintenus en autres éléments du résultat global et ne peuvent en conséquence être reclassés en résultat que lors de la sortie de l'investissement net, conformément à IAS 21.32. En effet, la modification de la monnaie dans laquelle un prêt est libellé affecte la forme mais pas la substance de l'investissement, et ne peut donc se traduire comme une sortie de l'investissement net (EECS/0407-15, 04/07).

Remboursement d'un prêt intragroupe faisant partie de l'investissement net dans une filiale étrangère

16280 *Question*

Lors du remboursement d'un prêt intragroupe faisant partie de l'investissement net dans une filiale étrangère, les écarts de change liés, comptabilisés jusqu'alors parmi les autres éléments du résultat global (OCI), doivent-ils être recyclés en résultat ?

Réponse

En l'absence de précision des textes, il existe un choix de méthode comptable qui dépend de l'approche retenue par l'entreprise pour interpréter la notion de « réduction de la participation » dans l'entité étrangère :

- **1re approche : la réduction de la participation s'apprécie en « valeur relative » et implique une diminution du pourcentage d'intérêts** Selon cette approche, aucun recyclage en résultat des écarts de change n'est opéré en cas de remboursement du prêt. Celui-ci ne constitue pas une sortie partielle puisqu'il ne réduit pas le pourcentage d'intérêts dans la filiale étrangère ;
- **2nde approche : la réduction de la participation s'apprécie en « valeur absolue » (même sans modification du pourcentage d'intérêts)** Selon cette approche, l'écart de change relatif à la filiale étrangère doit être recyclé en résultat à hauteur de la part du prêt remboursé par rapport à l'investissement net global dans la filiale étrangère (actif net + prêt).

Commentaires :

1. Rappel des textes :

a. **Qualification d'un prêt comme faisant partie d'un investissement net dans une activité à l'étranger** Selon IAS 21.15, un prêt, qui est une créance à recevoir, constitue en substance un élément monétaire faisant partie de l'investissement net d'une entreprise dans une activité à l'étranger si son règlement n'est ni planifié ni probable dans un avenir prévisible (conditions relativement strictes). Il représente alors, en substance, des quasi-capitaux propres (ou « quasi-equity »), au même titre que les titres de participation de l'entité dans l'actif net de l'activité à l'étranger.

Une activité à l'étranger est une filiale, une entreprise associée, un partenariat ou une succursale de l'entité présentant les états financiers, et dont les opérations sont basées ou conduites dans un pays ou dans une monnaie autre que ceux de l'entité présentant les états financiers (IAS 21.8). Le prêt peut être consenti par une entreprise à l'une de ses filiales mais aussi par une filiale à une autre filiale (à condition qu'elles soient sous contrôle exclusif de la même société mère) (IAS 21.15A). **16280** (suite)

Lorsque le remboursement d'un tel prêt devient prévisible ou probable dans un avenir proche, il ne répond plus à la définition d'un élément monétaire faisant partie de l'activité à l'étranger (au sens d'IAS 21.15) et il doit être « déqualifié ».

C'est le cas, par exemple, lorsque le management décide de désinvestir partiellement dans l'activité à l'étranger. La « qualification » du prêt dépend alors des attentes et intentions du management en matière de remboursement qui peuvent changer, suite à des changements de circonstances.

Bien que ce ne soit pas précisé dans la norme, la désignation d'un prêt intragroupe comme faisant partie de l'investissement net dans l'activité à l'étranger doit être régulièrement revue.

b. Traitement comptable des écarts de change relatifs à un prêt considéré initialement comme un élément monétaire faisant partie de l'investissement net Les écarts de change relatifs à un prêt considéré initialement comme un élément monétaire faisant partie de l'investissement net sont (IAS 21.15 renvoyant à IAS 21.32) :
- comptabilisés parmi les autres éléments du résultat global (OCI), indépendamment de la monnaie dans laquelle le prêt est contracté ; et
- recyclés ultérieurement en résultat lors de la sortie de l'investissement net.

2. Application au remboursement d'un prêt faisant partie intégrante de l'investissement dans une filiale étrangère Le cas du remboursement d'un prêt faisant partie de l'investissement net dans une filiale étrangère sans modification du pourcentage de détention de la mère n'est pas mentionné expressément dans IAS 21.49 comme un exemple de sortie totale ou partielle. La question se pose toutefois de savoir si un remboursement de prêt constitue une sortie partielle et si les écarts de change doivent être recyclés en résultat.

Remarque Une lecture stricte d'IAS 21.49 pourrait amener à conclure que les sorties partielles sont limitées aux seules sorties de titres (cession, liquidation, remboursement du capital apporté ou abandon de tout ou partie de cette entité) et qu'en conséquence, le recyclage en résultat des écarts de change comptabilisés jusqu'à présent parmi les autres éléments du résultat global (OCI) ne pourrait se faire qu'au moment des sorties totales ou partielles des titres de l'activité à l'étranger. Il serait toutefois incohérent de considérer le prêt comme un élément monétaire faisant partie de l'investissement net (« quasi-equity ») pour justifier de différer la comptabilisation en résultat des écarts de change selon IAS 21.32 et ne pas le considérer de la même manière en tant que sortie partielle de l'entité de l'investissement net selon IAS 21.49.

Des débats à l'IFRS IC en septembre 2010 (ayant entraîné un refus d'inscription à son agenda), il ressort qu'une réduction de la participation dans une activité à l'étranger peut être interprétée de plusieurs manières :
- une réduction de la participation en valeur relative (réduction du pourcentage d'intérêt) ; et/ou
- une réduction de la participation en valeur absolue (réduction du montant de la participation), même sans modification du pourcentage d'intérêts.

L'IFRS IC a décidé de ne pas inscrire ce sujet à son agenda, considérant qu'un consensus ne pourrait être trouvé dans un délai raisonnable. Il a recommandé d'inclure ultérieurement le sujet dans une revue plus globale de la norme IAS 21.

Option 1 – Pas de sortie partielle de la filiale étrangère Le remboursement du prêt ne constitue pas une sortie partielle au sens d'IAS 21.48D et .49, dans la mesure où il ne réduit pas la participation dans la filiale en valeur relative (pas de diminution du pourcentage d'intérêts). En conséquence, aucun écart de change relatif à l'investissement net dans la filiale étrangère et comptabilisé parmi les autres éléments du résultat global (OCI) n'est recyclé en résultat.

Option 2 – Sortie partielle de la filiale étrangère Le remboursement du prêt constitue une sortie partielle au sens d'IAS 21.49 dans la mesure où il réduit le montant de la participation dans la filiale (en valeur absolue). En conséquence, une quote-part des écarts de change comptabilisés jusqu'alors parmi les autres éléments du résultat global (OCI) relatifs à l'investissement net global dans la filiale étrangère (actif net + prêt), doit être recyclée en résultat (voir Exemple ci-après).

3. Date de recyclage des écarts de change Lorsque le remboursement d'un prêt est considéré comme une sortie partielle, la norme IAS 21 ne précise pas la date à laquelle les écarts de change doivent être recyclés en résultat. En l'absence de précision, l'une ou l'autre des deux

dates suivantes peut, à notre avis, être retenue comme date de recyclage, là encore comme choix de méthode comptable :
- la date de décision du remboursement ; ou
- la date de remboursement effectif du prêt.

Remarque Quelle que soit la date de recyclage retenue, les écarts de change générés entre la date de la « déqualification » du prêt et la date de remboursement effectif du prêt sont comptabilisés directement en résultat (IAS 21.28), et non plus parmi les autres éléments du résultat global (OCI).

Toute méthode comptable doit être appliquée de manière cohérente à tous les prêts « qualifiés » et à tous les investissements d'une entreprise dans ses activités à l'étranger.

■ *Exemple*

Une société mère M, présentant des comptes IFRS en €, détient une filiale F dont la monnaie fonctionnelle est le dollar. L'actif net accumulé de F s'élève à 80 K$ au 31/12/N.
M a octroyé à sa filiale F un prêt de 20 K$, dont elle juge le remboursement ni planifié ni probable dans un avenir prévisible. A ce titre, le prêt est considéré comme faisant partie de l'investissement de M dans F.
Au 31/12/N, le management de F décide de rembourser le prêt suite à la perception d'un produit exceptionnel.

Solution de l'exemple *Selon l'approche de l'option 2 présentée ci-avant, la décision de rembourser le prêt entraîne la « déqualification » du prêt comme faisant partie de l'investissement net de M dans F. La part des écarts de change comptabilisés jusqu'alors parmi les autres éléments du résultat global relatifs à l'investissement net global dans l'activité à l'étranger, recyclée en résultat à la date de décision de remboursement ou à la date de remboursement effectif, est de 20 % [= 20 / (20 + 80)].*

Actif net accumulé	*80*
Prêt	*20*
Investissement net total de M dans F	*100*

Remboursement d'un prêt intragroupe faisant partie de l'investissement net dans une filiale étrangère dans le cadre d'un refinancement du groupe

16290 ***Question***

En cas de remboursement d'un prêt intragroupe faisant partie de l'investissement net dans une filiale étrangère dans le cadre d'un refinancement du groupe, les écarts de change liés, comptabilisés jusqu'alors parmi les autres éléments du résultat global (OCI), doivent-ils être recyclés en résultat ?

Réponse

Non, en cas de conversion du prêt en capital ou en un autre prêt dans le cadre d'un refinancement global, le montant de l'investissement net n'est pas modifié et aucun écart de change ne doit être recyclé.

Commentaires Un prêt intragroupe faisant partie de l'investissement net dans l'activité à l'étranger peut :
- être remboursé dans le cadre d'une opération de refinancement plus global ;
- être remplacé par un nouvel investissement dans l'activité à l'étranger sous forme d'un nouveau prêt (nouvel instrument de dette) ou d'une prise de participation directe dans les titres de l'activité à l'étranger (instrument de capitaux propres) ; ou
- être converti en capital.

Dans ces situations, les écarts de change relatifs à cette activité à l'étranger et comptabilisés en autres éléments du résultat global (OCI) ne sont pas recyclés en résultat si :
- il s'agit en substance d'une opération purement financière. Seule la forme légale de l'investissement dans l'activité à l'étranger est modifiée, passant d'un instrument de dette à un autre instrument de dette ou à un instrument de capitaux propres ;
- le montant de l'investissement net de l'entreprise dans l'activité à l'étranger n'est, quant à lui, pas modifié ;
- il n'y a pas de sortie de trésorerie.

CHAPITRE 13

Regroupements d'entreprises (IFRS 3)

Plan du chapitre §§ 21350

21350 (suite) Plan du chapitre *(suite)* §§

21350 (suite)

Plan du chapitre *(suite et fin)* §§

L'ESSENTIEL DE LA NORME IFRS 3

Champ d'application d'IFRS 3 et définition d'un regroupement d'entreprises

La norme IFRS 3 s'applique non seulement à toute transaction ou événement par lequel un acquéreur obtient le contrôle d'une ou plusieurs activités (l'acquise), mais également aux transactions par lesquelles plusieurs entités se regroupent au sein d'une seule entité sans qu'aucune des parties ne prenne, in fine, le contrôle des autres (cas, par exemple, des « fusions entre égaux ») (IFRS 3.A, .B5 et .B6). **21353**

Pour les opérations qui constituent des regroupements d'entreprises dans le champ d'application d'IFRS 3, voir n° 21470.

La notion d'activité est définie par IFRS 3 et permet de déterminer les opérations d'acquisition d'actifs qui répondent à la définition d'un regroupement d'entreprises (IFRS 3.3, .A et .B7 à .B12).

En outre, les prises de contrôle sans remise d'une rémunération par l'acquéreur au vendeur sont incluses dans le champ d'application de la norme IFRS 3 (IFRS 3.43). Ces opérations correspondent, par exemple :
- à des regroupements réalisés par contrat uniquement ; ou encore
- à la prise de contrôle de l'entité par l'acquéreur du fait de l'expiration ou de la suppression d'un droit de veto dont disposaient certains autres actionnaires de cette entité.

Remarque Une acquisition par l'un des partenaires d'un intérêt dans une joint operation répondant à la définition d'une activité au sens d'IFRS 3 (voir n° 15375) doit être traitée conformément à IFRS 3 dans les comptes de l'acquéreur.

En revanche, sont exclus du champ d'application de la norme IFRS 3 les acquisitions d'un actif ou d'un groupe d'actifs qui ne constituent pas une activité, les regroupements entre entités ou activités sous contrôle commun, les acquisitions par une société d'investissement de participations dans une filiale, ainsi que les formations de partenariats (joint ventures et joint operations) (IFRS 3.2 et .2A).

Remarque L'exclusion du champ d'application d'IFRS 3 concernant les formations de partenariats (joint ventures et joint operations) s'applique dans les comptes du partenariat lui-même.

Pour plus de détails sur les transactions exclues du champ d'application d'IFRS 3, voir n° 21500.

A. Comptabilisation d'un regroupement d'entreprises

La méthode de l'acquisition est la seule méthode autorisée pour la comptabilisation des regroupements d'entreprises entrant dans le champ d'application de la norme IFRS 3 (IFRS 3.4). **21354**

La méthode de l'acquisition est mise en œuvre en considérant le point de vue de l'entité identifiée comme étant l'acquéreur. Ce dernier achète des actifs nets et comptabilise les actifs acquis et les passifs assumés, y compris ceux qui n'étaient pas comptabilisés auparavant par l'entité acquise.

La mise en œuvre de la méthode de l'acquisition implique les étapes suivantes :
- identification de l'acquéreur ;
- détermination de la date d'acquisition ;
- détermination du prix d'acquisition transféré par l'acquéreur au vendeur au titre du regroupement d'entreprises ;
- identification, classement et évaluation des actifs acquis et des passifs assumés de l'entité acquise ;
- évaluation des intérêts minoritaires ;
- comptabilisation et évaluation du goodwill ou du gain résultant d'une acquisition à des conditions avantageuses ;
- comptabilisation post-regroupement d'entreprises.

Ces différentes étapes sont développées ci-après.

Pour les particularités de mise en œuvre de la méthode de l'acquisition pour certains types de regroupements (regroupements entre mutuelles, prise de contrôle par achats successifs de titres, etc.), voir n° 22285 s.

La méthode de l'acquisition (notamment la détermination du prix d'acquisition et l'identification des actifs acquis et des passifs assumés) ne s'applique qu'aux transactions qui font partie intégrante du regroupement d'entreprises, et non pas à des transactions distinctes du regroupement à comptabiliser selon les autres normes IFRS appropriées (IFRS 3.51), voir n° 21645 et 22245 s.

1. Identification de l'acquéreur

21355 Parmi les entités qui se regroupent, l'acquéreur est l'entité qui obtient le contrôle de l'autre partie au regroupement, c'est-à-dire l'investisseur :
- exposé ou ayant droit aux rendements variables résultant de son implication dans l'entité acquise ; et
- dont le pouvoir qu'il détient sur cette entité lui permet d'influer sur ses rendements (IFRS 3.7 et .B13 renvoyant à la notion de contrôle donnée par IFRS 10).

Si l'application des dispositions de la norme IFRS 10 ne permet toutefois pas de déterminer clairement l'acquéreur, il convient de considérer l'ensemble des faits et circonstances pertinents et notamment certaines situations spécifiquement indiquées (IFRS 3.7 et .B13 à .B17), par exemple :
- l'entité qui a une taille plus importante que les autres ;
- l'entité qui a initié le regroupement ;
- l'entité qui transfère les éléments de rémunération dans un regroupement rémunéré en trésorerie ;
- l'entité qui émet les instruments de capitaux propres dans un regroupement rémunéré par des instruments de capitaux propres (sauf en cas d'acquisition inversée).

Pour la démarche à adopter en cas de difficultés d'identification de l'acquéreur, voir n° 21670.

La norme IFRS 3 fournit également des indications pour l'identification de l'acquéreur dans le cadre d'un regroupement avec création d'une entité nouvelle (IFRS 3.B18 et .BC98 à .BC101), voir n° 21705 s.

2. Détermination de la date d'acquisition

21356 La date d'acquisition correspond à la date à laquelle l'acquéreur obtient effectivement le contrôle de l'entité acquise (IFRS 3.8). Il s'agit généralement de la date à laquelle l'acquéreur transfère au vendeur les composantes du prix d'acquisition de l'entité (activité) acquise et acquiert les actifs et assume les passifs de l'entité acquise (IFRS 3.9).

Pour des exemples de détermination de la date d'acquisition, voir n° 21720.

3. Détermination du prix d'acquisition de l'entité (ou activité) acquise

Définition du prix d'acquisition

21357 Le prix d'acquisition de l'entité (ou activité) acquise correspond à la juste valeur, à la date d'acquisition, des éléments de rémunération remis au vendeur par l'acquéreur en échange du contrôle de l'acquise, en excluant tout élément qui rémunère une transaction distincte de la prise de contrôle (IFRS 3.32a et .37).

Les éléments du prix d'acquisition comprennent (IFRS 3.37) :
- les actifs de l'acquéreur remis au vendeur (liquidités ou autres actifs) ;
- les passifs repris par l'acquéreur ;
- les instruments de capitaux propres émis par l'acquéreur ;
- les ajustements éventuels du prix d'acquisition.

Des dispositions spécifiques sont prévues par IFRS 3 lorsque :
- les transactions sont réalisées sans paiement d'un prix d'acquisition par l'acquéreur au vendeur (IFRS 3.33, .B46, .BC334 et .BC335) ;

Il s'agit par exemple d'une prise de contrôle du fait de l'expiration d'un droit de veto détenu par un autre actionnaire ou encore d'un regroupement par contrat uniquement.

- le regroupement est réalisé exclusivement par échange d'instruments de capitaux propres et la juste valeur des instruments de capitaux propres de l'acquise peut être déterminée de manière plus fiable que celle des instruments de capitaux propres remis par l'acquéreur (IFRS 3.33) ;
- les plans de stock-options accordés par l'acquise à ses salariés avant l'acquisition sont remplacés par des plans de stock-options accordés par l'acquéreur et une partie de la juste valeur du plan de remplacement est incluse dans le prix d'acquisition (IFRS 3.B56 s.).

Evaluation du prix d'acquisition

La juste valeur du prix d'acquisition de l'entité acquise est déterminée à la date d'acquisition (telle que définie ci-avant, voir n° 21356) (IFRS 3.37). 21358

Pour l'évaluation des titres émis en rémunération du regroupement d'entreprises, voir n° 21760 à 21805.

Détermination du prix d'acquisition en cas de clauses d'ajustement éventuel de ce prix

L'accord d'acquisition peut prévoir des clauses d'ajustement du prix, au titre desquelles l'acquéreur doit verser aux vendeurs de l'entité acquise un complément de prix sous forme de remise d'instruments de capitaux propres ou de transfert d'actifs supplémentaires (IFRS 3.A) : 21359
- si certains événements futurs spécifiés surviennent ; ou
- si certaines conditions sont remplies (niveau de performance de la cible, par exemple).

A l'inverse, certaines clauses peuvent prévoir que l'acquéreur dispose d'un droit de se voir restituer une partie du prix d'acquisition payé aux vendeurs à la date d'acquisition, si certaines conditions sont remplies.

A la date d'acquisition, l'acquéreur doit inclure dans le prix d'acquisition la juste valeur de tout actif ou passif résultant des ajustements éventuels du prix d'acquisition (IFRS 3.39, .40 et .BC346).

Pour la comptabilisation initiale des ajustements éventuels du prix d'acquisition, voir n° 21815.

Dans le cas où des paiements éventuels sont prévus au profit d'anciens salariés ou vendeurs de l'entité acquise qui continuent à exercer des fonctions au sein de cette entité après la date d'acquisition, la norme IFRS 3 fournit des indications pour déterminer si ce paiement éventuel constitue en substance (IFRS 3.B55) :
- un ajustement éventuel du prix d'acquisition ;
- un passif identifiable ; ou
- une rémunération de services rendus à l'entreprise postérieurement à l'acquisition.

Pour les circonstances et indicateurs à examiner pour opérer cette distinction, voir n° 22260.

Après la date d'acquisition, les changements d'estimation de la juste valeur des ajustements de prix entraînent un ajustement du goodwill (ou du profit résultant d'une acquisition à des conditions avantageuses) uniquement s'ils interviennent dans le délai d'affectation (voir n° 21368) et résultent de faits et circonstances existant à la date d'acquisition.

Dans tous les autres cas, le changement de cette juste valeur est constaté en résultat, sauf si l'ajustement de prix est classé en capitaux propres, auquel cas il n'est pas réévalué et son règlement ultérieur est comptabilisé en capitaux propres (IFRS 3.58).

Pour le traitement des changements d'estimation de la juste valeur des ajustements éventuels du prix, voir n° 21825.

Traitement des coûts directs liés à l'acquisition

Les coûts directs liés à l'acquisition doivent être comptabilisés en charge de la période au cours de laquelle ils sont encourus (ou les services sont rendus), à l'exception toutefois (IFRS 3.53 et .BC366 s.) : 21360
- des frais d'émission d'instruments de capitaux propres émis en rémunération d'un regroupement d'entreprises qui sont déduits des capitaux propres ; et
- des coûts liés aux dettes financières contractées dans le cadre d'un regroupement d'entreprises qui sont déduits des dettes financières correspondantes.

Pour la comptabilisation de ces coûts et leur conséquence en matière d'impôt différé, voir n° 21850 s.

4. Identification, classement et évaluation des actifs acquis et passifs assumés de l'entité acquise

Identification des actifs acquis et passifs assumés

A la date d'acquisition, l'acquéreur doit comptabiliser séparément du goodwill les actifs acquis et passifs assumés répondant aux conditions suivantes (IFRS 3.10 s.) : 21361
- ils constituent un actif ou un passif tel que défini par le Cadre conceptuel de l'IASB ; et
- ils font partie des éléments échangés entre l'acquéreur et l'acquise (ou ses précédents actionnaires) dans le cadre du regroupement.

Pour l'application aux provisions de ces critères d'identification, voir n° 21930 s.

De nombreux actifs incorporels de l'acquise doivent être constatés séparément du goodwill. Tel est le cas lorsque l'élément est identifiable, c'est-à-dire (IFRS 3.B31) :
– qu'il est séparable de l'entité acquise, seul ou conjointement avec un contrat, un actif ou un passif identifiable lié ; ou
– qu'il résulte de droits légaux ou contractuels.

Pour plus d'informations et notamment des exemples d'éléments incorporels acquis lors d'un regroupement d'entreprises, voir n° 22300 s.

Certains actifs et passifs font l'objet de conditions spécifiques qui ne correspondent pas aux conditions précitées (par exemple, les passifs éventuels) (IFRS 3.23, .BC272 à .BC278 ; voir n° 21960 s.).

En outre, les coûts de restructuration de l'acquise ne peuvent être constatés séparément du goodwill que s'ils répondent, à la date d'acquisition, à la définition d'un passif de l'acquise au sens du Cadre conceptuel de l'IASB (voir n° 12520) et aux dispositions spécifiques de comptabilisation d'une provision pour restructuration prévues par IAS 37, Provisions, passifs éventuels et actifs éventuels (IFRS 3.11, .BC132 à .BC143).

La norme IFRS 3 précise qu'un passif ou passif éventuel entrant dans le champ d'application de la norme IAS 37 ou de l'interprétation IFRIC 21 n'est reconnu que lorsque la condition relative à l'obligation actuelle résultant d'un événement passé spécifiquement prévue par ces textes est remplie à la date d'acquisition (IFRS 3.21B). Ainsi, une taxe entrant dans le champ d'application de l'interprétation IFRIC 21 ne donne lieu à la comptabilisation d'une provision que s'il existe, à la date d'acquisition, un fait générateur fiscal donnant lieu à l'obligation de la payer (voir n° 40380 s.).
Cette précision a été apportée par un amendement d'IFRS 3, adopté par la Commission européenne le 28 juin 2021 (Règl. UE 2021/1080) et d'application obligatoire pour les exercices ouverts à compter du 1er janvier 2022, pour tous les regroupements d'entreprises effectués postérieurement à cette date (voir n° 11510).

En règle générale, les actifs et passifs de l'acquéreur, même s'ils résultent directement du regroupement d'entreprises, ne sont pas constatés dans le cadre de la comptabilisation de l'acquisition, voir n° 21915. Par exception, l'indemnité à recevoir par l'acquéreur au titre d'une garantie qui lui est accordée par le vendeur et qui porte sur un actif ou un passif spécifique de l'acquise est constatée en contrepartie du goodwill (IFRS 3.27 et .28 ; voir n° 21980).

Classement des actifs acquis et passifs assumés

21362 A la date d'acquisition, l'acquéreur doit classer ou désigner les actifs acquis et passifs assumés identifiables sur la base des conditions existantes à cette date (IFRS 3.15 et .BC187).

Cette disposition peut notamment avoir des conséquences sur le classement des actifs et passifs financiers détenus ou émis par l'acquise, l'analyse des dérivés incorporés et la qualification des opérations de couverture (IFRS 3.16), voir n° 22000 s.

Une exception à cette obligation existe toutefois pour les contrats de location (côté bailleur, IFRS 16) qui restent classés sur la base des conditions contractuelles ou d'autres facteurs qui existaient à la date de conclusion (ou de modification) des contrats (IFRS 3.17).

Evaluation des actifs acquis et passifs assumés

21363 Le principe général consiste à évaluer tous les actifs et passifs identifiables acquis à leur juste valeur à la date d'acquisition (IFRS 3.18), sauf exceptions spécifiquement prévues par la norme IFRS 3 (IFRS 3.24 à .31A). Ces justes valeurs sont déterminées sur la base de l'utilisation optimale qu'en feraient des intervenants de marché (IFRS 3.B43), voir n° 22030 s. et 13378.

Remarques :
1. Pour l'évaluation d'un passif financier de l'acquise lorsque l'acquéreur a une meilleure qualité de crédit, voir n° 13393.
2. Pour l'évaluation d'un passif non financier de l'acquise relevant d'IAS 37, voir n° 13395.

De manière générale, les conséquences défavorables des décisions prises par l'acquéreur et/ou des conditions d'exploitation spécifiques à l'acquéreur ou à l'entreprise acquise sont comptabilisées en résultat postérieurement à l'acquisition.

5. Evaluation des intérêts minoritaires

L'évaluation des intérêts minoritaires diffère selon qu'il s'agit de l'une ou l'autre des composantes suivantes : **21364**

1. Les intérêts minoritaires constituant une part d'intérêts actuels et conférant au détenteur une quote-part proportionnelle dans l'actif net de la filiale en cas de liquidation sont évalués, au choix de l'acquéreur réalisé pour chaque regroupement d'entreprises (IFRS 3.19) :

– soit sur la base de leur quote-part dans l'actif net identifiable de l'acquise évalué à la juste valeur à la date d'acquisition, et donc sans comptabilisation d'un goodwill au titre des intérêts minoritaires (méthode du goodwill partiel) ;

– soit à leur juste valeur à la date d'acquisition avec, en conséquence, la comptabilisation d'un goodwill à la fois pour la part groupe et pour les intérêts minoritaires (méthode du goodwill complet).

2. Les autres composantes des intérêts minoritaires sont évaluées à leur juste valeur à la date d'acquisition de la filiale, sauf si une autre base d'évaluation est requise par les autres normes IFRS qui leur sont applicables.

Les autres composantes des intérêts minoritaires représentent les autres instruments financiers émis par la filiale et classés dans son bilan en instruments de capitaux propres (voir n° 22165).
Pour l'évaluation des intérêts minoritaires, voir n° 22170 s.

6. Comptabilisation et évaluation du goodwill (ou du gain résultant d'une acquisition à des conditions avantageuses)

Définition et comptabilisation initiale du goodwill (ou du gain résultant d'une acquisition à des conditions avantageuses)

Le goodwill (positif), qui est un élément résiduel, est calculé par différence entre (IFRS 3.32) : **21365**

1. d'une part, la somme des éléments suivants :

a. le prix d'acquisition au titre de la prise de contrôle, généralement constaté à sa juste valeur à la date d'acquisition ;

b. le montant des intérêts minoritaires dans l'acquise déterminé conformément à IFRS 3 (voir n° 21364) ; et

c. pour les acquisitions par étapes, la juste valeur à la date d'acquisition de la quote-part d'intérêts détenue par l'acquéreur dans l'acquise avant la prise de contrôle ;

2. et, d'autre part, le montant net des actifs acquis et passifs assumés, évalués conformément à IFRS 3 (voir n° 21361).

L'acquéreur a le choix, pour chaque regroupement d'entreprises, de comptabiliser soit un goodwill partiel (correspondant à son seul pourcentage de détention), soit un goodwill complet (incluant également le goodwill pour les intérêts minoritaires) (IFRS 3.19), voir n° 22182.

Le goodwill complet diffère du goodwill partiel lorsque l'acquisition porte sur moins de 100 % du capital de la cible. Il a pour effet d'augmenter les intérêts minoritaires et donc les capitaux propres d'ensemble à la date d'acquisition.

Un profit résultant d'une acquisition à des conditions avantageuses est constaté lorsque le calcul du goodwill (voir ci-avant) aboutit à une différence négative. Avant la constatation effective d'un tel profit, il est nécessaire de s'assurer que les différents éléments pris en compte dans son calcul ont été correctement identifiés et évalués (IFRS 3.34 à .36 et .BC371 à .BC381). Le profit ainsi calculé est attribué intégralement à l'acquéreur (IFRS 3.34).

Pour les précautions à prendre par l'acquéreur pour constater ce profit, voir n° 22207 s.

Dépréciation du goodwill

Après sa comptabilisation initiale, le goodwill doit faire l'objet d'un test de dépréciation annuel. Ce test est réalisé de manière plus fréquente si des indicateurs de perte de valeur surviennent entre deux tests annuels (IAS 36.10b et .90), voir n° 22620 s. **21366**

En principe, un test de dépréciation du goodwill devrait être réalisé avant la fin de l'exercice d'acquisition (IAS 36.96). Toutefois, en pratique, l'acquéreur dispose, à notre avis et sauf indice de perte de valeur, du même délai que celui dont il dispose pour l'affectation définitive du goodwill aux UGT ou groupes d'UGT, ce délai pouvant aller jusqu'à la clôture de l'exercice qui suit celui de l'acquisition (IAS 36.84 et .85).

Il y a perte de valeur du goodwill si la valeur nette comptable de l'UGT (ou du groupe d'UGT) à laquelle (auquel) le goodwill est affecté est supérieure à la valeur recouvrable de cette UGT ou de ce groupe d'UGT (IAS 36.6, .74, .90, .104 et .C3). La perte de valeur totale qui en découle est alors imputée en priorité sur le goodwill (IAS 36.104).

En cas de comptabilisation d'un goodwill complet, la norme prévoit des modalités d'allocation de la perte de valeur du goodwill entre groupe et intérêts minoritaires différentes selon que la filiale non contrôlée à 100 % est elle-même une UGT ou fait partie d'une UGT plus large (IAS 36.C5 à .C7), voir nº 22712.

Evolution possible de la norme Pour des informations sur le projet en cours à l'IASB « Regroupements d'entreprises – Informations à fournir, goodwill et dépréciation », voir nº 21406.

7. Comptabilisation post-regroupement d'entreprises

Evaluation ultérieure dans le délai d'affectation des actifs acquis et passifs assumés constatés à la date d'acquisition

21367 Après la date d'acquisition, les actifs acquis et les passifs assumés dans le cadre d'un regroupement d'entreprises sont comptabilisés et évalués conformément aux différentes normes IFRS qui leur sont applicables en fonction de leur nature (IFRS 3.54).

La norme IFRS 3 prévoit toutefois des principes spécifiques d'évaluation ultérieure pour certains éléments, notamment les passifs éventuels constatés à la date d'acquisition (IFRS 3.56 et .BC243 à .BC245), voir nº 22102 s.

Identification tardive des actifs acquis et passifs assumés et modification des valeurs initialement attribuées

21368 L'acquéreur dispose d'un délai de douze mois après la date d'acquisition pour identifier les actifs acquis et passifs assumés de l'acquise non constatés lors de la comptabilisation initiale du regroupement et modifier rétrospectivement les valeurs initialement attribuées notamment (IFRS 3.45 à .50) :
- aux actifs identifiables acquis et passifs assumés de l'entité acquise ;
- aux intérêts minoritaires ;
- aux éléments du prix d'acquisition payé par l'acquéreur au titre du regroupement.

Toute modification ou première constatation pendant le délai d'affectation a une incidence sur le montant du goodwill (ou du profit résultant d'une acquisition dans des conditions avantageuses), si les informations obtenues (IFRS 3.45) :
- sont relatives à des événements ou circonstances existant à la date d'acquisition ; et
- auraient modifié la comptabilisation du regroupement à la date d'acquisition, si elles avaient été connues à cette date.

Pour l'identification tardive et/ou la modification des valeurs initialement attribuées, voir nº 22130 s.

De même, les impôts différés actifs réalisés pendant le délai d'affectation et qui sont liés à des faits et circonstances existant à la date d'acquisition doivent être comptabilisés par la contrepartie du goodwill (IAS 12.68), voir nº 22155.

Comptabilisation des modifications de valeur des actifs acquis et passifs assumés après le délai d'affectation

21369 L'impact des plus ou moins-values et des dotations ou reprises de provisions constatées après l'expiration du délai d'affectation par rapport aux valeurs attribuées aux actifs acquis et passifs assumés lors de la première consolidation est constaté de manière prospective, en résultat de l'exercice du changement et des exercices ultérieurs, le cas échéant, sans ajustement du goodwill.

Ainsi, les impôts différés actifs réalisés après l'expiration du délai d'affectation doivent être comptabilisés en résultat (ou en capitaux propres si la norme IAS 12 le requiert) sans modification du goodwill (IAS 12.68). Cette disposition s'applique même si le regroupement d'entreprises a été comptabilisé initialement avant l'application d'IFRS 3 (IAS 12.94 et IFRS 3.67).

Si les modifications de la comptabilisation initiale du regroupement sont liées à une correction d'erreur, les valeurs attribuées aux actifs et passifs acquis, aux intérêts minoritaires ou éléments du prix d'acquisition doivent être modifiées de manière rétrospective, comme si leur juste valeur corrigée avait été comptabilisée dès la date d'acquisition (IFRS 3.50 renvoyant à IAS 8). Le goodwill (ou le profit résultant d'une acquisition à des conditions avantageuses) doit également être modifié en conséquence, et l'impact de la correction d'erreur est constaté en capitaux propres d'ouverture de l'exercice de la correction d'erreur. En outre, les comptes des périodes antérieures présentées en comparatif doivent être modifiés (IAS 8.41 à .49).

B. Présentation des impacts des regroupements d'entreprises et des variations de périmètre dans l'état du résultat global

Les normes IFRS 3 et IFRS 10 ne précisent pas dans quelle rubrique de l'état du résultat global les impacts des regroupements d'entreprises et des variations de périmètre doivent être présentés. **21370**
A notre avis, deux solutions sont possibles (voir nº 22800 s.) :

- la première solution consiste à présenter les produits et les charges liés aux regroupements d'entreprises et aux variations de périmètre dans chacune des rubriques appropriées de l'état du résultat global ;
- la deuxième solution consiste à présenter certaines charges et certains produits de l'exercice liés aux regroupements d'entreprises et aux variations de périmètre sur une ligne distincte de l'état du résultat global qui peut être intitulée « gains et pertes liés aux transactions », accompagnée d'une information en annexe.

Dans certaines circonstances, il est approprié de présenter certaines charges/produits liés à ces transactions dans chacune des rubriques appropriées de l'état du résultat global en raison de leur nature et de leur caractère significatif (par exemple, le gain résultant d'une acquisition à des conditions avantageuses).

C. Informations en annexe

La norme IFRS 3 requiert de fournir les informations permettant aux utilisateurs des états financiers d'évaluer la nature et les impacts d'un regroupement d'entreprises intervenu pendant l'exercice ou après la clôture de l'exercice mais avant que les états financiers de la période soient publiés (IFRS 3.59). **21371**

L'ESMA a publié, le 16 juin 2014, un rapport relatif à l'application d'IFRS 3 dans les états financiers (« ESMA Report : Review on the application of accounting requirements for business combinations in IFRS financial statements » – ESMA/2014/643). Dans ce rapport, l'ESMA a indiqué que la présentation des informations requises par IFRS 3 dans une même note des états financiers est utile pour les analystes et améliore la comparabilité entre émetteurs.

Pour chaque regroupement d'entreprises intervenu au cours de la période, IFRS 3 requiert un certain nombre d'informations relatives notamment (IFRS 3.B64 à .B67) :

- au regroupement d'entreprises d'un point de vue général (nom et description de l'acquise, date d'acquisition, pourcentage de droits de vote acquis, etc.) ;
- à la juste valeur, à la date d'acquisition du prix d'acquisition du regroupement et à ses composantes ;
- aux ajustements éventuels du prix d'acquisition ;

  Les dispositions d'IFRS 3 étant claires sur ce sujet, l'ESMA, dans son rapport précité, rappelle aux émetteurs la nécessité de les appliquer et de fournir les informations requises dès lors que les ajustements éventuels de prix peuvent avoir un impact significatif sur le résultat de la période ou des périodes ultérieures ou sur les flux de trésorerie.

- à chaque catégorie d'actifs acquis et passifs assumés de l'entité acquise ;

  Dans son rapport précité, l'ESMA attire l'attention des émetteurs sur la nécessité :
  1. d'affiner l'information fournie sur les actifs et les passifs acquis et notamment de présenter les informations pour chacune des catégories significatives d'actifs et de passifs telles que définies par IAS 1.59 ;

2. de fournir des informations sur les hypothèses et les méthodes d'évaluation utilisées pour évaluer les actifs, passifs, et intérêts minoritaires significatifs acquis dans le cadre du regroupement d'entreprises.

Concernant les hypothèses d'évaluation, les informations suivantes peuvent être précisées :
– les hypothèses intrinsèques à l'entité (business plan avec détail des taux de croissance du chiffre d'affaires, des marges...) ;
– les hypothèses macroéconomiques (taux de croissance à long terme) ;
– les paramètres d'évaluation (WACC, TRI, taux d'actualisation des actifs incorporels...).

– au goodwill et, le cas échéant, au gain résultant d'une acquisition à des conditions avantageuses.

Dans son rapport précité, l'ESMA encourage les émetteurs à indiquer les éléments constitutifs du goodwill et notamment quelles synergies sont attendues, selon quel calendrier, et la manière dont elles ont été déterminées.

Si une acquisition aboutit à la constatation d'un gain résultant d'une acquisition à des conditions avantageuses, l'ESMA, dans ce même rapport, recommande aux émetteurs d'indiquer les raisons qui conduisent à ce gain, par exemple une restructuration potentielle future n'ayant pas donné lieu à constatation d'une provision.

Des informations sont également requises dans des circonstances spécifiques, par exemple :
– si la comptabilisation initiale d'un regroupement d'entreprises est effectuée de manière provisoire au cours de la période d'acquisition (IFRS 3.B67a) ;

L'ESMA, dans son rapport précité, a rappelé la nécessité de fournir cette information.

– ou si un regroupement d'entreprises, constaté initialement au cours d'une période précédente, a des impacts sur l'exercice en cours (IFRS 3.61).

QUESTIONS/REPONSES PRATIQUES

Remarque importante

21406 Les réponses aux questions présentées ci-après résultent de l'analyse de la norme IFRS 3, Regroupements d'entreprises, en vigueur actuellement, sur la base des informations disponibles au 1er juin 2023.

Evolution possible des réponses Projet « Regroupements d'entreprises – Informations à fournir, goodwill et dépréciation » A la suite des travaux entrepris dans le cadre de la « Post-implementation Review » (PIR) de la norme IFRS 3 (initiée en 2013), un « Discussion Paper » (DP) avait été publié en mars 2020, dans le cadre d'un projet de recherche sur ces thèmes. En décembre 2022, il a été décidé de faire évoluer ce projet vers le stade de normalisation, la prochaine étape étant la publication d'un exposé-sondage attendu au cours du premier semestre 2024. Les principaux objectifs du projet sont :
– l'amélioration des informations fournies par les entreprises sur les regroupements d'entreprises, notamment en ce qui concerne la performance du regroupement après l'acquisition ;
– le maintien ou non de l'approche du modèle de dépréciation du goodwill ;
– l'amélioration de l'efficacité du test de dépréciation des unités génératrices de trésorerie contenant un goodwill, selon la norme IAS 36, et la simplification de son application ; et
– d'autres sujets tels que les immobilisations incorporelles acquises lors d'un regroupement d'entreprises, par exemple.

Pour plus de détails sur ce projet, voir nº 36006.
Pour plus de détails sur la PIR d'IFRS 3, voir nº 22900.

SECTION I

Généralités

A. Notion de regroupement d'entreprises

Définition des regroupements d'entreprises

21470

Question

Quelles opérations constituent des regroupements d'entreprises selon la norme IFRS 3 ?

Réponse

Il s'agit :

- de tout événement ou transaction par lesquels un acquéreur obtient le **contrôle** d'une ou plusieurs **activités** (l'acquise) ; et
- de certaines transactions par lesquelles plusieurs entités se regroupent au sein d'une seule entité sans qu'aucune des parties ne prenne, in fine, le contrôle des autres (cas par exemple des « fusions entre égaux »).

Commentaires :

1. **Définition et exemples de regroupements d'entreprises** La définition d'un regroupement d'entreprises est fournie par la norme IFRS 3.A, .B5 et .B6.

La façon la plus courante d'obtenir le contrôle d'une entité est d'acheter ses titres ou tout ou partie de ses actifs nets, à condition toutefois que ces actifs nets constituent une ou plusieurs activités.

Constituent également des regroupements d'entreprises :

a. les prises de contrôle sans échange d'une rémunération (IFRS 3.B5), par exemple :

- les prises de contrôle par contrat uniquement (IFRS 3.43, .BC78), voir nº 21472, point 3. ;
- les prises de contrôle du fait d'une action de l'acquise, notamment le rachat par l'acquise d'un certain nombre de ses propres actions induisant la prise de contrôle d'un actionnaire existant (l'acquéreur) (IFRS 3.43a), voir nº 21472, point 2. et Exemple ;
- les prises de contrôle dont la date d'acquisition ne correspond pas au transfert des intérêts financiers (date(s) d'échange) (IFRS 3.43b), voir nº 21472, point 1. ;

Pour le traitement comptable de ces transactions, voir nº 21570.

b. les regroupements entre mutuelles (IFRS 3.BC64 et .BC77), voir nº 21575 ;

c. les transactions qui aboutissent au regroupement de plusieurs entités au sein d'une seule (IFRS 3.B6c), même si, in fine, aucune partie ne prend le contrôle sur l'autre. Il s'agit notamment (IFRS 3.A, .BC5) :

- des transactions qualifiées de « roll up » ou « put together transaction » ; et
- des fusions entre égaux (« true mergers » ou « mergers of equals »).

En effet, même s'il n'y a pas de prise de contrôle d'une entité par une autre, ces transactions répondent à la définition d'un regroupement d'entreprises et entrent dans le champ d'application de la norme IFRS 3 (IFRS 3.A, .BC6 et .BC12).

Pour le traitement comptable des fusions entre égaux, voir nº 21560.

2. **Notion d'activité** La définition d'un regroupement d'entreprises (voir ci-avant) suppose que l'entité acquise ait une ou plusieurs activités.

Pour les développements relatifs à cette notion, voir nº 21490 s.

3. **Possibilité que l'une des parties prenantes au regroupement n'ait pas d'activité avant le regroupement** Les opérations impliquant la création d'une entité nouvelle (« newco ») sans activité préexistante peuvent répondre à la définition d'un regroupement d'entreprises.

C'est le cas, par exemple, d'une transaction par laquelle :

- plusieurs entités apportent leurs actifs nets à une entité nouvellement créée ; ou
- les actionnaires de plusieurs entités transfèrent leurs titres à une entité nouvellement créée (IFRS 3.B6c).

Sur l'identification de l'acquéreur dans les opérations impliquant la création d'une Newco, voir nº 21705 et 21706 (rémunération du regroupement respectivement en trésorerie et par des instruments de capitaux propres).

Toutefois, les opérations impliquant la création d'une entité nouvelle sans activité préexistante (ou l'utilisation d'une « coquille vide » préexistante) sont des opérations souvent complexes. Leur analyse, en « regroupement d'entreprises » tel que défini par IFRS 3 (le cas échéant qualifié de regroupement entre entités sous contrôle commun et/ou de « reverse acquisition ») ou au contraire en réorganisation interne de groupe ne répondant pas à la définition d'un regroupement d'entreprises, doit être réalisée au cas par cas, sur la base de l'ensemble des faits et circonstances et de la substance de l'opération.

Pour les opérations exclues du champ d'application d'IFRS 3, voir nº 21500.

Transactions sans remise de rémunération au titre de la prise de contrôle

21472 ***Question***

La prise de contrôle d'une entité réalisée sans remise de rémunération par l'acquéreur au vendeur peut-elle constituer un regroupement d'entreprises ?

Réponse

Oui, ces transactions sont explicitement visées par la norme IFRS 3.

Il s'agit, par exemple :
- de l'expiration d'un droit de veto dont disposaient certains autres actionnaires de cette entité et qui induit la prise de contrôle de l'entité par l'acquéreur ;
- d'une prise de contrôle à la suite du rachat par l'acquise d'un certain nombre de ses propres actions ; et
- des regroupements effectués par contrat uniquement.

Commentaires La définition des regroupements d'entreprises inclut les prises de contrôle d'une entité sans rémunération versée par l'acquéreur au vendeur (IFRS 3.43).

Tel est le cas d'une prise de contrôle d'une entité :
- à une date qui ne correspond pas à la date du transfert des intérêts financiers ; ou
- qui ne comporte pas de transfert de rémunération au vendeur (ni à la date de prise de contrôle ni à une date antérieure).

Entrent dans cette dernière catégorie de transactions, par exemple :
- la prise de contrôle de l'entité par l'acquéreur du fait de l'expiration ou de la suppression d'un droit de veto dont disposaient certains autres actionnaires de cette entité (voir point 1. ci-après) ;
- les prises de contrôle liées à une action de l'acquise (voir point 2. ci-après) ;
- les regroupements par contrat uniquement (voir point 3. ci-après).

1. Prise de contrôle d'une entité du fait de l'expiration/la suppression d'un droit de veto d'un actionnaire minoritaire La norme IFRS 3 vise la prise de contrôle d'une entreprise qui bien que détenue majoritairement n'était pas contrôlée en raison de l'existence d'un droit de veto des actionnaires minoritaires (qui n'est donc pas exclusivement destiné à protéger leurs intérêts) (IFRS 3.43), voir nº 15135 et 15145.

Lorsque ce droit de veto expire ou est supprimé, l'actionnaire majoritaire prend le contrôle effectif de cette entreprise et ce, même en l'absence d'acquisition d'actifs nets ou d'intérêts complémentaires à la date de prise de contrôle.

2. Prise de contrôle liée à une action de l'acquise Il s'agit, par exemple, du rachat par l'acquise d'un certain nombre de ses propres actions, suivi de leur annulation, induisant la prise de contrôle d'un actionnaire existant (l'acquéreur) (IFRS 3.43a), voir Exemple ci-après.

Dans ce cas, la date d'acquisition devrait correspondre à la date du rachat d'actions (et de l'annulation de ces titres).

3. Regroupements par contrat uniquement Les regroupements par contrat uniquement sont inclus dans le champ d'application d'IFRS 3.43c.

Définition d'un regroupement par contrat Les regroupements par contrat uniquement sont les regroupements à l'issue desquels (IFRS 3.43c) :
- l'acquéreur obtient le contrôle de l'acquise du fait de la conclusion d'un contrat uniquement ;
- aucune rémunération n'est versée par l'acquéreur au titre de l'obtention du contrôle de l'acquise ou de son actif net ;
- l'acquéreur n'obtient pas de quote-part dans l'actif net de l'acquise, ni à la date d'acquisition ni antérieurement.

Les regroupements par contrat étant ceux qui ne donnent lieu à aucune rémunération au titre de l'obtention du contrôle (ni en trésorerie, ni en titres, ni en autres actifs), les opérations d'apport partiel d'actifs n'en constituent donc pas.
Pour la comptabilisation des regroupements par contrat, voir nº 21580.

Constituent notamment des regroupements par contrats des transactions comme les « stapling transactions » et les « dual-listed corporations » (IFRS 3.43c) :
- les **« stapling transactions »** sont des contrats qui lient les titres émis par une entité légale (habituellement une société) aux titres émis par une autre entité légale (souvent un trust). Les titres ainsi liés ne peuvent pas être négociés indépendamment les uns des autres et sont cotés à un prix unique. Ces transactions sont, en pratique, réalisées dans certains pays dans un objectif d'optimisation fiscale ;

La norme IFRS 3 considère que les « stapling transactions » sont des regroupements bien que, d'après la définition de ce type de regroupement, le contrat ne porte pas sur la gestion d'une entité mais sur d'autres aspects comme le prix de cotation, par exemple.

- une **« dual-listed corporation »** est un contrat selon lequel les activités de deux entités distinctes, cotées sur des marchés différents, sont gérées comme une seule entité économique (le traitement de ces transactions en tant que regroupement d'entreprises nécessite l'identification d'un acquéreur).

■ *Exemple*

Prise de contrôle à la suite de la restructuration du capital d'une participation *La société M détient 45 % du capital d'une société F sur laquelle elle exerce une influence notable. F a emprunté des fonds pour racheter, conformément à la législation en vigueur, une partie de ses actions détenues par les autres investisseurs puis a annulé ces titres.*
M détient alors 57 % des droits de vote de cette activité et en a ainsi le contrôle exclusif.

Solution de l'exemple *La société M ayant obtenu le contrôle de F, cette transaction constitue bien un regroupement d'entreprises au sens d'IFRS 3.*

Notion d'activité selon IFRS 3

Question 21490

Que recouvre la notion d'activité selon la norme IFRS 3 ?

Réponse

Une **activité** est un ensemble intégré d'opérations et d'actifs susceptible d'être géré en vue de fournir des biens ou services à des clients, de produire des revenus de placement (tels que des dividendes ou des intérêts) ou de tirer d'autres produits d'activités ordinaires.

Les **trois composantes** d'une activité sont :
- un ensemble d'**inputs** (par exemple actifs non courants) ;
- des **processus appliqués à ces inputs** (par exemple processus de gestion stratégique ou opérationnelle) ;
- le **tout ayant la capacité de générer ou de contribuer à générer des outputs,** c'est-à-dire susceptible de fournir des biens ou services ou d'autres revenus.

Même si une activité génère souvent des outputs, un ensemble intégré d'opérations et d'actifs n'a pas besoin d'avoir des outputs en date d'acquisition pour répondre à la définition d'une activité. Pour être considéré comme une activité, l'ensemble acquis doit comporter **au moins un input et un processus substantiel qui, ensemble, contribuent de manière significative à la capacité à créer des outputs.**

L'interprétation de cette définition peut s'avérer délicate en pratique.

Commentaires La définition de la notion d'activité donnée par la norme IFRS 3 permet de déterminer les opérations d'acquisition d'actifs qui répondent à la définition d'un regroupement d'entreprises (IFRS 3.A et .B7 à .B12) et sont par conséquent visées par IFRS 3.

1. **Définition d'une activité** Une activité est définie par la norme IFRS 3 comme étant un ensemble intégré d'opérations et d'actifs susceptible d'être géré en vue de fournir des biens ou services à des clients, de produire des revenus de placement (tels que des dividendes ou des intérêts) ou de tirer d'autres produits d'activités ordinaires (IFRS 3.A).

21490 (suite) 2. **Eléments constitutifs d'une activité** Les inputs, les processus appliqués à ces inputs et les outputs sont définis de la façon suivante (IFRS 3.B7) :

– **inputs** : toute ressource économique qui crée ou a la capacité de contribuer à créer des outputs lorsqu'un ou plusieurs processus y sont appliqués ;

Exemples d'inputs : actifs non courants (comprenant des actifs incorporels ou des droits d'utiliser des actifs non courants), droits de propriété intellectuelle, capacité d'avoir accès aux matériels ou aux droits, et aux membres du personnel nécessaires.
La norme précise qu'un contrat acquis est un input et non un processus (IFRS 3.B12Dax), voir n° 21493.

– **processus** : tout système, standard, protocole, convention ou règle qui, une fois appliqué(e) à un ou à des inputs, crée ou a la capacité de contribuer à créer des outputs ;

Exemples de processus : processus de gestion stratégique, de gestion des opérations et de gestion des ressources.
Ces processus sont généralement documentés, mais les processus à appliquer aux inputs pour pouvoir créer des outputs peuvent résider dans la capacité intellectuelle d'une main-d'œuvre organisée dotée des compétences et de l'expérience nécessaires, qui suit des règles et des conventions, voir n° 21494, Exemple 3.
En revanche, les systèmes de gestion comptable, de gestion de la paie ou d'autres systèmes administratifs sont des processus qui ne servent généralement pas à créer des outputs. Leur existence ne permet donc pas de déterminer si une activité existe.

– **outputs** : résultat d'inputs et de processus appliqués à ces inputs qui fournissent des biens ou des services à des clients, produisent des revenus de placement (tels que des dividendes ou des intérêts) ou permettent de tirer d'autres produits d'activités ordinaires.

Exemples d'outputs : produits finis, logiciel commercialisable, licence.
La capacité de réduire les coûts n'est pas considérée comme un output (alors que cela était le cas dans l'ancienne définition d'une activité).

La norme IFRS 3 apporte des précisions sur les éléments constitutifs d'une activité :

a. **Existence ou non d'outputs en date d'acquisition** Même si une activité génère souvent des outputs, un ensemble intégré d'opérations et d'actifs n'a pas besoin d'avoir des outputs en date d'acquisition pour répondre à la définition d'une activité.

Par exemple, un ensemble en phase de développement (« start up ») peut ne pas avoir de chiffre d'affaires à la date d'acquisition. L'acquéreur doit alors examiner d'autres facteurs tels que l'existence d'input et de processus substantiel pour déterminer si l'ensemble constitue une activité au sens d'IFRS 3 (IFRS 3.B8), voir n° 21494, Exemples 2 et 3.

A l'inverse, le fait que l'ensemble acquis génère déjà des outputs à la date d'acquisition n'indique pas à lui seul qu'il y a acquisition à la fois d'un input et d'un processus substantiel (IFRS 3.B8A), voir n° 21494, Exemples 1 et 5.

b. **Présence a minima d'un input et d'un processus substantiel** Pour qu'il soit susceptible d'être exploité, un ensemble intégré d'opérations et d'actifs nécessite deux éléments essentiels : des inputs et des processus appliqués à ces inputs. Il n'est cependant pas nécessaire qu'une activité comprenne tous les inputs et processus que le vendeur utilisait pour l'exploiter. Toutefois, pour être considéré comme une activité, l'ensemble acquis doit comporter au moins un input et un processus substantiel qui, ensemble, contribuent de manière significative à la capacité à créer des outputs (IFRS 3.B8).

c. **Analyse de l'ensemble acquis du point de vue d'un intervenant de marché** Pour déterminer si un ensemble acquis est une activité ou un groupe d'actifs, il convient d'analyser s'il peut être exploité et géré en tant qu'activité par un intervenant de marché. Il n'est donc pas pertinent de savoir si le vendeur exploitait l'ensemble comme une activité ou si l'acquéreur entend l'exploiter comme une activité (IFRS 3.B11).

Dans certaines situations, un acquéreur va intégrer un ensemble acquis dans ses propres activités, ce qui aura pour conséquence que l'ensemble acquis ne générera plus d'outputs après l'acquisition. Par exemple, une entité peut acquérir un de ses fournisseurs et utiliser ensuite tous les biens produits par l'ancien fournisseur dans sa propre production. L'ensemble acquis est toujours capable de générer des revenus à la date d'acquisition et peut donc être qualifié d'activité (si les critères du paragraphe B12C sont remplis (IFRS 3.BC21K), voir n° 21493).

Cette analyse est à effectuer sur la base de ce qui a été acquis dans son état actuel en date d'acquisition, sans tenir compte du fait de savoir si les acteurs du marché seraient en mesure de remplacer les inputs ou processus manquants, par exemple en intégrant l'ensemble acquis à leurs propres opérations (IFRS 3.BC211).

Par conséquent, la capacité d'un intervenant de marché à remplacer tout ou partie des inputs ou des processus manquants afin de continuer à produire des outputs n'est pas prise en compte dans l'analyse (alors que c'était le cas dans l'ancienne définition d'une activité).

d. Passifs assumés Presque toutes les activités ont des passifs. Une activité peut toutefois ne pas en avoir. A l'inverse, un ensemble acquis qui ne constitue pas une activité pourrait avoir des passifs (IFRS 3.B9).

En pratique, l'application de la notion d'activité selon IFRS 3 peut s'avérer difficile. En effet, déterminer si une transaction est une acquisition d'un groupe d'actifs ou d'une activité au sens d'IFRS 3 requiert du jugement et nécessite une analyse des faits et circonstances de la transaction.

Pour plus de précisions sur la démarche pratique permettant d'identifier une activité au sens d'IFRS 3 (selon cette nouvelle définition), voir nº 21491.

Définition d'une activité – Démarche pratique d'identification d'une activité

Question 21491

Quelle démarche mettre en œuvre pour déterminer si une transaction est l'acquisition d'une activité ou d'un groupe d'actifs au sens d'IFRS 3 ?

Réponse

La démarche suivante pourrait, à notre avis, être adoptée :

Etape 1 (optionnelle) : réaliser un **test dit « de concentration »** de manière facultative. Ce test simplifie l'appréciation à porter pour pouvoir conclure qu'un ensemble acquis ne constitue pas une activité sans avoir à appliquer le cadre général d'analyse d'une activité. Il consiste à déterminer si la quasi-totalité de la juste valeur des actifs bruts acquis est concentrée sur un actif identifiable unique ou sur un groupe d'actifs identifiables similaires. Si le test est positif, l'ensemble acquis constitue un groupe d'actifs et l'analyse s'arrête.

Etape 2 : si le test de concentration est négatif ou si l'entité choisit de ne pas le réaliser, il convient d'appliquer le cadre général afin de déterminer si l'ensemble acquis comporte les éléments constitutifs d'une activité. Pour cela, **l'appréciation du caractère substantiel du processus acquis** est critique. Une approche différente est requise selon que l'ensemble acquis génère ou non des outputs et selon qu'il contient ou non une main-d'œuvre organisée en date d'acquisition.

Commentaires La norme IFRS 3 fournit un cadre d'analyse pour déterminer si un ensemble acquis doit s'analyser comme une activité ou un groupe d'actif(s). La démarche en deux étapes, résumée dans le schéma ci-après établi par nos soins, peut, à notre avis, être adoptée.

Pour la définition d'un output, d'un processus ou d'un input, voir nº 21490.

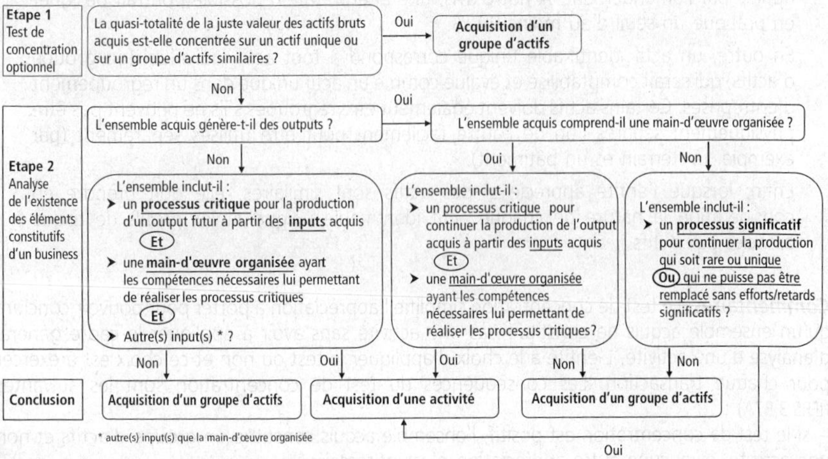

Etape 1 – Test de concentration (optionnel) Un ensemble acquis ne pourra pas constituer une activité si la quasi-totalité de la juste valeur de ses actifs bruts est concentrée sur un actif identifiable unique ou sur un ensemble d'actifs identifiables similaires. Ainsi, si la quasi-totalité de la juste valeur des actifs bruts acquis, reconnus et non reconnus au bilan (par exemple, un input, un contrat, un processus, une main-d'œuvre), est concentrée sur un seul actif identifiable (ou un groupe d'actifs identifiables similaires), il est peu probable qu'un processus substantiel ait été acquis.

Cette étape est **optionnelle,** au choix de l'acquéreur pour chaque transaction. Ainsi, si le test est positif, l'acquéreur peut soit décider d'arrêter l'analyse et conclure à l'acquisition d'un groupe d'actifs, sans passer à l'étape suivante, soit décider de poursuivre l'analyse (voir étape 2 ci-après). Cependant, si la quasi-totalité de la juste valeur des actifs bruts acquis n'est pas concentrée sur un actif identifiable unique (ou un groupe d'actifs identifiables similaires), l'acquéreur est tenu de passer à l'étape 2.

Etape 2 – Processus substantiel En l'absence de test de concentration ou si ce dernier est négatif, la suite de l'analyse consiste à déterminer si l'ensemble acquis comporte les éléments constitutifs d'une activité.

Que l'ensemble acquis génère ou non des outputs à la date d'acquisition, la condition requise pour être qualifié d'activité est que l'ensemble acquis comprenne, a minima, un input et un processus substantiel qui, ensemble, contribuent significativement à la capacité à créer un output.

Pour plus de précisions sur ces éléments constitutifs d'une activité, voir nº 21490.

La norme IFRS 3 fournit un cadre pour évaluer quand un input et un processus substantiel sont présents, avec des critères plus contraignants lorsque l'ensemble acquis ne génère pas encore d'outputs (cas des entreprises en démarrage par exemple).

Pour plus de précisions sur cette notion, voir nº 21493.

Définition d'une activité – Mise en œuvre du test de concentration

21492 ***Question***

En pratique, comment mettre en œuvre le test de concentration ?

Réponse

Le test de concentration vise à comparer la juste valeur de l'actif prépondérant (ou d'un groupe d'actifs similaires prépondérant) et la juste valeur de l'ensemble des actifs acquis. Le test est positif si la quasi-totalité de la juste valeur de l'actif brut acquis est concentrée sur un actif identifiable unique ou un groupe unique d'actifs identifiables similaires.

La norme définit l'actif brut acquis en excluant certains actifs identifiés et précise la façon dont la juste valeur doit être déterminée. Toutefois, la notion de quasi-totalité n'est pas définie par l'amendement. A notre avis, une interprétation possible pourrait désigner en pratique un seuil d'au moins 90 %.

En outre, un actif identifiable unique correspond à tout actif individuel (ou groupe d'actifs) qui serait comptabilisé et évalué comme un actif unique dans un regroupement d'entreprises. Certains actifs doivent également être regroupés s'ils ne peuvent pas être physiquement séparés l'un de l'autre facilement pour être utilisés séparément (par exemple, un terrain et un bâtiment).

Enfin, lorsque l'entité apprécie si des actifs sont similaires, elle doit prendre en considération la nature de chaque actif identifiable unique et les profils de risque associés aux actifs.

Commentaires Le test de concentration simplifie l'appréciation à porter pour pouvoir conclure qu'un ensemble acquis ne constitue pas une activité sans avoir à appliquer le cadre général d'analyse d'une activité. L'entité a le choix d'appliquer le test ou non et ce choix est à exercer pour chaque transaction. Les conséquences du test de concentration sont les suivantes (IFRS 3.B7A) :

– si le test de concentration est positif, l'ensemble acquis constitue un groupe d'actifs et non une activité, et aucune autre appréciation n'est nécessaire ;

– si le test est négatif ou si l'entité choisit de ne pas appliquer le test, il est alors nécessaire **21492** (suite)
de poursuivre l'analyse afin d'évaluer si l'ensemble acquis comporte les éléments constitutifs d'une activité, voir nº 21491 et 21493.

Le test est fondé sur une comparaison de la juste valeur de l'actif prépondérant (ou d'un groupe d'actifs similaires prépondérant) et de la juste valeur de l'ensemble des actifs acquis : le test est positif si la **quasi-totalité** de la **juste valeur de l'actif brut acquis** se concentre sur un **actif identifiable unique** ou un groupe unique d'**actifs identifiables similaires** (IFRS 3.B7B).

Juste valeur d'un actif identifiable unique ou d'un groupe unique d'actifs identifiables similaires	
―――――――――――――――――――――――	**> Quasi-totalité**
Juste valeur de l'actif brut acquis	

Pour des exemples d'application pratique, voir nº 21494.

Les différentes notions nécessaires à la réalisation du test sont explicitées ci-après :

a. Notion d'actif identifiable unique Pour les besoins du test de concentration, un actif identifiable unique correspond à tout actif individuel (ou groupe d'actifs) qui serait comptabilisé et évalué comme un actif unique dans un regroupement d'entreprises (IFRS 3.B7Bc).

Pour plus de précisions sur l'identification des actifs acquis et passifs assumés dans un regroupement d'entreprises, voir nº 21361.

En outre, certains actifs doivent être regroupés : si une immobilisation corporelle est attachée à une autre immobilisation corporelle (comme dans le cas, par exemple, d'un terrain et d'un bâtiment), alors ces deux immobilisations corporelles constituent un actif unique dans le cadre du test de concentration. Ces immobilisations sont attachées au sens d'IFRS 3 car elles ne peuvent pas facilement être physiquement séparées l'une de l'autre pour être utilisées séparément, sans que cela n'occasionne des coûts importants ou une diminution importante de l'utilité ou de la juste valeur de l'une ou de l'autre (IFRS 3.B7Bd).

Il en est de même pour une immobilisation corporelle attachée à un actif pris en location, comme par exemple un bâtiment attaché à un terrain pris en location dont on détient le droit d'utilisation. Un terrain et un bâtiment devraient généralement être comptabilisés séparément pour les besoins d'un regroupement d'entreprises mais seront à considérer comme un actif unique pour les besoins du test de concentration.

b. Notion d'actifs similaires Lorsque l'entité apprécie si des actifs sont similaires, elle doit prendre en considération la nature de chaque actif identifiable unique et les risques associés à leur gestion et à leur utilisation pour créer des outputs, c'est-à-dire les caractéristiques de risques associés aux actifs.

Les actifs suivants ne doivent pas être considérés comme similaires (IFRS 3.B7Be et .B7Bf) :
- un actif corporel et un actif incorporel ;
- des actifs corporels de catégories différentes (par exemple, des stocks, du matériel de fabrication et des véhicules automobiles), à moins qu'ils ne soient considérés comme un actif identifiable unique tel que défini ci-avant ;
- des immobilisations incorporelles identifiables de catégories différentes (par exemple, des marques, des licences et des immobilisations incorporelles en cours de développement) ;
- un actif financier et un actif non financier ;
- des actifs financiers de catégories différentes (par exemple, des créances et des placements en instruments de capitaux propres) ;
- des actifs identifiables qui font partie d'une même catégorie d'actifs, mais dont les caractéristiques de risque sont sensiblement différentes.

Par exemple, les risques associés à l'exploitation et la gestion de maisons individuelles données en location pourraient être sensiblement différents, notamment en raison de leur taille, de la zone géographique et du profil des locataires.

c. Notion de quasi-totalité La notion de quasi-totalité n'est pas définie par l'amendement. A notre avis, une interprétation possible pourrait désigner en pratique un seuil d'au moins 90 %.

d. Détermination de la juste valeur de l'actif brut acquis Pour les besoins du test de concentration, la juste valeur des actifs bruts acquis n'est pas nécessairement la même que la contrepartie transférée au vendeur (IFRS 3.B7Bb).

21492 (suite) Cela pourrait être dû, par exemple, à des passifs assumés, qui sont pris en compte dans la détermination du prix d'achat de l'ensemble acquis mais qui sont exclus des actifs bruts retenus dans le dénominateur du test de concentration.

La juste valeur des actifs bruts sera également différente de la contrepartie transférée lors d'une acquisition partielle (c'est-à-dire lorsqu'il reste des intérêts minoritaires après la transaction et/ou qu'il y avait des intérêts antérieurement détenus). Lorsqu'une transaction aboutit à l'obtention du contrôle d'une entité juridique sans détenir la totalité des titres de l'entité acquise, les actifs bruts utilisés dans le test de concentration doivent inclure (i) la contrepartie transférée ainsi que (ii) la juste valeur des intérêts minoritaires et (iii) des éventuels intérêts précédemment détenus.

Par exemple, dans le cas d'une acquisition de 60 % d'une entité, l'actif brut comprend la participation acquise de 60 % plus la participation minoritaire de 40 %.

Les actifs bruts acquis excluent les éléments suivants (IFRS 3.B7Ba) :
- la trésorerie et les équivalents de trésorerie ;
- les actifs d'impôts différés ; et
- le goodwill résultant de l'effet des impôts différés passifs.

Ces éléments sont exclus de l'actif brut acquis car l'IASB a considéré que la forme fiscale de la transaction, et le fait que l'ensemble acquis comporte ou non de la trésorerie et des équivalents de trésorerie, ne devraient pas avoir d'incidence sur la qualification de l'ensemble acquis en tant qu'activité.

En pratique, la juste valeur de l'actif brut acquis peut être déterminée selon deux approches (IFRS 3.B7Ba et .B7Bb) :

Approche 1 Elle consiste à effectuer la somme des éléments suivants :

+ les justes valeurs de chaque actif identifiable (excluant la trésorerie et les équivalents de trésorerie, les actifs d'impôt différé et le goodwill issu de l'incidence des passifs d'impôt différé)
+ le calcul du « goodwill » suivant :
  + le prix transféré dans le cadre de l'acquisition
  + la juste valeur des intérêts minoritaires (dans le cas d'une acquisition inférieure à 100 %)
  + la juste valeur de la quote-part d'intérêts antérieurement détenus
  - la juste valeur de l'actif net acquis (sans tenir compte des passifs d'impôt différé)

Approche 2 Elle consiste à effectuer la somme des éléments suivants :

+ le prix transféré dans le cadre de l'acquisition
+ la juste valeur des intérêts minoritaires (dans le cas d'une acquisition inférieure à 100 %)
+ la juste valeur de la quote-part d'intérêts antérieurement détenus
+ la juste valeur des passifs repris (autres que les passifs d'impôt différé)
- la trésorerie et les équivalents de trésorerie
- les actifs d'impôt différé
- le goodwill issu de l'incidence des passifs d'impôt différé

Toutefois, lorsque la juste valeur de l'actif brut acquis est supérieure à cette somme, il est parfois nécessaire de procéder à un calcul plus précis.

Pour un exemple de détermination de la juste valeur de l'actif brut acquis, voir Exemple ci-après.

■ *Exemple*

*Extrait d'un exemple illustratif de la norme (**Exemple E – Détermination de la juste valeur de l'actif brut acquis,** IFRS 3.IE118 à .IE123) Une entité (l'acquéreur) détient une participation de 20 % dans une autre entité (Entité A). À une date ultérieure (la date d'acquisition), l'acquéreur prend une participation supplémentaire de 50 % dans l'entité A et en obtient le contrôle. Les actifs et passifs de l'entité A à la date d'acquisition sont les suivants :*
1. un immeuble d'une juste valeur de 500 UM ;
2. une immobilisation incorporelle identifiable d'une juste valeur de 400 UM ;
3. la trésorerie et les équivalents de trésorerie d'une juste valeur de 100 UM ;
4. des passifs financiers d'une juste valeur de 700 UM ; et
5. des passifs d'impôt différé de 160 UM résultant de différences temporaires liées à l'immeuble et à l'immobilisation incorporelle.
L'acquéreur paie 200 UM pour la participation supplémentaire de 50 % dans l'entité A. L'acquéreur détermine qu'à la date d'acquisition, la juste valeur de l'entité A est de 400 UM, que la juste valeur de la participation minoritaire dans l'entité A est de 120 UM (30 % × 400 UM) et que la juste valeur de la participation précédemment détenue est de 80 UM (20 % × 400 UM).

Solution de l'exemple *L'acquéreur détermine que la juste valeur des actifs bruts acquis est de 1 000 UM, calculée comme suit :*
+ la juste valeur de l'immeuble (500 UM)
+ la juste valeur de l'immobilisation incorporelle identifiable (400 UM)
+ l'excédent (100 UM) de :
1. la somme (400 UM) de la contrepartie transférée (200 UM) + la juste valeur de la part des actionnaires minoritaires (120 UM) + la juste valeur de la participation précédemment détenue (80 UM) ; sur
2. la juste valeur des actifs nets identifiables acquis (300 UM = 500 UM + 400 UM + 100 UM – 700 UM).
L'excédent est déterminé d'une manière similaire à l'évaluation initiale du goodwill conformément à IFRS 3.32. L'inclusion de ce montant dans la détermination de la juste valeur des actifs bruts acquis signifie que le test de concentration est sur la base d'un montant qui est impacté par la valeur de tout processus substantiel acquis.
A noter que la juste valeur des actifs bruts acquis ne comprend pas la juste valeur de la trésorerie et des équivalents de trésorerie acquis (100 UM) et ne comprend pas les actifs d'impôt différé (néant dans cet exemple). De la même manière, le passif d'impôt différé n'est pas déduit lors de la détermination de la juste valeur de l'actif net acquis (300 UM) et n'a pas besoin d'être déterminé. Par conséquent, l'excédent (100 UM) n'inclut pas le goodwill résultant des effets des impôts différés passifs.
La juste valeur des actifs bruts acquis (1 000 UM) peut également être déterminée comme suit :
1. le total (1 100 UM) obtenu par la somme des éléments suivants :
+ 400 UM, correspondant à la somme du montant payé (200 UM), de la juste valeur de la part des actionnaires minoritaires (120 UM) et de la juste valeur de la participation précédemment détenue (80 UM) ;
+ 700 UM, égal à la juste valeur des passifs pris en charge (autres que les impôts différés passifs) ;
2. en déduisant la trésorerie et les équivalents de trésorerie acquis (100 UM) et les actifs d'impôt différé acquis (néant dans cet exemple).
La juste valeur des actifs bruts acquis (1 000 UM) est à comparer à la juste valeur des actifs principaux acquis que sont l'immeuble et l'immobilisation incorporelle.

Définition d'une activité – Processus substantiel

Question **21493**

Comment apprécier le caractère substantiel d'un processus acquis ?

Réponse

L'appréciation du caractère substantiel du processus est différente selon que l'ensemble acquis génère ou non des outputs en date d'acquisition.

Lorsque l'ensemble acquis ne génère pas d'output, un processus substantiel est défini comme un processus critique pour la production d'un output futur à partir des inputs acquis accompagné d'une main-d'œuvre organisée ayant les compétences nécessaires lui permettant de réaliser le processus critique avec d'autres inputs acquis.

Lorsque l'ensemble acquis génère déjà des outputs, un processus substantiel est défini comme soit (i) un processus critique pour continuer la production des outputs à partir du ou des inputs acquis accompagné d'une main-d'œuvre organisée ayant les compétences nécessaires lui permettant de réaliser les processus critiques, soit (ii) un processus nécessaire à la production de l'output qui est considéré comme rare et unique ou qui ne peut pas être remplacé sans nécessiter des coûts, des efforts ou des délais significatifs pour continuer la production de l'output.

Un processus n'est pas critique si, par exemple, il est accessoire ou mineur compte tenu de l'ensemble des processus nécessaires à la production d'outputs.

Commentaires :

1. **Rappel** Si une entité a choisi de ne pas appliquer le test de concentration ou si le test a échoué (voir nº 21492 – Etape 1), elle doit alors apprécier si l'ensemble acquis répond à la définition d'une activité. Pour être considéré comme une activité, un ensemble intégré d'opérations et d'actifs doit comporter au moins un input et un processus substantiel qui, ensemble, contribuent de manière significative à la capacité de créer des outputs (IFRS 3.B8).

Pour la définition d'input, processus et output, voir nº 21490.

21493 (suite) 2. **Une appréciation différente du caractère substantiel du processus acquis selon que l'ensemble acquis génère déjà ou non des outputs** La norme requiert des approches différentes selon que l'ensemble acquis génère ou non un output en date d'acquisition.

La présence d'outputs n'est pas suffisante en elle-même pour que l'ensemble acquis soit considéré comme une activité, car l'existence d'outputs n'implique pas en soi l'existence d'un input et d'un processus substantiel acquis (IFRS 3.B8A). Toutefois, les conditions à remplir pour qualifier d'activité sont moins contraignantes lorsque l'ensemble acquis génère déjà des outputs, l'existence d'outputs fournissant déjà certains indicateurs que l'ensemble acquis est une activité (IFRS 3.BC21M).

Les conditions pour qualifier le processus acquis de substantiel sont résumées dans le schéma ci-après, élaboré par nos soins.

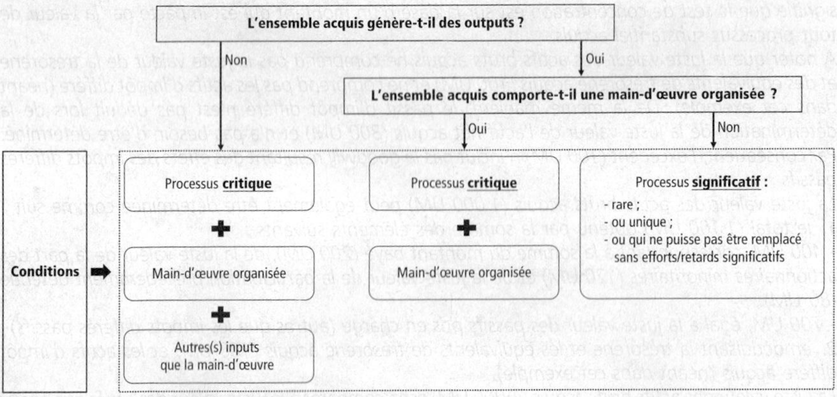

Lorsque l'ensemble acquis ne génère pas encore d'output (cas par exemple d'une entité en phase de démarrage qui n'a encore aucun chiffre d'affaires), un processus (ou un groupe de processus) est considéré comme substantiel si toutes les conditions suivantes sont réunies (IFRS 3.B12B) :

a. **le processus (ou le groupe de processus) acquis est critique** pour la capacité de faire évoluer ou de convertir le ou les inputs acquis en outputs ; et

b. les inputs acquis comprennent à la fois **une main-d'œuvre organisée** dotée des compétences, des connaissances et de l'expérience nécessaires pour exécuter ce processus (ou ce groupe de processus) ; et

c. **d'autres inputs** que cette main-d'œuvre sont susceptibles de faire évoluer ou de convertir en outputs.

Ces autres inputs pourraient consister, par exemple, en :
- des droits de propriété intellectuelle pouvant servir à mettre au point un bien ou un service ;
- d'autres ressources économiques pouvant être mises en valeur pour créer des outputs ; ou
- des droits d'accès à des matières nécessaires, ou encore des droits qui permettent la création d'outputs futurs.

En pratique, les technologies, les projets de recherche et de développement en cours, les biens immobiliers et les droits miniers sont des exemples d'inputs précités.

Pour des exemples d'application pratique, voir n° 21494.

Ainsi, lorsque l'ensemble acquis ne génère pas encore d'outputs, il ne peut qualifier d'activité s'il ne contient pas une main-d'œuvre organisée.

Lorsque l'ensemble acquis génère déjà des outputs à la date d'acquisition (par exemple du chiffre d'affaires), un processus (ou un groupe de processus) est considéré comme substantiel s'il répond à l'une ou l'autre des conditions suivantes lorsqu'il est appliqué à un ou plusieurs inputs acquis (IFRS 3.B12C) :

a. il est critique à la capacité de continuer à produire des outputs et on compte parmi les inputs acquis une main-d'œuvre organisée dotée des compétences, des connaissances et de l'expérience nécessaires pour exécuter ce processus (ou ce groupe de processus) ; ou

b. il contribue de manière significative à la capacité de continuer à produire des outputs et il est soit (i) considéré comme unique ou rare, soit (ii) impossible à remplacer sans que cela entraîne des coûts ou des efforts importants ou retarde de manière importante la capacité de continuer à produire des outputs.

L'IASB a considéré que de tels processus sont généralement utiles (« valuable ») et que leur présence indiquerait qu'ils sont substantiels, même si aucune main-d'œuvre n'est acquise (IFRS 3.BC21N). Il est donc possible de qualifier un ensemble acquis d'activité, même en l'absence de main-d'œuvre qualifiée.

La norme apporte les précisions suivantes, que l'ensemble acquis génère ou non des outputs en date d'acquisition :
- un **contrat acquis** est un input et non un processus substantiel. Néanmoins, un contrat acquis, par exemple un contrat de gestion immobilière ou de gestion d'actifs externalisée, peut donner accès à une main-d'œuvre organisée. Il est donc nécessaire d'apprécier si la main-d'œuvre organisée à laquelle donne accès un tel contrat exécute un processus substantiel dont l'entité a le contrôle, et donc qu'elle a acquis. Sont à prendre en considération dans cette appréciation la durée du contrat et ses modalités de renouvellement (IFRS 3.B12Da) ;
- le fait qu'une **main-d'œuvre organisée** acquise soit difficile à remplacer peut indiquer que le processus qu'elle exerce est critique pour la capacité de créer des outputs (IFRS 3.B12Db) ;

Une main-d'œuvre organisée peut être un input, un processus ou les deux. Par exemple, une société de conseil peut inclure des employés (inputs) qui utilisent leur capacité intellectuelle (un processus) pour générer des outputs.

- un **processus** n'est pas **critique** si, par exemple, il est accessoire ou mineur compte tenu de l'ensemble des processus nécessaires à la création d'outputs (IFRS 3.B12Dc).

Pour des exemples d'application pratique, voir nº 21494, Exemple 1.

Définition d'une activité – Exemples d'application pratique

21494

Question

Comment appliquer les principes de la définition d'une activité à des situations concrètes ?

Réponse

La norme IFRS 3 fournit un cadre d'analyse théorique pour déterminer si un ensemble acquis doit s'analyser comme une activité ou un groupe d'actif(s) selon une démarche en deux étapes avec :

Etape 1 (optionnelle) : réaliser un test dit « de concentration » de manière facultative.

Etape 2 : si le test de concentration est négatif ou si l'entité choisit de ne pas le réaliser, il convient d'appliquer le cadre général afin de déterminer si l'ensemble acquis comporte les éléments constitutifs d'une activité.

La norme IFRS 3 propose des exemples qui permettent d'appliquer ces principes de définition d'une activité à des cas pratiques en explorant chacune des deux étapes.

Commentaires Les exemples développés ci-après permettent d'illustrer si l'ensemble acquis correspond à une activité ou à un groupe d'actifs en appliquant les deux étapes de l'analyse (Extraits tirés des exemples illustratifs d'IFRS 3.IE74 à .IE117).

■ *Exemple 1A*

Acquisition de biens immobiliers *Une entité acquiert un portefeuille de 10 maisons individuelles qui sont données en location. Le prix payé est égal à la juste valeur globale des 10 maisons acquises. Chaque maison individuelle comprend le terrain et les murs. La surface au sol et le design intérieur sont différents selon les maisons. Elles sont situées dans la même zone géographique et le type de clientèle (i.e. les locataires) est similaire. Les risques associés à la gestion de ces maisons ne sont pas significativement différents. Aucun employé, autre actif, processus ou autre activité ne sont transférés.*

***Solution de l'exemple 1A** – **Test de concentration** L'acquéreur choisit d'appliquer le test de concentration optionnel et fait les constats suivants :*
- les bâtiments et le terrain sont considérés comme étant un actif unique car, bien qu'appartenant à des classes d'actifs différentes, ces éléments sont indissociables l'un de l'autre et ne peuvent être séparés sans encourir des coûts importants ;
- le bâtiment et les baux qui y sont attachés sont également considérés comme un actif unique, dans la mesure où ils seraient comptabilisés et évalués comme tels dans un regroupement d'entreprises ;
- les 10 maisons individuelles constituent un groupe d'actifs similaires car les risques associés à leur gestion et à la création d'outputs ne sont pas significativement différents.

21494 (suite) *Par conséquent, la quasi-totalité de la juste valeur de l'actif brut acquis est concentrée à 100 % sur un groupe d'actifs identifiables similaires.*

L'ensemble acquis constitue donc un groupe d'actifs et non une activité, la poursuite de l'analyse n'est pas nécessaire.

■ *Exemple 1B*

Même scénario que l'exemple 1A avec l'acquisition des 10 maisons, mais avec également :
– un parc de bureaux d'entreprises comprenant 6 immeubles de bureaux de 10 étages entièrement donnés en location. L'ensemble d'immeubles comprend les terrains, les murs et les baux ;
– un contrat de nettoyage, de sécurité et d'entretien externalisé auprès d'un prestataire mais dont les revenus sont mineurs.

La valeur des 10 maisons est assez proche de la valeur des 6 immeubles.

Solution de l'exemple 1B **– Test de concentration** *L'acquéreur choisit d'appliquer le test de concentration optionnel et fait les constats suivants :*
– les bâtiments et le terrain sont considérés comme étant un actif unique (aussi bien dans le cas des bureaux que dans le cas des maisons) car, bien qu'appartenant à des classes d'actifs différentes, ces éléments sont indissociables et ne peuvent être séparés sans encourir des coûts importants ;
– le bâtiment et les baux qui y sont attachés (aussi bien dans le cas des bureaux que dans le cas des maisons) sont également chacun considérés comme un actif unique dans la mesure où ils seraient comptabilisés et évalués comme tels dans un regroupement d'entreprises ;
– le groupe des 10 maisons et le groupe des 6 immeubles de bureaux sont chacun un groupe d'actifs similaires mais ne constituent pas ensemble un groupe d'actifs similaires car les risques associés à l'exploitation des actifs, la recherche et la gestion des locataires diffèrent considérablement notamment en raison du type de clientèle qui est très différent entre celui des maisons, d'une part, et celui des immeubles de bureaux, d'autre part ;
– la valeur du groupe de 10 maisons est assez proche de celle du groupe des 6 immeubles de bureaux.

Par conséquent, la quasi-totalité de la juste valeur de l'actif brut acquis n'est pas concentrée sur un groupe d'actifs identifiables similaires.

Il est nécessaire de continuer l'analyse afin de déterminer si les éléments constitutifs d'une activité sont présents dans l'ensemble acquis.

Poursuite de l'analyse *L'ensemble acquis génère des outputs à la date d'acquisition du fait des baux en place, mais (i) il ne comprend pas de main-d'œuvre organisée car aucun employé n'a été transféré ; et (ii) le contrat de nettoyage, de sécurité et d'entretien est le seul processus acquis mais il reste accessoire et mineur car il génère peu de revenus par rapport à l'ensemble acquis. C'est pourquoi, en l'absence de main-d'œuvre organisée et de processus qui contribuent de manière significative à la capacité de créer des outputs, l'ensemble acquis constitue un groupe d'actifs.*

■ *Exemple 1C*

Même scénario que l'exemple 1B avec l'acquisition des 10 maisons et des 6 immeubles de bureaux, mais cette fois-ci, l'entité reprend également les employés gérant les actifs et les contrats associés (gestion des locataires, gestion et supervision de tous les processus opérationnels, etc.).

Solution de l'exemple 1C **– Test de concentration** *Echec au test de concentration, pour les mêmes raisons que celles évoquées dans l'exemple 1B.*

Poursuite de l'analyse *L'ensemble acquis génère des outputs avec les baux en place. Il comprend une main-d'œuvre organisée dotée des compétences, des connaissances et de l'expérience nécessaires pour exécuter les processus de gestion d'actifs et assurer la gestion des contrats associés (gestion des locataires et gestion et supervision des processus opérationnels). Ces processus sont critiques car ils sont essentiels à la capacité de continuer à produire des outputs à partir des inputs acquis que sont les terrains, les bâtiments et les baux. En outre, ces inputs et ces processus contribuent ensemble, de manière significative, à la capacité de créer des outputs.*

L'ensemble acquis constitue donc une activité au sens d'IFRS 3.

■ *Exemple 2A*

Acquisition dans l'industrie pharmaceutique *Une entité acquiert une société qui comporte :*
1. un projet de recherche et développement sur un médicament pour traiter le diabète (projet 1), qui est dans sa phase de test finale et qui comprend :
– les protocoles ;
– les designs ;
– et les procédures de formule de savoir-faire historiques qui devraient être nécessaires pour terminer la phase finale de test ;

2. un contrat de sous-traitance de la phase des essais cliniques : le contrat est établi au prix du marché actuel et un certain nombre de fournisseurs sur le marché pourraient fournir les mêmes services. Par conséquent, la juste valeur associée au contrat est nulle. L'acheteur n'a pas la possibilité de renouveler le contrat. **21494** (suite)

Aucun employé, autre actif, processus ou autre activité n'est transféré.

Solution de l'exemple 2A – Test de concentration *L'acquéreur choisit d'appliquer le test de concentration optionnel et fait les constats suivants :*

– le projet 1 est un actif identifiable unique (il serait comptabilisé et évalué comme un actif identifiable unique dans un regroupement d'entreprises) ;

– le contrat acquis de sous-traitance des essais cliniques possède une juste valeur nulle.

La quasi-totalité de la juste valeur des actifs bruts acquis est donc concentrée sur le projet.

L'ensemble acquis constitue un groupe d'actifs et non une activité. La poursuite de l'analyse n'est pas nécessaire.

■ *Exemple 2B*

Même scénario que l'exemple 2A, mais l'entité reprend également un autre projet de recherche et développement sur un médicament pour traiter la maladie d'Alzheimer (projet 2). Ce dernier est également dans sa phase de test finale. Le projet 2 comprend :

– le savoir-faire historique ;

– les protocoles de formule ;

– les designs ; et

– les procédures qui devraient être nécessaires pour terminer la phase finale des tests.

Les justes valeurs des projets 1 et 2 sont proches.

Comme dans l'exemple 2A, aucun employé, autres actif, processus ou activité ne sont transférés.

Solution de l'exemple 2B – Test de concentration *L'acquéreur choisit d'appliquer le test de concentration optionnel et fait les constats suivants :*

– les projets 1 et 2 sont chacun des actifs incorporels identifiables uniques (ils seraient comptabilisés et évalués comme des actifs identifiables uniques dans un regroupement d'entreprises) ;

– les projets 1 et 2 ne sont pas des actifs similaires et ne doivent donc pas être regroupés pour les besoins du test de concentration. En effet, ils comportent chacun des risques différents associés à la gestion et à la création des outputs futurs à partir de chaque actif. Chaque projet comporte des risques significativement différents associés au développement, à l'achèvement et à la commercialisation du médicament auprès des clients. Les médicaments sont destinés à traiter des maladies significativement différentes et chaque projet a une clientèle potentielle distincte ;

– la quasi-totalité de la juste valeur des actifs bruts acquis est répartie assez équitablement entre les projets 1 et 2.

Par conséquent, la quasi-totalité de la juste valeur de l'actif brut acquis n'est pas concentrée sur un actif identifiable unique ou sur un ensemble d'actifs identifiables similaires.

Il est donc nécessaire de continuer l'analyse afin de déterminer si les éléments constitutifs d'une activité sont présents dans l'ensemble acquis.

Poursuite de l'analyse *L'ensemble acquis n'a pas encore commencé à générer des outputs car les médicaments sont encore en phase de test. Il ne comprend pas non plus de main-d'œuvre organisée car aucun employé n'a été transféré. Même si le contrat de sous-traitance donne quant à lui accès à une main-d'œuvre organisée pour réaliser la phase d'essais cliniques, celle-ci n'a pas la capacité à mettre en œuvre le processus critique à la création d'outputs. En effet, la seule réalisation de cette phase d'essais cliniques ne développera ni ne convertira les inputs en outputs, même si le succès de cette phase est une condition préalable à la production d'outputs. Par conséquent, le contrat de sous-traitance ne donne pas accès à une main-d'œuvre dite « organisée » au sens d'IFRS 3.*

L'ensemble acquis constitue donc un groupe d'actifs et non une activité au sens d'IFRS 3.

■ *Exemple 3*

Acquisition d'une biotech *Une entité acquiert une société de biotechnologie (Biotech). L'ensemble acquis comprend :*

– plusieurs projets de recherche et développement ;

– le transfert des scientifiques ayant les compétences, connaissances et expériences nécessaires à l'exécution des activités de recherche et développement ; et

– des actifs corporels (dont le siège social, un laboratoire de recherche et de l'équipement).

L'ensemble acquis ne contient pas de processus documenté.

Biotech n'a pas encore généré de revenus.

Solution de l'exemple 3 – Test de concentration *Il est évident que la quasi-totalité de la juste valeur de l'actif brut acquis n'est pas concentrée sur un actif identifiable unique ou sur un ensemble d'actifs identifiables similaires, compte tenu de la diversité des actifs acquis.*

21494 (suite) *Il est donc nécessaire de continuer l'analyse afin de déterminer si les éléments constitutifs d'une activité sont présents dans l'ensemble acquis.*

Poursuite de l'analyse *L'ensemble acquis ne génère pas encore d'outputs. Bien qu'aucun processus ne soit documenté, les scientifiques constituent une main-d'œuvre détenant les compétences, connaissances et expériences nécessaires à la mise en œuvre du processus critique permettant de développer ou convertir les inputs acquis en outputs. Les inputs acquis sont par exemple les projets de recherche et développement. Les processus appliqués à ces inputs sont des processus inhérents aux salariés : une capacité intellectuelle de recherche et de développement. En effet, les processus sont généralement documentés, mais les processus à appliquer aux inputs pour pouvoir créer des outputs peuvent résider dans la capacité intellectuelle d'une main-d'œuvre organisée dotée des compétences et de l'expérience nécessaires, qui suit des règles et des conventions. L'ensemble acquis comprend donc bien, au cas particulier, un processus critique capable de faire évoluer ou de convertir les inputs acquis en outputs.*

En conséquence, l'ensemble acquis constitue une activité au sens d'IFRS 3.

■ *Exemple 4*

Acquisition d'une usine qui est fermée *Une entité acquiert une usine fermée de fabrication de smartphones. La production a été arrêtée 3 mois avant la date d'acquisition. L'ensemble acquis comprend :*

- *le terrain ;*
- *le bâtiment ;*
- *les machines de l'usine.*

La valeur du bâtiment avec le terrain est proche de la valeur des machines.

Compte tenu des contraintes réglementaires, l'acquéreur est tenu de reprendre les salariés qui travaillaient au sein de l'usine avant l'arrêt de cette dernière.

Aucun autre actif, processus ou autre activité ne sont transférés.

Solution de l'exemple 4 – Test de concentration *L'acquéreur choisit d'appliquer le test de concentration optionnel et fait les constats suivants :*

- *les bâtiments et le terrain sont considérés comme étant un actif unique car, bien qu'appartenant à des classes d'actifs différentes, ces éléments sont indissociables et ne peuvent être séparés sans encourir des coûts importants ;*
- *le bâtiment et les machines ne sont pas considérés comme un actif unique, car les machines pourraient être déplacées et elles ne sont pas attachées au bâtiment ;*
- *le bâtiment et les machines ne sont pas des actifs similaires car ils appartiennent à des catégories d'actifs corporels différentes ;*
- *la quasi-totalité de la juste valeur des actifs bruts acquis est répartie assez équitablement entre l'installation (bâtiment et terrain) et les machines.*

Par conséquent, la quasi-totalité de la juste valeur de l'actif brut acquis n'est pas concentrée sur un groupe d'actifs identifiables similaires.

Il est nécessaire de continuer l'analyse afin de déterminer si les éléments constitutifs d'une activité sont présents dans l'ensemble acquis.

Poursuite de l'analyse *L'ensemble acquis ne génère plus d'outputs depuis 3 mois à la date d'acquisition. Mais l'ensemble acquis comporte une main-d'œuvre organisée dotée des compétences, des connaissances et de l'expérience nécessaires pour exécuter le processus de production. Cependant, l'ensemble acquis ne détient pas d'autres inputs (tels que des droits de propriété intellectuelle et des matières premières) que cette main-d'œuvre est susceptible de faire évoluer ou de convertir en outputs. En effet, en l'absence d'un brevet incluant le procédé de fabrication des smartphones et en l'absence des composants constituant la matière première, la main-d'œuvre organisée ne peut pas produire de smartphones à partir des seuls bâtiment et machines.*

L'ensemble acquis constitue donc un groupe d'actifs et non une activité au sens d'IFRS 3.

■ *Exemple 5*

Acquisition d'une licence de distribution *Une entité acquiert l'exclusivité d'une sous-licence pour distribuer un produit X en France. Le vendeur détient les droits sur la licence pour distribuer le produit X dans le monde entier. L'ensemble acquis comprend :*

- *la sous-licence ;*
- *les contrats clients existant en France ;*
- *le contrat d'approvisionnement pour acheter le produit X auprès du fabricant au taux du marché.*

Aucun des actifs identifiables acquis n'a une juste valeur qui constitue la quasi-totalité de la juste valeur des actifs bruts acquis.

Aucun employé, autre actif, processus, capacité de distribution ou autre activité ne sont transférés.

Solution de l'exemple 5 – Test de concentration *La sous-licence et les contrats clients ne sont pas des actifs similaires car ils appartiennent à des catégories d'actifs corporels différentes. Il est évident que la quasi-totalité de la juste valeur de l'actif brut acquis n'est pas concentrée sur un actif identifiable unique ou sur un ensemble d'actifs identifiables similaires.*

Il est donc nécessaire de continuer l'analyse afin de déterminer si les éléments constitutifs d'une activité sont présents dans l'ensemble acquis.

Poursuite de l'analyse *L'ensemble acquis génère des outputs provenant de la sous-licence au travers des revenus du produit X distribué en France. Il n'existe pas de processus documenté car la sous-licence et les contrats acquis (clients, approvisionnement) constituent des inputs et non des processus. Il n'y a pas de personnel transféré. Le contrat d'approvisionnement externalisé ne donne pas accès à une main-d'œuvre organisée dotée des compétences, des connaissances et de l'expérience nécessaires pour exécuter un ou des processus substantiels : le contrat d'approvisionnement permet seulement d'acheter le produit X, mais il ne donne pas accès au processus de production du produit X. Il ne permet donc pas d'acquérir une main-d'œuvre organisée, des processus et les autres inputs nécessaires à la production du produit X.*

En l'absence de processus acquis, l'ensemble acquis constitue donc un groupe d'actifs et non une activité au sens d'IFRS 3.

B. Transactions exclues du champ d'application d'IFRS 3

Question 21500

Quelles sont les transactions qui sont exclues du champ d'application d'IFRS 3 ?

Réponse

Ce sont :

- les regroupements entre entités ou activités sous contrôle commun ;
- les formations de partenariats (joint ventures et joint operations). Ces exclusions du champ d'application s'appliquent dans les comptes du partenariat lui-même ;
- les acquisitions d'actifs (ou groupe d'actifs) ne constituant pas une activité ;
- l'acquisition par une société d'investissement d'une participation dans une filiale.

Commentaires :

1. **Définition des regroupements entre entités ou activités sous contrôle commun** Voir n° 23210.

Pour le traitement comptable de ces regroupements, voir n° 23220.

2. **Définition des formations de partenariats (joint ventures** et **joint operations)** Les formations de joint ventures sont celles qui donnent lieu à un partenariat dans lequel les partenaires qui exercent un contrôle conjoint sur l'entité ont des droits sur l'actif net de celle-ci (IFRS 11.16). Toutes les formations de partenariats (joint ventures et joint operations) sont exclues du champ d'application d'IFRS 3. Ces exclusions du champ d'application s'appliquent dans les comptes du partenariat lui-même (IFRS 3.2a et .BC61C).

Pour le traitement comptable applicable aux formations de joint ventures, voir n° 21620.

3. **Acquisitions d'actifs (ou groupe d'actifs) ne constituant pas une activité** La norme IFRS 3.2b précise en outre la méthode de comptabilisation de ces actifs (pour plus de détails sur les modalités de comptabilisation de ces acquisitions d'actifs, voir n° 21590).

4. **Acquisition par une société d'investissement d'une participation dans une filiale** Une telle acquisition doit être comptabilisée à la juste valeur par résultat (IFRS 3.2A).

Pour la définition d'une société d'investissement selon IFRS 10 et le traitement comptable d'une participation dans une filiale d'une société d'investissement, voir n° 15007 s.

SECTION II

Comptabilisation initiale des regroupements d'entreprises

I. Méthode de comptabilisation des regroupements d'entreprises

A. Comptabilisation des regroupements d'entreprises

Comptabilisation obligatoire selon la méthode de l'acquisition

21550 ***Question***

Comment comptabiliser les regroupements d'entreprises visés par IFRS 3 ?

Réponse

Selon la méthode de l'acquisition (« acquisition method »).

Commentaires En effet, tous les regroupements d'entreprises, sauf rares exceptions (voir nº 21500), doivent être comptabilisés selon la méthode de l'acquisition (IFRS 3.4).

L'application de cette méthode implique différentes étapes de mise en œuvre : identification de l'acquéreur, détermination de la date d'acquisition, comptabilisation et évaluation des actifs acquis et passifs assumés identifiables, etc. (voir nº 21640).

Pour l'interdiction d'utiliser la mise en commun d'intérêts (« pooling of interests ») pour les regroupements dans le champ d'application d'IFRS 3, voir nº 21555.

Pour l'application de la méthode de l'acquisition aux regroupements entre mutuelles, voir nº 22285.

Interdiction d'utiliser la méthode de la mise en commun d'intérêts

21555 ***Question***

La méthode de la mise en commun d'intérêts (« pooling of interests »), fondée sur les valeurs comptables historiques de l'entreprise acquise, est-elle autorisée par IFRS 3 ?

Réponse

Non. L'utilisation de cette méthode est interdite par IFRS 3 pour les regroupements d'entreprises entrant dans son champ d'application.

Commentaires La méthode de la mise en commun d'intérêts ne peut pas être appliquée aux regroupements d'entreprises entrant dans le champ d'application de la norme IFRS 3.

Cette méthode est aussi dénommée « pooling of interests » (IFRS 3.4, .BC22 et .BC23).

En revanche, cette méthode ou une méthode proche fondée sur les valeurs comptables de l'entreprise acquise peut être utilisée dans certains cas pour les regroupements entre entreprises sous contrôle commun (voir nº 23220), ou les formations de joint ventures (voir nº 21620).

Comptabilisation des fusions entre égaux

21560 ***Question***

Comment comptabiliser les « fusions entre égaux » ?

Réponse

Selon la méthode de l'acquisition, comme tous les autres regroupements entrant dans le champ d'application de la norme IFRS 3.

Commentaires La méthode de l'acquisition est en effet applicable à tous les regroupements d'entreprises entrant dans le champ d'application d'IFRS 3 (voir nº 21550) y compris les « vraies fusions » ou « fusions entre égaux » (« true mergers » ou « mergers of equals ») (IFRS 3.A et .BC12).

Les fusions entre égaux sont des cas très rares de regroupements d'entités de taille souvent assez similaire dans lesquels aucune entité ne prend le contrôle de l'autre.

Pour l'identification de l'acquéreur dans ce type de regroupement (c'est-à-dire l'identification de l'entité qui doit appliquer la méthode de l'acquisition dans ses comptes consolidés), voir nº 21700.

Prises de contrôle par apports partiels d'actifs ou fusions

Question **21565**

Comment comptabiliser les prises de contrôle par apports partiels d'actifs ou fusions ?

Réponse

Selon la méthode de l'acquisition, dès lors que l'opération porte sur une « activité » (ou plusieurs) telle(s) que définie(s) par IFRS 3 et qu'elle n'est pas spécifiquement exclue du champ d'application d'IFRS 3.

Commentaires Toutes les opérations d'apport partiel d'actifs (même si l'apport n'entraîne pas l'acquisition de titres) et toutes les fusions entrent en effet dans le champ d'application de la norme IFRS 3 dès lors qu'elles répondent à la définition d'un regroupement d'entreprises (voir nº 21470).

Pour que ces opérations répondent à la définition d'un regroupement d'entreprises, il convient notamment que les entités parties prenantes à l'opération soient distinctes.

La fusion de deux sociétés intégrées globalement dans un même jeu de comptes consolidés constitue, par exemple, une opération interne à ne pas traiter selon la méthode de l'acquisition dans les comptes consolidés de leur société mère commune.

Décision de l'ESMA Il en est de même pour la fusion d'une société mère avec l'une de ses filiales dans les comptes consolidés de la société mère (décision du CESR, devenu l'ESMA, EECS/1208-01, 12/08).

En revanche, une telle opération constitue, dans les comptes consolidés respectifs de chacune de ces deux sociétés filiales, un regroupement d'entreprises entre entités sous contrôle commun (voir nº 23210).

Dans ce cas, s'il ne s'agit donc pas d'un des cas d'exclusion du champ d'application de cette norme (voir nº 21500), ces opérations doivent, en conséquence, être comptabilisées selon la méthode de l'acquisition (IFRS 3.B6).

Prise de contrôle d'une entité du fait de l'expiration ou de la suppression d'un droit de veto détenu par un minoritaire

Question **21570**

Comment comptabiliser la prise de contrôle d'une entité du fait de l'expiration d'un droit de veto dont disposait un minoritaire ?

Réponse

Selon la méthode de l'acquisition, comme pour toutes les prises de contrôle entrant dans le champ d'application d'IFRS 3.

En pratique, à notre avis, cela reviendrait à appliquer les modalités de mise en œuvre de la méthode de l'acquisition relatives aux acquisitions réalisées par achats successifs de titres.

Commentaires La prise de contrôle d'une entité du fait de la suppression ou de l'expiration d'un droit de veto dont disposait un actionnaire minoritaire est couverte par la norme IFRS 3 (IFRS 3.43) et doit, en conséquence, être comptabilisée selon la méthode de l'acquisition.

En l'absence de précision de la norme sur les modalités pratiques de mise en œuvre de la méthode de l'acquisition dans le cas de ces prises de contrôle, une analogie avec le traitement comptable des prises de contrôle par achats successifs de titres (voir n° 23750) devrait pouvoir être réalisée.

■ *Exemple*

L'entité LTV exerce des activités de radiodiffusion et télédiffusion dans plusieurs pays.
LTV détient 55 % d'une société de télédiffusion basée en Espagne et acquise cinq ans auparavant. Les dispositions de l'accord entre LTV et le détenteur des 45 % restants du capital confèrent le contrôle exclusif de la société de télédiffusion à cet actionnaire minoritaire. LTV a comptabilisé sa participation selon la méthode de la mise en équivalence conformément à la norme IAS 28.
La période de 5 ans couverte par l'accord et les droits de veto détenus par l'actionnaire minoritaire ont expiré. LTV, qui détient 55 % des droits de vote de la société espagnole, contrôle dorénavant cette société de manière exclusive. LTV n'a pas acquis d'actions supplémentaires de cette société et n'a effectué aucun paiement à l'actionnaire minoritaire.
Solution de l'exemple *La prise de contrôle de la société espagnole par LTV est un regroupement d'entreprises et LTV doit comptabiliser ce regroupement selon la méthode de l'acquisition. Le passage de l'influence notable au contrôle exclusif de la société espagnole est traité comme une prise de contrôle par achats successifs de titres (voir n° 23750).*
Ainsi, LTV consolidera l'activité de télédiffusion de la société espagnole pour la première fois par intégration globale et comptabilisera donc dans ses états financiers la totalité des actifs, passifs et résultats de cette société. Les actifs acquis et les passifs assumés sont constatés sur la base de leurs justes valeurs à la date de prise du contrôle exclusif, la réévaluation sur cette base de la quote-part antérieurement détenue (55 %) étant constatée en résultat (voir n° 23750).

Regroupements entre mutuelles

21575 ***Question***

Les regroupements entre mutuelles sont-ils comptabilisés selon la méthode de l'acquisition ?

Réponse

Oui.

Pour les modalités pratiques de mise en œuvre de la méthode de l'acquisition concernant ces regroupements, voir n° 22285.

Commentaires Les regroupements entre mutuelles sont inclus dans le champ d'application de la norme IFRS 3, l'IASB considérant ces regroupements similaires à d'autres transactions couvertes par cette norme (IFRS 3.BC71).

Il s'agit de regroupements réalisés entre deux entités détenues par des investisseurs à l'issue desquels l'acquéreur émet ses propres titres en rémunération de tous les titres de capital de l'acquise, la juste valeur des capitaux propres de l'acquise vient alors s'ajouter aux capitaux propres de l'acquéreur. En effet, la mutuelle acquéreuse émet des parts en contrepartie de toutes les participations des membres (adhérents) de la mutuelle acquise (IFRS 3.BC72).

Définition d'une mutuelle Une mutuelle est une entité qui est détenue par ses membres (et non par des actionnaires au sens traditionnel d'investisseurs/propriétaires) qui sont également des clients de la mutuelle. Elle distribue des dividendes à ses membres, souvent calculés sur la base de l'activité réalisée avec la mutuelle chaque année (« patronage dividends »), ou leur fait bénéficier d'avantages (coûts moindres ou autres avantages économiques) (IFRS 3.B48). C'est le cas, par exemple, des mutuelles d'assurance, des « credit unions » (caisses populaires) et des coopératives (IFRS 3.A).
Pour les modalités d'application de la méthode de l'acquisition aux regroupements entre mutuelles, voir n° 22285.

Regroupements par contrat uniquement

21580 ***Question***

Les regroupements par contrat uniquement sont-ils comptabilisés selon la méthode de l'acquisition ?

Réponse

Oui.

Commentaires Les regroupements par contrat uniquement sont inclus dans le champ d'application d'IFRS 3.

Les regroupements par contrat uniquement sont les regroupements à l'issue desquels (IFRS 3.43c) :
- l'acquéreur obtient le contrôle de l'acquise du fait de la conclusion d'un contrat uniquement ;
- aucune rémunération n'est versée par l'acquéreur au titre de l'obtention du contrôle de l'acquise ou de son actif net ;
- l'acquéreur n'a pas de quote-part dans l'actif net de l'acquise, que ce soit à la date d'acquisition ou antérieurement.

Pour plus de détails, voir n° 21472.

L'IASB reconnaît qu'il peut être difficile d'identifier l'acquéreur (IFRS 3.BC78 et .BC79) mais n'a apporté aucune précision pour ce type de regroupement.

Pour les précisions générales en matière d'identification de l'acquéreur, voir n° 21670.

Dans un regroupement par contrat uniquement, par définition, aucune rémunération n'est versée par l'acquéreur au titre de l'obtention du contrôle de l'acquise ou de son actif net (IFRS 3.43c). Le goodwill (ou le profit résultant d'une acquisition à des conditions avantageuses) est alors déterminé sur la base de la juste valeur à la date d'acquisition des intérêts de l'acquéreur dans l'acquise (IFRS 3.33, .34, et .B46), en lieu et place de la juste valeur du prix payé par l'acquéreur au titre du regroupement (voir n° 22180).

Dans un regroupement par contrat, les intérêts dans les capitaux propres de l'acquise, qui ne sont pas détenus par l'acquéreur, constituent des intérêts minoritaires dans les états financiers de l'acquéreur (IFRS 3.44). Ce principe peut aboutir à porter en intérêts minoritaires l'intégralité des capitaux propres de l'acquise si l'acquéreur n'a aucun intérêt dans les capitaux propres de l'acquise (IFRS 3.44).

B. Comptabilisation des opérations non couvertes par IFRS 3

Acquisitions d'actifs ou de groupes d'actifs ne constituant pas une activité selon IFRS 3

Question 21590

Comment comptabiliser l'acquisition d'un actif ou d'un groupe d'actifs ne constituant pas une activité selon IFRS 3 ?

Réponse

L'actif ou le groupe d'actifs acquis ne constituant pas une activité au sens d'IFRS 3, la transaction ne répond pas à la définition d'un regroupement d'entreprises. Le coût d'acquisition de cet actif ou groupe d'actifs est alors réparti entre les actifs et passifs identifiables acquis, au prorata de leurs justes valeurs respectives à la date d'acquisition, sans comptabilisation d'un goodwill.

Lorsqu'un groupe d'actifs acquis inclut des actifs et des passifs qui ne sont pas évalués au coût (par exemple, des actifs financiers devant être évalués à la juste valeur, tels que de la trésorerie ou d'autres instruments financiers) et que le coût d'acquisition diffère de la somme des justes valeurs individuelles des actifs et des passifs constituant le groupe d'actifs acquis, l'acquéreur peut appliquer un des deux modes de comptabilisation suivants :
- soit, dans un premier temps, répartir le coût d'acquisition entre tous les actifs et les passifs identifiables acquis au prorata de leurs justes valeurs respectives à la date d'acquisition, puis évaluer les actifs et les passifs, qui ne sont pas évalués au coût, selon les normes IFRS qui leur sont applicables (IFRS 9 par exemple pour l'évaluation initiale à la juste valeur des instruments financiers) ;
- soit, dans un premier temps, comptabiliser et évaluer les actifs et les passifs qui ne sont pas évalués au coût selon les normes IFRS qui leur sont applicables, puis allouer le coût d'acquisition résiduel aux actifs et aux passifs évalués au coût au prorata de leurs justes valeurs respectives.

Le choix pour l'un ou l'autre des deux modes de comptabilisation constitue un choix de méthode comptable qui doit être appliqué à toutes les transactions similaires de façon permanente d'un exercice à l'autre.

21590 (suite) *Commentaires :*

1. **Principe général** Lorsqu'un actif ou un groupe d'actifs acquis ne constitue pas une activité (voir n° 21490 s.), l'acquisition de cet actif ou de ce groupe d'actifs ne répond pas à la définition d'un regroupement d'entreprises (voir n° 21470) et ne doit donc pas être comptabilisé selon la méthode de l'acquisition.

La norme IFRS 3.2b indique que le coût d'acquisition de ce groupe d'actifs acquis doit être réparti entre les actifs et passifs identifiables du groupe sur la base de leurs justes valeurs relatives à la date d'acquisition, sans comptabilisation d'un goodwill.

> **Décision de l'ESMA** Dans une décision publiée en avril 2018, l'ESMA a rappelé qu'un groupe d'actifs acquis ne constituant pas une activité peut inclure des actifs incorporels qu'un acquéreur doit obligatoirement identifier et auxquels il doit affecter tout ou partie du prix d'acquisition payé (EECS/0118-05, 04/18).
>
> Dans cette même décision, l'ESMA a également rappelé que l'affectation du prix d'acquisition entre les actifs constituant le groupe acquis doit se faire sur la base des justes valeurs relatives de ces actifs, déterminées selon les techniques d'évaluations appropriées, conformément à IFRS 13.61, et non pas sur une base arbitraire.

2. **Application du principe général au cas particulier d'une acquisition d'un groupe d'actifs ne constituant pas une activité au sens d'IFRS 3 et incluant des actifs et des passifs qui ne sont pas évalués au coût** Un groupe d'actifs acquis ne constituant pas une activité au sens d'IFRS 3 peut inclure à la fois des actifs évalués au coût, comme des immobilisations corporelles dans le champ d'application d'IAS 16, et des actifs et des passifs qui ne sont pas évalués au coût à la date d'acquisition. Tel est le cas, par exemple, des actifs ou des passifs financiers devant être évalués à la juste valeur conformément à IFRS 9. Dans ce cas de figure et quand le coût d'acquisition diffère de la somme des justes valeurs individuelles des actifs et des passifs constituant le groupe acquis, l'application des dispositions d'IFRS 3.2b pourrait aboutir à une évaluation initiale différente de la juste valeur des actifs et passifs financiers.

L'IFRS IC a été interrogé sur les modalités de comptabilisation de l'acquisition d'un tel groupe d'actifs (IFRIC Update 11/17).

Selon l'IFRS IC, si le coût d'acquisition diffère de la somme des justes valeurs individuelles des actifs et des passifs identifiables, l'acquéreur doit d'abord s'assurer de la réalité d'une telle différence, en revoyant l'identification et les modalités de valorisation des actifs et passifs identifiables constituant le groupe acquis.

Si cette différence est confirmée, l'acquisition est comptabilisée selon un des deux modes suivants :

1re approche L'acquéreur alloue d'abord le coût d'acquisition entre les actifs acquis et les passifs assumés identifiables constituant le groupe au prorata de leurs justes valeurs respectives à la date d'acquisition. Les actifs et les passifs qui ne doivent pas être évalués au coût sont ensuite réévalués selon les normes IFRS qui leur sont applicables.

> Cette approche peut conduire à constater, à la date d'acquisition, un résultat de réévaluation pour la différence entre la valeur déterminée lors de l'allocation au prorata des justes valeurs relatives et la valeur déterminée lors de l'évaluation selon les normes IFRS applicables aux actifs et aux passifs concernés (voir Exemple ci-après).

2nde approche L'acquéreur alloue d'abord le coût d'acquisition aux actifs acquis et aux passifs assumés identifiables qui ne doivent pas être évalués au coût, et les évalue selon les normes IFRS qui leur sont applicables. Le résiduel du coût d'acquisition non alloué est ensuite affecté aux autres actifs et passifs devant être évalués au coût au prorata de leurs justes valeurs respectives.

> Aucun résultat de réévaluation ne devrait, sauf exception, être reconnu lors de l'application de cette méthode.

Le choix pour l'une ou l'autre des deux approches constitue un choix de méthode comptable qui doit être appliqué à toutes les transactions similaires de façon permanente d'un exercice à l'autre.

L'IFRS IC considère que ces deux modes de comptabilisation sont compatibles avec les indications d'IFRS 3.2b (voir point 1. ci-avant). Par ailleurs, l'IFRS IC a indiqué qu'il n'a pas reçu de preuves suffisantes que ces deux méthodes aboutiraient à des différences significatives dans les comptes des acquéreurs. Ainsi, il n'a pas recommandé la tenue d'un projet d'amendement de la norme pour restreindre le mode de comptabilisation de ces transactions à l'une ou l'autre de ces deux approches. Pour autant, ce sujet doit être suivi dans le cadre de l'entrée en vigueur de l'amendement de la définition d'une activité, susceptible d'augmenter le nombre d'acquisitions de groupes d'actifs (IFRIC Update 11/17).

■ *Exemple* 21590 (suite)

(inspiré d'un papier de travail discuté par l'IFRS IC en novembre 2017) Un acquéreur achète 100 % des titres d'une société immobilière. Cette société détient un immeuble d'exploitation, comptabilisé au coût selon les modalités d'IAS 16, de la dette financière et de la trésorerie comptabilisées à la juste valeur conformément aux dispositions d'IFRS 9. Ce groupe d'actifs et de passifs ne répond pas à la définition d'une activité selon les dispositions de la norme IFRS 3.

Le prix d'acquisition est de 600 K€.

A la date d'acquisition, la somme des justes valeurs des actifs et des passifs de la société acquise est de 800 K€, composée comme suit :

- Immeuble d'exploitation : 1 000 K€

- Trésorerie : 50 K€

- Dette financière : (250) K€

La différence négative de 200 K€ entre le prix d'acquisition de l'ensemble et la somme des justes valeurs des actifs acquis et des passifs assumés s'explique par la volonté du vendeur de réaliser la vente rapidement pour des raisons personnelles.

Comment allouer le prix d'acquisition au groupe d'actifs et passifs acquis dans les comptes IFRS de l'acquéreur ?

Solution de l'exemple *L'ensemble acquis ne constituant pas une activité au sens d'IFRS 3, la méthode de l'acquisition n'est pas applicable. Le prix d'acquisition est alloué aux actifs acquis et passifs assumés, sans constatation d'un écart d'acquisition.*

1e approche :

Etape 1 – Le prix d'acquisition est d'abord alloué à tous les actifs acquis et passifs assumés constituant l'ensemble acquis, au prorata de leurs justes valeurs respectives :

- Immeuble d'exploitation : 750 K€ [(1 000 / 800) × 600]

- Trésorerie : 37,5 K€ [(50 / 800) × 600]

- Dette financière : (187,5) K€ [(250) / 800) × 600]

Etape 2 – La trésorerie et la dette financière entrent dans le champ d'application d'IFRS 9 et doivent être évaluées à la juste valeur lors de leur comptabilisation initiale. Ainsi, la trésorerie acquise et la dette financière assumée sont réévaluées de la manière suivante :

- Trésorerie : 50 K€ (37,5 + 12,5)

- Dette financière : (250) K€ [(187,5) + (62,5)]

Cette réévaluation conduit à reconnaître, à la date d'acquisition, un résultat de (50) K€ [12,5 + (62,5)].

L'immeuble d'exploitation reste évalué par l'acquéreur au coût, conformément à IAS 16, soit 750 K€.

1e approche	*Juste valeur*	*Etape 1 Affectation du prix d'acquisition*	*Etape 2 Réévaluation des éléments devant être reconnus à la juste valeur*	*Valeur d'acquisition*
Immeuble d'exploitation	*1 000*	*750*	*–*	*750*
Trésorerie	*50*	*37,5*	*12,5*	*50*
Dette financière	*(250)*	*(187,5)*	*(62,5)*	*(250)*
Total	*800*	*600*	*(50)*	*550*

2nde approche :

Le prix d'acquisition est d'abord alloué aux éléments qui ne doivent pas être évalués au coût lors de leur comptabilisation initiale. Le résiduel est affecté aux autres actifs et passifs au prorata de leurs justes valeurs respectives.

Ainsi, la trésorerie et la dette financière sont initialement comptabilisées à leurs justes valeurs à la date d'acquisition. Le résiduel du prix d'acquisition est affecté en totalité à l'immeuble d'exploitation.

- Immeuble d'exploitation : 800 K€ [600 – 50 – (250)]

- Trésorerie : 50 K€

- Dette financière : (250) K€

Aucun résultat de réévaluation n'est reconnu lors de l'application de cette approche.

2nde approche	*Juste valeur*	*Valeur d'acquisition*
Immeuble d'exploitation	*1 000*	*800*
Trésorerie	*50*	*50*
Dette financière	*(250)*	*(250)*
Total	*800*	*600*

Regroupements entre entreprises (activités) sous contrôle commun

21610 Pour la définition des regroupements entre entreprises sous contrôle commun, voir nº 23210 ; pour leur comptabilisation, voir nº 23220.

Formation de joint venture : traitement dans les comptes de la joint venture

21620 ***Question***

Comment comptabiliser une formation de joint venture dans les comptes consolidés de la joint venture ?

Réponse

Il convient, à notre avis, de déterminer si les actifs et passifs apportés à la joint venture par les coentrepreneurs constituent ou non une activité au sens d'IFRS 3.

1. Si les apports ne répondent pas à la définition d'une activité au sens d'IFRS 3, les actifs et passifs apportés par les coentrepreneurs à la joint venture sont alors évalués à leur juste valeur.

2. Si les apports répondent à la définition d'une activité au sens d'IFRS 3, deux méthodes sont alors possibles :
- la méthode du « fresh-start accounting » qui consiste à évaluer les actifs et passifs identifiables apportés à la joint venture à leur juste valeur ; ou
- la méthode fondée sur les valeurs nettes comptables historiques qui consiste à évaluer tous les actifs et passifs mis en commun sur la base des valeurs comptables historiques consolidées telles qu'elles figuraient dans les comptes de ceux qui ont créé la joint venture.

Commentaires Le traitement des formations de joint ventures au niveau des comptes consolidés de la joint venture diffère, à notre avis, selon que les actifs et passifs apportés par les coentrepreneurs à la joint venture répondent (ou non) à la définition d'une activité telle que définie par IFRS 3 :

Pour la définition des formations de joint ventures, voir nº 21500.
Pour la définition d'une activité au sens d'IFRS 3, voir nº 21490 s.

1. Actifs et passifs apportés par les coentrepreneurs ne répondant pas à la définition d'une activité au sens d'IFRS 3 Dans ce cas, l'apport de ces actifs et passifs en contrepartie d'instruments de capitaux propres émis par la joint venture s'analyse, à notre avis, comme une transaction de paiement fondé sur des actions et réglée en instruments de capitaux propres, couverte par la norme IFRS 2, Paiement fondé sur des actions (IFRS 2.2c).

Les actifs et passifs reçus par la joint venture et l'augmentation de capitaux propres qui en est la contrepartie sont ainsi évalués (IFRS 2.10) :
- sur la base de la juste valeur des actifs et passifs reçus, si cette juste valeur peut être estimée de façon fiable ; ou
- par référence à la juste valeur des instruments de capitaux propres attribués, dans le cas contraire.

2. Actifs et passifs apportés par les coentrepreneurs répondant à la définition d'une activité au sens d'IFRS 3 Dans ce cas, l'apport des actifs et passifs à la joint venture est exclu du champ d'application tant de la norme IFRS 2 que de la norme IFRS 3.

En effet, les formations de joint ventures sont explicitement exclues du champ d'application d'IFRS 3 (IFRS 3.2a), voir nº 21500.
En outre, la norme IFRS 2 ne s'applique pas aux apports d'activité au sens d'IFRS 3, réalisés dans le cadre de la formation d'une joint venture (IFRS 2.5).

En l'absence de norme IFRS spécifique précisant la comptabilisation de ces transactions, le traitement comptable à retenir doit notamment être celui qui aboutit à l'information la plus pertinente pour les utilisateurs des états financiers (IAS 8.10 à .12). Les formations de joint ventures peuvent ainsi, à notre avis, être comptabilisées dans les comptes consolidés de la joint venture :
- **soit selon la méthode du « fresh-start accounting »**, consistant à évaluer les actifs et passifs identifiables de toutes les entités participant au regroupement à leur juste valeur (cette méthode

étant appliquée à la date de création de la joint venture). Ces regroupements aboutissent en effet, en substance, à la prise de contrôle des activités préexistantes par la joint venture créée ;

Les modalités de mise en œuvre de la méthode du « fresh-start accounting » ne sont pas précisées par les normes IFRS actuelles. En outre, l'IASB n'a actuellement aucun projet d'examen de cette méthode.

La différence entre la juste valeur des actifs et passifs des entités participant au regroupement et la juste valeur du prix payé par la joint venture pour les acquérir est, à notre avis, comptabilisée en goodwill.

– **soit sur la base des valeurs comptables historiques consolidées** telles qu'elles existaient dans les comptes de ceux qui ont créé la joint venture.

Dans ce cas, la différence entre la valeur comptable consolidée de ces actifs et passifs et la juste valeur du prix payé par la joint venture pour les acquérir devrait, à notre avis, être comptabilisée en capitaux propres.

Remarque Lorsque la joint venture adopte la méthode de valorisation basée sur les valeurs comptables historiques consolidées, elle devrait, à notre avis, retenir les mêmes méthodes comptables que celles antérieurement utilisées par les coentrepreneurs.

Si toutefois la joint venture décide de retenir des méthodes comptables différentes de celles utilisées par les coentrepreneurs, elle peut, à notre avis, retenir dans ses propres comptes :

- soit l'une des méthodes comptables utilisées par l'un des coentrepreneurs ;
- soit une méthode comptable différente.

II. Mise en œuvre de la méthode de l'acquisition

Principes généraux de mise en œuvre de la méthode

21640

Question

Comment mettre en œuvre la méthode de l'acquisition ?

Réponse

Selon une démarche en 7 étapes majeures :

1. identification de l'acquéreur ;
2. détermination de la date d'acquisition ;
3. évaluation du prix d'acquisition transféré par l'acquéreur au vendeur au titre du regroupement d'entreprises ;
4. identification, évaluation et comptabilisation initiale des actifs acquis et des passifs assumés de l'entreprise acquise ;

   Concernant les étapes 3 et 4, l'acquéreur devra s'assurer qu'il n'existe pas de transactions qui, bien que conclues simultanément ou à l'occasion du regroupement d'entreprises, n'en font pas partie intégrante. De telles transactions doivent en effet être comptabilisées séparément du regroupement d'entreprises (voir n° 21645).

5. comptabilisation et évaluation des intérêts minoritaires ;
6. comptabilisation et évaluation du goodwill ou du gain résultant d'une acquisition à des conditions avantageuses ;
7. comptabilisation post-regroupement d'entreprises.

Commentaires Des précisions relatives aux modalités de mise en œuvre de la méthode de l'acquisition sont fournies par la norme IFRS 3.5 s. et .BC80 s.

Pour celles relatives à :

- l'identification de l'acquéreur, voir n° 21660 s. ;
- la détermination de la date d'acquisition, voir n° 21720 ;
- l'évaluation du prix d'acquisition transféré par l'acquéreur au vendeur au titre du regroupement d'entreprises, voir n° 21755 s. ;
- l'identification, l'évaluation et la comptabilisation initiale des actifs identifiables acquis et des passifs assumés de l'entreprise acquise, voir n° 21905 s., 22030 s. et 22300 s. ;
- la comptabilisation et l'évaluation des intérêts minoritaires, voir n° 22165 s. ;
- la comptabilisation et l'évaluation du goodwill ou du gain résultant d'une acquisition à des conditions avantageuses (« bargain purchase »), voir n° 22180 s. et 22205 s. ;
- la comptabilisation postérieure au regroupement d'entreprises, voir n° 22130 s.

La méthode de l'acquisition (et notamment l'évaluation du prix d'acquisition et l'identification initiale des actifs acquis et passifs assumés) ne s'applique qu'à des transactions qui font partie intégrante du regroupement d'entreprises, et non pas à des transactions distinctes du regroupement (voir n° 21645).

Identification des transactions distinctes du regroupement

21645 ***Question***

Pourquoi est-il nécessaire de distinguer les transactions qui font partie intégrante du regroupement d'entreprises des transactions distinctes du regroupement ?

Réponse

Dans le cadre de la méthode de l'acquisition d'IFRS 3, seules les transactions faisant partie intégrante du regroupement d'entreprises sont prises en compte pour la détermination du prix d'acquisition payé au titre du regroupement et l'identification des actifs acquis et passifs assumés identifiables.

Les transactions distinctes du regroupement doivent être comptabilisées selon les autres normes IFRS appropriées.

Ainsi, une transaction réalisée dans l'intérêt de l'acquise ou de ses précédents actionnaires avant le regroupement d'entreprises est généralement prise en compte pour la comptabilisation du regroupement. A l'inverse, une transaction réalisée dans l'intérêt de l'acquéreur ou de l'entité combinée issue du regroupement ne fait généralement pas partie du regroupement.

La norme fournit un certain nombre d'indicateurs permettant d'apprécier si la transaction fait ou non partie du regroupement : les raisons pour lesquelles cette transaction a été conclue, l'initiateur de la transaction et le moment où elle se déroule.

Commentaires :

1. **Principe de distinction entre les transactions qui font partie du regroupement d'entreprises et les transactions distinctes du regroupement** L'acquéreur doit déterminer si une partie du prix payé et/ou si certains actifs acquis et passifs assumés identifiables (IFRS 3.51) :

- font partie du regroupement d'entreprises et sont donc pris en compte dans la mise en œuvre de la méthode de l'acquisition pour la détermination du prix d'acquisition payé au titre du regroupement et/ou des actifs acquis et passifs assumés identifiables ; ou
- au contraire, font partie d'une transaction distincte du regroupement, à comptabiliser selon les autres normes IFRS appropriées.

Une transaction distincte peut être relative à (IFRS 3.51) :
- une relation préexistante entre l'acquéreur et l'acquise, voir n° 22245 ;
- un accord entre l'acquéreur et l'acquise conclu avant le regroupement d'entreprises ; ou
- un accord conclu en même temps que le regroupement mais qui ne fait pas partie intégrante du regroupement d'entreprises lui-même.

Seuls les éléments qui font partie de ce que l'acquéreur et l'acquise (ou ses précédents actionnaires) échangent dans le cadre de la négociation du regroupement font partie de la comptabilisation du regroupement. En revanche, les éléments qui ne sont pas échangés dans ce cadre sont considérés comme faisant partie d'une transaction distincte (IFRS 3.52).

Ainsi, ne font pas partie du regroupement, par exemple (IFRS 3.52) :
- une transaction qui vient régler des relations préexistantes entre l'acquéreur et l'acquise, voir n° 22245 ;
- une transaction qui rémunère des salariés de l'acquise ou d'anciens actionnaires vendeurs au titre de services futurs, voir n° 22260 ;

Voir également aux n° 22250 s. pour les avantages payables en actions et assimilés émis par l'acquéreur en remplacement d'avantages antérieurement accordés par l'acquise à ses salariés et dont tout ou partie peut devoir être comptabilisé séparément du regroupement d'entreprises.

- une transaction qui permet de rembourser à l'acquise ou à des vendeurs des coûts liés à l'acquisition qu'ils ont pris en charge pour le compte de l'acquéreur, voir n° 21850.

Remarque Dans les contrats d'acquisition ou les pactes d'actionnaires conclus lors d'un regroupement d'entreprises, le groupe acquéreur peut, en complément de l'acquisition d'une filiale, recevoir ou donner des engagements fermes ou optionnels sur les titres de la filiale acquise. Tel est le cas d'une option d'achat de titres détenus par un minoritaire (un « call ») ou d'un engagement ferme d'acquérir les titres d'un minoritaire à une date future (un « forward »).

Ces engagements constituent généralement une composante distincte du regroupement d'entreprises qui peut avoir différentes incidences comptables dans les comptes du groupe acquéreur, par exemple :
- la constatation d'une dette pour la valeur actualisée de la trésorerie à débourser pour l'acquisition future des intérêts des minoritaires ; ou
- la comptabilisation d'un dérivé en juste valeur par résultat ; ou encore
- ces engagements peuvent ne constituer qu'un engagement hors bilan.

Pour l'analyse et la comptabilisation de ce type d'engagements, voir nº 24250.

2. Eléments d'analyse pour opérer cette distinction La norme fournit des indicateurs permettant d'apprécier si une transaction fait partie du regroupement ou en est distincte.

Ces indicateurs doivent être considérés ensemble et non isolément. Il n'est toutefois pas nécessaire que tous les indicateurs soient remplis (IFRS 3.B50).

Il s'agit d'examiner :

a. **les raisons pour lesquelles les parties ont conclu cette transaction** (IFRS 3.B50a) ;

Les parties comprennent l'acquéreur, l'acquise, les actionnaires vendeurs, les administrateurs et dirigeants de l'acquise et ceux qui agiraient en tant qu'agents de ces derniers.

Ainsi, par exemple, si une transaction est conclue principalement dans l'intérêt de l'acquéreur ou de l'entité issue du regroupement, il est peu probable que la transaction fasse partie intégrante du regroupement lui-même ;

En conséquence, la partie correspondante du prix payé et, le cas échéant, les actifs ou passifs liés à cette transaction doivent être comptabilisés distinctement du regroupement.

b. **l'initiateur de la transaction** (IFRS 3.B50b) Une transaction initiée par l'acquéreur est vraisemblablement destinée à procurer à l'acquéreur (ou à l'entité issue du regroupement) des avantages économiques futurs, qui sont sans équivalent pour l'acquise ou les actionnaires vendeurs avant le regroupement. Dans ce cas, en principe, cette transaction ne doit pas faire partie de la comptabilisation du regroupement. A l'inverse, il est peu vraisemblable qu'une transaction initiée par l'acquise ou ses précédents actionnaires le soit au bénéfice de l'acquéreur ou de l'entité combinée ;

c. **le moment où se déroule la transaction** (IFRS 3.50c) Une transaction conclue par l'acquéreur et l'acquise au cours de la période de négociation du regroupement d'entreprises peut être initiée dans l'objectif de procurer des avantages économiques futurs à l'acquéreur ou à l'entité issue du regroupement. Ces avantages sont, a priori, sans équivalent pour l'acquise ou ses actionnaires vendeurs. Cette transaction ne devrait donc pas faire partie de la comptabilisation du regroupement.

A. Identification de l'acquéreur

1. Principe général

Identification de l'acquéreur : une étape incontournable

Question 21660

Pourquoi l'identification de l'acquéreur est-elle essentielle pour la mise en œuvre de la méthode de l'acquisition ?

Réponse

Car l'évaluation des actifs et passifs à la juste valeur s'applique :
- dans les seuls comptes de l'acquéreur ; et
- sauf exception, aux seuls actifs et passifs de l'entreprise acquise.

Commentaires La norme IFRS 3 impose l'identification d'un acquéreur pour tout regroupement d'entreprises (IFRS 3.6).

La méthode de l'acquisition est en effet mise en œuvre en considérant le point de vue de l'acquéreur : celui-ci achète des actifs nets et comptabilise les actifs acquis et les passifs assumés, y compris ceux qui n'étaient pas comptabilisés auparavant par l'entreprise acquise.

En règle générale, l'évaluation des actifs et passifs de l'acquéreur juridique n'est pas affectée par la transaction, sauf exception (voir nº 21915), et cas particulier des « reverse acquisitions » (voir nº 21690).

Définition de l'acquéreur

21665 ***Question***

Comment identifier l'acquéreur ?

Réponse

En règle générale, l'acquéreur est défini comme étant la partie au regroupement qui obtient le contrôle de l'autre (des autres) partie(s) au regroupement. Ainsi, un investisseur obtient le contrôle d'une entité s'il est exposé ou a droit aux rendements variables résultant de son implication dans l'entité et si le pouvoir qu'il détient sur cette entité lui permet d'influer sur ses rendements.

Commentaires :

1. **Notion de contrôle utilisée pour identifier l'acquéreur** C'est la notion de contrôle, telle que définie par la norme IFRS 10, Etats financiers consolidés, qui est utilisée dans la norme IFRS 3 pour identifier l'acquéreur (IFRS 3.7, .B13 et .BC93). Ainsi, un investisseur obtient le contrôle d'une entité s'il est exposé ou a droit aux rendements variables résultant de son implication dans l'entité et si le pouvoir qu'il détient sur cette entité lui permet d'influer sur ses rendements, c'est-à-dire s'il détient cumulativement (IFRS 10.6 et .7) :
- le pouvoir sur les activités pertinentes de cette entité ;
- une exposition ou des droits aux rendements variables de cette entité ; et
- la capacité d'agir sur ses rendements, c'est-à-dire s'il existe un lien entre les rendements et le pouvoir.

Pour la notion de contrôle selon IFRS 10, voir nº 15125. Dans le cas où l'application des dispositions d'IFRS 10 ne permet pas d'identifier clairement l'acquéreur, voir nº 21670.

2. **Obligation d'identifier un acquéreur** La mise en œuvre de la méthode de l'acquisition implique que l'une des parties à la transaction soit identifiée comme étant l'acquéreur, voir nº 21660.

Difficultés d'identification de l'acquéreur

21670 ***Question***

Que faire en cas de difficulté pour identifier l'acquéreur ?

Réponse

Si l'application des dispositions de la norme IFRS 10 (notion de contrôle, voir nº 15125) ne permet pas de déterminer clairement qui est l'acquéreur, il convient de considérer l'ensemble des faits et circonstances pertinents et notamment certaines situations, comme par exemple :

a. de manière générale :
- l'entité qui a une taille plus importante que les autres (en termes d'actifs, de chiffre d'affaires, de résultat, etc.) ;
- l'entité qui a initié le regroupement ;

b. dans un regroupement rémunéré en trésorerie : l'entité qui transfère les éléments de rémunération ;

c. dans un regroupement rémunéré par instruments de capitaux propres :
- l'entité qui émet les instruments de capitaux propres (sauf en cas d'acquisition inversée) ;
- l'entité dont les actionnaires ont la fraction des droits de vote la plus importante dans l'entité issue du regroupement ;
- l'entité qui a le pouvoir de nommer ou de révoquer la majorité de l'équipe dirigeante de l'entité issue du regroupement.

Ces situations permettent généralement de déterminer l'acquéreur.

Commentaires : **21670** (suite)

1. **Indicateurs permettant d'identifier l'acquéreur** La norme IFRS 3 considère qu'il existe un acquéreur pour chaque regroupement d'entreprises. Lorsqu'il est difficile d'identifier l'acquéreur, une analyse au cas par cas de l'ensemble des faits et circonstances pertinents est menée.

Pour un exemple d'analyse menée à l'aide des critères ci-après, voir la décision du CESR, devenu l'ESMA (EECS/1209-15, 12/09).

La prise en compte des situations suivantes peut par exemple permettre cette identification (IFRS 3.7 et .B13 à .B17) :

a. **la taille relative des entités** (en termes d'actifs, de chiffre d'affaires, de résultat ou de juste valeur, etc.) : l'acquéreur est en règle générale l'entité dont la taille est significativement plus importante que celle des autres entités parties prenantes au regroupement (IFRS 3.B16 et .B17) ;

b. si le regroupement d'entreprises implique plus de deux entités, **l'entité qui a initié le regroupement** est en règle générale l'acquéreur (IFRS 3.B17) ;

c. si le regroupement est rémunéré essentiellement en trésorerie, en autres actifs ou par la prise en charge de passifs, **l'entité qui transfère la trésorerie, les autres actifs,** ou prend en charge les passifs, est probablement l'acquéreur (IFRS 3.B14 ; voir Exemple ci-après) ;

d. si le regroupement est essentiellement rémunéré par émission d'instruments de capitaux propres :

- **l'entité qui émet les instruments** est probablement l'acquéreur, sauf dans le cas d'une acquisition dite inversée (IFRS 3.B15) ;
- l'entité dont les propriétaires, considérés ensemble, conservent ou reçoivent **la fraction la plus grande des droits de vote** dans l'entité issue du regroupement est généralement l'acquéreur (IFRS 3.B15a) ;

L'appréciation de la détention de la plus grande fraction des droits de vote est réalisée en prenant en compte tout accord inhabituel concernant les droits de vote ou toute option, bons de souscription d'actions ou actions convertibles.

- l'entité dont un propriétaire ou un groupe organisé de propriétaires détient **une participation minoritaire significative** dans l'entité issue du regroupement sans qu'aucun autre propriétaire ou groupe de propriétaires ne dispose d'un nombre significatif de droits de vote est généralement l'acquéreur (IFRS 3.B15b) ;
- la composition des organes de direction de l'entité issue du regroupement : l'entité partie prenante au regroupement **qui a le pouvoir de nommer ou de révoquer la majorité de l'équipe dirigeante** de l'entité issue du regroupement est généralement l'acquéreur (IFRS 3.B15c) ;
- l'entité dont **l'ancienne équipe dirigeante a le contrôle** sur l'équipe dirigeante de l'entité issue du regroupement est généralement l'acquéreur (IFRS 3.B15d) ;
- **l'entité qui paie une prime de contrôle** par rapport à la juste valeur avant le regroupement des instruments de capitaux propres de l' (ou des) autre(s) entité(s) participant au regroupement est généralement l'acquéreur (IFRS 3.B15e).

Décision de l'ESMA En 2016, l'ESMA a accepté la qualification d'acquisition inversée d'une opération réalisée en deux temps (EECS/0116-06, 07/16) :

- une première acquisition réalisée par une entité opérationnelle non cotée (A) d'une entité cotée mais non opérationnelle (B) via un versement de trésorerie, B ne constituant pas une activité,
- puis une fusion des deux entités réalisée via une émission de titres de l'entité B en rémunération des actionnaires de A pour l'acquisition des titres de l'entité A.

Ainsi, en l'absence de précisions dans IFRS 3 pour une transaction de ce type (acquisition en cash d'une entité qui ne constitue pas un business puis fusion avec l'acquise avec émission de titres), le groupe peut se référer à IAS 8.10 à .12, qui stipule qu'en l'absence d'une norme ou d'une interprétation IFRS spécifiquement applicable à une transaction, le management doit faire usage de jugement pour développer et appliquer une méthode comptable permettant d'obtenir des informations fiables et pertinentes.

Au cas particulier, l'ESMA a accepté un traitement comptable par analogie avec IFRS 3. L'opération a ainsi été considérée comme une acquisition inversée, A étant l'acquéreur comptablement et B l'acquéreur légal, au vu des éléments suivants :

- les membres du conseil d'administration de l'ensemble combiné ont été désignés par les actionnaires de la société A et ont remplacé les membres du conseil d'administration de la société B ;
- la direction de la société A a remplacé l'ancienne direction de la société B ;
- la taille relative de la société A est significativement supérieure à celle de la société B ;
- les actionnaires de la société A détiendront la majorité des droits de vote dans l'entité combinée ;
- et la société A a payé une prime sur la juste valeur des actions de la société B.

La fusion de B dans A a été considérée comme une réorganisation interne.
La différence entre le versement en trésorerie et la valeur des titres de B a été considérée comme étant des coûts de cotation de A et enregistrée en résultat.

2. **Regroupements par contrat uniquement ou entre mutuelles** L'IASB n'a apporté aucune précision particulière concernant l'identification de l'acquéreur dans le cadre de ces regroupements. En conséquence, il convient donc de prendre en compte les différents indicateurs cités au point 1. ci-avant.

Pour la comptabilisation des regroupements par contrat, voir n° 21580 ; et celle des regroupements entre mutuelles, voir n° 22285.

■ *Exemple*

Prise en compte des modalités de rémunération du regroupement *Une société A fait une offre pour acquérir une autre société B. Cette acquisition est rémunérée par A sous forme :*
– d'une émission d'instruments de capitaux propres à hauteur de 77 % de la juste valeur de B ;
– et d'un paiement en numéraire pour le solde (23 % de la juste valeur de B).
Une fusion-absorption (« legal merger ») de A et de B est envisagée après l'offre d'achat.
Les deux sociétés A et B sont cotées sur un marché de capitaux réglementé. La société B est significativement plus importante que la société A :
– avant l'offre : la juste valeur de A est de 600, celle de B est de 1 000 ; les ventes de A représentent 35 % des ventes totales de l'entité regroupée ;
– à la suite du regroupement : les actionnaires de B détiendront 57 % des intérêts économiques de l'entité regroupée, et les actionnaires de A détiendront 50,2 % des droits de vote de l'entité regroupée compte tenu de l'existence de droits de vote doubles avant le rachat.
Concernant le contrôle des politiques financières et opérationnelles, il n'existe pas d'accord (contractuel ou non) entre les actionnaires qui limiterait l'exercice de leurs droits de vote.
L'entité regroupée sera composée d'un conseil de surveillance et d'un comité exécutif :
– le conseil de surveillance sera composé de 5 membres de A, de 5 membres de B et du président (président actuel du conseil de surveillance de A, qui aura un droit de vote prépondérant – « casting vote ») ;
– le comité exécutif sera composé de 4 membres ; son président sera le PDG actuel de B ; les trois autres membres seront le PDG actuel de A, un vice-président actuel de A et un vice-président actuel de B.

Solution de l'exemple *Selon la décision du CESR (devenu l'ESMA) prise en application de la version de la norme IFRS 3 avant révision en 2008 mais également applicable, à notre avis, selon la version actuelle d'IFRS 3, l'acquéreur devrait être l'entité A (EECS/0407-01, 04/07).*
En effet, bien que l'application des critères liés à la taille puisse indiquer que B est l'acquéreur (IFRS 3.B16), d'autres critères indiquent que c'est en fait A qui est l'acquéreur. Ainsi :
– A rémunère le regroupement en liquidités et en instruments de capitaux propres (IFRS 3.B14 et .B15) ;
– A émet les instruments de capitaux propres correspondants (IFRS 3.B15) ; et
– A est majoritaire au conseil de surveillance (du fait de son droit de vote prépondérant).

2. Regroupements par échange d'instruments de capitaux propres

Principe général d'identification de l'acquéreur

21685 ***Question***

Dans le cas d'un regroupement d'entreprises opéré par échange d'instruments de capitaux propres, l'acquéreur est-il celui qui émet ces instruments ?

Réponse

Oui, généralement, sauf dans le cas d'une acquisition inversée.

Commentaires En effet, dans un regroupement opéré par échange d'actions, l'entité qui émet les actions est généralement l'acquéreur (IFRS 3.B15) – c'est-à-dire l'entité qui obtient le contrôle de l'autre (des autres) entité(s) se regroupant ou de l'entité issue du regroupement – sauf dans le cas des acquisitions dites inversées (voir n° 21690).

Ce contrôle est toutefois apprécié en tenant compte de tous les faits et circonstances pertinents pour identifier l'acquéreur (voir n° 21670 en cas de difficulté pour identifier l'acquéreur).

Pour le cas particulier d'un regroupement par création d'une entité nouvelle, voir n° 21705 et 21706.

Acquisition inversée

Question 21690

Qu'est-ce qu'une acquisition inversée ?

Réponse

Il s'agit d'un regroupement d'entreprises rémunéré par émission d'instruments de capitaux propres et dans lequel l'entité qui émet ces instruments est identifiée sur le plan comptable comme étant l'entité acquise et non l'acquéreur (comme généralement présumé), en application des principes généraux de détermination de l'acquéreur, voir n° 21665 s.

Dans ce cas, l'acquéreur est l'entreprise juridiquement contrôlée, dès lors qu'elle est exposée ou a droit aux rendements variables résultant de son implication dans sa société mère et si le pouvoir qu'elle détient sur cette entité lui permet d'influer sur ses rendements (d'où la terminologie « acquisition inversée »).

L'entité émettant les instruments de capitaux propres ne peut être identifiée comme l'acquise sur le plan comptable – et l'opération comptabilisée comme une acquisition inversée – que si cette entité répond à la définition d'une activité. A défaut, il ne s'agit pas d'un regroupement d'entreprises mais, par exemple, d'une réorganisation interne du groupe.

Commentaires :

1. **Notion d'acquisition inversée** Une acquisition dite inversée est une acquisition dans laquelle une entreprise (l'acquéreur juridique) obtient le contrôle légal d'une autre entreprise. Toutefois, elle émet, en rémunération de cette prise de contrôle, suffisamment de ses propres actions pour permettre aux anciens actionnaires de sa nouvelle filiale (juridique) de prendre le contrôle de son propre capital.

Les acquisitions inversées sont incluses dans le champ d'application d'IFRS 3 (IFRS 3.BC13), ce qui nécessite notamment de déterminer l'acquéreur.

L'acquéreur (l'entreprise qui obtient le contrôle de l'autre partie) est donc bien l'entreprise juridiquement contrôlée (IFRS 3.B19, .BC96, .BC97 et .IE1 s.). L'obtention du contrôle de l'entité acquéreuse, sur le plan juridique, par l'entreprise acquise doit être démontrée par l'ensemble des faits et circonstances pertinents. L'obtention, sur le plan juridique, de la majorité des droits de vote dans la société mère (juridique), par les anciens actionnaires de l'acquise, n'est pas suffisante, à elle seule, pour établir le contrôle (voir point 3. ci-après).

Pour un exemple d'acquisition inversée, voir ci-après.

2. **Objectif de la réalisation d'une acquisition inversée** Une acquisition inversée est parfois réalisée pour obtenir, de manière indirecte, une cotation sur un marché ou un autre avantage réglementaire (utilisation d'une licence).

Des entités de tailles différentes sont souvent impliquées, l'émetteur des actions pouvant être, par exemple, une entité de plus petite taille mais déjà cotée sur un marché ou détentrice d'une licence.

3. **Prise en compte de la substance de l'opération** En cas de regroupement d'entreprises par échange d'instruments de capitaux propres, il convient de déterminer quelle partie obtient le contrôle des autres parties à ce regroupement. Cela nécessite, selon IFRS 10, de déterminer l'investisseur qui est exposé ou a droit aux rendements variables résultant de son implication dans l'entité et si le pouvoir qu'il détient sur cette entité lui permet d'influer sur ses rendements (n° 21665).

Cette analyse doit prendre en compte la substance de tous les faits et circonstances pertinents (IFRS 3.B15) et ne pas se limiter aux pourcentages de détention respectifs des différents détenteurs (IFRS 3.BC97).

Pour les faits et circonstances pertinents à considérer, voir n° 21670.

4. **Nécessité que l'acquise (sur le plan comptable) soit une activité** Pour répondre à la définition d'une acquisition inversée, l'acquise, sur le plan comptable, doit être une activité au sens

d'IFRS 3.3. En effet, si ce n'est pas le cas, la transaction ne pourra pas être traitée comme un regroupement d'entreprises (IFRS 3.B19).

Ce principe a été illustré lors d'une saisine de l'IFRS IC, qui porte sur le cas des anciens actionnaires d'une entité opérationnelle non cotée (O) qui deviennent actionnaires majoritaires d'une entité cotée non opérationnelle (C). Cette transaction implique :

- l'acquisition de 100 % de l'entité opérationnelle non cotée (O) par l'entité non opérationnelle cotée (C) ; et
- l'échange par les anciens actionnaires de leurs titres de O (l'entité opérationnelle non cotée) pour des titres de C (l'entité cotée non opérationnelle).

L'IFRS IC a indiqué que cette transaction, bien que présentant les mêmes caractéristiques qu'une acquisition inversée (les anciens actionnaires de l'acquise juridique obtenant le contrôle de l'acquéreur juridique), ne pouvait être traitée comme telle, car l'acquise du point de vue comptable ne constitue pas une activité (dans le cas présent l'acquise est C, l'entité cotée non opérationnelle) (IFRIC Update 11/12). Tout en décidant de ne pas inscrire ce thème à son agenda, l'IFRS IC a indiqué que cette transaction, étant exclue du champ d'application d'IFRS 3, doit être comptabilisée selon IFRS 2. Ainsi, la différence entre la juste valeur des actions présumées émises par l'acquéreur du point de vue comptable (l'entité opérationnelle non cotée) et la juste valeur de l'actif net identifiable de l'acquise représente un service de cotation en bourse reçu par l'entité opérationnelle non cotée, à constater en charge (IFRS 2.13A et .8, IFRIC Update 03/13).

5. Précisions apportées par IFRS 3 pour l'application de la méthode de l'acquisition aux acquisitions inversées De nombreuses précisions relatives aux modalités de mise en œuvre de la méthode de l'acquisition aux acquisitions inversées ainsi qu'un exemple d'application sont fournis par IFRS 3 (IFRS 3.B19 à .B27 et .IE1 à .IE15).

Ces précisions et cet exemple portent notamment sur la détermination du prix d'acquisition, l'évaluation du goodwill, la présentation dans l'état de situation financière (ou bilan), l'évaluation et la présentation des intérêts minoritaires, la présentation des états financiers consolidés et la détermination des résultats par action.

■ *Exemple*

La direction de l'entité B souhaite faire appel public à l'épargne et, à cette fin, décide de fusionner avec une entité A de taille plus modeste mais déjà cotée. Afin de bénéficier de la cotation, l'entité A cotée absorbe l'entité B non cotée.

Au 31/12/N :

- *le capital de A est composé de 100 actions ordinaires, représentant un actif net de 100 000 (valeur unitaire de l'action A : 1 000) ;*
- *le capital de B est composé de 60 actions ordinaires, représentant un actif net de 150 000 (valeur unitaire de l'action B : 2 500).*

A cette même date, l'entité A émet 2,5 actions en échange d'une action ordinaire de B. Tous les actionnaires de B échangent leurs actions de B contre des actions de A. A émet donc 150 actions ordinaires en échange des 60 actions de B.

***Solution de l'exemple** L'entité A, qui détient la totalité des 60 actions de B à l'issue de l'échange, est l'acquéreur juridique de B.*

Toutefois, les anciens actionnaires de l'entité B détenant 150 des 250 actions de A ont la majorité des droits de vote à l'assemblée de la nouvelle entité A. Ils sont ainsi en mesure de désigner la majorité des membres du conseil d'administration de cette entité dès le 31/12/N.

La capacité de désigner les membres du conseil d'administration et les autres faits et circonstances démontrent que c'est donc l'entité B qui contrôle en réalité l'entité A issue du regroupement, ce regroupement constituant donc une acquisition inversée de A par B.

Cette réponse a été confirmée par le CESR (devenu l'ESMA) en septembre 2005, sur la base d'un exemple très proche de l'exemple présenté ci-avant (EECS/0407-12, 04/07). Cette position a été prise en application de la version de la norme IFRS 3 avant révision en 2008 mais est également applicable, à notre avis, selon la version actuelle d'IFRS 3.

Fusions entre égaux

21700 ***Question***

Les fusions entre égaux existent-elles en IFRS ? Comment identifier l'acquéreur dans ce cas ?

Réponse

En théorie, les fusions entre égaux pourraient exister. Toutefois, l'IASB les considère « virtuellement inexistantes » tellement elles sont rares.

L'identification d'un acquéreur est délicate dans une fusion entre égaux, aucune des parties au regroupement n'ayant clairement pris le contrôle de l'autre, par définition. Toutefois, ce regroupement étant couvert par la norme IFRS 3, il nécessite donc l'identification d'un acquéreur.

En pratique, en l'absence de prise de contrôle, il convient, à notre avis :
- d'analyser l'ensemble des faits et circonstances sur la base des différents indicateurs cités par IFRS 3 ; ou
- de suivre le sens juridique de l'opération, par simplification, si l'examen de ces indicateurs ne permet pas de déterminer quelle entité a pris le contrôle de l'autre.

Commentaires :

1. **Définition des fusions entre égaux** Il s'agit des cas très rares de regroupements dans lesquels aucune entité partie prenante au regroupement ne prend le contrôle de l'autre (IFRS 3.BC35).

2. **Obligation d'identifier un acquéreur dans les fusions entre égaux** Les fusions entre égaux constituent des regroupements d'entreprises auxquels la méthode de l'acquisition s'applique (IFRS 3.A et .BC12).

La difficulté rencontrée pour identifier l'acquéreur dans le cadre de certains regroupements (dont les fusions entre égaux) n'a pas été considérée comme une raison suffisante pour ne pas devoir appliquer la méthode de l'acquisition pour la comptabilisation de ces regroupements (IFRS 3.BC28).

Il convient donc, comme pour tout autre regroupement d'entreprises, d'identifier un acquéreur et ce, même si IFRS 3 ne fournit aucune indication spécifique pour permettre cette identification (voir point 3. ci-après).

3. **Nécessité d'une analyse de l'ensemble des faits et circonstances et des indicateurs fournis par IFRS 3** En l'absence de dispositions spécifiques d'IFRS 3 permettant d'identifier l'acquéreur dans le cas d'une fusion entre égaux, il convient dans un premier temps d'analyser l'ensemble des faits et circonstances en prenant en compte les différents indicateurs cités par IFRS 3, voir n° 21670.

Lorsque cet examen ne permet pas d'identifier clairement l'acquéreur, une solution pourrait consister à maintenir le sens juridique de l'opération si aucun élément ne permet de démontrer que l'acquise sur le plan juridique est en réalité l'acquéreur sur le plan économique.

3. Regroupements par création d'une entité nouvelle

Principe général d'identification de l'acquéreur

Question 21705

Une entité nouvellement créée pour effectuer un regroupement peut-elle être identifiée comme l'acquéreur dans un regroupement d'entreprises ?

Réponse

Oui mais uniquement si :
- cette entité nouvelle rémunère le regroupement en trésorerie, en autres actifs, ou par la prise en charge de passifs ; et
- à condition que, sur la base d'une analyse au cas par cas de l'ensemble des faits et circonstances pertinents, ce soit bien cette entité qui ait pris le contrôle des autres entités participant au regroupement.

Cela peut être le cas lorsque l'entité nouvelle a été créée par un nouvel acquéreur lui permettant de prendre le contrôle d'une activité existante.

En revanche, si une entité nouvellement créée rémunère un regroupement d'entreprises par émission d'instruments de capitaux propres, elle n'a pas de substance économique et ne peut pas être identifiée comme étant l'acquéreur dans ce regroupement (voir n° 21706).

Commentaires Selon IFRS 3.B18, une entité nouvellement créée ne peut pas être qualifiée d'acquéreur lorsqu'elle rémunère le regroupement par émission d'instruments de capitaux propres car elle n'a pas de substance économique.

Les anciens actionnaires de l'activité acquise par la nouvelle entité deviennent ainsi les actionnaires de la nouvelle entité.

Dans ce cas, c'est l'une des entités se regroupant et qui existait avant le regroupement qui doit être identifiée comme l'acquéreur (pour plus de détails, voir n° 21706).

A l'inverse, une entité nouvellement créée qui rémunère un regroupement d'entreprises autrement qu'en instruments de capitaux propres (i.e. en trésorerie, en autres actifs ou par la prise en charge de passifs) peut être identifiée comme l'acquéreur. Tel est le cas en substance (voir également IFRIC Update 03/06), notamment lorsque l'entité nouvelle a été créée par un nouvel acquéreur lui permettant de prendre le contrôle d'une activité existante. L'entité nouvellement créée constitue alors une extension du nouvel acquéreur.

Pour les modalités générales d'identification de l'acquéreur, voir n° 21665 s.

■ *Exemple*

Nouvelle entité identifiée comme l'acquéreur dans un regroupement d'entreprises *Un investisseur crée une nouvelle entité pour acquérir une activité existante. La nouvelle entité acquiert 100 % des titres de l'activité auprès de ses anciens actionnaires, en utilisant la trésorerie obtenue lors de sa capitalisation.*

La nouvelle entité est-elle l'acquéreur dans le regroupement d'entreprises ?

Solution de l'exemple *La nouvelle entité est identifiée comme l'acquéreur dans le regroupement d'entreprises. Elle a une substance économique dans la mesure où elle a été créée pour prendre le contrôle d'une activité, et non pas comme véhicule pour combiner deux activités existantes. En outre, la nouvelle entité n'est pas contrôlée par les anciens propriétaires de l'activité acquise et représente un nouvel investisseur. Enfin, le regroupement a été rémunéré en trésorerie, et non pas par émission d'instruments de capitaux propres.*

Regroupements par création d'une entité nouvelle qui émet des actions

21706 ***Question***

Comment identifier l'acquéreur lorsqu'une entité nouvelle est créée pour effectuer un regroupement rémunéré par une émission d'actions ?

Réponse

Dans ce cas, l'acquéreur est obligatoirement l'une des entités se regroupant et qui existait préalablement au regroupement (et non la nouvelle entité créée pour opérer le regroupement).

L'acquéreur sera ainsi identifié sur la base des éléments disponibles.

En cas de difficultés pour identifier l'acquéreur, voir n° 21670.

Remarque Cette question ne traite pas des regroupements entre entités sous contrôle commun qui impliquent la création d'une entité nouvelle, voir n° 23210 s.

Commentaires :

1. **Prise en compte de la substance de l'opération** Le principe d'identification de l'acquéreur dans ce cas prend en compte le principe de la prédominance de la substance sur l'apparence (IFRS 3.B18 et .BC98 à .BC101). En effet, le fait de considérer l'entité nouvelle créée comme l'acquéreur aboutirait à traiter l'opération sur la base de sa forme juridique et non de sa substance, la création de telles entités nouvelles étant, le plus souvent, liée à des considérations juridiques, fiscales ou autres qui n'ont aucun lien avec l'identification de l'acquéreur (IFRS 3.BC100).

L'obligation d'identifier l'acquéreur parmi les entités qui existaient préalablement au regroupement n'est pas applicable aux regroupements réalisés par création d'une entité nouvelle qui rémunère le regroupement en trésorerie, en autres actifs ou par la prise en charge de passifs. Dans ce cas, en effet, IFRS 3 précise de manière explicite que l'entité nouvelle peut être identifiée comme étant l'acquéreur (voir n° 21705) et ce, même si cette nouvelle entité n'a pas d'activité.

Pour la nécessité de réaliser une analyse au cas par cas des opérations impliquant une entité nouvelle sans activité préexistante (ou avec une coquille vide préexistante), voir n° 21470, point 3.

2. **Eléments à retenir pour identifier l'acquéreur** L'identification de l'acquéreur doit être réalisée sur la base des éléments disponibles, notamment l'identification de l'entité qui a initié le regroupement ou de celle dont les actifs ou produits excèdent sensiblement ceux des autres entités (IFRS 3.B17).

Il conviendra également de se référer aux circonstances décrites par IFRS 3 comme devant être considérées en cas de difficultés pour identifier l'acquéreur (voir nº 21670), comme, par exemple, l'entité qui a le pouvoir de nommer l'équipe dirigeante de l'entité issue du regroupement et qui est probablement l'acquéreur. En tout état de cause, la notion essentielle est bien celle du contrôle, telle que définie dans la norme IFRS 10.

3. Application aux regroupements de plus de deux entités Ces dispositions s'appliquent également aux regroupements d'entreprises qui impliquent plus de deux entités préexistantes, l'une d'entre elles devant être identifiée comme étant l'acquéreur (IFRS 3.B17).

B. Date d'acquisition (entrée dans le périmètre)

Détermination de la date d'acquisition

Question 21720

Quelle est la date d'acquisition (date d'entrée dans le périmètre) d'une entité acquise ?

Réponse

C'est la date à laquelle l'acquéreur obtient le contrôle de l'entité acquise.

Il s'agit en règle générale de la date à laquelle l'acquéreur transfère au vendeur le prix d'acquisition du regroupement d'entreprises, acquiert les actifs et assume les passifs de l'acquise (date de « closing » du regroupement).

Une analyse au cas par cas de l'ensemble des faits et circonstances pertinents est toutefois nécessaire.

Commentaires :

1. Date d'acquisition (de première consolidation) basée sur la date de prise de contrôle La notion d'obtention effective du contrôle par l'acquéreur détermine la date de consolidation de l'entité acquise (IFRS 3.8, .A, .BC106 à .BC110).

Comme pour l'identification de l'acquéreur (voir nº 21665), la notion de contrôle à retenir dans cette appréciation est, à notre avis, la même que dans la norme IFRS 10 (voir nº 15125). Ainsi, un investisseur obtient le contrôle d'une entité s'il est exposé ou a droit aux rendements variables résultant de son implication dans l'entité et si le pouvoir qu'il détient sur cette entité lui permet d'influer sur ses rendements (IFRS 10.6 s.).

La norme indique que la date d'acquisition correspond généralement à la date à laquelle l'acquéreur transfère au vendeur les composantes du prix d'acquisition de l'entité (activité) acquise, acquiert les actifs et assume les passifs de l'acquise (date de « closing » du regroupement). Tous les faits et circonstances doivent toutefois être pris en compte pour déterminer la date du transfert effectif du contrôle de l'acquise (IFRS 3.9).

En pratique, l'obtention du contrôle d'une entité peut être réalisée de différentes manières. Ainsi, si l'acquisition est réalisée par le biais d'une offre publique, la date d'obtention du contrôle correspond généralement à la date à laquelle un nombre suffisant de vendeurs accepte l'offre de manière inconditionnelle, transférant de ce fait le contrôle de l'acquise à l'acquéreur. Ainsi, la prise de contrôle d'une cible par l'acquéreur peut intervenir à une date antérieure ou postérieure à la « closing date ». C'est le cas, par exemple, lorsqu'un contrat signé avant la « closing date » aboutit au transfert effectif du contrôle d'une cible à l'acquéreur à la date de ce contrat (IFRS 3.9).

En revanche, la date d'acquisition ne peut pas être antérieure à la « closing date » au seul motif qu'il existe, dans le contrat d'acquisition, une clause contractuelle stipulant que le contrôle est présumé exister depuis une date antérieure à la « closing date », dès lors qu'aucune modification du contrôle de l'acquise n'est intervenue à la date du contrat ou avant la « closing date » (voir Exemple 1 ci-après).

2. Transfert effectif du contrôle Il n'est pas nécessaire que la transaction soit juridiquement parfaite pour que le contrôle soit considéré comme effectivement transféré à l'acquéreur (voir Exemple 4 ci-après).

3. Contrat d'acquisition comportant une condition suspensive En cas de contrat d'acquisition prévoyant une condition suspensive, la date d'acquisition ne peut pas, à notre avis, être antérieure à la date de levée de cette condition suspensive dès lors que cette condition n'est pas de pure forme (voir Exemples 2, 3 et 5). En effet, l'existence d'une telle condition ne permet

21720 (suite) pas à l'acquéreur d'être exposé ou d'avoir droit aux rendements variables résultant de son implication dans l'entité et de disposer d'un pouvoir sur cette entité lui permettant d'influer sur ses rendements (IFRS 10.6).

En revanche, le fait que le prix d'acquisition du regroupement comporte un paiement différé ou un ajustement éventuel du prix d'acquisition ne devrait pas, en règle générale, avoir d'impact sur la détermination de la date d'acquisition (Exemple 6).

■ *Exemple 1*

Dates différentes pour la signature du contrat de vente, le transfert du contrôle de l'acquise et le paiement du prix *L'entité X acquiert 100 % de l'entité Y par un paiement en numéraire.*

La date d'acquisition de Y par X, spécifiée dans le contrat de vente, est le 10 mars.

Les administrateurs de Y sont nommés par X en remplacement des administrateurs existants le 1er avril, date à laquelle toutes les conditions suspensives du contrat de vente sont satisfaites.

Les actions de Y sont transférées à X le 15 avril, date du paiement du prix d'acquisition.

Solution de l'exemple 1 *La date d'acquisition de Y par X est la date à laquelle X a pris le contrôle de Y, soit le 1er avril. A cette date, X a nommé les administrateurs de Y.*

Cette date correspond également à la date à laquelle la vente est réalisée de manière inconditionnelle (levée de toutes les conditions suspensives du contrat de vente).

Le fait que le paiement du prix d'acquisition intervienne ultérieurement, le 15 avril, n'affecte pas la comptabilisation de l'acquisition. L'engagement de payer le prix d'acquisition (« transfert juridique » du prix au sens d'IFRS 3.9) est en effet pris dès la date du transfert effectif du contrôle de Y. Le prix d'acquisition est donc considéré comme échangé dès le 1er avril, date du transfert du contrôle de Y à X.

La date figurant dans le contrat de vente, le 10 mars, ne s'impose pas sur le plan comptable. En pratique, il est fréquent que la date de transfert du contrôle à l'acquéreur diffère de la date figurant dans le contrat d'acquisition.

■ *Exemple 2*

Regroupement d'entreprises conditionné par l'autorisation des actionnaires (condition substantive) *Une société cotée doit obtenir l'autorisation de ses actionnaires pour effectuer une transaction importante constitutive d'un regroupement d'entreprises.*

Solution de l'exemple 2 *Un regroupement d'entreprises conditionné par l'autorisation des actionnaires ne devrait généralement pas être comptabilisé avant l'obtention de cette autorisation. En effet, une telle clause vise justement à préserver les intérêts des actionnaires.*

■ *Exemple 3*

Regroupement d'entreprises conditionné par l'approbation des autorités de la concurrence *Un regroupement d'entreprises est conditionné par l'obtention de l'approbation des autorités de la concurrence dans un ou plusieurs territoires. L'acquéreur a déjà pu constater, dans le cadre d'une précédente acquisition, que l'obtention d'une telle approbation dans les pays concernés n'était pas de pure forme. Si cette approbation n'est pas obtenue, l'acquéreur renoncera au regroupement.*

Solution de l'exemple 3 *Un tel regroupement d'entreprises ne doit pas être comptabilisé tant que cette approbation n'est pas obtenue, celle-ci n'étant pas de pure forme.*

■ *Exemple 4*

Transaction non encore juridiquement parfaite *Dans certaines juridictions, un acquéreur doit enregistrer auprès de l'administration les actions qu'il détient dans une nouvelle filiale. Cela constitue une formalité ordinaire (qui ne se solde jamais par un refus). Toutefois, plusieurs semaines sont nécessaires pour l'émission du formulaire d'enregistrement, document attestant la détention par l'acquéreur du titre de propriété des actions.*

Solution de l'exemple 4 *Cette obligation d'enregistrement constitue une condition de forme qui, en tant que telle, ne peut pas remettre en cause l'acquisition. Le regroupement d'entreprises doit donc être comptabilisé lors du transfert du contrôle, même si le processus d'enregistrement n'est pas achevé.*

■ *Exemple 5*

Regroupement d'entreprises conditionné par la résolution d'un litige en faveur de l'entreprise acquise *Un accord d'acquisition prévoit que la réalisation d'un regroupement est subordonnée à la résolution d'un litige important en faveur de l'entité acquise.*

Solution de l'exemple 5 Le regroupement d'entreprises ne doit pas être comptabilisé tant que le litige n'est pas résolu. Cette disposition protège en effet l'acquéreur contre l'acquisition d'une entité dont la responsabilité est mise en cause dans un litige et qui pourrait donc encourir un passif significatif pour faire face à ce litige.

■ *Exemple 6*

Contrat d'acquisition avec garantie de passif pouvant donner lieu à un ajustement du prix d'acquisition Un contrat d'acquisition prévoit que le prix d'acquisition sera ajusté en fonction de la résolution de certaines incertitudes ; le vendeur s'engageant à reverser une partie du prix d'acquisition (par exemple en cas de redressement fiscal).

Solution de l'exemple 6 Ces dispositions affectent la comptabilisation du regroupement d'entreprises (voir n° 21980), mais ne remettent pas en cause sa réalisation. Il doit donc être comptabilisé lors du transfert du contrôle, quand bien même les incertitudes relatives à la mise en œuvre de la garantie de passif ne sont pas levées.

C. Détermination du prix d'acquisition de l'entreprise (ou activité) acquise

Remarque Bien que la traduction littérale de l'expression utilisée par la norme IFRS 3 « consideration transferred » soit « contrepartie transférée », l'expression habituellement utilisée « prix d'acquisition » a été maintenue par simplicité. 21750

Les dispositions ci-après relatives au prix d'acquisition sont applicables tant à l'acquisition d'une entité qu'à l'acquisition d'une activité au sens d'IFRS 3, voir n° 21490 s.

1. Prix d'acquisition de l'entreprise acquise

a. Principes généraux

Détermination du prix d'acquisition de l'entreprise acquise

Question 21755

Comment déterminer le prix d'acquisition de l'entité acquise dans le cadre d'un regroupement d'entreprises ?

Réponse

Le prix d'acquisition correspond à la juste valeur, à la date d'acquisition, des éléments de rémunération remis au vendeur par l'acquéreur en échange du contrôle de l'acquise (en excluant tout élément qui rémunère une transaction distincte de la prise de contrôle, voir n° 21645).

Les éléments du prix d'acquisition comprennent notamment :
- les actifs de l'acquéreur remis au vendeur (liquidités ou autres actifs) ;
- les passifs repris par l'acquéreur ;
- les instruments de capitaux propres émis par l'acquéreur ;
- les ajustements éventuels du prix d'acquisition.

Des dispositions spécifiques s'appliquent à la détermination du prix lorsque :
- les transactions sont réalisées sans paiement d'un prix d'acquisition par l'acquéreur au vendeur ;
- le regroupement est réalisé exclusivement par échange d'instruments de capitaux propres et la juste valeur des instruments de capitaux propres de l'acquise peut être déterminée de manière plus fiable que la juste valeur des instruments de capitaux propres remis par l'acquéreur ;
- les plans portant sur des actions accordées par l'acquise sont remplacés par des plans portant sur des actions de l'acquéreur et une partie de la juste valeur du plan de remplacement est incluse dans le prix d'acquisition (voir n° 22250 s.).

Commentaires :

1. **Définition et évaluation du prix d'acquisition** Les composantes du prix d'acquisition payé par l'acquéreur sont évaluées à leur juste valeur, déterminée à la date d'acquisition (IFRS 3.32a.i et .37).

Le prix d'acquisition payé peut être constitué de liquidités, d'autres actifs, d'une activité ou d'une filiale de l'acquéreur, de passifs repris par l'acquéreur qui étaient antérieurement assumés par le vendeur, d'ajustements éventuels de prix (voir n° 21815), d'instruments de capitaux propres ordinaires ou préférentiels, d'options, de bons de souscription d'actions et d'intérêts dans des entités mutuelles (IFRS 3.37).

2. **Inclusion dans le prix d'acquisition des seules rémunérations versées par l'acquéreur au vendeur en échange du contrôle de l'entité acquise (exclusion des rémunérations liées à des transactions distinctes de la prise de contrôle)** Le prix d'acquisition ne doit inclure que les éléments de rémunération versés par l'acquéreur au vendeur en échange de la prise de contrôle de l'entité acquise. Toute partie du prix d'acquisition qui rémunérerait une transaction autre que la prise de contrôle de la cible est comptabilisée distinctement selon la norme IFRS dont relève la transaction.

La norme IFRS 3 comporte des précisions permettant de distinguer les transactions qui font partie intégrante du regroupement de celles considérées comme des transactions distinctes pour la détermination du prix d'acquisition et la comptabilisation du regroupement (IFRS 3.51 à .53), voir n° 21645.

3. **Transactions réalisées sans paiement d'un prix d'acquisition par l'acquéreur au vendeur au titre de la prise de contrôle** Il s'agit par exemple de la prise de contrôle d'une entité déjà détenue à 60 % et dont l'actionnaire majoritaire obtient le contrôle effectif à la suite de la suppression du droit de veto dont disposaient les actionnaires minoritaires (40 %) sur certaines décisions stratégiques.

Dans ce type de transactions, le prix d'acquisition est constitué de la juste valeur à la date d'acquisition des intérêts détenus par l'acquéreur dans l'acquise (IFRS 3.33, .B46 et .BC335).

4. **Regroupements réalisés exclusivement par échange d'instruments de capitaux propres** Lorsque la juste valeur des instruments de capitaux propres de l'acquise peut être déterminée de manière plus fiable que la juste valeur des instruments de capitaux propres remis par l'acquéreur en rémunération du regroupement, le prix d'acquisition est déterminé en retenant la juste valeur des instruments de capitaux propres de l'acquise (IFRS 3.33).

5. **Plans portant sur des actions (stock-options, actions gratuites, PEE...) accordés par l'acquise remplacés par des plans portant sur des actions de l'acquéreur** Pour déterminer la partie de la juste valeur du plan de remplacement qui est une composante du prix d'acquisition du regroupement, voir n° 22250 s.

6. **Dividendes versés après l'acquisition et faisant partie du prix d'acquisition** Lorsque le vendeur d'une cible a été rémunéré à ce titre par des titres de l'acquéreur, il peut arriver que très peu de temps après l'acquisition de la cible, il reçoive un dividende exceptionnel d'un montant significatif par rapport au prix d'acquisition de la cible.

La question se pose alors de déterminer si ce dividende exceptionnel fait partie du prix d'acquisition de la cible.

Ce cas n'est pas traité par la norme IFRS 3 mais ces dividendes pourraient, à notre avis, devoir être inclus dans le prix s'il est démontré qu'en substance ils constituent une part du prix d'acquisition de la cible.

Tel est le cas, par exemple, lorsqu'une clause du contrat d'acquisition fait mention de distribution exceptionnelle de dividendes et que cette distribution de dividendes, d'un montant significatif par rapport au prix d'acquisition, est réservée aux vendeurs de la cible (et ne serait pas versée aux autres actionnaires de l'acquéreur).

Date d'évaluation de la juste valeur du prix

21760 ***Question***

A quelle date évaluer la juste valeur du prix d'acquisition de l'entité acquise ?

Réponse

A la date d'acquisition (date de prise de contrôle effectif) de l'entité acquise.

Commentaires La norme IFRS 3 indique que la juste valeur du prix d'acquisition du regroupement doit être évaluée à la date d'acquisition de l'entité acquise (IFRS 3.37), c'est-à-dire à la date d'obtention du contrôle de l'entité acquise par l'acquéreur (voir n° 21720). Ce principe est applicable :

1. quelle que soit la méthode de détermination de la juste valeur du prix d'acquisition, c'est-à-dire (voir n° 21755) que le prix d'acquisition soit déterminé par référence :
- aux éléments de rémunération versés par l'acquéreur au vendeur au titre de la prise de contrôle (IFRS 3.32) ;
- aux intérêts de l'acquéreur dans l'acquise (cas des transactions réalisées sans paiement d'un prix d'acquisition par l'acquéreur, IFRS 3.33) ; ou
- aux instruments de capitaux propres de l'acquise (cas des regroupements réalisés exclusivement par échange d'instruments de capitaux propres, lorsque la juste valeur des instruments de capitaux propres de l'acquise peut être déterminée de manière plus fiable que la juste valeur des instruments de capitaux propres remis par l'acquéreur en rémunération du regroupement, IFRS 3.33) ;

2. même lorsque le prix d'acquisition a été arrêté avant la date de prise de contrôle En effet, le principe d'évaluation de la juste valeur des composantes du prix d'acquisition à la date d'acquisition s'applique également, en l'absence de disposition contraire, aux rémunérations fixées entre un acquéreur et un vendeur avant la date de prise de contrôle (contrat d'achat à terme, par exemple) (IFRS 3.BC338 s.).

Paiement différé : évaluation du prix d'acquisition

Question 21765

Comment évaluer le prix d'acquisition de l'entité acquise en cas de paiement différé lorsque celui-ci ne donne pas lieu à l'émission d'un instrument de dettes coté sur un marché actif ?

Réponse

La juste valeur à la date d'acquisition du prix d'acquisition (ou de la partie du prix d'acquisition) dont le paiement est différé correspond généralement à la valeur actualisée à cette date des montants dus. En pratique, le taux d'actualisation retenu correspond au taux de financement de l'acquéreur pour des instruments présentant des caractéristiques similaires.

Commentaires Conformément au principe général, les composantes du prix d'acquisition faisant l'objet d'un paiement différé (en trésorerie ou en titres répondant à la définition d'un instrument de dettes, voir n° 44350) sont évaluées à leur juste valeur, déterminée à la date d'acquisition (voir n° 21755).

Le passif encouru au titre de la rémunération dont le paiement est différé est un passif financier entrant dans le champ d'application de la norme IFRS 9 et sa juste valeur à la date d'acquisition doit être déterminée conformément aux dispositions de cette norme (IFRS 9.5.1.1 et .5.1.1A) et de la norme IFRS 13.

En pratique, lorsque le paiement différé ne donne pas lieu à émission d'instruments de dettes cotés sur un marché actif et que ce passif donne lieu à un actif dans les comptes d'une autre entité (ici le vendeur de la cible), la juste valeur de ce passif doit être égale à celle de l'instrument identique détenu à l'actif par un intervenant de marché (ici le vendeur de la cible) (IFRS 13.37 ; voir n° 13380). La juste valeur du passif doit tenir compte du risque de non-performance, incluant le risque de défaillance de l'acquéreur (IFRS 13.42 ; voir n° 13382). Le taux d'actualisation retenu correspond au taux de financement de l'acquéreur pour un instrument financier ayant des caractéristiques similaires (notamment concernant l'échéance de paiement et la devise dans laquelle l'instrument financier est émis). Cette évaluation est généralement déterminée par actualisation des paiements futurs (IFRS 13.B10 et .B11).

Si le paiement différé prend la forme d'un paiement en instruments de capitaux propres (par exemple, si le nombre d'actions émises est fixe, les actionnaires de l'acquise assumant en conséquence le risque de baisse ou d'augmentation de la valeur des titres), la classification au bilan suit les dispositions de la norme IAS 32, Instruments financiers – Présentation. La valeur de l'instrument doit ainsi être créditée directement en capitaux propres, par exemple dans une rubrique séparée en dessous du capital et libellée « Actions à émettre ».

Remise d'actifs non monétaires ou d'une activité : évaluation du prix d'acquisition

21775 ***Question***

Comment évaluer le prix d'acquisition de l'entité acquise, en cas de remise par l'acquéreur d'actifs non monétaires ou d'une activité en rémunération du regroupement ?

Réponse

Le prix d'acquisition est calculé en évaluant à leur juste valeur à la date d'acquisition les actifs ou l'activité remis par l'acquéreur.

L'écart entre la juste valeur et la valeur comptable des actifs non monétaires ou activité ainsi remis au vendeur donne lieu à la constatation d'un gain ou d'une perte dans les comptes de l'acquéreur.

Toutefois, si les actifs ou l'activité transférés ne sont pas remis au vendeur mais restent dans l'entité combinée après le regroupement (par exemple parce qu'ils sont transférés à l'acquise plutôt qu'à ses anciens actionnaires) et que l'acquéreur en conserve ainsi le contrôle, aucun résultat de cession sur les actifs ou activités transférés ne doit être constaté.

Commentaires En effet, conformément au principe général (voir nº 21755), le prix d'acquisition correspond dans ce cas à la juste valeur, à la date d'acquisition, des actifs ou de l'activité de l'acquéreur remis au vendeur en rémunération du regroupement (IFRS 3.37).

1. **Lorsque ces actifs non monétaires ou activité sont remis au vendeur,** il convient de comptabiliser séparément (IFRS 3.38) :
- la prise de contrôle de l'entité obtenue en échange des actifs non monétaires ou de l'activité remis au vendeur ;
- le résultat de cession des actifs ou de l'activité remis par l'acquéreur.

Le prix d'acquisition et le prix de cession à prendre en compte respectivement pour la comptabilisation de l'acquisition et celle de la cession correspondent à la juste valeur des actifs non monétaires ou de l'activité de l'acquéreur remis en rémunération de l'acquisition (et également cédés dans le cadre de la même opération) (IFRS 3.38).

2. Toutefois, **si les actifs ou l'activité transférés ne sont pas remis au vendeur mais restent dans l'entité combinée après le regroupement** (par exemple parce qu'ils sont transférés à l'acquise plutôt qu'à ses anciens actionnaires) et que l'acquéreur en conserve ainsi le contrôle, il convient de comptabiliser la prise de contrôle de l'entité acquise sans constater de résultat de cession sur les actifs ou activités transférés qui sont restés sous le contrôle de l'acquéreur (IFRS 3.38). En effet, il s'agit d'une cession interne d'immobilisations/d'activité entre deux entités d'un même groupe après le regroupement d'entreprises (l'acquéreur et l'acquise) et dès lors que l'acquéreur conserve le contrôle de ces éléments, il maintient ces actifs/cette activité à leur valeur comptable historique immédiatement avant le regroupement et ne comptabilise pas de résultat de cession au titre des actifs transférés.

■ ***Exemple***

Evaluation des actifs de l'acquéreur remis en rémunération d'une acquisition *L'entité X, une société de service public, possède une unité de production d'électricité d'une valeur comptable de 55. L'entité A détient 60 % des droits de vote dans une société de distribution d'électricité, l'entité B.*

Le 31/12/N, X cède son unité de production d'électricité à l'entité A et reçoit, en contrepartie, les droits de vote de l'entité B détenus par A. La juste valeur de l'unité de production d'électricité du vendeur s'élève à 150, la juste valeur des actifs nets identifiables de l'entité acquise B à 200 et la juste valeur des intérêts minoritaires dans B est évaluée à 90.

Solution de l'exemple *L'entité X a remis un actif non monétaire (l'unité de production d'électricité) en contrepartie de l'acquisition d'une participation lui conférant le contrôle de l'entité B, une société de distribution d'électricité.*

X doit comptabiliser l'acquisition de B, ainsi qu'un profit sur la cession de l'unité de production lorsque la transaction est réalisée.

*1. **Si la société opte pour le goodwill partiel** (voir nº 22182), le goodwill s'élève à 30 et est déterminé par différence entre :*
- le prix d'acquisition de B calculé en retenant la juste valeur de l'unité de production d'électricité, soit 150 ; et

– la quote-part de X dans la juste valeur des actifs nets identifiables de B, soit 120 (200 × 60 %). Le profit sur la cession de l'unité de production d'électricité est égal à 95, correspondant à la différence entre le prix de vente de l'unité de production (prix d'acquisition de B par X, soit 150) et sa valeur comptable à la date de la cession (55).

a. ***Calcul du goodwill partiel*** *:*

Prix d'acquisition (juste valeur de l'unité de production d'électricité)	*150*
Quote-part acquise dans la juste valeur de l'actif net acquis (200 × 60 %)	*(120)*
Goodwill partiel	*30*

b. ***Calcul du profit sur la cession*** *:*

Prix de cession (juste valeur de l'unité de production d'électricité)	*150*
Valeur comptable de l'unité de production d'électricité	*(55)*
Profit sur la cession de l'unité	*95*

2. ***Si la société opte pour le goodwill complet*** *(voir nº 22182), le goodwill s'élève à 40 et est calculé par différence entre :*
– le prix d'acquisition de B, calculé en retenant la juste valeur de l'unité de production d'électricité (150), augmenté de la juste valeur des intérêts minoritaires (90) ; et
– la juste valeur des actifs nets identifiables de B de 200.

a. ***Calcul du goodwill complet*** *:*

Prix d'acquisition (juste valeur de l'unité de production d'électricité) augmenté de la juste valeur des intérêts minoritaires	*240*
Juste valeur de l'actif net acquis	*(200)*
Goodwill complet	*40*

b. ***Calcul du profit sur la cession*** *(calculé de la même manière que si la société opte pour le goodwill partiel, voir ci-avant).*

---

b. Rémunération du regroupement par remise de titres cotés

Evaluation des titres cotés émis en rémunération de l'acquisition

Question 21785

Comment évaluer les titres cotés (instruments de capitaux propres) sur un marché actif émis en rémunération d'un regroupement d'entreprises ?

Réponse

Au cours coté sur ce marché à la date d'acquisition, sans aucun ajustement.

Commentaires Le principe général d'évaluation du prix d'acquisition à la juste valeur à la date d'acquisition (voir nº 21755) s'applique à l'ensemble des composantes de ce prix, et donc aux instruments de capitaux propres cotés émis en rémunération du regroupement (IFRS 3.37). L'évaluation à la juste valeur du prix d'acquisition doit être déterminée conformément aux dispositions de la norme IFRS 13, Evaluation de la juste valeur. Ainsi, lorsque les instruments de capitaux propres émis en rémunération sont cotés sur un marché actif, l'entité utilisera le cours coté sur ce marché à la date d'acquisition (IFRS 13.38). L'application de ces dispositions pose certaines difficultés :

a. **Notion de « marché actif »** Un marché actif est un marché sur lequel ont lieu des transactions sur les titres évalués selon une fréquence et un volume suffisants pour fournir de façon continue de l'information sur le prix (IFRS 13.A).

b. **Choix du marché principal et le plus avantageux** S'il existe plusieurs marchés possibles pour un même instrument, l'entité doit évaluer l'instrument sur le marché principal, c'est-à-dire celui ayant les volumes et le niveau d'activité les plus élevés pour un titre donné ou, à défaut, sur le marché le plus avantageux, c'est-à-dire celui qui maximise le prix de vente du titre, après prise en compte des coûts de transaction (IFRS 13.16 et .A).

c. **Cours acheteurs/cours vendeurs (« bid/ask »)** La norme IFRS 13 (IFRS 13.70) :
– requiert de retenir le prix le plus représentatif de la juste valeur dans la fourchette de prix entre ces deux cours (bornes incluses) ; et
– ne requiert pas (ni n'interdit), à titre d'approximation, l'usage d'un prix moyen entre le cours acheteur et le cours vendeur (voir nº 13386).

Cours acheteur (« bid price ») : le cours acheteur représente le prix auquel un courtier (ou un négociant) est prêt à acheter l'instrument financier.
Cours vendeur (« ask price ») : le cours vendeur représente le prix auquel un courtier (ou un négociant) est prêt à vendre l'instrument financier.

d. **Evaluation d'un bloc de titres émis** Les instruments de capitaux propres cotés émis en rémunération du regroupement doivent être évalués à la juste valeur conformément aux dispositions de la norme IFRS 13 (voir nº 21755). La norme IFRS 13 n'accepte pas la prise en compte d'une décote (ou d'une prime) pour l'évaluation d'un bloc de titres émis lorsque ceux-ci sont cotés sur un marché actif (niveau 1 de la hiérarchie des techniques d'évaluation, IFRS 13.69). La juste valeur du bloc de titres est alors évaluée sur la base du cours de cotation du titre à la date d'acquisition.

Fluctuations anormales de cours autour de la date d'acquisition

21795 *Question*

A quelle date évaluer les titres cotés sur un marché actif émis en rémunération d'un regroupement d'entreprises, lorsque ces titres ont connu des fluctuations anormales de cours autour de la date d'acquisition ?

Réponse

Conformément au principe général, c'est-à-dire au cours coté sur ce marché à la date d'acquisition, sans aucun ajustement (voir nº 21785).

Commentaires La norme IFRS 3 ne prévoit explicitement aucune exception au principe général (voir nº 21760), dans le cas où le cours de bourse de titres cotés connaît des fluctuations anormales autour de la date d'acquisition. Ce sont dès lors les dispositions de la norme IFRS 13, Evaluation de la juste valeur, qui s'appliquent et qui prévoient que l'entité utilise le cours sur le marché actif déterminé à la date d'acquisition (voir nº 21785).
Il n'est ainsi pas possible d'évaluer la juste valeur des titres cotés remis en rémunération d'une prise de contrôle en faisant une moyenne sur une période raisonnable précédant et suivant la date d'acquisition.

c. Rémunération du regroupement par remise de titres non cotés

Evaluation des titres non cotés émis en rémunération d'un regroupement d'entreprises

21805 *Question*

Comment évaluer les titres non cotés émis en rémunération d'un regroupement d'entreprises ?

Réponse

En retenant la part que ces titres représentent dans la juste valeur totale de l'entreprise acquéreuse.

Toutefois, dans le cas :
– où le regroupement est rémunéré uniquement en instruments de capitaux propres non cotés de l'acquéreur ; et
– où la juste valeur des instruments de capitaux propres de l'acquise peut être déterminée de manière plus fiable que celle des instruments de capitaux propres remis par l'acquéreur (par exemple lorsque les titres de l'acquise sont cotés sur un marché actif),
les titres émis par l'acquéreur en rémunération de l'acquisition sont évalués à la juste valeur des instruments de capitaux propres de l'acquise.

Commentaires A défaut de précision d'IFRS 3 pour l'évaluation des titres non cotés émis en rémunération d'un regroupement d'entreprises, ces titres devraient être évalués en retenant la part qu'ils représentent dans la juste valeur totale de l'entreprise acquéreuse. **21805** (suite)

Toutefois, dans le cas où le regroupement est rémunéré uniquement en instruments de capitaux propres de l'acquéreur et où la juste valeur de l'entreprise acquise peut être déterminée de manière plus fiable que la juste valeur de l'entreprise acquéreuse, les titres émis par l'acquéreur en rémunération de l'acquisition sont évalués en retenant (IFRS 3.33) :

- la juste valeur des instruments de l'entreprise acquise (cas où les titres de l'acquise sont cotés sur un marché actif, par exemple) ; ou
- la quote-part obtenue dans la juste valeur totale de l'entreprise acquise (cas où les titres de l'entreprise acquise ne sont pas cotés sur un marché actif mais où la juste valeur de l'entreprise acquise peut néanmoins être déterminée de manière plus fiable que celle de l'entreprise acquéreuse).

En l'absence de cotation des titres de l'acquise sur un marché actif, la détermination de la juste valeur de l'une des deux entités précitées (l'acquéreur ou l'entreprise acquise) nécessitera le recours à des techniques d'évaluation (IFRS 13.61 à .63). Ces techniques comprennent des approches fondées sur le marché (la référence à des transactions de marché récentes sur le même instrument ou à la juste valeur d'un autre instrument similaire) (IFRS 13.B5 à .B7) ou des approches fondées sur le résultat (techniques d'actualisation des cash-flows...) (IFRS 13.B10 et .B11).

Tous les aspects de l'acquisition (y compris les facteurs importants ayant influencé les négociations) doivent être pris en considération et des évaluations indépendantes peuvent être utilisées pour aider à la détermination de la juste valeur des titres émis.

■ *Exemple*

Modalités d'évaluation des titres non cotés émis en rémunération d'un regroupement d'entreprises

L'entité X a émis 100 actions pour acquérir 100 % de l'entité Y. L'entité X n'est pas cotée.

Immédiatement avant la transaction, le capital de X était composé de 400 actions, celui de Y de 200 actions. Une analyse de la juste valeur de X, réalisée avant le regroupement par une banque d'affaires sur la base d'une combinaison de multiples de capitalisation des bénéfices et d'une analyse des flux de trésorerie actualisés, a permis de déterminer une juste valeur de X de 600.

Les hypothèses suivantes sont examinées successivement :

a. les actions de Y de l'entité acquise sont cotées sur un marché actif et le cours de bourse de chaque action est de 0,70 ;

b. les actions de Y ne sont pas cotées, mais il a été proposé aux actionnaires de Y la possibilité d'opter pour un paiement en numéraire de 1,45 à la place de chaque action X qui va leur être remise en échange de leurs actions de Y ;

c. les actions de Y ne sont pas cotées mais une analyse de la juste valeur de Y, réalisée par une banque d'affaires sur la base d'une combinaison de multiples de capitalisation des bénéfices et d'une analyse des flux de trésorerie actualisés, a fait ressortir que la juste valeur de Y s'élève à 155.

Solution de l'exemple *L'entité X, qui rémunère intégralement l'acquisition de Y par une émission de ses propres actions, doit évaluer les actions émises en rémunération de l'acquisition de Y selon celle des deux valeurs suivantes qui paraît la plus fiable :*

- en fonction de la quote-part d'intérêts que ces actions représentent dans la juste valeur de l'acquéreur X, en retenant comme hypothèse que la valeur de l'action X avant l'acquisition est égale à celle après l'acquisition ; ou

- par référence à la quote-part obtenue dans la juste valeur de l'entité acquise, Y.

L'application de ce principe général aux différentes hypothèses précitées aboutit à :

a. une quote-part d'intérêts dans la juste valeur de X de 150 (= 1,5 × 100) représentée par les 100 actions X émises sur la base de la juste valeur d'un titre X avant le regroupement.

> *(600/400 = 1,5 ; 600 = juste valeur de X et 400 = nombre d'actions composant le capital de X avant augmentation de capital).*

La juste valeur de Y, qui peut être déterminée par référence au cours de marché de ses actions, est de 140 (200 × 0,70). Dans ce cas, la juste valeur de Y est généralement considérée comme plus fiable, ses actions étant cotées en bourse sur un marché actif (voir nº 21785) ;

b. une quote-part d'intérêts dans la juste valeur de X de 150 (600/400 × 100) représentée par les actions émises.

La juste valeur de Y, qui peut être déterminée par référence à une offre d'acquisition faite en numéraire aux actionnaires de Y, est de 145 (100 × 1,45). Le cas échéant, la juste valeur de Y peut paraître plus évidente, le montant proposé aux actionnaires de Y étant un montant de trésorerie ;

c. une quote-part d'intérêts dans la juste valeur de X de 150 (600/400 × 100) représentée par les 100 actions X émises. La juste valeur de Y, estimée à l'aide de techniques d'évaluation généralement admises, est de 155.
La direction de X choisira celui des deux montants qui est mesurable de la manière la plus fiable. Tous les aspects de l'acquisition doivent être considérés, notamment les facteurs significatifs influençant les négociations et les hypothèses utilisées pour l'évaluation indépendante des activités.

d. Comptabilisation chez l'acquéreur des ajustements éventuels du prix d'acquisition

Comptabilisation obligatoire dès la date d'acquisition

21815 ***Question***

Faut-il inclure, dans le prix d'acquisition, les ajustements éventuels du prix de l'entité acquise qui dépendent d'événements futurs ?

Réponse

Oui, de façon obligatoire et ce, dès la date d'acquisition, pour un montant égal à leur juste valeur à cette date.

L'inclusion dans le prix d'acquisition d'un ajustement éventuel du prix donne ainsi lieu :
- soit à la comptabilisation d'un passif ou d'un instrument de capitaux propres, correspondant à l'obligation de l'acquéreur d'avoir à payer un complément éventuel de prix d'acquisition si certains événements futurs spécifiés surviennent ou si certaines conditions sont remplies ;

Le classement en dettes ou en capitaux propres est réalisé selon les critères de la norme IAS 32.

- soit à la comptabilisation d'un actif, correspondant à un droit de l'acquéreur de se voir restituer une partie du prix d'acquisition payé au vendeur à la date d'acquisition si certains événements futurs spécifiés surviennent ou si certaines conditions sont remplies.

Commentaires :

1. Définition des ajustements éventuels du prix d'acquisition d'un regroupement Un ajustement éventuel du prix d'acquisition correspond généralement à une obligation de l'acquéreur de transférer des actifs supplémentaires ou des instruments de capitaux propres aux vendeurs de l'entité acquise, dans le cadre de sa prise de contrôle, si certains événements futurs spécifiés surviennent ou si certaines conditions sont remplies (IFRS 3.A).

En pratique, un vendeur et un acquéreur ont souvent recours à un ajustement éventuel du prix d'acquisition lorsqu'ils n'ont pas réussi à se mettre d'accord sur la valeur de l'acquise dès la date d'acquisition.

Mais un ajustement éventuel du prix peut également donner à l'acquéreur un droit de se voir restituer une partie du prix d'acquisition payé aux vendeurs à la date d'acquisition si certaines conditions sont remplies (IFRS 3.A).

Remarques :

1. Certains paiements éventuels peuvent être prévus dans le contrat d'acquisition au profit d'anciens salariés ou actionnaires de l'entité acquise qui continuent à exercer des fonctions au sein de cette entité après la date d'acquisition. Il convient dans ce cas, en fonction de l'accord, de déterminer si ce paiement éventuel constitue en substance (voir n° 22260) :
- un ajustement éventuel du prix d'acquisition à inclure dans le prix d'acquisition de l'entité acquise dès la date d'acquisition en application d'IFRS 3 ; ou
- une transaction distincte du regroupement d'entreprises visant à rémunérer les anciens salariés ou actionnaires au titre des services rendus à l'entreprise après l'acquisition, et qualifiée selon le cas, soit d'avantages du personnel (entrant dans le champ d'application de la norme IAS 19, Avantages du personnel), soit de paiements fondés sur des actions (entrant dans le champ d'application de la norme IFRS 2, Paiement fondé sur des actions).

Il convient de distinguer les ajustements éventuels du prix d'acquisition dont le paiement/remboursement est conditionné à la réalisation de conditions (niveau de performances de la cible, par exemple) des garanties données contractuellement par le vendeur à l'acquéreur dans le cadre d'un regroupement d'entreprises, qui sont liées à tout ou partie d'un actif ou d'un passif déterminé de l'acquise et dont la mise en œuvre dépend de la survenance future d'un événement (règlement d'un litige, par exemple) qui se traitent différemment (pour plus de détails et un exemple d'indemnisation à recevoir, voir nº 21980).

2. Les ajustements éventuels de prix qui ont été comptabilisés par l'entité acquise dans le cadre d'un regroupement d'entreprises antérieur sont comptabilisés par l'acquéreur comme des passifs identifiables (ou dans certains cas des actifs identifiables) de l'acquise. En effet, ils ne répondent pas à la définition des ajustements éventuels du prix d'acquisition payés par l'acquéreur dans le cadre de l'acquisition de l'acquise (IASB Update 06/09).

2. Comptabilisation initiale des ajustements éventuels du prix d'acquisition d'un regroupement Dès la date d'acquisition, l'acquéreur doit inclure dans le prix d'acquisition de l'entité acquise la juste valeur à la date d'acquisition de tout actif ou passif résultant des ajustements éventuels du prix d'acquisition (IFRS 3.39, .40 et .BC346).

Un actif correspondrait à un droit de l'acquéreur de se voir restituer une partie du prix d'acquisition payé aux vendeurs à la date d'acquisition.

Un passif correspondrait à une obligation de l'acquéreur d'avoir à remettre au vendeur un complément éventuel de prix si certains événements futurs spécifiés surviennent ou si certaines conditions sont remplies.

Le Board a considéré que la difficulté d'évaluation de la juste valeur des ajustements éventuels du prix d'acquisition dès la date d'acquisition ne pouvait pas être retenue comme un argument suffisant pour ne pas constater les actifs et passifs résultant de ces ajustements dès cette date (IFRS 3.BC347).

Les informations utilisées dans les négociations entre l'acquéreur et le vendeur devraient être utiles pour déterminer cette juste valeur (IFRS 3.BC348).

L'évaluation de ces ajustements à une valeur nulle ne pourrait pas être considérée selon IFRS 3 comme une évaluation fiable (IFRS 3.BC349).

Une obligation de l'acquéreur de verser un ajustement éventuel du prix répondant à la définition d'un instrument financier est classée en instruments de capitaux propres ou en dettes financières selon les critères d'IAS 32 (IFRS 3.40 et .BC352).

En pratique, de nombreuses clauses d'ajustement éventuel du prix répondent à la définition d'un passif financier selon IAS 32 ; c'est le cas notamment si le complément éventuel de prix est payé par de la trésorerie ou par un nombre variable d'instruments de capitaux propres.

3. Modifications ultérieures des ajustements de prix d'acquisition Voir nº 21825.

■ *Exemple 1*

Ajustement éventuel de prix réglé en un nombre variable d'actions *Le 1/01/N, le groupe G acquiert une cible A et convient avec les vendeurs de leur remettre en N+2 :*

– 100 actions de G si le chiffre d'affaires N+2 de A est compris entre 100 M€ et 200 M€ ; ou

– 200 actions de G si ce chiffre d'affaires dépasse 200 M€.

Solution de l'exemple 1 *L'ajustement éventuel de prix est une dette. En effet, le règlement de cet instrument est effectué en un nombre variable d'actions qui dépend du niveau de chiffre d'affaires de la cible : soit 100, soit 200.*

■ *Exemple 2*

Ajustement éventuel de prix réglé en un nombre fixe d'actions *Le 1/01/N, le groupe G acquiert une cible A et convient avec les vendeurs de leur remettre :*

– en N+2 : 100 actions de G si le chiffre d'affaires N+2 de A est supérieur à 100 M€ ; et

– en N+3 : 200 actions supplémentaires de G si le chiffre d'affaires N+3 dépasse 200 M€.

Solution de l'exemple 2 *L'ajustement éventuel de prix répond à la définition d'un instrument de capitaux propres selon la norme IAS 32. En effet, cette clause d'ajustement éventuel de prix comprend deux instruments indépendants : le premier, fonction uniquement du chiffre d'affaires N+2, et le second qui n'est fonction que du chiffre d'affaires N+3.*

Le nombre d'actions à remettre, qui est fonction de ces deux conditions de performance indépendantes, est fixe.

Chacun de ces deux instruments de capitaux propres est reconnu à la juste valeur à la date d'acquisition en capitaux propres. Aucune modification ultérieure de cet ajustement éventuel de prix ne sera comptabilisée.

Paiements éventuels au profit de vendeurs qui continuent à exercer des fonctions dans l'entité combinée

Pour plus de détails, voir nº 22260. 21820

Changements d'estimation de la juste valeur d'un ajustement éventuel de prix

21825 ***Question***

Comment comptabiliser les changements d'estimation de la juste valeur d'un ajustement éventuel du prix d'acquisition qui surviennent après la date d'acquisition ?

Réponse

Tout dépend de la façon dont le complément éventuel de prix a été comptabilisé à la date d'acquisition. Si le complément éventuel de prix a été comptabilisé :

1. en tant qu'instrument de capitaux propres : il ne fera l'objet d'aucun ajustement après la date d'acquisition ;
2. en tant qu'actif ou passif (dette) à la date d'acquisition :
– si le changement d'estimation résulte de faits et circonstances existant à la date d'acquisition et intervient dans le délai d'affectation : le montant de l'actif ou de la dette sera ajusté par la contrepartie du goodwill (ou du profit résultant d'une acquisition à des conditions avantageuses) ;
– dans les autres cas, et notamment si le changement d'estimation résulte d'événements postérieurs à la date d'acquisition, l'actif ou le passif devra être évalué à la juste valeur à chaque date de clôture. Tout changement de cette juste valeur sera constaté en résultat.

Commentaires L'obligation de l'acquéreur de payer un complément éventuel de prix d'acquisition peut être classée soit comme un instrument de capitaux propres selon IAS 32.11, soit comme une dette (voir n° 21815).

1. Complément éventuel de prix comptabilisé comme un instrument de capitaux propres à la date d'acquisition Si le complément éventuel de prix est comptabilisé à la date d'acquisition comme un instrument de capitaux propres (i.e. s'il est payé par la remise d'un nombre fixe d'instruments de capitaux propres), aucun ajustement ultérieur de la valeur initialement inscrite en capitaux propres n'est à comptabiliser après la date d'acquisition.

Seul son règlement par remise d'instruments de capitaux propres est constaté par capitaux propres lorsqu'il intervient (IFRS 3.58 et .BC353).

2. Complément éventuel de prix comptabilisé en tant qu'actif ou passif à la date d'acquisition Les modifications de la juste valeur des compléments éventuels de prix constatés à la date d'acquisition en tant qu'actifs ou dettes sont constatées différemment selon que les informations complémentaires obtenues par l'acquéreur après la date d'acquisition proviennent (ou non) de faits et circonstances existant à la date d'acquisition (IFRS 3.58).

a. Modifications des ajustements éventuels du prix d'acquisition provenant de faits et circonstances existant à la date d'acquisition Dès lors que cette modification intervient dans le délai d'affectation, le prix d'acquisition du regroupement est modifié ainsi que le goodwill (ou le profit résultant d'une acquisition dans des conditions avantageuses) constaté à la date d'acquisition (IFRS 3.58 renvoyant à IFRS 3.45 à .49).

Pour le délai dont bénéficie l'acquéreur pour finaliser la comptabilisation d'un regroupement d'entreprises, voir n° 22130.
Pour les conditions d'application du délai d'affectation, voir n° 22130 s.

Après le délai d'affectation, les modifications de ces ajustements éventuels du prix d'acquisition sont constatées de la même manière que ceux provenant d'événements postérieurs à la date d'acquisition (voir point b. ci-après).

b. Modifications des ajustements éventuels du prix d'acquisition provenant d'événements postérieurs à la date d'acquisition (pendant ou après la période d'affectation)

Tel est le cas, par exemple, lorsque certaines conditions fixées initialement pour le paiement d'un complément éventuel de prix sont remplies, par exemple (IFRS 3.58) :
- la réalisation d'un niveau prédéterminé de bénéfices de la cible ;
- l'atteinte d'un certain cours de bourse des titres de l'acquise ; ou
- le franchissement d'une étape particulière dans un projet de recherche et développement.

La modification de l'ajustement éventuel du prix d'acquisition est comptabilisée en résultat que l'actif ou la dette représentatif(ve) de ce complément éventuel de prix d'acquisition soit ou non dans le champ d'application d'IFRS 9.

i. Le complément éventuel de prix est dans le champ d'application d'IFRS 9 Le passif ou l'actif financier est évalué à sa juste valeur à chaque date de clôture, tout changement de juste valeur en résultant étant constaté en résultat conformément aux dispositions d'IFRS 9 (IFRS 3.58b.i et .BC354). **21825** (suite)

Les changements ultérieurs de juste valeur de ces passifs ou actifs financiers ne viendront donc pas modifier le prix d'acquisition du regroupement et donc le goodwill (ou le gain résultant d'une acquisition dans des conditions favorables), même dans le délai d'affectation (IFRS 3.58b.i et .BC356 s.).

En outre, l'IASB a précisé que ces compléments éventuels de prix d'acquisition (entrant dans le champ d'IFRS 9) devraient être **réévalués à leur juste valeur** après la date d'acquisition, qu'ils répondent ou non à la définition d'un instrument dérivé (IFRS 3.BC354 s.).

En effet, pour que le traitement des compléments éventuels de prix soit homogène – et contrairement aux principes généraux d'IFRS 9 qui prévoient l'évaluation d'un passif financier au coût amorti, sauf pour les dérivés et les passifs de transaction qui sont évalués à la juste valeur – l'ensemble des passifs financiers représentatifs d'un ajustement de prix doit être évalué à la juste valeur par résultat (IFRS 3.BC355).

ii. Le complément éventuel de prix est hors du champ d'application d'IFRS 9 Dans le cas plus rare où le complément éventuel de prix est hors du champ d'IFRS 9, il est évalué à la juste valeur à chaque date de clôture et les variations de la juste valeur sont également constatées en résultat (IFRS 3.58b.ii).

3. Présentation dans l'état du résultat global des changements de juste valeur des compléments éventuels de prix qui sont dans le champ d'application d'IFRS 9 et qui proviennent d'événements postérieurs à la date d'acquisition A défaut de précision des normes IFRS 3 et IFRS 9 sur ce point, différentes présentations des changements de juste valeur des compléments éventuels de prix sont adoptées en pratique. A notre avis, la présentation doit être cohérente avec la nature et l'objectif du complément éventuel de prix.

Une des présentations peut être de distinguer dans le changement de juste valeur la partie du montant qui est liée à la valeur temps de l'argent constatée en charges financières, le montant résiduel étant présenté en résultat opérationnel. Une autre présentation consiste à classer l'impact de ce changement en résultat opérationnel, si le changement de juste valeur du complément de prix est lié à un changement des hypothèses relatives à un niveau de profits futurs – ce changement étant lié à la performance opérationnelle du groupe. Si en revanche, le changement de juste valeur est principalement lié à la valeur temps de l'argent, il peut être approprié de constater ce changement de juste valeur en charges financières.

Pour la présentation des impacts des regroupements dans l'état du résultat global, voir n° 22800.

4. Conséquences de l'évaluation à la juste valeur à la date d'acquisition des compléments éventuels de prix et du traitement de leurs variations ultérieures Le Board a reconnu que l'application des dispositions d'IFRS 3 a des conséquences contre-intuitives. En effet (IFRS 3.BC358 s.) :

- un gain est constaté (par exemple, lié à la reprise d'un passif constaté au titre d'un complément éventuel de prix) si les seuils ou événements requis pour le paiement de ce complément éventuel de prix ne sont pas atteints ;
- à l'inverse, une perte est comptabilisée (le montant payé au titre de l'ajustement de prix étant supérieur à la juste valeur estimée du passif constaté initialement) si l'entité combinée enregistre de bons résultats après l'acquisition qui lui permettent d'atteindre/de dépasser les objectifs initialement fixés.

Le Board a toutefois indiqué :

- dans le second cas, que la constatation d'une perte liée au montant insuffisant du passif constaté initialement devrait être partiellement compensée par le niveau des résultats de l'entité combinée, meilleurs qu'estimés à la date d'acquisition (IFRS 3.BC359) ; et
- de manière générale, que l'existence de compléments éventuels de prix est souvent liée à des éventualités qui affectent également un autre actif ou passif (IFRS 3.BC360).

Tel peut être le cas d'un litige de l'entité combinée qui connaîtrait, après la date d'acquisition, une issue favorable. Si le montant que l'entité combinée s'est engagée à restituer au vendeur à ce titre excède l'estimation de la juste valeur du complément éventuel de prix réalisée à la date d'acquisition, la charge à constater à ce titre pourrait être compensée par la reprise du passif lié à ce litige (IFRS 3.BC360).

Changement d'estimation d'un ajustement éventuel de prix relatif à un regroupement comptabilisé avant 2010

21827 ***Question***

Comment comptabiliser les changements d'estimation d'un ajustement éventuel de prix relatif à un regroupement d'entreprises comptabilisé avant 2010 ?

Réponse

Conformément à la version d'IFRS 3 avant révision en 2008 appliquée pour comptabiliser le regroupement, c'est-à-dire dans le prix d'acquisition de l'entité acquise et donc en contrepartie du goodwill.

Commentaires :

Rappel La norme IFRS 3 actuelle s'applique aux regroupements d'entreprises dont la date d'acquisition correspond ou est postérieure à la date d'ouverture du premier exercice ouvert à compter du 1er juillet 2009, ce qui signifie que, pour les groupes ayant une clôture calendaire, cette norme s'applique, de manière obligatoire, aux regroupements d'entreprises dont la date d'acquisition est postérieure au 1er janvier 2010.

Les changements d'estimation des ajustements éventuels du prix d'acquisition relatifs à des regroupements d'entreprises qui sont intervenus avant l'application de la version révisée (en 2008) de la norme IFRS 3 doivent être comptabilisés jusqu'au règlement définitif du prix selon les modalités prévues par la norme selon laquelle le regroupement a été comptabilisé (IFRS 3 version 2004). C'est-à-dire dans le prix d'acquisition de l'entité acquise – en contrepartie du goodwill.

Rappel Selon la version de la norme IFRS 3 avant révision en 2008, un changement d'estimation d'un ajustement éventuel du prix d'acquisition entraîne un ajustement du prix d'acquisition antérieurement comptabilisé et donc du goodwill même si ce changement intervient après l'expiration du délai d'affectation.

En revanche, selon la version actuelle d'IFRS 3, lorsque les modifications des ajustements éventuels du prix d'acquisition résultent d'événements postérieurs à la date d'acquisition, ceux-ci doivent en principe être comptabilisés en résultat.

Pour la comptabilisation des ajustements éventuels du prix d'acquisition, voir n° 21825.

2. Coûts liés à l'acquisition

a. Coûts directs liés à l'acquisition

Principe général de non-incorporation au prix d'acquisition

21850 ***Question***

Comment comptabiliser les coûts directs liés à l'acquisition ?

Réponse

En charges de la période au cours de laquelle les coûts sont encourus ou les services sont rendus, à l'exception :

– des frais d'émission d'instruments de capitaux propres émis en rémunération du regroupement d'entreprises qui sont déduits des capitaux propres, voir n° 21860 ; et

– des coûts de transaction liés aux dettes financières contractées dans le cadre du regroupement d'entreprises qui sont déduits des dettes financières correspondantes, voir n° 21865.

Commentaires :

1. **Nature des coûts directs liés à l'acquisition** Les coûts visés sont les coûts encourus par l'acquéreur pour réaliser le regroupement d'entreprises. Ils comprennent par exemple (IFRS 3.53) :

– les honoraires versés à l'intermédiaire ayant identifié la cible ou aux conseils (avocats, banques d'affaires, cabinets d'audit, évaluateurs, etc.) ;

– les coûts administratifs généraux (par exemple, les coûts de fonctionnement d'un département interne chargé des acquisitions) ;

– les frais d'émission de titres émis en rémunération du regroupement d'entreprises et les coûts de transaction liés aux dettes financières contractées dans le cadre de ce regroupement.

2. **Comptabilisation en charges des coûts directs liés à l'acquisition** Ces coûts doivent être comptabilisés en charges de la période pendant laquelle ils sont encourus ou pendant laquelle les services sont rendus par les tiers, à l'exception (IFRS 3.53 et .BC366) :
– des frais d'émission d'instruments de capitaux propres émis en rémunération du regroupement d'entreprises qui sont déduits des capitaux propres, voir n° 21860 ; et
– des coûts de transaction liés aux dettes financières contractées dans le cadre de ce regroupement qui sont déduits des dettes financières correspondantes, voir n° 21865.

Selon l'IASB (IFRS 3.BC366 s.), la constatation en charges des coûts directs liés à l'acquisition est justifiée par le fait que :
– ces coûts sont la résultante d'une transaction distincte du regroupement d'entreprises, un service rendu par un tiers (autre que le vendeur), qui doit être comptabilisé en charges au moment où le tiers rend le service correspondant ;
– ces coûts ne représentent pas un actif de l'acquéreur à la date d'acquisition ;
– ces coûts ne font pas partie de la juste valeur du prix d'acquisition du regroupement échangé entre l'acquéreur et le vendeur au titre de la prise de contrôle de l'acquise ; un vendeur n'accepterait ainsi pas un prix d'acquisition inférieur à la juste valeur de l'acquise simplement du fait qu'un acquéreur décide d'encourir plus de coûts liés à l'acquisition qu'un autre acquéreur.
Le Board reconnaît que cette comptabilisation en charges n'est pas homogène avec la méthode appliquée lors de l'acquisition d'actifs isolés ou de groupes d'actifs non constitutifs d'une activité pour laquelle certains coûts sont inclus dans le prix d'acquisition de l'actif (du groupe d'actifs) (en application d'IAS 16.16 s. et d'IAS 2.10 s., par exemple).

3. **Cas de la prise en charge de ces coûts par le vendeur ou l'entreprise acquise** L'IASB a traité du cas où, pour éviter la comptabilisation des coûts directs liés à l'acquisition en charges, un acquéreur pourrait faire prendre en charge ces coûts par le vendeur ou par l'acquise avant la date d'acquisition (IFRS 3.52c et .BC370). Dans ces deux cas, la norme précise que toute forme de paiement qui permettrait à l'acquéreur de rembourser aux vendeurs ou à l'acquise les coûts ainsi pris en charge serait considérée comme une transaction distincte du regroupement (voir n° 21645) et ne pourrait donc pas faire partie de la comptabilisation du regroupement.

Par exemple, le remboursement effectué par l'acquéreur au vendeur qui va supporter ces frais ne serait pas constaté en élément du prix d'acquisition du regroupement mais en charges en tant que paiement des services correspondants.

Frais d'émission d'instruments de capitaux propres émis en rémunération d'un regroupement d'entreprises

21860

Question

Comment comptabiliser les frais d'émission d'instruments de capitaux propres émis en rémunération d'un regroupement d'entreprises ?

Réponse

En déduction des capitaux propres si ces frais répondent à la définition des coûts de transaction directement attribuables tels que définis par la norme IAS 32.

A défaut, ces coûts sont constatés en charges.

Commentaires Les frais d'émission d'instruments de capitaux propres, s'ils répondent à la définition des coûts de transaction marginaux directement attribuables à l'émission des instruments (IAS 32.37), doivent en effet obligatoirement être déduits des capitaux propres, même lorsqu'ils sont liés à un regroupement d'entreprises (IAS 32.35).

Pour plus de détails, voir n° 44405 s.

En conséquence, il est interdit de comptabiliser ces frais en charges ou de les incorporer au prix d'acquisition du regroupement.

Coûts liés aux dettes financières contractées lors d'un regroupement d'entreprises

21865 *Question*

Comment comptabiliser les coûts liés aux dettes financières contractées dans le cadre d'un regroupement d'entreprises ?

Réponse

En déduction des dettes correspondantes si ces frais répondent à la définition des coûts de transaction tels que définis par la norme IFRS 9.

A défaut, ces coûts sont comptabilisés immédiatement en charges.

Commentaires Les coûts liés aux dettes financières, s'ils répondent à la définition de coûts de transaction marginaux directement attribuables à l'émission d'une dette et s'ils sont contractés dans le cadre d'un regroupement d'entreprises, ne doivent ni être comptabilisés immédiatement en charges, ni être inclus dans le prix d'acquisition du regroupement (IFRS 3.53).

En effet, ces coûts sont déduits des dettes correspondantes et sont obligatoirement étalés sur la durée de vie de l'emprunt selon la méthode du taux d'intérêt effectif, conformément à IFRS 9.A et .5.1.1.

Impôt différé actif sur frais d'acquisition engagés lors d'un regroupement d'entreprises

21870 *Question*

Les frais d'acquisition engagés lors d'un regroupement d'entreprises doivent-ils donner lieu à comptabilisation d'un impôt différé actif par l'acquéreur ?

Réponse

Oui, dès lors qu'il existe une différence temporelle résultant d'un traitement fiscal différent de leur traitement comptable et qu'il est probable que l'entreprise disposera de bénéfices fiscaux suffisants pour le recouvrer.

En France, les frais d'acquisition engagés lors d'un regroupement d'entreprises devraient en général donner lieu à comptabilisation d'un impôt différé actif.

En effet, les frais d'acquisition :

- sont en principe désormais **comptabilisés immédiatement** en **charges** dans les comptes consolidés de l'acquéreur (et non plus en goodwill), voir nº 21850 ;
- alors que, **fiscalement,** ils sont **déduits de manière étalée** sur cinq ans.

Ce traitement fiscal différent du traitement comptable génère une différence temporelle qui donnera lieu à comptabilisation d'un **impôt différé actif** (en produits dans le compte de résultat) dès l'enregistrement des frais d'acquisition en charges s'il est probable que l'entreprise disposera de bénéfices fiscaux suffisants pour le recouvrer, voir nº 27610.

Concernant l'impact en résultat, l'enregistrement de ce produit d'impôt vient compenser en partie la charge liée aux frais d'acquisition.

Commentaires En France, les frais d'acquisition engagés lors d'un regroupement d'entreprises devraient en général donner lieu à comptabilisation d'un impôt différé actif.

En effet, les coûts directs liés à l'acquisition :

- doivent, en principe, être **comptabilisés en charges** de la période au cours de laquelle ils sont encourus et les services sont rendus, voir nº 21850 ;

  Rappel Ces frais, auparavant inclus dans le goodwill de la société acquise, sont désormais considérés comme une transaction séparée du regroupement d'entreprises, s'agissant d'éléments ne faisant pas partie de la juste valeur échangée entre l'acquéreur et le vendeur (IFRS 3.53 et .BC366).

- alors que **fiscalement, ils sont déduits de manière étalée sur cinq ans.**

Un impôt différé actif relatif à cette différence temporelle doit donc être comptabilisé s'il est probable que l'entreprise disposera de bénéfices fiscaux suffisants pour le recouvrer, voir nº 27610. Il est alors :

- enregistré en contrepartie du résultat (produits) (en ce sens IAS 12.58) dès l'enregistrement des frais d'acquisition en charges ;

Cet impôt différé actif ne doit pas être enregistré par contrepartie du goodwill puisqu'il est relatif à une opération comptabilisée en résultat et n'est donc pas lié aux éléments d'actifs et passifs de la cible.
Concernant l'impact en résultat, l'enregistrement de ce produit d'impôt vient ainsi compenser en partie la charge liée aux frais d'acquisition.

– repris en résultat de manière étalée sur cinq ans au fur et à mesure de la déduction fiscale des frais d'acquisition correspondants.

b. Autres coûts résultant de l'acquisition

Provision pour restructuration de l'acquéreur

Question 21875

Les provisions pour restructuration constituées par l'acquéreur du fait du regroupement d'entreprises doivent-elles être incluses dans le prix d'acquisition de l'acquise ?

Réponse

Non.

Commentaires Les provisions pour restructuration de l'acquéreur, ne constituant pas un passif repris par l'acquéreur aux anciens actionnaires de l'acquise (voir n° 21755 et 21905), ne peuvent pas être incluses dans le prix d'acquisition du regroupement.

D. Identification des actifs acquis et passifs assumés

1. Principes d'identification des actifs acquis et passifs assumés

a. Critères généraux d'identification

Nature des éléments à comptabiliser séparément du goodwill

Question 21905

Quels sont les éléments devant être comptabilisés séparément du goodwill à la date d'acquisition ?

Réponse

Les actifs acquis et les passifs assumés répondant à certaines conditions, voir n° 21910.

Commentaires L'acquéreur doit comptabiliser séparément du goodwill les actifs acquis et les passifs assumés qui répondent à certaines conditions, voir n° 21910.

Pour les critères d'identification des passifs éventuels, voir n° 21970 s.
Pour la non-comptabilisation des actifs éventuels, voir n° 21910.

Critères généraux d'identification des actifs acquis et passifs assumés

Question 21910

Quelles sont les conditions pour comptabiliser séparément du goodwill, à la date d'acquisition, les actifs et passifs de l'entreprise acquise ?

Réponse

Deux conditions générales d'identification des actifs et passifs de l'entreprise acquise :
– ils constituent, à la date d'acquisition, un actif ou un passif tel que défini par le Cadre conceptuel de l'IASB ; et

21910 (suite)

– ils font partie de ce que l'acquéreur et l'acquise (ou ses anciens actionnaires) ont échangé dans le cadre du regroupement (en contrepartie de la prise de contrôle). Ils ne doivent donc pas résulter d'une transaction distincte, voir n° 21645.

Certains actifs et passifs font toutefois l'objet d'exceptions à ces conditions générales de comptabilisation séparée du goodwill.

Tel est le cas notamment des passifs éventuels qui, bien que ne répondant pas à la définition d'un passif selon le Cadre conceptuel, sont comptabilisés séparément du goodwill s'ils représentent, à la date d'acquisition, une obligation actuelle (et non potentielle) résultant d'événements passés et si leur juste valeur peut être évaluée de manière fiable.

Commentaires :

1. **Critères généraux d'identification des actifs et passifs de l'acquise** Pour être comptabilisé séparément du goodwill, un actif ou un passif doit (IFRS 3.11 s. et .BC112 à .BC130) :

– répondre, à la date d'acquisition, à la définition d'un actif ou d'un passif donnée par le Cadre conceptuel de l'IASB ; et

– faire partie des éléments échangés entre l'acquéreur et l'acquise (ou ses précédents actionnaires) dans le cadre du regroupement (en échange de la prise de contrôle) et donc ne pas résulter d'une transaction distincte du regroupement d'entreprises.

Les actifs ou passifs qui résulteraient de transactions distinctes doivent être constatés conformément aux normes IFRS qui leur sont applicables (et non pas dans le cadre de la mise en œuvre de la méthode de l'acquisition). Pour la distinction entre transactions faisant partie intégrante du regroupement d'entreprises et transactions distinctes, voir n° 21645.

La comptabilisation séparée des actifs et passifs de l'acquise est requise dès lors que les conditions précitées sont remplies, même si ces éléments n'avaient pas été comptabilisés dans les comptes de l'acquise avant le regroupement, par exemple parce qu'ils ne remplissaient pas avant l'acquisition les critères de comptabilisation des IFRS appropriés (IFRS 3.13).

Tel est le cas, par exemple, de certains actifs incorporels développés en interne telle une marque ou une relation client (IFRS 3.13).

A l'inverse, certains actifs comptabilisés par l'entreprise acquise ne doivent pas être comptabilisés par l'acquéreur. Tel est le cas par exemple d'un goodwill comptabilisé par l'acquise à l'occasion d'un regroupement antérieur. Ce goodwill acquis ne constitue pas un actif identifiable de l'acquise.

Pour les conditions de comptabilisation séparée des immobilisations incorporelles, voir n° 22300.

La norme précise qu'un passif entrant dans le champ d'application de la norme IAS 37 ou de l'interprétation IFRIC 21 n'est reconnu que lorsque la condition relative à l'obligation actuelle (implicite ou juridique) résultant d'un événement passé spécifiquement prévue par ces textes est remplie à la date d'acquisition (IFRS 3.21B). Ainsi, une taxe entrant dans le champ d'application de l'interprétation IFRIC 21 ne donne lieu à la comptabilisation d'une provision que s'il existe, à la date d'acquisition, un fait générateur fiscal donnant lieu à l'obligation de la payer (voir n° 40380 s.).

Cette précision a été apportée par un amendement d'IFRS 3, adopté par la Commission européenne le 28 juin 2021 (Règl. UE 2021/1080) et d'application obligatoire pour les exercices ouverts à compter du 1er janvier 2022, pour tous les regroupements d'entreprises effectués postérieurement à cette date.

Pour l'application des principes généraux d'identification aux provisions pour risques et charges, voir n° 21930 s.

2. **Exceptions aux conditions générales de comptabilisation séparée du goodwill** La norme IFRS 3 prévoit certaines exceptions limitatives aux conditions générales de comptabilisation séparée du goodwill, concernant les actifs et passifs suivants :

– les passifs éventuels (IFRS 3.22 s.), voir n° 21972 s. ;

– les actifs et passifs d'impôts différés résultant d'actifs acquis et passifs assumés dans un regroupement d'entreprises ou ceux induits par les différences temporelles ou les déficits fiscaux reportables de l'acquise existant à la date d'acquisition ou créés du fait du regroupement (IFRS 3.24 et .25) ;

Ces actifs et passifs d'impôts différés doivent être comptabilisés conformément à la norme IAS 12, Impôts sur le résultat, voir n° 21965.

– les passifs (ou actifs, le cas échéant) liés aux régimes d'avantages du personnel de l'acquise (IFRS 3.26) : ceux-ci doivent être comptabilisés conformément à la norme IAS 19, Avantages du personnel, voir n° 21960.

3. Exemples d'éléments non identifiables Ne peuvent être comptabilisés en contrepartie du goodwill, par exemple, les passifs au titre de l'arrêt ou de la réduction des activités de l'entreprise acquise qui n'existaient pas à la date du regroupement (voir n° 21930), les pertes futures (voir n° 21935) ou les actifs éventuels de l'entreprise acquise.

En effet, les actifs éventuels ne répondent pas à la définition d'un actif. Leur comptabilisation dans le cadre d'un regroupement d'entreprises est explicitement interdite (IFRS 3.23A).
Les actifs éventuels sont définis comme **des actifs potentiels** résultant d'événements passés et dont l'existence ne sera confirmée que par la survenance (ou non) d'un ou de plusieurs événements futurs incertains qui ne sont pas sous le contrôle de l'entreprise (IAS 37.10).

Actifs et passifs de l'acquéreur liés au regroupement d'entreprises

Question 21915

Les actifs et passifs de l'acquéreur résultant directement du regroupement d'entreprises peuvent-ils être comptabilisés dans le cadre du regroupement d'entreprises, c'est-à-dire en contrepartie du goodwill ?

Réponse

Non, à l'exception toutefois de l'indemnité à recevoir par l'acquéreur au titre d'une garantie accordée par le vendeur et portant sur un actif/passif spécifique de l'acquise, voir n° 21980.

Commentaires Les actifs et les passifs de l'acquéreur, même s'ils résultent directement du regroupement d'entreprises, ne doivent pas être pris en compte dans la comptabilisation du regroupement d'entreprises et ne peuvent donc pas affecter le montant du goodwill. En effet, les actifs identifiables acquis et les passifs assumés qui entrent dans le calcul du goodwill correspondent aux actifs et passifs de l'acquise échangés entre l'acquéreur et les précédents actionnaires de l'acquise dans le cadre du regroupement d'entreprises (IFRS 3.12).

Pour le cas particulier de l'actif de l'acquéreur représentatif d'une indemnisation à recevoir (« indemnification asset ») qui est comptabilisé dans le cadre de la comptabilité d'acquisition, voir n° 21980.

Les actifs et passifs de l'acquéreur résultant du regroupement d'entreprises peuvent, par exemple, concerner :
- des **provisions pour restructuration de l'acquéreur** ainsi que les provisions pour les pertes et autres coûts encourus par l'acquéreur du fait du regroupement ;
- des **impôts différés actifs de l'acquéreur,** non comptabilisés avant le regroupement d'entreprises et devenant récupérables à la suite du regroupement d'entreprises.

Ces impôts différés actifs sont constatés dans les comptes de l'acquéreur si les conditions générales de comptabilisation de tels actifs sont remplies (IAS 12.28 s.).

En effet, à la suite du regroupement d'entreprises, la probabilité pour l'acquéreur de recouvrer de tels actifs d'impôts différés antérieurs à l'acquisition pourrait être modifiée. Par exemple, grâce aux résultats de la société acquise, l'acquéreur pourrait être en mesure d'anticiper des perspectives d'utilisation de ses pertes fiscales reportables supérieures à celles qui existaient précédemment. Dans ce cas, les impôts différés actifs sur ces pertes reportables pourraient être désormais comptabilisés. A l'inverse, à la suite d'un regroupement d'entreprises, l'acquéreur pourrait considérer que les perspectives d'utilisation de ses pertes reportables ne sont plus suffisantes pour justifier de maintenir la comptabilisation de ses impôts différés actifs. Ces changements dans la comptabilisation des impôts différés actifs doivent être constatés au cours de la période du regroupement d'entreprises, mais pas dans la comptabilisation du regroupement d'entreprises. Ainsi, l'acquéreur ne les prendra pas en compte pour la détermination du goodwill ou, le cas échéant, du profit résultant d'une acquisition à des conditions avantageuses (IAS 12.67).

La comptabilisation de ces actifs d'impôt différé devenus recouvrables en raison du regroupement ne pourra pas être réalisée avant que l'acquisition de la cible ne soit définitive (voir Exemple 2).
Pour les impôts différés actifs de l'entreprise acquise réalisés après la comptabilisation initiale du regroupement, voir n° 22155.

■ *Exemple 1*

Imputation de déficits fiscaux de l'acquéreur sur les bénéfices futurs imposables d'une société récemment acquise *Deux sociétés A et B présentent les caractéristiques suivantes :*

– la société A a réalisé des pertes fiscales reportables au cours des exercices antérieurs au titre desquelles aucun actif d'impôt différé n'a été comptabilisé du fait de la non-probabilité de réalisation de bénéfices imposables futurs ;

– la société B réalise d'importants bénéfices imposables et sa direction dispose de prévisions fiables démontrant que des bénéfices taxables suffisants seront réalisés sur lesquels les pertes de A pourraient s'imputer en cas d'acquisition de B par A.

En décembre N, A acquiert B.

Solution de l'exemple 1 *Un actif d'impôt différé sur les déficits fiscaux reportables de A (l'acquéreur) devrait être comptabilisé, le nouvel ensemble pouvant démontrer sa capacité à générer suffisamment de bénéfices futurs imposables pour absorber les pertes fiscales de A.*

Cet actif d'impôt différé de l'acquéreur ne constitue pas un actif identifiable de l'entité acquise et doit être comptabilisé en résultat (et non par la contrepartie du goodwill) conformément aux dispositions de la norme IAS 12 (IAS 12.67).

■ *Exemple 2*

Imputation de déficits fiscaux sur les bénéfices futurs imposables d'une société cible non encore acquise *Une société A qui a réalisé des pertes fiscales reportables au cours des exercices antérieurs envisage d'apurer ses déficits en les imputant sur les résultats bénéficiaires d'une autre entité qu'elle prévoit d'acquérir.*

Solution de l'exemple 2 *L'entité A ne peut pas comptabiliser un actif d'impôt différé correspondant à ses déficits fiscaux tant que l'acquisition n'a pas été réalisée.*

En effet, A ne contrôle pas une partie essentielle de la stratégie fiscale nécessaire au recouvrement de l'impôt différé actif, à savoir le vendeur de l'entité cible, et il ne peut pas être présumé qu'elle sera en mesure d'utiliser les bénéfices futurs imposables de l'entité cible pour imputer ses déficits fiscaux.

Les conditions de comptabilisation de cet actif d'impôt différé devraient être réexaminées après la prise de contrôle de l'entité cible.

b. Application des critères d'identification aux immobilisations incorporelles

Conditions de comptabilisation séparée du goodwill

21920 Pour les conditions générales de comptabilisation d'une immobilisation incorporelle séparément du goodwill, voir nº 22300 s.

c. Application des critères d'identification aux provisions (hors avantages du personnel)

Provisions pour restructuration de l'entreprise acquise

21930 ***Question***

Quelles sont les conditions de comptabilisation des coûts de restructuration de l'acquise en passifs identifiables acquis ?

Réponse

Deux conditions très restrictives :

1. ces coûts de restructuration répondent :

– à la définition d'un passif de l'acquise, à la date d'acquisition, au sens du Cadre conceptuel de l'IASB ; et

– aux conditions plus spécifiques de comptabilisation d'une provision pour restructuration prévues par IAS 37, Provisions, passifs éventuels et actifs éventuels ;

2. ce passif ne résulte pas d'une transaction distincte du regroupement.

Il convient en effet que ce passif ait été encouru « au bénéfice » de l'acquise (ou de ses précédents actionnaires) et non de l'acquéreur ou de l'entité issue du regroupement d'entreprises.

Commentaires : **21930** (suite)

1. **Conditions de comptabilisation des coûts de restructuration de l'acquise** Ces coûts ne peuvent être comptabilisés séparément du goodwill que s'ils répondent à la date d'acquisition à la définition d'un passif de l'acquise au sens du Cadre conceptuel de l'IASB (IFRS 3.11).

Ainsi, les coûts encourus en raison d'une restructuration ou de l'arrêt d'une activité de l'acquise, qui ne constituent pas un passif à la date d'acquisition, sont constatés en charges post-acquisition lorsqu'ils sont encourus (IFRS 3.11 et .BC132 à .BC143).

Un passif est une obligation actuelle de l'entreprise résultant d'événements passés et dont le règlement devrait se traduire pour l'entreprise par une sortie de ressources représentatives d'avantages économiques (Cadre.4.26 et IAS 37.10).

La norme IFRS 3 rappelle que les critères généraux de comptabilisation des coûts de restructuration sont précisés dans la norme IAS 37, Provisions, passifs éventuels et actifs éventuels. Ainsi, les coûts de restructuration de l'entreprise acquise ne sont constatés en passifs identifiables assumés que s'ils constituent, au plus tard à la date d'acquisition, un passif de cette entreprise au sens d'IAS 37 (IFRS 3.BC136), c'est-à-dire si l'acquise (IAS 37.14 et .70 s.) :

a. a un plan formalisé et détaillé de restructuration précisant au moins :
- l'activité ou la partie d'activité concernée ;
- les principaux sites affectés ;
- la localisation, la fonction et le nombre approximatif de membres du personnel qui seront indemnisés au titre de la fin de leur contrat de travail ;
- les dépenses qui seront engagées ; et
- la date à laquelle le plan sera mis en œuvre ;

b. et a créé, chez les personnes concernées, une attente fondée qu'elle mettra en œuvre la restructuration soit en commençant à exécuter le plan, soit en leur annonçant ses principales caractéristiques.

2. **Nécessité de s'assurer que les provisions pour restructuration de l'acquise, constatées à la date d'acquisition, constituent des passifs identifiables dans le cadre du regroupement** La norme IFRS 3.51 requiert de s'assurer :
- que les actifs et passifs identifiables de l'acquise font partie de ce que l'acquéreur et l'acquise échangent dans le cadre du regroupement d'entreprises et entrent donc dans la mise en œuvre de la méthode de l'acquisition ; et
- qu'ils ne résultent pas, au contraire, d'une transaction distincte du regroupement à comptabiliser selon les autres normes IFRS appropriées, voir n° 21645.

Une provision pour restructuration de l'acquise qui serait mise en œuvre par l'acquéreur essentiellement dans son intérêt ou dans l'intérêt de l'entité issue du regroupement ne fait ainsi pas partie de la comptabilisation du regroupement. Et ce, même si les conditions de la restructuration sont détaillées dans l'accord d'acquisition.

A l'inverse, une provision qui serait réalisée essentiellement dans l'intérêt de l'acquise ou de ses précédents actionnaires en fait généralement partie (IFRS 3.52 et Exemple 2 ci-après).

Si les conditions de comptabilisation d'une provision selon IAS 37 sont remplies dès la date d'acquisition (existence d'un passif de l'entreprise acquise à cette date), cela signifie que le processus lié aux restructurations est déjà bien avancé à la date d'acquisition (plan formalisé et détaillé notamment, voir point 1. ci-avant). En conséquence, il est peu probable que cette restructuration ait été décidée par l'acquéreur dans son propre intérêt, celui-ci n'ayant pas encore le contrôle de l'entité acquise à cette date.

Si tel était toutefois le cas, il conviendrait de s'interroger sur la date d'acquisition, laquelle pourrait alors être antérieure à la date déterminée.

■ *Exemple 1*

L'entité V, un fabricant d'équipements industriels, a acquis en N trois entités : W, X et Y.

1. L'entité W, dont l'activité est identique à celle de V, dispose de quinze usines en Europe de l'Ouest. Avant l'acquisition, l'entité V a élaboré les grandes lignes d'un plan de restructuration aboutissant à la fermeture de cinq des usines de W.

L'entité V a annoncé ce plan au moment du démarrage des négociations avec les syndicats qui ont débuté deux mois après l'acquisition.

2. L'entité X, une société possédant quatre usines en Europe de l'Est. L'une d'entre elles fait des pertes et l'entité V a décidé et annoncé peu après la date d'acquisition un plan de fermeture de l'usine. Celle-ci continuera de faire des pertes pendant six mois jusqu'à sa fermeture complète.

3. L'entité Y, une société qui a la même activité que V, et qui possède des unités de production dans dix pays. A la date d'acquisition, l'entité V a annoncé un plan détaillé de rationalisation des activités de Y qui prévoit la suppression de 10 % de ses effectifs dans chaque pays. Aucune usine ne sera fermée et toutes les lignes de production seront conservées.

Solution de l'exemple 1 *L'entité V ne peut pas comptabiliser de provisions pour restructuration en tant que passifs identifiables des différentes entités acquises. Aucune des circonstances précitées ne satisfait en effet, à la date d'acquisition, aux critères de comptabilisation des provisions pour restructuration selon IAS 37, les entités acquises n'étant pas tenues à la date d'acquisition par une obligation légale ou implicite d'engager ces coûts. Plus précisément :*

1. Le plan de fermeture des usines de W ne constitue pas un passif identifiable de l'entreprise acquise à cette date. En effet, il ne constitue pas un passif de W, le plan n'ayant pas été annoncé à la date d'acquisition et ce plan a été décidé par l'acquéreur (dans son intérêt).

2. Le plan de fermeture de l'usine de X étant une décision de V, les coûts correspondants ne peuvent être considérés comme un passif identifiable acquis. Le fait que ce plan ait été annoncé peu après la date d'acquisition (ou même avant ou à la date d'acquisition) ne modifierait pas cette conclusion dans la mesure où il s'agit d'une décision de l'acquéreur.

En outre, la décision de fermeture prise par l'acquéreur V ne doit pas avoir d'incidence sur l'évaluation de l'usine X dans le cadre de l'affectation du prix d'acquisition, voir nº 22035.

Enfin, les pertes futures qui seront générées avant la fermeture effective de l'usine ne peuvent pas donner lieu à provision, ni dans le cadre de l'affectation du prix d'acquisition ni après l'acquisition, voir nº 21935. Ces pertes futures seront comptabilisées en charges au fur et à mesure de leur réalisation.

3. Comme pour les usines de X et de W, le plan de rationalisation des activités de Y ayant été décidé par l'acquéreur, il ne peut pas donner lieu à comptabilisation en tant que passif identifiable acquis. Toutefois, après la comptabilisation initiale de l'acquisition, l'entité V comptabilisera des provisions pour restructuration au titre des mesures qu'elle prendra, une fois les critères d'IAS 37 satisfaits. Le coût de ces provisions sera constaté en résultat.

■ *Exemple 2*

Une entité X acquiert une entité Y. A la date d'acquisition, Y a dans ses comptes une provision pour restructuration liée à un plan de restructuration qui a répondu aux conditions de comptabilisation d'IAS 37 un an avant que le regroupement d'entreprises soit envisagé.

En outre, suite au rachat de Y par X et afin de bénéficier de synergies à partir des activités regroupées, X a prévu de fermer des sites d'exploitation de Y et de licencier certains salariés de Y. Six mois après la date d'acquisition, l'obligation liée à ce plan de restructuration est comptabilisée puisque les critères de comptabilisation de la norme IAS 37 sont satisfaits.

Solution de l'exemple 2 *Le plan de restructuration initié par l'acquise Y correspond à une obligation de l'acquise à la date d'acquisition, comptabilisée au bénéfice de l'acquise et de ses anciens actionnaires. En effet, cette obligation existait un an avant que le regroupement ne soit initié. En conséquence, dans le cadre du regroupement, l'acquéreur comptabilisera le passif enregistré par l'acquise à la juste valeur.*

Concernant le plan de restructuration initié par l'acquéreur X, ces coûts de restructuration ne représentent pas une obligation à la date d'acquisition (obligation actuelle). En conséquence, ils ne répondent pas à la définition d'un passif acquis et ne doivent donc pas être comptabilisés dans le cadre du regroupement. En revanche, l'acquéreur comptabilisera les coûts de restructuration dans les charges post-regroupement.

Pertes d'exploitation futures

21935 ***Question***

Les pertes d'exploitation futures peuvent-elles donner lieu à une provision dans le cadre de la comptabilisation du regroupement d'entreprises ?

Réponse

Non, comme c'est le cas en dehors d'un regroupement d'entreprises, les pertes d'exploitation futures ne peuvent pas être provisionnées, sauf si elles sont liées à des contrats déficitaires.

En outre, l'évaluation des actifs acquis lors d'un regroupement d'entreprises ne doit pas tenir compte des conditions d'utilisation des actifs spécifiques à l'acquéreur ou à l'acquise et ce, même si ces conditions spécifiques peuvent générer des pertes futures. L'évaluation doit au contraire être effectuée sur la base de la juste valeur des actifs déterminée conformément à leur utilisation optimale par des intervenants de marché.

Commentaires :

1. **Interdiction de constituer une provision pour pertes d'exploitation futures au passif** En effet, une telle provision ne répond pas à la définition d'un passif (IAS 37.63 à .65) et donc à celle d'un passif identifiable acquis (IFRS 3.11), voir n° 21910.

Cette interdiction vise également les pertes d'exploitation futures d'actifs ou groupes d'actifs détenus en vue de la vente, ces actifs ou groupes d'actifs devant être évalués, à la date d'acquisition, à leur juste valeur diminuée des coûts de la vente (IFRS 5.16), voir n° 22097. Enfin, cette interdiction s'applique même lorsque les pertes d'exploitation futures résultent du regroupement.

La seule exception à ce principe général concerne les pertes futures liées à des contrats déficitaires (s'il s'agit d'un contrat déficitaire de l'acquise à la date d'acquisition), qui elles doivent donner lieu à provision (IAS 37.66 s.).

En revanche, un contrat acquis dans le cadre d'un regroupement d'entreprises et qui devient déficitaire du fait des actions ou des intentions de l'acquéreur devrait être comptabilisé en charges postérieures à l'acquisition et non pas en passifs identifiables.

2. **Pas de prise en compte des conditions d'exploitation spécifiques pour l'évaluation des actifs acquis** Les actifs acquis doivent être évalués à leur juste valeur déterminée conformément à l'utilisation optimale qu'en feraient des intervenants du marché, en tenant compte des hypothèses appropriées d'évaluation mais sans tenir compte des intentions de l'acquéreur ni de celles de l'entreprise acquise (conditions spécifiques d'exploitation, etc.) (IFRS 3.18, .20 et .B43), voir n° 22035.

En effet, pour des raisons liées à la concurrence par exemple, l'acquéreur peut décider de ne plus utiliser un actif acquis ou de ne pas l'utiliser de manière optimale.

Pour la notion d'utilisation optimale telle que définie par la norme IFRS 13, voir n° 13325.

Par exemple, la décision prise par l'acquéreur d'arrêter l'exploitation d'une usine de l'acquise ne doit pas avoir d'incidence sur la valeur attribuée à cette usine dans le cadre de la mise en œuvre de la méthode de l'acquisition, si d'autres intervenants du marché auraient pu continuer à l'exploiter. Dans un tel cas, la juste valeur de l'usine acquise correspond à sa valeur de marché déterminée conformément à l'utilisation optimale qui en serait faite par des intervenants de marché.

3. **Comptabilisation des conséquences des conditions d'exploitation défavorables** Les conséquences défavorables des conditions d'exploitation spécifiques à l'entreprise acquise ou à l'acquéreur sont comptabilisées, le cas échéant, en résultat de l'exercice d'acquisition.

Obligations de l'entreprise acquise dont le règlement dépend du regroupement d'entreprises

Question 21940

Les obligations contractuelles de l'entreprise acquise dont le règlement dépend du regroupement d'entreprises (par exemple, les indemnités dues à certains dirigeants en cas de changement de contrôle) constituent-elles des passifs identifiables acquis ?

Réponse

Oui, car elles répondent à la définition d'un passif, tel que défini par le Cadre conceptuel de l'IASB et la norme IAS 37, à la condition toutefois qu'elles ne résultent pas d'une transaction distincte du regroupement d'entreprises.

Commentaires A la date d'acquisition, les obligations contractuelles de l'entreprise acquise dont le règlement dépend du regroupement d'entreprises constituent un passif identifiable dès lors qu'elles font partie de ce que l'acquéreur et l'acquise ont échangé au titre du regroupement d'entreprises (IFRS 3.10 à .12). En effet, à la date d'acquisition, elles répondent à la définition d'un passif selon le Cadre conceptuel de l'IASB.

Ces obligations contractuelles constituent une obligation actuelle de l'entreprise acquise dès la signature du contrat avec les tiers concernés ou dès lors que l'obligation implicite existe à l'égard de ces tiers. Lorsque le regroupement d'entreprises devient probable, ces obligations contractuelles répondent à la définition d'un passif conformément à IAS 37 et doivent être comptabilisées comme un passif assumé.

Il convient toutefois que ce passif fasse partie de ce que l'acquéreur et l'acquise échangent dans le cadre du regroupement et ne résulte pas d'une transaction distincte supportée par l'entreprise acquise au bénéfice de l'acquéreur ou de l'entité combinée.

Obligations implicites de l'acquéreur mais pas de l'entreprise acquise

21945 ***Question***

Les obligations implicites de l'acquéreur (par exemple de dépolluer en fin d'exploitation les terrains détenus par le groupe) qui ne constituent pas des obligations juridiques ou implicites de l'entreprise acquise constituent-elles des passifs identifiables acquis ?

Réponse

Non, car en l'absence d'obligation juridique ou implicite de l'entreprise acquise à la date d'acquisition, ces obligations ne répondent pas à la définition d'un passif ni dans le Cadre conceptuel de l'IASB, ni dans la norme IAS 37 à la date d'acquisition.

Ainsi, par exemple, la provision comptabilisée dans les comptes de l'acquéreur au titre de son obligation implicite de dépolluer un terrain de l'acquise en fin d'exploitation ne pourrait pas être comptabilisée en contrepartie du goodwill.

Commentaires Les passifs identifiables dans le cadre d'un regroupement d'entreprises doivent répondre à la définition d'un passif de l'acquise selon le Cadre conceptuel de l'IASB (Cadre.4.26 ; IFRS 3.11). L'acquéreur ne doit comptabiliser une provision que s'il existe, à la date d'acquisition, une obligation actuelle du fait d'événements passés, au sens d'IAS 37.15 à .22 (IFRS 3.21B).

Une obligation implicite de l'acquéreur, par exemple de dépolluer les terrains de la cible, ne peut pas donner lieu à la constatation d'un passif dans les comptes de l'entreprise acquise par la contrepartie du goodwill à la date d'acquisition. En effet, l'entreprise acquise n'a aucune obligation à cette date.

En revanche, ce passif doit être constaté par l'acquéreur dès lors que cette obligation implicite existe, c'est-à-dire postérieurement au regroupement.

■ *Exemple*

L'entreprise acquise A détient des terrains qui ont été pollués au cours de son exploitation passée. Toutefois, en l'absence d'obligation légale de dépollution, l'entreprise A n'a jamais opéré de dépollution et ne s'est jamais engagée, même de manière implicite, à dépolluer ces terrains. L'acquéreur B, au contraire, a toujours affiché une politique de préservation de l'environnement et de dépollution de ses propres terrains contaminés.

Solution de l'exemple *Après l'acquisition, on peut raisonnablement penser que l'acquéreur a désormais une obligation implicite de dépolluer à la fois ses anciens terrains et ceux qu'il vient d'acquérir en prenant le contrôle de A. Il devrait donc comptabiliser, juste après la date d'acquisition, un passif au titre de cette nouvelle obligation de dépollution, dès lors que celle-ci peut être mesurée de manière fiable. Toutefois, cette obligation n'étant pas une obligation de l'entreprise acquise, ce passif ne peut être considéré comme un passif identifiable acquis mais plutôt comme un passif de l'acquéreur qui résulte du regroupement et qui devrait donc être comptabilisé postérieurement à l'acquisition.*

2. Critères d'identification spécifiques à certains actifs acquis et passifs assumés de l'acquise

Identification des régimes d'avantages du personnel de l'entreprise acquise

21960 ***Question***

Comment l'acquéreur doit-il comptabiliser les passifs (ou les éventuels actifs) liés aux régimes d'avantages du personnel de l'entreprise acquise ?

Réponse

Conformément aux dispositions de la norme IAS 19 (voir n° 27974 s.).

Commentaires :

1. Exception aux conditions générales d'identification et d'évaluation des actifs acquis et passifs assumés dans le cadre d'un regroupement Les régimes d'avantages du personnel

constituent une exception au principe de comptabilisation et d'évaluation de la norme IFRS 3. L'acquéreur doit comptabiliser les passifs (ou les actifs le cas échéant) relatifs aux régimes d'avantages du personnel conformément à la norme IAS 19 (IFRS 3.26, .BC296 à .BC300).

Pour l'évaluation des régimes d'avantages du personnel, voir n° 22085.

2. **Comptabilisation des modifications des régimes d'avantages du personnel de l'entité acquise** Il convient, à notre avis, de distinguer selon que ces modifications ont été décidées :
- **par l'acquéreur à la date d'acquisition** : ces modifications mises en œuvre par l'acquéreur (dans son intérêt ou dans l'intérêt de l'entité issue du regroupement) ne font pas partie du regroupement (voir n° 21910) et doivent être comptabilisées en charges post-acquisition conformément à la norme IAS 19 (IAS 19.99 à .112) et ce, même si ces amendements sont prévus dans l'accord d'acquisition (en ce sens, IFRS 3.51, .52 et .B50) ;

Ces amendements ont pour objectif, par exemple, d'aligner les régimes d'avantages postérieurs à l'emploi de l'entreprise acquise sur les régimes d'avantages postérieurs à l'emploi applicables aux employés de l'acquéreur, lorsque ces derniers sont plus favorables aux employés de l'acquise. Ce type d'amendement est, en principe, effectué au bénéfice de l'acquéreur et les modifications de régimes concernent les services futurs fournis par les salariés concernés (IFRS 3.52).

- **par l'entreprise acquise avant la date d'acquisition** : en principe, ces modifications doivent entrer dans la mise en œuvre de la méthode de l'acquisition dans la mesure où elles sont au bénéfice de l'acquise (ou de ses anciens actionnaires) et si elles sont intervenues au plus tard à la date d'acquisition (IAS 19.99 à .112). Il ne s'agira pas, dans ce cas, d'une transaction distincte du regroupement, voir n° 21645.

Identification des impôts différés actifs ou passifs de l'acquise

21965

Question

Comment l'acquéreur doit-il comptabiliser les actifs ou passifs d'impôts différés relatifs à des actifs acquis ou des passifs assumés dans un regroupement d'entreprises et ceux induits par les différences temporelles et déficits reportables de l'acquise ?

Réponse

Conformément aux dispositions de la norme IAS 12 (voir n° 27451 s.).

Commentaires La comptabilisation des actifs ou passifs d'impôts différés relatifs à des actifs acquis ou passifs assumés par l'acquéreur dans le cadre du regroupement constitue une exception au principe de comptabilisation des actifs ou passifs identifiables de la norme IFRS 3. En effet, l'acquéreur doit comptabiliser ces actifs ou passifs d'impôts différés conformément à la norme IAS 12 (IFRS 3.24).

L'acquéreur doit également appliquer les dispositions de la norme IAS 12 pour comptabiliser les effets fiscaux potentiels des différences temporelles et des déficits reportables de l'acquise qui existent à la date d'acquisition ou qui résultent de l'acquisition (IFRS 3.25).

Le Board a précisé que les critères de comptabilisation de la norme IAS 12 sont sensiblement identiques à ceux d'IFRS 3.11 et .12. Cependant, cette exception aux critères généraux de comptabilisation séparée est destinée à insister sur le fait que l'acquéreur doit non seulement appliquer les dispositions de la norme IAS 12, mais également ses interprétations et éventuels amendements (IFRS 3.BC279 et .BC280).

Pour les principes d'évaluation des actifs ou passifs d'impôts différés, voir n° 22082.

Définition des passifs éventuels

21970

Question

Quelle est la définition des passifs éventuels ?

Réponse

De manière générale, les passifs éventuels sont définis par la norme IAS 37 comme étant :

1. soit des **obligations potentielles** résultant d'événements passés et dont l'existence ne sera confirmée que par la survenance (ou non) d'un ou plusieurs événements futurs incertains qui ne sont pas totalement sous le contrôle de l'entreprise ;

2. soit des **obligations actuelles** résultant d'événements passés mais qui ne sont pas comptabilisées parce que :
- il n'est pas probable qu'une sortie de ressources représentatives d'avantages économiques sera nécessaire pour éteindre les obligations ; ou
- le montant des obligations ne peut être évalué avec une fiabilité suffisante.

Pour les conditions de comptabilisation d'un passif éventuel dans le cadre d'un regroupement d'entreprises, voir nº 21972.

Commentaires Les passifs éventuels sont définis par IAS 37.10 et IFRS 3.22. Selon la norme IAS 37, les passifs éventuels ne doivent pas être comptabilisés au bilan comme des passifs mais faire l'objet d'une information en annexe (IAS 37.27 s. et .86).

Un litige en cours dans lequel la responsabilité des différentes parties n'est pas établie pourrait, par exemple, constituer un passif éventuel.

Pour un tableau récapitulant les différences de comptabilisation d'un passif éventuel selon les normes IAS 37 et IFRS 3, voir nº 21972.

Comptabilisation initiale des passifs éventuels

21972 ***Question***

Les passifs éventuels de l'entreprise acquise doivent-ils être comptabilisés séparément du goodwill en passifs identifiables ?

Réponse

Oui mais uniquement si, à la date d'acquisition :
- ces passifs éventuels constituent une obligation actuelle (et non potentielle) résultant d'événements passés ; et
- leur juste valeur peut être évaluée de manière fiable.

Cette disposition de la norme IFRS 3, applicable à la constatation d'un passif éventuel dans le cadre d'un regroupement d'entreprises, diverge de la norme IAS 37 qui ne permet pas leur comptabilisation, voir nº 21970.

Commentaires :

1. Conditions de comptabilisation d'un passif éventuel de l'entreprise acquise en passif identifiable L'acquéreur doit comptabiliser, à la date d'acquisition, un passif éventuel assumé dans un regroupement d'entreprises, s'il s'agit d'une obligation actuelle de l'acquise résultant d'événements passés et dont la juste valeur peut être évaluée de manière fiable (IFRS 3.23, .BC272 à .BC278). Et ce, même si ces obligations actuelles n'ont pas pu être comptabilisées en passif par l'acquise selon IAS 37 avant la prise de contrôle car la sortie de ressources n'était pas probable (IFRS 3.23).

En effet, ce critère de comptabilisation requis par la norme IAS 37 pour la comptabilisation d'un passif dans les comptes de l'acquise n'est pas repris dans IFRS 3, la probabilité de sortie de ressources étant prise en compte dans l'évaluation de la juste valeur de l'obligation (IFRS 3.BC272).

En revanche, une obligation potentielle de l'entité acquise ne peut pas être comptabilisée séparément du goodwill (IFRS 3.22, .23 et .BC275).

Pour l'évaluation initiale et ultérieure des passifs éventuels, voir respectivement nº 22040 et 22102.

Le tableau suivant récapitule les différences de comptabilisation d'un passif éventuel selon les normes IAS 37, Provisions, passifs éventuels, et actifs éventuels et IFRS 3, Regroupements d'entreprises.

	IAS 37	IFRS 3
Définition	– Obligations potentielles ; ou – Obligations actuelles (évaluation non fiable ou sortie de ressources non probable)	Pas de définition
Comptabilisation	Non, en aucun cas	Oui, si obligations actuelles évaluables de manière fiable

2. Cas particulier des passifs éventuels fiscaux La norme IFRS 3 prévoit explicitement que les actifs ou passifs d'impôts différés relatifs à des actifs acquis ou des passifs assumés dans un regroupement d'entreprises et ceux induits par les différences temporelles et déficits reportables de l'acquise ne doivent pas être comptabilisés selon les principes d'IFRS 3, mais doivent l'être conformément à la norme IAS 12 (IFRS 3.24 et .25), voir nº 21965. En revanche, IFRS 3 n'indique pas si cette exclusion s'applique également aux passifs d'impôts courants, et notamment aux passifs éventuels fiscaux relatifs à l'impôt courant.

En conséquence, en l'absence de précision, les passifs éventuels fiscaux relatifs à l'impôt courant peuvent, à notre avis, être comptabilisés et évalués :

- soit comme des passifs éventuels conformément à IFRS 3 (sur les conditions de comptabilisation des passifs éventuels, voir point 1. ci-avant) ;
- soit conformément à la norme IAS 12 ; dans ce cas, un passif est comptabilisé s'il est probable que le groupe n'aura pas d'arguments suffisants pour justifier sa position en cas de contrôle fiscal.

L'interprétation IFRIC 23 ne remet pas en cause cette position.
Pour l'évaluation des passifs éventuels fiscaux, voir nº 22080.

En pratique, la comptabilisation d'un passif éventuel selon IFRS 3 nécessite que sa juste valeur puisse être déterminée de manière fiable alors que la comptabilisation selon IAS 12 nécessite que le critère de probabilité soit rempli.

3. Exclusion des passifs éventuels de l'acquise du champ d'application d'IAS 37 et nécessité de fournir des informations Les passifs éventuels de l'entreprise acquise comptabilisés séparément du goodwill à la date d'acquisition sont exclus du champ d'application d'IAS 37 jusqu'au dénouement de l'éventualité (règlement effectif ou disparition de l'éventualité) (IFRS 3.23 et .56) et ce, afin d'éviter une décomptabilisation des passifs éventuels immédiatement après la date d'acquisition (IFRS 3.BC243).

La norme IFRS précise les informations à fournir en annexe sur les passifs éventuels 3 (IFRS 3.B64j et .B67c).

■ *Exemple*

Comptabilisation d'un passif éventuel dans le cadre du regroupement d'entreprises *Un groupe acquiert une maison d'édition qui fait l'objet de poursuites pour diffamation. Le plaignant réclame un montant de 100 UM. L'avocat du groupe estime qu'il y a 70 % de probabilité que l'affaire aboutisse à une conclusion favorable pour le groupe. Avant le regroupement d'entreprises, la maison d'édition ayant considéré que la sortie de ressources n'était pas probable, aucune provision n'a été comptabilisée dans les états financiers de l'entité acquise conformément aux dispositions d'IAS 37.*

Solution de l'exemple *A la date d'acquisition, le groupe doit comptabiliser un passif éventuel au titre de ce litige, dans le cadre du regroupement d'entreprises, et cela, même si la sortie de ressources n'est pas considérée comme probable dans la mesure où le montant du passif peut être évalué de manière fiable.*

Comptabilisation des passifs éventuels dont la juste valeur ne peut pas être estimée de manière fiable

Question 21974

Comment comptabiliser à la date d'acquisition un passif éventuel qui constitue une obligation actuelle mais dont la juste valeur ne peut pas être estimée de manière fiable ?

Réponse

Ce passif éventuel ne peut pas être comptabilisé séparément dans l'état de situation financière (ou bilan). Il est donc implicitement compris soit dans le goodwill, soit dans le profit résultant d'une acquisition à des conditions avantageuses.

Commentaires Lorsque le passif éventuel est une obligation actuelle dont la juste valeur ne peut pas être estimée de manière fiable à la date d'acquisition, ce passif ne remplit pas les conditions de comptabilisation séparée en passifs identifiables, voir nº 21972. En conséquence, il est implicitement compris soit dans le goodwill, soit dans le profit résultant d'une acquisition à des conditions avantageuses (voir nº 22180 et 22205).

L'entreprise dispose toutefois du délai d'affectation pour confirmer si la juste valeur d'un passif éventuel qui constitue une obligation actuelle peut être ou non déterminée de manière fiable (voir nº 22130).
Pour les conditions à remplir pour bénéficier du délai d'affectation, voir nº 22132.

3. Identification d'un actif au titre de certaines garanties octroyées par le vendeur à l'acquéreur

Garantie portant sur un actif/passif spécifique de l'acquise

21980 ***Question***

Une garantie octroyée par le vendeur à l'acquéreur portant sur un actif ou un passif déterminé de la cible à la date du regroupement doit-elle être comptabilisée comme un actif séparément du goodwill ?

Réponse

Oui, l'acquéreur doit comptabiliser un actif correspondant à cette indemnisation à recevoir au même moment et pour un montant évalué sur les mêmes bases que l'élément qui fait l'objet de cette indemnisation.

En revanche, la comptabilisation de l'actif relatif à une indemnisation à recevoir ne s'applique pas, à notre avis, à une garantie générale (non liée à un actif ou à un passif spécifique).

Commentaires :

1. **Définition des garanties visées** Il s'agit des garanties données contractuellement par le vendeur à l'acquéreur dans le cadre d'un regroupement d'entreprises, qui sont liées à :

– **tout ou partie d'un passif déterminé** de l'acquise et dont la mise en œuvre dépend de la survenance future d'un événement (IFRS 3.27) ;

Le vendeur s'engage ainsi à indemniser l'acquéreur au titre de tout ou partie de passifs ou de passifs éventuels de l'acquise liés à des risques fiscaux, environnementaux ou légaux, par exemple, dont l'origine est antérieure à l'acquisition.

– ou **tout ou partie d'un actif spécifique** de l'acquise et dont la mise en œuvre dépend de la survenance future d'un événement (IFRS 3.27).

C'est le cas, par exemple, lorsque le vendeur s'engage à indemniser l'acquéreur si un projet de recherche et développement de l'acquise (comptabilisé à l'actif par l'acquéreur) n'obtient pas les autorisations légales pour son développement.

Ainsi, les garanties générales qui ne porteraient pas sur un actif ou un passif déterminé ne seraient pas visées par les dispositions d'IFRS 3 (voir point 4. ci-après).

2. **Comptabilisation à l'actif de l'indemnisation à recevoir (« indemnification asset »)** L'acquéreur doit comptabiliser un actif correspondant à cette indemnisation à recevoir au même moment et pour un montant évalué sur les mêmes bases, que l'élément qui fait l'objet de cette indemnisation (IFRS 3.27).

Pour les modalités d'évaluation des actifs et passifs identifiables dans un regroupement d'entreprises, voir n° 22030.

Il convient en outre de tenir compte dans cette évaluation de tout montant irrécouvrable.

Ainsi :

– si l'indemnisation porte sur un actif ou un passif comptabilisé à la juste valeur à la date d'acquisition, l'acquéreur comptabilise l'actif correspondant à l'indemnisation à recevoir sur la base de sa juste valeur à la date d'acquisition (IFRS 3.27). Cette juste valeur prend en compte l'effet sur les flux futurs de trésorerie de certains montants potentiellement irrécouvrables, sans qu'il soit nécessaire de constater une provision pour dépréciation de manière séparée ;

– en revanche, si l'actif ou le passif sur lequel porte l'indemnisation fait l'objet d'une exception aux principes généraux d'identification ou d'évaluation des actifs et passifs identifiables (voir n° 21960 s. et 22080 s.), l'actif correspondant à l'indemnisation à recevoir est constaté et évalué en utilisant les mêmes hypothèses que celles retenues pour l'élément couvert, en tenant compte de l'appréciation par la direction de toute limitation contractuelle du montant ainsi indemnisé et de toute difficulté de recouvrement (IFRS 3.28). A notre avis, l'acquéreur devrait comptabiliser l'actif pour son montant net et non pas comptabiliser une provision séparée correspondant au risque de non-recouvrement par exemple.

Tel pourrait être le cas par exemple d'une indemnisation à recevoir portant : **21980** (suite)
- sur un passif éventuel non constaté à la date d'acquisition car sa juste valeur n'est pas mesurable de manière fiable à cette date (dans ce cas, aucune indemnisation à recevoir n'est comptabilisée à la date d'acquisition) ; ou
- d'un élément qui n'est pas évalué à sa juste valeur à la date d'acquisition mais sur une autre base d'évaluation : selon les dispositions d'IAS 12 s'il s'agit d'un impôt par exemple, voir nº 22082.

Le montant de l'actif représentatif de l'indemnisation à recevoir ne sera pas nécessairement identique au montant de l'actif ou du passif sur lequel porte cette indemnisation. Il est possible, par exemple, que l'indemnisation soit limitée à un certain montant, qui ne correspond qu'à une partie du montant de l'élément couvert. Le montant de l'actif correspondant à l'indemnisation ne pourra en outre pas être plus élevé que le montant de l'actif ou du passif sur lequel porte la garantie.

3. Conséquences de la comptabilisation d'un actif correspondant à l'indemnisation à recevoir L'approche retenue par IFRS 3 permet d'évaluer correctement le goodwill dès la date d'acquisition.

En effet, selon cette approche, le goodwill est calculé y compris :
- le passif ou l'actif objet de la garantie, qui fait partie des actifs et passifs identifiables de l'acquise ;
- le droit à indemnisation de l'acquéreur qui constitue un actif, celui-ci ayant un droit de recevoir un remboursement de la part du vendeur si l'acquise éteint son obligation.

En outre, elle présente l'avantage d'avoir un traitement symétrique des variations ultérieures de l'actif ou du passif objet de la garantie et de l'actif représentant le droit à indemnisation de l'acquéreur, par la contrepartie du goodwill et en résultat ultérieurement, voir nº 22105 s.

4. Comptabilisation des garanties générales Les garanties générales ne sont pas visées par les dispositions d'IFRS 3 relatives à la comptabilisation d'un actif correspondant à une indemnisation à recevoir (voir point 1. ci-avant).

Ces garanties générales sont, en revanche, généralement concernées par les dispositions d'IFRS 3 sur les ajustements éventuels du prix d'acquisition. En effet, ces clauses devraient répondre à la définition des ajustements éventuels du prix d'acquisition d'IFRS 3 si la clause donne à l'acquéreur un droit de se voir restituer une partie du prix d'acquisition payé aux vendeurs à la date d'acquisition si certaines conditions spécifiées sont remplies, voir nº 21815.

C'est le cas, par exemple, lorsque le vendeur s'engage à rembourser un montant déterminé à l'acquéreur si un certain niveau de BFR de la cible n'est pas atteint à la fin de l'exercice suivant celui de l'acquisition.

Ces clauses sont, dans ce cas, à prendre en compte dans la détermination du prix d'acquisition dès la date d'acquisition pour un montant égal à leur juste valeur à cette date, voir nº 21815.

Remarque Certaines de ces clauses générales peuvent avoir une juste valeur nulle à la date d'acquisition. Tel serait, par exemple, le cas des clauses souvent dénommées « completeness of representation and warranties » par lesquelles le vendeur s'engage à ce qu'aucune irrégularité ne soit mise en évidence en lien avec l'acquisition de la cible notamment sur les points suivants : taxes payées, litiges en cours, etc.

Les modifications ultérieures de la clause suivraient alors les mêmes principes que les modifications ultérieures des ajustements du prix d'acquisition, voir nº 21825.

Après la date d'acquisition, les changements d'estimation de la juste valeur des ajustements de prix entraînent un ajustement du goodwill (ou du profit résultant d'une acquisition à des conditions avantageuses) uniquement s'ils interviennent dans le délai d'affectation et résultent de faits et circonstances existant à la date d'acquisition.
Dans tous les autres cas, le changement de cette juste valeur est constaté en résultat ou parmi les autres éléments du résultat global selon la norme IFRS appropriée (IFRS 3.58 ; voir nº 21825 pour l'évolution de cette disposition).
Pour le délai d'affectation, voir nº 22130.

■ ***Exemple***

Le 1/01/N, une société A acquiert 100 % d'une cible C auprès de l'entité V. La juste valeur de la cible est de 100, sans tenir compte d'un passif éventuel lié à un litige dont la juste valeur est estimée à 10. La juste valeur des actifs et passifs identifiables de C est de 80 (hors passif éventuel relatif au litige).
L'entité V garantit contractuellement à A la prise en charge sans condition du règlement de ce litige. Compte tenu de cette garantie, le prix d'acquisition est donc fixé à 100 et non à 90. La mise en jeu de la garantie n'est pas probable à la date d'acquisition.
Le 30/06/N, la juste valeur du litige est estimée à 12.
Le 30/06/N+2, la juste valeur du litige est estimée à 15.

Solution de l'exemple *Lors de la comptabilisation initiale de l'acquisition de C par A, le goodwill est constaté pour 20 = 100 – 80, y compris la constatation d'un actif de 10 correspondant à l'indemnisation à recevoir par A et d'un passif éventuel de montant équivalent à la date d'acquisition, c'est-à-dire d'un montant de 10.*

Les écritures dans les comptes de A sont les suivantes :

– Ecriture au 1/01/N :

Dt	*Goodwill*	*20*	
Dt	*Actifs nets identifiables*	*80*	
Dt	*Actif à recevoir*	*10*	
Ct	*Passif éventuel*		*10*
Ct	*Trésorerie*		*100*

– Ecriture au 30/06/N :

Dt	*Goodwill*	*2*	
Ct	*Passif éventuel*		*2*

Dt	*Actif à recevoir*	*2*	
Ct	*Goodwill*		*2*

– Ecriture au 30/06/N+2

Dt	*P/L*	*3*	
Dt	*Actif à recevoir*	*3*	
Ct	*Passif éventuel*		*3*
Ct	*P/L*		*3*

E. Classement des actifs acquis et passifs assumés

Classement et désignation des éléments du bilan de l'acquise

22000

Question

Sur quelles bases classer ou désigner les éléments de l'état de situation financière (ou bilan) de l'acquise lors d'un regroupement d'entreprises ?

Réponse

L'acquéreur doit classer ou désigner les actifs acquis et passifs assumés identifiables sur la base des **conditions existant à la date d'acquisition.**

Une **exception** à ce principe existe toutefois pour les **contrats de location** de l'acquise en tant que **bailleur**, qui sont classés en contrat de location simple ou de location-financement sur la base des conditions contractuelles et des autres facteurs pertinents qui existaient à la **date de conclusion** (ou de modification) **des contrats.**

Commentaires :

1. **Principe général** Selon IFRS 3.15 et .BC187, l'acquéreur doit classer ou désigner les actifs acquis et passifs assumés identifiables sur la base des conditions contractuelles et économiques, de ses politiques comptables et opérationnelles et de toute autre condition pertinente, telles qu'elles existent à la date d'acquisition.

2. **Exception au principe de classement des éléments à la date d'acquisition** Cette exception est relative au classement en contrat de location simple ou location-financement des contrats de location de l'acquise en tant que bailleur. Ce classement doit être effectué **à la date de conclusion** du contrat (ou à la date de **modification** du contrat si les termes contractuels ont été modifiés de manière susceptible d'affecter cette classification) (IFRS 3.17 et .BC188).

En effet, selon la norme IFRS 16, la classification d'un contrat de location est opérée par le bailleur à la date de conclusion du contrat (IFRS 16.63), et n'est révisée qu'en cas de modification de celui-ci.

Les changements d'estimations (par exemple, de la durée de vie économique ou de la valeur résiduelle du bien loué) ou les changements de circonstances (par exemple, une défaillance du preneur) n'entraînent pas une nouvelle classification du contrat de location (IFRS 16.66).
Pour la définition d'une modification de contrat de location, voir n° 33009.
Pour le traitement comptable des modifications de contrat de location côté bailleur, voir n° 33027 (contrats de location-financement) et n° 33031 (contrats de location simple).

Ainsi, lors de l'acquisition d'une société, bailleur dans un contrat de location, et qui applique déjà les IFRS, le classement du contrat ne doit pas être réexaminé. Notons toutefois que les erreurs éventuelles de classification par la société acquise doivent être corrigées, sur la base des conditions contractuelles et des autres facteurs pertinents qui existaient à la date de conclusion du contrat (ou à la date de sa modification, le cas échéant).

Si la société acquise n'appliquait pas les IFRS, l'acquéreur doit classer et désigner tous les contrats de location sur la base des conditions contractuelles et des autres facteurs pertinents qui existaient à la date de conclusion du contrat (ou à la date de sa modification, le cas échéant).

Remarque Depuis l'entrée en vigueur de la norme IFRS 17, les contrats d'assurance selon IFRS 17 ne constituent plus une exception au principe de reclassement des éléments à la date d'acquisition (IFRS 17.Appendix D).

Réexamen du classement des actifs et passifs financiers, de l'enregistrement des dérivés incorporés et de la qualification des relations de couverture chez l'acquise

22005

Question

Est-il nécessaire de réexaminer le classement des actifs et passifs financiers, l'enregistrement des dérivés incorporés et la qualification des relations de couverture de l'acquise lors d'un regroupement d'entreprises ?

Réponse

Oui, l'acquéreur doit ainsi réexaminer le classement ou la qualification des actifs financiers acquis et des passifs financiers assumés sur la base des conditions existant à la date d'acquisition.

C'est le cas notamment pour :
- le classement dans l'une des catégories correspondantes d'IFRS 9 (au coût amorti, à la juste valeur par résultat ou à la juste valeur par OCI), des actifs et passifs financiers détenus ou émis par l'acquise ;
- la qualification des opérations de couverture ;
- la séparation ou non des dérivés incorporés.

Commentaires :

1. Principe général de réexamen du classement et de la désignation des actifs et passifs financiers La nécessité pour l'acquéreur de réexaminer le classement ou la qualification des actifs acquis et passifs assumés identifiables sur la base des conditions existant à la date d'acquisition (voir n° 22000) peut avoir des conséquences notamment sur (IFRS 3.16) :
- le classement de certains actifs et passifs financiers détenus ou émis par l'acquise au coût amorti ou à la juste valeur par résultat, ou encore en actifs financiers à la juste valeur par OCI, conformément à IFRS 9 ;
- la désignation d'un instrument financier comme instrument de couverture conformément à IFRS 9 / IAS 39 ;
- la séparation ou non des dérivés incorporés de leur contrat hôte conformément à IFRS 9.

La norme IFRS 3 (IFRS 3.16) précise qu'il ne s'agit que d'exemples de reclassement ou de requalification. Cela ne préjuge pas, à notre avis, d'autres reclassements ou requalifications possibles (par exemple l'enregistrement d'obligations convertibles émises selon l'option juste valeur, ces instruments étant réputés être nouvellement acquis ou transférés à la date du regroupement).

22005 (suite) 2. Précisions concernant le réexamen du classement des actifs et passifs financiers, l'analyse des dérivés incorporés et la qualification des relations de couverture :

Type d'analyse	Obligation de réexaminer le classement des actifs et passifs financiers, l'analyse des dérivés incorporés et la qualification des opérations de couverture
Classement dans les différentes catégories d'actifs et de passifs financiers d'IFRS 9	En application d'IFRS 3.16a, l'acquéreur doit examiner à la date d'acquisition s'il convient de changer le classement initialement adopté dans les différentes catégories d'actifs financiers (actifs au coût amorti, à la juste valeur par résultat ou à la juste valeur par OCI) ou de passifs financiers (au coût amorti ou à la juste valeur par résultat). L'acquéreur étant considéré comme comptabilisant pour la première fois ces actifs et passifs financiers du fait du regroupement. Remarques : 1. Les actifs classés chez l'acquise dans la catégorie des actifs financiers au coût amorti et qui resteront classés par l'acquéreur dans cette catégorie devront être initialement enregistrés dans l'état de situation financière (ou bilan) de l'acquéreur à leur juste valeur à la date d'acquisition, quand bien même l'actif répondrait au critère de classement au coût amorti (analyse du business model et caractéristiques contractuelles des flux de trésorerie). 2. Pour des actifs comptabilisés au coût amorti, la différence entre la juste valeur à la date du regroupement d'entreprises et le montant à échéance sera amortie par le biais de la méthode du taux d'intérêt effectif. A noter que, dans certains cas, cette différence pourrait provoquer l'échec du critère SPPI, voir n° 45140.
Réexamen des dérivés incorporés	Obligation de procéder au réexamen des contrats pour savoir s'ils sont des dérivés en tant que tels ou s'ils contiennent des dérivés incorporés (IFRS 3.16c). L'acquéreur étant devenu, du fait du regroupement, une nouvelle partie au contrat, il doit ainsi réexaminer – selon les conditions existant à la date d'acquisition – s'il convient de comptabiliser les contrats en tant que dérivés ou de comptabiliser séparément les dérivés incorporés de leur contrat hôte (1).
Comptabilité de couverture	En application d'IFRS 3.16b, obligation d'arrêter (sur le plan comptable) et éventuellement de redésigner les opérations de couverture mises en place par l'acquise (2). Remarques : 1. A notre avis, il n'est pas possible de refléter de manière rétrospective, à la date d'acquisition, des relations de couverture qui existaient précédemment dans les comptes IFRS de l'acquise, car l'acquéreur n'entre dans ces relations de couverture qu'à compter de la date d'acquisition. 2. De nouvelles relations de couverture peuvent néanmoins être désignées de manière prospective à compter de ou après la date d'acquisition. La documentation de la couverture est réalisée à cette date en prenant en compte l'activité combinée. Ainsi : a. Pour les relations de couverture en juste valeur (« fair value hedge »), l'obligation d'arrêter la relation de couverture, sur le plan comptable, n'empêche pas l'application de la comptabilité de couverture en juste valeur à compter de la date d'acquisition. En effet, au titre de la comptabilité d'acquisition, l'instrument de couverture est constaté à sa juste valeur. Et l'élément couvert est également constaté à sa juste valeur qui tient notamment compte de l'évaluation du risque couvert. En conséquence, pour appliquer la comptabilité de couverture en juste valeur à compter de la date d'acquisition, le groupe devra documenter de nouvelles relations de couverture et ce, de façon prospective à compter de cette date. Ces nouvelles relations de couverture ne devraient pas créer d'inefficacité parce que les flux de l'instrument de couverture et de l'élément couvert n'ont pas été modifiés.

Type d'analyse	Obligation de réexaminer le classement des actifs et passifs financiers, l'analyse des dérivés incorporés et la qualification des opérations de couverture
	b. Pour les relations de couverture de flux de trésorerie (« cash-flow hedge ») : - d'une part, les réserves de couverture de flux de trésorerie de l'acquise avant le regroupement seront éliminées au titre de la comptabilité d'acquisition (2) ; et - d'autre part, la mise en place d'une nouvelle relation de couverture à compter de la date d'acquisition risque d'entraîner une inefficacité de la couverture. En effet, le dérivé de couverture préexistant possède une juste valeur non nulle à la date du regroupement alors que l'efficacité d'une relation de couverture de flux de trésorerie s'apprécie généralement par comparaison entre les changements de juste valeur du dérivé réel de couverture et les changements de juste valeur d'un dérivé hypothétique dont la juste valeur est nulle à la date de commencement de la relation de couverture. Ces deux dérivés n'étant pas identiques à la date d'acquisition, une inefficacité en résultera qui pourrait conduire à ne pas pouvoir appliquer la comptabilité de couverture de flux de trésorerie.
(1) Pour plus de détails et des exemples de réexamen de dérivés incorporés dans le cadre d'un regroupement d'entreprises, voir n° 48715. (2) L'obligation d'arrêter et de redésigner les opérations de couverture engendre certaines difficultés. Par exemple, dans le cas d'une couverture de flux de trésorerie, le montant des pertes ou gains constatés sur l'instrument de couverture et enregistrés parmi les autres éléments du résultat global (OCI) recyclables de l'acquise disparaît lors du regroupement (ce montant fait partie intégrante de l'actif net de l'acquise) et ne peut être reconstitué parmi les autres éléments du résultat global (OCI) du groupe repreneur. Ce montant ne sera donc jamais recyclé en résultat. Pour plus de détails et des exemples de redésignation de relation de couverture dans le cadre d'un regroupement d'entreprises, voir n° 50185 (sous IAS 39) et 49830 (sous IFRS 9).	

F. Evaluation des actifs et passifs identifiables

1. Evaluation initiale des actifs et passifs identifiables

a. Principe général de détermination des valeurs d'entrée des actifs et passifs identifiables acquis

Evaluation à la juste valeur

22030

Question

Quel est le principe général d'évaluation des actifs et passifs identifiables acquis ?

Réponse

Evaluation de tous les actifs et passifs identifiables acquis à leur juste valeur, sauf exceptions spécifiquement prévues par la norme IFRS 3.

Commentaires :

1. **Principe général d'évaluation à la juste valeur** Ce principe général est énoncé dans IFRS 3.18. Toutefois, certains éléments ne sont pas évalués conformément à ce principe général (voir point 2. ci-après).

L'annexe A de la norme IFRS 3 définit la juste valeur comme le prix qui serait reçu pour la vente d'un actif ou payé lors du transfert d'un passif dans une transaction normale entre des intervenants de marché, à la date de l'évaluation. Toutefois, IFRS 3.BC335 ne fournit pas d'indication spécifique pour l'évaluation à la juste valeur des actifs et passifs identifiables. Elle précise seulement que pour des raisons liées à la concurrence par exemple, l'acquéreur peut décider de ne plus utiliser un actif acquis ou de ne pas l'utiliser de manière optimale (par rapport à l'utilisation qu'en feraient d'autres intervenants du marché). Pour autant, la juste valeur de cet actif doit être déterminée sur la base de l'utilisation optimale qu'en feraient d'autres intervenants de marché, en tenant compte des hypothèses d'évaluation appropriées (IFRS 3.B43).

Pour les dispositions relatives à la détermination de la juste valeur, voir la norme IFRS 13, Evaluation de la juste valeur, n° 13310 s.

2. **Exceptions** (IFRS 3.24 à .31A) Des exceptions au principe général d'évaluation des actifs et passifs identifiables acquis à leur juste valeur sont spécifiquement prévues par la norme IFRS 3. Elles concernent :
- les impôts différés, évalués selon la norme IAS 12 (IFRS 3.24 et .25), voir n° 22082 ;
- les passifs (ou actifs le cas échéant) liés aux régimes d'avantages du personnel de l'acquise, évalués conformément à la norme IAS 19 (IFRS 3.26), voir n° 22085 ;
- les actifs représentatifs d'une indemnisation à recevoir (« indemnification asset ») obtenue par l'acquéreur (IFRS 3.27 et .28), voir n° 21980 ;
- les droits réacquis (IFRS 3.29), voir n° 22095 ;
- l'évaluation d'un paiement en actions accordé par l'acquéreur en remplacement d'un paiement en actions accordé par l'acquise (IFRS 3.30), voir n° 22250 ;
- les actifs et groupes d'actifs nouvellement acquis dans le cadre d'un regroupement et détenus en vue de la vente qui sont évalués à leur juste valeur diminuée des coûts de la vente conformément à IFRS 5.15 à .18 (IFRS 3.31), voir n° 22097 ;
- les contrats d'assurance (IFRS 3.31A), voir n° 66040R.

Non-prise en compte des intentions ou de l'usage prévu par l'acquéreur

22035 ***Question***

Les intentions ou l'usage prévu par l'acquéreur doivent-ils être pris en compte dans l'évaluation initiale des actifs et passifs identifiables acquis ?

Réponse

Non, ces actifs et passifs doivent être évalués à leur juste valeur sur la base de l'utilisation optimale de l'actif par des intervenants de marché et sans prendre en compte les intentions ou l'usage spécifique prévu par l'acquéreur.

De manière générale, les conséquences défavorables des décisions prises par l'acquéreur et/ou des conditions d'exploitation spécifiques à l'acquéreur ou à l'entreprise acquise sont comptabilisées, le cas échéant, en résultat postérieurement à l'acquisition et non par la contrepartie du goodwill.

Toutefois, par exception, les actifs et groupes d'actifs nouvellement acquis dans le cadre d'un regroupement d'entreprises et qui répondent, dès la date d'acquisition, à la définition d'un actif ou d'un groupe d'actifs détenu en vue de la vente selon la norme IFRS 5 doivent être évalués à leur juste valeur nette des frais de cession même si la décision de cession est celle de l'acquéreur.

Commentaires La juste valeur des actifs acquis et passifs assumés est définie comme étant le prix qui serait reçu pour la vente d'un actif ou payé lors du transfert d'un passif dans une transaction normale entre des intervenants de marché, à la date de l'évaluation (IFRS 3.A).

Cette juste valeur doit être déterminée sur la base de l'utilisation optimale de l'actif par des intervenants de marché (voir Exemples 1 à 4 ci-après) et sans prendre en compte l'usage ou les intentions spécifiques prévus par l'acquéreur (IFRS 3.B43 et IFRS 13.29), sauf pour le cas des actifs et groupes d'actifs nouvellement acquis dans le cadre d'un regroupement d'entreprises et qui répondent, dès la date d'acquisition, à la définition d'un actif ou d'un groupe d'actifs détenu(s) en vue de la vente selon la norme IFRS 5, où l'intention de cession est prise en compte. Ces actifs sont en effet évalués à leur juste valeur mais diminuée des coûts de la vente (IFRS 3.31).

De manière générale, les conséquences défavorables des décisions prises par l'acquéreur et/ou des conditions d'exploitation spécifiques à l'acquéreur ou à l'entreprise acquise sont donc comptabilisées, le cas échéant, en résultat postérieurement à l'acquisition et non par la contrepartie du goodwill (voir Exemples 1 à 3 ci-après).

■ *Exemple 1* **22035** (suite)

Non prise en compte de la décision de l'acquéreur d'arrêter une usine de l'acquise, d'améliorer les garanties offertes aux clients et de régler un litige à l'amiable *L'entité A acquiert l'entité B dans le cadre d'un regroupement d'entreprises.*

1. Les actifs de l'entité B comprennent une usine qui fait double emploi avec les usines existantes de l'acquéreur et dont l'activité va être progressivement arrêtée par A au cours des trois à cinq années suivantes. L'entité B comptabilise l'usine à son coût historique, diminué du montant cumulé des amortissements.

2. L'entité A prévoit également de mieux indemniser les clients de B au titre des garanties et de régler à l'amiable un litige en cours, bien que les avocats de B considèrent que sa responsabilité ne sera probablement pas engagée (passif éventuel).

Solution de l'exemple 1 :

1. La juste valeur d'une usine est le prix qu'un intervenant de marché paierait pour cet actif conformément à l'utilisation optimale qu'il en ferait. Si des intervenants de marché pourraient poursuivre l'activité de l'usine, l'usine devrait alors être initialement comptabilisée à sa juste valeur sans tenir compte de la décision de A d'arrêter progressivement son activité. Cette juste valeur est généralement déterminée selon une approche de marché (évaluation par un expert, par exemple), selon une approche par les revenus ou, à défaut, par sa valeur de remplacement amortie.

Cette juste valeur peut être supérieure ou inférieure à la valeur comptable telle qu'elle figure dans les comptes de B avant l'acquisition, la différence donnant lieu à un ajustement de valeur de l'actif dans le cadre de la méthode de l'acquisition.

2. L'intention de l'acquéreur de mieux indemniser les clients de B au titre des garanties ne correspond pas à ce que feraient d'autres intervenants de marché. En conséquence, elle ne doit pas être prise en compte dans la comptabilisation du regroupement d'entreprises. La provision pour garanties peut être augmentée dès lors que les conditions requises par IAS 37 sont satisfaites. La charge correspondante devra être comptabilisée au sein de la composante résultat de l'état du résultat global de l'acquéreur.

En effet, la juste valeur prend en compte les caractéristiques d'un passif si ces dernières étaient prises en compte par un intervenant de marché lors de la détermination du prix de ce passif à la date d'évaluation (IFRS 13.11).

Le litige en cours représente un passif éventuel à la date d'acquisition, dont il est tenu compte dans la comptabilisation du regroupement dès lors que sa juste valeur peut être évaluée de manière fiable. L'évaluation de la juste valeur ne doit pas prendre en compte le fait que A souhaite régler le litige à l'amiable, cette intention ne pouvant être présumée comme celle d'autres intervenants de marché. En conséquence, la juste valeur peut être différente du montant que l'entité A compte proposer pour régler le litige à l'amiable.

Toutefois, le passif éventuel est résolu lorsque les plaignants acceptent le dédommagement proposé par A et le passif éventuel devient alors une provision, qui peut devoir être réestimée sur la base des montants devant être versés. Toute variation découlant de cette réestimation est comptabilisée au sein de la composante résultat de l'état du résultat global.

■ *Exemple 2*

Décision de cession d'une activité après la date d'acquisition mais avant la date de clôture de l'exercice *L'entité X a acquis 100 % du groupe F, qui comprend plusieurs entités dont la principale activité est la fabrication de bateaux et d'équipements pour la pêche. Parmi ces entités, le groupe F possède une filiale sud-américaine détenue à 100 %, l'entité B, qui fabrique des véhicules type Jet Ski.*

L'activité stratégique de l'entité X est la fabrication de bateaux et d'équipements pour la pêche et son principal marché est l'Europe.

Après la date d'acquisition, mais avant la date de clôture, la direction décide de céder l'entité B. A la date de cette décision, tous les critères d'IFRS 5 pour classer l'entité B en tant que groupe d'actifs détenu en vue de la vente sont remplis et documentés (IFRS 5.6 à .8). L'entité B est en effet disponible pour une vente immédiate, la vente est hautement probable, et dans le cadre d'un plan approuvé par la direction, celle-ci recherche activement un acquéreur à un prix raisonnable.

Solution de l'exemple 2 *Les actifs et passifs identifiables de la filiale B qui remplissent les critères de comptabilisation séparée du goodwill à la date d'acquisition doivent être constatés à leur juste valeur, conformément aux dispositions d'IFRS 3.*

La décision de cession étant prise postérieurement à l'acquisition, l'entité B ne peut pas être comptabilisée dès la date d'acquisition selon IFRS 5, la définition d'un actif détenu en vue de la vente n'étant pas satisfaite à cette date. En revanche, IFRS 5 s'appliquera postérieurement à l'acquisition dès lors que l'actif répondra à cette définition.

22035 (suite) *Pour que des actifs non courants (ou un groupe d'actifs) acquis uniquement en vue d'être cédé(s) soi(en)t classé(s), dès la date d'acquisition, en actifs (groupe d'actifs) détenu(s) en vue de la vente, il convient que (IFRS 5.11) :*

– la décision de cession de l'actif (ou du groupe d'actifs) ait été prise à cette date et que la cession intervienne dans les douze mois (sauf rares exceptions, prévues par IFRS 5, où ce délai peut être allongé) ; et

– il soit hautement probable que les autres conditions requises par la norme IFRS 5 pour le classement en actifs destinés à être cédés, qui ne seraient pas remplies à la date d'acquisition, le soient dans un temps court après cette date (généralement trois mois après l'acquisition).

■ *Exemple 3*

Décision de ne plus utiliser un actif après la date d'acquisition *C a acquis un concurrent national, F. A l'issue de la transaction, C n'aura pas besoin de la licence d'exploitation de F. Cette licence pourrait donc être vendue, mais la direction a décidé de ne plus l'utiliser et de ne pas la vendre afin d'éviter qu'un nouveau concurrent ne pénètre le marché. Aucune pratique généralisée au niveau du secteur considéré ne se dégage concernant le devenir des licences d'exploitation acquises dans le cadre d'un regroupement d'entreprises.*

Solution de l'exemple 3 *La licence doit être initialement comptabilisée à sa juste valeur établie par des experts qualifiés. La juste valeur de la licence représente ce qu'un intervenant de marché serait prêt à payer en échange de l'actif.*

La juste valeur attribuée aux actifs acquis et passifs assumés ne doit pas être affectée par les intentions de l'acquéreur. La direction ne peut donc pas attribuer une valeur symbolique à la licence du seul fait qu'elle ne sera plus utilisée après l'acquisition.

La direction n'ayant pas l'intention d'utiliser cette licence, la durée d'utilité sera réduite à zéro. En conséquence, postérieurement à l'acquisition, cette licence devra être comptabilisée en charges pour tenir compte d'une durée d'utilité nulle.

■ *Exemple 4*

Décision d'abandonner une marque de l'acquise dans un délai de 3 ans après l'acquisition *L'entité A acquiert l'entité B dans le cadre d'un regroupement d'entreprises. L'entité B détient une marque. L'entité A décide d'utiliser cette marque pendant 3 ans, en lui accolant systématiquement sa propre marque (« co-branding »), puis de l'abandonner pour ne conserver que sa propre marque.*

Solution de l'exemple 4 *Les intentions de l'acquéreur relatives à l'utilisation de la marque de l'entité B sur une durée limitée (trois ans) ne doivent pas, en principe, être prises en compte dans l'évaluation de la juste valeur de cette marque à la date de comptabilisation initiale du regroupement (Exemples 1 à 3 ci-avant).*

Toutefois, au cas particulier, il est démontré que la pratique du « co-branding » pendant une période de deux à trois ans avant abandon de la marque acquise est quasi systématiquement mise en œuvre par les intervenants de marché du secteur (vague importante de concentrations, les opérateurs de marché les plus importants acquérant des opérateurs de taille plus modeste et abandonnant les marques de ces opérateurs après une période de deux ou trois ans).

En conséquence, au cas particulier, la juste valeur de la marque est déterminée en tenant compte de la durée d'utilité prévisionnelle de trois ans, cette durée étant celle qui serait retenue par une autre équipe de direction (IAS 38.90a).

■ *Exemple 5*

Obligation d'identifier les relations clients de la cible même si l'acquéreur dispose par ailleurs de relations avec la majeure partie des clients de l'acquise *Cet exemple reprend les principaux éléments d'une décision du CESR (devenu l'ESMA) publiée le 16/12/09 (EECS/1209-13, 12/09) relative à l'allocation du prix d'acquisition d'un regroupement d'entreprises.*

L'entité A acquiert l'entité B dans le cadre d'un regroupement d'entreprises. L'entité B détient des relations clients. L'entité A dispose également de relations avec la majorité des clients de B.

Dans le cadre de l'allocation du prix d'acquisition de l'entité B, A n'a pas identifié séparément les relations clients de B, considérant que la juste valeur des actifs devait être fonction de ce qu'il était prêt à payer pour les actifs acquis.

Solution de l'exemple 5 *Les relations clients de B doivent être identifiées séparément, même si A dispose de relations avec la majorité des clients de B. En effet, la juste valeur :*

– ne doit pas tenir compte du fait que l'acquéreur ne serait pas prêt à payer des relations clients dont il dispose par ailleurs ;

– mais doit refléter ce qu'un acheteur bien informé et sans relation client antérieure serait prêt à payer pour cette relation client.

b. Application des principes d'évaluation aux passifs

Evaluation initiale des passifs éventuels

Question 22040

Comment évaluer les passifs éventuels assumés dans le cadre d'un regroupement d'entreprises ?

Réponse

A leur juste valeur à la date d'acquisition correspondant au prix qui serait payé lors du transfert d'un passif dans une transaction normale entre des intervenants de marché, à la date de l'évaluation.

Commentaires Les passifs éventuels sont initialement constatés à leur juste valeur à la date d'acquisition, correspondant au prix qui serait payé lors du transfert d'un passif dans une transaction normale entre des intervenants de marché, à la date de l'évaluation (IFRS 3.BC242 et .A).

Pour les principes généraux d'évaluation des actifs et passifs identifiables, voir nº 22030.
Pour l'évaluation ultérieure des passifs éventuels, voir nº 22102.
Pour le cas particulier des passifs éventuels fiscaux, voir nº 22080.

Evaluation d'un passif financier de l'acquise lorsque l'acquéreur a une meilleure qualité de crédit

Pour plus de détails, voir nº 13393. 22043

Evaluation d'un passif non financier de l'acquise relevant de la norme IAS 37

Pour plus de détails, voir nº 13395. 22045

c. Evaluation à la juste valeur des immobilisations incorporelles

Hiérarchie des méthodes d'évaluation

Question 22050

Comment déterminer la juste valeur d'une immobilisation incorporelle ?

Réponse

En ayant recours à la hiérarchie de la juste valeur telle que définie par IFRS 13, Evaluation de la juste valeur, c'est-à-dire dans l'ordre indiqué :
- utilisation du prix coté sur un marché actif (sans ajustement) pour une immobilisation incorporelle identique (niveau 1 de la hiérarchie) ;
- en l'absence d'un prix coté sur un marché actif pour l'actif considéré, utilisation uniquement de données observables sur un marché actif pour un actif similaire (niveau 2 de la hiérarchie) ;
- en l'absence de données observables, évaluation de l'actif en utilisant principalement des données non observables sur un marché (niveau 3 de la hiérarchie) ; une approche par les revenus est ainsi fréquemment utilisée pour les actifs incorporels en raison de leur caractère unique.

Commentaires De la même manière que tous les autres actifs et passifs identifiables acquis (sauf rares exceptions), une immobilisation incorporelle acquise dans le cadre d'un regroupement d'entreprises est évaluée à sa juste valeur à la date d'acquisition (IAS 38.33 et IFRS 3.18). Cette juste valeur doit refléter les attentes des intervenants de marché à la date d'acquisition concernant la probabilité que les avantages économiques futurs liés à l'actif reviendront à l'entité (IAS 38.33 et .35).

Si un actif incorporel acquis dans un regroupement d'entreprises est séparable ou satisfait au critère légal-contractuel, il existe alors suffisamment d'informations pour évaluer de manière fiable la juste valeur de l'actif (IAS 38.35). Pour ce faire, l'acquéreur doit avoir recours à la hiérarchie de la juste valeur retenue par la norme IFRS 13 pour l'évaluation de la juste valeur de tous les actifs et passifs (financiers et non financiers), c'est-à-dire dans l'ordre indiqué :

1. Utilisation du prix coté sur un marché actif (sans ajustement) pour une immobilisation incorporelle identique (niveau 1 de la hiérarchie) ; les données utilisées doivent provenir du marché principal (ou à défaut du marché le plus avantageux) et l'entité doit, à la date de l'évaluation, pouvoir vendre l'actif au prix coté retenu pour l'évaluation (IFRS 13.76 à .80).

   Pour la définition du marché principal et du marché le plus avantageux, voir n° 13374.
   Un marché actif est un marché sur lequel ont lieu des transactions sur l'actif selon une fréquence et un volume suffisants pour fournir de façon continue de l'information sur le prix (IFRS 13.A).
   En pratique, il est peu fréquent qu'un marché actif tel que défini par IFRS 13 existe pour une immobilisation incorporelle, mais cela peut arriver. Par exemple, dans certaines juridictions, un marché actif peut exister pour des licences de taxis, licences de pêche ou quotas de production, librement cessibles.
   En revanche, il n'existe pas de marché actif pour les marques, les titres de journaux, les droits d'édition musicale et cinématographique, les brevets ou les marques commerciales car chacun de ces actifs est unique. De même, bien que les immobilisations incorporelles s'achètent et se vendent, les contrats se négocient entre acquéreurs et vendeurs individuels et les transactions sont relativement peu fréquentes.

2. En l'absence d'existence d'un prix coté sur un marché actif pour l'actif considéré, évaluation de l'actif incorporel en utilisant uniquement des données observables sur un marché actif pour un actif similaire (niveau 2 de la hiérarchie) (IFRS 13.81 à .85).

   La norme IFRS 13 fournit l'exemple d'un accord de licence qui est acquis dans le cadre du regroupement d'entreprises et qui a été très récemment négocié par l'entité acquise avec une partie non liée. Dans ce cas, le taux de redevances stipulé dans l'accord serait un input de niveau 2 (IFRS 13.B35e).
   Pour plus de détails, voir n° 13387.

3. En l'absence de données observables, évaluation de l'actif en utilisant principalement des données non observables sur un marché (niveau 3 de la hiérarchie) (IFRS 13.86 à .90).

   Une approche par les revenus est très fréquemment utilisée pour évaluer les immobilisations incorporelles acquises dans le cadre de regroupement d'entreprises en raison de leur caractère unique. Les données utilisées dans l'évaluation doivent alors refléter les hypothèses qu'utiliseraient des intervenants de marché (IFRS 13.87).

Prise en compte des synergies dans l'évaluation à la juste valeur des actifs incorporels acquis

22065 ***Question***

Les synergies liées à un actif incorporel acquis doivent-elles être prises en compte dans l'évaluation à la juste valeur de cet actif ?

Réponse

Il convient, à notre avis, de faire une distinction entre :
– les synergies accessibles à plus d'un intervenant de marché (« market synergies »), qui devraient être prises en compte dans la juste valeur de l'actif incorporel identifiable acquis ; et
– les synergies propres à l'acquéreur, qui ne doivent pas être prises en compte dans la juste valeur des actifs incorporels acquis.

Commentaires Lors d'un regroupement d'entreprises, les actifs incorporels identifiables acquis doivent être comptabilisés et évalués à leur juste valeur à la date d'acquisition (IFRS 3.18).

La norme IFRS 3 (IFRS 3.BC335) ne fournit pas d'indication spécifique pour l'évaluation à la juste valeur des actifs et passifs.

La norme IFRS 13, Evaluation de la juste valeur, précise que la juste valeur d'un actif déterminée à partir de données non observables (niveau 3 de la hiérarchie) ne doit pas intégrer les synergies propres à l'acquéreur, qui ne sont pas disponibles pour les autres intervenants de marché (IFRS 13.89).

Les synergies sont les avantages (revenus ou économies de coûts) qui résultent du regroupement de l'acquéreur et de l'entité acquise.

En revanche, la juste valeur d'un actif devrait, à notre avis, inclure les synergies accessibles à plus d'un intervenant de marché (« market synergies »).

En effet, ces synergies font partie du prix que paierait n'importe quel acquéreur pour obtenir les actifs en question, elles devraient donc être comprises dans la juste valeur des actifs incorporels acquis, qui est définie comme le prix qui serait reçu pour la vente d'un actif dans une transaction normale entre des intervenants de marché, à la date de l'évaluation (IFRS 13.A).

■ *Exemple*

Une société A opère dans deux activités : la maroquinerie de luxe et la parfumerie. A acquiert une société B opérant dans la maroquinerie et détenant une marque. La société A a l'intention :
- d'utiliser son propre réseau de distribution existant pour les produits vendus sous la marque de la société B ;
- et de développer la marque acquise dans son activité parfumerie.
Par hypothèse, les sociétés opérant dans le secteur de la maroquinerie ont toutes un réseau de distribution propre. L'existence d'une double activité, maroquinerie et parfumerie, est une caractéristique propre à A, non représentative des autres sociétés du secteur de la maroquinerie.

Solution de l'exemple *Les synergies résultant de l'utilisation du réseau de distribution de la société A sont des synergies de marché dans le secteur de l'industrie du luxe, tous les intervenants de marché de ce secteur détenant également un réseau de distribution. La juste valeur de la marque acquise devrait donc inclure ces synergies.*
En revanche, les synergies liées au développement de la marque acquise dans une des activités existantes et spécifiques à la société A ne devraient pas être prises en compte dans la juste valeur de la marque.

d. Cas particuliers

Evaluation initiale des passifs fiscaux éventuels

22080

Question

Comment évaluer les passifs éventuels fiscaux assumés dans le cadre d'un regroupement d'entreprises ?

Réponse

Les passifs éventuels fiscaux assumés doivent être évalués à notre avis au choix :
- selon les dispositions prévues par IFRS 3 pour l'ensemble des passifs éventuels assumés dans le cadre d'un regroupement d'entreprises ; ou
- conformément à la norme IAS 12, en utilisant l'approche de la valeur attendue (« expected value approach ») ou celle de la meilleure estimation du dénouement le plus probable.

Commentaires La norme IFRS 3 prévoit explicitement que les actifs ou passifs d'impôts différés relatifs à des actifs acquis ou des passifs assumés dans un regroupement d'entreprises et ceux induits par les différences temporelles et déficits reportables de l'acquise ne doivent pas être comptabilisés selon les principes d'IFRS 3, mais doivent l'être conformément à la norme IAS 12 (IFRS 3.24 et .25), voir n° 21965. En revanche, IFRS 3 n'indique pas si cette exclusion s'applique également aux passifs d'impôt courant, et notamment aux passifs éventuels fiscaux relatifs à l'impôt courant.

A défaut de précision d'IFRS 3 et d'IAS 12, les passifs éventuels fiscaux relatifs à l'impôt courant acquis dans un regroupement d'entreprises sont comptabilisés et donc évalués, à notre avis :
- conformément aux dispositions de la norme IFRS 3 relatives aux passifs éventuels ; ces passifs éventuels sont alors évalués à leur juste valeur à la date d'acquisition, déterminée selon les mêmes modalités que celles retenues pour l'ensemble des passifs éventuels (non fiscaux), voir n° 22040 ; ou
- conformément à la norme IAS 12 ; en pratique, le passif est évalué en utilisant l'approche soit de la valeur attendue (« expected value approach »), soit de la meilleure estimation du dénouement le plus probable.

L'approche de la valeur attendue est une méthode « statistique » qu'il n'est possible de retenir que lorsque la provision à évaluer comprend une population nombreuse d'éléments. Le montant à retenir correspond à la moyenne pondérée par leur probabilité d'occurrence des différents scénarios possibles.

L'approche de la meilleure estimation du dénouement le plus probable revient à retenir le montant correspondant au scénario que l'entreprise estime être le plus probable.

Evaluation des actifs et passifs d'impôt différé

22082 ***Question***

Comment évaluer les actifs et passifs d'impôt différé constatés dans le cadre d'un regroupement d'entreprises ?

Réponse

Conformément à la norme IAS 12, c'est-à-dire notamment sans recours à l'actualisation (voir nº 27451 s.).

Commentaires Par exception au principe général d'évaluation des actifs acquis et passifs assumés à leur juste valeur (voir nº 22030), les actifs et passifs d'impôts différés relatifs aux actifs ou passifs acquis dans le cadre d'un regroupement d'entreprises sont évalués conformément à la norme IAS 12, c'est-à-dire notamment sans recours à l'actualisation (IFRS 3.24 et .BC281).

En outre, l'acquéreur doit tenir compte dans l'évaluation des actifs et passifs d'impôts différés, conformément à IAS 12, des effets fiscaux potentiels des différences temporelles et des déficits reportables de l'acquise qui existent à la date d'acquisition ou qui résultent de l'acquisition (IFRS 3.25).

Pour déterminer si les différences temporelles déductibles de l'entité acquise peuvent être inscrites en tant qu'impôts différés actifs, il est nécessaire, notamment, de prendre en compte :
- les différences temporelles taxables ; et
- la probabilité de dégager un bénéfice imposable suffisant au cours des exercices ultérieurs.

Pour plus de détails, voir nº 27610.

Evaluation des régimes d'avantages du personnel

22085 ***Question***

Comment évaluer les passifs (ou les actifs) liés aux régimes d'avantages du personnel de l'entité acquise ?

Réponse

Conformément à la norme IAS 19, Avantages du personnel (voir nº 27974 s.).

En conséquence, les actifs et passifs générés par les avantages postérieurs à l'emploi doivent être évalués à :
- la valeur actualisée de l'obligation ;
- diminuée de la juste valeur des actifs du régime.

Commentaires :

1. Principe général Par exception au principe général d'évaluation des actifs acquis et passifs assumés à leur juste valeur (voir nº 22030), les passifs (ou les actifs, le cas échéant) liés aux régimes d'avantages du personnel sont comptabilisés et évalués conformément aux dispositions de la norme IAS 19 (IFRS 3.26 et .BC296 à .BC300).

Ainsi, une entité, acquise dans le cadre d'un regroupement d'entreprises, doit comptabiliser les actifs et passifs générés par les avantages postérieurs à l'emploi, accordés au personnel de l'acquise, à :
- la valeur actualisée de l'obligation ;
- diminuée de la juste valeur des actifs du régime.

Rappelons qu'un actif généré par un régime postérieur à l'emploi n'est comptabilisé que dans la mesure où (IAS 19.65 et IFRIC 14) :
- l'entité contrôle une ressource, c'est-à-dire a la capacité d'utiliser l'excédent pour générer des avantages futurs ;
- ce contrôle est le résultat d'événements passés (cotisations versées par l'entité et services rendus par les membres du personnel) ;
- l'entité peut en attendre des avantages économiques futurs sous la forme d'une diminution de ses cotisations futures ou d'un remboursement en trésorerie, soit directement, soit

indirectement par affectation à un régime en déficit. Le plafond de l'actif correspond à la valeur actualisée de ces avantages économiques futurs.

L'interprétation IFRIC 14, Plafonnement de l'actif au titre des régimes à prestations définies, exigences de financement minimal et leur interaction, fournit des indications sur la manière d'apprécier l'actif « disponible », au travers de remboursements ou de réductions de cotisations futures, qui peut être comptabilisé au titre d'un excédent de régime selon la norme IAS 19.

2. Modification de régime de l'acquise dans le cadre d'un regroupement d'entreprises Voir nº 21960, point 2.

■ *Exemple 1*

L'entité A a acquis l'entité B. L'entité B fait bénéficier tous ses employés d'un régime de retraite à prestations définies. Les états financiers IFRS les plus récents de l'entité B indiquent que l'obligation au titre des prestations définies a été calculée à l'aide d'hypothèses sur le taux de progression des salaires et le taux d'actualisation qui sont très différentes de celles utilisées par l'entité A.

Solution de l'exemple 1 *L'entité A doit évaluer le passif net au titre des retraites et avantages assimilés comme étant la différence entre la valeur actuelle de l'obligation au titre des prestations définies et la juste valeur des actifs du régime de retraite.*

L'entité A doit également réexaminer les hypothèses retenues pour calculer l'obligation de B au titre des prestations définies et revoir l'estimation de l'obligation sur la base d'hypothèses plus appropriées s'il s'avère que les hypothèses utilisées par B ne correspondent pas aux attentes de A.

■ *Exemple 2*

L'entité A a acquis l'entité C. L'entité C dispose d'un régime de retraite à prestations définies non financé. C ne prépare pas ses états financiers conformément aux IFRS et comptabilise les coûts liés aux retraites lors des paiements au régime de retraite.

Solution de l'exemple 2 *L'entité A doit calculer à l'aide d'hypothèses appropriées la valeur actuelle nette de l'obligation au titre des prestations définies de l'entité C, conformément à IAS 19. L'obligation liée aux retraites doit être comptabilisée en tant que passif identifiable.*

■ *Exemple 3*

L'entité A a acquis l'entité D. Celle-ci fait bénéficier tous ses employés d'un régime de retraite à prestations définies. La juste valeur des actifs du régime est supérieure à la valeur actuelle de l'obligation. Les règles régissant le régime de retraite de D interdisent les remboursements ou les réductions de cotisations futures.

Solution de l'exemple 3 *L'entité A ne doit pas comptabiliser un actif à la date d'acquisition. D'après les règles régissant le régime de retraite de l'entité D, A ne peut bénéficier de l'excédent du régime. La limitation/plafonnement de l'actif (« asset ceiling ») prévu par IAS 19 s'applique donc. L'entité A doit évaluer les actifs et passifs du régime de retraite conformément à IAS 19, et donner des informations sur l'excédent non disponible.*

Avantages du personnel fondés sur des actions

Question 22090

Comment évaluer les passifs ou instruments de capitaux propres liés aux avantages du personnel fondés sur des actions ?

Réponse

Conformément à la norme IFRS 2, Paiement fondé sur des actions (voir nº 28951 s.).

Commentaires Par exception au principe général d'évaluation des actifs acquis et passifs assumés à leur juste valeur (voir nº 22030), les passifs ou instruments de capitaux propres liés aux avantages du personnel fondés sur des actions sont évalués selon la norme IFRS 2 (IFRS 3.30 et .BC311).

Pour le traitement particulier du remplacement par l'acquéreur de plans portant sur des actions accordés par l'acquise, voir nº 22250 s.

Evaluation des droits réacquis (droit d'utilisation d'une marque, etc.)

22095 ***Question***

Comment évaluer à la date d'acquisition les droits antérieurement accordés à l'acquise (par exemple, le droit d'utilisation d'une marque) et réacquis par l'acquéreur du fait du regroupement d'entreprises ?

Réponse

Par exception au principe général, les droits ainsi réacquis ne sont pas évalués à la juste valeur.

Ces droits, par exemple celui d'utiliser une marque, sont valorisés sur la base des conditions contractuelles à la date d'acquisition et de la durée résiduelle du contrat, sans tenir compte des possibilités de renouvellement.

A la date d'acquisition, l'acquéreur peut devoir également constater un gain ou une perte si les conditions du contrat sont, à cette date, favorables ou défavorables, par rapport aux conditions de marché, voir n° 22096.

Après la date d'acquisition, l'actif incorporel est amorti sur la durée résiduelle du contrat (de même, sans tenir compte des possibilités de renouvellement du contrat).

Commentaires :

1. **Evaluation à la date d'acquisition du droit réacquis** L'actif incorporel à constater séparément du goodwill au titre de la récupération par l'acquéreur d'un droit d'utiliser l'un de ses actifs incorporels, accordé à l'acquise avant le regroupement (voir n° 22485), est évalué sur la base des conditions contractuelles à la date d'acquisition et de la durée résiduelle du contrat conclu entre l'acquéreur et l'acquise (IFRS 3.29).

Toutefois, contrairement à l'approche que retiendrait un tiers pour valoriser ce droit, il n'est pas tenu compte des possibilités de renouvellement du contrat (IFRS 3.29). Il s'agit donc d'une exception au principe général d'évaluation des actifs acquis à leur juste valeur de marché, justifiée par le fait qu'un droit réacquis n'est pas équivalent à un droit contractuel acquis auprès d'un tiers (IFRS 3.BC308 s.).

Pour une illustration pratique, voir n° 22096.

A la date d'acquisition, l'acquéreur peut devoir également constater un gain ou une perte, voir n° 22096.

2. **Amortissement du droit réacquis** La durée d'amortissement de l'actif incorporel relatif au droit réacquis est déterminée sur la base de la durée résiduelle du contrat entre l'acquéreur et l'acquise, sans tenir compte des possibilités de renouvellement du contrat, de la même manière que les possibilités de renouvellement du contrat ne sont pas retenues dans son évaluation initiale (IFRS 3.55).

3. **Cession du droit ainsi réacquis à un tiers** Si l'acquéreur cède ce droit à un tiers après la date d'acquisition, la plus ou moins-value liée à la nouvelle attribution de ce droit est déterminée par différence entre la contrepartie reçue et la valeur nette comptable du droit ainsi réacquis à la date de cession (IFRS 3.55 et .BC310).

Droits réacquis : conséquences sur le résultat de l'acquéreur

22096 ***Question***

La réacquisition par l'acquéreur dans le cadre du regroupement d'entreprises d'un droit antérieurement accordé à l'acquise a-t-elle des impacts sur le résultat de l'acquéreur ?

Réponse

Oui si, à la date d'acquisition, les conditions du contrat qui donne lieu à ce droit sont favorables ou défavorables par rapport aux conditions actuelles du marché pour un contrat identique ou similaire.

Commentaires Un droit réacquis dans le cadre d'un regroupement d'entreprises peut donner lieu à la comptabilisation d'un résultat par l'acquéreur au titre du caractère favorable/défavorable du contrat et d'un ajustement du prix d'acquisition. Ainsi, si les termes du contrat donnant lieu à ce droit sont favorables ou défavorables pour l'acquéreur par rapport aux conditions actuelles du marché pour un actif identique ou similaire, l'acquéreur constate un gain/une perte égal(e) au plus faible des deux éléments suivants (IFRS 3.B36 et .B52) : **22096** (suite)

- effet du caractère favorable ou défavorable pour l'acquéreur des conditions contractuelles du droit réacquis comparées aux conditions actuelles de marché pour un droit identique ou similaire ;

  Ce qui correspond, en pratique, à la différence entre :
  - la « juste valeur » du droit (sur la base des conditions de marché à la date d'acquisition et de la durée contractuelle initiale restant à courir, sans prise en compte des renouvellements) ; et
  - son évaluation sur la base des conditions initiales du contrat et de sa durée contractuelle initiale restant à courir.

- montant de l'indemnité de résiliation contractuelle (le cas échéant) que devrait payer la partie pour laquelle le contrat est défavorable pour mettre fin au contrat.

  Ce gain ou cette perte est calculé de la même manière que ceux relatifs au règlement d'une relation préexistante, voir nº 22245.

Dans le cas où le contrat ne comporte pas d'indemnité de résiliation, il conviendra d'examiner la substance commerciale du contrat afin de déterminer le montant à constater au titre du caractère favorable/défavorable du contrat pour l'acquéreur. En effet, ce n'est pas parce que l'indemnité de résiliation est nulle (car non mentionnée au contrat) que le montant à constater en résultat doit être nul (correspondant au plus faible de la part favorable/défavorable et l'indemnité de résiliation).

En conséquence, il convient d'ajuster le montant du prix d'acquisition du regroupement :
- en le diminuant du montant de la perte ainsi calculée lorsque le contrat réacquis est défavorable à l'acquéreur, cette perte étant comptabilisée en charges ;
- en l'augmentant du montant du gain ainsi calculé si le contrat réacquis est favorable à l'acquéreur, ce gain étant comptabilisé en produits.

■ *Exemple 1*

Droits réacquis sans caractère favorable ou défavorable du contrat *L'entité A fabrique des biens de consommation et vend ses produits par le biais d'un réseau de distribution de 4 000 distributeurs agréés.*

Chaque distributeur agréé doit signer un contrat de distribution des produits de l'entité A pour une durée de 5 ans, en contrepartie de quoi il bénéficie de prestations de marketing et d'un support technique.

Le coût du contrat de distribution est de 5 M€, correspondant à la juste valeur des prestations reçues en échange pendant la période de 5 ans. Ce montant est payé à l'entité A lors de la signature du contrat.

Le coût du contrat de distribution est resté inchangé depuis plusieurs années. Le contrat de distribution peut être résilié par l'une ou l'autre partie moyennant le paiement d'une indemnité de 1 M€. En outre, si l'entité A est à l'initiative de la rupture, elle devra reverser la proportion des 5 M€ relative à la période résiduelle du contrat.

L'entité A acquiert l'un de ses distributeurs, l'entité X, dont le contrat de distribution court encore pour une période de 3 ans. La juste valeur du contrat de distribution est de 3,5 M€ à la date d'acquisition, incluant la valeur des possibilités de renouvellement du contrat pour 0,5 M€. Il n'y a aucun élément favorable ni défavorable pour A dans le contrat.

Solution de l'exemple 1 *L'entité A ne constate ni gain ni perte lié(e) au fait qu'elle ait mis fin au contrat dès lors que le contrat ne présente pas de caractère favorable ni défavorable. L'entité A comptabilise un actif incorporel de 3 M€ lors de l'allocation du prix d'acquisition, amorti sur la durée résiduelle de 3 ans. La juste valeur de l'actif n'incorpore pas la valeur du renouvellement potentiel de 0,5 M€.*

■ *Exemple 2*

Droits réacquis incluant un élément défavorable du point de vue de l'acquéreur *L'entité A acquiert l'entité B pour un montant de 10 M€. Quatre ans avant l'acquisition, l'entité A a accordé à B une franchise d'exploitation de 10 ans en Chine. Le coût de la franchise s'élevait à 250 K€. Le contrat de franchise prévoit la possibilité pour chacune des parties d'y mettre fin moyennant une indemnité égale aux droits restant à payer, augmentés de 20 %.*

A la date d'acquisition de B par A, cette indemnité s'élève à 180 K€ = (250 × 6/10) + 20 %.

L'entité A a acquis B pour pouvoir se développer sur le marché chinois. Dans le cadre de conditions actuelles de marché sur la base des conditions résiduelles du contrat, A pourrait accorder une franchise équivalente sur une durée de six ans à un prix de 450 K€.

L'actif net identifiable de B est de 9 450 K€ (= 9 000 + 450, y compris le montant de la franchise).

Solution de l'exemple 2 *Le contrat de franchise doit être comptabilisé chez A pour 450 K€. Ce montant est amorti sur la durée restante du contrat (6 ans).*
En outre, A doit comptabiliser une perte de 180 K€ correspondant au caractère défavorable du contrat de licence par rapport aux conditions actuelles de marché.
Cette perte correspond au montant le plus faible entre :
– 300 K€ correspondant à la différence entre la valeur retenue pour ce droit (450) et le prix auquel cette licence a été accordée à B, soit 150 (250 × 6/10) ; et
– 180 K€ correspondant au montant que A devrait payer pour mettre fin au contrat de franchise avec B, à la date d'acquisition.
Ainsi, le prix payé de 10 000 K€ au titre de l'acquisition se décompose comme suit :
– 9 820 attribués au regroupement d'entreprises ;
– 180 comptabilisés en charges au titre de la réacquisition de la franchise.
Le goodwill de 370 K€ est calculé par différence entre le prix d'acquisition (9 820 = 10 000 – 180) et l'actif net identifiable de B (9 450).
Les écritures à constater sont les suivantes :
– Perte à constater au titre du dénouement du contrat de franchise (qui devient intragroupe) :

Dt	*Charge*	*180*	
Ct	*Trésorerie*		*180*

– Acquisition de B :

Dt	*Actifs nets identifiables de B*	*9 000*	
Dt	*Licence*	*450*	
Dt	*Goodwill*	*370*	
Ct	*Trésorerie*		*9 820*

Evaluation des actifs non courants détenus en vue de la vente

22097 ***Question***

Comment évaluer les actifs (ou groupes d'actifs) acquis lors d'un regroupement d'entreprises et qui sont destinés à être cédés conformément à la norme IFRS 5 ?

Réponse

A leur juste valeur nette des frais de cession.

Commentaires Les actifs (ou groupes d'actifs) acquis lors d'un regroupement d'entreprises et qui répondent à la définition d'actifs (groupe d'actifs) destinés à être cédés conformément à la norme IFRS 5, dès la date d'acquisition, doivent être évalués à leur juste valeur diminuée des frais de cession (IFRS 3.31).

La norme IFRS 3 renvoie à IFRS 5.15 à .18 pour les modalités d'évaluation de la juste valeur diminuée des frais de cession.

La norme IFRS 5 précise les conditions pour que des actifs non courants (ou groupe d'actifs) soient classés, dès la date de leur acquisition, en actifs (groupe d'actifs) destinés à être cédés. Deux conditions doivent être réunies (IFRS 5.11) :
– la cession de ces actifs (ou groupe d'actifs) doit intervenir dans les douze mois (sauf rares exceptions prévues par IFRS 5.9 selon lesquelles ce délai peut être allongé) ; et
– il est hautement probable que les autres conditions requises par IFRS 5.7 et .8 pour le classement en actifs destinés à être cédés, qui ne seraient pas remplies à la date d'acquisition, le soient dans un temps très court après cette date (généralement trois mois après la date d'acquisition).

2. Précisions relatives à l'évaluation ultérieure

Principe général

22100 ***Question***

Comment évaluer les actifs acquis et les passifs assumés après l'acquisition ?

Réponse

Conformément aux normes IFRS applicables aux actifs et passifs concernés.

Toutefois, des dispositions spécifiques d'évaluation sont prévues par la norme IFRS 3 pour l'évaluation ultérieure des actifs acquis et passifs assumés suivants :
- droits réacquis, voir nº 22095 ;
- passifs éventuels comptabilisés à la date d'acquisition, voir nº 22102 ;
- garanties accordées par le vendeur à l'acquéreur et portant sur un actif ou un passif déterminé de l'acquise, voir nº 22105.

Commentaires En effet, après la date d'acquisition, les actifs acquis et les passifs assumés lors d'un regroupement d'entreprises doivent être comptabilisés et évalués conformément aux différentes normes IFRS qui leur sont applicables en fonction de leur nature (IFRS 3.54).

La norme IFRS 3 énonce toutefois des principes spécifiques d'évaluation ultérieure pour les éléments cités ci-avant.

Evaluation ultérieure des passifs éventuels

Question 22102

Comment évaluer les passifs éventuels de l'entreprise acquise après leur comptabilisation initiale en contrepartie du goodwill ?

Réponse

Au plus élevé des deux montants suivants :
- montant déterminé conformément à IAS 37, Provisions, passifs éventuels et actifs éventuels ; ou
- montant constaté initialement à la juste valeur, diminué, le cas échéant, des montants reconnus en revenus conformément à la norme IFRS 15, Produits des activités ordinaires tirés des contrats avec les clients.

Ces principes ne s'appliquent toutefois pas aux contrats comptabilisés selon la norme IFRS 9, Instruments financiers.

Commentaires Les modalités d'évaluation ultérieure des passifs éventuels de l'acquise sont définies par IFRS 3.56 et .BC243 à .BC245.

Si les passifs éventuels sont évalués ultérieurement conformément à la norme IAS 37, leur montant correspond à la meilleure estimation de la dépense nécessaire à l'extinction de l'obligation actuelle à la date de clôture (c'est-à-dire, à la date d'évaluation, au montant qu'il serait raisonnable pour une entité de payer pour régler l'obligation ou pour la transférer à un tiers) (IAS 37.36 s.). Cette estimation ne prend pas en compte le risque de crédit propre de l'acquéreur, contrairement à l'évaluation retenue pour la comptabilisation initiale d'un passif éventuel de l'acquise, voir nº 13395.

L'IASB a précisé le traitement des passifs éventuels de l'entreprise acquise après leur comptabilisation initiale dans le cadre d'un regroupement pour éviter leur décomptabilisation en application des règles générales d'IAS 37 et du Cadre conceptuel de l'IASB (IFRS 3.BC243 et Cadre.4.26).

Ce principe ne s'applique pas aux contrats comptabilisés à la date d'acquisition selon IFRS 9, Instruments financiers, et qui restent évalués ultérieurement conformément à cette norme (IFRS 3.56).

Garantie octroyée par le vendeur à l'acquéreur : comptabilisation ultérieure de l'actif constaté par l'acquéreur

Question 22105

Après la date d'acquisition, comment évaluer et comptabiliser l'actif identifié à la date du regroupement et relatif à la garantie octroyée par le vendeur à l'acquéreur ?

Réponse

L'acquéreur doit évaluer, à chaque date d'arrêté, l'actif correspondant à l'indemnisation à recevoir constaté à la date d'acquisition, sur les mêmes bases que l'actif ou le passif de l'acquise qui fait l'objet de cette indemnisation (à la juste valeur ou selon une autre norme IFRS applicable).

Cet actif est décomptabilisé lorsqu'il est recouvré, vendu ou lorsque l'acquéreur perd le droit à l'indemnisation.

Commentaires A chaque date d'arrêté, l'acquéreur doit évaluer l'actif correspondant à l'indemnisation à recevoir constaté à la date d'acquisition. Cette évaluation est réalisée sur les mêmes bases que l'élément objet de cette indemnisation (à la juste valeur ou selon toute autre norme IFRS applicable), en tenant compte de toute limitation contractuelle du montant ainsi indemnisé. Pour les actifs qui ne sont pas évalués à la juste valeur, l'entité devra évaluer le caractère recouvrable de l'actif (IFRS 3.57).

Tout impact lié à l'évaluation ultérieure de l'actif correspondant à l'indemnisation à recevoir et à l'évaluation ultérieure de l'actif/passif de l'acquise faisant l'objet de cette garantie est constaté en contrepartie du goodwill si l'ajustement est lié à une situation existante à la date d'acquisition et intervient dans le délai d'affectation.

Pour le délai d'affectation, voir nº 22130 s.
Pour un exemple illustratif, voir nº 21980.

L'actif représentatif de la garantie octroyée à l'acquéreur n'est décomptabilisé que lorsque cet actif est recouvré, vendu ou lorsque l'acquéreur perd ce droit (IFRS 3.57).

G. Identification « tardive » et/ou modification des valeurs initialement attribuées

1. Principe général

Durée du délai d'affectation

22130 ***Question***

De quel délai l'acquéreur bénéficie-t-il lorsque la comptabilisation initiale du regroupement d'entreprises est provisoire ?

Réponse

Au plus tard, un délai de douze mois après la date d'acquisition.

Pendant ce délai, l'acquéreur doit, s'il obtient des informations relatives à des faits et circonstances existant à la date d'acquisition, identifier les actifs acquis et passifs assumés de l'acquise non constatés lors de la comptabilisation initiale du regroupement et finaliser, si nécessaire, la valorisation :

- des actifs acquis, des passifs assumés et des intérêts minoritaires de l'acquise ;
- des éléments du prix d'acquisition payé par l'acquéreur au titre du regroupement ; et
- de la quote-part d'intérêt détenue avant la prise de contrôle, dans le cas d'une acquisition par étapes.

Leur modification ou première constatation a une incidence sur le goodwill (ou le profit résultant d'une acquisition dans des conditions avantageuses) qui est ajusté en contrepartie.

Ce délai prend fin dès que l'acquéreur a reçu les informations attendues pour finaliser cette comptabilisation ou qu'il apprend que les informations complémentaires ne pourront pas être obtenues, sans toutefois excéder douze mois après la date d'acquisition.

Commentaires : **22130** (suite)

1. **Durée du délai d'affectation** L'acquéreur dispose d'un délai maximum de douze mois après la date d'acquisition pour (IFRS 3.45 à .50) :

a. identifier les actifs acquis et passifs assumés de l'acquise non constatés lors de la comptabilisation initiale du regroupement ; et

b. modifier rétrospectivement les valeurs initialement attribuées (voir n° 22135) :
- aux actifs identifiables acquis et passifs assumés de l'entité acquise ;
- aux intérêts minoritaires évalués à leur juste valeur (en cas d'utilisation de la méthode du goodwill complet) ;
- aux éléments du prix d'acquisition payé par l'acquéreur au titre du regroupement (ou autres montants utilisés pour le calcul du goodwill – dans le cas, par exemple, d'un regroupement sans paiement d'un prix par l'acquéreur) ; et
- à la quote-part d'intérêts détenue par l'acquéreur avant la prise de contrôle dans le cas d'une acquisition par étapes.

Pour le cas particulier des modifications de valeur d'un actif représentatif d'une indemnité à recevoir par l'acquéreur (« indemnification asset »), voir n° 22105.
Pour le cas particulier où l'entité souhaite changer la méthode d'évaluation des intérêts minoritaires pendant le délai d'affectation, voir n° 22170.

Ce délai prend fin lorsque l'acquéreur reçoit les informations attendues pour finaliser cette comptabilisation ou s'il apprend qu'il ne pourra pas recevoir d'informations complémentaires. En tout état de cause, ce délai ne pourra excéder douze mois après la date d'acquisition (IFRS 3.45).

Dans son rapport relatif à l'application d'IFRS 3 dans les états financiers, publié en juin 2014, l'ESMA a rappelé que le délai d'affectation de douze mois ne doit être utilisé que lorsque la comptabilisation initiale d'une acquisition est incomplète pour certains actifs ou passifs (« ESMA Report : Review on the application of accounting requirements for business combinations in IFRS financial statements » – ESMA 2014/643).

2. **Contrepartie des ajustements réalisés pendant le délai d'affectation** Les éléments précités étant tous pris en compte dans le calcul du goodwill (voir n° 22180) – ou du profit résultant d'une acquisition dans des conditions avantageuses (voir n° 22205) – leur modification ou première constatation dans le délai d'affectation aura une incidence sur le calcul du goodwill (ou du profit résultant d'une acquisition dans des conditions avantageuses).

La modification ou la constatation initiale d'un actif identifiable acquis a également un impact, par exemple, sur le montant des intérêts minoritaires lorsque ceux-ci sont évalués sur la base de leur quote-part dans l'actif net identifiable de l'acquise évalué à la juste valeur à la date d'acquisition (voir n° 22170).

Dans le cas où l'identification tardive ou l'ajustement du montant provisoire concernerait plus d'un actif ou d'un passif, les effets sur le goodwill (ou le profit résultant d'une acquisition dans des conditions avantageuses) pourraient complètement ou partiellement se compenser entre eux (IFRS 3.48).

3. **Prise en compte uniquement des informations relatives à des faits et circonstances qui existaient à la date d'acquisition** Les informations obtenues après la date de clôture du premier exercice au cours duquel le regroupement est intervenu donneront lieu à une première constatation ou à un ajustement des montants précités uniquement si ces informations (IFRS 3.45) :
- sont relatives à des événements ou à des circonstances existant à la date d'acquisition ;
- et qui, si elles avaient été connues, auraient modifié la comptabilisation du regroupement d'entreprises à la date d'acquisition.

Il s'agit des informations qui auraient pu raisonnablement être obtenues en mettant en œuvre des procédures de vérification habituelles et fréquentes dans ce type de situation. Pour l'appréciation de ces deux éléments, l'acquéreur doit examiner l'ensemble des faits et circonstances, notamment la date d'obtention de ces informations et la possibilité de justifier les raisons de l'ajustement des montants provisoirement comptabilisés (IFRS 3.47).

Ainsi, par exemple (IFRS 3.47) :
- sauf si l'acquéreur peut justifier d'un événement particulier ayant induit un changement dans la juste valeur d'un actif, le fait qu'un actif soit vendu à un tiers à un prix qui diffère de manière significative de la juste valeur provisoire qui lui a été allouée indiquerait plutôt qu'une erreur a été commise lors de l'évaluation initiale de cet actif ;
- une information obtenue très peu de temps après la date d'acquisition reflétera plus probablement des circonstances existant à la date d'acquisition qu'une information obtenue plusieurs mois plus tard.

22130 (suite) En revanche, ce délai ne permet pas de comptabiliser des actifs ou des passifs de l'acquise qui ne satisfaisaient pas aux critères d'identification séparée du goodwill à la date de comptabilisation initiale du regroupement mais qui satisferaient à ces conditions en raison d'un événement intervenu pendant le délai d'affectation.

Tout changement, qui ne pourrait pas être considéré comme un ajustement de la période d'affectation (voir ci-avant), ne pourra pas être constaté par la contrepartie du goodwill (ou du profit résultant d'une acquisition dans des conditions favorables) et devra, en conséquence, être constaté en résultat de la période, voir n° 22140.

4. Expiration du délai d'affectation après la date de clôture mais avant la date d'arrêté des comptes Lorsque le délai d'affectation se termine après la date de clôture (31/12/N) mais avant la date d'arrêté des comptes (25/03/N+1), le traitement est le suivant (notamment par analogie avec IAS 10, IFRS 3.BC399) :
- seule l'information relative à des faits et circonstances qui existaient à la date d'acquisition et obtenue entre la date de clôture et la fin de la période d'affectation devra être traitée en N par la contrepartie du goodwill ;
- l'information relative à des faits et circonstances qui existaient à la date d'acquisition mais obtenue entre la fin de la période d'affectation et la date d'arrêté des comptes devra être traitée en résultat de la période N (car elle constitue un « adjusting event » selon IAS 10 ; voir n° 12794, point 1.) ;
- enfin, l'information obtenue entre la fin de la période d'affectation et la date d'arrêté des comptes qui n'est pas relative à des faits et circonstances existant à la date d'acquisition devra être traitée de manière prospective (voir n° 22140) ou rétrospective lorsqu'il s'agit d'une correction d'erreur (voir n° 22145), au même titre qu'un « non-adjusting event » selon IAS 10 (voir n° 12794, point 2.).

Ainsi par exemple, pour une acquisition le 31/01/N, le délai d'affectation expirant le 31/01/N+1 avant la date d'arrêté des comptes au 25/03/N+1, la comptabilité d'acquisition ne devrait plus être considérée comme provisoire dans les comptes au 31/12/N.

■ *Exemple 1*

Délai de douze mois *En mars N, l'entité A acquiert l'entité B, une société présente dans le secteur de la chimie industrielle.*

1. En septembre N, l'entité A découvre que B avait l'obligation légale de remédier aux dommages environnementaux causés par B antérieurement à l'acquisition. Sur la base d'une étude préliminaire effectuée par des consultants en environnement, l'entité A estime que la juste valeur de la provision s'élève à 100.

2. En mars N+2, l'entité A a obtenu le rapport définitif des consultants en environnement et a révisé son estimation de la juste valeur à 150.

3. En janvier N+1, l'actuaire de l'entité A a achevé l'évaluation à la date d'acquisition des engagements de retraite de B. Sur la base de ce rapport, A a révisé son estimation des engagements de retraite de l'entité B, et a augmenté ce passif de 100.

La période de reporting de l'entité A s'échelonne du 1er janvier au 31 décembre. Aucune des obligations précitées n'était couverte par des garanties données par le vendeur.

Solution de l'exemple 1

1. En septembre N, l'entité A comptabilise un passif environnemental de 100. Ce passif supplémentaire ayant été identifié dans un délai de douze mois à compter de la date d'acquisition, l'ajustement correspondant est constaté en contrepartie du goodwill.

2. En mars N+2, l'entité A comptabilise une augmentation de la provision pour passifs environnementaux de 50 lorsqu'elle reçoit le rapport définitif des consultants. La révision de l'estimation de la provision ayant été reçue plus de douze mois après la date d'acquisition, l'augmentation de la provision est comptabilisée en contrepartie du résultat.

3. En janvier N+1, l'entité A comptabilise une augmentation de la provision constatée au titre des retraites lorsqu'elle reçoit le rapport de l'actuaire. La révision de l'estimation ayant été reçue dans un délai de douze mois à compter de la date d'acquisition, l'ajustement correspondant est donc constaté en contrepartie du goodwill.

■ *Exemple 2*

Circonstances existantes à la date d'acquisition ou intervenues après cette date *L'entité A, un fabricant de produits chimiques agricoles, a acquis le 31/12/N l'entité B, une entreprise ayant une activité similaire. L'entité A, après avoir notamment déterminé la juste valeur des actifs et passifs identifiables de B, a comptabilisé, dans ses états financiers de l'exercice clos le 31/12/N, un goodwill de 250 au titre de cette acquisition.*

22130 (suite)

En N+1, l'entité A prend connaissance des faits suivants :
1. Les réglementations régissant le contenu des produits chimiques fabriqués par l'usine italienne de l'entité B ont été modifiées en décembre N-1 et entrent en vigueur en décembre N. Du fait de ces nouvelles réglementations, le coût de production augmente. En conséquence, la valeur comptable de l'usine de B est supérieure de 150 à sa juste valeur. Ces nouvelles réglementations n'avaient pas été rendues publiques au moment de l'évaluation initiale de la juste valeur.
2. En juin N+1, un nouveau concurrent pratiquant des prix réduits s'est implanté aux Etats-Unis sur le marché de l'entité B, contraignant cette dernière à diminuer ses prix de vente afin de rester compétitive. En conséquence, la valeur recouvrable des usines de l'entité B aux Etats-Unis est inférieure de 200 à leur valeur comptable.
3. Entre janvier et décembre N+1, le prix de l'immobilier a augmenté de manière importante, et la juste valeur du siège social de l'entité B a augmenté de 150 depuis l'acquisition.
L'exercice de l'entité A coïncide avec l'année civile.

Solution de l'exemple 2

1. En N+1, l'entité A doit diminuer de 150 le montant de la juste valeur qui avait été attribuée à la date d'acquisition à l'usine italienne de B et ajuster corrélativement le goodwill. Les circonstances à l'origine de cette révision existaient à la date d'acquisition, les informations complémentaires obtenues dans le délai d'acquisition ayant permis d'estimer plus précisément la juste valeur de l'usine.
2. En juin N+1, l'entité A doit comptabiliser une dépréciation de 200 au titre des usines de B aux Etats-Unis. Cette provision doit être comptabilisée dans le résultat de N+1. La réduction de la juste valeur des usines est liée à des événements postérieurs à l'acquisition, de telle sorte que la perte de valeur n'a pas d'incidence sur le montant du goodwill constaté à la date d'acquisition. Toutefois, la perte de valeur des usines peut indiquer une perte de valeur du goodwill et déclencher un test de dépréciation, la perte de valeur correspondante étant également comptabilisée, le cas échéant, en résultat de l'exercice N+1.
3. L'entité A ne doit pas modifier la juste valeur de son siège social telle que déterminée à la date d'acquisition, ni modifier le montant du goodwill constaté à cette date. L'augmentation de la juste valeur du bâtiment, intervenue postérieurement à l'acquisition, n'a pas d'incidence sur le goodwill. L'entité A comptabilise cette augmentation de la juste valeur du bâtiment comme une réévaluation si les méthodes comptables appliquées par A prévoient l'utilisation du modèle de la réévaluation d'IAS 16. Sinon, le bâtiment sera comptabilisé à son coût historique, c'est-à-dire à sa juste valeur à la date d'acquisition, déduction faite des amortissements et dépréciations ultérieurs.

■ *Exemple 3*

Ajustement du prix d'acquisition réalisé pendant le délai d'affectation provenant de faits et circonstances existant à la date d'acquisition : confirmation d'un niveau de BFR de l'acquise à la date d'acquisition *L'entité E acquiert l'entité F pour 10 M€. Le contrat d'acquisition prévoit qu'un bilan d'ouverture audité devra être mis à la disposition de l'acquéreur dans les 90 jours qui suivent la date de prise de contrôle.*
Dans la mesure où le besoin en fonds de roulement (BFR) à la date d'acquisition excède 1 M€, l'entité E devra payer un montant complémentaire au vendeur. Par exemple, si le BFR est de 1,2 M€, l'entité E paiera un montant complémentaire de 0,2 M€ aux vendeurs de F.

Solution de l'exemple 3 *Le montant additionnel qui serait payé par E aux vendeurs de F du fait de l'excédent du BFR réel par rapport à 1 M€ est comptabilisé en tant qu'ajustement réalisé pendant le délai d'affectation.*
En effet, les ajustements relatifs au BFR résultent de nouvelles informations à propos de faits et circonstances qui existaient déjà à la date d'acquisition et qui ne sont pas liées aux performances futures de l'entité postérieurement à la date d'acquisition. Il s'agit ici de la confirmation du niveau de BFR de F à la date d'acquisition.
Toute modification du prix modifie en conséquence le goodwill (ou le profit résultant d'une acquisition dans des conditions avantageuses) (IFRS 3.45 s.).

■ *Exemple 4*

Ajustement du prix d'acquisition provenant de faits et circonstances existant à la date d'acquisition : partie du prix d'acquisition placée sous séquestre en attente de la confirmation d'informations données par le vendeur à la date d'acquisition *L'entité E acquiert l'entité F pour 10 M€. L'entité E cherche à se protéger contre d'éventuelles affirmations erronées de la part des actionnaires de l'entité F.*
Dans cet objectif, l'entité E paie comptant à la date d'acquisition 9 M€ aux vendeurs et place 1 M€ sur un compte séquestre. Cette somme sous séquestre sera remise aux vendeurs dans un délai maximum d'un an si les doutes sur les affirmations des actionnaires de l'entité F sont levés.

Solution de l'exemple 4 La somme placée sous séquestre est comptabilisée comme un ajustement du prix d'acquisition réalisé pendant le délai d'affectation. En effet, les fonds déposés sur le compte séquestre seront remis au vendeur sur la base d'informations obtenues après la date d'acquisition mais sont relatives à des conditions qui existaient à la date d'acquisition.
Ces fonds ont la nature d'un paiement différé à comptabiliser en dette financière. Tout ajustement éventuel des fonds déposés sur le compte séquestre modifie le prix d'acquisition ainsi que le goodwill (ou le profit résultant d'une acquisition dans des conditions avantageuses) (IFRS 3.45 s.).

Conditions d'application du délai d'affectation

22132 ***Question***

Quelles conditions sont à remplir pour l'application du délai d'affectation au moment de la comptabilisation initiale du regroupement ?

Réponse

L'acquéreur doit indiquer dans l'annexe des états financiers :
– les actifs, passifs, éléments du prix d'acquisition ou autres qui ont été comptabilisés de manière provisoire ;
– les raisons pour lesquelles la comptabilisation initiale du regroupement est provisoire.

A défaut, l'acquéreur doit alors traiter les ajustements réalisés dans les douze mois suivant l'acquisition comme ceux réalisés postérieurement au délai d'affectation, c'est-à-dire soit comme un changement d'estimation (voir nº 22140), soit comme une correction d'erreur (voir nº 22145).

Commentaires Lors d'un regroupement d'entreprises, l'acquéreur doit en principe comptabiliser :
– les actifs acquis et passifs assumés de l'acquise à leur juste valeur à la date d'acquisition, voir nº 22030 ;
– les intérêts minoritaires de l'acquise conformément à IFRS 3, voir nº 22170 ;
– les éléments du prix d'acquisition payé par l'acquéreur au titre du regroupement conformément à IFRS 3, voir nº 21755 ; et
– dans le cas des acquisitions par étapes, la quote-part d'intérêt détenue avant la prise de contrôle à la juste valeur à la date d'acquisition, voir nº 23750.

Cette comptabilisation initiale peut être effectuée de manière provisoire lors de l'exercice au cours duquel le regroupement a été réalisé (IFRS 3.45).

L'acquéreur dispose alors d'un délai d'affectation maximum de 12 mois à compter de la date d'acquisition pour ajuster de manière rétrospective les valeurs initialement attribuées à ces éléments ou constater ceux qui n'auraient pas pu l'être lors de la comptabilisation initiale du regroupement, voir nº 22130.

Ce principe s'applique à tous les regroupements d'entreprises. Toutefois, il est nécessaire d'indiquer dans les notes annexes des états financiers de la période au cours de laquelle le regroupement est initialement comptabilisé (IFRS 3.B67) :
– les actifs, passifs, éléments du prix d'acquisition ou autres qui ont été comptabilisés de manière provisoire ;
– les raisons justifiant le caractère provisoire de la comptabilisation initiale.

Au cours de l'exercice suivant, devront également être indiqués la nature et le montant de tout ajustement réalisé pendant la période d'évaluation (IFRS 3.B67.iii).

Recommandations de l'AMF Dans ses recommandations en vue de l'arrêté des comptes 2007, l'AMF a rappelé que si l'information relative au caractère provisoire de la comptabilisation initiale réalisée n'était pas donnée « l'utilisateur pourrait considérer que les valeurs présentées sont définitives ; si des ajustements devaient ensuite intervenir, ils devraient alors être traités comme un changement d'estimation ou une correction d'erreur selon IAS 8 (Rec. AMF 2007-12, Arrêté des Comptes 2007, § 9.2).

Autrement dit, en l'absence d'information explicite sur les évaluations provisoires, l'acquéreur ne pourrait pas se prévaloir du délai d'affectation et devrait traiter les ajustements réalisés dans les douze mois suivant l'acquisition comme ceux réalisés postérieurement au délai d'affectation, c'est-à-dire soit comme un changement d'estimation (voir nº 22140), soit comme une correction d'erreur (voir nº 22145).

Modifications réalisées pendant le délai d'affectation

22135

Question

Comment comptabiliser les modifications de juste valeur de l'acquise ou du prix d'acquisition qui interviendraient pendant le délai d'affectation ?

Réponse

Si ces modifications sont liées à une situation existant à la date d'acquisition, selon les modalités suivantes :
- modification rétrospective de la valeur des éléments concernés (actif acquis ou passif assumé de l'acquise, intérêts minoritaires de l'acquise ou quote-part d'intérêt détenue avant la prise de contrôle dans une acquisition par étapes) et du goodwill (ou du profit résultant d'une acquisition dans des conditions avantageuses) comme si ces modifications étaient intervenues dès la date d'acquisition ;
- présentation d'une information comparative retraitée.

Commentaires Les modifications de juste valeur de l'acquise ou du prix d'acquisition, liées à une situation existant à la date d'acquisition et qui interviendraient pendant le délai d'affectation, donnent lieu à une correction rétrospective, c'est-à-dire comme si ces modifications avaient été réalisées dès la date d'acquisition (IFRS 3.45, .49, .BC391, .BC395, .BC397 à .BC400 et .IE50 à .IE53) :
- des actifs acquis, passifs assumés et intérêts minoritaires de l'acquise, des éléments du prix d'acquisition ou, dans le cas des acquisitions par étapes, de la quote-part d'intérêt détenue avant la prise de contrôle ; et
- de la correction du goodwill (ou du profit résultant d'une acquisition dans des conditions avantageuses).

L'acquéreur devra également tenir compte dans ce retraitement rétrospectif des conséquences que les modifications d'actifs notamment pourraient avoir sur les amortissements, dépréciations, ou autre impact sur les produits des périodes précédentes (IFRS 3.49).

Ce principe ne s'applique que si les modifications de valeur sont liées à des circonstances qui existaient déjà à la date d'acquisition (voir n° 22130).

Les comptes des périodes précédentes présentés en comparatif sont retraités de manière rétrospective (IFRS 3.49 et .IE53).

■ ***Exemple***

Le 1/07/N, l'entité A acquiert l'entité B. L'un des actifs identifiables détenus par B est un bâtiment. L'entité A estime provisoirement la juste valeur du bâtiment à 100 000. Début N+1, l'évaluation est finalisée et aboutit à une juste valeur du bâtiment de 150 000 à la date d'acquisition.
La durée d'utilité du bâtiment est de 50 ans.
La période de reporting de l'entité A court du 1er janvier au 31 décembre.

Solution de l'exemple *L'entité A doit ajuster de 50 000 la juste valeur initialement attribuée au bâtiment et le montant du goodwill constaté à la date d'acquisition. Ces corrections sont réalisées de manière rétrospective, c'est-à-dire comme si elles avaient été réalisées dès la date d'acquisition. Les écritures suivantes devraient donc être comptabilisées :*
1. dans les comptes N présentés en comparatif et retraités de manière rétrospective :

Dt *Ct*	*Bâtiments* *Goodwill*	*50 000*	 *50 000*
Dt *Ct*	*Dotation complémentaire aux amortissements des bâtiments [(50 000/50) × 1/2]* *Amortissement des bâtiments*	*500*	 *500*

L'ajustement de l'amortissement doit être comptabilisé en résultat (dans la même rubrique que celle qui inclut l'amortissement du bâtiment antérieurement comptabilisé sur la base d'une juste valeur provisoire de 100 000).
2. dans les comptes N+1 :

Dt *Ct*	*Dotation aux amortissements des bâtiments (150 000/50)* *Amortissement des bâtiments*	*3 000*	 *3 000*

Changements d'estimation après l'expiration du délai d'affectation

22140 *Question*

Comment comptabiliser les changements d'estimation des valeurs des actifs acquis et passifs assumés intervenant après l'expiration du délai d'affectation ?

Réponse

De manière prospective, en résultat de l'exercice du changement et des exercices ultérieurs, sans ajustement du goodwill.

Commentaires L'impact des plus ou moins-values et des dotations ou reprises de provisions constatées après l'expiration du délai d'affectation par rapport aux valeurs attribuées aux actifs acquis et passifs assumés lors de la première consolidation est constaté de manière prospective, en résultat de l'exercice du changement et des exercices ultérieurs, le cas échéant, sans ajustement du goodwill.

Ce principe général s'applique également aux provisions qui s'avèrent excédentaires après l'expiration du délai d'affectation (sauf correction d'erreur). Ainsi, toutes les reprises de provisions excédentaires constatées après l'expiration de ce délai doivent être comptabilisées en résultat de l'exercice au cours duquel survient le changement d'estimation, sans que le goodwill soit affecté, sauf s'il s'agit en fait d'une correction d'erreur (IFRS 3.50).

S'il s'agit d'une correction d'erreur, la comptabilisation initiale du regroupement (montant de la provision et montant du goodwill) est modifiée de manière rétrospective, comme si l'erreur n'avait jamais été commise. L'information comparative présentée au titre de l'exercice de correction de l'erreur est retraitée de manière rétrospective (IAS 8.42).

Pour plus de détails, voir nº 22145.

Corrections d'erreurs

22145 *Question*

Comment comptabiliser les modifications de juste valeur de l'acquise ou du prix d'acquisition liées à une correction d'erreur ?

Réponse

De manière totalement rétrospective, c'est-à-dire selon les modalités suivantes :

- correction des valeurs comptables des actifs acquis et passifs assumés, des intérêts minoritaires de l'acquise, des éléments du prix d'acquisition et de la quote-part détenue par l'acquéreur avant la prise de contrôle dans une acquisition par étapes comme si leur juste valeur, corrigée à la date d'acquisition, avait été constatée dès cette date ;
- modification, de manière symétrique, du goodwill ou du profit résultant d'une acquisition dans des conditions avantageuses ;
- comptabilisation de l'impact de la correction d'erreur en capitaux propres d'ouverture de l'exercice de la correction d'erreur ;
- modification des comptes des périodes antérieures présentées en comparatif.

Commentaires En effet, la norme IFRS 3 indique la nécessité de se référer à la norme IAS 8 (IFRS 3.50) et donc de comptabiliser les corrections d'erreur rétrospectivement, c'est-à-dire comme si l'erreur n'avait pas eu lieu et en modifiant de manière rétrospective les comptes des périodes antérieures présentées en comparatif (IAS 8.41 à .49).

L'ajustement rétrospectif du goodwill en cas d'erreur, indépendamment du délai d'affectation, constitue une exception au principe général de non-ajustement du goodwill après l'expiration du délai d'affectation.

2. Application du principe général à certains actifs

Impôt différé actif de l'acquise réalisé après la comptabilisation initiale de l'acquisition

Question 22155

Comment comptabiliser un actif d'impôt différé d'une entreprise acquise, considéré comme non identifiable à la date d'acquisition mais qui est réalisé ultérieurement ?

Réponse

De la même manière que toute modification ultérieure d'un autre actif identifiable de l'acquise.

Les impôts différés actifs réalisés pendant le délai d'affectation et qui sont liés à des faits et circonstances existant à la date d'acquisition doivent être comptabilisés par la contrepartie du goodwill relatif à cette acquisition. Si la valeur comptable du goodwill est nulle (ou insuffisante), les impôts différés actifs doivent être comptabilisés en contrepartie du résultat en totalité (ou pour la différence avec le montant du goodwill).

Dans tous les autres cas, les impôts différés actifs doivent être comptabilisés :
- en résultat ou, le cas échéant, parmi les autres éléments du résultat global ou en capitaux propres si IAS 12 le requiert ;
- et donc sans modification du goodwill.

Commentaires Si les impôts différés actifs sont constatés dans le délai d'affectation et sont liés à des faits et circonstances existants à la date d'acquisition (voir n° 22130), ils doivent être comptabilisés par la contrepartie d'une diminution de la valeur comptable du goodwill constaté au titre de ce regroupement, et donc sans impact sur le résultat. Si le goodwill a une valeur comptable nulle ou est inférieur au montant de l'impôt différé actif, la totalité de l'impôt ou la différence entre les deux montants est constatée en résultat (IAS 12.68).

Ainsi, par exemple, un changement d'estimation, dans le délai d'affectation, conduisant à augmenter la juste valeur à la date d'acquisition des actifs identifiables acquis conduirait à accroître le montant des impôts différés passifs et pourrait ainsi permettre de reconnaître des impôts différés actifs sur déficits reportables. Ils seraient constatés par la contrepartie du goodwill (parce que liés à des faits et circonstances existant à la date d'acquisition).

Dans tous les autres cas, l'impôt différé actif est constaté, conformément à IAS 12, en contrepartie du résultat ou, le cas échéant, parmi les autres éléments du résultat global ou en capitaux propres si IAS 12 le requiert (IAS 12.68).

Les événements suivants pourraient donner lieu à la constatation d'un impôt différé actif par la contrepartie du résultat post-acquisition (parce que liés à une situation qui n'existait pas à la date d'acquisition) :
- signature d'un contrat important avec un nouveau client, permettant d'accroître les bénéfices futurs ;
- acquisition d'une autre activité.

Cette disposition s'applique également si le regroupement d'entreprises a été comptabilisé avant l'application de la version révisée d'IFRS 3 (exercices ouverts à compter du 1/07/10).

■ *Exemple 1*

Comptabilisation d'un impôt différé actif de l'entreprise acquise réalisé après la comptabilisation initiale du regroupement d'entreprises et après l'expiration du délai d'affectation *L'entité A a acquis une filiale, l'entité B, qui disposait de différences temporaires déductibles au titre de déficits reportables de 500. A la date d'acquisition, le taux d'impôt était de 30 %.*

L'actif d'impôt différé de 150 (500 × 30 %) n'a pas été comptabilisé en tant qu'actif identifiable, A estimant que cet actif n'était pas recouvrable. Quinze mois après l'acquisition, A estime que le bénéfice imposable attendu devrait permettre de recouvrer l'ensemble des actifs d'impôt différé liés aux différences temporelles déductibles.

Le montant du goodwill est inchangé depuis l'acquisition, la réalisation du test annuel de dépréciation n'ayant pas révélé de perte de valeur.

Solution de l'exemple 1 *L'entité A doit comptabiliser un actif d'impôt différé de 150 par la contrepartie d'un produit d'impôt différé de l'exercice sans modification corrélative du goodwill (le délai d'affectation étant dépassé).*

■ *Exemple 2*

Comptabilisation d'un impôt différé actif de l'entreprise acquise réalisé après la comptabilisation initiale du regroupement d'entreprises (lié à des circonstances qui n'existaient pas à la date d'acquisition) *L'entité A a acquis, le 1/07/N, une filiale, l'entité B dont l'activité courante est la construction et la démolition de bâtiments. L'entité B a des déficits reportables mais aucun impôt différé actif n'a été comptabilisé lors de la comptabilisation initiale du regroupement.*

Une catastrophe naturelle a eu lieu moins d'un an après la date d'acquisition permettant ainsi à l'entité B d'obtenir de nombreux contrats de nettoyage. Dans le passé, l'activité de B ne comprenait pas de services de nettoyage. En conséquence, la fourniture de ce service n'a pas été prise en compte pour l'évaluation de l'acquise.

Solution de l'exemple 2 *L'augmentation des résultats taxables suite aux contrats de nettoyage après la catastrophe naturelle ne pouvait pas être prévue et ne faisait pas partie des hypothèses de l'acquéreur lorsqu'il a réalisé l'évaluation de l'acquise à la date d'acquisition. En conséquence, les changements liés à cet événement ne doivent pas être comptabilisés comme un ajustement de la période d'évaluation. Les actifs d'impôts différés y afférents doivent être comptabilisés en résultat post-acquisition.*

H. Définition et évaluation des intérêts minoritaires

Définition des intérêts minoritaires

22165 ***Question***

Que recouvre la notion d'intérêts minoritaires selon IFRS 3 ?

Réponse

Les intérêts minoritaires (« non-controlling interests ») correspondent à la part des capitaux propres d'une filiale qui n'est pas attribuable directement ou indirectement à la société mère. Cette définition couvre :

- les instruments qui constituent une part d'intérêts actuels et confèrent à leur porteur une quote-part proportionnelle dans l'actif net de la filiale en cas de liquidation ;
- ainsi que les autres instruments financiers émis par la filiale et classés dans son bilan en instruments de capitaux propres.

Commentaires :

1. **Définition des intérêts minoritaires** Les intérêts minoritaires correspondent à la part des capitaux propres d'une filiale non attribuable, directement ou indirectement, à la société mère (IFRS 10.A).

Remarque La traduction officielle de « non-controlling interest » est « participation ne conférant pas le contrôle ». Toutefois, pour faciliter la lecture, nous avons conservé la terminologie « intérêts minoritaires », plus usuelle.

2. **Distinction de deux composantes au sein des intérêts minoritaires** Cette distinction est essentielle car les règles d'évaluation de chacune de ces composantes diffèrent :

Pour les modalités d'évaluation de ces catégories, voir n° 22170.

a. les instruments qui constituent une part d'intérêts actuels (« present ownership interests ») et confèrent à leur porteur une quote-part proportionnelle dans l'actif net d'une filiale en cas de liquidation ; et

b. les autres instruments financiers émis par la filiale et classés dans son bilan en instrument de capitaux propres (en ce sens IFRS 3.19).

Remarques :

1. De tels instruments émis par la filiale sont, par exemple :
- des plans d'options sur actions accordés à des salariés ;
- des actions de préférence ne donnant pas de droit à une quote-part proportionnelle dans l'actif net en cas de liquidation ;
- la composante capitaux propres d'un instrument convertible émis par une filiale.

2. Des intérêts minoritaires d'une filiale peuvent ainsi devoir être constatés même lorsque le pourcentage d'intérêts de l'entité consolidante sur la filiale est de 100 %.

3. **Présentation des intérêts minoritaires :**

a. **Dans l'état de situation financière (bilan),** les intérêts minoritaires sont présentés au sein des capitaux propres dans le bilan de l'ensemble consolidé (IFRS 10.22).

Les intérêts minoritaires répondent en effet à la définition des capitaux propres. Selon le Cadre conceptuel, les capitaux propres sont en effet définis comme l'intérêt résiduel dans les actifs d'une entité après déduction de tous ses passifs (IFRS 10.BCZ159 et Cadre.4.63).
En revanche, les intérêts minoritaires ne répondent pas à la définition d'un passif selon le Cadre conceptuel (IFRS 10.BCZ157 et Cadre.4.26). En effet, l'existence d'intérêts minoritaires ne donne pas lieu à une obligation actuelle du groupe dont l'extinction devrait se traduire pour l'entité par une sortie de ressources représentatives d'avantages économiques.

Afin de les distinguer des autres composantes des capitaux propres, les intérêts minoritaires doivent être clairement identifiés (par exemple, dans une rubrique intitulée « participation ne conférant pas le contrôle ») (IFRS 10.22).

Des intérêts minoritaires dans plusieurs filiales peuvent être regroupés dans une seule rubrique intitulée « participation ne conférant pas le contrôle » (IFRS 10.22).

b. **Dans l'état du résultat global,** il est nécessaire de distinguer la part du résultat et des autres éléments du résultat global attribuable (IAS 1.IG6 s.) :
- aux propriétaires de la société mère ;
- de celle attribuable aux minoritaires.

Evaluation initiale des intérêts minoritaires

22170

Question

Comment évaluer les intérêts minoritaires à la date d'acquisition ?

Réponse

L'évaluation des intérêts minoritaires diffère selon qu'il s'agit de l'une ou l'autre des composantes suivantes :

1. **Intérets minoritaires constituant une part d'intérêts actuels et conférant à leur porteur une quote-part proportionnelle dans l'actif net de la filiale en cas de liquidation** : l'acquéreur a le choix, pour chaque regroupement d'entreprises, de les évaluer :
- soit à leur juste valeur à la date d'acquisition ;

  En conséquence, un goodwill est comptabilisé à la fois pour la part groupe et pour les intérêts minoritaires (méthode du **goodwill complet**).
- soit sur la base de leur quote-part dans l'actif net identifiable de l'acquise évalué à la juste valeur à la date d'acquisition.

  Il n'y a alors pas de comptabilisation d'un goodwill au titre des intérêts minoritaires (méthode du **goodwill partiel**).

2. **Autres composantes des intérêts minoritaires** (autres instruments financiers émis par la filiale, classés dans son bilan en instruments de capitaux propres et non attribuables, directement ou indirectement, à la société mère) : l'acquéreur n'a pas de choix ; ces instruments doivent être évalués à leur juste valeur à la date d'acquisition de la filiale, sauf si un autre mode d'évaluation est requis par les normes IFRS applicables.

Commentaires Au sein des intérêts minoritaires (qu'il s'agisse des intérêts minoritaires détenus directement dans l'entité acquise ou indirectement dans les filiales de l'entité acquise), deux composantes doivent être distinguées (voir n° 22165) :
- les instruments qui constituent une part d'intérêts actuels et confèrent à leur porteur une quote-part proportionnelle dans l'actif net d'une filiale en cas de liquidation ; et
- les autres instruments financiers émis par la filiale et classés dans son bilan en instruments de capitaux propres.

L'évaluation des intérêts minoritaires diffère selon qu'il s'agit de l'une ou l'autre de ces catégories.

1. **Evaluation des intérêts minoritaires constituant une part d'intérêts actuels et conférant au porteur une quote-part proportionnelle d'actif net de la filiale en cas de liquidation**

a. **Choix de méthodes** L'acquéreur a le choix d'évaluer cette catégorie d'intérêts minoritaires (IFRS 3.19 et .BC209) :
- à leur juste valeur à la date d'acquisition (méthode du goodwill complet) ; ou
- sur la base de leur quote-part dans l'actif net identifiable de l'acquise évalué à la juste valeur à la date d'acquisition (méthode du goodwill partiel).

Ce choix doit être opéré regroupement d'entreprises par regroupement d'entreprises (IFRS 3.19). Il n'y a donc pas de permanence des méthodes sur ce choix.

Pour les conséquences stratégiques du choix entre le goodwill partiel et le goodwill complet, voir n° 22182.

Pour les modalités d'évaluation à la juste valeur de cette catégorie d'intérêts minoritaires, voir n° 22172.

b. Possibilité, sous conditions, de bénéficier du délai d'affectation pour opérer ce choix Si, pour une acquisition déterminée, le choix de la méthode d'évaluation des intérêts minoritaires n'a pas été réalisé à la première clôture suivant la date d'acquisition, et qu'une information a été mentionnée en annexe à ce titre (ainsi que sur le fait que les valeurs retenues sont provisoires), il est à notre avis possible d'opérer ce choix ultérieurement sous réserve toutefois d'être encore dans le délai d'affectation.

En revanche, une fois le délai d'affectation terminé, il n'est pas possible de revoir l'évaluation des intérêts minoritaires par la contrepartie du goodwill, sauf pour corriger une erreur (IFRS 3.50).

2. Evaluation des autres composantes des intérêts minoritaires (instruments financiers émis par la filiale et classés dans son bilan en instruments de capitaux propres) Pour cette catégorie d'instruments, il n'existe **pas de choix pour la méthode d'évaluation** (IFRS 3.19).

Ces instruments doivent être évalués :

- à leur **juste valeur à la date d'acquisition** (et non pas sur la base de leur quote-part dans l'actif net de l'acquise) ;

  Ainsi, par exemple, les actions préférentielles de la cible qui confèrent à leur porteur un droit à un dividende prioritaire mais pas à une quote-part proportionnelle dans l'actif net de l'entité en cas de liquidation doivent être évaluées à leur juste valeur (IFRS 3.IE44B à .IE44E).

- sauf si un autre mode d'évaluation est requis par les IFRS applicables (IFRS 3.19, .B56).

  Cette exception concerne notamment les actions gratuites en cours d'acquisition détenues par les salariés de la cible en rémunération des services rendus et à rendre par ces derniers qui, n'étant pas encore livrées aux bénéficiaires, ne confèrent pas à ces derniers un droit actuel dans l'actif net. Ces options doivent être évaluées selon la méthode prévue par la norme IFRS 2 (« market-based measure ») (IFRS 3.30 et .IE44H à .IE44J).

Modalités d'évaluation de la juste valeur des intérêts minoritaires

22172 ***Question***

Comment déterminer la juste valeur des intérêts minoritaires ?

Réponse

Rappel La juste valeur à la date d'acquisition est retenue (voir n° 22170) :
- sur option, pour l'évaluation des intérêts minoritaires constituant une part d'intérêts actuels et conférant au porteur une quote-part proportionnelle dans l'actif net de la filiale en cas de liquidation ;
- sans option, pour l'évaluation des autres composantes des intérêts minoritaires (autres instruments financiers émis par la filiale et classés en capitaux propres), sauf exceptions.

Cette juste valeur doit être déterminée sur la base du cours de bourse à la date d'acquisition, si les instruments de l'entité acquise sont cotés sur un marché actif. En l'absence de précision dans les textes, il est, à notre avis, possible de tenir compte d'une prime ou d'une décote dans cette évaluation.

A défaut de marché actif, l'acquéreur utilise des méthodes d'évaluation pour déterminer la juste valeur des intérêts minoritaires.

Dans ce cas, à notre avis, la juste valeur des intérêts minoritaires doit être analysée au regard du contexte de la transaction ayant conduit à la prise du contrôle de l'acquise (synergies, limitation des droits financiers des minoritaires, répartition du capital entre minoritaires, etc.).

Commentaires Lorsque l'évaluation des intérêts minoritaires est faite à leur juste valeur, il est peu fréquent de pouvoir appliquer « une règle de trois » sur le prix payé par l'acquéreur pour obtenir le contrôle de l'acquise afin de déterminer la juste valeur des intérêts minoritaires. En effet, la juste valeur par action peut être différente selon qu'elle est déterminée :
- sur la base de l'intérêt de l'acquéreur dans l'acquise ; ou

– sur la base de la juste valeur de la participation des intérêts minoritaires dans l'acquise (IFRS 3.B45). **22172** (suite)

Par exemple, l'acquéreur peut avoir payé une prime de contrôle pour acquérir une participation majoritaire dans l'acquise.

La détermination de la juste valeur des intérêts minoritaires diffère selon qu'il existe ou pas un marché actif sur lequel sont cotés les instruments de l'entité acquise (IFRS 3.B44).

1. **S'il existe un marché actif** sur lequel les instruments de l'entité acquise sont cotés : la juste valeur est déterminée sur la base du cours de bourse à la date d'acquisition. En l'absence de précision dans les textes, il est, à notre avis, possible de tenir compte d'une prime ou d'une décote dans l'évaluation de la juste valeur des titres (et donc de se départir d'une évaluation égale au produit du cours de marché unitaire par la quantité de titres détenus).

Un marché actif est un marché sur lequel ont lieu des transactions sur l'actif selon une fréquence et un volume suffisants pour fournir de façon continue de l'information sur le prix (IFRS 13.A).

2. **En l'absence de marché actif,** l'entité détermine la juste valeur de l'instrument au moyen de techniques d'évaluation (IFRS 3.B44). En pratique, les techniques d'évaluation comprennent :
– des approches fondées sur le marché (la référence à des transactions de marché récentes sur le même instrument ou à la juste valeur d'un autre instrument similaire) (IFRS 13.B5 à .B7) ; ou
– des approches fondées sur le résultat (techniques d'actualisation des cash-flows...) (IFRS 13.B10 et .B11).

En l'absence de marché actif, la norme IFRS 13 permet de tenir compte des primes et décotes mais uniquement si elles sont liées à une caractéristique des titres détenus et si elles sont compatibles avec l'unité de comptabilisation définie dans la norme IFRS qui impose ou permet l'évaluation à la juste valeur (IFRS 13.69).

L'application d'une prime ou d'une décote de contrôle aux intérêts minoritaires nous paraît ainsi possible, la prime ou décote étant liée à une caractéristique du bloc des titres détenus et n'étant pas contraire, à défaut de précision de la norme IFRS 3, à l'unité de comptabilisation applicable selon IFRS 3 à ces titres.

Ainsi, la juste valeur des intérêts minoritaires peut être évaluée sur la base du prix payé par l'acquéreur pour obtenir le contrôle (y compris les ajustements éventuels de prix ultérieurs), diminué (ou augmenté) d'une décote (ou surcote) de minoritaires (IFRS 3.B45 et, en matière d'informations à fournir en annexe, IFRS 3. B64(o) et .IE72).

Dans ce cas, la détermination de la juste valeur des intérêts minoritaires nécessite une analyse rigoureuse du contexte de la transaction ayant conduit à la prise de contrôle. Ainsi, pour déterminer la juste valeur des intérêts minoritaires à partir du prix payé pour le bloc de contrôle, il convient à notre avis, de prendre en compte les éléments suivants, notamment, pour quantifier cette décote/surcote de minoritaires.

a. **Synergies payées dans le cadre de la transaction** Si des synergies sont identifiées et anticipées, il convient de les analyser de manière détaillée :
– s'il apparaît que ces synergies bénéficieront à l'acquise, alors tant les majoritaires que les minoritaires devraient bénéficier de la création de valeur en résultant (par exemple, par des dividendes plus élevés ou une valeur de vente des actions plus élevée). Il serait alors approprié de refléter tout ou partie de ces synergies dans la juste valeur des intérêts minoritaires ;
– s'il apparaît à l'inverse que ces synergies bénéficieront uniquement à l'acquéreur, il ne serait pas approprié d'évaluer les minoritaires à partir du prix payé par l'acquéreur. Il serait plus pertinent de raisonner sur la valeur de la société acquise prise de manière isolée (valeur « stand alone » de la société acquise).

Tel pourrait être le cas, par exemple, lorsqu'une entité (un réseau de distribution) acquiert une cible qui détient une marque, avec pour principal objectif d'accroître son portefeuille de produits. Dans ce cas, le prix payé par l'acquéreur reflète notamment la volonté de l'acquéreur d'augmenter ses ventes et ainsi de mieux rentabiliser son réseau de distribution. Les synergies réalisées bénéficieraient essentiellement aux majoritaires. Seules les synergies accessibles à plus d'un intervenant de marché peuvent toutefois être prises en compte dans l'évaluation à la juste valeur d'un actif incorporel, voir n° 22065.

b. **Existence d'une limitation dans les droits financiers des minoritaires** S'il existe une limitation pour les minoritaires en termes d'exercice de leurs intérêts ou de liquidité (conditions de sortie), la juste valeur des intérêts minoritaires peut en être directement impactée. En effet, la valeur des instruments détenus par les minoritaires pourrait faire l'objet d'une décote.

c. **Répartition du capital de l'acquise entre minoritaires** La juste valeur par action pourrait être différente selon, par exemple, qu'un seul actionnaire minoritaire détient 49 % de l'acquise ou qu'une multitude d'actionnaires minoritaires détiennent ensemble 49 % de l'acquise.

d. **Droits octroyés aux minoritaires** L'examen des droits consentis aux minoritaires peut également être un indicateur de leur valeur. Par exemple, certains droits de véto accordés aux minoritaires sur des décisions du conseil peuvent leur conférer une valeur particulière.

I. Principes généraux de détermination du goodwill (positif)

Détermination du montant initial du goodwill

22180 ***Question***

Pour quel montant le goodwill (positif) doit-il être inscrit initialement dans l'état de situation financière (ou bilan) consolidé ?

Réponse

Pour un montant égal à la différence entre :

1. **la somme des éléments suivants** :

a. le prix d'acquisition au titre de la prise de contrôle, généralement constaté à sa juste valeur à la date d'acquisition, voir n° 21755 s. ;

b. le montant des intérêts minoritaires dans l'acquise, voir n° 22170 ; et

c. pour les acquisitions par étapes, la juste valeur, à la date d'acquisition, de la quote-part d'intérêts détenue par l'acquéreur dans l'acquise avant la prise de contrôle ;

2. **et le montant net des actifs acquis et passifs assumés, évalués à leur juste valeur à la date d'acquisition,** voir n° 21905 s.

Commentaires La norme IFRS 3 aboutit à la comptabilisation à l'actif d'un goodwill calculé par différence entre les éléments définis ci-avant (IFRS 3.32 et .BC312). Ce goodwill est un élément résiduel et certaines de ses composantes peuvent ne pas constituer elles-mêmes des actifs.

En effet, le goodwill, qui est mesuré comme un montant résiduel, comprend différents éléments (IFRS 3.BC312 à .BC336), à savoir :
1. essentiellement des éléments qui constituent le « core goodwill » (ou « vrai goodwill ») (IFRS 3.BC316) :
– le goodwill de l'entreprise acquise prise séparément (incluant le cas échéant des actifs incorporels acquis ne répondant pas aux critères d'identification en immobilisations incorporelles séparément du goodwill, comme par exemple le personnel de l'entreprise acquise pris dans son ensemble, voir n° 22480) ; et
– des synergies attendues entre l'entreprise acquise et l'acquéreur, autres que celles devant être prises en compte lors de l'évaluation de certaines immobilisations incorporelles identifiables ;
2. d'autres éléments inclus dans le goodwill du fait de son mode de calcul, sans pour autant représenter conceptuellement un élément du goodwill (IFRS 3.BC315 et .BC317) :
– prix d'achat surévalué ; ou
– actifs et passifs qui ne seraient pas constatés à leur juste valeur lors de leur identification séparée alors que le prix payé tient compte de la juste valeur de ces actifs et passifs (par exemple les actifs et passifs d'impôt différé, voir n° 22082, ou les passifs liés aux avantages du personnel, voir n° 22085).
L'IASB a indiqué que le goodwill doit être constaté intégralement à l'actif parce qu'il est constitué principalement du « core goodwill » et que celui-ci générera des avantages économiques futurs qui reviendront à l'entité. L'acquéreur contrôle ces avantages économiques car il détient le pouvoir sur les décisions stratégiques de l'acquise (IFRS 3.BC318, .BC322 et .BC323).
La norme IFRS 3.B64e requiert de fournir en annexe une description qualitative des facteurs constituant le goodwill comptabilisé.

Le graphe suivant, établi par nos soins, synthétise les éléments constitutifs du goodwill :

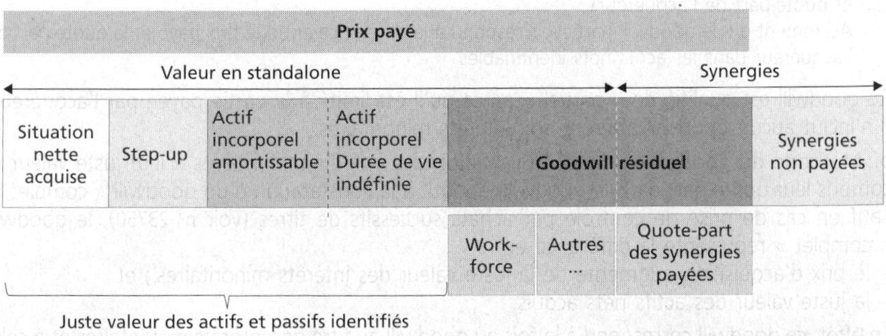

Le montant du goodwill dépend notamment **du mode d'évaluation des intérêts minoritaires** qui constituent une part d'intérêts actuels et confèrent à leur porteur une quote-part proportionnelle dans l'actif net de la filiale en cas de liquidation. En effet, ces derniers peuvent être évalués (voir n° 22170) :
- soit à leur juste valeur : cette méthode aboutit à la constatation d'un goodwill complet, comprenant la part des intérêts minoritaires dans le goodwill ;
- soit sur la base de leur quote-part dans la juste valeur de l'actif net de l'acquise.

Différence entre goodwill complet et goodwill partiel

Question 22182

Pour chaque acquisition, l'entité peut opter pour la méthode du goodwill partiel ou pour celle du goodwill complet. Quelle est la différence entre ces deux méthodes ?

Réponse

1. Le **goodwill partiel** correspond à la différence entre :
- le prix d'acquisition du regroupement ; et
- la quote-part de l'acquéreur dans la juste valeur de l'actif net identifiable acquis.

Ce montant n'inclut pas le goodwill afférent aux intérêts minoritaires.

2. Le **goodwill complet** correspond à la somme :
- du goodwill comptabilisé au titre de la quote-part acquise par l'acquéreur ; et
- du goodwill relatif aux intérêts minoritaires.

Cette méthode de détermination du goodwill a pour effet d'augmenter les intérêts minoritaires et donc les capitaux propres d'ensemble, à la date d'acquisition.

Le goodwill partiel diffère du goodwill complet lorsque l'acquisition porte sur moins de 100 % du capital de la cible.

Commentaires :

1. Deux méthodes possibles pour la détermination du goodwill : méthode du goodwill complet et méthode du goodwill partiel On rappelle que, pour chaque acquisition, l'acquéreur a le choix d'évaluer les intérêts minoritaires **qui constituent une part d'intérêts actuels et confèrent à leur porteur** une quote-part proportionnelle dans l'actif net de la filiale en cas de liquidation (voir n° 22170) :
- soit sur la base de leur quote-part dans la juste valeur des actifs nets identifiables acquis ;
- soit à leur juste valeur (comprenant leur quote-part de goodwill).

Chacune de ces deux options induit une méthode différente pour la détermination du goodwill.

a. Méthode du goodwill partiel L'évaluation des intérêts minoritaires sur la base de leur quote-part dans la juste valeur des actifs nets identifiables acquis aboutit à la comptabilisation d'un goodwill « partiel ». Sauf en cas de prise de contrôle par achats successifs de titres (voir n° 23750), le goodwill partiel correspond à la différence entre :
- le prix d'acquisition du regroupement ; et
- la quote-part de l'acquéreur dans la juste valeur des actifs nets identifiables acquis.

En effet, conformément à la formule de calcul du goodwill (voir n° 22180), le goodwill partiel est égal à la différence entre :
- le prix d'acquisition augmenté de la quote-part des intérêts minoritaires dans la juste valeur des actifs nets identifiables ; et

22182 (suite)

– le montant des actifs nets identifiables évalués à leur juste valeur (quote-part des minoritaires et quote-part de l'acquéreur).

Autrement dit, le goodwill partiel correspond à la différence entre le prix payé et la quote-part de l'acquéreur dans les actifs nets identifiables.

Ce goodwill est qualifié de « partiel » parce qu'il est limité à la partie payée par l'acquéreur. Il n'inclut aucun goodwill afférent aux intérêts minoritaires.

b. Méthode du goodwill complet L'évaluation des intérêts minoritaires à leur juste valeur (y compris leur quote-part dans le goodwill) aboutit à la constatation d'un goodwill « complet ». Sauf en cas de prise de contrôle par achats successifs de titres (voir n° 23750), le goodwill « complet » représente la différence entre :

– le prix d'acquisition augmenté de la juste valeur des intérêts minoritaires ; et

– la juste valeur des actifs nets acquis.

En effet, ce goodwill correspond à la fois au goodwill au titre des intérêts majoritaires et à celui au titre des intérêts minoritaires. Il aboutit, en conséquence, à une augmentation des capitaux propres plus importante que selon la méthode du goodwill partiel (voir Exemple ci-après). Ainsi, en cas d'acquisition de moins de 100 % du capital de l'entité acquise, l'acquéreur constatera 100 % du goodwill comme pour les autres actifs et passifs acquis.

Pour les modalités d'évaluation de la juste valeur des intérêts minoritaires, voir n° 22172.

Le goodwill complet est différent du goodwill partiel uniquement en cas d'acquisition inférieure à 100 %.

2. Différence entre goodwill complet et goodwill partiel dans le cas d'une acquisition indirecte La méthode du goodwill complet aboutit à un résultat différent de celle du goodwill partiel en cas d'acquisition de 100 % d'une filiale détenant elle-même un pourcentage inférieur à 100 % dans une autre entité. Dans ce cas, les minoritaires dans la sous-filiale acquise sont calculés différemment selon la méthode utilisée :

– juste valeur, si utilisation de la méthode du goodwill complet ;

– quote-part de la juste valeur de l'actif net identifiable, si utilisation de la méthode du goodwill partiel.

3. Conséquences du choix pour le goodwill complet :

a. Incidences sur les capitaux propres A la date d'acquisition, le choix pour la méthode du goodwill complet par rapport à celle du goodwill partiel a pour effet d'augmenter les capitaux propres du montant du goodwill afférent aux intérêts minoritaires.

Ce choix peut ainsi s'avérer intéressant pour les sociétés ayant de faibles capitaux propres et/ou un ratio d'endettement élevé.

En outre, lors des exercices ultérieurs, en cas d'acquisition complémentaire de titres réalisée auprès des intérêts minoritaires, cette augmentation des capitaux propres demeurera. Elle permettra alors de compenser la diminution des capitaux propres résultant de la comptabilisation de l'acquisition complémentaire.

En effet, selon la norme IFRS 10, lors d'un rachat d'intérêts minoritaires, l'écart entre le prix payé et la valeur comptable des intérêts minoritaires est obligatoirement constaté en déduction des capitaux propres, voir n° 23730.

b. Incidences en cas de dépréciation du goodwill Si une dépréciation est à comptabiliser au titre du goodwill, celle-ci sera toutefois plus élevée si un goodwill complet a été comptabilisé car elle concernera également le goodwill alloué aux intérêts minoritaires. En revanche, la part de cette dépréciation affectée au groupe ne sera pas modifiée.

Pour les dépréciations du goodwill, voir n° 22710 s.

4. Informations à fournir La norme IFRS 3 précise que l'entité doit indiquer en annexe pour chaque acquisition inférieure à 100 % (IFRS 3.B64o) :

– le montant des minoritaires comptabilisé à la date d'acquisition et la base d'évaluation de ce montant (juste valeur ou quote-part dans la juste valeur des actifs nets identifiables) ; et

– pour les minoritaires évalués à la juste valeur, les techniques de valorisation ainsi que les principales variables des modèles utilisés pour déterminer cette valeur.

■ ***Exemple***

Le 1/01/N, l'entité A acquiert 70 % du capital de l'entité B pour 900. La juste valeur des actifs nets identifiables est de 1 050 et celle des intérêts minoritaires est de 350. La quote-part des intérêts minoritaires dans les actifs nets identifiables est de 315 (30 % × 1 050).

Solution de l'exemple

1. Calcul du goodwill selon la méthode du goodwill complet :

Prix d'acquisition	*900*
Intérêts minoritaires (juste valeur)	*350*
Actifs nets identifiables	*(1 050)*
Goodwill complet	*200*

L'entité A doit comptabiliser les écritures suivantes :

Dt	*Actifs*	*1 050*	
Dt	*Goodwill complet*	*200*	
Ct	*Banque*		*900*
Ct	*Capitaux propres – Intérêts minoritaires*		*350*

2. Calcul du goodwill selon la méthode du goodwill partiel :

Prix d'acquisition	*900*
Intérêts minoritaires (quote-part dans l'actif net de l'acquise)	*315*
Actifs nets identifiables	*(1 050)*
Goodwill partiel	*165*

L'entité A doit comptabiliser les écritures suivantes :

Dt	*Actifs*	*1 050*	
Dt	*Goodwill partiel*	*165*	
Ct	*Banque*		*900*
Ct	*Capitaux propres – Intérêts minoritaires*		*315*

Comptabilisation ultérieure du goodwill

Question 22185

Le goodwill doit-il être amorti après sa comptabilisation initiale ?

Réponse

Non. En revanche, il doit faire l'objet d'un test de dépréciation au moins une fois par an, même en l'absence d'indice de perte de valeur.

Commentaires Le goodwill positif ne doit pas être amorti. En revanche, il doit faire l'objet d'un test de dépréciation réalisé, en principe, avant la fin de l'exercice d'acquisition.

Toutefois, en pratique, l'acquéreur dispose, à notre avis, et sauf indice de perte de valeur, d'un délai supplémentaire pouvant aller jusqu'à la clôture de l'exercice qui suit celui de l'acquisition, voir n° 22645.

Ce délai correspond au délai dont dispose l'acquéreur pour l'affectation définitive du goodwill aux UGT ou groupes d'UGT, voir n° 22665.

Des tests doivent être effectués annuellement, ou plus fréquemment en cas d'indice de perte de valeur (IAS 36.90 et .96, IFRS 3.B63a), voir également n° 22635.

J. Acquisition à des conditions avantageuses : modalités de comptabilisation d'un profit

Profit résultant d'une acquisition à des conditions avantageuses

Question 22205

Comment déterminer le profit résultant d'une acquisition à des conditions avantageuses ?

22205 (suite)

Réponse

Il s'agit de la différence, lorsqu'elle est négative, entre :

1. d'une part, **la somme des éléments suivants** :

a. prix d'acquisition, généralement constaté à sa juste valeur à la date d'acquisition, voir nº 21755 s. ;

b. montant des intérêts minoritaires de l'acquise, voir nº 22170 ;

c. pour les acquisitions par étapes, juste valeur à la date d'acquisition de la quote-part d'intérêts détenue par l'acquéreur dans l'acquise avant la prise de contrôle ;

2. et, d'autre part, **le montant net des actifs acquis et passifs, évalués à leur juste valeur à la date d'acquisition,** voir nº 21905 s.

Le profit ainsi calculé est attribué intégralement à l'acquéreur.

Commentaires Avant la constatation effective d'un profit relatif à une acquisition à des conditions avantageuses (« bargain purchase »), la norme IFRS 3 requiert que le processus d'identification et de valorisation des différents éléments pris en compte dans son calcul soit vérifié pour confirmer l'existence effective de ce profit (IFRS 3.34 à .36 et .BC371 à .BC381).

Cette vérification vise à s'assurer que toutes les informations disponibles ont été prises en compte dans le processus d'identification et d'évaluation des éléments du profit (IFRS 3.BC375). L'absence de justification concernant la réalisation du profit pourrait en effet laisser craindre des erreurs de valorisation de ses éléments constitutifs (IFRS 3.BC372 à .BC378).

Une fois cette vérification effectuée, la différence déterminée doit être comptabilisée comme un profit, part du groupe, à la date d'acquisition (IFRS 3.34).

Un profit relatif à une acquisition à des conditions avantageuses résulte notamment de circonstances où l'écart d'acquisition est très faible ou négatif et la réévaluation des actifs à leur juste valeur conduit à un tel profit ou accroît ce profit. Dans ce cas, il convient :

- de s'assurer de la correcte évaluation des actifs incorporels et de l'identification des passifs éventuels ;
- de vérifier que les autres actifs et passifs ne sont pas surévalués ou sous-évalués ;
- d'analyser la logique économique, financière et opérationnelle du « bargain purchase » : bonne affaire, restructuration importante potentielle future n'ayant pas pu donner lieu à provision ou conditions actuelles d'exploitation qui ne permettent pas de valoriser au mieux certains actifs incorporels (marques, par exemple).

Le montant de ce profit sera différent selon que l'acquéreur choisit d'évaluer les intérêts minoritaires (voir nº 22170) à leur juste valeur (méthode du goodwill complet) ou sur la base de leur quote-part dans la juste valeur de l'actif net identifiable de l'acquise (méthode du goodwill partiel) (voir Exemple ci-après).

La norme IFRS 3 requiert que l'acquéreur fournisse les informations suivantes dans les notes annexes (IFRS 3.B64n) :

- le montant du profit résultant de l'acquisition à des conditions avantageuses et le poste de l'état du résultat global dans lequel cet excédent est comptabilisé (pour plus de détails, voir nº 22800) ; et
- les raisons pour lesquelles l'acquisition se traduit par un profit.

Remarque La comptabilisation d'un tel profit ne devrait intervenir, a priori, que dans les situations suivantes (IFRS 3.35, .BC371, .BC379 et .BC381) :

- vente forcée nécessitant que la vente se réalise dans un délai très court ;

  Par exemple, après le décès d'un dirigeant clé.

- ou impossibilité pour l'acquéreur d'identifier certains éléments de l'acquise ne répondant pas aux critères de comptabilisation d'IFRS 3 à la date d'acquisition, ou les évaluer à la juste valeur conformément à IFRS 3.

  Ainsi, par exemple, lors d'un regroupement, l'acquéreur peut s'attendre à effectuer des restructurations (comme le feraient d'ailleurs d'autres intervenants de marché) sans pouvoir les comptabiliser séparément en passif identifiable à la date d'acquisition.

■ ***Exemple***

(IFRS 3.IE46 à .IE49) Le 1/01/N, une entité A acquiert 80 % du capital d'une entité B pour 150. Les précédents actionnaires de B sont contraints de vendre à une date précise et ne disposent pas, en conséquence, de suffisamment de temps pour rechercher plusieurs acquéreurs potentiels.

A la date d'acquisition, la juste valeur des actifs identifiables de B est de 250 et la juste valeur des passifs de 50.
La juste valeur des 20 % d'intérêts minoritaires dans B a été évaluée à 42 par un évaluateur externe.

Solution de l'exemple *L'entité A a décidé de comptabiliser cette acquisition selon la méthode du goodwill complet. La juste valeur de l'actif net identifiable de B (200) est supérieure au prix payé (150) augmenté de la juste valeur des intérêts minoritaires (42).*
Après revue des processus de valorisation des différents éléments constitutifs de ce profit, A confirme qu'un profit résultant d'une acquisition à des conditions avantageuses, calculé comme suit, doit être constaté :

Actifs nets identifiables	*200*
Prix d'acquisition	*(150)*
Juste valeur des intérêts minoritaires	*(42)*
Profit	*8*

L'entité A doit comptabiliser les écritures suivantes :

Dt	*Actifs*	*250*	
Ct	*Banque*		*150*
Ct	*Passifs*		*50*
Ct	*Capitaux propres – Intérêts minoritaires*		*42*
Ct	*Profit résultant d'une acquisition à des conditions avantageuses*		*8*

Remarque *Si l'acquéreur avait choisi d'évaluer les intérêts minoritaires dans B sur la base de leur quote-part dans la juste valeur de l'actif net identifiable de B à la date d'acquisition (méthode du goodwill partiel), le montant de ces intérêts minoritaires aurait été de 40 (200 × 20 %).*
Le profit aurait alors été calculé de la manière suivante :

Actifs nets identifiables	*200*
Prix d'acquisition	*(150)*
Quote-part dans la juste valeur de l'actif net identifiable	*(40)*
Profit	*10*

La différence de 2 entre le profit constaté selon le goodwill complet (8) et le profit constaté selon le goodwill partiel (10) est liée aux modalités d'évaluation des intérêts minoritaires. Elle correspond à la différence entre la juste valeur des intérêts minoritaires et la quote-part des intérêts minoritaires dans la juste valeur de l'actif net identifiable. Cette différence correspond, en règle générale, au goodwill des minoritaires.

Revue du processus d'identification et de valorisation des actifs et passifs identifiables

Question 22207

Quelles précautions l'acquéreur doit-il prendre avant de constater un profit résultant d'une acquisition avantageuse concernant l'identification et le processus de valorisation des actifs et passifs identifiables ?

Réponse

L'acquéreur doit s'assurer qu'il a correctement réalisé l'identification des actifs acquis et des passifs assumés et revoir les procédures mises en œuvre à la date d'acquisition pour l'évaluation de certains éléments.

Commentaires Avant de constater un profit, l'acquéreur doit s'assurer qu'il a correctement identifié tous les actifs acquis et les passifs assumés. Le cas échéant, il doit comptabiliser les actifs et passifs supplémentaires identifiés au cours de sa revue (IFRS 3.36).

Il doit ensuite revoir les procédures d'évaluation mises en œuvre à la date d'acquisition concernant :
- les actifs acquis et passifs assumés identifiables ;
- les intérêts minoritaires dans l'acquise, le cas échéant ;

– les participations initialement détenues dans l'acquise, dans le cas d'une acquisition par achats successifs de titres ; et
– le prix d'acquisition, y compris les ajustements éventuels ultérieurs.

L'objectif de cette revue est de s'assurer que les évaluations effectuées prennent en compte de manière appropriée toutes les informations disponibles à la date d'acquisition.

Pour la comptabilisation de ce profit, voir n° 22210.

Décision de l'ESMA En la matière, l'ESMA a contesté les méthodes d'évaluation appliquées par une entreprise dans le cadre d'un regroupement d'entreprises, en rappelant les points suivants, notamment (EECS/0115-04, 07/15) :
– l'évaluation doit être effectuée du point de vue d'un acteur de marché et non pas du seul point de vue de l'acquéreur ;
– le fait que l'évaluation soit effectuée pas un expert indépendant ne décharge pas l'entreprise de la responsabilité du choix des hypothèses et modèles de valorisation ;
– le prix de sortie des actifs doit tenir compte des entrées et sorties futures de trésorerie relatives à ces actifs compte tenu de leur état et niveau de performance (notamment nécessité d'investissements futurs ou de remplacement).

Comptabilisation du profit résultant d'une acquisition à des conditions avantageuses

22210 *Question*

Comment comptabiliser le profit résultant d'une acquisition à des conditions avantageuses ?

Réponse

Immédiatement dans le résultat de l'exercice d'acquisition, en l'attribuant en totalité à l'acquéreur.

Commentaires Le profit résultant d'une acquisition à des conditions avantageuses est comptabilisé dans le résultat de l'exercice d'acquisition en l'attribuant en totalité à l'acquéreur, sans distinction entre les différents éléments susceptibles d'être à l'origine de cet excédent, mais après vérification de l'évaluation des éléments le constituant (IFRS 3.34, .36 et .BC371 à .BC381), voir n° 22207.

Pour la présentation de ce profit dans l'état du résultat global, voir n° 22800.

K. Détermination des transactions faisant partie d'un regroupement d'entreprises

1. Distinction entre transactions faisant partie du regroupement et transactions distinctes

Principe général de distinction

22240 Pour plus de détails, voir n° 21645.

2. Relations préexistantes entre l'acquéreur et l'acquise

Relation préexistante entre l'acquéreur et l'acquise à laquelle le regroupement met fin

22245 *Question*

Comment comptabiliser le dénouement d'une relation entre l'acquéreur et l'acquise résultant du regroupement d'entreprises ?

22245 (suite)

Réponse

Comme une transaction distincte du regroupement d'entreprises.

Ainsi, lorsqu'une relation préexistante est dénouée du fait d'un regroupement, l'acquéreur doit, le cas échéant, constater un gain/une perte lié(e) au dénouement de cette relation.

L'évaluation de ce gain/cette perte diffère selon la nature de la relation préexistante entre l'acquéreur et l'acquise :

1. **S'il s'agit d'une relation préexistante non contractuelle,** le gain/la perte correspondant au montant à hauteur duquel le contrat est favorable/défavorable est évalué(e) à la juste valeur.
2. **S'il s'agit d'une relation préexistante contractuelle,** le gain/la perte est évalué(e) sur la base du montant le plus faible entre :

- le montant à hauteur duquel le contrat est favorable/défavorable pour l'acquéreur par référence à des transactions de marché identiques ou similaires ; et
- l'indemnité de résiliation prévue par le contrat.

Ce gain/cette perte est comptabilisé(e) dans le résultat post-acquisition de l'acquéreur.

Enfin, le prix d'acquisition est corrigé pour en exclure le montant du gain/de la perte résultant du dénouement de la relation préexistante.

Ce montant constitue, en effet, non pas un élément du prix versé en échange de la prise de contrôle de la cible mais le règlement d'une transaction distincte du regroupement.

Commentaires :

1. **Notion de relations préexistantes** L'acquéreur et l'acquise peuvent avoir été parties prenantes dans des relations contractuelles ou non contractuelles avant le regroupement. Par exemple (IFRS 3.B51) :

a. **relation non contractuelle** : un litige opposant l'acquise et l'acquéreur ;

b. **relation contractuelle** : l'acquise et l'acquéreur sont liés :
- soit par un contrat client/fournisseur ;
- soit par un contrat conférant un droit d'utilisation (de licence ou de marque par exemple) : il s'agit alors d'un droit réacquis (voir n° 22485).

Remarque Parmi les relations préexistantes, seuls les droits réacquis (par exemple un droit d'utilisation d'une marque) donnent lieu à la constatation d'un incorporel lors de la constatation initiale du regroupement, la valeur de marché des autres relations préexistantes (par exemple un contrat client/fournisseur, voir Exemple 2 ci-après) faisant partie du goodwill (IFRS 3.IE64 à .IE67 et IFRIC Update 11/10).

Pour les particularités liées à l'évaluation d'un droit réacquis, voir n° 22095.

2. **Traitement du dénouement d'une relation préexistante** Un regroupement d'entreprises a pour effet, dans les comptes consolidés, de dénouer la relation qui existait entre l'acquéreur et l'acquise.

En effet, même si cette relation perdure après l'acquisition entre ces deux entités, elle n'existe plus au niveau des comptes consolidés, l'acquéreur et l'acquise faisant partie du même groupe.

Cette relation peut présenter pour l'acquéreur un caractère favorable ou défavorable. L'« arrêt » de cette relation justifie alors de comptabiliser en résultat l'effet de ce caractère favorable/défavorable à la date du regroupement. S'agissant d'une transaction distincte du regroupement d'entreprises (voir n° 21645), le gain/la perte correspondant(e) vient augmenter/réduire le prix d'acquisition du regroupement (voir Exemples ci-après).

En effet, dans ce cas, le prix versé par l'acquéreur au vendeur rémunère deux éléments : l'acquisition de la cible et le dénouement de la relation préexistante. Le dénouement d'une relation préexistante entre l'acquéreur et l'acquise ne sous-entend pas nécessairement que le regroupement d'entreprises met fin à cette relation. C'est le caractère favorable ou défavorable de cette relation qui prend fin :
- cette relation étant désormais entre deux entités d'un même groupe, du fait du regroupement d'entreprises ;
- ses effets devant, en conséquence, être annulés au niveau des comptes consolidés du groupe (voir Exemple 2 ci-après).

a. **Evaluation du gain ou de la perte résultant du dénouement** Cette évaluation diffère selon que la relation est contractuelle ou non contractuelle (IFRS 3.B52) :

i. **relations préexistantes non contractuelles** Le gain/la perte au titre du dénouement de la relation préexistante non contractuelle, doit être évalué(e) à la juste valeur (IFRS 3.B52a ; voir Exemple 1 ci-après) ;

22245 (suite) **ii. relations préexistantes contractuelles** Le gain/la perte au titre du dénouement de cette relation est évalué(e) sur la base du montant le plus faible entre (voir Exemple 2 ci-après) :
- le montant à hauteur duquel le contrat est favorable/défavorable pour l'acquéreur en se référant à la valeur de marché d'un contrat identique ou similaire ; et
- l'indemnité de résiliation prévue par le contrat en faveur de celui pour lequel le contrat est défavorable.

Il est en effet supposé que le montant qui pourrait régler la relation préexistante ne peut être plus élevé que le montant auquel les deux parties se sont accordées contractuellement pour régler la relation.

Remarque Quelle que soit la nature de la relation préexistante (contractuelle ou non contractuelle) à laquelle le regroupement met fin, le montant du gain/de la perte ainsi calculé doit être ajusté si l'acquéreur a antérieurement constaté un actif ou un passif au titre de cette relation préexistante (IFRS 3.B52 et .IE57 ; voir Exemple 2 ci-après).

b. Impact en résultat du dénouement de la relation préexistante Le gain/la perte résultant du dénouement doit être comptabilisé(e) dans le résultat post-acquisition.

Dans le cas d'un dénouement de relation préexistante non contractuelle, l'acquéreur comptabilisera un profit si le dénouement de la relation doit lui être favorable et une perte dans le cas inverse.

c. Impact du dénouement de la relation préexistante sur le prix d'acquisition :

i. décomposition du prix d'acquisition Il est en effet considéré que le prix d'acquisition de la cible comprend deux éléments distincts (voir Exemples 1 et 2 ci-après) :
- les éléments versés en échange de la prise de contrôle de la cible, pris en compte dans le calcul du goodwill (IFRS 3.B52) ; et
- le règlement d'une transaction distincte du regroupement, donnant lieu à comptabilisation d'un gain (d'une perte) post-regroupement ;

ii. correction du prix d'acquisition Le prix d'acquisition du regroupement est ainsi corrigé pour exclure le montant constaté en gain/perte relatif au dénouement de la relation préexistante. Ce montant constitue, en effet, non pas un élément du prix versé en échange de la prise de contrôle de la cible mais le règlement d'une transaction distincte du regroupement.

■ *Exemple 1*

Dénouement d'une relation préexistante non contractuelle *L'entité A acquiert l'entité B pour 50 et la juste valeur de l'actif net identifiable de B est de 40. Avant le regroupement, l'entité B a porté plainte contre l'entité A pour contrefaçon de brevet ; une provision pour litige a en conséquence été constatée dans les comptes de A. Le montant de cette provision dans les derniers comptes annuels de A s'élève à 3.*

Le prix d'acquisition comprend le règlement du litige avec B. La juste valeur du dénouement du litige est estimée à 4.

Remarque Cette estimation doit être faite même si aucun montant n'a été indiqué dans le contrat d'acquisition.

Solution de l'exemple 1 L'acquisition de B et le règlement du litige sont comptabilisés comme des transactions distinctes. Le prix payé de 50 se décompose comme suit :
- *prix d'acquisition du regroupement pour 46 ; et*
- *coût du litige qui s'élève à 4.*

Le goodwill de 6 est calculé par différence entre le prix d'acquisition (46) et le montant de l'actif net identifiable (40).

Le dénouement de la relation non contractuelle donne donc lieu à une perte de 1 (coût du litige, 4, moins l'annulation de la provision antérieurement comptabilisée, (3), comptabilisée dans le résultat de A.

Les écritures à constater sont les suivantes :
- *Acquisition de B :*

Dt	*Actifs nets identifiables*	*40*	
Dt	*Goodwill*	*6*	
Ct	*Trésorerie*		*46*

- *Perte à constater au titre du dénouement de la relation non contractuelle (litige) résultant du regroupement :*

Dt	*Charge (coût du litige)*	*4*	
Ct	*Trésorerie*		*4*
Dt	*Provision*	*3*	
Ct	*Reprise de provision*		*3*

Ce montant de 80 est inclus dans le prix d'acquisition de C.
La différence de 20 entre la juste valeur totale de l'attribution accordée en remplacement par l'acquéreur (100) et la partie attribuable aux services pré-regroupement (80) est comptabilisée en charge de rémunération dans les états financiers post-regroupement de A.

■ *Exemple 3*

(IFRS 3.IE68 et .IE69) L'entité A acquiert l'entité C. A attribue un nouveau plan pour remplacer un plan initial accordé par C à ses salariés ; la juste valeur de ces deux plans est de 100 (« market-based value ») à la date du regroupement.
La période d'acquisition initiale des droits octroyés par l'acquise est de 4 ans. A la date d'acquisition, les salariés de l'acquise ont déjà travaillé 2 ans depuis l'octroi des avantages.
Le plan de substitution attribué en remplacement par A requiert une seule année de services post-regroupement.

Par hypothèse, les transactions avec les salariés sont considérées comme dénouées en instruments de capitaux propres (plans « equity settled »).

Solution de l'exemple 3 *Comme les salariés de C ont déjà travaillé 2 ans, la nouvelle période totale d'acquisition des droits est de 3 ans (2 ans + 1 an de services post-regroupement requis au titre des droits octroyés en remplacement par A).*
Le montant attribuable à des services pré-regroupement est de 50. Ce montant correspond à la juste valeur à la date du regroupement des droits initiaux accordés par C, soit 100 multiplié par 2/4.

Remarque *2/4 correspond au ratio entre la période d'acquisition des droits du plan initial accordé par l'acquise déjà écoulée à la date d'acquisition (2 ans) et la période la plus longue entre la période totale d'acquisition des droits (3 ans) et la période initiale d'acquisition des droits du plan accordé par l'acquise (4 ans).*

Ce montant de 50 est inclus dans le prix d'acquisition de C.
La différence de 50 entre la juste valeur totale de l'attribution accordée en remplacement par l'acquéreur (100) et la partie attribuable aux services pré-regroupement (50) est comptabilisée en charge de rémunération dans les états financiers post-regroupement de A.

■ *Exemple 4*

(IFRS 3.IE70 et .IE71) L'entité A acquiert l'entité C. A attribue un nouveau plan pour remplacer un plan initial accordé par C à ses salariés ; la juste valeur de ces deux plans est de 100 (« market-based value ») à la date du regroupement.
La période d'acquisition initiale du plan octroyé par l'acquise est de 4 ans ; à la date d'acquisition, les salariés de l'acquise ont déjà travaillé 2 ans depuis l'octroi des avantages.
Les avantages émis en remplacement par A ne requièrent aucun service post-regroupement.

Par hypothèse, les transactions avec les salariés sont considérées comme dénouées en instruments de capitaux propres (plans « equity settled »).

Solution de l'exemple 4 *Le montant attribuable à des services pré-regroupement est de 50, et correspond à la juste valeur à la date du regroupement des droits initiaux accordés par C, soit 100 multiplié par 2/4.*

Remarque *2/4 correspond au ratio entre la période d'acquisition des droits du plan initial accordé par l'acquise déjà écoulée à la date d'acquisition (2 ans) et la période la plus longue entre la période totale d'acquisition des droits (2 ans) et la période initiale d'acquisition des droits du plan accordé par l'acquise (4 ans).*

Ce montant de 50 est inclus dans le prix d'acquisition de C.
La différence de 50 entre la juste valeur totale de l'attribution accordée en remplacement par l'acquéreur (100) et la partie attribuable aux services pré-regroupement (50) est comptabilisée immédiatement en charges de rémunération dans les états financiers post-regroupement de A.

Remplacement par l'acquéreur d'un plan portant sur des actions accordé par l'acquise : règlement en trésorerie

22256

Question

Dans le cas où l'acquéreur décide de régler le plan par le paiement d'un montant en trésorerie, comment distinguer la part de la juste valeur du plan de remplacement constituant une composante du prix d'acquisition du regroupement de celle à constater en charges de rémunération post-acquisition ?

22256 (suite)

Réponse

A notre avis, selon les mêmes modalités que pour les remplacements de plan en instruments de capitaux propres de l'acquéreur, voir n° 22255.

Commentaires Un acquéreur peut décider de régler les plans en cours de l'acquise par le versement aux bénéficiaires d'un montant de trésorerie plutôt que par la remise de ses propres instruments de capitaux propres.

La comptabilisation des règlements de plans en trésorerie est traitée par la norme IFRS 2 dans un cadre général et non pas dans le cadre d'un regroupement d'entreprises. La norme IFRS 3 ne fournit pas d'indication sur ce point.

A notre avis, les principes qui s'appliquent à la comptabilisation des remplacements de plans en instruments de capitaux propres peuvent également s'appliquer aux règlements des plans de l'acquise en trésorerie. Il convient ainsi, et selon les mêmes modalités, de répartir le montant versé en trésorerie entre :

– la part relative à des services rendus avant le regroupement, comptabilisée en tant que composante du prix d'acquisition ; et

– la part résiduelle (considérée comme relative à des services post-acquisition), comptabilisée comme une charge de rémunération post-acquisition.

Pour plus de détails, voir n° 22255.

■ *Exemple*

Le 31/12/N, l'entité C acquiert l'entité D et a l'obligation de remplacer les plans de stock-options en place chez D. La période d'acquisition initiale des droits octroyés par l'acquise est de 4 ans. A la date d'acquisition, les salariés de l'acquise ont déjà travaillé 2 ans depuis la date d'attribution du plan.

Après l'acquisition, les employés doivent encore rendre 3 années de services (soit une année de plus que si le plan initial avait été conservé), à l'issue desquelles ils recevront alors un paiement de l'entité C en remplacement des instruments de D.

La juste valeur des stock-options de D à la date d'attribution s'élevait à 800. A la date d'acquisition, la juste valeur des stock-options est de 1 000. Les salariés ont accepté de renoncer au plan mis en place chez D tout en rendant une année de services supplémentaires en contrepartie d'un paiement en trésorerie de 1 300 que C s'est engagé à leur verser à l'issue de la nouvelle période d'acquisition.

Solution de l'exemple *Le montant de 1 000 est alloué au prix d'acquisition de l'entité en le multipliant par le ratio de la période acquise (2 ans) sur le montant le plus élevé entre la période d'acquisition totale (2 ans de période acquise + 3 ans de services post-acquisition) ou de la période d'acquisition initiale (4 ans).*

Par conséquent, l'entité va affecter 400 (= 1 000 × 2/5) au prix d'acquisition et comptabiliser un montant de 600 (= 1 000 – 400) en charge de rémunération post-acquisition. La portion de 400 affectée au prix d'acquisition peut être considérée comme un élément du prix d'acquisition alors que la portion de 600 est une dette de rémunération étalée sur la période de 3 ans de services post-acquisition.

La valeur incrémentale octroyée par C de 300 est constatée intégralement en charge de rémunération post-acquisition étalée sur la période de 3 ans de services post-acquisition.

La charge à constater au titre des services post-acquisition s'élève donc à un total de 900 (600 + 300).

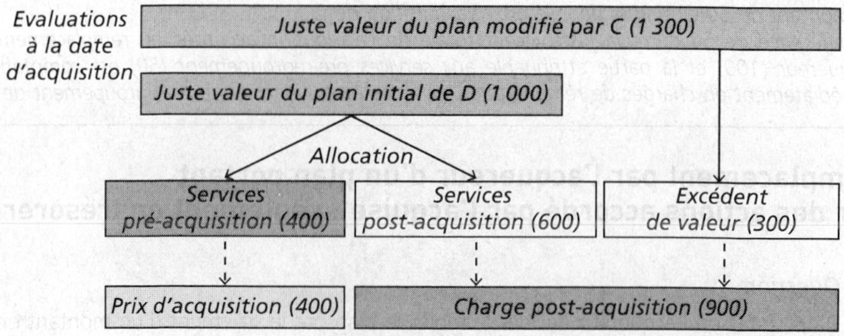

Remplacement par l'acquéreur d'un plan portant sur des actions accordé par l'acquise : comptabilisation ultérieure

Question 22257

Comment comptabiliser, après le regroupement d'entreprises, les modifications d'un plan octroyé par l'acquéreur en remplacement d'un plan accordé par l'acquise et les changements d'estimation du nombre d'instruments acquis ?

Réponse

La comptabilisation des plans après la date du regroupement n'a aucune conséquence sur le prix d'acquisition du regroupement d'entreprises. Notamment :
- les modifications de plans réalisées après le regroupement d'entreprises sont comptabilisées conformément aux dispositions spécifiques d'IFRS 2 ;
- l'impact des changements d'estimation du nombre d'instruments remplacés que le groupe s'attend à voir acquis est constaté en résultat comme élément de rémunération de la période au cours de laquelle le changement intervient ;
- tout changement de la juste valeur d'un avantage comptabilisé en dettes (« cash settled »), intervenant après la date d'acquisition, ainsi que les effets d'impôt correspondants, sont comptabilisés dans les états financiers de l'acquéreur de la période post-regroupement au cours de laquelle ils interviennent.

Commentaires :

1. **Modification de plans après le regroupement d'entreprises** Toute modification de plan intervenant après la date d'acquisition doit être comptabilisée conformément aux dispositions de la norme IFRS 2, Paiement fondé sur des actions relatives à ces modifications. Ainsi, les effets de toute modification de plan qui interviendraient après la date d'acquisition sont comptabilisés conformément à cette norme pour déterminer la charge de rémunération de la période au cours de laquelle la modification intervient (IFRS 3.B60).

2. **Changement d'estimation du nombre d'instruments qui devraient être acquis, et changement de la juste valeur des plans comptabilisés en dettes (et impôts correspondants)** Tout changement d'estimation du nombre d'instruments qui devraient être acquis est comptabilisé en résultat comme élément de rémunération des périodes au cours desquelles ces changements ou résiliation interviennent, et non pas en ajustement du prix d'acquisition (IFRS 3.B60).

De même, tout changement de la juste valeur d'un avantage comptabilisé en dettes (« cash settled »), intervenant après la date d'acquisition, ainsi que les effets d'impôt correspondants, sont comptabilisés dans les états financiers de l'acquéreur de la période post-regroupement au cours de laquelle ils interviennent (IFRS 3.B61).

Comptabilisation des plans de l'acquise maintenus sans changement par l'acquéreur

Question 22258

Comment comptabiliser, dans le cadre d'un regroupement d'entreprises, les plans de l'acquise qui sont maintenus inchangés par l'acquéreur ?

Réponse

Dans un premier temps, ils doivent être évalués, selon la norme IFRS 2, à leur juste valeur (« market-based measure ») à la date d'acquisition.

Dans un second temps, la juste valeur du plan est répartie entre :
- la part relative à des services rendus avant le regroupement, à comptabiliser en tant qu'intérêts minoritaires ; et
- la part résiduelle (considérée comme relative à des services post-acquisition), à comptabiliser comme une charge de rémunération post-acquisition.

Les modalités d'affectation de cette juste valeur entre intérêts minoritaires et charges postérieures à l'acquisition suivent les dispositions d'IFRS 3 relatives aux remplacements de plans (voir n° 22255).

Commentaires Le traitement comptable, dans le cadre d'un regroupement d'entreprises, des plans de l'acquise (stock-options, actions gratuites, PEE, etc.) qui sont maintenus inchangés par l'acquéreur, est précisé par IFRS 3.

La norme IFRS 3 indique que :
- si les plans sont acquis (« vested »), ils font partie des intérêts minoritaires dans la société acquise et sont évalués à leur juste valeur selon les dispositions de la norme IFRS 2 (« market-based measure ») ;
- si les plans sont en cours d'acquisition (« unvested »), ils sont évalués à leur « market based measure » comme si la date d'acquisition était la date d'attribution du plan, en application des paragraphes 19 et 20 (IFRS 3.B62A) ;
- les modalités d'affectation de cette juste valeur entre intérêts minoritaires et charges postérieures à l'acquisition suivent les dispositions applicables aux remplacements de plans (IFRS 3.B62B), voir n° 22255. Ainsi, alors que le plan est maintenu en l'état, la partie de la juste valeur du plan existant affectée aux intérêts minoritaires vient majorer le goodwill.

4. Paiements éventuels au profit d'anciens salariés (vendeurs ou non de l'acquise) qui continuent à exercer des fonctions dans l'entité combinée

22260 ***Question***

Comment apprécier si un paiement éventuel aux anciens salariés (vendeurs ou non de la cible) qui continuent à exercer des fonctions dans l'entité combinée constitue :
- un ajustement éventuel du prix d'acquisition (à comptabiliser conformément à la norme IFRS 3) ;
- un passif identifiable lors de l'acquisition (à comptabiliser conformément à la norme IFRS 3) ; ou
- une transaction distincte du regroupement, comme par exemple la rémunération des services rendus après l'acquisition (à comptabiliser conformément aux normes IAS 19 ou IFRS 2) ?

Réponse

Notamment en analysant :
- les raisons pour lesquelles le contrat d'acquisition prévoit un accord de paiement éventuel ;
- qui est l'initiateur de cet accord ; et
- la période au cours de laquelle les parties ont négocié cet accord.

La norme IFRS 3 fournit des indicateurs complémentaires permettant de qualifier le paiement éventuel aux anciens salariés ou vendeurs de l'acquise soit en ajustement du prix d'acquisition ou en passif identifiable lors de l'acquisition, soit en rémunération de services post-acquisition.

Commentaires :

1. **Principe général de distinction** Certains paiements éventuels peuvent être prévus dans le contrat d'acquisition au profit d'anciens salariés ou actionnaires de l'entité acquise qui continuent à exercer des fonctions au sein de l'entité combinée après la date d'acquisition. Il convient dans ce cas, en fonction de l'accord, de déterminer si ce paiement éventuel constitue en substance (IFRS 3.51 et .52) :
- un ajustement éventuel du prix d'acquisition à inclure dans le prix d'acquisition de l'entité acquise dès la date d'acquisition, voir n° 21815 ;
- un passif identifiable lors de l'acquisition (à comptabiliser conformément à la norme IFRS 3) ;

Tel peut être le cas de paiements éventuels réalisés au profit d'anciens salariés (qui ne sont pas des vendeurs de l'acquise) et qui restent salariés de l'acquise (voir point 3. et Exemple 1 ci-après).

- ou une transaction distincte du regroupement d'entreprises visant à rémunérer les anciens salariés ou actionnaires au titre des services rendus à l'entreprise après l'acquisition et qualifiée, selon le cas, soit d'avantages du personnel (entrant dans le champ d'application de la norme IAS 19, Avantages du personnel), soit de paiements fondés sur des actions (entrant dans le champ d'application de la norme IFRS 2, Paiement fondé sur des actions).

IAS 19.8 qualifie d'avantages du personnel toute forme de contrepartie accordée par une entité pour les services rendus par les membres de son personnel ou pour la cessation de leur emploi. **22260** (suite)

Selon IFRS 2.3A, les transferts d'instruments de capitaux propres d'une entité par ses actionnaires à des tiers (y compris à des membres du personnel) qui lui ont fourni des biens ou des services sont des transactions dont le paiement est fondé sur des actions et entrent dans le champ d'application de la norme IFRS 2.

Selon IFRS 2.5, les instruments de capitaux propres émis dans le cadre d'un regroupement d'entreprises en échange de la prise de contrôle de l'entité acquise n'entrent pas dans le champ d'application de la norme IFRS 2, mais dans celui d'IFRS 3, en tant qu'éléments du prix d'acquisition. En revanche, les instruments de capitaux propres attribués à des membres du personnel de l'entreprise acquise en leur qualité de membres du personnel (par exemple, en contrepartie de la poursuite de leur activité dans l'entité après le regroupement d'entreprises) entrent dans le champ d'application de la norme IFRS 2.

Pour le cas de la comptabilisation du remplacement par l'acquéreur d'une transaction de paiement fondé sur des actions accordée par l'acquise, voir nº 22250 s.

2. Circonstances et indicateurs à examiner pour opérer cette distinction Il convient notamment d'appréhender (IFRS 3.B54) :

- les raisons pour lesquelles le contrat d'acquisition prévoit un accord de paiement éventuel ;
- qui est l'initiateur de cet accord ; et
- quand les parties ont contracté cet accord.

Ces éléments d'analyse correspondent à ceux définis de manière générale par la norme IFRS 3 pour opérer la distinction entre les transactions qui font partie intégrante du regroupement d'entreprises et les transactions distinctes du regroupement, voir nº 21645.

En cas de difficulté pour réaliser cette appréciation, la norme IFRS 3 fournit les indicateurs complémentaires suivants (IFRS 3.B55) :

Remarque Tous ces indicateurs doivent être considérés dans l'analyse à mener, l'un d'eux pris isolément (sauf celui relatif au paiement qui ne serait plus dû en cas de départ du salarié, voir ci-après) ne permettant pas nécessairement d'opérer la distinction entre les transactions qui font partie intégrante du regroupement d'entreprises et les transactions distinctes du regroupement.

Modalités de poursuite de l'activité des actionnaires vendeurs Tout paiement (ou toute partie du paiement) complémentaire éventuel au profit des vendeurs/salariés qui serait automatiquement annulé si le vendeur/salarié cessait son activité constitue une rémunération de services post-acquisition (pour une illustration, voir Exemple 3).

L'IFRS IC a confirmé que dès lors que cet indicateur est rempli (annulation du paiement complémentaire éventuel si le vendeur/salarié cesse son activité), le paiement complémentaire constitue une rémunération de services post-acquisition, sans qu'il soit nécessaire de considérer les autres indicateurs (IFRIC Update 09/12 et 01/13).

Décision de l'ESMA L'ESMA a également publié une décision en ce sens (EECS/0114-01, 04/14).

Un paiement complémentaire éventuel qui n'est pas affecté par la fin de l'activité du vendeur/salarié pourrait indiquer que ce paiement éventuel constitue plutôt un ajustement éventuel du prix d'acquisition du regroupement qu'une rémunération de services post-acquisition (IFRS 3.B55a).

Période de poursuite obligatoire de l'activité des vendeurs après la date d'acquisition Si cette période coïncide avec ou est plus longue que l'échéance de versement du paiement éventuel, cela peut indiquer que le paiement éventuel constitue une rémunération de services post-acquisition (IFRS 3.B55b).

Niveau de la rémunération versée aux vendeurs qui continuent à exercer des fonctions dans l'entité combinée après l'acquisition Si ceux-ci reçoivent une rémunération salariale (autre que le paiement complémentaire éventuel) comparable à celle perçue par d'autres salariés/mandataires ayant des fonctions et responsabilités équivalentes, cela peut indiquer que le paiement complémentaire éventuel constitue plutôt un ajustement éventuel du prix d'acquisition du regroupement (IFRS 3.B55c).

Niveau du paiement complémentaire éventuel au profit des vendeurs qui continuent à exercer des fonctions dans l'entité combinée après l'acquisition Si ce paiement est supérieur à celui versé aux autres vendeurs qui n'exercent plus de fonctions dans l'entité combinée, cela peut indiquer que le différentiel de paiement complémentaire constitue plutôt une rémunération de services post-acquisition (IFRS 3.B55d).

Pour une illustration, voir Exemple 4 ci-après.

Nombre d'actions détenues par les vendeurs qui continuent à exercer des fonctions après l'acquisition Si les vendeurs qui détenaient antérieurement la quasi-totalité des titres de capital

22260 (suite) de l'entreprise acquise (en tenant également compte des titres détenus par des parties liées, telles que les membres de leur famille proche) poursuivent leur activité à des postes clés, cela peut indiquer que le paiement complémentaire éventuel constitue en substance un moyen de partager les résultats de l'entreprise acquise réalisés après l'acquisition et donc une rémunération de services post-acquisition. A l'inverse, s'ils détiennent un nombre peu important de titres de l'acquise et si tous les actionnaires vendeurs reçoivent par action le même paiement complémentaire éventuel, alors ce paiement complémentaire éventuel constitue plutôt un ajustement du prix d'acquisition du regroupement (IFRS 3.B55e). Dans le cadre de cette analyse, il convient également de prendre en compte les titres détenus par des actionnaires qui ont un lien avec les vendeurs qui restent salariés après l'acquisition, notamment des membres de leur famille.

Lien avec l'évaluation du prix d'acquisition payé à la date d'acquisition Si la partie du prix d'acquisition payée à la date d'acquisition se situe dans le bas d'une fourchette de valorisation de l'acquise et que la formule de calcul du paiement complémentaire éventuel est basée sur la méthode de valorisation, alors, en principe, le paiement complémentaire éventuel est un ajustement éventuel du prix d'acquisition. En revanche, si la formule de calcul du paiement complémentaire éventuel aboutit à des résultats comparables à ceux obtenus en application d'accords préexistants de répartition du résultat de l'acquise, le paiement complémentaire éventuel devrait en principe constituer une rémunération de services post-acquisition (IFRS 3.B55f).

Formule de calcul du paiement complémentaire éventuel La formule de calcul utilisée pour déterminer le paiement complémentaire éventuel peut être utile à la compréhension de la substance de l'accord d'acquisition.

Par exemple, si le paiement complémentaire éventuel est calculé sur la base d'un multiple des résultats, il a en principe pour but de finaliser/corriger l'évaluation de la juste valeur de l'acquise et constitue un ajustement éventuel du prix d'acquisition.

A l'inverse, un paiement complémentaire éventuel basé sur un pourcentage déterminé des résultats pourrait être comparé à un accord de partage des résultats de l'acquise et pourrait constituer une rémunération de services post-acquisition (IFRS 3.B55g).

Autres accords avec les vendeurs qui continuent à exercer des fonctions et autres facteurs à considérer Les termes des autres accords contractés avec les vendeurs (tels que les clauses de non-concurrence, les contrats exécutoires, les contrats de consultants et les contrats de location de biens) doivent être analysés. De même, les considérations fiscales liées aux paiements complémentaires éventuels peuvent parfois indiquer que le paiement complémentaire éventuel ne constitue pas un ajustement éventuel du prix d'acquisition.

Au contraire, si le contrat de location prévoit des loyers aux prix de marché, cela peut indiquer que le paiement complémentaire éventuel constitue plutôt un ajustement du prix d'acquisition (IFRS 3.B55h).

Recommandations de l'AMF Il est nécessaire de faire preuve de jugement pour effectuer la distinction entre complément de prix et rémunération. En conséquence, l'AMF préconise, dans ses recommandations en vue de l'arrêté des comptes 2011, de justifier en annexe l'analyse effectuée et le jugement exercé (Rec. AMF 2011-16, Arrêté des Comptes 2011, § 3.2.4).

3. Traitement des « golden parachutes » (ou « parachutes dorés ») Les contrats de travail avec des cadres dirigeants peuvent comprendre le paiement d'une prime (en liquidités ou en actions) lorsque le contrat de travail du dirigeant prend fin (« golden parachute »). Lors du paiement de la prime à l'occasion d'un regroupement d'entreprises, il est nécessaire d'analyser le contrat afin de déterminer si ce paiement concerne des services qui ont eu lieu avant ou après le regroupement.

Ainsi, par exemple, si la clause de bonus a été incluse dans le contrat de travail avant que le regroupement ne soit envisagé, et qu'aucun service n'est requis après le regroupement, il s'agit d'une rémunération au titre de services réalisés avant le regroupement à comptabiliser en tant que passif identifiable acquis.

En effet, dans ce cas, on considérera que les avantages provenant de l'activité du dirigeant ont bénéficié à l'acquise ou à ses anciens actionnaires avant le regroupement.

■ *Exemple 1*

(IFRS 3.IE58 et .IE59) Une entité B a conclu un contrat de travail avec un nouveau directeur général (DG) pour une durée de 10 ans. Ce contrat prévoit le paiement d'une prime de 5 M€ si B est rachetée avant la fin du contrat de travail de ce DG. Huit ans plus tard, l'entité A acquiert l'entité B. A la date d'acquisition, le DG, toujours salarié de B, reçoit la prime de 5 M€.

Solution de l'exemple 1 Le contrat de travail avec le DG a été conclu avant le début des négociations liées au rachat de B par A. En outre, l'objectif pour B par cette clause du contrat est d'obtenir les services de ce DG, et aucun élément ne démontre au contraire que cette clause a été conclue pour procurer des avantages à l'entité A ou à l'entité regroupée. En conséquence, le passif représentatif de l'obligation de B de payer cette prime au DG est un passif identifiable de l'acquise.

■ *Exemple 2*

(IFRS 3.IE60) Au cours des négociations de rachat de l'entité B par l'entité A et sur les conseils de l'entité A, B a conclu un contrat de travail avec un nouveau directeur général (DG). Ce contrat prévoit le paiement d'une prime de 5 M€ à ce DG si B est rachetée avant la fin du contrat de travail et si le DG reste salarié de la nouvelle entité pendant les 3 années qui suivent le rachat. Quelques mois plus tard, l'entité A acquiert l'entité B et le DG continue à fournir des services pendant les 3 années qui suivent le regroupement. La prime de 5 M€ lui est versée.

Solution de l'exemple 2 L'objectif de ce contrat de travail est essentiellement d'obtenir les services de ce DG après le regroupement. Etant donné que le DG n'est pas actionnaire et que le paiement de la prime est subordonné au fait qu'il reste salarié de la nouvelle entité, cette prime constitue une rémunération post-regroupement.

■ *Exemple 3*

En N, Xpert acquiert 100 % des titres de Start auprès de DG. DG perçoit 1 000 immédiatement en N et percevra un paiement complémentaire de 130 fin N+2 s'il reste dirigeant de Start jusqu'à cette date.

Solution de l'exemple 3 Le paiement des 130 à DG étant annulé s'il quitte Start avant N+2, il s'agit d'une rémunération de services post-acquisition à comptabiliser en charge de rémunération.

■ *Exemple 4*

En N, Xpert acquiert 100 % des titres de Start auprès de ses 3 fondateurs : F1, F2 et DG qui détenaient chacun un tiers des titres de Start. Seul DG reste dirigeant de Start après l'acquisition. F1, F2 et DG perçoivent chacun 1 000 immédiatement en N et percevront un paiement complémentaire de 330 fin N+2 si le budget de Start N+2 est réalisé à cette date. Le paiement des 330 n'est pas soumis à une condition de présence de DG en N+2 et se répartira de la manière suivante :

- 100 pour F1 et 100 pour F2 ;

- 130 pour DG.

Solution de l'exemple 4 Le paiement du complément de prix est différent selon que les vendeurs restent (ou non) dirigeants de Start après l'acquisition. Ceci constitue un indicateur que le différentiel de 30 payé à DG rémunère les services de DG, et ne constitue pas un complément du prix d'acquisition de ses 33 % de titres de Start.

III. Particularités de mise en œuvre de la méthode de l'acquisition

1. Application de la méthode de l'acquisition à certains types de regroupements

Regroupements d'entreprises entre mutuelles

Question 22285

Quelles sont les particularités d'application de la méthode de l'acquisition aux regroupements d'entreprises entre mutuelles ?

22285 (suite)

Réponse

Le goodwill (ou profit si l'acquisition a été réalisée à des conditions avantageuses) est déterminé sur la base de la juste valeur, à la date d'acquisition, des intérêts des membres dans l'acquise, ce montant étant considéré comme plus fiable que la juste valeur du prix payé par l'acquéreur au titre du regroupement.

En outre, la juste valeur à la date d'acquisition de l'actif net de l'entité mutuelle acquise est comptabilisée au crédit du compte de capital ou de capitaux propres de l'acquéreur.

Commentaires La méthode de l'acquisition s'applique aux regroupements d'entreprises entre mutuelles.

Pour la définition d'un regroupement entre mutuelles, voir n° 21575.

L'IASB a repris les commentaires de certains utilisateurs qui soulignaient la difficulté d'identifier un acquéreur dans ces regroupements (IFRS 3.BC70), mais n'a apporté aucune précision spécifique pour réaliser cette identification dans le cadre de ce type de regroupement.

Toutefois, pour les précisions apportées par IFRS 3 concernant l'identification de l'acquéreur, voir n° 21670.

1. Calcul du goodwill (ou du montant constaté en résultat dans le cadre d'une acquisition à des conditions avantageuses) La plupart des regroupements entre mutuelles ont lieu sans échange d'une rémunération facilement mesurable au titre du regroupement (IFRS 3.BC70).

En conséquence, dans un regroupement entre mutuelles, le goodwill (ou le profit résultant d'une acquisition à des conditions avantageuses) est déterminé sur la base de la juste valeur, à la date d'acquisition, des intérêts des membres dans l'entité mutuelle acquise (IFRS 3.B47 et .33).

Pour l'évaluation de la juste valeur de la mutuelle acquise, il convient de retenir les hypothèses que retiendraient des intervenants de marché concernant la mutuelle et notamment pour les avantages futurs des membres (IFRS 3.B49).

Ainsi, par exemple, une technique d'évaluation fondée sur les flux de trésorerie actualisés pourrait être utilisée pour déterminer la juste valeur de la mutuelle. Les cash-flows utilisés comme inputs pour ce modèle devraient être basés sur les cash-flows attendus de la mutuelle, reflétant les réductions accordées aux membres (IFRS 3.B49).

2. Comptabilisation de l'actif net de l'entité mutuelle acquise La juste valeur à la date d'acquisition de l'actif net de l'entité mutuelle acquise est comptabilisée au crédit du compte de capital ou de capitaux propres de l'acquéreur, et non par le biais du report à nouveau (IFRS 3.B47).

La norme IFRS 3 n'indique pas selon quelles modalités il convient d'ajouter l'actif net de l'entité mutuelle acquise au capital ou aux autres réserves de l'acquéreur.

Il est, à notre avis, possible d'ajouter au capital (ou aux autres postes de réserves) de la société mère, le capital (ou les autres réserves) de l'entité mutuelle acquise, ce qui constituerait une particularité dans le cas des regroupements entre mutuelles. En effet, la consolidation des comptes d'une filiale non mutuelle aboutit à la présentation séparée des comptes de capital et de réserves de l'acquéreur ; la quote-part de capitaux propres consolidés des filiales étant présentée dans un autre poste de capitaux propres consolidés.

■ *Exemple*

A et B sont deux coopératives détenues par leurs clients, lesquels reçoivent des dividendes pour un montant proportionnel aux marchandises achetées. A et B décident de se regrouper et A est identifiée comme l'acquéreur. Les membres de la coopérative B deviennent ainsi des membres de la coopérative A. La juste valeur de B est de 800 000 et la juste valeur des actifs nets identifiables de B est de 600 000.

Solution de l'exemple *A doit comptabiliser le regroupement effectué avec B dans ses états financiers consolidés de la manière suivante :*

Dt	*Actifs nets identifiables acquis*	*600 000*	
Dt	*Goodwill*	*200 000*	
Ct	*Capital ou autres réserves*		*800 000*

2. Application de la méthode de l'acquisition aux acquisitions par achats successifs de titres

Prise de contrôle par achats successifs de titres

Pour plus de détails, voir n° 23750 s. 22290

Acquisition d'une cible rémunérée par cession de titres d'une filiale sans perte de contrôle

Question 22295

Comment traiter l'acquisition d'une société rémunérée par remise de titres d'une filiale dans laquelle l'acquéreur se retrouve dilué après l'opération ?

Réponse

Cette opération comprend deux transactions :
- une prise de contrôle de la société cible comptabilisée selon la méthode de l'acquisition avec constatation d'un goodwill ; et
- une diminution du pourcentage d'intérêt sans perte de contrôle, au titre de la dilution, comptabilisée en Capitaux propres – Part du groupe.

Commentaires Afin d'éviter une sortie de trésorerie, l'acquéreur peut décider de rémunérer l'acquisition d'une société cible C par remise de titres d'une filiale F. A l'issue de l'opération, ce dernier se retrouvera ainsi dilué dans cette filiale.

Cette opération s'analyse comme deux transactions :
- une prise de contrôle de la société C comptabilisée selon la méthode de l'acquisition avec constatation d'un goodwill, voir n° 22180 ;
- une diminution du pourcentage d'intérêt sans perte de contrôle de la filiale F au titre de la dilution dont les effets sont comptabilisés en Capitaux propres – Part du groupe, voir n° 23820.

Ainsi, le résultat de cession calculé au titre de la dilution devrait, à notre avis, être égal à la différence entre la juste valeur de la quote-part cédée aux actionnaires minoritaires et la valeur comptable consolidée de cette quote-part, qui constitue sa valeur historique pour le groupe. Ce résultat de cession impacte les Capitaux propres – Part du groupe, la cession de titres n'entraînant pas la perte de contrôle de la filiale.

Dans cette situation, le prix d'acquisition de l'entité cible C et le prix de cession des titres de la filiale F devraient être identiques et correspondre à la juste valeur de la quote-part cédée de la filiale F.

Les valeurs comptables consolidées des actifs et passifs de la filiale F, y compris le goodwill, sont inchangées. En revanche, les capitaux propres sont modifiés, compte tenu de la nouvelle répartition de l'actif net de F entre la part du groupe et les minoritaires.

SECTION III

Distinction immobilisations incorporelles/goodwill

A. Critères de distinction immobilisations incorporelles/goodwill

Principe général de distinction

22300 ***Question***

Quelles sont les conditions générales de comptabilisation d'une immobilisation incorporelle séparément du goodwill ?

Réponse

L'élément doit répondre à la définition d'un actif incorporel, ce qui nécessite que cet élément soit identifiable, c'est-à-dire :
- qu'il soit séparable de l'entité acquise, seul ou conjointement avec un contrat, un actif ou un passif identifiable lié ; ou
- qu'il résulte de droits légaux ou contractuels.

Commentaires Un élément est comptabilisé séparément du goodwill en tant qu'immobilisation incorporelle à la date d'acquisition s'il répond à la définition d'un actif incorporel (IFRS 3.B31).

1. **Définition d'un actif incorporel** Une immobilisation incorporelle est définie, de manière générale, comme un actif non monétaire identifiable sans substance physique (IFRS 3.A et IAS 38.8).

Un élément répond à la définition d'un actif incorporel à la condition qu'il soit (IAS 38.10) :
- **identifiable** : une immobilisation incorporelle est identifiable si elle est séparable ou si elle résulte de droits légaux ou contractuels (IFRS 3.A et IAS 38.11 s.) ;

Pour le caractère identifiable d'un actif incorporel, voir point 2. ci-après.

- et **contrôlé par l'entreprise du fait d'événements passés,** celle-ci ayant le pouvoir d'obtenir les avantages économiques futurs correspondants et celui de restreindre l'accès des tiers à ces avantages (IAS 38.13 à .16). Selon IAS 38.33, tout élément incorporel identifiable acquis dans le cadre d'un regroupement d'entreprises est considéré comme contrôlé ;

En effet :
- les éléments incorporels faisant l'objet de droits légaux ou contractuels sont nécessairement contrôlés ;
- les éléments incorporels qui ne font pas l'objet de droits légaux ou contractuels mais qui sont séparables de l'entreprise acquise, seuls ou avec d'autres éléments, sont considérés comme contrôlés, car l'existence de transactions d'échange en dehors d'un regroupement d'entreprises constitue un élément de preuve du contrôle des flux futurs attendus de l'élément incorporel (IAS 38.16).

- et **porteur d'avantages économiques futurs** (IAS 38.17), cette condition étant considérée comme systématiquement remplie dans le cas des actifs incorporels acquis dans le cadre d'un regroupement d'entreprises.

En effet, ces actifs incorporels sont obligatoirement évalués à leur juste valeur et cette juste valeur prend déjà en compte les attentes des intervenants de marché concernant la probabilité que les avantages économiques futurs attachés à ces actifs iront à l'acquéreur (IAS 38.33).

2. **Une immobilisation incorporelle est identifiable** si :
- elle est **séparable de l'entité acquise,** c'est-à-dire susceptible d'être vendue, cédée, concédée par licence, louée ou échangée, soit individuellement, soit conjointement avec un contrat, un actif ou un passif identifiable lié, et ce indépendamment de l'intention de l'acquéreur (IFRS 3.A, .B33 s. et IAS 38.12a) ;

Par exemple, les relations clients d'une banque de dépôt ne peuvent être cédées individuellement mais font fréquemment l'objet de transactions conjointement avec les contrats de dépôt des clients correspondants. Elles doivent donc être identifiées en immobilisations incorporelles séparément du goodwill (IFRS 3.B34 et décision de l'ESMA EECS/0213-08, 10/13). L'évaluation de l'immobilisation incorporelle inclut alors les avantages économiques futurs que l'acquéreur obtiendra de ces relations clients (IAS 38.33 et décision de l'ESMA EECS/0213-08, 10/13).

Pour l'identification des relations clients, voir n° 22385 s.

Une immobilisation incorporelle acquise dans le cadre d'un regroupement d'entreprises satisfait au critère de séparabilité s'il existe des éléments probants concernant l'existence de transactions d'échange pour ce type d'actif, ou un type d'actif similaire, même si ces transactions sont peu fréquentes, et même si l'acquéreur n'est pas partie prenante à ces transactions (IFRS 3.B33).

Tel est le cas, par exemple, des listes de clients ou d'abonnés, fréquemment concédées par licence. Dans ce cas, la liste acquise dans le cadre d'un regroupement doit être considérée comme séparable même si cette liste présente des caractéristiques différentes de celles d'autres listes.

En revanche, le critère de séparabilité n'est pas rempli si la liste acquise fait l'objet d'une clause de confidentialité ou d'autres accords interdisant l'échange ou le transfert d'informations sur les clients ou abonnés (IFRS 3.B33).

– ou elle **résulte de droits légaux ou contractuels** (IFRS 3.A et IAS 38.12b). Un actif qui résulte de droits légaux ou contractuels est identifiable même si cet actif n'est pas cessible ou séparable de l'entité acquise ou d'autres droits et obligations (IFRS 3.B32).

Par exemple, une entité acquise détient et exploite une centrale nucléaire. L'autorisation d'exploiter cette centrale, accordée par l'Etat, est une immobilisation incorporelle identifiable puisqu'elle résulte de droits légaux et contractuels ; et ce, même si l'acquéreur ne peut vendre ou transférer cette autorisation séparément de la centrale nucléaire acquise (IFRS 3.B32b).

Décision de l'ESMA L'ESMA rappelle qu'il faut rester vigilant sur la nature de l'actif incorporel éventuellement comptabilisé. Ainsi a-t-elle réfuté l'activation dans le bilan d'acquisition de l'acquéreur d'un réseau de distributeurs d'une entité A, en tant qu'actif incorporel à durée de vie illimitée. En effet, l'ESMA a indiqué que le réseau de distributeurs ne répondait pas à la définition d'un actif identifiable, car cet élément n'est ni séparable de l'entité A, ni contractuel. En revanche, selon l'ESMA, c'est la relation contractuelle entre l'entité A et chacun de ses distributeurs qui constitue des actifs incorporels identifiables. Or, ce genre de relations étant en permanence sujet à de potentielles ruptures, leur durée d'amortissement est forcément finie (EECS/0116-08, 07/16).

3. Groupe d'actifs Lorsqu'un actif incorporel est séparable mais conjointement avec d'autres actifs corporels ou incorporels qui lui sont liés, l'acquéreur reconnaît ce groupe d'actifs comme un seul actif séparément du goodwill, à condition que les justes valeurs individuelles des actifs de ce groupe ne soient pas mesurables de manière fiable (IAS 38.36 et .37). Si les justes valeurs des actifs sont mesurables de manière fiable, l'acquéreur ne peut les comptabiliser comme un seul actif que si ces actifs ont la même durée d'utilité (IAS 38.37).

Décision de l'ESMA Dans sa décision du 10 décembre 2007 prise en application de la version 2004 d'IFRS 3 mais qui est également applicable selon IFRS 3 actuelle, le CESR (devenu l'ESMA) a confirmé cette disposition dans le cadre de la comptabilisation de différents types de relations clients acquises lors d'un regroupement d'entreprises (EECS/1208-06, 12/08).

Eléments incorporels non comptabilisés par l'entreprise acquise

Question 22305

Les éléments incorporels générés en interne et qui ne sont pas comptabilisés à l'actif par l'entreprise acquise doivent-ils être comptabilisés séparément du goodwill par l'acquéreur ?

Réponse

Oui, obligatoirement s'ils répondent aux conditions de comptabilisation séparée du goodwill.

Tel devrait être le cas, en pratique, de nombreux éléments incorporels générés en interne et non comptabilisés à l'actif de l'entreprise acquise, par exemple :

– les marques, les titres de journaux ou les relations clients développés en interne par l'entreprise acquise, voir n° 22340 s. et 22385 s. ;

– les frais de recherche et développement engagés sur des projets en cours à la date d'acquisition qui, bien que non immobilisés par l'entreprise acquise (car ne répondant pas aux conditions d'immobilisation), sont séparables ou résultent de droits légaux ou contractuels, voir n° 22490 s.

Commentaires IFRS 3.13 et IAS 38.34 prévoient de manière explicite que les éléments incorporels répondant aux conditions de comptabilisation séparée du goodwill (voir n° 22300) doivent être comptabilisés séparément, et ce même s'ils ne figuraient pas dans l'état de situation financière (ou bilan) de l'entreprise acquise avant la date d'acquisition.

Tel devrait être le cas, en pratique, de nombreux éléments incorporels générés en interne et non comptabilisés à l'actif de l'entreprise acquise. Par exemple :

- les marques, titres de journaux, brevets, relations clients développés en interne, etc., que l'acquise n'a pas pu comptabiliser à l'actif notamment parce que leur coût ne peut pas être isolé de celui du développement de l'activité dans son ensemble (IAS 38.63 et .64), et qui doivent être comptabilisés séparément du goodwill lorsqu'ils sont acquis dans le cadre d'un regroupement d'entreprises si certaines conditions sont remplies, voir n° 22300 et 22340 s. ;
- les frais de recherche et développement engagés sur des projets en cours à la date d'acquisition ne sont pas immobilisés par l'entreprise acquise s'ils ne répondent pas aux conditions d'immobilisation (par exemple, s'il n'est pas probable qu'ils dégageront des avantages économiques futurs). En revanche, lorsque ces projets sont acquis dans le cadre d'un regroupement d'entreprises, il suffit qu'ils répondent à la définition d'un actif et qu'ils soient identifiables, c'est-à-dire qu'ils soient séparables ou qu'ils résultent de droits légaux ou contractuels (IAS 38.34), voir n° 22300 et 22490 s.

Il n'est en effet pas nécessaire que les conditions d'immobilisation des projets développés en interne soient respectées pour l'identification des projets de recherche et de développement acquis dans le cadre d'un regroupement, voir n° 22490.

B. Exemples d'éléments incorporels acquis lors d'un regroupement d'entreprises

Liste indicative d'immobilisations incorporelles identifiables

22325 ***Question***

Existe-t-il une liste des immobilisations incorporelles identifiables devant généralement être comptabilisées séparément du goodwill ?

Réponse

Oui, mais il s'agit d'une liste indicative donc non exhaustive.

L'appréciation du respect ou non des conditions de comptabilisation séparément du goodwill doit toujours être opérée au cas par cas, en fonction des circonstances spécifiques à l'élément incorporel considéré.

Commentaires La norme IFRS 3 fournit une liste détaillée d'éléments incorporels devant généralement être comptabilisés séparément du goodwill lorsqu'ils sont acquis dans le cadre d'un regroupement d'entreprises (IFRS 3.IE16 à .IE44).

Il convient toutefois de procéder à une analyse au cas par cas pour chaque élément examiné pour vérifier si les critères spécifiques des IFRS pour une comptabilisation séparée du goodwill (voir n° 22300) sont remplis.

Les questions ci-après sont élaborées à partir de cette liste (voir n° 22340 s.).

1. Eléments incorporels liés au marketing

Marques bénéficiant de droits légaux

22340 ***Question***

Les marques bénéficiant de droits légaux doivent-elles être constatées en immobilisations incorporelles séparément du goodwill ?

Réponse

Oui.

Commentaires Les marques bénéficiant de droits légaux doivent être constatées en immobilisations incorporelles séparément du goodwill, et ce, même si elles n'avaient pas été comptabilisées dans l'état de situation financière (ou bilan) de l'entreprise acquise (IFRS 3.13).

Pour les conditions de comptabilisation d'une immobilisation incorporelle séparément du goodwill, voir n° 22300 et 22305.

1. Identification séparée en immobilisations incorporelles des marques bénéficiant de droits légaux Les marques bénéficiant de droits légaux répondent en effet à la définition des immobilisations incorporelles puisqu'elles résultent notamment de droits légaux-contractuels (IFRS 3.IE18 et .IE20).

2. Notion de marque La notion de marque regroupe généralement plusieurs éléments différents, tels que, par exemple, les secrets de fabrication et/ou certaines technologies (IFRS 3.IE21 et IAS 38.37), que celles-ci soient ou non brevetées.

Lorsque les justes valeurs individuelles de ces différents éléments ne sont pas mesurables de manière fiable, l'acquéreur reconnaît ce groupe d'actifs comme un seul actif. En outre, même si la juste valeur de chacun de ces éléments peut être déterminée de manière fiable, il est possible néanmoins de les comptabiliser en tant qu'actif unique s'ils ont la même durée d'utilité (IAS 38.37).

Marques ne bénéficiant pas de droits légaux

Question 22345

Les marques ne bénéficiant pas de droits légaux doivent-elles être constatées en immobilisations incorporelles séparément du goodwill ?

Réponse

Oui, dès lors qu'elles sont séparables de l'entreprise acquise (seules ou avec un actif, un passif ou un contrat lié).

Commentaires Les marques ne bénéficiant pas de droits légaux doivent être constatées en immobilisations incorporelles séparément du goodwill dès lors qu'elles sont séparables de l'entreprise acquise (seules ou conjointement avec un actif, un passif ou un contrat lié), et ce, même si elles n'avaient pas été comptabilisées dans l'état de situation financière (ou bilan) de l'entreprise acquise.

En effet, par définition, les marques non protégées juridiquement (cas exceptionnel, en pratique) ne répondent pas au critère « légal-contractuel ». En conséquence, elles ne sont identifiables que si elles sont séparables de l'entreprise acquise, seules ou conjointement avec d'autres actifs, ce qui est généralement le cas (IFRS 3.IE20).

Pour la notion de marque, voir également n° 22340.

Pour les conditions de comptabilisation d'une immobilisation incorporelle séparément du goodwill, voir n° 22300 et 22305.

Titres de journaux

Question 22350

Les titres de journaux doivent-ils être constatés en immobilisations incorporelles séparément du goodwill ?

Réponse

Oui.

Commentaires Les titres de journaux doivent être constatés en immobilisations incorporelles séparément du goodwill, et ce, même s'ils n'avaient pas été comptabilisés dans l'état de situation financière (ou bilan) de l'entreprise acquise, voir n° 22305.

En effet, les titres de journaux répondent à la définition des immobilisations incorporelles et notamment au critère légal-contractuel et au critère de séparabilité (IFRS 3.IE18), voir n° 22300.

Noms de domaines Internet déposés

22355 ***Question***

Les noms de domaines Internet déposés doivent-ils être constatés en immobilisations incorporelles séparément du goodwill ?

Réponse

Oui.

Commentaires Les noms de domaines Internet déposés doivent être constatés en immobilisations incorporelles séparément du goodwill.

En effet, les noms de domaines Internet déposés répondent aux critères généraux de comptabilisation des immobilisations incorporelles séparément du goodwill et notamment au critère légal-contractuel (IFRS 3.IE18 et .IE22), voir nº 22300.

Ententes commerciales

22360 ***Question***

Les ententes commerciales, comme les clauses de non-concurrence, doivent-elles être constatées en immobilisations incorporelles séparément du goodwill ?

Réponse

Oui, si elles répondent au critère légal-contractuel (c'est-à-dire notamment si elles sont licites).

Commentaires La société acquise peut avoir conclu des ententes commerciales préalablement à la date d'acquisition. Les ententes commerciales (« non competition agreements ») existant à la date d'acquisition doivent être constatées en immobilisations incorporelles séparément du goodwill si elles répondent à la définition d'une immobilisation incorporelle et notamment au critère légal-contractuel (IFRS 3.IE18), voir nº 22300, c'est-à-dire, à notre avis, à la condition d'être licites.

Les ententes commerciales sont des accords contractuels qui interdisent à une personne ou une activité de faire concurrence à une entreprise sur un certain marché et pour une durée déterminée. Pour déterminer si un accord rémunère des services post-acquisition, voir nº 22260.

2. Eléments incorporels liés aux clients

Listes de clients

22375 ***Question***

Les listes de clients doivent-elles être comptabilisées en immobilisations incorporelles séparément du goodwill ?

Réponse

Oui, en règle générale, mais à condition qu'il n'y ait aucune clause contractuelle ou légale interdisant la vente, la location ou le transfert des informations contenues dans ces listes.

Les listes clients sont des listes de noms et de coordonnées et comportent parfois, notamment lorsqu'elles sont organisées sous forme de base de données, des historiques de commandes, des données démographiques, etc.

Commentaires Les listes de clients doivent généralement être comptabilisées en immobilisations incorporelles séparément du goodwill. En effet, elles répondent généralement à la définition des immobilisations incorporelles et notamment au critère de séparabilité (elles sont souvent louées ou échangées séparément de l'entité), mais à condition qu'il n'y ait aucune clause contractuelle ou légale interdisant la vente, la location ou le transfert des informations contenues dans ces listes (IFRS 3.IE23 et .IE24), voir nº 22300.

■ *Exemple*

L'entité B a acquis l'entité C. L'entité C est une société du secteur des médias, exerçant des activités dans les télécommunications et les loisirs. La direction a demandé une étude sur les éléments devant être comptabilisés séparément en tant qu'immobilisations incorporelles. L'entité C dispose de bases de données contenant des informations sur sa clientèle. Ces informations sur la clientèle seront utilisées par l'acquéreur lors de campagnes publicitaires futures.

Solution de l'exemple *Les avantages découlant de l'utilisation de ces bases de données ne sont pas protégés par des droits légaux. Le fait que ces bases de données soient séparables de l'entité acquise dépend de la législation en vigueur sur la protection des données. Si celle-ci permet à l'acquéreur de se séparer des informations contenues dans ces bases de données et de les vendre à un tiers, elles seront comptabilisées séparément en immobilisations incorporelles. Dans le cas contraire, elles feront partie du goodwill.*

Carnets de commandes

Question 22380

Les carnets de commandes doivent-ils être comptabilisés en immobilisations incorporelles séparément du goodwill ?

Réponse

Oui, et ce, même si les commandes peuvent être annulées.

Outre la comptabilisation séparée des carnets de commande, il peut être nécessaire de constater séparément du goodwill la relation client contractuelle s'y rapportant, voir n° 22385.

Commentaires Les carnets de commandes doivent être comptabilisés en immobilisations incorporelles séparément du goodwill. En effet, les carnets de commandes résultent de contrats, tels que des commandes d'achat ou de vente. Ils répondent donc à la définition des immobilisations incorporelles et notamment au critère légal-contractuel (voir n° 22300), même si les commandes peuvent être annulées (IFRS 3.IE23 et .IE25).

Par ailleurs, l'existence d'un carnet de commandes et la formalisation habituelle de la relation client au travers de commandes formelles permettent d'établir l'existence d'une relation client contractuelle qui doit également être comptabilisée séparément du goodwill (IFRS 3.IE29), voir n° 22385.

Lorsque les commandes peuvent être annulées, la juste valeur des carnets de commandes devrait, à notre avis, tenir compte des historiques d'annulation. En pratique, le risque d'annulation doit être pris en compte sur la base de l'historique des annulations de commandes et des probabilités d'annulation.

Contrats avec les clients et relations clients y afférentes

Question 22385

Les contrats avec les clients et les relations clients y afférentes doivent-ils être comptabilisés en immobilisations incorporelles séparément du goodwill ?

Réponse

Oui. La norme IFRS 3 indique qu'une relation client existe entre l'entité et ses clients si :

- l'entité dispose d'informations sur le client et a des contacts réguliers avec lui ; et
- le client a la possibilité d'entrer en contact directement avec l'entité.

Lorsque l'entité établit des relations avec ses clients par la conclusion de contrats, il existe généralement deux catégories d'immobilisations incorporelles sous-jacentes :

- d'une part, le contrat client en cours lui-même ; et
- d'autre part, la « relation client contractuelle » qui y est attachée et qui correspond notamment aux possibilités de conclusion de nouveaux contrats avec le même client.

22385 (suite) La notion de « contrat client » doit être comprise au sens large pour inclure également, par exemple, les relations avec des clients dont les contrats sont résiliables ou les relations avec des clients réguliers mais pour lesquelles il n'existe pas de contrat formel en cours de validité à la date d'acquisition.

Commentaires **Comptabilisation des contrats avec les clients et les relations clients y afférentes séparément du goodwill** Une relation client existe entre l'entité et ses clients si (IFRS 3.IE28) :
- l'entité dispose d'informations sur le client et a des contacts réguliers avec lui ; et
- le client a la possibilité d'entrer en contact directement avec l'entité.

Si une entité établit des relations avec ses clients par la conclusion de contrats, les contrats clients et les relations contractuelles y afférentes (contrats de prestations de services discontinues, par exemple) répondent à la définition d'une immobilisation incorporelle et notamment au critère légal-contractuel, voir nº 22300.

Dans ce cas, il existe généralement deux immobilisations incorporelles sous-jacentes (IFRS 3.IE27) :
- d'une part, le contrat en cours à la date d'acquisition ; et
- d'autre part, la relation client correspondante.

Il convient alors d'examiner les faits et circonstances pour déterminer si la relation client est séparable des contrats clients, et ainsi si les justes valeurs de ces deux éléments sont mesurables de manière fiable (voir nº 22300, point 3.).

Même si les justes valeurs de ces deux actifs sont mesurables de manière fiable, l'acquéreur ne peut les comptabiliser comme un seul actif que si ces actifs ont la même durée d'utilité (IAS 38.37). Il peut en effet être fréquent que la durée d'utilité de ces deux immobilisations incorporelles et la manière dont les avantages économiques en résultant sont consommés soient différentes (IFRS 3.IE27).

L'existence d'un contrat avec les clients et de relations clients est identifiée même si :
- le contrat est résiliable (IFRS 3.IE30) ;
- il existe des clauses de confidentialité ou d'autres clauses contractuelles interdisant la vente ou le transfert des contrats séparément de l'entité acquise (IFRS 3.IE26) ;
- l'entité acquise a l'habitude d'établir des contrats avec ses clients, et ce, même si aucun contrat formel n'est en cours de validité à la date d'acquisition (IFRS 3.IE28).

Les relations avec les clients peuvent également être mises en évidence du fait de contacts réguliers entre l'entité et le client par des ventes ou de contacts réguliers avec des représentants commerciaux (IFRS 3.IE28).

Il suffit ainsi, par exemple, qu'il y ait un client identifié (au minimum le nom et les coordonnées), que ce client ait la possibilité d'entrer en contact directement avec l'entité et qu'il y ait un volume d'affaires effectif régulier à apprécier selon le secteur d'activité pour pouvoir considérer qu'il y a relation client contractuelle.

■ *Exemple 1*

(IFRS 3.IE30b) La société B acquiert une société C qui fabrique des produits dans le cadre de deux lignes d'activité distinctes : articles de sport et biens électroniques.

La société D est cliente de C pour ces deux types de produits. C a signé un contrat pour être le fournisseur exclusif de D concernant les articles de sport, mais n'a pas signé de contrat concernant la fourniture de biens électroniques.

Solution de l'exemple 1 *Le contrat selon lequel C est fournisseur exclusif de D pour les articles de sport satisfait le critère légal-contractuel, qu'il soit ou non résiliable.*

Il est possible de considérer qu'une seule relation commerciale globale lie les sociétés C et D et qu'en conséquence la détermination de la juste valeur de cette relation tient compte des hypothèses concernant la relation entre C et D à la fois pour les articles de sport et pour les biens électroniques.

B peut également considérer qu'il y a deux relations clients distinctes avec D (une pour les articles de sport et une pour les biens électroniques). B devra alors s'assurer que la relation client concernant les biens électroniques satisfait le critère de séparabilité pour répondre à la définition d'un actif incorporel identifiable.

■ *Exemple 2*

(IFRS 3.IE30c) La société B acquiert la société C le 31/12/N. C vend à ses clients uniquement sur la base de commandes. Le 31/12/N, C a un carnet de commandes en cours correspondant à des commandes de 60 % de ses clients, tous étant des clients réguliers et ayant signé des contrats. Les 40 % restants sont aussi des clients réguliers. Cependant, au 31/12/N, C n'a pas de commandes ni de contrats en cours avec ces derniers.

Solution de l'exemple 2 Les commandes passées par 60 % des clients de C satisfont le critère légal-contractuel, même si ces commandes sont résiliables. Par ailleurs, puisque C a signé des contrats avec 60 % de ses clients, les relations clients satisfont également le critère légal-contractuel.
En outre, C établit régulièrement des contrats avec 40 % de ses clients. En conséquence, les relations clients avec ces derniers reposent aussi sur des droits contractuels et satisfont donc le critère légal-contractuel, même si C n'a pas de contrat en cours avec ces clients au 31/12/N.

Relations non contractuelles avec les clients

Question 22387

Les relations non contractuelles avec les clients doivent-elles être comptabilisées en immobilisations incorporelles séparément du goodwill ?

Réponse

Oui, dès lors qu'elles sont séparables de l'entreprise acquise (seules ou avec un actif, passif ou contrat lié). Tel est le cas s'il existe des transactions d'échange pour ce type d'actif ou un type d'actif similaire.

Commentaires Les relations clients non contractuelles ne bénéficiant pas de droits légaux doivent être constatées en immobilisations incorporelles séparément du goodwill dès lors qu'elles sont séparables de l'entreprise acquise (seules ou conjointement avec un actif, passif ou contrat lié), et ce, même si elles n'avaient pas été comptabilisées dans l'état de situation financière (ou bilan) de l'entreprise acquise. En effet, par définition, les relations clients non contractuelles ne répondent pas au critère « légal-contractuel ».

Les relations clients non contractuelles satisfont au critère de séparabilité s'il existe des éléments probants concernant l'existence de transactions d'échange pour ce type d'actif (ou d'actif similaire), même si ces transactions sont peu fréquentes, et même si l'acquéreur n'est pas partie prenante dans ces transactions (IFRS 3.B33 et .IE31), voir également n° 22300.

Les relations clients non contractuelles qui ne sont pas séparables ne peuvent pas être identifiées séparément du goodwill. Tel est le cas, à notre avis, des clients de passage non identifiables (« walk-up customers »), des parts de marché (voir n° 22395) et des fonds commerciaux (voir n° 22400).

Contrats potentiels en cours de négociation avec de nouveaux clients

Question 22390

Les contrats potentiels de l'entité acquise, en cours de négociation avec de nouveaux clients, doivent-ils être constatés en immobilisations incorporelles séparément du goodwill ?

Réponse

Non, ces contrats font partie du goodwill.

Commentaires A la date d'acquisition, l'entité acquise peut être en cours de négociation avec un certain nombre de nouveaux clients sans qu'un accord n'ait été conclu (par exemple sur le prix, sur les caractéristiques des produits...). Ces contrats n'étant pas identifiables, ils ne peuvent pas être constatés en immobilisations incorporelles séparément du goodwill (IFRS 3.B38).

En effet, bien que l'acquéreur puisse considérer que ces futurs contrats potentiels ont une valeur, ces contrats ne font l'objet d'aucun droit légal et contractuel, et il n'y a aucun historique d'une relation passée avec ces nouveaux clients (comme c'est le cas lorsque l'entité acquise a l'habitude d'établir des contrats avec ses clients, même si aucun contrat formel n'est en cours de validité à la date d'acquisition, voir n° 22385).

En outre, ces contrats ne sont pas séparables de l'entité acquise à la date d'acquisition puisqu'ils ne sont pas susceptibles d'être vendus, cédés ou échangés, n'ayant pas encore d'existence à cette date.

La survenance d'événements postérieurs à la date d'acquisition, comme la signature effective du contrat après la date d'acquisition, ne devrait pas induire de reclassement en immobilisation incorporelle du montant ainsi pris en compte dans le goodwill à la date d'acquisition (IFRS 3.B38).

Pour les conditions d'identification tardive des actifs identifiables de l'acquise pendant le délai d'affectation, voir n° 22130 s.

Toutefois, l'acquéreur doit apprécier les faits et circonstances relatifs à tout événement qui interviendrait à une date très proche de la date d'acquisition pour s'assurer que les conditions d'identification d'un actif incorporel identifiable n'étaient pas remplies à la date d'acquisition (IFRS 3.B38).

■ *Exemple*

La société B acquiert la société C. A cette date, des négociations sont en cours entre C et de nouveaux clients concernant des contrats dont les principales conditions, incluant le prix et les spécificités des produits, n'ont pas encore été convenues.

Solution de l'exemple *Bien que B puisse valoriser ces contrats en cours de négociation, les contrats potentiels avec de nouveaux clients ne satisfont pas le critère légal-contractuel parce qu'ils ne confèrent pas à l'acquéreur de droit contractuel ou légal à la date d'acquisition de C. En outre, il n'existe pas de pratique régulière d'établir de contrat entre la société C et ces nouveaux clients. Ces contrats potentiels ne sont donc pas séparables de l'entité acquise, parce qu'ils ne peuvent pas être vendus, transférés ou échangés.*
En conséquence, la valeur des contrats potentiels doit être comprise dans le goodwill.

Parts de marché

22395 ***Question***

Les parts de marché doivent-elles être constatées en immobilisations incorporelles séparément du goodwill ?

Réponse

Non, les parts de marché font partie du goodwill.

Commentaires Les parts de marché ne doivent pas être constatées en immobilisations incorporelles séparément du goodwill. En effet, les parts de marché ne répondent ni au critère légal-contractuel ni au critère de séparabilité, et ne constituent donc pas des immobilisations incorporelles identifiables, voir n° 22300. Elles font donc partie intégrante du goodwill.

Il convient de noter cependant que les parts de marché, telles qu'identifiées, évaluées et comptabilisées séparément en principes français, comprennent parfois plusieurs composantes dont certaines sont identifiables en tant que telles selon IFRS 3 et doivent donc être comptabilisées séparément.

Seules doivent donc être comprises dans le goodwill les parts de marché comprises au sens strict, c'est-à-dire les relations clients non contractuelles et non séparables, à l'exclusion des carnets de commandes, relations clients contractuelles et autres incorporelles identifiables au sens d'IFRS 3.

Fonds commercial

22400 ***Question***

L'identification d'un fonds commercial est-elle autorisée ?

Réponse

Non. Un fonds commercial, défini comme étant l'ensemble des éléments non identifiables du fonds de commerce, fait partie du goodwill.

Commentaires La comptabilisation d'un fonds commercial distinctement du goodwill n'est pas autorisée. En effet, les fonds commerciaux – tels que définis par le PCG art. 212-3, c'est-à-dire les éléments non identifiables du fonds de commerce – ne remplissent pas, par définition, les critères généraux d'identification des immobilisations incorporelles séparément du goodwill et notamment le critère de séparabilité, voir n° 22300.

Remarque Il ne faut pas confondre le fonds de commerce (qui comporte des éléments identifiables) et le fonds commercial (qui correspond aux éléments résiduels non identifiables, tout comme le goodwill).

3. Eléments incorporels liés aux arts

Question 22415

Les éléments incorporels liés aux arts (pièces de théâtre, opéras) doivent-ils être constatés en immobilisations incorporelles séparément du goodwill ?

Réponse

Oui, lorsqu'ils sont protégés par des droits légaux (copyright, propriété intellectuelle).

Commentaires Les éléments incorporels liés aux arts, acquis dans le cadre d'un regroupement d'entreprises, doivent être comptabilisés séparément du goodwill s'ils sont identifiables, c'est-à-dire s'ils sont protégés par des droits légaux (copyright, propriété intellectuelle). En effet dans ce cas, ces éléments remplissent les critères généraux d'identification des immobilisations incorporelles séparément du goodwill et notamment le critère légal-contractuel (IFRS 3.IE32 et .IE33), voir nº 22300.

Sont, par exemple, considérés comme des éléments incorporels liés aux arts : les pièces de théâtre, les opéras, les ballets, les livres, les magazines, les journaux ou autres œuvres littéraires, les œuvres musicales (compositions, paroles de chansons, jingles publicitaires, etc.), les images, les photographies et œuvres audiovisuelles (films, vidéoclips, émissions de télévision, etc.).

■ *Exemple*

L'entité H a acquis le groupe P. Le groupe P possède différentes unités opérationnelles, dont une dans le secteur de l'édition. Le groupe P a conclu plusieurs contrats à court terme avec des auteurs en vue : ces contrats lui donnent droit à l'édition de différentes publications devant s'étaler sur une période de six mois après la date d'acquisition de P par H.

Solution de l'exemple *Les contrats à court terme répondent à la définition d'un actif et doivent être comptabilisés séparément. Les avantages économiques futurs liés à ces contrats sont protégés par des droits légaux.*

4. Eléments incorporels liés à des contrats

Contrats conclus par l'acquise à des conditions favorables ou défavorables

Question 22425

Les contrats conclus par l'acquise à des conditions favorables ou défavorables par rapport aux conditions de marché à la date d'acquisition doivent-ils donner lieu à comptabilisation d'un actif ou d'un passif séparément du goodwill ?

Réponse

Oui, même si ce principe n'est explicitement prévu que pour certains contrats (par exemple, les contrats de travail de personnes clés), il pourrait à notre avis s'appliquer à l'ensemble des contrats conclus par l'acquise à des conditions favorables ou défavorables à la date d'acquisition.

Toutefois, en pratique, il peut être difficile d'apprécier le caractère favorable ou défavorable de certains contrats. Il est nécessaire de faire preuve de jugement et de considérer l'ensemble des faits et circonstances, en particulier :
- l'ensemble des éléments du contrat tels que les conditions financières, la durée du contrat, les clauses de renouvellement (discrétionnaires ou non) ; et
- l'évolution du marché (prix, législation...).

En ce qui concerne les contrats de location dans lesquels l'entreprise acquise est locataire, le caractère favorable ou défavorable du contrat est pris en compte directement dans l'évaluation de l'actif « droit d'utilisation » (IFRS 16), voir nº 22455.

Commentaires La norme IFRS 3 précise que les contrats de travail de personnes clés, s'ils sont avantageux du point de vue de l'acquéreur, doivent donner lieu à la comptabilisation d'une immobilisation incorporelle séparément du goodwill s'ils sont conclus à des conditions favorables par rapport aux conditions de marché à la date d'acquisition (IFRS 3.IE37 ; voir n° 22475).

La norme IFRS 16, Contrats de location, a amendé IFRS 3 et a supprimé l'exemple des contrats de location simple dans laquelle l'entité acquise est locataire (anciennement IFRS 3.B29). Le caractère favorable ou défavorable d'un contrat de location est désormais pris en compte directement dans l'évaluation de l'actif « droit d'utilisation » (IFRS 3.28B).

Par ailleurs, la norme IFRS 3 indique que les contrats défavorables donnent lieu à comptabilisation d'une dette séparément du goodwill (IFRS 3.IE34). Il peut s'agir par exemple de contrats clients, de contrats de publicité, de services ou d'approvisionnement.

Ces précisions pourraient à notre avis s'appliquer de manière générale à tout contrat favorable ou défavorable (par exemple, contrat d'achats ou d'approvisionnement), puisqu'elles sont cohérentes avec le principe de juste valeur applicable à l'ensemble des actifs et passifs identifiables lors d'un regroupement d'entreprises (IFRS 3.18).

Toutefois en pratique, il peut être difficile d'apprécier le caractère favorable ou défavorable de certains contrats. Il est nécessaire de faire preuve de jugement et de considérer l'ensemble des faits et circonstances, en particulier :
- l'ensemble des éléments du contrat tels que les conditions financières, la durée du contrat, les clauses de renouvellement (discrétionnaires ou non) ; ou encore
- l'évolution du marché (prix du marché, législation...).

Remarques :
1. Lorsque les conditions favorables ou défavorables se rapportent à un contrat qui remplit les critères de comptabilisation (séparément du goodwill), le caractère favorable ou défavorable des termes du contrat est pris en compte dans la juste valeur de l'actif. Tel est le cas, par exemple, des contrats de location simple dans lesquels l'entreprise acquise est le bailleur, voir n° 22440.
2. Outre les contrats conclus entre l'acquise et un tiers, le caractère favorable ou défavorable d'un contrat est également pris en compte pour les contrats conclus entre l'acquéreur et l'acquise avant le regroupement et permettant à l'acquise d'utiliser un des actifs incorporels de l'acquéreur. Ces contrats donnent lieu, lors de leur réacquisition par l'acquéreur du fait du regroupement d'entreprises, à un profit ou à une perte lié(e) à son règlement, voir n° 22095.

Contrats de licence, de royalties, de franchises et droits de diffusion audiovisuelle

22430 ***Question***

Les contrats de licence, de royalties, de franchises, les droits de diffusion audiovisuelle et autres contrats similaires doivent-ils être constatés en immobilisations incorporelles séparément du goodwill ?

Réponse

Oui. Ces contrats résultent de droits légaux ou contractuels.

Commentaires Les contrats de licence, de royalties, de franchises, les droits de diffusion audiovisuelle et autres contrats similaires doivent être constatés en immobilisations incorporelles séparément du goodwill.

En effet, ces contrats répondent à la définition des immobilisations incorporelles car ils résultent de droits légaux ou contractuels (IFRS 3.IE34), voir n° 22300.

Contrats de publicité, de construction, de gestion, de fourniture de services ou d'approvisionnement

22435 ***Question***

Les contrats de publicité, de construction, de gestion, de fourniture de services ou d'approvisionnement et autres contrats similaires doivent-ils être constatés en immobilisations incorporelles séparément du goodwill ?

Réponse

Oui, en général.

Outre la comptabilisation de ces contrats eux-mêmes, il est également nécessaire de comptabiliser séparément les relations avec les clients concernés (voir n° 22385) mais en évitant tout double emploi lors de l'évaluation.

Commentaires Les contrats de publicité, de construction, de gestion, de fourniture de services ou d'approvisionnement et autres contrats similaires doivent être constatés en immobilisations incorporelles séparément du goodwill.

En effet, ces contrats répondent à la définition des immobilisations incorporelles et notamment au critère légal-contractuel (IFRS 3.IE34), voir n° 22300.

Remarque Les relations commerciales avec les clients concernés sont considérées comme des relations clients contractuelles et doivent être également comptabilisées séparément du goodwill (en plus des contrats eux-mêmes), mais en évitant tout double emploi dans l'évaluation, voir n° 22385.

Contrats de location simple (entreprise acquise = bailleur)

Question 22440

Les contrats de location simple dans lesquels l'entreprise acquise est le bailleur doivent-ils donner lieu à la constatation d'une immobilisation incorporelle séparément du goodwill ?

Réponse

Non. Les contrats de location simple ne donnent pas lieu à la constatation d'un actif incorporel. En revanche, l'évaluation de l'actif corporel donné en location tient compte des termes du contrat de location (favorables ou défavorables) par rapport aux conditions du marché.

Commentaires :

Pour les dispositions relatives à la classification côté bailleur d'un contrat en contrat de location-financement ou contrat de location simple sous IFRS 16, voir n° 33020 s.

Les contrats de location simple dans lesquels l'entreprise acquise est le bailleur ne donnent pas lieu à la comptabilisation d'un actif incorporel. En revanche, lors de l'évaluation à la date d'acquisition des actifs donnés en location, leur juste valeur tient compte des termes du contrat de location (IFRS 3.B42).

Autrement dit, il n'est pas possible de comptabiliser séparément les deux éléments suivants :
- d'un côté, l'actif donné en location à la juste valeur de marché indépendamment de l'existence du contrat de location (100 par exemple) ; et
- de l'autre côté, en immobilisation incorporelle, les conditions favorables des termes du contrat de location acquis (20 par exemple).

L'ensemble doit être comptabilisé comme un seul actif (pour 120) (IFRS 3.B42).

Remarque Les relations clients contractuelles attachées à ces contrats de location et qui correspondent notamment aux possibilités de conclusion de nouveaux contrats avec les mêmes clients peuvent donner lieu à comptabilisation d'une immobilisation incorporelle sous certaines conditions, voir n° 22385.

Contrats de location-financement (entreprise acquise = bailleur)

Question 22450

Les contrats de location-financement dans lesquels l'entreprise acquise est le bailleur doivent-ils être comptabilisés en immobilisations incorporelles séparément du goodwill ?

Réponse

Non. Ces contrats sont comptabilisés séparément du goodwill, mais en tant que créances financières de location-financement et non en tant qu'immobilisations incorporelles.

En revanche, une relation client liée à un contrat de location-financement dans lequel l'entreprise est le bailleur peut devoir être comptabilisée séparément du goodwill.

Commentaires :

Pour les dispositions relatives à la classification côté bailleur d'un contrat en contrat de location-financement ou contrat de location simple sous IFRS 16, voir n° 33020 s.

Les contrats de location-financement dans lesquels l'entreprise acquise est le bailleur sont comptabilisés séparément du goodwill, en tant que créances financières de location-financement.

En effet, pour un bailleur, un contrat de location-financement peut être assimilé à une « vente » à crédit. Ainsi, à la date de prise d'effet du contrat, le bailleur doit comptabiliser dans son bilan les actifs détenus en vertu d'un contrat de location-financement et les présenter comme des créances pour un montant égal à l'investissement net dans le contrat (IFRS 16.67).

L'investissement net dans le contrat comprend la valeur actualisée au taux d'intérêt implicite du contrat des paiements de location à recevoir par le bailleur au titre du contrat de location-financement, majorée de toute valeur résiduelle non garantie revenant au bailleur (IFRS 16.A).

En revanche, une relation client liée à un contrat de location-financement dans lequel l'entreprise est le bailleur peut devoir être comptabilisée séparément du goodwill, voir n° 22385.

Contrats de location (entreprise acquise = locataire)

22455 ***Question***

Lorsque l'entreprise acquise est locataire, comment les contrats de location identifiés en application d'IFRS 16 doivent-ils être comptabilisés ?

Réponse

Ces contrats doivent donner lieu à la comptabilisation de deux éléments séparément du goodwill :
- d'une part, un droit d'utilisation (présenté à l'actif du preneur soit séparément des autres actifs soit au sein des immobilisations de même nature que les actifs sous-jacents loués) ; et
- d'autre part, une dette de loyers.

La dette de loyers est évaluée à la valeur actualisée des paiements de loyers restants, comme si le contrat de location acquis était un nouveau contrat de location à la date d'acquisition.

Le droit d'utilisation est quant à lui égal au montant de la dette de loyers, ajusté de manière à refléter le caractère favorable ou défavorable des conditions du contrat de location par rapport à celles du marché.

Commentaires Les contrats de location dans lesquels l'entreprise acquise est locataire ne doivent pas donner lieu à la comptabilisation séparée d'une immobilisation incorporelle. En effet, selon IFRS 3.28A, les contrats de location identifiés en application d'IFRS 16 dans lesquels l'entreprise acquise apparaît en tant que preneur entraînent la comptabilisation des actifs au titre du droit d'utilisation et des dettes de loyers.

L'acquéreur doit évaluer la dette de loyers à la valeur actualisée des paiements de loyers restants (tels que définis selon IFRS 16), comme si le contrat de location de l'acquise était un nouveau contrat de location à la date d'acquisition.

Conformément à IFRS 16, l'évaluation de la dette de loyers nécessite d'actualiser les paiements de loyers restants au taux d'intérêt implicite du contrat, s'il est aisément déterminé, ou, à défaut au taux d'endettement marginal du preneur (la société acquise), à la date d'acquisition.
Sur le taux d'actualisation des paiements de loyers restants, voir n° 33003.

Il doit évaluer l'actif comptabilisé au titre du droit d'utilisation au montant de la dette des loyers, ajusté de manière à refléter le caractère favorable ou défavorable des conditions du contrat de location par rapport à celles du marché (IFRS 3.28B).

L'acquéreur n'est cependant pas tenu de comptabiliser les actifs au titre du droit d'utilisation et les dettes de loyers pour (IFRS 3.28A) :
- les contrats de location dont le terme de la durée (au sens d'IFRS 16) se situe dans les 12 mois suivant la date d'acquisition (et non la date de prise d'effet du contrat pour la société acquise) ; ou
- les contrats de location dont l'actif sous-jacent est de faible valeur (selon les explications d'IFRS 16.B3 à .B8).

Concernant l'exemption applicable à un contrat d'une durée résiduelle inférieure à 12 mois : cette exemption s'apprécie à la date d'acquisition de la société acquise et non à la date de conclusion du contrat de location par cette dernière. Par ailleurs, si au cours de cette période résiduelle, une modification est apportée au contrat, ou en cas de changement de la durée du contrat, le contrat sera considéré comme un nouveau contrat de location aux fins de la norme (IFRS 16.7).
Concernant l'exemption de faible valeur : cette exemption s'apprécie au regard de la valeur individuelle à neuf de l'actif sous-jacent au contrat de location à la date d'acquisition (et non sa valeur à la date d'acquisition ou à la date de conclusion du contrat de location).

Permis de construire

22465

Question

Les permis de construire doivent-ils être constatés en immobilisations incorporelles séparément du goodwill ?

Réponse

Oui. Les permis de construire satisfont aux conditions générales d'identification des immobilisations incorporelles séparément du goodwill (voir nº 22300), et notamment au critère légal-contractuel.

Commentaires Les permis de construire remplissent en effet les critères généraux d'identification des immobilisations incorporelles séparément du goodwill et notamment le critère légal-contractuel (IFRS 3.IE34), voir nº 22300.

Contrats de travail de personnes clés ayant des compétences techniques spécifiques

22475

Question

Les contrats de travail de personnes clés ayant des compétences techniques spécifiques doivent-ils être constatés en immobilisations incorporelles séparément du goodwill ?

Réponse

Oui, s'ils sont avantageux du point de vue de l'acquéreur. Ces contrats doivent, à notre avis, faire l'objet d'une analyse au cas par cas, compte tenu de leur diversité et de la difficulté à évaluer l'avantage pour l'acquéreur.

Commentaires Les contrats de travail de personnes clés, s'ils sont avantageux du point de vue de l'acquéreur, remplissent les critères généraux d'identification des immobilisations incorporelles séparément du goodwill, et notamment le critère légal-contractuel (IFRS 3.IE37), voir nº 22300.

Ces contrats doivent, à notre avis, faire l'objet d'une analyse au cas par cas, compte tenu :

a. de leur diversité : le contenu de ces contrats peut être très variable d'un contrat à l'autre et certains d'entre eux n'offrent que des garanties limitées à l'acquéreur en cas de prise de contrôle ; et

b. de la difficulté à évaluer l'avantage pour l'acquéreur (voir nº 22425) : en pratique, il peut être difficile d'apprécier si ces contrats sont avantageux pour l'acquéreur, notamment en l'absence de savoir-faire très spécifique du salarié, ou de son rôle stratégique pour l'entreprise, et/ou d'une différence significative entre sa rémunération et les conditions de rémunération sur le marché à la date d'acquisition.

Personnel de l'entreprise acquise pris dans son ensemble

22480

Question

Le personnel de l'entreprise acquise pris dans son ensemble doit-il être constaté en immobilisations incorporelles séparément du goodwill ?

Réponse

Non. Le personnel de l'entreprise acquise pris dans son ensemble fait partie du goodwill.

Commentaires :
1. **Définition du personnel de l'entreprise acquise pris dans son ensemble (« assembled workforce »)** Le capital humain de l'entreprise acquise (IFRS 3.B37) représente l'ensemble des salariés permettant à l'acquéreur de poursuivre les activités de l'acquise immédiatement après la date d'acquisition.

Ainsi, le capital humain aurait une valeur du fait que l'acquéreur n'est pas obligé de rechercher, recruter et former de nouveaux salariés à la suite du regroupement.

2. **Comptabilisation séparée du goodwill** Le capital humain de l'entreprise acquise ne peut pas être comptabilisé séparément en immobilisation incorporelle et est constaté dans le goodwill, notamment parce qu'il ne répond pas à la définition d'une immobilisation incorporelle (IFRS 3.B37, .BC176 à .BC180 et IAS 38.15), voir n° 22300.

En effet :
- ce capital humain n'est ni protégé légalement ou contractuellement ni cessible séparément de l'entité acquise. Il n'est donc pas identifiable ;
- les avantages qui en découlent ne sont pas contrôlés par l'entité car elle ne peut empêcher une modification de sa composition.

Droits réacquis

22485 ***Question***

Les droits, accordés par l'acquéreur à l'acquise antérieurement au regroupement, et réacquis par l'acquéreur du fait du regroupement d'entreprises, donnent-ils lieu à la comptabilisation d'une immobilisation incorporelle séparément du goodwill ?

Réponse

Oui. Les droits réacquis satisfont le critère légal-contractuel et le critère de séparabilité d'une immobilisation incorporelle.

Commentaires Du fait d'un regroupement d'entreprises, un acquéreur peut récupérer le droit d'utiliser l'un de ses actifs incorporels (comptabilisé ou non à l'actif dans ses états financiers) qu'il aurait accordé à l'acquise avant le regroupement.

Tel peut être le cas, par exemple, d'un droit d'utilisation d'une marque de l'acquéreur dans le cadre d'une franchise ou d'un droit d'utilisation d'une technologie de l'acquéreur dans le cadre d'un accord de licence (« technology licensing agreement »).

Un droit ainsi réacquis constitue une immobilisation incorporelle à constater séparément du goodwill (IFRS 3.B35).

En effet, le droit réacquis satisfait le critère légal-contractuel et le critère de séparabilité et constitue la continuation d'un droit préexistant dont bénéficiait l'acquise avant le regroupement (IFRS 3.BC182 s.). Pour l'évaluation de ce droit à la date d'acquisition et sa comptabilisation ultérieure, voir n° 22095.

5. Eléments incorporels liés à la technologie

Projets de recherche et développement en cours à la date du regroupement

22490 ***Question***

Les projets de recherche et développement de l'entreprise acquise, en cours à la date du regroupement, doivent-ils être comptabilisés séparément en immobilisations incorporelles ?

Réponse

Oui :
- dès lors que les critères généraux d'identification des immobilisations incorporelles sont remplis (voir n° 22300), ce qui devrait généralement être le cas car ces projets répondent au moins au critère de séparabilité ; et
- indépendamment du respect ou non des conditions d'immobilisation énoncées par la norme IAS 38 pour les projets générés en interne.

Commentaires Les projets de recherche et développement en cours de l'entreprise acquise sont comptabilisés séparément en immobilisations incorporelles si et seulement si les critères généraux d'identification des immobilisations incorporelles sont remplis et ce, indépendamment du respect ou non des conditions d'immobilisation énoncées par la norme IAS 38, Immobilisations incorporelles, pour les projets générés en interne (IAS 38.34 et IFRS 3.BC149).

Ce devrait être généralement le cas car ces projets répondent au moins au critère de séparabilité. Par ailleurs, la transaction réalisée à la date d'acquisition démontre que ces projets sont porteurs d'avantages économiques futurs (IFRS 3.BC152).

De la même manière que pour les autres immobilisations incorporelles, la juste valeur des projets de recherche et développement acquis dans le cadre d'un regroupement d'entreprises est présumée pouvoir être évaluée de manière fiable, bien que le Board reconnaisse que cela nécessitera des estimations et l'exercice du jugement (IFRS 3.BC153).

En outre, ces actifs doivent être évalués à leur juste valeur déterminée sur la base de l'utilisation optimale qu'en feraient d'autres intervenants de marché, en tenant compte des hypothèses d'évaluation appropriées (IFRS 3.B43). Donc sans tenir compte des intentions de l'acquéreur ni de celles de l'entreprise acquise (conditions spécifiques d'exploitation, etc.). En effet, pour des raisons liées à la concurrence par exemple, l'acquéreur peut décider de ne plus utiliser un actif acquis ou de l'utiliser d'une manière différente de son utilisation optimale par d'autres intervenants de marché (IFRS 3.B43), voir nº 22035.

■ *Exemple*

L'entité S, un groupe pharmaceutique, acquiert l'entité B, un concurrent du secteur. L'entité B a engagé des coûts de recherche et développement importants pour le développement de deux nouveaux médicaments qui ont été soumis à des tests cliniques. Le premier médicament n'a pas obtenu d'autorisation réglementaire mais S pense pouvoir obtenir cette autorisation dans les deux ans. Le second médicament a récemment été autorisé. Les revenus que devraient générer ces deux produits constituent l'une des principales motivations de l'acquisition de B.

Solution de l'exemple *Les droits relatifs aux deux médicaments doivent être comptabilisés séparément du goodwill, car ils sont séparables de l'entité acquise. L'entité S aura le pouvoir d'obtenir les avantages économiques futurs correspondant à ces deux médicaments.*

La juste valeur des droits relatifs au premier médicament doit tenir compte de la probabilité et de la date d'obtention de l'autorisation réglementaire. Les frais de recherche ultérieurs seront comptabilisés en charges conformément à IAS 38. Les frais de développement seront immobilisés à compter de la date à laquelle les conditions d'IAS 38.57 seront remplies.

Concernant le second médicament, l'obtention de l'autorisation sera reflétée dans la juste valeur affectée à l'immobilisation incorporelle correspondante, voir nº 22495.

Projets de recherche et développement ayant abouti

Question 22495

Les projets de recherche et développement ayant abouti doivent-ils être constatés en immobilisations incorporelles séparément du goodwill ?

Réponse

Oui. En règle générale, ces projets répondent le plus souvent à la définition d'une immobilisation incorporelle, voir nº 22300.

Commentaires Les projets de recherche et développement ayant abouti doivent être constatés en immobilisations incorporelles séparément du goodwill. En effet, ces projets sont identifiables : ils sont généralement protégés juridiquement (brevets, autorisations de mise sur le marché, etc.) et les avantages économiques correspondants sont ainsi contrôlés.

Technologies brevetées

Question 22500

Les technologies brevetées doivent-elles être constatées en immobilisations incorporelles séparément du goodwill ?

Réponse

Oui, ces technologies remplissant le plus souvent les critères généraux d'identification des immobilisations incorporelles, voir nº 22300.

Commentaires Les technologies brevetées doivent être constatées en immobilisations incorporelles séparément du goodwill. En effet, ces technologies remplissent les critères généraux d'identification des immobilisations incorporelles séparément du goodwill et notamment le critère légal-contractuel (IFRS 3.IE39 ; voir également nº 22300), au même titre que les projets de développement ayant abouti (voir nº 22495).

Secrets commerciaux

22505 ***Question***

Les secrets commerciaux doivent-ils être constatés en immobilisations incorporelles séparément du goodwill ?

Réponse

Oui, mais à condition :
- qu'ils soient protégés juridiquement ;
- ou à défaut qu'ils soient séparables de l'entité acquise soit individuellement, soit conjointement avec un autre actif (par exemple une marque), un passif ou un contrat, ce qui est généralement le cas.

Dans le cas où le secret commercial ne peut être utilisé sans un autre actif incorporel, comme par exemple une marque et un savoir-faire intrinsèquement liés, les deux éléments peuvent être comptabilisés séparément du goodwill sur une ligne unique d'actif.

Commentaires :

1. Conditions générales pour que les secrets commerciaux soient constatés séparément en immobilisations incorporelles

Les secrets commerciaux concernent les formules, modèles, programmes, procédés, méthodes, techniques ou process qui créent de la valeur économique présente ou future en restant secrets et dont le secret est protégé.

Les secrets commerciaux remplissent en règle générale les critères généraux d'identification des immobilisations incorporelles séparément du goodwill, voir nº 22300. En effet, ils peuvent être protégés juridiquement ou être séparables de l'entité acquise individuellement ou conjointement avec d'autres actifs (IFRS 3.IE44).

2. Lien entre les secrets commerciaux et les autres actifs incorporels Dans le cas d'une entreprise acquise possédant, par exemple, une marque déposée et un savoir-faire non breveté nécessaire pour fabriquer le produit dont la marque est déposée, en première analyse, il semblerait que le savoir-faire réponde au critère de comptabilisation séparée du goodwill (actif séparable de l'entité acquise conjointement avec un autre actif). Toutefois, il convient, à notre avis, de prendre en compte l'existence du lien très étroit entre la marque et le savoir-faire et de comptabiliser les deux éléments sur une ligne unique, distincte du goodwill, dès lors que leurs durées d'utilité sont similaires (IFRS 3.IE21).

Ce qui devrait être le cas puisque les deux éléments sont inexploitables l'un sans l'autre.

Bases de données

22510 ***Question***

Les bases de données doivent-elles être constatées en immobilisations incorporelles séparément du goodwill ?

Réponse

Oui, en règle générale. Les bases de données qui sont protégées répondent au critère légal-contractuel. Celles qui ne le sont pas sont souvent échangées et répondent donc aux conditions d'identification des immobilisations incorporelles, voir nº 22300.

Commentaires Les bases de données doivent généralement être constatées en immobilisations incorporelles séparément du goodwill.

En effet, les bases de données protégées juridiquement répondent au critère légal-contractuel et celles qui ne sont pas protégées sont séparables puisqu'elles peuvent faire ou font l'objet d'échanges (IFRS 3.IE42 et .IE43), voir n° 22300.

C. Comptabilisation ultérieure des immobilisations incorporelles acquises lors d'un regroupement d'entreprises

Application des règles générales

Question 22530

Les règles d'évaluation des immobilisations incorporelles postérieurement à l'acquisition sont-elles différentes selon que ces immobilisations ont été acquises lors d'un regroupement d'entreprises ou séparément ?

Réponse

Non. Les règles d'évaluation ultérieure sont identiques que les immobilisations incorporelles aient été ou non acquises dans le cadre d'un regroupement d'entreprises.

Commentaires Les règles d'évaluation ultérieure des immobilisations incorporelles, telles que définies par les normes IAS 38 et IAS 36 (choix entre méthode du coût historique et méthode de la réévaluation, modalités d'amortissement, modalités de dépréciation et comptabilisation des sorties d'immobilisations), sont en effet identiques, quelles que soient les modalités d'acquisition de ces immobilisations (lors d'un regroupement d'entreprises, acquisition séparée ou développement en interne) (IFRS 3.B39).

Dans son rapport relatif à l'application d'IFRS 3 dans les états financiers, publié en juin 2014, l'ESMA a attiré l'attention des émetteurs sur la nécessité d'utiliser des hypothèses cohérentes pour l'évaluation de la juste valeur lors de la comptabilisation initiale des actifs et passifs acquis dans le cadre du regroupement d'entreprises et pour leur traitement comptable ultérieur (« ESMA Report : Review on the application of accounting requirements for business combinations in IFRS financial statements » – ESMA/2014/643, 06/14).

Ainsi, si la juste valeur d'un portefeuille client a été évaluée en tenant compte du taux de perte des clients, cette méthode doit être conservée dans le cadre de son amortissement.

SECTION IV

Dépréciation du goodwill

1. Test de dépréciation du goodwill : généralités

Etapes de réalisation du test de dépréciation du goodwill

Question 22620

Comment réaliser le test de dépréciation du goodwill ?

Réponse

Il convient de procéder par étapes, comme suit :

a. **affectation du goodwill**, selon les modalités précisées par la norme IAS 36, à une (ou plusieurs) unité(s) génératrice(s) de trésorerie (UGT) et réexamen de cette affectation dans certaines circonstances ;

b. réalisation des **tests de dépréciation des actifs identifiables de l'UGT** (ou du groupe d'UGT) présentant un indice de perte de valeur avant de réaliser le test de dépréciation du goodwill ;

c. réalisation du **test de dépréciation de l'UGT** (ou du groupe d'UGT), une perte de valeur étant constatée si sa valeur comptable, comprenant le goodwill qui lui est affecté, est supérieure à sa valeur recouvrable ;

d. **affectation en priorité au goodwill** de la perte de valeur ainsi déterminée ;

e. allocation de la **perte de valeur au groupe et aux intérêts minoritaires** le cas échéant ;

f. comptabilisation de la **perte de valeur du goodwill en résultat,** aucune reprise ultérieure n'étant autorisée.

Commentaires L'ensemble de ces étapes, permettant de mettre en œuvre le test de dépréciation du goodwill, est détaillé ci-après, voir n° 22635 s.

La norme IFRS 3 permet d'opter soit pour le goodwill partiel, soit pour le goodwill complet (voir n° 22170 s.). En conséquence, la norme IAS 36 prévoit, en cas de comptabilisation d'un goodwill complet, des modalités spécifiques d'allocation de la perte de valeur du goodwill entre groupe et intérêts minoritaires (IAS 36.C6).
Pour les modalités de comptabilisation des pertes de valeur du goodwill et leur allocation au groupe et aux minoritaires, voir n° 22712.

Evolution possible de la réponse Les difficultés d'application du test de dépréciation du goodwill devraient être traitées dans le cadre du projet de l'IASB « Regroupements d'entreprises - Informations à fournir, goodwill et dépréciation », voir n° 21406.

2. Fréquence et date de réalisation des tests de dépréciation

Principe

22635 ***Question***

Quelle est la fréquence de réalisation des tests de dépréciation du goodwill ?

Réponse

Un test de dépréciation annuel est obligatoire pour chaque goodwill. Ce test doit être réalisé de manière plus fréquente si des indices de perte de valeur apparaissent entre deux tests annuels.

En outre, un test de dépréciation du goodwill devrait en principe être réalisé avant la fin de l'exercice d'acquisition. Toutefois, en pratique, l'acquéreur dispose, à notre avis et sauf indice de perte de valeur, d'un délai supplémentaire pouvant aller jusqu'à la clôture de l'exercice qui suit celui de l'acquisition. Ce délai correspond au délai dont dispose l'acquéreur pour l'affectation définitive du goodwill aux UGT (ou groupes d'UGT).

Commentaires :

1. **Fréquence de réalisation des tests de dépréciation du goodwill** Il est obligatoire de réaliser tous les ans un test de dépréciation pour chaque goodwill ; ce test peut toutefois devoir être réalisé de manière plus fréquente si des indices de perte de valeur apparaissent entre deux tests annuels (IAS 36.10b et .90).

Il est possible de simplifier les tests de dépréciation annuels mais sous certaines conditions, voir n° 22725.
Pour des exemples d'indices de perte de valeur, voir IAS 36.12 à .14.

2. **Exercice d'acquisition d'une entité consolidée** En principe, un test de dépréciation du goodwill devrait être réalisé avant la fin de l'exercice d'acquisition (IAS 36.96). Toutefois, en pratique, l'acquéreur dispose, à notre avis et sauf indice de perte de valeur, d'un délai supplémentaire pouvant aller jusqu'à la clôture de l'exercice qui suit celui de l'acquisition. Ce délai correspond au délai dont dispose l'acquéreur pour l'affectation définitive du goodwill aux UGT (groupes d'UGT) (IAS 36.84 et .85).

Pour plus de détails, voir n° 22645.

Date de réalisation des tests annuels

22640

Question

A quelle date effectuer le test annuel de dépréciation du goodwill ?

Réponse

Toujours à la même date pour chaque unité génératrice de trésorerie (ou groupe d'unités génératrices de trésorerie) à laquelle (auquel) le goodwill est affecté. Cette date n'est pas nécessairement à la date de clôture de l'exercice.

Commentaires Cette disposition résulte d'IAS 36.96. En revanche, toutes les unités génératrices de trésorerie ne sont pas nécessairement testées à la même date ; plusieurs unités génératrices de trésorerie peuvent être testées à des dates différentes (IAS 36.96).

Pour la date de réalisation des tests de dépréciation d'un goodwill lié à une acquisition de l'exercice, voir n° 22645.

Date de réalisation des tests de dépréciation au titre des acquisitions de l'exercice

22645

Question

Les tests de dépréciation au titre des acquisitions de l'exercice peuvent-ils être reportés sur l'exercice suivant, par exemple pour attendre l'affectation définitive du goodwill aux UGT ?

Réponse

Oui, à notre avis, mais uniquement :

- si l'affectation du goodwill aux UGT (ou groupes d'UGT) ne peut pas être réalisée sur une base définitive avant la date de clôture de l'exercice d'acquisition ;

  Dans ce cas, cette affectation définitive et les tests de dépréciation doivent être réalisés au plus tard à la date de clôture de l'exercice suivant.

- et s'il n'existe pas d'indice de perte de valeur au cours de l'exercice d'acquisition.

Commentaires :

1. **Principe** Les tests de dépréciation du goodwill lié à une acquisition de l'exercice devraient en principe être réalisés avant la date de clôture de cet exercice (IAS 36.96).

   Ainsi, pour un exercice coïncidant avec l'année civile, un goodwill lié à une acquisition réalisée le 15/01/N devrait en principe être testé pour dépréciation au plus tard le 31/12/N.

2. **Possibilité, à notre avis, de reporter le test de dépréciation du goodwill jusqu'à la date de finalisation de l'affectation du goodwill aux UGT (ou groupes d'UGT)** Cette possibilité résulte de l'analyse suivante :

- la réalisation des tests de dépréciation du goodwill requiert l'affectation de ce goodwill aux UGT (ou groupes d'UGT), ce qui suppose en premier lieu que le montant du goodwill soit déjà déterminé (IAS 36.85) ;
- l'acquéreur dispose d'un délai maximum de 12 mois à compter de la date d'acquisition (IFRS 3.45 s.) pour finaliser la comptabilisation d'un regroupement d'entreprises qui n'était pas définitive à la date de clôture du premier exercice au cours duquel le regroupement est intervenu.

  Soit au plus tard le 14 mars N+1 dans l'exemple précité.

Toutefois, l'acquéreur dispose d'un délai plus long pour l'affectation du goodwill aux UGT (groupes d'UGT) pour les besoins des tests de dépréciation. Ce délai peut aller jusqu'à la clôture de l'exercice qui suit l'exercice d'acquisition (IAS 36.84).

Soit au plus tard le 31 décembre N+1 dans l'exemple précité.

Ainsi, à notre avis, l'acquéreur pourrait disposer d'un délai pouvant aller jusqu'à la date de clôture de l'exercice suivant l'exercice d'acquisition pour réaliser les tests de dépréciation du goodwill acquis.

3. **Conditions à respecter pour reporter les tests de dépréciation du goodwill sur l'exercice suivant l'exercice d'acquisition** A notre avis, les conditions à respecter devraient être les suivantes :

- l'acquéreur devrait mettre en œuvre les efforts nécessaires pour finaliser dans les meilleurs délais la comptabilisation définitive du regroupement d'entreprises et celle du goodwill aux UGT

(ou groupes d'UGT), les informations nécessaires étant généralement les mêmes pour les deux affectations ;

– le cas échéant, s'il existe un indice de perte de valeur au cours de l'exercice d'acquisition, le goodwill doit faire l'objet d'un test de dépréciation au cours de ce même exercice (IAS 36.90). Dans ce cas, l'acquéreur devra procéder, dès l'exercice d'acquisition, aux évaluations nécessaires des synergies avec des UGT existantes et des UGT acquises pour pouvoir allouer, même sur une base provisoire, l'ensemble du goodwill et procéder ainsi au test de dépréciation.

Si l'acquéreur comptabilise une perte de valeur sur des bases provisoires, toute correction de cette perte de valeur à la suite de l'ajustement de ces bases dans le cadre de la finalisation de l'allocation du prix doit, à notre avis, être comptabilisée de manière rétrospective.

Sur la possibilité d'avoir à comptabiliser une perte de valeur du goodwill dès l'exercice d'acquisition, voir nº 22650.

Comptabilisation d'une dépréciation du goodwill dès l'exercice d'acquisition

22650 ***Question***

La réalisation d'un test de dépréciation du goodwill au cours de l'exercice d'acquisition (voir nº 22645) peut-elle aboutir à la comptabilisation d'une perte de valeur dès cet exercice ?

Réponse

Oui, dans des cas particuliers, notamment :

– si l'acquisition a été surpayée (erreur dans l'évaluation du prix, etc.), ce qui devrait être peu fréquent en pratique ; ou

– si les conditions économiques ont changé entre la date d'acquisition et la date de clôture de l'exercice.

Commentaires :

1. **Cas particuliers de la comptabilisation d'une perte de valeur du goodwill dès l'exercice d'acquisition** Une perte de valeur du goodwill pourrait être comptabilisée au cours de l'exercice d'acquisition dans les cas particuliers suivants :

– **si l'acquisition a été surpayée** : selon IFRS 3, ce cas est possible en principe. Le montant du sur-paiement étant difficile à évaluer de manière fiable à la date d'acquisition, il serait alors inclus dans le goodwill (et non pas constaté immédiatement en charges, de manière symétrique au produit constaté dans le cas d'une acquisition réalisée dans des conditions avantageuses, voir nº 22205). En conséquence, le goodwill devrait faire l'objet d'une dépréciation dès l'exercice d'acquisition (IFRS 3.BC382) ;

– **si les conditions économiques ont changé entre la date d'acquisition et la date de clôture** : cette situation est envisageable notamment dans des circonstances de difficultés économiques intervenues après la date d'acquisition.

2. **Incidences des restructurations ou investissements prévisionnels sur la perte de valeur du goodwill** Il est possible que le prix d'acquisition, et donc le goodwill, comprennent les incidences prévisionnelles (positives) de restructurations ou investissements futurs, alors que ces restructurations ou investissements ne sont pas pris en compte dans la valeur d'utilité parce qu'ils ne sont pas encore engagés conformément aux normes IFRS.

Cependant, ce cas relativement fréquent en pratique ne devrait pas aboutir à une perte de valeur « mécanique » du goodwill dès l'exercice d'acquisition. En effet, si ces restructurations/investissements ont un « caractère de marché », leurs effets positifs sont pris en compte dans la juste valeur nette des frais de cession qui est, en conséquence, probablement supérieure à la valeur d'utilité. La juste valeur nette des frais de cession est donc retenue comme valeur recouvrable, ce qui conduit ainsi à la non-prise en compte de perte de valeur du goodwill dès cette date.

3. **Incidences des impôts différés passifs sur la perte de valeur du goodwill** L'impôt différé passif constaté lors d'un regroupement d'entreprises peut induire une surévaluation « mécanique » du goodwill lorsque le montant d'impôt différé passif comptabilisé est supérieur à sa juste valeur.

Tel peut être fréquemment le cas en pratique puisque la norme IAS 12, Impôts sur le résultat, qu'il convient d'appliquer pour l'évaluation des impôts différés constatés lors d'un regroupement d'entreprises, interdit l'actualisation de l'impôt différé.

Cette surévaluation du goodwill pourrait dans certains cas se traduire par la constatation d'une perte de valeur mécanique du goodwill lorsque la valeur d'utilité est retenue comme valeur recouvrable.

En effet, la valeur d'utilité étant une valeur avant impôt, l'impôt différé passif ne doit pas être inclus dans la valeur comptable de l'UGT servant de base de comparaison à la valeur d'utilité et ne peut donc venir compenser le goodwill surévalué.

Afin d'éviter la constatation d'une perte de valeur de ce seul fait, il peut être recommandé de retenir, comme valeur recouvrable, la juste valeur nette des frais de cession (en ce sens, décision de l'ESMA EECS/0910-05, 12/09).

Pour plus de détails, voir n° 36315.

3. Affectation du goodwill aux UGT pour les tests de dépréciation

Principes généraux d'affectation du goodwill aux UGT

Question 22660

A quelles unités génératrices de trésorerie affecter le goodwill pour la réalisation des tests de dépréciation ?

Réponse

Aux unités (ou groupes d'unités) génératrices de trésorerie (UGT) :
- de l'acquise mais également à celles de l'acquéreur dans la mesure où on s'attend à ce que celles-ci tirent avantage du regroupement (synergies futures attendues) ; et
- qui représentent le niveau le plus fin de suivi par le groupe, dans le cadre de son reporting interne, de son retour sur investissement en y incluant le goodwill.

Le niveau d'affectation ne peut cependant pas être plus large qu'un secteur opérationnel tel que défini par IFRS 8, Secteurs opérationnels pour l'information sectorielle.

Commentaires :

1. **Nécessité d'affecter le goodwill à une UGT (ou groupe d'UGT)** Comme pour tous les actifs qui ne génèrent des flux de trésorerie que conjointement avec d'autres actifs ou groupes d'actifs et dont la valeur recouvrable ne peut être déterminée individuellement (IAS 36.66 à .67), le goodwill doit être affecté à une UGT (ou groupe d'UGT) pour pouvoir être testé pour dépréciation (IAS 36.80 à .81 et .C2).

L'UGT d'un actif (qui peut être le goodwill) est le plus petit groupe identifiable d'actifs comprenant cet actif dont l'utilisation continue génère des entrées de trésorerie largement indépendantes des entrées de trésorerie générées par d'autres actifs ou groupes d'actifs (IAS 36.6 et .68).

2. **Affectation du goodwill aux UGT de l'acquéreur dont on s'attend à ce qu'elles bénéficient du regroupement** Il convient d'affecter le goodwill (ou une partie du goodwill) aux UGT (ou groupes d'UGT) de l'acquéreur dont on s'attend à ce qu'elles tirent avantage du regroupement (synergies futures attendues) et ce, même si aucun actif ou passif identifiable de l'entreprise acquise n'a été affecté à ces unités (IAS 36.80 et .C2).

Il n'y a donc pas lieu d'affecter le goodwill aux seules UGT de l'entité acquise mais bien de tenir compte de l'ensemble des effets du regroupement, en se plaçant dans la perspective du groupe après le regroupement.

Par exemple, le goodwill lié à l'acquisition d'une entreprise du secteur des médias ayant pour seule activité le développement de « contenus » sera affecté à l'UGT de l'acquéreur spécialisée dans la mise en ligne (Internet) de ces contenus si c'est cette activité qui doit bénéficier des synergies liées à l'acquisition.

Et ce, même si les actifs et passifs identifiables acquis sont utilisés exclusivement pour le développement des contenus et donc affectés aux UGT de l'entité acquise.

3. **Lien avec le reporting interne : affectation du goodwill au niveau le plus fin auquel le groupe opère le suivi de son retour sur investissement en incluant le goodwill dans cet**

22660 (suite) **investissement** L'IASB considère en effet que la seule base raisonnable d'affectation du goodwill consiste à retenir le niveau auquel le goodwill est géré et ses performances appréciées pour les besoins du reporting interne, c'est-à-dire en principe le niveau auquel le goodwill serait naturellement associé (IAS 36.80a et .BC139 à .BC144 ; voir Exemple ci-après).

Il est donc parfois nécessaire de se placer – pour les besoins du test de dépréciation du goodwill et afin d'éviter une affectation arbitraire – à un niveau de découpage des activités qui comprend plusieurs UGT (IAS 36.81).

En revanche, il n'est pas possible de regrouper plusieurs UGT pour les tests de dépréciation du goodwill (par exemple, lorsque ces UGT ont les mêmes caractéristiques économiques) si le goodwill est suivi par la direction pour son reporting interne au niveau de chacune de ces UGT.

En effet, l'IASB considère que si le groupe a connaissance, au travers de son reporting interne, de la dépréciation du goodwill au niveau d'une UGT (ou d'un groupe d'UGT), il doit communiquer cette information à l'extérieur (au travers de la comptabilisation éventuelle d'une perte de valeur), sans pouvoir opérer une quelconque compensation avec les « plus-values latentes » existant au niveau des autres UGT, même si elles ont les mêmes caractéristiques économiques (IAS 36.BC145c et .BC150).

En conclusion, il existe un lien très fort entre l'affectation du goodwill pour les besoins des tests de dépréciation et le reporting interne, de sorte qu'il n'est généralement pas nécessaire de développer des outils de reporting spécifiques pour ces tests, sauf si le groupe suit le goodwill à un niveau plus large que le découpage sectoriel (IAS 36.BC140) (voir Exemple ci-après).

Ainsi, si la direction suit dans son reporting interne le goodwill à un niveau plus élevé que celui des UGT (ou groupes d'UGT) identifiées comme devant bénéficier du goodwill, celui-ci peut être testé à ce niveau plus élevé utilisé par la direction pour son reporting interne, dès lors que ce niveau ne dépasse pas celui d'un secteur opérationnel (voir point 4.).

4. Lien avec les secteurs définis pour l'information sectorielle Une UGT (ou un groupe d'UGT) à laquelle (auquel) le goodwill est affecté ne doit pas être plus large qu'un secteur opérationnel déterminé conformément à IFRS 8, Secteurs opérationnels (IAS 36.80 s. et .BC139 s.).

La norme IAS 36 précise également que les segments opérationnels visés sont les segments opérationnels identifiés individuellement (et tels que définis par la norme IFRS 8.5), c'est-à-dire avant agrégation (IAS 36.80b).

5. Clés de répartition du goodwill entre les UGT devant bénéficier du regroupement La répartition du goodwill entre les différentes UGT devant bénéficier du regroupement doit être opérée sur une base raisonnable et permanente et refléter notamment :

a. la valorisation des synergies attendues au sein de chaque UGT (ou groupe d'UGT), ces synergies étant généralement évaluées en actualisant les profits ou économies attendus de ces synergies dans chaque UGT (ou groupe d'UGT) ;

A défaut d'une affectation tenant compte des synergies attendues, par exemple en cas d'affectation sur la base d'un prorata global par rapport au chiffre d'affaires ou au résultat d'exploitation, l'affectation peut conduire à allouer une partie du goodwill dans des UGT où aucune synergie n'est attendue, ce qui présente un risque fort de dépréciation lors du test de dépréciation.

b. l'existence d'actifs qui n'ont pas pu être comptabilisés séparément du goodwill mais qui sont clairement liés à une ou plusieurs UGT identifiées.

La présomption que le critère d'évaluation fiable est rempli pour tous les actifs incorporels devrait limiter le nombre d'actifs incorporels non reconnus à la date d'acquisition, voir n° 22300.

En pratique, il n'existe que rarement une analyse détaillée permettant d'évaluer séparément les composantes du goodwill (synergies attendues ou éléments incorporels n'ayant pas été comptabilisés séparément du goodwill, par exemple) et de les affecter de manière spécifique aux UGT concernées. En conséquence, une autre approche consiste à déterminer le goodwill lié à l'acquisition qui est affectable à chaque UGT par différence entre « la juste valeur du goodwill » de chaque UGT concernée (différence entre la juste valeur de l'UGT et celle de ces actifs et passifs identifiables, qu'ils soient ou non comptabilisés) avant et après l'acquisition (le goodwill additionnel étant le goodwill acquis).

■ *Exemple*

Lien entre le reporting et l'affectation du goodwill aux UGT *L'entité D, société internationale du secteur de la chimie, a acquis l'entité E qui opère dans le même secteur et qui possède 80 usines implantées dans 10 pays.*

Il y a un marché externe pour la production de chacune des usines, chaque usine a une comptabilité séparée et dispose d'informations sur ses flux de trésorerie.

L'entité E est gérée par zone géographique. La direction a décidé que chacun des 10 pays représentait le niveau le plus bas auquel le goodwill pouvait être affecté de façon raisonnable et cohérente. Dans

chacun des 10 pays, le plan de rémunération de la direction prévoit le suivi de certains ratios financiers. Ces ratios intègrent l'affectation du goodwill aux activités de chacun des 10 pays. Avant de racheter l'entité E, l'entité D n'était pas implantée dans ces 10 pays.

Solution de l'exemple *Chaque usine constitue une unité génératrice de trésorerie distincte. Cependant, le suivi du goodwill étant effectué opérationnellement au niveau du pays (comme le reflète d'ailleurs la rémunération des dirigeants opérationnels concernés), il devra être affecté à chacun des 10 pays dans lesquels ces usines sont implantées et non au niveau de chaque usine.*

Date d'affectation du goodwill aux UGT

Question 22665

A quelle date affecter le goodwill aux unités génératrices de trésorerie pour la réalisation des tests de dépréciation ?

Réponse

En principe, au plus tard à la clôture de l'exercice au cours duquel le regroupement d'entreprises est intervenu. Toutefois, il est possible de bénéficier d'un délai d'affectation allant jusqu'à la clôture de l'exercice qui suit celui de l'acquisition.

Commentaires :

1. **Délai d'affectation du goodwill aux UGT (ou groupes d'UGT) pour le test de dépréciation** Cette affectation doit en principe être réalisée au plus tard à la fin de l'exercice au cours duquel le regroupement d'entreprises est intervenu. Il est toutefois possible de bénéficier d'un délai d'affectation allant jusqu'à la clôture de l'exercice qui suit celui de l'acquisition (IAS 36.84).

L'entité devra indiquer en annexe les raisons pour lesquelles le goodwill n'a pas été intégralement affecté aux UGT ainsi que le montant du goodwill non affecté (IAS 36.133).

2. **Deux délais d'affectation de durées différentes** Les entreprises disposent donc de deux délais d'affectation de durées différentes :

– l'un de douze mois à compter de la date d'acquisition pour déterminer ou ajuster les justes valeurs des actifs acquis et des passifs assumés de l'acquise, non constatés ou constatés de manière provisoire lors de la comptabilisation initiale du regroupement, si l'acquéreur obtient des informations relatives à des faits et circonstances qui existaient déjà à la date d'acquisition (IFRS 3.45 s. et IAS 36.85) ;

Les éléments précités peuvent entraîner une modification corrélative de la valeur du goodwill pendant cette période, voir nº 22130.

– l'autre allant jusqu'à la clôture de l'exercice qui suit celui de l'acquisition pendant lequel l'affectation du goodwill aux unités génératrices de trésorerie peut être réalisée (IAS 36.84 et .BC151 à .BC152).

En pratique, l'affectation du goodwill devrait, **le plus souvent,** être finalisée en même temps que la finalisation de la comptabilisation du regroupement d'entreprises (détermination des actifs acquis et passifs assumés notamment), c'est-à-dire **dans les douze mois** suivant la date d'acquisition, les informations nécessaires étant les mêmes dans les deux cas.

Toutefois, un délai supplémentaire peut s'avérer nécessaire pour mettre en place soit une nouvelle organisation opérationnelle du groupe et définir, en conséquence, de nouvelles UGT ou groupes d'UGT, soit un nouveau reporting ou un reporting modifié.

A notre avis, dans le cas particulier où il y aurait un indice de perte de valeur du goodwill avant la clôture de l'exercice suivant l'exercice d'acquisition, une affectation, même provisoire, devrait être opérée avant cette date pour permettre la réalisation du test de dépréciation requis par IAS 36.90, voir nº 22645.

Incidence des cessions de titres ou de branches d'activités

Question 22670

En cas de cession partielle de l'UGT à laquelle le goodwill est affecté, comment déterminer la part du goodwill imputable au résultat de cession ?

Réponse

Au prorata des valeurs respectives de l'activité cédée et de la partie de l'UGT conservée, sauf si une autre méthode est plus adaptée.

Commentaires Lorsqu'une activité comprise dans une unité (ou un groupe d'unités) génératrice(s) de trésorerie à laquelle (auquel) un goodwill a été affecté pour la réalisation du test de dépréciation, est cédée, il est nécessaire de comptabiliser une partie du goodwill de l'UGT en résultat de cession (IAS 36.86).

En d'autres termes, il faut décomptabiliser le goodwill :
- soit totalement, s'il a été affecté à une UGT (ou un groupe d'UGT) qui est intégralement cédé(e) ;
- soit partiellement, si le goodwill avait été affecté à un groupe d'UGT et que certaines de ces UGT sont cédées, ou encore, si le goodwill avait été affecté à une UGT (ou groupe d'UGT) et qu'une activité de cette UGT (ou groupe d'UGT) est cédée.

Remarque En revanche, à notre avis, les cessions d'actifs isolés ou de groupes d'actifs non constitutifs d'une activité compris dans une unité génératrice de trésorerie ne devraient généralement pas donner lieu à une comptabilisation d'une partie du goodwill dans le résultat de cession.

Pour la notion d'activité selon IFRS 3, voir n° 21490.

La répartition du goodwill entre l'activité (les activités) cédée(s) et l'activité (les activités) conservée(s) est généralement réalisée sur la base des valeurs relatives de l'activité sortie et de la partie de l'UGT conservée, une autre méthode plus adaptée pouvant toutefois être retenue si elle permet de mieux refléter le goodwill relatif à l'activité cédée (IAS 36.86).

Pour plus de détails, voir n° 36565.

Incidence des réorganisations de la structure de reporting

22675 ***Question***

Faut-il procéder à une réaffectation du goodwill aux UGT en cas de modification de la structure du reporting interne du groupe ?

Réponse

Pas de manière systématique. La réaffectation du goodwill aux UGT dépend des effets de la réorganisation interne sur le suivi du goodwill. Ainsi, si la réorganisation interne a pour effet de :
- **scinder en plusieurs parties une UGT (ou un groupe d'UGT) existantes** (chaque partie étant affectée à d'autres UGT ou groupes d'UGT) : le goodwill doit être réaffecté en utilisant une méthode similaire à celle utilisée en cas de cession, voir n° 22670 ;
- **regrouper une UGT (ou un groupe d'UGT) avec d'autres UGT (ou groupes d'UGT)** : dans ce cas, la réallocation du goodwill à un niveau plus élevé n'est, à notre avis, possible que si la réorganisation a bien eu pour effet de modifier le niveau de suivi du goodwill et se traduit par de véritables changements d'organisation opérationnelle du groupe.

Commentaires A la suite d'une réorganisation du groupe, la composition d'une UGT (ou un groupe d'UGT) – à laquelle (auquel) un goodwill est rattaché – peut être modifiée. Ainsi, l'UGT (ou le groupe d'UGT) peut :

a. **avoir été scindée en plusieurs parties, chaque partie étant affectée à d'autres UGT ou groupes d'UGT existantes** : dans ce cas, le goodwill doit être réaffecté en utilisant une méthode similaire à celle utilisée en cas de cession (IAS 36.87), voir n° 22670 ;

Par exemple, une UGT A est scindée en deux groupes d'actifs (production et distribution), ces groupes d'actifs étant réalloués en raison d'une réorganisation interne du groupe respectivement à l'UGT B et l'UGT C.

b. **avoir été regroupée avec d'autres UGT (ou groupes d'UGT)** : dans ce cas, une réallocation du goodwill à un niveau plus élevé n'est, à notre avis, possible que si la réorganisation a bien eu pour effet de modifier le niveau de suivi du goodwill. Autrement dit, cela implique que de véritables changements d'organisation opérationnelle du groupe aient eu lieu.

Une modification de l'outil de reporting ou un changement de dirigeants ne suffisent pas à eux seuls à démontrer qu'il existe un véritable changement d'organisation opérationnelle.

Compte tenu des incidences que peut avoir un tel regroupement d'UGT sur le test du goodwill, il est à notre avis pertinent de s'assurer que cette réallocation n'a pas pour objectif d'éviter la constatation d'une perte de valeur du goodwill à la date de la réallocation.

Remarque – Incidence de la nouvelle affectation du goodwill sur les états financiers des périodes antérieures et sur l'information à fournir La modification du niveau auquel le goodwill est testé n'est pas un changement de méthode comptable au sens d'IAS 8, mais plutôt un changement de circonstances. En conséquence, la norme IAS 8 ne s'applique pas. Les tests de dépréciation réalisés antérieurement ne doivent donc pas être modifiés de manière rétrospective.

La nouvelle affectation des goodwills entre les UGT doit être mentionnée en annexe (IAS 36.130d.iii).

4. Fait générateur d'une perte de valeur du goodwill

Définition du fait générateur

22690

Question

Quel est le fait générateur d'une perte de valeur du goodwill ?

Réponse

Il y a perte de valeur du goodwill si et seulement si la valeur nette comptable de l'UGT (ou du groupe d'UGT) à laquelle (auquel) le goodwill est affecté est supérieure à la valeur recouvrable de cette UGT ou de ce groupe d'UGT.

La perte de valeur totale qui en découle est alors imputée en priorité sur le goodwill.

Commentaires :

1. **Fait générateur de la perte de valeur du goodwill** Il y a perte de valeur d'une UGT (ou d'un groupe d'UGT) si sa valeur nette comptable (comprenant, le cas échéant, celle du goodwill) est supérieure à sa valeur recouvrable, c'est-à-dire au montant le plus élevé de la juste valeur diminuée des coûts de la vente ou de la valeur d'utilité (cash-flows futurs actualisés) de cette UGT (ou de ce groupe d'UGT) (IAS 36.6, .74, .90, .104 et .C3).

Pour la détermination de la valeur recouvrable d'une UGT, voir nº 22715.

La norme IAS 36 (IAS 36.104) impose d'imputer en priorité sur le goodwill la perte de valeur de l'UGT (du groupe d'UGT) à laquelle (auquel) ce goodwill a été affecté.

2. **Compensation entre plus et moins-values latentes sur les différents éléments de l'UGT (ou du groupe d'UGT)** En pratique, il peut donc y avoir compensation entre les éventuelles moins-values latentes sur le goodwill et les plus-values latentes nettes sur les actifs et passifs identifiables qui sont implicitement incluses dans la juste valeur diminuée des coûts de la vente ou dans la valeur d'utilité de l'unité :

a. que ces actifs et passifs soient comptabilisés ou non ;

Par exemple, la valeur recouvrable de l'UGT (du groupe d'UGT) tient compte de la valeur des éléments incorporels générés en interne et non comptabilisés à l'actif.

b. et que ces actifs et passifs aient été générés par l'entreprise acquise ou le groupe acquéreur, avant ou après la date d'acquisition.

Par exemple, les incorporels non comptabilisés peuvent avoir été générés en interne :
- par l'entité acquise après la date d'acquisition (marques, etc.) ; ou
- par le groupe acquéreur, au sein des UGT bénéficiant des synergies attendues du regroupement, que ce soit avant l'acquisition ou après l'acquisition.

Pour la nécessité de procéder aux tests de dépréciation des actifs identifiables de l'UGT avant de réaliser le test de dépréciation du goodwill, voir nº 22695.

Perte de valeur du goodwill et des autres actifs de l'UGT (ou du groupe d'UGT)

22695 ***Question***

L'imputation de la perte de valeur d'une UGT en priorité sur le goodwill (voir nº 22690) ne risque-t-elle pas d'aboutir à l'imputation sur le goodwill de pertes de valeur qui concernent en fait les actifs identifiables ?

Réponse

Non, sauf cas particuliers. En effet, les actifs identifiables présentant un indice de perte de valeur doivent être testés pour dépréciation éventuelle avant le goodwill.

Commentaires En effet, lorsque les actifs identifiables de l'unité génératrice de trésorerie à laquelle le goodwill appartient font l'objet d'un test de dépréciation à la même date que l'UGT comprenant le goodwill (ou s'il existe un indice de perte de valeur de l'un de ces actifs), celui-ci doit être réalisé avant de réaliser le test de dépréciation du goodwill (IAS 36.97 s.).

De même, lorsqu'une UGT faisant partie du groupe d'UGT auquel est affecté le goodwill doit faire l'objet d'un test de dépréciation, celui-ci doit être réalisé avant de réaliser le test de dépréciation de ce groupe d'UGT pris dans son ensemble (IAS 36.97).

Il est donc raisonnable de penser que la perte de valeur de l'UGT (ou du groupe d'UGT) dans son ensemble, calculée après prise en compte des pertes de valeur de ses composantes identifiables, est bien liée à une perte de valeur du goodwill (IAS 36.BC168).

Il pourrait cependant arriver qu'un actif identifiable ait perdu de la valeur sans que le groupe ait identifié un indice de perte de valeur relatif à cet actif. Dans ce cas, si le test de dépréciation de l'UGT à laquelle l'actif est affecté fait apparaître une perte de valeur de l'UGT, la perte imputée en priorité sur le goodwill peut comprendre une perte de valeur de cet actif identifiable dont on n'a pas détecté la baisse de valeur autrement.

D'où l'intérêt de détecter avec soin les indices de perte de valeur des actifs identifiables, les pertes de valeur sur ces actifs étant réversibles en cas d'amélioration de la situation alors que les pertes de valeur du goodwill ne peuvent faire l'objet d'aucune reprise ultérieure (voir nº 22745).

■ *Exemple*

Une société internationale du secteur de la chimie, l'entité D, a acquis l'entité E qui opère dans le même secteur et qui possède 80 usines implantées dans 10 pays. Il y a un marché externe pour la production de chacune des usines, chaque usine a une comptabilité séparée et dispose d'informations sur ses flux de trésorerie.

L'entité E est gérée par zone géographique.

La direction suit le goodwill au niveau de chacun des 10 pays et l'a donc affecté au niveau de chacun de ces pays (voir Exemple au nº 22660). Avant de racheter l'entité E, l'entité D n'était pas implantée dans ces 10 pays.

Deux ans après l'acquisition, l'entité D décide de restructurer les activités acquises dans deux pays et, dans ce contexte, de fermer cinq usines dans ces deux pays.

Quatre ans après l'acquisition, de nouveaux produits lancés par des concurrents viennent supplanter certains des produits fabriqués par E et ce dans chacun des 10 pays. Chaque usine, prise individuellement, reste rentable.

Solution de l'exemple

1. Deux ans après l'acquisition *Chaque usine constitue une UGT distincte, D doit donc calculer la valeur recouvrable des cinq usines qu'elle a décidé de fermer pour réaliser le test de dépréciation de ces usines et constater, le cas échéant, les pertes de valeur correspondantes.*

La fermeture de ces usines constituant un indice de perte de valeur, le goodwill doit être testé au niveau du groupe d'UGT auquel le goodwill a été alloué (à savoir chacun des deux pays). En effet, malgré la restructuration, le goodwill n'a pas été réalloué et continue d'être suivi par pays. L'entité D doit ainsi déterminer la valeur recouvrable des activités de l'entité E dans chacun des deux pays dans lesquels les usines seront fermées. La valeur recouvrable de ces activités est comparée à leur valeur comptable, goodwill compris et après déduction des pertes de valeur éventuellement comptabilisées au titre des usines elles-mêmes.

Toute perte de valeur complémentaire identifiée vient tout d'abord en diminution de la valeur comptable du goodwill, puis est déduite des autres actifs, au prorata de leurs valeurs comptables, sans pouvoir ramener leur valeur comptable en dessous du plus élevé des trois montants suivants : juste valeur nette de frais de cession, valeur d'utilité, zéro (voir nº 22730).

En pratique, les usines ne pourront pas se voir imputer une perte de valeur complémentaire par rapport à celle éventuellement comptabilisée au titre de l'étape précédente.

2. Quatre ans après l'acquisition Il n'y a pas d'indice de perte de valeur des usines prises individuellement, il n'est donc pas nécessaire de procéder à un test de dépréciation au niveau des usines.

Il y a, en revanche, un indice de perte de valeur du goodwill. Ce dernier doit donc être soumis à un test de dépréciation au niveau du groupe d'UGT auquel il a été alloué de façon raisonnable et cohérente, c'est-à-dire comme dans la situation 1., au niveau de chacun des 10 pays.

La valeur recouvrable de ces activités est comparée à leur valeur comptable, goodwill compris.

Toute perte de valeur identifiée vient tout d'abord en diminution de la valeur comptable du goodwill, puis est déduite des autres actifs (dont les usines), au prorata de leurs valeurs comptables, sans toutefois pouvoir ramener ces valeurs comptables en dessous du plus élevé des trois montants suivants : juste valeur nette de frais de cession, valeur d'utilité, zéro.

Pour un exemple chiffré d'imputation de la perte de valeur d'une UGT (ou d'un groupe d'UGT) au goodwill et aux autres actifs identifiables, voir n° 22730.

5. Montant de la perte de valeur du goodwill

Calcul de la perte de valeur

22710

Question

Comment calculer la perte de valeur du goodwill ?

Réponse

La perte de valeur du goodwill est égale à l'excédent :

- de la valeur nette comptable de l'UGT à laquelle le goodwill est affecté, y compris la valeur nette comptable de ce goodwill ;
- sur la valeur recouvrable de cette UGT, c'est-à-dire le montant le plus élevé de sa juste valeur diminuée des coûts de la vente ;
- et de sa valeur d'utilité (cash-flows futurs actualisés).

Lorsque cet excédent (perte de valeur de l'UGT) est supérieur à la valeur comptable du goodwill, celle-ci est ramenée à zéro et la différence est imputée sur la valeur nette comptable des autres actifs de l'UGT.

Commentaires :

1. **Imputation prioritaire de la perte de valeur de l'UGT ou du groupe d'UGT sur le goodwill** Comme expliqué au n° 22690, la perte de valeur du goodwill ne résulte pas du calcul d'une valeur recouvrable spécifique mais plutôt de l'imputation en priorité sur le goodwill de l'éventuelle perte de valeur de l'UGT (ou du groupe d'UGT) à laquelle (auquel) il est affecté.

Si la perte de valeur de l'UGT ou du groupe d'UGT est supérieure à la valeur nette comptable du goodwill, celle-ci est ramenée à zéro et l'excédent est réparti entre les autres actifs de l'UGT ou du groupe d'UGT selon les modalités définies par IAS 36 (IAS 36.104 à .108), voir n° 22730.

2. **Compensation entre moins-values latentes sur le goodwill et plus-values latentes sur d'autres actifs et passifs** Les modalités de calcul de la perte de valeur du goodwill telles que décrites par IAS 36 (IAS 36.104) entraînent une compensation entre les moins-values latentes sur le goodwill et les éventuelles plus-values latentes sur les autres actifs et passifs, voir n° 22690.

Filiale non détenue à 100 % : perte de valeur du goodwill et allocation au groupe et aux intérêts minoritaires

22712

Question

Quelles sont les particularités de calcul de la perte de valeur du goodwill et de son allocation entre le groupe et les intérêts minoritaires lorsque le goodwill porte sur une filiale non détenue à 100 % ?

Réponse

Lorsque l'acquéreur choisit d'utiliser la **méthode du goodwill partiel** pour l'acquisition d'une filiale non détenue à 100 %, la valeur nette comptable de l'UGT (ou du groupe d'UGT) est augmentée de la part des intérêts minoritaires dans le goodwill pour la

22712 (suite) réalisation du test de dépréciation du goodwill. C'est cette valeur ajustée qui est ensuite comparée à la valeur recouvrable de l'UGT (ou du groupe d'UGT).

Lorsque l'acquéreur choisit d'utiliser la **méthode du goodwill complet,** un tel ajustement de la valeur comptable n'est pas nécessaire (le goodwill des intérêts minoritaires étant déjà pris en compte). Il convient, en revanche, d'allouer la perte de valeur du goodwill entre groupe et intérêts minoritaires. La norme IAS 36 prévoit des modalités d'allocation différentes selon que la filiale non contrôlée à 100 % est elle-même une UGT ou fait partie d'une UGT plus large.

Commentaires :

1. Utilisation de la méthode du goodwill partiel : ajustement de la valeur comptable de l'UGT (ou du groupe d'UGT) pour tenir compte de la part des intérêts minoritaires dans le goodwill Si l'acquéreur choisit d'évaluer les intérêts minoritaires dans l'acquise sur la base de leur quote-part dans la juste valeur de l'actif net identifiable acquis (et non à leur juste valeur, voir nº 22170), il est nécessaire de réintégrer le goodwill afférent aux intérêts minoritaires dans la valeur nette comptable de l'UGT (ou du groupe d'UGT) dans le cadre du test de dépréciation du goodwill (IAS 36.C4).

Cela permet de comparer la valeur recouvrable et la valeur comptable de l'UGT établies sur des bases cohérentes.

Le goodwill afférent aux intérêts minoritaires est en effet inclus dans la valeur recouvrable de l'UGT (du groupe d'UGT) mais pas dans la valeur nette comptable de l'UGT ou du groupe d'UGT testé (selon la méthode du goodwill partiel, cette partie du goodwill n'est pas comptabilisée dans les états financiers de l'acquéreur).

En effet, seule la part du groupe dans le goodwill est constatée lorsque le groupe choisit la méthode du goodwill partiel (IAS 36.C4 et .C8).

Pour le calcul de la valeur recouvrable et de la perte de valeur d'une UGT (d'un groupe d'UGT), voir nº 36305 s.

La norme IAS 36 fournit un exemple illustrant la manière de réaliser le test de dépréciation dans ce cas (voir Exemple 1 ci-après).

Un tel ajustement de la valeur comptable n'est en revanche pas nécessaire lorsque le groupe utilise la méthode du goodwill complet (le goodwill des intérêts minoritaires étant déjà pris en compte).

2. Utilisation de la méthode du goodwill complet – Allocation de la perte de dépréciation du goodwill entre part du groupe et part des intérêts minoritaires Cette allocation est réalisée de manière différente selon que la filiale (ou une partie de la filiale) non contrôlée à 100 % est elle-même une UGT ou pas.

a. Si la filiale (ou une partie de la filiale) non contrôlée à 100 % constitue une UGT, la perte de valeur du goodwill est allouée au groupe et aux intérêts minoritaires à hauteur du pourcentage d'intérêts de la filiale (IAS 36.C6).

La norme IAS 36 fournit un exemple illustrant la manière de réaliser le test de dépréciation dans ce cas (voir Exemple 2 ci-après).

b. Si la filiale (ou une partie de la filiale) fait partie d'une UGT plus large, c'est alors la perte de dépréciation de l'UGT plus large, à laquelle la filiale (ou une partie de la filiale) appartient, qu'il convient d'allouer (IAS 36.C7) :

– en priorité sur le montant du goodwill (ou des différents goodwills) affecté(s) à cette UGT (voir nº 22620) ;

Si différents goodwills ont été affectés à l'UGT, la répartition de la perte de valeur entre ceux-ci se fait au prorata de leurs valeurs nettes comptables respectives avant dépréciation. En outre, si une partie de cette dépréciation est allouée à des goodwills relatifs à des filiales non contrôlées à 100 %, il convient d'effectuer une répartition entre groupe et intérêts minoritaires, de la même manière que se répartit le résultat de la filiale.

– toute perte de valeur résiduelle qui n'a pu être affectée au(x) goodwill(s) de cette UGT doit faire l'objet d'une répartition entre les autres actifs de l'UGT (du groupe d'UGT), au prorata de leur valeur nette comptable respective. Parmi ces autres actifs détenus par des filiales non contrôlées à 100 %, il convient de répartir la partie de la perte de dépréciation entre groupe et intérêts minoritaires, de la même manière que se répartit le résultat de la filiale.

La norme IAS 36 fournit un exemple illustrant la manière de réaliser le test de dépréciation dans ce cas (voir Exemple 3 ci-après).

Remarque En septembre 2010, l'IFRS IC a examiné différentes situations dans lesquelles l'application de la méthode de calcul et d'allocation de la perte de valeur du goodwill pouvait aboutir à des incohérences. Il en est ainsi notamment lorsque : **22712** (suite)

- une partie des intérêts minoritaires est évaluée à la juste valeur et l'autre partie est évaluée selon la méthode du goodwill partiel en fonction de leur quote-part dans l'actif net de la filiale (voir n° 22165) ;
- le goodwill attribuable aux minoritaires n'est pas proportionnel à celui attribuable à la société mère (par exemple, du fait de l'existence d'une prime de contrôle) ; et
- des transactions entre le groupe et les minoritaires ont conduit à une variation d'intérêts depuis la comptabilisation initiale du goodwill.

L'IFRS IC a décidé de ne pas proposer d'amendement pour résoudre ces sujets.

Evolution possible de la réponse Les difficultés d'application liées au test de dépréciation du goodwill devraient être traitées dans le cadre du projet de l'IASB « Regroupements d'entreprises – Informations à fournir, goodwill et dépréciation », voir n° 21406.

■ *Exemple 1*

*(IAS 36.IE62 à .IE68) – **Intérêts minoritaires évalués au prorata de la valeur des actifs nets identifiables (goodwill partiel)** Le 1/01/N, une société A acquiert 80 % du capital d'une société B pour 2 100.*
A la date d'acquisition :
– la juste valeur de l'actif net identifiable de B est de 1 500 ;
– les intérêts minoritaires sont évalués au prorata de leur quote-part dans l'actif net identifiable de B, soit 300 (1 500 × 20 %) ;
– le goodwill partiel est de 900, il correspond à la différence entre : le prix payé par A augmenté du montant des intérêts minoritaires (2 400 = 2 100 + 300) et le montant de l'actif net identifiable de B (1 500).
La société B constitue une UGT. La société A considère que d'autres UGT bénéficieront également des synergies générées par l'acquisition de B et leur a donc alloué une part du goodwill pour 500. En conséquence, le goodwill relatif à l'UGT B est de 400.
A la fin de l'exercice N, A considère que la valeur recouvrable de l'UGT B s'élève à 1 000. La valeur nette comptable de B hors goodwill est de 1 350.

Solution de l'exemple 1

***1. Calcul de la perte de valeur de l'UGT B** A la fin de l'exercice N, le calcul de la perte de valeur se résume comme suit :*

	Goodwill de B	*Actifs nets identifiables*	*Total*
Valeur nette comptable	*400*	*1 350*	*1 750*
Intérêts minoritaires non comptabilisés [(1)]	*100*		*100*
Valeur nette comptable ajustée (X)	*500*	*1 350*	*1 850*
Valeur recouvrable de l'UGT B (Y)			*1 000*
Perte de valeur = (X) – (Y)			*850*

(1) La valeur recouvrable de l'UGT B (1 000) est globale et comprend le goodwill afférent aux intérêts minoritaires. En revanche, dans le cadre de la méthode du goodwill partiel utilisée pour la comptabilisation de l'acquisition de B, le goodwill afférent aux intérêts minoritaires n'est pas comptabilisé dans les états financiers de A.
Pour calculer la perte de valeur de l'UGT B, il convient de retraiter « extra-comptablement » la valeur comptable de B en lui ajoutant le goodwill afférent aux intérêts minoritaires, soit 100 (400 × 20 % / 80 %).

***2. Allocation de la perte de valeur** La perte de valeur de 850 doit être allouée en priorité au goodwill de B, soit 500.*
Comme A n'a comptabilisé que 80 % du goodwill en application de la méthode du goodwill partiel, elle ne doit allouer la perte de valeur totale de 850 qu'à hauteur du goodwill comptabilisé, soit 400. Le montant résiduel de la perte de valeur d'un montant de 350 doit être comptabilisé en déduction de la valeur comptable des actifs nets identifiables de B, comme illustré ci-après.*

** 350 = 850 – 400 (dépréciation du goodwill part du groupe) – 100 (part des intérêts minoritaires dans la dépréciation du goodwill).*

	Goodwill de B	*Actifs nets identifiables*	*Total*
Valeur nette comptable	*400*	*1 350*	*1 750*
Perte de valeur	*(400)*	*(350)*	*(750)*
Valeur nette comptable après comptabilisation de la perte de valeur	*0*	*1 000*	*1 000*

22712 (suite) ■ *Exemple 2*

(IAS 36.IE68A à .IE68E) – ***Intérêts minoritaires évalués à leur juste valeur (goodwill complet) et filiale constituant une UGT indépendante*** *Le 1/01/N, une société A acquiert 80 % du capital d'une société B pour 2 100. A la date d'acquisition :*

- la juste valeur de l'actif net identifiable de B est de 1 500 ;

- les intérêts minoritaires sont évalués à leur juste valeur, soit 350 ;

- le goodwill s'élève à 950. Il correspond à la différence entre le prix payé par A augmenté du montant des intérêts minoritaires (2 100 + 350) et la juste valeur de l'actif net identifiable de B (1 500).

La société B constitue une UGT. La société A considère que d'autres UGT vont également bénéficier des synergies générées par l'acquisition de B et leur a donc alloué une part du goodwill pour 500. Le goodwill relatif à l'UGT B est donc de 450.

A la fin de l'exercice N, A considère que la valeur recouvrable de l'UGT B s'élève à 1 650. La valeur nette comptable de B hors goodwill est de 1 350.

Solution de l'exemple 2 :

1. Calcul de la perte de valeur de l'UGT B *A la fin de l'exercice N, le calcul de la perte de valeur se résume comme suit :*

	Goodwill de B	*Actifs nets identifiables*	*Total*
Valeur nette comptable	*450*	*1 350*	*1 800*
Valeur recouvrable			*1 650*
Perte de valeur			*150*

2. Allocation de la perte de valeur *La perte de valeur (150) doit être allouée en priorité au goodwill, donc dans sa totalité au cas spécifique.*

La filiale B constitue une UGT. En conséquence, la perte de valeur du goodwill est allouée aux intérêts majoritaires et aux intérêts minoritaires selon les mêmes pourcentages que ceux utilisés pour la répartition des pertes et profits (IAS 36.C6), c'est-à-dire à hauteur de 120 au groupe (soit 80 % × 150) et à hauteur de 30 aux intérêts minoritaires.

■ *Exemple 3*

(IAS 36.IE68F à .IE68J) ***Intérêts minoritaires évalués à leur juste valeur (goodwill complet) et filiale faisant partie d'une UGT plus large*** *Mêmes hypothèses que pour l'Exemple 2 ci-avant, et en supposant que B fait partie d'une UGT plus large (Z), incluant un autre groupe d'actifs (C) détenu à 100 %. A considère que d'autres UGT vont également bénéficier des synergies générées par l'acquisition de B et leur a donc alloué une part du goodwill pour 500.*

Le goodwill de l'UGT Z provenant de regroupements d'entreprises précédents est de 800.

A la fin de l'exercice N, A considère que la valeur recouvrable de Z est de 2 800 et que la valeur comptable de l'UGT Z, hors goodwill, s'élève à 3 000, dont 1 600 relatifs à C et 1 400 relatifs à B.

Solution de l'exemple 3 :

1. Calcul de la perte de valeur de l'UGT Z *A la fin de l'exercice N, le calcul de la perte de valeur se résume comme suit :*

	Goodwill	*Actifs nets identifiables*	*Total*
Groupe d'actifs C (détenus à 100 %)	*800*	*1 600*	
Groupe d'actifs B (détenus à 80 %)	*450*	*1 400*	
Valeur nette comptable de l'UGT Z (1)	*1 250*	*3 000*	*4 250*
Valeur recouvrable de l'UGT Z (2)			*2 800*
Perte de valeur = (1) – (2)			*1 450*

2. Allocation de la perte de valeur *Les pertes de dépréciation sont allouées aux groupes actifs de l'UGT de la façon suivante :*

- ***en priorité aux goodwills*** *: au prorata des valeurs comptables des différents goodwills relatifs à ces groupes d'actifs, mesurées avant la constatation de la perte de valeur ;*

- ***ensuite aux autres actifs identifiables de l'UGT*** *: au prorata des valeurs comptables des différents actifs nets identifiables, mesurées avant la constatation de la perte de valeur.*

Pour les groupes d'actifs non détenus à 100 %, la perte de valeur ainsi allouée au goodwill et actifs nets identifiables est ensuite répartie entre le groupe et les intérêts minoritaires selon les mêmes pourcentages utilisés pour la répartition des pertes et profits.

*a. **Allocation de la perte de valeur en priorité au goodwill** L'allocation de la perte de valeur respectivement aux goodwills de C et de B et, pour celui de B, le partage entre groupe et intérêts minoritaires se présente comme suit :*

	Groupe d'actifs C (détenus à 100 %)	*Groupe d'actifs B (détenus à 80 %)*	*UGT Z*
Valeur nette comptable du goodwill	*800*	*450*	*1 250*
Perte de valeur allouée aux goodwills	*800*	*450 (1)*	*1 250*
Perte de valeur allouée au groupe	*800*	*360*	*1 160*
Perte de valeur allouée aux intérêts minoritaires	*0*	*90 (2)*	*90*

(1) L'allocation de la perte de valeur aux goodwills aboutit dans cet exemple à déprécier les deux goodwills en totalité.
(2) La perte de valeur du goodwill de B est ensuite répartie entre :
– le groupe à hauteur de 360 (= 80 % × 450) ; et
– les intérêts minoritaires à hauteur de 90 (= 20 % × 450).

*b. **Allocation de la perte de valeur résiduelle aux autres actifs identifiables de l'UGT Z** L'allocation de la perte de valeur résiduelle d'un montant de 200 (1 450 – 1 250) aux autres actifs identifiables de l'UGT Z est réalisée comme suit :*

	Groupe d'actifs C (détenus à 100 %)	*Groupe d'actifs B (détenus à 80 %)*	*UGT Z*
VNC des actifs nets identifiables	*1 600*	*1 400*	*3 000*
Pourcentage d'allocation entre les groupes d'actifs	*53 %*	*47 %*	*100 %*
Perte de valeur allouée aux actifs nets identifiables	*106*	*94 (1)*	*200*
Perte de valeur allouée au groupe	*106*	*75*	*181*
Perte de valeur allouée aux intérêts minoritaires	*0*	*19 (2)*	*19*

(1) Allocation de la perte de valeur résiduelle (200) aux groupes d'actifs de l'UGT au prorata des VNC des actifs nets identifiables mesurées avant la perte de valeur. La perte de valeur résiduelle allouée au groupe d'actifs de B est de 94 [200 × 47 % (47 % étant égal à 1 400 / 3 000)], au groupe d'actifs de C de 106 (53 % × 200).
(2) La perte de valeur allouée au groupe d'actifs de B (détenue à 80 %) est allouée entre le groupe et les intérêts minoritaires selon les mêmes pourcentages que ceux utilisés pour la répartition des pertes et profits (respectivement 80 % et 20 %).

Définition de la valeur recouvrable d'une UGT

Question 22715

Comment déterminer la valeur recouvrable d'une UGT ?

Réponse

Cette valeur correspond au plus élevé des deux montants suivants :

a. **la juste valeur diminuée des coûts de la vente** : prix qui serait reçu pour la vente de cette unité dans une transaction normale entre des intervenants de marché, à la date de l'évaluation, diminué des coûts de sortie, c'est-à-dire des coûts marginaux directement attribuables à la sortie, à l'exclusion des charges financières et de la charge d'impôt sur les résultats ;

b. **valeur d'utilité** : valeur actualisée des flux de trésorerie futurs estimés attendus de l'utilisation continue d'un actif et de sa sortie à la fin de sa durée d'utilité.

Commentaires La norme IAS 36 apporte, outre la définition de la valeur recouvrable d'une UGT (IAS 36.6 et .39), de nombreuses précisions pour sa détermination (IAS 36.18 s. et .A).

Pour plus de détails, voir nº 36305 s., 36455 s. et 36505 s.

Possibilité d'utiliser la valeur recouvrable d'une UGT déterminée lors d'un précédent test

22725 ***Question***

Est-il possible de simplifier les tests annuels de dépréciation du goodwill, c'est-à-dire d'utiliser, lors d'une clôture ultérieure, la valeur recouvrable d'une UGT déterminée lors d'un précédent test ?

Réponse

Oui, mais sous certaines conditions très restrictives. En pratique, le report de la valeur recouvrable déterminée au cours d'un exercice ne devrait généralement pas être possible au-delà de l'exercice suivant.

Commentaires L'estimation détaillée de la valeur recouvrable de l'unité génératrice de trésorerie (ou du groupe d'UGT), effectuée pour la réalisation d'un précédent test de dépréciation, peut en effet être utilisée lors d'une clôture ultérieure si (IAS 36.99) :
- il n'y a pas eu de modification significative des actifs et des passifs depuis le précédent calcul ;
- lors du précédent calcul, la valeur recouvrable était substantiellement supérieure à la valeur comptable ; et
- sur la base d'une analyse des événements qui se sont produits et de l'évolution des circonstances depuis le calcul le plus récent de la valeur recouvrable, il est très peu probable que la valeur recouvrable actuelle qui serait déterminée à la date du test de dépréciation en cours soit inférieure à la valeur comptable de l'unité à cette date.

Par exemple :
- les performances réelles de l'UGT (du groupe d'UGT) ne doivent pas être sensiblement en dessous des prévisions utilisées lors des évaluations précédentes ;
- l'évolution de l'environnement et notamment les conditions de marché (taux d'intérêt) ne doivent pas avoir connu une évolution susceptible de générer une perte de valeur.

Il est généralement difficile de remplir toutes ces conditions en même temps, et a fortiori deux exercices de suite. En pratique donc, le report ne devrait généralement être possible que d'un exercice à l'autre (sous réserve de respecter les conditions ci-avant et d'ajuster éventuellement certains paramètres) mais pas au-delà.

Imputation de la perte de valeur d'une UGT lorsqu'elle excède la valeur comptable du goodwill

22730 ***Question***

Comment imputer la perte de valeur totale de l'UGT (ou du groupe d'UGT) à laquelle (auquel) le goodwill est affecté lorsque celle-ci est supérieure à la valeur nette comptable du goodwill ?

Réponse

Après avoir ramené la valeur nette comptable du goodwill à zéro, toute perte de valeur complémentaire doit être imputée sur les autres actifs de l'UGT (ou du groupe d'UGT) au prorata de leurs valeurs nettes comptables mais sans les ramener à une valeur nette comptable inférieure au plus élevé des trois montants suivants :
- juste valeur diminuée des coûts de la vente ;
- valeur d'utilité ;
- zéro.

Si ces imputations ne permettent pas d'affecter la totalité de la perte de valeur de l'UGT (ou du groupe d'UGT), un passif ne peut pas être comptabilisé, sauf s'il est spécifiquement requis par une norme IFRS, par exemple en cas de contrat déficitaire.

Commentaires La perte de valeur d'une UGT (ou d'un groupe d'UGT) doit être répartie, en diminution de la valeur comptable des actifs de l'UGT (ou du groupe d'UGT) dans l'ordre suivant (IAS 36.104) :
- diminution de la valeur comptable de tout goodwill affecté à l'UGT (au groupe d'UGT) ;
- et ensuite diminution de la valeur comptable des autres actifs de l'unité (du groupe d'unités) au prorata de la valeur comptable de chaque actif dans l'unité (le groupe d'unités).

Pour répartir une perte de valeur entre les actifs autres que le goodwill, une entité ne doit pas réduire la valeur comptable d'un actif en dessous du montant le plus élevé de (IAS 36.105 et Exemple 1 ci-après) : **22730** (suite)

- sa juste valeur diminuée des coûts de la vente (si on peut l'évaluer) ;
- sa valeur d'utilité (si on peut la déterminer) ; et
- zéro.

Le montant de la perte de valeur qui aurait été affecté à l'actif sur la base de sa valeur nette comptable relative mais qui n'a pas pu l'être en raison de la limitation ci-avant doit être réparti au prorata entre les autres actifs de l'UGT (du groupe d'UGT) (IAS 36.105 et Exemple 2 ci-après).

Si une partie de la perte de valeur globale n'est toujours pas affectée après imputation au goodwill et aux autres actifs, un passif ne peut être constaté que si cela est imposé par d'autres normes (IAS 36.62), par exemple au titre d'une provision pour contrat déficitaire selon IAS 37.66. En revanche, un passif ne pourrait pas être comptabilisé au titre des pertes d'exploitation futures, IAS 37.63 interdisant ce type de provision.

Lorsqu'une UGT à laquelle un goodwill est affecté n'est pas détenue à 100 %, le montant de la perte de valeur est réparti entre les intérêts majoritaires et les intérêts minoritaires selon les mêmes pourcentages que ceux utilisés pour la répartition des pertes et profits, voir n° 22712.

Ce mode de répartition peut toutefois aboutir à des incohérences lorsque le goodwill attribuable aux minoritaires et au majoritaire n'est pas proportionnel aux pourcentages d'intérêts utilisés pour répartir les pertes et profits. Il en est ainsi, par exemple, lorsque le goodwill attribuable à la mère incorpore une prime de contrôle (en ce sens IFRIC Update 09/10).

Si la perte de valeur relative aux intérêts minoritaires correspond à un goodwill qui n'est pas reconnu dans les états financiers consolidés de la maison mère, cette perte de valeur ne peut pas être reconnue.

■ *Exemple 1*

Lors de l'acquisition de 100 % de la société Z, le goodwill dégagé a été affecté à différentes UGT, dont celle regroupant toutes les formes de la molécule X que la société vend (comprimés, suppositoires, sirops). Chaque ligne de production des différentes formes de la molécule X représente une UGT, mais le goodwill ne pouvait être réparti à un niveau plus bas qu'il ne l'a été.

La direction de Z a réalisé un test de dépréciation et a déterminé que la valeur recouvrable du groupe d'UGT est de 700. Les données sont les suivantes :

	Valeur comptable	*Juste valeur diminuée des coûts de la vente*	*Valeur d'utilité*
Goodwill	*300*		
UGT Comprimés	*500*	*550*	*500*
UGT Suppositoires	*90*	*50*	*50*
UGT Sirops	*250*	*50*	*150*
Total	*1 140*	*650*	*700*
Valeur recouvrable du groupe d'UGT testé	*700*		
Perte de valeur à affecter	*440*		

Solution de l'exemple 1 *La perte de valeur sera affectée de la manière suivante :*

- *en priorité au goodwill ;*
- *puis aux différentes UGT, au prorata de leur valeur comptable, la valeur comptable de chaque UGT après affectation de la perte ne devant pas être inférieure au montant le plus élevé entre la juste valeur diminuée des coûts de vente, la valeur d'utilité et zéro.*

	Valeur comptable avant test de dépréciation du groupe d'UGT	*Perte de valeur*	*Valeur comptable après dépréciation*
Goodwill	*300*	*– 300 (3)*	*–*
UGT Comprimés	*500*	*0 (1)*	*500*
UGT Suppositoires	*90*	*– 40*	*50*

22730 (suite)

	Valeur comptable avant test de dépréciation du groupe d'UGT	*Perte de valeur*	*Valeur comptable après dépréciation*
UGT Sirops	*250*	*- 100 (2)*	*150*
Total	*1 140*	*440*	*700*

(1) Imputation de la perte de valeur du groupe d'UGT, soit 440, en priorité au goodwill. Il reste donc : 440 - 300 = 140 à affecter aux UGT.
(2) UGT Comprimés : aucune perte de valeur ne peut lui être affectée ; sa juste valeur diminuée des coûts de vente (550) étant supérieure à sa valeur comptable (500).
(3) Répartition de la perte de valeur résiduelle (140 = 440 - 300) aux autres UGT : l'affectation de la perte de valeur au prorata de leur valeur comptable conduirait aux dépréciations suivantes :
- UGT Suppositoires : [90 / (90 + 250)] × 140 = 37 ;
- UGT Sirops : [250 / (90 + 250)] × 140 = 103.
Cependant si une perte de valeur de 103 est affectée à l'UGT Sirops, sa valeur comptable après dépréciation (147) sera inférieure à sa valeur d'utilité (150). La perte de valeur affectée à l'UGT Sirops est donc limitée à 100.
La différence avec la perte de valeur de cette UGT calculée sur la base du prorata des valeurs comptables (3) est affectée à l'UGT Suppositoires. La perte de valeur totale affectée à l'UGT Suppositoires est donc de 40.

■ *Exemple 2*

Les données relatives à la valeur comptable et à la valeur recouvrable des différents éléments constitutifs de l'UGT figurent dans le tableau ci-après en sachant que :
- l'immeuble A présente un indice de perte de valeur ; sa valeur de marché diminuée des coûts de la vente est de 650 et sa valeur d'utilité est de 850 ;
- la machine A, qui ne présente pas d'indice de perte de valeur, pourrait être vendue d'occasion pour 90 ;
- les machines B et C, qui ne présentent pas d'indice de perte de valeur, ne pourraient pas être vendues. La juste valeur diminuée des coûts de la vente de la machine B est de zéro car celle-ci ne peut qu'être mise au rebut pour une valeur de zéro. La juste valeur diminuée des coûts de la vente de la machine C est de 20 car celle-ci est composée de métaux recyclables qui pourraient être récupérés et vendus pour 20.
Pour l'ensemble des actifs considérés excepté l'immeuble A, on suppose dans cet exemple que la juste valeur diminuée des coûts de la vente est supérieure ou égale à la valeur d'utilité.

	Valeur comptable et valeur recouvrable de l'UGT	*Juste valeur diminuée des coûts de la vente*
Goodwill	*250*	*N/A*
Immeuble A	*800*	*650*
Machine A	*100*	*90*
Machine B	*90*	*0*
Machine C	*110*	*20*
Brevet A	*200*	*50*
Total	*1 550*	*–*
Valeur recouvrable de l'UGT testée	*1 000*	
Perte de valeur à affecter	*550*	

Solution de l'exemple 2 *La perte de valeur sera affectée de la manière suivante :*

	1e allocation de la perte de valeur	*Valeur nette comptable révisée après 1e allocation*	*2nde allocation de la perte de valeur*	*Valeur nette comptable après 2nde allocation*
Goodwill	*- 250 (1)*	*0*	*0*	*0*
Immeuble A	*0 (2)*	*800*	*0*	*800*
Machine A	*- 10 (3)*	*90*	*0*	*90*
Machine B	*- 54 (3)*	*36*	*- 11 (4)*	*25*
Machine C	*- 66 (3)*	*44*	*- 14 (4)*	*30*
Brevet A	*- 120 (3)*	*80*	*- 25 (3)*	*55*

	1e allocation de la perte de valeur	Valeur nette comptable révisée après 1e allocation	2nde allocation de la perte de valeur	Valeur nette comptable après 2nde allocation
Total alloué pour l'UGT	– 500		– 50	
Total de la perte de valeur de l'UGT	550		50	
Reste à allouer	50			

(1) Affectation de la perte de valeur de l'UGT, soit 550, en priorité au goodwill. Il reste donc : 550 – 250 = 300 à affecter.
(2) Pas d'affectation de la perte de valeur de l'UGT car la valeur recouvrable de l'immeuble, qui correspond à sa valeur d'utilité, est supérieure à sa valeur nette comptable.
(3) En principe, la perte de valeur résiduelle de 300 serait à répartir comme suit, au prorata des valeurs comptables :

	Valeur nette comptable	Perte de valeur à affecter	Détails de calcul
Machine A	100	60	(100 / 500) × 300
Machine B	90	54	(90 / 500) × 300
Machine C	110	66	(110 / 500) × 300
Brevet A	200	120	(200 / 500) × 300
Total	500	300	

Cependant, la valeur nette comptable de la machine A ne peut être réduite en deçà de sa juste valeur diminuée des coûts de la vente (90). La perte de valeur est donc limitée à la différence entre la valeur nette comptable et la juste valeur diminuée des coûts de la vente, soit 10.
La valeur nette comptable des autres actifs (Machine B, Machine C et Brevet A) est en revanche réduite selon les calculs ci-avant.
(4) 2nde allocation : la perte de valeur non allouée de 50 doit donc être affectée entre les autres actifs comme suit :

	Valeur nette comptable	Perte de valeur affectée	Détails de calcul
Machine B	90	11	(90 / 400) × 50
Machine C	110	14	(110 / 400) × 50
Brevet A	200	25	(200 / 400) × 50
Total	400	50	

6. Reprise de pertes de valeur du goodwill

22745

Question

Est-il possible de reprendre une perte de valeur du goodwill ?

Réponse

Non, sauf dans le cas particulier où la reprise de provision résulte d'un changement de méthode ayant un effet rétrospectif.

Pour le cas particulier du goodwill dégagé au titre d'une entité mise en équivalence, voir n° 36720.

Commentaires La reprise des pertes de valeur du goodwill est en effet interdite (IAS 36.124) sauf dans le cas particulier où la reprise de provision résulte d'un changement de méthode qui implique un ajustement rétrospectif.

Tel fut par exemple le cas des groupes qui ont dû changer l'affectation de leur goodwill à la suite de la première adoption d'IFRS 8.

L'interprétation IFRIC 10, Information financière intermédiaire et dépréciation, précise en outre qu'une provision pour dépréciation du goodwill dotée au cours d'une période intermédiaire ne peut pas être reprise au cours d'une période intermédiaire ou annuelle ultérieure (IFRIC 10.8 et .BC10). Selon cette interprétation, en effet, les dispositions précitées d'IAS 36.124 doivent prévaloir sur celles d'IAS 34.28 qui précisent que la fréquence de l'information financière intermédiaire ne doit pas avoir d'incidence sur l'évaluation des résultats annuels.

Pour la reprise des dépréciations des titres mis en équivalence, y compris la part relative au goodwill, voir n° 36720.

SECTION V

Présentation des impacts des regroupements d'entreprises et des variations de périmètre dans l'état du résultat global

Principe général de présentation dans l'état du résultat global

22800 ***Question***

Comment présenter dans l'état du résultat global les impacts des regroupements d'entreprises et des variations de périmètre de l'exercice ?

Réponse

A défaut de précision des normes IFRS 3 et IFRS 10, deux solutions sont, à notre avis, possibles :
- 1re solution : présenter les produits et les charges liés aux regroupements d'entreprises et aux variations de périmètre dans chaque rubrique appropriée de l'état du résultat global ;
- 2nde solution : présenter certaines charges et certains produits de l'exercice liés aux regroupements d'entreprises et aux variations de périmètre sur une ligne distincte de l'état du résultat global qui peut être intitulée « gains et pertes liés aux transactions », accompagnée d'une information en annexe. Dans certaines circonstances, il convient de présenter certaines charges/produits liés à ces transactions dans chacune des rubriques appropriées de l'état du résultat global en raison de leur nature et/ou de leur caractère significatif (par exemple, le gain résultant d'une acquisition à des conditions avantageuses).

Commentaires :

1. **Enjeu** Les normes IFRS 3 et IFRS 10 requièrent la comptabilisation et l'évaluation d'un nombre important d'éléments en résultat tant à la date d'acquisition qu'au cours des exercices suivants.

Selon les dispositions des normes IFRS 3 et IFRS 10, les éléments suivants, notamment, doivent être comptabilisés dans l'état du résultat global :
- les coûts directs liés à l'acquisition (à l'exception des frais d'émission d'instruments de capitaux propres émis en rémunération du regroupement d'entreprises et des coûts de transaction liés aux dettes financières contractées dans le cadre du regroupement d'entreprises), voir n° 21850 s. ;
- les gains ou pertes relatif(ve)s à la réévaluation de la quote-part antérieurement détenue lors d'une acquisition par étapes, voir n° 23750 s. ;
- le profit résultant d'une acquisition à des conditions avantageuses, voir n° 22205 s. ;
- le gain ou la perte lié(e) au dénouement d'une relation préexistante entre l'acquéreur et l'acquise à laquelle le regroupement d'entreprises met fin, voir n° 22245 ;
- les changements d'estimation de la juste valeur des ajustements éventuels de prix après la date d'acquisition s'ils constituent un actif ou une dette à la date d'acquisition, voir n° 21825 ;
- le produit relatif aux actifs d'impôt différé de l'acquise réalisés après la comptabilisation initiale du regroupement d'entreprises et au-delà du délai d'affectation, voir n° 22155 ;
- le gain ou la perte relatif(ve) aux intérêts résiduels éventuellement conservés lors de la perte de contrôle d'une filiale, voir n° 23840.

Les normes IFRS 3 et IFRS 10 ne précisent pas dans quelle rubrique de l'état du résultat global les impacts des regroupements d'entreprises et des variations de périmètre doivent être présentés. **22800** (suite)

En revanche, ces normes requièrent que des informations en annexe soient fournies pour indiquer le montant du gain ou de la perte ainsi constatés ainsi que la rubrique de l'état du résultat global dans laquelle ces éléments sont présentés.

Tel est le cas notamment pour :
- les coûts directs liés à l'acquisition constatés en charges (IFRS 3.B64m) ;
- les gains ou pertes relatifs à la réévaluation de la quote-part antérieurement détenue lors d'une acquisition par étapes (IFRS 3.B64p.ii) ;
- le profit résultant d'une acquisition à des conditions avantageuses (IFRS 3.B64n.i) ;
- le gain ou la perte lié au dénouement d'une relation préexistante entre l'acquéreur et l'acquise à laquelle le regroupement d'entreprises met fin (IFRS 3.B64l) ;
- le gain ou la perte relatif aux intérêts résiduels éventuellement conservés lors de la perte de contrôle d'une filiale (IFRS 12.19).

2. Présentation des impacts des regroupements d'entreprises et des variations de périmètre dans l'état du résultat global A défaut de précisions des normes IFRS 3 et IFRS 10, deux solutions de présentation, toutes les deux conformes à IAS 1, sont à notre avis, possibles.

a. La première solution consisterait à **présenter les gains et pertes liés au regroupement d'entreprises et aux variations de périmètre dans chacune des rubriques appropriées de l'état du résultat global.** Le classement en opérationnel ou en financier suivra alors celui adopté de manière générale (sans tenir compte du regroupement d'entreprises) pour le produit ou la charge concerné.

Cette solution serait plus adaptée avec un mode de **présentation par nature** des produits et des charges.

b. La seconde solution consisterait à présenter **certaines charges et certains produits liés aux transactions sur une ligne distincte de l'état du résultat global,** pour autant que leurs montants soient significatifs (IAS 1.97 et Rec. ANC 2020-01, § 2.3).

En effet, bien que la norme IAS 1 interdise, de manière générale, la compensation des produits et des charges (IAS 1.32), elle l'autorise toutefois lorsqu'elle permet de mieux refléter la substance d'une transaction, ici les regroupements d'entreprises ou les variations de périmètre (IAS 1.33).

Lors de l'adoption de cette solution de présentation sur une ligne unique, il est toutefois approprié de présenter certaines charges/produits liés à ces transactions non pas dans cette rubrique unique mais dans chacune des rubriques appropriées de l'état du résultat global.

Tel est le cas lorsque la norme IAS 1 et/ou d'autres normes IFRS (par exemple IAS 12.77 concernant la présentation des impôts) requièrent la présentation obligatoire de rubriques minimales dans l'état du résultat global et/ou des ajouts de rubriques additionnelles si elles permettent de mieux refléter la performance de l'entité.

Par exemple, un gain résultant d'une acquisition à des conditions avantageuses d'un montant très significatif est présenté séparément si cette présentation permet de mieux appréhender la performance financière de l'entité.

La présentation sur une ligne unique est accompagnée d'une information en annexe sur la nature des produits et charges contenus dans cette rubrique, comme le requièrent les normes IFRS 3 et IFRS 10 (voir point 1. ci-avant).

Le libellé de la rubrique doit alors être suffisamment explicite. Cette rubrique pourrait être intitulée « gains et pertes liés aux transactions ».
Cette seconde solution de présentation serait plus adaptée avec un mode de **présentation par fonction** des produits et des charges.

Le choix pour l'une ou l'autre des deux solutions (point a. ou point b. ci-avant) constitue un choix de méthode comptable. En conséquence, ce choix doit être appliqué à tous les regroupements et/ou variations de périmètre de l'exercice et de façon permanente d'un exercice à l'autre.

3. Présentation sur une ligne distincte de l'état du résultat global des impacts des prises de contrôle et des variations de périmètre : classement en résultat opérationnel courant ou en autres charges opérationnelles/autres produits opérationnels Le classement de cette rubrique distincte (voir point 2b.) doit suivre le principe général de classement dans l'état du résultat global.

Pour le rappel du principe général, voir n° 54042 et 54043.

Présentation des coûts internes relatifs à une prise de contrôle

22805 ***Question***

Sur quelle ligne de l'état du résultat global présenter les coûts internes relatifs à une prise de contrôle (tels que les charges de personnel d'un département chargé des acquisitions, par exemple) ?

Réponse

A notre avis, deux présentations de ces coûts internes sont envisageables :
- soit dans la rubrique de l'état du résultat global qui regroupe ce type de coûts, par exemple la rubrique « frais administratifs généraux » ;
- soit dans la ligne distincte de l'état du résultat global qui présente les impacts des acquisitions et variations de périmètre (voir n° 22800) ; une telle présentation nécessite d'avoir défini au préalable une politique comptable spécifiant les modalités d'attribution de ces coûts à une transaction déterminée.

Pour les coûts fixes, cette option de présentation ne nous paraît toutefois possible que si cette ligne distincte est présentée dans le résultat opérationnel courant.

Commentaires :

1. **Rappel des modalités de comptabilisation en charges des coûts directs liés à l'acquisition** La norme IFRS 3 inclut dans la définition des coûts directs liés à l'acquisition les coûts administratifs généraux et plus particulièrement les coûts de fonctionnement d'un département interne chargé des acquisitions (IFRS 3.53).

Tous les coûts directs liés à l'acquisition sont constatés en charges (IFRS 3.53).

Cette disposition est notamment justifiée par le fait que ces coûts sont la résultante d'une transaction distincte du regroupement d'entreprises, un service rendu par un tiers (autre que le vendeur), qui doit être comptabilisée en charges au moment où le tiers rend le service correspondant (IFRS 3.BC367 s.).

2. **Présentation dans l'état du résultat global** A notre avis, les frais internes liés au regroupement d'entreprises peuvent être présentés :
- soit **dans la rubrique qui regroupe ce type de coûts,** par exemple « frais administratifs généraux » ;
- soit **pour le montant de ces coûts ventilé par transaction dans la rubrique présentant l'effet de la transaction,** mais à condition toutefois que la direction ait défini une politique comptable permettant d'identifier les frais internes à affecter à une transaction déterminée.

Les coûts internes peuvent comprendre, par exemple, les coûts d'un département chargé d'analyser les cibles potentielles, les primes payées aux salariés sur les transactions réussies.
Une politique comptable acceptable serait, par exemple, d'allouer ces coûts par acquisition sur la base d'un suivi rigoureux des temps passés.
Cette politique a notamment pour objectif d'allouer les coûts internes aux transactions ayant abouti. A défaut, la présentation de la totalité des coûts internes dans la rubrique distincte pourrait aboutir à présenter ces coûts dans la ligne « gains et pertes liés aux transactions » même en l'absence de transaction.
Toutefois, lorsque cette ligne distincte est présentée dans la rubrique « autres produits opérationnels » ou « autres charges opérationnelles », il n'est pas acceptable, à notre avis, que les coûts fixes de personnel soient alloués à cette rubrique, voir n° 22800, point 3. En effet, ces coûts ont par nature un caractère récurrent qui ne peut répondre à la définition des « autres charges opérationnelles ».

3. **Cas des groupes présentant les frais de personnel par nature de charge** Si le groupe présente le résultat global par nature des charges et produits, l'utilisation de la rubrique « gains et pertes liés aux transactions » est possible mais uniquement si :
- il est indiqué que la ligne des charges liées aux avantages du personnel ne comprend pas certains de ces coûts liés à un regroupement d'entreprises ;
- le montant total des charges liées aux avantages du personnel, y compris ceux inscrits dans la rubrique présentant l'effet net du regroupement d'entreprises, fait l'objet d'une information en annexe conformément à IAS 1.97 ;
- la politique comptable retenue pour allouer une partie des coûts internes à une transaction déterminée est indiquée.

SECTION VI

Revue de l'application d'IFRS 3 (Post-implementation Review)

Conséquences de la Post-implementation Review (PIR) d'IFRS 3

Question 22900

Suite à la « Post-implementation Review » (PIR) de la norme IFRS 3 initiée par l'IASB, quels sont les enseignements et les améliorations proposées ?

Réponse

Dans son rapport (« Report and feedback statement »), publié en juin 2015, suite à la « Post-implementation Review » (PIR) d'IFRS 3, l'IASB a identifié différents axes de réflexions mais a décidé en juillet 2016 de ne pas inclure dans ses projets en cours à court terme l'ensemble de ces sujets, en dehors des thèmes relatifs aux écarts d'acquisition et à la définition d'une activité.

Commentaires :

1. **Démarche de la « Post-implementation Review » (PIR) d'IFRS 3** L'IASB a lancé en juillet 2013 la PIR de la norme IFRS 3. L'objectif était notamment de s'assurer que l'information fournie par IFRS 3 est utile aux utilisateurs des états financiers, d'identifier les dispositions d'IFRS 3 qui induisent des difficultés de mise en œuvre pouvant aller à l'encontre d'une application permanente de la norme et d'évaluer les coûts inattendus d'application du texte.

Un appel à commentaires (« Request for information ») a été publié en janvier 2014. L'IASB a reçu 93 lettres émanant de sociétés, de cabinets comptables et d'audit, de régulateurs, d'investisseurs, d'agences gouvernementales et d'autres acteurs. Une note synthétisant ces commentaires a été présentée à l'IASB en septembre 2014. Les discussions se sont poursuivies au cours des réunions ultérieures du Board.

En juin 2015, l'IASB a publié le compte-rendu des réponses à son appel à commentaires (« feedback statement »).

2. **Thèmes de réflexions identifiés dans le « feedback statement »** Les thèmes de réflexion identifiés ont été classés en quatre catégories correspondant au degré de pertinence du thème (degré déterminé par le staff de l'IASB sur la base des commentaires reçus, des recherches académiques, des travaux effectués par l'ASAF et le FASB, de l'intérêt pour les investisseurs, préparateurs et auditeurs).

a. **Thèmes de catégorie 1 (pertinence très élevée)** :
- efficacité et complexité des tests de dépréciation du goodwill ;
- comptabilisation ultérieure du goodwill (y compris les avantages comparatifs d'une approche exclusive de dépréciation et d'une approche amortissement et dépréciation).

Pour plus de détails sur les dispositions actuelles, voir n° 21365 s.

b. **Thèmes de catégorie 2 (pertinence élevée/moyenne)** :
- enjeux de l'application de la définition d'une activité (« business ») ;

Pour plus de détails sur les dispositions actuelles, voir n° 21353 et 21490.

- identification et évaluation des actifs incorporels tels que les relations clients et les marques.

Pour plus de détails sur les dispositions actuelles, voir n° 22387 (relations clients) et 22340 s. (marques).

c. **Thèmes de catégorie 3 (pertinence moyenne)** :
- information concernant la performance de l'acquise ;
- utilité de la comptabilisation ultérieure des compléments de prix ;

Pour plus de détails sur les dispositions actuelles, voir n° 21825.

- évaluation des compléments de prix et des passifs éventuels ;

Pour plus de détails sur les dispositions actuelles, voir n° 21815, 21970 et 22102.

- utilité de la comptabilisation des acquisitions par étapes et de la perte de contrôle.

Pour plus de détails sur les dispositions actuelles, voir n° 23750 s.

22900 (suite) d. Thèmes de catégorie 4 (pertinence faible) :

- évaluation des intérêts minoritaires ;

  Pour plus de détails sur les dispositions actuelles, voir nº 21364 et 22170 s.

- information comparative de la période antérieure ;

  Pour plus de détails sur les dispositions actuelles sur ces deux derniers points, voir nº 21371.

- comptabilisation du goodwill négatif en résultat ;

  Pour plus de détails sur les dispositions actuelles, voir nº 21365 et 22205.

- compléments de prix effectués à des actionnaires vendeurs qui deviennent salariés.

  Pour plus de détails sur les dispositions actuelles, voir nº 22260.

3. **Conséquences de la PIR d'IFRS 3** En juillet 2016, l'IASB a décidé de ne poursuivre la réflexion à court terme que pour les thèmes relatifs à la définition d'une activité et aux écarts d'acquisition.

   En octobre 2018, l'IASB a publié un amendement d'IFRS 3, modifiant la définition d'une activité. Cet amendement est entré en vigueur pour les exercices ouverts depuis le 1er janvier 2020. Ses dispositions ont été intégrées dans le présent chapitre.
   Pour plus de détails sur la définition d'une activité selon IFRS 3, voir nº 21490 à 21493.
   Pour plus de détails sur le projet de l'IASB « Regroupements d'entreprises – Informations à fournir, goodwill et dépréciation », voir nº 21406.

CHAPITRE 14

Regroupements entre entreprises (activités) sous contrôle commun (IFRS 3)

Plan du chapitre §§ 23200

QUESTIONS/REPONSES PRATIQUES

Remarque importante

Les réponses aux questions présentées ci-après résultent de l'analyse des dispositions de la norme IFRS 3, en vigueur actuellement, sur la base des informations disponibles au 1er juin 2023. 23206

Le sujet est un projet de recherche de l'IASB. Ce projet porte notamment sur les formes les plus courantes de regroupements sous contrôle commun, la définition des regroupements entre entreprises sous contrôle commun, les différences entre ces regroupements et les autres formes de regroupements d'entreprises, les méthodes de comptabilisation de ces regroupements dans les comptes consolidés de l'acquéreur ainsi que l'information qui doit être fournie en annexe sur ce type de regroupements.

Ce projet de recherche a donné lieu à la publication, en novembre 2020, d'un document pour discussion (« Discussion Paper »/DP) « Business Combinations under Common Control » (DP/2020/2). Suite à l'analyse des commentaires reçus, achevée en janvier 2022, l'IASB est en cours de redélibération des dispositions du DP.

L'IASB devrait décider de la suite à donner à ce projet au cours du troisième trimestre 2023.

Le DP contenait les principales propositions suivantes, qui ne sont pas applicables et ne remettent donc pas en cause les modalités de traitement actuelles détaillées dans ce chapitre :

1. **Méthode de comptabilisation d'un regroupement d'entreprises sous contrôle commun** : méthode de l'acquisition ou méthode basée sur les valeurs comptables historiques. La méthode de comptabilisation ne résulterait plus d'un choix de méthode comptable mais de l'analyse des faits et circonstances :

– un regroupement d'entreprises sous contrôle commun qui n'affecterait pas les intérêts non contrôlants de l'acquéreur devrait obligatoirement être comptabilisé selon une méthode basée sur les valeurs comptables historiques ;

– un regroupement d'entreprises sous contrôle commun qui affecterait les intérêts non contrôlants de l'acquéreur devrait être comptabilisé selon la méthode de l'acquisition (juste valeur), telle que définie par la norme IFRS 3.

Toutefois, si les actions de l'acquéreur ne sont pas cotées, le regroupement pourrait être comptabilisé selon une méthode basée sur les valeurs comptables historiques, dans les cas suivants :
– si tous les intérêts non contrôlants sont des parties liées de l'acquéreur ; ou
– si l'acquéreur a informé les intérêts non contrôlants (qui ne sont pas des parties liées) du regroupement d'entreprises et que ces derniers n'ont pas émis d'objection.

2. **Application d'une méthode basée sur les valeurs comptables historiques** : si l'acquéreur comptabilise un regroupement d'entreprises sous contrôle commun selon une méthode basée sur les valeurs comptables historiques, il devrait utiliser les valeurs comptables figurant dans les états financiers de l'entité acquise à la date d'acquisition pour comptabiliser les actifs et les passifs acquis.

En outre :

- le prix d'acquisition ne serait pas systématiquement évalué à sa juste valeur. Il serait évalué (i) à sa valeur comptable dans les comptes de l'acquéreur lorsqu'il est payé en actifs transférés au vendeur ou (ii) au montant évalué lors de la comptabilisation initiale par l'acquéreur en appliquant les normes IFRS applicables aux passifs assumés envers ou encourus auprès du vendeur ;

  Le DP ne se prononce pas sur la manière dont l'acquéreur devrait évaluer un prix d'acquisition payé en actions propres.

- toute différence entre le prix d'acquisition et la valeur comptable des actifs et passifs acquis serait constatée en capitaux propres ;

  Le DP ne se prononce pas sur la composante des capitaux propres de l'acquéreur au sein de laquelle cette différence devrait être comptabilisée.

- les coûts de transaction encourus par l'acquéreur seraient constatés en charges de la période au cours de laquelle ils sont encourus, sauf pour les frais d'émission d'actions ou d'instruments de dettes qui doivent être comptabilisés conformément aux normes IFRS qui leur sont applicables.

Le DP propose que les effets de l'acquisition soient reconnus prospectivement à partir de la date d'acquisition dans les comptes de l'acquéreur. Ainsi, ce dernier ne devrait pas retraiter son information comparative pour y intégrer les actifs, les passifs, les produits et les charges de l'entité acquise antérieurs à la date d'acquisition.

3. **Application de la méthode de l'acquisition** : si la juste valeur de l'actif net identifiable acquis est supérieure à la juste valeur du prix payé, la différence entre ces deux valeurs serait constatée en augmentation des capitaux propres en tant que contribution (et non pas comme un produit d'acquisition à des conditions avantageuses, tel que requis par la norme IFRS 3 pour les autres regroupements d'entreprises).

En revanche, toute différence positive entre la juste valeur du prix payé et la juste valeur de l'actif net identifiable serait constatée en écart d'acquisition à l'actif, comme actuellement requis par la norme IFRS 3 pour les autres regroupements d'entreprises. Ainsi, si la juste valeur du prix d'acquisition est supérieure à la juste valeur de l'activité acquise, l'acquéreur ne serait pas tenu d'identifier, d'évaluer ni de comptabiliser ce « surpaiement » en tant que distribution à ses actionnaires dans les capitaux propres.

23207 A notre avis, les modalités spécifiques de comptabilisation des regroupements d'entreprises sous contrôle commun ne peuvent pas s'appliquer par analogie aux transactions entre entreprises sous contrôle commun impliquant des participations mises en équivalence dans le champ d'application de la norme IAS 28 (voir n° 15580 et 23220, point 3.).

Définition d'un regroupement entre entreprises (activités) sous contrôle commun

23210 ***Question***

Comment définir un regroupement d'entreprises (activités) sous contrôle commun ?

Réponse

Il s'agit d'un regroupement entre plusieurs entreprises ou activités dans lequel toutes les parties prenantes au regroupement sont contrôlées par une ou plusieurs autres parties, pendant une période assez longue avant et après le regroupement, ce contrôle n'étant pas temporaire.

Commentaires La norme IFRS 3 définit les regroupements d'entreprises sous contrôle commun comme ceux dans lesquels la totalité des parties prenantes au regroupement (entités ou activités) sont contrôlées par une même partie (voir Exemple 1 ci-après) ou par plusieurs parties (voir Exemple 2 ci-après) (IFRS 3.2c et .B1 s.) :

- pendant une période assez longue avant et après le regroupement ; et
- ce contrôle n'est pas temporaire.

La **notion de contrôle** utilisée dans la définition des regroupements d'entreprises sous contrôle commun est celle de la norme IFRS 10. Ainsi, un investisseur contrôle une entité s'il est exposé ou a droit aux rendements variables résultant de son implication dans l'entité acquise et si le pouvoir qu'il détient sur cette entité lui permet d'influer sur ses rendements (IFRS 10.A). **23210** (suite)

Remarque La notion de contrôle temporaire n'est pas définie par la norme IFRS 3.
Toutefois selon l'IFRS IC, une restructuration interne d'activités existantes, même si elle est suivie de la cession des entités ainsi restructurées en dehors du groupe, répond généralement à la définition d'un regroupement entre entreprises sous contrôle commun, voir n° 23215.
Cette décision de l'IFRS IC, prise en application de la version 2004 de la norme IFRS 3, reste à notre avis toujours applicable, la définition des regroupements entre entreprises sous contrôle commun n'ayant pas été modifiée en 2010 avec la nouvelle version d'IFRS 3.
Décision de l'ESMA Le CESR (devenu l'ESMA) a confirmé cette réponse (EECS/1209-14, 12/09).

Notion de contrôle collectif Un groupe de personnes sera considéré comme contrôlant une entité lorsque, à la suite d'accords contractuels, ces personnes ont collectivement le pouvoir de diriger ses politiques financières et opérationnelles pour retirer des avantages de ses activités. Par conséquent, un regroupement d'entreprises est en dehors du champ d'application d'IFRS 3 lorsque ce même groupe de personnes a, à la suite d'accords contractuels, le pouvoir collectif in fine de diriger les politiques financières et opérationnelles de chacune des entités se regroupant pour retirer des avantages de leurs activités, et lorsque ce pouvoir collectif in fine n'est pas temporaire (IFRS 3.B2).

Une entité peut être contrôlée par une personne, ou par un groupe de personnes agissant ensemble selon un accord contractuel, et cette personne ou ce groupe de personnes peut ne pas être assujetti(e) aux dispositions des IFRS. Par conséquent, il n'est pas nécessaire que les entités se regroupant soient incluses dans les mêmes états financiers consolidés pour qu'un tel regroupement d'entreprises soit considéré comme impliquant des entreprises sous contrôle commun (IFRS 3.B3).

Sur la notion de contrôle collectif, voir Exemple 2 ci-après.

Les regroupements entre entreprises (activités) sous contrôle commun sont exclus du champ d'application de la norme IFRS 3 (voir n° 21500).

Pour leur traitement comptable, voir n° 23220.

Remarque Le rapprochement entre une entité (activité) unique préexistante et une nouvelle entité créée ne constitue pas un regroupement d'entreprises au sens d'IFRS 3 ni, a fortiori, un regroupement entre entreprises sous contrôle commun.

■ *Exemple 1*

Contrôle exclusif des parties prenantes à la transaction par une seule partie avant et après la transaction *M. Verdier détient :*
– A, un fabricant de produits d'ingénierie marine ayant des filiales dans un certain nombre de pays ; et
– T, une entité fournissant des services de logistique terrestre.
Compte tenu des synergies attendues du regroupement des activités marine et terrestre, M. Verdier a pris des dispositions pour que A acquière l'intégralité des actions de T par échange d'actions.

Solution de l'exemple 1 *Cette transaction constitue un regroupement entre entreprises sous contrôle commun au niveau de A. Les entités se regroupant sont A et T. M. Verdier contrôle toutes les entités se regroupant avant et après la transaction et ce contrôle n'est pas temporaire.*

■ *Exemple 2*

Contrôle collectif des parties prenantes à la transaction avant et après la transaction *Les entités S1, S2 et S3 ont signé deux accords de partenariat organisant chacun le contrôle des entités A et B. Ces accords requièrent le consentement unanime des parties sur les décisions stratégiques opérationnelles et financières (IFRS 3.B2). S1, S2 et S3 contrôlent, à titre individuel, A et B conjointement, et exercent également, de manière collective, un contrôle exclusif sur A et B. Le contrôle n'est pas temporaire.*
Le 1/12/N, l'entité A acquiert l'entité B.

Solution de l'exemple 2 *L'acquisition par A de l'entité B constitue un regroupement entre entreprises sous contrôle commun car les accords de partenariat établissent le contrôle collectif de S1, S2 et S3 sur les entités A et B. Ce contrôle est exercé avant et après la transaction et n'est pas temporaire.*

Restructuration interne d'activités existantes suivie d'une cession à un tiers

23215 ***Question***

La cession d'un ensemble d'entités d'un même groupe ayant fait récemment l'objet d'une réorganisation interne remet-elle en cause la qualification de ce regroupement en regroupement entre entreprises sous contrôle commun ?

Réponse

Non, selon l'IFRS IC.

En conséquence, cette transaction sera généralement traitée en deux étapes :

- 1re étape : regroupement entre entreprises sous contrôle commun, exclu du champ d'application de la norme IFRS 3 ;
- 2nde étape : cession externe.

Remarque Pour apprécier si le regroupement interne, préalable à la cession hors groupe, est bien un regroupement entre entreprises sous contrôle commun, il convient de réaliser une analyse au cas par cas, fondée sur l'ensemble des faits et circonstances pertinents.

Commentaires :

1. **Opérations visées et question posée** Une des opérations visées par l'IFRS IC (IFRIC Update 03/06) est, par exemple, la fusion de deux sociétés sœurs suivie de la cession à un tiers de l'ensemble ainsi regroupé (traitement de l'opération dans les comptes de l'entreprise absorbante).

La question est de savoir si les opérations de restructuration « interne » réalisées avant la cession à un tiers constituent (ou non) des regroupements entre entreprises sous contrôle commun exclus du champ d'application d'IFRS 3 (IFRS 3.2c).

La norme IFRS 3 définit les regroupements entre entreprises sous contrôle commun comme ceux dans lesquels toutes les entreprises ou activités se regroupant sont contrôlées par une ou plusieurs (autres) parties, tant avant qu'après le regroupement d'entreprises, et ce contrôle n'est pas temporaire (voir n° 23210).

La notion de contrôle temporaire qui figure dans la définition d'un regroupement entre entreprises sous contrôle commun n'étant pas définie par la norme IFRS 3, il convient de déterminer si la cession à un tiers de l'entité restructurée, dans un délai court après le regroupement, induit un contrôle temporaire des entreprises ainsi regroupées qui pourrait remettre en cause la qualification de l'opération en regroupement entre entreprises sous contrôle commun.

2. **Décision de l'IFRS IC** (IFRIC Update 03/06) Sur la base de cette décision, à notre avis, la cession à l'extérieur du groupe de l'entreprise (préexistante ou nouvellement créée) issue de la restructuration interne ne remet **généralement** pas en cause la qualification de cette restructuration interne en tant que **regroupement entre entreprises sous contrôle commun.**

Décision de l'ESMA Le CESR (devenu l'ESMA) a confirmé cette réponse (EECS/1209-14, 12/09).

Cela conduit donc généralement à traiter la transaction en deux étapes :

- **1re étape : fusion des deux filiales ou création d'une entité nouvelle et transfert à cette dernière des deux entités préexistantes** Cette première étape constituerait, au niveau de la filiale absorbante ou de la nouvelle entité créée, un regroupement entre entreprises sous contrôle commun, exclu du champ d'application d'IFRS 3 ;

  Pour la comptabilisation des regroupements entre entreprises sous contrôle commun, voir n° 23220.

- **2nde étape : cession à l'extérieur du groupe** induisant la comptabilisation d'un résultat de cession dans les comptes de la société qui perd le contrôle des deux entreprises (voir n° 23835 s.).

Traitement des regroupements entre entreprises (activités) sous contrôle commun

23220 ***Question***

Comment comptabiliser les regroupements entre activités ou entreprises sous contrôle commun ?

23220 (suite)

Réponse

A notre avis, ces regroupements, exclus du champ d'application d'IFRS 3, peuvent être comptabilisés selon deux méthodes :

1. soit **la méthode de l'acquisition (juste valeur)** applicable aux prises de contrôle ;
2. soit **une méthode basée sur les valeurs comptables historiques.**

Dans ce cas, aucun nouveau goodwill n'est constaté, la différence entre le prix payé et la valeur comptable historique des actifs et passifs de l'entité acquise étant comptabilisée en capitaux propres.

Cette seconde méthode implique de déterminer :

a. **les valeurs comptables historiques** : à notre avis, il devrait s'agir des valeurs figurant dans les comptes consolidés de la mère ultime ; et

b. **la date à partir de laquelle ces valeurs doivent être retenues pour la première consolidation.** Deux solutions sont, à notre avis, acceptables :
- soit à partir de la **date d'ouverture de la première période présentée,**
- soit à partir de la **date effective du regroupement.**

Le choix de l'une de ces deux méthodes de comptabilisation doit être appliqué de manière homogène pour des transactions de nature similaire, selon les faits et circonstances qui leur sont spécifiques.

Commentaires :

Remarque Pour la définition des regroupements entre entreprises sous contrôle commun, voir n° 23210.

A défaut de précision de la norme IFRS 3 sur le traitement comptable des regroupements d'entreprises sous contrôle commun (ces regroupements étant exclus de son champ d'application, voir n° 21500), leur traitement comptable doit notamment fournir l'information la plus pertinente (IAS 8.10 à .12).

Ces transactions peuvent ainsi, à notre avis, être comptabilisées dans les comptes consolidés de l'acquéreur selon l'une ou l'autre des méthodes suivantes :
- la méthode de l'acquisition (voir point 1. ci-après) ;
- une méthode basée sur des valeurs comptables historiques (voir point 2. ci-après).

Le choix de l'une de ces deux méthodes de comptabilisation doit être appliqué de manière homogène pour des transactions de nature similaire, selon les faits et circonstances qui leur sont spécifiques. A notre avis, les éléments suivants peuvent être pris en compte pour le choix de la méthode qui reflète le mieux la substance du regroupement :
- Existence d'intérêts minoritaires : si l'opération affecte des intérêts minoritaires, ceci pourrait indiquer que la méthode de l'acquisition est plus appropriée. A l'inverse, la méthode basée sur des valeurs comptables historiques pourrait être plus indiquée si les entités regroupées sont détenues à 100 % par le même actionnaire.
- Prix d'acquisition : si l'entreprise acquise est payée à sa juste valeur en trésorerie, ceci pourrait indiquer que la méthode de l'acquisition est plus appropriée. A l'inverse, si le prix d'acquisition correspond à la valeur comptable de l'entreprise acquise dans les comptes du vendeur, ceci pourrait indiquer que la méthode basée sur les valeurs comptables historiques est plus indiquée.
- Management des entités combinées : si les entités combinées sont dirigées par la même équipe de direction que celle qui officiait avant l'opération, la comptabilisation du regroupement d'entreprises sous contrôle commun selon la méthode des valeurs comptables historiques pourrait être plus appropriée. Un changement significatif dans l'équipe de direction pourrait, au contraire, justifier une comptabilisation du regroupement selon la méthode de l'acquisition.
- Objectif de l'opération : une acquisition réalisée dans la perspective d'une introduction en bourse pourrait être mieux traduite sur le plan comptable si elle était traitée selon la méthode de l'acquisition. A l'inverse, si l'acquisition est réalisée pour simplifier la structure du groupe, ou pour des considérations fiscales, ceci pourrait indiquer que la méthode basée sur les valeurs comptables historiques est plus appropriée.

Cette liste d'éléments n'est pas exhaustive. Les jugements effectués pour déterminer la méthode utilisée doivent être indiqués en annexe au titre des jugements critiques (IAS 1.122).

Rappel Dans les comptes consolidés de la société mère des deux entités qui se regroupent, il s'agit d'une opération intragroupe qui doit être éliminée, conformément aux dispositions générales d'IFRS 10.B86.

23220 (suite) 1. **La méthode de l'acquisition,** telle que définie par la norme IFRS 3 pour les prises de contrôle exclusif entrant dans son champ d'application (voir n° 21354 s.). En effet, IAS 8.11 indique qu'en l'absence de norme spécifique, il peut être fait référence aux dispositions de normes existantes qui traitent de sujets similaires et liés.

Remarque Une entité qui choisirait d'appliquer la méthode de l'acquisition à ce type de transactions devrait appliquer toutes les dispositions d'IFRS 3 sans qu'il soit possible, à notre avis, d'apporter des aménagements pour tenir compte du caractère interne de l'opération.

Cas particulier où la méthode de l'acquisition ne s'applique pas – Rapprochement d'une activité préexistante (ou d'entité(s) ne formant qu'une unique activité préexistante) et d'une nouvelle entité créée (Newco) rémunérée par émission d'instruments de capitaux propres de Newco La méthode de l'acquisition ne peut pas s'appliquer dans ce cas car ce type de rapprochement ne répond pas à la définition d'un regroupement d'entreprises selon la norme IFRS 3.

En effet, Newco, l'acquéreur juridique, ne peut pas être identifié comme l'acquéreur comptable dans une transaction rémunérée en instruments de capitaux propres (voir n° 21705). Newco serait donc l'acquise d'un point de vue comptable, ce qui n'est pas autorisé par la norme IFRS 3 qui impose que l'acquise ait une ou plusieurs activités avant le regroupement (voir n° 21470).

Dès lors, cette transaction n'est pas un regroupement d'entreprises et doit, à notre avis, être traitée comme une réorganisation interne. L'acquéreur juridique, Newco, intègre les actifs et passifs de l'activité préexistante sur la base de leur valeur comptable dans les comptes de l'activité existante, sans reconnaissance d'un goodwill. Toute différence entre le coût de la transaction et la valeur comptable des actifs et passifs de l'activité préexistante est comptabilisée en capitaux propres. Ce traitement s'applique :

- à partir de la date d'ouverture de la première période présentée, même si la transaction est intervenue en cours d'année ; ou
- à partir de la date à laquelle l'activité préexistante a rejoint le groupe si cette date est postérieure.

Ce traitement est adopté pour refléter l'absence de changement de la substance économique du groupe.

2. **Une méthode basée sur des valeurs comptables historiques** Cette méthode est celle retenue par la norme américaine ASC 805-50-05-5 pour traiter les regroupements entre entreprises sous contrôle commun.

Elle se justifie par le fait que les transactions entre entreprises sous contrôle commun ne sont pas toujours des transactions faites dans des conditions de concurrence normale qui serviraient de base à une évaluation des actifs et passifs acquis à leur juste valeur.

En pratique, dans le cadre de la mise en œuvre de cette méthode, il convient en effet de déterminer :

a. d'une part, **les valeurs comptables historiques.** A notre avis, ces valeurs devraient être celles figurant dans les comptes consolidés de la mère ultime exerçant le contrôle commun des entités se regroupant – au niveau de laquelle les comptes consolidés sont établis – sous réserve toutefois que ces valeurs aient été établies conformément aux normes IFRS.

Si les valeurs comptables historiques retenues sont celles au niveau de la mère ultime, la valeur comptable du goodwill constaté par cette dernière lors de l'acquisition de l'entité (ou du sous-groupe concerné) devrait être maintenue, comme pour les autres actifs.

Toutefois, à notre avis, certaines situations pourraient justifier l'utilisation d'autres valeurs, telles que celles figurant dans les comptes d'un palier intermédiaire, ou celles figurant dans les comptes de l'entité acquise. Par exemple, l'utilisation des valeurs comptables figurant dans les états financiers de l'entité acquise pourrait se justifier si les utilisateurs des états financiers de l'entité acquise sont désormais les utilisateurs des états financiers de l'ensemble regroupé ;

Exemple La société A est une société cotée en bourse avec de nombreuses filiales ayant différentes activités. L'une de ces filiales, la société G, détient une dette cotée en bourse. La société G a elle-même trois filiales (les sociétés X, Y et Z) qui constituent ses activités dans trois pays différents.
En prévision d'une introduction en bourse, la société X acquiert la société Z. Supposons que la société A et la société G ont des valeurs comptables différentes au titre des actifs de la société Z. Les chiffres consolidés du niveau le plus élevé doivent en principe être utilisés pour les regroupements d'entreprises sous contrôle commun. Cela signifierait que la société X utiliserait les valeurs enregistrées dans les états financiers consolidés de la société A. Cependant, étant donné que cette réorganisation a eu lieu à l'intérieur du sous-groupe de la société G, dont les états financiers sont lus par les tiers, l'utilisation des valeurs issues des états financiers consolidés de la société G pourrait être jugée plus pertinente.

b. d'autre part, la date à laquelle les valeurs comptables historiques doivent être retenues. L'IFRS IC ayant décidé de ne pas traiter de ce sujet (IFRIC Updates 11/09 et 01/10), deux solutions sont, à notre avis, acceptables :

i. Valeurs comptables historiques à la date d'ouverture de la première période présentée Cela revient à comptabiliser cette transaction rétrospectivement à cette date ou à partir de la date à laquelle les entités parties prenantes ont rejoint le groupe (si cette date est postérieure). **23220** (suite)

La référence à la norme américaine ASC 805 pour le traitement des regroupements entre entreprises sous contrôle commun est possible, IAS 8.12 autorisant l'utilisation d'une méthode prévue par un autre référentiel comptable, en l'absence de norme ou d'interprétation IFRS traitant de ce thème (en ce sens, décision du CESR, devenu l'ESMA, EECS/0508-04, 05/08, prise en application de la version 2004 d'IFRS 3 mais applicable également selon IFRS 3 actuelle).

Toutes les dispositions de la norme ASC 805 relatives à la comptabilisation de ce type de transaction devront alors être appliquées.

Traitement des frais liés à l'opération Afin de respecter la logique de la méthode, et selon les modalités prescrites par les anciennes normes APB 16 et IAS 22 pour la comptabilisation du « pooling of interest » (à défaut de précision de la norme américaine actuelle), les frais liés à l'opération sont, à notre avis, à comptabiliser en charges de l'exercice.

Cette méthode permet de présenter les états financiers tels qu'auraient été ceux d'une société unique si, au lieu de créer plusieurs sociétés, l'actionnaire ultime avait, dès le départ, pris la décision d'en créer une seule.

ii. Valeurs comptables historiques à la date du regroupement, par analogie avec IFRS 3.8 et .10 (et IFRS 10.20) qui font référence à la date de prise de contrôle pour déterminer la date d'acquisition (et de cession).

Traitement des frais liés à l'opération A notre avis, ces frais devraient être constatés en charges.

Aucun « nouveau » goodwill ne peut être généré dans le cadre de cette méthode, les valeurs retenues n'étant pas basées sur le prix payé et la juste valeur des actifs et passifs identifiables. En conséquence, l'écart éventuel qui résulte de la différence entre le prix payé et la valeur comptable historique consolidée des actifs et passifs de l'entité acquise est comptabilisé en capitaux propres (soit dans la rubrique « Résultats accumulés », soit dans une rubrique de réserve spécifique des capitaux propres).

L'enjeu du choix de la date à laquelle les valeurs comptables historiques sont retenues a des conséquences sur le montant de la différence entre les valeurs comptables historiques et le prix payé constaté en capitaux propres ainsi que sur les états financiers retraités présentés en comparatif.

3. Cas particulier – Prises d'influence notable ou de contrôle conjoint entre entreprises sous contrôle commun La norme IFRS 3 exclut explicitement les regroupements entre entreprises sous contrôle commun de son champ d'application (IFRS 3.2c). Cependant, la norme IAS 28 ne prévoit pas d'exclusion de son champ d'application pour les opérations de transfert des entreprises associées ou des joint ventures entre entreprises sous contrôle commun.

A notre avis, en l'absence d'une telle exclusion explicite, il n'est pas possible d'exclure les opérations de transfert des entreprises associées ou des joint ventures entre entreprises sous contrôle commun du champ d'application d'IAS 28, en raisonnant par analogie avec l'exclusion des regroupements entre entreprises sous contrôle commun prévue dans le champ d'application d'IFRS 3. Dès lors, il convient d'appliquer les dispositions générales d'IAS 28 relatives à la comptabilisation des prises d'influence notable.

Cela dit, d'autres considèrent, malgré la différence concernant le champ d'application de ces normes et par référence à la norme IAS 28 selon laquelle nombre de procédures de consolidation prévues par IFRS 10 sont applicables à la méthode de la mise en équivalence (IAS 28.26), qu'un traitement identique à celui du transfert d'une entreprise sous contrôle exclusif entre entreprises sous contrôle commun (voir points 1. et 2. ci-avant) peut être appliqué au cas des entreprises associées ou sous contrôle conjoint.

L'IFRS IC a été saisi en octobre 2012 de la question relative au traitement des prises d'influence notable ou prises de contrôle conjoint entre entreprises sous contrôle commun. Considérant qu'il serait plus adéquat que ce sujet soit traité dans le cadre d'un projet plus global, l'IFRS IC a décidé de ne pas inscrire ce thème à son agenda (IFRS IC Update 05/13). En mars 2022, l'IASB a toutefois provisoirement décidé, à ce stade, de ne pas traiter de ce sujet dans le cadre de son projet sur les regroupements entre entreprises sous contrôle commun (IASB Update 03/22).

Pour plus de détails sur le projet considéré, voir n° 23206.

23220 (suite) i. Valeurs comptables historiques à la date d'ouverture de la première période présentée. Cela revient à comptabiliser cette transaction rétrospectivement à cette date ou à partir de la date à laquelle les entités parties prenantes ont rejoint le groupe (si cette date est postérieure).

La référence à la norme américaine ASC 805 pour le traitement des regroupements entre entreprises sous contrôle commun est possible, IAS 8.12 autorisant l'utilisation d'une méthode prévue par un autre référentiel comptable, en l'absence de norme ou d'interprétation IFRS traitant de ce thème (en ce sens, décision du CESR, devenu l'ESMA, EECS/0508-04, 05/08, prise en application de la version 2004 d'IFRS 3 mais applicable également selon IFRS 3 actuelle).

Toutes les dispositions de la norme ASC 805 relatives à la comptabilisation de ce type de transaction devront alors être appliquées.

Traitement des frais liés à l'opération. Afin de respecter la logique de la méthode, et selon les modalités prescrites par les anciennes normes APB 16 et IAS 22 pour la comptabilisation du « pooling of interest » (à défaut de précision de la norme américaine actuelle), les frais liés à l'opération sont, à notre avis, à comptabiliser en charges de l'exercice.

Cette méthode permet de présenter les états financiers tels qu'auraient été ceux d'une société unique si, au lieu de créer plusieurs sociétés, l'actionnaire ultime avait, dès le départ, pris la décision d'en créer une seule.

ii. Valeurs comptables historiques à la date du regroupement, par analogie avec IFRS 3.8 et 10 (et IFRS 10.20) qui font référence à la date de prise de contrôle pour déterminer la date d'acquisition (et de cession).

Traitement des frais liés à l'opération. À notre avis, ces frais devraient être constatés en charges.

Aucun « nouveau » goodwill ne peut être généré dans le cadre de cette méthode, les valeurs retenues n'étant pas basées sur le prix payé et la juste valeur des actifs et passifs identifiables. En conséquence, l'écart éventuel qui résulte de la différence entre le prix payé et la valeur comptable historique consolidée des actifs et passifs de l'entité acquise est comptabilisé en capitaux propres (soit dans la rubrique « Résultats accumulés », soit dans une rubrique de réserve spécifique des capitaux propres).

L'enjeu du choix de la date à laquelle les valeurs comptables historiques sont retenues a des conséquences sur le montant de la différence entre les valeurs comptables historiques et le prix payé constaté en capitaux propres ainsi que sur les états financiers retraités présentés en comparatif.

3. Cas particulier – Prises d'influence notable ou de contrôle conjoint entre entreprises sous contrôle commun. La norme IFRS 3 exclut explicitement les regroupements entre entreprises sous contrôle commun de son champ d'application (IFRS 3.2c). Cependant, la norme IAS 28 ne prévoit pas d'exclusion de son champ d'application pour les opérations de transfert des entreprises associées ou des joint ventures entre entreprises sous contrôle commun.

À notre avis, en l'absence d'une telle exclusion explicite, il n'est pas possible d'exclure les opérations de transfert des entreprises associées ou des joint ventures entre entreprises sous contrôle commun du champ d'application d'IAS 28, en raisonnant par analogie avec l'exclusion des regroupements entre entreprises sous contrôle commun prévue dans le champ d'application d'IFRS 3. Dès lors, il convient d'appliquer les dispositions générales d'IAS 28 relatives à la comptabilisation des prises d'influence notable.

Cela dit, d'autres considèrent, malgré la différence concernant le champ d'application de ces normes et par référence à la norme IAS 28 selon laquelle nombre de procédures de consolidation prévues par IFRS 10 sont applicables à la méthode de la mise en équivalence (IAS 28.26), qu'un traitement identique à celui du transfert d'une entreprise sous contrôle exclusif entre entreprises sous contrôle commun (voir points 1 et 2 ci-avant) peut être appliqué au cas des entreprises associées ou sous contrôle conjoint.

L'IFRS IC a été saisi en octobre 2012 de la question relative au traitement des prises d'influence notable ou prises de contrôle conjoint entre entreprises sous contrôle commun. Considérant qu'il serait plus adéquat que ce sujet soit traité dans le cadre d'un projet plus global, l'IFRS IC a décidé de ne pas inscrire ce thème à son agenda (IFRS IC Update 05/13). En mars 2022, l'IASB a toutefois provisoirement décidé, à ce stade, de ne pas traiter de ce sujet dans le cadre de son projet sur les regroupements entre entreprises sous contrôle commun (IASB Update 03/22).

Pour plus de détails sur le projet considéré, voir n° 23206.

CHAPITRE 15

Variations de périmètre et/ou du pourcentage d'intérêts dans une entreprise mise en équivalence : entreprise associée ou joint venture (IAS 28)

Plan du chapitre §§ 23450

QUESTIONS/REPONSES PRATIQUES

Remarque importante

Les réponses aux questions présentées ci-après résultent de l'analyse des dispositions de la norme IAS 28, Participations dans les entreprises associées et les joint ventures, en vigueur actuellement, sur la base des informations disponibles au 1er juin 2023. 23456

Evolution possible de la norme Pour des informations sur le projet « Equity Method », voir n° 15650.

A. Comptabilisation des prises d'influence notable

Coût d'acquisition des titres d'une entité mise en équivalence

23460 ***Question***

Comment déterminer le coût d'acquisition des titres d'une entité mise en équivalence ?

Réponse

Le coût d'acquisition correspond au prix d'acquisition augmenté des coûts directs liés à l'acquisition.

Commentaires Selon IAS 28.3 et .10, la participation dans une entité mise en équivalence est initialement comptabilisée au coût, sans toutefois définir cette notion de coût.

L'IFRS IC définit le coût comme comprenant (IFRIC Update 07/09) :
- le prix d'acquisition remis au vendeur par l'acquéreur en échange des titres mis en équivalence ; et
- les coûts directs liés à l'acquisition.

Ces coûts correspondent à ceux directement attribuables à l'acquisition (par exemple, les honoraires versés aux comptables, conseils juridiques, banques d'affaires, évaluateurs et autres consultants intervenus pour effectuer le regroupement).

Cette position a été prise en application de la version de la norme IAS 28 avant révision en 2011 mais reste applicable, à notre avis, selon la version d'IAS 28 actuellement en vigueur.

Cette précision apportée par l'IFRS IC ne devrait pas créer de divergence avec la pratique passée qui faisait généralement référence à la définition du coût donnée par d'autres normes telle qu'IAS 16 (IAS 16.16 s.).

Remarque – Différence avec le traitement du coût d'acquisition des titres d'une filiale La prise en compte des coûts directs liés à l'acquisition de titres mis en équivalence dans le coût d'acquisition de ces titres diffère du traitement adopté par IFRS 3 pour les coûts directs liés à l'acquisition de titres de filiales, ceux-ci étant en effet constatés en charges (voir nº 21850).

Ajustements éventuels du prix d'acquisition des titres mis en équivalence

23465 ***Question***

Comment comptabiliser un ajustement éventuel du prix d'acquisition des titres mis en équivalence lors de la prise d'influence notable ?

Réponse

A notre avis, l'ajustement éventuel du prix d'acquisition doit être estimé à la date d'acquisition et être inclus dans le coût d'acquisition des titres mis en équivalence.

Commentaires La norme IAS 28 n'apporte pas de précision sur le traitement comptable des ajustements éventuels du prix d'acquisition des titres mis en équivalence. Le coût d'acquisition des titres mis en équivalence comprend le prix d'acquisition remis au vendeur par l'acquéreur en échange des titres mis en équivalence et les coûts directs liés à l'acquisition qui ont été encourus pour les acquérir (voir nº 23460).

A notre avis, un ajustement éventuel du prix d'acquisition des titres mis en équivalence doit être estimé à la date d'acquisition et être inclus dans le coût d'acquisition des titres mis en équivalence, par analogie avec le traitement des ajustements éventuels du prix d'acquisition d'une prise de contrôle prévu par IFRS 3 (voir nº 21815).

L'ajustement éventuel du prix d'acquisition constitue :
- soit une dette ou un instrument de capitaux propres (correspondant à l'obligation de l'acquéreur d'avoir à payer un complément éventuel de prix d'acquisition si certains événements futurs spécifiés surviennent ou si certaines conditions sont remplies). Le classement en dettes ou en capitaux propres est réalisé selon les critères de la norme IAS 32, Instruments financiers – Présentation (voir nº 44320 s.) ;
- soit un actif (correspondant à un droit de l'acquéreur de se voir restituer une partie du prix d'acquisition payé au vendeur à la date d'acquisition si certains événements futurs spécifiés surviennent ou si certaines conditions sont remplies).

Remarque Différents traitements comptables sont applicables aux changements d'estimation des ajustements éventuels du prix d'acquisition, voir nº 23466.

Changements d'estimation des ajustements éventuels de prix après la date d'acquisition des titres

23466

Question

Comment comptabiliser les changements d'estimation des ajustements éventuels du prix d'acquisition de titres mis en équivalence qui surviennent après la date d'acquisition ?

Réponse

Lorsque le complément éventuel de prix a été comptabilisé comme un instrument de capitaux propres, il ne fera l'objet d'aucun ajustement de prix après la date d'acquisition.

Lorsque le complément éventuel de prix a été comptabilisé comme un actif ou un passif (dette) à la date d'acquisition, et en l'absence de précision des textes, ses variations ultérieures de valeur peuvent, à notre avis, être comptabilisées selon l'une des deux méthodes suivantes (à appliquer de manière cohérente et permanente aux transactions similaires) :

a. **méthode du « coût »** : les changements d'estimation du passif ou de l'actif sont comptabilisés en contrepartie du coût des titres ;

b. **méthode de la « juste valeur », par analogie avec IFRS 3** : l'actif ou le passif devra être évalué à la juste valeur à chaque date de clôture. Tout changement de cette juste valeur est comptabilisé en résultat.

Cas particulier Lorsque le changement d'estimation résulte de faits et circonstances existant à la date d'acquisition et intervient dans le délai d'affectation, le montant de l'actif ou du passif est, à notre avis, systématiquement ajusté par la contrepartie du coût d'acquisition, et donc de la ligne « Titres mis en équivalence ».

Commentaires Une obligation de l'acquéreur de verser un ajustement éventuel du prix dans le cadre d'un regroupement d'entreprises selon IFRS 3 et répondant à la définition d'un instrument financier est classée en instrument de capitaux propres ou en dette financière selon IAS 32 (IFRS 3.40).

Pour plus de précisions, voir n° 21815.

Lorsque le complément éventuel de prix a été comptabilisé comme un instrument de capitaux propres, il ne fera l'objet d'aucun ajustement de prix après la date d'acquisition.

Lorsque le complément éventuel de prix est comptabilisé comme un actif ou un passif (dette) à la date d'acquisition, la norme IAS 28 n'apporte pas de précision sur le traitement comptable des ajustements éventuels du prix d'acquisition des titres mis en équivalence. En l'absence de précision des textes, deux méthodes peuvent, à notre avis, être retenues pour comptabiliser les modifications ultérieures des ajustements éventuels de prix des titres mis en équivalence (voir n° 23465) :

1. **Méthode du « coût »** Selon cette méthode, les changements d'estimation du passif ou de l'actif sont comptabilisés en contrepartie du coût des titres mis en équivalence. Cette approche est conforme à IAS 8.37, qui prévoit qu'un changement d'estimation comptable donnant lieu à des variations d'éléments d'actifs et de passifs doit être comptabilisé de façon prospective par ajustement de la valeur comptable de l'élément concerné au cours de la période du changement.
2. **Méthode de la « juste valeur »** L'actif ou le passif devra être évalué à la juste valeur à chaque date de clôture. Tout changement de cette juste valeur est comptabilisé en résultat.

Remarque A notre avis, le traitement décrit ci-avant n'est pas applicable lorsque le changement d'estimation résulte de faits et circonstances existant à la date d'acquisition et intervient dans le délai d'affectation. En effet, par analogie avec IFRS 3.45, le montant de l'actif ou de la dette est ajusté par la contrepartie du coût d'acquisition des titres et donc mécaniquement du goodwill (ou du profit résultant d'une acquisition à des conditions avantageuses) inclus dans la ligne « Titres mis en équivalence », dans le délai d'affectation.
Pour une analyse détaillée des changements d'estimation de la juste valeur des ajustements éventuels de prix selon IFRS 3, voir n° 21825.

La méthode retenue par le groupe doit être appliquée de manière permanente et cohérente pour toutes les transactions similaires (IAS 8.13).

Achats successifs de titres aboutissant à une prise d'influence notable ou à une prise de participation dans une joint venture

23470 ***Question***

Comment comptabiliser une prise d'influence notable ou une prise de participation dans une joint venture par achats successifs de titres ?

Réponse

A défaut de précision dans la norme IAS 28, deux méthodes de comptabilisation peuvent, à notre avis, être utilisées pour comptabiliser une prise d'influence notable ou une prise de participation dans une joint venture par étapes :
- la méthode du coût ; et
- la méthode de la juste valeur, par analogie avec le traitement des prises de contrôle exclusif par étapes.

Le choix de l'une ou l'autre méthode doit être appliqué de manière permanente.

1. Selon la **méthode du coût** :

a. Le goodwill comptabilisé correspond à la somme des goodwills de chacun des lots successivement acquis. A chaque acquisition, un goodwill est ainsi calculé par différence entre le prix payé et la quote-part de juste valeur de l'actif net identifiable acquis à la date de cette acquisition.

b. Le coût des titres correspond à la somme :
- du prix d'acquisition de chaque lot acquis ;
- des frais d'acquisition afférents ; et
- de la quote-part de résultat et autres éléments du résultat global (OCI) revenant à chacun des lots acquis avant la prise d'influence notable ou de participation dans la joint venture et accumulés depuis leur acquisition.

Ainsi, selon cette méthode, le coût des lots acquis avant la prise d'influence notable ou de participation dans la joint venture n'est pas évalué à la juste valeur lors de la prise d'influence notable ou de participation dans la joint venture.

2. Selon la **méthode de la juste valeur, par analogie avec IFRS 3** :

a. Le goodwill est calculé par différence entre :
- le prix d'acquisition payé au titre de la prise d'influence notable ou de participation dans la joint venture, augmenté de la juste valeur à la date de prise d'influence notable ou de participation dans la joint venture des lots antérieurement acquis ; et
- la quote-part des actifs identifiables et passifs assumés évalués à leur juste valeur à la date de prise d'influence notable ou de participation dans la joint venture.

b. Le coût des titres correspond à la juste valeur des titres à la date de prise d'influence notable ou de participation dans la joint venture.

Ainsi, selon cette méthode, le coût des lots acquis avant la prise d'influence notable ou de participation dans la joint venture est évalué à la juste valeur.

Lorsque les titres antérieurement détenus étaient classés en actifs financiers à la juste valeur en contrepartie des autres éléments du résultat global (OCI), le montant inscrit dans la réserve OCI n'est pas recyclé en résultat, lors de la prise de participation complémentaire, conformément aux dispositions d'IFRS 9.

En application de cette méthode, les frais d'acquisition des titres sont comptabilisés en charges.

Commentaires La norme IAS 28 ne contient pas de disposition relative à la comptabilisation d'une prise d'influence notable ou d'une prise de participation dans une joint venture par étapes, contrairement à la norme IFRS 3 qui traite de manière détaillée des prises de contrôle exclusif par étapes (voir n° 23750 s.).

Toutefois, IAS 28.3 et .10 prévoient que la participation dans une entreprise mise en équivalence est initialement comptabilisée au coût sans préciser ce que cette notion de coût recouvre.

Pour les précisions apportées par l'IFRS IC sur la notion de coût et notamment sur le traitement des frais de transaction, voir n° 23460.

En raison de cette imprécision, deux méthodes peuvent, à notre avis, être appliquées pour comptabiliser une prise d'influence notable ou de participation dans une joint venture par étapes : **23470** (suite)

- la méthode du coût ; ou
- la méthode de la juste valeur, par analogie avec le traitement des prises de contrôle exclusif par achats successifs de titres (IFRS 3.42).

Recommandations de l'AMF Dans ses recommandations en vue de l'arrêté des comptes 2012, l'AMF indique que la méthode retenue doit être indiquée dans l'annexe des états financiers (IAS 1.117) et être appliquée de manière permanente à toutes les transactions de cette nature (Rec. AMF 2012-16, Arrêté des Comptes 2012, § 6.2.2.1).

Le choix entre les deux méthodes aura un impact sur la ligne « Titres mis en équivalence », le goodwill relatif à une entreprise associée ne devant pas être présenté distinctement de cette même ligne (IAS 28.42).

1. **Méthode du coût** Selon cette méthode, qui découle des dispositions d'IAS 28.10 précitées, le goodwill correspond à la somme des goodwills de chacun des lots successivement acquis.

a. A chaque acquisition, un goodwill est ainsi calculé par différence entre le coût du lot acquis et la quote-part de juste valeur de l'actif net identifiable acquis à la date de cette acquisition (IAS 28.32).

b. Pour ce qui concerne le coût de la quote-part détenue avant la prise d'influence notable ou de participation dans la joint venture (comptabilisée jusqu'alors en actifs financiers selon IFRS 9, à la juste valeur par résultat ou à la juste valeur par OCI, selon l'option retenue de manière irrévocable par l'entreprise), il convient à notre avis :

- d'une part, d'extourner en contrepartie du résultat les variations de valeur de ces titres depuis leurs dates d'acquisition, afin de ramener la valeur de la participation à son coût initial ;

Ceci est cohérent avec la décision de l'IFRS IC de janvier 2019, relative à la comptabilisation dans les comptes individuels d'un émetteur de la prise de contrôle d'une filiale par étapes. Dans le cas examiné par l'IFRS IC, l'émetteur a choisi de comptabiliser son investissement dans les titres d'une filiale au coût, dans ses comptes individuels. Lorsque l'émetteur obtient le contrôle d'une filiale dont il détenait des actions comptabilisées en tant qu'actifs financiers à la juste valeur selon IFRS 9, l'IFRS IC a conclu que le coût initial pouvait être déterminé soit par référence à la juste valeur des titres à la date de prise de contrôle (méthode équivalente à la méthode de la juste valeur décrite au point 2. ci-après), soit par référence au coût historique des acquisitions de chacun des lots de titres antérieures à la prise de contrôle (méthode équivalente à la méthode du coût décrite ci-avant). En outre, l'IFRS IC a précisé que, lors de l'application de la méthode du coût, toute différence entre la juste valeur des titres détenus antérieurement à la date de prise de contrôle et leur coût d'acquisition historique devait être comptabilisée en résultat et ce, même si l'émetteur comptabilisait les variations de valeur antérieures en OCI (c'est-à-dire même si les titres étaient classés en actifs financiers à la juste valeur par OCI).

- et, d'autre part, de comptabiliser en contrepartie du résultat, la quote-part dans les profits/pertes et les autres éléments du résultat global (OCI) revenant à chacun des lots acquis avant la prise d'influence notable ou de participation dans la joint venture, qui ont été accumulés jusqu'à cette date.

Ce montant doit toutefois être diminué des distributions de dividendes reçues entre la date d'acquisition de la participation initialement détenue et la prise d'influence notable ou de participation dans la joint venture.

Selon cette approche, le coût des lots acquis avant la prise d'influence notable ou de participation dans la joint venture n'est pas évalué à la juste valeur lors de la prise d'influence notable ou de participation dans la joint venture.

2. **Méthode de la juste valeur** (par analogie avec le traitement des prises de contrôle exclusif par étapes, IFRS 3.42) A notre avis, les dispositions générales relatives aux prises de contrôle par achats successifs de titres (voir nº 23750) peuvent également s'appliquer à la prise d'influence notable ou de participation dans une joint venture d'une entreprise dont les titres étaient jusqu'alors comptabilisés en actifs financiers selon IFRS 9.

Cette approche implique :

a. d'une part, de **comptabiliser un goodwill** à la date de prise d'influence notable ou de prise de participation dans une joint venture, déterminé (par analogie avec IFRS 3.32) pour un montant égal à la différence entre :

- le prix d'acquisition payé au titre de la prise d'influence notable ou de la prise de participation dans la joint venture, augmenté de la juste valeur à la date de prise d'influence notable ou de

23470 (suite) prise de participation dans la joint venture de la quote-part d'intérêts dans l'acquise antérieurement détenue ;

Conformément aux principes d'IFRS 3 applicables aux prises de contrôle exclusif, les frais de transaction sont constatés en charges, voir nº 21850.

– et la quote-part des actifs identifiables acquis et passifs assumés évalués conformément à IFRS 3, c'est-à-dire généralement à leur juste valeur à la date de prise d'influence notable ou de prise de participation dans la joint venture ;

b. et, d'autre part, de prendre en compte, en ce qui concerne le coût de la quote-part détenue avant la prise d'influence notable ou la prise de participation dans la joint venture (quote-part jusque-là comptabilisée en tant qu'actif financier selon IFRS 9, à la juste valeur par résultat ou à la juste valeur par OCI, selon l'option retenue de manière irrévocable par l'entreprise), la juste valeur de cette quote-part à la date de la prise d'influence notable ou la prise de participation dans la joint venture.

Cas d'une quote-part antérieurement détenue initialement comptabilisée à la juste valeur en contrepartie des autres éléments du résultat global (OCI) Par analogie avec IFRS 3.42, lors de la prise de l'influence notable ou la prise de participation dans la joint venture, le montant inscrit dans cette réserve (OCI) doit être comptabilisé de la même façon que si l'émetteur avait directement vendu la quote-part antérieurement détenue. Ainsi, conformément aux dispositions d'IFRS 9, les titres ayant été initialement comptabilisés à la juste valeur en contrepartie des autres éléments du résultat global, ce montant n'est pas recyclé en résultat, lors de la prise de participation complémentaire.

Sur les modalités de comptabilisation des actifs financiers selon les dispositions d'IFRS 9, voir nº 45080.

■ ***Exemple***

Le 1/06/N, une entité A a acquis une participation de 10 % dans une entité B pour 1 000 sans encourir de frais. La participation dans l'entité B a été comptabilisée en actifs financiers à la juste valeur par résultat.

Au 31/12/N, l'entité A comptabilise une augmentation de juste valeur de 600 en contrepartie du résultat.

Au 1/01/N+1, l'entité A acquiert 25 % supplémentaires dans l'entité B pour 4 000, ce qui lui permet d'obtenir l'influence notable de B.

La juste valeur de l'actif net identifiable de B était de 5 000 en juin N et s'élève à 8 000 au 1/01/N+1.

L'entité B a enregistré des profits après dividendes de 2 000 entre le 1/06/N et le 1/01/N+1.

Ces informations sont reprises dans le tableau suivant :

	1/06/N	*31/12/N*	*1/01/N+1*	*Variations (1/01/N+1 vs 1/06/N)*
% dans l'entreprise associée	*10 %*	*10 %*	*35 %*	*+ 25 %*
Prix d'acquisition	*1 000*		*5 000*	*+ 4 000*
Juste valeur de l'actif net identifiable de l'entreprise associée	*5 000*		*8 000*	*+ 3 000 (1)*
Actifs financiers à la juste valeur par résultat (10 %)	*1 000*	*1 600 (2)*		

(1) Cette variation s'explique en partie par la réalisation d'un profit après versement des dividendes de 2 000.
(2) Le montant de 1 600 représente la juste valeur des 10 %. Cette juste valeur se décompose en 800 (8 000 × 10 %) de quote-part de juste valeur dans les actifs nets identifiables et 800 de quote-part de juste valeur dans les actifs non identifiables au 31/12/N.

Solution de l'exemple :

1. ***Méthode du coût*** *La prise d'influence notable de B est comptabilisée en suivant les étapes ci-après :*

a. Comptabilisation du goodwill à la date de prise d'influence notable, calculé comme suit :

Coût de l'acquisition initiale	*1 000*
Quote-part de la juste valeur d'actif net (10 % × 5 000)	*(500)*
Goodwill relatif à la première acquisition	*500*
Coût de l'acquisition complémentaire	*4 000*
Quote-part de la juste valeur d'actif net (25 % × 8 000)	*(2 000)*
Goodwill relatif à la deuxième acquisition	*2 000*
Goodwill total selon la méthode du coût	***2 500***

b. Comptabilisation en titres mis en équivalence d'un montant correspondant à la somme des éléments suivants : **23470** (suite)
– coût d'acquisition des deux lots de titres : 5 000 (= 1 000 + 4 000) ;
– la quote-part de A dans le résultat de B (net des dividendes) pendant la période de détention des 10 % : 200 (= 10 % × 2 000). Cette quote-part des profits de l'entité est constatée en résultat.
Soit 5 200 en titres mis en équivalence (dont 2 500 de goodwill total).
En outre, la valeur des actifs financiers à la juste valeur par résultat au 31/12/N est réduite pour la ramener à leur coût initial. Pour ce faire, la valeur des titres est diminuée de 600 en contrepartie du résultat afin d'annuler l'augmentation de juste valeur constatée fin N depuis l'acquisition du premier lot de titres.
L'écriture à constater est la suivante :

Dt	*Titres mis en équivalence*	*5 200* (1)	
Dt	*Résultat (annulation de la réévaluation des 10 % des titres de B entre la date de leur acquisition initiale et la date d'obtention de l'influence notable)*	*600*	
Ct	*Trésorerie*		*4 000*
Ct	*Actifs financiers à la juste valeur par résultat*		*1 600*
Ct	*Résultat (constatation de la quote-part de A dans le résultat de B, net des dividendes, entre la date de l'acquisition initiale des 10 % et la date d'obtention de l'influence notable)*		*200*
(1) Dont 2 500 de goodwill.			

2. ***Méthode de la juste valeur*** *La prise d'influence notable de B est comptabilisée en suivant les étapes ci-après :*
a. Comptabilisation du goodwill à la date de prise d'influence notable, calculé comme suit :

Détermination du coût dans l'entreprise associée :	
Juste valeur des 10 % détenus initialement	*1 600* (1)
Juste valeur du prix payé pour acquérir les 25 % supplémentaires	*4 000*
Coût de la participation dans l'entreprise associée	*5 600*

(1) L'évaluation de la juste valeur des actifs financiers à la juste valeur par résultat au 31/12/N (1 600) est reprise comme base d'évaluation de la quote-part antérieurement détenue au 1/01/N+1.

Le goodwill est calculé comme suit :
– coût de la participation dans l'entreprise associée : 5 600,
– moins quote-part de l'entité A dans la juste valeur de l'actif net identifiable de l'entité B à la date de prise d'influence notable (35 % × 8 000 = 2 800).
Soit un goodwill de 2 800.
b. Constatation en titres mis en équivalence de 5 600 (dont 2 800 de goodwill) correspondant au coût de la participation dans l'entreprise associée évalué à la juste valeur (voir ci-avant).
L'écriture à constater est la suivante :

Dt	*Titres mis en équivalence*	*5 600* (1)	
Ct	*Trésorerie*		*4 000*
Ct	*Actifs financiers à la juste valeur par résultat*		*1 600*
(1) Dont 2 800 de goodwill.			

B. Comptabilisation des variations de pourcentage d'intérêts avec maintien de la méthode de la mise en équivalence

Augmentation du pourcentage d'intérêts dans une entreprise associée ou une joint venture avec maintien de la mise en équivalence

23480 ***Question***

Comment comptabiliser une acquisition complémentaire de titres d'une entreprise associée ou d'une joint venture avec maintien de la mise en équivalence ?

Réponse

A notre avis, l'acquisition complémentaire de titres donne lieu à la comptabilisation d'un goodwill calculé par différence entre le coût d'acquisition de ce dernier lot de titres acquis et la quote-part de la juste valeur de l'actif net identifiable obtenu en contrepartie à la date de cette acquisition complémentaire.

Commentaires A défaut de précision de la norme IAS 28, une acquisition complémentaire de titres d'une entreprise associée ou d'une joint venture avec maintien de la mise en équivalence de cette entité doit, à notre avis, être traitée de la manière suivante :

1. Comptabilisation d'un goodwill sur cette acquisition complémentaire de titres calculé par différence entre :
- le coût d'acquisition de ce dernier lot de titres acquis ; et
- la quote-part de la juste valeur de l'actif net identifiable obtenu en contrepartie à la date de cette acquisition complémentaire.

2. La quote-part d'actif net détenue avant cette acquisition complémentaire ne doit pas être réévaluée à la juste valeur à la date de cette dernière acquisition.

En effet, cette acquisition complémentaire de titres ne change pas la nature de l'investissement détenu dans cette entité : l'entreprise associée (ou la joint venture) reste une entreprise associée (ou une joint venture) et le pourcentage d'intérêts existant donnait déjà lieu à une mise en équivalence avant cette dernière acquisition (en ce sens le traitement selon IAS 28.24 du passage du contrôle conjoint à l'influence notable, ou inversement, qui ne donne pas lieu à réévaluation des titres conservés en raison du maintien de l'application de la méthode de la mise en équivalence).

Remarque Dans certains cas, l'augmentation du pourcentage d'intérêts peut résulter d'une transaction autre qu'une acquisition complémentaire de titres. C'est le cas notamment lorsqu'une entité souscrit à une augmentation de capital d'une entreprise associée ou d'une joint venture ou lorsque l'entreprise associée ou la joint venture procède au rachat de ses propres actions. Les principes de comptabilisation de ces opérations sont, à notre avis, proches de ceux retenus pour une acquisition complémentaire de titres (comptabilisation d'un goodwill sans réévaluation de la quote-part d'intérêts détenue avant cette dernière augmentation du pourcentage d'intérêts).

Pour un exemple d'augmentation du pourcentage d'intérêts suite à :
- une augmentation de capital d'une entreprise associée, voir Exemple 2 ci-après ;
- un rachat par une entreprise associée de ses propres actions, voir Exemple 3 ci-après.

■ *Exemple 1*

Acquisition complémentaire de titres d'une entreprise associée avec maintien de l'influence notable

Une entité A a acquis 20 % d'une entreprise associée B en N-3. Le coût d'acquisition de ces 20 % est de 12 000 et la juste valeur de l'actif net identifiable de B comptabilisée à cette date s'élève à 55 000.

En N, A réalise une acquisition complémentaire de 15 % dans B, renforçant l'influence notable exercée sur B. Le coût d'acquisition des 15 % supplémentaires s'élève à 16 000. La valeur comptable de l'actif net de B à la date de l'acquisition complémentaire s'élève à 68 000 et la juste valeur de l'actif net identifiable de B à 75 000.

23480 (suite)

Ces informations sont reprises dans le tableau suivant :

	31/12/N-3	31/12/N	Variations
% dans l'entreprise associée	20 %	35 %	+ 15 %
Prix d'acquisition	12 000	28 000	+ 16 000
Juste valeur de l'actif net identifiable de l'entreprise associée	55 000	75 000	+ 20 000
Valeur comptable de l'actif net de l'entreprise associée	50 000	68 000	+ 18 000 (1)

(1) Le montant de 18 000 correspond aux profits réalisés nets des dividendes distribués après l'acquisition du 1er lot.

***Solution de l'exemple 1** Le goodwill à constater au titre de l'acquisition complémentaire de titres est le suivant :*

Coût d'acquisition des 15 % complémentaires acquis	16 000
Quote-part d'actifs nets identifiables acquis à la juste valeur (15 % × 75 000)	(11 250)
Goodwill relatif au second lot de titres acquis	4 750

Ce goodwill vient ainsi s'ajouter au goodwill constaté lors de la prise d'influence notable et qui a été calculé comme suit :

Coût d'acquisition des 20 premiers % de B par A	12 000
Quote-part d'actifs nets identifiables acquis à la juste valeur (20 % × 55 000)	(11 000)
Goodwill relatif au premier lot de titres acquis	1 000

Au total, le goodwill est de 1 000 + 4 750, soit 5 750.
Le montant inscrit en titres mis en équivalence au 31/12/N est donc de 31 600 :
– 28 000 (soit 12 000 + 16 000) de coûts d'acquisition pour chaque tranche,
– et 3 600 de profits post-acquisition des 20 % de détention initiale [(68 000 – 50 000 = 18 000) × 20 %].
L'écriture à constater au titre de l'acquisition complémentaire est la suivante :

Dt	Titres mis en équivalence	16 000 (1)	
Ct	Trésorerie		16 000

(1) Le montant de 16 000 correspond au coût d'acquisition des 15 % complémentaires acquis. Il inclut le goodwill complémentaire (4 750), le goodwill relatif à une entreprise associée ne devant pas être présenté distinctement de la ligne « Titres mis en équivalence ».

■ *Exemple 2*

***Augmentation du pourcentage d'intérêts résultant d'une augmentation de capital de l'entreprise associée** Une entité B a acquis 20 % d'une entreprise associée A lors de sa création. Le capital social de A est composé de 100 actions d'une valeur nominale de 1. La valeur comptable des titres mis en équivalence s'élève à 20.*
Aucun goodwill n'a été constaté lors de l'acquisition de cette première tranche, l'acquisition ayant eu lieu lors de la création de l'entreprise associée.
L'année suivante, l'entité A procède à une augmentation de capital de 16 en émettant 16 actions d'une valeur nominale de 1 entièrement souscrites par B.
La juste valeur des actifs de A s'élève à 74 avant l'augmentation de capital puis à 90 après l'augmentation de capital.
Le pourcentage d'intérêts de B dans A augmente mécaniquement de 20 % à 31 % (36/116 actions).
A l'issue de l'augmentation de capital, l'entité A reste sous l'influence notable de B.

***Solution de l'exemple 2** Le goodwill à constater au titre de l'augmentation du pourcentage d'intérêts est le suivant :*

Coût d'acquisition des 11 % à la suite de l'augmentation de capital (a)	16
Part des actions acquises dans la juste valeur de l'actif net identifiable existant [(31 % – 20 %) × 74] (b)	8
Part des actions acquises dans la trésorerie reçue par A du fait de l'augmentation de capital (31 % × 16) (c)	5
Valeur totale des actions acquises (d) = (b) + (c)	13
Goodwill (a) – (d)	3

La valeur des titres mis en équivalence dans les comptes consolidés de B s'élève désormais à 36 (20 + 16 dont 3 de goodwill).

L'écriture à constater au titre de l'augmentation du pourcentage d'intérêts dans A est la suivante :

Dt	Titres mis en équivalence (dont goodwill de 3)	16	
Ct	Trésorerie		16

■ *Exemple 3*

Augmentation du pourcentage d'intérêts résultant du rachat par l'entreprise associée de ses propres actions *En N-1, une entreprise associée A a émis 100 actions d'une valeur nominale de 1 dont 20 % souscrits par une entité B.*

La juste valeur de l'actif net identifiable de A est de 300. La valeur des titres A mis en équivalence dans les comptes consolidés de B s'élève à 60 (20 % × 300), aucun goodwill n'ayant été constaté lors de la première tranche.

En N, l'entité A rachète 20 de ses propres actions auprès des autres actionnaires pour 120 et procède à une annulation de ces titres. Le pourcentage d'intérêts de B dans A augmente mécaniquement de 20 % à 25 % (20/80 actions).

L'actif net de l'entité A est désormais de 180 (300 – 120).

Solution de l'exemple 3 *A notre avis, le coût présumé d'acquisition des 5 % correspond au pourcentage de détention de B dans la trésorerie décaissée par l'entité A pour racheter ses propres actions soit 24 (20 % × 120). Ainsi, ce coût présumé diminue la valeur comptable des titres mis en équivalence mais est également le coût d'acquisition des 5 % complémentaires.*

Le goodwill à constater au titre de l'augmentation du pourcentage d'intérêts est le suivant :

Coût présumé d'acquisition des 5 % à la suite du rachat de ses propres actions effectué par l'entité A	24
Part des actions acquises dans la juste valeur de l'actif net identifiable (5 % × 180)	9
Goodwill	15

La valeur des titres mis en équivalence dans les comptes consolidés de B s'élève toujours à 60 mais se décompose de la façon suivante :

Valeur des titres mis en équivalence avant le rachat d'actions	60
Diminution de la valeur de la quote-part d'actif net (20 % × 120)	(24)
Augmentation de la valeur de la quote-part d'actif net (5 % × 180)	9
Goodwill reconnu suite à l'augmentation du pourcentage d'intérêts	15
Valeur des titres mis en équivalence après le rachat d'actions	60

Le raisonnement économique et les impacts comptables seraient identiques si, à la place d'un rachat de ses propres actions, l'entité A avait distribué un dividende de 1,2 par action soit au total 120 dont 24 (120 × 20 %) revenant à l'entité B et que l'entité B avait utilisé le produit reçu (24) pour racheter 5 % des actions auprès des autres actionnaires.

Diminution du pourcentage d'intérêts dans une entreprise associée ou une joint venture avec maintien de la mise en équivalence

23485 ***Question***

Comment comptabiliser le gain ou la perte résultant d'une diminution du pourcentage d'intérêts dans une entreprise associée ou une joint venture et qui reste mise en équivalence ?

Réponse

En résultat, que cette diminution du pourcentage d'intérêts résulte d'une cession de titres de l'entreprise mise en équivalence ou d'une dilution à la suite d'une augmentation de capital de l'entreprise mise en équivalence inégalement souscrite.

Commentaires Le profit ou la perte résultant d'une diminution du pourcentage d'intérêts dans une entreprise associée ou une joint venture qui reste mise en équivalence devrait, à notre avis, être comptabilisé en résultat.

La constatation d'un tel résultat de cession n'est pas explicitement indiquée par IAS 28. Toutefois selon l'IFRS IC (IFRIC Update 07/09 et 01/12), elle découle de la précision contenue dans la version de la norme IAS 28 avant révision en 2011, maintenue dans la norme IAS 28 révisée, concernant la nécessité, dans un tel cas, de reprendre en résultat la quote-part ainsi cédée dans les gains ou pertes recyclables compris dans les autres éléments du résultat global (« Other Comprehensive Income »/OCI) si les normes IFRS relatives à la cession des actifs ou passifs correspondants le prévoient (IAS 28.25).

L'IFRS IC a également précisé que la constatation d'un résultat de cession est requise quel que soit l'événement ayant induit la diminution du pourcentage d'intérêts : cession de titres ou dilution suite notamment à une augmentation de capital inégalement souscrite (en ce sens IFRIC Update 07/09).

Cette position de l'IFRS IC, prise en application de la version de la norme IAS 28 avant révision en 2011, reste applicable, à notre avis, selon la version d'IAS 28 actuellement en vigueur.

En pratique, en cas de diminution du pourcentage d'intérêts à la suite d'une cession, il convient de constater en résultat la différence entre :
- la somme du prix de cession des titres et de la quote-part cédée dans les gains ou pertes recyclables compris dans les autres éléments du résultat global (OCI) ; et
- la dernière valeur en consolidation de la quote-part de capitaux propres cédés.

Remarque – Présentation dans l'état du résultat global A notre avis, le profit ou la perte résultant d'une diminution du pourcentage d'intérêts dans une entreprise associée ou une joint venture qui reste mise en équivalence devrait généralement être présenté parmi les éléments d'exploitation du cédant, soit au sein du résultat d'exploitation courant, soit dans les rubriques « Autres produits d'exploitation non courants » et « Autres charges d'exploitation non courantes ».

Pour la notion de « résultat d'exploitation courant », voir n° 54042.
Pour les rubriques « Autres produits d'exploitation non courants » et « Autres charges d'exploitation non courantes », voir n° 54043.

Le classement de l'impact des cessions dans ces deux dernières rubriques se fait de manière très limitative.

Il ne peut en effet intervenir que s'il s'agit de produits ou de charges en nombre très limité, inhabituels, anormaux et peu fréquents, et de montants particulièrement significatifs. En outre, ces éléments doivent être présentés par l'entreprise de manière distincte dans son compte de résultat, pour faciliter la compréhension de la performance opérationnelle courante et permettre au lecteur des comptes de disposer d'éléments utiles dans une approche prévisionnelle des résultats (conformément à IAS 1.85 et .86).

Toutefois, les faits et circonstances pourraient conduire à adopter un autre classement (en financier par exemple).

Recommandations de l'AMF Dans ses recommandations en vue de l'arrêté des comptes 2012, l'AMF encourage les sociétés à indiquer le classement retenu dans l'annexe des états financiers (IAS 1.117), ce choix devant être appliqué de manière permanente à toutes les transactions de cette nature (Rec. AMF 2012-16, Arrêté des Comptes 2012, § 6.2.1).

Passage d'entreprise associée à joint venture (ou inversement)

Question 23487

Comment traiter une participation dans une entreprise associée qui devient une joint venture (ou inversement) ?

Réponse

En continuant à appliquer la méthode de la mise en équivalence et sans réévaluer les intérêts conservés.

Commentaires Selon IAS 28, le passage d'influence notable à contrôle conjoint (joint venture) – ou inversement – constitue un changement dans la relation entre l'investisseur et l'associée (ou la joint venture) et donc dans la nature de l'investissement. Toutefois, la méthode de la mise en équivalence continuant à être appliquée dans les deux cas (joint venture et entreprise

associée), cette transaction ne nécessite pas une réévaluation des intérêts conservés à la juste valeur (IAS 28.BC30). Ainsi (IAS 28.24) :

– en cas de passage de joint venture à entreprise associée (par cession partielle de titres ou par modification de gouvernance), seul un résultat de cession partiel lié à la quote-part cédée doit être constaté en résultat, la quote-part des titres conservés ne devant pas être réévaluée à la juste valeur ;

De même, les gains et pertes comptabilisés directement en autres éléments du résultat global (« Other Comprehensive Income »/OCI) doivent être recyclés en résultat proportionnellement à la quote-part cédée (IAS 28.25).

– en cas de passage d'entreprise associée à joint venture (par acquisition partielle de titres ou modification de gouvernance), la quote-part antérieurement détenue avant la prise de contrôle conjoint ne doit pas être réévaluée à la juste valeur.

C. Comptabilisation des cessions de titres d'une entreprise associée ou d'une joint venture induisant l'arrêt de la méthode de la mise en équivalence

Cession de titres d'une entreprise associée ou d'une joint venture entraînant l'arrêt de l'application de la mise en équivalence

23490 ***Question***

Comment comptabiliser une cession de titres d'une entreprise associée ou d'une joint venture entraînant l'arrêt de l'application de la mise en équivalence ?

Réponse

Par résultat.

Si un intérêt résiduel dans l'associée ou la joint venture est conservé, le résultat de cession est constaté non seulement sur les titres cédés, mais également sur les titres conservés par la société cédante.

La juste valeur de la participation conservée constitue la valeur d'entrée de l'actif financier dans le champ d'application de la norme IFRS 9.

Commentaires Il résulte d'IAS 28.22b qu'un résultat de cession doit être comptabilisé en résultat lorsqu'une entreprise cesse d'être une associée ou une joint venture, par exemple du fait de la cession totale des titres détenus par l'investisseur ou d'une cession partielle des titres induisant une perte d'influence notable ou de contrôle conjoint.

Remarque Pour la présentation de ce résultat de cession dans l'état du résultat global, voir n° 23485.

Si un intérêt résiduel dans l'entreprise associée ou la joint venture est conservé, le résultat de cession est constaté (IAS 28.22b et .BC29) :

– non seulement sur les titres cédés ;

Le résultat de cession sur les titres cédés correspond à la différence entre le prix de cession et la quote-part cédée dans la valeur comptable des titres mis en équivalence (y compris le goodwill).

– mais également sur les titres conservés par la société cédante. Ces derniers sont réévalués à la juste valeur à la date d'arrêt de l'application de la méthode de la mise en équivalence en contrepartie du résultat.

La juste valeur de la participation conservée à la date à laquelle l'entité cesse d'être une associée ou une joint venture constitue la juste valeur d'entrée de l'actif financier dans le champ d'application de la norme IFRS 9 (IAS 28.22b et .BC29).

L'arrêt de l'application de la méthode de la mise en équivalence induit également la reprise des gains ou pertes antérieurement comptabilisés directement en autres éléments du résultat global (« Other Comprehensive Income »/OCI), sur la même base que celle qui aurait été exigée si l'investisseur avait directement sorti les actifs ou passifs correspondants (IAS 28.22c et .23). Cette reprise est effectuée en totalité même en cas de cession partielle (IAS 28.22c et, dans le cas de cession de titres d'entités étrangères, IAS 21.48 et .48Ab).

Ainsi, les éléments suivants doivent, par exemple, être constatés en résultat à la date d'arrêt de l'application de la mise en équivalence : **23490** (suite)

- le montant des écarts de conversion relatifs à l'entreprise associée ou à la joint venture cédée (IAS 21.48 s.) ;
- le montant des gains ou pertes comptabilisés parmi les autres éléments du résultat global (OCI) relatifs aux instruments de couverture de l'entreprise associée ou de la joint venture [IFRS 9.6.5.11 (IAS 39.101) et .6.5.14 (IAS 39.102), renvoyant à IAS 21.48 s.].

En revanche, d'autres éléments ne doivent pas être constatés en résultat à la date d'arrêt de l'application de la mise en équivalence, les normes concernant ces éléments n'autorisant pas de recyclage ultérieur en résultat, même lors de la décomptabilisation des titres mis en équivalence :

- le montant des réévaluations relatives au passif net (ou à l'actif net) au titre de régimes d'avantages postérieurs à l'emploi à prestations définies de l'entreprise associée ou de la joint venture cédée, qui ont été comptabilisées en autres éléments du résultat global (OCI), notamment les écarts actuariels, selon les principes de la norme IAS 19, Avantages du personnel ;
- le montant des réévaluations à la juste valeur en contrepartie des autres éléments du résultat global (OCI) liées aux instruments de capitaux propres, détenus à l'actif par l'entreprise associée ou la joint venture cédée, conformément aux dispositions d'IFRS 9, Instruments financiers.

Pour la comptabilisation d'une cession avec maintien de la méthode de la mise en équivalence, voir n° 23485.

■ ***Exemple***

Une entité A détient 35 % d'une entité B sur laquelle elle exerce une influence notable. Elle décide de céder une partie de ses titres pour 7 500 ramenant sa participation dans B à 10 % et perdant ainsi l'influence notable.

La valeur comptable des titres mis en équivalence à la date de la perte d'influence notable s'élève à 9 000.

Les gains correspondant aux écarts de conversion antérieurement comptabilisés dans les autres éléments du résultat global (OCI) s'élèvent à 500.

La juste valeur de la participation conservée est de 2 500.

Solution de l'exemple *A la date de perte de l'influence notable, l'entité A comptabilise sa participation dans B à sa juste valeur pour 2 500 (actifs financiers).*

Le résultat de cession comptabilisé en résultat s'élève à 1 500 et se décompose comme suit :

Prix de cession des titres cédés (25 %)	*7 500*
Juste valeur de la participation conservée (10 %)	*2 500*
Valeur comptable des titres mis en équivalence (35 %)	*(9 000)*
Recyclage en résultat des gains antérieurement comptabilisés en OCI recyclables	*500*
Résultat de cession	***1 500***

L'écriture à constater est la suivante :

Dt	*Actifs financiers à la juste valeur*	*2 500*	
Dt	*Réserve OCI*	*500*	
Dt	*Trésorerie*	*7 500*	
Ct	*Titres mis en équivalence*		*9 000*
Ct	*Produit de cession*		*1 500*

CHAPITRE 16

Variations de périmètre et/ou du pourcentage d'intérêts dans une filiale (IFRS 3, IFRS 10)

Plan du chapitre §§ 23650

Plan du chapitre *(suite et fin)* §§

L'ESSENTIEL DES NORMES IFRS 3 ET IFRS 10 (VARIATIONS DE PÉRIMÈTRE ET/OU DE POURCENTAGE D'INTÉRÊTS DANS UNE FILIALE)

A. Généralités

23657 Les développements ci-après concernent les dispositions de la norme IFRS 3, Regroupements d'entreprises (voir nº 21353 s.) et de la norme IFRS 10, Etats financiers consolidés (voir nº 15005 s.).

B. Approche de l'entité économique

23658 L'approche générale retenue par la norme IFRS 10 (et la norme IFRS 3, Regroupements d'entreprises) pour le traitement des variations de périmètre est l'approche de l'entité économique.

Pour cette approche et ses conséquences, voir nº 23710 s.

Selon cette approche, les états financiers d'un groupe sont présentés comme ceux d'une entité économique unique englobant deux catégories de propriétaires : les majoritaires et les minoritaires.

Les intérêts minoritaires font ainsi partie des capitaux propres de l'entité consolidante.

Il résulte de cette approche que :

– les transactions entre majoritaires et minoritaires sans conséquence sur le contrôle de la filiale ne modifient pas l'entité économique ; leur effet est dès lors constaté en capitaux propres ;

Pour la comptabilisation de ces transactions, voir nº 23662.

– en revanche, les transactions donnant lieu à prise ou perte du contrôle exclusif d'une filiale modifient l'entité économique et induisent de ce fait un changement des états financiers.

Pour la comptabilisation de ces transactions, voir nº 23659 s. (prise de contrôle exclusif) et nº 23661 (perte de contrôle exclusif).

Remarque Sont visées dans les développements ci-après les transactions fermes portant sur des titres de filiales ou d'entreprises associées.

Pour la démarche d'analyse et la comptabilisation des contrats d'options sur titres consolidés ou mis en équivalence, voir nº 24250 s.

C. Prise de contrôle exclusif d'une entité

Principe de comptabilisation – Cas général

Une augmentation du pourcentage d'intérêts avec prise de contrôle exclusif d'une entité donne lieu à la première consolidation de cette filiale selon la méthode de l'**intégration globale**. **23659**
Cette prise de contrôle est comptabilisée selon la norme IFRS 3, Regroupements d'entreprises (IFRS 10.3), et donne lieu à la comptabilisation initiale des actifs et passifs identifiables de la filiale concernée et d'un goodwill selon la méthode de l'acquisition (voir n° 21550 s.).

Prise de contrôle par achats successifs de titres

Lors d'une prise de contrôle d'une entité par achats successifs de titres (ou acquisition par étapes), il convient : **23660**
- de constater le goodwill à la date de prise de contrôle exclusif sur la totalité de la participation détenue après la prise de contrôle ;

Pour les modalités de calcul du goodwill, voir n° 23750.

- de comptabiliser, sauf exceptions, tous les actifs acquis et passifs assumés de l'entité acquise à leur juste valeur déterminée à la date de prise de contrôle, les intérêts minoritaires étant calculés conformément à IFRS 3 (voir n° 22170) ; et
- de réévaluer, en contrepartie du résultat, la quote-part d'intérêts détenue par l'acquéreur dans l'acquise avant la prise de contrôle, sur la base des justes valeurs déterminées à la date de prise de contrôle.

Pour le traitement d'une prise de contrôle par achats successifs de titres, et notamment lorsque l'entité était précédemment comptabilisée en actifs financiers selon IFRS 9 ou mise en équivalence, voir n° 23750 s.

D. Perte de contrôle exclusif d'une entité

La date de sortie du périmètre (ou déconsolidation) d'une filiale est la **date** à laquelle la société mère **cesse** d'exercer le **contrôle exclusif** sur cette entité (IFRS 10.20). **23661**
La perte de contrôle exclusif donne lieu à :
- décomptabilisation des actifs (y compris du goodwill) et des passifs de la filiale, à leur valeur comptable à la date de perte du contrôle exclusif ;
- décomptabilisation des intérêts minoritaires, à leur valeur comptable ;
- reprise en résultat ou en capitaux propres, selon les normes IFRS applicables, des gains ou pertes recyclables relatifs à cette filiale constatés parmi les autres éléments du résultat global (OCI) – y compris la quote-part relative aux intérêts minoritaires ;
- comptabilisation de l'éventuelle participation résiduelle dans cette ex-filiale, à la juste valeur à la date de perte du contrôle ;
- constatation d'un **résultat global de cession**, incluant l'impact de l'évaluation à la juste valeur de la participation résiduelle, le cas échéant.

1. **Comptabilisation d'un résultat global de cession** Un résultat global de cession au titre d'une cession avec perte de contrôle exclusif doit être comptabilisé, même si l'entité conserve une participation résiduelle (IFRS 10.25 et .B98). En effet, le résultat global de cession ainsi calculé résulte de la perte du contrôle exclusif qui change l'entité économique (voir n° 23658).

Le résultat de cession est global puisqu'il comprend non seulement le résultat lié aux intérêts cédés mais également celui lié à la participation conservée, le cas échéant.
La norme IFRS 10 fournit, en outre, des éléments à considérer pour déterminer si une perte de contrôle exclusif réalisée en plusieurs transactions de cession constitue une seule opération de cession ou des transactions distinctes (cession(s) sans perte de contrôle exclusif suivie(s) d'une cession avec perte du contrôle exclusif) (IFRS 10.B97 ; voir n° 23805). En effet, le calcul du résultat de cession différera selon qu'il s'agit d'une seule opération de cession ou au contraire de transactions distinctes.

2. **Détermination du résultat global de cession** Le calcul du résultat global de cession est égal à la différence entre (IFRS 10.B98 s.) :

a. d'une part, le cumul des éléments suivants :
- la juste valeur du prix de cession (augmentée de toute distribution d'actions de la filiale faite aux actionnaires, en leur capacité d'actionnaires, induite par la perte de contrôle) ;

– la reprise en résultat des gains ou pertes constatés en autres éléments du résultat global (OCI), attribuables au groupe et recyclables en résultat ;

En revanche, les résultats de cession relatifs à des transactions avec les intérêts minoritaires réalisées antérieurement à la perte de contrôle restent en capitaux propres (voir nº 23843).

– la juste valeur de la participation éventuellement conservée dans l'ex-filiale ; et
– la valeur comptable des intérêts minoritaires dans l'ex-filiale, y compris les gains et pertes comptabilisés en autres éléments du résultat global (OCI) attribuables aux intérêts minoritaires ;
b. et d'autre part, la dernière valeur comptable consolidée de cette filiale à la date de perte de contrôle exclusif.

Pour le calcul du résultat de cession, voir nº 23840.

3. Réévaluation des titres conservés Après la perte de contrôle, les titres de participation éventuellement conservés sont comptabilisés à leur juste valeur à cette date, qu'il s'agisse d'une participation dans une joint venture, dans une entreprise associée ou d'un actif financier comptabilisé conformément aux dispositions de la norme IFRS 9, Instruments financiers (IFRS 10.B98).

En pratique, une cession avec perte du contrôle exclusif s'analyse comme deux opérations de nature différente :
– la cession intégrale des titres de la filiale ; et
– un nouvel investissement correspondant à la participation éventuellement conservée dont la comptabilisation s'effectue selon la norme qui lui est alors applicable (IAS 28 ou IFRS 9).

Evolution possible de la norme L'amendement des normes IFRS 10 et IAS 28, Vente ou apport d'actifs entre un investisseur et une entreprise associée ou une coentreprise, publié en septembre 2014, clarifie le traitement d'une perte de contrôle exclusif résultant de la vente ou de l'apport d'un actif non monétaire à une entreprise associée ou à une joint venture.

Pour les dispositions de cet amendement et sa date d'entrée en vigueur, non encore déterminée, voir nº 23835.

E. Acquisitions et cessions sans incidence sur le contrôle exclusif d'une filiale

23662 Une fois le contrôle exclusif d'une filiale obtenu, les transactions sans incidence sur le contrôle de la filiale (acquisition ou cession d'intérêts minoritaires) sont considérées comme des transactions entre actionnaires et sont donc comptabilisées en capitaux propres (IFRS 10.23) car ne modifiant pas l'entité économique. Ainsi :
– dans le cas d'une acquisition d'intérêts minoritaires, tout écart entre le prix d'acquisition des titres et la quote-part complémentaire de capitaux propres consolidés acquise par le majoritaire est comptabilisé en Capitaux propres – Part du groupe (IFRS 10.B96 et .BCZ168 s.) ;

Pour les coûts directs liés à une acquisition d'intérets minoritaires, voir nº 23737.

– dans le cas d'une cession d'intérêts minoritaires, l'écart entre le prix de cession des titres et la quote-part de capitaux propres consolidés cédés par le majoritaire est comptabilisé en Capitaux propres – Part du groupe (IFRS 10.B96 et .BCZ168 s.).

Pour le traitement d'une cession d'intérêts minoritaires, ses conséquences fiscales et les coûts directs liés, voir nº 23820 s.

Dans les deux cas, les valeurs comptables consolidées des actifs et passifs de la filiale concernée, y compris celle du goodwill, sont inchangées (IFRS 10.BCZ173).

F. Présentation des impacts des variations de périmètre

23663 Voir nº 21370.

QUESTIONS/REPONSES PRATIQUES

Remarque importante

Les réponses aux questions présentées ci-après résultent de l'analyse des dispositions des normes IFRS 3, Regroupements d'entreprises, et IFRS 10, Etats financiers consolidés, en vigueur actuellement, sur la base des informations disponibles au 1er juin 2023. 23706

SECTION I

Principes généraux de traitement des variations de périmètre

Adoption de l'approche de « l'entité économique » et conséquences pratiques

Question 23710

Quelle est l'approche générale retenue par les normes IFRS 3 et IFRS 10 pour le traitement des variations de périmètre ?

Réponse

Il s'agit de l'approche de « l'entité économique ». Les états financiers d'un groupe sont présentés comme étant ceux d'une entité économique unique englobant deux catégories de propriétaires : les majoritaires et les minoritaires.

Les intérêts minoritaires font donc partie des capitaux propres de l'entité consolidante.

Il résulte de cette approche que :

1. l'effet des transactions entre majoritaires et minoritaires sans conséquence sur le contrôle de la filiale est constaté en capitaux propres ;

2. en revanche, les transactions donnant lieu à la prise ou la perte du contrôle exclusif d'une filiale constituent un événement économique significatif modifiant l'entité économique et induisent de ce fait un changement des états financiers consolidés. Ainsi :

– une prise de contrôle exclusif donne lieu à la comptabilisation initiale des actifs et passifs identifiables de la filiale concernée et à un goodwill selon la méthode de l'acquisition ; et

– une perte de contrôle exclusif donne lieu à la décomptabilisation des actifs et passifs de la filiale concernée et à la constatation d'un résultat global de cession.

Sur le conflit de textes existant entre les dispositions de la norme IFRS 10 et de la norme IAS 28 dans le cas particulier où la société cédante apporte ou vend une filiale à une entreprise associée ou une joint venture comptabilisée selon la méthode de la mise en équivalence, voir nº 23835.

Commentaires :

1. **Approche de « l'entité économique »** Les normes IFRS 3 et IFRS 10 ne font pas référence à l'approche de « l'entité économique ».

Toutefois, l'inclusion des intérêts minoritaires dans les capitaux propres des états financiers consolidés constitue l'une des conséquences de l'approche de l'entité économique (IFRS 10.22).

Les normes IFRS 3 et IFRS 10 reflètent par ailleurs les autres conséquences pratiques majeures de cette approche (voir point 2. ci-après).

En outre, la norme IFRS 10 confirme que les comptes consolidés sont les états financiers d'un groupe présentés comme ceux d'une entité économique unique (IFRS 10.A). Les actionnaires de l'entité consolidante et les détenteurs d'intérêts minoritaires dans les filiales sont considérés

comme ayant des intérêts économiques de même nature dans une même entité constituée par le groupe.

2. Conséquence majeure de l'approche de « l'entité économique » : importance de la prise/perte de contrôle d'une entité dans le traitement des variations de périmètre Conformément à cette approche qui considère les intérêts minoritaires comme faisant partie des capitaux propres de l'entité consolidante (voir point 1.), les transactions entre l'entité consolidante et les intérêts minoritaires sont traitées de manière différente selon qu'elles modifient (ou pas) le contrôle d'une filiale et donc l'entité économique (IFRS 10.BCZ173). Ainsi :

a. la prise ou la perte de contrôle d'une entité est un événement économique considéré comme significatif modifiant l'entité économique et induisant de ce fait un changement des états financiers consolidés :
- comptabilisation initiale des actifs et passifs identifiables de la filiale concernée et d'un goodwill selon la méthode de l'acquisition pour les prises de contrôle exclusif, voir nº 21905 s. ; et
- décomptabilisation des actifs et passifs de la filiale concernée et constatation d'un résultat global de cession pour les pertes de contrôle exclusif, voir nº 23835 ;

Pour plus de précisions sur le conflit de textes dans le cas d'un apport d'une filiale à une entreprise associée ou à une joint venture, voir nº 23835.

b. en revanche, les transactions entre l'entité consolidante et les intérêts minoritaires qui sont sans incidence sur le contrôle d'une filiale ne modifient pas l'entité économique et sont constatées en capitaux propres (IFRS 10.BCZ168 s.), étant considérées comme des transactions entre actionnaires (IFRS 10.23), voir nº 23730 et 23820.

SECTION II

Augmentations du pourcentage d'intérêts

A. Principes généraux

Conséquences pratiques de l'approche de « l'entité économique »

23720 ***Question***

Quelles sont les conséquences pratiques de l'approche de « l'entité économique » sur le traitement comptable des augmentations de pourcentage d'intérêts ?

Réponse

Il convient de distinguer selon que l'augmentation du pourcentage d'intérêts aboutit (voir nº 23710) :
- **à la prise de contrôle exclusif d'une filiale** (cas des acquisitions par étapes, par exemple) qui modifie de manière significative les états financiers consolidés. Dans ce cas, lors de la comptabilisation initiale, il convient de comptabiliser les actifs et passifs identifiables de la filiale concernée et un goodwill selon la méthode de l'acquisition ; ou
- **au renforcement du contrôle exclusif d'une filiale** qui constitue une transaction entre actionnaires. Celle-ci est alors constatée en capitaux propres, voir nº 23730.

B. Augmentations du pourcentage d'intérêts sans changement de méthode de consolidation

Acquisition complémentaire de titres d'une entreprise déjà intégrée globalement (acquisition d'intérêts minoritaires)

23730

Question

Comment comptabiliser une acquisition complémentaire de titres d'une entreprise déjà intégrée globalement (acquisition d'intérêts minoritaires) ?

Réponse

En capitaux propres, conformément à l'approche de « l'entité économique » ; cette transaction est en effet considérée comme une transaction entre deux catégories de propriétaires (les majoritaires et les minoritaires) en tant que détenteurs des capitaux propres de la même entité économique.

Il convient ainsi :

1. de reclasser les intérêts minoritaires acquis par le majoritaire dans les Capitaux propres – Part du groupe ; et
2. d'éliminer le prix d'acquisition des titres acquis par le majoritaire en l'imputant sur les Capitaux propres – Part du groupe.

L'écart entre le prix d'acquisition des titres et la quote-part complémentaire de capitaux propres consolidés acquise par le majoritaire vient alors réduire, lorsqu'il est positif, les capitaux propres.

Les valeurs comptables consolidées des actifs et passifs identifiables de la filiale concernée, y compris le goodwill, ne sont pas modifiées.

Commentaires :

1. **Principes généraux de traitement d'une acquisition d'intérêts minoritaires** La norme IFRS 10 comporte des dispositions explicites sur le traitement d'une acquisition complémentaire de titres d'une entreprise déjà contrôlée exclusivement (IFRS 10.23 et .B96). Conformément à l'approche de « l'entité économique », l'acquisition complémentaire de titres d'une entreprise déjà intégrée globalement n'a pas d'incidence sur le contrôle de la filiale. Il s'agit d'une transaction avec les intérêts minoritaires qui est analysée comme une transaction entre actionnaires en tant que détenteurs des capitaux propres de la même entité économique. A ce titre, cette transaction est constatée en capitaux propres, voir n° 23710. En pratique, une telle acquisition donne lieu :

a. **au reclassement entre les deux lignes des capitaux propres** (Intérêts minoritaires et Capitaux propres – Part du groupe) de la quote-part de capitaux propres que ces titres représentent à la date d'acquisition (IFRS 10.B96) ;

Ce reclassement permet de tenir compte du changement de pourcentage d'intérêts des minoritaires et du majoritaire sur la filiale.

b. **et à l'élimination du prix d'acquisition des titres acquis par le majoritaire** en l'imputant sur les Capitaux propres – Part du groupe.

Ainsi, l'écart entre le prix d'acquisition des titres et la quote-part complémentaire de capitaux propres consolidés acquise par le majoritaire vient réduire, lorsqu'il est positif, les Capitaux propres – Part du groupe, en maintenant inchangée la valeur comptable consolidée des actifs et passifs identifiables de la filiale incluant le goodwill (IFRS 10.23, .B96, .BCZ168 s. et .BCZ173).

L'écart entre le prix d'acquisition des titres et la quote-part complémentaire de capitaux propres consolidés que ces titres représentent, à la date de leur acquisition, est à comptabiliser en capitaux propres, que cet écart soit positif (réduction des Capitaux propres – Part du groupe) ou négatif (augmentation des Capitaux propres – Part du groupe).

Toute variation des capitaux propres liée à un changement du pourcentage d'intérêts de l'entité consolidante dans une filiale est présentée dans l'état des variations des capitaux propres. En effet, la norme IAS 1, Présentation des états financiers, distingue les opérations qui ont un impact sur les capitaux propres et qui sont réalisées avec les actionnaires, agissant en leur qualité d'actionnaire, comptabilisées dans l'état des variations des capitaux propres, des autres opérations présentées parmi les autres éléments du résultat global (« Other Comprehensive Income »/OCI) (IAS 1.106d.iii).

23730 (suite) Les flux de trésorerie résultant d'une augmentation de pourcentage d'intérêts dans une filiale sans prise de contrôle devront être comptabilisés en flux de financement, sauf si la filiale est détenue par une société d'investissement telle que définie par IFRS 10 et est évaluée à la juste valeur par résultat (IAS 7.42A et .42B).

Décision de l'ESMA L'ESMA a également précisé que, quelle que soit son activité, dès lors que l'entité ne répond pas à la définition d'une société d'investissement (voir nº 15188), les flux de trésorerie résultant d'une augmentation de pourcentage d'intérêts sans prise de contrôle devront être comptabilisés en flux de financement, l'exemption prévue par IAS 7.42A ci-avant n'étant pas applicable dans ce cas. Cette décision vise notamment le cas d'entités qui effectueraient des transactions s'inscrivant dans leur stratégie d'investissement, sans pour autant être qualifiées de sociétés d'investissement (EECS/0119-01, 07/19).

Pour le non-recyclage en résultat de l'impact en capitaux propres de ces transactions lors de la perte de contrôle exclusif de la filiale, voir nº 23843.

2. Remise d'éléments non monétaires en rémunération d'une acquisition d'intérêts minoritaires Lorsque l'acquéreur remet au vendeur des éléments non monétaires en rémunération d'une acquisition d'intérêts minoritaires, l'IFRS IC a indiqué qu'il convient de comptabiliser séparément (IFRIC Update 09/12 et 01/13) :
- l'acquisition complémentaire de titres de l'entreprise déjà intégrée globalement ;
- le résultat de cession des actifs remis par l'acquéreur.

Ainsi, l'acquisition complémentaire de titres de l'entreprise déjà intégrée globalement donne lieu à la comptabilisation en capitaux propres de l'écart entre le prix d'acquisition des titres et la quote-part complémentaire de capitaux propres consolidés que ces titres représentent à la date de leur acquisition (IFRS 10.23 et .B96). Le prix d'acquisition des titres correspond à la juste valeur de la considération payée (IFRS 10.B96). Au cas particulier, la transaction étant réputée équilibrée, cette juste valeur correspond également à la juste valeur des actifs non monétaires remis en rémunération de l'acquisition. Par ailleurs, l'écart entre la juste valeur et la valeur nette comptable des actifs non monétaires remis au vendeur donne lieu à la constatation d'un gain ou d'une perte au compte de résultat, correspondant au résultat de cession des actifs dans les comptes de l'acquéreur (IAS 16.68).

A noter toutefois que l'IFRS IC n'a pas souhaité inscrire ce thème à son agenda considérant qu'une clarification sur ce point n'est pas nécessaire (IFRIC Update 09/12 et 01/13). A notre avis, cette position prise par l'IFRS IC alors qu'IAS 27 s'appliquait aux variations de périmètre reste applicable avec IFRS 10.

■ ***Exemple***

Une entité A acquiert, le 31/05/N, 60 % d'une autre entité B pour un prix de 120 en trésorerie. A cette date, la juste valeur des actifs nets identifiables de B est égale à 150. La juste valeur des intérêts minoritaires est de 70.

La prise de contrôle de B par A a donné lieu à comptabilisation d'un goodwill déterminé comme suit :

	Méthode du goodwill partiel	*Méthode du goodwill complet*
Juste valeur du prix d'acquisition de B (1)	*120*	*120*
Intérêts minoritaires (2)	*60 (40 % × 150)*	*70*
Juste valeur de l'actif net de B (3)	*150*	*150*
***Goodwill** : (1) + (2) − (3)*	***30***	***40***

Le 31/03/N+1, A acquiert 10 % complémentaires de B pour un prix en trésorerie de 20. L'actif net de B a augmenté de 10 entre le 31/05/N et le 31/03/N+1 et est alors égal à 160 (sur la base des justes valeurs à cette date). La valeur nette comptable du goodwill est inchangée.

***Solution de l'exemple** Le montant des intérêts minoritaires se présente comme suit au 31/03/N+1, en fonction de la méthode initialement adoptée pour la comptabilisation du goodwill relatif à la prise de contrôle de B par A :*

	Méthode du goodwill partiel	*Méthode du goodwill complet*
Intérêts minoritaires au 31/05/N	*60*	*70*
Augmentation (40 % × 10)	*4*	*4*
Intérêts minoritaires au 31/03/N+1	***64***	***74***

L'acquisition complémentaire de 10 % de B pour 20 donne lieu au mouvement suivant des capitaux propres :

	Méthode du goodwill partiel	*Méthode du goodwill complet*
Juste valeur du prix d'acquisition des 10 % (1)	*20*	*20*
Valeur comptable des intérêts minoritaires au 31/03/N+1 transférée au groupe (2)	*16 (64 × 10 / 40)*	*18,5 (74 × 10 / 40)*
Ecart à imputer sur les Capitaux propres – Part du groupe (1) – (2)	*4*	*1,5*

La diminution des capitaux propres est plus importante lorsque A choisit d'appliquer la méthode du goodwill partiel (plutôt que la méthode du goodwill complet) pour traiter l'acquisition de B. La différence de 2,5 (4 – 1,5) correspond à la part des intérêts minoritaires dans le goodwill (10 × 10 / 40) qui vient augmenter le montant des intérêts minoritaires déterminés selon la méthode du goodwill complet. Les intérêts minoritaires étant moins élevés selon la méthode du goodwill partiel, l'écart entre le prix d'acquisition et la valeur comptable des intérêts minoritaires est plus élevé selon la méthode du goodwill partiel.
La valeur des intérêts minoritaires après cette écriture est de 48 (64 – 16) ***selon la méthode du goodwill partiel*** *et de 55,5 (74 – 18,5)* ***selon la méthode du goodwill complet.***
La différence de 7,5 correspond à la part des intérêts minoritaires dans le goodwill (10 × 30 / 40) constatée uniquement selon la méthode du goodwill complet.

Prise de contrôle suivie d'une acquisition d'intérêts minoritaires : opération unique ou opérations distinctes

23735

Question

Quels éléments considérer pour déterminer si une prise de contrôle suivie d'une acquisition d'intérêts minoritaires constitue une seule opération (regroupement d'entreprises) ou plusieurs transactions distinctes (prise de contrôle et acquisition d'intérêts minoritaires) ?

Réponse

Une analyse au cas par cas de l'ensemble des faits et circonstances doit être effectuée.

Les éléments suivants sont notamment de nature à démontrer que les transactions sont liées :
- les deux transactions ont été conclues simultanément et en tenant compte de chacune d'entre elles ;
- l'effet économique de ces deux transactions doit être appréhendé comme celui d'une transaction unique ;
- la réalisation de l'une des transactions est conditionnée par la réalisation de l'autre ;
- l'une des transactions ne se justifie économiquement que considérée conjointement avec l'autre transaction.

Tel est le cas de deux transactions conclues avec un même tiers vendeur lorsque l'une des transactions est à un prix inférieur au marché mais est compensée par l'autre transaction à un prix supérieur au marché.

Commentaires :

1. **Enjeu** Dans le cas d'une entité ayant pris le contrôle d'une cible et qui, peu de temps après cette prise de contrôle, réalise une acquisition d'intérêts minoritaires, la question se pose de savoir si la deuxième transaction (acquisition d'intérêts minoritaires) constitue ou non une opération liée à la première transaction (prise de contrôle de la cible). En effet, que l'entreprise consolidante utilise la méthode du goodwill complet ou la méthode du goodwill partiel, le traitement comptable des deux transactions peut différer selon que les deux transactions sont ou non considérées comme liées.

a. **Si l'entité consolidante décide d'utiliser la méthode du goodwill complet** pour comptabiliser ces transactions :
- si les transactions sont considérées comme liées, elles sont comptabilisées comme une opération unique de regroupement d'entreprises, induisant la comptabilisation d'un goodwill ;

23735 (suite) Le goodwill correspond à la différence entre la somme des prix d'acquisition des deux transactions augmentée de la juste valeur des intérêts minoritaires (considérés après la seconde transaction) et diminuée de la juste valeur de l'actif net identifiable acquis.

– si, à l'inverse, elles sont considérées comme des opérations distinctes, la seconde opération est traitée comme une acquisition d'intérêts minoritaires donnant lieu à mouvement de capitaux propres.

En pratique toutefois, le fait que les deux transactions soient ou non considérées comme liées donne généralement lieu aux mêmes effets comptables lorsque l'entreprise consolidante utilise la méthode du goodwill complet et que les goodwills ainsi calculés sont positifs, sauf concernant le traitement des coûts de transaction. En effet, si les transactions sont considérées comme liées, les coûts de transaction sont constatés en charges alors que, si les transactions sont considérées comme distinctes, les coûts relatifs à l'acquisition d'intérêts minoritaires sont constatés en capitaux propres.

En effet, dans ce cas, le goodwill, les capitaux propres – part du groupe et les intérêts minoritaires sont identiques après le dénouement de la seconde opération (toutes choses égales par ailleurs) (voir Exemples 1 et 2 ci-après).

En revanche, lorsque le montant net des actifs acquis et passifs assumés excède la somme des prix d'acquisition des deux transactions à laquelle est ajouté le montant des intérêts minoritaires (« gain résultant d'une acquisition à des conditions avantageuses ») et que les opérations sont considérées comme liées, cet excédent est alors constaté en gain dans le compte de résultat. A l'inverse, si ces opérations sont considérées comme des opérations distinctes, la seconde opération est traitée comme une acquisition d'intérêts minoritaires donnant lieu à un mouvement de capitaux propres.

b. Si l'entité consolidante décide d'utiliser la méthode du goodwill partiel pour comptabiliser ces transactions :

– si les transactions sont considérées comme liées, elles sont comptabilisées comme une opération unique de regroupement d'entreprises, induisant la comptabilisation d'un goodwill au titre de la somme des pourcentages d'intérêts acquis dans le cadre des deux transactions ;

– si, à l'inverse, elles sont considérées comme des opérations distinctes, la première donne lieu à la comptabilisation d'un goodwill à hauteur du pourcentage acquis au titre de la seule prise de contrôle et la seconde opération est traitée comme une acquisition d'intérêts minoritaires donnant lieu à un mouvement de capitaux propres.

2. Eléments permettant de déterminer si les transactions sont ou non considérées comme liées

Pour apprécier si les transactions sont liées, il convient, à notre avis, de procéder à une analyse au cas par cas de l'ensemble des faits et circonstances. En effet, par analogie avec IFRS 10.B97 pour apprécier si une cession avec perte de contrôle réalisée en différentes transactions doit être comptabilisée comme une opération unique ou comme des transactions distinctes, les éléments suivants pourraient indiquer que les différentes transactions (prise de contrôle et acquisition d'intérêts minoritaires) doivent être constatées comme une transaction unique :

– les deux transactions ont été conclues simultanément ;

– l'effet économique de ces deux transactions doit être appréhendé comme celui d'une transaction unique ;

– la réalisation de l'une des transactions est conditionnée par la réalisation de l'autre ;

– l'une des transactions ne se justifie économiquement que considérée conjointement avec l'autre transaction.

Tel est le cas, par exemple, de deux transactions conclues avec un même tiers vendeur lorsque l'une des transactions est à un prix inférieur au marché mais est compensée par l'autre transaction à un prix supérieur au marché.

Recommandations de l'AMF L'AMF a confirmé qu'il était possible de faire cette analogie avec une cession réalisée en différentes transactions (Rec. AMF 2011-16, Arrêté des Comptes 2011, § 3.2.2).

Certains de ces éléments d'appréciation sont proches de ceux cités par le CESR (devenu l'ESMA) dans le cas de deux transactions réalisées dans un laps de temps court et auprès du même tiers vendeur (prise de contrôle et acquisition d'intérêts minoritaires).

En effet, le CESR indique que les éléments suivants sont notamment de nature à démontrer que les différentes transactions sont distinctes (EECS/0508-02, 05/08) :

– la réalisation de la prise de contrôle n'est pas conditionnée par la réalisation de l'acquisition d'intérêts minoritaires ;

– à la date de réalisation de la prise de contrôle, il n'est pas encore certain que la transaction (suivante) d'acquisition d'intérêts minoritaires se réalise, en raison par exemple de la nécessité d'obtention d'autorisations qui ne sont pas de pure forme.

23735 (suite)

Ne sont ainsi généralement pas considérées comme des autorisations de pure forme l'obtention de l'accord des actionnaires de l'acquéreur ou celle des autorités de la concurrence (voir n° 21720, Exemples 2 et 3 respectivement).
A notre avis, cette décision du CESR, rendue avant l'entrée en vigueur d'IFRS 10, reste applicable après l'entrée en vigueur de cette norme.

Compte tenu des éléments d'appréciation nécessaires, il conviendra de décrire, dans les notes annexes, les jugements effectués si la transaction est significative.

■ *Exemple 1*

Incidences comptables de transactions liées *Une entité B est détenue à 60 % par l'actionnaire B1 et à 40 % par l'actionnaire B2.*
L'entité A conclut avec B1 un contrat d'acquisition de ses intérêts (60 %) dans l'entité B. Il est prévu dans le contrat que l'entité A n'acquerra les intérêts de B1 que si elle peut acquérir les intérêts de B2 (40 %) dans B. A ne réalisera ces deux transactions qu'à la condition de détenir 100 % de l'entité B.
L'entité A obtient l'accord de B2 de lui vendre ses intérêts dans l'entité B. Ainsi, l'entité A acquiert simultanément 100 % de l'entité B auprès de B1 et de B2.
Les deux transactions avec les actionnaires de l'entité B, B1 et B2 sont considérées comme liées, la prise de contrôle de B par A (transaction avec B1) étant conditionnée à l'acquisition des intérêts minoritaires détenus par B2.
Au titre de la transaction avec B1, l'entité A paie en trésorerie 120 pour l'acquisition de 60 % de l'entité B.
Au titre de la transaction avec B2, l'entité A paie en trésorerie 70 pour l'acquisition de 40 % de l'entité B.
La juste valeur des actifs nets identifiables de B est égale à 150.

Solution de l'exemple 1 *Les deux transactions étant considérées comme liées, elles sont comptabilisées comme une seule et même opération de prise de contrôle de B par A par laquelle l'entité A obtient 100 % de l'entité B. Cette opération donne lieu à comptabilisation d'un goodwill calculé de la manière suivante :*

Juste valeur du prix d'acquisition de B (1)	*190 (= 120 + 70)*
Juste valeur de l'actif net de B (2)	*150*
Goodwill : (1) – (2)	***40***

Le tableau ci-après présente l'état de situation financière (ou bilan) simplifié obtenu à l'issue des deux transactions. Les montants créditeurs sont présentés en négatif.

	Etat de situation financière (ou bilan) à l'issue des deux opérations
Goodwill	*40*
Actif net	*150*
Banque	*(190)*
Capitaux propres – Part du groupe	*0*
Capitaux propres – Intérêts minoritaires	*0*

■ *Exemple 2*

Incidences comptables de transactions séparées *Une entité B est détenue à 60 % par l'actionnaire B1 et à 40 % par l'actionnaire B2.*
Le 31/05/N, l'entité A acquiert 60 % des intérêts de B1 dans l'entité B. Cette transaction est ferme et définitive.
Le 30/06/N, l'entité A acquiert 40 % de l'entité B auprès de B2.
Les deux transactions avec les actionnaires de l'entité B, B1 et B2 constituent des transactions distinctes au regard notamment des critères énoncés par IFRS 10 (voir point 2. ci-avant).
Le 31/05/N, l'entité A paie 120 en liquidités pour l'acquisition des intérêts de B1 dans l'entité B. A cette date, la juste valeur des actifs nets identifiables de B est égale à 150 et la juste valeur des intérêts minoritaires est de 70.
Le 30/06/N, A acquiert 40 % complémentaires de B pour un prix d'acquisition en liquidités de 70.

Par simplification, il est considéré que l'actif net de B n'a pas été modifié entre le 31/05/N et le 30/06/N.
La valeur nette comptable du goodwill dégagé au titre de l'acquisition de B est inchangée.

23735 (suite) *Solution de l'exemple 2* *La prise de contrôle de B par A donne lieu à comptabilisation d'un goodwill déterminé comme suit :*

	Méthode du goodwill partiel	Méthode du goodwill complet
Juste valeur du prix d'acquisition de B (1)	*120*	*120*
Intérêts minoritaires (2)	*60 (40 % × 150)*	*70*
Juste valeur de l'actif net de B (3)	*150*	*150*
Goodwill : (1) + (2) – (3)	*30*	*40*

L'acquisition complémentaire de 40 % de B pour 70 donne lieu au mouvement suivant des capitaux propres :

	Méthode du goodwill partiel	Méthode du goodwill complet
Juste valeur du prix d'acquisition des 40 % (1)	*70*	*70*
Valeur comptable des intérêts minoritaires au 30/06/N transférée au groupe (2)	*60 (40 % × 150)*	*70*
Ecart à imputer sur les capitaux propres attribuables au groupe : (1) – (2)	*10*	*0*

La diminution des capitaux propres est plus importante lorsque A choisit d'appliquer la méthode du goodwill partiel (plutôt que la méthode du goodwill complet) pour traiter l'acquisition de B. La différence de 10 correspond à la part des intérêts minoritaires dans le goodwill.
Les tableaux ci-après présentent les états de situation financière (ou bilans) simplifiés obtenus à l'issue des deux transactions selon que le groupe choisit la méthode du goodwill partiel ou celle du goodwill complet pour traiter l'acquisition de B. Les montants créditeurs sont présentés en négatif.
1. Méthode du goodwill partiel :

	Acquisition des 60 % auprès de B1	Acquisition des 40 % auprès de B2	Etat de situation financière (ou bilan) (à l'issue des deux opérations)
Goodwill	*30*		*30*
Actif net	*150*		*150*
Banque	*(120)*	*(70)*	*(190)*
Capitaux propres – Part du groupe		*(10)*	*(10)*
Capitaux propres – Intérêts minoritaires	*(60)*	*60*	*0*

2. Méthode du goodwill complet :

	Acquisition des 60 % auprès de B1	Acquisition des 40 % auprès de B2	Etat de situation financière (ou bilan) à l'issue des deux opérations
Goodwill	*40*		*40*
Actif net	*150*		*150*
Banque	*(120)*	*(70)*	*(190)*
Capitaux propres – Part du groupe			
Capitaux propres – Intérêts minoritaires	*(70)*	*70*	*0*

L'état de situation financière (ou bilan) simplifié ainsi obtenu est identique à celui obtenu si les deux transactions sont considérées comme liées (voir Exemple 1).

Ajustements éventuels du prix d'acquisition d'intérêts minoritaires

Question 23736

Faut-il inclure dans le prix d'acquisition les ajustements éventuels du prix d'acquisition d'intérêts minoritaires qui dépendent d'événements futurs ?

Réponse

Oui, dès la date d'acquisition, pour un montant égal à leur juste valeur à cette date.

Commentaires Il arrive que le paiement d'une acquisition d'intérêts minoritaires se compose d'un paiement initial fixe et d'ajustements éventuels du prix, payables si certains événements futurs spécifiés surviennent. La norme IFRS 10, qui traite d'une acquisition d'intérêts minoritaires, ne précise pas le traitement de ces ajustements éventuels du prix.

Décision de l'ESMA Selon le CESR (devenu l'ESMA), comme pour les ajustements éventuels de prix intervenant dans le cadre d'une prise de contrôle d'une filiale (voir nº 21815), une obligation de l'acquéreur de verser un complément de prix est comptabilisée en dettes financières dès la date d'acquisition des intérêts minoritaires pour un montant égal à sa juste valeur à cette date (EECS/0213-09, 10/13).

L'obligation contractuelle de l'acquéreur de devoir payer le montant de l'ajustement éventuel de prix répond en effet à la définition d'une dette financière selon IAS 32.11 à évaluer à la juste valeur. Dans le cas cité par le CESR, l'acquéreur est tenu par un contrat à verser de la trésorerie au vendeur des intérêts minoritaires :
- si certaines conditions en dehors de son contrôle et de celui du vendeur sont remplies (par exemple, l'atteinte d'un niveau d'EBITDA de l'acquise) ; et
- si l'acquéreur ne peut en aucun cas éviter cette obligation.

L'ajustement éventuel du prix étant relatif à une acquisition d'intérêts minoritaires, la contrepartie de la dette est constatée par capitaux propres (décision EECS précitée).

A notre avis, cette décision du CESR, prise avant l'entrée en vigueur d'IFRS 10, reste applicable après l'entrée en vigueur de cette norme.

Si ce paiement éventuel est prévu au profit d'anciens salariés ou actionnaires de l'entité acquise qui poursuivent une activité salariée au sein de cette entité après l'acquisition d'intérêts minoritaires, il convient – comme dans le cas d'une prise de contrôle (voir nº 21815) – de s'interroger pour déterminer si ce paiement éventuel constitue en substance :
- un ajustement éventuel du prix d'acquisition à inclure dans le prix d'acquisition des intérêts minoritaires dès la date de leur acquisition ; ou
- une transaction distincte du regroupement d'entreprises visant à rémunérer les anciens salariés ou actionnaires au titre des services rendus à l'entreprise après l'acquisition, et qualifiée, selon le cas, soit d'avantages du personnel (couverts par la norme IAS 19, Avantages du personnel), soit de paiements fondés sur des actions (couverts par la norme IFRS 2, Paiement fondé sur des actions).

Coûts directs liés à une acquisition d'intérêts minoritaires

Question 23737

Comment comptabiliser les coûts directs liés à une acquisition complémentaire de titres d'une entreprise déjà intégrée globalement (acquisition d'intérêts minoritaires) ?

Réponse

En déduction des capitaux propres.

Commentaires Selon l'approche de l'entité économique, les augmentations du pourcentage d'intérêts sans modification du contrôle d'une filiale sont considérées comme des transactions entre actionnaires et doivent, en conséquence, être constatées en capitaux propres, voir nº 23730.

L'IFRS IC a indiqué que les coûts directs liés à une acquisition d'intérêts minoritaires doivent être comptabilisés en capitaux propres (IFRIC Update 07/09).

En effet, selon la norme IAS 1, Présentation des états financiers, les coûts encourus au titre de transactions entre actionnaires, agissant en leur qualité d'actionnaire, sont comptabilisés en capitaux propres, de la même manière que les opérations concernées (IAS 1.106d.iii et .109).

A notre avis, cette décision de l'IFRS IC, prise avant l'entrée en vigueur d'IFRS 10, reste applicable après l'entrée en vigueur de cette norme.

Acquisition d'intérêts minoritaires d'une filiale dont le contrôle a été obtenu avant 2010

23738 *Question*

Faut-il comptabiliser en capitaux propres une acquisition d'intérêts minoritaires réalisée à compter de 2010, alors que le contrôle de la filiale a été obtenu avant 2010 ?

Réponse

Oui.

Commentaires La norme IFRS 10 ne prévoit pas de traitement comptable spécifique pour les acquisitions d'intérêts minoritaires lorsque la prise de contrôle de la filiale a été constatée en application de la version d'IFRS 3 avant révision (soit avant le 1er janvier 2010 pour les entreprises ayant une clôture calendaire).

Dès lors, l'acquisition d'intérêts minoritaires doit être constatée conformément à la norme IFRS 10, cette norme étant applicable sans exception aux transactions réalisées à compter de la date de sa première application.

En conséquence, lorsque la prise de contrôle a été comptabilisée conformément à la version de la norme IFRS 3 avant révision en 2008, la différence entre le prix d'acquisition des intérêts minoritaires et leur valeur comptable doit être comptabilisée en diminution des capitaux propres et aucun goodwill complémentaire ne doit être constaté, voir nº 23730.

Remarque Ce traitement comptable des rachats de minoritaires peut être pénalisant pour le montant des capitaux propres du groupe. En effet, lors de la prise de contrôle, le groupe a comptabilisé un goodwill partiel (conformément aux dispositions de la norme IFRS 3 avant révision en 2008). Or, l'augmentation des capitaux propres lors de la prise de contrôle est moins importante avec un goodwill partiel qu'avec un goodwill complet et ne permet pas ainsi de compenser la dégradation des capitaux propres lors du rachat des intérêts minoritaires (voir ci-avant).

Pour les conséquences liées au choix entre un goodwill complet et un goodwill partiel, voir nº 22182.

C. Augmentations du pourcentage d'intérêts avec changement de méthode de consolidation

Prise de contrôle par achats successifs de titres

23750 *Question*

Quels sont les principes généraux de comptabilisation des prises de contrôle par achats successifs de titres ?

Réponse

En raison du changement de nature de l'actif détenu avant et après la prise de contrôle, la comptabilisation d'une prise de contrôle par achats successifs de titres reflète deux opérations :

- la cession à la juste valeur de la participation antérieurement détenue avant la prise de contrôle ; avec la comptabilisation d'un résultat de cession lorsque cette quote-part n'était pas comptabilisée à la juste valeur (cas des participations mises en équivalence) ;
- suivie de l'acquisition de la totalité des titres détenus après la prise de contrôle ; cette prise de contrôle induit la comptabilisation d'un goodwill à la fois sur les titres détenus avant la prise de contrôle et ceux acquis de manière complémentaire.

Commentaires :

Remarque Les acquisitions par achats successifs de titres sont également appelées acquisitions réalisées par étapes (« step acquisitions »). Pour les spécificités liées à la comptabilisation d'une prise de contrôle par achats successifs de titres d'une entité précédemment :
- comptabilisée en actifs financiers à la juste valeur (IFRS 9), voir nº 23755 ;
- mise en équivalence, voir nº 23760.

1. Principes généraux de constatation des prises de contrôle par achats successifs de titres Le traitement comptable des prises de contrôle par achats successifs de titres est explicitement détaillé dans la norme IFRS 3 (IFRS 3.41 à .42A et .BC384 à .BC389). **23750** (suite)

La comptabilisation d'une prise de contrôle par étapes reflète deux opérations :
- d'une part, la cession de la participation antérieurement détenue avant la prise de contrôle ; avec constatation d'un résultat de cession lorsque cette quote-part n'était pas comptabilisée à la juste valeur (cas des participations mises en équivalence) ;
- d'autre part, l'acquisition de la totalité des titres détenus après la prise de contrôle ; cette prise de contrôle induit la comptabilisation d'un goodwill à la fois sur les titres détenus avant la prise de contrôle et ceux acquis de manière complémentaire (voir n° 22180 s.).

Ce principe s'applique dans les 3 cas suivants, à savoir, lorsque les titres détenus antérieurement étaient :
- évalués selon la méthode de la mise en équivalence, voir n° 23760 ;
- comptabilisés selon la méthode de la joint operation, voir n° 15375 ;
- comptabilisés en actifs financiers à la juste valeur (IFRS 9), voir n° 23755.

Concernant le cas des titres comptabilisés en mise en équivalence ou en actifs financiers à la juste valeur, l'IASB a justifié ce mode de comptabilisation par le changement de nature de l'actif détenu avant et après la prise de contrôle (IFRS 3.BC384) :
- avant la prise de contrôle, l'acquéreur ne disposait que d'un actif : une participation évaluée par mise en équivalence ou à la juste valeur selon IFRS 9 ;
- après la prise de contrôle, cette participation est remplacée par l'ensemble des actifs et des passifs sous-jacents de l'entité acquise matérialisant le droit dont dispose désormais l'acquéreur de décider de la manière d'utiliser cet actif net.

En conséquence, l'IASB considère logique d'enregistrer le résultat correspondant à la décomptabilisation de la participation précédemment détenue.

Lorsque la participation précédemment détenue est comptabilisée comme un actif financier (IFRS 9) immédiatement avant la prise de contrôle, aucun résultat de réévaluation n'est reconnu, puisque sa valeur comptable correspond déjà à sa juste valeur immédiatement avant la prise de contrôle. La réévaluation a déjà été reconnue, depuis la date de comptabilisation initiale de la participation, en contrepartie du résultat dans le cas d'un actif financier à la juste valeur par résultat et en contrepartie des autres éléments du résultat global (OCI) dans le cas d'un actif financier à la juste valeur par OCI. Dans ce dernier cas, la réserve des variations de valeur de la participation est comptabilisée de la même façon que si les titres avaient directement été vendus par l'acquéreur (IFRS 3.42) : cette réserve n'est donc pas recyclée en résultat.
Sur les modalités de comptabilisation d'une cession de titres de capitaux propres (actions) classés en actifs financiers à la juste valeur par OCI, voir n° 45280.

Concernant le cas d'une prise de contrôle d'une joint operation, la norme IFRS 3 clarifie que l'obtention du contrôle exclusif d'une joint operation qui constitue une activité au sens d'IFRS 3 (et non l'acquisition d'un groupe d'actifs) est une prise de contrôle par étapes. Ainsi, le coparticipant qui obtient le contrôle exclusif sur une telle joint operation doit réévaluer ses intérêts précédemment détenus à la juste valeur en contrepartie du résultat (IFRS 3.42A).

L'IFRS IC a en effet considéré qu'une telle opération constituait la prise de contrôle d'une activité dans son ensemble et non la simple acquisition des actifs complémentaires détenus jusque-là par le coparticipant.

2. Nécessité d'évaluer la juste valeur à la date de prise de contrôle de la participation détenue avant la prise de contrôle La comptabilisation du résultat de cession et du goodwill nécessite de déterminer la juste valeur à la date de prise de contrôle de la participation détenue avant la prise de contrôle (voir point 1.).

a. Participations n'entrant pas dans le champ d'IFRS 9 Une prise de contrôle par achats successifs de titres conduira à reconnaître un résultat de réévaluation lorsque la participation précédemment détenue n'était pas comptabilisée à la juste valeur (cas d'une participation mise en équivalence ou d'un intérêt dans une joint operation), pour la différence entre la valeur comptable de cette participation avant la prise de contrôle et sa juste valeur à la date de prise de contrôle.

Cette évaluation peut être délicate lorsque les titres ont été précédemment mis en équivalence. La juste valeur de la participation détenue avant la prise de contrôle est déterminée sur la base du cours de bourse à la date d'acquisition si les titres de l'entité acquise sont cotés sur un marché actif (IFRS 13.38). En l'absence de précision dans les textes, il est, à notre avis, possible de tenir compte d'une prime ou d'une décote pour une participation dans une entreprise associée, même lorsque celle-ci se compose de titres cotés (niveau 1). Cette position est également celle exprimée

par l'AMF dans ses recommandations en vue de l'arrêté des comptes 2013 (Rec. AMF 2013-19, Arrêté des Comptes 2013, § 2.1.2).

Sur la possibilité de prendre en compte une prime ou une décote dans l'évaluation de la juste valeur d'une participation cotée sur un marché actif (et donc de se départir d'une évaluation égale au produit du cours de marché unitaire par la quantité de titres détenus), voir nº 13384.

b. Participations entrant dans le champ d'IFRS 9 Lorsque la participation antérieurement détenue est composée d'actifs financiers à la juste valeur (IFRS 9), ils étaient de fait déjà évalués à la juste valeur immédiatement avant la prise de contrôle et il n'est donc pas nécessaire d'effectuer une nouvelle évaluation au titre de la prise de contrôle. En pratique, la méthode d'évaluation de la juste valeur des actifs financiers précédemment mise en œuvre pour leur évaluation selon IFRS 9 peut être utilisée pour évaluer la quote-part antérieurement détenue à la date d'acquisition.

Pour les précisions apportées dans le cadre de l'évaluation à la juste valeur des intérêts minoritaires, voir nº 22172.

Prise de contrôle d'une entité précédemment comptabilisée en actifs financiers (IFRS 9)

23755 ***Question***

Comment comptabiliser la prise de contrôle par achats successifs de titres d'une entité précédemment comptabilisée en actifs financiers (IFRS 9) ?

Réponse

Lors de la prise de contrôle, deux opérations doivent être reflétées comptablement : la cession des titres précédemment constatés en actifs financiers et l'acquisition de la totalité des titres détenus après la prise de contrôle. Ainsi, il convient :

1. d'une part, de **constater le goodwill** égal à la différence (a – b) entre :

a. la somme des éléments suivants :

- le prix d'acquisition payé par l'acquéreur au titre de la prise de contrôle généralement constaté à sa juste valeur à la date d'acquisition, voir nº 21755 s. ;
- les intérêts minoritaires, voir nº 22170 s. ;
- les titres antérieurement comptabilisés en actifs financiers évalués à la juste valeur à la date d'acquisition ;

b. le montant des actifs acquis et passifs assumés au titre du regroupement, généralement constatés à leur juste valeur à la date d'acquisition, voir nº 21905 s. ;

2. d'autre part, de **comptabiliser tous les actifs acquis et passifs assumés de l'entité acquise,** généralement à leur juste valeur déterminée à la date de prise de contrôle, **et les intérêts minoritaires** selon des modalités précisées par la norme IFRS 3.

Commentaires Les dispositions générales relatives aux prises de contrôle par achats successifs de titres (voir nº 23750) s'appliquent à la prise de contrôle d'une entité précédemment comptabilisée en actifs financiers (IFRS 9). Il convient ainsi :

1. d'une part, de **comptabiliser un goodwill à la date de prise de contrôle** de l'entité, égal à la différence (a – b) entre (IFRS 3.32) :

a. la somme des éléments suivants :

- prix d'acquisition payé par l'acquéreur au titre de la prise de contrôle, généralement constaté à sa juste valeur à la date d'acquisition, voir nº 21755 s. ;
- montant des intérêts minoritaires déterminé selon les modalités précisées par la norme IFRS 3, voir nº 22170 ;
- juste valeur à la date d'acquisition de la quote-part d'intérêts détenue par l'acquéreur dans l'acquise avant la prise de contrôle ;

b. le montant des actifs acquis et passifs assumés au titre du regroupement, évalués conformément à la norme IFRS 3 – généralement à leur juste valeur à la date d'acquisition, voir nº 21905 s.

Si le montant (b) précité est supérieur au montant (a), la différence donne lieu à la constatation d'un profit (profit résultant d'une acquisition à des conditions avantageuses « bargain purchase ») (IFRS 3.34), voir nº 22205 ;

2. d'autre part, de **constater les actifs acquis et passifs assumés de l'entité acquise** généralement à la juste valeur déterminée à la date d'acquisition (IFRS 3.18), et de constater les intérêts minoritaires selon les dispositions précisées par la norme IFRS 3, voir nº 22170.

Dans la mesure où la participation antérieurement détenue était composée d'actifs financiers entrant dans le champ d'application d'IFRS 9 (évalués à la juste valeur par résultat ou à la juste valeur par OCI, selon l'option retenue de manière irrévocable par l'entreprise), ils étaient de fait déjà évalués à la juste valeur immédiatement avant la prise de contrôle. Par conséquent, il n'est pas nécessaire d'effectuer une nouvelle évaluation au titre de la prise de contrôle et aucun résultat de cession n'est constaté lors de la prise de contrôle, en application d'IFRS 3.42.

En pratique, la méthode d'évaluation de la juste valeur des actifs financiers précédemment mise en œuvre pour leur évaluation selon IFRS 9 peut être utilisée pour évaluer la quote-part antérieurement détenue à la date d'acquisition.

Cas d'une quote-part antérieurement détenue initialement comptabilisée à la juste valeur en contrepartie des autres éléments du résultat global Lors de la prise de contrôle, le montant inscrit dans cette réserve (OCI) doit être comptabilisé de la même façon que si l'acquéreur avait directement vendu la quote-part antérieurement détenue (IFRS 3.42). Ainsi, conformément aux dispositions d'IFRS 9, les titres ayant été initialement comptabilisés à la juste valeur en contrepartie des autres éléments du résultat global (OCI), ce montant n'est pas recyclé en résultat.

Sur les modalités de comptabilisation des actifs financiers selon les dispositions d'IFRS 9, voir nº 45080.

■ *Exemple*

Le 1/01/N, une entité A acquiert une participation de 20 % dans une entité B, pour 3 500, sans que cette acquisition ne lui confère d'influence notable. Les titres B sont donc comptabilisés en actifs financiers à la juste valeur par résultat.

Au 31/12/N, leur juste valeur s'élevant à 6 000, ces titres sont réévalués (pour 2 500 = 6 000 – 3 500) en contrepartie du résultat.

Par simplification, les effets d'impôts sont ignorés.

Le 1/01/N+1, A acquiert, contre paiement en trésorerie de 22 000, une participation supplémentaire de 60 % dans B, et prend ainsi le contrôle de B.

La juste valeur de l'actif net identifiable de B au 1/01/N+1 est de 19 000, la juste valeur des intérêts minoritaires de 6 000. Le groupe a choisi de traiter cette acquisition selon la méthode du goodwill complet.

Solution de l'exemple *Lors de la prise de contrôle, il convient de procéder comme suit :*

Déterminer le goodwill à la date de la prise du contrôle de B *Ce goodwill est égal à 15 000, calculé par différence entre :*

– la juste valeur du prix d'acquisition payé par A au titre de la prise de contrôle (22 000) à laquelle s'ajoute la juste valeur de la participation détenue avant la prise de contrôle (6 000) et la juste valeur des intérêts minoritaires (6 000), soit 34 000 au total ; et

– 100 % de la juste valeur de l'actif net identifiable de B au 1/01/N+1, soit 19 000.

Les actifs et passifs identifiables de B sont constatés à leur juste valeur à la date de prise de contrôle pour un montant global net de 19 000 conformément à la méthode de l'acquisition.

Les écritures suivantes devraient être comptabilisées :

Dt	*Actifs nets identifiables acquis*	*19 000*	
Ct	*Intérêts minoritaires*		*6 000*
Ct	*Trésorerie*		*22 000*
Ct	*Actifs financiers à la juste valeur par résultat*		*6 000*
Dt	*Goodwill*	*15 000*	

Prise de contrôle d'une entité précédemment mise en équivalence

23760

Question

Comment comptabiliser la prise de contrôle par achats successifs de titres d'une entité précédemment mise en équivalence ?

23760 (suite)

Réponse

Lors de la prise de contrôle, les deux opérations suivantes doivent être reflétées comptablement : la cession des titres précédemment mis en équivalence et l'acquisition de la totalité des titres détenus après la prise de contrôle. Ainsi, il convient :

1. de **constater le goodwill** pour un montant égal à la **différence (a – b)** entre :

a. **la somme des éléments suivants** :
– le prix d'acquisition payé par l'acquéreur au titre de la prise de contrôle généralement constaté à sa juste valeur à la date d'acquisition, voir n° 21755 s. ;
– le montant des intérêts minoritaires, voir n° 22170 ;
– la juste valeur à la date d'acquisition de la quote-part d'intérêts détenue par l'acquéreur dans l'acquise avant la prise de contrôle ;

b. **le montant des actifs acquis et passifs assumés au titre du regroupement,** évalués généralement à leur juste valeur à la date d'acquisition, voir n° 21905 s. ;

2. **de comptabiliser les actifs acquis et passifs assumés de l'entité acquise généralement à leur juste valeur déterminée à la date de prise de contrôle,** voir n° 21905 s., et **les intérêts minoritaires** déterminés selon les modalités prévues par la norme IFRS 3, voir n° 22170 ;

3. et enfin de **réévaluer la quote-part d'intérêts détenue par l'acquéreur dans l'acquise avant la prise de contrôle,** correspondant aux titres précédemment mis en équivalence (y compris le goodwill) sur la base des justes valeurs déterminées à la date de prise de contrôle avec pour contrepartie le résultat.

Commentaires Les dispositions générales relatives aux prises de contrôle par achats successifs de titres (voir n° 23750) s'appliquent à la prise de contrôle d'une entité précédemment mise en équivalence (IAS 28.22 qui renvoie à IFRS 3 et à IFRS 10). Il convient ainsi :

1. de **comptabiliser un goodwill** à la date de prise de contrôle de l'entité calculé pour un montant égal à la différence (a – b) entre (IFRS 3.32) :

a. **la somme** des éléments suivants :
– prix d'acquisition payé par l'acquéreur au titre de la prise de contrôle, généralement constaté à sa juste valeur à la date d'acquisition, voir n° 21755 s. ;
– montant des intérêts minoritaires déterminé selon les modalités prévues par la norme IFRS 3 (voir n° 22170), soit à leur juste valeur (« goodwill complet »), soit sur la base de leur quote-part dans la juste valeur des actifs nets identifiables acquis (« goodwill partiel ») ;
– juste valeur à la date d'acquisition de la quote-part d'intérêts détenue par l'acquéreur dans l'acquise avant la prise de contrôle qui correspond à la juste valeur des titres antérieurement mis en équivalence ;

b. et le **montant des actifs acquis et passifs assumés au titre du regroupement,** évalués conformément à IFRS 3 – généralement à leur juste valeur à la date d'acquisition, voir n° 21905 s.

Si le montant (b) précité est supérieur au montant (a), la différence donne lieu à la constatation d'un profit (profit résultant d'une acquisition à des conditions avantageuses, « bargain purchase ») (IFRS 3.34), voir n° 22205 ;

> Le goodwill correspondant à l'entité précédemment mise en équivalence calculé conformément aux normes IAS 28 et IFRS 3 est annulé lors de la décomptabilisation des « Titres mis en équivalence » – poste dans lequel le goodwill des entreprises associées est comptabilisé.
> Pour la présentation de ce profit dans l'état du résultat global, voir n° 22800.

2. de **constater les actifs acquis et passifs assumés de l'entité acquise généralement à la juste valeur déterminée à la date d'acquisition** (IFRS 3.18) **et les intérêts minoritaires,** ceux-ci étant évalués conformément à IFRS 3, voir n° 22170 ;

3. de **réestimer**, par la contrepartie du résultat, **la quote-part d'actif net identifiable détenue avant la prise de contrôle** correspondant aux titres précédemment mis en équivalence (y compris le goodwill) **sur la base des justes valeurs à la date de prise de contrôle** (IFRS 3.42 et .BC384 à .BC389).

> Cette disposition aboutit à la comptabilisation d'un résultat de cession sur les titres détenus antérieurement à la prise de contrôle (voir n° 23750). Ce résultat est égal à la différence entre la juste valeur des titres à la date de prise de contrôle et la valeur nette comptable correspondante.
> De la même manière que dans le cadre d'une cession avec perte de contrôle exclusif (voir n° 23840), cette cession doit conduire (IAS 28.22c et .23) :
> – à la reprise en résultat des écarts de conversion constatés sur la quote-part détenue avant la prise de contrôle ; et

– à la reprise en résultat ou en capitaux propres des gains et pertes compris en autres éléments du résultat global (« Other Comprehensive Income »/OCI) également constatés au titre de la participation détenue avant la prise de contrôle. Cette reprise est effectuée en résultat ou en capitaux propres selon les dispositions des normes IFRS relatives à la décomptabilisation par l'entité concernée des actifs ou passifs correspondants. **23760** (suite)

Ce retraitement ne conduit pas à constater en résultat les résultats accumulés entre ces deux dates, ceux-ci ayant déjà été comptabilisés dans le cadre de la mise en équivalence de la participation antérieurement détenue.

■ *Exemple*

Le 1/01/N, une entité A acquiert une participation de 20 % dans une entité B pour 3 500. Cette participation lui permet d'exercer une influence notable sur B. A cette date, la juste valeur de l'actif net identifiable de B est de 10 000.
Le 1/01/N+1, l'entité A prend le contrôle de cette entité du fait de l'acquisition d'une participation complémentaire de 60 % pour 22 000.
La juste valeur de l'actif net identifiable de B au 1/01/N+1 est de 19 000, les justes valeurs des intérêts minoritaires et de la quote-part antérieurement détenue dans B de 5 000 chacune. Le groupe a choisi de traiter cette acquisition selon la méthode du goodwill complet.
Le résultat de B en N est de 6 000.
La valeur comptable des titres mis en équivalence (y compris le goodwill) a varié comme suit :

	1/01/N	*Variation*	*31/12/N*
Quote-part d'actif net identifiable	*2 000*	*1 200 (2)*	*3 200*
Goodwill	*1 500 (1)*		*1 500*
Total Titres mis en équivalence	*3 500*	*1 200*	*4 700*

(1) Lors de la prise d'influence notable, le goodwill a été calculé conformément à la norme IFRS 3, c'est-à-dire sur la base de la juste valeur des actifs nets identifiables à la date de la prise d'influence notable de l'entité B [1 500 = 3 500 – (10 000 × 20 %)].
(2) Il s'agit de la quote-part du groupe dans le résultat de l'entreprise associée (1 200 = 6 000 × 20 %).

Solution de l'exemple *La comptabilisation au 1/01/N+1 de la prise de contrôle de l'entité B précédemment mise en équivalence consiste à :*
1. calculer et comptabiliser le goodwill à la date de prise de contrôle de l'entité B *Le goodwill comptabilisé à la date de prise de contrôle de B est égal à 13 000, calculé par différence entre :*
– la juste valeur du prix d'acquisition payé par l'acquéreur au titre de la prise de contrôle (22 000) à laquelle s'ajoute la juste valeur de la participation détenue avant la prise de contrôle (5 000) et la juste valeur des intérêts minoritaires (5 000). Soit 32 000 au total ; et
– 100 % de la juste valeur de l'actif net identifiable de B au 1/01/N+1 : 19 000 ;

Le goodwill relatif à la première transaction de prise d'influence notable est extourné lors de la décomptabilisation des « Titres mis en équivalence », les goodwills relatifs aux associées étant constatés sur cette ligne.

2. constater les actifs et passifs identifiables de l'entité acquise sur la base de leur juste valeur à la date de prise de contrôle, *conformément à la méthode de l'acquisition d'IFRS 3, voir n° 21905 s. ;*
3. réévaluer la quote-part d'intérêts antérieurement détenue *sur la base de leur juste valeur à la date de prise de contrôle de B de 300 (5 000 – 4 700). Cette réévaluation est comptabilisée par la contrepartie du résultat ;*
4. aucune écriture n'est nécessaire au titre du résultat de B, accumulé entre les deux transactions, *celui-ci ayant été pris en compte lors de la mise en équivalence de B.*
Les écritures suivantes devraient être comptabilisées :

Dt	*Actifs nets identifiables acquis*	*19 000*	
Ct	*Intérêts minoritaires*		*5 000*
Ct	*Trésorerie*		*22 000*
Ct	*Titres mis en équivalence*		*4 700*
Ct	*Résultat*		*300*
Dt	*Goodwill*	*13 000*	

Le tableau suivant présente l'état de situation financière (ou bilan) consolidé du groupe A avant et après la prise de contrôle (extrait).

Actif	*Avant prise de contrôle*	*Après prise de contrôle*	*Passif*	*Avant prise de contrôle*	*Après prise de contrôle*
Goodwill		*13 000*	*Capitaux propres*	*1 200 (6 000 × 20 %)*	*1 500 (1 200 + 300)*
Titres MEE	*4 700 (3 200 + 1 500)*		*Intérêts minoritaires*		*5 000*
Actif net de l'acquise		*19 000*			
Trésorerie	*(3 500)*	*(25 500)* [1]			
Total Actif	*1 200*	*6 500*	*Total Passif*	*1 200*	*6 500*

(1) 25 500 = 3 500 + 22 000.

SECTION III

Diminutions du pourcentage d'intérêts

Remarque Sur la nécessité d'appliquer la norme IFRS 5, Actifs non courants détenus en vue de la vente et activités abandonnées, entre la date de décision de cession et la cession effective des titres d'une entité contrôlée ou d'une entreprise associée et sur les modalités d'application de cette norme, voir nº 36951 s.

A. Principes généraux

Diminution du pourcentage d'intérêts dans une entité contrôlée : comptabilisation ou non d'un résultat de cession

23800 ***Question***

Faut-il comptabiliser un résultat de cession en cas de diminution du pourcentage d'intérêts dans une entreprise contrôlée ?

Réponse

Oui, mais uniquement si la diminution du pourcentage d'intérêts est accompagnée d'une perte de contrôle exclusif, cette perte de contrôle modifiant l'entité économique.

A l'inverse, lorsque le contrôle exclusif est conservé, l'impact de la diminution du pourcentage d'intérêts est constaté en capitaux propres sans modification des actifs et passifs de la filiale concernée (y compris le goodwill). Il s'agit en effet d'une transaction entre deux catégories de propriétaires appartenant à une entité économique unique qui n'est pas modifiée, voir nº 23710.

Commentaires :

1. Comptabilisation en résultat de l'impact de la perte de contrôle exclusif :

a. Pour les principes généraux de comptabilisation d'une perte de contrôle exclusif, voir nº 23835.

b. Un résultat de cession doit être comptabilisé au titre d'une cession avec perte du contrôle exclusif d'une filiale (IFRS 10.25). Si un intérêt résiduel est conservé, le résultat de cession est constaté non seulement sur les titres cédés mais également sur les titres conservés par la société cédante. Ces derniers sont réévalués à la juste valeur à la date de perte du contrôle exclusif en contrepartie du résultat.

Le fait générateur de la comptabilisation du résultat de cession est la perte du contrôle exclusif qui change l'entité économique (voir nº 23710), le cédant ayant transformé une participation qui confère le contrôle en une simple participation minoritaire.

Cette diminution du pourcentage d'intérêts peut résulter d'une cession de titres à l'extérieur du groupe ou d'une augmentation de capital de l'entité consolidée inégalement souscrite. Pour les précisions concernant les modalités de calcul du résultat de cession, voir nº 23840.

2. **Comptabilisation de la diminution du pourcentage d'intérêts du groupe dans une filiale qui reste contrôlée exclusivement** Selon l'approche de « l'entité économique » qui analyse les transactions avec les intérêts minoritaires comme des transactions entre actionnaires (voir nº 23710), l'impact de la diminution du pourcentage d'intérêts, sans changement de méthode de consolidation, est constaté en capitaux propres sans modifier les valeurs comptables consolidées des actifs et passifs identifiables de la filiale concernée (y compris le goodwill).

Ces diminutions du pourcentage d'intérêts peuvent résulter d'une cession de titres à l'extérieur du groupe, d'une augmentation de capital de la filiale inégalement souscrite, ou encore d'une fusion interne entre deux filiales induisant une diminution du pourcentage d'intérêts du groupe dans l'entité fusionnée.

Perte de contrôle exclusif réalisée en plusieurs transactions : opération unique ou transactions distinctes

Question **23805**

Comment déterminer si une perte de contrôle exclusif en plusieurs transactions de cession constitue une seule opération (cession avec perte de contrôle exclusif) ou des transactions distinctes (cession(s) sans changement de méthode suivi(e)s d'une cession avec perte de contrôle exclusif) ?

Réponse

Une analyse au cas par cas de l'ensemble des faits et circonstances doit être effectuée.

Les éléments suivants, notamment, sont de nature à démontrer que les transactions sont liées :
- les transactions ont été conclues simultanément et en tenant compte de chacune d'entre elles ;
- l'effet économique de ces transactions doit être appréhendé comme celui d'une transaction unique ;
- la réalisation de la cession d'intérêts minoritaires est conditionnée à celle de la transaction entraînant la perte de contrôle exclusif ;
- l'une des transactions ne se justifie économiquement que considérée conjointement avec les autres transactions. Tel est le cas de deux transactions conclues avec un même tiers lorsque l'une des transactions est à un prix inférieur au marché, compensée par l'autre transaction à un prix supérieur au marché.

Commentaires :

1. **Enjeu** Lorsqu'une entité consolidante cède partiellement ses intérêts dans une filiale sans perdre le contrôle exclusif de cette dernière et, peu de temps après, réalise une autre cession d'intérêts entraînant la perte de contrôle exclusif de cette filiale, la question se pose de savoir si la seconde transaction (perte de contrôle exclusif) constitue ou non une opération liée à la première transaction (transaction avec les intérêts minoritaires).

Le traitement comptable des deux transactions diffère selon que les deux transactions sont ou non considérées comme liées.

a. **Si les transactions sont considérées comme liées,** elles sont comptabilisées comme une opération unique de perte de contrôle exclusif. Il convient alors de :
- décomptabiliser les actifs et passifs de la filiale (y compris le goodwill) ;
- constater un résultat global de cession ; et
- le cas échéant, enregistrer l'investissement résiduel (considéré après la seconde transaction) à la juste valeur à la date de la perte de contrôle, voir nº 23835.

b. **Si à l'inverse elles sont considérées comme des opérations distinctes,** la première opération est traitée comme une transaction avec les intérêts minoritaires donnant lieu à mouvement de capitaux propres. La seconde transaction entraînant la perte de contrôle exclusif donne lieu à la constatation d'un résultat global de cession ne comprenant pas l'impact de la première transaction.

23805 (suite) Aucun recyclage en résultat du mouvement ayant impacté les capitaux propres lors de la première transaction n'est possible lors de la seconde transaction de perte du contrôle exclusif.

2. **Eléments à considérer pour déterminer si les transactions sont ou non considérées comme liées** La norme IFRS 10 permet d'apprécier si une cession avec perte de contrôle réalisée en différentes transactions doit être comptabilisée comme une opération unique ou comme des transactions distinctes (IFRS 10.B97).

Les éléments suivants pourraient indiquer que les différentes transactions doivent être constatées comme une transaction unique :

- les deux transactions ont été conclues simultanément et en tenant compte de chacune d'entre elles ;
- l'effet économique de ces deux transactions doit être appréhendé comme celui d'une transaction unique pour être correctement pris en compte ;
- la réalisation de l'une des transactions est conditionnelle à la réalisation de l'autre ;
- l'une des transactions ne se justifie économiquement que considérée conjointement avec l'autre transaction.

Tel est le cas de deux transactions conclues avec un même tiers lorsque l'une des transactions est à un prix inférieur au marché mais est compensée par l'autre transaction conclue à un prix supérieur au marché.

■ *Exemple 1*

Incidences comptables de transactions liées *Une entité A est détenue à 100 % par M.*
M décide de céder à deux fonds d'investissement, F1 et F2, l'intégralité de ses intérêts dans A. Au titre de cet accord tripartite, M vend 30 % de ses intérêts dans A à F1 et 70 % à F2 et perd concomitamment le contrôle de A. Les deux transactions avec F1 et F2 sont considérées comme liées.
Au titre de la transaction avec F1, l'entité M reçoit 180 en trésorerie pour la cession de 30 % de l'entité A.
Au titre de la transaction avec F2, M cède 70 % de A pour un prix de cession de 420.
La valeur comptable consolidée de A à la date de cession (y compris le goodwill) est égale à 300 dans les comptes consolidés de M.

Solution de l'exemple 1 *Les deux étapes étant considérées comme des transactions liées, elles sont comptabilisées comme une seule et même opération de cession de 100 % des intérêts de M dans A accompagnée d'une perte de contrôle.*

Prix de cession de A (1)	*600 (180 + 420)*
Valeur comptable consolidée de A à la date de cession (2)	*300*
Résultat de cession : (1) – (2)	***300***

M comptabilise donc un résultat de 300 au titre de la cession de A.

■ *Exemple 2*

Incidences comptables de transactions distinctes *Une entité A est détenue à 100 % par M.*
M décide de céder à deux fonds d'investissement indépendants, F1 et F2, l'intégralité de ses intérêts dans A.
Le 1/02/N, M vend 30 % de ses intérêts dans A à F1.
Le 1/04/N, M vend 70 % de A à F2 et perd concomitamment le contrôle de A.
Les deux transactions avec F1 et F2 sont considérées comme distinctes.
Au titre de la transaction avec F1, l'entité M reçoit en trésorerie 200 pour la cession de 30 % de l'entité A.
Au titre de la transaction avec F2, M cède 70 % de A pour un prix de cession de 420.
La valeur comptable consolidée de A dans les comptes consolidés de M (y compris le goodwill) est égale à 300 le 1/02/N et le 1/04/N.

Solution de l'exemple 2 *La cession de 30 % de A à F1 est une transaction entre actionnaires qui donne lieu au mouvement suivant des capitaux propres :*

Juste valeur du prix de cession des 30 % de A (1)	*200*
Valeur comptable des intérêts du groupe transférés aux intérêts minoritaires le 1/02/N (2)	*90 (300 × 30 %)*
Ecart à ajouter aux Capitaux propres – Part du groupe : (1) – (2)	***110***

Au 1/04/N, lorsque M cède 70 % de ses intérêts dans A à F2, il en perd le contrôle exclusif donnant lieu à la constatation du résultat de cession suivant.

Pour le calcul du résultat de cession, voir n° 23840.

Prix de cession de 70 % de A (1)	*420*
Valeur comptable des intérêts minoritaires à la date où A est déconsolidée (2)	*90*
Valeur comptable consolidée de A à la date de cession (3)	*(300)*
Résultat de cession réalisé par M : (1) + (2) + (3)	*210*

B. Diminutions du pourcentage d'intérêts sans changement de méthode de consolidation

Cession de titres d'une entreprise déjà intégrée globalement et qui le reste

23820

Question

Comment comptabiliser le résultat d'une cession de titres d'une entreprise déjà intégrée globalement et qui le reste ?

Réponse

En capitaux propres, conformément à l'approche de « l'entité économique ». Cette transaction est en effet considérée comme une transaction entre deux catégories de propriétaires (les majoritaires et les intérêts minoritaires) en tant que détenteurs des capitaux propres de la même entité économique.

Il convient ainsi de constater :

– les intérêts minoritaires pour la quote-part de capitaux propres consolidés de la filiale qu'ils représentent à l'issue de la cession, en diminuant les Capitaux propres – Part du groupe du même montant ; et

– le prix de cession des titres cédés par le majoritaire, en l'imputant sur les Capitaux propres – Part du groupe.

L'écart entre le prix de cession des titres et la quote-part de capitaux propres consolidés cédée aux minoritaires par le majoritaire est alors comptabilisé dans la rubrique Capitaux propres – Part du groupe.

Les valeurs comptables consolidées des actifs et passifs de la filiale concernée, y compris le goodwill, ne sont pas modifiées.

Commentaires La norme IFRS 10 comporte des dispositions explicites sur le traitement comptable d'une cession de titres d'une entreprise contrôlée exclusivement et qui le reste (IFRS 10.23).

Conformément à l'approche de « l'entité économique », cette transaction n'a pas d'incidence sur le contrôle de la filiale, il s'agit d'une transaction entre deux catégories de propriétaires de la même entité économique (les majoritaires et les intérêts minoritaires) dont l'impact doit être constaté en capitaux propres.

Ainsi, la cession de titres d'une entreprise intégrée globalement et qui le reste donne lieu (IFRS 10.B96) :

– au **reclassement entre les deux lignes des capitaux propres** (Intérêts minoritaires et Capitaux propres – Part du groupe) de la quote-part de capitaux propres consolidés que ces titres représentent à la date de cession et qui est transférée entre ces deux catégories d'actionnaires ;

Ce reclassement permet de tenir compte du changement dans les pourcentages d'intérêts relatifs dans la filiale des intérêts minoritaires et des actionnaires de la société mère.

– et de **constater la juste valeur du prix de cession des titres cédés** par le majoritaire en Capitaux propres – Part du groupe.

L'écart entre la juste valeur du prix de cession des titres et la quote-part de capitaux propres consolidés que ces titres représentent à la date de leur cession et les coûts relatifs à la cession (voir n° 23822) sont constatés en Capitaux propres – Part du groupe, en maintenant

inchangée la valeur comptable consolidée des actifs et passifs de la filiale, y compris le goodwill (IFRS 10.23, .B96, .BCZ168 s. et .BCZ173).

L'écart entre le prix de cession des titres et la quote-part de capitaux propres consolidés que ces titres représentent à la date de leur cession est comptabilisé en capitaux propres, que cet écart soit positif ou négatif (il vient alors respectivement augmenter ou diminuer les Capitaux propres – Part du groupe).

Remarque Cet écart constaté en capitaux propres ne sera jamais recyclé en résultat, même en cas de perte de contrôle exclusif (voir n° 23843).

La quote-part de capitaux propres consolidés que ces titres représentent à la date de cession et qui est reclassée entre les deux lignes (Intérêts minoritaires et Capitaux propres – Part du groupe) comprend notamment :

– les écarts de conversion relatifs à la filiale partiellement cédée. Ainsi, la diminution du pourcentage d'intérêts dans une filiale sans perte de contrôle exclusif entraîne le reclassement, à hauteur du pourcentage cédé, des écarts de conversion relatifs à cette filiale (IAS 21.48C) ;

– les gains ou pertes comptabilisés parmi les autres éléments du résultat global (« Other Comprehensive Income »/OCI) relatifs aux instruments de couverture de cette filiale à hauteur du pourcentage d'intérêts cédé (IFRS 9.6.5.11 (IAS 39.101) et IFRS 9.6.5.14 (IAS 39.102), renvoyant à IAS 21.48 s.).

Toute variation des capitaux propres liée à un changement du pourcentage d'intérêts de l'entité consolidante dans une filiale est présentée dans l'état des variations des capitaux propres. En effet, la norme IAS 1 distingue (IAS 1.106d.iii) :

– les opérations qui ont un impact sur les capitaux propres et qui sont réalisées avec les actionnaires, agissant en leur qualité d'actionnaire, comptabilisées dans l'état des variations des capitaux propres ;

– des autres opérations qui sont présentées parmi les autres éléments du résultat global (OCI).

Les flux de trésorerie résultant d'une diminution de pourcentage d'intérêts sans perte de contrôle devront être comptabilisés en flux de financement (IAS 7.42A et .42B).

Décision de l'ESMA L'ESMA a également précisé que, quelle que soit son activité, dès lors que l'entité ne répond pas à la définition d'une société d'investissement (voir n° 15188), les flux de trésorerie résultant d'une diminution de pourcentage d'intérêts sans perte de contrôle devront être comptabilisés en flux de financement, l'exemption prévue par IAS 7.42A ci-avant n'étant pas applicable dans ce cas. Cette décision vise notamment le cas d'entités qui effectueraient des transactions s'inscrivant dans leur stratégie d'investissement sans pour autant être qualifiées de sociétés d'investissement (EECS/0119-01, 07/19).

Cession partielle de titres sans perte de contrôle exclusif : traitement des conséquences fiscales

23821 ***Question***

Comment comptabiliser les conséquences fiscales d'une cession partielle de titres sans perte de contrôle exclusif ?

Réponse

L'impôt lié à la plus-value de cession doit être comptabilisé :

– en capitaux propres, pour la partie afférente à la plus-value comptable (cette dernière, qui correspond à la différence entre le prix de cession et la valeur comptable dans les comptes consolidés des titres cédés, étant également constatée en capitaux propres) ; et

– en résultat et en autres éléments du résultat global (« Other Comprehensive Income »/OCI), pour la partie afférente à la différence entre la valeur comptable dans les comptes consolidés et la valeur fiscale des titres cédés (cette différence correspondant aux résultats et autres éléments du résultat global constatés et non distribués entre la date d'acquisition et la date de cession).

Commentaires La cession de titres consolidés à des minoritaires génère un effet d'impôt lié à la plus-value fiscale de cession des titres. Cette plus-value fiscale est égale à la différence entre :

– le prix de cession ; et

– la valeur fiscale des titres (correspondant généralement à leur coût d'acquisition pour le groupe).

Dans les comptes du groupe, l'impact comptable d'une cession partielle de titres sans perte du contrôle exclusif, constaté en capitaux propres selon IFRS 10 (voir n° 23710), est égal à la différence entre :

– le prix de cession ; et

– la valeur comptable consolidée des titres.

L'impact comptable de la cession ne correspondant pas à la base de calcul de l'impôt lié à cette cession, cet impôt doit être décomposé en deux éléments distincts :

1. D'une part, l'impôt sur la différence entre le prix de cession et la valeur comptable des titres cédés, qui correspond à la plus-value comptable.

Cette quote-part d'impôt est constatée en capitaux propres comme l'impact de la cession sans perte du contrôle, en application du principe de symétrie (IAS 12.58 et .61A).

2. D'autre part, l'impôt sur la différence entre la valeur comptable et la valeur fiscale des titres cédés.

Cette quote-part d'impôt est constatée en résultat et parmi les autres éléments du résultat global (OCI) de façon symétrique aux éléments qui ont conduit à l'augmentation de la valeur comptable des titres (c'est-à-dire les résultats globaux des exercices antérieurs non distribués et constatés depuis la date d'acquisition) (IAS 12.58).

En raison de l'exemption prévue par IAS 12.39 pour les différences temporelles sur les titres de filiales, aucun impôt différé ne doit, en principe, avoir été constaté sur les résultats accumulés et non distribués sur les exercices de réalisation de ces profits.

En effet, une entité ne doit comptabiliser un impôt sur les différences temporelles imposables sur les titres de ses filiales que s'il est probable que la différence se renversera dans un avenir prévisible (IAS 12.39). L'impôt n'est donc provisionné que lorsqu'il devient probable qu'il y aura une distribution des réserves ou une cession de titres de la filiale.

Ainsi, dès que la cession devient probable, un impôt différé passif doit être constaté sur les réserves accumulées correspondant à la quote-part de titres qui vont être cédés. Il est comptabilisé en contrepartie du compte de résultat et parmi les autres éléments du résultat global (OCI). Il est repris lors de la cession effective des titres.

Remarque Cet impôt est inférieur au montant de l'impôt qui sera payé lors de la cession puisque sa base n'intègre pas la différence entre le prix de cession et la valeur comptable des titres.

■ *Exemple*

L'entité A détient 100 % de l'entité B.

Dans les comptes de l'entité A, les valeurs comptables et fiscales des titres B s'élèvent à 300 et 200 respectivement. La différence entre ces deux montants correspond aux réserves non distribuées de l'entité B depuis son acquisition par l'entité A.

L'entité A n'a jamais comptabilisé d'impôt différé passif car le reversement de la différence temporelle sur les titres B n'était jusqu'ici pas probable.

L'entité A vend 20 % de l'entité B pour 250. Le taux d'impôt de l'entité A sur la cession est de 40 %.

Solution de l'exemple *La plus-value de cession de B s'élève à 190, soit [250 – (300 × 20 %)] et est constatée directement dans les capitaux propres de l'entité A.*

Le montant de l'impôt dû par A lié à cette cession partielle est de 84, soit [250 – (200 × 20 %)] × 40 %. Cet impôt est constaté :

– en résultat pour 8, correspondant à l'impôt sur la différence entre la valeur comptable et la valeur fiscale (réserves accumulées non distribuées) pour la partie des titres vendus, soit (300 – 200) × 20 % × 40 % ; et

– en capitaux propres pour 76, correspondant à l'impôt sur la différence entre le prix de cession et la valeur comptable des titres cédés (impact de la cession partielle de titres comptabilisé en capitaux propres), soit [250 – (300 × 20 %)] × 40 %.

Remarque *Si, à la date de la clôture précédente, il avait été probable que le groupe A céderait 20 % des titres B, un impôt différé passif aurait été constaté par résultat sur la différence entre la valeur comptable et la valeur fiscale (réserves accumulées non distribuées) des titres destinés à être cédés, soit pour 8.*

Cet impôt différé passif aurait été repris par résultat lors de la cession des 20 % des titres B.

Coûts directs liés à une cession d'intérêts minoritaires

23822

Question

Comment comptabiliser les coûts directs liés à une cession d'intérêts minoritaires sans perte du contrôle ?

Réponse

En déduction des capitaux propres.

Commentaires Selon l'approche de l'entité économique, les diminutions du pourcentage d'intérêts sans perte du contrôle exclusif donnent lieu à la constatation en capitaux propres de

l'écart entre le prix de cession des titres et la quote-part de capitaux propres que ces titres représentent. Ces transactions sont considérées comme des transactions entre actionnaires, voir nº 23820.

L'IFRS IC a indiqué que les coûts directs liés à une cession d'intérêts minoritaires doivent être comptabilisés en capitaux propres (IFRIC Update 07/09).

En effet, selon la norme IAS 1, Présentation des états financiers, les coûts encourus au titre de transactions entre actionnaires, agissant en leur qualité d'actionnaire, sont comptabilisés en capitaux propres, de la même manière que les opérations concernées (IAS 1.106d.iii et .109).

A notre avis, cette décision de l'IFRS IC, prise avant l'entrée en vigueur d'IFRS 10, reste applicable après l'entrée en vigueur de cette norme.

Cession de titres d'une filiale sans perte de contrôle consentie pour acquérir une cible

23826 Voir nº 22295.

C. Diminutions du pourcentage d'intérêts avec changement de méthode de consolidation

Diminution du pourcentage d'intérêts avec perte de contrôle exclusif : principes généraux de comptabilisation

23835 *Question*

Comment comptabiliser une cession de titres d'une entreprise intégrée globalement impliquant une perte de contrôle exclusif ?

Réponse

La perte de contrôle exclusif donne lieu à une modification de l'entité économique et donc à un résultat de cession non seulement sur les titres cédés mais également sur les titres conservés par la société cédante reflétant ainsi comptablement le changement de nature de l'actif détenu avant et après la perte de contrôle.

La cession aboutit ainsi à :
- la décomptabilisation des actifs (y compris le goodwill) et des passifs de la filiale, à leur valeur comptable à la date de perte du contrôle exclusif ;
- la décomptabilisation de la valeur comptable des intérêts minoritaires à la date de perte du contrôle exclusif, y compris leur quote-part dans les gains ou pertes recyclables compris parmi les autres éléments du résultat global (« Other Comprehensive Income »/OCI) ;
- la reprise des gains ou pertes recyclables relatifs à cette filiale compris parmi les autres éléments du résultat global (OCI) et attribuables au groupe ;

  Cette reprise est effectuée par résultat ou par capitaux propres, selon le traitement qui aurait été appliqué si l'entité consolidante avait cédé directement les actifs ou les passifs à l'origine de ces gains ou de ces pertes.
- la constatation d'un résultat global de cession attribué aux propriétaires de la société mère, voir nº 23840 ;
- la comptabilisation de l'éventuel investissement résiduel dans cette filiale à la juste valeur à la date de perte du contrôle et de tout montant dû (ou prêté) à la précédente filiale, conformément à la norme IFRS qui lui est applicable.

  Toutefois, si la société cédante apporte ou vend une filiale à une entreprise associée ou une joint venture comptabilisée selon la méthode de la mise en équivalence, il existe un choix de méthode comptable, résultant d'un conflit entre les dispositions des normes IFRS 10 et IAS 28. Ainsi, dans l'attente de l'évolution des textes, il est possible :
  - de réévaluer les intérêts conservés dans la filiale cédée (intérêts conservés à travers la participation dans l'entreprise associée ou la joint venture) à la juste valeur et de constater ainsi un résultat de cession total ; ou
  - de ne pas procéder à cette réévaluation et de constater un résultat partiel de cession relatif uniquement à la quote-part cédée.

  Il s'agit d'un choix de méthode comptable à appliquer de manière permanente.

Commentaires La norme IFRS 10 détaille ainsi les conséquences comptables de la perte du contrôle exclusif d'une filiale (IFRS 10.B98 s.). 23835 (suite)

La norme IFRS 10 précise que toute participation résiduelle conservée par l'entité consolidante dans sa précédente filiale et tout montant dû (ou prêté) à la précédente filiale sont évalués conformément aux autres normes IFRS qui leur sont applicables (IFRS 10.25b).

Ainsi, selon IFRS 10, lors de la perte de contrôle, les titres conservés dans la filiale sont évalués à leur juste valeur et comptabilisés conformément aux normes qui leur sont applicables, c'est-à-dire (IFRS 10.25b) :
- soit en application de la norme IAS 28, s'il s'agit des titres d'une entreprise associée ou d'une joint venture ;
- soit conformément à la norme IFRS 9, si ces titres constituent un actif financier soumis à IFRS 9.

L'impact de toute différence d'évaluation relative aux titres conservés et aux montants dus (ou prêtés) par la précédente filiale fait partie du résultat de cession. En effet, selon l'approche de l'« entité économique », la perte de contrôle s'assimile à un échange de deux participations de nature différente induisant la constatation de la cession intégrale des titres conférant le contrôle et des créances et prêts de la filiale, les intérêts éventuellement conservés étant considérés comme un nouvel investissement dont la comptabilisation initiale s'effectue selon la norme IFRS qui leur est applicable.

Cas particulier d'une cession à une entreprise associée ou une joint venture comptabilisée selon la méthode de la mise en équivalence Si la société cédante apporte ou vend une filiale à une entreprise associée ou une joint venture comptabilisée selon la méthode de la mise en équivalence, il existe un choix de méthode comptable qui découle d'un conflit entre les dispositions des normes IFRS 10 et IAS 28, et selon lequel la société cédante peut :
- soit réévaluer les intérêts conservés dans la filiale cédée (intérêts conservés à travers la participation dans l'entreprise associée ou la joint venture) à la juste valeur et constater ainsi un résultat de cession total (application des dispositions d'IFRS 10) ;
- soit ne pas procéder à cette réévaluation et constater un résultat de cession partiel relatif uniquement à la quote-part cédée (application des dispositions d'IAS 28). En effet, la norme IAS 28 indique que, lorsque des apports non monétaires sont apportés à une entreprise associée ou à une joint venture, un gain ou une perte n'est constaté qu'à hauteur des participations non liées à l'investisseur dans l'entreprise associée ou dans la joint venture (IAS 28.28).

La méthode comptable choisie doit être appliquée de manière permanente et faire l'objet d'une information en annexe si cette information est significative (voir nº 55355).

Evolution possible des normes En septembre 2014, l'IASB a publié un amendement des normes IFRS 10 et IAS 28 « Vente ou apport d'actifs entre un investisseur et une entreprise associée ou une coentreprise » afin d'éliminer le conflit de texte existant lorsqu'une société mère perd le contrôle d'une filiale en l'apportant ou en la vendant à une société associée ou une joint venture (voir ci-avant). Cet amendement supprime donc le choix de politique comptable entre gain total et gain partiel, en créant une nouvelle ligne de démarcation basée sur la définition d'une activité (« business ») au sens d'IFRS 3. En effet, selon l'amendement, le profit ou la perte découlant de transactions « amont » (« upstream transactions ») ou « aval » (« downstream transactions ») entre un investisseur et une entreprise associée ou une joint venture portant sur des actifs ne constituant pas une activité au sens d'IFRS 3 n'est constaté qu'à hauteur des participations non liées à l'investisseur dans l'entreprise associée ou la joint venture (gain partiel). Si les actifs considérés constituent une activité, l'investisseur doit reconnaître la totalité du résultat dans ses états financiers (gain total).

Toutefois, lors de sa réunion de janvier 2015, pour les apports d'actifs ne répondant pas à la définition d'une activité, l'IASB a décidé d'amender à nouveau IFRS 10 et IAS 28 afin de clarifier qu'un investissement dans une entreprise associée ou une joint venture, résultant de la perte de contrôle d'une filiale, devait être comptabilisé initialement à sa juste valeur à la date de la perte de contrôle. Cette valeur d'entrée exclut l'élimination du résultat interne (IASB Update 01/15).

La date d'application obligatoire de cet amendement, prévue initialement pour les transactions réalisées au cours des exercices ouverts à compter du 1er janvier 2016, a été reportée, sans être toutefois précisée (amendement « Effective date of amendments to IFRS 10 and IAS 28 » publié en décembre 2015). Ce thème fait désormais partie du projet « Equity Method » mené par l'IASB (voir nº 15650).

Dans l'attente d'une date d'application définitive, les pratiques antérieures doivent être poursuivies. L'application anticipée de l'amendement publié en septembre 2014 reste toutefois possible, voir nº 11520.

Remarque La cession totale ou partielle d'une filiale accompagnée d'une perte du contrôle exclusif entraîne l'application de la norme IFRS 5, Actifs non courants détenus en vue de la vente et activités abandonnées, dès lors que certaines conditions sont remplies (IFRS 5.8A), voir également n° 37012. Les principales conséquences pratiques de l'application d'IFRS 5 sont les suivantes :
- poursuite de la prise en compte du résultat de la filiale, déterminé conformément aux procédures de consolidation énoncées par IFRS 10, jusqu'à la date de cession effective ;
- arrêt de l'amortissement et de la dépréciation des actifs corporels et incorporels de cette filiale, indépendamment de la poursuite de l'activité (compensé, le cas échéant, par une dépréciation d'ensemble de la filiale, constatée en application d'IFRS 5) (IFRS 5.25 et .20 s.) ; et
- impact sur le résultat de cession, la valeur comptable consolidée des titres cédés étant différente de celle qui aurait été prise en compte si la norme IFRS 5 n'avait pas été appliquée préalablement à la cession.

Diminution du pourcentage d'intérêts avec perte de contrôle exclusif : calcul du résultat de cession selon IFRS 10

23840 ***Question***

Comment déterminer le résultat d'une cession de titres consolidés par intégration globale induisant une perte de contrôle exclusif ?

Réponse

Le résultat global de cession, comptabilisé en résultat et attribuable à l'entité consolidante, correspond à la différence entre :

1. **le cumul des éléments suivants** :
- la **juste valeur du prix de cession**, augmentée de toute distribution d'actions de la filiale faite aux actionnaires, agissant en leur qualité d'actionnaire, induite par la perte de contrôle ;
- la **reprise en résultat des gains ou pertes compris en autres éléments du résultat global** (« Other Comprehensive Income »/OCI) attribuables au groupe et recyclables de cette manière ;
- la **juste valeur de l'intérêt résiduel** éventuellement conservé dans la précédente filiale ;
- la **valeur comptable des intérêts minoritaires dans la précédente filiale**, y compris les gains ou pertes compris en autres éléments du résultat global (OCI) attribuables aux intérêts minoritaires ;

2. **et la dernière valeur comptable consolidée de cette filiale à la date de perte de contrôle exclusif.**

Ce résultat global comprend ainsi :
- le résultat lié aux intérêts cédés ;
- le résultat lié à l'intérêt résiduel éventuellement conservé ; et
- le recyclage d'éléments antérieurement constatés directement en OCI.

Sur le conflit de textes existant entre les dispositions de la norme IFRS 10 et de la norme IAS 28, dans le cas particulier où la société cédante apporte ou vend une filiale à une entreprise associée ou une joint venture comptabilisée selon la méthode de la mise en équivalence, voir n° 23835.

Commentaires :

1. **Calcul du résultat global de cession** La norme IFRS 10 précise les modalités de calcul du résultat relatif à une cession partielle ou totale de titres d'une entité consolidée accompagnée d'une perte de contrôle exclusif (IFRS 10.25, .B98 et .B99).

Ce résultat comprend non seulement le résultat lié aux intérêts cédés mais également le résultat lié aux intérêts résiduels éventuellement conservés, voir également n° 23835.

IFRS 12.19 requiert de présenter, dans les notes annexes aux états financiers, le résultat global de cession ainsi que la composante de ce dernier correspondant à la réévaluation à la juste valeur à la date de cession des intérêts éventuellement conservés.

Le résultat lié aux intérêts résiduels éventuellement conservés correspond à la différence entre :
- la juste valeur de l'intérêt résiduel conservé dans la précédente filiale ; et

– la quote-part qu'il représente dans la valeur comptable consolidée de la filiale à la date de perte de contrôle exclusif, y compris les gains ou pertes compris en autres éléments du résultat global (« Other Comprehensive Income »/OCI) et attribuables à la quote-part conservée. **23840** (suite)

A la date de perte du contrôle, la participation éventuellement conservée est en effet comptabilisée à sa juste valeur à cette date (IFRS 10.25b), voir n° 23835.

Remarque En revanche, les ajustements constatés en capitaux propres lors de précédentes transactions avec les intérêts minoritaires ne doivent pas être recyclés en résultat lors de la perte de contrôle de la filiale, voir n° 23843.

Sur le conflit de textes existant entre les dispositions de la norme IFRS 10 et de la norme IAS 28 dans le cas particulier où la société cédante apporte ou vend une filiale à une entreprise associée ou une joint venture comptabilisée selon la méthode de la mise en équivalence, voir n° 23835.

2. Reprise des écarts de conversion et des gains et pertes compris en autres éléments du résultat global (OCI) La perte du contrôle induit la reprise de l'intégralité des gains ou pertes antérieurement comptabilisés directement en autres éléments du résultat global attribuables au groupe (OCI). Cette reprise est effectuée en résultat ou en capitaux propres selon les dispositions des normes IFRS relatives à la décomptabilisation par l'entité concernée des actifs ou passifs correspondants (IFRS 10.B98c et .B99).

Cette reprise en résultat se fait pour la quote-part dans ces éléments attribuables au groupe ; la norme IAS 21 indiquant explicitement que la part des minoritaires dans les écarts de conversion est décomptabilisée du fait de la perte de contrôle mais n'est pas constatée en résultat (IAS 21.48B).

Le même principe de reprise en résultat pour la part du groupe doit, à notre avis, être également appliqué aux gains ou pertes comptabilisés parmi les autres éléments du résultat global (OCI).

Ainsi, les éléments suivants doivent, par exemple, être constatés en résultat à la date de perte du contrôle exclusif :
– le montant des écarts de conversion relatifs à la filiale cédée et attribuables aux propriétaires de la société mère (IAS 21.48 s.) ;

La norme IAS 21 indique explicitement que les écarts de conversion relatifs à la filiale cédée sont constatés en résultat à la date de perte du contrôle exclusif de la filiale. En conséquence, les écarts de conversion ne peuvent pas être constatés en résultat avant que la cession soit effective. Et ce, notamment au moment où les titres cédés sont classés en actifs détenus en vue de la vente selon IFRS 5 et évalués alors à leur juste valeur nette des frais de cession.

– le montant des gains ou pertes comptabilisés parmi les autres éléments du résultat global (OCI) relatifs aux instruments de couverture de cette filiale et attribuables aux propriétaires de la société mère (IFRS 9.6.5.11 (IAS 39.101) et IFRS 9.6.5.14 (IAS 39.102), renvoyant à IAS 21.48 s.).

En revanche, d'autres éléments ne doivent pas être constatés en résultat à la date de perte du contrôle exclusif, les normes concernant ces éléments n'autorisant pas de recyclage ultérieur en résultat, même lors de la décomptabilisation des actifs ou passifs correspondants :
– le montant des réévaluations du passif net (ou de l'actif net) comptabilisées en autres éléments du résultat global (OCI) au titre de régimes d'avantages postérieurs à l'emploi à prestations définies, notamment les écarts actuariels, selon les principes de la norme IAS 19, Avantages du personnel ;
– le montant des réévaluations liées aux actifs financiers à la juste valeur en contrepartie des autres éléments du résultat global (OCI), conformément aux dispositions d'IFRS 9, Instruments financiers.

Pour les entités qui appliquent la méthode de la juste valeur pour constater leurs actifs corporels ou incorporels (actifs évalués à la juste valeur et écarts de réévaluation constatés directement en capitaux propres), les gains ou pertes de réévaluation relatifs constatés en capitaux propres sont reclassés en résultats accumulés (« retained earnings ») (IAS 16.41 et IAS 38.87), à la date de perte de contrôle exclusif, et ne font pas partie du résultat global de cession (IFRS 10.B99).

■ *Exemple*

Une entité S est détenue à 80 % par P et à 20 % par des minoritaires.

P vend 40 % de ses intérêts dans S aux minoritaires pour un paiement en trésorerie de 160 et perd le contrôle de S.

L'actif net de S à la date de cette opération est de 250. Les gains correspondant aux écarts de conversion antérieurement comptabilisés dans les autres éléments du résultat global (OCI) totalisent 50 et ont été affectés pour 40 à P et pour 10 aux intérêts minoritaires.

A l'issue de la transaction, P conserve 40 % de S. La juste valeur de la participation conservée à la date de la perte de contrôle est de 160.

Solution de l'exemple *La perte de contrôle exclusif de P sur S donne lieu à la constatation d'un résultat global de cession de :*

Prix de cession de 40 % de S (1)	*160*
Reprise en résultat des gains ou pertes compris en éléments du résultat global (OCI) attribuables aux propriétaires de la société mère et recyclables (2)	*40*
Juste valeur de l'intérêt résiduel conservé par P correspondant à 40 % de S (3)	*160*
Valeur comptable des intérêts minoritaires, y compris leur quote-part dans les gains ou pertes compris en autres éléments du résultat global (OCI) (4)	*50 (250 × 20 %)*
Valeur comptable consolidée de S à la date de cession (5)	*250*
Résultat global de cession : (1) + (2) + (3) + (4) – (5)	*160*

Le résultat global de cession comprenant 80 de résultat lié aux intérêts conservés à présenter en annexe :

Juste valeur des intérêts conservés (1)	*160*
Reprise en résultat des gains ou pertes compris en éléments du résultat global (OCI) attribuables aux propriétaires de la société mère et recyclables à hauteur des intérêts conservés (2)	*20 (40 × 40 % / 80 %)*
Quote-part correspondant aux intérêts conservés dans la valeur comptable consolidée de S à la date de cession (3)	*100 (250 × 40 %)*
Résultat lié aux intérêts conservés : (1) + (2) – (3)	*80*

Cession avec perte du contrôle exclusif : sort des ajustements constatés en capitaux propres lors de précédentes transactions avec les intérêts minoritaires

23843 ***Question***

Lors de la perte de contrôle d'une filiale, doit-on recycler en résultat les impacts des transactions avec les intérêts minoritaires constatés antérieurement en capitaux propres ?

Réponse

A notre avis, il n'est pas possible de les recycler.

Commentaires :

1. Principe général A défaut de précision explicite de la norme IFRS 10, il ne convient pas, à notre avis, de recycler en résultat, lors de la perte de contrôle d'une filiale, les ajustements constatés antérieurement en capitaux propres au titre de transactions réalisées avec les intérêts minoritaires (acquisition ou cession d'intérêts minoritaires).

En effet, le recyclage de ces ajustements ne fait pas partie des éléments à prendre en compte pour le calcul du résultat global de cession à constater lors de la perte du contrôle exclusif d'une filiale, détaillés dans la norme IFRS 10 (voir n° 23840).

Le calcul du résultat global de cession comprend en revanche le recyclage des gains ou pertes antérieurement comptabilisés directement en autres éléments du résultat global (« Other Comprehensive Income »/OCI) ; cette reprise étant effectuée en résultat si les dispositions des normes IFRS relatives à la décomptabilisation par l'entité concernée des actifs ou passifs correspondants le prévoient (voir n° 23840).

Tel est le cas, par exemple, pour le recyclage en résultat des écarts de conversion (IAS 21.48 s.).

Cette disposition ne peut pas en revanche s'appliquer aux ajustements constatés antérieurement en capitaux propres au titre de transactions réalisées avec les intérêts minoritaires – qui ne sont pas constatés parmi les autres éléments du résultat global (OCI) mais dans l'état des variations des capitaux propres en tant que transactions entre actionnaires en capitaux propres (IFRS 10.23).

La norme IAS 1 distingue en effet les opérations qui ont un impact sur les capitaux propres et qui sont réalisées avec les actionnaires, agissant en leur qualité d'actionnaire, comptabilisées dans l'état des variations des capitaux propres, des autres opérations présentées parmi les autres éléments du résultat global (OCI) (IAS 1.106d.iii).

2. **Conséquences pratiques** Le principe énoncé ci-avant a les conséquences pratiques suivantes, illustrées à l'aide d'un exemple : l'entité consolidante qui cède tout d'abord, sans perte du contrôle, 30 % d'une filiale détenue à 100 %, constate en capitaux propres l'écart entre le prix de cession des titres et la quote-part de capitaux propres consolidés cédée aux minoritaires par le majoritaire, voir n° 23820.

Lors de la cession des 70 % restants (avec donc perte de contrôle), le résultat de cession portera uniquement sur les 70 % cédés (voir n° 23840), l'impact lié à la première cession de 30 % n'étant pas recyclé en résultat mais demeurant en Capitaux propres – Part du groupe.

Conséquences de l'application d'IFRS 5 aux cessions de titres consolidés

Voir n° 37060. **23845**

SECTION IV

Présentation des impacts des variations de périmètre

Présentation dans l'état du résultat global des impacts des variations de périmètre

Voir n° 22800. **23900**

CHAPITRE 17

Options sur titres consolidés ou mis en équivalence (IFRS 3, IFRS 10, IAS 32, IFRS 9)

Plan du chapitre §§ 24200

QUESTIONS/REPONSES PRATIQUES

Remarque importante

Les réponses aux questions présentées ci-après résultent de l'analyse des dispositions des normes IFRS 10, Etats financiers consolidés, IFRS 3, Regroupements d'entreprises, IAS 32, Instruments financiers – Présentation, et IFRS 9, Instruments financiers, en vigueur actuellement, sur la base des informations disponibles au 1er juin 2023. 24205

I. Principes généraux de traitement des contrats d'options sur titres consolidés ou mis en équivalence

Types de contrats concernés

24210 ***Question***

En matière d'options sur titres consolidés ou mis en équivalence, quels sont les types de contrats concernés et comment peut-on les recenser ?

Réponse

Il peut s'agir d'achat ou de vente d'options, d'options croisées ou quasi croisées, d'options conditionnées à la survenance d'un événement, d'achats et de ventes à terme fermes (« forwards ») ou enfin de contrats d'échange de performance (« equity swap » ou « total return swap »).

Ces contrats sont plus généralement mis en place dans le cadre de certaines structures d'entreprises (LBO, mise en commun d'activité, avec fort intuitu personae des membres fondateurs, etc.) ou lors de certaines opérations de la vie des groupes (croissance externe, désengagement, octroi d'avantages aux salariés avec un sous-jacent en actions, etc.).

Leur recensement est d'autant plus difficile que leurs appellations peuvent être diverses, par exemple promesse d'achat ou de vente, engagement d'achat ou de vente, droit de sortie, droit de suite, droit de préemption.

Les titres visés sont ceux des entités contrôlées (filiales) ou contrôlées conjointement (joint ventures) ainsi que les titres d'entreprises sous influence notable (entreprises associées) et ne concernent pas les actifs financiers traités selon les principes de la norme IFRS 9.

Commentaires En général, les contrats d'options sur titres consolidés ou mis en équivalence sont mis en place dans le cadre de certaines structures particulières ou à l'occasion de certaines opérations de la vie des groupes.

L'expérience montre qu'il est nécessaire d'analyser avec attention les différentes clauses de ces contrats qui peuvent lier des actionnaires existants non seulement entre eux mais également avec d'autres actionnaires potentiels.

La qualification de ces contrats (qui conditionne leur traitement comptable) relève d'un processus d'analyse relativement complexe, voir nº 24250.

1. Types de contrats concernés Il peut s'agir de contrats tels que :

- des **options d'achat (« call options »)**, que l'entreprise en soit ou non la bénéficiaire (c'est-à-dire qu'elle ait acheté l'option ou au contraire, vendu l'option) ;
- des **options de vente (« put options »)**, que l'entreprise soit acheteur ou vendeur d'option ;

  Entrent par exemple dans cette catégorie les ventes de puts sur intérêts minoritaires.
- des **situations d'options croisées,** il s'agit de l'acquisition et de la vente simultanée d'une option d'achat (call) acquise et d'une option de vente (put) vendue (encore appelées « promesse de vente » ou « promesse d'achat ») dont les termes et conditions sont identiques (mêmes contreparties, mêmes sous-jacents, même période d'exercice, même prix d'exercice) ;
- des **situations d'options quasi croisées,** lorsque les termes et conditions ne sont pas exactement identiques, mais relativement proches ou peu décalés dans le temps ;
- des **options conditionnelles,** c'est-à-dire des options d'achat ou de vente ou des options croisées ou quasi croisées dont l'exercice est conditionné à la survenance d'un événement précisé par contrat ;
- des **achats et ventes à terme fermes (« forward »)** dans lesquels les cocontractants se sont engagés de manière ferme et irrévocable, l'un à acquérir et l'autre à céder les titres sous-jacents ;
- ou enfin des **contrats d'échange de performance (« equity swap » ou « total return swap »),** qui permettent au propriétaire des titres, objet du swap, d'obtenir une rémunération indexée sur des indicateurs de marché (Euribor, €STR, etc.) en lieu et place du retour sur investissement relatif aux titres sous-jacents dont il continue de détenir la propriété juridique.

2. Recensement de ce type de contrats Ces contrats d'options revêtent souvent des appellations diverses telles que « promesse d'achat » ou « promesse de vente », « engagement

d'achat » ou « engagement de vente », « contrat de liquidité », « droit de sortie », « droit de suite », « droit de préemption », etc.

Par conséquent, leur recensement peut s'avérer délicat, d'autant que leur dénomination peut être très diverse et parfois peu claire.

Remarque Dans l'ensemble du chapitre, le terme « option » est utilisé de manière générique pour tous les types de contrats décrits ici.

Pour mener à bien le recensement de ce type d'engagements, il faut, à notre avis :

a. **Identifier les structures d'entreprises** pour lesquelles l'usage de ce type d'engagements est fréquent, par exemple :
- les entreprises dotées d'un fort intuitu personae de leurs fondateurs (personnes physiques) ;
- les entreprises en LBO (« Leverage Buy-Out ») ;
- les mises en commun d'activité avec un contrôle conjoint partagé entre partenaires ;
- ou enfin, les entreprises non cotées ayant des actionnaires minoritaires.

b. **Analyser** s'il existe des **opérations de croissance externe ou de désengagement,** notamment les acquisitions d'entreprises à fort caractère entrepreneurial, les opérations de portage, les (dés)investissements progressifs dans des entreprises à capital fermé ainsi que l'octroi d'avantages aux salariés sous forme d'actions, d'options (stock-options) ou même de trésorerie.

c. Enfin, **analyser les contrats liant la société avec ses actionnaires et/ou les actionnaires entre eux,** tels que les statuts, les pactes d'actionnaires, les conventions de « partnership », les lettres d'intention ou tout autre contrat particulier liant les actionnaires entre eux.

Analyse des contrats d'options sur titres consolidés ou mis en équivalence

24250

Question

Comment analyser les contrats d'options sur titres consolidés ou mis en équivalence ?

Réponse

L'analyse de ces contrats, souvent complexe, nécessite de bien comprendre l'économie des opérations réalisées ainsi que la réelle substance des engagements liant les différentes catégories d'actionnaires concernés.

A défaut de développements spécifiques dans les normes IFRS actuelles, la comptabilisation de ces contrats nécessite un traitement au cas par cas qui fait intervenir plusieurs normes IFRS aussi différentes que complexes.

Commentaires L'analyse des options sur titres consolidés ou mis en équivalence est souvent complexe, pour les raisons suivantes :
- ces transactions reposent sur des contrats qui sont eux-mêmes complexes et qui nécessitent de bien comprendre l'économie des opérations réalisées ainsi que la réelle substance des engagements liant les différentes catégories d'actionnaires concernés (existants ou potentiels) ;
- ces transactions sont à la croisée de plusieurs normes comptables aussi différentes que complexes notamment celles portant sur les instruments financiers (IAS 32 et IFRS 9), les regroupements d'entreprises (IFRS 3), les méthodes de consolidation (IFRS 10 et IAS 28), les avantages accordés au personnel (IAS 19), les paiements fondés sur des actions (IFRS 2) et les provisions (IAS 37), pour ne citer que les principales ;
- enfin, bien que relativement courantes, ces transactions n'ont pas fait l'objet de développements spécifiques et ne sont pas traitées par les normes IFRS actuelles.

Le traitement comptable de ces contrats nécessite ainsi une analyse et un traitement au cas par cas.

L'analyse du traitement comptable abordera les principaux enjeux suivants (liste non exhaustive) :
- appréciation de l'impact de ces contrats sur le contrôle de l'entité concernée ;
- appréciation de l'impact de ces contrats sur le pourcentage d'intérêts du groupe dans l'entité concernée ;
- comptabilisation d'une dette ou d'un dérivé au titre de ces contrats ;
- existence ou non d'une composante rémunération au titre de ces contrats ;
- constatation d'un engagement hors bilan, etc.

24250 (suite) ■ *Exemple 1*

Traitement comptable d'une option d'achat détenue par la société mère sur les titres d'une filiale *L'entité A détient 60 % des titres d'une filiale F et a acquis une option d'achat (call) exerçable à tout moment sur les 40 % détenus par le minoritaire. Cette option d'achat n'est liée à aucune autre transaction, elle a été conclue avec l'actionnaire minoritaire qui ne rend aucun service au groupe. Le prix d'exercice de l'option d'achat est une formule considérée comme proche de la juste valeur.*

Solution de l'exemple 1 *L'achat de call est une transaction isolée (non liée à une autre transaction) et il n'est pas lié à des services rendus ou à rendre.*

Concernant l'incidence de cette option sur le pourcentage de contrôle et d'intérêts de F :

1. Incidence éventuelle sur le pourcentage de contrôle *Si elle était exercée, cette option d'achat porterait le pourcentage de droits de vote de A à 100 %. L'option d'achat est exerçable à tout moment et permettrait à A de disposer de droits de vote lors des prises de décisions. De plus, il n'existe a priori pas de frein à l'exercice de l'option d'achat par A (notamment son prix d'exercice est une approximation de la juste valeur). Il est donc très probable qu'il s'agisse de droits substantifs à prendre en compte dans le pourcentage de droits de vote de A dans F.*

2. Incidence éventuelle sur le pourcentage d'intérêts *Une option d'achat seule ne permet pas en général (tant qu'elle n'a pas été exercée) d'accéder aux rendements liés aux titres sous-jacents. Le pourcentage d'intérêts de A dans F est donc de 60 %, A n'ayant accès aux rendements de F (constitués des dividendes et de l'actif net résiduel) qu'à hauteur de ce pourcentage tant que l'option d'achat n'est pas exercée par A.*

■ *Exemple 2*

Traitement comptable d'options croisées portant sur les titres d'une filiale *L'entité B détient 55 % des titres d'une filiale D et a par ailleurs contracté des options croisées avec l'actionnaire minoritaire portant sur les 45 % restants (achat d'un call et vente d'un put). Les deux options ont la même échéance et ne sont pas exerçables avant l'assemblée générale qui prend les décisions relatives aux activités clés de D, elles ont de plus le même prix d'exercice fixe. Le contrat d'options croisées ne rémunère ni biens ni services rendus ou à rendre. La politique de distribution de dividendes n'est pas modifiée par ces options mais D n'en a pas versé depuis plusieurs années.*

Solution de l'exemple 2 *Les options étant de sens inverse mais parfaitement symétriques en termes de caractéristiques (mêmes titres sous-jacents, même prix d'exercice fixe, même échéance, mêmes modalités d'exercice et même contrepartie), elles doivent être analysées comme des transactions liées entre elles.*

Par hypothèse, ce contrat n'entre pas dans le champ d'IFRS 2 ou d'IAS 19 car il ne rémunère ni biens ni services.

Concernant l'incidence de cette option sur le pourcentage de contrôle et d'intérêts de D et sur sa comptabilisation :

1. Incidence éventuelle sur le pourcentage de contrôle *Les options n'étant pas exerçables à la date à laquelle les décisions relatives aux activités pertinentes de D doivent être prises, elles n'ont pas à être prises en compte dans le pourcentage de contrôle de la filiale.*

2. Incidence éventuelle sur le pourcentage d'intérêts *Les options comprennent un engagement d'achat d'intérêts minoritaires d'une filiale. Ainsi, en l'absence de précision dans les textes, l'analyse de leur incidence sur le pourcentage d'intérêts dépendra du choix de méthode comptable retenu par l'entité B (voir n° 24320) :*

– l'entité B peut avoir choisi d'appliquer les dispositions d'IFRS 10 et de faire l'analyse du transfert des risques et avantages des titres sous-jacents aux options (voir a. ci-après) ; ou

– l'entité B peut avoir choisi d'appliquer les dispositions d'IAS 32 (voir b. ci-après).

a. *Si l'entité B a choisi d'appliquer les dispositions d'IFRS 10 : les options ayant des caractéristiques parfaitement symétriques, il convient de les considérer ensemble pour apprécier si les rendements associés à la propriété des titres sous-jacents ont été transférés à B.*

Toutes choses égales par ailleurs, et dans la mesure où les options ont des caractéristiques parfaitement croisées et avec un prix d'exercice fixe, il est considéré virtuellement certain que les options seront exercées et donc que les 45 % de titres seront à terme détenus par B. En effet :

– si la juste valeur des titres de D augmente au-delà du prix d'exercice, B aura intérêt à exercer son option à l'échéance ;

– si la juste valeur des titres de D diminue en deçà du prix d'exercice, c'est l'actionnaire minoritaire qui aura intérêt à exercer son option de vente afin de céder les titres dans des conditions qui lui sont favorables (prix d'exercice du put supérieur à la juste valeur des titres à l'échéance).

Ainsi, B récupérera les titres, dont les rendements lui sont d'ores et déjà transférés, compte tenu du prix d'exercice fixe des options. Les dividendes versés par D ne devraient pas interférer dans l'analyse, B étant en mesure de contrôler les dividendes versés par D et il est peu probable qu'il décide

de procéder à un tel versement avant d'acquérir les titres de D (la trésorerie liée à ce versement de dividendes quittant alors pour partie le groupe).

Dans ce cas, l'opération s'assimile à une opération de portage et B doit consolider la filiale D avec un pourcentage d'intérêts de 100 %. Il est considéré que les risques et avantages des titres sous-jacents aux options ont été transférés dès la mise en place des options croisées.

b. Si l'entité B a choisi d'appliquer les dispositions d'IAS 32 : aucune analyse du transfert des risques et avantages n'est menée. Le pourcentage d'intérêts des titres sous-jacents aux options est affecté à l'entité B : la filiale D est consolidée avec un pourcentage d'intérêts de 100 %.

Ainsi, au cas particulier, les deux méthodes comptables aboutissent au même résultat, à savoir la prise en compte par l'entité B du pourcentage d'intérêts des titres sous-jacents aux options.

*3. **Comptabilisation d'une dette financière** La contrepartie correspondant aux 45 % non encore juridiquement détenus donne lieu à l'enregistrement d'une dette relative au paiement différé des titres (IAS 32.23). Le montant de cette dette est le prix fixe d'exercice des options, pour son montant actualisé. La désactualisation sur les exercices ultérieurs se traduira par une charge d'intérêts en résultat.*

■ *Exemple 3*

Traitement comptable d'une vente de put sur titres d'une joint venture *L'entité F détient 50 % des titres d'une joint venture E. F a, par ailleurs, accordé une promesse d'achat conditionnelle à l'autre coentrepreneur (vente de put) dont le prix d'exercice est calculé sur la base de 3 fois l'EBITDA de E. Ce put ne devient exerçable qu'en cas de désaccord prolongé et manifeste entre les coentrepreneurs, confirmé après recours devant un tribunal arbitral tiers. Il ne s'agit pas d'un contrat signé avec le personnel de la joint venture et rémunérant des services.*

Solution de l'exemple 3 *Concernant l'incidence de cette option sur le pourcentage de contrôle et d'intérêts de E et sur sa comptabilisation :*

*1. **Incidence éventuelle sur le pourcentage de contrôle** La promesse d'achat n'est pas représentative de droits de vote exerçables par F à la date à laquelle les décisions relatives aux activités pertinentes de E doivent être prises car (i) leur exercice est conditionné à une situation de désaccord devant être confirmée par un tribunal arbitral tiers et (ii) l'exercice de la promesse d'achat n'est pas sous le contrôle de F, en tout état de cause. Cette option n'a donc pas à être prise en compte dans le pourcentage de contrôle de E.*

*2. **Incidence éventuelle sur le pourcentage d'intérêts** Le prix d'exercice de l'option est une formule basée sur l'EBITDA de la joint venture. En général, le prix d'exercice n'étant pas fixe [que le facteur multiplicateur (× fois l'EBITDA) soit évolutif ou non], les rendements associés à la propriété des titres sous-jacents ne sont pas transférés avant l'exercice de l'option. En conséquence, la promesse d'achat (vente de put) n'est pas non plus prise en compte dans le pourcentage d'intérêts de la joint venture.*

*3. **Comptabilisation d'un dérivé** La promesse de vente (même conditionnée à une situation de blocage) ne constitue pas un put sur intérêts minoritaires (car F ne contrôle pas la joint venture E et n'a donc pas de minoritaires) mais est constitutive d'un dérivé entrant dans le champ d'application d'IFRS 9 et qui doit être comptabilisé et évalué en juste valeur par résultat.*

II. Principes de traitement d'un engagement d'achat d'intérêts minoritaires

Note préliminaire

Dans les développements ci-après, nous abordons principalement le cas d'un engagement d'achat d'intérêts minoritaires, tel qu'un put émis après la première application des normes IAS 27 et IFRS 3 révisées en 2008. **24300**

Un put sur intérêts minoritaires dans une filiale est une option de vente de titres de cette filiale vendue par l'entreprise consolidante à un minoritaire.

Le put entraîne l'obligation pour l'entreprise consolidante d'acheter les titres détenus par le minoritaire à un prix d'exercice spécifié (fixe ou variable) et à une date future (ou sur une période spécifiée) si le minoritaire exerce son option de vente.

Lorsqu'il est question de « puts sur intérêts minoritaires » (options de vente vendues aux minoritaires d'une filiale contrôlée), cela suppose que le contrôle de l'entité dont les titres font l'objet du put est déjà démontré (par la détention effective, hors effet du put, de la majorité des droits de vote ou par d'autres moyens).

24300 (suite) ***Evolution possible des normes*** De nombreuses discussions ont été entamées à l'IASB et à l'IFRS IC ces dernières années sur le sujet des puts sur intérêts minoritaires, sans donner lieu à la publication de textes définitifs à ce stade.

1. Comptabilisation d'un put sur intérêts minoritaires réglé en un nombre variable d'instruments de capitaux propres de la société mère Une demande d'interprétation concernant la comptabilisation d'un put sur intérêts minoritaires réglé en un nombre variable d'instruments de capitaux propres de la société mère a été soumise à l'IFRS IC en mai 2016. La question était de savoir si un tel put devait donner lieu à la comptabilisation par le groupe :
- d'une dette pour la valeur actualisée du prix de rachat estimé, de la même manière que lorsque le put est réglé en trésorerie ou en autres actifs financiers ; ou
- d'un dérivé à la juste valeur.

L'IFRS IC a également été sollicité sur le traitement comptable d'un put sur intérêts minoritaires dont le règlement peut se faire soit en trésorerie, soit en instruments de capitaux propres de la société mère, au choix de la société mère.

En novembre 2016, l'IFRS IC a décidé de ne pas ajouter ce sujet à son agenda, considérant que le sujet était trop large pour être traité de manière efficace et notant qu'il sera examiné par l'IASB dans le cadre de son projet dédié aux instruments financiers ayant des caractéristiques d'éléments de capitaux propres (projet « Financial Instruments with Characteristics of Equity »/FICE, voir nº 44100) (IFRIC Update 11/16).

A notre avis, en l'absence de précision dans la norme, lorsqu'un put sur intérêts minoritaires peut être réglé en un nombre variable d'instruments de capitaux propres de la société mère, il existe un choix de méthode comptable entre (i) comptabiliser une dette pour la valeur actualisée du prix de rachat estimé ou (ii) comptabiliser un dérivé à la juste valeur. Ce choix de méthode comptable doit être appliqué par le groupe de manière homogène pour des transactions similaires.

2. Comptabilisation initiale et variations ultérieures de la dette liée à un put sur intérêts minoritaires En mai 2010, une demande d'interprétation concernant la comptabilisation des variations de la dette liée à un put sur intérêts minoritaires, sur la base des normes IFRS 3 et IAS 27 révisées en 2008, a été soumise à l'IFRS IC.

En septembre 2010, l'IFRS IC a tout d'abord refusé de statuer sur ce point compte tenu du conflit existant entre les normes IAS 32 et 39, d'une part, et IAS 27, d'autre part. Puis, il a finalement décidé de retenir une solution pour résoudre à court terme la diversité de pratiques en la matière (IFRIC Update 03/11).

> **Remarque** Depuis le 1er janvier 2018, la norme IFRS 9 a remplacé la norme IAS 39. Selon IFRS 9, les discussions/réflexions de l'IFRS IC et de l'IASB auxquelles il est fait référence ci-après restent valables.

Cette solution aurait consisté à exclure les puts sur intérêts minoritaires du champ d'application d'IAS 32 afin de les constater en tant que dérivés en juste valeur par résultat, conformément à IAS 39, et non pas en constatant une dette pour la valeur actualisée du prix d'exercice, tel que requis par IAS 32.23.

Des amendements du champ d'application d'IAS 32 et éventuellement d'IAS 27, IFRS 9 et IAS 39 ont ainsi ensuite été présentés à l'IASB afin de permettre la mise en œuvre de cette solution.

Toutefois, l'IASB a rejeté cette proposition et a demandé à l'IFRS IC, en novembre 2011, de poursuivre les travaux sur les puts et les forwards (contrats fermes) sur intérêts minoritaires en maintenant la constatation d'une dette pour le prix d'exercice actualisé et en étudiant la seule question de la comptabilisation des variations ultérieures de cette dette.

Selon les discussions à l'IFRS IC, cette variation devrait être comptabilisée en compte de résultat (IFRIC Update 01/12), proposition acceptée en février 2012 par l'IASB. Un projet d'interprétation a donc été publié en mai 2012 dont l'appel à commentaires s'est terminé en octobre 2012.

> **Remarque** Cette interprétation ne devait pas s'appliquer aux puts sur intérêts minoritaires qui ont été comptabilisés comme une transaction d'acquisition future et conditionnelle d'intérêts minoritaires et comptabilisée en « goodwill en cours », selon IFRS 3 avant révision (version de 2004).

En janvier 2013, l'IFRS IC a réaffirmé la position exprimée dans le projet d'interprétation qui constitue selon lui l'interprétation correcte des normes existantes (IFRIC Update 01/13). Il a en outre élargi le champ d'application de l'interprétation aux forwards sur minoritaires. Il a toutefois à nouveau constaté que comptabiliser les puts sur minoritaires en tant que dérivés en juste valeur par résultat conformément à IAS 39, plutôt que comptabiliser une dette pour la valeur actualisée du prix d'exercice, fournirait une meilleure information financière. Par conséquent, l'IFRS IC a

réitéré sa demande à l'IASB, avant la publication de l'interprétation, de reconsidérer l'applicabilité des exigences d'IAS 32.23 aux puts et aux forwards sur minoritaires.

En juin 2013, l'IASB a décidé de traiter ce sujet dans le cadre de son projet dédié aux instruments financiers ayant des caractéristiques d'éléments de capitaux propres (projet « Financial Instruments with Characteristics of Equity »/FICE, voir n° 44100).

Les réponses apportées dans les développements ci-après ne prennent pas en compte ce projet en cours de discussion.

Dispositions relatives aux engagements d'achat d'intérêts minoritaires

Question 24310

Les normes IFRS 3 et IFRS 10 traitent-elles des engagements d'achat d'intérêts minoritaires ?

Réponse

Non, les normes IFRS 3 et IFRS 10 ne comportent aucune disposition sur les modalités de comptabilisation des engagements d'achat d'intérêts minoritaires.

Commentaires Les normes IFRS 3 et IFRS 10 n'apportent aucune précision sur les modalités de comptabilisation des engagements d'achat d'intérêts minoritaires.

La norme IAS 32, Instruments financiers – Présentation, impose de comptabiliser une dette au titre de l'obligation pour l'entité de racheter ses instruments de capitaux propres (puts sur intérêts minoritaires, par exemple), voir n° 24320.

Deux demandes d'interprétation différentes concernant la comptabilisation des puts sur intérêts minoritaires, selon la version des normes IFRS 3 et IAS 27 avant révision de 2008 (version 2004), ont été soumises à l'IFRS IC. Toutefois, l'IFRS IC a décidé de ne pas inscrire ces thèmes à son programme de travail, considérant qu'il ne pourrait pas arriver à une solution dans un délai raisonnable (IFRIC Updates 07/06 et 11/06).

La première demande d'interprétation concernait la contrepartie du reclassement initial des intérêts minoritaires en dettes, à la suite de l'émission d'un put ou d'un forward sur intérêts minoritaires.

La seconde demande d'interprétation concernait la comptabilisation des variations ultérieures de la dette liées à l'ajustement de la valeur estimée du prix d'exercice d'un put sur intérêts minoritaires.

Une demande d'interprétation concernant la comptabilisation des puts sur intérêts minoritaires selon les normes IFRS 3 et IAS 27 après révision en 2008 a été soumise à l'IFRS IC en mai 2010, voir *Evolutions possibles des normes* au n° 24300, point 2.

Modalités de comptabilisation d'un engagement d'achat d'intérêts minoritaires

Question 24320

Comment un groupe doit-il comptabiliser un engagement d'achat d'intérêts minoritaires d'une filiale réglé en trésorerie ou en autres actifs financiers ?

Réponse

Un engagement d'achat d'intérêts minoritaires réglé en trésorerie ou en autres actifs financiers doit nécessairement donner lieu à la constatation d'une dette pour le prix de rachat estimé actualisé.

A notre avis, en l'absence de précision dans les normes, plusieurs approches sont possibles, avec des conséquences sur :

- la comptabilisation ou non d'intérêts minoritaires et le pourcentage d'intérêts du groupe dans la filiale ; et
- le mode de comptabilisation des variations ultérieures de la valeur de la dette constatée au titre de l'engagement d'achat des intérêts minoritaires.

24320 (suite) ***Commentaires :***

Remarque Lorsque l'engagement d'achat est accordé à des actionnaires qui sont également salariés d'une filiale, il convient en premier lieu d'apprécier si l'accord vise à acquérir des titres de minoritaires et/ou à rémunérer les services rendus par les minoritaires en leur qualité de salariés/dirigeants. Dans ce dernier cas, le groupe est susceptible de devoir constater tout ou partie du paiement en charge de rémunération à ce titre. Les dispositions d'IAS 32.23, relatives au rachat d'actions détenues par des minoritaires, pourraient ne pas s'appliquer, une telle transaction étant alors à traiter selon les dispositions des normes relatives à la rémunération de services reçus par le groupe (IAS 19 ou IFRS 2).

1. Comptabilisation d'une dette pour la valeur actualisée du prix d'exercice de l'engagement d'achat Un engagement d'achat (par exemple une option de vente (put)) octroy à un minoritaire entraîne l'obligation pour l'entreprise consolidante d'acheter les titres détenus par le minoritaire à un prix d'exercice spécifié, à une date future (ou sur une période spécifiée).

Ainsi, du fait de l'existence de cet engagement d'achat, les intérêts minoritaires, classés en capitaux propres avant la vente de cet engagement (IFRS 10.22), ne répondent plus à la définition d'un instrument de capitaux propres selon IAS 32 puisqu'ils deviennent remboursables en trésorerie ou en autres actifs financiers par l'effet de l'engagement d'achat (notion de « puttable instruments ») (IAS 32.11, .16a, .18b et .AG29).

Par conséquent, une dette doit être comptabilisée lorsque l'engagement d'achat est réglé en contrepartie de trésorerie ou d'un autre actif financier (IAS 32.AG29 et .BC68). Une dette doit être comptabilisée, même si l'obligation est conditionnée à ce que les minoritaires exercent leur option de vente (IAS 32.23).

Sur le cas particulier d'un engagement d'achat réglé en contrepartie d'un nombre variable d'instruments de capitaux propres de la société mère, voir n° 24300, point 1.

La dette doit être évaluée à la valeur actualisée de remboursement, c'est-à-dire, à notre avis, la valeur actualisée la plus probable du prix d'exercice de l'engagement d'achat (IAS 32.23 et .AG27). Aucune précision n'est apportée par les normes sur le taux d'actualisation et les modalités d'estimation du prix d'exercice.

Lorsque le prix d'exercice n'est pas connu au moment de la comptabilisation de l'engagement d'achat, par exemple parce qu'il correspond à l'application d'une formule à la date d'exercice, l'estimation de ce prix d'exercice peut être en pratique basée sur des business plans pouvant prendre en compte plusieurs scénarios, une formule appliquée à la valeur actuelle des minoritaires, la juste valeur actuelle des minoritaires, etc. Il convient de s'assurer de la cohérence entre le taux d'actualisation et la base d'estimation du prix d'exercice retenus.

2. Conséquences d'un engagement d'achat sur la comptabilisation (ou non) des intérêts minoritaires Si un engagement d'achat octroyé à un minoritaire donne nécessairement lieu à la comptabilisation d'une dette pour le prix d'exercice estimé actualisé, la question se pose de la comptabilisation (ou non) des intérêts minoritaires sous-jacents. En l'absence de précision normative (voir n° 24310), deux approches sont possibles, à notre avis :

- soit appliquer les dispositions d'IFRS 10, auquel cas la comptabilisation ou non d'intérêts minoritaires dépendra de l'analyse du transfert au groupe des risques et avantages des titres sous-jacents à l'engagement d'achat, voir n° 24330 et 24350 ;
- soit appliquer les dispositions d'IAS 32 (et ignorer celles d'IFRS 10), auquel cas les intérêts minoritaires sont nécessairement décomptabilisés (ou ne sont pas comptabilisés, si l'engagement d'achat est accordé dans le cadre d'un regroupement d'entreprises), voir n° 24380.

S'agissant d'un choix de méthode comptable, l'entité devra appliquer l'approche retenue de manière constante et homogène. Cette méthode comptable doit être présentée dans les états financiers de l'entité.

Si les minoritaires sont comptabilisés, le groupe continue à leur allouer une quote-part de résultat de la filiale tant que les intérêts sous-jacents à l'engagement d'achat n'ont pas été effectivement achetés par le groupe.

Si les minoritaires sont décomptabilisés, le pourcentage d'intérêts sous-jacents à l'engagement d'achat est alloué au groupe dès que cet engagement est accordé par le groupe.

3. Mode de comptabilisation des variations ultérieures de la valeur de la dette constatée au titre de l'engagement d'achat La dette constatée au titre de l'engagement d'achat doit être réévaluée tant que les intérêts sous-jacents n'ont pas été effectivement achetés par le groupe ou que l'engagement d'achat n'est pas éteint sans être exercé. A notre avis, en l'absence de précision normative, la contrepartie de cette réévaluation dépend de la comptabilisation (ou non)

des intérêts minoritaires bénéficiant de l'engagement d'achat (selon le choix de méthode retenu par le groupe, voir point 2. ci-avant) :

– si les intérêts minoritaires sont comptabilisés en application des dispositions d'IFRS 10 (absence de transfert des risques et avantages au groupe) : la dette peut être réévaluée en contrepartie du compte de résultat ou en contrepartie des capitaux propres, selon un choix de méthode comptable à appliquer de manière constante et homogène par le groupe ;

Pour plus de détails, voir nº 24355.

– si les intérêts minoritaires ont été décomptabilisés (ou n'ont pas été comptabilisés) en application des dispositions d'IFRS 10 (avec transfert des risques et avantages au groupe) ou des dispositions d'IAS 32 : la dette doit être réévaluée en contrepartie du compte de résultat.

Pour plus de détails, voir nº 24370.

Cette démarche de comptabilisation est résumée dans le schéma ci-après, établi par nos soins.

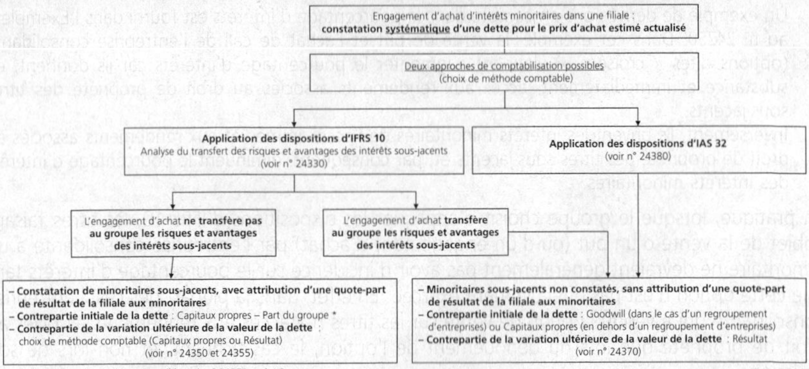

* Une autre présentation est possible, voir n° 24350, point 3.

III. Comptabilisation d'un engagement d'achat d'intérêts minoritaires : choix d'appliquer les dispositions d'IFRS 10

Analyse du transfert des risques et avantages

Question 24330

Lorsque le groupe choisit d'appliquer les dispositions d'IFRS 10 pour la comptabilisation d'un engagement d'achat d'intérêts minoritaires, comment l'analyse du transfert des risques et avantages est-elle menée ?

Réponse

En pratique, une analyse au cas par cas des contrats, en tenant compte de tous les faits et circonstances, s'avère nécessaire afin d'apprécier si l'engagement d'achat transfère au groupe, dès à présent et en substance, les rendements associés à la propriété des titres concernés.

Commentaires Un groupe peut choisir d'appliquer les dispositions d'IFRS 10 pour la comptabilisation d'un engagement d'achat d'intérêts minoritaires (voir nº 24320, point 2.). Dans un tel cas, la question se pose de savoir si, selon ces dispositions :

– il doit continuer à constater des minoritaires tant que ces intérêts n'ont pas été effectivement achetés ; ou

– s'il doit augmenter son pourcentage d'intérêts dans la filiale du pourcentage d'intérêts sous-jacents à cet engagement d'achat (et donc décomptabiliser les minoritaires ou ne pas les constater).

Pour les modalités de comptabilisation d'un engagement d'achat d'intérêts minoritaires sans transfert des risques et avantages, voir nº 24350.

24330 (suite) Pour les modalités de comptabilisation d'un engagement d'achat d'intérêts minoritaires avec transfert des risques et avantages, voir n° 24370.

Selon IFRS 10.B89 et .B90, le pourcentage d'intérêts de l'entreprise consolidante dans une filiale est déterminé en prenant en compte :
– les intérêts liés à la détention juridique, directe ou indirecte, de l'entreprise consolidante dans la filiale ;
– mais également, dans certaines circonstances, les droits de vote potentiels et autres dérivés lorsque ceux-ci donnent, en substance et dès à présent, accès aux rendements associés au droit de propriété.

Lorsque les dérivés donnent, en substance et dès à présent, accès aux rendements associés au droit de propriété, ils sont pris en compte dans la détermination du pourcentage d'intérêts et viennent soit l'augmenter, soit le diminuer, selon (respectivement) qu'ils transfèrent ou privent l'entreprise consolidante des rendements liés aux titres sous-jacents.

Un exemple de dérivés pris en compte dans le pourcentage d'intérêts est fourni dans l'Exemple 2 au n° 24250. Dans cet exemple, la vente de put et l'achat de call de l'entreprise consolidante (options dites « croisées ») viennent augmenter le pourcentage d'intérêts car ils donnent, en substance et immédiatement, accès aux rendements associés au droit de propriété des titres sous-jacents.

Inversement, ils privent les intérêts minoritaires de l'accès immédiat aux rendements associés au droit de propriété des titres sous-jacents et, par conséquent, diminuent le pourcentage d'intérêts des intérêts minoritaires.

En pratique, lorsque le groupe choisit d'appliquer les dispositions d'IFRS 10, les titres faisant l'objet de la vente d'un put (ou d'un engagement d'achat) par l'entreprise consolidante à un minoritaire ne devraient généralement pas avoir d'incidence sur le pourcentage d'intérêts tant que cette option n'est pas effectivement exercée. En effet, dans la plupart des cas, l'entreprise consolidante qui a vendu l'option de vente sur les titres n'a accès aux rendements associés au droit de propriété que lors du dénouement de l'option, le cas échéant, et non lors de son émission.

Compte tenu de la complexité de certaines opérations, une analyse au cas par cas, sur la base de tous les faits et circonstances (clauses des contrats d'option, existence d'options de vente et d'achat, pouvoir de l'entreprise consolidante sur la politique de distribution de dividendes de l'entité, prix d'exercice dans ou en dehors de la monnaie), s'avère nécessaire afin d'apprécier si :
– d'une part, la transaction avec les minoritaires est ferme en substance ; et
– d'autre part, le transfert des rendements associés à la propriété des titres concernés est ou non réalisé avant la date d'exercice de ces options.

Remarque IFRS 10.B90 fait référence au transfert des rendements attachés à la propriété des titres pour apprécier si les droits de vote potentiels ou autres dérivés doivent ou non être pris en compte dans le pourcentage d'intérêts.

En pratique, pour apprécier la substance de ces dérivés et déterminer s'ils modifient ou non le pourcentage d'intérêts de l'entreprise consolidante, l'analyse de l'accès aux rendements repose, à notre avis, sur le transfert des risques et des avantages associés aux titres sous-jacents. Selon IFRS 10, la notion de rendements s'entend de manière large. Ainsi, les rendements peuvent inclure les dividendes, les changements de juste valeur de l'investissement, les avantages fiscaux, les économies d'échelle, les synergies, les commissions de service, les commissions et l'exposition résultant de la fourniture d'une ligne de crédit ou de liquidités, etc. (IFRS 10.B57).

■ *Exemple*

Vente d'une option de vente (put) par l'entreprise consolidante sur les titres d'une filiale *Une entité consolidante A détient 80 % d'une filiale F.*

A a accordé aux minoritaires de F une option de vente des 20 % de F qu'ils détiennent, dont le prix d'exercice est égal à la juste valeur des titres à la date d'exercice. Si les minoritaires exercent leurs options, A sera obligée de racheter ces 20 % aux minoritaires.

A a choisi d'appliquer les dispositions d'IFRS 10 pour la comptabilisation des engagements d'achat d'intérêts minoritaires (voir n° 24320).

Solution de l'exemple *Le pourcentage d'intérêts de l'entité A dans la filiale F s'élève à 80 % et ne passera à 100 % que lorsque les minoritaires exerceront leur option de vente des 20 % de l'entité F.*

En effet, si les titres sont achetés, ils le seront à leur juste valeur à la date d'achat. Entre la date de l'accord de l'engagement d'achat et la date de rachat des titres, les minoritaires bénéficieront de toute appréciation éventuelle de la valeur des titres de l'engagement (les minoritaires continuent à

bénéficier des avantages des titres sous-jacents) et subiront toute diminution éventuelle de cette valeur (les minoritaires continuent à être exposés aux risques des titres sous-jacents).
Ainsi, cette option de vente dont le prix d'exercice est égal à la juste valeur ne permet pas de transférer à A les risques et avantages (et plus généralement les rendements) inhérents aux titres sous-jacents tant que l'option n'est pas exercée par les minoritaires.

Dette au titre d'un engagement d'achat d'intérêts minoritaires sans transfert des risques et avantages

Question 24350

Lorsque le groupe choisit d'appliquer les dispositions d'IFRS 10, comment doit-il comptabiliser la vente d'un engagement d'achat d'intérêts minoritaires sans transfert des risques et avantages ?

Réponse

L'obligation contractuelle pour une entité de racheter ses instruments de capitaux propres (telle que constitue la vente d'un put sur intérêts minoritaires) en contrepartie de trésorerie ou d'un autre actif financier donne lieu à la comptabilisation d'une dette pour la valeur actualisée du prix d'exercice de l'option selon la norme IAS 32, Instruments financiers – Présentation.

La contrepartie de cette dette est constatée en capitaux propres.

Les minoritaires continuent à être matérialisés dans les capitaux propres et une quote-part de résultat de la filiale leur est affectée tant qu'ils n'ont pas été effectivement achetés par le groupe.

Sur le cas particulier d'un engagement d'achat d'intérêts minoritaires réglé en contrepartie d'un nombre variable d'instruments de capitaux propres de la société mère, voir nº 24300, point 1.
Si le paiement vise, en substance, à rémunérer non pas l'achat des titres mais une transaction distincte (par exemple, la rémunération de services rendus par les minoritaires en leur qualité de salariés/dirigeants), les dispositions des normes concernées s'appliquent au lieu de celles de la norme IAS 32.

Commentaires :

Remarque Lorsque l'engagement d'achat est accordé à des actionnaires qui sont également salariés/dirigeants d'une filiale, il convient en premier lieu d'apprécier si l'accord vise à acquérir des titres de minoritaires et/ou à rémunérer les services rendus par les minoritaires en leur qualité de salariés/dirigeants. Dans ce dernier cas, le groupe est susceptible de devoir constater tout ou partie du paiement en charge de rémunération à ce titre. Les dispositions d'IAS 32.23, relatives au rachat d'actions détenues par des minoritaires, pourraient ne pas s'appliquer, une telle transaction étant alors à traiter selon les dispositions des normes relatives à la rémunération de services reçus par le groupe (IAS 19 ou IFRS 2).

Lorsque le groupe choisit d'appliquer les dispositions d'IFRS 10 pour la comptabilisation des engagements d'achat des minoritaires et conclut à l'absence de transfert des risques et avantages des titres sous-jacents, les minoritaires continuent à être présentés dans les capitaux propres et une quote-part de résultat de la filiale leur est affectée tant qu'ils n'ont pas été effectivement achetés par le groupe.

1. **Comptabilisation d'une dette pour la valeur actualisée du prix estimé de l'engagement d'achat d'intérêts minoritaires** Voir nº 24320, point 1.

2. **Contrepartie de la dette à constater en capitaux propres au titre d'un engagement d'achat sans transfert des risques et avantages** La dette constatée au titre de l'engagement d'achat est comptabilisée en contrepartie des capitaux propres (IAS 32.23). En effet, lorsque l'engagement d'achat des intérêts minoritaires ne transfère pas les risques et avantages dès son émission, il n'est pas, à notre avis, représentatif d'une acquisition ferme et immédiate d'intérêts minoritaires mais il doit être considéré comme une transaction d'acquisition future et conditionnelle d'intérêts minoritaires. L'anticipation des effets d'une telle acquisition d'intérêts minoritaires aboutit à comptabiliser la transaction selon l'approche de « l'entité économique », c'est-à-dire comme une transaction entre propriétaires de la même entité, directement en capitaux propres.

Pour l'acquisition d'intérêts minoritaires, voir nº 23730.

24350 (suite) 3. **Présentation de la contrepartie de la dette au sein des capitaux propres** La contrepartie de la dette peut, à notre avis, être présentée au sein des capitaux propres d'ensemble de deux manières ; le choix de présentation doit être appliqué de manière cohérente à tous les engagements d'achat d'intérêts minoritaires :

a. soit intégralement en déduction des Capitaux propres – Part du groupe ;

En effet, lorsque l'engagement d'achat d'intérêts minoritaires ne transfère pas les risques et avantages, il n'est pas pris en compte dans la détermination du pourcentage d'intérêts de l'entreprise consolidante dans la filiale, voir n° 24320.

En conséquence, les intérêts minoritaires continuent d'être constatés au bilan, dans les capitaux propres et au compte de résultat (IFRS 10.B89).

b. soit sur deux lignes distinctes, c'est-à-dire :

- sur une ligne distincte présentée en déduction des intérêts minoritaires, à hauteur de la valeur comptable des titres objet de l'engagement d'achat des intérêts minoritaires ; et
- pour le solde, en déduction des Capitaux propres – Part du groupe.

Un tel reclassement des intérêts minoritaires pourrait, à notre avis, être présenté sur une ligne séparée juste en dessous de la ligne « Intérêts minoritaires ».

Cette seconde présentation présente à notre avis un double avantage :

- les intérêts minoritaires sont ainsi maintenus de manière apparente au sein des capitaux propres consolidés d'ensemble (conformément à IFRS 10.22) ; et
- l'impact constaté en Capitaux propres – Part du groupe est celui qui serait comptabilisé si l'option était immédiatement exercée.

4. **Comptabilisation ultérieure de la dette pendant la vie de l'instrument (variations de la dette constatée au titre de l'engagement d'achat des minoritaires)** La dette constatée au titre de l'engagement d'achat doit être réévaluée tant que les intérêts sous-jacents n'ont pas été effectivement achetés par le groupe ou que l'engagement d'achat n'est pas éteint sans être exercé. A notre avis, en l'absence de précision normative, si les intérêts minoritaires sont comptabilisés en application des dispositions d'IFRS 10 (absence de transfert des risques et avantages au groupe), la dette peut être réévaluée en contrepartie du compte de résultat ou en contrepartie des capitaux propres, selon un choix de méthode comptable à appliquer de manière constante et homogène par le groupe.

Pour plus de détails, voir n° 24355.

5. **Comptabilisation de l'exercice de l'engagement d'achat** Si l'engagement d'achat est exercé, le paiement effectué par le groupe à ce titre vient éteindre la dette constatée au titre de cet engagement. Si la contrepartie initiale de la dette était intégralement comptabilisée en Capitaux propres – Part du groupe (point 3a. ci-avant), les intérêts minoritaires sous-jacents sont reclassés en Capitaux propres – Part du groupe.

6. **Comptabilisation de l'extinction sans exercice de l'engagement d'achat** Si l'engagement d'achat s'éteint sans être exercé, la dette correspondante est décomptabilisée en contrepartie des composantes des capitaux propres impactées par sa comptabilisation initiale et ses variations ultérieures.

Cette extinction ne modifie pas la valeur comptable des intérêts minoritaires dans les capitaux propres.

7. **Absence de distinction entre un engagement d'achat d'intérêts minoritaires sans transfert des risques et avantages émis dans le cadre ou en dehors d'un regroupement d'entreprises** Lorsque l'engagement d'achat est accordé dans le cadre d'un regroupement d'entreprises, il convient de déterminer si cet engagement fait partie intégrante de l'opération de prise de contrôle elle-même ou constitue, en substance, une transaction distincte d'acquisition future et conditionnelle d'intérêts minoritaires complémentaires.

Tel est le cas lorsque l'engagement d'achat ne transfère pas, dès son émission, les risques et avantages.

Il n'y aurait alors pas de différence de comptabilisation avec un engagement d'achat d'intérêts minoritaires émis en dehors d'un regroupement d'entreprises.

Dans le cas contraire, si l'émission de l'engagement d'achat implique un transfert des risques et avantages liés aux titres sous-jacents, l'engagement fait partie intégrante du regroupement d'entreprises et constitue ainsi, en substance, une seule et même opération avec l'opération de prise de contrôle.

Ce qui implique la comptabilisation obligatoire d'un goodwill attribuable au groupe pour l'ensemble des titres détenus juridiquement et ceux faisant l'objet de l'engagement d'achat.

Pour plus de précisions, voir n° 24330.

Pour les éléments à considérer pour déterminer si une prise de contrôle suivie d'une acquisition d'intérêts minoritaires constitue une seule opération ou des opérations distinctes, voir nº 23735.

■ *Exemple*

La filiale F est détenue à 75 % par A et à 25 % par le minoritaire M. A accorde au minoritaire M un put exerçable dans 5 ans, dont le prix d'exercice est égal à 3 fois l'EBITDA.

A a choisi d'appliquer les dispositions d'IFRS 10 pour la comptabilisation des engagements d'achat d'intérêts minoritaires. Après analyse des faits et circonstances et compte tenu des caractéristiques du prix d'exercice, il est considéré que le put sur intérêts minoritaires ne transfère pas les risques et avantages à A.

La valeur actualisée sur 5 ans du prix d'exercice estimé au jour de l'émission du put est de 92.

Solution de l'exemple *L'obligation pour A de racheter les 25 % de titres de F détenus par M du fait du put donne lieu à la constatation d'une dette à hauteur de la valeur actualisée du prix d'exercice, soit 92.*

La contrepartie est constatée en Capitaux propres – Part du groupe dans les comptes consolidés de A, si telle est la présentation choisie par le groupe (voir point 3. ci-avant).

Dt	*Capitaux propres – Part du groupe*	*92*	
Ct	*Dette au titre du put*		*92*

Variations ultérieures de la dette relative à un engagement d'achat d'intérêts minoritaires sans transfert des risques et avantages

Question 24355

Lorsque le groupe choisit d'appliquer les dispositions d'IFRS 10, comment doit-il comptabiliser les variations ultérieures de la dette relative à la vente d'un engagement d'achat d'intérêts minoritaires sans transfert des risques et avantages ?

Réponse

Dans l'attente de la finalisation des travaux en cours à l'IASB et à l'IFRS Interpretations Committee sur cette question (voir nº 24300, point 2.), il est, à notre avis, possible de comptabiliser les variations ultérieures de la dette :

– en résultat, conformément aux dispositions des normes IAS 32 et IFRS 9 et ce, que ces variations soient liées à l'effet éventuel de la désactualisation ou à l'ajustement de la valeur estimée du prix d'achat (prix variable ou juste valeur) ; ou

– en capitaux propres (approche qui a la préférence de l'AMF) soit intégralement (quelle que soit la nature de ces variations ultérieures), soit à hauteur des seuls changements de valeur estimée du prix d'acquisition, les variations liées à l'effet éventuel de la désactualisation de la dette de put étant alors constatées en résultat.

Commentaires :

1. **Première approche : comptabilisation en résultat de toutes les variations ultérieures de la dette (y compris celles liées aux changements d'estimation du prix d'achat)** Les normes IFRS n'apportent pas de précision spécifique sur la comptabilisation des variations ultérieures de la dette liées à l'ajustement de la valeur estimée du prix d'exercice d'un engagement d'achat d'intérêts minoritaires sans transfert des risques et avantages.

Toutefois, l'application des dispositions d'IAS 32 et IFRS 9 aboutit à la comptabilisation en résultat de toutes les variations ultérieures de la dette, y compris l'effet éventuel de la désactualisation.

En effet, le traitement du changement de la valeur estimée du prix d'exercice (en cas de prix d'exercice variable ou à la juste valeur) résulte des dispositions de la norme IAS 32.23 renvoyant à la norme IFRS 9 pour la comptabilisation ultérieure de la dette. Selon la norme IFRS 9, l'effet des changements d'estimation des flux de trésorerie à payer au titre d'une telle dette est constaté en résultat (IFRS 9.B5.4.6).

Tel est le cas, par exemple, lorsque le prix d'exercice de l'option de vente est égal à la juste valeur des titres à la date d'exercice ou est établi à partir d'une formule de calcul dont les variables sont des indicateurs de performance financière future (chiffre d'affaires, EBITDA, résultat).

En outre, l'effet éventuel de la désactualisation (lorsque l'achat des intérêts minoritaires est prévu à une date future) est comptabilisé en charges financières conformément à IFRS 9.A et .5.3.1.

Cette solution est, à notre avis, applicable que l'engagement d'achat soit accordé dans le cadre ou en dehors d'un regroupement d'entreprises, voir n° 24350, point 4.

2. Seconde approche : comptabilisation en Capitaux propres – Part du groupe

Cette approche est très suivie en pratique par les groupes français et a la préférence de l'AMF dans l'attente de la finalisation des travaux en cours à l'IASB et à l'IFRS IC, voir n° 24300.

Selon cette approche, les variations de la dette liée à l'engagement d'achat d'intérêts minoritaires pourraient suivre le même traitement que celui retenu lors de l'acquisition d'intérêts minoritaires, c'est-à-dire être constatées en capitaux propres (sauf, le cas échéant, pour l'effet de désactualisation de la dette).

En effet :
- la constatation en capitaux propres des variations ultérieures de la dette liée à un engagement d'achat d'intérêts minoritaires sans transfert des risques et avantages permet que l'accroissement ou la diminution de la juste valeur des titres par rapport à leur valeur comptable soit constaté en capitaux propres. Ce qui est cohérent avec l'approche « entité économique » retenue par les normes IFRS 3 et IFRS 10, les transactions avec les intérêts minoritaires étant analysées comme des transactions entre actionnaires en tant que détenteurs des capitaux propres de la même entité économique et constatées en capitaux propres (IFRS 10.23 ; voir n° 23730) ;
- cette approche nous paraît également cohérente avec l'interprétation IFRIC 17, Distribution d'actifs non monétaires aux propriétaires d'une entité, qui prévoit, d'une part, que la distribution d'actifs non monétaires aux actionnaires donne lieu à la constatation d'une dette pour la juste valeur des actifs à distribuer et, d'autre part, que les variations ultérieures de cette dette (dues aux changements de juste valeur des actifs à distribuer) sont comptabilisées directement en capitaux propres s'agissant de transactions avec des actionnaires (IFRIC 17.11 et .13).

Pour une présentation générale d'IFRIC 17, voir n° 37705.

Selon cette approche, les variations ultérieures de la dette constatées après l'émission de l'engagement d'achat d'intérêts minoritaires pourraient, à notre avis, être comptabilisées différemment en fonction de leur nature :
- l'effet éventuel de la désactualisation (lorsque l'achat des intérêts minoritaires est prévu à une date future) serait comptabilisé en charges financières ;
- le changement de la valeur estimée du prix d'exercice (hors effet éventuel de désactualisation) serait comptabilisé soit intégralement en Capitaux propres – Part du groupe, soit en Intérêts minoritaires (à hauteur de leur valeur comptable) et pour le solde en Capitaux propres – Part du groupe, selon la méthode adoptée par le groupe pour la contrepartie de la dette, voir n° 24350, point 2.

Recommandations de l'AMF Dans ses recommandations en vue de l'arrêté des comptes 2009, l'AMF s'est prononcée en faveur de cette approche sans toutefois distinguer l'effet éventuel de désactualisation du changement de la valeur estimée du prix d'exercice (Rec. AMF 2009-28, Arrêté des Comptes 2009, § 3.5).

3. Nécessité d'une information en annexe sur le traitement appliqué L'AMF précise en outre (Rec. AMF précitée) que les entités doivent expliquer en annexe la méthode comptable retenue. Cette précision est également rappelée par l'IFRS IC (IFRIC Update 09/10).

Evolution possible de la réponse Voir n° 24300.

Dette au titre d'un engagement d'achat d'intérêts minoritaires avec transfert des risques et avantages

24370 ***Question***

Lorsque le groupe choisit d'appliquer les dispositions d'IFRS 10, comment doit-il comptabiliser la vente d'un engagement d'achat d'intérêts minoritaires avec transfert des risques et avantages à l'entreprise consolidante ?

Réponse

Lorsqu'un engagement d'achat d'intérêts minoritaires (tel qu'un put sur intérêts minoritaires, généralement associé à d'autres instruments) a pour effet de transférer immédiatement les risques et avantages associés aux titres faisant l'objet de l'engagement d'achat, il doit être comptabilisé comme une acquisition ferme et immédiate des titres sous-jacents avec paiement différé (sauf pour l'éventuelle partie du paiement qui viserait à rémunérer une transaction distincte de l'achat des titres). Une dette est constatée au titre de ce paiement différé.

A compter de l'émission de l'engagement d'achat, aucune quote-part de résultat n'est affectée aux minoritaires puisque les intérêts qu'ils détiennent sont réputés appartenir au groupe. **24370** (suite)

Les éventuelles variations ultérieures de la valeur de la dette jusqu'à la date d'achat effectif des intérêts minoritaires sont comptabilisées en résultat.

Commentaires :

Remarque Lorsque l'engagement d'achat est accordé à des actionnaires qui sont également salariés/dirigeants d'une filiale, il convient d'apprécier si l'accord vise à acquérir des titres de minoritaires ou à rémunérer les services rendus par les minoritaires en leur qualité de salariés/dirigeants. Dans ce dernier cas, le groupe est susceptible de devoir constater tout ou partie du paiement en charge de rémunération à ce titre. Les dispositions d'IAS 32.23, relatives au rachat d'actions détenues par des minoritaires, pourraient ne pas s'appliquer, une telle transaction étant alors à traiter selon les dispositions des normes relatives à la rémunération de services reçus par le groupe (IAS 19 ou IFRS 2).

1. Comptabilisation d'une dette pour la valeur actualisée du prix estimé de l'engagement d'achat d'intérêts minoritaires Voir n° 24320, point 1.

2. Incidence du transfert des risques et avantages sur le pourcentage d'intérêts et sur le traitement comptable de l'engagement d'achat Lorsqu'un engagement d'achat d'intérêts minoritaires (tel qu'un put sur intérêts minoritaires, associé à d'autres instruments) transfère les risques et avantages à l'entreprise consolidante, il devrait, à notre avis, être pris en compte dès son émission dans la détermination du pourcentage d'intérêts de l'entreprise consolidante sur la filiale dont les titres font l'objet de l'engagement d'achat.

Pour l'appréciation du transfert des risques et avantages du fait de l'existence d'un engagement d'achat intérêts minoritaires, voir n° 24330.

Dans ce cas, l'engagement d'achat donne lieu à la comptabilisation d'une acquisition ferme et immédiate des titres sous-jacents avec paiement différé.

A compter de l'émission de l'engagement d'achat, aucune quote-part de résultat n'est plus affectée aux minoritaires puisque les intérêts qu'ils détiennent sont réputés appartenir au groupe.

3. Contrepartie initiale de la dette constatée au titre d'un engagement d'achat d'intérêts minoritaires avec transfert des risques et avantages Le traitement comptable d'une telle acquisition ferme d'intérêts minoritaires est différent selon que cet engagement d'achat a été accordé :

- au moment d'un regroupement d'entreprises et qu'il est lié à celui-ci ; ou
- après la prise de contrôle de la filiale dont les titres font l'objet de l'engagement d'achat.

a. Engagement d'achat d'intérêts minoritaires conclu au moment du regroupement d'entreprises et lié à ce dernier Dans ce cas, l'engagement d'achat fait partie de la comptabilisation d'une opération unique de regroupement d'entreprises.

Le paiement différé au titre de l'engagement d'achat est constaté en dette pour la valeur actualisée du prix d'achat estimé et fait partie du prix d'acquisition des titres au même titre que le prix payé pour la prise de contrôle. La contrepartie du paiement différé vient donc mécaniquement augmenter le goodwill lié à la prise de contrôle.

b. Engagement d'achat d'intérêts minoritaires conclu après l'obtention du contrôle Un engagement d'achat d'intérêts minoritaires avec transfert des risques et avantages et qui est conclu après l'obtention du contrôle est comptabilisé comme une acquisition ferme d'intérêts minoritaires, au moment de son émission.

Pour la comptabilisation d'une acquisition ferme d'intérêts minoritaires, voir n° 23730.

Les intérêts minoritaires que ces titres représentent à la date d'émission de l'engagement d'achat sont reclassés vers les Capitaux propres – Part du groupe et la contrepartie de la dette est comptabilisée en Capitaux propres – Part du groupe. Ainsi, l'écart entre le prix d'acquisition des titres (c'est-à-dire le prix de rachat estimé actualisé) et la valeur nette comptable des intérêts minoritaires que ces titres représentent à la date de l'émission de l'engagement d'achat est constaté en Capitaux propres – Part du groupe (sans modifier les valeurs comptables consolidées des actifs et passifs identifiables ni le goodwill) (IFRS 10.B96 et .BCZ168).

4. Comptabilisation ultérieure pendant la vie de l'instrument Dans la mesure où il est considéré que le groupe a d'ores et déjà acquis les intérêts minoritaires sous-jacents à l'engagement d'achat, la dette constatée à ce titre est une dette financière comptabilisée selon les dispositions

24370 (suite) de la norme IAS 32, renvoyant à la norme IFRS 9 pour sa comptabilisation ultérieure. Ainsi, la variation de valeur de la dette (résultant du changement de la valeur estimée du prix d'exercice et de l'effet de la désactualisation) est constatée en résultat, conformément à IFRS 9.A et .5.3.1.

5. Comptabilisation de l'exercice de l'engagement d'achat L'exercice de l'engagement d'achat ne constitue, en substance, que le paiement différé au titre de l'acquisition d'intérêts minoritaires qui a eu lieu lors de l'émission de l'option. Ainsi, l'exercice de l'engagement d'achat donne lieu à la décomptabilisation de la dette au titre du paiement différé par la contrepartie de la trésorerie effectivement versée aux minoritaires.

6. Comptabilisation de l'extinction de l'engagement d'achat L'extinction de l'engagement d'achat sans exercice correspond, à notre avis, en substance, à une transaction avec les minoritaires par laquelle les titres sous-jacents de l'option et les intérêts minoritaires qu'ils représentent sont vendus aux minoritaires au jour où l'engagement d'achat s'éteint.

> **Remarque** Lorsque le groupe choisit d'appliquer les dispositions d'IFRS 10 et que l'analyse en substance a démontré que l'engagement d'achat d'intérêts minoritaires, éventuellement associé à d'autres instruments, a pour effet de transférer dès son émission les risques et avantages à l'entreprise consolidante, l'extinction de l'engagement d'achat sans exercice devrait être atypique car contraire à la substance de l'engagement d'achat telle qu'analysée. Cette situation peut néanmoins être rencontrée dans un contexte de manque de liquidité.

Cette cession d'intérêts minoritaires est constatée en capitaux propres (IFRS 10.23). Ainsi, l'écart entre le prix d'achat et les intérêts minoritaires que cette option représente à la date d'extinction de l'engagement d'achat est comptabilisé en Capitaux propres – Part du groupe. Les valeurs comptables consolidées des actifs et passifs de la filiale concernée, y compris le goodwill, ne sont pas modifiées et les intérêts minoritaires sont constatés pour la quote-part de capitaux propres consolidés de la filiale qu'ils représentent à la date d'extinction de l'engagement d'achat.

■ *Exemple*

Le 31/12/N, le groupe G négocie avec V afin de prendre le contrôle de la cible C. Le groupe G :
– acquiert de manière ferme 60 % des titres C pour 150 ; et
– accorde à V une option de vente des 40 % de titres C résiduels pour un prix fixe de 109 dans 3 ans. Concomitamment, G a l'option d'acheter les 40 % de titres C au même prix de 109 et au même terme de 3 ans.
Par simplification, il est considéré que la valeur actualisée du prix d'exercice au 31/12/N est de 100 et que l'effet annuel de la désactualisation est de 3.
La juste valeur de l'actif net de C est de 180 au 31/12/N.
Le groupe choisit d'appliquer les dispositions d'IFRS 10 en menant l'analyse du transfert des risques et avantages. Après analyse des faits et circonstances, il est considéré que les options croisées (put et call à prix fixe) représentent, en substance et au regard de l'analyse du transfert des risques et avantages (voir nº 24320), une acquisition ferme à prix fixe qui transfère à G les risques et avantages liés aux 40 % de titres C et constitue avec la prise de contrôle une opération unique de regroupement d'entreprises.

Solution de l'exemple *Les options croisées, put et call sur intérêts minoritaires, transférant à G les risques et avantages liés aux 40 % de titres C, sont prises en compte dans la détermination du pourcentage d'intérêts de G dans C.*
Ainsi, le pourcentage de G dans C est de 100 % dont 40 % font l'objet d'un paiement différé.
Les écritures suivantes doivent être comptabilisées :
***1. A la date du regroupement d'entreprises** :*

Dt	*Goodwill*	*70*	
Dt	*Actif net de C*	*180*	
Ct	*Trésorerie*		*150*
Ct	*Dette au titre du paiement différé*		*100*

Le goodwill de 70 correspond à la différence entre :
– le prix d'acquisition des 100 % qui est de 250 (dont 150 payés immédiatement et 100, montant actualisé du paiement différé de 109, dans 3 ans) ; et
– le montant des actifs nets acquis au titre du regroupement, soit 180.
***2. Au titre de chacun des exercices N+1, N+2 et N+3** (constatation des effets de la désactualisation) :*

Dt	*Charges financières*	*3*	
Ct	*Dette au titre du paiement différé*		*3*

3. Au 31/12/N+3 (avant l'exercice de l'une des deux options, put ou call), la dette au titre du paiement différé est de 109 = 100 + (3 × 3).

4. Au jour de l'exercice de l'une des deux options :

Dt	*Dette au titre du paiement différé*	*109*	
Ct	*Trésorerie versée à V*		*109*

IV. Comptabilisation d'un engagement d'achat d'intérêts minoritaires : choix d'appliquer les dispositions d'IAS 32

Dette au titre d'un engagement d'achat d'intérêts minoritaires – Analyse selon les dispositions d'IAS 32

Question 24380

Lorsque le groupe choisit d'appliquer l'approche IAS 32, comment doit-il comptabiliser l'émission d'un engagement d'achat d'intérêts minoritaires ?

Réponse

Lorsque le groupe choisit d'appliquer les dispositions d'IAS 32, l'engagement d'achat d'intérêts minoritaires conduit à conclure que le groupe a d'ores et déjà acheté ces intérêts, sans prise en considération du transfert des risques et avantages menée selon les dispositions d'IFRS 10.

Ainsi, même si l'engagement d'achat ne conduit pas au transfert des risques et avantages des titres sous-jacents au groupe, cet engagement doit être comptabilisé comme une acquisition ferme et immédiate des titres avec un paiement différé (sauf pour l'éventuelle partie du paiement qui viserait à rémunérer une transaction distincte de l'achat des titres). Une dette est constatée au titre de ce paiement différé.

A compter de l'émission de l'engagement d'achat, aucune quote-part de résultat n'est affectée aux minoritaires puisque les intérêts qu'ils détiennent sont réputés appartenir au groupe.

Les variations ultérieures de la valeur de la dette jusqu'à la date d'achat effectif des intérêts minoritaires sont comptabilisées en résultat.

Commentaires Lorsque le groupe choisit d'appliquer les dispositions d'IAS 32, les modalités de comptabilisation de l'engagement d'achat d'intérêts minoritaires sont les mêmes que celles d'un engagement d'achat avec transfert des risques et avantages sous IFRS 10 (voir n° 24370).

3. Au 31/12/N+3 (avant l'exercice de l'une des deux options, put ou call), la dette au titre du paiement différé est de 109 = 100 + (3 x 3).

4. Au jour de l'exercice de l'une des deux options

Dt	Dette au titre du paiement différé	109	
Ct	Trésorerie versée à X		109

IV. Comptabilisation d'un engagement d'achat d'intérêts minoritaires : choix d'appliquer les dispositions d'IAS 32

Dette au titre d'un engagement d'achat d'intérêts minoritaires – Analyse selon les dispositions d'IAS 32

24380

Question

Lorsque le groupe choisit d'appliquer l'approche IAS 32, comment doit-il comptabiliser l'émission d'un engagement d'achat d'intérêts minoritaires ?

Réponse

Lorsque le groupe choisit d'appliquer les dispositions d'IAS 32, l'engagement d'achat d'intérêts minoritaires conduit à conclure que le groupe a d'ores et déjà acheté ces intérêts, sans prise en considération du transfert des risques et avantages (obtenu selon les dispositions d'IFRS 10).

Ainsi, même si l'engagement d'achat ne conduit pas au transfert des risques et avantages des titres sous-jacents au groupe, cet engagement doit être comptabilisé comme une acquisition ferme et immédiate des titres avec un paiement différé (sauf pour l'éventuelle partie du paiement qui viendrait à rémunérer une transaction distincte de l'achat des titres). Une dette est constatée au titre de ce paiement différé.

A compter de l'émission de l'engagement d'achat, aucune quote-part de résultat n'est affectée aux minoritaires puisque les intérêts qu'ils détiennent sont réputés appartenir au groupe.

Les variations ultérieures de la valeur de la dette jusqu'à la date d'achat effectif des intérêts minoritaires sont comptabilisées en résultat.

Commentaires : Lorsque le groupe choisit d'appliquer les dispositions d'IAS 32, les modalités de comptabilisation de l'engagement d'achat d'intérêts minoritaires sont les mêmes que celles d'un engagement d'achat avec transfert des risques et avantages sous IFRS 10 (voir n° 24370).

CHAPITRE 18

Informations à fournir sur les intérêts détenus dans d'autres entités (IFRS 12)

Plan du chapitre §§ 24500

L'ESSENTIEL DE LA NORME IFRS 12

Note liminaire

La norme IFRS 12, Informations à fournir sur les intérêts détenus dans d'autres entités, a été publiée en mai 2011 en même temps que les normes : 24501
- IFRS 10, Etats financiers consolidés (voir n° 15005 s.) ;
- IFRS 11, Partenariats (voir n° 15358 s.) ;
- IAS 27, Etats financiers individuels ; et
- IAS 28, Participations dans des entreprises associées et des joint ventures (voir n° 15552 s.).

A. Généralités

Objectif de la norme et champ d'application

L'objectif d'IFRS 12 est de fournir des informations permettant aux utilisateurs des états financiers d'une entité d'évaluer (IFRS 12.1) : 24507
- d'une part, la nature des intérêts qu'elle détient dans d'autres entités et les risques qui leur sont associés ;

Les intérêts détenus dans une autre entité sont définis comme tout lien contractuel ou non contractuel qui expose l'entité présentant l'information financière à un risque de variation des rendements associés à la performance de l'autre entité (IFRS 12.B7). La norme précise que la détention d'intérêts dans une autre entité ne résulte pas uniquement d'une simple relation client-fournisseur (IFRS 12.A). Pour évaluer si elle a des intérêts dans une autre entité, l'entité

présentant l'information financière considère « la raison d'être et la conception » de cette autre entité (selon la traduction de la norme disponible sur le site de l'IASB de la notion de « purpose and design ») (IFRS 12.B7).

– et d'autre part, les incidences de ces intérêts sur sa situation financière, sa performance financière et ses flux de trésorerie.

La norme définit les **informations obligatoires** à fournir par toute entité qui détient des intérêts dans (IFRS 12.2 et .5) :
- des filiales (dont des entités structurées consolidées) ;
- des partenariats (joint operations ou joint ventures) ;
- des entreprises associées ; ou
- des entités structurées non consolidées.

Pour plus d'informations :
- sur les filiales, voir nº 15005 s. ;
- sur les partenariats, voir nº 15358 s. ;
- sur les entreprises associées, voir nº 15552 s. ;
- sur les entités structurées, voir nº 24525.

Les dispositions de la norme IFRS 12 s'appliquent également aux intérêts d'un émetteur dans une des catégories citées ci-dessus, lorsque ces intérêts sont classés (ou inclus dans un groupe destiné à être cédé qui est classé) comme « détenus en vue de la vente » ou comme « activités abandonnées » selon IFRS 5, Actifs non courants détenus en vue de la vente et activités abandonnées, à l'exception des informations financières résumées indiquées aux paragraphes B10 à B16 (IFRS 12.5A et .B17).

Remarque La norme ne s'applique pas :
– aux régimes postérieurs à l'emploi ou autres avantages à long terme du personnel relevant de la norme IAS 19, Avantages du personnel ;
– aux états financiers individuels (sauf si l'entité présente uniquement des états financiers individuels et détient des intérêts dans des entités structurées non consolidées, auquel cas elle doit appliquer les dispositions de la norme IFRS 12.24 à .31) ;
– aux intérêts détenus dans un partenariat sans exercice du contrôle conjoint, sauf si ces intérêts lui permettent d'exercer une influence notable sur le partenariat ou si ces intérêts sont détenus dans une entité structurée ;
– aux intérêts dans une autre entité comptabilisés selon la norme sur les instruments financiers (sauf si ces intérêts sont une participation dans une entreprise associée ou une joint venture évalués à la juste valeur en contrepartie du résultat ou si ces intérêts sont détenus dans une entité structurée non consolidée).

B. Hypothèses et jugements importants

24515 La norme IFRS 12 stipule qu'une entité doit fournir des informations sur les **hypothèses** et **jugements importants** sur lesquels elle s'est appuyée pour déterminer (IFRS 12.7 et .9A) :
- si elle contrôle une autre entité dans laquelle elle a investi (voir nº 15010) ;

Recommandations de l'AMF Dans les cas significatifs où l'analyse du contrôle est complexe, l'AMF recommande d'expliquer en annexe les éléments ayant permis de conclure sur le contrôle, afin de donner au lecteur les clefs pour une meilleure compréhension des spécificités des relations entre l'investisseur et l'entité concernée (Rec. AMF 2013-19, Arrêté des Comptes 2013, § 5.3.1).

- si elle exerce un contrôle conjoint au sein d'un partenariat (voir nº 15360) ou une influence notable sur une autre entité (voir nº 15555 s.) ;
- le type de partenariat (joint operation ou joint venture), lorsque l'activité faisant l'objet du partenariat est menée au sein d'une structure financière distincte (voir nº 15371) ;
- si elle répond à la définition d'une société d'investissement (IFRS 12.2a.iii et .9A).

En outre, si l'entité répond à la définition d'une société d'investissement tout en n'ayant pas une (ou plusieurs) des caractéristiques de ces sociétés (telles que définies par IFRS 10.28), il convient d'indiquer en annexe les raisons qui ont conduit l'entité à aboutir à cette conclusion (IFRS 12.9A). Par ailleurs, une entité qui répondrait à la définition d'une société d'investissement pour la première fois ou, au contraire, qui ne répondrait plus à cette définition, doit fournir des informations spécifiques (IFRS 12.9B).
Pour plus de détails sur les caractéristiques d'une société d'investissement, voir nº 15188.

Le recours à des hypothèses et jugements importants peut intervenir pour déterminer, par exemple :
– le type de contrôle qu'exerce l'entité sur une autre entité lorsque des faits et circonstances l'ont amenée à revoir ce contrôle au cours de la période de présentation (IFRS 12.8) ;

Recommandations de l'AMF :
1. L'AMF recommande la plus grande transparence en cas de modification de la nature du contrôle qu'exerce le groupe, notamment sans évolution de la détention en capital, lorsque l'impact du changement est significatif. L'AMF a ainsi rappelé qu'il convient de détailler en annexe, en plus des impacts, l'analyse et les jugements effectués (Rec. AMF 2014-13, Arrêté des Comptes 2014, § 2.3).
2. Dans le contexte de la guerre en Ukraine, compte tenu notamment des diverses sanctions et mesures gouvernementales, l'AMF a insisté sur l'importance d'effectuer une analyse spécifique et détaillée avant de conclure au maintien ou à une perte du contrôle des filiales situées dans les zones concernées. En conséquence, l'AMF recommande d'indiquer dans les états financiers, de manière suffisamment détaillée et spécifique, l'ensemble des faits et circonstances ayant conduit au maintien ou à la perte de contrôle (modification de la gouvernance, restriction d'accès et d'utilisation des actifs, etc.) et de décrire les principales caractéristiques et les impacts des options de rachat de titres cédés, le cas échéant (Rec. AMF 2022-06, Arrêté des Comptes 2022, § 3.3).

– si l'entité agit pour son propre compte ou en tant qu'agent (IFRS 12.9c) ;
– toute situation allant à l'encontre de la présomption de contrôle lorsque les droits de vote sont au moins égaux à 50 % ou toute situation de contrôle lorsque les droits de vote sont inférieurs à 50 % (IFRS 12.9) ;
– toute situation allant à l'encontre de la présomption d'influence notable lorsque les droits de vote sont au moins égaux à 20 % (ou d'influence notable lorsque les droits de vote sont inférieurs à 20 %) (IFRS 12.9).

Par ailleurs, l'entité doit indiquer comment elle a regroupé ses intérêts dans des entités semblables (IFRS 12.B3).

Le regroupement permet d'éviter une surcharge de détails inutiles pour les utilisateurs des états financiers (IFRS 12.4 et .B2).

C. Intérêts détenus dans des filiales, partenariats et entreprises associées

Concernant les intérêts détenus dans des filiales, partenariats et entreprises associées, la nature des principales informations à fournir par l'entité établissant les comptes consolidés est décrite de manière synthétique dans le tableau suivant. 24520

		Partenariats		
Informations à fournir	Filiales (1a)	Joint operations	Joint ventures	Entreprises associées
Nom, lieu, nature de la relation avec l'entité dans laquelle l'entreprise a des intérêts	Oui (1b)	Oui (2a)	Oui (2a)	Oui (2a)
Informations financières résumées *	Oui (1c)	Non	Oui (2d)	Oui (2d)
Nature et étendue des restrictions importantes associées aux intérêts détenus	Oui (1d)	Non	Oui (2b)	Oui (2b)
Nature des risques associés aux intérêts détenus	Non	Non	Oui (2e)	Oui (2e)
Nature, montant et raisons des soutiens financiers accordés sans y être tenu par une obligation contractuelle	Non	Non	Oui (2f)	Non
Autres informations à fournir	Oui (1e)	Oui (2c)	Oui (2c et 2g)	Oui (2c et 2g)

(*) Les informations financières résumées ne sont pas requises pour les intérêts dans les filiales, partenariats et entreprises associées classés (ou inclus dans un groupe destiné à être cédé qui est classé) comme « détenus en vue de la vente » selon IFRS 5, Actifs non courants détenus en vue de la vente et activités abandonnées (IFRS 12.B17).

La norme IFRS 12 comporte des précisions sur le regroupement de certaines informations. L'entité doit trouver un équilibre entre une information trop détaillée potentiellement inutile pour les utilisateurs des états financiers et un regroupement d'informations trop poussé qui aurait pour effet de les obscurcir (IFRS 12.B2 à .B6).

24520 (suite) ***Commentaires du tableau :***

1. Filiales :

1a. En complément des informations permettant aux utilisateurs des états financiers consolidés de comprendre la composition du groupe, la norme IFRS 12 impose de fournir des informations sur les intérêts des minoritaires dans les activités et les flux de trésorerie du groupe (IFRS 12.10 à .12).

Pour chacune des filiales présentant des intérêts minoritaires significatifs, l'entité doit fournir des informations détaillées.

L'appréciation du caractère significatif des intérêts minoritaires revêt donc une importance particulière.

Pour plus de détails sur l'appréciation de la matérialité des intérêts minoritaires, voir nº 24540.

Il s'agit des informations indiquées dans les notes (1b) à (1d) suivantes :

1b. Doivent être communiquées les informations suivantes :
- le nom de la filiale et le lieu où se situe son établissement principal ainsi que le pays dans lequel elle a été constituée s'il est différent (IFRS 12.12) ;
- le pourcentage de détention et de droit de vote des minoritaires, la part du résultat net de la période et du résultat cumulé revenant aux minoritaires (IFRS 12.12) ;
- le montant des dividendes versés sur la période aux minoritaires (IFRS 12.B10).

1c. Doivent être également communiquées des informations financières résumées concernant les actifs, les passifs, le résultat net et les flux de trésorerie de la filiale (IFRS 12.B10).

Recommandations de l'AMF Dans ses recommandations en vue de l'arrêté des comptes 2014, l'AMF a rappelé l'importance de fournir cette information et a indiqué que la ventilation du résultat et des capitaux propres des minoritaires par les principales filiales contributrices ne permet pas à elle seule d'atteindre cet objectif. L'AMF a par ailleurs précisé que pouvoir rattacher ces intérêts minoritaires, le cas échéant, à leur segment opérationnel est utile pour le lecteur (Rec. AMF 2014-13, Arrêté des Comptes 2014, § 2.1.3).

Les informations financières résumées requises sont les montants avant élimination des comptes et opérations réciproques (IFRS 12.B11).

1d. L'entité présentant l'information financière doit indiquer (IFRS 12.13) :
- les restrictions importantes qui limitent sa capacité d'accès ou d'utilisation des actifs du groupe et de règlement des passifs du groupe ;

Les restrictions visées par la norme peuvent être de nature légale, réglementaire ou contractuelle et porter notamment sur les possibilités de transférer de la trésorerie au sein du groupe ou de restreindre les prélèvements sur les capitaux propres (par exemple, pour le paiement de dividendes).
Tel peut notamment être le cas des groupes détenant des filiales dans des pays où un contrôle des changes ou d'autres contraintes existent (Venezuela, Russie, par exemple).
Pour l'information à fournir par ailleurs sur les soldes significatifs de trésorerie et d'équivalents de trésorerie détenus par l'entreprise mais qui ne sont pas disponibles pour le groupe, voir nº 56210.

- la nature des droits de protection des minoritaires et dans quelle mesure ces droits peuvent limiter la capacité de l'entité à accéder ou à utiliser les actifs du groupe et à régler les passifs du groupe ;
- les valeurs comptables, dans les états financiers consolidés, des actifs et des passifs auxquels s'appliquent ces restrictions.

1e. En outre, IFRS 12 requiert de fournir des informations permettant aux utilisateurs des états financiers consolidés d'évaluer :
- les incidences des modifications du pourcentage de détention des titres de participation dans les filiales qui n'ont pas entraîné de perte du contrôle (IFRS 12.18) ;

Ces incidences doivent être présentées sous forme de tableau (IFRS 12.18).

- l'incidence de la perte du contrôle d'une filiale au cours de la période de présentation de l'information financière (IFRS 12.19).

2. Partenariats et entreprises associées Pour chaque partenariat (joint operation ou joint venture) ou entreprise associée significative pour l'entité présentant l'information financière, l'entité doit communiquer les informations qualitatives 2a à 2c suivantes :

2a. le nom, la nature de la relation avec le partenariat ou l'entreprise associée (par exemple, en décrivant la nature des activités du partenariat), le lieu où se situe son établissement principal (IFRS 12.21a) ;

2b. la nature et l'étendue des restrictions importantes limitant les transferts de fonds (sous forme de dividendes ou autre) à l'entité présentant l'information financière (« restricted cash ») (IFRS 12.22) ;

2c. le pourcentage d'intérêts détenu au sein de ce partenariat ou de cette entreprise associée (IFRS 12.21a). **24520** (suite)

2d. Pour chaque joint venture ou entreprise associée significative, des informations quantitatives doivent également être fournies : informations financières résumées (IFRS 12.21b.ii) et notamment le montant global (à 100 %, i.e. sans tenir compte de la quote-part d'intérêts détenus, IFRS 12.B14) des actifs courants et non courants, des passifs courants et non courants, du chiffre d'affaires, du résultat net et des autres éléments du résultat global (IFRS 12.B12).

Recommandations de l'AMF La norme ne précisant pas les éléments qualitatifs et quantitatifs à utiliser pour déterminer si la joint venture ou l'entreprise associée est significative, il est utile d'indiquer notamment les éléments qualitatifs pris en compte dans la détermination de ce caractère significatif (importance stratégique de cette entité, par exemple) (Rec. AMF 2014-13, Arrêté des Comptes 2014, § 2.2.2).

Concernant les joint ventures, les informations financières résumées doivent également inclure les éléments suivants : montant global du solde de trésorerie et équivalents de trésorerie, des dettes financières courantes et non courantes, des amortissements et dépréciations, des charges et produits d'intérêts, des charges et produits d'impôts (IFRS 12.B13).

Toutes les informations financières résumées fournies doivent être retraitées des ajustements effectués lors de l'application de la méthode de la mise en équivalence (et notamment les retraitements de juste valeur à la date d'acquisition) ou au titre des différences de méthodes comptables (IFRS 12.B14a).

Recommandations de l'AMF Dans ses recommandations en vue de l'arrêté des comptes 2014, l'AMF a insisté sur la nécessité de fournir ces informations et a indiqué qu'il était utile de faire le lien avec les secteurs opérationnels (Rec. AMF 2014-13, Arrêté des Comptes 2014, § 2.2.2).

Par ailleurs, pour atteindre l'objectif poursuivi qui est de permettre aux utilisateurs d'évaluer la nature, l'étendue et les incidences financières de leurs intérêts dans des partenariats et des entreprises associées, l'AMF encourage les sociétés à s'interroger sur les agrégats à fournir en complément de ceux requis par IFRS 12.B12 et .B13 (Rec. AMF 2014-13, Arrêté des Comptes 2014, § 2.2.2).

Pour plus de détails sur la granularité de l'information requise pour les joint ventures et les entreprises associées, voir nº 24545.

2e. L'entité doit indiquer les engagements qu'elle a pris à l'égard des joint ventures (de manière distincte de ses autres engagements) (IFRS 12.B18 à .B20) ainsi que les passifs éventuels contractés à l'égard des joint ventures ou entreprises associées (IFRS 12.23).

Recommandations de l'AMF Dans ses recommandations en vue de l'arrêté des comptes 2014, l'AMF a insisté sur la nécessité de fournir l'information relative aux engagements pris à l'égard des joint ventures ou de faire des renvois dans les notes annexes si cette information figure par ailleurs (Rec. AMF 2014-13, Arrêté des Comptes 2014, § 2.2.2).

2f. Le montant total de l'engagement pris pour soutenir financièrement les joint ventures doit être indiqué (IFRS 12.B19a.iv).

2g. Pour chaque joint venture ou entreprise associée significative, des informations qualitatives doivent également être fournies :

- utilisation de la méthode de la mise en équivalence ou de la juste valeur pour la comptabilisation de celle-ci (IFRS 12.21b) ;
- un rapprochement des informations financières résumées présentées avec la valeur comptable de la participation dans la joint venture ou dans l'entreprise associée mise en équivalence (IFRS 12.B14b) lorsque cette méthode est appliquée ;
- une information sur la juste valeur de la participation détenue lorsqu'il existe un prix coté sur un marché pour cette participation (IFRS 12.21b.iii) ;

Sur la possibilité de prendre en compte une prime ou une décote dans l'évaluation de la juste valeur d'une participation cotée sur un marché actif (et donc de se départir d'une évaluation égale au produit du cours de marché unitaire par la quantité de titres détenus), voir nº 13384.

- la quote-part éventuellement non comptabilisée des pertes de la période et des pertes cumulées réalisées par les joint ventures ou entreprises associées (IFRS 12.22c).

En outre, l'entité doit indiquer la valeur globale de ses intérêts dans toutes les joint ventures ou entreprises associées qui sont non significatives prises isolément et qui sont comptabilisées selon la méthode de la mise en équivalence (IFRS 12.21c et .B16).

D. Intérêts détenus dans les filiales non consolidées d'une société d'investissement

24522 Les informations à fournir concernant les filiales de sociétés d'investissement non consolidées qui sont comptabilisées à la juste valeur par la contrepartie du résultat sont énoncées par IFRS 12 (IFRS 12.19A à .19G).

Certaines informations, requises par ailleurs par IFRS 12, ne sont en revanche pas à fournir concernant ces entités (IFRS 12.21A et .25A).

Décision de l'ESMA Dans le cadre d'une revue des états financiers d'un émetteur, l'ESMA a toutefois indiqué que, même si des informations qualitatives et quantitatives ne sont pas spécifiquement requises par IFRS 12 concernant les filiales de sociétés d'investissement, certaines informations requises par IFRS 13 devaient également être données, comme par exemple, le niveau hiérarchique de l'évaluation, les techniques et données d'évaluation, certaines informations quantitatives spécifiques, etc. (IFRS 13.93). En effet, IAS 1.31 précise qu'une entité doit envisager de fournir des informations supplémentaires, lorsque le respect des dispositions requises par les normes IFRS lui paraît insuffisant pour permettre aux utilisateurs des états financiers de comprendre l'incidence de transactions particulières, d'autres événements ou conditions sur la situation financière de l'entité et sur sa performance financière (EECS/0119-04, 07/19).

E. Intérêts détenus dans des entités structurées consolidées ou non consolidées

24525 Une entité structurée est une « entité conçue de telle manière que les droits de vote ou droits similaires ne constituent pas le facteur déterminant pour établir qui contrôle l'entité », les principales activités étant dirigées par des accords contractuels (IFRS 12.A).

La norme IFRS 12 ne reprend pas la notion d'entité ad hoc à laquelle se référait SIC 12, mais traite des entités structurées, pour lesquelles elle donne la définition précitée.

Pour la notion d'entités structurées et des exemples, voir nº 15175 et 15176.

La nature des principales informations à fournir par l'entité établissant des comptes consolidés concernant ses intérêts dans des entités structurées est synthétisée dans le tableau suivant :

Informations à fournir	Entités structurées consolidées	Entités structurées non consolidées (2a)
Nom, lieu, nature de la relation avec l'entité dans laquelle l'entreprise a des intérêts	Oui (1a)	Oui (2b)
Nature et étendue des restrictions importantes associées aux intérêts détenus	Oui (1a)	Non
Nature des risques associés aux intérêts détenus	Oui (1b)	Oui (2c)
Nature, montant et raisons des soutiens financiers accordés sans y être tenu par une obligation contractuelle	Oui (1c)	Oui (2d)
Informations financières résumées	Oui (1a)	Oui (2e)
Autres informations à fournir	Oui (1a et 1d)	Non

Commentaires du tableau :

1. Entités structurées consolidées

1a. Les obligations d'informations applicables aux filiales (telles que décrites au nº 24520) sont applicables également aux entités structurées consolidées. La norme IFRS 12 prévoit pour ces dernières des informations complémentaires spécifiques.

1b. La norme IFRS 12 requiert de fournir des informations permettant aux utilisateurs des états financiers consolidés d'évaluer la nature et l'évolution des risques associés aux intérêts détenus par l'entité dans des entités structurées consolidées (IFRS 12.14 à .17).

Recommandations de l'AMF Lorsque ces risques peuvent avoir un impact significatif sur les comptes, les sociétés évalueront le niveau d'information et d'agrégation pertinent pour répondre aux attentes des utilisateurs (Rec. AMF 2014-13, Arrêté des Comptes 2014, § 2.1.5).

Ainsi, pour toutes les entités structurées consolidées, l'entité consolidante doit indiquer les termes de tout accord contractuel qui pourrait l'obliger, elle ou ses filiales, à soutenir financièrement l'une de ces entités, y compris les événements ou circonstances qui pourraient l'exposer à une perte (IFRS 12.14).

1c. Pour les entités structurées consolidées doivent être indiqués la nature, le montant et les raisons d'un soutien, financier ou autre, fourni au cours de la période lorsqu'il a été apporté (ou qu'il y a eu l'intention de l'apporter) sans que l'entité n'y soit tenue par une obligation contractuelle (IFRS 12.15 et .17).

1d. Lorsque ce soutien a abouti au contrôle de l'entité structurée, doivent être décrits les facteurs pertinents qui ont conduit à l'octroi d'un soutien, financier ou autre, à cette entité structurée non consolidée antérieurement (IFRS 12.16).

2. Entités structurées non consolidées :

2a. La présentation sous forme de tableau des informations relatives aux entités structurées non consolidées doit être privilégiée à moins qu'une autre forme convienne mieux (IFRS 12.28).

2b. Il s'agit pour ces entités de fournir une description de leur nature, leur objet, leur taille, leurs activités et leurs modes de financement (IFRS 12.26).

2c. L'entité doit fournir les informations suivantes :
– le montant de son exposition maximale au risque de perte attribuable à ces entités (IFRS 12.29c) ainsi que la façon dont cette exposition maximale a été déterminée. S'il n'est pas possible de la quantifier, il est nécessaire de l'indiquer et d'en préciser les raisons ;
– la comparaison entre, d'une part, son exposition maximale au risque de perte attribuable à ces entités, et d'autre part, ses intérêts dans les actifs et passifs des entités structurées non consolidées (IFRS 12.29d).

2d. Il est nécessaire de décrire la nature, le montant et les raisons des soutiens, financiers ou autres, qui auraient été fournis aux entités structurées non consolidées dans lesquelles l'entité a ou a déjà eu des intérêts, sans que l'entité n'y soit tenue par une obligation contractuelle (IFRS 12.30).

2e. Au cas particulier, il s'agit de fournir les valeurs comptables des actifs et passifs comptabilisés dans les états financiers présentés (y compris leur classement dans l'état de la situation financière) au titre des intérêts détenus dans les entités structurées non consolidées (IFRS 12.29a et .29b).

Recommandations de l'AMF Lorsque les risques liés aux entités structurées non consolidées (qui font notamment l'objet des informations citées aux paragraphes 2c, 2d et 2e) peuvent avoir un impact significatif sur les comptes, les sociétés évalueront le niveau d'information et d'agrégation pertinent pour répondre aux attentes des utilisateurs (Rec. AMF 2014-13, Arrêté des Comptes 2014, § 2.1.5).

QUESTIONS/REPONSES PRATIQUES

Remarque importante

Les réponses aux questions présentées ci-après résultent de l'analyse des dispositions de la norme IFRS 12, Informations à fournir sur les intérêts détenus dans d'autres entités, en vigueur actuellement, sur la base des informations disponibles au 1er juin 2023. **24535**

« Post-implementation Review » (PIR) des normes IFRS 10, IFRS 11 et IFRS 12 Voir nº 15101.

Appréciation de la matérialité des intérêts minoritaires

Question **24540**

Comment apprécier, en pratique, la matérialité des intérêts minoritaires ?

24540 (suite)

Réponse

L'appréciation de la matérialité des intérêts minoritaires nécessite de faire preuve de jugement, en menant une analyse à la fois qualitative et quantitative. Cette appréciation doit, à notre avis, être effectuée sur une base brute, c'est-à-dire sur la base de leur contribution dans les actifs bruts et les passifs consolidés du groupe.

Lorsqu'il existe des sous-groupes, il convient de mener l'analyse à la fois sur une base individuelle, au niveau de la filiale considérée, ainsi qu'au niveau du sous-groupe constitué par la filiale et l'ensemble de ses participations.

Commentaires IFRS 12.12 requiert de communiquer des informations spécifiques pour les filiales présentant des intérêts minoritaires significatifs, parmi lesquelles des informations financières résumées.

Pour plus de détails sur les informations à fournir, voir nº 24520.

L'objectif de cette disposition est de permettre aux utilisateurs des états financiers d'apprécier la composition du groupe et de comprendre les intérêts dont les actionnaires minoritaires disposent dans les activités et les flux de trésorerie du groupe.

Comme l'indiquent les bases de conclusion de la norme (IFRS 12.BC21 à .BC29), ces informations individualisées ont été demandées par les utilisateurs des états financiers car elles permettent de comprendre la part des profits et de la trésorerie d'une filiale qui revient aux minoritaires.

1. Démarche générale La notion de « minoritaires significatifs » n'est pas définie par la norme IFRS 12. Il est donc nécessaire de faire preuve de jugement dans cette appréciation, en menant une analyse à la fois qualitative et quantitative.

Recommandations de l'AMF Dans ses recommandations en vue de l'arrêté des comptes 2013, l'AMF préconise d'évaluer la pertinence et la granularité des éléments à présenter en fonction des situations spécifiques. Les éléments pouvant être pris en compte sont, par exemple, l'existence de soldes de trésorerie significatifs, le poids de ces participations dans les agrégats utilisés par le groupe (résultat, flux de trésorerie, actif, passif) ou encore l'existence de sous-groupes (Rec. AMF 2013-19, Arrêté des Comptes 2013, § 5.3.4).

L'AMF recommande également aux sociétés d'indiquer en annexe la façon dont le caractère significatif des intérêts minoritaires a été apprécié (Rec. AMF 2014-13, Arrêté des Comptes 2014, § 2.1.3).

En outre, l'ESMA encourage les groupes à communiquer sur les intérêts minoritaires lorsque ces derniers sont significatifs au niveau des comptes consolidés mais qu'aucun d'entre eux n'est individuellement significatif (ESMA/2014/1309, 10/14).

L'IFRS IC a notamment été interrogé afin de clarifier les bases sur lesquelles les informations requises par IFRS 12 devaient être fournies. En janvier 2015, l'IFRS IC a ainsi confirmé que l'appréciation de la matérialité des intérêts minoritaires significatifs doit être effectuée au regard des états financiers consolidés du groupe, sur la base de données tant quantitatives que qualitatives, notamment relatives à la nature de l'activité de la filiale. L'IFRS IC précise qu'il convient également de considérer l'objectif visé par ces informations, à savoir permettre aux utilisateurs des états financiers d'apprécier la composition du groupe et les intérêts des actionnaires minoritaires dans les activités et les flux de trésorerie du groupe. Il doit être fait preuve de jugement pour cette appréciation, à effectuer séparément pour chaque filiale ou sous-groupe (IFRIC Update 01/15).

2. Base d'appréciation (brute ou nette) L'appréciation de la matérialité des intérêts minoritaires dépend des faits et circonstances. Toutefois, à notre avis, il est approprié de mener cette appréciation sur une base brute, c'est-à-dire en considérant la part des intérêts minoritaires :

- dans les actifs bruts et les passifs consolidés du groupe ; et
- dans les différents agrégats de performance (chiffre d'affaires...).

L'actif net n'est pas toujours l'indicateur le plus pertinent pour apprécier la matérialité des intérêts minoritaires. En effet, une entité peut être à la fois fortement capitalisée et endettée et, ainsi, avoir un actif net peu élevé. Dans un tel cas, une appréciation fondée sur l'actif net ne permettrait pas de mettre en évidence la part potentiellement significative des intérêts minoritaires dans les actifs bruts et les passifs consolidés du groupe.

De la même façon, le résultat net ne doit pas être le seul agrégat à retenir pour apprécier la part des intérêts minoritaires dans la performance du groupe. Une filiale significative peut, en effet, avoir une faible rentabilité.

3. Niveau de l'appréciation (sur une base individuelle ou au niveau d'un sous-groupe) Lorsqu'une filiale détient, elle-même, des participations ayant des intérêts minoritaires,

l'appréciation de la matérialité des intérêts minoritaires doit, à notre avis, être menée par le groupe à la fois : **24540** (suite)

- sur une base individuelle (c'est-à-dire au niveau de la filiale considérée) ; et
- au niveau du sous-groupe constitué par la filiale et l'ensemble de ses participations.

Il est important de mener l'analyse au niveau du sous-groupe car la performance et la position financière du sous-groupe, dans son ensemble, sont consolidées dans les comptes du groupe. La part des intérêts minoritaires dans la filiale, mère de ce sous-groupe, s'étend donc également au reste du sous-groupe.

L'IFRS IC a confirmé qu'il est nécessaire de faire preuve de jugement pour déterminer la base sur laquelle les informations requises par IFRS 12.12 doivent être présentées. Sur la base de cette appréciation, les informations peuvent être fournies :

- soit pour le sous-groupe dans son ensemble ;
- soit de façon désagrégée, pour toute filiale présentant des intérêts minoritaires au sein de ce sous-groupe.

L'IFRS IC précise en outre que, conformément à IFRS 12.B11, les montants présentés doivent être indiqués avant élimination des transactions intragroupe entre la filiale ou le sous-groupe considéré et les autres entités du groupe (à l'exclusion des transactions réalisées au sein du sous-groupe qui, elles, doivent être éliminées) (IFRIC Update 01/15).

Sur ces différents points, l'IFRS IC considère que les dispositions sont suffisamment explicites et détaillées pour ne pas nécessiter d'amendement ni d'interprétation de la norme IFRS 12 (IFRIC Update 01/15).

■ *Exemple*

Le Groupe M, dont le total bilan et les capitaux propres s'élèvent respectivement à 560 et 140, détient l'entité A à 70 %. Cette dernière a des capitaux propres de 10 ; la part revenant aux actionnaires minoritaires de A est de 3. La contribution brute des minoritaires de A est de 30 % des actifs de A (180), soit 54, ce qui représente 10 % du total bilan du Groupe M. De même, leur contribution brute dans les passifs consolidés (hors capitaux propres) est de 11 % (30 % des passifs de A d'un montant de 160, soit 48, rapporté aux passifs consolidés de 420).

Ainsi, sur une base brute, les intérêts minoritaires de A représentent 10 % du total bilan du Groupe M et 13 % des passifs consolidés (hors capitaux propres). Toutefois, sur une base nette, ils peuvent apparaître comme non significatifs car ils représentent seulement 2 % des capitaux propres consolidés du Groupe M (3 rapporté à 140).

Bilan consolidé (M + filiale A à 70 %)

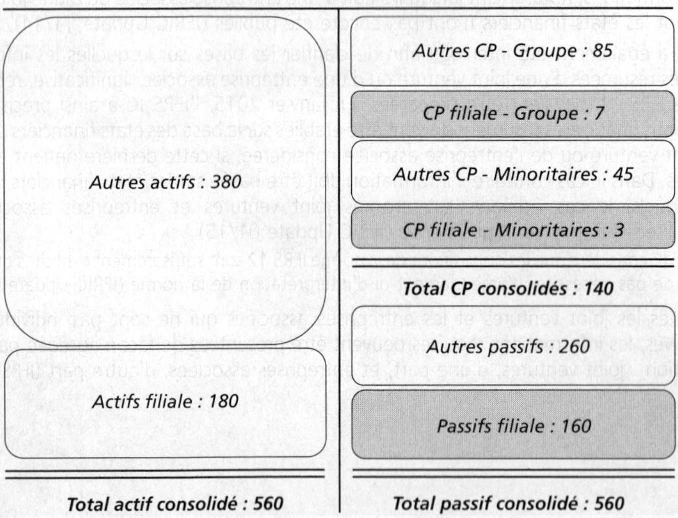

Granularité de l'information requise pour les joint ventures et entreprises associées

24545 ***Question***

Est-il possible d'agréger les informations requises pour les joint ventures et les entreprises associées significatives ?

Réponse

Non, ces informations doivent être communiquées sur une base individuelle.

Commentaires IFRS 12.21 requiert de communiquer des informations qualitatives ainsi que des informations financières résumées pour chaque joint venture et entreprise associée significative.

Pour plus de détails sur les informations à fournir, voir nº 24520.

L'objectif est de permettre aux utilisateurs des états financiers d'évaluer la nature, l'étendue et les incidences financières des intérêts détenus dans ces entités. En effet, la méthode de la mise en équivalence ne permet pas de montrer les ressources et les obligations qui résultent de l'implication dans une joint venture ou une associée (seule la quote-part dans l'actif net et le résultat net est présentée).

En novembre 2014, l'IFRS IC a confirmé que la publication des informations requises par IFRS 12 doit être faite sur une base individuelle, et non agrégée, dès lors qu'une joint venture ou une entreprise associée est significative pour l'entité présentant l'information financière. Ceci reflète les intentions de l'IASB, telles que décrites dans le paragraphe IFRS 12.BC50.

La norme IFRS 12 ne précise pas quels critères retenir pour l'appréciation de la matérialité des joint ventures et entreprises associées. A notre avis, il est nécessaire de faire preuve de jugement, en tenant compte également d'éléments qualitatifs, par exemple, si ces activités revêtent une importance stratégique pour le groupe.

Recommandations de l'AMF Dans ses recommandations en vue de l'arrêté des comptes 2014, l'AMF a indiqué qu'il est utile de préciser notamment les éléments qualitatifs pris en compte dans la détermination du caractère significatif (importance stratégique de l'entité, par exemple) (Rec. AMF 2014-13, Arrêté des Comptes 2014, § 2.2.2).

En outre, l'IFRS IC souligne qu'aucune disposition ne prévoit d'exemption pour la publication de ces informations, notamment lorsqu'il s'agit d'une entreprise associée ou d'une joint venture cotée dont les états financiers n'ont pas encore été publiés (IFRIC Update 11/14).

L'IFRS IC a également été interrogé afin de clarifier les bases sur lesquelles les informations financières résumées d'une joint venture ou d'une entreprise associée significative, requises par la norme IFRS 12, devaient être préparées. En janvier 2015, l'IFRS IC a ainsi précisé que les informations financières résumées doivent être établies sur la base des états financiers consolidés de la joint venture ou de l'entreprise associée considérée, si cette dernière détient elle-même des filiales. Dans le cas contraire, l'information doit être basée sur les états financiers de l'entité dans lesquels, le cas échéant, ses propres joint ventures et entreprises associées sont comptabilisées par mise en équivalence (IFRIC Update 01/15).

L'IFRS IC considère que les dispositions de la norme IFRS 12 sont suffisamment explicites et détaillées pour ne pas nécessiter d'amendement ni d'interprétation de la norme (IFRIC Update 02/15).

Pour toutes les joint ventures et les entreprises associées qui ne sont pas individuellement significatives, les informations requises peuvent être présentées de façon agrégée par type de participation : joint ventures, d'une part, et entreprises associées, d'autre part (IFRS 12.21c).

TITRE 4

Produits

CHAPITRE 19

Reconnaissance du revenu lié à des contrats avec les clients (IFRS 15)

Plan du chapitre §§ **24975**

Plan du chapitre *(suite et fin)* §§

L'ESSENTIEL DE LA NORME IFRS 15

Convergences et divergences avec les US GAAP

24983 La norme IFRS 15 et la norme américaine ASC 606, telles qu'initialement publiées en mai 2014, prévoyaient des dispositions entièrement convergentes. Depuis lors, les amendements introduits par le FASB et l'IASB n'ont été que partiellement alignés. Le FASB a introduit des amendements plus nombreux, incluant plusieurs exceptions aux principes généraux, dans le but de rendre la norme plus opérationnelle. Dans l'ensemble, les divergences restent limitées en nombre et en portée. Les points de divergence incluent notamment :
- les licences ;
- les prestations de transport sur ventes ;
- la présentation des taxes assises sur le chiffre d'affaires ;
- les promesses non significatives relatives au contrat ;
- l'obligation de communiquer en annexe le montant du solde des obligations de performance restant à exécuter à la clôture ;
- les contreparties non monétaires dont la juste valeur est variable.

Principales caractéristiques d'IFRS 15

24984 Les principales caractéristiques d'IFRS 15 sont les suivantes :

1. La norme IFRS 15 retient un **modèle unique de comptabilisation du revenu** et une grille unique de critères pour tous les types de transactions, pour tous les secteurs d'activité et sans opérer de distinction entre ventes de biens et prestations de service.

2. La norme définit de plus une **démarche générale** de comptabilisation du chiffre d'affaires en cinq étapes :
- **Etape 1** : Identification du contrat (voir n° 24987) ;
- **Etape 2** : Identification des obligations de performance au sein du contrat. Les obligations de performance serviront d'unité de compte pour la reconnaissance du revenu (voir n° 24988) ;
- **Etape 3** : Evaluation du prix du contrat (voir n° 24989) ;
- **Etape 4** : Allocation du prix du contrat à chaque obligation de performance (voir n° 24990) ;
- **Etape 5** : Comptabilisation du chiffre d'affaires lorsqu'une obligation de performance est satisfaite, soit à une date donnée, soit à l'avancement (voir n° 24991).

3. Enfin, la norme IFRS 15 requiert d'exercer **un fort degré de jugement dans l'interprétation des principes et la mise en œuvre d'estimations**, notamment en matière d'identification des obligations de performance à reconnaître séparément, d'évaluation des paiements variables et incertains, d'identification d'une composante de financement significative au sein d'un contrat, d'allocation du prix aux différents éléments du contrat et de sélection de la méthode de mesure de l'avancement.

Champ d'application d'IFRS 15

24986 La norme ne couvre que les **contrats conclus avec un client**. Un client est défini comme un tiers qui a contracté avec l'entité afin d'obtenir des biens ou services constituant un output de l'activité ordinaire de l'entité, en contrepartie d'un prix (IFRS 15.6 s.).

Les produits découlant de transactions ou événements non liés à un contrat avec un client sont exclus du champ d'application d'IFRS 15.

Par exemple :
- les dividendes reçus (IFRS 15.BC28) ;
- les transactions qui ne sont pas des échanges, telles que les donations ou subventions reçues (IFRS 15.BC28) ;
- les changements dans la valeur des actifs biologiques, des immeubles de placement et des stocks de matières premières détenus par les courtiers (IFRS 15.BC28) ;
- un contrat de collaboration dans lequel les parties participent à une activité et se partagent les risques et avantages découlant de cette activité (telle que le développement d'un actif, par exemple). La contrepartie ne répond pas à la définition d'un client, le contrat n'ayant pas été conclu afin d'obtenir des outputs de l'activité ordinaire de l'entité (IFRS 15.6) ;
- les ventes d'actifs non financiers ne constituant pas un output de l'activité ordinaire de l'entité, en l'occurrence des ventes d'immobilisations corporelles ou incorporelles. Toutefois, les normes IAS 16, IAS 38 et IAS 40 ont été amendées en lien avec IFRS 15 pour déterminer la date de reconnaissance et l'évaluation d'un gain ou perte sur cession d'immobilisation selon les principes d'IFRS 15.

La norme IFRS 15 s'applique à tous les contrats conclus avec des clients, à l'exception de ceux entrant dans le champ d'application d'autres normes (IFRS 15.5) :
- contrats de location (IFRS 16) ;
- contrats d'assurance (IFRS 17) ;

L'entité peut toutefois choisir d'appliquer la norme IFRS 15 aux contrats d'assurance dont le but premier est la prestation de services à tarif forfaitaire, si certaines conditions sont remplies (IFRS 17.8 ; voir n° 65910R).

- instruments financiers (IFRS 9) ;
- titres consolidés (IFRS 10, IFRS 11, IAS 27, IAS 28) ;
- échanges non monétaires entre entités d'une même branche d'activité destinés à favoriser les ventes à des clients actuels ou potentiels.

Par exemple, la présente norme ne s'applique pas à un contrat conclu entre deux sociétés pétrolières qui conviennent d'échanger du pétrole afin de répondre en temps voulu aux besoins de leurs clients en différents endroits donnés.

Contrats partiellement dans le champ d'application d'une autre norme Des contrats peuvent avoir certains éléments dans le champ d'application d'IFRS 15 et d'autres éléments dans le champ d'application d'autres normes. Si les autres normes précisent la façon de séparer et/ou d'évaluer initialement une ou plusieurs parties du contrat, l'entité doit d'abord appliquer les dispositions de ces normes. En l'absence de dispositions spécifiques dans les autres normes, l'entité doit appliquer les dispositions d'IFRS 15 pour séparer et/ou évaluer initialement les différents éléments du contrat (IFRS 15.7).

1. Identification du contrat (Etape 1)

Cette première étape nécessite d'appréhender les éléments suivants : **24987**

a. **Caractéristiques d'un contrat** Selon la norme, un contrat est un accord qui crée des droits et obligations exécutoires entre deux parties ou plus (IFRS 15.10). L'ensemble des conditions suivantes doivent être remplies pour qu'un contrat entre dans le champ d'application de la norme (IFRS 15.9) :
- les parties contractantes ont approuvé le contrat et se sont engagées à exécuter les obligations y afférentes ;
- les droits de chaque partie concernant les biens ou services à fournir peuvent être identifiés ;
- les termes du paiement pour les biens ou services à fournir peuvent être identifiés ;
- le contrat a une substance commerciale (c'est-à-dire que le contrat provoque une modification du calendrier ou du montant des cash-flows futurs de l'entité ou des risques afférents) ;
- il est probable que l'entité recouvrera le paiement auquel elle a droit en contrepartie des biens ou services qui seront fournis au client. Cette évaluation repose exclusivement sur l'intention et la capacité de payer du client.

L'appréciation du caractère exécutoire d'un contrat est une question de droit et doit tenir compte des pratiques commerciales habituelles qui peuvent varier selon l'entité, l'environnement légal, le secteur d'activité, le type de client ou de prestation. Un contrat exécutoire n'est pas

nécessairement écrit et explicite et n'est pas nécessairement dans une forme définitive. Cet accord peut être écrit, oral ou peut découler implicitement des pratiques commerciales habituelles de l'entité (IFRS 15.10).

En général, l'analyse des clauses de résiliation est critique pour apprécier dans quelle mesure un contrat crée des droits et obligations ayant force exécutoire et pour définir le périmètre du contrat en termes de durée ou de quantités. Un contrat résiliable par l'une ou l'autre des parties sans pénalité n'est pas un contrat exécutoire et doit donc être exclu du champ d'application d'IFRS 15.

b. Contrats ne remplissant pas les conditions requises par IFRS 15 Lorsque les critères d'identification du contrat (définis ci-avant) ne sont pas tous satisfaits mais que l'entité reçoit un paiement du client, ce montant doit être comptabilisé intégralement au passif jusqu'à ce que tous les critères d'identification d'un contrat soient satisfaits. A défaut, la contrepartie ne pourra être constatée en chiffre d'affaires qu'à l'extinction complète de toutes les obligations contractuelles (IFRS 15.15 et .16).

c. Regroupement des contrats Des contrats juridiquement séparés devront être regroupés et traités comme un contrat comptable unique si ces contrats ont été signés à des dates proches avec le même client et si certaines conditions sont remplies (voir n° 25020).

2. Identification des obligations de performance du contrat (Etape 2)

24988 La deuxième étape du modèle de la norme IFRS 15 consiste à identifier les obligations de performance du contrat qui correspondent aux unités de compte pour la reconnaissance du revenu.

1. Démarche générale Dès la conclusion d'un contrat, l'entité doit tout d'abord recenser exhaustivement tous les biens et services qu'elle s'est engagée à fournir au client, en prenant soin d'exclure les activités qui, bien que nécessaires à l'exécution du contrat, ne représentent pas en elles-mêmes un transfert de biens ou services au client. Ensuite, l'entité doit séparer ou regrouper ces biens ou services, selon qu'ils sont distincts ou non, de façon à déterminer les obligations de performance du contrat (IFRS 15.22 s.). Il existe une exception pour les séries.

L'obligation de performance constitue l'unité de compte pour la reconnaissance du revenu : le prix du contrat sera alloué à chaque obligation de performance individuelle et un rythme de reconnaissance du revenu devra être déterminé pour chaque obligation de performance.

2. Identification des promesses Les obligations de performance à identifier ne se limitent pas nécessairement aux biens et services énoncés explicitement dans le contrat. Il faut tenir compte des obligations implicites résultant des pratiques commerciales habituelles, de la politique affichée de l'entité ou de déclarations précises lors de la conclusion du contrat, fondant le client à s'attendre à la fourniture d'un bien ou service (IFRS 15.24).

3. Distinction entre activité et promesse Une activité que l'entité doit entreprendre pour exécuter un contrat ne constitue pas nécessairement un bien ou un service fourni au client (IFRS 15.25).

Par exemple, un prestataire de services peut devoir effectuer diverses tâches préalables pour mettre en route un service répétitif ou continu. La réalisation de ces tâches n'entraîne pas la fourniture d'un service au client. Ces activités ne sont donc pas susceptibles de constituer une obligation de performance séparable et ne pourraient pas non plus être prises en compte dans la mesure de l'avancement du service. Ce principe s'applique même si le contrat prévoit le versement par le client d'un montant fixe non remboursable au démarrage du contrat, et même si l'entité supporte des coûts significatifs au titre de ces activités de démarrage du contrat. L'entité ne pourra donc pas reconnaître de revenu au titre de ces activités de démarrage (voir n° 25130). En revanche, les coûts de démarrage seront capitalisables si certaines conditions sont remplies (voir n° 25710).

4. Notion de promesse distincte Un bien ou un service promis devra être reconnu séparément en revenu s'il est distinct au sens d'IFRS 15, c'est-à-dire si les deux conditions suivantes sont remplies :
- le bien ou service est distinct dans l'absolu, c'est-à-dire qu'il peut avoir une utilité pour le client, soit à lui seul, soit en combinaison avec des ressources que le client peut obtenir séparément ; et
- le bien ou service est distinct dans le cadre du contrat, c'est-à-dire qu'il peut être identifié séparément des autres biens et services prévus au contrat parce qu'il n'existe pas un fort degré d'interdépendance ou d'intégration entre cet élément et les autres biens ou services promis au contrat.

Pour plus de détails sur la notion de biens ou de services distincts, voir n° 25100.

A l'inverse, si un bien ou service n'est pas distinct, l'entité doit le regrouper avec d'autres biens ou services promis jusqu'à obtenir un groupe de biens ou services distincts (IFRS 15.30).

5. **Cas particulier des séries** Par exception à la règle ci-avant, une série de biens et services, bien que distincts au sens d'IFRS 15, devra être traitée comme une obligation de performance unique et satisfaite à l'avancement si certaines conditions particulières sont remplies.

Pour les conditions d'application et les implications pratiques de la règle relative aux séries, voir nº 25110.

6. **Option d'achat de biens ou services additionnels gratuits ou à prix réduit** Un contrat peut inclure non seulement des biens ou services que le client s'est fermement engagé à acheter mais également une option d'achat de biens ou services additionnels. Les biens et services sous-jacents à l'option ne font pas partie du périmètre du contrat pour l'analyse IFRS 15. Cependant, si l'option permet au client d'acquérir des biens ou services additionnels à un prix avantageux, cette option sera alors considérée comme un droit significatif (IFRS 15.B40) et devra en conséquence être traitée comme une obligation de performance séparée. Dans ce cas, une partie du prix du contrat devra être allouée à l'option offerte au client, sur la base de la valeur intrinsèque de l'option, et ne sera reconnue que lorsque l'option sera exercée ou lorsqu'elle expirera.

Pour plus de détails sur les options représentant un droit significatif, voir nº 25810.

3. Evaluation du prix du contrat (Etape 3)

La troisième étape de la démarche consiste à évaluer le prix total du contrat, en tenant compte du périmètre du contrat tel qu'il a été défini dans la première étape. Le prix de la transaction (« transaction price ») correspond au montant de rémunération auquel le vendeur s'attend à avoir droit, en échange des biens ou services fournis aux clients. Pour ce faire, l'entité doit considérer les effets des éléments suivants : 24989

1. **les composantes optionnelles du contrat** ;

   Le prix de la transaction doit être cohérent avec le périmètre du contrat tel que défini à l'étape 1, c'est-à-dire représentatif de droits et obligations exécutoires. Il doit donc exclure les composantes optionnelles du contrat.

   En pratique, doivent être exclus (i) le prix d'exercice d'option d'achats de biens et services additionnels et (ii) le prix des tranches du contrat qui peuvent être résiliées par le client sans pénalité substantive.

2. **les contreparties variables** (IFRS 15.50 s.) ;

   La notion de contrepartie variable est très large et recouvre tous les éléments variables et incertains du prix de vente, qu'ils le soient de façon explicite ou implicite. Ces contreparties variables doivent être systématiquement estimées à chaque clôture, mais plafonnées au montant hautement probable.

   Pour plus de détails sur leur comptabilisation, voir nº 25200.

3. **les composantes de financement significatives** (IFRS 15.60 s.) ;

   Le prix du contrat doit être retraité dans le cas où l'une des parties au contrat reçoit un financement significatif de l'autre partie. Selon que l'entité ait accordé au client un financement, ou bénéficié d'un financement de sa part, elle devra comptabiliser des produits ou charges financiers, en contrepartie du retraitement du prix de la transaction.

   Pour plus de détails sur l'identification et l'évaluation d'une composante de financement significative, voir nº 25210.

4. **les contreparties en nature** (IFRS 15.66 s.) ;

   Dans le cas où tout ou partie de la rémunération du vendeur est sous forme non monétaire (actifs physiques, droits incorporels, instruments de fonds propres émis par le client, etc.), ces contreparties en nature doivent être évaluées à leur juste valeur. Si la juste valeur de la contrepartie en nature ne peut être établie, la valorisation doit alors se faire sur la base du juste prix des biens ou services promis par le vendeur.

   Pour plus de détails, voir nº 25240.

5. **les contreparties à payer au client** (IFRS 15.70 s.).

   Les sommes que l'entité s'attend à payer au client, ou à porter en déduction des sommes dues à l'entité par le client, doivent systématiquement être constatées en diminution du chiffre d'affaires, à moins que le paiement ne soit effectué en échange d'un bien ou d'un service distinct que le client fournit à l'entité.

   Pour plus de détails, voir nº 25220.

4. Allocation du prix de vente du contrat à chaque obligation de performance (Etape 4)

24990 Une fois le prix du contrat déterminé (étape 3), il convient de l'allouer à chacune des obligations de performance qui ont été identifiées au sein du contrat (étape 2). Pour ce faire, il est nécessaire :
- tout d'abord, de déterminer le prix de vente spécifique de chaque obligation de performance (IFRS 15.74 s.). Le prix de vente spécifique d'une obligation de performance correspond au prix auquel elle aurait été vendue si elle avait été vendue séparément (indépendamment des autres promesses faites dans le contrat). La notion de prix de vente spécifique est proche de la notion de juste valeur telle qu'elle était précédemment employée dans le cadre d'IAS 18 ;

Pour plus de détails sur les prix de vente spécifiques, voir nº 25300.

- il convient ensuite d'allouer le prix de vente du contrat aux différentes obligations de performance du contrat au prorata des prix de vente spécifiques de chaque obligation de performance (IFRS 15.76 s.).

Pour plus de détails sur l'allocation du prix du contrat, voir nº 25310.
Il existe certaines exceptions à cette règle générale :
- une méthode résiduelle, par opposition à une méthode au prorata, doit être appliquée dans certaines circonstances (définies restrictivement), voir nº 25310 ;
- par ailleurs, une contrepartie variable peut devoir être allouée entièrement à une seule obligation de performance si elle s'y rapporte directement, voir nº 25320.

5. Reconnaissance du chiffre d'affaires lorsqu'une obligation de performance est satisfaite (Etape 5)

24991 Cette cinquième étape repose sur les éléments suivants :

1. **Principe général du transfert du contrôle** Le montant du prix de la transaction allouée à une obligation de performance est reconnu en revenu lorsque l'obligation de performance est satisfaite (IFRS 15.46), c'est-à-dire lorsque le client obtient le contrôle de l'actif (IFRS 15.31).

Le terme d'actif est utilisé par la norme IFRS 15 autant pour un bien que pour un service, un service étant un actif qui est consommé immédiatement.

Le contrôle se définit comme la capacité actuelle et présente de décider de l'utilisation de l'actif et d'en obtenir la quasi-totalité des avantages économiques résiduels (correspondant aux cash-flows potentiels résultant de l'utilisation, la consommation, la revente, l'échange ou la mise en garantie de l'actif). Le contrôle comprend également la capacité d'interdire à d'autres de diriger l'utilisation et d'accéder à la quasi-totalité des avantages de l'actif (IFRS 15.33). Le transfert du contrôle doit s'apprécier du point de vue du client et non de l'entité (IFRS 15.BC121).

2. **Les deux modèles de transfert du contrôle** Pour chaque obligation de performance identifiée, l'entité détermine au démarrage du contrat si l'obligation de performance est satisfaite (IFRS 15.32) :
- en continu (« over time »), le revenu est alors comptabilisé à l'avancement ; ou
- à une date spécifique (« at a point in time »), le revenu est alors comptabilisé à cette date spécifique.

Une obligation de performance est satisfaite en continu si elle répond à au moins l'un des trois critères suivants :
- premier critère : le client reçoit et consomme les avantages du service au fur et à mesure que l'entité exécute sa performance ;
- deuxième critère : le client reçoit le contrôle de l'actif au fur et à mesure que l'entité le construit ;
- troisième critère (impliquant une double condition) : l'actif n'a pas d'usage alternatif (c'est-à-dire que l'entité n'a pas la faculté de rediriger l'actif vers un autre client ou un autre usage) et l'entité dispose à tout moment, en cas de résiliation, d'un droit exécutoire au paiement de la valeur des travaux réalisés à date.

Cette grille de trois critères doit être appliquée quelle que soit la nature de l'obligation de performance.
Pour plus de détails sur les trois critères d'identification d'une obligation de performance faisant l'objet d'un transfert « en continu », voir nº 25400.

Si l'un au moins des trois critères est rempli, l'obligation de performance est considérée comme satisfaite en continu et l'entité devra alors sélectionner la méthode de mesure de l'avancement la plus appropriée. La sélection de la mesure de l'avancement n'est pas un libre choix.

Pour plus de détails sur les modalités de mesure de l'avancement, voir nº 25420.

Si aucun des trois critères n'est rempli, l'obligation de performance est considérée comme satisfaite à une date donnée (« at a point in time »). Dans ce cas, l'entité devra se référer à une grille de cinq indicateurs pour déterminer à quelle date exactement intervient le transfert de contrôle.

Pour plus de détails sur la reconnaissance du revenu à une date spécifique, voir nº 25410.

6. Traitement des coûts du contrat

Les coûts du contrat comprennent les coûts d'obtention du contrat et les coûts d'exécution du contrat. La norme IFRS 15 indique les conditions à remplir pour qu'ils puissent être constatés à l'actif. Les coûts d'obtention de contrat doivent être capitalisés s'ils sont incrémentaux. Les coûts d'exécution d'un contrat doivent en priorité être traités selon les autres normes (IAS 16, IAS 38, IAS 2). Par défaut, ils doivent être capitalisés s'ils créent ou améliorent une ressource qui servira à l'exécution future d'une obligation de performance. **24992**

Pour plus de détails, voir nº 25700 s.

Les coûts qui sont constatés à l'actif sont amortis sur une base systématique correspondant à la fourniture au client des biens ou services auxquels l'actif est lié. Ils doivent également faire l'objet d'une dépréciation si leur valeur comptable excède les marges attendues sur les transferts de biens et services auxquels l'actif est lié (IFRS 15.99 s.).

En dehors des conditions prévues ci-avant, il n'est pas possible de capitaliser les coûts dans le seul but d'uniformiser (« lisser ») la reconnaissance de la marge sur la durée du contrat ou de l'obligation de performance. A notre avis, il n'est pas non plus possible de provisionner les coûts futurs du contrat dans le seul but de lisser la marge, en dehors des circonstances prévues par IAS 37.

7. Dispositions particulières

La norme prévoit des dispositions complémentaires spécifiques dans les cas suivants : **24993**
- licences (voir nº 25500 s.) ;
- options accordées au client d'acheter des biens ou services additionnels (voir nº 25800 s.) ;
- garanties (voir nº 25120) ;
- droits de retour (voir nº 25201) ;
- engagement de rachat d'actifs vendus (voir nº 25414) ;
- accords de consignation (voir nº 25413) ;
- accords de ventes à livrer (« bill-and-hold ») (voir nº 25412) ;
- distinction entre agent et principal (voir nº 25600) ;
- paiements initiaux non remboursables reçus des clients (voir nº 25130).

8. Présentation

Les dispositions de la norme IFRS 15 en matière de présentation des états financiers sont les suivantes : **24994**

1. **Etat de situation financière (bilan)** La norme distingue quatre catégories d'éléments devant figurer au bilan :
- les actifs sur contrats ;
- les créances ;
- les passifs sur contrats ;
- les coûts de contrat capitalisés.

Pour plus de détails, voir nº 25900.

2. **Etat du résultat global** Le chiffre d'affaires résultant de contrats avec les clients doit être présenté distinctement des autres sources de revenus (intérêts, dividendes, contrats de location, etc.), soit dans l'état du résultat global, soit en annexe (IFRS 15.113).

Les produits et charges d'intérêts, comptabilisés lorsqu'il existe une composante de financement significative, doivent être présentés séparément du chiffre d'affaires reçu des contrats clients, dans l'état du résultat global (IFRS 15.65 et .BC246). Les produits d'intérêts peuvent cependant être présentés comme une catégorie particulière de revenu uniquement lorsqu'ils sont liés aux activités ordinaires de l'entité (IFRS 15.BC247).

Une perte de valeur relative à une créance ou un actif de contrat avec un client ne doit pas être présentée en déduction du chiffre d'affaires et doit être présentée distinctement des pertes de valeur relatives à d'autres types de contrat (IFRS 15.BC264).

9. Information en annexe

24995 L'information à fournir en annexe au titre d'IFRS 15 est à la fois qualitative et quantitative.
L'information quantitative comprend :
- la décomposition du chiffre d'affaires ;
- l'analyse des variations des soldes d'actifs et passifs sur contrat entre l'ouverture et la clôture ;
- le solde des obligations de performance restant à satisfaire, ce qui correspond à un carnet de commandes évalué selon les principes d'IFRS 15.

L'information qualitative comprend :
- une description de la nature des obligations de performance ;
- une description des jugements significatifs effectués.

Pour plus de détails, voir n° 25910.

QUESTIONS/REPONSES PRATIQUES

Remarque importante

24998 Les réponses aux questions présentées ci-après résultent de l'analyse des dispositions de la norme IFRS 15, Produits des activités ordinaires tirés de contrats conclus avec des clients, sur la base des informations disponibles au 1er juin 2023.

Evolution possible des réponses **Post-implementation Review (PIR) d'IFRS 15** En septembre 2022, l'IASB a décidé de lancer son projet de revue de l'application de la norme IFRS 15 (« Post-implementation Review »/PIR) (IASB Update 09/22). Une demande d'informations (« Request for information ») sera publiée avant fin juin 2023.

A. Identification du contrat

Périmètre d'un contrat

25000 ***Question***

Comment définir le périmètre d'un contrat (durée, quantités, prix) pour l'application d'IFRS 15 ?

Réponse

Pour les besoins de l'analyse IFRS 15, le périmètre d'un contrat, en termes de durée de service ou de quantité de produits, et donc le prix total en résultant, doivent être définis sur la base des droits et obligations légalement exécutoires et doivent donc exclure les biens ou services purement optionnels. Ainsi, si le client dispose d'une option d'achat de biens et services additionnels, le prix d'exercice de l'option est exclu du prix du contrat. Les quantités ou durées correspondant à des droits véritablement exécutoires, et définissant le périmètre du contrat IFRS 15, ne sont pas nécessairement identiques à celles qui sont indiquées dans le contrat. C'est le cas par exemple si le client peut résilier sans payer de pénalités significatives.

Pour déterminer le périmètre légalement exécutoire du contrat, il importe de :
- tenir compte des pénalités contractuelles à la charge du client en cas de résiliation anticipée, de non-atteinte de quantités minimales garanties, ou de non-exercice d'une option de renouvellement ou d'extension, seulement si ces pénalités sont substantives ;
- ne pas tenir compte des autres facteurs, tels que les contraintes économiques ou réglementaires susceptibles de rendre probable (ou très probable) l'exercice d'une option d'achat par le client.

L'exercice du jugement est nécessaire pour apprécier si une pénalité de résiliation est suffisamment substantive pour exercer un impact sur la définition du périmètre du contrat. **25000** (suite)

La définition du périmètre du contrat représente un enjeu à plusieurs égards :
- évaluation du prix total du contrat à allouer aux différentes obligations de performance ;
- évaluation de l'assiette à laquelle sera appliqué le taux d'avancement et calcul du dénominateur du taux d'avancement, pour une obligation de performance satisfaite à l'avancement ;
- évaluation du montant à indiquer en annexe au titre des obligations de performance restant à exécuter à la date de clôture.

Commentaires Ces questions ont été discutées au TRG (Agenda Paper n° 48).

■ *Exemple 1*

Incitation économique à exercer une option *Le contrat prévoit la livraison immédiate d'un équipement, pour un prix inférieur à son coût de revient, ainsi que la livraison ultérieure d'une série de pièces détachées et de consommables. L'entité accepte de vendre l'équipement initial à un prix très faible car l'entité s'attend à rentabiliser la transaction grâce aux marges réalisées sur la vente de consommables et pièces sur la durée de vie de l'équipement.*

Le contrat n'impose au client aucune quantité minimum sur les pièces et consommables. En revanche, l'entité considère comme hautement probable la vente future d'une quantité minimale de pièces et de consommables compte tenu du fait que (i) l'entité a été nommée fournisseur exclusif des pièces et consommables et que (ii) ceux-ci sont indispensables au fonctionnement durable de l'équipement.

Solution de l'exemple 1 *Selon les discussions du TRG (Agenda Paper n° 48), le client n'a pas une obligation exécutoire d'acheter les pièces et consommables qui sont purement optionnels et doivent, à ce titre, être exclus du périmètre du contrat pour l'étape 1 du modèle IFRS 15, même si l'exercice de l'option d'acheter les pièces est hautement probable.*

L'équilibre économique du contrat est fondé sur une rentabilisation de l'équipement grâce aux marges générées par les ventes de pièces et tient compte du fait que le client subirait une pénalisation économique majeure s'il n'achetait pas les pièces. Toutefois, sur la base des discussions du TRG (Agenda Paper n° 48), la définition du périmètre du contrat devrait reposer sur les engagements contractuels substantifs (sanctionnés par des pénalités contractuelles significatives en cas de non-respect) mais ne devrait pas tenir compte des contraintes ou incitations économiques subies par le client.

De ce fait, le prix total du contrat, tel que défini à l'étape 3 du modèle IFRS 15, ne doit pas inclure une estimation des quantités d'achats futurs de pièces et se limite donc au prix spécifié pour l'équipement. En d'autres termes, les quantités variables de pièces ne doivent pas être traitées selon le modèle des contreparties variables (voir n° 25200) mais selon celui des options (voir n° 25800).

Il n'est donc pas possible, dans l'étape 4 du modèle IFRS 15, de procéder à une réallocation de prix entre les pièces et l'équipement sur la base de leurs prix de vente spécifiques respectifs.

Implications pratiques *Le revenu reconnu au moment de la vente de l'équipement sera égal au prix spécifié dans le contrat, conduisant à reconnaître une perte. Pour autant, la signature du contrat de vente d'équipement ne nécessite pas de comptabiliser une provision pour contrat onéreux, si l'on tient compte des avantages indirects qui sont attendus du contrat, sous la forme de ventes futures de pièces et consommables (voir n° 25730, point 5.).*

■ *Exemple 2*

Pénalité contractuelle *Le contrat prévoit la livraison immédiate d'un équipement et la livraison ultérieure d'une série de pièces. Le prix contractuel de l'équipement est très inférieur à son prix de vente spécifique. Le prix de facturation des pièces est proche de leur prix de vente spécifique.*

Le contrat prévoit une quantité minimum de pièces à commander par le client sur une durée donnée, ainsi qu'une pénalité dégressive à payer par le client en cas de non-respect de cet engagement (calculée comme un montant fixe par unité manquante).

Solution de l'exemple 2 *A notre avis, et sur la base des discussions du TRG (Agenda Paper n° 48), selon les faits et circonstances propres au contrat, l'une des deux approches suivantes devra être retenue :*

1. Si les pénalités de non-respect de l'engagement sont jugées substantives, le périmètre du contrat comprend l'équipement ainsi que la quantité minimum garantie de pièces. L'étape 4 du modèle IFRS 15 conduit à répartir le prix total de la transaction entre les pièces et l'équipement d'une façon qui diverge des prix spécifiés au contrat.

En pratique, l'entité reconnaît à la livraison de l'équipement un montant de revenu supérieur au prix facturable. L'excédent est comptabilisé comme un actif de contrat qui est repris au fur et à mesure de la facturation des pièces. Le revenu reconnu pour les pièces est donc inférieur à leur prix facturable.

2. Si les pénalités sont moins significatives, les pièces sont considérées comme optionnelles et sont donc exclues du périmètre du contrat.

Cette situation correspond par exemple à des contrats où il est relativement fréquent que les clients n'honorent pas la totalité de la quantité ou de la durée minimum spécifiée et payent en conséquence la pénalité de sortie anticipée, permettant ainsi à l'entité de récupérer le rabais consenti sur la vente initiale de l'équipement.

Un tel contrat est en substance équivalent à un contrat dans lequel le client doit obligatoirement payer la totalité de la juste valeur de l'équipement et bénéficie d'une option d'acheter les pièces à un prix inférieur à leur juste valeur.

Dans ce cas, le prix de la transaction, tel que défini à l'étape 3 du modèle IFRS 15, est égal au prix contractuel de l'équipement majoré du montant de la pénalité. Ce prix total doit être réparti entre deux obligations de performance : (i) l'équipement et (ii) le droit significatif correspondant à l'option d'acheter les pièces à un prix avantageux.

Pour plus de détails sur la notion de droit significatif, voir n° 25810.

Clauses de résiliation d'un contrat

25005 ***Question***

Quelle est l'incidence des clauses de résiliation d'un contrat sur la reconnaissance du revenu ?

Réponse

Les clauses de résiliation d'un contrat doivent être prises en compte :

1. **Au titre des étapes 1 et 3 du modèle IFRS 15** (voir n° 24987 s.), pour définir :
- le périmètre du contrat (étape 1) ; et
- le prix total de la transaction qui en résulte (étape 3).

Pour les besoins de l'analyse, le périmètre d'un contrat doit correspondre à des droits et obligations légalement exécutoires, ce qui ne correspond pas nécessairement à la durée ou à la quantité indiquée dans le contrat. Il convient notamment de tenir compte de l'existence ou de l'absence de pénalités substantives à la charge du client en cas de résiliation anticipée par celui-ci, de non-respect des quantités spécifiées ou de non-exercice d'options de renouvellement ou d'extension.

2. **Au titre de l'étape 5 du modèle,** l'un des critères requis pour déterminer si une obligation de performance doit être reconnue à l'avancement repose sur la notion de droit à paiement.

Il convient d'examiner si l'entité dispose, à tout moment de la vie du contrat, d'un droit exécutoire au paiement de la valeur des travaux réalisés à date, en cas de résiliation du contrat par le client pour tout motif autre que la faute de l'entité. Dans ce cas, il s'agit de vérifier si les pénalités de résiliation, combinées avec les autres montants exigibles à la date de résiliation permettent bien d'assurer à l'entité une marge raisonnable sur les travaux réalisés jusqu'à la date de résiliation.

Commentaires : Pour plus de détails sur la définition du périmètre du contrat, voir n° 25000. Pour plus de détails sur la notion de droit exécutoire au paiement des travaux réalisés à date, voir n° 25400.

Risque de crédit

25010 ***Question***

Quelle est l'incidence du risque de crédit client sur la reconnaissance du revenu ?

Réponse

L'une des conditions requises pour l'identification d'un contrat dans le champ d'application d'IFRS 15 est qu'il soit jugé probable que l'entité recouvrera les paiements auxquels elle aura droit en contrepartie des biens ou services qui seront effectivement fournis au client.

Si cette condition n'est pas remplie, l'entité devra comptabiliser la totalité des paiements reçus au passif jusqu'à l'extinction complète du contrat.

Le risque de crédit n'entre pas en compte dans l'évaluation du prix de la transaction (étape 3 du modèle IFRS 15, voir nº 25200) sauf dans le cas particulier où le contrat inclut une composante de financement significative du fait de délais de paiement étendus accordés au client (par rapport à la date de satisfaction des obligations de performance). Dans ce cas, le taux d'intérêt à appliquer pour actualiser les flux de paiements futurs attendus du client doit tenir compte du risque de crédit du client.

Commentaires Selon IFRS 15.9e, le caractère probable du recouvrement est une condition requise pour identifier un contrat et donc reconnaître le revenu. L'évaluation de la probabilité de recouvrement doit se fonder exclusivement sur l'évaluation de la capacité et de l'intention de payer du client.

Si l'entité envisage d'accorder ultérieurement une réduction de prix, de renoncer à facturer un montant prévu au contrat, ou d'accorder un abandon de créance, ce facteur doit être traité comme une contrepartie variable selon l'étape 3 du modèle IFRS 15 (voir nº 25200). Ce facteur n'affecte donc pas l'identification du contrat mais seulement l'évaluation du prix du contrat.

La condition relative à la probabilité de recouvrement ne porte pas sur les seuls biens déjà livrés mais sur tous les biens et services que l'entité s'attend à livrer au titre du contrat (IFRS 15.9e). Si la condition n'est pas remplie, tous les paiements reçus du client doivent être comptabilisés au passif jusqu'à achèvement complet ou résiliation intégrale du contrat (IFRS 15.15).

Cela pourrait signifier que des doutes sur la recouvrabilité des livraisons futures pourraient affecter la reconnaissance du revenu sur les biens et services déjà livrés et encaissés.

Il arrive qu'une entité ait démarré l'exécution d'un contrat et ait déjà reçu des paiements d'un client qui présente un risque de crédit significatif. Cela n'implique pas automatiquement qu'il faille comptabiliser au passif tous les paiements reçus du client jusqu'à l'achèvement ou la résiliation du contrat. Il convient de tenir compte de la capacité de l'entité de se protéger du risque de crédit client tout au long de l'exécution du contrat, par exemple en demandant des paiements d'avance, ou bien en interrompant la fourniture des biens et services en cas de défaut de paiement du client (IFRS 15.BC46B à .BC46H).

Pour plus de détails sur la notion de composante de financement significative, voir nº 25210.

Regroupement de contrats multiples

Question 25020

Dans quels cas faut-il regrouper des contrats juridiquement séparés pour les besoins de l'application d'IFRS 15 ?

Réponse

Deux contrats A et B juridiquement séparés doivent être regroupés et comptabilisés comme un contrat unique s'ils sont conclus avec un même client (ou avec des parties liées de ce même client) à des dates identiques ou proches et si au moins l'une des conditions suivantes est remplie :

- A et B ont été négociés en bloc avec un même objectif commercial ; ou
- le montant du prix à payer en vertu du contrat A dépend du prix de B ou de l'exécution de B ; ou
- les biens et/ou services promis au titre de A et B constituent une obligation de performance unique.

Commentaires **Enjeu des regroupements de contrats** IFRS 15.17 définit les modalités de regroupement des contrats. Le fait de regrouper deux contrats dans l'étape 1 du modèle IFRS 15 peut avoir un impact significatif sur la reconnaissance du revenu. En effet, par exemple, l'étape 2 du modèle pourrait conduire à reconnaître deux contrats comme une seule et unique obligation de performance ou l'étape 3 du modèle pourrait conduire à une allocation de prix différente des prix prévus pour chacun des contrats.

■ *Exemple*

En mars N, un équipementier automobile signe avec un constructeur un contrat pour le développement d'un composant et la fabrication d'un outillage spécifique permettant la fabrication en série de cet outillage. Le prix de vente du contrat ne couvre qu'une partie des coûts de construction

de l'outillage. En avril N, l'équipementier signe avec le constructeur un contrat séparé pour la production en série des composants. Le prix de vente des composants inclut un amortissement des frais de développement et d'outillage.

Solution de l'exemple *Les trois conditions requises pour le regroupement des deux contrats semblent remplies. Les deux contrats sont conclus à des dates proches, avec le même client et les prix sont interdépendants. En effet, la rentabilisation du premier contrat (développement et outillage) ne se conçoit que dans la perspective du second (série).*

Modification d'un contrat

25030 ***Question***

Comment comptabiliser une modification de l'étendue ou du prix d'un contrat existant ?

Réponse

La modification est traitée comme un contrat séparé si elle ajoute des biens et services distincts par rapport à ceux du contrat initial tout en augmentant le prix du contrat d'un montant égal au prix de vente spécifique des biens ou services additionnels promis.

Dans les autres cas, la modification de contrat aura un impact sur le traitement du contrat initial :
- l'impact est prospectif si les biens ou services restant à livrer à la date de modification sont distincts de ceux déjà livrés ;
- à l'inverse, la modification entraîne un ajustement cumulatif si les biens ou services restant à livrer ne sont pas distincts.

Commentaires La norme IFRS 15 a codifié le traitement des modifications de contrats et prévoit trois cas de figure.

1. **Nouveau contrat séparé** Dans le cas où la modification consiste à ajouter des biens ou services qui sont distincts par rapport à ceux du contrat initial tout en augmentant le prix du contrat d'un montant qui reflète le prix de vente spécifique de ces biens ou services additionnels, alors l'avenant au contrat doit être traité comme un nouveau contrat séparé du précédent (IFRS 15.20).

2. **Modification prospective** Si les conditions du paragraphe 1 ci-avant ne sont pas remplies, mais que les biens et services restant à livrer sont distincts de ceux qui ont déjà été fournis jusqu'à la date de modification, la modification est alors traitée comme une annulation du contrat initial et le remplacement de ce dernier par un nouveau contrat qui agrège à la fois l'avenant et la partie non encore exécutée de l'ancien contrat.

L'effet de la modification est donc comptabilisé de façon prospective. Le prix du nouveau contrat est égal à la somme de (i) la partie du prix du contrat initial qui restait à reconnaître en revenu et de (ii) l'effet prix de la modification. Ce nouveau prix est alloué à l'ensemble des biens ou services restant à livrer, en appliquant les règles habituelles d'allocation de prix (IFRS 15.21a).

3. **Modification cumulative** Si les biens ou services restant à livrer (après prise en compte de l'avenant) ne sont pas distincts de ceux déjà livrés jusqu'à la date de modification (et font donc partie d'une obligation de performance unique qui n'est que partiellement satisfaite à la date de modification), une approche « **catch-up** » doit alors être appliquée.

La modification entraîne un recalcul du prix total du contrat et de son degré d'avancement, qui se traduit par un ajustement cumulatif du revenu dans le compte de résultat à la date de la modification (IFRS 15.21b).

4. **Importance de la distinction entre modification de contrat et réestimation de contreparties variables** En cas de réduction de prix du contrat, il importe de bien cerner si celle-ci résulte d'un accord des parties modifiant les termes du contrat ou si celle-ci résulte d'un changement de circonstance assimilable à la résolution d'une incertitude sur le prix de vente. Dans le premier cas, il convient d'appliquer le modèle des modifications de contrat (évoqué ci-avant). Dans le second cas, il convient d'appliquer le modèle des changements d'estimation de contreparties variables (voir n° 25200). Les deux modèles peuvent avoir des impacts différents.

Exemple d'un litige qualité Si l'entité accepte de consentir une baisse de prix sur des produits futurs pour compenser le client au titre d'un litige sur des produits déjà livrés (qualité, retard, etc.), cette baisse du prix contractuel des livraisons futures est en substance un avoir relatif à des livraisons passées. Dans ce cas, l'entité ne devrait pas appliquer le modèle des modifications de contrat (qui conduirait à ne comptabiliser la baisse de prix que lorsqu'elle est approuvée, et

de façon prospective, c'est-à-dire étalée sur les livraisons restant à effectuer au contrat, voir point 2. ci-avant). L'entité devrait au contraire appliquer le modèle des contreparties variables, conduisant à réestimer le prix du contrat dès que le risque est identifié, puis à allouer le changement d'estimation aux obligations de performances déjà satisfaites, donc à comptabiliser un ajustement cumulatif du revenu dès que le risque de litige est identifié (IFRS 15.IE22 s.). **25030** (suite)

Exemple d'un geste commercial A contrario, si l'entité accepte de consentir une baisse de prix sur des produits restant à livrer dans le futur, et que cette baisse de prix n'est pas liée à un problème de performance sur des livraisons passées, l'impact de la baisse de prix sera comptabilisé de façon prospective (voir point 2. ci-avant).

5. Modification de contrats incluant une obligation de performance unique au titre d'une série Un contrat peut inclure une série de biens ou services distincts traitée comme une obligation de performance unique satisfaite à l'avancement en application de la règle sur les séries (voir nº 25110). Dans ce cas, la modification du contrat ne devra pas être traitée sous forme d'ajustement cumulatif, bien que le contrat constitue une obligation de performance unique. La modification de contrat devra être traitée prospectivement car les biens ou services restant à fournir à la date de modification seront distincts des biens ou services déjà fournis (voir Exemple 1 ci-après).

6. Approbation des modifications de contrat Une modification de l'étendue et/ou du prix d'un contrat ne peut être comptabilisée que si elle a été approuvée par les parties au contrat et si elle crée de nouveaux droits et obligations exécutoires pour les parties au contrat, ou si elle modifie les droits et obligations exécutoires existants des parties au contrat (IFRS 15.18).

Si les parties ont approuvé un changement touchant la nature et l'étendue des prestations du contrat mais que le changement à apporter au prix fait encore l'objet de négociations, l'entité doit alors comptabiliser la modification en estimant le changement de prix de la transaction conformément aux dispositions de la norme relatives à l'estimation des contreparties variables (IFRS 15.19 ; voir nº 25200).

7. Schéma récapitulatif Le schéma suivant récapitule les modalités de comptabilisation d'une modification d'un contrat :

Modification d'un contrat

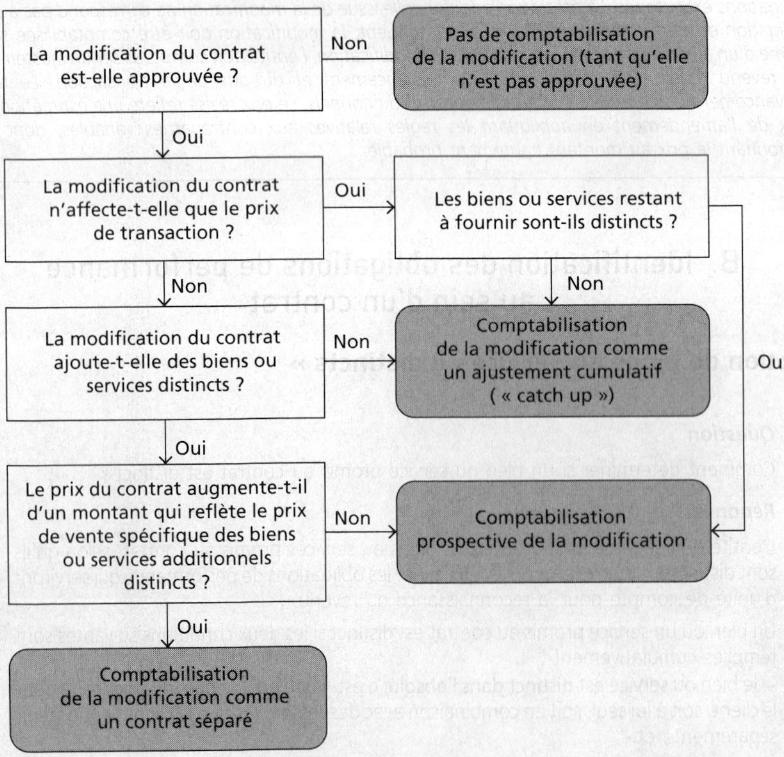

■ *Exemple 1*

Modification comptabilisée de façon prospective : extension d'un contrat de prestations de services répétitives *L'entité a signé un contrat de prestations de services de nettoyage et de surveillance pour une durée de 3 ans au prix de 150 000 €/an.*

Le contrat est constitué d'une série d'unités distinctes (chaque incrément de temps représentant une unité distincte) à traiter comme une obligation de performance unique reconnue à l'avancement en application d'IFRS 15.22b.

A la fin de la deuxième année, le contrat est amendé de la façon suivante :

– le prix de la troisième année est réduit à 120 000 €/an

– la durée du contrat est étendue de 3 ans, avec un prix annuel du contrat de 100 000 €/an pour les années 4 à 6.

A la date de modification, le prix de vente spécifique d'une prestation équivalente sur une durée de 4 ans est de 120 000 €/an.

Solution de l'exemple 1 *La modification ajoute des services distincts mais elle fait augmenter le prix du contrat d'un montant qui est différent du prix de vente spécifique des services additionnels. En conséquence la modification ne peut pas être traitée comme un contrat séparé.*

Les services restant à fournir après la modification sont distincts des services déjà fournis. En conséquence, la modification de contrat doit être comptabilisée prospectivement comme une annulation de l'ancien contrat et la création d'un contrat nouveau d'une durée de 4 ans.

Le prix à allouer aux 4 années de services restants est égal à 120 000 + [3 × 100 000], soit 420 000 €.

Le revenu annuel des années postérieures à la modification sera ainsi de 105 000 € (420 000 €/4).

■ *Exemple 2*

Modification comptabilisée de façon cumulative : construction d'un actif *L'entité a signé un contrat pour construire une usine pour 1 million d'euros. Le contrat comprend une obligation de performance unique dont le revenu est reconnu à l'avancement des dépenses. En cours d'exécution du contrat, le client demande un changement de spécifications de la construction et les parties s'accordent sur son scope. Le coût d'exécution additionnel est estimé à 150 000 € mais la négociation du prix n'est pas encore finalisée. L'entité s'attend à ce que l'accord final sur l'augmentation de prix soit comprise entre 150 000 € et 180 000 €.*

Solution de l'exemple 2 *La modification doit être comptabilisée car elle a créé des droits et obligations exécutoires. La prestation additionnelle issue de la modification ne correspond pas à une obligation de performance distincte. Par conséquent, la modification doit être comptabilisée sous forme d'un ajustement cumulatif. A la date de modification, l'entité doit comptabiliser un ajustement du revenu reflétant la révision du taux d'avancement et du prix de la transaction. Le taux d'avancement révisé reflète le coût des travaux additionnels. Le prix révisé reflète une estimation du prix de l'amendement en appliquant les règles relatives aux contreparties variables, donc en plafonnant le prix au montant hautement probable.*

B. Identification des obligations de performance au sein d'un contrat

Notion de biens ou services « distincts »

25100 ***Question***

Comment déterminer si un bien ou service promis au contrat est distinct ?

Réponse

L'entité doit séparer ou regrouper les biens ou services promis au contrat, selon qu'ils sont distincts ou non, de façon à déterminer les obligations de performance qui serviront d'unité de compte pour la reconnaissance du revenu.

Un bien ou un service promis au contrat est distinct si les deux conditions suivantes sont remplies cumulativement :

– le bien ou service est **distinct dans l'absolu,** c'est-à-dire qu'il peut avoir une utilité pour le client, soit à lui seul, soit en combinaison avec des ressources que le client peut obtenir séparément ; et

25100 (suite)

- le bien ou service est **distinct dans le cadre du contrat**, c'est-à-dire qu'il peut être identifié séparément des autres biens et services prévus au contrat, ce qui signifie que, dans le processus d'exécution des obligations du contrat, il n'existe pas d'interdépendance significative entre cet élément et d'autres éléments promis au contrat.

Commentaires :

1. **Notion de distinct dans l'absolu** Un bien ou service est distinct dans l'absolu s'il peut avoir une utilité pour le client, soit à lui seul, soit en combinaison avec des ressources immédiatement disponibles, c'est-à-dire des ressources que le client peut acheter séparément, que ce soit auprès de l'entité ou de tiers, ou bien encore des ressources que le client a déjà obtenues de l'entité.

Généralement, cette condition est remplie lorsque des biens ou services identiques sont habituellement vendus séparément par l'entité ou par des tiers.

2. **Notion de distinct dans le cadre du contrat** Un bien ou service est distinct dans le cadre du contrat s'il peut être identifié séparément des autres biens et services prévus au contrat. L'objectif est de déterminer si la nature de la promesse est de transférer chaque bien ou service individuellement, ou bien s'il s'agit de transférer un ensemble combiné pour lequel les différents biens ou services promis ne sont que des inputs (IFRS 15.29).

L'application du critère de distinct dans le cadre du contrat nécessite l'exercice du jugement (IFRS 15.BC116l).

La norme fournit plusieurs indicateurs que deux éléments A et B promis au contrat doivent être considérés comme non distincts dans le cadre du contrat et, de ce fait, regroupés dans une obligation de performance unique :

- l'entité fournit un service significatif d'intégration de A et B (IFRS 15.29a) ;
- A et B sont utilisés comme des inputs qui sont combinés ensemble pour générer un output combiné, qui est différent de la simple somme de A et B et qui représente ce pour quoi le client a contracté (IFRS 15.29a) ;

Ainsi, pour la construction d'un mur, on ne comptabilisera pas séparément la fourniture des briques, du ciment, la prestation d'architecte et le travail du maçon, même si ces différentes prestations peuvent par ailleurs être vendues séparément, puisque l'output acheté par le client est le mur dans son ensemble.

- A modifie ou adapte (« customise ») significativement B (IFRS 15.29b) ;
- A et B sont fortement interdépendants. Par exemple, l'entité ne serait pas capable d'exécuter chacune des promesses indépendamment, sans affecter significativement l'autre promesse (IFRS 15.29c) ;
- il existe un fort degré d'interdépendance transformative entre A et B dans le processus d'exécution du contrat (IFRS 15.BC116K) ;

Il convient de distinguer interdépendances « transformative » et « fonctionnelle ». Il existe une interdépendance fonctionnelle entre A et B si le client ne peut pas utiliser A indépendamment de B, mais ceci ne conduirait pas à conclure que A et B ne sont pas distincts dans le cadre du contrat. Il existe une interdépendance transformative entre A et B si la performance de l'entité pour exécuter A aurait été différente si l'entité n'avait pas été également engagée par le client pour exécuter B. Par exemple, pour un contrat comprenant une machine à café et des capsules de café (voir Exemple 2 ci-après), ou encore pour un contrat comprenant un terrain et une construction (voir n° 26050, cas 3), il sera conclu que l'interdépendance entre les deux promesses est seulement fonctionnelle et non pas transformative, et qu'en conséquence les deux promesses sont distinctes dans le cadre du contrat.

- les risques assumés par l'entité pour l'exécution de A et B ne sont pas séparables (IFRS 15.BC103 s.).

Il est précisé que la notion d'output combiné peut inclure plusieurs unités, phases ou éléments (IFRS 15.29a).

3. **Indicateurs non pertinents pour identifier une obligation de performance séparable** Le fait d'avoir engagé des coûts significatifs ou bien d'avoir acquis le droit inconditionnel de facturer ou d'encaisser n'est pas un élément pertinent et suffisant pour identifier une obligation de performance séparable.

■ ***Exemple 1***

Machine et installation *L'entité vend un équipement et assure son installation chez le client. L'installation n'est pas complexe et pourrait être effectuée par des tiers installateurs. Le contrat ne permet pas au client de faire faire l'installation par un tiers (le client est obligé de s'adresser à l'entité pour l'installation). Il existe un marché d'occasion pour ce genre d'équipement.*

Solution de l'exemple 1 *L'équipement est distinct dans l'absolu car le client pourrait en bénéficier seul en le revendant pour une valeur supérieure à sa valeur à la casse. En outre, le fait que des prestataires tiers puissent effectuer l'installation signifie que le client peut bénéficier de l'équipement en combinaison avec des ressources qui s'obtiennent séparément.*

L'équipement est également distinct dans le cadre du contrat car l'installation n'est pas complexe, ne modifie pas significativement l'équipement, il n'existe pas d'interdépendance transformative significative entre l'équipement et l'installation, l'entité est capable d'exécuter sa promesse de livrer l'équipement et celle de l'installer indépendamment l'une de l'autre.

Les restrictions contractuelles qui interdisent au client de s'adresser à des tiers pour effectuer l'installation n'entrent pas en ligne de compte. En effet, le critère de distinct s'apprécie uniquement par rapport aux caractéristiques intrinsèques de l'élément promis (l'équipement).

En conclusion, l'équipement sera reconnu en revenu séparément de l'installation.

■ *Exemple 2*

Machine et consommables : existence d'une interdépendance fonctionnelle *Dans un contrat unique, une entité promet de livrer immédiatement un équipement ainsi que les consommables et recharges nécessaires au fonctionnement de cet équipement pendant une durée de 3 ans. Ces consommables et recharges sont spécialisés et il n'existe pas sur le marché de fournisseur alternatif à l'entité pour ces éléments. L'entité vend par ailleurs séparément ces consommables et recharges dans le cadre de commandes de réapprovisionnement faites par des clients qui avaient précédemment acheté l'équipement.*

Solution de l'exemple 2 *D'une part, l'équipement ne peut pas fonctionner sans les consommables et recharges mais ces derniers répondent à la notion de ressources immédiatement disponibles puisque l'entité les vend couramment séparément. Par ailleurs, le client pourrait aussi bénéficier de l'équipement seul en le revendant (pour une valeur supérieure à sa valeur à la casse). En conséquence, l'équipement est capable d'être distinct.*

D'autre part, comme il n'existe pas d'interdépendance transformative entre l'équipement et les consommables et recharges (puisqu'ils sont fabriqués indépendamment l'un de l'autre), il est possible de conclure que les promesses sont également distinctes dans le cadre du contrat. Il existe certes une interdépendance fonctionnelle forte entre l'équipement et les consommables ou les recharges (puisque l'équipement ne peut pas fonctionner sans les consommables), mais seule l'interdépendance transformative, et non pas fonctionnelle, est à considérer pour l'appréciation du critère de « distinct dans le cadre du contrat ».

En conclusion, l'équipement constitue une obligation de performance qui sera donc reconnue séparément des ventes de recharges et consommables.

Règles particulières relatives aux séries

25110 ***Question***

Dans quels cas une série de biens ou services distincts doit-elle être traitée comme une obligation de performance unique ?

Réponse

En général, un bien ou service distinct conduit à identifier une obligation de performance, c'est-à-dire une unité de compte séparée pour la reconnaissance du revenu.

Toutefois, par exception, une série de biens ou services devra être considérée comme une obligation de performance unique, bien qu'ils soient distincts, si les conditions suivantes sont remplies :

- les biens ou services sont similaires pour l'essentiel ;
- chaque élément de la série répond individuellement aux conditions du transfert de contrôle « en continu » ;
- la même méthode de mesure de l'avancement serait applicable à chacun.

Si ces conditions sont remplies, la série doit obligatoirement être traitée comme une obligation de performance unique satisfaite à l'avancement.

Commentaires La norme prévoit des dispositions visant la comptabilisation d'une série de biens ou de services comme une seule obligation de performance. Ces dispositions sont présentées comme une mesure de simplification afin d'éviter de découper une série en autant d'obligations de performance que d'éléments prévus dans la série (IFRS 15.BC114). L'application de ces dispositions est obligatoire si les conditions sont remplies.

Condition de comptabilisation d'une série comme une obligation de performance unique Une série de biens ou de services distincts doit être considérée comme une obligation de performance unique si les conditions suivantes sont remplies (IFRS 15.23) :
- les biens ou services sont similaires pour l'essentiel ;
- chaque bien ou service distinct de la série remplit les conditions pour être considéré comme faisant l'objet d'un transfert de contrôle en continu (voir nº 25400) ;
- la même méthode de mesure de l'avancement serait appliquée pour chaque élément de la série.

Types de biens et services concernés Ces dispositions sont par exemple applicables à des prestations de service répétitives, telles que le nettoyage de locaux ou le traitement de transactions. Elles peuvent également s'appliquer à des pièces fabriquées en série par des équipementiers lorsqu'il s'agit de pièces hautement spécialisées et qui de ce fait remplissent les critères du transfert de contrôle en continu (voir nº 25400).

Implications pratiques :
- l'entité devra choisir une mesure de l'avancement unique pour l'ensemble de la série. L'entité ne sera pas tenue d'allouer le prix de la transaction au prorata des prix de vente spécifiques de chaque unité ;
- s'il existe des effets de courbe d'apprentissage significatifs, qui font que les premières unités coûtent plus cher à produire que les dernières, il se peut qu'il soit approprié de prendre en compte les coûts de courbe d'apprentissage dans la mesure de l'avancement, conduisant à reconnaître davantage de revenu pour les premières que pour les dernières unités de la série ;
- en cas de modification de contrat, l'impact sera comptabilisé prospectivement puisque les unités restant à livrer à la date de modification sont distinctes des unités déjà livrées (voir nº 25030) ;
- s'il existe des contreparties variables, il faudra examiner si elles répondent aux conditions d'IFRS 15.85 pour que chaque paiement variable soit alloué directement à l'unité distincte à laquelle il se rapporte (sans qu'il soit besoin d'estimer et de répartir la totalité des paiements variables). Ainsi, en pratique, la rémunération variable d'un service répétitif payable en fonction du nombre d'unités d'œuvre consommées par le client pourra être reconnue au fur et à mesure de ces consommations (voir nº 25320).

Garanties données aux clients

Question 25120

Comment comptabiliser les obligations de garanties des produits vendus ?

Réponse

Selon sa nature, une obligation de garantie sera traitée comme un coût à provisionner ou comme un revenu à différer. Une obligation de garantie est traitée comme un coût à provisionner à condition qu'elle ne soit pas optionnelle et qu'elle ne procure pas au client un service allant au-delà de l'assurance que le produit est conforme aux spécifications contractuelles.

Dans tous les autres cas, la garantie est un service complémentaire à considérer comme une obligation de performance séparée, à laquelle devra être allouée une partie du prix du contrat.

Commentaires :

1. **Garantie optionnelle** Si la garantie est une option que le client peut choisir séparément d'acheter ou non, celle-ci doit être considérée comme une obligation de performance séparée (IFRS 15.B29).

2. **Garantie de type service** Si la garantie procure au client un service additionnel par rapport à l'assurance que le produit est conforme aux spécifications contractuelles, ce service complémentaire constitue une obligation de performance séparée.

3. **Garantie de type assurance** Si la garantie se limite à une obligation de remédiation aux défauts des produits, la garantie doit être constatée conformément à la norme IAS 37, les coûts estimés étant constatés en provisions quand l'entité transfère le contrôle du produit au client et reconnaît le revenu correspondant (IFRS 15.B30).

4. **Difficulté à dissocier les deux types de garantie** Si la garantie procure au client à la fois l'assurance que le bien n'est pas défectueux et un service additionnel et que l'entité ne peut

pas distinguer clairement les deux natures de garanties, la totalité de l'obligation doit alors être comptabilisée comme une obligation de performance séparée (IFRS 15.B32).

5. **Indicateurs permettant de dissocier garantie service et garantie-assurance** La norme propose d'analyser notamment les facteurs suivants (IFRS 15.B31) :
- l'obligation légale de fournir la garantie. Si la garantie répond uniquement à une obligation légale, il est probable que la garantie ne soit pas une obligation de performance distincte car les dispositions de ce type ont généralement pour but de protéger les clients contre le risque que les produits achetés soient défectueux ;
- la durée de la garantie. Plus la protection est offerte sur une longue période, plus il est probable que la garantie constitue une obligation de performance, car il est plus probable que celle-ci procure au client un service en plus de l'assurance que le produit visé est conforme aux spécifications convenues ;
- la nature des tâches que l'entité promet d'effectuer. Ainsi, si les tâches consistent à assurer le transport de retour des produits défectueux, il est peu probable que ces tâches soient considérées comme une obligation de performance.

6. **Garantie de type responsabilité** Une obligation de réparer des dommages causés par les produits, ou bien encore l'engagement d'indemniser un client utilisateur d'une technologie contre toute action d'un tiers en contrefaçon relative à la propriété intellectuelle de cette technologie, ne constitue pas une obligation de performance séparée. Ces éléments doivent être constatés conformément à IAS 37 (IFRS 15.B33).

Pour les dispositions d'IAS 37, voir nº 39951 s.

7. **Garantie de type pénalité** Une garantie d'un certain niveau de performance d'un produit vendu, ou du service fourni, sanctionnée uniquement par le versement de pénalités financières au client (ou par la non-obtention d'un bonus de performance) ne constitue pas une obligation de performance séparée ni un coût à provisionner. Elle doit être traitée selon le modèle des contreparties variables dans l'estimation du prix de la transaction, voir nº 25200.

Paiement initial non remboursable reçu d'un client

25130 ***Question***

Comment reconnaître le revenu lié à un paiement non remboursable reçu au titre de la phase d'initialisation et de démarrage d'un contrat de prestations répétitives ?

Réponse

L'existence d'un paiement initial inconditionnel et définitif (« non-refundable upfront fee ») n'implique pas en soi que l'entité puisse reconnaître immédiatement ce montant du revenu, même si ce paiement initial a pour objet de compenser des coûts significatifs encourus initialement par l'entité.

L'entité doit déterminer si l'activité initiale est représentative d'un transfert de biens ou de services au client ou correspond seulement à une activité de démarrage du service. Par exemple, une activité de mise en route, qu'une entité doit entreprendre au préalable pour pouvoir exécuter un contrat de services récurrents, ne représente pas en soi un service rendu au client et ne peut donc pas générer du revenu. Si un paiement initial a été reçu au titre de cette activité initiale, il s'agit en substance d'un paiement d'avance de services futurs, dont la reconnaissance devra être étalée sur la durée des services récurrents.

La durée d'étalement devra s'étendre au-delà de la durée initiale du contrat si le client a la faculté de renouveler ou prolonger le contrat initial, sans avoir à repayer à nouveau l'« upfront fee ». En effet, la non-récurrence du paiement initial signifie que le client a la faculté de renouveler le contrat à un prix inférieur au prix du contrat initial. Cette option de renouvellement à un prix avantageux constitue un « droit significatif » (au sens défini par IFRS 15), ce qui conduit à étaler la reconnaissance de l'« upfront fee » sur une durée plus longue que le contrat initial, incluant les renouvellements attendus. Par ailleurs, les coûts de cette activité de mise en route pourraient être capitalisés si certaines conditions sont remplies.

Commentaires Les paiements initiaux reçus d'un client sont traités dans IFRS 15.25, .B48 s. et .IE272 s.

Pour apprécier si une activité initiale de pré-production ou de pré-exploitation est représentative d'un transfert de biens ou services au client, voir n° 25140.
Pour apprécier si une option de renouvellement du contrat constitue un droit significatif, voir n° 25810.
Pour les conditions de capitalisation des coûts de mise en route d'un contrat, voir n° 25710.

■ *Exemple 1*

Frais d'admission et frais récurrents de cotation facturés par une place boursière

Cet exemple reprend les principaux éléments d'une décision de l'IFRS IC (IFRIC Update 01/19).

Le cas soumis à l'IFRS IC est celui d'une place boursière qui facture à ses clients émetteurs de titres des frais non récurrents au titre des diligences d'admission initiale à la côte (« admission fees ») et des frais récurrents de cotation (« listing fees »). L'IFRS IC a conclu que le contrat ne comprend qu'un seul service rendu aux clients, à savoir un service récurrent de cotation de titres. Les activités initiales de traitement des demandes d'admission ne représentent pas, en elles-mêmes, un service rendu initialement au client, mais constituent des activités préalables nécessaires à l'exécution du service continu de cotation. Il en résulte, à notre avis, que les frais d'admission ne peuvent pas être reconnus en revenu au moment de l'admission initiale mais doivent être étalés sur la durée estimée des services de cotation.

■ *Exemple 2*

Initialisation d'un contrat de service *Lors de la première souscription d'un contrat de service récurrent, l'entité facture un montant initial non récurrent de 100 000 €, au titre des frais d'initialisation du service. Ce montant est exigible au démarrage de l'exploitation (« go live »), après vérification et acceptation par le client, et permet de couvrir les coûts de connexion et de mise en route supportés par l'entité, avec une marge raisonnable. Le prix des prestations récurrentes est de 30 000 €/mois. Le contrat est souscrit pour une durée initiale ferme de 12 mois. Il est ensuite renouvelable au même prix (soit 30 000 €/mois) par tacite reconduction. Le client n'a pas droit au remboursement des 100 000 € payés initialement.*

Solution de l'exemple 2 *L'activité de mise en route et d'initialisation du service n'a aucune utilité pour le client en dehors du service d'accès continu. Il s'agit d'une activité préalable nécessaire à l'exécution d'une obligation de performance mais qui n'est pas représentative en soi d'un service rendu au client (IFRS 15.25). Il en résulte que :*
– cette activité n'est pas génératrice de revenu, même si elle représente un coût significatif supporté par l'entité et même si elle donne droit à recevoir un montant qui est définitivement acquis à l'entité ;
– l'activité de mise en route ne peut donc pas constituer une obligation de performance séparable ;
– cette activité ne peut pas non plus être prise en compte dans la mesure de l'avancement de l'obligation de performance de service (ainsi, les coûts de mise en route ne pourraient être inclus dans une mesure de l'avancement fondée sur les dépenses) (IFRS 15.B51, .B19) ;
– les coûts de mise en route pourraient être capitalisés s'ils contribuent à créer une ressource nécessaire à la satisfaction future d'une obligation de performance (voir n° 25710) ;
– le montant initialement facturé de 100 000 € correspond en substance à un paiement d'avance de services récurrents ;
– lorsque le client renouvelle le service au-delà de 12 mois, il n'a pas à payer à nouveau des frais de mise en route : en conséquence, le contrat initial confère au client une option de renouvellement du service à un prix avantageux, ce qui constitue un droit significatif (voir n° 25810) ;
– le contrat contient donc deux obligations de performance : un service d'accès continu d'une durée de 12 mois et un droit significatif ;
– s'agissant d'une option de renouvellement, l'entité pourra évaluer le droit significatif en appliquant la mesure de simplification prévue par IFRS 15.B43 (voir n° 25810) ;
– en pratique, il en résultera que le montant de 100 000 € sera reconnu de façon étalée sur une durée qui inclura non seulement la durée ferme du contrat initial mais également les périodes de renouvellement optionnelles (IFRS 15.B49).

Activités de pré-production ou de pré-exploitation

Question 25140

Comment comptabiliser les revenus et les coûts liés à des activités de pré-production ou de pré-exploitation ?

25140 (suite)

Réponse

Selon la nature de ces activités, trois modèles comptables sont susceptibles d'être appliqués :

– l'activité de pré-production ou pré-exploitation n'est pas génératrice de revenu : les facturations effectuées au titre de ces activités doivent être différées et reconnues sur la période de production ou d'exploitation ; les coûts de ces activités sont par ailleurs capitalisables et amortissables sur la période de production ou d'exploitation si certaines conditions sont remplies ;

– l'activité de pré-production ou pré-exploitation correspond à une obligation de performance séparable, à laquelle il faudra allouer une partie du prix total du contrat ;

– l'activité de pré-production ou pré-exploitation ne correspond pas à une obligation de performance séparable, mais elle est cependant génératrice de revenu et est prise en compte dans la mesure de l'avancement de l'obligation de performance unique comprenant à la fois la phase de pré-production et la phase de production.

Commentaires :

1. **Typologie de contrats** Dans le secteur industriel, un contrat peut nécessiter une phase initiale de développement, incluant le design, l'industrialisation, les outillages spécifiques, préalable à la phase de production en série. De même, un contrat de service à long terme peut nécessiter une phase initiale de mise en place d'une plateforme, avant le « go live » et le démarrage effectif du service d'exploitation. Ces phases initiales peuvent être parfois coûteuses et plus ou moins financées par des paiements initiaux du client.

2. **Distinction entre activité interne et service rendu** Pour déterminer le traitement comptable de ces phases de pré-production ou pré-exploitation, il convient de déterminer si ces activités correspondent à :

– des activités internes de l'entreprise, lui permettant de créer les ressources nécessaires à l'exécution future de ses obligations de performance, mais n'étant pas génératrices de revenu en elles-mêmes ; ou bien

– l'exécution de promesses faites aux clients, représentant des services rendus aux clients, et de ce fait génératrices de revenu en elles-mêmes.

3. **Indicateurs à considérer** En application des principes d'IFRS 15, le fait d'avoir le droit de facturer et d'encaisser un certain montant au titre de la phase de pré-production, le fait que ce montant ne soit pas remboursable au client ou encore qu'il ait vocation à couvrir des coûts significatifs encourus par l'entité, ne constituent pas des éléments suffisamment discriminants pour conclure que ces activités initiales sont génératrices de revenu.

Il faut cerner si la phase de pré-production a réellement transféré le contrôle d'un actif au client.

Pour des activités de développement et d'engineering, les indicateurs suivants peuvent être considérés (TRG Agenda Paper n° 46) :

– l'entité doit-elle transférer la propriété intellectuelle des développements au client ?

– l'entité doit-elle communiquer au client des plans suffisamment détaillés, de telle sorte que le client serait capable de les utiliser pour confier la phase de production à un tiers ?

– l'entité doit-elle fournir les informations relatives au design en cas de résiliation du contrat ?

La démarche consiste à partir de l'hypothèse que le client déciderait de confier la phase de production ou d'exploitation à un tiers, et à cerner si, dans ce cas, le tiers aurait besoin de recommencer la phase de pré-production déjà accomplie par l'entité. Si le successeur a besoin de recommencer à zéro l'activité de pré-production, cela indique que l'activité initiale de l'entité n'a transféré aucun avantage au client et n'est donc pas génératrice de revenu. En revanche, si le client, ou le successeur nommé par lui, est capable de bénéficier des travaux de pré-production déjà accomplis par l'entité, cela pourrait indiquer que cette phase initiale est génératrice de revenu.

4. **Traitement comptable applicable aux phases de pré-production ou pré-exploitation**

Si l'activité initiale n'est pas génératrice de revenu (voir points 2. et 3. ci-avant) :

– tous les montants facturés au client au titre de la phase de pré-production doivent être différés et reconnus de façon étalée pendant la phase de production ;

– au cas où l'entité appliquerait une reconnaissance du revenu fondée sur l'avancement des dépenses, tous les coûts encourus au titre de la phase de pré-production doivent être exclus de la mesure de l'avancement ;

– si les coûts encourus entrent dans le champ d'application des normes sur les immobilisations corporelles (IAS 16), incorporelles (IAS 38) ou les stocks (IAS 2), ils doivent être capitalisés ou

comptabilisés en charges selon les prescriptions de ces normes. Par exemple, pour des frais internes de conception et de développement d'un nouveau produit, l'entité devra appliquer les critères prévus par IAS 38 (faisabilité technique, etc., voir nº 29973) pour déterminer si les frais doivent être capitalisés ou comptabilisés immédiatement en charges. Autre exemple, des frais de construction d'un outillage spécifique pourraient être capitalisables en application d'IAS 16 (voir nº 30987) ;

– si ces coûts n'entrent pas dans le champ d'application des normes IAS 2, IAS 16 et IAS 38, il faut alors cerner s'ils répondent aux critères de capitalisation prévus dans IFRS 15.95. Ainsi, les coûts directement rattachables à l'exécution d'un contrat identifié, signé ou anticipé, qui créent une ressource nécessaire à l'exécution future d'une obligation de performance, et qui sont recouvrables, doivent être capitalisés. A défaut, les coûts doivent être constatés immédiatement en charges.

Si l'activité de pré-production est génératrice de revenu (voir points 2. et 3. ci-avant), il convient ensuite de cerner si cette activité est distincte dans le cadre du contrat (voir nº 25100). Deux cas de figure sont alors à envisager :

– S'il existe des interdépendances fortes entre l'exécution des phases de pré-production et de production, au point que l'entité pourrait difficilement exécuter une phase sans exécuter l'autre, il faut conclure que les deux phases ne sont pas distinctes dans le cadre du contrat et constituent donc une obligation de performance unique. L'entité devra alors déterminer une méthode unique de mesure de l'avancement pour l'obligation de performance constituée de l'ensemble des phases de pré-production et de production. Par exemple, les coûts de design et développement seront pris en compte dans la mesure de l'avancement des dépenses.

– A contrario, si la phase de pré-production peut être considérée comme distincte dans le cadre du contrat, elle sera traitée comme une obligation de performance séparée. Il faudra alors répartir le prix total du contrat entre les 2 phases, en appliquant les règles d'allocation au prorata des justes valeurs respectives de chacune des 2 phases.

5. **Importance du jugement** Les indicateurs évoqués ci-avant ne sont pas exhaustifs. Le traitement des activités de pré-production nécessite l'examen de tous les faits et circonstances propres à chaque typologie de contrats ainsi que l'exercice du jugement.

Pour l'exemple d'une bourse de valeurs facturant une activité initiale d'admission à la cote des titres émis par une société cliente, voir nº 25130.

C. Détermination du prix du contrat

Notion de contrepartie variable

25200

Question

Comment comptabiliser les montants variables ou incertains du prix d'une transaction ?

Réponse

Les contreparties variables correspondent à la partie du prix final du contrat qui est susceptible d'être ajusté à la hausse ou à la baisse, en fonction d'événements futurs. Ces montants variables ou incertains doivent être pris en compte dans l'évaluation du prix de la transaction.

L'entité doit estimer les contreparties variables à inclure dans le prix de la transaction. Deux approches sont envisageables, l'une étant fondée sur une pondération des probabilités et l'autre correspondant au montant le plus probable.

Toutefois, une entité ne doit reconnaître une contrepartie variable estimée que dans la seule mesure où il est hautement probable que le revenu cumulé ne fera pas ultérieurement l'objet d'un ajustement significatif à la baisse lorsque les incertitudes seront résolues.

Jusqu'à la résolution de l'incertitude, l'entité doit actualiser, à la fin de chaque période de reporting, l'estimation de la composante variable du prix de la transaction.

Commentaires :

1. **Nature des contreparties variables** La notion de contrepartie variable est extrêmement vaste et recouvre tous les cas où le prix du contrat est variable ou incertain et peut faire l'objet d'ajustements ultérieurs à la hausse ou à la baisse. Les contreparties variables incluent notamment

25200 (suite) des remises pour paiement comptant, des ristournes de volumes (ajustement rétroactif du prix en cas d'atteinte d'un seuil de volume d'achats sur une période donnée), des avoirs accordés aux distributeurs au titre de clauses de protection de prix, des droits de remboursement accordés aux clients, des droits de retour des produits accordés aux clients, des clauses de pénalités, des primes de performance, des royalties, des mécanismes de révision ou d'indexation des prix, des paiements conditionnés par l'atteinte de « milestones », la garantie d'un niveau de marge minimum donnée au revendeur d'un bien, l'intéressement de l'entité au prix de revente d'un bien, la garantie de réduction de coûts d'exploitation du client, un prix de service variable en fonction du nombre d'unités d'œuvres consommées par le client, etc. (IFRS 15.51).

Ces composantes variables ou incertaines peuvent être explicitement prévues au contrat ou bien être implicites et résulter de pratiques commerciales habituelles (IFRS 15.52).

2. **Méthodes d'estimation des contreparties variables** Deux approches sont utilisées pour estimer les paiements variables ou incertains (IFRS 15.53) :

– **l'approche de la valeur attendue (« expected value »)** : le montant à retenir correspond à la moyenne pondérée par leur probabilité d'occurrence des différents montants possibles. Cette méthode statistique est appropriée lorsque l'entité dispose d'un grand nombre de contrats ayant des caractéristiques similaires ou lorsque le prix définitif du contrat a de multiples valeurs possibles ; ou

– **l'approche consistant à retenir le montant que l'entreprise estime être le plus probable (« most likely outcome »)** : cette approche peut être la plus appropriée si le contrat n'a que deux résultats possibles (par exemple, l'entité obtiendra une prime de performance en totalité ou pas du tout).

La sélection de la méthode d'estimation n'est pas un choix de méthode comptable, la direction opte pour la méthode qui reflète le mieux le montant que l'entité s'attend à recevoir au titre du contrat (IFRS 15.BC195 s.). Cette méthode est appliquée de manière permanente tout au long du contrat (IFRS 15.54). Un même contrat peut toutefois devoir faire l'objet de plusieurs méthodes d'estimation différentes si ce contrat inclut plusieurs formes de paiement variable dont les caractéristiques sont différentes (par exemple, si l'une est binaire et que l'autre peut avoir de nombreuses valeurs possibles).

3. **Plafonnement de l'estimation des contreparties variables** L'estimation des paiements variables ou incertains n'est prise en compte dans le prix de la transaction que dans la mesure où il est hautement probable que le revenu cumulé déjà comptabilisé ne fera pas ultérieurement l'objet d'un ajustement significatif à la baisse, lorsque les incertitudes attachées à la contrepartie variable seront finalement résolues (IFRS 15.56 s.).

Ainsi, une entreprise ne peut pas avoir pour principe d'attendre la résolution des incertitudes pour comptabiliser le revenu mais elle doit appliquer un principe de prudence en plafonnant le revenu reconnu à hauteur du montant hautement probable.

Le plafonnement à appliquer prend en compte à la fois la probabilité et l'ampleur de l'ajustement potentiel à la baisse du revenu (IFRS 15.57).

4. **Indicateurs pour apprécier le caractère hautement probable d'une contrepartie variable** La norme indique que l'appréciation de la nécessité de plafonner ou non l'estimation d'une contrepartie variable est surtout une démarche qualitative. Elle fournit une liste non limitative d'indicateurs de risque d'ajustement significatif à la baisse (IFRS 15.57) :

– la composante variable dépend de facteurs hors du contrôle du vendeur (volatilité des marchés, jugements ou actions du client ou d'autres tiers, etc.) ;

– le délai de résolution de l'incertitude est long ;

– l'expérience de l'entité portant sur des contrats similaires est limitée ou a une valeur prédictive limitée ;

– l'entité a pour pratique habituelle d'offrir un vaste éventail de réductions de prix ou de changer les modalités de paiement dans le cadre de contrats similaires conclus dans des conditions identiques ;

– il existe un nombre important de montants possibles et ceux-ci sont compris dans une fourchette large.

5. **Réestimation des contreparties variables à chaque clôture** L'entité doit actualiser à la fin de chaque période de reporting son estimation de la contrepartie variable du prix de la transaction, et de la partie qu'elle considère comme hautement probable, jusqu'à la résolution complète des incertitudes.

L'effet des changements d'estimation du prix du contrat doit être alloué aux obligations de performance selon la méthode d'allocation prévue pour les contreparties variables (voir n° 25320).

Dans la mesure où un changement d'estimation de contrepartie variable est alloué à une obligation de performance qui est déjà satisfaite, l'ajustement de revenu doit alors être entièrement comptabilisé dans la période où le changement d'estimation intervient.

6. Exception au principe général d'estimation des contreparties variables La norme IFRS 15 prévoit une exception à la règle générale d'évaluation des contreparties variables en ce qui concerne les royalties sur licences de propriété intellectuelle, c'est-à-dire fondées sur les ventes futures réalisées par le client ou bien sur l'utilisation de la licence par le client (IFRS 15.B63), voir n° 25530.

7. Allocation des contreparties variables Les règles d'allocation des contreparties variables aux différents biens et services promis au contrat sont explicitées au n° 25320. En pratique, une entreprise n'a besoin de se livrer à l'exercice d'estimation et de plafonnement du montant des contreparties variables que dans les cas où la résolution de l'incertitude intervient postérieurement au transfert de contrôle du bien ou service auquel la contrepartie variable a été affectée.

■ *Exemple 1*

Bonus de performance *Une entité vend une machine pour 10 M€ et peut percevoir un bonus, jusqu'à 5 % du prix fixe. Le bonus perçu dépend des gains de productivité réalisés par le client mesurés au bout de trois ans d'utilisation de la machine. Le vendeur commercialise ces machines depuis quelques mois.*

Faut-il intégrer une estimation du bonus dans le prix de vente de la machine ?

Solution de l'exemple 1 *Non, l'analyse des indicateurs d'ajustements significatifs du prix à la baisse conduit à considérer qu'il n'est pas hautement probable que le vendeur percevra tout ou partie du bonus. En effet, l'incertitude sera levée après une période longue (3 ans), l'expérience du vendeur de ce type de contrat est limitée (il ne commercialise ces machines que depuis quelques mois), la perception du bonus est dépendante de facteurs en dehors du contrôle du vendeur (les gains de productivité réalisés par le client), il existe une large fourchette de montants possibles pour le bonus. Le revenu reconnu au moment du transfert de contrôle de la machine est donc limité à 10 M€.*

■ *Exemple 2*

Révision d'estimation *Les hypothèses sont identiques à celles de l'Exemple 1, à l'exception des éléments suivants : le vendeur a une bonne expérience de ce type de contrat et peut, lors de la signature du contrat, estimer à 90 % la probabilité d'obtenir un bonus d'au moins 3 % du prix de vente fixe.*

Au bout de 18 mois de service opérationnel de la machine, le vendeur révise son estimation et estime à 90 % la probabilité d'obtenir la totalité du bonus, soit 0,5 M€.

Solution de l'exemple 2 *L'évaluation initiale du prix de vente de la transaction est de 10,3 M€, incluant la partie hautement probable du bonus, et est reconnue lors du transfert de contrôle de la machine au client. En effet, compte tenu de l'expérience acquise par le vendeur sur des contrats similaires, il est hautement probable que le vendeur percevra un bonus qu'il peut estimer de manière fiable. Bien que la perception du bonus soit dépendante de facteurs en dehors du contrôle du vendeur (les gains de productivité) et sur une période longue (3 ans), l'expérience de l'entité concernant des contrats similaires lui permet d'être assuré de l'atteinte d'un niveau minimum de bonus.*

La norme IFRS 15 exige de mettre à jour l'estimation de la composante variable du prix de la transaction à la fin de chaque période de reporting, sans attendre la résolution des incertitudes. Il convient ainsi de reconnaître une révision du complément du prix de 0,2 M€ (0,5 M€ – 0,3 M€ constatés initialement) au bout de 18 mois (donc sans attendre l'expiration de la période de référence du calcul). Ce montant est intégralement reconnu en revenu à la date du changement d'estimation puisqu'il se rapporte entièrement à une obligation de performance déjà satisfaite.

Droits de retour

Question 25201

Comment comptabiliser une vente lorsque le client dispose de droits de retour des produits ?

Réponse

Lorsque la vente d'un produit est assortie d'un droit explicite ou implicite de retour accordé à un client, le montant de revenu comptabilisé au titre de la vente doit être plafonné sur la base d'une estimation du taux de retour, de telle sorte qu'il soit hautement probable que le revenu ne soit pas ajusté à la baisse au moment des retours réels.

25201 (suite)

L'entité doit comptabiliser séparément :
- un passif (en contrepartie d'une réduction du revenu) au titre de l'obligation de rembourser le client ;
- un actif (en contrepartie d'une réduction du coût des ventes) représentant le droit de l'entité de récupérer les biens que les clients retourneront.

L'entité doit actualiser à chaque clôture son estimation du taux de retour et ajuster en conséquence le passif et l'actif.

Le droit de retourner un produit défectueux doit être comptabilisé comme une provision pour garantie et non comme un droit de retour.

Les droits d'échange sont assimilés à des droits de retour sauf lorsqu'ils portent sur des produits similaires.

Commentaires :

1. **Diversité des droits de retour** Lorsqu'une entité accorde à ses clients le droit de retourner les biens qu'ils achètent, ces droits de retour peuvent prendre des formes très diverses :
- le droit pour un consommateur de retourner des produits sans motif particulier ;
- le droit pour un distributeur de retourner des produits invendus ou devenus obsolètes ;
- le droit de retourner les produits à la fin d'un contrat ;
- le droit de retourner les produits défectueux ;
- le droit d'échanger un produit contre un autre ;
- un droit de « trade-in » permettant au client, au terme d'une certaine période d'utilisation, d'imputer la reprise de l'équipement ancien sur l'achat d'un nouvel équipement à l'entité.

Un droit de retour donne souvent droit à un remboursement total ou partiel du montant payé à l'origine ou à un avoir à imputer sur la valeur des biens à acheter dans le futur. Certains droits de retour permettent uniquement à un client d'échanger un produit contre un autre (voir ci-après).

2. **Droits explicites et implicites** Les droits de retour ne sont pas nécessairement explicités dans les clauses écrites du contrat. Il peut exister des droits de retour implicites découlant de promesses faites aux clients dans le cadre des négociations commerciales, d'obligations imposées par la loi ou encore des pratiques commerciales habituelles de l'entité. Ces pratiques sont généralement motivées par la volonté de l'acheteur d'atténuer ses risques et la volonté du vendeur de préserver la relation commerciale. Un historique d'acceptation de retours non contractuels permet de démontrer l'existence de droits de retour implicites. Les droits de retour implicites doivent être comptabilisés de la même façon que les droits explicites.

3. **Modèle comptable applicable aux ventes avec droit de retour** Lorsqu'une entité vend des produits assortis de droits de retour, elle doit comptabiliser :
- un revenu au titre des produits dont l'entité s'attend à ce qu'ils ne soient pas retournés. Ce revenu doit être évalué selon les dispositions générales applicables aux contreparties variables, qui prévoient un plafonnement du revenu au montant hautement probable (voir n° 25200) ;
- un passif au titre de l'obligation de rembourser le client ou d'émettre un avoir ;
- un actif (en contrepartie d'un ajustement du coût des ventes) représentant le droit de l'entité de récupérer les biens détenus par le client en contrepartie du remboursement (IFRS 15.B21).

4. **Modalités d'estimation des taux de retour** L'évaluation des provisions pour retour, qui sont comptabilisées en déduction du revenu initialement reconnu, doit suivre le modèle général d'estimation des contreparties variables (voir n° 25200). Lorsqu'il existe de nombreuses transactions similaires, l'entité doit appliquer la méthode de la valeur attendue (« expected value method ») qui reviendra à procéder à une estimation statistique des taux de retour. L'estimation doit être suffisamment prudente pour respecter le principe de plafonnement des contreparties variables. Ainsi, la provision pour retour doit être estimée de telle sorte qu'il soit hautement probable que le revenu ne fasse pas ultérieurement l'objet d'ajustements à la baisse, au moment de la survenance des retours réels.

5. **Modalités d'évaluation de l'actif représentant le droit à récupérer les produits qui seront retournés** L'actif doit être évalué par référence à la valeur comptable initiale des biens vendus (coût de revient des biens sortis des stocks) diminuée, le cas échéant, (i) des coûts prévus pour récupérer les biens et (ii) de la perte de valeur attendue sur les articles retournés.

Les entités doivent présenter l'actif séparément du passif au titre des remboursements futurs (IFRS 15.B25). **25201** (suite)

L'actif doit être réestimé à chaque clôture pour refléter : (i) de façon symétrique au passif de remboursement, les changements d'estimation des taux de retour attendus et (ii) les autres changements de circonstances indiquant que la valeur de l'actif n'est plus entièrement recouvrable.

6. **Réévaluation des actifs et passifs liés aux droits de retour** L'entité doit actualiser à chaque clôture son estimation du taux de retour et ajuster en conséquence le passif lié à l'obligation de remboursement (en contrepartie du revenu) et l'actif lié au droit à réintégrer en stocks les produits qui seront retournés (en contrepartie du coût des ventes) (IFRS 15.B23).

7. **Frais de reprise de stocks** Certaines sociétés facturent des frais de reprise ou de restockage lorsque les clients retournent un bien. Ces frais visent à compenser les coûts liés au retour du bien que l'entité doit supporter (transport, contrôle qualité, ré-emballage). Les frais de restockage peuvent également être facturés pour décourager les retours ou pour compenser la réduction de marge que l'entité subira sur la revente à d'autres clients du bien retourné.

Une vente assortie d'un engagement de reprise avec frais de reprise est équivalente à un droit de retour avec remboursement partiel et doit donc suivre le même traitement comptable. Le TRG a clarifié le fait que le passif à provisionner (en déduction du revenu) doit être évalué sur la base du montant de l'avoir à émettre au client déduction faite des frais de reprise qui seront facturés au client (voir TRG Agenda Paper n° 35). Symétriquement, les coûts que l'entité s'attend à encourir pour récupérer les produits doivent venir en déduction du montant de l'actif à comptabiliser au moment de la vente au titre du droit à récupérer les produits.

8. **Droits d'échange** Le droit accordé à un client d'échanger un produit contre un autre doit être traité comme un droit de retour sauf dans le cas où le droit d'échange permet seulement au client d'obtenir un produit du même type, de même qualité, de même état et de même prix (par exemple, pour obtenir un produit d'une couleur ou d'une taille différente). Dans ce dernier cas, le droit d'échange n'est pas considéré comme un retour (IFRS 15.B26) et n'a donc pas d'incidence sur la reconnaissance du revenu.

Si une entité a pour pratique d'accepter de reprendre des produits invendus ou obsolètes à condition que le distributeur lui commande une valeur équivalente de produits nouveaux, le droit accordé au distributeur devra être traité comme un droit de retour (donc à provisionner dès la vente initiale) puisque l'échange ne porte pas sur des produits quasi identiques.

9. **Droit de retourner un produit défectueux** Lorsqu'un contrat permet au client de retourner un produit défectueux et d'obtenir en échange un produit en bon état, l'entité ne doit pas appliquer le modèle des droits de retour et doit appliquer les dispositions de la norme IFRS 15 en matière de garanties données aux clients (voir n° 25120).

10. **Droits de « trade-in » accordés à un client** Au moment de la vente initiale d'un bien d'équipement, l'entité peut s'engager à reprendre le bien usagé, au terme d'une certaine période, pour une valeur spécifiée, à condition que le client achète un nouvel équipement. A notre avis, une analyse de l'ensemble des faits et circonstances de la transaction est nécessaire pour déterminer si la transaction doit être considérée :

- soit comme une **option de revente** accordée au client portant sur le bien initialement vendu. Il conviendra alors de déterminer si l'option de revente correspond en substance à un contrat de location ou à un droit de retour ;

Pour plus de précisions sur les options de revente, voir n° 25414.

- soit comme une **option d'achat** accordée au client, lui permettant d'acquérir ultérieurement un nouvel équipement pour une contrepartie partiellement en cash et partiellement en nature, cette partie en nature correspondant à la remise de l'ancien équipement. Dans ce cas, l'entité devra déterminer si l'option d'achat correspond à un « droit matériel » (voir n° 25810).

Parmi les faits et circonstances à considérer, il convient à notre avis de tenir compte des éléments suivants (liste non exhaustive) :

- la manière dont la transaction se compare avec les autres offres commerciales de l'entité ou d'autres acteurs du marché, y compris les offres de location d'équipement ;
- la valeur résiduelle attendue de l'actif initialement vendu, à la date à laquelle l'option de « trade-in » sera exerçable ;
- la capacité du client à accéder au marché de l'occasion (un accès limité au marché de l'occasion pourrait indiquer que le client accorde plus d'importance à l'option de vente car il n'a pas d'autre alternative que de revendre le bien à l'entité).

11. Droits de remboursement d'un service rendu Le droit accordé au client d'obtenir un remboursement total ou partiel du prix d'un service doit être comptabilisé selon le même modèle que les droits de retour sur des produits. En pratique, seul un passif sera comptabilisé, mais aucun actif.

■ *Exemple*

Vente avec droit de retour et facturation de frais de reprise *Le 1/01/N, une entité conclut un contrat pour la vente de 10 articles ayant une valeur de 100 € l'unité. Le coût de revient de chaque article est de 75 €. Le client a la faculté de retourner les articles achetés mais se verra facturer des frais de reprise de 10 € par article. L'entité s'attend à devoir engager des frais de 5 € pour récupérer chaque article retourné. Sur la base de son expérience passée, l'entité estime le taux de retour à 10 %. Les articles retournés sont généralement revendus en générant un profit.*

Solution de l'exemple Le 1/01/N, l'entité constate les écritures suivantes :

– Constatation de la vente :

Dt	*Créances clients (10 articles × 100 €)*	*1 000*	
Ct	*Chiffre d'affaires (9 articles vendus × 100 € + frais de reprise de 1 article × 10 €)*		*910*
Ct	*Provision pour retour (1 article retourné × 100 € – frais de reprise de 1 article × 10 €)*		*90*

– Constatation de la sortie de stocks :

Dt	*Droit à récupérer les produits (1 article × 75 € – coût de récupération de 1 article × 5 €)*	*70*	
Dt	*Coût des ventes (9 articles vendus × 75 € + coût de récupération de 1 article × 5 €)*	*680*	
Ct	*Stocks (10 articles × 75 €)*		*750*

Notion de composante de financement significative

25210 ***Question***

Dans quels cas faut-il identifier une composante de financement significative au sein d'un contrat ?

Réponse

Lorsqu'une des parties au contrat bénéficie d'un avantage de financement significatif, le prix de la transaction, et donc le montant à reconnaître en revenu, doit être ajusté afin que ce prix reflète le prix que le client aurait payé pour une transaction au comptant. L'entité devra reconnaître des charges ou produits financiers selon qu'elle obtient un financement du client ou accorde un financement au client.

Commentaires Le prix de la transaction doit être ajusté dès lors que l'une des parties au contrat bénéficie d'un financement significatif de la part de l'autre partie. Ainsi, si l'acheteur bénéficie de délais de paiement étendus, le montant à reconnaître en revenu sera ajusté à la baisse et l'entité devra reconnaître des produits financiers. A l'inverse, si le vendeur bénéficie de paiements d'avance de la part du client, le montant à reconnaître en revenu sera ajusté à la hausse et l'entité devra reconnaître des charges financières.

Les facteurs à considérer pour identifier une composante de financement significative comprennent (IFRS 15.B61) :
- la différence entre le prix contractuel de la transaction et le prix qui serait payable au comptant ;
- l'ampleur du décalage temporel entre le transfert des biens ou services et leur paiement ;
- le niveau du taux d'intérêt qui serait applicable.

Décision publiée par l'ESMA Dans le cas d'un contrat de construction de navire pour lequel l'entité reconnaissait le revenu à l'avancement, et selon lequel la plus grande partie du prix était payée à la livraison physique du navire, le régulateur a exigé que l'entité détermine si elle accordait ou non un financement à son client, compte tenu du décalage temporel existant entre la reconnaissance du chiffre d'affaires (à l'avancement) et le paiement par le client à la date de livraison physique (EECS/0122-05, 05/22).

Cas dans lesquels il n'y a pas lieu de reconnaître une composante de financement significative Le principe ne consiste pas à ajuster systématiquement et mécaniquement le prix de vente dès qu'il existe un décalage temporel entre paiement et livraison :

- d'une part, la norme prévoit une mesure de simplification et n'oblige pas à ajuster le prix lorsque le décalage temporel n'excède pas 12 mois (IFRS 15.63) ;
- d'autre part, la norme autorise à faire preuve de jugement dans l'identification d'une composante de financement significative et à se référer à l'intention des parties. Les termes de paiement peuvent en effet être motivés par le souci de l'une des parties de se protéger contre le non-respect par l'autre partie de ses obligations contractuelles (IFRS 15.62) ;

> Par exemple, si un acompte est exigé d'un client dans le but principal de réserver une capacité de production et de sécuriser la livraison d'un bien, le paiement anticipé reçu du client ne conduira pas obligatoirement à la reconnaissance d'une charge financière séparée. En revanche, si un acompte est obtenu principalement pour financer les coûts de production de l'entité, et que celle-ci ne reconnaît le revenu qu'à la livraison (et non à l'avancement), il se peut que l'acompte donne lieu à constatation d'une composante de financement significative.
>
> De même, si une retenue de garantie est pratiquée sur un paiement dans le but de s'assurer que l'entité lèvera bien toutes les réserves qui pourraient être identifiées en phase d'acceptation finale, le délai de paiement accordé au client ne sera pas considéré comme une composante de financement significative.

- enfin, une composante de financement ne doit être reconnue que si elle est significative relativement au contrat (notion particulière et autonome par rapport à la notion habituelle de matérialité relative aux états financiers dans leur ensemble).

> **Recommandations de l'AMF** Dans ses recommandations en vue de l'arrêté des comptes 2017, l'AMF insiste sur l'importance d'effectuer une analyse sur l'existence ou non d'une composante de financement pour les sociétés concernées, même dans un contexte de taux bas. En cas de non comptabilisation de la composante financement du fait de son caractère non significatif, l'AMF recommande aux sociétés de mettre en place le suivi nécessaire afin de ne pas perdre la trace des analyses menées qui seraient reproductibles pour des contrats futurs similaires dans lesquels cette composante financement s'avérerait significative (Rec. AMF 2017-09, Arrêté des Comptes 2017, § 2.2).

Présentation L'effet du financement (produits ou charges d'intérêts) doit être présenté, dans le compte de résultat, séparément des produits des activités ordinaires (IFRS 15.65).

Evaluation Pour évaluer une composante de financement significative, le taux d'actualisation à utiliser doit tenir compte des conditions de marché, du risque de crédit propre à la partie bénéficiant du financement (l'entité ou le client, selon le cas) et des garanties dont le financement est assorti (IFRS 15.61 et .64).

Notion de contrepartie payable au client

25220

Question

Comment comptabiliser les contreparties payables au client ?

Réponse

Les contreparties payables aux clients directs et indirects doivent être traitées comme une réduction du revenu, sauf si elles correspondent à la juste valeur d'un bien ou service distinct (au sens de la norme) que le client fournit à l'entité.

Les contreparties payables au client doivent être reconnues en déduction du revenu à la date à laquelle les deux conditions suivantes sont cumulativement remplies :

- l'entité a promis (explicitement ou implicitement) la contrepartie payable au client ; et
- l'entité reconnaît en revenu les biens ou services liés à cette contrepartie payable au client.

Commentaires :

1. **Nature des contreparties payables au client** Il s'agit, par exemple, des sommes en espèces que l'entité s'attend à payer au client ou encore des sommes qui peuvent être créditées au compte du client et être portées en diminution des sommes dues à l'entité.
2. **Paiements à des clients indirects** Les règles évoquées ici s'appliquent aux paiements effectués à tout acheteur direct ou indirect des produits et services vendus par l'entité. Ainsi, pour une

entité utilisant un canal de distribution indirect, les montants qui pourraient potentiellement devoir être déduits du revenu concernent toutes les sommes payées aux grossistes, distributeurs, détaillants et consommateurs.

3. Présentation au compte de résultat Les paiements et crédits accordés aux clients doivent être traités comme une réduction du prix des contrats de vente auxquels ils se rattachent et doivent donc être constatés en diminution du chiffre d'affaires, sauf s'ils rémunèrent une prestation reçue du client qui est distincte des produits et services vendus par l'entité à ce client (IFRS 15.70).

A notre avis, pour apprécier si une prestation distincte a bien été reçue du client, il convient le plus souvent de déterminer si l'entité aurait pu recevoir le même avantage de la part d'un tiers qui n'est pas l'acheteur des biens et services produits par l'entité. Ainsi, par exemple, une prestation de merchandising rendue par le distributeur, consistant à mettre en valeur des produits de l'entité dans les linéaires des magasins, n'est à notre avis pas une prestation distincte, donc la rémunération facturée par le distributeur devra être comptabilisée en déduction du revenu de l'entité.

D'autre part, sont à comptabiliser en déduction du revenu tous les montants payés au client qui excèdent la juste valeur des prestations distinctes reçues (IFRS 15.71). De même, si la juste valeur des prestations distinctes reçues du client n'est pas déterminable de façon fiable, la contrepartie payable au client doit être considérée comme une réduction du prix du contrat.

4. Rythme de reconnaissance Les paiements aux clients doivent être reconnus au plus tard des deux événements suivants :

- l'entité a promis la contrepartie au client ; et
- l'entité a transféré au client les biens et services qui sont liés (IFRS 15.72).

Il en résulte en pratique qu'un paiement effectué au client en début de contrat peut être capitalisé et amorti au fur et à mesure des livraisons de produits ou de l'exécution des services prévus au contrat.

A notre avis, l'exercice du jugement est nécessaire pour déterminer si l'horizon d'amortissement de l'actif peut inclure non seulement les quantités fermement commandées par le client mais également les quantités optionnelles probables (voir Exemple ci-après).

Par ailleurs, une promesse peut être explicite mais aussi implicite : si la pratique de l'entité a créé chez le client une attente valide de recevoir un paiement, il convient de ne pas attendre l'annonce explicite du paiement pour comptabiliser la réduction de revenu.

■ *Exemple*

Droits d'entrée payés à un client pour obtenir un contrat *Un équipementier paye à un constructeur un montant fixe de 1 M€ à titre de droit d'entrée pour obtenir le droit exclusif de livrer certaines pièces sur un programme donné du constructeur. A la date du paiement, le constructeur a procédé à une commande ferme de 20 000 pièces. L'équipementier s'attend raisonnablement à ce que 100 000 pièces soient commandées sur la durée du programme, mais il n'existe pas d'obligation de volume d'achats minimum.*

Solution de l'exemple *Un exemple similaire a été discuté au TRG US de novembre 2016 (TRG Agenda Paper n° 59). Le paiement devrait être capitalisé. L'amortissement sera reconnu en déduction du revenu au fur et à mesure de la reconnaissance du revenu au titre des pièces livrées. L'entité doit faire preuve de jugement pour déterminer si l'amortissement doit s'imputer sur les seules 20 000 pièces ayant fait l'objet d'une commande ferme, et qui constituent le périmètre du contrat au sens d'IFRS 15 (voir n° 25000 et 25800), ou bien s'il doit s'imputer sur la totalité des 100 000 pièces attendues sur le programme, c'est-à-dire en tenant compte des options non encore exercées par le client. Le jugement doit, à notre avis, se référer aux principes généraux d'identification et de reconnaissance d'un actif tels que définis dans le Cadre conceptuel de l'IASB. Dans la mesure où l'entité dispose d'un droit d'exclusivité sur l'ensemble du programme, il est, à notre avis, logique d'amortir l'actif sur l'ensemble du programme.*

Taxes basées sur le chiffre d'affaires

25230 ***Question***

Les taxes calculées sur le chiffre d'affaires sont-elles présentées en réduction du chiffre d'affaires ou sont-elles des charges opérationnelles ?

25230 (suite)

Réponse

Ces taxes sont présentées :

- en réduction du chiffre d'affaires, lorsque l'entité collecte la taxe auprès du client pour le compte de l'autorité fiscale ;
- en charges opérationnelles, lorsque l'entité est redevable de la taxe.

L'analyse nécessite un examen des faits et circonstances propres à chaque juridiction et chaque type de taxe.

Commentaires La norme IFRS 15 indique que le prix de la transaction à reconnaître en chiffre d'affaires est le montant de la contrepartie auquel l'entité s'attend à avoir droit en échange de la fourniture de biens ou de services promis à un client, à l'exclusion des sommes perçues pour le compte de tiers, comme par exemple certaines taxes sur le chiffre d'affaires (IFRS 15.47), sans fournir davantage de précisions.

Afin de déterminer si une taxe doit être présentée en réduction du chiffre d'affaires ou en charges opérationnelles, il convient d'analyser si l'entité agit en tant qu'agent, collectant la taxe auprès des clients pour le compte de l'Etat, ou bien si l'entité est directement redevable de la taxe.

L'objectif de l'analyse est de déterminer si l'entité agit comme agent ou principal dans le paiement de la taxe. Cependant, les indicateurs à appliquer ici sont différents de ceux servant à déterminer si l'entité est agent ou principal dans la revente de biens ou services (voir n° 25600), puisqu'il ne s'agit pas ici de prestations mais de paiements.

Cette analyse requiert de faire preuve de jugement et de prendre en considération l'ensemble des faits et circonstances propres à chaque type de juridiction et à chaque nature de taxe.

Les indicateurs à considérer incluent notamment les points suivants :

- l'intention du législateur, telle qu'énoncée dans la loi ;
- le fait générateur de l'obligation de payer la taxe, ainsi que sa base de calcul ;

  Si le fait générateur est la production ou l'importation de marchandises, cela pourrait indiquer que l'entité agit en tant que principal. Si le fait générateur est la vente à un client, il se peut que l'entité collecte la taxe en tant qu'agent de l'autorité publique.

- l'existence d'une obligation légale ou implicite de répercuter les changements de taxe dans le prix de vente (qui indiquerait que l'entité agit en tant qu'agent pour le compte de l'Etat) ;
- l'exposition au risque de crédit client ;

  Si la base de calcul de la taxe est le chiffre d'affaires facturé, sans possibilité pour l'entité d'obtenir un remboursement de taxe en cas de défaut de paiement par le client, ceci est un indicateur que l'entité agit en tant que principal.

- l'exposition au risque d'inventaire ;

  Si l'entité est obligée de payer la taxe même si les stocks de produits demeurent invendus ou sont détruits, ceci indiquerait que l'entité agit en tant que principal.

- les conditions d'exonération de taxe, selon qu'elles sont attachées au client ou à l'entité ;
- l'existence d'une obligation de faire figurer le montant de la taxe distinctement sur la facture (qui suggérerait que l'entité agit en tant qu'agent).

■ *Exemple 1*

Taxe sur la valeur ajoutée (TVA) Cette taxe est due sur le chiffre d'affaires encaissé.
Le fait que l'entreprise ne supporte pas le risque de crédit client et puisse répercuter le montant de la taxe dans ses prix de vente sont des éléments qui indiquent qu'elle agit pour le compte de l'Etat. Aussi, la taxe sur la valeur ajoutée doit être comptabilisée en réduction du chiffre d'affaires.

■ *Exemple 2*

Taxe sur les cercles et maisons de jeu Il s'agit d'une taxe qui est perçue par le service des douanes au profit des communes. Cette taxe est calculée en pourcentage de la cagnotte (somme que l'établissement prélève sur les jeux pratiqués, à l'exclusion du prix des services rendus au client à un autre titre) et les pourcentages applicables sont progressifs en fonction de paliers annuels.
Cette taxe doit être comptabilisée en charges et non en diminution du chiffre d'affaires. En effet, le caractère progressif du barème de la taxe et l'absence de répercussion aux clients des variations de la taxe en fonction des volumes annuels indiquent que cette taxe n'est pas directement à la charge des clients.

Transfert d'actifs provenant des clients

25240 ***Question***

Comment comptabiliser les actifs, autres que de la trésorerie, reçus des clients ?

Réponse

L'entité doit tout d'abord déterminer si elle obtient le contrôle d'un bien ou d'un service reçu du client.

Si la réponse est positive, l'entité doit inclure la juste valeur de l'actif transféré dans le prix de transaction, qui sera ensuite alloué aux obligations de performance du contrat client et reconnu en revenu selon les dispositions générales d'IFRS 15.

Commentaires :

1. **Typologies de rémunérations en nature** Dans le cadre d'un contrat avec un client, une entité peut être conduite à recevoir des rémunérations en nature, telles que des biens, des services, des droits d'utilisation d'actifs incorporels ou corporels, des actifs financiers ou encore des instruments de capitaux propres émis par le client.

Actifs transférés par le client pour faciliter l'exécution du contrat Dans le cadre d'un contrat avec un client, une entité peut recevoir des contributions en nature de la part du client, destinées à faciliter l'exécution de ses obligations de performance par l'entité. Par exemple, le client peut fournir des matériaux entrant dans la fabrication des produits, des équipements de production ou des services. Un actif transféré par un client ne sera comptabilisé au bilan que si l'entité en a obtenu le contrôle, c'est-à-dire la capacité d'en diriger l'utilisation et d'en obtenir quasiment tous les avantages économiques résiduels. Lorsque l'actif transféré par le client sert à exécuter le contrat, l'exercice du jugement est nécessaire pour déterminer si l'entité a effectivement obtenu le contrôle de l'actif.

Par exemple, si un client transfère à une entité des composants nécessaires à la fabrication par l'entité des produits commandés par le client, mais que l'entité n'a pas le droit d'utiliser ces composants pour d'autres contrats, ou encore si les composants sont spécifiques au client et n'ont aucun usage alternatif, il pourrait être conclu que l'entité n'a en fait pas obtenu le contrôle de ces composants.

Si l'entité a bien obtenu le contrôle de l'actif transféré par le client, alors l'actif sera comptabilisé au bilan sur la base de sa juste valeur et, en contrepartie, sera traité comme une composante en nature de la rémunération du contrat.

2. **Modalités de comptabilisation des rémunérations en nature** La composante en nature de la rémunération d'un contrat doit être incorporée dans le prix de transaction, qui sera ensuite alloué aux obligations de performance identifiées dans le contrat, et comptabilisé en revenu lorsque (ou au fur et à mesure que) celles-ci seront satisfaites. Ainsi, en pratique, il n'est pas possible de reconnaître un produit au compte de résultat au moment où l'entreprise obtient le contrôle de l'actif transféré par le client.

3. **Evaluation d'une contrepartie en nature** Les contreparties en nature doivent être évaluées à leur juste valeur. Si la juste valeur de la contrepartie en nature ne peut être établie de façon fiable, la valorisation doit alors se faire de manière indirecte par référence au prix de vente spécifique des biens ou services promis en échange par l'entité.

4. **Date d'évaluation d'une contrepartie en nature** La norme IFRS 15 ne précise pas quelle doit être la date d'évaluation d'une rémunération en nature à recevoir d'un client. L'exercice du jugement est nécessaire pour déterminer si ce doit être : la date à laquelle les parties s'engagent au contrat (à l'instar de ce qui est prescrit en US GAAP), la date à laquelle l'obligation de performance est satisfaite ou encore la date à laquelle l'entité obtient le contrôle de la contrepartie en nature.

5. **Variations de juste valeur d'une contrepartie en nature** Le traitement comptable de la variabilité d'une rémunération en nature dépend de la cause de la variabilité :

– Si la variabilité est inhérente à la nature de la rémunération elle-même : le principe général de limitation de la reconnaissance des contreparties variables au montant hautement probable (voir n° 25200) ne doit pas s'appliquer dans ce cas précis. Ainsi, par exemple, si l'entité a droit à recevoir un nombre fixe d'actions cotées en rémunération d'une prestation de service, l'avancement du revenu est mesuré sur la base de la juste valeur de l'action à la date de clôture, bien qu'il existe un risque non négligeable que l'évolution ultérieure du cours de l'action (entre la date de clôture et la date de remise des actions) entraîne un ajustement à la baisse du revenu.

- Si la variabilité de la rémunération en nature a d'autres causes, le principe général du plafonnement de la reconnaissance des contreparties variables (voir n° 25200) au montant hautement probable doit s'appliquer. Ainsi, par exemple, si l'entité a droit à recevoir un nombre variable d'actions qui dépend de l'atteinte de certains critères de performance de l'entité, la reconnaissance du revenu doit être basée sur une estimation du nombre d'actions dont l'obtention est hautement probable.
- Dans tous les cas, une fois les actions reçues par l'entité, leurs variations ultérieures de juste valeur seront traitées selon les dispositions de la norme IFRS 9, Instruments financiers, et n'auront aucun impact sur le revenu reconnu au titre de la prestation de service.

6. Transfert d'un actif par le client et paiement d'un prix en cash par l'entité :
- si le prix payé par l'entité au client excède la juste valeur du bien ou service distinct reçu du client : l'excédent de prix doit être traité comme une réduction du prix de la transaction qui viendra donc en déduction du revenu reconnu lorsque l'entité exécutera ses obligations de performance et donc du revenu à reconnaître (voir n° 25220) ;
- si le prix payé par l'entité est inférieur à la juste valeur de l'actif dont l'entité a obtenu le contrôle (au sens de la norme IFRS 15), l'excédent de la juste valeur sur le paiement doit être traité comme une rémunération en nature à inclure dans le prix de la transaction à reconnaître en revenu (voir ci-avant) ;
- dans tous les cas, la réduction ou l'augmentation de revenu sera allouée et reconnue selon les principes généraux d'IFRS 15, c'est-à-dire au fur et à mesure que les biens et services promis au contrat seront livrés au client.

Indemnités payables à des clients

25250

Question

Comment comptabiliser des indemnités payables à des clients ?

Réponse

L'exercice du jugement est nécessaire pour déterminer le modèle applicable à la reconnaissance, l'évaluation et la présentation de ces indemnités, selon que ces indemnités sont assimilées à :
- une provision, dans le champ d'application d'IAS 37, Provisions, passifs éventuels et actifs éventuels ; ou
- une contrepartie variable, dans le champ d'application d'IFRS 15.

Commentaires Lorsqu'un contrat prévoit que des indemnités puissent être payées aux clients dans certaines situations, l'exercice du jugement est nécessaire pour déterminer quel modèle est applicable à la reconnaissance, l'évaluation et la présentation de ces indemnités dans les états financiers. Ces indemnités payables aux clients peuvent être assimilées soit à une provision selon les principes de la norme IAS 37, soit à une contrepartie variable, au sens de la norme IFRS 15.

1. Provision (IAS 37) Une indemnité à payer à un client peut devoir être traitée comme une provision dans le champ d'IAS 37, dans les cas suivants (IFRS 15.B33) :
- une obligation légale d'indemniser le client pour des dommages subis par le client du fait d'une utilisation conforme du produit par le client ;
- la mise en jeu par le client d'une obligation de le protéger contre toute réclamation d'un tiers pour violation de propriété intellectuelle causée par une utilisation conforme du produit de l'entité par le client.

En accord avec les principes de la norme IAS 37, une provision doit être comptabilisée, dès lors qu'une sortie de ressource est probable, en contrepartie d'une charge d'exploitation.

2. Contrepartie variable (IFRS 15) Une indemnité à payer à un client doit être traitée comme une contrepartie variable, si elle est assimilable à une pénalité liée à un retard de livraison ou à une performance insuffisante des produits ou services livrés à l'entité (voir n° 25200).

Dans de tels cas :
- le montant cumulé du revenu reconnu doit être plafonné de telle sorte qu'il soit hautement probable que la résolution ultérieure de l'incertitude n'entraîne pas d'extourne significative de revenu (ce qui pourrait conduire à la reconnaissance d'un passif plus tôt que dans le modèle IAS 37) ;
- les indemnités à payer sont comptabilisées en déduction du chiffre d'affaires.

■ *Exemple*

Cet exemple reprend les éléments d'une décision de l'IFRS IC (IFRIC Update 09/19).

Indemnités de retard ou d'annulation *Une compagnie aérienne doit indemniser ses clients au titre de retards ou d'annulations de vols. Le montant de l'indemnité est fixé par la loi et n'est pas proportionnel au prix de vente du contrat client. L'IFRS IC a conclu que l'obligation légale d'indemnisation fait partie des droits et obligations exécutoires du contrat client et doit donc être comptabilisée selon le modèle des contreparties variables d'IFRS 15, et non comme un passif entrant dans le champ d'application d'IAS 37.*

A noter que le cas où une portion de l'indemnité excéderait le prix de vente du contrat n'a pas été traité par l'IFRS IC.

A notre avis, il existe dans ce cas un choix de méthode comptable (revenu négatif ou charge).

D. Allocation du prix de vente aux obligations de performance

Détermination des prix de vente spécifiques

25300 ***Question***

Comment déterminer le prix de vente spécifique d'une obligation de performance ?

Réponse

Le prix de vente spécifique est le prix auquel une entité vendrait à un client un bien ou service seul. Il s'agit du prix de vente observable lorsque l'entité vend le bien ou service séparément, ou à défaut d'un prix qui doit être estimé en maximisant le recours aux données observables.

Commentaires Dans un contrat à éléments multiples, la norme exige d'allouer le prix du contrat aux obligations de performance au prorata de leurs prix de vente spécifiques respectifs. Le prix de vente spécifique est le prix de vente auquel une entité vendrait séparément le bien ou service (c'est-à-dire sans qu'il soit proposé en combinaison avec d'autres biens ou services). Il s'agit du prix de vente observable lorsque l'entité vend les biens ou services séparément dans les mêmes circonstances et à des clients identiques (IFRS 15.77).

A défaut de prix directement observables, une estimation du prix est effectuée en privilégiant le recours à des inputs observables. L'entité doit appliquer de manière permanente la même méthode d'estimation dans des circonstances identiques (IFRS 15.78). Les méthodes d'estimation incluent notamment le prix de marché ajusté ou encore le coût attendu augmenté d'une marge appropriée (IFRS 15.79).

Les prix de vente spécifiques ne correspondent pas nécessairement aux prix individuels spécifiés dans le contrat ni aux prix catalogue de l'entité.

Modalités d'allocation du prix global du contrat aux obligations de performance

25310 ***Question***

Comment allouer le prix global du contrat aux obligations de performance ?

Réponse

Au démarrage du contrat, le prix global du contrat est alloué aux différentes obligations de performance en proportion des prix de vente spécifiques de chacune des obligations de performance.

D'autres méthodes d'allocation doivent être appliquées dans des circonstances particulières :
- la méthode dite « résiduelle » ;
- l'allocation directe des contreparties variables ; et
- l'allocation intégrale d'une remise à un sous-groupe de biens et services.

Commentaires : **25310** (suite)

1. **Modalités générales d'allocation** Au démarrage du contrat, l'entité doit (IFRS 15.74 et .76) :
- déterminer les prix de vente spécifiques des biens et services constitutifs de chaque obligation de performance (voir n° 25300) ; et
- allouer le prix de la transaction au prorata des prix de vente spécifiques de chaque obligation de performance.

L'allocation est définie au démarrage du contrat et ne doit pas être ultérieurement modifiée en cas de changements ultérieurs dans les prix de vente spécifiques.

2. **Allocation d'un changement d'estimation du prix de la transaction** L'estimation des composantes variables du prix est revue à chaque date de reporting et peut conduire à des changements du prix après la conclusion du contrat. Ce type de changement est alloué aux différentes obligations de performance du contrat sur la même base que celle retenue à l'origine du contrat, c'est-à-dire sur la base des prix de vente spécifiques déterminés à la date de conclusion du contrat. Si le changement d'estimation se rapporte à une obligation de performance déjà satisfaite, l'impact est constaté en augmentation ou réduction du chiffre d'affaires sur la période au cours de laquelle le changement du prix de la transaction intervient (IFRS 15.88).

3. **Interdiction de la méthode du « contingent cash cap »** Avant l'application d'IFRS 15, certaines entreprises appliquaient une approche « contingent cash cap » qui aboutissait à plafonner le revenu alloué à l'élément livré à hauteur du montant que l'entreprise avait le droit inconditionnel de facturer et d'encaisser.

Cette approche est désormais interdite et l'application de la règle d'allocation du prix global du contrat aux obligations de performance peut conduire à reconnaître en revenu un montant pour lequel l'entreprise n'a pas encore acquis le droit inconditionnel de facturer et d'encaisser.

Ainsi, l'entreprise peut devoir reconnaître un actif de contrat représentant un droit conditionnel à recevoir de la trésorerie, puisque cette trésorerie ne deviendra exigible que lorsque l'entité aura livré les autres biens et services promis au contrat. Ce point est illustré par l'Exemple 1 ci-après (smartphone et service de télécommunication).

4. **Cas particulier de la méthode résiduelle** Cette méthode consiste à déterminer le prix de vente spécifique d'une obligation de performance donnée par différence entre le prix global du contrat et la somme des prix de vente spécifiques (observables ou estimables) des autres biens et services promis au contrat.

Cette méthode n'est désormais applicable que dans les circonstances où le prix de vente spécifique de l'obligation de performance en question est (IFRS 15.79) :
- fortement variable (l'entité vend les mêmes biens ou services avec une large amplitude de prix) ; ou
- incertain (l'entité n'a pas encore établi de prix pour un bien ou service qui n'a pas encore été vendu séparément).

En pratique, la méthode résiduelle pourrait trouver à s'appliquer pour déterminer le prix de vente spécifique d'une licence de software (vendue en combinaison avec d'autres services). La norme précise que l'application de la méthode résiduelle ne doit pas conduire à allouer un prix insignifiant à l'obligation de performance évaluée selon cette méthode.

5. **Cas particulier de l'allocation directe des contreparties variables** Voir n° 25320.

6. **Cas particulier de l'allocation d'une remise à un sous-groupe de biens et services** Si une entité accorde une remise pour l'achat d'un groupe de biens et services, le principe général évoqué ci-avant conduit à allouer la remise à toutes les obligations de performance du contrat sur une base proportionnelle. Toutefois, IFRS 15.81 s. définit les conditions particulières dans lesquelles l'entité pourrait devoir allouer la remise entièrement à un sous-groupe d'obligations de performance.

Exemple Un contrat comprend trois obligations de performance (A, B et C). Le prix de vente spécifique de chaque obligation de performance est respectivement de 20, 40 et 60. Le prix de vente du contrat est de 100, l'entité a donc accordé une remise globale de 20 par rapport à la somme des prix de vente spécifiques. Par ailleurs, l'entité vend de manière séparée le sous-ensemble composé de B et C avec une remise de 20 (par rapport à la somme de leurs prix de vente spécifiques). Dans ce cas particulier, l'entité devra allouer la totalité de la remise aux obligations de performance B et C.

7. **Assiette à laquelle appliquer l'allocation** Le prix de la transaction à allouer ne doit comprendre que les biens et services fermes et doit donc exclure ceux qui sont optionnels (voir n° 25000 et 25800).

■ *Exemple*

Contrat à éléments multiples : smartphone et service *Un opérateur de télécommunications vend à ses clients un package comprenant un smartphone et un abonnement au service de télécommunication sur une durée de 24 mois. Le prix de vente global du contrat est de 820 €, les prix de vente contractuels et observables des deux éléments du pack sont les suivants :*

	Prix de vente spécifiés au contrat (€)	*Prix de vente observables séparément (€)*
Smartphone	*100*	*400*
Service (24 mois)	*720*	*600*
Total	*820*	*1 000*

Comment allouer le prix de vente du pack aux obligations de performance du contrat ?

Solution de l'exemple *Le contrat comprend deux obligations de performance : (i) le smartphone et (ii) l'abonnement au service de télécommunication. L'allocation du prix de vente du pack aux deux obligations de performance se fait au prorata des prix de vente spécifiques de ces deux éléments :*
– allocation au smartphone : 820 × 400 / 1 000 = 328 € ;
– allocation à l'abonnement : 820 × 600 / 1 000 = 492 €.
Le tableau suivant illustre les différences d'allocation entre les obligations de performance selon la méthode retenue. La méthode « cash cap » est désormais interdite et la méthode résiduelle ne serait pas applicable à ce type de contrat car il est peu vraisemblable ici que le prix de vente spécifique du smartphone soit fortement variable ou incertain.

	Allocation au prorata des prix des ventes spécifiques	*Méthode résiduelle (non applicable)*	*Méthode « cash cap » (interdite)*
Smartphone	*328*	*220*	*100*
Service	*492*	*600*	*720*
Total	*820*	*820*	*820*

On observe ainsi que, au moment de la livraison du téléphone, au démarrage du contrat, l'entreprise n'aura le droit d'encaisser que 100 € mais devra reconnaître un revenu de 328 €, et devra donc reconnaître un actif de contrat de 228 €, actif qu'elle n'aura le droit de facturer et d'encaisser qu'au fur et à mesure de l'exécution du service de télécommunication.

Modalités particulières d'allocation des contreparties variables

25320 ***Question***

Comment allouer les parties variables de la rémunération prévue dans un contrat ?

Réponse

La règle habituelle consiste à allouer le prix total de la transaction, qu'il soit fixe ou variable, au prorata des prix de vente spécifiques des obligations de performance identifiées dans le contrat.

Toutefois, par exception à la règle habituelle, lorsque les modalités de calcul d'un montant variable se rapportent directement à l'exécution d'une obligation de performance spécifique au sein du contrat, ou au transfert d'un bien ou service distinct au sein d'une série, il peut alors être nécessaire d'allouer ce montant variable directement et entièrement à cette seule obligation de performance ou à cette seule unité distincte.

Commentaires :

1. Conditions d'allocation d'une contrepartie variable à une seule obligation de performance

Selon IFRS 15.85, un paiement variable doit être affecté en totalité à une seule obligation de performance (« OP ») si :

– les modalités de calcul de ce paiement variable sont spécifiquement rattachées aux efforts encourus pour exécuter cette obligation de performance particulière ou à une conséquence spécifique de son exécution ; et

– l'allocation directe de la contrepartie variable à cette obligation de performance particulière est conforme au principe général d'allocation, une fois pris en compte l'ensemble des obligations de performance et des modalités de rémunération prévues au contrat. **25320** (suite)

Le principe général d'allocation est d'allouer le prix de la transaction à chaque bien ou service distinct d'une façon qui reflète le montant auquel l'entité s'attend à avoir droit en contrepartie du transfert de ce bien ou service (IFRS 15.73).

Lorsque les deux conditions ci-avant sont remplies, le paiement variable ne doit pas être alloué aux différentes OP du contrat au prorata de leurs prix de vente spécifiques (« PVS »), mais il doit être alloué directement et entièrement à l'OP à laquelle il se rattache (voir Exemple 1 ci-après).

2. Conditions d'allocation d'une contrepartie variable dans le cas d'une série de biens ou services distincts Pour rappel, une série de biens ou services distincts doit être comptabilisée comme une seule obligation de performance si plusieurs conditions sont remplies (voir n° 25110). Dans ce cas, par analogie avec la règle énoncée ci-avant (point 1.), un paiement variable doit être alloué entièrement à un bien ou service distinct au sein de la série si : (i) les termes de la variabilité sont directement liés soit aux efforts de l'entité pour transférer ce bien ou service distinct, soit à un résultat spécifique de ce transfert, et (ii) cette allocation est conforme au principe général d'allocation, après prise en compte de l'ensemble des autres rémunérations du contrat et de la façon dont elles sont allouées.

Cette règle trouve à s'appliquer, en particulier, aux contrats de service répétitifs constitués d'une série d'unités distinctes. Elle conduit alors, en pratique, à allouer un paiement variable périodique à la seule période dans laquelle il naît, à condition que la variabilité soit directement rattachable à la performance de l'entité au cours de la période concernée. C'est typiquement le cas des paiements mensuels variant en fonction de l'usage du service par le client (voir Exemples 2 et 3 ci-après).

■ *Exemple 1*

Pénalité de retard *Un contrat comprend deux obligations de performance : la construction d'un équipement spécifique (qui s'étalera sur 18 mois) et une prestation de maintenance pendant 3 ans. On suppose que les prix spécifiés au contrat sont représentatifs des prix de vente spécifiques de chacun des deux éléments. En outre, le contrat prévoit une pénalité de 5 % du prix total du contrat si l'entité ne respecte pas le délai contractuel prévu pour la date de mise en service de l'équipement. Les modalités de calcul de la pénalité sont directement liées à l'exécution de la première des deux obligations de performance. La variabilité liée à la pénalité de retard sera donc entièrement affectée à l'équipement, sous réserve qu'une telle allocation soit globalement en ligne avec l'objectif du principe général d'allocation, après prise en compte de l'ensemble des obligations de performance et des paiements prévus.*

Si le revenu de l'équipement est reconnu à l'avancement, le taux d'avancement devra être appliqué au montant minimum hautement probable que l'entité s'attend à recevoir au titre de l'équipement, après imputation à l'équipement de l'intégralité du risque de pénalité. Ce montant sera réestimé à chaque clôture.

■ *Exemple 2*

Clause d'indexation *Un contrat de service de nettoyage de deux ans prévoit une augmentation du prix du service à compter de la seconde année afin de tenir compte de l'augmentation de l'indice des prix. L'entité affectera le paiement variable correspondant à la revalorisation du prix du service exclusivement aux prestations exécutées sur la seconde année du contrat.*

■ *Exemple 3*

Contrat incluant des rémunérations à la fois fixes et variables pour une même OP de prestations récurrentes *Un prestataire de services informatiques a signé un contrat d'outsourcing pour une durée de plusieurs années. Le contrat prévoit une rémunération comprenant un montant fixe initial au titre de la phase de transition, un montant fixe mensuel pendant la phase d'exploitation, ainsi que des facturations variables mensuelles fonction de la nature et du nombre d'unités d'œuvre consommées par le client. Un prix unitaire constant est appliqué à chaque type d'unité d'œuvre (nombre de tickets d'incidents, nombre de serveurs, volumes de transactions traitées, etc.).*

Analyse de l'exemple 3 *Ce type de contrat a été discuté par le Transition Resource Group en juillet 2015 (TRG Agenda Paper n° 39, 40 et 41). Le contrat sera considéré comme une obligation de type « stand ready », c'est-à-dire une obligation de donner accès à certaines prestations pendant une période définie. Le contrat est composé d'une série d'unités distinctes, chaque unité correspondant à un incrément de temps (jours, mois). Le contrat sera donc traité comme une obligation de performance unique reconnue à l'avancement, en application des règles relatives aux séries (voir n° 25110).*

Le prix de la transaction relatif à cette OP unique comprend une partie fixe et une partie variable.
a. La partie fixe de la rémunération (montants forfaitaires initiaux et mensuels) devra être reconnue sur la base d'une mesure de l'avancement appropriée. Une méthode linéaire (prorata temporis) pourrait souvent être appropriée.
b. La partie variable de la rémunération correspond au prix par unité d'œuvre multiplié par le nombre d'unités d'œuvre consommées dans chaque période. Cette partie variable répond aux deux conditions énoncées par IFRS 15.85 :
– d'une part, compte tenu de la nature des unités d'œuvre, il apparaît que la variabilité des paiements mensuels est proportionnelle à la performance de l'entité et à l'intensité d'utilisation du service par le client au cours de chaque unité mensuelle de temps ; et
– d'autre part, allouer chaque paiement variable directement à la période de temps au cours de laquelle il est né est cohérent avec le principe général d'allocation, compte tenu notamment du fait que le prix de chaque type d'unité d'œuvre est constant sur la durée du contrat.
En conséquence, chaque paiement variable sera alloué à la période de temps dans laquelle il est né.

Ainsi, l'application de la règle particulière d'allocation directe des contreparties variables prévue par IFRS 15.85 a pour effet de simplifier grandement la reconnaissance du revenu, car elle dispense l'entité d'estimer l'ensemble des paiements variables prévus au contrat, puis de les plafonner au montant hautement probable, et enfin de les reconnaître selon la même méthode de mesure de l'avancement que pour les paiements fixes. Cela aboutit, en pratique, à reconnaître les paiements fixes et variables à des rythmes différents, sans violer pour autant le principe d'IFRS 15.40 selon lequel une seule et unique mesure de l'avancement doit être appliquée pour une obligation de performance donnée. En effet, l'entité applique bien une seule et unique méthode de mesure de l'avancement (la méthode linéaire dans Exemple 3 ci-avant) ; la reconnaissance des montants variables dans la période où ils naissent n'est pas une autre méthode de mesure de l'avancement (étape 5 du modèle IFRS 15) mais constitue une méthode d'allocation du prix (étape 4 du modèle IFRS 15).

Pour certains contrats où le prix de l'unité d'œuvre n'est pas constant sur toute la durée du contrat, l'exercice du jugement est nécessaire pour apprécier si le principe général d'allocation est respecté.

Par exemple, un prix indexé sur un indice pertinent d'inflation respecterait le principe général d'allocation. De même, un prix dégressif cohérent avec les tendances d'évolution des prix de marché pourrait respecter le principe général d'allocation. En revanche, une évolution annuelle des prix contractuels structurée pour accorder au client une remise concentrée sur le début du contrat (« front-end discount »), ou sur les dernières années (« back-end discount »), signifierait que le principe général d'allocation n'est pas respecté et donc que les rémunérations variables ne peuvent pas être allouées directement aux périodes où elles naissent sur la base d'IFRS 15.85. Dans ce cas, il conviendrait d'estimer les contreparties variables attendues sur la durée du contrat, de les plafonner au montant hautement probable, et de leur appliquer la méthode unique de mesure de l'avancement (qui s'appliquerait ainsi à la fois aux contreparties fixes et variables).

E. Comptabilisation du chiffre d'affaires

Reconnaissance du chiffre d'affaires : à l'avancement ou à une date donnée ?

25400 ***Question***

Comment déterminer si le chiffre d'affaires associé à une obligation de performance doit être reconnu à l'avancement ou bien à une date donnée ?

Réponse

Pour chaque obligation de performance, quelle que soit sa nature, il est nécessaire d'appliquer une grille unique de trois critères en vue de déterminer si celle-ci est satisfaite en continu (« over time »).

Les trois critères sont les suivants :
– premier critère : le client bénéficie des avantages du service au fur et à mesure de la performance de l'entité ;

- deuxième critère : le client contrôle l'actif au fur et à mesure de sa construction par l'entité ; 25400 (suite)
- troisième critère (comprenant une double condition) : (i) l'actif n'a pas d'usage alternatif pour l'entité et (ii) l'entité dispose, à tout moment, en cas de résiliation par le client, d'un droit exécutoire au paiement de la valeur des travaux réalisés à date.

Si au moins l'un de ces trois critères est rempli, l'obligation de performance est reconnue à l'avancement. Il conviendra alors de sélectionner une méthode de mesure de l'avancement.

Si aucun de ces trois critères n'est rempli, l'obligation de performance est reconnue à une date donnée. Il conviendra alors d'appliquer certains indicateurs pour déterminer à quelle date exactement l'obligation de performance est satisfaite.

Commentaires :

1. **Schéma général** La norme prévoit trois critères permettant de déterminer si une entité transfère le contrôle d'un bien ou d'un service en continu. Si l'un au moins des trois critères est rempli, l'entité devra comptabiliser le revenu à l'avancement (IFRS 15.35). Si aucun des trois critères n'est rempli, le revenu de l'obligation de performance doit être reconnu à une date donnée. L'analyse doit être faite à l'origine du contrat.

La norme ne fait aucune distinction entre les biens, les services et les contrats de construction (tels qu'ils étaient antérieurement définis dans IAS 11 et IAS 18). Par conséquent, cette grille unique d'analyse doit être appliquée à tous les types d'obligations de performance quelle que soit leur nature. Cette grille d'analyse est schématisée de la façon suivante :

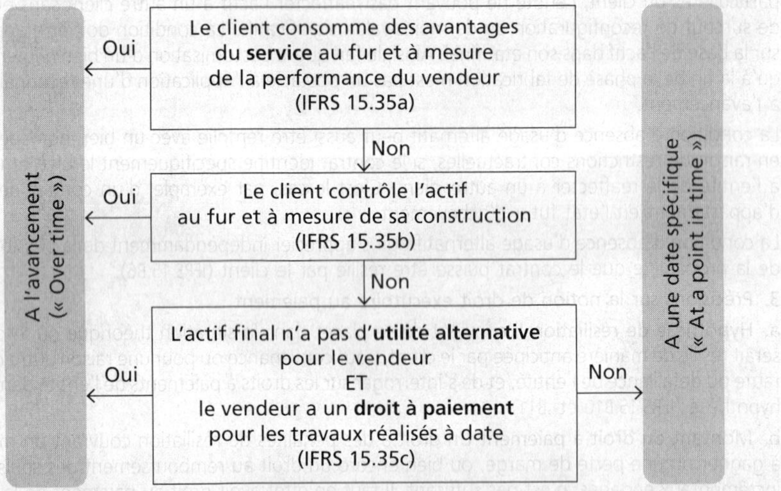

Premier critère Le revenu est reconnu à l'avancement si l'acheteur reçoit et consomme les avantages de la prestation simultanément à la réalisation de la prestation par l'entité. Ceci vise les prestations de services exécutées en continu, comme une prestation de nettoyage, de gardiennage ou de support téléphonique (IFRS 15.B3). Ce critère est rempli s'il peut être démontré qu'un tiers qui reprendrait à sa charge l'exécution de l'obligation de performance n'aurait pas besoin de refaire les travaux déjà exécutés par l'entité (IFRS 15.B4).

Deuxième critère Le revenu est reconnu à l'avancement si la prestation de l'entité crée ou améliore un actif que le client contrôle au fur et à mesure que l'entité effectue les travaux (IFRS 15.B5). Le critère est rempli si le client a la faculté effective de diriger l'utilisation de l'actif en cours de construction et d'en obtenir substantiellement tous les avantages économiques résiduels.

Les éléments suivants pourraient indiquer que ce critère est rempli (IFRIC Update 03/18) :

- le client a la propriété juridique des travaux en cours et a la faculté de revendre ou de donner en garantie à un tiers cet actif inachevé ;

  En revanche, la faculté de transférer ou de donner en garantie ses droits contractuels à recevoir l'actif achevé à une date future ne démontre pas que le client contrôle l'actif en cours.

25400 (suite) – le client a la faculté de modifier les éléments clefs de la conception et des spécifications de l'actif pendant sa construction ;

– le client a la faculté de faire achever la construction par un autre prestataire, même si l'entité n'est pas défaillante dans l'exécution de sa prestation.

Selon l'IFRS IC, le fait que le client soit exposé aux fluctuations de valeur de marché de l'actif pendant sa construction pourrait indiquer que le client a bien l'un des attributs du contrôle mais ce ne serait pas pour autant suffisant pour conclure, s'il ne peut pas être démontré également que le client dirige l'utilisation de l'actif pendant sa construction.

A titre d'exemple, ce deuxième critère est rempli lorsque la prestation de l'entité consiste à construire un immeuble sur un terrain appartenant au client ou à améliorer un logiciel appartenant au client.

Troisième critère Le revenu est reconnu à l'avancement si deux conditions sont cumulativement remplies :

– **première condition** : l'actif n'a **pas d'usage alternatif pour le vendeur** (voir point 2. ci-après) ;

– **seconde condition** : le vendeur dispose, à tout moment, en cas de résiliation par le client, d'**un droit exécutoire au paiement** de la valeur des travaux réalisés à date. L'appréciation de cette condition nécessite de mener une analyse juridique (voir point 3. ci-après).

2. Précisions sur la notion d'absence d'usage alternatif (IFRS 15.36 et .B6 à .B8). Un actif n'a pas d'usage alternatif si le vendeur ne peut pas le réaffecter à un autre client, en raison de limitations pratiques ou de restrictions contractuelles.

La condition d'absence d'usage alternatif est remplie en raison de limitations pratiques si l'entité doit encourir des pénalités économiques significatives afin de réaffecter le bien à un autre client. Cela est le cas, par exemple, d'actifs hautement spécialisés, conçus selon les spécifications particulières du client, l'entité ne pouvant pas réaffecter l'actif à un autre client sans encourir de surcoût de reconfiguration ou de moins-value significatifs. La condition doit être appréciée sur la base de l'actif dans son état final. Ainsi, le fait que la customisation d'un bien n'intervienne qu'à la fin de la phase de fabrication n'est pas un obstacle à l'application d'une reconnaissance à l'avancement.

La condition d'absence d'usage alternatif peut aussi être remplie avec un bien non spécialisé, en raison de restrictions contractuelles, si le contrat identifie spécifiquement le bien et interdit à l'entité de le réaffecter à un autre client. C'est le cas, par exemple, d'un contrat de vente d'appartement en l'état futur d'achèvement.

La condition d'absence d'usage alternatif doit s'apprécier indépendamment de la possibilité ou de la probabilité que le contrat puisse être résilié par le client (IFRS 15.B6).

3. Précisions sur la notion de droit exécutoire au paiement

a. Hypothèse de résiliation Il convient de se placer dans la situation théorique où le contrat serait résilié de manière anticipée par le client, pour convenance ou pour une raison autre qu'une faute ou défaillance de l'entité, et de s'interroger sur les droits à paiements de l'entité dans cette hypothèse (IFRS 15.B10 et .B11).

b. Montant du droit à paiement Un droit à des pénalités de résiliation couvrant un manque à gagner ou une perte de marge, ou bien encore un droit au remboursement des seuls coûts incrémentaux engagés, n'est pas suffisant. Il faut en effet avoir droit au paiement de la valeur des travaux réalisés à date, couvrant non seulement les coûts déjà encourus mais également une marge raisonnable (IFRS 15.B9).

L'IFRS IC a analysé le cas d'un contrat que le client a le droit d'annuler, ce qui oblige alors le client à garantir à l'entité un prix de revente minimum à un tiers. Le client initial doit ainsi indemniser l'entité à hauteur de l'écart défavorable entre le prix du contrat initial et le prix finalement obtenu par l'entité dans un contrat indépendant avec un tiers. L'IFRS IC a conclu que, dans ce cas, même si l'entité est économiquement protégée des conséquences d'une résiliation du contrat par le client, la condition du droit à paiement n'est pas remplie, car les droits vis-à-vis du client ne représentent qu'une indemnité pour perte de marge et non la valeur des travaux réalisés à la date de résiliation (IFRIC Update 03/18).

c. Le droit à paiement doit être exécutoire. Un droit est exécutoire si l'entité peut le faire prévaloir devant les tribunaux. L'appréciation du caractère exécutoire des droits à paiement ne doit pas reposer exclusivement sur les clauses du contrat, mais doit aussi tenir compte de la législation et de la jurisprudence locales, qui peuvent neutraliser ou compléter les termes du contrat (IFRS 15.37 et .B12).

Ainsi, l'analyse de ce critère ne doit pas ignorer les précédents jurisprudentiels s'il en existe. En effet, les termes d'un contrat peuvent être annulés par la jurisprudence. Par exemple, si, malgré une clause

25400 (suite)

stipulant l'irrévocabilité du contrat, il est observé que les tribunaux ont accordé aux clients le droit de le résilier en payant une pénalité de dédit inférieure à la valeur des travaux à date, la condition du droit exécutoire à paiement n'est pas remplie (IFRIC Update 03/18).

A l'inverse, un droit exécutoire à paiement peut exister malgré l'absence de toute disposition contractuelle explicite, s'il découle de la législation, la réglementation ou la jurisprudence en vigueur (IFRS 15.B12).

Dans le cas d'un contrat ne permettant pas au client d'annuler ou de résilier le contrat, il sera conclu que l'entité dispose d'un droit exécutoire à paiement à condition qu'en cas de défaut du client ou de violation du contrat par le client, l'entité ait la faculté d'obtenir devant les tribunaux la poursuite de l'exécution du contrat et du paiement du prix prévu (IFRS 15.B11 et .IE84 à 90). L'ESMA a ainsi publié une décision selon laquelle un émetteur a été requis de vérifier que la législation et la jurisprudence locale ne contredisaient pas un contrat qui n'accordait pas au client de droit de résiliation (EECS/0122-04, 05/22).

d. La probabilité ou l'intention d'exercice des droits n'est pas pertinente, seul compte leur caractère exécutoire. Ainsi l'analyse doit se focaliser sur ce que l'entité pourrait obtenir devant les tribunaux en cas de résiliation ou de défaut du client, et non pas sur la probabilité que l'entité intente une action en justice ou préfère négocier un règlement amiable en cas de non-respect du contrat par le client. De même, la probabilité d'exercice de son droit de résiliation par le client n'est pas pertinente pour l'analyse, seule compte l'existence de ce droit (IFRIC Update 03/18).

e. La notion de droit exécutoire au paiement ne correspond pas nécessairement au rythme d'exigibilité des paiements. Il s'agit de mener une analyse légale et non de s'attacher à un échéancier de paiements. Ce dernier n'est pas toujours pertinent si les paiements reçus sont remboursables en cas de résiliation pour convenance par le client (IFRS 15.B13). A l'inverse, le fait qu'une entreprise n'ait pas de droit contractuel à recevoir des paiements intermédiaires exigibles au fur et à mesure de l'exécution des travaux n'empêcherait pas de qualifier le contrat pour une reconnaissance à l'avancement si la résiliation de celui-ci déclenche l'exigibilité d'un droit à paiement à hauteur de la valeur des travaux réalisés à date.

f. Le droit doit exister à tout moment de l'exécution du contrat (IFRS 15.37). Cette condition implique d'accorder une vigilance particulière à la date de démarrage de l'exécution du contrat. Il se peut que l'entité commence par fabriquer ou acheter des sous-ensembles standardisés et n'obtienne des droits exécutoires à paiement qu'à partir du moment où les sous-ensembles commencent à être intégrés, installés ou customisés, c'est-à-dire à partir du moment où ils cessent d'avoir un usage alternatif pour l'entité.

Dans ce cas, la phase initiale d'approvisionnement ou de production des sous-ensembles standardisés ne correspond pas à un coût d'exécution du contrat dans le champ d'application d'IFRS 15, mais correspond à un coût des stocks dans le champ d'IAS 2. Pendant cette première phase, les coûts sont capitalisés en application d'IAS 2. Ces coûts basculent ensuite du champ d'IAS 2 vers IFRS 15 uniquement lorsque les sous-ensembles standards perdent leur usage alternatif du fait de leur intégration, installation ou customisation. L'exécution du contrat au sens d'IFRS 15 ne démarre que lorsque les composants perdent leur usage alternatif et qu'ainsi l'entité respecte la condition d'avoir un droit exécutoire au paiement à tout moment de l'exécution du contrat. Le revenu sera comptabilisé à l'avancement pendant cette seconde phase de customisation.

■ *Exemple 1*

Biens spécialisés fabriqués en série *Un équipementier fabrique en série des composants hautement spécialisés pour un constructeur aéronautique. Ces composants sont spécifiquement conçus pour équiper un modèle d'avion déterminé du constructeur. Le transfert de propriété et l'exigibilité du prix de vente sont déclenchés par la livraison. Selon IFRS 15.35c, il convient de déterminer si les deux conditions suivantes sont remplies :*

- l'entité n'a pas le droit de vendre les composants à des clients alternatifs, ou bien ne pourrait pas le faire en pratique sans encourir de pénalité économique significative (compte tenu de la spécificité des composants) ; et

- en cas de résiliation des commandes en cours, l'entité dispose d'un droit exécutoire à être payée de la valeur des travaux en cours.

Si ces deux conditions sont remplies, le revenu devra être reconnu à l'avancement de la production, et non à la livraison, et ce même si les biens en question sont fabriqués en grandes séries et même si le transfert de propriété n'a lieu qu'à la livraison.

Il se peut également que les critères changent en fonction du cycle de vie du programme aéronautique. Les produits commandés n'auront pas d'usage alternatif tant que le constructeur sera le seul et unique client possible pour ces composants. En revanche, lorsque les flottes d'avions auront

commencé à être mises en service, les compagnies aériennes constitueront des clients alternatifs sur le marché des pièces de rechange et des réparations. Si les pièces produites ont désormais un usage alternatif, alors le chiffre d'affaires correspondant devra être reconnu à une date donnée (en l'occurrence, à la livraison).

■ *Exemple 2*

***Droit à indemnisation à hauteur des coûts directs** Une entité vend un équipement conçu selon les spécifications du client. Les termes du paiement prévus au contrat sont les suivants :*
- 20 % du prix est payé à la commande et est non remboursable ;
- 30 % du prix est payé à la livraison ;
- 50 % du prix est payé à l'acceptation finale du bien.
En cas de résiliation du contrat avant la livraison, le client doit rembourser les coûts directs engagés et non récupérables par l'entité.
Quand faut-il reconnaître le chiffre d'affaires lié à la vente de cet équipement ?

***Solution de l'exemple 2** Le chiffre d'affaires doit être reconnu à une date donnée, et non pas à l'avancement, car aucun des trois critères prévus par IFRS 15.35 n'est rempli. Concernant le troisième critère (IFRS 15.35c), la première condition pourrait être remplie si l'actif dans son état final n'a aucune utilité alternative pour l'entité, qui subirait une perte économique pour le reconfigurer et le réaffecter à un autre client. En revanche, la seconde condition n'est pas remplie, le vendeur n'ayant pas un droit exécutoire au paiement pour les travaux réalisés à date. Il ne peut en effet être dédommagé que des coûts directs encourus à date et non récupérables, ce qui ne correspond pas à la valeur des travaux réalisés à date incluant une marge raisonnable.*

Obligation de performance satisfaite à une date donnée

25410 ***Question***

Pour une obligation de performance satisfaite à une date donnée (« at a point in time »), comment déterminer la date de transfert du contrôle ?

Réponse

Le revenu doit être comptabilisé à la date à laquelle le client obtient la capacité actuelle et présente de diriger l'utilisation de l'actif et d'obtenir substantiellement tous les avantages économiques résiduels de l'actif. La norme a prévu cinq indicateurs du transfert du contrôle.

Commentaires Une obligation de performance est satisfaite à une date précise si aucun des critères de satisfaction d'une obligation de performance en continu n'est rempli.
L'entité doit alors déterminer la date à laquelle le client a obtenu le contrôle du bien ou du service.
Le contrôle se définit comme la capacité actuelle et présente de décider de l'utilisation de l'actif et d'en obtenir la quasi-totalité des avantages économiques résiduels (correspondant aux cash-flows potentiels résultant de l'utilisation, la consommation, la revente, l'échange ou la mise en garantie de l'actif) (IFRS 15.33).
Les indicateurs de transfert de contrôle à une date spécifique indiqués par la norme sont notamment les suivants (IFRS 15.38) :
- l'entité dispose du droit actuel au paiement de l'actif objet du contrat ;
- le client a inspecté et accepté l'actif (voir n° 25411) ;
- le client est le propriétaire juridique de l'actif ;
- l'entité a transféré physiquement l'actif au client ;
- les risques et avantages significatifs inhérents à la propriété de l'actif ont été transférés au client.

Aucun de ces indicateurs n'est déterminant à lui seul et il n'est pas nécessaire que l'ensemble des critères soit satisfait (IFRS 15.38).

A titre d'exemple, il se peut que le contrôle soit transféré sans transfert de possession physique, dans le cas des ventes à livrer, si certaines conditions supplémentaires énoncées par la norme sont remplies (voir n° 25412). A l'inverse, il se peut que le transfert de possession physique n'emporte pas le transfert du contrôle, dans le cas des ventes de consignation (voir n° 25413).

L'appréciation du transfert de contrôle est affectée lorsque l'entité a des droits ou obligations de rachat de l'actif initialement vendu, ou lorsque le client a des droits ou obligations de revente de l'actif à l'entité (voir n° 25414).

Distinction entre transfert du contrôle et transfert des risques et avantages Le transfert des risques et avantages n'est qu'un indicateur du transfert du contrôle mais n'est pas nécessairement un critère discriminant. Il peut arriver en pratique que le transfert du contrôle précède le transfert des risques et avantages. Par exemple, si une entité vend un bien à un client tout en lui garantissant une marge minimum sur la revente du bien à un utilisateur final, il est concevable que le contrôle soit transféré dès que le client peut diriger l'utilisation du bien, même si les risques et avantages n'ont pas été entièrement transférés à cette date. Dans ce cas, les incertitudes liées aux ajustements ultérieurs du prix au titre de la garantie de marge doivent être traitées selon le modèle des contreparties variables (voir n° 25200). En pratique, l'actif est sorti du bilan au moment du transfert du contrôle au client et le revenu reconnu à cette date est plafonné au montant hautement probable.

■ *Exemple*

Une entité vend à un client de l'acier qui lui est expédié par bateau jusqu'à son usine de transformation. Le transfert de propriété de l'acier au client intervient lors de l'expédition de l'acier au port d'embarquement. Le vendeur effectue le transport et indemnise le client pour les produits perdus ou endommagés pendant toute la durée du transport en bateau. Cette pratique crée une obligation implicite de couverture par le vendeur du risque de perte ou de détérioration de la marchandise pendant le transport.

Solution de l'exemple *Selon IFRS 15, cette transaction comprend deux obligations de performance : la vente de l'acier et une prestation de transport et d'assurance. Le prix de la transaction est alloué aux deux obligations de performance. Le chiffre d'affaires correspondant à la première (vente de l'acier) est reconnu à la date d'expédition des marchandises qui correspond au transfert de la propriété juridique de l'acier.*

Le chiffre d'affaires relatif à la prestation de transport et d'assurance est en revanche constaté à l'avancement tout au long du transport, le client recevant et consommant simultanément les avantages du service tout au long du transport (IFRS 15.35a).

Clause d'acceptation par le client

Question 25411

Une clause d'acceptation par le client a-t-elle une incidence sur la date de comptabilisation du revenu d'une obligation de performance ?

Réponse

Pour une obligation de performance satisfaite à une date donnée, l'incidence comptable d'une clause d'acceptation par le client est différente, selon que la clause est considérée comme substantive ou comme une simple formalité. Ainsi, une clause d'acceptation peut retarder la date de transfert de contrôle jusqu'à l'acceptation effective du bien ou du service par le client, sauf si l'entité est en mesure de déterminer objectivement que le bien ou service livré est conforme aux spécifications contractuelles sans en obtenir la confirmation par le client.

Lorsque le transfert du contrôle s'opère en continu, les efforts nécessaires pour obtenir l'acceptation client sont pris en compte dans la mesure de l'avancement.

Commentaires Une clause d'acceptation protège le client, soit en lui permettant d'annuler le contrat, soit en obligeant le vendeur à prendre des mesures correctives si les biens ou les services ne satisfont pas aux spécifications convenues. Lorsqu'une entité détermine la date de transfert de contrôle du bien ou service au client, elle doit prendre en compte ces clauses d'acceptation (IFRS 15.B83), qui font partie des 5 indicateurs à considérer (voir n° 25410).

Clause d'acceptation client constituant une simple formalité Une clause d'inspection et d'acceptation par le client n'a pas d'incidence sur la détermination de la date du transfert du contrôle si l'entité est en mesure de déterminer de façon objective que les conditions ont été satisfaites avant d'obtenir confirmation formelle de l'acceptation des biens livrés par le client. Tel est le cas par exemple si les critères d'acceptation portent sur des caractéristiques de taille et de poids, ou bien s'ils n'excèdent pas les spécifications habituelles des produits standardisés de l'entité.

Clause d'acceptation client substantive se rattachant à une obligation de performance reconnue à une date donnée Une clause d'acceptation aura pour effet de retarder la date du transfert du contrôle, et donc la date de reconnaissance du revenu, si l'entité ne peut pas déterminer de façon objective et fiable que le bien livré est conforme aux spécifications convenues. Tel sera le cas lorsqu'il s'agit d'un bien unique, conçu selon les spécifications propres au client, ou encore d'un bien qui devra être testé une fois intégré dans l'environnement spécifique du client (IFRS 15.B85).

Période d'essai De même, si l'entité ne livre des biens à un client qu'à titre d'essai ou d'évaluation et que ce dernier n'a pas d'obligation de payer tant que la période d'essai n'est pas expirée, il est présumé que le contrôle du bien n'est pas transféré au client tant qu'il n'accepte pas le bien ou que la période d'essai n'a pas pris fin (IFRS 15.B86).

Prise en compte de l'expérience historique L'expérience de l'entité sur des contrats et produits similaires est un élément critique à considérer pour déterminer si la clause d'acceptation peut être considérée comme une simple formalité ou comme substantive (IFRS 15.B84).

Clause d'acceptation client se rattachant à une obligation de performance reconnue à l'avancement S'il a été préalablement déterminé que l'obligation de performance doit être reconnue à l'avancement (voir n° 25400), l'existence d'une clause d'acceptation, même substantive, ne remet pas en cause cette conclusion, et ne doit pas conduire à différer le revenu, sauf dans le cas particulier où il existerait des incertitudes majeures sur l'acceptation finale au point que l'entité ne serait pas capable de mesurer l'avancement de façon fiable (voir dans ce cas n° 25420, point 1.). Dans le cas général, les efforts nécessaires à l'obtention de l'acceptation client (tests, inspection, levée de réserves) sont pris en compte dans l'estimation des coûts à terminaison et dans le calcul de l'avancement.

Accords de ventes à livrer (« bill-and-hold »)

25412 ***Question***

Sous quelles conditions une entité peut-elle comptabiliser du revenu en l'absence de livraison des biens au client ?

Réponse

Une entité peut comptabiliser du revenu en l'absence de livraison des marchandises si toutes les conditions suivantes sont remplies :
- l'application du principe général du contrôle et des 5 indicateurs de transfert de contrôle permet de conclure que le contrôle des marchandises est transféré dès la mise à disposition des biens (avant la livraison) ;
- l'accord de vente à livrer doit avoir de la substance ;
- les marchandises vendues doivent être identifiées séparément comme appartenant au client ;
- les marchandises doivent être prêtes pour le transfert physique au client ; et
- l'entité ne doit pas avoir la capacité d'utiliser les marchandises ou de les rediriger vers un autre client.

Si l'ensemble des critères ci-avant sont remplis, il conviendra de déterminer si l'entité fournit des services de stockage et de gardiennage au client, auquel cas une partie du prix de la transaction devra être allouée à ce service.

Commentaires Les accords de ventes à livrer sont des accords dans lesquels le client est facturé pour des marchandises prêtes à être livrées, mais la livraison est différée à une date ultérieure (IFRS 15.B79).

Afin de déterminer si une entité peut comptabiliser du revenu en l'absence de livraison des marchandises, la norme requiert que l'entité commence par appliquer les dispositions générales de la norme en matière de transfert de contrôle. Il s'agit de déterminer à quelle date le client obtient la capacité à diriger l'utilisation de l'actif et à obtenir quasiment tous les avantages résiduels de l'actif, en appliquant notamment les 5 indicateurs prévus par le § 38 de la norme (voir n° 25410). Mais, dans le cas des ventes à livrer, il est également nécessaire de remplir chacun des quatre critères additionnels suivants :
- l'accord de vente à livrer doit avoir de la substance. Tel est le cas, par exemple, si l'accord intervient à l'initiative du client et dans l'intérêt du client ;

- les marchandises vendues doivent être identifiées séparément comme appartenant au client ;
- les marchandises doivent être prêtes pour le transfert physique au client ; et
- l'entité ne doit pas avoir la capacité d'utiliser les marchandises ou de les rediriger vers un autre client (IFRS 15.B81).

Si l'entité a la faculté de prélever sur les stocks en statut « bill and hold » pour satisfaire les commandes d'autres clients (même si cette faculté est sous la condition de compléter le stock dans un certain délai ou d'émettre un avoir au client), cela signifie que la marchandise en statut « bill and hold » n'est pas contrôlée par le client et le revenu ne peut pas être reconnu.

De même, s'il existe des restrictions à la faculté du client d'obtenir la livraison dès qu'il le demande (par exemple, un délai de livraison anormalement long), cela pourrait signifier que le client n'a pas obtenu le contrôle du stock en statut « bill and hold ».

Lorsqu'une entité a transféré le contrôle des marchandises et satisfait aux critères ci-avant, elle devra déterminer si elle fournit des services de stockage et de gardiennage des stocks en statut « bill and hold ». Si tel est le cas, une partie du prix de la transaction devra être allouée à ce service (IFRS 15.B82).

Pour les modalités d'allocation du prix global du contrat aux obligations de performance, voir n° 25310.

Accords de consignation

Question 25413

La livraison physique au client est-elle une condition suffisante pour conclure que le client a obtenu le contrôle du produit ?

Réponse

Non, pas toujours. Aucun revenu ne peut être reconnu si le contrat est, en droit ou en substance, un accord de consignation.

Commentaires Un accord de vente en consignation consiste à livrer des marchandises à un distributeur sans pour autant lui en transférer le contrôle immédiat. Dans ce cas, aucun revenu ne doit être reconnu à la livraison (IFRS 15.B77).

La norme IFRS 15 fournit des indicateurs permettant de déterminer si une transaction est un accord de consignation :
- le stock est contrôlé par l'entité jusqu'à ce que se produise un événement spécifié, tel que l'expiration d'une période spécifiée, ou bien la vente des marchandises par le distributeur au client final ;
- l'entité est en mesure d'exiger que le stock lui soit restitué ou qu'il soit transféré à un tiers (par exemple un autre distributeur) ;
- le distributeur n'a pas l'obligation inconditionnelle de payer le stock qu'il détient physiquement (même s'il a eu à payer un acompte) (IFRS 15.B78).

Droit de reprise et droit de retour Un accord de consignation est un accord dans lequel l'entité a la faculté d'exiger la restitution du stock par le distributeur (option détenue par l'entité). Cette situation est différente de celle dans laquelle le distributeur dispose d'un droit d'exiger la reprise des stocks par l'entité (option détenue par le distributeur).

Pour un droit de reprise détenu par l'entité, le transfert de contrôle au distributeur n'est pas intervenu et aucun revenu ne peut être reconnu, quelle que soit la probabilité d'exercice du droit de reprise par l'entité (voir n° 25414).
Pour un droit de retour détenu par le client, il se peut que le transfert de contrôle au client (distributeur) soit intervenu, mais l'entité devra alors appliquer les règles relatives aux droits de retour et limiter la reconnaissance du revenu au montant pour lequel il est hautement probable que le client n'exerce pas son droit de retour (voir n° 25201).

Lien entre accord de consignation et contrat d'agent A notre avis, s'il existe un accord de consignation entre l'entité et le distributeur, il est possible que le distributeur intervienne comme agent et non comme principal (voir n° 25600).

Engagements de rachat

25414 ***Question***

Comment comptabiliser la vente d'un actif lorsque l'entité a un droit ou une obligation de rachat de l'actif initialement vendu, ou bien lorsque le client a un droit ou une obligation de revente de l'actif initialement acheté ?

Réponse

Les engagements de rachat peuvent prendre trois formes :

a. un droit pour l'entité de racheter l'actif (option d'achat) ;

b. une obligation ferme pour l'entité de racheter et pour le client de revendre l'actif (contrat à terme) ;

c. un droit pour le client d'exiger de l'entité le rachat de l'actif à la demande du client (option de vente).

En fonction (i) de la forme de l'engagement, (ii) du niveau du prix de rachat relativement au prix de vente initial et à la valeur résiduelle attendue de l'actif et (iii) de l'existence ou non d'une incitation économique pour le client à exercer son option de vente, l'un des 3 modèles comptables suivants devra être appliqué pour comptabiliser ces engagements :
- un contrat de location (dans le champ d'application d'IFRS 16) ;
- un accord de financement ; ou bien
- une vente avec droit de retour.

Commentaires Un engagement de rachat constitue une obligation ou un droit pour une entité de racheter un bien qu'elle a vendu à un client. L'existence d'engagements de rachat est susceptible d'avoir une incidence sur le transfert de contrôle de l'actif au client. Ces engagements doivent être analysés, que le bien racheté soit celui vendu à l'origine, un bien similaire ou un autre bien constituant un composant du bien initialement vendu (IFRS 15.B64). Ces engagements doivent être analysés qu'ils soient explicitement inclus dans les clauses des contrats, ou qu'ils soient implicites, par exemple s'ils constituent une attente valide du client résultant de pratiques commerciales établies.

Les engagements de rachats peuvent prendre trois formes :
- l'entité a un droit de racheter l'actif (option d'achat) ;
- l'entité a une obligation de racheter et le client a une obligation réciproque de revendre l'actif (contrat à terme) ;
- le client a le droit mais non l'obligation de revendre l'actif à l'entité (option de vente) (IFRS 15.B66).

1. L'entité a une option d'achat Si l'entité a un droit de racheter l'actif, la norme IFRS 15 considère que le client n'a pas obtenu le contrôle de l'actif, parce que sa capacité de décider de l'utilisation de l'actif et d'en tirer la quasi-totalité des avantages est limitée et ce, même si le client en a la possession physique. La probabilité d'exercice de l'option d'achat n'a pas d'incidence sur le traitement comptable à retenir.

Le contrat de vente incluant une option d'achat doit être comptabilisé :
- comme un contrat de location dans lequel l'entité est bailleur, si le prix d'exercice de l'option de rachat est inférieur au prix de vente initial de l'actif ; ou bien
- comme un emprunt de l'entité au client, si le prix d'exercice de l'option d'achat est égal ou supérieur au prix de vente initial de l'actif.

Il convient de tenir compte de la valeur temps de l'argent pour comparer le prix de rachat du bien au prix de vente initial (IFRS 15.B68).

Si le contrat est un emprunt, l'entité continue de reconnaître l'actif à son bilan et constate une dette financière pour la contrepartie reçue du client. L'excédent du prix de rachat sur le montant initialement reçu du client correspond à des charges d'intérêts à reconnaître sur la durée du contrat. Si l'option expire non exercée, la dette financière est éliminée du bilan en contrepartie du revenu.

2. L'entité a une obligation de rachat et de revente réciproque (contrat à terme) Le traitement comptable est identique au cas précédent.

Le schéma suivant récapitule le traitement des deux premiers cas.

25414 (suite)

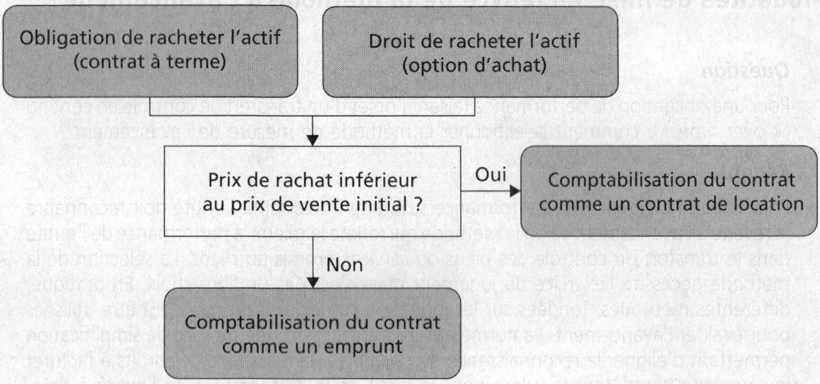

3. Le client a une option de vente Lorsque l'entité vend un actif et accorde au client une option de vente lui permettant d'exiger, à sa discrétion, que l'entité lui rachète ultérieurement l'actif initialement vendu, le traitement comptable du contrat dépendra à la fois du niveau du prix d'exercice de l'option et de l'existence ou non d'une incitation économique forte pour le client à exercer son option de revente. Le contrat sera traité comme :

– un emprunt de l'entité au client, si le prix de rachat est (i) supérieur ou égal au prix de vente initial et (ii) supérieur à la valeur de marché attendue de l'actif à la date du rachat ;

Pour les modalités de comptabilisation de l'emprunt, voir le premier cas ci-avant.

– un contrat de location dans lequel l'entité est le bailleur, si (i) le prix de rachat est inférieur au prix de vente initial et (ii) le client a une incitation économique forte à exercer l'option (voir ci-après) ;

– une vente avec droit de retour, si (i) le prix de rachat est inférieur au prix de vente initial et (ii) le client n'a pas d'incitation économique forte à exercer l'option ; ou

– une vente avec droit de retour, si (i) le prix de rachat est supérieur ou égal au prix de vente initial, (ii) mais inférieur ou égal à la valeur de marché attendue de l'actif à la date de rachat, et (iii) le client n'a pas d'incitation économique forte à exercer son option.

Comme dans le premier cas ci-avant, il convient de tenir compte de la valeur temps de l'argent et d'actualiser le prix de rachat de l'actif avant de le comparer au prix de vente initial (IFRS 15.B68).

Notion d'incitation économique forte L'existence ou l'absence d'une incitation économique forte pour le client à exercer son option de vente doit s'apprécier à l'origine du contrat. Les facteurs à prendre en compte incluent notamment : (i) le niveau du prix d'exercice de l'option relativement à la valeur de marché attendue de l'actif à la date d'exercice et (ii) la longueur du délai à courir jusqu'à l'expiration de l'option. Si une entité s'attend à ce que le prix de rachat soit significativement plus élevé que la valeur résiduelle de l'actif, cela indiquerait l'existence d'une incitation économique forte à l'exercice de l'option par le client (IFRS 15.B71).

Schéma récapitulatif :

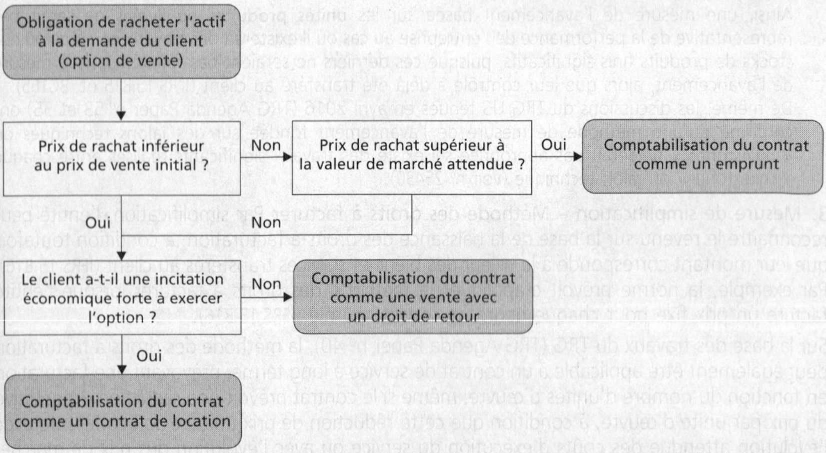

Modalités de mise en œuvre de la méthode à l'avancement

25420

Question

Pour une obligation de performance faisant l'objet d'un transfert de contrôle en continu (« over time »), comment sélectionner la méthode de mesure de l'avancement ?

Réponse

Pour chaque obligation de performance satisfaite en continu, l'entité doit reconnaître le revenu à l'avancement selon la méthode qui reflète le mieux la performance de l'entité dans le transfert du contrôle des biens ou services promis au client. La sélection de la méthode nécessite l'exercice du jugement mais n'est pas un libre choix. En pratique, différentes méthodes, fondées sur les inputs ou sur les outputs, peuvent être utilisées pour évaluer l'avancement. La norme autorise également une mesure de simplification permettant d'aligner la reconnaissance du revenu sur la naissance des droits à facturer lorsque ceux-ci reflètent la valeur pour le client de la performance de l'entité à date.

Commentaires :

1. **Objectif de la méthode à l'avancement** Pour chaque obligation de performance satisfaite en continu, l'entité doit sélectionner la méthode de mesure de l'avancement qui reflète le mieux le progrès accompli dans le transfert du contrôle des biens et services promis au client. La détermination de la méthode ne constitue donc pas un libre choix de méthode comptable (IFRS 15.BC159).

Pour une obligation de performance donnée, l'entité ne peut utiliser qu'une seule et unique méthode pour mesurer l'avancement, même si cette obligation de performance est constituée de plusieurs phases ou plusieurs biens et services (qui auront été considérés comme « non distincts » dans l'étape 2 du modèle). Elle doit également appliquer cette méthode, de manière permanente, à des obligations de performance similaires dans des circonstances identiques (IFRS 15.40).

La comptabilisation du revenu à l'avancement ne peut intervenir que si l'entité peut évaluer de manière fiable l'avancement de la prestation (IFRS 15.44 s. et .BC179 s.). A défaut, et tant que la condition n'est pas remplie, le revenu doit être comptabilisé uniquement à hauteur des coûts qui ont été encourus et que l'entité s'attend à récupérer (IFRS 15.45). De telles circonstances peuvent exister pendant les premières phases d'exécution d'un contrat.

2. **Méthodes basées sur des outputs** Selon ces méthodes, le revenu est reconnu sur la base d'une mesure directe de la quantité d'output réalisée à date par comparaison avec le total des outputs prévus pour la satisfaction complète de l'obligation de performance. Les exemples de méthodes basées sur des outputs sont les relevés quantitatifs, l'atteinte d'étapes techniques (« milestones »), les unités produites ou livrées (IFRS 15.B15).

La méthode de mesure de l'avancement retenue doit être représentative de la performance de l'entité et ne doit pas exclure des biens ou services pour lesquels le client a obtenu le contrôle pendant l'exécution du contrat.

> Ainsi, une mesure de l'avancement basée sur les **unités produites ou livrées** ne serait pas représentative de la performance de l'entreprise au cas où il existerait des travaux en cours ou des stocks de produits finis significatifs, puisque ces derniers ne seraient pas reflétés dans la mesure de l'avancement, alors que leur contrôle a déjà été transféré au client (IFRS 15.B15 et .BC165).
>
> De même, les discussions du TRG US tenues en avril 2016 (TRG Agenda Paper n° 53 et 55) ont confirmé qu'une méthode de mesure de l'avancement fondée sur des **jalons techniques ou « milestones »** ne serait pas appropriée s'il existe des travaux significatifs réalisés entre chaque « milestone » ou jalon technique (voir n° 25430).

3. **Mesure de simplification – Méthode des droits à facturer** Par simplification, l'entité peut reconnaître le revenu sur la base de la naissance des droits à facturation, à condition toutefois que leur montant corresponde à la valeur des biens et services transférés au client (IFRS 15.B16). Par exemple, la norme prévoit d'appliquer la méthode des droits à facturer lorsque l'entité facture un prix fixe pour chaque heure de service fournie (IFRS 15.B16).

Sur la base des travaux du TRG (TRG Agenda Paper n° 40), la méthode des droits à facturation peut également être applicable à un contrat de service à long terme, prévoyant une facturation en fonction du nombre d'unités d'œuvre, même si le contrat prévoit une réduction progressive du prix par unité d'œuvre, à condition que cette réduction de prix unitaire soit cohérente avec l'évolution attendue des coûts d'exécution du service ou avec l'évolution des prix de marché.

4. **Méthodes basées sur des inputs** Selon ces méthodes, le revenu est reconnu sur la base des efforts déjà réalisés ou des inputs déjà utilisés par l'entité (ressources consommées, heures de travail ou heures machine, dépenses engagées) par comparaison avec le total estimé des inputs nécessaires pour la satisfaction de l'obligation de performance (IFRS 15.B18). **25420** (suite)

Courbe d'apprentissage Dans le cas d'une série de produits pouvant être considérée comme une obligation de performance unique (voir n° 25110), et dans le cas où il existe des coûts significatifs de courbe d'apprentissage (qui font que les premières unités coûtent plus cher à produire que les dernières), il pourrait être approprié de mesurer l'avancement sur la base des coûts mesurés pour l'ensemble de la série du contrat (IFRS 15.BC312 s. ; voir également n° 25725).

Ajustements à apporter à une méthode d'avancement fondée sur les inputs Il est nécessaire d'exclure les inputs consommés qui ne reflètent pas de façon directe et proportionnelle l'avancement de l'entité dans le transfert du contrôle des biens ou services au client (IFRS 15.B19).

Par exemple, des ajustements sont nécessaires lors de l'utilisation d'une méthode basée sur les coûts dans les circonstances suivantes (IFRS 15.B19) :

- l'entité a encouru des coûts de gaspillage de ressources (main-d'œuvre, matière) qui sont significatifs et imprévus (qui n'avaient pas été anticipés dans la négociation du prix du contrat) ; dans ce cas, les inefficacités encourues sont exclues du numérateur et du dénominateur pour le calcul du pourcentage d'avancement ;
- il existe des matériels significatifs entièrement sous-traités à des tiers, et dont le contrôle est transféré au client avant que l'entité n'effectue la prestation d'installation ou d'intégration relative à ces matériels. La norme prévoit alors d'ajuster la méthode de mesure de l'avancement afin (i) d'exclure le coût de ces matériels du calcul du pourcentage d'avancement et (ii) de comptabiliser un revenu au titre du transfert de ces matériels à hauteur de leur coût (ce qui revient à leur affecter une marge nulle) ;
- il existe des coûts de mise en route du service (coûts qui doivent être engagés au préalable pour pouvoir démarrer un service et qui ne sont donc pas directement représentatifs d'un service rendu) ; ces coûts doivent être exclus du calcul d'avancement mais pourraient répondre aux critères de capitalisation prévus par la norme (voir n° 25130 et 25710).

5. **Méthode prorata temporis** Il peut être approprié de reconnaître le chiffre d'affaires sur une base linéaire dans certains cas.
- Si les efforts réalisés ou les inputs consommés le sont de manière uniforme tout au long de la période nécessaire à la satisfaction de l'obligation de performance (IFRS 15.B18).
- Lorsqu'il existe une obligation de type « stand ready », c'est-à-dire une obligation de donner au client un accès continu à une disponibilité sur une période donnée, et lorsque les efforts requis sont stables ou non prédictibles (IFRS 15.BC160 et .IE92). Ainsi, la méthode prorata temporis serait pertinente par exemple pour un service d'assistance téléphonique ou d'accès à un club de gym ou encore de mises à jour non spécifiées d'un logiciel. En revanche, la méthode prorata temporis ne serait pas pertinente lorsqu'à l'évidence le profil des efforts à fournir n'est pas linéaire, par exemple pour une obligation de déneigement sur une durée de 12 mois (les efforts étant concentrés sur les mois d'hiver) ou un contrat pluriannuel d'entretien d'un véhicule (les coûts à encourir étant plus significatifs en fin du contrat).

■ *Exemple 1*

Méthode fondée sur les outputs physiques *ConstructionCo réalise la pose de voies ferrées et a conclu un contrat avec Railroad pour remplacer des tronçons de voies pour un prix fixe de 100 000 €. Railroad devient propriétaire des tronçons remplacés au fur et à mesure de l'avancement des travaux en cours. ConstructionCo a changé 75 tronçons sur les 100 qui doivent être remplacés selon le contrat. Les travaux à réaliser pour le changement des voies sont identiques pour les 100 tronçons.*

ConstructionCo a déterminé que l'obligation de performance est satisfaite en continu et que Railroad contrôle les travaux en cours au fur et à mesure de leur réalisation.

Comment ConstructionCo doit-il constater le chiffre d'affaires lié à ce contrat ?

Solution de l'exemple 1 *Une méthode basée sur les outputs (les tronçons remplacés) est appropriée pour mesurer l'avancement de ConstructionCo par rapport à la satisfaction de l'obligation de performance prévue au contrat. Cette mesure paraît la plus représentative des services rendus à condition que l'effort à réaliser soit le même pour chaque tronçon remplacé. L'avancement sur cette base est de 75 % (75 tronçons/100), ConstructionCo reconnaît un chiffre d'affaires égal à 75 % du prix total du contrat, soit 75 000 €.*

■ *Exemple 2*

Construction d'un actif complexe – Avancement des dépenses *Une entité a signé un contrat avec le gouvernement pour construire un porte-avions pour un prix fixe de 4 milliards d'euros. Au titre de ce contrat :*

– l'estimation du total des coûts est de 3,6 milliards d'euros (hors surcoûts anormaux) ;

– les coûts réels encourus s'élèvent à 740 millions d'euros, y compris 20 millions de surcoûts anormaux liés à des inefficacités et des gaspillages de matières.
L'entité a déterminé que l'obligation de performance est satisfaite en continu et que le gouvernement contrôle le porte-avions dès que sa construction commence.
Comment constater le chiffre d'affaires sur ce contrat ?

Solution de l'exemple 2 *Une méthode basée sur les coûts engagés comparés au total des coûts estimés est appropriée pour mesurer l'avancement de l'entité pour satisfaire l'obligation de performance prévue au contrat.*
L'entité constate un chiffre d'affaires de 800 millions d'euros, calculé de la manière suivante :

Prix de vente total	*4 000 M€*
% d'avancement	*20 % (= (740 – 20) / 3 600)*
Chiffre d'affaires constaté	*800 M€ (= 4 000 × 20 %)*
Coûts encourus	*740 M€*
Marge brute	*60 M€ (800 – 740)*

Les surcoûts anormaux d'inefficacité et de gaspillage non prévisibles sont exclus du calcul du pourcentage d'avancement, ces coûts engagés ne permettant pas à l'entité d'avancer dans la satisfaction de l'obligation de performance.

■ *Exemple 3*

Maintenance incluant des révisions préventives *Une entité a conclu un contrat de maintenance d'un équipement avec un client. Ce contrat prévoit une facturation de la maintenance en fonction du nombre d'heures d'utilisation de l'équipement. L'exécution du contrat nécessite des révisions significatives à des dates programmées et inclut une obligation de remédier aux pannes.*

Solution de l'exemple 3 *Le contrat contient une obligation de performance unique. Il ne semble pas approprié de distinguer une obligation de performance au titre des révisions programmées et une autre au titre de l'obligation de remédiation car ces deux prestations sont fortement interdépendantes. La méthode de mesure de l'avancement qui reflète le mieux la performance de l'entreprise pourrait être un avancement par les coûts.*
Une méthode prorata temporis ou une méthode fondée sur les heures d'utilisation de l'équipement par le client ne refléterait pas le caractère non linéaire de la performance de l'entité lié aux révisions programmées. Pour la même raison, il ne semble pas approprié ici d'appliquer la mesure de simplification fondée sur les « droits à facturer » prévue par IFRS 15.B16 (voir ci-avant).

■ *Exemple 4*

Obligation de type « stand-ready » *(Exemple tiré d'IFRS 15.BC160 et .IE92) Une entité vend à un client une carte d'abonnement lui permettant d'accéder à un club de sport. Le client peut fréquenter le club autant qu'il le souhaite pendant la période de validité de la carte. Le degré d'utilisation passée du service par le client n'a pas de conséquence sur la quantité restante de services auxquels il a droit. Le client doit en outre s'acquitter de la cotisation indépendamment du fait qu'il fréquente ou non le club.*
Quelle méthode de reconnaissance du chiffre d'affaires faut-il utiliser ?

Solution de l'exemple 4 *Une méthode prorata temporis permet d'évaluer l'avancement sur la base du service rendu par le club – qui est de procurer au client un accès au club pendant la durée de l'abonnement. Il s'agit d'une obligation de type « stand-ready ».*

Mesure de l'avancement fondée sur les « milestones » ou jalons techniques

25430 ***Question***

Pour une obligation de performance satisfaite à l'avancement (« over time »), une méthode de mesure de l'avancement fondée sur les « milestones » ou jalons techniques du contrat est-elle en pratique applicable ?

Réponse

La méthode des jalons techniques est une méthode de mesure de l'avancement fondée sur les outputs qui est envisagée par la norme IFRS 15. Cependant, cette méthode ne serait pas appropriée s'il existe des travaux significatifs réalisés par l'entité entre deux jalons techniques et que le contrôle relatif à ces travaux a été obtenu par le client.

Commentaires La méthode de mesure de l'avancement retenue doit être représentative de la performance de l'entité et ne doit pas exclure des biens ou services pour lesquels le client a obtenu le contrôle pendant l'exécution du contrat (IFRS 15.B15 et .BC165). Une méthode fondée sur des jalons techniques éloignés les uns des autres aboutirait à une reconnaissance du revenu par à-coups et ne rendrait pas compte des travaux intervenus entre deux jalons et pour lesquels le contrôle est transféré en continu au client. Ce point a été discuté lors du TRG US tenu en avril 2016. Bien que ce TRG se soit tenu dans un contexte US GAAP, le consensus est à notre avis transposable dans IFRS 15 car il porte sur l'interprétation de dispositions entièrement communes à IFRS 15 et à ASC 606.

Pour plus de détails sur les méthodes de mesure de l'avancement fondées sur les outputs, voir n° 25420.

D'autre part, une entité ne pourrait pas non plus activer le coût des travaux rattachables à des jalons non encore atteints, car la norme IFRS 15 oblige à comptabiliser en charge le coût se rattachant directement à une obligation de performance en cours d'exécution (IFRS 15.98). Ne seraient capitalisables que les coûts de contrat créant une ressource permettant la satisfaction future d'une obligation de performance (IFRS 15.95) ou les coûts correspondant à des stocks ou des immobilisations, c'est-à-dire des actifs dont le contrôle n'a pas encore été transféré au client.

F. Licences de propriété intellectuelle

Appréciation du caractère distinct d'une licence

Question 25500

Pourquoi et comment déterminer si une licence est distincte des autres biens et services promis au contrat ?

Réponse

Les licences de propriété intellectuelle sont souvent vendues en combinaison avec d'autres promesses de biens et services. Il convient d'abord d'appliquer les dispositions générales de la norme pour déterminer si la licence est distincte des autres biens et services promis dans un contrat. Si la licence n'est pas distincte, elle ne pourra pas être reconnue séparément.

Ensuite, les dispositions particulières de la norme relatives aux licences ne s'appliquent que dans les cas où la licence est distincte ou bien, sans être distincte, constitue l'élément prédominant de l'obligation de performance.

Commentaires :

1. **Définition d'une licence** Une licence établit les droits d'un client sur la propriété intellectuelle d'une entité (IFRS 15.B52). Les licences peuvent notamment porter sur l'utilisation de technologie, brevets, logiciels, marques, contenus média (vidéo, musique, etc.), formulation pharmaceutique, franchises.

2. **Démarche d'identification du caractère distinct d'une licence promise en combinaison avec d'autres biens ou services** L'entité doit, en premier lieu, appliquer les règles générales de la norme pour apprécier si la licence est distincte des autres biens et services promis au contrat (IFRS 15.B53), voir n° 25100.

Les licences qui ne sont pas distinctes comprennent par exemple :
– une licence qui fait partie intégrante d'un bien matériel et de sa fonctionnalité (IFRS 15.B54). En pratique, la totalité du revenu sera comptabilisée lors du transfert du contrôle du bien ;
– une licence dont le client ne peut bénéficier qu'en lien avec un service rendu par l'entité ; tel est le cas d'une licence uniquement accessible via une plateforme internet (IFRS 15.B54 et .BC406). Dans un tel cas, la licence n'est pas séparable du service d'accès continu à des fonctionnalités. La redevance de licence sera reconnue de façon étalée sur la durée du service sous-jacent, même si cette redevance est payée entièrement au démarrage du service ;
– une licence de technologie ou de software qui est assortie de droits à mise à jour (« upgrades ») pendant une durée spécifiée, dans le cas particulier où les upgrades sont critiques pour le maintien de l'utilité de la licence ou modifient fondamentalement ses fonctionnalités (IFRS 15.IE278 s. et .BC116P). Tel serait le cas par exemple pour un logiciel antivirus. Dans ce cas, l'entité devra définir une mesure unique de l'avancement pour l'obligation de performance unique constituée du logiciel initial et des « upgrades » continus. A notre avis, une méthode linéaire pourrait être appropriée dans ce cas ;

– une licence conférant le droit de produire et commercialiser une molécule pharmaceutique, qui est assortie d'un engagement de fournir au client des services continus de recherche et développement, dans le cas particulier où le stade d'immaturité de la technologie est tel que seule l'entité vendeuse est capable d'achever le développement du produit pharmaceutique. Dans ce cas, la licence n'a aucune utilité autonome pour le client et les « upfront fees » reçus au moment de l'attribution des droits au client devront être étalés et reconnus au fur et à mesure de l'exécution des services de développement.

Distinction entre licences « statique » et « dynamique »

25510 ***Question***

Comment constater le revenu lié aux licences de propriété intellectuelle : à une date donnée ou de façon étalée sur la durée du droit ?

Réponse

Il convient de tenir compte des dispositions complémentaires prévues par la norme pour déterminer si la licence est reconnue à une date donnée ou de façon étalée. Ces dispositions, qui ont pour objet de distinguer entre licence « statique » et « dynamique », s'appliquent dans tous les cas où (i) la licence est distincte des autres biens et services promis au contrat ; ou bien, (ii) sans être distincte, la licence constitue l'élément prédominant de l'obligation de performance.

Deux cas sont envisageables :
– si la licence est « dynamique », c'est-à-dire qu'elle correspond à un droit d'accès à la propriété intellectuelle, telle qu'elle évoluera sur toute la durée de la licence du fait de l'implication et des actions continues de l'entité : la licence est reconnue de façon étalée ;
– si la licence est « statique », c'est-à-dire qu'elle correspond à un droit d'utiliser la propriété intellectuelle telle qu'elle existe à la date à laquelle la licence est attribuée : elle doit être reconnue à une date donnée, qui ne peut être antérieure à la date à partir de laquelle le client peut commencer à utiliser la licence.

La norme précise comment distinguer une licence statique d'une licence dynamique.

Commentaires :

1. **Principe général de reconnaissance du revenu lié à une licence** Les modalités de reconnaissance du revenu sont différentes selon la nature des licences. La norme IFRS 15 distingue ainsi deux catégories de licences (IFRS 15.B56) :
– celles qui constituent un droit d'accès à la propriété intellectuelle telle qu'elle va évoluer sur toute la durée de la licence du fait des actions futures du concédant. Ces licences sont appelées **« licences dynamiques »** ou **« droits d'accès »** et le revenu qui y est associé est reconnu de façon étalée sur la durée de la licence ; et
– celles qui constituent un droit d'utiliser la propriété intellectuelle « figée », telle qu'elle existe à la date à laquelle la licence est attribuée. Ces licences sont appelées **« licences statiques »** ou **« droits d'utilisation »** et le revenu qui y est associé est reconnu à une date donnée.

2. **Conditions à remplir pour qu'une licence soit une licence dynamique** La norme définit les trois conditions cumulatives suivantes pour qu'une licence soit qualifiée de licence dynamique (IFRS 15.B58) :

a. le contrat prévoit, ou bien le client s'attend raisonnablement (sur la base des pratiques établies de l'entité), à ce que l'entité effectue des actions qui affecteront la propriété intellectuelle sur laquelle le client a des droits ;

b. les droits accordés par la licence exposent directement le client aux effets positifs et négatifs des actions menées par l'entité et visées au point a. ci-avant ;

c. ces actions n'aboutissent pas au transfert d'un bien ou d'un service au client quand elles interviennent. Elles ne constituent donc pas en tant que telles une obligation de performance.

Il s'agit donc de déterminer si les activités continues futures de l'entité vont affecter de façon significative l'utilité de la propriété intellectuelle pour le client, c'est-à-dire la capacité du client à obtenir des avantages de cette propriété intellectuelle.

Si au moins l'une des trois conditions ci-avant n'est pas remplie, la licence doit être considérée comme statique.

3. Implications pratiques : **25510** (suite)

a. Pour une licence portant sur une technologie, un logiciel, un contenu média ou une molécule pharmaceutique, l'utilité de la propriété intellectuelle repose essentiellement sur sa fonctionnalité ou sa conception, bien davantage que sur les actions de promotion et de communication du concédant. De ce fait, les activités continues de l'entité qui sont susceptibles d'affecter la capacité du client à obtenir des avantages de la propriété intellectuelle correspondent aux activités qui changent le contenu ou la fonctionnalité de la propriété intellectuelle. Or ces activités, lorsqu'elles existent, constituent en elles-mêmes un service rendu au client (service de mise à jour d'un logiciel ou service de développement d'un candidat médicament), si bien que, le plus souvent, la 3e condition d'identification d'une licence dynamique n'est pas remplie (voir ci-avant point 2c.).

Ainsi, en pratique, ces licences à contenu fonctionnel seront le plus souvent traitées comme des licences « statiques », c'est-à-dire reconnues à une date donnée, à condition d'avoir été considérées comme distinctes dans l'étape 2 du modèle (voir no 25500).

b. Pour une licence de marque ou une franchise, la capacité du client à tirer avantage de la propriété intellectuelle est essentiellement dépendante des activités continues de l'entité pour maintenir la notoriété et la valeur de sa propriété intellectuelle. Ces activités, qui incluent la poursuite par le concédant de son activité ordinaire (comme le fait pour un grand couturier de continuer à créer des collections et faire des défilés, ou pour un club sportif de gagner ses matchs), ne transfèrent pas de biens ou services au client.

Ainsi, pour une licence à contenu symbolique, les trois conditions d'identification d'une licence dynamique seront le plus souvent satisfaites, et la licence sera reconnue de façon étalée sur la durée de la licence.

4. **Date de comptabilisation du revenu relatif aux licences statiques** Si au moins l'un des trois critères d'identification d'une licence dynamique n'est pas rempli, la licence est considérée comme statique. Le revenu de la licence est reconnu entièrement à la date à laquelle elle est accordée, qui ne peut être antérieure à la date à partir de laquelle le client peut commencer à utiliser la licence et à en bénéficier (IFRS 15.B61).

> Une licence pour une œuvre audiovisuelle sera reconnue à la date à laquelle le licencié a le droit de commencer la diffusion.
>
> Une licence de software sera reconnue à la date à laquelle le client peut obtenir les codes d'accès lui permettant d'activer sa licence et de démarrer l'utilisation effective.
>
> **Renouvellements de licences** Il peut arriver que, avant l'expiration du terme d'une licence initiale, un client souscrive un renouvellement ou une prolongation de durée de la licence. L'IASB ayant décidé de ne pas prescrire de règles spécifiques pour les renouvellements de licences (IFRS 15.BC414S à .BC414U), l'entité devra juger si le renouvellement est une nouvelle licence distincte de la précédente, ou s'il correspond à une modification d'un attribut de la licence existante. Dans le premier cas, le revenu de la nouvelle licence ne peut être reconnu qu'au démarrage du terme de renouvellement (i.e. après l'expiration du terme initial), en application d'IFRS 15.B61. Dans le second cas, il s'agit de la modification d'un attribut d'une licence qui a déjà été délivrée au client, et le revenu doit être reconnu dès que le client souscrit à l'option de renouvellement. A notre avis, dans le cas d'un renouvellement sans autres modifications, sans ajout de fonctionnalités significatives, l'un ou l'autre de ces jugements est acceptable.

Pour les principes relatifs à la reconnaissance du revenu lié aux licences de propriété intellectuelle rémunérées par des royalties (paiements variables basés sur les ventes réalisées par le client ou sur l'utilisation de la licence par le client), voir no 25520.

5. **Rythme de reconnaissance d'une licence dynamique** L'entité devra déterminer la méthode de mesure de l'avancement qui reflète le mieux le transfert des avantages liés à la licence. A notre avis, une méthode linéaire (prorata temporis) sur la durée du contrat sera souvent appropriée.

6. **Incidence de la durée d'une licence sur la reconnaissance du revenu** La durée contractuelle d'une licence (qu'elle soit perpétuelle ou bien annuelle) n'a pas d'impact sur la distinction entre licence statique et dynamique.

7. **Incidence des termes de paiement sur la reconnaissance du revenu d'une licence** Les termes de paiement, qu'ils prévoient un paiement intégral et non remboursable à la signature ou un paiement étalé sur la durée du droit de licence, ne sont pas l'élément déterminant pour effectuer la distinction entre licences statique et dynamique.

En revanche, en cas de termes de paiement très étendus pour une licence statique, l'entité devra considérer :

– la probabilité de recouvrement du prix de la licence et son incidence sur l'identification d'un contrat dans le champ d'IFRS 15 (voir no 25010) ;

25510 (suite) – l'existence d'une composante de financement significative dans le contrat (voir nº 25210) ; et
– le risque d'être conduite à accorder ultérieurement une réduction de prix, qui doit être évaluée selon les règles applicables aux contreparties variables (voir nº 25200).

8. Cas dans lesquels il convient d'identifier si la licence est statique ou dynamique La distinction entre licence statique et dynamique doit être opérée dans tous les cas où la licence est distincte, ou bien, si elle n'est pas distincte des autres biens et services promis au contrat, lorsqu'elle représente la composante principale ou dominante de l'obligation de performance (IFRS 15.BC407 et BC414V).

9. Schéma synthétique Le schéma suivant, établi par nos soins, récapitule les principes de comptabilisation du chiffre d'affaires lié aux licences :

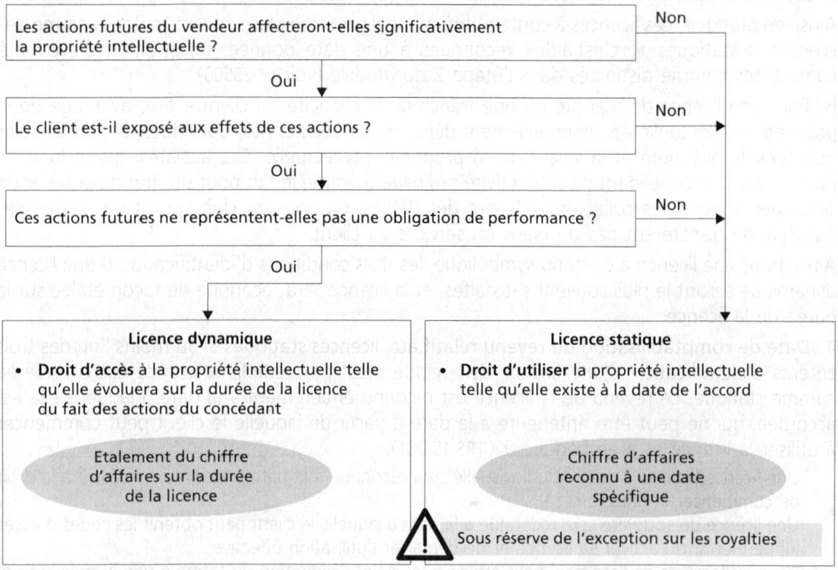

■ *Exemple 1*

Licence de technologie *Une entité concède à un client une licence d'utilisation et de commercialisation d'une technologie que le client incorporera dans les biens qu'il produit. La licence a une durée de 6 ans. L'entité s'engage à mettre à disposition du client les éventuelles améliorations de la technologie qui interviendront durant la période couverte par la licence. L'entité est rémunérée par un paiement initial de 1 M€ et par 5 paiements annuels de 0,3 M€. Pour l'étape 2 du modèle IFRS 15, il a été déterminé que le contrat contient deux obligations de performance séparées : la licence et les droits à mises à jour de la technologie. Pour l'étape 4 du modèle, il a été déterminé que le prix total du contrat de 2,5 M€ devait être alloué de la façon suivante : 1,3 M€ pour la licence et 1,2 M€ pour les mises à jour.*

Comment constater le chiffre d'affaires de la licence (étape 5 du modèle IFRS 15) ?

Solution de l'exemple 1 *Pour déterminer si la licence est « statique » ou « dynamique », l'entité évalue si les activités futures de l'entité affecteront significativement l'utilité de la propriété intellectuelle pour le client. Pour une licence de technologie, l'utilité de la propriété intellectuelle pour le client repose essentiellement sur ses fonctionnalités techniques (et non pas sur la notoriété du concédant). Il est vrai que les activités de mise à jour de la technologie affecteront l'utilité de la propriété intellectuelle pour le client, mais ces activités n'ont pas à être considérées dans l'étape 5 du modèle IFRS 15 puisqu'elles constituent une obligation de performance déjà appréhendée dans l'étape 2 du modèle IFRS 15. Ainsi, la troisième condition requise par la norme pour identifier une licence dynamique (voir ci-avant point 2c.) n'étant pas remplie, la licence est de nature « statique ». Le transfert du contrôle intervient donc à la date à laquelle le client peut commencer à utiliser le droit. La totalité du prix alloué à la licence, soit 1,3 M€, sera reconnue immédiatement dès que le client pourra démarrer l'utilisation des droits de licence.*

■ *Exemple 2*

Licence de franchise *Une entité vend une licence d'utilisation d'une marque de restauration à un franchisé sur une durée de 5 ans. Le concédant réalise pendant toute cette période des campagnes publicitaires, effectue des analyses de marché et des actions de recherche et développement pour lancer des nouveaux produits. Le chiffre d'affaires du licencié dépend des actions du concédant.*

Solution de l'exemple 2 La licence est dynamique. Le contrat prévoit en effet :
– que le concédant effectue des actions (campagnes publicitaires, analyses de marché, développement de nouveaux produits, etc.) qui affecteront l'utilité et la valeur de la marque ;
– que ces actions auront des effets positifs et négatifs sur le licencié, puisque son chiffre d'affaires en dépend ; et
– que ces actions n'aboutissent pas au transfert d'un bien ou d'un service au licencié quand elles interviennent.
Le revenu est ainsi reconnu à l'avancement sur la durée de 5 ans.

■ *Exemple 3*

Licence de marque Un club de football vend à un fabricant de maillots une licence d'utilisation du logo et de la marque du club pour une durée de deux ans. Le club n'a aucune obligation contractuelle vis-à-vis du bénéficiaire de la licence. Mais ce dernier s'attend raisonnablement à ce que le club agisse pour conserver une équipe compétitive et joue l'ensemble des compétitions sportives.

Solution de l'exemple 3 La licence est dynamique. L'utilité du logo et de la marque du club est directement liée aux actions que le club va entreprendre pour conserver une équipe compétitive et gagner des compétitions. En effet, le fabricant vendra d'autant plus de maillots que les résultats sportifs du club seront performants. En outre, les actions du club ne représentent pas des services rendus au bénéficiaire de la licence et n'aboutissent donc pas au transfert d'un bien ou d'un service « distinct » au fabricant quand elles interviennent.
Les trois caractéristiques d'une licence dynamique sont donc présentes. Le club de football devra donc étaler le revenu de la licence sur la durée des droits accordés, et ce, même si le paiement est définitivement acquis au premier jour et même si l'entité n'a plus aucune obligation contractuelle inexécutée.

Restrictions attachées aux licences

Question 25520

Quel est l'impact comptable des restrictions contractuelles de durée, territoire, nombre d'utilisateurs, mode d'utilisation, champ d'application, qui peuvent être attachées aux licences ?

Réponse

Les restrictions d'utilisation d'une licence n'affectent pas la distinction entre licences dynamique et statique. Par exemple, le fait qu'une licence ait une durée courte, longue, ou même perpétuelle, n'affecte pas le fait de déterminer si elle doit être reconnue à une date donnée ou de façon étalée.

Par ailleurs, la norme ne définit pas dans quelles conditions les restrictions d'utilisation conduisent à identifier plusieurs licences distinctes. L'exercice du jugement est nécessaire.

Commentaires :

1. **Effet des restrictions sur la distinction entre licences dynamique et statique** Une restriction sur la durée d'une licence, ou sur la façon d'utiliser cette licence, n'intervient pas dans la détermination du rythme de reconnaissance du chiffre d'affaires de la licence.

Par exemple, ce n'est pas parce qu'une licence a une durée de trois ans que le chiffre d'affaires lié à cette licence doit être étalé sur 3 ans. Il convient seulement d'appliquer les critères de distinction entre licences dynamique et statique.

2. **Effet des restrictions sur l'identification des obligations de performance** L'exercice du jugement est nécessaire pour définir si les différentes restrictions contractuelles attachées à un contrat de licence constituent les différents attributs d'une seule et même licence, ou bien si elles aboutissent à identifier plusieurs licences distinctes. La norme ne donne pas de précisions et demande de se référer aux principes généraux d'identification des obligations de performance (voir n° 24988).

Par exemple, un contrat donnant le droit d'utiliser un certain contenu média dans deux territoires différents et pendant deux périodes différentes, démarrant à deux dates différentes, pourrait, selon l'analyse qui est faite, être considéré comme comprenant une seule ou deux obligations de performance. Si deux obligations de performance sont identifiées, il est nécessaire de leur allouer le prix du contrat et de les reconnaître en revenu à des dates différentes.

Royalties de licence de propriété intellectuelle

25530 ***Question***

Quand constater le revenu lié aux licences de propriété intellectuelle rémunérées par des royalties (paiements variables basés sur les ventes réalisées par le client ou sur l'utilisation de la licence par le client) ?

Réponse

Lorsque les deux événements suivants seront intervenus :
- l'événement sous-tendant le calcul des royalties a eu lieu, en l'occurrence la réalisation des ventes ou l'utilisation de la licence par le client ;
- l'obligation de performance à laquelle les royalties ont été allouées est satisfaite.

Commentaires Contrairement aux principes généraux exigeant d'estimer les contreparties variables (voir nº 25200), la norme IFRS 15 prévoit des dispositions dérogatoires pour les licences de propriété intellectuelle rémunérées par des royalties, c'est-à-dire des montants variables basés sur les ventes réalisées par le client ou bien sur l'utilisation de licence par le client.

Ainsi, la comptabilisation du revenu intervient à la date la plus tardive des deux événements suivants (IFRS 15.B63) :
- la vente ou l'utilisation de la licence par le client (qui sous-tend le calcul des royalties) a eu lieu ;
- l'obligation de performance à laquelle les royalties ont été allouées est satisfaite.

En pratique, pour une licence « statique », seule la partie fixe de la rémunération sera reconnue à la date à laquelle le client peut commencer à utiliser la propriété intellectuelle. Les royalties à recevoir ne doivent pas être estimées et reconnues à la date à laquelle le client peut commencer à utiliser la propriété intellectuelle, mais doivent être reconnues au fur et à mesure qu'elles deviennent exigibles, en fonction des ventes ou de l'utilisation effectuées par le client.

1. Clauses de minimum garanti de royalties Sur la base des discussions du TRG US (TRG Agenda Paper nº 58), si le contrat de licence prévoit un montant minimum garanti de royalties sur une période donnée, l'exception sur les royalties ne s'applique pas à ce minimum garanti, qui doit être reconnu dès la date de démarrage du droit d'utilisation pour une licence statique ; seul l'excédent éventuel par rapport à ce minimum sera reconnu au fil de l'eau.

2. Champ d'application de l'exception sur les royalties – cas des royalties se rattachant à des licences combinées avec d'autres biens et services Il se peut que des paiements variables sous forme de royalties se rapportent à la fois à des licences et à d'autres biens et services promis au contrat. Une entité ne doit pas répartir un flux de royalties entre une partie soumise aux règles générales d'évaluation des contreparties variables (qui implique d'estimer le montant hautement probable) et une autre partie soumise à l'exception applicable aux royalties sur licence de propriété intellectuelle. L'exception sur les royalties devra être appliquée à l'ensemble du flux de royalties lorsque l'élément prédominant auquel se rapportent les royalties est une licence.

Ainsi, par exemple, le cas d'une vente d'une licence de logiciel combinée à un service d'implémentation pour laquelle le vendeur est rémunéré en fonction de l'utilisation que le client fait du logiciel. Si l'on considère que l'élément prédominant de la vente est la licence (et non le service d'implémentation), alors le revenu au titre de l'ensemble du contrat sera comptabilisé au fur et à mesure de l'utilisation du logiciel par le client. Au cas présent, peu importe que le service d'implémentation soit considéré comme une obligation de performance distincte ou non.

3. Champ d'application de l'exception sur les royalties – cas des royalties non liées à des licences L'exception sur les royalties ne s'applique qu'aux licences de propriété intellectuelle. Elle ne s'applique pas aux ventes pures et simples de propriété intellectuelle ni aux ventes d'actifs physiques incluant des éléments de propriété intellectuelle (IFRS 15.BC421 et .BC421F).

G. Distinction agent/principal

Distinction entre un principal (agissant pour son compte) et un agent (mandataire)

Question 25600

Lorsque plusieurs parties, dont l'entité, sont impliquées dans la fourniture de biens ou de services à un client, comment déterminer si un intermédiaire agit en tant qu'agent ou en tant que principal et quelles en sont les implications ?

Réponse

Lorsque l'entité intervient comme intermédiaire entre un fournisseur et un client, l'entité est un principal si son obligation de performance est de fournir elle-même les biens ou services sous-jacents. L'entité est un agent si son obligation de performance est d'arranger la fourniture des biens et services au client par un tiers.

La distinction entre agent et principal a un impact sur la présentation du chiffre d'affaires (en brut ou en net) et donc sur le taux de marge ressortant du compte de résultat de l'entité, ainsi que sur le rythme de reconnaissance du chiffre d'affaires.

Le principe fondamental est que l'entité agit comme principal si elle obtient le contrôle du bien ou du service promis avant qu'il ne soit transféré au client. La norme IFRS 15 fournit également trois indicateurs que l'entité est un principal :
- l'entité a la responsabilité de satisfaire la promesse ;
- l'entité a le risque d'inventaire ; et
- l'entité contrôle la fixation des prix.

Il convient de faire preuve de jugement et de prendre en compte l'ensemble des faits et circonstances propres à chaque transaction.

Lorsque l'entité utilise un intermédiaire pour commercialiser ses produits ou services, il est également nécessaire de déterminer si l'intermédiaire est un agent ou un principal de l'entité, afin de déterminer qui est le client de l'entité.

Commentaires :

1. **Circonstances dans lesquelles il convient d'effectuer une analyse agent/principal** Lorsque plusieurs parties, dont l'entité, sont impliquées dans la fourniture de biens ou de services à un client, il convient d'apprécier si l'intermédiaire intervient comme agent ou comme principal. La question se pose lorsque l'entité revend à un client des biens ou services provenant d'un fournisseur ou d'un sous-traitant. La question se pose également lorsque l'entité passe par un intermédiaire (distributeur) pour vendre ses propres produits ou services. Dans ce second cas, déterminer si l'intermédiaire intervient en tant qu'agent ou principal revient à déterminer si le client de l'entité est le client final (l'intermédiaire étant un agent) ou le distributeur (l'intermédiaire étant un principal) (voir point 8. et Exemple 3 ci-après).

2. **Identification de l'unité de compte** La première étape de la démarche consiste à identifier l'unité de compte à laquelle appliquer la distinction entre principal et agent. L'unité de compte doit obligatoirement être un bien ou service distinct (ou un groupe de biens et services distincts) des autres biens ou services fournis au client.

En pratique, si un service sous-traité à un tiers n'est pas, vis-à-vis du client, distinct des autres prestations réalisées par l'entité, celle-ci ne peut alors qu'être principal et les frais de sous-traitance ne devront donc pas être présentés en déduction du chiffre d'affaires.

L'unité de compte peut dans certains cas être un droit à recevoir des services à fournir par un tiers (ticket, voucher) et non pas le service sous-jacent lui-même.

> Dans un tel cas, le fait que l'entreprise ne soit pas responsable de fournir le service sous-jacent n'implique pas pour autant que l'entité est un agent. Ce qui compte, c'est de déterminer si le droit préexistait, et si l'entité contrôlait ce droit, avant qu'il ne soit transféré au client. Ainsi, une entité qui a préacheté des tickets d'avion est un principal, même si elle n'a aucune responsabilité au titre de la prestation de transport aérien, car elle contrôlait ces tickets avant de les revendre.

3. **Application du principe du contrôle pour distinguer un agent d'un principal** La seconde étape consiste à déterminer la nature de l'obligation de performance de l'entité (IFRS 15.B34 s.) :
- l'entité est un principal si la nature de son obligation de performance est de fournir des biens ou services sous-jacents au client ;

25600 (suite) – l'entité est un agent si la nature de son obligation de performance est d'arranger la fourniture des biens ou services sous-jacents par un tiers (ce tiers étant le principal).

Le principe fondamental est que l'entité agit en tant que principal si elle obtient le contrôle du bien ou du service promis avant de le transférer au client, étant précisé que le contrôle correspond au droit actuel de diriger l'utilisation et d'obtenir les avantages économiques essentiels.

En pratique, l'entité est un principal dans les cas suivants (IFRS 15.B35A) :

– l'entité obtient le contrôle d'un actif avant de le transférer au client ;

Cependant, l'entité n'est pas nécessairement un principal si elle obtient seulement de façon momentanée la propriété juridique d'un bien avant qu'elle ne soit transférée au client.

– l'entité contrôle un service fourni par un tiers si elle obtient d'abord le droit au service et ensuite le droit et la capacité de diriger la fourniture du service par le tiers au client pour le compte de l'entité ;

– l'entité contrôle un bien ou service fourni par un tiers si ce bien ou service n'est pas « distinct » mais est un input qui est combiné avec d'autres biens et services par l'entité, et que l'entité fournit un service significatif d'intégration de ce bien ou service pour créer l'output combiné pour lequel le client a contracté.

4. **Enjeu de la distinction agent/principal pour la présentation du compte de résultat** La distinction agent/principal a une incidence directe sur le **montant comptabilisé** en **chiffre d'affaires** :

– si l'entreprise agit en tant que principal dans la relation avec son client, elle constate un chiffre d'affaires pour le montant total du prix attendu en échange des biens ou services fournis et le montant versé au tiers est comptabilisé en charges (IFRS 15.B35) ;

– si l'entreprise agit en tant qu'agent pour le compte d'un tiers, elle ne constate en chiffre d'affaires que la commission à laquelle elle a droit, ou le montant net qu'elle conserve, après avoir reversé au tiers le montant collecté pour le compte de ce tiers (IFRS 15.B36).

5. **Enjeu de la distinction agent/principal pour la date de reconnaissance du revenu** L'obligation de performance d'un agent n'ayant pas la même nature que celle d'un principal, il en résulte que le fait générateur de reconnaissance du revenu pourra être différent également. Par exemple, si l'entité rend un service d'agent à un fournisseur, il se peut que, dans certains cas, la reconnaissance du revenu de commission intervienne dès la signature du contrat avec le client final. En revanche, si l'entité est un principal, la reconnaissance du revenu n'interviendra qu'au transfert du contrôle des biens ou services sous-jacents au client final.

6. **Indicateurs selon lesquels l'entité agit en tant que principal** Les 3 indicateurs identifiés par la norme sont les suivants (IFRS 15.B37) :

– la responsabilité première de l'exécution de la promesse incombe à l'entité, y compris la responsabilité de l'acceptabilité du bien ou service et de sa conformité aux spécifications du client ;

– l'entité supporte les risques liés à la possession des stocks, que ce soit avant le transfert des biens au client, ou bien en cas de retour ;

– l'entité dispose d'une latitude pour fixer les prix auxquels le client paie les biens ou services.

a. **Responsabilité première de l'exécution de la promesse** A notre avis, les éléments suivants indiquent que l'entité a la responsabilité première de l'exécution de la promesse :

– L'entité dispose d'une latitude dans la sélection des fournisseurs.

– L'entité a la faculté de rediriger un bien vers un autre client ou d'ordonner à un fournisseur de rediriger le service vers un autre client, ou l'entité a la faculté d'empêcher le fournisseur de continuer à fournir des biens ou services à un client donné.

– Les termes du contrat, ou les communications commerciales de l'entité (y compris les informations figurant sur son site internet), suggèrent que l'entité est responsable de la fourniture des biens ou services.

– Le client final n'a pas de relation contractuelle et n'a pas (ou très peu) d'interaction avec le fournisseur.

– L'entité a la responsabilité de trouver une solution de remplacement si le fournisseur est défaillant dans la fourniture des biens ou services.

– L'entité est le premier point de contact du client pour les questions de service après-vente et de résolution des litiges clients.

– L'entité est fortement impliquée dans l'analyse des besoins du client et dans l'identification des produits et services susceptibles d'y répondre. Elle assume la responsabilité de l'acceptabilité de la solution préconisée par rapport aux besoins du client.

– L'entité donne des instructions au fournisseur ou influence fortement la façon dont le fournisseur délivre le bien ou service au client.

b. Risque d'inventaire Le risque d'inventaire comprend le risque physique (perte ou dégradation) et le risque de demande (obsolescence, fluctuation de prix). Le risque « front-end » existe lorsque l'entité s'engage à acquérir des biens ou services auprès d'un tiers avant d'avoir obtenu une commande du client. Le risque « back-end » existe si le client dispose de droits de retour. **25600** (suite)

L'importance du risque d'inventaire peut néanmoins être fortement atténuée lorsque l'entité a elle-même la faculté de retourner au fournisseur les produits invendus ou retournés par les clients finaux.

L'existence d'un risque d'inventaire assumé par l'entité n'est pas pour autant une condition indispensable pour conclure que l'entité est un principal. Par exemple, il peut arriver qu'une entité ayant vendu un produit à un client donne instruction à un fournisseur de livrer directement le client, si bien que l'entité ne prend jamais la possession physique du produit et n'assume pas de risque d'inventaire « front-end ». Une telle situation, à elle seule, n'empêche pas nécessairement de conclure que l'entité est un principal, s'il existe d'autres facteurs convaincants que l'entité agit comme principal.

En règle générale, le risque d'inventaire n'existe pas pour des prestations de service. Par conséquent, l'absence de risque d'inventaire sur une prestation de service n'est pas un indicateur pertinent pour conclure que l'entité est un agent.

Il peut toutefois exister des exceptions à cette règle générale. Par exemple, une entreprise assume un risque d'inventaire si elle garantit des volumes minimums d'achat de services aux fournisseurs, ou bien si elle peut être obligée de payer un service au fournisseur même si un client final n'a pas été identifié ou n'a pas accepté ce service.

c. Latitude dans la détermination des prix Le fait que l'entité ait la liberté de négocier le prix payé par le client final est un indicateur que l'entité est un principal. A l'inverse, le fait que l'entité reçoive une commission fixe (en valeur absolue ou en pourcentage, pour chaque transaction) indiquerait un rôle d'agent.

Toutefois, la latitude dans la négociation des prix avec le client final n'est souvent pas l'indicateur le plus pertinent, notamment dans les situations où elle est encadrée par des planchers ou plafonds de prix définis par le fournisseur, ou lorsque le faible degré de différenciation du produit et la vigueur de la compétition sont tels qu'un prix de marché s'impose.

d. Indicateurs non pertinents :

– **Risque de crédit** Le fait que ce soit l'entité intermédiaire ou le fournisseur qui assume le risque de crédit relatif au client n'est, en général, pas pertinent pour conclure si l'entité est agent ou principal dans la transaction.

– **Flux de trésorerie** Le fait que le fournisseur soit payé par l'entité ou directement par le client ne constitue pas, en général, une indication que l'entité agit comme principal ou agent dans la transaction.

7. Hiérarchisation des indicateurs La norme IFRS 15 précise que ces indicateurs n'ont qu'un rôle auxiliaire par rapport au principe fondamental du contrôle (auquel ils ne doivent donc pas se substituer). Une entité doit donc commencer par appliquer le principe fondamental du contrôle (voir point 3. ci-avant) et ne doit se référer aux indicateurs que si l'application du principe fondamental n'est pas claire. La norme précise par ailleurs que ces indicateurs ne sont pas nécessairement exhaustifs, ne doivent pas être considérés isolément et peuvent être plus ou moins pertinents selon les faits et circonstances. Une entité doit donc faire preuve de jugement pour recenser l'exhaustivité des indicateurs pertinents et pour les pondérer, c'est-à-dire pour cerner ceux d'entre eux qui ont le plus de poids en fonction des faits et circonstances spécifiques de l'entité et de la transaction. Dans ce cadre, et comme rappelé par l'IFRS IC (IFRIC Update 04/22), les termes et conditions des contrats ainsi que les pratiques commerciales établies de l'entité sont à considérer.

8. Cas dans lesquels l'entité commercialise ses produits par l'intermédiaire d'un revendeur L'entité doit déterminer si le revendeur agit en tant qu'agent ou principal.

– Si le revendeur est un principal, alors le client de l'entité est le revendeur. L'entité enregistre le revenu sur la base du prix net facturé au revendeur au moment où le contrôle du produit est transféré au revendeur.

– Si le revendeur est un agent, l'entité a pour client l'acheteur final et doit reconnaître le revenu sur la base du prix facturé au client final (et non au revendeur), au moment où le contrôle du bien est transféré au client final. La marge du revendeur est présentée dans les charges d'exploitation.

Le fait que l'entreprise n'ait pas une connaissance précise des prix appliqués par le revendeur au client final pourrait indiquer que le revendeur a une latitude dans la fixation des prix (ce qui est un indicateur de principal). Toutefois, l'existence de ce seul indicateur n'est pas suffisante pour conclure. Ainsi, l'IASB a considéré des situations où l'entité agit en tant que principal sans avoir

25600 (suite) une connaissance précise des prix appliqués par le revendeur (agent) au client final. L'IASB n'a pas apporté de précisions sur les modalités d'évaluation du chiffre d'affaires dans ce cas, considérant qu'un jugement, prenant en compte tous les faits et circonstances, devait être appliqué (IFRS 15.BC385X à .BC385Z).

9. **Jugements critiques et information à fournir en annexe** En pratique, la qualification d'agent ou de principal nécessite souvent l'exercice du jugement, en fonction des faits et circonstances des transactions, notamment dans l'identification et la pondération des indicateurs. Lorsque l'impact est significatif, les jugements retenus par l'entité doivent être explicités en annexe, conformément à IFRS 15.123 et IAS 1.122.

L'AMF a encouragé, à plusieurs reprises, les émetteurs à développer l'analyse effectuée sur la qualification d'agent ou de principal et son impact sur les états financiers (Rec. AMF 2018-12, Arrêté des comptes 2018, § 3.2.3 ; Rec. AMF 2019-13, Arrêté des comptes 2019, § 3.1).

■ *Exemple 1*

L'entité a recours à un sous-traitant pour fournir un équipement au client *Une entité conclut un contrat avec un client pour la livraison d'un équipement hautement spécialisé. L'entité contracte avec un sous-traitant pour la fabrication de l'équipement. L'entité définit les spécifications de l'équipement en concertation avec le client, communique les instructions au sous-traitant, et s'assure que le sous-traitant fabrique l'équipement conformément à ces spécifications. Des modifications des spécifications peuvent être identifiées en cours de fabrication, auquel cas l'entité est responsable de réviser les spécifications et de s'assurer de leur correcte mise en œuvre en fabrication. Le contrat prévoit que l'équipement soit livré directement par le sous-traitant au client. L'entité négocie séparément les prix avec le sous-traitant et avec le client. Le contrat entre l'entité et le client spécifie que le sous-traitant est directement responsable devant le client si l'équipement est défectueux, mais l'entité est responsable de remédier à toute erreur de spécification.*

Solution de l'exemple 1 *L'élément sous-traité n'est pas distinct dans le cadre du contrat (voir n° 25100). En effet, les éléments promis au client comprennent un service de conception (effectué par l'entité) et un service de fabrication (effectué par le fournisseur) ; ces deux services ne sont pas distincts au sens d'IFRS 15 car l'entité assume une responsabilité et un risque d'intégrateur de l'ensemble de ces prestations. Cela est notamment démontré par le fait que l'entité est responsable de s'assurer que la fabrication est conforme aux spécifications. En d'autres termes, l'élément sous-traité est un input, dont l'entité a pris le contrôle, pour l'intégrer avec ses propres prestations, et générer l'output pour lequel le client a contracté, à savoir un équipement hautement spécialisé (répondant à des spécifications de performance précises). Le fait que l'entité n'obtienne à aucun moment la possession physique de l'équipement (qui est livré directement par le fabricant au client) n'empêche pas de conclure que l'entité obtient le contrôle du service de fabrication avant de le transférer au client. L'application du principe général du contrôle (voir point 3. ci-avant) suffit à établir que l'entité a agi comme un principal dans la transaction, et la revue des indicateurs (voir point 6.) n'est pas nécessaire. L'entité doit donc présenter le coût de sous-traitance en charges d'exploitation et non en déduction du chiffre d'affaires (IFRS 15.IE234 s. et .B35A(c)).*

■ *Exemple 2*

Sous-traitance de service de conseil *L'entité fournit des prestations de services de traitement de paye et offre également à ses clients des services de conseil sur les processus de paye. Il est postulé que ces deux prestations sont distinctes. La prestation de conseil est sous-traitée à un spécialiste qui interagit directement avec le client pour définir l'étendue et le prix de la prestation de conseil. L'entité facture l'ensemble des prestations au client et rétrocède 90 % du prix de la prestation de conseil au sous-traitant. L'entité s'implique occasionnellement dans la résolution des litiges avec les clients mais le sous-traitant est responsable de satisfaire les spécifications du client (ce qui peut impliquer de refaire des travaux ou d'accorder des remboursements) et prend en charge les éventuels dépassements de budget.*

Solution de l'exemple 2 *L'entité est un principal pour les services de traitement de paye mais un agent pour le service de conseil car (i) elle n'obtient pas un droit de diriger le travail du prestataire de conseil et (ii) la prestation de conseil n'est pas un input que l'entité intègre avec ses propres services pour fournir un output combiné. Par ailleurs, aucun des indicateurs de principal n'est présent : l'entité n'a pas la responsabilité première de l'exécution de la prestation, elle n'assume pas de risque d'inventaire et elle n'a pas de latitude dans la fixation du prix payé par le client final.*

■ *Exemple 3*

Producteur commercialisant ses produits par l'intermédiaire d'un revendeur *Le revendeur identifie les clients finaux, négocie les prix de vente et contractualise avec ces clients finaux. Le producteur n'a pas de contrats avec les clients finaux et ne leur fournit pas de service après-vente. Le revendeur n'achète pas les produits au producteur en avance des commandes clients mais a négocié pour l'année avec le producteur les prix à appliquer à chaque commande. Le producteur livre directement*

le client final sur la base des instructions du revendeur. Le producteur est responsable vis-à-vis du revendeur pour le remplacement des produits défectueux. Le revendeur est responsable vis-à-vis des clients de la bonne exécution de leurs commandes. Le producteur n'a pas d'obligation contractuelle d'accepter les produits retournés par les clients insatisfaits, en dehors des produits défectueux, mais il peut accepter des retours du revendeur sur une base discrétionnaire.

Solution de l'exemple 3 *Le revendeur est un principal qui obtient le contrôle des produits en donnant instruction au producteur d'expédier les produits aux clients pour le compte du revendeur. Cette analyse du principe du contrôle (voir point 3. ci-avant) est corroborée par l'examen des 3 indicateurs (voir point 6. ci-avant) :*

- le revendeur contractualise avec le client et est responsable, vis-à-vis de ce dernier, de l'exécution de la commande ;

- bien que le revendeur n'assume pas de risque d'inventaire « front-end », il assume un risque d'inventaire « back-end » lié aux retours de produits par les clients ;

- le revendeur a la latitude dans la négociation des prix avec les clients finaux.

En conséquence, le producteur a pour client le revendeur et non le client final. Il doit reconnaître le revenu pour le montant (net de remises) qu'il facture au revendeur lorsqu'il transfère le contrôle du produit au revendeur. Le revendeur doit reconnaître le revenu pour le montant facturé au client final, et doit enregistrer en charges d'exploitation les montants payables au producteur.

Remboursements reçus du client

Question 25610

Comment présenter au compte de résultat les frais refacturés au client ou remboursés par le client ?

Réponse

Le fait que certains frais spécifiés soient explicitement refacturables au client n'implique pas en soi qu'il faille présenter les frais encourus et les refacturations sur une base nette au compte de résultat. Il convient d'appliquer le modèle agent/principal défini par IFRS 15 en vue de déterminer si la présentation doit être effectuée sur une base nette ou en brut. Il en résulte notamment que :

- les frais encourus qui ne correspondent pas à une prestation distincte devront être traités comme des coûts d'exécution du contrat ; et
- les refacturations de ces frais devront être traitées selon le modèle des contreparties variables et, à ce titre, incluses dans le chiffre d'affaires.

Commentaires :

1. **Frais de voyage** Les voyages et déplacements effectués par un prestataire de services ne sont pas représentatifs d'un service qui est rendu au client et qui est distinct de la prestation de service principale. Ils représentent un input qui est intégré par l'entité avec d'autres inputs pour délivrer l'output spécifié au contrat, qui est la prestation de service proprement dite. En conséquence, l'entité encourt et refacture les frais de voyage en tant que principal et non en tant qu'agent. Les frais encourus doivent être comptabilisés en charges d'exploitation. Les refacturations de frais font partie du prix de la transaction avec le client et doivent être présentées en chiffre d'affaires. En application des règles particulières relatives à l'allocation des contreparties variables (voir nº 25320), ces refacturations devraient être reconnues en chiffre d'affaires au moment où les coûts sont encourus.

2. **Frais de transport sur ventes** L'entité doit tout d'abord déterminer si, vis-à-vis du client, il existe une prestation de transport distincte de la vente du produit. La réponse à cette question dépend de la date de transfert de contrôle des produits. Si le transfert du contrôle des produits a lieu à la livraison chez le client, le transport n'est pas distinct mais constitue un coût d'exécution de l'obligation de performance unique (la livraison du produit). Les dépenses de transport sont à comptabiliser dans les charges d'exploitation. Les facturations de transport sur vente sont présentées en chiffre d'affaires et sont reconnues de la même façon que le prix des produits, au moment du transfert du contrôle des produits.

Si le transfert du contrôle du produit a lieu au départ de l'usine ou à l'embarquement, alors, dans ce cas, le contrat contient deux éléments distincts au sens d'IFRS 15 : le produit et le transport. Il convient alors de déterminer si l'entité agit en tant qu'agent ou principal pour la prestation distincte de transport, ce qui implique d'identifier notamment si c'est l'entité ou le transporteur tiers qui assume, vis-à-vis du client, la responsabilité première de la bonne exécution du transport.

Pour la distinction entre agent et principal, voir nº 25600.

Si l'entité est un principal sur la prestation de transport, il s'agit d'un contrat contenant deux obligations de performance, auxquelles le prix du contrat devra être alloué, à reconnaître séparément. Les coûts de transports seront présentés en charges d'exploitation et les refacturations en chiffre d'affaires. Si l'entité agit comme agent, les coûts de transports pourront être présentés en déduction du chiffre d'affaires.

H. Coûts du contrat

Coûts d'obtention du contrat

25700 ***Question***

Comment comptabiliser les coûts d'obtention d'un contrat de vente ?

Réponse

Les coûts d'obtention de contrat doivent être activés s'il s'agit :
- de coûts marginaux, c'est-à-dire de coûts que l'entité n'aurait pas encourus si elle n'avait pas obtenu le contrat ; et
- de coûts que l'entité s'attend à recouvrer.

L'entité peut opter pour une comptabilisation immédiate de ces coûts en charges si la durée d'amortissement de l'actif qui aurait été constatée est inférieure ou égale à 12 mois.

Commentaires :

1. **Notion de coût marginal** La norme IFRS 15 requiert l'activation obligatoire des coûts d'obtention du contrat si ces coûts sont marginaux, c'est-à-dire uniquement s'il s'agit de coûts que l'entité n'aurait pas encourus si elle n'avait pas obtenu le contrat (IFRS 15.92).

Les coûts d'obtention de contrat qui ne sont pas marginaux doivent être constatés en charges, sauf si ces coûts sont refacturables au client même en l'absence d'obtention du contrat (IFRS 15.93).

2. **Implications pratiques** :
- les commissions commerciales (qu'elles soient payées à des tiers ou des employés) doivent être capitalisées, car ces coûts n'auraient pas été encourus si l'entité n'avait pas obtenu le contrat ;
- les autres coûts d'obtention de contrat ne sont en pratique pas capitalisables ;
- pour le traitement des frais de réponse à un appel d'offres, voir n° 25715.

3. **Mesure de simplification** La norme autorise à opter pour une comptabilisation immédiatement en charges des coûts d'obtention de contrat lorsque leur durée d'amortissement aurait été inférieure à 12 mois (IFRS 15.94).

4. **Schéma récapitulatif** Le schéma suivant, établi par nos soins, récapitule les modalités de comptabilisation des coûts d'obtention du contrat.

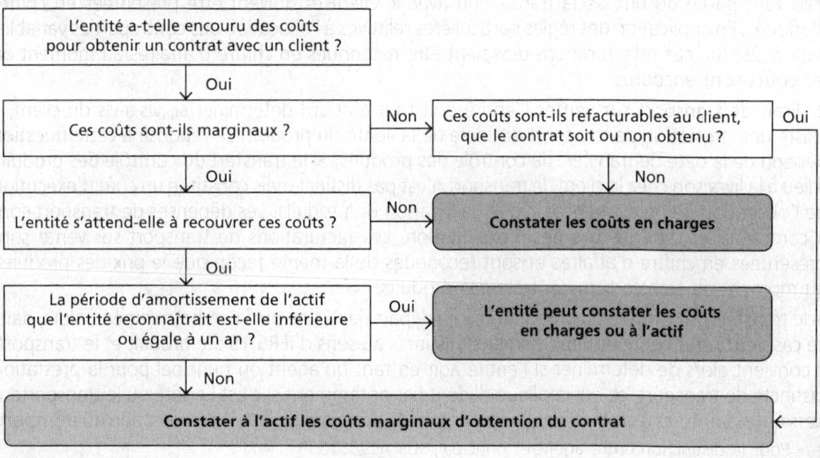

5. Amortissement des coûts d'obtention de contrat capitalisés Les coûts constatés à l'actif sont amortis sur une base systématique correspondant à la fourniture au client des biens ou services auxquels l'actif est lié (IFRS 15.99 s.).

En pratique, la durée et le rythme d'amortissement de commissions payées lors de l'obtention d'un contrat initial doivent tenir compte des renouvellements attendus de ce contrat, si ceux-ci sont probables, et si les commissions payées au titre du contrat initial génèrent également des avantages économiques à travers des renouvellements du contrat. Cela nécessite d'apprécier le niveau des commissions payées lors des renouvellements, relativement au prix ou à la marge du contrat renouvelé, et de le comparer au niveau des commissions payées au titre du contrat initial.
En effet, les commissions payées pour le renouvellement d'un contrat sont parfois d'un niveau inférieur à celles payées pour l'obtention du contrat initial, les efforts commerciaux nécessaires au renouvellement étant moindres. Dans de tels cas, le profil d'amortissement des commissions initiales devra prendre en compte les renouvellements attendus. Ce point a été clarifié lors des discussions du TRG (TRG Agenda Paper n° 23 et 57).

6. Présentation des coûts d'obtention de contrat au compte de résultat, au bilan et dans le tableau des flux de trésorerie A notre avis, en l'absence de précisions de la norme, l'exercice du jugement est nécessaire :

a. Si les coûts d'obtention de contrats sont assimilés à des services payés d'avance :
- au compte de résultat, l'amortissement des commissions capitalisées devrait être présenté sur la même ligne que les commissions constatées immédiatement en charges, c'est-à-dire, pour un classement par fonction, en frais commerciaux, ou pour un classement par nature, en frais de personnel ou en services extérieurs (selon que les bénéficiaires sont des employés ou des tiers) ;
- au bilan, les coûts marginaux d'obtention de contrats constituent une catégorie d'actifs distincte des actifs sur contrats ou des immobilisations ; ils sont à inclure dans les actifs courants s'ils sont amortis dans le cadre du cycle d'exploitation normal (IAS 1.66(a)) ; leur solde de clôture doit par ailleurs être indiqué en annexe (IFRS 15.128) ;
- au tableau des flux de trésorerie, les coûts d'obtention du contrat devraient être classés dans les flux de trésorerie des activités opérationnelles.

b. Si les coûts d'obtention de contrats sont jugés similaires à l'acquisition externe d'une immobilisation incorporelle de relation client :
- au compte de résultat par nature, l'amortissement des commissions capitalisées est présenté dans une ligne de dotations aux amortissements ;
- au bilan, ils sont présentés dans une classe séparée, au sein des immobilisations incorporelles, ou adjacente à celles-ci ;
- au tableau des flux de trésorerie, il est envisageable de les présenter dans les flux de trésorerie des activités d'investissement, s'ils entrent dans le champ d'IAS 7.16(a).

Dans tous les cas, il est important que l'information en annexe explicite de façon transparente les jugements effectués quant à la présentation des coûts d'obtention de contrats, ainsi que leurs impacts (montants et lignes concernées).

7. Perte de valeur des coûts d'obtention de contrat capitalisés Ces coûts doivent faire l'objet d'une dépréciation exceptionnelle s'ils ne sont plus recouvrables, dans les mêmes conditions que les coûts d'exécution de contrat capitalisés (pour plus de détails, voir n° 25710).

Coûts d'exécution du contrat

25710

Question

Comment comptabiliser les coûts d'exécution d'un contrat de vente ?

Réponse

S'ils ne sont pas traités par d'autres normes IFRS (IAS 2, Stocks, IAS 16, Immobilisations corporelles, ou IAS 38, Immobilisations incorporelles), les coûts d'exécution du contrat sont constatés à l'actif si ces coûts répondent à trois conditions :
- ils sont directement liés à un contrat ;
- ils créent une ressource nécessaire à la satisfaction dans le futur d'une obligation de performance ; et
- l'entité s'attend à les recouvrer.

A l'inverse, les coûts d'exécution d'une obligation de performance satisfaite ou partiellement satisfaite doivent être comptabilisés en charges lorsqu'ils sont encourus.

25710 (suite) ***Commentaires :***

1. Application prioritaire des autres normes Pour comptabiliser les coûts d'exécution d'un contrat commercial, l'entité doit d'abord identifier si ces coûts entrent dans le champ d'application d'autres normes IFRS que la norme IFRS 15, telles que par exemple IAS 2, Stocks, IAS 16, Immobilisations corporelles, ou IAS 38, Immobilisations incorporelles.

Si c'est le cas, il convient d'appliquer les dispositions de ces normes, qui peuvent prévoir selon le cas une activation obligatoire ou au contraire une comptabilisation immédiate en charges (IFRS 15.95 et .96).

2. Condition d'activation des coûts d'exécution de contrat Si ces coûts d'exécution du contrat ne sont pas traités par une autre norme, ils sont constatés à l'actif si toutes les conditions suivantes sont remplies (IFRS 15.95) :

- ces coûts sont directement liés à un contrat existant ou à un contrat prévu que l'entité peut identifier spécifiquement ;
- ces coûts procurent à l'entité des ressources nouvelles ou accrues qui seront utilisées pour satisfaire, ou continuer à satisfaire, une obligation de performance dans le futur ; et
- l'entité s'attend à recouvrer ces coûts.

A notre avis, l'évaluation de recouvrabilité des coûts tient compte des renouvellements attendus du contrat, s'ils sont probables, et tient compte également des contreparties variables attendues au titre du contrat et non encore reconnues.

A l'inverse, tous les autres coûts qui se rattachent à une obligation de performance en cours d'exécution doivent être systématiquement comptabilisés en charges lorsqu'ils sont encourus. Ces coûts pourront, sous réserve de certains ajustements, être pris en compte dans la mesure de l'avancement, s'il s'agit d'une obligation de performance satisfaite en continu (voir n° 25420).

3. Schéma récapitulatif Le schéma suivant, établi par nos soins, récapitule les modalités de comptabilisation des coûts d'exécution du contrat.

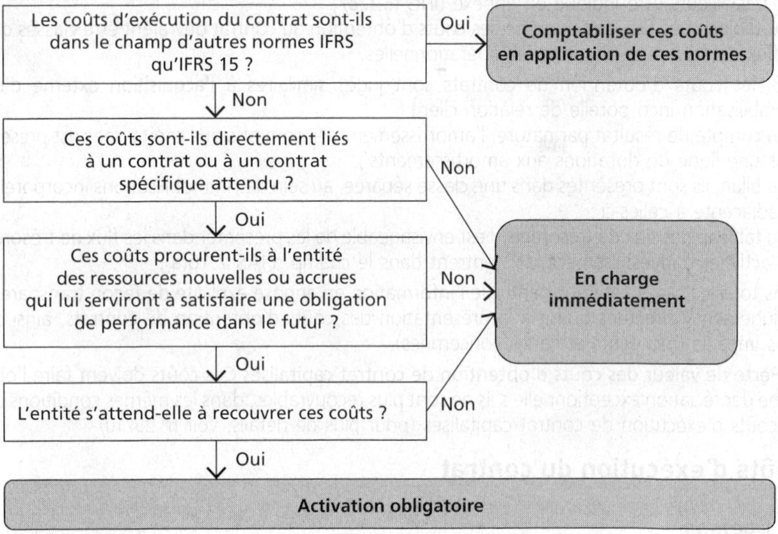

4. Amortissement des actifs constatés au titre des coûts du contrat Les coûts de contrat capitalisés sont amortis sur une base systématique correspondant à la manière dont sont transférés au client les biens ou services auxquels cet actif se rapporte (IFRS 15.99).

En pratique, selon les faits et circonstances, la durée d'amortissement à retenir pourrait inclure les renouvellements attendus du contrat, si ceux-ci sont probables, et si les coûts initialement capitalisés génèrent des avantages économiques à travers ces renouvellements (pour plus de détails, voir n° 25700).

5. Présentation au compte de résultat, au bilan et dans le tableau des flux de trésorerie des coûts d'exécution de contrat capitalisés A notre avis, en l'absence de précisions des normes :

- au compte de résultat, les amortissements des coûts d'exécution de contrats devraient en général être traités d'une façon identique aux coûts d'exécution constatés immédiatement en charges. Ainsi, dans une présentation des charges par fonction, les amortissements de coûts

d'exécution des contrats figurent en « coûts des ventes », et dans une présentation par nature, ils ne devraient pas figurer parmi les dotations aux amortissements ;
– au bilan, les coûts d'exécution de contrats capitalisés constituent une catégorie d'actifs distincte des actifs sur contrats, des immobilisations ou des stocks ; ils sont à inclure dans les actifs courants s'ils sont amortis dans le cadre du cycle d'exploitation normal (IAS 1.66a) ; leur solde de clôture doit par ailleurs être indiqué en annexe (IFRS 15.128) ;
– au tableau des flux de trésorerie, les coûts d'exécution de contrats devraient en général être classés dans les flux de trésorerie des activités opérationnelles, même lorsque ces coûts sont capitalisés.

6. **Pertes de valeur** L'entité doit déprécier les coûts de contrats capitalisés lorsque leur valeur comptable est supérieure au montant restant que l'entité s'attend à recevoir en échange des biens ou des services auxquels l'actif est lié, diminué des coûts directement liés à la fourniture de ces biens ou services et restant à comptabiliser en charges (IFRS 15.101).

La valeur recouvrable doit tenir compte, si approprié, (i) de l'estimation des contreparties variables qui n'ont pas encore été incluses dans le prix de la transaction du fait du principe de plafonnement de ce dernier au montant hautement probable et (ii) des extensions ou renouvellement probables du contrat.

■ *Exemple 1*

Mise en route d'un contrat de service *Une entité a obtenu un contrat pour gérer certaines activités informatiques du client. L'entité encourt en début de contrat des frais pour la mise en route du service, avant le démarrage effectif de l'exploitation, notamment des coûts de transition, de connexion à la plateforme technologique de l'entité, des coûts de conception et de déploiement des processus d'exécution du service, ainsi que des coûts d'acquisition et d'installation d'équipements IT et de software. La plateforme et les processus constituent des ressources que l'entité contrôle et utilise pour exécuter le service. Le contrat a une durée ferme de 3 ans, renouvelable par tranche annuelle. La durée de vie moyenne observée pour des contrats similaires est de 5 ans.*

Solution de l'exemple 1 *Ces activités de mise en route ne donnent pas lieu à reconnaissance de revenu car elles ne transfèrent pas le contrôle d'un bien ou d'un service au client. Les coûts d'équipements IT doivent être traités selon IAS 16. Les coûts de software doivent être traités selon IAS 38. Les autres coûts de mise en route doivent être capitalisés en application d'IFRS 15.95 car ils créent ou améliorent des ressources qui seront utilisées par l'entité pour exécuter le service prévu au contrat.*
Les coûts d'exécution capitalisés au titre du contrat client seront amortis sur 5 ans (incluant la durée ferme de 3 ans et les renouvellements attendus sur 2 ans) à condition que les durées observées sur les autres contrats soient pertinentes pour établir la durée probable de ce contrat. A défaut, la durée ferme sera retenue.

■ *Exemple 2*

Coûts de formation *Pour les besoins de l'exécution d'un contrat de prestations de services d'outsourcing, une société doit encourir des coûts de formation de son personnel, en l'occurrence des coûts de formation à la compréhension des processus spécifiques du client.*

Cet exemple est inspiré d'une décision de l'IFRS IC (IFRIC Update 03/20).

Solution de l'exemple 2 *Ces coûts de formation pourraient répondre aux critères de capitalisation prévus par IFRS 15.95 puisqu'ils se rattachent directement à un contrat client et contribuent à améliorer une ressource qui servira à l'exécution future d'une obligation de performance. Cependant, les coûts de formation sont spécifiquement traités dans IAS 38 qui exige de les comptabiliser immédiatement en charges car l'entreprise ne contrôle pas ses ressources humaines. IFRS 15 impose une hiérarchie des normes et exige de se référer en priorité à IAS 38 avant d'appliquer les critères de capitalisation d'IFRS 15 (voir point 1. ci-avant). Par conséquent, les coûts de formation doivent être comptabilisés en charges dès qu'ils sont encourus.*

Coûts de réponse à un appel d'offres

Question 25715

Les coûts de réponse aux appels d'offres doivent-ils être capitalisés ?

Réponse

En application des règles d'IFRS 15 sur les coûts d'obtention et d'exécution de contrats clients, les frais encourus pour répondre à un appel d'offres doivent être comptabilisés en charges lorsqu'ils sont encourus, sauf pour : (i) les coûts remboursables par le client

en cas de non-obtention du contrat et (ii) les coûts correspondant au démarrage anticipé de l'exécution d'un contrat qui n'est pas encore signé mais qui est spécifiquement identifié et dont l'approbation par le client est probable.

Commentaires :
1. **Coûts d'obtention d'un contrat** Les coûts encourus pour obtenir un contrat client ne sont capitalisables que s'ils sont incrémentaux au sens d'IFRS 15.92, c'est-à-dire qu'il s'agit de coûts qui n'auraient pas été encourus si l'entité n'avait pas obtenu le contrat. Les frais encourus pour répondre à un appel d'offres ne peuvent donc pas être capitalisés en tant que coût d'obtention de contrat, même si l'entité juge probable l'obtention du contrat, et même s'il s'agit de coûts variables externes que l'entité n'aurait pas encourus si elle n'avait pas décidé de répondre à l'appel d'offres, car ces coûts sont encourus par l'entité qu'elle obtienne ou non le contrat, et ne répondent donc pas à la définition de coûts marginaux au sens d'IFRS 15.92.

Peuvent cependant être capitalisés les coûts de réponse à un appel d'offres qui sont remboursables par l'émetteur de l'appel d'offres aux entités ayant soumissionné et n'ayant pas été retenues (IFRS 15.93).

2. **Coût d'exécution anticipée d'un contrat** Dans le cadre de la finalisation de la négociation d'un contrat significatif dont l'obtention est jugée suffisamment probable, il arrive que l'entité démarre certains travaux de mobilisation et d'exécution du contrat avant la signature du contrat. Les coûts précontractuels, c'est-à-dire engagés avant qu'un contrat client ne devienne effectif, sont capitalisables en tant que coût d'exécution de contrat s'ils répondent aux conditions suivantes (IFRS 15.95) :
- ils se rattachent à l'exécution d'un contrat non encore signé mais qui est spécifiquement identifié et dont l'approbation par le client est probable ;
- ils créent ou améliorent une ressource qui servira à l'exécution future d'une obligation de performance ;
- ils sont recouvrables.

Lissage de marge sur un contrat

25720 ***Question***

Peut-on en pratique reconnaître les coûts d'exécution d'un contrat client au même rythme que le revenu, de façon à normaliser la marge ?

Réponse

La norme IFRS 15 ne permet pas d'appliquer un principe systématique de reconnaissance des coûts du contrat proportionnellement à l'avancement du revenu. Elle conduit seulement à capitaliser les coûts d'obtention et d'exécution de contrat lorsqu'ils créent ou améliorent une ressource qui servira à satisfaire une obligation de performance.

Commentaires La norme IFRS 15 ne permet pas de capitaliser des coûts d'exécution d'un contrat ou d'une obligation de performance donnée dans le seul but de normaliser ou lisser la reconnaissance des coûts et des marges sur la durée du contrat ou de l'obligation de performance (IFRS 15.BC308). Les coûts ne sont capitalisables que s'ils représentent une immobilisation ou un stock, ou bien s'ils créent ou améliorent une ressource qui servira à l'exécution future d'une obligation de performance (voir n° 25710). Les coûts se rattachant à des obligations de performance déjà satisfaites, ou partiellement satisfaites, c'est-à-dire rattachables à une performance passée, doivent être passés en charge lorsqu'ils sont encourus (IFRS 15.98c).

De même, à notre avis, il n'est pas possible de provisionner des coûts futurs, dans le seul but de lisser la reconnaissance de la marge, en dehors des cas prévus par la norme IAS 37, Provisions.

Pour les dispositions de la norme IAS 37, voir n° 39951 s.

Ainsi, il ne serait à notre avis pas approprié de reconnaître les coûts du contrat en fonction de l'avancement du revenu, c'est-à-dire en comptabilisant en charges un montant égal au coût à terminaison multiplié par le taux d'avancement du contrat, et en comptabilisant la différence avec les dépenses encourues dans un poste de bilan (charges constatées d'avance ou charges à payer). En d'autres termes, il n'est pas possible de reconnaître les coûts en fonction des revenus. En revanche, il peut être approprié de reconnaître les revenus en fonction des coûts (méthode de l'avancement des dépenses) dans certaines conditions et sous certaines limites (voir n° 25420).

L'IFRS IC a étudié le cas d'une obligation de performance reconnue à l'avancement selon une méthode fondée sur les outputs et pour laquelle les coûts n'étaient pas encourus de façon directement proportionnelle aux outputs. Ainsi, dans les premières phases du contrat, les coûts étaient encourus à un rythme plus rapide que l'avancement du revenu, aboutissant à une marge instantanée très dégradée en début de contrat et très élevée en fin de contrat.
Dans ce cas, l'IFRS IC a commencé par rappeler la nécessité d'apprécier si la méthode des outputs est la plus appropriée pour mesurer l'avancement (voir n° 25430). L'IFRS IC a ensuite confirmé que tous les coûts d'exécution de l'obligation de performance devaient être comptabilisés en charges dès qu'ils étaient encourus puisqu'ils se rattachaient à une performance passée (IFRIC Update 06/19).

Coûts de courbe d'apprentissage

Question 25725

Quel est le traitement comptable des coûts décroissants liés au phénomène de courbe d'apprentissage ?

Réponse

A notre avis, le plus souvent, ces coûts ne seront pas capitalisables ni amortissables sur l'ensemble d'un programme ou d'un contrat. En revanche, ces coûts sont susceptibles d'avoir un impact différent sur la reconnaissance du revenu et des marges, selon que les produits sous-jacents sont reconnus à l'avancement ou à une date donnée.

Commentaires Dans certaines activités de services à long terme ou de production en série, les coûts de courbe d'apprentissage correspondent aux coûts de production encourus dans les premières périodes et qui s'atténuent progressivement au fur et à mesure que l'entité accumule de l'expérience et améliore l'efficacité de son processus de production. Le phénomène de courbe d'expérience se traduit par une réduction progressive du coût unitaire de fabrication.

Le traitement des coûts de courbe d'apprentissage dépend de la nature des obligations de performance (IFRS 15.BC312 à .BC316).

Premier cas Si la série d'unités à produire correspond à une obligation de performance unique reconnue à l'avancement en application de la règle sur les séries (voir n° 25110), les coûts d'apprentissage devront être comptabilisés en charges au fur et à mesure qu'ils sont encourus. Toutefois, si l'entité applique une mesure de l'avancement fondée sur les coûts, il est possible que ces coûts d'apprentissage doivent être pris en compte dans la mesure de l'avancement, conduisant ainsi à reconnaître davantage de revenu sur les premières unités de la série que sur les dernières. Ce type de situation pourrait se rencontrer par exemple pour un contrat de fabrication d'une série de composants aéronautiques complexes et spécialisés.

Pour le calcul du revenu à l'avancement, l'estimation du prix de la transaction et des coûts à terminaison ne peut être faite qu'en référence aux quantités faisant l'objet d'un engagement ferme du client, à l'exclusion des quantités optionnelles (voir n° 25800). Ainsi, par exemple, pour un programme aéronautique dans lequel le constructeur n'a communiqué à l'équipementier que des quantités indicatives non garanties, ce dernier ne pourra pas calculer un avancement des coûts pour l'ensemble du programme, mais seulement pour la partie faisant l'objet d'une commande ferme.

Second cas Si chacune des unités à produire correspond à une obligation de performance distincte et reconnue à une date donnée, les coûts d'apprentissage seront alors vraisemblablement dans le champ d'application d'IAS 2 et seront traités comme des coûts de stocks qui devront donc être reconnus en charges au plus tard lorsque chaque unité est livrée et reconnue en revenu. Dans ce cas, à notre avis, les coûts d'apprentissage ne pourront pas être qualifiés de coûts capitalisables et amortissables sur la durée du contrat selon les critères prévus par IFRS 15.95.

Contrat client déficitaire

Question 25730

Comment évaluer les provisions pour contrats déficitaires avec des clients ?

25730 (suite)

Réponse

En l'absence de dispositions particulières dans la norme IFRS 15, les contrats clients déficitaires ne pourront être provisionnés que selon le modèle général prévu par IAS 37 et applicable à tous types de contrats onéreux, qu'il s'agisse de contrats de vente ou d'achat.

Le montant à provisionner correspond à l'excédent des coûts inévitables par rapport aux avantages économiques attendus du contrat. Le périmètre des revenus et coûts à retenir pour évaluer une provision pour contrat client déficitaire selon IAS 37 ne sera pas nécessairement identique au périmètre définissant le prix de la transaction et les coûts du contrat selon IFRS 15.

Il existe par ailleurs une diversité d'interprétation quant à la définition des « avantages économiques attendus du contrat ».

Commentaires :

Pour les règles générales d'évaluation des contrats onéreux selon les principes d'IAS 37, voir nº 39979.

1. **Notion de coût net le plus faible** La provision correspond à l'excédent des coûts inévitables par rapport aux avantages économiques attendus du contrat. Elle doit être évaluée sur la base du coût net de sortie du contrat, en retenant le scénario le moins onéreux entre l'achèvement de l'exécution du contrat et sa résiliation, indépendamment des intentions du management. Ainsi, si les pénalités contractuelles de résiliation par l'entité sont inférieures aux pertes restant à supporter pour achever l'exécution du contrat, la provision doit être limitée aux pénalités, quand bien même le management déciderait de poursuivre l'exécution du contrat.

2. **Regroupements de contrats** La norme IFRS 15 exige de regrouper des contrats juridiquement séparés lorsqu'ils ont été signés avec le même client à des dates proches et si certaines conditions sont remplies (voir nº 25020). A notre avis, les mêmes regroupements devraient être appliqués pour l'évaluation d'un contrat onéreux.

3. **Coûts inévitables d'un contrat** Ils comprennent l'ensemble des coûts rendus nécessaires par l'exécution du contrat, incluant non seulement les coûts incrémentaux (c'est-à-dire les coûts qui auraient été évités si l'entité n'avait pas obtenu le contrat), mais également une allocation des autres coûts se rattachant directement à l'exécution des contrats en général (y compris le contrat considéré). Ainsi, il convient d'inclure une allocation du coût des ressources utilisées en commun pour ce contrat et d'autres contrats.
Selon IAS 37.BC7, les allocations de coûts à retenir dans une provision pour contrat onéreux sont dans l'ensemble assez peu divergentes de celles servant à évaluer les stocks selon IAS 2, notamment parce qu'il convient d'inclure dans les deux cas une allocation des frais généraux de production.

4. **Unité de compte à retenir pour l'évaluation d'un contrat déficitaire** Selon IFRS 15, un contrat client peut se décomposer en une ou plusieurs obligations de performance (voir nº 24988). A notre avis, l'évaluation d'une provision pour contrat onéreux se fait au niveau d'un contrat dans son ensemble et non au niveau de chaque obligation de performance individuelle. Ainsi, par exemple, si un contrat est globalement bénéficiaire et comprend deux obligations de performance, soit une « OP1 », qui est bénéficiaire et satisfaite en premier, et une « OP2 », qui est déficitaire et satisfaite en second, aucune provision pour contrat onéreux ne devrait être enregistrée à la signature du contrat. En revanche, après l'exécution de l'OP1, le solde restant à exécuter du contrat est déficitaire et doit alors être provisionné.

5. **Notion d'avantages économiques attendus du contrat** Les avantages économiques attendus d'un contrat ne se limitent pas nécessairement au chiffre d'affaires propre au contrat signé. Selon certaines interprétations, les avantages économiques à prendre en compte dans l'évaluation d'une provision pour contrat onéreux devraient inclure les avantages indirects attendus, tels que l'accès à des contrats futurs profitables avec le même client ou d'autres clients.

A notre avis, lorsqu'une entité conclut intentionnellement un contrat initial à perte, il convient d'identifier les avantages indirects qui sont attendus. Par exemple, si une entité vend un équipement à perte, en s'attendant à ce que ce contrat génère ultérieurement des contrats de maintenance ou de pièces détachées qui permettront de rentabiliser la perte initiale, il ne serait pas approprié de comptabiliser une provision pour contrat onéreux à la signature.

6. **Différence entre la notion d'avantages économiques attendus selon IAS 37 et celle de prix de la transaction selon IFRS 15** Les éléments à retenir pour évaluer si un contrat est onéreux

pourraient, dans certains cas, être plus larges que le prix de la transaction, tel que défini dans IFRS 15, qui interdit de prendre en compte des éléments optionnels (contrat cadre sans quantités minimums garanties, options de renouvellement ou d'extension d'un contrat initial) (voir nº 25000). De même, selon IFRS 15, l'évaluation des contreparties variables doit systématiquement être plafonnée au montant qui est hautement probable (voir nº 25200). A notre avis, cette limitation ne s'applique que pour la reconnaissance du revenu et ne s'applique pas pour l'évaluation d'une provision pour contrat onéreux.

7. **Actifs utilisés pour le contrat** Les actifs utilisés dans l'exécution d'un contrat doivent d'abord faire l'objet d'un test de perte de valeur avant d'évaluer une provision pour contrat onéreux. A notre avis, ce principe devrait s'appliquer non seulement aux actifs dont les modalités de dépréciation sont régies par IAS 36, mais également aux coûts d'obtention et d'exécution de contrat capitalisés selon IFRS 15, et dont les modalités de dépréciation sont fixées par IFRS 15 (voir nº 25700 et 25710).

I. Options d'achat accordées aux clients

Tranche optionnelle d'un contrat

25800

Question

Comment comptabiliser les biens ou services optionnels offerts au client ?

Réponse

Lorsqu'un contrat inclut une option offerte au client d'acheter des biens ou services additionnels à un prix prédéterminé, ces biens ou services optionnels sont exclus du périmètre et du prix du contrat.

Pour apprécier si des biens ou services sont optionnels ou s'ils font partie du périmètre du contrat, il convient d'identifier s'il existe des pénalités contractuelles substantives exigibles en cas de résiliation anticipée du contrat ou de non-exercice de l'option.

Les biens ou services optionnels doivent être exclus du périmètre et du prix du contrat, même s'il existe des facteurs économiques ou pratiques (autres que les pénalités contractuelles) qui rendent l'exercice de l'option probable ou très probable.

D'autre part, si l'option incluse dans le contrat permet au client d'acquérir des biens et services additionnels à un prix avantageux, cette option constitue un droit significatif qui constitue une obligation de performance séparée à laquelle une partie du prix ferme du contrat doit être allouée.

Commentaires :

1. **Exclusion des tranches optionnelles d'un contrat** Un contrat avec un client peut inclure une composante optionnelle dans laquelle le client a le droit, mais non l'obligation, d'étendre la durée ou d'acquérir des biens ou services additionnels à un prix spécifié. Le périmètre d'un contrat ne concerne que les biens et services pour lesquels les parties ont des droits et obligations exécutoires et exclut ainsi les périodes de renouvellement optionnelles ou résiliables sans pénalités (IFRS 15.11 et .BC391).

Le prix de la transaction (tel que défini dans l'étape 3 du modèle IFRS 15, voir nº 24989) doit exclure le prix d'exercice d'une option d'acheter des biens ou services additionnels tant que cette option n'est pas exercée (IFRS 15.BC186).

Pour plus de détails sur la définition du périmètre du contrat (en termes de durée, quantités et prix) et sur les implications pratiques, voir nº 25000.

2. **Allocation d'une partie du prix du contrat à une option avantageuse** Pour plus de détails sur l'évaluation et la comptabilisation d'une option présentant un prix d'exercice avantageux, voir nº 25810.

3. **Distinction entre options et contreparties variables** Pour un contrat prévoyant des quantités variables, l'exercice du jugement est également nécessaire pour déterminer si ces quantités variables correspondent à des options d'achat de biens et services distincts additionnels (à exclure du prix du contrat) ou bien des contreparties variables (à inclure dans le prix du contrat, sous réserve de plafonnement au montant hautement probable).

■ *Exemple 1*

Contrat de services de traitement de transaction *Un contrat de service de traitement de transactions est conclu pour une durée fixe de 3 ans et prévoit une facturation mensuelle variable en fonction de la quantité de transactions traitée dans chaque période mensuelle.*

Sur la base des discussions du TRG de juillet 2015 (Staff paper TRG nº 39), les volumes variables de transactions ne correspondent pas à une option d'achat de services additionnels distincts. La nature de la prestation est en effet d'offrir l'accès à une capacité de traitement. Les unités distinctes composant le contrat ne sont pas les transactions individuelles mais des incréments de période de temps. Le contrat est éligible aux règles sur les séries (voir nº 25110). La rémunération est traitée selon le modèle des contreparties variables et, selon les circonstances, pourra ou non être allouée selon les règles particulières aux contreparties variables (voir nº 25320).

■ *Exemple 2*

Contrat de programme automobile *Un équipementier s'engage à livrer à un constructeur des systèmes de freins pour un certain modèle d'automobile. L'équipementier a été nommé pour toute la durée du programme mais les quantités de pièces ne lui sont pas garanties par le constructeur. Les unités distinctes composant le contrat sont des pièces. Dans ce cas, les quantités variables de pièces correspondent à des options et non à des contreparties variables. Les pièces n'ayant pas encore fait l'objet d'une commande ferme doivent être exclues du périmètre et du prix du contrat.*

Option avantageuse offerte au client – notion de droit significatif

25810 ***Question***

Comment identifier, évaluer et comptabiliser une option représentant un droit significatif ?

Réponse

Un contrat client inclut un droit significatif s'il inclut une option accordée au client d'acheter ultérieurement des biens et services additionnels à un prix avantageux, c'est-à-dire inférieur au prix que devrait payer un client de même type qui n'aurait pas été partie au contrat initial.

Dans la méthode de base, le droit significatif est traité comme une obligation de performance séparée, et dont il convient d'estimer le prix de vente spécifique, qui doit refléter la remise incrémentale à laquelle l'option donne droit ainsi que de sa probabilité d'exercice.

Il existe également une mesure de simplification applicable uniquement aux options de renouvellement de contrat. Dans ce cas particulier, une hypothèse d'exercice de l'option est effectuée pour les besoins de l'évaluation et de l'allocation du prix de la transaction.

Commentaires :

1. **Identification d'un droit significatif au sein d'un contrat client** Un contrat peut inclure une option accordée au client d'acquérir des biens ou services additionnels. Cette option constitue une obligation de performance séparée si elle fournit au client un droit significatif qu'il n'aurait pas reçu par ailleurs sans avoir conclu l'accord, c'est-à-dire si l'option permet au client de bénéficier d'une remise incrémentale par rapport au niveau de remise dont il aurait bénéficié sans entrer dans le contrat initial (IFRS 15.B40).

En pratique, un contrat qui donne droit au client d'acheter des biens ou services additionnels à un prix gratuit ou inférieur au prix de vente spécifique de ces biens ou services (à la date d'exercice de l'option) contient un droit significatif.

2. **Exemples de contrats incluant des droits significatifs** :

- ventes de produits assorties de points de fidélité ou de coupons de réduction à valoir sur des achats ultérieurs ;
- contrats assortis d'option d'extension ou de renouvellement à des prix incitatifs (IFRS 15.B39 s.) ;
- contrats de service incluant des droits d'entrée, frais de connexion ou frais de mise en route, lorsque ces paiements initiaux ne sont pas représentatifs d'une obligation de performance séparable, et ne sont facturables qu'à la souscription du contrat initial. Les discussions du TRG (TRG Agenda Paper nº 32) ont confirmé que l'existence d'un droit significatif résulte du fait que le client peut renouveler le contrat sans avoir à payer à nouveau le droit d'entrée initial. Il en résulte en pratique que le paiement initial reçu sera reconnu en revenu sur une durée incluant les périodes de renouvellement pendant lesquelles le client bénéficiera de l'avantage attaché à l'option ;

  Pour un exemple détaillé, voir nº 25130.

- contrat de maintenance d'un équipement renouvelable annuellement au même prix, alors que les coûts de maintenance sont croissants avec l'ancienneté de l'équipement ; **25810** (suite)

La norme fournit un exemple détaillé (IFRS 15.IE257 s.).

- clauses de baisse des prix prospectives en fonction de seuils de volumes cumulatifs atteints, telles que par exemple : prix de 100 €/unité pour les 1 000 premières unités commandées, puis un prix de 90 €/unité pour les 1 000 unités suivantes.

3. Evaluation et comptabilisation d'un droit significatif – Méthode de base Il convient ainsi de répartir le prix du contrat entre les obligations de performance constituées :
- du bien ou service initialement acheté ;
- du droit à obtenir un bien ou service complémentaire gratuit ou à prix réduit dans le futur.

Et ce, en proportion de leurs prix de vente spécifiques respectifs.

Il convient d'estimer le prix de vente spécifique du droit significatif sur la base de la valeur intrinsèque de l'option. Cette estimation doit refléter les deux paramètres suivants (IFRS 15.B42) :
- la remise que le client obtiendrait lors de l'exercice de l'option, déduction faite de toute remise que le client pourrait obtenir sans avoir besoin d'exercer son option. Ainsi, la valeur attribuée à l'option ne reflète que la remise incrémentale à laquelle elle donne droit ;
- la probabilité d'exercice de cette option par le client. Ainsi, la valeur attribuée à l'option avantageuse est donc d'autant plus faible que le taux moyen d'exercice attendu est faible (pour une large population de contrats similaires).

En pratique, lors de la constatation du revenu lié à la vente du bien ou service prévu au contrat initial, l'entité devra différer une partie du revenu au titre du droit significatif accordé.

4. Reprise du revenu différé Ce revenu différé sera ensuite constaté en chiffre d'affaires lorsque l'option sera exercée ou, au plus tard, lorsque l'option expirera.

Pour plus de détails sur la comptabilisation des produits liés aux options qui expireront sans être exercées, voir nº 25820.

5. Evaluation et comptabilisation d'un droit significatif – Mesure de simplification pour les options de renouvellement Lorsque l'option avantageuse porte sur des biens ou services identiques au contrat initial, et qui seront délivrés selon les mêmes termes et conditions que le contrat initial, ce qui en pratique correspond à une option de renouvellement du contrat initial, il n'est pas obligatoire d'estimer le prix de vente spécifique de l'option selon la méthode de base expliquée ci-avant. L'entité peut choisir d'appliquer une méthode simplifiée, consistant à inclure dans le prix du contrat les exercices d'option qui sont attendus comme probables, et à allouer le prix total sur cette base. En pratique, cela revient par exemple à déterminer la durée et le prix d'un contrat de service en incluant les périodes de renouvellement probables (IFRS 15.B43).

■ *Exemple*

Application de la méthode de base – Coupon de réduction *Une chaîne de distribution vend des biens à un client pour 1 000 €. La transaction confère également au client un coupon de réduction donnant droit à une remise de 50 % sur le prix étiquette des achats qui seront réalisés dans les magasins de la chaîne au cours des quatre prochains mois, jusqu'à concurrence de 500 € d'achats. Par ailleurs, l'entité prévoit de réaliser au cours de la même période une campagne promotionnelle accordant 10 % de remise à tous les clients.*

Sur la base de son expérience historique, l'entité prévoit que 75 % des clients exerceront leurs bons de réduction à concurrence du plafond et que 25 % ne les exerceront pas du tout.

Solution de l'exemple *Le coupon de réduction représente un droit significatif qui devrait être comptabilisé comme une obligation de performance séparée de la vente initiale des biens. Le prix de vente spécifique de ce droit significatif est évalué sur la base de la remise incrémentale à laquelle il donne droit, par rapport à celle offerte à des clients de même catégorie qui n'auraient pas souscrit au contrat initial, soit ici 40 % (50 % moins 10 %). Il doit également tenir compte de la probabilité d'exercice de 75 %.*

Le prix de vente spécifique du droit significatif est donc égal à 150 €, soit : 500 € × 40 % × 75 %.

Le prix de la transaction de 1 000 € doit être alloué aux biens et au droit significatif au prorata de leurs prix de vente spécifiques respectifs. Le prix total de la transaction alloué au droit significatif est donc égal à 130 €, soit : 1 000 × 150 / (1 000 + 150).

Lors de la vente des biens pour 1 000 €, l'entité reconnaît un revenu de 870 € et un passif de contrat de 130 €. Ce montant sera comptabilisé en chiffre d'affaires au moment de l'exercice de l'option ou au plus tard à l'expiration de l'option.

Droits prépayés non exercés

25820 ***Question***

Comment comptabiliser les gains relatifs aux droits prépayés et non exercés par les clients (« breakage ») ?

Réponse

Les clients n'exercent pas nécessairement tous les droits ou options prévus par le contrat et qu'ils ont prépayés. La comptabilisation en chiffre d'affaires du produit relatif aux droits non exercés dépend de la capacité de l'entreprise à procéder à une estimation fiable du montant minimum hautement probable des droits qui expireront sans être exercés, conformément aux règles sur les contreparties variables.

Si l'entreprise peut déterminer le montant minimum hautement probable des droits qui expireront sans être exercés, ceux-ci doivent être comptabilisés en revenus proportionnellement au rythme auquel les autres droits seront exercés par les clients. Le gain attendu ne doit pas être comptabilisé dès l'émission des droits.

Si l'entité n'est pas en mesure d'estimer le montant minimum hautement probable de droits qui expireront sans être exercés, alors le produit correspondant ne sera comptabilisé en chiffre d'affaires qu'à la date à laquelle l'exercice sera devenu très improbable.

Commentaires La notion de droits non exercés (« breakage ») est traitée dans IFRS 15.B44 à .B47. L'entreprise doit réviser à chaque clôture son estimation des droits qui expireront sans être exercés (« breakage ») et constater si nécessaire un ajustement cumulatif du solde du produit constaté d'avance.

■ *Exemple*

Vente de cartes cadeaux *Fin décembre N-1, la société RestoRapid a vendu 1 000 cartes cadeaux d'une valeur de 50 € chacune que les clients peuvent utiliser dans tous ses restaurants. RestoRapid ne rembourse pas le solde des cartes cadeaux que les clients n'auraient pas utilisées. Les cartes ont une durée de validité de 2 ans.*

Sur la base de son expérience historique, RestoRapid prévoit que 10 % de la valeur des cartes expireront sans être utilisées par les clients, ce qui représente 5 000 € pour les 1 000 cartes vendues en N-1.

En N, les clients ont dépensé 22 500 € sur leurs cartes cadeaux. Quel montant de chiffre d'affaires RestoRapid doit-il reconnaître en N ?

Solution de l'exemple *RestoRapid doit comptabiliser en chiffre d'affaires un montant de 25 000 € en N, calculé en tenant compte de la valeur des cartes cadeaux effectivement dépensée (22 500 €), à laquelle s'ajoute une partie des gains attendus relatifs aux cartes prépayées qui expireront sans être utilisées par les clients (« breakage »). Ce montant est calculé en multipliant le montant total de « breakage » attendu (5 000 €) par le rapport entre les droits utilisés à date (22 500 €) et l'utilisation totale prévue sur la durée de vie des cartes (45 000 €), soit un gain à comptabiliser de 2 500 €.*

Programmes de fidélité

25830 ***Question***

Comment comptabiliser les droits accordés aux clients dans le cadre de programmes de fidélité ?

Réponse

Le droit à obtenir des biens ou services additionnels remisés ou gratuits représente un élément séparément identifiable de la transaction initiale. En conséquence, le montant reçu au titre de la vente initiale doit être réparti entre les deux obligations de performance, à savoir le bien ou service initialement acheté et le droit significatif accordé, en proportion de leurs prix de vente spécifiques respectifs.

Le produit alloué au droit significatif est différé et sera ensuite constaté en chiffre d'affaires lorsque les droits seront exercés, ou au plus tard lorsqu'ils expireront, en appliquant les dispositions particulières d'IFRS 15 relatives au « breakage ».

Commentaires : 25830 (suite)

1. **Nature des programmes de fidélité** Les programmes de fidélisation clients sont utilisés dans des secteurs aussi variés que la grande distribution, les compagnies aériennes, les opérateurs de télécommunication, l'hôtellerie ou encore les fournisseurs de cartes de crédit. Concrètement, ils permettent aux clients de bénéficier de produits ou services futurs gratuits ou à prix réduits. Ces droits s'acquièrent cumulativement au fur et à mesure des achats effectués. Ils prennent des formes très variées : bons de réduction à valoir sur un prochain article acheté, chèques-cadeaux à partir d'un certain montant d'achat, remises de cadeaux, accumulation de « miles gratuits » dans une compagnie aérienne, etc.

Les produits ou services futurs gratuits ou à prix réduits peuvent être fournis par l'entreprise elle-même ou par un tiers.

2. **Comptabilisation initiale des programmes de fidélisation clients** La vente d'un bien ou service assortie de la remise de points de fidélité constitue un contrat comprenant deux obligations de performance séparées :
- d'une part, un bien ou service livré immédiatement ; et
- d'autre part, un droit à recevoir ultérieurement des biens ou services à prix réduit ou gratuit.

Cette seconde obligation de performance correspond à la définition d'un droit significatif (voir nº 25810).

En conséquence, le montant reçu au titre de la vente doit être réparti entre les deux obligations de performance en proportion de leurs prix de vente spécifiques respectifs.

3. **Evaluation du prix de vente spécifique des points de fidélité accordés au client** Cette valeur tient compte de (i) la valeur de la remise que le client obtiendrait lors de l'exercice des points (mais en ne retenant que la remise incrémentale par rapport à la remise qu'obtiendrait tout client ne détenant pas de points de fidélité) et (ii) le taux d'exercice attendu des droits. Ainsi, si l'entreprise s'attend à ce que seulement 50 % des points de fidélité soient utilisés et que 50 % expirent, cela réduit de moitié la juste valeur de chaque droit accordé.

4. **Modalité de reconnaissance des points de fidélité en chiffre d'affaires** Au moment de l'enregistrement de la vente initiale des biens ou services, la partie du prix du contrat allouée aux droits accordés est différée. Ce montant sera ensuite constaté en chiffre d'affaires lorsque les droits seront exercés ou, au plus tard, lorsque les droits expireront. Il conviendra d'appliquer les dispositions prévues par IFRS 15 pour la comptabilisation du « breakage » c'est-à-dire le gain lié aux droits qui expireront sans être exercés (voir nº 25820). En pratique le produit initialement différé est repris au prorata du rapport entre exercices réalisés à date et exercices attendus jusqu'à l'expiration.

5. **Changements ultérieurs de l'estimation du taux d'exercice des droits par les clients.** L'entité devra réviser à chaque clôture son estimation du taux d'exercice des droits accordés (et donc, par différence, du taux de « breakage » attendu au titre des droits qui expireront sans être utilisés). Ces changements d'estimation n'ont pas d'incidence sur la valeur unitaire des droits accordés (en effet, selon IFRS 15, les changements d'estimation des prix de vente spécifiques ne modifient pas rétroactivement l'allocation faite à l'origine du contrat). En revanche, le changement d'estimation entraînera un ajustement cumulatif sur le taux d'apurement du produit initialement différé, puisque ce taux de reprise doit refléter le rapport entre exercices cumulés réalisés et exercices totaux attendus.

6. **Cas particuliers** :

a. **Programmes de fidélisation à choix multiples** Les programmes de fidélisation laissent le choix aux clients entre différents avantages (par exemple, avec un certain nombre de points représentatifs d'une valeur d'achat, le client a le choix entre un chèque cadeau d'un montant déterminé à déduire d'un achat ultérieur, l'obtention d'un article prédéfini gratuit ou encore une remise de 10 % sur un achat ultérieur).

Dans ce cas, la valeur du droit doit prendre en compte l'éventail des droits accordés pondérés selon leur fréquence de sélection attendue.

b. **Programmes de fidélisation inconditionnels** Les programmes de remises inconditionnelles offrent la possibilité de bénéficier de remises sur des ventes ultérieures sans que celles-ci soient limitées dans leur montant (par exemple, sur la base d'une accumulation de points de fidélité, le client bénéficie d'une remise de 10 % sur les achats effectués dans une même journée). Dans ce cas, la difficulté réside dans la valorisation de la remise. En effet, le montant des ventes futures du client bénéficiaire de la remise n'est pas connu à l'origine lorsque le droit est accordé.

25830 (suite) c. **L'avantage est fourni par un tiers** Dans les cas où les biens ou services remis lors de l'exercice des droits sont fournis par un tiers, l'entité émettrice des droits doit déterminer si elle agit en tant que principal ou en tant qu'agent dans la transaction, en appliquant les critères de distinction agent/principal (voir n° 25600).

Si elle agit en tant qu'agent, le chiffre d'affaires correspondra à la valeur des droits accordés, diminuée du montant reversé au tiers. L'obligation de performance d'un agent n'ayant pas la même nature que celle d'un principal, le fait générateur de reconnaissance du revenu pourra être différent. Un agent pourrait avoir exécuté ses obligations avant que les biens et services sous-jacents aient été livrés par le fournisseur.

■ *Exemple 1*

Avantages de fidélisation fournis par l'entreprise elle-même *Une société met en place un programme de fidélisation clients selon lequel les clients acquièrent 80 points pour 100 € d'achat. Chaque tranche de 1 000 points peut être échangée contre des biens d'une valeur de 60 €. Les points ont une durée de vie de 3 ans. La première année, la société a accordé 120 points dans le cadre de ventes de biens pour 150 €. Elle estime que 100 points seront utilisés par les clients et 20 ne seront jamais utilisés.*

Solution de l'exemple 1 *Le pouvoir d'achat unitaire d'un point de fidélité est égal à (60/1 000). Il convient d'ajuster celui-ci du taux d'utilisation estimé, soit (100/120), pour obtenir le prix de vente spécifique d'un point. Le prix de vente spécifique des 120 points acquis dans la transaction initiale de vente de biens est donc égal à (60/1 000) × (100/120) × 120 = 6 €. En principe, il conviendrait d'allouer le prix payé de 150 € entre les biens livrés et les points de fidélité accordés au prorata de leurs prix de vente spécifiques respectifs. Par simplification, on retient l'hypothèse que le montant alloué aux points de fidélité est égal à leur prix de vente spécifique. Ainsi, le chiffre d'affaires initialement différé est égal à 6 € (produits constatés d'avance).*

1. ***A la fin de la première année,*** *50 points ont été échangés. La société comptabilise donc 3 € [(50/100) × 6 €] en chiffre d'affaires, venant ainsi réduire à 3 € les produits constatés d'avance.*

2. ***A la fin de la deuxième année,*** *10 points ont été échangés au cours de l'année, ramenant ainsi le nombre total de points échangés à 60. En outre, la société modifie son estimation du nombre de points qui seront utilisés par les clients et le porte à 90 points.*

Le produit comptabilisé doit alors être calculé comme suit :

– total des points acquis 60 = 50 + 10 ;

– produit total qui doit être comptabilisé à ce stade = (60/90) × 6 €, soit 4 €.

Comme 3 € ont déjà été comptabilisés au cours de la première année, 1 € sera comptabilisé la seconde année en contrepartie d'une réduction des produits constatés d'avance.

3. ***A la fin de la troisième année,*** *les 30 points restants sont utilisés par les clients. La société continue à estimer que 90 points seront utilisés sur les 100 accordés, ce qui signifie que plus aucun droit ne sera utilisé après la troisième année :*

– total des points acquis 90 = 50 + 10 + 30 ;

– produit total qui doit être comptabilisé à ce stade = (90/90) × 6 €, soit 6 €.

Comme 4 € ont déjà été comptabilisés au cours des deux premières années, 2 € seront comptabilisés la troisième année soldant ainsi les produits constatés d'avance.

■ *Exemple 2*

Avantages de fidélisation fournis par un tiers *Un réseau de stations-service a un programme de fidélité qui permet aux clients d'acquérir des points sur la base du prix payé lors de l'achat de carburant. Ces points donnent droit à divers cadeaux parmi lesquels des produits électroménagers et des produits alimentaires régionaux.*

Solution de l'exemple 2 *Si les fournisseurs des cadeaux laissent les stocks en dépôt et demandent à la station-service de les remettre aux clients lorsqu'ils ont accumulé un certain nombre de points, la station-service agit en tant qu'agent. En effet, l'obligation de fournir le service (et notamment la gestion du stock de cadeaux) ne repose pas sur la station-service et elle ne supporte pas le risque de perte de valeur sur les biens remis. En tant qu'agent, la part du produit comptabilisée correspondra à la valeur des droits accordés, diminuée du montant reversé au tiers.*

Si la station-service est responsable de son stock et fixe le nombre et la nature des produits octroyés sur la base des points accumulés, elle agit en tant que principal. La station-service constatera un chiffre d'affaires pour la valeur des droits accordés en échange des biens fournis et le montant versé au tiers sera comptabilisé en charges.

J. Présentation et information en annexe

Présentation au bilan

Question 25900

Quels sont les éléments à présenter au bilan au titre des contrats conclus avec des clients ?

Réponse

La norme distingue quatre catégories d'éléments devant figurer au bilan :
- les actifs sur contrats qui représentent un droit conditionnel à recevoir une rémunération au titre de biens ou services déjà transférés ;
- les créances (« receivables ») qui constituent un droit inconditionnel à recevoir du cash ;
- les passifs sur contrat assimilables à des produits constatés d'avance ou des acomptes reçus des clients ;
- les remboursements à payer au client ;
- les coûts de contrats capitalisés.

Commentaires :

a. **Un actif du contrat** doit être constaté lorsque l'entité a transféré des biens ou services au client avant d'obtenir un droit inconditionnel au paiement. Un actif sur contrat correspond à un montant déjà reconnu en revenu mais pour lequel le droit à paiement est encore conditionnel. Cette conditionnalité peut être liée à une performance future de l'entreprise (achèvement de l'exécution d'une obligation de performance en cours ou satisfaction d'une autre obligation de performance non encore livrée) ou bien à la résolution d'une incertitude relative à une contrepartie variable. Un actif du contrat doit être transféré en créances lorsque le droit à paiement devient inconditionnel, c'est-à-dire lorsque son exigibilité n'est pas soumise à d'autres conditions que le passage du temps.

Exemples d'actifs sur contrat :
- une entité reconnaît le revenu à l'avancement mais le droit à facturer ne naît qu'à l'acceptation finale du client ;
- une entité livre un équipement qui est traité comme une obligation de performance séparée, reconnue à la livraison, mais l'équipement n'est facturable qu'après installation sur le site du client ;
- une entité a un contrat pour livrer un équipement et fournir un service sur une durée spécifiée (non résiliable par le client). L'équipement est facturé pour un prix symbolique car il est « subventionné » par le service. L'application des règles d'allocation du prix conduit à allouer à l'équipement un revenu supérieur au montant facturable au titre de cet équipement. A la livraison de l'équipement, l'entité doit reconnaître une créance à hauteur du prix facturable et un actif sur contrat à hauteur de l'excédent du revenu reconnu sur le prix facturable (voir n° 25310). L'actif sur contrat se transformera en créance au fur et à mesure de l'exécution du service par l'entité, permettant de faire naître le droit de facturer.

Un actif de contrat constitue à notre avis un actif monétaire au sens d'IAS 21. Il doit faire l'objet de tests de dépréciation conformément à IFRS 9 (IFRS 15.107).

b. Une **créance client** est un droit inconditionnel de l'entité à recevoir un paiement, c'est-à-dire dont l'exigibilité ne dépend que du seul passage du temps. Une créance doit être comptabilisée conformément à IFRS 9 (IFRS 15.108).

c. **Passifs du contrat** Une entité doit comptabiliser un passif du contrat si les paiements déjà reçus du client, ou les droits inconditionnels au paiement déjà acquis, excèdent le montant reconnu en revenu. En pratique, un passif du contrat comprend les produits constatés d'avance et les acomptes reçus des clients mais exclut les obligations de remboursements aux clients (IFRS 15.106). Un passif sur contrat est un passif non monétaire au sens d'IAS 21 puisque ce passif ne s'éteindra pas par un paiement en cash mais par une prestation en nature.

d. **Présentation en net des actifs et passifs du contrat** Les actifs et passifs d'un même contrat doivent être présentés pour leur montant net dans l'état de situation financière (IFRS 15.BC317). Et ce, même s'ils proviennent de plusieurs obligations de performances différentes, dès lors que celles-ci se rattachent au même contrat client (TRG Agenda Paper n°s 7 et 11).

e. **Coûts de contrats** Les coûts d'obtention et d'exécution de contrats capitalisés en application d'IFRS 15 constituent une catégorie d'actif distincte des immobilisations, des stocks, des actifs de contrat et des créances clients. A notre avis, dans le tableau des flux de trésorerie, les décaissements relatifs aux coûts de contrats capitalisables devraient être présentés dans les flux de trésorerie des activités opérationnelles et non pas dans les flux de trésorerie des activités d'investissement.

f. **Schéma récapitulatif** Le schéma suivant, établi par nos soins, récapitule les modalités de présentation des actifs et passifs liés aux contrats avec des clients.

Présentation

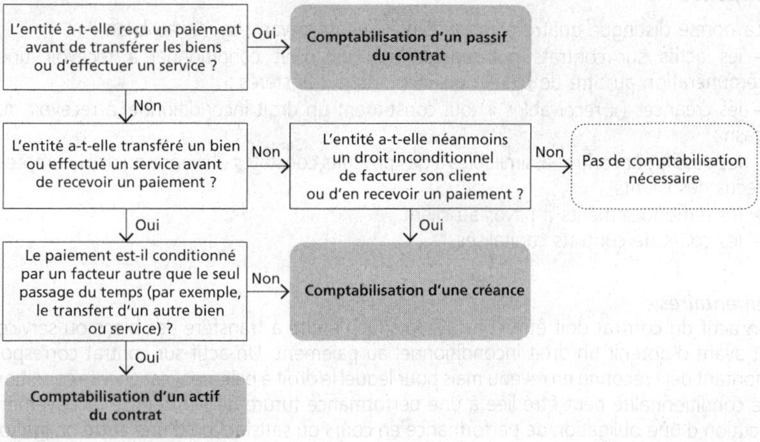

Information en annexe

25910 ***Question***

Quelles informations présenter en annexe concernant le revenu ?

Réponse

La norme exige de présenter des informations à la fois quantitatives et qualitatives, incluant notamment :
- une description de la nature des différentes obligations de performance de l'entité et de leurs modalités de reconnaissance en revenu ;
- une description des jugements significatifs effectués dans la reconnaissance du revenu ;
- une décomposition du chiffre d'affaires ;
- une analyse des variations des soldes d'actifs et passifs sur contrats ;
- la valeur du portefeuille des contrats restant à exécuter à la clôture ;
- l'effet sur le revenu de la période des obligations de performance satisfaites au cours des périodes antérieures.

Commentaires :

1. **Description des obligations de performance et des modalités de reconnaissance en revenu** (IFRS 15.119) Il s'agit de recenser et de décrire les différents types d'obligations de performance de l'entité, incluant la nature des biens ou services promis, les obligations attachées, les modalités de rémunération et de paiement, et les modalités de reconnaissance en revenu de chacune de ces obligations de performance.

Recommandations de l'AMF Dans ses recommandations en vue de l'arrêté des comptes 2019, l'AMF a insisté pour que la description des politiques de reconnaissance du revenu appliquées par l'entité ne soit pas une paraphrase de la norme mais soit spécifique aux activités de l'entité et soit articulée de façon cohérente avec la manière dont l'entreprise présente ses activités dans les autres éléments de sa communication financière (autres sections du Document de Référence ou du Document d'Enregistrement Universel, rapport de gestion, présentations analystes, communiqués de presse, etc.). Ainsi, pour un groupe ayant plusieurs secteurs d'activité, la

description des politiques comptables devrait être décomposée par secteur (Rec. AMF 2019-13, Arrêté des comptes 2019, § 3.1). **25910** (suite)

2. Jugements significatifs Une entité doit expliquer les jugements exercés dans l'application d'IFRS 15, notamment (IFRS 15.123 s.) :

– pour les obligations de performance satisfaites en continu : les méthodes sélectionnées pour mesurer l'avancement et la raison pour laquelle la méthode est jugée appropriée (voir nº 25420) ;

– pour les obligations de performance satisfaites à une date précise : les jugements significatifs relatifs au fait générateur du transfert du contrôle (voir nº 25410) ;

– les méthodes, inputs et hypothèses retenus pour mesurer le prix de la transaction, et notamment pour estimer les contreparties variables et les plafonner au montant hautement probable (voir nº 25200), ou encore pour évaluer les composantes de financement significatives (voir nº 25210).

Cette liste n'est pas limitative.

L'AMF a également insisté sur l'explication des analyses et jugements relatifs à :

– la qualification d'agent ou de principal (voir nº 25600) ;

– l'appréciation du caractère distinct ou non des promesses contenues dans un contrat (voir nº 25100) ;

– l'application des critères d'IFRS 15.35 pour déterminer si le chiffre d'affaires doit être reconnu à l'avancement où à une date donnée (Rec. AMF 2018-12, Arrêté des Comptes 2018, § 3.3.1, Rec. AMF 2019-13, Arrêté des Comptes 2019, § 3.1).

3. Montant du chiffre d'affaires Il s'agit du chiffre d'affaires découlant des contrats avec les clients, à présenter distinctement des autres sources de produits (intérêts, location, subvention), ainsi que toute perte de valeur constatée sur les créances ou actifs du contrat, à présenter séparément des pertes de valeur des autres contrats (IFRS 15.113).

4. Décomposition du chiffre d'affaires Des informations sur la ventilation du chiffre d'affaires sont requises à la fois par IFRS 15 et par IFRS 8, Secteurs Opérationnels.

a. Ventilations requises par IFRS 15 Le principe général à appliquer est que l'entité doit fournir une ventilation du chiffre d'affaires par catégorie permettant d'appréhender comment les facteurs économiques affectent la nature, le montant, le calendrier et l'incertitude du chiffre d'affaires et des flux de trésorerie (IFRS 15.114 s. et .B87 à .B89) ;

La norme fournit plusieurs axes de décomposition possibles : par type de client/marché, par type de produit/service, par zone géographique, par canal de distribution, par type ou durée de contrat, par mode de transfert de contrôle (à l'avancement versus à une date donnée), etc. L'identification des axes pertinents de décomposition du chiffre d'affaires doit prendre en considération l'information revue en interne par le principal décideur opérationnel de l'entité pour évaluer la performance de l'entité et de ses secteurs opérationnels. Elle doit également prendre en considération la communication financière externe de l'entité (rapports annuels, présentations investisseurs, communiqués de presse) (IFRS 15.B88).

Recommandations de l'AMF Dans ses recommandations en vue de l'arrêté des comptes 2019, l'AMF a insisté sur l'articulation nécessaire entre la ventilation fournie dans les comptes et l'information narrative ou chiffrée fournie dans les autres éléments de communication financière de l'entreprise. Par exemple, si une ventilation de chiffre d'affaires est fournie dans un communiqué de presse, elle devrait figurer également dans les états financiers (Rec. AMF 2019-13, Arrêté des Comptes 2019, § 3.2).

Décision de l'ESMA Dans une décision publiée en mars 2023 (EECS/0123-06, 03/23), l'ESMA a examiné le cas d'une entité qui vendait deux types de produits, mais dont l'information en annexe sur la ventilation du revenu se limitait à une désagrégation selon les secteurs opérationnels, définis en l'occurrence sur une base géographique. En se fondant sur les informations publiées en dehors des états financiers, le régulateur a jugé, au cas d'espèce, que les revenus étaient influencés par des facteurs économiques différents selon le type de produit/marché, et donc qu'une désagrégation du revenu par produit/marché aurait dû être fournie pour se conformer à IFRS 15.

b. Ventilations requises par IFRS 8 La norme IFRS 8 impose de fournir un chiffre d'affaires par secteur, par zone géographique et par type de produit ou service (voir nº 57755 s).

c. Articulation entre les informations requises par IFRS 15 et IFRS 8 Les informations fournies doivent permettre de faire le lien entre les décompositions de chiffre d'affaires fournies au titre d'IFRS 15 et les chiffres d'affaires sectoriels fournis au titre d'IFRS 8 (IFRS 15.115)

En pratique, une entité pourrait être conduite à présenter la décomposition du chiffre d'affaires sous forme matricielle, par secteur et par type de contrat.

25910 (suite) 5. **Informations relatives aux actifs et passifs liés aux contrats clients** :

a. Les informations quantitatives obligatoires comprennent (IFRS 15.116) :

– les soldes d'ouverture et de clôture des créances clients, actifs et passifs liés aux contrats ;

– le montant des revenus reconnus dans la période qui étaient inclus dans le solde d'ouverture des passifs liés aux contrats ;

– le montant des revenus reconnus dans la période qui sont liés à des obligations de performance qui avaient été satisfaites au cours de périodes antérieures.

En pratique, ce montant comprend notamment les éléments suivants :

– l'effet des changements d'estimation sur l'évaluation des contreparties variables ;

– l'effet des changements d'estimation sur le degré d'avancement des obligations de performance reconnues à l'avancement ;

– le montant des royalties se rapportant à des licences de propriété intellectuelle ayant fait l'objet d'un transfert de contrôle à une date donnée au cours d'exercices antérieurs.

b. L'entité doit fournir une information au moins qualitative sur les décalages entre l'exécution des obligations de performance et leur paiement ainsi que l'effet de ces décalages sur les soldes des actifs et passifs des contrats (IFRS 15.117).

c. L'entité doit fournir une analyse des variations significatives des soldes des actifs et passifs du contrat. L'entité n'est cependant pas tenue de fournir un tableau de variation détaillé et peut fournir une information à la fois qualitative et quantitative (IFRS 15.118). Les causes possibles de variations significatives des soldes d'actifs et de passifs liés aux contrats incluent :

– les changements d'estimation concernant l'évaluation des contreparties variables ou bien le degré d'avancement ;

– l'effet des modifications de contrats lorsqu'elles sont comptabilisées sous forme d'ajustement cumulatif (voir n° 25030) ;

– des changements dans le délai de conversion des passifs sur contrat en chiffre d'affaires, ou bien dans le délai de conversion des actifs sur contrats en créances clients ;

– une perte de valeur d'un actif de contrat ;

– les variations de périmètre de consolidation ;

– les effets de change.

Recommandations de l'AMF Dans ses recommandations en vue de l'arrêté des comptes 2019, l'AMF a insisté sur la nécessité de bien faire ressortir, s'ils sont significatifs, les impacts des changements d'estimation (sur l'évaluation du prix de la transaction ou sur le taux d'avancement) (Rec. AMF 2019-13, Arrêté des comptes 2019, § 3.3).

6. **Montant des obligations de performance restant à exécuter** (IFRS 15.120 s.) L'entité doit communiquer le solde agrégé du portefeuille de contrats restant à reconnaître en revenu, c'est-à-dire le montant du prix de la transaction alloué aux obligations de performance restant à exécuter à la date de clôture. Ceci revient à communiquer la valeur totale du carnet de commandes, mais évaluée selon les dispositions d'IFRS 15, ce qui implique notamment de plafonner les contreparties variables au montant hautement probable (voir n° 25200) et d'exclure les tranches optionnelles des contrats (voir n° 25000).

L'entité doit également donner des explications, qualitatives ou quantitatives, sur les périodes au cours desquelles l'entité s'attend à reconnaître le chiffre d'affaires en carnet à la clôture.

La norme inclut deux mesures de simplification donnant à l'entité la faculté d'opter pour ne pas communiquer l'information sur le solde des contrats dans les deux cas suivants (IFRS 15.121) :

– pour les contrats ayant une durée à l'origine inférieure à 1 an ;

– pour les obligations de performance qui sont reconnues selon la méthode des droits à facturer (voir n° 25420, point 3.).

L'entité doit fournir une information qualitative sur les montants exclus du solde, soit du fait des exemptions évoquées ci-avant, soit du fait de l'application de la règle de plafonnement des contreparties variables (IFRS 15.122).

La norme n'impose pas de décomposer le solde par typologie de contrats.

Recommandations de l'AMF Dans ses recommandations en vue de l'arrêté des comptes 2019, l'AMF recommande, lorsque le carnet de commandes est significatif, de fournir un tableau décomposé par échéance et par typologie de contrat et d'expliquer les mouvements significatifs de la période (Rec. AMF 2019-13, Arrêté des comptes 2019, § 3.4).

7. **Actifs liés aux coûts d'obtention ou d'exécution d'un contrat** L'entité doit indiquer les jugements effectués pour déterminer les coûts d'obtention ou d'exécution de contrats clients qui sont capitalisés, la méthode d'amortissement retenue, le montant des soldes de clôture des

coûts capitalisés ainsi que le montant des charges d'amortissement et de perte de valeur reconnues dans la période (IFRS 15.127 s.).

8. **Mesures de simplification retenues** Lorsque l'entité retient les mesures de simplification proposées par la norme concernant l'existence d'une composante de financement significative (voir n° 25210) ou bien la constatation en charges de certains coûts d'obtention du contrat (voir n° 25700), elle doit le mentionner (IFRS 15.129).

K. Exemples sectoriels

Contrats de promotion immobilière (VEFA)

26050

Question

Comment reconnaître le revenu pour un contrat de promotion immobilière prenant la forme d'une Vente en l'Etat Futur d'Achèvement (« VEFA ») ?

Réponse

Le vendeur doit, tout d'abord, identifier les obligations de performance (OP) du contrat et, à ce titre, déterminer si le terrain et la construction sont distincts ou non. La réponse dépendra des faits et circonstances propres à chaque contrat.

Si le terrain et la construction sont deux OP séparées, l'entité doit allouer le prix du contrat sur la base des prix de vente spécifiques de chacun de ces deux éléments. Le revenu alloué au terrain sera reconnu à une date donnée, généralement à la date de transfert de propriété qui confère le contrôle du terrain à l'acheteur.

Concernant la construction, qu'il s'agisse ou non d'une OP séparée du foncier, l'entité doit appliquer les critères du paragraphe 35 d'IFRS 15 (IFRS 15.35) pour déterminer si elle transfère le contrôle en continu. Pour des contrats de VEFA, le revenu doit généralement être reconnu à l'avancement.

Lorsque le revenu doit être reconnu à l'avancement, la méthode de l'avancement des dépenses pourrait être une méthode appropriée.

Lorsque le terrain ne constitue pas une OP séparée, le coût de celui-ci doit être pris en compte dans la mesure de l'avancement de l'OP unique comprenant le terrain et la construction.

Commentaires :

1. **Caractéristiques d'un contrat de VEFA** Le contrat de vente en l'état futur d'achèvement est défini par la loi. Dès la signature de l'acte authentique, le vendeur transfère immédiatement à l'acquéreur ses droits sur le sol ainsi que la propriété des constructions existantes. Les ouvrages à venir deviennent la propriété de l'acquéreur au fur et à mesure de leur exécution. L'acquéreur est tenu d'en payer le prix à mesure de l'avancement des travaux. Le vendeur conserve les pouvoirs de maître d'ouvrage jusqu'à la réception des travaux. Le contrat ne peut pas être annulé ou résilié pour convenance par le client.

2. **Principes généraux de comptabilisation du revenu d'un contrat de VEFA** Le vendeur doit, tout d'abord, identifier les obligations de performance (OP) du contrat et, à ce titre, déterminer si le terrain et la construction sont distincts ou non.

Pour les règles générales d'appréciation du caractère distinct ou non d'un bien ou service promis au contrat, voir n° 25100.

L'IFRS IC a examiné l'application de la notion de distinct au cas d'un contrat comprenant un terrain et une construction (IFRIC Update 03/18). L'analyse de l'IFRS IC est reprise dans les exemples ci-après.

Si le terrain et la construction sont deux OP séparées, l'entité doit allouer le prix du contrat sur la base des prix de vente spécifiques de chacun de ces deux éléments. Le revenu alloué au terrain sera reconnu à une date donnée, généralement à la date de transfert de propriété qui confère le contrôle du terrain à l'acheteur.

Concernant la construction, qu'il s'agisse ou non d'une OP séparée du foncier, l'entité doit appliquer les critères d'IFRS 15.35 pour déterminer si elle transfère le contrôle en continu.

Pour plus de détails sur les critères permettant de déterminer si une OP est satisfaite en continu ou à une date donnée, voir n° 25400.

26050 (suite) Pour des contrats de VEFA, le revenu doit généralement être reconnu à l'avancement (voir ci-après).

Lorsque le revenu doit être reconnu à l'avancement, la méthode de l'avancement des dépenses pourrait être une méthode appropriée.

Lorsque le terrain ne constitue pas une OP distincte, le coût du foncier doit être pris en compte dans la mesure de l'avancement de l'ensemble immobilier.

3. Cas d'une VEFA portant sur un ensemble immobilier vendu à un client unique Prenons le cas d'une entité qui vend un ensemble immobilier, comprenant un terrain et une construction, en l'état futur d'achèvement, à une société qui souhaite y installer son siège social. A la signature du contrat, la propriété juridique du terrain est transférée au client et ce dernier verse un premier paiement égal à 25 % du prix total. Le solde du prix devient exigible par étape, en fonction de l'atteinte de certains jalons techniques d'avancement de la construction. Les spécifications de la construction sont négociées avant la signature du contrat. Pendant la construction, si l'acquéreur demande à modifier les spécifications, le vendeur devra soumettre pour approbation un devis complémentaire au client.

L'entité doit d'abord déterminer si le terrain et la construction sont distincts.

Au cas particulier, le client peut bénéficier du terrain et de la construction isolément ou en combinaison avec des ressources qui peuvent s'obtenir séparément. Par exemple, le client pourrait bénéficier du terrain en engageant un autre promoteur pour construire le bâtiment. Il est donc conclu que le terrain et la construction sont chacun distincts dans l'absolu au sens d'IFRS 15.27a.

Il faut ensuite déterminer si le terrain et le bâtiment sont distincts dans le cadre du contrat au sens d'IFRS 15.27b. L'IFRS IC a conclu dans une situation similaire (IFRIC Update 03/18) que le terrain et la construction étaient distincts dans le cadre du contrat compte tenu des éléments suivants :

- les risques encourus par le promoteur pour transférer le terrain sont séparables des risques encourus pour exécuter la construction ;
- le promoteur serait capable d'exécuter l'une des deux promesses même s'il n'était pas engagé pour exécuter l'autre promesse ;
- les travaux du promoteur pour édifier le bâtiment ne seraient pas fondamentalement modifiés si le client avait déjà acheté le terrain auprès d'un tiers ;
- il existe seulement une interdépendance « fonctionnelle » entre le terrain et le bâtiment (le bâtiment ne peut pas exister sans terrain puisque ses fondations doivent reposer sur le sol) mais il n'existe pas d'interdépendance « transformative ». Or, seule cette dernière est pertinente pour l'appréciation du critère de distinct dans le cadre du contrat.

En conséquence, dans la mesure où le terrain et la construction sont à la fois distincts dans l'absolu et distincts dans le cadre du contrat, ils constituent deux OP séparées. L'entité doit donc allouer le prix global du contrat entre la vente du terrain et le service de construction du bâtiment. L'allocation doit se faire sur la base du prix de vente spécifique de chacune des deux OP.

Il convient ensuite de déterminer, pour chacune des deux OP, si elle est satisfaite à une date donnée ou à l'avancement, en appliquant les critères d'IFRS 15.35.

En ce qui concerne le terrain, le revenu est reconnu à une date donnée, puisqu'aucun des critères d'IFRS 15.35 n'est rempli. La date de reconnaissance du terrain est la signature du contrat puisque, à cette date, le client obtient le titre de propriété du terrain et le promoteur le droit d'être payé de la valeur du terrain.

En ce qui concerne la construction, on note que, selon IFRS 15.35b, le revenu doit être reconnu à l'avancement si la performance de l'entité crée ou améliore un actif que le client contrôle pendant sa construction ou son amélioration. Au cas d'espèce, le critère est rempli puisque (i) l'entité construit le bâtiment sur un terrain dont la propriété appartient au client, et (ii) le client a la capacité de modifier les spécifications du bâtiment pendant sa construction.

Cette conclusion est cohérente avec IFRS 15.BC129 qui indique que dans le cas où l'entité construit sur le terrain du client, celui-ci contrôle généralement les travaux en cours.

Concernant la mesure de l'avancement, l'entité doit se référer aux dépenses engagées rapportées au coût estimé à terminaison, ce qui reflète le mieux la performance de l'entité.

4. Cas d'une VEFA portant sur un appartement Prenons le cas d'une entité qui construit un immeuble et vend chaque appartement en l'état futur d'achèvement à un client différent. Conformément au contrat de VEFA, dès la signature de l'acte authentique, l'acquéreur obtient

immédiatement la propriété du terrain et des ouvrages existants à la date de signature. Dans le cas d'une vente d'appartement, l'acquéreur n'obtient pas la propriété d'une parcelle physiquement séparable, mais un intérêt indivis sur le terrain et les parties communes. L'acquéreur obtient également la propriété de la construction au fur et à mesure de l'avancement des travaux. L'acquéreur ne peut pas demander l'annulation de la vente et est tenu de payer le prix de vente à mesure de l'avancement des travaux. **26050** (suite)

Chaque contrat avec un client différent doit être traité séparément selon IFRS 15.

Ensuite, pour chaque contrat, le vendeur identifie une seule OP, à savoir la vente d'un appartement. En effet, la quote-part indivise de terrain ne constitue pas une promesse distincte car l'acquéreur ne peut pas en tirer avantage indépendamment de la prestation de construction de l'entité.

Le revenu doit être reconnu à l'avancement si au moins l'un des trois critères prévus au paragraphe 35 de la norme est rempli. Le troisième critère, énoncé au paragraphe 35c, inclut deux conditions : (i) l'actif ne doit pas avoir d'usage alternatif pour l'entité et (ii) l'entité doit avoir, à tout moment, un droit exécutoire au paiement de la valeur des travaux réalisés à date.

Au cas particulier, concernant la première condition, le vendeur ne peut pas réaffecter l'appartement objet du contrat à un autre client, car l'appartement vendu en l'état futur d'achèvement est spécifiquement identifié sur plan, et le contrat interdit au promoteur de réaffecter le bien à un autre client. La première condition prévue au paragraphe 35c est donc remplie. Concernant la deuxième condition, le contrat de VEFA n'est pas annulable ou résiliable par l'acquéreur pour tout autre motif que la faute de l'entité, et l'acquéreur est tenu de payer le prix de vente au fur et à mesure de la construction. Il en résulte que la seconde condition du paragraphe 35c est également remplie (IFRS 15.35c).

En conséquence, les deux conditions d'IFRS 15.35c étant remplies, le revenu doit être reconnu à l'avancement.

Concernant la mesure de l'avancement, l'entité doit sélectionner la méthode qui reflète le mieux la performance de l'entité dans le transfert de contrôle de l'appartement. Une méthode de mesure de l'avancement fondée sur des jalons techniques ou « milestones » ne serait pas appropriée s'il existe des travaux significatifs réalisés entre chaque « milestone » ou jalon technique (voir nº 25430). En pratique, une mesure de l'avancement fondée sur les dépenses encourues rapportées aux coûts estimés à terminaison serait appropriée.

Lorsque le terrain ne constitue pas une OP distincte, deux vues ont été envisagées :
- selon la première vue, le coût du foncier est pris en compte dans la mesure de l'avancement de l'ensemble immobilier. On considère que l'ensemble des coûts encourus, y compris la fourniture du terrain, est représentatif du rythme du transfert de contrôle de l'immeuble aux clients, notamment en raison du transfert juridique aux clients de la propriété de la totalité des éléments déjà existants (terrain et partie de la construction) lors de la signature. En pratique, à la date de signature du contrat, l'entité doit comptabiliser en charges le coût d'acquisition du terrain, les coûts de conception, et les coûts de construction déjà encourus, pour la quote-part attribuable au contrat. Ces coûts sont pris en compte dans la mesure de l'avancement et génèrent donc la comptabilisation d'un revenu et d'une marge immédiate ;
- la seconde vue repose sur le fait que l'ensemble immobilier, objet du contrat, est la résultante de l'intégration de plusieurs composants dont le terrain fait partie. La performance de l'entité consiste à intégrer ces différents composants entre eux. IFRS 15.B19 précise que seuls les coûts qui reflètent la performance de l'entité dans le transfert du contrôle des biens ou services au client doivent être pris en compte pour mesurer l'avancement. Ce principe appliqué à la construction d'un immeuble conduit à considérer que seuls les efforts d'intégration doivent être retenus dans la mesure de l'avancement. Le coût du terrain, ne reflétant pas ces efforts d'intégration, est donc exclu. En pratique, à la signature du contrat, le coût du terrain est capitalisé comme un coût d'exécution du contrat conformément à IFRS 15.95. La mesure de l'avancement est basée exclusivement sur les coûts autres que les coûts du foncier. Le coût du foncier est amorti proportionnellement à l'avancement de la construction en application d'IFRS 15.99.

En France, la CNCC a considéré que seule la première vue est acceptable. L'AMF a exprimé une position identique dans ses recommandations en vue de l'arrêté des comptes 2017 (Rec. AMF 2017-09, Arrêté des Comptes 2017, § 2.4).

5. Cas d'un contrat de réservation d'appartement La situation est identique au cas précédent, sauf que le client n'a pas encore signé l'acte authentique de vente mais a seulement signé un contrat de réservation.

Aucun revenu ne pourrait être comptabilisé au titre des travaux déjà réalisés car (i) il n'est pas certain qu'un contrat de réservation constitue un contrat exécutoire au sens d'IFRS 15, s'il n'est pas assorti de pénalités significatives de résiliation et, (ii) en tout état de cause, aucun des critères du paragraphe 35 ne serait rempli. En effet, (a) le client ne reçoit ni ne consomme les avantages des travaux au fur et à mesure de leur exécution ; (b) le client n'a aucun droit réel sur les travaux en cours ; et (c) le contrat de réservation peut être résilié par le client, et dans ce cas, il permet à l'entité de recevoir seulement une indemnité et non pas le paiement de la valeur des travaux réalisés à date.

Contrats à éléments multiples dans le secteur du software

26060 ***Question***

Comment reconnaître le revenu pour un contrat à éléments multiples comprenant une licence de software, des services d'implémentation, de maintenance et d'hébergement ?

Réponse

L'entité devra appliquer l'ensemble des 5 étapes du modèle IFRS 15 au contrat. En pratique, la licence sera reconnue dès le démarrage du contrat uniquement si elle est considérée comme distincte des autres services promis au contrat.

Commentaires Contenu des offres Une offre faite à un client peut typiquement contenir les promesses suivantes : licence de software, équipements, développements spécifiques, paramétrage et implémentation, assistance technique (hotline), upgrades spécifiés (correspondant à des améliorations de fonctionnalités non encore développées mais prédéfinies à la signature du contrat), upgrades non spécifiés (mises à jour et/ou améliorations futures des fonctionnalités du software qui ne sont pas prédéfinies et seront livrées sur base « if and when available »), hébergement sur une infrastructure en dehors du client. Les prestations d'assistance technique, « upgrades » non spécifiés et hébergement sont fournies pour une durée contractuelle définie.

Etape 1 – Regroupement de contrats Pour une offre combinant des éléments multiples, il peut arriver que l'entité ait recours à un contrat juridiquement séparé pour chacune des promesses faites au client. Néanmoins, des contrats signés à des dates proches avec le même client devront être regroupés pour les besoins de l'analyse IFRS 15, s'ils sont négociés ensemble ou s'ils répondent aux critères d'IFRS 15.15 (voir nº 25020). L'obligation de regrouper préalablement des contrats juridiquement séparés aura pour effet pratique d'obliger l'entité à (i) cerner si les promesses faites dans des contrats séparés sont réellement distinctes au sens d'IFRS 15.27 (voir nº 25100), puis, si c'est le cas, (ii) répartir le revenu entre celles-ci en fonction de leurs prix de vente spécifiques (voir nº 25310).

Etape 2 – Identification des obligations de performance (« OP ») séparables L'entité devra notamment déterminer si la licence de software est distincte des autres services promis au contrat :

a. La licence n'est pas distincte du service d'hébergement s'il s'agit en substance d'une prestation de Cloud ou de Software as a Service (« SaaS ») telle que le client ne peut bénéficier de la licence qu'à travers un service continu d'accès aux traitements informatiques via internet (IFRS 15.B54b). A contrario, une licence logicielle est distincte du service d'hébergement si le client a le droit contractuel de prendre possession du logiciel à tout moment de la durée du contrat et si ce droit est substantif. Le droit est substantif si le client a la capacité pratique de rapatrier le software et de l'opérer sur sa propre infrastructure ou sur celle d'un tiers hébergeur de son choix, sans encourir de pénalité économique significative. Une pénalité significative existerait si, par exemple, le client devait encourir un coût significatif pour prendre possession du software ou s'il devait subir une réduction significative de l'utilité du software à partir du moment où ce dernier opère sur la propre infrastructure du client.

b. La licence de software n'est pas distincte de la promesse de mises à jour ultérieures si ces dernières sont indispensables au maintien de l'utilité de la licence pour le client. Tel pourrait être le cas par exemple d'une licence de type antivirus.

c. La licence n'est pas distincte du service d'implémentation si ce dernier nécessite une modification significative du software pour l'intégrer dans l'environnement du client, ou s'il nécessite une expertise propriétaire telle que le client ou des prestataires tiers ne seraient pas

capables de procéder à une telle implémentation. A contrario, la licence serait distincte si l'implémentation correspond à des travaux de configuration qui peuvent être effectués par des prestataires tiers. **26060** (suite)

d. Si l'entité a promis de livrer dans le futur un ou plusieurs upgrades spécifiés (fonctionnalités additionnelles), il conviendra d'apprécier si la licence et les upgrades sont distincts et, si c'est le cas, de traiter ces upgrades comme une OP séparée à laquelle il conviendra d'allouer du revenu.

Etape 4 – Allocation du prix du contrat L'allocation du prix total du contrat doit être effectuée au prorata des prix de vente spécifiques (« PVS ») de chacune des OP identifiées. L'entité doit maximiser le recours aux inputs observables pour déterminer le PVS de chaque OP :

a. Pour la maintenance : le PVS pourrait être déterminé sur la base des prix observables pour les transactions de renouvellement de maintenance portant sur des produits identiques. Le PVS de la maintenance annuelle pourrait être exprimé soit en valeur absolue, soit en pourcentage du prix de la licence, en fonction de la politique de tarification appliquée par l'entité.

b. Pour les prestations d'implémentation : le PVS pourrait être dérivé des taux journaliers ou des taux de marge habituellement pratiqués sur des prestations similaires.

c. Pour la licence de software, il convient d'examiner si son PVS est hautement variable ou incertain, selon les conditions énoncées par IFRS 15.79c. L'IASB a admis que le prix de produits intangibles comme des licences puisse être hautement variable, dans la mesure où le coût de revient incrémental de chaque licence vendue est quasiment nul (IFRS 15.BC271). Si la condition est remplie, il est alors possible d'appliquer une méthode résiduelle pour déterminer le montant à allouer à la licence. En pratique, le montant alloué à la licence est égal au prix total du contrat après déduction des PVS des différents services. La méthode résiduelle ne serait pas appropriée si elle aboutissait à allouer un montant insignifiant à la licence.

Pour plus de détails sur la méthode résiduelle, voir n° 25310.

Etape 5 – Reconnaissance du revenu Concernant la licence de software, si celle-ci est distincte des autres services, il convient en principe d'appliquer les dispositions de la norme relatives aux licences pour déterminer si la licence est « statique » ou dynamique ».

Une licence est « dynamique » si : (i) les activités futures du concédant affectent de façon significative l'utilité de la propriété intellectuelle dont bénéficie le client et (ii) ces activités futures ne sont pas représentatives du transfert d'un bien ou d'un service au client (IFRS 15.B58), voir n° 25510. Dans le cas d'une licence de software, l'activité de mise à jour du logiciel aura un impact sur l'utilité de la propriété intellectuelle, mais cette activité est par ailleurs représentative du transfert d'un bien ou service, donc l'une des conditions requises pour caractériser une licence « dynamique » n'est pas remplie. Exprimé autrement, l'obligation de mise à jour de la licence n'est pas à considérer dans l'étape 5 du modèle puisqu'elle est déjà traitée dans l'étape 2 du modèle. Par ailleurs, les autres activités futures du concédant n'auront pas d'impact significatif sur l'utilité de la propriété intellectuelle pour le client, car cette utilité dépend avant tout des fonctionnalités propres du software. Les licences de software sont donc habituellement considérées comme « statiques » et sont ainsi reconnues à une date donnée.

La durée contractuelle de la licence (qu'elle soit perpétuelle ou à durée limitée) n'a aucun impact sur la distinction entre licence « statique » et « dynamique » (voir n° 25520).

Il résulte des éléments ci-avant, que, en pratique, pour des licences de software, les éléments discriminants pour déterminer si le revenu est étalé ou non résident dans l'étape 2 du modèle IFRS 15, visant à apprécier si la licence est distincte des services futurs promis dans le contrat. En revanche, l'étape 5 du modèle, visant à distinguer entre une licence « statique » et « dynamique », est peu discriminante pour une licence de software.

– Si la licence de software est distincte, elle sera traitée comme une licence « statique » ou « droit d'utilisation » et sera donc reconnue à une date donnée et ce, quelle que soit la durée contractuelle de la licence. La date de reconnaissance du revenu de licence « statique » correspond à la date à partir de laquelle le client peut bénéficier de la licence (IFRS 15.B61). Il n'est pas indispensable qu'une clef de téléchargement ait déjà été remise au client si l'obtention de celle-ci est une pure formalité administrative (i.e. si le client peut y accéder à première demande sans effort, délai ou condition substantive).

– Si la licence n'est pas distincte du service d'implémentation, il faudra déterminer si l'OP combinée est satisfaite à l'avancement ou à une date donnée, en appliquant en particulier IFRS 15.35b et .35c. Dans l'hypothèse où le revenu doit être reconnu à l'avancement, la mesure de cet avancement devrait refléter les coûts ou efforts d'implémentation.

– Si la licence et l'hébergement ne sont pas distincts, il est vraisemblable que l'OP combinée sera reconnue à l'avancement sur la base d'IFRS 15.35a sur la durée du service d'hébergement,

26060 (suite) à partir de la date du démarrage de l'exploitation. L'entité devra définir une méthode de mesure de l'avancement qui pourrait, selon les faits et circonstances, être une méthode linéaire, ou une méthode fondée sur le volume de transactions traitées.

Pour plus de détails sur les modalités de mesure de l'avancement, voir nº 25420.

– Concernant les prestations de support technique (hotline) et de mises à jour futures non spécifiées, il s'agit d'obligations de type « stand-ready » qui seront reconnues sur une base linéaire si cela reflète bien le profil de performance de l'entité.

■ *Exemple 1*

Licence de software distincte des services associés *Le contrat entre un éditeur de logiciel et son client comprend les promesses suivantes :*

– une licence d'utilisation d'un logiciel standardisé, pour une durée limitée à 3 ans ;

– l'installation du logiciel, comprenant essentiellement des travaux de paramétrage et de configuration. Ce service d'installation est couramment effectué par d'autres entités et ne modifie pas significativement le code du logiciel ;

– la maintenance du logiciel, incluant (i) la fourniture de mises à jour non définies à l'avance et (ii) une assistance technique téléphonique. Cette maintenance est souscrite pour une durée ferme de 1 an, renouvelable annuellement sur option du client, sur la base du prix contractuel initial indexé sur l'inflation. Le logiciel est fonctionnel et peut continuer à fonctionner sans les mises à jour et le support technique ;

– le logiciel est mis à disposition du client au début du contrat.

Solution de l'exemple 1 *Au titre de l'étape 2 du modèle IFRS 15, l'entité identifie quatre OP :*

– la licence d'utilisation du logiciel ;

– le service d'installation ;

– les mises à jour du logiciel ;

– l'assistance technique téléphonique.

La licence est distincte des droits à mise à jour puisque ces derniers ne sont pas essentiels au maintien de l'utilité du logiciel pendant la durée du contrat.

La licence ne peut pas fonctionner sans le service d'installation mais ce dernier peut couramment être fourni par des tiers. Ainsi, le client peut tirer avantage de la licence en combinaison avec d'autres ressources immédiatement disponibles, d'où il résulte que la licence du logiciel est distincte dans l'absolu au sens d'IFRS 15.27a.

Par ailleurs, le service d'installation, les mises à jour et l'assistance technique ne modifient pas de manière significative le logiciel. De plus, le logiciel et les services associés ne constituent pas des inputs intégrés à d'autres biens ou services pour réaliser l'output prévu au contrat. L'entité est capable d'exécuter chaque promesse indépendamment des autres. L'entité conclut donc que le logiciel est distinct dans le cadre du contrat au sens d'IFRS 15.27b.

Le logiciel constitue donc une OP, et peut donc être reconnu séparément des autres services prévus au contrat.

Par ailleurs, on observe que le client dispose d'une option de renouvellement de la maintenance. Il conviendra d'évaluer si cette option lui permet de bénéficier d'un prix de renouvellement avantageux par rapport au prix de vente spécifique de la maintenance. Si c'est le cas, le droit significatif doit être traité comme une OP séparée (voir nº 25810).

Au titre de ***l'étape 4*** *du modèle, l'entité pourra déterminer le prix de vente spécifique de la maintenance en se référant aux prix observables sur les renouvellements de la maintenance portant sur un niveau de service identique et des licences identiques au contrat. A notre avis, les prix de vente spécifiques de la maintenance peuvent être établis soit sous la forme d'un pourcentage du prix contractuel de la licence, soit en valeur absolue, selon la politique commerciale de fixation des prix appliquée par l'entité.*

Les deux composantes de la maintenance, comprenant (i) les mises à jour et (ii) l'assistance technique, constituent en principe deux OP séparées. Cependant, en pratique, comme l'une et l'autre auront le même profil de reconnaissance (voir étape 5 ci-après), il n'est pas nécessaire d'allouer le prix du contrat entre ces deux composantes.

Le prix de vente spécifique du service d'installation pourra être défini par référence aux taux journaliers ou aux taux de marge habituellement pratiqués pour des prestations similaires lorsqu'elles sont vendues indépendamment (ces taux ou marges étant ensuite appliqués aux ressources ou coûts budgétés pour le contrat).

L'entité pourra ensuite déterminer le prix allouable à la licence en appliquant la méthode résiduelle, si les conditions sont remplies (voir ci-avant et nº 25310).

*Ensuite, au titre de l'***étape 5*** *du modèle IFRS 15, il est conclu que la licence de software est de type « statique » ou « droit d'utilisation » (voir commentaires ci-avant). A ce titre, la licence est reconnue à une date donnée, en l'occurrence au moment où la licence est mise à disposition du client.*

Le fait que la licence ait une durée limitée n'implique pas qu'il faille étaler le revenu de licence sur cette durée (voir nº 25520).

Les prestations de mise à jour et de support technique constituent toutes les deux des obligations de type « stand-ready » et pour lesquelles les efforts à réaliser n'ont pas de profil particulier. En conséquence le revenu pour ces prestations est reconnu de façon linéaire. **26060** (suite)

Les services d'implémentation devront être reconnus à l'avancement puisqu'ils améliorent un actif que le client contrôle déjà (la licence). Une méthode fondée sur les inputs, telle que l'avancement des dépenses, serait appropriée pour mesurer l'avancement des services d'implémentation.

■ *Exemple 2*

***Licence de software non distincte des services d'installation** (IFRS 15.IE54 s.) Les hypothèses sont identiques à celles de l'Exemple 1, sauf que le service d'installation prévu au contrat aboutit à modifier ou customiser de manière significative le logiciel en lui ajoutant des fonctionnalités nouvelles pour que le logiciel puisse être interfacé avec d'autres applications utilisées par le client. Ce service pourrait être effectué par d'autres prestataires.*

***Solution de l'exemple 2** La licence et le service d'implémentation sont distincts dans l'absolu, notamment puisque le client pourrait faire implémenter la licence par des tiers. En revanche, ces deux promesses ne sont pas distinctes dans le cadre du contrat car l'entité utilise le logiciel « standard » et les services d'installation comme des inputs pour produire un output combiné qui est une solution logicielle intégrée que le client a achetée, l'entité fournit au client un service significatif d'intégration, la prestation d'installation aboutit à modifier de manière significative le logiciel. L'entité conclut donc que la licence et le service d'implémentation constituent une OP unique.*

Cette OP unique doit être reconnue à l'avancement si le critère du paragraphe 35b ou 35c de la norme est rempli. L'avancement devra être mesuré sur la base des efforts de customisation et d'implémentation (par exemple sur la base du rapport entre coûts encourus et coûts à terminaison). En pratique, et contrairement à l'exemple précédent, aucun revenu n'est reconnu au moment de la mise à disposition initiale de la licence par l'entité (IFRS 15.35b et 35c).

■ *Exemple 3*

***Contrat de SAAS/cloud** Le contrat permet au client d'accéder via internet à des fonctions de traitement informatique hébergées chez l'entité. Il prévoit une phase d'implémentation de quelques mois et une phase d'exploitation sur une durée contractuelle de 24 mois. Le software et l'infrastructure ne sont pas dédiés exclusivement au client mais sont mutualisés avec d'autres clients. Le client n'a pas le droit de rapatrier le software sur sa propre infrastructure. Les facturations comprennent :*

- *un montant « upfront » au titre de la licence ;*
- *un montant payable à la date de mise en service au titre de l'implémentation ;*
- *un montant fixe facturable mensuellement ; et*
- *un montant variable facturé mensuellement en fonction du volume de transactions traitées (prix fixe par transaction).*

***Solution de l'exemple 3** Au titre de **l'étape 2** du modèle IFRS 15, la licence n'est pas distincte de la prestation d'hébergement puisque le client ne peut tirer aucune utilité de la licence indépendamment du service continu d'accès à la plateforme internet de l'entité.*

Evaluer si l'implémentation initiale représente un service distinct de la prestation d'accès continu nécessite l'exercice du jugement. A notre avis, les activités initiales qui ne sont pas dissociables de la mise en route du service d'accès continu, qui sont indispensables pour permettre au client d'accéder au service continu, et qui ne peuvent être exécutées que par l'entité, ou qui modifient significativement le software hébergé, ne sont pas représentatives d'un service distinct rendu au client et ne doivent donc pas générer du revenu. A contrario, une activité de construction d'interfaces (entre l'application hébergée en SAAS et les systèmes du client) peut être considérée comme un service distinct dans le cas où elle aurait pu être exécutée par des fournisseurs tiers, et ne modifie pas l'application hébergée en SAAS.

En ce qui concerne la phase d'exploitation, chaque incrément de temps (jour ou mois) constitue une unité de service distincte au sens d'IFRS 15.27, mais ayant la même nature et le même profil de reconnaissance que les unités qui suivent ou qui précèdent. Il convient par conséquent d'appliquer les règles d'IFRS 15.22b sur les séries, conduisant à traiter l'ensemble de la phase d'exploitation comme une OP unique, constituée d'une série d'unités distinctes (voir n° 25110).

***Cas où le contrat comprend deux OP – application de l'étape 4 du modèle IFRS 15** Si la phase d'implémentation initiale est considérée comme distincte de la phase d'exploitation, l'entité devra estimer le prix de vente spécifique de chaque phase, de façon à répartir le prix du contrat entre ces deux OP.*

***Cas où le contrat comprend une seule OP – application de l'étape 5 du modèle IFRS 15** Si la phase d'implémentation ne transfère en elle-même aucun service au client et ne représente qu'une activité de mise en route du service récurrent, il en résulte que le contrat comprend une OP unique qui est un service d'accès à des fonctionnalités logicielles. Aucun revenu ne peut être reconnu pendant la*

phase d'implémentation. En revanche, les coûts d'implémentation sont capitalisables si les conditions d'IFRS 15.95 sont remplies. Les montants facturés au démarrage du contrat (au titre de la licence) et à la mise en service (au titre des travaux d'implémentation) doivent être enregistrés initialement en produits constatés d'avance et étalés sur la durée du service d'exploitation.

Le contrat comprend une OP unique constituée d'une série d'unités distinctes, conformément à IFRS 15.22b (voir nº 25110). L'entité doit déterminer une mesure de l'avancement unique pour l'OP unique du contrat. Il se peut qu'une méthode linéaire (prorata temporis) soit appropriée pour une prestation de SAAS. En pratique, la méthode linéaire s'appliquera pour les montants fixes facturés initialement (licence et implémentation) et mensuellement. Le revenu ne commencera à être reconnu qu'à partir de la date de mise en service opérationnelle.

En revanche, pour les montants variables facturables mensuellement en fonction des volumes de transactions réalisés, l'entité doit déterminer si les deux conditions d'IFRS 15.85 sont remplies pour appliquer la règle particulière d'allocation des contreparties variables (voir nº 25320). Au cas d'espèce, chaque paiement variable mensuel se rattache à une période de service distincte (au sens d'IFRS 15.27) et il existe un lien direct entre les termes de la variabilité et l'output de la performance de l'entité durant cette période. Par conséquent, la première condition d'IFRS 15.85 est remplie. La seconde condition est également remplie, notamment parce que le prix par unité d'œuvre est constant sur la durée du contrat. L'entité doit donc reconnaître les montants variables dans les périodes où ils deviennent facturables.

Pour plus de détails sur les modalités d'allocation des contreparties variables, voir nº 25320, Exemple 3.

Pour plus de détails sur un contrat de SAAS, voir TRG Agenda Paper nº 41, Scenario 1 ; et TRG Agenda Paper nº 44, Topic 7.

Accords de licence et de collaboration dans l'industrie pharmaceutique

26070 ***Question***

Comment comptabiliser un contrat de collaboration dans lequel une entité du secteur des biotechnologies concède à une entité pharmaceutique une licence portant sur un candidat médicament ?

Réponse

Il faut tout d'abord cerner si l'accord de collaboration est bien dans le champ d'application d'IFRS 15.

Si tel est le cas, il convient d'appliquer l'ensemble des 5 étapes du modèle IFRS 15 au contrat, en abordant notamment les points suivants :
- la licence est-elle distincte (au sens d'IFRS 15) des autres services promis dans le contrat (tels que des services de R&D ou de fabrication) ?
- la licence est-elle l'élément prédominant du contrat ?
- la licence est-elle de nature statique ou dynamique ?
- comment appliquer les règles d'évaluation et d'allocation des contreparties variables pour reconnaître les paiements conditionnels liés à l'atteinte de « milestones » ?
- l'exception de la norme relative aux royalties sur licence doit-elle s'appliquer ?
- si la licence et le service constituent des obligations de performance (« OP ») séparées, comment estimer le prix de vente spécifique de chaque OP, de façon à allouer le prix du contrat à chacune de ces OP multiples ?
- si la licence et le service constituent une OP unique, cette OP combinée est-elle satisfaite à une date donnée ou à l'avancement et, dans le dernier cas, quelle doit être la méthode de mesure de l'avancement ?

Commentaires :

1. **Caractéristiques fréquentes des contrats de licence et de collaboration dans l'industrie pharmaceutique** Le contrat est typiquement conclu entre une société de biotechnologie détenant la propriété intellectuelle d'un médicament en cours de développement et un laboratoire pharmaceutique disposant des moyens de commercialiser le médicament. La « biotech » concède au « pharmacien » une licence incluant le droit d'achever le développement, puis de fabriquer et commercialiser un médicament. Le contrat spécifie notamment l'indication thérapeutique, le territoire et la durée pour lesquels le client dispose de droits exclusifs.

Ces accords peuvent intervenir à des stades plus ou moins avancés du développement d'un médicament (phase de découverte, phase préclinique, essais cliniques de phase I, II, ou III). L'entité peut s'engager à fournir également certains services de recherche et développement et/ou de fabrication des produits. **26070** (suite)

Les modalités de rémunération comprennent typiquement :
- un paiement « upfront » à la signature du contrat ;
- des paiements trimestriels liés aux ressources affectées par l'entité aux travaux de développement ;
- des paiements conditionnels liés à l'atteinte de « milestones » (succès des phases de R&D, obtention d'une autorisation réglementaire de commercialisation, atteinte d'un seuil de ventes cumulées) ;
- des royalties applicables aux ventes de produits réalisées par le laboratoire pharmaceutique.

2. Identification du référentiel comptable applicable à un contrat de collaboration Les accords dans l'industrie pharmaceutique sont souvent labellisés « accords de collaboration ». Selon IFRS 15.6, un contrat n'est pas dans le champ d'application d'IFRS 15 si l'autre partie a contracté avec l'entité pour collaborer à certaines activités, telles que le développement d'un actif, et se partager les risques et avantages résultant de ces activités. En revanche, le contrat de collaboration est dans le champ d'application d'IFRS 15 s'il permet à l'autre partie d'obtenir des biens ou services qui constituent un output des activités ordinaires de l'entité.

En pratique, un contrat de collaboration entre une société de biotechnologies et un laboratoire pharmaceutique est dans le champ d'application d'IFRS 15 s'il conduit l'entité à transférer au laboratoire des éléments de propriété intellectuelle et/ou des services de R&D qui constituent un output de ses activités ordinaires. Certains contrats de collaboration entre deux laboratoires pharmaceutiques pourraient ne pas être, ou n'être que partiellement, dans le champ d'application d'IFRS 15. Il se peut que certains contrats de collaboration soient dans le champ d'application d'IFRS 11, Partenariats. Si un contrat de collaboration n'est ni dans le champ d'application d'IFRS 15 ni dans le champ d'application d'IFRS 11, il convient de définir un traitement approprié en se référant à IAS 8.10 à .12.

3. Appréciation du caractère distinct de la licence Dans l'hypothèse où le contrat comprend deux promesses, une licence et une prestation de R&D, il convient d'appliquer les dispositions générales de la norme sur l'identification des obligations de performance (« OP ») en vue de déterminer si ces deux promesses doivent être reconnues en revenu séparément ou non. La licence constitue une OP séparable si elle est distincte des autres services promis au contrat, c'est-à-dire si elle répond au double critère prévu par IFRS 15.27, de distinct dans l'absolu et distinct dans le cadre du contrat (voir nº 25100 et 25500).

3a. La licence est distincte dans l'absolu si le client pourrait tirer avantage de la licence à elle seule ou en combinaison avec des ressources qui peuvent s'obtenir séparément. La condition est remplie si les travaux restant nécessaires pour achever le développement (et tirer des avantages économiques de la licence) pourraient être effectués par le client lui-même ou des prestataires tiers, typiquement appelés « Contract Research Organizations » (« CROs »). En revanche, la licence n'est pas distincte si la prestation de R&D nécessite une expertise unique que seule l'entité peut fournir.

3b. La licence est distincte dans le cadre du contrat si les prestations de développement n'ont pas d'effet transformatif, c'est-à-dire n'ont pas pour effet de modifier significativement la nature et les fonctionnalités de propriété intellectuelle objet de la licence. La condition pourrait ainsi être remplie si les travaux de R&D restant à effectuer correspondent à des essais cliniques destinés à valider l'efficacité thérapeutique et la tolérance d'une molécule. La condition n'est en revanche pas remplie si la licence porte sur un médicament encore en phase de découverte, si bien que les travaux de R&D restant à effectuer par l'entité auront pour effet de modifier significativement la molécule.

A notre avis, une licence a davantage de chances d'être distincte lorsqu'elle porte sur un candidat médicament à un stade avancé de son cycle de développement. Cependant, une analyse des faits et circonstances propres à chaque contrat est nécessaire, sans qu'il soit possible d'établir une règle systématique.

4. Reconnaissance des paiements initiaux (« upfront payments ») Un contrat de licence et de collaboration s'accompagne souvent d'un paiement initial non remboursable. Ce paiement initial fait partie du prix de la transaction et doit donc être alloué aux OP identifiées dans le contrat, puis être reconnu en revenu en fonction des modalités de transfert de contrôle de ces OP. En pratique, dans le cas où l'entité n'a aucune prestation de service à rendre, le contrat ne comprend

26070 (suite) qu'une OP unique qui est une licence de type « statique » (voir point 8. ci-après), et la totalité du paiement initial doit alors être reconnue à la date où le client obtient le contrôle de la licence.

5. Reconnaissance des paiements conditionnels liés à l'atteinte de « milestones » En ce qui concerne les paiements conditionnés par l'atteinte de « milestones », il n'est pas possible d'appliquer un principe consistant à (i) attendre systématiquement l'atteinte des « milestones » puis (ii) reconnaître intégralement en revenu les montants dès qu'ils sont acquis. Il convient d'appliquer les étapes du modèle général concernant (i) l'inclusion des contreparties variables dans le prix de la transaction, (ii) l'allocation des contreparties variables aux OP et (iii) la reconnaissance du revenu en fonction des modalités de transfert de contrôle de l'OP sous-jacente.

5a. Inclusion des paiements liés aux « milestones » dans le prix de la transaction (Etape 3 du modèle IFRS 15) Les paiements conditionnés par l'atteinte de « milestones » constituent des contreparties variables (voir nº 25200). L'entité doit d'abord procéder à une estimation de la contrepartie variable, selon l'une des deux méthodes définies par IFRS 15.53. Au cas d'espèce, compte tenu du fait que le champ des montants possibles se limite à un scénario binaire, la méthode d'estimation la plus appropriée est la méthode du montant le plus probable (par opposition à la méthode des probabilités pondérées). Ensuite, selon IFRS 15.56 à .59, l'estimation de contrepartie variable à inclure dans le prix de la transaction doit être plafonnée, de façon à ce qu'il soit hautement probable que le revenu cumulé ne fasse pas ultérieurement l'objet d'une extourne significative au moment de la résolution des incertitudes. En pratique, un paiement lié à un « milestone » doit être exclu du prix de la transaction tant qu'il n'est pas hautement probable que le « milestone » sera atteint. L'estimation doit être révisée à chaque clôture. Plusieurs cas de figure peuvent se présenter :

- Lorsque le milestone est principalement lié à un avancement technique, par exemple un nombre de patients enrôlés dans une étude clinique, il est possible que l'entité dispose d'une expérience suffisante pour juger que l'atteinte du « milestone » est hautement probable, auquel cas le paiement conditionnel est inclus dès le départ dans l'estimation du prix de la transaction.
- Lorsque le milestone à atteindre est lié à la réussite d'une phase de R&D, ou à l'obtention d'une autorisation réglementaire de mise sur le marché, le paiement futur sera vraisemblablement considéré comme trop incertain pour être inclus dans le prix de la transaction, sur la base des indicateurs énoncés dans IFRS 15.57. L'expérience passée de l'entité n'est pas nécessairement pertinente pour prédire le succès clinique d'un nouveau médicament. Un paiement conditionné par l'obtention d'une autorisation réglementaire dépend de facteurs sur lesquels l'entité n'a pas d'influence. En pratique, la condition liée au caractère hautement probable ne sera souvent remplie qu'au moment où le « milestone » est effectivement atteint.
- Les paiements futurs qui sont liés à l'atteinte de seuils de vente cumulatifs correspondent en substance à des royalties assises sur les ventes. De ce fait, si l'élément prédominant auquel ils se rapportent est une licence (voir point 7. ci-après), ces paiements conditionnels sont dans le champ de l'exception sur les royalties (voir point 6. ci-après) et ne doivent donc pas être reconnus sur la base des règles générales sur les contreparties variables. En pratique, ces paiements conditionnels ne seront pas reconnus en revenu lorsqu'ils seront devenus hautement probables, mais seulement lorsque le seuil cumulatif spécifié au contrat aura été atteint.

5b. Allocation des paiements liés aux « milestones » (Etape 4 du modèle IFRS 15) Si le contrat contient des OP multiples, les paiements liés aux « milestones » doivent être alloués aux OP. Selon IFRS 15.85, une contrepartie variable doit être allouée directement à une OP spécifique si deux conditions sont remplies : (i) il existe un lien direct entre les conditions du paiement variable et les efforts accomplis pour satisfaire cette OP spécifique, ou les résultats de cette OP spécifique et (ii) allouer l'intégralité du paiement variable à cette OP spécifique est conforme au principe général d'allocation après prise en compte de l'ensemble des OP et des modalités de paiement du contrat.

Si les deux conditions d'IFRS 15.85 ne sont pas remplies, le paiement lié aux milestones doit alors être alloué aux OP au prorata des prix de vente spécifiques de chaque OP (voir point 9. ci-après).

5c. Reconnaissance des paiements liés aux « milestones » en fonction du transfert du contrôle (Etape 5 du modèle IFRS 15) Une fois que l'atteinte du « milestone » est devenue hautement probable, le paiement conditionnel est inclus dans le prix de la transaction et doit être reconnu en revenu en fonction des modalités de transfert de contrôle de l'OP à laquelle il a été affecté, conformément aux principes généraux d'IFRS 15.

Ainsi, par exemple, si un « milestone » de 1 M€ se rattache à une OP qui est reconnue à l'avancement, et si, à la date à laquelle l'atteinte du « milestone » devient hautement probable, le taux d'avancement de l'OP est de 60 %, le revenu doit à cette date faire l'objet d'un ajustement cumulatif de 600 K€ (soit 1 M€ × 60 %). Il ne serait pas correct de reconnaître 100 % du « milestone » en revenu à la date où il est atteint. **26070** (suite)

6. Reconnaissance des royalties La norme IFRS 15 prévoit une exception au principe général d'évaluation des contreparties variables dans le cas particulier des royalties sur licence de propriété intellectuelle. Les royalties assises sur les ventes du client ne doivent pas être reconnues en revenu avant que les ventes sous-jacentes aient été réalisées (voir n° 25530).

L'exception ne s'applique qu'aux royalties rémunérant des licences de propriété intellectuelle. Pour une vente de propriété intellectuelle, les royalties à recevoir doivent être estimées selon les principes généraux applicables aux contreparties variables, c'est-à-dire incluses dans le prix de la transaction à hauteur du montant hautement probable, ce montant étant réestimé à chaque clôture.

Lorsque les royalties se rapportent à la fois à une licence et à d'autres biens et services transférés au client, l'exception s'applique à la totalité des royalties si la licence constitue l'élément prédominant auquel se rapportent les royalties. A défaut, si la licence n'est pas l'élément prédominant, les royalties à recevoir doivent être estimées conformément aux principes généraux applicables aux contreparties variables, c'est-à-dire incluses dans le prix de la transaction à hauteur du montant hautement probable, ce montant étant réestimé à chaque clôture.

Un paiement déclenché par l'atteinte d'un seuil cumulatif de ventes de produits (« sales-based-milestone ») est assimilable en substance à des royalties (voir point 5. ci-avant). Ainsi, un « sales-based milestone » rattachable à une licence pharmaceutique ne doit pas être reconnu en revenu avant que le seuil de ventes soit atteint.

Si le client garantit à l'entité un montant minimum de royalties, ce montant minimum est en substance un paiement fixe (et non pas une contrepartie variable), et est exclu de l'exception sur les royalties. Si la licence est de nature « statique » (voir point 8. ci-après), le montant minimum doit être intégralement reconnu en revenu à la date de transfert de contrôle de la licence. Seule la partie des royalties excédant le montant minimum est reconnue lorsque les ventes de produits sont réalisées.

7. Appréciation du caractère prédominant de la licence IFRS 15 contient plusieurs règles spécifiques aux licences (voir n° 25500 à 25530). L'entité doit donc déterminer si ces règles spécifiques aux licences doivent s'appliquer lorsque le contrat comprend à la fois une licence et d'autres biens ou services promis au contrat.

D'une part, l'exception relative aux royalties sur les licences s'applique uniquement si la licence est l'élément prédominant auquel se rapportent les royalties (IFRS 15.BC421C). Les implications de l'exception sur les royalties sont évoquées au point 6. ci-avant.

D'autre part, dans le cas où la licence n'est pas distincte, mais constitue l'élément prédominant d'une OP, il est nécessaire d'apprécier si la nature de la licence est « statique » ou « dynamique » et d'en tirer les conséquences pour la reconnaissance du revenu relatif à cette OP combinée (IFRS 15.BC407 et .BC414X). Les critères et enjeux de la distinction entre licence « statique » (ou « droit d'utilisation ») et licence « dynamique » (ou « droit d'accès ») sont évoqués au point 8. ci-après.

Le terme « prédominant » est utilisé dans la norme mais n'est pas défini. Apprécier le caractère prédominant d'une licence, relativement à une prestation de service, est une question de jugement (IFRS 15.BC421E). A notre avis, le fait qu'une licence ne soit pas distincte d'une prestation de développement, et le fait que l'avancement de l'OP unique (comprenant licence et service de R&D) soit mesuré sur la base de l'avancement des prestations de R&D, n'empêchent pas de conclure que la licence est l'élément prédominant auquel se rapportent les royalties. A notre avis, il peut être tenu compte du fait que la nature de l'OP est la vente d'une licence en l'état futur d'achèvement. Si l'on se place dans la perspective du client, au moment où l'entité a achevé d'exécuter toutes ses obligations, le « produit fini » transféré au client est bien une licence portant sur une propriété intellectuelle à l'état mature (« prête à l'emploi »). Il peut ainsi être conclu que la licence est l'élément prédominant auquel les royalties se rapportent puisque, au moment où le flux de royalties démarre, le client dispose d'une licence portant sur la propriété intellectuelle d'un médicament dont le développement est achevé.

8. Nature « dynamique » ou « statique » de la licence Une licence « statique » doit être reconnue à la date à laquelle l'entité en transfère le contrôle au client. Une licence « dynamique » doit au contraire être reconnue de façon étalée sur la durée de la licence (voir n° 25510). Selon

26070 (suite) IFRS 15.B58, une licence est « dynamique » si (i) les activités exercées par le concédant durant le contrat affectent significativement l'utilité de la licence pour le client et (ii) ces activités ne constituent pas des biens ou services transférés au client. A défaut, la licence est « statique ».

L'utilité pour le client d'une licence portant sur une molécule ou une technologie pharmaceutique repose avant tout sur ses fonctionnalités techniques. A notre avis, une telle licence sera en général traitée comme une licence « statique », qu'elle soit vendue seule ou en combinaison avec des services de R&D et qu'elle soit distincte ou non de ces services de R&D. En effet, même dans le cas où les activités futures de R&D de l'entité seraient susceptibles d'affecter l'utilité de la licence pour le client (en modifiant significativement ses fonctionnalités), ces activités futures sont représentatives de services transférés au client (qu'ils soient ou non distincts de la licence). Par conséquent, la condition d'IFRS 15.B58c n'est pas remplie. En d'autres termes, les services de R&D promis par l'entité au client ayant déjà été pris en compte dans l'identification des OP (étape 2 du modèle), ils n'ont pas à être pris en compte à nouveau pour apprécier la nature de la licence.

Les modalités de reconnaissance en revenu d'une licence de nature « statique » varient selon qu'elle est distincte ou non. Une licence distincte (c'est-à-dire constituant une OP séparée) et de nature « statique » (c'est-à-dire de type « droit d'utilisation ») doit être reconnue à une date donnée, lorsque le client en obtient le contrôle.

Pour les modalités de transfert de contrôle d'une licence « statique » mais non distincte des prestations de R&D, voir point 10. ci-après.

9. Allocation du prix du contrat sur la base des prix de vente spécifiques (« PVS ») Si le contrat comprend plusieurs OP séparées, le prix de la transaction doit être alloué aux OP au prorata de leurs PVS respectifs (voir n° 25300). Ces PVS n'étant souvent pas directement observables, ils doivent être estimés.

Pour un service de R&D, le PVS peut être estimé sur la base du coût prévu auquel est appliquée une marge raisonnable, ou sur la base d'une estimation du volume de ressources nécessaires et des taux journaliers de marché pour chaque profil de compétence requis.

Pour une licence, une estimation du PVS pourrait être effectuée sur la base de flux de trésorerie actualisés et probabilisés, à partir d'hypothèses portant sur : la part de marché et le prix de vente attendus pour le futur médicament, le coût des développements cliniques restant à effectuer, la probabilité d'obtention d'une autorisation réglementaire de commercialisation, les taux de royalties qui seraient normalement attendus si la licence était vendue seule, etc.

L'estimation d'un PVS doit maximiser le recours aux inputs observables. Ces derniers peuvent provenir, par exemple, d'études publiées par des analystes financiers spécialisés sur le secteur des biotechnologies, ou bien de transactions de licences portant sur des médicaments comparables.

Par exemple, si l'entité a déjà vendu une licence portant sur la même molécule et la même indication dans un autre territoire, cette transaction peut servir de point de référence pour construire l'estimation.

Pour une licence, l'estimation du PVS peut être effectuée selon la méthode résiduelle si certaines conditions sont remplies. La méthode résiduelle, prévue par IFRS 15.79c, consiste à allouer à la licence un montant déterminé par différence entre le prix total de la transaction et la somme des PVS (estimés à partir de données observables) des autres OP du contrat (en l'occurrence ici le service de R&D). Cette méthode n'est envisageable que si (i) le PVS de la licence est fortement variable ou incertain et si (ii) le montant résiduel alloué à la licence est raisonnablement suffisant (voir n° 25310, point 4.).

10. Modalités de transfert du contrôle d'une OP unique combinant licence et services Lorsque la licence est assortie de prestations de R&D que l'entité est la seule à pouvoir exécuter ou qui ont pour effet de modifier significativement les fonctionnalités de la licence, il peut être conclu que la licence et les prestations de R&D représentent une OP unique (voir point 3. ci-avant). Une telle situation pourrait se rencontrer lorsqu'une licence est concédée à un stade très précoce du cycle de développement du médicament.

Si la licence n'est pas distincte des prestations de R&D, IFRS 15.B55 prescrit d'appliquer les règles générales de la norme relatives au transfert de contrôle (énoncées par IFRS 15.31 à .38) pour déterminer si l'OP combinée est satisfaite à une date donnée ou bien à l'avancement. Ainsi, l'OP combinée comprenant la licence et les services de R&D devra être reconnue à l'avancement des prestations de service si cette OP combinée remplit l'un des 3 critères prévus par IFRS 15.35 (voir n° 25400).

Il se peut par ailleurs que la licence ait été considérée comme l'élément prédominant de l'OP (voir point 7. ci-avant), ce qui nécessite de se référer également aux règles de transfert de contrôle propre aux licences et de tenir compte du fait que la licence est « statique » (voir point 8. ci-avant). Pour autant, le fait que la licence soit prédominante et « statique » n'implique pas, à notre avis, que l'OP unique comprenant la licence et le service de R&D doive être reconnue à une date donnée. Il convient en effet de conjuguer deux règles, en retenant la plus discriminante des deux, et non pas de privilégier l'une sur l'autre. Ces deux règles sont : (i) les règles génériques liées au transfert du contrôle (à appliquer puisque la licence n'est pas distincte) et (ii) les règles spécifiques liées à la nature « statique » de la licence (à appliquer puisque la licence est prédominante). **26070** (suite)

En pratique, il en résulte les conséquences suivantes :

- puisque la licence n'est pas distincte, l'OP combinée (comprenant la licence et le service) est reconnue à l'avancement des services de R&D (si au moins l'un des 3 critères d'IFRS 15.35 est rempli) ; et
- puisque la licence est prédominante et « statique », le revenu ne sera pas étalé (au-delà de la phase de développement) sur la durée de vie de la licence.

Si le revenu de l'OP combinée doit être reconnu à l'avancement des prestations de R&D, il peut être pertinent de mesurer l'avancement de cette OP combinée sur la base des efforts accomplis (par exemple en fonction des coûts encourus rapportés aux coûts à terminaison).

■ *Exemple*

Licence et services de R&D *Une entité Biotech détient la propriété intellectuelle d'un candidat médicament et vient d'achever avec succès les essais cliniques de phase II. L'entité Biotech signe un accord de collaboration avec Pharma prévoyant les termes suivants :*

- Biotech concède à Pharma une licence pour fabriquer et commercialiser le médicament dans certains territoires.

- Biotech est responsable de l'exécution des essais cliniques de phase III et de l'obtention de l'autorisation réglementaire de commercialisation pour le territoire donné. Pharma a une voix prépondérante dans le comité conjoint de pilotage des activités de développement. Pharma aurait pu réaliser ces essais cliniques ou les sous-traiter à des prestataires spécialisés mais a préféré s'adresser à Biotech en vue de minimiser le délai de mise sur le marché. Pharma est le bénéficiaire exclusif du résultat des travaux qui lui sont communiqués continûment.

- La rémunération prévue inclut : un paiement « upfront » de 50 M€, un paiement de 30 M€ lorsque le 100ᵉ patient aura été enrôlé dans les essais cliniques, un paiement de 100 M€ à l'obtention de l'autorisation réglementaire de commercialisation et des royalties au taux de 12 % sur les ventes de médicaments. Biotech s'attend à encourir des frais de développement pour 40 M€.

Solution de l'exemple *L'accord de collaboration est dans le champ d'application d'IFRS 15 car la licence et les prestations de R&D constituent un output des activités ordinaires de Biotech.*

La licence est distincte dans l'absolu car le client peut tirer avantage de la licence à elle seule ou en combinaison avec d'autres ressources immédiatement disponibles. Le client pourrait en effet s'adresser à d'autres prestataires (CROs) pour achever le développement de la licence. La licence et les services de R&D sont également distincts dans le cadre du contrat puisque (i) les prestations de R&D, qui correspondent essentiellement à des tests cliniques de validation de l'efficacité thérapeutique de la molécule, ne changent pas significativement la formulation de la molécule et (ii) Biotech peut satisfaire chacune de ces deux OP indépendamment l'une de l'autre. Le contrat comprend donc deux obligations de performances séparées : la licence et les services de développement.

L'estimation initiale du prix de la transaction inclut :

- le paiement initial de 50 M€ ;

- le paiement de 30 M€ conditionné par l'atteinte d'un nombre de patients enrôlés car Biotech dispose d'une expérience suffisante de ce type d'études pour conclure que l'atteinte du « milestone » est hautement probable.

En revanche, en ce qui concerne le paiement de 100 M€ conditionné par l'obtention de l'autorisation réglementaire, Biotech observe que la résolution ultérieure de l'incertitude dépend des résultats de tests cliniques et des jugements futurs des autorités réglementaires. Or, ces facteurs sont en dehors de l'influence de Biotech. L'atteinte du « milestone » n'est donc pas jugée hautement probable. Par conséquent, le paiement lié à ce « milestone » est exclu de l'estimation du prix de la transaction.

Le prix de la transaction au démarrage du contrat est donc égal à 80 M€.

A chaque clôture, Biotech devra réestimer le prix de la transaction. Le paiement conditionné par l'autorisation réglementaire ne sera inclus que lorsque l'atteinte du « milestone » sera hautement probable, c'est-à-dire en pratique lorsque l'autorisation aura été obtenue.

26070 (suite) *Pour l'allocation du prix de la transaction, les points suivants doivent être considérés :*

– Biotech doit déterminer si certains des paiements variables (paiements liés à l'atteinte de « milestones », royalties) répondent aux 2 conditions prévues par IFRS 15.85, conduisant à allouer directement un paiement variable à une OP spécifique (voir point 5b. ci-avant et n° 25320).

– Biotech doit ensuite allouer les paiements fixes, ainsi que les paiements variables ne remplissant pas les conditions d'IFRS 15.85, aux deux OP identifiées (licence et service), en fonction de leurs PVS respectifs.

– Le PVS des services de développement pourrait être déterminé sur la base des coûts prévus (soit 40 M€) plus une marge représentant le niveau de profitabilité normalement attendu sur le marché par un prestataire indépendant (CRO).

– Le PVS de la licence pourrait être déterminé soit sur la base d'une estimation des flux de trésorerie attendus, actualisés et probabilisés, soit, si les conditions sont remplies, selon la méthode résiduelle (voir point 9. ci-avant).

La licence portant sur une molécule pharmaceutique est une licence de type « statique » ou « droit d'utilisation » et dont le revenu est donc reconnu à une date donnée, dès que le client peut commencer à bénéficier de la licence, en pratique dès la signature du contrat.

Les prestations de R&D sont reconnues à l'avancement car la condition d'IFRS 15.35b est remplie : les prestations de l'entité améliorent un actif que le client contrôle tout au long de l'exécution du contrat. Biotech mesure l'avancement sur la base du rapport entre les coûts de développement encourus à date et les coûts estimés à terminaison.

En ce qui concerne les royalties, s'il est jugé que la licence est l'élément prédominant auquel les royalties se rapportent, ces royalties seront reconnues en revenu au fur et à mesure que le client générera des ventes de produits.

TITRE 5

Impôts

CHAPITRE 20

Impôts (IAS 12)

Plan du chapitre §§ 27450

Plan du chapitre *(suite et fin)* §§

L'ESSENTIEL DE LA NORME IAS 12

Champ d'application

27451 La norme IAS 12, Impôts sur le résultat, prescrit le traitement comptable des impôts sur le résultat (IAS 12.1).

La notion d'impôt sur le résultat couvre (IAS 12.2) :
- les impôts nationaux et étrangers dus sur la base des bénéfices imposables ;
- les impôts de distribution (tels que les retenues à la source) payés par une filiale, une entreprise associée ou un partenariat sur leurs distributions de dividendes à l'entreprise présentant ses états financiers.

Est exclu du champ d'application de la norme IAS 12 (IAS 12.4) le traitement :
- des subventions publiques (faisant l'objet de la norme IAS 20, Comptabilisation des subventions publiques et informations à fournir sur l'aide publique, voir n° 39510 s.) ; et
- des crédits d'impôt à l'investissement.

La norme IAS 12 indique toutefois le traitement des différences temporelles résultant de ces éléments.

Pour déterminer si une retenue à la source entre dans le champ d'application d'IAS 12, voir n° 27552.

La norme IAS 12 (IAS 12.5) distingue les impôts exigibles (voir n° 27452 s.) des impôts différés (voir n° 27470 s.).

A. Impôts exigibles

1. Définition

L'impôt exigible est le montant des impôts sur le résultat payables (recouvrables) au titre du bénéfice imposable (d'une perte fiscale) d'une période (IAS 12.5). **27452**

2. Comptabilisation

La charge d'impôt exigible d'une période est basée sur les montants taxables et déductibles figurant sur la liasse fiscale de la période. **27454**

L'entité comptabilise (IAS 12.12) :
- un passif au bilan au titre de la charge d'impôt exigible de la période et des périodes précédentes non encore payée ;
- un actif si le montant d'impôt exigible payé excède le montant dû.

Pour la comptabilisation d'un actif/passif au titre d'un risque fiscal, voir nº 27558.

L'impôt exigible doit être comptabilisé dans le résultat de l'exercice, sauf dans les cas où l'impôt est généré par une transaction ou un événement comptabilisé en dehors du résultat net (parmi les autres éléments du résultat global ou en capitaux propres) (IAS 12.58).

Tel est notamment le cas des impôts exigibles résultant des éléments suivants :
- transactions dont le paiement est fondé en actions et assimilés (voir nº 29810 s.) ;
- plus-values latentes des actifs financiers évalués à la juste valeur en contrepartie des autres éléments du résultat global (OCI) (voir nº 27890).

Remarque Une entité comptabilise les **effets d'impôts liés aux dividendes,** tels que définis selon IFRS 9, dès lors qu'elle comptabilise un passif au titre des dividendes à payer. La norme précise également que les conséquences fiscales des dividendes résultent plus directement des événements ou transactions passés qui ont généré des bénéfices distribuables que des distributions faites aux propriétaires. Ainsi, l'entité doit comptabiliser les conséquences fiscales des dividendes en résultat net, en autres éléments du résultat global (OCI) ou en capitaux propres, selon le poste dans lequel ces événements ou transactions passés ont été comptabilisés à l'origine (IAS 12.57A). Ces dispositions s'appliquent tant pour les effets d'impôt courant que pour les effets d'impôts différés.

Pour la comptabilisation des effets d'impôts liés à la rémunération versée sur des dettes perpétuelles classées en capitaux propres (TSS/TSDI, par exemple), voir nº 44432.

3. Evaluation

Les passifs (actifs) d'impôt exigible doivent être évalués au montant que l'on s'attend à payer aux (recouvrer auprès des) administrations fiscales en utilisant les taux d'impôt (et les réglementations fiscales) qui ont été adoptés ou quasi adoptés à la fin de la période de reporting (IAS 12.46). **27456**

Pour la possibilité d'actualiser les créances et dettes d'impôt exigibles, voir nº 27550.
Pour l'évaluation d'un actif/passif au titre d'un risque fiscal, voir nº 27558.
Pour la notion de taux d'impôt (et de réglementation fiscale) adoptés ou quasi adoptés à la fin de la période de reporting, voir nº 27575.

4. Présentation et informations en annexe

Les **actifs et passifs d'impôt exigible** doivent être **compensés** si, et seulement si, l'entité (IAS 12.71 s.) : **27458**
- a un droit juridiquement exécutoire de compenser les montants comptabilisés ; et
- a l'intention soit de régler le montant net, soit de réaliser l'actif et de régler le passif simultanément.

Les passifs et actifs d'impôt exigible doivent être présentés sur une ligne distincte des autres actifs et passifs de l'état de situation financière (IAS 1.54n).

Les composantes de la charge (produit) d'impôt doivent être présentées distinctement en annexe (IAS 12.79).

Notamment, sont à présenter séparément la charge d'impôt exigible comptabilisée sur l'exercice en cours et tout ajustement comptabilisé sur l'exercice en cours au titre de l'impôt exigible lors des exercices antérieurs (IAS 12.80a et .80b).

B. Impôts différés

1. Différences temporelles et impôts différés

Principes

27470 La norme IAS 12 impose pour la comptabilisation des impôts différés l'approche du report variable centrée sur les différences temporelles. Les **différences temporelles** sont les différences entre la base fiscale d'un actif ou d'un passif et sa valeur comptable dans l'état de situation financière (IAS 12.5).

La **base fiscale d'un actif** représente le montant qui sera fiscalement déductible de tout avantage économique imposable qui ira à l'entité lors du recouvrement de la valeur comptable de cet actif. Si ces avantages économiques ne sont pas imposables, la base fiscale de l'actif est égale à sa valeur comptable (IAS 12.7).
Le recouvrement de la valeur comptable de l'actif peut être réalisé soit par sa cession, soit par son utilisation, et donc son amortissement s'il s'agit d'une immobilisation amortissable (IAS 12.7).
La **base fiscale d'un passif** représente sa valeur comptable, diminuée de tout montant qui sera fiscalement déductible au titre de ce passif au cours des périodes futures (IAS 12.8).

Remarques :

1. Pour les différences temporelles liées à des opérations réalisées dans une monnaie locale différente de la monnaie fonctionnelle, voir nº 27572.

2. Concernant un changement de base fiscale d'un actif (réestimation à la juste valeur de l'actif) consécutif à l'introduction d'un nouveau régime fiscal, l'IFRS Interpretations Committee a indiqué qu'il conviendrait de tenir compte de cette réestimation dans la valeur fiscale de l'actif. Cette valeur fiscale pouvant alors devenir supérieure à la valeur nette comptable de cet actif, une différence déductible pourrait donner lieu à un impôt différé actif, si les critères généraux de constatation des impôts différés actifs sont remplis (IFRIC Update 03/12).

Différences temporelles imposables et impôts différés passifs

27472 Une différence temporelle imposable existe lorsque :
- la valeur comptable d'un actif est supérieure à sa valeur fiscale (IAS 12.16) ; ou
- la valeur comptable d'un passif est inférieure à sa valeur fiscale.

Pour des exemples de différences temporelles taxables, voir IAS 12.17 et .18.

Des impôts différés passifs doivent être comptabilisés au titre de toutes les différences temporelles imposables, sauf celles générées par :
- la comptabilisation initiale d'un goodwill (IAS 12.15) ;

En effet, la norme IAS 12 n'autorise pas la comptabilisation du passif d'impôt différé au titre d'un goodwill non déductible, car le goodwill est évalué selon IFRS 3 comme un montant résiduel ; or, la comptabilisation du passif d'impôt différé aurait pour effet d'augmenter sa valeur comptable (IAS 12.21).

- la comptabilisation initiale d'un actif ou d'un passif dans une transaction (i) autre qu'un regroupement d'entreprises, (ii) qui n'affecte ni le bénéfice comptable ni le bénéfice imposable (perte fiscale) à la date de la transaction et (iii) qui ne donne pas lieu, à cette même date, à une différence temporelle imposable et à une différence temporelle déductible d'un montant égal (IAS 12.15) ;

Cette dernière condition (iii) résulte de l'amendement de la norme IAS 12, publié en mai 2021, réduisant le champ d'application de l'exception de comptabilisation initiale, et d'application obligatoire pour les exercices ouverts à compter du 1er janvier 2023.
Pour les différences temporelles imposables liées aux contrats de location et aux obligations de démantèlement, voir nº 27570, 27570-1 et 27571.

– les participations dans des filiales, entreprises associées, partenariats et investissements dans des succursales, mais uniquement lorsque certains critères spécifiques sont respectés (voir nº 27476).

Différences temporelles déductibles et impôts différés actifs

Une différence temporelle déductible existe lorsque : 27474
- la valeur comptable d'un actif est inférieure à sa valeur fiscale ; ou
- la valeur comptable d'un passif est supérieure à sa valeur fiscale.

Pour des exemples de différences temporelles déductibles, voir IAS 12.25 et .26.

Des impôts différés actifs doivent être comptabilisés pour toutes les différences temporelles déductibles, avec les limitations suivantes :
- les impôts différés actifs ne sont comptabilisés qu'à condition d'être recouvrables (voir nº 27478) ;
- par exception, aucun impôt différé n'est comptabilisé sur une différence temporelle générée par la comptabilisation initiale d'un actif ou d'un passif dans une transaction (i) autre qu'un regroupement d'entreprises, (ii) qui n'affecte ni le bénéfice comptable ni le bénéfice imposable (perte fiscale) à la date de la transaction et (iii) qui ne donne pas lieu, à cette même date, à une différence temporelle imposable et à une différence temporelle déductible d'un montant égal (IAS 12.24).

Cette dernière condition (iii) résulte de l'amendement de la norme IAS 12, publié en mai 2021, réduisant le champ d'application de l'exception de comptabilisation initiale, et d'application obligatoire pour les exercices ouverts à compter du 1er janvier 2023.
Pour les différences temporelles déductibles liées aux contrats de location et aux obligations de démantèlement, voir nº 27570, 27570-1 et 27571.
Pour les différences temporelles déductibles liées aux participations dans des filiales, entreprises associées, partenariats et investissements dans des succursales, voir nº 27476.

Concernant la comptabilisation initiale du goodwill, le principe général de comptabilisation des impôts différés s'applique aux différences temporelles déductibles (contrairement aux différences temporelles imposables, qui ne donnent pas lieu à impôt différé ; voir nº 27472). Ainsi, si la valeur comptable du goodwill généré lors d'un regroupement d'entreprises est inférieure à sa base fiscale (montant qui sera fiscalement amortissable dans le futur), l'écart engendre un actif d'impôt différé, qui est comptabilisé, dans le cadre du regroupement d'entreprises, s'il est probable qu'un bénéfice imposable sera disponible, sur lequel pourra s'imputer la différence temporelle déductible liée à ce goodwill (IAS 12.32A).

Différences temporelles liées à des participations dans des filiales, entreprises associées, partenariats et à des investissements dans des succursales

1. Des **différences temporelles imposables** apparaissent sur les titres de participation dans des filiales, entreprises associées, partenariats et investissements dans des succursales, lorsque la valeur comptable des participations est supérieure à leur base fiscale (qui est souvent leur coût) (IAS 12.38). 27476

Cette situation est courante notamment lorsqu'il y a des bénéfices non distribués par les filiales, les entreprises associées, les partenariats, une variation de cours de change ou encore une réduction de la valeur comptable d'une participation dans une entreprise associée à sa valeur recouvrable (IAS 12.38).

Un impôt différé passif doit être comptabilisé au titre de ces différences temporelles imposables sauf (IAS 12.39) :
- si la mère, l'investisseur, ou les partenaires qui exercent le contrôle conjoint sur le partenariat, sont en mesure de contrôler la date de reversement de la différence temporelle ; et
- s'il est probable que la différence temporelle ne se renversera pas dans un avenir prévisible.

La norme IAS 12 apporte des précisions concernant l'application de ces conditions :

a. Concernant les **filiales** et les **investissements dans des succursales**, aucun impôt différé passif n'est à constater lorsque la société mère :
- contrôle la politique de sa filiale en matière de dividendes ; et
- prévoit de ne pas distribuer ces bénéfices dans un avenir prévisible (IAS 12.40).

Recommandation AMF Dans ses recommandations en vue de l'arrêté des comptes 2009, l'AMF a souligné qu'une telle pratique de la société mère peut devoir être modifiée dans un contexte de crise économique et financière et de difficulté d'accès au crédit. En effet, dans de telles situations, il peut être nécessaire pour la société mère d'obtenir des dividendes de filiales localisées à l'étranger. Dans ce cas, si la réglementation fiscale du pays dans lequel opère la filiale prévoit une imposition de cette distribution, il devient nécessaire de constater un impôt différé passif sur la distribution envisagée. De façon similaire, en cas de projet de cession d'une filiale étrangère, les critères d'IAS 12.39 devront être examinés afin de déterminer si un éventuel impôt différé au titre des écarts de conversion et des résultats accumulés en réserve doit être reconnu (Rec. AMF 2009-28, Arrêté des Comptes 2009, § 5.2).

b. Concernant les **entreprises associées,** un investisseur ne contrôle généralement pas la date de reversement de la différence temporelle. En effet, il ne dispose que d'une influence notable sur l'entreprise associée lui permettant de participer au processus décisionnel en matière de politiques financière et opérationnelle, mais sans pouvoir les contrôler. Ainsi, un investisseur doit reconnaître un impôt différé passif au titre des différences temporelles imposables liées à sa participation dans l'entreprise associée, à moins qu'il n'y ait un accord prévoyant que les bénéfices de l'entreprise associée ne seront pas distribués dans un futur prévisible (IAS 12.42).

De tels accords sont toutefois rares en pratique.

La norme précise également que, lorsqu'un investisseur n'est pas en mesure de déterminer le montant exact de l'impôt qu'il devra payer lors du recouvrement du coût de son investissement dans l'entreprise associée, mais qu'il peut déterminer si ce montant sera égal ou supérieur à un montant plancher, l'impôt différé passif doit être évalué sur la base de ce montant (IAS 12.42).

c. Pour les **partenariats qui répondent à la définition de joint venture** (voir n° 15367), le coentrepreneur doit comptabiliser ses intérêts dans la joint venture selon la méthode de la mise en équivalence conformément à la norme IAS 28. L'accord entre les parties régit normalement la distribution des bénéfices et précise si les décisions en la matière requièrent le consentement de toutes les parties ou seulement d'une majorité. Pour de tels partenariats, aucun impôt différé passif n'est à constater lorsque :

- le coentrepreneur peut contrôler la date de distribution de sa quote-part des bénéfices ; et
- s'il est probable que sa quote-part des bénéfices ne sera pas distribuée dans un avenir prévisible (IAS 12.43).

2. Des **différences temporelles déductibles** apparaissent sur les titres de participation dans des filiales, entreprises associées, partenariats et investissements dans des succursales, lorsque la valeur comptable des participations est inférieure à leur base fiscale (qui est souvent leur coût) (IAS 12.38).

Un impôt différé actif doit être comptabilisé au titre de ces différences temporelles déductibles dans la mesure où il est probable (IAS 12.44) :

- que la différence temporelle se renversera dans un avenir prévisible ; et
- qu'il existera un bénéfice imposable sur lequel pourra être imputée la différence temporelle.

Pour la comptabilisation d'un tel impôt différé actif, voir IAS 12.45.

Concernant le taux à retenir pour l'évaluation d'un impôt différé lié à une entreprise associée, l'IFRS IC a indiqué qu'il convient de tenir compte de la manière dont il est attendu de recouvrer la valeur comptable des titres, par exemple les taux de distribution des dividendes, de cession des titres à un tiers ou encore les taux en cas de liquidation de l'entreprise associée (IFRIC Update 03/15).

2. Critères de comptabilisation des impôts différés actifs

Principe

27478 Une entité ne comptabilise des actifs d'impôts différés au titre des différences temporelles déductibles que s'il est probable qu'elle disposera de bénéfices imposables sur lesquels ces différences temporelles déductibles pourront être imputées (IAS 12.24 et .27), voir n° 27610 s.

L'appréciation de la probabilité de réalisation de bénéfices imposables sur lesquels les différences temporelles déductibles pourront s'imputer peut s'effectuer selon la démarche présentée ci-après :

Si l'entité a un historique de pertes récentes, voir IAS 12.31 renvoyant à IAS 12.35 et .36 (voir n° 27710).

27478 (suite)

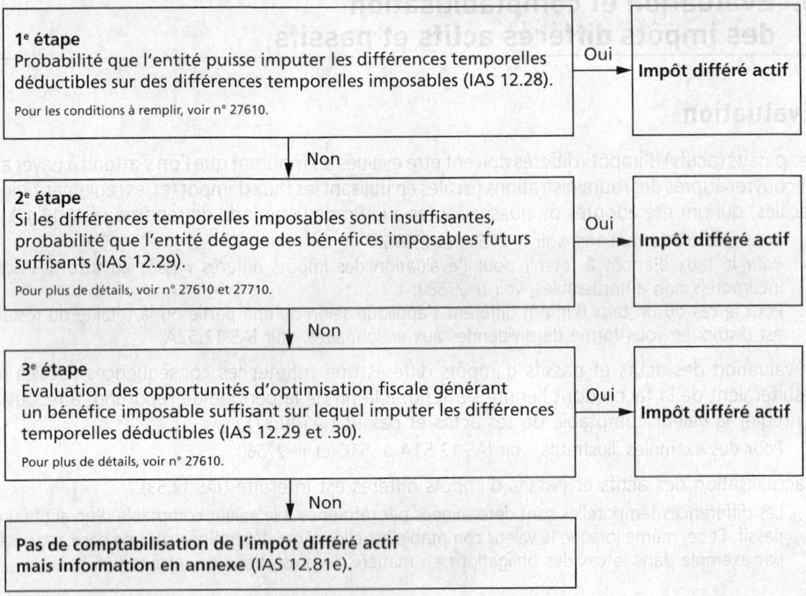

A chaque clôture, les actifs d'impôts différés doivent être réexaminés (ceux non comptabilisés, IAS 12.37, ou ceux qui ne doivent plus être reconnus, IAS 12.56).

Remarques :

1. **Spécificités des impôts différés actifs relatifs aux pertes fiscales ou crédits d'impôt non utilisés** Les critères de comptabilisation de ces impôts différés actifs sont les mêmes que ceux retenus pour la comptabilisation des actifs d'impôts résultant de différences temporelles déductibles (voir n° 27610). Toutefois, l'existence de pertes fiscales récentes constitue une indication forte que des bénéfices imposables futurs risquent de ne pas être disponibles. Dans ce cas, les prévisions de bénéfices imposables futurs ne pourront être utilisées que s'il existe des éléments probants justifiant leur réalisation (IAS 12.35). Pour plus de détails, voir n° 27710.

2. **Cas particulier des impôts différés actifs au titre de pertes latentes** La norme IAS 12 clarifie l'application de ses principes à la comptabilisation d'un actif d'impôt différé lié à des instruments de dette, classés en actifs financiers évalués à la juste valeur en contrepartie des autres éléments du résultat global (OCI), dont la valeur comptable diminue du fait de pertes latentes, évalué fiscalement au coût initial, et dont la société s'attend à recouvrer la valeur comptable de l'instrument en le conservant jusqu'à l'échéance.

La norme précise notamment que :

– à travers un premier exemple, une différence temporelle déductible existe, dès lors que la valeur comptable de l'actif est inférieure à sa base fiscale en date de clôture (IAS 12.26d) ;

– l'appréciation de la recouvrabilité de cette différence temporelle pour comptabiliser un actif d'impôt différé doit se faire de manière regroupée avec les autres différences temporelles et reports déficitaires de l'entité, que la société ait prévu de vendre les instruments ou de les conserver jusqu'à leur échéance (IAS 12.27A) ;

– l'estimation des bénéfices imposables futurs probables (2e étape selon le schéma ci-avant) peut, dans certains cas, prendre en compte une valeur recouvrable des actifs supérieure à leur valeur comptable et exclut du résultat fiscal les déductions résultant du reversement des différences temporelles déductibles (IAS 12.29a.i et .29A).

Un exemple illustratif complète ces dispositions (IAS 12.IE Exemple 7).

3. Evaluation et comptabilisation des impôts différés actifs et passifs

Evaluation

27480 Les passifs (actifs) d'impôts différés doivent être évalués au montant que l'on s'attend à payer aux (recouvrer auprès des) administrations fiscales en utilisant les taux d'impôt (et les réglementations fiscales) qui ont été adoptés ou quasi adoptés à la fin de la période de reporting (IAS 12.47).

Pour plus d'informations, voir n° 27560 et 27575.

Pour le taux d'impôt à retenir pour l'évaluation des impôts différés passifs au titre des actifs incorporels non amortissables, voir n° 27580.

Pour le cas où un taux d'impôt différent s'applique selon qu'une partie ou la totalité du résultat est distribuée sous forme de dividendes aux actionnaires, voir IAS 12.52A.

L'évaluation des actifs et passifs d'impôts différés doit refléter les conséquences fiscales qui résulteraient de la façon dont l'entité s'attend, à la fin de la période de reporting, à recouvrer ou régler la valeur comptable de ses actifs et passifs (IAS 12.51).

Pour des exemples illustratifs, voir IAS 12.51A à .51C et n° 27560.

L'actualisation des actifs et passifs d'impôts différés est interdite (IAS 12.53).

Les différences temporelles sont déterminées par référence à la valeur comptable d'un actif ou un passif. Et ce, même lorsque la valeur comptable est elle-même déterminée sur une base actualisée, par exemple dans le cas des obligations en matière de prestations de retraite (IAS 12.55).

Comptabilisation de l'impôt différé (en résultat ou en dehors du résultat)

27482 L'impôt différé doit être comptabilisé en produits ou en charges et compris dans le résultat de l'exercice, sauf dans les cas où il est généré (IAS 12.58) :
– par une transaction ou un événement comptabilisé en dehors du résultat, soit parmi les autres éléments du résultat global, soit en capitaux propres ; ou
– par un regroupement d'entreprises, autre que l'acquisition par une société d'investissement (telle que définie par IFRS 10, voir n° 15007) d'une filiale comptabilisée à la juste valeur par résultat.

En effet, les actifs ou passifs d'impôts différés relatifs aux différences temporelles créées du fait du regroupement d'entreprises sont comptabilisés par la contrepartie du goodwill ou du profit résultant d'une acquisition à des conditions avantageuses (goodwill négatif) (IAS 12.19, .22 et .26c).

Pour l'application de ce principe aux actifs et passifs d'impôts différés à constater :
- en résultat, voir IAS 12.59 ;
- en dehors du résultat, voir IAS 12.61A s. ;
- dans le cadre d'un regroupement d'entreprises, voir IAS 12.66 s. et n° 27805 s.

Pour les dispositions de la norme IAS 12 relatives à la comptabilisation des effets d'impôts différés liés aux dividendes, voir n° 27454.

Comptabilisation de l'impôt différé résultant de transactions de paiement en actions et assimilés

27484 La norme IAS 12 prévoit des dispositions spécifiques pour la comptabilisation de l'impôt résultant de transactions de paiement en actions et assimilés (IAS 12.68A s.), voir n° 27860 s.

4. Présentation des impôts différés et information

Compensation

27486 Les actifs et passifs d'impôts différés doivent être compensés si et seulement si (IAS 12.74 s.) :

1. l'entité dispose d'un droit juridiquement exécutoire de compenser les actifs et passifs d'impôts exigibles ; et

2. les actifs et passifs d'impôts différés concernent des impôts sur le résultat prélevés par la même administration fiscale :
– soit sur la même entité imposable ;

– soit sur des entités imposables différentes qui ont l'intention, soit de régler les passifs et actifs d'impôts exigibles sur la base de leur montant net, soit de réaliser les actifs et de régler les passifs simultanément, lors de chaque période future au cours de laquelle on s'attend à ce que des montants importants d'actifs ou de passifs d'impôts différés soient réglés ou récupérés.

Présentation dans l'état de situation financière et dans l'état du résultat global

Les actifs et passifs d'impôts différés doivent être présentés sur une ligne distincte de l'état de situation financière et doivent être distingués des actifs et passifs d'impôts exigibles (IAS 1.54). **27488**

Lorsque la distinction entre éléments courants et non courants est pratiquée dans les états financiers, les actifs et passifs d'impôts différés doivent être classés en non courants (IAS 1.56).

La charge (le produit) d'impôt relatif au résultat des activités ordinaires doit être présenté(e) dans l'état du résultat net et des autres éléments du résultat global sur une ligne distincte (IAS 12.77 et IAS 1.82).

Remarques :

1. Figurent sur cette ligne distincte de l'état du résultat net et des autres éléments du résultat global les charges (produits) d'impôt sur le résultat qui sont dans le champ d'IAS 12. En revanche, ne doivent pas y figurer les charges (produits) liées à des taxes n'entrant pas dans le champ d'IAS 12. Ce principe a été confirmé par l'IFRS Interpretations Committee. En effet, l'IFRS IC a indiqué qu'une charge relative à une taxe qui n'est pas dans le champ d'IAS 12 ne devrait pas être présentée sur la ligne « Impôt sur le résultat » de l'état du résultat global et ce, même si son paiement permet d'éviter un impôt sur le résultat dans une autre juridiction.
A noter toutefois que l'IFRS IC n'a pas souhaité inscrire ce thème à son agenda, considérant que les normes IAS 1 et IAS 12 sont claires sur ce point (IFRIC Update 07/12).

2. Les différences de change résultant de la conversion de passifs ou d'actifs d'impôts différés étrangers peuvent être classées en charge (produit) d'impôt différé dans l'état du résultat global si cette présentation est considérée comme la plus pertinente pour les utilisateurs des états financiers (IAS 12.78)

Informations en annexe

De nombreuses informations sont requises du fait de la variété des impôts différés et de la complexité des modalités de calcul et de comptabilisation des impôts différés, notamment (IAS 12.79 s.) : **27490**

- le total de l'impôt exigible et différé relatif aux éléments directement comptabilisés en capitaux propres (IAS 12.81a) ;
- le montant (et, si elle existe, la date d'expiration) des différences temporelles déductibles, pertes fiscales et crédits d'impôt non utilisés pour lesquels aucun actif d'impôt différé n'a été comptabilisé (IAS 12.81e) ;
- l'explication de la relation entre la charge (le produit) d'impôt et le bénéfice comptable (IAS 12.81c) ;

Cet état de rapprochement est communément appelé **preuve d'impôt.**

Recommandations de l'AMF La preuve d'impôt étant un exercice complexe, l'AMF invite les sociétés à utiliser des intitulés clairs et à expliquer synthétiquement à quoi correspondent les différents éléments significatifs du rapprochement (par exemple, effets des reports déficitaires qui n'avaient pas été reconnus antérieurement) (Rec. AMF 2013-19, Arrêté des Comptes 2013, § 4.1.3).

Le rapprochement entre le montant de l'impôt et le bénéfice comptable est présenté soit en montant, soit en taux (IAS 12.81c). Lorsqu'une présentation en taux est utilisée, l'AMF encourage les sociétés à présenter au même endroit le montant du bénéfice comptable IFRS avant impôt afin de permettre au lecteur de retrouver plus facilement les montants en jeu (Rec. AMF 2013-19, Arrêté des Comptes 2013, § 4.1.1).

L'AMF recommande d'indiquer les éléments inclus dans le taux d'impôt retenu pour élaborer la preuve d'impôt (Rec. AMF 2013-19, Arrêté des Comptes 2013, § 4.1.2).

La norme IAS 12 propose de présenter le rapprochement entre le montant des impôts et le bénéfice comptable en utilisant soit le taux d'imposition du pays où est situé le siège social de l'entité, soit en regroupant des rapprochements séparés effectués pour chaque pays en utilisant le taux d'imposition qui lui est propre (IAS 12.85). Lorsque la première méthode est utilisée, un des éléments majeurs de rapprochement correspond à l'effet des différences entre le taux d'imposition du pays où la tête de groupe a son siège et les taux d'imposition des autres pays où le groupe est présent. L'AMF encourage les sociétés à expliquer et détailler, lorsque les montants sont significatifs, la ligne présentant l'effet de ces différentiels de taux (Rec. AMF 2013-19, Arrêté des Comptes 2013, § 4.1.3).

– le montant total des différences temporelles liées à des participations dans des filiales, entreprises associées, partenariats et investissements dans des succursales, pour lesquelles des passifs d'impôts différés n'ont pas été comptabilisés (IAS 12.81f) ;
– pour chaque période présentée, le montant des actifs et passifs d'impôts différés comptabilisés pour chaque catégorie de différence temporelle et pour chaque catégorie de pertes fiscales et de crédits d'impôt non utilisés (IAS 12.81g.i) ;
– le montant d'impôt différé comptabilisé par résultat pour chaque catégorie de différence temporelle si ce montant ne correspond pas directement à la variation, pour une catégorie donnée, entre le montant de l'impôt différé reconnu au bilan d'ouverture et celui reconnu à la clôture (IAS 12.81g.ii). C'est, par exemple, le cas lors de regroupements d'entreprises qui génèrent la reconnaissance d'impôts différés sans impact sur le résultat ;

Recommandations de l'AMF Les notes annexes de certaines sociétés contiennent un tableau présentant, pour chaque catégorie de différence temporelle, les montants d'impôt différé reconnus à l'ouverture, à la clôture, ainsi que les variations par typologie (ex. impact résultat, autres éléments du résultat global, capitaux propres, variations de périmètre, écarts de change). L'AMF indique que lorsqu'une explication des flux d'impôts différés semble pertinente (par exemple, lors d'un regroupement d'entreprises significatif), le recours à ce mode de présentation répond efficacement aux besoins des utilisateurs quant à la compréhension des évolutions des impôts différés (Rec. AMF 2013-19, Arrêté des Comptes 2013, § 4.2).

– l'explication des changements de taux d'impôt applicable(s) par rapport à l'exercice précédent (IAS 12.81d) ;
– pour les activités abandonnées, la charge d'impôt relative (i) au gain/à la perte lié(e) à l'abandon et (ii) au résultat courant des activités abandonnées de la période ainsi que les montants correspondants pour tous les exercices antérieurs présentés (IAS 12.81h) ;
– le montant d'un actif d'impôt différé et la nature des éléments probants justifiant sa comptabilisation, sous certaines conditions (IAS 12.82) ;
– les principales composantes de la charge (du produit) d'impôt (IAS 12.79 et .80).

QUESTIONS/REPONSES PRATIQUES

Remarque importante

27506 Les réponses apportées aux questions présentées dans ce chapitre résultent de l'analyse des dispositions de la norme IAS 12, Impôts, en vigueur actuellement, sur la base des informations disponibles au 1er juin 2023.

Pour une présentation générale des principales dispositions de la norme IAS 12, voir nº 27451 s.

Evolution de la norme Le Pilier 2 de la réforme fiscale internationale de l'OCDE, prévoyant l'instauration d'un taux minimum mondial d'imposition des bénéfices des groupes multinationaux, et repris par la directive GloBE de l'Union européenne, devrait faire l'objet d'une transposition dans les législations nationales en 2023. De nombreuses préoccupations ont été exprimées par les parties prenantes au sujet des complexités potentielles induites par l'application des règles du Pilier 2 sur le calcul des impôts différés. L'IASB a décidé de répondre à celles-ci en publiant, en mai 2023, un amendement de la norme IAS 12. L'amendement prévoit :
– une exception selon laquelle les impôts différés liés aux règles du Pilier 2 ne devront pas être comptabilisés et ne devront pas faire l'objet d'informations en annexe ;

Cette exception est temporaire, mais d'une durée non définie (IAS 12.BC96).
Une entité doit indiquer en annexe qu'elle applique bien cette exception (IAS 12.88A).

– une information à fournir dans l'annexe des états financiers sur la charge d'impôt courant liée aux impôts complémentaires payables au titre de Pilier 2 (« top-up tax ») (IAS 12.88B) ;
– dans la période transitoire pendant laquelle une législation Pilier 2 est adoptée, mais non encore entrée en vigueur, la communication en annexe d'une information qualitative et quantitative sur l'exposition de l'entité aux impôts complémentaires créés par Pilier 2, dans la mesure où cette information est connue ou raisonnablement estimable (IAS 12.88C et .88D).

A défaut, l'entité devra explicitement indiquer que l'information n'est pas raisonnablement estimable et devra également communiquer l'avancement de ses travaux d'estimation des effets attendus des impôts Pilier 2.

L'amendement est, selon l'IASB, applicable immédiatement et obligatoirement, de manière rétrospective, pour les exercices ouverts à compter du 1er janvier 2023.

Sa date d'adoption par la Commission européenne n'a pas encore été annoncée. Toutefois, à notre avis, un groupe européen dont la date de clôture (intérimaire ou annuelle) intervient après la mise en application d'une législation Pilier 2 dans une juridiction où il opère, mais avant l'adoption de l'amendement d'IAS 12 par la Commission européenne, pourrait définir une politique comptable (conformément à IAS 8.10) conduisant à ne pas comptabiliser d'impôts différés complémentaires au titre de Pilier 2, en se fondant sur les éléments suivants :
– la faible valeur informative qui résulterait de la comptabilisation d'impôts différés additionnels en termes de pertinence, de fiabilité et d'image fidèle des états financiers ;
– l'amendement d'IAS 12 qui, une fois adopté, interdira la comptabilisation d'impôts différés au titre de Pilier 2 ;
– l'interprétation du FASB qui, en février 2023, a conclu qu'aucun impôt différé ne devrait être comptabilisé dans le cadre de Pilier 2 en US GAAP.

SECTION I

Impôts exigibles

Actualisation des impôts exigibles

Question 27550

Les créances et dettes d'impôts exigibles peuvent-elles être actualisées ?

Réponse

Oui, à notre avis, les créances et dettes d'impôts exigibles peuvent être actualisées.

Pour les impôts différés, l'actualisation est expressément interdite, voir n° 27560.

Commentaires Alors qu'IAS 12.53 interdit l'actualisation des actifs et passifs d'impôts différés, la norme ne précise toutefois pas si ce principe de non-actualisation s'applique également aux créances et dettes d'impôts exigibles.

Les dispositions d'IAS 12.46 concernant les dettes et créances d'impôts exigibles prévoient que celles-ci soient évaluées au montant que l'entreprise s'attend à payer ou à recevoir. Toutefois, cette disposition étant peu explicite, les créances et dettes d'impôts exigibles pourraient, à notre avis, être actualisées. La méthode retenue devra être explicitée dans les notes annexes aux états financiers.

Si l'entité fait le choix de l'actualisation, en l'absence de dispositions spécifiques en matière de présentation, le résultat de l'actualisation de ces créances et dettes d'impôts exigibles peut être comptabilisé en « Autres produits financiers » ou en « Autres charges financières » selon la recommandation de l'ANC relative au format des états financiers des entreprises sous référentiel comptable international (hors entreprises de banque et d'assurance) en tant que produit et charge de nature financière qui n'est pas de nature opérationnelle et qui ne fait pas partie du coût de l'endettement financier net (Rec. ANC 2020-01 § 4.5.4.3).

Retenue à la source

Question 27552

Sous quelles conditions une retenue à la source peut-elle entrer dans le champ d'application de la norme IAS 12 ?

Réponse

La norme IAS 12 inclut dans son champ d'application les retenues à la source payées par une filiale, une entreprise associée ou une joint venture sur leurs distributions de dividendes à l'entreprise présentant ses états financiers.

Lorsque la retenue à la source porte sur d'autres produits, par exemple du chiffre d'affaires réalisé à l'étranger, ou encore des royalties ou des « management fees » facturés entre sociétés d'un même groupe, il convient, à notre avis, pour déterminer si elle entre dans le champ de la norme IAS 12, d'analyser si le produit taxé est inclus dans le calcul du résultat imposable de l'entité qui fournit les prestations et si le montant de la retenue à la source donne droit à un crédit d'impôt.

Dans le cas contraire, en l'absence de crédit d'impôt accordé au titre d'une retenue à la source, l'entité devra considérer que le montant de la retenue représente, en substance, une taxe dans le champ de la norme IAS 37.

Commentaires La norme IAS 12 inclut dans son champ d'application les retenues à la source payées par une filiale, une entreprise associée ou une joint venture sur leurs distributions de dividendes à l'entité présentant les états financiers (IAS 12.2). En revanche, elle n'apporte pas de précisions lorsqu'une société réalise du chiffre d'affaires à l'étranger, ou encore lorsqu'une filiale ou une autre entité paye des royalties ou des « management fees » à une autre entité du groupe et que l'administration fiscale de l'entité cliente prélève une retenue à la source sur les produits facturés.

Une retenue à la source sur un produit est dans le champ d'application de la norme IAS 12 lorsque i) le produit taxé est inclus dans le calcul du résultat imposable de l'entité, c'est-à-dire que son calcul est fondé sur une notion de résultat, s'entendant comme la différence entre des produits et des charges et ii) que le montant de la retenue à la source donne droit à un crédit d'impôt, qui ne peut être recouvré que par imputation sur des bénéfices imposables ou sur un impôt sur les bénéfices.

Lorsque ces deux conditions sont remplies, le crédit d'impôt garantit à l'entité que le montant total d'impôt qu'elle paie est calculé sur la base des bénéfices nets générés.

En revanche, en l'absence de crédit d'impôt accordé au titre d'une retenue à la source, l'entité devra considérer que le montant de la retenue à la source représente, en substance, une taxe sur un revenu brut, et à ce titre n'entre pas dans le champ d'application d'IAS 12.

Cette analyse est cohérente avec les décisions de l'IFRS IC de mars 2006 et mai 2009 dans lesquelles il a été rappelé que la norme IAS 12 définit un impôt sur le résultat comme un impôt calculé sur les bénéfices imposables et que le terme « bénéfice imposable » implique une notion de résultat net et non de montant brut. Ainsi les montants qui ne sont pas calculés sur des bénéfices imposables ne sont pas des impôts sur le résultat.

Déterminer si une retenue à la source entre dans le champ d'application d'IAS 12 ou d'IAS 37 requiert l'exercice du jugement. Une fois le jugement exercé, les entités devront appliquer les dispositions de la norme retenue (IAS 12 ou IAS 37) dans tous ses aspects (par exemple, critères de comptabilisation, d'évaluation et de présentation dans les états financiers).

Si les impacts de cette décision sont jugés significatifs, le jugement doit faire l'objet d'une mention en annexe conformément aux dispositions d'IAS 1.22.

Aides fiscales de l'Etat

27555 ***Question***

Comment comptabiliser et présenter les aides fiscales de l'Etat ayant un lien avec l'impôt sur le résultat (c'est-à-dire réduisant la base des bénéfices imposables ou le montant d'impôt à payer) ?

Réponse

Suivant les cas, les aides fiscales de l'Etat sont considérées :

- soit comme des réductions d'impôt sur les bénéfices : elles sont alors comptabilisées selon les dispositions de la norme IAS 12 ;

  Tel est le cas notamment des réductions d'impôt liées à des versements effectués à une fondation d'entreprise ou de remises ponctuelles d'impôts sur le résultat accordées par l'Etat.

- soit comme des subventions publiques : elles sont alors comptabilisées selon les dispositions de la norme IAS 20, Comptabilisation des subventions publiques et informations à fournir sur l'aide publique.

  Tel est le cas du crédit d'impôt recherche (CIR) notamment.

Leur présentation au sein du compte de résultat découle de cette qualification.

Commentaires Certaines aides fiscales de l'Etat ont un lien avec l'impôt sur le résultat, soit parce qu'elles viennent réduire la base des bénéfices imposables, soit parce qu'elles viennent réduire le montant d'impôt à payer. **27555** (suite)

1. **Principe général** Selon les cas, ces aides peuvent avoir la nature (IAS 20.2b) :
– **soit d'impôt sur le résultat** et entrer dans le champ d'application de la norme IAS 12, Impôts sur le résultat. C'est le cas des avantages qui sont octroyés pour la détermination du résultat imposable ou ceux qui sont déterminés ou limités par la base du passif d'impôt sur le résultat ;

Par exemple, les exonérations fiscales, les amortissements accélérés et les taux réduits d'impôt sur le résultat.

– **soit de subvention publique** et entrer dans le champ d'application de la norme IAS 20, Comptabilisation des subventions publiques et informations à fournir sur l'aide publique. C'est le cas des autres aides publiques, par défaut.

Les impôts sur le résultat sont présentés sur une ligne spécifique au compte de résultat, en dehors du résultat opérationnel (IAS 1.82d et IAS 12.77), alors que les subventions font partie du résultat opérationnel (IAS 20.26, .27 et .29).

2. **Exemples d'application** :

a. **Incitation fiscale assimilable à l'impôt sur les bénéfices : réduction d'impôt liée aux versements effectués à une fondation d'entreprise** En France, les versements effectués à une fondation d'entreprise constituent des dons aux œuvres et organismes dont le traitement fiscal est défini par l'article 238 bis-1 du CGI. Ils ne sont pas déductibles du résultat imposable, mais ouvrent droit à une réduction d'impôt, dans la limite de 5 pour mille du chiffre d'affaires.

Celle-ci est imputable sur l'impôt sur les bénéfices dû au titre de l'exercice au cours duquel les dépenses ont été réalisées et des cinq exercices (ou années) qui suivent. Les versements antérieurs sont retenus après prise en compte des versements effectués au cours de l'exercice en cours, sans qu'il puisse en résulter un dépassement de la limite de 5 pour mille du chiffre d'affaires.

Sur le régime juridique et fiscal des fondations d'entreprise, voir Mémento Associations n° 79600 à 80200.

Les caractéristiques des versements effectués à une fondation d'entreprise sont telles que :
– la réduction d'impôt n'intervient pas dans la détermination du résultat fiscal au taux normal ;
– la fraction non imputée de la réduction d'impôt peut être utilisée pour le paiement de l'IS dû au titre des cinq exercices suivants celui au titre duquel il est constaté. A défaut, l'excédent non imputé n'est pas restituable. La réduction d'impôt est donc limitée par le passif d'impôt sur le résultat.

En conséquence, la réduction d'impôt liée aux versements effectués à une fondation d'entreprise entre dans le champ d'application d'IAS 12 et est explicitement exclue du champ d'application d'IAS 20 (IAS 20.2b).

Elle est comptabilisée :
– sur la ligne « Impôt sur le résultat » (IAS 12.58 et IAS 1.82d) ;
– le cas échéant, à l'actif pour sa partie non encore imputée et reportable sur les exercices suivants, si l'entreprise pense avoir suffisamment de bénéfices fiscaux futurs sur lesquels les imputer et dans les limites fixées par la loi (IAS 12.34).

b. **Incitation fiscale assimilable à une subvention : crédit d'impôt recherche** En France, le crédit d'impôt recherche est déterminé sur la base des dépenses de recherche engagées au cours de l'année civile. Il est imputé sur le montant de l'impôt sur les bénéfices à payer au titre de l'exercice. En cas d'excédent, il est imputable sur l'impôt des trois années suivantes avant d'être, le cas échéant, remboursé à l'entreprise (CGI. art. 244 quater B ; voir Mémento Fiscal n° 10470 à 10505).

Ce remboursement peut être effectué dès la première année pour certaines entreprises (PME, entreprises nouvelles et/ou innovantes, etc.).

Les caractéristiques du crédit d'impôt recherche sont les suivantes :
– il est toujours remboursé par l'Etat à l'entreprise, soit par compensation avec l'impôt sur les bénéfices à payer, soit directement ;
– il n'intervient pas dans la détermination du résultat fiscal car le produit correspondant est exonéré d'IS ;
– il n'est pas limité par le passif d'impôt sur le résultat, puisqu'il est remboursable en trésorerie lorsqu'il n'a pas pu être imputé sur l'impôt exigible.

Ainsi, une entreprise pourrait avoir en permanence un résultat fiscal nul (ou déficitaire) tout en bénéficiant d'un crédit d'impôt recherche (lequel serait en principe dans ce cas versé par l'Etat à l'expiration du délai de trois ans).

Le crédit d'impôt recherche entre donc dans le champ d'application d'IAS 20 (voir point 1. ci-avant), puisqu'il n'entraîne pas de réduction du résultat imposable et puisqu'il est indépendant de l'existence de bénéfices imposables. C'est une subvention publique représentant l'aide fournie par les pouvoirs publics (moyennant le respect de certaines conditions relatives à ses activités d'exploitation) (IAS 20.3).

En pratique, les créances de crédit d'impôt recherche ne sont généralement pas actualisées, sachant qu'il existe différentes situations possibles en termes de modalités et de délai d'apurement de la créance (l'un des scénarios étant celui d'une société demeurant déficitaire et dont le crédit d'impôt recherche est remboursé à l'expiration du délai de trois ans, ce qui aurait pu justifier une actualisation).

Il convient de distinguer, le cas échéant, les subventions d'investissement des subventions d'exploitation et de procéder à une allocation du crédit d'impôt recherche entre la part liée à des dépenses de recherche comptabilisées à l'actif (dépenses de développement comptabilisées en immobilisations incorporelles selon IAS 38) et la part liée aux autres dépenses (dépenses de recherche notamment) comptabilisées en résultat.

En termes de présentation :
- la part du crédit d'impôt recherche liée aux dépenses de développement comptabilisées à l'actif doit être présentée en produits différés ou en déduction de la valeur comptable de ces dépenses selon IAS 20.26 et .27 ;
- la part du crédit d'impôt recherche liée aux autres dépenses comptabilisées en charges doit être présentée comme une subvention liée au résultat, c'est-à-dire en « Autres produits » ou en réduction des charges auxquelles le crédit d'impôt recherche est lié selon IAS 20.29.

Les présentations retenues doivent être cohérentes avec les méthodes de l'entreprise en matière de présentation des subventions.

En termes d'informations en annexe, des informations détaillées sur les méthodes comptables (notamment sur le principe d'allocation entre subvention d'exploitation et subvention d'investissement) et l'effet de leur application sur l'exercice doivent être fournies.

Risques fiscaux portant sur l'impôt sur le résultat

27558 ***Question***

Comment les risques fiscaux portant sur un impôt sur le résultat doivent-ils être comptabilisés et évalués ?

Réponse

L'interprétation IFRIC 23 « Incertitude relative au traitement des impôts sur le résultat » apporte les clarifications suivantes :
- la **norme applicable** aux passifs pour risques fiscaux est la norme IAS 12, Impôt sur le résultat, et non pas la norme IAS 37, Provisions, passifs éventuels et actifs éventuels ;
- l'**unité de compte** à retenir comme le niveau d'appréciation du risque fiscal est affaire de jugement selon les faits et circonstances, afin de déterminer celle qui est la plus pertinente en fonction du risque considéré : soit de manière regroupée (par entité fiscale ou juridiction), soit au niveau de chaque risque pris individuellement ;
- une entité doit présumer qu'elle va être contrôlée par l'administration fiscale et que celle-ci dispose de toutes les informations pour identifier l'erreur ou la mauvaise application de la législation (i.e. **prise en compte du risque de détection** à 100 %) ;
- le **principe de comptabilisation** repose sur la probabilité (au sens « plus probable qu'improbable ») de recevoir l'actif ou de payer le passif ;
- le **principe d'évaluation** repose sur l'estimation du montant que l'entité s'attend à payer ou à recouvrer auprès de l'administration fiscale ;
- les **informations en annexe** : l'interprétation n'impose pas d'informations complémentaires à fournir en annexe mais rappelle l'importance d'y mentionner les jugements exercés et les hypothèses clés utilisées dans l'estimation des actifs et passifs d'impôts selon les dispositions prévues par IAS 1.

Concernant le traitement comptable des intérêts de retard et pénalités liés aux risques fiscaux portant sur un impôt sur le résultat, voir n° 27559.

27558 (suite)

Commentaires Lorsqu'une entreprise a identifié une ou des incertitudes portant sur des positions fiscales qu'elle a prises ou envisage de prendre dans sa future déclaration, se pose alors la question de la comptabilisation et de l'évaluation d'un passif pour risque fiscal. Le 7 juin 2017, l'IFRS IC a publié l'interprétation IFRIC 23 traitant des risques fiscaux portant sur l'impôt sur le résultat (« Uncertainty over Income Tax Treatments »), afin de combler l'absence de principes spécifiques applicables à leur comptabilisation et à leur évaluation et éviter les pratiques diverses constatées en la matière.

L'interprétation porte sur la détermination des éléments liés à l'impôt sur le résultat, lorsqu'il y a une incertitude sur les traitements retenus par une entité en la matière, au regard des dispositions fiscales applicables. Le risque fiscal provient, par nature, de l'incertitude liée à une position fiscale retenue par l'entité et qui pourrait être remise en cause par l'administration fiscale.

IFRIC 23 apporte les clarifications suivantes :

1. **Champ d'application** La norme applicable aux passifs pour risques fiscaux est la norme IAS 12, Impôt sur le résultat, et non pas la norme IAS 37, Provisions, passifs éventuels et actifs éventuels (IFRIC 23.4). Ainsi, seuls les risques fiscaux liés aux impôts sur le résultat, dans le champ d'application de la norme IAS 12, sont concernés.

Les impôts et taxes tels que la TVA, les contributions versées à l'Urssaf ou encore le Crédit d'impôt recherche ne sont donc pas concernés.

En outre, IFRIC 23 rappelle qu'IAS 12 s'applique aux passifs d'impôts (dette d'impôt exigible, suppléments d'impôts) et aux actifs d'impôts (tels que les créances d'impôt exigibles, les crédits ou réductions d'impôt non encore imputés, les économies d'impôts correspondant aux déficits fiscaux reportables ou les réclamations) qu'ils soient courants ou différés (IFRIC 23.1). Ainsi, les incertitudes sur les actifs d'impôts seront traitées selon les mêmes dispositions que celles applicables aux passifs d'impôts.

2. **Détermination des unités de comptes** L'unité de compte est le niveau d'appréciation du risque fiscal auquel doivent être appliqués les principes de comptabilisation et d'évaluation de l'actif ou du passif. L'entité doit déterminer s'il convient de considérer chaque risque fiscal isolément ou collectivement en regroupant certains d'entre eux, afin de retenir une approche qui préfigure au mieux l'issue de l'incertitude (IFRIC 23.6 à .7). Les facteurs à considérer pour déterminer quelle est l'unité de compte appropriée sont, par exemple :
- comment la société appréhende ses risques, prépare sa déclaration d'impôts et documente ses retraitements fiscaux ;
- quelle approche la société s'attend à voir retenue par l'administration fiscale en cas de contrôle.

A titre illustratif, un groupe peut être amené à négocier et régler un litige portant sur une position fiscale pour l'ensemble de ses filiales situées dans une juridiction fiscale donnée. Dans ce cas, le risque fiscal devra être appréhendé au niveau de l'ensemble du groupe, plutôt qu'au niveau de chaque risque identifié (par entité), si les règles fiscales ou les pratiques de résolution de litiges observées dans cette juridiction le permettent.

3. **Risque de détection** Il s'agit du risque que l'administration fiscale détecte que l'entreprise n'a pas respecté la législation fiscale en vigueur, doit être pris en compte à 100 % pour la comptabilisation et l'évaluation du risque fiscal (IFRIC 23.8). Ainsi, l'entreprise doit présumer qu'elle va être contrôlée par l'administration fiscale et que celle-ci a toutes les informations pour identifier l'erreur ou la mauvaise application de la législation.

IFRIC 23 définit le terme « administration fiscale » qui s'entend de l'organisme ou des organismes qui décident si un traitement fiscal est acceptable en vertu de la législation fiscale ; il peut s'agir, par exemple, d'un tribunal (IFRIC 23.3b).

4. **Principe de comptabilisation des actifs et des passifs fiscaux** Il repose sur la probabilité (au sens « plus probable qu'improbable ») de recouvrer l'actif ou de payer le passif (IFRIC 23.9). Le même seuil de probabilité s'applique aux actifs et passifs fiscaux. Ainsi, en cas de litige avec l'administration ayant donné lieu à un paiement contesté par la société, un actif est comptabilisé si la société juge probable de se voir rembourser tout ou partie de l'impôt payé. En divergence avec la norme IAS 37, il n'est pas nécessaire d'attendre que le remboursement soit quasi certain.

Si la société conclut qu'il est probable que l'administration fiscale accepte un certain traitement fiscal, elle doit déterminer l'ensemble des éléments liés aux impôts (résultat fiscal, bases fiscales, taux d'impôt, pertes reportables, crédits d'impôt) en fonction de cette position (IFRIC 23.10).

Si la société conclut que l'acceptation par l'administration fiscale n'est pas probable, elle doit refléter cette incertitude dans le calcul des éléments liés aux impôts, ce qui la conduira en général à constater un passif supplémentaire au titre de cette incertitude, ou à modifier l'évaluation d'un actif d'impôt courant ou encore ses actifs et passifs d'impôts différés (IFRIC 23.11).

27558 (suite) 5. **Principe d'évaluation** Le principe d'évaluation repose sur l'estimation du montant que l'entité s'attend à payer ou à recouvrer auprès de l'administration fiscale (IFRIC 23.11).

Deux méthodes d'évaluation peuvent être retenues :
- le montant le plus probable (« the most likely outcome ») ; ou
- l'espérance mathématique ou moyenne pondérée des différents scénarios possibles (« expected value »).

Il ne s'agit pas d'un choix de méthode mais l'entreprise doit exercer son jugement pour déterminer, au cas par cas, la méthode qui reflète la meilleure estimation du risque. Les jugements significatifs doivent être décrits en annexe et appliqués en respectant le principe de cohérence et de permanence des méthodes.

Les évaluations doivent être effectuées en tenant compte des faits et circonstances existant à la clôture : textes législatifs ou réglementaires, jurisprudence, doctrine fiscale. Tout changement dans les faits et circonstances propres à un certain risque constitue un changement d'estimation, au sens de la norme IAS 8, et doit être reflété comme tel dans les états financiers. Il convient ainsi de revoir, à chaque clôture, les jugements et estimations utilisés pour comptabiliser et évaluer les positions incertaines et risques fiscaux, à l'aune de ces éventuels nouveaux éléments (IFRIC 23.13).

A titre d'exemple, une nouvelle information peut provenir de décisions de l'administration fiscale prises dans un cas similaire ou encore de l'expiration d'un délai de prescription. L'absence de remarque de l'administration fiscale lors d'un contrôle ne constitue pas un changement de circonstances permettant de réviser le jugement.

En outre, sont à prendre en compte pour évaluer le risque, de nouvelles informations obtenues après la date de clôture mais avant la date d'arrêté des comptes – par exemple, la perte d'un contentieux fiscal après la clôture – car elles apportent des informations complémentaires sur une situation qui existait à la clôture (IAS 10.3 et .9a). En revanche, un changement de législation après la clôture n'est pas de nature à modifier l'évaluation qui a été faite, même si la loi est d'application rétroactive. En effet, elle ne vient pas confirmer une situation qui existait à la clôture (IFRIC 23.14).

■ *Exemple 1*

Evaluation d'un risque fiscal avec plusieurs scénarios possibles

Par hypothèse, l'entité a choisi de retenir le niveau le plus fin (appréciation au niveau de chaque risque pris individuellement).

Montant potentiel à payer	*Probabilité individuelle*	*Calcul de la moyenne pondérée des probabilités*
800	*15 %*	*120*
600	*30 %*	*180*
400	*20 %*	*80*
200	*20 %*	*40*
0	*15 %*	*–*
		420

Solution de l'exemple 1 *Selon la méthode d'évaluation retenue par l'entité, le risque fiscal pourrait être évalué :*
- soit à la valeur la plus probable : 600 ;
- soit à la moyenne pondérée des différents scénarios possibles (espérance mathématique) : 420.
Au cas d'espèce, l'entité doit retenir la méthode permettant d'estimer le mieux possible le montant qu'elle s'attend à payer, qui sera vraisemblablement l'espérance mathématique (420), compte tenu de l'éventail de résultats possibles et du fait que ceux-ci ne sont pas concentrés autour d'une seule valeur (IFRIC 23.IE5).

■ *Exemple 2*

Risque fiscal avec deux montants possibles

Par hypothèse, l'entité a choisi de retenir le niveau le plus fin (appréciation au niveau de chaque risque pris individuellement).

Une entité a retenu une déduction fiscale susceptible d'être remise en cause par l'administration. Elle estime :
- à 40 % la probabilité de devoir payer un complément de 120 ; et
- à 60 % la probabilité de devoir payer un complément de 80.

Solution de l'exemple 2 *Selon la méthode d'évaluation retenue par l'entité, le risque fiscal pourrait être évalué :* **27558** (suite)
– soit à la valeur la plus probable : 80 ;
– soit à la moyenne pondérée des différents scénarios possibles (espérance mathématique) : 96 (= 120 × 40 % + 80 × 60 %).
Au cas d'espèce, l'entité doit retenir la méthode permettant d'estimer le mieux possible le montant qu'elle s'attend à payer, qui sera vraisemblablement le montant le plus probable : 80, puisque seuls deux résultats sont possibles.

---

6. **Informations en annexe** L'interprétation IFRIC 23 n'impose pas d'informations spécifiques à fournir en annexe au titre des positions fiscales incertaines, mais renvoie aux règles d'IAS 1 sur l'information à fournir au titre des jugements exercés et hypothèses clés utilisées (IFRIC 23.A4, renvoyant à IAS 1.122 et .125 à .129), ainsi qu'aux règles d'IAS 37 sur les informations à fournir au titre des passifs éventuels (IFRIC 23.A5 renvoyant à IAS 12.88, qui renvoie à IAS 37.86).

En pratique, lorsque les montants sont significatifs, une entité doit décrire en annexe :

a. au sein de l'information sur les méthodes comptables, le niveau auquel elle apprécie les risques fiscaux (au niveau de l'entité fiscale ou au niveau de chaque risque pris individuellement) et la méthode de calcul du passif ou de l'actif (montant le plus probable ou moyenne pondérée des différents scénarios possibles) (IAS 1.117) ;

b. les hypothèses formulées pour l'avenir et les autres sources majeures d'incertitudes relatives aux estimations à la fin de la période de reporting, qui pourraient entraîner un ajustement significatif des montants des actifs et des passifs au cours de la période suivante (IAS 1.125) ;

c. pour les passifs d'impôts éventuels (c'est-à-dire non comptabilisés parce que l'entité a jugé probable qu'une position fiscale incertaine soit acceptée par l'administration), une brève description de la nature de ces passifs éventuels et, dans la mesure du possible (IFRIC 23.A5 et IAS 37.86, par renvoi d'IAS 12.88) :
– une estimation de leur effet financier,
– une indication des incertitudes relatives au montant ou à l'échéance de toute sortie, et
– la possibilité de tout remboursement ;

Toutefois, à notre avis, et par analogie avec IAS 37 à laquelle IFRIC 23 se réfère indirectement, il est possible de ne fournir que des informations restreintes dans les cas – extrêmement rares – où ces informations pourraient porter un préjudice sérieux à l'entité dans un litige l'opposant à l'administration fiscale. Elles sont alors limitées à la nature générale du litige, au fait que ces informations n'ont pas été fournies, ainsi qu'à la raison pour laquelle elles ne l'ont pas été (IAS 37.92).

d. les changements de législation intervenus après la clôture qui pourraient avoir un effet significatif sur les évaluations des risques fiscaux (IAS 12.88) ;

e. en cas de changement d'estimation sur les positions fiscales incertaines, la mise en évidence de son impact sur le rapprochement entre charge théorique et charge effective d'impôt (IAS 12.81c).

Recommandations de l'AMF Dans ses recommandations en vue de l'arrêté des comptes 2019, l'AMF recommande aux sociétés significativement concernées de présenter dans les états financiers les principaux jugements effectués et hypothèses utilisées. A ce titre, l'AMF indique que les sociétés peuvent préciser :
– si la société a considéré isolément ou collectivement chaque traitement fiscal incertain ; et
– pour les positions considérées comme probablement non acceptées par l'administration fiscale, si l'incidence de cette incertitude a été évaluée en utilisant le montant le plus probable ou la moyenne pondérée des différents scénarios possibles.
Si les positions fiscales incertaines sont considérées comme des sources d'incertitudes significatives, l'AMF recommande, en application d'IAS 1.125 à .129, d'indiquer les montants comptabilisés (Rec. AMF 2019-13, Arrêté des Comptes 2019, § 5.2).

Concernant le traitement comptable des intérêts de retard et pénalités liés aux risques fiscaux portant sur un impôt sur le résultat, voir nº 27559.

Présentation des risques fiscaux portant sur l'impôt sur le résultat

27558-1 *Question*

Comment les risques fiscaux portant sur un impôt sur le résultat doivent-ils être présentés dans les états financiers ?

Réponse

Dans l'état de situation financière (bilan), les risques fiscaux doivent être présentés sur les lignes dettes/créances d'impôt exigible ou dettes/créances d'impôts différés actifs ou passifs, ou encore sur une ligne séparée si leur désagrégation est jugée nécessaire. Ils ne peuvent pas être présentés sur les lignes Provisions.

Au sein du compte de résultat, les produits et charges relatifs aux risques fiscaux doivent être présentés en produits et charges d'impôts courants ou différés, selon que le risque concerne les impôts courants ou différés.

Commentaires :

1. **Etat de la situation financière (bilan)** En septembre 2019, l'IFRS IC a conclu que les actifs et passifs résultant de positions fiscales incertaines sont dans le champ d'application d'IAS 12 et d'IFRIC 23, s'agissant d'éléments d'impôts sur le résultat. Toutefois, aucun de ces textes ne précise comment présenter ces actifs et passifs. Selon l'IFRS IC, il convient donc d'appliquer les principes d'IAS 1, qui imposent de présenter sur des lignes spécifiques les actifs ou passifs d'impôts exigibles, d'une part, et les impôts différés, d'autre part (IFRIC Update 09/19). Ainsi, dans l'état de situation financière (bilan), les risques fiscaux doivent être inclus dans les dettes/créances d'impôt exigible ou dans les soldes d'impôts différés actifs ou passifs, ou sur une ligne séparée si leur désagrégation est jugée nécessaire. Ils ne peuvent plus être présentés sur les lignes « Provisions ».

Dette d'impôts exigibles ou Passif d'impôts différés ? Afin de déterminer si les actifs et passifs doivent être présentés en dette d'impôts exigibles ou en passifs d'impôts différés, il convient d'analyser la nature de l'incertitude. Ainsi, une entité devra classer en dettes d'impôts exigibles des passifs liés à des risques portant sur des décaissements futurs d'impôts sur les sociétés ou encore de CVAE. En revanche, lorsque l'issue d'un redressement modifie les déficits reportables et donc les impôts différés actifs reconnus au bilan à ce titre, ou les base ou taux d'impôts retenus dans l'évaluation d'impôts différés passifs sur des immobilisations incorporelles, les soldes d'impôt différés doivent être ajustés pour tenir compte des positions fiscales incertaines.

Classement en courant ou en non courant ? Concernant les **impôts exigibles,** les entités ont à notre avis un choix de méthode comptable, en matière de classement en courant ou en non courant des actifs et passifs résultant de positions fiscales incertaines, et peuvent ainsi :
- les présenter en courant, dans la mesure où l'impôt exigible est courant par nature ; ou
- les présenter en courant ou en non courant, selon que le règlement est attendu ou non au-delà de 12 mois.

En revanche, conformément à IAS 1.56, les impôts différés sont systématiquement classés en non courant.

2. **Compte de résultat** Au sein du compte de résultat, les produits et charges relatifs aux risques fiscaux doivent être présentés en produits et charges d'impôts courants ou différés, selon que le risque concerne l'impôt courant ou les impôts différés.

Intérêts de retard et pénalités liés aux risques fiscaux portant sur un impôt sur le résultat

27559 *Question*

Comment comptabiliser les intérêts et pénalités liés aux risques fiscaux portant sur un impôt sur le résultat ?

Réponse

La réponse dépend de l'analyse des intérêts et pénalités selon qu'ils constituent ou non un impôt sur le résultat, au sens d'IAS 12 :
- si les intérêts et pénalités sont accessoires à l'impôt qui fait l'objet du redressement, ils sont alors comptabilisés sur la ligne impôt sur le résultat, en application d'IAS 12 ;

– si les intérêts et pénalités sont distingués du sous-jacent, ils doivent alors être comptabilisés selon leur nature : en résultat opérationnel pour les pénalités et en résultat financier pour les intérêts.

Cette détermination fait appel au jugement du management et doit faire l'objet d'une mention en annexe si les impacts de cette décision sont jugés significatifs.

Commentaires Les normes IFRS ne traitent pas spécifiquement de la comptabilisation des intérêts et des pénalités portant sur un impôt sur le résultat. L'IFRS IC a été saisi de cette question et a conclu en septembre 2017 qu'il ne s'agit pas d'un choix de méthode comptable. Le management doit exercer son jugement pour déterminer si les intérêts et pénalités constituent ou non un impôt au sens d'IAS 12 (IFRIC Update 09/17).

L'IFRS IC n'a pas donné de précision sur la façon d'exercer son jugement. A notre avis, s'il est considéré que les intérêts et pénalités sont accessoires à l'impôt qui fait l'objet du redressement ou de la demande de remboursement, ils sont alors comptabilisés sur la ligne impôt sur le résultat, en application d'IAS 12.

Tel est le cas si les intérêts et les pénalités font partie d'un règlement global dans le cadre du litige fiscal et ne peuvent pas être identifiés séparément.

Si, à l'inverse, les intérêts et pénalités sont à distinguer du sous-jacent, ils doivent alors être comptabilisés selon leur nature : en résultat opérationnel pour les pénalités et en résultat financier pour les intérêts. Dans ce cas, la norme applicable est IAS 37, Provisions, passifs éventuels et actifs éventuels.

Dès lors que les montants concernés sont jugés significatifs, la société doit mentionner en annexe :

– les jugements qu'elle a exercés à ce titre, en accord avec IAS 1.122 ;

– la nature de ces éléments et leurs effets sur les états financiers et ce, que la société considère que les intérêts et pénalités entrent dans le champ de la norme IAS 12 ou au contraire dans celui de la norme IAS 37.

SECTION II

Impôts différés

I. Evaluation des impôts différés

A. Généralités

Principes d'évaluation des impôts différés

Question 27560

Comment évaluer les impôts différés ?

Réponse

L'évaluation des actifs et passifs d'impôts différés doit refléter les conséquences fiscales qui résulteraient de la façon dont l'entreprise s'attend, à la fin de la période de reporting, à recouvrer ou régler la valeur comptable de ses actifs et passifs.

L'actualisation des impôts différés est interdite par la norme IAS 12.

Commentaires L'évaluation des actifs et passifs d'impôts différés doit refléter les conséquences fiscales qui résulteraient de la façon dont l'entreprise s'attend, à la fin de la période de reporting, à recouvrer ou régler la valeur comptable de ses actifs et passifs (IAS 12.51).

Ceci signifie qu'il est nécessaire de tenir compte :

– du taux d'impôt qui sera applicable lors du renversement de la différence temporelle ;

Pour la détermination du taux d'impôt applicable, voir n° 27561 et 27575.

- et de la base fiscale de l'actif ou du passif à cette date.

Pour les actifs, les taux et bases fiscales peuvent être différents selon que la valeur comptable des actifs est recouvrée par leur utilisation (suivant le régime fiscal applicable aux amortissements de ces actifs, par exemple), leur vente (suivant le régime fiscal applicable aux cessions d'actifs) ou leur utilisation suivie de leur cession. Dans ce dernier cas, en général, l'impôt différé au titre de l'actif est calculé sur la base à la fois du taux d'impôt applicable en cas d'utilisation et du taux d'impôt applicable aux cessions d'actifs, appliqués chacun à une partie de la valeur comptable de l'actif. Concernant le taux à retenir pour l'évaluation d'un impôt différé lié aux titres détenus dans une entreprise associée, l'IFRS IC a indiqué qu'il convient de tenir compte de la manière dont il est attendu de recouvrer la valeur comptable des titres, par exemple les taux de distribution des dividendes, de cession des titres à un tiers ou encore les taux applicables en cas de liquidation de l'entreprise associée (IFRIC Update 03/15).

Pour le cas des immeubles de placement évalués à la juste valeur, voir n° 27561.

Cas particulier des régimes d'exonération fiscale temporaire Les régimes d'exonération fiscale temporaire ont par définition une échéance. Ces exonérations peuvent être totales ou partielles. Lors de la détermination des impôts différés, il convient de tenir compte de ces échéances dès l'identification des différences temporelles et de comptabiliser, dès l'origine, les impôts différés dont le renversement est attendu après la fin du régime favorable.

Exemple d'une nouvelle implantation dans un pays qui bénéficie d'une exonération totale ou partielle d'impôt sur le résultat pendant une certaine période.

Pendant cette période d'exonération, aucun impôt sur le résultat n'est comptabilisé ; des différences temporelles existent toutefois déjà, dont certaines se renverseront après la fin de l'exonération. Il convient de comptabiliser, dès l'origine, les impôts différés dont le renversement est attendu après la fin du régime favorable.

Il est donc nécessaire de ne pas attendre la fin du régime temporaire pour déterminer le montant des impôts différés devant être comptabilisé.

Décision de l'ESMA L'ESMA a confirmé ce point, en exprimant son désaccord sur la manière dont un émetteur, spécialisé dans les plantations de cacao, avait déterminé ses impôts différés. Sur le plan comptable, les plants de cacao sont évalués, à chaque clôture, à leur juste valeur moins les coûts de vente (durée de vie : 30 à 35 ans). En revanche, leur base fiscale est nulle, ce qui génère une différence temporelle imposable. Au cas particulier, l'émetteur bénéficiait d'une exonération fiscale pendant 12 ans. Dans ce contexte, l'émetteur avait estimé que les différences temporelles identifiées sur les plants de cacao se reverseraient au cours de la période d'exonération fiscale, à la suite des récoltes de cacao prévues dans les 4 à 6 ans à venir, et n'avait pas reconnu d'Impôts différés passifs à ce titre.

Cependant, l'ESMA a considéré que la durée de vie des plants étant largement supérieure à la période d'exonération, il n'est pas possible de considérer que la différence temporaire se résorbera sur 12 ans seulement. L'émetteur aurait donc dû comptabiliser, dès l'origine, les impôts différés passifs sur les différences temporelles dont le renversement est attendu après la fin de la période d'exonération fiscale, en tenant compte de la durée de vie des actifs, au cours de laquelle il s'attendait à en obtenir des avantages économiques futurs (EECS/0116-11, 07/16).

Remarques :

1. L'**actualisation des impôts différés** est expressément **interdite** par IAS 12.53.
2. Il convient également de tenir compte des majorations d'impôts temporaires dans l'évaluation des impôts différés.

Impôts différés relatifs aux actifs : spécificités des immeubles de placement évalués à la juste valeur

27561 ***Question***

Comment évaluer les impôts différés relatifs aux actifs et notamment ceux relatifs aux immeubles de placement évalués selon le modèle de la juste valeur ?

Réponse

De manière générale, l'évaluation des passifs d'impôts différés relatifs aux actifs (sur la base du montant que l'on s'attend à payer aux administrations fiscales) doit refléter les conséquences fiscales qui résulteraient de la façon dont l'entreprise s'attend à recouvrer ou à régler la valeur comptable de ces actifs (utilisation, cession ou combinaison d'utilisation puis de cession).

Concernant les immeubles de placement évalués à la juste valeur, il existe une présomption réfutable que leur valeur comptable sera intégralement recouvrée par voie de cession. Cette présomption est toutefois réfutée pour les immeubles de placement amortissables et détenus selon un modèle économique dont l'objectif est la consommation de la quasi-totalité des avantages économiques par leur utilisation plutôt que par leur vente. Dans ce cas, le passif d'impôt différé reflète les conséquences fiscales du recouvrement de la valeur comptable de cet immeuble de placement par son utilisation. **27561** (suite)

Commentaires :

1. **Principe général d'évaluation des impôts différés liés à des actifs** Les passifs (actifs) d'impôts différés doivent être évalués au montant que l'on s'attend à payer aux (recouvrer auprès des) administrations fiscales en utilisant les taux d'impôts (et les réglementations fiscales) qui ont été adoptés ou quasi adoptés à la fin de la période de reporting (IAS 12.47). Cette **évaluation** doit **refléter les conséquences fiscales** qui résulteraient de la façon dont **l'entreprise s'attend à recouvrer ou à régler la valeur comptable de ses actifs et passifs** (IAS 12.51).

Le mode de recouvrement de la valeur comptable d'un actif (utilisation, cession ou combinaison d'utilisation puis de cession) peut avoir des conséquences sur la détermination de sa base fiscale et du taux d'impôt applicable si ceux-ci sont différents selon le mode d'utilisation de l'actif.

2. **Spécificités de l'évaluation des impôts différés relatifs à des immeubles de placement évalués selon le modèle de la juste valeur** Concernant les immeubles de placement, l'IASB note qu'il est généralement difficile et subjectif de déterminer le mode de recouvrement attendu des immeubles de placement évalués selon le modèle de la juste valeur prévu par IAS 40.

La norme IAS 12 propose une approche pratique pour l'application du principe général énoncé ci-avant (voir point 1.) aux immeubles de placement évalués à la juste valeur selon IAS 40 (IAS 12.BC5 s.).

> **Remarque – Régime des SIIC** En France, les sociétés cotées ayant opté pour le régime des SIIC (Sociétés d'investissements immobiliers cotées) sont exonérées, sous conditions, d'impôt sur les plus-values réalisées lors de la cession d'immeuble (voir n° 27585). Les immeubles de placement qu'elles détiennent ne donnent donc pas lieu à constatation d'impôts différés.

La norme IAS 12 prévoit une **présomption réfutable** que la valeur comptable (juste valeur) de l'immeuble de placement sera **recouvrée entièrement par voie de cession** (IAS 12.51C).

> **Remarques :**
> 1. La présomption réfutable s'applique également aux immeubles de placement acquis dans le cadre d'un regroupement d'entreprises, si l'acquéreur utilise le modèle de la juste valeur pour évaluer ultérieurement ces actifs (IAS 12.51D).
> 2. Le comité d'interprétation des IFRS a indiqué que cette présomption réfutable pourrait être applicable aux immeubles de placement évalués à la juste valeur autres que ceux qui sont amortissables et détenus selon un modèle économique dont l'objectif est la consommation de la quasi-totalité des avantages économiques par l'utilisation (IFRIC Update 11/11).
> La rédaction de ce paragraphe n'est en effet pas restreinte à un cas unique (ce qui aurait été le cas si avait été utilisé « si et seulement si »). L'utilisation de la présomption dans d'autres circonstances repose toutefois sur l'application consistante de cette exception et sur l'existence de preuves suffisantes pour soutenir cette réfutation.
> 3. Pour le cas où une filiale ne détient qu'un seul actif que sa société mère s'attend à céder par le biais d'une cession des titres, voir n° 27580.

Cette présomption est toutefois réfutée si les immeubles de placement sont amortissables et détenus selon un modèle économique dont l'objectif est la consommation de la quasi-totalité des avantages économiques représentatifs de l'immeuble de placement au fil du temps, plutôt que la vente (IAS 12.51C).

> **Remarque** Par ailleurs, la présomption ne peut pas être réfutée pour un actif non amorti, tel un terrain ayant une durée de vie illimitée, qui ne peut être recouvré que par la vente (IAS 12.BC6).

Dans ce cas, si l'entité ne bénéficie pas du régime des SIIC, l'impôt différé passif relatif aux immeubles de placement est calculé par différence entre :
- la valeur comptable de l'immeuble de placement, déterminée selon le modèle du coût ; et
- sa valeur fiscale (coût diminué des amortissements fiscaux).

En outre, le fait de considérer que la majeure partie des avantages économiques liés à l'actif se fait par l'utilisation de l'actif doit être reflété dans la détermination du taux d'impôt pour le calcul du passif d'impôt différé, conformément au principe général d'IAS 12 qui requiert de tenir compte de la façon dont l'entreprise s'attend à recouvrer l'actif (exemple d'IAS 12.51C).

3. **Informations à fournir en annexe** Si la présomption de recouvrement de la valeur comptable d'un immeuble de placement entièrement par voie de cession est réfutée, l'annexe devra contenir les éléments de jugement qui ont conduit à réfuter cette présomption (IAS 1.122 et IAS 12.BC28).

Date d'évaluation des impôts différés en cas de projet de cession

27562 ***Question***

Lorsqu'une entité envisage de céder, et non plus d'utiliser, un actif, un groupe d'actifs, une activité ou une filiale, peut-elle attendre que la cession soit hautement probable (au sens d'IFRS 5) pour revoir l'évaluation des impôts différés y afférents ?

Réponse

Non. La revue de l'évaluation des impôts différés doit être effectuée :
- dès l'intention de cession pour un actif, un groupe d'actifs ou une activité ;

  Les impôts différés sur ces éléments doivent ainsi être évalués selon la base fiscale et le taux d'impôt applicables aux cessions.
- dès que la cession devient probable pour une filiale.

Dans ce dernier cas, un impôt différé sur les titres doit être comptabilisé.

Commentaires En cas de projet de cession d'un actif, d'un groupe d'actifs, d'une activité ou d'une filiale, la revue des évaluations d'impôts différés doit être réalisée avant même que la cession ne devienne hautement probable et remplisse les critères de la norme IFRS 5, Actifs non courants détenus en vue de la vente et activités abandonnées.

L'évaluation des impôts relève de la norme IAS 12. Ainsi :

- **pour un actif, une activité ou un groupe d'actifs,** cette revue doit être effectuée **dès** que l'entité a **l'intention de céder** l'élément. L'impôt différé y afférent doit, le cas échéant, être ajusté pour tenir compte de la base et du taux d'impôt applicables à la cession (IAS 12.51) ;

  Remarques :

  1. Cette revue doit aboutir à :
  - ne pas constater d'impôt différé sur la plus-value de cession estimée à la date de clôture (égale à la différence entre le prix de vente estimé de l'actif et sa valeur comptable dans les comptes consolidés),
  - mais à actualiser, si besoin, l'impôt différé constaté sur la différence temporelle relative à cet actif (égale à la différence entre la valeur comptable consolidée de l'actif et sa valeur fiscale, généralement son coût).

  Ainsi, si le taux d'impôt applicable en cas de cession de l'actif est différent du taux d'impôt lié à son utilisation, il conviendra d'appliquer le taux d'impôt applicable à la cession de l'actif.

  2. Aucun ajustement n'est nécessaire si la base et le taux d'impôt applicables à la cession sont les mêmes que ceux applicables en cas d'utilisation.

- **pour une filiale à céder,** un impôt différé sur les titres doit être comptabilisé en sus des impôts différés sur les actifs et passifs de la filiale, **dès que la cession devient probable** (IAS 12.39 et .44).

  Cet impôt différé est déterminé sur la base :
  - de la différence temporelle sur les titres de la filiale, correspondant à la différence entre la part détenue par la société mère dans l'actif net consolidé de la filiale (y compris la valeur comptable du goodwill) et la base fiscale des titres de cette filiale (IAS 12.38) ; et
  - du taux d'impôt applicable à la cession des titres de la filiale.

  Cet impôt différé est soit un passif, soit un actif d'impôt selon que l'actif net consolidé de la filiale est supérieur ou inférieur à la base fiscale des titres de cette filiale, un actif d'impôt différé n'étant comptabilisé que s'il existe un bénéfice imposable futur sur lequel imputer la différence temporelle (IAS 12.44).

Décision de l'ESMA – Reconnaissance d'actifs d'impôts différés liée à une moins-value attendue sur la cession d'une filiale Selon l'ESMA, la reconnaissance d'actifs d'impôts différés liée à une moins-value attendue sur la cession d'une filiale classée en actifs destinés à être cédés à la clôture n'est pas en désaccord avec IAS 12.44 dès lors que le renversement de la différence temporelle intervient dans un avenir prévisible et qu'il existe un résultat imposable sur lequel pourront s'imputer ces différences temporelles (EECS/0214-07, 11/14).

B. Assiette des impôts différés

Impôts différés liés aux contrats de location avant application de l'amendement d'IAS 12

Question 27570

Un preneur n'ayant pas encore appliqué l'amendement d'IAS 12 de mai 2021 doit-il comptabiliser un impôt différé au titre des contrats de location (impliquant ainsi la comptabilisation d'un actif et d'un passif n'ayant pas de base fiscale propre) ?

Réponse

Avant la date d'application de l'amendement d'IAS 12, obligatoire pour les exercices ouverts à compter du 1er janvier 2023, trois analyses ont pu être effectuées en pratique :

1. **application du principe de constatation d'impôts différés actifs et passifs au titre des différences temporelles liées aux passifs et actifs comptabilisés (analysés ensemble)** : selon cette analyse, à la date de comptabilisation initiale, la valeur de l'actif et celle du passif étant égales, le montant net est nul et il n'y a donc pas de différence temporelle. Les exceptions de reconnaissance d'un impôt différé prévues par IAS 12 avant amendement (voir point 2.) ne sont donc pas applicables. Par la suite, les valeurs de l'actif et de la dette sont modifiées pour des montants différents entraînant une différence temporelle nette différente de zéro et donc la constatation d'un impôt différé. Dans ce cas, il convient de constater un impôt différé pour le montant net des différences temporelles imposables et déductibles ; ou

2. **application des exceptions prévues par IAS 12 avant amendement**, relatives à la comptabilisation initiale des actifs et passifs acquis en dehors d'un regroupement d'entreprises et n'ayant d'incidence, à la date de transaction, ni sur le résultat comptable ni sur le résultat fiscal : selon cette analyse, pas de constatation d'impôt différé ni lors de la comptabilisation initiale du contrat de location ni ultérieurement concernant les changements des différences temporelles existantes initialement (amortissement de l'actif ou réduction de la dette, par exemple) ; ou

3. **application du principe de constatation d'impôts différés actifs et passifs au titre des différences temporelles liées aux passifs et actifs comptabilisés (analysés séparément)** : selon cette analyse, les exceptions de comptabilisation d'un impôt différé prévues par IAS 12 avant amendement (voir point 2.) ne s'appliquent pas. Cette approche peut revenir en pratique à la première approche, mais en analysant et en présentant séparément l'impôt différé actif et l'impôt différé passif, chacun pour son montant brut.

Evolution de la réponse **Amendement d'IAS 12** L'amendement de la norme IAS 12, publié en mai 2021 et d'application obligatoire aux exercices ouverts à compter du 1er janvier 2023, limite le champ d'application de l'exception à la comptabilisation initiale d'un impôt différé, et exige de comptabiliser des impôts différés sur les transactions qui, lors de leur comptabilisation initiale, donnent lieu à des montants identiques de différences temporelles imposables et déductibles. En conséquence, un impôt différé devra être comptabilisé pour toute différence temporelle issue des contrats de location (voir n° 27570-1) et des obligations de démantèlement d'actifs (voir n° 27571).

Commentaires La comptabilisation d'un contrat de location conduit chez le preneur à l'inscription du droit d'utilisation à l'actif et d'une dette correspondante au passif.

Fiscalement, les loyers payés constituent des charges sur la durée du contrat et sont déductibles, sous réserve des retraitements liés à la non-déduction d'une quote-part de charges financières (voir Mémento Comptable n° 15695), ainsi qu'aux retraitements fiscaux propres au crédit-bail immobilier (voir Mémento Comptable n° 28485 s.). Lorsqu'il est considéré que l'actif et la dette qui figurent dans les comptes ont une valeur fiscale nulle, il en résulte des différences temporelles imposables et déductibles.

Dans ce cadre, la question de la constatation (ou non) d'impôts différés correspondant à ces différences temporelles s'est posée. Interrogé à ce sujet, l'IFRS IC avait reconnu que les pratiques

27570 (suite) étaient diversifiées en matière de constatation d'impôts différés lors de la comptabilisation initiale de ces contrats (IFRIC Update 06/05). Dans ce contexte, et **jusqu'à l'application de l'amendement d'IAS 12 de mai 2021** (voir ci-après), trois analyses de la norme IAS 12 sont acceptables :

1. **Première analyse – Impôt différé pour le montant net des différences temporelles déductibles et imposables (actif et passif analysés ensemble)** L'actif et le passif sont liés et doivent donc être analysés ensemble pour la détermination des impôts différés. Dans ce cas, il convient de constater un impôt différé pour le montant net des différences temporelles imposables et déductibles.

A la date de comptabilisation initiale, la valeur de l'actif et celle du passif étant égales, le montant net est nul et il n'y a donc pas de différence temporelle. L'exception de reconnaissance initiale avant amendement de 2021, retenue dans la deuxième analyse, n'est donc pas applicable (IAS 12.15b et .24b). Par la suite, les valeurs de l'actif et de la dette sont modifiées pour des montants différents, entraînant une différence temporelle nette différente de zéro et donc la constatation d'un impôt différé. Sur la durée du contrat, cette différence va augmenter puis se renverser.

2. **Deuxième analyse – Pas d'impôt différé ni initialement ni ultérieurement (actif et passif analysés séparément)** L'actif et le passif ne sont pas liés et doivent donc être analysés séparément. Dans ce cas, il n'y a **pas** lieu de constater **d'impôt différé** tant lors de la comptabilisation initiale du contrat qu'ultérieurement.

En effet, à la date de comptabilisation initiale, comme des différences sont générées par des écritures qui n'affectent ni le résultat fiscal ni le résultat comptable (débit immobilisation, crédit dette pour le même montant), et s'agissant d'opérations autres qu'un regroupement d'entreprises, aucun impôt différé actif ou passif n'est comptabilisé en vertu des exceptions prévues par IAS 12.15b (voir n° 27472) et .24b (voir n° 27474), avant amendement.

Par la suite, il convient d'analyser la nature des changements des différences temporelles relatives à l'actif et au passif. S'il s'agit :
– de changements des différences temporelles existantes initialement (amortissement du bien ou réduction de la dette constatés initialement, par exemple), ceux-ci ne donnent pas lieu non plus à impôt différé en raison de l'exception évoquée précédemment ;
– de nouvelles différences temporelles, celles-ci doivent donner lieu à impôt différé car elles ne sont pas visées par l'exception à la comptabilisation de l'impôt différé.

3. **Troisième analyse – Impôt différé pour le montant net des différences temporelles déductibles et imposables (actif et passif analysés séparément)** Comme dans la deuxième analyse, l'actif et le passif ne sont pas liés et doivent être analysés séparément. Toutefois, certains considèrent que, contrairement à la deuxième analyse, les exceptions de la comptabilisation d'un impôt différé prévues par IAS 12.15b et .24b avant amendement ne s'appliquent pas. Ces exceptions faisant référence à la comptabilisation d'un actif ou d'un passif alors que dans le cadre d'un contrat de location, c'est à la fois un actif et un passif qui sont constatés simultanément. Cette approche conduit donc à la comptabilisation d'un impôt différé pour le montant des différences temporelles déductibles et imposables, et peut revenir en pratique au même résultat que la première approche. En revanche, l'impôt différé actif et l'impôt différé passif doivent être analysés et présentés séparément pour leurs montants bruts.

Remarque – Nécessité d'une information en annexe Compte tenu de l'existence de plusieurs analyses possibles conduisant à des traitements comptables différents, il s'agit, jusqu'à l'application de l'amendement d'IAS 12 de mai 2021 (voir ci-après), d'un choix de méthode comptable qui, s'il a des impacts significatifs, doit faire l'objet d'une information claire en annexe sur l'analyse retenue (IAS 1.122).

Recommandations de l'AMF Ceci a été souligné par l'AMF dans ses recommandations en vue de l'arrêté des comptes 2018 (Rec. AMF 2018-12, Arrêté des Comptes 2018, § 5.2).

Evolution de la réponse **Amendement d'IAS 12** Le 7 mai 2021, l'IASB a publié un amendement de la norme IAS 12. Celui-ci limite le champ d'application de l'exception à la comptabilisation initiale d'un impôt différé, en exigeant de comptabiliser des impôts différés sur les transactions qui, lors de leur comptabilisation initiale, donnent lieu à des montants identiques de différences temporelles imposables et déductibles. En conséquence, un impôt différé doit être comptabilisé pour toute différence temporelle déductible ou imposable issue des contrats de location et des obligations de démantèlement d'actifs. L'amendement, approuvé par la Commission européenne le 11 août 2022, est **applicable obligatoirement aux exercices ouverts à compter du 1er janvier 2023**.

Pour plus de précisions sur l'amendement d'IAS 12, voir n° 27570-1.

■ *Exemple* 27570 (suite)

L'entreprise conclut un contrat de location et comptabilise à l'actif une immobilisation pour une valeur de 1 000 et une dette d'un montant équivalent au passif. Fiscalement, les loyers sont déductibles lorsqu'ils sont courus (et sous réserve des retraitements liés à la non-déduction d'une quote-part des charges financières ainsi qu'à ceux propres au crédit-bail immobilier).
Bien qu'un actif existe en IFRS, il n'existe pas d'actif correspondant d'un point de vue fiscal, ce qui génère une différence temporelle lors de la comptabilisation initiale de l'actif. De même, le passif constaté en IFRS a une base fiscale nulle, ce qui génère également une différence temporelle lors de la comptabilisation initiale de la dette. En outre, la transaction n'affecte, à l'origine, ni le résultat comptable ni le résultat fiscal.
Les écritures constatées, hors impôts différés, sont les suivantes :

Comptabilisation initiale du contrat de location			
Dt	*Actif – droit d'utilisation*	*1 000*	
Ct	*Dette de loyers*		*1 000*
Amortissement en fin de 1ère période			
Dt	*Dotation aux amortissements*	*50*	
Ct	*Amortissement de l'actif – droit d'utilisation*		*50*
Remboursement de la dette en fin de 1ère période			
Dt	*Charges financières*	*30*	
Dt	*Dette de loyers*	*70*	
Ct	*Trésorerie*		*100*

Solution de l'exemple *Comme exposé ci-avant, et jusqu'à l'application de l'amendement d'IAS 12 de mai 2021, les deux principales analyses suivantes de la norme IAS 12 sont, à notre avis, possibles.*
1. Première analyse – Impôt différé pour le montant net des différences temporelles déductibles et imposables *Lors de la comptabilisation initiale, il existe une différence temporelle imposable de 1 000 liée à l'actif et une différence temporelle déductible de 1 000 liée à la dette, générant une différence temporelle nette nulle. En conséquence, aucun impôt différé n'est constaté.*
L'exception liée à la comptabilisation initiale (voir ci-avant 1ère analyse) ne s'applique toutefois pas car il n'y a pas de différence temporelle lors de la comptabilisation initiale.
En fin de première année, il existe une différence temporelle imposable de 950 liée à l'actif et une différence temporelle déductible de 930 liée à la dette, générant une différence temporelle imposable nette de 950 – 930 = 20, devant donner lieu à la constatation d'un impôt différé.
2. Seconde analyse – Pas d'impôt différé ni à l'origine ni ultérieurement *Aucun impôt différé n'est constaté ni à l'origine ni ultérieurement, même si l'utilisation de l'actif générera un avantage économique futur de 950 (1 000 – 50), donnant lieu à des déductions fiscales (loyers) pour un montant de 930 (1 000 – 70), générant ainsi une différence temporelle de 20.*
En effet :
– si l'on applique l'exception prévue par IAS 12.24b à la dette comptabilisée à l'origine, il existe une différence temporelle dès lors que la base fiscale de la dette est nulle. En outre, la comptabilisation initiale de la dette à l'origine de la transaction n'affecte ni le résultat comptable ni le résultat fiscal. En conséquence, aucun impôt différé actif ne doit être constaté ni à l'origine (IAS 12.24b) ni ultérieurement (IAS 12.22c) ;
– de même, si l'on applique l'exception prévue par IAS 12.15b à l'immobilisation comptabilisée à l'origine, il existe une différence temporelle dès lors que la base fiscale de cet actif est nulle. En outre, la comptabilisation initiale de l'immobilisation à l'origine de la transaction n'affecte ni le résultat comptable ni le résultat fiscal. En conséquence, aucun impôt différé passif ne doit être constaté ni à l'origine (IAS 12.15b) ni ultérieurement (IAS 12.22c).
3. Comparaison des deux analyses *Le tableau ci-après récapitule ces deux analyses :*

				Interprétation 1	*Interprétation 2*
Comptabilisation initiale du contrat de location					
Dt	*Actif – droit d'utilisation*	*1 000*		*Valeur fiscale de 0 donc différence temporelle imposable de 1 000*	
Ct	*Dette de loyers*		*1 000*	*Valeur fiscale de 0 donc différence temporelle déductible de 1 000*	
				Pas de comptabilisation d'ID (valeur nette des différences temporelles = 0)	*Pas de comptabilisation d'ID (exception constatation initiale d'IAS 12.15b et .24b)*

				Interprétation 1	*Interprétation 2*
Comptabilisation en fin de 1e année :					
	Amortissement en fin de 1e période				
Dt	*Dotation aux amortissements*	*50*			
Ct	*Amortissement de l'actif*		*50*	*Différence temporelle imposable de 950*	
	Remboursement de la dette en fin de 1e période				
Dt	*Charges financières*	*30*			
Dt	*Dette de loyers*	*70*		*Différence temporelle déductible de 930*	
Ct	*Trésorerie*		*100*		
				Comptabilisation d'un IDP (différence temporelle imposable nette de 20 = 950 – 930)	*Pas de comptabilisation d'ID (exception variation ultérieure d'IAS 12.22c)*

Impôts différés liés aux contrats de location – Amendement d'IAS 12

27570-1 ***Question***

Un preneur doit-il comptabiliser des impôts différés au titre des contrats de location en application de l'amendement d'IAS 12 publié par l'IASB en mai 2021 ?

Réponse

Oui. Cet amendement, d'application obligatoire aux exercices ouverts à compter du 1er janvier 2023, limite le champ d'application de l'exception à la comptabilisation initiale d'un impôt différé ; ses dispositions prévoient en effet que des impôts différés doivent être comptabilisés au titre des transactions qui, lors de leur comptabilisation initiale, donnent lieu à des montants identiques de différences temporelles imposables et déductibles.

Commentaires :

1. Principe général La comptabilisation d'un contrat de location conduit chez le preneur à l'inscription d'un droit d'utilisation à l'actif, en contrepartie d'une dette de loyers au passif. Fiscalement, les loyers payés constituent des charges sur la durée du contrat et sont déductibles, sous réserve des retraitements liés à la non-déduction d'une quote-part de charges financières (voir Mémento Comptable nº 15695), ainsi qu'aux retraitements fiscaux propres au crédit-bail immobilier (voir Mémento Comptable nº 28485 s.). Lorsqu'il est considéré que l'actif et la dette ont une valeur fiscale nulle, il en résulte des différences temporelles imposables et déductibles. La norme IAS 12 (avant amendement) prévoyait une exception à la comptabilisation initiale d'un impôt différé lorsqu'une différence temporelle est générée par la comptabilisation initiale (hors regroupement d'entreprises) d'un actif ou d'un passif qui n'affecte ni le résultat comptable ni le résultat fiscal à la date de la transaction.

L'amendement de la norme IAS 12, publié par l'IASB en mai 2021, limite le champ d'application de l'exception à la comptabilisation initiale d'un impôt différé, décrite ci-avant. En effet, IAS 12.15 et .24 ont été amendés de telle sorte que l'exception ne s'applique pas aux transactions qui, lors de leur comptabilisation initiale, donnent lieu à des montants identiques de différences temporelles imposables et déductibles, ce qui est les cas des différences temporelles liées aux contrats de location. Ainsi, à compter de l'application de l'amendement, tout passif et tout actif d'impôt différé résultant des différences temporelles relatives à un contrat de location devra être comptabilisé (IAS 12.22A).

2. **Détermination des valeurs fiscales des actifs et passifs** L'amendement n'apporte pas de précisions visant à apprécier si la déduction fiscale des loyers est attribuable au droit d'utilisation ou à la dette de loyers. **27570-1** (suite)

Lorsque les déductions fiscales sont attribuables au droit d'utilisation, les bases fiscales du droit d'utilisation et de la dette de loyers sont égales à leur valeur comptable, puisque l'entité recevra des déductions fiscales égales à la valeur comptable du droit d'utilisation et ne recevra aucune déduction fiscale au titre de la dette de loyers. Par conséquent, aucune différence temporelle n'apparaît lors de la comptabilisation initiale du contrat de location. L'entité ne comptabilise pas d'impôt différé lors de la comptabilisation initiale, mais le fait si et lorsque des différences temporelles surviennent après la comptabilisation initiale.

En revanche, lorsque les déductions fiscales sont attribuables à la dette de loyers, les bases fiscales du droit d'utilisation et de la dette de loyers sont nulles. Par conséquent, des différences temporelles associées à l'actif et au passif de location surviennent lors de la comptabilisation initiale du contrat de location.

L'IASB a estimé que cette précision n'était pas nécessaire puisque l'amendement conduit à constater des impôts différés au titre des contrats de location dans les deux cas, que les déductions fiscales soient attribuables au droit d'utilisation ou à la dette de loyers.

3. **Traitement des loyers payés d'avance et des coûts directs initiaux** A la date de prise d'effet d'un contrat de location, le droit d'utilisation comprend, outre le montant initial de la dette de loyers, les paiements d'avance au bailleur et les coûts directs initiaux encourus pour la conclusion du contrat. Le droit d'utilisation n'est donc pas nécessairement égal à la dette de loyers lors de la comptabilisation initiale. Il ne faut pas pour autant en déduire que, dans ce cas particulier, l'exception à la comptabilisation initiale d'un impôt différé s'appliquerait au droit d'utilisation et à la dette de loyer. En effet, l'IASB considère que les loyers payés d'avance et les coûts directs initiaux constituent des composants du droit d'utilisation pour lesquels le preneur doit constater des impôts différés en application des dispositions de la norme IAS 12.

4. **Présentation et information à fournir** Les actifs et passifs d'impôts différés liés aux contrats de location doivent être compensés dans l'état de la situation financière (bilan), si et seulement si les conditions de compensation d'IAS 12 sont remplies (voir nº 27486, IAS 12.74 s.).

Toutefois, le montant des actifs et passifs d'impôts différés comptabilisés au titre des contrats de location doivent être communiqués, avant compensation, dans l'annexe des états financiers (voir nº 27490, IAS 12.81g.i).

5. **Date d'application** L'amendement est applicable obligatoirement aux exercices ouverts à compter du 1er janvier 2023 (voir nº 11510).

L'amendement a en effet été approuvé par la Commission européenne le 11 août 2022.

6. **Modalités de transition** L'amendement prévoit la comptabilisation, à l'ouverture de la première période comparative présentée, d'un actif d'impôt différé (dans la mesure où il est probable qu'un bénéfice imposable, sur lequel ces différences temporelles déductibles pourront être imputées, sera disponible) et un passif d'impôt différé, pour toutes les différences temporelles déductibles et imposables relatives aux contrats de location (droits d'utilisation et dettes de loyers).

L'impact cumulé de la première application de l'amendement sera présenté comme un ajustement des capitaux propres d'ouverture de la première période comparative présentée.

Cette méthode rétrospective est simplifiée par rapport aux dispositions habituelles d'IAS 8, en ce sens qu'elle n'exige pas d'identifier pour chaque contrat de location s'il avait donné lieu, lors de sa comptabilisation initiale, à un montant identique de différences temporelles taxables et déductibles, évitant ainsi les complexités liées aux interactions possibles avec les dispositions transitoires d'IFRS 16.

L'amendement s'applique de la même manière aux passifs d'obligation de démantèlement/remise en état et aux montants de contreparties inclus dans le coût des actifs concernés (voir nº 27571).

Pour les transactions autres que les contrats de location et obligations de démantèlement (et ayant donné lieu à un montant identique de différences temporelles taxables et déductibles), l'amendement s'applique de façon prospective aux transactions nées à partir du début de la première période comparative présentée.

■ *Exemple*

Un preneur conclut un contrat de location pour un bien immobilier sur une durée de 5 ans. Les loyers annuels s'élèvent à 100 K€ payables à terme échu. Avant la date de début du contrat, le preneur a versé au bailleur un montant de 15 K€ (loyer versé d'avance) et encouru des coûts directs initiaux de 5 K€. Le taux d'actualisation est de 5 % par an.

A la date de début du contrat, en application d'IFRS 16, le preneur comptabilise une dette de loyers de 433 K€ (évaluée à la valeur actualisée des 5 paiements de loyers de 100 K€, au taux d'intérêt de 5 % par an). Le preneur évalue l'actif, droit d'utilisation, à 453 K€, comprenant l'évaluation initiale de la dette de loyers (433 K€), le loyer payé d'avance (15 K€) et les coûts directs initiaux (5 K€). Fiscalement, les loyers (y compris ceux payés avant la date de début du contrat) et les coûts directs initiaux sont déductibles lorsqu'ils sont courus. Le taux d'imposition est de 20 %. Il est considéré que les déductions fiscales au titre du contrat de location sont attribuables à la dette de loyers.

Solution de l'exemple

***1. Impôts différés relatifs au loyer payé d'avance et aux coûts directs initiaux** Le preneur comptabilise le loyer payé d'avance (15 K€) et les coûts directs initiaux (5 K€) en tant que composants du coût de l'actif de location. La base fiscale de ces composants est nulle parce que le locataire a déjà reçu des déductions fiscales pour le paiement anticipé de location et les coûts directs initiaux lorsqu'il a effectué ces paiements. La différence entre la base fiscale (nulle) et la valeur comptable de chaque composante se traduit par des différences temporelles imposables de 15 K€ (pour le loyer payé d'avance) et de 5 K€ (pour les coûts directs initiaux).*

L'exception de reconnaissance initiale d'un passif d'impôt différé ne s'applique pas puisque les différences temporelles proviennent de transactions qui, à la date de transaction, affectent le bénéfice imposable, le preneur pouvant déduire fiscalement les loyers payés d'avance et les coûts directs initiaux. En conséquence, le preneur comptabilise un passif d'impôt différé de 3 K€ (15 K€ × 20 %) et de 1 K€ (5 K€ × 20 %) pour les différences temporelles imposables liées respectivement au loyer payé d'avance et aux coûts directs initiaux.

***2. Impôts différés relatifs à la dette de loyers et au montant initial de cette dette inclus dans le droit d'utilisation** A la date de début du contrat de location, la base fiscale de la dette de loyers est nulle puisque le preneur recevra des déductions fiscales égales à la valeur comptable de la dette de loyers. La base fiscale du montant initial de la dette de loyers inclus dans le droit d'utilisation est également nulle puisque le preneur ne recevra aucune déduction fiscale au titre du reversement de la valeur comptable de cette composante du coût du droit d'utilisation.*

Les différences entre les valeurs comptables de la dette de loyers et du montant initial de la dette de loyers inclus dans le droit d'utilisation (433 K€) et leurs bases fiscales nulles se traduisent par des différences temporelles.

L'exception à la comptabilisation initiale d'un impôt différé ne s'applique pas. En effet, la transaction donne lieu à des montants identiques de différences temporelles imposables et déductibles. Le preneur considère qu'il est probable qu'un bénéfice imposable, sur lequel ces différences temporelles déductibles pourront être imputées, sera disponible. Par conséquent, il comptabilise un actif d'impôt différé et un passif d'impôt différé pour un montant de 87 K€ (433 K€ × 20 %).

3. Synthèse :

	Valeur comptable	*Base fiscale*	*Différence temporelle*	*Impôt différé actif/(passif)*
ACTIF – Droit d'utilisation				
Loyers payés d'avance	*15*	*0*	*15*	*(3)*
Coûts directs initiaux	*5*	*0*	*5*	*(1)*
Montant initial de la dette de loyers	*433*	*0*	*433*	*(87)*
PASSIF				
Dette de loyers	*(433)*	*0*	*(433)*	*87*

Impôts différés liés aux coûts de démantèlement

27571 ***Question***

Doit-on comptabiliser un impôt différé au titre des coûts de démantèlement (qui impliquent la comptabilisation d'un actif et d'un passif n'ayant pas de base fiscale propre) ?

Réponse

La réponse dépend, en premier lieu, des dispositions fiscales en vigueur dans chaque juridiction.

Ainsi, dans certains cas, comme en France, les coûts de démantèlement sont déductibles au rythme de l'amortissement de l'actif et la constitution de la provision n'est quant à elle pas déductible. Aucun effet d'impôt différé n'est à constater dans ces cas.

En revanche, dans d'autres juridictions, les coûts de démantèlement sont déductibles lors de l'engagement des coûts.

Dans ce dernier cas, et comme pour les contrats de location (voir n° 27570 et 27570-1) : **27571** (suite)

1. **Jusqu'à la date d'application de l'amendement d'IAS 12 de mai 2021, obligatoire pour les exercices ouverts à compter du 1er janvier 2023**, trois analyses ont pu être effectuées en pratique :

a. Application du principe de constatation d'impôts différés actifs et passifs au titre des différences temporelles liées aux passifs et actifs comptabilisés (analysés ensemble) : selon cette analyse, à la date de comptabilisation initiale, la valeur de l'actif et celle du passif étant égales, le montant net est nul et il n'y a donc pas de différence temporelle. Les exceptions de reconnaissance d'un impôt différé prévues par IAS 12 (voir point 2.) ne sont donc pas applicables. Par la suite, les valeurs de l'actif et du passif sont modifiées pour des montants différents entraînant une différence temporelle nette différente de zéro et donc la constatation d'un impôt différé. Dans ce cas, il convient de constater un impôt différé pour le montant net des différences temporelles imposables et déductibles.

b. Application des exceptions prévues par la norme IAS 12 relatives à la comptabilisation initiale des actifs et passifs acquis en dehors d'un regroupement d'entreprises et n'ayant d'incidence, à la date de transaction, ni sur le résultat comptable ni sur le résultat fiscal : selon cette analyse, il n'y a pas de constatation d'impôt différé lors de la comptabilisation initiale des coûts de démantèlement. Par la suite, l'actif de démantèlement se réduisant (amortissement), il reste couvert par l'exception et aucun impôt différé passif n'est à constater à ce titre. En revanche, le passif de démantèlement augmentant (désactualisation), une nouvelle différence temporelle apparaît qui n'est pas couverte par l'exception et doit donner lieu à la constatation d'un actif d'impôt différé.

c. Application du principe de constatation d'impôts différés actifs et passifs au titre des différences temporelles liées aux passifs et actifs comptabilisés (analysés séparément) : selon cette analyse, il est considéré que les exceptions de comptabilisation d'un impôt différé prévues par IAS 12 (voir point 2.) ne s'appliquent pas. Dans ce cas, il convient de constater un impôt différé pour le montant des différences temporelles déductibles et imposables, ce qui peut en pratique aboutir au même résultat que la première approche, mais en analysant et en présentant séparément l'impôt différé actif et l'impôt différé passif, chacun pour son montant brut.

2. **A compter de la date d'application de l'amendement d'IAS 12** Cet amendement limite le champ d'application de l'exception à la comptabilisation initiale d'un impôt différé ; ses dispositions prévoient en effet que des impôts différés doivent être comptabilisés au titre des transactions qui, lors de leur comptabilisation initiale, donnent lieu à des montants identiques de différences temporelles imposables et déductibles. Ceci étant le cas des obligations de démantèlement, elles donneront lieu à la constatation d'impôts différés, dans les juridictions où les coûts de démantèlement sont déductibles lors de l'engagement de ceux-ci.

Commentaires L'obligation de démantèlement conduit à l'inscription des coûts de démantèlement à l'actif et au passif, pour la valeur actualisée de ces coûts. L'actif est ensuite amorti sur la durée d'utilisation de l'installation liée (voir n° 31070).

Fiscalement, selon les juridictions, les coûts de démantèlement sont :
- soit déductibles au rythme de l'amortissement de l'actif, et la provision constituée n'est quant à elle pas déductible (c'est le cas en France, par exemple) ;
- soit déductibles lors de leur engagement.

Dans le premier cas, il n'y a pas de différences temporelles imposables et déductibles au titre de l'actif et du passif de démantèlement comptabilisés, et il n'y a donc aucun actif ou passif d'impôt différé.

Dans le second cas, de la même manière que pour les contrats de location (voir n° 27570 et 27570-1), l'actif et le passif de démantèlement qui figurent dans les comptes ont une valeur fiscale nulle, il en résulte donc des différences temporelles imposables et déductibles.

La question qui se pose alors est de déterminer si les impôts différés correspondant à ces différences temporelles doivent être constatés.

1. **Jusqu'à l'application de l'amendement d'IAS 12 de mai 2021, obligatoire pour les exercices ouverts à compter du 1er janvier 2023** Sur le modèle de l'analyse conduite au titre des contrats de location (voir n° 27570), différentes **analyses de la norme IAS 12 devraient pouvoir être**

27571 (suite) réalisées, ces analyses conduisant soit à une comptabilisation différente, soit à des informations différentes. Les deux premières approches sont celles qui sont le plus fréquemment mises en œuvre.

Pour l'amendement d'IAS 12 de mai 2021, voir point 2. ci-après.

a. Première analyse – Impôt différé pour le montant net des différences temporelles déductibles et imposables (actif et passif analysés ensemble) L'actif et le passif sont liés et doivent donc être analysés ensemble pour la détermination des impôts différés. Dans ce cas, il convient de constater un impôt différé pour le montant net des différences temporelles imposables et déductibles.

A la date de comptabilisation initiale, la valeur de l'actif et celle du passif étant égales, le montant net est nul et il n'y a donc pas de différence temporelle. L'exception de reconnaissance initiale retenue dans la seconde analyse n'est donc pas applicable (IAS 12.15b et .24b).

Par la suite, les valeurs de l'actif et du passif sont modifiées pour des montants différents :
- l'actif de démantèlement est amorti sur la durée d'utilisation de l'installation à démanteler ;
- le passif de démantèlement est désactualisé et s'apprécie donc avec le temps.

Ces variations entraînent alors une différence temporelle nette différente de zéro et donc la constatation d'un impôt différé. Cette différence va augmenter sur toute la durée d'exploitation de l'installation.

b. Deuxième analyse – Application des exceptions d'IAS 12 – Impôt différé pour le seul montant des nouvelles différences temporelles Selon cette méthode, on considère que l'actif et le passif doivent donc être analysés séparément.

A la date de comptabilisation initiale, comme des différences sont générées par des écritures qui n'affectent ni le résultat fiscal ni le résultat comptable (débit immobilisation, crédit provision pour le même montant), et s'agissant d'opérations autres qu'un regroupement d'entreprises, aucun impôt différé actif ou passif n'est comptabilisé en vertu des exceptions prévues par IAS 12.15b et .24b.

Pour plus de détails sur cette exception, voir nº 27570.

Par la suite, il convient d'analyser la nature des changements des différences temporelles relatives à l'actif et au passif. S'il s'agit :
- de changements des différences temporelles existant initialement (amortissement du bien ou réduction du passif constatés initialement, par exemple), ceux-ci ne donnent pas lieu non plus à impôt différé en raison de l'exception prévue par IAS 12.22c ;
- de nouvelles différences temporelles (désactualisation du passif, notamment), celles-ci doivent donner lieu à impôt différé car elles ne sont pas visées par l'exception à la comptabilisation de l'impôt différé.

c. Troisième analyse – Impôt différé pour le montant net des différences temporelles déductibles et imposables (actif et passif analysés séparément) Comme dans la deuxième analyse, l'actif et le passif ne sont pas liés et doivent être analysés séparément. Toutefois, contrairement à la deuxième analyse, certains considèrent que les exceptions à la comptabilisation d'un impôt différé prévues par IAS 12.15b et .24b ne s'appliquent pas. Ces exceptions font référence à la comptabilisation d'un actif **ou** d'un passif, alors que dans le cadre des coûts de démantèlement, c'est à la fois un actif **et** un passif qui sont constatés simultanément.

Cette approche conduit donc à la comptabilisation d'un impôt différé pour le montant des différences temporelles déductibles et imposables, ce qui peut en pratique aboutir au même résultat que la première approche, mais en analysant et en présentant séparément l'impôt différé actif et l'impôt différé passif, chacun pour son montant brut.

Remarque – Nécessité d'une information en annexe Compte tenu de l'existence de plusieurs analyses possibles conduisant à des traitements comptables différents, il s'agit d'un choix de méthode comptable qui, s'il a des impacts significatifs, doit faire l'objet d'une information claire en annexe sur l'analyse retenue (IAS 1.122).

2. A compter de l'application de l'amendement d'IAS 12 de mai 2021 Comme indiqué ci-avant, la norme IAS 12 (avant amendement) prévoyait une exception à la comptabilisation initiale d'un impôt différé lorsqu'une différence temporelle est générée par la comptabilisation initiale (hors regroupement d'entreprises) d'un actif ou d'un passif qui n'affecte ni le résultat comptable ni le résultat fiscal à la date de la transaction.

L'amendement de la norme IAS 12, publié par l'IASB en mai 2021, limite le champ d'application de cette exception à la comptabilisation initiale d'un impôt différé. En effet, IAS 12.15 et .24

ont été amendés de telle sorte que l'exception ne s'applique pas aux transactions qui, lors de leur comptabilisation initiale, donnent lieu à des montants identiques de différences temporelles imposables et déductibles, ce qui est les cas des différences temporelles liées à une obligation de démantèlement, dans les juridictions où les coûts de démantèlement sont déductibles lors de l'engagement de ceux-ci. Ainsi, à compter de l'application de l'amendement, tout passif et tout actif d'impôt différé résultant des différences temporelles relatives à une telle obligation devra être comptabilisé. **27571** (suite)

Les actifs et passifs d'impôts différés liés aux obligations de démantèlement doivent être compensés dans l'état de la situation financière (bilan), si et seulement si les conditions de compensation d'IAS 12 sont remplies (voir nº 27486, IAS 12.74 s.). Toutefois, le montant des actifs et passifs d'impôts différés comptabilisés au titre de ces obligations doit être communiqué, avant compensation, dans l'annexe des états financiers (voir nº 27490, IAS 12.81g.i).

L'amendement est applicable obligatoirement aux exercices ouverts à compter du 1er janvier 2023. Pour les modalités de transition, voir nº 27570-1, point 6.

■ *Exemple*

L'entreprise A a l'obligation de démanteler une installation dans 3 ans. Les coûts attendus au titre de ce démantèlement s'élèvent à 1 M€. La valeur actualisée de ces coûts est de 794 K€ lors de la comptabilisation initiale de l'actif et du passif de démantèlement (taux d'actualisation de 8 %). L'actif de démantèlement est amorti linéairement sur les 3 ans. Par hypothèse, le passif ne sera pas réévalué au cours des 3 années.

Les coûts de démantèlement sont déductibles lors de leur engagement.

Les écritures constatées, hors impôts différés, sont les suivantes :

Comptabilisation initiale des coûts de démantèlement			
Dt	*Actif*	*794*	
Ct	*Passif*		*794*
	Amortissement en fin de 1e période		
Dt	*Dotation aux amortissements*	*265*	
Ct	*Amortissement de l'actif*		*265*
	Désactualisation du passif en fin de 1e période		
Dt	*Charges financières*	*64*	
Ct	*Passif*		*64*

Solution de l'exemple

*1. **Avant application de l'amendement de mai 2021** Les deux principales analyses suivantes de la norme IAS 12 sont, à notre avis, possibles.*

*a. **Première analyse – Impôt différé pour le montant net des différences temporelles déductibles et imposables** Lors de la comptabilisation initiale, il existe une différence temporelle imposable de 794 liée à l'actif et une différence temporelle déductible de 794 liée à la dette, générant une différence temporelle nette nulle. En conséquence, aucun impôt différé n'est constaté.*

L'exception liée à la comptabilisation initiale (voir ci-avant 1e analyse) ne s'applique toutefois pas car il n'y a pas de différence temporelle lors de la comptabilisation initiale.

En fin de première année, il existe une différence temporelle imposable de 529 (794 – 265) liée à l'actif et une différence temporelle déductible de 858 (794 + 64) liée à la dette, générant une différence temporelle déductible nette de 858 – 529 = 329, devant donner lieu à la constatation d'un impôt différé actif.

*b. **Seconde analyse – Application des exceptions d'IAS 12 (avant amendement) pour le seul montant des nouvelles différences temporelles** Aucun impôt différé n'est constaté à l'origine.*

En effet :

– dès lors que la base fiscale de l'actif est nulle, il existe une différence temporelle. Toutefois, l'application de l'exception prévue par IAS 12.15b à l'immobilisation comptabilisée à l'origine aboutit à ce que cette différence temporelle ne donne pas lieu à la constatation d'un impôt différé passif (IAS 12.15b) ;

– de même, dès lors que la base fiscale de la dette est nulle, il existe bien une différence temporelle. Toutefois, si l'on applique l'exception prévue par IAS 12.24b à la dette comptabilisée à l'origine, cette différence temporelle ne donne pas lieu à la constatation d'un impôt différé actif.

En fin de première année :

– il existe une différence temporelle imposable de 529 (794 – 265) liée à l'actif. Toutefois, cette différence reste couverte par l'exception de reconnaissance initiale (IAS 12.22c) ;

– en revanche, il existe une différence temporelle déductible de 858 (794 + 64), soit une nouvelle différence de 64 devant donner lieu à la constatation d'un impôt différé actif (car non couverte par l'exception de reconnaissance initiale).

27571 (suite) *3. Comparaison des deux analyses* Le tableau ci-après récapitule ces deux analyses :

				Différences temporelles et impôts différés	
				Interprétation 1	*Interprétation 2*
Comptabilisation initiale des coûts de démantèlement					
Dt	Actif	794		Valeur fiscale de 0 donc différence temporelle imposable de 794	
Ct	Passif		794	Valeur fiscale de 0 donc différence temporelle déductible de 794	
				Pas de comptabilisation d'ID (valeur nette des différences temporelles = 0)	Pas de comptabilisation d'ID (exception constatation initiale d'IAS 12.15b et .24b avant amendement)
Comptabilisation en fin de 1e année :					
	Amortissement en fin de 1e période				
Dt	Dotation aux amortissements	265			
Ct	Amortissement de l'actif		265	Différence temporelle imposable de 529 (= 794 – 265)	
	Effet de désactualisation de la provision en fin de 1e période				
Dt	Charges financières	64			
Ct	Passif		64	Différence temporelle déductible de 858 (= 794 + 64)	
				Comptabilisation d'un IDA (différence temporelle déductible nette de 329 = 858 – 529)	Pas de comptabilisation d'ID lié aux différences temporelles initiales et à leur variation ultérieure (exception d'IAS 12.22c). Comptabilisation d'un IDA sur la nouvelle différence temporelle déductible de 64

2. A compter de la date d'application de l'amendement de mai 2021 Lors de la comptabilisation initiale, il existe une différence temporelle imposable de 794 K€ liée à l'actif et une différence temporelle déductible de 794 K€ liée à la dette. L'exception à la comptabilisation initiale des impôts différés ne s'applique pas. En effet, l'obligation de démantèlement donne lieu, à la date de la transaction, à une différence temporelle imposable et à une différence temporelle déductible d'un montant égal. Par conséquent, tout passif et tout actif d'impôt différé qui en résulte doit être comptabilisé.

				Différences temporelles et impôts différés
Comptabilisation initiale des coûts de démantèlement				
Dt	Actif	794		Valeur fiscale de 0 donc différence temporelle imposable de 794 K€
Ct	Passif		794	Valeur fiscale de 0 donc différence temporelle déductible de 794 K€
				Comptabilisation d'IDP (sur la différence temporelle imposable de 794 K€) et d'IDA (sur la différence temporelle déductible de 794 K€) Compensation des IDA et IDP au bilan si les conditions de compensation sont remplies (voir n° 27486) Information sur les montants avant compensation à communiquer en annexe (voir n° 27490)

				Différences temporelles et impôts différés
Comptabilisation en fin de 1e année :				
	Amortissement en fin de 1e période			
Dt	*Dotation aux amortissements*	*265*		
Ct	*Amortissement de l'actif*		*265*	*Différence temporelle imposable de 529 K€ (= 794 - 265)*
	Effet de désactualisation de la provision en fin de 1e période			
Dt	*Charges financières*	*64*		
Ct	*Ct Passif*		*64*	*Différence temporelle déductible de 858 K€ (= 794 + 64)*
				Comptabilisation d'un IDP (sur la différence temporelle imposable de 529 K€) et d'un IDA (sur la différence temporelle déductible de 858 K€) *Compensation des IDA et IDP au bilan si les conditions de compensation sont remplies (voir n° 27486)* *Information sur les montants avant compensation à communiquer en annexe (voir n° 27490)*

Incidences sur les impôts différés d'une monnaie fonctionnelle différente de la monnaie locale

27572

Question

La réalisation d'opérations dans une monnaie locale différente de la monnaie fonctionnelle peut-elle avoir des incidences en matière d'impôt différé ?

Réponse

Oui. Lorsque la déclaration fiscale d'une entité est réalisée dans une monnaie différente de sa monnaie fonctionnelle, les différences de change entre les deux monnaies génèrent des différences temporelles liées aux actifs et passifs non monétaires :
- la valeur comptable de ces actifs et passifs étant convertie au cours historique ;
- alors que leur valeur fiscale est convertie au cours de clôture.

Il en résulte ainsi des impôts différés constatés en résultat.

Commentaires :

1. Rappel des méthodes de comptabilisation des opérations réalisées en monnaie étrangère Avant d'être convertis dans la monnaie de présentation, les comptes des entreprises doivent être établis en monnaie fonctionnelle (IAS 21.17 s.).

Pour la définition de la monnaie fonctionnelle, voir n° 13007.

Lors de la comptabilisation initiale des opérations réalisées en monnaie étrangère, celles-ci sont converties dans la monnaie fonctionnelle au cours en vigueur à la date de la transaction (IAS 21.21). A chaque clôture, lors de l'établissement des comptes :
- les éléments non monétaires, comptabilisés au coût historique, sont maintenus au cours historique et ne génèrent pas de différence de conversion (IAS 21.23) ;
- les éléments non monétaires, comptabilisés à la juste valeur, doivent être convertis au cours de change à la date à laquelle cette juste valeur a été déterminée, généralement en date de clôture (IAS 21.23) ;
- les éléments monétaires sont convertis au cours de clôture. Les différences de conversion qui en résultent sont comptabilisées en résultat (IAS 21.28).

2. Détermination des différences temporelles relatives à des opérations réalisées en monnaie locale différente de la monnaie fonctionnelle Lorsque la monnaie fonctionnelle est différente de la monnaie locale, les comptes sont établis en monnaie fonctionnelle alors que la déclaration fiscale est établie en monnaie locale.

Dans le cadre de la détermination des impôts différés, il convient d'identifier les différences temporelles et pour cela de comparer les valeurs comptables des éléments d'actifs et de passifs avec leurs valeurs fiscales (IAS 12.5).

27572 (suite) Ces valeurs étant, au cas particulier, exprimées dans des monnaies différentes, il est nécessaire de convertir les valeurs fiscales en monnaie locale dans la monnaie fonctionnelle. Cette conversion est réalisée au cours de clôture car ce cours donne, à notre avis, la valeur la plus fiable du montant qui sera déductible ou taxable au cours des exercices futurs.

Ainsi, la seule utilisation de cours de change différents pour les éléments non monétaires comptabilisés au coût historique (cours historique pour la valeur comptable et cours de clôture pour la valeur fiscale) donne lieu, en général, à des différences temporelles et donc à des impôts différés. Ceux-ci sont constatés **en résultat** (IAS 12.41).

Ce principe a été confirmé par l'IFRS IC qui a été saisi de ce sujet courant 2015 et n'a pas souhaité inscrire ce thème à son agenda, considérant que la norme IAS 12 est claire sur ce point et décrit précisément la comptabilisation à retenir (IAS 12.41) (IFRIC Update 01/16).

Il en est de même pour les éléments non monétaires comptabilisés à la juste valeur, dès lors que celle-ci n'a pas été déterminée à la date de clôture.

Remarques :
– Aucune différence temporelle n'est constatée sur les éléments monétaires car ils sont, comme les valeurs fiscales, convertis au cours de clôture.
– Aucune différence temporelle de cette nature ne peut résulter de la conversion de la monnaie fonctionnelle à la monnaie de présentation, celle-ci étant effectuée selon la méthode du cours de clôture et non selon celle du cours historique.

■ *Exemple*

Monnaie locale différente de la monnaie fonctionnelle : détermination de l'impôt différé à constater au 31/12/N *Une entité a une monnaie fonctionnelle (MF) différente de sa monnaie locale (ML).*
Au 1/01/N, l'entité acquiert une immobilisation pour 540 000 ML. Le cours de change entre les deux monnaies, à cette date, est MF 1 = ML 12.
L'immobilisation a une durée de vie de 5 ans et sa valeur résiduelle est nulle. Pour des raisons fiscales, l'actif est amorti sur 3 ans.
L'entité utilise le modèle du coût comme méthode d'évaluation de cette immobilisation.
Au 31/12/N, le cours de change est de MF 1 = ML 9.
Le taux d'imposition dans le pays où l'activité est exercée est par hypothèse de 25 %.

Solution de l'exemple *Au 31/12/N, la différence temporelle sur l'immobilisation est déterminée comme suit :*

	Déclaration fiscale (ML)	*Taux de change appliqué pour la conversion* *Taux historique : MF 1 = ML 12* *Taux au 31/12/N : MF 1 = ML 9*	*Comptes (MF)*
Valeur comptable des immobilisations			
Coût d'entrée	*540 000*	*12*	*45 000*
Amortissement de la période (1/5e)	*(108 000)*		*(9 000)*
Valeur nette comptable	*432 000*		*36 000*
Base fiscale de l'immobilisation			
Coût d'entrée	*540 000*		
Amortissement (1/3e)	*(180 000)*		
Valeur nette fiscale	*360 000*	*9*	*40 000*
Différence temporelle déductible	*72 000*		*(4 000)* (1)
Impôt différé actif à 25 %	*18 000*		*(1 000)*

(1) La différence temporelle déductible globale de (4 000) s'analyse en deux éléments :
– l'une déductible (12 000), liée à la différence entre les cours de change [432 000 × (1/9 – 1/12)] = (12 000) ;
– l'autre taxable 8 000, liée à la différence des durées d'amortissement [(180 000 – 108 000) / 9)] = 8 000.

La différence temporelle déductible globale de (4 000), qui est composée de deux éléments différents, donne lieu à la comptabilisation d'un impôt différé actif de 1 000, si les conditions générales de reconnaissance de cet impôt différé actif sont par ailleurs remplies.

Cession d'un actif au travers de la vente des titres d'une filiale qui le détient

Question 27573

Quelles sont les conséquences fiscales en cas de cession d'un actif dans le cadre de la cession des titres d'une filiale qui le détient (et ne détient que ce seul actif), si la législation fiscale attribue des bases fiscales différentes pour l'actif et pour les titres ?

Réponse

En cas de recouvrement de la valeur d'un actif par cession au travers de la cession des titres de la société détentrice de l'actif, un impôt différé doit être constaté à la fois sur l'actif et sur les titres.

Commentaires Dans le cas où une filiale ne détient qu'un seul actif et que sa société mère s'attend à céder cet actif dans le cadre la cession des titres de la filiale qui le détient (et ne détient que ce seul actif), l'IFRS IC a indiqué qu'un impôt différé doit être constaté à la fois sur l'actif et sur les titres (IFRIC Update 07/14), et ce, si :
- la législation fiscale attribue des bases fiscales différentes pour l'actif et pour les titres ;
- en cas d'impôt différé actif, les différences temporelles déductibles peuvent être utilisées dans les conditions prévues par IAS 12 (IAS 12.24 à .31) ; et
- aucune exception prévue par IAS 12 ne s'applique.

L'IFRS IC a indiqué que cette application des principes d'IAS 12 fait l'objet de critiques de la part des préparateurs de comptes mais que seul un projet plus large concernant la norme IAS 12 permettrait d'analyser d'autres solutions et de travailler sur des amendements éventuels.

Aucun projet n'est toutefois en cours à l'IASB sur ce thème.

■ *Exemple*

Le 1/01/N-4, le groupe crée une filiale qui achète un immeuble de placement pour 100. L'immeuble de placement est évalué à sa juste valeur, avec comptabilisation de l'écart de juste valeur en résultat, selon les principes d'IAS 40.

Au 31/12/N, la juste valeur de l'immeuble et des titres de la filiale s'élève à 150. Selon la législation fiscale en vigueur, le taux d'impôt applicable en cas d'utilisation et de cession de l'immeuble est de 30 %. Celui applicable en cas de cession des titres d'une filiale est de 5 %.

Au 31/12/N, le management décide de céder les titres de la filiale début N+1.

Quel est le montant des impôts différés passifs à constater au 31/12/N ?

Solution de l'exemple *Deux impôts différés passifs doivent être constatés qui correspondent aux deux natures de différences temporelles.*

1. La première différence temporelle (appelée « inside basis ») porte sur l'immeuble. La variation de la juste valeur de l'actif va tous les ans générer une différence temporelle imposable, sur laquelle un IDP doit être constaté au taux de 30 %.

2. La seconde différence temporelle (appelée « outside basis ») porte sur les titres consolidés et sur la différence entre :
- la valeur des titres consolidés qui correspond à la quote-part de situation nette de la filiale dans les comptes consolidés, soit 150 ; et
- la valeur fiscale des titres qui, elle, reste figée à 100, soit le coût d'acquisition des titres.

La norme IAS 12 permet de ne pas constater d'impôt différé sur les titres si la société a le contrôle du reversement de la différence temporelle et ne s'attend pas à la reverser dans un avenir prévisible. Dans notre cas, la société a décidé en N de vendre les titres de la filiale début N+1. L'exception ne peut plus s'appliquer en N et donc un IDP doit aussi être constaté au titre de cette deuxième différence temporelle, au taux de 5 %. Ces deux impôts différés évoluent de la manière suivante entre la date d'acquisition de l'immeuble de placement et la décision de cession des titres de A :

1/01/N–4 – Acquisition → *31/12/N – Cession probable*

Deux différences temporelles au 31/12/N :

– sur l'immeuble « inside basis »

Différence temporelle *(Variation de juste valeur de l'actif)*					
0	10	20	30	40	50
impôt différé passif *(taux d'impôt 30 %)*					
0	3	6	9	12	***15***

– sur les titres consolidés « outside basis »

Différence temporelle *(Variation de juste valeur des titres)*					
0	10	20	30	40	50
Impôt différé passif *(taux d'impôt 5 %)*					
0	0	0	0	0	***2,5***

➔ *Exception, car pas de renversement probable dans un avenir prévisible*

C. Taux d'impôt différé

Taux d'impôt à retenir

27575 *Question*

Quel taux d'impôt retenir pour évaluer les impôts différés ?

Réponse

Les impôts sont évalués sur la base des taux adoptés ou quasi adoptés à la clôture.

Commentaires Les passifs et actifs d'impôts exigibles et différés doivent être évalués au montant que l'on s'attend à payer aux (recouvrer auprès des) administrations fiscales en utilisant les taux d'impôt (et les réglementations fiscales) qui ont été adoptés ou quasi adoptés à la fin de la période de reporting (IAS 12.46 et .47).

Selon l'IASB, « quasi adopté » signifie que les étapes restantes pour l'adoption du texte ne pourront pas conduire à sa modification (Board 02/05).

A titre d'exemple, en France, un texte est quasi adopté après le vote favorable de l'Assemblée nationale et du Sénat et après approbation du Conseil constitutionnel ou dès que le délai de saisine du Conseil constitutionnel a expiré. En effet, la loi est ensuite nécessairement signée par le Gouvernement sans modification possible avant sa publication au Journal officiel.

Pour plus de précisions sur les taux d'IS en France, voir Mémento Fiscal nº 36065 s.

Impôts différés passifs liés aux marques acquises nona mortissables : prise en compte des intentions

27580 *Question*

Quel taux d'impôt retenir pour l'évaluation des impôts différés passifs à comptabiliser au titre des actifs incorporels non amortissables (exemple, marque acquise) ?

Réponse

Le taux retenu est celui qui sera applicable lors du recouvrement de la valeur comptable de l'actif incorporel non amortissable.

En conséquence, l'entité doit d'abord déterminer le mode de recouvrement de la valeur de cet actif que cela soit par son utilisation ou sa cession, en fonction de la nature des revenus générés par la marque. Cette détermination fait appel au jugement du management et doit faire l'objet d'une mention en annexe si les impacts de cette décision sont jugés significatifs.

27580 (suite)

Commentaires :

1. **Principe général** Le principe général de constatation d'un passif d'impôt différé prévu par la norme IAS 12.15 ne prévoit pas d'exception pour les différences temporelles liées aux actifs incorporels non amortissables. Ils doivent donc systématiquement donner lieu à la constatation d'un passif d'impôt différé.

Conformément à IAS 12.51, **l'évaluation** de ce passif d'impôt différé doit **refléter les conséquences fiscales** qui résulteraient de la façon dont **l'entreprise s'attend à recouvrer ou à régler la valeur comptable de ses actifs et passifs.** Il est donc nécessaire de tenir compte du mode de recouvrement attendu par le management pour déterminer à la fois la base fiscale et le taux d'impôt applicable à la différence temporelle qui en résulte.

Un exemple d'incidence de cette distinction concerne les entreprises françaises qui ont analysé la CVAE comme étant un impôt sur le résultat (voir n° 27902). En effet, un recouvrement de la valeur d'une marque non amortissable par utilisation donne lieu à constatation d'un impôt différé sur CVAE alors qu'il n'y en a pas en cas de cession (voir n° 27920). En revanche, le mode de recouvrement n'a pas d'incidence sur les impôts différés liés à l'impôt sur les sociétés puisque c'est le même taux courant qui s'applique, que l'entreprise envisage de céder la marque ou de l'utiliser.

L'application pratique de ce principe peut toutefois se révéler complexe pour certains actifs, notamment pour les actifs incorporels non amortissables tels que les **marques.** En effet, la notion de recouvrement n'étant pas définie par la norme IAS 12, la question est de savoir comment apprécier le recouvrement de la valeur comptable d'une marque non amortissable.

En novembre 2016, l'IFRS IC a souligné qu'une marque non amortissable peut avoir plusieurs modes de recouvrement possibles : la cession et/ou l'utilisation de l'actif (IFRIC Update 11/16).

Dans ce cadre, IAS 12.51 et .51A s'appliquent et l'évaluation de ce passif d'impôt différé doit refléter les conséquences fiscales qui résulteraient du mode de recouvrement de la marque, selon les anticipations du management de l'entreprise. En revanche, l'analogie avec IAS 12.51B, qui concerne les actifs non amortissables réévalués selon l'option permise par IAS 16, n'est pas possible.

En effet, IAS 12.51B précise que le taux d'impôt à retenir pour la base fiscale d'un actif non amortissable évalué selon le modèle de la réévaluation selon IAS 16 doit être obligatoirement le taux applicable en cas de cession.

Ainsi, l'entreprise doit déterminer le mode de recouvrement de la marque (utilisation et/ou cession) en fonction de la nature des revenus qu'elle génère afin d'être en mesure de déterminer ensuite le taux d'impôt correspondant à ces revenus à retenir pour le calcul des impôts différés.

a. **Utilisation** Le mode de recouvrement de la marque est son utilisation lorsque :

– la marque génère des produits dans le cadre de l'activité normale de l'entité permettant ainsi de recouvrer sa valeur économique ;

En effet, le fait qu'un actif incorporel ait une durée de vie indéterminée ne veut pas dire que les avantages économiques liés à cet actif ne seront jamais consommés et seront recouvrés uniquement au travers d'une cession ultérieure. Selon cette analyse, la seule incertitude concerne le timing de cette consommation des avantages économiques attachés à la marque.

En outre, l'obligation de procéder, au moins annuellement, à des tests de perte de valeur sur ces actifs selon la norme IAS 36 met en évidence que ces actifs peuvent être recouvrés par leur utilisation et qu'ils peuvent être utilisés pour générer des revenus dans le cadre de l'activité courante de l'entité.

– la marque est dépréciée ;

– la durée de vie de la marque n'est plus indéterminée mais devient finie.

En cas de recouvrement de la marque par utilisation, le taux d'impôt à retenir est celui qui sera applicable lors de l'utilisation de la marque.

L'impôt différé passif constaté lors de la comptabilisation de la marque non amortissable sera repris lors de la constatation d'une dépréciation ou de la cession de la marque.

b. **Cession** Le mode de recouvrement de la marque est la cession lorsque l'entité dispose d'un plan de cession de la marque et que celui-ci est suffisamment précis pour que la cession intervienne dans un délai raisonnable, c'est-à-dire que la cession est plus probable qu'improbable.

Sur l'évaluation des impôts différés en cas de projet de cession, voir n° 27562.

En cas de recouvrement de la valeur de la marque par cession, le taux d'impôt à retenir pour l'évaluation des impôts différés est le taux d'impôt à payer lors de la cession séparée de la marque.

L'impôt différé doit en effet être apprécié pour l'actif pris isolément, au niveau de l'entité qui serait amenée à payer l'impôt en cas de cession (et non au taux de la mère qui porte les titres de la filiale qui détiendrait l'actif).

2. **Informations à fournir en annexe** Etant donné que la détermination du mode de recouvrement le plus probable fait appel au jugement du management, l'approche retenue doit être décrite en annexe en cas d'impact significatif dans les états financiers (IAS 1.122).

D. Impact d'un changement de taux ou de règles d'imposition

Ajustements ultérieurs d'impôts différés constatés en capitaux propres dans le bilan d'ouverture IFRS

27582 ***Question***

Comment comptabiliser les effets des variations ultérieures de taux sur le montant des impôts différés qui ont été comptabilisés en capitaux propres lors de l'établissement du bilan d'ouverture IFRS ?

Réponse

En résultat de la période du changement de taux, sauf si ces impôts différés sont comptabilisés directement en dehors du résultat, parmi les autres éléments du résultat global (OCI) ou en capitaux propres, en « période de croisière ».

Commentaires Rappelons que, dans le cas général, les variations des actifs et passifs d'impôts différés résultant de changements de taux d'impôt (ou de probabilité de recouvrement des actifs d'impôts différés ou de modalités d'imposition) sont comptabilisées en respectant le principe de symétrie : comptabilisation en résultat ou hors résultat (parmi les autres éléments du résultat global/OCI ou en capitaux propres) lorsque ces variations concernent des éléments eux-mêmes constatés hors résultat (en OCI ou en capitaux propres) (IAS 12.58).

Les ajustements d'impôt liés à la première adoption des IFRS sont constatés en capitaux propres d'ouverture dans l'objectif de rétablir la situation qui aurait dû exister si les impôts différés avaient toujours été comptabilisés selon les normes IFRS (sauf exemptions prévues explicitement par IFRS 1).

Leur comptabilisation en capitaux propres ne résulte donc pas de l'application d'une méthode comptable visant à comptabiliser certains éléments directement en capitaux propres. Ainsi, pour la comptabilisation des variations ultérieures du montant des impôts comptabilisés en capitaux propres à la date de transition aux IFRS, il faut distinguer selon la nature des ajustements de première adoption (IAS 12.58 à .60) :

1. Ajustements **qui auraient été comptabilisés en dehors du résultat par une entité appliquant déjà les IFRS** : l'impact du changement de taux après la date de transition aux IFRS est enregistré **en dehors du résultat** :
- **soit en autres éléments du résultat global (OCI),** cas par exemple des impôts différés liés à la réévaluation à la juste valeur des immobilisations corporelles selon IAS 16 ou aux variations de juste valeur des actifs financiers classés en juste valeur en contrepartie des autres éléments du résultat global (OCI) selon IFRS 9 (IAS 12.20) ;
- **soit en capitaux propres,** cas par exemple de l'impôt relatif à la composante capitaux propres d'un instrument financier composé tel qu'une obligation convertible (IAS 12.23) ou de l'économie d'impôt liée aux transactions de paiements fondés sur des actions correspondant à l'excédent entre le montant de la déduction fiscale (ou de l'estimation de la déduction fiscale future) et la charge cumulée de la rémunération comptabilisée (IAS 12.68C), voir n° 29830.

2. Ajustements ayant une **nature de résultats accumulés en réserves** : l'impact du changement de taux après la date de transition est enregistré **en résultat.**

3. Ajustements liés à des **écarts d'évaluation sur les actifs et passifs acquis dans le cadre d'un regroupement d'entreprises** : l'impact du changement de taux est enregistré **en résultat** (l'impôt différé aurait dû être comptabilisé à l'origine en contrepartie du goodwill).

4. Ajustements **visant à « réévaluer » les immobilisations à leur juste valeur à la date de transition aux IFRS dans le cadre des options offertes par IFRS 1,** il faut alors faire une distinction suivant les méthodes d'évaluation ultérieures :

– **si** la méthode d'évaluation ultérieure est la **réévaluation** selon IAS 16, l'impact du changement de taux est alors enregistré **parmi les autres éléments du résultat global** (OCI) puisque l'évaluation à la juste valeur à la date de transition aux IFRS résulte de l'application de la méthode de la réévaluation en OCI ;

– **si** la méthode d'évaluation ultérieure est le **coût,** l'impact du changement de taux est alors enregistré en **résultat.**

Le tableau suivant résume ces différents cas :

Nature de l'ajustement en période de croisière	Hors résultat (parmi les autres éléments du résultat global/OCI ou en capitaux propres)	Résultats accumulés en réserve	Ecarts d'évaluation dans le cadre d'un regroupement d'entreprises	Réévaluation ponctuelle des immobilisations à la juste valeur à la date de transition aux IFRS
Variations ultérieures du montant des impôts après la transition aux IFRS	Hors résultat (parmi les autres éléments du résultat global/OCI ou en capitaux propres)	Résultat	Résultat	Résultat (si méthode du coût en période de croisière) Hors résultat parmi les autres éléments du résultat global/OCI (si méthode de la réévaluation en période de croisière)

En synthèse, les variations ultérieures de taux d'impôt différé doivent donc être comptabilisées en résultat de la période de changement de taux, sauf lorsque l'impôt différé constaté visait à corriger un élément qui aurait été constaté parmi les autres éléments du résultat global ou en capitaux propres en dehors du contexte de première adoption des IFRS (voir colonnes 1 et 4 du tableau ci-avant).

Ajustements des impôts différés résultant d'une variation de taux

Question 27583

Comment traiter les ajustements sur les impôts différés résultant d'une variation du taux d'impôt ?

Réponse

En cas de variation de taux, les impôts différés doivent être ajustés, selon le principe de symétrie, en contrepartie du résultat, à moins qu'ils ne se rapportent à des éléments comptabilisés en dehors du résultat (parmi les autres éléments du résultat global (OCI) ou directement en capitaux propres).

Commentaires :

1. **Principe** Les ajustements liés aux variations de taux d'impôt doivent être comptabilisés en résultat ou en dehors du résultat (parmi les autres éléments du résultat global (OCI) ou directement en capitaux propres) suivant le principe de symétrie (IAS 12.60).

Le principe de comptabilisation des ajustements liés aux variations de taux d'impôt induites par un changement de statut fiscal est identique selon l'interprétation SIC 25.
Pour plus de détails, voir n° 27585.

Cela nécessite donc de retrouver où a été initialement débité/crédité l'élément qui a généré l'impôt. Ainsi, par exemple, un ajustement d'impôt différé relatif à un écart de juste valeur des titres classés en juste valeur en contrepartie des autres éléments du résultat global sera constaté parmi les autres éléments du résultat global (OCI).

En revanche, un ajustement du taux d'impôt différé relatif à un écart d'évaluation d'une immobilisation corporelle ou incorporelle acquise dans le cadre d'un regroupement d'entreprises sera constaté en contrepartie du résultat. Il ne peut pas être constaté en goodwill, y compris pendant le délai d'affectation, car le changement de taux résulte d'un changement de législation intervenu après le regroupement d'entreprises.

Cas particulier – Impôt différé constaté directement en capitaux propres lors d'un changement de méthode Lorsque l'impôt différé a été constaté directement en capitaux propres à l'occasion d'un changement de méthode, les ajustements ultérieurs ne sont pas nécessairement constatés en capitaux propres. En effet, l'écriture initiale n'étant qu'un rattrapage du passé, il est nécessaire de déterminer où auraient été comptabilisés ces impôts différés en période de croisière.
Il en est de même pour les impôts différés constatés directement en capitaux propres lors de l'établissement du bilan d'ouverture IFRS (voir n° 27582).

2. **En pratique,** ces ajustements sont le plus souvent effectués lors de la finalisation des positions fiscales locales et il est fréquent que les taux d'impôt ne soient pas mis à jour à temps pour la clôture annuelle.

Pour éviter une telle situation, il convient d'identifier pays par pays, et le plus tôt possible (le cas échéant dès la publication du projet de loi de finances), les taux susceptibles d'être modifiés. Ainsi, les ajustements liés aux changements des taux d'impôt utilisés pour le calcul des impôts courants et différés pourraient être anticipés et gérés en amont des travaux de clôture. Ne seront toutefois pris en compte que les taux adoptés ou quasi adoptés à la fin de la période de reporting (voir n° 27575).

Date d'effet d'un changement optionnel de régime fiscal sur l'impôt différé

27585 ***Question***

Les entreprises qui ont l'intention d'opter pour un nouveau régime fiscal (par exemple, l'option pour le régime des SIIC), sans avoir encore exercé l'option à la clôture de l'exercice, doivent-elles évaluer leurs impôts différés en tenant compte des futures modalités d'imposition devant résulter de ce régime ?

Réponse

Non. A notre avis, les conséquences d'un changement optionnel de statut fiscal d'une entité ne sont prises en compte que lors de l'exercice effectif de l'option (et non lors de la décision de l'entité de l'exercer).

Commentaires La norme IAS 12 n'est pas très explicite sur le taux d'impôt applicable pour le calcul de l'impôt différé dans la perspective d'un changement optionnel de statut fiscal.

D'une part, IAS 12.47 rend obligatoire l'utilisation du taux adopté ou quasi adopté à la fin de la période de reporting, ce qui pourrait, par analogie, laisser supposer que l'option pour le nouveau régime fiscal devrait être déjà exercée (et donc le nouveau régime déjà « en vigueur » pour l'entité concernée) pour tenir compte des nouvelles modalités d'imposition dans le calcul de l'impôt différé.
Pour la détermination du taux d'impôt applicable, voir n° 27575.
D'autre part, IAS 12.51 requiert que l'évaluation des impôts différés actifs et passifs reflète les conséquences fiscales de la manière dont l'entreprise s'attend à les recouvrer ou à les régler ; par analogie avec cette disposition, les conséquences du changement de régime fiscal sur l'évaluation des impôts différés pourraient alors être anticipées avant même l'exercice effectif de l'option.

En revanche, l'interprétation SIC 25.3 et .4 relative aux changements de statut fiscal d'une entité ou de ses actionnaires précise très clairement que les conséquences sur l'impôt différé (et sur l'impôt exigible) d'un changement de statut fiscal **doivent être incluses dans le résultat de la période** à moins que ces conséquences n'aient trait à des éléments comptabilisés en dehors du résultat (parmi les autres éléments du résultat global/OCI ou en capitaux propres).

Remarque Les impôts différés antérieurement constatés en dehors du résultat (parmi les autres éléments du résultat global/OCI ou en capitaux propres) sont ceux qui ont été générés par des éléments eux-mêmes comptabilisés en dehors du résultat, parmi les autres éléments du résultat global ou en capitaux propres (IAS 12.61A à .65A).
Leur réestimation liée au changement de statut fiscal est également comptabilisée, par symétrie, parmi les autres éléments du résultat global ou en capitaux propres (IAS 12.60 et SIC 25.4).

Bien que l'interprétation SIC 25.4 ne précise pas explicitement ce qu'elle entend par « période », il convient, à notre avis, de considérer que les conséquences du changement de régime fiscal à la fois sur l'impôt exigible et sur l'impôt différé sont à prendre en compte simultanément dans le résultat de la **période du changement effectif de statut fiscal** (sauf imputation, par symétrie, en dehors du résultat en autres éléments du résultat global (OCI) ou en capitaux propres),

c'est-à-dire à la date d'option effective ou d'acceptation du changement pour le nouveau régime par l'administration fiscale et non de façon anticipée lors de la décision du changement d'option. **27585** (suite)

En conséquence, tant que le changement pour un nouveau régime fiscal n'est pas effectif, l'entité doit continuer à évaluer ses impôts différés en retenant les règles fiscales de l'ancien régime.

■ *Exemple*

Conséquences de l'option pour le régime des SIIC (Sociétés d'investissements immobiliers cotées) décidée mais non exercée à la clôture de l'exercice *Une société immobilière a pris la décision de se faire coter au cours de l'exercice N pour pouvoir exercer l'option pour le régime fiscal des SIIC en N+1.*

Pour le régime fiscal des SIIC, voir Mémento Fiscal n° 30930 s.

Ce changement de statut fiscal entraînera les conséquences d'une cessation d'entreprise et notamment l'imposition étalée sur 4 ans (« exit tax ») des plus-values latentes relatives aux immeubles et parts de sociétés de personnes au taux réduit de 19 %.

Solution de l'exemple *A la clôture de l'exercice N, l'entité n'a pas exercé l'option pour le régime des SIIC et doit donc continuer à évaluer ses impôts différés en retenant les règles fiscales du régime général : utilisation du taux de droit commun ou du taux réduit pour les différences temporelles bénéficiant du régime du long terme, en fonction de la manière dont la société s'attend à recouvrer ses impôts différés (utilisation/cession) conformément à IAS 12.51.*

Lors de l'exercice de l'option pour le régime des SIIC (N+1), les conséquences du changement sont notamment les suivantes :

1. l'exit tax de 19 % sur les plus-values latentes des immeubles, droits immobiliers et parts de sociétés de personnes constitue un impôt exigible à constater conformément à SIC 25.4 soit en charges de l'exercice, soit parmi les autres éléments du résultat global (OCI) pour la part afférente aux actifs dont la réévaluation a été comptabilisée parmi les autres éléments du résultat global (IAS 12.58, .61 et .65) ;

La comptabilisation de l'exit tax parmi les autres éléments du résultat global ne devrait a priori concerner que les immeubles occupés par l'entreprise, comme par exemple le siège social, dès lors qu'ils sont évalués selon le modèle de la réévaluation prévu par la norme IAS 16, les immeubles de placement ne pouvant pas être comptabilisés selon ce modèle (choix entre le modèle du coût de la norme IAS 16 et le modèle de la juste valeur par contrepartie du résultat, conformément à IAS 40.30).

2. les impôts différés antérieurement constatés, relatifs à des différences temporelles qui bénéficient désormais de l'exonération totale d'impôt sur les sociétés (taux d'impôt de 0 %), sont repris en résultat sauf pour ceux qui avaient été comptabilisés hors résultat parmi les autres éléments du résultat global ou en capitaux propres (ceux-ci étant alors repris en dehors du résultat parmi les autres éléments du résultat global ou en capitaux propres).

Remarque *L'exonération totale d'impôt sur les sociétés dont bénéficient les entreprises qui ont opté pour le régime des SIIC :*

– ne concerne que certains bénéfices et plus-values (voir ci-avant) : les différences temporelles ne faisant pas partie de ces bénéfices et plus-values génèrent des impôts différés à évaluer au taux de droit commun (ou au taux réduit pour les différences relevant du régime du long terme) ; et

– est conditionnée par le versement aux actionnaires d'une partie de ces bénéfices et plus-values.

En conséquence, le taux d'impôt de 0 %, utilisé pour le calcul de l'impôt différé, peut être remis en cause si l'entité n'envisage pas de respecter les conditions d'exonération.

Lors de l'exercice de l'option, l'entité doit notamment fournir en annexe une explication sur les changements de taux applicables par rapport à l'exercice précédent (IAS 12.81d).

En outre, il convient également d'apprécier et de comptabiliser les autres conséquences éventuelles du changement de régime fiscal, notamment sur la probabilité de recouvrement des impôts différés actifs au titre des pertes reportables ou des crédits d'impôt.

II. Comptabilisation des impôts différés

A. Exceptions à la comptabilisation des impôts différés

Traitement du suramortissement fiscal

27605 ***Question***

Quelles sont les conséquences comptables des mécanismes d'incitation à l'investissement permettant d'amortir fiscalement un montant supérieur au coût de revient de l'investissement ?

Réponse

Un dispositif permettant d'augmenter les amortissements déductibles de l'impôt sur les bénéfices n'est pas une subvention dans le champ d'IAS 20 et doit être traité selon les dispositions d'IAS 12. A la date de l'entrée au bilan de l'actif, la différence temporelle déductible ne donne pas lieu à comptabilisation d'un impôt différé actif en application de l'exception de première comptabilisation prévue par IAS 12. En pratique, l'économie d'impôt liée au suramortissement est comptabilisée en réduction de la charge d'impôt au fur et à mesure de l'utilisation et de l'amortissement de l'actif.

Commentaires :

1. **Exemple d'un mécanisme de suramortissement fiscal** Certains Etats souhaitent favoriser l'investissement en accordant des déductions fiscales supplémentaires aux entreprises qui acquièrent certains biens sur une période prédéfinie. Le mécanisme mis en place permet aux entreprises d'amortir fiscalement des biens éligibles pour un montant supérieur à leur coût de revient (par exemple, amortissement fiscal à hauteur de 140 % de leur valeur d'origine grâce à une déduction extra-comptable de 40 % de la valeur des biens). Généralement, pour bénéficier du dispositif, l'entreprise doit pouvoir imputer cette déduction fiscale sur son résultat bénéficiaire et ne sera pas remboursée en trésorerie si elle est en situation fiscalement déficitaire.

2. **Norme applicable** La mesure entre dans le champ d'application de la norme IAS 12 lorsque la déduction fiscale est imputable sur le résultat bénéficiaire sans possibilité de remboursement en trésorerie.

   La norme IAS 20, Comptabilisation des subventions publiques et informations à fournir sur l'aide publique, n'est pas applicable car l'avantage économique donné par l'Etat à l'entreprise, qui prend la forme d'une économie d'impôt, est conditionné par l'existence d'un bénéfice imposable. En effet, l'avantage octroyé ne peut faire l'objet d'un remboursement en trésorerie s'il ne peut être imputé sur un bénéfice imposable.

3. **Impact comptable** Le suramortissement fiscal génère, à la date d'acquisition de l'actif, une différence temporelle déductible, puisque la valeur fiscale de l'actif est supérieure à sa valeur comptable. Cependant, aucun actif d'impôt différé ne doit être comptabilisé à la date d'acquisition de l'actif, au titre de la différence temporaire déductible, compte tenu de l'exception prévue par IAS 12 portant sur la comptabilisation initiale d'un actif.

   Par exception au principe général de comptabilisation des impôts différés, une entité ne doit pas comptabiliser d'impôt différé au titre des différences temporelles résultant de la comptabilisation initiale d'un actif ou d'un passif lors d'une transaction (i) autre qu'un regroupement d'entreprises, (ii) qui n'affecte ni le bénéfice comptable ni le résultat fiscal à la date de la transaction, et (iii) qui ne donne pas lieu, à cette même date, à une différence temporelle imposable et à une différence temporelle déductible d'un montant égal (IAS 12.15b, IAS 12.22c et IAS 12.24).
   Cette dernière condition (iii) résulte de l'amendement de la norme IAS 12, publié en mai 2021, réduisant le champ d'application de l'exception de comptabilisation initiale, et d'application obligatoire pour les exercices ouverts à compter du 1er janvier 2023.

Par conséquent, le gain lié au suramortissement est comptabilisé au fur et à mesure de l'utilisation et de l'amortissement de l'actif, à travers la réduction de la charge d'impôt courant.

B. Conditions de comptabilisation des impôts différés actifs

Conditions de comptabilisation des actifs d'impôts différés

Question 27610

Quelles sont les conditions de comptabilisation d'un impôt différé actif ?

Réponse

Un impôt différé actif peut provenir d'un déficit fiscal reportable, d'un crédit d'impôt non encore utilisé ou bien d'une différence temporelle déductible. Quelle que soit son origine, un impôt différé actif n'est comptabilisé que s'il est probable que l'entreprise disposera de bénéfices imposables suffisants pour le recouvrer. Cette condition est remplie dans les cas suivants :

1. existence de différences temporelles imposables, pour la même juridiction fiscale et la même entité fiscale, ayant une échéance de renversement permettant de recouvrer l'impôt différé actif ;
2. il est probable que l'entité générera des bénéfices imposables suffisants, pour la même juridiction fiscale et la même entité fiscale, pour résorber ces différences temporelles déductibles, pertes fiscales ou crédits d'impôt avant leur renversement ou leur expiration ;
3. il existe des opportunités liées à la gestion fiscale de l'entreprise qui lui permettront de générer un bénéfice imposable suffisant pour recouvrer les actifs d'impôts différés correspondants avant leur expiration.

Par ailleurs, dans le cas particulier où l'entité a encouru des pertes fiscales récentes, la norme établit une présomption simple que les bénéfices imposables futurs ne sont pas probables et exige que l'entité dispose d'éléments probants convaincants pour renverser cette présomption et démontrer que les pertes fiscales récentes sont non récurrentes et que l'entreprise disposera de bénéfices imposables futurs suffisants pour utiliser les différences temporaires déductibles, pertes fiscales ou crédits d'impôt reportables.

Commentaires :

1. **Principe général de reconnaissance des impôts différés actifs (IDA)** Une différence temporaire déductible générera, lors de son renversement ultérieur, une déduction dans le calcul du bénéfice imposable. L'avantage économique associé à cette réduction d'impôt n'existera que si l'entité sera capable de générer suffisamment de bénéfices imposables sur lesquels imputer la déduction. De même, les déficits fiscaux reportables et crédits d'impôt non encore utilisés à la date de clôture ne se traduiront par des avantages économiques que si l'entité peut imputer ces déficits et crédits sur des bénéfices imposables. Il en découle un principe général selon lequel les IDA attachés aux différences temporelles déductibles, déficits et crédits d'impôt reportables ne doivent être comptabilisés que dans la mesure où il est probable que l'entité aura des bénéfices imposables futurs suffisants sur lesquels imputer ces différences temporelles déductibles, déficits reportables et crédits d'impôt (IAS 12.24, .27 et .34).

2. **Application du principe général** L'application de ce principe général se décline en trois étapes :

a. **Première étape : prise en compte des différences temporelles imposables** Il convient d'abord d'apprécier le stock des différences temporelles imposables existant à la date de clôture (et servant de base au calcul des impôts différés passifs). Le renversement futur de ces différences temporelles imposables donnera lieu, toutes choses étant égales par ailleurs, à une augmentation du bénéfice imposable. Les IDA attachés aux différences temporelles déductibles, déficits fiscaux et crédits d'impôt existants à la clôture sont donc reconnus à hauteur du montant des différences temporelles imposables, relevant de la même administration fiscale et de la même entité imposable, dont le renversement générera des montants taxables sur lesquels pourront s'imputer : (i) les déductions causées par le renversement des différences temporelles déductibles existantes, ou, à défaut, les déficits à naître du renversement de ces différences temporelles déductibles, ainsi que (ii) les déficits reportables et crédits d'impôt existants à la clôture.

27610 (suite) Par exemple, si les IDA concernent des déficits reportables ayant une date limite d'utilisation, ces IDA seront reconnus à concurrence des différences temporelles imposables qui se renverseront avant l'expiration des déficits reportables.

b. Deuxième étape : prise en compte des bénéfices imposables probables Pour le solde des différences temporelles déductibles, déficits reportables et crédits d'impôt disponibles, la comptabilisation d'un IDA ne doit être faite que dans la mesure où il est probable que l'entreprise dégagera, pour la même administration fiscale et la même entité imposable, un bénéfice imposable suffisant pour utiliser ces différences temporaires déductibles, déficits reportables et crédits d'impôt.

Pour les **IDA attachés à des différences temporelles déductibles,** il faut déterminer les bénéfices imposables probables des exercices au cours desquels les différences temporelles déductibles se renverseront ou au cours desquels la perte fiscale résultant de l'utilisation de ces différences temporelles déductibles pourra être reportée en arrière ou en avant (IAS 12.29).

Les bénéfices imposables futurs à prendre en compte pour apprécier la probabilité de recouvrement des IDA doivent être ajustés de la façon suivante :
- exclure les déductions fiscales résultant du renversement des différences temporelles déductibles existantes à la date de clôture (IAS 12.29(a)(i)), puisque l'objectif est d'apprécier s'il existe un bénéfice taxable suffisant pour permettre d'utiliser ces déductions fiscales ;
- exclure les montants imposables résultant des différences temporelles déductibles qui naîtront au cours des périodes futures (IAS 12.29(a)(ii)), car ces différences nécessiteront elles-mêmes des bénéfices imposables futurs pour être utilisées. Par exemple, les bénéfices imposables futurs ne doivent pas inclure les réintégrations fiscales des dotations futures aux provisions pour retraites ;
- exclure l'effet des renversements des différences temporelles imposables existantes à la clôture, puisque celles-ci sont déjà prises en compte (voir point 2a. ci-avant).

Pour les **IDA attachés à des déficits reportables ou à des crédits d'impôt non utilisés,** il faut déterminer les bénéfices imposables probables susceptibles d'être générés avant l'expiration de ces déficits et crédits d'impôt (IAS 12.36b).

Les bénéfices imposables futurs à prendre en compte doivent exclure l'effet des renversements des différences temporelles imposables existantes à la clôture, puisque celles-ci sont déjà prises en compte dans l'étape précédente (voir point 2a. ci-avant).
Sur les modalités pratiques de détermination des bénéfices imposables probables, voir n° 27652.

c. Troisième étape : la gestion fiscale de l'entreprise lui donne l'opportunité de générer un bénéfice imposable au cours des exercices appropriés. Cette condition peut notamment être remplie si l'entité démontre que sa gestion fiscale lui donne l'opportunité de générer un bénéfice imposable suffisant au cours des exercices appropriés (IAS 12.29b.30 et .36d).

IAS 12.30 fournit des exemples de possibilités, existant dans certaines juridictions, de générer ou d'accroître les bénéfices imposables des exercices futurs, notamment :
- en choisissant de rendre imposables les produits d'intérêts selon qu'ils sont encaissés ou qu'ils sont dus ;
- en différant la demande de certaines déductions à opérer sur le bénéfice imposable ;
- en vendant puis éventuellement en reprenant dans le cadre d'un contrat de location des actifs qui se sont appréciés mais dont la base fiscale n'a pas été ajustée pour refléter cette appréciation ;
- en vendant un actif générant un produit non imposable (par exemple, dans certaines juridictions, une obligation d'Etat) pour acheter un autre actif générant un résultat fiscal.

Remarque Lorsque des opportunités liées à la gestion fiscale transfèrent des bénéfices imposables d'un exercice plus lointain à un exercice plus proche, l'utilisation du report en avant d'une perte fiscale ou d'un crédit d'impôt suppose toujours l'existence d'un bénéfice imposable futur provenant de sources autres que des différences temporelles qui seront générées dans le futur (IAS 12.30).

Toutefois, pour que les opportunités de gestion fiscale puissent être prises en compte dans la détermination des bénéfices futurs imposables, il convient notamment que leur réalisation soit plus probable qu'improbable. Il faut donc que le management soit en mesure de prendre les décisions nécessaires à leur mise en œuvre et ait l'intention de le faire.
De plus, la mise en œuvre de ces mesures pouvant générer des coûts, le montant du bénéfice fiscal supplémentaire est réduit des coûts de transaction.

Les deux dernières étapes énoncées dans la démarche ci-avant requièrent l'exercice du jugement au regard de la probabilité de bénéfices imposables futurs ou de l'existence d'opportunités de gestion fiscale, alors que la première étape imposera de manière plus systématique de comptabiliser des impôts différés actifs.

Les IDA excédentaires ne remplissant pas l'une ou l'autre des conditions précisées ci-avant ne doivent pas être comptabilisés puisque leur recouvrement n'est pas probable.

3. **Réappréciation de la recouvrabilité des IDA à chaque clôture** L'appréciation de la probabilité de recouvrement doit être opérée à chaque clôture intermédiaire ou annuelle. Lorsque le recouvrement d'un IDA antérieurement non comptabilisé devient probable, cet IDA doit être comptabilisé (IAS 12.37). De même, l'entité peut être conduite à extourner tout ou partie du montant des IDA précédemment reconnus si les perspectives de bénéfices imposables futurs se sont dégradées suite à la survenance d'une crise économique. **27610** (suite)

4. **IDA relatifs à des déficits fiscaux reportables ou à des crédits d'impôt** Les critères de comptabilisation d'IDA liés à des déficits fiscaux reportables ou crédits d'impôt inutilisés sont les mêmes que ceux applicables aux IDA nés de différences temporelles déductibles (IAS 12.34 à .36). Cependant, pour justifier la comptabilisation d'IDA relatifs à des déficits fiscaux reportables ou à des crédits d'impôt inutilisés, la norme IAS 12 ajoute un critère supplémentaire en exigeant d'apprécier si les pertes fiscales inutilisées résultent de causes identifiables et non récurrentes (IAS 12.36c).

5. **IDA en cas d'existence de pertes fiscales récentes** L'existence de pertes fiscales récentes constitue une indication forte que des bénéfices imposables futurs risquent de ne pas être disponibles et nécessite alors l'existence de preuves convaincantes (« convincing evidence ») que les pertes fiscales sont non récurrentes et que l'entité génèrera des bénéfices imposables suffisants. Cette exigence s'applique quelle que soit l'origine des IDA, qu'il s'agisse de différences temporaires déductibles (IAS 12.31) ou de déficits fiscaux et crédits d'impôt reportables (IAS 12.35).

Pour la nature des éléments probants convaincants, voir n° 27710.

6. **L'analyse de recouvrabilité des IDA n'a pas d'incidence sur la présentation au compte de résultat** Le principe de symétrie prévu par IAS 12 prévoit que l'impôt soit constaté de la même manière que l'élément sous-jacent qui l'a généré initialement (voir n° 27850). Ainsi, un IDA généré par des déficits reportables est à constater en contrepartie du résultat, même si la recouvrabilité de cet IDA est assurée par des différences temporelles imposables qui ont elles-mêmes été constatées en OCI (voir Exemple 2 ci-après).

■ *Exemple 1*

Activation des IDA à concurrence des différences temporelles imposables *Un groupe détient une marque qui avait été évaluée dans les comptes du groupe à sa juste valeur lors d'un regroupement d'entreprises. La base fiscale de la marque est égale à son coût historique chez l'entité acquise, qui est nul. Il en résulte une différence temporelle imposable, qui avait entraîné la comptabilisation d'un impôt différé passif à la date du regroupement d'entreprises. La marque a une durée de vie indéfinie et n'est donc pas amortie. Le groupe n'a par ailleurs pas l'intention de céder la marque dans un avenir proche.*

Le groupe dispose de déficits antérieurs reportables, donnant lieu à un impôt différé actif dont il convient de s'assurer de sa recouvrabilité avant de pouvoir le comptabiliser.

Solution de l'exemple 1 :

– Si les déficits sont reportables indéfiniment, l'IDA correspondant doit être comptabilisé à concurrence des différences temporelles imposables liées à la marque, puisque celles-ci ont la même échéance que les déficits, en l'occurrence indéfinie. Ces différences temporelles se renverseront en cas de cession ou de perte de valeur de la marque. Cependant, il convient, pour l'évaluation de cet IDA, de tenir compte, si applicables, des règles légales de plafonnement de l'imputation annuelle des déficits (voir n° 27615).

– Si les pertes ne sont reportables que sur une durée limitée, par exemple 10 ans, la société ne peut alors pas démontrer qu'il est probable que les différences temporelles imposables se reverseront avant l'expiration des déficits, puisque la marque n'est pas amortie et qu'une cession ou une perte de valeur de la marque ne sont pas prévisibles. Par conséquent, aucun IDA ne doit être comptabilisé au titre des déficits reportables.

■ *Exemple 2*

Le 1/01/N, la société A a acquis des titres classés en juste valeur en contrepartie des autres éléments du résultat global (OCI). Le 31/12/N, une plus-value latente sur ces titres est constatée en OCI. La constatation de cette plus-value génère un impôt différé passif (IDP), au titre de la différence temporelle imposable qui en résulte. Cet IDP est constaté en OCI comme l'élément sous-jacent.

La société A est déficitaire et bénéficie de reports déficitaires qui n'ont jamais donné lieu à constatation d'un impôt différé actif. Selon la législation fiscale de A, il n'y a pas de limite à l'imputation des déficits reportables.

Alors, où doit-on présenter l'impôt différé actif : en OCI (pour neutraliser la charge d'impôt relative à l'IDP) ou en résultat ?

Solution de l'exemple 2 *Un IDA est constaté au 31/12/N à hauteur des IDP, dans la limite du plafond légal d'imputation des déficits. L'IDA étant généré par des déficits reportables, il est comptabilisé en résultat. Et ce, même si cela aboutit à un déséquilibre entre la présentation de la charge d'impôt (constatée en OCI) et le produit d'impôt (constaté en produit) liés à la transaction.*

Comptabilisation des actifs d'impôts différés dans un contexte de pertes récurrentes

27612 *Question*

Une entité doit-elle constater un impôt différé actif sur ses déficits fiscaux reportables si elle s'attend à continuer de générer des pertes fiscales dans un avenir prévisible ?

Réponse

S'il existe des différences temporelles imposables, l'impôt différé actif doit être constaté à hauteur des différences temporelles imposables, et en tenant compte, le cas échéant, des règles de plafonnement du déficit imputable annuellement qui sont imposées par la législation fiscale de l'entité.

Commentaires **Modalités de constatation des impôts différés actifs (IDA)** Le principe général de la norme IAS 12 est de constater les IDA, y compris lorsqu'ils proviennent de déficits fiscaux reportables, au moins à concurrence des différences temporelles imposables, dès lors que le renversement futur de ces différences temporelles imposables générera des montants imposables sur lesquels pourront s'imputer les déficits reportables (IAS 12.36a).

L'IFRS IC a confirmé qu'il convient d'appliquer, dans ce cas, le principe général sans tenir compte des pertes fiscales futures (IFRIC Update 01/14 et 05/14).

Pour les conditions générales à respecter, voir n° 27610.

L'IFRS IC a en outre précisé que si la législation fiscale prévoit un plafonnement du déficit imputable annuellement sur les bénéfices imposables, il convient d'en tenir compte (voir n° 27615).

■ *Exemple*

Au 31/12/N, l'entité A, qui est déficitaire depuis plusieurs années, dispose de :
- déficit reportable : 10 M€ ;
- base d'impôt différé passif au titre d'amortissements dérogatoires dont la reprise s'étalera sur 5 ans : 7 M€.
L'entité A prévoit de continuer à générer des pertes fiscales dans un avenir prévisible.
Le taux d'impôt de A est de 40 %.
La législation limite l'imputation des déficits fiscaux à 50 % du bénéfice de l'exercice.

Solution de l'exemple *L'entreprise A doit constater au 31/12/N un IDA sur les pertes reportables limité au montant des IDP et en leur appliquant le taux légal de plafonnement (soit 50 %), soit un montant d'IDA égal à 7 M€ × 50 % × 40 % = 1,4 M€.*

Impôt différé actif et plafonnement légal du déficit imputable annuellement

27615 *Question*

Quelles sont les implications comptables des mécanismes légaux de plafonnement des déficits imputables sur les bénéfices imposables de chaque année, lors de la détermination des impôts différés actifs ?

Réponse

Un dispositif légal imposant le plafonnement des possibilités d'imputation des déficits reportables sur les bénéfices annuels doit être pris en compte dans la détermination des impôts différés actifs à comptabiliser, qu'ils soient imputables sur les différences temporaires imposables ou sur les prévisions de bénéfices imposables futurs probables.

Commentaires :

1. **Mécanisme français de plafonnement du déficit imputable** En France, la législation a instauré (depuis 2012) un plafonnement du montant du déficit imputable annuellement sur le bénéfice fiscal de l'exercice (CGI. art. 209-I ; voir Mémento Comptable nº 52590).

Le déficit imputable annuellement est plafonné à un montant de 1 M€ augmenté de 50 % du bénéfice fiscal de l'exercice excédant 1 M€. La fraction de déficit non imputable sur le bénéfice imposable en raison du plafonnement demeure reportable sur les exercices suivants (en appliquant la règle du plafonnement) et ce, sans limitation de délai.

2. **Rappel du principe général de comptabilisation des impôts différés actifs (IDA)** Les IDA doivent être reconnus d'abord à hauteur des différences temporelles imposables existant à la clôture, puis à hauteur des bénéfices imposables futurs dès lors qu'ils sont jugés probables (voir nº 27610).

3. **Impact du plafonnement légal sur les IDA dont la recouvrabilité est adossée aux différences temporelles imposables** Le renversement des différences temporelles imposables générera un profit imposable, mais l'imputation du déficit reportable sera plafonnée à une fraction de ce profit. Le reste du déficit ne pourra être imputé que sur des profits futurs s'ils sont probables. Ainsi, le plafonnement légal de l'imputation des déficits fiscaux va réduire mécaniquement le montant des IDA activables par adossement aux différences temporaires imposables.

L'IFRS IC a confirmé que, si la législation fiscale prévoit un plafonnement du déficit imputable annuellement sur les bénéfices imposables, il convient d'en tenir compte pour déterminer le montant de l'IDA constaté au titre des pertes reportables qui peuvent être imputées sur des différences temporelles.

En pratique, pour une entité française soumise au taux légal de plafonnement de 50 %, en faisant, par simplification, abstraction du seuil quantitatif de 1 M€, et en retenant l'hypothèse qu'il n'est pas probable que l'entité dispose de bénéfices imposables futurs, la reconnaissance des IDA sur les déficits reportables sera plafonnée à 50 % des IDP disponibles.

4. **Impact du plafonnement légal sur les IDA dont la recouvrabilité est adossée aux prévisions de bénéfices imposables probables** Le plafonnement légal doit être pris en compte dans la détermination des IDA activables, mais n'entraîne pas automatiquement une réduction des IDA activables. En effet, toutes choses étant égales par ailleurs, le plafonnement légal va allonger mécaniquement la durée nécessaire pour utiliser le « stock » de déficits reportables. Comme les prévisions de bénéfices imposables sont d'autant moins probables qu'elles sont éloignées, le montant des IDA activables pourrait ainsi être réduit. Par exemple, si le caractère probable des bénéfices imposables est défini sur la base d'un horizon de temps limité, le plafonnement légal réduira mécaniquement le montant des déficits utilisables sur la période en question.

Sur la détermination de l'horizon temporel des prévisions de bénéfice, voir nº 27652.

Comptabilisation des actifs d'impôts différés – Probabilité de réalisation de bénéfices imposables futurs

Question 27652

Comment apprécier, en pratique, la probabilité de réalisation de bénéfices imposables futurs pour les besoins de la comptabilisation des impôts différés actifs ?

Réponse

Les prévisions de bénéfices imposables de l'entité devraient être cohérentes avec les autres prévisions effectuées, notamment celles relatives aux tests de perte de valeur des actifs non financiers, et incorporer les ajustements nécessaires pour que le risque de non-réalisation de ces prévisions, qui croît avec l'éloignement dans le temps, soit suffisamment pris en compte dans le montant des bénéfices retenus.

Commentaires :

1. **Rappel du principe général** L'impôt différé actif (IDA) doit d'abord être reconnu à hauteur des différences temporelles imposables existantes à la clôture. Au-delà de ce montant, l'IDA ne peut être reconnu que dans la mesure où il est probable que l'entité disposera de bénéfices imposables futurs.

Pour plus de détails sur le principe général, voir nº 27610.

27652 (suite) 2. **Notion de « probable »** Le terme « probable » n'est pas défini par IAS 12 mais est défini dans d'autres normes (IFRS 5 et IAS 37) comme signifiant « plus probable qu'improbable ». Dans son communiqué de juillet 2019 sur la recouvrabilité des IDA, l'ESMA a confirmé qu'il convenait de raisonner ainsi (ESMA 32-63-743).

L'appréciation du critère de probabilité n'est pas un exercice à issue binaire, n'ayant pour alternative que la comptabilisation intégrale des IDA ou au contraire d'aucun IDA, pour une entité fiscale donnée. L'appréciation aboutit à ne reconnaître qu'une partie des différences temporaires déductibles, déficits reportables et crédits d'impôt inutilisés, en fonction de l'évaluation du montant des bénéfices imposables futurs jugés suffisamment probables.

3. **Cohérence des prévisions** Il est nécessaire que les prévisions de bénéfices imposables retenues pour la reconnaissance des IDA soient cohérentes avec les autres prévisions effectuées pour les besoins de l'arrêté comptable, en particulier celles utilisées pour les tests de perte de valeur d'actifs non financiers (IAS 36, voir nº 35955 s.). Ainsi, les prévisions de bénéfices imposables devraient être rapprochées des budgets et plans d'affaires approuvés par la direction et utilisés pour les tests de perte de valeur. Pour autant, il existe de nombreuses différences entre les deux types de prévisions qui devront être prises en compte :
– différences de périmètre : la notion d'entité fiscale (IAS 12) est différente de la notion d'unité génératrice de trésorerie (IAS 36) ;
– différences de nature de flux : un bénéfice imposable (IAS 12) n'est pas un flux de trésorerie (IAS 36) et s'entend après déduction des charges d'amortissement et frais financiers et après prise en compte des charges non déductibles, produits non imposables et autres déductions et réintégrations fiscales extra-comptables ;
– différences d'hypothèses : une valeur d'utilité (IAS 36) doit exclure les effets des restructurations futures et investissements futurs d'amélioration de la performance tandis qu'une prévision de bénéfice imposable (IAS 12) peut prendre en compte ces éléments sous réserve que leur probabilité soit suffisamment avérée.

4. **Prise en compte des incertitudes inhérentes aux prévisions** Plus les prévisions de bénéfices imposables portent sur des périodes éloignées dans le temps, plus le risque est grand que surviennent des événements et circonstances imprévus ou en dehors du contrôle de l'entité, moins les prévisions sont fiables et moins les bénéfices sont probables. Dans le communiqué précité, l'ESMA s'attend à ce que ces risques et incertitudes, grandissants avec l'échéance, soient pris en compte dans les prévisions de bénéfices imposables retenues pour évaluer la recouvrabilité des IDA.

Pour rappel, dans les tests de perte de valeur d'IAS 36, le risque est incorporé dans le taux d'actualisation ou bien en pondérant les scénarios multiples de cash-flows en fonction de leurs probabilités respectives. L'actualisation des flux est interdite sous IAS 12. En revanche, d'autres méthodes sont envisageables sous IAS 12 pour intégrer le risque inhérent aux prévisions de bénéfices imposables.

Dans les cas où il existe des scénarios multiples de résultats affectés de coefficients de probabilité, ceux-ci peuvent être pris en compte pour définir le niveau maximum de bénéfices pour lequel le seuil minimum de probabilité de niveau « plus probable qu'improbable » est atteint.

Il est également envisageable, dans certains cas, d'appliquer aux bénéfices futurs un coefficient d'abattement croissant avec le temps, de façon à refléter les incertitudes croissantes avec le temps. Certaines entités peuvent avoir pour pratique de limiter l'horizon temporel des bénéfices imposables futurs (voir point suivant).

Il est également nécessaire de s'assurer que les prévisions de bénéfices imposables retenues pour la comptabilisation des IDA soient étayées par des éléments suffisamment probants. Pour des exemples d'éléments probants, voir nº 27710.

Les jugements et estimations effectués dans la détermination des bénéfices imposables probables et leur incidence sur la comptabilisation des IDA devraient être communiqués en annexe (voir nº 27740).

5. **Horizon des prévisions de bénéfices imposables** La norme IAS 12 ne définit pas de limite a priori à l'horizon temporel des prévisions de bénéfices à retenir pour évaluer les IDA. Dans le communiqué précité, l'ESMA indique qu'il convient de faire preuve de prudence pour les périodes excédant l'horizon normal de planification d'une entité (par exemple, la période allant au-delà de l'horizon du plan d'affaires). La limitation de l'horizon temporel peut être une façon de tenir compte des risques et incertitudes inhérents aux prévisions. Pour autant, à notre avis, une entité ne devrait pas fixer de date arbitraire de « cut-off ». En cas de fixation d'une limite de temps aux bénéfices imposables, dans le cadre d'IAS 12, il convient de s'interroger sur la cohérence de cette hypothèse avec celles qui sont retenues par ailleurs pour les tests de perte de valeur d'actifs non financiers en ce qui concerne l'extrapolation des flux de trésorerie au-delà

de l'horizon des plans d'affaires. La définition de l'horizon temporel des bénéfices constitue un jugement critique de la direction qui devrait donner lieu à une information en annexe (voir n° 27740).

6. **Dates d'expiration des déficits fiscaux et crédits d'impôt** Il importe de tenir compte des dates d'expiration des déficits fiscaux et crédits d'impôt reportables et de ne retenir que les bénéfices imposables qui sont probables avant la date d'expiration.

7. **Plafonnement légal des imputations de déficits reportables** Il importe de tenir compte des dispositions légales plafonnant l'imputation des déficits fiscaux au cours d'une période donnée (voir n° 27615).

8. **Prise en compte des opportunités de gestion fiscale** Une opportunité de gestion fiscale est une action ou décision future d'optimisation fiscale qui, en permettant de créer ou d'augmenter les bénéfices imposables futurs dans une entité fiscale donnée, et pour une période donnée, permet ainsi de consommer un déficit fiscal avant qu'il n'expire. Ces opportunités, si elles sont réalistes et faisables, doivent être prises en compte dans l'appréciation de la recouvrabilité des IDA.

9. **Cas particulier des pertes récentes** Dans le cas où l'entité a généré des pertes fiscales récentes (par exemple, sur l'exercice actuel ou l'exercice précédent), la norme IAS 12 établit une présomption que les bénéfices imposables futurs risquent de ne pas être disponibles et exige que l'entité dispose d'éléments probants convaincants que les bénéfices imposables futurs seront suffisants pour justifier la comptabilisation des impôts différés actifs (IAS 12.31 et .35).

Sur la notion d'élément probant convaincant, voir n° 27710.

Eléments probants convaincants justifiant la comptabilisation d'impôts différés actifs dans un contexte de pertes récentes

27710

Question

Les conditions de comptabilisation d'un actif d'impôt différé sont-elles plus strictes lorsque l'entité a un historique de pertes fiscales récentes ?

Réponse

Oui. Dans ce cas, il existe, selon IAS 12, une présomption que les bénéfices imposables futurs risquent de ne pas être disponibles. Cette présomption ne peut être réfutée que si l'entité démontre l'existence d'éléments probants convaincants justifiant les prévisions de bénéfices imposables.

Commentaires :

1. **Principe général** Un impôt différé actif (IDA) doit d'abord être reconnu à hauteur des différences temporelles imposables existantes à la clôture. Au-delà de ce montant, l'impôt différé actif ne peut être reconnu que dans la mesure où il est probable que l'entité disposera de bénéfices imposables futurs. Dans le cas où l'entité a généré des pertes fiscales dans des périodes récentes (par exemple, sur l'exercice actuel ou l'exercice précédent), la norme IAS 12 établit une présomption que les bénéfices imposables futurs risquent de ne pas être disponibles et exige que l'entité dispose de **preuves convaincantes** que les bénéfices imposables futurs seront suffisants pour justifier la comptabilisation des impôts différés actifs. Cette règle s'applique quelle que soit l'origine des IDA, qu'il s'agisse de différences temporaires déductibles (IAS 12.31), de déficits fiscaux reportables ou crédits d'impôt non utilisés (IAS 12.35).

2. **Modalités pratiques** L'entité doit considérer l'exhaustivité des éléments probants disponibles, qui contribuent positivement ou négativement à la démonstration de bénéfices futurs probables et suffisants. L'entité doit ensuite pondérer ces différents éléments probants en accordant plus de poids à ceux qui sont objectivement vérifiables et moins de poids à ceux qui font le plus appel au jugement. Ainsi, plus il existe d'éléments probants défavorables (par exemple, non-renouvellement d'un contrat client profitable), plus il est nécessaire de disposer d'éléments probants favorables pour les compenser.

En particulier, le fait d'avoir encouru des pertes fiscales récemment ne peut être compensé que par des éléments favorables étayés par des preuves convaincantes, c'est-à-dire factuellement vérifiables. Des événements futurs incertains et dépendant de facteurs en dehors du contrôle de l'entité ne constituent pas des preuves convaincantes.

27710 (suite) 3. **Exemples d'éléments probants favorables ou défavorables** Pour apprécier si les prévisions de bénéfices imposables sont étayées par des éléments suffisamment probants, les indicateurs suivants pourraient être pris en compte :

a. **Robustesse des prévisions** Un budget ou un plan d'affaires ne constituent pas en soi un élément probant.

Un historique d'écarts négatifs et significatifs entre performances réelle et budgétée constitue un élément probant défavorable.

Des hypothèses divergentes avec la performance historique de l'entité, ou avec les données externes disponibles (consensus d'analystes boursiers, prévisions d'experts sectoriels indépendants, etc.), constitueraient également un élément objectivement défavorable, nécessitant d'être compensé par des éléments probants convaincants.

b. **Horizon des prévisions** Plus les prévisions portent sur des périodes éloignées, moins elles sont fiables et moins elles devraient avoir de poids relatif.

Si les prévisions de l'entité indiquent des pertes fiscales dans un avenir proche et un retour à la profitabilité dans un avenir plus lointain, cela constitue en soi un élément probant défavorable.

c. **Origine des pertes fiscales** Un historique de pertes fiscales d'origine récente, et portant sur l'activité principale de l'entité, constitue un élément probant hautement défavorable.

Si l'entité peut objectivement démontrer qu'une perte fiscale encourue a une cause bien identifiée et qui est de nature non récurrente, et si, après exclusion de la source de perte, l'entité affiche une profitabilité historique forte et stable, cela pourrait constituer un élément probant favorable.

En revanche, la seule démonstration de la capacité à enrayer les pertes n'est pas en soi suffisante. Il est nécessaire de démontrer la capacité à générer un niveau de bénéfices suffisant pour consommer les déficits fiscaux existants.

d. **Plan de restructuration** Il arrive qu'une prévision de retour aux bénéfices repose sur les économies attendues d'un plan de restructuration. Un plan de restructuration pourrait être considéré comme un élément probant convaincant s'il a déjà été mis en œuvre et a commencé à produire des effets observables ou s'il a clairement éliminé la source des pertes (par exemple, fermeture d'un site non rentable).

Pour un plan non encore mis en œuvre, il est nécessaire qu'il ait fait l'objet d'un chiffrage détaillé et qu'il existe des éléments tangibles corroborant le fait que les économies de coûts attendues sont réalistes et n'affecteront pas la pérennité des revenus.

Un projet de restructuration envisagé mais ne répondant pas aux critères de provisionnement d'IAS 37 ne constitue pas en soi un élément probant.

Un historique de restructurations ayant échoué à permettre le retour à la profitabilité constitue un élément probant défavorable.

e. **Plan de cession** Un plan de cession d'une activité déficitaire répondant aux critères d'IFRS 5 (permettant le classement en actif disponible à la vente) pourrait constituer un élément probant favorable.

A contrario, un plan de cession pour lequel aucun acheteur n'est identifié, ou portant sur des actifs qui ne sont pas cessibles dans leur condition actuelle, ne constituerait pas un élément probant.

f. **Projet d'acquisition d'entreprise** Un projet d'acquisition d'une entreprise profitable constituerait un élément probant susceptible d'être pris en compte uniquement si : (i) l'acquisition a déjà été réalisée, ou à défaut, s'il existe déjà un accord engageant le vendeur, et si (ii) l'imputation des déficits existants de l'entité sur les bénéfices futurs de la cible est faisable.

En l'absence d'un accord ferme du vendeur, un projet d'acquisition ne constituerait pas un élément probant.

g. **Date d'expiration des déficits et crédits d'impôt reportables** L'existence de déficits reportables proche de leur date d'expiration constituerait un élément probant défavorable.

En revanche, le fait que les déficits fiscaux soient reportables indéfiniment ne constituerait pas en soi un élément probant justifiant la comptabilisation des IDA.

h. **Source des revenus futurs** La signature d'un nouveau contrat client significatif ou l'existence d'un carnet de commandes fermes constitueraient des éléments probants justifiant une prévision de revenus.

En revanche, des opportunités commerciales futures dépendant de conditions de marché futures ou d'autres conditions en dehors du contrôle de l'entité ne constitueraient pas des éléments probants.

La perte d'un client ou d'un contrat significatif constituerait un élément probant défavorable.

i. **Nature de l'activité** Le degré de fiabilité des prévisions dépend de la nature de l'activité. Pour des activités en phase de développement ou fortement innovantes, les prévisions ne peuvent pas être considérées comme suffisamment fiables, à moins d'être corroborées par des contrats signés. Dans les secteurs d'activité caractérisés par une forte volatilité ou cyclicité des profits, ce facteur devrait être pris en compte dans l'élaboration de la prévision de bénéfices imposables.

j. **Opportunités de gestion fiscale** Les opportunités de gestion fiscale ne devraient être prises en compte que si elles sont faisables et réalistes en termes de délais, coûts et risques, et si elles sont cohérentes avec la stratégie de l'entité. En sens inverse, des options fiscales qui ne sont pas immédiatement exerçables, ou qui sont entachées d'incertitudes sur leur mise en œuvre ou leurs effets (par exemple, parce qu'elles créent des positions fiscales incertaines au sens d'IFRIC 23), ne constitueraient pas des éléments probants.

k. **Continuité de l'exploitation** L'existence de doutes significatifs sur la continuité de l'exploitation constitue un élément probant défavorable.

A contrario, la démonstration de l'absence de doutes significatifs sur la continuité de l'exploitation ne constitue pas en soi un élément probant favorable.

Dans un communiqué du 15 juillet 2019, l'ESMA a détaillé sa position sur les jugements relatifs à l'activation des IDA et en particulier en ce qui concerne la nature et l'étendue des éléments probants à considérer pour apprécier le caractère probable des bénéfices taxables futurs (ESMA 32-63-743). Les modalités et exemples développés ci-avant sont notamment inspirés des préconisations de l'ESMA dans ce communiqué.

Décisions publiées par l'ESMA Le régulateur européen a publié plusieurs décisions dans lesquelles un régulateur national a contesté la reconnaissance d'IDA par un émetteur, alors que celui-ci avait généré des pertes fiscales sur les derniers exercices, en considérant que, compte tenu des incertitudes pesant sur l'environnement économique ou sur la faisabilité des restructurations opérationnelle et financière prévues, il n'existait pas de preuves convaincantes (au sens d'IAS 12.35) que l'émetteur disposerait dans le futur de bénéfices imposables suffisants sur lesquels imputer les déficits fiscaux reportables (EECS/0216-14, 01/17 et EECS/0117-11, 04/18).

Informations en annexe relatives à la comptabilisation des impôts différés actifs

27740

Question

Quelles informations faut-il fournir en annexe au titre de l'appréciation de la recouvrabilité des impôts différés actifs ?

Réponse

L'évaluation de la recouvrabilité des impôts différés actifs constitue un jugement et/ou des estimations nécessitant à ce titre un certain nombre d'informations en annexe.

Par ailleurs, lorsque des impôts différés actifs sont reconnus dans un contexte de pertes fiscales récentes, la norme IAS 12 exige d'expliquer la nature des éléments probants convaincants justifiant la probabilité des bénéfices imposables futurs.

Commentaires :

1. **Informations requises par IAS 1 au titre des jugements et estimations significatifs** :

– l'entité doit fournir une information en annexe sur les hypothèses et les sensibilités relatives aux estimations critiques, c'est-à-dire lorsque la valeur comptable d'un actif ou d'un passif est susceptible de faire l'objet d'un ajustement significatif au cours de l'exercice suivant (IAS 1.125 à .129) ;

– l'entité doit également communiquer les jugements significatifs effectués dans l'application des principes comptables (IAS 1.122). Les modalités de prise en compte des incertitudes relatives aux prévisions de bénéfices imposables, et par exemple l'horizon temporel retenu, constituent des jugements significatifs à fournir en annexe.

2. **Informations requises par IAS 12** :

– **pour les IDA non comptabilisés,** l'entité doit indiquer en annexe le montant et la date d'expiration des différences temporelles déductibles, déficits fiscaux et crédits d'impôt reportables n'ayant pas donné lieu à comptabilisation d'un impôt différé actif (IAS 12.81e) ;

– **pour les IDA comptabilisés,** lorsqu'une entité a subi des pertes fiscales au cours de l'exercice ou de l'exercice précédent, elle doit mentionner en annexe le montant de tout actif d'impôt

27740 (suite) différé comptabilisé et la nature des éléments probants convaincants justifiant sa comptabilisation, dès lors que l'utilisation de cet actif d'impôt différé dépend de bénéfices imposables futurs excédant le renversement des différences temporelles imposables (IAS 12.35 et .82).

En effet, l'existence de pertes fiscales récentes constitue une indication forte que des bénéfices imposables futurs risquent de ne pas être disponibles. Dans ce cas, les prévisions de bénéfices imposables futurs ne pourront être utilisées que s'il existe des éléments probants justifiant leur réalisation (IAS 12.35).

3. **Recommandations de l'AMF** Dans ses recommandations en vue de l'arrêté des comptes 2009, l'AMF a rappelé le principe établi par IAS 12.36b, selon lequel doivent être déterminés les bénéfices imposables probables susceptibles d'être générés avant l'expiration de ces déficits et crédits d'impôt. L'AMF indique que cela fait appel au jugement (notamment du fait que les prévisions utilisées nécessitent de recourir à de nombreuses hypothèses) ; l'AMF rappelle en outre qu'en période de fortes incertitudes sur l'évolution de l'environnement économique, le risque de non-réalisation des hypothèses est plus élevé, et que le caractère probable de prévisions est donc plus difficile à établir. C'est pourquoi l'AMF recommande aux émetteurs :
– d'appuyer leur démarche sur des prévisions d'activité récentes (les plus proches possible de la date de clôture des comptes) ;
– de détailler en annexe les informations sur les principales hypothèses (y compris l'horizon de temps retenu pour l'estimation des bénéfices futurs) et incertitudes relatives à cet exercice de prévision (comme requis également par IAS 1.125) ; et
– d'indiquer en annexe la date à laquelle la revue des prévisions et des hypothèses a été réalisée (Rec. AMF 2009-28, Arrêté des Comptes 2009, § 5.1).

L'AMF indique que ces recommandations s'appliquent à la fois aux nouveaux IDA qui seraient générés par des pertes fiscales réalisées au cours de l'exercice et aux tests de perte de valeur à réaliser sur les IDA reportés des exercices précédents.

Dans ses recommandations en vue de l'arrêté des comptes 2019 (Rec. AMF 2019-13, Arrêté des Comptes 2019, § 5.1), l'AMF s'est référé au communiqué de l'ESMA du 15 juillet 2019 (ESMA 32-63-743) sur les jugements relatifs à l'activation des IDA et en particulier en ce qui concerne la nature des éléments probants à considérer pour apprécier le caractère probable des bénéfices imposables futurs.

En matière d'informations en annexe, les régulateurs préconisent notamment de fournir :
– une information spécifique aux faits et circonstances propres à l'entité (par opposition à une simple paraphrase de la norme IAS 12) ;
– une information proportionnée à (i) la matérialité des IDA et à (ii) l'ampleur des incertitudes et jugements effectués ;
– un niveau de granularité approprié, ce qui implique de décomposer l'information par juridiction ou entité fiscale significative ;
– une description des jugements critiques effectués pour apprécier la quotité recouvrable des IDA par rapport au total des IDA potentiels ;
– la nature des éléments probants, positifs et négatifs, qui ont été considérés pour déterminer les bénéfices imposables probables ;
– le montant des IDA non comptabilisés et l'indication des éléments ayant conduit à ne pas les comptabiliser lorsque l'analyse a nécessité des jugements importants ;
– les dates d'expiration des déficits reportables ;
– l'horizon temporel attendu pour l'utilisation des déficits reportables qui ont été activés ;
– une analyse de sensibilité à des variations possibles des hypothèses clés lorsque cela est pertinent ;
– une explication des changements d'hypothèses intervenues au cours de la période dans l'appréciation de la recouvrabilité des IDA, incluant l'évaluation des impacts (lorsque c'est approprié, il conviendra de faire le lien avec le rapprochement entre charge d'impôt théorique et effective, dans laquelle devrait être visible l'impact de la reconnaissance d'IDA antérieurement non reconnus, ou de l'extourne d'IDA antérieurement reconnus).

Par ailleurs, dans le cadre de ses recommandations en vue de l'arrêté des comptes 2021, l'AMF a fait part des points d'attention en matière d'impôts différés actifs, relevés lors de sa revue des états financiers depuis octobre 2020, et a notamment invité les sociétés concernées à développer les informations communiquées sur les hypothèses clés retenues, leurs évolutions depuis la dernière clôture et la sensibilité des montants activés à des variations raisonnablement possibles de ces hypothèses clés (Rec. AMF 2021-06, Arrêté des Comptes 2021, § 1.2.4).

L'AMF a également rappelé que l'ESMA, dans son communiqué de juillet 2019 sur les jugements relatifs à l'activation des IDA, donne des exemples d'éléments probants positifs ou négatifs à prendre en compte afin d'apprécier la probabilité de réalisation des bénéfices imposables futurs sur lesquels imputer les reports déficitaires (voir nº 27710).

C. Impôts différés dans le cadre de regroupements d'entreprises et de variations de pourcentage d'intérêts

1. Impôts différés dans le cadre de regroupements d'entreprises

Impôt différé actif de l'acquéreur lié au regroupement d'entreprises

Voir nº 21915. 27805

Impôt différé actif sur frais d'acquisition engagés dans le cadre d'un regroupement d'entreprises

Voir nº 21870. 27807

Evaluation des actifs et passifs d'impôts différés dans le cadre d'un regroupement d'entreprises

Voir nº 22082. 27810

Impôt différé actif de l'entreprise acquise réalisé après la comptabilisation initiale de l'acquisition

Voir nº 22155. 27820

2. Impôts différés dans le cadre de variations de pourcentage d'intérêts

Voir nº 23821. 27830

D. Reclassement des impôts différés en résultat, en OCI ou en capitaux propres

Reclassement en résultat des impôts initialement constatés en autres éléments du résultat global (OCI) ou en capitaux propres

Question 27850

Dans quels cas un impôt différé, constaté initialement en autres éléments du résultat global (OCI) ou en capitaux propres, doit-il être constaté en résultat ?

Réponse

Dès lors que l'élément sur lequel portait l'impôt, initialement constaté en autres éléments du résultat global (OCI) ou en capitaux propres, est lui-même constaté en résultat. Et ce, conformément au principe de symétrie.

Commentaires L'impôt exigible comme l'impôt différé doivent être comptabilisés en produits ou en charges et sont compris dans le résultat de l'exercice sauf dans les cas où l'impôt est généré par une transaction ou un événement comptabilisé en dehors du résultat, soit parmi les autres éléments du résultat global, soit en capitaux propres (IAS 12.58).

En conséquence, si l'élément qui a généré l'impôt a été comptabilisé, lors du même exercice ou d'un exercice différent (IAS 12.61A) :
- en OCI, l'impôt est également comptabilisé en OCI ;
- en capitaux propres, l'impôt est également comptabilisé en capitaux propres.

En application du principe de symétrie décrit ci-avant, lorsqu'un élément précédemment comptabilisé en OCI est reclassé en résultat, l'impôt correspondant doit suivre le même traitement.

Remarque Selon ce même principe, un impôt payé inscrit en résultat dans les comptes individuels doit être reclassé en OCI ou en capitaux propres s'il se rapporte à des éléments comptabilisés parmi les autres éléments du résultat global (OCI) ou en capitaux propres dans les comptes IFRS.

Recommandation AMF Lorsque le classement des effets d'impôts liés à un instrument financier classé, en tout ou partie, en capitaux propres, a nécessité l'exercice du jugement, l'AMF recommande aux émetteurs de décrire en annexe celui-ci et ses incidences sur les états financiers lorsque celles-ci sont significatives (Rec. AMF 2014-13, Arrêté des Comptes 2014, § 3.2).

E. Impôts sur transactions de paiements en actions et assimilés

27860 Les problématiques suivantes sont développées dans le chapitre consacré aux paiements fondés sur des actions :
- rappel sur les régimes fiscaux applicables en France aux plans dénoués en actions (stock-options, actions gratuites et PEE), voir n° 29810 ;
- comptabilisation de l'économie d'impôt sur stock-options, actions gratuites et PEE, voir n° 29812 ;
- détermination des impôts différés relatifs aux paiements fondés sur des actions, voir n° 29820 ;
- impôts différés sur les plans « démocratiques », voir n° 29822 ;
- impôts différés sur les plans dénoués en actions existantes, voir n° 29824 ;
- économie d'impôt sur stock-options, actions gratuites et PEE : principe général d'application de la règle du plafonnement, voir n° 29830 ;
- économie d'impôt sur stock-options, actions gratuites et PEE : application de la règle du plafonnement en cas de plans multiples, voir n° 29832 ;
- reprise de l'impôt différé en cas de chute des cours, voir n° 29834 ;
- reprise de l'impôt différé en cas d'options acquises non exercées, voir n° 29836.

F. Impôts différés sur les instruments financiers

27890 Les problématiques suivantes sont développées dans les chapitres consacrés aux instruments financiers :
- comptabilisation des effets d'impôts liés à la rémunération versée sur des dettes perpétuelles classées en capitaux propres (TSS/TSDI, par exemple), voir n° 44432 ;
- impôts différés sur actifs financiers évalués à la juste valeur en contrepartie des autres éléments du résultat global (OCI) : principes généraux de comptabilisation, voir n° 45520 ;
- impôt différé actif lié aux moins-values latentes sur obligations à taux fixe classées en actifs financiers évalués à la juste valeur en contrepartie des autres éléments du résultat global, voir n° 45530.

SECTION III

Cas particulier : la Contribution Economique Territoriale (CET)

I. Présentation de la CET

Caractéristiques de la Contribution Economique Territoriale (CET)

27900

Question

Quelles sont les principales caractéristiques de la contribution économique territoriale (CET) ?

Réponse

La **contribution économique territoriale (CET)** (qui s'est substituée à la taxe professionnelle) est constituée de deux composantes :
- **la cotisation foncière des entreprises (CFE),** assise sur les valeurs locatives foncières des immeubles situés en France dont le contribuable a eu la disposition au cours de la période de référence ;
- **la cotisation sur la valeur ajoutée des entreprises (CVAE),** égale à un pourcentage de la valeur ajoutée produite par l'entreprise au cours de l'année. Le taux applicable est théoriquement de 0,75 % pour les entreprises dont le chiffre d'affaires est supérieur à 50 M€ (et, sauf cas particulier, compris entre 0 et 0,75 % pour les entreprises dont le chiffre d'affaires de l'année est compris entre 500 K€ et 50 M€), conformément aux dispositions du 2 du II de l'article 1586 ter du Code général des impôts (CGI), modifié par l'article 8 de la loi nº 2020-1721 du 29 décembre 2020 de finances pour 2021.

La CET est plafonnée à 2 % de la valeur ajoutée dégagée par l'entreprise. Ce plafonnement s'impute exclusivement sur la CFE, et non sur la CVAE.

Commentaires Pour plus de détails sur les caractéristiques de la CET, voir Mémento Fiscal nº 43850 s. (CVAE) et Mémento Fiscal nº 43520 s. (CFE).

II. Comptabilisation de la CFE et de la CVAE

A. Nature de la CFE et de la CVAE (charge opérationnelle / impôt sur le résultat)

Nature de la cotisation foncière des entreprises (CFE)

27901

Question

La cotisation foncière des entreprises (CFE) constitue-t-elle une charge opérationnelle ou un impôt sur le résultat ?

Réponse

Selon le communiqué du CNC du 14 janvier 2010, la CFE devrait en général être analysée comme une charge opérationnelle puisqu'elle est assise sur la valeur locative des biens passibles d'une taxe foncière situés en France.

Une analyse différente pourrait toutefois être effectuée dans certains cas particuliers, notamment à notre avis, lorsque la société atteint structurellement le plafond de la CET de 2 %. Cette analyse reviendrait à comptabiliser la CFE (comme la CVAE) en impôt sur le résultat.

Commentaires La CFE devrait en général être analysée comme une charge opérationnelle (et non comme un impôt sur le résultat) puisqu'elle est assise sur la valeur locative des biens passibles d'une taxe foncière situés en France (Communiqué CNC du 14/01/10).

Le CNC dans le communiqué précité a toutefois indiqué qu'une analyse différente pourrait être effectuée dans certains cas particuliers. La CFE pourrait, en effet, être analysée comme un impôt sur le résultat, au même titre que la CVAE, voir nº 27902.

Il pourrait en être ainsi, à notre avis, lorsque la société atteint structurellement le plafond de la CET de 2 % (le plafonnement de la CET s'imputant obligatoirement sur la CFE) et que l'ensemble de la contribution (CVAE + CFE) est analysé comme un impôt sur le résultat.
Pour les informations à fournir en annexe au titre de la CFE, voir nº 27902.

Nature de la cotisation sur la valeur ajoutée des entreprises (CVAE)

27902 ***Question***

La cotisation sur la valeur ajoutée des entreprises (CVAE) constitue-t-elle une charge opérationnelle ou un impôt sur le résultat ?

Réponse

Selon le CNC, il appartient à chaque entreprise d'exercer son jugement, au vu de sa propre situation, pour déterminer la nature de la CVAE.

Les entreprises ont donc le choix de qualifier la CVAE :
- **de charge opérationnelle** ; ou
- **d'impôt sur le résultat** conformément à la norme IAS 12 (comptabilisation d'un impôt différé au titre des différences temporelles générées par cette cotisation, voir nº 27907).

Dans tous les cas, une **information en annexe** doit être donnée sur le choix de l'option lorsqu'elle est retenue par le groupe, si les impacts sont significatifs.

Commentaires :

1. **Qualification de la CVAE : charges opérationnelles ou impôt sur le résultat ?** Sur ce point, la norme IAS 12 apporte peu de précisions. Elle définit les impôts sur le résultat comme étant des impôts basés sur des résultats imposables, sans préciser la notion de résultats imposables (IAS 12.2).

L'IFRS IC a apporté des précisions en indiquant que (IFRIC Update 03/06 et 05/09) :
- l'impôt sur le résultat implique une notion de montant net plutôt qu'un montant brut. En revanche, ces indications ne signifient pas pour autant que tout impôt dont la base fiscale est constituée d'une différence entre des produits et des charges est systématiquement un impôt sur le résultat au sens d'IAS 12 ;
- compte tenu de la diversité des taxes dans le monde, il est nécessaire d'exercer un jugement pour déterminer si la taxe entre ou non dans le champ d'application d'IAS 12.

Ainsi, en l'absence de texte suffisamment précis et compte tenu des caractéristiques de la CET (voir nº 27900), certains considèrent que la CVAE ne peut pas s'analyser en substance comme un impôt sur le résultat si la valeur ajoutée de l'entreprise diffère de manière significative de son résultat net.

Certains, en revanche, pensent que le mode de calcul de la CVAE (basée sur la valeur ajoutée qui est une différence entre des produits et des charges) est un argument suffisant pour qualifier cette cotisation d'impôt sur le résultat.

D'autres, enfin, pointent du doigt le fait que la CET est plafonnée à un pourcentage de la valeur ajoutée, tout comme l'était la taxe professionnelle, et que donc, pour les entreprises concernées par le plafonnement, la CET ne sera pas, en substance, différente de la taxe professionnelle.

Compte tenu de ces divergences d'analyse, le CNC a publié un communiqué le 14 janvier 2010.

2. Comptabilisation de la CVAE Selon le CNC, il appartient à chaque entreprise d'exercer son jugement, au vu de sa propre situation, pour déterminer la qualification de la CVAE. A notre avis, compte tenu de la formulation du communiqué du CNC, les entreprises ont le choix entre analyser la CVAE :
- **comme une charge opérationnelle** ; ou
- **comme un impôt sur le résultat** conformément à la norme IAS 12 (comptabilisation d'un impôt différé sur les différences temporelles générées par cette cotisation, voir nº 27907).

Les différences temporelles au titre de la CVAE étant différentes de celles relatives à l'impôt sur les sociétés, le calcul des impôts différés sur la CVAE ne peut pas se faire en augmentant le taux d'impôt retenu pour le calcul des impôts différés sur l'impôt sur les sociétés (voir nº 27905).

3. Informations en annexe Dans tous les cas et dans la mesure où l'incidence est significative, une information en annexe doit être donnée lorsque le groupe réalise ce choix (IAS 8.13).

B. Impacts de la qualification de la CVAE en impôt sur le résultat

Nécessité de déterminer les différences temporelles propres à la CVAE

27905

Question

Par simplification, pour la détermination des impôts différés sur la CVAE, est-il possible d'augmenter du taux de la CVAE le taux d'impôt retenu pour le calcul des impôts différés sur l'impôt sur les sociétés (IS) ?

Réponse

Non. Une telle solution n'est pas acceptable pour les raisons suivantes :
- elle ne permettrait pas de prendre en compte correctement tous les effets fiscaux de la CVAE, les différences temporelles liées à la CVAE étant différentes de celles liées à l'impôt sur les sociétés ;
- elle aboutirait à compenser des créances (dettes) de CVAE avec des dettes (créances) d'impôt sur les sociétés alors que ces deux impôts sont juridiquement distincts.

Commentaires Une solution qui consisterait à ne pas identifier les différences temporelles propres à la CVAE et à augmenter uniquement le taux d'impôt servant au calcul des impôts différés sur l'impôt sur les sociétés (addition du taux de la CVAE au taux de l'IS) ne nous paraît pas acceptable, pour les raisons suivantes :
- elle ne permettrait pas de prendre en compte correctement tous les effets fiscaux de la CVAE puisque les différences temporelles liées à la CVAE ne sont pas identiques à celles de l'impôt sur les sociétés ;

Par exemple, les provisions non déductibles de la CVAE mais déductibles de l'IS génèrent des différences temporelles propres à la CVAE mais ne génèrent pas de différences temporelles au titre de l'IS.

- elle aboutirait à compenser des créances (dettes) de CVAE avec des dettes (créances) d'impôt sur les sociétés, ce qui serait contraire aux principes de non-compensation des créances et des dettes juridiquement distinctes (IAS 12.71).

Sur la méthodologie de détermination des impôts différés si la CVAE est qualifiée d'impôt sur le résultat, voir nº 27907.

Méthodologie de détermination des impôts différés liés à la CVAE

27907

Question

Comment déterminer les impôts différés si la cotisation sur la valeur ajoutée des entreprises (CVAE) est qualifiée d'impôt sur le résultat ?

Réponse

Il convient de procéder en deux étapes :

1e étape – Déterminer les impôts différés au titre de la CVAE sur la base des différences temporelles propres à la CVAE L'identification de ces différences temporelles doit être effectuée à partir des composantes de la valeur ajoutée telle que définie par l'article 1586 sexies du CGI ;

2nde étape – Déterminer les impôts différés au titre de l'impôt sur les sociétés (IS) sur la base des différences temporelles propres à l'impôt sur les sociétés Compte tenu de la déductibilité de la CVAE, de nouveaux impôts différés au titre de l'IS doivent être constatés. En effet, les impôts différés actifs ou passifs liés à la CVAE (1e étape) génèrent des impôts différés respectivement passifs et actifs liés à l'IS.

Commentaires Si la CVAE est qualifiée d'impôt sur le résultat, la détermination des impôts différés implique de procéder en deux étapes :

Première étape – Déterminer les impôts différés au titre de la CVAE sur la base des différences temporelles propres à la CVAE.

Cela implique :

1. d'identifier les différences temporelles à partir des composantes de la valeur ajoutée définie par l'article 1586 sexies du Code général des impôts. Il existe plusieurs définitions de la valeur ajoutée : une définition pour la généralité des entreprises et des définitions spécifiques applicables à certains secteurs d'activité ;

2. de déterminer le taux d'impôt différé en fonction du chiffre d'affaires estimé sur l'horizon estimé du reversement des impôts différés, le taux de CVAE pouvant varier si le chiffre d'affaires estimé de l'entreprise est inférieur à 50 M€. Ce taux doit être déterminé au niveau de chaque entité juridique, en l'absence d'intégration fiscale ;

   Remarque Les entreprises sont redevables d'une taxe additionnelle à la cotisation sur la valeur ajoutée des entreprises (CVAE) et à la CFE (cotisation foncière des entreprises) au profit des chambres de commerce et d'industrie.

   Le taux d'impôt à retenir dans le calcul des impôts différés liés à la CVAE est égal au taux fixé à partir du chiffre d'affaires estimé (pour les sociétés ayant un chiffre d'affaires supérieur à 50 M€ : 0,75 %) majoré de la taxe additionnelle à la CVAE (définie par le BOI-IF-AUT-10-20120912 360 à 390).

3. de calculer les impôts différés liés à la CVAE ;

4. d'évaluer la recouvrabilité des IDA liés à la CVAE de manière distincte de celle des impôts différés actifs sur l'impôt sur les sociétés.

Seconde étape – Déterminer les impôts différés au titre de l'impôt sur les sociétés (IS) générés par les impôts différés actifs et passifs liés à la CVAE sur la base des différences temporelles propres à l'impôt sur les sociétés Compte tenu de la déductibilité de la CVAE, de nouveaux impôts différés au titre de l'IS doivent être constatés ; en effet, les impôts différés actifs ou passifs liés à la CVAE (1e étape) génèrent des impôts différés respectivement passifs et actifs liés à l'IS.

Ainsi, une charge d'impôt exigible de CVAE de 100 crée une économie d'IS de 25 (pour un taux d'IS de 25 %). En conséquence, une charge d'impôt différé passif crée mécaniquement une économie d'impôt différé actif de 25 (pour un taux d'IS de 25 %).

Pour une liste de natures d'impôts différés générés par la CVAE, voir no 27915.

Nature des différences temporelles générées par la CVAE

27915 *Question*

Quelles sont les principales sources de différences temporelles générées par la cotisation sur la valeur ajoutée des entreprises (CVAE) lorsque celle-ci est analysée comme un impôt sur le résultat ?

Réponse

Les principaux éléments susceptibles de générer des différences temporelles liées à la CVAE sont les suivants :

– les actifs générant des revenus imposables à la CVAE alors que leur recouvrement (sous forme d'amortissement) n'est pas déductible de la valeur ajoutée telle que définie pour la CVAE ;

– les dépréciations d'actifs ou les provisions non déductibles de la CVAE mais qui se rapportent à des charges déductibles de la CVAE à une date ultérieure ; **27915** (suite)
– les impôts différés comptabilisés au titre de la CVAE : les impôts différés passifs et actifs comptabilisés au titre de la CVAE génèrent en effet des impôts différés, respectivement, actifs et passifs au titre de l'IS, la CVAE étant déductible de l'IS.

D'autres différences temporelles peuvent également exister. Elles doivent être identifiées à partir des composantes de la valeur ajoutée telle que définie par l'article 1586 sexies du Code général des impôts. Cette définition varie selon les secteurs et l'activité de l'entreprise.

Commentaires :

1. **Principaux éléments susceptibles de générer des différences temporelles liées à la CVAE :**

a. **Actifs produisant des avantages économiques imposables à la CVAE alors que leur recouvrement n'est pas déductible de la valeur ajoutée** Un actif peut générer une différence temporelle si (IAS 12.7 et .16) :
– les avantages économiques futurs liés à l'utilisation de cet actif correspondent à un chiffre d'affaires ou à un autre revenu imposable à la CVAE ;
– le montant qui sera admis en déduction lors du recouvrement de cet actif est différent de sa valeur comptable (si le montant déductible est nul, alors la base fiscale de l'actif est nulle).

Il en est ainsi, par exemple, d'une immobilisation amortissable acquise dans le cadre d'un regroupement d'entreprises : les avantages économiques futurs liés à son utilisation correspondent à du chiffre d'affaires imposable à la CVAE alors que les charges d'amortissement (ou les pertes de valeur) y afférents ne seront pas déductibles de la CVAE.
La différence temporelle est, dans ce cas, limitée à la base amortissable de l'immobilisation, le résultat de cession d'une immobilisation n'étant pas imposable à la CVAE, sauf pour les entreprises dont l'activité normale et courante est la cession d'immobilisations.
Cette différence temporelle a donné lieu à la comptabilisation d'un impôt différé passif dans la mesure où elle ne bénéficiait pas de l'exception au titre de la reconnaissance initiale d'un actif ou d'un passif prévue par IAS 12.22 parce que l'acquisition de l'actif est réalisée dans le cadre d'un regroupement d'entreprises.

Remarque Les acquisitions isolées d'immobilisations amortissables réalisées après le 1er janvier 2010 ne donnent pas lieu à la comptabilisation d'un impôt différé passif ni au titre de la CVAE ni au titre de la différence temporelle entre l'éventuelle différence entre valeur comptable et valeur fiscale en raison de l'exception de comptabilisation d'un impôt différé au titre de l'acquisition d'un actif isolé prévue par IAS 12.22c.

Les acquisitions d'immobilisations amortissables réalisées avant le 1er janvier 2010 ont, en revanche, donné lieu à la comptabilisation d'un impôt différé passif au titre de la CVAE. Ces acquisitions ne sont en effet pas visées par l'exception de comptabilisation d'un impôt différé au titre de l'acquisition d'un actif isolé prévue par IAS 12.22c, ces immobilisations n'étant pas constatées initialement à la date du calcul de l'impôt différé.
Pour d'autres exemples, voir nº 27920.

b. **Dépréciations d'actifs ou provisions non déductibles de la CVAE mais qui se rapportent à des charges déductibles de la CVAE à une date ultérieure** Ces passifs ou ces diminutions d'actifs généreront une économie d'impôt dans le futur (IAS 12.8 et .25). Cette économie d'impôt doit donc être comptabilisée si les conditions de recouvrabilité sont remplies (IAS 12.24 s. et .28 ; voir nº 27610).

Pour des exemples, voir nº 27920.

c. **Impôts différés comptabilisés au titre de la CVAE** Les impôts différés passifs (actifs) comptabilisés au titre de la CVAE génèrent respectivement des impôts différés actifs (passifs) au titre de l'impôt sur les sociétés (IS). En effet, la CVAE étant déductible de l'IS, toute économie d'impôt (tout impôt) supplémentaire constaté(e) au titre de la CVAE génère une charge (économie) d'IS supplémentaire.

Ainsi, si par exemple un IDP au titre de la CVAE a été comptabilisé pour 100, un IDA doit être constaté pour 25 (100 × taux de l'IS de 25 %) sous réserve du respect des conditions de recouvrabilité de la norme IAS 12 (voir nº 27610). En effet, l'entreprise doit apprécier s'il est probable qu'il existera des bénéfices imposables suffisants pour pouvoir imputer les différences temporelles déductibles de CVAE (IAS 12.24).

2. D'**autres différences temporelles** peuvent également exister. Elles doivent être déterminées à partir des composantes de la valeur ajoutée telle que définie fiscalement.

Cette définition varie selon :
- les secteurs (établissements de crédit, mutuelles, entreprises d'assurance ou de réassurance, entreprises commerciales) ; et
- l'activité de l'entreprise (activité principale de gestion financière, activité courante de cession d'éléments d'immobilisations corporelles et incorporelles).

Nature des éléments susceptibles de générer des impôts différés au titre de la CVAE

27920 ***Question***

Quelles sont les principales différences temporelles générées par la cotisation sur la valeur ajoutée des entreprises (CVAE) lorsque celle-ci est analysée comme de l'impôt sur le résultat ?

Réponse

Le tableau ci-après récapitule les principaux éléments susceptibles de générer des impôts différés passifs (IDP) ou actifs (IDA) dans les états financiers IFRS, dans la mesure où la CVAE est qualifiée d'impôt sur le résultat.

Remarque Cette liste :
- ne s'applique pas aux entreprises de certains secteurs particuliers tels que les établissements de crédit, les entreprises d'assurance ou de réassurance et les entreprises dont l'activité principale est la gestion financière. Ces entreprises doivent calculer la CVAE sur la base d'une définition spécifique de la valeur ajoutée ;
- n'est pas exhaustive. L'identification de toutes les différences temporelles susceptibles de générer des impôts différés implique en effet d'examiner la composition de la valeur ajoutée servant de base de calcul à la CVAE, celle-ci pouvant varier selon l'activité des entreprises (voir nº 27915) ;
- a été établie en prenant l'hypothèse que la clôture des comptes correspond à l'année civile.

	Impacts sur la CVAE	Impôts différés passifs (IDP) ou actifs (IDA) à comptabiliser au titre de la CVAE
1. Immobilisations incorporelles non amortissables	– Avantages économiques imposables – Dépréciations non déductibles – Cession non imposable sauf exception [(1)]	Pour les immobilisations acquises en dehors d'un regroupement d'entreprises, pas d'IDP car application de l'exception relative à la reconnaissance initiale d'un actif ou d'un passif [(2)]. Pour les immobilisations incorporelles non amortissables acquises dans le cadre d'un regroupement d'entreprises, à notre avis, deux approches possibles selon la politique comptable du groupe [(3)]. S'il considère recouvrer la valeur comptable de l'actif : – par cession : pas d'IDP en l'absence de différence temporelle [(1)] ; – par l'utilisation : IDP à constater [(4)].
2. Goodwill	– Avantages économiques imposables – Dépréciations non déductibles – Cession non imposable sauf exception [(1)]	Pas d'IDP sur les nouveaux goodwills car application de l'exception relative au goodwill (IAS 12.15 et .21 s.)
3. Terrains	Résultat de cession non imposable, sauf exception [(1)]	Pas d'IDP

27920 (suite)

	Impacts sur la CVAE	Impôts différés passifs (IDP) ou actifs (IDA) à comptabiliser au titre de la CVAE
4. Immobilisations corporelles ou incorporelles amortissables	– Avantages économiques imposables – Amortissements non déductibles – Cession non imposable sauf exception (1)	– Pas d'IDP sur les immobilisations acquises en dehors d'un regroupement d'entreprises : application de l'exception relative à la reconnaissance initiale d'un actif ou d'un passif (2) – IDP sur les immobilisations acquises dans le cadre d'un regroupement d'entreprises (4)
5. Contrats de location (chez le preneur)	– Avantages économiques imposables – Loyers non déductibles	– IDP sur les droits d'utilisation (en dehors d'un regroupement d'entreprises) (5) – IDP sur les droits d'utilisation acquis dans le cadre d'un regroupement d'entreprises (4) – IDA sur la dette correspondante (5)
6. Réévaluation d'une immobilisation (IAS 16, IAS 38)	– Avantages économiques futurs traduisant la réévaluation en principe imposables – Amortissements ou dépréciations non déductibles	IDP sur les nouvelles réévaluations (IAS 12.20)
7. Titres mis en équivalence	Cession non imposable	Pas d'IDP en l'absence de différence temporelle
8. Actifs non courants (ou groupe d'actifs) destinés à être cédés selon IFRS 5	Cession en général non imposable (1)	Pas d'IDP en l'absence de différence temporelle
9. Stocks, marchandises, en-cours et produits finis	– Avantages économiques imposables – Variations de stocks déductibles	Pas d'IDP en l'absence de différence temporelle
10. Dépréciation des stocks	– Dépréciation non déductible – Charges futures déductibles	IDA à hauteur de la charge future déductible
11. Dépréciation des créances	– Dépréciation des créances clients non déductibles – Pertes sur créances irrécouvrables déductibles	IDA à hauteur de la dépréciation
12. Provisions pour risques et charges (provision pour garantie, litiges, entretien...)	Provision non déductible se rapportant à des charges futures déductibles	Nécessité de distinguer la part de la provision destinée à couvrir des charges futures déductibles de la CVAE de celles qui ne le sont pas : IDA à hauteur des charges futures déductibles de la CVAE
13. Provisions pour démantèlement	Provision non déductible et ne donnant pas lieu à des charges futures déductibles (6)	Pas d'ID (6)
14. Provision pour retraite	Ni la provision ni la charge future ne sont déductibles de la CVAE	Pas d'ID
15. Impôts différés actifs (passifs) au titre de la CVAE	La CVAE est déductible de l'IS	– IDP sur les IDA comptabilisés au titre de la CVAE – IDA sur les IDP de CVAE sous réserve de sa recouvrabilité ⇒ application du taux de l'IS

(1) Les plus-values (moins-values) de cession d'immobilisations corporelles et incorporelles ne sont pas imposables (déductibles) à la CVAE, sauf lorsque l'activité normale et courante de l'entreprise est la cession desdites immobilisations.
En conséquence, aucun impôt différé ne doit être constaté dans la mesure où la cession n'a pas de conséquence fiscale sur la CVAE.

27920 (suite)

(2) Aucun impôt différé passif sur les actifs acquis en dehors d'un regroupement d'entreprises n'est à constater.
Il existe certes une différence temporelle dès l'acquisition de l'actif, sa base fiscale au titre de la CVAE étant nulle, mais l'acquisition (i) n'a d'incidence ni sur le résultat comptable ni sur le résultat fiscal à la date d'acquisition et (ii) ne donne pas lieu, à cette même date, à une différence temporelle imposable et à une différence temporelle déductible d'un montant égal. En conséquence, l'exception à la comptabilisation d'un impôt différé au titre de la reconnaissance initiale d'un actif ou d'un passif s'applique.
Voir n° 27915 pour les acquisitions isolées d'immobilisations amortissables réalisées avant le 1er janvier 2010.
(3) Sur la détermination des modalités de recouvrement de la valeur des actifs incorporels non amortissables, voir n° 27580.
(4) Les actifs acquis dans le cadre d'un regroupement d'entreprises ne sont pas visés par l'exception de reconnaissance initiale.
(5) L'amendement d'IAS 12, d'application obligatoire pour les exercices ouverts à compter du 1er janvier 2023, réduit le champ d'application de l'exception de comptabilisation initiale (voir n° 27570-1). Désormais, l'exception ne s'applique pas aux transactions qui, lors de leur comptabilisation initiale, donnent lieu à des montants identiques de différences temporelles imposables et déductibles, ce qui est le cas des différences temporelles liées aux contrats de location. Ainsi, à compter de l'application de l'amendement, tout passif et tout actif d'impôt différé résultant des différences temporelles relatives à un contrat de location devra être comptabilisé.
(6) En France, les coûts de démantèlement sont déductibles au rythme de l'amortissement de l'actif et la constitution de la provision n'est quant à elle pas déductible. Dans ce cas, aucun effet d'impôt différé n'est à constater.
Pour les juridictions où les coûts de démantèlement sont déductibles lors de l'engagement des dépenses, voir n° 27571.

TITRE 6

Retraites, stock-options, actions gratuites et autres avantages

CHAPITRE 21

Avantages du personnel (retraites et autres avantages) (IAS 19)

Plan du chapitre §§ 27970

Plan du chapitre *(suite et fin)* §§

L'ESSENTIEL DE LA NORME IAS 19

A. Généralités

1. Champ d'application

27974 La norme IAS 19 prescrit la comptabilisation et les informations à fournir au titre des avantages du personnel. La norme impose (IAS 19.1) :
– de comptabiliser un passif, lorsque des avantages seront versés à une date future à un membre du personnel en contrepartie de services rendus ;
– de constater une charge lorsque l'entité consomme l'avantage économique résultant des services rendus par le personnel en contrepartie des avantages accordés.

La norme IAS 19 s'applique ainsi à l'évaluation, la comptabilisation et la présentation de tous les avantages du personnel notamment ceux accordés en vertu (IAS 19.4) :
- de régimes formalisés ou d'autres accords formalisés passés entre une entité et des membres du personnel, des groupes de salariés ou leurs représentants ;
- de dispositions légales ou d'accords sectoriels aux termes desquels les entreprises sont tenues de cotiser aux régimes nationaux, régionaux, sectoriels ou à d'autres régimes multi-employeurs ; ou
- d'usages qui donnent lieu à une obligation implicite. A titre d'exemple, une obligation implicite existe lorsqu'un changement des usages de l'entité entraînerait une dégradation de ses relations avec le personnel, telle que l'entité n'a pas d'autre solution réaliste que de payer les avantages du personnel.

2. Quatre catégories d'avantages du personnel

Les avantages du personnel sont classés en **quatre catégories** pour chacune desquelles la norme IAS 19 établit des dispositions distinctes : 27976

1. Les **avantages à court terme (« short-term employee benefits »),** autres que les indemnités de cessation d'emploi, sont les avantages **dont le règlement intégral est attendu dans les douze mois qui suivent la clôture de l'exercice** au cours duquel les membres du personnel ont rendu les services correspondants (IAS 19.8).

Exemples (IAS 19.5a et .9) :
- les salaires et cotisations de sécurité sociale ;
- les congés annuels payés et les congés de maladie payés ;
- l'intéressement et les primes ;
- les avantages en nature comme l'assistance médicale, le logement, la voiture et les biens ou services gratuits ou subventionnés dont bénéficient les membres du personnel en activité.

Si toutefois le règlement intégral des avantages ci-avant est attendu au-delà de douze mois suivant la clôture de l'exercice au cours duquel les membres du personnel ont rendu les services correspondants, alors ces avantages ne constituent pas des avantages à court terme.

Pour la qualification des congés payés et comptes épargne-temps, voir n° 28051.

2. Les **avantages postérieurs à l'emploi (« post-employment benefits »),** autres que les indemnités de cessation d'emploi et les avantages à court terme, sont les avantages du personnel **payables après la cessation de l'emploi du membre du personnel** (IAS 19.8).

Exemples (IAS 19.5b et .26) :
- les prestations de retraite telles que les pensions versées sous forme de capital à la date de départ à la retraite ou sous forme de rentes durant la période de retraite (par exemple, les indemnités de fin de carrière) ;
- les autres prestations de prévoyance telles que des couvertures médicales, des assurances-vie ou des assurances-décès postérieures à l'emploi ;
- ou encore des avantages en nature maintenus pour les retraités.

3. Les **autres avantages à long terme (« other long-term employee benefits »)** sont tous les avantages du personnel autres que les avantages à court terme, les avantages postérieurs à l'emploi et les indemnités de cessation d'emploi. Les autres avantages à long terme sont les avantages **dont le règlement intégral est attendu au-delà de douze mois suivant la clôture de l'exercice** au cours duquel les salariés ont rendu les services correspondants (IAS 19.8).

Exemples (IAS 19.5c et .153) :
- les absences rémunérées de longue durée (congés liés à l'ancienneté ou congés sabbatiques) ;
- les primes d'ancienneté, médailles du travail ou autres avantages liés à l'ancienneté ;
- les indemnités d'invalidité de longue durée ;
- l'intéressement et les primes dont le règlement intégral est attendu plus de douze mois suivant la clôture de l'exercice au cours duquel les membres du personnel ont rendu les services correspondants.

La distinction entre les « avantages à court terme » et les « autres avantages à long terme » repose sur la date de paiement attendu des avantages (IAS 19.8).

4. Les **indemnités de cessation d'emploi** (« **termination benefits** ») sont les avantages du personnel fournis en contrepartie de la cessation d'emploi d'un membre du personnel résultant (IAS 19.8) :
- soit de la décision de l'entité de mettre fin à l'emploi du membre du personnel avant l'âge normal de départ en retraite ;
- soit de la décision du membre du personnel d'accepter une offre d'indemnités en échange de la cessation de son emploi.

Exemples :
- les indemnités de licenciement ;
- les indemnités versées dans le cadre de plans de départ en préretraite ou de plans de départ volontaire (lorsqu'elles ne sont pas qualifiées d'avantages postérieurs à l'emploi) ;
- les indemnités de départ transactionnelles.

Les indemnités de cessation d'emploi sont généralement des montants forfaitaires résultant de la législation, d'accords transactionnels ou encore d'obligations implicites. Ces indemnités peuvent également inclure (IAS 19.161) :
- une amélioration des avantages postérieurs à l'emploi, soit indirectement par l'intermédiaire d'un régime d'avantages du personnel, soit directement ;
- le versement du salaire jusqu'à la fin du préavis, si le membre du personnel ne rend plus de services assurant à l'entité des avantages économiques.

La norme IAS 19 précise que tout avantage du personnel dépendant d'une condition de service futur n'est pas une indemnité de cessation d'emploi (IAS 19.159 à .162).

Remarque Les avantages du personnel entrant dans le champ d'application de la norme IFRS 2, Paiement fondé sur des actions, sont exclus du champ d'application de la norme IAS 19 (IAS 19.2).

Pour le traitement des paiements en actions, voir n° 28951 s.

3. Deux types de régimes d'avantages postérieurs à l'emploi

27977 Les régimes d'avantages postérieurs à l'emploi s'analysent soit comme des régimes à cotisations définies (« defined contribution plans »), soit comme des régimes à prestations définies (« defined benefit plans ») (IAS 19.27).

Ce classement requiert une analyse de la substance économique des régimes sur la base des principales dispositions du plan et notamment en déterminant la partie qui supporte l'obligation (juridique ou implicite) ainsi que les risques actuariels et de placement (IAS 19.27).

La norme IAS 19 précise les principales caractéristiques à analyser pour déterminer si un régime doit être qualifié de régime à cotisations définies ou au contraire à prestations définies (IAS 19.29) :
- la formule de calcul des prestations, selon qu'elle est liée uniquement au montant des cotisations ou qu'elle impose à l'entité de verser des cotisations supplémentaires si les actifs du régime s'avèrent insuffisants pour assurer le service des prestations calculées selon la formule établie par le régime ;
- le niveau de garantie, indirecte (par l'entremise d'un régime) ou directe, quant à l'obtention d'un rendement spécifié sur les cotisations ; ou encore
- l'existence d'usages donnant lieu à une obligation implicite (par exemple, si une entité a toujours révisé à la hausse les prestations versées aux anciens membres de son personnel pour tenir compte de l'inflation, alors qu'elle n'était pas légalement tenue de le faire).

En pratique, cette analyse peut s'avérer complexe et requiert l'exercice du jugement. Pour plus de précisions, voir n° 28110.

1. Régime à cotisations définies L'employeur se limite à verser des cotisations régulières à un organisme gestionnaire des fonds. Ces cotisations, augmentées des versements effectués par le membre du personnel le cas échéant et de leur rendement, serviront à verser les avantages aux salariés retraités (IAS 19.28).
L'obligation de l'employeur est limitée aux versements des cotisations convenues qui déterminent le montant des avantages postérieurs à l'emploi à verser aux salariés retraités. En conséquence, le risque actuariel et le risque de placement incombent aux salariés.

Les membres du personnel supportent un double risque :
- d'une part, que les prestations réelles soient inférieures aux prestations attendues (risque actuariel) ;
- et, d'autre part, que les actifs investis soient insuffisants pour assurer le paiement des prestations attendues (risque de placement).

2. Régime à prestations définies L'employeur s'engage à verser une prestation qui est définie, postérieurement à l'emploi du salarié. L'entité a ainsi l'obligation de payer les prestations convenues aux membres de son personnel en activité et aux anciens membres de son personnel (IAS 19.30).
Le risque actuariel et le risque de placement sont supportés en substance par l'employeur.

Remarque Les entités peuvent faire appel à un organisme externe pour limiter leur risque ou pour financer un régime à prestations définies (**régimes à prestations assurées**) (IAS 19.46 s.) :
- si la compagnie d'assurance assume le risque actuariel et le risque de placement liés au régime, l'entité comptabilise alors le régime comme un régime à cotisations définies ;

– si la compagnie d'assurance n'assume pas ces risques, l'entité en reste responsable et ce, malgré le versement des cotisations. De ce fait, le régime est comptabilisé par l'entité en tant que régime à prestations définies. Les sommes versées à la compagnie d'assurance peuvent en général, et sous conditions, être considérées comme des actifs du régime (IAS 19.48).

Les **actifs du régime** sont des actifs qui comprennent les actifs détenus par un fonds d'avantages du personnel à long terme et les contrats d'assurance éligibles (IAS 19.8). Ils sont présentés au bilan en moins de la provision comptabilisée au titre du régime à prestations définies (IAS 19.57a.iii).

La norme IAS 19 indique en outre les dispositions de classification en régimes à prestations définies ou en régimes à cotisations définies pour les régimes multi-employeurs (voir IAS 19.32 s.), les régimes généraux et obligatoires (voir IAS 19.43 s.) ou encore les régimes dont les risques sont partagés entre différentes entités sous contrôle commun (voir IAS 19.40 s.).

a. Les **régimes multi-employeurs** doivent être classés en régime à cotisations définies ou en régime à prestations définies en fonction de leurs caractéristiques et en tenant compte de toute obligation implicite allant au-delà des dispositions formelles du régime.

Dans le cas d'un régime multi-employeurs à prestations définies, l'entité doit (IAS 19.33) :
– comptabiliser sa part d'obligation au titre des prestations définies, des actifs du régime et des coûts associés au régime, comme elle le ferait pour tout autre régime à prestations définies ; et
– fournir les informations exigées par IAS 19 pour les régimes à prestations définies conformément à IAS 19.135 à .148 (sauf IAS 19.148d relatif aux régimes multi-employeurs comptabilisés comme des régimes à cotisations définies).

Lorsque l'entité ne dispose pas d'informations suffisantes pour comptabiliser un régime multi-employeurs en régime à prestations définies, elle comptabilise le régime comme s'il s'agissait d'un régime à cotisations définies (IAS 19.34a).

Pour les informations à fournir en annexe au titre des régimes d'avantages postérieurs à l'emploi multi-employeurs, voir n° 28885.

b. Les **régimes généraux et obligatoires** doivent être comptabilisés de la même manière qu'un régime multi-employeurs (IAS 19.43).

Les régimes généraux et obligatoires sont les régimes établis par la législation pour couvrir toutes les entités (ou toutes les entités appartenant à un secteur d'activité, par exemple) et sont gérés par les pouvoirs publics au niveau national ou régional ou par un autre organisme non assujetti au contrôle ou à l'influence de l'entité présentant l'information financière (IAS 19.44).

c. Les **régimes à prestations définies dont les risques sont partagés entre différentes entités sous contrôle commun** ne peuvent pas, à l'inverse, être considérés comme des régimes multi-employeurs (IAS 19.40).

Dans ces régimes (IAS 19.41) :
– s'il existe un accord contractuel ou une politique déclarée prévoyant la facturation aux différentes entités du groupe, chaque entité doit comptabiliser le coût net des prestations définies ainsi facturées par l'entité promoteur du régime ;
– s'il n'existe ni un tel accord ni une politique déclarée, l'entité promoteur du régime comptabilise le coût net des prestations définies et les autres entités du groupe comptabilisent un coût égal à leur cotisation exigible pour la période.

B. Comptabilisation et évaluation

1. Tableaux synthétiques

Les tableaux synthétiques présentés ci-après récapitulent les modalités de comptabilisation et d'évaluation des différentes catégories d'avantages du personnel. 27978

a. Avantages à court terme

Exemples : salaires et cotisations de sécurité sociale, congés payés et congés maladie, intéressement et primes, avantages en nature.

Etat de situation financière (bilan)	Passif (charge à payer), après déduction du montant déjà payé, le cas échéant.
Etat du résultat global (compte de résultat)	Charge au moment où les services sont rendus (à moins qu'une autre norme n'impose ou n'autorise l'incorporation de ces avantages dans le coût d'un actif).

27978 (suite)

b. Avantages postérieurs à l'emploi – Régimes à cotisations définies

Exemples : régime de base – sécurité sociale et régimes complémentaires – Arrco et Agirc.

Etat de situation financière (bilan)	Passif (charge à payer), après déduction du montant déjà payé, le cas échéant.
Etat du résultat global (compte de résultat)	Charge égale au montant des cotisations à payer en échange des services rendus (à moins qu'une autre norme n'impose ou n'autorise l'incorporation des cotisations dans le coût d'un actif).

c. Avantages postérieurs à l'emploi – Régimes à prestations définies

Exemples : indemnités de fin de carrière, régimes de retraite gérés en externe si l'assureur ne s'engage qu'à hauteur des fonds investis et des rendements de ces fonds.

Etat de situation financière (bilan)	Provision (passif net) = + valeur actuelle de l'obligation au titre des prestations définies à la date de clôture – juste valeur à la date de clôture des actifs du régime. Si ce montant est négatif (régime surfinancé), comptabilisation à l'actif, sous certaines conditions et limites (mécanisme de plafonnement dit « asset ceiling »). La totalité de la dette est comptabilisée au bilan. Ainsi, les écarts actuariels sont constatés immédiatement et en totalité en autres éléments du résultat global (OCI) et le coût des services passés est à comptabiliser immédiatement en résultat.
Etat du résultat global (compte de résultat)	Charge nette = + coût des services rendus au cours de l'exercice +/– coût des services passés (profits ou pertes relatifs à une modification ou une réduction de régime) +/– profit (ou perte) résultant d'une liquidation de régime. +/– intérêts nets sur le passif (l'actif) net. Pour les régimes financés par des actifs, un **produit/charge (intérêts nets sur le passif ou l'actif net)** est calculé sur la base de l'engagement de retraite net des actifs du régime et du taux d'actualisation. Les modifications de régime et les réductions de régime donnent lieu à un coût des services passés, qui doit être comptabilisé immédiatement en résultat de la période au cours de laquelle ces changements sont opérés.
Etat du résultat global (autres éléments du résultat global – OCI)	Réévaluations du passif net (de l'actif net) = +/– écarts actuariels +/– rendement des actifs du régime, à l'exclusion des montants pris en compte dans le calcul des intérêts nets sur le passif (l'actif) net +/– toute variation de l'effet du plafonnement de l'actif, à l'exclusion des montants pris en compte dans le calcul des intérêts nets sur le passif (l'actif) net. Tous les gains et pertes actuariels sont comptabilisés immédiatement et en totalité en OCI de l'exercice au cours duquel ils sont générés. Seule cette méthode est autorisée (aucune autre méthode de comptabilisation des gains et pertes actuariels, dont la méthode du corridor, n'est autorisée).

d. Autres avantages à long terme

Exemples : absences de longue durée rémunérées, comme les congés liés à l'ancienneté ou congés sabbatiques, primes d'ancienneté, prestations pour invalidité de longue durée.

Etat de situation financière (bilan)	Provision = + valeur actuelle de l'obligation au titre des prestations définies à la date de clôture – juste valeur à la date de clôture des actifs du régime. Si ce montant est négatif (régime surfinancé), comptabilisation à l'actif, sous certaines conditions et limites (mécanisme de plafonnement, dit « asset ceiling »).
Etat du résultat global (compte de résultat)	Charge nette (ou produit net) = + coût des services rendus au cours de l'exercice +/– coût des services passés (profits ou pertes relatifs à une modification de régime ou à une réduction de régime) +/– profit (ou perte) résultant d'une liquidation de régime + intérêts nets sur le passif (l'actif) net +/– réévaluations du passif (de l'actif) net. La totalité de la charge ainsi calculée est à comptabiliser immédiatement et en totalité au compte de résultat.

e. **Indemnités de cessation d'emploi**

Exemples : indemnités versées dans le cadre d'un licenciement, d'une rupture conventionnelle ou encore d'un plan de départ volontaire.

Etat de situation financière (bilan) et Etat du résultat global	Constatation de l'indemnité au passif et en charge à la première des deux dates suivantes : – date à laquelle l'entreprise ne peut plus retirer son offre d'indemnités ; ou – date à laquelle elle comptabilise les coûts de restructuration liés, le cas échéant, prévoyant le versement de telles indemnités. De telles indemnités entrent dans l'une ou l'autre des catégories d'avantages définies par IAS 19 (avantage à court terme, autre avantage à long terme ou avantage postérieur à l'emploi). Elles doivent en conséquence être évaluées et comptabilisées, après leur comptabilisation initiale, selon les dispositions d'IAS 19 relatives à chacune de ces catégories. Tout avantage du personnel dépendant d'une condition de service futur n'est pas une indemnité de cessation d'emploi (par exemple, une indemnité supplémentaire qui serait versée aux salariés qui continueraient à travailler dans l'entreprise jusqu'à sa fermeture programmée dans deux ans). La charge liée à de telles indemnités sera étalée sur la période future de services à rendre. En revanche, dès lors qu'une indemnité répond à la définition d'une indemnité de cessation d'emploi, les principes d'IAS 19 en matière de rattachement des droits à prestations aux périodes de service (applicables aux avantages postérieurs à l'emploi notamment) ne s'appliquent pas, car de telles indemnités ne sont pas accordées en contrepartie de services à rendre.

2. Comptabilisation et évaluation des avantages à court terme

Les avantages à court terme sont généralement **comptabilisés immédiatement** (au moment où les services sont rendus) **et évalués sur une base non actualisée** (IAS 19.11). **27980**

Aucune hypothèse actuarielle n'est nécessaire pour évaluer l'obligation ou la charge. Il n'y a donc pas à enregistrer **d'écart actuariel.**

Le montant des avantages à court terme est comptabilisé en charges de personnel à moins qu'une autre norme IFRS n'impose ou n'autorise l'incorporation de ces avantages dans le coût d'un actif (par exemple les normes IAS 2, Stocks, ou IAS 16, Immobilisations corporelles) (IAS 19.11).

La contrepartie de la charge est généralement un compte de passif (charge à payer) après déduction d'éventuels montants déjà payés (IAS 19.11).

Remarque La norme IAS 19 indique en outre comment comptabiliser les absences rémunérées (voir IAS 19.13 s.), l'intéressement et les primes si leur règlement intégral est attendu dans les douze mois suivant la clôture de l'exercice (voir IAS 19.19 s.).

Une entité peut notamment rémunérer les absences pour cause de vacances, maladie et incapacité de courte durée, maternité ou paternité, convocation au tribunal en tant que juré et service militaire (IAS 19.14). Il existe deux catégories de droits à absences rémunérées :

– **les droits cumulables** : ces droits sont reportables et peuvent être utilisés lors d'exercices futurs s'ils n'ont pas été intégralement utilisés pendant l'exercice (IAS 19.15). Ces absences rémunérées cumulables peuvent générer ou non des avantages acquis, c'est-à-dire que les membres du personnel peuvent avoir droit ou non au règlement de leurs droits non utilisés lorsqu'ils quittent l'entité (IAS 19.15) ;

Exemple : les congés payés.

– **les droits non cumulables** : ces droits ne sont pas reportables. Si ces droits ne sont pas intégralement utilisés sur l'exercice, ceux-ci sont perdus et les membres du personnel n'ont pas droit au règlement de leurs droits non utilisés lorsqu'ils quittent l'entité (IAS 19.18).

Exemples :
- les journées liées à la réduction du temps de travail (RTT) ;
- les congés maladie ;
- les congés maternité ou paternité ;
- les absences rémunérées pour convocation en tant que juré ou pour service militaire.

A chaque fin de période de présentation de l'information financière, l'entité devra évaluer le coût attendu des absences rémunérées cumulables comme étant **le montant supplémentaire qu'elle s'attend à payer du fait du cumul des droits non utilisés** (IAS 19.16).

Exemple – Evaluation d'absences rémunérées cumulables en date de clôture N Une entité emploie 100 salariés qui ont droit chacun à 20 jours de congés payés par an. Les congés s'acquièrent sur l'année civile.

Les congés non utilisés sont reportables uniquement sur l'année civile suivante. Les congés pris au cours d'une période sont imputés en premier lieu sur les droits acquis au titre de la période considérée puis sur le solde éventuel reporté de la période précédente.

Au 31/12/N, le crédit moyen non utilisé est de 2 jours par salarié. Sur la base de son expérience passée, l'entité estime que :

- 75 % de ses employés prendra 22 jours de congés en N+1 (c'est-à-dire utilisera son report de 2 jours) ;
- 15 % prendra 20 jours (c'est-à-dire que les 2 jours de report seront perdus) ; et
- 10 % prendra 18 jours (c'est-à-dire qu'ils perdront les 2 jours de report de N-1 mais seront éligibles à un report de 2 jours en N+2).

Au total, le nombre de jours de congés attendus en N+1 est de 2 130 jours [= (75 % × 100 × 22) + (15 % × 100 × 20) + (10 % × 100 × 18)].

Le montant à provisionner au 31/12/N est déterminé sur la base d'un comportement individuel et est basé sur le montant complémentaire que l'entreprise s'attend à payer au titre des congés reportés. La provision est ainsi basée uniquement sur les 75 % d'employés dont on s'attend à ce qu'ils prennent leur report de congés en N+1, c'est-à-dire 75 % × 100 × 2 jours, soit 150 jours.

Concernant l'intéressement et les primes, l'entité doit comptabiliser le coût attendu des paiements à effectuer si et seulement si (IAS 19.19) :

- l'entité a une obligation actuelle, juridique ou implicite, d'effectuer ces paiements au titre d'événements passés ;
- une estimation fiable de l'obligation peut être effectuée.

Une obligation actuelle existe si et seulement si l'entité n'a pas d'autre solution réaliste que de payer.

3. Comptabilisation et évaluation des avantages postérieurs à l'emploi

27981 Le traitement comptable dépend de la nature des régimes d'avantages postérieurs à l'emploi, à cotisations définies ou à prestations définies.

a. Régimes à cotisations définies

27982 L'obligation de la société étant limitée au montant des cotisations, il convient de comptabiliser uniquement ces cotisations (IAS 19.50).

Celles-ci doivent être évaluées sur une **base non actualisée** sauf dans le cas où leur règlement intégral n'est pas attendu dans les douze mois qui suivent la clôture de l'exercice au cours duquel les membres du personnel ont rendu les services correspondants (IAS 19.52). **Aucune hypothèse actuarielle** n'est nécessaire pour évaluer l'obligation ou la charge. Il n'y a **pas d'écart actuariel** (IAS 19.50).

Ces cotisations sont à comptabiliser **en charges** durant l'exercice au cours duquel les services sont rendus par le personnel à moins qu'une autre norme n'impose ou n'autorise que ces cotisations soient incorporées dans le coût d'un actif (par exemple, la norme IAS 2, Stocks, et la norme IAS 16, Immobilisations corporelles). La contrepartie de la charge est à enregistrer au passif du bilan **(charge à payer)** après déduction des cotisations déjà payées (IAS 19.51).

b. Régimes à prestations définies

27983 Dans un régime à prestations définies, la société a l'obligation de payer les prestations convenues aux membres de son personnel en activité et aux anciens membres de son personnel qui sont à la retraite. Cette obligation donne lieu à la constatation d'un passif qui serait majoré si les prestations coûtaient plus cher que prévu ou si le rendement des actifs était inférieur aux prévisions.

Détermination du passif constaté dans l'état de situation financière (bilan)

Le montant à comptabiliser au passif au titre des prestations définies est égal au total des éléments suivants (IAS 19.57) : 27984

+ valeur actuelle de l'obligation au titre des prestations définies à la date de clôture
– juste valeur à la date de clôture des actifs du régime destinés à être utilisés directement pour éteindre les obligations
= Passif (actif) net au bilan

Pour la détermination du montant de la provision, voir nº 28310.

Dans le cas où ce montant est négatif (régime surfinancé), il est comptabilisé à l'actif, sous certaines conditions et limites (mécanisme de plafonnement dit « asset ceiling ») (IAS 19.57 et .64 ainsi qu'IFRIC 14).

Remarque La totalité de la dette est ainsi comptabilisée au bilan. Ainsi, les écarts actuariels sont constatés immédiatement et en totalité en autres éléments du résultat global (OCI) et le coût des services passés est à comptabiliser immédiatement en résultat.

Détermination de la valeur actuelle de l'obligation

La valeur actuelle de l'obligation désigne la valeur actuelle, avant déduction des actifs du régime, des paiements attendus pour éteindre l'obligation résultant des services rendus au titre de la période en cours et des périodes antérieures. Le coût des services rendus au cours de la période désigne l'accroissement de la valeur actuelle de l'obligation résultant des services rendus au cours de la période (IAS 19.8). 27985

1. **Principe général** Pour évaluer la valeur actuelle de l'obligation et le coût des services rendus au cours de la période, il faut (IAS 19.66) :

- appliquer la méthode d'évaluation actuarielle, dite « des unités de crédit projetées » imposée par IAS 19, permettant une estimation fiable du montant des avantages qui reviennent aux salariés au titre de la période en cours et des périodes précédentes (IAS 19.67 et .69) ;

Cette méthode actuarielle affecte à chaque année de service rendu par le salarié le coût des droits accumulés au titre des avantages octroyés et permet ainsi de comptabiliser progressivement l'obligation sur toute la durée d'activité du salarié de manière linéaire ou selon la formule d'accumulation des droits établie par le régime (IAS 19.68).

- rattacher les droits à prestations aux périodes de service (IAS 19.70 à .74) ;

Pour des précisions sur les principes d'attribution des droits aux périodes de service, et la décision de l'IFRS IC de mai 2021 en la matière, voir nº 28325.

- retenir des hypothèses qui représentent les meilleures estimations par l'entité des variables qui détermineront le coût final des avantages postérieurs à l'emploi (IAS 19.75 à .98).

Ces hypothèses dites actuarielles comprennent (IAS 19.76) :

a. des **hypothèses démographiques** relatives aux caractéristiques futures du personnel ancien et actuel réunissant les conditions pour bénéficier des avantages. Ces hypothèses portent sur les éléments suivants :
- la mortalité, pendant et après l'emploi,
- le taux de rotation du personnel, l'invalidité et le départ en retraite anticipée,
- la proportion des participants au régime ayant des personnes à charge qui auront droit aux prestations,
- la proportion des participants au régime qui choisiront chacune des options de paiement offertes en vertu des dispositions du régime,
- et les taux de demande d'indemnisation en vertu de régimes d'assistance médicale ;

b. des **hypothèses financières** portant sur les éléments suivants :
- le taux d'actualisation (IAS 19.83 à .86),

Pour les précisions concernant la détermination du taux d'actualisation, voir nº 28369 et 28370.

- les niveaux de prestations (à l'exclusion des coûts des prestations assumés par les membres du personnel) et les salaires futurs,
- dans le cas de l'assistance médicale, les coûts médicaux futurs, y compris les coûts d'administration des demandes (c'est-à-dire les coûts qui seront engagés lors du traitement et du règlement des demandes, y compris les honoraires juridiques et les honoraires d'experts), et

– les impôts à payer par le régime sur les cotisations relatives aux services rendus avant la date de clôture ou sur les prestations qui en résultent.

2. **Formule de calcul de la valeur actuelle de l'obligation** Pour déterminer la valeur actuelle de l'obligation, la norme IAS 19 recommande de faire appel à des actuaires (IAS 19.59).

La formule générale de calcul de la valeur actuelle de l'obligation pour un individu, pour un régime à prestations définies, est la suivante :

Valeur actuelle de l'obligation d'un individu (E)	=	Montant des droits accumulés par un individu à la clôture **(D)**	×	Probabilité qu'a l'entreprise de verser cette prestation **(P)**	×	Facteur d'actualisation **(A)**

Pour un exemple détaillé et chiffré, applicable au cas de l'indemnité de départ à la retraite (IDR) en France, voir n° 28315.

Détermination de la charge au compte de résultat

27986 Le montant net à constater en charges (ou en produits), sauf si une autre norme impose ou permet de l'incorporer dans le coût d'un actif, est égal à la somme des éléments suivants (IAS 19.57 et .120) :

+	coût des services rendus au cours de l'exercice (IAS 19.70 à .74)
+/–	coût des services passés (profits ou pertes relatifs à une modification ou une réduction de régime) (IAS 19.99 à .108)
+/–	profit (ou perte) résultant d'une liquidation de régime (IAS 19.109 à .112)
+/–	intérêts nets sur le passif (l'actif) net (IAS 19.123 à .126)
=	**Charge nette (ou produit net) au compte de résultat**

Des précisions sur ces différents éléments sont fournies ci-après (voir également n° 28320) :

1. Le **coût des services rendus au cours de l'exercice** désigne l'accroissement de la valeur actuelle de l'obligation au titre des prestations définies résultant des services rendus par les membres du personnel au cours de l'exercice (IAS 19.8).

2. Le **coût des services passés** désigne (IAS 19.8, .102, .104 et .105) la variation de la valeur actuelle de l'obligation au titre des prestations définies pour les services rendus par les membres du personnel au cours de périodes antérieures, qui résulte de la modification d'un régime (instauration ou cessation d'un régime à prestations définies ou encore réalisation de changements du régime) ou de la réduction d'un régime (diminution importante, décidée par l'entité, du nombre de membres du personnel couverts par le régime).

Le coût des services passés est constaté immédiatement en résultat à la première des dates suivantes (IAS 19.103) :

– date de modification ou de réduction du régime ;

– ou date à laquelle l'entreprise comptabilise les coûts de restructuration liés (si la modification ou la réduction intervient dans le cadre d'une restructuration, selon IAS 37) ;

– ou date à laquelle l'entité comptabilise les indemnités de cessation de contrat de travail (si la modification est liée à une réduction d'effectif) (voir n° 27988).

Pour plus d'informations, voir n° 28511.

3. Une **liquidation** est une opération (autre qu'un versement de prestations aux membres du personnel ou en leur nom prévu dans les dispositions du régime et pris en compte dans les hypothèses actuarielles) qui élimine toute obligation juridique ou implicite ultérieure pour tout ou partie des prestations prévues par un régime à prestations définies (IAS 19.8).

4. Les **intérêts nets sur le passif (l'actif) net au titre des prestations définies** correspondent à la variation pour la période du passif net (de l'actif net) au titre des prestations définies attribuable au passage du temps (IAS 19.8). Les intérêts nets sur le passif (l'actif) net au titre des prestations définies sont composés (IAS 19.124) :

– du produit d'intérêts généré par les actifs du régime ;

– du coût financier relatif à l'obligation au titre des prestations définies (charge de désactualisation) ; et

– des intérêts relatifs à l'effet du plafonnement de l'actif dit « asset ceiling ».

Le **produit d'intérêts généré par les actifs du régime** est une composante du rendement de ces actifs. Il est déterminé en multipliant la juste valeur des actifs du régime par le taux

d'actualisation défini conformément à IAS 19.83. Ces deux éléments sont définis au début de l'exercice et tiennent compte de la variation des actifs du régime attribuable au paiement de cotisations et de prestations au cours de la période (IAS 19.125).

La différence entre le produit d'intérêts généré par les actifs du régime ainsi calculé et le rendement réel des actifs du régime (déterminé à la fin de l'exercice) est comptabilisée en autres éléments du résultat global (OCI), comprise dans les réévaluations du passif net (de l'actif net) au titre des prestations définies (IAS 19.125).

Les **intérêts relatifs à l'effet du mécanisme de plafonnement de l'actif** (dit « asset ceiling ») sont une composante de la variation totale liée à ce mécanisme. Ils sont déterminés en multipliant le montant de l'effet du plafonnement de l'actif par le taux d'actualisation (défini conformément à IAS 19.83, voir n° 28369 et 28370), ces deux éléments étant déterminés au début de l'exercice (IAS 19.126).

La différence entre le montant ainsi obtenu et la variation totale de l'effet du plafonnement de l'actif est comptabilisée en autres éléments du résultat global (OCI), comprise dans les réévaluations du passif (de l'actif) net au titre des prestations définies (IAS 19.126), voir n° 28400.

Présentation de la charge au compte de résultat

La norme définit précisément les composantes du coût des prestations définies en distinguant (IAS 19.120) : **27986-1**

- le coût des services rendus ;
- les intérêts sur le passif (l'actif) net au titre des prestations définies ; et
- les réévaluations du passif (de l'actif) net.

Pour plus de détails sur ces réévaluations, voir n° 27986-2.

Concernant les deux premiers éléments, coût des services rendus et intérêts nets, qui sont à comptabiliser au compte de résultat, la norme ne précise pas sur quelles lignes ces différents éléments doivent être comptabilisés (opérationnel et/ou financier) (IAS 19.134).

Pour des détails sur la présentation de la charge relative aux avantages postérieurs à l'emploi, voir n° 28750.

Détermination des réévaluations du passif net (de l'actif net) à comptabiliser en autres éléments du résultat global (OCI)

Les réévaluations du passif (de l'actif) net au titre des prestations définies comprennent (IAS 19.57 et .127) : **27986-2**

+	les écarts actuariels (IAS 19.128 et .129)
+/–	le rendement des actifs du régime (IAS 19.130), à l'exclusion des montants pris en compte dans le calcul des intérêts nets sur le passif (l'actif) net au titre des prestations définies (IAS 19.125)
+/–	toute variation de l'effet du plafonnement de l'actif, à l'exclusion des montants pris en compte dans le calcul des intérêts nets sur le passif (l'actif) net au titre des prestations définies (IAS 19.126)
=	**Réévaluations du passif (de l'actif) net au titre des prestations définies à comptabiliser en OCI**

Des précisions sur ces différents éléments sont fournies ci-après (voir également n° 28400) :

1. Les **écarts actuariels** sont les variations de la valeur actuelle de l'obligation au titre des prestations définies qui résultent (IAS 19.8) :
- des ajustements liés à l'expérience (effet des écarts entre les hypothèses actuarielles antérieures et ce qui s'est effectivement produit) ; et
- de l'effet des changements apportés aux hypothèses actuarielles.

Pour la définition et la comptabilisation des écarts actuariels, voir n° 28401 s.

2. Le **rendement des actifs du régime** comprend les intérêts, dividendes et autres produits provenant desdits actifs ainsi que les profits ou pertes réalisés ou latents sur ces actifs, déduction faite des coûts de gestion de ces actifs et des impôts à payer par le régime lui-même, à l'exception des impôts pris en compte dans les hypothèses actuarielles utilisées pour évaluer la valeur actuelle de l'obligation au titre des prestations définies (IAS 19.8).

Pour l'évaluation et la comptabilisation du rendement des actifs du régime, voir n° 28480.
Les impôts et taxes à payer par le régime sont donc inclus, en fonction de leur nature, soit dans le rendement des actifs du régime, soit dans l'évaluation de la valeur actualisée de l'obligation (IAS 19.8 et .130).

Ainsi, les impôts et taxes à payer par le régime sur les cotisations relatives aux services rendus avant la date de clôture ou sur les prestations qui en résultent constituent une hypothèse actuarielle financière à prendre en compte dans le calcul de la valeur actualisée de l'obligation (IAS 19.76b.iv). Les autres impôts et taxes à payer, par exemple ceux relatifs aux produits liés aux rendements des actifs, sont comptabilisés dans le rendement des actifs du régime, directement en autres éléments du résultat global (OCI).

3. La **variation de l'effet du plafonnement de l'actif** correspond à la différence entre (IAS 19.126) :
- le montant des intérêts relatifs à l'effet du mécanisme de plafonnement de l'actif comptabilisé en charges ; et
- la variation totale de l'effet du mécanisme de plafonnement de l'actif.

Comptabilisation des cotisations versées par les membres du personnel

27986-3 La norme IAS 19 précise le traitement comptable des cotisations versées par les employés dans le cadre d'un régime, lorsque ce versement est prévu par les dispositions du régime, et ce, pour participer au financement des avantages (situation rencontrée généralement au Royaume-Uni ou aux Etats-Unis). Ainsi, ces cotisations sont à comptabiliser soit en coût des services rendus, soit en écarts actuariels, selon qu'elles sont liées ou non aux services rendus.

Pour plus de précisions sur ces dispositions, voir n° 28362.

4. Comptabilisation et évaluation des autres avantages à long terme

27987 Les autres avantages à long terme sont évalués et comptabilisés selon les mêmes principes que les régimes à prestations définies, à l'exception des réévaluations du passif (de l'actif) net dont font partie les écarts actuariels qui doivent être immédiatement et intégralement comptabilisés au compte de résultat (IAS 19.156).

Le montant comptabilisé au passif pour les autres avantages à long terme est égal au total de (IAS 19.155 renvoyant à IAS 19.57) :

+	valeur actuelle de l'obligation au titre des prestations définies à la date de clôture
–	juste valeur à la date de clôture des actifs du régime destinés à être utilisés directement pour éteindre les obligations
=	**Passif au bilan**

Le montant à constater en charges pour les autres avantages à long terme, sauf si une autre norme impose ou permet de l'incorporer dans le coût d'un actif, est égal à la somme des éléments suivants (IAS 19.156) :

+	coût des services rendus au cours de l'exercice (renvoi à IAS 19.66 à .98)
+	coût des services passés et profit (ou perte) résultant d'une liquidation, le cas échéant (IAS 19.99 à .112)
+/–	intérêts nets sur le passif (l'actif) net au titre des prestations définies (IAS 19.123 à .126)
+/–	réévaluations du passif (de l'actif) net au titre des prestations définies (IAS 19.127 à .130)
=	**Charge au compte de résultat**

5. Comptabilisation et évaluation des indemnités de cessation d'emploi

27988 Les indemnités de cessation d'emploi sont constatées au passif et en charges à la première des deux dates suivantes (IAS 19.165) :
- la date à laquelle l'entité comptabilise les coûts de restructuration entrant dans le champ d'application d'IAS 37 et prévoyant le paiement de telles indemnités ; et
- la date à laquelle l'entité ne peut plus retirer son offre d'indemnités.

27988 (suite)

Dans le cas d'indemnités de cessation d'emploi payables **par suite de la décision du membre du personnel** d'accepter une offre d'indemnités en échange de la cessation de son emploi, la date à laquelle l'entité ne peut plus retirer son offre d'indemnités correspond à la première des deux dates suivantes (IAS 19.166) :
- la date à laquelle le membre du personnel accepte l'offre ;
- la date de prise d'effet de toute restriction (en raison d'une disposition légale, réglementaire, contractuelle ou autre restriction) limitant la capacité de l'entité à retirer son offre. Il s'agit de la date de l'offre si la restriction existe dès cette date.

Dans le cas d'indemnités de cessation d'emploi payables **par suite de la décision de l'entité** de mettre fin à l'emploi d'un ou de plusieurs membres du personnel, l'entité ne peut plus retirer son offre d'indemnités dès qu'elle a communiqué aux membres du personnel concernés un plan de licenciement qui satisfait à tous les critères suivants (IAS 19.167) :
- les actions requises pour mener le plan à bien indiquent qu'il est improbable que des changements significatifs soient apportés au plan ;
- le plan indique le nombre de personnes visées par le licenciement, leur catégorie d'emploi ou leur fonction, et leur lieu de travail (il n'est toutefois pas nécessaire que le plan identifie de manière individuelle les membres du personnel visés), ainsi que sa date de réalisation prévue ;
- le plan fixe les indemnités de cessation d'emploi avec une précision suffisante pour permettre aux membres du personnel de déterminer la nature et le montant des prestations qu'ils toucheront lors de la cessation de leur emploi.

Si le règlement intégral des indemnités de cessation d'emploi n'est pas attendu dans les douze mois qui suivent la clôture de l'exercice, elles doivent être actualisées (IAS 19.169).

Le taux d'actualisation est le même que celui défini pour l'évaluation des avantages postérieurs à l'emploi.

La norme IAS 19 indique que si une condition de service futur est nécessaire pour bénéficier de l'indemnité, elle ne peut pas être qualifiée d'indemnité de cessation d'emploi mais constitue plutôt selon la nature de l'avantage : un avantage à court terme, un avantage postérieur à l'emploi ou un autre avantage à long terme (IAS 19.163 et .170).

■ ***Exemple***

Cession programmée de l'activité *Fin décembre N, le groupe G annonce la fermeture de son usine de Hambourg, prévue dans 12 mois, fin N+1.*
Les modalités du plan communiqué aux 1 000 employés du site prévoient les indemnités suivantes :
- 10 K€ par employé s'il quitte l'entreprise avant la fermeture du site ;
- 30 K€ par employé s'il reste jusqu'à la date de fermeture (fin N+1).
Selon le management, 200 employés devraient partir avant la fermeture. Le coût global estimé s'élève donc à 26 M€ (200 employés × 10 K€) + (800 employés × 30 K€).
Au 31/12/N, quel montant provisionner au titre de cette cession programmée ?

Solution de l'exemple *Selon la norme IAS 19, une indemnité conditionnée à des services futurs ne peut pas être qualifiée d'indemnité de cessation d'emploi (« termination benefit ») (IAS 19.159 à .162) et ce, même si l'indemnité fait partie de l'annonce d'un plan de départs.*
Il convient de décomposer le coût total probable de 26 M€ :
1. Pour les 200 salariés qui partiront à court terme, les 10 K€ d'indemnités ne sont assortis d'aucune condition de service futur et doivent donc être provisionnés dès la date d'annonce du plan, c'est-à-dire dans les comptes au 31/12/N.
2. Pour les 800 départs attendus à la fermeture, l'indemnité de 30 K€ se décompose en deux éléments distincts :
- tout d'abord, 10 K€ qui auraient été versés dans tous les cas, quelle que soit la date de départ, à inclure donc dans la provision pour « termination benefits » au 31/12/N ;
- le montant restant, soit 20 K€, qui représente un avantage incrémental versé uniquement si les salariés demeurent au service de l'entreprise jusqu'à la date de fermeture prévue. Ce montant de 800 × 20 K€, soit 16 M€, ne sera donc pas provisionné au 31/12/N mais sera comptabilisé en charges de façon étalée en N+1, au fur et à mesure où les services seront rendus.

<table>
<tr><td rowspan="3">Nombre d'employés : 1 000
Cout total estimé : 26 M€</td><td>➔ Départs avant la fermeture :
200 employés
2 M€ (200 x 10)</td><td>➔ Sans condition de service :
2 M€ (200 x 10)</td><td rowspan="2">Indemnités de cessation d'emploi provisionnées au 31/12/N :
10 M€ (1 000 x 10)</td></tr>
<tr><td rowspan="2">➔ Départs à la date de fermeture :
800 employés
24 M€ (800 x 30)</td><td>➔ Sans condition de service :
8 M€ (800 x 10)</td></tr>
<tr><td>➔ Avec condition de service :
16 M€ [800 x (30 – 10)]</td><td>Avantages à court terme :
charge étalée en N+1 au fur et à mesure des services rendus
16 M€ [800 x (30 – 10)]</td></tr>
</table>

C. Informations en annexe

1. Avantages à court terme

27990 La norme IAS 19 n'impose pas de fournir des informations spécifiques au titre des avantages à court terme (IAS 19.25). Des informations sont toutefois imposées par d'autres normes :
- informations sur les avantages accordés aux principaux dirigeants (IAS 24, Informations relatives aux parties liées) ;
- montant total des avantages du personnel comptabilisés en charges de l'exercice (IAS 1, Présentation des états financiers).

2. Avantages postérieurs à l'emploi

27991 La norme IAS 19 ne fournit pas uniquement une liste exhaustive d'informations à fournir, elle précise également les objectifs que ces informations doivent remplir. Les informations requises sont les suivantes :

1. **Régimes à cotisations définies** : le montant des cotisations comptabilisées en charges (IAS 19.53) et les charges au titre des régimes à cotisations définies dont bénéficient les principaux dirigeants (IAS 19.54).

2. **Régimes à prestations définies** Les informations doivent (IAS 19.135) :
- expliquer les caractéristiques des régimes à prestations définies de l'entité ainsi que les risques associés (IAS 19.139) ;
- indiquer et expliquer les montants comptabilisés dans les états financiers relatifs aux régimes à prestations définies (IAS 19.140 à .144) ;
- décrire l'incidence potentielle des régimes à prestations définies de l'entité sur le montant, l'échéancier et le degré d'incertitude des flux de trésorerie futurs (IAS 19.145 à .147).

Les informations à fournir en annexe prévues par la norme IAS 19 sont nombreuses (IAS 19.135 à .152). Pour plus de détails, voir n° 28880 et 28882.

En outre, des informations sont imposées par d'autres normes (IAS 19.151 à .152) :
- informations sur les transactions effectuées avec des régimes postérieurs à l'emploi qui sont des parties liées (IAS 24, Informations relatives aux parties liées) ;
- informations sur les avantages postérieurs à l'emploi accordés aux principaux dirigeants ;
- informations sur les passifs éventuels résultant d'obligations au titre d'avantages postérieurs à l'emploi (IAS 37, Provisions, passifs éventuels et actifs éventuels).

L'information à fournir doit être élaborée sous l'angle de la pertinence et de la matérialité. En effet, IAS 19 invite explicitement à faire preuve de jugement :
- dans l'identification des risques à mentionner en annexe ;
- dans l'identification des hypothèses actuarielles critiques ;
- dans la détermination du niveau approprié de détail et de désagrégation à fournir.

L'information doit être désagrégée dans la mesure où il existe des risques matériellement différents. L'entreprise doit ainsi déterminer les axes d'analyse et le niveau de granularité le plus pertinent pour refléter ces différents risques.

Par exemple, la norme ne prescrit pas s'il faut décomposer par zone géographique, par type d'avantage, par secteur opérationnel (IFRS 8) ou encore par mode de financement.

Ces principes convergent avec les recommandations de l'ANC ou de l'AMF sur la préparation des notes annexes en général et invitent à privilégier la pertinence sur le volume.
La norme IAS 19 énonce une liste conséquente d'informations à fournir, visant à atteindre ces objectifs. Elle précise en outre que si les informations fournies en application de la norme ne sont pas suffisantes, l'entité doit fournir les informations supplémentaires pour atteindre ces objectifs (IAS 19.137).

3. Autres avantages à long terme

27992 La norme IAS 19 n'impose pas de fournir des informations spécifiques sur les autres avantages à long terme (IAS 19.158). Des informations peuvent toutefois être prévues par d'autres normes :
- informations sur les avantages accordés aux principaux dirigeants (IAS 24, Informations relatives aux parties liées) ;
- montant total des avantages du personnel comptabilisés en charges de l'exercice (IAS 1, Présentation des états financiers).

4. Indemnités de cessation d'emploi

La norme IAS 19 n'impose pas d'informations spécifiques sur les indemnités de cessation d'emploi (IAS 19.171). Des informations peuvent toutefois être imposées par d'autres normes : 27993
- informations sur les avantages accordés aux principaux dirigeants (IAS 24 précitée) ;
- montant total des avantages du personnel comptabilisés en charges de l'exercice (IAS 1, Présentation des états financiers).

QUESTIONS/REPONSES PRATIQUES

Remarque importante

Les réponses apportées aux questions présentées ci-après résultent de l'analyse des dispositions de la norme IAS 19, Avantages du personnel, en vigueur actuellement, sur la base des informations disponibles au 1er juin 2023. 28006

Pour une présentation des principales dispositions de la norme, voir nº 27974 s.

Propositions d'amélioration des informations à fournir en matière d'avantages du personnel (propositions d'amendements d'IAS 19) Dans le cadre de son projet global intitulé « Disclosure initiative » (voir nº 54975), l'IASB visait à préparer une procédure standardisée pour le Board lui permettant de développer et rédiger les informations à fournir en annexe qui seraient requises pour toute nouvelle norme lors de son élaboration. Un exposé-sondage (ED/2021/3, « Disclosure Requirements in IFRS Standards – A Pilot Approach – Proposed amendments to IFRS 13 and IAS 19 ») a été publié en mars 2021, présentant la procédure ainsi développée et testant celle-ci sur les informations à fournir en annexe au titre des avantages du personnel. Le document proposait une refonte complète de ces informations en amendant la norme IAS 19 selon les nouveaux principes. La période d'appel à commentaires s'est terminée le 12 janvier 2022. Toutefois, lors de sa réunion d'octobre 2022, l'IASB a décidé de ne pas poursuivre les travaux d'amendement d'IAS 19 pour les informations à fournir au titre des avantages du personnel (IASB Update 10/22).

Remarque Le projet d'amendement d'IFRIC 14 (initié en 2015), visant à clarifier les conséquences comptables sur la reconnaissance d'un actif, lorsque le droit inconditionnel de l'entité d'obtenir le remboursement d'un excédent est restreint par le pouvoir d'un tiers à augmenter les prestations ou à liquider le régime, a été abandonné par l'IASB (IASB Update 02/22).

SECTION I

Qualification des avantages du personnel

I. Exemples de qualification d'avantages du personnel

Congés et primes d'ancienneté : qualification en avantages à court ou long terme

Question 28050

Les congés et primes d'ancienneté constituent-ils des avantages à court terme ou à long terme ?

Comment doivent-ils être comptabilisés ?

28050 (suite)

Réponse

En général, les congés et primes d'ancienneté constituent des avantages à court terme, en raison de leur caractère récurrent (par exemple, prime mensuelle de X euros au-delà de 5 ans d'ancienneté) et de l'obligation d'un service additionnel après l'atteinte de l'ancienneté minimale (par exemple, droit acquis uniquement au titre des mois travaillés après les 5 ans). Dans ce cas, ils sont comptabilisés en charges au fur et à mesure que ces services additionnels sont rendus.

Toutefois, dans le cas où ils ont des caractéristiques semblables aux médailles du travail (notamment avantage ponctuel et sans condition de service additionnel après atteinte de l'ancienneté requise), et dans la mesure où leur règlement n'est pas attendu dans les douze mois qui suivent la clôture de l'exercice au cours duquel les membres du personnel ont rendu les services correspondants, ils constituent des autres avantages à long terme. Ils sont alors comptabilisés en charges au fur et à mesure de l'accumulation de l'ancienneté minimale requise.

Commentaires :

1. **Généralement**, pour bénéficier d'une prime ou d'un congé d'ancienneté, le salarié a une **obligation de service additionnel,** à compter de la date à laquelle il a atteint l'ancienneté minimale lui ouvrant droit à ladite prime ou audit congé.

Par exemple, dans le cas de l'octroi d'une prime versée mensuellement aux salariés dont l'ancienneté dans l'entreprise est supérieure à 5 ans, il existe une obligation de service additionnel, tous les mois, pour bénéficier de cette prime.

Ainsi, il s'agit, en substance, d'une augmentation de salaire prédéfinie, répondant à la définition des **avantages court terme** (IAS 19.8).

Rappelons que les avantages à court terme sont définis par IAS 19.8 comme étant les avantages autres que les indemnités de cessation d'emploi dont le règlement intégral est attendu dans les douze mois qui suivent la clôture de l'exercice au cours duquel les membres du personnel ont rendu les services correspondants.

Cet avantage (prime ou congé d'ancienneté) est dès lors **comptabilisé** lors de l'acquisition des droits, c'est-à-dire **lorsque les services additionnels** requis **sont rendus.**

C'est-à-dire, dans l'exemple ci-avant, chaque année (ou chaque mois) à partir de 5 ans d'ancienneté, au même titre que tout élément de salaire (prime d'ancienneté) ou de congés payés (congés payés d'ancienneté).

2. **Toutefois,** il peut exister des situations prévoyant l'octroi à un salarié d'une prime ou d'un congé d'ancienneté, de façon non récurrente, sans condition de service additionnel après l'atteinte de l'ancienneté minimale requise.

Par exemple, si l'entité a l'habitude d'octroyer à un salarié ayant atteint 10 ans d'ancienneté, une semaine supplémentaire de congés payés, « consommable » cette année-là uniquement, sans condition de service additionnel après ces dix ans.

Dans ce cas, l'avantage est assimilable à une médaille du travail et s'acquiert entre la date d'entrée du salarié et la date à laquelle il atteint l'ancienneté requise. Il présente donc les caractéristiques d'un **autre avantage à long terme,** tel que défini par IAS 19.8 et illustré par IAS 19.153.

Rappelons que les autres avantages à long terme sont définis par IAS 19.8 comme étant les avantages autres que les avantages à court terme, les avantages postérieurs à l'emploi et les indemnités de cessation d'emploi dont le règlement intégral est attendu au-delà de douze mois suivant la clôture de l'exercice au cours duquel les membres du personnel ont rendu les services correspondants.

Comme pour les médailles du travail, cet avantage à long terme doit donc être **comptabilisé** au passif lors de l'acquisition des droits, c'est-à-dire sur la **période d'accumulation de l'ancienneté requise,** évalué à la valeur actuelle de l'obligation à la date de clôture (IAS 19.155 renvoyant notamment à IAS 19.56 à .98), en prenant en compte :

- la probabilité que le salarié atteigne cette ancienneté ;

Dans l'exemple ci-avant, un passif devrait être comptabilisé de manière étalée sur 10 ans, en prenant en compte la probabilité que les salariés soient toujours présents dans l'entité au bout des 10 ans.

- le taux d'actualisation tel que défini pour l'évaluation des avantages postérieurs à l'emploi, à savoir le taux des obligations d'entreprises de première catégorie ou si le marché n'existe pas, le taux à la clôture des obligations d'Etat (IAS 19.83).

Pour le taux d'actualisation des engagements à retenir au titre des avantages postérieurs à l'emploi, voir n° 28370.

Congés payés, comptes épargne-temps : qualification en avantages à court ou long terme

Question 28051

Les congés payés et les comptes épargne-temps (CET) constituent-ils des avantages à court terme ou des autres avantages à long terme ?

Réponse

Constituent des avantages à court terme les avantages dont le règlement est attendu dans les douze mois qui suivent la clôture de l'exercice au cours duquel les salariés ont rendu les services ouvrant droit à ces avantages.

Tel est, en général, le cas des congés payés.

Lorsque le règlement de l'avantage n'est pas attendu dans les douze mois qui suivent la clôture de l'exercice au cours duquel les salariés ont rendu les services correspondants, ces avantages constituent des autres avantages à long terme.

Dans le cas des comptes épargne-temps, la qualification des avantages liés peut s'avérer délicate en pratique et dépendra des modalités de l'accord de CET et de l'anticipation faite par le management concernant le règlement de l'avantage dans une période de douze mois ou après cette période.

La qualification des avantages en avantages à court terme ou en autres avantages à long terme conditionne leur traitement comptable :
- les avantages à court terme sont comptabilisés au fur et à mesure de leur acquisition ;
- les autres avantages à long terme sont, eux aussi, comptabilisés au fur et à mesure de leur acquisition mais donnent lieu à provision et font l'objet d'une évaluation actuarielle.

Commentaires La notion d'avantages à court terme telle que définie par la norme IAS 19 est basée sur la condition selon laquelle le règlement intégral des avantages est attendu dans les douze mois qui suivent la clôture de l'exercice au cours duquel les salariés ont rendu les services ouvrant droit à ces avantages. Sont ainsi notamment cités comme avantages à court terme (IAS 19.9b) les congés payés annuels et congés maladie rémunérés.

Remarque La norme IAS 19 ne cite pas explicitement les avantages résultant des comptes épargne-temps. Rappelons que le compte épargne-temps (CET) a pour objet de permettre aux salariés d'accumuler des droits à congé rémunéré ou de se constituer une épargne. Le CET peut être alimenté en jours de congés ou à l'aide d'éléments monétaires.

Pour plus d'informations, voir Mémento Comptable n° 16775 s.

La qualification des avantages est essentielle dès lors que le traitement comptable diffère selon qu'il s'agit d'« avantages à court terme » ou d'« autres avantages à long terme ».

Rappelons que les autres avantages à long terme sont définis par IAS 19.8 et .153 comme les avantages autres que les avantages à court terme, les avantages postérieurs à l'emploi et les indemnités de cessation d'emploi, dont le règlement intégral n'est pas attendu dans les douze mois qui suivent la clôture de l'exercice où les membres du personnel ont rendu les services correspondants.

Pour le traitement comptable :
- des avantages à court terme, comptabilisés au moment où les services sont rendus, voir n° 27980 ;
- des autres avantages à long terme, comptabilisés lors de l'acquisition des droits i.e. lors de la période de service ayant donné droit à l'avantage mais nécessitant la comptabilisation d'une provision et une évaluation actuarielle des droits acquis, voir n° 27987.

1. **Congés payés** En général, les congés payés sont considérés comme des avantages à court terme dans la mesure où le report de congés d'une année sur l'autre n'est pas admis sauf dans certains cas particuliers.

Ces avantages sont dès lors comptabilisés lors de l'acquisition des droits, c'est-à-dire au moment où les services ayant donné droit à ces avantages sont rendus.

En France, les congés payés sont généralement apurés dans les 12 mois qui suivent leur acquisition. Ils sont donc de ce fait comptabilisés et évalués comme des avantages à court terme (et ce, même s'ils donnent lieu à une provision à la clôture au titre des congés non encore apurés à cette date).

Dans les cas où les congés payés sont pris au-delà d'une période de 12 mois, ils constituent alors des autres avantages à long terme.

2. **Comptes épargne-temps** La qualification des avantages générés par les comptes épargne-temps est plus délicate. En effet, ceux-ci permettent au salarié de bénéficier d'une rémunération immédiate ou différée en contrepartie soit de périodes de congés ou de repos non pris, soit de sommes abondées. La qualification de l'avantage dépendra donc de l'accord d'entreprise ou de branche signé et de l'anticipation faite par le management concernant le règlement de l'avantage dans une période de douze mois ou après cette période.

S'il est anticipé que le règlement de l'avantage interviendra dans les douze mois qui suivent la clôture de l'exercice au cours duquel les salariés ont rendu les services correspondants, cet avantage est qualifié d'avantage à court terme. Dans le cas contraire, il s'agira d'un autre avantage à long terme.

■ *Exemple*

Distinction entre avantages à court et à long terme *Des salariés d'une entité acquièrent 20 jours de congés payés sur une période. Ces jours peuvent être indéfiniment reportés sur les périodes ultérieures mais sont toutefois perdus s'ils ne sont pas pris avant le départ du salarié de l'entité.*

Entité A *Historiquement, les employés de l'entité A ont l'habitude de reporter leur solde annuel de congés payés pendant plusieurs années, leur solde cumulé étant ainsi souvent supérieur à 20 jours.*

Entité B *Historiquement, les employés de l'entité B prennent régulièrement leurs jours de congés payés, leur solde ne dépassant ainsi jamais 10 jours et étant systématiquement utilisé l'année suivant la période d'acquisition de l'avantage.*

Solution de l'exemple *Sur la base de son expérience passée, chacune des entités conclut comme suit quant à la classification de l'obligation au titre des congés payés :*

*– **entité A** : l'obligation liée aux jours de congés payés acquis par les salariés constitue un autre avantage à long terme, puisque l'entité ne s'attend pas à régler intégralement l'obligation dans les 12 mois suivant la période d'acquisition de l'avantage ;*

*– **entité B** : l'obligation liée aux jours de congés payés acquis par les salariés constitue un avantage à court terme, puisque l'entité s'attend à régler l'obligation dans les 12 mois suivant la période d'acquisition de l'avantage.*

Plans de départs volontaires : qualification en indemnités de cessation d'emploi ou d'avantages postérieurs à l'emploi

28052 ***Question***

Dans le cas de plans de départs volontaires, l'analyse de l'historique des plans proposés par la société peut-elle modifier la qualification du plan ?

Réponse

Oui. En effet, lorsque l'historique de plans similaires crée une obligation implicite pour la société d'accorder les mêmes avantages à l'ensemble de ses salariés, les avantages seront qualifiés d'avantages postérieurs à l'emploi, alors que dans le cas contraire la qualification sera en indemnité de cessation d'emploi. Le traitement des avantages est alors très différent.

Commentaire Soit une société qui décide d'ouvrir un plan de départ volontaire, sur une période de 12 mois, à tous les employés du site âgés de 57 ans et plus. Sur l'effectif de 4 500 personnes, 500 employés sont actuellement concernés. Des plans de départs volontaires similaires ont déjà été proposés aux employés de ce site par le passé.

1. Si l'historique des plans de départs volontaires similaires, proposés dans le passé par la société, ne crée pas d'obligation implicite d'accorder des avantages similaires à l'ensemble des salariés, le plan de départ volontaire est considéré de manière isolée et doit alors être qualifié d'indemnité de cessation d'emploi (« termination benefit ») selon la norme IAS 19, et s'insérer le cas échéant dans un plan de restructuration selon la norme IAS 37 (voir nº 40500). Dans l'un ou l'autre cas, le traitement comptable sera identique.

Une charge doit donc être constatée dès la date d'annonce du plan, pour les 500 employés concernés.

Il convient également, symétriquement, de constater le profit lié à la reprise (« curtailment ») de la provision pour retraites.

2. En revanche, si l'historique crée une obligation implicite pour la société d'accorder les mêmes avantages à l'ensemble de ses salariés, dans le futur, lorsqu'ils deviendront éligibles à ces

mesures d'âge, le plan est alors qualifié d'avantages postérieurs à l'emploi (« post-employment benefits »). En effet, les avantages accordés au titre des départs volontaires ne correspondent plus à une décision discrétionnaire de l'entreprise mais à une attente de l'ensemble des employés. La population concernée devient donc la population dans son ensemble (4 500 employés) et non plus uniquement les 500 employés ayant actuellement plus de 57 ans.

En outre, les modalités de reconnaissance de la provision diffèrent également : les avantages des départs volontaires doivent être provisionnés au fur et à mesure des services rendus. Il s'agit donc d'une charge de personnel récurrente et globale, répartie sur toute la durée de service (versus, dans le cas des indemnités de fin de carrière, une charge de restructuration à constater intégralement à la date d'annonce et ne portant que sur une partie des employés).

En outre, les effets des changements d'estimations sont à comptabiliser en OCI.

A noter que, lors de la mise en place de ce régime, il convient de constater le coût des services passés en charge.

Compte tenu des différences entre les deux, la direction doit exercer son jugement au vu des faits et circonstances propres à la société, au site et à la catégorie d'employés concernés, pour déterminer quel modèle appliquer. Il s'agit d'un sujet particulièrement sensible, dans un contexte de plans de restructuration variés et pouvant se répéter d'année en année.

	L'historique de plans similaires crée-t-il une obligation implicite d'accorder ces avantages à l'ensemble des employés ?	
	Non	**Oui**
	Indemnité de cessation d'emploi (« termination benefit »)	**Indemnité de fin de carrière (« post-employment benefit »)**
Population concernée	500 employés	4 500 employés (l'ensemble de la population)
Fait générateur	Annonce du plan	Au fur et à mesure des services rendus depuis l'embauche
Impacts comptables :		
– à la date d'annonce du plan	Compte de résultat : charge de restructuration et reprise de la provision pour retraite	N/A
– à la mise en place du régime	N/A	Compte de résultat : coût des services passés
– au fur et à mesure des services rendus (chaque année)	N/A	Compte de résultat : charge de retraite récurrente OCI : Ecarts actuariels

Participation des salariés : qualification en avantages à court ou long terme

Question 28055

La participation des salariés aux bénéfices de l'entité constitue-t-elle un avantage à court ou à long terme ? Comment doit-elle être comptabilisée ?

Réponse

La réponse diffère selon les modalités de gestion de la participation par l'entité.

1. **Lorsque l'entité se dégage de son engagement** en transférant les sommes dues aux salariés ainsi que les risques associés à un organisme indépendant et n'accorde aucune garantie quant au capital et/ou la rémunération de cette participation sur la période de blocage (cas le plus fréquent en pratique), la participation constitue un avantage à court terme. Cet avantage, correspondant aux droits acquis au cours de l'année, est alors comptabilisé en charges à payer à la clôture de l'exercice.

2. **Lorsque le règlement des paiements à effectuer au titre de la participation est attendu au-delà de douze mois suivant la clôture de l'exercice** au cours duquel les membres du personnel ont rendu les services correspondants, la participation constitue un autre avantage à long terme (même si elle est inscrite en « compte courant »). Le montant constitué de la participation à la date d'acquisition des droits et de la rémunération liée à cette participation pendant la période de blocage doit être comptabilisé au passif lors de l'acquisition des droits et être évalué à la valeur actuelle de l'obligation à la date de clôture.

28055 (suite) ***Commentaires*** Les droits attribués aux salariés lors de la répartition de la réserve de participation calculée au titre d'un exercice N ne sont négociables ou exigibles qu'à l'expiration d'un délai de 5 ans, à compter de l'ouverture de ces droits, sauf si le salarié demande le versement de tout ou partie des sommes correspondantes dans des conditions fixées par décret.

Sont visés les cas de rupture du contrat de travail, mariage, naissance, divorce, acquisition de la résidence principale, décès, etc.

La demande peut être présentée à l'occasion de chaque versement effectué au titre de la répartition de la réserve spéciale de participation (C. trav. art. L 3324-10 ; voir Mémento Social n° 33920).

La comptabilisation de la participation aux salariés diffère selon que les modalités de gestion de cet avantage par l'entité lui confèrent la qualité d'avantage à long terme ou au contraire d'avantage à court terme.

Remarque Sur les modalités de détermination de la participation des salariés aux bénéfices de l'entreprise, voir Mémento Comptable n° 53545 s.

Ainsi :

1. Lorsque **l'entreprise se dégage de son obligation** en transférant les sommes dues aux salariés ainsi que les risques associés à un organisme indépendant, par exemple un fonds commun de placement, et n'accorde aucune garantie quant au capital et/ou la rémunération de cette participation sur la période de blocage, la participation présente alors les caractéristiques d'un **avantage à court terme.**

Rappelons que les avantages à court terme sont définis comme étant les avantages (autres que les indemnités de cessation d'emploi) dont le règlement intégral est attendu dans les douze mois qui suivent la clôture de l'exercice au cours duquel les membres du personnel ont rendu les services correspondants (IAS 19.8).

En effet, dans ce cas :
- les sommes dues au titre de la participation sont versées par l'entité à l'organisme indépendant dans les 12 mois suivant la fin de l'exercice pendant lequel les salariés ont rendu les services correspondants ;
- l'entité, par ce versement, est alors libérée de son obligation vis-à-vis de ses salariés.

Remarque Si le transfert des sommes dues au titre de la participation est fait à un organisme qui est une partie liée, l'entreprise doit s'assurer :
- que la totalité des risques liés à son engagement est bien transférée à cet organisme ; et
- que le fait que le transfert soit effectué à une partie liée ne pourrait pas induire une obligation implicite pour l'entreprise (par exemple, une obligation de versement aux salariés d'un montant minimum d'intérêts).

Cet avantage, correspondant aux droits acquis au cours de l'année, est dès lors comptabilisé en charges à payer à la clôture de l'exercice (IAS 19.11).

2. Lorsque le règlement des paiements à effectuer au titre de la participation est attendu au-delà de douze mois suivant la clôture de l'exercice au cours duquel les membres du personnel ont rendu les services correspondants, cette participation répond à la définition d'un **autre avantage à long terme** (IAS 19.24).

Rappelons que les autres avantages à long terme sont définis comme étant les avantages (autres que les avantages à court terme, les avantages postérieurs à l'emploi et les indemnités de cessation d'emploi) dont le règlement intégral est attendu au-delà de douze mois suivant la clôture de l'exercice au cours duquel les membres du personnel ont rendu les services correspondants (IAS 19.8).

Tel est le cas par exemple, lorsque l'entité conserve les sommes dues au titre de la participation sur un compte courant rémunéré et ne les verse aux salariés qu'à l'issue de la période de blocage de 5 ans.

En effet, cet avantage est obtenu en rémunération du travail effectué par les salariés au cours de l'année de référence ayant donné lieu à participation et n'est pas lié à une condition de présence dans l'entreprise au moment du paiement, lequel intervient plus de douze mois à compter de la période d'acquisition des droits, soit en général à l'expiration du délai de 5 ans (période de blocage).

L'avantage est alors constitué :
- du montant de la participation à la date d'acquisition des droits ; et
- de la rémunération liée à cette participation pendant la période de blocage.

a. **Comptabilisation** Le montant total doit être comptabilisé au passif lors de l'acquisition des droits (année de référence ayant donné lieu à participation) et doit alors être évalué à la valeur

actuelle de l'obligation à la date de clôture (IAS 19.155 renvoyant notamment à IAS 19.56 à .98 et .113 à .115), prenant en compte : **28055** (suite)

– la probabilité que le salarié débloque de manière anticipée sa participation du fait d'un événement particulier autorisé par la loi ;
– le coût lié à la rémunération pendant la période de 5 ans des sommes bloquées (intérêts à verser aux salariés) ;

Cette rémunération n'est pas conditionnée par la présence ultérieure du salarié au sein de l'entreprise et est donc définitivement acquise (jusqu'à la fin de la période de blocage).

– le taux d'actualisation tel que défini pour l'évaluation des avantages postérieurs à l'emploi, à savoir le taux des obligations d'entreprises de première catégorie ou si le marché n'existe pas, le taux à la clôture des obligations d'Etat (IAS 19.83).

Pour le taux d'actualisation des engagements à retenir au titre des avantages postérieurs à l'emploi, voir nº 28370.

Plus précisément, la participation est provisionnée à la clôture de l'exercice et devient une dette à la date d'approbation des comptes par l'assemblée générale, soit quelques mois après la clôture de l'exercice.

b. Présentation La dette au titre de la participation doit être présentée comme un passif non courant, dès lors que son règlement est attendu au-delà de douze mois suivant la clôture de l'exercice au cours duquel les membres du personnel ont rendu les services correspondants (IAS 1.69). En effet, la participation étant légalement exigible 5 années après la fin de l'exercice, l'entité s'attend à régler majoritairement cette participation plus de douze mois après la fin de l'exercice (IAS 1.61).

Dans les cas où l'entité s'attend à régler la participation dans les douze mois suivant la clôture de l'exercice, notamment dans les cas de « déblocage » anticipé prévus par la législation, la participation doit être reclassée en passif courant. Toutefois, en pratique, s'agissant de cas particuliers, ils ne sont en général pas estimables et ne sont donc pas présentés en courant.

Par ailleurs, la dette de participation pouvant comprendre des participations des salariés au titre des résultats de plusieurs exercices, il convient de la présenter en passifs courants et en passifs non courants en fonction de leurs dates d'échéance.

Remarque La norme IAS 19 ne précise pas si une entité doit distinguer la partie courante et la partie non courante des actifs et des passifs résultant des avantages postérieurs à l'emploi (IAS 19.133), considérant qu'une telle distinction est parfois arbitraire (IAS 19.BC200) et difficile à faire. Toutefois, il convient, à notre avis, d'effectuer cette distinction si une information fiable et disponible existe. Pour plus de détails, voir nº 28755.

Remarque Dans le cas particulier où **des salariés choisiraient, lors de leur départ de l'entité, de ne pas débloquer les fonds figurant en compte courant au titre de leur participation,** l'avantage à long terme que constitue la participation ne devrait pas être requalifié, à notre avis, pour rentrer dans le champ de la norme IFRS 9. En effet, le fait que, dans la participation comptabilisée dans l'état de situation financière (ou bilan), puissent figurer des montants dus aux salariés ayant quitté l'entité, n'a pas d'incidence sur la norme devant être appliquée. La participation constitue un avantage du personnel acquis l'année où elle est calculée, le versement au bout de 5 ans ne constituant qu'une modalité de versement de cet avantage, que le salarié bénéficiaire soit présent dans l'entreprise ou non.

A ce titre, soulignons que la norme IAS 19 traite également d'avantages postérieurs à l'emploi concernant les retraités. Et ce n'est donc pas parce qu'un salarié est devenu retraité, et donc à ce titre a quitté les effectifs de l'entreprise, que les pensions de retraite qui vont lui être versées dans le futur ne restent pas dans le champ d'application de la norme IAS 19.

■ ***Exemple***

Participation des salariés présentant les caractéristiques d'un avantage à long terme *Une entité doit, au titre de l'exercice N, une participation de 100 à ses salariés qu'elle verse au terme de la période légale de blocage de 5 ans. La participation bloquée est rémunérée au taux annuel de 5 %. Le taux d'actualisation est par hypothèse de 3 %. Par hypothèse également, aucun déblocage anticipé de la part des salariés n'interviendra.*

Solution de l'exemple *L'entité s'attend à régler la participation des salariés au-delà de douze mois suivant la période au cours de laquelle les bénéficiaires ont rendu les services correspondants ; elle présente donc les caractéristiques d'un autre avantage à long terme.*

Le montant de l'engagement avant actualisation au 31/12/N est calculé comme suit : montant de la participation × (1 + taux d'intérêt) $^{\text{durée de blocage}}$ *= 100 × 1,05* ^{5} *= 127,63.*

L'entité doit donc comptabiliser, au 31/12/N, un passif correspondant à l'engagement après actualisation, déterminé comme suit :

Engagement avant actualisation / (1 + taux d'actualisation) $^{\text{durée de blocage restante}}$ *= 127,63/1,03* ^{5} *= 110,09.*

La différence entre la charge comptabilisée en N (110,09) et le montant nominal qui sera versé aux salariés à l'issue de la période de blocage constitue une charge de désactualisation à comptabiliser en résultat sur la période de 5 ans.

II. Exemples de qualification des régimes postérieurs à l'emploi en régimes à cotisations définies ou à prestations définies

Classification des régimes postérieurs à l'emploi : éléments d'analyse

28110 ***Question***

Quels sont les éléments à analyser pour classer un régime d'avantages postérieurs à l'emploi en régime à cotisations définies ou en régime à prestations définies ?

Réponse

L'ensemble des termes et clauses du régime, afin de déterminer notamment qui, de l'employeur ou du salarié, supporte :
– le risque actuariel (risque que les prestations soient plus importantes que prévu) ;
– le risque de placement (risque que les actifs investis ne soient pas suffisants pour faire face aux prestations prévues).

Commentaires Les régimes d'avantages postérieurs à l'emploi sont classés en régimes à cotisations définies ou à prestations définies, en fonction de la réalité économique du régime, résultant de ses principaux termes et conditions (IAS 19.27).

La distinction entre régimes à cotisations ou à prestations définies est fondamentale car les modes d'évaluation et de comptabilisation de chacun des régimes sont différents.
Pour plus de détails, voir n° 27981 et 28310 s.

1. **Principe** Pour déterminer cette classification, il est nécessaire d'analyser qui, de l'entité ou du bénéficiaire, assume – totalement ou partiellement – le risque actuariel et le risque de placement :

a. Si l'entité n'assume aucun de ces risques : il s'agit d'un régime à cotisations définies (IAS 19.28).

Remarques :

1. L'obligation se limite, dans ce cas, au montant que l'entité s'engage à payer au fonds et qui est généralement défini dans les termes du régime.
2. Si les réalisations en matière de risque actuariel (risque que les prestations soient moins importantes que prévu) ou de risque de placement (risque que les actifs placés ne soient pas suffisants pour assurer le service des prestations prévues) sont plus mauvaises que prévu, l'obligation de l'entreprise ne s'en trouve pas majorée et ces risques sont, en substance, supportés par les bénéficiaires (IAS 19.28).
3. Dans ce type de régimes, le niveau des prestations dépend de la valeur des cotisations versées par l'employeur (et parfois l'employé) et de la performance réalisée sur ces cotisations.
4. Le fait qu'une entité délègue la gestion du régime à un tiers et lui verse des cotisations ne signifie pas nécessairement que le régime est à cotisations définies. Il en est de même lorsqu'une entité paye des primes d'assurance pour financer son régime (IAS 19.46). Un régime peut être géré en externe de différentes manières : contrats d'assurance, caisse de retraite, fonds de pension, etc.

Les régimes à cotisations définies sont habituellement des régimes par capitalisation dans lesquels l'employé n'a droit qu'aux capitaux accumulés et augmentés du fruit de leur placement. Ils peuvent également être des régimes par répartition, qui nécessitent la définition et l'accumulation de points de retraite pour la constitution des pensions éventuelles. Un compte

est ouvert pour chaque salarié et les cotisations versées sont individualisées salarié par salarié. En France, les régimes complémentaires obligatoires Arrco et Agirc sont des régimes à cotisations définies fonctionnant par répartition. **28110** (suite)

b. Si l'entité assume ces risques : il s'agit d'un régime à prestations définies (IAS 19.29 et .30).

Remarques :

1. Son obligation est, dans ce cas, de payer les prestations convenues aux bénéficiaires (personnel en activité et personnel retraité). L'obligation n'est donc pas limitée au montant que l'entité s'est engagée à payer au fonds.

2. Si les réalisations en matière de risque actuariel ou de risque de placement sont plus mauvaises que prévu, l'obligation de l'entreprise peut s'en trouver majorée.

3. Les régimes à prestations définies peuvent donner lieu au versement d'un capital (cas des indemnités de fin de carrière, par exemple) ou d'une pension. Dans le cas d'une pension ou rente viagère, il peut alors s'agir soit d'un régime différentiel (« chapeau »), soit d'un régime « additif » :

– les **régimes différentiels ou « chapeaux »** garantissent un certain niveau de ressources lors de la retraite. Ils versent donc la différence entre cette garantie et tout ou partie des prestations versées par d'autres régimes dont peut bénéficier un retraité. Par exemple, 1,6 % du salaire de fin de carrière par année d'ancienneté, ce qui équivaut à garantir en moyenne 66 % du salaire de fin de carrière, sous réserve d'avoir atteint un certain nombre de trimestres en fonction de l'année de naissance et de l'âge légal minimum de départ en retraite. Ainsi, un salarié né entre 1955 et 1957 devra avoir réalisé une carrière pleine, i.e. une durée d'assurance de 41,5 ans (soit 166 trimestres) avec un âge légal minimum à 62 ans, pour prétendre à 66 % de son salaire de fin de carrière, une fois en retraite ;

– les **régimes additifs** sont des régimes qui versent des prestations indépendantes de ce que le retraité peut recevoir par ailleurs. Par exemple, un régime accordant une rente annuelle de 0,2 % du salaire de référence par année d'ancienneté, soit un complément de retraite de l'ordre de 8 %, sous réserve d'avoir atteint un certain nombre de trimestres en fonction de l'année de naissance et de l'âge légal minimum de départ en retraite. Ainsi, un salarié né entre 1955 et 1957 devra avoir réalisé une carrière pleine, i.e. une durée d'assurance de 41,5 ans (soit 166 trimestres) avec un âge minimum légal à 62 ans, pour prétendre à une rente additionnelle de 8 % de son salaire de référence une fois en retraite.

2. En pratique, les éléments suivants doivent être pris en compte : **mode de gestion, nature de l'obligation de l'entité, risque actuariel et risque de placement.**

3. Le tableau ci-après récapitule ces éléments d'analyse ainsi que le traitement comptable spécifique à chaque type de régime :

	Régimes à cotisations définies	Régimes à prestations définies
Mode de gestion	Gestion externe Cotisations versées à un organisme distinct et reversées aux salariés, augmentées de leur rendement.	Gestion interne L'entité gère elle-même des fonds qui lui permettront de payer ses engagements futurs. Gestion externe L'entité verse des fonds à un tiers qui les gère et qui paiera les engagements futurs.
Obligation	Obligation juridique ou implicite de l'entité se limitant au montant qu'elle s'engage à payer au fonds.	Obligation juridique ou implicite de l'entité de payer les prestations convenues aux membres de son personnel en activité et aux anciens membres de son personnel non limitée au montant qu'elle s'engage à payer au fonds.
Risque actuariel et risque de placement	Incombent aux bénéficiaires : – le risque actuariel : risque que les prestations soient moins importantes que prévu ; – le risque de placement : risque que les actifs investis ne soient pas suffisants pour faire face aux prestations prévues.	Incombent à l'employeur : – le risque actuariel : risque que les prestations coûtent plus cher que prévu ; – le risque de placement : risque que les actifs investis ne soient pas suffisants pour faire face aux prestations prévues.

En outre, les éléments spécifiques du régime doivent également être analysés avec attention et ce, que l'obligation relative soit contractuelle ou implicite, pour comprendre la formule de calcul des avantages et les engagements de l'entité vis-à-vis du fonds.

De tels éléments sont, par exemple :
- la formule de calcul des prestations du régime non liée uniquement au montant des cotisations ;
- la revalorisation des pensions en fonction de l'inflation, par exemple ;
- l'indexation des pensions au dernier salaire ou au nombre d'années de service ;
- les éventuelles garanties de rendement sur les cotisations ou garanties sur le capital ;
- les modalités de financement en cas de défaillance.

Remarques :
1. La présence d'un ou plusieurs des éléments ci-avant est susceptible de qualifier le régime dans son intégralité de régime à prestations définies.
2. Pour des précisions sur la qualification de régimes particuliers, voir nº 28120 (régimes à rendement garanti), nº 28125 (régimes multi-employeurs) et nº 28130 (régimes à administration groupée).

Qualification des régimes à rendement garanti

28120 ***Question***

Comment qualifier un régime d'avantages postérieurs à l'emploi qui garantit un rendement minimum des cotisations (régime « à rendement garanti ») ?

Réponse

Comme un régime à prestations définies, dans la mesure où l'engagement de l'employeur ne se limite pas au seul montant qu'il accepte de cotiser, mais peut se trouver majoré si les rendements réels des actifs investis s'avèrent inférieurs au rendement garanti.

Commentaires Les régimes d'avantages postérieurs à l'emploi sont qualifiés de régimes à cotisations définies ou à prestations définies, en fonction de la réalité économique du régime résultant de ses principaux termes et conditions (IAS 19.27) :

a. Dans les **régimes à cotisations définies,** l'obligation juridique ou implicite de l'entreprise se limite au montant de cotisations qu'elle s'engage à payer au fonds ou dans le cadre d'un contrat d'assurance. Dans ce cas, l'entreprise ne supporte ni le risque actuariel (risque que les prestations soient plus importantes que prévu), ni le risque de placement (risque que les actifs investis ne soient pas suffisants pour faire face aux prestations prévues), lesquels seront donc supportés par les bénéficiaires du régime (IAS 19.28).

b. Dans les **régimes à prestations définies,** à l'inverse, l'entreprise supporte le risque actuariel et le risque de placement (IAS 19.30).

Dans le cadre d'un **régime à rendement minimum garanti,** c'est-à-dire garantissant un rendement minimum des cotisations, les prestations futures du bénéficiaire sont constituées au minimum des cotisations salariales et/ou patronales accumulées, majorées du montant des intérêts minimum garantis à un taux annuel convenu.

De tels régimes se rapprochent des régimes dits « cash balance », principalement mis en place aux Etats-Unis.

L'engagement de l'employeur ne se limite pas alors au seul montant qu'il accepte de cotiser, mais peut se trouver majoré si les rendements réels des actifs investis s'avèrent inférieurs au rendement garanti. **L'employeur** supporte donc le **risque de placement.**

En effet, si le rendement réel des actifs est inférieur au taux annuel garanti, l'entreprise devra alors verser des cotisations supplémentaires pour atteindre le montant minimum garanti d'intérêts.

En conséquence, un tel régime est un **régime à prestations définies** (IAS 19.29b).

Qualification des régimes multi-employeurs

28125 ***Question***

Comment qualifier un régime de retraite multi-employeurs ?

Réponse

Comme un régime à prestations définies ou un régime à cotisations définies, selon la nature de ses termes et conditions, et ce, en tenant compte de toute obligation implicite allant au-delà des dispositions du régime.

L'ensemble des termes et clauses du régime doit permettre de déterminer notamment qui, de l'employeur ou du salarié, supporte : **28125** (suite)

- le risque actuariel (risque que les prestations soient plus importantes que prévu) ;
- le risque de placement (risque que les actifs investis ne soient pas suffisants pour faire face aux prestations prévues).

Si une entité participant au régime multi-employeurs n'a pas accès aux informations pour déterminer sa part de la situation financière et des performances du régime multi-employeurs à prestations définies, elle comptabilise alors le régime comme un régime à cotisations définies avec une information spécifique en annexe.

Commentaires :

1. **Principe général** Un régime multi-employeurs est un régime qui met en commun les actifs apportés par différentes entités qui ne sont pas sous contrôle commun et qui utilise ces actifs pour accorder des avantages au personnel de ces entités en fixant les niveaux de cotisations et d'avantages sans tenir compte de l'identité de l'entité qui emploie les membres du personnel en question (IAS 19.8).

Remarque Les régimes qui mettent en commun les actifs apportés par différentes entreprises apparentées, comme par exemple une société mère et ses filiales et qui répartissent les risques entre ces différentes entités soumises à un contrôle commun, ne sont pas des régimes multi-employeurs (IAS 19.40).

Comme tout régime d'avantages postérieurs à l'emploi, un régime multi-employeurs doit être qualifié, en fonction de ses termes et conditions, soit de régime à cotisations définies, soit de régime à prestations définies (IAS 19.32). Pour ce faire, une entité participant à un tel régime doit procéder à l'**analyse des obligations juridiques et implicites** nées de ce régime. Ainsi :

a. si l'obligation juridique ou implicite de l'entreprise se limite au montant qu'elle s'engage à payer au fonds, c'est-à-dire qu'elle ne supporte ni le risque actuariel ni le risque de placement, le régime est à cotisations définies (IAS 19.28) ;

Tel sera le cas, par exemple, d'un régime de retraite qui accorde à tous les salariés d'un secteur d'activité des prestations de retraite centralisées et dans lequel les cotisations versées par toute entité membre sont comptabilisées dans des comptes distincts. Les cotisations ainsi cumulées augmentées des revenus liés à leur placement sont utilisées pour octroyer une rente viagère à chaque employé, lors de son départ à la retraite. Aucune obligation envers le régime au-delà des cotisations annuelles n'incombe aux participants.

b. si, en revanche, le risque actuariel et le risque de placement incombent à l'entreprise, le régime est à prestations définies (IAS 19.29 s.).

Tel est le cas, par exemple, d'un régime de retraite qui accorde à tous les salariés d'un secteur d'activité des prestations de retraite centralisées, avec les caractéristiques suivantes :
- les prestations de retraite sont accordées à l'employé, lors de son départ à la retraite, sur la base de son dernier salaire et du nombre de ses années de service ;
- le régime est financé via des cotisations versées à un fonds indépendant ;
- les montants de cotisations annuelles des participants au régime sont appelés en évaluant les conditions de capitalisation du fonds, en fonction notamment de l'expérience passée ;
- l'entité participante supporte donc une partie du risque actuariel et du risque de placement.

Tel est également le cas d'un régime (IAS 19.35) :
- par répartition, dans lequel les cotisations sont fixées à un niveau jugé suffisant pour payer les prestations échues au cours de la même période et dans lequel les prestations futures acquises durant la période sont financées par les cotisations futures ; et
- dans lequel les prestations des membres du personnel sont déterminées en fonction de la durée de leur service et dans lequel les entités participantes n'ont aucun moyen réaliste de sortir du régime sans payer une cotisation au titre des prestations acquises par les membres du personnel jusqu'à la date de leur retrait.

Un tel régime fait courir un risque actuariel à l'entité : en effet, si le coût ultime des prestations déjà acquises à la clôture est supérieur à celui attendu, l'entité devra soit relever ses cotisations, soit persuader les membres de son personnel d'accepter une réduction de leurs prestations.

Remarque Les régimes de retraite généraux et obligatoires doivent être comptabilisés de la même manière que les régimes multi-employeurs (IAS 19.43 s.). En France, par exemple, le régime général de la sécurité sociale ou encore les régimes Agirc/Arrco sont considérés comme des régimes à cotisations définies fonctionnant par répartition, voir n° 28110.

Les régimes multi-employeurs se distinguent des régimes à administration groupée, voir n° 28130.

L'entité doit alors comptabiliser sa part d'obligation au titre des prestations définies, des actifs du régime et des coûts associés au régime, comme elle le ferait pour tout autre régime à prestations définies, si toutefois elle dispose des informations suffisantes pour ce faire (IAS 19.36).

2. **Cas particulier** Lorsque l'entité ne dispose pas d'informations suffisantes pour comptabiliser sa part d'obligation dans un régime multi-employeurs, elle doit (IAS 19.34) :

a. comptabiliser son régime comme un régime à cotisations définies, voir n° 27982 ; et

b. indiquer en annexe (IAS 19.148d) :
- qu'il s'agit d'un régime à prestations définies,
- la raison pour laquelle elle ne dispose pas d'informations suffisantes pour le comptabiliser comme un régime à prestations définies,
- les cotisations qu'il est prévu de verser au régime au cours du prochain exercice,
- dans la mesure où un excédent/déficit du régime pourrait affecter le montant des cotisations futures, toute information dont elle dispose sur ledit excédent ou déficit, la base ayant servi à déterminer le montant de l'excédent/déficit, ainsi que les conséquences éventuelles pour l'entité,
- le niveau de participation de l'entité au régime par rapport à celui des autres entités participantes.

L'entité ne dispose pas d'informations suffisantes pour comptabiliser sa part d'obligation dans un régime multi-employeurs, notamment lorsque (IAS 19.36) :
- le régime expose les entités participantes aux risques actuariels associés aux membres du personnel (membres en activité et anciens membres) d'autres entités, de sorte qu'il n'existe pas de base cohérente et fiable pour répartir l'obligation, les actifs du régime et les coûts entre les différentes entités participantes ;
- l'entité n'a pas accès aux informations sur le régime imposées par la présente norme.

3. **Informations** Pour les informations à fournir sur les régimes multi-employeurs, voir n° 28885.

■ *Exemple*

Régime de retraite multi-employeurs à prestations définies *L'entité X participe à un régime collectif de retraite, couvrant l'ensemble de son secteur d'activité et souscrit auprès d'une compagnie d'assurance. Les principales caractéristiques sont les suivantes :*

1. les prestations versées aux salariés dans le cadre de ce régime sont calculées sur le dernier salaire et le nombre d'années de service du salarié lors de son départ à la retraite ;

2. l'ensemble des employeurs, dont l'entité X, financent leur obligation au titre de ce régime, en versant chaque année une cotisation à la compagnie d'assurance ;

3. toute sortie du régime requiert le paiement d'une pénalité ;

4. la compagnie d'assurance n'alloue pas les contributions et prestations à des fonds distincts pour chaque employeur participant au régime. Elle ne sépare pas non plus les contributions apportées par les différents employeurs ni n'identifie/ne suit l'employeur des différents bénéficiaires ;

5. les employeurs partagent les risques actuariels associés à leurs employés actuels et anciens ;

6. l'évaluation actuarielle du régime met en évidence un petit excédent.

Solution de l'exemple *En théorie, l'entité X doit comptabiliser sa part d'obligation au titre du régime multi-employeurs, sa part des actifs du régime et des coûts associés comme elle le ferait pour tout autre régime à prestations définies.*

Toutefois :
- le régime expose les employeurs participants aux risques actuariels associés aux salariés actuels et anciens des autres employeurs participants ;
- il n'y a pas de base cohérente et fiable pour allouer entre les différents employeurs participants l'obligation, les actifs du régime et les coûts associés en raison du manque d'enregistrement.

L'entité X n'a donc pas accès à l'information nécessaire pour comptabiliser sa part dans ce régime comme un régime à prestations définies. Elle comptabilise donc sa part dans ce régime comme un régime à cotisations définies et indique en annexe toutes les informations requises par IAS 19.148, telles que décrites au point 2. ci-avant.

Qualification des régimes à administration groupée

28130 ***Question***

Comment qualifier un régime à administration groupée (gestion commune des placements de différents régimes à employeur unique) ?

Réponse

Comme un régime à prestations définies ou un régime à cotisations définies, selon la nature de ses termes et conditions, et ce, en tenant compte de toute obligation implicite allant au-delà des dispositions du régime.

L'ensemble des termes et clauses du régime doit permettre de déterminer notamment qui, de l'employeur ou du salarié, supporte :
- le risque actuariel (risque que les prestations soient plus importantes que prévu) ;
- le risque de placement (risque que les actifs investis ne soient pas suffisants pour faire face aux prestations prévues).

Commentaires Un régime à administration groupée est un simple regroupement de régimes à employeur unique, destiné à permettre aux employeurs qui y participent de mettre leurs actifs en commun à des fins de placement afin de réduire les coûts d'administration et de gestion de ces placements. Il est à noter que, dans un tel régime, les actifs restent séparés et ne sont utilisables qu'au bénéfice du personnel de l'employeur ayant versé les actifs considérés. Les risques sont ainsi partagés par les employeurs appartenant au régime.

Les régimes d'administration groupée ne posent pas de problèmes particuliers de comptabilisation puisque (IAS 19.38) :
- l'information permettant de les traiter de la même façon que tout autre régime à employeur unique est immédiatement disponible ; et
- ces régimes n'exposent pas les entités participantes aux risques actuariels associés au personnel en activité et aux anciens membres du personnel des autres entités.

Remarque – Distinction entre régimes multi-employeurs et régimes à administration groupée Les régimes à administration groupée se distinguent ainsi des régimes multi-employeurs lesquels mettent en commun les actifs apportés par différentes entreprises et utilisent ces actifs pour accorder des avantages au personnel de l'ensemble des entreprises participant au régime, les niveaux de cotisations et d'avantages étant identiques quelle que soit l'entreprise participant au régime (IAS 19.8).

Comme tout régime d'avantages postérieurs à l'emploi, un régime à administration groupée doit, en fonction de ses termes et conditions, être qualifié soit de régime à cotisations définies, soit de régime à prestations définies (IAS 19.38). Pour ce faire, une entité participant à un tel régime doit donc procéder à **l'analyse des obligations juridiques et implicites** nées de ce régime. Ainsi :
- si l'obligation juridique ou implicite de l'entreprise se limite au montant qu'elle s'engage à payer au fonds, c'est-à-dire qu'elle ne supporte ni le risque actuariel (risque que les prestations soient plus importantes que prévu), ni le risque de placement (risque que les actifs investis ne soient pas suffisants pour faire face aux prestations prévues), le régime est à cotisations définies (IAS 19.28) ;
- si, en revanche, le risque actuariel et le risque de placement incombent à l'entreprise, le régime est à prestations définies (IAS 19.29 s.).

SECTION II

Comptabilisation des avantages du personnel

I. Comptabilisation des avantages à court terme

Congés et primes d'ancienneté (lorsqu'ils constituent des avantages à court terme)

Question **28220**

Comment comptabiliser les congés et primes d'ancienneté lorsqu'ils constituent des avantages à court terme ?

Réponse

Dans le cas général où les congés et primes d'ancienneté constituent des avantages à court terme (voir n° 28050), ils sont comptabilisés en charges au fur et à mesure que ces services additionnels sont rendus.

Commentaires Voir n° 28050.

Participation des salariés (lorsqu'elle constitue un avantage à court terme)

28225 ***Question***

Comment comptabiliser la participation des salariés aux bénéfices de l'entreprise lorsqu'elle constitue un avantage à court terme ?

Réponse

Lorsque la participation des salariés est qualifiée d'avantage à court terme (voir n° 28055), l'avantage correspond aux droits acquis au cours de l'année et est comptabilisé en charges à payer à la clôture de l'exercice.

Commentaires Voir n° 28055.

Indemnités versées aux salariés en période de chômage technique (activité partielle)

28230 Voir n° 40810.

II. Comptabilisation des avantages postérieurs à l'emploi

A. Régimes à prestations définies

1. Evaluation et comptabilisation de la provision et de la charge

Provision au titre d'un régime à prestations définies

28310 ***Question***

Comment déterminer le montant de la provision au titre d'un régime d'avantages postérieurs à l'emploi à prestations définies ?

Réponse

Le montant à faire figurer au passif dans l'état de situation financière (ou bilan) au titre des prestations définies correspond à la somme des éléments suivants :

1. valeur actuelle de l'obligation (+) ;
2. juste valeur des actifs du régime destinés à être utilisés directement pour éteindre l'obligation (–).

Dans les cas, rares en pratique, où ce montant est négatif (régime surfinancé), il est comptabilisé à l'actif, sous certaines conditions et limites (mécanisme de plafonnement, « asset ceiling »).

Commentaires Ces dispositions résultent d'IAS 19.57, .63 et .64. Ainsi, le montant à faire figurer au passif (ou à l'actif) dans l'état de situation financière (ou bilan) au titre des prestations définies est un passif (ou actif) net et correspond à la somme de :

1. **la valeur actuelle à la date de clôture de l'obligation** au titre des prestations définies accordées ;

   Remarques :
   1. La valeur actuelle de l'obligation (appelée également « valeur actualisée » ou encore « valeur actuarielle ») résulte de la méthode d'évaluation actuarielle dite « des unités de crédit projetées » (IAS 19.67 à .69).
   2. La valeur actuelle de l'obligation est fréquemment dénommée par les praticiens selon la terminologie anglaise – DBO (« defined benefit obligation »).
   Pour un exemple de calcul de valeur actuelle de l'obligation, voir n° 28315.

2. diminuée de la **juste valeur** à la date de clôture **des actifs du régime** qui seront utilisés directement pour éteindre les obligations.

   Remarque Lorsque le montant ainsi déterminé est négatif (cas des régimes surfinancés, rares en pratique), l'entreprise doit constater, sous certaines conditions et limites (mécanisme de plafonnement, « asset ceiling »), l'actif correspondant (IAS 19.57, .64 s. et IFRIC 14, Actifs de régimes à prestations définies et obligations de financement minimum).

■ *Exemple*

Détermination de la provision au titre d'un régime d'avantages postérieurs à l'emploi à prestations définies *L'entité Y comptabilise au 31/12/N une provision au titre de son régime à prestations définies. Elle dispose des informations suivantes tirées du rapport de l'actuaire :*
– valeur actuelle de l'obligation (DBO) : 1 000 K€ ;
– actifs du régime : 750 K€.

Solution de l'exemple *Le montant de la provision à faire figurer dans l'état de situation financière (ou bilan) est donc égal à :*

+	*Valeur actuelle de l'obligation (DBO)*	*1 000 K€*
–	*Juste valeur des actifs du régime*	*(750) K€*
Provision au 31/12/N		*250 K€*

Valeur actuelle de l'obligation : cas de l'indemnité de départ à la retraite (IDR) dans le contexte français

Question 28315

Comment calculer la valeur actuelle de l'obligation dans le cadre des indemnités de départ à la retraite (IDR) dans le contexte français ?

Réponse

Selon la formule déterminée ci-après.

Commentaires La valeur actuelle de l'obligation est calculée de la manière suivante pour l'indemnité de départ à la retraite :

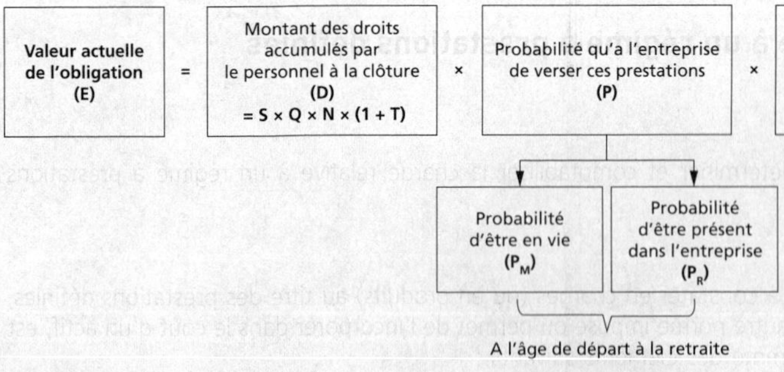

Remarques :
1. La valeur actuelle de l'obligation (E) qui est le montant actualisé de l'engagement de retraite de l'entreprise, est égale au montant des droits accumulés par le personnel à la clôture (D) multiplié par la probabilité qu'a l'entreprise de verser ces prestations (P), multiplié par un facteur d'actualisation (A).

La valeur actuelle de l'obligation doit être déterminée selon la méthode rétrospective avec salaire de fin de carrière, dénommé ci-dessus le salaire de référence.

2. Le montant des droits accumulés **(D)** est égal à la quotité de droits accumulés à la clôture **(Q)** multipliée par le salaire de référence **(S)**, multiplié par le nombre de salariés concernés par le régime **(N)**, le tout majoré d'une taxe (facteur 1 + T).

(S) représente le salaire de référence et nécessite une revalorisation. En pratique, le salaire de référence est égal au salaire à la date de calcul multiplié par 1 plus un taux de revalorisation entre la date de calcul et la date de l'âge d'octroi des droits. Le taux de revalorisation est fonction de différents paramètres tels que l'inflation, l'ancienneté, le profil de carrière.

3. La probabilité qu'a l'entreprise de verser ces droits **(P)** est une combinaison de la probabilité d'être vivant à la date de départ à la retraite **(PM)** et la probabilité d'être présent dans l'entreprise à l'âge de départ à la retraite **(PR)**.

Il convient de prendre en compte par exemple les facteurs tels que le taux de rotation du personnel et la table de mortalité.

4. Le taux d'actualisation **(A)** permet de prendre en compte le décalage existant entre la date de versement (au départ à la retraite et/ou périodiquement par la suite) et la date de clôture de l'exercice à laquelle sont effectués les calculs. Ce taux doit être déterminé par référence à un taux de marché à la date de clôture fondé sur les obligations d'entreprises de première catégorie. Dans les pays où il n'existe pas de marché actif pour ce type d'obligations, il convient de se référer aux taux du marché des obligations d'Etat en date de clôture (IAS 19.83).

■ ***Exemple***

Calcul de valeur actuelle de l'obligation pour un salarié (évaluation d'indemnités de fin de carrière selon la méthode rétrospective) *Une convention collective accorde une indemnité de fin de carrière dont le rythme d'accumulation des droits est le suivant : 1/10ᵉ de mois de salaire par année d'ancienneté. L'âge de départ à la retraite est fixé à 65 ans, par convention.*

Un salarié de 40 ans, ayant 12 ans d'ancienneté à la date du calcul, partira à la retraite à l'âge de 65 ans (soit dans 25 ans). A la date de l'évaluation, ce salarié a accumulé comme droits 1,2 mois de salaire, soit 12 ans × 1/10.

Salaire mensuel	*2 000 €*
Hypothèse d'augmentation des salaires	*2 % par an*
Taux d'actualisation	*5 %*
Probabilité d'être présent dans l'entreprise à la date de départ à la retraite (expérience passée)	*40 %*
Probabilité d'être en vie à l'âge de départ à la retraite (table de mortalité)	*82,7 %*

Solution de l'exemple *Le montant total de la valeur actuelle de l'obligation au 31/12/N s'élève à 385 €, déterminé comme suit :*

Valeur actuelle de l'obligation :

= Droits accumulés × Probabilité de verser les droits × Facteur d'actualisation

= (1,2 mois de salaire × taux de revalorisation) × (probabilité d'être présent dans l'entreprise à l'âge de la retraite × taux de survie) × taux d'actualisation

= (1,2 × 2 000) × (1,02) ^{25} *× (40 % × 82,7 %) × (1,05)* $^{-25}$ *= 385 €.*

Charge liée à un régime à prestations définies

28320 ***Question***

Comment déterminer et comptabiliser la charge relative à un régime à prestations définies ?

Réponse

Le montant à constater en charges (ou en produits) au titre des prestations définies, sauf si une autre norme impose ou permet de l'incorporer dans le coût d'un actif, est égal à la somme des éléments suivants :

1. coût des services rendus au cours de l'exercice ;
2. coût des services passés ;
3. profit ou perte résultant d'une liquidation de régime ;

4. intérêts nets sur le passif (ou l'actif) net. **28320** (suite)

En outre, dans le cas, rare en pratique, d'un régime surfinancé, une partie de l'effet du plafonnement de l'actif net comptabilisé au titre de ce régime doit également être prise en compte.

Commentaires Selon IAS 19.57c, le montant à comptabiliser en résultat au titre des prestations définies doit être égal au total net des éléments suivants :

1. **coût des services rendus au cours de la période,** c'est-à-dire l'augmentation de la valeur actuelle de l'obligation au titre des prestations définies résultant des services rendus au cours de l'exercice par les salariés (IAS 19.8) ;

2. **coût des services passés ;**

Le coût des services passés résulte de la modification d'un régime (instauration ou cessation d'un régime à prestations définies ou encore apport d'amendements au régime) ou de la réduction d'un régime (« curtailment », i.e. diminution importante, décidée par l'entité, du nombre de salariés couverts par le régime).

Pour un exemple de comptabilisation du coût des services passés, voir nº 28511.

3. **profit ou perte résultant d'une liquidation (« settlement ») ;**

Une liquidation a lieu lorsque l'entité conclut une opération (autre que le versement aux salariés, ou en leur nom, des prestations prévues par les dispositions du régime et prises en compte dans les hypothèses actuarielles) qui élimine toute obligation juridique ou implicite ultérieure, pour tout ou partie des prestations prévues par un régime à prestations définies (IAS 19.111).

4. **intérêts nets sur le passif net (ou l'actif net),** c'est-à-dire la variation pour la période du passif net (ou de l'actif net) au titre des prestations définies attribuable au passage du temps (IAS 19.8).

Les intérêts nets sur le passif net (ou l'actif net) au titre des prestations définies sont composés des éléments suivants :
- coût financier relatif à l'obligation au titre des prestations définies (effet de la désactualisation) ;
- produit d'intérêts généré par les actifs du régime ; et
- intérêts sur l'effet du plafonnement de l'actif.

Remarques :

a. **Le coût financier** relatif à l'obligation au titre des prestations définies est déterminé en multipliant la valeur actualisée de l'obligation au titre des prestations définies par le taux d'actualisation défini selon IAS 19.83.

b. **La valeur actualisée de l'obligation** au titre des prestations définies est la valeur actualisée, sans déduction des actifs du régime, des paiements futurs qui devraient être nécessaires pour régler l'obligation résultant des services rendus par les membres du personnel pendant la période considérée et les périodes antérieures (IAS 19.8).

c. **Le taux d'actualisation,** défini selon IAS 19.83, à appliquer pour actualiser les obligations au titre des avantages postérieurs à l'emploi doit être déterminé par référence aux taux de rendement, à la fin de la période de présentation de l'information financière, du marché des obligations d'entreprises de première catégorie.

Dans les pays où il n'existe pas de marché actif pour ce type d'obligations, il faut se référer aux taux de rendement, à la fin de la période de présentation de l'information financière, du marché des obligations d'Etat.

La monnaie et la durée de ces obligations d'entreprises ou de ces obligations d'Etat doivent correspondre à la monnaie et à la durée estimée des obligations au titre des avantages postérieurs à l'emploi (IAS 19.83).

d. **Le produit d'intérêts généré par les actifs du régime** est une composante du rendement des actifs du régime. Il est déterminé en multipliant la juste valeur des actifs du régime par le taux d'actualisation utilisé pour la valeur actualisée de l'obligation (IAS 19.83), tels que déterminés à l'ouverture de l'exercice annuel (IAS 19.125).

Pour plus de précisions, voir nº 28400 et 28480.

e. **Les intérêts sur l'effet du plafonnement de l'actif** sont déterminés en multipliant le montant de l'effet du plafond de l'actif par le taux d'actualisation défini selon IAS 19.83, tels que déterminés à l'ouverture de l'exercice annuel (IAS 19.126).

Pour plus de précisions, voir nº 28400.

28320 (suite)

■ *Exemple*

Analyse des composantes de la charge au compte de résultat dans un régime d'indemnités de fin de carrière *Une société assure son régime d'indemnités de fin de carrière auprès d'une compagnie d'assurance. Le régime est un régime d'avantages postérieurs à l'emploi à prestations définies, car l'entreprise reste responsable des risques actuariel et de placement liés aux engagements de retraite. Le contrat d'assurance remplit les critères de définition d'un actif du régime.*

La convention collective de cette société accorde une indemnité de fin de carrière dont le rythme d'accumulation des droits est de 1/10e de mois de salaire par année d'ancienneté. L'âge de départ à la retraite est conventionnellement fixé à 65 ans. Il n'y a pas eu d'amendement de régime par le passé.

Monsieur J. est salarié de cette société. Au 31/12/N, il est âgé de 45 ans et a 15 ans d'ancienneté. Il aura 35 ans d'ancienneté à la date de son départ à la retraite et bénéficiera, à cette date, d'une indemnité de 3,5 mois de salaire (35 ans × 1/10e de mois de salaire par année d'ancienneté).

A la date de l'évaluation (c'est-à-dire au 31/12/N), ce salarié a accumulé comme droits 1,5 mois de salaire, soit 15 × 1/10e de mois de salaire par année d'ancienneté.

	N-1	*N*
Salaire mensuel	*3 000 €*	*3 060 €*
Taux d'augmentation des salaires	*2 %*	*2 %*
Taux d'actualisation	*5 %*	*5 %*
Probabilité d'être présent dans l'entreprise à la date de départ à la retraite (expérience passée)	*50 %*	*50 %*
Probabilité d'être en vie à l'âge de départ à la retraite (table de mortalité)	*82,7 %*	*82,7 %*
Taux de rendement effectif des actifs du régime	*7 %*	*7 %*

Par simplification, il est considéré que le montant des actifs du régime ramené à Monsieur J. est de 380 €, au 31/12/N-1.

Solution de l'exemple :

1. ***La valeur actuelle de l'obligation*** *au 31/12/N-1 au titre de l'indemnité de fin de carrière de Monsieur J. s'élève à 945 € :*

Valeur actuelle de l'obligation = droits accumulés × probabilité de verser les droits × facteur d'actualisation ;

> *Les droits accumulés sont de 1/10e de mois pour les 14 années d'ancienneté au 31/12/N-1, multipliés par le salaire mensuel au 31/12/N-1, soit 3 000 €, multiplié par un taux de revalorisation de 2 % par an.*
>
> *La probabilité de verser les droits est égale au taux de probabilité d'être présent dans l'entreprise multipliée par la probabilité d'être en vie à l'âge de départ à la retraite.*
>
> *Le taux d'actualisation de 5 % est à retenir sur une durée de 21 ans correspondant à la différence entre l'âge de départ à la retraite, 65 ans, et l'âge de Monsieur J. au 31/12/N-1, 44 ans.*

= (1,4 mois de salaire × taux de revalorisation) ^{n} *× (taux de rotation × taux de survie) × facteur d'actualisation ;*

= (1,4 × 3 000) × (1,02) $^{21\ ans}$ *× (50 % × 82,7 %) × (1,05)* $^{-21\ ans}$ *= 945 €.*

2. Le ***montant à constater en charges*** *en N est égal à la somme des éléments suivants :*

– coûts des services rendus = 71 € = [(1/10 × 3 060) × (1,02) $^{20\ ans}$ *× (50 % × 82,7 %) × (1,05)* $^{-20\ ans}$*] ;*

– coût des services passés = 0 (car pas de nouveau régime ni amendement de régime existant) ;

– profit ou perte résultant d'une liquidation = 0 (car pas de liquidation) ;

– intérêts nets sur le passif net = 28 € = 47 – 19.

> *– coût financier = 47 € = 945 × 5 % = [(1,4 × 3 000) × (1,02)* $^{21\ ans}$ *× (50 % × 82,7 %) × (1,05)* $^{-21\ ans}$*] × 5 % ;*
>
> *– produit d'intérêts générés par les actifs du régime = (19) € = (380) × 5 %.*

D'où une charge N égale à 99 €.

Les modalités de détermination de ces éléments sont détaillées ci-après :

– le ***coût des services rendus*** *au cours de l'exercice N est de 71 €. Il désigne l'accroissement de la valeur actuelle de l'obligation au titre des prestations définies résultant des services rendus au cours de l'exercice. Il est égal aux nouveaux droits accumulés en N de 1/10e du salaire mensuel de fin de carrière (dans 20 ans, avec une hausse de salaire de 2 % par an), en tenant compte des probabilités que le salarié soit toujours présent et en vie à la date de départ en retraite, et actualisés à la date de clôture au 31/12/N au taux de 5 % ;*

– le ***coût des services passés*** *est de 0. Il résulte de la modification d'un régime ou de la réduction d'un régime. En l'occurrence, il n'y a pas eu de tels changements dans cette société ;*

– *il n'y a pas d'effet de* ***liquidation*** *du régime d'avantages postérieurs à l'emploi ;*
– *les* ***intérêts nets sur le passif net*** *au cours de l'exercice N sont de 28 €.*

Le ***coût financier*** *est de 47 €. Il désigne l'accroissement au cours d'un exercice de la valeur actuelle de l'obligation au titre des prestations définies résultant du fait que l'on s'est rapproché d'un exercice de la date de règlement des prestations. Il est égal au montant de l'engagement calculé au 31/12/N-1 multiplié par le taux de 5 % pour une durée d'une année.*

Le produit d'intérêts généré par les actifs du régime *est de 19 €. Il désigne le rendement implicite, calculé au taux d'actualisation utilisé pour la valeur actuelle de l'obligation, au titre des actifs du régime de 380 € au 31/12/N-1, relatifs à l'engagement de Monsieur J.*

3. La ***valeur actuelle de l'obligation*** *a évolué de la façon suivante au cours de l'exercice :*

Valeur actuelle de l'obligation au 31/12/N-1	*945 € = (1,4 × 3 000) × (1,02)* $^{21\ ans}$ *× (50 % × 82,7 %) × (1,05)* $^{-21\ ans}$
+ Coût des services rendus N	*71 € = (1/10 × 3 060) × (1,02)* $^{20\ ans}$ *× (50 % × 82,7 %) × (1,05)* $^{-20\ ans}$
+ Coût financier N	*47 € = 945 × 5 % = [(1,4 × 3 000) × (1,02)* $^{21\ ans}$ *× (50 % × 82,7 %) × (1,05)* $^{-21\ ans}$*] × 5 %*
= Valeur actuelle de l'obligation au 31/12/N :	*1 063 € = (1,5 × 3 060) × (1,02)* $^{20\ ans}$ *× (50 % × 82,7 %) × (1,05)* $^{-20\ ans}$

Attribution des avantages aux périodes de service

28325

Question

Comment attribuer les droits à prestations définies aux périodes de service, notamment dans le cas particulier soumis à l'IFRS IC en 2021 ?

Réponse

Selon les principes d'IAS 19, l'engagement relatif à un régime d'avantage postérieur à l'emploi à prestations définies est constitué sur la période au cours de laquelle le salarié rend les services lui donnant droit à l'avantage. Ainsi, l'entité doit rattacher les droits à prestations aux périodes de service selon la formule de calcul des prestations établie par le régime ou de manière linéaire lorsque les années les plus tardives donnent droit à un niveau de prestations significativement supérieur à celui des premières années.

Lorsque le régime prévoit le versement d'une indemnité au salarié, s'il est présent à la date de son départ en retraite, dont le montant dépend de l'ancienneté et est plafonné à un certain nombre d'années de service, l'IFRS IC a considéré que l'engagement devait être constitué uniquement sur les années de service précédant le départ en retraite au titre desquelles le salarié génère un droit à l'avantage (IFRIC Update 04/21, décision définitive publiée en 05/21).

L'approche alternative qui consiste à attribuer l'avantage à l'ensemble de la carrière du salarié (sans tenir compte du plafond de calcul de l'indemnité) n'a pas été jugée acceptable par l'IFRS IC.

Cette décision entraîne des conséquences sur de nombreux plans, en France notamment.

Cette Question/Réponse apporte des précisions en la matière, en présentant des exemples d'application pratique de cette décision dans le contexte français.

Commentaires :

1. **Rappel de la norme** Dans le cadre de la détermination de la valeur actuelle de l'obligation au titre d'un régime postérieur à l'emploi à prestations définies, ainsi que du coût des services rendus au cours de la période et, le cas échéant, du coût des services passés, l'entité doit rattacher les droits à prestations aux périodes de service **selon la formule de calcul des prestations établie par le régime.** Toutefois, si les services rendus au cours des années les plus tardives aboutissent à un niveau de droits à prestations significativement supérieur à celui des premières années, l'entité doit répartir les droits à prestations **de manière linéaire** sur l'intervalle entre :

– la date à laquelle les services rendus par le membre du personnel ont commencé à générer des droits à prestations en vertu du régime (que ceux-ci soient ou non conditionnés à des services ultérieurs) ; et

28325 (suite) – la date à laquelle les services additionnels rendus par le membre du personnel cessent de générer des droits à prestations additionnelles pour un montant significatif en vertu du régime, autre que ce qui pourrait résulter d'augmentations de salaire futures (IAS 19.70).

Dans un régime à prestations définies, les services rendus par le salarié donnent droit à une obligation, même si l'acquisition définitive des droits est soumise à une condition de poursuite de l'emploi jusqu'à une certaine date (autrement dit, même si ces droits ne sont pas acquis, tant que le salarié n'a pas atteint cette date, en général la date de son départ en retraite). Les années de service antérieures à la date d'acquisition des droits génèrent une obligation implicite parce que, à chaque nouvelle période, le nombre d'années de service que le salarié devra encore effectuer avant d'avoir droit aux prestations diminue. La probabilité de présence dans l'entreprise à la date de départ en retraite, pour avoir droit à l'avantage, est prise en compte dans l'évaluation de l'engagement et non pas dans la détermination du fait générateur de l'obligation (IAS 19.72).

En France, la plupart des régimes d'indemnités de départ en retraite (IDR) ou d'indemnités de fin de carrière (IFC) sont des régimes à droits accumulés, nécessitant la présence du salarié dans l'entreprise à sa date de départ en retraite pour obtenir le bénéfice de l'engagement accumulé au cours de ses années de service. En revanche, dans d'autres juridictions, comme aux Etats-Unis ou en Angleterre, les régimes sont à droits acquis (i.e. non soumis à une condition de présence jusqu'à la retraite).

2. Application des principes d'attribution des avantages aux périodes de service dans le cas soumis à l'IFRS IC en 2021 L'IFRS IC a analysé en 2021 le cas d'un régime à prestations définies selon lequel :

– le bénéficiaire reçoit une indemnité à la date de son départ en retraite, fixé à 62 ans, sous réserve qu'il soit présent dans l'entreprise à cette date ;
– l'indemnité forfaitaire est égale à un mois de salaire final acquis au titre de chaque année d'ancienneté et est plafonnée à 16 années de service, soit une indemnité de 16 mois maximum ;
– les années de service prises en compte doivent être consécutives.

L'IFRS IC a conclu dans ce cas que la provision à comptabiliser au titre de l'avantage ne doit être constituée que sur la période qui couvre les 16 dernières années de services rendus par le salarié (ou entre la date d'emploi et la date de départ en retraite, si la durée ainsi déterminée est inférieure à 16 ans).

L'IFRS IC s'est appuyé pour sa conclusion sur IAS 19.70a, ainsi que sur une partie de l'exemple 2 d'IAS 19.73, en justifiant que, dans un tel cas, seuls les services rendus à compter de la 16e année précédant le départ en retraite génèrent l'obtention de droits au titre de l'avantage. En d'autres termes, les services rendus par le salarié avant cette période ne donnent droit à aucune quote-part de l'avantage qu'il obtiendra à la date de son départ en retraite.

Selon l'IFRS IC, l'approche qui consiste à considérer que l'engagement doit être étalé sur toute la durée d'emploi du salarié, donc entre sa date de début d'emploi et sa date de retraite, n'est pas acceptable au regard des principes d'IAS 19 (IFRIC Update 04/21, décision définitive publiée en 05/21).

3. Conséquences pour les régimes d'avantages postérieurs à l'emploi concernés

a. Champ d'application Cette décision remet en cause les principes appliqués jusque-là, en France particulièrement, pour de nombreux régimes répondant aux caractéristiques de celui évoqué par l'IFRS IC, notamment des régimes d'indemnités de départ en retraite (IDR ou IFC) ou d'autres types de régimes similaires, tels que certains régimes de retraite supplémentaires (dits « chapeau »), des régimes de mutuelle de santé, etc.

Ainsi, dès lors que le régime implique le versement d'une indemnité, dont le montant dépend de l'ancienneté et est plafonné en fonction du nombre d'années de services rendus, la méthode de provisionnement du plan retenu jusqu'alors est susceptible d'être impactée.

Remarque – Cas des régimes de retraite supplémentaires en France Les régimes à droits aléatoires (L 137-11) ont été fermés aux nouveaux entrants, et les droits attachés à ces régimes ont été figés au 31 décembre 2019, en application de l'ordonnance 2019-697 du 3 juillet 2019. Au 1er janvier 2020, si les droits restent soumis à une condition de présence, ils ne sont plus liés à l'ancienneté, ce qui exclut ces régimes du champ d'application de la décision de l'IFRS IC. Une application rétrospective de la décision de l'IFRS IC aurait pu conduire à réapprécier les montants comptabilisés sur les périodes historiques, mais les régimes ayant été gelés antérieurement au 1er janvier 2020, un tel retraitement n'affecterait pas les états financiers présentés pour les exercices clos à partir du 31 décembre 2021.

Quant aux nouveaux régimes éventuellement mis en place à la suite de l'ordonnance précitée, les droits à retraite sont acquis au bénéficiaire même en cas de départ de l'entreprise avant la retraite, de tels régimes ne sont plus soumis à la condition de présence dans l'entreprise à la date de départ en retraite, ce qui les exclut de facto du champ d'application de la décision de l'IFRS IC.

b. Modalités d'application et exemples d'application pratiques Dans la plupart des cas, la mise en œuvre de la décision va impliquer, pour les entreprises, de revoir les modalités d'étalement du coût de l'avantage sur la période de service. Ainsi, le coût des services rendus constaté au titre d'un salarié donné pourrait avoir été surévalué pour certains salariés, par exemple ceux entrés jeunes dans l'entreprise et n'ayant pas encore atteint le nombre d'années d'ancienneté nécessaires pour commencer à constituer des droits au titre du régime. Pour ces salariés, il conviendra de reprendre, à la date de transition à la nouvelle méthode, la quote-part de provision déjà constituée et de ne reconstituer l'engagement qu'à compter de la date à laquelle l'ancienneté requise est atteinte (dans ce cas, une reprise de provision devra être comptabilisée à la date de la transition). **28325** (suite)

Exemples pratiques d'application :

Cas 1 (extrait de la convention collective de l'industrie du pétrole applicable en 2021) Tout salarié quittant à son initiative l'entreprise pour partir à la retraite a droit à une indemnité de départ en retraite égale à 3 mois de ses derniers appointements.

Dans ce cas, la décision de l'IFRS IC ne trouve pas à s'appliquer, car les droits déterminés selon le régime ne dépendent pas de l'ancienneté du salarié (i.e. il percevra ses 3 mois d'indemnités, quelle que soit son ancienneté dans l'entreprise à la date de son départ en retraite) et les droits ne sont pas plafonnés après un certain nombre d'années d'ancienneté. Ainsi, il convient de répartir linéairement le coût de l'engagement sur toute la carrière du salarié, depuis sa date d'embauche (pas de changement de traitement comptable à la suite de la décision de l'IFRS IC).

Cas 2 (extrait de la convention collective du Syntec applicable en 2021) Selon cette convention collective, à son départ en retraite, s'il est présent dans l'entreprise à cette date, un salarié ayant plus de cinq ans d'ancienneté à la retraite percevra une indemnité en cas de départ à son initiative égale à 1/5e de mois de salaire par année d'ancienneté. L'indemnité n'est pas plafonnée à partir d'un certain niveau d'ancienneté à la retraite.

Dans ce cas, la décision de l'IFRS IC ne trouve pas non plus à s'appliquer, car, même si les droits déterminés selon le régime dépendent de l'ancienneté du salarié à la date de son départ en retraite, ces droits ne sont pas plafonnés après un certain nombre d'années. Ainsi, il convient de répartir linéairement le coût de l'engagement sur toute la carrière du salarié, depuis sa date d'embauche, sous réserve qu'il atteigne au moins cinq ans d'ancienneté à sa date de départ en retraite (pas de changement de traitement comptable à la suite de la décision de l'IFRS IC).

Un salarié ayant moins de cinq ans d'ancienneté à la retraite ne percevra pas d'indemnité. La question de la période d'étalement de l'engagement pour un tel salarié ne se pose donc pas.

Cas 3 (extrait de la convention collective de l'industrie pharmaceutique applicable en 2021) Selon cette convention, sous réserve de la présence du salarié à la retraite, un salarié ayant plus de trois ans d'ancienneté à la retraite percevra une indemnité en cas de départ à son initiative égale à 3/10e de mois de salaire par année d'ancienneté. L'indemnité est plafonnée à 9 mois de salaire (ce qui correspond à 30 ans d'ancienneté).

Dans ce cas, la décision de l'IFRS IC trouve à s'appliquer. Ainsi :
- pour un salarié ayant entre trois ans et trente ans d'ancienneté à la retraite, il convient de répartir linéairement le coût de l'engagement sur toute la carrière du salarié, depuis sa date d'embauche, sous réserve qu'il atteigne trois ans d'ancienneté à sa date de départ en retraite (pas de changement de traitement comptable à la suite de la décision de l'IFRS IC) ;
- pour un salarié ayant plus de trente ans d'ancienneté à la retraite, en application de la décision de l'IFRS IC, seules les trente dernières années de service précédant le départ en retraite génèrent un droit à l'avantage. Il convient donc d'étaler le coût de l'engagement sur les trente années précédant le départ à la retraite (au cours des premières années de service, avant qu'il atteigne les trente dernières années, aucun engagement n'est constitué pour ce salarié).

Cas 4 (extrait de la convention collective des ingénieurs et cadres de la métallurgie applicable en 2021) Selon cette convention, un salarié percevra une indemnité en cas de départ à son initiative dans les conditions suivantes :
- plus de 2 ans et moins de 5 ans d'ancienneté à la retraite, 0,5 mois de salaire ;
- plus de 5 ans et moins de 10 ans d'ancienneté à la retraite, 1 mois de salaire ;
- plus de 10 ans et moins de 20 ans d'ancienneté à la retraite, 2 mois de salaire ;
- plus de 20 ans et moins de 30 ans d'ancienneté à la retraite, 3 mois de salaire ;
- plus de 30 ans et moins de 35 ans d'ancienneté à la retraite, 4 mois de salaire ;
- plus de 35 ans et moins de 40 ans d'ancienneté à la retraite, 5 mois de salaire ;
- plus de 40 ans d'ancienneté à la retraite, 6 mois de salaire.

Dans un tel cas, la décision de l'IFRS IC trouve à s'appliquer, même si le cas de la constitution des droits par palier n'a pas été expressément discuté à l'IFRS IC. Il convient à notre avis, et en accord avec la position de place prise en France sur ce sujet, d'analyser pour chaque salarié quel niveau d'ancienneté minimum est nécessaire pour obtenir l'indemnité de départ à la retraite à laquelle il a droit. Ainsi, à titre d'exemple, pour un salarié ayant 19 ans d'ancienneté à la retraite, seules les 10 années de service précédant le départ à la retraite génèrent un droit à l'avantage. Il convient donc pour ce salarié d'étaler le coût de l'engagement sur les 10 années précédant le départ à la retraite (au cours des 9 premières années de service, avant qu'il atteigne les dix dernières années, aucun engagement n'est constitué pour ce salarié).

c. **Date d'application de la décision dans les comptes des entreprises** S'agissant d'une décision de l'IFRS IC, le processus mis en place par l'IASB laisse un **délai raisonnable et suffisant** pour permettre aux entreprises de mettre en œuvre la décision (« Due process handbook »/manuel de procédure de l'IASB, § 8.6).

Pour plus de détails sur l'application d'une décision définitive de l'IFRS IC, voir nº 12712.

Dans la majorité des cas, la décision a dû être appliquée dans les comptes annuels établis au 31 décembre 2021 (ou courant 2022 pour les clôtures décalées).

Remarque Dans les cas rares où la décision de l'IFRS IC n'est pas encore appliquée dans les comptes, et si cette décision est susceptible d'avoir des impacts significatifs sur les états financiers, il est nécessaire d'indiquer les raisons pour lesquelles la décision n'a pas encore été appliquée, les analyses qui sont en cours, les effets potentiels sur les états financiers ainsi que le plan de mise en œuvre, et ce, en application des principes d'IAS 8.30 et .31.

Avec l'aide de leurs actuaires, les entreprises doivent alors effectuer un diagnostic d'impacts de la décision, à partir des régimes en vigueur dans leur groupe, non seulement en France, mais également, le cas échéant, à l'international, et sur la base des dispositions des conventions collectives, accords de branche et d'entreprises applicables.

Prestations versées aux bénéficiaires d'un régime financé à prestations définies

28330 ***Question***

Comment, en pratique, comptabiliser les prestations versées aux bénéficiaires d'un régime financé d'avantages postérieurs à l'emploi à prestations définies ?

Réponse

En diminution de la provision comptabilisée au titre des prestations définies.

La contrepartie sera différente selon :

– l'identité de celui qui effectue le versement aux bénéficiaires : l'entité qui accorde le régime ou le fonds/contrat d'assurance ; et

– la nature des actifs de couverture (fonds/contrat d'assurance) : actifs du régime ou droits à remboursement.

Commentaires Rappelons que les régimes à prestations définies peuvent être des régimes non financés, partiellement financés ou intégralement financés par les cotisations d'une entité à une autre entité ou un fonds juridiquement distinct de cette première entité et sur lesquelles sont prélevées les prestations servies aux bénéficiaires (IAS 19.56). Un tel financement peut également être réalisé par le biais d'un contrat d'assurance (IAS 19.46 s.), voir nº 28360.

Dans le cas d'un régime à prestations définies financé, par exemple celui d'une entité qui finance intégralement ou partiellement son régime d'avantages postérieurs à l'emploi en versant des cotisations à un fonds, juridiquement distinct, les prestations sont versées aux bénéficiaires par le fonds (ou par l'entité) qui est ensuite remboursé(e) par le fonds. La norme IAS 19 renvoie dans ce cas aux dispositions générales applicables aux régimes d'avantages postérieurs à l'emploi (IAS 19.26).

Elle prévoit toutefois des dispositions spécifiques dans le cas où le régime est financé par un contrat d'assurance (« prestations assurées ») (IAS 19.46 s.), voir nº 28360.

Le versement des prestations aux bénéficiaires correspond à un remboursement de la dette actuarielle (valeur actuelle de l'obligation telle que déterminée par IAS 19.66 s.). En conséquence, la comptabilisation des prestations versées aux bénéficiaires génère une diminution de l'obligation de l'entreprise au titre des prestations définies.

En pratique, la diminution de l'obligation de l'entité aura une **contrepartie différente** selon :

a. **l'identité de l'entité** qui effectue le versement, c'est-à-dire soit l'entité qui accorde le régime d'avantages postérieurs à l'emploi, soit le fonds auquel sont versées les cotisations ;

b. **la nature des actifs de couverture** qui peuvent être soit des actifs du régime, soit des droits à remboursement.

Pour la distinction entre actifs de couverture et droits à remboursement, voir nº 28460.
Pour la comptabilisation des prestations versées dans le cadre d'un régime d'avantages postérieurs à l'emploi à prestations définies non financé, voir nº 28332.
Pour le détail des écritures comptables, voir l'exemple ci-après.

■ *Exemple*

L'entité Y accorde à ses employés un régime d'avantages postérieurs à l'emploi à prestations définies. Ce régime est financé par versement de cotisations à un fonds. Le montant des prestations versées aux bénéficiaires sur l'exercice est de 430 K€.

Solution de l'exemple *A notre avis, pour un meilleur suivi de la provision pour retraite et notamment concernant les informations à fournir en annexe, des sous-comptes peuvent être utilisés pour enregistrer les prestations payées aux bénéficiaires, dans le cadre d'un régime financé.*

Remarque – Décomposition de la provision au titre des prestations définies *Plusieurs sous-comptes composent ainsi le montant enregistré au passif (provision) au titre des prestations définies :*
– Provision – Valeur actuelle de l'obligation (« defined benefit obligation »/DBO) ;
– Provision – Actifs du régime.
La somme de ces sous-comptes donne le montant total de la provision comptabilisée.

Les écritures dans l'état de situation financière (ou bilan) relatives à la comptabilisation du reversement des prestations sont présentées dans les deux hypothèses suivantes :

Hypothèse 1 : le paiement des prestations est effectué aux bénéficiaires directement par le fonds			
Si les actifs de couverture sont des actifs du régime :			
Dt	*Provision – Valeur actuelle de l'obligation (DBO)*	*430*	
Ct	*Provision – Actifs du régime (1)*		*430*
Si les actifs de couverture sont des droits à remboursement :			
Dt	*Provision – Valeur actuelle de l'obligation (DBO)*	*430*	
Ct	*Droits à remboursement (2)*		*430*
Hypothèse 2 : le paiement des prestations aux bénéficiaires est effectué par l'entité puis lui est remboursé par le fonds			
Comptabilisation du paiement des prestations aux bénéficiaires :			
Dt	*Provision – Valeur actuelle de l'obligation (DBO)*	*430*	
Ct	*Trésorerie*		*430*
Si les actifs de couverture sont des actifs du régime :			
Dt	*Trésorerie*	*430*	
Ct	*Provision – Actifs du régime (1)*		*430*
Si les actifs de couverture sont des droits à remboursement :			
Dt	*Trésorerie*	*430*	
Ct	*Droits à remboursement (2)*		*430*
(1) Les actifs du régime sont comptabilisés en déduisant leur juste valeur du montant comptabilisé au passif au titre des prestations définies (IAS 19.113). *(2) Les droits à remboursement sont comptabilisés en tant qu'actifs distincts dans l'état de situation financière (ou bilan) (IAS 19.116).*			

Prestations versées aux bénéficiaires d'un régime non financé à prestations définies

28332

Question

Comment comptabiliser les prestations versées aux bénéficiaires d'un régime non financé d'avantages postérieurs à l'emploi à prestations définies ?

Réponse

En déduction de la provision comptabilisée au titre des prestations définies.

Commentaires Rappelons que les régimes à prestations définies peuvent être des régimes non financés, partiellement financés ou intégralement financés par les cotisations d'une entité à une autre entité ou un fonds juridiquement distinct de cette première entité et sur lesquelles sont prélevées les prestations servies aux bénéficiaires (IAS 19.56).

Dans un régime non financé, les prestations sont versées aux bénéficiaires par l'entité qui accorde le régime. Le versement des prestations aux bénéficiaires correspond à un remboursement de la dette actuarielle (valeur actuelle de l'obligation telle que déterminée par IAS 19.66 s.). En conséquence, la comptabilisation des prestations versées aux bénéficiaires engendre une diminution de l'obligation de l'entreprise au titre des prestations définies.

Pour la comptabilisation des prestations dans le cadre d'un régime d'avantages postérieurs à l'emploi à prestations définies financé, voir n° 28330.

■ *Exemple*

L'entité Y accorde à ses employés un régime d'avantages postérieurs à l'emploi à prestations définies. Ce régime est non financé. Le montant des prestations versées aux bénéficiaires sur l'exercice est de 430 K€.

Solution de l'exemple *A notre avis, pour un meilleur suivi de la provision retraite et notamment concernant les informations à fournir en annexe, des sous-comptes peuvent être utilisés pour enregistrer les prestations payées aux bénéficiaires, dans le cadre d'un régime non financé.*

Remarque – Décomposition de la provision au titre des prestations définies *Plusieurs sous-comptes composent ainsi le montant enregistré au passif (provision) au titre des prestations définies (voir n° 28330).*

La somme de ces sous-comptes donne le montant total de la provision comptabilisée.

L'écriture pour la comptabilisation dans l'état de situation financière (ou bilan) du paiement, par l'entité, des prestations aux bénéficiaires est la suivante :

Dt	*Provision – Valeur actuelle de l'obligation (DBO)*	*430*	
Ct	*Trésorerie*		*430*

Cotisations versées à un fonds ou à un contrat d'assurance au titre d'un régime à prestations définies

28360 ***Question***

Comment comptabiliser les cotisations versées à un fonds ou à un contrat d'assurance, au titre d'un régime d'avantages postérieurs à l'emploi à prestations définies ?

Réponse

Selon la nature des actifs de couverture que constituent le fonds ou le contrat d'assurance :
- s'il s'agit d'actifs du régime, comptabilisation des cotisations versées en déduction de la provision au titre des prestations définies ;
- s'il s'agit de droits à remboursement, comptabilisation des cotisations versées à l'actif.

Commentaires Rappelons que les régimes à prestations définies peuvent être des régimes non financés, partiellement financés ou intégralement financés par les cotisations d'une entité à une autre entité ou un fonds juridiquement distinct de cette première entité et sur lesquelles sont prélevées les prestations servies aux bénéficiaires (IAS 19.56). Un tel financement peut aussi être réalisé par le biais d'un contrat d'assurance.

Dans le cas d'un régime à prestations définies, intégralement ou partiellement financé par les cotisations que l'entreprise verse à un fonds, le versement des cotisations constitue :
- soit des actifs du régime, tels que définis par IAS 19.8 ;

Par exemple, des actifs détenus par un fonds en faveur des bénéficiaires du régime ou encore des contrats d'assurance éligibles (IAS 19.8).

– soit des droits à remboursement.

Pour la distinction entre les actifs du régime et les droits à remboursements, voir n° 28460.

Selon IAS 19.63, les **actifs du régime** sont comptabilisés à leur juste valeur **en déduction du montant comptabilisé au passif au titre des prestations définies.** En revanche, **les droits à remboursement** doivent être comptabilisés **en tant qu'actifs distincts** (IAS 19.116).

Pour la comptabilisation des prestations versées dans le cadre d'un régime d'avantages postérieurs à l'emploi à prestations définies financé, voir n° 28330.

■ *Exemple*

L'entité Y accorde à ses employés un régime d'avantages postérieurs à l'emploi à prestations définies. Ce régime est financé par le versement de cotisations à un fonds (500 K€ pour l'exercice N).

Solution de l'exemple *A notre avis, pour un meilleur suivi de la provision retraite et notamment concernant les informations à fournir en annexe, des sous-comptes peuvent être utilisés pour enregistrer les cotisations versées au fonds, dans le cadre d'un régime financé.*

Remarque – Décomposition de la provision au titre des prestations définies Plusieurs sous-comptes composent ainsi le montant enregistré au passif (provision) au titre des prestations définies (voir n° 28330).

Les écritures à constater dans l'état de situation financière (ou bilan) pour comptabiliser le paiement de la cotisation sont les suivantes :

a. si les actifs de couverture sont des actifs du régime :			
Dt	*Provision – Actifs du régime (1)*	*500*	
Ct	*Trésorerie*		*500*
b. si les actifs de couverture sont des droits à remboursement :			
Dt	*Droits à remboursement (2)*	*500*	
Ct	*Trésorerie*		*500*

(1) Les actifs du régime sont comptabilisés en déduisant leur juste valeur du montant comptabilisé au passif au titre des prestations définies (IAS 19.113).
(2) Les droits à remboursement sont comptabilisés en tant qu'actifs distincts dans l'état de situation financière (ou bilan) (IAS 19.116).

Cotisations versées par des membres du personnel

28362

Question

Comment comptabiliser les cotisations versées par des membres du personnel, dans le cadre d'un régime à prestations définies, lorsque ce versement est prévu par les dispositions du régime, notamment afin de faire participer les employés au financement du régime ?

Réponse

De telles cotisations sont à comptabiliser soit en coût des services rendus (au compte de résultat), soit en écarts actuariels (en OCI ou autres éléments du résultat global), selon qu'elles sont ou non liées aux services rendus par les membres du personnel (en d'autres termes, selon qu'elles dépendent et/ou varient en fonction de l'ancienneté du salarié).

Commentaires La norme IAS 19 clarifie le traitement comptable des **cotisations versées par les employés** dans le cadre d'un régime, lorsque ce versement est prévu par les dispositions du régime, et ce pour participer au financement des avantages.

Cette situation est peu fréquente en France mais se rencontre généralement au Royaume-Uni ou aux Etats-Unis.

Ainsi, ces cotisations sont à comptabiliser soit en coût des services rendus, soit en écart actuariel selon qu'elles sont liées ou non aux services rendus (IAS 19.92 à .94). En d'autres termes, le traitement va dépendre du fait que ces cotisations dépendent et/ou varient en fonction de l'ancienneté du salarié.

Lorsque les versements ne sont pas prévus par les dispositions du régime et sont donc seulement discrétionnaires, les cotisations versées par des membres du personnel viennent réduire le coût des services rendus et sont donc comptabilisées au compte de résultat, à la date à laquelle elles sont versées au régime (IAS 19.92).

Trois cas sont distingués, selon IAS 19.93 :

– Cas où **les cotisations sont liées aux services rendus au cours de la période au titre de laquelle la cotisation est versée et ne varient pas avec l'ancienneté du salarié** Ces cotisations sont comptabilisées au compte de résultat et peuvent être soit traitées comme une réduction du coût des services rendus au cours de cette période, soit étalées sur la période de service des salariés selon la méthode retenue pour la constitution de l'engagement (IAS 19.70), c'est-à-dire soit en suivant la formule du régime, soit en linéaire (choix de méthode comptable) ;

Les cotisations qui ne varient pas avec l'ancienneté du salarié sont, par exemple, celles qui correspondent à un pourcentage fixe du salaire de l'employé, ou à un montant fixe, ou encore qui sont fonction de l'âge du salarié (mais pas de son ancienneté).

– Cas où **les cotisations sont liées aux services rendus et varient en fonction de l'ancienneté du salarié** Ces cotisations sont comptabilisées au compte de résultat et sont à étaler sur la période de service des salariés selon la méthode retenue pour la constitution de l'engagement (IAS 19.70), c'est-à-dire soit en suivant la formule du régime, soit en linéaire ;

– Cas où **les cotisations ne sont pas liées aux services rendus** Ces cotisations sont reflétées dans l'évaluation de l'obligation, i.e. comptabilisées en écarts actuariels.

Les cotisations qui ne sont pas liées aux services rendus sont, par exemple, celles qui sont requises pour réduire un déficit du régime, provenant d'une diminution de la valeur des actifs du régime ou de pertes actuarielles.

Ces différents cas sont synthétisés dans le schéma ci-après, annexé à IAS 19.A1.

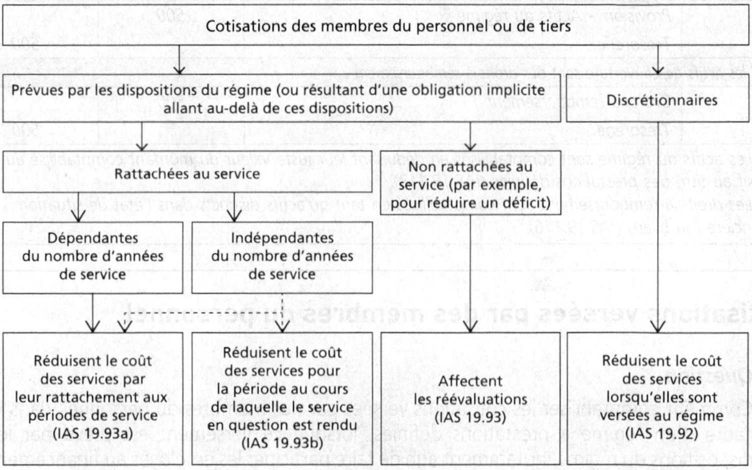

- - - -> La flèche en pointillés indique que l'entité est autorisée à choisir l'une ou l'autre méthode de comptabilisation.

Taux d'actualisation des engagements au titre des avantages postérieurs à l'emploi ou autres avantages à long terme

28369 ***Question***

Quels sont les principes de détermination du taux d'actualisation utilisé dans l'évaluation des avantages postérieurs à l'emploi ou autres avantages à long terme, selon la norme IAS 19 ?

Réponse

Le taux à utiliser est déterminé par référence aux taux de rendement du marché des obligations d'entreprises de première catégorie.

Pour des précisions sur la notion d'obligations d'entreprises de première catégorie, voir n° 28370.

1. S'il n'existe pas de marché actif pour des obligations à échéance suffisamment longue pour correspondre à l'échéance estimée de versement des prestations, l'entité estime le taux d'actualisation pour les échéances plus lointaines par extrapolation des taux actuels du marché à l'aide de la courbe des taux de rendement.
2. S'il n'existe pas de marché actif pour ce type d'obligations, il convient de retenir les taux de rendement du marché des obligations d'Etat.

En pratique, dans la zone euro, le panier d'indices est composé d'entreprises notées AA (ou plus) qui font l'objet d'un marché toujours actif dans cette zone. A partir de ce panier d'indices, plusieurs approches sont possibles : soit l'utilisation d'un taux unique, en fonction de la duration du régime, soit le recours à une courbe de taux, qui affine le calcul en appliquant à chaque flux de prestation versée un taux différent, fonction des conditions de marché. **28369** (suite)

Quelle que soit la méthodologie retenue, la détermination du taux d'actualisation selon les principes de la norme IAS 19 requiert l'exercice du jugement et il est nécessaire, à chaque clôture, de s'assurer de la permanence de la méthodologie retenue pour la construction de la courbe, sauf en cas de changements dans les faits et circonstances propres au groupe ou au régime. Nous insistons sur deux points en particulier :
- la correcte pondération des différents taux observés par les flux probables liés aux prestations versées ; et
- la bonne modélisation de la courbe pour les échéances les plus longues de l'engagement, là où très peu d'émissions sont observées.

Commentaires :

1. **Principe général** Selon IAS 19.83, le taux à appliquer pour actualiser les obligations au titre des avantages postérieurs à l'emploi (qu'il s'agisse de régimes capitalisés ou non) doit être déterminé par référence aux taux de rendement, à la fin de la période de présentation de l'information financière, du **marché des obligations d'entreprises de première catégorie.** Dans les pays où ce type de marché n'est pas actif, le taux à retenir doit être celui (à la clôture) des obligations d'Etat (IAS 19.83).

Pour des précisions sur la manière de déterminer le taux d'actualisation, lorsque les émissions d'obligations d'entreprises de 1re catégorie retenues présentent des taux proches de zéro, voire négatifs, voir n° 28372.

La monnaie et la durée des obligations d'entreprises retenues doivent correspondre à celles des obligations de l'entité qui établit ses comptes IFRS au titre de ses avantages postérieurs à l'emploi.

Dans certaines circonstances, il se peut qu'il n'existe pas de marché actif pour des obligations à échéance suffisamment longue pour correspondre à l'échéance estimée de versement des prestations. Dans ce cas, l'entité utilise les taux actuels de marché dont le terme est approprié pour actualiser les paiements à court terme et estime le taux d'actualisation pour les échéances plus lointaines, par extrapolation des taux actuels du marché à l'aide de la courbe des taux de rendement (IAS 19.86).
L'IFRS IC a indiqué qu'il n'est pas possible d'appliquer un « taux équivalent au taux de marché des obligations d'entreprises de première catégorie », qui serait « reconstitué » en se référant au marché des obligations d'un autre pays (IFRIC Update 06/05).

La norme IAS 19 ne définit pas explicitement la notion d'entreprises de première catégorie (« high quality »).

Pour plus de précisions sur cette notion et sur celle de marché actif, voir n° 28370.
Remarque En US GAAP, le taux d'actualisation est également déterminé par référence au taux des obligations d'entreprises de première catégorie. Mais la SEC a précisé que la notion d'obligation d'entreprises de première catégorie doit être interprétée comme définissant une obligation dont la notation fait partie des deux meilleures données par une agence de notation reconnue.

2. **Situation en pratique dans la zone euro** Les taux ont jusqu'à présent été déterminés à partir d'indices composés d'obligations d'entreprises **notées AA et +.**

A partir de ce panier d'indices, en effet, plusieurs approches sont possibles pour déterminer le taux d'actualisation : soit l'utilisation d'un taux unique, en fonction de la duration du régime, soit le recours à une courbe de taux. Depuis quelques années, cette seconde approche est fréquemment retenue par les entreprises. Ainsi, de plus en plus d'entreprises ont développé leur propre courbe de taux, soit en interne, soit via leur actuaire, ce qui permet d'apprécier plus finement l'engagement en affinant le calcul en appliquant à chaque flux de prestation versée un taux différent en fonction des conditions de marché.

Quelle que soit la méthodologie retenue, la détermination du taux d'actualisation selon les principes de la norme IAS 19 requiert l'exercice du jugement. Ainsi, il est nécessaire, à chaque clôture, de s'assurer de la fiabilité et de la pertinence de la méthodologie retenue pour la construction du taux ou de courbes de taux, dont les hypothèses doivent rester cohérentes d'une période à l'autre, sauf en cas de changements dans les faits et circonstances propres au groupe ou au régime.

Lorsqu'une courbe de taux est élaborée, il convient notamment d'être vigilant sur deux points en particulier :
- la correcte pondération des différents taux observés par les flux probables liés aux prestations versées ; et
- la bonne modélisation de la courbe pour les échéances les plus longues de l'engagement, là où très peu d'émissions sont observées.

Les courbes de taux présentées ci-après sont élaborées par nos soins, à titre illustratif uniquement, pour donner une tendance sur l'évolution des taux sur les dernières années, à des échéances allant de 5 à 25 ans. Ainsi, après une relative stabilité des taux entre 2017 et fin 2018, ces courbes montrent une baisse marquée sur l'année 2019 de l'ordre de 70 points de base selon les indices. Pour l'année 2020, une baisse de l'ordre de 30 à 40 points de base a été observée. En revanche en 2021, une hausse des taux de l'ordre de 50 à 70 points de base a été observée. Quant aux taux constatés à fin décembre 2022, ils ont augmenté de plus de 260 points de base par rapport à ceux du 31 décembre 2021.

En 2023, les taux constatés à fin mai 2023 ont légèrement diminué de plus de 10 points de base par rapport à ceux du 31 décembre 2022.

Remarque Les entreprises doivent déterminer leurs taux d'actualisation selon les principes d'IAS 19, notamment en tenant compte des caractéristiques propres à leurs régimes d'avantages postérieurs à l'emploi, et en faisant appel à un actuaire, le cas échéant.

A noter que sur les autres zones monétaires, notamment aux Etats-Unis et en Angleterre, non représentées sur le graphique ci-après, une hausse des taux d'actualisation s'est matérialisée de décembre 2021 à fin novembre 2022, selon les indices retenus, de l'ordre de plus de 210 points de base pour les Etats-Unis et autour de plus de 240 points de base en Angleterre. En 2023, les taux constatés à fin mai 2023 ont augmenté d'environ 50 points de base pour l'Angleterre et ont diminué pour les Etats-Unis d'environ entre 10 et 30 points de base par rapport à ceux du 31 décembre 2022.

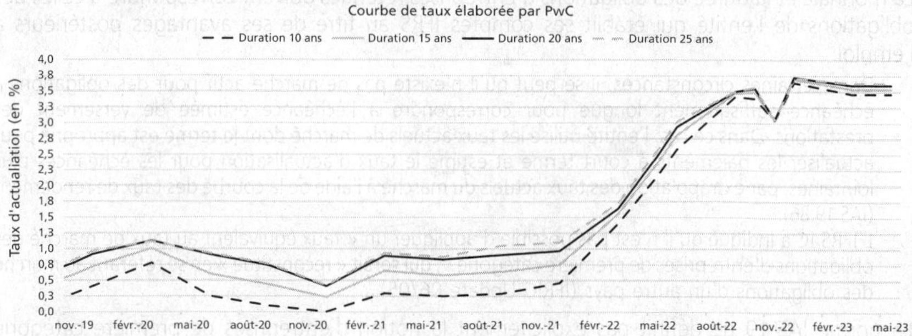

Historique Après une relative stabilité des taux entre 2017 et fin 2018 :

a. **Situation en 2019** La courbe a amorcé une baisse marquée sur la période, de l'ordre de 70 points de base selon les indices.

b. **Situation en 2020** La courbe a connu un pic à la hausse à fin mars lié à la pandémie, puis a de nouveau amorcé une baisse marquée sur la période de l'ordre de 30 à 50 points de base selon les indices entre fin 2019 et fin 2020.

c. **Situation en 2021** La courbe a connu un pic à la hausse à fin mars et les taux ont graduellement augmenté pour atteindre une variation de l'ordre de 60 points de base entre fin 2020 et 2021.

d. **Situation en 2022** La courbe a augmenté durant 2022 de l'ordre de plus de 260 points de base.

e. **Situation en 2023** La courbe a diminué à fin mai 2023 de l'ordre de plus de 10 points de base.

3. **Importance de l'information à fournir sur le taux d'actualisation** Voir nº 28370, point 4.

Notion d'obligations d'entreprises de première catégorie et de marché actif

28370 ***Question***

Dans le cadre de la détermination du taux d'actualisation des engagements de retraite, en l'absence de définition par la norme IAS 19, comment appréhender la notion d'obligations d'entreprises de première catégorie et celle de marché actif ?

28370 (suite)

Réponse

Selon les précisions apportées par l'IFRS IC, et compte tenu de l'existence d'un marché toujours actif pour les obligations AA et + dans la zone euro, il n'est pas possible d'élargir le panier des obligations de première catégorie à des obligations notées A voire moins bien notées, dans la zone euro.

En outre, pour les pays qui ont une monnaie identique, la notion de marché actif est appréciée sur la base des obligations d'entreprises de toute la zone monétaire (zone euro, par exemple) et non pas uniquement de celles d'un pays donné.

Par ailleurs, pour les pays qui auraient adopté une autre monnaie que la leur comme monnaie officielle ou légale, le marché ou pays à retenir ne se limite pas à celui dans lequel l'entité opère, mais intègre également les autres marchés ou pays où les obligations émises sont libellées dans la même monnaie que celle de l'engagement.

L'AMF et l'IFRS IC ont insisté sur l'importance des informations à fournir sur le taux d'actualisation.

Commentaires :

1. Notion d'obligation de première catégorie et de marché actif Des crises économiques et financières (comme celles observées depuis 2008) ainsi que les incertitudes économiques qui en découlent peuvent entraîner la dégradation de nombre d'entreprises de première catégorie entrant dans la composition des principaux indices servant de référence à la détermination du taux d'actualisation. Ces entreprises peuvent ainsi voir leur notation devenir inférieure à AA et par conséquent être retirées des indices de référence cités précédemment.

Ainsi, par exemple, dans le contexte des crises économiques en 2007-2008, compte tenu de la baisse du nombre d'obligations AA constituant ces indices, deux questions s'étaient posées :

a. La première était de savoir si le marché pouvait toujours être considéré comme actif – condition pour prendre comme référence le taux de rendement des obligations d'entreprises de première catégorie.

Si le marché n'était plus considéré comme actif, il conviendrait alors de faire référence aux taux de marché des obligations d'Etat (IAS 19.83).

Dans la zone euro, l'AMF avait alors confirmé l'existence en 2012 d'un marché actif pour les obligations d'entreprises notées AA et +. La dégradation du nombre d'obligations notées AA et + ne suffisant pas à remettre en cause le caractère jugé actif du marché de telles obligations, il n'y avait donc pas lieu de recourir à un taux de marché des obligations d'Etat comme l'impose la norme en cas de marché inactif pour les obligations d'entreprises (Rec. AMF 2012-16, Arrêté des Comptes 2012, § 2.2). Dans le cadre de ses recommandations en vue de l'arrêté des comptes 2013, l'AMF a rappelé que, dans un contexte de marché actif (cas au sein de la zone euro), les sociétés ne devraient pas modifier leurs pratiques existantes.

b. La deuxième question était de savoir si les obligations notées A pouvaient également être considérées comme « de première catégorie », compte tenu de l'absence de définition de la notion d'entreprises de première catégorie dans la norme IAS 19.

En octobre 2012, le comité d'interprétation des normes IFRS (IFRS IC) avait été saisi du sujet relatif à la notion d'entreprises « de première catégorie » et, tout en décidant de ne pas inscrire ce thème à son agenda, avait apporté les précisions suivantes (IFRIC Update 07/13) :

- la notion d'obligation de « première catégorie » utilisée par la norme (IAS 19.83) est une notion absolue et non une notion relative (ce qui aurait été le cas si l'expression de la « plus haute qualité » avait été utilisée) ;
- la nécessité de respecter le principe de permanence des méthodes pour l'identification de la population considérée comme obligations de première catégorie (« High quality corporate bonds »/HQCB) et pour la détermination du taux d'actualisation sur la base de cette population.

L'IFRS IC avait alors indiqué que la baisse du nombre d'obligations de première catégorie n'était pas un argument suffisant pour changer de méthode, tant que le marché est toujours jugé actif.

Ainsi, compte tenu des précisions de l'IFRS IC, de l'existence d'un marché toujours actif pour les obligations AA et + dans la zone euro et de l'obligation d'extrapoler si nécessaire (voir n° 28369, point 1.), il n'est pas possible d'élargir le panier des obligations de première catégorie à des obligations notées A voire moins bien notées, dans la zone euro.

Ces positions demeurent valables. Aucun changement de méthode n'est attendu, toutes choses étant égales par ailleurs, au titre de la détermination du taux d'actualisation pour l'évaluation des engagements de retraite.

2. Détermination du taux d'actualisation pour les groupes de pays qui partagent la même monnaie Pour les groupes de pays qui partagent la même monnaie, l'IFRS IC a indiqué que la notion de marché actif devait être appréciée sur la base des obligations d'entreprises de toute la zone monétaire (zone euro, par exemple) et non pas uniquement de celles d'un pays donné (IFRIC Update 07/13). Cette précision de l'IFRS IC a été confirmée par un amendement apporté à IAS 19 (en ce sens IAS 19.83).

3. Détermination du taux d'actualisation dans un pays qui a adopté une autre monnaie que la sienne comme monnaie officielle ou légale L'IFRS IC a indiqué, dans ce cas, que le marché ou pays à retenir ne se limite pas à celui dans lequel l'entité opère, mais intègre également les autres marchés ou pays où les obligations émises sont libellées dans la même monnaie que celle de l'engagement (IFRIC Update 06/17).

L'IFRS IC a été interrogé dans le cas de l'Equateur qui a adopté l'USD comme monnaie officielle et précisé que, même s'il n'existe pas de marché actif pour les obligations de première catégorie émises par des entreprises équatoriennes, les entités doivent déterminer leur taux d'actualisation à partir des obligations d'entreprises de première catégorie d'autres marchés ou pays libellées dans la même monnaie (par exemple, des entreprises américaines).

4. Importance de l'information à fournir sur le taux d'actualisation L'AMF rappelle aux sociétés ayant des montants de provisions significatifs au titre des avantages postérieurs à l'emploi qu'il convient d'indiquer en annexe le sous-jacent utilisé pour déterminer le taux d'actualisation retenu et le niveau de qualité des obligations d'entreprises utilisées (Rec. AMF 2012-16, Arrêté des Comptes 2012, § 2.2).

De plus, l'AMF indique que présenter la sensibilité des provisions au taux d'actualisation est une information utile pour les lecteurs des états financiers, cette information – ainsi qu'une analyse de sensibilité sur les autres hypothèses clés – est d'ailleurs requise par IAS 19 (IAS 19.145a).

Sur les recommandations de l'AMF et de l'IFRS IC en matière d'informations à fournir sur le taux d'actualisation, voir également n° 28882, point 2c.

Prise en compte de taux négatifs dans la détermination du taux d'actualisation

28372 ***Question***

Dans le cadre de la détermination du taux d'actualisation des engagements de retraite, comment prendre en compte les émissions d'obligations d'entreprises de première catégorie à taux négatifs constatées sur les marchés notamment depuis 2019 ?

Réponse

Dans un contexte économique et financier où il existe de nombreuses émissions d'obligations d'entreprises de première catégorie à taux négatifs, la norme IAS 19 impose, pour la détermination du taux d'actualisation, de retenir tous les taux observables à la date d'évaluation de l'engagement.

Il n'est donc pas possible d'exclure les émissions à taux négatifs, ni de retenir un « floor » à zéro de ces valeurs négatives, lors de l'élaboration du panier d'obligations retenues pour la détermination du taux d'actualisation applicable aux avantages postérieurs à l'emploi ou aux autres avantages à long terme.

Commentaires A titre de rappel, selon IAS 19.83, le taux à appliquer pour actualiser les engagements au titre des avantages postérieurs à l'emploi (qu'il s'agisse de régimes capitalisés ou non), ou des autres avantages à long terme le cas échéant, doit être déterminé **par référence aux taux de rendement, à la date de clôture, du marché des obligations d'entreprises de première catégorie.**

Ainsi, la norme IAS 19 impose de retenir **tous les taux observables à la date d'évaluation de l'engagement.**

En conséquence, dans le cas particulier où le marché actif est constitué d'émissions d'obligations à taux négatifs pour tout ou partie d'entre elles, il n'est donc pas possible d'exclure de telles émissions du panier d'obligations, ni de retenir un « floor » à zéro de ces valeurs négatives. Et ce, quelle que soit la méthodologie retenue par le groupe pour déterminer le taux d'actualisation, en utilisant un taux unique, en fonction de la duration du régime, ou en ayant recours à une courbe de taux.

Notion d'actif « disponible » à comptabiliser au titre d'un excédent de régime à prestations définies

28380

Question

Comment apprécier la notion d'actif « disponible » (sous forme de remboursement ou de réduction de cotisations futures) qui peut être comptabilisé au titre d'un excédent de régime ?

Réponse

L'actif à comptabiliser au titre d'un excédent de régime correspond aux avantages économiques disponibles sous forme de remboursement ou de réduction des cotisations futures :
- qui sont déterminés selon les termes propres du régime et les dispositions réglementaires en vigueur dans la juridiction du régime ;
- qui seront réalisables au cours de la vie du régime ou lors du règlement des passifs du régime ;
- indépendamment de la manière dont l'entité pense utiliser l'excédent du régime ;
- sur la base d'hypothèses sous-jacentes cohérentes.

L'actif disponible sous forme de remboursement est comptabilisé uniquement lorsque l'entreprise a un droit inconditionnel à ce remboursement au cours de la vie du régime ou lors de sa liquidation.

L'actif disponible sous forme d'une diminution des cotisations futures est, en l'absence d'exigence de financement minimal, comptabilisé pour le plus faible de l'excédent du régime et de la valeur actualisée du coût des services futurs (à l'exclusion de la portion de ce coût qui sera supportée par les salariés) pour la période la plus courte entre la durée de vie attendue du régime et la durée de vie attendue de l'entité.

Commentaires Selon IAS 19.64, le montant comptabilisé dans l'état de situation financière (ou bilan) au titre des prestations définies peut être négatif et constituer un actif.

L'augmentation des taux d'intérêt à long terme, les retours positifs sur investissement et les mesures réglementaires accrues en vue d'assurer la solvabilité des régimes de retraite pourraient conduire à ce que des régimes financés deviennent excédentaires, c'est-à-dire que le montant net de l'engagement soit un actif.

Dans ce cas, l'évaluation de l'actif au titre des prestations définies est limitée au plus faible des deux montants suivants (IAS 19.64) :
- l'excédent du régime ;

  L'excédent du régime est égal à la différence entre (IAS 19.8) :
  - la valeur actualisée de l'obligation au titre des prestations définies ; et
  - la juste valeur des actifs du régime.
- le plafond de l'actif (« asset ceiling »).

  Le plafond de l'actif est défini comme la valeur actualisée des avantages économiques disponibles sous forme de remboursements par le régime ou sous forme de diminutions des cotisations futures dues au régime (IAS 19.8).

Sont considérés comme actifs disponibles les avantages économiques (sous forme de remboursement ou de réduction des cotisations futures) :
- qui sont déterminés selon les modalités propres du régime et les dispositions réglementaires en vigueur dans la juridiction du régime (IFRIC 14.7) ;
- qui seront réalisables à tout moment au cours de la vie du régime ou après le règlement des passifs du régime (IFRIC 14.8) ;

  Il n'est donc pas nécessaire que les avantages économiques soient immédiatement réalisables à la date de clôture pour être comptabilisés en tant qu'actifs disponibles selon IAS 19.
- indépendamment de la manière dont l'entité pense utiliser l'excédent du régime (IFRIC 14.9) ;

  Décision de l'ESMA L'ESMA a confirmé ce principe, pour un émetteur qui avait, dans le cadre de l'évaluation d'un excédent de régime, limité son appréciation des avantages économiques disponibles au montant qu'il s'attendait à se voir rembourser par une compagnie d'assurance. L'émetteur souhaitait lui transférer son obligation et ses actifs de régime, via un mécanisme de rachat (« buy-out »), en contrepartie d'un montant de trésorerie, peu significatif au regard de

28380 (suite) l'excédent du régime. L'ESMA a considéré que l'intention de l'émetteur d'obtenir, via le rachat, un montant moins important que celui auquel il pouvait avoir droit par ailleurs ne devait pas être prise en compte. Au contraire, le montant maximum d'avantages économiques disponibles sous forme de remboursement devait être réévalué, indépendamment de cette intention (EECS/0116-10, 07/16).

- sur la base d'hypothèses sous-jacentes cohérentes (IFRIC 14.9).

Ainsi, une entité ne peut comptabiliser les avantages économiques provenant à la fois de remboursements, de réductions des contributions futures ou d'une combinaison des deux, qui dépendent d'hypothèses contradictoires (par exemple, comptabiliser à la fois un remboursement – prévu contractuellement en cas de liquidation du régime – et une réduction des cotisations futures – prévue contractuellement en cas de population active stable).

a. Avantage économique « disponible » sous forme de remboursement Un actif disponible sous forme de remboursement est comptabilisé uniquement lorsque l'entreprise a un **droit inconditionnel** à ce remboursement de l'une des manières suivantes (IFRIC 14.11) :

- au cours de la vie du régime, le droit au remboursement n'étant pas lié au règlement des passifs du régime ; ou

Exemple de juridictions dans lesquelles une entité peut avoir un droit contractuel au remboursement pendant la vie du régime, que les passifs de ce régime soient réglés ou non.

- dans l'hypothèse d'un règlement progressif des passifs du régime au fil du temps jusqu'à ce que l'ensemble des affiliés aient quitté le régime ; ou encore
- dans l'hypothèse d'un règlement total et en une seule fois des passifs du régime, par exemple, en cas de liquidation de régime.

Et ceci, **quel que soit le niveau de financement du régime à la date de clôture.**

Remarque Apprécier l'existence d'un droit inconditionnel peut être difficile en pratique. Si le droit à remboursement de l'excédent du régime dépend de la survenance ou non d'un ou plusieurs événements futurs incertains qui n'est/ne sont pas totalement sous le contrôle de l'entité, il n'existe pas de droit inconditionnel et, en conséquence, aucun actif n'est comptabilisé (IFRIC 14.12).

C'est le cas, par exemple, d'un droit à remboursement soumis à l'approbation de trustees/administrateurs, c'est-à-dire de tiers (i) qui dirigent un fonds séparé auquel des cotisations sont versées et qui paient des prestations et (ii) qui gèrent de façon indépendante les actifs de financement (IAS 26.11, la norme IAS 26 étant relative à la comptabilisation et aux rapports financiers des réformes de retraite). Toutefois, un droit inconditionnel à remboursement peut exister si l'approbation des trustees est de pure forme.

Par ailleurs, un actif ne peut pas être comptabilisé lorsqu'il est conditionnel, même si le remboursement est probable.

Selon une autre analyse, également acceptable, l'existence d'un actif ne peut pas être affectée par des actions futures éventuelles qui pourraient modifier le montant de l'excédent recouvrable in fine (IFRIC 14.BC10).

L'entité doit mentionner en annexe le jugement exercé pour déterminer l'analyse et la méthode comptable retenues (IAS 1.122).

L'actif « disponible » sous forme de remboursement ainsi déterminé est évalué, net des coûts associés (IFRIC 14.13).

Exemple de coûts associés :
- impôt, autre que l'impôt sur le résultat, qui serait dû au titre du remboursement (IFRIC 14.13) ;
- coûts de liquidation du régime, si le remboursement est calculé sur la base de la clôture du régime (IFRIC 14.14), sachant qu'ils peuvent être très élevés, jusqu'à atteindre le montant de l'actif net dans certains cas (IFRIC 14.BC13).

En outre, s'il est déterminé comme étant la totalité du surplus ou une proportion de celui-ci, plutôt qu'un montant fixe, le montant remboursable n'est pas actualisé, même si le remboursement n'est réalisable qu'à une date future (IFRIC 14.15).

b. Avantage économique « disponible » sous forme d'une diminution des cotisations futures En l'absence d'exigence de financement minimal pour les cotisations relatives aux services futurs, l'avantage économique disponible sous la forme d'une diminution des cotisations futures correspond au coût pour l'entité des services futurs qui seront rendus (à l'exclusion de la portion de ce coût qui sera supportée par les salariés) pour la période la plus courte entre la durée de vie attendue du régime et la durée de vie attendue de l'entité (IFRIC 14.16). Le coût des services futurs doit être déterminé en utilisant des hypothèses cohérentes avec celles utilisées pour déterminer l'obligation au titre des prestations définies et avec la situation qui existe à la date de clôture.

Ainsi, il doit être pris pour hypothèse (IFRIC 14.17) :
- l'absence de changement à l'avenir des prestations à fournir par un régime, tant que ce régime n'est pas modifié ;
- un effectif stable à l'avenir, sauf si l'entité est manifestement engagée, à la date de clôture, à réduire l'effectif couvert par le régime. Dans ce dernier cas, l'hypothèse relative à l'effectif futur devra inclure cette réduction.

Notion d'actif « disponible » à comptabiliser au titre d'un excédent de régime à prestations définies en cas d'obligation de financement minimum

Question 28385

Une obligation de financement minimum a-t-elle une incidence sur le caractère « disponible » des avantages économiques (sous forme de remboursements ou de réductions de cotisations futures) générés par un excédent de régime ?

Réponse

Une obligation de financement minimum peut avoir une incidence sur le montant des avantages économiques disponibles à comptabiliser en tant qu'actif lorsqu'elle limite la capacité de l'entité à réduire ses cotisations futures.

En outre, les cotisations à verser par une entité, au titre de son obligation de financement minimum, destinées à couvrir un financement insuffisant au titre des services passés, et qui ne sont pas disponibles pour l'entité, donnent lieu à la comptabilisation d'un passif, au titre d'un contrat onéreux et ceci, dès que l'obligation existe. Les réévaluations ultérieures de ce passif sont comptabilisées parmi les autres éléments du résultat global (« Other Comprehensive Income »/OCI).

Commentaires :

Remarque On entend par **obligation de financement minimum** toute obligation de financer les régimes d'avantages postérieurs à l'emploi à prestations définies et les autres avantages à long terme (IFRIC 14.5). Les obligations de contribuer à un régime à cotisations définies ne sont donc pas des obligations de financement minimum.
Des obligations légales et/ou contractuelles de financement minimum existent dans de nombreux pays afin d'améliorer la sécurité de la promesse de prestations postérieures à l'emploi faite aux membres d'un régime d'avantages du personnel. Ces dispositions stipulent normalement un montant ou un niveau minimal de cotisations à verser au régime sur une période donnée. Dès lors, une obligation de financement minimum peut limiter la capacité d'une entité à diminuer ses cotisations futures (IFRIC 14.2).

L'évaluation de l'actif au titre des prestations définies est limitée au plus faible des deux montants suivants (IAS 19.64) :
- l'excédent du régime ;

  L'excédent du régime est égal à la différence entre (IAS 19.8) :
  - la valeur actualisée de l'obligation au titre des prestations définies ; et
  - la juste valeur des actifs du régime.

- le plafond de l'actif (« asset ceiling »).

  Le plafond de l'actif est défini comme la valeur actualisée des avantages économiques disponibles sous forme de remboursements par le régime ou sous forme de diminutions des cotisations futures dues au régime (IAS 19.8).

1. **Incidence d'une obligation de financement minimum sur les avantages économiques sous forme de remboursement** Une obligation de financement minimum n'a pas d'impact sur les avantages économiques disponibles sous forme de remboursement, ces derniers étant en effet toujours « disponibles », dès lors que l'entité a un droit inconditionnel à l'excédent éventuel du régime, au plus tard lorsqu'il n'y a plus d'adhérents au régime. L'obligation de financement minimum peut toutefois affecter la date à laquelle le remboursement sera effectué (IFRIC 14.BC24).

2. **Incidence d'une obligation de financement minimum sur les avantages économiques sous forme de réduction de cotisations futures** Une obligation de financement minimum peut avoir une incidence sur le montant des avantages économiques disponibles à comptabiliser en tant

28385 (suite) qu'actif lorsqu'elle limite la capacité de l'entreprise de réduire ses cotisations futures (IFRIC 14.2 et .BC5).

En outre, la limite relative à l'évaluation d'un actif au titre des prestations définies peut avoir pour effet de rendre déficitaire une obligation de financement minimum (IFRIC 14.3 et .BC5).

En effet, normalement, une obligation de régler des cotisations à un régime n'affecte pas l'évaluation de l'actif ou du passif au titre des prestations définies car les cotisations, une fois payées, deviennent des actifs du régime et dès lors, le passif additionnel net est nul.
Cela étant, une obligation de financement minimum peut donner naissance à un passif au titre d'un contrat onéreux, si les cotisations requises ne sont pas disponibles pour l'entité une fois qu'elles ont été payées.

Pour apprécier l'impact de l'obligation de financement minimum sur les avantages économiques disponibles sous forme de réduction de cotisations futures, il convient de distinguer les cotisations obligatoires destinées à couvrir un financement minimum insuffisant au titre des services passés des cotisations obligatoires destinées à financer les services futurs (IFRIC 14.18) :

En effet, certaines obligations de financement minimum sont basées sur des éléments non pris en compte dans le calcul de l'obligation au titre des prestations définies selon la norme IAS 19, car afférents aux services futurs, tels que l'évolution attendue de la population des employés concernés.

a. **Cotisations obligatoires destinées à couvrir un financement minimum insuffisant au titre des services passés** Ces cotisations futures obligatoires au titre du financement minimum n'affectent pas les avantages économiques disponibles sous forme de réduction des cotisations futures au titre des services futurs (IFRIC 14.19).

Elles peuvent toutefois donner lieu à la comptabilisation d'un passif (IFRIC 14.19) lorsqu'elles ne sont pas disponibles pour l'entité et ceci, dès que l'obligation prend naissance (IFRIC 14.24).

Il convient pour cela d'examiner la « disponibilité » de ces cotisations additionnelles (sous forme d'un remboursement d'actifs du régime ou d'une diminution des cotisations futures), une fois qu'elles auront été versées au régime (IFRIC 14.23).

b. **Cotisations obligatoires destinées à financer les services futurs** Dans ce cas, les avantages économiques disponibles sous forme de réduction des cotisations futures sont évalués sur la base de la valeur actualisée de la somme des éléments suivants (IFRIC 14.20) :
- tout paiement anticipé de l'entité qui réduit les cotisations futures obligatoires relatives aux services futurs ; et
- le coût estimé, pour l'entité, des services qui seront rendus au cours de chaque période future, diminué du montant estimé des cotisations futures minimales résultant de l'obligation de financement minimum de ces mêmes périodes en l'absence de paiements d'avance.

Cette cotisation de l'entité doit être déterminée (IFRIC 14.21) :
- en tenant compte de l'incidence de tout excédent existant par rapport à l'obligation de financement minimum ;
- sur la base d'hypothèses compatibles avec le mode de calcul du financement minimal et, pour tout autre élément non spécifique au calcul de l'obligation de financement minimum, sur la base d'hypothèses cohérentes avec celles utilisées pour le calcul de l'obligation au titre des prestations définies et avec la situation existant à la date de clôture, telles que déterminées selon IAS 19 ;
- sur la base de son obligation de financement minimum telle qu'elle existe à la date de clôture, en intégrant les changements attendus, sous réserve qu'ils soient quasi adoptés ou contractuellement convenus à la date de clôture.

Si, pour une année donnée, l'obligation de financement minimum est supérieure au coût des services futurs, la valeur actualisée de cet excédent doit être comptabilisée en diminution de l'actif « disponible » sous forme de réduction de cotisations futures à la date de clôture, sans toutefois que ce montant ne puisse être inférieur à zéro (IFRIC 14.22).

Une obligation de financement minimum liée à des services futurs ne peut donc pas donner lieu à un passif à la date de clôture, à l'inverse d'une obligation de financement minimum liée à des cotisations visant à couvrir un financement minimum insuffisant au titre des services passés (IFRIC 14.BC28).

■ *Exemple 1*

Conformément à une obligation de financement minimum, une entreprise, ayant un niveau de financement de 82 % de son engagement de retraite, est tenue de l'augmenter à 95 %. Ceci se matérialise par une contribution additionnelle immédiate de 200. Les règles du régime autorisent un remboursement total à l'entreprise de tout excédent à la fin de la vie du régime.

A la clôture, l'évaluation du régime indique :

Valeur de marché des actifs de régime	*1 200*
Valeur actualisée de l'obligation au titre des prestations définies	*1 100*
Excédent de régime	*100*

L'actif net au titre des prestations définies est de 100, avant prise en compte de l'obligation de financement minimum.

***Solution de l'exemple 1** La contribution additionnelle obligatoire de 200 augmente l'excédent IAS 19 du régime de 100 à 300. Ce montant étant remboursable intégralement à l'entreprise sans coût associé selon les règles du régime, il est donc totalement disponible pour l'entreprise. En conséquence, une fois la contribution de 200 payée :*
– l'actif net au titre des prestations définies sera de 300 ;
– aucun passif ne doit être comptabilisé car l'actif est disponible en totalité pour l'entreprise.

■ *Exemple 2*

Conformément à une obligation de financement minimum, une entreprise ayant un niveau de financement de 77 % de son engagement de retraite est tenue de l'augmenter à 100 %. Ceci se matérialise par une contribution additionnelle immédiate de 300. Les règles du régime autorisent un remboursement maximum de 60 % de l'excédent IAS 19 et l'entreprise n'est pas autorisée à réduire ses contributions en dessous d'un certain niveau égal au coût des services IAS 19.
A la clôture, l'évaluation du régime indique :

Valeur de marché des actifs de régime	*1 000*
Valeur actualisée de l'obligation au titre des prestations définies	*1 100*
Déficit de régime	*100*

Le passif net au titre des prestations définies est de 100, avant prise en compte de l'obligation de financement minimum.

***Solution de l'exemple 2** La contribution additionnelle obligatoire de 300 élimine le déficit IAS 19 de 100 et génère un excédent de 200. Ce montant est partiellement remboursable selon les règles du régime et donc partiellement disponible pour l'entreprise (60 % × 200 = 120). En conséquence, une fois la contribution de 300 payée :*
– l'actif net au titre des prestations définies sera de 120 ;
– le solde de 80 (40 %) n'étant pas disponible pour l'entreprise donnera lieu à la comptabilisation immédiate d'un passif additionnel (selon IFRIC 14.24) en contrepartie des autres éléments du résultat global/OCI. Ceci permettra de limiter à 120 le montant de l'actif net.

Valeur de marché des actifs de régime (1 000 + 300)	*1 300*
Valeur actualisée de l'obligation au titre des prestations définies	*1 100*
Excédent de régime, après prise en compte de l'obligation de financement minimum	*200*
Passif additionnel au titre des avantages économiques non disponibles	*(80)*
Actif net de régime, à comptabiliser au bilan	*120*

2. Réévaluations du passif net (de l'actif net) au titre des prestations définies

Définition et comptabilisation

Question 28400

Que comprennent les réévaluations du passif net (ou de l'actif net) au titre des prestations définies et comment les comptabiliser ?

Réponse

Les réévaluations du passif net (ou de l'actif net) au titre des prestations définies comprennent :
– les écarts actuariels ;

28400 (suite)

– le rendement des actifs du régime, en excluant les montants pris en compte dans le calcul de l'intérêt net sur le passif net (ou l'actif net) ; et

– la variation, le cas échéant, de l'effet du plafonnement de l'actif, en excluant les montants pris en compte dans le calcul de l'intérêt net sur le passif net (ou l'actif net).

Ces réévaluations du passif net (ou de l'actif net) doivent être comptabilisées immédiatement et en totalité en autres éléments du résultat global (OCI), sans aucune possibilité de recyclage en résultat lors d'une période ultérieure.

Commentaires :

1. **Définition des réévaluations du passif net (ou de l'actif net) au titre des prestations définies**
Selon IAS 19.8, les réévaluations du passif net (ou de l'actif net) au titre des prestations définies comprennent les éléments suivants :

a. **Ecarts actuariels** Les écarts actuariels sont les variations de la valeur actualisée de l'obligation au titre des prestations définies qui résultent (IAS 19.8) :
– des ajustements liés à l'expérience, correspondant à l'effet des écarts entre les hypothèses actuarielles antérieures et ce qui s'est effectivement produit ;
– de l'effet des changements d'hypothèses actuarielles.

Pour les écarts actuariels, voir nº 28401.

b. **Rendement des actifs du régime,** en excluant les montants pris en compte dans l'intérêt financier net sur le passif net (ou l'actif net). Dans les régimes d'avantages postérieurs à l'emploi à prestations définies, les actifs du régime comprennent soit des actifs détenus par un fonds soit des contrats d'assurance éligibles (IAS 19.8) qui sont destinés à couvrir le montant des engagements dus par l'entreprise à ses salariés.

Les **actifs détenus par un fonds** sont des actifs (IAS 19.8) :
1. détenus par une entité juridiquement distincte de l'entité présentant l'information financière et ayant pour seul but le paiement ou le financement des avantages des membres du personnel ;
2. réservés au paiement ou au financement des avantages des membres du personnel, demeurant inaccessibles aux créanciers de l'entité présentant l'information financière (même en cas de faillite), et ne pouvant être restitués à l'entité présentant l'information financière que dans l'un ou l'autre des cas suivants :
– les actifs résiduels du fonds suffisent à remplir toutes les obligations du régime ou de l'entité présentant l'information financière au titre des avantages dus au personnel ;
– les actifs sont restitués à l'entité présentant l'information financière pour lui rembourser des avantages du personnel déjà payés.

Les **contrats d'assurance éligibles** sont des contrats conclus avec un assureur qui n'est pas une partie liée (au sens de la définition donnée par IAS 24.9 ; voir nº 60050) à l'entité présentant l'information financière, et dont le produit (IAS 19.8) :
1. ne peut servir qu'à payer ou à financer les avantages des membres du personnel accordés selon un régime à prestations définies ; et
2. demeure hors de portée des créanciers de l'entité présentant l'information financière (même en cas de faillite) et ne peut être remis à cette entité que dans l'un ou l'autre des cas suivants :
– le produit représente des actifs excédentaires, non nécessaires pour le respect de l'ensemble des obligations au titre des avantages du personnel ;
– le produit est remis à l'entité présentant l'information financière pour lui rembourser des avantages du personnel déjà payés.

Le rendement des actifs du régime comprend les intérêts, dividendes et autres produits tirés desdits actifs ainsi que les profits ou pertes réalisés ou latents sur ces actifs, déduction faite (IAS 19.8) :
– des coûts de gestion desdits actifs ; et
– des impôts à payer par le régime, à l'exception des impôts pris en compte dans les hypothèses actuarielles utilisées pour évaluer la valeur actualisée de l'obligation au titre des prestations définies.

La norme IAS 19 distingue deux composantes du rendement des actifs du régime :
– le produit d'intérêts généré par les actifs du régime, déterminé en multipliant la juste valeur des actifs du régime par le taux d'actualisation utilisé pour la dette ; et
– la différence entre le produit d'intérêts généré par les actifs du régime et le rendement réel de ces actifs.

Seule cette différence entre le produit d'intérêts généré par les actifs du régime et le rendement réel de ces actifs est comprise dans les réévaluations du passif net (de l'actif net) (IAS 19.8)

Le produit d'intérêts généré par les actifs du régime est quant à lui comptabilisé en résultat au sein des intérêts nets sur le passif net (ou l'actif net) au titre des prestations définies (IAS 19.123 s.).

Pour les modalités d'évaluation et de comptabilisation du rendement des actifs du régime, voir nº 28480.

Pour les intérêts nets sur le passif net (ou l'actif net), voir nº 28320.

c. Variation, le cas échéant, de l'effet du plafonnement de l'actif, en excluant les montants pris en compte dans le calcul de l'intérêt net sur le passif net (ou l'actif net) Lorsque le régime à prestations définies présente un excédent, l'entité doit évaluer l'actif net au plus faible des deux montants suivants (IAS 19.64) :

- l'excédent du régime ; et
- le plafond de l'actif.

Un actif net au titre d'un régime à prestations définies est possible lorsque le régime est surfinancé ou lorsqu'il y a eu des gains actuariels. L'entité comptabilise alors un actif net au titre des prestations définies, dès lors que (IAS 19.65) :

- elle contrôle une ressource ou a la capacité d'utiliser l'excédent pour générer des avantages futurs ;
- ce contrôle est le résultat d'événements passés (cotisations versées par l'entité et services rendus par le salarié) ; et
- l'entité peut en attendre des avantages économiques futurs sous la forme d'une diminution de ses cotisations futures ou d'un remboursement en trésorerie, soit directement, soit indirectement par affectation à un régime en déficit.

Le plafond de l'actif correspond ainsi à la valeur actualisée de ces avantages économiques futurs.

La norme IAS 19 distingue deux composantes de la variation de l'effet du plafonnement de l'actif (IAS 19.126) :

- les intérêts sur l'effet du plafonnement de l'actif, déterminés en multipliant le montant de l'effet du plafonnement de l'actif par le taux d'actualisation utilisé pour la dette (IAS 19.123 s.) ; et
- la différence entre les intérêts sur l'effet du plafonnement de l'actif et la variation totale de cet effet.

Seule cette différence entre les intérêts sur l'effet du plafonnement de l'actif et la variation totale de cet effet est comprise dans les réévaluations du passif net (de l'actif net). Les intérêts sur l'effet du plafonnement de l'actif sont quant à eux comptabilisés en résultat au sein des intérêts nets sur le passif net (ou l'actif net).

2. Comptabilisation des réévaluations du passif net (ou de l'actif net) au titre des prestations définies Ces réévaluations du passif net (ou de l'actif net) doivent être **comptabilisées immédiatement et en totalité en autres éléments du résultat global (OCI)** sans aucune possibilité de recyclage en résultat lors d'une période ultérieure (IAS 19.120c).

Définition des écarts actuariels

Question 28401

En quoi consistent les écarts actuariels ?

Réponse

Les écarts actuariels résultent d'augmentations ou de diminutions de la valeur actuelle de l'obligation au titre d'un régime à prestations définies. Ils comprennent :

- les ajustements liés à l'expérience, c'est-à-dire résultant des différences entre les hypothèses actuarielles antérieures et ce qui s'est effectivement produit ; et
- les effets des changements d'hypothèses actuarielles.

Commentaires La définition des écarts actuariels (ci-avant) résulte d'IAS 19.8 et .128. En outre, IAS 19.128 fournit des exemples de situations pouvant générer des écarts actuariels liés à l'obligation au titre des prestations définies :

1. des taux plus élevés ou plus faibles que ce qui était prévu concernant la rotation du personnel, les départs en retraite anticipée, la mortalité ou encore l'augmentation des salaires, des avantages du personnel (si les dispositions ou les obligations implicites d'un régime prévoient des augmentations des droits à prestations liés à l'inflation) ou des coûts médicaux ;

Par exemple :
– l'accélération des changements technologiques pourrait amener un fabricant à réduire progressivement sa force de travail en proposant à un certain nombre de salariés de prendre une retraite anticipée ;
– une société informatique pourrait, en période de forte croissance, décider d'augmenter les salaires de ses employés au-delà du taux d'augmentation antérieurement estimé, dans l'objectif de retenir sa main-d'œuvre qualifiée.

2. des changements d'estimation des taux futurs de rotation du personnel, de départ en retraite anticipée, de mortalité ou d'augmentation des salaires, des droits à prestations (si les dispositions ou les obligations implicites d'un régime prévoient des augmentations des droits à prestations liés à l'inflation) ou encore des coûts médicaux ;

Par exemple, à notre avis, un changement inattendu dans la législation fiscale qui rendrait les régimes de retraite individuels plus attrayants pourrait conduire un certain nombre de salariés à abandonner leurs régimes de retraite d'entreprises pour se constituer individuellement leur propre plan de retraite.

3. des changements de taux d'actualisation ;
4. des changements dans les hypothèses portant sur les options de paiement des prestations.

Par exemple, des paiements sous forme de rentes annuelles qui seraient désormais proposées sous forme de capital versé à la date de départ en retraite du salarié.

Remarque Les écarts actuariels ne comprennent pas les variations de la valeur actualisée de l'obligation au titre des prestations définies découlant de l'instauration, de la modification, de la réduction ou de la liquidation d'un régime à prestations définies ou encore de la modification des prestations à payer selon le régime. Ces variations donnent lieu à un coût des services passés ou à un profit/une perte sur liquidation (IAS 19.129).

Comptabilisation des écarts actuariels

28402 ***Question***

Comment comptabiliser les écarts actuariels ?

Réponse

Les écarts actuariels doivent être comptabilisés immédiatement et en totalité en autres éléments du résultat global (OCI), sans aucune possibilité de recyclage en résultat au cours d'une période ultérieure.

Commentaires La norme IAS 19 impose une méthode unique pour la comptabilisation des écarts actuariels : ceux-ci doivent être **comptabilisés immédiatement et en totalité en autres éléments du résultat global (OCI)** (IAS 19.120c renvoyant à IAS 19.127 s.).

Pour la définition des écarts actuariels, voir n° 28401.
Les écarts actuariels sont intégrés dans une catégorie intitulée « **réévaluations du passif net (ou de l'actif net)** », qui comprend (IAS 19.8) :
– les gains ou pertes actuariels ;
– la part de rendement des actifs du régime non comptabilisée au compte de résultat ; et
– la part de l'effet du plafonnement de l'actif non comptabilisée au compte de résultat.
Pour plus de détails concernant :
– les réévaluations du passif net (ou de l'actif net), voir n° 28400 ;
– le rendement des actifs du régime, voir n° 28480 ;
– les intérêts nets sur le passif, voir n° 28320.

Les écarts actuariels constatés en autres éléments du résultat global (OCI) ne peuvent jamais être recyclés en résultat net au cours d'une période ultérieure (IAS 19.122).

L'entité peut individualiser les montants comptabilisés en autres éléments du résultat global à ce titre dans une rubrique distincte au sein des capitaux propres (IAS 19.122).

Ainsi, en pratique, un groupe qui cède une de ses filiales et qui, en conséquence, liquide une partie de son engagement, ne recycle pas à ce titre les écarts actuariels affectés à cette filiale et constatés en OCI par le passé.

3. Actifs du régime et droits à remboursement

Distinction entre actifs du régime et droits à remboursement

28460

Question

Quelle est la distinction entre les actifs du régime et les droits à remboursement ?

Réponse

Les actifs du régime sont constitués des deux éléments suivants :
- les placements du régime constituant des actifs (hors instruments financiers non transférables émis par l'entreprise) répondant à des conditions très spécifiques ; et
- les contrats d'assurance constitutifs d'une contre-garantie.

Les droits à remboursement existent, et doivent être comptabilisés comme un actif distinct, lorsqu'il est quasiment certain qu'un tiers remboursera tout ou partie de la dépense nécessaire pour régler l'obligation.

Commentaires Dans le cas d'un régime à prestations définies, intégralement ou partiellement financé par les cotisations que l'entité verse à un fonds, le versement des cotisations sert à financer :

1. Soit des **actifs du régime,** tels que définis par IAS 19.8. Ceux-ci sont constitués des deux éléments suivants :

a. **les placements du régime** qui désignent les actifs (autres que des instruments financiers non transférables émis par l'entreprise présentant ses états financiers, voir ci-après) et qui répondent à toutes les conditions suivantes :
- ils sont détenus par une entité (un fonds) juridiquement distincte de l'entité présentant ses états financiers servant uniquement à payer ou financer les avantages du personnel ;
- ils ne peuvent être utilisés que pour éteindre les obligations au titre des avantages du personnel, les créanciers de l'entreprise ne peuvent pas en disposer et ils ne peuvent pas être restitués à l'entité, sauf si les actifs restants du fonds sont suffisants pour permettre de faire face à toutes les obligations du régime, ou si les actifs sont restitués à l'entité pour couvrir les paiements que celle-ci a déjà effectués au titre des avantages du personnel ;

b. et **les contrats d'assurance constitutifs d'une contre-garantie** (contrats d'assurance éligibles/« qualifying insurance contracts »). Ces contrats d'assurance sont émis par une compagnie d'assurance qui n'est pas une partie liée de l'entité présentant ses états financiers et dont les produits répondent aux deux conditions suivantes :

Remarque Les contrats visés ici ne sont pas nécessairement des contrats d'assurance au sens de la norme IFRS 17 (voir n° 65920R).

- ils ne peuvent être utilisés que pour payer ou financer les prestations du régime ; et
- ils ne sont pas disponibles pour les créanciers de l'entité (en cas de faillite), ni ne peuvent être restitués à l'entité sauf si, soit ces produits constituent des actifs de financement du régime excédentaires, non nécessaires à l'extinction de toutes les obligations du régime, soit ces produits sont remis à l'entreprise pour couvrir les paiements qu'elle a déjà effectués au titre des avantages du personnel.

Selon IAS 19.57a.iii, les actifs du régime sont comptabilisés à leur juste valeur **en déduction du montant comptabilisé au passif au titre des prestations définies.**

Pour la comptabilisation des prestations versées dans le cadre d'un régime d'avantages postérieurs à l'emploi à prestations définies financé, voir n° 28330.

Remarque La norme ne précise pas l'unité de compte à retenir pour déterminer les actifs de régime. Aussi, à notre avis, des contributions versées à un fonds peuvent constituer des actifs de régime pour plusieurs régimes post-emploi de l'entreprise.

2. Soit **des droits à remboursement,** selon IAS 19.116, lorsqu'il est quasiment certain qu'un tiers remboursera tout ou partie de la dépense nécessaire pour régler l'obligation mais que ce droit à remboursement ne répond pas à la définition stricte des actifs du régime, ce droit à remboursement doit être :
- comptabilisé **comme un actif distinct** (et non en déduction de la dette actuarielle) et être évalué à sa juste valeur ;

– **traité, à tout autre égard, comme un actif du régime** (par exemple, pour la comptabilisation des écarts actuariels correspondants).

Dans la composante résultat de l'état du résultat global, la charge relative aux régimes à prestations définies peut être présentée nette du montant comptabilisé au titre d'un droit à remboursement (IAS 19.116).

Qualification d'un contrat d'assurance en actif du régime

28470 ***Question***

Toutes les polices d'assurance destinées à financer l'obligation d'une entité au titre d'un régime à prestations définies sont-elles des actifs du régime au sens de la norme IAS 19 ?

Réponse

Non. Pour être qualifiées d'actifs du régime, les polices d'assurance doivent répondre à des conditions très strictes :

1. elles ne peuvent pas être émises par une partie liée ;

2. elles ne peuvent être utilisées que pour payer ou financer des avantages du personnel en vertu d'un régime à prestations définies ;

3. elles ne sont pas disponibles pour les créanciers de l'entité présentant les états financiers (même en cas de faillite) et ne peuvent pas être restituées à l'entité, sauf dans le cas où les sommes :
– représentent un surplus d'actifs non nécessaire pour que le contrat satisfasse à toutes les obligations relatives aux avantages du personnel, ou
– sont restituées à l'entité pour la rembourser du paiement déjà effectué d'avantages du personnel.

Commentaires Le principe sous-jacent à la définition d'un actif de régime est que les actifs sortent du contrôle de l'entité afin qu'ils soient disponibles pour couvrir l'obligation au titre des prestations définies et ce, quelle que soit la situation financière de l'entité.

1. **Incidence d'un contrat d'assurance sur la qualification des régimes en prestations ou cotisations définies** Lorsqu'une entité paie des primes d'assurance pour financer un régime d'avantages postérieurs à l'emploi, elle doit comptabiliser ce régime comme un régime à cotisations définies, à moins qu'elle ait l'obligation juridique ou implicite de payer directement les prestations à leur date d'exigibilité ou de payer des montants complémentaires si l'assureur ne paye pas toutes les prestations futures liées aux services rendus par les membres du personnel au titre de l'exercice et des exercices antérieurs.

Dans ce cas, développé ci-après, l'entité doit comptabiliser le régime comme un régime à prestations définies (IAS 19.46).

2. **Importance de la qualification en actif du régime ou au contraire en droit à remboursement** Selon IAS 19.113, les actifs du régime sont évalués à leur juste valeur et sont comptabilisés en déduction du montant constaté au passif au titre des prestations définies. En revanche, lorsqu'il est quasiment certain qu'un tiers remboursera tout ou partie de la dépense nécessaire pour régler l'obligation mais que ce droit à remboursement ne répond pas à la définition stricte des actifs du régime (voir point 3. ci-après), ce droit à remboursement, également évalué à sa juste valeur, est comptabilisé dans l'état de situation financière (ou bilan) en tant qu'actif distinct (IAS 19.116).

En dehors des aspects de présentation, les actifs du régime et les droits à remboursement sont traités de la même manière, par exemple en ce qui concerne la comptabilisation des écarts actuariels (IAS 19.116).

3. **Conditions pour qualifier une police d'assurance en tant qu'actif du régime** Selon IAS 19.8, une police d'assurance éligible à la qualification en actif du régime est un contrat émis par un assureur qui n'est pas une partie liée de l'entité qui présente les états financiers (telle que définie par IAS 24.9 ; voir n° 60050), et dont les sommes provenant du contrat :

a. ne peuvent être utilisées que pour payer ou financer des avantages du personnel en vertu d'un régime à prestations définies ;

b. ne sont pas disponibles pour les créanciers de l'entité présentant les états financiers (même en cas de faillite) et ne peuvent pas être restituées à l'entité, sauf dans le cas où les sommes :
– représentent un surplus d'actifs non nécessaire pour que le contrat satisfasse à toutes les obligations relatives aux avantages du personnel, ou

– sont restituées à l'entité pour la rembourser du paiement déjà effectué d'avantages du personnel.

Remarque Une police d'assurance éligible à la qualification en actif du régime n'est pas nécessairement un contrat d'assurance au sens de la norme IFRS 17 (voir n° 65920R).

■ *Exemple*

Police d'assurance couvrant l'obligation d'une entité au titre de ses prestations de retraite *L'entité Y a souscrit, pour l'ensemble de ses cadres supérieurs, un régime de retraite à prestations définies. Cette entité décide de couvrir son obligation au titre des prestations prévues par ce régime en souscrivant une police d'assurance qui lui assure le remboursement de toutes les prestations qu'elle devra verser à ces salariés bénéficiaires.*

Les conditions générales du contrat d'assurance spécifient en outre que le souscripteur a la possibilité de résilier ledit contrat lorsqu'il le souhaite, la compagnie d'assurance devant alors lui rembourser une somme d'un montant prédéfini contractuellement, fondée sur les cotisations déjà versées.

Solution de l'exemple *Le contrat d'assurance souscrit par l'entité Y n'est pas un contrat d'assurance éligible car il ne répond pas aux critères définis par IAS 19.8. En effet, les conditions générales du contrat souscrit par l'entité spécifient que cette dernière a la possibilité de résilier le contrat à tout moment et d'en retirer un remboursement. Des sommes provenant du contrat peuvent, en conséquence, être disponibles pour l'entité. Ce contrat d'assurance devrait donc être qualifié de droit à remboursement et être ainsi comptabilisé comme un actif distinct.*

Rendement des actifs du régime : évaluation et comptabilisation

28480

Question

Comment évaluer et comptabiliser le rendement des actifs du régime ?

Réponse

La norme IAS 19 distingue deux composantes du rendement des actifs du régime.

1. **Le produit d'intérêts généré par les actifs du régime,** déterminé en multipliant la juste valeur des actifs du régime par le taux d'actualisation utilisé pour la dette. Ce produit d'intérêts est comptabilisé en résultat au sein des intérêts nets sur le passif net (l'actif net) au titre des prestations définies.

2. **La différence entre le produit d'intérêts généré par les actifs du régime et le rendement réel de ces actifs,** comprise dans les réévaluations du passif net (de l'actif net) au titre des prestations définies. Ces réévaluations sont comptabilisées en autres éléments du résultat global (OCI) et ne sont jamais recyclées en résultat.

Commentaires Dans les régimes d'avantages postérieurs à l'emploi à prestations définies, les actifs du régime comprennent soit des actifs détenus par un fonds soit des contrats d'assurance éligibles (IAS 19.8) et sont destinés à couvrir le montant des engagements dus par l'entreprise à ses salariés.

De tels actifs sont présentés au bilan, en moins de la provision comptabilisée au titre du régime à prestations définies (IAS 19.63). Ces actifs du régime sont évalués à leur juste valeur à chaque date de clôture (IAS 19.113 s.). La juste valeur de ces actifs doit tenir compte de leur rendement sur la période, correspondant aux intérêts, dividendes et autres produits tirés desdits actifs, ainsi qu'aux profits ou pertes sur ces actifs, réalisés ou latents, déduction faite des coûts de gestion desdits actifs et des impôts à payer par le régime (IAS 19.8).

La norme IAS 19 distingue deux composantes pour le rendement des actifs du régime :
- le produit d'intérêts généré par les actifs du régime constaté en résultat ; et
- la différence entre ce produit d'intérêts et le rendement réel généré par ceux-ci, différence constatée en autres éléments du résultat global (OCI).

1. **Produit d'intérêts généré par les actifs du régime constaté en résultat** Pour la détermination de la charge de retraite constatée au compte de résultat, la norme IAS 19 impose de prendre en compte le produit d'intérêts généré par les actifs du régime. Celui-ci est déterminé en multipliant la juste valeur des actifs du régime par le taux d'actualisation utilisé pour la dette, tels que déterminés à l'ouverture de l'exercice annuel (IAS 19.123 s.).

La base de calcul de ce produit d'intérêts doit en outre tenir compte de la variation des actifs du régime attribuable au paiement des cotisations et au versement des prestations au cours de la période (IAS 19.125).

Ce produit vient réduire le coût financier de la dette correspondant à la charge de désactualisation calculée sur la valeur actuelle de l'obligation, et par conséquent la charge de retraite comptabilisée en résultat.

Le produit d'intérêts généré par les actifs du régime est comptabilisé au compte de résultat, au sein des intérêts nets sur le passif net (l'actif net) au titre des prestations définies.

Les intérêts nets sur le passif net (l'actif net) au titre des prestations définies correspondent à la variation pour la période du passif net (de l'actif net) au titre des prestations définies attribuable au passage du temps (IAS 19.8). Ils sont ainsi composés du produit d'intérêts généré par les actifs du régime, du coût financier relatif à l'obligation au titre des prestations définies et des intérêts sur l'effet du plafonnement de l'actif (IAS 19.124).

2. Différence entre le produit d'intérêts et le rendement réel générés par les actifs constatée en autres éléments du résultat global (OCI) Cette différence est comptabilisée en autres éléments du résultat global (OCI), au sein des réévaluations du passif net (de l'actif net) au titre des prestations définies (IAS 19.127).

Les réévaluations du passif net (de l'actif net) au titre des prestations définies comprennent (IAS 19.8) :
- les gains ou pertes actuariels ;
- la part de rendement des actifs du régime non comptabilisée au compte de résultat ; et
- la part de l'effet du plafonnement de l'actif non comptabilisée au compte de résultat.

Ces réévaluations ne sont pas recyclables en résultat au cours d'une période ultérieure (IAS 19.122).

Pour plus de détails concernant :
- les réévaluations du passif net (ou de l'actif net), voir n° 28400 ;
- la définition des écarts actuariels, voir n° 28401, et leur comptabilisation, voir n° 28402 ;
- les intérêts nets sur le passif, voir n° 28320.

■ *Exemple*

Une entité dispose d'un régime d'avantages postérieurs à l'emploi à prestations définies et d'un portefeuille d'actifs destiné à couvrir le paiement par l'entité de ces avantages.

Ce portefeuille d'actifs répond à la définition d'un actif du régime au sens d'IAS 19.8.

Juste valeur des actifs du régime au 31/12/N	*3 M€*
Taux d'actualisation utilisé pour la dette en N	*3 %*
Taux de rendement réel en N	*5 %*

Solution de l'exemple *Le produit d'intérêts généré par les actifs du régime, à comptabiliser au compte de résultat en N, est égal à 3 M€ × 3 % = 90 K€.*

La différence entre ce produit d'intérêts généré par les actifs du régime et le rendement réel de ces actifs, à comptabiliser en autres éléments du résultat global (OCI), est égale à 3 M€ × (5 % – 3 %) = 60 K€.

4. Nouveaux régimes et amendements, réductions, liquidations de régime

Comptabilisation d'une modification ou d'une réduction de régime à prestations définies

28511 ***Question***

Comment comptabiliser l'impact d'une modification ou d'une réduction de régime ?

Réponse

L'impact de la variation de la valeur actualisée de l'obligation qui résulte d'une modification ou d'une réduction de régime constitue un coût des services passés.

Le coût des services passés doit être comptabilisé immédiatement et en totalité au compte de résultat à la première des deux dates suivantes :
- la date de la modification ou de la réduction de régime ;
- la date à laquelle l'entité comptabilise les indemnités de cessation d'emploi ou les coûts de restructuration correspondants.

Par ailleurs, à compter de la date de la modification ou de la réduction de régime, le coût des services rendus et la charge d'intérêts nette de la période doivent être ajustés et déterminés sur la base des hypothèses actuarielles, telles que le taux d'actualisation, mises à jour à la date de l'événement. **28511** (suite)

Commentaires Selon IAS 19.8, le coût des services passés représente la variation de la valeur actualisée de l'obligation au titre des prestations définies pour les services rendus par les membres du personnel au cours de périodes antérieures, qui résulte :
- des **modifications d'un régime** (instauration ou cessation d'un régime à prestations définies ou encore amendement du régime) ; ou
- de la **réduction d'un régime** (diminution importante, décidée par l'entité, du nombre de membres du personnel couverts par le régime).

Remarque – Réforme des retraites 2023 Les changements induits par la loi 2023-270 du 14 avril 2023 (recul progressif de l'âge légal de départ à la retraite (de 62 à 64 ans) et augmentation de la durée de cotisation requise pour le taux plein) constituent, à notre avis, une modification de régime, à la fois pour les régimes d'indemnités de fin de carrière et les plans de préretraite/départs anticipés. En effet, la loi modifie le cadre institutionnel en changeant les conditions d'exercice des droits résultant des régimes de retraite. Son entrée en vigueur entraîne une modification de fait du régime, puisqu'au moins une modalité de départ à la retraite antérieurement autorisée est à présent interdite : les conditions d'éligibilité et l'âge minimal de départ à la retraite ont été modifiés.

Avant de déterminer le coût des services passés, l'entité doit réévaluer le passif net (ou l'actif net) au titre des prestations définies sur la base de la juste valeur des actifs du régime et des hypothèses actuarielles actuelles reflétant les prestations accordées selon le régime avant son amendement ou sa réduction (IAS 19.99).

Le coût des services passés peut être positif, générant une charge, lorsque l'instauration ou la modification d'avantages augmente la valeur actualisée de l'obligation au titre des prestations définies, ou négatif, générant un produit, lorsque le retrait ou la modification d'avantages réduit la valeur actualisée de cette obligation (IAS 19.106).

Le coût des services passés doit être **comptabilisé immédiatement et en totalité au compte de résultat** à la première des deux dates suivantes (IAS 19.103) :
- la date de la modification ou de la réduction du régime ;
- la date à laquelle l'entité comptabilise les coûts de restructuration ou les indemnités de cessation d'emploi correspondants.

Pour le traitement des coûts de restructuration selon IAS 37, voir nº 39985 s.

Par ailleurs, la norme IAS 19 précise la manière dont le coût des services rendus et la charge d'intérêt nette de la période doivent être déterminés lorsqu'une entité réévalue le passif (l'actif) net au titre des prestations définies, lors d'un amendement, d'une réduction ou d'une liquidation de régime. Ainsi, à compter de la date d'un tel événement, le coût des services rendus et la charge d'intérêts nette de la période doivent être ajustés et déterminés sur la base de l'ensemble des hypothèses actuarielles contribuant à l'évaluation des engagements, mises à jour à la date de l'événement (IAS 19.122A et .123A), et pas seulement sur la base de celles qui ont été directement modifiées par l'événement (par exemple, modification des données démographiques, telles que la population concernée, mais également le taux d'actualisation). La norme clarifie également l'effet d'un tel événement en matière de plafonnement de l'actif (IAS 19.101A et .126).

■ ***Exemple***

Une entité A change de convention collective en N, pour en adopter une plus avantageuse pour les salariés. L'engagement lié au régime augmente de ce fait de 14 M€. La durée moyenne d'acquisition des droits par salarié est de 7 ans.

Solution de l'exemple *L'entité A va devoir comptabiliser l'impact de cet amendement de régime en totalité au compte de résultat N.*

5. Impôts relatifs aux engagements de retraite

Recouvrabilité des IDA sur provisions de retraite

28550 ***Question***

Quels sont les points d'attention relatifs à la reconnaissance des IDA liés aux provisions pour engagements de retraite ?

Réponse

La particularité des différences temporelles déductibles liées aux provisions de retraite est qu'elles se renverseront à très long terme. La comptabilisation des IDA nécessite donc de faire doublement attention :
- tout d'abord, les différences imposables ne pourront être retenues que si leur échéance d'utilisation est au moins aussi longue que celle des différences déductibles liées aux retraites ;
- ensuite, compte tenu de la difficulté d'établir des prévisions fiables de bénéfices imposables à très long terme, il est impératif de prendre en compte le risque de non-réalisation des prévisions.

Commentaires La norme IAS 19 impose de comptabiliser la totalité des engagements de retraite au bilan. Les provisions pour retraite n'étant pas déductibles, il en résulte une différence temporelle déductible qui génère un impôt différé actif.

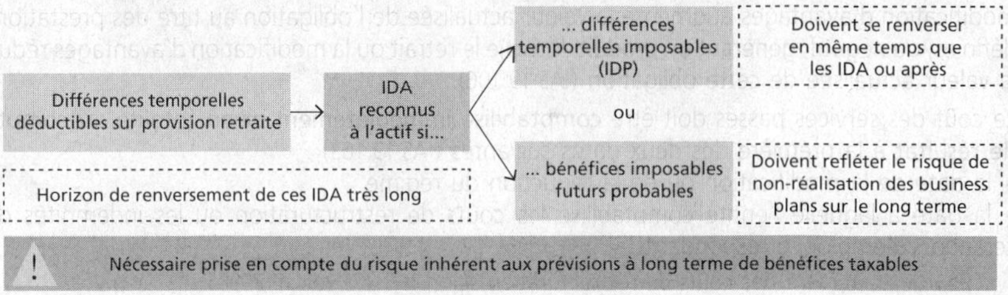

De manière générale, un impôt différé actif n'est comptabilisé que s'il est probable que l'entreprise disposera de bénéfices imposables suffisants pour le recouvrer (IAS 12.24). Pour que la condition de recouvrement probable de l'impôt différé actif soit remplie, il convient :
- de s'assurer de l'existence de différences temporelles imposables ayant notamment une échéance d'utilisation qui permettra de recouvrer l'impôt différé actif (IAS 12.28) ;

Sur les conditions d'imputation des différences temporelles déductibles sur les différences temporelles imposables, voir n° 27610.

- concernant le solde des différences temporelles déductibles non imputées sur les différences temporelles imposables, de justifier de la comptabilisation de l'impôt différé actif notamment s'il est probable que l'entreprise générera un bénéfice imposable suffisant au cours des exercices ultérieurs (IAS 12.29).

Pour plus de précisions, voir n° 27610.

Or, la particularité des différences temporelles déductibles liées aux provisions de retraite est qu'elles se renverseront à très long terme. Cela implique donc de faire doublement attention :
- tout d'abord, les différences imposables ne pourront être retenues que si leur échéance d'utilisation est au moins aussi longue que celle des différences déductibles liées aux retraites ;
- ensuite, compte tenu de la difficulté d'établir des prévisions fiables de bénéfices imposables à très long terme, il est impératif de prendre en compte le risque de non-réalisation des prévisions.

B. Régimes à cotisations définies

Comptabilisation du paiement des cotisations

Question 28600

Comment comptabiliser les cotisations versées à un fonds dans le cadre d'un régime à cotisations définies ?

Réponse

En charges, sauf si une autre norme permet leur incorporation au coût d'un actif (IAS 2, Stocks, ou IAS 16, Immobilisations corporelles).

Commentaires Une entité doit comptabiliser la cotisation à payer à un fonds au titre d'un régime à cotisations définies, en échange des services rendus par ses employés au cours de l'exercice. Cette cotisation est comptabilisée (IAS 19.51) :

1. **au passif, en charges à payer,** après déduction des cotisations déjà payées ;

   Si le montant des cotisations déjà payées est supérieur au montant des cotisations dues pour les services rendus avant la date de clôture, l'entité doit comptabiliser cet excédent à l'actif, en charges payées d'avance, dans la mesure où cet excédent pourra, par exemple, venir en déduction de paiements futurs ou donner lieu à remboursement.

2. **en charges,** à moins qu'une autre norme (par exemple : IAS 2, Stocks ou IAS 16, Immobilisations corporelles) n'impose ou n'autorise son incorporation dans le coût d'un actif.

   Rappel :
   – les coûts de transformation des stocks comprennent les coûts directement liés aux unités produites, tels que la main-d'œuvre directe (IAS 2.12), ce qui inclut, à notre avis, les coûts liés aux avantages postérieurs à l'emploi de ces salariés ;
   – les coûts des avantages du personnel (tels que définis dans la norme IAS 19) résultant directement de la construction ou de l'acquisition d'une immobilisation corporelle sont des frais directement attribuables au coût de cette immobilisation corporelle (IAS 16.17a).

■ *Exemple*

L'entité Y accorde à ses employés un régime d'avantages postérieurs à l'emploi à cotisations définies. Les cotisations versées sur l'exercice N, au titre de ce régime, sont de 500 K€.

Solution de l'exemple *Les cotisations versées peuvent être comptabilisées comme suit :*

Dt	*Résultat – Cotisations de régimes à cotisations définies*	*500*	
Ct	*Bilan – Charges à payer*		*500*

Remarque L'IFRS IC s'est positionné dans le cas particulier où l'attribution de l'avantage au salarié est soumise à une condition de présence et lorsque, de ce fait, l'employeur peut être amené à récupérer ses cotisations (ou à réduire ses contributions futures) si la condition n'est pas remplie. L'IFRS IC a précisé que la charge liée aux cotisations versées doit être comptabilisée sur la période au cours de laquelle elles sont versées et ne doit pas être étalée sur la période d'acquisition des droits (période de présence obligatoire du salarié) (IFRIC Update 07/11).

III. Comptabilisation des autres avantages à long terme

Congés et primes d'ancienneté (lorsqu'ils constituent des avantages à long terme)

Question 28705

Comment comptabiliser les congés et primes d'ancienneté lorsqu'ils constituent des avantages à long terme (voir n° 28050) ?

Réponse

Les congés et primes d'ancienneté doivent être comptabilisés au passif lors de l'acquisition des droits, c'est-à-dire sur la période d'accumulation de l'ancienneté requise, et être évalués à la valeur actuelle de l'obligation à la date de clôture.

Commentaires Voir nº 28050.

Participation des salariés (lorsqu'elle constitue un avantage à long terme)

28710 ***Question***

Comment comptabiliser la participation des salariés aux bénéfices de l'entreprise lorsqu'elle constitue un avantage à long terme (voir nº 28055) ?

Réponse

Le montant constitué de la participation à la date d'acquisition des droits et de la rémunération financière liée à cette participation pendant la période de blocage doit être comptabilisé au passif lors de l'acquisition des droits et être évalué à la valeur actuelle de l'obligation à la date de clôture.

Commentaires Voir nº 28055.

IV. Comptabilisation des taxes et frais de gestion liés aux régimes d'avantages du personnel

Traitement des taxes et frais de gestion

28740 ***Question***

Quel est le traitement des taxes et frais de gestion liés aux régimes d'avantages du personnel ?

Réponse

Ces éléments sont pris en compte soit dans la valeur actuarielle de l'obligation, soit dans le rendement des actifs, selon leur nature :

Type de frais ou de dépenses	Traitement comptable
Taxes à verser sur les cotisations ou sur les avantages versés par le régime	Comptabilisées dans l'évaluation de la valeur actualisée de l'obligation
Taxes à verser au titre du rendement des actifs	Comptabilisées dans le rendement des actifs du régime
Frais de gestion des actifs du régime (ex. honoraires payés au titre des services d'asset management)	Comptabilisés dans le rendement des actifs du régime
Autres frais d'administration du plan (ex. coûts de gestion des prestations, honoraires des actuaires)	Comptabilisés en charges au fur et à mesure de l'exécution de la prestation de gestion (au moment ou après le départ en retraite)

Commentaires :

a. Les **taxes à payer par le régime** sont prises en compte, en fonction de leur nature (IAS 19.8 et .130) :

– soit dans la valeur actualisée de l'obligation ;

Ainsi, les taxes à payer par le régime sur les cotisations relatives aux services rendus avant la date de clôture ou sur les prestations qui en résultent constituent une hypothèse actuarielle financière à prendre en compte dans le calcul de la valeur actualisée de l'obligation (IAS 19.76b.iv et .BC121a).

– soit dans le rendement des actifs du régime.

Les autres impôts et taxes à payer, par exemple ceux relatifs aux produits liés aux rendements des actifs, doivent être comptabilisés dans le rendement des actifs du régime, directement en autres éléments du résultat global (OCI) (IAS 19.130 et .BC121b). Ce principe a été confirmé par l'IFRS IC qui, compte tenu des précisions apportées par la norme IAS 19, a décidé de ne pas inscrire ce thème à son agenda (IFRIC Update 07/13).

b. Les **frais de gestion des actifs du régime** viennent en déduction pour le calcul du rendement des actifs du régime (IAS 19.8 et .130).

c. Les **autres frais administratifs du plan** sont désormais comptabilisés en charges au fur et à mesure de l'exécution de la prestation de gestion (lors ou après le départ en retraite) (IAS 19.BC125 s.).

SECTION III

Présentation et informations au titre des avantages du personnel

I. Présentation de la charge au compte de résultat

Présentation de la charge relative aux avantages postérieurs à l'emploi

28750

Question

Quelle présentation retenir au compte de résultat pour la charge relative aux avantages postérieurs à l'emploi ?

Réponse

Concernant la **charge ou produit d'intérêts nets sur le passif/actif net de retraite** : à notre avis, deux possibilités de présentation sont possibles :
- en résultat opérationnel, comme le coût des services rendus ;
- séparément, en résultat financier.

Concernant les composantes non récurrentes de la charge de retraite, à savoir les **amendements, réductions** (« curtailment ») et **liquidations de régime** (« settlement ») : à notre avis, ces éléments non récurrents peuvent être comptabilisés éventuellement en Autres produits d'exploitation (opérationnels) non courants ou Autres charges d'exploitation (opérationnelles) non courantes, en dessous du résultat d'exploitation (opérationnel) courant, pour les entreprises qui appliquent la recommandation ANC nº 2020-01 sur la présentation des états financiers, et à condition de remplir les critères requis, en particulier le critère « inhabituel et significatif ».

Concernant le **cas de restructuration,** le coût de la restructuration et les éventuels gains de « curtailment » liés à la reprise des provisions pour engagements de retraite doivent, à notre avis, être présentés de manière homogène au compte de résultat.

Le tableau ci-après synthétise ces éléments :

4 composantes en résultat...	... opérationnel		... financier
	Charges de personnel	Autres charges et produits opérationnels	Autres charges et produits financiers
+ Coût des services rendus sur l'exercice	X		
+/– Intérêts nets sur le passif = + charge de désactualisation de la dette – produit lié au rendement implicite des actifs du régime	X		X

4 composantes en résultat...	... opérationnel		... financier
	Charges de personnel	Autres charges et produits opérationnels	Autres charges et produits financiers
+ Coût des services passés [(2)] (amendement de régime/« curtailment »)	X	X [(1)]	
+ Liquidation de régime (« settlement »)	X	X [(1)]	
(1) Classement possible en « Autres produits/charges d'exploitation (opérationnels) non courants », si éléments en nombre très limité, inhabituels, anormaux, peu fréquents et de montants particulièrement significatifs, selon la recommandation ANC n° 2020-01. (2) Nécessité d'une présentation homogène des gains liés au « curtailment » avec les charges de restructuration.			

Commentaires La norme maintient une souplesse en matière de présentation de la charge au compte de résultat. Elle définit toutefois précisément les composantes du coût des prestations définies en distinguant le coût des services rendus, les intérêts nets sur le passif net (l'actif net) au titre des prestations définies et les réévaluations du passif net (de l'actif net) (IAS 19.120).

1. Les deux premiers éléments, **coût des services rendus et intérêts nets,** sont à comptabiliser au compte de résultat. La norme ne précise toutefois pas sur quelles lignes comptabiliser ces différents éléments (opérationnel et/ou financier), laissant ainsi sur ce point de la souplesse (IAS 19.134). En pratique, à notre avis :

a. le coût des services rendus doit être présenté en résultat opérationnel avec les autres charges de personnel de l'exercice ;

b. les intérêts nets sur le passif net (l'actif net), qui incluent la charge de désactualisation et le produit implicite du rendement des actifs, sont à présenter :

– soit avec les autres éléments de la charge de retraite de l'exercice, en résultat opérationnel,
– soit distinctement en charges/produits financiers (montant regroupant les composantes financières, à savoir la charge liée à la désactualisation de la provision pour retraite et le rendement implicite des actifs du régime et des droits à remboursement).

2. **Les composantes non récurrentes de la charge relatives aux amendements, réductions ou liquidations de régime** peuvent à notre avis être comptabilisées en « Autres produits d'exploitation non courants » (auparavant « Autres produits opérationnels », voir n° 54006) ou « Autres charges d'exploitation non courantes » (auparavant « Autres charges opérationnelles »), en dessous du résultat d'exploitation courant (auparavant résultat opérationnel courant), pour les entreprises qui appliquent la recommandation ANC n° 2020-01 sur la présentation des états financiers et à condition de remplir les critères requis, en particulier le critère « inhabituel et significatif », voir n° 54042.

3. **Le coût d'une restructuration et les éventuels gains de « curtailment »** liés à la reprise de provisions pour engagements de retraite doivent, à notre avis, suivre une présentation homogène au compte de résultat.

Présentation des actifs et passifs liés aux avantages du personnel : distinction courant/non courant

28755 ***Question***

Est-il nécessaire de présenter distinctement dans l'état de situation financière (ou bilan) les parties courante et non courante des actifs et passifs liés aux avantages du personnel ?

Réponse

A notre avis oui, si cette distinction est disponible et que l'information est fiable.

Commentaires :

1. **Principe général de classement des actifs et passifs en courants/non courants** Selon IAS 1.60, une entité doit présenter séparément dans l'état de situation financière (ou bilan) les actifs et passifs courants et non courants, sauf lorsqu'une présentation selon le critère de liquidité apporte des informations fiables et plus pertinentes.

Dans ce dernier cas, tous les actifs et passifs doivent être généralement présentés par ordre de liquidité (IAS 1.60).
Aucune autre exception à cette distinction courant/non courant n'est prévue par la norme IAS 1.

En outre, quelle que soit la méthode de présentation adoptée, l'entité doit présenter le montant qu'elle s'attend à recouvrer ou à régler au plus tard dans les douze mois pour chaque poste d'actif et de passif regroupant des montants qu'elle s'attend à recouvrer ou à régler (IAS 1.61) :
- au plus tard dans les douze mois suivant la date de clôture ; et
- plus de douze mois après la date de clôture.

2. **Application aux actifs et passifs liés aux avantages du personnel** La norme IAS 19 ne précise pas si une entité doit distinguer la partie courante et la partie non courante des actifs et des passifs résultant des avantages postérieurs à l'emploi (IAS 19.133), considérant qu'une telle distinction est parfois arbitraire (IAS 19.BC200) et difficile à faire.

Toutefois, il convient, à notre avis, d'effectuer cette distinction si une information fiable et disponible existe. En effet :
- la distinction courant/non courant requise par IAS 1.60 s'applique en principe, en l'absence d'exception explicitement prévue, à tous les actifs et passifs ;
- la norme IAS 19 n'impose pas explicitement mais n'interdit pas non plus cette distinction.

Remarques :
1. La partie « courante » des avantages du personnel correspond en principe aux paiements que l'entité s'attend à régler dans les 12 mois.
2. La ventilation entre les éléments courants et non courants peut, par exemple, être fournie par l'actuaire d'une entité.

En revanche, lorsque la ventilation entre éléments courants et non courants n'est pas disponible, l'ensemble des passifs, généralement des engagements long terme, est présenté de fait comme un élément non courant.

Présentation des variations des provisions pour avantages du personnel dans l'état des flux de trésorerie (méthode indirecte)

28760

Question

Comment présenter, dans l'état des flux de trésorerie, les flux relatifs aux variations des provisions pour avantages du personnel en cas d'utilisation de la méthode indirecte pour déterminer les flux de trésorerie liés aux activités opérationnelles ?

Réponse

En l'absence de précision de la norme IAS 7, Etat des flux de trésorerie, ces flux devraient être inclus dans la variation du besoin en fonds de roulement (BFR) lié à l'activité, comme recommandé par l'ANC.

Commentaires Selon la norme IAS 7, les flux de trésorerie correspondant aux décaissements et/ou encaissements liés aux avantages du personnel (notamment les avantages postérieurs à l'emploi à prestations définies) sont des flux de trésorerie provenant des activités opérationnelles (IAS 7.14d).

Rappelons que deux méthodes sont autorisées pour la détermination des flux de trésorerie provenant des activités opérationnelles (IAS 7.18) :
- la **méthode directe** suivant laquelle les principales catégories d'entrées et de sorties de trésorerie brutes sont présentées ;
- la **méthode indirecte** suivant laquelle le résultat est ajusté des effets des transactions sans effet de trésorerie, des décalages ou régularisations d'entrées ou de sorties de trésorerie passées ou futures liées aux activités opérationnelles et des éléments de produits ou de charges liés aux flux de trésorerie concernant les investissements ou le financement.

Les charges comptabilisées au titre des provisions pour avantages du personnel ne sont pas des charges décaissées, mais l'entité subit des flux de trésorerie qui leur sont liés, tels que les versements à des fonds ou contrats d'assurance ou encore les rentes versées aux retraités.

Toutefois, la norme IAS 7 ne précise pas où présenter ces flux de trésorerie, en cas d'utilisation de la méthode indirecte.

En revanche, la recommandation ANC n° 2020-01 du 6 mars 2020 § 6.3 relative au format des états financiers des entreprises sous référentiel comptable international (hors entreprises de banque et d'assurance) prévoit que le retraitement du résultat de ces éléments soit effectué via la variation du BFR lié à l'activité.

II. Informations à fournir au titre des avantages du personnel

Objectifs de l'information au titre des régimes à prestations définies

28880 ***Question***

Quels sont les objectifs de l'information au titre des régimes d'avantages postérieurs à l'emploi à prestations définies ?

Réponse

La norme IAS 19 énonce clairement les objectifs assignés aux informations en annexe au titre des régimes d'avantages postérieurs à l'emploi à prestations définies. Trois objectifs spécifiques :
- expliquer les caractéristiques des régimes et les risques associés ;
- indiquer et expliquer les montants comptabilisés dans les états financiers ;
- décrire l'incidence potentielle de ces engagements sur les flux de trésorerie de l'entité (montant, échéancier, degré d'incertitude).

La norme IAS 19 énonce une liste d'informations à fournir, visant à atteindre ces objectifs. Toutefois, si les informations fournies conformément aux dispositions de la norme ne permettent pas de satisfaire à ces objectifs, des informations supplémentaires doivent être communiquées.
Pour le détail de ces informations à fournir, voir n° 28882.

Commentaires La norme IAS 19 définit dans un premier temps les objectifs généraux de l'information au titre des avantages postérieurs à l'emploi et détaille ensuite la nature des informations requises par objectif.

Pour le détail des informations requises, voir n° 28882.

L'information fournie au titre des régimes à prestations définies doit satisfaire au triple objectif suivant (IAS 19.135) :
- expliquer les caractéristiques des régimes et les risques associés ;
- indiquer et expliquer les montants comptabilisés au titre de ces régimes ;
- décrire l'incidence potentielle de ces régimes sur le montant, l'échéancier et le degré d'incertitude des flux de trésorerie futurs.

Recommandations de l'AMF Dans ses recommandations en vue de l'arrêté des comptes 2013, l'AMF invite les émetteurs, pour les régimes à prestations définies qui peuvent être complexes et avoir des spécificités locales significatives, à avoir une présentation particulièrement pédagogique de ces régimes significatifs et leurs incidences sur les comptes. Et ce, en lien avec les objectifs assignés aux annexes qui doivent permettre de comprendre les principales caractéristiques des régimes significatifs et les risques y afférents, ce qui n'est pas nécessairement reflété par la présentation de tableaux (Rec. AMF 2013-19, Arrêté des Comptes 2013, § 2.2).

Pour ce faire, il convient de considérer (IAS 19.136) :
- le niveau de détail nécessaire pour satisfaire aux obligations d'information ;
- l'importance à accorder à chacune de ces obligations ;
- le degré de regroupement ou de ventilation à retenir ;
- le besoin pour les utilisateurs d'informations supplémentaires leur permettant d'apprécier les informations chiffrées fournies.

Si les informations fournies conformément aux dispositions de la norme ne permettent toutefois pas de satisfaire aux objectifs, des informations supplémentaires doivent être communiquées (IAS 19.137).

Par exemple, l'entité peut présenter une analyse de la valeur actualisée de l'obligation au titre des prestations définies, en distinguant la nature, les caractéristiques et les risques de l'obligation. Ainsi, elle pourrait distinguer dans cette analyse notamment (IAS 19.137) :
- les sommes dues aux bénéficiaires actifs de celles dues aux retraités ou à des bénéficiaires non actifs ayant acquis des droits non encore liquidés ;
- les avantages acquis des avantages accumulés mais non acquis.

En outre, il peut être nécessaire de ventiler tout ou partie des informations afin de distinguer les régimes (ou groupes de régimes) exposés à des risques significativement différents, pour refléter par exemple (IAS 19.138) :
- leur localisation géographique ;
- le type de régime (régime à rente uniforme, régime basé sur le salaire de fin de carrière, régime d'assistance médicale postérieure à l'emploi, etc.) ;
- l'environnement réglementaire ;
- le secteur d'activité ;
- le mode de financement (régimes sans capitalisation, partiellement ou entièrement capitalisés).

Recommandations de l'AMF Pour la ventilation des informations, l'AMF invite les sociétés à déterminer la manière la plus pertinente et le niveau de granularité nécessaire pour présenter aux lecteurs les niveaux de risque liés aux différents régimes (Rec. AMF 2013-19, Arrêté des Comptes 2013, § 2.2).

Nature des informations au titre des régimes d'avantages postérieurs à l'emploi à prestations définies

Question 28882

Quelles sont les informations à fournir en annexe au titre des régimes d'avantages postérieurs à l'emploi à prestations définies ?

Réponse

La norme IAS 19 énonce une liste conséquente d'informations à fournir, visant à atteindre les objectifs assignés à l'information au titre des régimes à prestations définies (voir nº 28880). Elle précise en outre que, si les informations fournies en application de la norme ne sont pas suffisantes, l'entité doit fournir les informations supplémentaires pour atteindre ces objectifs.

Commentaires Pour répondre aux objectifs assignés à l'information au titre des régimes à prestations définies (voir nº 28880), la norme IAS 19 énonce une liste d'informations organisée par nature d'objectif qu'elles permettent de satisfaire (IAS 19.139 à .147) :

1. **Caractéristiques des régimes à prestations définies et des risques associés** La norme apporte des précisions sur les informations relatives à la description des régimes (IAS 19.139) :
- la nature des avantages qu'offre le régime ;

Par exemple, régime à prestations définies basées sur le salaire de fin de carrière, régime à rendement garanti, etc.

- le cadre réglementaire applicable au régime ;

Par exemple, les exigences éventuelles de financement minimum et l'incidence du cadre réglementaire sur le régime, notamment sur le plafonnement de l'actif.

- les modalités de gouvernance des régimes ;

Par exemple, les responsabilités des « trustees » ou des administrateurs du régime.

- les risques auxquels le régime expose l'entité, notamment les risques inhabituels ou spécifiques à l'entité ou au régime, ainsi que les concentrations importantes de risques ;

Par exemple, un régime dont les actifs sont investis principalement dans une même catégorie de placements, comme des biens immobiliers, peut exposer l'entité à une concentration de risques liés au marché immobilier.

- toute modification, réduction ou liquidation de régime.

2. **Explication des montants figurant dans les états financiers** Les informations requises à ce titre sont nombreuses :

28882 (suite) **a. Rapprochements entre les soldes d'ouverture et de clôture** pour les éléments suivants (IAS 19.140) :

- le passif net (l'actif net) au titre des prestations définies ;

Des rapprochements distincts sont en outre requis pour :
- la valeur actualisée de l'obligation au titre des prestations définies ;
- les actifs du régime ;
- l'effet du plafonnement de l'actif.

- les droits à remboursement ainsi que le lien avec les obligations correspondantes.

Pour chacun de ces rapprochements doivent figurer séparément (IAS 19.141) :
- le coût des services rendus au cours de la période ;
- le produit ou la charge d'intérêts ;
- les réévaluations du passif net (de l'actif net) au titre des prestations définies ;

Doivent être indiqués séparément :
- la part non comptabilisée en résultat du rendement des actifs du régime ;
- les gains ou pertes actuariels résultant de changements d'hypothèses démographiques ;
- les gains ou pertes actuariels découlant de changements dans les hypothèses financières ;
- la part non comptabilisée en résultat des variations de l'effet de la limitation au plafonnement de l'actif (en indiquant comment celles-ci ont été déterminées) ;

- le coût des services passés ainsi que les profits et pertes sur liquidation ;
- l'effet des variations du cours des monnaies étrangères ;
- les cotisations au régime, en distinguant celles de l'employeur et celles des participants au régime ;
- les prestations du régime, en indiquant séparément les montants payés au titre d'une liquidation ;
- les effets des regroupements et des cessions d'entreprises.

Recommandations de l'AMF Dans ses recommandations en vue de l'arrêté des comptes 2022, l'AMF recommande aux sociétés d'expliquer et de détailler la réconciliation des obligations au titre des prestations définies entre l'ouverture et la clôture, en distinguant chaque typologie d'ajustements significatifs de valeur du fait de l'évolution des hypothèses sous-jacentes (Rec. AMF 2022-06, Arrêté des Comptes 2022, § 4.1).

b. Actifs du régime L'entité doit décomposer la juste valeur des actifs du régime par catégorie reflétant la nature et les risques associés à ces actifs, en distinguant en outre les actifs cotés sur un marché actif (au sens d'IFRS 13) de ceux qui ne le sont pas (IAS 19.142).

A titre d'exemple, les catégories présentées pourraient être (IAS 19.142) :
- la trésorerie et les équivalents de trésorerie ;
- les instruments de capitaux propres (distingués par secteur d'activité, taille de la société, localisation géographique...) ;
- les instruments de dette (distingués par type d'émetteur, qualité de crédit, localisation géographique...) ;
- les biens immobiliers (distingués par localisation géographique...) ;
- les dérivés (distingués par type de risque sous-jacent au contrat – dérivés de taux, dérivés de change, dérivés actions, dérivés de crédit, swaps de longévité...) ;
- les fonds de placement (distingués par type de fonds).

Recommandations de l'AMF Pour la ventilation des informations sur la juste valeur des actifs du régime, l'AMF invite les sociétés à déterminer la manière la plus pertinente et le niveau de granularité nécessaire pour présenter aux lecteurs les niveaux de risque liés aux actifs du régime (Rec. AMF 2013-19, Arrêté des Comptes 2013, § 2.2).

En outre, une information doit être fournie sur la juste valeur des instruments financiers de l'entité qui sont transférables et qualifiés d'actifs du régime ainsi que les biens immobiliers ou autres actifs utilisés par l'entité (IAS 19.143).

c. Hypothèses actuarielles utilisées à la date de clôture pour déterminer la valeur actuelle de l'obligation Une valeur absolue, et non pas uniquement une fourchette de différents pourcentages ou d'autres variables, doit être fournie pour chacune des hypothèses actuarielles significatives (IAS 19.144). Si l'entité fournit des informations globales pour un groupe de régimes, celles-ci doivent être fournies sous la forme de moyennes pondérées ou d'intervalles relativement étroits (en ce sens, décision de l'ESMA EECS/0215-03, 11/15).

Recommandations de l'AMF Concernant le taux d'actualisation, l'AMF a formulé des recommandations en vue de l'arrêté des comptes 2009 qui restent valables aujourd'hui (Rec. AMF 2009-28, Arrêté des Comptes 2009, § 8.1) :
- fournir des taux par zone géographique, et non globalement, lorsqu'un groupe a des engagements postérieurs à l'emploi significatifs dans des pays étrangers ;

– lorsqu'une fourchette de taux très large est retenue (pour des raisons pratiques), affiner le niveau de détail au titre des zones géographiques ou fournir les hypothèses relatives à un seul pays si les autres pays de la zone ont une contribution non significative. L'AMF considère que, sans ce niveau de détails, l'information semble ne pas être conforme à ce que requiert la norme. Elle considère en outre cette information nécessaire si elle est significative et pertinente ; **28882** (suite)

– préciser le niveau de qualité des obligations d'entreprises, considéré comme répondant aux exigences de la norme, plutôt que de retenir une formulation générale de type « taux de rendement d'obligations privées de première catégorie ». Le niveau de qualité des obligations d'entreprises peut, par exemple, être donné en fonction du niveau de notation selon la grille de l'une des grandes agences de notation. Pour les groupes ayant des engagements importants à l'étranger, cette information devrait être détaillée par principales zones géographiques ;

– lorsqu'il n'existe pas de marché actif pour les obligations d'entreprises de première catégorie, d'expliquer et de justifier en annexe le recours aux obligations assimilables du trésor (OAT).

En outre, en cas de régimes à prestations définies significatifs et lorsque les taux d'augmentation des salaires retenus sont significativement inférieurs aux objectifs d'inflation long terme de la zone considérée, l'AMF recommande de présenter l'approche retenue pour déterminer les taux de croissance des salaires (Rec. AMF 2015-08, Arrêté des Comptes 2015, § 1.1).

En outre, l'IFRS IC (IFRIC Update 07/13) et l'AMF (Rec. AMF 2015-08, Arrêté des Comptes 2015, § 1.1) rappellent la nécessité de mentionner en annexe les hypothèses et jugements retenus pour l'estimation du taux d'actualisation (IAS 19.144 et .145, IAS 1.122).

Les écarts actuariels doivent être ventilés entre ceux résultant de changements dans les hypothèses démographiques et ceux découlant de changements dans les hypothèses financières.

3. Description de l'incidence potentielle des régimes à prestations définies sur les flux de trésorerie futurs (montant, échéancier et degré d'incertitude) Les informations requises pour atteindre cet objectif concernent les éléments suivants :

a. Analyse de sensibilité des hypothèses actuarielles importantes (IAS 19.145) :

– une analyse de la sensibilité à la date de clôture pour chaque hypothèse actuarielle importante ;

Cette obligation de communiquer une analyse de sensibilité de l'engagement à chacune des hypothèses actuarielles significatives est une approche identique à celle retenue par la norme IAS 36 pour les tests de dépréciation du goodwill.

Cette information nécessite de s'interroger sur les hypothèses les plus significatives, ce qui inclut le taux d'actualisation, mais pas seulement.

– les méthodes et hypothèses utilisées pour élaborer ces analyses ;

– les changements dans les méthodes et hypothèses utilisées par rapport à celles des périodes précédentes et les raisons de ces changements.

Recommandations de l'AMF Concernant l'information à fournir sur la sensibilité aux hypothèses clés, l'AMF indique que le taux d'actualisation constituera le plus souvent l'une de ces hypothèses clés (Rec. AMF 2013-19, Arrêté des Comptes 2013, § 2.2 et Rec. AMF 2015-08, Arrêté des Comptes 2015, § 1.1).

L'AMF invite de plus les entités à s'interroger sur le caractère clé des autres hypothèses, en fonction des spécificités des régimes et de l'environnement local (taux de revalorisation des salaires, taux de rotation du personnel...), pour lesquels une sensibilité mériterait également d'être présentée (Rec. AMF 2013-19, Arrêté des Comptes 2013, § 2.2).

En outre, dans la détermination de la variation jugée raisonnablement possible pour la présentation de la sensibilité sur le taux d'actualisation, l'AMF invite les sociétés à adapter la sensibilité mesurée au contexte particulier de la clôture et, notamment, à s'assurer que la variation jugée raisonnablement possible est pertinente au regard de la variabilité historique observée (Rec. AMF 2015-08, Arrêté des Comptes 2015, § 1.1).

Enfin, dans ses recommandations en vue de l'arrêté des comptes 2022, l'AMF recommande aux sociétés, lorsque les montants sont significatifs, de développer les informations sur les hypothèses actuarielles clés retenues et leurs sensibilités, notamment celles liées à l'inflation (par exemple, relatives à l'augmentation des salaires ou des prestations ou encore au choix entre une rente viagère faisant l'objet d'une augmentation annuelle fixe et un capital au moment du départ à la retraite) (Rec. AMF 2022-06, Arrêté des Comptes 2022, § 4.1).

b. Stratégies de gestion actif-passif Toute stratégie de gestion actif-passif utilisée le cas échéant par le régime ou l'entité doit être décrite et notamment l'utilisation de rentes ou d'autres techniques de gestion des risques, comme les swaps de longévité (IAS 19.146).

c. Incidence du régime à prestations définies sur les flux de trésorerie futurs de l'entité (IAS 19.147) :

– la description de toute modalité de financement et de toute politique de capitalisation ayant une incidence sur les cotisations futures ;

– les cotisations qu'il est prévu de verser au régime au cours du prochain exercice ;
– le profil des échéances de l'obligation au titre des prestations définies, dont la duration moyenne pondérée de l'obligation (par exemple, des informations sur l'échelonnement des versements de prestations ou une analyse des échéances de ces versements peuvent être utiles).

Recommandations de l'AMF Selon l'AMF, cet échéancier paraît utile lorsque les décaissements ne sont pas attendus de manière régulière dans le temps ou résultent d'une obligation établissant un niveau minimum de financement (Rec. AMF 2013-19, Arrêté des Comptes 2013, § 2.2).

4. Autres informations requises pour des régimes spécifiques (régimes multi-employeurs à prestations définies (voir n° 28885) et régimes à prestations définies dont les risques sont partagés entre différentes entités sous contrôle commun) (IAS 19.149 s.).

Informations au titre des régimes d'avantages postérieurs à l'emploi multi-employeurs

28885 ***Question***

Quelles sont les informations à fournir en annexe au titre des régimes d'avantages postérieurs à l'emploi multi-employeurs ?

Réponse

La norme IAS 19 prévoit des informations complémentaires spécifiques pour les régimes multi-employeurs à prestations définies. La nature des informations diffère selon que le régime est comptabilisé en régime à prestations définies ou, faute d'informations suffisantes, comme un régime à cotisations définies.

Commentaires Les informations à fournir au titre des régimes multi-employeurs à prestations définies diffèrent selon que le régime est comptabilisé en régime à prestations définies ou, faute d'informations suffisantes, comme un régime à cotisations définies (IAS 19.148).

Rappelons qu'un régime multi-employeurs à prestations définies doit être comptabilisé comme un régime à cotisations définies si l'entité ne dispose pas d'informations suffisantes pour le comptabiliser comme un régime à prestations définies (IAS 19.34), voir n° 28125.

1. Informations dans le cas d'un régime à prestations définies En plus des informations requises pour l'ensemble des régimes d'avantages postérieurs à l'emploi à prestations définies (IAS 19.33 ; voir n° 28882), l'entité doit fournir une description des éléments suivants (IAS 19.148) :
– modalités de financement, y compris la méthode de détermination du taux de cotisation de l'entité et toute exigence de financement minimum ;
– dispositions du régime qui engagent l'entité par rapport aux obligations des autres entités participant au régime ;
– toute répartition convenue du déficit ou de l'excédent en cas de liquidation de régime ou si l'entité se retire du régime.

2. Informations lorsque le régime est comptabilisé comme un régime à cotisations définies (en l'absence d'informations suffisantes permettant sa comptabilisation en régime à prestations définies). Outre les informations spécifiques requises dans le cas d'un régime multi-employeurs à prestations définies (voir point 1. ci-avant), et à la place des informations générales requises pour l'ensemble des régimes à prestations définies (voir n° 28882), l'entité doit également fournir les informations suivantes (IAS 19.148) :
– le fait qu'il s'agisse d'un régime à prestations définies ;
– la raison pour laquelle elle ne dispose pas d'informations suffisantes pour comptabiliser ce régime comme un régime à prestations définies ;
– les cotisations au régime prévues pour le prochain exercice ;
– tout excédent ou déficit du régime pouvant influer sur le montant des cotisations futures, y compris la base de détermination du montant du déficit ou de l'excédent et les conséquences, le cas échéant, pour l'entité ;
– une indication du niveau de participation de l'entité au régime par rapport à celui des autres entités participantes.

Par exemple, l'entité peut indiquer la proportion à la charge de l'entité des cotisations totales au régime ou la proportion attribuable à l'entité des participants en activité, des participants retraités et des anciens participants ayant droit à des prestations.

CHAPITRE 22

Paiement fondé sur des actions (IFRS 2)

Plan du chapitre §§ 28950

28950 (suite)

Plan du chapitre *(suite et fin)* §§

L'ESSENTIEL DE LA NORME IFRS 2

A. Généralités

Remarque Dans la norme IFRS 2, le terme « juste valeur » est utilisé avec une signification qui diffère à certains égards de la définition qu'en donne la norme IFRS 13, Evaluation de la juste valeur. Par conséquent, lorsqu'une entité applique la présente norme, elle évalue la juste valeur selon IFRS 2 et non selon IFRS 13 (IFRS 2.6A).

Pour une présentation générale de la norme IFRS 13, voir n° 13310 s.

Champ d'application

L'objectif de la norme IFRS 2, Paiement fondé sur des actions, est de spécifier l'information financière à présenter sur les transactions dont le paiement est fondé sur des actions (plans d'attribution d'actions gratuites ou de stock-options, par exemple), notamment leurs impacts sur le résultat et la situation financière de l'entreprise. La norme IFRS 2 **impose de constater les charges liées à des transactions attribuant des instruments de capitaux propres** aux membres du personnel (IFRS 2.1). **28951**

La norme IFRS 2 s'applique à la comptabilisation de toutes les transactions dont le paiement est fondé sur des actions définies ci-après (IFRS 2.2).

Remarques :

1. Le champ d'application de la norme est plus large que les seuls paiements en actions aux membres du personnel en contrepartie des services rendus. En effet, sont également couvertes les transactions de paiement fondé sur des actions effectuées avec des parties autres que des membres du personnel (par exemple un prestataire de services ou un fournisseur de biens).
2. Sont également incluses dans le champ d'application d'IFRS 2 les transactions donnant lieu à remise d'instruments de capitaux propres ou à paiement dont le montant dépend de la valeur d'un instrument de capitaux propres de l'entité et pour lesquelles l'entité ne peut pas identifier expressément tout ou partie des biens ou services reçus ou à recevoir (IFRS 2.2).

Sont exclues du champ d'application les transactions par lesquelles l'entreprise acquiert des biens représentatifs d'actifs nets lors de regroupements d'entreprises, couvertes par la norme IFRS 3 (IFRS 2.5), ainsi que certaines transactions couvertes par les normes IAS 32 et IFRS 9 relatives aux instruments financiers (contrats d'achat et de vente d'actifs non financiers) (IFRS 2.6).

Sur le champ d'application de la norme IFRS 2, voir n° 29030 s.

Définitions

Une transaction dont le paiement est fondé sur des actions est une transaction par laquelle **28952**
l'entité :
- reçoit des biens ou des services en contrepartie d'instruments de capitaux propres de l'entité ;
- ou encore acquiert des biens ou des services en encourant, à l'égard du fournisseur de ces biens ou services, des passifs à hauteur de montants fondés sur la valeur ou le prix de l'action de l'entité ou de tout autre instrument de capitaux propres de l'entité (IFRS 2.A).

La norme IFRS 2 définit **trois catégories de transactions** dont le paiement est fondé sur des actions (IFRS 2.2) :

1. les **transactions réglées en instruments de capitaux propres** par lesquelles l'entité reçoit des biens ou services en contrepartie d'instruments de capitaux propres de l'entité (par exemple, des actions ou des options sur actions) ;

2. les **transactions réglées en trésorerie** par lesquelles l'entité acquiert des biens ou services en encourant un passif représentant l'obligation de transférer de la trésorerie ou d'autres actifs au fournisseur de ces biens ou services, à hauteur de montants basés sur le prix (ou la valeur) des actions de l'entité ou de tout autre instrument de capitaux propres ; et

3. **les transactions réglées, soit en instruments de capitaux propres, soit en trésorerie, le choix étant laissé, selon les accords, à l'entité ou au fournisseur de biens ou de services** : il s'agit des transactions par lesquelles l'entité reçoit ou acquiert des biens ou des services et dont les caractéristiques de l'accord laissent le choix soit à l'entité, soit au fournisseur de ces biens ou services, entre un règlement de la transaction en trésorerie (ou en autres actifs) ou par émission d'instruments de capitaux propres.

Le classement d'une transaction dans l'une de ces catégories est déterminant car le traitement comptable et les principes d'évaluation sont différents pour chacune d'elles.

Sur la qualification des transactions de paiement fondé sur des actions, voir nº 29150 s.

B. Principes généraux de comptabilisation et d'évaluation

Comptabilisation

28955 Les biens ou les services reçus doivent être comptabilisés :
- soit à l'actif, dès lors qu'ils remplissent les critères de comptabilisation à l'actif tels qu'énoncés par les normes IFRS ;
- soit en charges directement, dans le cas contraire (IFRS 2.7 et .8).

L'enregistrement de la contrepartie de la charge dépend du mode de règlement de la transaction (IFRS 2.7) :

a. si règlement en **instruments de capitaux propres** : la contrepartie est constatée en **capitaux propres** ;

Sur les principes généraux de comptabilisation et d'évaluation des transactions réglées en instruments de capitaux propres, voir nº 29210 s.

b. si règlement en **trésorerie** : la contrepartie est constatée au passif (en dettes) ;

c. si règlement **soit en instruments de capitaux propres, soit en trésorerie** : la contrepartie est constatée :
- soit en capitaux propres ;
- soit au passif ;
- soit encore pour partie en capitaux propres et pour partie au passif.

Ce dernier cas intervient lorsque la transaction est assimilée à l'émission d'un instrument financier composé (cas rares en pratique).

Remarque Sur les principes généraux de comptabilisation et d'évaluation des transactions réglées en actions ou en trésorerie, voir nº 29620 s.

Les biens doivent être comptabilisés à la date à laquelle ils sont acquis.

Les services sont comptabilisés durant la période au cours de laquelle ils sont rendus.

Sur le traitement de l'impôt relatif aux transactions de paiement en actions, voir nº 29810 s.

Evaluation

28956 Le principe général d'évaluation des transactions dont le paiement est fondé sur des actions repose sur la **juste valeur** des biens acquis ou des services reçus par l'entité. Les modalités de détermination de la juste valeur dépendent de la nature de la transaction et de la nature du bénéficiaire (membre du personnel ou tiers externe).

Les tableaux suivants récapitulent le principe d'évaluation et la date à laquelle l'évaluation doit être effectuée pour chacune des catégories de transactions de paiement fondé sur des actions.

1. **Application du principe d'évaluation à chaque type de transaction** Ces principes sont détaillés dans la suite de cette section, par type de transaction.

Type de transaction		Principe d'évaluation	En cas d'impossibilité d'évaluation de manière fiable (cas rares en pratique)	
Transaction réglée en instruments de capitaux propres...	... à des tiers (non employés) au titre de biens ou de services	A la juste valeur des biens ou des services reçus (présumée déterminable de manière fiable)	Par référence à la juste valeur des instruments de capitaux propres attribués	A défaut, à valeur intrinsèque des instruments de capitaux propres attribués
	... à des membres du personnel au titre de services rendus (ou à des tiers fournissant des services similaires)	Par référence à la juste valeur des instruments de capitaux propres attribués	Valeur intrinsèque des instruments de capitaux propres attribués	
Transaction réglée en trésorerie		Juste valeur du passif		
Transaction réglée soit en trésorerie, soit en instruments de capitaux propres		Méthodes d'évaluation déterminées selon que le choix du mode de règlement de la transaction est laissé à l'entité ou au bénéficiaire		

2. **Détermination de la date d'évaluation de chaque type de transaction** Ces principes sont détaillés dans la suite de cette section, par type de transaction.

Type de transaction		Date(s) d'évaluation de la transaction
Transaction réglée en instruments de capitaux propres...	... à des tiers (non employés) au titre de biens ou de services	• Une seule évaluation, sur la base de la juste valeur des biens ou des services reçus (présumée déterminable de manière fiable) • Evaluation à la **date à laquelle l'entité obtient les biens ou à laquelle l'autre partie fournit les services**
	... à des membres du personnel au titre de services rendus (ou à des tiers fournissant des services similaires)	• Une seule évaluation, sur la base de la juste valeur des instruments de capitaux propres attribués • Evaluation à la **date d'attribution** (date à laquelle l'entité et le bénéficiaire acceptent un accord dont le paiement est fondé sur des actions, c'est-à-dire date à laquelle ils ont une compréhension commune des caractéristiques et conditions de l'accord)
Transaction réglée en trésorerie		• Evaluation sur la base de la juste valeur du passif à la **date d'acquisition des biens** ou à la **date de réception des services** • **Réévaluation à chaque date de clôture** jusqu'à la date de règlement • Comptabilisation de la variation de juste valeur du passif en résultat de la période
Transaction réglée soit en trésorerie, soit en instruments de capitaux propres		Dates d'évaluation déterminées selon que le choix du mode de règlement de la transaction est laissé à l'entité ou au bénéficiaire

C. Comptabilisation et évaluation des transactions réglées en instruments de capitaux propres

Remarque Sur les principes généraux de comptabilisation et d'évaluation des transactions réglées en instruments de capitaux propres, voir nº 29210 s.

1. Transactions de paiement fondé sur des actions avec des tiers non membres du personnel

Comptabilisation

Ces transactions sont comptabilisées **selon le principe général** : comptabilisation d'une charge lorsque les biens acquis ou les services reçus sont consommés (IFRS 2.7). Le schéma d'écritures est le suivant : **28960**

a. **au débit** :
- **soit à l'actif puis en charges** lors de la consommation des biens (par exemple, lors de la vente de stocks ou l'amortissement des immobilisations) ;
- **soit en charges directement** dès lors que les biens ou services ne remplissent pas les conditions de comptabilisation à l'actif (par exemple, les services rendus par les membres du personnel) ;

b. **au crédit : en capitaux propres.**

Remarque La contrepartie de la charge IFRS 2 est présentée dans l'état de variation des capitaux propres dans la mesure où elle reflète l'émission d'un instrument de capitaux propres et non un gain à présenter parmi les autres éléments du résultat global (OCI).

En outre, les transactions impliquant des biens sont comptabilisées à la date d'acquisition alors que les transactions impliquant des services sont comptabilisées à la date de réception des services ou sur la période au cours de laquelle les services sont rendus (IFRS 2.7).

Evaluation

Dans le cadre de transactions réglées en instruments de capitaux propres effectuées avec des tiers non membres du personnel, l'évaluation des biens ou des services reçus doit être effectuée à la **juste valeur des biens ou services reçus** (IFRS 2.10). **28961**

Il existe une **présomption réfutable** que la **juste valeur des biens ou des services reçus peut être estimée de manière fiable** lorsque les transactions sont conclues avec des tiers non employés (IFRS 2.13).

Toutefois, lorsqu'il est impossible d'évaluer cette juste valeur (cas rares en pratique), l'évaluation doit alors être effectuée de manière indirecte, comme pour les transactions avec les membres du personnel, c'est-à-dire par référence à la juste valeur des instruments de capitaux propres attribués (IFRS 2.13).

La **date d'évaluation** de la juste valeur des biens ou services (ou à défaut la date d'évaluation des instruments de capitaux propres attribués) est la suivante (IFRS 2.A) :
- date d'évaluation des biens : date d'acquisition de ces biens ;
- date d'évaluation des services : date à laquelle les services sont fournis.

2. Transactions de paiement fondé sur des actions avec des membres du personnel

Comptabilisation

28963 Conformément au principe général de comptabilisation, les transactions de paiement fondé sur des actions réalisées avec des membres du personnel impliquent la constatation d'une **charge lorsque l'entité reçoit les services** en contrepartie d'une augmentation des capitaux propres (IFRS 2.7).

Deux situations sont toutefois à distinguer :

a. **Les instruments de capitaux propres sont acquis immédiatement sans aucune condition à satisfaire** : comptabilisation immédiate en charges à la date d'attribution de l'intégralité des services reçus en contrepartie des capitaux propres car il est alors présumé que les services rendus par les membres du personnel en échange des instruments de capitaux propres ont déjà été reçus (IFRS 2.14).

b. **Les instruments de capitaux propres ne sont acquis que sous réserve de la réalisation de certaines conditions d'acquisition des droits** : comptabilisation en charges et en capitaux propres, au fur et à mesure que les services sont rendus par les membres du personnel, durant la période d'acquisition des droits (IFRS 2.15).

Il est en effet alors présumé que les services à rendre par les membres du personnel seront reçus à l'avenir, pendant la période d'acquisition des droits.

Evaluation

28964 Les principes d'évaluation des transactions de paiement fondé sur des actions avec des membres du personnel sont les suivants :

1. **Modalités d'évaluation** Dans le cas des transactions réalisées avec les membres du personnel, le principe général d'évaluation à la juste valeur des biens ou services reçus ne peut être retenu (IFRS 2.11).

En effet, les instruments de capitaux propres attribués aux employés viennent habituellement s'ajouter à d'autres composantes de leur rémunération (salaires ou autres avantages à l'emploi), il est donc en général impossible de déterminer de manière fiable la juste valeur de chaque composante de la rémunération globale (IFRS 2.12).

En conséquence, la **charge** doit être **évaluée par référence à la juste valeur des instruments de capitaux propres attribués** ou, à défaut en cas d'impossibilité (cas rares en pratique), à la valeur intrinsèque des instruments de capitaux propres attribués (IFRS 2.24).

La juste valeur, à la date d'attribution, des instruments de capitaux propres attribués est déterminée différemment selon qu'il existe ou non un prix de marché pour les instruments de capitaux propres attribués :

– **si existence d'un prix de marché** : évaluation de la juste valeur en fonction de ce prix de marché, à la date d'évaluation, en tenant compte des termes et conditions spécifiques d'attribution (IFRS 2.16) ;

– **si absence de prix de marché** : estimation de la juste valeur en utilisant une technique d'évaluation, cohérente avec les modèles d'évaluation généralement acceptés pour la détermination du prix d'instruments financiers similaires, intégrant tous les facteurs et hypothèses que prendraient en considération des intervenants de marché bien informés et consentants pour la fixation du prix (IFRS 2.17).

Remarque La norme IFRS 2 fournit en annexe des commentaires sur l'évaluation de la juste valeur d'instruments de capitaux propres, en particulier lorsqu'il s'agit d'actions et d'options sur actions attribuées aux membres du personnel (IFRS 2.B1 à .B41).

2. Date d'évaluation Les transactions de paiement fondé sur des actions avec des membres du personnel doivent être **évaluées à la date d'attribution**, c'est-à-dire à la date à laquelle l'entité et les membres du personnel acceptent un accord dont le paiement est fondé sur des actions (les parties ont une compréhension commune des termes et conditions de l'accord et il y a une offre et une acceptation de l'offre) (IFRS 2.A). **28964** (suite)

3. Application de ces principes aux transactions sans aucune condition La charge totale correspond à la juste valeur des instruments de capitaux propres attribués, déterminée à la date d'attribution des droits, multipliée par le nombre d'instruments de capitaux propres acquis par les bénéficiaires à la date d'attribution.

Exemple Le 31/03/N, la société cotée S accorde à son dirigeant salarié, M. G., 500 actions S. Au 31/03/N, le cours unitaire de l'action est de 15 €. L'attribution des actions n'est soumise à aucune condition, celle-ci visant à rétribuer M. G. pour son implication dans l'entreprise en tant que dirigeant depuis 10 ans.

La charge à comptabiliser au 31/03/N, au titre de la transaction entre la société S et son dirigeant est évaluée comme suit :

- juste valeur des actions attribuées à la date d'attribution : 15 € ;
- nombre d'instruments de capitaux propres acquis : 500 actions ;
- charge à comptabiliser au 31/03/N : (15 × 500) = 7 500 € ;

Ecriture à comptabiliser au 31/03/N (en €) :

Dt	Charges de personnel	7 500	
Ct	Autres réserves		7 500

4. Application de ces principes aux transactions avec conditions d'acquisition des droits (« vesting ») ou conditions accessoires à l'acquisition des droits (« non-vesting ») (IFRS 2.A) Dans le cas où l'octroi des instruments de capitaux propres dépend de la satisfaction de conditions d'acquisition de droits ou de conditions accessoires à l'acquisition des droits, les modalités d'évaluation de la juste valeur des instruments octroyés diffèrent selon la nature de ces conditions.

Pour plus de détails sur les conditions « vesting » et « non-vesting », voir nº 29222 et 29225.

a. « Vesting conditions » (conditions d'acquisition des droits liées à une contrepartie en termes de services de la part du bénéficiaire) Ces conditions sont de deux types :

i. Conditions de service (de présence) (imposant que le membre du personnel achève une période de service spécifiée) : ces **conditions** ne sont **pas prises en compte** lors de la détermination de la juste valeur des instruments de capitaux propres à la date d'attribution (IFRS 2.19).

Ces conditions sont prises en compte uniquement par le biais de l'ajustement du nombre probable d'instruments dont l'acquisition est attendue à l'issue de la période d'acquisition.

ii. Conditions de performance (imposant d'atteindre des objectifs spécifiés pendant une période de service spécifiée). Ces conditions peuvent être de deux natures :

- les **conditions de performance « de marché »** (basées sur le prix ou la valeur des instruments de capitaux propres) ;

C'est-à-dire des conditions de performance liées au prix (ou la valeur) de marché des instruments de capitaux propres (par exemple, un objectif en termes de croissance du cours de bourse) et dont dépendent le prix d'exercice, l'acquisition ou la faculté d'exercer un instrument de capitaux propres (IFRS 2.A).

Ces conditions sont prises en compte uniquement lors de la détermination de la juste valeur des instruments de capitaux propres à la date d'attribution. Il n'y a pas de révision ultérieure de la juste valeur des instruments et ces conditions ne sont pas prises en compte pour la détermination du nombre probable d'instruments dont l'acquisition par les membres du personnel est attendue à l'issue de la période d'acquisition (IFRS 2.21).

- les **autres conditions de performance (« hors marché »)** : ces autres conditions peuvent être liées aux résultats de l'entité, comme par exemple l'atteinte d'un certain niveau de chiffre d'affaires, de résultat opérationnel ou encore de l'EBITDA ou de résultat par action sur une période donnée, pendant laquelle le salarié doit être présent dans l'entreprise (i.e. quand il rend des services). Il s'agit en pratique de conditions liées à des objectifs de performance « internes » à l'entreprise. Elles peuvent également être liées à la survenance d'un événement particulier tel que par exemple une introduction en bourse.

Ces conditions sont prises en compte uniquement par le biais de l'ajustement du nombre probable d'instruments dont l'acquisition par les membres du personnel est attendue à l'issue

de la période d'acquisition. Elles ne doivent pas être prises en compte lors de l'évaluation de la juste valeur des instruments octroyés, déterminée à la date d'attribution (IFRS 2.19).

b. « Non-vesting conditions » (conditions accessoires à l'acquisition des droits non liées à une contrepartie en termes de services de la part du bénéficiaire) Par exemple l'obligation de verser des fonds pendant une période spécifiée pour acquérir des options, l'atteinte d'un certain niveau de cours du pétrole, ou encore la nécessité de conserver des actions acquises pendant une période donnée, etc. Lors de l'évaluation de la juste valeur des instruments de capitaux propres, il doit être tenu compte des conditions accessoires à l'acquisition des droits.

La juste valeur ainsi déterminée ne sera pas revue ultérieurement et ces conditions accessoires ne doivent pas être prises en compte pour la détermination du nombre probable d'instruments dont l'acquisition par les membres du personnel est attendue à l'issue de la période d'acquisition (IFRS 2.21A).

L'estimation de la charge totale à comptabiliser est déterminée comme suit :

A la date d'attribution				
Estimation de la charge totale à comptabiliser	=	Juste valeur des instruments de capitaux propres attribués, évaluée à la date d'attribution en tenant compte des éventuelles conditions de marché et des éventuelles conditions accessoires à l'acquisition des droits. (A)	×	Meilleure estimation du nombre probable d'instruments de capitaux propres dont l'acquisition est attendue, à l'issue de la période de service, en tenant compte de la probabilité de survenance des conditions de service et des autres conditions de performance (hors marché). (B)
Au cours de la période d'acquisition des droits (pour chaque période comptable)				
Estimation de la charge totale à comptabiliser au titre de la période comptable	=	(A × B') rapportée à la période d'acquisition écoulée depuis la date d'attribution. Avec A = Juste valeur des instruments de capitaux propres, telle que déterminée à la date d'attribution (quelle que soit l'évolution de la réalisation ou non des conditions de marché et des conditions accessoires à l'acquisition des droits). Avec B' = B ajusté de tout changement éventuel d'estimation relatif à la probabilité de survenance des conditions de service et des autres conditions de performance (hors marché).	–	Charge cumulée au cours des périodes comptables précédentes.
A la date d'acquisition des droits (à l'issue de la période de service requise)				
Charge à comptabiliser	=	A × C avec C = nombre d'instruments de capitaux propres finalement acquis par les bénéficiaires sur la base de la réalisation des conditions de service et de performance (hors marché).	–	Charge cumulée comptabilisée au cours des périodes comptables précédentes.
Après la date d'acquisition des droits, aucune possibilité de reprise de la charge comptabilisée antérieurement (même en cas de renonciation à l'attribution, de non-exercice ou d'annulation). Possibilité de transfert d'une catégorie de capitaux propres à l'autre (par exemple, réserve à capital social et prime en cas d'émission d'actions nouvelles).				

3. Modifications des caractéristiques et conditions des transactions réglées en instruments de capitaux propres

28970 Indépendamment de toute modification des caractéristiques et conditions du plan ou de toute annulation, l'entreprise doit comptabiliser au minimum les services reçus évalués à la juste valeur des instruments de capitaux propres attribués (sauf si ces instruments de capitaux propres ne sont pas acquis parce qu'une condition de présence ou une condition de performance hors marché, précisée à la date d'attribution, n'a pas été remplie) (IFRS 2.27).

En outre, l'entité doit comptabiliser les effets des modifications qui augmentent la juste valeur totale de l'accord de paiement fondé sur des actions ou qui sont favorables d'une autre façon au membre du personnel (IFRS 2.B42 et .B43).

Les effets des modifications qui réduisent la juste valeur totale de l'accord de paiement fondé sur des actions ou qui sont défavorables aux bénéficiaires ne sont pas comptabilisés (sauf en cas d'annulation de tout ou partie des instruments initialement attribués) (IFRS 2.B44).

Modifications qui augmentent la juste valeur totale de la transaction

Elles sont comptabilisées comme suit : 28971

1. **Lorsque la modification d'une transaction** réglée en instruments de capitaux propres **augmente la juste valeur** des instruments de capitaux propres attribués, l'effet de cette modification se traduit par la comptabilisation en **charges** de la **juste valeur marginale** égale à la différence entre la juste valeur de l'instrument de capitaux propres modifié et celle de l'instrument de capitaux propres original (ces deux justes valeurs étant estimées à la date de modification de la transaction) (IFRS 2.27 et .B43).

   Tel peut être le cas, par exemple, lorsqu'une entité décide de supprimer une condition d'atteinte d'un niveau de cours de bourse (condition de marché) initialement prévue dans l'accord.

La charge calculée à la date d'attribution sur la base des caractéristiques et conditions du plan initial continue quant à elle à être comptabilisée sur la période d'acquisition résiduelle initiale indépendamment de la comptabilisation de la modification (IFRS 2.27).

2. **Lorsque la modification d'une transaction** réglée en instruments de capitaux propres **augmente le nombre d'instruments de capitaux propres attribués**, la charge complémentaire à comptabiliser en contrepartie des capitaux propres est égale au nombre d'instruments de capitaux propres supplémentaires attribués multiplié par leur juste valeur à la date de modification (IFRS 2.B43).

   Remarques :

   1. **Modifications intervenant pendant la période d'acquisition des droits** : comptabilisation de la charge complémentaire prospectivement sur la période résiduelle d'acquisition des droits (entre la date de modification et la date d'acquisition de ces droits modifiés). Cette charge est à comptabiliser en plus de la charge liée au plan initial (IFRS 2.B43).

   2. **Modifications intervenant après la date d'acquisition des droits** : comptabilisation de la charge complémentaire soit immédiatement si les droits sont inconditionnellement acquis à la date de modification, soit prospectivement au cours d'une nouvelle période d'acquisition des droits, le cas échéant (IFRS 2.B43).

Modifications des conditions de présence ou des conditions de performance hors marché dans un sens favorable aux membres du personnel

Les modifications des conditions d'acquisition des droits dans un sens favorable aux membres du personnel (par exemple, la réduction de la période de service ou la suppression d'une condition de performance hors marché) doivent également être **comptabilisées à partir de la date de la modification.** 28972

La modification ou l'annulation d'une condition de performance (hors condition de marché) est **prise en compte rétrospectivement dans l'estimation du nombre d'instruments de capitaux propres** dont l'acquisition est attendue à la date d'acquisition des droits, à compter de la date de modification. S'il s'agit d'une réduction de la période de service, il y a réestimation à la baisse de la durée résiduelle de la période d'acquisition des droits (IFRS 2.B43).

Modifications qui réduisent la juste valeur de la transaction ou qui sont défavorables aux membres du personnel

Lorsque des modifications réduisent la juste valeur de la transaction (via une réduction de la juste valeur des instruments de capitaux propres ou une réduction du nombre d'instruments accordés) 28973
ou sont défavorables aux membres du personnel d'une autre façon, la charge doit continuer à être comptabilisée et évaluée selon les **caractéristiques et conditions initiales fixées à la date d'attribution** comme si la modification n'était pas intervenue (sauf en cas d'annulation de tout ou partie des instruments octroyés, auquel cas il convient d'appliquer les dispositions relatives aux annulations) (IFRS 2.B44).

Annulation ou règlement d'une transaction pendant la période d'acquisition des droits (annulation à l'initiative de l'entité ou du bénéficiaire)

28974 Le traitement de l'annulation ou du règlement d'une transaction pendant la période d'acquisition des droits est le suivant (IFRS 2.28) :

1. Si la transaction annulée ou réglée pendant la période d'acquisition des droits n'est pas suivie d'une nouvelle attribution d'instruments de capitaux propres, à la date d'annulation ou de règlement :
- comptabilisation immédiate en charge du montant qui aurait dû être comptabilisé pendant le reste de la période d'acquisition des droits au titre des services reçus (si l'annulation ou le règlement ne s'était pas produit) ;
- comptabilisation de tout paiement versé au bénéficiaire, le cas échéant, en déduction des capitaux propres sauf si le paiement excède la juste valeur évaluée à la date de rachat des instruments de capitaux propres attribués. Tout excédent de ce type doit être comptabilisé en charges.

2. Si la transaction annulée ou réglée pendant la période d'acquisition des droits est suivie d'une nouvelle attribution d'instruments de capitaux propres :
- si la nouvelle attribution n'est pas effectuée en remplacement des instruments de capitaux propres annulés ou réglés : évaluation et comptabilisation comme une nouvelle attribution d'instruments de capitaux propres (en sus de la comptabilisation de l'annulation de la transaction initiale en charge, voir point 1. ci-avant) ;
- si la nouvelle attribution est effectuée en remplacement des instruments de capitaux propres annulés ou réglés : l'évaluation et la comptabilisation sont identiques au cas d'une modification de l'attribution initiale d'instruments de capitaux propres.

Rachat postérieur à la période d'acquisition des droits d'instruments de capitaux propres acquis

28975 Une entité peut procéder au rachat ou au remboursement (non prévu dans le plan initial) des instruments de capitaux propres acquis par les bénéficiaires, après la période d'acquisition des droits.

Le paiement effectué au profit du bénéficiaire doit être comptabilisé en **déduction des capitaux propres**, sauf pour la partie du paiement qui excède la juste valeur des instruments de capitaux propres rachetés évaluée à la date de rachat. Tout excédent de ce type doit être comptabilisé en charges (IFRS 2.29).

Modifications qui entraînent le reclassement d'une transaction de « réglée en instruments de capitaux propres » à « réglée en trésorerie »

28976 Le traitement de la modification des termes et conditions d'une transaction qui entraîne son reclassement de « réglée en instruments de capitaux propres » (« equity settled ») à « réglée en trésorerie » (« cash settled ») est le suivant à compter de la date de la modification (IFRS 2.IG15 Exemple 9) :
- comptabilisation des services reçus évalués à la juste valeur des instruments de capitaux propres attribués, déterminée à la date d'attribution initiale (IFRS 2.27) : la charge annuelle et cumulée comptabilisée au titre du plan modifié ne doit pas être inférieure à la charge qui aurait été comptabilisée selon le plan initial en l'absence de modifications (sauf en cas de non-respect de conditions de présence ou de performance hors marché) ;
- comptabilisation d'un passif au titre de l'obligation de régler en trésorerie basé sur la juste valeur des instruments déterminée à la date de modification et au prorata des services rendus jusqu'à la date de la modification (IFRS 2.30) ;
- réévaluation à la juste valeur du passif à chaque clôture et à la date de règlement en contrepartie du résultat (IFRS 2.30).

Le guide d'application de la norme IFRS 2 fournit une illustration sur les principes de reclassement d'une transaction de « réglée en instruments de capitaux propres » à « réglée en trésorerie » (IFRS 2.IG15 Exemple 9).

Pour les modifications qui entraînent le reclassement d'une transaction de « réglée en trésorerie » à « réglée en instruments de capitaux propres », voir n° 28982.

D. Comptabilisation et évaluation des transactions réglées en trésorerie

Comptabilisation et évaluation

La juste valeur du passif, évaluée initialement à la date d'attribution, doit être **réévaluée à chaque date de clôture** au cours de la période d'acquisition des droits puis à chaque date de clôture après la période d'acquisition des droits et jusqu'à la date de règlement du passif. **28980**

Les services reçus ainsi que le passif doivent être comptabilisés au fur et à mesure que les membres du personnel fournissent un service, tout au long de la période d'acquisition des droits (même principe d'étalement de la charge sur la période d'acquisition des droits que pour les transactions dénouées en instruments de capitaux propres) (IFRS 2.30).

Les variations de juste valeur sont à comptabiliser **en charges ou en produits, au compte de résultat et ce, tant que la dette n'est pas réglée** (IFRS 2.30).

Ainsi, lorsque la transaction est réglée en trésorerie, les services et la dette sont évalués à la juste valeur du passif et réévalués jusqu'à la date de règlement. Par conséquent, la charge comptabilisée en cumul au titre des biens ou des services reçus, en échange de trésorerie, représente in fine le montant en trésorerie qui est réellement versé aux bénéficiaires.

Traitement des conditions d'acquisition des droits et des conditions accessoires dans le cas de transactions réglées en trésorerie

La prise en compte des conditions d'acquisition des droits (« vesting conditions ») et des conditions accessoires à l'acquisition des droits (« non-vesting conditions ») doit suivre la même approche que celle applicable aux transactions réglées en instruments de capitaux propres (IFRS 2.33A). **28981**

Ainsi, il n'est pas tenu compte des conditions d'acquisition des droits autres que des conditions de marché lors de l'estimation, à la date d'évaluation, de la juste valeur des paiements fondés sur des actions qui sont réglés en trésorerie. C'est en ajustant le nombre d'instruments octroyés compris dans l'évaluation du passif résultant de la transaction qu'il est tenu compte des conditions d'acquisition des droits autres que des conditions de marché et ce, à chaque clôture pendant la période d'acquisition des droits. A la date d'acquisition des droits, le nombre d'actions retenu dans l'évaluation du passif doit correspondre au nombre d'actions réellement acquises par les salariés, sur la base de la satisfaction des conditions d'acquisition des droits autres que des conditions de marché (IFRS 2.33A et .33B).

Pour plus de détails sur la prise en compte des conditions d'acquisition des droits et des conditions accessoires à l'acquisition des droits sur l'évaluation et la comptabilisation des transactions réglées en trésorerie, voir n° 29610.

Modifications qui entraînent le reclassement d'une transaction « réglée en trésorerie » à « réglée en instruments de capitaux propres »

Le traitement de la modification des termes et conditions d'une transaction qui entraîne son reclassement de la catégorie « réglée en trésorerie » à la catégorie « réglée en instruments de capitaux propres » est le suivant, à compter de la date de la modification (IFRS 2.B44A) : **28982**

- évaluation de la transaction réglée en instruments de capitaux propres, à la juste valeur des instruments de capitaux propres attribués, à la date de la modification ;
- comptabilisation de cette transaction en capitaux propres proportionnellement aux biens ou services reçus ;
- décomptabilisation, à la date de la modification, du passif au titre de la transaction réglée en trésorerie ;
- comptabilisation au compte de résultat de tout écart entre la valeur comptable du passif décomptabilisé et le montant comptabilisé dans les capitaux propres à la date de la modification.

Ce traitement s'applique également dans les cas où la modification prévoit que la période d'acquisition des droits soit prolongée ou raccourcie ainsi que lorsque la modification a lieu après la période d'acquisition des droits (IFRS 2.B44B).

En outre, une transaction dont le paiement est fondé sur des actions et qui est réglée en trésorerie peut être annulée ou réglée (en dehors du cas d'une transaction annulée parce que

les conditions d'acquisition ne sont pas satisfaites). Si l'entité attribue des instruments de capitaux propres et si, à la date de leur attribution, elle les identifie comme des instruments de capitaux propres attribués en remplacement de la transaction réglée en trésorerie qui a été annulée, elle doit appliquer les dispositions des paragraphes B44A et B44B (IFRS 2.B44C).

Le guide d'application de la norme IFRS 2 fournit une illustration des principes de reclassement d'une transaction de la catégorie « réglée en trésorerie » à la catégorie « réglée en instruments de capitaux propres » (IFRS 2.IG19B Exemple 12C).

Pour les modifications qui entraînent le reclassement d'une transaction « réglée en instruments de capitaux propres » à « réglée en trésorerie », voir n° 28976.

E. Comptabilisation et évaluation des transactions réglées soit en trésorerie, soit en instruments de capitaux propres

Les principes d'évaluation et de comptabilisation de ces transactions sont différents selon que le choix du mode de règlement est laissé au bénéficiaire ou au contraire à l'entité.

Sur les principes généraux de comptabilisation et d'évaluation des transactions réglées en actions ou en trésorerie, voir n° 29620 s.

1. Choix du mode de règlement laissé au bénéficiaire (membre du personnel ou autre tiers)

28983 La transaction correspond à une attribution d'un instrument composé incluant (IFRS 2.35) :
- une composante dette (droit du bénéficiaire d'exiger le règlement en trésorerie) ;
- une composante capitaux propres (droit du bénéficiaire d'exiger le règlement en instruments de capitaux propres plutôt qu'en trésorerie).

Evaluation à la date d'attribution

28984 Les principes d'évaluation sont les suivants :

1. **Pour des transactions réalisées avec des tiers non membres du personnel** pour lesquelles la juste valeur des biens ou services reçus peut être déterminée de façon directe, la juste valeur à la date d'évaluation est évaluée par référence à la juste valeur des biens ou services reçus selon les principes généraux (IFRS 2.35). Ainsi :
- la juste valeur de la composante dette est égale à la juste valeur du règlement en trésorerie ;
- la juste valeur de la composante capitaux propres est égale à la différence entre la juste valeur des biens ou services reçus et la juste valeur de la dette.

2. **Pour les transactions réalisées avec des membres du personnel, au titre des services rendus** (ou avec des tiers non membres du personnel lorsque la juste valeur des biens ou services reçus ne peut pas être évaluée de manière fiable), la juste valeur de la transaction est évaluée **par référence à la juste valeur à la date d'évaluation de l'instrument financier composé** attribué. Ainsi, la juste valeur de l'instrument financier composé est égale à la **somme de la juste valeur de la composante dette et de la juste valeur de la composante capitaux propres** (IFRS 2.36). En pratique, deux cas sont à distinguer (IFRS 2.37) :

a. lorsque **les deux modes de règlement ont une juste valeur identique** (par exemple, lorsque le bénéficiaire reçoit à sa demande soit des options sur actions, soit des droits à plus-value sur actions réglés en trésorerie) :
- la juste valeur de la composante capitaux propres est nulle ;
- ainsi, la juste valeur de l'instrument financier composé est égale à la juste valeur de la dette correspondant à la juste valeur du règlement en trésorerie ;

b. lorsque **les justes valeurs des deux modes de règlement sont différentes**, la juste valeur de l'instrument composé est alors égale à la somme de :
- la juste valeur de la composante dette (juste valeur du règlement en trésorerie) ;
- et la juste valeur de la composante capitaux propres, qui n'est pas nulle. L'entité doit évaluer cette composante en considérant que le bénéficiaire doit renoncer au droit à recevoir de la trésorerie pour recevoir l'instrument de capitaux propres.

Evaluation et comptabilisation pendant la période d'acquisition des droits et jusqu'à la date de règlement

Les biens ou les services reçus doivent également être évalués et comptabilisés séparément, au titre de chaque composante de l'instrument financier composé (IFRS 2.38). **28985**

1. La **composante dette** doit être évaluée et comptabilisée sur cette période, selon les principes applicables aux **transactions réglées en trésorerie** ;

   Ainsi :
   - comptabilisation d'une charge en résultat au fur et à mesure que les biens ou services sont reçus en contrepartie d'une dette au passif évaluée à la juste valeur ; et
   - jusqu'à la date de règlement, réévaluation de la juste valeur du passif à chaque clôture en comptabilisant dans le résultat de la période toute variation de valeur du passif.

2. La **composante capitaux propres** doit être comptabilisée et évaluée selon les principes applicables aux transactions réglées en instruments de capitaux propres.

   Ainsi :
   - comptabilisation d'une charge en résultat, au fur et à mesure que les biens ou services sont reçus, évaluée par référence à la juste valeur des instruments de capitaux propres à la date d'attribution ;
   - et, jusqu'à la date d'acquisition des droits, prise en compte par le résultat, à chaque date de clôture, de l'évolution des seules conditions de service et conditions de performance (hors marché).

Comptabilisation à la date de règlement

Les principes de comptabilisation sont les suivants : **28986**

1. si **le bénéficiaire choisit le règlement en instruments de capitaux propres** (IFRS 2.39) :
- comptabilisation des variations de juste valeur en résultat et en dette jusqu'à la date du règlement ;
- transfert de la dette au passif vers un compte de capitaux propres (comme contrepartie des instruments de capitaux propres remis).

2. si **le bénéficiaire choisit le règlement en trésorerie** (IFRS 2.40) :
- comptabilisation des variations de juste valeur en résultat et en dette jusqu'à la date du règlement ;
- solde de la dette au passif en contrepartie du montant réglé pour éteindre le passif ;
- maintien de la composante capitaux propres antérieurement comptabilisée au sein des capitaux propres (un transfert de compte à compte au sein des capitaux propres est toutefois possible).

2. Choix du mode de règlement laissé à l'entité

Les modalités d'évaluation et de comptabilisation diffèrent selon que l'entité a ou non une obligation actuelle de régler en trésorerie. Ceci est notamment le cas lorsque (IFRS 2.41) : **28988**
- le choix du règlement en capitaux propres n'a pas de substance commerciale (par exemple, si l'entité n'est pas légalement autorisée à émettre des actions) ;
- l'entité a pour pratique ou politique constante de régler en trésorerie ; ou encore
- l'entité règle généralement en trésorerie lorsque le bénéficiaire le demande.

Ainsi :

a. si l'entité **a une obligation actuelle de régler en trésorerie**, l'évaluation et la comptabilisation de l'instrument octroyé sont effectuées selon les principes applicables aux **transactions réglées en trésorerie** (IFRS 2.42) ;

b. si l'entité **n'a pas d'obligation actuelle de régler en trésorerie**, l'évaluation et la comptabilisation de l'instrument octroyé sont effectuées selon les principes applicables aux **transactions réglées en capitaux propres** (IFRS 2.43).

> **Remarque** Il existe des modalités spécifiques de comptabilisation et d'évaluation à la date de règlement dans les cas où les justes valeurs d'un règlement en trésorerie et d'un règlement en capitaux propres sont différentes (IFRS 2.43).

F. Transactions à l'intérieur d'un groupe

La norme IFRS 2 précise les principes de comptabilisation et d'évaluation, dans les états financiers individuels de chaque entité concernée, de transactions dont le paiement est fondé sur des actions et qui sont conclues entre des entités du même groupe. **28992**

> Par exemple, au sein d'un groupe international, des actions de la société mère cotée sont octroyées aux salariés des filiales situées à travers le monde.

Ainsi, l'entité qui reçoit les biens ou les services doit déterminer si la transaction est à comptabiliser et à évaluer comme une transaction réglée en instruments de capitaux propres (« equity settled ») ou comme une transaction réglée en trésorerie (« cash settled ») en tenant compte de la nature des droits attribués et de ses propres droits et obligations (IFRS 2.43A).

L'analyse de la transaction peut mener à une comptabilisation et une évaluation différentes dans les comptes IFRS de l'entité qui reçoit les biens ou les services (la filiale par exemple) et dans les comptes consolidés IFRS du groupe (IFRS 2.43A).

Dans les comptes de l'entité qui reçoit les biens ou les services, la transaction doit être comptabilisée et évaluée comme une transaction réglée en instruments de capitaux propres lorsque (IFRS 2.43B) :
- les instruments attribués sont des instruments de l'entité elle-même ; ou
- l'entité n'a aucune obligation de régler la transaction.

Dans tous les autres cas, la transaction doit être comptabilisée comme une transaction réglée en trésorerie.

Lorsqu'une entité règle une transaction dont le paiement est fondé sur des actions alors que c'est une autre entité du groupe qui reçoit les biens ou les services (une société mère, par exemple, et sa filiale), l'entité, dans ses comptes individuels, ne doit comptabiliser et évaluer la transaction comme une transaction réglée en instruments de capitaux propres que si elle règle la transaction avec ses propres instruments de capitaux propres. Dans tous les autres cas, l'entité comptabilisera la transaction comme une transaction réglée en trésorerie (IFRS 2.43C).

La norme ne traite pas de la comptabilisation des accords de refacturation entre différentes entités du groupe, comme par exemple entre un sous-groupe et sa mère pour l'octroi de titres de capitaux propres de la mère à des employés du sous-groupe, considérant que ces transactions doivent être comptabilisées séparément du plan de paiement fondé sur des actions en tant que transactions de paiement intragroupe (IFRS 2.43D).

Le traitement comptable à appliquer aux transactions à l'intérieur d'un groupe peut être déterminé sur la base d'un arbre de décisions établi par nos soins (voir n° 29700).

Sur les principes généraux de comptabilisation et d'évaluation des transactions à l'intérieur d'un groupe, voir n° 29700 s.

G. Transactions qui comportent des modalités de règlement net (retenue d'impôt à la source)

28995 La norme IFRS 2 précise le mode de comptabilisation des transactions de paiement en actions qui comportent des modalités de règlement sur une base nette pour satisfaire aux obligations relatives à une retenue d'impôt à la source.

Une entité peut être tenue, pour des raisons légales ou réglementaires, de retenir des sommes pour les obligations fiscales des membres de son personnel qui sont associées à des paiements fondés sur des actions et de verser ces sommes (habituellement en trésorerie) en leur nom à l'administration fiscale. Afin de s'acquitter de cette obligation, les conditions de l'accord de paiement fondé sur des actions peuvent permettre ou imposer à l'entité de déduire du nombre total d'instruments de capitaux propres que le membre du personnel recevrait lors de l'exercice (ou de l'acquisition) du droit au paiement fondé sur des actions, le nombre d'instruments de capitaux propres qui correspond à la valeur monétaire de l'obligation fiscale de ce membre du personnel (en d'autres termes, l'accord de paiement fondé sur des actions comporte des modalités de règlement net) (IFRS 2.33E).

Une telle transaction doit être intégralement classée comme une transaction dont le paiement est fondé sur des actions et qui est réglée en instruments de capitaux propres si elle était classée comme telle en l'absence de modalités de règlement net (IFRS 2.33F) et ce, par exception aux principes de la norme IFRS (IFRS 2.34).

Le paiement effectué doit être comptabilisé en déduction des capitaux propres associés aux actions retenues, sauf pour la partie du paiement qui excède la juste valeur des instruments de capitaux propres retenus, évaluée à la date de règlement net (IFRS 2.33G).

Le plan est intégralement qualifié en instrument de capitaux propres (y compris la retenue à la source), sauf dans les cas suivants (IFRS 2.33H) :
- en l'absence d'obligation légale ou réglementaire pour l'entité de retenir des sommes relatives aux obligations fiscales des membres de son personnel associées à ces paiements fondés sur des actions ;

– pour la part des instruments retenus par l'entité qui excède les obligations fiscales d'un membre de son personnel associées à des paiements fondés sur des actions (dans le cas où l'entité a retenu un nombre d'actions dont la valeur monétaire excède les obligations fiscales du membre de son personnel).

Les actions ainsi retenues en excédent doivent être comptabilisées comme un paiement fondé sur des actions qui est réglé en trésorerie lorsque le membre du personnel reçoit le paiement de ces actions en trésorerie (ou en autres actifs) (IFRS 2.33H).

Dans certains cas, une entité pourrait estimer qu'il est nécessaire d'informer les utilisateurs des états financiers des effets associés à un tel accord sur ses flux de trésorerie futurs. Dans ce cas, elle doit mentionner en annexe une estimation du montant qu'elle s'attend à verser aux autorités relativement à l'obligation fiscale du membre du personnel (IFRS 2.52).

Le guide d'application de la norme IFRS 2 fournit une illustration des principes de comptabilisation de ce type de transaction (IFRS 2.IG19A Exemple 12B).

H. Informations en annexe

La norme IFRS 2 requiert une liste minimale d'informations à fournir pour permettre aux utilisateurs des états financiers de comprendre : **28997**

– la nature et la portée des accords en vigueur pendant la période et dont le paiement est fondé sur des actions (IFRS 2.44) ;

– comment la juste valeur des biens ou des services reçus pendant la période, ou la juste valeur des instruments de capitaux propres attribués pendant la période, ont été déterminées (IFRS 2.46) ;

– l'effet des transactions dont le paiement est fondé sur des actions sur le résultat de l'entité pour la période et sur sa situation financière (IFRS 2.50).

Ainsi, les informations suivantes doivent notamment être détaillées par l'entreprise :

– la description de chaque type d'accord dont le paiement est fondé sur des actions existant à un moment donné pendant la période, notamment les caractéristiques et conditions générales de l'accord (IFRS 2.45) ;

– la mention du nombre et des prix d'exercice moyens pondérés des options sur actions pour différents groupes d'options (en circulation au début et à la fin de la période, attribuées ou auxquelles il est renoncé pendant la période, exercées ou expirées pendant la période et exerçables à la fin de la période) (IFRS 2.45) ;

– pour les options sur actions exercées pendant la période : la mention du prix moyen pondéré à la date d'exercice (IFRS 2.45) ;

– pour les options sur actions en circulation à la fin de la période : la mention de la fourchette de prix d'exercice et de la durée de vie contractuelle résiduelle moyenne pondérée (IFRS 2.45) ;

– lorsque la juste valeur des biens ou services reçus a été évaluée directement : le mode de détermination de la juste valeur (par exemple, utilisation du prix de marché pour ces biens ou services) (IFRS 2.48) ;

– lorsque la juste valeur des biens ou services reçus a été évaluée indirectement, par référence à la juste valeur des instruments de capitaux propres attribués : notamment, la juste valeur moyenne pondérée des options ou actions attribuées au cours de la période et les modalités de détermination de cette juste valeur (modèle d'évaluation et données entrées dans le modèle, mode de détermination des hypothèses entrées dans le modèle (volatilité attendue, etc.), prise en compte des conditions de marché ou accessoires à l'acquisition des droits dans le calcul de la juste valeur, etc.) (IFRS 2.47) ;

– lorsque la juste valeur des biens ou services reçus n'a pas pu être évaluée directement de manière fiable (réfutation de la présomption selon laquelle la juste valeur des biens ou services acquis ou reçus peut être évaluée de manière fiable), ce fait doit être mentionné et justifié (IFRS 2.49) ;

– la charge totale comptabilisée pour la période découlant de transactions dont le paiement est fondé sur des actions pour lesquelles les biens ou services reçus ne remplissaient pas les conditions de comptabilisation en tant qu'actifs et ont donc été immédiatement comptabilisés en charges (mention séparée de la quote-part de la charge totale découlant de transactions comptabilisées comme des transactions réglées en instruments de capitaux propres) (IFRS 2.51) ;

– pour les passifs découlant de transactions dont le paiement est fondé sur des actions : la valeur comptable totale à la fin de la période et la valeur intrinsèque totale à la fin de la période, des passifs pour lesquels le droit de l'autre partie à obtenir de la trésorerie ou d'autres actifs a été acquis à la fin de la période (par exemple, droits acquis à l'appréciation des droits) (IFRS 2.51).

QUESTIONS/REPONSES PRATIQUES

Remarque importante

29006 Les réponses apportées aux questions présentées ci-après résultent de l'analyse des dispositions de la norme IFRS 2, Paiement fondé sur des actions, en vigueur actuellement, sur la base des informations disponibles au 1er juin 2023.

Pour une présentation générale des principales dispositions d'IFRS 2, voir n° 28951 s.

I. Champ d'application d'IFRS 2

Transactions entrant dans le champ d'application d'IFRS 2

29030 ***Question***

Quelles sont les transactions entrant dans le champ d'application de la norme IFRS 2 ?

Réponse

Les transactions de paiement fondé sur des actions :

1. dénouées de l'une des trois manières suivantes :
- remise d'instruments de capitaux propres ;
- remise de liquidités (ou d'autres actifs), lorsque le montant de trésorerie ou d'autres actifs est fondé sur la valeur des instruments de capitaux propres de l'entité ou d'une entité du groupe ;
- remise soit d'instruments de capitaux propres, soit de liquidités (ou d'autres actifs), le mode de dénouement étant au choix, soit de l'entité, soit du bénéficiaire ;
2. rémunérant soit des services rendus par des membres du personnel, soit également des biens acquis ou des services rendus par des fournisseurs ;
3. les instruments de capitaux propres pouvant être ceux de l'entité elle-même, de sa société mère ou d'une autre entité du groupe ;
4. pouvant être réglées par une autre entité du groupe (ou par un actionnaire de n'importe quelle entité du groupe).

De telles transactions entrent dans le champ d'application d'IFRS 2 même si elles sont mises en place par des sociétés non cotées ou nouvellement cotées.

En outre, le champ d'application d'IFRS 2 couvre les transactions dont le paiement est fondé sur des actions et pour lesquelles la contrepartie reçue n'est pas spécifiquement identifiable ou a une juste valeur inférieure à celle des instruments de capitaux propres octroyés ou des passifs encourus (voir n° 29038).

Pour une définition des trois catégories de transactions, voir n° 29150.

Commentaires La norme IFRS 2 couvre l'ensemble des transactions de paiement fondé sur des actions rémunérant des biens ou des services reçus par l'entité (IFRS 2.2), sauf exclusions spécifiques du champ d'application (voir n° 29032).

Les biens évoqués peuvent être des stocks, des biens consommables (« consumables »), des immobilisations corporelles, des immobilisations incorporelles ou d'autres actifs non financiers (IFRS 2.5). Par exemple, l'émission d'actions nouvelles par une entité visant à rémunérer l'acquisition d'un immeuble ou d'une licence (en dehors d'un regroupement d'entreprises) est une transaction qui entre dans le champ d'application de la norme IFRS 2.

Remarque Dans certains cas, la contrepartie des instruments de capitaux propres octroyés n'est pas spécifiquement identifiable ou la juste valeur de la contrepartie est inférieure à celle des instruments octroyés (cas de transactions effectuées dans un but caritatif par exemple). Ces transactions entrent toutefois bien dans le champ d'application de la norme IFRS 2 (voir n° 29038).

1. Mode de dénouement de la transaction La norme IFRS 2 distingue trois catégories de transactions par lesquelles les entités acquièrent des biens ou des services selon la nature de la contrepartie remise au bénéficiaire lors du dénouement (IFRS 2.2) :
- remise d'**instruments de capitaux propres (« equity settled »)**, notamment des actions ou options sur actions ;

– remise de **liquidités** (ou d'autres actifs) dont le montant est fondé sur la valeur des instruments de capitaux propres de l'entité **(« cash settled »)** ou d'une entité du groupe ; **29030** (suite)

Lorsque le montant de liquidités à remettre est obtenu par application d'une formule, voir nº 29046.

– remise soit d'**instruments de capitaux propres soit de trésorerie (ou autres actifs)**, le mode de dénouement étant au choix soit de l'entité, soit du bénéficiaire **(« cash alternative »).**

Dans ce cas, contrairement aux plans « cash settled », il n'est pas nécessaire que le montant de trésorerie varie en fonction du prix de l'instrument de capitaux propres. Dès lors que la transaction peut être réglée en actions, cela suffit à la faire entrer dans le champ d'application d'IFRS 2 (voir nº 29044).

Pour la définition de ces différents types de transactions, voir nº 29150.

En outre, lorsque l'entité reçoit des biens ou des services mais n'a pas l'obligation de régler la transaction (cas des transactions à l'intérieur d'un groupe notamment, lorsque la société mère porte directement l'engagement de régler la transaction en remettant des instruments de capitaux propres ou de la trésorerie aux salariés de l'entité), la transaction répond à la définition d'une transaction dénouée en instrument de capitaux propres (« equity settled ») dans les comptes de l'entité (IFRS 2.A).

La qualification des transactions en fonction de ces trois catégories est essentielle car les modalités d'évaluation et de comptabilisation de la charge liée en dépendent (voir nº 29152).

2. Nature des bénéficiaires Les transactions visées par la norme IFRS 2 peuvent être des transactions conclues avec :
– des membres du personnel ;
– des dirigeants ou mandataires sociaux ;
– des fournisseurs de biens et services ; ou
– d'autres tiers, comme par exemple des associations à but non lucratif (voir nº 29038).

La norme prévoit que des transactions qui seraient conclues avec des tiers autres que des membres du personnel ou des fournisseurs de biens ou services peuvent entrer dans le champ d'application d'IFRS 2.

Remarque La norme IFRS 2 ne couvre pas les transactions avec des actionnaires membres du personnel effectuées au titre de leur seule qualité d'actionnaire (voir nº 29032).

3. Nature des instruments de capitaux propres pris en compte dans la transaction Les instruments de capitaux propres remis en paiement ou sur lesquels la transaction est fondée peuvent être ceux (IFRS 2.A « Accord de paiement fondé sur des actions ») :
– de l'entité elle-même (ou de ses filiales contrôlées) ;
– de sa société mère ; ou
– d'une autre entité appartenant au même groupe que l'entité.

4. Attributions faites directement par une autre entité du groupe (ou par un actionnaire de n'importe quelle entité du groupe) **pour le compte de l'entité recevant des biens ou des services** Les transferts d'instruments de capitaux propres d'une entité par une autre entité du groupe (ou par un actionnaire de n'importe quelle entité du groupe) sont des transactions dont le paiement est fondé sur des actions, sauf si le transfert répond manifestement à un objectif autre que le règlement de biens ou de services fournis à l'entité (IFRS 2.3A).

Par exemple, une société cotée M attribue des options sur les titres de F aux salariés de F. Dans une telle situation, la norme IFRS 2 requiert la comptabilisation d'une charge à la fois dans les comptes consolidés de M et dans les comptes IFRS de la filiale F qui a bénéficié des services rendus par les salariés.

A l'inverse, aucune charge ne doit être comptabilisée dans les comptes de l'entité dans les cas rares où l'entité ne bénéficie clairement pas de la contrepartie du paiement de son actionnaire, comme dans le cas où l'actionnaire et le manager qui reçoit des actions sont des parents et que le transfert d'actions est un cadeau personnel de l'actionnaire au manager en raison de ce lien de parenté (IFRS 2.BC22).

Pour la comptabilisation des transactions de paiement fondé sur des actions à l'intérieur d'un groupe, voir nº 29705.

La norme IFRS 2 ne limite pas son champ d'application aux seules sociétés cotées. Ainsi, sont donc également couvertes les transactions effectuées par :
– des sociétés non cotées ; ou
– des sociétés nouvellement cotées.

La norme fournit toutefois des précisions pour la détermination de la volatilité attendue à utiliser dans ce cas pour l'évaluation de la juste valeur des instruments de capitaux propres octroyés (IFRS 2.B26 s.).

En outre, le champ d'application d'IFRS 2 couvre les transactions dont le paiement est fondé sur des actions et pour lesquelles la contrepartie reçue n'est pas spécifiquement identifiable ou a une juste valeur inférieure à celle des instruments de capitaux propres octroyés ou des passifs encourus (voir n° 29038).

Enfin, pour les transactions de paiement en actions et assimilés bénéficiant d'un accord de financement sans recours par l'entreprise, voir n° 29042.

Transactions exclues du champ d'application d'IFRS 2

29032 ***Question***

Quelles sont les transactions de paiement fondé sur des actions non couvertes par la norme IFRS 2 ou exclues de son champ d'application ?

Réponse

De manière générale, ne sont pas couvertes par la norme IFRS 2 les transactions de paiement fondé sur des actions ne visant pas à rémunérer des biens ou services acquis par l'entité.

En outre, sont spécifiquement exclues du champ d'application d'IFRS 2, les transactions de paiements en instruments de capitaux propres suivantes :

- l'acquisition de biens représentatifs d'actifs nets acquis lors d'un regroupement d'entreprises rémunéré par émission d'instruments de capitaux propres (traitée par IFRS 3) ;
- les contrats d'achat ou de vente d'éléments non financiers (biens ou services), lorsque la pratique de l'entité est de les dénouer dans un délai court, avec l'intention de dégager des profits sur les fluctuations de prix à court terme ou en prélevant une marge d'intermédiaire (traités par IAS 32 et IFRS 9).

Enfin, ne sont pas couvertes par la norme IFRS 2 les transactions de paiement fondé sur des actions mises en place uniquement en raison de la seule qualité d'actionnaire des bénéficiaires.

Commentaires La norme IFRS 2 définit son champ d'application (voir n° 29030) et en prévoit des exclusions spécifiques. Ces exclusions concernent les transactions de paiements en instruments de capitaux propres suivantes :

1. **Biens acquis dans le cadre d'un regroupement d'entreprises** Les instruments de capitaux propres émis lors d'un regroupement d'entreprises en échange du contrôle d'une activité (et donc des biens sous-jacents) n'entrent pas dans le champ d'application d'IFRS 2, la transaction étant couverte par la norme IFRS 3 (IFRS 2.5).

De même, les regroupements entre entités sous contrôle commun, tels que décrits aux paragraphes B1 à B4 d'IFRS 3, ainsi que les contributions d'une activité à la formation d'une coentreprise telle que définie par la norme IFRS 11, Partenariats, sont également exclus du champ d'application d'IFRS 2.

Toutefois, sont couvertes par la norme IFRS 2 :

- les attributions, dans le cadre d'un regroupement d'entreprises, d'instruments de capitaux propres aux membres du personnel de l'entité acquise en leur qualité de membres du personnel, ou encore les cas d'annulation, de remplacement ou d'autres modifications de transactions de paiements en actions du fait d'un regroupement d'entreprises (IFRS 2.5) (pour un exemple d'application, voir Exemple 1 ci-après) ;
- une acquisition inversée, lorsque l'entité acquise n'est pas une activité au sens d'IFRS 3 (voir n° 29038).

2. **Contrats entrant dans le champ d'application des normes IAS 32** (IAS 32.8 à .10) **et IFRS 9** (IFRS 9.2.4 à .2.7) Il s'agit des contrats d'achat ou de vente d'éléments non financiers (par exemple, de biens ou services), lorsque la pratique de l'entité est de les dénouer par paiement net ou de prendre livraison des éléments sous-jacents afin de les revendre dans un délai court avec l'intention de dégager des profits sur les fluctuations de prix à court terme ou en prélevant une marge d'intermédiaire. Ces transactions sont en fait des instruments dérivés et entrent dans le champ d'application des normes IAS 32 et IFRS 9.

Pour un exemple d'application, voir Exemple 2 ci-après.

3. **Transactions avec un membre du personnel (ou un tiers) en vertu de sa seule qualité de porteur d'instrument de capitaux propres** Une transaction avec un membre du personnel en

sa qualité de porteur d'instruments de capitaux propres de l'entité ne constitue pas une transaction dont le paiement est fondé sur des actions (IFRS 2.4). **29032** (suite)

La norme IFRS 2 précise que si un employé est déjà actionnaire avant la transaction examinée, les avantages dont il bénéficie en raison de sa qualité actuelle d'actionnaire – tels que, par exemple, le droit d'acquérir une action à un prix inférieur à sa valeur de marché accordé à tous les actionnaires ou à certaines catégories d'actionnaires existants, et notamment un employé qui reçoit ce droit parce qu'il fait partie de cette catégorie particulière d'actionnaires – n'entrent pas dans le champ d'application de la norme IFRS 2. En effet, les avantages ne sont pas reçus en contrepartie de services rendus et ce, que le statut d'actionnaire résulte ou non du dénouement de transactions antérieures de paiements en actions et assimilés (IFRS 2.4).

Pour un exemple d'application, voir Exemple 3 ci-après.

4. **Attributions faites directement par les actionnaires de l'entité et qui répondent manifestement à un objectif autre que le règlement de biens ou de services fournis à l'entité** (IFRS 2.3A).

Aucune charge ne doit être comptabilisée dans les comptes de l'entité dans les cas rares où l'entité ne bénéficie clairement pas de la contrepartie du paiement de son actionnaire. Cela pourrait être le cas par exemple lorsque l'actionnaire et le manager qui reçoit des actions sont parents et que le transfert d'actions est un cadeau personnel de l'actionnaire au manager en raison de ce lien de parenté (IFRS 2.BC22).

■ *Exemple 1*

Biens acquis dans le cadre d'un regroupement d'entreprises *Le 1/01/N, le groupe A acquiert 90 % de l'entité B. Dans le cadre de cette acquisition, le groupe A attribue des options sur actions aux cadres dirigeants de l'entité B, qui seront acquises définitivement dans 2 ans, soit le 31/12/N+1, sous réserve que les salariés soient présents dans l'entité à cette date.*

Solution de l'exemple 1 *La transaction selon laquelle le groupe A attribue des options sur actions aux cadres dirigeants de la société B qu'elle acquiert par ailleurs entre dans le champ d'application de la norme IFRS 2. En effet, les options sur actions sont attribuées aux cadres dirigeants de l'entité acquise en leur qualité de salariés et en contrepartie de la continuité de leurs services durant une période de deux ans, et ce, même si la transaction est effectuée dans le cadre du regroupement entre les entités A et B.*

En revanche, si l'acquisition de B est réglée par la remise d'actions propres de A, la remise d'actions propres de A en échange de la prise de contrôle de B constitue le règlement d'un regroupement d'entreprises qui est en dehors du champ d'application de la norme IFRS 2.

■ *Exemple 2*

Contrats entrant dans le champ d'application des normes IAS 32 et IFRS 9 *L'entité A achète du pétrole sous forme d'un contrat d'approvisionnement à échéance de 6 mois. La transaction peut être réglée :*

– soit en prenant livraison physique du pétrole et en payant en trésorerie sur la base d'un montant équivalent à la valeur de 1 000 actions de l'entité A, à la date de livraison du pétrole ;

– soit par un règlement net de la transaction à n'importe quel moment au cours des 6 mois en réglant la différence entre la valeur de marché de 1 000 actions A, moins la valeur de marché du pétrole.

La société a conclu cette transaction dans le cadre de sa stratégie de couverture et n'a aucunement l'intention de prendre livraison des barils de pétrole.

Solution de l'exemple 2 *Cette transaction répond bien à la définition d'une transaction dont le paiement est fondé sur des actions et réglée en trésorerie : la société acquiert des matières premières, le pétrole, en échange du règlement d'un montant en trésorerie dont le montant est basé sur la valeur de ses actions. Néanmoins, ce contrat est un contrat d'achat d'actifs non financiers (des matières premières), dont le montant net peut être réglé en trésorerie (déterminé sur la base de la valeur des actions de l'entité) et n'est pas conclu dans le cadre de l'exploitation normale de l'entreprise. La société n'a pas l'intention de prendre livraison physique de la marchandise mais plutôt a l'intention d'encaisser la différence entre la valeur de ses actions et le prix du pétrole.*

Dans ce cas, le contrat a un caractère de dérivé et entre dans le champ d'application des normes IAS 32 et IFRS 9. De ce fait, ce contrat est exclu du champ d'application de la norme IFRS 2 (et ne peut pas bénéficier de l'exception dite « à usage propre » d'IFRS 9, voir n° 48560).

■ *Exemple 3*

Transactions avec un membre du personnel (ou un tiers) en vertu de sa seule qualité de porteur d'instrument de capitaux propres *L'entité A accorde à l'ensemble de ses actionnaires un droit d'acquérir de nouvelles actions A, dans un an, à un prix fixé de 25 € par action. Le cours de l'action A à la date d'attribution des options est de 28 €. Parmi les actionnaires de l'entité, 20 % sont salariés de l'entité A.*

Solution de l'exemple 3 *La transaction entre l'entité A et ses actionnaires salariés ne répond pas à la définition d'une transaction dont le paiement est fondé sur des actions. En effet, tous les actionnaires de l'entité reçoivent un droit d'acheter de nouvelles actions de l'entité, en leur qualité d'actionnaires et non pas en rémunération de services rendus ou à rendre dans le cas soit d'un contrat de travail (employés), soit d'une prestation de services (tiers fournisseurs).*
En conséquence, ce type de transaction n'entre pas dans le champ d'application de la norme IFRS 2.

Transactions pour lesquelles la contrepartie (biens ou services reçus) ne peut être spécifiquement identifiée ou dont la juste valeur des biens ou services reçus est inférieure à celle des instruments attribués

29038 ***Question***

Les transactions de paiement en actions dont la contrepartie pour l'entité (en termes de biens ou services) n'est pas spécifiquement identifiable ou dont la juste valeur est inférieure à celle des instruments de capitaux propres attribués ou des passifs encourus entrent-elles dans le champ d'application de la norme IFRS 2 ?

Réponse

Oui. Il en est ainsi, par exemple, des transactions effectuées dans un but caritatif.

Compte tenu des caractéristiques de la transaction, l'évaluation de la charge IFRS 2 est basée sur la juste valeur des instruments de capitaux propres octroyés (ou de l'engagement de verser de la trésorerie dont le montant est basé sur les instruments de capitaux propres).

Commentaires La norme IFRS 2 s'applique également aux transactions pour lesquelles l'entité ne peut pas spécifiquement identifier tout ou partie des biens ou services reçus en contrepartie de paiements en actions.

Par exemple, lorsqu'une entreprise accorde gratuitement des actions à une association caritative. Dans un tel cas, il peut se révéler difficile d'identifier les biens ou les services reçus (ou à recevoir) en contrepartie d'une telle transaction.

En effet, sont incluses dans le champ d'application d'IFRS 2.2 les transactions donnant lieu à remise d'instruments de capitaux propres ou à paiement dont le montant dépend de la valeur d'un instrument de capitaux propres de l'entité :
- pour lesquelles l'entité ne peut pas identifier expressément tout ou partie des biens ou services reçus ou à recevoir ; ou
- dans lesquelles la valeur des biens ou services reçus ou à recevoir s'avère être inférieure à la juste valeur des instruments attribués ou aux passifs encourus (par exemple, les augmentations de capital réservées aux salariés qui leur permettent d'acheter des actions à un prix inférieur au cours de bourse, notamment dans le cadre d'un PEE).

La norme stipule que, dans ces situations, d'autres formes de rétributions (des biens ou services non identifiables) ont été ou seront reçues (IFRS 2.13A).
Par exemple, en contrepartie d'actions octroyées gratuitement à une association caritative, l'entreprise peut s'attendre à recevoir des avantages sous forme d'une amélioration de son image.

Lorsque la contrepartie d'une telle transaction n'est pas spécifiquement identifiable, l'évaluation de la charge IFRS 2 est faite par référence à la juste valeur des instruments de capitaux propres octroyés ou de l'engagement de verser de la trésorerie dont le montant est basé sur les instruments de capitaux propres (IFRS 2.13A).

Ce principe a été illustré lors d'une saisine de l'IFRS IC en 2012, portant sur le cas des anciens actionnaires d'une entité opérationnelle non cotée (O) qui deviennent actionnaires majoritaires d'une entité cotée non opérationnelle (C). Cette transaction implique :
- l'acquisition de 100 % de l'entité opérationnelle non cotée (O) par l'entité non opérationnelle cotée (C) ; et
- l'échange par les anciens actionnaires de leurs titres de (O) (l'entité opérationnelle non cotée) pour des titres de (C) (l'entité cotée non opérationnelle).
L'IFRS IC a indiqué que cette transaction, bien que présentant les mêmes caractéristiques qu'une acquisition inversée (les anciens actionnaires de l'acquise juridique obtenant le contrôle de l'acquéreur juridique), ne pouvait être traitée comme telle, car l'acquise du point de vue comptable ne constitue pas une activité (dans le cas présent l'acquise est C, l'entité cotée non opérationnelle)

(IFRS IC Update 11/12). Tout en décidant de ne pas inscrire ce thème à son agenda, l'IFRS IC a indiqué que cette transaction, étant exclue du champ d'application de la norme IFRS 3, doit être comptabilisée selon IFRS 2. Ainsi, la différence entre la juste valeur des actions présumées émises par l'acquéreur du point de vue comptable (l'entité opérationnelle non cotée) et la juste valeur de l'actif net identifiable de l'acquise représente un service de cotation en bourse reçu par l'entité opérationnelle non cotée, à constater en charge (IFRS 2.13A et .8 ; IFRIC Update 03/13).

Transaction de paiement en actions bénéficiant d'un accord de financement par l'entreprise

Question 29042

Comment traiter l'octroi de prêts par une entité à ses employés pour leur permettre d'acquérir des actions résultant de transactions de paiement en actions, les prêts étant garantis uniquement par ces mêmes actions (prêt sans recours) :
- comme deux transactions (la cession des actions, d'une part, et son financement, d'autre part) ?
- ou comme une transaction unique de paiement en actions ?

Réponse

Selon l'IFRS IC, l'arrangement dans son ensemble, cession d'actions et accord de financement, doit être traité comme une opération unique de paiement en actions : il s'agit de l'octroi d'une option d'achat d'actions qui serait exerçable à la date (aux dates) à laquelle (auxquelles) le prêt est remboursé.

Commentaires Dans le cadre de certains plans de paiements en actions, l'acquisition des actions par les employés est facilitée par des prêts sans recours accordés par l'entité et garantis uniquement par les actions. L'IFRS IC a été saisi afin de déterminer :
- si le prêt pouvait être considéré comme faisant partie du paiement en actions, l'arrangement, dans son ensemble, étant traité comme l'octroi d'une option ; ou
- si ce prêt devait être traité distinctement de la transaction de paiement fondé sur des actions, comme un actif financier.

Selon l'IFRS IC (IFRIC Update 11/05), l'émission d'actions dont l'acquisition par un employé est financée au moyen d'un prêt effectué par l'émetteur et garanti uniquement par ces actions devrait être traitée comme un octroi d'options qui seraient exercées à la date (ou aux dates) à laquelle (ou auxquelles) le prêt est remboursé. En effet, l'employé ne supporte pas le risque de baisse du cours de l'action dans la mesure où, à tout moment, il peut soit rembourser le prêt, soit rendre les actions. Ainsi, le remboursement du prêt équivaut à l'exercice de l'option.

L'IFRS IC n'a pas retenu ce thème à son agenda, considérant que le traitement de ces prêts ne devrait pas donner lieu à des pratiques diversifiées (IFRIC Update 11/05).

■ *Exemple 1*

Une entité accorde un prêt de 50 K€ à chacun de ses cinq cadres dirigeants afin qu'ils acquièrent des actions de l'entité. Le prêt est garanti uniquement par les actions. Les dividendes versés sur les actions viennent s'imputer sur le prêt, au fur et à mesure de leur versement. Au plus tard à l'issue d'une période de trois ans, ou à la date de départ du cadre dirigeant en cas de démission, le cadre dirigeant a le choix de rembourser le solde du prêt ou de rendre les actions à l'entité.

Solution de l'exemple 1 *La transaction dans son ensemble entre dans le champ d'application de la norme IFRS 2.*

En effet, le prêt est considéré comme faisant partie intégrante de la transaction dont le paiement est fondé sur des actions. Il n'y a pas lieu de comptabiliser un actif au bilan au titre des prêts accordés aux cadres dirigeants. Ainsi, en substance, une telle transaction constitue l'octroi d'options sur actions, exerçables pendant une durée de 3 ans, à un prix d'exercice équivalent au montant du prêt attribué initialement, diminué du montant des dividendes versés jusqu'à la date d'exercice de l'option. Le salarié ne supporte pas le risque de baisse du cours de l'action pendant la période de 3 ans dans la mesure où à tout moment il peut soit rembourser le prêt, soit rendre les actions. Ainsi, le remboursement du prêt équivaut à l'exercice de l'option.

Dans cet exemple, la charge, égale à la juste valeur des options, serait à comptabiliser immédiatement à la date d'acquisition des actions par les salariés, dans la mesure où ils peuvent quitter la société le lendemain de l'octroi des actions, rembourser le prêt et avoir droit aux actions sans restriction. Il n'y a pas de conditions d'acquisition des droits, donc pas de période d'étalement possible de la charge.

■ *Exemple 2*

Une entité accorde un prêt à ses salariés pour un montant de 10 K€ afin de financer l'acquisition d'actions de l'entité d'une juste valeur de 10 € sur le marché. Les actions viennent en garantie du prêt et de ce fait ne peuvent pas être cédées ni transférées par les salariés pendant une période de 4 ans. A l'issue de cette période, si les salariés sont toujours présents dans l'entité, celle-ci abandonne le prêt aux salariés qui conservent les actions désormais libres de toute restriction. Si le salarié quitte la société pendant la période de 4 ans, il doit rendre l'intégralité des actions qui tiennent ainsi lieu de remboursement du prêt, quelle que soit leur valeur à la date de départ.

Solution de l'exemple 2 *La transaction entre dans le champ d'application de la norme IFRS 2. En substance, cette transaction constitue une attribution d'actions gratuites sous réserve de la présence du salarié pendant 4 ans. Il n'y a pas lieu de comptabiliser un actif au bilan au titre des prêts accordés aux salariés.*

Une charge équivalente à la juste valeur de l'action à la date d'attribution (ajustée des éventuelles caractéristiques et conditions d'acquisition des droits) doit être comptabilisée sur la période de 4 ans.

Transactions dénouées au choix de l'entité soit en actions, soit en trésorerie dont le montant ne varie pas en fonction du prix de l'action

29044 ***Question***

Les transactions qui peuvent être dénouées au choix de l'entité, soit en instruments de capitaux propres soit en trésorerie et dont le montant ne varie pas en fonction des variations de prix de l'action sont-elles incluses dans le champ d'application d'IFRS 2 ?

Réponse

Oui. Dès lors que la transaction peut être réglée en instruments de capitaux propres de l'entité (nombre fixe ou variable), cela suffit à la faire entrer dans le champ d'application de la norme IFRS 2 et ce, même si le paiement éventuel en trésorerie ne varie pas en fonction du prix de l'action.

Tel peut être le cas, par exemple, d'un plan dans lequel l'entité se réserve le droit de régler un bonus à ses salariés soit en trésorerie pour un montant déterminé en fonction des performances financières de l'entreprise, soit en un nombre variable d'actions pour une valeur équivalente au montant en trésorerie.

Commentaires Lors de sa réunion en mai 2006, l'IFRS IC a précisé que ce type de transactions entrait bien dans le champ d'application de la norme IFRS 2 (IFRS 2.2) et que la norme était suffisamment claire sur ce point. En conséquence, il n'y avait pas lieu de développer une interprétation spécifique sur ce sujet.

L'IFRS IC a en effet considéré que :

- la définition d'une transaction dont le paiement est fondé sur des actions n'impose pas que les paiements concernés soient toujours liés aux variations du prix de l'action de l'entité ;
- les dispositions relatives aux transactions pour lesquelles les caractéristiques de l'accord laissent à l'entité le choix du règlement (IFRS 2.41 à .43) s'appliquent à l'ensemble de ces transactions sans distinguer le cas de celles dont le montant éventuellement payable en trésorerie ne varie pas en fonction de l'évolution du prix de l'action ;
- IFRS 2.BC256 précise clairement qu'en cas de transactions dont le paiement est fondé sur des actions, pour lesquelles l'entité a le choix du règlement, le montant de la dette assortie peut être fixe ou variable et, s'il est variable, peut être déterminé par référence ou non au prix de l'action.

Dès lors, à partir du moment où la transaction peut être réglée en un nombre fixe ou variable d'actions de l'entité, cela suffit à la faire entrer dans le champ d'application de la norme IFRS 2.

Transactions de paiement en trésorerie fondé sur une formule non représentative de la valeur de l'action

29046 ***Question***

Un plan de rémunération prévoyant un paiement en trésorerie fondé sur une formule non représentative de la juste valeur de l'action, comme par exemple « x » fois le résultat par action ou l'EBITDA, entre-t-il dans le champ d'application d'IFRS 2 ?

Réponse

Non, sauf si la formule peut être considérée comme représentative à tout moment de la juste valeur de l'action, ce qui est rare en pratique.

Ainsi, ce type de plan entre généralement dans le champ d'application d'IAS 19. En pratique, les normes IFRS 2 et IAS 19 retiennent les mêmes principes de comptabilisation pour ce type de plans, même s'il existe des divergences assez limitées en termes d'évaluation du plan.

La principale divergence porte sur la nature des informations à fournir en annexe.

Commentaires Il s'agit par exemple d'un plan selon lequel une entité non cotée attribue des actions à ses salariés, sous réserve de leur présence pendant 2 ans. L'entité a l'obligation de racheter ces actions aux salariés à l'issue de cette période pour un prix équivalent à « 6 fois l'EBITDA » de l'année précédant le rachat.

1. **Champ d'application** Une telle transaction vise à rémunérer des services rendus par les salariés en échange d'un paiement en trésorerie. En d'autres termes, l'entité reçoit des services en encourant un passif représentant l'obligation de transférer de la trésorerie. Pour qu'une telle transaction réponde à la définition d'une transaction dont le paiement est fondé sur des actions et réglée en trésorerie et entre de ce fait dans le champ d'application de la norme IFRS 2, le montant de trésorerie versé par l'entité aux salariés doit être fondé sur la valeur des actions de l'entité ou de tout autre instrument de capitaux propres de l'entité (IFRS 2.2b et .A).

Lorsque la formule de calcul n'est pas représentative de la juste valeur de l'action, la transaction entre dans le champ d'application de la norme IAS 19 et non d'IFRS 2.

A notre avis, il est très rare qu'une formule fondée sur un multiple fixe puisse être représentative de la juste valeur des actions sur une telle période : en effet, dans l'exemple donné d'un multiple fixe (6 fois l'EBITDA), il est certes possible que la formule soit représentative de la juste valeur des actions de l'entité à la date d'attribution du plan, mais il est improbable que la juste valeur d'une action reste dans le temps, et jusqu'à la date du dénouement de la transaction, un multiple fixe de l'EBITDA.

En pratique, il pourrait être considéré qu'une formule est représentative de la juste valeur des actions, si elle était un multiple d'agrégat financier (chiffre d'affaires, EBITDA, résultat par action, etc.) calculé sur la base d'une moyenne de résultats par action d'un groupe de sociétés cotées similaires. Dans ce cas, la formule varierait en fonction des mouvements du marché, ce qui pourrait permettre de conclure que la formule représente de façon permanente et jusqu'au dénouement une estimation raisonnable de la juste valeur de l'action.

2. **Comptabilisation et évaluation de la transaction** Les principes de comptabilisation de la charge prévus par IFRS 2 ou par IAS 19 sont similaires. Ainsi, une charge doit être constituée en contrepartie d'une dette envers les salariés et étalée sur la période de services rendus par les salariés. Des divergences existent néanmoins entre les deux normes en termes :
- d'évaluation de la dette (utilisation d'une méthode actuarielle pour IAS 19 versus un modèle mathématique optionnel pour IFRS 2) ; et
- d'informations en annexe.

II. Qualification des transactions de paiements fondés sur des actions

Définition des trois catégories de transactions couvertes par IFRS 2

Question 29150

Comment sont définies les trois catégories de transactions dont le paiement est fondé sur des actions entrant dans le champ d'application de la norme IFRS 2 ?

Réponse

1. Les transactions dénouées par remise d'instruments de capitaux propres (« equity settled ») : soit l'entité reçoit des biens ou des services et remet en paiement des instruments de capitaux propres soit l'entité reçoit des biens ou des services mais n'a pas d'obligation de régler la transaction.

2. **Les transactions dénouées par remise de liquidités (ou d'autres actifs) dont le montant dépend de la valeur des instruments de capitaux propres de l'entité ou d'une autre entité du groupe (« cash settled »)** : l'entité reçoit des biens ou des services qu'elle rémunère par un paiement dont le montant est fondé sur le prix (ou la valeur) des instruments de capitaux propres (de l'entité ou d'une autre entité du groupe).

3. **Les transactions dénouées par remise d'instruments de capitaux propres ou de liquidités, le mode de dénouement étant au choix soit de l'entité, soit du bénéficiaire (« cash alternative »)** : l'entité reçoit des biens ou des services qu'elle rémunère en instruments de capitaux propres ou en liquidités, le choix du mode de paiement étant laissé soit à l'entité, soit au bénéficiaire.

Commentaires Pour plus de précisions sur les trois catégories de transactions de paiements fondés sur des actions et pour des exemples :
- de transactions dénouées par remise d'instruments de capitaux propres (« equity settled »), voir nº 29154 ;
- de transactions dénouées par remise de liquidités (ou d'autres actifs) (« cash settled »), voir nº 29156 ;
- de transactions dénouées par remise d'instruments de capitaux propres ou de liquidités (ou d'autres actifs), le mode de dénouement étant au choix soit de l'entité, soit du bénéficiaire (« cash alternative »), voir nº 29158.

Pour comprendre les enjeux comptables d'une classification dans l'une des trois catégories, voir nº 29152.

Enjeux de la qualification d'une transaction dont le paiement est fondé sur des actions

29152 ***Question***

Quels sont les enjeux de la qualification en « equity settled », « cash settled » ou « cash alternative » d'une transaction dont le paiement est fondé sur des actions ?

Réponse

Des modalités d'évaluation et de comptabilisation de la charge différentes selon la nature du plan :
- **pour les plans « equity settled »** (i.e. dénoués par remise d'instruments de capitaux propres) : comptabilisation d'une charge en contrepartie des capitaux propres ; évaluation de la juste valeur des instruments une fois pour toutes à la date d'attribution ;

Pendant la période d'acquisition des droits, la charge (juste valeur initiale de l'instrument × nombre probable d'instruments qui seront acquis) est ajustée afin de refléter les variations de l'estimation du nombre probable d'instruments qui seront acquis.

- **pour les plans « cash settled »** (i.e. dénoués par remise de trésorerie ou d'autres actifs) : comptabilisation d'une charge en contrepartie d'une dette à la juste valeur ; réévaluation de la dette à chaque arrêté jusqu'à la date de dénouement en contrepartie du résultat ;
- **pour les plans « cash alternative »** (i.e. dénoués par remise soit d'instruments de capitaux propres, soit de trésorerie ou d'autres actifs) : comptabilisation de la contrepartie de la charge en dettes et/ou en capitaux propres ; chaque composante dette ou capitaux propres suit les modalités d'évaluation et de comptabilisation mentionnées ci-avant.

Commentaires La norme IFRS 2 s'applique aux plans prévoyant (IFRS 2.2) :
- une remise d'instruments de capitaux propres, c'est-à-dire des actions ou d'autres instruments de capitaux propres comme, par exemple, des options de souscription ou d'achat d'actions ; ces plans sont des plans « **equity settled** » ;

Les transactions par lesquelles l'entité reçoit des biens ou des services mais n'a pas l'obligation de régler la transaction sont également des transactions « equity settled » (IFRS 2.A).

- un paiement en trésorerie (ou en autres actifs) pour un montant fondé sur la juste valeur d'instruments de capitaux propres de l'entité ou d'une autre entité du groupe ; ces plans sont appelés plans « **cash settled** » ; ou
- un choix entre ces deux modes de règlement, trésorerie ou remise d'instruments de capitaux propres, le choix du mode de paiement étant laissé soit à l'entité, soit au bénéficiaire ; ces plans sont appelés plans « **cash alternative** ».

29152 (suite)

Dans le cadre des transactions avec des salariés, les modalités d'évaluation et de comptabilisation des plans dont le paiement est fondé sur des actions diffèrent selon la catégorie dans laquelle ils se trouvent, « equity settled », « cash settled » ou « cash alternative ». Le tableau ci-après résume ces modalités.

Les transactions « equity settled » avec des tiers autres que des membres du personnel sont évaluées directement par référence à la juste valeur des biens ou services reçus. Les développements ci-après sont limités aux transactions avec des membres du personnel.

<table>
<tr><th></th><th>Plans réglés en instruments de capitaux propres
« equity settled »</th><th>Plans réglés en trésorerie (ou d'autres actifs)
« cash settled »</th><th>Plans réglés soit en trésorerie, soit en instruments de capitaux propres
« cash alternative »</th></tr>
<tr><td>Contrepartie de la charge</td><td>Capitaux propres</td><td>Dette</td><td rowspan="4">Selon les cas, idem plans « equity settled » et/ou « cash settled »</td></tr>
<tr><td>Evaluation de la charge</td><td>Juste valeur de l'instrument octroyé. Juste valeur évaluée une seule fois à la date d'attribution</td><td>Juste valeur de la dette. Juste valeur réévaluée à chaque période jusqu'à la date de règlement</td></tr>
<tr><td>Charge totale cumulée</td><td>Juste valeur à la date d'attribution × Nombre d'instruments acquis</td><td>Trésorerie in fine versée aux bénéficiaires</td></tr>
<tr><td>Etalement de la charge</td><td>Sur la période d'acquisition des droits</td><td>Sur la période d'acquisition des droits</td></tr>
</table>

1. **Pour les plans réglés par remise d'instruments de capitaux propres** :

– la contrepartie de la charge IFRS 2 est inscrite dans les capitaux propres (IFRS 2.10) ; l'impact est donc neutre sur les capitaux propres totaux ;

La contrepartie de la charge IFRS 2 est présentée dans l'état de variation des capitaux propres (et non parmi les autres éléments du résultat global/OCI) dans la mesure où elle reflète l'émission d'un instrument de capitaux propres.

– la juste valeur de l'instrument est évaluée une fois pour toutes à la date d'attribution et ne sera jamais réévaluée ultérieurement même si la juste valeur des instruments attribués varie (en fonction de l'évolution du cours de bourse notamment). Toutefois, pendant la période d'acquisition des droits, la charge (juste valeur initiale de l'instrument × nombre probable d'instruments qui seront acquis), étalée sur la période d'acquisition, est ajustée afin de refléter les variations de l'estimation du nombre d'instruments qui seront acquis liées aux changements d'hypothèses de turnover des salariés et aux changements d'estimation de la probabilité de respect des conditions d'acquisition des droits (autres que les conditions de performance de marché) (IFRS 2.19).

2. **Pour les plans réglés en trésorerie** :

– la contrepartie de la charge est une dette évaluée à sa juste valeur (IFRS 2.30), en tenant compte des termes et conditions de l'attribution, y compris les conditions d'acquisition des droits ;

La comptabilisation de ces plans génère donc un impact sur les capitaux propres totaux et sur l'endettement.

– la dette est réévaluée à chaque clôture jusqu'à la date de règlement ; les variations de la dette sont comptabilisées en résultat, entraînant ainsi une volatilité du résultat (IFRS 2.30) ; les variations de la charge/dette sont étalées sur la période d'acquisition des droits. Après la date d'acquisition des droits, l'effet de la réévaluation de la dette est comptabilisé immédiatement au compte de résultat, sans possibilité d'étalement ;

– la charge cumulée est ainsi ajustée jusqu'à l'extinction de la dette, sur le montant qui sera in fine versé au salarié, c'est-à-dire en tenant compte à la fois de la variation de juste valeur des instruments sous-jacents et de la probabilité d'acquisition des droits ; la charge enregistrée peut être ainsi totalement reprise par le résultat si les salariés ne reçoivent rien in fine.

La question se pose de savoir si, en matière de présentation au compte de résultat, la charge relative à un plan cash settled doit être décomposée entre :

– la valeur des services reçus basée sur la juste valeur déterminée à la date d'attribution ; et

– les variations qui résultent de la réévaluation ultérieure de la dette jusqu'au paiement.

A notre avis, les variations de valeur de la dette pendant la période d'acquisition des droits sont liées à l'emploi des salariés et doivent être présentées en charge de rémunération. Après la période d'acquisition des droits, dans la mesure où il n'y a plus de lien évident avec l'emploi des salariés, les variations de la dette peuvent être présentées en charges/produits financiers ou continuer à être présentées en charge de rémunération. Il s'agit d'un choix de méthode comptable, à appliquer de façon permanente dans le temps, et à mentionner en annexe si l'impact est jugé significatif.

3. Pour les plans « cash alternative » :
- la contrepartie de la charge est, selon le plan, soit une dette, soit les capitaux propres, soit les deux (instrument composé) (IFRS 2.34) ;
- chaque composante, dette ou capitaux propres, suit les modalités d'évaluation et de comptabilisation qui lui sont propres.

Transactions « equity settled »

29154 ***Question***

Quelles sont les transactions dont le paiement est fondé sur des actions entrant dans la catégorie « equity settled » ?

Réponse

Il s'agit des transactions par lesquelles l'entité reçoit des biens ou des services et remet en paiement des instruments de capitaux propres (actions, options sur actions ou autres instruments de capitaux propres) et ce, que le nombre d'instruments finalement remis soit fixe ou variable à la date d'attribution.

Les transactions par lesquelles l'entité reçoit des biens ou des services mais n'a pas d'obligation de régler le fournisseur/le salarié entrent également dans la catégorie « equity settled » (cas des transactions intragroupes notamment, lorsque la société mère porte directement l'engagement de régler la transaction en remettant des instruments de capitaux propres ou de la trésorerie aux salariés de l'entité).

Commentaires Les transactions dénouées par remise d'instruments de capitaux propres (« equity settled ») sont les transactions par lesquelles l'entité reçoit des biens ou des services et remet en paiement des instruments de capitaux propres (actions, options sur actions, etc.). Les transactions par lesquelles l'entité n'a pas d'obligation de régler le fournisseur des biens ou services/le salarié (cas des transactions intragroupe notamment, lorsque la société mère porte directement l'engagement de régler la transaction en remettant des instruments de capitaux propres ou de la trésorerie aux salariés de l'entité) entrent également dans cette catégorie (IFRS 2.2a renvoyant à l'Annexe A de la norme).

Sur la comptabilisation des transactions intragroupes réglées en instruments de capitaux propres, voir n° 29705.

Sur la comptabilisation des transactions intragroupes réglées en trésorerie, voir n° 29712.

En pratique, cette catégorie recouvre notamment :
- les plans de « stock-options » (dénouement en options de souscription ou d'achat d'actions) ;
- les plans d'attribution d'actions gratuites (AGA) (dénouement en actions) ;
- les bonus attribués à certains salariés et versés en un nombre fixe ou variable d'actions ;
- les augmentations de capital réservées aux salariés (PEE) donnant au participant la possibilité de souscrire à des actions à un prix préférentiel.

En outre, cette qualification « equity settled » est indépendante du fait que l'entité choisisse (ou soit obligée) d'acheter en trésorerie ses instruments de capitaux propres à des tiers afin de satisfaire à son obligation de livrer des instruments de capitaux propres aux bénéficiaires (IFRS 2.B49), voir n° 29165.

N'entrent toutefois pas dans la catégorie des transactions « equity settled », les transactions par lesquelles les bénéficiaires se voient octroyer des actions ou des options sur actions mais qui sont in fine dénouées en liquidités (« cash settled ») ou susceptibles d'être dénouées en liquidités (« cash alternative ») par l'entité.

Tel peut être le cas, par exemple, de plans de stock-options ou d'attribution d'actions gratuites mis en place par des sociétés non cotées et qui comportent des clauses de rachat en trésorerie des actions détenues par les salariés suite à la levée de leurs options ou au transfert de leurs actions gratuites (clause de liquidité).

Pour un exemple de ce type de transactions « cash settled », voir n° 29156, Exemple 2.

Pour un exemple de ce type de transactions « cash alternative », voir n° 29158, Exemple 2.

Remarque importante – Qualification des instruments de capitaux propres sur des bases différentes de celles de la norme IAS 32 Les transactions dont le paiement est fondé sur des actions qui se dénouent en instruments de capitaux propres sont qualifiées de plans « equity settled », que le nombre d'instruments de capitaux propres remis soit fixe ou variable.

Dans certains plans, le nombre d'instruments de capitaux propres qui sera remis in fine aux bénéficiaires du plan est variable. Tel peut être le cas d'un plan réglé en actions dont le nombre d'actions effectivement remis dépendra de la croissance du cours de l'action calculée à un instant précis (par exemple, à l'issue d'une période d'acquisition des droits).

Si les critères de qualification en dette ou en capitaux propres de la norme IAS 32 s'appliquaient à une telle transaction, la transaction serait classée en dette (obligation pour l'entité de verser un nombre variable d'actions contre un montant fixe de trésorerie). L'IASB a conclu que les développements de la norme IAS 32 quant à la qualification des instruments ne s'appliquaient pas aux transactions dont le paiement est fondé sur des actions et a reconnu que cela créait une divergence entre les deux normes (IFRS 2.BC110).

■ *Exemple 1*

***Attribution d'actions gratuites** L'entité A accorde à chacun de ses salariés 250 actions gratuites. Le cours de l'action A à la date d'attribution s'élève à 20 €. Cette transaction est réalisée dans le but de motiver le personnel et de le récompenser des efforts fournis au cours des années passées, qui ont largement contribué à la réussite de l'entreprise.*

***Solution de l'exemple 1** La transaction entre l'entité A et ses salariés est une transaction dont le paiement est fondé sur des actions qui répond à la définition d'une transaction réglée en instruments de capitaux propres.*

En effet, il s'agit d'une transaction par laquelle l'entité A a reçu des services de ses salariés en contrepartie desquels elle leur remet ses instruments de capitaux propres (250 actions attribuées gratuitement).

■ *Exemple 2*

***Attribution d'actions par un trust** Une entité souhaite attribuer à ses salariés des actions, sous réserve d'une condition de présence obligatoire de 3 ans. Les lois en vigueur dans le pays de l'entité ne lui permettent pas d'émettre de nouvelles actions au profit de ses salariés, ni de racheter ses propres actions.*

L'entité met en place un trust qui achète les actions de l'entité sur le marché et les transfère aux salariés, lorsqu'elles leur sont acquises. L'entité remet au trust la trésorerie nécessaire pour lui permettre de racheter les actions sur le marché. Ce trust est contrôlé par l'entité.

***Solution de l'exemple 2** La transaction est qualifiée de transaction dénouée en instruments de capitaux propres, « equity settled » selon les principes de la norme IFRS 2. En effet, le fait que le groupe, par l'intermédiaire du trust, doive acheter des actions à des tiers (sur le marché) dans le but de satisfaire à son obligation de remettre des actions aux salariés ne change pas la qualification de la transaction. Les services rendus par les salariés seront nécessairement rémunérés par remise d'actions.*

En outre, la transaction qui consiste à racheter les actions propres de l'entité sur le marché doit être comptabilisée comme un rachat d'actions propres conformément aux principes de la norme IAS 32, Instruments financiers – Présentation, distinctement de la transaction dont le paiement est fondé sur des actions.

■ *Exemple 3*

***Nombre variable d'actions** L'entité A a signé un contrat avec une entreprise de construction pour acquérir un nouvel immeuble de 1 M€ dont la propriété lui sera transférée lorsque l'immeuble sera construit. Le prix d'acquisition sera payé en un nombre variable d'actions de l'entité A pour une juste valeur totale de 1 M€ à la date du transfert de propriété.*

***Solution de l'exemple 3** Cette transaction d'acquisition d'un bien (l'immeuble) payée en instruments de capitaux propres (actions de l'entité A) est une transaction dont le paiement est fondé sur des actions dénouée en instruments de capitaux propres (« equity settled ») et ce, même si le nombre d'actions remises est variable.*

Transactions « cash settled »

29156

Question

Quelles sont les transactions dont le paiement est fondé sur des actions entrant dans la catégorie des transactions « cash settled » ?

29156 (suite)

Réponse

Il s'agit des transactions dénouées par remise de liquidités (ou d'autres actifs) et dont le montant dépend de la valeur des instruments de capitaux propres de l'entité ou d'une autre entité du groupe.

Entrent également dans cette catégorie les transactions suivantes :

- attribution d'un droit sur des actions (par exemple, attribution d'options ou d'actions gratuites) qui seront remboursables soit de manière obligatoire, soit au choix du bénéficiaire ;
- attribution par une entité à ses propres salariés d'instruments de capitaux propres de sa société mère.

Commentaires Les transactions dénouées par remise de liquidités (ou d'autres actifs), « cash settled », dont le montant dépend de la valeur des instruments de capitaux propres de l'entité ou d'une autre entité du groupe, sont les transactions au cours desquelles l'entité reçoit des biens ou des services qu'elle rémunère par un paiement en trésorerie fondé sur la valeur des actions ou d'autres instruments de capitaux propres de l'entité ou d'une autre entité du groupe. Elle encourt donc une dette au profit des bénéficiaires dont le montant est basé sur la juste valeur des instruments de capitaux propres (IFRS 2.2b).

En pratique, cette catégorie recouvre notamment les bonus versés à certains salariés en trésorerie dont le montant est indexé sur la valeur des actions de l'entité. Ces mécanismes passent généralement par l'attribution d'unités de valeur dénouées en trésorerie et peuvent prendre l'appellation anglo-saxonne de SARs (« stock appreciation rights »), « phantom shares », « stock units », etc.

Certaines transactions impliquant un dénouement en actions peuvent être considérées comptablement comme des plans « cash settled » lorsque cette qualification reflète mieux leur substance. Constituent en particulier également des transactions dénouées en trésorerie les attributions d'un droit sur des actions (par exemple, attribution d'options ou d'actions gratuites) qui seront remboursables soit de manière obligatoire (par exemple en cas de rupture du contrat de travail), soit au choix du membre du personnel (IFRS 2.31), voir Exemple 2 ci-après.

Pour le traitement comptable de ces transactions incluant un contrat de rachat des actions d'une filiale, voir n° 29160.

Enfin, les transactions par lesquelles un sous-groupe attribue les instruments de capitaux propres de sa mère à ses propres salariés doivent être traitées dans les comptes du sous-groupe comme des transactions dénouées en trésorerie (« cash settled »), en application des dispositions d'IFRS 2.B55. Dans ce cas, l'obligation de fournir les instruments de capitaux propres de la mère incombe au sous-groupe. Les instruments de capitaux propres de la société mère sont en effet des actifs (et non des instruments de capitaux propres) pour le sous-groupe qui effectue dans cette transaction un dénouement en « autres actifs », assimilable à un dénouement en trésorerie (« cash settled ») (IFRS 2.BC268A s.).

Même si ces transactions ne répondent ni à la définition d'un plan « equity settled » (car les instruments octroyés ne sont pas des instruments de capitaux propres du sous-groupe), ni à la définition d'un plan « cash settled » (l'obligation du sous-groupe n'étant pas évaluée sur la base du prix de ses propres instruments de capitaux propres), l'IFRS IC a considéré que leur traitement doit suivre les modalités applicables à celles d'un plan « cash settled » du fait que le sous-groupe a l'obligation de remettre à ses salariés des instruments de capitaux propres de sa mère, considérés comme des actifs dans ses comptes.

En revanche, dans les comptes consolidés de la mère, il s'agit d'une transaction dénouée en instruments de capitaux propres (« equity settled »).

Sur les principes de comptabilisation des transactions à l'intérieur d'un groupe, voir n° 29700 s.

■ *Exemple 1*

Prestations de services réglées en trésorerie dont le montant varie en fonction du cours de l'action

L'entité A est une start-up cotée. Pour assurer sa croissance, elle fait appel à un cabinet de conseil en organisation qu'elle rémunérera à l'issue de la prestation prévue sur 6 mois, par remise d'un montant de trésorerie équivalent à la valeur de 5 000 actions.

Solution de l'exemple 1 *La transaction entre l'entité A et le cabinet de conseil répond à la définition d'une transaction dont le paiement est fondé sur des actions et réglée en trésorerie pour un montant fondé sur la valeur des actions.*

Il s'agit d'une transaction par laquelle l'entité A acquiert des services (des conseils en organisation) en encourant un passif représentant l'obligation de transférer de la trésorerie au fournisseur de ces services.

■ *Exemple 2*

Attribution d'actions aux salariés d'une entité non cotée avec contrat de liquidité *L'entité A non cotée décide d'attribuer à chacun de ses salariés 100 actions, sous réserve du respect d'une condition de présence de 3 ans. Selon les termes du plan, les actions ne sont pas transférables ni cessibles par le salarié tant qu'il reste salarié de l'entreprise. S'il quitte la société, le salarié doit revendre les actions à l'entité (qui s'engage à les lui racheter) à leur juste valeur à la date de son départ.*

Solution de l'exemple 2 La transaction entre l'entité A et ses salariés répond à la définition d'une transaction dont le paiement est fondé sur des actions et réglée en trésorerie pour un montant basé sur la valeur des actions. En effet, dans la mesure où l'entité A s'engage à racheter les actions lors du départ des bénéficiaires, une charge doit être comptabilisée à hauteur du montant net en trésorerie qui sera in fine payé aux bénéficiaires (c'est-à-dire le gain pour les bénéficiaires). Cette charge, fondée sur la valeur de l'action, doit être provisionnée dès la mise en place des plans par la constatation d'une dette.
En substance, l'entité remet des liquidités aux salariés et non des instruments de capitaux propres.

Transactions « cash alternative »

Question 29158

Quelles sont les transactions dont le paiement est fondé sur des actions entrant dans la catégorie « cash alternative » ?

Réponse

Il s'agit des transactions dénouées par remise soit d'instruments de capitaux propres, soit de trésorerie, le mode de dénouement étant au choix soit de l'entité, soit du bénéficiaire (fournisseur des biens ou des services).

Commentaires Les transactions « cash alternative » sont les transactions par lesquelles l'entité reçoit des biens ou des services et dont le choix du mode de paiement est laissé soit à l'entité, soit au bénéficiaire (fournisseur des biens ou des services), le paiement pouvant être effectué (IFRS 2.2c) :
- soit par remise d'instruments de capitaux propres ;
- soit en trésorerie (ou autres actifs).

■ *Exemple 1*

Attribution d'actions ou d'un montant équivalent en trésorerie, au choix du bénéficiaire *Le 1/01/N, l'entité cotée A octroie à chacun de ses cadres dirigeants 150 options d'achat d'actions A, sous réserve qu'ils restent au service de l'entité pendant 3 ans (jusqu'au 31/12/N+2). Le cours de bourse de l'action à la date de la transaction est de 45 €.*
Selon l'accord, à l'issue des 3 ans, lorsque les options deviennent exerçables, le cadre dirigeant a le droit d'opter soit pour la remise de 150 actions, pour un prix d'exercice unitaire de 45 €, soit pour un montant en trésorerie égal à la valeur de l'action à la date d'exercice, minorée de 45 € par action. Les options d'achat d'actions sont exerçables jusqu'au 31/12/N+9.

Solution de l'exemple 1 La transaction entre l'entité A et ses cadres dirigeants est une transaction qui répond à la définition d'une transaction « cash alternative » au choix du bénéficiaire.
En effet, l'entité A reçoit des services de ses cadres dirigeants et les caractéristiques de l'accord leur laissent le choix entre un règlement de la transaction par l'entité A soit en trésorerie (montant équivalent à la valeur de 150 actions à la date d'exercice minorée de 45 € par action) soit par émission d'instruments de capitaux propres (remise de 150 actions pour un prix d'exercice de 45 € par action).

■ *Exemple 2*

Attribution d'actions ou d'un montant équivalent en trésorerie, au choix de l'employeur *La société cotée B accorde à ses salariés des options d'achat d'actions B. L'exercice des options par les salariés est subordonné à l'atteinte d'un certain niveau de résultat net à l'issue d'une période de 2 ans. De plus, les salariés doivent être présents dans la société pour avoir droit à leurs actions à l'issue de la période de deux ans.*
Selon les termes du plan, à l'issue de la période d'acquisition des droits, les employés peuvent exercer leurs options pendant 5 ans. Toutefois, dès que les salariés ont levé leurs options, l'entité B a le droit, à la date d'exercice des options par les salariés, d'acquérir les actions correspondantes à un prix égal à leur valeur de marché. Si l'entité n'utilise pas ce droit, le salarié peut librement conserver ses actions ou les vendre sur le marché.

Solution de l'exemple 2 *La transaction entre l'entité B et ses salariés est une transaction qui répond à la définition d'une transaction « cash alternative » au choix de l'entité.*
En effet, il s'agit d'une transaction par laquelle l'entité B reçoit des services de ses salariés et dont les caractéristiques de l'accord laissent le choix à l'entité de remettre soit des actions, soit un montant en trésorerie équivalent à la valeur de ces actions, une fois acquises par les salariés. Le fait que l'entité B puisse exercer son droit de préemption lors de l'exercice des options par les salariés lui permet de régler la transaction en trésorerie.

Plans de stock-options/d'actions gratuites d'une filiale non cotée avec clause de rachat des actions

29160 ***Question***

Comment qualifier dans les comptes consolidés du groupe les plans de stock-options/d'actions gratuites d'une filiale non cotée qui comportent un contrat de rachat des actions qui seront détenues par les salariés ?

Réponse

La qualification de la transaction en « cash settled » ou « cash alternative », et donc son traitement comptable, dépendent de la nature des conditions de rachat.

Commentaires Le traitement comptable dépend de l'analyse de la nature des conditions de rachat. Soit un contrat de rachat mis en place dès l'origine du plan :

Conditions de rachat	Formule de rachat représentative de la juste valeur des actions	Formule de rachat non représentative de la juste valeur de l'action
Cession obligatoire par le salarié des actions	Plan IFRS 2 « cash settled »	Plan IAS 19
Cession ou non des actions au choix du salarié (put donné par l'employeur)	Plan IFRS 2 « cash settled » Composante capitaux propres = 0	Plan IFRS 2 « cash alternative » (1) Composante capitaux propres et composante dette

(1) Sauf lorsque la seule possibilité pour le salarié de réaliser sa plus-value sur les actions est d'exercer son put : le plan est alors assimilable, à notre avis, à un plan remboursable de manière obligatoire (voir point 2. ci-après).

Remarque Les réponses ne seraient pas forcément identiques si le contrat de rachat était mis en place durant ou après la période d'acquisition des droits.

1. Premier cas – Cession obligatoire par le salarié des actions Les actions gratuites ou les actions livrées au moment de l'exercice des options doivent obligatoirement être revendues à la maison mère. Le groupe n'a donc pas d'autre choix que de racheter les actions détenues par le salarié, à un moment ou à un autre, et de verser de la trésorerie.

Il s'agit par exemple de plans où le salarié :
- ne peut pas vendre les actions à un tiers et est tenu de les vendre dès lors qu'il quitte la société ;
- ou encore est tenu de vendre ses actions à une date prédéterminée.

Dans ce cas, le groupe doit comptabiliser une dette au titre d'un plan « cash settled ».

Bien que les salariés deviennent légalement des minoritaires du groupe lorsqu'ils sont en possession des actions, ils ne sont pas traités comme tels sur le plan comptable car la totalité de la transaction, c'est-à-dire le plan et l'engagement de rachat, est comptabilisée comme une remise de liquidités (plan « cash settled ») selon les dispositions de la norme IFRS 2.31.

Le traitement comptable est le suivant :
- si la formule de rachat est représentative de la juste valeur de l'action, alors le plan entre dans le champ d'application d'IFRS 2 (IFRS 2.2b) ; c'est un plan « cash settled » en raison des clauses du plan ;
- si la formule de rachat n'est pas représentative de la juste valeur de l'action, le plan n'entre pas dans le champ d'application d'IFRS 2 mais dans celui d'IAS 19 (le montant de trésorerie versé par le groupe n'étant pas fondé sur la juste valeur des instruments de capitaux propres du groupe).

Pour les transactions de paiements en actions fondés sur une formule, voir nº 29046.

2. **Second cas – Cession ou non des actions au choix du salarié** La maison mère a donné au salarié un put (option de vente) sur les actions qui seront reçues lors de l'exercice de ses options. Le remboursement (et donc le mode de dénouement) est ainsi au choix de l'employé qui peut soit garder les actions, soit les revendre au groupe et recevoir ainsi de la trésorerie de la part du groupe.

Ce plan est un plan « cash alternative », au choix du salarié, avec une composante capitaux propres (possibilité pour le salarié de conserver les actions) et une composante dette (possibilité pour le salarié de demander le remboursement en trésorerie). Il entre dans le champ d'application d'IFRS 2. Le traitement comptable est donc le suivant :

- si le prix de rachat est représentatif de la juste valeur de l'action, la juste valeur de l'instrument composé est la même que la juste valeur de la composante dette, et la juste valeur de la composante capitaux propres est nulle (IFRS 2.37). Le plan est dès lors comptabilisé comme un plan « cash settled » ;

  Toutefois, si le put est accordé pour une période donnée et que le put n'a pas été exercé à la fin de cette période, la dette sera alors reclassée en capitaux propres (IFRS 2.39).

- si le prix de rachat des actions n'est pas représentatif de la juste valeur de l'action (par exemple, fonction d'une formule fondée sur un multiple fixe de résultat par action ou d'EBITDA), l'instrument composé inclut une composante dette et une composante capitaux propres. L'entité doit d'abord évaluer la juste valeur de la composante dette, puis évaluer la juste valeur de la composante capitaux propres, en considérant que le bénéficiaire doit renoncer au droit à recevoir de la trésorerie pour recevoir l'instrument de capitaux propres (IFRS 2.37). Dans ce cas, la norme IFRS 2 s'applique aux deux composantes de l'instrument (voir no 29044).

  Toutefois, si la seule possibilité pour le salarié de réaliser sa plus-value sur les actions est d'exercer son put, le plan est alors assimilable à notre avis à un plan remboursable de manière obligatoire et suit donc le traitement comptable décrit dans le premier cas de figure.

Qualification des transactions dénouées par remise d'actions propres

Question 29165

Dans le cas de transactions de paiements fondés sur des actions dénouées par remise d'actions propres, la manière dont l'entité se procure ses actions propres pour satisfaire à son obligation a-t-elle une incidence sur la qualification du plan (« equity settled » ou « cash settled ») ?

Réponse

Les plans dénoués par remise d'actions propres sont toujours des plans « equity settled » et ce, indépendamment du fait que l'entité doive racheter ses actions propres à des tiers afin de satisfaire à son obligation.

En outre, cette qualification s'applique :
- que le droit du bénéficiaire à recevoir des actions de l'entité ait été accordé par l'entité elle-même ou par ses actionnaires ; ou
- que l'accord soit réglé par l'entité elle-même ou par ses actionnaires.

Commentaires Les transactions de paiements fondés sur des actions dans lesquelles une entité reçoit des services en contrepartie de ses propres instruments de capitaux propres (actions propres) doivent être traitées comme des transactions dénouées par remise d'instruments de capitaux propres (« equity settled ») (IFRS 2.B49).

Cette qualification est indépendante du fait que l'entité choisisse ou soit obligée d'acheter ses instruments de capitaux propres à des tiers afin de satisfaire à son obligation de livrer des instruments de capitaux propres aux bénéficiaires (IFRS 2.B49).

En outre, cette qualification s'applique :
- que le droit du bénéficiaire à recevoir des actions de l'entité ait été accordé par l'entité elle-même ou par ses actionnaires ; ou
- que l'accord soit réglé par l'entité elle-même ou par ses actionnaires.

Remarque – Impact de l'existence d'un contrat de liquidité sur la qualification du plan Lorsqu'il existe un contrat de liquidité des instruments de capitaux propres, il est nécessaire d'analyser avec attention les conditions de la transaction de paiement fondé sur des actions, afin de déterminer l'impact de la liquidité sur la qualification du plan (certaines conditions pouvant en effet conduire à qualifier le plan de « cash settled » et non plus d'« equity settled »), voir no 29160.

III. Transactions réglées en instruments de capitaux propres

A. Comptabilisation et évaluation

Détermination de la date d'attribution

29210 ***Question***

Comment déterminer en pratique la date d'attribution des droits ?

Réponse

La date d'attribution est la date à laquelle l'accord de paiement en actions est conclu entre les parties.

Rappelons que la date d'attribution est la date de détermination définitive de la juste valeur des instruments accordés et, sauf exception, la date de début de comptabilisation des services.

Cela suppose :
- que tous les termes et conditions de l'offre aient été communiqués au bénéficiaire ;
- et que celui-ci ait accepté l'offre de façon explicite ou implicite.

En outre, si l'accord est soumis à autorisation préalable (par exemple, des actionnaires), la date d'attribution est la date à laquelle l'autorisation a été obtenue.

Commentaires La détermination de la date d'attribution des plans dénoués en instruments de capitaux propres octroyés à des membres du personnel est une étape essentielle car c'est exclusivement à cette date que doit être déterminée la juste valeur des instruments de capitaux propres attribués servant de base au calcul de la charge IFRS 2. Aucune réévaluation ultérieure n'est possible (IFRS 2.11).

C'est également en pratique, sauf exception (voir point 2c. ci-après), la date à laquelle la société commence à comptabiliser les services reçus.

1. Définition de la date d'attribution La date d'attribution correspond à la date à laquelle un accord de paiement fondé sur des actions est conclu entre l'entité et un bénéficiaire, sur la base d'une compréhension mutuelle des termes et conditions de l'accord.

A la date d'attribution, l'entité confère à l'autre partie (par exemple des membres du personnel) le droit à l'attribution à une date ultérieure d'actions, d'options sur actions ou d'autres instruments de capitaux propres, sous réserve que les éventuelles conditions d'acquisition de ces droits (« vesting conditions »), telles que prévues au contrat, soient réalisées (IFRS 2.A).

2. Applications pratiques Le guide d'application de la norme IFRS 2 fournit des précisions complémentaires sur les principes de détermination de la date d'attribution (IFRS 2.IG1 s.).

a. Dates de l'offre et de l'acceptation de l'offre Un accord de paiement fondé sur des actions suppose qu'il y ait à la fois une offre et une acceptation de l'offre (IFRS 2.IG2). Il en résulte que la date d'annonce de l'offre n'est pas nécessairement la date d'attribution car il convient d'attendre que le bénéficiaire ait accepté cette offre.

Toutefois, pour les transactions de paiement fondé sur des actions avec des employés qui sont attribuées sans contrepartie financière, l'acceptation de l'offre par le bénéficiaire est généralement implicite, c'est-à-dire que l'employé ne signe pas formellement un contrat avec l'entité. Dans ces situations, l'accord de l'employé peut être démontré à partir du moment où il commence à rendre des services (IFRS 2.IG2). En d'autres termes, la date d'attribution correspond dans ce cas à la date à laquelle l'employé a connaissance des termes et conditions du plan et commence à rendre des services pour acquérir ses droits.

Voir Exemple 1 ci-après.

b. Date d'acceptation d'une offre échelonnée Lorsque l'entité et le bénéficiaire ont convenu d'une partie seulement des termes et conditions à une certaine date mais que le reste des conditions est convenu à une date ultérieure, la date d'attribution correspond à la date à laquelle l'ensemble des conditions ont été acceptées (IFRS 2.IG3).

Voir Exemples 2 à 4 ci-après.

c. Accords soumis à autorisation préalable Si un accord de paiement fondé sur des actions a été communiqué aux employés mais est soumis à autorisation préalable à une date ultérieure (par exemple, des actionnaires), la date d'attribution est la date à laquelle l'autorisation est obtenue (IFRS 2.A). **29210** (suite)

Dans certains cas, la date d'attribution peut intervenir après que les employés ont commencé à rendre les services. La norme requiert que les services soient comptabilisés lorsqu'ils sont reçus (IFRS 2.7). Ainsi, dans ce cas et si la date d'attribution définitive intervient après la date de clôture de l'exercice au cours duquel les employés ont déjà commencé à rendre les services, l'entité doit procéder en deux temps pour déterminer la charge (IFRS 2.IG4) :

– à la date de clôture : la juste valeur des instruments de capitaux propres à la date d'attribution doit être estimée (sur la base de leur juste valeur à la date de clôture), afin de pouvoir commencer à comptabiliser en charges les services rendus avant la date d'attribution ;

– à la date d'attribution définitive : l'estimation de la juste valeur doit être révisée de façon à ce que la comptabilisation des services rendus reflète la juste valeur des instruments de capitaux propres à la date d'attribution.

Pour la détermination du début de la période de comptabilisation des services, voir n° 29216.

En pratique en France, la date d'attribution telle que définie par IFRS 2 devrait généralement correspondre à la date de décision du conseil d'administration ou du Directoire (ou celle de la communication/acceptation des conditions du plan aux personnes intéressées si elle est plus tardive), et non à celle du vote de l'autorisation du plan par l'assemblée générale extraordinaire.

En effet, c'est le conseil d'administration ou le Directoire qui le plus souvent, définit les termes et conditions du plan (nature des options, conditions d'attribution de ces options et modalités selon lesquelles elles pourront être exercées), après que l'autorisation aura été votée par l'assemblée générale extraordinaire.

Recommandations de l'AMF Lors de sa revue des états financiers dans le cadre de l'arrêté des comptes 2007, l'AMF a identifié que les émetteurs utilisent des termes variés tels que date d'octroi, date d'attribution, date d'approbation par le conseil d'administration, voire date d'assemblée générale pour désigner cette date d'évaluation. Pour faciliter la lecture et fournir une information utile aux utilisateurs, l'AMF recommande d'adopter la terminologie employée par la norme (date d'attribution) et d'indiquer explicitement à quoi celle-ci correspond (Rec. AMF 2007-23, Arrêté des Comptes 2007, § 3.1.2.1).

■ *Exemple 1*

Le 1/01/N, le conseil d'administration d'une entité décide d'attribuer des actions à ses cadres dirigeants. Chacun d'eux est informé de l'attribution par lettre individuelle remise le 31/01/N. Aucune approbation ultérieure n'est requise.

La lettre précise que le nombre d'actions acquises par chaque cadre dirigeant à l'issue de la période d'acquisition des droits est variable en fonction d'une formule qui prend en compte la croissance de l'EBITDA et des ventes au cours de l'exercice N.

Le nombre d'actions sera connu définitivement le 28/02/N+1 en application de la formule sur la base des comptes arrêtés par le conseil d'administration et audités.

Solution de l'exemple 1 *La date d'attribution est le 31/01/N car c'est à cette date que les employés ont connaissance de l'ensemble des termes et conditions attachés au plan. Le fait que leur acceptation de l'offre ne soit qu'implicite ne modifie pas la détermination de la date d'attribution.*

De même, le fait que le nombre d'actions acquises ne soit pas connu au 31/01/N ne remet pas en cause le choix de cette date comme date d'attribution, la formule étant connue et acceptée dès le 31/01/N.

■ *Exemple 2*

Le 1/12/N, le conseil d'administration d'une entité décide d'attribuer des actions gratuites à ses salariés. Le nombre total d'actions attribuées, la population concernée et les termes et les conditions générales de l'attribution sont publiés sur le site internet de la société le 31/12/N, cette information ne permettant toutefois pas aux employés de connaître le nombre d'actions qui leur seront individuellement attribuées. Cela est fait par un courrier individuel en date du 1/02/N+1 mentionnant le nombre d'actions attribuées à chacun des employés, sous réserve d'une période de service de deux ans.

Solution de l'exemple 2 *La date d'attribution est le 1/02/N+1 car c'est à cette date que les employés ont connaissance de tous les termes et conditions attachés au plan, leur acceptation de l'offre étant considérée comme implicite à cette date. Toutefois, la période d'acquisition débute au 31/12/N, date à laquelle les salariés sont informés des principaux termes et conditions du plan et commencent à rendre des services.*

■ *Exemple 3*

Le 1/01/N, le conseil d'administration d'une entité décide d'attribuer des actions à ses cadres dirigeants. Les cadres dirigeants sont informés par lettre individuelle le 31/01/N et aucune approbation ultérieure n'est nécessaire. Toutefois, le nombre d'actions qui seront acquises par les cadres dirigeants n'est pas spécifié dans le courrier car il sera déterminé de manière discrétionnaire par le conseil d'administration, le 28/02/N+1, sur la base de la croissance de l'EBITDA et des ventes au cours de l'exercice N.

Solution de l'exemple 3 *La date d'attribution est le 28/02/N+1 car c'est uniquement à cette date qu'il y aura accord entre les parties sur le plan et que les cadres dirigeants auront connaissance de l'ensemble des termes et conditions attachés au plan.*

> ***Remarque*** *Dans l'Exemple 1 ci-avant, le nombre d'actions est également inconnu à la date à laquelle les cadres dirigeants sont informés du plan mais la formule a été préalablement acceptée par les parties.*

■ *Exemple 4*

Une attribution d'options est annoncée aux employés le 1/12/N et doit être approuvée par le conseil d'administration. L'approbation formelle a lieu le 1/02/N+1 sur la base des termes tels qu'annoncés initialement aux employés. Une lettre formalisant l'attribution d'options est envoyée aux employés le 1/03/N+1.

Solution de l'exemple 4 *L'attribution étant soumise à une procédure d'approbation, la date d'attribution est la date à laquelle l'approbation est obtenue. La lettre envoyée aux employés est une pure formalité administrative, les employés et l'employeur ayant une compréhension mutuelle des termes et conditions de l'accord dès le 1/12/N mais la date d'approbation intervient ultérieurement le 1/02/N+1. C'est donc cette date qui est retenue comme date d'attribution.*

Toutefois, la norme IFRS 2 requiert que les services soient comptabilisés dès qu'ils sont reçus. Dans cet exemple, les salariés sont informés et ont accepté les termes du plan dès le 1/12/N. Ils ont donc commencé à rendre des services dès cette date, c'est-à-dire avant que la date d'attribution définitive ne soit connue. La charge doit donc être comptabilisée à compter du 1/12/N sur la base d'une estimation de la juste valeur des options à la date d'attribution, estimation effectuée à la date de clôture. La charge sera ensuite réévaluée sur la base de la juste valeur de l'option à la date d'attribution, le 1/02/N+1.

Début de la période de comptabilisation des services

29216 ***Question***

Quelle est la date de début de la période de comptabilisation des services dans un plan de paiement fondé sur des actions ?

Réponse

Le début de la période de comptabilisation des services dépend de la date de communication aux salariés des caractéristiques et conditions du plan.

En pratique, cette communication intervient généralement après approbation par le conseil d'administration. Elle peut toutefois intervenir plus tôt si les salariés ont déjà été informés qu'ils seront bénéficiaires d'un plan de paiement fondé sur des actions dans un cadre plus général (plan de bonus annuel payable en actions ou en trésorerie, par exemple) et ont commencé à rendre des services à l'entité.

Commentaires En France, un plan de paiement fondé sur des actions est généralement octroyé par le conseil d'administration sur délégation de l'assemblée générale. Le plan, dans la plupart des cas, prévoit un transfert des instruments aux bénéficiaires à l'issue d'une période d'acquisition des droits.

Toutefois, il n'est pas rare que le conseil d'administration approuve l'attribution d'un plan alors que les salariés ont déjà été informés depuis plusieurs mois qu'ils en seront bénéficiaires, par exemple dans le cadre de leur plan de bonus annuel, et ont déjà une connaissance des caractéristiques et conditions du plan mis en place. Dès lors, ils commencent à rendre des services avant la date d'attribution qui est dans ce cas la date d'approbation par le conseil (IFRS 2.IG4).

Dans ce cas, une charge de rémunération doit être comptabilisée dès la date à laquelle les salariés sont informés des caractéristiques et conditions du plan et commencent à rendre des services, sur la base d'une estimation de la juste valeur des actions à la date d'attribution (qui est la date

d'approbation ultérieure du plan par le conseil). Cette estimation de la juste valeur est ensuite révisée à la date d'attribution et la charge de rémunération ajustée de façon à ce que, in fine, elle soit bien évaluée sur la base de la juste valeur de l'instrument de capitaux propres calculée à la date d'attribution.

Remarque Cette anticipation de la date de comptabilisation d'une charge par rapport à l'approbation formelle du conseil d'administration peut surprendre. En effet, la date de départ du service rendu (date économique) est, sur le plan comptable en IFRS, prépondérante par rapport à la date juridique d'approbation.

■ *Exemple*

Options attribuées à la place d'un bonus annuel *Une entité attribue habituellement des options en guise de bonus annuel. L'entité attribue en N+1 des bonus au titre de l'exercice N. Les options ne sont pas exerçables avant une période de 3 ans au cours de laquelle les salariés doivent être présents dans l'entité.*

Solution de l'exemple *Dans cette situation, il y a une attente de la part des salariés qu'ils vont recevoir un bonus tous les ans. Par conséquent, les salariés commencent à rendre des services dès le début de l'année N pour acquérir leurs droits. Toutefois, en raison d'une période de présence complémentaire nécessaire à l'acquisition des droits, la charge doit être étalée à la fois sur l'exercice N et sur la période de service complémentaire de 3 ans. La période d'acquisition des droits est donc de 4 ans.*

Période d'acquisition des droits et date de départ à la retraite

Question 29220

La période d'acquisition des droits peut-elle être réduite du fait d'un possible départ à la retraite du salarié ?

Réponse

Oui, si le plan prévoit que le salarié ne perd pas le bénéfice des instruments qui lui ont été octroyés en cas de départ à la retraite.

Commentaires Selon IFRS 2.A :
- la période d'acquisition des droits correspond à la période pendant laquelle toutes les conditions d'acquisition des droits prévues par le plan dont le paiement est fondé sur des actions doivent être remplies ;
- les conditions d'acquisition des droits sont les conditions qui déterminent si l'entité reçoit les services qui ouvrent pour l'autre partie le droit à recevoir de la trésorerie, d'autres actifs ou des instruments de capitaux propres. Une condition d'acquisition de droits est soit une condition de service, soit une condition de performance.

■ *Exemple*

Une société attribue des options sur actions à certains de ses salariés, sous réserve qu'ils restent au service de l'entité pendant une période de 5 ans. La période d'acquisition des droits est de 5 ans avec un étalement sur cette période de la charge totale IFRS 2 à comptabiliser au titre de ce plan. Toutefois, une clause du plan stipule qu'en cas de départ en retraite d'un bénéficiaire pendant la période d'acquisition des droits, celui-ci ne perd pas le bénéfice de ses options lesquelles deviennent alors exerçables immédiatement. En outre, la société autorise le départ en retraite de ses salariés entre 60 et 65 ans sans condition ni approbation spécifiques.

Solution de l'exemple *Il découle de cette dernière caractéristique que si l'un des bénéficiaires du plan est âgé de 58 ans au moment de l'attribution du plan, la période d'acquisition des droits doit être réduite à deux ans pour ce salarié. La charge de rémunération sera étalée sur 2 ans et ce, même si le salarié est présent dans l'entreprise pendant 5 ans et continue à rendre des services pendant toute cette période. En effet, à 60 ans, le salarié aura rempli toutes les conditions pour recevoir les instruments de capitaux propres, puisqu'il sera en droit de partir à la retraite (fin de sa période d'acquisition).*

Conditions d'acquisition des droits (« vesting conditions ») et conditions accessoires à l'acquisition des droits (« non-vesting conditions »)

29222 ***Question***

Quelles sont les différentes catégories de conditions liées à une transaction de paiement fondé sur des actions ?

Réponse

Il convient de distinguer :

1. les **conditions d'acquisition des droits (« vesting conditions »)** qui déterminent si l'entité reçoit les services ouvrant pour le bénéficiaire le droit à recevoir de la trésorerie, d'autres actifs ou des instruments de capitaux propres de l'entité. Ces conditions sont limitées aux conditions de présence et aux conditions de performance – de marché et hors marché – assorties d'une condition de présence au cours de laquelle l'objectif de performance est mesuré ;

2. les **conditions accessoires à l'acquisition des droits (« non-vesting conditions »)** dont la satisfaction est nécessaire à l'acquisition des droits par le bénéficiaire mais qui ne requièrent pas explicitement ou implicitement de services rendus à l'entité de la part du bénéficiaire de la transaction.

Commentaires Les conditions d'acquisition des droits (« vesting conditions ») telles que définies par la norme IFRS 2 sont limitées aux seules conditions qui requièrent un service explicite ou implicite de la part des salariés.

En outre, la norme IFRS 2 prévoit des dispositions spécifiques au traitement des conditions accessoires à l'acquisition des droits (« non-vesting conditions »).

Pour un schéma récapitulatif de ces conditions, voir nº 28964.

1. Conditions d'acquisition des droits (« vesting conditions », obligatoirement liées à un service du bénéficiaire) Il s'agit des conditions qui ouvrent pour le bénéficiaire le droit à recevoir de la trésorerie, d'autres actifs ou des instruments de capitaux propres de l'entité, dans le cadre d'un accord dont le paiement est fondé sur des actions, en échange de ses services (IFRS 2.A).

Le service peut être explicite ou implicite (IFRS 2.BC171A, .BC346 et .IG4A).

Les conditions d'acquisition des droits peuvent être de deux natures différentes :

- **des conditions de service (ou de présence)** qui imposent que le bénéficiaire accomplisse une période de service spécifiée pendant laquelle des services sont fournis à l'entité (voir point a. ci-après) ; et/ou
- **des conditions de performance** qui imposent au bénéficiaire à la fois une période de service spécifiée et la réalisation d'objectifs de performance (voir point b. ci-après).

a. Précisions sur les conditions de service (ou de présence) qui imposent que le bénéficiaire accomplisse une période de service spécifiée pendant laquelle des services sont fournis à l'entité.

Si le bénéficiaire cesse, quelle qu'en soit la raison, de fournir les services au cours de la période d'acquisition des droits, la condition n'est pas remplie et le bénéficiaire ne reçoit pas les instruments attribués.

Une condition de service n'impose pas la réalisation d'un objectif de performance.

La période de service peut être **explicite** (par exemple, une condition de présence d'un an relative à la période d'acquisition juridique rédigée dans le règlement de plan) ou **implicite** (par exemple, lorsque le salarié a un intérêt à rester au-delà de la période d'acquisition juridique du fait d'autres conditions du plan) (IFRS 2.A et .BC346).

Décision de l'ESMA La nécessité de tenir compte des conditions de présence implicites a été rappelée par l'ESMA en 2019. Au cas particulier, l'émetteur avait attribué des actions de préférence qui étaient livrées aux bénéficiaires au bout de 12 mois, mais qui n'étaient convertibles en actions ordinaires que 24 mois plus tard et sous réserve de la présence du bénéficiaire au moment de la conversion. L'émetteur avait retenu une période de service de 12 mois basée sur la période d'acquisition juridique, alors qu'il aurait dû tenir compte de l'incitation économique pour le salarié de rester 24 mois supplémentaires. En effet, la détention d'actions de préférence ne lui conférait aucune valeur économique, seule la conversion en actions ordinaires pouvait permettre au bénéficiaire d'obtenir une valeur économique avantageuse (EECS/0119-07, 07/19).

b. Précisions sur les conditions de performance qui imposent au bénéficiaire à la fois une période de service spécifiée et la réalisation d'objectifs de performance. **29222** (suite)

Une condition de performance inclut nécessairement une condition de présence et une condition de performance, l'objectif de performance spécifié devant être atteint au cours de la prestation de services exigée (IFRS 2.A).

Ainsi, un niveau de performance évalué sur une période plus longue que la période de service requise par le salarié (explicite ou implicite) n'est pas une condition de performance mais est qualifiée de condition accessoire à l'acquisition des droits « non-vesting » (voir point 2. ci-après)

La norme distingue deux types de conditions de performance :

– les **conditions de performance de marché**, qui sont définies par référence au prix (ou à la valeur) des instruments de capitaux propres. Il s'agit des conditions dont dépendent le prix d'exercice, l'acquisition ou la faculté d'exercer un instrument de capitaux propres, qui sont liées au prix (ou à la valeur) de marché des instruments de capitaux propres de l'entité (IFRS 2.A) ;

De telles conditions sont liées à la performance boursière de l'entité, comme par exemple, l'atteinte d'un certain niveau de cours de bourse ou la performance du cours comparée à un indice boursier.

– **les autres conditions de performance (hors marché)** qui sont définies par référence aux opérations (ou activités) de l'entité ou d'une entité faisant partie du même groupe (IFRS 2.A).

Ces autres conditions de performance peuvent être liées aux résultats de l'entité, comme par exemple l'atteinte d'un certain niveau de chiffre d'affaires, de résultat opérationnel ou encore de l'EBITDA.

A notre avis, il n'est pas nécessaire que ces conditions soient mesurées sur un indice financier. Elles peuvent ainsi être liées à la réalisation ou l'atteinte de critères de développement durable (RSE), tels que, par exemple, la réduction de l'empreinte environnementale des salariés ou le respect de l'égalité homme/femme. De même, la condition peut porter sur la survenance d'un évènement particulier lié aux opérations ou activités de l'entité, tel que, par exemple, l'introduction en bourse de l'entité.

A noter que la condition d'introduction en bourse est une condition de performance uniquement si le bénéficiaire doit rendre des services pendant une période déterminée pour avoir droit aux instruments attribués, par exemple le salarié doit être présent dans l'entreprise à la date de réalisation de l'introduction en bourse. Dans le cas inverse, la condition liée à la survenance de l'introduction en bourse est qualifiée de condition accessoire à l'acquisition des droits (voir ci-après point 2.).

En outre, la norme précise qu'un objectif de performance peut être mesuré par rapport à la performance de l'entité dans son ensemble ou à celle d'une partie seulement de l'entité (ou du groupe), par exemple la performance d'une division ou d'un membre du personnel en particulier (IFRS 2.A).

2. **Conditions accessoires à l'acquisition des droits (« non-vesting conditions », non liées à un service du bénéficiaire)** Les conditions accessoires à l'acquisition des droits sont des conditions qui ne requièrent pas de service explicite ou implicite de la part des salariés. Il s'agit en pratique de toutes les conditions qui ne répondent pas à la définition des conditions d'acquisition des droits.

Ainsi, par exemple :
– le fait de conditionner l'acquisition de droits à l'atteinte d'un certain niveau d'indice de matière première (cuivre, or, argent, aluminium, etc.) (IFRS 2.IG24) ;
– l'obligation pour un employé d'effectuer des versements réguliers, pendant une période donnée, pour bénéficier d'instruments de capitaux propres (cas des plans « save as you earn » en Grande-Bretagne) (IFRS 2.IG24) ;
– l'obligation de conserver des actions octroyées lors d'un plan précédent pour pouvoir bénéficier de nouvelles actions lors d'un deuxième plan (cas de dispositifs anti-OPA par exemple) (IFRS 2.IG24) ;
– l'obligation, en cas de départ de la société après la période d'acquisition des droits, de respecter une clause de non-concurrence ou toute restriction de transfert, car ces obligations s'appliquent une fois que l'employé a acquis le paiement fondé sur des actions (IFRS 2.BC171B) ;
– le fait de conditionner l'acquisition des droits à une condition de performance, sans que les services à rendre par les salariés ne soient requis jusqu'à la date à laquelle la condition de performance doit être atteinte (par exemple, service requis pendant un an, alors que l'atteinte de la condition de performance est mesurée au bout de trois ans). Dans ce cas, la condition de performance est une condition accessoire car elle est mesurée après la fin de période de service.

3. Pour les **enjeux de la qualification** des conditions d'acquisition des droits (conséquences en termes d'évaluation et de comptabilisation), voir n° 29225.

Enjeux de la qualification des conditions attachées aux plans : impacts en matière d'évaluation et de comptabilisation de la charge

29225 *Question*

Quels sont les enjeux de la qualification des conditions attachées aux plans ?

Réponse

Selon leur nature, les conditions attachées aux transactions de paiement en action ont des impacts différents tant en termes d'évaluation que de comptabilisation de la charge en résultant. Il est donc essentiel de bien connaître ces impacts lors de la réflexion préalable à la mise en place du plan.

Le schéma ci-après synthétise les impacts potentiels.

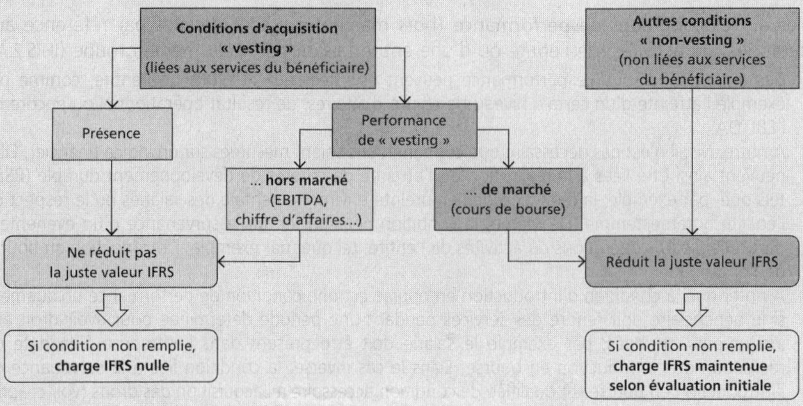

Commentaires Rappelons que l'on distingue :
- les conditions d'acquisition des droits liés à un service rendu par le bénéficiaire, regroupant les conditions de présence et les conditions de performance (de marché et hors marché) ;
- les conditions accessoires à l'acquisition des droits (non liées à un service rendu par le bénéficiaire).

Pour plus de détails sur la définition des différents types de conditions, voir nº 29222.

Les conditions attachées à l'octroi de plan de paiement en actions ont des impacts différents, selon leur nature, sur la comptabilisation et l'évaluation de la charge de rémunération déterminée selon IFRS 2.

Rappel Une charge doit être comptabilisée au titre de plans d'octroi de stock-options ou d'attribution d'actions gratuites ou de toute autre transaction dont le paiement est fondé sur des actions afin de refléter les services rendus par les salariés. Cette charge correspond à la juste valeur unitaire des instruments, options ou actions, déterminée à la date d'attribution (A), multipliée par le nombre d'instruments finalement acquis par les bénéficiaires (B), sur la base de la réalisation des conditions de présence et performance hors marché.

La juste valeur unitaire des instruments, options ou actions, est figée à la date d'attribution. Elle ne fait pas l'objet de réestimations ultérieures en fonction de l'évolution du cours de bourse (IFRS 2.21).

En revanche, le nombre d'actions/d'options doit être estimé initialement puis ajusté si nécessaire à chaque clôture jusqu'à la date d'acquisition pour retenir in fine le nombre d'options ou d'actions finalement acquis par les bénéficiaires (IFRS 2.20), sur la base de la réalisation des conditions de présence et performance hors marché.

La qualification d'une condition comme « condition d'acquisition des droits » ou « condition accessoire à l'acquisition des droits » a des impacts différents sur la comptabilisation et

l'évaluation de la charge de rémunération déterminée selon IFRS 2, comme le montre le tableau ci-après extrait d'IFRS 2.IG24 : **29225** (suite)

1. **Synthèse des impacts** :

	Conditions d'acquisition des droits (vesting)			Conditions accessoires à l'acquisition des droits (non-vesting)		
	Conditions de présence	Conditions de performance		Indépendantes du choix de l'entité et du bénéficiaire	Dépendantes du choix du bénéficiaire	Dépendantes du choix de l'entité
		Conditions de marché	Autres conditions de performance			
Exemples de conditions	Obligation de demeurer au service de l'entité pendant une période déterminée de trois ans	Atteinte d'un objectif de prix de marché des instruments de capitaux propres de l'entité	Introduction en bourse (IPO) avec une condition de rester salarié pendant une période déterminée	Atteinte d'un certain niveau d'un indice de matière première (or, argent, aluminium, cuivre, etc.)	Obligation d'effectuer des versements, en vue du paiement du prix d'exercice des instruments de capitaux propres	Poursuite du plan par l'entité
Prise en compte dans la juste valeur à la date d'attribution	Non	Oui	Non	Oui	Oui	Oui (1)
Traitement comptable si la condition n'est pas remplie après la date d'attribution et pendant la période d'acquisition des droits	Renonciation (« forfeiture ») L'entité révise la charge afin de refléter la meilleure estimation du nombre d'instruments de capitaux propres dont l'acquisition est attendue	Aucun changement L'entité continue à comptabiliser la charge sur la période résiduelle d'acquisition des droits	Renonciation (« forfeiture ») L'entité révise la charge afin de refléter la meilleure estimation du nombre d'instruments de capitaux propres dont l'acquisition est attendue	Aucun changement L'entité continue à comptabiliser la charge sur la période résiduelle d'acquisition des droits	Annulation (« cancellation ») L'entité comptabilise immédiatement la charge qui, en l'absence d'annulation, aurait été comptabilisée sur la période résiduelle d'acquisition des droits (accélération de l'acquisition des droits)	Annulation (« cancellation ») L'entité comptabilise immédiatement la charge qui, en l'absence d'annulation, aurait été comptabilisée sur la période résiduelle d'acquisition des droits (accélération de l'acquisition des droits)

(1) Dans le calcul de la juste valeur du plan, la probabilité de poursuite du plan à l'initiative de l'entité est estimée à 100 %.

2. **Impacts des conditions de performance de marché** Les conditions de performance dites de marché, déterminées par référence au prix ou à la valeur des instruments de capitaux propres de l'entité, sont reflétées uniquement dans la juste valeur unitaire de l'instrument déterminée une fois pour toutes à la date d'attribution du plan (A) et ce, en fonction de leur probabilité de réalisation (IFRS 2.21).

Une condition de marché vient réduire la juste valeur de l'option ou de l'action attribuée (A).

La charge sera d'autant plus réduite que la condition de marché sera difficile à atteindre. En pratique, ces calculs sont effectués à partir de modèles multi-scénarios (type Monte-Carlo).

En revanche, ces conditions ne sont pas à prendre en compte dans l'ajustement de l'estimation du nombre probable d'instruments que l'on s'attend à remettre au bénéficiaire (B). Ainsi, la charge comptabilisée ne peut être reprise lorsque les conditions de marché ne sont pas respectées. En conséquence, lorsqu'un plan contient seulement une condition de marché, quelle que soit l'issue de cette condition, c'est-à-dire qu'elle soit ou non satisfaite à la date d'acquisition des droits, la charge IFRS 2 est comptabilisée sur la base de son évaluation initiale à la date d'attribution. Cette charge ne peut pas être reprise si le niveau de cours de bourse, par exemple, n'est finalement pas atteint et que les bénéficiaires ne reçoivent aucune action (IFRS 2.21).

29225 (suite) **3. Impacts des conditions de présence et des conditions de performance hors marché** Les conditions de présence et les autres conditions de performance (hors marché) ne viennent pas réduire la juste valeur de l'option/l'action à la date d'attribution (A).

Elles ne viennent donc pas réduire le montant de la charge comptabilisée initialement.

En revanche, elles sont prises en compte dans la détermination et l'ajustement du nombre d'actions qui seront in fine acquises par les bénéficiaires (B). En conséquence, si les conditions de présence ne sont pas respectées (démission ou licenciement avant la fin de la période de présence obligatoire) et/ou si les autres conditions de performance (hors marché) ne sont pas atteintes, la société reprend la charge antérieurement comptabilisée et ne constate in fine aucune charge cumulée relative à cette attribution.

Dans ce cas, en effet, le nombre d'actions acquises par les bénéficiaires (B) est ramené in fine à zéro, justifiant ainsi une reprise de la charge comptabilisée antérieurement.

4. Impacts des conditions accessoires à l'acquisition des droits Les conditions accessoires à l'acquisition des droits sont uniquement reflétées dans la juste valeur unitaire de l'instrument à la date d'attribution du plan (A) mais pas dans le nombre d'instruments acquis (B). Ainsi, une condition accessoire à l'acquisition des droits vient réduire la juste valeur de l'option ou de l'action attribuée (A).

a. En cas de non-respect de ces conditions, dès lors que ce n'est **à l'initiative ni de l'entité ni du bénéficiaire**, il n'y a aucun impact sur la charge IFRS 2. Celle-ci n'est donc pas reprise si la condition n'est finalement pas atteinte et que les bénéficiaires ne reçoivent aucune action pour cette raison.

Le choix de respecter ou non la condition accessoire à l'acquisition des droits n'est dans ce cas ni du ressort de l'entité ni du bénéficiaire, mais d'une tierce partie indépendante, comme par exemple une condition liée à l'atteinte d'un niveau de cours de matière première.

Ainsi, dans un tel cas, la charge continue à être étalée sur la période résiduelle d'acquisition des droits (IFRS 2.21A, .BC237A, .IG15A et .IG15 Exemple 9A).

b. En cas de non-respect de ces conditions **du fait de l'entité ou du bénéficiaire**, le non-respect est à traiter comme une annulation. La charge résiduelle doit alors être comptabilisée immédiatement (accélération de la comptabilisation de la charge par une suppression de l'étalement).

Tel est, par exemple, le cas lorsqu'un salarié cesse volontairement ses versements dans un plan « save as you earn » (SAYE) ou en cas de non-respect par le bénéficiaire d'une condition relative à une clause de non-concurrence.

L'annulation d'un plan à l'initiative d'un bénéficiaire doit être comptabilisée **de la même manière que l'annulation d'un plan à l'initiative de l'entité** (IFRS 2.BC237B).

En synthèse (extrait d'IFRS 2.IG24) :

	Conditions accessoires à l'acquisition des droits (non-vesting)		
	Indépendantes du choix de l'entité et du bénéficiaire	Dépendantes du choix du bénéficiaire	Dépendantes du choix de l'entité
Exemples de conditions	Atteinte d'un certain niveau, pour un indice de matière première (cuivre, aluminium, argent, or...)	Obligation d'effectuer des versements, en vue du paiement du prix d'exercice des instruments de capitaux propres	Poursuite du plan par l'entité
Prise en compte dans la juste valeur à la date d'attribution	Oui	Oui	Oui [(1)]
Traitement comptable si la condition n'est pas remplie après la date d'attribution et pendant la période d'acquisition des droits	Aucun changement L'entité continue à comptabiliser la charge sur la période résiduelle d'acquisition des droits	Annulation (« cancellation ») L'entité comptabilise immédiatement la charge qui, en l'absence d'annulation, aurait été comptabilisée sur la période résiduelle d'acquisition des droits (accélération de l'acquisition des droits)	Annulation (« cancellation ») L'entité comptabilise immédiatement la charge qui, en l'absence d'annulation, aurait été comptabilisée sur la période résiduelle d'acquisition des droits (accélération de l'acquisition des droits)

(1) Dans le calcul de la juste valeur du plan, la probabilité de poursuite du plan à l'initiative de l'entité est estimée à 100 %.

■ *Exemple*

Chaque salarié d'une entité recevra 1 000 actions gratuites à l'issue d'une période de 3 ans à condition qu'il :

- soit présent dans l'entité pendant une période de 3 ans ;

- acquière 1 000 actions à leur juste valeur et les détienne pendant une période de 3 ans.

Si le salarié quitte l'entité avant la fin de la période de 3 ans ou vend ses actions acquises pendant cette période de 3 ans, il ne recevra aucune action gratuite.

***Solution de l'exemple** La condition de détention des actions acquises pendant 3 ans n'est pas une condition d'acquisition des droits. Bien que cette condition intervienne pendant la période de présence obligatoire, elle est entièrement sous le contrôle du salarié qui n'a pas à rendre de services spécifiques à l'entité pour satisfaire cette condition. Cette condition accessoire à l'acquisition des droits est prise en compte uniquement dans la détermination de la juste valeur de la transaction.*

Traitement des transactions dont les droits sont acquis par tranches successives (« graded vesting »)

Question 29240

Comment traiter les attributions d'options ou autres instruments de capitaux propres qui prévoient une acquisition graduelle des droits sur plusieurs périodes (« graded vesting » ou acquisition par tranche) ?

Réponse

En comptabilisant et en évaluant chaque tranche selon les dispositions d'IFRS 2, comme une attribution distincte de droits.

Il est ainsi nécessaire de déterminer, pour chaque tranche d'instruments attribués, sa propre juste valeur et sa propre période d'acquisition des droits.

Commentaires Certaines transactions IFRS 2 réglées en instruments de capitaux propres prévoient que les options ou autres instruments de capitaux propres attribués s'acquièrent de façon graduelle (« graded vesting ») au cours de la période d'acquisition totale des droits.

Par exemple, au 1/01/N un employé se voit octroyer 100 actions dont les droits seront acquis sous condition de présence par tranche de 25 à la fin de chaque année au cours des quatre prochaines années.

Les droits relatifs à chaque tranche de la même attribution globale d'actions s'acquièrent à quatre dates différentes. Ainsi :

- au 31/12/N, le salarié a acquis 25 actions au titre des services rendus entre le 1/01/N et le 31/12/N (soit une période d'acquisition des droits d'un an) ;
- au 31/12/N+1, le salarié a acquis 25 actions supplémentaires au titre des services rendus entre le 1/01/N et le 31/12/N+1 (soit une période d'acquisition des droits de deux ans) ;
- au 31/12/N+2, le salarié a acquis 25 actions supplémentaires au titre des services rendus entre le 1/01/N et le 31/12/N+2 (soit une période d'acquisition des droits de trois ans) ;
- au 31/12/N+3, le salarié a acquis 25 actions supplémentaires au titre des services rendus entre le 1/01/N et le 31/12/N+3 (soit une période d'acquisition des droits de quatre ans).

Pour traiter une telle transaction, il convient de considérer chaque tranche comme une attribution distincte de droits (IFRS 2.IG11). En effet, chaque tranche ayant une période spécifique d'acquisition des droits, la juste valeur des droits attachés à chaque tranche est également spécifique.

Les justes valeurs évaluées pour chacune de ces tranches peuvent être différentes, notamment parce que la durée de la période d'acquisition des droits peut affecter le rythme des cash-flows liés à l'exercice des options.

La juste valeur déterminée pour chaque tranche est alors étalée de façon linéaire sur la période d'acquisition des droits qui lui est propre.

Traiter chaque tranche comme une attribution distincte a pour effet de majorer la charge à comptabiliser au début de la période d'acquisition.

Ainsi, dans le cas de l'exemple ci-avant d'une acquisition en 4 tranches sur 4 ans, l'entité doit comptabiliser dès la première année :

100 % de la juste valeur de la tranche dont les droits sont acquis la première année
\+ 50 % de la juste valeur de la tranche dont les droits sont acquis la deuxième année
\+ 33 % de la juste valeur de la tranche dont les droits sont acquis la troisième année
\+ 25 % de la juste valeur de la tranche dont les droits sont acquis la quatrième année

29240 (suite) soit environ 52 % de la juste valeur de l'attribution totale (en supposant que les justes valeurs évaluées pour les différentes tranches soient proches).

Remarque Si une telle transaction avait été traitée comme une attribution unique, la charge à comptabiliser aurait été étalée de façon linéaire sur la période totale d'acquisition des droits (4 ans dans notre exemple ci-avant).

■ *Exemple*

Le 1/01/N, une société attribue au président de son conseil d'administration 10 000 options d'achat d'actions, par tranches successives de 2 500 options à la fin des exercices N, N+1, N+2 et N+3, sous réserve qu'il soit présent dans l'entité à chacune de ces échéances.
Le dirigeant disposera ensuite d'une période de 5 ans, à compter de la date d'acquisition, pour exercer les options ainsi acquises (respectivement pour chaque tranche, jusqu'au 31/12 des années N+5, N+6, N+7 et N+8).
Au 1/01/N, date d'attribution de la transaction dans son ensemble, l'entité évalue les justes valeurs spécifiques des options sur actions attribuées au titre de chaque tranche, selon un modèle d'évaluation d'options.

Rappel La juste valeur d'une option varie notamment en fonction de la durée de vie de l'option (qui correspond à l'intervalle entre la date d'attribution de l'option et la date de fin de vie de l'option, en incluant par conséquent la période d'acquisition des droits).

Les justes valeurs de l'option dont les droits sont acquis au 31/12/N, au 31/12/N+1, au 31/12/N+2 et au 31/12/N+3 sont respectivement évaluées à 32 €, 36 €, 41 € et 44 €.
Au 1/01/N, l'entité estime que le dirigeant sera probablement présent dans l'entreprise jusqu'au 31/12/N+2 et qu'il quittera la société en N+3 (probabilité supérieure à 50 %).

Solution de l'exemple :

*1. **Au 31/12/N**, la charge à comptabiliser en contrepartie d'un compte de capitaux propres s'élève à : 159 K€ = (32 € × 2 500 actions × 1/1) + (36 € × 2 500 actions × 1/2) + (41 € × 2 500 actions × 1/3) = (80 + 45 + 34) K€.*

Cette charge est déterminée sur la base des justes valeurs des options sur actions, évaluées à la date d'attribution, au 1/01/N, et déterminées pour chaque tranche attribuée, multipliées par le nombre de droits que l'on s'attend à voir acquis à l'issue de la période d'acquisition des droits, et ce, pour chaque tranche attribuée, considérée séparément.
Ainsi, la charge déterminée pour chaque tranche doit être rapportée à la période d'acquisition des droits correspondant à chaque tranche (1 an pour les 2 500 premières actions, 2 ans pour les 2 500 suivantes et 3 ans pour les 2 500 suivantes).
Aucune charge n'est comptabilisée en N au titre de la dernière tranche (2 500 actions attribuées au 31/12/N+3) car, au 31/12/N, il n'est pas estimé probable (moins de 50 %) que le dirigeant sera présent au 31/12/N+3.

*2. **Au 31/12/N+1**, l'entité estime probable à cette date que le dirigeant sera présent dans l'entité au 31/12/N+2, mais peu probable qu'il reste dans l'entité après cette date.*
La charge à comptabiliser en contrepartie des capitaux propres au 31/12/N+1 s'élève à : 79 K€ = [(36 € × 2 500 actions × 2/2) – 45 K€ + (41 € × 2 500 actions × 2/3) – 34 K€] = (90 – 45) + (68 – 34) K€.

Cette charge est déterminée selon les mêmes principes qu'au 31/12/N.
Ainsi, au 31/12/N+1, 2 500 actions ont déjà été acquises au 31/12/N. La charge correspondante, égale à 80 K€ (32 € × 2 500 actions × 1/1), a été comptabilisée intégralement au 31/12/N.
Pour les 2 500 actions qui peuvent être acquises à l'issue d'une période de service de 2 ans, au 31/12/N+1, il convient de comptabiliser une charge complémentaire (36 € × 2 500 actions), rapportée à la période d'acquisition des droits de 2 ans (2/2) et diminuée de la charge comptabilisée antérieurement au titre de cette partie de la transaction (45 K€).
De même, pour les 2 500 actions qui peuvent être acquises à l'issue d'une période de service de 3 ans, au 31/12/N+2, une charge complémentaire doit être comptabilisée (41 € × 2 500 actions), rapportée à la période d'acquisition des droits de 3 ans (2/3) et diminuée de la charge comptabilisée antérieurement au titre de cette partie de la transaction (34 K€).
Enfin, aucune charge n'est à comptabiliser au titre de l'attribution des 2 500 actions à attribuer au 31/12/N+3 car il n'est toujours pas probable que le dirigeant respecte la condition de service à cette date.

*3. **Au 31/12/N+2**, l'entité revoit son estimation et estime désormais probable à cette date que le dirigeant sera présent dans l'entité au 31/12/N+3 (probabilité supérieure à 50 %).*
La charge à comptabiliser en contrepartie d'un compte de capitaux propres au 31/12/N+2 s'élève à : 117 K€ = [(41 € × 2 500 actions × 3/3) – 68 K€)] + (44 € × 2 500 actions × 3/4) = (102 – 68) + 82.

Cette charge est déterminée selon les mêmes principes qu'au 31/12/N.
Ainsi, au 31/12/N+2, 2 500 actions ont déjà été acquises au 31/12/N et 2 500 au 31/12/N+1. La charge correspondante égale à 200 K€ a été comptabilisée intégralement au 31/12/N et au 31/12/N+1.

Pour les 2 500 actions qui peuvent être acquises à l'issue d'une période de service de 3 ans, au 31/12/N+2, il convient de comptabiliser une charge complémentaire (41 € × 2 500 actions), rapportée à la période d'acquisition des droits de 3 ans (3/3) et diminuée de la charge comptabilisée antérieurement au titre de cette partie de la transaction (68 K€).

Enfin, au titre de la dernière tranche d'options sur actions, il est désormais probable que le dirigeant soit présent en N+3 et de ce fait qu'il acquière 2 500 options supplémentaires au 31/12/N+3. Une charge doit donc être comptabilisée au 31/12/N+2, sur la base de la juste valeur de l'option évaluée à la date d'attribution au 1/01/N, multipliée par le nombre d'options qui seront acquises (44 € × 2 500 actions) et rapportée à la période d'acquisition des droits relative à cette tranche (3 années sur 4).

4. Au 31/12/N+3, le dirigeant est toujours présent dans l'entité à cette date. Il a donc acquis 10 000 options sur actions au 31/12/N+3.

Au titre de la dernière tranche, l'entité doit comptabiliser une charge complémentaire sur la base de la juste valeur de l'option évaluée au 1/01/N, multipliée par le nombre d'options acquises au 31/12/N+3, rapportée à la période d'acquisition des droits (4 ans) et diminuée de la charge comptabilisée antérieurement au titre de cette tranche (82 K€).

Ainsi, une charge est à comptabiliser au 31/12/N+3 pour 27 K€ = (44 € × 2 500 actions × 4/4) – 82.

En conséquence, la charge totale comptabilisée au titre de ce plan d'options sur actions attribuées au dirigeant de l'entité s'élève à :

382 K€ = (80 + 90 + 102 + 110) = (2 500 × 32 €) + (2 500 × 36 €) + (2 500 × 41 €) + (2 500 × 44 €), comptabilisée pour 159 K€ en N, 79 K€ en N+1, 117 K€ en N+2 et 27 K€ en N+3.

B. Techniques d'évaluation des transactions dénouées en instruments de capitaux propres

Détermination de la juste valeur au titre d'une AGA (attribution gratuite d'actions)

Question 29280

La juste valeur d'une action gratuite est-elle toujours égale au cours de bourse à la date d'attribution ?

Réponse

Non, pas systématiquement.

Il convient de tenir compte de toutes les caractéristiques et conditions de la transaction d'attribution des actions gratuites qui viennent réduire la juste valeur de l'action, telles que :
- les dividendes non versés pendant la période d'acquisition des droits ;
- l'incessibilité des actions post-acquisition ;
- l'existence de conditions de performance de marché ;
- l'existence de conditions accessoires à l'acquisition des droits.

Commentaires La charge à comptabiliser selon la norme IFRS 2 au titre d'un plan d'attribution d'actions gratuites est égale (IFRS 2.10 et .11) :
- à la juste valeur des actions octroyées, déterminée, une fois pour toutes, à la date d'attribution (montant qui ne sera jamais réévalué ultérieurement en cas de variations ultérieures de juste valeur) ;
- multipliée par le nombre probable d'actions que l'on s'attend à remettre aux bénéficiaires qui seront présents à la date d'acquisition des actions (nombre d'actions qui sera, quant à lui, révisé, pendant la période d'acquisition des droits en fonction des changements d'estimations de turnover des salariés ou de la réalisation des conditions de performance hors marché).

La juste valeur des actions octroyées est évaluée à la date d'attribution sur la base (IFRS 2.16 et .B2) :
- de son prix de marché si l'entité est cotée (ou d'un prix de marché estimé si l'entité n'est pas cotée) ;

Le prix de marché à retenir est le cours de bourse spot à la date d'attribution, sans qu'il soit possible d'effectuer un « lissage » de cette valeur, comme par exemple retenir la moyenne des 20 derniers jours de cotation (notion juridique généralement utilisée dans la détermination du prix d'exercice par le conseil).

29280 (suite) – ajusté pour tenir compte des caractéristiques et conditions de l'attribution des actions.

En effet, le droit à recevoir une action au terme d'un certain délai et sous conditions vaut moins que le droit à recevoir une action immédiatement sans condition.

En pratique, le prix de marché sera généralement ajusté des éléments suivants (IFRS 2.B3) :

a. **Dividendes non versés pendant la période d'acquisition des droits** Le bénéficiaire des actions gratuites n'ayant pas droit aux dividendes pendant la période d'acquisition des droits, le prix de marché de l'action doit être diminué de la juste valeur estimée des dividendes qui ne lui seront pas versés, pour tenir compte de la « perte financière » pour le bénéficiaire.

b. **Incessibilité des actions post-acquisition** Lorsque les actions attribuées sont assorties d'une clause d'incessibilité après la date d'acquisition définitive des actions, de telles restrictions de transfert doivent être prises en compte dans l'estimation de la juste valeur des actions à la date d'attribution, mais seulement dans la mesure où les restrictions postérieures à l'acquisition des droits affectent le prix que paierait un intervenant du marché bien informé et consentant (IFRS 2.B3).

Si les actions font l'objet d'échanges soutenus sur un marché actif et liquide, les restrictions de transfert après acquisition des droits pourraient n'avoir que peu ou pas d'effet sur le prix que paierait pour ces actions un intervenant du marché bien informé et consentant (IFRS 2.B3).

Dans un contexte où il n'existe aucune référence de marché, la norme IFRS 2 ne fournit aucune méthode pour évaluer le coût d'incessibilité.

Interrogé sur l'évaluation d'une action soumise à restriction, l'IFRS IC a indiqué que l'évaluation du coût d'incessibilité devrait se fonder sur des transactions réelles ou hypothétiques, non seulement avec les employés, **mais également avec tous les intervenants existants ou potentiels du marché**, disposés à investir dans des actions soumises à restrictions qui leur ont été offertes (ou pourraient l'être). Cette décision se fonde notamment sur les paragraphes B3 et B10 de la norme IFRS 2 et le paragraphe BC168 des bases des conclusions de la norme (IFRIC Update 11/06).

Dans son Communiqué du 21 décembre 2004, le CNC (désormais ANC) avait proposé une méthode d'évaluation du coût d'incessibilité applicable aux plans d'épargne entreprise (PEE) classiques. La démarche proposée consistait à évaluer ce coût comme celui d'une transaction permettant de rendre lesdits titres cessibles. Ainsi, le coût d'incessibilité était évalué comme égal à celui d'une opération consistant à vendre à terme les actions incessibles pour acheter au comptant un nombre équivalent d'actions cessibles à tout moment, financées par un emprunt bancaire. Il convenait alors de retenir pour l'emprunt le taux qu'obtiendrait un particulier pour un prêt sans garantie. Dans une décision publiée le 29 septembre 2022, l'ANC a rendu caduc le Communiqué du CNC du 21 décembre 2004 (ainsi que son Communiqué complémentaire du 7 février 2007 sur les informations à fournir en annexe). Cette décision de l'ANC confirme, conformément à la décision de l'IFRS IC de 2006 (voir ci-avant), qu'il n'est pas approprié, pour évaluer la charge comptabilisée en application de la norme IFRS 2, de calculer le coût d'incessibilité sur la base de conditions financières auxquelles pourrait accéder un particulier.

Remarque L'éventuelle incessibilité pendant la période d'acquisition des droits ne doit, quant à elle, pas être prise en compte dans l'estimation de la juste valeur des actions gratuites (IFRS 2.B3). Ainsi, pour un plan qui requiert une période de présence de 3 ans suivie d'une période d'incessibilité de 2 ans, l'évaluation de la décote d'incessibilité s'effectue sur la période de 2 ans post-acquisition.

c. **Conditions de performance dites « de marché »** L'attribution d'actions gratuites peut être subordonnée à la satisfaction de conditions de performance dites « de marché ». Ces conditions dites « de marché » – comme par exemple, l'atteinte d'un certain taux de croissance du cours de bourse de l'action sur une période donnée – sont à prendre en compte dans l'évaluation de la juste valeur des actions gratuites attribuées (IFRS 2.21). Il est alors recommandé d'utiliser un modèle mathématique d'évaluation d'options pour déterminer la probabilité de réalisation de la condition de performance liée à la croissance du cours de bourse et, par conséquent, la juste valeur des actions gratuites (les actions gratuites étant alors valorisées comme des options d'achat à prix d'exercice nul).

A l'inverse, ne sont pas prises en compte dans l'évaluation de la juste valeur des actions à la date d'attribution les conditions de présence et les autres conditions de performance (hors marché), c'est-à-dire les conditions qui ne sont pas fondées sur l'évolution du cours de bourse, comme par exemple la présence obligatoire sur une période donnée ou la croissance d'un certain niveau de chiffre d'affaires au cours de la période de présence requise (IFRS 2.19). Ces conditions sont prises en compte dans l'estimation du nombre d'instruments dont les droits seront acquis à l'issue de la période d'acquisition (IFRS 2.19 et .20).

d. Conditions accessoires à l'acquisition des droits L'attribution d'actions gratuites peut être subordonnée à la satisfaction de conditions accessoires à l'acquisition des droits qui sont également à prendre en compte dans l'évaluation de la juste valeur des actions gratuites attribuées (IFRS 2.21A).

Pour la synthèse des impacts des différents types de conditions, voir n° 29225.

■ *Exemple*

Le 1/01/N, l'entité cotée A octroie 100 actions gratuites à chacun de ses salariés, sous réserve des conditions suivantes :

– une condition de présence de trois ans ;

– une progression de 18 % du cours de l'action au 1/01/N+3 (condition de performance de marché) sachant que le cours de bourse de l'action au 1/01/N est de 100 ;

– une période d'incessibilité de deux ans (c'est-à-dire jusqu'au 1/01/N+5) après la livraison des actions le 1/01/N+3.

Sachant que :

– la valeur actualisée des dividendes que le bénéficiaire ne va pas percevoir pendant les trois années avant le transfert des titres est de 10 ;

– l'impact de la clause d'incessibilité sur la juste valeur de l'action (calculé sur deux ans post-acquisition) n'est pas significatif car l'entité A est cotée et son action fait l'objet d'échanges soutenus sur un marché liquide et actif ;

– la condition de performance de marché relative à la progression de 18 % du cours de l'action vient réduire de 20 la juste valeur de l'action octroyée.

Quelle est la juste valeur des actions gratuites selon IFRS 2 ?

***Solution de l'exemple** La juste valeur des actions gratuites octroyées à la date d'attribution est évaluée de la manière suivante :*

Cours de bourse spot à la date d'attribution	*100*
Dividendes non perçus	*(10)*
Incessibilité post-acquisition	*(non significative)*
Prise en compte de la condition de performance de marché (croissance du cours de bourse)	*(20)*
Juste valeur ajustée d'une action	*70*

C. Comptabilisation des charges de sécurité sociale sur plans de paiements fondés sur des actions

Traitement des charges sociales afférentes à un paiement fondé sur des actions

29300

Question

Comment traiter les charges sociales afférentes à un paiement fondé sur des actions ?

Réponse

A notre avis, en l'absence de précisions des IFRS, comme un paiement fondé sur des actions dénoué en trésorerie (« cash settled »).

Ainsi, une dette devrait être constatée lors de l'octroi du plan, évaluée à la juste valeur et réévaluée jusqu'au paiement effectif des charges sociales en contrepartie du résultat. La charge en découlant devrait généralement être étalée au même rythme et sur la même période que la charge liée au plan.

C'est notamment le traitement à retenir en France pour la contribution patronale due sur les attributions d'actions gratuites postérieures au 8 août 2015. En revanche, la possibilité d'étalement ne s'applique pas à la comptabilisation de la contribution patronale de 30 % due sur les attributions d'actions gratuites antérieures au 8 août 2015 et sur les attributions de stock-options quelle que soit leur date d'attribution, la contribution patronale devant dans ces cas être intégralement constatée en charges à la date d'attribution (voir n° 29310).

29300 (suite) ***Commentaires :***

1. **Norme applicable** La norme IFRS 2 ne traite pas spécifiquement du traitement des charges sociales afférentes aux plans de paiements fondés sur des actions.

La norme IAS 19, Avantages du personnel, stipule quant à elle que les cotisations de sécurité sociale sont des avantages à court terme au même titre que les salaires et rémunérations qui les ont générés (IAS 19.9a).

Un raisonnement par analogie peut être retenu, à notre avis, conduisant à considérer que les charges sociales afférentes à un plan de paiement fondé sur des actions doivent être traitées comme partie intégrante du plan lui-même. En conséquence, le traitement des charges sociales afférentes à un plan de paiement en actions suit, à notre avis, les **dispositions de la norme IFRS 2** et la charge ainsi générée doit être traitée comme une **transaction dénouée en trésorerie** (« cash settled »).

En effet, les charges sociales sont payées en trésorerie et leur montant est généralement fondé sur la juste valeur des actions, éléments caractéristiques d'un paiement fondé sur des actions dénoué en trésorerie (sur les définitions d'un plan « cash settled », voir n° 29156).

Remarque Selon certains, les dispositions de la norme IAS 19 ou celles de la norme IAS 37 pourraient également trouver à s'appliquer à la comptabilisation des charges sociales. Toutefois, en pratique, les différentes méthodes d'évaluation et de comptabilisation selon ces normes ne devraient pas donner lieu à des résultats très différents, si les hypothèses retenues pour les projections sont cohérentes.

2. **Nature des charges sociales dues dans le cadre de transactions de paiement en actions** Les paiements fondés sur des actions peuvent être assujettis à cotisations sociales dont la nature diffère selon les législations.

A titre d'exemple, en France, en ce qui concerne les **attributions gratuites d'actions** (à compter du 16/10/07) :
- l'avantage tiré de l'attribution, égal à la valeur des titres au jour de l'acquisition, est exclu de l'assiette des cotisations de sécurité sociale, à condition de respecter une période de conservation des titres ;
- pour les actions attribuées à titre gratuit depuis le 8 août 2015, l'entreprise employant les bénéficiaires auxquels les actions gratuites ont été attribuées est redevable d'une contribution patronale (C. com. art. L 137-13 modifié par la loi 2015-990 du 6 août 2015, la loi 2016-1917 du 29 décembre 2016 de finances pour 2017 et la loi 2017-1836 de financement de la sécurité sociale pour 2018).

Pour les spécificités liées aux caractéristiques et à la comptabilisation de cette contribution, voir n° 29305.

Par ailleurs, les sociétés françaises émettant des **options sur actions** au bénéfice de leurs salariés peuvent être amenées à supporter les charges patronales au titre des éléments suivants :
- la fraction du rabais excédant 5 % de la valeur de l'action au moment où l'option est attribuée. L'assujettissement à cotisations intervient dès la levée de l'option ;
- l'avantage correspondant à la différence entre la valeur du titre à la date de la levée de l'option et le prix de souscription payé par le bénéficiaire (plus-value d'acquisition) lorsque l'employeur ne respecte pas la condition de notification à l'Urssaf. A défaut de notification, l'employeur est tenu au paiement de la totalité des cotisations sociales, y compris leur part salariale ;
- l'entreprise est redevable de la contribution patronale dès la date d'attribution des droits portant sur les options futures.

Le taux de la contribution patronale sur options a été porté à 30 % pour les attributions intervenues à compter du 11 juillet 2012 (loi de finances rectificative pour 2012).

Pour les spécificités liées aux caractéristiques et à la comptabilisation de cette contribution, voir n° 29310.

3. **Comptabilisation des charges sociales selon les dispositions relatives aux paiements fondés sur des actions qui sont réglés en trésorerie** Le traitement des charges sociales, lorsqu'elles sont qualifiées de plans « cash settled », est le suivant (IFRS 2.30 s.) :
- une dette doit être comptabilisée dès la date d'attribution du plan au titre des charges sociales qui sont/seront exigibles ;
- comme pour toutes les transactions « cash settled », la dette doit être évaluée à la juste valeur. L'évaluation de la dette dépend du nombre d'instruments de capitaux propres que l'on s'attend à voir acquis et qui donneront lieu au paiement de charges sociales et ce, en tenant compte des conditions d'acquisition des droits éventuellement prévues par le plan ;

– jusqu'au paiement effectif des charges sociales, la dette doit être ajustée par référence au prix de marché des actions, en contrepartie du résultat ;
– la charge doit généralement être étalée au même rythme et sur la même période que la charge liée au plan lui-même.

Ce traitement s'applique notamment à la contribution patronale due sur les attributions d'actions gratuites postérieures au 8 août 2015 (voir n° 29305). En revanche, la possibilité d'étalement ne s'applique pas à la comptabilisation de la contribution patronale de 30 % due sur les attributions d'actions gratuites antérieures au 8 août 2015 et les attributions de stock-options (quelle que soit leur date d'attribution), la contribution patronale devant, dans ces cas, être intégralement constatée en charges à la date d'attribution (voir n° 29310).

Contribution patronale due sur les actions gratuites : traitement comptable

29305

Question

Comment comptabiliser la charge relative à la contribution patronale due sur les actions gratuites attribuées depuis l'entrée en vigueur de la loi Macron ?

Remarque Pour bénéficier des dispositions de la loi Macron, l'attribution doit avoir été autorisée par une AGE postérieure au 8 août 2015. Dans le cas contraire, la contribution doit suivre le régime applicable aux stock-options, voir n° 29310.

Réponse

A notre avis, la charge est estimée et provisionnée dès l'attribution sur la base du cours de bourse de clôture et selon la probabilité de remise effective des actions. La charge est étalée au même rythme et sur la même période que la charge liée au plan lui-même.

Commentaires :

1. Rappel des caractéristiques de la contribution Les entreprises employant des salariés bénéficiaires d'un régime français de sécurité sociale, auxquels des stock-options ou des actions gratuites ont été attribuées à compter du 16 octobre 2007, sont redevables d'une contribution patronale (CSS art. L 137-13 ; circulaire de la Direction de la sécurité sociale DSS/5B/2008/119 du 8/4/2008).

Le régime applicable à la contribution due au titre des actions gratuites a été plusieurs fois modifié depuis sa mise en place, notamment en profondeur par la loi dite « Macron » 2015-990 du 6 août 2015 (art. 135) et de nouveau en 2016 par la loi 2016-1917 du 29 décembre 2016 de finances pour 2017 (art. 61) et enfin en 2017 par la loi 2017-1836 du 30 décembre 2017 de financement de la sécurité sociale pour 2018 (art. 11).

Entrée en vigueur Les modifications de la loi « Macron » s'appliquent aux actions gratuites dont l'attribution a été autorisée par une décision d'assemblée générale extraordinaire (AGE) postérieure à la publication de la loi, c'est-à-dire à compter du 8 août 2015. Les modifications introduites par la loi de finances pour 2017 s'appliquent aux actions gratuites dont l'attribution a été autorisée par une décision d'AGE postérieure au 31 décembre 2016. Les modifications introduites par la loi de financement de la sécurité sociale pour 2018 s'appliquent aux actions gratuites dont l'attribution a été autorisée par une décision d'AGE postérieure au 31 décembre 2017.

Le régime applicable aux stock-options n'a été lui que peu modifié depuis sa mise en place. Notamment, le taux applicable à la contribution due sur les stock-options est de 30 % pour les attributions effectuées depuis le 11 juillet 2012.

Le tableau ci-après, établi par nos soins, synthétise les principales caractéristiques, à ce jour, applicables à la contribution due sur les attributions de stock-options et d'actions gratuites, en fonction de la date à laquelle les plans ont été approuvés et mis en place.

Ces caractéristiques sont importantes car elles conditionnent les modalités de comptabilisation de la contribution.

29305
(suite)

	Stock-options	Actions gratuites attribuées dans le cadre d'une décision d'AGE antérieure au 8/08/15	Actions gratuites attribuées dans le cadre d'une décision d'AGE ayant eu lieu entre le 8/08/15 et le 29/12/16	Actions gratuites attribuées dans le cadre d'une décision d'AGE postérieure au 30/12/16	Actions gratuites attribuées dans le cadre d'une décision d'AGE postérieure au 31/12/17
Date d'exigibilité	Date de décision d'attribution	Date de décision d'attribution	Date d'acquisition	Date d'acquisition	Date d'acquisition
Taux applicable	30 %	30 %	20 %	30 %	20 %
Assiette [(1)]	Au choix de l'employeur : – sur une base forfaitaire lors de la décision d'attribution, à 25 % de la valeur de l'action ; ou – sur la base de la juste valeur de l'option telle qu'estimée pour l'établissement des comptes consolidés en IFRS.	Au choix de l'employeur : – sur la juste valeur des actions telle qu'estimée pour l'établissement des comptes consolidés en IFRS ; ou – sur la valeur des actions à la date de la décision d'attribution.	Sur la valeur des actions attribuées à la date d'acquisition	Sur la valeur des actions attribuées à la date d'acquisition	Sur la valeur des actions attribuées à la date d'acquisition
Modalités de comptabilisation	Voir n° 29305	Voir n° 29305	Voir point 2. ci-après	Voir point 2. ci-après	Voir point 2. ci-après
(1) Pour des précisions sur l'assiette à retenir dans le cas d'un plan de stock-options, voir n° 29314.					

Remarques :

1. Aucune contribution n'est due pour les salariés de filiales étrangères (bénéficiaires relevant d'un régime étranger de sécurité sociale).
2. Lorsque le plan concerne des salariés ou des mandataires sociaux de filiales, la filiale employeuse (et non la mère émettrice des titres) est redevable de la contribution et doit donc comptabiliser la charge correspondante.
3. Lorsque la société émettrice des actions est une société étrangère, la contribution est due par la société française employant les bénéficiaires du plan.
4. Certaines PME sont exonérées de la contribution patronale sur les actions gratuites, dès lors qu'elles n'ont jamais versé de dividendes depuis leur création et que les actions sont attribuées dans la limite, par salarié, du plafond annuel de la sécurité sociale.

Pour plus de précisions sur les caractéristiques de cette contribution, voir Mémento Social n° 34730 s.

2. Comptabilisation de la contribution patronale due au titre des actions gratuites A notre avis, la charge est estimée et provisionnée au passif dès l'attribution et étalée au même rythme et sur la même période que la charge liée au plan lui-même. Son évaluation est fondée sur le cours de bourse à la clôture et sur la probabilité de réalisation des conditions d'attribution. La provision est ainsi réévaluée à chaque clôture jusqu'au paiement effectif, en contrepartie du compte de résultat.

En effet, cette contribution :

– entre dans le champ d'application d'IFRS 2, s'agissant d'une contribution liée aux paiements fondés sur des actions attribuées aux salariés et calculée sur une assiette directement liée à la valeur de l'option (IFRS 2.2) ;

– constitue, dès la date d'attribution, un passif de l'entité qui emploie le bénéficiaire, celle-ci ayant l'obligation de remettre de la trésorerie à l'Urssaf au titre de cette contribution si ses employés reçoivent des actions (que ces dernières soient livrées par elle-même ou une autre société du groupe) ;

– dans la mesure où son exigibilité est conditionnée à l'acquisition effective des actions par les bénéficiaires (et donc uniquement en cas de réalisation de services futurs au sens d'IFRS 2), elle constitue un paiement au titre de services futurs, avec comptabilisation étalée sur la période de présence requise (IFRS 2.15).

Contribution patronale due sur stock-options : traitement comptable

Question 29310

Peut-on étaler sur la période d'acquisition des droits la charge relative à la contribution patronale de 30 % due sur les stock-options ?

Réponse

Non. Compte tenu de son exigibilité dans le mois qui suit l'attribution et de son caractère non remboursable, la contribution patronale de 30 % sur les attributions de stock-options constitue une charge pour l'entreprise à comptabiliser immédiatement à la date d'attribution des options ou des actions et ce, sans aucune possibilité d'étalement sur la période d'acquisition des droits par les salariés.

Commentaires :

1. **Rappel des caractéristiques de la contribution** Voir n° 29305, point 1.

2. **Comptabilisation** Selon la CNCC, la contribution patronale due sur les attributions de stock-options doit être comptabilisée en charges dans les comptes IFRS dès l'attribution sans pouvoir être étalée sur la période d'acquisition des droits (Bull. CNCC 151 de juin 2008, EC 2008-08).

En effet, selon les arguments mis en avant par la CNCC, cette contribution :
- entre dans le champ d'application d'IFRS 2, s'agissant d'une contribution liée aux paiements fondés sur des actions attribués aux salariés et calculée sur une assiette directement liée à la valeur de l'option (IFRS 2.2) ;
- doit être comptabilisée en charges dès la décision d'attribution. En effet, s'agissant d'une contribution payable en une seule fois sur la valeur totale des actions à attribuer, sans possibilité d'étalement ni de remboursement, aucun actif ne peut être comptabilisé en contrepartie de cette contribution qui constitue donc un paiement effectué sans aucune contrepartie de services futurs (IFRS 2.14).

Ce traitement comptable est cohérent avec celui retenu en règles françaises par le CNC dans son Avis n° 2008-17 du 6 novembre 2008 relatif au traitement comptable des plans d'options d'achat ou de souscription d'actions aux employés.

Contribution patronale : assiette pour les attributions de stock-options

Question 29314

Quelle assiette retenir pour déterminer la contribution patronale pour les attributions de stock-options ?

Réponse

Dans le cas d'une attribution de stock-options, seule une analyse au cas par cas permettra de déterminer quelle assiette retenir pour le calcul de la contribution, le choix dépendant notamment de la volatilité de l'action.

Commentaires Dans le cadre d'un plan de stock-options, les sociétés peuvent choisir de calculer la contribution patronale de 30 % (voir n° 29300 et 29310) :
- soit sur une base forfaitaire égale à 25 % de la valeur de l'action lors de la décision d'attribution ;
- soit sur la base de la juste valeur de l'option telle qu'elle est estimée pour l'établissement des comptes consolidés en IFRS.

Ce taux de 25 % retenu par le législateur est proche du rapport moyen, tous secteurs d'activité confondus, entre la valeur d'une option simple d'une durée de 4 à 5 ans et la valeur de l'action qui est fonction de la volatilité.

S'agissant d'une moyenne, il sera plus ou moins avantageux de retenir cette base pour le calcul de la contribution en fonction de la volatilité de l'action de la société qui est variable d'un secteur d'activité à un autre :
- Dans des secteurs d'activité pour lesquels la volatilité est élevée, par exemple, le « high tech », le rapport entre la valeur de l'option et le cours de l'action est généralement supérieur à 25 %.

Dans ce cas, la juste valeur de l'option en IFRS est également supérieure à 25 % du cours de l'action. Les sociétés concernées auront donc généralement intérêt à retenir la base forfaitaire de 25 % comme assiette de la contribution patronale.

– A l'inverse, pour les secteurs à faible volatilité, le rapport entre la juste valeur de l'option et le cours de l'action sera généralement inférieur au taux moyen de 25 %. Dans ce cas, la juste valeur de l'option en IFRS sera inférieure à 25 % du cours de l'action. Les sociétés concernées auront donc généralement intérêt à retenir la base IFRS pour le calcul de la contribution patronale.

Il est donc recommandé d'effectuer des simulations pour déterminer la base la plus avantageuse lors de l'attribution et prendre en compte d'autres facteurs d'optimisation induits par les méthodes de calcul retenues par les IFRS.

La juste valeur IFRS des options est notamment réduite de l'impact des conditions de performance de marché ou encore des conditions accessoires à l'acquisition des droits. Sur l'impact des conditions de performance et conditions accessoires à l'acquisition des droits sur la juste valeur IFRS, voir n° 29222.

D. Comptabilisation des modifications et annulations de plans

Comptabilisation d'une modification d'un plan « equity settled »

29550 ***Question***

Quels sont les principes généraux de comptabilisation d'une modification d'un plan « equity settled » ?

Réponse

Indépendamment de toute modification des caractéristiques et conditions du plan, l'entreprise doit continuer à comptabiliser au minimum les services reçus évalués à la juste valeur des instruments de capitaux propres initialement attribués, sauf si ces instruments de capitaux propres ne sont pas acquis parce qu'une condition d'acquisition (autre qu'une condition de marché) précisée à la date d'attribution n'a pas été remplie.

En outre, les effets des modifications qui augmentent la juste valeur totale de l'accord (par exemple, par la suppression d'une condition de performance de marché) sont comptabilisés en complément de la charge initiale, et ceux qui sont favorables aux bénéficiaires d'une autre manière (par exemple, par la suppression d'une condition de performance hors marché ou la réduction de la période d'acquisition) sont pris en compte dans la révision du nombre d'instruments ou de la durée du plan résiduelle.

Les effets des modifications qui réduisent la juste valeur totale de l'accord ou qui sont défavorables aux bénéficiaires ne sont pas comptabilisés (sauf en cas d'annulation de tout ou partie des instruments initialement attribués).

Commentaires Conformément à IFRS 2.27, indépendamment de toute modification des caractéristiques et conditions du plan, ou de toute annulation, l'entreprise doit continuer à comptabiliser au minimum les services reçus évalués à la juste valeur des instruments de capitaux propres attribués, déterminée à la date d'attribution. Il n'y a donc pas de remise en cause de la charge comptabilisée initialement (sauf en cas de non-respect de conditions de présence ou de performance hors marché).

En outre, les effets des modifications qui augmentent la juste valeur totale de l'accord (par exemple, par la suppression d'une condition de performance de marché) sont comptabilisés en complément de la charge initiale, et ceux qui sont favorables aux bénéficiaires d'une autre manière (par exemple, par la réduction de la période d'acquisition des droits ou la suppression d'une condition de performance hors marché) sont pris en compte dans la révision du nombre d'instruments ou de la durée du plan résiduelle.

Pour les conséquences comptables :

– des modifications qui augmentent la juste valeur des instruments de capitaux propres attribués, voir n° 29560 ;

– des modifications qui augmentent le nombre d'instruments de capitaux propres attribués, voir n° 29565 ;

– d'une modification des conditions d'acquisition d'un plan dans un sens favorable au bénéficiaire, voir n° 29570.

Les effets des modifications qui réduisent la juste valeur totale de l'accord ou qui sont défavorables aux bénéficiaires ne sont pas comptabilisés (sauf en cas d'annulation de tout ou partie des instruments initialement attribués, voir nº 29580).

Pour les conséquences comptables d'une modification des conditions d'acquisition d'un plan dans un sens défavorable au bénéficiaire, voir nº 29575.

Comptabilisation d'une modification d'un plan « equity settled » augmentant la juste valeur des instruments de capitaux propres attribués

Question 29560

Quelles sont les conséquences comptables d'une modification de plan « equity settled » qui augmente la juste valeur totale des instruments de capitaux propres attribués (par exemple, une réduction du prix d'exercice des options) ?

Réponse

La juste valeur marginale qui résulte de la modification est comptabilisée en charges, prospectivement entre la date de modification et la date d'acquisition des instruments modifiés. Celle-ci vient en complément de la charge initiale déterminée sur la base de la juste valeur des instruments à la date d'attribution, qui continue à être comptabilisée sur la période d'acquisition d'origine.

La juste valeur marginale est déterminée à la date de modification, en comparant la juste valeur du plan modifié à la juste valeur du plan original juste avant la modification.

Commentaires Lorsque la modification d'une transaction réglée en instruments de capitaux propres **augmente la juste valeur totale** des instruments de capitaux propres attribués, l'effet de cette modification se traduit par la comptabilisation en charges d'une **juste valeur marginale**, égale à la différence entre la juste valeur de l'instrument de capitaux propres modifié et la juste valeur de l'instrument de capitaux propres original (toutes deux évaluées à la date de modification de la transaction) (IFRS 2.27 et .B43).

Tel peut être le cas, par exemple, lorsqu'une entité décide de réduire le prix d'exercice d'options sur actions attribuées par rapport au prix d'exercice initial prévu dans l'accord ou en cas de prolongement de la durée d'exercice d'un plan d'options sur actions.

Cette valeur additionnelle est à comptabiliser **en charges en contrepartie** d'un compte **de capitaux propres.**

La charge calculée à la date d'attribution sur la base des caractéristiques et conditions du plan initial continue quant à elle à être comptabilisée sur la période d'acquisition résiduelle initiale, indépendamment de la comptabilisation de la modification (IFRS 2.27).

Remarque – Période de comptabilisation de la juste valeur marginale Celle-ci dépend de la date à laquelle la modification intervient et de toute nouvelle condition d'acquisition requise par la modification :

1. **Modification intervenant pendant la période d'acquisition des droits** Comptabilisation de la juste valeur marginale entre la date de modification et la date initiale d'acquisition des droits (ou la date éventuellement modifiée d'acquisition des droits si de nouvelles conditions ont été introduites par la modification). Cette charge est à comptabiliser en complément de la charge liée au plan initial qui reste étalée sur la période d'acquisition d'origine (IFRS 2.B43a).
2. **Modification intervenant après la date d'acquisition des droits (par exemple, pendant la période d'exercice des options)** Comptabilisation en charges de la juste valeur marginale soit immédiatement si les droits sont inconditionnellement acquis à la date de modification, soit au cours d'une nouvelle période d'acquisition des droits, si des services complémentaires sont requis (IFRS 2.B43a).

■ *Exemple 1*

Réduction du prix d'exercice des options *L'entité A octroie le 1/01/N à chacun de ses 60 salariés 1 000 options avec une condition de présence de 3 ans. La juste valeur de chaque option est de 5 à la date d'attribution.*

A la fin de l'année N, le cours de bourse a chuté et l'entité A décide le 1/01/N+1 de réduire le prix d'exercice des options. A cette date, la juste valeur des options d'origine s'élève à 1 alors que la juste valeur des options modifiées (avec le nouveau prix d'exercice) s'élève à 3. La juste valeur marginale par option est donc de 2 (3 – 1).

A la fin de l'année N, l'entité A estime que 10 % des salariés partiront avant la fin de la période d'acquisition des droits (au 31/12/N+2). Cette estimation est revue à 5 % à la fin de l'année N+1 et finalement, 55 salariés sont effectivement présents à la fin de l'année N+2.

29560 (suite) *Solution de l'exemple 1 La charge comptabilisée pour chaque période comptable est la suivante :*

	Charge de la période	Charge cumulée (arrondie)	Détermination de la charge cumulée
31/12/N	90 000	90 000	60 × 90 % × 1 000 × 5 × 1/3 = 90 000
31/12/N+1	157 000	247 000	60 × 95 % × 1 000 × [(5 × 2/3) + (2 × 1/2)] = 246 810
31/12/N+2	138 000	385 000	55 × 1 000 × (5 + 2) = 385 000

■ *Exemple 2*

***Réduction du prix d'exercice avec allongement de la période d'acquisition des droits** L'entité A attribue le 1/01/N à un manager 100 options à un prix d'exercice de 10 par action et avec une condition de présence de 2 ans. La juste valeur des options s'élève à 5 000 à la date d'attribution. Les options sont modifiées le 1/01/N+1 par une réduction du prix d'exercice à 5 par action et un allongement de la période d'acquisition des droits de 6 mois (soit jusqu'au 30/06/N+2). La juste valeur des options le 1/01/N+1 s'élève à 8 000 avant la modification et à 9 500 après la modification. La juste valeur marginale s'élève donc à 1 500 (9 500 – 8 000) à la date de la modification.*

***Solution de l'exemple 2** La juste valeur originale de 5 000 est comptabilisée en charge sur la période initiale, soit 2 ans. La charge de l'exercice N s'élève donc à 2 500 (5 000 × 1/2).*
La charge de l'exercice N+1 est égale à 3 500, c'est-à-dire :
– la charge qui reste à comptabiliser au titre de l'attribution initiale, soit 2 500 (5 000 × 1/2), comme si la modification n'avait pas eu lieu ;
– augmentée de la juste valeur marginale pour 1 000 (= (1 500 × 2/3), la juste valeur marginale étant étalée sur la nouvelle période d'acquisition des droits, entre le 1/01/N+1 et le 30/06/N+2).
La charge de l'exercice N+2 s'élève à 500 (1 500 × 1/3).

	Charge de la période	Charge cumulée	Détermination de la charge cumulée
31/12/N	2 500	2 500	5 000 × 1/2 = 2 500
31/12/N+1	3 500	6 000	5 000 + [(9 500 – 8 000) × 2/3] = 6 000
30/06/N+2	500	6 500	5 000 + (9 500 – 8 000) = 6 500

Remarque Si le manager quitte l'entité entre le 31/12/N+1 et le 30/06/N+2 (et donc perd ses droits aux actions), seule la juste valeur marginale de 1 000 est reprise mais pas la juste valeur initiale de 5 000, dans la mesure où les conditions d'acquisition initiales (présence jusqu'au 31/12/N+1) ont été respectées.

■ *Exemple 3*

***Modification d'une condition de marché** L'entité A octroie à ses salariés, le 1/01/N, 500 actions gratuites avec une période de présence obligatoire de 3 ans et une condition de marché (le cours de bourse doit atteindre 5 d'ici à 3 ans).*
Après la date d'attribution, le cours de bourse a chuté. Pour que le plan reste attractif, l'entité A modifie le 1/04/N+1 la condition de marché en ramenant l'objectif de cours de bourse à 3 (contre 5 initialement).
Les justes valeurs sont les suivantes :
– 1/01/N (à la date d'attribution) : 20
– 1/04/N+1 (juste avant la modification) : 10
– 1/04/N+1 (juste après la modification) : 25

***Solution de l'exemple 3** La juste valeur marginale s'élève à 15, c'est-à-dire correspondant à la différence entre la juste valeur juste avant et juste après la modification (25 – 10). Ce montant de 15 donne lieu à comptabilisation d'une charge sur la période de service résiduelle, en complément du montant déterminé sur la base de la juste valeur à la date d'attribution.*

■ *Exemple 4*

***Condition de performance de marché non remplie mais l'entité décide de continuer le plan** Les employés de l'entité se sont vu attribuer des actions gratuites sous réserve que le cours de bourse progresse de 10 % entre le 1/01/N et le 31/12/N+2 et que les salariés soient présents à cette date. Le 31/12/N+2, l'objectif de cours de bourse n'est pas atteint mais l'entité A décide néanmoins de transférer les actions aux employés.*

Solution de l'exemple 4 *L'entité A a modifié le plan initial le 31/12/N+2. Il s'agit d'une modification favorable aux salariés qui augmente la juste valeur de l'action octroyée (dans la mesure où l'entité supprime une condition de performance de marché, qui avait été prise en compte dans le calcul de la juste valeur de l'action à la date d'attribution). La charge à comptabiliser est donc égale à la charge initiale plus la juste valeur marginale liée à la modification. Cette juste valeur marginale est déterminée par différence entre la juste valeur de l'action le 31/12/N+2 et la juste valeur de l'attribution initiale. Or, à la date de la modification, cette dernière est nulle puisque la condition de performance n'a pas été atteinte.*

La charge totale cumule donc la charge initiale et la charge liée à la modification, égale à la juste valeur de l'action octroyée après modification, déterminée à la date de la modification.

Comptabilisation d'une modification d'un plan « equity settled » augmentant le nombre d'instruments de capitaux propres attribués

Question 29565

Quelles sont les conséquences comptables d'une modification de plan « equity settled » qui augmente le nombre d'instruments de capitaux propres attribués ?

Réponse

Une charge, égale au nombre d'instruments de capitaux propres supplémentaires attribués multiplié par leur juste valeur déterminée à la date de modification, est comptabilisée prospectivement entre la date de modification et la date d'acquisition des nouveaux instruments. Celle-ci vient en complément de la charge initiale déterminée sur la base de la juste valeur des instruments à la date d'attribution qui continue à être comptabilisée sur la période d'acquisition d'origine.

Commentaires Lorsque la modification d'une transaction réglée en instruments de capitaux propres **augmente le nombre d'instruments de capitaux propres attribués**, une charge complémentaire doit être comptabilisée en contrepartie des capitaux propres.

Cette charge complémentaire (IFRS 2.B43b) :

- est égale au nombre d'instruments de capitaux propres supplémentaires attribués multiplié par leur juste valeur à la date de modification ;
- doit être comptabilisée en complément de la charge déterminée initialement sur la base de la juste valeur à la date d'attribution qui reste étalée sur la période d'acquisition d'origine.

Remarque – Période de comptabilisation de la charge complémentaire Celle-ci dépend de la date à laquelle la modification intervient et de toute nouvelle condition d'acquisition des droits requise par la modification (voir nº 29560).

■ *Exemple*

L'entité A octroie le 1/01/N à chacun de ses 60 salariés 1 000 options avec une condition de présence de 3 ans. La juste valeur de chaque option est de 5 à la date d'attribution.

A la fin de l'année N, le cours de bourse a chuté et l'entité A décide le 1/01/N+1 d'augmenter à 1 500 le nombre d'options attribué à chaque salarié. La juste valeur de chaque option nouvelle est de 1 à cette date.

A la fin de l'année N, l'entité A estime que 10 % des salariés partiront avant la fin de la période d'acquisition des droits (au 31/12/N+2). Cette estimation est revue à 5 % à la fin de l'année N+1 et finalement, 55 salariés sont effectivement présents à la fin de l'année N+2, ayant ainsi acquis les options.

Solution de l'exemple *La charge comptabilisée pour chaque période comptable est la suivante :*

	Charge de la période	*Charge cumulée*	*Détermination de la charge cumulée*
31/12/N	*90 000*	*90 000*	*60 × 90 % × 1 000 × 5 × 1/3 = 90 000*
31/12/N+1	*114 250*	*204 250*	*60 × 95 % × [(1 000 × 5 × 2/3) + (500 × 1 × 1/2)] = 204 250*
31/12/N+2	*98 250*	*302 500*	*55 × [(1 000 × 5) + (500 × 1)] = 302 500*

Comptabilisation d'une modification, favorable au bénéficiaire, des conditions d'acquisition des droits d'un plan « equity settled »

29570 ***Question***

Quelles sont les conséquences comptables d'une modification des conditions d'acquisition des droits, telles qu'une condition de service ou une autre condition de performance (hors marché), dans un sens favorable au bénéficiaire ?

Réponse

L'entité doit tenir compte de ces conditions d'acquisition des droits modifiées pour évaluer et comptabiliser la charge liée au plan.

Notamment, l'entité :
- ajuste rétrospectivement l'estimation du nombre probable d'instruments de capitaux propres dont l'acquisition est attendue ; et
- en cas de réduction de la période de service, comptabilise la charge initiale ainsi réajustée sur une période plus courte.

Commentaires Dans certaines situations, une entité peut décider de réduire la période d'acquisition des droits initialement prévue par un plan, ou modifier voire supprimer une condition de performance hors marché prévue dans le plan initial.

De telles situations étant généralement favorables aux bénéficiaires, l'entité doit tenir compte des conditions d'acquisition modifiées pour évaluer et comptabiliser la charge liée au plan et ce, selon les principes énoncés par la norme IFRS 2 en matière de traitement des conditions d'acquisition des droits (IFRS 2.19 à .21 et .B43c).

Remarque Les suppressions ou modifications, favorables aux bénéficiaires, de conditions de marché ou de conditions accessoires à l'acquisition des droits ont pour conséquence une augmentation de la juste valeur des instruments attribués (car ces conditions sont prises en compte dans la nouvelle évaluation des instruments attribués).

Pour les conséquences comptables des modifications qui augmentent la juste valeur des instruments de capitaux propres attribués, voir n° 29560.

En pratique :
- en cas de **modification favorable ou de suppression d'une condition de performance (hors condition de marché)**, l'entité réestime à compter de la date de modification le nombre probable d'instruments de capitaux propres dont l'acquisition est attendue à la date d'acquisition des droits (IFRS 2.20). Le changement doit être comptabilisé rétrospectivement (ajustement immédiat en date de modification de la charge cumulée) ;

  Du fait de l'existence d'une condition de performance hors marché, il peut avoir été estimé non probable que les instruments octroyés seront acquis, avec pour conséquence l'absence de charge constatée (le nombre probable d'instruments qui seront acquis étant nul).

  Si, du fait de la suppression de la condition de performance, il devient désormais probable que les instruments octroyés seront acquis, la charge liée à l'attribution initiale devra alors être constatée du fait de l'ajustement de l'estimation.

- en cas de **réduction de la période de service**, l'entité doit réestimer la durée résiduelle de la période d'acquisition des droits et réduire ainsi la période d'étalement de la charge initiale (voir Exemple ci-après).

  La norme IFRS 2 ne précise pas, dans le cas d'une modification qui réduit la période d'acquisition des droits, si le changement doit être comptabilisé prospectivement ou rétrospectivement. A notre avis, les deux approches sont acceptables.

■ *Exemple*

Réduction de la période d'acquisition *Le 1/01/N, l'entité A attribue 1 000 options à un manager avec une seule condition de présence de 4 ans. La juste valeur de chaque option est de 40.*

Au 31/12/N, l'entité A s'attend à ce que le manager respecte la condition de service.

Le 1/09/N+1, le manager informe l'entité qu'il souhaite partir en retraite anticipée à compter du 1/01/N+2. Le conseil d'administration de l'entité, sur recommandation du comité des rémunérations, décide, le 31/12/N+1 (avant de constater que le manager n'aura pas rempli la condition de présence en partant à la retraite), que le manager aura acquis ses options à la date de son départ en retraite, même s'il n'a pas rempli la condition de service prévue dans le plan initial.

Solution de l'exemple *La réduction de la période de service est favorable au manager. Dès lors, la charge comptabilisée pour chaque période comptable est la suivante :*

	Charge de la période	*Charge cumulée*	*Détermination de la charge cumulée*
31/12/N	*10 000*	*10 000*	*1 000 × 40 × 1/4 = 10 000*
31/12/N+1	*30 000*	*40 000*	*1 000 × 40 = 40 000*

Comptabilisation d'une modification, défavorable au bénéficiaire, d'un plan « equity settled »

29575

Question

Quelles sont les conséquences comptables d'une modification, défavorable au bénéficiaire, des caractéristiques ou conditions d'un plan « equity settled » ?

Réponse

Les effets d'une modification des caractéristiques ou conditions d'un plan défavorable aux bénéficiaires ne sont pas pris en compte sur le plan comptable.

L'entité doit continuer de comptabiliser les services reçus en contrepartie des instruments de capitaux propres attribués comme si la modification n'avait pas eu lieu (sauf dans le cas d'une annulation de tout ou partie des instruments de capitaux propres attribués ; il y a alors suppression de la possibilité de continuer à étaler la charge).

Commentaires Si une entité modifie les caractéristiques ou conditions d'acquisition des instruments de capitaux propres attribués, en réduisant la juste valeur totale de l'accord ou de toute autre manière défavorable aux bénéficiaires, l'entité doit continuer de comptabiliser les services reçus en contrepartie des instruments de capitaux propres attribués, comme si la modification n'avait pas eu lieu (sauf toutefois dans le cas d'une annulation de tout ou partie des instruments de capitaux propres attribués) (IFRS 2.B44).

Exemples :

1. **Modification réduisant la juste valeur des instruments attribués** Lorsque la juste valeur des instruments évaluée immédiatement après la modification est inférieure à la juste valeur évaluée immédiatement avant la modification, l'entité ne doit pas prendre en considération cette réduction de juste valeur. Elle doit, au contraire, continuer d'évaluer le montant comptabilisé au titre des services reçus sur la base de la juste valeur des instruments de capitaux propres à la date d'attribution (IFRS 2.B44a).

2. **Modification réduisant le nombre d'instruments attribués** Lorsque le nombre d'instruments de capitaux propres attribué à un membre du personnel est réduit, cette réduction doit être comptabilisée comme une annulation de cette quote-part de l'attribution, conformément aux dispositions d'IFRS 2.28 (IFRS 2.B44b).

   Sur les conséquences comptables d'une annulation, voir n° 29580.

3. **Modification des conditions d'acquisition des droits dans un sens défavorable aux bénéficiaires** Lorsqu'une entité augmente la période d'acquisition des droits ou ajoute une condition de performance (autre qu'une condition de marché dont les changements sont comptabilisés conformément à une réduction de juste valeur, voir point 1. ci-avant), l'entité ne doit pas tenir compte des conditions d'acquisition modifiées lorsqu'elle détermine le nombre probable d'instruments dont l'acquisition est attendue (IFRS 2.B44c).

   Pour un exemple de modification d'une condition défavorable au bénéficiaire, voir Exemple ci-après.

■ *Exemple*

Le 1/01/N, une entité octroie à ses employés 100 options avec un prix d'exercice de 10 par action et une période de présence obligatoire de 2 ans. La juste valeur à la date d'attribution est de 50. L'entité modifie l'attribution le 31/12/N en étendant la période de présence obligatoire jusqu'au 30/06/N+2.

Au 31/12/N, l'entité s'attend à ce que le nombre d'options en circulation au 31/12/N+1 (date d'acquisition initiale), s'élève à 90.

En réalité, le nombre d'options en circulation au 31/12/N+1 (sur la base des salariés présents à cette date) s'élève à 85, et seulement 80 sont finalement acquises le 30/06/N+2. La modification n'a pas augmenté la juste valeur des options.

Solution de l'exemple *L'allongement de la durée d'acquisition n'a pas de conséquence sur le plan comptable car la modification est défavorable pour les employés.*
La charge au titre de l'exercice N s'élève à 2 250 (= 50 × 90 × 1/2).
La charge au titre de l'exercice N+1 s'élève à 2 000 [= (50 × 85) – 2 250]. Aucune charge n'est comptabilisée en N+2 et aucun ajustement n'est effectué pour refléter le fait que 80 options seulement ont finalement été acquises par les salariés présents à cette date.

Comptabilisation d'une annulation ou du règlement d'un plan

29580 ***Question***

Quelles sont les conséquences comptables d'une annulation ou du règlement d'un plan pendant la période d'acquisition des droits ?

Réponse

L'entité doit comptabiliser immédiatement en charge le montant qui aurait été comptabilisé pendant la période d'acquisition des droits résiduelle si le plan n'avait pas été annulé ou réglé (« accélération » de la charge).

Le cas échéant, elle doit en outre comptabiliser tout paiement versé au bénéficiaire en déduction des capitaux propres, sauf dans la mesure où le paiement excède la juste valeur, évaluée à la date de rachat, des instruments de capitaux propres attribués. Tout excédent de ce type doit être comptabilisé en charges.

Dans le cas où l'annulation est suivie d'une nouvelle attribution qui vient en remplacement du plan initial, voir n° 29585.

A noter que les conséquences comptables d'une annulation sont identiques, que celle-ci soit à l'initiative du bénéficiaire ou de l'entité.

Commentaires Le traitement de l'annulation ou du règlement d'une transaction pendant la période d'acquisition des droits est le suivant (IFRS 2.28) :

1. Si la transaction annulée ou réglée pendant la période d'acquisition des droits n'est pas suivie d'une nouvelle attribution d'instruments de capitaux propres, à la date d'annulation ou de règlement, l'entité doit :

a. Comptabiliser immédiatement en charge le montant qui aurait dû être comptabilisé pendant le reste de la période d'acquisition des droits au titre des services reçus (si l'annulation ou le règlement ne s'était pas produit) (IFRS 2.28a).

En pratique, la possibilité d'étalement de la charge est donc supprimée.

La norme IFRS 2 ne donne pas d'indication sur la détermination du montant « qui aurait dû être comptabilisé pendant le reste de la période d'acquisition si l'annulation ne s'était pas produite » (IFRS 2.28a). A notre avis, la charge doit refléter toutes les attributions qui sont en cours à la date d'annulation, sans aucune possibilité de l'ajuster du nombre d'instruments que l'on s'attend à voir acquis. En effet, l'annulation a les mêmes conséquences qu'une acquisition anticipée (la satisfaction d'une condition de performance hors marché) et donc une comptabilisation accélérée de la juste valeur à la date d'attribution. Certains considèrent toutefois que l'expression « qui aurait dû être comptabilisé » est ambiguë et offre la possibilité de tenir compte de la réalisation ou non des conditions d'acquisition des droits.

Cette approche permettrait de ne comptabiliser que le nombre d'instruments dont l'acquisition était estimée probable juste avant l'annulation du plan. Chacune de ces deux interprétations est acceptable même si nous considérons que la première reflète mieux les principes de la norme IFRS 2.

Voir un exemple de l'application de ces deux approches ci-après.

b. Comptabiliser tout paiement versé au bénéficiaire, le cas échéant, en déduction des capitaux propres, sauf si le paiement excède la juste valeur, évaluée à la date de rachat, des instruments de capitaux propres attribués. Dans ce dernier cas, un tel excédent doit être comptabilisé en charges.

Toutefois si le plan inclut une composante dette, l'entité doit évaluer la juste valeur de la dette à la date d'annulation ou de règlement. Tout paiement effectué en règlement de la dette doit être comptabilisé comme une extinction de cette dette (IFRS 2.28b).

Pour un exemple d'annulation accompagnée d'un paiement versé au bénéficiaire, voir n° 29590.

2. Si la transaction annulée ou réglée pendant la période d'acquisition des droits est suivie d'une nouvelle attribution d'instruments de capitaux propres :

a. Si la nouvelle attribution n'est pas identifiée comme un remplacement des instruments de capitaux propres annulés ou réglés, la transaction est comptabilisée, d'une part, comme une annulation classique (voir point 1. ci-avant) et, d'autre part, comme une nouvelle attribution.

b. Si la nouvelle attribution est identifiée comme un remplacement des instruments de capitaux propres annulés ou réglés, l'évaluation et la comptabilisation de l'annulation et du nouveau plan sont traités de manière identique au cas d'une modification de l'attribution initiale d'instruments de capitaux propres.

Sur la comptabilisation d'une nouvelle attribution effectuée en remplacement d'un plan annulé, voir nº 29585.

Remarque – Annulation à l'initiative du bénéficiaire Il arrive qu'un salarié renonce volontairement au bénéfice d'un plan. Tel est par exemple le cas lorsqu'un salarié cesse volontairement ses versements dans un plan « save as you earn » (SAYE) ou en cas de non-respect par le bénéficiaire d'une condition relative à une clause de non-concurrence (non-respect d'une condition accessoire à l'acquisition, IFRS 2.28A). La norme IFRS 2 précise que l'annulation d'un plan à l'initiative d'un bénéficiaire doit être comptabilisée **de la même manière que l'annulation d'un plan à l'initiative de l'entité** (IFRS 2.BC237B).

■ *Exemple*

L'entité S a mis en place un plan d'actions gratuites pour 120 de ses employés. L'entité décide d'annuler le plan au bout d'un an.

Juste avant l'annulation, le management estime qu'il y a 40 % de probabilité que la condition de performance hors marché soit atteinte (un niveau cible de chiffre d'affaires) et que 80 % des employés vont remplir la condition de présence (3 ans).

Solution de l'exemple *La charge à comptabiliser à la date d'annulation peut être déterminée :*
– soit par référence à la juste valeur initiale des actions gratuites pour chacun des 120 employés, sans tenir compte de l'estimation du management à la date d'annulation ;
– soit par référence au nombre estimé probable d'actions gratuites qui seront acquises à l'issue de la période d'acquisition, c'est-à-dire zéro au cas particulier (probabilité inférieure à 50 %).

Comptabilisation d'un nouveau plan en remplacement d'un plan annulé

29585

Question

Comment comptabiliser une nouvelle attribution effectuée en remplacement d'un plan annulé ?

Réponse

Lorsqu'une nouvelle attribution d'instruments de capitaux propres est identifiée par l'entité comme un remplacement d'instruments de capitaux propres annulés ou réglés, la transaction (annulation du plan initial suivie d'une nouvelle attribution) doit être comptabilisée comme une modification du plan existant (voir nº 29550).

A l'inverse, si l'entité considère que les nouveaux instruments de capitaux propres ne viennent pas en remplacement d'un plan annulé, elle doit les comptabiliser comme une nouvelle attribution d'instruments de capitaux propres : comptabilisation d'une charge égale à la juste valeur des nouvelles options attribuées, en complément de la comptabilisation accélérée du plan annulé (voir nº 29580).

Commentaires La norme IFRS 2 traite du cas où de nouveaux instruments de capitaux propres sont attribués en lien avec l'annulation d'un plan existant. Une nouvelle attribution associée à l'annulation d'un plan existant peut prendre différentes formes. Une entité peut ainsi choisir d'annuler un plan de stock-options en le remplaçant par de la trésorerie, de nouvelles options acquises ou avec un prix d'exercice réduit.

Les conséquences comptables d'une nouvelle attribution sont différentes selon que la nouvelle attribution est identifiée par l'entité comme venant ou non en remplacement du plan annulé.

1. Lorsqu'**une nouvelle attribution** d'instruments de capitaux propres est **identifiée par l'entité comme un remplacement des instruments de capitaux propres annulés ou réglés,** la transaction

29585 (suite) doit être comptabilisée comme une modification du plan existant (IFRS 2.28c). Par conséquent, l'entité doit comptabiliser, le cas échéant, la juste valeur marginale de la nouvelle attribution (comparée à celle du plan existant) à la date du remplacement sur la période d'acquisition de la nouvelle attribution.

En outre, l'entité doit continuer à comptabiliser en charge le montant fondé sur la juste valeur initiale du plan annulé (IFRS 2.27 et .B).

Dans un tel cas, la juste valeur marginale attribuée est égale à la différence entre la juste valeur des instruments de remplacement et la juste valeur nette des instruments annulés, ces deux valeurs étant déterminées à la date du remplacement.

A noter que les attributions venant en remplacement de plan existant sont parfois structurées d'une façon telle que la juste valeur marginale soit nulle (voir Exemple 2 ci-après).

Pour les principes généraux de comptabilisation d'une modification d'un plan dénoué en instruments de capitaux propres, voir n° 29560.

2. En revanche, si l'entité considère que **les nouveaux instruments de capitaux propres ne viennent pas en remplacement d'un plan annulé,** elle doit les comptabiliser comme une nouvelle attribution d'instruments de capitaux propres (IFRS 2.28c).

Le mode de comptabilisation de la transaction est alors moins avantageux que pour une modification car l'entité doit comptabiliser en charges :

– non seulement l'annulation de l'ancien plan (accélération de la comptabilisation du montant fondé sur la juste valeur à la date d'attribution de l'ancien plan, voir n° 29580) ;

– mais également les effets du nouveau plan évalués à la date de la nouvelle attribution.

■ *Exemple 1*

L'entité A octroie le 1/01/N à chacun de ses 60 salariés 1 000 options avec un prix d'exercice de 10 et avec une condition de présence de 3 ans. La juste valeur de chaque option est de 5 à la date d'attribution.

Le 1/01/N+1, le cours de bourse a chuté et l'entité A décide d'annuler le plan et d'en attribuer un nouveau avec un prix d'exercice réduit. A cette date, la juste valeur des options d'origine s'élève à 1 alors que la juste valeur des options avec le nouveau prix d'exercice s'élève à 3. La juste valeur marginale par option est donc de 2 (= 3 – 1).

Remarque Dans cet exemple, les effets de turnover ne sont pas pris en compte.

Solution de l'exemple 1 *Si la nouvelle attribution est identifiée comme un remplacement du plan annulé, l'entité doit comptabiliser la transaction globalement comme une modification. Dans cette hypothèse, la charge comptabilisée pour chaque période comptable est la suivante :*

	Charge de la période	Charge cumulée	Détermination de la charge cumulée
31/12/N	100 000	100 000	60 × 1 000 × 5 × 1/3 = 100 000
31/12/N+1	160 000	260 000	60 × 1 000 × [(5 × 2/3) + (2 × 1/2)] = 260 000
31/12/N+2	160 000	420 000	60 × 1 000 × (5 + 2) = 420 000

En revanche, si la nouvelle attribution n'est pas identifiée comme un remplacement, l'entité doit comptabiliser distinctement une annulation de plan (accélération de la charge à la date de l'annulation) et une nouvelle attribution (sur la base de la totalité de la juste valeur de la nouvelle attribution et non la seule juste valeur marginale). Dans cette hypothèse, la charge comptabilisée pour chaque période comptable est la suivante :

	Charge de la période	Charge cumulée	Détermination de la charge cumulée
31/12/N	100 000	100 000	60 × 1 000 × 5 × 1/3 = 100 000
31/12/N+1	290 000	390 000	60 × 1 000 × 5 + 60 × 1 000 × (3 × 1/2) = 390 000
31/12/N+2	90 000	480 000	60 × 1 000 × (5 + 3) = 480 000

■ *Exemple 2*

L'entité A attribue 1 000 options à ses salariés sous condition de présence de 4 ans. La juste valeur des options à la date d'attribution est de 1 500. Après la date d'attribution, le cours de bourse de l'entité A a chuté. Pour que le plan reste attractif pour les salariés, l'entité A annule le plan d'options et attribue aux mêmes salariés 200 actions gratuites.

La juste valeur des 1 000 options juste avant l'annulation est de 700 (1 000 options d'une juste valeur unitaire de 0,70). La juste valeur des 200 actions gratuites est également de 700 (200 actions d'une juste valeur unitaire de 3,5) à la date de la nouvelle attribution.

***Solution de l'exemple 2** L'annulation du plan suivie d'une nouvelle attribution peut être considérée comme une modification du plan initial. Si la transaction est analysée de cette façon, il n'y a ni accélération de la charge initiale de 1 500, ni, au cas particulier, comptabilisation d'une juste valeur marginale (la juste valeur de la nouvelle attribution est égale à la juste valeur du plan annulé à la date de la transaction).*

Comptabilisation d'un paiement effectué en compensation de l'annulation d'un plan

29590

Question

Comment comptabiliser un paiement effectué en compensation de l'annulation d'un plan ?

Réponse

Tout paiement effectué à un bénéficiaire suite à l'annulation ou au règlement d'un plan « equity settled », même s'il survient après la période d'acquisition des droits, est comptabilisé comme un rachat d'instruments de capitaux propres (c'est-à-dire une réduction des capitaux propres) sauf pour la partie du paiement qui excède la juste valeur des instruments rachetés, évaluée à la date de remboursement.

Tout excédent de ce type doit être comptabilisé en charge.

Commentaires Une entité peut procéder au rachat ou au remboursement (non prévu dans le plan initial) des instruments de capitaux propres attribués par les bénéficiaires, que ce soit pendant ou après la période d'acquisition des droits (par exemple pendant la période d'exercice d'une option).

Tout paiement effectué à un bénéficiaire à la suite de l'annulation ou du règlement d'un plan dénoué en instruments de capitaux propres (« equity settled ») est comptabilisé comme un rachat d'instruments de capitaux propres (c'est-à-dire que le paiement est comptabilisé en déduction des capitaux propres), sauf pour la partie du paiement qui excède la juste valeur des instruments rachetés, évaluée à la date de remboursement. Tout excédent de ce type doit être comptabilisé en charge (IFRS 2.28b et .29).

Remarque Lorsque le paiement est consécutif à l'annulation **d'un plan en cours d'acquisition,** l'entité doit, en outre, constater à la date d'annulation le montant qui aurait dû être comptabilisé sur la période de service résiduelle en l'absence d'annulation (IFRS 2.28a).

■ *Exemple*

Le 1/01/N, l'entité A octroie 1 000 actions à un manager avec une seule condition de service de 3 ans. La juste valeur du plan à la date d'attribution est de 1 200.

Le plan est annulé le 1/01/N+1 et l'entité A effectue un paiement au prorata des droits acquis. En conséquence, l'employé reçoit 400 (1 200 × 1/3). La juste valeur des actions est passée de 1 200 à 300 à la date d'annulation.

***Solution de l'exemple** Le montant comptabilisé en charges, en contrepartie d'un compte de capitaux propres, sur l'exercice N s'élève à 400 (1 200 × 1/3).*

A la date de l'annulation, le 1/01/N+1, l'entité A doit constater immédiatement le montant qui aurait dû être comptabilisé sur la période de service résiduelle, c'est-à-dire 800 (1 200 – 400) en contrepartie d'une augmentation des capitaux propres.

Le paiement de 400 au salarié excède la juste valeur de l'attribution de 300 à la date du paiement. Il en découle que, sur le paiement total de 400, 300 sont constatés en contrepartie des capitaux propres et 100 (400 – 300) en charges.

Les écritures sont les suivantes :

Ecritures de la période N			
Dt	*Charge de rémunération*	*400*	
Ct	*Capitaux propres*		*400*

Ecritures de la période N+1			
Dt	*Charge de rémunération – Effets de l'annulation*	*800*	
Ct	*Capitaux propres*		*800*
Dt	*Charge de rémunération – Avantage excédentaire*	*100*	
Dt	*Capitaux propres*	*300*	
Ct	*Trésorerie*		*400*

IV. Traitement des transactions réglées en trésorerie

Prise en compte des conditions d'acquisition des droits et des conditions accessoires à l'acquisition des droits

29610 ***Question***

Quel est l'impact des conditions d'acquisition des droits (« vesting conditions ») sur l'évaluation et la comptabilisation de la dette relative à une transaction de paiement fondé sur des actions réglée en trésorerie ?

Réponse

La prise en compte des conditions d'attribution (« vesting ») pour l'évaluation de la dette doit suivre la même approche que celle applicable aux transactions réglées en instruments de capitaux propres.

Ainsi, il n'y a pas à tenir compte des conditions d'acquisition autres que des conditions de marché lors de l'estimation, à la date d'évaluation, de la juste valeur des paiements fondés sur des actions qui sont réglés en trésorerie.

C'est en ajustant le nombre d'instruments octroyés compris dans l'évaluation du passif résultant de la transaction qu'il est tenu compte des conditions d'acquisition des droits autres que des conditions de marché et ce, à chaque clôture pendant la période d'acquisition des droits.

A la date d'acquisition des droits, le nombre d'actions retenu dans l'évaluation du passif doit correspondre au nombre d'actions réellement acquises par les salariés, sur la base de la satisfaction des conditions d'acquisition des droits autres que des conditions de marché.

Commentaires Une transaction dont le paiement est fondé sur des actions et qui est réglée en trésorerie peut être subordonnée à la satisfaction de conditions d'acquisition des droits spécifiques. Il peut exister certaines conditions de performance à remplir, par exemple, le fait pour l'entité de réaliser une croissance de son chiffre d'affaires cible ou une hausse cible du prix de l'action.

La prise en compte des conditions d'acquisition des droits et des conditions accessoires à l'acquisition des droits (« vesting » et « non-vesting conditions ») pour l'évaluation de la comptabilisation de la dette doit suivre la même approche que celle applicable aux transactions réglées en instruments de capitaux propres.

Pour plus de détails sur la prise en compte des conditions dans des transactions réglées en instrument de capitaux propres, voir nº 28964, 29222 et 29225.

Ainsi, il n'y a pas à tenir compte des conditions d'acquisition autres que des conditions de marché lors de l'estimation, à la date d'évaluation, de la juste valeur des paiements fondés sur des actions qui sont réglés en trésorerie. C'est en ajustant le nombre d'attributions comprises dans l'évaluation du passif qui découle de la transaction qu'il est tenu compte des conditions d'acquisition des droits autres que des conditions de marché (IFRS 2.33A). **29610** (suite)

Les conditions de marché sont prises en compte en fonction de leur probabilité d'occurrence, alors que les conditions hors marché et les conditions de présence sont prise en compte en fonction de leur caractère probable ou non probable.

Une entité doit comptabiliser un montant pour les biens ou les services reçus pendant la période d'acquisition des droits. Ce montant doit être fondé sur la meilleure estimation disponible du nombre d'instruments dont l'acquisition est attendue. L'entité doit réviser cette estimation si nécessaire lorsque des informations ultérieures indiquent que le nombre d'instruments dont l'acquisition est attendue diffère des estimations établies auparavant. À la date d'acquisition des droits, l'entité doit réviser l'estimation de façon à la rendre égale au nombre d'instruments finalement acquis (IFRS 2.33B).

L'estimation de la juste valeur des attributions de droits réglés en trésorerie et la réévaluation de cette juste valeur à la fin de chaque période de présentation de l'information financière ainsi qu'à la date de règlement doivent tenir compte des conditions de marché, de même que des conditions accessoires à l'acquisition des droits (IFRS 2.33C).

Ainsi, contrairement aux plans réglés en instruments de capitaux propres, la juste valeur unitaire et le nombre d'instruments octroyés sont réestimés à chaque clôture selon ces mêmes principes jusqu'au paiement effectif, la charge totale cumulée étant égale à la trésorerie versée in fine (IFRS 2.33D).

■ *Exemple*

Au 1/01/N, un manager se voit attribuer un plan réglé en trésorerie. Il recevra la valeur en trésorerie de 100 actions dans 2 ans, à condition que :
- le cours de bourse de l'entité atteigne au minimum 50 € ;
- l'EBITDA soit supérieur à 500 M€ ; et
- le manager soit toujours présent dans l'entité à l'issue de cette période de deux ans.

Au 31/12/N, le cours de bourse est égal à 50 € par action et les probabilités d'atteinte des conditions sont les suivantes :
- atteinte cours de bourse cible : 40 % ;
- atteinte EBITDA cible : 60 % ;
- présence à l'issue du 31/12/N+1 : 70 %.

***Solution de l'exemple** L'évaluation de la dette au 31/12/N tient compte des éléments suivants :*
- la condition de performance dite de marché (atteinte d'un certain cours de bourse) est reflétée dans la juste valeur unitaire des instruments en fonction de leur probabilité de réalisation, soit 40 % au cas particulier ;
- les conditions de présence et de performance hors marché (atteinte d'un certain niveau d'EBITDA) ne viennent pas réduire la juste valeur de l'instrument. Elles sont prises en compte dans la meilleure estimation possible du nombre d'instruments qui seront in fine acquis par les bénéficiaires. Au cas particulier, dans la mesure où les probabilités d'atteinte de ces deux conditions sont supérieures à 50 % (plus probables qu'improbables), le nombre d'instruments retenu est de 100 %.

Le tableau ci-après présente le montant de la dette au 31/12/N, avant application du prorata temporis :

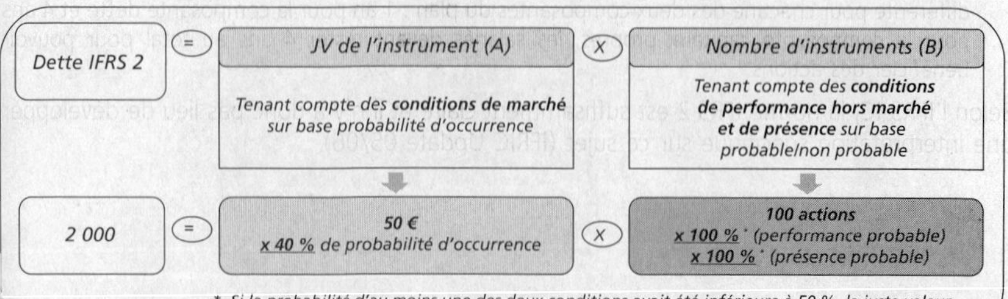

** Si la probabilité d'au moins une des deux conditions avait été inférieure à 50 %, la juste valeur aurait alors été multipliée par zéro (non probable) et la dette IFRS 2 aurait été nulle.*

V. Traitement des transactions réglées en actions ou en trésorerie

Transactions dénouées au choix de l'employé soit en actions soit en trésorerie : date d'attribution et période d'acquisition des droits

29620 ***Question***

Comment déterminer la date d'attribution et la période d'acquisition des droits dans le cas de transactions qui peuvent être dénouées au choix du bénéficiaire soit en trésorerie à une certaine date soit en actions à une date ultérieure ?

Réponse

Cette transaction est un plan « cash alternative » avec comptabilisation d'une composante dette et d'une composante capitaux propres :
- la date d'attribution est la date de l'accord global, lorsque les parties sont d'accord sur le mode de calcul du montant de trésorerie à payer ou le nombre d'instruments de capitaux propres à émettre ;
- la période d'acquisition des droits doit être déterminée de manière séparée pour les composantes dette et capitaux propres.

Commentaires Il s'agit par exemple du cas d'une entité qui met en place le 1/01/N un plan de rémunération qui laisse aux salariés le choix entre recevoir :
- un montant variable de trésorerie en fonction des résultats de l'entité dans un an ; ou
- un nombre d'actions avec une valeur équivalente à 150 % du montant en trésorerie, sous réserve, s'ils choisissent ce règlement, qu'ils restent 3 ans de plus au service de l'entité.

Dans ce cas :
- la date d'attribution correspond à la date à laquelle l'entité et le salarié comprennent le mode de calcul du montant de trésorerie à payer ou du nombre d'instruments de capitaux propres à émettre (IFRS 2.A). Il n'est pas nécessaire d'attendre la date où l'on connaîtra le montant exact de trésorerie à payer ou le nombre exact d'actions à émettre ;

  Au cas particulier de l'exemple fourni, la date d'attribution est le 1/01/N et non le 1/01/N+1 où l'on connaîtra le montant exact de trésorerie à payer ou le nombre exact d'actions à émettre.

- la période d'acquisition des droits doit être déterminée de manière séparée pour les composantes dettes et capitaux propres de ces transactions. En effet, selon IFRS 2.35, lorsqu'une entité a accordé à un salarié le choix du règlement, elle a attribué un instrument financier composé, comprenant une composante dette (c'est-à-dire le droit du salarié d'exiger le règlement en trésorerie) et une composante capitaux propres (c'est-à-dire le droit du salarié d'exiger le règlement en instruments de capitaux propres plutôt qu'en trésorerie). En outre, IFRS 2.38 précise que l'entité doit comptabiliser séparément les services reçus pour chaque composante de l'instrument financier composé.

  Au cas particulier de l'exemple fourni, la période d'acquisition des droits sera effectivement différente pour chacune des deux composantes du plan : 1 an pour la composante dette et 4 ans pour la composante capitaux propres, les salariés devant rester 4 ans au total pour pouvoir bénéficier des actions.

Selon l'IFRS IC, la norme IFRS 2 est suffisamment claire et il n'y a donc pas lieu de développer une interprétation spécifique sur ce sujet (IFRIC Update 05/06).

VI. Transactions à l'intérieur d'un groupe

Principes généraux de comptabilisation et d'évaluation des transactions dont le paiement est fondé sur des actions réalisées à l'intérieur d'un groupe

Question 29700

Comment comptabiliser et évaluer les transactions dont le paiement est fondé sur des actions et qui sont réalisées à l'intérieur d'un groupe ?

Réponse

Une charge doit être comptabilisée dans les comptes de l'entité qui reçoit les services, même si l'attribution a été réalisée par une autre entité du Groupe.

Le mode de comptabilisation et d'évaluation se fonde sur la nature des droits attribués et les engagements contractuels pris par chaque entité du groupe.

Dans les comptes de l'entité qui reçoit les biens ou les services, la transaction doit être comptabilisée et évaluée comme une transaction réglée en instruments de capitaux propres lorsque :

- les instruments attribués sont des instruments de l'entité elle-même ; ou
- l'entité n'a aucune obligation de régler la transaction.

Dans tous les autres cas, la transaction doit être comptabilisée comme une transaction réglée en trésorerie.

L'analyse de la transaction peut mener à une comptabilisation et une évaluation différenciée dans les comptes IFRS des différentes entités concernées par le plan.

Commentaires La norme IFRS 2 précise les principes de comptabilisation et d'évaluation, dans les états financiers individuels de chaque entité concernée, de transactions dont le paiement est fondé sur des actions et qui sont conclues entre des entités du même groupe.

Par exemple, au sein d'un groupe international, des actions de la société mère cotée sont octroyées aux salariés des filiales localisées dans l'ensemble du monde.

Ainsi, l'entité qui reçoit les biens ou les services doit comptabiliser une charge, même si l'attribution a été réalisée par une autre entité du Groupe. Elle doit déterminer si la transaction est à comptabiliser et évaluer comme une transaction réglée en instruments de capitaux propres (« equity settled ») ou comme une transaction réglée en trésorerie (« cash settled »), en tenant compte **de la nature des droits attribués et de ses propres droits et obligations** (IFRS 2.43A).

L'analyse de la transaction peut mener à **une comptabilisation et une évaluation différentes** dans les comptes IFRS de l'entité qui reçoit les biens ou les services (la filiale par exemple) et dans les comptes consolidés IFRS du groupe (IFRS 2.43A).

Dans les comptes de l'entité qui reçoit les biens ou les services, la transaction doit être comptabilisée et évaluée comme une transaction réglée en instruments de capitaux propres, lorsque (IFRS 2.43B) :

- les instruments attribués sont des instruments de l'entité elle-même ; ou
- l'entité n'a aucune obligation de régler la transaction.

Dans tous les autres cas, la transaction doit être comptabilisée comme une transaction réglée en trésorerie.

Lorsqu'une entité règle une transaction dont le paiement est fondé sur des actions alors que c'est une autre entité du groupe qui reçoit les biens ou les services (une société mère, par exemple, et sa filiale), l'entité, dans ses comptes individuels, ne doit comptabiliser et évaluer la transaction comme une transaction réglée en instruments de capitaux propres que si elle règle la transaction avec ses propres instruments de capitaux propres. Dans tous les autres cas, l'entité comptabilisera la transaction comme une transaction réglée en trésorerie (IFRS 2.43C).

La norme ne traite pas du cas de la comptabilisation des accords de refacturation entre différentes entités du groupe, comme par exemple entre un sous-groupe et sa mère pour l'octroi de titres de capitaux propres de la mère à des employés du sous-groupe, considérant que ces transactions doivent être comptabilisées séparément du plan de paiement fondé sur des actions en tant que transactions de paiement intragroupe (IFRS 2.43D).

Pour les modalités de comptabilisation d'une refacturation intragroupe liée à un paiement fondé sur des actions, voir n° 29710.

Le traitement comptable à appliquer aux transactions intragroupe peut être déterminé sur la base de l'arbre de décision suivant, établi par nos soins :

Qualification des transactions dont le paiement est fondé sur des actions et réalisées au sein d'un groupe

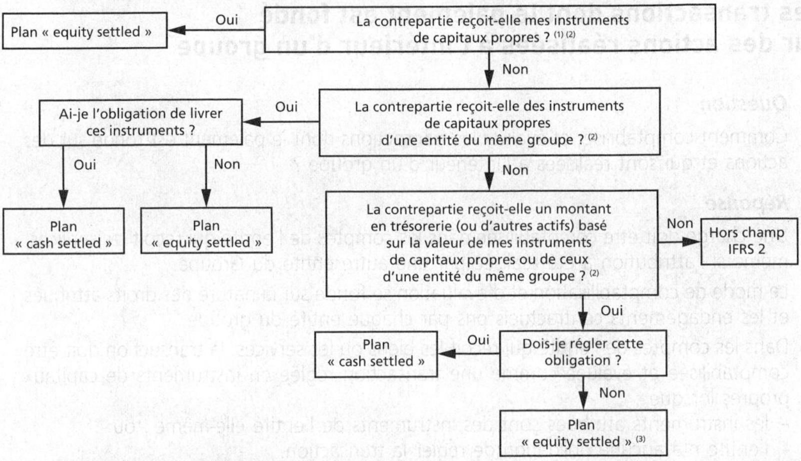

(1) « Mes instruments de capitaux propres » incluent les instruments de capitaux propres de mes filiales dans mes compres consolidés.

(2) « La contrepartie » inclut des membres du personnel ou des fournisseurs de biens ou de services, y compris lorsque les biens ou les services reçus ne sont pas identifiables.

(3) Pour l'entité qui règle l'obligation, le plan sera « equity settled » uniquement si la transaction est réglée en instruments de capitaux propres de cette entité (ou de l'une de ses filiales). Pour l'entité qui reçoit les biens ou les services, le plan sera « equity settled », à moins que l'entité n'ait l'obligation de régler en trésorerie (ou avec d'autres actifs).

La norme IFRS 2 apporte des précisions sur les modalités d'application des principes énoncés ci-avant (IFRS 2.B45 à .B61).

Pour les transactions dont le paiement est fondé sur des actions et réglées en instruments de capitaux propres de la société mère, voir nº 29705.

Pour les transactions dont le paiement est fondé sur des actions réalisées à l'intérieur d'un groupe et réglées en trésorerie, voir nº 29712.

Pour le cas particulier des transferts de personnel entre entités d'un même groupe, voir nº 29705.

Comptabilisation des transactions à l'intérieur d'un groupe réglées en instruments de capitaux propres de la société mère

29705 ***Question***

Comment comptabiliser les transactions dont le paiement est fondé sur des actions et réalisées à l'intérieur d'un groupe, lorsqu'elles sont réglées en instruments de capitaux propres de la société mère ?

Réponse

Le mode de comptabilisation se fonde sur les engagements contractuels pris par chaque entité du groupe.

Dans le cas fréquent où les salariés d'une filiale non cotée se voient remettre des options sur actions ou des actions gratuites de leur société mère cotée :
- une charge IFRS 2 doit être comptabilisée dans les comptes de la filiale qui reçoit les services ;
- si c'est la mère qui a l'engagement de livrer ses propres actions directement aux salariés de la filiale, le plan doit être comptabilisé comme un plan « equity settled » ; et ce, même si le coût correspondant pour la mère fait l'objet d'une refacturation totale ou partielle à la filiale ;
- si c'est la filiale qui a l'engagement de livrer les actions de sa mère aux salariés, le plan doit être comptabilisé comme un plan « cash settled ».

Commentaires La norme IFRS 2 précise le traitement, dans les états financiers individuels ou de chaque entité d'un groupe qui reçoit les services des bénéficiaires du plan, des transactions

de paiements fondés sur des actions qui font intervenir deux ou plusieurs entités d'un même groupe (société mère ou autre entité du même groupe). **29705** (suite)

Par exemple, des transactions dans lesquelles les employés (ou d'autres tiers) d'une entité obtiennent des droits sur les instruments de capitaux propres de la mère de l'entité.

La norme précise en particulier le traitement de plans dans lesquels les salariés d'un sous-groupe A se voient accorder des instruments de capitaux propres de la société mère M. L'analyse du traitement de ces plans diffère selon que c'est la société mère M ou au contraire le sous-groupe A qui octroie directement les instruments de capitaux propres de M (voir également tableau récapitulatif ci-après) :

Le mode de comptabilisation se fonde sur les engagements contractuels pris par chaque entité.

1. Le groupe M octroie directement ses propres instruments de capitaux propres aux salariés de A Dans ce cas, l'obligation de fournir les instruments de capitaux propres incombe à la société mère M et non au sous-groupe A (IFRS 2.B52a).

Le traitement est le suivant :

– dans les comptes consolidés de M, il s'agit d'une transaction dénouée en instruments de capitaux propres (IFRS 2.B54) ;

Cette transaction doit être évaluée et comptabilisée conformément aux dispositions d'IFRS 2.10 s. relatives à l'évaluation des transactions réglées en instruments de capitaux propres (en particulier, évaluation de la juste valeur à la date d'attribution sans réévaluation ultérieure).

– dans les comptes du sous-groupe A, ce dernier n'ayant aucune obligation de régler la transaction, la transaction est comptabilisée comme une transaction réglée en instruments de capitaux propres dans les comptes consolidés de M, le sous-groupe doit également évaluer la charge correspondant aux services reçus de ses employés conformément aux dispositions d'IFRS 2.10 s. relatives à l'évaluation des transactions réglées en instruments de capitaux propres, avec, en contrepartie, une augmentation des capitaux propres au titre de la contribution de M (IFRS 2.B53).

Ce type de transactions ne répond :
- ni à la définition d'un plan « equity settled », les instruments de capitaux propres remis aux employés de A n'étant pas des instruments de capitaux propres de A ;
- ni à la définition d'un plan « cash settled », le sous-groupe A n'ayant aucune obligation au titre du plan de transférer de la trésorerie ou d'autres actifs à ses employés.

Remarque Le traitement décrit ci-avant s'applique également à notre avis dans le cas où le sous-groupe A octroie à ses salariés les instruments de capitaux propres de sa mère, agissant pour le compte de celle-ci, dès lors que c'est bien la société mère qui conserve in fine l'obligation de délivrer ses instruments aux salariés de A.

2. Le sous-groupe A octroie les instruments de capitaux propres de sa mère à ses salariés Dans ce cas, l'obligation de fournir les instruments de capitaux propres incombe au sous-groupe A (IFRS 2.B52b).

Le traitement est le suivant :

– dans les comptes du sous-groupe A, la transaction est comptabilisée selon le principe de comptabilisation d'une transaction **dénouée en trésorerie** (« cash settled ») et ce, indépendamment de la manière dont le sous-groupe se procure les instruments de capitaux propres de sa mère nécessaires pour satisfaire à son obligation (IFRS 2.B55) ;

– dans les comptes consolidés de la mère, il s'agit, en revanche, d'une transaction dénouée en instruments de capitaux propres.

Ces dispositions (cas 1 et 2) sont synthétisées dans le tableau suivant :

					Modalités d'évaluation et de comptabilisation	
	Entité qui octroie le plan	Instruments de capitaux propres octroyés	Bénéficiaires du plan	Entité ayant l'obligation de remettre les instruments octroyés aux bénéficiaires	Comptes consolidés du sous-groupe A	Comptes consolidés de M
Cas 1 (1)	M	Titres de M	Salariés de A	M	Plan « equity settled »	Plan « equity settled »
Cas 2	A	Titres de M	Salariés de A	A	Plan « cash settled »	Plan « equity settled »

(1) Ce cas couvre également, à notre avis, le cas où le sous-groupe A octroie à ses salariés les instruments de capitaux propres de sa mère, agissant pour le compte de celle-ci, laquelle conserve in fine l'obligation de délivrer ses instruments aux salariés de A.

29705 (suite) **Remarque – Cas du transfert d'un employé de A (bénéficiaire d'instruments de capitaux propres de M, accordés par M) vers un autre sous-groupe de M** Dans le cas analysé ci-après, les instruments de capitaux propres (de M), attribués par M aux employés de A, le sont sous condition de présence dans le groupe pendant une période déterminée. Un employé peut être transféré de A vers un autre sous-groupe B appartenant à M pendant la période d'acquisition des droits, sans toutefois que ce transfert ne remette en cause le droit aux instruments de capitaux propres de M accordé dans le cadre de la transaction initiale.

Chaque sous-groupe (A et B) doit évaluer, dans ses propres comptes, la juste valeur des services reçus (IFRS 2.B59) :

– en fonction de la juste valeur initiale des instruments de capitaux propres à la **date initiale d'octroi des droits par la société mère à l'employé transféré** (et non à la date de transfert de l'employé) ; et

– **au prorata de la période d'acquisition des droits** pendant laquelle l'employé lui a rendu des services.

En outre, le sous-groupe A ne doit pas reprendre la charge constatée au titre du plan avant le transfert du salarié.

Dans le cas où **l'employé** transféré de A dans B **quitte le groupe pendant la période résiduelle d'acquisition des droits,** il ne remplit plus la condition de service et chaque sous-groupe (A et B) doit ajuster le montant précédemment comptabilisé au titre des services reçus pendant la période passée d'acquisition des droits (IFRS 2.B61), conformément à IFRS 2.19.

■ *Exemple 1*

La société mère octroie des actions gratuites aux salariés de sa filiale *Le 1/01/N, l'entité mère M octroie 1 000 actions gratuites aux salariés de sa filiale F. Ces actions sont nouvellement émises par M et livrées directement aux salariés de F et sont acquises immédiatement (pas de conditions d'acquisition des droits).*

Cette transaction ne fait pas l'objet de refacturations au sein du groupe.

Solution de l'exemple 1 :

1. ***Dans les comptes consolidés IFRS du groupe M,*** *la transaction est traitée comme une transaction « equity settled » car le groupe a reçu des services des salariés du groupe, qu'elle rémunère par la remise de ses propres instruments de capitaux propres. Une charge doit être comptabilisée dans les comptes du groupe, dont le montant est évalué conformément aux principes de la norme IFRS 2, sur la base de la juste valeur de l'action gratuite évaluée à la date de l'attribution (le 1/01/N), en contrepartie d'un compte de capitaux propres.*

Pour la détermination de la juste valeur d'une action gratuite, voir nº 29280.

2. ***Dans les comptes consolidés IFRS de la filiale F,*** *la transaction est également traitée comme une transaction « equity settled » car la filiale n'a aucune obligation de régler la transaction à ses salariés. Une charge doit être comptabilisée dans les comptes de la filiale dont le montant est évalué conformément aux principes de la norme IFRS 2, sur la base de la juste valeur de l'action gratuite évaluée à la date de l'attribution (le 1/01/N), en contrepartie d'une augmentation des capitaux propres au titre de la contribution de M.*

■ *Exemple 2*

La filiale octroie à ses propres salariés des actions gratuites de sa société mère M *Le 1/01/N, la filiale F octroie à ses propres salariés 1 000 actions gratuites de sa société mère M. Les actions sont acquises par les salariés à l'issue d'une période de présence obligatoire de 2 ans. A l'issue de la période d'acquisition des droits, la filiale F se procure les actions sur le marché et les livre à ses salariés.*

Solution de l'exemple 2 :

1. ***Dans les comptes consolidés IFRS du groupe M,*** *la transaction est traitée comme une transaction « equity settled », car le groupe a reçu des services des salariés du groupe, qu'elle rémunère par la remise de ses propres instruments de capitaux propres. Une charge doit être comptabilisée dans les comptes du groupe, dont le montant est évalué conformément aux principes de la norme IFRS 2, sur la base de la juste valeur de l'action gratuite évaluée à la date d'attribution (le 1/01/N), en contrepartie d'un compte de capitaux propres. Cette charge est à étaler sur la période d'acquisition des droits, soit 2 ans.*

Pour la détermination de la juste valeur d'une action gratuite, voir nº 29280.

2. ***Dans les comptes consolidés IFRS de la filiale F,*** *la transaction est en revanche traitée comme une transaction « cash settled », car la filiale a l'obligation de livrer des titres de sa société mère M à ses propres salariés et ces derniers ne sont pas ses propres instruments de capitaux propres mais des actifs financiers.*

Une charge doit être comptabilisée dans les comptes de la filiale, en contrepartie d'une dette représentative de l'obligation de livrer des actifs financiers. Cette charge est à étaler sur la période d'acquisition des droits, soit 2 ans.
Elle est évaluée initialement sur la base de la juste valeur de la dette que l'on s'attend à régler in fine aux salariés et doit être réévaluée à chaque période de reporting, en contrepartie du compte de résultat et ce, jusqu'à la date de règlement effectif de l'obligation.
Le rachat des actions M sur le marché est une transaction comptabilisée selon les dispositions des normes IAS 32 et IFRS 9.

Comptabilisation d'une refacturation intragroupe

Question 29710

Comment comptabiliser, dans les comptes d'un sous-groupe, le montant refacturé par la mère pour l'octroi de ses propres instruments de capitaux propres à des employés du sous-groupe ?

Réponse

La version actuelle de la norme IFRS 2 ne traite pas de cette question.

A notre avis, en l'absence de consensus de place, il est possible de s'inspirer des propositions sur ce thème contenues dans un ancien projet d'interprétation, IFRIC D17, thème finalement non traité dans l'interprétation définitive, IFRIC 11 (interprétation désormais intégrée dans IFRS 2).
Selon ces propositions :
- tout montant payé par le sous-groupe à sa société mère au titre d'une refacturation intragroupe devait être comptabilisé dans les comptes du sous-groupe comme une réduction de la contribution de la société mère au titre de la transaction de paiement fondé sur des actions ;
- si le montant de la refacturation est supérieur à la charge IFRS 2, cet excès doit être comptabilisé comme une distribution du sous-groupe à sa société mère, sans impact sur le compte de résultat.

Toutefois, selon ces propositions, ce choix de comptabilisation ne serait possible qu'à condition qu'il existe un lien clair entre la refacturation et le paiement fondé sur des actions (par exemple, lorsque la refacturation est fondée sur la valeur intrinsèque ou la valeur de marché des titres à la date d'acquisition).

En l'absence de lien clair entre la refacturation et le plan, la refacturation devrait, à notre avis, être comptabilisée comme une refacturation de frais de gestion, c'est-à-dire en charges.

Commentaires Selon la norme IFRS 2, lorsqu'une société mère attribue des droits sur ses propres instruments de capitaux propres aux salariés d'un sous-groupe, le sous-groupe doit évaluer la charge correspondant aux services reçus de ses employés conformément aux dispositions d'IFRS 2.10 s. relatives à l'évaluation des transactions réglées en instruments de capitaux propres, avec en contrepartie, une augmentation des capitaux propres au titre de la contribution de M (IFRS 2.B53).

Dans certains cas, la société mère refacture le sous-groupe au titre des paiements fondés sur des actions qu'elle octroie directement aux employés du sous-groupe. La norme IFRS 2 ne traite pas de la comptabilisation de ce type d'accords intragroupe.

La norme considère que ces transactions doivent être comptabilisées séparément comme des transactions de paiement intragroupe (IFRS 2.43D) et ne font pas partie de la transaction de paiement en actions contractée avec le salarié.

A ce jour, il n'y a pas de consensus de place. Différents modes de comptabilisation par le sous-groupe restent possibles dans l'attente d'une position de place définitive, sous réserve toutefois que le traitement comptable retenu reflète la substance de l'arrangement entre la société mère et le sous-groupe.

Un exemple de traitement comptable de refacturation clairement lié à la transaction de paiement fondé sur des actions figurait dans le projet d'interprétation IFRIC D17 publié en 2006. Ce projet a donné lieu à la publication de l'interprétation IFRIC 11 intégrée dans la norme IFRS 2 depuis 2010. Toutefois, l'exemple précité n'a pas été repris dans la version définitive de l'interprétation.

Ce projet indiquait que :

- tout montant payé par le sous-groupe à sa société mère au titre d'une refacturation intragroupe devait être comptabilisé, dans les comptes du sous-groupe, comme une réduction de la contribution de la société mère au titre de la transaction de paiement fondé sur des actions ;
- si le montant de la refacturation était supérieur à la charge IFRS 2, cet excès devait être comptabilisé comme une distribution du sous-groupe à sa société mère, sans impact sur le compte de résultat.

Bien que non reprises dans l'interprétation définitive, ces dispositions semblent toutefois, à notre avis, pouvoir être appliquées à une refacturation de la société mère, à condition qu'il existe un lien clair entre la refacturation et le paiement fondé sur des actions (par exemple lorsque la refacturation est fondée sur la valeur intrinsèque ou la valeur de marché des titres à la date d'acquisition). A l'inverse, en l'absence de lien clair entre la refacturation et le plan, la refacturation doit à notre avis être comptabilisée de la même façon qu'une refacturation de frais de gestion, c'est-à-dire en charges.

Dans les comptes du sous-groupe, lorsqu'il existe un lien clair entre la refacturation et le paiement fondé sur des actions, la refacturation doit à notre avis être comptabilisée, à la date à laquelle elle est effectivement payée à la société mère, la contrepartie de la trésorerie versée étant comptabilisée comme une réduction de la contribution de la société mère.

Dans ce cas, une information en annexe dans les comptes de la filiale serait requise pendant toute la durée du plan et jusqu'à la refacturation effective de la charge par la société mère, s'agissant d'un passif éventuel.

Une autre approche acceptable consiste à comptabiliser une dette dès le début du plan, sous réserve de l'existence d'une convention de refacturation formalisée entre les deux parties, sur la base d'une estimation du montant refacturé in fine, en étalant sa constitution sur la période d'acquisition des droits.

La question de la date de reconnaissance de la refacturation a été posée à l'IFRS IC en janvier 2013. Toutefois, le comité n'a pas inscrit ce sujet à son agenda, considérant qu'il ne serait pas efficace de limiter une éventuelle interprétation au traitement comptable des refacturations intragroupe dans le seul cadre des paiements fondés sur des actions sans élargir le sujet à l'ensemble des refacturations intragroupe sous contrôle commun.

La méthode retenue doit être expliquée en annexe et appliquée de manière permanente d'une période à l'autre.

Comptabilisation des transactions intragroupe « cash settled »

29712 ***Question***

Comment comptabiliser, dans les comptes d'une filiale (ou d'un sous-groupe) publiant des comptes en IFRS, des transactions dans lesquelles la filiale reçoit des services de ses salariés (ou fournisseurs) qui sont réglés en trésorerie par la société mère (ou une autre entité du groupe) pour un montant fondé sur la valeur des instruments de capitaux propres de la filiale ou de ceux de la société mère (plans « cash settled » au niveau de la société mère) ?

Réponse

La filiale doit évaluer et comptabiliser les services reçus conformément aux dispositions relatives à un plan « equity settled », c'est-à-dire à la juste valeur telle que déterminée à la date d'attribution, sans réévaluation ultérieure de ce montant, sauf pour tenir compte pendant la période d'acquisition des droits de l'évolution des conditions de service et/ou de performance hors marché.

Commentaires La norme IFRS 2 traite de la comptabilisation des plans dans lesquels les employés d'une filiale recevront des paiements en trésorerie effectués par la mère et fondés sur la valeur des instruments de capitaux propres du sous-groupe ou de ceux de la société mère (IFRS 2.3A).

En effet, bien qu'au niveau de la filiale, ils ne répondent ni à la définition d'une transaction dont le paiement est fondé sur des actions et qui est réglée en trésorerie, ni à celle d'une transaction réglée en instruments de capitaux propres, ces plans visent à fournir des avantages aux employés de la filiale en contrepartie des services rendus, ils sont réglés en trésorerie et sont fondés sur des actions (IFRS 2.BC268C).

29712 (suite)

Remarque La notion de groupe est définie comme dans la norme IFRS 10 (Annexe A), Etats financiers consolidés, comme « une société mère et ses filiales » du point de vue de la société mère ultime de l'entité présentant les états financiers (IFRS 2.A).

Dans de tels plans, l'obligation de régler les employés de la filiale incombe à la société mère (et non à la filiale, qui reçoit néanmoins les services de ses employés) (IFRS 2.3A et .B56).

Sur le plan comptable, la filiale recevant les services n'ayant aucune obligation de régler la transaction, elle constate une charge correspondant aux services reçus de ses employés conformément aux dispositions d'IFRS 2.10 s. relatives à l'évaluation des transactions réglées en instruments de capitaux propres, avec en contrepartie, une augmentation des capitaux propres au titre de la contribution de M (IFRS 2.2 et .B57).

En conséquence :

– **dans les comptes de la filiale**, il convient de comptabiliser la transaction comme un plan « equity settled », c'est-à-dire une charge par la contrepartie des capitaux propres pour un montant basé sur la juste valeur de l'instrument octroyé à la date d'attribution. La charge sera réajustée pendant la période d'acquisition des droits, pour tenir compte de l'évolution des conditions de service et/ou de performance hors marché (IFRS 2.43B et .B57) ;

Remarque Dans certains cas, la société mère ou une société du groupe refacture la filiale au titre des paiements fondés sur des actions qu'elle attribue directement aux salariés de la filiale. Dans un tel cas, la filiale qui reçoit les services doit comptabiliser la transaction de paiement fondé sur des actions conformément aux dispositions d'IFRS 2.43B, indépendamment de tout mécanisme de refacturation éventuelle (IFRS 2.43D).

Pour la comptabilisation des refacturations dans les comptes d'un sous-groupe, voir n° 29710.

– **dans les comptes de la société mère**, en revanche, une charge devra être comptabilisée par la contrepartie d'une dette qui sera réévaluée à chaque clôture jusqu'à son règlement (IFRS 2.B58).

La **comptabilisation** et l'évaluation de la transaction **dans** les comptes de **la filiale** peuvent donc être **différentes** de celles retenues aux bornes **du groupe** (IFRS 2.B57).

■ *Exemple*

La société mère cotée octroie des SARs (« share appreciation rights ») aux salariés de sa filiale Le 1/01/N, la société mère M cotée octroie 1 000 SARs aux salariés de sa filiale F. Cette transaction implique, à l'issue d'une période de présence obligatoire des salariés de deux ans, le versement par la société mère aux salariés d'un montant en trésorerie équivalant à la différence entre le cours de bourse de l'action à la date d'acquisition des droits (le 31/12/N+1) et le cours de bourse de l'action à la date d'attribution (le 1/01/N).

Le 1/01/N, la juste valeur des SARs est de 1 200. Le 31/12/N+1, la juste valeur des SARs est de 1 500.

Solution de l'exemple :

*1. **Dans les comptes consolidés IFRS du groupe M**, la transaction est traitée comme une transaction « cash settled » car le groupe reçoit des services des salariés du groupe, qu'il rémunère par la remise d'un montant en trésorerie, fondé sur l'augmentation de la valeur de l'action sur 2 ans.*

Une charge doit être comptabilisée dans les comptes du groupe, en contrepartie d'une dette représentative de l'obligation. La charge est à étaler sur la période d'acquisition des droits, soit 2 ans. Elle est évaluée initialement sur la base de la juste valeur de la dette que l'on s'attend à régler in fine aux salariés, et doit être réévaluée, en contrepartie du compte de résultat et ce, jusqu'à la date de règlement effectif de l'obligation.

	Ecritures comptabilisées au cours de la période d'acquisition des droits (N et N+1)		
Dt	*Charge de rémunération (cumul N et N+1)*	*1 500*	
Ct	*Dette envers le personnel*		*1 500*

*2. **Dans les comptes consolidés IFRS de la filiale F**, la transaction est en revanche traitée comme une transaction « equity settled », car la filiale n'a aucune obligation de régler la transaction à ses salariés. Une charge doit être comptabilisée dans les comptes de la filiale, dont le montant est évalué conformément aux principes de la norme IFRS 2, sur la base de la juste valeur de l'action gratuite évaluée à la date de l'attribution (le 1/01/N), en contrepartie d'une augmentation des capitaux propres au titre de la contribution de M. Cette charge n'est pas réévaluée par la suite.*

	Ecritures comptabilisées au cours de la période d'acquisition des droits (N et N+1)		
Dt	*Charge de rémunération (cumul N et N+1)*	*1 200*	
Ct	*Capitaux propres*		*1 200*

VII. Impôts sur transactions de paiement en actions et assimilés

Rappel : régimes fiscaux applicables en France aux plans dénoués en actions (stock-options, actions gratuites et PEE)

29810 *Question*

Quels sont les régimes fiscaux applicables en France aux plans dénoués en actions (stock-options, actions gratuites et PEE) ?

Réponse

Deux régimes fiscaux coexistent, différents selon la nature des titres remis aux salariés :

1. **pour les plans dénoués en actions existantes**, la société peut déduire l'éventuelle moins-value résultant de la vente des actions aux salariés (par exemple lors de l'exercice d'options d'achat d'actions) ou de leur remise gratuite (actions gratuites existantes) ;

2. **pour les plans dénoués en actions nouvelles émises**, il n'y a déduction fiscale que pour les plans dits « démocratiques » remplissant les conditions prévues à l'article 217 quinquies du CGI. Dans ce cas, la déduction fiscale correspond à la différence entre le cours de l'action à la date de l'augmentation de capital et l'éventuel prix de souscription.

Commentaires En France, deux régimes fiscaux coexistent ; ils sont différents selon la nature des titres remis aux salariés :

– pour les plans dénoués **en actions existantes rachetées sur le marché**, les sociétés françaises peuvent déduire l'éventuelle moins-value résultant de la vente des actions aux salariés (par exemple lors de l'exercice d'options d'achat d'actions) ou de leur remise gratuite (actions gratuites existantes) ;

Dans ce cas, la déduction fiscale est égale à la différence entre le coût d'acquisition des titres correspondants et l'éventuel prix de cession des titres aux salariés (zéro pour les actions gratuites attribuées).

Cette moins-value fait l'objet d'une provision dans les comptes individuels au titre de l'engagement de livrer des titres dans des conditions défavorables pour l'entité. La provision ainsi constituée est fiscalement déductible.

Pour la comptabilisation de l'impôt différé à constater sur ce type de plans, voir nº 29824.

Pour plus de précisions concernant les règles françaises sur :
– les plans d'options, voir Mémento Comptable nº 55770 ; et
– les plans d'attribution gratuite d'actions, voir Mémento Comptable nº 55875.

– pour les plans dénoués **en actions nouvelles émises** par augmentation de capital, il n'y a pas de déduction fiscale, sauf pour les plans (options, actions gratuites et PEE) dits « démocratiques » qui bénéficient à l'ensemble des salariés et remplissent les conditions prévues à l'article 217 quinquies du CGI.

Dans ce cas, la déduction fiscale correspond à la « charge de dilution » supportée par l'actionnaire, c'est-à-dire la différence entre le cours de l'action à la date de l'augmentation de capital et l'éventuel prix de souscription (zéro pour les actions gratuites à émettre).

Pour la comptabilisation de l'impôt différé sur ce type de plans, voir nº 29822.

Pour plus de précisions concernant les règles françaises sur :
– les plans d'options, voir Mémento Comptable nº 55820 ; et
– les plans d'attribution gratuite d'actions, voir Mémento Comptable nº 55895.

Déductibilité fiscale – Tableau récapitulatif établi par nos soins :

	Plans dénoués en :		
	Actions rachetées	Actions émises	
		Plans non démocratiques	Plans démocratiques (1)
AGA	Oui	Non	Oui
Stock-options	Oui	Non	Oui
PEE	Oui (cas rares)	Non	Oui

	Plans dénoués en :		
	Actions rachetées	Actions émises	
		Plans non démocratiques	Plans démocratiques [1]
Base de calcul déduction fiscale	VNC à la date d'affectation au plan des actions rachetées – prix d'acquisition par le salarié		Valeur action le jour de l'émission – prix de souscription par le salarié
(1) Conditions d'éligibilité des plans : – autorisés par une AGE à compter du 1er janvier 2006 ; – bénéficiant à l'ensemble des salariés ; – consentis de manière uniforme.			

Comptabilisation de l'économie d'impôt sur stock-options, actions gratuites et PEE

Question 29812

Quels sont les principes de comptabilisation des économies d'impôt sur stock-options, actions gratuites et PEE ?

Réponse

Les principes de comptabilisation sont identiques quel que soit le régime fiscal des plans :
- constatation d'un produit au titre de l'économie d'impôt ;
- constatation d'un impôt différé actif (lorsque les conditions sont remplies) lorsque l'économie d'impôt est attendue dans le futur ;
- limitation de l'économie d'impôt constatée en produit au taux d'impôt appliqué à la charge IFRS 2.

Commentaires La note de la CNCC du 17 juillet 2008 requiert la comptabilisation en produit de toute économie réalisée dans le cadre de ces plans, quelles que soient les modalités de leur dénouement, et ce, au fur et à mesure de la comptabilisation de la charge IFRS 2.

Principes de comptabilisation de la norme IAS 12 sur les paiements fondés sur des actions Les principes énoncés ci-avant par la CNCC sont en phase avec les dispositions d'IAS 12 selon lesquels il y a (IAS 12.68A à .68C) :
- constatation d'un produit au titre de l'économie d'impôt (IAS 12.68A) ;
- constatation d'un impôt différé actif (si les conditions sont remplies) lorsque l'économie d'impôt est attendue dans le futur (IAS 12.68B) ;

Pour plus de précisions sur la comptabilisation des impôts différés relatifs aux plans, voir n° 29820 et sur les conditions de comptabilisation des impôts différés actifs, voir n° 27860.

- limitation de l'économie d'impôt constatée dans la composante résultat de l'état du résultat global (compte de résultat) au taux d'impôt appliqué à la charge IFRS 2 en application de la « règle du plafonnement » (IAS 12.68C).

Sur l'application de la règle du plafonnement, voir n° 29830.

Détermination des impôts différés relatifs aux paiements fondés sur des actions

Question 29820

Comment déterminer l'impôt différé à comptabiliser sur les stock-options, actions gratuites et PEE ?

Réponse

Lorsqu'il existe un décalage entre la date de comptabilisation de la charge de rémunération (au cours de la période d'acquisition des droits) et la date d'obtention de la déduction fiscale donnant lieu à une économie d'impôt, il est nécessaire de corriger cette distorsion entre comptabilité et fiscalité par la constatation d'un impôt différé actif ou passif.

L'impôt différé est estimé sur la base de l'économie fiscale attendue qui dépend du régime fiscal applicable à la société émettrice.

29820 (suite) ***Commentaires :***

1. Constatation d'un impôt différé actif ou passif en cas de décalage entre comptabilité et fiscalité Selon IAS 12, un impôt différé doit être comptabilisé dans la mesure où la comptabilisation de la charge IFRS 2 crée une différence entre la base comptable de cette charge et sa base fiscale, c'est-à-dire le montant qui a été/sera déductible (IAS 12.68B). En conséquence, lorsqu'il existe un décalage entre la date de comptabilisation de la charge de rémunération (au cours de la période d'acquisition des droits) et la date d'obtention de la déduction fiscale donnant lieu à économie d'impôt, il est nécessaire de corriger cette distorsion entre comptabilité et fiscalité par la constatation d'un impôt différé actif ou passif.

En pratique :

– lorsque la déduction fiscale est obtenue **au même rythme que l'acquisition des droits**, aucun impôt différé n'est à constater ;

– lorsque la déduction fiscale est obtenue **moins vite que l'acquisition des droits**, un impôt différé actif doit être comptabilisé progressivement au même rythme que la charge de rémunération ;

La différence entre la base fiscale des services déjà reçus du personnel (correspondant au montant qui sera admis en déduction fiscale au cours des exercices ultérieurs) et leur valeur comptable (nulle du fait de la comptabilisation en charge/capitaux propres de ces transactions) constitue une différence temporaire déductible qui donne lieu à comptabilisation d'un actif d'impôt différé (IAS 12.68B) lorsque les conditions sont remplies.

Pour un exemple d'application, voir Exemple 1 au n° 29830.

– lorsque la déduction fiscale est obtenue **plus vite que l'acquisition des droits**, un impôt différé passif doit être comptabilisé à la date d'obtention de la déduction fiscale.

La norme IAS 12 ne traite pas des cas où la déduction fiscale est reçue avant la comptabilisation de la charge. Toutefois, IFRS 2.BC312 à .BC314 expliquent que, dans un tel cas, une logique similaire à IAS 12 s'applique et qu'une déduction fiscale à la date d'attribution donne lieu à comptabilisation d'un impôt différé passif.

Pour un exemple d'application, voir Exemple 2 au n° 29830.

2. Un impôt différé calculé sur la base de l'économie d'impôt attendue Le montant de l'impôt différé est fondé sur le montant de la déduction que l'entité s'attend à obtenir sur la base des informations disponibles à la clôture (IAS 12.68B). Ce montant dépend du régime fiscal applicable.

Ainsi en France, si le dénouement se fait :

– en actions existantes : la déduction fiscale est calculée sur la base de la VNC à la date d'affectation au plan des actions rachetées (moins-value attendue de la cession aux salariés) ;

– en actions émises : la déduction fiscale est calculée sur la base de la valeur du titre lors de l'augmentation de capital pour les plans « démocratiques » répondant aux conditions prévues à l'article 217 quinquies du CGI.

A noter que la différence entre la valeur de l'action et le prix d'exercice (zéro pour les actions gratuites) est également appelée la « valeur intrinsèque » (voir 1er cas ci-après).

Lorsque la déduction fiscale liée à un plan est obtenue dès la date d'attribution, la réception de l'économie d'impôt en fige généralement le montant et il n'est alors pas nécessaire de réestimer la déduction fiscale attendue jusqu'à la date de dénouement des plans.

Pour un exemple d'application, voir Exemple 2 au n° 29830.

En revanche, lorsque la déduction fiscale n'est pas connue à la clôture car elle aura lieu lors d'une période future, l'entité doit estimer le montant qui pourra être déduit, sur la base de la façon dont elle s'attend à régler le plan (actions à émettre ou actions nouvelles).

Pour un exemple d'application, voir Exemple 1 au n° 29830.

Remarque Quel que soit le régime fiscal applicable, l'estimation de la déduction fiscale doit être fondée sur la base du nombre d'instruments que l'entité s'attend à voir exercer (pour les options) ou à transférer (pour les actions) et non pas sur le nombre total d'options ou d'actions gratuites en circulation, ni sur le nombre d'instruments que l'on s'attend à voir acquis. C'est en effet le transfert des actions aux salariés qui déclenche la déduction fiscale.

En pratique, 3 cas peuvent se rencontrer selon les modalités de dénouement des plans :

1er cas – La déduction fiscale est fondée sur la valeur intrinsèque des options ou actions à une date future

C'est le cas, par exemple en France, pour les plans « démocratiques » répondant aux conditions prévues à l'article 217 quinquies du CGI.

Dans un tel cas, l'entité doit estimer la déduction fiscale sur la base de l'information disponible à la clôture (IAS 12.68B), à partir notamment du cours de bourse de l'action, du prix d'exercice (zéro pour les actions gratuites).

2e cas – La déduction fiscale est fondée sur le coût d'acquisition des actions

C'est le cas par exemple en France pour les plans de rachat d'actions.

Dans un tel cas, l'entité doit estimer la moins-value qu'elle pourra déduire, sur la base du coût d'acquisition des actions. En pratique, la déduction fiscale doit être estimée pour la différence entre le prix d'attribution aux salariés (zéro pour les actions gratuites) et :
- la valeur nette comptable des actions si celles-ci ont déjà été rachetées (coût d'acquisition moins les éventuelles dépréciations) ; ou
- le coût probable d'acquisition par l'entité si les actions n'ont pas encore été achetées (cours de clôture).

3e cas – Le mode de dénouement du plan n'est pas connu à la date de clôture

C'est le cas notamment des plans d'attribution d'actions gratuites en France pour lesquels il n'y a pas d'obligation de déclarer lors de l'attribution si le dénouement se fera en actions existantes (déduction fiscale calculée sur la base du coût d'acquisition) ou en actions émises (pas de déduction fiscale pour les plans « non démocratiques »).

En pratique, si la société a le choix du mode de dénouement, la CNCC considère que c'est l'intention formalisée du management qui détermine la comptabilisation ou non d'un effet d'impôt et son montant.

Impôts différés sur les plans « démocratiques »

Question 29822

Quel impôt différé constater en pratique pour les plans « démocratiques » de paiement fondé sur des actions ?

Réponse

Un impôt différé actif doit être comptabilisé au fur et à mesure de la constatation de la charge de rémunération, sur la base d'une estimation de l'économie d'impôt attendue. Ce montant est fondé sur la valeur de l'action à la date de clôture.

Commentaires Pour les plans de paiement fondé sur des actions « démocratiques », la déduction fiscale a lieu lors de l'émission des actions, donc généralement après la date de comptabilisation de la charge. En conséquence, il convient de comptabiliser un impôt différé actif dès lors que les conditions de reconnaissance sont remplies, tout au long de la période d'acquisition des droits sur la base d'une estimation de l'économie d'impôt future.

Pour plus de précisions sur le principe de comptabilisation des impôts différés sur les plans, voir n° 29820.

Pour un exemple d'application à ces plans, voir Exemple 1 au n° 29830.

L'économie future dépendant du cours de l'action à une date ultérieure, son estimation est basée sur la valeur de l'action à la date de clôture (IAS 12.68B).

Pour un rappel sur le régime fiscal applicable à ces plans, voir n° 29810.

Ainsi, la base du calcul de l'impôt différé à chaque clôture sera égale :
- en cas **d'attribution d'options de souscription d'actions** : à la différence entre la valeur du titre à la clôture et le prix d'exercice des options ;
- en cas d'**attribution gratuite d'actions** : à la valeur du titre à la clôture ;
- en cas d'**augmentation de capital réservée aux adhérents d'un PEE** : à la différence entre la valeur du titre et le prix de souscription des actions.

A noter toutefois que, pour les PEE, la constatation d'un impôt différé est rare en pratique puisque la charge IFRS 2 est, le plus souvent, comptabilisée sur le même exercice que la livraison des actions (par augmentation de capital ou, plus rarement, par livraison d'actions existantes) qui donne lieu à déduction fiscale (absence, en général, de conditions de présence).

Impôts différés sur les plans dénoués en actions existantes

29824 *Question*

Quel impôt différé constater en pratique pour les plans dénoués en actions existantes ?

Réponse

La comptabilisation de l'impôt différé dépend du traitement fiscal de la provision comptabilisée dans les comptes sociaux :
- **si la provision n'est pas déduite à la date d'attribution et si la déduction fiscale intervient lors de la livraison des actions**, un impôt différé actif doit être constaté au fur et à mesure de la période d'acquisition des droits ;
- **si la provision est déduite intégralement à l'attribution**, un impôt différé passif est alors constaté à l'attribution puis repris sur la période d'acquisition des droits lors de la constatation de la charge ;
- **si la provision est déduite tout au long de la période d'acquisition (cas des plans français)**, il n'y a pas d'impôt différé puisque la déduction fiscale a lieu au même rythme que la comptabilisation de la charge.

Commentaires La mise en place de ces plans entraîne la constatation d'une provision dans les comptes sociaux, en raison de l'engagement de livrer des actions propres à des conditions défavorables pour l'entité.

Pour la comptabilisation de tels plans en règles françaises, voir :
- Mémento Comptable n° 55770 pour les plans d'options ; et
- Mémento Comptable n° 55875 pour les plans d'attribution gratuite d'actions.

Cette provision, correspondant à la moins-value attendue, est éliminée dans les comptes consolidés IFRS.

1. La provision n'est pas déduite à la date d'attribution et la déduction fiscale intervient lors de la livraison des actions : dans ce cas, un impôt différé actif doit être constaté (lorsque les conditions sont remplies) au même rythme que la comptabilisation de la charge de rémunération.

Pour un exemple d'application, voir Exemple 1 au n° 29830.

L'impôt différé actif ainsi constaté est ensuite repris lors de la déduction fiscale effective.

2. La provision est déduite intégralement à l'attribution : un impôt différé passif est alors constaté à l'attribution puis repris sur la période d'acquisition des droits lors de la constatation de la charge.

Pour un exemple d'application, voir Exemple 2 au n° 29830.

3. La provision est déduite tout au long de la période d'acquisition (cas des plans français) : dans ce cas, il n'y a pas d'impôt différé puisque la déduction fiscale a lieu au même rythme que la comptabilisation de la charge.

Pour plus de précisions sur le régime fiscal français, voir n° 29810.

Economie d'impôt sur stock-options, actions gratuites et PEE : principe général d'application de la règle du plafonnement

29830 *Question*

Comment s'applique en pratique la règle du plafonnement ?

Réponse

Si le montant de la déduction fiscale (ou de l'estimation de la déduction fiscale future) est inférieur ou égal à la charge cumulée de rémunération comptabilisée (liée aux transactions de paiement fondé sur des actions), l'économie d'impôt est intégralement comptabilisée en résultat.

A l'inverse, si le montant de la déduction fiscale (ou de l'estimation de la déduction fiscale future) est supérieur à la charge cumulée de rémunération comptabilisée, l'excédent de cette économie d'impôt sera comptabilisé directement en capitaux propres.

Commentaires Les normes IFRS considèrent que les paiements fondés sur des actions présentent une double caractéristique (IAS 12.68C, IFRS 2.BC300 à .BC329) : **29830** (suite)
- une rémunération des services (matérialisée par une charge) ; et
- une transaction avec les actionnaires par la livraison des actions (comptabilisée en capitaux propres).

Par ailleurs, le montant de la déduction fiscale, basée soit sur le coût d'acquisition des actions (actions existantes) soit sur la valeur de l'action lors de la livraison des titres (actions nouvelles), ne correspond généralement pas à la charge comptable.

Dans ce contexte, IAS 12.68C prévoit des dispositions spécifiques pour affecter l'économie d'impôt à un élément de résultat et un élément de capitaux propres.

Limitation de l'économie d'impôt comptabilisée en résultat Selon la norme, lorsque le montant de la déduction fiscale d'un plan (ou de l'estimation de la déduction fiscale future) est supérieur au montant de la charge de rémunération cumulée de ce plan, l'impôt courant ou différé relatif à cet excédent doit être reconnu directement en capitaux propres puisqu'il s'agit alors d'une transaction avec les actionnaires (IAS 12.68C).

Cela peut être le cas par exemple lorsque les actions remises aux salariés ont été acquises à un prix (servant de base au calcul de la déduction fiscale) bien supérieur au cours de bourse de l'action à la date d'attribution d'actions gratuites existantes (servant de base au calcul de la charge IFRS 2).

En pratique, la déduction fiscale est soit inférieure soit supérieure à la charge de rémunération. On peut déduire du principe général ci-avant les modalités de comptabilisation de l'actif d'impôt différé résumées dans le schéma ci-après :
- si le montant de la déduction fiscale (ou de l'estimation de la déduction fiscale future) est inférieur ou égal à la charge cumulée de rémunération comptabilisée (liée aux transactions de paiements fondés sur des actions), l'économie d'impôt est intégralement comptabilisée en résultat ;
- à l'inverse, si le montant de la déduction fiscale (ou de l'estimation de la déduction fiscale future) est supérieur à la charge cumulée de rémunération comptabilisée, l'excédent de cette économie d'impôt sera comptabilisé directement en capitaux propres.

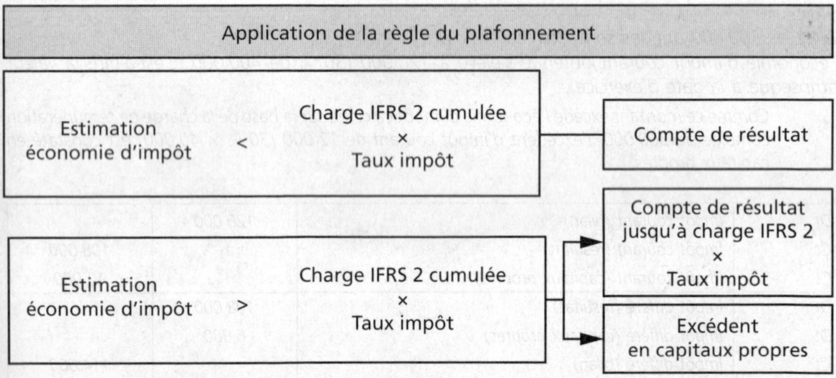

A noter qu'en cas de réalisation d'une plus-value de cession (le prix d'exercice des options est supérieur au coût d'acquisition des actions), la CNCC considère que la totalité de l'effet fiscal (« charge » d'impôt) doit être affectée en capitaux propres sans impact sur le résultat.

■ *Exemple 1*

Déduction fiscale obtenue lors du dénouement du plan *Le 1/01/N+1, 100 000 options d'une juste valeur de 360 000 sont attribuées. La période d'acquisition est de 3 ans et il est estimé que toutes les options seront exercées. Toutes les options sont exercées en années N+4.*
Le taux d'impôt est de 30 %. La valeur intrinsèque des options (c'est-à-dire la valeur de marché moins le prix d'exercice) à la fin des années N+1, N+2 et N+3 et à la date d'exercice en N+4 est respectivement de 330 000, 300 000, 380 000 et 400 000. Toutes les options sont effectivement exercées en N+4. Par hypothèse, les critères de reconnaissance des impôts différés actifs sont remplis et le taux d'impôt est de 30 %.

Solution de l'exemple 1 *La charge de rémunération comptabilisée pour chacune des 3 années s'élève à 120 000.*

29830 (suite) *N+1 : à la fin de la première année, l'estimation de l'économie d'impôt à venir, calculée par référence à la valeur intrinsèque à la clôture est égale à 33 000 (30 % × 330 000 × 1/3).*

Comme le montant de déduction fiscale qui donne lieu à l'économie d'impôt (soit 110 000 = 330 000 × 1/3) est inférieur à la charge de rémunération de 120 000, la totalité du montant de l'économie d'impôt estimé, soit 33 000, est comptabilisée en résultat.

N+2 : le montant cumulé de l'économie d'impôt estimée s'élève à 60 000 (30 % × 300 000 × 2/3).

Comme le montant de déduction fiscale qui donne lieu à l'économie d'impôt (soit 200 000 = 300 000 × 2/3) est inférieur à la charge de rémunération cumulée de 240 000, la totalité du montant de l'économie d'impôt est comptabilisée en résultat.
Le montant constaté en résultat en N+2 s'élève à 27 000 (60 000 – 33 000).

N+3 : le montant cumulé de l'économie d'impôt estimée s'élève à 114 000 (30 % × 380 000).

Comme le montant brut de déduction fiscale qui donne lieu à l'économie d'impôt (soit 380 000) excède la charge de rémunération cumulée de 360 000, l'excédent d'économie d'impôt de 6 000 (30 % × 20 000) est comptabilisé en capitaux propres.

L'impact cumulé à la fin de N+3 est présenté dans le tableau ci-après :

	Composante résultat du résultat global (compte de résultat)			Capitaux propres		Bilan	
Année	Charge	Impôt courant	Impôt différé actif	Impôt courant	Impôt différé	Impôt courant	Impôt différé actif
N+1	120 000		(33 000)	–	–	–	33 000
N+2	120 000	–	(27 000)	–	–	–	60 000
N+3	120 000	–	(48 000)	–	(6 000)	–	114 000
Position cumulée à la fin de N+3	360 000	–	(108 000)	–	(6 000)	–	114 000

N+4 : les 100 000 options sont exercées.
L'économie d'impôt courant obtenue s'élève à 120 000 (30 % de 400 000, c'est-à-dire la valeur intrinsèque à la date d'exercice).

Comme ce montant excède l'économie d'impôt calculée sur la base de la charge de rémunération cumulée de 360 000, l'excédent d'impôt courant de 12 000 (30 % × 40 000) est constaté en capitaux propres.

Dt	Impôt courant (bilan)	120 000	
Ct	Impôt courant (résultat)		108 000
Ct	Impôt courant (capitaux propres)		12 000
Dt	Impôt différé (résultat)	108 000	
Dt	Impôt différé (capitaux propres)	6 000	
Ct	Impôt différé (bilan)		114 000

L'impact global est présenté dans le tableau ci-après :

Comme indiqué dans le tableau ci-avant, le produit d'impôt comptabilisé en résultat de 108 000 est égal à l'application du taux d'impôt de 30 % à la charge de rémunération cumulée de 360 000. L'excédent d'économie d'impôt est donc comptabilisé en capitaux propres.

	Composante résultat du résultat global (compte de résultat)			Capitaux propres		Bilan	
	Charge	Impôt courant	Impôt différé	Impôt courant	Impôt différé	Impôt courant	Impôt différé actif
Position cumulée à la fin de N+3	360 000	–	(108 000)	–	(6 000)	–	114 000
Variation N+4	–	(108 000)	108 000	(12 000)	6 000	120 000	(114 000)
Total	360 000	(108 000)	–	(12 000)	–	120 000	–

■ *Exemple 2*

Déduction fiscale reçue à la date d'attribution *Un plan de 1 000 actions gratuites est attribué avec une période d'acquisition de 3 ans. La juste valeur de chaque attribution est de 120 € par action. L'entité s'attend à ce que toutes les actions soient acquises. Dès lors, la charge de rémunération s'élève à 40 000 par an (1 000 × 120 × 1/3).*

L'administration fiscale permet de déduire à la date d'attribution un montant qui excède la juste valeur des actions gratuites à la date d'attribution (par exemple, le coût d'acquisition des actions qui devront être livrées). Le montant déductible est de 140 000 (le taux d'impôt est de 30 %).

Solution de l'exemple 2 *Un impôt différé passif de 42 000 (140 000 × 30 %) est constaté par résultat sur l'économie d'impôt reçue à la date d'attribution (ce qui a pour conséquence de « neutraliser » le produit d'impôt courant). L'impôt différé passif est ensuite repris sur la période d'acquisition de 3 ans.*

Un produit d'impôt différé de 12 000 est comptabilisé en résultat chaque année, en cohérence avec le rythme de comptabilisation de la charge de rémunération, ce qui donne un total de produit d'impôt comptabilisé en résultat de 36 000.

L'excédent d'économie d'impôt de 6 000 (42 000 – 36 000) est reconnu en capitaux propres. A notre avis, ce montant est repris progressivement sur la période d'acquisition (c'est-à-dire 2 000 par an), par cohérence avec le rythme de reprise de l'impôt différé passif en résultat.

Economie d'impôt sur stock-options, actions gratuites et PEE : application de la règle du plafonnement en cas de plans multiples

Question 29832

Comment appliquer la règle du plafonnement en cas de plans multiples ?

Réponse

La règle du plafonnement doit être appliquée pour chaque plan séparé (ou tranche d'un plan lorsque certaines options ont été exercées et l'impôt différé partiellement reversé) et non globalement pour l'ensemble des plans.

Il n'est pas possible d'effectuer l'allocation sur une base globale dans la mesure où cela pourrait masquer des mouvements contraires sur des plans spécifiques.

Commentaires Chaque attribution séparée a sa propre base fiscale, c'est-à-dire la déduction fiscale qui sera reçue à la date d'exercice des options ou lors du transfert des actions gratuites. Cette base fiscale est comparée à la valeur comptable de l'attribution correspondante pour calculer la différence temporaire et l'impôt différé correspondant à comptabiliser.

Il n'est pas possible d'effectuer l'allocation sur une base globale dans la mesure où cela pourrait masquer des mouvements contraires sur des plans spécifiques. Les mouvements d'impôts différés pour chaque attribution sont alloués entre le résultat et les capitaux propres sur la base de la charge de rémunération cumulée comptabilisée en résultat comme mentionné ci-avant (voir n° 29830).

Une méthode d'identification des options qui ont été exercées/annulées (par exemple CMP ou Fifo) doit être déterminée.

Remarque Afin de suivre les différentes bases fiscales, il est nécessaire de mettre en place une procédure permettant de rassembler pour chaque type de plan les informations nécessaires au suivi fiscal, notamment les éléments suivants dont dépend le montant de l'impôt :
- les différentes dates d'exercice ;
- les différentes législations locales ;
- la situation fiscale des entités (certaines ne pouvant recouvrir leur IDA...) ;
- le nombre de droits perdus avant la date d'acquisition ;
- les éventuels changements de taux d'impôt ;
- les déplacements d'employés à l'intérieur d'un groupe sans perte de droits ;
- les changements du cours de bourse.

■ *Exemple*

Une entité a mis en place deux plans de stock-options (plan 1 et plan 2). La déduction fiscale sera basée sur la valeur de marché de l'action à la date d'exercice. La charge cumulée selon IFRS 2 et la déduction fiscale attendue (évaluée sur la base du cours de bourse à la clôture) pour chacun des plans sont présentées dans le tableau suivant.

Par hypothèse, les critères de reconnaissance des impôts différés actifs sont remplis et le taux d'impôt est de 30 %.

	Plan 1	*Plan 2*	*Total*
Charge IFRS 2 cumulée (résultat)	*100*	*100*	*200*
Déduction fiscale attendue	*160*	*80*	*240*
Impôt différé actif (30 % de la déduction fiscale attendue)	*48*	*24*	*72*

Solution de l'exemple :

1. Pour le plan 1, la répartition de la déduction fiscale de 160 est effectuée de la façon suivante :
– 100 sont alloués à la charge de rémunération comptabilisée en résultat ;
– 60 correspondent à un élément de capitaux propres.
Les écritures comptabilisées sont les suivantes :

Dt	*Impôt différé actif*	*48*	
Ct	*Produit d'impôt (100 × 30 %)*		*30*
Ct	*Capitaux propres (60 × 30 %)*		*18*

2. Pour le plan 2, la déduction fiscale est inférieure à la charge de rémunération cumulée en résultat. La totalité de la déduction fiscale est considérée comme relative à la charge IFRS 2.
Les écritures comptabilisées sont les suivantes :

Dt	*Impôt différé actif*	*24*	
Ct	*Produit d'impôt (80 × 30 %)*		*24*

Pour les deux plans, le crédit total reconnu en résultat s'élève à 54 et à 18 en compte de capitaux propres.
Si les deux attributions étaient considérées globalement, la déduction fiscale affectable aux charges de la composante résultat du résultat global (compte de résultat) s'élèverait à 200. Dans un tel cas, l'économie d'impôt totale de 72 sur les deux plans serait constatée en résultat à hauteur de 60 (200 × 30 %) et en capitaux propres à hauteur de 12. Cette solution n'est pas acceptable car elle conduirait à une augmentation de la partie de l'économie globale constatée en résultat.

Reprise de l'impôt différé en cas de chute des cours

29834 ***Question***

Comment reprendre l'impôt différé constaté sur des paiements en actions et assimilés en cas de chute des cours ?

Réponse

Lorsque l'impôt différé actif a une composante qui a préalablement été comptabilisée en capitaux propres, la réduction de l'impôt différé doit être analysée pour déterminer quelle portion de l'impôt différé actif doit être reconnue en capitaux propres.

Commentaires Le suivi plan par plan se justifie également lorsque l'impôt différé actif est réduit en raison d'une chute du cours de bourse (voir nº 29832). Lorsque l'impôt différé actif a une composante qui a préalablement été comptabilisée en capitaux propres conformément aux dispositions d'IAS 12.68C, la réduction de l'impôt différé actif doit être analysée pour déterminer quelle portion de la réduction de l'impôt différé actif doit être reconnue en capitaux propres.

En effet, la reprise d'un impôt différé actif ou passif doit être effectuée en résultat et, le cas échéant, en capitaux propres, de façon parallèle à la comptabilisation de l'impôt à l'origine.

■ *Exemple*

Un plan de 2 000 actions gratuites à émettre est attribué à tous les employés, avec une période d'acquisition de 4 ans. La juste valeur unitaire des actions gratuites à la date d'attribution est de 6. L'entité s'attend à ce que toutes les actions gratuites soient acquises.
Par hypothèse, les critères de reconnaissance des impôts différés actifs sont remplis et le taux d'impôt est de 30 %.

Solution de l'exemple *La charge comptabilisée s'élève à 12 000 / 4 = 3 000 par an pendant 4 ans.*
A la fin de N+2, la charge cumulée s'élève à 6 000.
Le cours de bourse de l'action (base de la déduction fiscale) est de 10 à la fin de N+2 mais passe à 7 à la fin de N+3.
La comptabilisation à la fin de N+2 et N+3 est présentée ci-après :

	Fin de N+2	Fin de N+3
Charge IFRS 2 cumulée	6 000	9 000
Cours de bourse (= base fiscale par action)	10	7
Base fiscale (prorata temporis)	10 000	10 500
Impôt différé actif (taux = 30 %)	3 000	3 150

Les variations d'impôt différé en N+3 sont analysées de la façon suivante :

				Allocation	
	Charge IFRS 2 cumulée	Base fiscale	Impôts différés	Résultat	Capitaux propres
A l'ouverture	6 000	10 000	3 000	1 800	1 200
A la clôture	9 000	10 500	3 150	2 700	450
Variations			150	900	(750)

Un produit d'impôt de 900 est comptabilisé en résultat, reflétant l'économie d'impôt liée à la charge de rémunération de la période (3 000).
Lorsque la base fiscale diminue, mais ne devient pas inférieure à la charge de rémunération cumulée, l'impact de la diminution vient réduire l'excédent d'économie d'impôt et est donc comptabilisé intégralement en capitaux propres. L'impôt différé en capitaux propres comprend :
– un débit de 900, correspondant à l'impact de la baisse du cours de bourse sur l'impôt différé comptabilisé à l'ouverture (2 000 × 2/4 × (10 – 7) × 30 %) ;
– un crédit de 150, correspondant à l'excédent d'économie d'impôt comptabilisé sur la période [2 000 × 1/4 × (7 – 6) × 30 %].
A noter que si la base fiscale du plan devient inférieure à la charge de rémunération cumulée, alors la totalité du montant qui a été comptabilisé auparavant en capitaux propres est entièrement reprise et les mouvements en résultat comprennent :
– d'une part, un produit d'impôt lié à la charge de rémunération de la période ; et
– d'autre part, une charge d'impôt liée à la réduction de la base fiscale en deçà de la charge de rémunération cumulée.

Reprise de l'impôt différé en cas d'options acquises non exercées

29836

Question

Comment reprendre l'impôt différé lorsque des options acquises ne sont finalement pas exercées ?

Réponse

Lorsque les options deviennent caduques après leur date d'acquisition, la totalité de l'impôt différé doit être reprise en résultat et, le cas échéant, en capitaux propres suivant sa comptabilisation à l'origine.

Commentaires En France, il n'y aura pas d'économie d'impôt si les options attribuées ne sont finalement pas exercées. Toutefois, la charge de rémunération liée à des options qui deviennent caduques après la date d'acquisition (options « en dehors de la monnaie » lorsque le prix d'exercice est supérieur au cours de bourse) n'est pas reprise (IFRS 2.23).

En conséquence, lorsque les options deviennent caduques après leur date d'acquisition, la totalité de l'impôt différé doit être reprise en résultat et, le cas échéant, en capitaux propres suivant sa comptabilisation à l'origine.

■ *Exemple*

Les hypothèses de l'exemple sont identiques à celles de l'Exemple 1 au n° 29830, mais il est supposé que certaines options deviennent caduques après la date d'acquisition.

29836 (suite) *En N+4, 85 000 options sont exercées et 15 000 deviennent caduques sans avoir été exercées. L'économie d'impôt courant obtenue en N+4 s'élève à 102 000 (30 % × 400 000 × 85/100).*

Solution de l'exemple *La charge de rémunération liée aux options exercées et donc à l'économie d'impôt s'élève à 306 000 (360 000 × 85/100), montant sur lequel s'applique la règle du plafonnement.*

L'économie d'impôt courant obtenue de 102 000 est donc comptabilisée en résultat pour 91 800 (306 000 × 30 %), la différence de 10 200 étant comptabilisée en capitaux propres.

Les écritures comptabilisées sont les suivantes :

Dt	*Impôt courant (bilan)*	*102 000*	
Ct	*Impôt courant (résultat)*		*91 800*
Ct	*Impôt courant (capitaux propres)*		*10 200*

L'impôt différé actif de 114 000 comptabilisé à la fin de N+3 est repris en résultat et en capitaux propres :

Dt	*Impôt différé (en résultat)*	*108 000*	
Dt	*Impôt différé (capitaux propres)*	*6 000*	
Ct	*Impôt différé (bilan)*		*114 000*

L'impact global est présenté dans le tableau ci-après :

	Composante résultat du résultat global (compte de résultat)			*Capitaux propres*		*Bilan*	
	Charge	*Impôt courant*	*Impôt*	*Charge*	*Impôt courant*	*Impôt*	*Charge*
Position cumulée à la fin de N+3	*360 000*	*–*	*(108 000)*	*–*	*(6 000)*	*–*	*114 000*
Variation N+4	*–*	*(91 800)*	*108 000*	*(10 200)*	*6 000*	*102 000*	*(114 000)*
Total	*360 000*	*(91 800)*	*–*	*(10 200)*	*–*	*102 000*	*–*

Dans l'exemple d'origine (voir Exemple 1 au n° 29830), lorsque toutes les options sont exercées :

– il n'y a aucun effet d'impôt en résultat en N+4, l'économie d'impôt courant de 108 000 étant « annulée » par la reprise de l'impôt différé actif de même montant ;

– il n'y a pas de crédit net de 6 000 en capitaux propres lié à l'accroissement de la valeur de l'action depuis la fin de N+3 (comprenant un crédit d'impôt courant de 12 000 annulé par une reprise de l'impôt différé actif de 6 000).

En revanche, lorsque seules 85 000 options sont exercées et que les autres deviennent caduques, la position fiscale en N+4 est la suivante :

– une charge nette de 16 200 en résultat qui comprend une économie d'impôt courant de 91 800 et une reprise d'impôt différé actif de 108 000 ;

Cette charge nette reflète le fait que l'économie d'impôt espérée sur les 15 000 options n'a pas été obtenue.

– un crédit net de 4 200 en capitaux propres qui comprend une économie d'impôt courant de 10 200 (correspondant à l'excédent d'économie fiscale sur la charge de rémunération cumulée) et une reprise d'impôt différé actif de 6 000.

TITRE 7

Actifs (hors instruments financiers)

CHAPITRE 23

Immobilisations incorporelles (IAS 38)

Plan du chapitre §§ **29950**

L'ESSENTIEL DE LA NORME IAS 38

A. Généralités

Champ d'application

29952 La norme IAS 38, Immobilisations incorporelles, traite de la comptabilisation des immobilisations incorporelles (IAS 38.1) telles que définies ci-après (voir n° 29954).

Ne sont toutefois **pas couverts par la norme IAS 38** (IAS 38.2 et .3) :

1. les **immobilisations incorporelles traitées par une autre norme** :
- les immobilisations incorporelles détenues en vue de leur vente, dans le cadre de l'activité ordinaire (stocks – IAS 2, voir n° 34977 s.) ;
- les actifs d'impôt différé (IAS 12 ; voir n° 27451 s.) ;
- les contrats de location (IFRS 16 ; voir n° 32972 s.) ;
- les actifs résultant des avantages du personnel (IAS 19 ; voir n° 27974 s.) ;
- certains actifs financiers couverts par les normes IFRS 10, IAS 27 et IAS 28 ;
- les goodwills acquis lors d'un regroupement d'entreprises (IFRS 3 ; voir n° 21353 s.) ;
- les contrats entrant dans le champ d'application de la norme IFRS 17, Contrats d'assurance, et tout actif au titre des flux de trésorerie liés aux frais d'acquisition au sens d'IFRS 17 (voir n° 65905R s.) ;
- les immobilisations incorporelles non courantes classées comme détenues en vue de la vente (IFRS 5 ; voir n° 36951 s.) ;
- les actifs découlant de contrats conclus avec des clients qui sont comptabilisés selon IFRS 15, Produits des activités ordinaires tirés de contrats conclus avec des clients.

2. les **actifs financiers** (IAS 32), voir n° 44120 ;
3. les **actifs de prospection et d'évaluation des ressources minières** comptabilisés et évalués selon la norme IFRS 6 ;
4. les dépenses au titre du développement et de l'extraction de minerais, pétrole, gaz naturel et autres **ressources** similaires **non renouvelables.**

La norme IAS 38 précise également qu'elle s'applique :
- aux dépenses liées aux activités de publicité, de formation, de démarrage d'activité (IAS 38.5) ;
- aux dépenses de recherche et développement (IAS 38.5) ;

Remarque Entrent dans le champ d'application de la norme IAS 38, dès leur comptabilisation initiale, les droits détenus par un preneur en vertu d'un accord de licence et portant sur des éléments tels que les films, enregistrements vidéo, pièces de théâtre, manuscrits, brevets et droits d'auteur. Ces éléments sont dès lors exclus du champ d'application d'IFRS 16, Contrats de location (IAS 38.6).

- aux immobilisations incorporelles utilisées (telles que les logiciels) et aux dépenses encourues (coûts de démarrage d'activité) des industries d'extraction ou des compagnies d'assurance (IAS 38.7).

Remarque – Immobilisations incorporelles contenues dans ou sur un support physique Elles sont traitées conformément à la norme IAS 16, Immobilisations corporelles, ou à la norme IAS 38, en appréciant lequel de ces éléments est le plus important (IAS 38.4).

Définition d'une immobilisation incorporelle

29954 Une **immobilisation incorporelle** est un **actif non monétaire identifiable sans substance physique** (IAS 38.8). Les **trois conditions** suivantes doivent être satisfaites pour qu'un élément incorporel réponde à la définition d'une immobilisation incorporelle.

1. Il est **identifiable,** c'est-à-dire qu'il est séparable ou qu'il résulte de droits contractuels ou légaux, que ces droits soient cessibles ou séparables de l'entité, ou d'autres droits et obligations (IAS 38.11 et .12) ;

Un actif est séparable s'il peut être séparé de l'entité et être vendu, transféré, concédé par licence, loué ou échangé, soit de façon individuelle, soit dans le cadre d'un contrat avec un actif ou un passif lié. Sur les dépenses ne pouvant pas être séparées du coût de développement de l'activité dans son ensemble, voir n° 29974.

Le caractère identifiable est également primordial pour la distinction entre immobilisation incorporelle et goodwill (le goodwill acquis lors d'un regroupement d'entreprises représentant un paiement effectué par un acquéreur en prévision d'avantages économiques futurs générés par des actifs mais qui ne peuvent pas être identifiés individuellement et comptabilisés séparément). Pour les dispositions de la norme IFRS 3 en la matière, voir n° 22300 s.

2. Il est **contrôlé** par l'entité du fait d'événements passés, c'est-à-dire que l'entité a le pouvoir d'obtenir des avantages économiques futurs découlant de la ressource sous-jacente et peut également restreindre l'accès des tiers à ces avantages (IAS 38.13). **29954** (suite)

La preuve du contrôle est apportée normalement en cas d'existence de droits légaux que l'entreprise peut faire appliquer par un tribunal.

Par droits légaux on entend par exemple :
- les droits d'auteur ;
- certaines contraintes figurant dans les accords commerciaux (lorsque cela est autorisé) ;
- une obligation juridique des membres du personnel de respecter la confidentialité.

Toutefois, dans certains cas, le contrôle peut être démontré en l'absence de droits légaux, même si cette démonstration est plus difficile (IAS 38.13 s.). Par exemple, en l'absence de droits légaux lui permettant de protéger ses relations clients, l'entité n'a généralement pas un contrôle suffisant des avantages économiques résultant de ces relations pour que de tels éléments (par exemple, portefeuille de clients, parts de marché, etc.) satisfassent à la définition des immobilisations incorporelles. Les transactions d'échange pour les mêmes relations clients ou des relations clients similaires non contractuelles (acquisition autrement que dans le cadre d'un regroupement d'entreprises) fournissent cependant des preuves que l'entité est néanmoins en mesure de contrôler les avantages économiques futurs résultant des relations avec la clientèle (IAS 38.16).
Dans ce cas, ces relations clients satisfont à la définition d'une immobilisation incorporelle.

3. Il est **porteur d'avantages économiques futurs** lesquels peuvent inclure soit les produits découlant de la vente de biens ou de services résultant de l'immobilisation incorporelle, soit les économies de coûts ou autres avantages résultant de l'utilisation de l'immobilisation incorporelle par l'entité (IAS 38.17).

Les éléments incorporels acquis séparément ou dans le cadre d'un regroupement d'entreprises sont considérés comme étant systématiquement porteurs d'avantages économiques futurs (IAS 38.25 et 33).

■ *Exemple 1*

Licence de distribution *La société Telfonia, spécialisée dans la conception et la fabrication de téléphones, a acquis une licence de distribution exclusive des accessoires de téléphonie mobile fabriqués par la société FutureFone. Le contrat de licence est d'une durée de 3 ans. Les accessoires seront vendus dans les boutiques détenues par Telfonia.*

Solution de l'exemple 1 *Ce contrat de licence constitue une immobilisation incorporelle. En effet, c'est un élément non monétaire sans substance physique, qui répond aux trois conditions suivantes :*
- *il est identifiable car résultant de droits contractuels (contrat de licence) liant les deux parties pour une durée de trois ans ;*
- *il est contrôlé par la société Telfonia, qui a le pouvoir d'obtenir les avantages économiques futurs attendus des ventes d'accessoires dans ses boutiques. Le contrat accorde une licence exclusive de la vente des accessoires FutureFone permettant en effet à l'entité Telfonia de restreindre l'accès des tiers aux avantages économiques futurs qu'elle retirera de la vente des accessoires de marque FutureFone ;*
- *il est porteur d'avantages économiques futurs, grâce aux ventes qui vont être réalisées durant la période du contrat.*

■ *Exemple 2*

Marque *La société Cheller fabrique et distribue des montres sous la marque Timelex, acquise il y a 8 ans. Cette marque est déposée et protégée légalement pour une durée de 10 ans, renouvelable sans coûts excessifs. Les produits fabriqués et distribués sous la marque Timelex sont vendus en France et dans de nombreux pays étrangers. Ils représentent 30 % des ventes de la société.*

Solution de l'exemple 2 *La marque Timelex constitue une immobilisation incorporelle. En effet, c'est un élément non monétaire sans substance physique qui répond aux trois critères de la définition d'une immobilisation incorporelle :*
- *elle est identifiable car résultant de droits légaux. La marque est protégée légalement pour une durée de 10 ans, renouvelable sans coûts excessifs ;*
- *elle est contrôlée par la société Cheller, car celle-ci a le pouvoir d'obtenir les avantages économiques futurs liés à son utilisation et de restreindre, au travers de son droit de propriété, l'accès des tiers. Aucune autre société ne peut vendre des produits (des montres) en utilisant cette marque déposée ;*
- *la marque Timelex est porteuse d'avantages économiques futurs, reflétés au travers du prix payé par la société Cheller pour acquérir la marque.*

Remarque – Marques acquises et marques créées en interne La comptabilisation d'une marque à l'actif du bilan diffère selon qu'elle a été acquise ou créée en interne (IAS 38.63 et .64) :
- si la marque est acquise séparément ou lors d'un regroupement d'entreprises, elle est comptabilisée à l'actif du bilan au coût (IAS 38.27) s'il peut être évalué de manière fiable ou à la juste valeur (IAS 38.33) ;
- en revanche, si la marque a été générée en interne, elle ne doit pas être comptabilisée au bilan, car les dépenses engagées pour la générer ne peuvent pas être distinguées du coût de développement de l'activité dans son ensemble (voir n° 29974).

■ *Exemple 3*

Parts de marché *Le 30/09/N, le groupe Boisseau, spécialisé dans la fabrication et la distribution de boissons sans alcool acquiert la société Energy, qui fabrique et distribue des boissons énergétiques. Cette société détient plus de 50 % des parts de marché du secteur des boissons énergétiques au 30/09/N. Ces parts de marché tiennent compte de la renommée des produits et de la fidélité de la clientèle, depuis la création de la société, il y a 10 ans.*

Solution de l'exemple 3 *Les parts de marché de la société Energy, acquises par le groupe Boisseau, ne répondent pas à la définition d'une immobilisation incorporelle. Elles représentent des éléments non monétaires, sans substance physique, mais qui ne répondent pas à certains critères de la définition d'une immobilisation incorporelle. Bien qu'elles soient porteuses d'avantages économiques futurs liés aux ventes réalisées par la société Energy, elles ne sont pas identifiables car ne résultant pas de droits contractuels ou légaux, et ne sont pas non plus séparables de l'activité de la société Energy dans son ensemble.*
En outre, elles ne sont pas contrôlées par la société Energy ni par la société Boisseau après l'acquisition, car ces sociétés peuvent toujours perdre des parts de marché (en cas de lancement d'un produit concurrent ou de diminution de la consommation de ces produits).
Les sociétés Boisseau et Energy ne contrôlent donc pas les avantages économiques futurs découlant de la détention de parts de marché et ne peuvent pas restreindre l'accès des tiers à ces avantages.

B. Comptabilisation et évaluation initiales

29960 Une immobilisation incorporelle doit être **comptabilisée à l'actif** du bilan si elle satisfait aux critères de comptabilisation suivants (IAS 38.18 s. et .21 s.) :
- il est probable que les avantages économiques futurs attribuables à l'actif iront à l'entité ;
- et son coût peut être évalué de manière fiable.

Ce critère :
- s'applique tant aux coûts encourus initialement pour acquérir ou générer en interne une immobilisation incorporelle qu'aux coûts encourus ultérieurement pour l'accroître, la remplacer ou en assurer l'entretien (IAS 38.18) ;
- est toujours considéré comme rempli lorsque l'immobilisation incorporelle est acquise dans le cadre d'un regroupement d'entreprises (IAS 38.33).

Les modalités d'application de ces critères de comptabilisation d'une immobilisation incorporelle diffèrent selon le mode d'obtention de l'immobilisation par l'entité (IAS 38.18 s.).

Pour le traitement d'une immobilisation incorporelle obtenue par acquisition séparée, voir n° 29962 ; lors d'un regroupement d'entreprises, voir n° 29964 ; en la générant en interne, voir n° 29970 ; au moyen d'une subvention publique, voir n° 29966 ; ou encore par échange d'actifs, voir n° 29968.

Lorsqu'un élément incorporel ne répond pas à la définition d'une immobilisation incorporelle et/ou aux critères de comptabilisation d'un actif, et n'est pas comptabilisé en tant qu'élément du goodwill dans le cadre d'un regroupement d'entreprises, les dépenses engagées pour son acquisition ou sa production en interne sont comptabilisées en **charges lorsqu'elles sont encourues** (IAS 38.68).

Remarque – Charges constatées d'avance Il est toutefois possible de comptabiliser à l'actif, en tant que charge constatée d'avance, un paiement d'avance au titre de la livraison de biens ou de services lorsqu'il a été effectué avant la livraison des biens ou la prestation des services (IAS 38.70).
En revanche, il est exclu de comptabiliser une telle charge à l'actif, dès lors que la livraison des biens ou la prestation des services a été effectuée, et même si son utilisation n'a pas encore eu lieu (IAS 38.69A). Tel est le cas, par exemple, des dépenses de catalogues, films publicitaires détenus mais non encore distribués (voir n° 30050).

Une immobilisation incorporelle est évaluée initialement à son coût (IAS 38.24) ou à sa juste valeur si elle est acquise dans le cadre d'un regroupement d'entreprises (IAS 38.33).

1. Immobilisations incorporelles acquises

Immobilisation incorporelle acquise séparément

Un actif acquis séparément est comptabilisé en tant qu'immobilisation incorporelle si et seulement si (IAS 38.18 et .21) : **29962**
- il répond à la définition d'une immobilisation incorporelle (voir n° 29954) ;
- il est probable que les avantages économiques futurs attribuables à l'actif iront à l'entité ;

  Cette condition est considérée comme systématiquement remplie dans le cas d'une immobilisation incorporelle acquise séparément car le prix payé pour acquérir séparément l'immobilisation reflète les attentes relatives à la probabilité que les avantages économiques futurs attribuables à l'actif iront à l'entité (IAS 38.25).

- et le coût de l'actif peut être évalué de manière fiable.

  Cette condition est généralement remplie, en particulier lorsque la contrepartie de l'achat est sous forme de trésorerie ou d'autres actifs monétaires (IAS 38.26).

Une immobilisation incorporelle acquise séparément doit être **évaluée initialement à son coût** (IAS 38.24). Dans le cas d'une acquisition séparée, le coût d'acquisition est égal (IAS 38.27) :
- au prix d'achat, y compris les droits de douane et les taxes non remboursables ;
- déduction faite de toutes les remises et de tous les rabais commerciaux ;
- augmenté de tous les coûts directement attribuables à la préparation de l'actif en vue de son utilisation de la manière prévue par la direction (voir n° 30055).

Remarques :

1. **Paiement différé au-delà des durées normales de crédit** Dans le cas particulier où le paiement au titre d'une immobilisation incorporelle est différé au-delà des durées normales de crédit, son coût est le montant correspondant à un paiement comptant. La différence entre ce montant et le total des règlements est comptabilisée en charges financières sur la durée du crédit, à moins qu'elle ne soit incorporée dans le coût de l'actif conformément à la norme IAS 23, Coûts d'emprunt (IAS 38.32), voir n° 37980 s.

2. Pour les immobilisations **acquises en contrepartie de paiements variables ou conditionnels**, voir n° 30054.

Immobilisation incorporelle acquise lors d'un regroupement d'entreprises

Un actif acquis lors d'un regroupement d'entreprises est comptabilisé en tant qu'immobilisation incorporelle s'il répond à la définition d'une immobilisation incorporelle (IAS 38.33 ; voir n° 29954). **29964**

En revanche, si l'élément ne répond pas à la définition d'une immobilisation incorporelle, il fait alors partie du goodwill comptabilisé à la date d'acquisition (IAS 38.68).

Pour les conditions générales de comptabilisation d'une immobilisation incorporelle séparément du goodwill, voir n° 22300.

Pour des exemples d'éléments incorporels acquis comptabilisés ou non séparément du goodwill, voir n° 22325 s.

Le coût d'une immobilisation incorporelle acquise lors d'un regroupement d'entreprises est sa **juste valeur à la date d'acquisition** (IAS 38.33 s. et IFRS 3.18). Ces justes valeurs sont déterminées sur la base de l'utilisation optimale de l'actif par des intervenants de marché et sans prendre en compte les intentions ou l'usage spécifiques prévus par l'acquéreur (IFRS 3.B43 ; voir n° 22035).

Pour la détermination de la juste valeur d'une immobilisation incorporelle, voir n° 22050.

Immobilisation incorporelle acquise au moyen d'une subvention publique

Selon la norme IAS 20, Comptabilisation des subventions publiques et information à fournir sur l'aide publique, l'entité peut choisir (IAS 38.44 et IAS 20.24) : **29966**
- de comptabiliser initialement l'immobilisation incorporelle et la subvention à leur juste valeur ; ou
- de comptabiliser initialement l'actif pour une valeur symbolique majorée de toute dépense directement attribuable à la préparation de l'actif en vue de son utilisation prévue.

Immobilisation incorporelle acquise par voie d'échange

29968 Une immobilisation incorporelle acquise par voie d'échange est évaluée à la juste valeur sauf si l'opération manque de substance commerciale ou s'il n'est pas possible d'évaluer de manière fiable ni la juste valeur de l'actif reçu ni celle de l'actif abandonné. Dans ce cas, l'immobilisation acquise est évaluée à la valeur comptable de l'actif transféré (IAS 38.45).

La juste valeur d'une immobilisation corporelle peut être évaluée de manière fiable si (IAS 38.47) :
- la variabilité de l'intervalle des justes valeurs raisonnables n'est pas importante pour cet actif ; ou
- si les probabilités des différentes estimations dans l'intervalle peuvent être raisonnablement appréciées et utilisées pour évaluer la juste valeur.

Si une entité est en mesure d'évaluer de manière fiable la juste valeur de l'actif reçu ou de l'actif abandonné, la juste valeur de l'actif abandonné est alors utilisée pour évaluer le coût, sauf si la juste valeur de l'actif reçu est plus clairement évidente.

Décision de l'ESMA – Acquisition de joueurs par voie d'échange dans un club de football L'ESMA a examiné le cas d'un échange de joueurs entre deux clubs de football. L'émetteur faisant l'objet de l'analyse avait comptabilisé les droits relatifs aux joueurs arrivés dans le club à la valeur contractualisée avec l'autre club et constaté un résultat de cession au titre des droits relatifs aux joueurs transférés dans l'autre club. Au cas d'espèce, le régulateur a conclu que les montants contractuels convenus entre les parties ne reflétaient pas les justes valeurs des droits relatifs aux joueurs (les joueurs arrivés ou les joueurs transférés) et qu'il n'était pas possible de déterminer de manière fiable ces justes valeurs. Par conséquent, les droits reçus devaient être évalués à la valeur comptable des droits abandonnés (montant nul, les joueurs vendus ayant été formés par le club) et aucun résultat de cession ne devait être constaté au titre des droits abandonnés (EECS/0123-04, 03/23).

Pour le cas des immobilisations corporelles, voir n° 31130.

2. Immobilisations incorporelles générées en interne

29970 Apprécier si une immobilisation incorporelle générée en interne remplit les conditions pour être comptabilisée est parfois difficile (IAS 38.51).

Il peut être notamment délicat :
- d'identifier si, et quand, il existe un actif identifiable qui générera des avantages économiques futurs attendus ;
- de déterminer de façon fiable son coût.

En conséquence, en plus de se conformer aux dispositions générales en matière de comptabilisation et d'évaluation initiale d'une immobilisation incorporelle (voir n° 29960), la norme IAS 38 prévoit les dispositions complémentaires suivantes pour la comptabilisation des immobilisations incorporelles générées en interne.

a. Dépenses de recherche et développement

29971 Les dépenses encourues au titre des projets internes doivent être distinguées selon qu'elles sont encourues lors de la phase de recherche ou lors de la phase de développement. Cette distinction est essentielle car elle conditionne leur traitement comptable (IAS 38.52).

Dépenses de recherche

29972 La recherche est définie comme une investigation originale et programmée entreprise en vue d'acquérir une compréhension et des connaissances scientifiques ou techniques nouvelles (IAS 38.8).

La « phase de recherche » inclut, par exemple (IAS 38.56) :
- les activités visant à obtenir de nouvelles connaissances ;
- la recherche de l'application de résultats de recherche ou d'autres connaissances ainsi que leur évaluation et le choix retenu in fine ;
- la recherche d'autres matériaux, dispositifs, produits, procédés, systèmes ou services ;
- la formulation, la conception, l'évaluation et le choix final d'autres possibilités de matériaux, dispositifs, produits, procédés, systèmes ou services nouveaux ou améliorés.

Les dépenses encourues pour la recherche, ou lors de la phase de recherche d'un projet interne, ne peuvent être immobilisées et doivent être **systématiquement** comptabilisées en **charges** de l'exercice au cours duquel elles sont encourues (IAS 38.54).

Toutefois, lorsqu'elles sont acquises dans le cadre d'un regroupement d'entreprises, les dépenses au titre de projets de recherche en cours à la date d'acquisition sont comptabilisées en immobilisation incorporelle si ces projets répondent à la définition d'un actif et sont identifiables (c'est-à-dire qu'elles sont soit séparables, soit résultent de droits légaux ou contractuels) (IAS 38.69).

Dépenses de développement

Le développement est l'application des résultats de la recherche ou d'autres connaissances à un plan ou un modèle en vue de la production de matériaux, dispositifs, produits, procédés, systèmes ou services nouveaux ou substantiellement améliorés, avant le commencement de leur production commerciale ou de leur utilisation (IAS 38.8). **29973**

La « phase de développement » inclut, par exemple, les activités suivantes (IAS 38.59) :
- conception, construction et tests de pré-production ou de pré-utilisation de modèles et prototypes ;
- conception d'outils, de gabarits, moules et matrices impliquant une technologie nouvelle ;
- conception, construction et exploitation d'une unité pilote qui n'est pas à une échelle permettant une production commerciale dans des conditions économiques ;
- conception, construction et tests pour la solution choisie pour d'autres matériaux, dispositifs, produits, procédés, systèmes ou services nouveaux ou améliorés.

1. **Comptabilisation initiale** Les dépenses encourues au titre du développement, ou lors de la phase de développement d'un projet en interne, sont à comptabiliser **en immobilisations incorporelles** si l'entité peut **démontrer** les six critères suivants simultanément (IAS 38.57) :
- la faisabilité technique nécessaire à l'achèvement de l'immobilisation incorporelle en vue de sa mise en service ou de sa vente ;
- son intention d'achever l'immobilisation incorporelle et de l'utiliser ou de la vendre ;
- sa capacité à utiliser ou à vendre l'immobilisation incorporelle ;
- la façon dont l'immobilisation incorporelle générera des avantages économiques futurs probables ;
- la disponibilité de ressources techniques, financières et autres, appropriées pour achever le développement et utiliser ou vendre l'immobilisation incorporelle ; et
- sa capacité à évaluer de manière fiable les dépenses attribuables à l'immobilisation incorporelle au cours de son développement.

A défaut, ces dépenses constituent des charges.

Remarque Dans ses recommandations en vue de l'arrêté des comptes 2006, l'AMF a rappelé l'importance i) de décrire les incorporels significatifs contrôlés par l'entité mais non reconnus car les critères d'activation ci-dessus ne sont pas satisfaits et ii) d'expliquer en annexe les raisons justifiant une telle comptabilisation (Rec. AMF 2006-22, Arrêté des Comptes 2006, §8).

Décision de l'ESMA – Capitalisation de coûts encourus pour le développement interne de candidats médicaments qui sont en phase d'études cliniques L'ESMA a remis en cause la capitalisation par un émetteur des coûts d'un projet pharmaceutique, sur la base du non-respect des critères de comptabilisation énoncés par IAS 38.57. Le régulateur a notamment souligné les incertitudes relatives à la faisabilité technique du projet, à la génération d'avantages économiques futurs et à la disponibilité des ressources appropriées pour achever le développement du projet (EECS/0123-03).

2. **Evaluation initiale** Le coût initial d'une immobilisation incorporelle générée en interne est égal à la somme des dépenses encourues, à partir de la date à laquelle cette immobilisation incorporelle satisfait pour la première fois aux critères de comptabilisation (IAS 38.65).

Il est interdit de réincorporer dans le coût initial des dépenses antérieurement comptabilisées en charges (IAS 38.65).

Ainsi, le coût d'une immobilisation incorporelle générée en interne comprend tous les coûts directement attribuables nécessaires à la création, la production et la préparation de l'immobilisation, pour qu'elle puisse être exploitée de la manière prévue par la direction (IAS 38.66).

Exemples de coûts directement attribuables (IAS 38.66) :
- les coûts des matériaux et services utilisés ou consommés pour générer l'immobilisation incorporelle ;
- les coûts des avantages du personnel résultant de la création de l'immobilisation incorporelle ;
- les honoraires d'enregistrement d'un droit légal, tel qu'un brevet ;
- l'amortissement des brevets et licences utilisés pour générer l'immobilisation incorporelle ; ou encore
- les coûts des emprunts, dès lors qu'ils satisfont aux critères énoncés par la norme IAS 23, Coûts d'emprunt (voir n° 37986 s.), pour être inclus dans le coût d'une immobilisation incorporelle générée en interne.

Exemples de coûts non incorporables (IAS 38.67) :
- les coûts de la vente ;
- les coûts administratifs et autres frais généraux, sauf si ces dépenses sont directement attribuables à la préparation de l'actif en vue de son utilisation ;
- les inefficacités clairement identifiées et pertes opérationnelles initiales (avant que l'actif n'atteigne le niveau de performance prévu) ;
- les dépenses au titre de la formation du personnel pour utiliser l'actif.

Pour des exemples illustratifs, voir n° 30056.

b. Dépenses à ne pas activer en immobilisation incorporelle créée en interne

Sur les critères de comptabilisation de telles dépenses en charges constatées d'avance, voir n° 30050.

29974 Les **marques, notices, titres de journaux et de magazines, listes de clients générés en interne et autres éléments similaires** ne doivent jamais être comptabilisés comme immobilisations incorporelles.

Les dépenses encourues pour les générer doivent être comptabilisées en charges lorsqu'elles sont encourues (IAS 38.63). En effet, les dépenses engagées pour générer ce type d'éléments incorporels ne peuvent pas être distinguées du coût de développement de l'activité dans son ensemble et ne remplissent donc pas les critères de définition et de comptabilisation d'une immobilisation incorporelle (IAS 38.64).

Il s'agit de dépenses contribuant au goodwill généré en interne. Or, le **goodwill généré en interne** ne doit pas être comptabilisé en tant qu'actif car il ne s'agit pas d'une ressource identifiable (ni séparable, ni résultant de droits contractuels ou autres droits légaux), contrôlée par l'entité et pouvant être évaluée de manière fiable à son coût (IAS 38.48).

■ *Exemple*

Un cabinet de recrutement engage régulièrement des coûts pour identifier des candidats recherchant un poste à l'international et se constituer un fichier de candidats. Il s'agit de coûts externes (honoraires) et internes (salaires et frais de voyage). La plupart des coûts ont été engagés pour recenser des données individuelles sur ces candidats. Le processus de recrutement peut prendre jusqu'à quatre années.

Solution de l'exemple *Les coûts de constitution d'un tel fichier ne peuvent pas être comptabilisés en immobilisation incorporelle (décision de l'ESMA, EECS/0112-01, 10/12). En effet :*
- bien qu'ils soient porteurs d'avantages économiques futurs pour le cabinet de recrutement, ils ne constituent pas un élément identifiable car ils ne peuvent pas être distingués du coût de développement de l'activité dans son ensemble : les informations sont collectées dans le but d'obtenir des clients. En outre, le fait que la collecte d'informations se fasse de manière continue dans le temps rend difficile la distinction avec le coût du développement de l'activité dans son ensemble ;
- les éléments du fichier ne sont pas contrôlés par le cabinet.

Par conséquent, ces coûts sont à comptabiliser immédiatement en charges.

D'autres dépenses, bien qu'elles soient encourues pour assurer à une entité des avantages économiques futurs, ne peuvent pas être comptabilisées à l'actif car elles ne peuvent être distinguées du coût de développement de l'activité dans son ensemble.

Tel est le cas, par exemple, des dépenses (IAS 38.69) :
- au titre des activités en démarrage telles que les frais d'établissement, les dépenses au titre de l'ouverture d'une nouvelle installation ou d'une nouvelle entreprise ;
- de formation ;
- de publicité et de promotion ;
- de délocalisation ou de réorganisation.

C. Comptabilisation et évaluation ultérieures

1. Traitement des dépenses ultérieures

29976 Les dépenses engagées ultérieurement pour accroître, remplacer ou assurer l'entretien d'une immobilisation incorporelle déjà comptabilisée doivent être ajoutées à la valeur comptable de cette immobilisation incorporelle si (IAS 38.18) :
- il est probable que les avantages économiques futurs attribuables à l'actif iront à l'entité ;
- et le coût de cet actif peut être évalué de manière fiable.

Lorsque les dépenses ultérieures ne répondent pas à ces critères, elles doivent être comptabilisées en charges de l'exercice au cours duquel elles sont encourues.

Il est souvent difficile d'attribuer directement des dépenses ultérieures à une immobilisation incorporelle particulière plutôt qu'à l'ensemble de l'activité. Par conséquent, les dépenses ultérieures ne sont que rarement comptabilisées dans la valeur comptable d'une immobilisation incorporelle.

Remarques :

1. **Les dépenses ultérieures au titre de marques, notices, titres de journaux et de magazines, listes de clients et autres éléments similaires** (que ceux-ci soient acquis à l'extérieur ou générés en interne) sont toujours comptabilisées dans le résultat au fur et à mesure qu'elles sont encourues (IAS 38.20), ne pouvant pas être distinguées de celles encourues pour développer l'activité dans son ensemble.
2. **Les dépenses ultérieures concernant un projet de recherche et développement en cours acquis séparément ou lors d'un regroupement d'entreprises** doivent être comptabilisées selon les mêmes principes que ceux relatifs aux projets de recherche et développement générés en interne (voir nº 29970) et ajoutées à la valeur comptable du projet de recherche et développement acquis en cours s'il s'agit de dépenses de développement qui satisfont aux critères de comptabilisation à l'actif (IAS 38.42 et .43).

2. Evaluation ultérieure

La norme IAS 38 autorise **deux modèles d'évaluation ultérieure** à la comptabilisation initiale (IAS 38.72), le modèle du coût et le modèle de la réévaluation. **29980**

Le choix de la méthode du coût ou de la réévaluation doit être effectué par catégorie d'immobilisations incorporelles sauf s'il n'y a pas de marché actif pour ces actifs (IAS 38.72), une catégorie d'immobilisations étant définie comme un regroupement d'actifs de nature et d'usage similaires au sein de l'activité de l'entreprise (IAS 38.73).

Les catégories d'immobilisations incorporelles peuvent être, par exemple, les marques, les logiciels, les licences et franchises, les droits de reproduction et brevets d'exploitation, les modèles et prototypes, les immobilisations incorporelles en cours de développement.

Pour la définition d'un marché actif selon IFRS 13, voir nº 13343.

1. **Le modèle du coût** : l'immobilisation incorporelle est évaluée à son coût diminué du cumul d'amortissements et du cumul des pertes de valeur (IAS 38.74), voir nº 29984.

2. **Le modèle de la réévaluation** :

a. **Principe** Le montant réévalué est égal à sa **juste valeur** à la date de réévaluation, diminué du cumul des amortissements et du cumul des pertes de valeurs comptabilisés ultérieurement entre deux réévaluations (IAS 38.75).

La juste valeur est le prix qui serait reçu pour la vente d'un actif ou payé lors du transfert d'un passif dans une transaction normale, réalisée entre intervenants de marché, à la date de l'évaluation (IAS 38.8).

Pour les principes d'évaluation de la juste valeur fournis par IFRS 13, voir nº 13310 s.

Ce modèle doit être appliqué :

- à tous les actifs d'une même catégorie d'immobilisations incorporelles ;

Il est impossible de procéder à une réévaluation sélective des actifs au sein des catégories.

- uniquement lorsqu'il existe un **marché actif** pour la catégorie d'immobilisations incorporelles concernée (IAS 38.75), ce qui n'est pas courant en pratique. Il est ainsi, en général, rare qu'une entité puisse appliquer le modèle de la réévaluation aux immobilisations incorporelles.

Sur la définition d'un marché actif, voir nº 13343.

Selon IAS 38.78 :

- dans certaines juridictions, un marché actif peut exister pour des licences de taxis, licences de pêche ou quotas de production, librement cessibles ;
- un marché actif n'existe pas pour les marques, les titres de journaux, les droits d'édition musicale et cinématographique, les brevets ou les marques commerciales car chacun de ces actifs est unique. De même, bien que les immobilisations incorporelles s'achètent et se vendent, les contrats se négocient entre acquéreurs et vendeurs individuels et les transactions sont relativement peu fréquentes. Pour toutes ces raisons, le prix payé pour un actif peut ne pas fournir une indication suffisante de la juste valeur d'un autre actif. De plus, les prix ne sont pas souvent mis à la disposition du public.

En outre, les réévaluations doivent être effectuées avec une **régularité suffisante** pour que, à la date de clôture, la valeur comptable de l'actif ne diffère pas de façon significative de sa juste valeur (IAS 38.75).

Si la volatilité de la juste valeur de certaines immobilisations incorporelles est forte, il peut être nécessaire de réaliser une réévaluation annuelle. Dans le cas contraire (variations peu importantes et non régulières), les réévaluations peuvent être moins fréquentes (IAS 38.79), par exemple, à notre avis, tous les 3 à 5 ans (selon une fréquence à déterminer en respect du principe énoncé). Entre deux réévaluations, un amortissement doit être comptabilisé de sorte que la valeur comptable de l'actif ne diffère pas de façon significative de sa juste valeur.

La norme IAS 38 fournit des précisions complémentaires concernant le choix du modèle de la réévaluation (IAS 38.75 s.).

b. Comptabilisation de la réévaluation Lorsqu'une immobilisation incorporelle est réévaluée, sa valeur comptable est ajustée au montant réévalué (IAS 38.80) de l'une des manières suivantes :
– la valeur comptable brute est ajustée d'une manière qui concorde avec la réévaluation de la valeur comptable de l'actif. Par exemple, la valeur comptable brute peut être retraitée par référence à des données de marché observables ou au prorata de la variation de la valeur comptable. Le cumul des amortissements à la date de réévaluation est ajusté pour correspondre à la différence entre la valeur comptable brute de l'actif et sa valeur comptable déduction faite du cumul des pertes de valeur. Cette méthode conserve à l'actif un cumul d'amortissements et la valeur brute ainsi modifiée devient la nouvelle base des amortissements futurs ; ou
– le cumul des amortissements est déduit de la valeur comptable brute de l'actif. Les amortissements antérieurs ne figurent plus à l'actif du bilan et la valeur réévaluée devient la nouvelle valeur à amortir.

Le montant de l'ajustement du cumul des amortissements fait partie de l'accroissement ou de la diminution de la valeur comptable tel que précisé ci-après.

Pour un exemple d'application, voir n° 30991.

Si la juste valeur est supérieure à la valeur comptable : augmentation de la valeur de l'immobilisation incorporelle à l'actif en contrepartie (IAS 38.85) :
– des autres éléments du résultat global (« Other Comprehensive Income »/OCI) sous la rubrique « Ecarts de réévaluation » ; ou
– d'un produit au compte de résultat si l'augmentation de valeur de l'actif vient compenser une diminution de valeur du même actif, antérieurement comptabilisée en charges, en application du modèle de la réévaluation.

Si la juste valeur est inférieure à la valeur comptable : diminution de la valeur comptable de l'immobilisation incorporelle à l'actif, en contrepartie (IAS 38.86) :
– d'une charge au compte de résultat ; ou
– en autres éléments du résultat global (OCI) sous la rubrique « Ecarts de réévaluation », si cette rubrique présente un solde créditeur au titre de ce même actif.

Remarque – Transfert en résultats non distribués Le montant cumulé des écarts de réévaluation figurant en autres éléments du résultat global (OCI) peut être transféré directement en Résultats accumulés non distribués (Réserves), sans transiter par le compte de résultat, lorsqu'il est réalisé, c'est-à-dire (IAS 38.87) :
– lors de la mise hors service de l'immobilisation incorporelle réévaluée ;
– lors de la sortie de l'immobilisation incorporelle réévaluée ;
– au fur et à mesure de l'utilisation de l'actif par l'entité.

3. Amortissement des immobilisations incorporelles

29984 Les modalités d'amortissement des immobilisations incorporelles sont les suivantes :

1. Principe L'amortissement des immobilisations incorporelles est obligatoire, que ces immobilisations soient comptabilisées selon le modèle du coût ou selon le modèle de la réévaluation (sauf lorsque ces immobilisations ont une durée d'utilité indéterminée).

L'amortissement est défini comme la répartition systématique du montant amortissable d'une immobilisation incorporelle sur sa durée d'utilité (IAS 38.8).

2. Détermination de la durée d'utilité La durée d'utilité est la période pendant laquelle l'entité s'attend à utiliser un actif, ou le nombre d'unités de production ou unités similaires que l'entité s'attend à obtenir de l'actif (IAS 38.8).

Une immobilisation peut avoir une durée de vie **finie** (comme un brevet ou un logiciel, par exemple) ou **indéterminée** (telle une marque) lorsque, sur la base d'une analyse de tous les facteurs pertinents, il n'y a pas de limite prévisible à la période au cours de laquelle on s'attend à ce que l'actif génère pour l'entité des entrées nettes de trésorerie (IAS 38.88).

Le fait de rencontrer des difficultés pour déterminer la limite prévisible à la période au cours de laquelle on s'attend à ce que l'actif génère des entrées nettes de trésorerie pour l'entité n'est pas une situation de nature à indiquer que l'actif a une durée de vie indéterminée (en ce sens, décision ESMA, EECS/0113-02, 04/13). **29984** (suite)

Les facteurs économiques à analyser pour déterminer la durée d'utilité d'une immobilisation incorporelle peuvent être notamment (IAS 38.90) :

- l'utilisation attendue de l'actif par l'entité et le fait que cet actif peut (ou non) être géré efficacement par une autre équipe de direction ;
- les cycles de vie caractéristiques du produit relatif à l'actif et les informations concernant l'estimation de la durée d'utilité d'actifs similaires qui sont utilisés de façon similaire ;
- l'obsolescence technique, technologique, commerciale ou autre ;
- la stabilité du secteur d'activité dans lequel l'actif est utilisé et l'évolution de la demande portant sur des produits ou les services résultant de l'actif ;
- les actions attendues des concurrents ;
- le niveau de dépenses de maintenance à effectuer pour obtenir les avantages économiques futurs attendus de l'actif et la capacité et l'intention de l'entité d'atteindre un tel niveau ;
- la durée du contrôle sur l'actif et les limitations juridiques ou autres pour son utilisation telles que les dates d'expiration des contrats de location liés ;
- le fait que la durée d'utilité de l'actif dépend (ou non) de la durée d'utilité des autres actifs de l'entité.

Lorsqu'une immobilisation incorporelle résulte de **droits contractuels** ou d'**autres droits légaux,** la durée d'utilité doit être déterminée sur la base de l'analyse des facteurs économiques et juridiques (IAS 38.94). Leur durée d'utilité est alors la durée la plus courte entre :

- la période au cours de laquelle l'entité s'attend à recevoir des avantages économiques futurs de l'immobilisation, déterminée sur la base des facteurs économiques ; et
- la période couverte par les droits contractuels ou autres droits légaux, déterminée sur la base de facteurs juridiques.

Dans le cas où la durée d'utilité d'une immobilisation incorporelle résulte de droits contractuels acquis pour une durée limitée mais renouvelable, la durée d'utilité inclut la(les) période(s) de renouvellement s'il existe des éléments probants justifiant le renouvellement sans coûts importants (IAS 38.94 et .96).

Dans le cas particulier d'un droit réacquis dans le cadre d'un regroupement d'entreprises, la durée d'utilité est la période contractuelle résiduelle du contrat par lequel ce droit a été octroyé et ne doit pas inclure de période de renouvellement (IAS 38.94).

3. Immobilisations incorporelles à durée d'utilité finie Lorsqu'une immobilisation incorporelle a une durée d'utilité finie, l'actif doit être amorti sur cette durée d'utilité (IAS 38.97). En outre, un test de dépréciation doit être effectué, selon les principes de la norme IAS 36, Dépréciation d'actifs (voir n° 35955 s.), dès lors qu'un indicateur de perte de valeur est identifié.

La **date de début d'amortissement** est la date à laquelle l'actif immobilisé est prêt à être mis en service, c'est-à-dire dès qu'il se trouve à l'endroit et dans l'état nécessaires pour pouvoir être exploité de la manière prévue par la direction (IAS 38.97).

La **date de fin d'amortissement** peut être la date à laquelle l'immobilisation est classée comme actifs non courants et groupes d'actifs détenus en vue de la vente, selon les critères de la norme IFRS 5 (voir n° 37009 s.), ou la date de décomptabilisation de l'actif lors d'une cession (IAS 38.97).

Le **mode d'amortissement** utilisé doit refléter le rythme selon lequel l'entité prévoit de consommer les avantages économiques futurs liés à l'actif (IAS 38.97).

Si le rythme prévisible de consommation des avantages économiques futurs ne peut être déterminé de façon fiable, le mode d'amortissement linéaire doit être appliqué (IAS 38.97).

Différents modes d'amortissement existent et incluent notamment (IAS 38.98) :

- le **mode linéaire** : la consommation des avantages économiques futurs est liée au passage du temps et ce, de manière uniforme sur la durée. Ce mode d'amortissement conduit à une charge constante sur la durée d'utilité de l'actif ;
- le **mode dégressif** : la consommation des avantages économiques futurs est également liée au passage du temps et ce, de manière non uniforme sur la durée. Ce mode d'amortissement conduit à une charge décroissante sur la durée d'utilité de l'actif ;
- le **mode des unités de production** : la consommation des avantages économiques futurs est liée à une quantité produite par l'immobilisation ou à une utilisation de l'immobilisation. Le mode des unités de production donne lieu à une charge basée sur l'utilisation ou la production prévue de l'actif.

Un tel amortissement est possible même si l'amortissement devient inférieur à l'amortissement selon un mode linéaire (IAS 38.BC72A). Sur les conditions d'utilisation du mode des unités de production, voir n° 30060.

Par ailleurs, il existe une présomption réfutable qu'une méthode d'amortissement **basée sur le revenu** généré par l'utilisation de l'actif incorporel n'est pas appropriée. Cette présomption ne peut être réfutée que dans les circonstances limitées suivantes (IAS 38.98A) :
- l'actif incorporel est exprimé sur la base d'une évaluation du revenu ; ou
- il peut être démontré qu'il existe une forte corrélation entre le revenu et la consommation des avantages économiques liés à l'actif.

Une telle méthode pourrait, par exemple, trouver à s'appliquer dans l'industrie des médias, pour l'amortissement de droits audiovisuels (droit cinématographique, télévisuel ou vidéographique, qui est acheté avec ou sans minimum garanti, en vue de sa commercialisation, par voie de distribution ou de négoce).

Dans un cas similaire, l'ESMA n'a pas remis en cause l'utilisation de cette méthode (EECS/0118-10, 04/18).

A noter que, pour les immobilisations corporelles, cette méthode d'amortissement est interdite (IAS 16.62A).

Selon l'IFRS IC, dans tous les cas, l'entreprise doit faire preuve de jugement pour apprécier le rythme selon lequel elle prévoit de consommer les avantages économiques futurs liés à l'actif et donc pour déterminer le mode d'amortissement le plus approprié (IFRIC Update 11/09 et 01/10).

Le **montant amortissable** d'une immobilisation incorporelle à durée d'utilité finie est égal (IAS 38.8) :
- au coût de l'actif, ou à tout autre montant substitué au coût, par exemple la valeur réévaluée, lorsque le modèle de la réévaluation est utilisé ;
- diminué de la valeur résiduelle de l'immobilisation incorporelle.

La **valeur résiduelle** d'un actif est le montant estimé qu'une entité obtiendrait, à ce jour, de la sortie de l'actif, après déduction des coûts de sortie estimés, si l'actif avait déjà l'âge et se trouvait déjà dans l'état prévu à la fin de sa durée d'utilité (IAS 38.8).

Dans le cas d'une immobilisation incorporelle, la valeur résiduelle est **généralement réputée nulle**, sauf toutefois dans les cas suivants (IAS 38.100) :
- si un tiers s'est engagé à racheter l'actif à la fin de sa durée d'utilité ; ou
- s'il existe un marché actif tel que défini par IFRS 13 (voir n° 13343) pour cette immobilisation et si sa valeur résiduelle peut être déterminée par référence à ce marché et s'il est probable qu'un tel marché existera à la fin de la durée d'utilité de l'actif.

La valeur résiduelle, la durée et le mode d'amortissement d'une immobilisation incorporelle doivent être **examinées au moins une fois par an,** à la clôture de chaque exercice et tout changement de durée, de mode d'amortissement ou de valeur résiduelle est comptabilisé de manière prospective, comme un **changement d'estimation comptable,** selon les principes de la norme IAS 8 (IAS 38.104), voir n° 12687 s.

La dotation aux amortissements afférente est comptabilisée en résultat, sauf si l'immobilisation est utilisée pour la production d'un autre actif (IAS 38.97).

4. **Immobilisations incorporelles à durée d'utilité indéterminée** Une immobilisation incorporelle à durée d'utilité indéterminée, par exemple une marque, ne doit pas être amortie (IAS 38.107).

Pour les cas dans lesquels une immobilisation incorporelle est considérée comme ayant une durée d'utilité indéterminée, voir n° 30070.

En revanche, un test de dépréciation de l'immobilisation incorporelle doit être réalisé, selon les principes de la norme IAS 36 (voir n° 35955 s.), annuellement et à chaque fois qu'un indice de perte de valeur est identifié par l'entité (IAS 38.108).

Une durée d'utilité indéterminée doit être réexaminée à chaque exercice. Tout changement d'appréciation de cette durée d'utilité doit être comptabilisé de manière prospective, comme un changement d'estimation comptable, selon les principes de la norme IAS 8 (IAS 38.109), voir n° 12687 s. En outre, en cas de changement de la durée d'utilité indéterminée en durée d'utilité finie, un test de dépréciation devra être effectué, la réestimation de la durée d'utilité indéterminée en durée finie constituant un indice de perte de valeur (IAS 38.110).

4. Dépréciation des immobilisations incorporelles

29988 La dépréciation des immobilisations incorporelles suit les principes de la norme IAS 36 (voir n° 35955 s.).

Les immobilisations incorporelles dont la durée d'utilité est finie doivent faire l'objet d'un test de dépréciation, réalisé uniquement lorsqu'il existe un indice de perte de valeur concernant l'immobilisation incorporelle (IAS 38.111).

Pour les immobilisations incorporelles dont la durée d'**utilité est indéterminée**, ainsi que pour celles non encore mises en service, la norme IAS 36 impose la réalisation d'un **test de dépréciation annuel**, et à chaque fois qu'il y a une **indication que l'immobilisation incorporelle peut s'être dépréciée** (IAS 38.108).

D. Cession et mise hors service

Une immobilisation incorporelle doit être décomptabilisée lors de sa cession (par exemple, par vente, conclusion d'un contrat de location-financement ou don) ou lorsque l'entreprise n'attend plus d'avantages économiques futurs de son utilisation ou de sa vente (IAS 38.112). **29992**

Date de décomptabilisation La date de sortie d'une immobilisation incorporelle, s'il s'agit d'une vente, est la date à laquelle l'acquéreur en obtient le contrôle, selon les dispositions de la norme IFRS 15, Produits des activités ordinaires tirés de contrats conclus avec des clients, visant à déterminer à quelle date une obligation de performance est satisfaite (IAS 38.114), voir n° 24991.

Résultat de cession Les profits ou les pertes provenant de la mise hors service ou de la sortie d'une immobilisation incorporelle doivent être déterminés par différence entre le produit de sortie net et la valeur comptable de l'actif (IAS 38.113).

Ils doivent être comptabilisés en résultat à la date de décomptabilisation (sauf si IFRS 16, Contrats de location, impose par ailleurs un traitement différent dans une situation de cession-bail) (IAS 38.113).

Les profits considérés ne doivent pas être classés en produits des activités ordinaires (IAS 38.113), ne constituant pas du chiffre d'affaires.

Décision de l'IFRS IC – Paiements reçus au titre d'un transfert de joueur de football L'IFRS IC a publié en juin 2020 une décision relative à la comptabilisation des paiements reçus au titre d'un transfert de joueur de football. Selon l'IFRS IC, un tel paiement reçu doit être comptabilisé comme une composante du gain ou de la perte résultant de la décomptabilisation de l'immobilisation incorporelle, selon IAS 38.113, pour un montant net calculé à hauteur de la différence entre le prix de cession du joueur et la valeur nette comptable de l'actif issu de l'acquisition initiale du joueur par le club. En effet, le paiement reçu est la contrepartie du transfert du joueur qui entraîne la décomptabilisation de l'immobilisation et fait donc partie du produit net de cession (IFRIC Update 06/20).

Décision de l'ESMA – Présentation des profits résultant de la vente d'une immobilisation incorporelle L'ESMA a rappelé que ces profits ne pouvaient pas être présentés comme du chiffre d'affaires, selon IAS 38.113, car, par définition, les immobilisations incorporelles qui sont détenues par une entité en vue de la vente, dans le cadre de son activité ordinaire, ne sont pas comptabilisées selon les dispositions d'IAS 38.3(a). En effet, IAS 38 ne s'applique pas à de telles immobilisations incorporelles, qui doivent de ce fait être comptabilisées selon les dispositions d'IAS 2, Stocks (EECS/0116-04, 07/16).

Le prix de vente à inclure dans le produit de sortie net résultant de la cession d'une immobilisation incorporelle est déterminé conformément aux dispositions de la norme IFRS 15 relatives à la détermination du prix de transaction (IFRS 15.47 à .72), voir n° 24989. Les variations ultérieures du montant estimé du prix de vente considéré doivent être comptabilisées selon les dispositions relatives à la modification du prix de transaction prévues par IFRS 15 (IAS 38.116).

Cession-bail Si la vente est accompagnée d'un contrat de location de l'actif incorporel considéré avec le même tiers, que cet actif n'est pas spécifiquement exclu du champ d'application de la norme IFRS 16, Contrats de location, et que le preneur a choisi d'appliquer cette dernière à ses immobilisations incorporelles louées, la transaction est qualifiée d'opération de cession-bail (IFRS 16.98) et les dispositions d'IFRS 16 s'appliquent.

Pour les immobilisations incorporelles exclues du champ d'application d'IFRS 16, voir n° 32975.

Pour le traitement comptable des opérations de cession-bail, voir n° 33040.

E. Présentation et informations en annexe

Les immobilisations incorporelles doivent être présentées au bilan par catégories distinctes. Les catégories peuvent être ventilées ou regroupées en catégories plus fines ou plus larges si cela permet de fournir aux utilisateurs des états financiers une information plus pertinente. **29996**

Pour chaque catégorie, les informations suivantes doivent être fournies, en distinguant les immobilisations incorporelles générées en interne des autres immobilisations incorporelles (IAS 38.118) :
- les immobilisations incorporelles à durée d'utilité indéterminée ;
- les durées d'utilité (ou taux d'amortissement) et modes d'amortissement utilisés pour les immobilisations incorporelles à durées d'utilité finies ;
- la valeur brute comptable et le montant accumulé des amortissements à l'ouverture et à la clôture de l'exercice ;
- les postes de l'état du résultat global dans lesquels les dotations aux amortissements sont comptabilisées ;
- le rapprochement entre les valeurs comptables à l'ouverture et à la clôture de la période.

En outre, des informations relatives aux immobilisations incorporelles sont requises par d'autres normes :
- IAS 36 : informations sur les immobilisations incorporelles dépréciées ;
- IAS 8 : informations sur la nature et le montant de tout changement d'estimation comptable ayant un impact significatif sur les résultats de la période actuelle ou qui pourrait avoir un impact significatif sur les périodes ultérieures ;
- IFRS 13 : informations au titre des évaluations de la juste valeur.

Enfin, d'autres informations sont requises, notamment (IAS 38.120 s.) :
- en cas de durée d'utilité indéterminée ;
- lorsqu'une immobilisation incorporelle est individuellement significative pour les états financiers ;

En ce sens, décision CESR (devenu l'ESMA) EECS/0111-08, 02/11.

- concernant les dépenses de recherche et développement ;
- concernant les immobilisations incorporelles acquises au moyen de subventions ;
- en cas de restriction relative à la propriété d'immobilisations incorporelles ou lorsqu'elles sont données en nantissement de dettes ;
- en cas d'engagements contractuels en vue de l'acquisition d'immobilisations incorporelles.

Remarque – Niveau d'agrégation de l'information relative aux coûts d'exploration minière capitalisés Les dispositions d'IAS 38 en matière de comptabilisation et d'évaluation ne doivent pas être appliquées aux actifs entrant dans le champ d'application de la norme IFRS 6, Prospection et évaluation des ressources minérales. Toutefois, conformément à IFRS 6.25, les informations imposées par IAS 16 ou IAS 38 doivent être cohérentes avec la classification retenue pour les actifs d'exploration et d'évaluation, dans le cas présent la capitalisation des coûts d'exploration minière. Dans un cas traité par l'ESMA (EECS/0214-10, 11/14), l'information devait être fournie pour chaque actif incorporel spécifique représentatif d'une licence distincte. Les licences d'exploration étant traitées comme des actifs incorporels, les dispositions en matière d'information d'IAS 38 s'appliquent. En outre, il était également nécessaire de communiquer une information sur les coûts d'exploration capitalisés, cette information étant significative dès lors qu'aucun revenu n'avait encore été dégagé de l'activité.

QUESTIONS/REPONSES PRATIQUES

Remarque importante

30006 Les réponses apportées aux questions présentées dans ce chapitre résultent de l'analyse des dispositions de la norme IAS 38, Immobilisations incorporelles, en vigueur actuellement, sur la base des informations disponibles au 1er juin 2023.

Pour une présentation générale des principales dispositions de la norme IAS 38, voir nº 29952 s. Sur la comptabilisation des droits d'émission de gaz à effet de serre (quotas de CO_2), voir nº 67670.

Jetons numériques, Crypto actifs et « Initial Coin Offerings » (ICO)

30010 L'IFRS IC a mené une réflexion sur le traitement comptable en IFRS des crypto actifs et ICO/« Initial Coin Offerings » (ou émission d'offre de jetons numériques). L'IASB a en effet consulté l'IFRS IC afin de définir un cadre comptable, d'une part, pour les détenteurs de crypto actifs et, d'autre part, pour les émetteurs d'offre de jetons numériques (ICO).

1. Détention de crypto actifs Concernant la détention de crypto actifs, le champ d'analyse défini par l'IASB vise principalement les jetons utilisés en tant que moyens d'échange sous forme numérique ou virtuelle par des dispositifs d'enregistrement électronique partagé. **30010** (suite)

L'Autorité des normes comptables (ANC) a publié en décembre 2018 le règlement qui définit un cadre comptable applicable en règles françaises pour les émetteurs d'offre de jetons numériques (ICO), ainsi que pour les détenteurs de jetons, que ces jetons aient été acquis par souscription à une offre de jetons ou par acquisition (Règl. ANC 2018-07).

En juin 2019, l'IFRS IC s'est prononcé sur le traitement comptable de la détention de crypto-monnaies ayant les caractéristiques suivantes :
- ils correspondent à un moyen d'échange sous forme numérique ou virtuelle par des dispositifs d'enregistrement électronique partagé (crypto monnaies telles que les Bitcoin, Ether, etc.) ;
- ils ne sont pas émis par une autorité juridictionnelle ou une autre partie ;
- ils ne donnent pas lieu à un contrat entre le titulaire et une autre partie.

L'IFRS IC a conclu que ces crypto monnaies doivent être comptabilisées en Stocks (IAS 2) lorsque l'entité détient et vend ces crypto monnaies dans le cours normal de son activité. A défaut, l'entité doit appliquer la norme IAS 38, Immobilisations incorporelles, à la détention de ce type de crypto monnaies car elles répondent dans ce cas à la définition d'un actif incorporel. En effet, elles sont susceptibles d'être séparées de l'entité et vendues ou transférées individuellement (IAS 38.12) et elles ne donnent pas le droit à l'entité de recevoir un nombre fixe ou déterminable d'unités monétaires (IAS 21.16). L'IFRS IC a par ailleurs exclu la comptabilisation en trésorerie ou en autre actif financier, constatant que les critères d'IAS 32.AG3 et .11 n'étaient pas remplis au cas particulier.

2. Emission d'offre de jetons numériques (ICO) Une ICO désigne une opération de levée de fonds transfrontalière destinée à financer des projets novateurs moyennant le versement par le souscripteur de monnaie « classique » appelée « Fiat monnaie » ($, €...) ou de crypto actifs (le plus souvent des crypto monnaies telles que les Bitcoin, Ether, etc.). Elle donne lieu à une émission de jetons (« token » et/ou « coin ») qui se composent de plusieurs catégories donnant des droits différents à leurs détenteurs :
- jetons financiers (« security token ») : droits financiers ou de vote ; ou
- jetons d'utilité (« utility token ») : droits d'usage (services ou biens liés à la technologie développée) ; ou
- jetons de paiement (« currency token ») : moyens de paiement, crypto monnaies.

Du point de vue de l'émetteur d'une ICO, il faut distinguer deux questions :

i. au débit : quelle est la comptabilisation à l'actif des éventuelles crypto monnaies reçues ? (voir point 1. ci-avant) ;

ii. au crédit : quelle est la comptabilisation des jetons émis ? Cela dépend principalement de la nature du jeton émis.

A ce stade, l'IFRS IC ne s'est pas prononcé sur ces sujets. Les traitements comptables examinés concernant l'émission de jetons lors d'une ICO par l'IFRS IC sont notamment : instrument de capitaux propres, dette financière, autre dette, paiement anticipé pour un contrat de biens ou services avec un client, etc.

En pratique, chaque ICO est différente et présente des termes et des conditions uniques. Il est donc nécessaire de prendre en compte les termes du contrat pour comprendre les obligations de l'émetteur sur la base des caractéristiques décrites dans les documents d'information mis à la disposition des souscripteurs et des détenteurs dits « white papers ».

Le tableau suivant, élaboré par nos soins, fournit un cadre d'analyse possible des différentes comptabilisations examinées du jeton émis :

Le jeton émis correspond-il à :	Commentaires
1. une dette financière (IFRS 9) ?	De nombreux jetons ne répondent pas à la définition d'un passif financier (IAS 32.11 ; voir n° 44170), mais il existe des situations dans lesquelles les termes et conditions peuvent prévoir un remboursement du produit de l'émission jusqu'à la date de l'atteinte d'un certain jalon (« milestone »). Il peut arriver que le contrat crée un passif financier au moins jusqu'à ce que la clause de remboursement disparaisse.

Le jeton émis correspond-il à :	Commentaires
2. un instrument de capitaux propres (IAS 32) ?	En règle générale, les jetons ne fournissent pas aux détenteurs un intérêt résiduel (au sens de la définition d'un instrument de capitaux propres selon IAS 32.11 ; voir n° 44180). Par exemple, ils ne confèrent pas à leurs porteurs le droit de percevoir des bénéfices résiduels, des dividendes ou une quote-part du produit de la liquidation. Ces jetons pourraient donc ne pas présenter les caractéristiques d'un instrument de capitaux propres. Une attention particulière est nécessaire pour déterminer si les droits sur les flux de trésorerie sont limités à un projet spécifique ou si, en substance, ils confèrent des droits sur l'ensemble des flux de trésorerie résiduels de l'entité.
3. un prépaiement de biens ou services dans le cadre d'un contrat avec un client (IFRS 15) ?	Lorsque le souscripteur des jetons est également un client, l'entité doit analyser le « white paper » ou les autres contrats éventuels afin de déterminer s'ils créent des droits ou obligations de nature exécutoire (IFRS 15.A). Cette analyse peut être difficile lorsque la documentation fournie par l'émetteur n'est pas bien définie. L'entité doit évaluer les critères d'IFRS 15.9 afin de déterminer s'il existe un contrat avec un client. L'identification des obligations de performance, leur mode de réalisation et la période au cours de laquelle le produit sera comptabilisé sera soumis à jugement et dépendra des faits et circonstances spécifiques de chaque ICO.
4. Cas où le jeton ne correspond à aucun des éléments ci-avant	L'entité émettrice doit alors considérer d'autres principes applicables. Il convient dans ce cas de tenir compte de la hiérarchie d'IAS 8 pour déterminer le traitement comptable approprié (IAS 8.11 et .12). A notre avis, il est peu probable que les émetteurs reçoivent une contrepartie sans avoir contracté une obligation envers leurs souscripteurs. Même si l'accord ne donne pas lieu à un instrument financier ou à une promesse de livrer des biens ou des services à un client, il existe probablement une obligation légale ou implicite envers le souscripteur. Cela pourrait amener l'émetteur à comptabiliser une provision conformément à IAS 37.

Ces transactions liées aux crypto monnaies et aux ICO sont évolutives de même que leur traitement comptable qui dépend de leurs caractéristiques spécifiques. Il convient de suivre l'actualité sur ce sujet.

3. Information à fournir en annexe Quelle que soit la solution comptable retenue, il convient de mentionner dans l'annexe le traitement comptable appliqué (IAS 1.117). Ainsi, il est nécessaire de présenter, au titre d'IAS 1.122, les jugements clés utilisés et la manière dont la société appréhende les critères du classement retenu.

SECTION I

Comptabilisation des immobilisations incorporelles

Conditions de comptabilisation d'une dépense en charges constatées d'avance

30050 ***Question***

Dans quels cas une dépense peut-elle être comptabilisée à l'actif en charges constatées d'avance ?

Réponse

Les achats de biens ou services payés, mais dont la livraison/prestation interviendra ultérieurement (par exemple, une prime d'assurance ou un loyer payés d'avance) constituent des charges constatées d'avance.

30050 (suite)

En revanche, dès lors que leur livraison/prestation est intervenue, ces achats constituent dans tous les cas des charges, et ce :
- même si leur utilisation effective n'interviendra qu'ultérieurement (par exemple, les dépenses de campagnes de publicité : catalogues, films, etc., non encore diffusés) ; et
- même s'ils ont une utilité future (par exemple, les dépenses de campagnes de publicité passées mais dont on peut attendre des avantages économiques en termes de chiffre d'affaires additionnel).

Commentaires En IFRS, l'application du principe de rattachement des charges aux produits ne doit pas conduire à comptabiliser au bilan des éléments ne répondant pas à la définition d'un actif ou d'un passif, telle que prévue par le Cadre conceptuel de l'IASB (Cadre.5.5).

En pratique :

a. les **paiements** effectués au titre d'achats de biens ou de services dont la **livraison ou la prestation interviendra ultérieurement** constituent dans tous les cas des **charges constatées d'avance** (IAS 38.70 notamment), ces dépenses répondant en effet à la définition d'un actif tel que défini par la norme IAS 38.8.

En effet, il s'agit bien d'une ressource contrôlée du fait d'un événement passé et porteuse d'avantages économiques futurs pour l'entreprise avec un degré de certitude suffisamment élevé ;

Entrent, par exemple, dans cette catégorie les éléments suivants :
- prime d'assurance payée d'avance ;
- loyer payé d'avance ;
- annonce réglée en fin d'exercice et à paraître au cours de l'exercice suivant ;
- salaires versés dans le cadre d'un accord de modulation alors que le nombre d'heures réellement effectuées est inférieur aux heures payées.

b. les **paiements** effectués au titre d'achats de biens ou services dont la **livraison ou la prestation est intervenue** doivent donner lieu à la comptabilisation d'une **charge au fur et à mesure de la réception du bien ou de la prestation correspondante** (IAS 38.69), à moins qu'ils ne répondent à la définition d'un actif (immobilisation incorporelle ou corporelle ou stock).

Ainsi, une entreprise ne doit pas attendre pour comptabiliser ces frais en charges :
- d'utiliser le bien ou la prestation (par exemple, délivrer une publicité à ses clients) (IAS 38.69A et .BC46C) ; ou
- de percevoir l'utilité future de ce bien ou de ce service (par exemple, effets produits par la publicité sur le chiffre d'affaires (IAS 38.BC46B).

Remarque Le même principe s'applique dans le cadre d'un regroupement d'entreprises : aucune charge constatée d'avance ne doit être constatée lors de la comptabilisation initiale si les biens et services correspondant à ces dépenses ont été livrés avant le regroupement d'entreprises.

Exemples de dépenses Le tableau ci-après, préparé par nos soins, liste des exemples de dépenses qui doivent, en général, être comptabilisées soit en charges, soit à l'actif, soit en capitaux propres.

Dépenses à comptabiliser en charges au fur et à mesure de la réception du bien ou de la prestation correspondante (car ne répondant pas à la définition d'un actif)	**1. Dépenses de campagne publicitaire** : – imprimés, catalogues, films publicitaires, destinés à être utilisés pour une campagne de promotion ou de publicité non encore lancée à la clôture (ou déjà lancée et dont on peut attendre des avantages économiques en termes de chiffre d'affaires additionnel) ; – frais de salons engagés à la clôture pour une manifestation devant se dérouler au cours de l'exercice suivant. **2. Cadeaux à la clientèle achetés et non distribués à la clôture.** **3. Echantillons ou articles différents des produits vendus par l'entreprise** (articles spécifiquement destinés à être remis gracieusement) et non distribués à la clôture. **4. Biens distribués dans le cadre des activités de promotion** (tel pourrait être le cas de biens d'un montant significatif distribués par l'industrie pharmaceutique aux médecins, par exemple montres ou réfrigérateurs utilisés dans le cadre de leur activité, etc.) (1).
Dépenses à comptabiliser à l'actif	**Coûts d'obtention d'une commande** qui devront être comptabilisés à l'actif s'ils sont incrémentaux, c'est-à-dire qu'ils n'auraient pas été encourus si l'entité n'avait pas obtenu la commande ou le contrat, voir n° 25700.

Dépenses à comptabiliser en capitaux propres	Certaines dépenses peuvent devoir être comptabilisées directement en capitaux propres si une norme spécifique le requiert. Tel est le cas des frais d'émission d'actions qui doivent être constatés en capitaux propres selon IAS 32.37.
(1) L'IFRS IC a été saisi en juin 2017 afin de déterminer comment une entité doit comptabiliser les biens qu'elle achète pour une distribution ultérieure à des clients potentiels à des fins promotionnelles. L'IFRS IC a confirmé que ces coûts ne peuvent pas être capitalisés selon IAS 38 et doivent être comptabilisés en charge lors de l'achat du bien sans tenir compte de leur date de distribution (IFRIC Update 09/17).	

■ *Exemple*

Une société décide, en septembre N, de lancer une campagne publicitaire en janvier N+1 ; l'impact attendu concerne les ventes de N+1 et N+2. Elle fait appel à une agence de publicité pour la conception du spot publicitaire. Le paiement du spot a eu lieu en septembre N, et le produit fini est livré en novembre N. L'entreprise clôture ses comptes au 31 décembre.

Solution de l'exemple *La livraison du spot intervient en novembre N, son utilisation en janvier N+1, et son utilité est attendue sur les périodes N+1 et N+2.*

Le prix du spot doit être constaté directement en charges dès novembre N.

Coûts d'accès à un logiciel hébergé par un tiers – Contrats de SaaS

30052 ***Question***

Comment une entité doit-elle comptabiliser les coûts encourus pour accéder à des fonctionnalités logicielles hébergées sur l'infrastructure d'un prestataire externe, notamment dans le cas de contrats de « Software as a Service » (SaaS) ?

Réponse

Le contrat de SaaS est traité comme l'acquisition d'une immobilisation ou comme un contrat de services selon la nature des droits qu'il confère à l'entité :
– si l'entité obtient seulement un droit d'accès futur à un logiciel, ce qui correspond au cas habituel des contrats de SaaS, le contrat doit être traité comme un contrat de services ;
– si l'entité obtient le contrôle du logiciel ou le droit de diriger l'utilisation du logiciel (pendant la durée du contrat), le contrat doit être traité comme l'acquisition d'une immobilisation.

Commentaires :

1. **Nature des contrats de SaaS** Un contrat de « Software as a Service » (SaaS) permet à une entité d'accéder, via une connexion internet et pour une durée spécifiée, à des fonctionnalités logicielles hébergées sur une infrastructure opérée par un fournisseur externe.

2. **Identification d'un contrat de location sur les équipements** Si les équipements utilisés par le fournisseur pour exécuter le contrat sont spécifiquement identifiés et exclusivement dédiés au contrat, il convient d'appliquer les critères d'identification d'un contrat de location en vue de déterminer si le contrat de SaaS contient un contrat de location sur les équipements, qui devrait alors être comptabilisé selon IFRS 16, séparément du contrat de SaaS.

Pour des précisions sur l'identification d'un contrat de location, voir nº 32978 s.

3. **Qualification des montants payés à un fournisseur pour accéder à un logiciel hébergé** Le contrat est traité comme l'acquisition d'une immobilisation ou comme un contrat de services selon la nature des droits qu'il confère à l'entité. Selon l'IFRS IC, un contrat qui ne confère pas le contrôle d'un droit d'utilisation (IFRS 16) ou d'une immobilisation incorporelle (IAS 38) doit être traité comme un contrat de services (IFRIC Update 03/19).

L'entité détient un **droit d'utilisation** (IFRS 16) si elle a :
– le droit d'obtenir la quasi-totalité des avantages économiques résultant de l'utilisation du logiciel, par exemple, en ayant un droit exclusif d'utilisation du logiciel, sur la durée du contrat ; et
– le droit de diriger l'utilisation du logiciel, par exemple, en ayant le droit de décider quand et comment procéder à la mise à jour ou à la reconfiguration du logiciel ou de choisir sur quelle infrastructure opérer le logiciel.

L'entité contrôle une **immobilisation incorporelle** (IAS 38) si elle a le pouvoir : **30052** (suite)
- d'obtenir les avantages économiques futurs générés par la ressource ; et
- de restreindre l'accès des tiers à ces avantages économiques.

En général, les contrats de SaaS ne confèrent pas au client le contrôle d'une ressource logicielle mais seulement un droit d'accès futur à un logiciel standardisé et contrôlé par le fournisseur (cet accès étant d'ailleurs reçu concurremment avec d'autres clients dans le cas du « **public cloud** »). Dans ce cas, les montants payables au fournisseur correspondent uniquement à des prestations de services continues.

La distinction entre service et immobilisation peut être illustrée comme suit :

a. Contrat de SaaS traité comme une prestation de services (exemple traité par l'IFRS IC, IFRIC Update 03/19) Une entité conclut un contrat lui permettant d'accéder à un logiciel qui est hébergé sur une infrastructure opérée par un fournisseur ; le contrat ne donne pas à l'entité le droit de décider quand et comment modifier le logiciel ni de choisir sur quelle infrastructure alternative héberger le logiciel.

Comme le contrat confère seulement à l'entité un droit d'accès futur au logiciel du fournisseur, sans lui conférer le droit de modifier le logiciel ou de changer l'infrastructure sur laquelle il est hébergé, l'IFRS IC a conclu que l'entité n'obtient ni le droit de contrôler l'utilisation du logiciel (IFRS 16) ni le contrôle d'un actif incorporel (IAS 38). Par conséquent, le contrat doit être traité comme un contrat de prestations de services continues.

b. Contrat de Saas traité comme une immobilisation

Cas 1 Si le contrat confère à l'entité un droit substantif, à tout moment, de prendre possession du logiciel pour l'installer sur sa propre infrastructure ou sur celle d'un fournisseur d'hébergement tiers choisi par l'entité, alors il pourrait être conclu que l'entité a acquis deux éléments séparés : (i) le contrôle d'un logiciel, obtenu au démarrage du contrat et (ii) une prestation d'hébergement, qui est reçue sur la durée du contrat. Le droit est substantif s'il n'existe pas de barrière technique, économique ou autre à l'exercice du droit contractuel. Le droit n'est pas substantif s'il n'est pas exerçable en pratique ou si son exercice fait encourir des désavantages économiques significatifs à l'entité, sous quelque forme que ce soit : pénalités contractuelles de résiliation, coûts additionnels pour mettre en œuvre la prise de possession, réduction de l'utilité du logiciel (fonctionnalités ou performances) s'il est opéré sur une autre infrastructure, etc.

Cas 2 Il se peut également que l'entité ait acquis le contrôle d'un actif incorporel dans le cas où le logiciel est développé spécifiquement pour les besoins de l'entité et si le contrat accorde à l'entité un droit de propriété ou d'exclusivité sur le logiciel, interdisant au fournisseur d'offrir l'accès du logiciel à d'autres clients.

Cas 3 Dans le cas où le contrat de « Cloud Computing » répond à la définition d'un contrat de location (IFRS 16) sur l'infrastructure (c'est-à-dire qu'il confère à l'entité un droit de diriger l'utilisation d'une infrastructure identifiée et d'obtenir les avantages économiques résultant de l'utilisation de cette infrastructure sur la durée du contrat), alors il est vraisemblable que l'entité contrôle également le logiciel hébergé sur cette infrastructure.

c. Autres contrats de « Cloud Computing » rencontrés en pratique

« Private cloud » Certains contrats de SaaS en mode « Private Cloud » permettent à une entité d'accéder à une instance dédiée d'un logiciel standardisé. Ces contrats ne confèrent pas en eux-mêmes le contrôle d'un actif incorporel. Cependant, il convient d'apprécier si l'entité dispose d'un droit substantif de prendre possession du logiciel (voir cas 1 ci-avant) ou d'un droit d'utilisation (au sens d'IFRS 16) sur l'infrastructure dédiée (voir cas 3 ci-avant).

« Platform-as-a-Service » (PaaS) Un contrat de PaaS met à disposition de l'entité des outils de développements lui permettant de construire des applications spécifiques. Les coûts payés au fournisseur de PaaS pour accéder à la plateforme sont généralement des coûts de prestations de services (voir point a. ci-avant). En revanche, il convient d'analyser si les coûts encourus par l'entité pour développer ces applications répondent aux critères d'identification d'une immobilisation incorporelle, ce qui pourrait être le cas si l'entité a la propriété intellectuelle de ces applications spécifiques (voir cas 2 ci-avant).

4. Comptabilisation des montants payables à un fournisseur pour utiliser un logiciel hébergé

a. Dans le cas d'une immobilisation incorporelle Si l'entité est engagée à effectuer des paiements fixes sur la durée du contrat, il convient de reconnaître, dès la date de prise de contrôle de l'actif, une dette en contrepartie du coût de revient de l'immobilisation incorporelle.

Si l'entité est engagée à effectuer des paiements variables en fonction du volume de transactions effectuées avec le logiciel, il existe un choix de méthode comptable quant à la comptabilisation de ces paiements :
- la reconnaissance initiale d'une dette et d'un actif, dès la date d'acquisition, sur la base d'une estimation du flux de paiements variables ; ou
- la comptabilisation en charges au fur et à mesure de l'utilisation du logiciel.

Pour plus de détails sur la comptabilisation des immobilisations acquises pour un prix variable lié à l'activité future de l'acquéreur, voir n° 30054.

Lorsqu'un actif incorporel est reconnu au titre de la licence, une composante service doit tout de même être identifiée au titre des prestations de maintenance et d'hébergement de la licence. Il convient donc d'allouer les paiements effectués au fournisseur entre l'actif acquis initialement (la licence) et les prestations de services continues à recevoir tout au long du contrat (maintenance et hébergement de la licence), ces dernières étant à comptabiliser en charges au fur et à mesure que les services sont rendus.

b. Dans le cas d'un contrat de services Si l'entité obtient seulement un droit d'accès futur à un logiciel, le contrat doit être traité comme un contrat de services continus. Les coûts d'accès sont à comptabiliser en charges au fur et à mesure que le service est consommé. Il en résulte que :

– en ce qui concerne les obligations de paiements étalés sur la durée du contrat, il n'y a pas lieu de comptabiliser un actif en contrepartie d'une dette au démarrage du contrat ;

– un montant payé d'avance au démarrage du contrat ne constitue pas une immobilisation et doit être traité comme une charge constatée d'avance, à reprendre au compte de résultat au fur et à mesure que le service d'accès est consommé. La charge ne peut pas être présentée au sein des dotations aux amortissements.

5. Coûts d'implémentation d'un logiciel en mode SaaS La comptabilisation des coûts d'implémentation d'un logiciel est différente selon que le droit d'accès au logiciel est une immobilisation incorporelle ou un service.

– Si le droit d'accès du logiciel en mode SaaS est une immobilisation incorporelle (cas rare en pratique), les coûts d'implémentation du logiciel sont également immobilisables s'ils sont directement attribuables à la préparation de l'immobilisation en vue de son utilisation de la manière prévue par la direction (IAS 38.27b), et, en cas de projet interne, s'ils répondent aux critères de capitalisation des dépenses de développement (IAS 38.57) (voir n° 29973). Dans ce cas particulier, les coûts d'implémentation de logiciels en mode SaaS sont traités de façon similaire à ceux d'une licence logicielle « on-premise ».

– Si le droit est un service d'accès continu, les coûts d'implémentation du logiciel ne pourront généralement pas donner lieu à reconnaissance d'une immobilisation incorporelle et la charge devra être comptabilisée lorsque les services d'implémentation sont reçus. Pour plus de détails sur le rythme de comptabilisation de la charge, voir n° 30053.

Coûts d'implémentation d'un logiciel en mode SaaS

30053 ***Question***

Dans le cas où le contrat de SaaS est un contrat de services d'accès (par opposition à un contrat conférant le contrôle d'un actif), comment traiter les coûts d'implémentation initiale du SaaS ?

Réponse

Dès lors que les droits d'accès au logiciel en mode SaaS correspondent à une prestation de services, les coûts de configuration et de customisation de ce logiciel doivent être comptabilisés en charges au moment où ces travaux de configuration et de customisation sont effectués, sauf dans deux cas particuliers :

– les coûts de customisation aboutissent à la création d'un code logiciel additionnel, séparé du SaaS et contrôlé par l'entité, auquel cas il convient d'apprécier si ces coûts répondent à la définition d'un actif incorporel ;

– la prestation initiale de customisation et configuration et la prestation continue d'accès au SaaS sont sous la responsabilité d'un fournisseur unique et il est conclu que ces deux prestations ne sont pas distinctes, au sens d'IFRS 15, auquel cas la charge est étalée sur la durée du contrat de SaaS.

Commentaires :

1. Contexte Dans les cas les plus fréquents de contrats de Software-as-a-Service, l'entité cliente paye un fournisseur pour obtenir un droit d'accès, pour une durée spécifiée, à une application logicielle hébergée sur une infrastructure contrôlée par le fournisseur, et ne dispose pas d'un droit substantif de prendre possession du logiciel. Dans de telles situations, la ressource logicielle n'est pas contrôlée par l'entité cliente mais par le fournisseur. En conséquence, ces contrats ne constituent pas l'acquisition d'un actif incorporel mais représentent un service d'accès, reçu de façon continue par l'entité sur la durée du contrat (voir n° 30052).

Dans la phase initiale d'implémentation d'un contrat de SaaS, l'entité peut encourir des coûts significatifs. Ceux-ci peuvent être : 30053 (suite)

- d'origine multiple : coûts internes, ou payés au fournisseur de SaaS (éditeur de logiciel), ou payés à des prestataires tiers (intégrateurs de systèmes) ;
- de nature multiple : configuration (paramétrage du logiciel), customisation (modification du code ou création de code additionnel), autres coûts IT (conversion de données, formation des utilisateurs), coûts non-IT (changements organisationnels).

2. Arbre d'analyse applicable aux coûts de configuration et de customisation (« C&C ») La démarche à appliquer peut-être illustrée par l'arbre d'analyse ci-après, établi par nos soins.

Coûts de configuration et customisation (« C&C ») d'un logiciel en mode SaaS

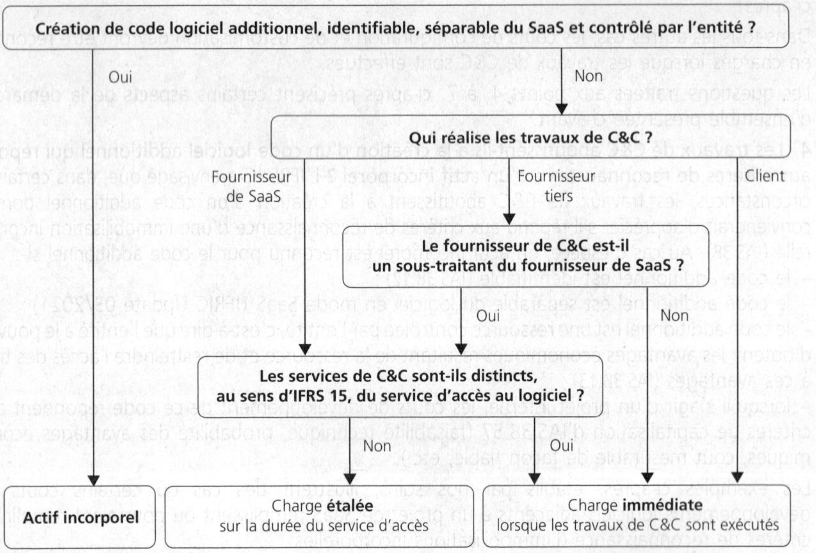

Les points 3. à 7. ci-après ont pour objet de développer l'analyse présentée dans le tableau ci-avant.

3. Démarche analytique à appliquer aux coûts de configuration et customisation (« C&C ») Selon une décision de l'IFRS IC de mars 2021 (IFRIC Update 03/21), lorsque le contrat d'accès au logiciel en mode SaaS est traité comme un contrat de services (voir nº 30052), les coûts de configuration ou de customisation (« C&C ») du logiciel en mode SaaS ne peuvent pas donner lieu à reconnaissance d'une immobilisation incorporelle car (i) l'entité cliente ne contrôle pas le logiciel configuré ou customisé et (ii) les activités de configuration ou customisation ne créent pas une ressource contrôlée par le client qui est séparée du logiciel en mode SaaS. Dans ce cas, les coûts de configuration et de customisation doivent être comptabilisés en charges lorsque les services sont reçus, conformément à IAS 38.69 et .69A.

L'IFRS IC a cependant reconnu que, dans certaines circonstances, l'implémentation pourrait aboutir à la création d'un code additionnel dont il conviendrait d'apprécier s'il répond aux critères de reconnaissance d'une immobilisation incorporelle selon la norme IAS 38. Pour plus de détails, voir point 4. ci-après.

Rythme de constatation de la charge de service Dans le cas où les travaux sont effectués par l'entité cliente ou par un sous-traitant de l'entité, la charge est comptabilisée lorsque les travaux de C&C sont réalisés.

Dans le cas où le service initial de C&C est fourni par le prestataire de SaaS lui-même, ou par un sous-traitant de ce prestataire, l'entité reçoit deux prestations d'un même fournisseur, dans le cadre d'un même contrat. L'IFRS IC a considéré qu'il est alors pertinent de procéder par analogie avec IFRS 15 pour déterminer si la prestation de C&C initiale est distincte de la prestation d'accès continu au logiciel en mode SaaS.

- Si le service de C&C est distinct, au sens d'IFRS 15, du service de SaaS, alors la charge de C&C est comptabilisée lorsque les travaux de C&C sont effectués.
- Si le service de C&C n'est pas distinct, au sens d'IFRS 15, du service de SaaS, alors la charge est étalée sur la durée du contrat de SaaS. Dans ce cas, les paiements effectués au titre de la

30053 (suite) phase initiale d'implémentation sont comptabilisés dans un compte de charge constatée d'avance, qui sera repris au compte de résultat sur la durée du contrat de SaaS, au fur et à mesure que seront reçus les services d'accès au logiciel.

Pour plus de détails sur la notion de prestation « distincte », voir point 6. ci-après.

Il en résulte qu'en pratique, les coûts de C&C ne pourront être étalés sur la durée du contrat de SaaS que dans le cas particulier où deux conditions cumulatives sont remplies :

i. le service de C&C et le service de SaaS sont sous la responsabilité contractuelle d'un même fournisseur (en l'occurrence, le service de C&C est assuré par le fournisseur de SaaS lui-même ou par un sous-traitant du fournisseur de SaaS) (voir point 5. ci-après) ; et

ii. le service de C&C n'est pas distinct du service de SaaS au sens de la norme IFRS 15 (voir point 6. ci-après).

Dans tous les autres cas, les coûts de configuration et de customisation devront être reconnus en charges lorsque les travaux de C&C sont effectués.

Les questions traitées aux points 4. à 7. ci-après précisent certains aspects de la démarche d'ensemble présentée ci-avant.

4. Les travaux de C&C aboutissent-ils à la création d'un code logiciel additionnel qui répond aux critères de reconnaissance d'un actif incorporel ? L'IFRS IC a envisagé que, dans certaines circonstances, les travaux de C&C aboutissent à la création d'un code additionnel dont il conviendrait d'apprécier s'il répond aux critères de reconnaissance d'une immobilisation incorporelle (IAS 38). Au cas d'espèce, un actif incorporel est reconnu pour le code additionnel si :
- le code additionnel est identifiable (IAS 38.12) ;
- le code additionnel est séparable du logiciel en mode SaaS (IFRIC Update 03/2021) ;
- le code additionnel est une ressource contrôlée par l'entité, c'est-à-dire que l'entité a le pouvoir d'obtenir les avantages économiques résultant de la ressource et de restreindre l'accès des tiers à ces avantages (IAS 38.13) ;
- lorsqu'il s'agit d'un projet interne, les coûts de développement de ce code répondent aux critères de capitalisation d'IAS 38.57 (faisabilité technique, probabilité des avantages économiques, coût mesurable de façon fiable, etc.).

Les exemples ci-après, établis par nos soins, illustrent des cas où certains coûts de développements logiciels adjacents à un projet de SaaS remplissent ou pourraient remplir les critères de reconnaissance d'immobilisations incorporelles.

■ *Exemple 1*

Développements effectués dans l'environnement SaaS *Dans le cadre de l'implémentation d'un logiciel en mode SaaS, une entité engage un prestataire tiers (indépendant du fournisseur de SaaS) pour développer des fonctionnalités additionnelles à celles du SaaS, ainsi que des interfaces permettant au SaaS d'interagir avec les systèmes de l'entité. Ces développements spécifiques sont effectués au moyen d'outils de programmation mis à disposition par le fournisseur de SaaS et sont déployés dans l'environnement du fournisseur de SaaS. Le code additionnel ainsi créé ne modifie pas le code du logiciel SaaS (qui reste entièrement standardisé) mais est adjacent à ce dernier. L'entité accepte les développements qui ont été effectués selon ses instructions par le prestataire tiers. Le contrat de SaaS précise que le client est responsable de la mise à jour de ces modules additionnels, de façon à s'assurer qu'ils restent compatibles avec le SaaS et avec les systèmes de l'entité. L'entité cliente détient la propriété intellectuelle ou un droit d'exclusivité sur ces développements spécifiques, empêchant le fournisseur de SaaS de les mettre à disposition d'autres clients.*

Les modules additionnels créés correspondent à une ressource identifiable et contrôlée par l'entité. En effet :
- le code additionnel (qui est spécifique à l'entité) est séparé du code du logiciel en mode SaaS (qui est standardisé), et les responsabilités relatives à chacun de ces deux codes sont contractuellement séparées ;
- le code additionnel est spécifique à l'entité et celle-ci a le pouvoir de décider quand, pourquoi et comment procéder à des modifications ou mises à jour de ce code additionnel. En ce sens, elle en dirige l'utilisation ;
- l'entité détient la propriété intellectuelle ou un droit d'usage exclusif du code logiciel additionnel, empêchant le fournisseur de SaaS d'utiliser le code additionnel pour d'autres clients. En ce sens, l'entité a le pouvoir d'en obtenir les avantages économiques et de restreindre l'accès des tiers à ces avantages (IAS 38.13).

Les éléments suivants n'affectent pas la démonstration du contrôle des modules additionnels par l'entité :
- Le fait que le code additionnel n'ait pas d'utilité indépendamment du SaaS (il n'est utile qu'en interagissant avec le SaaS) n'est pas un obstacle à la démonstration du contrôle ni à celle de la

probabilité des avantages économiques futurs. Cela signifie en revanche que la durée d'amortissement de l'actif incorporel ne pourra excéder celle du contrat de SaaS (voir point 7. ci-après). **30053** (suite)

– Dans cet exemple, l'entité n'a pas nécessairement un droit substantif de prendre possession du code additionnel, c'est-à-dire la faculté pratique de transférer et de faire opérer ce code additionnel sur une autre infrastructure. Au cas particulier, ceci n'est pas un obstacle à la démonstration du contrôle, dans la mesure où ce code additionnel est séparé du code du SaaS (qu'il ne modifie pas) et les autres droits de l'entité lui permettent de décider des modifications à y apporter et d'obtenir l'exclusivité des avantages économiques qui y sont attachés (voir nº 30052, point 3b., cas 2).

Pour la définition d'un droit substantif de prendre possession d'un logiciel, voir nº 30052, point 3b., cas 1.

■ *Exemple 2*

Modification des applications de l'entité *Dans le cadre d'un projet de SaaS, l'entité peut être amenée à engager des dépenses d'adaptation des applications « on-premises » existantes de l'entité, pour leur permettre de dialoguer avec les applications SaaS. Ces dépenses d'adaptation pourraient être capitalisables si elles apportent des améliorations de fonctionnalités significatives aux applications existantes (IAS 38.20).*

Remarque *Les cas illustrés ci-avant répondent ou pourraient répondre aux critères d'actif identifiable (IAS 38.12) et de ressource contrôlée (IAS 38.13). Pour les projets internes de développement, il convient également de s'assurer que les critères prévus par IAS 38.57 sont remplis.*

---

5. Un fournisseur est-il sous-traitant d'un autre ?

Enjeu de la question Lorsque les prestations de C&C et de SaaS sont effectuées par des fournisseurs différents, la prestation de C&C sera considérée d'office comme « distincte » et donc comptabilisée immédiatement en charges, sauf dans le cas particulier où l'un des fournisseurs est le sous-traitant de l'autre. Si l'un des fournisseurs assume la responsabilité d'ensemble du C&C et du SaaS vis-à-vis du client (l'autre fournisseur n'étant pas le sous-traitant du client mais le sous-traitant de ce fournisseur), il convient alors d'analyser le caractère distinct ou non distinct des prestations (voir points 2. et 3. ci-avant).

Réponse à la question Les indicateurs suivants peuvent être pertinents pour identifier une relation de sous-traitance substantive entre le prestataire de C&C (intégrateur de systèmes) et le fournisseur de SaaS (éditeur de logiciel), étant précisé que cette liste n'est pas exhaustive et que ces indicateurs doivent être appréciés de façon combinée :

– il existe une relation contractuelle entre l'éditeur et l'intégrateur, soit bilatérale, soit dans un contrat tripartite entre l'éditeur, l'intégrateur et le client (par opposition à deux contrats séparés, entre l'entité et l'éditeur, d'une part, et entre l'entité et l'intégrateur, d'autre part) ;
– le contrat de SaaS définit l'étendue et les spécifications du travail de l'intégrateur ;
– le fournisseur de SaaS donne des instructions au prestataire de C&C ;
– le fournisseur de SaaS doit accepter les travaux de C&C et s'assurer qu'ils permettent un fonctionnement satisfaisant de la solution d'ensemble, préalablement au démarrage de la prestation de SaaS ;
– le fournisseur de SaaS assume vis-à-vis du client la responsabilité de la bonne exécution de la prestation de C&C ;
– les termes et conditions du contrat de SaaS font référence au contrat de C&C, et les paiements au fournisseur de SaaS sont dépendants de l'exécution du contrat de C&C.

6. Le service de C&C est-il distinct du service de SaaS ?

Enjeu de la question Dans les cas où les prestations de C&C et d'accès au SaaS sont rendues par un même fournisseur, il est nécessaire d'analyser si ces deux prestations doivent être reconnues en charges séparément ou ensemble. En l'absence de précisions d'IAS 38.69 sur l'identification chez l'acheteur des composantes d'un service reçu, l'IFRS IC a préconisé, en application d'IAS 8, de se référer aux dispositions d'IFRS 15, applicables au vendeur, et permettant d'identifier et de séparer les obligations de performance à l'intérieur d'un même contrat. Deux situations sont ainsi à envisager :

– si la prestation initiale de C&C est distincte, au sens d'IFRS 15, de la prestation continue d'accès au SaaS, le coût de C&C est reconnu en charge immédiatement lorsque les travaux de C&C sont effectués ;

Dans ce cas, le contrat avec le fournisseur de SaaS comprend deux composantes (implémentation initiale et accès continu) qui seront reconnues séparément en charges. Si le contrat ne spécifie pas le prix de chaque composante, ou si les prix spécifiés ne sont pas réalistes, il convient d'allouer le

30053 (suite) prix total du contrat entre ses composantes distinctes selon une méthode raisonnable. A notre avis, il est possible d'appliquer par analogie les principes d'IFRS 15 sur l'allocation du prix d'un contrat aux obligations de performance (voir n° 24990).

– si la prestation initiale de C&C n'est pas distincte, au sens d'IFRS 15, de la prestation continue de SaaS, le coût de C&C est reconnu en charge au même rythme que le coût de SaaS, c'est-à-dire étalé sur la durée du contrat de SaaS.

Pour rappel, dans le cas où le service de C&C est rendu par un fournisseur indépendant du fournisseur de SaaS, la prestation de C&C est considérée d'office comme distincte de la prestation de SaaS, sans davantage d'analyse, donc à prendre en charge immédiatement (voir point 5. ci-avant).

Réponse à la question Les prestations de C&C et de SaaS sont distinctes si (i) elles ont chacune une utilité indépendante pour le client et (ii) elles ne sont pas hautement interdépendantes.

Pour plus de précisions sur la notion de prestations « distinctes », au sens d'IFRS 15, voir n° 25100.

La notion de prestation « distincte » est définie dans IFRS 15.27 à .29. Elle est illustrée, en ce qui concerne la vente d'un software assortie d'un service d'implémentation, dans IFRS 15.IE49 à .IE58 (exemple 11, Cas A et B), ainsi que dans IFRS 15.BC109 à .110.

Par exemple, le service de C&C n'est pas distinct du service de SaaS dans les cas suivants :
– le service de C&C est hautement complexe, nécessite une expertise propriétaire et ne pourrait pas être effectué par d'autres prestataires que le vendeur de SaaS ; ou
– le service de C&C implique une modification significative du code source du logiciel en mode SaaS.

7. Quelle est la durée du service de SaaS ? Dans l'hypothèse où le coût de C&C est une charge à étaler sur la durée du contrat de SaaS, et si l'entité dispose d'une option de renouvellement du service de SaaS, un jugement peut être nécessaire pour apprécier si l'option de renouvellement à la main de l'entité doit ou non être prise en compte dans la détermination de la durée du contrat sur laquelle étaler la charge de C&C.

De même, dans l'hypothèse où un actif incorporel a été identifié au titre des développements spécifiques (voir point 4. ci-avant), l'estimation de sa durée d'amortissement devra, si applicable, refléter le fait que ces développements n'ont pas d'utilité indépendamment du contrat de SaaS. Ainsi, cette durée d'amortissement reflétera l'élément le plus déterminant entre :
– la durée attendue du contrat de SaaS (incluant le cas échéant des hypothèses de renouvellement) ; et
– l'obsolescence technique attendue du développement spécifique et de la solution SaaS avec laquelle il interagit.

8. Typologie des coûts d'implémentation d'une solution SaaS

Nature des coûts d'implémentation	Qui effectue les travaux ?	
	L'entité ou un sous-traitant de l'entité	Le fournisseur de SaaS ou son sous-traitant
Configuration – paramétrage du logiciel en mode SaaS	Charge immédiate	Charge immédiate ou étalée, selon que les prestations de C&C et de SaaS sont distinctes ou non (voir point 6. ci-avant)
Customisation – modification du code source du logiciel en mode SaaS		
Création de code additionnel adjacent au code du SaaS, effectué dans l'environnement du fournisseur de SaaS (« on cloud »)	Actif incorporel si le code additionnel est séparable du SaaS et contrôlé par l'entité, et si les critères d'IAS 38.57 sont remplis (voir point 4. ci-avant). Dans les autres cas, voir Customisation ci-avant.	
Modifications ou ajouts sur les logiciels existants dans l'environnement de l'entité (« on-premise »)	Actif incorporel si les modifications apportent des améliorations significatives (IAS 38.20) et remplissent les critères d'IAS 38.57 (voir point 4. ci-avant).	
Migration des données	Charge immédiate	
Formation des utilisateurs	Charge immédiate (IAS 38.69)	
Changements de l'organisation et des processus de l'entité	Charge immédiate	

9. Exemple détaillé

■ *Exemple*

Une entité effectue la migration d'une application « on-premise » vers une application « on cloud », et encourt les coûts suivants pour implémenter la solution :
- 100 K€/mois, sur 36 mois, facturés par l'éditeur de logiciel, pour accéder au logiciel en mode SaaS. L'entité n'a pas le droit de prendre possession du logiciel ;
- 500 K€ de customisation, facturés par l'éditeur de SaaS, pour modifier le code source du logiciel en mode SaaS. Le fournisseur de SaaS conserve la propriété intellectuelle du code source et de ses modifications et a la faculté d'incorporer ces modifications dans la version générique de son logiciel accessible à ses autres clients ;
- 300 K€ facturés par un prestataire tiers, engagé et supervisé par l'entité, pour le paramétrage et la configuration du logiciel SaaS ;
- 400 K€ facturés par un prestataire tiers, engagé et supervisé par l'entité, pour le développement de modules « add-ons » permettant de créer des fonctionnalités additionnelles non disponibles dans la version standard du SaaS. Ces « add-ons », qui représentent un code additionnel séparé du code source du SaaS, sont développés avec les outils mis à disposition par l'éditeur de SaaS et sont déployés dans l'environnement SaaS. L'entité a la propriété intellectuelle de ces développements spécifiques et l'éditeur n'a pas le droit de les utiliser pour d'autres clients ;
- 100 K€ pour la conversion des données.

Solution de l'exemple Les coûts doivent être comptabilisés de la façon suivante :
- les coûts d'accès (100 K€ × 36) sont des charges de services à reconnaître sur la durée du contrat de SaaS (voir nº 30052, point 3.) ;
- les coûts de customisation (500 K€) ne peuvent pas être immobilisés car ils ne créent pas une ressource contrôlée et séparée du SaaS (voir points 2. et 3. ci-avant). S'ils représentent une modification significative du logiciel, la prestation de customisation est considérée comme non distincte (au sens d'IFRS 15) de la prestation d'accès au logiciel (voir point 6. ci-avant). Les coûts constitueront dans ce cas des charges constatées d'avance, à reconnaître au compte de résultat sur la durée du contrat ;
- les coûts de paramétrage et de configuration (300 K€) ne créent pas une ressource contrôlée qui est séparée du SaaS et ne sont pas représentatifs d'un service reçu sur la durée d'accès au SaaS. Ils doivent donc être comptabilisés en charges lorsque les travaux de configuration sont effectués (voir points 2. et 3. ci-avant) ;
- les coûts de développement des « add-ons » (400 K€) correspondent à une ressource contrôlée par l'entité et séparable du SaaS. Ils sont donc immobilisables si les critères de reconnaissance d'un actif incorporel sont remplis (voir point 4. ci-avant) ;
- les coûts de conversion des données (100 K€) ne créent pas une ressource nouvelle pour l'entité. Ils doivent être comptabilisés en charges lorsque les travaux sont effectués.

Immobilisations acquises en contrepartie de paiements variables ou conditionnels

30054

Question

Comment une entité doit-elle comptabiliser les paiements futurs variables ou conditionnels dans le cadre de l'acquisition d'une immobilisation ?

Réponse

Les normes IFRS ne sont pas prescriptives sur la comptabilisation de tels paiements.

Les redevances d'utilisation sont le plus souvent considérées comme non rattachables au coût de l'immobilisation et sont comptabilisées en charges d'exploitation lorsque l'utilisation survient.

S'il est déterminé que les paiements futurs sont rattachables au coût de l'immobilisation, plusieurs approches sont, à notre avis, envisageables :
- estimer initialement les paiements futurs à la date d'acquisition et les inclure dans le coût de l'immobilisation en contrepartie d'un passif, les variations ultérieures de la valeur du passif sont comptabilisées au compte de résultat (approche IFRS 9) ou dans le coût de l'immobilisation (approche IFRIC 1) ; ou
- ajouter les paiements variables au coût de l'immobilisation au fur et à mesure des versements.

Les jugements effectués et les choix de méthode comptable retenus doivent être explicités en annexe et appliqués de manière homogène et permanente.

Commentaires Pour l'acquisition d'une immobilisation (incorporelle ou corporelle), il arrive qu'une entité soit obligée contractuellement d'effectuer non seulement un paiement initial, mais également des paiements futurs dépendant de la survenance d'événements futurs, liés par exemple à l'activité de la société ou à la performance de l'actif. Ces paiements variables ou conditionnels incluent notamment les paiements liés à l'atteinte de jalons techniques (« milestones ») ou commerciaux, des partages de profits ou encore des redevances sur chiffre d'affaires.

Les normes IFRS ne donnent pas d'indication sur la comptabilisation des paiements variables ou conditionnels liés aux acquisitions d'immobilisations effectuées en dehors d'un regroupement d'entreprises (pour les paiements variables liés aux regroupements d'entreprises, voir n° 21359).

Remarque L'IFRS IC s'est saisi à de nombreuses reprises de la question des paiements variables liés à l'acquisition d'une immobilisation corporelle (IAS 16) ou incorporelle (IAS 38) et a conclu qu'il n'est pas compétent pour prendre position sur ce sujet et que, compte tenu des divergences de pratiques, le sujet mériterait d'être inscrit à l'agenda de l'IASB (IFRIC Update 03/16). Le thème des immobilisations incorporelles figure dans le programme de recherche de l'IASB (« research pipeline »).

Plusieurs approches sont observées en pratique.

Il convient tout d'abord de déterminer si les paiements futurs sont rattachables ou non au coût de l'immobilisation. Par exemple, les redevances sur des ventes futures liées à l'utilisation de l'immobilisation sont le plus souvent considérées comme non rattachables au coût de l'immobilisation et sont de ce fait comptabilisées en charges au fur et à mesure que les ventes sont réalisées.

S'il a été déterminé que les paiements futurs éventuels sont liés au coût d'acquisition de l'immobilisation, trois approches sont envisageables :
– **Approche IFRS 9** : les paiements futurs sont évalués à leur juste valeur à la date d'acquisition et inclus dans le coût de l'immobilisation en contrepartie d'un passif financier. Ultérieurement, ce passif sera évalué selon la méthode du coût amorti. Les changements d'estimation relatifs aux paiements variables ou conditionnels seront comptabilisés au compte de résultat (conformément à IFRS 9.B5.4.6).
– **Approche IFRIC 1** : les paiements futurs sont estimés et inclus dans le coût de l'immobilisation en contrepartie d'un passif. Ce passif sera ultérieurement évalué au coût amorti d'une façon similaire à l'approche IFRS 9. Cependant, les changements d'estimation relatifs aux paiements futurs seront comptabilisés à l'actif en ajustement du coût de l'immobilisation (conformément à IFRIC 1.5(a)). A notre avis, l'approche IFRIC 1 n'est envisageable que lorsque la variabilité des paiements est liée à l'utilité ou à la performance de l'immobilisation incorporelle.
– **Approche « accumulation de coûts »**, selon laquelle le fait générateur de l'obligation de paiement n'est pas l'acquisition de l'actif, mais la réalisation de l'événement futur. Les paiements ne sont alors ajoutés au coût de l'immobilisation que lorsque l'incertitude est résolue. Aucun passif n'est donc constaté initialement à la date d'acquisition de l'immobilisation. A notre avis, cette approche n'est envisageable que lorsque la variabilité des paiements est liée à l'utilité ou à la performance de l'immobilisation incorporelle.

Dans l'attente de l'évolution éventuelle des textes, la méthode retenue pour la comptabilisation des paiements futurs éventuels liés au coût d'acquisition de l'immobilisation constitue un choix de méthode comptable qu'il convient de mentionner en annexe et qui doit être appliqué de manière constante et homogène.

SECTION II

Détermination du coût des immobilisations incorporelles

Frais accessoires d'acquisition

30055 ***Question***

Quels frais accessoires à l'acquisition constituent un élément du coût d'entrée des immobilisations incorporelles ?

Réponse

Uniquement les frais accessoires directement attribuables à la mise en état de marche du bien en vue de l'utilisation prévue par la direction. C'est-à-dire, à notre avis, uniquement les frais nécessaires à l'acquisition et qui n'auraient pas été engagés en l'absence d'acquisition de l'immobilisation (frais marginaux directs).

Commentaires Dans le cas d'une acquisition séparée, le coût d'acquisition d'une immobilisation incorporelle est égal (IAS 38.27) :
– au prix d'achat, y compris les droits de douane et les taxes non remboursables, déduction faite de toutes les remises et de tous les rabais commerciaux ;
– augmenté de tous les coûts directement attribuables à la préparation de l'actif en vue de son utilisation de la manière prévue par la direction.

Ces frais accessoires directement attribuables à la préparation de l'actif sont, à notre avis, uniquement ceux nécessaires à l'acquisition et qui n'auraient pas été engagés en l'absence d'acquisition de l'immobilisation (frais marginaux directs). Autrement dit, les dépenses encourues après que l'actif se trouve dans l'état nécessaire pour être exploité de la manière prévue par la direction ne doivent pas faire partie du coût d'acquisition (IAS 38.30).

a. **Exemples de coûts directement attribuables** (IAS 38.28) :
– les coûts des avantages du personnel, résultant directement de la mise en état de fonctionnement de l'actif ;
– les honoraires résultant directement de la mise en état de fonctionnement de l'actif ; tel est le cas, par exemple, des honoraires versés par les clubs de football à des agents sportifs lors de transferts de joueurs (en ce sens, décision du CESR, devenu l'ESMA, EECS/0610-06, 07/10) ;
– les coûts des tests de bon fonctionnement de l'actif.
Pour d'autres exemples de frais incorporables, voir n° 31110.

b. **Exemples de coûts exclus du coût d'acquisition** (IAS 38.29 à .31) :
– les coûts de lancement d'un nouveau produit ou service (y compris les coûts des activités de publicité et de promotion) ;
– les coûts d'exploitation d'une activité dans un nouveau lieu ou avec une nouvelle catégorie de clients (y compris les coûts de formation du personnel) ;
– les frais administratifs et autres frais généraux ;
– les coûts encourus dans le cadre de l'utilisation ou du redéploiement d'une immobilisation incorporelle (par exemple, les coûts encourus alors que l'actif n'est pas encore mis en service mais est capable de fonctionner de la manière prévue par la direction ou encore les pertes initiales d'exploitation, ou les pertes opérationnelles initiales encourues pendant que se développe la demande pour la production de cet actif) ;
– les coûts encourus pendant les activités de développement au titre des opérations dites accessoires, non nécessaires pour mettre l'actif dans l'état nécessaire pour pouvoir l'exploiter de la manière prévue par la direction.

Coût d'entrée d'un projet de recherche et développement généré en interne

Question 30056

Quels sont les frais qui constituent un élément du coût d'entrée d'une immobilisation incorporelle générée en interne ?

Réponse

Les frais de développement directement attribuables nécessaires pour créer, produire et préparer l'immobilisation afin qu'elle puisse être exploitée de la manière prévue par la direction. C'est-à-dire, à notre avis, uniquement les frais qui n'auraient pas été engagés en l'absence de développement de l'immobilisation (frais marginaux directs).

Commentaires Selon IAS 38.66, le coût d'une immobilisation incorporelle générée en interne comprend tous les coûts de développement directement attribuables nécessaires pour créer, produire et préparer l'immobilisation afin qu'elle puisse être exploitée de la manière prévue par la direction.

Pour la distinction entre coûts de développement et frais de recherche, voir n° 29970.

En conséquence, à notre avis, seuls les frais qui n'auraient pas été engagés en l'absence de développement de l'immobilisation (frais marginaux directs) sont incorporables au coût d'entrée.

30056 (suite)

Remarques :

1. Selon IAS 38.65, ces dépenses ne sont toutefois activables qu'à partir de la date à laquelle cette immobilisation incorporelle a satisfait pour la première fois aux critères de comptabilisation selon IAS 38.21, .22 et .57.

2. Les dépenses comptabilisées en charges antérieurement à la date d'activation ne peuvent plus être activées, c'est-à-dire non seulement celles des exercices précédents, mais également celles encourues pendant l'exercice au cours duquel survient la date de début d'incorporation (IAS 38.65 et .71).

Sont incorporés dans le coût d'entrée d'un projet de développement, par exemple (IAS 38.66) :
- les coûts des matériaux et services utilisés ou consommés pour générer l'immobilisation incorporelle ;
- les coûts des avantages du personnel (tels que définis dans IAS 19) résultant de la création de l'immobilisation incorporelle ;
- les honoraires d'enregistrement d'un droit légal ;
- l'amortissement des brevets et licences qui sont utilisés pour générer l'immobilisation incorporelle ;
- les intérêts tels que définis dans IAS 23 (voir nº 37982).

En revanche, ne constituent pas des composantes du coût d'une immobilisation incorporelle générée en interne (IAS 38.67) :
- les coûts de la vente, les coûts administratifs et autres frais généraux à moins que ces dépenses puissent être directement attribuées à la préparation de l'actif en vue de son utilisation ;
- les inefficacités clairement identifiées et les pertes opérationnelles initiales encourues avant qu'un actif n'atteigne le niveau de performance prévu ;
- les dépenses au titre de la formation du personnel pour utiliser l'actif.

■ *Exemple*

La société A est spécialisée dans la fabrication de matériel de sécurité et alarmes (alarmes électroniques, systèmes d'autosurveillance, etc.). En N-1, elle a lancé un projet de recherche et développement relatif à un nouveau modèle de coffre-fort, dont l'enveloppe résiste à un niveau élevé d'agression, par le feu ou en réponse aux nouvelles armes utilisées par les cambrioleurs.

La phase de recherche des nouveaux matériaux a eu lieu au cours de l'exercice N-1.

La phase de développement du nouveau coffre-fort est intervenue du 1/01/N au 31/10/N, date à laquelle le projet s'est terminé. En conséquence, à partir du 31/10/N, la production du coffre-fort peut être lancée et exploitée de la manière prévue par la direction.

Il a été démontré que le projet de développement du nouveau coffre-fort a satisfait toutes les conditions d'immobilisation requises par la norme IAS 38 à partir du 30/06/N.

A l'occasion du développement du nouveau modèle de coffre-fort, les coûts suivants ont été engagés :
- entre le 1/01/N et le 30/06/N : conception du modèle pour la fabrication en une seule pièce du coffre-fort, tests de réalisation, définition du processus de production, pour 70 K€ ;
- entre le 30/06/N et le 31/10/N : coûts des matériaux utilisés par la société A pour développer le nouveau modèle de coffre-fort (élaboration du prototype, sécurisation des jointures du coffre-fort...), pour 50 K€ ;
- entre le 30/06/N et le 31/10/N : coûts du personnel dédié au projet de développement (coûts du personnel des services « recherche et développement », « étude de la production » et « qualité »), pour 150 K€ ;
- frais de formation des commerciaux chargés de vendre le produit, pour 25 K€ ;
- dépenses de promotion et de publicité engagées pour lancer la commercialisation du nouveau produit, facturées par une agence de publicité externe, pour 20 K€ ;
- achat de bracelets connectables aux alarmes des coffres-forts, ayant vocation à être distribués ultérieurement à des clients potentiels dans le cadre des activités promotionnelles pour 10 K€.

Solution de l'exemple *Le coût initial de l'immobilisation incorporelle générée en interne est de 200 K€ et intègre :*
- les coûts des matériaux et services utilisés par la société A pour développer le nouveau coffre-fort (IAS 38.66(a)), entre le 30/6/N et le 31/10/N, soit 50 K€ ;
- ainsi que les coûts de personnel dédié au projet pendant cette même période, soit 150 K€.

En effet :
- il s'agit de dépenses de développement encourues après la date à laquelle l'immobilisation a satisfait aux critères de comptabilisation à l'actif énoncés par IAS 38, soit après le 30/06/N (IAS 38.65) ;
- ils correspondent à des coûts des matériaux utilisés et sont des coûts directement attribuables à la création et à la préparation du nouveau modèle de coffre-fort, de la manière prévue par la direction (IAS 38.66(a)) ;

– *les coûts du personnel du service de recherche et développement, du personnel du service d'étude de la production, du personnel du service qualité dont les activités ont été dédiées à ce projet, constituent des coûts directement attribuables à la création du modèle de coffre-fort (IAS 38.66(b)).*

En revanche, ne doivent pas être inclus dans le coût initial du modèle de coffre-fort :

– les dépenses de la phase de développement engagées entre le 1/01/N et le 30/06/N, c'est-à-dire avant la date à laquelle les critères de comptabilisation en immobilisations incorporelles du modèle de coffre-fort sont remplis, pour 70 K€ ;

En effet, selon IAS 38.65, les dépenses relatives à la phase de développement engagées au titre d'un projet généré en interne, avant que les conditions d'immobilisation ne soient remplies, doivent être systématiquement constatées en charges lors de l'exercice au cours duquel elles ont été encourues, soit en N.

Les critères de comptabilisation à l'actif des coûts de conception du modèle de coffre-fort sont remplis à partir du 30/06/N. C'est seulement à partir de cette date que les coûts engagés dans le développement du modèle de coffre-fort doivent être comptabilisés à l'actif.

En outre, les dépenses relatives à un élément incorporel initialement comptabilisées en charges ne doivent pas être incorporées dans le coût de l'immobilisation incorporelle identifiée à une date ultérieure (IAS 38.65 et .71).

– les frais de formation du personnel commercial devant vendre le produit, pour un montant de 25 K€ ;

En effet, il s'agit de coûts de la vente qui ne sont pas directement attribuables à la mise en état et à la préparation du bien pour être exploité de la manière prévue par la direction. Ces coûts doivent être constatés en charges au cours de l'exercice (IAS 38.67(c)).

– les dépenses de promotion et de publicité engagées pour lancer la commercialisation du nouveau produit, facturées par une agence de publicité externe, pour 20 K€ ;

En effet, les dépenses de promotion et de publicité, engagés pour vendre les produits, ne satisfont jamais aux critères de définition et de comptabilisation d'une immobilisation incorporelle. Ces coûts doivent être comptabilisés en charges lorsqu'ils sont encourus (IAS 38.67(a)).

– les dépenses liées à l'achat de bracelets connectables aux alarmes des coffres-forts, ayant vocation à être distribués ultérieurement à des clients potentiels dans le cadre des activités promotionnelles pour 10 K€.

En effet, les dépenses correspondant à l'achat de biens ayant vocation à être distribués ultérieurement à des clients potentiels à des fins promotionnelles doivent être comptabilisées en charges. L'IFRS IC a confirmé que ces coûts ne peuvent pas être capitalisés selon IAS 38 et doivent être comptabilisés en charges lors de l'achat du bien sans tenir compte de la date de distribution (IFRIC Update 09/17), voir n° 30050.

SECTION III

Amortissement des immobilisations incorporelles

Immobilisations incorporelles à durée d'utilité finie : utilisation du mode des unités de production

30060

Question

Une immobilisation incorporelle à durée d'utilité finie (par exemple, un droit ou une licence d'exploitation) peut-elle être amortie selon le mode des unités de production ?

Réponse

Oui, en faisant appel au jugement et dès lors que le rythme de consommation des avantages économiques futurs représentatifs de l'actif n'est pas linéaire sur la durée de l'immobilisation incorporelle mais est plutôt fonction de l'activité (par exemple estimée en volume).

Tel est le cas, par exemple, lorsqu'une licence est accordée pour un volume d'unités limité et fixé dans un contrat.

Le recours au mode des unités de production implique d'avoir des prévisions fiables sur les modalités de consommation des avantages économiques futurs représentatifs de l'actif.

Commentaires Une immobilisation incorporelle peut être amortie selon le mode des unités de production, dès lors que ce mode d'amortissement est celui qui reflète le mieux le rythme de consommation des avantages économiques futurs attendus représentatifs de l'actif (IAS 38.98).

Il en est ainsi, par exemple, d'une licence accordée pour un volume d'unités limité et fixé dans un contrat. Dans ce cas, les avantages économiques sont nécessairement consommés au fur et à mesure des unités produites.
Sur les modes d'amortissement pouvant être utilisés, voir n° 29984.

Il est en général difficile de déterminer le rythme de consommation des avantages économiques futurs. Cela implique de recourir au jugement et d'avoir des prévisions fiables sur les modalités de consommation de ces avantages économiques futurs.

L'IFRS IC a été saisi à plusieurs reprises de la question des conditions d'utilisation de la méthode des unités de production et en particulier de la notion de consommation des avantages économiques futurs qui pourrait être appréciée soit par rapport au volume de production prévu, soit par rapport aux revenus estimés. Un amortissement basé sur les revenus générés par l'utilisation de l'actif n'est pas approprié (IAS 38.98A). Il est toutefois admis que cette présomption puisse être réfutée sous certaines conditions, notamment quand il peut être démontré qu'il existe une forte corrélation entre le revenu et la consommation des avantages économiques liés à l'actif (voir n° 29984).
Par ailleurs, l'IFRS IC a publié l'interprétation IFRIC 20, Frais de découverture engagés pendant la phase de production d'une mine à ciel ouvert, traitant de la comptabilisation des coûts d'extraction des entreprises minières et leur modalité d'amortissement permettant dans ce cas l'amortissement selon les unités de production (IFRIC 20.15).

A défaut de pouvoir déterminer de façon fiable le rythme prévisible de consommation des avantages économiques futurs, le mode d'amortissement linéaire doit être appliqué (IAS 38.97).

Immobilisations incorporelles à durée d'utilité indéterminée

30070 ***Question***

Dans quels cas la durée d'utilité d'une immobilisation incorporelle est-elle considérée comme indéterminée ?

Réponse

Dès lors que l'analyse de tous les facteurs pertinents (économiques et légaux) permet de conclure qu'il n'y a pas de limite prévisible à la perception par l'entreprise de cash-flows nets attendus de l'utilisation de cette immobilisation incorporelle.

En pratique, cela suppose :

a. d'une part, que l'activité générée par cette immobilisation incorporelle :
- ait fait ses preuves en termes de performance et de stabilité sur la durée ; et
- soit réalisée sur un marché dans lequel il n'est pas facile d'introduire une activité concurrente ;

b. et d'autre part, que la direction continue à investir à long terme afin d'allonger de manière indéterminée la période pendant laquelle les avantages économiques résultant de l'actif incorporel sont attendus.

Les cas d'immobilisations incorporelles ayant une durée d'utilité indéterminée ne devraient pas être fréquents et devraient concerner principalement des marques reconnues et réellement anciennes ou des titres de journaux.

En cas de durée d'utilité indéterminée, l'immobilisation incorporelle n'est pas amortie mais doit faire l'objet de tests de dépréciation au minimum une fois par an et à chaque fois qu'il existe un indice de perte de valeur.

Commentaires :

1. **Notion de durée de vie indéterminée** Selon IAS 38.88, une immobilisation incorporelle a une durée d'utilité indéterminée (et est donc non amortissable, voir point 3. ci-après) lorsque, sur la base de l'analyse de tous les facteurs pertinents, il n'y a pas de limite prévisible à la période pendant laquelle cette immobilisation incorporelle générera des entrées nettes de trésorerie au profit de l'entité.

En pratique, cela devrait notamment supposer :

- que l'activité générée par cette immobilisation incorporelle fait ses preuves en termes de performance et de stabilité sur la durée et soit réalisée sur un marché dans lequel il n'est pas facile d'introduire une activité concurrente ; et

– que la direction continue à investir à long terme afin d'allonger de manière indéterminée la période pendant laquelle les avantages économiques résultant de l'actif incorporel sont attendus. **30070** (suite)

De nombreux facteurs doivent être pris en compte pour la détermination de la durée d'utilité d'une immobilisation incorporelle, notamment (IAS 38.90) :

a. l'utilisation attendue de l'actif par l'entreprise et le fait que cet actif peut (ou non) être géré efficacement par une autre équipe de direction ;

b. les cycles de vie caractéristiques du produit obtenu grâce à l'actif et les informations publiques concernant l'estimation de la durée d'utilité d'actifs de type similaires qui sont utilisés de façon similaire ;

c. l'obsolescence technique, technologique, commerciale ou autre ;

d. la stabilité du secteur d'activité dans lequel l'actif est utilisé et l'évolution de la demande portant sur les produits ou les services résultant de l'actif ;

e. les actions attendues des concurrents ou des concurrents potentiels ;

f. le niveau des dépenses de maintenance à effectuer pour obtenir les avantages économiques futurs attendus de l'actif et la capacité et l'intention de l'entreprise d'atteindre un tel niveau ;

g. la durée du contrôle sur l'actif et les limitations juridiques ou autres pour son utilisation telles que les dates d'expiration des contrats de location liés ; et

h. le fait que la durée d'utilité de l'actif dépend (ou non) de la durée d'utilité d'autres actifs de l'entreprise.

Remarques :

a. **Appréciation de la durée d'utilité sans tenir compte des investissements futurs susceptibles de rallonger la durée d'utilité** Selon IAS 38.91, la durée d'utilité d'une immobilisation incorporelle ne doit refléter que le niveau des dépenses d'entretien futures qui sont nécessaires pour maintenir l'actif à son niveau de performance tel qu'apprécié au moment de l'estimation de la durée d'utilité de l'actif ainsi que la capacité et l'intention de l'entité de parvenir à un tel niveau.

La conclusion que la durée d'utilité d'une immobilisation incorporelle est indéterminée ne doit pas dépendre de dépenses futures prévues supérieures à celles qui s'imposent pour maintenir l'actif à ce niveau de performance (IAS 38.91).

En d'autres termes, il ne doit pas être tenu compte de l'amélioration future prévue des performances de l'immobilisation incorporelle tant que les dépenses nécessaires à cette amélioration future n'ont pas été engagées (estimation de la durée d'utilité de l'immobilisation incorporelle dans son « état actuel »).

En outre, IAS 38.92 précise que, compte tenu de la rapidité de l'évolution technologique constatée, les logiciels et de nombreuses autres immobilisations incorporelles sont sujets à l'obsolescence technologique ; il est donc probable que leur durée d'utilité sera courte.

b. **Immobilisations incorporelles protégées juridiquement** Selon IAS 38.94, la durée d'utilité des immobilisations incorporelles qui résultent d'un droit contractuel ou légal ne doit pas excéder la durée de ce droit (mais elle peut être plus courte en fonction de la période au cours de laquelle l'entité s'attend à utiliser l'actif).

Si le droit contractuel ou légal est accordé pour une période finie mais renouvelable, les périodes de renouvellement ne sont prises en compte que s'il existe des éléments probants pour justifier que l'entité pourra renouveler son droit sans coût significatif.

Tel pourrait être le cas, par exemple (IAS 38.96) :

– s'il existe des éléments probants, qui peuvent être fondés sur l'expérience passée, indiquant que le droit contractuel ou autre droit légal sera renouvelé. Si le renouvellement dépend du consentement d'un tiers, ceci inclut l'indication que le tiers donnera son consentement ;

– s'il existe des éléments probants que toutes les conditions nécessaires à l'obtention du renouvellement seront satisfaites ; et

– si le coût du renouvellement pour l'entité n'est pas important lorsqu'on le compare aux avantages économiques futurs que l'entité s'attend à retirer du renouvellement.

Si le coût du « renouvellement » est important lorsqu'on le compare aux avantages économiques futurs que l'entité s'attend à retirer de ce renouvellement, ce coût représente, en substance, le coût d'acquisition d'une nouvelle immobilisation incorporelle à la date du renouvellement (IAS 38.96).

2. **Immobilisations incorporelles pouvant avoir une durée d'utilité indéterminée** En pratique, les cas de durée d'utilité indéterminée ne devraient pas être fréquents et devraient concerner :

a. **Principalement des marques et des titres de journaux** En effet, ces immobilisations incorporelles sont, à notre avis, susceptibles de satisfaire au critère d'utilité indéterminée dès

30070 (suite) lors qu'elles ont une durée de protection légale indéterminée. Ainsi, pourvu qu'elles fassent l'objet de mesures appropriées pour les maintenir, elles sont alors susceptibles de générer des avantages économiques sur une durée indéterminée.

Toutefois, une présomption simple de durée indéterminée ne devrait exister, à notre avis, que pour les marques reconnues et réellement anciennes et pour les titres de journaux qui ont démontré leur capacité à résister au changement d'environnement économique.
Il conviendra en tout état de cause de démontrer que ces immobilisations incorporelles n'ont pas de fin prévisible et que les avantages économiques futurs devraient perdurer (notamment au regard de l'analyse de la notoriété et du positionnement de la marque ou du titre de journal, du secteur d'activité et de l'examen des business plans et des budgets de publicité).

Remarque Le fait de ne pas pouvoir déterminer la durée d'utilité d'une immobilisation incorporelle de manière précise n'implique pas que cette durée d'utilité est indéterminée (IAS 38.BC65(a)). En effet, même lorsque l'entité rencontre des difficultés à estimer une durée d'utilité pour une immobilisation incorporelle donnée, ce qui est relativement fréquent en pratique, il est généralement possible de faire référence aux benchmarks ou données historiques sectoriels de durées de vie et d'amortir l'immobilisation sur la durée d'utilité la plus probable ainsi estimée.

Ainsi, par exemple, une entreprise de presse qui ne parviendrait pas à définir précisément la durée d'utilité d'un titre de magazine acquis séparément peut se référer aux données sectorielles historiques de durée de vie moyenne des magazines du même type et retenir cette durée comme durée d'amortissement « à compter de la date de création ».

b. Mais également d'autres immobilisations incorporelles En ce sens, décisions du CESR (devenu l'ESMA) relatives à une base de données (EECS/0508-10, 05/08 et EECS/0910-04, 10/10) (voir Exemple 1 ci-après).

3. Traitement comptable des immobilisations incorporelles à durée de vie indéterminée Si l'immobilisation incorporelle est réellement à durée de vie indéterminée :
- elle n'est pas **amortie** (IAS 38.107) ;
- elle doit faire l'objet de **tests de dépréciation,** réalisés, conformément aux dispositions prévues par la norme IAS 36, au minimum une fois par an (toujours à la même date) et, en cas d'indice de perte de valeur, également entre deux tests annuels (IAS 38.108 et IAS 36.10(a)) ;
- elle doit faire l'objet d'**informations spécifiques en annexe** (notamment IAS 38.122(a)).

Le CESR (devenu l'ESMA) a notamment rappelé la nécessité d'indiquer en annexe les raisons justifiant l'appréciation d'une durée de vie indéterminée et de décrire les facteurs (voir point 1. ci-avant) ayant joué un rôle important dans cette appréciation comme le requiert IAS 38.122(a) (EECS/0508-10, 05/08).

En outre, la **durée d'utilisation** des immobilisations incorporelles à durée d'utilisation indéterminée doit être **réexaminée à chaque clôture** (annuelle ou intermédiaire) afin d'apprécier si les événements et circonstances permettent toujours de démontrer que la durée d'utilisation est indéterminée. Si tel n'était pas le cas, ces immobilisations devraient donner lieu à un test de dépréciation et devraient être amorties de manière prospective sur leur durée d'utilisation résiduelle, désormais finie (IAS 38.109 et .110), conformément aux dispositions relatives aux changements d'estimations prévues par IAS 8.

■ ***Exemple 1***

(inspiré de la décision CESR précitée) *L'entité A a développé une base de données de cartes électroniques servant à la navigation par satellite. Les coûts de développement de cette base de données ont été capitalisés et sont évalués selon la méthode du coût. Il en est ainsi également des frais engagés pour homogénéiser le niveau de performance de cette base de données au niveau des différentes régions couvertes.*
Cet actif représente 51 % des actifs de l'entité A. Les actifs incorporels génèrent 100 % des revenus de l'entité A. L'entité A a considéré que cet actif avait une durée de vie indéterminée par les raisons suivantes :
- *la valeur de la base de données est directement liée à son contenu qui est universel et peut être utilisé de manière indéterminée ;*
- *le contenu de la base de données existe indépendamment de la technologie utilisée ;*
- *les évolutions de la technologie peuvent être utilisées pour ajouter de nouvelles données à la base ;*
- *la base de données est sur un marché en forte croissance ; elle devrait être de plus en plus utilisée dans les procédés électroniques ;*
- *les coûts d'entrée sur ce marché sont relativement élevés ;*
- *le cycle de vie de ce type de produits et les informations sur les durées de vie estimées d'actifs similaires ne sont pas disponibles ;*

– l'entité A est en mesure d'assurer un niveau de dépenses de maintenance relativement bas par rapport à la concurrence ; **30070** (suite)
– l'utilisation de la base de données n'est pas liée aux autres actifs de l'entité A.

Solution de l'exemple 1 *Sur la base des facteurs précités, A a démontré que la base de données a une durée de vie indéterminée. Cette base de données ne doit donc pas être amortie mais doit faire l'objet d'un test de dépréciation au minimum une fois par an et également d'informations en annexe (IAS 38.122(a)) :*
– sur sa valeur comptable ; et
– sur les raisons justifiant l'appréciation de cette durée de manière indéterminée et en particulier les facteurs énoncés ci-avant (en ce sens, décision du CESR précitée).
En outre, une information devra également être fournie concernant la capitalisation des dépenses de développement de la base de données produite en interne au regard d'IAS 38.57 et ce, compte tenu du caractère significatif de la base de données (51 % du total des actifs de A). En effet, même si cette information n'est pas prévue par IAS 38, elle est requise en application d'IAS 1.117(b) qui impose de décrire les méthodes nécessaires à la compréhension des états financiers.

■ *Exemple 2*

Une société acquiert au 1/01/N une marque de montres haut de gamme, la marque Cheller, pour un montant de 1 000 K€. Ces montres sont vendues exclusivement chez les bijoutiers de luxe d'Europe, d'Asie et des Etats-Unis.
Cette marque a été créée en 1920 par le bijoutier Cheller et ses successeurs ont réussi à maintenir la qualité et le succès de la marque. La société acquéreuse a décidé de continuer à appliquer les méthodes de fabrication traditionnelle, les montages manuels et les modèles classiques qui ont fait le succès de la marque.
Sur la base d'une analyse de tous les facteurs susceptibles de limiter dans le temps l'utilisation de la marque Cheller, la société acquéreuse a considéré que cette marque avait une durée de vie indéterminée. Un des facteurs est notamment le fait qu'elle ait décidé de continuer à exploiter la marque de la même manière que ses anciens détenteurs, ce qui lui permet d'espérer pouvoir utiliser la marque Cheller sans limitation de durée.

Solution de l'exemple 2 *La société acquéreuse ne doit pas comptabiliser d'amortissement pour la marque. En revanche, elle réalise au minimum annuellement un test de dépréciation de la marque Cheller, c'est-à-dire à chaque arrêté comptable et ce, qu'il existe ou non un indicateur de perte de valeur.*
Les tests de dépréciation sont à réaliser plus fréquemment au cours de l'exercice, s'il existe un indicateur de perte de valeur. Ils doivent être réalisés selon les principes de la norme IAS 36, Dépréciation d'actifs.
En outre, la société acquéreuse doit réexaminer à chaque période comptable si la marque Cheller a toujours une durée d'utilité indéterminée, des modifications dans les conditions d'exploitation de la marque pouvant justifier que la durée d'utilité devienne finie. Par exemple :
– la société acquéreuse peut décider d'arrêter la commercialisation des montres de cette marque dans 5 ans, car les coûts de production et de main-d'œuvre sont excessivement élevés et ne peuvent plus être répercutés sur les prix de vente ;
– la marque Cheller peut également perdre des parts de marché par rapport à la concurrence, ce qui peut avoir un impact sur la durée d'utilité estimée par la société.
Si tel est le cas, la marque devrait faire l'objet d'un plan d'amortissement sur la durée d'utilité finie restante de 5 ans telle qu'elle sera estimée par la société.

SECTION IV

Cas particulier – Droits d'exploitation d'une substance chimique (REACH)

Comptabilisation des dépenses engagées dans le cadre du règlement REACH

30160 *Question*

Comment comptabiliser les dépenses d'études, d'enregistrement et d'autorisation d'exploitation d'une substance chimique, voir n° 30170, engagées pour répondre au règlement REACH ?

Réponse

A notre avis :

1. **les dépenses d'enregistrement (y compris les dépenses d'études y afférentes)** d'une substance chimique devraient en général être **activables** en immobilisations incorporelles lorsqu'elles surviennent. En effet, ces dépenses confèrent un droit d'exploitation de la substance chimique permettant la poursuite de sa production, sa commercialisation ou sa transformation ;

   A notre avis, d'autres types de coûts encourus par une entité pour obtenir la certification légale d'un produit (lui conférant un droit d'exploitation de ce produit) pourraient également être capitalisés si les critères de qualification en immobilisations incorporelles sont respectés.

2. **les dépenses d'autorisation** des substances chimiques les plus dangereuses, lorsqu'elles sont engagées en interne, ne devraient **pas être activables,** étant donné le peu de succès attendu au terme de ce processus.

Commentaires :

1. **Contexte général du règlement européen REACH** (Règl. 1907/2006 du 18/12/06 concernant l'enregistrement, l'évaluation et l'autorisation des substances chimiques) – le règlement REACH (Registration, Evaluation and Authorisation of Chemicals Substances) impose aux **fabricants et importateurs** de substances chimiques :

– **d'enregistrer ces substances auprès de l'Agence européenne des produits chimiques** – ce qui implique le dépôt d'un dossier technique (contenant notamment l'évaluation des risques sur la santé et l'environnement pour chaque utilisation identifiée de la substance) et le paiement d'une redevance ;

Les utilisateurs industriels (textile, imprimerie, etc.) n'ont pas à enregistrer les substances chimiques qu'ils utilisent. Toutefois, ils peuvent être amenés à réaliser eux-mêmes l'évaluation des risques sur la santé et l'environnement et enregistrer ces substances, lorsque les utilisations ne sont pas prévues dans les dossiers d'enregistrement des fabricants et importateurs.

– **de demander l'autorisation d'utiliser les substances les plus dangereuses** (cette autorisation ne pouvant être donnée que pour une durée limitée).

L'enregistrement d'une substance (ou son autorisation, le cas échéant) est **nécessaire pour obtenir le droit de (continuer à) l'exploiter.** En effet, si une substance n'a pas été enregistrée (ou la demande d'autorisation n'a pas été effectuée) au terme des délais prévus par le règlement, le producteur ou importateur n'est plus autorisé à la produire, à la mettre sur le marché ou la transformer dans l'UE.

Sur la nature des dépenses à inclure dans le coût d'entrée du droit d'exploitation d'une substance chimique, acquis ou créé au titre de la procédure d'enregistrement (ou d'autorisation) REACH, voir n° 30170.

La mise en œuvre de cet enregistrement (ou autorisation) nécessite d'engager un certain nombre de **dépenses** :

– pour **effectuer ou acquérir des tests** nécessaires à la constitution du dossier technique d'enregistrement (ou de demande d'autorisation) à déposer auprès de l'Agence ;

– pour **enregistrer** à proprement dit le dossier technique auprès de l'Agence (**paiement d'une redevance**).

2. Comptabilisation des coûts d'enregistrement et d'autorisation d'exploitation d'une substance chimique L'IFRS IC a été saisi de la question de la comptabilisation des coûts engagés au titre du règlement REACH mais a décidé de ne pas ajouter ce sujet à son agenda, considérant que la norme IAS 38 sur les actifs incorporels fournissait des précisions suffisantes sur la définition et les critères de comptabilisation d'un actif incorporel, pour permettre aux entités de comptabiliser ces frais (IFRIC Update 03/09, 05/09 et 07/09). **30160** (suite)

A notre avis, il convient de faire une distinction entre les frais d'enregistrement et les frais d'autorisation d'une substance :

a. Comptabilisation des dépenses d'enregistrement engagées pour obtenir ou conserver le droit d'exploiter les substances chimiques Ces coûts doivent, à notre avis, être **activés en immobilisations incorporelles** dès lors qu'il devient probable que l'entreprise obtiendra le droit de poursuivre l'exploitation de la substance. En effet, ce droit devrait en général, répondre à la définition et aux critères de comptabilisation d'une immobilisation incorporelle (IAS 38.11 s. et .21), voir nº 29954 et 29960.

En effet, ce droit satisfait la définition d'un actif incorporel puisqu'il est :

– **identifiable,** s'agissant du **droit légal** de poursuivre la production, la commercialisation ou la transformation de la substance (IAS 38.11 s.) ;

– **contrôlé par l'entité** (IAS 38.13), celle-ci ayant l'autorisation et donc le pouvoir, une fois l'enregistrement obtenu, de (continuer à) obtenir des avantages économiques liés à l'exploitation de la substance ; en outre, un enregistrement ne peut pas être arbitrairement annulé et les tiers n'ont pas accès gratuitement aux tests effectués par les premiers déclarants ; et

– **générateur d'avantages économiques futurs** (IAS 38.17) : les dépenses engagées pour la mise en conformité avec le règlement REACH ne procurent pas directement d'avantages économiques futurs additionnels mais ils conditionnent l'obtention des avantages économiques futurs liés à l'exploitation de la substance enregistrée. En effet, en l'absence d'enregistrement, l'entité ne serait plus autorisée à poursuivre l'activité liée à cette substance et perdrait donc les avantages économiques futurs qui y sont attachés (par analogie avec IAS 16.11 relatifs aux immobilisations corporelles acquises pour des raisons de sécurité des personnes ou liées à l'environnement).

Par ailleurs, ce droit devrait généralement répondre aux critères de comptabilisation d'un actif incorporel dans la mesure où (IAS 38.21) :

– **il est probable que les avantages économiques futurs associés à l'actif iront à l'entité** : en principe, la procédure d'enregistrement ne devrait constituer qu'une simple formalité administrative. Il est donc probable que l'entité obtiendra ce droit au terme du processus. Toutefois, en cas de durcissement de la réglementation actuelle, ou d'événement exceptionnel remettant en cause une ou plusieurs substances en cours d'enregistrement, la comptabilisation à l'actif de ces coûts pourrait être remise en cause ;

– **le coût de l'actif peut être évalué de façon fiable** (pour un détail des dépenses visées, voir nº 30170).

Selon les modalités d'engagement des tests nécessaires pour obtenir l'enregistrement (ou l'autorisation) de la substance, le droit d'exploitation constitue :

– soit un droit acquis ;

Le droit est considéré comme acquis lorsque l'entreprise acquiert la majorité des tests nécessaires à l'enregistrement. Telle est la situation, en général, des importateurs et utilisateurs ne disposant pas de l'organisation et des structures nécessaires pour réaliser ces tests en interne.

– soit un droit créé en interne.

Le droit est considéré comme créé en interne lorsque le déclarant :

– effectue lui-même la majorité des tests nécessaires à l'élaboration du dossier ;

– ou lorsqu'en tant que donneur d'ordres, il confie la réalisation de la majorité des tests à un laboratoire (tenu de se conformer exactement aux spécifications techniques que ce donneur d'ordres arrête en dernier ressort), mais qu'il assume seul la responsabilité de la conception finale du dossier.

Telle est la situation, en général, des fabricants.

Dans ce dernier cas, les critères spécifiques de comptabilisation à l'actif d'IAS 38.57 doivent également être remplis, voir nº 29970.

Ce droit d'exploitation doit :

– être évalué initialement au coût (IAS 38.24), lequel comprend tous les coûts directement attribuables nécessaires à l'enregistrement de la substance (IAS 38.27 et .66) ;

Sur la nature des coûts incorporables dans le coût d'entrée du droit d'exploitation, voir nº 30170.

– être amorti sur sa durée d'utilité (IAS 38.88), c'est-à-dire, à notre avis, la durée d'exploitation de la substance telle que prévue par l'entreprise (l'amortissement étant, à notre avis) constaté à compter de la date d'enregistrement ;

Remarque Il n'existe **pas de durée légale d'utilisation** du droit d'exploitation reçu à l'enregistrement d'une substance.

– faire l'objet d'un test de dépréciation lorsqu'un indicateur de perte de valeur apparaît à la clôture (changement de réglementation, demande de tests complémentaires de la part de l'agence européenne, etc.) (IAS 36.12 s.).

Au cas particulier d'une immobilisation « REACH », un indicateur de perte de valeur apparaît, notamment :
- lorsqu'un événement indique que l'enregistrement pourrait ne pas être obtenu, ou, s'il a déjà été obtenu mais risque d'être remis en cause (demande de l'Agence d'effectuer des tests complémentaires, nouvelles restrictions, etc.) ;
- en cas de cession à un nouveau déclarant des tests et études liés à l'enregistrement, si l'entrée sur le marché d'un nouveau concurrent risque de modifier les conditions d'exploitation de l'actif par l'entité.

Remarque Lorsqu'il existe un risque sur l'obtention ou la conservation d'un enregistrement, c'est l'ensemble des actifs utilisés dans le cadre de l'exploitation de la substance concernée qui doit être testé et le cas échéant déprécié.

b. Comptabilisation des dépenses d'autorisation engagées pour obtenir ou conserver le droit d'exploiter les substances chimiques les plus dangereuses Lorsque l'autorisation est acquise (voir ci-avant la notion de droit acquis et de droit créé en interne), le critère de comptabilisation relatif à la probabilité des avantages économiques futurs est en principe toujours considéré comme satisfait pour des immobilisations incorporelles (IAS 38.25).

En revanche, lorsque l'autorisation est créée en interne, ces coûts ne doivent être activés que s'il devient probable que l'entreprise obtiendra le droit de poursuivre l'exploitation de la substance (IAS 38.57). Or, au cas particulier des substances chimiques les plus préoccupantes, l'autorisation d'exploiter devrait être plus difficile à obtenir. En conséquence, à notre avis, étant donné le peu de succès attendu au terme de ce processus, les frais engagés en interne au titre des demandes d'autorisation ne devraient, en général, **pas être activés.**

Dans les cas rares où les conditions d'activation sont respectées, le droit d'exploitation doit :
- être comptabilisé initialement au coût (IAS 38.24), lequel comprend tous les coûts directement attribuables nécessaires à l'autorisation de la substance (IAS 38.27 et .66) ; sur la nature des coûts incorporables dans le coût d'entrée de cet actif, voir n° 30170 ;
- être amorti sur la durée la plus courte entre la durée légale d'autorisation (fixée au cas par cas par l'agence) et la durée probable d'exploitation de la substance telle que prévue par l'entreprise (IAS 38.94) ;
- faire l'objet d'un test de dépréciation lorsqu'un indicateur de perte de valeur apparaît à la clôture (IAS 36.12 s.).

3. Absence de constitution de provision pour mise en conformité Les dépenses engagées pour se mettre en conformité avec la réglementation REACH ne doivent pas donner lieu à provision avant leur engagement. En effet (IAS 37.14 et .19), ces dépenses ont une contrepartie pour l'entreprise, la possibilité de poursuivre l'activité au-delà de la date butoir de mise en application du règlement (conformément aux prévisions antérieures au nouveau règlement).

4. Autres types de coûts engagés pour la certification d'un produit A notre avis, d'autres types de coûts engagés pour l'obtention de la certification d'un produit (la certification de son origine par exemple ou autres caractéristiques du produit) sont activables s'ils respectent les critères de comptabilisation en immobilisation incorporelle (voir n° 29954).

Ainsi, si une entité considère qu'il est probable qu'elle bénéficiera des avantages économiques futurs liés à l'exploitation du produit certifié (notamment par une augmentation de ses ventes), les coûts encourus pour l'obtention de cette certification peuvent en général être activés à condition toutefois que l'actif soit protégé légalement ou par le biais d'un enregistrement.

Nature des dépenses à inclure dans le coût d'entrée du droit d'exploitation

30170 *Question*

Quelles sont les dépenses à inclure dans le coût d'entrée du droit d'exploitation d'une substance chimique soumise à la procédure d'enregistrement (ou d'autorisation) REACH ?

30170 (suite)

Réponse

Uniquement les dépenses directement attribuables à l'enregistrement ou à l'autorisation de la substance chimique.

En pratique, à notre avis, il s'agit des dépenses :
- marginales, c'est-à-dire que ces dépenses n'auraient pas été engagées si l'enregistrement n'avait pas eu lieu ;
- séparables des autres coûts engagés dans le cadre de l'activité courante ;
- évaluables de manière fiable.

Si le droit est créé en interne, ces coûts ne sont inclus dans le coût d'entrée qu'à partir de la date à laquelle les critères d'immobilisation des frais de développement d'IAS 38 sont remplis pour la première fois.

Commentaires :

1. **Contexte général du règlement REACH et comptabilisation en immobilisations incorporelles des coûts engagés au titre de cette réglementation** Voir n° 30160.

2. **Dépenses à inclure dans le coût d'entrée du droit d'exploitation** Les dépenses à inclure dans le coût d'entrée du droit d'exploitation des substances chimiques sont uniquement celles directement attribuables à l'enregistrement ou à l'autorisation de la substance (IAS 38.27 et .66).

En pratique, le recours au jugement est nécessaire et il convient de tenir compte de tous les faits et circonstances. Ainsi, à notre avis, ces dépenses doivent notamment :
- être **marginales,** c'est-à-dire qui n'auraient pas été engagées si l'enregistrement n'avait pas eu lieu (IAS 38.27(b) et .66), voir n° 31110 ;

Par exemple, constituent, à notre avis, des coûts marginaux :
- les coûts engagés pour effectuer des tests ;
- les sommes payées pour utiliser le résultat de tests existants auprès d'un autre déclarant ;
- la redevance versée au titre de l'enregistrement des substances auprès de l'Agence européenne des produits chimiques.

En revanche, sont en général exclus, à notre avis, les coûts administratifs et autres frais généraux, à moins qu'ils puissent être directement rattachés au processus d'enregistrement d'une substance spécifique.

- pouvoir être **distinguées des autres coûts engagés dans le cadre de l'activité courante** ;

Par exemple, un module de suivi des substances développé à l'occasion de leur enregistrement, mais pouvant également être utilisé pour des besoins de gestion autres que la législation REACH, ne peut pas être distingué des coûts engagés dans le cadre de l'activité courante. Il ne peut donc pas être inclus dans le coût d'entrée du droit d'exploitation. En revanche, s'il remplit les critères de comptabilisation d'un actif, il fera l'objet d'une comptabilisation séparée en tant que logiciel.

- pouvoir être **évaluées de manière fiable.**

Les coûts ne pouvant pas être imputés de manière fiable à une substance chimique spécifique (indépendamment des autres) sont donc exclus du coût d'entrée. Tel est le cas, par exemple, des coûts liés au comité de pilotage.

En outre, si le droit est créé en interne, ces coûts ne sont inclus dans le coût d'entrée qu'à partir de la date à laquelle les critères d'immobilisation des frais de développement d'IAS 38.57 sont remplis pour la première fois (IAS 38.65).

Pour plus de détails, voir n° 29970.

Remarque Dans le cadre de cette appréciation, il peut, à notre avis, être utile de se référer à l'avis du CNC n° 2009-13 sur le traitement comptable des obligations imposées par le règlement REACH, qui détaille les natures de dépenses engagées au titre de la réglementation REACH.

CHAPITRE 24

Immobilisations corporelles (IAS 16)

Plan du chapitre §§ 30975

L'ESSENTIEL DE LA NORME IAS 16

A. Généralités

Champ d'application

30977 Les dispositions de la norme IAS 16, Immobilisations corporelles, doivent être appliquées aux immobilisations corporelles, sauf lorsqu'une autre norme IFRS impose ou autorise un traitement comptable différent (IAS 16.2).

Sont ainsi couverts par d'autres normes et donc exclus du champ d'application d'IAS 16 (IAS 16.3) :
- les immobilisations corporelles classées comme actifs non courants et groupes d'actifs détenus en vue de la vente (IFRS 5), voir nº 36951 s. ;
- les actifs biologiques liés à l'activité agricole qui ne sont pas des plantes productrices (IAS 41), voir nº 67002 s. ;

Remarque – Les plantes productrices entrent dans le champ d'application d'IAS 16 et non d'IAS 41. Cependant, IAS 16 ne s'applique pas aux produits de ces plantes qui restent dans le champ d'application d'IAS 41 jusqu'à leur récolte (IAS 41.2b).
Une plante productrice est définie comme une plante vivante qui (IAS 41.5 ; voir nº 67004) :
- est utilisée dans la production ou la fourniture de produits agricoles ;
- est susceptible de produire sur plus d'une période ; et
- n'a qu'une faible probabilité d'être vendue comme produit agricole, sauf à titre accessoire en tant que rebut.

Pour la détermination du coût de production des plantes productrices, voir nº 30987.

- les actifs de prospection et d'évaluation de ressources minérales (IFRS 6) ;
- les droits miniers et les réserves minérales telles que le pétrole, le gaz naturel et autres ressources similaires non renouvelables.

Toutefois, IAS 16 s'applique aux immobilisations corporelles utilisées pour développer et maintenir les trois dernières catégories d'actifs ci-avant.

Une entité qui a recours au modèle du coût pour les immeubles de placement conformément à IAS 40 doit utiliser le modèle du coût d'IAS 16 pour les immeubles de placement détenus en propre (IAS 16.5).

Pour plus de détails sur la norme IAS 40, Immeubles de placements, voir nº 31975 s.

Définition et critères de comptabilisation d'une immobilisation corporelle

30979 Une immobilisation corporelle est un actif corporel détenu par une entreprise pour être (IAS 16.6) :
- utilisé dans la production ou la fourniture de biens et services ;
- loué à des tiers ; ou
- utilisé à des fins administratives.

Remarques – Notion de « détention » versus « droit de propriété » En IFRS, la notion de détention n'est pas forcément identique à celle de droit de propriété. Même si elle résulte souvent du droit de propriété, le critère essentiel pour juger de la détention repose sur l'appréciation de la capacité de l'entreprise à contrôler les avantages économiques attendus. Cela nécessite de prêter attention à la substance et à la réalité économique de la détention et non pas seulement à la forme juridique. L'examen de la capacité à contrôler les avantages peut être complété par l'analyse des risques principaux dans un accord.

Pour qu'un actif corporel soit qualifié d'immobilisation corporelle, il est également nécessaire qu'on s'attende à ce qu'il soit utilisé sur plus d'une période (IAS 16.6).

La comptabilisation à l'actif d'une immobilisation corporelle est soumise au respect des deux critères suivants (IAS 16.7) :
- il est probable que les avantages économiques futurs associés à cet actif iront à l'entreprise ;

Ce critère implique que non seulement il y ait des avantages probables associés, mais également que ces avantages futurs soient contrôlés par l'entreprise. A notre avis, par analogie avec les immobilisations incorporelles, une entité contrôle une immobilisation corporelle lorsqu'elle a le pouvoir, d'une part, d'obtenir les avantages économiques futurs liés à la ressource (voir remarque ci-avant) et, d'autre part, de restreindre l'accès des tiers à ces avantages (IAS 38.13, en ce sens également Cadre.4.3 s.), notamment du fait de l'existence d'un droit légal ou contractuel.

- et le coût de cet actif peut être évalué de façon fiable.

Approche par composants

Chaque partie d'une immobilisation corporelle ayant un coût significatif par rapport au coût total de l'immobilisation doit être comptabilisée et amortie séparément (IAS 16.43 et .44). 30981

En pratique, les composants sont souvent les éléments qui :
- nécessitent d'être remplacés à intervalles réguliers (IAS 16.13) ;
- ont des durées d'utilité différentes ou procurent des avantages à l'entreprise selon un rythme différent nécessitant l'utilisation de taux et de modes d'amortissement différents (IAS 16.44).

Cette méthode est nommée « approche par les composants ».

Exemples :

1. Un bateau de transport de passagers est composé notamment d'une coque, d'un moteur, d'hélices, de cabines aménagées, d'ordinateurs de navigation et de chaudières. Les différents composants identifiés ont des durées d'utilité différentes et sont susceptibles d'être remplacés ou réparés séparément les uns des autres, par exemple :
- la double coque (durée d'utilité d'environ 15 ans) ;
- le moteur (durée d'utilité de 10 ans) ;
- les hélices et ordinateurs de navigation (remplacés tous les 5 ans) ;
- l'aménagement des cabines (durée d'utilité de 5 ans).

2. De même, un avion doit être décomposé entre les différents éléments suivants :
- le fuselage (durée d'utilité : 30 ans) ;
- les sièges (durée d'utilité : 10 ans) ;
- le train d'atterrissage (durée d'utilité : 5 ans) ;
- les réacteurs (durée d'utilité : 4 ans).

Pour l'application en pratique de l'approche par composants, voir n° 31055 et 31057.

Le reliquat se composant des parties de l'immobilisation qui n'ont pas été comptabilisées distinctement est appelé « structure » ci-après.

Traitement des pièces de rechange et du matériel d'entretien

Les pièces détachées, les pièces de rechange et le matériel d'entretien doivent être comptabilisés en immobilisations corporelles dès lors qu'ils répondent à la définition d'une immobilisation corporelle telle que définie selon IAS 16.6 (voir n° 30979). Dans le cas contraire, ils doivent être classés en stocks (IAS 16.8). 30983

A noter qu'un matériel d'entretien utilisé sur une durée supérieure à 12 mois ne peut pas être considéré comme du stock (IAS 16.BC12A).

Traitement des immobilisations corporelles acquises pour des raisons de sécurité ou liées à l'environnement

Des immobilisations corporelles peuvent être acquises pour des raisons de sécurité ou pour des raisons liées à l'environnement (IAS 16.11). Ces immobilisations n'augmentent pas directement les avantages économiques futurs mais peuvent se révéler nécessaires pour que l'entreprise puisse continuer à obtenir les avantages économiques futurs de ses autres actifs. Si tel est le cas, ces biens sont enregistrés à l'actif. 30985

La valeur comptable d'un tel actif et des actifs liés doit toutefois faire l'objet d'un test de dépréciation (IAS 16.11).

Exemple L'acquisition et l'installation de détecteurs d'incendie, réalisées pour des raisons de sécurité, n'augmentent pas directement les avantages économiques futurs, mais sont nécessaires pour que l'entreprise puisse continuer à obtenir les avantages économiques futurs de ses autres actifs. Ces dépenses sont donc à comptabiliser en immobilisations.

B. Evaluation et comptabilisation

Coût d'entrée

Les immobilisations corporelles sont initialement comptabilisées à leur coût d'acquisition ou de production (IAS 16.15 et .16). 30987

Sur l'incidence d'une subvention publique sur le coût d'un actif subventionné, voir n° 39518.
Sur le cas particulier d'un immeuble de placement évalué à la juste valeur et transféré en immeuble d'exploitation à la suite de l'occupation des locaux par le propriétaire, voir n° 31995.

30987 (suite) 1. **Coût d'acquisition** Le coût d'acquisition des immobilisations acquises à titre onéreux est égal (IAS 16.16) :
- au prix d'achat, y compris les droits de douanes et taxes non récupérables ;
- déduction faite de toutes les remises et de tous les rabais commerciaux ;
- augmenté des frais directement attribuables à sa mise en état de marche et à son transfert vers son lieu d'exploitation selon l'utilisation prévue par la direction ;
- augmenté des coûts de démantèlement et d'enlèvement de l'immobilisation ainsi que des coûts de remise en état du site sur lequel elle est située (obligation résultant de l'acquisition ou de l'utilisation de l'immobilisation à des fins autres que la production).

Exemples de coûts à incorporer au coût d'un actif acquis (IAS 16.17) :
- les coûts de main-d'œuvre résultant directement de la construction ou de l'acquisition de l'immobilisation corporelle ;
- les frais de préparation du site ;
- les frais de livraison et de manutention initiaux ;
- les frais d'installation et de montage ;
- les coûts des tests de bon fonctionnement de l'immobilisation corporelle (c'est-à-dire ce qui permet d'apprécier si le rendement technique et physique de l'immobilisation est tel que celle-ci peut être utilisée dans la production ou la fourniture de biens ou de services, ou en vue d'être donnée en location à des tiers, ou à des fins administratives) ;
- les honoraires de professionnels.

Exemples de coûts non inclus dans le coût d'un actif acquis (IAS 16.18, .19 et .20) :
- les coûts liés aux obligations de remise en état résultant de l'utilisation de l'immobilisation à des fins de production (voir n° 31070) ;
- les coûts d'ouverture d'une nouvelle installation ;
- les coûts de lancement d'un nouveau produit ou service (y compris les coûts des activités de publicité et de promotion) ;
- les coûts d'exploitation d'une activité dans un nouveau lieu ou avec une nouvelle catégorie de clients (y compris les coûts de formation du personnel) ;
- les frais administratifs et frais généraux ;
- les coûts encourus entre le moment où l'immobilisation est capable de fonctionner de la manière prévue par la direction et le moment où elle est effectivement mise en service ;
- les pertes opérationnelles initiales ;
- les coûts de relocalisation ou de restructuration de tout ou partie des activités d'une entité.

Sur le cas des **immobilisations acquises pour un prix comportant un ajustement éventuel**, voir point 5. ci-après.

2. **Coût de production** Le coût de production d'une immobilisation produite par l'entreprise (IAS 16.22) :
- **pour elle-même** : est déterminé en utilisant les mêmes principes que pour un actif acquis (voir point 1. ci-avant) ;
- **dans le cadre de son activité normale** : est identique au coût de production des actifs destinés à la vente et déterminé selon la norme IAS 2, Stocks (voir n° 34985).

Exemples de coûts à incorporer au coût d'un actif produit :
- les mêmes frais que ceux inclus dans le coût d'un actif acquis (frais de test..., voir point 1. ci-avant.) ;
- le coût de main-d'œuvre directe ;
- le coût d'achat des matières premières ;
- l'amortissement des machines utilisées car ces coûts sont engagés pour mettre l'actif en état de marche.

Exemples de coûts ne pouvant pas être incorporés dans le coût d'un actif produit :
- les mêmes coûts que ceux non inclus dans le coût d'un actif acquis (pertes opérationnelles initiales, par exemple, voir point 1. ci-avant) ;
- les coûts anormaux de gaspillage de matières premières et de main-d'œuvre sont directement comptabilisés en charges et ne peuvent en aucun cas être incorporés au coût de l'actif produit car ils n'augmentent pas la valeur de l'immobilisation et ne sont pas directement engagés pour mettre l'actif en état de marche (IAS 16.22) ; il en est de même des coûts liés aux erreurs de conception, aux malfaçons, aux retards, etc. ;
- l'amortissement et l'entretien des bâtiments, au même titre que l'ensemble des frais généraux de production fixes, ne font pas partie du coût d'une immobilisation produite par une entreprise. La norme IAS 16 interdit toute possibilité d'inclusion dans le coût d'une quote-part de frais généraux ou administratifs (IAS 16.19). Cependant, les immobilisations produites dans le cadre de l'activité normale de l'entreprise ne sont pas concernées par cette interdiction, la norme IAS 2 autorisant une allocation des frais généraux fixes et variables dans le coût (voir n° 34985) ;
- les marges internes ne rentrent pas dans le coût de production des immobilisations (IAS 16.22).

Remarque – Coût de production des plantes productrices Les plantes productrices (voir nº 30977) sont comptabilisées de la même façon que des immobilisations corporelles construites par l'entité pour elle-même. Par conséquent, le terme « construction » recouvre toutes les activités nécessaires à la culture des plantes productrices avant que celles-ci ne se trouvent à l'endroit et dans l'état pour être exploitées de la manière prévue par le management (IAS 16.22A).

3. **Incidence des coûts d'emprunt sur la détermination du coût** La norme IAS 23, Coûts d'emprunt, impose l'incorporation dans le coût de l'actif des coûts d'emprunt attribuables à l'acquisition, la construction ou la production d'un actif qualifié (actif qui exige une longue période de préparation avant de pouvoir être utilisé) dès lors que les deux conditions suivantes sont satisfaites (IAS 23.9, voir nº 37986) :
– il est probable qu'ils généreront des avantages économiques futurs ; et
– les coûts peuvent être évalués de manière fiable.

4. **Produits générés pendant la période de production d'une immobilisation,** voir nº 31126.

5. Pour les **immobilisations acquises en contrepartie de paiements variables ou conditionnels,** voir nº 30054.

Comptabilisation des dépenses ultérieures

Les dépenses ultérieures relatives à une immobilisation corporelle ne sont portées à l'actif que si elles remplissent les mêmes conditions que celles applicables aux coûts initialement comptabilisés dans le coût d'une immobilisation corporelle (IAS 16.12 s.). **30989**

Pour des exemples de dépenses ultérieures dans le cadre d'immeubles (indemnités d'éviction, frais de démolition, etc.), voir nº 31989.
Pour les dépenses de sécurité et d'environnement et de mise en conformité, voir nº 31065 s.

1. **Réparation et maintenance** Les dépenses ultérieures de réparation et maintenance (coûts d'entretien courant, c'est-à-dire les biens consommés, les coûts de main-d'œuvre ou encore les biens de faible valeur) relatives à une immobilisation corporelle déjà comptabilisée doivent être constatées en charges lorsqu'elles sont encourues (IAS 16.12).

Par exemple, le remplacement des freins d'un véhicule : cette dépense permet de maintenir les avantages économiques futurs et n'augmente pas le niveau de performance. Il s'agit donc de frais de maintenance liés à l'utilisation du véhicule qui constituent donc des charges.
Pour les modalités de décomptabilisation des éléments remplacés, voir nº 31055 (composant identifié à l'origine) et nº 31057 (composant non identifié à l'origine).

2. **Remplacement de composants** Les coûts de remplacement de parties d'immobilisations corporelles doivent être portés à l'actif si les critères généraux décrits ci-avant (voir nº 30979) sont satisfaits au moment où le coût est encouru. Tel est le cas des remplacements de composants (IAS 16.13) :

a. lorsque ces éléments de remplacement permettent d'améliorer les avantages économiques futurs estimés initialement ;

Exemples :
– modification d'une unité de production permettant d'allonger la durée d'utilité. Tel est notamment le cas du remplacement des bras articulés d'un robot d'assemblage permettant de prolonger sa durée d'utilité : en prolongeant la durée d'utilité du robot, les dépenses de remplacement des bras articulés du robot augmentent le niveau de performance défini antérieurement à leur engagement ;
– amélioration de pièces des machines permettant d'obtenir une amélioration substantielle de la qualité de la production. Tel est le cas notamment de la modification du logiciel de programmation des machines à commande numérique permettant d'augmenter la qualité des produits finis : ces dépenses augmentent le niveau de performance défini antérieurement à leur engagement par l'augmentation de la qualité des produits finis ;
– modification d'une unité de production permettant l'augmentation de sa capacité de production ;
– adoption de nouveaux processus de production permettant une réduction substantielle du niveau des coûts opérationnels ;
– modification de l'appareil de production augmentant le niveau de performance. Tel est le cas notamment de l'installation d'un système de réglage électronique d'une découpeuse de tôles ondulées permettant d'augmenter la précision des découpages et diminuant les taux de déchets : la diminution de ces dépenses augmente le niveau de performance défini antérieurement à leur engagement.

b. mais également en cas de remplacement standard d'un composant. En effet, ils permettent d'améliorer les avantages économiques futurs (non pas par rapport à ceux estimés initialement, mais par rapport à ceux estimés au moment où ils sont encourus).

Ces composants sont donc comptabilisés comme des actifs distincts, car ils ont des durées d'utilité différentes de celles des immobilisations corporelles auxquelles ils sont liés (voir nº 30981), et non comme des charges (IAS 16.13).

La valeur comptable résiduelle des pièces remplacées est décomptabilisée et constitue une charge si le remplacement a lieu avant la date de fin d'amortissement du composant remplacé.

Tel peut être le cas :

– du revêtement intérieur d'un four considéré, dès l'origine, comme un composant distinct du fait de sa durée d'utilité inférieure à celle du four et comptabilisé comme un actif distinct lors de son renouvellement tous les 5 ans ;

– ou encore des sièges d'un avion renouvelés tous les 10 ans et qui sont donc comptabilisés à l'actif, distinctement des autres composants de l'avion, lors de leur renouvellement (voir nº 30981).

Pour la comptabilisation des remplacements de composants, voir nº 31055 (composant identifié à l'origine) et nº 31057 (composant identifié lors du remplacement).

De même, les coûts des **révisions périodiques et obligatoires** doivent être pris en compte dans la valeur comptable de l'immobilisation concernée s'ils génèrent des avantages économiques futurs et s'ils peuvent être évalués de façon fiable. Ces coûts d'inspection majeure sont traités comme un composant d'une immobilisation ayant une substance physique (IAS 16.14).

Par exemple, une inspection générale d'un avion prévue tous les 4 ans d'exploitation (sur la base de 1 750 heures de vol par an) est comptabilisée en immobilisation. C'est un composant à amortir sur 4 ans.

La valeur comptable résiduelle du coût de la précédente inspection est décomptabilisée et constitue une charge quand la révision n'avait pas été identifiée initialement dans le coût de l'immobilisation principale ou qu'elle intervient plus tôt que prévu.

Pour les révisions majeures et des exemples d'applications, voir nº 31060.

Evaluation à la clôture

30991 Deux modèles d'évaluation des immobilisations corporelles sont autorisés et décrits par IAS 16 : le modèle du coût et le modèle de la réévaluation.

Le choix du modèle doit être effectué par catégorie d'immobilisations corporelles (IAS 16.29).

Une **catégorie d'immobilisations corporelles** est un regroupement d'actifs de nature et d'usage similaires au sein de l'activité de l'entreprise. Les catégories d'immobilisations corporelles peuvent être, par exemple, les terrains, les terrains et constructions, les machines, les véhicules à moteur, le mobilier et agencements, le matériel de bureau (IAS 16.37).

Cas d'exemption (IAS 16.29A et .29B) Certaines entités utilisent un fonds d'investissement pour procurer aux investisseurs des avantages déterminés en fonction des parts du fonds. Ces fonds incluent parfois des biens immobiliers occupés par leur propriétaire auxquels s'applique, en principe, IAS 16. Toutefois, l'entité peut choisir d'évaluer ces biens selon le modèle de la juste valeur d'IAS 40 (voir nº 31993), qui diffère du modèle de la réévaluation décrit dans IAS 16 (voir point 2. ci-après). En conséquence de ce choix, l'entité doit traiter comme une catégorie d'immobilisations corporelles distincte les biens immobiliers occupés par leur propriétaire qui sont évalués selon le modèle de la juste valeur applicable aux immeubles de placement.

1. **Le modèle du coût** consiste à évaluer une immobilisation corporelle à son coût diminué du cumul d'amortissements et du cumul des pertes de valeur (IAS 16.30).

2. **Le modèle de la réévaluation** consiste à évaluer de façon fiable une immobilisation corporelle à son montant réévalué. Le montant réévalué est égal à sa juste valeur à la date de réévaluation diminué du cumul des amortissements ultérieurs et du cumul des pertes de valeurs ultérieures. Les réévaluations doivent être suffisamment régulières pour que la valeur comptable des actifs réévalués soit toujours proche de leur juste valeur (IAS 16.31).

Remarques :

1. La juste valeur d'un actif est le prix qui serait reçu de sa vente dans le cadre d'une transaction normale entre des intervenants de marché à la date d'évaluation. Les dispositions de la norme IFRS 13, Evaluation de la juste valeur, s'appliquent à l'évaluation de la juste valeur de l'immobilisation corporelle dans ce cas (IAS 16.6). Pour plus d'informations, voir nº 13310 s.

2. La fréquence des réévaluations dépend des fluctuations de la juste valeur des immobilisations corporelles concernées. Lorsque ces fluctuations sont importantes (terrains et immeubles), une réévaluation annuelle est nécessaire ; dans le cas contraire (machines, installations industrielles, etc.), une réévaluation tous les 3 ou 5 ans peut être suffisante (IAS 16.34).

3. Lorsqu'une immobilisation corporelle est réévaluée, l'ensemble de la catégorie d'immobilisations corporelles à laquelle appartient cet actif doit être réévalué (IAS 16.36).

Lorsque la valeur comptable d'un actif augmente à la suite d'une réévaluation, la contrepartie de cette augmentation est constatée au crédit du compte « écart de réévaluation » des autres éléments du résultat global (« Other Comprehensive Income »/OCI) (IAS 16.39). **30991** (suite)

Toutefois, la contrepartie d'une réévaluation à la hausse est comptabilisée en produit si elle compense une réévaluation négative du même actif antérieurement comptabilisée en charges (IAS 16.39).

A l'inverse, une évaluation à la baisse est constatée en réduction de la valeur comptable de l'actif par contrepartie du compte de résultat (IAS 16.40).

Toutefois, la contrepartie de cette diminution sera constatée dans les autres éléments du résultat global (OCI) dès lors qu'il existe un solde créditeur positif dans la réserve de réévaluation au titre de cet actif (en cas de réévaluation à la baisse postérieure à une réévaluation à la hausse). Au-delà, elle doit être comptabilisée en charges. L'écart de réévaluation est ainsi ramené à zéro (IAS 16.40).

L'écart de réévaluation compris dans les autres éléments du résultat global (OCI) peut être transféré directement dans les résultats non distribués (sans transiter par le résultat) (IAS 16.41) :
- lorsque l'actif est mis hors service ou cédé ; ou
- au fur et à mesure de l'utilisation de l'actif par l'entité, pour la différence entre l'amortissement basé sur la valeur comptable réévaluée de l'actif et l'amortissement basé sur le coût initial de l'actif.

Lorsqu'une immobilisation corporelle est réévaluée, sa valeur comptable est ajustée du montant réévalué (IAS 16.35) de l'une des manières suivantes :

a. la valeur comptable brute est ajustée d'une manière qui concorde avec la réévaluation de la valeur comptable de l'actif. Par exemple, la valeur comptable brute peut être retraitée par référence à des données de marché observables ou au prorata de la variation de la valeur comptable. Le cumul des amortissements à la date de réévaluation est ajusté pour correspondre à la différence entre la valeur comptable brute de l'actif et sa valeur comptable déduction faite du cumul des pertes de valeur (IAS 16.35a). Cette méthode conserve à l'actif un cumul d'amortissements et la valeur brute ainsi modifiée devient la nouvelle base des amortissements futurs ; ou

b. le cumul des amortissements est déduit de la valeur comptable brute de l'actif (IAS 16.35b). Les amortissements antérieurs disparaissent de l'actif du bilan et la valeur réévaluée devient la nouvelle valeur à amortir.

Le montant de l'ajustement du cumul des amortissements fait partie de l'accroissement ou de la diminution de la valeur comptable tel que décrit ci-avant.

■ ***Exemple***

Un immeuble acquis en N-2 pour un montant de 3 000 K€ est amorti linéairement sur 40 ans.

*1. **A la date de clôture au 31/12/N,** le montant des amortissements cumulés s'élève à 225 K€ (3 000 K€ × 3 / 40 = 225 K€). La valeur nette comptable avant réévaluation est ainsi de 2 775 K€ (3 000 K€ – 225 K€).*

La juste valeur à cette date est de 2 975 K€, soit une hausse de valeur nette de 200 K€.

*– **Réévaluation à la hausse en ajustant les amortissements proportionnellement à la modification de la valeur brute comptable (première méthode de réévaluation, décrite en a. ci-avant)** Selon cette méthode, la valeur brute réévaluée peut être égale à 3 216 K€ (si elle est calculée au prorata de la variation de la valeur comptable, soit 2 975 K€ × 40 / 37) et le cumul des amortissements après réévaluation serait alors de 241 K€ (3 216 K€ × 3 / 40). Les écritures à constater sont les suivantes :*

Dt	*Immobilisations corporelles – Immeubles*	*216*	
Ct	*Amortissement des immobilisations corporelles – Immeubles*		*16*
Ct	*Ecart de réévaluation*		*200*

*– **Réévaluation à la hausse par élimination du cumul des amortissements et enregistrement de la valeur réévaluée (seconde méthode de réévaluation, décrite en b. ci-avant)** Les écritures à constater sont les suivantes :*

	Annulation des amortissements comptabilisés antérieurement		
Dt	*Amortissement des immobilisations corporelles – Immeubles*	*225*	
Ct	*Immobilisations corporelles – Immeubles*		*225*
	Comptabilisation de la réévaluation		
Dt	*Immobilisations corporelles – Immeubles*	*200*	
Ct	*Ecart de réévaluation*		*200*

2. Au 31/12/N+1, à la suite d'une crise immobilière, la valeur de marché de l'immeuble est ramenée à 2 400 K€.

– Réévaluation à la baisse en ajustant les amortissements proportionnellement à la modification de la valeur brute comptable (première méthode de réévaluation, décrite en a. ci-avant) *L'amortissement de l'année aurait été de 80 K€ (3 216 K€ / 40). La valeur nette comptable avant réévaluation aurait été de 2 895 K€ (3 216 K€ – (225 K€ + 16 K€ + 80 K€)).*

– Réévaluation à la baisse par élimination du cumul des amortissements et enregistrement de la valeur réévaluée (seconde méthode de réévaluation, décrite en b. ci-avant) *Le montant des amortissements cumulés se serait élevé à 80 K€ (2 975 K€ / 37) et la valeur nette comptable avant réévaluation aurait été de 2 895 K€ (2 975 K€ – 80 K€).*

Pour les deux méthodes, les écritures à constater au titre de la réévaluation sont les mêmes, soit :

Dt	*Charges – Dépréciation des immobilisations*	*295*	
Dt	*Ecart de réévaluation*	*200*	
Ct	*Immobilisations corporelles – Immeubles*		*495*

Amortissement

30993 Les dispositions suivantes de la norme IAS 16 s'appliquent à toutes les immobilisations corporelles, qu'elles soient évaluées au coût ou réévaluées :

1. **Principes** A mesure que les avantages économiques d'un actif sont consommés par l'entreprise, cette consommation est comptabilisée par le biais d'un amortissement.

Le montant amortissable d'une immobilisation corporelle – ou des composants et de la structure si l'immobilisation est décomposée – doit être réparti de façon systématique sur sa **durée d'utilité**, celle-ci étant définie en fonction de l'utilité attendue de cet actif pour l'entreprise (IAS 16.50).

C'est-à-dire en fonction (IAS 16.56) :
- de l'usage attendu de cet actif par l'entreprise, évalué par référence à la capacité ou à la production physique attendue de cet actif ;
- de l'usure physique attendue dépendant notamment des cadences de production et de la maintenance ;
- de l'obsolescence technique dans la production (découlant de changements ou d'améliorations) ou la demande du marché ;
- des limites juridiques ou similaires de l'usage de l'actif, telles que les dates d'expiration des contrats de location.

L'estimation de la durée d'utilité est affaire de jugement basée sur l'expérience de l'entreprise pour des actifs similaires.

Remarque – Durée d'utilité de la structure Lorsqu'une immobilisation est décomposée, la structure se compose de toutes les parties de l'immobilisation qui n'ont pas fait l'objet d'une décomposition. L'entité peut donc avoir des attentes différentes pour chacune des parties de la structure. Dans ce cas, des techniques d'approximation peuvent s'avérer nécessaires pour amortir la structure de manière à représenter de manière fiable le rythme de consommation et/ou la durée d'utilité de ces différentes parties (IAS 16.46).

La **date de début d'amortissement** est la date à laquelle l'actif immobilisé est en l'état et en lieu d'utilisation prévus par l'entreprise (IAS 16.55).

La **date de fin d'amortissement** est la première date à laquelle (IAS 16.55) :
- l'immobilisation est classée comme détenue en vue de la vente (ou incluse dans un groupe destiné à être cédé classé comme détenu en vue de la vente), selon les critères de la norme IFRS 5 (voir nº 36951 s.) ; ou
- l'immobilisation est décomptabilisée (voir nº 30997).

La **base amortissable** d'un actif est égale à la valeur comptable de l'immobilisation corporelle diminuée de la valeur résiduelle (IAS 16.6). L'amortissement est donc comptabilisé pour autant que la valeur résiduelle de l'actif n'excède pas sa valeur comptable (IAS 16.52).

La **valeur résiduelle** d'un actif est le montant estimé qu'une entité obtiendrait actuellement de la sortie de l'actif, après déduction des coûts de sortie estimés, si l'actif avait déjà l'âge et se trouvait déjà dans l'état prévu à la fin de sa durée d'utilité (IAS 16.6).

Il convient donc d'apprécier la valeur résiduelle sur la base du prix de vente estimé pour un actif similaire qui aurait été utilisé sur la période d'utilisation de l'actif prévue par l'entité (en ce sens EECS/0113-10, 04/13).

Cette valeur doit être réexaminée à chaque clôture, tout comme la durée d'utilité (voir point 3. ci-après).

Remarques : 30993 (suite)

1. **Cas de la valeur résiduelle des constructions** Voir n° 32190.

2. **Cas particulier des terrains** Les terrains et les constructions doivent être traités distinctement même s'ils sont acquis ensemble (IAS 16.58 et .59) :

– les terrains ne sont pas amortis car ils ont en général une durée d'utilité indéterminée (sauf quelques exceptions, telles que des carrières et des sites de décharge) ;

Toutefois, si le coût du terrain inclut le coût du démantèlement, de l'enlèvement et de la remise en état du site, cette partie du coût du terrain est amortie sur la durée des avantages obtenus en encourant ces coûts (IAS 16.59).

– les constructions ont une durée de vie limitée et sont donc amorties (voir n° 32185) ;

– l'augmentation de la valeur d'un terrain n'affecte pas le montant amortissable de la construction sur lequel elle est construite (voir n° 32192).

2. **Modalités d'amortissement** Le mode d'amortissement est choisi sur la base du rythme de consommation des avantages économiques (IAS 16.60). Différents modes d'amortissement peuvent être utilisés pour répartir de façon systématique le montant amortissable d'un actif sur sa durée d'utilité. Ces modes incluent (IAS 16.62) :

– le **mode linéaire** : l'amortissement linéaire conduit à une charge constante sur la durée d'utilité de l'actif ;

Lorsque le rythme de consommation des avantages économiques ne peut être déterminé de façon fiable, le mode d'amortissement linéaire est le plus pratique à appliquer et conduit à une prise en compte prudente de l'obsolescence.

– le **mode dégressif** : ce mode d'amortissement conduit à une charge décroissante sur la durée d'utilité de l'actif ;

– le **mode des unités de production** : ce mode d'amortissement donne lieu à une charge basée sur l'utilisation ou la production prévue de l'actif.

Dans ce cas, la dotation aux amortissements peut donc être nulle lorsqu'il n'y a aucune production (IAS 16.55).

Le fait que l'actif ne soit pas utilisé sur une période donnée (par exemple, période entre deux mises en location, arrêt prolongé pour entretien, etc.) n'est toutefois pas suffisant pour justifier l'utilisation de la méthode des unités de production, d'autres facteurs devant être considérés dans le choix de cette méthode d'amortissement.

Décision de l'ESMA L'ESMA a confirmé cette analyse, auprès d'un émetteur, spécialisé dans l'industrie du pétrole et du gaz, qui arrêtait temporairement l'amortissement de certains de ses navires pendant leurs périodes d'inactivité, notamment s'il s'attendait à ce que ces périodes ne durent pas plus de deux ans. Selon l'ESMA, la méthode des unités de production ne peut être utilisée que si une corrélation forte est démontrée entre le degré d'usure de l'actif et le montant des avantages économiques consommés, ce qui implique de pouvoir estimer la capacité totale de service de l'actif. Or, si le plan d'utilisation de l'actif comporte des périodes où sa mise en location est incertaine, cette estimation devient difficile. L'ESMA rappelle également qu'il faut considérer d'autres facteurs d'usure que la seule utilisation (conditions météorologiques, considérations environnementales, évolutions réglementaires, etc.), facteurs qui pourraient diminuer la capacité de service de l'actif ou le rendre obsolète (EECS/0216-09, 01/17).

Enfin, en corollaire, un actif amorti sur la base des unités de production ne devrait pas être significativement impacté par un risque d'obsolescence ou d'usure durant la période où il n'est pas utilisé/loué. En revanche, un amortissement basé sur les revenus générés par l'utilisation de l'actif n'est pas autorisé (IAS 16.62A).

Remarque Ce mode d'amortissement, basé sur les revenus, est toutefois possible pour les immobilisations incorporelles s'il est démontré qu'un tel mode d'amortissement est approprié et que certaines conditions sont remplies (voir n° 29984).

De même, l'amortissement « financier » qui consiste à amortir une immobilisation au même rythme que le coût de son financement n'est pas autorisé.

La dotation aux amortissements afférente est comptabilisée en charges, sauf si l'immobilisation est utilisée pour la production d'un autre actif.

Voir n° 30987 (production d'immobilisations corporelles) ainsi que n° 34985 (production de stocks).

3. **Revue de la valeur résiduelle, de la durée d'utilité et du mode d'amortissement** La valeur résiduelle et la durée d'utilité d'une immobilisation doivent être réexaminées au moins à chaque clôture annuelle. Si les prévisions d'utilisation sont sensiblement différentes des estimations antérieures, les dotations aux amortissements au titre de l'exercice et des exercices futurs doivent être ajustées de manière prospective, s'agissant d'une révision d'estimation (IAS 16.51 et IAS 8.36).

De même, le mode d'amortissement doit être examiné à chaque période annuelle et, si le rythme attendu de consommation des avantages économiques futurs de l'actif a connu un changement

important, le mode d'amortissement doit être modifié pour refléter le nouveau rythme. Ce changement doit également être comptabilisé comme un changement d'estimation comptable (IAS 16.61), c'est-à-dire de manière prospective.

Dépréciation

30995 La dépréciation des immobilisations corporelles doit être traitée selon les modalités prévues par la norme IAS 36 selon laquelle un actif s'est déprécié lorsque sa valeur comptable est supérieure à sa valeur recouvrable. La perte de valeur est alors égale à la différence entre la valeur recouvrable et la valeur comptable. La perte de valeur est constatée en charge ou imputée en partie sur l'écart de réévaluation lorsque l'actif concerné a fait l'objet d'une réévaluation (IAS 16.63).

Après la comptabilisation d'une perte de valeur, l'amortissement de l'actif doit être calculé sur la base de la valeur comptable brute diminuée de la dépréciation.

Pour plus d'informations sur la dépréciation des immobilisations corporelles, voir nº 35955 s.

C. Cession et mise hors service

30997 Une immobilisation corporelle doit être décomptabilisée lors de sa cession (par exemple, par vente, conclusion d'un contrat de location-financement ou don) ou lorsque l'entreprise n'attend plus d'avantages économiques futurs de son utilisation ou de sa vente (IAS 16.67).

Pour le cas d'actifs mis en vente dans le cycle d'exploitation normal alors qu'ils étaient précédemment loués, voir nº 31210.

Date de décomptabilisation La date de sortie d'une immobilisation corporelle, s'il s'agit d'une vente, est la date à laquelle l'acquéreur en obtient le contrôle, selon les dispositions de la norme IFRS 15, Produits des activités ordinaires tirés de contrats conclus avec des clients, visant à déterminer à quelle date une obligation de performance est satisfaite (IAS 16.69), voir nº 24991.

Résultat de cession Les profits ou pertes provenant de la mise hors service ou de la sortie d'une immobilisation corporelle doivent être déterminés par différence entre le produit de sortie net et la valeur comptable de l'actif (IAS 16.71).

Ils doivent être comptabilisés en résultat à la date de décomptabilisation (sauf si IFRS 16, Contrats de location, impose par ailleurs un traitement différent dans une situation de cession-bail) (IAS 16.68).

Les profits considérés ne doivent pas être classés en produits des activités ordinaires (IAS 16.68), ne constituant pas du chiffre d'affaires.

Le prix de vente à inclure dans le profit de sortie net résultant de la cession d'une immobilisation corporelle est déterminé conformément aux dispositions de la norme IFRS 15 relatives à la détermination du prix de transaction (IFRS 15.47 à .72 ; voir nº 24989). Les variations ultérieures du montant estimé du prix de vente considéré doivent être comptabilisées selon les dispositions relatives à la modification du prix de transaction prévues par IFRS 15 (IAS 16.72).

Cession-bail Si la vente est accompagnée d'un contrat de location du bien considéré avec le même tiers, la transaction est qualifiée d'opération de cession-bail selon IFRS 16.98. Les dispositions d'IFRS 16, Contrats de location, s'appliquent en la matière. Ainsi, et dès lors que les conditions de la cession constituent une vente selon IFRS 15, le résultat de cession sera reconnu à hauteur des droits transférés à l'acquéreur-bailleur ; le montant du droit d'utilisation résultant du contrat de location est égal à la quote-part des droits conservés appliquée à la valeur nette comptable de l'actif transféré. En revanche, si les conditions de la cession ne constituent pas une vente au sens d'IFRS 15, la transaction de cession-bail s'apparente à une opération de financement et l'immobilisation corporelle reste maintenue au bilan.

Pour le traitement comptable des opérations de cession-bail, voir nº 33040.

D. Informations en annexe

30999 Des informations sont à fournir obligatoirement pour chaque catégorie d'immobilisations, notamment (IAS 16.73 s.) :
- les conventions d'évaluation utilisées pour déterminer la valeur brute des immobilisations ;
- les modes d'amortissement, les durées d'utilité ou les taux d'amortissement utilisés ainsi que les changements intervenus au cours de l'exercice ;
- la valeur brute comptable et le cumul des amortissements à l'ouverture et à la clôture de l'exercice ;

– un rapprochement entre la valeur comptable à l'ouverture et à la clôture de l'exercice.

Ce rapprochement est à fournir à la fois pour l'exercice en cours et pour l'exercice précédent. Il doit mettre en évidence notamment : les entrées ; les actifs non courants ou groupes d'actifs détenus en vue de la vente (IFRS 5) et les autres sorties ; les acquisitions par voie de regroupement d'entreprises ; les augmentations et les diminutions liées aux réévaluations ; sorties les pertes et les reprises de valeur résultant de l'application de la norme IAS 36 constatées en résultat ; les amortissements ; les différences de change.

Lorsque les immobilisations corporelles sont inscrites à leur montant réévalué, les principales informations suivantes doivent être mentionnées en complément de celles requises par IFRS 13 (IAS 16.77) :
– la date de réévaluation ;
– le recours ou non à un évaluateur indépendant ;
– la valeur comptable de chaque catégorie d'immobilisations corporelles qui aurait figuré dans les états financiers si les actifs correspondants avaient été évalués au coût ;

L'IFRS IC a indiqué que ce montant inclut bien les coûts d'emprunt capitalisables selon IAS 23 (IFRIC Update 01/14 et 05/14). L'IFRS IC n'a toutefois pas retenu ce thème à son agenda.

– l'écart de réévaluation, en indiquant les mouvements de l'exercice et toute restriction sur la distribution de cet écart aux actionnaires.

Les informations requises par la norme IAS 36, Dépréciation, doivent également être fournies (IAS 16.78).

En outre, la norme IAS 16 recommande de fournir un certain nombre d'informations complémentaires (IAS 16.79).

QUESTIONS/REPONSES PRATIQUES

Remarque importante

Les réponses apportées aux questions présentées dans ce chapitre résultent de l'analyse des dispositions de la norme IAS 16, en vigueur actuellement, sur la base des informations disponibles au 1er juin 2023. 31006

SECTION I

Comptabilisation des immobilisations corporelles

A. Dépenses relatives à des immobilisations figurant au bilan

1. Principes généraux

Obligations de dépenses ultérieures au titre d'uneimmobilisation (provision ou non / charge ou immobilisation)

Sur les obligations d'engager des dépenses futures au titre d'une immobilisation figurant au bilan (provision ou non), voir no 40350. 31050

Immobilisations acquises en contrepartie de paiements variables ou conditionnels

Pour de tels cas, les principes comptables applicables sont les mêmes, que l'immobilisation soit corporelle (IAS 16) ou incorporelle (IAS 38). Pour la présentation de ces principes, voir no 30054. 31054

2. Application des principes généraux aux dépenses les plus courantes

Remplacement de composants destinés, dès l'acquisition, à être remplacés à intervalles réguliers

31055 *Question*

Comment traiter les dépenses de remplacement des composants destinés, dès l'origine, à être remplacés à intervalles réguliers ?

Réponse

Lors du remplacement effectif :
- les dépenses de remplacement sont immobilisées si elles répondent aux critères généraux de comptabilisation à l'actif (c'est-à-dire probabilité que des avantages économiques futurs liés à cet élément bénéficieront à l'entité et coût mesurable de manière fiable) ; et
- la valeur nette comptable du composant remplacé est comptabilisée comme une sortie d'immobilisation.

Ces dépenses ne peuvent pas faire l'objet d'une provision (voir n° 40350).

Commentaires L'approche par composants impose l'amortissement séparé de chaque partie d'une immobilisation corporelle dont le coût est significatif par rapport au coût total de l'immobilisation et dont la durée d'utilité et le mode d'amortissement sont différents de ceux des autres composants ou de l'immobilisation prise dans son ensemble (plan d'amortissement spécifique au moteur d'un avion, par exemple) (IAS 16.43 s.).

En outre :
- les coûts de remplacement partiel d'une immobilisation sont immobilisés, au moment où ils sont engagés, s'ils répondent aux conditions générales de comptabilisation d'une immobilisation corporelle (IAS 16.10), c'est-à-dire s'il y a probabilité d'avantages économiques futurs et si le coût est mesurable de manière fiable (IAS 16.7) ;
- la valeur nette comptable de la partie de l'immobilisation qui a été remplacée est comptabilisée comme une sortie d'immobilisation (IAS 16.70).

L'application de ces principes généraux aux composants d'une immobilisation qui nécessitent un remplacement à intervalles réguliers aboutit au traitement suivant (IAS 16.13 et .67 à .72) :
- les composants destinés à être remplacés à intervalles réguliers sont obligatoirement comptabilisés séparément (dès lors que leur coût est significatif) et amortis sur la durée séparant deux remplacements (durée d'utilité pour l'entreprise) (IAS 16.43 et .50) ;
- lors du remplacement effectif, les dépenses de remplacement sont immobilisées car elles répondent aux conditions de comptabilisation définies par la norme IAS 16.7 et la valeur nette comptable du composant remplacé est comptabilisée en charges (IAS 16.13).

Remarques :
1. Si le remplacement est réalisé à la date prévue, cette valeur nette comptable est normalement non significative ou nulle.
2. Pour les remplacements de parties d'immobilisations non identifiées lors de la comptabilisation initiale, voir n° 31057.

Aucune provision pour ces dépenses de remplacement ne peut être constatée, en l'absence d'obligation actuelle vis-à-vis d'un tiers d'effectuer la dépense (IAS 37.14 et .C, Exemple 11A), voir n° 40350.

■ *Exemple*

L'entreprise A est un distributeur de chaussures de sport et possède dix magasins. Ses magasins sont remis à neuf tous les trois ans afin de les adapter aux évolutions opérationnelles déterminées par la direction. Les travaux d'amélioration nécessitent le remplacement des moquettes, la remise à neuf des peintures et le remplacement des étagères murales.

Solution de l'exemple Le coût de chacun des composants qui seront remplacés lors de la remise à neuf doit être comptabilisé comme un actif distinct. Ce coût devra être amorti sur trois ans, correspondant à la durée d'utilité du composant destiné à être remplacé.

Le cas échéant, un seul et même plan d'amortissement peut être défini pour les trois composants destinés à être remplacés, ces trois composants ayant la même durée d'utilité et le même mode d'amortissement (IAS 16.45).

En outre, lors du remplacement effectif de ces composants, leur valeur nette comptable (en principe nulle si le remplacement est effectué à la date prévue) est décomptabilisée et le coût du nouveau composant est immobilisé.

Remplacement d'une partie d'immobilisation non identifiée comme composant lors de la comptabilisation initiale

Question 31057

Comment comptabiliser le remplacement d'une partie d'immobilisation non identifiée lors de la comptabilisation initiale ?

Réponse

Le coût des dépenses est immobilisé si les critères généraux de comptabilisation à l'actif sont remplis (voir nº 31055) et la valeur nette comptable de cette partie d'immobilisation remplacée est estimée (par exemple, par référence au coût de remplacement amorti) et est comptabilisée en charges.

Ces dépenses ne peuvent pas faire l'objet d'une provision (voir nº 40350).

Commentaires Selon IAS 16.70, lorsque la dépense de remplacement d'une partie d'immobilisation répond aux conditions d'immobilisation, la valeur nette comptable de la partie d'immobilisation remplacée doit être comptabilisée systématiquement en charges et ce, même si la partie d'immobilisation remplacée n'avait pas été identifiée en tant que composant lors de la comptabilisation initiale.

Rappelons qu'une dépense ultérieure sur une immobilisation est elle-même immobilisable s'il est probable que les avantages économiques futurs liés à l'actif bénéficieront à l'entreprise et si le coût de l'actif peut être mesuré de manière fiable (IAS 16.10 renvoyant à IAS 16.7).

Dans ce cas, si la valeur nette comptable de la partie d'immobilisation remplacée mais initialement non identifiée ne peut pas être déterminée directement de manière fiable (à partir d'une décomposition du coût historique de l'ensemble de l'immobilisation), elle doit être estimée a posteriori et comptabilisée en charges (IAS 16.70).

En pratique, la valeur nette comptable de la partie d'immobilisation remplacée peut être estimée, par exemple, au coût de remplacement amorti, c'est-à-dire à partir du montant des dépenses de remplacement à supporter réellement et en l'ajustant pour déterminer la valeur approximative du montant qui aurait pu être identifié comme un composant à la date de comptabilisation initiale. D'où l'importance d'affecter dès l'origine, conformément à IAS 16.43 et pour éviter les complexités ultérieures, le coût total d'une immobilisation corporelle à chaque partie d'immobilisation ayant un coût significatif par rapport au coût total, indépendamment du fait que cette partie d'immobilisation ait ou non une durée d'utilité ou un mode de consommation des avantages économiques futurs différents de ceux de l'immobilisation prise dans son ensemble.

Aucune provision pour ces dépenses de remplacement ne peut être constatée en l'absence d'obligation actuelle vis-à-vis d'un tiers d'effectuer la dépense (IAS 37.14), voir nº 40350.

Dépenses de gros entretien / révisions majeures

Question 31060

Comment comptabiliser les dépenses de gros entretien ou de révision majeure ?

Réponse

Dès lors que le gros entretien ou la révision majeure font partie d'un plan prédéfini, un composant « gros entretien / révisions majeures » – distinct des composants physiques destinés à être remplacés à intervalles réguliers et de la structure – est comptabilisé séparément à l'actif, dès la comptabilisation initiale, et amorti sur la période comprise entre la date d'acquisition et la date de la révision.

31060 (suite)

Lorsque les dépenses sont engagées, celles-ci sont immobilisées (si les critères généraux de comptabilisation à l'actif sont remplis, voir n° 31055) et la valeur nette comptable résiduelle de l'élément remplacé est sortie de l'actif.

Le cas échéant, cette valeur résiduelle est estimée si le composant « gros entretien » n'avait pas été comptabilisé séparément ou spécifiquement identifié lors de la comptabilisation initiale.

Ces dépenses ne peuvent pas faire l'objet d'une provision (voir n° 40350).

Commentaires Les immobilisations corporelles concernées sont celles dont la poursuite de l'exploitation est soumise à la condition de la réalisation régulière d'inspections majeures destinées à identifier d'éventuelles défaillances, avec ou sans remplacement de pièces (un avion par exemple) (IAS 16.14).

Selon IAS 16.14, si un actif fait l'objet de visites ou de révisions significatives, effectuées à intervalles réguliers, le coût de ces révisions est comptabilisé comme un remplacement. En conséquence :

– dès la date de comptabilisation initiale de l'actif, un composant « gros entretien / révision majeure » est comptabilisé séparément des « composants physiques » et de la structure et est amorti sur la durée restant à courir jusqu'à la prochaine révision (IAS 16.14, .43 et .50) ;

– lorsque la révision est réalisée, le coût correspondant est inscrit en tant qu'actif distinct dès lors que les critères d'immobilisation sont remplis et il est amorti sur la durée séparant deux révisions ; la valeur nette comptable résiduelle des coûts de la précédente révision (ou « mise en état initiale » par le fournisseur) est alors sortie de l'actif (IAS 16.14).

Lorsque le composant « gros entretien / révision majeure » n'a pas été comptabilisé séparément ou spécifiquement identifié lors de la comptabilisation initiale (par exemple, en l'absence d'obligation de procéder à des révisions périodiques), sa valeur nette comptable peut être estimée par référence au « coût de révision actuel amorti » comme si cette révision avait été réalisée à la date d'acquisition de l'immobilisation ou d'achèvement de sa production (IAS 16.14).

Aucune provision pour dépenses de gros entretien à engager dans le cadre d'un programme pluriannuel de révision ne peut être comptabilisée, une telle provision étant interdite par la norme IAS 37 (IAS 37.14 et .C, Exemple 11B), voir n° 40350.

■ *Exemple 1*

Révision d'un avion *Une entreprise est propriétaire d'un avion qui nécessite une révision majeure tous les cinq ans. La direction de l'entreprise a identifié les étapes à mettre en œuvre afin de s'assurer que le coût de cette future révision pourra être capitalisé. Pour cela, elle doit démontrer que les critères d'immobilisation sont satisfaits, à savoir qu'il est probable que les avantages économiques futurs résultant de ces révisions bénéficieront à l'entreprise et que les coûts peuvent être estimés de manière fiable.*

Solution de l'exemple 1 *La direction doit identifier, dès la date d'acquisition, les composants devant faire l'objet d'un remplacement. Elle doit également identifier un composant « gros entretien / révisions majeures », distinct des composants « physiques » devant être remplacés, dont le coût correspond au montant qui serait nécessaire à la date d'acquisition pour réaliser la révision majeure si celle-ci devait être effectuée à cette date.*

Le coût de l'avion doit ainsi être décomposé entre ces différents composants (« composants destinés à être remplacés » et composants « gros entretien / révisions majeures ») et la structure de l'immobilisation. Les composants identifiés doivent être amortis sur la période comprise entre la date d'acquisition et la date de révision ou de remplacement et la structure de l'avion (nette de sa valeur résiduelle) doit être amortie sur la durée d'utilité de l'avion (IAS 16.13, .14, .50 et .53).

■ *Exemple 2*

Ravalement programmé d'un immeuble *Soit un immeuble acquis en N pour un montant de 10 000 000 €. Compte tenu de l'état général de l'immeuble lors de son acquisition, un ravalement est programmé pour l'année N+2 ; l'intervalle habituel entre deux ravalements étant de 20 ans.*

A la date d'acquisition, le coût d'un ravalement à pratiquer sur un immeuble dans l'état estimé en N+2 de l'immeuble acquis est de 200 000 €.

Solution de l'exemple 2 *La valeur du composant ravalement comptabilisé lors de l'acquisition est de : 200 000 × 2/20 = 20 000 €.*

Ce coût est à amortir sur les 2 années avant le prochain ravalement, soit 10 000 € par an.

Dépenses de sécurité et d'environnement

31065

Question

Les dépenses effectuées pour des raisons de sécurité ou de protection de l'environnement satisfont-elles aux conditions de comptabilisation à l'actif ?

Réponse

Oui, systématiquement si ces dépenses conditionnent l'obtention des avantages économiques futurs attachés à d'autres actifs.

Pour les autres dépenses de sécurité et d'environnement, les critères généraux de comptabilisation à l'actif s'appliquent, voir n° 31055.

Commentaires Le traitement comptable des dépenses de sécurité et d'environnement est différent selon que ces dépenses conditionnent ou non l'obtention d'avantages économiques futurs :

1. Dépenses effectuées pour des raisons de sécurité ou liées à l'environnement qui conditionnent l'obtention d'avantages économiques futurs attachés à d'autres actifs Ces dépenses sont systématiquement immobilisées (IAS 16.10 et .11) car même si elles n'augmentent pas directement les avantages économiques futurs attendus à l'origine des immobilisations auxquelles elles se rapportent, elles permettent à l'entité de continuer à bénéficier des avantages économiques futurs de ces immobilisations.

Autrement dit, les dépenses visées sont celles qui, si elles n'étaient pas réalisées, priveraient automatiquement l'entreprise de tout ou partie des avantages économiques futurs générés par les immobilisations liées. Ainsi, l'engagement de ces dépenses **augmente les avantages économiques futurs par rapport à une situation où elles ne seraient pas engagées.**

A notre avis, il en résulte que les dépenses de sécurité ou d'environnement immobilisables de manière systématique sont **uniquement** celles engagées pour des raisons de sécurité des personnes ou pour des raisons environnementales et imposées par des **obligations d'ordre légal ou réglementaire dont le non-respect entraînerait le risque d'arrêt immédiat ou différé de l'exploitation** des actifs ou activités concernés.

A titre d'exemple, un fabricant de produits chimiques peut devoir installer certains processus nouveaux de manipulation des produits afin de se conformer à des dispositions environnementales sur la production et le stockage des produits dangereux ; les améliorations d'installations correspondantes sont comptabilisées en tant qu'actifs car, sans elles, l'entité n'est en mesure ni de fabriquer ni de vendre des produits chimiques (IAS 16.11).

D'autres exemples concernent :

– les dépenses destinées à prévenir un risque sérieux comme l'atteinte à l'intégrité physique des travailleurs ou l'exposition à des substances toxiques dont le non-respect pourrait entraîner la mise hors service des installations ou la fermeture d'un chantier ;

– les dépenses effectuées pour remédier au non-respect de la sécurité publique pour l'activité d'organisation de spectacles sans lesquelles l'autorisation administrative peut être refusée.

Ces dépenses sont immobilisées et la valeur nette comptable cumulée de ces nouveaux actifs et des actifs liés existants (c'est-à-dire tous les actifs de sécurité ainsi que les autres actifs concernés) doit faire l'objet de tests de dépréciation (IAS 16.11).

Remarque – Existence ou non d'une provision avant l'engagement effectif des dépenses La comptabilisation du coût des actifs de sécurité ou d'environnement doit généralement être effectuée lors de l'acquisition des actifs, aucune provision ne pouvant être constatée pour une installation future de tels actifs. En effet, les dépenses sont génératrices d'avantages économiques futurs et ne sont donc pas sans contrepartie pour l'entité. Toutefois, une provision doit être constituée :

– si le délai de mise en conformité est déjà expiré, le montant des pénalités devant alors faire l'objet d'une provision si le paiement effectif est probable (IAS 37.C, Exemple 6) ; ou

– si l'entreprise a une obligation actuelle de réaliser la mise en conformité et qu'elle ne peut pas se soustraire à cette obligation, indépendamment de ses actions futures (IAS 37.19). Tel est le cas de certaines dépenses de remise en état de site suite à une dégradation de l'environnement passée (voir n° 31070).

■ ***Exemple***

***Dépenses de sécurité liées à une nouvelle législation** Une nouvelle législation impose à une chaîne de magasins de détail d'équiper ses magasins de sprinklers (diffuseurs permettant une extinction automatique d'incendie). Cette nouvelle installation ne devrait avoir aucune incidence sur le volume*

des ventes ni sur le niveau des coûts d'exploitation, la direction estimant que le risque d'incendie futur dans ses magasins est très faible.

Solution de l'exemple *Le système de sprinklers doit être immobilisé, même s'il ne contribue pas à l'augmentation des ventes. En effet, l'entité ne peut obtenir les avantages économiques futurs liés aux magasins qu'en y installant les sprinklers, faute de quoi il est probable que les autorités en demanderaient la fermeture (IAS 16.11). Si le coût du système de sprinklers est tel que la nouvelle valeur comptable des magasins (qui inclut le coût des sprinklers) pourrait ne pas être recouvrable, un test de dépréciation doit être réalisé conformément à IAS 36 (IAS 16.11).*

Toutefois, aucune provision (sauf pour amende payable en cas d'inspection d'une autorité compétente après dépassement du délai légal de mise en œuvre de la nouvelle obligation) ne doit être constatée et le coût des sprinklers ne doit pas être comptabilisé tant que ceux-ci n'ont pas été installés. En effet, la direction peut choisir de fermer les magasins, contournant ainsi l'obligation d'installation de sprinklers et donc leur coût (IAS 37.C, Exemple 6), voir également n° 31067.

2. Autres dépenses engagées pour des raisons de sécurité et d'environnement et qui ne conditionnent pas l'obtention d'avantages économiques futurs

Il s'agit des dépenses permettant :
– de se conformer à des normes que l'entité s'est elle-même imposée ; ou
– de répondre à des obligations légales ou réglementaires dont le non-respect ne peut donner lieu qu'à des sanctions pécuniaires.

Ces dépenses sont comptabilisées **à l'actif ou en charges** selon les critères généraux de distinction entre charges et immobilisations. Une **analyse** au cas par cas doit être systématiquement effectuée.

Ainsi, par exemple :
– la pose d'un système d'alarme dans un magasin permet de lutter contre le vol à l'étalage ou la démarque inconnue. Cette dépense est génératrice d'avantages économiques futurs car elle permet de réduire le risque avéré de vol et devrait alors généralement être immobilisée ; elle ne doit donc pas donner lieu à provision ;
– dans le cadre de l'obligation de **désamiantage**, les dépenses de confinement, de nettoyage et d'assainissement doivent être comptabilisées en charges. En effet, les dépenses ne conditionnent pas l'obtention d'avantages économiques futurs attachés à d'autres actifs. En outre, s'agissant d'une dépense de dépollution résultant d'activités passées, une provision doit être comptabilisée dès que la pollution a été détectée (la sortie de ressources étant inéluctable et sans contrepartie pour l'entreprise qui ne peut se soustraire à cette obligation). En revanche, les dépenses de rénovation devraient en principe être immobilisées.

Dépenses de mise en conformité

31067 ***Question***

Comment comptabiliser les dépenses de mise en conformité d'une immobilisation ?

Réponse

La réponse varie selon leur nature :
– pour les dépenses de mise en conformité liées à la sécurité ou à l'environnement, voir n° 31065 ;
– les autres dépenses de mise en conformité sont immobilisées si les critères généraux de comptabilisation à l'actif sont respectés (voir n° 31055). Le cas échéant, la valeur nette comptable correspondant aux éléments remplacés ou obsolètes est sortie de l'actif. Aucune provision n'est généralement constituée avant l'engagement effectif des dépenses (voir n° 40350).

Commentaires Le traitement des dépenses de mise en conformité diffère selon que ces dépenses sont liées ou non à la sécurité des personnes ou à l'environnement.

1. Dépenses de mise en conformité liées à la sécurité ou l'environnement Voir n° 31065.

2. Autres dépenses de mise en conformité d'une installation ou d'un matériel existant En l'absence de disposition spécifique, ces dépenses sont à immobiliser si les critères généraux de comptabilisation à l'actif sont respectés, notamment si elles génèrent des avantages économiques futurs additionnels. Par ailleurs, une partie du coût de l'installation ou du matériel mis en conformité peut devoir être comptabilisée en charges si certains composants (préalablement identifiés ou non) sont devenus obsolètes du fait de la mise en conformité.

Ces dépenses d'adaptation ne peuvent généralement pas donner lieu à provision avant leur engagement en l'absence d'obligation de les effectuer (l'entreprise peut en effet décider de racheter un bien neuf intégrant les fonctionnalités requises).

En cas d'arrêt de l'utilisation du matériel non conforme, l'entreprise sera conduite non pas à constater une provision mais à changer le plan d'amortissement du matériel et à amortir sa valeur nette comptable sur sa durée d'utilisation résiduelle (réduite par l'entrée en application de la nouvelle norme ou par la mise en service du matériel de remplacement).

Une provision peut toutefois devoir être constituée :
- si l'entreprise a une obligation actuelle de réaliser la mise en conformité et qu'elle ne peut pas se soustraire à cette obligation, indépendamment de ses actions futures (IAS 37.19) ;
- si le délai de mise en conformité est déjà expiré, le montant des pénalités devant alors faire l'objet d'une provision si le paiement effectif est probable (IAS 37.C, Exemple 6).

Dépenses de remise en état des sites et de démantèlement

31070

Question

Comment comptabiliser les dépenses de remise en état des sites et de démantèlement des immobilisations ?

Réponse

Les dépenses de remise en état et de démantèlement donnent généralement lieu à provision avant leur engagement effectif, pour la valeur actualisée des dépenses qui seraient nécessaires à la date de clôture si la remise en état ou le démantèlement devait être opéré à cette date (donc en fonction des « dégradations » déjà subies).

Cette provision trouve sa contrepartie en charges (éventuellement incorporables au coût de production des stocks), sauf si des avantages économiques futurs sont attendus au travers de l'exploitation future.

Par exemple :
- les coûts de démantèlement d'une immobilisation, qui donnent lieu à provision dès l'installation de cette immobilisation, présentent des avantages économiques futurs au travers de l'utilisation de l'immobilisation. En conséquence, la provision constituée (valeur actualisée du coût prévisionnel total de démantèlement) trouve sa contrepartie dans une augmentation du coût de l'immobilisation ;
- en revanche, les dépenses de remise en état (autres que démantèlement) sont généralement liées à l'exploitation passée et sont comptabilisées en charges (sauf si elles sont incorporées au coût des stocks).

Commentaires :

1. **Constitution d'une provision** Les dépenses de remise en état des sites et de démantèlement en fin d'exploitation doivent généralement faire l'objet d'une provision dès lors que **l'entreprise a une obligation actuelle à laquelle elle ne peut pas se soustraire indépendamment de ses actions futures,** que la sortie de ressources est probable et que son coût peut être mesuré de manière fiable (IAS 37.14 et .C, Exemples 2A).

Dans ce cas, une provision doit être constatée (IAS 37.36 et .C, Exemples 2A) :
- en cas de **dégradation immédiate** – par exemple, installation d'une immobilisation que l'entreprise aura l'obligation de démanteler en fin d'utilisation, indépendamment de ses actions futures (cas d'une plate-forme pétrolière, d'une centrale nucléaire...) : une provision doit être constatée pour le montant total actualisé de la dépense (IAS 37.14), dès la date d'installation de l'immobilisation dans l'exemple précité ;

La provision liée à la dégradation couvre l'intégralité des coûts de remise en état qui seront engagés à l'issue du cycle d'exploitation. En outre, l'estimation initiale de ces coûts est actualisée, en raison de l'obligation d'actualisation des provisions imposée par IAS 37.45.

- en cas de **dégradation progressive** – par exemple, obligation de remise en état d'un terrain dont la dégradation survient au fur et à mesure de la production (cas des carrières) : une provision doit être constatée au fur et à mesure de la dégradation, à hauteur du montant prévisionnel (actualisé) des travaux correspondant à la dégradation effective du site à la clôture.

En effet, dans ce cas, la dégradation survient au fur et à mesure de l'exploitation et le coût de remise en état qui devrait être engagé dépend du degré d'exploitation passée.

2. **Contrepartie de la provision** La contrepartie de la provision est :
- une **charge** lorsque la **dégradation** est **liée à l'exploitation passée.** C'est le cas d'une dégradation progressive telle que définie ci-avant (voir point 1.) ;

En effet, les coûts provisionnés sont liés à l'apurement d'une situation passée puisque la dégradation a d'ores et déjà permis à l'entreprise de bénéficier des avantages économiques liés à l'exploitation. **Le cas échéant,** ces coûts peuvent être **incorporés au coût de production des stocks.** Par exemple, les coûts de dépollution d'un terrain qui est pollué au fur et à mesure de la production constituent des coûts incorporables au coût de production des stocks concernés.

- un **actif (immobilisation)** si la **dégradation** est **nécessaire à l'exploitation future.** C'est le cas d'une dégradation immédiate telle que définie ci-dessus (voir point 1. ci-avant).

En effet, les coûts provisionnés sont liés à l'utilisation future de l'immobilisation puisque la dégradation permet de bénéficier d'avantages économiques tout au long du cycle d'exploitation.

Remarques :

1. **Evaluation de l'actif de démantèlement** Le coût initial de l'immobilisation sous-jacente (celle que l'entreprise aura à démanteler au terme de son exploitation) est augmenté du montant total prévisionnel actualisé de la dépense (IAS 16.16c). Si l'immobilisation sous-jacente est évaluée selon le modèle du coût, ce coût pourra être ajusté ultérieurement de manière prospective en cas de variation du montant de la provision non liée au passage du temps (IFRIC 1.8, .BC26 et .BC27).
2. **Amortissement de l'actif de contrepartie** L'étalement des coûts de remise en état s'effectue alors par le biais de l'amortissement (charge), au même rythme que l'immobilisation elle-même.
3. **Comptabilisation distincte de l'immobilisation sous-jacente** Les coûts de démantèlement ayant la même durée d'utilité et le même rythme d'amortissement que l'immobilisation elle-même, il n'est pas nécessaire en principe d'identifier ces coûts en tant que composant distinct. Toutefois, la nécessité de suivre l'estimation de ces coûts sur l'ensemble de la durée d'utilité de l'immobilisation nécessite généralement un suivi spécifique.
4. **Impôts différés liés aux coûts de démantèlement** Voir n° 27571.

Travaux de réaménagement

31075 ***Question***

Le coût de travaux de réaménagement d'une immobilisation corporelle peut-il être porté à l'actif ?

Réponse

Oui, dès lors que les critères généraux sont respectés, à savoir :
- qu'il est probable que des avantages économiques futurs liés à cet élément bénéficieront à l'entité ; et
- que le coût de ces travaux peut être estimé de manière fiable.

Commentaires Ces dispositions sont prévues par IAS 16.7 et .10 qui prévoient d'appliquer aux dépenses ultérieures sur immobilisations existantes les mêmes conditions d'immobilisation que celles applicables aux acquisitions de nouveaux actifs.

■ *Exemple*

L'entreprise A, une chaîne de supermarchés, entreprend la rénovation de l'un de ses magasins. Ce réaménagement vise à augmenter l'espace réservé aux opérations de promotion sur les lieux de vente ainsi qu'à créer un restaurant à l'intérieur même du magasin.

Les budgets préparés par la direction pour l'année suivant la réouverture du magasin prennent en compte le coût des travaux ainsi qu'une augmentation attendue de 15 % des ventes liée à la rénovation du magasin, celle-ci devant permettre d'attirer de nouveaux clients.

Une importante campagne de promotion est menée autour de cette réouverture.

Solution de l'exemple *Le coût des travaux de réaménagement doit être comptabilisé à l'actif. En effet, la dépense liée aux travaux de rénovation du magasin générera des avantages économiques futurs (augmentation attendue de 15 % des ventes) et son coût peut être mesuré de manière fiable. Les conditions d'immobilisations précitées sont donc remplies.*

Sur les frais de réouverture non incorporables au coût d'entrée du magasin, voir n° 31119.

B. Transfert d'actifs corporels

31090 Pour le traitement des transferts d'actifs provenant des clients, voir n° 25240.

SECTION II

Détermination du coût des immobilisations corporelles

Frais accessoires d'acquisition

31110

Question

Quels sont les frais accessoires à l'acquisition qui constituent un élément du coût d'entrée des immobilisations corporelles ?

Réponse

Uniquement les frais accessoires directement attribuables à la mise en état de marche du bien en vue de l'utilisation prévue par la direction, c'est-à-dire, à notre avis, uniquement les frais nécessaires à l'acquisition et qui n'auraient pas été engagés en l'absence d'acquisition de l'immobilisation (frais marginaux directs).

Commentaires Selon IAS 16.16b, le coût d'acquisition d'une immobilisation corporelle inclut les frais directement attribuables au transfert de l'actif jusqu'à son lieu d'exploitation et à sa mise en état pour permettre son exploitation de la manière prévue par la direction.

En conséquence, à notre avis, seuls les frais nécessaires à l'acquisition et qui n'auraient pas été engagés en l'absence d'acquisition de l'immobilisation (frais marginaux directs) sont incorporables au coût d'entrée. En pratique, il ne peut s'agir que de frais accessoires variables ou présentant un certain degré de variabilité.

■ *Exemples*

Le tableau présenté ci-après fournit des exemples de frais accessoires incorporables et non incorporables dans le coût d'entrée d'une immobilisation corporelle.

Nature des frais accessoires	*Incorporation au coût d'entrée de l'immobilisation*	*Référence*
Frais de douane	*Oui (directement dans le prix d'acquisition)*	*IAS 16.16a*
Coût des avantages du personnel résultant directement de l'acquisition de l'immobilisation	*Oui*	*IAS 16.17a*
Frais de préparation du site	*Oui*	*IAS 16.17b*
Coûts de livraison et de manutention initiaux	*Oui*	*IAS 16.17c*
Coûts d'installation et de montage	*Oui*	*IAS 16.17d*
Coûts des tests de fonctionnement	*Oui*	*IAS 16.17e*
Honoraires de professionnels liés aux projets retenus (tels que, par exemple, les frais d'architecte et d'ingénierie spécifiques à l'actif)	*Oui*	*IAS 16.17f*
Honoraires de professionnels (tels que les frais d'architecte et d'ingénierie) liés aux essais de différents modèles finalement non retenus	*Non*	*A notre avis (voir n° 31117)*
Coûts d'emprunt dès lors que, conformément à IAS 23, les conditions imposant l'incorporation de ces coûts à l'actif sont satisfaites	*Oui*	*IAS 23.8 IAS 16.22*
Droits de mutation et frais d'acte (frais légaux, frais de transfert de propriété...) liés à l'acquisition	*Oui*	*A notre avis*
Coûts de transaction liés à l'acquisition (honoraires d'agence et/ou de notaire, commissions de courtages, etc.)	*Oui*	*A notre avis*

Nature des frais accessoires	*Incorporation au coût d'entrée de l'immobilisation*	*Référence*
Coûts de location d'actifs utilisés dans un projet de construction	*Oui*	*Voir n° 31122*
Coûts liés au réaménagement ou à la rénovation d'un magasin, engagés avant son ouverture ou sa réouverture	*Oui*	*A notre avis (voir n° 31119)*
Coûts opérationnels engagés avant l'ouverture ou la réouverture d'un magasin (par exemple, frais de personnel, frais de formation ou encore frais de promotion et de lancement)	*Non*	*A notre avis (voir n° 31119)*
Frais préparatoires à la mise en service (autres que transport, installation et montage), c'est-à-dire les frais antérieurs au démarrage et les installations provisoires	*Oui*	*A notre avis*
Frais de personnel et de stockage des produits engagés avant l'ouverture d'un magasin	*Non*	*A notre avis (voir n° 31119)*
Coûts d'ouverture d'une nouvelle installation	*Non (1)*	*IAS 16.19a*
Coûts de lancement d'un nouveau produit ou service (y compris les coûts de publicité et de promotion)	*Non (1)*	*IAS 16.19b*
Coûts d'exploitation d'une activité dans un nouveau lieu ou avec une nouvelle catégorie de clients (y compris le coût de la formation du personnel)	*Non (1)*	*IAS 16.19c*
Coûts administratifs et autres frais généraux non directement attribuables à l'acquisition de l'actif	*Non (1)*	*IAS 16.19d*
Etudes de faisabilité	*Non (sauf si spécifiques à un actif finalement retenu)*	*A notre avis*
Coûts de gaspillage anormal de matériaux, de temps de travail ou autre	*Non (1)*	*IAS 16.22*
Coûts d'emprunt ou autres coûts engagés après que l'immobilisation est disponible pour son utilisation prévue et ce, même si elle n'est pas encore effectivement utilisée	*Non (1)*	*IAS 16.20*
Pertes d'exploitation initiales subies avant que l'immobilisation atteigne son niveau normal de production	*Non (1)*	*IAS 16.20b*

(1) En effet, ces coûts ne contribuent pas directement à mettre l'immobilisation dans son état d'utilisation tel que prévu par la direction.

Frais de sélection de projets finalement non retenus

31117 ***Question***

Les coûts liés à la sélection de projets peuvent-ils être incorporés dans le coût d'acquisition des immobilisations corporelles ?

Réponse

A notre avis, oui pour les frais externes attribuables au seul projet finalement retenu.

Commentaires En effet, ces coûts sont directement nécessaires pour que le projet finalement sélectionné parvienne dans l'état permettant son utilisation telle que prévue par la direction (IAS 16.16b).

En revanche, les coûts externes liés à la sélection des projets finalement non retenus ne sont pas directement nécessaires pour que le projet finalement sélectionné parvienne dans l'état permettant son utilisation telle que prévue par la direction.

■ *Exemple*

Une entreprise souhaitant construire un immeuble demande à plusieurs architectes de faire une proposition.

Solution de l'exemple *Seuls les honoraires externes directement liés au projet finalement retenu sont incorporés au coût de l'immeuble. Les honoraires liés aux autres projets non retenus – bien qu'ils soient nécessaires dans le cadre d'une bonne gouvernance – ne sont pas directement liés au projet retenu et devraient donc, à notre avis, être comptabilisés en charges.*

Coûts initiaux de préouverture ou de réouverture d'un magasin

Question 31119

Les coûts de préouverture ou de réouverture d'un magasin peuvent-ils être incorporés dans le coût d'acquisition des immobilisations corporelles ?

Réponse

La réponse diffère, à notre avis, selon la nature de ces coûts :
- non, pour les coûts opérationnels non nécessaires à la mise en état d'utilisation du magasin (par exemple, les frais de formation du personnel, de stockage des produits, de promotion) ;
- oui, pour les coûts liés à la construction, à la rénovation ou au réaménagement du magasin, sans lesquels celui-ci ne peut pas ouvrir.

Commentaires Les coûts engagés avant l'ouverture du magasin tels que les frais de personnel, les frais de formation ou encore les frais de promotion et de lancement constituent des dépenses opérationnelles qui sont encourues même en l'absence de (ré)ouverture de magasin. De tels coûts ne sont donc pas nécessaires à la mise en état d'utilisation du magasin et, en conséquence, doivent être constatés en charges, conformément à IAS 16.21 et IAS 38.29a et .69c.

En revanche, les coûts liés à la construction, à la rénovation ou au réaménagement des locaux sont généralement immobilisables en application d'IAS 16.7 et .10. Ces coûts incluent généralement les coûts engagés (dotation aux amortissements du droit d'utilisation, par exemple) pour la location d'actifs utilisés pour construire, rénover ou réaménager un actif ou pour assurer son entretien (voir n° 31122).

Coûts de location d'actifs utilisés dans un projet de construction

Question 31122

Le coût d'une immobilisation corporelle peut-il inclure les coûts engagés pour la location d'actifs utilisés pour la construire, l'accroître, la remplacer partiellement ou pour assurer son entretien ?

Réponse

Oui, dès lors que ces coûts sont nécessaires et directement attribuables à la réalisation du projet en question.

Commentaires Le coût d'une immobilisation corporelle peut inclure les coûts engagés pour la location d'actifs utilisés pour construire, accroître ou remplacer partiellement une immobilisation corporelle ou pour assurer son entretien, tels que la dotation aux amortissements pour les actifs comptabilisés au titre du droit d'utilisation (IAS 16.10).

Les coûts engagés pour assurer l'entretien d'un actif ne sont immobilisés que lorsque les critères généraux de comptabilisation à l'actif sont remplis. Tel pourrait être le cas pour les dépenses de gros entretien (voir n° 31060).

Ainsi, les charges d'amortissement du droit d'utilisation d'un actif pris en location sont incorporées dans le coût d'une immobilisation corporelle, dès lors qu'elles sont considérées comme des dépenses directement attribuables au transfert de cette immobilisation jusqu'à son lieu d'exploitation et à sa mise en état pour permettre son exploitation de la manière prévue par la direction (IAS 16.16b).

Pour la date de comptabilisation et de début d'amortissement du droit d'utilisation, voir n° 33220.

■ *Exemple*

Un groupe envisage d'ouvrir un nouveau magasin pour y distribuer une de ses marques. A cette fin, il prend en location un espace de vente, utilisable en l'état. Toutefois, le groupe doit effectuer d'importants travaux de rénovation et de réaménagement afin d'être conforme à l'empreinte de la marque. Les travaux doivent durer six mois. Pendant cette période, le magasin restera fermé.

Solution de l'exemple *Les dotations aux amortissements du droit d'utilisation du magasin constituent, pendant la période des travaux, des coûts directement attribuables à la remise en état du magasin pour permettre son exploitation de la manière prévue par la direction. Ces coûts de location doivent donc être incorporés aux coûts de rénovation qui sont capitalisés.*

Le traitement comptable pourrait être différent si le magasin était déjà exploité par le groupe avant les travaux de rénovation ou si le magasin restait ouvert pendant la période des travaux. En effet, dans ces cas, il pourrait être conclu que l'actif pouvait déjà être exploité de la manière prévue par la direction, remettant en cause la capitalisation des coûts de rénovation.

Produits accessoires générés avant la date de mise en service d'une immobilisation

31126 ***Question***

Les produits accessoires générés avant qu'une immobilisation corporelle soit en état d'utilisation peuvent-ils être pris en compte (en déduction) pour la détermination du coût de cette immobilisation ?

Réponse

Non, même si ces produits sont générés au cours des tests de bon fonctionnement de l'immobilisation.

Commentaires En effet, selon IAS 16.21, les opérations accessoires à la construction ou au développement du bien ne sont pas considérées comme étant indispensables à la mise en état d'utilisation du bien conformément aux spécifications de la direction. En conséquence, les dépenses et les produits relatifs à ces opérations accessoires doivent être inclus dans le compte de résultat et ne peuvent pas être pris en compte pour la détermination du coût de l'actif, que ces opérations accessoires soient réalisées avant ou pendant la phase de développement.

Plus particulièrement, il est interdit de déduire du coût d'une immobilisation corporelle les produits nets dégagés au cours des tests de bon fonctionnement de l'immobilisation. Le produit de la vente de tels éléments doit en conséquence être reconnu au compte de résultat.

Ceci résulte d'un amendement de la norme IAS 16, « Immobilisations corporelles – Produits antérieurs à l'utilisation prévue », publié en mai 2020. Cet amendement a supprimé l'exception au principe général de l'ancien paragraphe IAS 16.17e qui prévoyait que, par exception, les produits nets dégagés au cours des tests de fonctionnement de l'immobilisation (par exemple les produits nets liés à la vente d'échantillons) devaient être déduits du coût de production de cette immobilisation.

En outre, l'amendement précise que :

– les éléments produits avant qu'une immobilisation corporelle ne soit prête pour son utilisation doivent être évalués selon les dispositions d'IAS 2, Stocks (IAS 16.20A) ;

– pour les produits de la vente des éléments qui ne font pas partie de l'activité ordinaire de l'entreprise, les entités doivent (i) présenter séparément les produits de ces ventes et leurs coûts de production au compte de résultat et (ii) spécifier les lignes du compte de résultat impactées par ces éléments (IAS 16.74A).

Cet amendement est d'application obligatoire pour les exercices ouverts à compter du 1er janvier 2022. Il est applicable de manière rétrospective, mais uniquement pour les immobilisations corporelles qui ont été amenées à l'endroit et dans l'état nécessaire pour permettre leur exploitation de la manière prévue par la direction à compter de l'ouverture de la première période présentée dans les états financiers établis postérieurement à la date de première application de l'amendement. L'effet cumulé des ajustements résultant de la première application de cet amendement doit être comptabilisé dans les capitaux propres d'ouverture de cette première période.

■ *Exemple*

Une entreprise acquiert une parcelle de terrain pour y construire des immeubles de bureaux. La phase d'aménagement des terrains doit se dérouler en six phases. Pendant les phases 5 et 6, l'entreprise loue les terrains comme parking.

Solution de l'exemple *Les loyers perçus sont constatés en produits. La location de ce parking est en effet marginale par rapport à l'activité principale de préparation des terrains pour leur utilisation prévue et les opérations ne sont pas indispensables à la mise en état d'utilisation du bien en vue de la construction d'immeubles. En conséquence, les dépenses et les produits relatifs à cette utilisation marginale ne peuvent pas être pris en compte pour la détermination du coût.*

Immobilisations acquises par voie d'échange

Question 31130

Comment évaluer une immobilisation reçue en échange d'un actif non monétaire (ou en échange à la fois d'un actif non monétaire et d'un actif monétaire) ?

Réponse

A la juste valeur de l'immobilisation reçue en échange (ou si elle ne peut être déterminée de manière fiable, à la juste valeur de l'immobilisation remise) sauf :

- si l'échange n'a pas de substance commerciale ; ou
- si la juste valeur de l'immobilisation reçue en échange ou de celle de l'actif remis (ou des actifs remis) ne peut pas être déterminée de façon fiable.

Dans ces deux derniers cas, l'immobilisation reçue en échange est alors constatée à la valeur nette comptable de l'actif non monétaire remis en échange.

Commentaires :

1. **Appréciation de la substance commerciale de la transaction** L'existence d'une substance commerciale s'apprécie en fonction de l'importance du changement dans les flux de trésorerie attendus du fait de la transaction d'échange. Ainsi, un échange aura une substance commerciale si (IAS 16.25) :

- les risques, l'échéancier et le montant des cash-flows futurs attendus de l'actif reçu diffèrent significativement de ceux attachés à l'actif remis en échange ; ou
- la valeur spécifique pour l'entité ayant bénéficié de cet échange se trouve significativement modifiée ;

  La valeur spécifique pour l'entité est définie comme la valeur actuelle des flux de trésorerie qu'une entité attend de l'utilisation continue d'un actif et de sa sortie à la fin de sa durée d'utilité ou qu'elle prévoit d'encourir lors du règlement d'une obligation (IAS 16.6).

- et la différence entre les deux éléments cités ci-avant est significative par rapport à la juste valeur des actifs échangés.

2. **Transaction d'échange sans substance commerciale** Si l'échange n'a pas de substance commerciale (par exemple, un échange de biens similaires), aucune plus-value ni moins-value n'est constatée et le coût d'entrée de l'immobilisation reçue dans la transaction d'échange correspond à la valeur nette comptable de l'actif échangé (IAS 16.24). Toutefois, si la juste valeur de l'actif reçu est inférieure à cette valeur comptable, une dépréciation peut devoir être constatée.

Immobilisations dont le coût d'acquisition ne reflète pas la juste valeur

Question 31135

Comment évaluer une immobilisation reçue à titre gratuit ou acquise pour une valeur très faible (c'est-à-dire nettement inférieure à sa juste valeur) ?

Réponse

A sa juste valeur.

Commentaires A notre avis, un actif reçu gratuitement ou acquis pour une faible valeur doit être évalué à sa juste valeur déterminée soit à la date du transfert des risques et avantages attachés à cet actif, soit lors de son utilisation effective par l'entité si cette date est antérieure.

SECTION III

Amortissement des immobilisations corporelles

Amortissement d'une immobilisation en période de réduction ou d'arrêt d'activité temporaire – poursuite de l'amortissement

31145 ***Question***

Peut-on arrêter d'amortir une immobilisation en période de réduction ou d'arrêt d'activité temporaire ?

Réponse

Non.

La charge d'amortissement peut néanmoins être nulle si l'immobilisation est amortie selon la méthode des unités de production et qu'aucune unité n'est produite au cours de cette période.

Commentaires Un arrêt ou une réduction d'activité (qui serait par exemple la conséquence d'une crise telle que la crise sanitaire connue en 2020) ne justifie pas l'arrêt de l'amortissement d'une immobilisation (IAS 16.55).

Pour rappel, une immobilisation cesse d'être amortie lorsqu'elle est classée en actifs non courants et groupes d'actifs détenus en vue de la vente, selon les critères de la norme IFRS 5 (voir n° 36951 s.), à la date de sa décomptabilisation lors d'une cession (IAS 16.55) ou encore à la date de fin de son utilisation (en fin de vie).

La charge d'amortissement peut cependant être nulle pour les immobilisations amorties suivant la méthode des unités de production, si aucune unité n'est produite sur cette période.

Remarque L'inutilisation prolongée d'une immobilisation et la baisse de la production peuvent constituer un indice de perte de valeur qui déclenche la réalisation d'un test de dépréciation selon IAS 36 (voir n° 35957).

■ *Exemple 1*

Dans le cadre d'une crise sanitaire, le Gouvernement impose la fermeture des magasins de loisirs et le locataire C ne peut donc plus ouvrir son magasin pris en location au sein d'un centre commercial. De plus, l'accès au magasin est très limité et le locataire C n'est pas autorisé à effectuer des travaux de rénovation dans le magasin ni à utiliser le magasin comme entrepôt pour ses ventes en ligne. Cependant, les biens du locataire C restent entreposés dans les locaux. Le preneur C amortit son actif « droit d'utilisation » sur une base linéaire sur la durée du contrat de location, car c'est la méthode qui reflète le plus fidèlement le schéma de consommation attendu des avantages économiques futurs incorporés dans le contrat de location. Pour cet actif « droit d'utilisation », le facteur limitant prédominant est la période de temps pendant laquelle le preneur a le droit contractuel d'utiliser l'actif sous-jacent pendant la durée du contrat de location.

Solution de l'exemple 1 *Pendant la période de fermeture, il ne serait pas approprié que le preneur C cesse d'amortir l'actif ou modifie sa méthode d'amortissement. En effet, l'amortissement calculé selon la méthode linéaire ne cesse pas lorsque l'actif devient inactif ou est retiré de l'utilisation active (IAS 16.55).*

■ *Exemple 2*

Une compagnie aérienne a choisi d'amortir le moteur de ses avions en fonction du nombre d'heures de vol. En raison d'une crise sanitaire majeure, 90 % de ces avions sont cloués au sol.

Solution de l'exemple 2 *La charge d'amortissement sur cette période sera nulle pour les moteurs des avions n'ayant pas volé.*

Amortissement d'une immobilisation en période de réduction ou d'arrêt d'activité temporaire – revue des plans d'amortissement

31146

Question

Quels sont les impacts d'une période de réduction ou d'arrêt d'activité temporaire sur le plan d'amortissement d'une immobilisation ?

Réponse

Il convient d'apprécier si un changement d'estimation doit être effectué en ce qui concerne la durée d'utilité, la valeur résiduelle et le mode d'amortissement. Un tel changement d'estimation n'est possible que si les conditions d'exploitation le justifient. Si un tel changement est intervenu, il est constaté de façon prospective, sans remise en cause du passé.

En pratique, un arrêt temporaire d'activité ne devrait pas en soi être un motif suffisant pour changer de mode d'amortissement car il ne devrait pas modifier de manière significative la façon dont l'entité s'attend à consommer les avantages économiques futurs d'une immobilisation.

Il conviendra également de revoir l'estimation des durées d'utilité en lien avec les décisions de la direction (par exemple, lors d'un arrêt programmé d'activité).

Commentaires La durée d'utilité, la valeur résiduelle et le mode d'amortissement doivent être réexaminés au moins à chaque fin d'exercice. Un tel changement, s'il intervient, est qualifié de changement d'estimation, dont les impacts sont à comptabiliser de façon prospective, sans remise en cause du passé (IAS 16.51 et .61).

La norme précise qu'un changement du mode d'amortissement n'est possible qu'en cas de changement significatif dans la façon dont l'entreprise s'attend à consommer les avantages économiques futurs liés à l'actif, voir point 2. ci-après.

1. Révision de la durée d'utilité en période d'arrêt d'activité En pratique, la durée d'utilité peut être allongée si la période d'arrêt d'activité prolonge la durée de vie de l'immobilisation au-delà de son estimation initiale. A l'inverse, si l'entreprise décide d'arrêter l'activité dans un délai programmé (par exemple, décision de fermer une usine d'ici à deux ans), cette décision viendra vraisemblablement raccourcir la durée d'utilité des immobilisations avec un amortissement plus rapide. Il conviendra donc de revoir les durées d'utilité des immobilisations en lien avec les décisions de la direction.

Certaines décisions peuvent constituer un indice de perte de valeur entraînant la nécessité de réaliser un test de dépréciation de l'actif, avant de réajuster la durée d'utilité.

2. Passage d'un mode d'amortissement linéaire à un mode d'amortissement selon les unités de production Le mode d'amortissement d'un actif doit refléter le rythme selon lequel l'entité s'attend à consommer les avantages économiques futurs liés à l'actif (IAS 16.60). Le passage d'un mode d'amortissement linéaire à un mode d'amortissement selon les unités de production est possible en théorie, mais de façon très limitative en pratique. Il convient de démontrer :

- soit qu'il y a eu un changement significatif dans la façon dont l'entité s'attend à consommer les avantages économiques liés à l'actif. Il convient également de démontrer que le passage du temps, qui inclut l'obsolescence, a cessé d'être le principal facteur limitatif des avantages générés par l'immobilisation ;

  En pratique, un arrêt temporaire d'activité ne devrait pas en soi être un motif suffisant pour changer de mode d'amortissement car il ne devrait pas changer significativement la façon dont l'entité s'attend à consommer les avantages économiques futurs d'une immobilisation.

- soit que l'entité amortissait en linéaire par simplification, parce que le résultat était proche du rythme réel de consommation attendu des avantages économiques futurs, ce qui n'est plus vrai en période d'arrêt d'activité.

En effet, un changement du mode d'amortissement serait possible si l'entité retenait jusqu'ici l'amortissement linéaire comme une façon pratique d'approcher la méthode des unités de production, par exemple pour une entité qui amortissait un moteur d'avion en mode linéaire, qui pourrait alors justifier le passage à un amortissement en fonction des heures de vol (dans la mesure où l'utilisation de la méthode linéaire n'a plus les mêmes effets que la méthode des unités d'œuvre) (voir Exemple 1 ci-après).

Lors de la reprise de l'activité, un retour ultérieur à l'amortissement linéaire ne devrait généralement pas être approprié.

Recommandations de l'AMF Dans le cadre de ses recommandations en vue de l'arrêté des comptes 2021, et dans le contexte de la crise sanitaire et économique liée à la pandémie de Covid-19, l'AMF a fait part des points d'attention relevés lors de sa revue des états financiers depuis octobre 2020, et a rappelé aux émetteurs concernés qu'il était important de présenter ce changement de rythme d'utilisation de l'actif en annexe et de maintenir à l'avenir cette méthode d'amortissement fondée sur les unités de production (Rec. AMF 2021-06, Arrêté des Comptes 2021, § 1.2.2).

■ *Exemple 1*

L'entité A est une compagnie aérienne. Le moteur d'un avion peut effectuer 5 000 heures de vol avant d'être remplacé. L'entité projette d'utiliser la totalité de ces heures de vol avant le remplacement d'un moteur. Chaque avion parcourt la même distance chaque année. L'entité a amorti les moteurs des avions linéairement, car le mode d'amortissement linéaire se rapproche d'un amortissement basé sur le nombre d'heures de vol.

Du fait d'une restriction sur les déplacements mondiaux, l'entité doit maintenir au sol ses avions au cours du premier trimestre de l'année N. La date de la levée de la restriction est inconnue. L'entité réévalue le mode d'amortissement de ses moteurs d'avions à la fin du premier trimestre et estime que le mode d'amortissement linéaire n'est plus une bonne approximation d'un amortissement basé sur le nombre d'heures de vol. L'entité change ainsi le mode d'amortissement de ses moteurs d'avions pour passer au mode des unités de production.

Après la fin de la période de restriction, il est peu probable que l'entité A puisse à nouveau utiliser le mode d'amortissement linéaire, dans la mesure où les unités de production continueront à refléter le mode de consommation des avantages économiques du moteur de l'avion.

■ *Exemple 2*

L'entité B possède et exploite une compagnie aérienne locale. Le moteur de l'avion peut voler 5 000 heures avant d'être remplacé, ce qui couvrirait 7 ans de trajectoires de vol. Cependant, l'entité a pour politique de remplacer ses moteurs tous les 5 ans, quel que soit le nombre d'heures de vol. L'entité B détermine donc que les avantages économiques du moteur sont limités dans le temps, et l'amortissement linéaire est la méthode d'amortissement la plus appropriée.

Au cours du premier trimestre de l'année N, la flotte d'avions de l'entité B est immobilisée au sol en raison de restrictions de voyage imposées pour réduire la propagation d'une pandémie. On ne sait pas quand ces restrictions seront levées. L'entité B considère toujours que la durée de vie utile du moteur est de 5 ans, conformément à sa politique actuelle de remplacement de ses moteurs. L'entité B ayant déterminé que les avantages économiques du moteur sont limités dans le temps, il serait inapproprié de passer à une méthode d'amortissement selon les unités de production. L'entité B devrait continuer d'amortir l'avion selon le mode linéaire pendant sa période au sol. En revanche, la valeur résiduelle devrait être réestimée en conséquence.

Détermination de la durée d'amortissement d'une construction

31150 Sur la détermination de la durée d'amortissement d'une construction, voir n° 32185.

Valeur résiduelle d'une construction

31160 Sur la valeur résiduelle d'une construction, voir n° 32190.

Valeur résiduelle d'une construction et évolution de la valeur de marché

31162 Sur les conséquences de l'évolution de la valeur de marché sur la valeur résiduelle d'une construction, voir n° 32192.

Date de la prise en compte, dans le plan d'amortissement d'une immobilisation, d'une modification de sa valeur résiduelle ou de sa durée d'utilité

31165 *Question*

A partir de quelle date le plan d'amortissement d'une immobilisation prend-il en compte la révision de sa valeur résiduelle ou de sa durée d'utilité, lorsque l'événement ayant motivé la révision survient au cours de l'exercice ?

31165 (suite)

Réponse

A notre avis, la modification de la valeur résiduelle ou de la durée d'utilité d'une immobilisation est prise en compte à compter de la date de survenance de l'événement ayant motivé la révision du plan d'amortissement. Il n'est pas possible de faire rétroagir le changement de plan d'amortissement à une date antérieure à l'événement ayant motivé la révision, par exemple au début de la période présentée.

Commentaires La valeur résiduelle et la durée d'utilité d'une immobilisation doivent être réexaminées au moins à chaque clôture annuelle. Si les prévisions d'utilisation sont sensiblement différentes des estimations antérieures, les dotations aux amortissements au titre de la période en cours et des périodes futures doivent être ajustées de manière prospective, s'agissant d'une révision d'estimation (IAS 16.51 et IAS 8.36). Lorsqu'il existe un événement spécifique intervenu au cours de l'exercice ayant motivé la révision de la valeur résiduelle ou de la durée d'utilité d'une immobilisation, la réestimation de la charge d'amortissement de la période est constatée, à notre avis, à compter de la date de l'événement. Il n'est pas possible de faire rétroagir le changement de plan d'amortissement à une date antérieure à l'événement ayant motivé la révision, par exemple au début de la période présentée.

Ce principe s'applique qu'il y ait eu ou non un arrêté intermédiaire après la date de l'événement ayant motivé la révision du plan d'amortissement, en application d'IAS 34.35 et .36. En effet, la fréquence de publication des comptes d'une entité ne doit pas affecter l'évaluation de ses résultats annuels.

Lorsque la révision de la valeur résiduelle ou de la durée d'utilité n'est pas motivée par la survenance d'un événement clairement identifié et qu'elle est identifiée à la clôture annuelle dans le cadre du processus habituel de revue des plans d'amortissement, il convient d'exercer son jugement pour déterminer s'il existe une date au cours de l'année écoulée à laquelle la valeur résiduelle ou la durée d'utilité aurait pu être modifiée.

En effet, une réestimation de la charge d'amortissement sur la période antérieure à la date de l'événement ayant conduit à la révision de la valeur résiduelle ou de la durée d'utilité de l'immobilisation équivaudrait à une application rétrospective du changement d'estimation, ce qui serait en contradiction avec les dispositions de la norme IAS 8 qui requièrent qu'un tel changement soit appliqué prospectivement.

En outre, la norme précise qu'un changement dans la durée d'utilité estimée ou dans le rythme attendu de consommation des avantages économiques futurs procurés par les actifs amortissables affecte la charge d'amortissement de la **période en cours** et de **chaque période ultérieure** pendant la durée d'utilité **résiduelle** de l'actif (IAS 8.38). A notre avis, le terme « période en cours » doit être compris comme la période en cours « résiduelle » après la date à laquelle l'événement ayant motivé la révision est intervenu.

Recommandations de l'AMF Dans le cadre de ses recommandations en vue de l'arrêté des comptes 2021, l'AMF a fait part de points d'attention discutés avec les émetteurs, relevés lors de sa revue des états financiers depuis octobre 2020. En particulier, en cas de modification des durées d'utilité, l'AMF a insisté sur l'importance de justifier les nouvelles durées retenues en s'appuyant notamment sur l'analyse des données internes et externes justifiant ce changement. L'AMF a également invité les sociétés à s'interroger sur la qualification de ce changement : changement d'estimation comptable ou correction d'erreur (voir n° 12687 s.). En termes d'information financière, l'AMF a demandé aux sociétés concernées d'indiquer dans leurs états financiers les raisons ayant conduit à revoir les durées d'utilité, en précisant les actifs concernés, les modalités de détermination des nouvelles durées et les impacts de ce changement (Rec. AMF 2021-06, Arrêté des Comptes 2021, § 1.2.2).

■ *Exemple*

Au 1/01/N, un groupe qui clôture ses comptes le 31 décembre a acquis un actif pour 1 000, dont il a estimé la durée d'utilité à 6 ans (72 mois). A la date d'acquisition, la valeur résiduelle de l'actif était estimée à 100. Cette estimation est restée la même jusqu'à la fin de la deuxième année suivant l'acquisition. A la suite d'une avancée technologique majeure, la valeur résiduelle de l'actif a diminué et a été réestimée à 81 au 31/10/N+2.

Jusqu'au 31/10/N+2, l'amortissement mensuel de l'actif était de 12,5, correspondant à l'amortissement d'une base amortissable de 900 (= 1 000 – 100) sur 72 mois.

Au 31/10/N+2, la valeur nette comptable de l'actif est de 575 (amortissement mensuel de 12,5 sur 34 mois). A compter de cette date, la base amortissable de l'actif est de 494 (= 575 – 81), à amortir sur sa durée d'utilité résiduelle (38 mois), soit un nouvel amortissement mensuel de 13. Ainsi, sur les deux derniers mois de N+2, la charge d'amortissement est de 26. Au 31/12/N+2, la valeur comptable de l'actif est de 549 (= 575 – 26).

SECTION IV

Décomptabilisation d'immobilisations corporelles

Mise en vente dans le cycle normal de l'activité d'actifs précédemment loués

31210 *Question*

Comment une entité doit-elle comptabiliser ses actifs précédemment loués puis vendus régulièrement dans le cadre de son activité ?

Réponse

De tels actifs doivent être transférés dans les stocks à leur valeur nette comptable.

Commentaires En principe, le profit ou la perte résultant de la décomptabilisation d'une immobilisation corporelle est inclus dans le résultat lors de la décomptabilisation de l'élément. Les profits ne doivent pas être classés en produit des activités ordinaires (IAS 16.68).

Toutefois, lorsque l'entité vend systématiquement, dans le cadre de ses activités ordinaires, les immobilisations qu'elle louait précédemment, elle doit (IAS 16.68A) :

– transférer les immobilisations dans les stocks à leur valeur nette comptable, dès que ces immobilisations cessent d'être louées et deviennent à vendre ;

– comptabiliser le produit de la vente en produits des activités ordinaires, de la même manière que les autres ventes de biens, voir n° 24989 et 24991.

En outre, les flux de trésorerie liés à la vente de ces actifs sont classés en flux de trésorerie résultant des activités ordinaires et non pas en flux de trésorerie résultant des activités d'investissement (IAS 7.14).

Décision de l'ESMA L'ESMA a confirmé cette analyse (EECS/2014-04, 11/14), voir n° 56090.

CHAPITRE 25

Immeubles de placement (IAS 40)

Plan du chapitre §§ 31970

L'ESSENTIEL DE LA NORME IAS 40

A. Généralités

Champ d'application

La norme IAS 40, Immeubles de placement, est applicable à la comptabilisation, à l'évaluation et aux informations à fournir sur les immeubles de placement (IAS 40.1 et .2). 31975

La norme IAS 40 ne traite pas en revanche des éléments suivants (IAS 40.4) :
– les actifs biologiques en rapport avec l'activité agricole ;
– les droits miniers et les réserves minérales telles que le pétrole, le gaz naturel et autres ressources similaires non renouvelables.

Définition d'un immeuble de placement

Un immeuble de placement est un bien immobilier, c'est-à-dire un terrain, un bâtiment, ou une partie de bâtiment ou les deux (un terrain et un bâtiment), détenu par le propriétaire (ou par le preneur dans un contrat de location, au titre d'un droit d'utilisation constaté selon IFRS 16) (IAS 40.5) : 31977
– pour en retirer des loyers ;

31977 (suite)
- pour en valoriser le capital ; ou
- pour les deux.

Par conséquent, un immeuble de placement génère des flux de trésorerie largement indépendants des autres actifs détenus par l'entité (IAS 40.7). Ceci distingue un immeuble de placement d'un bien immobilier occupé par son propriétaire : la production ou la fourniture de biens ou de services (ou l'utilisation d'un bien immobilier à des fins administratives) génère des flux de trésorerie qui sont attribuables non seulement au bien immobilier, mais aussi à d'autres actifs utilisés dans le processus de production ou de fourniture (usine, machines, stocks, etc.) (IAS 40.7).

Ne constitue donc pas un immeuble de placement, un bien immobilier :
- utilisé dans la production ou la fourniture de biens et services ou à des fins administratives ; ou
- destiné à être vendu dans le cadre de l'activité ordinaire (IAS 40.5).

De tels immeubles, ne devant donc pas être classés en immeubles de placement, sont classés soit en immobilisations corporelles selon IAS 16 lorsque le bien est détenu en propre ou en tant que droit d'utilisation selon IFRS 16 lorsque le bien est pris en location, soit en stock selon IAS 2 lorsque le bien est destiné à être vendu dans le cadre de l'activité ordinaire.

1. Exemples d'immeubles de placement :

a. Exemples fournis par la norme La norme IAS 40 liste les exemples suivants (IAS 40.8) :
- un terrain détenu pour valoriser le capital à long terme plutôt que pour une vente à court terme dans le cadre de l'activité ordinaire ;
- un terrain détenu pour une utilisation future actuellement indéterminée (le terrain est alors considéré comme étant détenu pour valoriser le capital, dès lors qu'il n'est pas envisagé qu'il soit occupé par le propriétaire ou vendu à court terme) ;
- un bâtiment appartenant à l'entité (ou un droit d'utilisation relatif à un bâtiment) et donné en location (ou sous-location) dans le cadre de contrats de location simple ;
- un bâtiment vacant mais détenu en vue d'être loué dans le cadre de contrats de location simple ;
- un bien immobilier en cours de construction ou d'aménagement en vue d'une utilisation ultérieure en tant qu'immeuble de placement.

b. Exemples pratiques :

b.1 Une société de jardinerie est propriétaire d'un immeuble de bureaux. Elle loue cet immeuble depuis le 1er février N-2, avec un bail de 6 ans, à une société de prestations de services.

L'immeuble détenu par la société de jardinerie répond à la définition d'un immeuble de placement. En effet, la société est propriétaire de ce bien immobilier et a conclu un contrat de location simple. Elle le détient donc dans l'objectif d'en retirer des loyers.

Elle ne l'utilise pas dans le cadre de ses activités ordinaires, ni pour la vente de matériels de jardinage ni à des fins administratives.

b.2 Une société de transport routier est propriétaire d'un terrain qu'elle a aménagé en parking. La société n'utilise pas ce parking pour garer ses camions mais le loue à une société de distribution. Le contrat de location est un contrat de location simple.

Le parking de la société répond à la définition d'un immeuble de placement. En effet, la société de transport est propriétaire du parking et a conclu un contrat de location simple. Elle le détient donc dans l'objectif d'en retirer des loyers. Elle ne l'utilise pas dans le cadre de ses activités ordinaires pour garer ses camions de transport.

b.3 Une société A achète un lot de terrains dans la banlieue d'une grande ville. Cette zone est principalement occupée par des logements sociaux bon marché et est peu desservie par les transports publics. Le gouvernement a néanmoins le projet de développer cette zone en parc industriel dans les 5 ans et les terrains devraient donc prendre de la valeur.

Le management de la société A n'a cependant pas encore décidé ce qu'il ferait des terrains.

Le terrain doit être classé en immeuble de placement. Bien que le management n'ait pas encore décidé de l'utilisation des terrains à moyen terme après la mise en place du parc industriel, le terrain est détenu dans un objectif de valorisation du capital.

b.4 Un fonds institutionnel de gestion immobilière achète à des retraités des actifs résidentiels à un prix égal à leur prix de marché diminué d'une décote représentative du droit d'usage laissé à l'occupant sur sa durée de vie escomptée. Les actifs ne produisent pas de loyers courants puisque ceux-ci ont été précomptés via la décote sur le prix payé à leur propriétaire lors de l'acquisition. Dès que le droit d'usage cesse (décès des occupants ou départ définitif), le fonds met en vente les actifs à leur prix de marché.

Les biens, tels qu'ils sont acquis par le fonds, c'est-à-dire sans le droit d'usage (en nue-propriété), ne sont pas acquis pour être revendus sans le droit d'usage mais pour valoriser le capital (et pour en retirer des loyers). En effet, ils sont acquis pour être loués jusqu'au moment de leur revente dans l'attente d'une revalorisation (retour du droit d'usage). Ils doivent donc être classés en immeubles de placement.

2. **Exemples de biens immobiliers ne constituant pas des immeubles de placement :**

a. **Exemples fournis par la norme** La norme IAS 40 liste les exemples suivants (IAS 40.9) :

– des immeubles détenus en vue de la vente dans le cadre de l'activité ordinaire ou en cours de construction ou d'aménagement en vue de la vente (IAS 2, Stocks) ;

– un bien immobilier occupé par son propriétaire (en propre selon IAS 16, Immobilisations corporelles, ou en tant que preneur selon IFRS 16, Contrats de location), y compris (entre autres choses) un bien immobilier détenu en vue de son utilisation future comme bien immobilier occupé par son propriétaire, un bien immobilier détenu en vue de son aménagement futur et de son utilisation ultérieure comme bien immobilier occupé par son propriétaire, un bien immobilier occupé par des membres du personnel (que ceux-ci paient ou non un loyer aux conditions du marché) et un bien immobilier occupé par son propriétaire en attendant d'être vendu ;

– un bien immobilier donné en location à une autre entité dans le cadre d'un contrat de location-financement.

b. **Exemple pratique** Une société de promotion immobilière a acquis un immeuble, le 15/02/N. Cet immeuble est destiné à être revendu au plus tard au début de l'exercice N+1. Le marché immobilier est en hausse constante et la société anticipe une plus-value significative.

L'immeuble ne répond pas à la définition d'un immeuble de placement. En effet, cet immeuble est destiné à être revendu dans le cadre de l'activité ordinaire de promotion immobilière. Cet immeuble doit donc être classé en stocks.

Remarques :

1. **Notion de bien immobilier** Des discussions avaient été initiées à l'IFRS IC sur la notion de bien immobilier concernant les tours de télécommunication louées à des opérateurs auxquels le propriétaire fournit par ailleurs des services accessoires comme la maintenance. L'une des questions soulevées concernait l'éventuelle extension de la définition d'un immeuble selon IAS 40 à des structures qui n'ont pas les caractéristiques physiques habituelles d'un immeuble (murs, sol, toit, etc.).

Il était suggéré que cette question pourrait également se poser pour d'autres structures telles que les réservoirs de stockage de gaz ou les panneaux publicitaires.

L'IFRS IC a noté que l'exposé-sondage Contrats de location se basait notamment sur la définition d'un immeuble selon IAS 40. Il a donc décidé de porter à la connaissance de l'IASB, dans le cadre de ses délibérations sur cet ED, ses discussions en cours sur cette question (IASB Update 07/13). Toutefois, l'IASB a finalement considéré (IASB Update 12/14) que ce sujet était de portée très limitée et que peu de divergences de pratiques étaient observées. Il a donc décidé de ne pas traiter ce sujet. En pratique, la norme IFRS 16 n'a pas modifié la notion de bien immobilier.

2. **Classement d'un bien comme immeuble de placement ou comme bien immobilier occupé par son propriétaire** Il convient de faire preuve de jugement pour déterminer si un bien est ou non un immeuble de placement (IAS 40.14). De même, l'exercice du jugement peut être nécessaire pour déterminer si l'acquisition d'un immeuble de placement constitue l'acquisition d'un actif, d'un groupe d'actifs ou un regroupement d'entreprises à traiter selon IFRS 3. Cette analyse est réalisée sur la base des précisions apportées par la norme IFRS 3 – et non sur la base d'IAS 40 qui vise uniquement à distinguer un immeuble de placement d'un immeuble occupé par son propriétaire (IAS 40.14A).

Pour plus de détails sur la notion d'activité selon IFRS 3, voir nº 21490 s.

Biens immobiliers occupés partiellement ou loués avec fourniture de services accessoires

Dans le cas de biens immobiliers occupés partiellement par leur propriétaire ou loués avec fourniture de services accessoires, il est nécessaire d'exercer un jugement permanent et cohérent, sur la base de critères à élaborer, pour apprécier si la définition d'un immeuble de placement est satisfaite (IAS 40.14) : 31979

Ces critères sont à indiquer en annexe lorsque le classement présente des difficultés (IAS 40.75 ; voir nº 31999).

1. **Immeuble occupé partiellement par le propriétaire** Il convient de distinguer deux cas (IAS 40.10) :

a. **les deux parties de l'immeuble peuvent être vendues séparément** (ou louées séparément dans le cadre d'un contrat de location-financement). L'entité comptabilise alors les deux parties séparément. La partie qu'elle occupe est à comptabiliser en immobilisations corporelles et le reste en immeubles de placement ;

31979 (suite) b. **les deux parties de l'immeuble ne peuvent pas être vendues séparément** (ou louées séparément dans le cadre d'un contrat de location-financement). L'entité comptabilise alors le bien immobilier en immeuble de placement seulement si la partie qu'elle occupe est non significative.

2. Immeuble loué avec fourniture de services accessoires Une entité peut à la fois louer un immeuble et fournir des services accessoires aux occupants. Dans ce cas, le bien immobilier est à classer en immeubles de placement si ces services sont non significatifs au regard du contrat pris dans son ensemble (IAS 40.11).

A l'inverse, si les services rendus sont une composante significative, le bien immobilier est considéré comme utilisé dans le cadre des activités ordinaires du propriétaire et doit être classé en immobilisations corporelles (IAS 40.12).

Exemples fournis par la norme :

1. Une entité loue à une société un immeuble de bureaux. En plus de la simple location, l'entité assure des services de sécurité et de maintenance. Les services fournis sont non significatifs par rapport à l'accord pris dans son ensemble et l'immeuble est donc classé en immeuble de placement (IAS 40.11).

2. Une entité possède et gère un hôtel. Les services rendus aux clients constituent une composante significative du contrat et le bien immobilier constitue donc une immobilisation corporelle (IAS 40.12).

3. Une entité possède et gère un hôtel mais transfère certaines responsabilités à des tiers dans le cadre d'un contrat de gestion. Les termes de ce type de contrats peuvent largement varier. Par exemple (IAS 40.13) :

– le propriétaire peut agir en substance comme un investisseur passif ; dans ce cas, l'hôtel est à classer en immeuble de placement ;

– le propriétaire ne fait que sous-traiter certaines fonctions nécessaires au fonctionnement quotidien de l'hôtel, tout en conservant une exposition importante aux variations des flux de trésorerie générés par l'exploitation de l'hôtel. Dans ce cas, l'hôtel est considéré comme utilisé dans le cadre de l'activité et est classé en immobilisations corporelles.

Exemple pratique Un groupe industriel et commercial est propriétaire d'un immeuble de bureaux divisible à la vente par étage dans le respect des baux de location actuellement non échus. Il occupe 7 des 10 étages et loue les 3 derniers étages à un cabinet d'avocats. Occupant la majeure partie de l'immeuble, le groupe assure l'entretien de l'immeuble, les charges relatives à l'accueil des visiteurs et la sécurité. Ces charges sont refacturées partiellement au cabinet d'avocats au prorata de la surface occupée.

Les 3 derniers étages de l'immeuble du groupe répondent à la définition d'un immeuble de placement. En effet, ces 3 étages loués sont détenus par le groupe dans l'objectif d'en retirer des loyers et non dans le cadre de ses activités. Dans la mesure où le groupe peut vendre les étages à sa convenance et dans le respect des clauses des baux signés, il comptabilise séparément 3 étages comme immeubles de placement et 7 autres étages en immobilisations corporelles.

Le fait que le groupe gère les activités de maintenance et sécurité de l'immeuble est sans incidence sur la qualification d'immeuble de placement, ces activités étant accessoires dans les contrats de location.

Remarque – Biens immobiliers loués à des sociétés du groupe Lorsqu'une entité possède un bien immobilier loué et occupé par la société mère ou par une filiale du groupe, ce bien est considéré, au niveau du groupe, comme occupé par son propriétaire. Il constitue donc une immobilisation corporelle et non pas un immeuble de placement dans les comptes consolidés (IAS 40.15).

Dans les états financiers individuels de l'entité propriétaire, ce bien immobilier répond, au contraire, à la définition d'un immeuble de placement, car il est loué à une autre entité (IAS 40.15).

En revanche, lorsque le bien est loué et occupé par une entreprise associée ou une joint venture consolidée selon la méthode de la mise en équivalence, ce bien est comptabilisé en immeuble de placement dans les comptes consolidés. En effet, dans ce cas, ces entreprises ne sont pas considérées comme faisant partie du groupe.

B. Comptabilisation et évaluation

1. Comptabilisation et évaluation initiales d'un immeuble de placement

Critères de comptabilisation initiale

Les critères de comptabilisation des immeubles de placement sont similaires à ceux des autres actifs du bilan. Un immeuble de placement détenu en propre doit être comptabilisé en tant qu'actif lorsque (IAS 40.16) : **31985**
- il est probable que les avantages économiques futurs associés à l'immeuble de placement iront à l'entité ; et
- le coût de l'immeuble de placement peut être évalué de façon fiable.

Le coût d'un immeuble de placement comprend les coûts encourus initialement pour l'acquérir ainsi que les coûts encourus ultérieurement pour accroître la capacité ou remplacer certains éléments. Ces coûts sont comptabilisés au moment où ils sont encourus (IAS 40.17).

Un immeuble de placement détenu par un preneur en tant qu'actif au titre du droit d'utilisation doit être comptabilisé selon les dispositions de la norme IFRS 16 (IAS 40.19A ; voir nº 33001).

Principes d'évaluation initiale

L'évaluation initiale d'un immeuble de placement diffère selon les cas. **31987**

1. Lorsqu'il s'agit d'un **bien immobilier acquis en propre par le propriétaire,** l'évaluation initiale est faite **au coût,** incluant les coûts de transaction (IAS 40.20). Ainsi, le coût d'un immeuble acheté correspond à son prix d'achat augmenté de toutes les dépenses directement attribuables, comme par exemple les honoraires juridiques, les droits de mutation et tout autre coût de transaction (IAS 40.21).

Remarque Certaines dépenses sont exclues du coût initial de l'immeuble (IAS 40.23) :
- les coûts de démarrage sauf s'ils sont nécessaires pour mettre l'immeuble dans l'état pour permettre son exploitation de la manière souhaitée par la direction ;
- les pertes d'exploitation encourues avant que l'immeuble de placement n'atteigne le niveau d'occupation prévu ;
- les montants anormaux de déchets de fabrication, de main-d'œuvre ou d'autres ressources utilisées dans la construction ou l'aménagement de l'immeuble.

Sont également exclus, à notre avis :
- le coût des études de marché préalables à l'acquisition d'un immeuble de placement lorsqu'elles ne peuvent être affectées de manière spécifique à l'acquisition de l'immeuble de placement considéré ;
- le coût du personnel interne et indirect (avocats salariés, par exemple), sauf si ce personnel est exclusivement dédié à l'acquisition de l'immeuble ;
- l'effet de l'application d'un régime fiscal spécifique à des actifs nouvellement acquis. En effet, selon l'ESMA (EECS/0214-08, 11/14), l'impôt à payer dans l'application d'un régime fiscal à des immeubles de placement nouvellement acquis n'est pas constitutif du coût de l'immeuble (IAS 40.21) et ne peut être non plus assimilé à un coût nécessaire à la mise en état de fonctionnement d'une immobilisation corporelle (IAS 16.16). En conséquence, il ne peut pas être capitalisé et constitue un coût lié à l'activité de l'entreprise, devant être comptabilisé en charge de la période (IAS 12.58).

Exemple pratique Une société développe et aménage des immeubles pour les louer.

a. En mars N, l'immeuble est physiquement achevé mais les contrôles nécessaires à sa mise en service n'ont pas encore été effectués. Pour ce type d'immeuble, un délai de 3 mois est généralement nécessaire. Pendant cette période de 3 mois, le propriétaire engage des frais d'entretien et de sécurité. Ces frais doivent être inclus dans le coût de construction car tant que l'immeuble n'a pas été contrôlé, il ne peut pas être exploité.

b. En juin N, une fois les contrôles effectués et l'autorisation d'exploitation obtenue, la société continue à engager des frais d'entretien, de sécurité et de publicité jusqu'à ce que l'immeuble atteigne un niveau d'occupation raisonnable, c'est-à-dire pendant environ 3 mois. Ces coûts doivent être comptabilisés en charges immédiatement ; en effet, ils ne sont pas engagés pour rendre l'immeuble opérationnel, mais pour l'entretenir et attirer des locataires jusqu'à ce qu'un niveau de fonctionnement optimal soit atteint. Il s'agit de frais de démarrage (voir Remarque ci-avant).

Si le paiement d'un immeuble de placement est différé, son coût est le prix comptant équivalent. La différence entre le prix comptant équivalent et le total des paiements est comptabilisée en frais financiers sur la durée du crédit (IAS 40.24).

2. Lorsque **l'immeuble de placement est acquis par voie d'échange** contre un ou plusieurs actifs non monétaires ou un ensemble d'actifs monétaires et non monétaires, l'évaluation initiale est faite à la **juste valeur** sauf si l'une des deux conditions a. et b. suivantes est remplie (IAS 40.27) :

Sur la détermination de la juste valeur, voir n° 31994.

a. L'opération d'échange manque de substance commerciale.

Une opération d'échange a de la substance commerciale si :

i. elle résulte en une variation significative :
- du profil (risque, calendrier et montant) des flux de trésorerie de l'actif reçu comparés à ceux de l'actif transféré (IAS 40.28a) ; ou
- de la valeur, spécifique à l'entité, de la partie des activités de cette entité affectée par l'opération (IAS 40.28b) ; et

Selon IAS 16.6, la valeur spécifique à l'entité est la valeur actuelle des flux de trésorerie qu'une entité attend de l'utilisation continue d'un actif et de sa sortie à la fin de sa durée d'utilité, ou qu'elle prévoit d'encourir lors du règlement d'une obligation.
Selon IAS 40.28, ces flux de trésorerie sont à considérer après impôt.

ii. la différence visée au (i) ci-avant est significative par rapport à la juste valeur des actifs échangés (IAS 40.28c).

b. Il n'est pas possible d'évaluer de manière fiable la juste valeur de l'actif reçu ou de l'actif remis.

IAS 40.29 apporte des précisions sur la notion d'estimation fiable de la juste valeur dans le contexte d'un tel échange.

Dans les cas où l'immeuble de placement n'est pas initialement évalué à sa juste valeur, son coût est égal à la **valeur comptable de l'actif remis** (IAS 40.27).

3. Lorsqu'il s'agit d'un **bien immobilier détenu par le preneur dans le cadre d'un contrat de location sous forme d'un droit d'utilisation,** celui-ci doit être évalué initialement à son coût selon les dispositions de la norme IFRS 16 (IAS 40.29A ; voir n° 33001).

2. Comptabilisation des dépenses ultérieures

31989 Les dépenses ultérieures relatives à un immeuble de placement détenu en propre doivent être comptabilisées en tant qu'actif au moment où elles sont encourues (IAS 40.16 et .17) :
- s'il est probable que les avantages économiques futurs associés à cet actif iront à l'entité ; et
- si elles peuvent être évaluées de façon fiable.

Ainsi, sont à comptabiliser dans la valeur comptable des immeubles de placement au bilan les dépenses ultérieures remplissant les deux conditions précitées. Ceci peut être le cas de dépenses destinées à remplacer des parties importantes d'un immeuble de placement (IAS 40.19).

Par exemple, le remplacement de murs initiaux constitue des dépenses de remplacement à comptabiliser en immeuble de placement.
Il en est de même de dépenses permettant l'accroissement de la capacité d'un immeuble de placement.

Dans ce cas, la valeur comptable des éléments remplacés doit être décomptabilisée (IAS 40.19).

Remarque – Evaluation ultérieure selon le modèle de la juste valeur Lorsque l'entreprise a retenu le modèle de la juste valeur pour évaluer ses immeubles de placement à la clôture (voir n° 31991), la nouvelle juste valeur de l'immeuble sera estimée à la date de clôture et les pertes ou gains seront comptabilisés en résultat de la période au cours de laquelle ils se produisent (voir n° 32180).

Ainsi, en cas de sortie d'un composant, s'il n'est pas possible d'identifier le coût de ce composant, ce dernier sera ignoré et les effets de cette sortie seront automatiquement pris en compte par le biais de la variation de la juste valeur (IAS 40.68).

En revanche, lorsque l'immeuble de placement est évalué selon le modèle du coût, la valeur comptable d'un élément remplacé dont l'identification dans le coût initial de l'immeuble n'a pas été possible peut être estimée sur la base du coût de remplacement amorti (IAS 40.68).

Pour ce qui est du nouveau composant, il convient de l'inclure dans la valeur de l'immeuble. Ainsi, toutes les dépenses encourues ultérieurement et immobilisables dans le coût de l'actif doivent être incluses dans la valeur de l'immeuble de placement.

En revanche, les coûts d'entretien quotidien ne sont pas incorporés dans le coût des immeubles de placement mais sont constatés en charges ; ces coûts constituent des dépenses de réparation et de maintenance du bien immobilier (IAS 40.18).

Ces coûts peuvent inclure des frais de main-d'œuvre, des consommables et des coûts de pièces de rechange d'importance mineure (IAS 40.18).

Exemples :

1. En N, une société industrielle effectue des travaux dans son immeuble de placement, un immeuble de bureaux de 6 étages. Les travaux sont réalisés par des sociétés externes.

a. Les coûts ci-après doivent être **comptabilisés dans la valeur comptable de l'immeuble**, car ils sont porteurs d'avantages économiques futurs (par augmentation de la valeur locative ou de la valeur de l'immeuble en cas de revente), et ils peuvent être évalués de manière fiable :
- le coût de **construction de la terrasse** ;
- le coût d'**installation d'un système de vidéosurveillance** ;
- le coût d'**installation d'une climatisation.**

b. **En revanche,** les coûts ci-après doivent être **comptabilisés en charges** lorsqu'ils sont encourus, s'agissant de dépenses d'entretien ou de réparations, n'augmentant pas les avantages économiques futurs associés à l'immeuble :
- le coût de **remplacement des poignées de portes endommagées** ;
- le coût de **nettoyage des graffitis sur la façade.**

2. Une société achète un terrain sur lequel est construit un immeuble. Après l'acquisition, l'immeuble est détruit et un nouvel immeuble construit à la place. L'entité utilise le modèle du coût. L'immeuble aurait été détruit par n'importe quel acquéreur.

L'immeuble n'est pas porteur d'avantages économiques futurs. L'ensemble immobilier a été acheté dans le but de détruire l'immeuble et d'en construire un nouveau. En conséquence, les **frais de démolition** sont des coûts de préparation du terrain et doivent être capitalisés dans le coût du terrain.

3. Le propriétaire d'un immeuble de placement verse à ses locataires une **indemnité d'éviction** afin de libérer les locaux. Plusieurs situations sont possibles :

a. **L'indemnité est versée afin d'obtenir la libération des locaux et d'agrandir la surface habitable de l'immeuble.** Cette restructuration qui permet d'augmenter la surface habitable de l'immeuble et donc la surface qui fera l'objet d'une location est porteuse d'avantages économiques supplémentaires pour le bailleur.

En conséquence, les frais directement attribuables à cette restructuration doivent être activés. Les indemnités d'éviction font, à notre avis, partie des frais activables puisque, d'une part, sans projet de restructuration, le bailleur n'aurait pas eu à évincer les anciens locataires et les frais d'éviction auraient été évités et, d'autre part, elles sont nécessaires pour permettre l'exploitation de l'immeuble de la manière souhaitée par la direction.

b. **L'indemnité est versée afin de démolir l'immeuble et d'en reconstruire un neuf.** Dans ce cas, le coût initial du nouvel immeuble inclut notamment :
- l'indemnité d'éviction versée aux anciens locataires ; et
- les frais de démolition.

En revanche, ce coût n'inclut pas la valeur nette comptable de l'immeuble qui doit être détruit, à l'exception toutefois des composants qui seraient réutilisés dans le cadre de la construction du nouvel ensemble.

3. Evaluation ultérieure

Principe

Deux modèles d'évaluation sont autorisés pour évaluer les immeubles de placement, après leur comptabilisation initiale : le modèle du coût ou le modèle de la juste valeur. **31991**

Remarques :

1. **Changements de méthode d'évaluation** Un changement de méthode d'évaluation volontaire est possible conformément à la norme IAS 8, si ce changement permet une présentation plus appropriée.

Tel sera généralement le cas s'il s'agit d'abandonner la méthode du coût pour celle de la juste valeur. En revanche, la norme considère qu'il est hautement improbable que l'abandon du modèle de la juste valeur pour le modèle du coût permette une présentation plus appropriée (IAS 40.31).

2. **Sociétés d'investissement** Pour répondre à la définition d'une société d'investissement au sens d'IFRS 10 (voir nº 15188), l'entité doit évaluer ses éventuels immeubles de placement à la juste valeur (IFRS 10.B85K, .B85L et .BC250). En effet, l'exemption de consolidation de ses filiales par une société d'investissement, l'obligeant à comptabiliser ces filiales à la juste valeur par la contrepartie du résultat, repose sur le fait qu'une information donnée sur la base de la juste valeur fournit l'information la plus pertinente pour évaluer les investissements d'une société d'investissement. L'IASB a ainsi décidé qu'un élément essentiel dans la définition d'une société d'investissement est que l'entité utilise les dispositions des IFRS lui permettant d'évaluer la totalité (ou quasi-totalité) de ses investissements à la juste valeur.

3. **Information systématique sur la juste valeur des immeubles de placement** Même si la méthode du coût est choisie, la juste valeur des immeubles de placement devra être évaluée car cette information doit être fournie dans les notes annexes (IAS 40.32 et .79e).

4. **Les immeubles de placement en cours d'aménagement en vue de leur vente** sont évalués selon IAS 2 (voir n° 31995).

Une fois la méthode choisie, elle doit être **appliquée à l'ensemble des immeubles de placement** de l'entité (IAS 40.30 et .32A) sans qu'il soit possible de retenir des méthodes différentes selon les catégories d'immeubles de placement comme, par exemple, les terrains ou les constructions.

Ainsi, si un preneur applique le modèle de la juste valeur décrit dans IAS 40 à ses immeubles de placement, il doit aussi appliquer le modèle de la juste valeur à ses droits d'utilisation répondant à la définition d'un immeuble de placement au sens de la norme IAS 40 (IFRS 16.34).

En effet, contrairement à la norme IAS 16, Immobilisations corporelles, qui permet l'utilisation de la méthode de la réévaluation pour certaines catégories seulement d'immobilisations corporelles, la norme IAS 40 prévoit un principe général d'application d'une méthode unique d'évaluation à tous les immeubles de placement (et ne permet donc pas de comptabiliser certaines catégories d'immeubles de placement à la juste valeur et d'autres au coût) (IAS 40.30). Une **exception** existe toutefois pour les immeubles de placement adossés à des passifs dont le rendement est directement lié à la juste valeur d'actifs spécifiés (y compris ces immeubles de placement) ou au rendement de ces actifs : ces immeubles peuvent en effet être valorisés selon le modèle du coût ou le modèle de la juste valeur, indépendamment du modèle retenu par l'entité pour ses autres immeubles de placement (IAS 40.32A).

Evaluation selon le modèle du coût

31992 Après la comptabilisation initiale, si l'entité retient le modèle du coût pour évaluer ses immeubles de placement, ces derniers sont évalués :

– selon IFRS 5, Actifs non courants détenus en vue de la vente et activités abandonnées, s'ils satisfont aux critères pour être classés comme étant détenus en vue de la vente (ou sont inclus dans un groupe destiné à être cédé classé comme étant détenu en vue de la vente) (IAS 40.56a) ;

De tels immeubles sont alors évalués au montant le plus faible entre leur valeur comptable et leur juste valeur diminuée des coûts de la vente (IFRS 5.15).

Pour plus de détails sur les modalités d'évaluation selon IFRS 5, voir n° 37055.

– selon IFRS 16 s'ils sont détenus par un preneur en tant que droits d'utilisation et qu'ils ne sont pas détenus en vue de la vente selon IFRS 5 (IAS 40.56b) ; et

Pour plus de détails sur les modalités d'évaluation selon IFRS 16, voir n° 33005.

– conformément aux dispositions d'IAS 16 relatives au modèle du coût dans tous les autres cas (IAS 40.56c).

Les immeubles de placement sont évalués, conformément aux dispositions d'IAS 16, à leur coût diminué :
- du cumul des amortissements évalués et comptabilisés selon la norme IAS 16, voir n° 30993 ; et
- du cumul des pertes de valeur évaluées et comptabilisées selon la norme IAS 36 (IAS 40.73a), voir n° 35955 s.

Evaluation selon le modèle de la juste valeur

31993 Si tel est le choix retenu par l'entité, tous les immeubles de placement doivent être :

a. évalués selon le modèle de la **juste valeur** ;

Remarques :

1. Tel est le cas également pour les immeubles détenus en vue de la vente et classés selon les dispositions spécifiques de la norme IFRS 5. En effet, ces biens continuent à être dans le champ d'application de la norme IAS 40 en termes d'évaluation (IFRS 5.5d), contrairement à ceux qui sont évalués selon la méthode du coût (voir n° 31992).

2. Une dérogation à la méthode unique d'évaluation existe toutefois pour les immeubles de placement adossés à des passifs dont le rendement est directement lié à la juste valeur d'actifs spécifiés (y compris ces immeubles de placement) ou au rendement de ces actifs, pour lesquels une entité peut choisir le modèle du coût ou de la juste valeur, et ce, indépendamment du modèle retenu pour ses autres immeubles de placement (IAS 40.32A).

b. **sauf** dans le cas exceptionnel où la juste valeur **ne peut pas être déterminée de façon fiable** (IAS 40.33 et .53). Tel est le cas :

– lorsque, et seulement lorsque, le marché pour des biens comparables est inactif et que l'on ne dispose pas d'autres évaluations fiables de la juste valeur (par exemple, sur la base de projections actualisées des flux de trésorerie liés au bien). Dans ce cas, l'immeuble de placement

doit être comptabilisé selon le modèle du coût conformément à IAS 16, ou selon les dispositions d'IFRS 16, jusqu'à sa sortie. Sa valeur résiduelle doit être présumée nulle.

Ainsi, la méthode du coût doit être maintenue jusqu'à la sortie du bien et ce, même si sa juste valeur devient ultérieurement déterminable de manière fiable (IAS 40.53). L'IASB a, en effet, considéré que la détermination de la date à laquelle la juste valeur devient déterminable de manière fiable est nécessairement subjective et que cette subjectivité pourrait aboutir à une application incohérente de la norme IAS 40 (IAS 40.BC61).

En outre, tous les autres immeubles de placement restent évalués selon le modèle de la juste valeur (IAS 40.54) ;

Dès lors que l'entité évalue un immeuble de placement à la juste valeur, elle doit continuer à le faire même si des transactions comparables sur le marché deviennent moins fréquentes ou si les prix de marché deviennent moins facilement disponibles (IAS 40.55).

– lorsque l'entité établit que la juste valeur d'un bien immobilier en cours de construction ou d'aménagement en vue d'une utilisation ultérieure en tant qu'immeuble de placement ne peut pas être évaluée de manière fiable, mais prévoit que la juste valeur de l'immeuble pourra être déterminée de façon fiable lorsque la construction sera terminée (voir n° 32195).

Décision de l'ESMA Un terrain dont le statut juridique n'est pas clair en raison de difficultés concernant la propriété du terrain ne constitue pas un terrain en cours de construction. Les travaux d'assistance juridique pour déterminer le statut juridique du terrain ne constituent pas des coûts de construction puisqu'ils ne participent pas à un processus conduisant à des changements physiques du bien (EECS 0114-05, 04/14).

Les entités sont encouragées à évaluer la juste valeur d'un immeuble de placement sur la base d'une évaluation faite par un évaluateur indépendant possédant une qualification professionnelle pertinente et reconnue et une expérience récente quant à la situation géographique et la catégorie de l'immeuble de placement objet de l'évaluation (IAS 40.32).

Le recours ou non à un évaluateur indépendant doit être indiqué en annexe (IAS 40.75e ; voir n° 31999).

Tout profit ou perte résultant d'une **variation de la juste valeur** d'un immeuble de placement doit être comptabilisé en **résultat de la période** au cours de laquelle il se produit (IAS 40.35).

Pour un exemple d'application, voir n° 32180.

Remarque – Droits de mutation Les droits de mutation font partie du coût d'entrée de l'immeuble de placement (voir n° 31987 point 1.) et ne sont donc pas comptabilisés distinctement à l'actif. Toutefois, la juste valeur de l'immeuble s'exprime hors droits (elle correspond, en pratique, à la valeur d'expertise hors droits). En conséquence, lorsque le marché ne varie pas ou peu, le montant des droits de mutation est comptabilisé en résultat de la période au cours de laquelle le bien a été acquis, au titre de la variation de juste valeur de l'immeuble.

Définition et évaluation de la juste valeur

La juste valeur d'un immeuble de placement est le prix qui serait reçu de sa vente dans le cadre d'une transaction normale entre des intervenants de marché à la date de l'évaluation (IAS 40.5). 31994

L'évaluation de la juste valeur d'un immeuble de placement doit être réalisée selon la norme IFRS 13, Evaluation de la juste valeur (IAS 40.5 et .40). La juste valeur d'un actif non financier est celle qui optimise l'utilisation de cet actif par des intervenants de marché (IFRS 13.27), voir n° 13325.

En pratique, la juste valeur d'un immeuble de placement correspond :
- au prix de marché déterminé sur la base des prix de vente d'immeubles similaires (niveau 2 de la hiérarchie des techniques d'évaluation selon la norme IFRS 13) ; ou
- à la valeur des projections actualisées des flux de trésorerie déterminées en se référant aux loyers obtenus de l'immeuble en question ou d'un immeuble similaire (niveau 3 de la hiérarchie des techniques d'évaluation selon la norme IFRS 13).

Cette pratique a été confirmée dans un document publié en février 2013 par l'EPRA (European Public Real Estate Association). Il y est cependant précisé qu'en majorité, des techniques d'évaluation de niveau 3 sont utilisées pour l'évaluation des immeubles de placement à la juste valeur selon IFRS 13. Ce document fournit également des exemples de notes annexes dans les états financiers adaptées aux sociétés immobilières.

La juste valeur d'un immeuble de placement doit notamment refléter le revenu locatif des contrats de location en cours et les autres hypothèses que les intervenants de marché utiliseraient pour déterminer le prix de l'immeuble de placement selon les conditions de marché actuelles (IAS 40.40).

Lorsqu'un preneur évalue selon le modèle de la juste valeur un immeuble de placement qu'il détient en tant que droit d'utilisation, c'est la juste valeur de l'actif comptabilisé au titre du droit d'utilisation, et non celle du bien immobilier sous-jacent, qu'il doit utiliser (IAS 40.40A).

Dans le cas où l'entité choisit le modèle de la juste valeur, IAS 40.33 impose que l'immeuble de placement détenu par le preneur en tant que droit d'utilisation fasse l'objet, sauf exception (voir n° 31993 point b.), d'une réévaluation à la juste valeur. Selon IAS 40.41, si les paiements de loyers sont aux prix du marché, cette juste valeur, nette de tous les paiements de loyers attendus (y compris ceux inclus dans les dettes de loyers comptabilisées), devrait, à la date d'acquisition, être égale à zéro. En conséquence, le fait de réévaluer le droit d'utilisation pour le porter de son coût (déterminé conformément à IFRS 16) à sa juste valeur ne devrait pas donner lieu à un profit initial ou à une perte initiale, sauf si la juste valeur est évaluée à une date différente. Cela pourrait se produire lorsque l'entité opte pour le modèle de la juste valeur après la comptabilisation initiale.

La détermination de la juste valeur d'un immeuble de placement ne doit pas aboutir à une double comptabilisation d'actifs ou de passifs déjà comptabilisés comme des actifs ou passifs distincts. Par exemple (IAS 40.50) :

- des équipements tels que les ascenseurs ou les installations de climatisation font souvent partie intégrante d'un immeuble et sont généralement inclus dans la juste valeur de l'immeuble de placement plutôt que comptabilisés séparément en tant qu'immobilisations corporelles ;
- si un bureau est loué meublé, la juste valeur du bureau inclut généralement la juste valeur du mobilier car le revenu locatif se rapporte au bureau meublé. Lorsque le mobilier est inclus dans la juste valeur de l'immeuble de placement, l'entité ne doit pas comptabiliser ce mobilier comme un actif distinct ;
- la juste valeur d'un immeuble de placement exclut les revenus d'un contrat de location simple payés d'avance ou à recevoir, car l'entité les comptabilise comme un passif ou un actif distinct ;
- la juste valeur d'un immeuble de placement détenu par un preneur en tant qu'actif comptabilisé au titre du droit d'utilisation prend en compte les flux de trésorerie attendus (y compris les flux relatifs aux loyers variables attendus). Par conséquent, si une évaluation obtenue pour un immeuble est nette de tous les flux de trésorerie que l'entité s'attend à payer, il conviendra d'ajouter à l'actif le montant de toute dette de loyers comptabilisée, afin d'obtenir la valeur comptable de l'immeuble de placement selon le modèle de la juste valeur.

Ainsi, les valeurs fournies par des experts doivent toujours être analysées et, le cas échéant, ajustées si elles prennent en compte des éléments déjà comptabilisés par ailleurs.

4. Changement d'utilisation des immeubles de placement

31995 Les immeubles de placement peuvent faire l'objet de changements d'utilisation, reflétés dans les états financiers par des transferts entre catégories du bilan, par exemple vers les immobilisations corporelles ou les stocks.

Un transfert « de » ou « vers » la catégorie « Immeubles de placement » doit intervenir si, et seulement si, il y a changement d'utilisation du bien immobilier. Cela est le cas lorsque le bien immobilier devient, ou cesse d'être, un immeuble de placement selon la définition de ce terme (voir n° 31977) et lorsqu'il y a des preuves attestant de ce changement. Les changements d'intention de la direction dans l'utilisation du bien immobilier sans autre élément probant ne constituent pas une preuve suffisante pour justifier un transfert (IAS 40.57).

La norme cite quatre situations illustrant un changement avéré d'utilisation d'un bien immobilier (IAS 40.57) :

- un commencement d'occupation par le propriétaire, ou d'aménagement en vue d'une occupation par le propriétaire, pour un transfert de la catégorie « Immeubles de placement » vers la catégorie « Biens occupés par leur propriétaire » ;
- un commencement d'aménagement en vue d'une vente, pour un transfert de la catégorie « Immeubles de placement » vers la catégorie « Stocks » ;
- une fin d'occupation par le propriétaire, pour un transfert de la catégorie « Biens occupés par leur propriétaire » vers la catégorie « Immeubles de placement » ; ou
- la conclusion d'un contrat de location simple au profit d'une autre partie, pour un transfert de la catégorie « Stocks » vers la catégorie « Immeubles de placement ».

Ces situations sont données à titre d'exemples et ne constituent pas une liste exhaustive.

Lorsque les immeubles de placement sont évalués selon le modèle du coût, les transferts entre la catégorie « Immeubles de placement » et les catégories « Biens immobiliers occupés par leur propriétaire » ou « Stocks » n'ont pas d'incidence sur la valeur comptable du bien immobilier transféré (IAS 40.59).

Lorsque le modèle de la juste valeur est choisi, le tableau ci-après récapitule l'impact des différents transferts d'une catégorie à une autre (IAS 40.60 à .65) : **31995** (suite)

Ces transferts de catégorie peuvent générer la comptabilisation de différences de valeur en résultat ou parmi les autres éléments du résultat global (« Other Comprehensive Income »/OCI) dans certaines situations.

Situations mettant en évidence le changement d'utilisation	Transfert de la catégorie... vers la catégorie...	Valeur du bien immobilier pour sa comptabilisation dans la nouvelle catégorie	Incidence du transfert sur la valeur du bien immobilier
Commencement d'occupation par le propriétaire ou d'aménagement en vue d'une occupation par le propriétaire	Immeubles de placement (IAS 40) vers Biens occupés par leur propriétaire (IAS 16)		
Commencement d'occupation par le preneur	Immeubles de placement (IAS 40) vers Biens loués occupés par leur preneur (IFRS 16)	Juste valeur de l'immeuble à la date du changement d'utilisation [(1)]	Aucune [(1)]
Commencement d'aménagement en vue d'une vente	Immeubles de placement (IAS 40) vers Stocks (IAS 2)		
Fin d'occupation par le propriétaire	Biens occupés par leur propriétaire (IAS 16) vers Immeubles de placement (IAS 40)		Ecart entre la valeur comptable (déterminée conformément à IAS 16 ou IFRS 16) et la juste valeur à comptabiliser comme une réévaluation selon les principes d'IAS 16, en résultat et/ou parmi les autres éléments du résultat global (OCI) selon la situation
Fin d'occupation par le preneur	Biens loués occupés par le preneur (IFRS 16) vers Immeubles de placement (IAS 40)	Juste valeur [(2)]	
Conclusion d'un contrat de location simple avec un tiers [(3)]	Stocks (IAS 2) vers Immeubles de placement (IAS 40)	Juste valeur	Ecart entre la valeur comptable (déterminée selon IAS 2) et la juste valeur à comptabiliser en résultat

(1) **Commencement d'occupation par le propriétaire (IAS 40 vers IAS 16), commencement d'occupation par le preneur (IAS 40 vers IFRS 16) ou commencement d'aménagement en vue de la vente (IAS 40 vers IAS 2)** En pratique, il est nécessaire d'ajuster la valeur de l'immeuble de placement à sa juste valeur à la date du changement d'utilisation, puis de comptabiliser le transfert. L'écriture de transfert n'a aucune incidence sur la valeur du bien ; en effet, cette juste valeur est considérée comme le coût présumé de l'actif pour sa comptabilisation ultérieure selon les normes IAS 16, IFRS 16, ou IAS 2 (IAS 40.60).

Remarque A notre avis, le principe est le même pour les immeubles en cours de construction classés en immeubles de placement et finalement destinés à être occupés par le propriétaire. Si la juste valeur de l'immeuble en cours ne peut être déterminée de manière fiable à la date du transfert, alors le coût de construction, moins une éventuelle dépréciation, est réputé être son coût d'entrée en tant qu'immeuble d'exploitation.

(2) **Fin d'occupation par le propriétaire (IAS 16 vers IAS 40) ou fin d'occupation par le preneur (IFRS 16 vers IAS 40)** Lors du transfert, toute différence entre la valeur comptable selon la norme IAS 16 (ou IFRS 16) à la date du changement d'utilisation et la juste valeur à cette même date est à comptabiliser comme une réévaluation (à la hausse ou à la baisse) selon la norme IAS 16 (IAS 40.61 et .62). Ce transfert peut ainsi avoir une incidence sur le résultat et/ou, selon la situation, sur le compte « écart de réévaluation » des autres éléments du résultat global (OCI). Pour davantage d'informations sur la méthode de réévaluation et sur le traitement de l'« écart de réévaluation » selon la norme IAS 16, voir n° 30991. Lors de la sortie ultérieure de l'immeuble de placement, l'écart de réévaluation inclus dans les capitaux propres peut être reclassé en Résultats non distribués (réserves) ; l'écart ne peut pas être transféré en résultat net (IAS 40.62).

(3) **Commencement d'un contrat de location (IAS 2 vers IAS 40)** (IAS 40.63) Ce transfert peut intervenir, par exemple, lorsqu'un promoteur immobilier conclut un contrat de location sur un bien immobilier qui était destiné à la vente dans le cadre de son activité.

5. Cession et mise hors service

31997 Un immeuble de placement doit être décomptabilisé (IAS 40.66 et .67) :
- lors de sa cession (par vente ou par la conclusion d'un contrat de location-financement) ; ou
- en cas d'arrêt de manière permanente de l'utilisation de l'immeuble et si aucun avantage économique futur n'est plus attendu de sa sortie.

Date de décomptabilisation La date de sortie d'un immeuble de placement, s'il s'agit d'une vente, est la date à laquelle l'acquéreur en obtient le contrôle, selon les dispositions de la norme IFRS 15, Produits des activités ordinaires tirés de contrats conclus avec des clients, visant à déterminer la date à laquelle une obligation de performance est satisfaite (IAS 40.67 ; voir nº 24991).

La norme IFRS 16 est, quant à elle, applicable aux cessions résultant de la conclusion d'un contrat de location-financement et aux opérations de cession-bail (IAS 40.67 ; voir nº 33020 s. et 33780).

Résultat de cession Les profits ou pertes provenant de la vente ou de la mise hors service d'un immeuble de placement doivent être déterminés par différence entre le produit de sortie net (après coûts de transaction) et la valeur comptable de l'actif, sauf dans le cas particulier d'une opération de cession-bail (IAS 40.69).

En effet, le résultat de cession éventuel dans une opération de cession-bail doit être déterminé conformément aux dispositions spécifiques de la norme IFRS 16 en la matière (IAS 40.69). Pour le traitement comptable des opérations de cession-bail, voir nº 33780.

Le prix de vente à inclure dans le produit de sortie net résultant de la cession d'un immeuble de placement est déterminé conformément aux dispositions de la norme IFRS 15 relatives à la détermination du prix de transaction (IFRS 15.47 à .72 ; voir nº 24989). Les variations ultérieures du montant estimé du prix de vente considéré doivent être comptabilisées selon les dispositions relatives aux changements du prix de transaction prévues par IFRS 15 (IAS 40.70 ; voir nº 25030 pour les modifications de contrat et nº 25200 pour la notion de contrepartie variable).

Remarques :

1. Tout passif conservé par l'entité après la sortie de l'immeuble doit être comptabilisé conformément à la norme IAS 37 (IAS 40.71 ; voir nº 39951 s.).

Tel est le cas, par exemple, si le vendeur s'est engagé à prendre à sa charge les dommages environnementaux ou à dédommager l'acheteur pour les éventuels impayés de loyers.

2. Si des indemnisations relatives à des immeubles de placement dépréciés, perdus ou abandonnés sont reçues de tiers, elles doivent être comptabilisées en résultat lorsqu'elles deviennent exigibles (IAS 40.72).

C. Informations en annexe

31999 La norme IAS 40 requiert la fourniture d'informations en annexe pour l'ensemble des immeubles de placement, qu'ils soient évalués selon le modèle de la juste valeur ou selon le modèle du coût (IAS 40.74 s.).

Ces informations concernent notamment – liste non exhaustive (IAS 40.75) :
- l'indication du modèle appliqué : modèle de la juste valeur ou modèle du coût (IAS 40.75a) ;
- lorsque le classement est difficile, l'indication des critères utilisés pour distinguer un immeuble de placement d'un bien immobilier occupé par son propriétaire et d'un bien immobilier détenu en vue de sa vente dans le cadre de l'activité ordinaire (IAS 40.75c) ;
- dans quelle mesure la juste valeur des immeubles de placement repose sur une évaluation par un évaluateur indépendant ayant une qualification professionnelle pertinente et ayant une expérience récente quant à la situation géographique et la catégorie de l'immeuble de placement objet de l'évaluation. S'il n'y a pas eu de telles évaluations, ce fait doit être indiqué (IAS 40.75e) ;
- les montants comptabilisés dans le résultat au titre des produits locatifs des immeubles de placement ainsi que des charges opérationnelles directes y compris les dépenses de réparations et de maintenance occasionnées par les immeubles de placement qui ont, ou non, généré des produits locatifs au cours de la période (IAS 40.75f.i à .75f.iii).

En outre, IAS 40.74 rappelle que les dispositions de la norme IFRS 16 en matière d'informations à fournir sont également applicables aux propriétaires d'immeubles de placement (en tant que bailleurs) et aux preneurs détenant des immeubles de placement au titre de droits d'utilisation (à la fois en tant que preneur et bailleur) ; pour les informations requises par la norme IFRS 16, voir nº 33014 (preneurs) et nº 33035 (bailleurs).

22255 (suite) octroyés en remplacement et qui devraient être acquis à l'issue de la période totale d'acquisition des droits (IFRS 3.B60).

Par exemple, si la juste valeur du plan de remplacement affectée au prix d'acquisition du regroupement est de 100 et que l'acquéreur estime que seuls 95 % des instruments seront acquis par les bénéficiaires à l'issue de la période d'acquisition des droits, le montant inclus dans le prix d'acquisition sera de 95.

Afin d'effectuer cette répartition, il convient d'apprécier si l'on se situe dans l'une des quatre situations suivantes. Les exemples présentés ci-après illustrent ces différents cas.

		Plan portant sur des actions accordé par l'acquise	
		Période initiale d'acquisition des droits terminée avant la date d'acquisition	Période initiale d'acquisition des droits non terminée avant la date d'acquisition
Plan portant sur des actions accordé en remplacement par l'acquéreur	Services futurs non requis, pour les bénéficiaires, après la date d'acquisition	Exemple 1	Exemple 4
	Services futurs requis, pour les bénéficiaires, après la date d'acquisition	Exemple 2	Exemple 3

■ ***Exemple 1***

(IFRS 3.IE62 à .IE64) L'entité A acquiert l'entité C. A attribue un nouveau plan pour une juste valeur de 110 (« market-based value »), pour remplacer un plan initial accordé par C à ses salariés dont la juste valeur est de 100 (« market-based value ») à la date du regroupement.
La période d'acquisition des droits liés au plan initial attribué par C est déjà entièrement écoulée à la date d'acquisition. Les salariés n'ont pas l'obligation de fournir des services complémentaires après la date d'acquisition de C.

Par hypothèse, les transactions avec les salariés sont considérées comme dénouées en instruments de capitaux propres (plans « equity settled »).

Solution de l'exemple 1 *Le montant attribuable à des services pré-regroupement correspond à la juste valeur à la date du regroupement du plan accordé par C, soit 100. Ce montant est inclus dans le prix d'acquisition de C.*
Le montant correspondant aux services post-regroupement est de 10, soit la différence entre la valeur totale du plan accordé en remplacement par l'acquéreur (110) et la partie relative aux services pré-regroupement (100). Les salariés n'ayant pas l'obligation de fournir de services post-regroupement, A comptabilise immédiatement les 10 en charge de rémunération dans ses états financiers post-regroupement.

■ ***Exemple 2***

(IFRS 3.IE65 à .IE67) L'entité A acquiert l'entité C. A attribue un nouveau plan pour remplacer un plan initial accordé par C à ses salariés ; la juste valeur de ces deux plans est de 100 (« market-based value ») à la date du regroupement.
La période d'acquisition du plan initial octroyé par l'acquise était de 4 ans. A la date d'acquisition, les salariés de l'acquise n'ayant pas exercé leurs droits ont travaillé 7 ans depuis l'attribution.
Le plan de substitution émis en remplacement par A requiert une année de services postérieurement au regroupement.

Par hypothèse, les transactions avec les salariés sont considérées comme dénouées en instruments de capitaux propres (plans « equity settled »).

Solution de l'exemple 2 *Même si la période d'acquisition du plan initial est terminée pour les salariés de C, A doit allouer une partie de la juste valeur du nouveau plan octroyé en remplacement à des charges de rémunération post-regroupement sur la base d'IFRS 3.B59. En effet, les salariés sont obligés de fournir une année de services post-regroupement pour acquérir les droits relatifs au plan accordé en remplacement par A.*
La durée totale d'acquisition des droits est donc de 5 ans, correspondant aux 4 ans initialement requis par C plus une année requise au titre de l'avantage accordé en remplacement par A.
Le montant attribuable à des services pré-regroupement est de 80. Il correspond à la juste valeur à la date du regroupement des droits initiaux accordés par C, soit 100 multiplié par 4/5.

Remarque *4/5 représente le ratio entre la période d'acquisition des droits du plan accordé par l'acquise (4 ans) et la période totale d'acquisition des droits (4 ans + 1 an).*

2. Modalités de répartition de la juste valeur du plan de remplacement accordé par l'acquéreur L'analyse du plan accordé en remplacement par l'acquéreur conduit à la décomposition de sa juste valeur de la manière suivante : 22255 (suite)

a. une part considérée comme relative **à la rémunération de services qui ont été rendus avant le regroupement d'entreprises.** Cette partie est affectée au prix d'acquisition du regroupement (IFRS 3.B57) ; et

b. **la part résiduelle,** considérée comme **relative à des services post-acquisition,** et comptabilisée comme une charge de rémunération post-acquisition (IFRS 3.B59). Si des services nécessaires à l'acquisition des droits initiaux restent à rendre après l'acquisition, cette charge devra à notre avis être étalée conformément à IFRS 2 sur la période résiduelle d'acquisition des droits. Dans le cas contraire, c'est-à-dire si aucun service n'est requis des bénéficiaires de ces avantages après la date d'acquisition, cette charge est comptabilisée immédiatement en résultat.

Cette répartition est effectuée de la manière suivante, sur la base de la période d'acquisition des droits :

La méthode décrite dans le tableau ci-après est identique que le remplacement soit classé selon IFRS 2 comme une dette (« cash settled ») ou comme un instrument de capitaux propres (« equity settled ») (IFRS 3.B61).

Part de la juste valeur du plan de l'acquise relative aux services pré-regroupement d'entreprises (IFRS 3.B58) (A)	Part de la juste valeur du plan de remplacement relative aux services post-regroupement d'entreprises (IFRS 3.B59) (B)
Juste valeur du plan de l'acquise × (Période d'acquisition des droits déjà écoulée à la date d'acquisition) / (Période la plus élevée entre : – période d'acquisition totale des droits (1) ; et – période initiale d'acquisition des droits du plan accordé par l'acquise (2))	Juste valeur de l'avantage accordé en remplacement par l'acquéreur – Partie attribuable aux services pré-regroupement d'entreprises (= A)
(1) La période d'acquisition des droits est la période pendant laquelle toutes les conditions d'acquisition des droits telles que définies par IFRS 2 (IFRS 2.19 à .21 et .A) doivent être satisfaites (IFRS 3.B58). (2) La période d'acquisition totale des droits est égale à la somme de : – la période d'acquisition des droits déjà écoulée à la date d'acquisition ; et – la période d'acquisition post-regroupement des droits octroyés en remplacement par l'acquéreur.	

Remarque Les effets des impôts sur le résultat liés à un remplacement de plan par l'acquéreur dans le cadre d'un regroupement d'entreprises sont comptabilisés conformément à la norme IAS 12, Impôts sur le résultat (IFRS 3.B62).

3. Conséquences des modalités de répartition de la juste valeur du plan de remplacement accordé par l'acquéreur La partie des droits considérée comme relative à des services post-regroupement d'entreprises (colonne B du tableau ci-avant) correspond à l'excédent, à la date d'acquisition, de la juste valeur des droits accordés en remplacement par l'acquéreur sur la partie de la juste valeur des droits accordés par l'acquise affectée aux services pré-regroupement d'entreprises (colonne A du tableau ci-avant) (IFRS 3.B59).

Ainsi, dès lors que la juste valeur du plan de remplacement est supérieure à la juste valeur du plan de l'acquise, la totalité de l'excédent est affectée à une charge de rémunération post-acquisition.

Une partie des droits accordés en remplacement par l'acquéreur est ainsi attribuée à des services post-regroupement et ce même si les salariés de l'acquise ont rempli tous les services nécessaires à l'acquisition des droits initiaux attribués par l'acquise avant la date d'acquisition (IFRS 3.B59).

L'IASB a également précisé que la juste valeur du plan accordé en remplacement par l'acquéreur constitue en totalité une charge de rémunération dans les situations dans lesquelles (IFRS 3.B56) :
- les avantages du plan initial prennent fin du fait du regroupement d'entreprises ; et
- si l'acquéreur remplace néanmoins ce plan de façon volontaire.

En effet, dans ces situations, aucune partie de la juste valeur du nouveau plan ne peut être affectée au prix d'acquisition du regroupement d'entreprises, la juste valeur du plan initial étant nulle à la date du regroupement d'entreprises (puisque prenant fin du fait du regroupement d'entreprises) (IFRS 3.BC311B).

La répartition entre prix d'acquisition du regroupement et charge post-acquisition doit être fondée sur la meilleure estimation disponible, à la date d'acquisition, du nombre d'instruments

En outre, des informations complémentaires sont requises en fonction du modèle d'évaluation retenu :

- IAS 40.75f.iv et .76 à .78 pour les sociétés ayant opté pour la méthode de la juste valeur ;

  Dans ce cas, les informations requises par IFRS 13 seront également requises (voir n° 13345).

- IAS 40.79 pour les sociétés ayant opté pour la méthode du coût.

Par exemple :

- si le modèle de la juste valeur est retenu, l'entité devra fournir un rapprochement entre la valeur comptable des immeubles de placement à l'ouverture et à la clôture ainsi que des informations spécifiques dans le cas d'ajustements significatifs des évaluations obtenues ;
- si le modèle du coût a été retenu, l'entité devra fournir, entre autres, la juste valeur du bien.

  En conséquence, les informations requises par IFRS 13.97 (applicables aux entités devant fournir, dans l'annexe des états financiers, la juste valeur d'un actif évalué sur une base autre que la juste valeur) devront être fournies lorsque le modèle du coût a été retenu. Ainsi, devront être indiqués : le niveau de la hiérarchie de la technique d'évaluation utilisée (niveau 1, 2 ou 3), une description de cette technique d'évaluation et des données utilisées pour les techniques d'évaluation de niveau 2 ou 3, la raison et les conséquences du fait que le bien n'est pas utilisé selon une utilisation optimale.

  Dans un rapport daté du 20 mars 2013 (reprenant les recommandations de son prédécesseur, le CESR), l'ESMA invite les sociétés immobilières à inclure dans leurs prospectus un rapport d'évaluation, sous une forme condensée, préparé par un expert indépendant, lorsqu'elles procèdent à une offre au public ou une admission à la cote d'actions, de titres de créance d'une valeur nominale de moins de 50 000 € garantis par des biens immobiliers (y compris les obligations convertibles) et de certificats représentatifs d'actions d'une valeur nominale inférieure à 50 000 €. Ceci a été rappelé par l'AMF dans sa position-recommandation du 29 avril 2021, « Guide d'élaboration des documents d'enregistrement universels » (Position-Recommandation AMF 2021-02, ESMA/2013/319).

  Décision de l'ESMA En octobre 2012, l'ESMA a rappelé à un émetteur l'importance de fournir dans les états financiers les méthodes et les hypothèses utilisées pour l'évaluation à la juste valeur de ses immeubles de placement, ainsi que la sensibilité des expertises à une variation des différentes hypothèses (EECS/0112-03, 10/12).

QUESTIONS/REPONSES PRATIQUES

Remarque importante

Les réponses apportées aux questions présentées dans ce chapitre résultent de l'analyse des dispositions de la norme IAS 40, en vigueur actuellement, sur la base des informations disponibles au 1er juin 2023. **32006**

Pour une présentation des principales dispositions de la norme IAS 40, voir n° 31975 s.

SECTION I

Evaluation ultérieure des immeubles de placement

Evaluation des immeubles de placement selon le modèle de la juste valeur

Question **32180**

Lorsque l'entité a choisi le modèle de la juste valeur pour évaluer ses immeubles de placement après leur comptabilisation initiale, comment les variations de juste valeur sont-elles comptabilisées ?

Réponse

Tout profit ou perte résultant d'une variation de la juste valeur d'un immeuble de placement doit être comptabilisé en résultat de la période au cours de laquelle il se produit.

Commentaires Tout profit ou perte résultant d'une variation de la juste valeur d'un immeuble de placement doit être comptabilisé en résultat de la période au cours de laquelle il se produit (IAS 40.35).

Cette méthode de la juste valeur prévue pour la valorisation des immeubles de placement par la norme IAS 40 diffère de la méthode de la réévaluation autorisée par la norme IAS 16 pour les immobilisations corporelles. Une des principales différences réside dans le fait que les variations de juste valeur relatives aux immobilisations corporelles selon la norme IAS 16 sont comptabilisées en autres éléments du résultat global (OCI non recyclables), sauf cas particuliers (IAS 16.39 s. ; voir n° 30991).

■ ***Exemple***

Evaluation à la clôture d'un immeuble de placement comptabilisé selon le modèle d'évaluation de la juste valeur *Une société achète le 6/02/N pour un montant de 2 450 K€ un immeuble de bureaux avec l'objectif de le louer.*

Au cours de l'année N, les prix de l'immobilier augmentent d'environ 10 %. Un expert a évalué la juste valeur de l'immeuble au 31/12/N à 2 700 K€.

Au cours de l'année N+1, un projet de création d'un grand axe routier à proximité de l'immeuble de bureaux est lancé, créant ainsi des risques de nuisances sonores et visuelles. La juste valeur de l'immeuble est alors ramenée après expertise à 2 300 K€ au 31/12/N+1.

Solution de l'exemple :

– Au 31/12/N, l'augmentation de la juste valeur de l'immeuble de placement au 31/12/N est comptabilisée par augmentation de la valeur comptable de l'immeuble (pour 250 K€) en contrepartie du résultat.

Dt	*Immeubles de placement*	*250 (1)*	
Ct	*Gain sur variations de valeur des immeubles de placement (Résultat)*		*250 (1)*
(1) 250 K€ = 2 700 K€ – 2 450 K€			

– Au 31/12/N+1, la diminution de juste valeur de l'immeuble de placement au 31/12/N+1 est comptabilisée en diminuant la valeur comptable de l'immeuble de 400 K€ en contrepartie du résultat.

Dt	*Perte sur variations de valeur des immeubles de placement (Résultat)*	*400 (2)*	
Ct	*Immeubles de placement*		*400 (2)*
(2) 400 K€ = 2 700 K€ – 2 300 K€			

Détermination de la durée d'amortissement d'un immeuble

32185 ***Question***

Lorsque le modèle du coût est retenu, comment déterminer la durée d'amortissement d'un immeuble de placement (ou, plus généralement, de toute construction) ?

Réponse

La structure et les différents composants d'une **construction détenue en propre** sont amortis sur leur durée attendue d'utilisation si l'entité a l'intention de l'utiliser sur une durée plus courte. Il convient de faire preuve de jugement pour déterminer la durée d'utilité.

Ainsi :

– l'estimation de la durée de vie économique n'est pas basée uniquement sur les « standards » fournis par les fédérations sectorielles mais doit être adaptée aux particularités propres à l'immeuble (état technique, nécessité commerciale d'une modification en profondeur de l'immeuble après une certaine période, contraintes environnementales, etc.) ;

32185 (suite)

– l'estimation de la durée attendue d'utilisation par l'entité est basée sur les intentions de la direction (notamment au regard de l'expérience de l'entité pour des actifs similaires) et doit être revue tout au long de la vie de la construction (notamment en cas de décision de cession de la construction).

Lorsque l'immeuble de placement est un **actif comptabilisé par le preneur selon IFRS 16 au titre d'un droit d'utilisation,** la durée d'amortissement est la plus courte de la durée du contrat de location et de la durée d'utilité du droit d'utilisation. Si le contrat transfère au preneur la propriété juridique de l'actif loué, ou qu'il existe une option d'achat dont l'exercice est raisonnablement certain, la durée d'amortissement est la durée d'utilité de l'actif loué sous-jacent (déterminée selon les modalités énoncées ci-avant, pour un immeuble détenu en propre).

Commentaires :

1. **Durée d'amortissement d'un immeuble de placement détenu en propre par son propriétaire** Les principes de détermination de la durée d'amortissement des immeubles de placement détenus en propre par leur propriétaire, évalués selon le modèle du coût d'IAS 40, sont les mêmes que ceux applicables aux immobilisations évaluées selon le modèle du coût d'IAS 16 (voir nº 30993).

Ainsi, la durée d'amortissement d'un immeuble évalué au coût – immeuble occupé par le propriétaire ou immeuble de placement comptabilisé selon la méthode du coût conformément à la possibilité offerte par IAS 40.56 – correspond à sa **durée d'utilité** (IAS 16.50). Celle-ci est définie comme étant (IAS 16.6) :

- soit la période pendant laquelle l'entité s'attend à utiliser l'actif ;
- soit le nombre d'unités de production ou d'unités similaires que l'entité s'attend à obtenir de l'actif.

La norme IAS 16 précise, en outre, que la **politique de gestion** des actifs d'une entité peut impliquer la sortie d'un actif à l'issue d'un délai spécifié ou après consommation d'une certaine quantité d'avantages économiques futurs représentatifs de cet actif. En conséquence, la durée d'utilité d'un actif **peut être plus courte que sa vie économique.** L'estimation de la durée d'utilité est donc affaire de jugement basé sur l'expérience de l'entité pour des actifs similaires (IAS 16.57).

En pratique, pour déterminer la durée d'amortissement d'un immeuble, il y a donc lieu de déterminer la durée de vie économique et/ou la durée attendue d'utilisation si l'entité a l'intention de l'utiliser sur une durée plus courte.

Remarque Dans le cas où la durée d'utilité est inférieure à la durée de vie économique, il en résulte une valeur résiduelle d'autant plus importante que l'écart entre ces deux durées est important (voir nº 32190).

a. **Durée de vie économique d'un immeuble** La détermination de la durée de vie économique des différents **composants** identifiés séparément ne pose pas de difficultés particulières puisqu'elle correspond à la période séparant deux remplacements ou grosses révisions (IAS 16.43 s.).

Pour plus d'informations sur l'approche par composants, voir nº 30981 et 31055.

En revanche, la détermination de la durée de vie économique de la **structure** est plus délicate.

La structure d'un immeuble regroupe les éléments concernant la stabilité du bien, c'est-à-dire les fondations, murs extérieurs, dalles et charpente ainsi que tous les éléments de la construction non identifiés séparément en composants.

Il n'existe pas de réponse standard à la détermination de cette durée (dès lors qu'il n'existe pas de durée de vie « universelle » par catégorie de construction ou d'immeuble).

En outre, il n'y a pas de consensus clair au niveau des différents acteurs du marché (entreprises, fédérations, experts immobiliers, auditeurs, etc.) sur les durées de vie économique des immeubles en fonction de leur nature si ce n'est que ces durées sont supposées être longues.

Dans ce contexte, à notre avis, s'agissant des immeubles, la meilleure démarche pour déterminer la durée de vie économique d'un immeuble est :

- de partir des indications fournies par les fédérations sectorielles (fourchettes de durées de vie par catégorie de construction) ;

Remarque Les fédérations sectorielles sont la Fédération des Entreprises Immobilières (FFI) et France Assureurs (FA).

- et de les adapter en fonction des particularités propres à l'immeuble (par exemple, état technique, nécessité commerciale d'une modification en profondeur de l'immeuble après une certaine période ou contraintes environnementales).

32185 (suite) Il est techniquement difficile de déterminer la durée de vie technique (physique) d'un immeuble. Cependant, les conditions de marché font que son utilisation a de fait une durée de vie économique limitée en raison de nombreux facteurs tels que l'obsolescence commerciale, les évolutions techniques et réglementaires. En conséquence, la durée de vie économique doit prendre en compte l'ensemble de ces facteurs et non pas se baser uniquement sur une durée de vie technique (physique).

b. **Durée attendue d'utilisation** Celle-ci peut être plus courte que la durée de vie économique.

La durée d'utilisation attendue devra notamment être retenue par :
– une société qui a un horizon de détention et un historique de renouvellement de son parc immobilier au bout d'une certaine période, comme certaines sociétés foncières ;
– une société qui viendrait de prendre la décision de vendre son siège social dans deux ans, par exemple. Dans un tel cas, il conviendrait de réviser la durée d'utilité initialement prévue et qui pouvait ou non correspondre à la durée de vie économique du bien.

Pour déterminer cette durée attendue d'utilisation propre à l'entreprise, plusieurs points importants doivent être pris en compte :

i. la **durée de vie technique** de l'immeuble (qui peut être très longue) ainsi que sa **durée de vie commerciale** (qui peut être d'une part plus courte et d'autre part soit générale, soit spécifique à l'usage par l'entité) ;

ii. la **période d'utilisation prévue par le management** Celle-ci n'est jamais connue de manière exacte, il est donc nécessaire de retenir la meilleure estimation disponible en prenant en compte notamment l'expérience de l'entité pour des actifs similaires (historiques de renouvellement).
A notre avis :
– **si l'estimation** de la période d'utilisation prévue par le management est suffisamment **fiable,** elle doit être retenue comme durée d'amortissement de l'immeuble avec détermination d'une valeur résiduelle (voir n° 32190), dès lors que cette période d'utilisation attendue est plus courte que la durée de vie économique ;

L'information pourra être estimée fiable si, par exemple, le management dispose d'un business plan corroborant l'horizon probable de détention de l'immeuble.

– **si,** à l'inverse, cette **estimation** n'est **pas suffisamment fiable,** on retient alors la durée de vie économique de l'immeuble comme durée d'amortissement.

Ainsi par exemple, si l'on dispose d'une fourchette très large d'estimations des différentes durées envisageables et que les probabilités de réalisation de ces différentes durées envisageables sont très dispersées, il n'est alors pas raisonnable de retenir une moyenne pondérée de toutes ces durées.

Remarque – Composants Si la durée attendue d'utilisation de l'immeuble est plus courte que la durée de vie d'un composant, la durée d'utilité de ce composant est limitée à la durée attendue d'utilisation de l'immeuble.

2. **Durée d'amortissement d'un actif comptabilisé au titre du droit d'utilisation sous IFRS 16 par le preneur et classé en tant qu'immeuble de placement** Les modalités d'amortissement d'un actif comptabilisé au titre du droit d'utilisation sous IFRS 16 par le preneur sont les mêmes que celles énoncées dans IAS 16 (IFRS 16.31).

Néanmoins, la durée d'amortissement à retenir pour cet actif est précisée par la norme IFRS 16 (IFRS 16.32) :
– lorsque le contrat de location transfère au preneur la propriété juridique de cet actif, ou lorsqu'il existe une option d'achat dont l'exercice par le preneur est raisonnablement certain : la durée d'amortissement est la durée d'utilité de l'actif sous-jacent (déterminée selon les modalités énoncées ci-avant au point 1.) ;
– dans les autres cas, la durée d'amortissement est la plus courte de la durée du contrat de location et de la durée d'utilité du droit d'utilisation.

La durée d'utilité du droit d'utilisation pourrait devenir inférieure à la durée du contrat de location dans le cas où le preneur, par exemple, ne peut plus, ou décide de ne plus, bénéficier de l'utilisation des locaux loués de manière anticipée par rapport au terme du contrat de location.

Rappel Dans tous les cas, les durées d'utilité doivent être revues au moins à chaque clôture et les plans d'amortissement modifiés de manière prospective en cas de changement d'estimation (IAS 16.51). Par ailleurs, un test de dépréciation selon la norme IAS 36 doit être effectué, s'il existe un indice de perte de valeur (IAS 36.9 ; voir n° 35957).

Valeur résiduelle d'un immeuble de placement détenu en propre

Question 32190

Lorsque le modèle du coût est retenu, faut-il déterminer une valeur résiduelle pour la structure d'un immeuble de placement détenu en propre ?

Réponse

L'approche diffère selon que la durée d'utilité de l'immeuble est plus ou moins proche de sa durée de vie économique :
– si la durée d'utilité est proche de la durée de vie économique : il existe une présomption que la valeur résiduelle en fin de durée de vie est nulle ou peu significative ;
– si la durée d'utilité est très inférieure à la durée de vie économique : il existe une présomption que la valeur résiduelle est significative et qu'il faut donc la déterminer (de préférence avec l'aide d'experts).

Commentaires :

1. **Définition de la valeur résiduelle** La valeur résiduelle est définie comme étant le montant, net des coûts de sortie, qu'une entité pourrait obtenir **aujourd'hui** de la cession de l'actif, en prenant pour hypothèse que l'actif soit déjà dans l'âge et les conditions attendus à la fin de sa durée d'utilité (IAS 16.6).

2. **Application aux immeubles** Conformément aux principes généraux de la norme IAS 16 et en l'absence de disposition spécifique aux immeubles, il convient à notre avis de procéder comme suit :

a. **immeubles pour lesquels la durée d'utilité correspond ou est proche de la durée de vie économique** (le management a l'intention d'utiliser l'immeuble sur toute sa durée de vie) : présomption que la valeur résiduelle d'un immeuble en fin de durée de vie est nulle ou peu significative ;

En ce sens notamment la définition de la valeur résiduelle et le principe général d'IAS 16.53 selon lequel la valeur résiduelle d'une immobilisation corporelle est souvent non significative.

b. **immeubles pour lesquels la durée d'utilité est significativement inférieure à la durée de vie économique de l'immeuble** (le management a l'intention d'utiliser l'immeuble sur une durée plus courte que sa durée de vie) – tel pourrait être le cas d'un immeuble de placement (évalué au coût) pour lequel l'horizon de détention est connu (voir n° 32185) : il existe alors une présomption que la valeur résiduelle de l'immeuble est significative et qu'il faut donc la déterminer.

La valeur résiduelle sera d'ailleurs d'autant plus importante que l'écart entre la durée d'utilité et la durée de vie économique de l'immeuble est important.

Compte tenu de la complexité de la détermination de la valeur résiduelle d'un immeuble, il est recommandé de faire appel à des experts.

Remarque Ces principes s'appliquent également, à notre avis, aux immeubles haussmanniens (par exemple).

Valeur résiduelle d'un immeuble détenu en propre et évolution de la valeur de marché

Question 32192

L'évolution de la valeur de marché d'un ensemble immobilier détenu en propre a-t-elle un impact sur la valeur résiduelle de la structure de l'immeuble, lorsque le modèle du coût est retenu ?

Réponse

En général, non. En effet, les fluctuations des valeurs de marché d'un ensemble immobilier sont généralement liées à la valeur du terrain et non à celle de la construction, sauf cas particulier.
Elles sont donc sans incidence sur la valeur résiduelle de cette dernière.

Commentaires Cette question se pose, lorsque le modèle du coût est retenu, dans le cadre de la revue annuelle des plans d'amortissement imposée par IAS 16.51, et qui implique non seulement la revue des durées d'utilité mais également celle des valeurs résiduelles (si la durée d'utilité est plus courte que la durée de vie économique, voir n° 32190).

De manière générale, l'évolution de la valeur de marché ne résulte pas d'une augmentation de la valeur des constructions (la dépréciation du coût de la construction étant continue) mais plutôt de la valeur des éléments rattachés au terrain (localisation, évolution de la demande). En conséquence, la fluctuation de la valeur de marché de l'ensemble immobilier est en général sans impact sur la valeur résiduelle de la structure de la construction.

Toutefois, cela ne signifie pas que la construction n'est jamais affectée. Elle peut l'être par exemple en cas d'indicateur de dépréciation propre à la construction mais ce sont des cas bien identifiés ou encore lorsque la valeur du terrain est déjà totalement dépréciée.

Ainsi, sauf cas particulier (indice de perte de valeur notamment), l'évolution de la valeur de marché de l'ensemble immobilier n'a en général pas d'impact sur la valeur résiduelle d'une construction (en ce sens également, IAS 16.58).

Immeubles de placement en cours de construction ou d'aménagement

32195 ***Question***

Comment comptabiliser un bien immobilier en cours de construction ou d'aménagement en vue d'une utilisation ultérieure en tant qu'immeuble de placement ?

Réponse

Selon le modèle retenu par l'entreprise pour l'ensemble de ses immeubles de placement, c'est-à-dire :
- soit selon le modèle du coût de la norme IAS 16 ;
- soit selon le modèle de la juste valeur de la norme IAS 40, sauf si la juste valeur du bien immobilier en cours de construction ou d'aménagement n'est pas déterminable de manière fiable. Dans ce cas, il doit être provisoirement évalué au coût, le modèle de la juste valeur devant être appliqué dès que la juste valeur devient déterminable de manière fiable ou lors de l'achèvement de la construction.

Commentaires :

1. **Comptabilisation des biens immobiliers en cours de construction ou d'aménagement** Les biens immobiliers en cours de construction ou d'aménagement en vue d'une utilisation ultérieure en tant qu'immeuble de placement :

a. **entrent dans le champ d'application de la norme IAS 40** (IAS 40.8e) ; et

b. **doivent donc être évalués selon le modèle retenu par l'entreprise pour l'ensemble de ses immeubles de placement,** c'est-à-dire (IAS 40.30) :
- soit selon le modèle du coût de la norme IAS 16 (voir n° 31992) ;

Ces biens ne sont pas amortis puisqu'ils sont en cours de construction ou d'aménagement. En revanche, ils doivent être testés pour dépréciation selon la norme IAS 36, Dépréciation d'actifs, dès lors qu'il existe un indice de perte de valeur (IAS 40.73a ; voir n° 35957).

- soit selon le modèle de la juste valeur de la norme IAS 40 (voir n° 31993), sauf si la juste valeur n'est pas déterminable de manière fiable (voir point 2. ci-après).

2. **Cas dans lesquels la juste valeur d'un bien immobilier en cours de construction ou d'aménagement ne peut pas être déterminée de manière fiable** Si une entité considère que la juste valeur d'un immeuble de placement en cours de construction n'est pas déterminable de manière fiable mais qu'elle s'attend à ce que la juste valeur de ce bien puisse l'être après la phase de construction, elle doit évaluer cet immeuble de placement en cours de construction à son coût jusqu'à la date du premier des deux événements suivants (IAS 40.53) :
- **sa juste valeur devient évaluable de manière fiable** ; ou
- **la construction est achevée.** En effet dans ce cas, il est présumé que la juste valeur peut être déterminée de manière fiable. Si tel n'est pas le cas, l'immeuble de placement est évalué en utilisant le modèle du coût selon la norme IAS 16 s'il s'agit d'un actif détenu en propre, ou selon IFRS 16 s'il s'agit d'un immeuble de placement détenu par un preneur en tant que droit d'utilisation (IAS 40.53A).

Remarques :
1. Il existe une présomption réfutable selon laquelle une entité est capable d'évaluer la juste valeur d'un immeuble de placement de façon fiable et continue. Pour plus d'information sur les exceptions en la matière, voir n° 31993.
2. Une entité qui a évalué un immeuble de placement en cours de construction à la juste valeur ne peut pas conclure que la juste valeur de cet immeuble de placement, une fois achevé, ne peut pas être évaluée de façon fiable (IAS 40.53B).

SECTION II

Changement d'utilisation des immeubles de placement

Changement d'utilisation d'un immeuble

Question 32200

Un immeuble en construction classé initialement en stocks (car destiné à être vendu dans le cours normal de l'activité) peut-il par la suite être classé en immeuble de placement ?

Réponse

Oui, mais seulement s'il y a un changement avéré dans l'utilisation de cet immeuble, changement mis en évidence, par exemple, par la conclusion d'un contrat de location simple au profit d'un tiers.

Commentaires Un immeuble en construction initialement classé en stocks parce qu'il était destiné à être cédé dans le cours normal de l'activité peut faire l'objet d'un reclassement en immeuble de placement, à compter de la date de son changement d'utilisation. IAS 40.57d précise que ce changement d'utilisation peut être considéré comme avéré, par exemple, lorsqu'un contrat de location simple au profit d'un tiers a été conclu.

■ *Exemple*

Une société immobilière C qui, historiquement, ne construisait que des immeubles pour les vendre après leur achèvement, a construit un immeuble résidentiel dans l'intention de le revendre. Toutefois, le prix de marché des transactions immobilières étant faible depuis plusieurs années, la société C a décidé de stopper le plan de vente initialement prévu pour les appartements de cet immeuble, en attendant une amélioration du marché immobilier.

Une décision formelle de la direction ainsi que la modification du business plan de la société C attestent du changement prévu dans l'utilisation de l'immeuble. La société C a l'intention de louer ses appartements à des tiers, aucun contrat de location n'ayant toutefois encore été signé à la clôture des comptes.

Solution de l'exemple *C doit continuer à classer l'immeuble en stocks. En effet, il n'est possible de procéder à un reclassement en immeuble de placement qu'à partir du moment où il y a un changement avéré d'utilisation de l'immeuble, changement qui se traduit par la conclusion d'un contrat de location simple avec un preneur.*

L'intention de louer les appartements de l'immeuble – sans qu'aucun contrat de location n'ait été signé – traduit une volonté de changement d'utilisation mais ne suffit pas en soi à qualifier le changement de catégorie de stock à immeuble de placement.

CHAPITRE 26

Contrats de location (IFRS 16)

32970

Plan du chapitre §§

Plan du chapitre *(suite et fin)* §§

L'ESSENTIEL DE LA NORME IFRS 16

Principales caractéristiques d'IFRS 16

32972 1. La comptabilisation des contrats de location chez les **preneurs** a été radicalement modifiée par IFRS 16. En effet, IFRS 16 a supprimé la distinction entre les contrats de location simple et les contrats de location-financement qui était prévue par la norme IAS 17. Ainsi, IFRS 16 prévoit un principe de comptabilisation de (presque) tous les contrats de location au bilan des preneurs, avec constatation d'un actif (représentatif du droit d'utilisation de l'actif loué pendant la durée du contrat) et d'une dette (au titre de l'obligation de paiement des loyers).

2. Pour les **bailleurs,** les modèles de location simple et location-financement demeurent, avec une comptabilisation substantiellement inchangée.
Toutefois, compte tenu du mode de comptabilisation des contrats de location chez les preneurs, IFRS 16 peut induire des changements significatifs chez les bailleurs intermédiaires.

Pour les bailleurs intermédiaires, voir n° 33033.

3. Enfin, IFRS 16 requiert de nombreuses informations en annexe, tant pour les preneurs (voir n° 33014) que pour les bailleurs (voir n° 33035).

Champ d'application

La norme IFRS 16 est applicable à **tous les contrats de location** (et de sous-location), **y compris les contrats de location « cachés »** dans un contrat d'achats de biens ou de prestations de services. 32975

Mais **la norme ne s'applique pas** (IFRS 16.3) :

- **pour les bailleurs, aux licences de propriété intellectuelle** : celles-ci doivent en effet être comptabilisées selon IFRS 15, Produits des activités ordinaires tirés des contrats conclus avec les clients ;
- **pour les preneurs,** aux droits détenus en vertu d'accords de licences portant sur des éléments tels que des films cinématographiques, des enregistrements vidéo, des pièces de théâtre, des manuscrits, des brevets et des droits d'auteur ;

La norme IFRS 16 n'exclut pas explicitement les autres immobilisations incorporelles de son champ d'application pour les preneurs. Elle précise que ces derniers peuvent leur appliquer les dispositions de la norme mais ne sont pas tenus de le faire (IFRS 16.4).

- **aux accords de concession de service** entrant dans le champ d'application de l'interprétation IFRIC 12 ;
- **aux actifs biologiques détenus par des preneurs** (soumis à IAS 41) ;
- **aux contrats** portant sur la prospection ou l'utilisation de minéraux, de pétrole, de gaz naturel et autres ressources non renouvelables similaires (soumis à IFRS 6) ;

Remarque Les **contrats de courte durée** (c'est-à-dire dont la durée est inférieure ou égale à 12 mois) et les **contrats portant sur des actifs de « faible valeur »** entrent dans le champ d'application d'IFRS 16. Toutefois, les **preneurs** peuvent bénéficier d'un traitement simplifié pour ces contrats, voir n° 32997 et 32998.

A. Dispositions communes aux preneurs et aux bailleurs

1. Définition d'un contrat de location

Compte tenu de la constatation de tous les contrats de location au bilan des preneurs, la définition **et l'identification des contrats de location,** ainsi que leur **distinction avec les contrats de service,** ont une importance cruciale. 32978

Un contrat de location est défini comme un contrat (ou partie de contrat) octroyant un **droit d'utilisation d'un actif sous-jacent** pendant une période déterminée, en échange d'une contrepartie (IFRS 16.A).

A la date de conclusion d'un contrat, une entité doit déterminer si ce contrat est (**ou contient**) un **contrat de location** (le cas échéant, **« caché »** dans un contrat de prestations de services ou de fourniture de biens) (IFRS 16.9).

Cette détermination :
- devra être effectuée pour chaque « composante de location » potentielle (IFRS16.B12 ; sur les aspects liés à la séparation des composantes d'un contrat, voir n° 32985) ;
- ne devra être à nouveau effectuée qu'en cas de modification des termes et conditions du contrat (IFRS 16.11).

Cela sera le cas si les deux conditions suivantes sont remplies (IFRS 16.9) :
- l'exécution du contrat dépend de l'**utilisation d'un actif identifié** ; et
- le contrat confère le **droit au client de contrôler l'utilisation de l'actif identifié** pour une période de temps en échange d'une contrepartie.

a. Notion d'actif identifié

Un actif identifié peut être spécifié de manière soit explicite (dans le contrat) soit implicite (à la date de mise à disposition de l'actif considéré) (IFRS 16.B13). 32980

L'actif doit être **physiquement distinct** et peut être une simple **portion** physique d'un actif (par exemple, un étage d'un immeuble). En revanche, une **part de capacité** (par exemple, une portion de la capacité d'un pipeline) **n'est pas un actif identifié sauf si** cette part représente la **quasi-totalité de la capacité de l'actif** (IFRS 16.B20).

L'actif ne sera pas un actif identifié si le fournisseur a un **droit substantif de substitution** de cet actif pendant la durée d'utilisation. Ce droit substantif n'existe (i) que si le fournisseur a la **capacité**

pratique de substituer l'actif tout au long de la durée d'utilisation et (ii) qu'il **bénéficierait économiquement** de cette substitution, c'est-à-dire que les avantages économiques attendus de la substitution de l'actif excéderaient les coûts associés à celle-ci (IFRS 16.B14).

Pour des précisions sur la notion de droit substantif de substitution, voir n° 33112.

b. Droit de contrôler l'utilisation de l'actif identifié

32982 Le client aura le droit de contrôler l'utilisation de l'actif identifié s'il a, pendant la durée d'utilisation, à la fois (IFRS 16.B9) :
- le droit d'obtenir la **quasi-totalité des avantages économiques** résultant de **l'utilisation** de l'actif ; et
- le droit de **diriger l'utilisation de l'actif.**

1. **Le client a le droit d'obtenir la quasi-totalité des avantages économiques résultant de l'utilisation de l'actif, par exemple,** en ayant un droit exclusif d'utilisation de l'actif, en le sous-louant, etc. La notion d'avantages économiques est large et peut comprendre les outputs primaires ou secondaires, les flux de trésorerie pouvant en être obtenus ou encore les avantages économiques résultant d'une transaction commerciale conclue avec une tierce partie et résultant de **l'utilisation** de l'actif (dans les limites définies du droit d'utilisation du bien) (IFRS 16.B21 et .B22).

Dans ce cadre, seuls les avantages économiques qui découlent de l'**utilisation** de l'actif, **dans les limites définies du droit d'utilisation** de cet actif, sont pris en compte (IFRS 16.B22).
Les avantages économiques résultant de la propriété de l'actif sont, quant à eux, ignorés dans cette détermination (IFRS 16.BC118). Par exemple, un avantage fiscal existant pour le propriétaire ou le constructeur d'une éolienne sera ignoré alors qu'un crédit d'énergie renouvelable, résultant de l'utilisation de l'éolienne, sera pris en compte.

Dans ce cadre, les portions de flux de trésorerie issues de l'utilisation de l'actif et qui doivent être payées en tant que rémunération par le client au fournisseur (ou à un tiers) sont considérées comme un avantage économique bénéficiant au client (IFRS 16.B23).

Par exemple, un contrat prévoyant le versement au fournisseur de loyers variables basé sur le chiffre d'affaires résultant de l'utilisation de l'actif n'empêche pas le client de bénéficier de la quasi-totalité des avantages économiques résultant de l'utilisation de l'actif. Le reversement au fournisseur n'est en effet que le paiement du loyer dû au titre de l'utilisation de l'actif.

2. **Le client a le droit de diriger l'utilisation de l'actif** s'il a le **droit de décider comment et à quelle fin utiliser le bien** (« how and for what purpose »), pendant la durée d'utilisation (IFRS 16.B24). Pour cette détermination, sont considérées les décisions pouvant être prises dans le cadre du droit d'utilisation défini par le contrat et qui impactent les avantages économiques pouvant être obtenus de l'utilisation de l'actif (IFRS 16.B25).

Par exemple (IFRS 16.B26) :
- **quel** est l'output produit par l'actif ? (Décider de l'utilisation d'un container : transport ou stockage ; décider du mix de produits vendus dans un magasin) ;
- **quand** l'output sera-t-il produit ?
- **où** l'output sera-t-il produit ? (Décider de la destination d'un navire de transport de marchandises) ;
- **est-ce que** l'output est produit et **dans quelle quantité ?**

Ainsi, sauf cas particulier où le « comment et à quelle fin l'actif est utilisé » est prédéterminé (voir ci-après) :
- les **décisions prises préalablement à la période d'utilisation** sont **ignorées** (IFRS 16.B29) ;
- les décisions relatives à la **maintenance** ou au **simple fait d'exploiter** l'actif ne donnent pas le droit de diriger le « comment et à quelle fin » l'actif est utilisé (elles en sont souvent le résultat) (IFRS 16.B27).

En outre, les **droits protectifs** du fournisseur, qui ne font que définir le cadre du droit d'utilisation, n'empêchent pas, en soi, le client d'avoir le droit de diriger l'utilisation de l'actif (IFRS 16.B30). Tel est le cas, par exemple, de la détermination d'une utilisation maximale d'un bien (nombre maximal de kilomètres pour un véhicule) ou d'une obligation d'exploiter l'actif conformément aux prescriptions du fabricant.

Dans les cas particuliers où le « comment et à quelle fin » l'actif est utilisé est prédéterminé, il sera considéré que le client a le droit de diriger l'utilisation de l'actif (IFRS 16.B24b) :
- s'il a le droit **d'exploiter l'actif** (ou de décider de la manière dont l'actif doit être exploité) pendant la durée d'utilisation, sans que le fournisseur puisse modifier les instructions d'exploitation ; ou
- s'il a **conçu l'actif (ou certains de ses aspects)** d'une manière qui prédétermine le « comment et à quelle fin » l'actif est utilisé pendant la durée d'utilisation.

Recommandations de l'AMF Dans ses recommandations en vue de l'arrêté des comptes 2020, l'AMF recommande aux sociétés, lorsqu'une analyse spécifique a dû être effectuée afin de déterminer si un contrat significatif contient ou non un contrat de location, de préciser l'analyse effectuée et la conclusion de celle-ci. L'AMF indique que la société pourra, par exemple, utilement préciser si elle a considéré que le fournisseur détient un droit de substitution substantiel ou qu'il conserve le droit de décider comment et à quelles fins l'actif est utilisé (Rec. AMF 2020-09, Arrêté des Comptes 2020, § 6).

L'arbre de décision (issu de la norme, voir IFRS 16.B31) synthétisant la démarche d'identification d'un contrat de location est présenté ci-après.

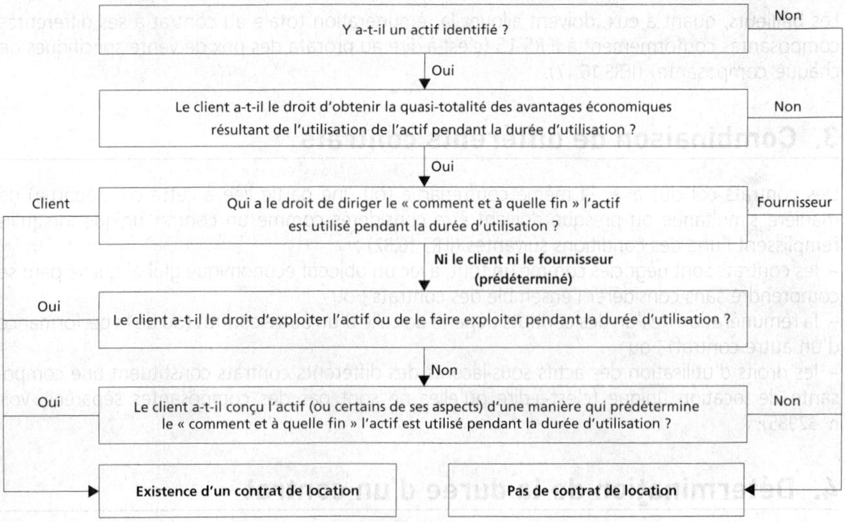

2. Séparation des composantes d'un contrat

Un contrat peut contenir une combinaison de différents contrats de location et/ou une 32985
combinaison de location et de services.

Par exemple, un contrat de location de voitures peut également comprendre un contrat de service de maintenance ; un contrat de location d'un site peut comprendre la location du terrain, du bâtiment et d'équipements (IFRS 16.BC133).

Dans le cas de tels accords multiples, une séparation de leurs différentes composantes doit être effectuée et chacune d'entre elles doit être comptabilisée séparément (IFRS 16.12).

La norme autorise toutefois **les preneurs**, pour des facilités pratiques, à ne pas séparer les composantes de location des autres composantes (composantes services). Si ce choix est retenu par le preneur, celui-ci comptabilisera les composantes services du contrat comme une composante de location. Le choix doit être fait par classe d'actifs sous-jacents (IFRS 16.15).
Un preneur ne peut toutefois pas choisir cette simplification pratique pour les dérivés incorporés répondant aux conditions d'IFRS 9.4.3.3.

Remarques :
1. L'identification d'un contrat de location, telle qu'explicitée ci-avant (voir nº 32978 s.), doit être effectuée pour chaque composante du contrat (IFRS 16.B12).
2. Le droit d'utilisation d'un actif est un contrat de location distinct lorsque (IFRS 16.B32) :
– le preneur peut bénéficier de l'utilisation de l'actif pris isolément ou en le combinant avec des ressources aisément disponibles (c'est-à-dire des ressources vendues ou louées séparément par des fournisseurs ou des ressources dont le preneur dispose déjà) ; et
– l'actif sous-jacent n'est pas fortement dépendant ou étroitement lié aux autres actifs sous-jacents du contrat.
3. Lorsque des paiements doivent être faits au fournisseur et qu'ils ne correspondent pas à des services rendus (par exemple, remboursement de frais pour la conclusion du contrat ou de frais administratifs), les sommes correspondantes ne sont pas une composante séparée du contrat. Elles sont incluses dans la rémunération globale, à allouer conformément aux modalités indiquées ci-après (IFRS 16.B33).

Les **preneurs** doivent allouer la rémunération totale du contrat sur la base des prix distincts relatifs (« standalone prices ») pour les composantes de location et sur la base des prix distincts agrégés pour les autres composantes (IFRS 16.13).

Les prix distincts des différentes composantes doivent être déterminés en fonction du prix que le bailleur ou un autre fournisseur facturerait séparément au titre de la composante correspondante (ou d'une composante similaire). Si le prix de vente distinct ne peut être observé directement, le preneur doit estimer ce prix, en maximisant l'utilisation d'informations observables (IFRS 16.14).

Si un preneur a choisi de ne pas séparer les composantes de location des autres composantes (voir ci-avant), il devra considérer l'ensemble de la rémunération comme allouée à de la location (IFRS 16.15).

Les **bailleurs,** quant à eux, doivent allouer la rémunération totale du contrat à ses différentes composantes conformément à IFRS 15 (c'est-à-dire au prorata des prix de vente spécifiques de chaque composante) (IFRS 16.17).

3. Combinaison de différents contrats

32987 Des contrats conclus avec la même contrepartie (ou une partie liée à cette contrepartie) de manière simultanée ou presque doivent être considérés comme un contrat unique lorsqu'ils remplissent l'une des conditions suivantes (IFRS 16.B2) :
- les contrats sont négociés comme un tout, avec un objectif économique global qui ne peut se comprendre sans considérer l'ensemble des contrats ; ou
- la rémunération de l'un des contrats dépend de celle d'un autre contrat (ou de la performance d'un autre contrat) ; ou
- les droits d'utilisation des actifs sous-jacents des différents contrats constituent une composante de location unique (c'est-à-dire qu'elles ne sont pas des composantes séparées, voir n° 32985).

4. Détermination de la durée d'un contrat

32989 La durée du contrat à prendre en compte n'est pas limitée à la durée ferme contractuelle. Elle est définie comme la **période non résiliable** pendant laquelle le preneur a le droit d'utiliser l'actif sous-jacent, à laquelle doivent être **ajoutées les périodes couvertes par** (IFRS 16.18) :
- des options de **renouvellement** du contrat dont l'**exercice est raisonnablement certain** ; et
- des **options de résiliation que le preneur est raisonnablement certain de ne pas exercer.**

Pour déterminer la durée d'un contrat de location et évaluer sa période non résiliable, une entité doit déterminer la période pendant laquelle celui-ci est exécutoire (au sens d'« enforceable »). Un contrat de location n'est **plus exécutoire** lorsque **le preneur et le bailleur** ont chacun **le droit de résilier** le contrat sans la permission de l'autre partie et en s'exposant tout **au plus à une pénalité négligeable** (IFRS 16.B34).

Sur la notion de pénalité, voir n° 33160, point 3.

En outre :
- si **seul le preneur a une option de résiliation du contrat,** la durée sera déterminée en fonction du caractère raisonnablement certain ou non de poursuite du contrat (c'est-à-dire du caractère raisonnablement certain ou non de non-exercice de l'option de résiliation) ;
- si **seul le bailleur a une option de résiliation** du contrat, la durée non résiliable de celui-ci comprend la période couverte par cette option (IFRS 16.B35).

A la date de prise d'effet du contrat, afin de déterminer l'aspect raisonnablement certain d'exercice (ou non) d'une option par un preneur, et donc, la durée du contrat, tous les faits et circonstances (y compris les modifications attendues de ces derniers jusqu'à la date d'exercice de l'option) créant une **incitation économique** pour le preneur d'exercer une option de renouvellement (ou de ne pas exercer une option de résiliation) doivent être pris en compte (IFRS 16.19), tels que (liste non exhaustive) (IFRS 16.B37) :
- les aspects contractuels : niveau des loyers de renouvellement, pénalités en cas de résiliation, garantie de valeur résiduelle, existence d'autres éléments contractuels pouvant inciter au renouvellement (par exemple, existence d'une option de rachat à un prix préférentiel, mais uniquement à l'issue d'une période de renouvellement) ;
- l'existence (ou non) d'investissements significatifs indissociables du bien ;
- la nature même de l'actif (localisation, importance pour l'activité du preneur, existence d'alternatives, etc.) ;

– les coûts générés par le non-renouvellement ou la résiliation du contrat (relocalisation, négociation d'un nouveau contrat, frais de remise en état ou démantèlement, etc.) ;
– la conditionnalité liée à l'exercice de l'option (lorsque l'option ne peut être exercée que si une ou plusieurs conditions sont remplies) et la probabilité que ces conditions soient remplies.

Remarques :
1. Plus la période de location ferme est courte, plus il est probable que le preneur exercera une option de renouvellement (ou n'exercera pas une option de résiliation), les coûts liés à l'obtention d'un bien de remplacement étant alors proportionnellement plus élevés que pour une durée initiale plus longue (IFRS 16.B39).
2. L'**expérience passée du preneur** relative à la durée d'utilisation de biens similaires au bien loué (qu'ils soient détenus en propre ou en location) peut être utile dans la détermination de ce jugement. Ainsi, par exemple, les raisons économiques d'un historique d'exercice fréquent d'options de renouvellement doivent être prises en compte dans la détermination du caractère raisonnablement certain ou non d'une option (IFRS 16.B40).
3. Lorsque les caractéristiques d'un contrat sont telles que **le preneur garantit une rentabilité minimale ou fixe au bailleur** et ce, que l'option soit ou non exercée (par exemple, avec une garantie de valeur résiduelle), **le preneur doit considérer que l'exercice de renouvellement est raisonnablement certain** (ou que le non-exercice d'une option de résiliation l'est) (IFRS 16.B38).

La durée du contrat de location est **déterminée** à la **date de prise d'effet du contrat** (c'est-à-dire à la date à laquelle le bien loué est mis à disposition du preneur par le bailleur) (IFRS 16.B37). Elle commence à cette même date et comprend ainsi les périodes d'utilisation pour lesquelles le bailleur a octroyé une franchise de loyers au preneur (IFRS 16.B36).

La durée du contrat doit faire l'objet d'une **révision** dans les cas suivants (IFRS 16.20 et .21) :
– si la période non résiliable du contrat change ;

Cela sera le cas, par exemple :
– si le preneur exerce une option qui n'avait pas été prise en compte dans la détermination initiale de la durée (ou, à l'inverse, n'exerce pas une option qui avait été prise en compte) ;
– si un événement intervient qui oblige le preneur à exercer l'option (alors que cet exercice n'avait pas été prévu dans la durée) ou lui interdit de l'exercer (alors qu'elle avait été initialement prise en compte).

– pour les preneurs seulement : en cas d'événement ou de changement de circonstance significatif sous le contrôle du preneur, qui affecte le caractère raisonnablement certain d'exercice d'une option de renouvellement (ou de non-exercice d'une option de résiliation).

Cela sera le cas, par exemple (IFRS 16.B41) :
– de la réalisation d'investissements significatifs indissociables du bien ou d'une modification substantielle de l'actif, qui n'avaient pas été anticipées à la date de prise d'effet ;
– de la conclusion d'un contrat de sous-location de l'actif loué, pour une période plus longue que la durée ferme du contrat de location ;
– d'une décision stratégique du preneur qui a un impact direct sur l'exercice ou non d'une option (par exemple, décision de vente d'un actif alternatif ou d'extension d'un contrat de location d'un actif complémentaire).

5. Approche par portefeuille

Par mesure de simplification, la norme peut être appliquée à un portefeuille de contrats ayant des **caractéristiques similaires,** si la société (bailleur ou preneur) s'attend raisonnablement à ce que les effets de cette approche sur ses états financiers ne diffèrent pas de manière significative de ceux d'une approche contrat par contrat (IFRS 16.B1 et .IE3). 32991

B. Principales dispositions pour les preneurs

1. Principe et exemptions

a. Principe général

La norme IFRS 16 prévoit un principe de comptabilisation de tous les contrats de location au bilan des preneurs, avec constatation d'un **actif (représentatif du droit d'utilisation de l'actif loué pendant la durée du contrat)** et d'une **dette (au titre de l'obligation de paiement des loyers).** 32995

b. Deux exemptions possibles

32996 La norme IFRS 16 prévoit deux exemptions, pour lesquelles un traitement optionnel est possible : les contrats de courte durée et les contrats portant sur des actifs de faible valeur.

Si le traitement optionnel est retenu par le preneur, ce dernier constatera les loyers en charges au compte de résultat de manière linéaire sur la durée du contrat (à moins qu'une autre base systématique soit plus représentative de l'échelonnement dans le temps des avantages qu'en retirera le preneur) (IFRS 16.6).

Contrats de courte durée

32997 Les **contrats de courte durée** sont les contrats qui, à leur date de prise d'effet, ont une durée **inférieure ou égale à douze mois** et qui ne comprennent **pas d'option d'achat** (IFRS 16.A).

Pour la définition de durée d'un contrat de location, voir nº 32989.

Si le preneur choisit d'opter pour cette exemption :
- il devra le faire **par classe d'actifs sous-jacents** (IFRS 16.8) ;
- le contrat sera considéré comme un **nouveau contrat** de location aux fins de la norme si une **modification** est apportée au contrat ou en cas de changement de la durée du contrat (IFRS 16.7).

Pour la définition de modification de contrat, voir nº 33009.
Pour les changements de durée de contrat de location, voir nº 32989.

Contrats portant sur des actifs de faible valeur

32998 L'exemption est possible quel que soit le nombre d'actifs loués et la taille de la société (IFRS 16.B4).

Un actif ne peut être considéré comme de faible valeur que si les deux conditions suivantes sont remplies (IFRS 16.B5) :
- le preneur peut bénéficier de l'utilisation de l'actif pris isolément ou en le combinant avec des ressources aisément disponibles (c'est-à-dire des ressources vendues ou louées séparément par des fournisseurs ou des ressources dont le preneur dispose déjà) ; et
- l'actif sous-jacent n'est pas fortement dépendant ou étroitement lié à d'autres actifs.

Ces conditions reprennent en grande partie celles définissant les contrats de location distincts, à comptabiliser séparément (voir nº 32985).

En outre, un actif sous-loué (ou que le preneur a l'intention de sous-louer) ne peut pas être considéré comme un actif de faible valeur (IFRS 16.B7).

Pour le traitement des contrats de sous-location, voir nº 33033.

La norme elle-même ne définit **pas de seuil strict** sur les contrats de location portant sur un actif de faible valeur. Toutefois, les bases de conclusion indiquent que, lors des discussions en 2015, il s'agissait pour l'IASB des actifs d'une **valeur individuelle à neuf** de l'ordre de 5 000 USD (ou moins) (IFRS 16.BC100).

Il en est ainsi, par exemple, des tablettes, des ordinateurs, des meubles de bureau ou des téléphones. En revanche, un actif comme une voiture n'est pas éligible à l'exemption (IFRS 16.B6 et .B8).

Le preneur peut opter pour cette exemption **contrat par contrat** (IFRS 16.8).

2. Evaluation initiale

33000 Hormis les situations où l'entité peut opter pour les exemptions possibles (voir nº 32996 à 32998), le preneur doit constater, **à la date de prise d'effet d'un contrat de location** (IFRS 16.22) :
- un **actif**, représentatif du **droit d'utilisation de l'actif loué** pendant la durée du contrat ;
- une **dette** au titre de l'**obligation de paiement des loyers**.

a. Evaluation initiale du droit d'utilisation

33001 A la date de prise d'effet du contrat de location, le droit d'utilisation est évalué à son coût (IFRS 16.23), comprenant (IFRS 16.24) :
- le montant initial de la dette (voir nº 33003) ;
- les paiements d'avance faits au bailleur, nets le cas échéant des avantages incitatifs à la location reçus du bailleur ;

Les avantages incitatifs à la location comprennent les paiements accordés par le bailleur au preneur en lien avec le contrat de location ou le remboursement ou la prise en charge par le bailleur de coûts, en principe supportés par le locataire (IFRS 16.A).

– les coûts directs initiaux encourus par le preneur pour la conclusion du contrat ;

Les **coûts directs initiaux** sont définis comme les coûts marginaux encourus pour l'obtention d'un contrat de location, qui n'auraient pas été engagés si le contrat n'avait pas été conclu (à l'exception de ceux engagés dans le cadre d'un **contrat de location-financement** par un bailleur fabricant ou distributeur) (IFRS 16.A).

Pour le cas particulier des bailleurs fabricants-distributeurs, voir n° 33025.

– une estimation des coûts de démantèlement ou de remise en état du bien loué selon les termes du contrat.

L'obligation du preneur à ce titre peut exister dès la prise d'effet du contrat ou au fur et à mesure de l'utilisation du bien loué. Ces obligations sont comptabilisées conformément à IAS 37, Provisions, passifs éventuels et actifs éventuels (IFRS 16.25).

Pour plus de précisions sur la comptabilisation d'une provision pour démantèlement ou remise en état selon IAS 37, voir n° 40350.

b. Evaluation initiale de la dette de loyers

A la prise d'effet du contrat, la dette de loyers est comptabilisée pour un montant égal à la **valeur actualisée des loyers** restant dus sur la **durée du contrat,** telle que déterminée par l'entreprise (voir n° 32989). **33003**

Cette **actualisation** des loyers est effectuée au **taux d'intérêt implicite du contrat,** si celui-ci est aisément déterminé, ou, s'il ne l'est pas, au **taux d'endettement marginal du preneur** (IFRS 16.26).

Remarques :

1. Le taux d'intérêt implicite du contrat est le taux d'actualisation qui donne une valeur actuelle cumulée des paiements de loyers et de la valeur résiduelle non garantie égale à la somme de la juste valeur de l'actif loué et des coûts directs initiaux du bailleur.

2. Le taux d'endettement marginal du preneur est le taux d'intérêt qu'il obtiendrait pour emprunter les fonds nécessaires à l'acquisition d'un actif de valeur identique à celui du droit d'utilisation, sur une durée et avec une garantie similaires à celles du contrat et dans un environnement économique similaire.

Recommandations de l'AMF S'agissant d'une hypothèse clé dans l'évaluation de la dette de loyers, l'AMF appelle, dans ses recommandations en vue de l'arrêté des comptes 2018, à la vigilance des sociétés dans leur analyse du taux utilisé par le preneur du bail pour actualiser la dette de loyers : si le taux implicite du contrat doit être « facilement déterminable » pour être utilisé, la détermination du taux d'emprunt marginal nécessite, quant à elle, de tenir compte d'un ensemble de facteurs et données appropriés propres au preneur (Rec. AMF 2018-12, Arrêté des Comptes 2018, § 5.1.2).

Les **montants pris en compte au titre des loyers** dans l'évaluation de la dette sont (IFRS 16.27) :

– les **loyers fixes** y compris les loyers considérés comme **fixes en substance,** c'est-à-dire ceux qui sont variables dans la forme mais ne le sont pas en substance, diminués des avantages incitatifs à la location restant à recevoir du bailleur ;

Les loyers fixes en substance sont les loyers qui, même s'ils peuvent contenir une variabilité dans leur forme, sont en substance inévitables. Tel est le cas, par exemple (IFRS 16.B42) :

– de loyers conditionnés au fonctionnement de l'actif ;

– de loyers conditionnés à un événement qui n'a pas de véritable possibilité de ne pas intervenir ;

– de loyers initialement variables basés sur l'utilisation du bien mais qui perdent leur variabilité à une certaine date et deviennent fixes pour la durée restante du contrat ; ces loyers deviennent fixes en substance à la date considérée ;

– de situations dans lesquelles, alors que le preneur pourrait effectuer plus d'une série de paiements, une seule série est réaliste (dans ce cas, il convient de retenir cette dernière) ;

– de situations dans lesquelles le preneur pourrait effectuer plusieurs séries de paiements réalistes (dans ce cas, la série à retenir est celle des paiements dont la valeur actualisée est la plus faible).

– les **loyers variables basés sur un taux ou un indice** en utilisant le taux ou l'indice à la date de prise d'effet du contrat ;

Ceux-ci comprennent également les paiements qui varieraient pour tenir compte de l'évolution des prix du marché locatif (IFRS 16.28).

– les **garanties de valeur résiduelle** éventuellement octroyées au bailleur et ce, à hauteur du montant du paiement attendu ;

La norme IFRS 16 ne précise pas les modalités de détermination du montant de paiement attendu au titre des garanties de valeur résiduelle (probabilités pondérées, résultat le plus probable, etc.). Pour l'impact de l'existence d'une telle garantie sur la détermination de la durée du contrat, si celui-ci contient une option de renouvellement, voir Remarque au n° 32989.

– le **prix d'exercice d'une option d'achat** si l'exercice de l'option est raisonnablement certain ;

La détermination du caractère raisonnablement certain de l'exercice d'une option d'achat est faite de manière similaire à celle des options de renouvellement, voir n° 32989.

– les **pénalités de résiliation ou de non-renouvellement du contrat** (qui doivent être prises en compte de manière cohérente avec la détermination de la durée du contrat).

Sauf s'ils constituent des loyers fixes en substance (IFRS 16.BC164), les **loyers variables qui sont basés sur un autre élément qu'un taux ou un indice,** comme les **loyers basés sur l'utilisation du bien loué** (par exemple, sur le nombre de kilomètres parcourus pour une voiture) **ou sur sa performance** (par exemple, sur le chiffre d'affaires d'un magasin), sont exclus de l'évaluation de la dette (IFRS 16.BC168 et .BC169).

3. Evaluation ultérieure

a. Evaluation ultérieure du droit d'utilisation

33005 Sauf cas particuliers (voir remarque ci-après), le droit d'utilisation sera évalué selon le **modèle du coût** (IFRS 16.29). L'actif sera amorti conformément aux dispositions d'IAS 16, Immobilisations corporelles (IFRS 16.30 à .32), sur la plus courte de la durée du contrat de location ou de la durée d'utilité du droit d'utilisation. Si le contrat transfère au preneur la propriété de l'actif, ou qu'il existe une option d'achat dont l'exercice est raisonnablement certain, le droit d'utilisation sera amorti sur la durée d'utilité du bien loué sous-jacent.

Ceci générera, dans la plupart des cas, une **charge d'amortissement linéaire** au compte de résultat.

En outre, le droit d'utilisation devra être réajusté en cas de réévaluation de la dette de loyers (IFRS 16.30 ; voir n° 33007).

Enfin, il sera soumis aux tests de dépréciation conformément à la norme IAS 36, Dépréciation d'actifs (IFRS 16.33).

Remarque Autres modèles d'évaluation ultérieure :
– un preneur qui applique le modèle de juste valeur d'IAS 40 à ses immeubles de placement devra appliquer ce même modèle aux droits d'utilisation répondant à la définition d'immeubles de placement (IFRS 16.34) ;
– un preneur qui applique le modèle de réévaluation d'IAS 16 à une catégorie d'immobilisations corporelles pourra appliquer ce même modèle aux droits d'utilisation d'actifs de cette même catégorie (IFRS 16.35).

b. Evaluation ultérieure de la dette de loyers

33007 La dette doit être comptabilisée au **coût amorti**, selon la **méthode du taux d'intérêt effectif** (IFRS 16.36 et .37).

Sur la définition de coût amorti, voir n° 46750.
Le taux sera celui ayant servi à l'actualisation des paiements lors de l'évaluation initiale (voir n° 33003) ou le taux tel que révisé ultérieurement le cas échéant (voir ci-après).

Seront constatés en résultat (sauf s'ils peuvent être incorporés dans le coût d'un actif en vertu d'une autre norme) (IFRS 16.38) :
– la charge d'intérêts de la période (qui sera dégressive, compte tenu de la méthode du taux d'intérêt effectif) ;
– les paiements variables non pris en compte dans l'évaluation initiale de la dette, sur la période au cours de laquelle le fait générateur du paiement intervient.

Outre les cas de modifications de contrats (voir n° 33009), une réévaluation de la dette devra être effectuée en contrepartie du droit d'utilisation dans les situations suivantes (IFRS 16.39 à .42) :

Si, en revanche, la valeur comptable du droit d'utilisation a été réduite à zéro et qu'une diminution additionnelle de la dette doit être constatée, l'écart considéré doit être comptabilisé au compte de résultat (IFRS 16.39).

– en cas de révision de la durée du contrat (voir n° 32989) ;
– en cas de modification relative à l'évaluation du caractère raisonnablement certain (ou non) de l'exercice d'une option d'achat ;
– en cas de changement du montant de paiement attendu au titre de la garantie de valeur résiduelle octroyée au bailleur ;

– en cas de changement des loyers variables basés sur un taux ou un indice et ce, lorsque l'ajustement du taux ou de l'indice prend effet (c'est-à-dire lorsque les loyers sont effectivement modifiés).

Dans les deux premiers cas, la dette devra être réévaluée en utilisant un taux d'actualisation révisé à la date de réévaluation (IFRS 16.41).

Dans les deux derniers cas, le taux d'actualisation utilisé lors de l'évaluation initiale est inchangé (sauf si le changement des loyers résulte de la fluctuation d'un taux d'intérêt variable) (IFRS 16.43).

Enfin, la dette devra être réévaluée en cas de réestimation de loyers fixes en substance (IFRS 16.36 et .B42).

Pour la notion de loyers fixes en substance, voir n° 33003.

4. Modifications des contrats de location

Une modification de contrat est définie comme une modification du périmètre ou du loyer de ce contrat, qui n'était pas prévue dans les termes et conditions du contrat d'origine (par exemple, ajout ou suppression du droit d'utilisation de certains actifs sous-jacents ou augmentation ou diminution de la durée du contrat) (IFRS 16.A). **33009**

Pour davantage de détails sur les modifications de contrats et leur traitement comptable, voir n° 33600 et 33602.

5. Présentation dans les états financiers

Les dispositions de la norme IFRS 16 en matière de présentation des états financiers sont les suivantes : **33010**

1. Bilan :

a. Les **droits d'utilisation** doivent être présentés à l'actif des preneurs (IFRS 16.47a) :
– soit séparément des autres actifs ;
– soit au sein des immobilisations de même nature que les actifs sous-jacents loués (comme s'ils étaient détenus en propre), avec une information en annexe indiquant les postes du bilan dans lesquels les droits d'utilisation ont été inclus.

En revanche, si le droit d'utilisation remplit la définition d'immeuble de placement d'IAS 40, cette présentation n'est pas applicable, le droit d'utilisation devant alors être présenté en immeuble de placement (IFRS 16.48).

b. Les **dettes de loyers** doivent être présentées au passif des preneurs (IFRS 16.47b) :
– soit séparément des autres dettes ;
– soit en les incluant dans d'autres postes de dettes mais avec une information en annexe détaillant les postes de passif dans lesquels elles ont été incluses.

La dette de loyers devra être décomposée en dette courante et non courante, en application des principes d'IAS 1, voir n° 53969.

2. **Compte de résultat** Le preneur doit présenter séparément la charge d'intérêts relative à la dette de loyers (charge financière) et la charge d'amortissement du droit d'utilisation (IFRS 16.49).

3. **Etat des flux de trésorerie** Le preneur doit classer (IFRS 16.50) :
– le remboursement du principal de la dette de loyers dans les flux de financement ;
– le paiement des intérêts relatifs à la dette de loyers en flux de financement ou en flux opérationnels ;

Pour plus d'informations sur la présentation des intérêts versés, voir n° 56160.

– les paiements de loyers qui n'ont pas été pris en compte dans l'évaluation de la dette de loyers (certains loyers variables, les loyers relatifs aux contrats de courte durée et les loyers des contrats portant sur des actifs de faible valeur si le traitement optionnel a été retenu pour ces contrats) doivent être présentés dans les flux des activités opérationnelles.

Pour le traitement optionnel relatif aux contrats de courte durée ou portant sur des actifs de faible valeur, voir n° 32996 s.

Recommandations de l'AMF Dans ses recommandations en vue de l'arrêté des comptes 2019, l'AMF indique qu'en cas de transactions significatives et spécifiques pour lesquelles la norme n'est pas prescriptive en matière de présentation, il est utile de fournir les informations nécessaires permettant aux lecteurs d'appréhender les impacts de ces transactions sur les états financiers (par exemple, pour les opérations de cession-bail, présentation du résultat de cession dans le compte de résultat et du flux de la vente dans le tableau de flux de trésorerie) (Rec. AMF 2019-13, Arrêté des Comptes 2019, § 2.2).

6. Informations en annexe

33014 L'objectif des informations à fournir dans l'annexe des états financiers est de permettre aux utilisateurs d'apprécier les impacts des contrats de location sur la situation financière, la performance et les flux de trésorerie de l'entité (IFRS 16.51).

Ces informations doivent être présentées dans une note unique aux états financiers (IFRS 16.52).

Ainsi, les preneurs doivent fournir, pour la période présentée, les informations quantitatives suivantes (IFRS 16.53) :

Ces informations doivent être présentées sous la forme d'un tableau, sauf si un autre format est plus approprié.

En outre, les montants présentés doivent comprendre les coûts que le preneur aurait incorporés dans la valeur comptable d'un autre actif pendant la période considérée (IFRS 16.54).

- les valeurs nettes comptables des droits d'utilisation présentées par classe d'actifs sous-jacents ;
- les augmentations des droits d'utilisation ;
- la charge d'amortissement des droits d'utilisation présentée par classe d'actifs sous-jacents ;
- la charge financière relative à la dette de loyers ;
- la charge de loyers relative aux contrats de courte durée, si l'exemption a été retenue par le preneur ;

Pour l'exemption relative aux contrats de courte durée, voir n° 32997.

Aucune information n'est requise pour la charge relative aux contrats d'une durée inférieure ou égale à un mois (IFRS 16.53c).

Si le portefeuille de contrats de courte durée auxquels l'exemption est appliquée et auxquels un preneur est engagé à la date de clôture est différent de celui de l'exercice publié, le preneur devra en outre communiquer le montant des engagements considérés (IFRS 16.55).

- la charge de loyers relative aux contrats portant sur des actifs de faible valeur, si l'exemption a été retenue par le preneur ;

Pour l'exemption relative aux contrats portant sur des actifs de faible valeur, voir n° 32998.

Cette charge ne devra pas comprendre celle constatée au titre de contrats portant sur des actifs de faible valeur et qui sont de courte durée (comprise à ce titre dans l'information requise pour ces derniers) (IFRS 16.53d).

- la charge de loyers variables non inclus dans la dette de loyers (voir n° 33003) ;
- les revenus issus des contrats de sous-locations ;
- le flux total de sortie de trésorerie afférent aux contrats de location ;
- les gains ou pertes résultant d'opérations de cession-bail.

Les montants de charge listés ci-avant doivent inclure les coûts incorporés dans la valeur comptable d'un autre actif, le cas échéant (IFRS 16.54).

Pour les droits d'utilisation répondant à la définition d'immeuble de placement, les preneurs doivent fournir les informations requises par la norme IAS 40 et sont dispensés de la publication de certains des éléments listés ci-avant (IFRS 16.56).

Un preneur qui applique le modèle de réévaluation d'IAS 16 à certains de ses droits d'utilisation devra également fournir les informations requises par IAS 16.77 (IFRS 16.57).

Les preneurs doivent également fournir une analyse des échéances de la dette de loyers, conformément à IFRS 7.39 et .B11, séparément de l'analyse des échéances des autres dettes financières (IFRS 16.58).

Outre les informations quantitatives listées ci-avant, les preneurs doivent fournir toute information qualitative et quantitative additionnelle nécessaire à l'atteinte de l'objectif précité (IFRS 16.59). Il peut s'agir, notamment (liste non exhaustive), d'informations permettant aux utilisateurs des états financiers d'apprécier :

- la nature des activités de location du preneur ;

Cette information ne doit être fournie que si elle est susceptible d'avoir une utilité pour les lecteurs des états financiers. Cela est vraisemblablement le cas lorsqu'elle permet de comprendre (IFRS 16.B48) :

- la flexibilité offerte par les contrats de location ;
- les clauses restrictives imposées par ces contrats (par exemple, nécessaire respect de ratios financiers) ;
- la sensibilité des informations fournies à des hypothèses clés (par exemple, loyers variables futurs) ;
- l'exposition à d'autres risques découlant des contrats de locations ;
- les écarts par rapport aux pratiques du secteur (tels que des conditions contractuelles particulières ou inhabituelles).

- les sorties de trésorerie futures non prises en compte dans l'évaluation de la dette et auxquelles le preneur est potentiellement exposé ; **33014** (suite)

  Notamment en raison :
  - de paiements de loyers variables (par exemple, la raison et la fréquence de ces paiements, leur importance relative par rapport aux loyers fixes, les variables clés dont ils dépendent et leur sensibilité à ces variables) (IFRS 16.B49) ;
  - d'options de renouvellement ou de résiliation (par exemple, la raison et la fréquence d'utilisation par le preneur de ce type d'options, l'importance relative des loyers des périodes optionnelles non prises en compte dans la durée des contrats de location, la fréquence d'exercice d'options non prises en compte dans la dette de loyers, les autres incidences éventuelles de ces options sur le plan financier) (IFRS 16.B50) ;
  - de garanties de valeur résiduelle (par exemple, la raison et la fréquence de ces garanties, l'importance de l'exposition au risque de valeur résiduelle, la nature des actifs sous-jacents pour lesquels ces garanties sont accordées, etc.) (IFRS 16.B51) ;
  - d'engagements au titre de contrats de location non débutés à la clôture.

- les restrictions ou les covenants inclus dans les contrats de location ;
- les opérations de cession-bail.

Enfin, si un preneur utilise l'exemption pour les contrats de location de courte durée ou portant sur des actifs de « faible valeur », il doit l'indiquer (IFRS 16.60).

Recommandations de l'AMF Dans ses recommandations en vue de l'arrêté des comptes 2019 (Rec. AMF 2019-13, Arrêté des Comptes 2019, § 2.4.1 et 2.4.2) l'AMF :
- rappelle l'importance de mettre à jour les méthodes comptables au regard des dispositions de la norme en reprenant la nature et les caractéristiques des contrats de location ainsi que les hypothèses clés et les principaux jugements effectués dans l'évaluation des dettes de loyers et des droits d'utilisation ;
- recommande aux sociétés de détailler l'ensemble des informations requises par la norme et telles que décrites ci-avant, par principale nature de contrats et d'actifs sous-jacents ;
- souligne que des informations spécifiques sont utiles aux utilisateurs des états financiers pour apprécier l'impact des contrats de location sur la performance de l'émetteur et pour appréhender la complexité de certains contrats (par exemple au titre de certains paiements variables, options de résiliation, transactions de cession-bail) ;
- rappelle que la présentation de l'ensemble de ces informations dans une même note de l'annexe (ou l'utilisation de renvois entre les notes concernées) facilite la lecture pour les utilisateurs des états financiers ; et
- souligne que l'information sur les analyses de maturité est requise et permet de comprendre l'impact des contrats de location sur l'évaluation du risque de liquidité et l'estimation des flux de trésorerie futurs.

Dans ses recommandations en vue de l'arrêté des comptes 2020, l'AMF, en particulier :
- rappelle que la norme IFRS 16 requiert l'indication du montant des loyers constatés dans le résultat de l'exercice, en distinguant les différents éléments les composant (loyers variables, charges de loyers relatifs aux contrats de location de courte durée ou portant sur des actifs de faible valeur, dès lors que les exemptions correspondantes ont été retenues par le preneur) (Rec. AMF 2020-09, Arrêté des Comptes 2020, § 6.2.1) ;
- recommande aux sociétés de développer les informations relatives aux sorties de trésorerie liées aux contrats de location, celles-ci permettant au lecteur des états financiers de comprendre les flux de trésorerie de l'exercice, les flux de trésorerie futurs et le risque de liquidité associé aux contrats de location (Rec. AMF 2020-09, Arrêté des Comptes 2020, § 6.2.2) ;

  A ce titre, l'AMF demande :
  - de préciser les sorties de trésorerie totales de l'exercice (y compris les sorties de trésorerie relatives aux loyers variables et à des locations bénéficiant de l'exemption court terme ou de faible valeur) ;
  - de fournir des informations sur les sorties de trésorerie futures non prises en compte dans l'évaluation de la dette de loyers, notamment en raison de l'existence de loyers variables, d'options d'extension non prises en compte dans la durée du contrat de location, ou au titre des contrats de location n'ayant pas encore pris effet.

- recommande aux sociétés de s'interroger sur la pertinence et l'utilité pour les lecteurs de certaines des informations complémentaires indiquées par la norme et d'enrichir leurs états financiers en conséquence (par exemple, informations relatives aux loyers variables ou aux options de renouvellement et de résiliation, informations sur la sensibilité des dettes de loyer aux variables clés, etc.) (Rec. AMF 2020-09, Arrêté des Comptes 2020, § 6.2.3).

Décision de l'ESMA Un groupe du secteur de la distribution, dont 30 % des actifs sont constitué de droits d'utilisation de magasins, et qui est fortement exposé aux loyers variables prévus dan les contrats de location qu'il a conclus :
– a indiqué en annexe qu'il utilisait les exemptions autorisées par la norme IFRS 16 en matièr de contrats de courte durée et de contrats portant sur des actifs de faible valeur ;
– a fourni une information narrative sur les concessions de loyers obtenues de ses bailleurs dan le cadre de la pandémie de Covid-19 ;
– a communiqué la charge totale de loyers encourue au titre de l'exercice.

Aucune autre information relative aux contrats de location n'a été fournie dans les état financiers du groupe.

L'ESMA a considéré que les informations fournies étaient insuffisantes au regard des disposition de la norme IFRS 16, et que le groupe aurait dû notamment communiquer séparément, comm requis par IFRS 16.53 :
– la charge de loyers variables (loyers non inclus dans la dette de loyers) ;
– la charge de loyers relative aux contrats de courte durée ; et
– la charge de loyers relative aux contrats portant sur des actifs de faible valeur.

En outre, le montant des concessions de loyers obtenues des bailleurs aurait dû être fourn conformément à IFRS 16.60A (voir n° 33796).

L'ESMA a enfin rappelé que des informations qualitatives et quantitatives étaient requise par IFRS 16.59.b, afin de permettre aux utilisateurs des états financiers d'apprécier le sorties de trésorerie futures non prises en compte dans l'évaluation de la dette, relative notamment aux loyers variables, auxquelles le preneur est potentiellement exposé (EECS/0123-0 03/23).

C. Principales dispositions pour les bailleurs

Définitions

33020 Pour les bailleurs, le traitement comptable des contrats de location est déterminé par l classification de ceux-ci en contrats de location simple ou contrats de location-financemen (IFRS 16.61).

Sur la définition des contrats de location, voir n° 32978 s.

Un contrat de location est classé en **contrat de location-financement** s'il a pour effet d transférer au preneur la quasi-totalité des risques et avantages inhérents à la propriété d'un actif Un contrat ne transférant pas cette quasi-totalité des risques et avantages est classé en **contra de location simple** (IFRS 16.62).

IFRS 16.B53 précise que :
– les risques incluent, par exemple, les pertes éventuelles résultant de la sous-utilisation de capacités ou de l'obsolescence technologique ainsi que des variations de la rentabilité dues l'évolution de la conjoncture économique ;
– les avantages peuvent être représentés par l'espérance d'une exploitation rentable sur la duré de vie économique de l'actif et d'un gain résultant d'une appréciation de sa valeur ou de l réalisation d'une valeur résiduelle.

Le classement d'un contrat en location-financement ou en location simple dépend de la réalit de la transaction (substance) plutôt que de la forme du contrat (IFRS 16.63).

La classification du contrat s'opère à la **date de conclusion** du contrat de location (IFRS 16.66)

La date de conclusion du contrat de location est la date de signature du contrat ou, si elle es antérieure, la date d'engagement réciproque des parties sur les principales clauses du contra (« inception date ») (IFRS 16.A).

Cette date peut être différente de la date de prise d'effet du contrat, correspondant à la date laquelle le bien loué est mis à disposition du preneur par le bailleur (c'est-à-dire à la date de débu de la période de location – « commencement date ») (IFRS 16.A). Cette dernière est la date à laquell le contrat de location est comptabilisé.

Si un contrat prévoit des ajustements de loyers entre la date de conclusion du contrat et sa pris d'effet dans certaines circonstances (par exemple, en cas d'augmentation du coût de l'acti sous-jacent pour le bailleur ou en cas de modification de ses coûts de financement), un te changement est présumé être intervenu à la date de conclusion du contrat, pour les besoins d sa classification en location simple ou location-financement (IFRS 16.B54).

Un **changement de classification** n'est effectué qu'en cas de **modification** du contrat (IFRS 16.66).

Une modification de contrat est une modification du périmètre ou du loyer de ce contrat, qui n'était pas prévue dans les termes et conditions du contrat d'origine (par exemple, ajout ou suppression du droit d'utilisation de certains actifs sous-jacents ou augmentation ou diminution de la durée du contrat) (IFRS 16.A).

Ainsi, les changements d'estimations (par exemple, de la durée de vie économique ou de la valeur résiduelle du bien loué) ou les changements de circonstances (par exemple, une défaillance du preneur) n'entraînent pas une nouvelle classification du contrat de location (IFRS 16.66).

Pour plus d'informations sur le traitement comptable des modifications de contrat par les bailleurs, voir n° 33027 et 33031.

1. Classification des contrats en location simple ou en location-financement

a. Indicateurs permettant la classification des contrats en location simple ou en location-financement

La norme IFRS 16 liste une série d'**exemples de situations** qui, individuellement ou conjointement, conduisent en principe à qualifier le contrat de location-financement (IFRS 16.63) : 33022

1. Le contrat de location transfère la propriété de l'actif au preneur au terme de la période de location.

2. Le contrat de location donne au preneur l'option d'acheter l'actif à un prix qui devrait être suffisamment inférieur à sa juste valeur à la date de levée de l'option, pour qu'à la conclusion du contrat de location, il soit raisonnablement certain que l'option sera levée.

3. La durée du contrat de location couvre la majeure partie de la durée de vie économique de l'actif même s'il n'y a pas transfert de propriété de l'actif.

Pour la définition de la durée d'un contrat et les cas de révision de celle-ci, voir n° 32989.

4. A la date de conclusion du contrat de location, la valeur actualisée des paiements de loyers s'élève (au moins) à la quasi-totalité de la juste valeur de l'actif loué.

Les **paiements de loyers** comprennent :
- les loyers fixes y compris les loyers considérés comme fixes en substance (voir n° 33003), diminués des avantages incitatifs à la location octroyés par le bailleur au preneur ;
- les loyers variables basés sur un taux ou un indice ;
- le prix d'exercice d'une option d'achat si l'exercice de l'option est raisonnablement certain (voir n° 32989) ;
- les pénalités de résiliation ou de non-renouvellement du contrat (qui doivent être prises en compte de manière cohérente avec la détermination de la durée du contrat, voir n° 32989) ;
- toute valeur résiduelle dont le paiement lui est garanti par le preneur, par une personne liée au preneur ou par un tiers indépendant qui a la capacité financière d'assumer ses obligations de garantie.

Les paiements de loyers excluent les paiements alloués à des composantes qui ne sont pas des composantes de location (pour davantage d'informations sur l'allocation entre différentes composantes d'un contrat, voir n° 32985).

5. Les actifs loués sont d'une nature tellement spécifique que seul le preneur peut les utiliser sans que des modifications majeures ne leur soient apportées.

En outre, la norme IFRS 16 identifie **trois indicateurs de situation supplémentaires** qui, individuellement ou conjointement, pourraient également conduire à classer un contrat en tant que contrat de location-financement (IFRS 16.64) :
- si le preneur peut résilier le contrat de location, les pertes subies par le bailleur relatives à la résiliation sont à la charge du preneur ;
- les profits ou pertes résultant de la variation de la juste valeur de la valeur résiduelle sont au bénéfice ou à la charge du preneur (par exemple, sous la forme d'une diminution de loyer égale à la majeure partie du produit de cession à la fin du contrat de location) ;
- le preneur a la faculté de poursuivre la location pour une deuxième période moyennant un loyer sensiblement inférieur à celui du marché.

Remarque La norme précise que les exemples et indicateurs présentés ci-avant ne sont pas toujours concluants. En effet, si d'autres indicateurs que ceux précités permettent de démontrer que le contrat ne transfère pas, en substance, la quasi-totalité des risques et avantages inhérents à la propriété de l'actif, la location est classée en location simple (IFRS 16.65).

Tel pourrait être le cas, par exemple, lorsque la propriété de l'actif est ou peut être transférée à la fin du bail pour un montant égal à la juste valeur de l'actif à cette date ou lorsque des loyers variables sont prévus dans le contrat, en raison desquels l'essentiel des risques et avantages n'est pas transféré au preneur.

b. Classification des contrats de location portant sur un ensemble immobilier

33023 Les contrats de location portant sur des ensembles immobiliers, comprenant un terrain et une construction, doivent être décomposés en un contrat de location de terrain et un contrat de location de construction (IFRS 16.B55). Pour cela, les paiements de loyers (y compris les paiements forfaitaires initiaux, le cas échéant) doivent être répartis entre les deux éléments (droit de location du terrain et droit d'utilisation de la construction) à la date de conclusion du contrat (IFRS 16.B56).

Cette répartition des loyers entre les deux éléments ne devra pas être effectuée au prorata des justes valeurs respectives du terrain et de la construction, mais au prorata des justes valeurs relatives des « intérêts contractuels » détenus dans chacun des deux éléments (« leasehold interests ») et ce, afin de prendre en compte la durée de vie indéterminée des terrains, d'une part, et celle finie des constructions, d'autre part (IFRS 16.B56).

Si les loyers ne peuvent pas être répartis de manière fiable entre les deux composantes (terrain et construction), le contrat est classé dans sa totalité en location-financement, sauf s'il est clair que les deux éléments doivent être qualifiés de location simple (IFRS 16.B56).

Chacun des contrats de location (**terrain** d'une part, **construction** d'autre part) sera classé en location-financement ou en location simple selon les principes édictés par la norme pour les autres actifs.

Cette décomposition n'est toutefois pas requise si le montant relatif au terrain est non significatif au regard du contrat de location. Dans ce cas, l'ensemble peut alors être considéré comme une seule unité aux fins de classification, la durée de vie économique de la construction étant alors retenue pour l'ensemble immobilier (IFRS 16.B57).

IFRS 16.B55 précise en outre que la durée de vie indéterminée du terrain est un élément important à prendre en compte dans la classification du contrat de location de ce dernier.

2. Contrats de location-financement

a. Evaluation initiale

33025 Le bailleur, dans un contrat de location-financement, transfère la quasi-totalité des risques et avantages attachés à l'actif loué au preneur. En conséquence, **à la date de prise d'effet** du contrat, le bailleur doit comptabiliser dans son bilan les actifs détenus en vertu d'un contrat de location-financement et les présenter comme des créances pour un montant égal à l'investissement net dans le contrat (IFRS 16.67). Ainsi, il doit :

- sortir du bilan l'immobilisation louée, la quasi-totalité des risques et avantages inhérents à la propriété de l'actif ayant été transférée au preneur ;
- constater une créance pour une valeur égale à son investissement net dans le contrat de location ;

L'**investissement net** dans le contrat de location est égal à la valeur actualisée de l'investissement brut au taux d'intérêt implicite du contrat (IFRS 16.A).

L'**investissement brut** dans le contrat de location est la somme des paiements de loyers restant à recevoir par le bailleur au titre du contrat de location-financement, majorée de toute valeur résiduelle non garantie revenant au bailleur (IFRS 16.A).

Le **taux d'intérêt implicite** du contrat est le taux d'actualisation qui donne une valeur actuelle cumulée des paiements de loyers et de la valeur résiduelle non garantie égale à la somme de la juste valeur de l'actif loué et des coûts directs initiaux du bailleur.

Les **coûts directs initiaux** sont définis comme les coûts marginaux encourus pour l'obtention d'un contrat de location, qui n'auraient pas été engagés si le contrat n'avait pas été conclu, à l'exception des coûts encourus par les bailleurs fabricants distributeurs pour l'obtention d'un contrat de location-financement (IFRS 16.A), voir Remarque ci-après.

Les **paiements de loyers** pris en compte pour l'évaluation de l'investissement net dans le contrat comprennent les montants suivants, qui restent à recevoir à la date de prise d'effet du contrat (IFRS 16.70) :

- les loyers fixes y compris les loyers considérés comme fixes en substance (voir n° 33003), diminués des avantages incitatifs à la location octroyés par le bailleur au preneur et restant à payer par le bailleur ;

- les loyers variables basés sur un taux ou un indice, en utilisant le taux ou l'indice à la date de prise d'effet du contrat ;
- toute valeur résiduelle dont le paiement est garanti au bailleur par le preneur, par une personne liée au preneur ou par un tiers indépendant qui a la capacité financière d'assumer ses obligations de garantie ;
- le prix d'exercice d'une option d'achat si l'exercice de l'option est raisonnablement certain (voir nº 32989) ;
- les pénalités de résiliation ou de non-renouvellement du contrat (qui doivent être prises en compte de manière cohérente avec la détermination de la durée du contrat, voir nº 32989).

Les coûts directs initiaux encourus par le bailleur sont automatiquement incorporés dans la créance initiale, de par la définition du taux implicite du contrat de location. Ils sont ainsi étalés sur la durée du contrat, selon le même rythme que les produits financiers et en réduction de ces derniers (IFRS 16.69).

Remarque – Cas particulier des bailleurs fabricants-distributeurs Lorsqu'un fabricant ou distributeur d'un bien le donne en location-financement à un client, l'opération s'analyse économiquement comme comprenant :

- une vente du bien, constatée à la date de prise d'effet du contrat de location et à l'origine d'un résultat devant être équivalent au profit ou à la perte d'une vente ferme de l'actif loué (IFRS 16.71) ;

Le **chiffre d'affaires** est égal à la juste valeur du bien (équivalant généralement au prix normal de vente, déduction faite des éventuels rabais et ristournes, IFRS 16.72) ou, si elle est inférieure, à la valeur actualisée des paiements de loyers, calculée en utilisant le taux d'intérêt de marché (et non le taux d'intérêt du contrat).

Le **coût des ventes** correspond au coût (ou à la valeur nette comptable si elle est différente) du bien loué, diminué de la valeur résiduelle non garantie actualisée.

Le **profit ou la perte sur la vente** est égal à la différence entre le chiffre d'affaires et le coût des ventes. Celui-ci doit être constaté dès la prise d'effet du contrat, qu'il y ait ou non transfert de l'actif au sens d'IFRS 15.

En revanche, en cas de location simple, un bailleur fabricant-distributeur ne reconnaît pas de profit de cession à la date de prise d'effet du contrat, dans la mesure où celui-ci n'équivaut pas à une vente du bien loué (IFRS 16.86).

- et un financement générant des produits financiers.

Les produits financiers constatés doivent être basés sur le **taux d'intérêt de marché** à la conclusion du contrat et non sur le taux d'intérêt « affiché » du contrat. En effet, l'utilisation de ce dernier aurait pour effet, s'il était artificiellement bas en vue d'attirer des clients, de constater une part excessive de revenu dans le résultat de l'exercice de la vente et une part insuffisante de produits financiers sur la durée du contrat de location (IFRS 16.73).

Les **coûts** encourus par un bailleur fabricant ou distributeur pour l'obtention d'un contrat de location-financement ne peuvent pas être étalés, ces coûts étant principalement liés à la réalisation du résultat de cession. Ils sont donc exclus de l'investissement net dans le contrat de location (IFRS 16.74) et sont en conséquence constatés intégralement en charges lors de la comptabilisation du résultat de cession (c'est-à-dire lors de la prise d'effet du contrat de location).

b. Evaluation ultérieure

Les produits financiers sont constatés, sur la durée du contrat, sur la base d'une formule traduisant un taux de rentabilité périodique constant sur l'encours d'investissement net restant du bailleur (IFRS 16.75 s.). **33026**

Ainsi, les produits financiers doivent être répartis sur la durée du contrat de manière systématique et rationnelle. Le bailleur doit imputer à l'investissement brut dans le contrat de location les paiements de loyers de la période considérée pour diminuer à la fois le principal et les produits financiers non acquis (IFRS 16.76).

Les **produits financiers non acquis** correspondent à la différence entre l'investissement brut et l'investissement net (IFRS 16.A).

Pour les définitions d'investissement brut et d'investissement net dans le contrat de location, voir nº 33025.

La **valeur résiduelle non garantie** est comprise dans l'investissement brut (pour sa valeur brute) et dans l'investissement net (pour sa valeur actualisée) et, en conséquence, une partie des produits financiers non acquis au bailleur (correspondant à la différence entre ces deux valeurs) lui est relative. Ainsi (IFRS 16.77) :

- le bailleur doit revoir régulièrement l'estimation des valeurs résiduelles non garanties ;
- en cas de baisse par rapport à l'estimation antérieure, le rythme d'étalement des produits sur la durée du contrat est révisé et tout ajustement est constaté en perte de la période, en contrepartie d'une diminution de la créance.

Un bailleur doit appliquer les dispositions de **décomptabilisation** et de **dépréciation** d'IFRS 9, Instruments financiers, à l'investissement net dans le contrat (IFRS 16.77).

Enfin, un actif issu d'un contrat de location-financement classé comme un actif détenu en vue de la vente (ou compris dans un groupe d'actifs destiné à être cédé et classé comme détenu en vue de la vente) doit être évalué, conformément à IFRS 5, Actifs non courants détenus en vue de la vente et activités abandonnées (IFRS 16.78).

c. Modifications des contrats de location-financement

33027 Un bailleur doit comptabiliser une modification de contrat de location-financement comme un **contrat de location séparé** (distinct de l'ancien), si les deux conditions suivantes sont remplies (IFRS 16.79) :
- la modification augmente le « périmètre » de la location en ajoutant un droit d'utilisation d'un ou de plusieurs actifs sous-jacents ; et
- l'augmentation du loyer est en ligne avec le prix individuel de l'augmentation du « périmètre », y compris les ajustements appropriés du prix individuel reflétant les circonstances propres au contrat considéré.

Pour la définition d'une modification de contrat, voir n° 33009.

Un bailleur devra comptabiliser **toute autre modification de contrat** n'entraînant pas la constatation d'un contrat séparé (c'est-à-dire qui ne remplit pas les deux conditions ci-avant) comme suit (IFRS 16.80) :

1. **Cas où la modification est telle que le contrat de location aurait été classé en contrat de location simple si elle avait été en vigueur à la date de conclusion du contrat** Le bailleur doit alors :
- comptabiliser la modification, à la date de modification du contrat, comme un nouveau contrat de location ; et
- évaluer la valeur comptable du bien loué sous-jacent comme égale à la valeur de l'investissement net dans le contrat juste avant la date de modification.

La date de modification d'un contrat est la date à laquelle les deux parties conviennent de cette modification (IFRS 16.A).

2. **Autres cas** Le bailleur doit appliquer les dispositions d'IFRS 9, Instruments financiers.

3. Contrats de location simple

a. Evaluation

33029 Les actifs faisant l'objet de contrats de location simple doivent être présentés au bilan du bailleur selon la nature de l'actif (IFRS 16.88).

Comme pour l'ensemble des actifs immobilisés (et de manière cohérente avec les autres actifs), les amortissements d'un bien loué sont évalués et comptabilisés conformément aux normes IAS 16 (voir n° 30977 s.) et IAS 38 (voir n° 29952 s.) ; les dépréciations sont déterminées et comptabilisées conformément à la norme IAS 36 (voir n° 35955 s.) (IFRS 16.84 et .85).

Au compte de résultat, les revenus locatifs doivent être comptabilisés en produits de façon linéaire sur toute la durée du contrat de location, à moins qu'une autre base systématique ne soit plus représentative de l'échelonnement dans le temps de la diminution de l'avantage retiré de l'utilisation de l'actif loué (IFRS 16.81).

Les coûts encourus pour acquérir les revenus locatifs (y compris l'amortissement du bien loué) sont constatés en charges (IFRS 16.82). En revanche, les coûts directs initiaux engagés pour la conclusion du contrat sont à intégrer dans le coût des immobilisations (et repris au compte de résultat de manière étalée, sur la durée du contrat de location, au même rythme que les revenus locatifs) (IFRS 16.83).

Pour la définition des coûts directs initiaux, voir n° 33025.

b. Modifications des contrats de location simple

33031 Un bailleur doit comptabiliser une modification de contrat de location simple comme un nouveau contrat à partir de la date de modification du contrat. Les paiements reçus d'avance ou à recevoir relatifs au contrat initial sont considérés comme faisant partie des paiements de loyers du nouveau contrat (IFRS 16.87).

Pour la définition d'une modification de contrat, voir n° 33009.
Pour la définition d'une date de modification de contrat, voir n° 33027.

4. Bailleurs intermédiaires : cas particulier des contrats de sous-location

Un contrat de sous-location est une transaction dans laquelle un bien sous-jacent est reloué par son preneur (bailleur intermédiaire) à un tiers, le contrat de location (« contrat de location principal ») conclu entre le bailleur et le preneur demeurant en vigueur (IFRS 16.A). 33033

Ainsi, le preneur-bailleur intermédiaire « loue » à un tiers le droit d'utilisation qu'il a obtenu du bailleur (IFRS 16.3).

Le bailleur intermédiaire doit comptabiliser la location principale dont il est preneur et la sous-location dont il est bailleur comme deux contrats séparés (IFRS 16.BC232). Il doit en conséquence :
- comptabiliser le droit d'utilisation octroyé par le contrat de location principal conformément aux dispositions d'IFRS 16 pour les preneurs (voir n° 32995 s.) ;
- classer le contrat de sous-location, à la date de conclusion de celui-ci, en location simple ou location-financement (voir n° 33020 et 33022), **par référence au droit d'utilisation** issu du contrat de location principal (et non par référence à l'actif sous-jacent loué au bailleur dans le cadre du contrat de location principal) (IFRS 16.B58 et .BC233).

Toutefois, si le contrat principal est un contrat de courte durée et que le preneur a opté pour l'exemption permise par la norme IFRS 16 (voir n° 32997), alors le contrat de sous-location est classé en contrat de location simple (IFRS 16.B58).

Si le contrat de sous-location est classé en location simple, le droit d'utilisation et la dette de loyers provenant du contrat principal sont maintenus à l'actif et au passif du bailleur intermédiaire. Les produits issus de la sous-location sont comptabilisés en résultat sur toute la durée du contrat de sous-location, généralement de manière linéaire (voir n° 33029).

Les revenus de loyers issus de la sous-location ne doivent pas être compensés avec les charges relatives au contrat de location principal, sauf si les conditions prévues par IAS 1 pour une telle compensation sont remplies (IFRS 16.BC236).

Si le contrat de sous-location est classé en location-financement (voir n° 33025 et IFRS 16.IE8) :
- le droit d'utilisation, issu du contrat de location principal, est décomptabilisé ;
- une créance est constatée pour une valeur égale à l'investissement net dans le contrat de sous-location ;

Si le taux d'intérêt implicite du contrat de sous-location ne peut pas être déterminé aisément, le taux d'actualisation utilisé pour le contrat de location principal peut être retenu, ajusté pour tenir compte, le cas échéant, des coûts directs initiaux relatifs au contrat de sous-location (IFRS 16.68).
Pour les définitions de l'investissement net et du taux d'intérêt implicite, voir n° 33025.

- toute différence entre le droit d'utilisation et l'investissement net dans le contrat de sous-location est comptabilisée en résultat ;
- la dette de loyers (au titre du contrat de location principal) est maintenue au passif.

Ainsi, la créance (investissement net dans le contrat de sous-location) et la dette de loyers au titre du contrat de location principal ne sont pas compensées, sauf si les conditions de compensation d'IAS 32, Instruments financiers – Présentation, sont remplies (IFRS 16.BC235), voir n° 51170.

5. Informations en annexe

L'objectif des informations à fournir dans l'annexe des états financiers est de permettre aux utilisateurs d'apprécier les impacts des contrats de location sur la situation financière, la performance et les flux de trésorerie de l'entité (IFRS 16.89). 33035

Les informations suivantes devront être fournies par les bailleurs :

1. **Pour les contrats de location-financement** (IFRS 16.90, .93 et .94) :
- le résultat de cession ;
- les produits financiers tirés de l'investissement net dans le contrat de location ;
- le montant des loyers variables qui ne sont pas inclus dans l'évaluation de l'investissement net ;

Ces informations doivent être présentées sous forme de tableau, sauf si une autre forme est plus appropriée (IFRS 16.91).

- des explications qualitatives et quantitatives sur les variations significatives de la valeur comptable de l'investissement net dans les contrats de location-financement ;

– une analyse des échéances des créances locatives, en présentant les paiements à recevoir au titre de la location non actualisés, sur une base annuelle pour chacune des 5 premières années au moins, et en cumul pour les années suivantes ;
– un rapprochement entre les paiements à recevoir au titre de la location, non actualisés, et l'investissement net dans les contrats de location ; ce rapprochement devra identifier les produits financiers non acquis et les valeurs résiduelles non garanties actualisées.

2. Pour les contrats de location simple (IFRS 16.90 et .95 à .97) :
– les produits locatifs, en présentant séparément les produits relatifs aux loyers variables qui ne sont pas fonction d'un indice ou d'un taux ;
– les informations requises par la norme IAS 16, Immobilisations corporelles, pour les biens loués, par catégorie d'actifs sous-jacents et séparément des biens détenus en propre et utilisés par le bailleur ;
– une analyse des échéances de loyers, en présentant les paiements à recevoir au titre de la location non actualisés, sur une base annuelle pour chacune des 5 premières années au moins et en cumul pour les années suivantes ;
– les informations requises par les autres normes applicables aux biens loués (IAS 36, IAS 38, IAS 40 et IAS 41 le cas échéant).

3. Pour tous les contrats Les bailleurs doivent fournir toute information qualitative et quantitative additionnelle, nécessaire à l'atteinte de l'objectif précité (IFRS 16.92). Il s'agit notamment (liste non exhaustive) d'informations permettant aux utilisateurs des états financiers d'apprécier :
– la nature des activités de location du bailleur ;
– la manière dont le bailleur gère les risques associés aux droits qu'il conserve dans les actifs sous-jacents, y compris les moyens mis en œuvre pour réduire ces risques (tels que des accords de rachat, des garanties de valeur résiduelle ou des paiements de loyers variables en cas d'utilisation du bien loué au-delà de limites déterminées).

D. Opérations de cession-bail

33040 Une transaction de cession-bail est une opération par laquelle le propriétaire d'un bien le cède à un tiers pour le reprendre en location (IFRS 16.98).

Le traitement comptable d'une opération de cession-bail diffère selon que le transfert de l'actif par le vendeur-preneur à l'acheteur-bailleur satisfait ou non les conditions requises pour la constatation d'une vente selon la norme IFRS 15, Produits des activités ordinaires tirés des contrats avec des clients (IFRS 16.99).

Pour plus de détails sur les opérations de cession-bail et leur traitement comptable, voir nº 33780.

QUESTIONS/REPONSES PRATIQUES

Remarque importante

33105 Les réponses aux questions présentées ci-après résultent de l'analyse des dispositions de la norme IFRS 16, Contrats de location, en vigueur actuellement, sur la base des informations disponibles au 1er juin 2023.

Pour une présentation des principales dispositions de la norme IFRS 16, voir nº 32972 s.

Evolution possible des réponses :
– pour les opérations de cession-bail, voir nº 33780 ;
– pour la comptabilisation par le preneur d'un abandon de loyers, voir nº 33794.

SECTION I

Dispositions communes aux preneurs et aux bailleurs

I. Identification d'un contrat de location

Actif identifié – Portion d'actif

Question 33110

Un contrat selon lequel une entité obtient le droit d'utiliser une partie du sous-sol d'un terrain peut-il contenir un contrat de location ?

Réponse

Oui. En effet, une partie de sous-sol ne correspond pas à une immobilisation incorporelle (pour laquelle l'application d'IFRS 16 n'est qu'optionnelle pour les preneurs), mais à une portion physiquement distincte d'un actif corporel.

En conséquence, si le contrat portant sur les droits au sous-sol considéré ne fait pas partie des exclusions du champ d'application de la norme IFRS 16, il doit être analysé au regard de cette dernière, afin de déterminer s'il contient ou non un contrat de location.

Commentaires Pour qu'un contrat de location existe, celui-ci doit dépendre de l'utilisation d'un **actif identifié**, de manière implicite ou explicite (IFRS 16.9, .B9 et .B13). En outre, l'actif doit être **physiquement distinct** et peut être une simple **portion physique** d'un actif (IFRS 16.B20).

L'IFRS IC a été interrogé sur le traitement comptable d'un contrat, conclu entre une entité et un propriétaire de terrain dans le but d'installer un oléoduc. Le contrat, objet de la saisine, prévoyait l'emplacement précis et les dimensions de l'espace souterrain considéré. Le propriétaire du terrain conservait le droit d'utiliser la surface du terrain au-dessus de l'oléoduc et ne disposait d'aucun droit d'accès ou de modification de l'utilisation de l'espace souterrain. Le client, quant à lui, disposait tout au long de la durée du contrat du droit d'effectuer des travaux d'inspection, de réparation et de maintenance.

L'IFRS IC a confirmé qu'une partie de sous-sol est un actif physique et non un actif incorporel. En outre, la transaction considérée ne constituant pas une opération exclue du champ d'application de la norme IFRS 16, cette dernière doit être appliquée, afin, notamment, de déterminer si le contrat est (ou contient) un contrat de location.

Pour le champ d'application d'IFRS 16, voir n° 32975.
Pour la définition d'un contrat de location, voir n° 32978 s.

Au cas particulier :

- l'exécution du contrat dépend de l'utilisation d'un **actif identifié**. En effet, la partie de sous-terrain considérée est une **portion physiquement distincte** du reste du terrain et sur laquelle le propriétaire ne détient **pas de droit substantif de substitution** ;

  Pour plus de précisions sur la notion d'actif identifié, voir n° 32980.

- le client a un droit exclusif d'utilisation de la partie de sous-terrain considérée ; il a en conséquence le droit d'obtenir la **quasi-totalité des avantages économiques** résultant de son **utilisation** ;
- le « comment et à quelle fin l'actif est utilisé » est prédéterminé et le client a le droit d'exploiter l'actif ; le client a donc le **droit de diriger l'utilisation de l'actif** pendant la durée du contrat.

  Pour plus d'informations sur le droit de diriger l'utilisation de l'actif, voir n° 32982.

En conséquence, l'IFRS IC a conclu que l'accord, objet de la saisine, contient un contrat de location (IFRIC Update 06/19).

La conclusion aurait été très différente si l'unité de compte considérée n'avait pas été la portion de sous-terrain, objet du contrat, mais le terrain pris dans son ensemble. En effet, dans ce cas, le client n'aurait eu ni le droit à la quasi-totalité des avantages économiques résultant de l'utilisation de l'actif (le propriétaire continuant à avoir le droit d'utiliser la surface du terrain) ni le droit de diriger son utilisation.

Actif identifié – Droit substantif de substitution

33112

Question

Un fournisseur a-t-il un droit substantif de substitution de l'actif mis à disposition d'un client :
- lorsqu'il a la capacité pratique de substituer l'actif pendant toute la durée d'utilisation,
- mais qu'il ne bénéficierait économiquement de cette substitution qu'à compter d'une certaine date après la prise d'effet du contrat ?

Réponse

Non. Selon une décision de l'IFRS IC, pour qu'un droit substantif de substitution existe, le fournisseur doit non seulement avoir la capacité pratique de substituer l'actif tout au long de la durée d'utilisation, mais également bénéficier économiquement de la substitution pendant cette même durée.

Déterminer si cette condition est remplie peut devoir faire appel au jugement.
En outre, lorsque l'actif est spécifié (de manière explicite, dans le contrat, ou de manière implicite, à sa date de mise à disposition), il sera difficile pour un client de conclure à l'existence d'un droit substantif de substitution de l'actif par le fournisseur, et donc à l'absence d'actif identifié, compte tenu des dispositions de la norme IFRS 16 en la matière.

Commentaires :

1. **Rappel des principes** Un contrat peut être (ou contenir) un contrat de location si son exécution dépend de l'utilisation d'un **actif identifié** (IFRS 16.9 et .B9).

Un actif identifié peut être spécifié de manière soit explicite (dans le contrat), soit implicite (à la date de mise à disposition de l'actif considéré) (IFRS 16.B13).
Pour la définition de contrat de location, voir nº 32978 s.

L'actif ne sera **pas un actif identifié**, et le contrat ne sera (ou ne contiendra) donc pas un contrat de location, si le fournisseur a un **droit substantif de substitution** de cet actif **tout au long de la durée d'utilisation**. Ce droit substantif n'existe (i) que si le fournisseur a la **capacité pratique** de substituer l'actif tout au long de la durée d'utilisation et (ii) qu'il **bénéficierait économiquement** de cette substitution (IFRS 16.B14).

La condition (ii) est remplie si les avantages économiques attendus de la substitution de l'actif excèdent les coûts associés à celle-ci (IFRS 16.B14).
Lorsque l'actif est situé dans les locaux du preneur ou d'un tiers, les coûts de substitution sont généralement plus élevés que lorsqu'il se trouve chez le fournisseur et vont plus probablement excéder les avantages économiques que le fournisseur pourrait retirer de la substitution (IFRS 16.B17).

Il doit être souligné :
- qu'une telle capacité pratique de substitution n'existe pas, par exemple, si le client peut l'empêcher, ou si le fournisseur ne dispose pas d'actifs de remplacement (ou ne peut pas en disposer aisément, dans un délai raisonnable) (IFRS 16.B14) ;
- que l'**évaluation de l'existence ou non d'un tel droit substantif de substitution** est effectuée sur la base des faits et circonstances à la date de conclusion du contrat. Les événements futurs dont la survenance n'est pas considérée comme probable à cette même date ne doivent pas être pris en compte (IFRS 16.B16) ;

Par exemple, des éléments tels que l'existence d'un autre preneur qui serait prêt à payer des loyers supérieurs aux prix du marché dans le futur, une évolution significative du prix de marché de l'actif ou l'introduction d'une nouvelle technologie seront ignorés.

- qu'un droit ou une obligation pour le fournisseur de remplacer l'actif considéré seulement à une certaine date ou à la survenance d'un événement donné n'est pas un droit substantif de substitution (puisqu'il n'existe pas tout au long de la durée d'utilisation de l'actif) (IFRS 16.B15) ;
- qu'un droit ou une obligation de substitution de l'actif, en cas de dysfonctionnement ou de mise à niveau technologique, par exemple, n'empêche pas un actif d'être identifié (IFRS 16.B18).

Si un client ne peut pas facilement déterminer si le fournisseur bénéficie ou non d'un droit substantif de substitution, le client doit **présumer** que ce droit n'existe pas (IFRS 16.B19).

2. **Décision de l'IFRS IC** L'IFRS IC a été interrogé sur l'existence ou non d'un actif identifié dans le cas d'un contrat conclu entre un client et son fournisseur pour l'utilisation de batteries de bus électriques.

Dans la même saisine, la question de l'unité de compte à retenir a été également posée à l'IFRS IC : l'appréciation de l'existence (ou non) d'un contrat de location doit-elle être effectuée pour chaque batterie prise isolément ou pour l'ensemble des batteries ? Au cas particulier, l'IFRS IC a conclu que l'unité de compte devait être chaque batterie prise isolément, sur les bases d'IFRS 16.B12 et .B32 (voir n° 32985).

Selon le contrat objet de la saisine :
- le fournisseur a la capacité pratique de remplacer les batteries pendant toute la durée du contrat (dix ans), moyennant le paiement d'une indemnité au client ;
- à la date de la conclusion du contrat, le client s'attend à ce que le fournisseur ne bénéficie pas économiquement du remplacement des batteries avant la fin des trois premières années d'utilisation.

Comme indiqué ci-avant, selon IFRS 16.B14, un fournisseur ne bénéficierait de la substitution d'un actif que si les avantages économiques attendus de cette substitution excèdent les coûts associés à celle-ci. Au cas particulier, l'existence du bénéfice économique pour le fournisseur à un moment donné dépendra à la fois du montant de l'indemnité payable au client et du niveau d'utilisation de la batterie (le fournisseur peut avoir intérêt, par exemple, à changer la batterie d'un client dont les bus roulent beaucoup avec celle d'un client dont les bus roulent moins, afin d'optimiser son parc de batteries).

Dans sa décision (IFRIC Update 03/23, publication définitive en 04/23), l'IFRS IC :
- a rappelé que les dispositions de la norme en matière de droit substantif de substitution (rappelées ci-avant au point 1.) constituent un obstacle important à franchir avant qu'un client ne puisse conclure à l'absence d'actif identifié dans un cas où un actif est spécifié ;
- a observé que l'expression « tout au long de la durée d'utilisation » était sujette à jugement (les conditions n'ayant pas à être remplies à chaque instant pendant toute la durée du contrat) ; et
- a conclu que, dans le cas présenté, le fournisseur n'avait pas de droit substantif de substitution tout au long de la durée d'utilisation, puisqu'il ne bénéficierait pas économiquement d'une telle substitution pendant a minima les trois premières années du contrat.

En conséquence, dans le cas de la saisine, chaque batterie est un actif identifié, et le contrat considéré contiendra un contrat de location, dès lors que le client a le droit d'obtenir la quasi-totalité des avantages économiques découlant de l'utilisation des batteries et le droit de diriger le « comment et à quelle fin » elles sont utilisées.

Pour plus d'informations sur le droit du client de contrôler l'utilisation de l'actif identifié, voir n° 32982.

Droit de diriger l'utilisation d'un actif identifié – Prédétermination de décisions relatives à l'utilisation de l'actif

Question 33115

Peut-il être conclu qu'un accord ne contient pas de contrat de location lorsque de nombreuses décisions relatives au droit de diriger l'utilisation d'un actif identifié sont prédéterminées, que le client n'a pas participé à la conception de l'actif et que le fournisseur exploite et opère ce dernier ?

Réponse

Non.

En effet, les décisions qui n'ont pas été prédéterminées, même si elles sont peu nombreuses, et qui peuvent modifier ou impacter « comment et à quelle fin » utiliser l'actif (dans le cadre du droit d'utilisation défini par le contrat) doivent être identifiées et analysées.

Si ces décisions peuvent être prises par le client, celui-ci est considéré comme ayant le droit de diriger l'utilisation de l'actif. Dans ce cas, et si le client a également droit à la quasi-totalité des avantages économiques résultant de l'utilisation de l'actif, l'accord contient un contrat de location dans lequel le client est preneur et le fournisseur bailleur.

Les situations où le « comment et à quelle fin utiliser l'actif » est totalement prédéterminé sont à notre avis très rares.

33115 (suite) ***Commentaires :***

1. **Rappel des principes** A la date de conclusion d'un contrat, une entité doit déterminer si ce contrat est (ou contient) un contrat de location, le cas échéant, « caché » dans un contrat de prestations de services ou de fourniture de biens. Cela est le cas si l'exécution du contrat dépend de l'**utilisation d'un actif identifié** et que le contrat confère le **droit au client de contrôler l'utilisation de l'actif identifié** pour une période de temps en échange d'une contrepartie (IFRS 16.9).

Le client a ce **droit de contrôler l'utilisation de l'actif identifié** s'il a, pendant la durée d'utilisation, à la fois (IFRS 16.B9) :

– le droit d'obtenir la **quasi-totalité des avantages économiques** résultant de **l'utilisation** de l'actif ; et

– le droit de **diriger l'utilisation de l'actif,** c'est-à-dire le **droit de décider comment et à quelle fin utiliser le bien** pendant la durée d'utilisation (IFRS 16.B24). Pour cela, doivent être considérées les décisions pouvant être prises **dans le cadre du droit d'utilisation défini par le contrat** et qui impactent les avantages économiques pouvant être obtenus de l'utilisation de l'actif (IFRS 16.B25).

Ainsi, les décisions prises préalablement à la période d'utilisation sont généralement ignorées (IFRS 16.B29) (voir ci-après).

Dans les cas particuliers où le « comment et à quelle fin » l'actif est utilisé est prédéterminé, le client a le droit de diriger l'utilisation de l'actif (IFRS 16.B24b) :

– s'il a le droit **d'exploiter (ou de faire exploiter)** l'actif pendant la durée d'utilisation, sans que le fournisseur ne puisse modifier les instructions d'exploitation ; ou

– s'il a **conçu l'actif (ou certains de ses aspects)** d'une manière qui prédétermine le « comment et à quelle fin » l'actif est utilisé pendant la durée d'utilisation.

2. **Décision de l'IFRS IC** Lorsque de nombreuses décisions relatives au « comment et à quelle fin » l'actif est utilisé sont prédéterminées, la question de l'existence du droit de diriger l'utilisation de l'actif, pour le client, a été posée à l'IFRS IC.

L'objet de la saisine était un contrat de transport maritime, conclu entre un client et son transporteur, d'une durée de 5 ans, selon lequel :

– le navire est explicitement identifié ;

– le client a un droit exclusif d'utilisation du navire ;

– plusieurs décisions sont contractuellement prédéterminées (ports de départ et d'arrivée, type et quantité de marchandises à transporter, etc.) ;

– le client décide du port de départ pour chaque voyage et donc du calendrier précis des trajets à effectuer ;

– le transporteur opère le navire et est en charge de sa maintenance.

L'IFRS IC a indiqué qu'IFRS 16.B24b précité n'est applicable que lorsque **toutes les décisions** impactant le « comment et à quelle fin » l'actif est utilisé **sont prédéterminées.**

L'IFRS IC a en outre rappelé que le Board s'attendait à ce que ce cas soit rare en pratique (IFRS 16.BC121).

Au cas particulier, **dans le cadre du droit d'utilisation défini par le contrat,** le client décide seul du calendrier précis des trajets. Il prend ainsi les décisions les plus pertinentes relatives à l'utilisation du navire qui ne sont pas contractuellement prédéterminées, et a, de ce fait, le droit de diriger l'utilisation de l'actif.

Le contrat dépendant en outre d'un actif identifié, et le client ayant le droit d'obtenir la quasi-totalité des avantages économiques résultant de son utilisation de par son droit exclusif d'utilisation, l'IFRS IC a conclu que le contrat contenait un contrat de location (IFRIC Update 01/20).

S'il avait été considéré que le droit de diriger l'utilisation de l'actif était prédéterminé, en raison du nombre important de décisions prédéfinies contractuellement, le contrat n'aurait pas contenu de contrat de location et aurait été qualifié de contrat de services, dans la mesure où le client n'a pas participé à tout ou partie de la conception du navire et que celui-ci est opéré par le fournisseur.

II. Détermination de la durée d'un contrat

Durée d'un contrat de location – Période exécutoire et options du preneur

Question 33160

Comment déterminer la durée d'un contrat de location ?

Réponse

Le schéma ci-après, issu d'un papier de travail de l'IFRS IC de novembre 2019, illustre les différentes notions de durées et périodes d'un contrat de location comprenant des options de renouvellement ou de résiliation par le preneur.

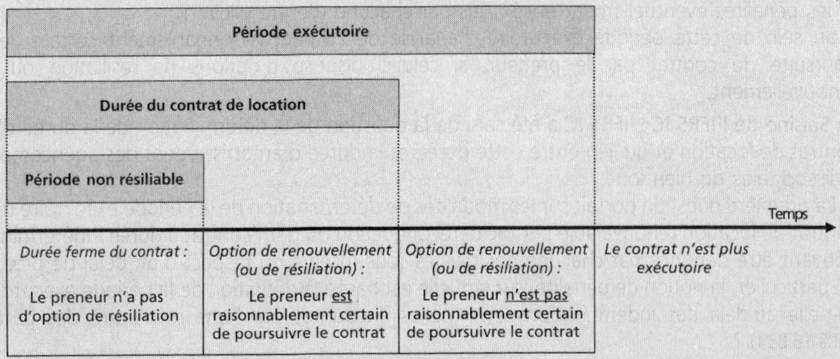

La durée d'un contrat de location, utilisée pour l'évaluation du droit d'utilisation et de la dette de loyers, est égale au minimum à sa période non résiliable et au maximum à sa période exécutoire.

La détermination de la durée d'un contrat doit ainsi être effectuée en deux étapes :

Etape 1 : Détermination de la période exécutoire Un contrat de location n'est plus exécutoire lorsque le preneur et le bailleur ont chacun le droit de le résilier sans la permission de l'autre partie et en s'exposant tout au plus à une pénalité négligeable. Ainsi, afin de déterminer la période exécutoire d'un contrat, les droits de résiliation de chacune des parties au contrat de location (preneur et bailleur) et le niveau de pénalités encourues par celles-ci en cas de résiliation doivent être analysés. Dans ce cadre, la notion de pénalité n'est pas limitée aux seules indemnités de résiliation contractuelles, l'ensemble des aspects économiques du contrat devant être pris en compte (par exemple, l'abandon d'agencements indissociables du bien loué). En conséquence, dès lors que l'une des parties a une incitation économique à ne pas résilier le contrat, car la résiliation lui ferait encourir une pénalité économique plus que négligeable, le contrat est exécutoire au-delà de sa période non résiliable.

Etape 2 : Détermination de la durée du contrat à retenir, au sein de cette période exécutoire, pour l'évaluation du droit d'utilisation et de la dette de loyers Pour ce faire, une analyse de l'aspect « raisonnablement certain » de la poursuite du contrat par le preneur devra être effectuée. La durée du contrat sera alors la durée non résiliable de celui-ci, augmentée des périodes couvertes par les options de renouvellement que le preneur est raisonnablement certain d'exercer, et des périodes couvertes par les options de résiliation que le preneur est raisonnablement certain de ne pas exercer.

Commentaires Selon IFRS 16.18, la durée du contrat de location correspond à sa période non résiliable, augmentée des périodes couvertes par les options de renouvellement du contrat dont l'exercice est raisonnablement certain et des périodes couvertes par les options de résiliation que le preneur est raisonnablement certain de ne pas exercer.

1. **Rappel des principes** Pour déterminer la durée d'un contrat de location et évaluer sa période non résiliable, une entité doit déterminer la période pendant laquelle celui-ci est exécutoire (au sens d'« enforceable »).

33160 (suite) Un contrat de location n'est **plus exécutoire** lorsque **le preneur et le bailleur** ont chacun **le droit de résilier** le contrat, sans la permission de l'autre partie et en s'exposant tout **au plus à une pénalité négligeable** (IFRS 16.B34).

En outre, IFRS 16.B35 précise que :

– si **seul le preneur a une option de résiliation du contrat,** la durée sera déterminée en fonction du caractère raisonnablement certain ou non de poursuite du contrat (c'est-à-dire du caractère raisonnablement certain ou non de non-exercice de l'option de résiliation) ;

Pour les aspects devant être pris en compte pour la détermination du caractère raisonnablement certain d'exercice d'une option de renouvellement ou de non-exercice d'une option de résiliation, voir n° 32989.

– si **seul le bailleur a une option de résiliation** du contrat, la durée non résiliable de celui-ci comprend la période couverte par cette option.

En conséquence, la détermination de la durée d'un contrat doit prendre en compte :

– la détermination de sa période exécutoire, en analysant les droits effectifs de chaque partie et les pénalités éventuellement encourues par chacune d'entre elles ;

– au sein de cette période exécutoire, l'analyse de l'aspect raisonnablement certain de la poursuite du contrat par le preneur, si celui-ci dispose d'options de résiliation ou de renouvellement.

2. Saisine de l'IFRS IC L'IFRS IC a été saisi de la question de la détermination de la durée d'un contrat de location et du lien entre cette durée et la durée d'amortissement des agencements indissociables du bien loué.

– La première question portait sur les modalités de détermination de la période exécutoire d'un contrat de location renouvelable par tacite reconduction ou d'un contrat à durée indéterminée, pouvant être dénoncé par chacune des parties sous réserve du respect d'un délai de préavis. En particulier, la notion de pénalité, sur laquelle est basée la définition de la période exécutoire, va-t-elle au-delà des indemnisations éventuelles encourues par l'une ou l'autre des parties (IFRS 16.B34) ?

– La deuxième question portait sur la durée d'amortissement des agencements et installations indissociables du bien loué. Cette durée est-elle limitée à la durée du contrat de location considéré ?

Pour le traitement des changements comptables à la suite d'une décision de l'IFRS IC, voir n° 12712.

3. Décision de l'IFRS IC – Période exécutoire et notion de pénalité (IFRIC Update 11/19) Dans sa décision, l'IFRS IC a rappelé que l'IASB considérait que la durée du contrat de location devait refléter une attente raisonnable de la période pendant laquelle l'actif loué sera utilisé (IFRS 16.BC156). Dès lors, pour la détermination de la période exécutoire des contrats décrits dans la saisine et l'application d'IFRS 16.B34, une entité doit :

– prendre en compte **l'ensemble des aspects économiques du contrat,** et pas uniquement les indemnités de résiliation contractuelles ;

– s'assurer que chaque partie a le droit de résilier le contrat sans la permission de l'autre partie, et sans encourir de pénalité autre que négligeable.

En effet, selon IFRS 16.B34, le contrat n'est plus exécutoire uniquement à partir de la date à laquelle les deux parties ont un tel droit.

En conséquence :

– dès lors que l'une des parties (preneur ou bailleur) a une **incitation économique** à ne pas résilier le contrat, car la résiliation lui ferait encourir une **pénalité économique plus que négligeable,** le contrat est exécutoire au-delà de sa période non résiliable ;

– si **une seule des deux parties** a le droit de résilier le contrat sans encourir de pénalité autre que négligeable, le contrat est exécutoire au-delà de la date à laquelle cette partie peut le résilier.

Ainsi, la période exécutoire d'un contrat de location doit être appréciée d'un point de vue économique global et non du seul point de vue juridique.

La définition de la notion de pénalité dans la norme américaine ASC 842 est également extrêmement large, et inclut notamment toute sortie de ressources, toute renonciation à un bénéfice économique ou tout détriment économique qui serait encouru par le preneur, en raison du contrat de location, ou de facteurs externes à ce dernier.

Si une entité conclut, sur la base de l'analyse qui précède, que la période exécutoire d'un contrat est supérieure à la durée du préavis de résiliation (pour un contrat à durée indéterminée) ou à sa durée initiale (pour un contrat renouvelable par tacite reconduction), elle devra déterminer, au sein de cette période exécutoire, la durée du contrat de location à retenir pour l'évaluation du droit d'utilisation et de la dette de loyers. Cette détermination sera basée sur le caractère raisonnablement certain ou non de poursuite du contrat par le preneur, c'est-à-dire sur le caractère raisonnablement certain ou non de non-exercice de l'option de résiliation par le preneur (IFRS 16.B37 à .B40). 33160 (suite)

Pour l'impact de la décision de l'IFRS IC sur la durée des baux commerciaux, voir n° 33170
Pour les aspects devant être pris en compte pour la détermination du caractère raisonnablement certain de non-exercice d'une option de résiliation, voir n° 32989.

4. Décision de l'IFRS IC – Durée d'amortissement des agencements indissociables du bien loué Dans sa décision précitée (IFRIC Update 11/19), l'IFRS IC a également apporté des clarifications relatives au lien entre la période exécutoire d'un contrat de location et la durée d'amortissement des agencements indissociables du bien loué. Il s'ensuit que :
- si le preneur ne prévoit pas d'utiliser les agencements au-delà de la durée du contrat de location, la durée d'amortissement des agencements sera alignée sur la durée du contrat (IAS 16.56 et .57) ;
- en revanche, dès lors que le preneur s'attend à utiliser les agencements au-delà de la date à laquelle le contrat peut être résilié, cela indique qu'il pourrait encourir une pénalité plus que négligeable s'il résiliait le contrat. En effet, comme indiqué au point 3. ci-avant, l'ensemble des aspects économiques du contrat doit être pris en compte pour la détermination de la période exécutoire et la notion de pénalité d'IFRS 16.B34 inclut, par exemple, l'abandon d'agencements indissociables du bien loué. Dans un tel cas, le preneur devra en conséquence apprécier si la période exécutoire du contrat de location ne s'étend pas au moins jusqu'à la fin de la durée d'utilité de ces agencements ;
- en outre, la valeur des investissements significatifs indissociables du bien doit être prise en compte dans la détermination du caractère raisonnablement certain ou non de poursuite du contrat (IFRS 16.B37) ;
- il existe en conséquence une présomption d'alignement de la durée d'amortissement des agencements indissociables du bien loué et de la durée du contrat de location correspondant.

5. Recommandations de l'AMF Dans ses recommandations en vue de l'arrêté des comptes 2020, l'AMF recommande aux sociétés de présenter les informations clés permettant d'apprécier les principaux jugements effectués par la société pour déterminer la durée des contrats de location et l'évaluation de la dette de loyers, en particulier pour les baux immobiliers (Rec. AMF 2020-09, Arrêté des Comptes 2020, § 6.1.1).

Dans ses recommandations en vue de l'arrêté des comptes 2018, l'AMF avait en outre rappelé l'importance de tenir compte, pour déterminer la période exécutoire d'un contrat de location, de l'ensemble des dispositions contractuelles et du cadre législatif applicable (spécificités locales). L'AMF avait également souligné la nécessité de s'assurer de la pertinence des hypothèses retenues pour estimer la certitude raisonnable d'exercice des options de prolongation et de non-exercice des options de résiliation au regard, entre autres, de la stratégie du groupe quant à l'utilisation de ces actifs, ainsi que d'assurer une cohérence avec l'analyse effectuée pour les autres estimations liées (par exemple, la durée d'amortissement des agencements afférents) (Rec. AMF 2018-12, Arrêté des Comptes 2018, § 5.1.1).

■ ***Exemple 1***

Une entité a conclu en tant que preneur un contrat de location d'un espace de vente. Le contrat a une durée indéterminée. Le bailleur et le preneur ont tous deux des options de résiliation du contrat, exerçables à tout moment. Ces options sont soumises aux périodes de préavis suivantes :
- si le preneur exerce son option, la résiliation prendra effet 6 mois après l'exercice de l'option ;
- si le bailleur exerce son option, la résiliation prendra effet 18 mois après l'exercice de l'option.
*En cas de résiliation prenant effet à compter du 18ème mois, **aucune des parties n'aura à encourir de pénalité autre que négligeable.***

Solution de l'exemple 1 *A sa date de prise d'effet, le contrat de location a une période non résiliable de 6 mois (délai de préavis en cas de résiliation par le preneur) et une période exécutoire de 18 mois. En effet, c'est à l'issue des 18 mois que chacune des deux parties peut résilier le contrat, de manière unilatérale et sans encourir de pénalité autre que négligeable. La durée du contrat de location sera donc déterminée en fonction des faits et circonstances propres au preneur et sera comprise, selon les cas, entre 6 et 18 mois.*

Chaque jour, et dès lors qu'aucune des deux parties n'a exercé son option de résiliation, la période non résiliable du contrat est révisée de manière à être maintenue à 6 mois et la période exécutoire est maintenue à 18 mois. La durée du contrat de location sera le cas échéant également révisée et sera, jusqu'à la résiliation éventuelle par les parties, supérieure ou égale à 6 mois.
IFRS 16.21 impose en effet une révision de la durée du contrat de location si la période non résiliable du contrat de location est modifiée. Au cas particulier, chaque jour, tant qu'aucune partie n'a exercé son option de résiliation, la période non résiliable augmente d'un jour.

■ *Exemple 2*

*Le contexte est comparable à celui de l'exemple 1, si ce n'est que **le preneur est raisonnablement certain de poursuivre le contrat pendant une période de 60 mois.***

***Solution de l'exemple 2** Dès lors que le preneur est raisonnablement certain de poursuivre le contrat, cela signifie qu'il a une incitation économique à ne pas exercer son option de résiliation avant le 54e mois. En conséquence, la période exécutoire du contrat est de 60 mois, et non de 18, puisque l'incitation économique à rester dans les locaux serait représentative pour le preneur d'une pénalité plus que négligeable en cas de résiliation avant cette date. A sa date de prise d'effet, la durée du contrat est également de 60 mois.*

■ *Exemple 3*

*Une entité a conclu en tant que preneur un contrat de location d'un espace de vente. Le contrat a une durée indéterminée. Le preneur a une option de résiliation du contrat, exerçable à tout moment. La résiliation du contrat prend effet 6 mois après l'exercice de l'option. **Le bailleur**, quant à lui, **ne dispose pas d'option de résiliation.***

***Solution de l'exemple 3** Le bailleur n'ayant pas d'option de résiliation, la période exécutoire du contrat est indéterminée. La durée du contrat devra donc être déterminée uniquement sur la base de l'aspect « raisonnablement certain » de poursuite du contrat par le preneur, en prenant en compte tous les faits et circonstances créant une incitation économique à ne pas exercer l'option de résiliation. Cette durée sera dans tous les cas supérieure ou égale à 6 mois, tant que le preneur n'a pas résilié le contrat.*

■ *Exemple 4*

Le 1/01/N, une entité a conclu, en tant que preneur, un contrat de location d'un immeuble. Le contrat a une durée indéterminée. Le bailleur et le preneur ont tous deux des options de résiliation du contrat, exerçables le 30 juin de chaque année civile, à partir de l'année N+1. La résiliation prend effet 6 mois après l'exercice de l'option. La première date de prise d'effet de la résiliation possible est donc le 31/12/N+1. En cas d'exercice de son option de résiliation, le bailleur n'aurait à subir aucune pénalité. En revanche, si le preneur résilie le contrat avant la fin de la dixième année, il devra payer au bailleur une indemnité équivalente à six mois de loyers. Au-delà des 10 ans, aucune indemnité n'est due au bailleur et le preneur n'aura à subir aucune forme de pénalité économique.

***Solution de l'exemple 4** A sa date de prise d'effet, le contrat de location a une période non résiliable de 24 mois. En outre, compte tenu de l'indemnité payable par le preneur en cas de résiliation avant la fin de la dixième année, sa période exécutoire est de 10 ans (c'est uniquement à compter de cette date que le contrat peut être résilié par le bailleur et par le preneur, sans la permission de l'autre partie et sans encourir de pénalité autre que négligeable).*

A sa date de prise d'effet, la durée du contrat est donc comprise entre 24 mois et 10 ans, selon le caractère raisonnablement certain ou non de poursuite du contrat par le preneur. En conséquence :

– si le preneur est raisonnablement certain de ne pas exercer son option de résiliation avant le terme de 10 ans, compte tenu du niveau de la pénalité qu'il devrait encourir et/ou des autres faits et circonstances, la durée de contrat sera de 10 ans ;

– si, malgré l'existence de l'indemnité à payer au bailleur en cas de résiliation avant le terme de 10 ans, d'autres faits et circonstances font que le preneur n'est pas raisonnablement certain de poursuivre le contrat pendant cette période, la durée du contrat sera inférieure à ces 10 ans.

Pour les révisions ultérieures éventuelles de cette durée, voir no 32989.

Baux commerciaux

33170 ***Question***

La durée d'un bail commercial peut-elle être supérieure à la durée juridique du contrat (généralement, neuf ans) ?

Réponse

A notre avis, oui. En effet, compte tenu des spécificités de la législation française en matière de baux commerciaux, la période exécutoire d'un bail commercial n'est pas nécessairement limitée à sa durée contractuelle. En conséquence, la durée du bail retenue pour l'évaluation du droit d'utilisation et de la dette de loyers peut devoir, en fonction des circonstances, aller au-delà du terme contractuel de celui-ci.

Une information sur les jugements retenus pour la détermination de la durée des contrats de location d'une manière générale, et des baux commerciaux en particulier, devra être communiquée dans l'annexe des états financiers. 33170 (suite)

Commentaires :

1. **Quelques rappels sur les baux commerciaux** En France, les baux commerciaux, souvent qualifiés de « baux 3-6-9 », sont utilisés pour la location de biens immobiliers utilisés comme locaux commerciaux. Ces baux sont généralement d'une durée de 9 ans, durant lesquels :
- le preneur a le droit de résilier le contrat de location tous les trois ans (c'est-à-dire à la fin de chaque période triennale) sans payer d'indemnité au bailleur ;
- le bailleur ne peut pas résilier le bail pendant la durée de neuf ans.

A la fin de la période initiale de 9 ans, le preneur peut demander le renouvellement du bail pour entrer dans un nouveau bail 3-6-9. Dans ce cas, le bailleur peut :
- accepter le renouvellement du bail, avec un loyer qui en général est inférieur au loyer de marché (sauf pour les bureaux, ou dans des circonstances spécifiques, par exemple en cas de modification significative des facteurs locaux de commercialité) ; ou
- refuser le renouvellement, auquel cas il est tenu de verser au preneur une « indemnité d'éviction » indemnisant le preneur pour les dommages subis du fait du déménagement.

Cette indemnité couvre notamment la perte d'activité liée à la délocalisation, les frais de réinstallation, la différence de loyer entre les nouveaux loyers estimés que le preneur devra payer et celui qu'il aurait eu en restant dans les locaux précédents, etc.
Si le preneur et le bailleur sont en désaccord sur le montant de l'indemnité, il est décidé par un tribunal.
Le preneur a le droit de rester dans les locaux jusqu'au paiement complet de l'indemnité par le bailleur.

Enfin, selon la loi, à défaut de congé ou de demande de renouvellement effectuée à l'issue de la durée du bail, celui-ci se prolonge tacitement au-delà du terme fixé par le contrat.

Notons qu'il n'y a pas de limite au nombre de renouvellements de contrat et, dans la pratique, les preneurs restent souvent dans les mêmes locaux pour des périodes s'étendant bien au-delà de la période initiale de 9 ans.

2. **Période exécutoire d'un bail commercial** Selon IFRS 16.BC34, un contrat de location n'est plus exécutoire (au sens d'« enforceable ») lorsque le preneur et le bailleur ont chacun le droit de le résilier sans la permission de l'autre partie et en s'exposant tout au plus à une pénalité négligeable.

Compte tenu des particularités juridiques des baux commerciaux rappelées ci-avant, la question s'est posée de savoir si la période exécutoire d'un bail commercial pouvait être supérieure à sa durée contractuelle initiale (en général, 9 ans) ou, autrement dit, si la législation accordait une option de renouvellement « en substance » pour le preneur, en particulier dès lors que l'indemnité à recevoir du bailleur en cas de refus de renouvellement s'élèverait à un montant autre que négligeable.

Certains ont en effet considéré qu'il n'existe pas de différence effective entre les droits et obligations des parties dans un bail 3-6-9, d'une part, et ceux dans un bail d'une durée de 18 ans dans lequel le preneur et le bailleur auraient le droit de résilier le contrat à l'issue des 9 ans, contre versement d'une indemnité au preneur en cas de résiliation par le bailleur, d'autre part.

a. **Position de l'ANC** Dans son relevé de conclusions du 16 février 2018, l'ANC avait initialement considéré qu'« au plan comptable, il n'existe pas d'option de renouvellement au terme du bail et la période pendant laquelle le contrat est exécutoire est généralement de 9 ans (la période non résiliable étant alors de 3 ans) ».

Cette position pouvait être considérée comme confortée par les bases de conclusions de la norme IFRS 16. En effet, le paragraphe BC127 stipule que :
- si les périodes optionnelles ne sont pas exécutoires, par exemple si le preneur ne peut pas étendre la durée du contrat sans l'accord du bailleur, le preneur ne dispose pas de droit d'utilisation au-delà de la période non résiliable du contrat ;
- pour déterminer le caractère exécutoire du contrat, une entité doit déterminer si le bailleur a la possibilité ou non de refuser la demande de prolongation du preneur (IFRS 16.BC127).

L'application de cette position impliquait que, sauf cas particulier :
- la durée maximale du bail, à sa date de prise d'effet, était sa durée initiale (neuf ans dans un bail « 3-6-9 ») ;
- aucune réestimation de la durée amenant celle-ci au-delà de la durée initiale ne devait et ne pouvait être effectuée par le preneur avant la conclusion d'un nouveau bail (et ce, même s'il devenait raisonnablement certain que le preneur demanderait le renouvellement du contrat).

Pour plus de détails sur la notion de durée de contrat, voir nº 32989.

33170 (suite) Toutefois, l'ANC a publié, le 3 juillet 2020, une mise à jour de son relevé de conclusions, qui annule et remplace celui du 16 février 2018 précité. L'ANC y indique notamment que « la durée du contrat de location doit refléter la durée pendant laquelle le preneur est raisonnablement certain de poursuivre le bail. Cette durée est généralement de 9 ans à l'origine ».

L'ANC indique en outre que la période de tacite prolongation, prévue par les dispositions légales dans certaines circonstances (voir point 1. ci-avant), « est prise en compte dans la détermination comptable de la durée initiale du bail si le preneur peut raisonnablement anticiper qu'il aura intérêt à utiliser cette disposition et/ou que le bailleur ne pourra alors donner congé sans pénalité significative. Il est alors tenu compte de la date jusqu'à laquelle le preneur est raisonnablement certain de poursuivre le bail au-delà du terme contractuel ».

L'ANC considère ainsi, désormais, que la durée d'un bail commercial peut aller au-delà de son terme contractuel.

L'ANC souligne enfin que les hypothèses retenues pour déterminer la durée du bail et celles retenues pour la durée de l'amortissement des agencements non réutilisables sont mises en cohérence.

La présomption d'alignement de la durée d'amortissement des agencements indissociables du bien loué et de la durée du contrat de location découle également de la décision de l'IFRS IC de novembre 2019 (voir n° 33160).

b. Application aux baux commerciaux de la décision de l'IFRS IC relative à la durée d'un contrat de location renouvelable par tacite reconduction ou d'un contrat à durée indéterminée Dans le cadre d'une saisine relative à la détermination de la durée d'un contrat de location renouvelable par tacite reconduction ou d'un contrat à durée indéterminée, pouvant être dénoncé par chacune des parties sous réserve du respect d'un délai de préavis, l'IFRS IC a en particulier clarifié les éléments suivants (IFRIC Update 11/19) :

– pour la détermination de la période exécutoire et l'application d'IFRS 16.B34, une entité doit prendre en compte l'**ensemble des aspects économiques du contrat**. Ainsi, par exemple, l'abandon par le preneur d'agencements indissociables du bien loué en cas de résiliation du contrat peut constituer une pénalité non négligeable qui serait alors à prendre en compte dans la détermination de la période exécutoire ;

– dès lors que **l'une des parties** (preneur ou bailleur) a une **incitation économique à ne pas résilier** le contrat, car la résiliation lui ferait encourir une **pénalité économique plus que négligeable**, le contrat est exécutoire au-delà de sa durée non résiliable.

Ainsi, la période exécutoire d'un contrat de location doit être appréciée d'un point de vue économique global et non du seul point de vue juridique.

Pour plus de précisions sur la notion de période exécutoire et de durée d'un contrat de location et sur la décision de l'IFRS IC précitée, voir n° 33160.

A notre avis, et selon l'avis de la CNCC (communiqué du département EIP publié le 6/11/20), dès lors qu'un bail commercial ne cesse pas de plein droit à son terme contractuel initial (le bail, à défaut de congé ou de demande de renouvellement, se prolongeant tacitement), il constitue un contrat renouvelable au sens de la décision de l'IFRS IC précitée et celle-ci doit donc lui être appliquée.

En conséquence, quelle que soit la forme de prolongation envisagée :

– la période exécutoire d'un bail commercial peut être supérieure à sa durée contractuelle initiale ;

– la durée retenue pour l'évaluation du droit d'utilisation et de la dette de loyers, qui doit être évaluée en fonction du caractère raisonnablement certain de la poursuite du contrat par le preneur, n'est ainsi pas nécessairement limitée au terme contractuel du bail ;

– cette durée doit être réestimée si le preneur devient raisonnablement certain de demeurer dans les locaux en raison d'un changement de circonstances significatif sous son contrôle ; la durée réestimée peut, le cas échéant, aller au-delà du terme contractuel du bail.

Par exemple, si le preneur réalise des investissements significatifs dans des agencements indissociables du bien loué en cours de bail, il doit réestimer la durée du contrat conformément à IFRS 16.20. Si la valeur résiduelle de ces agencements à l'issue du bail constitue une pénalité économique plus que négligeable en cas de sortie des locaux, la période exécutoire du bail devient supérieure à sa durée contractuelle. Le preneur examine alors l'ensemble des faits et circonstances créant une incitation économique de maintien dans les locaux (IFRS 16.B37) et réestime la durée du bail pour que celle-ci corresponde à la période pendant laquelle il est raisonnablement certain de demeurer dans les locaux, même en l'absence d'accord formel intervenu avec le bailleur. Les agencements indissociables du bien loué sont amortis sur la même durée que celle du bail réestimée. Pour plus de détails sur la détermination de la durée d'un contrat de location et les indicateurs créant une incitation économique pour le preneur d'exercer une option de renouvellement, voir n° 32989.

c. **Recommandations de l'AMF** Dans ses recommandations en vue de l'arrêté des comptes 2020, l'AMF a indiqué que les durées des baux commerciaux devront être analysées et, le cas échéant, réestimées à la lumière de la décision de l'IFRS IC (Rec. AMF 2020-09, Arrêté des Comptes 2020, § 6.1.1).

Pour plus de précisions sur le traitement des changements comptables à la suite d'une décision de l'IFRS IC, voir n° 12712.

Pour plus de précisions sur la décision de l'IFRS IC, voir n° 33160.

3. **Informations en annexe** Une information adéquate sur les jugements retenus pour la détermination de la durée des contrats devra à notre avis être communiquée dans l'annexe des états financiers, au titre d'IFRS 16.59 en particulier, et d'IAS 1.122 et .125 le cas échéant (jugements importants et estimations effectués par la direction).

Pour les recommandations de l'AMF en la matière, voir n° 33160.

SECTION II

Contrats de location dans les états financiers du preneur

I. Exemptions

Contrats de courte durée – Contrats à durée indéterminée ou renouvelables par tacite reconduction

33201

Question

Un contrat (sans option d'achat) d'une durée inférieure ou égale à un an renouvelable par tacite reconduction ou à durée indéterminée peut-il être qualifié de contrat de courte durée pour lequel le preneur peut bénéficier de l'exemption optionnelle de reconnaissance du droit d'utilisation et de la dette de loyers ?

Réponse

Cela dépend.

Une fois la période exécutoire déterminée (selon les droits des parties – bailleur et preneur – et du niveau de pénalités que celles-ci encourraient en cas de résiliation), la durée du contrat de location devra être définie par le preneur, au sein de cette période exécutoire, en fonction du caractère raisonnablement certain ou non de poursuite du contrat (c'est-à-dire du caractère raisonnablement certain ou non de non-exercice de son option de résiliation).

Si la durée en résultant est inférieure ou égale à 12 mois, le preneur pourra opter pour l'exemption prévue par la norme (et ce, pour toute la classe correspondante d'actifs loués sous-jacents).

Dans le cas contraire, l'exemption ne pourra pas être appliquée.

En outre, le contrat devra être considéré comme un nouveau contrat en cas de modification de celui-ci, ou de changement de sa durée (pouvant résulter par exemple, du non-exercice d'une option de résiliation par les parties, ou d'une réappréciation par le preneur, dans les conditions requises par la norme, du caractère raisonnablement certain de non-exercice de son option de résiliation). Ce n'est que si ce « nouveau » contrat a une durée inférieure ou égale à 12 mois que l'exemption pourra être maintenue.

Commentaires Pour les preneurs, la norme IFRS 16 prévoit une exemption pour les contrats de courte durée (IFRS 16.5). En effet, pour ces contrats, le preneur peut opter pour le traitement

33201 (suite) qui consiste à ne pas reconnaître le droit d'utilisation et la dette de loyers, ces derniers étant alors constatés en charge au compte de résultat de manière linéaire sur la durée du contrat (IFRS 16.6).

Un contrat de courte durée est défini comme un contrat qui, à sa date de prise d'effet, a une durée inférieure ou égale à 12 mois et qui ne comprend pas d'option d'achat (IFRS 16.A).
Si le preneur choisit d'opter pour cette exemption, il doit le faire par classe d'actifs sous-jacents (IFRS 16.8).

La question se pose donc de savoir si un contrat à durée indéterminée avec résiliation possible par chacune des parties (sous réserve d'un préavis inférieur à 12 mois), ou d'une durée d'un an renouvelable par tacite reconduction (sauf résiliation par l'une des deux parties avec préavis), remplit la définition de contrat de courte durée.

En effet, la durée maximale de 12 mois permettant à un preneur d'opter pour l'exemption n'est pas la période juridiquement non résiliable du contrat, mais la durée telle que définie par la norme IFRS 16. En conséquence, afin de répondre à cette question, le preneur doit :
- d'abord, déterminer la période pendant laquelle le contrat est exécutoire ;

Un contrat de location n'est **plus exécutoire** lorsque **le preneur et le bailleur** ont chacun **le droit de résilier** le contrat, sans la permission de l'autre partie et en s'exposant **tout au plus à une pénalité négligeable** (IFRS 16.B34).
Pour la détermination de la durée d'un contrat et de sa période exécutoire, voir nº 33160.

- ensuite, au sein de cette période exécutoire, déterminer la durée du contrat en fonction du caractère raisonnablement certain (ou non) de non-exercice de ses options de résiliation (c'est-à-dire du caractère raisonnablement certain ou non de poursuite du contrat).

Pour le caractère raisonnablement certain (ou non) d'exercice des options, voir nº 32989.

■ *Exemple 1*

Une entité a conclu en tant que preneur un contrat de location d'un petit espace de bureau. Le contrat a une durée indéterminée. Le bailleur et le preneur ont tous deux des options de résiliation du contrat, exerçables à tout moment, avec un préavis de 3 mois. En cas d'exercice de l'option de résiliation, aucune des parties n'aura à encourir de pénalité autre que négligeable.

Solution de l'exemple 1 *A sa date de prise d'effet, la période non résiliable du contrat est de 3 mois, du fait du délai de préavis contractuel. En outre, la période exécutoire du contrat est également de 3 mois, compte tenu du droit de résiliation à cette date par les deux parties, de manière unilatérale et sans encourir de pénalité autre que négligeable. Dans ce cadre, la durée du contrat, au sens d'IFRS 16, est de 3 mois et le contrat remplit donc la définition de contrat de courte durée.*

Chaque jour, et dès lors qu'aucune des deux parties n'a exercé son option de résiliation, la période non résiliable du contrat est révisée de manière à être maintenue à 3 mois.
En effet, IFRS 16.21 impose une révision de la durée du contrat de location si la période non résiliable du contrat de location change. Au cas particulier, chaque jour, tant qu'aucune partie n'a exercé son option de résiliation, la période non résiliable augmente d'un jour.
Selon IFRS 16.7b, à chaque révision de la durée, le preneur doit considérer le contrat comme étant un nouveau contrat. Toutefois, celui-ci demeurera un contrat de courte durée dès lors que les circonstances et les termes contractuels précités sont inchangés.

■ *Exemple 2*

Une entité a conclu en tant que preneur un contrat de location d'un petit espace de bureau. Le contrat a une durée indéterminée. Le bailleur ne dispose pas d'option de résiliation du contrat. Le preneur a une option de résiliation exerçable à tout moment, avec un préavis de 3 mois. En cas d'exercice de cette option, aucune indemnité n'est due pas le preneur au bailleur. A la date de prise d'effet du contrat, le preneur réalise des agencements, indissociables du bien loué.

Solution de l'exemple 2 *Le bailleur n'ayant pas d'option de résiliation, la période exécutoire du contrat est indéterminée. La durée du contrat dépendra donc exclusivement de la durée pendant laquelle le preneur est raisonnablement certain de ne pas exercer son option de résiliation. Pour cette détermination, le preneur devra prendre en compte tous les faits et circonstances créant une incitation économique à ne pas résilier le contrat (dont la valeur et la durée de vie des investissements réalisés dans les locaux). Ainsi, par exemple, si le preneur est raisonnablement certain de demeurer pendant deux ans dans les locaux (et donc de ne pas exercer son option de résiliation pendant les 21 premiers mois), le contrat ne sera pas de courte durée. En revanche, si le preneur est raisonnablement certain de ne pas résilier le contrat uniquement pendant les 9 premiers mois, le contrat est un contrat de courte durée pouvant bénéficier de l'exemption.*

Pour les révisions ultérieures éventuelles de cette durée, voir nº 32989.
Pour le lien entre la durée d'un contrat de location et la durée d'amortissement des agencements indissociables du bien loué, voir nº 33160, point 4.

■ *Exemple 3*

Le 1/01/19, une entité a conclu en tant que preneur un contrat de location d'un petit espace de bureau. Le contrat a une durée annuelle, courant jusqu'au 31/12/19, et est renouvelable pour la même durée par tacite reconduction, sauf résiliation par l'une des deux parties avec un préavis minimum de 3 mois. En cas d'exercice de l'option de résiliation, aucune des parties n'aura à encourir de pénalité autre que négligeable. Le 30/09/19, l'option de résiliation n'a été exercée ni par le bailleur, ni par le preneur.

Solution de l'exemple 3 *A sa date de prise d'effet, le contrat remplit la définition de contrat de courte durée, sa durée exécutoire n'étant que de 12 mois.*

A compter du 30/09/19, aucune des parties n'ayant exercé son option de résiliation, la durée du contrat doit être révisée et celui-ci doit être considéré comme un nouveau contrat. Ce dernier ne pouvant pas être résilié avant le 31/12/20, il ne répond plus à la définition de contrat de courte durée. Le preneur doit en conséquence reconnaître le droit d'utilisation et la dette de loyers correspondante.

Contrats de courte durée – Contrats avec périodes non consécutives d'utilisation

Question 33205

Quelle est la durée d'un contrat conclu avec des périodes non consécutives d'utilisation (par exemple, un contrat conclu pour une durée de plusieurs années, avec un droit d'utilisation du bien loué pendant un certain nombre de mois par an seulement) ?

Réponse

A notre avis, seules les périodes pendant lesquelles le preneur a un droit effectif d'utilisation du bien loué doivent être prises en compte pour déterminer la durée du contrat. Si la somme de ces périodes non consécutives d'utilisation est inférieure ou égale à 12 mois, et que le contrat ne contient pas d'option d'achat, celui-ci est un contrat de courte durée pour lequel le preneur peut bénéficier de l'exemption optionnelle de reconnaissance du droit d'utilisation et de la dette de loyers.

Commentaires Un contrat de location n'existe que si le client a le droit de contrôler l'utilisation d'un actif identifié pour une période de temps, en échange d'une contrepartie (IFRS 16.9). Cela est le cas si le client a, **pendant la durée d'utilisation,** à la fois (IFRS 16.B9) :
- le droit d'obtenir la quasi-totalité des avantages économiques résultant de l'utilisation de l'actif ; et
- le droit de diriger l'utilisation de l'actif.

En outre, la norme précise que :
- la durée d'utilisation est la période totale (**y compris les périodes non consécutives**) pendant laquelle un actif est utilisé au titre de l'exécution d'un contrat conclu avec un client (IFRS 16.A) ;
- si le client ne détient le droit de contrôler l'utilisation de l'actif identifié que pendant une partie de la durée du contrat, alors ce dernier contient un contrat de location pour cette partie de durée (IFRS 16.B10).

En conséquence, un contrat avec périodes non consécutives d'utilisation ne contient un contrat de location que pour les périodes d'utilisation elles-mêmes. C'est donc la durée cumulée de ces périodes qui doit être prise en compte pour déterminer si le contrat peut bénéficier de l'exemption de courte durée prévue par la norme.

Pour des détails sur l'exemption de contrats de courte durée, voir nº 32996 et 32997.

Remarque En ce qui concerne l'évaluation ultérieure du droit d'utilisation et de la dette de loyers reconnus par un preneur au titre d'un contrat avec périodes non consécutives d'utilisation, à notre avis :
- le droit d'utilisation ne doit être amorti que pendant les périodes d'utilisation (et non sur la durée totale du contrat global) ;
- la charge d'intérêts doit quant à elle être constatée sur la durée totale du contrat global (l'effet d'actualisation portant sur la totalité de cette durée).

■ *Exemple*

Un distributeur a conclu un contrat avec un fournisseur logisticien selon lequel le distributeur aura l'usage exclusif d'un entrepôt donné pendant les mois de juillet et août des 5 prochaines années.

Solution de l'exemple *A sa date de prise d'effet, le contrat conclu pour une durée de 5 ans ne contient un contrat de location que pendant les périodes de juillet et août des 5 années considérées. Le contrat de location a en conséquence une durée de 10 mois (2 mois pendant 5 ans) et il remplit donc la définition de contrat de courte durée.*
Si le distributeur, en tant que preneur, choisit de ne pas appliquer le traitement optionnel prévu par la norme, il devra amortir le droit d'utilisation pendant les périodes non consécutives d'utilisation (2 mois pendant 5 ans). En revanche, la charge d'intérêt relative à la désactualisation de la dette de loyers devra être reconnue sur la durée totale des 5 années.

II. Comptabilisation initiale des contrats de location chez le preneur

A. Date de comptabilisation initiale du droit d'utilisation et de la dette de loyers

Mise à disposition anticipée du bien loué pour travaux

33220 ***Question***

Quelle est la date à laquelle un preneur doit reconnaître le droit d'utilisation et la dette de loyers correspondante, lorsqu'un bien, dans lequel il doit effectuer des travaux, est mis à sa disposition par le bailleur de manière anticipée par rapport à la date de prise d'effet juridique du bail ?

Réponse

A notre avis, et même si les droits du preneur pendant la phase de mise à disposition anticipée sont limités à la réalisation de travaux, le preneur dispose d'un droit d'utiliser l'actif dès cette date de mise à disposition. En conséquence, la prise d'effet du bail (telle que définie par IFRS 16) est remplie dès la date de mise à disposition anticipée, et le preneur doit, à cette même date, reconnaître le droit d'utilisation et la dette de loyers.

En outre, et dès lors que le modèle du coût est utilisé pour l'évaluation ultérieure du droit d'utilisation, la date de mise à disposition anticipée est la date à laquelle le preneur doit commencer à amortir le droit d'utilisation.

Commentaires Selon la norme IFRS 16, un preneur doit reconnaître le droit d'utilisation et la dette de loyers résultant d'un contrat de location à la date de prise d'effet de ce dernier (IFRS 16.22).

Dans le cadre de contrats de location de biens immobiliers, il est fréquent que le bailleur mette le bien loué à disposition du preneur de manière anticipée par rapport à la date de prise d'effet juridique du bail, afin que le preneur y réalise des travaux.

La question a été posée de savoir si le preneur disposait de manière effective d'un droit d'utilisation du bien loué, et s'il devait en conséquence reconnaître le droit d'utilisation et la dette de loyers relative à ce bien, dès la date de mise à disposition anticipée, ou uniquement lors de la prise d'effet juridique du bail, en particulier lorsque le contrat indique que le preneur, pendant la phase de mise à disposition anticipée, ne peut pas exploiter les locaux et ne peut qu'y réaliser ses travaux.

La norme IFRS 16 définit la date de prise d'effet du contrat comme la date à laquelle le bailleur met l'actif sous-jacent à disposition du preneur (IFRS 16.A). Ceci est à notre avis rempli dès la date de mise à disposition anticipée du bien.

En outre, généralement, à la date de mise à disposition anticipée :
- le bailleur remet les clés au preneur et n'a plus accès aux locaux sauf autorisation du preneur ;
- un état des lieux contradictoire est établi ;
- l'entrée en jouissance du preneur se fait dès cette date et la garde des locaux lui est transférée, de même que la responsabilité, les risques et les conséquences financières ou juridiques d'une telle garde ;
- le preneur est en charge de l'assurance du bien loué ;
- toutes les clauses « pertinentes » du bail sont applicables, etc.

En conséquence, le preneur devra dès cette date reconnaître le droit d'utilisation du bien loué et la dette de loyers.

A notre avis, la même position est applicable lorsque la mise à disposition anticipée est effectuée de manière progressive par phase (par exemple, étage par étage d'un immeuble). Dans ce cas, une évaluation du droit d'utilisation et de la dette de loyers de la partie de l'actif mis à disposition devra être effectuée.

Dès lors que le droit d'utilisation est évalué selon le modèle du coût, il devra être amorti à compter de cette date de prise d'effet (c'est-à-dire à compter de la date de mise à disposition anticipée).

La norme IFRS 16 précise en effet que le droit d'utilisation sera amorti sur la durée la plus courte de la durée du contrat de location ou de la durée d'utilité du droit d'utilisation (sauf cas où le transfert de propriété du bien loué au preneur est attendu) et conformément aux dispositions de la norme IAS 16, Immobilisations corporelles (IFRS 16.31 et .32). Cette dernière précise que la date de début d'amortissement d'un actif est la date à laquelle l'actif immobilisé est en l'état et lieu d'utilisation prévue par l'entreprise (IAS 16.55). A notre avis, sur ces bases, le début d'amortissement du droit d'utilisation ne peut pas être décalé à la date de fin des travaux par le preneur dans la mesure où ce ne sont que les agencements du preneur, objet des travaux, qui ne sont pas en l'état d'utilisation prévue par l'entreprise, et pas le droit d'utilisation lui-même. Toutefois, dans certains cas particuliers, l'amortissement peut être inclus dans le coût d'un autre actif (voir n° 30993). Cela serait par exemple le cas de l'amortissement du droit d'utilisation d'un terrain loué, qui pourrait être inclus dans le coût de la construction en cours d'un immeuble.

Pour les modèles d'évaluation ultérieure du droit d'utilisation autres que le modèle du coût, voir n° 33005.

B. Evaluation initiale du droit d'utilisation

Droit au bail

33300

Question

Comment comptabiliser dans les états financiers du nouveau preneur les sommes versées pour acquérir un bail commercial auprès de l'ancien preneur (« droit au bail ») ?

Réponse

A notre avis, le droit au bail doit être inclus dans le droit d'utilisation constaté par le preneur, selon deux méthodes possibles :
- soit en étant inclus dans le droit d'utilisation de manière fongible. Dans ce cas, le droit d'utilisation dans son ensemble peut avoir une valeur résiduelle correspondant à la valeur attendue du droit au bail à l'issue du contrat ;
- soit en tant que composant distinct du droit d'utilisation. Dans ce cas, ce composant spécifique peut avoir une valeur résiduelle correspondant à la valeur attendue du droit au bail à l'issue du contrat, dans la limite de la valeur initiale du composant.

L'approche retenue doit être appliquée de manière homogène pour toutes les opérations de même nature et faire l'objet d'une information dans l'annexe des états financiers.

Commentaires En France, le titulaire d'un bail commercial (l'ancien preneur) peut céder son bail à un tiers dans certaines conditions. Le nouveau preneur acquiert alors les droits de son prédécesseur : droit à renouvellement ou à indemnité d'éviction, loyers éventuellement inférieurs au prix de marché et révisions de loyer encadrées par la législation.

Pour un rappel sur les principales caractéristiques des baux commerciaux, voir n° 33170.

Ce « droit au bail » comprend en général deux éléments qu'il est difficile de dissocier :
- d'une part, l'économie future de loyers dont va bénéficier le nouveau locataire en reprenant un bail dont les loyers sont inférieurs à ceux du marché, en raison de l'application de la législation sur les baux commerciaux ; et
- d'autre part, une prime éventuelle liée à l'emplacement privilégié du local commercial considéré (certaines sociétés étant prêtes à payer un emplacement prisé plus cher que la seule économie de loyer réalisée grâce à la reprise du bail).

1. **Rappel** En pratique, avant l'entrée en vigueur de la norme IFRS 16, le droit au bail acquis à l'ancien preneur pouvait être comptabilisé de deux manières :
- soit en charge constatée d'avance ;
- soit en immobilisation incorporelle.

2. Selon IFRS 16, à notre avis, le droit au bail remplit la définition de **coûts directs initiaux** et doit être à ce titre **inclus dans l'évaluation initiale du droit d'utilisation** (IFRS 16.24). Il ne peut donc plus être constaté en immobilisation incorporelle distincte.

Les **coûts directs initiaux** sont en effet définis comme les coûts marginaux encourus pour l'obtention d'un contrat de location, qui n'auraient pas été engagés si le contrat n'avait pas été conclu (IFRS 16.A).

Les sommes versées par le nouveau preneur à l'ancien preneur sont à ce titre inclus dans le droit d'utilisation dans l'exemple illustratif 13 d'IFRS 16 (IFRS 16.IE5).

Sur l'évaluation initiale du droit d'utilisation, voir n° 33001.

3. Si le droit au bail doit être inclus dans le droit d'utilisation, son traitement peut ensuite faire l'objet d'un choix de méthode comptable, deux approches étant à notre avis acceptables :

a. **Le droit au bail est inclus dans le droit d'utilisation de manière fongible** Selon cette approche, le droit au bail est inextricablement lié au contrat de location et ce dernier, de manière globale, octroie des droits multiples au preneur n'ayant pas à être séparés. Le droit d'utilisation dans son ensemble peut ainsi avoir une valeur résiduelle correspondant à la valeur attendue du droit au bail à l'issue du contrat.

En effet, IFRS 16.31 renvoie à la norme IAS 16, Immobilisations corporelles, pour l'amortissement du droit d'utilisation. Dans ce cadre, la base amortissable de l'actif est réduite de la valeur résiduelle de celui-ci (IAS 16.53).

En conséquence, en cas de révision à la hausse de la valeur attendue du droit au bail à l'issue du contrat, la charge d'amortissement du droit d'utilisation sera diminuée (ou l'amortissement sera, le cas échéant, arrêté).

b. **Le droit au bail est comptabilisé en tant que composant du droit d'utilisation** Selon cette approche, le droit au bail est représentatif de droits légaux spécifiques et additionnels par rapport au seul droit d'utilisation du bien, qui se matérialisent le cas échéant à l'issue du contrat de location.

En effet, il correspond notamment à un droit à renouvellement à des conditions favorables (loyers plafonnés) ou à un droit d'obtenir une indemnité en cas de refus de renouvellement du bail par le bailleur à l'issue du contrat.

Le droit au bail a donc une durée et un mode de consommation des avantages économiques différents de ceux du reste de l'actif droit d'utilisation (qui, eux, sont consommés pendant la durée du contrat). Ainsi, il doit être identifié en tant que composant distinct du droit d'utilisation, en application d'IAS 16.43 s.

Sur cette base, en cours de vie du contrat de location :
- la valeur résiduelle du composant « droit au bail » sera plafonnée au montant payé à l'origine au titre de ce droit ;
- cette valeur résiduelle ne sera revue, le cas échéant, qu'à la baisse.

Quelle que soit la méthode retenue par le preneur :
- en cas de valeur résiduelle considérée comme nulle, l'amortissement du droit au bail se fait sur la durée du contrat ;
- la valeur résiduelle doit être révisée à chaque clôture en application d'IAS 16.51 ;
- le traitement comptable retenu devra être appliqué de manière homogène et devra faire l'objet d'une information dans l'annexe des états financiers.

C. Evaluation initiale de la dette de loyers

1. Taux d'actualisation

Utilisation du taux d'intérêt implicite d'un contrat par le preneur

33350 ***Question***

Le taux d'intérêt implicite du contrat peut-il toujours être utilisé par le preneur pour l'évaluation de la dette de loyers ?

Réponse

Non, le taux d'intérêt implicite ne peut être utilisé que s'il est aisément déterminé, ce qui ne sera pas le cas dès lors que des hypothèses significatives doivent être prises pour sa détermination et que celles-ci font l'objet d'évaluations potentiellement divergentes, par exemple.

En conséquence, à notre avis, pour des actifs loués tels que des biens immobiliers, le preneur devra utiliser son taux d'endettement marginal.

De même, le taux d'endettement marginal du preneur devra être utilisé si les caractéristiques du contrat aboutissent à un taux d'intérêt ne reflétant pas la manière dont le prix du contrat a été déterminé (par exemple, en cas d'existence de loyers variables significatifs basés sur l'utilisation ou la performance du bien loué).

Commentaires IFRS 16.26 précise que le taux d'intérêt implicite ne peut être utilisé que s'il est aisément déterminé. A défaut, le preneur devra utiliser son taux d'endettement marginal. Or, la définition du taux d'intérêt implicite nécessite de connaître, outre la juste valeur du bien loué, la valeur résiduelle de celui-ci à l'issue du contrat de location ou les coûts directs initiaux du bailleur.

Rappelons en effet que le taux d'intérêt implicite du contrat est le taux d'actualisation qui donne une valeur actuelle cumulée des paiements de loyers et de la valeur résiduelle non garantie égale à la somme de la juste valeur de l'actif loué et des coûts directs initiaux du bailleur (IFRS 16.A).

Ainsi, à notre avis, le taux d'intérêt implicite du contrat ne pourra a priori pas être utilisé pour les biens immobiliers. En effet, outre les coûts directs initiaux du bailleur qui ne sont pas connus du preneur, la valeur résiduelle d'un bien immobilier à l'issue du contrat peut être très significative et faire l'objet d'estimations pouvant varier d'un évaluateur à l'autre, ou selon la méthode d'évaluation utilisée, etc.

Recommandations de l'AMF Dans ses recommandations en vue de l'arrêté des comptes 2018, l'AMF rappelle que le taux implicite du contrat nécessite d'être facilement déterminable pour être utilisé. Dans le cas contraire (comme pour les baux immobiliers), le taux d'emprunt marginal du preneur devra être retenu (Rec. AMF 2018-12, Arrêté des Comptes 2018, § 5.1.2).

A l'inverse, le taux d'intérêt implicite du contrat de location d'un bien d'équipement pour lequel il existe un marché secondaire actif, avec une cotation fiable, pourrait être considéré comme « aisément déterminé ».

En outre, le taux d'intérêt implicite du contrat ne pourra pas être utilisé si sa détermination aboutit à un taux ne reflétant pas les conditions économiques avec lesquelles le prix du contrat a été fixé (par exemple, si le taux d'intérêt implicite est négatif, en raison d'une partie importante de loyers variable liés à la performance du bien). Dans ce cas, le preneur devra également utiliser son taux d'endettement marginal.

Le taux d'actualisation doit en effet refléter la manière dont le prix du contrat est établi (IFRS 16.BC160).

■ *Exemple*

Un preneur loue un équipement pour 10 ans. Le loyer annuel est un montant fixe de 100 000 € par an, plus un montant variable de 2 % des revenus générés par l'équipement. La juste valeur de l'équipement est de 2 500 000 € et sa valeur résiduelle non garantie est de 1 000 000 €. Il n'y a pas de coûts directs initiaux. Le taux d'intérêt sans risque dans l'environnement économique de l'entité est positif.

Solution de l'exemple *Du fait de l'exclusion des paiements variables basés sur la performance du bien loué des loyers retenus pour l'évaluation de la dette (IFRS 16.27, au cas particulier, les revenus générés par l'équipement), le calcul du taux d'intérêt implicite du contrat aboutit à un taux négatif (– 2,79 %). Dans une telle situation, le preneur devra utiliser son taux d'endettement marginal.*

Taux d'intérêt implicite – Quels paiements inclure dans son calcul ?

Question 33355

Si un preneur choisit de ne pas séparer la composante de location des autres composantes d'un contrat, et ainsi d'allouer la totalité de la rémunération du contrat à la composante de location, peut-il prendre en compte la totalité de cette rémunération pour le calcul du taux d'intérêt implicite du contrat ?

Réponse

A notre avis, non. Le calcul du taux d'intérêt implicite ne doit prendre en compte que la rémunération allouée à la location. La partie de rémunération allouée aux services doit être exclue. Si le taux d'intérêt implicite n'est pas aisément déterminé (par exemple, du fait d'une allocation entre composantes location et services non disponible), le preneur devra utiliser son taux d'endettement marginal pour l'évaluation du droit d'utilisation et de la dette de loyers.

Commentaires La norme IFRS 16 autorise les preneurs à choisir de ne pas séparer la composante de location des autres composantes d'un contrat (services). Dans ce cas, la totalité de la rémunération du contrat doit être allouée à la composante de location pour l'évaluation de la dette de loyers et du droit d'utilisation (IFRS 16.15).

Sur cette possibilité de simplification, voir n° 32985.

La question se pose alors de savoir si la totalité de la rémunération (y compris celle relative aux services) peut être utilisée pour le calcul du taux d'intérêt implicite du contrat. A notre avis, cela n'est pas possible, dans la mesure où ce calcul aboutirait à une distorsion, la juste valeur et la valeur résiduelle de l'actif loué étant alors comparées à des rémunérations qui ne comprennent pas uniquement l'utilisation de l'actif sous-jacent.

En effet, la norme IFRS 16 définit le taux d'intérêt implicite du contrat comme le taux d'actualisation qui donne une valeur actuelle cumulée des paiements de loyers et de la valeur résiduelle non garantie égale à la somme de la juste valeur de l'actif loué et des coûts directs initiaux du bailleur (IFRS 16.A).

En conséquence, le calcul du taux d'intérêt implicite doit exclure la partie de rémunérations relative aux services. Si, de ce fait, le taux implicite n'est pas aisément déterminé, le preneur devra utiliser son taux d'endettement marginal pour l'évaluation du droit d'utilisation et de la dette de loyers.

L'exclusion de la rémunération allouée aux composantes services du contrat aboutit à un calcul de taux d'intérêt implicite comparable à celui du bailleur, permettant ainsi de refléter la manière dont le prix du contrat a été déterminé (IFRS 16.BC160).

Taux d'endettement marginal : principes généraux

33360 ***Question***

Quels sont les éléments à prendre en compte pour la détermination du taux d'endettement marginal du preneur ?

Réponse

Le taux d'endettement marginal du preneur doit être déterminé sur la base du risque de crédit propre de l'entité ayant conclu le contrat de location, en tenant compte des caractéristiques de celui-ci (durée, devise, garantie éventuelle, etc.).

Commentaires Pour l'évaluation de la dette de loyers (et, en conséquence, du droit d'utilisation), un preneur doit actualiser les loyers sur la durée du contrat à son taux d'endettement marginal, dans les cas où le taux d'intérêt implicite du contrat n'est pas aisément déterminé (IFRS 16.26).

Pour l'utilisation du taux d'intérêt implicite par le preneur, voir n° 33350.
Pour la définition et la détermination de la durée du contrat de location, voir n° 32989.
Pour les loyers à prendre en compte lors de l'évaluation initiale de la dette de loyers, voir n° 33003.

Le taux d'endettement marginal du preneur est le taux d'intérêt qu'il obtiendrait pour emprunter les fonds nécessaires à l'acquisition d'un actif de valeur identique à celui du droit d'utilisation, sur une durée et avec une garantie similaires à celles du contrat, et dans un environnement économique similaire (IFRS 16.A).

En conséquence, pour la détermination de son taux d'endettement marginal, un preneur devra en particulier prendre en compte les facteurs suivants :
– le taux d'endettement marginal est un taux auquel l'entité pourrait emprunter. En conséquence, il ne peut pas correspondre au coût moyen pondéré du capital (WACC) ni inclure de composante « coût du capital » ;

- le taux doit être celui auquel le preneur pourrait emprunter le montant correspondant à la valeur du droit d'utilisation et non à la valeur de l'actif loué ;

En revanche, par exemple, en cas de durée du contrat de location couvrant la quasi-totalité de la durée de vie de l'actif sous-jacent, ce taux rejoindrait celui que le preneur obtiendrait pour acquérir un actif de valeur similaire à celle de l'actif loué lui-même.

- le taux doit être celui que le preneur obtiendrait pour un emprunt contracté pour une durée égale à celle du contrat de location ;
- le taux est celui d'un emprunt garanti par un actif similaire (soit l'actif lié au droit d'utilisation, et non l'actif sous-jacent), plutôt qu'un emprunt non garanti ou une ligne générale de crédit ;
- le taux est celui que le preneur obtiendrait dans un environnement économique similaire ;

Par exemple, si une société a pour monnaie fonctionnelle et emprunte généralement en euros, mais conclut un contrat de location en dollars, le taux d'endettement marginal reflétera le coût d'emprunt de l'entité en dollars.

- le taux d'endettement marginal prend en compte le risque de crédit propre de l'entité preneuse du contrat de location.

Décision de l'IFRS IC La question de savoir si le taux d'endettement marginal doit prendre en compte le profil de paiement des loyers a été posée à l'IFRS IC. Celui-ci a décidé de ne pas inscrire ce thème à son programme de travail (IFRIC Update 09/19), rappelant que :
- la définition du taux d'endettement marginal d'IFRS 16 ne requiert pas explicitement que le preneur reflète le taux d'intérêt d'un emprunt dont le profil de paiement est similaire à celui des loyers ;
- il serait toutefois cohérent avec l'objectif de l'IASB de se référer à un taux observable relatif à un emprunt ayant un profil de paiement similaire à celui du contrat de location comme point de départ, dans le cadre du jugement à appliquer pour la détermination du taux d'endettement marginal.

Recommandations de l'AMF Dans ses recommandations en vue de l'arrêté des comptes 2019, l'AMF rappelle que le taux retenu doit refléter le taux d'emprunt marginal du preneur, ce qui nécessite de réaliser des ajustements spécifiques (par exemple, risque devise, pays, crédit de la filiale preneuse, etc.) et ce, y compris lorsque ce taux est déterminé en partant de celui de la mère.
En outre, s'il s'agit d'une hypothèse significative, l'AMF recommande aux sociétés d'indiquer les modalités de détermination du taux marginal d'emprunt dans les principes comptables de leurs états financiers annuels, en prenant en considération la décision de l'IFRS IC précitée (Rec. AMF 2019-13, Arrêté des Comptes 2019, § 2.3.3.).

Taux d'endettement marginal : cas d'un groupe avec financement centralisé

Question 33365

Une filiale ne disposant pas de fonction de trésorerie propre peut-elle utiliser le taux d'endettement marginal de sa mère pour le calcul de sa dette de loyers ?

Réponse

Non.
Sauf dans les cas de garantie explicite donnée par la mère, une filiale ne peut pas utiliser le taux d'endettement marginal de sa mère pour l'évaluation de sa dette de loyers. Celui-ci peut toutefois constituer un point de départ pour la détermination du taux propre de la fille.

En outre, à notre avis, une garantie implicite de la mère à sa filiale ne pourra être prise en compte dans la détermination du taux d'endettement marginal de la filiale que s'il peut être démontré qu'un prêteur extérieur au groupe la prendrait en compte dans la détermination du taux d'emprunt qu'il proposerait à la filiale.

Commentaires Dans de nombreux groupes, la gestion de la trésorerie est centralisée et les filiales n'ont en conséquence pas d'endettement externe propre. Dans ce cadre, la question se pose de savoir si une filiale peut utiliser le taux d'endettement marginal de sa mère pour l'évaluation de sa dette de loyers au titre d'un contrat de location (et en conséquence, de son droit d'utilisation).

En effet, selon IFRS 16.26, pour l'évaluation de la dette de loyers (et, en conséquence, du droit d'utilisation), un preneur doit actualiser les loyers sur la durée du contrat, au taux d'intérêt implicite du contrat si celui-ci est aisément déterminé, ou à son taux d'endettement marginal dans le cas contraire.

Pour les définitions de taux d'intérêt implicite et de taux d'endettement marginal, voir n° 33003.
Pour la durée du contrat, voir n° 32989.
Pour l'utilisation du taux d'intérêt implicite, voir n° 33350.

A notre avis, et sauf cas de garantie explicite donnée par la mère, le taux d'endettement marginal de la mère ne peut pas être retenu en tant que tel, sans les ajustements appropriés, par une fille.

En effet, le taux d'endettement marginal doit correspondre au taux du preneur, au cas particulier, la fille (IFRS 16.A).

Le taux de la mère peut toutefois constituer un point de départ dans la détermination de celui de la filiale. Des ajustements devront être réalisés pour tenir compte de l'environnement économique de la filiale et des caractéristiques du contrat (en particulier, devise, durée, pays et risque de crédit propre).

Recommandations de l'AMF A ce titre, dans ses recommandations en vue de l'arrêté des comptes 2019, l'AMF rappelle que le taux retenu doit refléter le taux d'emprunt marginal du preneur, ce qui nécessite de réaliser des ajustements spécifiques (par exemple, risque devise, pays, crédit de la filiale preneuse, etc.) et ce, y compris lorsque ce taux est déterminé en partant de celui de la mère (Rec. AMF 2019-13, Arrêté des Comptes 2019, § 2.3.3.).

Ceci peut créer une divergence avec le référentiel américain (US Gaap), selon lequel, dans certains cas, il peut être raisonnable pour une filiale d'utiliser le taux d'emprunt marginal de l'entité mère comme taux d'actualisation pour un contrat de location (ASU 2016-02.BC201 et ASU 2016-02.842-20-55-18 qui font référence à un exemple dans lequel la filiale n'a pas sa propre fonction de trésorerie, dans la mesure où tous les financements pour le groupe sont gérés de manière centralisée par l'entité mère).

En outre, à notre avis, une garantie implicite de la mère à sa filiale ne pourra être prise en compte dans la détermination du taux d'endettement marginal de la filiale que s'il peut être démontré qu'un prêteur extérieur au groupe la prendrait en compte dans la détermination du taux d'emprunt qu'il proposerait à la filiale.

2. Paiements pris en compte dans la dette de loyers

Loyers fixes en substance

33570 ***Question***

Comment distinguer des loyers fixes en substance, devant être inclus dans l'évaluation du droit d'utilisation et de la dette de loyers, de loyers variables dépendant de l'utilisation ou de la performance du bien loué qui sont exclus de cette évaluation ?

Réponse

La norme IFRS 16 ne fournit que des exemples de nature de loyers fixes en substance, sans illustration pratique qui aiderait à les distinguer de loyers variables dépendant de l'utilisation ou de la performance du bien loué.

Une analyse précise des faits et circonstances et de la structuration éventuelle des loyers doit en conséquence être effectuée et un jugement significatif peut devoir être porté afin d'effectuer cette distinction.

Commentaires La dette de loyers est évaluée, à la date de prise d'effet du contrat de location, pour un montant égal à la valeur actualisée des loyers sur la durée du contrat. Ces loyers comprennent en particulier les loyers fixes et les loyers considérés comme **fixes en substance,** c'est-à-dire ceux qui peuvent comporter une variabilité dans leur forme, mais qui, en substance, sont inévitables (IFRS 16.26 et .27). La norme ne donne que des exemples de nature de loyers fixes en substance, sans illustration pratique.

Tel est le cas, par exemple (IFRS 16.B42) :
- de loyers conditionnés au fonctionnement de l'actif ;
- de loyers conditionnés à un événement qui n'a pas de véritable possibilité de ne pas intervenir ;

- de loyers initialement variables basés sur l'utilisation du bien mais qui perdent leur variabilité à une certaine date et deviennent fixes pour la durée restante du contrat ; ces loyers deviennent fixes en substance à la date considérée ; **33570** (suite)
- de situations dans lesquelles, alors que le preneur pourrait effectuer plus d'une série de paiements, une seule série est réaliste (dans ce cas, il convient de retenir cette dernière) ;
- de situations dans lesquelles le preneur pourrait effectuer plusieurs séries de paiements réalistes (dans ce cas, la série à retenir est celle des paiements dont la valeur actualisée est la plus faible).

Pour l'ensemble des éléments devant être pris en compte dans l'évaluation de la dette de loyers, voir nº 33003.

En revanche, les loyers basés sur l'utilisation ou la performance du bien loué sont exclus de l'évaluation de la dette de loyers (IFRS 16.BC168 et .BC169).

Ces loyers seront comptabilisés en charges au compte de résultat lorsqu'ils sont encourus par le preneur. Une information dans l'annexe des états financiers devra être fournie, voir nº 33014.

Afin d'effectuer cette distinction, l'ensemble des faits et circonstances (y compris les modalités de structuration éventuelle des loyers) doit être analysé et un jugement significatif peut devoir être porté.

■ *Exemple 1*

Un distributeur loue, en tant que preneur, un magasin pour une durée de 10 ans. Le loyer annuel est de 10 si le chiffre d'affaires du magasin pendant les 12 derniers mois est inférieur ou égal à 500 et de 400 si le chiffre d'affaires est supérieur à 500. Le magasin doit être ouvert pendant les horaires de la galerie commerciale, soit 6 jours par semaine de 8h à 20h. Historiquement, le chiffre d'affaires a toujours été significativement supérieur à 5 000.

Solution de l'exemple 1 *Le contrat a été structuré de manière que le loyer ne comporte une variabilité basée sur la performance du magasin que dans la forme. Il n'y a aucune possibilité véritable que le chiffre d'affaires du magasin soit inférieur ou égal à 500. En conséquence, le loyer annuel de 400 est un loyer fixe en substance, devant être pris en compte dans l'évaluation de la dette de loyers.*

■ *Exemple 2*

Un distributeur loue, en tant que preneur, un magasin pour une durée de 10 ans. Le loyer annuel est de 3 % du chiffre d'affaires du magasin. Le magasin doit être ouvert pendant les horaires de la galerie commerciale, soit 6 jours par semaine de 8h à 20h. Historiquement, le chiffre d'affaires a toujours été significativement supérieur à 5 000.

Solution de l'exemple 2 *Le loyer étant directement et exclusivement basé sur la performance du bien loué, c'est un loyer variable ne dépendant pas d'un indice ou d'un taux, devant être exclu de l'évaluation de la dette de loyers (et ce, quand bien même il n'existe pas de réelle possibilité que le loyer d'une année donnée soit nul).*

■ *Exemple 3*

Un opérateur de télécommunications loue en tant que preneur un câble sous-marin, pour une durée de 10 ans. Les loyers dépendent de l'utilisation du câble, avec un plancher annuel de 6 millions (correspondant à une utilisation du câble à hauteur de 60 % ou moins) et un plafond de 10 millions (correspondant à 100 % d'utilisation). L'opérateur estime que l'utilisation moyenne du câble sera de 85 % (et, en conséquence, que les loyers annuels seront de 8,5 millions).

Solution de l'exemple 3 *La dette de loyers ne doit pas être évaluée sur la base des estimations effectuées par l'opérateur (8,5 millions par an), mais sur la base du loyer plancher (6 millions). La différence entre ce loyer plancher et les loyers effectivement dus et payés, directement liés à l'utilisation du câble par l'opérateur, est constatée en charge lorsque lesdits loyers sont encourus.*

■ *Exemple 4*

Une entité (le client) entre dans un contrat avec un fournisseur (producteur d'électricité), afin d'acheter la totalité de la production d'un parc de panneaux solaires pendant 20 ans. Le client a analysé le contrat d'achat et a conclu que celui-ci contenait un contrat de location du parc considéré. Le contrat ne comporte pas d'engagement d'achat minimum par le client, mais ce dernier devra acquérir la totalité de l'électricité produite par le parc considéré. En termes de prix d'achat, le contrat ne comporte pas de partie fixe, mais uniquement un prix par kWh (prix unitaire de 20).

Solution de l'exemple 4 *Aucune dette de loyers ne doit être constatée par le client. En effet, les loyers ne dépendent que du niveau de production du parc de panneaux solaires. Cette conclusion est similaire à celle de l'Exemple 2 ci-avant, le fait que le client ne contrôle pas la production d'électricité n'ayant à notre avis pas d'impact sur l'analyse.*

■ *Exemple 5*

Une entité loue, en tant que preneur, un espace dans un centre commercial, pour une durée de 10 ans. Les loyers annuels sont fixes. Toutefois, une clause contractuelle prévoit que si le locataire-clé du centre commercial quittait ce dernier, les loyers deviendraient variables et s'élèveraient à 5 % du chiffre d'affaires de l'entité.

Solution de l'exemple 5 *Les raisons de l'existence de cette clause, de même que sa substance, doivent être analysées afin de pouvoir déterminer le montant de la dette de loyers, et un jugement peut devoir être effectué. En effet, dans de nombreux cas, une telle clause constitue uniquement un droit protectif pour le preneur et il n'est pas réaliste, à la prise d'effet du contrat de location, que le locataire-clé quitte le centre commercial. Dans un tel cas, les loyers annuels fixes sont pris en compte dans l'évaluation de la dette de loyers. En revanche, s'il existe de réelles possibilités que le locataire-clé quitte le centre commercial pendant la durée du contrat de location du preneur, celui-ci devra évaluer la dette de loyers en prenant en compte tous les scénarios réalistes, et en retenant celui pour lequel la valeur actualisée des loyers est la plus faible.*

Prise en charge par le preneur de coûts incombant au bailleur

33580 ***Question***

La prise en charge par le preneur de coûts incombant au bailleur (tels que la prime d'assurance propriétaire ou la taxe foncière d'un immeuble), et ne donnant pas lieu par ce dernier à la fourniture d'un bien ou d'un service, doit-elle être prise en compte dans l'évaluation de la dette de loyers ?

Réponse

Cela dépend.

Ces coûts ne sont pas une composante séparée du contrat liant le preneur au bailleur et doivent en conséquence être alloués aux différentes composantes de celui-ci (composante location et, le cas échéant, composante services). De ce fait, tout ou partie de ces coûts sera alloué à la composante location et considéré comme faisant partie des loyers.

Toutefois, l'inclusion ou non de ces coûts dans l'évaluation de la dette de loyers sera à apprécier au cas par cas en fonction des faits et circonstances. Ils seront en effet inclus dans l'évaluation de la dette s'ils sont fixes, ou fixes en substance, ou variables dépendant d'un indice ou d'un taux, et en seront exclus dans les autres cas.

Commentaires Un preneur peut être tenu, au titre d'un contrat de location, de prendre en charge (par un remboursement au bailleur, par exemple) certains coûts incombant au bailleur, et qui ne donnent pas lieu à la fourniture par ce dernier d'un bien ou d'un service au preneur.

Ceci est fréquemment le cas dans les contrats de location immobilière (par exemple, remboursement de la taxe foncière ou prise en charge de l'assurance propriétaire).

Selon IFRS 16.B33, ces paiements ne constituent pas une composante distincte du contrat, mais sont inclus dans la rémunération totale à allouer entre les composantes distinctes du contrat.

Pour la séparation des composantes d'un contrat et les modalités d'allocation de la rémunération totale du contrat aux différentes composantes, voir nº 32985.

Ainsi, la part allouée à la composante location d'un contrat devra être intégrée à la dette de loyers, si elle correspond à des paiements fixes (y compris fixes en substance) ou à des paiements variables basés sur un indice ou un taux (IFRS 16.27).

Pour les notions de loyers fixes en substance et de loyers variables basés sur un indice ou un taux, voir nº 33003.

De ce fait, les montants fixes et contractuellement prédéterminés seront intégrés dans la dette de loyers.

Lorsque les paiements sont variables, il convient d'analyser leur structure pour déterminer s'ils sont basés ou non sur un indice ou un taux et s'ils sont ou non fixes en substance. Un jugement important peut être nécessaire dans l'appréciation de cette variabilité.

■ *Exemple 1*

Taxes foncières *En France, la taxe foncière résulte de l'application d'un taux d'imposition, fixé par les collectivités territoriales, à la valeur du bien. A notre avis, il peut être considéré que ce taux d'imposition ne répond pas à la définition d'indice ou de taux de la norme IFRS 16 ; il s'agit en effet d'un taux d'imposition fixé par les collectivités territoriales (en fonction, par exemple, de priorités*

politiques ou budgétaires) et ne correspond pas à un indice ou un taux reflétant un marché. En conséquence, la taxe foncière peut être exclue de l'évaluation de la dette de loyers.
De manière comparable, si la taxe foncière dans une juridiction donnée est déterminée en appliquant un pourcentage fixe à la valeur fiscale d'un bien, déterminée en fonction de dispositions fiscales spécifiques et régulièrement recalculée, la taxe pourra être exclue de l'évaluation de la dette de loyers. Dans ce cas, en effet, la valeur du bien servant à la détermination de la taxe n'est pas une valeur de marché.

Rappelons que les paiements qui varient pour tenir compte de l'évolution des prix du marché locatif sont des paiements variables devant être pris en compte dans l'évaluation de la dette (IFRS 16.28).

■ *Exemple 2*

Primes d'assurance *Le montant d'une prime d'assurance peut varier d'une année sur l'autre, pour des raisons autres qu'une modification de la valeur de marché (cela serait le cas, par exemple, si l'évaluation du risque par la compagnie d'assurance était modifiée ou si le bailleur changeait de compagnie d'assurance). Les paiements relatifs au remboursement par le preneur de la prime d'assurance propriétaire au bailleur sont donc des loyers variables, pouvant être considérés comme ne dépendant pas d'un indice ou d'un taux.*

Ainsi, ce n'est que si la prime d'assurance était considérée comme un paiement fixe en substance qu'elle devrait être incluse dans l'évaluation initiale de la dette de loyers.

Toutefois, les paiements initialement variables, qui perdent leur variabilité après la date de prise d'effet du contrat et deviennent fixes pour la durée restante du contrat, ou, à notre avis, pour une partie de celle-ci, deviennent des paiements fixes en substance (IFRS 16.B42). Ainsi, une prime d'assurance qui deviendrait connue pour l'année ou les deux années suivantes devra être incluse (à hauteur de la part allouée à la composante location d'un contrat) dans l'évaluation de la dette de loyers.

TVA non récupérable

Question 33582

La TVA non récupérable par le preneur, relative à un contrat de location, doit-elle être incluse dans l'évaluation de la dette de loyers ?

Réponse

Le preneur doit analyser les caractéristiques de la taxe et de l'environnement fiscal correspondant, de manière à en déterminer le traitement comptable.

Dans le cadre réglementaire français, la TVA non récupérable ne répond pas à la définition d'un loyer et, en conséquence, ne doit pas être incluse dans l'évaluation de la dette de loyers.

A notre avis, cette TVA non récupérable est dans le champ d'application d'IFRIC 21 (« Levies ») et doit être comptabilisée par le preneur au passif (en contrepartie d'une charge) au moment du fait générateur de l'obligation de la payer (soit lors de la facturation des loyers par le bailleur).

Commentaires Dans l'environnement réglementaire français, la TVA devant être payée par un preneur au bailleur au titre des facturations de loyers n'est pas toujours récupérable. Cela peut être dû à la nature du bien loué (par exemple, location de véhicules) ou à l'activité du preneur (par exemple, banques, assurances et holdings qui ne peuvent déduire qu'un prorata de TVA).

A notre avis, la TVA (qu'elle soit ou non récupérable) n'est pas un loyer : elle ne constitue pas un revenu pour le bailleur et ne le rémunère pas en tant que propriétaire de l'actif. Elle ne résulte pas non plus de la négociation du contrat de location puisqu'elle est imposée par la législation. En conséquence, elle ne doit pas être incluse dans l'évaluation de la dette de loyers chez le preneur.

Hormis pour les aspects liés aux garanties de valeur résiduelle, la définition de paiements de loyers est similaire pour les preneurs et les bailleurs, voir à ce titre nº 33003 et 33022.

En outre, il peut être considéré que le bailleur, en France, n'agit qu'en tant qu'agent pour le compte de l'Etat en matière de collecte de TVA.

A ce titre, il convient de noter que, si sa créance envers le preneur devient irrécouvrable, le bailleur ne supporte pas le risque de crédit associé à cette TVA. En outre, le taux de TVA applicable est fixé par l'administration fiscale et s'impose tant au bailleur qu'au preneur.

Pour le preneur, la TVA non récupérable correspond à une sortie de ressources représentatives d'avantages économiques imposée par l'autorité publique en vertu d'une disposition légale. Elle entre donc, à notre avis, dans le champ de l'interprétation IFRIC 21 et doit en conséquence être comptabilisée en charges au fur et à mesure de la survenance du fait générateur de payer la taxe, telle que légalement définie (généralement la facturation par le bailleur).

Pour plus de détails sur l'interprétation IFRIC 21, voir nº 40380 s.

Pour les législations autres que la France, le preneur doit analyser les caractéristiques de la taxe et de l'environnement réglementaire considéré, afin de déterminer le traitement comptable de la TVA non récupérable qui lui est facturée par le bailleur.

Ainsi, dans une juridiction où la TVA n'est pas déductible et est intégralement due à la date de prise d'effet du contrat de location, la TVA pourrait être comptabilisée en contrepartie du droit d'utilisation, en considérant qu'il s'agit d'un coût direct initial, ou par analogie avec IAS 16, Immobilisations corporelles, qui stipule que le coût d'acquisition d'une immobilisation corporelle comprend les taxes non récupérables (IAS 16.16).

Pour la définition de coût direct initial, voir nº 33001.

Décision de l'IFRS IC Cette question a été posée à l'IFRS IC. Lors de ses consultations auprès des parties prenantes (« outreach »), l'IFRS IC n'a pas obtenu d'évidence que ce sujet pouvait être significatif pour les preneurs concernés, ou qu'il existait une diversité de pratiques. En conséquence, l'IFRS IC a décidé de ne pas inscrire ce sujet à son agenda (IFRIC Update 09/21, publication définitive en 11/21).

Remboursement par le bailleur de travaux réalisés par le preneur

33584 ***Question***

Le remboursement par le bailleur au preneur de travaux réalisés par ce dernier constitue-t-il un avantage incitatif à la location, consenti par le bailleur au preneur, devant être pris en compte en diminution du droit d'utilisation et de la dette de loyers ?

Réponse

Cela dépend.

A notre avis, seuls les remboursements de travaux constituant un actif du preneur (et non un actif du bailleur) constituent des avantages incitatifs à la location. Cette détermination est une affaire de jugement devant prendre en compte les faits et circonstances relatifs à l'accord entre le bailleur et le preneur.

Commentaires Lorsque le bailleur rembourse au preneur le montant des travaux que celui-ci a effectués au titre du bien loué, la question se pose de savoir si ce montant constitue un avantage incitatif à la location. La norme IFRS 16 précise en effet que les montants pris en compte dans l'évaluation du droit d'utilisation et de la dette de loyers doivent être diminués des avantages incitatifs à la location reçus (pour l'actif) et à recevoir (pour la dette) du bailleur (IFRS 16.24b et .27a).

Les avantages incitatifs à la location sont définis comme les paiements accordés par le bailleur au preneur en lien avec le contrat de location, ou le remboursement ou la prise en charge par le bailleur de coûts, en principe supportés par le locataire (IFRS 16.A).

Pour répondre à cette question, à notre avis, et en l'absence de précision de la norme, une entité doit déterminer si les travaux effectués constituent un actif du bailleur ou un actif du preneur.
- S'il s'agit d'un actif du bailleur, le montant considéré ne constitue pas un avantage incitatif à la location, mais simplement un remboursement au preneur de sommes engagées pour le compte du bailleur.
- S'il s'agit d'un actif du preneur, le montant remboursé par le bailleur constitue un avantage incitatif à la location, devant être pris en compte dans l'évaluation du droit d'utilisation et de la dette de loyers.

Les éléments suivants peuvent indiquer que les travaux effectués sont un actif du bailleur :
- le contrat de location spécifie précisément les travaux devant être effectués par le preneur ;
- le remboursement est égal au montant effectivement encouru par le preneur au titre des travaux spécifiques (et pas à un montant prédéterminé qui peut être relatif à des travaux non spécifiquement définis) ;

- les travaux ne sont pas spécifiques aux besoins du preneur et pourront probablement bénéficier à d'autres preneurs ;
- ils augmentent la valeur de l'actif loué du point de vue du bailleur ;
- ils ont une durée de vie supérieure au contrat de location.

Les indicateurs précédents ne sont que des exemples et tous les faits et circonstances doivent être considérés dans la détermination de ce jugement.

III. Comptabilisation ultérieure

A. Réestimation de la dette de loyers

Cas de réestimations de la dette de loyers

33590

Question

Dans quels cas un preneur doit-il réestimer la dette de loyers ?

Réponse

Hormis les cas de modifications de contrat, faisant l'objet de dispositions spécifiques, un preneur doit réestimer la dette de loyers, en contrepartie du droit d'utilisation, dans les cas suivants :
- durée : en cas de changement de la période non résiliable, ou d'événement ou changement de circonstance significatif, sous le contrôle du preneur, affectant le caractère raisonnablement certain ou non d'exercice d'une option de renouvellement (ou de non-exercice d'une option de résiliation) ;
- option d'achat : en cas d'événement ou changement de circonstance significatif, sous le contrôle du preneur, affectant le caractère raisonnablement certain ou non d'exercice d'une option d'achat ;
- garantie de valeur résiduelle : en cas de changement du montant du paiement attendu au titre de la garantie de valeur résiduelle accordée par le preneur au bailleur ;
- paiements variables basés sur un indice ou un taux (y compris changement résultant de l'évolution du prix de marché locatif) : lorsque les flux de loyers sont modifiés (c'est-à-dire lorsque l'ajustement du taux ou de l'indice prend effet).

Dans les deux premiers cas, la dette est réestimée avec un taux d'actualisation révisé à la date de la réestimation.

Dans les deux derniers cas, sauf exception, le taux d'actualisation utilisé pour l'évaluation de la dette est inchangé.

Outre les situations ci-avant, le preneur doit également réestimer la dette de loyers en cas de paiements initialement variables devenant fixes en substance à une certaine date et devant, à ce titre, être inclus dans la dette de loyers (à notre avis, au taux d'actualisation en vigueur à la date de prise d'effet du contrat).

Commentaires Les cas de réestimation de la dette de loyers, **ne correspondant pas à des modifications de contrats**, sont résumés dans le tableau ci-après.

Une modification de contrat est définie comme une modification du périmètre ou du loyer de ce contrat, **qui n'était pas prévue dans les termes et conditions du contrat d'origine** (par exemple, ajout ou suppression du droit d'utilisation de certains actifs sous-jacents ou augmentation ou diminution de la durée du contrat) (IFRS 16.A).

Pour la comptabilisation des modifications de contrat, voir n° 33602.

33590 (suite)

Elément à réestimer	Dans quelles circonstances ?	A quel taux d'actualisation ?
Durée du contrat (IFRS 16.40a)	Dans les deux cas suivants (voir n° 33592) : 1. si la durée non résiliable du contrat change ; 2. en cas d'événement ou de changement de circonstance significatif sous le contrôle du preneur affectant le caractère raisonnablement certain ou non d'exercice d'une option de renouvellement (ou de non-exercice d'une option de résiliation).	Taux d'actualisation **révisé** à la date de la réestimation (IFRS 16.40 et .41)
Option d'achat (IFRS 16.40b)	En cas d'événement ou de changement de circonstance significatif sous le contrôle du preneur affectant le caractère raisonnablement certain ou non d'exercice de l'option d'achat (voir n° 33592).	
Garantie de valeur résiduelle (IFRS 16.42a)	Changement du montant du paiement attendu au titre de la garantie de valeur résiduelle accordée au bailleur.	Taux d'actualisation **inchangé** (IFRS 16.43)
Paiements variables basés sur un indice ou un taux (y compris changement résultant de l'évolution du prix de marché locatif) (IFRS 16.42b)	Lorsque les flux de loyers sont modifiés (c'est-à-dire lorsque l'ajustement du taux ou de l'indice prend effet).	Taux d'actualisation **inchangé** (sauf si le changement des loyers résulte de la fluctuation d'un taux d'intérêt variable) (IFRS 16.43)
Loyers fixes en substance (IFRS 16.36c et .B42a)	Lorsque des loyers initialement variables deviennent fixes en substance (voir Remarque ci-après).	A notre avis, taux d'actualisation inchangé

Dans tous les cas visés ci-avant, l'ajustement résultant de la réestimation de la dette est comptabilisé en contrepartie du droit d'utilisation (IFRS 16.39).

En revanche, si la valeur comptable du droit d'utilisation a été réduite à zéro et qu'une diminution additionnelle de la dette de loyers doit être constatée, le preneur doit comptabiliser le reste du montant de la réestimation de la dette en résultat (IFRS 16.39).

Remarque – Loyers initialement variables devenant fixes en substance IFRS 16.B42a précise que des loyers, initialement structurés comme des loyers variables liés à l'utilisation de l'actif sous-jacent, mais perdant leur variabilité à un certain moment après la date de prise d'effet du contrat (devenant ainsi fixes pour la durée restante du contrat de location), deviennent des loyers fixes en substance lorsque le caractère variable s'éteint. Dès lors, la dette de loyers doit être réestimée pour prendre en compte ces loyers fixes en substance dans son évaluation (IFRS 16.36c).

La norme n'indique pas explicitement le taux d'actualisation devant être utilisé dans un tel cas. Toutefois, IFRS 16.37 précise que le taux d'intérêt effectif (utilisé pour le calcul de la charge d'intérêt liée à la dette de loyers) est le taux ayant servi à l'évaluation initiale de la dette de loyers ou les taux révisés dans les situations décrites dans le tableau ci-avant et en cas de modification de contrat. Ceci implique donc que le taux d'actualisation à la date de prise d'effet du contrat sera pris en compte pour la réestimation de la dette visant à intégrer des loyers devenus fixes en substance postérieurement à cette date de prise d'effet.

Pour plus de précisions sur le taux d'actualisation à utiliser par un preneur pour l'évaluation initiale de la dette de loyers, voir n° 33003 et 33350 s.

Pour la comptabilisation des modifications de contrat, voir n° 33602.

■ *Exemple*

Une entité loue en tant que preneur une machine pour une durée de 25 ans. La capacité précise de production de la machine n'est effectivement connue qu'après son installation et une certaine période de production. La date de prise d'effet du contrat est le 1er janvier de l'année 1. Les loyers dus au bailleur sont déterminés comme suit :

– Année 1 : Loyer fixe ;

– Années 2 à 15 : Loyer annuel basé sur le double du nombre d'unités produites par la machine pendant le second semestre de l'année 1, à un prix unitaire prédéterminé ;

– Années 16 à 25 : Loyer annuel basé sur le nombre d'unités effectivement produites par la machine pendant l'année considérée.

Solution de l'exemple *A la date de prise d'effet du contrat, la dette de loyers n'est constituée que du loyer dû au titre de l'année 1. En revanche, dès la fin de l'année 1, les loyers des années 2 à 15 perdent toute variabilité et deviennent fixes en substance pour cette période. Ainsi, dès cette date,*

le preneur doit réestimer sa dette de loyers (en contrepartie du droit d'utilisation), en prenant en compte les loyers pour les années 2 à 15, actualisés au taux déterminé à la date de prise d'effet du contrat (soit au début de l'année 1).
Les loyers des années 16 à 25, en revanche, sont exclus de l'évaluation de la dette puisque constituant des loyers variables basés sur l'utilisation de la machine (voir n° 33570).

Réappréciation de la durée d'un contrat – Option de renouvellement dont l'exercice devient raisonnablement certain

Question 33592

La durée d'un contrat de location doit-elle être réappréciée par le preneur, lorsqu'en conséquence de changement des intentions de celui-ci, l'exercice d'une option de renouvellement, initialement exclue de la durée du contrat, devient raisonnablement certain ?

Réponse

Cela dépend.

Si l'exercice d'une option de renouvellement devient raisonnablement certain en conséquence d'un événement ou changement de circonstance significatif sous le contrôle du preneur, la durée du contrat doit être réappréciée.

En revanche, à notre avis, un simple changement de l'intention du preneur n'est pas suffisant pour entraîner une réestimation de la durée.

Distinguer les événements ou changements de circonstances significatifs sous le contrôle du preneur d'un simple changement de l'intention de celui-ci peut être affaire de jugement.

Commentaires La durée du contrat est déterminée **à la date de prise d'effet** du contrat, c'est-à-dire la date à laquelle le bien loué est mis à disposition du preneur par le bailleur (IFRS 16.B37). Cette durée est définie comme la période non résiliable pendant laquelle le preneur a le droit d'utiliser l'actif sous-jacent, à laquelle doivent être ajoutées les périodes couvertes par (IFRS 16.18) :

- les options de renouvellement du contrat dont l'exercice est raisonnablement certain ; et
- les options de résiliation que le preneur est raisonnablement certain de ne pas exercer.

Pour plus de précisions sur la détermination de la durée et le caractère raisonnablement certain ou non d'exercice des options, voir n° 32989.

Selon IFRS 16.20, un preneur devra réapprécier son estimation initiale du caractère raisonnablement certain ou non d'exercice d'une option de renouvellement (ou de non-exercice d'une option de résiliation), lorsqu'intervient un **événement ou changement de circonstance significatif, sous le contrôle du preneur**, et qui affecte ce caractère raisonnablement certain.

Ce sont dans ces mêmes circonstances qu'un preneur devra prendre en compte un changement d'estimation relatif à l'exercice raisonnablement certain ou non d'une **option d'achat** du bien loué (IFRS 16.40b).

Les exemples suivants d'événements ou changements de circonstances significatifs sous le contrôle du preneur sont fournis par IFRS 16.B41 :

- réalisation d'investissements significatifs indissociables du bien ou modification substantielle de l'actif, qui n'avait pas été anticipée à la date de prise d'effet du contrat ;
- conclusion d'un contrat de sous-location de l'actif loué, pour une période plus longue que la durée ferme du contrat de location ;
- décision stratégique du preneur qui a un impact direct sur l'exercice ou non d'une option (par exemple, décision de vente d'un actif alternatif ou d'extension d'un contrat de location d'un actif complémentaire).

Ainsi, et hormis les modifications de contrat, la durée du contrat (et, en conséquence, l'évaluation de la dette de loyers et du droit d'utilisation) ne sera révisée que dans ces cas, ou si la période non résiliable du contrat change.

Pour les **modifications** de contrat, voir n° 33600 et 33602.

La **période non résiliable** du contrat change, par exemple (IFRS 16.21) :

- si le preneur exerce une option qui n'avait pas été prise en compte dans la détermination initiale de la durée (ou à l'inverse, n'exerce pas une option qui avait été prise en compte) ;

33592 (suite) – si un événement intervient qui oblige le preneur à exercer l'option (alors que cet exercice n'avait pas été prévu dans la durée) ou lui interdit de l'exercer (alors qu'elle avait été initialement prise en compte).

Les changements de la période non résiliable d'un contrat doivent être prises en compte tant par les preneurs que par les bailleurs, alors que les réappréciations relatives à l'exercice ou non d'une option ne devront être effectuées que par les preneurs (IFRS 16.20 et .21).

Un simple changement de l'intention du preneur quant à l'exercice d'une option n'est donc à notre avis pas suffisant pour réestimer la durée d'un contrat de location.

Distinguer les événements ou changements de circonstances significatifs sous le contrôle du preneur d'un simple changement de l'intention de celui-ci peut être affaire de jugement.

■ *Exemple 1*

Une entité loue en tant que preneur un bâtiment pour une durée non résiliable de 10 ans. Elle dispose d'une option de renouvellement de 5 ans exerçable à l'issue de la durée non résiliable. A la date de prise d'effet du contrat, l'exercice de cette option n'est pas raisonnablement certain. La durée du contrat initialement retenue pour l'évaluation du droit d'utilisation et de la dette de loyers est donc de 10 ans.

A l'issue de la 7e année, l'entité conclut un contrat de sous-location (en tant que bailleur) pour une durée de 8 ans.

Solution de l'exemple 1 *La conclusion du contrat de sous-location est un événement significatif, sous le contrôle du preneur, affectant le caractère raisonnablement certain de l'exercice de l'option de renouvellement du contrat de location principal. Le preneur doit en conséquence réapprécier la durée du contrat de location principal en prenant en compte dans celle-ci l'option de renouvellement de 5 ans, initialement ignorée. Le droit d'utilisation et la dette de loyers sont réestimés en conséquence.*

■ *Exemple 2*

Une entité loue en tant que preneur un bâtiment pour une durée non résiliable de 10 ans. Elle dispose d'une option de renouvellement de 5 ans à l'issue de la durée non résiliable.

Le bâtiment loué est une usine dans laquelle le preneur va fabriquer un nouveau produit. A la date de prise d'effet du contrat, le preneur considère que l'exercice de l'option de renouvellement n'est pas raisonnablement certain. En effet, l'usine pourrait devoir être fermée en cas de ventes très inférieures à ce qui est attendu (arrêt de la production) ou, à l'inverse, en cas de ventes très supérieures (auquel cas la production pourrait devoir être relocalisée dans une usine de plus grande capacité).

A l'issue de la 7e année, l'entité prépare un business plan (pour les 5 ans à venir) prenant pour hypothèse que l'entité demeurera dans l'usine considérée pendant la période couverte par le business plan. Ce dernier est approuvé par le conseil d'administration. Avant l'établissement du business plan, le preneur a envisagé les différentes possibilités qui s'offraient à lui et a décidé que l'option de renouvellement serait exercée. L'entité va ensuite négocier ses accords commerciaux (par exemple, avec ses fournisseurs de matières premières) en conséquence.

Solution de l'exemple 2 *L'approbation du business plan par le conseil d'administration est un événement sous le contrôle du preneur. En outre, la décision stratégique de maintenir la production dans l'usine considérée, qui entraînera en particulier de nouvelles négociations avec les fournisseurs, est un changement de circonstance significatif. Le preneur doit en conséquence réapprécier la durée du contrat de location en prenant en compte dans celle-ci l'option de renouvellement de 5 ans initialement ignorée. Le droit d'utilisation et la dette de loyers sont réestimés en conséquence.*

■ *Exemple 3*

Une entité loue en tant que preneur un bâtiment pour une durée non résiliable de 10 ans. Elle dispose d'une option de renouvellement de 5 ans à l'issue de la durée non résiliable.

Le bâtiment loué est un immeuble de bureaux, non stratégique pour le preneur. A la date de prise d'effet du contrat, le preneur considère que l'exercice de l'option de renouvellement n'est pas raisonnablement certain.

A l'issue de la 7e année, l'entité prépare un business plan (pour les 5 ans à venir) prenant pour hypothèse implicite que l'entité demeurera dans le bâtiment considéré. Le business plan est approuvé par le conseil d'administration. L'hypothèse prise de demeurer dans les locaux n'a toutefois pas été soulignée ou discutée.

Solution de l'exemple 3 *L'approbation du business plan par le conseil d'administration est un événement sous le contrôle du preneur. Toutefois, le simple fait que l'entité construise le business plan avec une hypothèse implicite de maintien dans les locaux ne constitue pas un événement ou changement de circonstance significatif, même si la probabilité d'exercice de l'option de* *renouvellement augmente avec le temps écoulé. De ce fait, le preneur ne doit pas réapprécier la durée du contrat de location et celle-ci reste fixée aux 3 ans résiduels de la durée initiale non résiliable. La réponse serait différente si la décision de rester dans les locaux à l'issue de la durée initiale de 10 ans avait été spécifiquement discutée en détail et soulignée comme étant une hypothèse clé du business plan. Dans ce cas, le preneur devrait réapprécier la durée du contrat de location en prenant en compte dans celle-ci l'option de renouvellement de 5 ans initialement ignorée, et le droit d'utilisation et la dette de loyers seraient réestimés en conséquence.*

B. Modifications d'un contrat de location

Définition d'une modification de contrat de location

Question 33600

Qu'est-ce qu'une modification de contrat de location ?

Réponse

Une modification de contrat est définie comme une modification du périmètre ou du loyer de ce contrat, qui n'était pas prévue dans les termes et conditions du contrat d'origine (par exemple, ajout ou suppression du droit d'utilisation de certains actifs sous-jacents, ou augmentation ou diminution de la durée du contrat).

Une modification de contrat peut prendre différentes formes, par exemple, la conclusion d'un avenant à un contrat existant ou un nouveau contrat d'un point de vue juridique, remplaçant un contrat existant, mais portant sur le même actif loué sous-jacent.

Les cas de modifications de contrat ne doivent pas être confondus avec les situations dans lesquelles le preneur doit réestimer sa dette de loyers (et le droit d'utilisation correspondant), du fait de l'application de clauses existantes dans le contrat de location, ou de changement d'estimations, les traitements comptables pouvant être différents.

Commentaires Une modification de contrat est définie comme une modification du périmètre ou du loyer de ce contrat, **qui n'était pas prévue dans les termes et conditions du contrat d'origine** (par exemple, ajout ou suppression du droit d'utilisation de certains actifs sous-jacents ou augmentation ou diminution de la durée du contrat) (IFRS 16.A).

Si l'avenant à un contrat de location est de fait une modification de celui-ci, un contrat qualifié juridiquement de nouveau contrat peut également constituer en substance une modification de contrat existant, devant être comptablement traitée comme telle. Ce serait le cas, par exemple, d'un nouveau contrat conclu au titre de la location d'un actif sous-jacent, déjà loué par le preneur au nouveau bailleur, et prenant effet à la date de fin du contrat initial.

Pour le traitement comptable des modifications de contrat, voir nº 33602.

Une modification de contrat ne doit pas être confondue avec les cas de réestimations de la dette de loyers (et du droit d'utilisation correspondant) en raison de l'application de clauses contractuelles existantes ou de changements d'estimations du preneur, les traitements comptables pouvant être différents.

Pour les cas de réestimation de la dette de loyers, voir nº 33590.

Comptabilisation des modifications de contrats de location

Question 33602

Comment le preneur doit-il comptabiliser une modification de contrat de location ?

Réponse

Cela dépend de la modification intervenue. Le schéma ci-après, établi par nos soins, résume l'approche à retenir pour le traitement comptable des modifications de contrats de location chez le preneur.

33602
(suite)

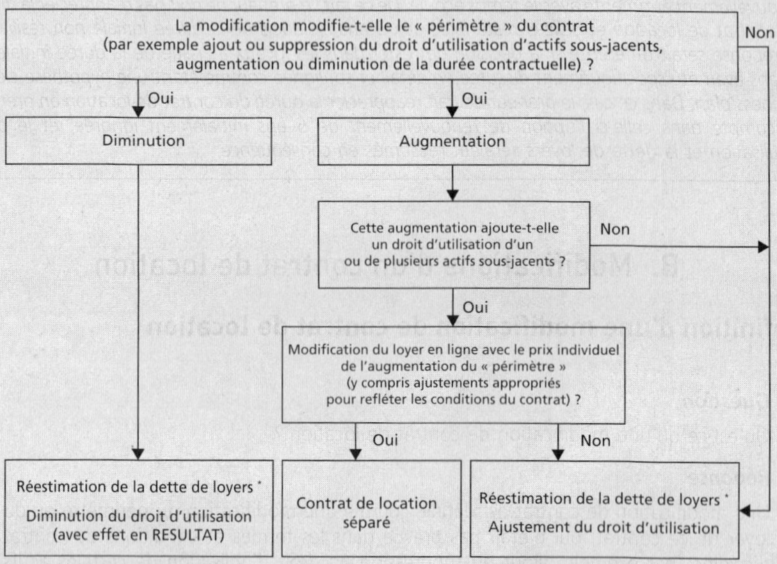

* Sur la durée du contrat modifié et avec un taux d'actualisation révisé à la date de modification

En revanche, si le contrat d'origine était un contrat de courte durée pour lequel le preneur a choisi d'opter pour l'exemption prévue par la norme, le contrat modifié sera considéré comme un nouveau contrat.

Commentaires Une modification de contrat est définie comme une modification du périmètre ou du loyer de ce contrat, **qui n'était pas prévue dans le contrat d'origine** (par exemple, ajout ou suppression du droit d'utilisation de certains actifs sous-jacents ou augmentation ou diminution de la durée du contrat) (IFRS 16.A).

Un preneur doit comptabiliser une modification de contrat comme un **contrat de location séparé** (distinct de l'ancien) si les deux conditions suivantes sont remplies (IFRS 16.44) :
- la modification augmente le « périmètre » de la location en ajoutant un droit d'utilisation d'un ou de plusieurs actifs sous-jacents ; et
- l'augmentation du loyer est en ligne avec le prix individuel de l'augmentation du « périmètre », y compris les ajustements appropriés du prix individuel reflétant les circonstances propres au contrat considéré.

Pour le cas particulier des modifications de contrats de courte durée, voir n° 32997 et 33201.

Pour toute autre modification de contrat n'entraînant pas la comptabilisation d'un contrat séparé (c'est-à-dire qui ne remplit pas les deux conditions ci-avant), le preneur doit, **à la date de modification du contrat** (c'est-à-dire la **date à laquelle les deux parties conviennent de sa modification**, fréquemment antérieure à la date de prise d'effet de ladite modification) et après allocation, le cas échéant, de la rémunération globale aux différentes composantes du contrat, réestimer la dette de loyers sur la base :
- des loyers restant dus au titre du contrat modifié ;
- de la durée du contrat modifié, déterminée à la date de modification du contrat ;
- d'un taux d'actualisation révisé à la date de modification (taux implicite du contrat ou taux d'endettement marginal, pour la durée restante du contrat, à la date de modification de celui-ci) (IFRS 16.45).

Pour l'allocation de la rémunération globale aux différentes composantes du contrat, voir n° 32985.
Pour la détermination de la durée du contrat, voir n° 32989 et 33160 s.
Pour les définitions des taux d'actualisation, voir n° 33003 et 33350 s.

Cette réestimation de la dette de loyers doit être comptabilisée en contrepartie (IFRS 16.46) :
- d'une diminution du droit d'utilisation en cas de réduction du périmètre du contrat (diminution partielle ou totale, afin de refléter la résiliation partielle ou totale du contrat), avec constatation d'un profit ou d'une perte au compte de résultat proportionné(e) à la réduction du périmètre de location ;
- du droit d'utilisation pour toute autre modification de contrat.

Une **exception** à ce traitement a été introduite dans la norme IFRS 16, pour les exercices ouverts depuis le 1er janvier 2021, portant uniquement sur les modifications de contrat relatives à un changement de base de détermination des paiements de loyers futurs du fait de la réforme des taux d'intérêt de référence. Par mesure de simplification, pour comptabiliser une modification de contrat de location requise par la réforme des taux de référence, le preneur applique les dispositions d'IFRS 16.42 relatives aux changements de loyers variables basés sur un taux ou un indice, et réévalue ainsi la dette de loyers, en contrepartie du droit d'utilisation, lorsque le changement du taux ou de l'indice prend effet (IFRS 16.105). **33602** (suite)

Une **modification de contrat** est considérée comme **requise par la réforme des taux de référence** si les deux conditions suivantes sont remplies (IFRS 16.105) :

1. la nécessité d'apporter la modification est une conséquence directe de la réforme des taux de référence ; et

2. la nouvelle base de détermination des paiements de loyers est économiquement équivalente à celle précédant la modification.

Cette mesure de simplification ne peut pas être appliquée si des modifications autres que celle requise du fait de la réforme des taux de référence sont apportées au contrat (IFRS 16.106).

Pour plus de détails sur la réforme des taux de référence, y compris les notions de « conséquence directe » de la réforme et de « base économique équivalente » évoquées ci-avant, voir n° 46266 s.

■ *Exemple 1*

(IFRS 16.IE7, Exemple 17) ***Diminution du périmètre d'un contrat de location*** *Le 1/01/N, une entité conclut, en tant que preneur, un contrat de location portant sur 5 000 m² de bureaux, pour une durée de 10 ans. Les loyers annuels s'élèvent à 50 000, payables à la fin de chaque année. Le taux d'intérêt implicite du contrat n'est pas aisément déterminé. Le taux d'endettement marginal du preneur à la date de prise d'effet est de 6 %. Le 1/01/N+5, le preneur et le bailleur s'accordent pour réduire la surface louée à 2 500 m², pour un loyer annuel de 30 000. Le taux d'endettement marginal du preneur à la date de la modification (1/01/N+5) est de 5 %.*

Le 31/12/N+4, soit juste avant la modification, le droit d'utilisation s'élevait à 184 002 et la dette de loyers à 210 618.

Solution de l'exemple 1 *A la date de modification du contrat (soit le 1/01/N+5), l'entité évalue la nouvelle dette de loyers sur la base de la durée résiduelle du contrat (5 ans), des loyers annuels modifiés (30 000) et de son taux d'endettement marginal à cette même date (5 %). La dette de loyers après modification s'élève à :*

129 884 (= 30 000 / 1,05 + 30 000 / 1,05 ² + 30 000 / 1,05 ³ + 30 000 / 1,05 ⁴ + 30 000 / 1,05 ⁵)

Dans un premier temps, la valeur comptable du droit d'utilisation doit être réduite de 50 % (2 500 m² sur 5 000 m² à l'origine), de même que la dette de loyers pré-modification, afin de refléter la résiliation partielle du contrat. La différence entre cette réduction du droit d'utilisation et la proportion correspondante de la dette de loyers pré-modification est comptabilisée en résultat.

Dt	*Dette de loyers (50 % * 210 618)*	*105 309*	
Ct	*Droit d'utilisation (50 % * 184 002)*		*92 001*
Ct	*Résultat (profit)*		*13 308*

Dans un second temps, le preneur doit ajuster le droit d'utilisation afin de refléter les changements de taux d'actualisation et de loyers. Ainsi, le droit d'utilisation est ajusté de la différence entre la dette de loyers résiduelle de 105 309 et la dette de loyers recalculée à la date de modification du contrat (129 884).

Dt	*Droit d'utilisation*	*24 575*	
Ct	*Dette de loyers (129 884 – 105 309)*		*24 575*

■ *Exemple 2*

Augmentation du périmètre d'un contrat de location *Le 1/01/N, une entité conclut, en tant que preneur, un contrat de location portant sur 5 000 m² de bureaux, pour une durée de 10 ans. Les loyers annuels s'élèvent à 100 000, payables à la fin de chaque année. Le 1/01/N+5, le preneur et le bailleur s'accordent pour augmenter la surface louée de 5 000 m² additionnels. Le loyer annuel augmente en conséquence à 150 000. A la date de la modification, le loyer de marché des 5 000 m² additionnels est de 100 000. Le taux d'intérêt implicite du contrat n'est pas aisément déterminé. Le taux d'endettement marginal du preneur à la date de la modification (1/01/N+5) est de 7 %.*

Solution de l'exemple 2 *La modification du contrat augmente le périmètre de celui-ci, en ajoutant un droit d'utilisation d'actif sous-jacent (les 5 000 m² additionnels). Toutefois, l'augmentation de loyer*

33602 (suite) *n'est pas en ligne avec le prix individuel de la surface louée additionnelle. Cette modification de contrat ne peut donc pas être comptabilisée comme un contrat de location séparé. En conséquence, le 1/01/N+5, la dette de loyers doit être réestimée par le preneur, sur la base :*
- de la durée résiduelle du contrat de location (5 ans) ;
- des nouveaux loyers annuels (150 000) ;
- du taux d'endettement marginal à cette même date (7 %).
La dette de loyers révisée sur ces bases s'élève à 615 030.
La différence entre le montant de la dette révisée et de la valeur de la dette pré-modification est comptabilisée en augmentation du droit d'utilisation.
En revanche, si le loyer annuel de la surface louée additionnelle s'était élevé à 95 000, correspondant au prix de marché à la date de la modification (100 000) réduit des coûts de recherche d'un locataire et de mise en place d'un contrat que le bailleur n'a pas à encourir du fait de la modification conclue avec le nouveau preneur, la modification relative à la surface additionnelle aurait été traitée comme un contrat séparé. En conséquence, le droit d'utilisation et la dette de loyers existant pré-modification n'auraient pas été ajustés (notamment de l'effet du changement de taux d'actualisation).

■ *Exemple 3*

Augmentation du périmètre d'un contrat de location par ajout d'un droit d'utilisation d'actif sous-jacent additionnel, avec prise d'effet différée par rapport à la date de modification du contrat
Le 1/01/N, une entité conclut, en tant que preneur, un contrat de location portant sur 10 000 m² de bureaux, pour une durée de 10 ans. Les loyers annuels s'élèvent à 100 000, payables à la fin de chaque année. Le taux d'intérêt implicite du contrat n'est pas aisément déterminé et le taux d'endettement marginal du preneur s'élève à 6 %.
Le 1/01/N+5, le preneur et le bailleur s'accordent pour augmenter la surface louée de 10 000 m² additionnels, qui seront mis à la disposition du preneur à compter du 1/01/N+6. Le loyer annuel est fixé à 150 000 à compter du 1/01/N+6, pour la surface totale de 20 000 m². Le loyer additionnel de 50 000 est inférieur au prix de marché ajusté pour refléter les conditions du contrat à la date de modification du contrat (1/01/N+5). A cette même date, le taux d'endettement marginal du preneur s'élève à 7 %.
Solution de l'exemple 3 *La modification du contrat augmente le périmètre de celui-ci, en ajoutant un droit d'utilisation d'actif sous-jacent (les 10 000 m² additionnels). Toutefois, l'augmentation de loyer n'est pas en ligne avec le prix individuel de la surface louée additionnelle. Cette modification de contrat ne peut donc pas être comptabilisée comme un contrat de location séparé. En conséquence, la réduction de loyer accordée par le bailleur au preneur ne peut pas être rattachée à la seule surface additionnelle louée et doit être affectée tant au droit d'utilisation initial qu'au droit d'utilisation additionnel.*
Le contrat modifié comporte de fait deux composantes de location :
- le droit d'utilisation des 10 000 m² initiaux, pour une durée résiduelle de 5 ans ;
- un droit d'utilisation des 10 000 m² additionnels, dont le preneur bénéficiera à compter du 1/01/N+6, pour une durée de 4 ans.
*Le **1/01/N+5** (date de modification du contrat), les loyers totaux dus au titre du contrat modifié s'élèvent à 700 000 (100 000 + 150 000 * 4), qui doivent être alloués par le preneur à chaque composante de location, au prorata des prix distincts relatifs de chaque composante de location. Il pourrait être considéré que cette somme est celle qui serait payée pour la location d'une surface totale de 90 000 m² pour une durée d'un an. Cela correspondrait à un prix unitaire de 7,777 par m² (700 000 / 90 000), soit un loyer annuel de 77 778 pour 10 000 m².*

> *Vu autrement, la somme de 700 000 euros est celle qui serait payée pour la location d'une surface de 10 000 m² pendant une durée de 9 ans (5 ans pour la surface initiale et 4 ans pour la surface additionnelle), correspondant donc à un loyer annuel de 77 778 pour une surface de 10 000 m² (700 000 / 9).*

Ainsi :
- 388 889 (= 77 778 × 5 ans) de loyers sont alloués aux 10 000 m² initiaux ;
- 311 111 (= 77 778 × 4 ans) de loyers sont alloués aux 10 000 m² additionnels.
*A la date de modification du contrat de location (le **1/01/N+5**), la dette de loyers relative à la surface louée initiale doit être réestimée par le preneur, sur la base :*
- de la durée résiduelle du contrat (5 ans) ;
- des nouveaux loyers annuels (77 778) ;
- du taux d'endettement marginal à la date de modification (7 %).
La dette de loyers révisée sur ces bases, relative à la surface louée initiale, s'élève à 318 904. La différence entre ce montant et celui de la dette pré-modification (421 236, représentant la valeur actualisée de 100 000 sur une durée de 5 ans, au taux d'endettement marginal d'origine de 6 %) est comptabilisée en diminution du droit d'utilisation.

Dt	*Dette de loyers (composante de location initiale)* *(421 236 – 318 904)*	*102 332*	
Ct	*Droit d'utilisation initial*		*102 332*

*Le **31/12/N+5**, le preneur paye au bailleur le loyer annuel de 100 000. Ce paiement est relatif à la composante de location initiale pour un montant de 77 778 et à la composante de location additionnelle (loyer payé d'avance) pour la différence (22 222).*

Dt	*Dette de loyers (composante de location initiale)*	*77 778*	
Dt	*Loyer payé d'avance (composante de location additionnelle)*	*22 222*	
Ct	*Trésorerie*		*100 000*

*Le **1/01/N+6** (qui est la date de mise à disposition par le bailleur au preneur de la surface additionnelle, soit la date de prise d'effet de la deuxième composante de location identifiée), le preneur comptabilise le droit d'utilisation et la dette de loyers relatifs à la composante considérée (surface louée additionnelle), sur la base :*
– de la durée du contrat (4 ans) ;
– des loyers annuels alloués à la surface additionnelle, diminués du loyer payé d'avance le 31/12/N+5 [72 222 = (311 111 – 22 222) / 4] ;
– de son taux d'endettement marginal à la date de modification, le 1/01/N+5 (7 %).
Il constate donc les écritures suivantes au titre de la deuxième composante de location, à la date de prise d'effet de celle-ci :

Dt	*Droit d'utilisation additionnel*	*266 853*	
Ct	*Loyer payé d'avance*		*22 222*
Ct	*Dette de loyers (composante de location additionnelle)* [(1)]		*244 631*
(1) Valeur actualisée au taux de 7 % des loyers annuels nets de 72 222 sur une durée de 4 ans			

De N+6 à N+9, les loyers annuels payés de 150 000 seront alloués à hauteur de 77 778 à la composante de location initiale et de 72 222 à la composante de location additionnelle.

C. Tests de dépréciation du droit d'utilisation

Niveau du test de dépréciation du droit d'utilisation

33670

Question

A quel niveau un droit d'utilisation doit-il être testé pour dépréciation ?

Réponse

Après sa constatation initiale, un droit d'utilisation évalué selon le modèle du coût est soumis aux dispositions de la norme IAS 36, Dépréciation d'actifs, pour déterminer s'il s'est déprécié.

Sauf cas particuliers, lorsqu'un tel actif ne génère pas de flux de trésorerie largement indépendants de ceux générés par d'autres actifs, la valeur recouvrable du droit d'utilisation ne peut pas être déterminée individuellement. Il est alors testé pour dépréciation au niveau de l'unité génératrice de trésorerie (UGT) à laquelle il appartient.

Commentaires :

1. Principe général Un droit d'utilisation évalué selon le modèle du coût est soumis aux dispositions de la norme IAS 36, Dépréciation d'actifs, pour déterminer s'il s'est déprécié et pour comptabiliser toute perte de valeur (IFRS 16.33).

Un actif est testé pour dépréciation au niveau d'une unité génératrice de trésorerie (UGT) lorsque cet actif ne génère pas de flux de trésorerie de manière indépendante (IAS 36.22). Ceci est souvent le cas d'un actif comptabilisé au titre du droit d'utilisation, qui doit alors être testé pour dépréciation au niveau de l'UGT à laquelle il appartient.

Outre le cas où un actif génère des flux de trésorerie largement indépendants de ceux des autres actifs, un actif doit également être testé individuellement lorsque (IAS 36.22) :
– l'actif a une juste valeur nette des coûts de la vente supérieure à sa valeur comptable ; ou

– sa valeur d'utilité estimée est proche de sa juste valeur nette des coûts de la vente et que cette juste valeur peut être évaluée.

Pour les modalités de détermination des UGT, voir n° 36550.

2. **Exceptions – Exemples de situations où l'actif doit être testé individuellement** Un exemple pourrait être celui d'un actif pris en location et donné en sous-location, qui générerait alors des flux de trésorerie largement indépendants de ceux d'autres actifs. Tel serait, par exemple, le cas d'un immeuble pris en location et classé en immeuble de placement conformément à la norme IAS 40. Dans une telle situation, si le droit d'utilisation est évalué au coût conformément à IAS 40, il s'agit d'une unité génératrice de trésorerie à part entière, testée pour dépréciation indépendamment des autres actifs.

En revanche, si le droit d'utilisation est évalué selon le modèle de la juste valeur conformément à IAS 40, il n'est pas soumis aux dispositions d'IAS 36 relatives aux dépréciations d'actifs (IAS 36.2f).

Pour les modalités de comptabilisation et d'évaluation des immeubles de placement, voir n° 31975 s.

Un autre exemple pourrait être celui d'un bâtiment loué que le preneur a décidé de libérer, et pour lequel un contrat de sous-location, avec prise d'effet dans un avenir très proche et pour la durée résiduelle du contrat de location principal, a été conclu. Dans un tel cas, la valeur d'utilité du droit d'utilisation du bâtiment sera proche de sa juste valeur nette des coûts de sortie, et l'actif devra être testé individuellement.

Dans une telle situation, la question de l'application de la norme IFRS 5 à l'actif considéré devra également être prise en compte.

Fréquence du test de dépréciation du droit d'utilisation

33672 *Question*

Quand un droit d'utilisation doit-il être testé pour dépréciation ?

Réponse

Un droit d'utilisation est testé pour dépréciation lorsque cet actif (ou l'UGT à laquelle il appartient) présente un indice de perte de valeur. En outre, ce test est mené annuellement lorsque cet actif appartient à une UGT qui contient un goodwill, un actif à durée de vie indéterminée ou un actif non encore prêt à être mis en service.

Commentaires Dès lors que le droit d'utilisation est dans le champ d'application de la norme IAS 36, le test de dépréciation doit être mené à chaque fois que cet actif (ou l'UGT à laquelle il appartient) présente un indice de perte de valeur (IAS 36.9).

Un droit d'utilisation classé en immeuble de placement, et évalué selon le modèle de la juste valeur conformément à IAS 40, est exclu du champ d'application de la norme IAS 36 (IAS 36.2f).

En outre, qu'il y ait indice de perte de valeur ou pas, l'UGT à laquelle un droit d'utilisation appartient est testée pour dépréciation annuellement lorsque l'UGT inclut un goodwill, un actif à durée de vie indéterminée ou un actif non encore prêt à être mis en service (IAS 36.10 et .11).

Pour les modalités de déclenchement des tests de dépréciation, leur fréquence et les indices de pertes de valeur d'un actif, voir n° 35957.

Détermination de la valeur comptable à tester et de la valeur d'utilité

33674 *Question*

Quels sont les éléments à prendre en compte, lors de la réalisation d'un test de dépréciation, pour déterminer la valeur comptable d'un droit d'utilisation (ou de l'UGT à laquelle il appartient) et sa valeur d'utilité ?

Réponse

Pour les besoins du test de dépréciation IAS 36, la valeur comptable de l'actif comptabilisé au titre d'un droit d'utilisation (ou de l'UGT à laquelle il appartient) est comparée à sa valeur recouvrable, c'est-à-dire la valeur la plus élevée entre sa valeur d'utilité et sa juste valeur diminuée des coûts de cession.

A notre avis, la dette de loyers relative au droit d'utilisation doit généralement être exclue de la valeur d'utilité calculée dans le cadre de ce test, ainsi que de la valeur comptable testée.

En outre, à notre avis, lors du calcul de la valeur d'utilité, les flux de trésorerie de l'actif (ou de l'UGT à laquelle il appartient) doivent exclure les paiements de loyers ayant servi à calculer la dette de loyers. En revanche, ces flux de trésorerie doivent prendre en compte les paiements de loyers non pris en compte dans le calcul de la dette (par exemple, loyers variables basés sur l'utilisation ou la performance du bien loué et loyers relatifs à des contrats de location de courte durée ou portant sur des actifs de faible valeur, si le preneur a retenu les exemptions d'IFRS 16 en la matière), ainsi que les flux de trésorerie nécessaires au remplacement de l'actif loué à l'issue de la durée du contrat de location. **33674** (suite)

Enfin, lors du calcul de la valeur d'utilité, ces flux de trésorerie doivent être actualisés en utilisant un taux d'actualisation reflétant une structure de financement de marché, qui intègre notamment les effets de la comptabilisation des dettes de loyers sous IFRS 16.

Commentaires :

1. **Rappel – Valeur recouvrable** Un actif (ou une UGT) s'est déprécié(e) lorsque sa valeur comptable est supérieure à sa valeur recouvrable (IAS 36.6). La valeur recouvrable d'un actif ou d'une unité génératrice de trésorerie est la valeur la plus élevée entre sa juste valeur diminuée des coûts de la vente et sa valeur d'utilité (IAS 36.6). Ainsi, lorsqu'il y a existence d'un indice de perte de valeur, il convient généralement de calculer ces deux valeurs et de retenir la plus élevée des deux (IAS 36.18 s.).

Pour les principes généraux d'évaluation de la valeur recouvrable dans le cadre d'un test de dépréciation IAS 36, voir n° 35961.

2. **Test de dépréciation basé sur la valeur d'utilité : non prise en compte de la dette de loyers dans la valeur comptable** A notre avis, la dette de loyers rattachée au droit d'utilisation testé (ou de l'UGT à laquelle il appartient) ne doit pas venir réduire la valeur comptable testée, dans la mesure où un tel passif est considéré comme un élément de financement. En effet, IAS 36.75 précise que la valeur comptable d'une UGT doit être déterminée de manière cohérente avec la manière dont la valeur recouvrable est établie. Or, les flux de trésorerie utilisés dans le calcul de la valeur d'utilité ne doivent pas inclure des entrées ou des sorties de trésorerie provenant d'activités de financement (IAS 36.50a).

Dans certaines situations, toutefois, il se peut que la dette de loyers ne puisse pas être séparée des actifs faisant l'objet du test de dépréciation (par exemple, lorsqu'un acquéreur ne peut pas acheter ces actifs sans assumer le passif correspondant). Dans ces cas, il convient, dans un premier temps, de calculer la valeur d'utilité de ces actifs sans prendre en compte cette dette, puis de déduire sa valeur comptable tant de la valeur comptable de l'UGT que de sa valeur d'utilité (IAS 36.78, IFRIC Update 05/16).

Ainsi, la prise en compte de la dette de loyers dans un test de dépréciation basé sur la valeur d'utilité n'a pas d'impact sur le résultat du test.

3. **Calcul de la valeur d'utilité : flux de trésorerie relatifs aux contrats de location** A notre avis, les flux de trésorerie prévisionnels utilisés pour calculer la valeur d'utilité d'une UGT à laquelle appartient un droit d'utilisation ne doivent pas être réduits des paiements de loyers qui sont pris en compte dans la détermination de la dette de loyers (IAS 36.50a).

A l'inverse, les éléments suivants viennent réduire ces flux de trésorerie :

- les loyers non pris en compte dans la détermination de la dette de loyers (par exemple : loyers variables basés sur l'utilisation ou la performance du bien loué, loyers relatifs à des contrats de location de courte durée ou portant sur des actifs de faible valeur, si le preneur a retenu les exemptions d'IFRS 16 en la matière) ;

  Pour plus de précisions sur les exemptions possibles prévues par la norme IFRS 16, voir n° 32996 s.

- les sorties de trésorerie nécessaires au remplacement de l'actif pris en location à l'issue de la durée du contrat de location (renouvellement de contrat ou acquisition d'actif).

  En revanche, les renouvellements et modifications à venir de contrats de location représentant des dépenses d'investissements visant à améliorer la performance de l'actif devront être exclus des flux de trésorerie prévisionnels, voir n° 36320.

4. **Calcul de la valeur d'utilité : impact d'IFRS 16 sur le taux d'actualisation** Lors du calcul de la valeur d'utilité d'un droit d'utilisation (ou de l'UGT à laquelle il appartient), il convient de retenir un taux d'actualisation qui reflète les attentes du marché pour une structure dans laquelle le coût de la dette et le coût du capital prennent en compte les effets de la comptabilisation des contrats de location sous IFRS 16.

33674 (suite) Rappel Pour calculer la valeur d'utilité d'une UGT, les flux de trésorerie futurs doivent être actualisés en utilisant un taux avant impôts, qui reflète les attentes du marché de la valeur temps de l'argent et les risques spécifiques à l'UGT faisant l'objet du test de dépréciation pour lesquels les estimations de flux de trésorerie futurs n'ont pas été ajustées (IAS 36.55). Ce taux ignore la manière dont cette UGT est financée. Ce taux est estimé à partir du taux implicite dans des transactions actuelles du marché pour des actifs similaires ou à partir du coût moyen pondéré du capital d'une entité cotée qui détient un actif unique (ou un portefeuille d'actifs) similaire à l'actif examiné, en termes de potentiel de service et de risques (IAS 36.56).

A notre avis, les éléments suivants doivent être considérés :
– Les dettes de loyer pourraient affecter la structure du capital. En effet, si la norme IFRS 16 n'accroît pas les engagements financiers d'un groupe, elle entraîne la constatation au bilan de montants antérieurement présentés (parfois en partie seulement) dans les notes annexes. Il est donc possible que le coût moyen pondéré du capital dérivé de comparables ait évolué depuis l'application de la norme.
– Le coût moyen pondéré du capital utilisé pour le calcul de la valeur d'utilité doit refléter les attentes du marché d'une structure de capital type d'entités comparables et non de la structure de capital spécifique au groupe qui mène le test de dépréciation. L'impact de l'application d'IFRS 16 sur le coût moyen pondéré du capital des entités comparables peut différer de celui sur le groupe qui mène le test de dépréciation si ce dernier fait appel à plus ou à moins de contrats de location par rapport à ces comparables.

Ainsi, le coût moyen pondéré du capital de l'entité (non spécifique à l'UGT et/ou ne reflétant pas l'appréciation du marché) ou celui d'un groupe ou d'un ensemble de groupes cotés (autres que l'entité) ne peuvent pas être utilisés sans les ajustements nécessaires permettant de refléter les risques spécifiques de l'UGT testée (IAS 36.A17 et .A18).

5. Test de dépréciation basé sur la valeur d'utilité : récapitulatif des principaux points de vigilance La mise en œuvre du test de dépréciation tel que décrit ci-avant nécessite, en particulier :
– de distinguer, dans les flux de loyers futurs, ceux qui sont pris en compte dans l'évaluation de la dette de loyers de ceux qui ne le sont pas et ce, pour toutes les années projetées ;
– d'estimer un flux de renouvellement des actifs pris en location, dès lors que la durée de projection retenue pour le calcul de la valeur d'utilité est supérieure à la durée de location ;
– de déterminer un taux d'actualisation prenant en compte les conséquences de l'application d'IFRS 16.

6. Décision de l'ESMA Pour la réalisation d'un test de dépréciation d'une UGT comprenant un droit d'utilisation et basé sur la valeur d'utilité, l'ESMA a conclu que si la valeur comptable de la dette de loyers est déduite de la valeur comptable de l'UGT, cette même valeur doit être déduite de la valeur recouvrable de l'UGT. Ainsi, selon cette décision, il n'est pas possible de retenir une approche consistant à comparer :
– la valeur comptable de l'UGT, déterminée en incluant le droit d'utilisation et diminuée de la valeur comptable de la dette de loyers correspondante ; et
– la valeur d'utilité de l'UGT calculée en prenant en compte des flux de trésorerie réduits du montant des loyers à payer, actualisés à un taux « pré-IFRS 16 » (EECS/0122-07, 05/22).

L'ESMA a en outre indiqué que le taux d'actualisation utilisé pour le calcul de la valeur d'utilité de l'UGT devait prendre en compte l'impact de l'application de la norme IFRS 16.

En effet, l'approche précitée n'est pas conforme aux dispositions de la norme IAS 36. A notre avis, elle ne peut être appliquée qu'en tant que mesure de simplification, avec une forte vigilance, et toute différence significative avec l'approche décrite aux points 2. à 5. ci-avant devra être comprise et faire l'objet d'une analyse critique.

SECTION III

Contrats de location dans les états financiers du bailleur

I. Qualification des contrats de location en location simple ou location-financement

1. Paiement de loyers

Valeur actualisée des paiements de loyers et qualification des contrats de location

Question 33710

Existe-t-il un seuil chiffré de la valeur actualisée des paiements de loyers permettant de déterminer si un contrat doit être qualifié de contrat de location simple ou de contrat de location-financement ?

Réponse

Non. La norme IFRS 16 ne fournit pas d'indicateur chiffré mais précise que le contrat devrait, en principe, être qualifié de contrat de location-financement dès lors que, à la date de conclusion du contrat de location, la valeur actualisée des paiements de loyers s'élève au moins à la quasi-totalité de la juste valeur de l'actif loué.

En conséquence, la qualification du contrat de location repose sur une appréciation de la substance de l'opération, prenant en compte des facteurs tant qualitatifs que quantitatifs.

Commentaires Ces dispositions sont précisées par IFRS 16.63.

IFRS 16.63d ne fournit pas d'indicateur chiffré de la notion d'« au moins la quasi-totalité ».

Si la nouvelle norme américaine ASC 842 a supprimé le critère chiffré de 90 % qui existait dans l'ancienne norme ASC 840-10-25 pour le classement d'un contrat de location en location simple ou location-financement, son guide d'application indique que l'application de ce seuil demeure une approche raisonnable (ASC 842-10-55-2).

En conséquence, la qualification du contrat de location repose sur une appréciation de la substance de l'opération, prenant en compte des facteurs tant qualitatifs que quantitatifs.

Le classement d'un contrat en location-financement ou en location simple dépend de la réalité de la transaction (substance) plutôt que de la forme juridique du contrat (IFRS 16.63).
Pour la définition des paiements de loyers, voir n° 33022.
Pour la définition du taux d'intérêt implicite (taux d'actualisation à retenir pour un bailleur), voir n° 33025.
Pour la durée du contrat de location sur laquelle les paiements de loyers doivent être calculés, voir n° 32989.

■ *Exemple*

L'entité A loue une machine à l'entité B. La juste valeur de la machine s'élève à 76 500. Les loyers annuels s'élèvent à 9 500. La durée du contrat est de 9 ans. Les valeurs résiduelles garanties et non garanties sont respectivement de 9 000 et 12 000. Le taux d'intérêt implicite du contrat est donc de 6 %.

Solution de l'exemple *Les données économiques indiquent que le contrat devrait en principe être classé en contrat de location-financement. En effet, la valeur actuelle des paiements de loyers s'élève à 69 943 [9 500 × (1–1,06 $^{-9}$) / 0,06 + 9 000 × 1,06 $^{-9}$], soit 91,3 % de la juste valeur de l'actif loué, proportion qui peut être considérée comme représentant la quasi-totalité de la juste valeur de l'actif loué.*

La conclusion n'aurait pas été différente, à notre avis, en l'absence d'indicateur contraire, si les valeurs résiduelles garanties et non garanties avaient été légèrement différentes (par exemple, une valeur résiduelle garantie et non garantie respectivement de 7 000 et 14 000).
En effet, la valeur actualisée des paiements de loyers aurait été de 68 759 [9 500 × (1-1,06 $^{-9}$) / 0,06 + 7 000 × 1,06 $^{-9}$], soit 89,8 % de la juste valeur de l'actif loué, proportion qui peut également être considérée comme représentant la quasi-totalité de la juste valeur de l'actif loué.
Un tel contrat, dont la substance n'est pas fondamentalement différente du contrat précédent, aurait, à notre avis, été classé à tort en contrat de location simple si un seuil de 90 % avait été utilisé.

Valeur résiduelle garantie par le preneur et détermination des paiements de loyers

33720 ***Question***

La valeur résiduelle en fin de bail du bien loué, garantie par le preneur au bailleur, doit-elle être prise en compte par le bailleur pour la détermination des paiements de loyers ?

Réponse

Oui, de même que :
- toute valeur résiduelle garantie au bailleur par une personne liée au preneur ; et
- toute valeur résiduelle garantie par un tiers non lié au preneur ni au bailleur et ayant la capacité financière d'assumer ses obligations au titre de la garantie.

Commentaires Ces dispositions sont précisées par IFRS 16.A.

En outre, lorsque les profits ou les pertes liés aux variations de la juste valeur résiduelle sont à la charge du preneur, la situation est indicative d'un classement en location-financement (IFRS 16.64b).
Pour la définition des paiements de loyers pour un bailleur, voir n° 33022.
Pour un preneur, en revanche, seul le montant du paiement attendu au titre d'une garantie de valeur résiduelle octroyée au bailleur est pris en compte dans l'évaluation de la dette de loyers (voir n° 33003).

Remarque Certains contrats de location peuvent prévoir un partage, entre le preneur et le bailleur, des risques et avantages liés à la valeur résiduelle du bien à l'issue du contrat de location. Dans ce cas, une **analyse précise des faits et circonstances,** en faisant preuve de **jugement,** doit être effectuée, afin de procéder à la classification du contrat.

■ *Exemple*

Une entité (le bailleur) loue un camion à un client pour une durée de 3 ans. Au terme du contrat de location, la valeur du camion est estimée à 40 % de son coût initial.
Selon les données du marché, la valeur résiduelle à l'issue des 3 ans sera probablement comprise dans une fourchette allant de 40 % à 50 % du coût initial du bien. En outre, une chute de la valeur résiduelle en deçà de 30 % de la valeur d'origine du camion est considérée comme très peu réaliste, y compris dans les scénarios les plus pessimistes. Le preneur garantit toute diminution de la valeur résiduelle du camion pour une valeur résiduelle comprise entre 40 % et 25 % du coût initial. De son côté, le bailleur prend à sa charge le coût de toute diminution de la valeur résiduelle en deçà de 25 % du coût initial.
Solution de l'exemple *Les paiements de loyers devraient inclure la valeur résiduelle garantie par le preneur, qui représenterait 15 % (40 % - 25 %) du coût initial du camion.*
En outre, le risque lié à la valeur résiduelle étant en substance supporté par le preneur, le contrat de location devrait être classé en tant que contrat de location-financement. En effet, il est très improbable que la valeur résiduelle du camion tombe en deçà de 30 % (et a fortiori de 25 %) de son coût initial, y compris dans les scénarios les plus pessimistes.
Le risque de baisse de la valeur résiduelle n'est donc pas partagé de façon égale, et le risque conservé par le bailleur étant négligeable, il ne doit pas être pris en compte pour la qualification du contrat.

---

2. Contrats de location portant sur un bien immobilier ou sur un terrain seul

Classification d'un contrat de location portant sur un terrain seul

Question 33730

Comment un bailleur doit-il classer un contrat de location portant sur un terrain seul ?

Réponse

En appliquant les mêmes principes que pour les contrats portant sur les autres actifs, c'est-à-dire en appréciant le transfert ou non de la quasi-totalité des risques et avantages attachés à l'actif.

La durée de vie indéterminée des terrains est toutefois une donnée importante à prendre en compte dans la classification.

Commentaires Selon IFRS 16.B55, les contrats de location portant sur des terrains sont classés en location simple ou en location-financement selon les mêmes principes que les contrats portant sur les autres actifs loués. La norme précise en outre que la durée de vie indéterminée du terrain est un élément important à prendre en compte dans la classification du contrat de location de ce dernier.

Toutefois, dans un contrat de location de terrain portant sur des durées très longues (99 ans, 500 ans ou 999 ans), la valeur résiduelle actualisée du terrain en fin de bail représente un montant négligeable et le preneur est dans une situation économique similaire à celle d'un acquéreur du terrain (IFRS 16.BCZ241 à .BCZ244). Ces contrats de location sont dès lors classés en location-financement.

Qualification d'un contrat de location portant sur un ensemble immobilier

Question 33740

Comment un bailleur doit-il classer un contrat de location portant sur un ensemble immobilier ?

Réponse

Le terrain et la construction doivent être considérés séparément afin de qualifier distinctement le contrat de location relatif à chaque élément.

Commentaires En effet, la norme IFRS 16 précise que les éléments terrain et construction du contrat de location doivent être considérés séparément pour en effectuer la classification en location simple ou location-financement (IFRS 16.B55).

En ce qui concerne la classification des contrats de location de terrain, et la prise en compte de leur durée de vie indéterminée, voir n° 33730.

Il est, par conséquent, nécessaire de décomposer le contrat en deux contrats (contrat de location du terrain et contrat de location de la construction).

Toutefois, lorsque la location d'un terrain et de constructions pour laquelle le montant qui serait initialement comptabilisé pour l'élément terrain est non significatif, le terrain et les constructions peuvent être traités comme une seule unité aux fins de la qualification du contrat de location. Dans ce cas, la durée de vie économique des constructions est considérée comme la durée de vie économique de l'ensemble de l'actif loué (IFRS 16.B57).

Dans ce cadre, et dans les cas fréquents où la qualification ne peut pas être effectuée de manière exclusivement qualitative, les paiements de loyers relatifs au contrat de location dans son ensemble doivent être affectés entre les éléments terrain et construction, au prorata des justes valeurs relatives des « intérêts contractuels » détenus dans le terrain et la construction (« in proportion to the relative fair values of the leasehold interests in the land element and buildings element of the lease »), et non au prorata des justes valeurs du terrain et de la construction eux-mêmes (IFRS 16.B56, .BCZ245 à .BCZ247).

En effet, une allocation des loyers au prorata des justes valeurs du terrain et de la construction eux-mêmes ne refléterait pas le fait que la valeur d'un terrain devrait se maintenir dans le temps (compte tenu de sa durée de vie indéterminée), alors que celle d'une construction diminue, au moins en partie, pendant la durée de la location.
Ainsi, les loyers alloués à la construction devraient inclure, outre la rentabilité du bailleur, la perte de valeur de la construction pendant la durée du contrat. D'où une répartition des loyers devant être faite sur la base des justes valeurs relatives des « intérêts contractuels » détenus dans chacun des actifs (IFRS 16.BCZ246 et .BCZ247).
La norme ne précise pas comment déterminer les justes valeurs relatives des intérêts contractuels détenus dans le terrain et la construction. A notre avis, plusieurs méthodes d'évaluation peuvent être mises en œuvre (avec généralement l'appui d'un spécialiste), toutes devant être réalisées au minimum à partir des informations suivantes :
- juste valeur de l'ensemble immobilier à la conclusion du contrat de location ;
- affectation de cette juste valeur entre la juste valeur du terrain et la juste valeur de la construction ;
- valeur résiduelle de l'ensemble immobilier à l'issue du contrat de location ;
- loyer de l'ensemble immobilier à la date de conclusion du contrat de location.

Sur ces bases, un taux de rendement de l'ensemble immobilier sera déterminé. Une des méthodes d'évaluation possibles serait alors d'apprécier un « taux de rendement terrain » (inférieur à celui de l'ensemble immobilier) qui sera basé sur un taux d'intérêt sans risque, augmenté d'une prime de risque (dépendant de la localisation et des caractéristiques du terrain). De ce taux découlera le loyer relatif au terrain, qui, déduit de celui de l'ensemble immobilier, permettra d'estimer le loyer relatif à la construction.
Dans le cas toutefois où les paiements de loyers ne peuvent être affectés de manière fiable entre les éléments terrain et construction, IFRS 16.B56 précise que le contrat de location est classé dans sa totalité comme contrat de location-financement, sauf s'il est clair que les deux éléments constituent des contrats de location simple.

II. Contrats de location simple

Comptabilisation d'une augmentation fixe de loyer

33760 ***Question***

Comment un bailleur doit-il comptabiliser une augmentation fixe annuelle de loyer destinée à compenser les effets de l'inflation dans le cadre d'un contrat de location simple ?

Réponse

L'augmentation fixe annuelle de loyer doit être répartie sur une base linéaire sur toute la durée du contrat de location.

Commentaires Cela résulte directement d'IFRS 16.81 selon laquelle les paiements de loyers au titre d'un contrat de location simple doivent être comptabilisés en produits sur une base linéaire pendant toute la durée du contrat de location à moins qu'une autre base systématique soit plus représentative du rythme auquel les avantages tirés de l'utilisation de l'actif sous-jacent diminuent.

■ *Exemple*

Un bailleur loue un bien à un preneur dans le cadre d'un contrat de location simple sur une période de 6 années. Le contrat prévoit un loyer annuel de 1 200 et une augmentation fixe annuelle de 3 % destinée à compenser les effets de l'inflation.

Solution de l'exemple *Le produit annuel de loyer devra être calculé de la façon suivante :*
1/6 × [1 200 + (1 200 × 1,03) + (1 200 × 1,03 ²) + (1 200 × 1,03 ³) + (1 200 × 1,03 ⁴) + (1 200 × 1,03 ⁵)] = 1 293,7.
Au total, sur la durée du bail, les loyers comptabilisés s'élèveront à (1 293,7 × 6), soit 7 762.
Remarque *Certains avaient pensé pouvoir déterminer la charge annuelle de loyer comme suit :*

N		*1 200*
N+1	*1 200 × (1,03) =*	*1 236*
N+2	*1 200 × (1,03) ² =*	*1 273*
N+3	*1 200 × (1,03) ³ =*	*1 311*
N+4	*1 200 × (1,03) ⁴ =*	*1 351*
N+5	*1 200 × (1,03) ⁵ =*	*1 391*
	TOTAL	*7 762*

Cette approche est toutefois clairement rejetée par la norme, l'ensemble des paiements du contrat devant être réparti de manière linéaire sur la durée du bail (sauf si une autre base systématique était plus représentative du rythme auquel les avantages tirés de l'utilisation de l'actif sous-jacent diminuent, ce qui n'est pas le cas dans cet exemple).

III. Contrats de location-financement

Date de comptabilisation initiale d'un contrat de location-financement

Question 33765

Quelle est la date de comptabilisation initiale d'un contrat de location-financement dans les états financiers du bailleur ?

Réponse

La date de comptabilisation initiale du contrat est sa date de prise d'effet, qui correspond à la date à laquelle le preneur est habilité à exercer son droit d'utilisation de l'actif loué, et non la date de conclusion du contrat de bail (date de signature du contrat ou, si elle est antérieure, de l'accord des parties sur les clauses essentielles de celui-ci).

La date de conclusion du contrat est, en revanche, la date à laquelle doit être effectuée la classification du contrat en location simple ou en location-financement.

Commentaires En effet, selon IFRS 16.67, la date de comptabilisation initiale du contrat est sa date de prise d'effet, qui correspond à la date à laquelle le locataire est habilité à exercer son droit d'utilisation de l'actif loué, et non la date de conclusion du contrat.

La date de conclusion du contrat est définie par IFRS 16.A comme étant la date de signature du contrat ou la date de l'accord des parties sur les clauses essentielles du contrat, si elle est antérieure.

Remarque En revanche, la date de conclusion du contrat est la date à retenir pour la classification du contrat en location simple ou location-financement (IFRS 16.66).

Un changement de classification n'est effectué qu'en cas de modification de contrat. Les changements de circonstances ou d'estimations ne doivent pas aboutir à un changement de classification (IFRS 16.66).

Pour la définition d'une modification de contrat, voir n° 33020.

SECTION IV

Opérations de cession-bail

Comptabilisation d'une opération de cession-bail

Question 33780

Comment une opération de cession-bail doit-elle être comptabilisée ?

Réponse

Cela dépend. En effet, le traitement comptable diffère selon que le transfert de l'actif par le vendeur-preneur à l'acheteur bailleur constitue ou non une vente selon la norme IFRS 15, Produits des activités ordinaires tirés des contrats avec des clients.

Le schéma ci-après, établi par nos soins, résume le traitement comptable applicable, chez le preneur et chez le bailleur, en fonction des caractéristiques de l'opération.

33780
(suite)

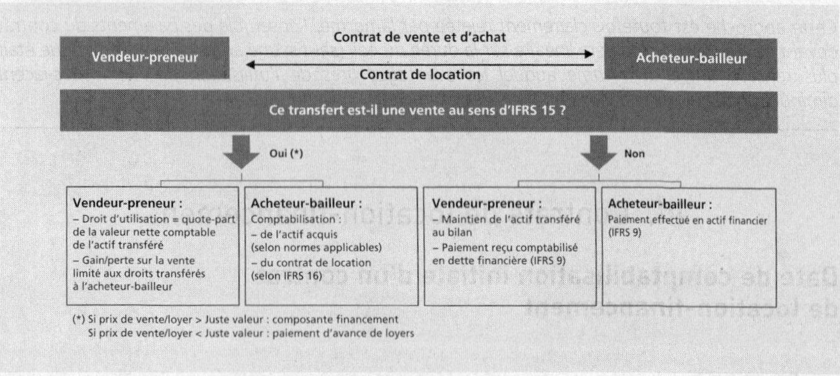

Commentaires :

1. **Définition** Une transaction de cession-bail est une opération par laquelle le propriétaire d'un bien le cède à un tiers pour le reprendre en location (IFRS 16.98).

2. **Traitement comptable** Afin de déterminer le traitement comptable applicable à une opération de cession-bail, il convient d'appliquer les dispositions d'IFRS 15, Produits des activités ordinaires tirés des contrats avec des clients (IFRS 16.99).

a. **Si la cession du bien par le vendeur-preneur constitue une vente selon IFRS 15** (IFRS 16.100) :
– le vendeur-preneur doit évaluer le droit d'utilisation résultant du contrat de location comme une proportion de la valeur nette comptable de l'actif transféré, correspondant au droit d'utilisation qu'il conserve. Ainsi, le résultat de cession (profit ou perte) ne sera constaté qu'à hauteur des droits effectivement transférés à l'acquéreur-bailleur ;
– l'acquéreur-bailleur doit comptabiliser l'acquisition de l'actif selon les normes applicables et le contrat de location conformément à IFRS 16 (voir n° 33020 s.).

Dans les cas où la cession du bien n'a pas été conclue à la juste valeur ou que les loyers ne sont pas au prix du marché, les entités (bailleur et preneur) doivent comptabiliser la différence (IFRS 16.101) :
– comme un paiement d'avance de loyers, en cas de conditions inférieures à celles du marché ;
– comme un financement octroyé par le bailleur au preneur, en cas de conditions supérieures à celles du marché.

Cet ajustement sera évalué au plus facilement déterminable des deux montants suivants (IFRS 16.102) :
– la différence entre le prix de vente et la juste valeur de l'actif sous-jacent ;
– la différence entre la valeur actualisée des loyers prévus au contrat et la valeur actualisée des loyers au taux du marché.

b. **Si la cession du bien par le vendeur-preneur n'est pas une vente au sens d'IFRS 15** (IFRS 16.103), dans ce cas, l'opération est comptabilisée comme une simple opération de financement. Ainsi :
– le vendeur-preneur continue de constater l'actif cédé à son bilan et comptabilise une dette financière à hauteur de la contrepartie reçue de l'acquéreur-bailleur ;

La dette financière est comptabilisée conformément aux dispositions d'IFRS 9, Instruments financiers.

– l'acquéreur-bailleur ne comptabilise pas l'actif acquis à son bilan et reconnaît un actif financier à hauteur de la contrepartie transférée.

L'actif financier est comptabilisé conformément aux dispositions d'IFRS 9, Instruments financiers (voir n° 45050 s.).

3. **Cas particuliers :**

a. **Opération de cession-bail avec loyers variables non basés sur un indice ou un taux** L'IFRS IC a été interrogé sur le traitement comptable, chez le vendeur-preneur, d'une opération de cession-bail, au titre de laquelle le contrôle du bien est transféré à l'acheteur-bailleur selon IFRS 15, et les loyers sont variables, basés sur l'utilisation ou la performance du bien loué. La question était de savoir si le droit d'utilisation devait être évalué à zéro, entraînant ainsi la reconnaissance d'un résultat de cession à hauteur de la plus-value totale (différence entre prix de cession et valeur nette comptable du bien cédé), puisque les loyers variables non basés sur un indice ou un taux doivent être exclus de l'évaluation de la dette selon les principes généraux d'IFRS 16, ou si un autre traitement devait être adopté.

L'IFRS IC a décidé que le principe général du traitement des opérations de cession-bail doit être appliqué et que le droit d'utilisation doit en conséquence correspondre à une quote-part de la valeur comptable de l'actif cédé. Cette quote-part pourrait être évaluée en calculant, par exemple, le rapport entre les loyers (y compris variables) actualisés que le preneur s'attend à payer et la juste valeur de l'actif transféré. Ainsi, le résultat de cession ne sera constaté qu'à hauteur des droits effectivement transférés au bailleur (IFRIC Update 06/20). En conséquence, et même si les loyers sont exclusivement des loyers variables non basés sur un indice ou un taux, un passif est constaté. **33780** (suite)

La question du traitement ultérieur de ce passif (et donc, indirectement, de la qualification de ce dernier) a été soumise par l'IFRS IC à l'IASB.

Evolution possible de la réponse – Amendement d'IFRS 16 C'est dans ce cadre que l'IASB a publié, en septembre 2022, un amendement de la norme IFRS 16 « Lease Liability in a Sale and Leaseback », visant à clarifier le traitement ultérieur du passif résultant d'une telle opération. Ainsi :

– le passif constaté est bien une dette de loyers, dans le champ d'application d'IFRS 16 ;

– un principe est établi selon lequel l'évaluation ultérieure du droit d'utilisation et de la dette de loyers ne doit pas aboutir à la constatation d'un résultat relatif à la quote-part du droit d'utilisation conservé par le vendeur-preneur (IFRS 16.102A).

L'amendement ne prescrit pas de méthodologie de calcul spécifique pour l'évaluation initiale du droit d'utilisation et de la dette de loyers.

Il inclut, en revanche, un exemple illustrant deux approches possibles d'évaluation ultérieure qui, en fonction des circonstances et de la méthode retenue par le vendeur-preneur pour évaluer initialement le droit d'utilisation, permettent le respect du principe de l'amendement.

Ainsi, lors de chaque paiement de loyers, la dette est réduite du montant de loyers attendu lors de l'évaluation initiale (approche 1) ou d'un montant de loyer linéarisé résultant de la dette constatée initialement (approche 2). La différence entre le loyer effectivement payé et le montant de réduction de la dette est constatée en résultat.

L'amendement est applicable pour les exercices ouverts à compter du 1er janvier 2024, de manière rétrospective conformément à la norme IAS 8, pour les opérations de cession-bail conclues après la date de première application de la norme IFRS 16 (c'est-à-dire, après le 1er janvier 2019, pour les groupes clôturant en année civile et n'ayant pas appliqué la norme IFRS 16 par anticipation) (IFRS 16.C1D, .C2 et .C20E). Une application anticipée est possible.

A notre avis, une entité pourra choisir d'appliquer cet amendement avant son approbation par la Commission européenne (voir n° 11134 et 11520).

b. Opérations de cession-bail réalisées à travers la perte de contrôle d'une entité dédiée Cette question a fait l'objet d'une saisine de l'IFRS IC (IFRIC Update 09/20). Le contexte décrit dans la saisine est celui d'un groupe cédant à un tiers la totalité des titres d'une filiale qui ne détient qu'un seul actif, un immeuble, ne correspondant pas à la définition d'un business selon la norme IFRS 3, et qui n'a pas de dette. Le groupe perd le contrôle de la filiale, et l'immeuble est simultanément repris en location par le groupe vendeur.

La question posée à l'IFRS IC est la suivante : dans un tel contexte, le groupe vendeur-preneur doit-il appliquer les dispositions d'IFRS 10 relatives à la perte de contrôle de la filiale et ainsi constater en résultat la totalité de la plus-value de cession des titres, ou celles d'IFRS 16 relatives aux opérations de cession-bail, limitant la constatation de la plus-value de cession aux droits transférés à l'acheteur-bailleur ?

Dans sa décision provisoire, l'IFRS IC avait indiqué que les deux normes étaient applicables successivement : IFRS 10 d'abord pour la perte de contrôle de l'entité, IFRS 16 ensuite pour la constatation de l'opération de cession-bail, limitant en conséquence le résultat de cession constaté (IFRIC Update 09/20).

Dans sa décision définitive, à la suite des commentaires reçus sur sa décision provisoire, l'IFRS IC a recommandé que l'IASB étudie la possibilité d'un amendement limité de la norme IFRS 16 afin de déterminer le traitement comptable de ce type d'opérations (IFRIC Update 02/21).

L'IASB pourrait décider à l'avenir d'inscrire ce thème à son programme de travail (celui-ci figurant actuellement dans le « maintenance project pipeline » du Board).

4. Informations en annexe Outre les informations quantitatives spécifiquement requises par IFRS 16.53 à .58, les preneurs doivent fournir toute information qualitative et quantitative additionnelle permettant aux utilisateurs d'apprécier les impacts des contrats de location sur la situation financière, la performance et les flux de trésorerie de l'entité (IFRS 16.59). Les

33780 (suite) informations relatives aux opérations de cession-bail qui peuvent être nécessaires afin d'atteindre cet objectif peuvent inclure les informations permettant d'apprécier, par exemple (IFRS 16.B52) :
- les raisons et la fréquence de ces transactions ;
- les principaux termes et conditions de chacune des transactions ;
- les paiements non pris en compte dans l'évaluation de la dette de loyers ;
- l'effet de ces transactions sur les flux de trésorerie de la période considérée.

■ *Exemple 1*

Une entité vend un immeuble ayant une durée de vie économique résiduelle de 30 ans à une banque pour 100 M€. L'entité reprend cet immeuble en location sur une durée de 10 ans. Les loyers sont de 5 M€ par an. Au terme du contrat de location, l'entité a la possibilité de racheter l'immeuble pour un montant de 70 M€.

Solution de l'exemple 1 *Compte tenu de l'option de rachat de l'immeuble par l'entité, la cession du bien ne constitue pas une vente selon IFRS 15. L'opération est en conséquence comptabilisée comme une simple opération de financement. L'entité continue de constater l'immeuble cédé à son actif et comptabilise une dette financière à hauteur de la contrepartie reçue de la banque (100 M€). Cette dernière est comptabilisée conformément aux dispositions d'IFRS 9.*

En effet, selon la norme IFRS 15, si l'entité a le droit de racheter l'actif, le client n'en a pas obtenu le contrôle, car sa capacité d'en diriger l'utilisation et d'en tirer la quasi-totalité des avantages est limitée. Lorsque le contrat de vente fait partie d'une opération de cession-bail, l'entité continue de reconnaître l'actif à son bilan et doit comptabiliser un passif financier au titre de toute contrepartie reçue du client (IFRS 15.B66a).

■ *Exemple 2*

(inspiré de IFRS 16.IE11, exemple 24) Un vendeur-preneur vend un immeuble, d'une valeur nette comptable de 1 000 000 €, à un acheteur-bailleur pour un montant de 2 000 000 €. La juste valeur de l'immeuble est de 1 800 000 €. Concomitamment, le vendeur-preneur reprend l'immeuble en location pour une durée de 18 ans, avec des paiements annuels de 120 000 € payables à la fin de chaque année. Le taux d'endettement marginal du preneur à la date de la transaction étant de 4,5 %, la valeur actualisée des paiements de loyers est de 1 459 200 €.

L'analyse de la transaction a permis de conclure que la cession de l'immeuble par le vendeur-preneur remplit les conditions requises par la norme IFRS 15 pour la constatation d'une vente.

Solution de l'exemple 2 :

*1. **Pour le vendeur-preneur,** le prix de la transaction (2 000 000 €) étant supérieur à la juste valeur de l'immeuble (1 800 000 €), l'accord contient un financement octroyé par le bailleur au preneur pour la différence (200 000 €).*

Dt	*Trésorerie*	*200 000*	
Ct	*Dette financière*		*200 000*

Le vendeur-preneur évalue le droit d'utilisation résultant du contrat de location comme une quote-part de la valeur nette comptable de l'actif transféré (1 000 000 €), correspondant au droit d'utilisation qu'il conserve. Cette quote-part est calculée en divisant la valeur actualisée des loyers (1 459 200 €), déduction faite de la part des paiements de loyers représentant le remboursement du financement accordé par l'acheteur-bailleur (200 000 €), soit 1 259 200 €, par la juste valeur de l'actif (1 800 000 €). Le droit d'utilisation s'élève donc à 699 555 €.

$$\text{Droit d'utilisation} = \text{Valeur nette comptable} \times \frac{\text{Valeur actualisée des loyers}}{\text{Juste valeur}}$$

La plus-value totale est de 800 000 € (soit la différence entre le prix de vente de 2 000 000 € diminué du financement octroyé de 200 000 et la valeur comptable de l'immeuble de 1 000 000 €).

*Le résultat de cession ne doit être constaté qu'à hauteur des droits effectivement transférés à l'acheteur-bailleur. Il correspond à une quote-part de la plus-value totale de cession (800 000 €), évaluée en multipliant celle-ci par le ratio entre les droits effectivement transférés à l'acheteur-bailleur (juste valeur de l'immeuble de 1 800 000 € diminuée de la valeur actualisée des loyers de 1 259 200 €) et la juste valeur de l'immeuble (1 800 000 €). Le gain comptabilisé est en conséquence de 240 355 € (= 800 000 * [1 800 000 – 1 259 200] / 1 800 000).*

Dt	*Trésorerie*	*1 800 000*	
Dt	*Droit d'utilisation de l'immeuble*	*699 555*	
Ct	*Valeur nette comptable de l'immeuble cédé*		*1 000 000*
Ct	*Dette de loyers*		*1 259 200*
Ct	*Plus-value de cession*		*240 355*

*2. **Pour l'acheteur-bailleur,** en prenant pour hypothèse que le taux d'intérêt implicite du contrat de location est également de 4,5 %, dès lors que la transaction remplit les conditions requises par la norme IFRS 15 pour la comptabilisation d'une vente de l'actif, et qu'elle est assortie d'un financement additionnel de 200 000, le bailleur-acheteur devra constater :*
– le bien sous-jacent acquis, pour sa juste valeur (1 800 000) ; et
– une créance financière pour le montant de financement additionnel octroyé au vendeur-preneur (200 000, correspondant à un montant annuel de 16 447 actualisé à un taux de 4,5 %).

Dt	*Immobilisation corporelle*	*1 800 000*	
Dt	*Créance financière*	*200 000*	
Ct	*Trésorerie*		*2 000 000*

Tous les ans, pendant la durée du contrat de location (18 ans), le bailleur constatera le loyer reçu de 120 000 comme suit :
– remboursement de la créance et produits financiers relatifs à cette dernière à hauteur de 16 447 ;
– revenu locatif de 103 553 (120 000 – 16 447).

SECTION V

Concessions de loyers consenties par les bailleurs aux preneurs

Aménagements des loyers d'un contrat de location

Question 33790

Les aménagements des loyers d'un contrat de location, sans autre changement du contrat (en particulier, relatif aux actifs loués ou à la durée de location), correspondent-ils toujours à une modification du contrat ?

Réponse

Non, cela dépend des faits et circonstances propres au contrat, à l'environnement légal et à la nature des aménagements et concessions considérés.

Du jugement doit parfois être exercé afin de déterminer le traitement comptable approprié.

Le schéma ci-après, établi par nos soins, présente un résumé global des différents modèles applicables, en fonction des circonstances dans lesquelles les concessions ont été octroyées par le bailleur au preneur et de la nature desdites concessions.

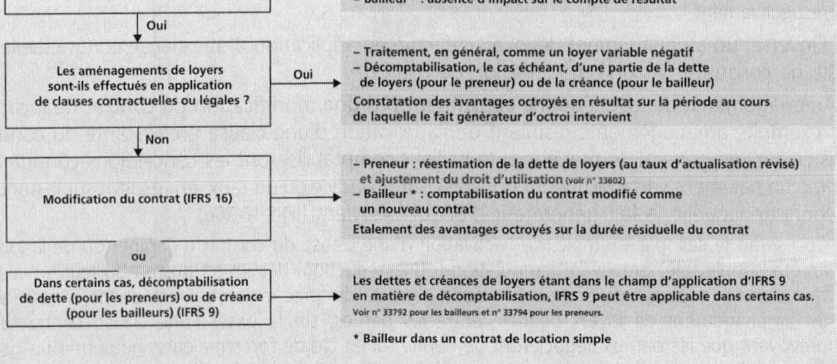

33790 (suite) Dans le contexte de la pandémie de Covid-19, l'IASB a publié un amendement permettant de simplifier, pour les preneurs uniquement, le traitement comptable applicable à de tels aménagements de loyers, dès lors qu'ils répondent à certaines conditions, voir nº 33796.

Commentaires Les mesures de confinement et la fermeture de nombreux commerces, imposées dans le cadre de la pandémie de Covid-19, ont conduit les bailleurs à accorder des avantages aux preneurs. Ces avantages peuvent prendre des formes très diverses, telles que des remboursements de loyers déjà payés, des annulations de loyers à venir, des décalages de date d'exigibilité des loyers, avec ou sans facturation d'intérêts additionnels, ou une combinaison de ces différentes mesures.

Dans ce contexte, l'IASB a publié, le 10 avril 2020, un document (« Educational material ») mettant en lumière les dispositions d'IFRS 16 et des autres normes IFRS applicables, pertinentes pour la comptabilisation des aménagements des loyers de contrats de location intervenus à la suite de la pandémie de Covid-19.

L'IASB rappelle que la comptabilisation de ces aménagements implique l'exercice du jugement et dépend d'un certain nombre de facteurs. Les principaux éléments de ce document, utiles pour la détermination du traitement comptable approprié d'un aménagement de loyers, sont repris ci-après.

A notre avis, la démarche décrite ci-après a un caractère général et peut être appliquée dans d'autres contextes que celui de cette pandémie (par exemple, dans le cas d'une crise majeure).

1. Déterminer si les aménagements de loyers correspondent à une modification du contrat de location Une modification de contrat est définie comme une modification du **périmètre** ou du **loyer** de ce contrat, qui n'était pas prévue dans les termes et conditions du contrat d'origine (par exemple, ajout ou suppression du droit d'utilisation de certains actifs sous-jacents ou augmentation ou diminution de la durée du contrat) (IFRS 16.A).

Pour plus de détails sur la définition d'une modification de contrat, voir nº 33600.

L'IASB indique, dans le document précité :
- qu'un abandon ou une simple réduction de loyers ne constitue pas, à lui(elle) seul(e), une modification du périmètre du contrat ;
- qu'afin de déterminer si une modification du loyer est intervenue, l'effet global du changement de la rémunération doit être considéré. Ainsi, par exemple, une concession de loyers pendant une durée de trois mois, ultérieurement compensée par une augmentation « proportionnelle » de ceux-ci, ne constitue pas une modification des loyers.

Le document de l'IASB ne précise pas davantage la notion de « proportionnelle ». Un jugement doit en conséquence être exercé en la matière.

S'il n'y a ni modification du périmètre, ni modification du loyer, il n'y a pas de modification du contrat de location.

Dans le cas contraire, c'est-à-dire en cas de modification du périmètre ou du loyer du contrat, l'entité doit déterminer si celle-ci était prévue ou non dans les termes et conditions d'origine du contrat, en prenant en compte tous les faits et circonstances attachés, y compris l'environnement légal et réglementaire :
- si cet aménagement n'était pas prévu dans les termes et conditions du contrat d'origine, il constitue une modification de contrat et doit, en général, être comptabilisé comme telle ;

Pour plus de détails sur le traitement comptable des modifications de contrat, voir nº 33602 (pour les preneurs) et nº 33027 et 33031 (pour les bailleurs).

Pour le cas particulier d'abandons de loyers devant (pour les bailleurs) ou pouvant (pour les preneurs) ne pas être comptabilisés comme des modifications de contrats, voir nº 33792 et 33794 respectivement.

- à l'inverse, un aménagement de loyers effectué en application d'une clause contractuelle ou légale ne constitue pas une modification de contrat.

2. Aménagements de loyers qui ne constituent pas une modification du contrat de location (par exemple, aménagements résultant de l'application d'une clause préexistante du contrat) Dans ce cas, en général, le preneur et le bailleur comptabiliseront les concessions considérées comme un paiement variable négatif non basé sur un indice ou un taux, en résultat sur la période au cours de laquelle le fait générateur d'octroi intervient (IFRS 16.38b).

Ceci serait le cas, par exemple, de l'activation d'une clause du contrat d'origine (ou de la loi qui lui était applicable) prévoyant l'annulation (ou la réduction) des loyers dus au bailleur en cas de fermeture du magasin du preneur en raison d'un cas de force majeure. En revanche, à notre avis, un aménagement de loyers négocié entre les parties, sur la base d'une clause contractuelle prévoyant que les parties négocieront de bonne foi en cas de force majeure, ne permettra pas la comptabilisation de l'aménagement considéré en loyer variable négatif.

33790 (suite)

3. Extinction partielle de dette chez le preneur Lorsqu'une modification des loyers entraîne l'extinction d'une partie de la dette du preneur, ce dernier devra le cas échéant prendre en compte les dispositions de décomptabilisation de la norme IFRS 9, Instruments financiers. En effet, bien que les droits et obligations résultant de contrats de location auxquels s'applique la norme IFRS 16 soient exclus du champ d'application d'IFRS 9 (IFRS 9.2.1b), les dettes de loyers d'un **preneur** sont soumises à ses dispositions en matière de décomptabilisation (IFRS 9.2.1b.ii).

Il en est de même pour les créances résultant de contrats de location comptabilisées par un bailleur, qui sont soumises tant aux règles de décomptabilisation qu'à celles de dépréciation de la norme IFRS 9 (IFRS 9.2.1b.i).

Pour plus de détails sur le traitement comptable par le bailleur d'un abandon de loyers consenti au preneur, voir nº 33792.

Pour plus de détails sur le traitement comptable par le preneur d'un abandon de loyers consenti par le bailleur, voir nº 33794.

4. Informations en annexe Le document de l'IASB précité rappelle en outre que tant les preneurs que les bailleurs doivent fournir les informations requises par la norme IFRS 16 et par les autres normes applicables, IAS 1 en particulier. L'information communiquée devra être suffisante pour permettre aux utilisateurs des états financiers de comprendre l'impact des changements des contrats de location liés à la Covid-19 sur la situation financière, la performance et les flux de trésorerie de l'entité.

Selon IAS 1.31, une entité doit fournir des informations supplémentaires lorsque le respect des dispositions spécifiques des normes IFRS est insuffisant pour permettre aux utilisateurs des états financiers de comprendre l'incidence de transactions particulières, d'autres événements ou conditions sur la situation financière de l'entité et sur sa performance financière.

Pour plus de détails sur les informations requises par la norme IFRS 16, voir nº 33014 et 33035.

■ ***Exemple 1***

Un bailleur et un preneur ont conclu un contrat de location simple. En conséquence d'une pandémie, le bailleur octroie au preneur un délai de paiement pour une échéance trimestrielle de loyers. Ainsi, les loyers relatifs au 2e trimestre N, en principe payables le 1/04/N, ne seront dus que le 1/07/N. Le bailleur ne facturera pas d'intérêts au preneur en raison de ce délai de paiement.

Solution de l'exemple 1 *Tant le preneur que le bailleur peuvent considérer que ce différé de paiement à court terme ne constitue pas un changement de la rémunération globale du contrat, dans la mesure où la concession faite au titre des loyers du 2e trimestre est compensée par une augmentation « proportionnelle » de ceux-ci dès le 1er juillet.*

En conséquence, le preneur et le bailleur peuvent considérer qu'il ne s'agit pas d'une modification de contrat de location.

Le preneur continuera à comptabiliser une charge d'intérêt sur les loyers dus considérés, compte tenu de l'évaluation de la dette au coût amorti selon la méthode du taux d'intérêt effectif. A notre avis, il devra ajuster la valeur comptable de la dette, en contrepartie du compte de résultat, de manière à refléter le nouveau calendrier de flux de trésorerie et en maintenant le taux d'intérêt d'origine (« catch up method »).

Pour plus de détails sur la « catch up method », voir nº 46835.

Le bailleur, quant à lui, n'aura aucune modification du rythme de reconnaissance des revenus locatifs. Les dispositions de la norme IFRS 9 relatives à la dépréciation d'actifs financiers devront être appliquées à la créance ainsi constituée.

■ ***Exemple 2***

Un bailleur et un preneur ont conclu un contrat de location d'un magasin, pour un loyer mensuel de 100. Le contrat est un contrat de location simple chez le bailleur. Il contient une clause indiquant qu'en cas de force majeure obligeant le preneur à fermer le magasin loué, le montant du loyer sera réduit de 60 %. Une pandémie a obligé le preneur à fermer le magasin pendant deux mois. Le loyer de chacun des mois considérés a donc été réduit à 40.

Solution de l'exemple 2 *La réduction de loyer étant intervenue en raison d'une clause existante dans le contrat d'origine, il ne s'agit pas d'une modification de contrat.*

En conséquence, le preneur comptabilisera l'avantage reçu comme un loyer variable négatif, non basé sur un indice ou un taux, conformément à IFRS 16.38b. Il en sera à notre avis de même pour le bailleur, les loyers (fixes ou variables) étant définis de manière similaire pour les preneurs et les bailleurs.

L'impact (réduction de charge pour le preneur, réduction du produit pour le bailleur) sera constaté en résultat lorsque le fait générateur de la réduction de loyers interviendra (c'est-à-dire, selon les cas, chaque mois, ou au début de la période de deux mois considérée).

■ *Exemple 3*

Un bailleur et un preneur ont conclu un contrat de location d'un magasin. Le contrat est un contrat de location simple. Le preneur a dû fermer le magasin en raison d'une décision gouvernementale en réponse à une pandémie. Le bailleur octroie au preneur, volontairement, un abandon de 3 mois de loyers.

Solution de l'exemple 3 *Pour le bailleur, voir n° 33792. Pour le preneur, voir n° 33794.*

Comptabilisation par le bailleur dans un contrat de location simple d'un abandon de loyers consenti au profit d'un preneur

33792 ***Question***

Comment un bailleur, dans un contrat de location simple, doit-il comptabiliser un abandon de loyers octroyé volontairement à un preneur, lorsque tous les autres termes et conditions du contrat sont inchangés ?

Réponse

Cela dépend.

Si l'abandon est relatif à des loyers dus au titre d'une période de location à venir, il s'agit d'une modification de contrat de location simple. Le bailleur devra en conséquence la comptabiliser comme un nouveau contrat et l'impact de l'abandon de loyers sera ainsi étalé en résultat sur la durée résiduelle du contrat.

Si l'abandon est relatif à des loyers dus et exigibles, comptabilisés en créances et en revenus locatifs, le bailleur doit appliquer les dispositions de la norme IFRS 9, Instruments financiers, et ainsi décomptabiliser la créance de loyers abandonnée en contrepartie immédiate du résultat.

Cette réponse résulte d'une décision de l'IFRS IC de septembre 2022, devenue définitive en octobre 2022. Antérieurement à cette décision, il était considéré que le bailleur disposait, pour les abandons de loyers relatifs aux périodes passées, d'un choix de méthode comptable, et pouvait ainsi appliquer à ceux-ci soit les dispositions de la norme IFRS 16 (en matière de modification de contrat), soit celles de la norme IFRS 9 (en matière de décomptabilisation de créance).

Commentaires L'IFRS IC a été saisi de la question du traitement comptable, par le bailleur, d'un abandon de loyers octroyé à un preneur. Dans la saisine :
- le contrat était qualifié de contrat de location simple par le bailleur ;
- aucun autre changement n'était apporté au contrat de location ;
- l'abandon portait sur des loyers spécifiquement identifiés. Certains de ces loyers étaient relatifs à des sommes contractuellement dues et impayées, que le bailleur avait comptabilisées en créance conformément à IAS 32.AG9, et en revenus locatifs conformément à IFRS 16.81. D'autres loyers n'étaient pas encore contractuellement dus.

Selon IAS 32.AG9, pour un bailleur, un contrat de location simple n'est pas un instrument financier, sauf en ce qui concerne les paiements individuels échus et exigibles, dus par le preneur.

La question posée était de savoir si un tel abandon de loyers devait être comptabilisé :
- en appliquant la norme IFRS 16 : dans ce cas, l'abandon de loyers serait traité comme une modification de contrat de location, et son impact ne serait pas constaté en résultat au cours de la période au titre de laquelle les loyers ont été abandonnés, mais étalé, en diminution des revenus locatifs, sur la durée résiduelle du contrat de location ;

En effet :
- Une modification de contrat est définie comme une modification du périmètre ou du loyer de ce contrat, qui n'était pas prévue dans les termes et conditions du contrat d'origine (par exemple, ajout ou suppression du droit d'utilisation de certains actifs sous-jacents ou augmentation ou diminution de la durée du contrat) (IFRS 16.A).
- Lorsque le contrat est un contrat de location simple, le contrat modifié est comptabilisé comme un nouveau contrat à partir de la date de la modification (IFRS 16.87).
- Les revenus locatifs doivent être comptabilisés en produits de façon linéaire sur toute la durée du contrat de location, à moins qu'une autre base systématique ne soit plus représentative de l'échelonnement dans le temps de la diminution de l'avantage retiré de l'utilisation de l'actif loué (IFRS 16.81). L'abandon de loyers n'est pas un élément permettant de modifier ce rythme de reconnaissance ; son effet est comparable à une franchise de loyers accordée par le bailleur au preneur, et le traitement comptable y est similaire.

– ou en appliquant les dispositions de la norme IFRS 9, Instruments financiers, en matière de décomptabilisation d'actifs financiers. En effet, bien que les contrats de location soient hors du champ d'application d'IFRS 9, les créances issues de la comptabilisation par les bailleurs des contrats de location sont qualifiées d'instruments financiers et soumises aux dispositions de cette norme en matière de décomptabilisation et de dépréciation (IFRS 9.2.1b). Selon IFRS 9.3.2.3a, si les droits contractuels aux flux de trésorerie d'un actif ont expiré, ce qui est le cas lors d'un abandon de créance octroyé par le créancier (ici, le bailleur) au débiteur (ici, le preneur), l'actif considéré est décomptabilisé. La perte résultant de cette décomptabilisation est enregistrée immédiatement dans le compte de résultat.

En effet, lors de la décomptabilisation d'un actif financier, la différence entre sa valeur comptable (évaluée à la date de la décomptabilisation) et la contrepartie reçue (y compris tout nouvel actif obtenu, déduction faite de tout nouveau passif assumé) doit être comptabilisée en résultat (IFRS 9.3.2.12).

Décision de l'IFRS IC (IFRIC Update 09/22, publication définitive en 10/22) Dans sa décision, l'IFRS IC a rappelé que les créances de loyers étaient soumises aux dispositions de la norme IFRS 9 en matière de décomptabilisation. Ainsi, les loyers abandonnés constitutifs de créance conformément à IAS 32.AG9 doivent être décomptabilisés à la date de l'abandon (les droits contractuels aux flux de trésorerie des actifs considérés ayant expiré).

Dans sa décision, l'IFRS IC a également souligné que le bailleur devait appliquer les dispositions de dépréciation d'IFRS 9 à ces créances, et devait ainsi prendre en compte, avant la date de l'abandon, les prévisions dudit abandon dans ses estimations de perte de crédit attendues.

Pour plus d'informations sur le modèle de dépréciation des actifs financiers, voir nº47050 s.

En revanche, les loyers abandonnés non encore contractuellement dus par le preneur (et donc non comptabilisés en créances conformément à IAS 32.AG9) doivent être traités comme une modification de contrat selon la norme IFRS 16.

L'IFRS IC a, en outre, spécifié que les créances de loyers abandonnées et décomptabilisées selon IFRS 9 n'étaient pas des paiements reçus d'avance ou à recevoir, et qu'en conséquence, le bailleur ne pouvait pas les considérer comme faisant partie des paiements de loyers du nouveau contrat. Ainsi, le bailleur ne peut pas se prévaloir des dispositions d'IFRS 16.87 pour étaler en résultat l'impact de l'abandon de ces créances.

IFRS 16.87 précise, en effet, que les paiements reçus d'avance ou à recevoir relatifs au contrat initial sont considérés comme faisant partie des paiements de loyers du nouveau contrat.

Cette décision de l'IFRS IC supprime le choix de méthode comptable dont le bailleur disposait, à notre avis, pour les abandons de loyers relatifs aux périodes passées.

Antérieurement à cette décision, il était considéré que le bailleur disposait, pour les abandons de loyers relatifs aux périodes passées, d'un choix de méthode comptable, et pouvait ainsi appliquer à ceux-ci soit les dispositions de la norme IFRS 16 (en matière de modification de contrat), soit celles de la norme IFRS 9 (en matière de décomptabilisation de créance).

Pour plus de détails sur les changements comptables à la suite d'une décision de l'IFRS IC, voir nº 12712.

Comptabilisation par le preneur d'un abandon de loyers consenti par le bailleur

Question 33794

Comment un preneur doit-il comptabiliser un abandon de loyers qui lui a été octroyé volontairement par un bailleur, lorsque tous les autres termes et conditions du contrat sont inchangés, et que l'abandon n'est pas ou ne peut pas être comptabilisé conformément à la mesure de simplification prévue par l'amendement d'IFRS 16 relatif aux concessions de loyers octroyées dans le cadre de la pandémie de Covid-19 ?

Réponse

A notre avis, le preneur dispose d'un choix de méthode comptable et il peut :

– soit appliquer la norme IFRS 16 et comptabiliser l'abandon comme une modification de contrat de location. Il devra ainsi réestimer la dette de loyers sur la base d'un taux d'actualisation révisé à la date de modification, en contrepartie du droit d'utilisation. L'impact de l'abandon de loyers sera ainsi étalé sur la durée résiduelle du contrat, via la diminution de la dotation aux amortissements du droit d'utilisation ;

33794 (suite) – soit appliquer les dispositions de la norme IFRS 9, Instruments financiers, relatives à la décomptabilisation des passifs financiers. Il devra ainsi décomptabiliser la dette de loyers abandonnée en contrepartie immédiate du résultat.

Le traitement selon IFRS 9 serait comparable à celui obtenu par un preneur choisissant d'appliquer la mesure de simplification prévue par l'amendement d'IFRS 16 relatif aux concessions de loyers octroyées dans le cadre de la pandémie de Covid-19, voir nº 33796.

Le traitement comptable retenu doit être appliqué de manière homogène et doit à notre avis faire l'objet d'une information en annexe dans les états financiers.

Commentaires Lorsque l'unique modification apportée au contrat de location est relative à un abandon d'une partie des loyers dus, consenti par le bailleur au preneur, c'est-à-dire lorsque tous les autres termes et conditions du contrat sont inchangés, deux normes, dont les impacts diffèrent, peuvent trouver à s'appliquer. Le preneur dispose ainsi, à notre avis, d'un choix de méthode comptable :

– soit appliquer la norme IFRS 16 et traiter l'abandon comme une modification de contrat de location. Cette modification n'entraînant pas la comptabilisation d'un contrat séparé et ne constituant pas une diminution du périmètre de celui-ci, le preneur doit, **à la date de modification, réestimer la dette de loyers** sur la base d'un **taux d'actualisation révisé** à cette même date (taux implicite du contrat ou taux d'endettement marginal, pour la durée restante du contrat, à la date de modification de celui-ci), **en contrepartie du droit d'utilisation** (IFRS 16.45 et .46). L'impact de l'abandon de loyers sera ainsi **étalé sur la durée résiduelle du contrat,** via la diminution de la dotation aux amortissements du droit d'utilisation ;

Une modification de contrat est définie comme une modification du périmètre ou du loyer de ce contrat, qui n'était pas prévue dans les termes et conditions du contrat d'origine (par exemple, ajout ou suppression du droit d'utilisation de certains actifs sous-jacents ou augmentation ou diminution de la durée du contrat) (IFRS 16.A).

Pour plus de détails sur la définition d'une modification de contrat de location, voir nº 33600.

Pour plus de détails sur la comptabilisation des modifications de contrat de location, voir nº 33602.

Pour plus de détails sur les taux d'actualisation, voir nº 33003 et 33350 s.

– soit appliquer les dispositions de la norme IFRS 9, Instruments financiers, en matière de décomptabilisation de passifs financiers.

En effet, bien que les droits et obligations résultant de contrats de location auxquels s'applique la norme IFRS 16 soient exclus du champ d'application d'IFRS 9, les dettes de loyers d'un preneur sont soumises à ses dispositions en matière de décomptabilisation (IFRS 9.2.1b).

Selon IFRS 9.3.3.1, une entité doit décomptabiliser un passif financier (ou une partie de celui-ci) lorsque l'obligation précisée au contrat est annulée. Cela est bien le cas lorsque le bailleur, créancier, libère le preneur, débiteur, de son obligation de paiement d'une partie des loyers (IFRS 9.B3.3.1). Le profit résultant de cette décomptabilisation est enregistré immédiatement dans le compte de résultat.

En effet, lors de la décomptabilisation d'un passif financier, la différence entre la valeur comptable du passif financier éteint ou transféré à un tiers et la contrepartie payée, y compris les actifs transférés ou les passifs assumés sans contrepartie, doit être comptabilisée en résultat (IFRS 9.3.3.3).

Pour plus d'informations sur la décomptabilisation de passifs financiers, voir nº 48090.

Quelle que soit la méthode retenue, elle doit être appliquée de manière homogène et doit à notre avis faire l'objet d'une information en annexe dans les états financiers.

Ainsi, à notre avis, un preneur qui aurait appliqué la mesure de simplification de l'amendement d'IFRS 16 relatif aux concessions de loyers octroyées dans le cadre de la pandémie de Covid-19 a, de fait, effectué le choix d'appliquer la norme IFRS 16. En conséquence, il ne pourra pas appliquer les dispositions de la norme IFRS 9 en matière de décomptabilisation de passifs financiers à des abandons de loyers qu'il obtiendrait dans le futur.

Recommandations de l'AMF Dans ses recommandations en vue de l'arrêté des comptes 2020, l'AMF recommande aux sociétés significativement concernées et n'appliquant pas l'amendement d'IFRS 16 relatif aux concessions de loyers octroyées par les bailleurs aux preneurs dans le cadre de la pandémie de Covid-19, de préciser le traitement comptable retenu et les montants considérés (Rec. AMF 2020-09, Arrêté des Comptes 2020, § 6.1.2).

Pour plus de détails sur l'amendement relatif aux concessions de loyers octroyées par les bailleurs aux preneurs dans le cadre de la pandémie de Covid-19, voir nº 33796.

Evolution possible de la réponse Le sujet de la comptabilisation des abandons de loyers par les bailleurs et par les preneurs a été soumis à l'IFRS IC. Pour plus de détails sur la décision de l'IFRS IC relative à la comptabilisation par les bailleurs, voir nº 33792.

Lors de la réunion du Comité de mars 2022, le staff de l'IFRS IC a constaté que, pour un preneur, tant les dispositions de la norme IFRS 16 en matière de modification de contrat que celles de la norme IFRS 9, Instruments financiers, en matière de décomptabilisation de passifs financiers, étaient applicables à un abandon de loyers octroyé par un bailleur (sans aucune autre modification du contrat). L'IFRS IC a donc recommandé que l'IASB traite ce sujet par des amendements limités des normes.

En mai 2023, l'IASB a décidé de procéder à un amendement limité de la norme IFRS 9, dans le cadre du processus annuel d'amélioration des normes IFRS (voir nº 11070). L'objectif unique de cet amendement est de préciser qu'IFRS 9.3.3.3 est applicable à la décomptabilisation d'une dette de loyers (IASB Update, 05/23).

Selon IFRS 9.3.3.3, la différence entre la valeur nette comptable de la dette éteinte et le montant de la contrepartie payée pour son extinction doit être comptabilisée en résultat. Sans la précision prévue dans le cadre de l'amendement à venir, certains pourraient considérer que cette différence, dans le cadre d'une extinction de dette de loyers, devrait ou pourrait être comptabilisée en contrepartie du droit d'utilisation.
L'exposé-sondage devrait être publié au cours du 3e trimestre 2023.

Toutefois, ce projet d'amendement limité ne permet pas de déterminer si un preneur doit comptabiliser un abandon de loyers selon les dispositions de la norme IFRS 16 ou selon celles de la norme IFRS 9. Le cas échéant, l'IASB pourrait traiter cette question dans le cadre de la Post-implementation Review (PIR) d'IFRS 16 (dont la date n'est pas encore précisée) ou d'un projet futur relatif à IFRS 9.

En attendant, le choix de méthode comptable décrit ci-avant reste, à notre avis, applicable.

Amendements de la norme IFRS 16 relatifs aux concessions de loyers octroyées dans le cadre de la pandémie de Covid-19

Question 33796

En quoi consistent les amendements de la norme IFRS 16, Contrats de location, relatifs aux concessions de loyers octroyées en raison de la pandémie de Covid-19 ?

Réponse

Lorsque certaines conditions sont remplies, les amendements offrent aux preneurs la possibilité de ne pas analyser si les concessions de loyers octroyées par les bailleurs constituent ou non une modification du contrat. Ainsi, un preneur qui choisit de retenir cette mesure de simplification comptabilisera lesdites concessions comme s'il ne s'agissait pas d'une modification de contrat, c'est-à-dire, en général, comme un loyer variable négatif constaté en résultat sur la période au cours de laquelle le fait générateur d'octroi intervient. Il devra par ailleurs communiquer certaines informations en annexe dans ses états financiers.

Cette mesure de simplification n'est possible que pour les aménagements de loyers qui sont une conséquence directe du Covid-19 et si les trois conditions suivantes sont cumulativement remplies :
- la rémunération au titre du contrat de location est substantiellement identique ou inférieure à celle prévue antérieurement à l'aménagement de loyers ;
- toute réduction de loyers ne devait porter, dans l'amendement initial, que sur les loyers dus jusqu'au 30 juin 2021 au plus tard. Cette date butoir a été repoussée au 30 juin 2022 dans le second amendement ;
- les autres termes et conditions du contrat de location ne doivent pas être substantiellement modifiés.

Le second amendement prévoit une « permanence des méthodes » par rapport à l'amendement initial, pour tous les contrats éligibles ayant des caractéristiques similaires et dans des circonstances similaires, et ce, que le contrat soit éligible en raison du premier amendement ou qu'il le soit (ou le soit devenu) en raison du second.

Aucune mesure de simplification n'a été prévue pour les bailleurs.

Commentaires Conscient des difficultés que pourraient rencontrer les preneurs afin de comptabiliser, en tant que modifications de contrats de location, les concessions de loyers octroyées par les bailleurs dans le cadre de la pandémie de Covid-19, l'IASB avait publié, en mai

33796 (suite) 2020, un amendement autorisant les preneurs à choisir d'appliquer une mesure de simplification pratique. Compte tenu du contexte prolongé de la pandémie, cet amendement initial a été suivi d'un second amendement, publié par l'IASB en mars 2021.

Sauf indication contraire, dans les commentaires ci-après, le terme « amendement » couvre tant l'amendement initial que le second.

Aucune mesure de simplification n'a en revanche été prévue pour les bailleurs.

Pour le traitement comptable par les bailleurs des concessions octroyées aux preneurs, voir nº 33790 et 33792.

1. Principe général et champ d'application de l'amendement L'amendement offre aux preneurs la possibilité (IFRS 16.46A) :

- de ne pas analyser si les concessions de loyers constituent une modification ou non du contrat de location ;
- et ainsi de comptabiliser une concession octroyée par le bailleur comme s'il ne s'agissait pas d'une modification de contrat de location.

Pour plus de détails sur la comptabilisation des modifications de contrat pour les preneurs, voir nº 33602.

Un preneur ne peut appliquer l'amendement que si l'aménagement de loyer considéré est une conséquence directe de la pandémie de Covid-19 et si les trois conditions suivantes sont cumulativement remplies (IFRS 16.46B) :

- la rémunération au titre du contrat de location est substantiellement identique ou inférieure à celle prévue antérieurement à l'aménagement de loyers ;

A ce titre, à notre avis :

- la rémunération à prendre en compte pour la vérification de cette condition est la rémunération totale (incluant les loyers fixes et les loyers variables attendus) **restant à payer pendant la durée résiduelle** du contrat ;
- une augmentation des loyers restant à payer relative uniquement au reflet de la valeur temps (c'est-à-dire une augmentation en conséquence d'intérêts liés à un décalage éventuel de paiement des loyers) serait éligible à l'amendement.

- toute réduction ne devait porter, dans l'amendement initial, que sur les loyers dus jusqu'au 30 juin 2021 au plus tard. Cette date butoir a été repoussée au 30 juin 2022 dans le second amendement ;

Ainsi, à notre avis, une réduction des loyers dus pendant six mois, au titre du 2e et du 3e trimestres 2022, ne serait pas éligible au second amendement. La totalité de la diminution de loyers devrait en conséquence être traitée comme une modification de contrat de location.

En revanche, une baisse de loyers dus au titre d'une période antérieure au 30 juin 2022, suivie d'une augmentation correspondante à la fin du contrat, postérieurement au 30 juin 2022, remplirait cette condition (IFRS 16.46Bb).

- les autres termes et conditions du contrat de location ne doivent pas être substantiellement modifiés.

L'amendement ne définit pas le terme « substantiellement » et ne donne pas d'exemple d'application pratique en la matière. Un jugement devra en conséquence être apporté afin de déterminer si un changement de terme ou condition du contrat représente ou non une modification substantielle de celui-ci.

Par exemple, à notre avis :

- une annulation de 3 mois de loyers d'un contrat de location d'une durée résiduelle de 5 ans, octroyée en contrepartie d'une augmentation de la durée du contrat de 3 mois, ne constituerait pas une modification substantielle des termes et conditions contractuels. En outre, et malgré le changement de la durée non résiliable du contrat, le preneur n'a pas à appliquer IFRS 16.40a et n'a en conséquence pas à modifier le taux d'actualisation utilisé pour l'évaluation de la dette de loyers, dans la mesure où le changement de la durée résulte directement de la pandémie de Covid-19, dans des conditions respectant celles requises pour l'application de l'amendement ;
- en revanche, une annulation de 3 mois de loyers d'un contrat de location d'une durée résiduelle de 5 ans, octroyée en contrepartie d'une augmentation de la durée du contrat de deux ans, ou d'une renonciation par le preneur à une option de résiliation (même s'il était raisonnablement certain de ne pas l'exercer), constituerait une modification substantielle des termes et conditions du contrat qui empêcherait l'aménagement d'être dans le champ d'application de l'amendement ;
- pour un contrat de location d'un magasin d'une durée résiduelle de 5 ans, une transformation, pendant le 2e trimestre 2022, de loyers fixes en loyers variables basés sur le chiffre d'affaires du magasin, ne constituerait pas une modification substantielle des termes et conditions du contrat. A l'inverse, une modification des loyers fixes en loyers variables pendant toute la durée restante du contrat ne serait pas éligible à l'amendement.

Un preneur choisissant d'appliquer la mesure de simplification de l'amendement devra le faire pour tous les contrats ayant des caractéristiques similaires et dans des circonstances similaires (IFRS 16.BC205C). **33796** (suite)

2. Traitement comptable des concessions octroyées par le bailleur lorsque le preneur choisit d'appliquer la mesure de simplification de l'amendement Si un preneur choisit d'appliquer les dispositions de l'amendement, il devra comptabiliser une concession octroyée par le bailleur comme s'il ne s'agissait pas d'une modification de contrat de location (IFRS 16.46A).

Ainsi :

– une annulation de loyers pendant une période donnée sera généralement comptabilisée comme un loyer variable négatif, constaté en résultat sur la période au cours de laquelle le fait générateur d'octroi intervient (IFRS 16.38b et .BC205Ea), avec décomptabilisation partielle de la dette de loyers ;

Le rythme de constatation de la concession de loyers au compte de résultat dépend du fait générateur d'octroi de la concession.

Prenons par exemple le cas d'un commerce dit non essentiel, fermé en raison de restrictions gouvernementales. Le 31 mars 2022, le bailleur octroie une annulation de loyers au titre des mois d'avril, mai et juin, à la condition que lesdites restrictions perdurent et obligent le magasin à rester fermé. S'il existe une véritable incertitude quant à la date de levée des restrictions gouvernementales, le preneur comptabilisera l'annulation de loyer (c'est-à-dire le loyer variable négatif) en résultat au fur et à mesure de l'écoulement du temps, avec une réduction correspondante de la dette de loyers.

A l'inverse, si le 31 mars 2022, le bailleur octroie au preneur l'annulation des loyers du 2e trimestre 2022 de manière inconditionnelle, le preneur devra constater immédiatement en résultat la totalité des loyers abandonnés, en contrepartie d'une réduction de la dette.

– une diminution de loyers pendant une période donnée, ultérieurement compensée par une augmentation proportionnelle de ceux-ci, ne constitue pas une extinction de dette ou un changement de la rémunération mais correspond à un différé de paiement. Compte tenu de l'évaluation de la dette au coût amorti selon la méthode du taux d'intérêt effectif, le preneur continuera à comptabiliser une charge d'intérêt sur les loyers considérés (IFRS 16.36 et .BC205Eb). A notre avis, il devra en conséquence ajuster la valeur comptable de la dette, en contrepartie du résultat, de manière à refléter le nouveau calendrier de flux de trésorerie et en maintenant le taux d'intérêt d'origine (« catch up method »).

Sur l'évaluation de la dette de loyers au coût amorti, voir n° 33007.
Pour plus de détails sur la « catch up method », voir n° 46835.

L'application de l'amendement par un preneur n'a aucun impact direct sur l'évaluation du droit d'utilisation. Lorsque ce dernier est évalué selon le modèle du coût, il continue à être amorti selon les mêmes modalités qu'avant l'octroi de la concession. Le preneur devra en outre, le cas échéant, le tester pour dépréciation.

Sur l'évaluation ultérieure du droit d'utilisation, voir n° 33005.
Pour davantage de détails sur les tests de dépréciation du droit d'utilisation, voir n° 33670 s.

3. Informations à présenter dans l'annexe des états financiers Si un preneur choisit d'appliquer la mesure de simplification prévue par l'amendement, il doit, dans l'annexe des états financiers (IFRS 16.60A) :

– indiquer si elle a été appliquée à l'ensemble des concessions éligibles octroyées par le bailleur, ou, dans le cas contraire, préciser les natures de contrats auxquels la mesure a été appliquée ;

– communiquer le montant constaté au compte de résultat, pendant la période présentée, suite à l'application de la mesure de simplification.

Recommandations de l'AMF Dans ses recommandations en vue de l'arrêté des comptes 2020, l'AMF rappelle la nécessité pour les sociétés ayant choisi d'appliquer l'amendement de fournir les informations requises par la norme et rappelées ci-avant. En outre, l'AMF recommande aux sociétés significativement concernées et n'appliquant pas l'amendement, de préciser le traitement comptable retenu et les montants considérés (Rec. AMF 2020-09, Arrêté des Comptes 2020, § 6.1.2).

Au-delà des informations requises par l'amendement, et qu'il ait été ou non appliqué par le preneur, les effets sur le tableau de flux de trésorerie de même que la nature des concessions obtenues et leur traitement comptable peuvent devoir être communiqués, en particulier en vertu des dispositions d'IFRS 16, d'IFRS 7, Instruments financiers : Informations à fournir (aspects liés à la liquidité) et d'IAS 1, Présentation des états financiers.

Pour les informations en annexe requises par la norme IFRS 16, voir n° 33014.

33796 (suite) **4. Date d'application et modalités de transition du second amendement** Selon la Commission européenne, qui a approuvé l'amendement le 30 août 2021, celui-ci est applicable à compter du 1er avril 2021, pour les exercices ouverts à compter du 1er janvier 2021, une application anticipée étant toutefois possible (IFRS 16.C1C). L'amendement est applicable de manière rétrospective, sans ajustement des périodes comparatives (IFRS 16.C1C et .C20BA).

L'amendement initial, approuvé par l'Europe le 12 octobre 2020 (Régl. UE 2020/1434), était quant à lui applicable au plus tard à partir du 1er juin 2020, pour les exercices ouverts à compter du 1er janvier 2020.

L'amendement prévoit en outre une « **permanence des méthodes** » par rapport à l'amendement initial, pour tous les contrats éligibles ayant des caractéristiques similaires et dans des circonstances similaires, et ce, que le contrat ait été éligible en raison du premier amendement ou qu'il le soit (ou le soit devenu) en raison du second (IFRS 16.C20BC et .BC205J).

Ainsi, par exemple :
– un preneur qui avait appliqué l'amendement initial à des concessions éligibles devra appliquer la mesure de simplification aux futures concessions qu'il pourrait obtenir et qui seraient éligibles au second amendement ;
– un preneur qui avait appliqué l'amendement initial à des concessions éligibles et avait traité comme une modification de contrat une concession non éligible à l'amendement initial, mais qui l'est devenue en raison du second amendement, devra annuler les effets de la comptabilisation de la modification et traiter la concession conformément aux dispositions de l'amendement. Les ajustements correspondants seront comptabilisés en capitaux propres d'ouverture de l'exercice d'application du second amendement. Ceci serait le cas, par exemple, du traitement comptable dans les états financiers clos le 31 décembre 2020 d'une réduction de loyers obtenue en 2020 et portant sur les loyers dus jusqu'au 30 septembre 2021 ;
– un preneur qui avait choisi de ne pas appliquer l'amendement initial à des concessions éligibles déjà obtenues ne pourra pas se prévaloir du nouvel amendement pour appliquer la mesure de simplification aux futures concessions qu'il pourrait obtenir ;
– un preneur qui, en l'absence d'obtention de concessions éligibles, n'a pas encore effectué de choix relatif à l'application ou non de la mesure de simplification de l'amendement initial a le choix d'appliquer ou non le nouvel amendement aux futures concessions éligibles qu'il obtiendrait.

CHAPITRE 27

Stocks (IAS 2)

Plan du chapitre §§ 34975

L'ESSENTIEL DE LA NORME IAS 2

A. Généralités

Champ d'application

Les stocks sont traités par la norme IAS 2, Stocks, sauf lorsqu'une autre norme comptable internationale impose ou autorise un traitement comptable différent (IAS 2.2). 34977

Ne sont ainsi pas traités par IAS 2 (IAS 2.2) :
- les instruments financiers (IAS 32 et IFRS 9), voir n° 44020 s. ;
- les actifs biologiques et la production agricole au moment de la récolte (IAS 41), voir n° 67002 s.

En outre, les principes d'évaluation de la norme IAS 2 ne s'appliquent pas (IAS 2.3) :
- aux stocks détenus par les producteurs de produits agricoles et forestiers, de produits agricoles après la récolte, et de minéraux et produits d'origine minérale lorsque les stocks sont évalués à leur valeur nette de réalisation ;
- aux stocks détenus par les courtiers ou commissionnaires de marchandises s'ils évaluent leurs stocks à la juste valeur diminuée des coûts de vente.

Définition

La norme IAS 2 définit les stocks comme étant des actifs (IAS 2.6) : 34979
- détenus pour être vendus dans le cours normal de l'activité ;
- en cours de production ; ou
- sous forme de matières premières ou de fournitures devant être consommées dans le processus de production ou de prestations de services.

Remarques :
1. **Immeubles de placement** Pour les conditions de reclassement en immeuble de placement d'un immeuble en construction classé initialement en stock, voir n° 32200.
2. **Stock minimum (« core inventories »)** L'IFRS IC a été saisi de la question de la comptabilisation en stock ou en immobilisation d'un stock minimum (« core inventories ») (IFRIC Update 03/14, 05/14 et 07/14), c'est-à-dire un stock :
- nécessaire à une usine pour démarrer une production et la poursuivre ;
- ne pouvant pas être physiquement séparé du reste des stocks ;

– et ne pouvant être sorti que lors du démantèlement de l'usine ou en encourant des frais financiers très importants.

L'IFRS IC a constaté que, bien que la comptabilisation de ces stocks fasse l'objet de pratiques diverses dans les différentes industries, cette diversité n'existe, en revanche, pas ou peu au sein d'une même industrie. L'IFRS IC a souligné qu'il est nécessaire de faire preuve de jugement pour déterminer ce qui constitue un stock minimum et que ce jugement doit faire l'objet d'une information en annexe, conformément à IAS 1.122. Il a également observé qu'il n'est pas clairement démontré que les différences de comptabilisation observées résultent de différences dans l'application d'IAS 2 et IAS 16. En conséquence, l'IFRS IC a décidé de ne pas inscrire ce thème à son agenda (IFRIC Update 11/14).

B. Evaluation et comptabilisation

1. Détermination du coût d'entrée

34985 Le coût des stocks doit comprendre tous les coûts d'acquisition, coûts de transformation et autres **coûts encourus pour amener les stocks à l'endroit et dans l'état où ils se trouvent** (IAS 2.10).

Les coûts peuvent être soit déterminés sur la base des **coûts réels**, soit des coûts estimés selon d'autres méthodes lorsque ces dernières donnent des résultats proches du coût (par exemple, sur la base de **coûts standards** dans le cadre d'un niveau normal d'activité) (IAS 2.11 s. et .21), voir n° 35050.

Il est également possible d'utiliser d'autres techniques d'évaluation des coûts, par exemple, la méthode du **prix de détail**, utilisée pour évaluer de grandes quantités de stocks similaires à rotation rapide (IAS 2.21 et .22).

1. Le **coût d'acquisition** d'un stock se détermine comme (IAS 2.11) :

– le prix d'achat ;

– augmenté des droits de douane et autres taxes (autres que les taxes récupérables) ainsi que des frais de transport, manutention et d'autres coûts directement attribuables à l'acquisition des produits finis, des matières premières et des services ;

Par exemple, l'amortissement d'un chariot élévateur servant exclusivement à décharger les livraisons de matières premières.

– et diminué des rabais commerciaux, remises et autres éléments similaires (escomptes).

Remarques :

1. Eléments de financement compris dans les contrats d'achat :

a. Paiements différés Lorsque le crédit accordé par un fournisseur est supérieur aux délais de crédits normaux, la différence entre le prix d'achat déterminé selon un délai de crédit normal et le prix payé constitue un élément financier à comptabiliser en charges financières de l'exercice (IAS 2.18), à moins qu'elle ne soit incorporée dans le coût des stocks conformément à IAS 23.

Pour l'incorporation dans les stocks selon IAS 23, voir n° 37980 s.

b. Avances à long terme L'IFRS IC a été saisi de la question de la comptabilisation d'une avance faite à un fournisseur dans le cadre d'un contrat d'achat à long terme. En première analyse, le Board de l'IASB avait indiqué que l'élément de financement contenu dans ce contrat devait être identifié et comptabilisé séparément (IASB Update 02/12). En conséquence, un produit financier devrait être comptabilisé sur la période de financement, entraînant ainsi une augmentation du coût d'entrée des stocks.

La pratique sur le sujet étant diverse, le Board de l'IASB a toutefois demandé à l'IFRS IC de préparer une interprétation afin de clarifier le traitement comptable de ce type d'avance à long terme.

En novembre 2015, l'IFRS IC a rejeté ce sujet au motif qu'il serait difficile de le traiter efficacement au vu des diversités des situations en pratique. L'IFRS IC a cependant observé que lorsqu'une composante financière est identifiée dans un contrat à long terme, celle-ci devrait être comptabilisée séparément. L'IFRS IC reconnaît que l'identification d'un tel élément requiert du jugement au cas par cas (IFRIC Update 11/15).

2. Remises à recevoir sur les achats de l'exercice Lorsqu'une remise calculée sur la base des achats de l'exercice en cours est versée au début de l'exercice suivant, cette remise doit être affectée à l'ensemble des achats de l'exercice en cours qu'ils aient ou non été vendus. Ainsi, la remise devra être comptabilisée en déduction du coût d'acquisition des stocks pour la quote-part correspondant aux produits encore en stocks à la clôture de l'exercice, et le solde doit être comptabilisé immédiatement en déduction du coût des ventes. 34985 (suite)

Par exemple, si les achats de l'exercice sont de 100 et qu'il existe un stock de 10 à la clôture, 10 % de la remise reçue sur les achats de l'exercice doivent être déduits du coût des stocks (même si la remise ne peut pas être allouée en particulier à un produit) et 90 % doivent être comptabilisés immédiatement en déduction du coût des ventes.

3. **Remises accordées selon des objectifs de vente** Ces remises ne permettant pas de réduire le prix d'achat, elles ne sont pas déduites du coût d'acquisition des stocks et doivent être comptabilisées immédiatement en déduction du coût des ventes (IFRIC Update 11/04).

2. Le **coût de transformation** des stocks comprend (IAS 2.12) :

– les coûts directement liés aux unités produites ;

Exemples – Coûts directs de production :
- rémunération de la main-d'œuvre directe de production ;
- matières premières consommées ;
- sous-traitance industrielle.

– et l'affectation des frais généraux de production fixes calculés selon la capacité normale de production et variables qui sont encourus pour transformer les matières premières en produits finis (voir Remarque ci-après).

Exemples – Frais généraux de production fixes :
- charges correspondant à des bâtiments utilisés dans le processus de production : amortissements, entretien ;
- charges correspondant à l'utilisation de machines dans le cadre de la production (matériel industriel, matériel informatique, matériel de transport utilisé au cours du cycle de production) : amortissements, entretien ;
- charges relatives à des actifs comptabilisés au titre du droit d'utilisation de l'actif loué, au sens d'IFRS 16, Contrats de location, utilisés dans le processus de production : amortissements, entretien ;
- frais de transport et de manutention des matériaux après leur réception : main-d'œuvre, amortissement du matériel ;
- certains coûts de stockage nécessaires au processus de production, notamment pour les produits se valorisant avec le temps (vins, alcools, animaux, etc.) ;
- dépenses de gestion et d'administration de l'usine (lorsque celle-ci est dédiée à la production, et notamment n'abrite pas le siège de la société ou les services de recherche et développement) : salaires du personnel administratif de l'usine, amortissement des bâtiments et équipements administratifs.

Exemples – Frais généraux de production variables :
- frais indirects de main-d'œuvre, de matières premières et de fournitures (emballages des produits en fin de cycle de production, etc.) ;
- consommation en énergie (eau, électricité, gaz, etc.).

Remarque L'affectation des frais généraux fixes de production aux coûts de transformation est fondée sur la **capacité normale des installations de production** (IAS 2.13). La capacité normale est la production moyenne que l'on s'attend à réaliser sur un certain nombre de périodes ou de saisons dans des circonstances normales, en tenant compte de la perte de capacité résultant d'un entretien planifié.

En cas de sous-utilisation d'un outil de production ou d'une baisse de production, le montant des frais généraux fixes affecté à chaque unité produite n'est pas augmenté. Les **coûts de sous-activité** doivent donc être constatés en charges de la période et non pas inclus dans le coût de transformation des stocks de clôture (IAS 2.13).

Dans des périodes de production anormalement élevée, le montant des frais généraux fixes affectés à chaque unité produite est diminué de telle sorte que les stocks ne soient pas évalués au-dessus du coût.

Les frais généraux variables de production sont affectés à chaque unité d'œuvre sur la base de l'utilisation effective des installations de production.

Pour plus de détails, voir n° 35050.

3. Les **autres coûts** ne sont inclus dans le coût des stocks que dans la mesure où ils sont encourus pour amener les stocks à l'endroit et dans l'état où ils se trouvent (IAS 2.15).

Il peut s'agir par exemple :
- des coûts de conception de produits à l'usage de clients spécifiques (IAS 2.15) ;
- des coûts d'emprunt, dans les limites fixées par la norme IAS 23, Coûts d'emprunt (IAS 2.17), voir n° 37980 s. ;

– de l'amortissement annuel des immobilisations incorporelles, telles que les frais de développement, les brevets, les procédés, les modèles, etc. ;

– des frais de transport encourus pour acheminer les produits finis de l'usine au dépôt de vente de l'entreprise.

En revanche, sont immédiatement comptabilisés en charges les coûts qui ne sont pas encourus pour amener les stocks à l'endroit et dans l'état où ils se trouvent.

La norme IAS 2 cite des exemples de coûts à exclure du coût des stocks (IAS 2.16) :

– les montants anormaux de déchets de fabrication, de main-d'œuvre et d'autres coûts de production ;

– les coûts de stockage, à moins que ces coûts soient nécessaires au processus de production préalablement à une nouvelle étape de production (voir ci-avant) ;

– les frais généraux administratifs, à moins qu'ils contribuent à mettre les stocks à l'endroit et dans l'état où ils se trouvent ;

Il s'agit notamment du coût de la direction générale, financière, etc.

– les frais de commercialisation ;

– le coût de la sous-activité (IAS 2.13), voir nº 35050.

2. Méthodes de valorisation des stocks

34987 Le coût des stocks est déterminé différemment selon que les biens sont fongibles ou non (c'est-à-dire interchangeables ou non).

1. Pour **les biens non fongibles**, il est nécessaire de procéder à une identification spécifique des coûts individuels. Ainsi, chaque produit est évalué à son coût réel (IAS 2.23 et 24).

2. Pour **les biens fongibles (interchangeables)**, deux méthodes de valorisation des stocks sont autorisées (IAS 2.25) :

– la méthode du **« premier entré, premier sorti »** (Peps, Fifo en anglais) : cette méthode suppose que les éléments du stock qui ont été acquis les premiers sont vendus les premiers et qu'en conséquence, les éléments restant en stock à la fin de l'exercice sont ceux qui ont été achetés ou produits le plus récemment ;

– la méthode du **Coût Unitaire Moyen Pondéré** (CUMP) : le coût de chaque élément est déterminé à partir de la moyenne pondérée du coût d'éléments similaires.

Ainsi, une valorisation des stocks selon la méthode du « dernier entré, premier sorti » (Deps, Lifo en anglais) (IAS 2.BC9 à .BC21) ou selon la méthode de la valeur de remplacement (Nifo) est interdite.

Les stocks présentant des caractéristiques similaires quant à leur nature et à leur usage doivent être évalués selon la même méthode de détermination du coût et ce, de façon permanente dans le temps. Ainsi, des stocks présentant des natures ou des usages différents peuvent justifier des méthodes de détermination du coût différentes (IAS 2.25).

Des stocks utilisés dans un secteur opérationnel peuvent avoir un usage différent pour l'entité lorsque ce même type de stocks est utilisé dans un autre secteur opérationnel. Toutefois, une différence dans l'implantation géographique des stocks, et/ou dans les règles fiscales applicables, ne justifie pas l'utilisation de méthodes différentes de détermination du coût (IAS 2.26).

Par exemple, à notre avis :

– des bobines de tissus unis utilisés pour recouvrir des murs peuvent être valorisées selon une méthode différente de celle utilisée pour valoriser des bobines de tissus imprimés utilisés dans la confection de vêtements ;

– le sucre non raffiné utilisé dans le processus de production peut être valorisé selon une méthode différente de celle utilisée pour valoriser le sucre raffiné acheté pour la revente.

3. Evaluation à la clôture

Principe général

34989 Les stocks doivent être évalués **au plus faible du coût d'entrée des stocks et de la valeur nette de réalisation** (IAS 2.9).

La valeur nette de réalisation correspond (IAS 2.6) :

– au prix de vente estimé dans le cours normal de l'activité ;

– diminué des coûts estimés pour l'achèvement ainsi que des coûts estimés nécessaires pour réaliser la vente.

La valeur nette de réalisation est une valeur spécifique à l'entité, contrairement à la juste valeur qui reflète le prix qui serait reçu pour la vente d'un actif ou payé lors du transfert d'un passif dans une transaction normale entre des intervenants de marché, à la date de l'évaluation (IFRS 13.A). Les dispositions de la norme IFRS 13, Evaluation de la juste valeur, ne s'appliquent donc pas à l'évaluation de la valeur nette de réalisation selon IAS 2 (voir n° 13312).
Pour la valeur nette de réalisation, voir également n° 34990 et 34991.
Coûts nécessaires à la réalisation de la vente En juin 2021, l'IFRIC a clarifié que les coûts nécessaires à la réalisation de la vente ne doivent pas se limiter aux seuls coûts incrémentaux (par exemple, il s'agit des coûts qui ne seraient pas encourus si la transaction spécifique de vente de ces inventaires n'avait pas eu lieu) et que l'entité doit faire preuve de jugement pour déterminer les coûts nécessaires à la vente (IFRIC Update 06/21).

Des situations particulières de non-recouvrabilité peuvent se présenter, par exemple, lorsque les stocks sont endommagés, lorsqu'ils sont partiellement ou totalement obsolètes, en cas de baisse du prix de vente ou encore en cas d'augmentation des coûts d'achèvement ou des coûts nécessaires pour réaliser la vente (IAS 2.28).

Dans un contexte de situation inflationniste, il conviendra de faire preuve de jugement afin de déterminer dans quelle mesure la hausse des coûts pourra être répercutée dans le prix de vente. Ce jugement pourrait s'avérer difficile en l'absence d'éléments historiques probants sur la capacité de l'entité à répercuter cette hausse des coûts dans ses prix de vente.

L'analyse des dépréciations doit être réalisée :

- sur une base individuelle ou en regroupant des éléments similaires ou ayant un rapport entre eux (IAS 2.29) ;

Par exemple, les stocks ayant trait à la même ligne de produits peuvent être regroupés s'ils ont des finalités ou des usages finaux similaires, s'ils sont produits et commercialisés dans la même zone géographique et si, en pratique, ils ne peuvent pas être évalués séparément des autres éléments de cette ligne de produits.
En revanche, il n'est pas approprié de pratiquer une dépréciation sur la base d'une classification des stocks, comme les produits finis, ou pour la totalité des stocks d'un secteur opérationnel.

- sur la base des conditions existant à la fin de l'exercice (IAS 2.30) ;

Les estimations de la valeur nette de réalisation tiennent notamment compte des baisses de prix ou de demandes postérieures à la clôture, dans la mesure où de tels événements confirment les conditions existant à la fin de la période (voir n° 35200).

- à chaque arrêté comptable (ce qui peut donner lieu à la constatation d'une dotation complémentaire ou au contraire à la reprise d'une dépréciation existante).

Le montant de toute dépréciation des stocks permettant de les ramener à leur valeur nette de réalisation doit être comptabilisé en charges de la période au cours de laquelle la dépréciation se produit (IAS 2.34). A l'inverse, le montant de toute reprise de dépréciation de stocks résultant d'une augmentation de la valeur nette de réalisation doit être comptabilisé en diminution de la charge de stocks consommés dans la période au cours de laquelle la reprise intervient (IAS 2.33 et .34).

Lorsque les circonstances qui justifiaient précédemment de déprécier les stocks au-dessous du coût n'existent plus, ou lorsqu'il y a des indications claires d'une augmentation de la valeur nette de réalisation en raison d'un changement de la situation économique, le montant de la dépréciation fait l'objet d'une reprise (ainsi, la reprise est limitée au montant de la dépréciation initiale), de sorte que la nouvelle valeur comptable est le plus faible du coût et de la valeur nette de réalisation révisée (IAS 2.33).

Valeur nette de réalisation des stocks de matières premières, produits semi-finis et autres fournitures

34990 La valeur nette de réalisation des matières premières, produits semi-finis et autres fournitures **détenus pour être utilisés dans la production** doit être déterminée en fonction de la marge attendue sur les produits finis dans lesquels ils seront incorporés (IAS 2.32). Ainsi, si le prix de marché ou le prix de remplacement des stocks de matières premières est inférieur à leur coût d'acquisition, il n'est pas pour autant nécessaire de les déprécier s'il est attendu que les produits finis, dans lesquels ces matières seront incorporées, soient vendus à un prix supérieur à leur coût de revient.

Exemple – Valeur nette de réalisation Une société facture à ses clients des équipements téléphoniques. Il existe un marché pour les produits semi-finis à chacun des stades de fabrication, mais l'entreprise ne vend les produits que lorsqu'ils sont finis.

Les coûts de production à chaque stade de production s'établissent comme suit :

	Coûts unitaires	Prix de vente unitaires
Stade 1	150	120
Stade 2	40	90
Stade 3	60	70
Total	250	280

Par simplification, les coûts nécessaires à la vente sont considérés comme non significatifs.
Bien que le prix de vente du produit semi-fini au terme du stade 1 (120) soit inférieur au coût de production (150), aucune dépréciation ne doit être comptabilisée.
En effet, si le prix de vente du produit fini est supérieur au coût estimé de production, le calcul de la valeur nette de réalisation du produit semi-fini au terme du stade 1 doit prendre en compte le prix de vente du produit fini dans lequel il s'incorpore (280), duquel sont retranchés les coûts d'achèvement des stades 2 et 3 (100 = 40 + 60), ainsi que des coûts de mise en vente (non significatifs ici).
La valeur nette de réalisation du produit semi-fini au stade 1 est donc de 280 – 100 = 180. Elle est donc supérieure au coût de production.

Valeur nette de réalisation des stocks détenus pour satisfaire à des contrats fermes de vente ou de services

34991 La valeur nette de réalisation de quantités détenues en stocks pour satisfaire à des contrats fermes de vente ou de services est fondée sur le **prix spécifié dans le contrat** (IAS 2.31).

En outre, si le contrat prévoit une quantité à produire supérieure à celle déjà en stock, des provisions (notamment pour marge négative) peuvent devoir être comptabilisées, selon IAS 37, au titre des quantités commandées et non encore produites (IAS 2.31).

En revanche, si les quantités spécifiées dans le contrat sont inférieures aux quantités détenues en stock, la valeur nette de réalisation des quantités en excédent est fondée sur les prix de vente généraux (IAS 2.31), voir n° 34989.

4. Sortie de stocks

34993 Lorsque les stocks sont vendus, la valeur comptable de ces stocks doit être constatée en charges de l'exercice au cours duquel ils sont vendus (IAS 2.34). Le montant des stocks comptabilisé en charges de la période est souvent appelé **coût des ventes** (IAS 2.38).

Le montant constaté en **coût des ventes** se compose en général (IAS 2.38) :
- des coûts précédemment compris dans l'évaluation des stocks qui ont désormais été vendus ;

Décision de l'ESMA Lorsque les stocks ont été réévalués à la juste valeur lors d'un regroupement d'entreprises (IFRS 3.18), c'est alors ce montant réévalué qui doit, lors de la sortie de ce stock, être constaté en charge de la période dans le coût des ventes. Il peut être pertinent d'inclure une information supplémentaire afin de mettre en évidence la nature particulière de cette charge (EECS/0213-06, 12/11).

- des frais généraux de production non attribués ; et
- des montants anormaux de coûts de production des stocks.

Les conditions prévues par IFRS 15.31 pour pouvoir comptabiliser une vente (voir n° 24991) doivent être respectées avant de décomptabiliser un stock.

Sur la date de comptabilisation de la vente et donc de la sortie d'un stock en consignation, voir n° 25413.

C. Informations en annexe

34997 Les états financiers doivent mentionner les principales informations suivantes (IAS 2.36) :
- les méthodes comptables adoptées pour évaluer les stocks, y compris la méthode de détermination du coût utilisée ;
- la valeur comptable totale des stocks et la valeur comptable par catégories appropriées à l'entreprise ;
- le montant des stocks évalués à la juste valeur diminuée du coût des ventes ;

- le montant des stocks comptabilisés en charges au cours de la période (coût des produits vendus) ;
- la valeur des dépréciations des stocks constatées au cours de la période ;
- le montant de toute reprise de dépréciation des stocks comptabilisée au cours de la période ;
- les circonstances ou événements ayant conduit à la reprise de la dépréciation des stocks ;
- la valeur comptable des stocks donnés en nantissement de passif.

QUESTIONS/REPONSES PRATIQUES

Remarque importante

Les réponses aux questions présentées ci-après résultent de l'analyse des dispositions de la norme IAS 2, en vigueur actuellement, sur la base des informations disponibles au 1er juin 2023. 35006

Pour une présentation générale des principales dispositions de la norme IAS 2, voir nº 34977 s.
Pour le cas particulier des stocks en consignation, voir nº 25413.
Pour le cas particulier des droits d'émission de gaz à effet de serre (quotas de CO_2) détenus en vue d'être vendus dans le cours ordinaire des affaires, voir nº 67670, point 9.
Pour le cas particulier des cryptomonnaies, voir nº 30010.

A. Détermination du coût des stocks

Sous-activité et évaluation des stocks

Question 35050

En cas de baisse d'activité, les frais généraux fixes de production doivent-ils être affectés en totalité au coût de production des stocks ?

Réponse

Non. L'affectation des frais généraux fixes de production aux coûts de transformation des stocks est fondée sur la capacité normale des installations de production.

En cas de baisse de la production ou de sous-utilisation d'un outil de production, le montant des frais généraux fixes affecté à chaque unité produite n'est pas augmenté. La quote-part de frais généraux fixes non affectée (le coût de la sous-activité) est comptabilisée comme une charge de la période au cours de laquelle ces frais sont encourus.

Commentaires Les coûts de transformation des stocks comprennent les coûts directement liés aux unités produites, ainsi que **les frais généraux de production fixes et variables** qui sont encourus pour transformer les matières premières en produits finis (IAS 2.12), voir nº 34985. Toutefois, selon IAS 2.13, la quote-part de frais généraux fixes de production correspondant à la sous-activité n'est pas incorporable au coût de production des stocks.

En effet, l'affectation des frais généraux fixes de production (tels que les charges d'amortissement de l'outil de production et les frais fixes de main-d'œuvre) aux coûts de transformation est **fondée sur la capacité normale des installations de production**. Cette capacité normale est la production moyenne que l'entreprise s'attend à réaliser sur un certain nombre de périodes ou de saisons dans des circonstances normales, en tenant compte de la perte de capacité résultant de l'entretien planifié (IAS 2.13).

Il s'agit de déterminer le volume de production attendu pour l'investissement réalisé et l'effectif fixe existant, compte tenu des périodes normales d'arrêt d'activité nécessitées par l'entretien courant de l'outil de production, puis de rapporter les coûts d'amortissement et de main-d'œuvre au volume ainsi déterminé pour obtenir le coût unitaire à incorporer dans l'évaluation des stocks (CNCC : Questions/Réponses relatives aux conséquences de la crise sanitaire et économique liée à la pandémie de Covid-19 – Neuvième édition – 8 décembre 2021, nº 4.1).

35050 (suite) Il en résulte qu'en cas de **baisse de la production ou de sous-utilisation d'un outil de production,** le montant des frais généraux fixes affecté à chaque unité produite n'est pas augmenté et reste fondé sur le coût unitaire obtenu sur la base d'une capacité normale. La quote-part de **frais généraux fixes non affectée** (le **coût de la sous-activité**) est comptabilisée comme une **charge** de la période au cours de laquelle ces frais sont encourus (IAS 2.13).

Si aucune unité n'est produite parce que le site est fermé, aucune quote-part de frais généraux fixes ne peut être incorporée au coût des stocks. En cas d'activité partielle, les coûts d'amortissement et de main-d'œuvre encourus qui n'auront pu être affectés aux unités produites du fait de la sous-activité sont comptabilisés en charges. A l'inverse, les frais variables, tels que les coûts de matières et de personnel intérimaire, continuent d'être incorporés aux stocks car ils évoluent en fonction des unités produites (CNCC/CSOEC : Questions/Réponses relatives aux conséquences de la crise sanitaire et économique liée à la pandémie de Covid-19 (FAQ Huitième édition) – 11 juin 2021, n° 4.1).

Présentation de la charge de sous-activité La sous-absorption des coûts de fonctionnement liée à une baisse importante de l'activité observée sur la période ne justifie pas de présenter les coûts qui y sont attachés parmi les éléments non courants du compte de résultat (CNCC/CSOEC : Questions/Réponses relatives aux conséquences de la crise sanitaire et économique liée à la pandémie de Covid-19 (FAQ Huitième édition) – 11 juin 2021, n° 11.5).

Détermination de la capacité normale de production Selon l'IAS 2.13, le niveau réel de production peut être retenu s'il est proche de la capacité de production normale. En revanche, cette norme ne donne pas d'indication sur les facteurs à prendre en compte pour déterminer la capacité de production normale.

A notre avis, les facteurs à considérer sont notamment :
- le volume de production qu'attendent le management ou les ingénieurs qui ont conçu l'équipement, en tenant compte des conditions de travail existantes au cours de l'année ;
- le niveau d'activité budgété pour l'année en cours et l'année suivante ;
- le niveau d'activité atteint sur l'année en cours et les années précédentes.

La capacité de production normale peut donc correspondre à la production moyenne que l'entreprise s'attend à réaliser sur un certain nombre d'exercices ou de saisons dans des circonstances normales, en tenant compte de la perte de capacité résultant :
- des temps de congés, d'arrêts de travail, de réparations (entretien, pannes, réglage) statistiquement normaux ;
- de contraintes légales, le cas échéant, interdisant toute activité sur une période de l'exercice (par exemple, pour une entreprise de pêche, un arrêté préfectoral interdisant la pêche pendant 2 mois) ;
- de contraintes structurelles de l'organisation (changements d'équipes, goulots d'étranglement...).

Des variations persistantes dans le niveau d'activité pourraient, à notre avis, conduire à réviser le niveau d'activité normale.

En période de crise, l'ajustement de la capacité normale n'est pas approprié si la réduction des volumes de production est due à une baisse de la demande.

Recommandations de l'AMF Dans sa recommandation en vue de l'arrêté des comptes 2009, l'AMF a indiqué que les émetteurs chez qui la sous-activité revêt un **caractère important** doivent fournir une information (Rec. AMF 2009-28, Arrêté des Comptes 2009, § 6.1) :
- au titre des évaluations réalisées dans le cadre de la mise en œuvre de leurs méthodes comptables (IAS 1.117) ;
- expliquant comment la sous-activité a été prise en compte (exclue de la valorisation des stocks) dans les méthodes de valorisation utilisées.

■ ***Exemple***

L'entité A dispose des informations suivantes :
- *capacité maximale de production : 10 000 heures de main-d'œuvre par an ;*
- *capacité normale de production : 7 500 heures ;*
- *heures réelles de la période en cours : 6 500 heures ;*
- *montant total des frais généraux fixes de l'exercice : 1 500 K€ ;*
- *montant total des frais généraux variables de l'exercice : 2 600 K€ ;*
- *stocks d'ouverture : 2 500 unités ;*
- *unités produites sur l'exercice : 6 500 unités ;*
- *unités vendues sur l'exercice : 6 700 unités ;*
- *stocks de clôture : 2 300 unités.*

Les stocks sont évalués selon la règle du Fifo.

Solution de l'exemple *Les frais généraux fixes et variables à prendre en compte dans le coût des stocks s'élèvent à 1 380 K€, calculés de la manière suivante :*
Stocks de clôture × Nombre d'heures pour produire chaque unité (1) × [Taux d'affectation des frais fixes (2) + Taux d'affectation des frais variables (3)] = 2 300 × 1 × (0,2 + 0,4), soit 1 380 K€.

(1) Chaque unité a nécessité une heure pour être produite (6 500 h / 6 500 unités produites).
(2) Les charges fixes de production sont affectées aux unités produites au taux suivant : montant total des frais fixes / capacité normale de production = 1 500 / 7 500, soit 0,2 K€/heure.
(3) Les charges variables de production sont affectées aux unités produites au taux suivant : montant total des frais variables / heures réelles de la période en cours = 2 600 / 6 500, soit 0,4 K€/heure.

Le reste des frais de production encourus, soit 2 720 K€ (1 500 + 2 600 – 1 380), est constaté en résultat dans le coût des ventes. Il correspond pour 2 520 K€ aux unités produites et vendues dans la période (4) et pour 200 € à la sous-activité de la période (5).

(4) (Nombre d'unités vendues sur l'exercice – stocks d'ouverture) × (taux d'affectation des frais fixes + taux d'affectation des frais variables) = (6 700 – 2 500) × (0,2 + 0,4), soit 2 520 K€.
(5) Montant total des frais fixes de l'exercice – (volume réel de production × taux d'affectation des frais fixes) = 1 500 – (6 500 × 0,2) = 200 K€.

B. Evaluation des stocks à la clôture

Prise en compte des événements postérieurs à la clôture dans l'évaluation des stocks à la clôture

35200

Question

L'estimation de la valeur de réalisation nette des stocks à la clôture doit-elle tenir compte des fluctuations de prix et de la demande survenant après la clôture ?

Réponse

Oui, mais uniquement dans la mesure où de tels événements confirment les conditions existant à la fin de la période.

Commentaires L'estimation de la valeur nette de réalisation des stocks est fondée sur le montant que l'on s'attend à réaliser de ces stocks sur la base des éléments probants les plus fiables disponibles à la date à laquelle cette estimation est réalisée (IAS 2.30). Cette estimation tient compte des fluctuations de prix ou de coût directement liées aux événements survenant après la fin de la période **dans la mesure où ces événements confirment les conditions existant à la fin de la période** (IAS 2.30 et IAS 10.9b).

Tel est le cas, à notre avis :
- lorsque les produits sont vendus après la clôture à des prix inférieurs à ceux pratiqués à la date de clôture, à l'occasion d'une braderie annuelle, du changement annuel de tarifs, de remises habituellement pratiquées en début d'année ; ces événements pouvant être anticipés à la date de clôture ;
- lorsque la demande sur ces produits diminue après la clôture et conduit à constater des pertes sur des stocks devenus obsolètes, dès lors que le phénomène de rotation lente était déjà connu à la date de clôture ou pouvait être anticipé.

En revanche, dès lors que l'évolution de prix après la clôture indique une situation apparue postérieurement à la date de clôture, celle-ci ne doit pas être prise en compte dans l'évaluation des stocks à la clôture.

Tel est le cas, à notre avis, de la vente post-clôture de produits à des prix inférieurs à ceux pratiqués à la date de clôture, du fait, par exemple, d'une dégradation des produits à la suite d'un dégât des eaux ou d'une baisse des cours de marché de ces produits.

■ *Exemple 1*

Valeur nette de réalisation d'un stock de produits finis et éventuelle provision *Une entreprise possède au 31/12/N un stock de 1 000 marchandises, dont le prix d'achat unitaire est de 45 €, et le prix de vente est de 48 €. La valeur nette de réalisation des stocks au 31/12/N est déterminée le 25/02/N+1.*

Solution de l'exemple 1 *Les cas suivants présentent diverses situations nécessitant ou non la constatation d'une dépréciation.*

1. Remise sur prix de vente *100 articles doivent être livrés au client A. La société s'était engagée le 28/12/N à accorder une remise de 10 % ; cette remise figure sur la facture établie le 10/01/N+1.*

35200 (suite) *L'engagement d'accorder une remise est antérieur à la date de clôture. Cette remise doit donc être prise en compte dans la détermination de la valeur nette de réalisation.*

Cette dernière est égale, par unité, à 48 × (1 – 10 %) = 43,20 €, pour un coût unitaire de 45 €. La valeur nette de réalisation étant inférieure au coût, il convient de constater une dépréciation de 100 unités × (45 – 43,20) = 180 €.

*2. **Stocks soldés** Une démarque exceptionnelle est décidée le 15/01/N+1 au titre d'un geste commercial envers un client : 100 articles sont soldés (rabais de 20 %) dans le courant du mois de janvier, sans que, par ailleurs, l'entreprise ait rencontré de difficultés d'écoulement de ces articles.*

Aucune dépréciation ne doit être constatée dans la mesure où la décision n'a été prise qu'après la clôture, sans rapport avec une situation existant à la clôture.

*3. **Stocks à rotation lente** 100 articles sont en stocks depuis plus d'un an. La société estime à 50 % la probabilité de vente.*

Le phénomène de rotation lente est connu avant la fin de l'exercice et entraîne un risque de non-revente des produits. Une dépréciation matérialisant ce risque doit être constatée de manière à indiquer le risque qu'un élément sur deux a une valeur nette de réalisation nulle et que la valorisation des stocks porte uniquement sur les 50 % restants.

Cette dépréciation doit donc être constatée pour un montant de 100 unités × 50 % × 45 € = 2 250 €.

*4. **Stocks détériorés** 100 articles ont été détériorés au cours d'une inondation dans les entrepôts début février N+1.*

Aucune dépréciation ne doit être constatée dans la mesure où l'inondation est à rattacher à l'exercice N+1. Cet événement postérieur à la clôture ne confirme pas une situation existant à la clôture.

■ *Exemple 2*

***Baisse des cours des matières premières** Une entreprise détient un stock de cuivre destiné à être utilisé dans le cadre de sa production. Le cours du cuivre est de 5 € la tonne au 31/12/N et de 4,8 € la tonne le 1/02/N+1. Les comptes de l'entreprise sont arrêtés le 10/02/N+1.*

***Solution de l'exemple 2** Les stocks de cuivre doivent être évalués au cours observé à la date de clôture, c'est-à-dire 5 € la tonne. En effet, la cotation sur un marché profond et liquide d'un actif à une date donnée est censée tenir compte de toutes les données disponibles à cette date. Aussi, toute baisse ultérieure est réputée résulter d'événements nouveaux qui doivent être pris en compte au moment où ils surviennent.*

Toutefois, si l'impact de la baisse des cours post-clôture est significatif sur la situation économique et financière, une information en annexe doit, à notre avis, être fournie au titre des événements post-clôture (voir nº 12796).

■ *Exemple 3*

***Stocks obsolètes** Une entreprise fournit des pièces détachées de voitures à un constructeur automobile. A la fin de l'exercice, elle a en stock des pièces de rechange dont la valeur comptable nette est de 100. Toutefois, peu de temps après la clôture, le constructeur change ses modèles de voitures et le stock de pièces de rechange est devenu obsolète (les pièces n'étant pas interchangeables entre les différents modèles).*

***Solution de l'exemple 3** Le stock de pièces de rechange doit vraisemblablement être déprécié à la clôture. Il est en effet probable que le changement de modèle, même s'il a été annoncé par le constructeur automobile après la clôture, ait été un changement décidé depuis de longue date, connu par l'entreprise à la date de clôture.*

En outre, un niveau élevé des stocks était certainement déjà un indicateur de la faible demande de ces modèles de voitures. L'annonce du constructeur ne fait donc que confirmer des conditions qui existaient déjà à la date de clôture (la possibilité que les modèles soient en fin de vie et la conséquence en termes de stocks de pièces de rechange).

CHAPITRE 28

Dépréciation des actifs immobilisés (hors actifs financiers) (IAS 36)

Plan du chapitre §§ 35950

Plan du chapitre *(suite et fin)* §§

L'ESSENTIEL DE LA NORME IAS 36

A. Généralités

Champ d'application

35955 L'objectif de la norme IAS 36, Dépréciation d'actifs, est (IAS 36.1) :

– de prescrire les procédures à appliquer pour s'assurer que les actifs sont comptabilisés pour une valeur n'excédant pas leur valeur recouvrable ;

La **valeur recouvrable** d'un actif ou d'une unité génératrice de trésorerie (UGT) est la valeur la plus élevée entre sa juste valeur diminuée des coûts de la vente et sa valeur d'utilité (IAS 36.6). Pour plus d'informations, voir nº 36305.

La **juste valeur diminuée des coûts de la vente** est le prix qui serait reçu pour la vente d'un actif ou payé lors du transfert d'un passif dans une transaction normale entre des intervenants de marché, à la date de l'évaluation, diminué des coûts de sortie (IAS 36.6).

La **valeur d'utilité** est la valeur actualisée des flux de trésorerie futurs susceptibles de découler d'un actif ou d'une unité génératrice de trésorerie (IAS 36.6).

– d'imposer la comptabilisation d'une perte de valeur lorsque la valeur de l'actif comptabilisé est supérieure à sa valeur recouvrable ;

La **perte de valeur** est le montant correspondant à l'excédent de la valeur comptable sur la valeur recouvrable d'un actif (IAS 36.6).

La **valeur comptable** de l'actif est le montant pour lequel un actif est comptabilisé au bilan après déduction du cumul des amortissements et du cumul des pertes de valeur relatifs à cet actif (IAS 36.6).

– de spécifier les modalités de reprise de valeur ; et

– de prescrire les informations à fournir en annexe.

La norme IAS 36 doit être appliquée pour la comptabilisation de la dépréciation de tous les actifs, sauf lorsqu'une autre norme impose ou autorise un traitement comptable différent. Elle s'applique ainsi aux immobilisations corporelles comptabilisées conformément à la norme IAS 16, quelle que soit leur méthode d'évaluation, aux immobilisations incorporelles, comptabilisées selon la norme IAS 38, qu'elles soient amortissables ou non, ainsi qu'au goodwill comptabilisé dans le cadre de regroupement d'entreprises conformément à la norme IFRS 3.

La norme ne s'applique pas à la comptabilisation de la dépréciation des actifs suivants (IAS 36.2) :

a. les stocks (IAS 2) ;

b. les actifs sur contrat et les coûts d'obtention de contrats capitalisés (IFRS 15) ;

c. les actifs d'impôt différé (IAS 12) ;

d. les actifs générés par des avantages du personnel (IAS 19) ;

e. les actifs financiers entrant dans le champ d'application d'IFRS 9 ;

Toutefois, la norme IAS 36 s'applique dans les états financiers individuels d'une entreprise consolidante, aux actifs financiers représentatifs de participations comptabilisées au coût (participations dans des filiales, entreprises associées ou joint ventures) (IAS 36.4).

f. les immeubles de placement évalués à la juste valeur (IAS 40) ;

g. les actifs biologiques liés à une activité agricole qui sont évalués à la juste valeur diminuée des coûts de la vente (IAS 41) ;

h. les contrats entrant dans le champ d'application de la norme IFRS 17, Contrats d'assurance, qui sont des actifs et tout actif au titre des flux de trésorerie liés aux frais d'acquisition au sens d'IFRS 17 ;

i. les actifs non courants (ou groupes d'actifs) destinés à être cédés, classés comme détenus en vue de la vente selon IFRS 5.

Déclenchement d'un test de dépréciation

Les principes sont les suivants : 35957

1. **Cas général** Une entité doit apprécier à chaque période comptable, annuelle ou intermédiaire, s'il existe un indice qu'un actif (immobilisation corporelle ou incorporelle) peut avoir subi une perte de valeur (IAS 36.9) :
- s'il n'existe pas d'indice de perte de valeur, aucun test de dépréciation n'est requis ;
- en revanche, s'il existe un tel indice, l'entité doit estimer la valeur recouvrable de l'actif et procéder à un test de dépréciation. A l'issue du test de dépréciation, si la valeur recouvrable de l'actif est inférieure à sa valeur comptable, une dépréciation doit être comptabilisée. Dans le cas contraire, aucune dépréciation n'est à constater.

Remarque S'il existe un indice montrant qu'un actif a pu perdre de la valeur, cela peut signifier que la durée d'utilité de l'actif restant à courir, son mode d'amortissement ou encore sa valeur résiduelle doivent être revus et ajustés. Cette revue est effectuée même si aucune perte de valeur de l'actif n'est comptabilisée.

2. **Cas des immobilisations incorporelles à durée d'utilité indéterminée ou non encore mises en service et du goodwill** Qu'il y ait un indice de perte de valeur ou pas, la norme impose un test de dépréciation annuel pour les actifs suivants (IAS 36.10 et .11) :
- les immobilisations incorporelles à durée d'utilité indéterminée, qui ne sont donc pas amortissables, et celles non encore prêtes à être mises en service ;

S'agissant des immobilisations non encore prêtes à être mises en service, leur capacité à générer des avantages économiques futurs suffisants pour recouvrer la valeur comptable de ces immobilisations est généralement plus incertaine, d'où la nécessité d'un test annuel.

- le goodwill généré lors d'un regroupement d'entreprises.

Ce test de dépréciation qui consiste à comparer la valeur recouvrable à la valeur comptable peut être effectué à tout moment de l'année, à condition d'être réalisé au même moment, chaque année (IAS 36.10).

Dans certaines circonstances, une entreprise peut souhaiter changer la date du test de dépréciation, par exemple pour aligner cette date avec celle de son budget. Ce changement ne nous paraît possible que s'il n'accroît pas la période du test au-delà d'un an et s'il n'a pas pour objet de dissimuler une perte de valeur. En outre, un tel changement devrait généralement être peu fréquent et ne devrait donc pas se reproduire les années suivantes.
En revanche, les autres immobilisations incorporelles peuvent être soumises à des tests de dépréciation, chacune à des moments différents au cours d'une même période comptable (IAS 36.10).

Une dépréciation est comptabilisée dans le cas où la valeur recouvrable est inférieure à la valeur comptable.

3. **Indices de perte de valeur** Pour apprécier s'il existe un indice qu'un actif ait pu se déprécier, une entité doit considérer deux types de sources d'information externes et internes (IAS 36.12 s.).

Les **indices externes** :
- durant la période, il y a des indices observables que la valeur d'un actif a diminué de façon plus importante que le seul effet attendu du passage du temps ou que l'effet de l'utilisation normale de l'actif ;
- d'importants changements, ayant un effet négatif sur l'entité, sont survenus au cours de la période ou surviendront dans un proche avenir, en termes d'environnement technologique, économique, juridique, ou en termes d'évolution du marché dans lequel l'entité opère ;

- les taux d'intérêt du marché ou d'autres taux de rendement du marché ont augmenté durant la période. Il est probable que ces augmentations affecteront le taux d'actualisation utilisé dans le calcul de la valeur d'utilité de l'actif et que, par conséquent, ils diminueront de façon significative la valeur recouvrable de l'actif ;
- la valeur comptable de l'actif net de l'entité est supérieure à sa capitalisation boursière.

Les **indices internes** :
- il existe un indice d'obsolescence ou de dégradation physique de l'actif ;
- d'importants changements dans le degré ou le mode d'utilisation de l'actif, ayant un effet négatif sur l'entité, sont survenus au cours de la période, ou sont prévisibles dans un proche avenir (par exemple, une mise hors service, un plan d'abandon ou de restructuration du secteur d'activité auquel l'actif appartient, un plan de sortie de l'actif avant la date prévue, ou encore une révision de la durée d'utilité en passant d'une durée d'utilité indéterminée à une durée d'utilité déterminée) ;
- un élément probant provenant du système d'information interne montre que la performance économique de l'actif est ou sera moins bonne que celle attendue (par exemple, les flux de trésorerie nets actualisés ou résultats opérationnels générés par l'actif sont sensiblement plus mauvais que ceux budgétés).

La liste des indices de pertes de valeur détaillés ci-avant n'est pas exhaustive. Une entité peut identifier d'autres indices qu'un actif a pu se déprécier (IAS 36.13).

Remarque Pour l'incidence d'une crise économique sur le déclenchement des tests de dépréciation, voir nº 36800 et 36805.

B. Evaluation et comptabilisation

35960 Selon IAS 36.6, un actif ou une unité génératrice de trésorerie, s'est déprécié(e) lorsque sa valeur comptable est supérieure à sa valeur recouvrable.

Pour la réalisation des tests de dépréciation en période de crise, voir nº 36800 s.

1. Evaluation de la valeur recouvrable

Principe

35961 La valeur recouvrable d'un actif ou d'une unité génératrice de trésorerie est la valeur la plus élevée entre sa juste valeur diminuée des coûts de la vente et sa valeur d'utilité (IAS 36.6). Ainsi, lorsqu'il y a un indice de perte de valeur, il convient de calculer ces deux valeurs et de retenir la plus élevée des deux (IAS 36.18 s.).

Il existe toutefois des situations dans lesquelles il est possible de ne déterminer qu'une seule de ces deux valeurs (voir nº 36310).

Exemple – Evaluation et comptabilisation d'une perte de valeur Une société possède une machine de production d'appareils électroniques qui, bien qu'ayant subi une baisse importante de son taux d'utilisation, est destinée à être conservée :
- valeur comptable : 200 K€ ;
- juste valeur diminuée des coûts de la vente (selon les experts) : 150 K€ ;
- valeur d'utilité (valeur actualisée des flux de trésorerie futurs susceptibles de découler de l'utilisation de cette machine) : 90 K€.

La valeur recouvrable de cette machine s'élève à 150 K€ qui est la valeur la plus élevée entre sa juste valeur diminuée des coûts de la vente (150 K€) et sa valeur d'utilité (90 K€). La perte de valeur de la machine est de 50 K€ (200 – 150).

La valeur recouvrable est déterminée (IAS 36.22) :
- soit **au niveau d'un actif individuel,** dans le cas d'un actif individuel générant des entrées de trésorerie largement indépendantes des entrées de trésorerie des autres actifs ;
- soit **au niveau de l'UGT,** dans le cas d'un actif ne générant pas d'entrées de trésorerie largement indépendantes des entrées de trésorerie générées par d'autres actifs ou groupes d'actifs.

Sauf toutefois lorsque la juste valeur diminuée des coûts de la vente de l'actif individuel est supérieure à sa valeur comptable individuelle, ou que la valeur d'utilité de cet actif individuel est estimée proche de sa juste valeur diminuée des coûts de la vente et que celle-ci peut être évaluée. Dans ce cas, la valeur recouvrable est à déterminer au niveau de l'actif individuel (IAS 36.22).

Evaluation de la juste valeur diminuée des coûts de la vente

35963 La juste valeur est le prix qui serait reçu pour la vente d'un actif ou payé lors du transfert d'un passif dans une transaction normale entre des intervenants de marché, à la date de l'évaluation (IAS 36.6).

Les modalités d'évaluation de la juste valeur diminuée des coûts de la vente sont dans le champ d'application de la norme IFRS 13, Evaluation de la juste valeur. En revanche, les informations à fournir relatives à la juste valeur restent dans le champ d'application de la norme IAS 36 (IFRS 13.7c).

Concernant les techniques d'évaluation de la juste valeur, la norme IFRS 13 reprend la hiérarchie de la juste valeur retenue par IFRS 7, Instruments financiers – Informations à fournir. Cette hiérarchie comporte trois niveaux (par ordre décroissant de priorité) :
- 1er niveau : prix coté (sans ajustement) sur un marché actif pour un instrument identique ;
- 2e niveau : évaluation utilisant uniquement des données observables pour un instrument similaire ;
- 3e niveau : évaluation utilisant principalement des données non observables.

Dans le cadre des tests de dépréciation, très peu d'actifs (ou d'activités) sont négociés sur un marché actif et peuvent être évalués selon le 1er niveau de la hiérarchie. D'autres techniques d'évaluation sont alors utilisées.

Pour plus d'informations, voir no 36455 s.

Remarque Les coûts de sortie, autres que ceux déjà comptabilisés en tant que passifs, sont déduits pour évaluer la juste valeur diminuée des coûts de la vente (IAS 36.28).

Ces coûts de sortie incluent par exemple les frais d'actes, droits de timbres et taxes similaires liées à la transaction, les coûts d'enlèvement de l'actif, les coûts marginaux directs engagés pour mettre l'actif en état d'être vendu.

En revanche, ces coûts excluent les indemnités de cessation d'emploi (définies par la norme IAS 19, voir no 27976), les coûts associés à la réduction ou à la réorganisation d'une activité à la suite de la sortie d'un actif (IAS 36.28).

Détermination de la valeur d'utilité

35965 La valeur d'utilité est la valeur actualisée des flux de trésorerie futurs susceptibles de découler d'un actif. La valeur d'utilité doit refléter les éléments suivants (IAS 36.30 et .31) :
- l'estimation des flux de trésorerie futurs attendus ;
- les variations éventuelles attendues du montant ou de l'échéancier de ces flux de trésorerie futurs ;
- la valeur temps de l'argent (taux d'intérêt sans risque actuel) ;
- le prix pour supporter l'incertitude inhérente à l'actif ; et
- d'autres facteurs comme l'illiquidité.

L'évaluation de la valeur d'utilité d'un actif implique une analyse en **deux étapes** :
- **estimer les entrées et sorties de trésorerie futures** devant être générées par l'utilisation continue de l'actif et par sa sortie in fine ;
- puis **appliquer un taux d'actualisation** approprié à ces flux de trésorerie futurs.

Le résultat de l'évaluation de la valeur d'utilité doit reproduire la valeur actualisée attendue des flux de trésorerie futurs, c'est-à-dire la moyenne pondérée de tous les résultats possibles.

1. Estimation des flux de trésorerie futurs Les projections de flux de trésorerie futurs doivent être établies sur la base d'hypothèses raisonnables et documentées, représentant la meilleure estimation de la direction de l'ensemble des conditions économiques qui existeront pendant la durée d'utilité restant à courir de l'actif (IAS 36.33 à .53).

Pour cela, il est nécessaire d'examiner les raisons des différences entre les projections de flux de trésorerie passés et réels, de vérifier la cohérence des hypothèses retenues avec les résultats réels antérieurs et d'accorder un poids plus important aux indicateurs externes. Dans un rapport relatif à la dépréciation du goodwill et des autres immobilisations incorporelles, publié en janvier 2013, l'ESMA a insisté sur le poids plus important à accorder aux indicateurs externes (« ESMA Report : European enforcers review of impairment of goodwill and other intangible assets in the IFRS financial statements » – ESMA/2013/2, 01/13). Ce principe a été rappelé dans une de ses décisions (EECS/0215-07, 11/15). L'ESMA insiste également sur la nécessité de prendre en compte tous les flux de trésorerie, y compris les frais généraux indirects comme les salaires du directeur des ressources humaines et du directeur financier (EECS/0113-04, 04/13).

Les projections doivent être établies sur 5 ans maximum sur la base des prévisions et des budgets financiers les plus récents qui ont été approuvés par la direction.

Ces budgets et projections doivent exclure les flux de trésorerie futurs estimés susceptibles d'être générés par des restructurations futures ou par l'amélioration de la performance de l'actif concerné. Une durée supérieure à 5 ans peut toutefois être utilisée dans certaines circonstances. Au-delà de cette période de 5 ans, les projections de flux de trésorerie, jusqu'à la fin de la durée d'utilité d'un

35965 (suite) actif, sont estimées par extrapolation des projections établies sur la base des budgets, en leur appliquant un taux de croissance stable ou décroissant, sauf si un taux croissant peut être justifié sur la base d'informations objectives sur le cycle du produit ou du secteur d'activité.

En principe, les estimations des flux de trésorerie futurs doivent inclure (voir n° 36505) :

– les projections des entrées de trésorerie futures relatives à l'utilisation continue de l'actif (IAS 36.39a) ;

– les projections des sorties de trésorerie nécessairement encourues pour générer les entrées de trésorerie relatives à l'utilisation continue de l'actif et qui peuvent être directement attribuées, ou affectées à l'actif sur une base raisonnable, cohérente et permanente (IAS 36.39b) ;

– les coûts indirects de structure doivent ainsi être pris en compte pour cette détermination (IAS 36.41), voir en ce sens la décision de l'ESMA publiée en juin 2012 (EECS/113-04, 04/13) ; et

– les flux de trésorerie nets qui seront, s'il y a lieu, reçus (ou payés) lors de la sortie de l'actif à la fin de sa durée d'utilité (IAS 36.39c).

Les projections des flux de trésorerie citées aux paragraphes IAS 36.39a et .b s'appuient généralement sur des données de nature comptable (variation de BFR – besoin en fonds de roulement, par exemple). Le calcul des variations de BFR intégrées dans les flux s'appuie sur la détermination d'un BFR normatif. A noter toutefois que le niveau des flux à la date de clôture n'est pas toujours représentatif d'un BFR normatif, qui pourra être maintenu dans le temps. Tel peut notamment être le cas si l'activité a un caractère saisonnier induisant, par exemple, un niveau relativement bas au moment des arrêtés de comptes ou s'il existe des éléments non récurrents comme ceux liés à un plan de restructuration.

En revanche, les estimations des flux de trésorerie futurs doivent exclure (IAS 36.44 s.) :

– les entrées ou sorties de trésorerie provenant d'activité de financement ;

– les entrées et les sorties de trésorerie liées à l'impôt sur le résultat ; et

– d'autres exclusions pour éviter la double prise en compte de flux de trésorerie (par exemple, les actifs financiers, les dettes fournisseurs, les obligations de retraites ou les provisions).

Exemple – Composition des estimations des flux de trésorerie futurs Une entreprise possède un atelier de teinture de tissus comptabilisé au bilan pour une valeur de 300 K€, composé d'un ensemble de bassins de trempage équipés d'automates de mélange, de régulation de la température et de dosage des teintures en poudre.

Cet atelier de teinture constitue une **unité génératrice de trésorerie**. La durée d'utilité des ateliers de teinture, et notamment des bassins de trempage, est estimée à 15 ans. Toutefois, les automates ont une durée d'utilité estimée à 7 ans. Ils ont été comptabilisés en tant que composants distincts car ils seront remplacés à l'issue de la période de 7 ans.

Les éléments suivants doivent-ils être inclus dans l'estimation des flux futurs de trésorerie afin de déterminer la valeur d'utilité de l'UGT « Atelier de peinture » ?

1. **Entrées de trésorerie actualisées** correspondant aux revenus de la vente des bobines teintes produites par l'atelier de teinture : 900 K€. Elles correspondent aux revenus de la vente des bobines teintes produites par l'atelier de teinture et sont donc relatives à l'utilisation continue de l'unité. Elles doivent, à ce titre, être incluses dans les estimations de flux de trésorerie pour déterminer la valeur d'utilité de l'atelier de teinture.

2. **Frais directement affectés à la production,** tels que les achats de matières premières, le coût de la main-d'œuvre, la consommation d'électricité, montant actualisé : 300 K€. Ces projections de sorties de trésorerie sont nécessairement encourues pour générer les entrées de trésorerie relatives à l'utilisation continue de l'atelier de teinture. Ils sont, par conséquent, à inclure dans les estimations des flux de trésorerie futurs de l'atelier de teinture pour déterminer sa valeur d'utilité.

3. **Charges d'amortissement des actifs immobilisés,** montant actualisé : 100 K€. Elles ne constituent pas des flux de trésorerie. Par conséquent, ces charges sont à exclure des estimations de flux de trésorerie futurs de l'atelier de teinture pour déterminer sa valeur d'utilité.

4. **Frais d'entretien des bassins de trempage et des automates de production,** montant actualisé : 67 K€. Il s'agit de frais directement affectés à la production et nécessairement encourus pour générer les entrées de trésorerie relatives à l'utilisation continue de l'atelier de teinture. Ils sont, par conséquent, à inclure dans les estimations des flux de trésorerie futurs de l'atelier de teinture pour déterminer sa valeur d'utilité.

5. **Remplacement des automates** de mélange, de régulation de la température et de dosage de teintures, montant actualisé : 100 K€. Ces dépenses sont nécessaires au maintien du niveau des avantages économiques susceptibles d'être générés à partir de l'actif dans son état actuel. Elles sont, par conséquent, à inclure dans les estimations des flux de trésorerie futurs de l'atelier de teinture pour déterminer sa valeur d'utilité.

6. **Produit de la vente diminué des coûts de la vente des bassins de trempage en fin de durée d'utilité,** estimation sur la base des matériaux recyclables, montant actualisé : 30 K€. Les autres actifs composant l'UGT « Atelier de peinture » ne généreront pas de flux de trésorerie lorsqu'ils seront en fin de durée d'utilité. Ce produit constitue l'estimation des flux de trésorerie nets qui seront, s'il y a lieu, reçus lors de la sortie de l'actif. Ce montant est donc à inclure dans les projections de flux de trésorerie futurs de l'atelier de teinture pour déterminer sa valeur d'utilité.

7. **Intérêts de l'emprunt contracté pour financer partiellement les investissements de l'atelier de teinture,** montant actualisé : 80 K€. Les intérêts de l'emprunt doivent être exclus des projections de flux de sorties futures de trésorerie. En effet, la valeur temps de l'argent est déjà prise en compte dans le taux d'actualisation des flux futurs estimés.

En conséquence, la valeur d'utilité de l'UGT est de 463 K€ correspondant à la somme des entrées de trésorerie générée par l'utilisation continue de l'atelier (900 K€) et des produits de vente des installations à l'issue de la durée d'utilisation (30 K€), diminuée des coûts liés à l'utilisation continue de l'atelier de teinture (300 K€ + 67 K€), et des coûts de remplacement des composants nécessaires au maintien des avantages de l'installation dans son état actuel (automates pour 100 K€).

2. **Actualisation des flux de trésorerie futurs** Le taux d'actualisation nécessaire à l'évaluation de la valeur d'utilité est un taux avant impôts (voir n° 36535). Ce taux reflète l'appréciation courante du marché de la valeur temps de l'argent ainsi que des risques spécifiques à l'actif pour lesquels les estimations de flux de trésorerie futurs n'ont pas été ajustées, afin de ne pas compter deux fois l'effet de ces risques (IAS 36.51 et .55).

Ce taux correspond au taux de rendement qui serait demandé par des investisseurs pour un placement avec montant, échéancier et profil de risques équivalents à ceux de l'actif (IAS 36.56).

Le taux d'actualisation est indépendant de la structure financière de l'entité et de la façon dont celle-ci a financé l'achat de l'actif car les flux de trésorerie attendus d'un actif ne dépendent pas de la façon dont l'entité a financé l'achat de cet actif (IAS 36.A19).

Identification des unités génératrices de trésorerie (UGT)

Une **unité génératrice de trésorerie (UGT)** est définie comme le plus petit groupe identifiable d'actifs générant des entrées de trésorerie largement indépendantes des entrées de trésorerie générées par d'autres actifs ou groupes d'actifs (IAS 36.6). 35967

Pour les modalités d'identification d'une unité génératrice de trésorerie, voir n° 36550.

S'il existe un indice qu'un actif isolé peut être déprécié, la valeur recouvrable de l'actif isolé doit être estimée. Toutefois, si la valeur recouvrable de cet actif ne peut être estimée de manière séparée, il convient de déterminer la valeur recouvrable de l'unité génératrice de trésorerie à laquelle l'actif appartient (IAS 36.66).

Il en est ainsi lorsque (IAS 36.67) :

- l'actif ne génère pas d'entrées de trésorerie largement indépendantes des entrées de trésorerie d'autres actifs ; et
- sa valeur d'utilité ne peut pas être estimée comme étant proche de sa juste valeur diminuée des coûts de la vente.

La perte de valeur est ainsi évaluée pour l'ensemble des actifs appartenant à une même unité génératrice de trésorerie.

L'ESMA a rappelé que la valeur nette comptable d'une UGT doit inclure tous les actifs et passifs qui permettent à une UGT de générer des flux de trésorerie de manière indépendante (immobilisations corporelles, actifs incorporels, goodwill et éléments du besoin en fonds de roulement – BFR) et non pas seulement le goodwill ou un actif incorporel (EECS/0215-07, 11/15).

L'identification des groupes d'actifs générant des entrées de trésorerie largement indépendantes des entrées de trésorerie des autres groupes d'actifs implique une part de jugement. Différents facteurs sont à considérer (IAS 36.69 et .70) :

- la manière dont la direction gère les activités de l'entité, par ligne de produits, secteur d'activité, implantation individuelle ou par région ;
- la manière dont elle prend ses décisions concernant la poursuite ou la sortie des actifs et des activités de l'entreprise ;
- l'existence d'un marché actif pour la production résultant d'un actif ou d'un groupe d'actifs.

Par ailleurs, il est nécessaire d'identifier et d'allouer les actifs de support (actifs autres que le goodwill, qui contribuent aux flux de trésorerie futurs de plusieurs unités génératrices de trésorerie) entre les différentes unités génératrices de trésorerie concernées (IAS 36.100 à .103).

L'identification des unités génératrices de trésorerie doit être effectuée de façon cohérente et permanente d'une période à l'autre, à moins qu'un changement ne soit justifié (IAS 36.72).

En cas de changement des différents types d'actifs regroupés pour constituer une UGT ou de changement d'appartenance de certains actifs à une UGT, les informations suivantes sont à fournir en annexe si une perte de valeur est comptabilisée ou reprise pour l'UGT : une description du mode actuel et du mode antérieur de regroupement des actifs ainsi que les raisons ayant conduit à changer le mode d'identification de l'UGT (IAS 36.73 et .130d.iii).

2. Evaluation et comptabilisation d'une perte de valeur d'un actif isolé

35970 La comptabilisation de la perte de valeur diffère en fonction du modèle d'évaluation de l'immobilisation :

1. **Perte de valeur d'une immobilisation évaluée au coût** Lorsque la valeur recouvrable d'un actif pris individuellement est inférieure à sa valeur comptable, la valeur comptable de cet actif doit être ramenée à sa valeur recouvrable (IAS 36.59).

Dans le modèle d'évaluation du coût, cette réduction est une perte de valeur à comptabiliser immédiatement au sein de la composante résultat de l'état du résultat global (IAS 36.60), et plus précisément dans le résultat opérationnel, si un tel résultat est présenté.
Lorsque la perte de valeur est supérieure à la valeur comptable de l'actif, un passif doit être comptabilisé si et seulement si une autre norme IFRS l'impose (IAS 36.62).

2. **Perte de valeur d'une immobilisation réévaluée** Lors de la réévaluation, l'immobilisation est évaluée et comptabilisée à sa juste valeur laquelle est basée sur la valeur de marché.

Ultérieurement, l'immobilisation est amortie et dépréciée conformément aux normes applicables à la nature de l'actif.

Une perte de valeur doit néanmoins être comptabilisée lorsque la valeur recouvrable de l'actif – valeur la plus élevée entre « la juste valeur diminuée des coûts de la vente » et « la valeur d'utilité » – devient inférieure à sa juste valeur.

Tel est le cas, par exemple, si les coûts de la vente sont non négligeables et si la juste valeur diminuée des coûts de la vente est inférieure à la valeur d'utilité.

Ainsi, en pratique, deux cas de figure doivent être distingués :

a. **Si les coûts de la vente sont négligeables**, la valeur recouvrable de cet actif réévalué est nécessairement quasiment égale ou supérieure à sa valeur réévaluée. Comme l'entité applique le modèle de la réévaluation, l'actif est évalué à sa juste valeur au bilan et il est improbable que l'actif se soit déprécié. Ainsi, l'entité n'a pas à estimer sa valeur recouvrable.

b. **Si les coûts de la vente ne sont pas négligeables** (par exemple, droits de mutation élevés sur la vente d'un immeuble), la juste valeur diminuée de ces coûts est nécessairement inférieure à sa valeur réévaluée. Ainsi, l'actif sera déprécié si sa valeur d'utilité est inférieure à son montant réévalué. Dans ce cas, l'entité doit appliquer les dispositions de la norme IAS 36.

Toute **perte de valeur d'un actif réévalué** doit être traitée comme une **réévaluation négative.** Cette perte de valeur est comptabilisée parmi les autres éléments du résultat global (OCI), et plus précisément, en diminution de l'écart de réévaluation relatif à cet actif réévalué (IAS 36.61), dans la mesure où la perte de valeur n'excède pas le montant de l'écart de réévaluation relatif à cet actif. Dans le cas où la perte de valeur excéderait l'écart de réévaluation, l'excédent serait comptabilisé en charges au niveau de la composante résultat de l'état du résultat global.

Exemple Au 31/12/N, l'immeuble d'une société a subi une perte de valeur de 200 K€. Cet immeuble est comptabilisé suivant le modèle de la réévaluation et a une valeur comptable de 2 200 K€ avant constatation de la perte de valeur. L'écart de réévaluation figurant parmi les autres éléments du résultat global (OCI) est de 100 K€.
Comptabilisation de la perte de valeur de l'immeuble au 31/12/N :

Dt	Charge de dépréciation	100	
Dt	Ecart de réévaluation (OCI)	100	
Ct	Dépréciation – Immeuble		200

La perte de valeur de l'immeuble doit être traitée comme une réévaluation négative car l'immeuble est comptabilisé selon la méthode de la réévaluation.
Cette perte de valeur est comptabilisée directement en déduction du compte d'écart de réévaluation classé parmi les autres éléments du résultat global (OCI), soit pour 100 K€ et, pour l'excédent, en charges au niveau de la composante résultat de l'état du résultat global, soit pour 100 K€.

3. **Incidences d'une perte de valeur** :

a. **Incidence sur la base amortissable** La comptabilisation d'une perte de valeur diminue la base amortissable de l'actif immobilisé. Ainsi, la nouvelle base amortissable est égale à la valeur nette comptable avant comptabilisation de la perte de valeur, diminuée de la perte de valeur et de la valeur résiduelle.

A compter de la date de comptabilisation de la perte de valeur, les dotations aux amortissements sont à calculer sur cette nouvelle base amortissable selon le mode d'amortissement relatif à l'actif et sur la durée restante d'utilité (IAS 36.63).

b. Incidence sur les impôts différés La comptabilisation d'une perte de valeur peut éventuellement avoir une incidence sur le montant de la différence temporelle estimée (différence entre la valeur comptable de l'actif et sa base fiscale) et donc sur le montant des impôts différés à comptabiliser (IAS 36.64). Il en est ainsi lorsque la perte de valeur comptabilisée n'est pas déductible fiscalement.

3. Evaluation et comptabilisation des pertes de valeur d'une UGT

Affectation du goodwill aux UGT (ou groupes d'UGT)

Pour les besoins des tests de dépréciation, le goodwill généré à compter de la date d'acquisition d'un regroupement d'entreprises doit être affecté à une (aux) UGT (ou groupes d'UGT) susceptible(s) de bénéficier des synergies du regroupement d'entreprises (IAS 36.80), voir nº 22660 : **35975**

- représentant le niveau le plus bas auquel le goodwill est suivi pour les besoins de gestion interne ; et
- ne devant pas être plus grand qu'un secteur opérationnel tel que défini par la norme IFRS 8 (voir nº 57845).

Remarque Les secteurs opérationnels à retenir sont ceux identifiés individuellement, c'est-à-dire avant regroupement (IAS 36.80).

L'affectation du goodwill doit être réalisée à la fin de l'exercice d'acquisition ou, au plus tard, avant la fin de l'exercice ouvert postérieurement à la date d'acquisition (IAS 36.85).

Rappel Dans le cas d'une comptabilisation initiale provisoire d'un regroupement d'entreprises à la fin de l'exercice en cours, l'acquéreur comptabilise le regroupement sur la base des valeurs provisoires et comptabilise les ajustements du goodwill et des valeurs provisoires correspondant à la finalisation de la comptabilisation initiale dans un délai de 12 mois à compter de la date d'acquisition.

Remarque – Incidence sur l'affectation du goodwill des cessions d'activités au sein d'une UGT ou de la réorganisation de la structure de reporting (IAS 36.86 et .87 ; voir nº 36560 s.) :

- dans le cas d'une **cession d'activité au sein d'une UGT à laquelle le goodwill a été affecté,** le goodwill lié à l'activité arrêtée est inclus dans la valeur comptable de l'activité pour la détermination du résultat de cession et est évalué proportionnellement à la part des valeurs relatives de l'activité arrêtée par rapport à la part d'UGT conservée (sauf à démontrer qu'une autre méthode est plus adaptée) ;
- dans le cas d'une **réorganisation de la structure de reporting modifiant la composition d'une UGT à laquelle le goodwill a été affecté,** le goodwill doit être affecté à l'UGT modifiée (aux UGT modifiées) en fonction de la nouvelle structure de reporting et cette réaffectation doit être basée sur la valeur relative des activités (approche similaire à celle utilisée en cas de cession), sauf à démontrer qu'une autre méthode est plus adaptée.

Fréquence et échéancier des tests de dépréciation d'une UGT

La norme IAS 36 distingue les cas suivants : **35977**

a. UGT avec goodwill non encore affecté (compte tenu du délai d'affectation prévu par la norme IAS 36, voir nº 35975) Dans ce cas, l'UGT pour laquelle aucun goodwill n'est encore affecté n'est testé pour dépréciation que s'il existe une indication de perte de valeur. Le test de dépréciation consiste alors à comparer la valeur comptable de l'unité, hors goodwill, à sa valeur recouvrable (IAS 36.88).

b. UGT avec goodwill non encore affecté mais comprenant une (des) immobilisation(s) incorporelle(s) à durée indéterminée ou non encore mise(s) en service Un test de dépréciation doit être réalisé tous les ans pour les incorporels concernés (IAS 36.89).

c. UGT comprenant un goodwill affecté Un test de dépréciation doit être effectué tous les ans ainsi que toutes les fois qu'il existe un indice de perte de valeur (IAS 36.90).

Remarque Il est possible d'utiliser le calcul détaillé le plus récent de la valeur recouvrable pour une UGT comprenant un goodwill si (IAS 36.99) :

- les actifs et passifs composant l'UGT n'ont pas été notablement modifiés depuis la dernière évaluation de la valeur recouvrable ;

– la dernière évaluation de la valeur recouvrable de l'UGT était substantiellement supérieure à la valeur comptable de l'UGT ;
– l'analyse des événements et circonstances montre qu'il est peu probable que la détermination de la valeur recouvrable actuelle de l'UGT soit inférieure à sa valeur comptable.

Ordre des tests de dépréciation et comptabilisation des pertes de valeur

35979 Il est nécessaire de respecter un ordre spécifique pour réaliser les tests de dépréciation car cet ordre a des incidences sur le montant des pertes de valeur déterminées ainsi que sur l'affectation de ces pertes aux actifs corporels, incorporels et au goodwill (IAS 36.97).

Outre l'impact immédiat de cet ordre spécifique sur la détermination des pertes de valeur, il convient de souligner que :
– une perte de valeur a ultérieurement un impact sur la base amortissable de l'actif considéré ;
– une perte de valeur affectée à un goodwill (au lieu d'un autre actif) ne peut pas faire l'objet d'une reprise ultérieure (voir n° 35985).

a. **Test de dépréciation d'une UGT à laquelle du goodwill a été affecté au même moment que l'existence d'un indice de dépréciation potentielle d'un actif pris individuellement au sein de cette UGT** L'entité doit effectuer un test de dépréciation de cet actif et comptabilise l'éventuelle perte de valeur relative à cet actif avant de tester la dépréciation du goodwill.

b. **Test de dépréciation d'une UGT, avec ou sans goodwill, au sein d'un groupe d'UGT contenant un goodwill** L'entité teste en premier l'UGT et comptabilise l'éventuelle perte de valeur relative à cette UGT avant de tester le groupe d'UGT auquel le goodwill est affecté.

c. **Test de la valeur recouvrable du groupe d'UGT, comprenant un goodwill** L'entité affecte la perte de valeur au goodwill et répartit l'excédent entre les autres actifs de l'UGT selon le principe d'affectation exposé ci-après.

Affectation d'une perte de valeur d'une UGT aux actifs et modalités de comptabilisation

35981 La perte de valeur doit être affectée dans l'ordre suivant (IAS 36.104 s.) :
– réduction de la valeur comptable du goodwill affecté à l'UGT (ou groupe d'UGT),
– puis affectation aux autres actifs au prorata de la valeur comptable de chaque actif dans l'UGT (ou groupe d'UGT), en s'assurant que la répartition de la perte de valeur ne doit pas réduire la valeur comptable d'un actif en dessous de la valeur la plus élevée entre sa juste valeur diminuée des coûts de la vente (si déterminable), et sa valeur d'utilité (si déterminable) ou de zéro.

Le montant de la perte qui n'aurait pas été affecté à un actif du fait de ces limites doit être réparti au prorata entre les autres actifs de l'UGT (ou groupe d'UGT).
En outre, dans le cas où ces limites ne s'appliquent pas car la juste valeur diminuée des coûts de la vente et la valeur d'utilité ne peuvent être déterminées individuellement pour chaque actif, la perte de valeur est affectée arbitrairement entre les actifs, autres que le goodwill, au prorata de leur valeur comptable.

Pour la comptabilisation des pertes de valeur réparties entre les actifs, les principes sont identiques à ceux de la comptabilisation des pertes de valeur d'actifs isolés, à savoir :
– comptabilisation en charges, sauf dans le cas d'actifs comptabilisés selon la méthode de réévaluation pour lesquels la perte de valeur est à imputer à hauteur des écarts de réévaluation comptabilisés précédemment parmi les autres éléments du résultat global (OCI) pour ces mêmes actifs ;
– en cas de reliquat de perte de valeur au-delà de la valeur comptable de l'UGT, un passif n'est comptabilisé que si une autre norme IFRS l'impose.

Pour l'affectation des dépréciations du goodwill aux UGT ou groupes d'UGT selon la norme IFRS 3, voir n° 22620 s.

4. Reprise d'une perte de valeur

35985 Les modalités de reprise d'une perte de valeur diffèrent selon qu'il s'agit d'un actif isolé ou d'une UGT :

1. **Reprise d'une perte de valeur d'un actif isolé** Postérieurement à la comptabilisation de la perte de valeur d'un actif, autre qu'un goodwill, et à **chaque période comptable,** l'entité doit apprécier

si un indice montre qu'une perte de valeur antérieurement comptabilisée est susceptible de ne plus exister ou d'avoir diminué. Si tel est le cas, l'entité doit estimer la valeur recouvrable de l'actif concerné et réaliser un test de dépréciation (IAS 36.110 et .111).

Ainsi, une perte de valeur d'un actif, autre qu'un goodwill, n'est reprise que s'il y a eu un changement dans les estimations utilisées pour déterminer la valeur recouvrable de l'actif. Si la valeur recouvrable montre que la perte de valeur a diminué, la valeur comptable de l'actif doit être augmentée. Une perte de valeur n'est toutefois pas reprise en raison du seul passage du temps, même si la valeur recouvrable de l'actif devient supérieure à sa valeur comptable (IAS 36.116).

Des sources d'information externes et internes décrites par la norme IAS 36 doivent être considérées pour apprécier s'il existe des indices montrant qu'une perte de valeur antérieurement comptabilisée est susceptible de ne plus exister ou d'avoir diminué. A notre avis, l'indice de reprise ne doit pas nécessairement être le même que celui qui a été à l'origine de la dépréciation.

Cependant, la comptabilisation d'une reprise de perte de valeur ne doit pas générer une valeur comptable supérieure à la valeur comptable qui aurait été déterminée (nette des amortissements) si aucune perte de valeur n'avait été comptabilisée au cours des exercices antérieurs (IAS 36.117).

Recommandations de l'AMF Ces différents points relatifs à la reprise d'une perte de valeur d'un actif isolé ont été rappelés par l'AMF dans le cadre de ses recommandations en vue de l'arrêté des comptes 2021 (Rec. AMF 2021-06, Arrêté des Comptes 2021, § 3.1).

Dans le **modèle du coût**, la reprise de perte de valeur est à comptabiliser au sein de la composante résultat de l'état du résultat global, dans la limite des amortissements qui auraient été comptabilisés en l'absence de perte de valeur antérieure. Dans le **modèle de la réévaluation,** toute reprise d'une perte de valeur doit être traitée comme une **réévaluation positive** selon la norme IAS 16, Immobilisations corporelles ou selon IAS 38, Immobilisations incorporelles (IAS 36.119).

Ainsi, une reprise de perte de valeur d'un actif réévalué est constatée parmi les autres éléments du résultat global (OCI) et augmente la rubrique « Ecarts de réévaluation ». Toutefois, dans la mesure où une perte de valeur relative à ce même actif réévalué a été antérieurement comptabilisée en résultat, une reprise de cette perte de valeur est également comptabilisée au sein de la composante résultat de l'état du résultat global (IAS 36.120).

En outre, après la comptabilisation d'une reprise de perte de valeur, la dotation aux amortissements de l'actif concerné doit être ajustée pour les périodes futures, de sorte que la valeur comptable révisée de l'actif, diminuée de son éventuelle valeur résiduelle, soit amortie sur la durée d'utilité restant à courir (IAS 36.121).

2. Reprise d'une perte de valeur d'une UGT Il est interdit de comptabiliser une reprise de perte de valeur du goodwill, car cela serait considéré comme une augmentation du goodwill généré en interne dont la comptabilisation est interdite par la norme IAS 38, Immobilisations incorporelles (IAS 36.122 et .123).

Pour la reprise de la perte de valeur du goodwill lié à des titres mis en équivalence, voir n° 36720.

Ainsi, une reprise de perte de valeur d'une UGT doit être affectée aux autres actifs au prorata de la valeur comptable de chaque actif dans l'UGT (ou groupe d'UGT), en s'assurant que la répartition de la reprise de perte de valeur n'augmente pas la valeur comptable d'un actif au-delà de la valeur la plus faible de sa valeur recouvrable (si déterminable) et de la valeur comptable qui aurait été déterminée (nette des amortissements) si aucune perte de valeur n'avait été comptabilisée antérieurement.

Dans le cas où la reprise de perte de valeur est limitée par l'un de ces deux montants, le montant de la reprise de perte de valeur qui aurait été affectée à l'actif doit être réparti au prorata entre les autres actifs de l'UGT, à l'exception du goodwill.

C. Informations en annexe

Des informations doivent être fournies en annexe pour chaque catégorie d'actifs, c'est-à-dire par regroupement d'actifs de nature et d'utilisation similaires dans le cadre des activités d'une entité, notamment (IAS 36.126 s.) : **35995**

- le montant des pertes de valeur et des reprises comptabilisées en résultat au cours de la période ainsi que le(s) poste(s) dans lequel (lesquels) ces pertes de valeur sont incluses ou reprises dans l'état du résultat global ;
- le montant des pertes de valeur et des reprises sur des actifs réévalués comptabilisées directement parmi les autres éléments du résultat global (OCI) au cours de la période.

Ces informations peuvent être présentées avec d'autres informations requises par la norme IAS 16, Immobilisations corporelles (par exemple, dans le rapprochement comptable entre l'ouverture et la clôture de la période concernée selon IAS 16.73e).

En outre, des informations sont également à fournir :
- par secteur opérationnel tel que défini par IFRS 8 ;

Par exemple, le montant des pertes de valeur et des reprises comptabilisées au cours de la période, au sein de la composante résultat de l'état du résultat global, et parmi les autres éléments du résultat global (OCI) (IAS 36.129).

- si une perte de valeur est comptabilisée ou reprise pour un actif pris individuellement (y compris le goodwill) ou une unité génératrice de trésorerie au cours de la période (IAS 36.130) ;

Il convient ainsi notamment d'indiquer les circonstances et événements qui ont conduit à la comptabilisation ou à la reprise d'une perte de valeur (IAS 36.130a et décision du CESR, devenu l'ESMA, EECS/0610-05, 07/10).

- sur le goodwill acquis au cours de la période (IAS 36.133) ;
- sur les estimations utilisées dans l'évaluation de la valeur recouvrable d'une UGT avec goodwill ou des immobilisations incorporelles à durée indéterminée (IAS 36.134 et .135) ; et
- sur les hypothèses clés utilisées dans les tests de dépréciation des écarts d'acquisition.

Pour davantage d'informations sur les dispositions d'IAS 36 et des attentes des régulateurs en matière de description des hypothèses clés et des analyses de sensibilité correspondantes, voir n° 36750.

Enfin, il est à noter que la norme n'impose pas strictement de fournir les principales hypothèses utilisées pour déterminer la valeur recouvrable d'un actif ou d'une UGT sans goodwill, mais encourage seulement les entités à le faire (IAS 36.132). Toutefois, comme rappelé par l'ESMA (EECS/0118-04, 04/18), de telles informations peuvent être requises par la norme IAS 1, au titre des hypothèses formulées pour l'avenir et des autres sources majeures d'incertitudes relatives aux estimations à la date de clôture, qui présentent un risque important d'entraîner un ajustement significatif de la valeur comptable des actifs et des passifs au cours de l'exercice suivant (IAS 1.125).

Remarque Dans le contexte de la crise sanitaire et économique liée à la pandémie de Covid-19 en 2020, l'importance de fournir l'information sur les hypothèses clés et les sensibilités des tests de dépréciation à ces hypothèses a été rappelée par l'ESMA (« Implications of the Covid-19 outbreak on the half-yearly financial reports » – 20 mai 2020 – ESMA 32-63-972), par l'AMF (« Publication du rapport financier semestriel dans le contexte Covid-19 : l'AMF présente quelques principes à respecter », Rec. AMF 2020-09, Arrêté des Comptes 2020, § 3.2, Rec. AMF 2021-06, Arrêté des Comptes 2021, § 3.1) et par la CNCC (Questions/Réponses relatives aux conséquences de la crise sanitaire et économique liée à l'épidémie de Covid-19, § 2.5).
Pour les informations à fournir, y compris dans un contexte de crise économique, voir n° 36750.

QUESTIONS/REPONSES PRATIQUES

Remarque importante

36006 Les réponses apportées aux questions présentées dans ce chapitre résultent de l'analyse des dispositions de la norme IAS 36, en vigueur actuellement, sur la base des informations disponibles au 1er juin 2023.

Evolution possible des réponses **Projet « Regroupements d'entreprises – Informations à fournir, goodwill et dépréciation »** Depuis septembre 2015, l'IASB mène un projet de recherche relatif aux modalités de comptabilisation et d'évaluation des écarts d'acquisition, sujet identifié comme un thème de pertinence très élevée à l'issue de la Post-implementation Review (PIR) d'IFRS 3.

Pour plus d'informations sur la PIR d'IFRS 3, voir n° 22900.

Ce projet de recherche a donné lieu à la publication, en mars 2020, d'un document pour discussion (« Discussion Paper »/DP) « Business Combinations – Disclosures, Goodwill and Impairment », dont l'appel à commentaires s'est achevé le 31 décembre 2020.

Le DP contient les principales propositions suivantes :

– **renforcement de l'information dans les états financiers sur les écarts d'acquisition et les dépréciations éventuelles,** en améliorant les objectifs actuels d'IFRS 3, Regroupements d'entreprises, afin de permettre aux investisseurs de mieux appréhender les raisons pour lesquelles le management a fait une acquisition et si la performance de l'activité acquise est conforme à ses attentes initiales ;

Outre des compléments d'informations chiffrées, il est notamment proposé d'exiger des informations sur les objectifs attendus d'une acquisition, initialement, ainsi qu'une mesure de l'atteinte de ces objectifs dans les états financiers postérieurs à cette acquisition.

– **présentation, à la face du bilan, d'un sous-total « Capitaux propres avant goodwill »** ;

L'IASB a décidé provisoirement de retirer cette proposition des amendements envisagés (IASB Update 12/22).

– **maintien du modèle de dépréciation du goodwill,** ultérieurement à sa comptabilisation initiale ;

L'alternative au modèle de dépréciation du goodwill (uniquement fondé sur des tests de perte de valeur) est un modèle d'amortissement du goodwill. Suite à ses redélibérations, l'IASB a réaffirmé la proposition, exprimée dans le DP, du maintien du modèle de dépréciation du goodwill (IASB Update 11/22).

– **suppression de l'obligation annuelle de réaliser un test de dépréciation du goodwill** et des immobilisations incorporelles à durée d'utilité indéterminée ou non encore mises en service. Le test de dépréciation de ces éléments ne serait mené que s'ils présentent des indices de pertes de valeur ;

– **adaptation de la méthodologie de calcul de la valeur d'utilité sous IAS 36,** en incluant désormais dans le calcul les flux de trésorerie résultant des restructurations et des améliorations futures de l'UGT testée et en requérant l'utilisation des flux de trésorerie et des taux d'actualisation **après impôts** (actuellement, ces deux derniers éléments sont déterminés avant impôt).

Ces propositions ne modifient pas les dispositions normatives en vigueur actuellement.

En décembre 2022, l'IASB a décidé de faire évoluer ce projet vers le stade de normalisation, la prochaine étape étant la publication d'un exposé-sondage, attendue au cours du premier semestre 2024. Ce projet devrait donner lieu à des amendements des normes IFRS 3 et IAS 36.

I. Modalités de mise en œuvre des tests de dépréciation

A. Calcul de la valeur recouvrable – Principes généraux

Définition de la valeur recouvrable d'un actif ou d'une UGT

36305

Question

Qu'est-ce que la valeur recouvrable d'un actif ou d'une UGT ?

Réponse

Il s'agit du montant le plus élevé :
– de sa juste valeur diminuée des coûts de la vente ; et
– de sa valeur d'utilité.

Commentaires :

Rappel Le déclenchement d'un test de dépréciation – comprenant notamment la détermination formelle de la valeur recouvrable – est obligatoire dès lors qu'il existe un indice de perte de valeur (IAS 36.9).

1. Principe général La valeur recouvrable d'un actif ou d'une unité génératrice de trésorerie, qui sert au calcul de l'éventuelle perte de valeur d'un actif, correspond au montant le plus élevé (IAS 36.6) :

– de la juste valeur de l'actif ou de l'unité génératrice de trésorerie, diminuée des coûts de la vente ; et

36305 (suite) – de sa valeur d'utilité.

La valeur d'utilité d'un actif ou d'une unité génératrice de trésorerie est la valeur actualisée des flux de trésorerie futurs attendus de cet actif ou de cette unité génératrice de trésorerie pendant la durée d'utilité de l'actif ou de l'UGT (IAS 36.6).

Les flux de trésorerie et les paramètres financiers tels que le taux d'actualisation et le taux de croissance long terme constituent le fondement de la valeur recouvrable. Il est donc important de porter une attention particulière à ces éléments qui doivent être analysés comme un tout. Le taux d'actualisation et le taux de croissance long terme doivent être cohérents entre eux et avec les flux à actualiser.

Dans son rapport relatif à la dépréciation du goodwill et des autres immobilisations incorporelles, l'ESMA a insisté sur la nécessité de retenir des estimations réalistes des taux de croissance qui correspondent aux prévisions économiques (« ESMA Report : European enforcers review of impairment of goodwill and other intangible assets in the IFRS financial statements » – ESMA/2013/2, 01/13).

La définition de la valeur recouvrable s'applique indifféremment à tous les actifs entrant dans le champ d'application de la norme IAS 36, qu'ils soient destinés à être cédés (sans pour autant répondre à l'ensemble des conditions de classement en actifs détenus en vue de la vente de la norme IFRS 5) ou à être utilisés (IAS 36.2, .6 et .BCZ27).

En pratique, il n'est pas toujours nécessaire de déterminer à la fois la juste valeur diminuée des coûts de la vente et la valeur d'utilité d'un actif (voir nº 36310).

2. Cas particulier où le montant le plus élevé entre la valeur d'utilité et la juste valeur nette des frais de cession aboutit à constater une charge de dépréciation plus importante que si l'entité retient le montant le plus faible (entre la valeur d'utilité et la juste valeur nette des frais de cession).

Dans le cadre du test de dépréciation d'une UGT, IAS 36.6 prévoit :
- de retenir le montant le plus élevé entre la juste valeur et la valeur d'utilité ; et
- de le comparer avec la valeur comptable de cette UGT.

Cette valeur comptable diffère selon qu'elle est comparée à la valeur d'utilité ou à la juste valeur nette des frais de cession, et ce afin de comparer des éléments comparables. Ainsi par exemple, la valeur comptable de l'UGT n'inclut pas les impôts différés si elle est comparée à la valeur d'utilité alors qu'elle les inclut pour la comparaison avec la juste valeur nette des frais de cession.

Cette disposition de la norme IAS 36 a pour objectif de requérir la comptabilisation d'une charge de dépréciation la plus faible possible.

Toutefois, compte tenu des différences de calcul de la valeur comptable de l'UGT (dues notamment aux effets d'impôts) selon que l'on utilise la valeur d'utilité ou la juste valeur nette des frais de cession (voir nº 36315), il est possible qu'en retenant la valeur la plus élevée (entre la valeur d'utilité et la juste valeur nette des frais de cession), la charge de dépréciation soit plus importante qu'en retenant le montant le moins élevé des deux. Dans ce cas particulier, à notre avis, il conviendra de retenir la valeur la moins élevée pour comptabiliser le plus petit montant de dépréciation (voir Exemple 2 ci-après).

■ *Exemple 1*

La société Electric produit et distribue de l'électricité. La direction réalise un test de dépréciation de l'ensemble de ses actifs en raison d'une chute du prix de marché de l'électricité.
Une des centrales électriques de la société a une valeur comptable de 2 500 et une valeur d'utilité de 2 200, compte tenu du prix révisé de l'électricité. Un actif similaire a été récemment vendu à une entreprise d'électricité pour 2 600.
Les coûts supplémentaires qui seraient directement attribuables à la cession sont estimés à 50.
Le marché des centrales électriques est un marché actif, les investisseurs étant désireux d'accéder au marché pour profiter des opportunités résultant de la déréglementation du marché.
La direction d'Electric n'a aucune intention de vendre la centrale électrique.

Solution de l'exemple 1 *La valeur recouvrable de cette centrale est égale au montant le plus élevé :*
- *de sa juste valeur diminuée des coûts de la vente, soit 2 550 (2 600 – 50) ; et*
- *de sa valeur d'utilité (2 200).*

En conséquence, aucune dépréciation de la centrale électrique considérée n'est à comptabiliser, la valeur comptable de cette centrale (2 500) n'excédant pas sa valeur recouvrable (2 550).

■ *Exemple 2* **36305** (suite)

Une société effectue un test de dépréciation d'une UGT. La valeur comptable de l'UGT hors dette d'impôt est de 1 000. En outre, l'UGT a un impôt différé passif de 200.
La valeur d'utilité (calculée sur une base avant impôt) est de 900.
La juste valeur nette des frais de cession (calculée sur une base après impôt) est de 750.

Solution de l'exemple 2 *Selon IAS 36.6, la valeur recouvrable à retenir est de 900, correspondant au montant le plus élevé entre la valeur d'utilité et la juste valeur nette des frais de cession. La charge de dépréciation serait ainsi de 100 (1 000 – 900).*
Toutefois, si l'on comparait la juste valeur nette des frais de cession (qui tient compte des impôts) à la valeur comptable (impôt inclus, soit 1 000 – 200 = 800), la charge de dépréciation serait de 50 (800 – 750).
A notre avis, dans ce cas particulier, la société doit retenir comme valeur recouvrable la juste valeur nette des frais de cession (montant le plus faible entre la valeur d'utilité et la juste valeur nette des frais de cession) pour aboutir à une charge de dépréciation la plus faible.

■ *Exemple 3*

Le groupe de textile T, spécialisé dans la fabrication et la commercialisation de vêtements de mode, a trois filiales réparties dans trois pays différents : France, Maroc et Chine.
Chaque filiale possède son propre marché : la filiale France couvre l'Europe ; la filiale Maroc, l'Afrique du Nord et la filiale Chine, l'Asie-Pacifique. Chaque filiale est gérée de façon indépendante et sa performance est suivie par la direction grâce au système d'information du groupe. Le groupe est ainsi constitué de trois UGT correspondant aux actifs de chacune des filiales.
Chaque filiale ayant été créée par le groupe, aucun goodwill n'apparaît dans les états financiers.
Le secteur du textile est un secteur très concurrentiel. En N, le groupe subit une concurrence accrue, notamment sur les marchés européen et d'Afrique du Nord entraînant une diminution significative de ses ventes de 25 % en Europe et de 20 % en Afrique du Nord. Les parts de marché du groupe diminuent respectivement de 18 % et de 15 %. Les ventes en Asie ne sont pas affectées par cette concurrence car les prix de vente et de production sont similaires à ceux des concurrents.
Au vu de ces indices internes et externes de perte de valeur potentielle, le groupe procède à des tests de dépréciation.
Les valeurs d'utilité de chaque filiale, ainsi que leurs justes valeurs estimées par des experts en évaluation, sont indiquées ci-après.
La valeur d'utilité a été calculée sur la base de projections de flux de trésorerie issues du dernier budget à horizon de 5 ans, approuvé par la direction et révisé en novembre N pour tenir compte de l'évolution défavorable du marché. Au-delà de cet horizon de 5 ans, les projections sont estimées en utilisant un taux de projection décroissant, en cohérence avec l'estimation à long terme de l'évolution du marché.

Au 31/12/N	*Filiale France*	*Filiale Chine*	*Filiale Maroc*	*Total*
Valeur d'utilité	*46 000 K€*	*52 000 K€*	*33 000 K€*	*131 000 K€*
Juste valeur diminuée des coûts de la vente	*42 000 K€*	*55 000 K€*	*32 000 K€*	*129 000 K€*
Valeur comptable	*50 500 K€*	*48 000 K€*	*31 000 K€*	*129 500 K€*

Solution de l'exemple 3 *Le groupe étant constitué de trois UGT, il convient d'identifier l'existence d'indice de perte de valeur au niveau de chaque UGT et, le cas échéant, de réaliser un test de dépréciation.*
1. ***Filiale française*** *La baisse significative des ventes de 25 % et la perte des parts de marché de 18 % constituent des indices de perte de valeur. Il convient de réaliser un test de dépréciation des actifs de la filiale française.*
La valeur recouvrable est la plus élevée des valeurs entre la juste valeur diminuée des coûts de la vente (42 000 K€) et la valeur d'utilité (46 000 K€). La valeur comptable des actifs de la filiale (50 500 K€) est supérieure à la valeur recouvrable de ses actifs (46 000 K€). Ainsi, ***une perte de valeur est à comptabiliser*** *pour la différence de 4 500 K€.*
2. ***Filiale marocaine*** *La baisse significative des ventes de 20 % et la perte des parts de marché de 15 % constituent des indices de perte de valeur. Il convient de réaliser un test de dépréciation de ses actifs. La valeur recouvrable est la plus haute des valeurs entre la juste valeur diminuée des coûts de la vente (32 000 K€) et la valeur d'utilité (33 000 K€). La valeur comptable des actifs de la filiale (31 000 K€) est inférieure à leur valeur recouvrable (33 000 K€). Ainsi,* ***aucune perte de valeur n'est à comptabiliser****.*
3. ***Filiale chinoise*** *Aucun indice de perte de valeur n'a été identifié. Par conséquent,* ***aucun test de dépréciation*** *n'est à réaliser.*

Fréquence de détermination de la juste valeur diminuée des coûts de la vente d'un actif (ou UGT) et de sa valeur d'utilité

36310 ***Question***

Est-il nécessaire, à chaque test de dépréciation, de déterminer à la fois la juste valeur diminuée des coûts de la vente et la valeur d'utilité d'un actif (ou d'une UGT) ?

Réponse

Non. Par exemple, il est inutile d'estimer les deux montants (juste valeur diminuée des coûts de la vente ou valeur d'utilité) :
- si la juste valeur diminuée des coûts de la vente ou la valeur d'utilité est supérieure à la valeur comptable de l'actif ; ou
- si l'actif doit être cédé et s'il n'existe aucune raison de penser que sa valeur d'utilité excède de manière significative la juste valeur diminuée des coûts de vente.

Commentaires La définition de la valeur recouvrable (voir n° 36305) pourrait donner à penser qu'il est nécessaire de calculer, pour chaque test de dépréciation, à la fois la juste valeur diminuée des coûts de la vente d'un actif ou d'une UGT et sa valeur d'utilité.

Tel n'est pas le cas en pratique (IAS 36.19 et .BCZ25), notamment dans les cas suivants :

a. l'un ou l'autre de ces montants excède la valeur comptable de l'actif (ou de l'UGT) (IAS 36.19) ;

En effet, dès lors que soit la juste valeur diminuée des coûts de la vente, soit la valeur d'utilité d'un actif (ou d'une UGT) excède sa valeur comptable, l'actif est considéré comme ne s'étant pas déprécié et il n'est donc pas nécessaire de déterminer l'autre montant (voir Exemple ci-après).
En revanche, si la valeur d'utilité (ou la juste valeur nette des coûts de la vente), déterminée en premier, est inférieure à la valeur nette comptable, il conviendra de calculer également la juste valeur diminuée des coûts de la vente (ou la valeur d'utilité) puisque c'est la plus élevée de ces deux valeurs qui sert à déterminer la valeur recouvrable, sauf toutefois s'il n'y a pas de raison de penser que la seconde serait plus élevée que la première (voir point b. ci-après).

b. l'un des deux montants est connu et il n'y a pas lieu de penser que l'autre montant serait plus élevé (IAS 36.21) ;

Tel peut être le cas, par exemple, pour :
- des actifs ou UGT devant être cédés (sans pour autant répondre aux conditions de classement en actifs détenus en vue de la vente conformément à IFRS 5), si les flux liés à l'exploitation future avant cession ne sont pas significatifs, la valeur d'utilité étant alors très proche de la juste valeur nette des coûts de la vente (IAS 36.21) ;
- des UGT dont la juste valeur nette des coûts de la vente est connue et lorsque les UGT doivent faire l'objet de restructurations ou d'investissements significatifs destinés à améliorer leur performance, lorsque ces restructurations sont prises en compte dans la juste valeur nette des coûts de la vente (sous certaines conditions très strictes) sans pouvoir être prises en compte dans leur valeur d'utilité (voir n° 36320).

Evolution possible de la norme Voir n° 36006.

c. il est impossible en pratique de déterminer la juste valeur diminuée des coûts de la vente parce qu'il n'existe aucune base permettant d'estimer de manière fiable le prix auquel une transaction normale de vente de l'actif serait conclue entre des intervenants de marché à la date d'évaluation dans les conditions actuelles du marché (IAS 36.20).

Remarque A notre avis, **en pratique**, il est souvent possible de déterminer la juste valeur diminuée des coûts de vente, et ce, sous réserve du respect des dispositions de la norme IFRS 13, concernant la « hiérarchie des méthodes » à appliquer pour déterminer la juste valeur diminuée des coûts de la vente d'un actif ou d'une UGT.
Pour les modalités pratiques d'évaluation de la juste valeur diminuée des coûts de vente, voir n° 36455 et la détermination de la juste valeur nette des frais de cession à partir des « discounted cash-flows » (DCF) de marché, voir n° 36460.
Pour l'incidence d'une crise économique sur la fréquence des tests de dépréciation, voir n° 36805.

■ ***Exemple***

Une société possède un terrain sur lequel est construite une usine. L'ensemble immobilier est situé en périphérie de la ville. Elle a reçu des propositions d'achat pour l'ensemble immobilier de la part de plusieurs commerces de détail souhaitant utiliser le site où se trouve l'usine pour en faire un centre commercial.

Solution de l'exemple Si ces offres excèdent de manière significative la valeur comptable de l'ensemble immobilier constitué de l'usine et du terrain, la société n'a pas besoin de déterminer la valeur d'utilité de l'ensemble immobilier. Le prix de vente de l'ensemble immobilier (diminué des coûts de la vente) permet en effet à lui seul de recouvrer la valeur comptable de cet actif. Et ce, même si la société n'a pas l'intention de céder son usine.

Calcul de la juste valeur diminuée des coûts de la vente ou de la valeur d'utilité : incidences sur les composantes des flux de trésorerie

36315

Question

La détermination des flux de trésorerie actualisés prend-elle en compte les mêmes éléments selon qu'il s'agit de calculer la valeur d'utilité ou la juste valeur (lorsqu'elle est évaluée selon la méthode des « cash-flows actualisés de marché ») ?

Réponse

En général, non, car les flux de trésorerie sont différents :

– **pour la détermination de la valeur d'utilité** : prise en compte des budgets avant impôts, retraités des effets, notamment, des investissements de capacité futurs et des restructurations dans lesquelles l'entreprise n'est pas engagée ;

– **pour la détermination de la juste valeur (« discounted cash-flows » de marché)** : prise en compte d'un budget après impôts établi selon les hypothèses que retiendraient les intervenants de marché à la date de réalisation du test (y compris, le cas échéant, les hypothèses d'investissements de capacité futurs et de restructurations dans lesquelles l'entreprise n'est pas engagée, si elles étaient retenues par des intervenants de marché).

Commentaires La valeur recouvrable d'un actif est le montant le plus élevé de sa juste valeur diminuée des coûts de la vente et de sa valeur d'utilité (IAS 36.6). La détermination tant de la valeur d'utilité que, dans certains cas, de la juste valeur diminuée des coûts de vente est basée sur les flux de trésorerie. En effet :

– la valeur d'utilité d'un actif (ou d'une unité génératrice de trésorerie) est la valeur actualisée des flux de trésorerie futurs attendus de cet actif ou de cette UGT pendant la durée d'utilité de l'actif ou de l'UGT (IAS 36.6) ;

Pour des précisions relatives à la définition de la valeur d'utilité, à la durée de projection des flux de trésorerie et aux modalités pratiques de prise en compte des incertitudes liées à la réalisation des prévisions de flux de trésorerie, voir nº 36305, 36505 et 36520 respectivement.

– la juste valeur diminuée des coûts de cession peut être déterminée par référence à des flux de trésorerie futurs dits « de marché », en l'absence de prix négociés sur un marché actif (voir nº 36460).

Toutefois, les flux de trésorerie retenus diffèrent selon qu'il s'agit de déterminer la valeur d'utilité ou la juste valeur nette des coûts de cession. En effet :

1. **La détermination de la valeur d'utilité d'un actif ou d'une UGT** est strictement encadrée (IAS 36.30 s.). Ainsi, les flux de trésorerie utilisés :

a. sont issus des budgets préparés par la direction (normalement sur une durée maximale de 5 ans) (voir nº 36505) ;

b. excluent les effets des éléments suivants :

– restructurations futures dans lesquelles l'entreprise n'est pas encore engagée au sens de la norme IAS 37 ;

– dépenses d'investissements futurs destinées à améliorer ou accroître la performance de l'actif (l'UGT) ;

Pour l'incidence des investissements et des restructurations prévus sur le calcul de la valeur recouvrable, voir nº 36320.

– activités de financement (IAS 36.50) ;

En effet, les dettes sont exclues de la valeur comptable de l'UGT, le coût du capital étant pris en compte par l'actualisation des flux de trésorerie (IAS 36.51).

– impôt sur les bénéfices (IAS 36.50) ;

Sur ce point, voir également l'effet d'impôt sur le taux d'actualisation, nº 36535.

36315 (suite) c. incluent les ajustements suivants :

– ajustement éventuel des prix de cession internes lorsque la politique du groupe en matière de prix de transfert n'est pas basée sur la juste valeur des biens ou des services, et ce, afin de ramener ces prix aux prix futurs pouvant être obtenus lors de transactions dans des conditions de concurrence normale (IAS 36.70 et .71) ;

> **Remarque** L'effet de cet ajustement est nul au niveau des flux de trésorerie du groupe mais peut permettre d'identifier des UGT susceptibles d'avoir perdu de la valeur (par exemple, lorsque des prix de transfert internes inférieurs aux prix de marché sont pratiqués pour « subventionner » une filiale en difficulté).

– ajustement éventuel des flux de trésorerie en devises pour les convertir sur la base du cours de change à la date de réalisation du calcul de la valeur d'utilité, par exemple lorsque les budgets sont préparés en retenant des taux de change estimés par la direction (IAS 36.54) ;

d. incluent les projections de flux de trésorerie de l'actif ou de l'UGT au-delà de la période couverte par le budget.

> Cette valeur correspond aux projections de flux de trésorerie de l'actif ou de l'UGT à long terme, c'est-à-dire pour le reste de la durée d'utilité de l'actif au-delà de la période couverte par les prévisions jugées fiables (normalement, 5 ans au maximum). Elle comprend également l'estimation des flux de trésorerie nets à recevoir lors de la sortie de l'actif ou de l'UGT à la fin de sa durée d'utilité (voir nº 36505).
>
> Ces projections doivent être réalisées avec prudence en extrapolant les flux de trésorerie budgétés à court terme et en utilisant un taux de croissance stable ou décroissant, à moins qu'un taux croissant ne soit justifié (IAS 36.33c ; voir nº 36505).

Les cash-flows utilisés pour le calcul de la valeur d'utilité sont donc établis à partir des données internes à l'entreprise retraitées des éléments indiqués ci-avant (points b. à d.), c'est-à-dire sur des hypothèses raisonnables et documentées de la direction (voir nº 36505).

2. **L'évaluation de la juste valeur nette des frais de cession** d'un actif ou d'une UGT prend en compte, par application de la hiérarchie des techniques d'évaluation, les **cash-flows basés sur des données externes** à l'entreprise, c'est-à-dire en retenant des hypothèses que retiendrait le marché (voir nº 36460).

En pratique et à notre avis, les flux de trésorerie retenus pour déterminer la juste valeur nette des frais de cession peuvent être calculés en partant de ceux utilisés pour déterminer la valeur d'utilité, et en procédant au retraitement notamment des éléments suivants :

a. effet des restructurations futures dans lesquelles l'entreprise n'est pas encore engagée au sens de la norme IAS 37, sous réserve toutefois que l'on s'attende à ce que des intervenants de marché potentiels (à la date de réalisation du test) en tiennent compte pour déterminer le prix qu'ils seraient prêts à payer pour cet actif/UGT (en ce sens, IAS 36.BC69c ; voir nº 36320) ;

> **Remarque** Les investissements et restructurations « de marché » peuvent être différents des investissements et restructurations pris en compte par l'entreprise dans le cadre de l'établissement du budget et éventuellement retraités pour la détermination de la valeur d'utilité (voir point 1b. ci-avant).

b. effet des dépenses d'investissements futurs qui amélioreront ou accroîtront la performance de l'actif/l'UGT, dans lesquelles l'entreprise n'est pas encore engagée, sous réserve là encore que des intervenants de marché potentiels (à la date du test) en tiendraient compte pour déterminer le prix qu'ils seraient prêts à payer pour cet actif/UGT ;

> Pour l'incidence des investissements et des restructurations prévus sur le calcul de la valeur recouvrable, voir nº 36320.
>
> **Remarque** Les ajustements liés aux restructurations et aux investissements intègrent également l'effet de la réduction du « train de vie » de l'entreprise si le marché le juge trop élevé et les éventuels désinvestissements qui seraient envisagés par des « intervenants de marché » s'ils prenaient le contrôle de l'actif/l'UGT (cession de certaines activités jugées non stratégiques, par exemple).

c. effet d'impôt (puisqu'il serait pris en compte par un investisseur).

La norme IAS 36 a été complétée par la norme IFRS 13 pour indiquer que la juste valeur nette des frais de cession ne reflète pas, en outre, les éléments suivants dans la mesure où ils ne seraient généralement pas disponibles pour les intervenants de marché (IAS 36.53A) :

– une valeur supplémentaire provenant d'un regroupement d'actifs (comme la constitution d'un portefeuille d'immeubles de placement situés à des endroits différents) ;

– des synergies entre l'actif évalué et d'autres actifs ;

– des droits légaux ou des restrictions juridiques qui sont spécifiques au propriétaire actuel de l'actif et à lui seul ;

– des avantages fiscaux ou des charges fiscales qui sont spécifiques au propriétaire actuel de l'actif.

Ces éléments peuvent en revanche être pris en compte dans la valeur d'utilité dans la mesure où cette dernière reflète les effets des facteurs qui peuvent être spécifiques à l'entité sans s'appliquer aux intervenants de marché en général.

3. Conséquences des modalités de détermination de la valeur d'utilité et de la juste valeur sur la détermination de la valeur comptable de l'UGT servant de base de comparaison lors du test La valeur comptable de l'UGT qui est comparée à la valeur recouvrable diffère selon que la valeur recouvrable correspond soit à la valeur d'utilité, soit à la juste valeur nette des frais de cession. En effet, afin de comparer des valeurs déterminées sur des bases comparables, la valeur comptable de l'UGT servant de base de comparaison à la valeur d'utilité doit exclure les impôts (exigibles et différés), alors qu'elle les inclut lorsqu'elle est comparée à la juste valeur nette des frais de cession.

Impact des impôts différés passifs nés d'un regroupement d'entreprises sur le test de dépréciation du goodwill Un regroupement d'entreprises entraîne une réévaluation à la juste valeur des actifs identifiables de l'entité acquise. Dans la mesure où ces réévaluations ne sont pas déductibles lors de l'amortissement ou de la cession des actifs, elles entraînent la constatation d'impôts différés passifs en contrepartie d'une augmentation du goodwill. Ainsi, il peut arriver qu'un regroupement d'entreprises donne lieu à comptabilisation d'impôts différés passifs significatifs sur les actifs incorporels et les immeubles de placement acquis dans le cadre du regroupement d'entreprises. De ce fait, le goodwill se trouve mécaniquement augmenté à hauteur des impôts différés passifs, alors que ces derniers ne peuvent pas être déduits de la valeur comptable de l'UGT (ou du groupe d'UGT) pour le test de dépréciation du goodwill fondé sur sa valeur d'utilité. Ceci peut entraîner, dans la période qui suit le regroupement d'entreprises, une situation dans laquelle la valeur d'utilité est inférieure à la valeur comptable de l'UGT, cette dernière étant « surévaluée ». Afin d'éviter la constatation d'une perte de valeur artificielle, il convient de retenir, comme valeur recouvrable, la juste valeur nette des frais de cession (en ce sens, décision du CESR, devenu l'ESMA, EECS/0910-05, 10/10). Ainsi, le test est effectué en comparant une valeur comptable incluant les impôts différés passifs avec des flux de trésorerie après impôts, actualisés au moyen d'un taux après impôt.

La solution qui consisterait à réduire la valeur comptable de l'UGT du montant des impôts différés passifs, puis à comparer celle-ci à sa valeur d'utilité, n'est pas acceptable (en ce sens, décision CESR précitée).

Valeur recouvrable : incidence des investissements et restructurations prévus

Question 36320

Doit-on tenir compte de l'effet de restructurations ou d'investissements significatifs non encore engagés dans le calcul de la valeur recouvrable d'un actif (ou d'une UGT) ?

Réponse

Les restructurations et les investissements qui améliorent la performance de l'actif ne doivent pas être pris en compte dans les cash-flows utilisés pour déterminer la valeur d'utilité, tant que ces restructurations ou investissements ne sont pas engagés.

En revanche, à notre avis et dans des cas particuliers, ils peuvent être pris en compte dans l'évaluation de la juste valeur nette des coûts de la vente – et donc dans la valeur recouvrable si cette juste valeur est supérieure à la valeur d'utilité – s'il s'agit de restructurations ou d'investissements qu'un intervenant de marché retiendrait dans l'évaluation de l'actif (juste valeur évaluée selon la méthode des « cash-flows futurs actualisés de marché », « market discounted cash-flows »).

Commentaires :

1. Non-prise en compte des restructurations ou investissements non encore engagés dans le calcul de la valeur d'utilité Les flux de trésorerie futurs attendus de l'actif à prendre en compte dans le calcul de sa valeur d'utilité doivent être estimés dans l'état actuel d'utilisation de l'actif (IAS 36.44). Ainsi :

a. les dépenses futures nécessaires pour maintenir le niveau de performance d'un actif dans son état actuel d'utilisation et les flux de trésorerie y afférents doivent être pris en compte dans le calcul de sa valeur d'utilité (IAS 36.49) ;

Par exemple (IAS 36.49), il convient de tenir compte :
– du remplacement des composants d'une immobilisation qui doivent être remplacés pendant la durée d'utilité de cette immobilisation ;
– du remplacement des immobilisations qui sont essentielles pour la poursuite de l'activité d'une UGT et qui doivent être remplacées au cours de la durée d'utilité de cette UGT, lorsque le calcul de la valeur d'utilité porte sur cette UGT.
Selon le CESR (devenu l'ESMA), il est peu probable qu'aucune dépense future permettant de maintenir le niveau de performance d'un actif dans son état actuel d'utilisation ne soit nécessaire si le taux de croissance attendu de l'activité est, par exemple, de 5 % (EECS/0112-08, 10/12).

b. en revanche, la valeur d'utilité d'un actif doit exclure les entrées ou sorties de flux de trésorerie futurs devant résulter (IAS 36.44) :
– d'une **restructuration future** dans laquelle l'entreprise n'est **pas encore engagée,** c'est-à-dire une restructuration n'ayant pas donné lieu à reconnaissance d'une provision selon la norme IAS 37 ;
– de dépenses d'investissement futures qui amélioreront ou accroîtront la performance de l'actif, tant que ces dépenses n'ont pas été encourues (en ce sens également décision du CESR relative aux bases de données, EECS/0610-04, 10/12).

Les estimations des flux de trésorerie étant établies sur la base des prévisions/budgets financiers les plus récents approuvés par la direction, il **peut être nécessaire de retraiter ces budgets** pour en exclure les flux liés à ces restructurations ou projets d'investissement qui seraient déjà pris en compte dans les budgets utilisés.

En pratique, il peut s'avérer difficile d'ajuster un budget pour identifier les flux de trésorerie générés en l'absence de prise en compte de ces éléments, c'est-à-dire sans que l'entreprise se développe de la manière prévue par la direction.

2. Prise en compte éventuelle des restructurations ou investissements « de marché » non encore engagés dans le calcul de la juste valeur diminuée des coûts de la vente Les restructurations ou investissements futurs devant améliorer la performance de l'actif peuvent avoir, dans des cas particuliers, un « caractère de marché », c'est-à-dire qu'il s'agit de restructurations ou d'investissements qui seraient pris en compte dans la détermination du prix d'acquisition par n'importe quel acteur de marché.

Tel peut être le cas, par exemple, de restructurations/investissements en cours dans l'ensemble d'un secteur en phase de mutation.

Dans ce cas, ces restructurations/investissements sont pris en compte de manière implicite dans la juste valeur diminuée des coûts de la vente, lorsque cette juste valeur est déterminée sur la base d'un accord de cession ou sur la base du prix de marché de l'actif, ces prix ayant en principe été déterminés en tenant compte de ces investissements ou restructurations très significatifs et « de marché » (en ce sens, IAS 36.BC68 à .BC70).

En l'absence d'un accord de vente ou d'un marché actif pour un actif donné, il est également possible, à notre avis, d'inclure les effets d'une restructuration ou d'un investissement futur dans l'estimation de la juste valeur réalisée à l'aide de techniques d'estimation (notamment dès lors que des DCF de marché sont utilisés, voir n° 36460), toutefois uniquement si les acquéreurs potentiels tenaient compte de ces restructurations/investissements pour déterminer le prix qu'ils seraient prêts à payer en échange de cet actif (en ce sens, IAS 36.BC69c).

Pour s'en assurer, il conviendrait, à notre avis, de démontrer qu'au moins deux acquéreurs intégreraient ces restructurations ou investissements dans leur évaluation de la juste valeur, par exemple par référence à des restructurations ou investissements généralisés dans le secteur et/ou des transactions de marché sur des actifs similaires.

En tout état de cause, la prise en compte des restructurations/investissements non encore engagés dans le cadre d'une juste valeur évaluée sur la base de « cash-flows de marché » devrait être opérée avec prudence et en prenant en compte l'ensemble des informations pertinentes disponibles.

Pour les précautions à prendre dans un contexte de crise économique, voir n° 36800.

Valeur recouvrable : prise en compte (ou non) des nouveaux et futurs business models

36322 ***Question***

Comment tenir compte des nouveaux et futurs business models dans les tests de perte de valeur des actifs non financiers ?

36322 (suite)

Réponse

Il convient de faire une distinction selon que le nouveau ou futur business model modifie ou non la structure des actifs existants de l'UGT testée.

1er cas : maintien des actifs existants de l'UGT sans nouvel investissement Dans ce cas, le nouveau business model est pris en compte dans le calcul de la valeur d'utilité de l'UGT testée, mais également dans celui de la juste valeur nette des frais de cession dans la mesure où il peut être considéré comme un business model « de marché » (c'est-à-dire un business model qui serait retenu par n'importe quel acquéreur hypothétique).

2e cas : modification de la structure des actifs de l'UGT avec de nouveaux investissements, des cessions ou des abandons d'actifs Dans ce cas, le nouveau business model ne peut pas être pris en compte dans l'évaluation de la valeur d'utilité, mais peut l'être dans l'évaluation de la juste valeur nette des frais de cession de l'UGT dans la mesure où ce business model constitue un business model « de marché ».

La valeur d'utilité de l'UGT ne pouvant pas prendre en compte les investissements futurs, elle sera généralement inférieure à la juste valeur en cas de modification substantielle des actifs impliquant des abandons, et/ou des cessions d'actifs.

Commentaires La prise en compte des nouveaux ou futurs business models dans l'évaluation de la valeur recouvrable d'une UGT dépend de leurs effets sur la structure des actifs existants.

1er cas : le nouveau business model ne modifie pas les actifs existants de l'UGT Il peut s'agir, par exemple, d'un changement de positionnement d'un magasin de négoce (bas de gamme vers haut de gamme) sans investissement complémentaire. Dans ce cas, le nouveau business model peut, à notre avis, être pris en compte :

- **dans le calcul de la valeur d'utilité de l'UGT** : bien que la norme IAS 36 ne le précise pas, il nous paraîtrait en effet pertinent, pour la détermination de la valeur d'utilité, de prendre en compte les flux futurs estimés résultant de ce changement ;

En effet, cette solution ne nous paraît pas être en contradiction avec les dispositions d'IAS 36 qui prévoient que la valeur d'utilité :

- correspond aux cash-flows futurs estimés des actifs de l'UGT dans l'état actuel de leur utilisation (IAS 36.44) ;
- tient compte des dépenses futures nécessaires pour maintenir le niveau de performance d'un actif dans son état actuel d'utilisation et les entrées de trésorerie y afférentes (IAS 36.49) ;
- exclut les entrées ou sorties de cash-flows futurs estimés résultant d'une restructuration future dans laquelle l'entreprise n'est pas engagée et les dépenses d'investissement futures qui amélioreront ou accroîtront la performance de l'actif (IAS 36.33b).

Pour les modalités de détermination de la valeur d'utilité, voir n° 36315.

- **mais également dans celui de la juste valeur nette des frais de cession de l'UGT** dans la mesure où l'entreprise retient comme méthode d'évaluation une méthode basée sur les cash-flows futurs actualisés de marché, et à condition que le nouveau business model puisse être considéré comme un business model « de marché » (c'est-à-dire un business model retenu par n'importe quel acquéreur hypothétique).

Remarque La méthode des cash-flows actualisés de marché est en pratique peu utilisée. La méthode prépondérante pour estimer la juste valeur reste l'approche dite « de marché » qui consiste à utiliser des multiples de comparables boursiers ou de transactions.

2e cas : le nouveau business model modifie la structure des actifs existants, par exemple, un changement de gamme des produits fabriqués par l'entreprise impliquant des abandons ou des cessions d'actifs et de nouveaux investissements. Dans ce cas, le nouveau business model :

- **ne peut pas être pris en compte dans l'évaluation de la valeur d'utilité de l'UGT**, celle-ci ne devant pas tenir compte des dépenses d'investissement futures qui amélioreront ou accroîtront la performance de l'actif (IAS 36.33b) ;
- **mais peut l'être dans l'évaluation de la juste valeur nette des frais de cession de l'UGT** dans la mesure où ce business model constitue un business model « de marché » qui serait retenu par n'importe quel acquéreur hypothétique.

En pratique, la juste valeur devrait généralement être retenue comme valeur recouvrable, la valeur d'utilité de l'UGT étant généralement inférieure dans le cas d'une modification substantielle des actifs.

Rappel La valeur recouvrable servant de base au calcul des dépréciations doit être la valeur la plus élevée entre la valeur d'utilité et la juste valeur diminuée des coûts de cession (IAS 36.6).

La prise en compte de ce nouveau business model dans la juste valeur ne signifie pas pour autant qu'aucune dépréciation n'est à constater. En effet, préalablement à l'évaluation de la valeur recouvrable de l'UGT, les actifs abandonnés de l'UGT doivent être dépréciés si leur valeur d'utilité est proche de leur juste valeur, c'est-à-dire nulle (IAS 36.22 et .67). En outre, les actifs destinés à être cédés entrant dans le champ d'application de la norme IFRS 5 doivent être évalués au plus faible de la juste valeur nette des frais de cession et de la valeur nette comptable (IFRS 5.15), après avoir été testés pour dépréciation conformément à la norme IAS 36.

Pour l'incidence sur les tests de perte de valeur de la sous-activité impliquant notamment des abandons ou des cessions d'actifs, voir n° 36880.

B. Evaluation de la juste valeur diminuée des coûts de la vente

Modalités pratiques de détermination

36455 ***Question***

Comment déterminer la juste valeur diminuée des coûts de la vente d'un actif ou d'une unité génératrice de trésorerie ?

Réponse

Il convient d'appliquer la norme IFRS 13, Evaluation de la juste valeur, qui classe les données utilisées pour la détermination de la juste valeur selon trois niveaux :
- 1er niveau : prix coté sur un marché actif (sans ajustement) pour un instrument identique ;
- 2e niveau : utilisation uniquement de données observables pour un instrument similaire ;
- 3e niveau : utilisation principalement de données non observables sur un marché.

En pratique, dans le cadre des tests de dépréciation, très peu d'actifs peuvent être évalués selon le 1er niveau de la hiérarchie. En conséquence, d'autres techniques d'évaluation doivent être utilisées, par exemple l'approche de marché fondée sur l'application de multiples de valorisation observés pour des actifs comparables, ou encore la méthode des flux de trésorerie actualisés déterminés non pas sur la base des données internes spécifiques à l'entreprise (telles qu'utilisées pour déterminer la valeur d'utilité), mais sur la base des hypothèses que retiendrait le marché (« discounted cash-flows de marché »).

Commentaires Selon la norme IFRS 13, la juste valeur est le prix qui serait reçu pour la vente d'un actif ou payé lors du transfert d'un passif dans une transaction normale entre des intervenants de marché, à la date d'évaluation (IAS 36.6).

Les modalités de détermination de la juste valeur diminuée des coûts de la vente sont couvertes par la norme IFRS 13, Evaluation de la juste valeur, qui reprend la hiérarchie de la juste valeur retenue par IFRS 7, Instruments financiers – Informations en annexe (voir n° 35963).

Dans le cadre des tests de dépréciation, très peu d'actifs (ou d'activités) sont négociés sur un marché actif et peuvent être évalués selon le 1er niveau de la hiérarchie.

Tel pourrait toutefois être le cas des participations de sociétés mises en équivalence cotées.
Sur la possibilité de prendre en compte une prime ou une décote dans l'évaluation de la juste valeur d'une UGT cotée sur un marché actif (et donc de se départir d'une évaluation égale au produit du cours de marché unitaire par la quantité de titres détenus), voir n° 13384.

En conséquence, d'autres techniques d'évaluation sont utilisées pour évaluer la juste valeur diminuée des coûts de la vente.

Pour certains actifs, notamment les terrains et les immeubles, il est souvent possible d'utiliser une approche « de marché » consistant à utiliser des données de marché relatives aux ventes ou aux locations. Cette approche peut également être mise en œuvre pour l'évaluation des UGT non cotées, en appliquant des multiples de valorisation observés pour des sociétés comparables cotées en bourse ou ayant fait l'objet d'une transaction récente. Toutefois, en l'absence de transactions récentes, la juste valeur diminuée des coûts de la vente peut également être déterminée par référence à des flux de trésorerie actualisés déterminés non pas sur la base des données internes spécifiques à l'entreprise (telles qu'utilisées pour déterminer la valeur d'utilité), mais sur la base des hypothèses que retiendrait le marché (« discounted cash-flows de marché »), par exemple celles des analystes financiers pour l'évaluation d'entreprises comparables du secteur ou d'acquéreurs potentiels (en ce sens notamment IAS 36.BCZ11, .BCZ16, .BCZ17, .BCZ19, .BCZ20 et .BC69c).

Pour plus de détails, voir n° 36460.

D'autres méthodes d'évaluation de la juste valeur (nette des coûts de la vente) peuvent également être utilisées, à notre avis, par exemple l'approche par les redevances (royalties de marché pour des actifs incorporels).

Détermination de la juste valeur nette des frais de cession à partir de DCF de marché

Question 36460

Peut-on déterminer la juste valeur nette des frais de cession d'un actif ou d'une UGT à partir d'un modèle de flux futurs de trésorerie actualisés prenant en compte les hypothèses du marché (« discounted cash-flows » – DCF de marché) ?

Réponse

Oui, sous réserve toutefois du respect de la hiérarchie de la juste valeur prévue par la norme IFRS 13, Evaluation de la juste valeur, et de l'existence de données de marché suffisantes pouvant être retenues dans la mise en œuvre des DCF de marché.

En l'absence de telles données de marché permettant d'avoir une assurance raisonnable que le résultat obtenu à partir de ce modèle est proche du prix que l'entité pourrait retirer si elle cédait demain l'actif/UGT testé(e), la valeur recouvrable doit être déterminée par référence à la valeur d'utilité.

Commentaires Comme prévu par la norme IFRS 13, l'évaluation de la juste valeur nette des frais de cession doit respecter la hiérarchie des techniques d'évaluation qui sont classées par cette norme selon trois niveaux (par ordre décroissant de priorité), voir n° 35963.

La norme IAS 36 ne fournit pas d'autres précisions concernant les modalités de détermination de la juste valeur dans le cadre des tests de dépréciation.

Très peu d'actifs (ou d'activités) faisant l'objet de tests de dépréciation sont négociés sur un marché actif et peuvent être évalués selon le 1er niveau de la hiérarchie. En conséquence, les actifs doivent être évalués en utilisant d'autres techniques d'évaluation.

En l'absence de données disponibles de niveau 2 (transactions portant sur des actifs/UGT similaires), un modèle de « discounted cash-flows » (DCF) basés sur des hypothèses de marché (taux de croissance, rentabilité...), et non les hypothèses propres à l'entité, devrait pouvoir être utilisé, comme seule base d'estimation de la juste valeur de l'actif ou de l'UGT considéré(e). Toutefois, pour cela, il est nécessaire qu'il existe des données de marché externes (par exemple, des taux de croissance publiés par des analystes ou retenus dans des études sectorielles) pouvant être utilisées pour la mise en œuvre de ce modèle.

En outre, le caractère raisonnable et justifié des différences éventuelles entre les cash-flows figurant dans le budget/plan approuvé par la direction et les cash-flows de marché doit pouvoir être démontré.

Par exemple, les différences relatives aux effets des restructurations de marché, voir n° 36315.

L'appréciation du degré de comparabilité d'une transaction récente nécessite une très bonne connaissance des facteurs clés contribuant à la valeur de l'actif ou de l'UGT testé(e), et donc une très bonne connaissance du secteur. C'est un exercice impliquant un haut degré de jugement, pour lequel il peut être recommandé de faire appel à des experts évaluateurs, selon le degré de complexité des cas.

Toutefois, il n'est parfois pas possible d'évaluer la juste valeur diminuée des coûts de sortie parce qu'il n'existe aucune base permettant d'estimer de manière fiable le prix auquel une transaction normale de vente d'un actif serait conclue entre des participants de marché à la date d'évaluation dans les conditions actuelles du marché. Dans un tel cas, l'entité peut utiliser la valeur d'utilité de l'actif comme valeur recouvrable (IAS 36.20).

1. Conditions d'utilisation de la méthode des DCF Il conviendra de vérifier que les hypothèses retenues pour établir les business plans concordent avec les informations observables sur le marché (données macroéconomiques, analyses établies par des courtiers et d'autres experts indépendants).

L'AMF a indiqué à plusieurs reprises certaines précautions à respecter lors du recours à la méthode des flux futurs de trésorerie de marché pour déterminer la juste valeur (Rec. AMF 2008-22, Arrêté des Comptes 2008, § 3.2, renvoyant à la recommandation AMF en vue de l'arrêté des comptes 2007, Rec. AMF 2007-23). Notamment, par exemple :
- documentation de cette approche par des données de marché (benchmark) ;
- processus d'établissement du business plan connu et jugé satisfaisant pour être utilisé dans l'évaluation ;
- business plan préparé par le management non utilisé tel quel dans le modèle ;
- justification que les hypothèses du business plan sont en phase avec le marché (augmentations de capacité et restructurations futures, croissance du chiffre d'affaires, niveaux de rentabilité...), sur la base de documentations externes (études sectorielles, notes d'analyse) ;
- rapprochement entre les valeurs obtenues et les transactions comparables et explication de tout écart ;
- analyses de sensibilité aux principales hypothèses ;
- justification que des méthodes analogiques (par exemple, multiples) n'ont pas été retenues à titre principal ;
- description précise des hypothèses clés utilisées ainsi que de leurs évolutions par rapport au passé ;
- mention des sources utilisées.

Par ailleurs, des informations spécifiques doivent être communiquées en annexe en cas de recours à la méthode des « discounted cash-flows » (IAS 36.134e) :
- la période sur laquelle la direction a fait ses projections de flux de trésorerie ;
- le taux de croissance utilisé pour extrapoler les projections de flux de trésorerie ;
- le(s) taux d'actualisation appliqué(s) aux projections de flux de trésorerie.

IAS 36.134e précise également qu'il n'est pas nécessaire de fournir les informations requises par IFRS 13.

Sur la pertinence d'utiliser la méthode des « DCF » dans le contexte de crise économique, voir n° 36830.

2. Utilisation en pratique de cette méthode L'approche par l'actualisation des flux futurs de trésorerie basés sur des hypothèses de marché est en pratique peu mise en œuvre. Cette méthode offre la possibilité de tenir compte dans les flux futurs de trésorerie d'éléments que la norme ne permet pas de considérer en valeur d'utilité (par exemple, des restructurations non engagées ou des lancements de nouveaux produits, sous réserve toutefois que ces éléments soient retenus par des acquéreurs hypothétiques, voir n° 36315 et 36320).

C. Détermination de la valeur d'utilité

Valeur d'utilité : détermination des flux de trésorerie

36505 ***Question***

Comment déterminer les flux de trésorerie pris en compte dans la valeur d'utilité ?

Réponse

Les estimations de flux de trésorerie futurs doivent être fondées sur :
- les flux de trésorerie tels que prévus dans les budgets de la direction, sans que les budgets prévisionnels puissent être pris en compte au-delà d'une durée maximum de cinq ans (sauf cas particulier justifié) ;
- une extrapolation de ces flux de trésorerie budgétés pour le reste de la durée d'utilité de l'actif, en utilisant un taux de croissance stable ou décroissant – à moins qu'un taux croissant ne soit justifié ;
- une estimation des flux de trésorerie nets à recevoir lors de la cession de l'actif ou de l'UGT à la fin de sa durée d'utilité.

Commentaires :

1. Hypothèses générales sur lesquelles sont fondées les projections de flux de trésorerie futurs Les projections de flux de trésorerie futurs prises en compte dans la détermination de la valeur d'utilité sont basées sur des hypothèses raisonnables et documentées représentant la meilleure estimation par la direction de l'ensemble des conditions économiques qui existeront pendant la durée d'utilisation restant à courir de l'actif (IAS 36.33a). **36505** (suite)

Décisions et recommandations de l'ESMA et de l'AMF Dans ses recommandations en vue de l'arrêté des comptes 2006, l'AMF a insisté sur la cohérence nécessaire entre les hypothèses utilisées (relatives notamment aux budgets et perspectives d'activité) pour la détermination de la valeur d'utilité et celles éventuellement utilisées dans le cadre de l'évaluation des impôts différés actifs (Rec. AMF 2006-22, Arrêté des Comptes 2006, § 5.3). L'ESMA a, par ailleurs, confirmé l'importance de retenir des hypothèses raisonnables et documentées dans la détermination de la valeur d'utilité (en ce sens, décision EECS/0112-08, 10/12). L'ESMA et l'AMF ont également rappelé qu'IAS 36.33a spécifie qu'un poids plus important doit être accordé aux indications externes (« ESMA Report : European enforcers review of impairment of goodwill and other intangible assets in the IFRS financial statements » – ESMA/2013/2, décision ESMA EECS/0215-07 et Rec. AMF 2020-09, Arrêté des Comptes 2020, § 3.2).

2. Durée de projection des prévisions de flux de trésorerie Les estimations de flux de trésorerie futurs doivent être fondées sur (IAS 36.33b et .33c) :

a. les flux de trésorerie tels que prévus dans les budgets de la direction, sans que les budgets prévisionnels puissent être pris en compte au-delà d'une durée maximum de cinq ans, sauf cas particulier justifié (IAS 36.33b) ;

Remarque Ces flux de trésorerie budgétés ne doivent cependant pas inclure, entre autres éléments, les entrées et sorties futures de trésorerie devant résulter de restructurations futures ou d'investissements visant à améliorer la performance de l'actif ou de l'UGT (IAS 36.33b et .44 s.). Pour plus de détails, voir n° 36320.

b. pour le reste de la durée d'utilité de l'actif, une extrapolation de ces flux de trésorerie budgétés en utilisant un taux de croissance stable ou décroissant, à moins qu'un taux croissant ne soit justifié (IAS 36.33c).

Ce taux de croissance doit être inférieur au taux de croissance moyen à long terme (par exemple, 20 ans) des produits, des secteurs d'activité ou du (ou des pays) dans lequel (lesquels) l'entreprise opère ou pour le marché pour lequel l'actif est utilisé, à moins qu'un taux supérieur ne soit justifié (IAS 36.33c).

Le taux peut être croissant s'il concorde avec une information objective quant aux évolutions du cycle de vie d'un produit ou d'un secteur d'activité (IAS 36.36).

La norme précise en outre que des budgets/prévisions financiers de flux de trésorerie détaillés, explicites et fiables n'existent généralement pas au-delà de cinq ans. L'utilisation de durées de projection supérieures à cinq ans n'est ainsi possible que si la direction considère que ces prévisions sont fiables et si elle est en mesure de démontrer, sur la base de son expérience passée (voir point 3. ci-après), sa capacité à faire des prévisions fiables sur des durées supérieures à cinq ans (IAS 36.35).

Des informations doivent en outre être fournies en annexe (IAS 36.134d.iii).

En pratique, les entreprises utilisent souvent des projections sur une période allant de trois à cinq ans. Toutefois, pour des activités en développement ou en mutation, des durées de projection plus longues peuvent être retenues (dans les conditions de prudence précitées).

Remarque A notre avis, lorsque l'horizon retenu est supérieur à 5 ans, par exemple 8 ans pour une activité en développement, cet horizon « de maturité » ne peut pas être rallongé chaque année (ni même être 8 ans « glissants »). A l'inverse, il doit être réduit progressivement pour revenir à la durée de projection « standard » qui ne doit pas excéder 5 ans, le reste de la durée d'utilité de l'actif étant couvert par une extrapolation des budgets détaillés.

Si l'horizon de maturité initialement défini n'est pas respecté, ceci constitue un indicateur de perte de valeur.

c. et une estimation des flux de trésorerie nets à recevoir lors de la cession de l'actif ou de l'UGT à la fin de sa durée d'utilité (IAS 36.52), appelée aussi valeur terminale.

Cette estimation est effectuée sur la base d'une transaction réalisée dans des conditions de concurrence normale entre des parties bien informées et consentantes, après déduction des coûts de sortie estimés (IAS 36.52). Elle est déterminée d'une manière similaire à celle de la juste valeur d'un actif diminuée des coûts de la vente, à l'exception du fait que pour estimer ces flux de trésorerie nets (IAS 36.53) :

– une entité utilise les prix prévalant à la date de l'estimation pour des actifs similaires arrivés à la fin de leur durée d'utilité et exploités dans des conditions similaires à celles dans lesquelles l'actif sera utilisé ;

– l'entité ajuste les prix pour tenir compte tant de l'effet des augmentations de prix futures dues à l'inflation que des augmentations ou des diminutions de prix propres à l'actif. Toutefois, si les estimations des flux de trésorerie futurs provenant de l'utilisation continue de l'actif et le taux d'actualisation ne tiennent pas compte de l'effet de l'inflation, l'entité exclut également cet effet de l'estimation des flux de trésorerie nets liés à la sortie.

En pratique, les modalités de calcul de la valeur terminale par les évaluateurs sont multiples. L'approche adoptée doit l'être en cohérence avec le business plan en se posant la question des perspectives et du caractère normatif de l'activité. Il existe une approche fondée sur l'actualisation de flux normatifs que la société s'attend à pouvoir maintenir à long terme. Pour des activités cycliques, la dernière année du business plan ne constitue pas toujours une année de référence. Il est donc important de porter une attention particulière à la détermination du flux normatif dans la mesure où la valeur terminale représente une part significative de la valeur recouvrable.

La valeur terminale peut également être estimée par une approche de marché, via l'utilisation d'un multiple (EBITDA, EBIT, par exemple). Dans certains cas, les deux approches peuvent permettre de conforter la valeur terminale.

3. Nécessité de vérifier le caractère raisonnable des hypothèses retenues Le caractère raisonnable des hypothèses sur lesquelles ces projections de flux de trésorerie sont fondées (IAS 36.34) est évalué en examinant :

– les causes des différences constatées entre les prévisions de flux de trésorerie effectuées par la direction et les flux de trésorerie réels ; en tenant compte, si nécessaire, des effets des événements significatifs ou des circonstances qui n'existaient pas lorsque les flux de trésorerie réels sont intervenus ;

– la cohérence des hypothèses retenues au titre de l'exercice avec les flux de trésorerie réels passés.

Cette démarche a été rappelée à plusieurs reprises par l'ESMA (par exemple, dans sa décision EECS/0112-08, 10/12) et plus récemment dans le contexte de la crise sanitaire et économique de Covid-19 en 2020 par l'ESMA (ESMA 32-63-972), par l'AMF (« Publication du rapport financier semestriel dans le contexte Covid-19 : l'AMF présente quelques principes à respecter ») et par la CNCC (Questions/Réponses relatives aux conséquences de la crise sanitaire et économique liée à l'épidémie de Covid-19, § 2.3).

Pour les précautions à prendre dans un contexte de crise économique, voir n° 36800.

4. Nécessité de vérifier que les données utilisées pour déterminer la valeur d'utilité et la valeur comptable de l'UGT sont comparables Lors du test de dépréciation, il est nécessaire de s'assurer que les données retenues pour le calcul de la valeur d'utilité sont comparables à celles utilisées pour le calcul de la valeur comptable de l'UGT.

Par exemple, si les flux de trésorerie liés aux créances clients sont pris en compte pour le calcul de la valeur d'utilité, il est nécessaire de s'assurer que la valeur comptable de l'UGT tient également compte des créances clients.

Il en est de même pour la prise en compte des stocks, à condition toutefois que les données soient comparables.

En effet, dans la valeur comptable de l'UGT, les stocks sont constatés à leur coût, alors que les flux de trésorerie qui leur sont associés incluent la marge prévue lors de la vente de ces stocks. Dans ce cas, il est nécessaire de corriger la valeur des stocks dans la valeur comptable de l'UGT pour intégrer le prix de vente attendu du stock.

En 2015, l'ESMA a rappelé que la valeur nette comptable d'une UGT doit inclure tous les actifs et passifs qui permettent à une UGT de générer des flux de trésorerie de manière indépendante (immobilisations corporelles, actifs incorporels, goodwill et éléments du besoin en fonds de roulement – BFR) et non pas seulement le goodwill ou un actif incorporel (EECS/0215-07, 11/15).

Valeur d'utilité : incertitudes liées à la réalisation des prévisions de flux de trésorerie

36520 ***Question***

Quelle est la méthode la plus appropriée pour déterminer la valeur d'utilité lorsqu'il existe des incertitudes importantes sur la réalisation des prévisions de flux de trésorerie ?

Réponse

En général, il convient d'utiliser plusieurs scénarios de projection des flux de trésorerie et d'intégrer les incertitudes dans les différentes estimations ainsi réalisées (plutôt que dans le taux d'actualisation).

Commentaires Le calcul de la valeur d'utilité d'un actif doit refléter les éléments suivants (IAS 36.30) :

a. une estimation des flux de trésorerie futurs que l'entité s'attend à obtenir de l'actif ;

b. les attentes relatives à des variations éventuelles du montant ou de l'échéancier de ces flux de trésorerie futurs ;

c. la valeur temps de l'argent, représentée par le taux d'intérêt sans risque actuel du marché ;

d. le prix pour supporter l'incertitude inhérente à l'actif ; et

e. d'autres facteurs, tels que l'illiquidité, que les participants du marché refléteraient dans l'estimation des flux de trésorerie futurs que l'entité s'attend à obtenir de l'actif.

Les éléments b., d. et e. (qui reflètent différentes natures de risque attachées à l'actif) peuvent être pris en compte (IAS 36.32 et .A2) :
- soit dans les estimations de flux de trésorerie futurs (approche des flux de trésorerie attendus, qui nécessite de réaliser des estimations de flux de trésorerie pour chacune des hypothèses possibles selon IAS 36.A7) ;
- soit dans le taux d'actualisation (approche « traditionnelle »).

Quelle que soit la méthode retenue pour tenir compte des variations possibles du montant ou de l'échéance des flux de trésorerie futurs, le calcul de la valeur d'utilité doit refléter la valeur actualisée attendue des flux de trésorerie futurs correspondant à une moyenne pondérée des différentes projections affectées chacune d'un coefficient de probabilité (IAS 36.32 et .A2).

Il convient en outre de veiller à ce que les incertitudes ne soient pas prises en compte deux fois : une fois dans les projections de flux de trésorerie et une autre fois dans le taux d'actualisation.

L'approche traditionnelle met l'accent sur l'utilisation d'un taux d'actualisation qui intègre toutes les attentes relatives aux flux futurs de trésorerie et la prime de risque appropriée.

Ainsi, la recherche correcte du « taux à la mesure du risque » (c'est-à-dire l'application de la méthode traditionnelle) exige de se référer à un actif suffisamment similaire existant sur le marché et pour lequel il existe un taux de rendement observable (IAS 36.A6). Le taux d'actualisation approprié concernant les flux de trésorerie mesurés doit être déterminé à partir du taux de rendement observable de cet autre actif.

La norme IAS 36 considère que la méthode des flux de trésorerie attendus est plus appropriée dans certaines situations, notamment les plus complexes et/ou celles où il n'existe pas de marché pour l'actif ou pour un actif similaire (IAS 36.A6 et .A7). A notre avis, la possibilité d'utiliser plusieurs projections est particulièrement appropriée dans le cas d'activités où il existe des incertitudes importantes car elle permet de refléter les incertitudes dans les flux de trésorerie au lieu de les traduire par une prime spécifique dans le taux d'actualisation.

Dans le contexte de la crise sanitaire et économique de Covid-19 en 2020, la pertinence de la méthode des flux de trésorerie attendus a été rappelée par l'ESMA (« Implications of the Covid-19 outbreak on the half-yearly financial reports » – 20 mai 2020 – ESMA 32-63-972) et l'AMF (« Publication du rapport financier semestriel dans le contexte Covid-19 : l'AMF présente quelques principes à respecter » – 20 mai 2020), ainsi que par la CNCC (Questions/Réponses relatives aux conséquences de la crise sanitaire et économique liée à l'épidémie de Covid-19, § 2.4).

La pertinence de cette méthode a également été soulignée par l'ESMA dans le contexte de l'invasion russe de l'Ukraine (« ESMA : Public Statement – Implications of Russia's invasion of Ukraine on half-yearly financial reports » – 13 mai 2022 – ESMA 32-63-1277).

Sur l'approche à retenir en période de crise économique, voir n° 36835.

Toutefois, cette prise en compte de différentes projections probabilisées n'élimine pas pour autant le risque d'exploitation, ce qui implique que les flux soient actualisés à un taux « risqué », mais sans prime spécifique.

Des explications supplémentaires sur l'utilisation des techniques de la valeur actualisée dans l'évaluation de la valeur d'utilité d'un actif sont fournies par l'Annexe A de la norme IAS 36 (IAS 36.A).

Valeur d'utilité : taux d'actualisation avant ou après impôts

Question 36535

Le taux d'actualisation à retenir pour le calcul de la valeur d'utilité d'un actif (ou d'une unité génératrice de trésorerie) doit-il être un taux avant ou après impôts ?

36535 (suite)

Réponse

En théorie, un taux d'actualisation avant impôts.

En pratique, un tel taux n'existant généralement pas sur le marché, la valeur d'utilité est calculée en appliquant un taux d'actualisation après impôts à des flux de trésorerie après impôts.

Ces flux de trésorerie après impôts doivent être déterminés en tenant compte des flux prévisionnels effectifs d'impôt pour chaque période de projection, ce qui nécessite en pratique de déterminer le montant et le calendrier prévisionnel de reversement des effets d'impôts différés significatifs.

Le résultat est en principe identique à celui qui aurait été obtenu en actualisant des flux de trésorerie avant impôts avec un taux avant impôts.

Pour les besoins d'information en annexe, le taux d'actualisation avant impôts est ensuite déterminé selon une « méthode itérative » similaire à celle utilisée pour déterminer le taux de rendement interne d'un actif.

Commentaires La norme IAS 36 relative aux dépréciations d'actifs requiert que les flux futurs de trésorerie à prendre en compte pour calculer la valeur d'utilité d'un actif ou d'une unité génératrice de trésorerie (UGT) doivent être des flux avant impôts (IAS 36.50b). Ainsi, le taux d'actualisation à retenir est également un taux avant impôts (IAS 36.55).

Remarque Pour la détermination des flux de trésorerie actualisés selon qu'il s'agit de calculer la valeur d'utilité ou la juste valeur (évaluée selon la méthode des cash-flows actualisés), voir n° 36315.

Cependant, il s'avère que les taux d'actualisation observables sur le marché prennent généralement en compte les effets d'impôts.

Tel est le cas par exemple lorsque le taux d'actualisation est déterminé à partir du coût moyen pondéré du capital.

Par ailleurs, l'IASB indique qu'en théorie, actualiser des cash-flows après impôts avec un taux après impôts ou actualiser des cash-flows avant impôts avec un taux avant impôts (comme le requiert la norme IAS 36) devrait conduire à un résultat identique, sous réserve toutefois que le taux avant impôts corresponde au taux d'actualisation après impôts ajusté afin de refléter le montant et le calendrier prévisionnel des flux de trésorerie liés aux impôts (IAS 36.BCZ85).

Aussi, la solution généralement retenue en pratique consiste-t-elle à actualiser, avec un taux d'actualisation après impôts, les flux de trésorerie après impôts, ces derniers devant être déterminés en tenant compte des flux prévisionnels effectifs d'impôt pour chaque période de projection (c'est-à-dire après neutralisation des effets d'impôts différés). Cela nécessite en pratique de déterminer le montant et le calendrier de reversement des différences temporelles lorsqu'elles sont significatives.

Le taux d'actualisation avant impôts est ensuite déterminé au moyen d'un processus itératif similaire à celui utilisé pour calculer le taux de rentabilité interne d'un actif. Ce taux doit, pour chaque UGT (ou groupe d'UGT) pour laquelle (lequel) la valeur comptable du goodwill ou des immobilisations incorporelles à durée d'utilité indéterminée affectée à cette UGT (ou groupe d'UGT) est importante par comparaison à la valeur comptable totale des goodwills ou des immobilisations incorporelles à durée d'utilité indéterminée de l'entité, être indiqué en annexe (IAS 36.134d). Le CESR (devenu l'ESMA) avait confirmé cette démarche (EECS/0910-09, 10/10).

Cette solution, conforme aux dispositions de la norme IAS 36, est privilégiée par les évaluateurs au motif qu'elle est plus simple à mettre en œuvre que la solution consistant à utiliser un taux avant impôts.

Remarque La réalisation de calculs après impôts pour la détermination de la valeur d'utilité, sans tenir compte des différences temporelles significatives, ou encore la réalisation de calculs avant impôts, en utilisant un taux d'actualisation déterminé au travers d'une règle de trois à partir du taux d'impôt normatif (« grossed up rate »), ont comme effet de biaiser le montant de la dépréciation éventuelle à constater. La norme (IAS 36.BCZ85) précise d'ailleurs que le taux avant impôt n'est pas toujours équivalent au taux après impôt augmenté (« grossed up ») du taux d'impôt normatif.

Pour les conséquences d'une crise économique sur le taux d'actualisation, voir n° 36840.

D. Identification des unités génératrices de trésorerie (UGT)

Modalités de détermination des UGT

Question 36550

Comment identifier les unités génératrices de trésorerie (UGT) pour les besoins du test de dépréciation des actifs non financiers ?

Réponse

Le test de dépréciation d'un actif est réalisé au niveau d'une UGT lorsque cet actif ne génère pas de flux de trésorerie de manière indépendante. L'UGT est le plus petit groupe identifiable d'actifs comprenant cet actif dont l'utilisation génère des flux de trésorerie indépendamment des autres actifs ou groupes d'actifs.

Pour l'identification de l'UGT, l'entreprise doit faire preuve de jugement en tenant compte de différents facteurs parmi lesquels :
- la manière dont la direction gère les activités de l'entité ou prend ses décisions en matière de poursuite ou de sortie des actifs ou des activités de l'entreprise ; et
- l'existence d'un marché actif pour tout ou partie de la production résultant de l'actif ou du groupe d'actifs.

Lorsque la définition des UGT nécessite l'exercice du jugement, il est nécessaire de fournir en annexe des informations sur leurs modalités de détermination.

Commentaires :

1. **Principe général de réalisation du test de dépréciation d'un actif au niveau d'une UGT** La réalisation d'un test de perte de valeur nécessite de déterminer la juste valeur et la valeur d'utilité d'un actif. La valeur recouvrable d'un actif n'est déterminée pour un actif considéré individuellement que si cet actif génère des flux de trésorerie indépendants des autres actifs. Si un actif ne génère pas de flux de trésorerie de manière indépendante, il doit alors être testé pour dépréciation au niveau de l'UGT à laquelle il se rattache (IAS 36.22). Il convient alors de déterminer le plus petit groupe identifiable d'actifs comprenant cet actif dont l'utilisation continue génère des entrées de trésorerie largement indépendantes des entrées de trésorerie générées par d'autres actifs ou groupes d'actifs (IAS 36.6 et .68).

Toutefois, il existe deux cas particuliers dans lesquels l'actif doit être testé individuellement bien qu'il ne génère pas de flux de trésorerie indépendants (IAS 36.22) :
- l'actif a une juste valeur nette des coûts de la vente supérieure à sa valeur comptable (ce qui est suffisant pour conclure à l'absence de perte de valeur) ; ou
- sa valeur d'utilité estimée est proche de sa juste valeur nette des coûts de la vente et cette juste valeur peut être évaluée (cette situation se rencontre lorsqu'une cession imminente de l'actif a été décidée, auquel cas les flux de trésorerie attendus de l'utilisation sont insignifiants et la quasi-intégralité de la valeur d'utilité provient de la valeur résiduelle, convergeant ainsi vers la juste valeur).

Pour le niveau du test de dépréciation d'un droit d'utilisation IFRS 16, voir n° 33670.

2. **Nature des flux de trésorerie à considérer** Les flux de trésorerie qui doivent être générés de manière indépendante des autres actifs correspondent aux flux entrants. L'existence de coûts mutualisés entre deux « business unit » n'est pas un argument pour agréger ces deux unités dans une même UGT.

L'IFRS IC avait été interrogé en janvier 2007 sur la possibilité de combiner plusieurs magasins d'une chaîne au sein d'une même UGT dans le cas, notamment, de l'existence d'infrastructures partagées ou de politiques marketing ou de ressources humaines communes. L'IFRS IC a confirmé que l'identification d'une unité génératrice de trésorerie est basée sur les entrées de trésorerie, plutôt que sur les flux de trésorerie nets et a donc exclu la possibilité de prise en compte des coûts communs d'infrastructure et de marketing (IFRIC Update 3/07).

3. **Indicateurs à considérer** Pour déterminer si les flux de trésorerie générés par un actif ou un groupe d'actifs sont indépendants des autres actifs, l'entreprise doit considérer différents facteurs, dont (IAS 36.69) :
- la manière dont la direction gère les activités de l'entité (par ligne de produits, site, magasin, région, etc.) ; ou
- la manière dont elle prend ses décisions en matière de poursuite ou de sortie des actifs ou des activités de l'entreprise (IAS 36.69).

36550 (suite) Ainsi, en pratique, l'identification des unités génératrices de trésorerie est généralement proche de la structure de reporting interne.

Décisions de l'ESMA :

– **Identification des UGT pour un groupe de magasins** (EECS/0114-04, 09/14) L'ESMA a remis en cause la manière dont un émetteur, disposant d'un important réseau de magasins opérant sous différentes marques, avait défini ses UGT.

L'émetteur avait considéré que chaque UGT était constituée par l'ensemble des magasins opérant sous une même marque. Pour le justifier, il avait argué que les magasins ne fonctionnaient pas de manière totalement autonome, certains revenus (tels que les remises sur volume) étant gérés par marque et non par magasin.

L'ESMA a relevé que l'émetteur disposait d'informations quotidiennes et mensuelles par magasin, utilisées pour prendre des décisions d'investissement et d'exploitation au niveau de chaque magasin. En outre, le régulateur a considéré que les remises sur volume déterminées par marque étaient non significatives comparées aux flux de trésorerie générés par les magasins. Ainsi, l'ESMA a considéré que les UGT devaient être définies au niveau de chaque magasin.

– **Identification des UGT pour un gisement de schiste** (EECS/0216-12, 01/17) L'ESMA a remis en cause la décision d'un émetteur qui avait conclu que son gisement de schiste non conventionnel constituait une seule UGT. L'ESMA a relevé que le gisement était constitué de plusieurs réservoirs distincts, générant des flux de trésorerie indépendamment les uns des autres. En outre, il a été noté que la gestion et l'allocation des ressources par la direction se faisaient à un niveau plus granulaire que le gisement de schiste dans son ensemble. De ce fait, l'ESMA a considéré que l'émetteur aurait dû identifier plusieurs UGT au sein du gisement.

4. **UGT et intégration verticale** Il se peut que tout ou partie de l'output d'un actif ou d'un groupe d'actifs soit utilisé en interne par l'entité. Tel est le cas, par exemple, d'activités intégrées verticalement, les unités amont vendant des produits intermédiaires aux unités aval. Dans ce cas, s'il existe un marché actif pour l'output généré par cet actif ou groupe d'actifs, ce dernier doit être identifié comme une UGT, même si la production est, en tout ou partie, utilisée en interne (IAS 36.70).

Tel peut être le cas, par exemple, des activités intégrées verticalement dans le secteur pétrolier (exploration et production, raffinage et chimie, distribution), car il existe un marché actif pour les produits bruts sortant des unités de production et pour les produits raffinés sortant des unités de transformation.

Dans ce cas, si les prix de cession interne ne sont pas représentatifs de transactions entre parties indépendantes, il est nécessaire, pour les besoins des tests de dépréciation, de retraiter les flux de trésorerie entrants chez les unités amont, ainsi que les flux de trésorerie sortants chez les unités aval, de façon à refléter des prix de marché (IAS 36.71 ; voir Exemple ci-après).

Décision de l'ESMA – Identification d'une UGT (EECS/0122-09, 05/22) L'ESMA a exprimé son désaccord avec un émetteur ayant traité des entrepôts comme des UGT distinctes et a exigé qu'ils soient traités comme des actifs de support.

L'émetteur exerce une activité de commerce de détail, à partir de magasins physiques et d'un site de vente en ligne (représentant 16 % des ventes). Les marchandises sont stockées dans des entrepôts centraux qui servent les magasins physiques (ventes internes au groupe) et le site de vente en ligne (ventes externes). L'émetteur avait considéré que les entrepôts constituaient des UGT séparées, et avait testé les différents entrepôts et magasins en s'appuyant sur les prix de cession internes au groupe, qui sont construits de façon à garantir un niveau de marge prédéterminé aux magasins.

Le régulateur a observé que l'utilisation de ces prix de cession internes aboutissait de façon mécanique à ne jamais constater de perte de valeur sur un magasin et a considéré que ces prix de cession internes n'étaient pas représentatifs de prix d'échange entre parties indépendantes (IAS 36.70). Le régulateur a également considéré que les entrepôts ne pouvaient pas constituer des UGT séparées, parce que les flux de trésorerie qu'ils généraient étaient étroitement liés aux ventes des magasins physiques et parce qu'il n'existait pas de marché actif pour les marchandises sortant des entrepôts, au regard des faibles volumes de ventes directes. Le régulateur a considéré que les entrepôts constituaient des actifs de support, ne devant donc pas être testés individuellement, mais devant être alloués aux UGT correspondant aux différents magasins physiques et au site de vente en ligne.

5. **Exercice du jugement** L'identification des UGT nécessite l'exercice du jugement. Les méthodes d'identification des unités génératrices de trésorerie doivent, par ailleurs, être permanentes et cohérentes d'un exercice à l'autre (IAS 36.72).

En pratique, la définition d'une UGT dépend de la nature de l'activité :

– dans les activités de distribution ou de commerce de détail, l'UGT correspond, le plus souvent, à un point de vente (magasin, hôtel, ou restaurant) ;

Pour une illustration, voir décision de l'ESMA – Identification des UGT pour un groupe de magasins (EECS/0114-04, 09/14), détaillée au point 3. ci-avant.

- dans les activités d'équipementiers ou de constructeurs, l'UGT correspond, selon le cas, à l'usine, au modèle ou au programme. **36550** (suite)

6. Informations à fournir en annexe sur la détermination des UGT IAS 36.130d requiert de communiquer en annexe une description des UGT concernées lorsqu'une perte de valeur a été comptabilisée ou reprise au niveau de cette UGT, au cours de la période.

Recommandations de l'AMF L'AMF a régulièrement encouragé les émetteurs à faire preuve de transparence sur la manière dont les UGT sont définies. Ainsi, dans ses recommandations en vue de l'arrêté des comptes 2006, l'AMF indique qu'il est particulièrement utile d'expliquer de façon appropriée comment la définition des UGT a été mise en œuvre (et ce, même en l'absence de comptabilisation d'une perte de valeur). En effet, l'analyse retenue est susceptible d'avoir une incidence significative sur le niveau de dépréciation éventuelle. En outre, en cas de perte de valeur ou de reprise de perte de valeur, la production préalable d'une telle information facilite la compréhension des éléments à fournir en application d'IAS 36.130d, tels que mentionnés ci-avant (Rec. AMF 2006-22, Arrêté des Comptes 2006, § 5.2). Dans ses recommandations en vue de l'arrêté des comptes 2021, l'AMF a fait part de points d'attention relevés lors de sa revue des états financiers, et dans ce cadre, l'AMF a de nouveau invité les émetteurs à clarifier le niveau auquel les tests sont effectués, en lien avec les notions d'UGT et de groupements d'UGT (Rec. AMF 2021-06, Arrêté des Comptes 2021, § 1.1.2).

7. Pour le cas particulier du niveau auquel le goodwill est testé, voir nº 22660.

■ ***Exemple 1***

Une société de ramassage scolaire assure le ramassage des élèves sur trois itinéraires différents. Un service minimum est imposé pour chacune des trois lignes (selon les termes du contrat conclu avec la municipalité). Les actifs affectés comme les flux de trésorerie générés relatifs à chaque itinéraire peuvent être identifiés séparément. Les résultats d'exploitation de deux lignes de transport sont bénéficiaires et le résultat d'une ligne est fortement déficitaire.

Solution de l'exemple 1 *La société a une seule UGT regroupant l'ensemble des actifs nécessaires à l'exploitation des trois lignes car elle a signé un contrat avec la municipalité conduisant à assurer un service minimum pour chacune des trois lignes de bus. Que le résultat d'exploitation d'une ligne soit bénéficiaire ou déficitaire, la société ne peut pas réduire son activité en dessous du service minimum ou arrêter l'exploitation de la ligne. Il ne peut donc pas être considéré que les actifs dédiés à chaque ligne de ramassage scolaire génèrent des entrées de trésorerie indépendantes.*

■ ***Exemple 2***

Une entité a trois activités, A, B et C. Le produit fabriqué par A peut être vendu librement sur un marché mais la direction choisit d'utiliser tous les produits de l'activité A dans l'activité B. Le produit de l'activité B n'a pas de marché actif et est vendu comme input à l'entité C. Les produits de l'activité C sont vendus à des tiers. La direction gère A, B et C comme une activité unique.

Solution de l'exemple 2 *L'activité A est une UGT distincte parce qu'il y a un marché actif pour son produit, et ce, bien que les produits de cette activité soient intégralement utilisés en interne par B. La direction doit évaluer les sorties de trésorerie de l'UGT A sur la base du prix de marché (qui peut être différent du prix de transfert interne). L'activité B n'est pas une UGT distincte parce qu'il n'y a pas de marché actif pour son produit et qu'elle ne génère pas de flux de trésorerie indépendamment de l'activité C.*

B doit en effet transférer les produits qu'elle fabrique à l'activité C qui les retraite et vend le produit final à des tiers.

Les activités B et C forment donc ensemble une UGT.

■ ***Exemple 3***

Une entité minière possède une desserte ferroviaire privée pour son activité d'extraction de minerais. Cette desserte, construite uniquement pour les besoins de l'entreprise, ne peut être vendue que pour sa valeur à la casse. En outre, elle ne génère pas d'entrées de trésorerie qui soient largement indépendantes des entrées de trésorerie des autres actifs de l'entreprise.

Solution de l'exemple 3 *Il n'est pas possible d'estimer la valeur recouvrable de la desserte ferroviaire car sa valeur d'utilité ne peut pas être déterminée en l'absence d'entrées de trésorerie indépendantes des autres actifs utilisés pour l'activité d'extraction. En outre, cette valeur d'utilité serait probablement différente de la juste valeur diminuée des coûts de la vente correspondant au prix de la casse.*

Par conséquent, l'entreprise doit :

- identifier l'UGT à laquelle la desserte ferroviaire appartient, cette UGT pouvant regrouper l'ensemble des actifs d'extraction de la mine ; et

- estimer la valeur recouvrable de cette UGT.

Modalités de dépréciation d'une marque

36555 *Question*

En pratique, une marque peut-elle être testée pour dépréciation de façon isolée ?

Réponse

Généralement non car une marque ne génère pas d'entrées de trésorerie largement indépendantes de celles générées par d'autres actifs (sauf cas particulier).

En pratique, le test de dépréciation d'une marque doit donc être réalisé au sein de l'UGT (ou du groupe d'UGT) à laquelle est rattachée la marque, sauf cas particulier.

Commentaires :

1. **Principe général** Dès lors qu'un actif ne génère pas de flux de trésorerie de manière indépendante des autres actifs, il doit être testé pour dépréciation au niveau de l'UGT à laquelle il appartient (IAS 36.22).

Sur les modalités de détermination de l'UGT, voir n° 36550.

Tel est le cas en règle générale d'une marque. En effet, une marque est généralement utilisée pour faciliter la vente de biens ou de services, et les revenus générés par ces biens ou services ne peuvent pas être scindés entre ceux résultant de la marque et ceux relatifs aux coûts de production des biens ou services.

En conséquence, le test de dépréciation d'une marque est en principe effectué au niveau de l'UGT (ou du groupe d'UGT) à laquelle la marque appartient (IAS 36.22 et .67).

Pour la détermination de la valeur recouvrable, voir n° 36305 et 36310.

Toutefois, dans certains cas, une **marque** peut devoir être **affectée à plusieurs UGT**. Il en est ainsi, par exemple, d'une marque internationale utilisée par plusieurs UGT « pays ». Dans ce cas, il s'agit d'un **actif de support**, qui doit être affecté aux différentes UGT concernées sur une base raisonnable, cohérente et permanente (IAS 36.100 et .102).

Le test de dépréciation de ces UGT consiste alors à comparer leur valeur comptable, y compris la partie de la marque affectée à l'UGT, à sa valeur recouvrable. Toute perte de valeur doit être comptabilisée selon les dispositions générales d'affectation de la dépréciation à une UGT (IAS 36.104).

Aussi, si la marque ne peut pas être affectée à une UGT déterminée sur une base cohérente et permanente, l'entité doit (IAS 36.102 et .IE69 à .IE79 Exemple 8) :

- pour chaque UGT qui utilise la marque, comparer sa valeur comptable, à l'exclusion de la marque, à sa valeur recouvrable ;
- identifier le plus petit groupe d'UGT qui bénéficient de la marque ; et
- comparer la valeur comptable de ce groupe d'UGT, y compris la valeur comptable de la marque affectée à ce groupe d'UGT, à la valeur recouvrable du groupe d'unités.

Toute perte de valeur doit être comptabilisée selon les dispositions générales d'affectation de la dépréciation à une UGT (IAS 36.104, voir point 3b. ci-après).

2. **Cas particulier où la marque peut être testée de manière séparée** La norme IAS 36 prévoit, par exception, des situations dans lesquelles des actifs qui ne génèrent pas de flux de trésorerie de manière indépendante des autres actifs peuvent être testés de manière séparée (IAS 36.22 et .67). Il s'agit des cas suivants :

- la juste valeur de l'actif diminuée des coûts de vente est supérieure à sa valeur comptable ; ou
- la valeur d'utilité de l'actif peut être estimée comme étant proche de sa juste valeur diminuée des coûts de la vente (si cette juste valeur peut être évaluée).

En pratique, la situation où une marque pourra être testée de manière isolée est, à notre avis, extrêmement rare. Aussi, une marque est généralement testée pour dépréciation au sein d'une UGT.

3. **Modalités de dépréciation en cas de perte de valeur d'une marque** La réalisation du test de dépréciation de l'UGT pourra aboutir aux deux résultats suivants :

a. **soit l'UGT n'est pas affectée dans son ensemble par la perte de valeur subie au niveau de l'actif isolé** (la marque, par exemple) et reste suffisamment rentable pour couvrir la valeur comptable de l'ensemble de ses actifs. Dans ce cas, aucune perte de valeur ne sera constatée, même au titre de l'actif isolé (la marque, par exemple) qui présente un indice de perte de valeur (et éventuellement une moins-value latente par rapport à sa juste valeur nette des frais de cession) ;

b. **soit le test réalisé au niveau de l'UGT fait apparaître une perte de valeur** Dans ce cas, cette perte de valeur ne sera pas affectée au seul actif isolé concerné (la marque, par exemple) mais sera affectée en priorité au goodwill alloué, le cas échéant, à cette UGT, puis à tous les « autres actifs de l'UGT », y compris la marque, au prorata de leurs valeurs comptables, selon les dispositions générales d'affectation de la dépréciation à une unité génératrice de trésorerie (IAS 36.104).

L'affectation aux « autres actifs » ne permet cependant pas de les ramener à un montant inférieur au plus élevé des trois montants suivants (IAS 36.105) :
- zéro ;
- leur juste valeur nette des frais de cession (si évaluable) ;
- leur valeur d'utilité (si déterminable).

Affectation du goodwill aux UGT en cas de réorganisation interne

Question 36560

Quels sont les impacts d'une réorganisation interne sur le goodwill affecté aux UGT ?

Réponse

Les principaux impacts lors de la réorganisation interne sont les suivants :
- réaffectation du goodwill si la réorganisation interne modifie la structure de l'UGT à laquelle le goodwill était antérieurement affecté ; et
- nécessité de réaliser un test de dépréciation sur la base de la nouvelle structure des UGT mais uniquement si un indicateur de perte de valeur existe.

Il convient toutefois de s'assurer au préalable que cette nouvelle structure n'a pas pour effet de masquer une perte de valeur qui aurait dû être constatée en l'absence de réorganisation.

Commentaires :

1. **Réaffectation du goodwill** Une réorganisation interne qui impacte la structure du reporting d'une entité en modifiant la composition d'une ou plusieurs UGT auxquelles le goodwill a été affecté a pour conséquence la réaffectation du goodwill aux UGT concernées par la réorganisation (IAS 36.87 ; voir n° 22675).

La réaffectation du goodwill entre les différentes activités/UGT doit être faite selon les mêmes méthodes qu'en cas de cession d'activités/UGT (voir n° 36565) :
- soit sur la base des valeurs relatives des parties des activités/UGT réaffectées aux différentes activités/UGT conservées ;
- soit selon une autre méthode si celle-ci est plus adaptée.

2. **Incidence d'une réorganisation interne sur la fréquence de réalisation des tests de dépréciation :**

a. **Obligation ou non de réaliser un test de dépréciation additionnel** En général, une réorganisation interne ne constitue pas en tant que tel un indicateur de perte de valeur.

En conséquence, lors d'une réorganisation :
- un test de dépréciation additionnel ne devrait pas être nécessaire, sauf si un indice de perte de valeur survient avant la fin de l'exercice. Dans ce cas, le test doit être réalisé sur la base de la nouvelle structure des UGT ;

Pourraient par exemple constituer un indice de perte de valeur des changements importants ayant un effet négatif sur l'entité, survenus au cours de la période ou susceptibles de survenir dans un avenir proche, dans le degré ou le mode d'utilisation d'un actif tel qu'il est utilisé ou qu'on s'attend à l'utiliser.

Ces changements incluent la mise hors service de l'actif, les plans d'abandon ou de restructuration du secteur d'activité auquel un actif appartient, les plans de sortie d'un actif avant la date antérieurement prévue, ainsi que la réestimation de la durée d'utilité d'un actif qui devient déterminée alors qu'elle était jusqu'alors indéterminée (IAS 36.12f).

- il convient toutefois de s'assurer au préalable que cette nouvelle structure n'a pas pour effet de masquer une perte de valeur qui aurait dû être constatée en l'absence de réorganisation.

b. Possibilité ou non de modifier la date de réalisation du test de dépréciation annuel du goodwill A la suite d'une réorganisation interne, une entreprise peut vouloir changer la période de réalisation du test de dépréciation de ses goodwills. La norme IAS 36 n'apporte pas de précision dans ce cas particulier et se limite au principe général selon lequel le test doit être réalisé à la même période chaque année (IAS 36.96). En l'absence de précision, ce changement de période nous paraît possible :
- si la période du test de dépréciation n'excède pas un an (par rapport à la date du dernier test) ; et
- s'il n'a pas pour objet de dissimuler une perte de valeur.

Pour les conséquences d'un changement de la structure de l'organisation interne sur la présentation des goodwills au sein de l'information sectorielle, voir n° 57982.

Affectation du goodwill aux UGT en cas de cession d'activité

36565 ***Question***

Quels sont les impacts d'une cession d'activité sur le goodwill affecté aux UGT ?

Réponse

Les principaux impacts lors de la cession sont les suivants :
- sortie du goodwill, totalement ou pour la partie relative à l'activité cédée ;
- nécessité de réaliser un test de dépréciation pour l'UGT (ou groupe d'UGT) et le goodwill affectés par la cession.

Commentaires En cas de cession d'une activité comprise dans une UGT à laquelle un goodwill a été affecté pour les besoins d'un test de dépréciation, il est nécessaire de **tenir compte d'une partie du goodwill de l'UGT dans le calcul du résultat de cession.**
En d'autres termes, il faut **décomptabiliser le goodwill** :
- soit totalement, s'il a été affecté à une UGT ou à un groupe d'UGT qui sont toutes cédées ;
- soit partiellement, si le goodwill a été affecté à un groupe d'UGT et que certaines de ces UGT sont cédées, ou encore, si le goodwill a été affecté à une UGT (ou groupe d'UGT) et qu'une activité de cette UGT (ou groupe d'UGT) est cédée.

La répartition du goodwill entre l'activité (ou les activités) cédée(s) et l'activité (ou les activités) conservée(s) est normalement évaluée sur la base des valeurs relatives de l'activité sortie et de la part de l'UGT conservée.

IAS 36.86 donne un exemple indiquant que les valeurs à utiliser sont les **valeurs recouvrables** de l'activité cédée et de l'activité conservée.
Dans ses recommandations en vue de l'arrêté des comptes 2011, l'AMF encourage les sociétés à préciser en annexe la méthode de détermination des valeurs relatives (multiples, cash-flows actualisés, etc.) (Rec. AMF 2011-16, Arrêté des Comptes 2011, § 2.2.2.2).

Une autre méthode plus adaptée peut toutefois être retenue si elle permet de mieux refléter le goodwill relatif à l'activité cédée (IAS 36.86 et .BC153 à .BC156). L'utilisation d'une autre méthode doit être justifiée par des critères objectifs. L'ESMA fournit un exemple de situation dans laquelle l'utilisation d'une autre méthode ne permet pas de mieux refléter le goodwill relatif à l'activité cédée (EECS/0114-02, 04/14).

Si l'entité applique une autre méthode que celle préconisée par IAS 36.86 (méthode des valeurs relatives), l'AMF recommande de décrire la méthode utilisée et de justifier en annexe en quoi cette méthode est plus pertinente (Rec. 2011 précitée).
Enfin, **une cession est un indicateur d'une possible perte de valeur**. Ainsi, la direction, outre le test annuel de dépréciation du goodwill, devra donc réaliser un test de dépréciation sur le goodwill et l'UGT (ou groupe d'UGT) concernés par cette cession.

E. Cas particuliers

Test de dépréciation : goodwill non encore alloué aux UGT

Pour le test de dépréciation d'un goodwill non encore alloué aux UGT, voir n° 22645. 36600

Modification des hypothèses après la clôture : incidence sur le test de dépréciation

Question 36610

Faut-il actualiser le test de dépréciation si des changements significatifs dans les hypothèses interviennent après la clôture et avant la date d'approbation des états financiers ?

Réponse

Oui, mais uniquement si les informations complémentaires post-clôture apportent des précisions sur des situations existant à la date de clôture.

Une analyse des faits et circonstances doit donc être effectuée afin de distinguer les événements donnant lieu à ajustement et ceux qui concernent des situations postérieures à la clôture et qui ne donnent pas lieu à ajustement des états financiers.

Commentaires En cas de modification significative des hypothèses entre la date de clôture et la date d'approbation des états financiers, le test de dépréciation ne doit être actualisé et la perte de valeur ne doit être ajustée en conséquence que si le changement apporte des indications supplémentaires sur les conditions existant à la date de clôture.

En effet, la norme IAS 10, Evénements postérieurs à la période de reporting, prévoit que parmi les événements survenant entre la date de fin de la période de reporting et la date d'approbation des états financiers, seuls ceux permettant de mieux apprécier une situation ou un risque existant antérieurement à la date de fin de la période de reporting justifient d'ajuster les valorisations à cette dernière date (IAS 10.3, .8 et .9).

En revanche, ceux traduisant des situations apparues postérieurement à la période de reporting ne donnent pas lieu à ajustement. Ils doivent toutefois, s'ils sont significatifs, faire l'objet d'une information en annexe sur leur nature et, dans la mesure du possible, sur leurs impacts financiers (IAS 10.21).

Ces dispositions ont été rappelées par la CNCC, dans le contexte de la crise sanitaire et économique de Covid-19 en 2020 (Questions/Réponses relatives aux conséquences de la crise sanitaire et économique liée à l'épidémie de Covid-19, § 2.2).

Une analyse des faits et circonstances doit donc être effectuée afin de distinguer les événements donnant lieu à ajustement et ceux ne donnant pas lieu à ajustement des états financiers. Cette analyse peut être complexe dans un contexte de forte volatilité des marchés économiques.

En pratique, si les changements d'hypothèses ne sont que la confirmation d'une tendance déjà observée avant la date de clôture, ils ne devraient généralement pas entraîner d'ajustement, cette tendance ayant déjà dû être prise en compte dans le test de dépréciation le plus récent.

En revanche, des informations obtenues après la date de clôture traduisant une aggravation des conditions existant à la clôture pourraient devoir conduire à la mise à jour des tests de dépréciation.

Exemples :

1. **Evénement postérieur à la clôture pouvant donner lieu à ajustement** La publication en janvier N+1 de statistiques montrant que le niveau de dépenses des ménages a diminué de 20 % au quatrième trimestre N dans le secteur d'activité concerné, alors que la direction tablait sur un taux de 10 %, pourrait être considérée comme un événement postérieur à la clôture donnant lieu à ajustement.

2. **Evénements postérieurs à la clôture ne donnant pas lieu à ajustement** :

– La décision en janvier N+1 de flux de trésorerie additionnels relatifs au lancement d'un nouveau produit ne constitue pas un événement donnant lieu à ajustement des états financiers clos au 31 décembre N.

– De même, un repli des cours du pétrole en janvier N+1 induit par un ralentissement économique n'est pas un événement donnant lieu à ajustement des états financiers clos au 31 décembre N.

3. Pour l'exemple d'une **baisse des cours de bourse après la clôture**, voir n° 12810.

Test de dépréciation d'un droit d'utilisation (IFRS 16)

36650 Pour le niveau du test de dépréciation, voir n° 33670.

Pour la fréquence du test de dépréciation, voir n° 33672.

Pour la détermination de la valeur comptable à tester et de la valeur d'utilité, voir n° 33674.

II. Reprise d'une perte de valeur

Conditions de reprise d'une perte de valeur

36670 ***Question***

Le passage du temps peut-il justifier la reprise d'une perte de valeur précédemment constatée ?

Réponse

Non, une perte de valeur n'est pas reprise en raison du seul passage du temps, même si la valeur recouvrable de l'actif devient supérieure à sa valeur comptable. La reprise d'une perte de valeur d'un actif, autre qu'un goodwill, ne peut être constatée que s'il y a eu un changement dans les estimations utilisées pour déterminer sa valeur recouvrable.

Commentaires Postérieurement à la comptabilisation de la perte de valeur d'un actif, autre qu'un goodwill, et à chaque clôture comptable, l'entité doit apprécier s'il existe un indice montrant qu'une perte de valeur antérieurement comptabilisée est susceptible de ne plus exister ou d'avoir diminué. Si tel est le cas, l'entité doit estimer la valeur recouvrable de l'actif concerné et réaliser un test de dépréciation (IAS 36.110 et .111).

Remarque Des sources d'information externes et internes décrites par la norme IAS 36 doivent être considérées pour apprécier s'il existe des indices montrant qu'une perte de valeur antérieurement comptabilisée est susceptible de ne plus exister ou d'avoir diminué. A notre avis, l'indice de reprise ne doit pas nécessairement être le même que celui qui a été à l'origine de la dépréciation.

Une perte de valeur d'un actif, autre qu'un goodwill, n'est reprise que s'il y a eu un changement dans les estimations utilisées pour déterminer la valeur recouvrable de l'actif. Si la valeur recouvrable montre que la perte de valeur a diminué, la valeur comptable de l'actif doit être augmentée (IAS 36.114).

Une reprise d'une perte de valeur reflète une augmentation, depuis la date à laquelle une entité a comptabilisé pour la dernière fois une perte de valeur pour cet actif, du potentiel de service estimé d'un actif, résultant soit de son utilisation, soit de sa vente (IAS 36.115). Des exemples de changements d'estimation incluent :

- un changement relatif à la base utilisée pour la détermination de la valeur recouvrable (selon que la valeur recouvrable est fondée sur la juste valeur diminuée des coûts de sortie ou sur la valeur d'utilité) ;
- si la valeur recouvrable était fondée sur la valeur d'utilité, un changement du montant ou de l'échéancier des flux de trésorerie futurs estimés ou du taux d'actualisation ; ou
- si la valeur recouvrable était fondée sur la juste valeur diminuée des coûts de sortie, un changement d'estimation des composantes de la juste valeur diminuée des coûts de sortie.

Une perte de valeur n'est toutefois pas reprise en raison du seul passage du temps, même si la valeur recouvrable de l'actif devient supérieure à sa valeur comptable (IAS 36.116).

■ *Exemple 1*

Au 31/12/N, le groupe A a identifié les indices suivants de perte de valeur d'une usine :
- une performance financière en deçà du budget ; et
- des flux de trésorerie significativement inférieurs aux projections initiales.

En conséquence, un test de dépréciation de l'usine a été mené, ce qui a conduit à constater une perte de valeur. Les projections de flux de trésorerie au moment du test indiquaient une faible croissance en N+1 et une croissance progressive pour les exercices suivants, les ramenant à 90 % des projections initiales en N+5.

Au 31/12/N+1, la croissance réalisée est en ligne avec la projection du test de dépréciation. L'amélioration des flux de trésorerie en N+1 par rapport à N est-elle un indicateur de reprise de dépréciation ?

Solution de l'exemple 1 *Non, une croissance des flux de trésorerie en N+1 en ligne avec les attentes du groupe au moment de la constatation de la dépréciation en N ne constitue pas un indice qu'une perte de valeur antérieurement comptabilisée est susceptible de ne plus exister ou d'avoir diminué. A l'inverse, cela aurait été le cas si la croissance des flux de trésorerie de l'actif réalisée en N+1 et la croissance attendue pour les années suivantes étaient plus importantes que celles projetées lors de la constatation de la perte de valeur en N. Une telle croissance pourrait être expliquée par des dépenses engagées en N+1 par le groupe, tels que des investissements pour améliorer la performance de l'actif déprécié, une restructuration ou d'autres éléments qui n'étaient pas pris en compte dans le test de dépréciation mené en N.*

■ *Exemple 2*

Au 1/01/N, le groupe A a acquis un actif de production, constituant une UGT, pour 1 000 K€. La durée d'utilité de l'actif est de 5 ans et l'actif est amorti linéairement.

	N	*N+1*	*N+2*	*N+3*	*N+4*
Valeur comptable au début de l'exercice	*1 000*	*800*	*600*	*400*	*200*
Amortissement	*(200)*	*(200)*	*(200)*	*(200)*	*(200)*
Valeur comptable à la fin de l'exercice	*800*	*600*	*400*	*200*	*0*

Au 31/12/N, un test de dépréciation a été mené sur l'actif. Du fait d'une crise, le test projetait une perte et des flux de trésorerie négatifs significatifs en N+1. La projection du test était la suivante :

	N+1	*N+2*	*N+3*	*N+4*
Flux de trésorerie projetés (avant actualisation)	*(1 000)*	*300*	*500*	*500*
Facteur d'actualisation (taux d'actualisation de 15 %)	*0,87*	*0,76*	*0,66*	*0,57*
Flux de trésorerie projetés annuels (actualisés)	*(870)*	*227*	*329*	*286*
Valeur d'utilité en début de période	*–*	*842*	*615*	*286*

Ainsi, au 31/12/N, le groupe a déprécié la totalité de la valeur comptable de l'actif à cette date (par simplification, la juste valeur moins les coûts de cession n'est pas considérée dans l'exemple). A la suite de cette dépréciation, l'actif présente ainsi une valeur nette comptable nulle.

A partir du 31/12/N+1, le flux négatif de l'exercice N+1 est passé (« passage du temps »). De ce fait, la valeur actualisée des flux de trésorerie restant devient supérieure à la valeur comptable de l'actif avant dépréciation.

Au 31/12/N+1, le groupe A doit-il reprendre la dépréciation de l'actif déprécié fin N ?

Solution de l'exemple 2 *Non, la dépréciation ne peut pas être reprise du simple fait du passage du temps, même si la valeur recouvrable de l'actif précédemment déprécié devient supérieure à sa valeur comptable. Une dépréciation n'est reprise que s'il y a une amélioration des estimations ayant initialement conduit à la dépréciation, telle qu'une augmentation des flux de trésorerie projetés (pour la valeur d'utilité) ou une augmentation de la juste valeur de l'actif (pour la juste valeur moins les coûts de cession).*

Reprise de la perte de valeur du goodwill lié à des titres mis en équivalence

Question 36720

Est-il possible de reprendre en totalité les dépréciations de titres mis en équivalence, y compris la part relative au goodwill ?

Réponse

Oui, en effet :

– le goodwill relatif à une entreprise associée ne doit pas faire l'objet d'un test de dépréciation distinct ;

36720 (suite) – le test est réalisé au niveau des titres mis en équivalence (goodwill compris), le goodwill étant inclus dans la valeur comptable des titres mis en équivalence.

En conséquence, en cas d'amélioration de la valeur recouvrable des titres mis en équivalence justifiant une reprise de perte de valeur, la totalité de la perte de valeur doit être reprise, y compris la partie relative au goodwill.

Commentaires La reprise des pertes de valeur du goodwill relatif à des participations consolidées par intégration globale est interdite (IAS 36.124 ; voir n° 22620).

En revanche, pour ce qui concerne les participations mises en équivalence, en cas d'amélioration de leur valeur recouvrable justifiant une reprise de perte de valeur, la totalité de la perte de valeur doit être reprise, y compris la partie relative au goodwill.

En effet :

a. Le goodwill relatif à une entreprise associée est inclus dans la valeur comptable des titres mis en équivalence et n'est donc pas présenté séparément (IAS 28.32). En conséquence, il ne doit pas faire l'objet d'un test de dépréciation distinct tel que décrit dans la norme IAS 36, la valeur des titres mis en équivalence étant appréciée goodwill compris en tant qu'actif unique (IAS 28.42).

b. Le test de dépréciation des titres mis en équivalence doit être effectué comme suit :

– pour l'existence d'indices de perte de valeur, conformément aux dispositions de la norme IAS 28 (IAS 28.40 à .41C) ;

– pour l'évaluation de la perte de valeur et la détermination de la valeur recouvrable, conformément aux dispositions de la norme IAS 36 (IAS 28.42).

Le paragraphe IAS 28.42 précité renvoie aux dispositions d'IAS 36 pour la réalisation du test de dépréciation des titres mis en équivalence (y compris le goodwill). Il convient ainsi de comparer leur valeur comptable avec leur valeur recouvrable (qui correspond au plus élevé de la valeur d'utilité et de la juste valeur diminuée des coûts de la vente).

La **valeur d'utilité des titres mis en équivalence** correspond à l'estimation (IAS 28.42 confirmé par le CESR, devenu l'ESMA, EECS/0508-07, 05/08) :

– de la quote-part de l'investisseur dans la valeur actualisée des flux de trésorerie futurs attendus de l'associée, comprenant les flux de trésorerie générés par les activités de l'associée et ceux liés au prix de vente lié à la cession in fine de la participation ; ou

– de la valeur actualisée des flux de trésorerie futurs attendus des dividendes à recevoir de l'associée et de la cession in fine de la participation.

En retenant des hypothèses appropriées, ces deux méthodes devraient aboutir au même résultat.

Si les titres de l'entité associée sont des titres cotés, leur **juste valeur diminuée des coûts de la vente** est généralement déterminée sur la base du cours de bourse diminué des coûts de la vente. En l'absence de précision dans les textes, il est, à notre avis, également possible de tenir compte d'une prime ou d'une décote dans l'évaluation de la juste valeur d'une participation cotée sur un marché actif (et donc de se départir d'une évaluation égale au produit du cours de marché unitaire par la quantité de titres détenus), voir n° 13385.

Pour les conséquences d'une chute significative du cours de bourse d'une entreprise associée cotée, voir n° 36865.

c. Les reprises de provisions pour dépréciation doivent également être effectuées conformément aux dispositions de la norme IAS 36.

En effet, les titres mis en équivalence constituent un actif unique et doivent être testés pour dépréciation conformément à la norme IAS 36. De même, toute reprise d'une perte de valeur est également comptabilisée selon IAS 36 dans la mesure où la valeur recouvrable de la participation augmente par la suite (IAS 28.42).

En conséquence, la perte de valeur comptabilisée au cours de périodes antérieures pour les titres mis en équivalence doit être reprise dès lors qu'il y a un changement d'estimation de leur valeur recouvrable depuis la comptabilisation de la perte de valeur (IAS 36.114).

Des exemples de changements d'estimation incluent (IAS 36.115) :

– un changement relatif à la base utilisée pour la détermination de la valeur recouvrable (c'est-à-dire si la valeur recouvrable est fondée sur la juste valeur diminuée des coûts de la vente ou sur la valeur d'utilité) ;

– si la valeur recouvrable était fondée sur la valeur d'utilité, un changement du montant ou de l'échéancier des flux de trésorerie futurs estimés ou du taux d'actualisation ; ou

– si la valeur recouvrable était fondée sur la juste valeur diminuée des coûts de la vente, un changement d'estimation des composantes de la juste valeur diminuée des coûts de la vente.

Remarque Une perte de valeur ne peut en revanche pas être reprise du seul fait de l'effet de désactualisation. Il est en effet nécessaire de démontrer que les cash-flows générés par l'actif (potentiel de service de l'actif) ont augmenté (IAS 36.116).

Il est nécessaire de vérifier au minimum à chaque clôture annuelle ou intermédiaire s'il y a eu un changement dans l'estimation de la valeur recouvrable des titres mis en équivalence, et le cas échéant de déterminer si ce changement induit une reprise de la perte de valeur constatée antérieurement.

La reprise éventuelle de la perte doit être comptabilisée en résultat (IAS 36.119).

III. Dépréciation : informations à fournir

Dépréciation : informations à fournir

Question 36750

Quelles informations sur les dépréciations fournir en annexe ?

Réponse

Des informations détaillées sur les dépréciations, en particulier celles requises par les normes IAS 36, Dépréciation d'actifs, IAS 1, Présentation des états financiers et IAS 10, Evénements postérieurs à la période de reporting, doivent être fournies.

L'explication des hypothèses critiques qui ont été retenues, ainsi que l'analyse de la sensibilité des valeurs comptables aux variations raisonnablement possibles de ces hypothèses, sont considérées par les régulateurs comme des informations particulièrement importantes. Elles ne doivent pas se limiter au taux d'actualisation ou au taux de croissance perpétuel mais inclure les hypothèses opérationnelles majeures susceptibles d'avoir un impact significatif sur les flux de trésorerie futurs.

Commentaires :

1. **Attente des régulateurs** Les régulateurs attendent des informations spécifiques et détaillées sur les hypothèses critiques et les sensibilités des tests de dépréciation. Ces attentes ont été réitérées par les régulateurs à l'occasion de chaque crise économique.

Voir en ce sens :

- recommandations de l'AMF en vue de l'arrêté des comptes 2008, 2009, 2011, 2020 et 2021 (Rec. AMF 2008-22, Arrêté des Comptes 2008, § 3.2 ; Rec. AMF 2009-28, Arrêté des Comptes 2009, § 4.1 ; Rec. AMF 2011-16, Arrêté des Comptes 2011, § 2.2.1 ; Rec. AMF 2020-09, Arrêté des Comptes 2020, § 3.2 ; Rec. AMF 2021-06, Arrêté des Comptes 2021, § 3.1) ;
- communications de l'AMF dans le contexte de la crise sanitaire et économique de Covid-19 : « Publication du rapport financier semestriel dans le contexte Covid-19 : l'AMF présente quelques principes à respecter » ;
- communications de l'ESMA dans le contexte de la crise liée à la Covid-19 (ESMA 32-63-972 ; ESMA 32-63-1186) ;
- CNCC : Questions/Réponses relatives aux conséquences de la crise sanitaire et économique liée à l'épidémie de Covid-19, Neuvième édition, 8 décembre 2021, § 2.5 ;
- communication de l'ESMA dans le contexte de l'invasion russe de l'Ukraine (ESMA 32-63-1277, 05/22).

Les informations à fournir sont spécifiées dans les normes suivantes :

- IAS 36, Dépréciation des actifs (IAS 36.126 à .137) ;
- IAS 1, Présentation des états financiers, et plus spécifiquement les dispositions concernant les sources principales d'incertitudes relatives aux estimations (IAS 1.125 à .129) ;
- IAS 10, Evénements postérieurs à la période de reporting, en particulier les dispositions relatives aux informations à fournir sur les événements post-clôture (IAS 10.19 s.).

Les régulateurs ont en particulier insisté pour une transparence sur les points suivants :

- la présentation des hypothèses clés, en particulier les hypothèses opérationnelles des plans d'affaires, telles que par exemple l'évolution des prix des matières premières et de l'énergie ;

L'ESMA, dans plusieurs de ses décisions et conformément aux dispositions d'IAS 36.134, a rappelé que des informations spécifiques doivent être fournies concernant toutes les hypothèses clés et les approches retenues dans le cadre des tests de perte de valeur du goodwill sur lesquelles la direction se base pour déterminer la valeur d'utilité de **chaque** UGT. En particulier, l'approche retenue par la direction pour déterminer la valeur assignée à chaque hypothèse et la période de projection des cash-flows doivent être communiquées (ECS/0214-09, 11/14 et EECS/0216-03, 01/17).

36750 (suite) – l'explication de l'évolution des hypothèses clés utilisées depuis le dernier test effectué, au regard des évolutions de la situation économique et financière des sociétés et des éléments probants externes ;
– la nature des scénarios de sortie de crise qui ont été retenus ;
– les raisons et l'ampleur des éventuelles divergences entre les hypothèses retenues par le management et les sources d'information externes ;
– une analyse de sensibilité des valeurs comptables (et donc des dotations/reprises de perte de valeur au compte de résultat) aux variations raisonnablement possibles de ces hypothèses clés (voir ci-après).

Dans le contexte de l'invasion russe de l'Ukraine, l'ESMA a indiqué qu'elle s'attendait à ce que les émetteurs indiquent tout changement significatif dans les tests réalisés par rapport aux tests précédents, notamment les changements relatifs aux principales hypothèses financières et opérationnelles utilisées (y compris les scénarios éventuellement envisagés et les probabilités qui leur ont été accordées) (ESMA 32-63-1277, 05/22).

2. Analyses de sensibilité Ces analyses sont considérées comme majeures. Il s'agit des informations sur les hypothèses clés présentant un risque significatif d'entraîner un ajustement de la valeur comptable des actifs (y compris le goodwill).

Ces analyses concernent non seulement les hypothèses retenues dans le cadre de la détermination de la valeur d'utilité mais également celles retenues dans le cadre de l'évaluation de la juste valeur à partir des DCF de marché (en ce sens, Rec. AMF 2008-22, Arrêté des Comptes 2008, § 3.2 renvoyant aux analyses de sensibilité requises par IAS 36.134 et IAS 1.120 en cas de recours à des méthodes analogiques pour évaluer la juste valeur diminuée des coûts de la vente).
Pour l'ESMA, il convient de procéder à des estimations réalistes des changements possibles des hypothèses clés qui pourraient conduire à une dépréciation (« ESMA Report : European enforcers review of impairment of goodwill and other intangible assets in the IFRS financial statements » – ESMA/2013/2, 01/13). Il convient en outre de fournir une information au titre de chaque hypothèse clé retenue pour la détermination des projections de flux de trésorerie utilisées dans le calcul de la valeur d'utilité, et une analyse de sensibilité de ces hypothèses clés (EECS/0216-03, 01/17).

L'AMF a rappelé qu'il convient de communiquer sur la sensibilité des tests aux variations des hypothèses opérationnelles pertinentes lorsqu'une variation raisonnablement possible des hypothèses clés peut conduire à une dépréciation (Rec. AMF 2012-16, Arrêté des Comptes 2012, § 1.2), y compris lorsqu'une dépréciation a déjà été comptabilisée.

Les analyses de sensibilité ne doivent en effet pas se limiter au taux d'actualisation ou au taux de croissance perpétuelle mais inclure, le cas échéant, les marges bénéficiaires et d'autres hypothèses opérationnelles très sensibles, susceptibles d'avoir un impact significatif sur les flux de trésorerie futurs (par exemple, sensibilité à une variation possible des volumes, prix de vente, chiffre d'affaires, taux de marge) sans toutefois dévoiler d'informations jugées confidentielles (prix ou volumes de ventes prévus, notamment) (Rec. AMF 2012-16, Arrêté des Comptes 2012, § 1.1 et 1.2).

Lorsque la valeur d'utilité est sensible à un grand nombre de variables, il peut être utile de présenter des sensibilités en utilisant des scénarios de variations de l'ensemble des hypothèses clés (Rec. AMF 2011-16, Arrêté des Comptes 2011, § 2.2.1).

D'une façon générale, une information sur les sensibilités peut être appropriée selon IAS 1.129 dans les cas où il existe un risque significatif de changement d'estimation au cours de l'exercice suivant se traduisant par un ajustement matériel de la valeur comptable des actifs. En outre, une information spécifique sur les sensibilités est requise par IAS 36.134f pour les goodwills et actifs incorporels à durée indéfinie faisant l'objet d'un test annuel.

Selon IAS 36.134f, il convient d'identifier toutes les UGT (ou groupes d'UGT) pour lesquelles une variation raisonnablement possible d'une hypothèse clé suffirait à faire descendre la valeur recouvrable en dessous de la valeur comptable. Pour ces UGT (ou groupes d'UGT) à risque, il convient alors de fournir l'information suivante :
– le montant pour lequel la valeur recouvrable de l'UGT excède sa valeur comptable (le « headroom » du test) ;
– la valeur attribuée à l'hypothèse clé ;
– l'amplitude de la variation de l'hypothèse clé qui serait nécessaire pour effacer le « headroom », c'est-à-dire pour que, après la prise en compte de tous les effets résultant de ce changement sur les autres variables utilisées pour évaluer la valeur recouvrable, la valeur recouvrable de l'UGT devienne égale à sa valeur comptable.

Cette dernière information est à fournir pour les principales hypothèses clés retenues dans l'estimation des flux de trésorerie futurs, et pas seulement pour le taux d'actualisation (CESR, devenu l'ESMA, EECS/0112-07, 10/12 et EECS/0216-03, 01/17). Pour une illustration des informations requises par IAS 36.134f, voir Exemples 1 et 2 ci-après. **36750** (suite)

Remarque L'AMF avait observé en 2009 que la plupart des émetteurs indiquaient uniquement l'impact potentiel de la variation d'une hypothèse clé sur la valeur recouvrable par une information du type « une variation "y" du taux d'actualisation aurait un impact "×" sur le calcul de la valeur recouvrable ». Or, cette information seule ne permet pas de comprendre la sensibilité du test au taux d'actualisation retenu car elle ne permet pas de savoir quelle variation du paramètre modifierait la valeur recouvrable au point de la rendre inférieure à la valeur comptable (Rec. AMF 2009-28, Arrêté des Comptes 2009, § 3.1).

En 2012 (Rec. AMF 2012-16, Arrêté des Comptes 2012, § 1.2), l'AMF signale que certaines sociétés indiquent qu'aucune variation raisonnablement possible des hypothèses clés ne peut conduire à ce que la valeur recouvrable de l'UGT soit égale à la valeur comptable, sans préciser la notion de variation raisonnablement possible pour cette UGT. Cela revient à dire que la marge de sécurité est importante, mais cette information n'est pertinente que si les seuils retenus pour estimer le caractère « raisonnable » des variations envisageables sont explicités par un chiffrage. Dans ce cas, la société peut indiquer son appréciation du caractère raisonnable de la variation des hypothèses clés pour que le lecteur juge lui-même de la marge de sécurité du test de dépréciation.

Cette indication pourra ainsi correspondre à un chiffrage de la variation des hypothèses clés jugée raisonnable (par exemple, variation du taux d'actualisation de × bp (point de base), du taux de croissance de y bp et/ou du taux de marge de z %).

Par nature, le caractère « raisonnablement possible » d'une variation d'hypothèse s'apprécie par rapport au contexte de chaque clôture. Les modifications de cette appréciation seront dûment justifiées au titre des changements d'estimations (IAS 8.34 et .36).

En 2021, l'AMF recommande de s'interroger sur les évolutions à apporter aux tests de sensibilité, notamment l'utilisation de nouvelles hypothèses, l'accroissement des variations jugées raisonnablement possibles et l'identification de valeurs seuils à partir desquelles une dépréciation serait à comptabiliser (Rec. AMF 2021-06, Arrêté des Comptes 2021, § 3.1).

Ces recommandations avaient déjà été formulées par les régulateurs dans le contexte de la pandémie de Covid-19 (« Implications of the Covid-19 outbreak on the half-yearly financial reports » – mai 2020 – ESMA 32-63-972, « Publication du rapport financier semestriel dans le contexte Covid-19 : l'AMF présente quelques principes à respecter » et Rec. AMF 2020-09, Arrêté des Comptes 2020, § 3.2).

3. Autres informations sur les tests de dépréciations d'actifs non financiers Les informations ci-après sont requises pour chaque UGT (ou groupe d'UGT) pour laquelle (lequel) la valeur comptable du goodwill ou des immobilisations incorporelles à durée d'utilité indéterminée affecté(es) à cette unité (ou à ce groupe) est importante par rapport à la valeur comptable totale des goodwills ou des actifs incorporels à durée d'utilité indéterminée :

a. la valeur comptable des écarts d'acquisition et des immobilisations incorporelles à durée indéterminée affectés à chaque UGT (ou groupe d'UGT) (IAS 36.134a et .134b) ;

Cette information ne peut pas être omise pour des raisons de confidentialité (Décision EECS/0112-09, 10/12).

b. la méthode retenue pour déterminer la valeur recouvrable (valeur d'utilité ou juste valeur diminuée des coûts de la vente) (IAS 36.134c) ;

L'AMF rappelle la nécessité de fournir cette information pour chaque UGT (ou groupe d'UGT) présentant des goodwills ou immobilisations incorporelles à durée de vie indéterminée significatifs. Elle constate en effet que la grande majorité des sociétés se contente de paraphraser, dans la note sur les méthodes comptables, le principe énoncé dans la norme, sans préciser in fine sur quelle base la valeur comptable des actifs a été justifiée dans les comptes (Rec. AMF 2012-16, Arrêté des Comptes 2012, § 1.3).

c. lorsque la valeur recouvrable est basée sur la valeur d'utilité (IAS 36.134d) :

– une description de chacune des hypothèses clés sur lesquelles la direction a fondé ses projections de flux de trésorerie pour la période couverte par les budgets/prévisions les plus récents (IAS 36.134d.i) ;

Les hypothèses clés attendues sont celles auxquelles la valeur recouvrable de l'UGT est la plus sensible.

Il peut s'agir, par exemple, du pourcentage de croissance des ventes, du taux de change €/$, du prix du baril de pétrole ou du PIB d'un pays (en ce sens, Rec. AMF 2009 précitée). L'AMF souligne l'importance pour les sociétés d'indiquer les hypothèses retenues dans les plans

36750 (suite) d'affaires utilisés pour les tests de dépréciation, particulièrement concernant la dernière année des prévisions qui est utilisée pour projeter la valeur terminale (Rec. AMF 2012-16, Arrêté des Comptes 2012, § 1.1).

Dans cette même recommandation, l'AMF précise qu'une telle information, sans dévoiler des informations jugées confidentielles, pourrait être présentée sous forme d'indications sur les tendances attendues par rapport à l'historique (sortie de crise attendue en N+x, hausse du taux de marge supérieure à y % sur la durée du business plan par rapport à l'historique des x dernières années...).

Remarques :

1. Pour la définition de la valeur terminale, voir nº 36505.
2. L'ESMA, à la suite d'une étude réalisée sur la base des états financiers IFRS 2011 de 235 entreprises ayant des goodwills significatifs, insiste sur la nécessité d'indiquer toutes les hypothèses clés sur lesquelles la direction a fondé ses projections de flux de trésorerie (ESMA/2013/2, 01/13).

L'AMF a indiqué que la détermination des hypothèses clés et la granularité des éléments à présenter sont à adapter en fonction, notamment, du secteur d'activité de l'entreprise, du montant des immobilisations incorporelles à durée de vie indéterminée et des marges de sécurité du test (Rec. AMF 2012-16, Arrêté des Comptes 2012, § 1.1).

Notons d'ailleurs qu'IAS 1.125 requiert des informations similaires dans l'annexe concernant les hypothèses clés utilisées qui, si elles s'avéraient erronées, pourraient générer un risque important d'ajustements significatifs de la valeur comptable des actifs et passifs au cours de la (ou des) période(s) suivante(s).

Si une entité choisit de tester ses goodwills et ses actifs incorporels au niveau de chacun des grands pays d'un continent, l'entité devra fournir une information individualisée par pays sur les hypothèses clés retenues plutôt qu'une information globale (sous forme de fourchette, par exemple) pour tout un continent (Rec. AMF 2011-16, Arrêté des Comptes 2011, § 2.2.1.1).

En outre, si une entité teste des goodwills et ses actifs incorporels par zone géographique et que des disparités économiques fortes sont apparues au sein d'une même zone, l'AMF recommande de retenir des hypothèses distinctes pour chaque sous-groupe homogène de cette zone quand auparavant des hypothèses communes étaient appliquées.

– **une description de l'approche adoptée par la direction pour déterminer la valeur affectée à chaque hypothèse clé ;**

Si l'hypothèse retenue par la direction diverge par rapport à l'expérience passée ou aux sources d'information externes, il est nécessaire d'expliquer comment et pourquoi ces valeurs diffèrent de l'expérience passée ou des sources d'information externes (IAS 36.134d.ii) ;

Dans ses recommandations en vue de l'arrêté des comptes 2012, l'AMF a rappelé la nécessité de fournir cette explication, par exemple en matière de taux de croissance du chiffre d'affaires et de marge lorsque les hypothèses clés retenues sur la période du plan d'affaires et dans la valeur terminale diffèrent significativement des performances passées (Rec. AMF 2012-12, Arrêté des Comptes 2012, § 1.1).

– **la période sur laquelle la direction a projeté les flux de trésorerie** sur la base des budgets approuvés et, lorsqu'une période supérieure à cinq ans a été utilisée, une explication de la justification de ce choix d'une période plus longue (IAS 36.134d.iii) ;

– **le taux de croissance utilisé pour extrapoler les projections de flux de trésorerie** au-delà de la période couverte par les budgets les plus récents, et la justification de ce taux de croissance lorsqu'il est supérieur au taux de croissance moyen à long terme concernant les produits, les secteurs d'activité, le ou les pays dans lesquels opère l'entité, ou le marché auquel l'UGT est dévolue (IAS 36.134d.iv) ;

– **le taux d'actualisation** appliqué aux projections de flux de trésorerie (IAS 36.134d.v) ;

Selon l'AMF (Rec. 2009 précitée), il n'est a priori pas suffisant de donner un seul taux d'actualisation pour l'ensemble des UGT testées (ou groupes d'UGT testés), la norme IAS 36 requérant cette information pour chaque UGT (ou groupe d'UGT).

Toutefois, elle reconnaît qu'en cas d'affectation des écarts d'acquisition à un grand nombre d'UGT, un taux d'actualisation par zone géographique, par exemple, ou une fourchette de taux par zone géographique est acceptable.

d. lorsque la valeur recouvrable d'une UGT (ou d'un groupe d'UGT) est basée sur la juste valeur diminuée du coût de la vente (IAS 36.134e) :

i. les techniques d'évaluation utilisées pour évaluer la juste valeur diminuée des coûts de sortie ; et,

ii. si la juste valeur diminuée des coûts de sortie n'est pas évaluée en utilisant un cours de marché : **36750** (suite)
- les hypothèses clés servant de base à la détermination de la juste valeur par la direction ;
- l'approche retenue par la direction pour déterminer la valeur de chaque hypothèse clé ;
- le niveau auquel la juste valeur prise dans son ensemble est classée dans la hiérarchie de la juste valeur d'IFRS 13 ;
- en cas de changement de technique d'évaluation, le changement et la ou les raisons qui le sous-tendent.

En outre, des informations spécifiques doivent être communiquées en annexe en cas de recours à la méthode des « discounted cash-flows » (voir nº 36460).

Selon l'AMF (Rec. 2009 précitée), ces informations doivent être suffisamment détaillées pour permettre aux lecteurs des comptes de comprendre comment la juste valeur des UGT a été déterminée. L'AMF a par ailleurs indiqué en 2012 qu'une des manières de donner cette information est de présenter les caractéristiques de l'échantillon de comparables utilisé pour déterminer ces multiples (Rec. AMF 2012-16, Arrêté des Comptes 2012, § 1.3).

Ainsi, par exemple, si la société a déterminé la juste valeur par référence à des comparables boursiers, il est nécessaire d'indiquer clairement comment les échantillons comparables ont été déterminés, quel multiple est appliqué, comment ce multiple a été estimé et s'il s'agit d'un multiple observable sur le marché ou non.

e. **Si un goodwill est testé au niveau d'une UGT (ou groupe d'UGT) correspondant à une filiale cotée**, l'AMF, dans ses recommandations en vue de l'arrêté des comptes 2011 (Rec. AMF 2011-16, Arrêté des Comptes 2011, § 2.2.1.3), recommande d'indiquer en annexe la valeur boursière de la filiale, avec, le cas échéant, des explications si la différence de valorisation est significative. Cette information est également requise dans tous les cas pour les entreprises associées et les joint ventures cotées.

■ *Exemple 1*

Informations sur les analyses de sensibilité requises par IAS 36.134f *La valeur d'utilité de l'UGT X est sensible principalement au taux d'actualisation.*

L'entreprise a retenu comme hypothèse un taux d'actualisation de l'UGT X de 11 %. Dans cette hypothèse, la valeur d'utilité s'élève à 120 alors que la valeur nette comptable est de 100. Aucune dépréciation n'a donc été constatée.

La marge d'ajustement est de 20 (120 – 100). Pour que la valeur recouvrable soit égale à la valeur comptable (100), il aurait fallu retenir un taux d'actualisation de 13 %.

■ *Exemple 2*

Informations sur les tests de dépréciation du goodwill selon IAS 36.134f *(exemple inspiré d'extraits d'annexes des états financiers) La valeur recouvrable de l'UGT A a été déterminée sur la base des calculs de la valeur d'utilité. Ces calculs sont effectués à partir de la projection de flux de trésorerie basés sur les budgets financiers à un an approuvés par la direction.*

De l'année 2 à l'année 5, les entrées de trésorerie futures sont extrapolées en appliquant un taux de croissance annuel moyen de 3,2 % par an. Ce taux de croissance est cohérent par rapport :
- au taux de croissance annuel du secteur d'activité de l'UGT A observé sur une période de cinq ans se terminant au 31/12/N-1 ;
- aux perspectives de ralentissement de la croissance attendue par la direction du groupe.

Les sorties de trésorerie futures sont extrapolées en appliquant un taux de croissance annuel moyen de 2,8 % par an. Ce taux représente une estimation de la progression des salaires et de celle du PIB.

Au-delà de la cinquième année de projection, un taux de croissance nul a été retenu.

Les taux de croissance retenus ne dépassent pas le taux de croissance moyen à long terme applicable dans le secteur d'activité de l'UGT considérée. Le taux d'actualisation utilisé est de 15,5 %.

Sur la base de ces hypothèses, la direction estime que la valeur d'utilité de l'UGT A excède largement sa valeur comptable. En conséquence, tout changement même significatif dans les hypothèses retenues ne devrait pas entraîner de perte de valeur du goodwill.

■ *Exemple 3*

Présentation des hypothèses clés et des analyses de sensibilité conformément à IAS 1.129 *(exemple inspiré d'extraits d'annexes des états financiers) La juste valeur diminuée des coûts de la vente et la valeur d'utilité sont sensibles à un certain nombre d'hypothèses qui sont successivement analysées ci-après.*

*1. **Le taux d'actualisation** Les flux futurs de trésorerie de l'UGT A sont actualisés en utilisant un taux d'actualisation de 12,5 % au 31/12/N (identique à celui du 31/12/N-1).*
Une variation :
– à la baisse de 50 points de base, ramenant le taux d'actualisation à 12 %, entraînerait une diminution de la charge de dépréciation constatée sur l'UGT A de 45 M€ ;
– à la hausse de 50 points de base, portant le taux d'actualisation à 13 %, entraînerait une augmentation de la charge de dépréciation constatée sur l'UGT A de 36 M€.
Les flux futurs de trésorerie de l'UGT B ont, quant à eux, été actualisés en utilisant un taux d'actualisation de 13,5 % au 31/12/N (identique à celui du 31/12/N-1).
*2. **Le taux de croissance à long terme** Les projections de flux de trésorerie au-delà de cinq ans sont estimées par extrapolation en retenant un taux de croissance de 2,5 % au 31/12/N (identique à celui du 31/12/N-1).*
Le taux de croissance à long terme retenu ne dépasse pas le taux de croissance à long terme du secteur d'activité dans lequel l'UGT opère.
Une variation :
– à la baisse de 0,5 %, ramenant le taux de croissance à 2 %, entraînerait une augmentation de la charge de dépréciation constatée sur l'UGT A de 21 M€ ;
– à la hausse de 0,5 %, portant le taux de croissance à 3 %, entraînerait une diminution de la charge de dépréciation constatée sur l'UGT A de 27 M€.

IV. Crise économique et perte de valeur

Incidence d'une crise économique sur les tests de dépréciation – Vue d'ensemble

36800 ***Question***

Quelle est l'incidence d'un contexte de crise économique sur les tests de dépréciation des actifs non financiers ?

Réponse

Les perturbations économiques sont susceptibles de faire apparaître un ou plusieurs indices déclenchant la réalisation de tests de perte de valeur, qui doivent être effectués avec le niveau de granularité approprié.

Les règles habituelles de détermination des valeurs recouvrables doivent être appliquées en veillant à la mise à jour des hypothèses de façon à refléter toutes les informations disponibles, y compris sur les effets indirects et à long terme attendus de la crise.

Les incertitudes accrues dans un contexte de crise rendent d'autant plus nécessaire une information pertinente en annexe sur les hypothèses critiques et les sensibilités des tests de dépréciation.

Commentaires :

1. **Contexte** Une crise économique se traduit à la fois par une réduction significative de l'activité économique affectant, à des degrés divers, les différentes régions du monde et les différents secteurs d'activité. Elle se traduit également par des incertitudes accrues sur la durée et l'intensité de ses effets.

2. **Recommandations publiées par les organismes de place** L'ESMA, l'AMF, la CNCC et l'ANC ont publié des recommandations sur les implications comptables des crises récentes, en particulier à l'occasion de la crise sanitaire liée à la Covid-19 et de l'invasion de l'Ukraine par la Russie.

– ESMA : Implications of Russia's invasion of Ukraine on half-yearly financial reports – 13 mai 2022 (ESMA 32-63-1277) ; Implications of the Covid-19 outbreak on the half-yearly financial reports – 20 mai 2020 (ESMA 32-63-972).

– AMF : Publication du rapport financier semestriel dans le contexte Covid-19 : l'AMF présente quelques principes à respecter – 20 mai 2020 ; Recommandations en vue de l'arrêté des comptes 2020 et 2021 (Rec. AMF 2020-09, Arrêté des Comptes 2020, § 3 et Rec. AMF 2021-06, Arrêté des Comptes 2021, § 3.1).

– CNCC : Questions/Réponses relatives aux conséquences de la crise sanitaire et économique liée à la pandémie de Covid-19 (Neuvième édition) – 8 décembre 2021.

– ANC : Recommandations et observations relatives à la prise en compte des conséquences de l'événement Covid-19 dans les comptes et situations établis à compter du 1er janvier 2020 – mise à jour du 9 juillet 2021.

Les développements ci-après s'inspirent de ces recommandations.

3. Déclenchement de tests de perte de valeur A chaque clôture, qu'elle soit intérimaire ou annuelle, un test de perte de valeur doit être effectué sur un actif (immobilisation corporelle, incorporelle, droit d'utilisation ou goodwill) si l'examen des sources d'information internes et externes disponibles révèle l'existence d'un ou plusieurs indices d'une possibilité de perte de valeur de cet actif (IAS 36.12). Parmi les indices qu'une entité doit obligatoirement considérer, les indicateurs suivants sont particulièrement pertinents dans un contexte de crise : **36800** (suite)

- dégradation de l'environnement économique général dans lequel un actif est opéré (IAS 36.12b) ;
- observation d'une augmentation des taux de rendements attendus sur les marchés d'actions et/ou d'obligations (IAS 36.12c) ;
- capitalisation boursière excédant la valeur nette comptable des capitaux propres (applicable à l'entité, à une filiale cotée ou à une participation mise en équivalence) (IAS 36.12d) ;
- changement réalisé ou prévu dans les conditions d'utilisation d'un actif (fermeture provisoire prolongée, plan de restructuration ou de cession) (IAS 36.12f) ;
- révision à la baisse des budgets et plans d'affaires (IAS 36.14c) ;
- écart défavorable significatif entre performance réelle et budgétée (IAS 36.14b).

En pratique, la présence d'un indice de perte de valeur peut conduire à : (i) effectuer un test de perte de valeur du goodwill à une date différente de la date du test annuel et/ou (ii) effectuer un test de perte de valeur au niveau d'un actif individuel ou d'une UGT individuelle auquel aucun goodwill n'a été alloué et qui n'aurait pas été testé dans le cadre du test annuel du goodwill.

Pour plus de détails sur le déclenchement des tests de perte de valeur, voir n° 35957 et 36805. Pour les indices de déclenchement d'un test de perte de valeur d'une participation mise en équivalence, voir n° 15590.

4. Niveau de granularité et ordre des tests de perte de valeur Le test doit être conduit selon une approche « bottom-up », c'est-à-dire en deux étapes et dans l'ordre suivant (IAS 36.97 à .98) :

- tester d'abord les immobilisations au niveau de chacune des UGT individuelles concernées par un indice de perte de valeur ;
- tester ensuite le goodwill, au niveau des groupes d'UGT auxquels le goodwill a été affecté.

Omettre d'effectuer le test de valeur au niveau des UGT individuelles pourrait aboutir à sous-évaluer la charge totale de dépréciation. En outre, effectuer le test dans le mauvais ordre pourrait aboutir à surévaluer la charge de dépréciation ou à l'imputer à tort sur le goodwill, la rendant ainsi non réversible.

Pour plus de détails sur l'ordre des tests de dépréciation, voir n° 35979.

5. Incidence des incertitudes accrues sur les tests de perte de valeur Un contexte de crise se caractérise par une amplification significative des incertitudes économiques. Certaines sociétés peuvent être conduites à suspendre leurs prévisions de résultat communiquées au marché. Pour autant, l'existence d'un niveau élevé d'incertitudes ne permet pas de s'exonérer de la réalisation d'un test de perte de valeur si un indice est présent à la date de clôture.

En revanche, ces incertitudes accrues doivent être prises en compte dans le test de perte de valeur, soit dans les flux de trésorerie, soit dans le taux d'actualisation.

Dans un contexte de fortes incertitudes, il pourrait être pertinent de s'appuyer sur des scénarios multiples de flux de trésorerie en pondérant chaque scénario en fonction de son taux de probabilité. Cette approche peut être particulièrement appropriée lorsqu'il existe des incertitudes significatives sur les scénarios de sortie de crise. Elle a par ailleurs le mérite de rendre explicites et transparentes les hypothèses retenues par le management.

Lorsque les incertitudes et risques ne sont pas suffisamment reflétés dans les flux de trésorerie, il peut être nécessaire d'inclure dans le taux d'actualisation une prime de risque spécifique. Cependant, l'inconvénient d'une telle approche réside dans la difficulté d'estimer la prime de risque spécifique sur la base d'éléments objectifs. Elle ne devrait être utilisée que dans les cas très particuliers d'un changement de circonstances brutal, inattendu et tardif par rapport à la date de clôture, ayant empêché de mener l'exercice de mise à jour des flux de trésorerie avec suffisamment de profondeur.

Il importe, dans tous les cas, de veiller à ce que tous les risques et incertitudes soient traduits, soit dans les flux, soit dans les taux, en évitant les omissions et les doubles comptages.

Pour plus de détails sur la prise en compte des incertitudes, voir n° 36520 et 36835.

6. Mise à jour des prévisions de flux de trésorerie pour le calcul de la valeur d'utilité Les prévisions de flux de trésorerie doivent reposer sur des hypothèses raisonnables et supportables reflétant la meilleure estimation des conditions économiques qui prévaudront sur toute la durée

36800 (suite) de vie des actifs (IAS 36.33a). Il est nécessaire que les prévisions aient été suffisamment mises à jour pour refléter toutes les informations internes et externes disponibles sur les effets attendus de la crise. Les prévisions retenues dans les tests de dépréciation devraient être cohérentes avec les changements stratégiques annoncés ou décidés (suspension, abandon ou cession d'activité).

Le plus de poids doit être donné aux éléments probants d'origine externe (IAS 36.33a). Les hypothèses retenues par le management doivent en particulier être cohérentes avec les données externes crédibles telles que les prévisions macroéconomiques des banques centrales, celles des experts sectoriels indépendants ou les consensus d'analystes boursiers. Par exemple, les prévisions du management ne devraient pas présumer un retour rapide à la situation pré-crise (scénario de sortie de crise en « V ») si les données disponibles sur le marché suggèrent des effets durables sur l'activité économique du secteur (scénarios de sortie de crise en « U » ou en « L »). Par ailleurs, les prévisions de flux de trésorerie du management devraient être réalistes par rapport aux tendances observables en termes de baisse de revenus et d'augmentation des coûts d'exploitation, notamment en ce qui concerne les coûts d'énergie et de matières premières.

Dans le cas où les hypothèses retenues par le management dans le cadre d'une valeur d'utilité différeraient des données disponibles sur le marché, celles-ci devraient être explicitées en annexe (voir ci-après).

7. **Mise à jour des taux d'actualisation** Les approches habituelles de détermination des taux d'actualisation à partir d'un coût moyen pondéré du capital (« CMPC ») demeurent appropriées dans un contexte de crise. Il importe que l'exhaustivité des composantes du CMPC (taux sans risque, prime de risque de crédit, bêta sectoriel, prime de risque de marché actions, prime de risque spécifique, ratio de levier de la dette) soit mise à jour en fonction de l'évolution des conditions de marché. Il convient également de s'assurer que ces différents inputs ont été mis à jour d'une façon cohérente les uns par rapport aux autres.

> L'accroissement des volatilités des marchés pourrait se traduire par une augmentation des primes de risque de marché. Certains secteurs particulièrement affectés par la crise pourraient connaître une augmentation relativement plus forte du coût de leurs fonds propres. L'action des banques centrales en réponse à la crise pourrait avoir modifié le taux sans risque. Le taux sans risque pourrait également être modifié par une modification des anticipations d'inflation à long terme par les acteurs économiques. L'aggravation des problèmes de liquidité causée par la crise pourrait avoir modifié les primes de risque de crédit observables, tout en accroissant les disparités, et pourrait également modifier la structure de capital optimale (vers un poids accru des fonds propres). Il convient également de s'interroger sur l'évolution des primes de risques spécifiques, en particulier les primes de risque pays.
>
> Pour plus de détails sur les hypothèses de taux d'actualisation, voir nº 36840.

8. **Informations en annexe dans un contexte de crise** Une crise entraînant une amplification significative des incertitudes économiques, il est d'autant plus nécessaire de fournir des informations complètes et spécifiques sur les **hypothèses et sensibilités** relatives aux tests de perte de valeur. Ce point est régulièrement rappelé par l'ESMA et l'AMF (voir ci-avant).

Les informations à fournir sont requises non seulement par IAS 36.134 pour les tests de perte de valeur des goodwills, mais également par IAS 1.125 à .129 pour toutes les estimations critiques pour lesquelles il existe un risque significatif d'ajustement des valeurs comptables au cours de l'exercice suivant.

a. **En matière d'hypothèses critiques,** les informations pertinentes dans le contexte de crise incluent notamment :

– une explication sur l'évolution des hypothèses opérationnelles et financières intervenue depuis l'exercice précédent, incluant par exemple, si applicable, l'explication des éventuelles modifications apportées à l'horizon des prévisions, au montant des flux en année terminale, au taux de croissance perpétuelle (servant à extrapoler les flux postérieurs à l'année terminale), au taux d'actualisation, etc. ;

– les hypothèses relatives aux plans d'affaires, telles que le délai prévu pour le retour à une situation pré-crise, l'augmentation attendue des coûts de matières premières et d'énergie, la capacité de l'entité à refléter ces hausses de coûts dans les prix de vente, etc. ;

– dans le cas où l'entité applique une approche multi-scénarios, la nature des scénarios de sortie de crise et les probabilités qui leur sont affectées ;

– en cas de divergence entre les hypothèses retenues par le management pour la valeur d'utilité et les sources d'information externes (consensus d'analystes sectoriels, etc.), la nature et les raisons de ces divergences (IAS 36.134d.ii) ;

– dans le cas où la valeur d'utilité excède significativement la juste valeur résultant de la capitalisation boursière, la raison de l'écart.

b. **Concernant les informations à fournir sur les analyses de sensibilité,** elles ne devraient pas se limiter aux taux d'actualisation et taux de croissance perpétuels, mais devraient porter sur les hypothèses les plus critiques, en particulier les hypothèses opérationnelles des plans d'affaires.

L'amplification des incertitudes, inhérente à un contexte de crise, devrait logiquement se traduire par un élargissement de la fourchette d'amplitude des variations d'hypothèses qui doivent être considérées comme raisonnablement possibles. Pour rappel, lorsqu'une variation d'hypothèse raisonnablement possible conduirait à réduire la valeur recouvrable à un niveau inférieur à la valeur comptable, l'information en annexe doit indiquer : (i) la valeur de l'hypothèse retenue pour l'arrêté comptable, (ii) le montant de « marge de confort » (« headroom ») du test, c'est-à-dire l'excédent de la valeur recouvrable sur la valeur comptable et (iii) la variation d'hypothèse qui serait nécessaire pour réduire à zéro cette marge de confort (IAS 36.134f). Ainsi, la survenance d'un contexte de crise pourrait conduire à (i) tester de nouvelles hypothèses clés, et (ii) élargir d'amplitude des hypothèses déjà habituellement testées.

Pour plus de détails sur les informations à fournir en annexe, voir n° 36750.

Incidence d'un contexte inflationniste sur les tests de dépréciation

36802

Question

Quelle est l'incidence d'un contexte d'inflation significative et de hausse des taux d'intérêt sur les tests de dépréciation des actifs non financiers ?

Réponse

De la même manière qu'une crise économique, un contexte d'inflation significative et de hausse des taux d'intérêt :
- peut faire apparaître des indices de perte de valeur, nécessitant de réaliser des tests de perte de valeur des actifs non financiers ;
- peut avoir des incidences sur les modalités de détermination des valeurs recouvrables de ces actifs ;
- rend d'autant plus nécessaire une information pertinente en annexe sur les hypothèses critiques et les sensibilités des tests de dépréciation, compte tenu de l'accroissement des incertitudes économiques induit par un tel contexte.

Commentaires :

1. **Apparition d'indices de perte de valeur** Une inflation significative peut avoir des incidences non seulement sur les prix de vente et les coûts de production, mais également sur le comportement des clients et les volumes vendus. Ceci se traduit par une modification des flux de trésorerie générés par les actifs et peut constituer un indice de perte de valeur.

En outre, si une hausse des taux d'intérêt et des taux de rendement attendus par le marché est susceptible de modifier les taux d'actualisation à la hausse et ainsi de diminuer de manière significative la valeur recouvrable des actifs, cette hausse constitue un indice de perte de valeur (IAS 36.12), nécessitant la réalisation de tests de dépréciation des actifs concernés.

Pour plus de détails sur le déclenchement de tests de perte de valeur, voir n° 36800, point 3.

2. **Calcul de la valeur d'utilité – Incidences de l'inflation sur les prévisions de flux de trésorerie** L'inflation ne conduira pas nécessairement à la constatation d'une dépréciation, si l'augmentation des coûts de production peut être compensée par l'augmentation des prix de vente, ou si l'augmentation des taux d'actualisation peut être compensée par une augmentation des marges d'exploitation. Cependant, les prévisions de flux de trésorerie peuvent devoir être revues à la baisse si, par exemple, l'inflation modifie le comportement des clients et impacte ainsi le volume des ventes, ou si l'entité n'est pas en mesure de répercuter ses hausses de coûts dans les prix de vente.

3. **Calcul de la valeur d'utilité – Interaction entre les prévisions de flux de trésorerie et les taux d'actualisation** La cohérence entre les prévisions de flux de trésorerie et le taux d'actualisation est un principe fondamental d'IAS 36.

Deux approches sont possibles pour traduire l'inflation dans le calcul de la valeur d'utilité :

a. L'approche « nominale » consiste à prendre en compte les effets de l'inflation dans les prévisions de flux de trésorerie et à leur appliquer un taux d'actualisation nominal, c'est-

36802 (suite) à-dire incluant l'inflation. Dans ce cas, il importe que les attentes du marché en matière d'inflation soient reflétées à la fois dans les flux de trésorerie et dans les taux d'actualisation. Ainsi :

– si le marché anticipe des taux d'inflation différents selon les périodes (par exemple une forte hausse suivie d'une décrue de l'inflation), ceci doit être reflété dans les prévisions de flux de trésorerie ;

– le taux sans risque utilisé dans la construction du WACC doit être aligné avec le taux d'intérêt à long terme observable sur le marché.

Pour plus de précisions sur la détermination du WACC, voir n° 36840, point 3.

L'approche nominale est la plus couramment utilisée, dans la mesure où les business plans sont souvent construits en incluant l'inflation, et où les taux d'intérêt observables sur le marché incorporent également l'inflation.

b. L'approche « réelle » consiste à utiliser les flux de trésorerie exprimés en prix constants, sans anticipation des effets de l'inflation et à les actualiser par application d'un taux ajusté pour exclure également les effets de l'inflation.

Cette approche est peu utilisée et conduit souvent à ignorer certains impacts de l'inflation, relatifs à la capacité d'une entité de répercuter ses hausses de coûts dans les prix de vente, ou les impacts sur les investissements, les amortissements ou le BFR.

4. Calcul de la valeur d'utilité – Détermination de la valeur terminale Les flux de trésorerie extrapolés à l'infini pour calculer la valeur terminale devront être représentatifs d'un état stable auquel un taux de croissance à long terme est appliqué. Généralement, le taux d'inflation attendu à long terme est considéré comme le taux de croissance à long terme. Toutefois, une vigilance particulière devra être portée à la détermination de ce taux dans les cas où le marché a des anticipations fluctuantes de l'inflation.

Par exemple, si le marché anticipe une accélération de l'inflation à court terme, un ralentissement à moyen terme et une stabilité à long terme, et que le délai nécessaire pour un retour à un taux d'inflation stable excède l'horizon du business plan de l'entreprise, ceci devra être reflété dans les prévisions de flux de trésorerie. La valeur terminale ne pourra donc pas être calculée directement sur la base de la dernière année du business plan, et des taux de croissance différenciés devront être utilisés afin d'extrapoler les flux de trésorerie.

5. Calcul de la valeur d'utilité – Incidence des incertitudes accrues En cas de fortes incertitudes découlant de la hausse de l'inflation ou de la volatilité accrue des prix et des taux d'intérêt, il pourrait être pertinent de s'appuyer sur des scénarios multiples de flux de trésorerie, en pondérant chaque scénario en fonction de son taux de probabilité.

L'alternative pourrait être d'utiliser une seule projection de flux de trésorerie et d'ajuster le taux d'actualisation par une prime de risque spécifique, pour refléter la forte incertitude. Cependant, la détermination de la prime de risque appropriée peut être difficile et subjective.

Pour plus de détails sur l'incidence des incertitudes accrues sur le calcul de la valeur recouvrable, voir n° 36800, point 5.

6. Calcul de la juste valeur diminuée des coûts de la vente La juste valeur reflète les attentes du marché. Certains actifs peuvent être négativement impactés par l'inflation lorsque le taux d'actualisation inhérent à leur évaluation augmente plus vite que les effets de l'inflation sur les flux de trésorerie qu'ils génèrent. Dans d'autres cas, la juste valeur des actifs peut augmenter du fait de la hausse des prix.

Lorsque la juste valeur des actifs excède leur valeur comptable, il n'est pas nécessaire de calculer une valeur d'utilité, même si l'actif n'est pas utilisé de manière optimale.

7. Information en annexe L'inflation significative et la hausse des taux d'intérêt entraînant une augmentation des incertitudes, la fourniture en annexe d'informations détaillées sur les tests de dépréciation doit être renforcée.

Cette nécessité est accentuée par la forte volatilité des prix de l'énergie et des matières premières.

Ainsi, il convient de fournir en annexe des explications relatives :

– à la prise en compte de ces éléments dans les hypothèses clés des tests de dépréciation ; et

– aux évolutions de ces hypothèses depuis le dernier test effectué.

Enfin, l'amplification des incertitudes peut devoir entraîner la nécessité d'ajouter des analyses de sensibilité ou d'élargir la fourchette d'amplitude des variations d'hypothèses clés jugées raisonnablement possibles au regard des conditions macroéconomiques.

Par exemple, pourraient être particulièrement critiques les hypothèses de hausse des coûts d'énergie et de matières premières, et celles relatives à la capacité de l'entreprise à répercuter ces hausses sur ses clients.

Ces points ont été rappelés par l'AMF (Rec. AMF 2022-06, Arrêté des Comptes 2022, § 4.2) dans le cadre de ses recommandations en vue de l'arrêté des comptes 2022.
Pour plus de détails sur l'information à fournir en annexe dans un contexte de crise, voir nº 36800, point 8.

Incidence d'une crise économique sur le déclenchement des tests de dépréciation

36805

Question

Une crise économique est-elle un indice de perte de valeur justifiant la réalisation de tests de dépréciation des actifs et UGT des entreprises ?

Réponse

Une crise économique ou financière affectant l'activité ou la valeur d'une entité se traduira le plus souvent par la survenance d'indices de perte de valeur sur un ou plusieurs actifs de l'entité. Ainsi, en pratique, une crise économique ou financière peut déclencher la réalisation de tests de dépréciation au niveau des actifs individuels ou des unités génératrices de trésorerie (UGT) individuelles de l'entité. Elle peut également conduire à tester le goodwill plus fréquemment qu'à la date habituelle du test annuel.

Commentaires :

1. **Rappel des principes de réalisation des tests de dépréciation** Une entité doit apprécier à chaque date de reporting s'il existe un quelconque indice qu'un actif peut avoir subi une perte de valeur. S'il en existe un, l'entité doit réaliser un test de dépréciation et estimer la valeur recouvrable de l'actif (IAS 36.9).

Outre cette obligation, certains éléments doivent également être soumis à un test de dépréciation tous les ans, qu'il y ait ou non un indice de perte de valeur ; il s'agit des immobilisations incorporelles à durée d'utilité indéterminée, des immobilisations incorporelles qui ne sont pas prêtes à être mises en service (IAS 36.10a) et des unités génératrices de trésorerie auxquelles un goodwill a été affecté (IAS 36.10b et .90).

A titre d'exemple, IAS 36.12 fournit une liste non exhaustive d'indices de perte de valeur.

2. **Indices de perte de valeur à examiner dans un contexte de crise** Les indices de perte de valeur énoncés ci-après peuvent être particulièrement pertinents dans un tel contexte :
- performances financières réalisées sur l'exercice en cours N largement inférieures au budget N ;
- flux de trésorerie nettement inférieurs aux prévisions antérieures ;
- changements significatifs dans les estimations des taux de croissance à moyen terme et/ou à long terme par rapport aux estimations précédentes ;
- pour une entité cotée : baisse significative du cours de l'action de l'entité, capitalisation boursière inférieure aux fonds propres ;
- pour une entité ou une UGT non cotée : baisse du cours de bourse des entreprises du même secteur ;
- changements stratégiques décidés ou annoncés (modification du « business model », plans de restructuration, plans d'abandon ou de cession d'activité, etc.) ;
- augmentation du rendement exigé par le marché pour une ou plusieurs composantes du coût du capital de l'UGT (taux d'intérêt sans risque, prime de risque actions, bêta sectoriel, « spread » obligataires, prime de risque pays) ;
- évolution des taux de change, des prix des matières premières ou de l'énergie, ayant un impact sur les flux de trésorerie de l'entité ;
- report de projets d'investissement.

Cette liste, fournie à titre d'exemple, n'est pas exhaustive et d'autres indicateurs peuvent devoir être pris en compte.

3. **Implications d'une crise économique sur la fréquence et l'étendue des tests de dépréciation** En pratique, en période de crise économique, une entité pourrait être conduite à :
- conduire des tests de dépréciation au niveau d'actifs individuels ou d'UGT individuelles (c'est-à-dire à un niveau de granularité plus fin que le test annuel des goodwills) ;
- accélérer la fréquence des tests de dépréciation sur les actifs faisant l'objet d'un test annuel (par exemple en testant dès la clôture intérimaire un goodwill faisant l'objet d'un test annuel en fin d'année).

Recommandations des instances de place dans le contexte des crises récentes Dans le contexte de la crise sanitaire et économique liée à la pandémie de Covid-19, ces points ont été rappelés par l'ESMA (« Implications of the Covid-19 outbreak on the half-yearly financial reports », 20 mai 2020, ESMA 32-63-972), par l'AMF (« Publication du rapport financier semestriel dans le contexte Covid-19 : l'AMF présente quelques principes à respecter » – mai 2020, Rec. AMF 2020-09, Arrêté des Comptes 2020, § 3.1) et par la CNCC (Questions/Réponses relatives aux conséquences de la crise sanitaire et économique liée à l'épidémie de Covid-19, § 2.1). Ainsi, la crise liée à la Covid-19 s'est accompagnée de certains des éléments cités par IAS 36.12 pouvant constituer des indices de perte de valeur et nécessiter la réalisation de tests de dépréciation.

La nécessité d'identifier l'existence d'indicateurs de perte de valeur des actifs a également été rappelée par l'ESMA dans le contexte de l'invasion russe de l'Ukraine (communiqué publié en mai 2022, ESMA 32-63-1277). L'ESMA a invité les émetteurs à considérer dans cette appréciation les effets de l'invasion, tant directs qu'indirects (tels que l'augmentation du prix des matières premières, les arrêts d'activité induits par la perturbation des chaînes d'approvisionnement ou les effets des sanctions). Elle a également indiqué qu'elle s'attendait à ce que soient prises en compte les décisions d'abandonner, de céder ou de suspendre des activités en Ukraine, en Russie ou en Biélorussie.

Décision de l'ESMA – Identification d'indices de perte de valeur dans le contexte Covid-19 (EECS/0122-08, 05/22) L'ESMA a considéré que les restrictions subies dans le contexte Covid-19 constituaient des indices de perte de valeur des actifs d'un émetteur.

Pour conclure à l'absence de l'existence de tels indices, un groupe de transport maritime avait argumenté que la baisse d'activité connue pendant la période de restrictions liées à la Covid-19 était un événement ponctuel et temporaire, sans impact significatif sur la valeur recouvrable de ses navires au regard de leur longue durée d'utilité. L'émetteur avait également anticipé que la levée de ces restrictions se traduira par une forte reprise de son activité.

L'ESMA n'a pas retenu ces arguments et a relevé que plusieurs indices de perte de valeur cités dans IAS 36 étaient présents (forte réduction de l'activité, baisse de la performance financière, navires retirés du service pendant la période des restrictions, renégociation des covenants bancaires avec les prêteurs...).

Détermination de la juste valeur dans un contexte de crise économique : utilisation des DCF

36830 ***Question***

Est-il pertinent, dans un contexte de crise, de déterminer la juste valeur nette des coûts de cession à partir d'un modèle de flux futurs de trésorerie actualisés prenant en compte les hypothèses du marché (DCF de marché) ?

Réponse

Oui, à notre avis. L'utilisation des « discounted cash-flows » (DCF) de marché reste pertinente et appropriée dans un contexte de crise dans la mesure où elle reflète dans les cash-flows ce que seraient les attentes à court et à long terme d'un investisseur hypothétique.

Cette approche est toutefois probablement plus difficile à mettre en œuvre dans un environnement de crise, la principale difficulté étant d'estimer de manière fiable les prévisions de cash-flows que retiendrait un acquéreur hypothétique.

Commentaires :

1. **Possibilité de déterminer, dans un contexte de crise, la juste valeur nette des frais de cession à partir d'un modèle de flux de trésorerie actualisés** Sous réserve du respect de la hiérarchie des méthodes d'évaluation de la juste valeur (voir nº 36460), il est possible, dans des conditions de crise, de déterminer la juste valeur nette des frais de cession d'un actif ou d'une UGT à partir d'un modèle de flux futurs de trésorerie actualisés prenant en compte les hypothèses du marché (« discounted cash-flows »/DCF).

En effet, cette approche reste pertinente dans la mesure où elle reflète dans les cash-flows ce que seraient les attentes à court et à long terme de n'importe quel acteur du marché dans le cadre d'une acquisition (« hypothetical buyer »).

Rappelons qu'en cas d'utilisation de cette méthode pour déterminer la juste valeur nette des coûts de cession, la norme IAS 36.134e requiert un certain nombre d'informations, voir nº 36750.

Toutefois, cette approche est probablement plus difficile à mettre en œuvre dans un environnement de crise, la principale difficulté étant d'estimer de manière fiable les prévisions de cash-flows que retiendrait un acquéreur hypothétique (Rec. AMF 2008-22, Arrêté des Comptes 2008, § 3.2).

Son utilisation implique notamment (voir nº 36460) :
– de pouvoir rapprocher les prévisions sous-jacentes des paramètres de marché (évolution du secteur, profitabilité moyenne, anticipations des analystes) (en ce sens, Rec. AMF 2008-22, précitée, § 3.2) ;
– de pouvoir comparer le résultat obtenu par l'actualisation des DCF de marché avec des données de marché (benchmarks, par exemple, avec des multiples de transactions observés pour des sociétés comparables, voir nº 36845) ; et
– compte tenu de la sensibilité prévisible des résultats aux hypothèses retenues, de fournir des informations en annexe permettant une totale transparence (en ce sens, Rec. AMF précitée, § 3.2).

Pour les informations en annexe à fournir, y compris dans un contexte de crise, voir nº 36750.

2. Conséquences de la mise en œuvre du modèle de flux de trésorerie actualisés pour la détermination de la juste valeur :
– la mise en œuvre de cette approche peut aboutir au calcul d'une juste valeur nette des frais de cession supérieure à la valeur d'utilité. En effet, cette approche permet notamment d'inclure dans les cash-flows, les effets positifs attendus d'une restructuration non engagée ou des investissements d'augmentation de capacité, que n'importe quel acteur de marché retiendrait dans l'évaluation de l'actif, alors que ces éléments ne doivent pas être pris en compte dans le calcul de la valeur d'utilité (voir nº 36320) ;
– toutefois, dans certains cas, la valeur d'utilité peut être supérieure à la juste valeur diminuée des coûts de cession (par exemple, en cas de synergies spécifiques au groupe dont ne pourrait bénéficier aucun autre acteur du marché ; l'effet positif des synergies peut être pris en compte dans le calcul de la valeur d'utilité, donnant ainsi une valeur d'utilité supérieure à la juste valeur diminuée des coûts de cession).

Tests de dépréciation : approche à retenir en période de crise économique

Question 36835

Comment fiabiliser les tests de dépréciation en période d'incertitude ?

Réponse

En retenant l'approche probabiliste « des flux de trésorerie attendus » prenant en compte tous les scénarios envisageables des flux de trésorerie potentiels et pas uniquement le flux de trésorerie le plus probable.

Cette approche permet de mieux refléter les incertitudes en les intégrant directement dans les flux de trésorerie plutôt que de les traduire par une prime spécifique dans le taux d'actualisation.

Commentaires :

1. **Rappel des méthodes d'estimation de la valeur d'utilité d'un actif ou d'une UGT** La norme IAS 36 prévoit deux approches pour déterminer la valeur d'utilité d'un actif ou d'une UGT (IAS 36.A4 à .A14) :
– **l'approche « traditionnelle »** (souvent décrite comme « le taux à la mesure du risque ») qui consiste à n'utiliser qu'un unique ensemble de flux de trésorerie estimés ainsi qu'un unique taux d'actualisation. Ce taux d'actualisation est supposé intégrer toutes les attentes relatives aux flux de trésorerie futurs ainsi qu'une prime de risque reflétant les incertitudes (IAS 36.A4) ;
– **l'approche par les flux de trésorerie attendus,** qui consiste à utiliser toutes les attentes concernant des flux de trésorerie potentiels plutôt que celles d'un ensemble unique de flux le plus probable (IAS 36.A7). Les incertitudes sont reflétées dans les flux de trésorerie des différents scénarios pondérés en fonction de leur probabilité de réalisation.

Ces deux approches devraient en principe aboutir au même résultat. Cela suppose toutefois un certain degré de précision dans la mise en œuvre de l'approche « traditionnelle » qui peut être difficile à atteindre en période d'incertitude.

Quelle que soit l'approche adoptée, les taux utilisés pour actualiser les flux de trésorerie ne doivent pas refléter les risques au titre desquels les flux de trésorerie estimés ont été ajustés (IAS 36.56 et .A15). Autrement dit, dans la mesure où les incertitudes liées au ralentissement économique sont déjà reflétées dans les flux de trésorerie attendus (estimés sur la base de différents scénarios possibles par exemple), le taux d'actualisation ne doit pas incorporer une prime reflétant ces incertitudes.

S'il en était autrement, l'effet de certaines hypothèses serait pris en compte deux fois (IAS 36.A15).

En revanche, il n'est pas acceptable de différer la comptabilisation d'une dépréciation sous prétexte que les flux de trésorerie servant au calcul de la valeur d'utilité sont incertains. L'ESMA a notamment rappelé qu'une perte de valeur doit nécessairement être constatée, dès lors que la valeur recouvrable est inférieure à la valeur comptable de l'actif ou de l'UGT testés. L'ESMA n'a pas admis qu'un émetteur ait comme principe de ne comptabiliser une dépréciation que si la perte de valeur de l'actif testé atteint un certain seuil défini, en justifiant sa position par le caractère incertain des flux de trésorerie servant au calcul de la valeur d'utilité (EECS/0216-10, 01/17).

2. Avantages de l'approche des « flux de trésorerie attendus » dans un contexte de crise économique Dans un environnement hautement incertain, l'approche des « flux de trésorerie attendus » présente notamment comme avantages :

- d'être plus explicite sur la sensibilité de la valeur recouvrable aux incertitudes ;

  En effet, la sensibilité de la valeur recouvrable aux incertitudes est intégrée dans l'évaluation des flux de trésorerie et ce, contrairement à la méthode traditionnelle, les effets des incertitudes étant directement intégrés dans le taux d'actualisation.

- d'être en mesure d'identifier et de prendre en compte des incertitudes susceptibles d'avoir un impact significatif sur la valeur recouvrable ;

  L'approche par les flux de trésorerie attendus diffère ainsi de l'approche traditionnelle en se concentrant sur l'analyse directe des flux de trésorerie concernés et sur des énoncés plus explicites des hypothèses utilisées dans l'évaluation (IAS 36.A7).

- d'être vraisemblablement plus proche de la manière dont le management établit ses prévisions ;
- de ne pas avoir recours au jugement pour évaluer une prime de risque unique, laquelle peut être difficile à quantifier et à documenter.

  Dans le contexte de la crise sanitaire et économique de Covid-19 en 2020, la pertinence de la méthode des flux de trésorerie attendus a été rappelée par les régulateurs (Implications of the Covid-19 outbreak on the half-yearly financial reports – 20 mai 2020 – ESMA 32-63-972, Publication du rapport financier semestriel dans le contexte Covid-19 : l'AMF présente quelques principes à respecter) et la CNCC (Questions/Réponses relatives aux conséquences de la crise sanitaire et économique liée à l'épidémie de Covid-19, § 2.4).

  La pertinence de cette méthode a également été soulignée par l'ESMA dans le contexte de l'invasion russe de l'Ukraine (communiqué publié en mai 2022, ESMA 32-63-1277).

■ *Exemple*

Le management a identifié trois incertitudes importantes susceptibles d'avoir une incidence sur le business plan : les évolutions du marché, le succès rencontré par un nouveau produit et les taux de change.

Pour chacune de ces incertitudes, trois projections des flux futurs de trésorerie ont été identifiées et une probabilité de survenance leur a été affectée, comme indiqué sur le schéma ci-après :

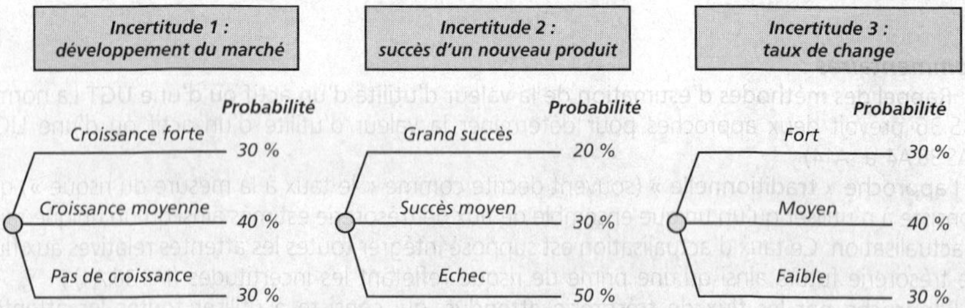

Solution de l'exemple *Selon l'approche des flux de trésorerie attendus, la valeur d'utilité sera égale à la valeur attendue qui résulte de la combinaison de vingt-sept (3 × 3 × 3) scénarios possibles.*

Conséquences d'une crise économique sur le taux d'actualisation

36840 ***Question***

Quelles sont les conséquences d'une crise économique sur le taux d'actualisation à retenir pour les tests de dépréciation ?

36840 (suite)

Réponse

A notre avis, une crise économique ne doit pas avoir pour effet de modifier la méthode de calcul du taux d'actualisation.

En revanche, il est nécessaire de réestimer chaque donnée entrant dans le calcul et dans l'évaluation globale du taux d'actualisation. Les composantes de ce taux doivent être appréciées dans une perspective à long terme, cohérente avec l'horizon de cash-flows. Le taux d'actualisation doit également refléter tout risque qui ne serait pas pris en compte dans les prévisions de cash-flows, et être éventuellement majoré si les effets de la crise ne sont pas suffisamment reflétés dans les prévisions.

Cet exercice peut aboutir à déterminer un taux d'actualisation différent de celui utilisé dans les états financiers de l'exercice précédent.

Commentaires :

1. **Rappel des modalités de détermination du taux d'actualisation** Le taux d'actualisation doit refléter (IAS 36.55) :

- la valeur temps de l'argent pour les périodes allant jusqu'à la fin de la durée d'utilité de l'actif ou de l'unité génératrice de trésorerie (UGT) ;
- les risques de marché, le risque pays, les risques propres aux actifs ou de l'UGT ;
- ainsi que d'autres facteurs de risque pris en compte par les acteurs du marché lors de l'évaluation des flux de trésorerie futurs attendus (IAS 36.A1).

L'ESMA a rappelé la nécessité d'utiliser des taux d'actualisation différenciés par UGT si leur profil de risque est différent (EECS/0112-06, 10/12). Ces taux font l'objet d'une information en annexe.

Lorsque le taux d'actualisation d'un actif spécifique ne peut être trouvé par référence directe au marché, l'entreprise peut l'estimer selon les modalités suivantes (IAS 36.A16) :

a. prise en compte, comme point de départ, des taux suivants (IAS 36.A17) :

- le coût moyen pondéré du capital apporté de l'entreprise (WACC – « weighted average cost of capital ») déterminé à l'aide de techniques telles que le « Capital Asset Pricing Model » (CAPM) ou le « Modèle d'Evaluation des Actifs Financiers » (MEDAF) ;

Le coût du capital reflète le rendement qu'attendrait un investisseur d'un placement avec le même profil de risque et les mêmes espérances de gains. Les paramètres du coût du capital, comme ceux du coût de la dette, sont en général déterminés sur la base d'observations (historiques et prospectives) faites sur le moyen et le long terme.

- le taux d'emprunt marginal de l'entité ;
- d'autres taux d'emprunt sur le marché.

b. ajustement de ces éléments pour refléter la façon dont le marché apprécierait les risques relatifs aux flux de trésorerie générés par l'actif (IAS 36.A18).

Le CESR (devenu l'ESMA) avait souligné l'importance d'une détermination appropriée de ces paramètres et notamment (EECS/0112-06, 10/12 et EECS/0113-09, 04/13) :

- le coût de la dette et la prime de risque qui doivent être basés sur une perspective à long terme (correspondant aux flux de trésorerie long terme utilisés dans le test de dépréciation) ;
- une reconstitution du bêta endetté de l'entité ;
- un coût moyen pondéré du capital représentatif d'entreprises du secteur ;
- une prise en compte des flux exprimés en devise ;
- le spread corporate qui doit refléter les hypothèses de marché actuelles concernant la valeur temps de l'argent et les risques spécifiques à l'actif.

2. **Conséquences d'une crise économique sur le calcul du taux d'actualisation** Les méthodes du coût moyen pondéré du capital servant de base au calcul du taux d'actualisation ne doivent pas être modifiées du fait d'une crise économique. Toutefois, chacun des éléments qui composent le taux d'actualisation doit être réestimé chaque année à la date d'évaluation (en ce sens, décision du CESR, EECS/0610-13, 07/10). Le taux qui en résulte, à analyser et à apprécier également globalement, peut ainsi différer du taux retenu l'année précédente.

Dans une approche « DCF », les flux futurs sont actualisés sur une longue période. Les principales composantes du taux d'actualisation doivent également être appréciées sur un horizon long terme. En particulier, la prime de marché, une des composantes du taux d'actualisation, en général observée sur une longue période, inclut de fait des périodes de crise, et ne devrait pas changer en période de ralentissement économique.

En revanche, d'autres composantes du coût moyen pondéré du capital peuvent varier fortement, par exemple, les spreads sur le marché du crédit. Dans ce cas, les hypothèses à retenir dans

36840 (suite) le coût moyen pondéré du capital doivent être analysées au cas par cas, toujours dans une perspective à long terme, les pics de fluctuation à court terme étant moins pertinents.

Dans le contexte de l'invasion russe de l'Ukraine, l'ESMA a rappelé l'importance de la mise à jour des taux d'actualisation utilisés pour le calcul de la valeur d'utilité des actifs, pour prendre en compte les attentes du marché concernant la valeur temps de l'argent et les risques spécifiques aux actifs testés (communiqué publié en mai 2022, ESMA 32-63-1277).

3. Précautions à prendre pour déterminer le taux d'actualisation En cas de forte volatilité des primes de risque exigées par le marché, la détermination du taux d'actualisation est délicate. Dans ce contexte, l'AMF a indiqué qu'une approche raisonnable et cohérente avec les données historiques dont dispose l'entité peut être mise en œuvre pour corriger certains effets de la perturbation des marchés sur la prime de risque (Rec. AMF 2008-22, Arrêté des Comptes 2008, § 3.1).

Le taux d'actualisation à utiliser pour ces tests de dépréciation correspond au WACC (« weighted average cost capital ») (IAS 36.55 s.) pour lequel les points d'attention sont les suivants :

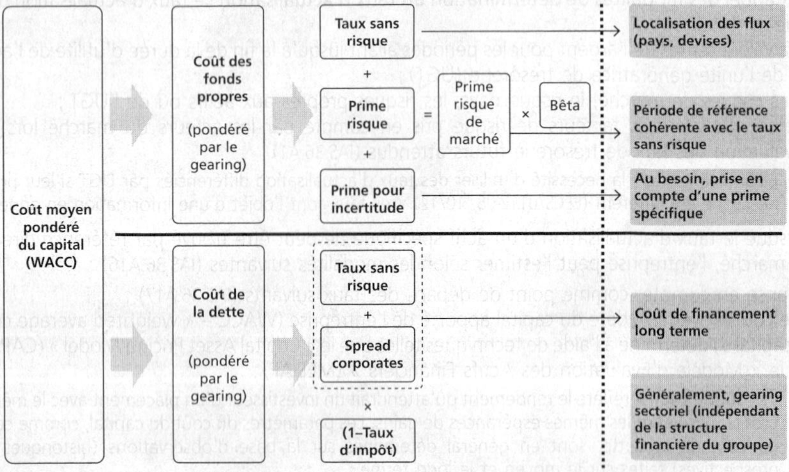

a. Concernant le **coût des fonds propres** :

i. Taux sans risque Pour déterminer le taux sans risque, il convient de prendre en compte la localisation des flux et des risques pour refléter les conditions économiques, politiques, institutionnelles et financières du pays de l'UGT évaluée.

Par exemple, dans le cas d'une société localisée au Brésil mais dont les opérations ne sont réalisées qu'avec des clients américains, le taux sans risque américain doit être retenu.

ii. Prime de risque de marché Cette prime doit être observée sur une période homogène et cohérente avec la période de détermination du taux sans risque.

L'utilisation d'un taux sans risque spot nécessitera l'utilisation d'une prime de marché spot. A l'inverse, l'utilisation d'un taux sans risque observé sur une durée plus longue nécessitera l'utilisation d'une prime de marché observée également sur une période longue.

iii. Prime pour incertitude (ou prime de risque spécifique)

Au-delà du risque systématique qui est reflété dans la prime de risque de marché, le risque spécifique de l'activité ou de la société évaluée doit être également pris en compte. Sa détermination nécessite l'exercice d'un jugement professionnel portant sur l'ensemble de la valorisation. En particulier, si l'évaluateur considère que l'ensemble des risques n'est pas suffisamment reflété dans les prévisions de cash-flows (si l'on estime que les prévisions ne sont pas raisonnables) ou s'il existe des risques liés à la taille ou au manque de diversification géographique de l'ensemble évalué, et que les prévisions de flux de trésorerie ne peuvent donc pas être considérées comme les cash-flows attendus, le taux d'actualisation devra être ajusté en conséquence, à la hausse. Une prime additionnelle (libellée ici « prime pour incertitude ») devra alors être prise en compte dans le taux d'actualisation.

Remarque Il est toutefois préférable d'incorporer les risques dans les cash-flows plutôt que d'ajuster le taux d'actualisation, car il est généralement plus difficile de calculer et de documenter un ajustement du taux d'actualisation au titre des risques non reflétés dans les cash-flows.

Importance de la prise en compte de toutes les sources d'information disponibles dans la détermination du taux d'actualisation Dans sa décision, l'ESMA a remis en cause l'utilisation par un émetteur d'un taux d'actualisation qui ne prenait pas en compte les incertitudes politiques croissantes dans le pays dans lequel les actifs non courants testés pour dépréciation se situaient (EECS/0117-01,10/17). L'émetteur avait choisi de refléter la prime de risque pays dans le taux d'actualisation, plutôt que dans les flux de trésorerie utilisés dans le calcul de la valeur recouvrable. Cependant, l'ESMA a relevé que les taux utilisés par l'émetteur ne prenaient pas en compte certaines sources d'information qui indiquaient une hausse de la prime de risque spécifique au pays dans lequel les actifs testés se situaient.

b. Concernant le **coût de la dette** : comme pour le coût des fonds propres, le taux sans risque utilisé doit être cohérent avec la localisation des flux et des risques. Pour autant, de manière plus globale, le coût de la dette doit correspondre à un coût de financement long terme. En effet, il s'agit de déterminer un taux d'actualisation à appliquer à des flux futurs. Il est donc important de raisonner à long terme et non à court terme.

c. Concernant l'étape de **pondération du coût de la dette et du coût des fonds propres** : une fois le coût des fonds propres et le coût de la dette calculés, la dernière étape consiste à pondérer ces deux coûts par leur poids respectif, en utilisant le niveau d'endettement (« gearing »).

Le « gearing » correspond au ratio de la dette financière et bancaire nette sur les capitaux propres de l'entreprise. Il mesure le risque de la structure financière de l'entreprise.

Généralement, le gearing utilisé correspond au gearing sectoriel et non au gearing comptable de la société. A ce titre, la norme IAS 36 rappelle que le taux d'actualisation doit être indépendant de la structure financière du groupe (IAS 36.A19).

Utilisation de benchmarks en période de crise économique

Question 36845

Dans un contexte de crise économique, est-il possible de retenir pour la juste valeur nette des frais de cession un benchmark des transactions récentes (vente de sociétés dans le même secteur d'activité ou cours de bourse d'entreprises comparables) ?

Réponse

Oui, à notre avis. Toutefois, il convient d'analyser les circonstances particulières des transactions de référence afin de s'assurer que les benchmarks retenus :
- sont pertinents (représentativité des transactions, par exemple) ; et
- constituent bien des transactions « normales » de marché (ce qui conduit à écarter les transactions jugées « anormales » telles que les ventes forcées, par exemple).

Commentaires Pour déterminer la juste valeur nette des frais de cession, en l'absence de prix résultant d'un accord de vente irrévocable ou de prix négocié sur un marché actif, il est nécessaire d'obtenir la meilleure information disponible en considérant le résultat de transactions récentes portant sur des actifs similaires dans le même secteur d'activité (voir n° 36460).

Toutefois, dans un contexte de crise, il convient d'analyser les circonstances particulières des transactions de référence afin de s'assurer que les benchmarks sont à la fois pertinents et constituent bien des transactions « normales » de marché.

1. **Pertinence des benchmarks** Une grande prudence est requise dans l'utilisation des multiples observés pour des transactions récentes comme benchmark afin de conforter les valeurs issues de l'actualisation des flux futurs de trésorerie.

Recommandations de l'AMF Dans ses recommandations en vue de l'arrêté des comptes 2012, l'AMF a ainsi indiqué que lorsqu'un multiple est utilisé, il convient de s'assurer de sa pertinence (pertinence et représentativité de l'échantillon, ancienneté des transactions...) (Rec. AMF 2012-16, Arrêté des Comptes 2012, § 1.3). Le multiple utilisé doit ainsi résulter de l'analyse de transactions récentes et ne peut pas être justifié uniquement par des objectifs internes et/ou des méthodes de valorisation théoriques non corroborées par des transactions récentes.

2. **Référence à des transactions de marché « normales »** Il est également indispensable, à notre avis, de prendre en compte tous les indicateurs de marché. Dès lors, les prix de marché doivent continuer à être utilisés pour vérifier la cohérence des évaluations. Toutefois, cela nécessite de procéder à une analyse détaillée des circonstances propres à chaque transaction ainsi que de l'ensemble des facteurs pouvant influencer le prix. Une telle analyse devrait permettre d'identifier parmi les transactions observées sur le marché celles pouvant être considérées comme les plus pertinentes.

Dépréciation des titres d'une entreprise associée cotée dont le cours de bourse a chuté de manière significative

36865 ***Question***

Faut-il déprécier les titres d'une entreprise associée cotée dont le cours de bourse a chuté de manière significative ?

Réponse

Pas nécessairement. Il convient :

1. de s'assurer, au préalable, de **l'existence à la date de clôture d'une indication objective de dépréciation de la participation** ;

   Tel serait le cas, par exemple, d'une baisse importante ou prolongée du cours de bourse en deçà de la valeur comptable des titres.

2. et, s'il existe un indice de perte de valeur, de **tester pour dépréciation les titres de l'entreprise associée** selon la norme IAS 36.

   C'est-à-dire sur la base d'une valeur recouvrable correspondant au montant le plus élevé entre la valeur d'utilité et la juste valeur diminuée des coûts de la vente.

Ainsi, dans l'hypothèse où le cours de bourse (correspondant à la juste valeur) est inférieur à la valeur comptable, les titres de l'entreprise associée ne doivent pas nécessairement être dépréciés, la valeur d'utilité pouvant être supérieure à la valeur comptable.

Commentaires Les titres d'une entreprise associée dont le cours de bourse a chuté de manière significative ne doivent pas nécessairement être dépréciés. En effet, il convient (IAS 28.40) :

1. **de s'assurer au préalable de l'existence à la date de clôture d'une indication objective de dépréciation de la participation** (IAS 28.40). Tel serait le cas par exemple d'une baisse importante ou prolongée du cours de bourse en deçà de la valeur comptable des titres (IAS 28.41C) ;

   Pour les indicateurs de dépréciation de la participation, voir n° 15590.

2. **et s'il existe un indice de perte de valeur, de tester pour dépréciation les titres de l'entreprise associée selon** IAS 36.9. Dans ce cas, l'investisseur doit en effet :

- déterminer la valeur recouvrable (voir n° 36305) correspondant au montant le plus élevé entre la valeur d'utilité et la juste valeur diminuée des coûts de la vente des titres de l'entreprise associée ;

  Remarque Les flux de trésorerie générés par les titres d'une entreprise associée sont, dans la plupart des cas, largement indépendants de ceux des autres actifs. Dès lors, ils sont donc testés de manière séparée en tant qu'actif unique (IAS 28.42).

- et constater, le cas échéant, une perte de valeur par résultat si la valeur recouvrable se trouve être inférieure à la valeur comptable (IAS 36.6 et .59).

  Cette perte de valeur ne doit pas être allouée aux actifs sous-jacents (goodwill compris) et peut être reprise par résultat si les conditions le permettent (voir n° 36720).

  Remarque Les modalités de dépréciation des titres d'entreprise associée s'appliquent également aux autres intérêts à long terme qui, en substance, font partie de l'investissement net dans l'entreprise associée (IAS 28.38 et .40).

Ainsi, dans l'hypothèse où le cours de bourse (correspondant à la juste valeur) est inférieur à la valeur comptable, les titres de l'entreprise associée ne doivent pas nécessairement être dépréciés, la valeur d'utilité pouvant être supérieure à la valeur comptable des titres.

En pratique, la valeur d'utilité peut être difficile à déterminer, l'investisseur n'ayant pas toujours accès aux prévisions des flux de trésorerie du management de l'entreprise associée.

Tel peut être le cas lorsque l'entreprise associée est une société cotée, les législations interdisant généralement la diffusion d'informations privilégiées à un nombre limité d'actionnaires.

Ainsi, à défaut d'informations privilégiées, l'investisseur doit réaliser ses propres estimations de flux de trésorerie à partir de données rendues publiques ou de prévisions d'analystes et en tenant compte de l'environnement économique actuel.

La norme IAS 28 prévoit deux méthodes pour déterminer la valeur d'utilité des titres d'entreprises associées (IAS 28.42) :

a. soit en évaluant la quote-part de l'investisseur dans la valeur actualisée des flux de trésorerie futurs estimés attendus de l'entreprise associée, y compris les flux de trésorerie générés par les activités de l'entreprise associée et les produits liés à la sortie in fine de la participation ;

b. soit en estimant la valeur actualisée des flux de trésorerie futurs estimés attendus des dividendes à recevoir de la participation et de sa sortie in fine.

En retenant des hypothèses appropriées, en théorie, ces deux méthodes doivent conduire au même résultat (IAS 28.42).

Impact de la sous-activité sur les tests de dépréciation des actifs non financiers

Question 36880

La sous-activité a-t-elle un impact sur les tests de perte de valeur des actifs inclus dans une UGT ?

Réponse

Il convient, à notre avis, de faire une distinction selon que l'entreprise continue à utiliser l'actif ou décide d'arrêter de l'utiliser de manière définitive.

1e hypothèse : l'actif continue à être utilisé (même partiellement) Dans ce cas, il n'est en général pas possible de déprécier l'actif sous-utilisé de manière isolée dès lors que ses cash-flows sont largement dépendants de ceux des autres actifs de l'UGT à laquelle il se rattache. Dans la mesure où la sous-activité a un effet négatif important, un test de dépréciation est à réaliser au niveau de l'UGT.

2e hypothèse : l'actif n'est plus utilisé et ne peut être vendu en l'absence de marché secondaire pour cet actif Dans ce cas, l'actif doit être déprécié en intégralité puisque tant sa valeur d'utilité que sa juste valeur ont une valeur nulle.

3e hypothèse : l'actif n'est plus utilisé et sera vendu. Il entre donc dans le champ d'application d'IFRS 5 (cession hautement probable) Dans ce cas, il convient de l'évaluer au plus faible de sa juste valeur nette des frais de cession et de sa dernière valeur comptable.

Commentaires En raison de difficultés économiques, de nombreux actifs ou groupes d'actifs peuvent être sous-utilisés. Il peut s'agir de locaux inoccupés, d'ateliers dont l'activité de production a été suspendue provisoirement ou d'usines ne fonctionnant plus que partiellement. Dans ces situations de sous-activité, la question se pose de savoir si un actif sous-utilisé ne générant pas des cash-flows de manière indépendante de ceux des autres actifs de l'UGT à laquelle il se rattache peut être testé pour dépréciation de manière séparée.

A notre avis, il convient de faire une distinction selon que l'entreprise continue à utiliser l'actif ou décide d'arrêter de l'utiliser de manière définitive.

1e hypothèse : l'actif continue à être utilisé (même partiellement) Dans ce cas, il n'est en général pas possible de déprécier l'actif sous-utilisé de manière isolée dès lors que ses cash-flows sont largement dépendants de ceux des autres actifs de l'UGT (IAS 36.22).

En effet, un actif qui continue à participer à la production des flux de trésorerie de l'UGT génère des cash-flows dépendants de ceux des autres actifs. En pratique, sa valeur d'utilité est donc difficilement déterminable de manière séparée et ne peut donc pas être comparée à sa juste valeur nette des frais de cession (voir Exemples 1 et 2 ci-après).

Un test de dépréciation devra être effectué à la clôture au niveau de l'UGT dans la mesure où la sous-activité a un effet négatif important sur l'UGT (IAS 36.12). Par ailleurs, les durées d'amortissement et les valeurs résiduelles pourraient devoir être réexaminées si l'entreprise envisage de modifier son plan d'utilisation/cession de l'actif (IAS 16.60 s.).

2e hypothèse : l'actif n'est plus utilisé et ne peut être vendu en l'absence de marché secondaire pour cet actif Dans ce cas, l'actif doit être testé pour dépréciation de manière individuelle puisque tant sa valeur d'utilité que sa juste valeur ont une valeur nulle (IAS 36.22 et .67). Il doit être déprécié.

3e hypothèse : l'actif n'est plus utilisé et entre dans le champ d'application de la norme IFRS 5 (cession hautement probable).

Un actif non courant entre dans le champ d'application de la norme IFRS 5 lorsque sa valeur comptable doit être recouvrée principalement par le biais d'une transaction de vente plutôt que par l'utilisation continue (IFRS 5.6). Il en est ainsi lorsque l'actif est disponible en vue de la vente immédiate dans son état actuel et sa vente est hautement probable (IFRS 5.7).

Dans ce cas, il convient :
- juste avant son classement en actifs détenus en vue de la vente, de l'évaluer selon la norme IAS 36, c'est-à-dire réaliser un test de dépréciation de manière individuelle si sa valeur d'utilité (proche de zéro) peut être estimée comme étant proche de sa juste valeur diminuée des coûts de la vente. A défaut, il est nécessaire d'effectuer un test de dépréciation au niveau de l'UGT à laquelle il est affecté (similaire au traitement résultant de la 1e hypothèse) ;
- juste après ce classement, de l'évaluer au plus faible de sa juste valeur nette des frais de cession et de sa dernière valeur comptable (IFRS 5.15).

Recommandations de l'AMF – Informations à fournir en annexe en cas d'actifs non utilisés ou de projet de construction arrêté L'AMF a indiqué dans ses recommandations en vue de l'arrêté des comptes 2009 (Rec. AMF 2009-28, Arrêté des Comptes 2009, § 4.4) que :
- en application d'IAS 1.112c, une information doit être fournie en annexe pour permettre aux utilisateurs des comptes d'avoir une bonne compréhension de la situation financière si les actifs corporels dont l'utilisation a été temporairement suspendue sont significatifs (en ce sens également IFRIC Update 05/09) ;

En outre, dans une telle situation, IAS 16.79a suggère de fournir en annexe une information sur le montant des actifs corporels qui sont temporairement mis à l'arrêt.

- les émetteurs concernés sont également invités à confirmer au titre d'IAS 36.134d.i que les flux de trésorerie les plus récents pris en compte dans le cadre des tests de dépréciation des actifs tiennent compte de l'arrêt temporaire de ces actifs.

■ *Exemple 1*

Une société fabrique des voitures. Son usine, définie comme étant une UGT, est en sous-activité. Sur les 100 machines de l'usine, 40 ont été abandonnées ou cédées. Le bâtiment de cette usine est désormais occupé à 60 %, les 40 % restant provisoirement inutilisés.

Solution de l'exemple 1 *Il n'est pas possible de tester pour dépréciation séparément la valeur comptable du bâtiment. Celui-ci continue en effet à participer à la production des flux de trésorerie de l'usine et ne génère pas de flux de trésorerie indépendamment de ceux des autres actifs de l'UGT. Le test pour dépréciation doit donc porter sur l'ensemble des actifs de l'usine (60 machines + bâtiment + goodwill le cas échéant).*

■ *Exemple 2*

Une société fabrique des pièces détachées. Son usine, définie comme étant une UGT, contient 100 machines qui sont en sous-activité. Aucune machine n'a été mise au rebut ou cédée. Le taux d'utilisation des machines est de 60 %. Le bâtiment reste occupé à 100 %.

Solution de l'exemple 2 *Le test pour dépréciation doit porter sur l'ensemble des actifs de l'UGT (100 machines + bâtiment + le cas échéant le goodwill). L'ensemble des actifs continue en effet à participer à la production des flux de trésorerie de l'usine. La dépréciation des actifs dépendra donc des cash-flows générés au niveau de l'usine.*

V. Enjeux climatiques et tests de dépréciation

Enjeux climatiques et tests de dépréciation

36890 Pour l'impact des enjeux climatiques sur les tests de dépréciation, voir nº 67630 et 67650.

CHAPITRE 29

Actifs immobilisés (ou groupes d'actifs) détenus en vue de la vente et abandons d'activités (IFRS 5)

Plan du chapitre §§ 36950

L'ESSENTIEL DE LA NORME IFRS 5

Note liminaire

36951 La norme IFRS 5, Actifs non courants détenus en vue de la vente et activités abandonnées, prévoit d'une part, les critères de classement en actifs non courants détenus en vue de la vente ou d'une distribution aux propriétaires et en activités abandonnées et, d'autre part, les modalités d'évaluation, de comptabilisation, de présentation et d'information concernant ces catégories d'actifs (IFRS 5.1).

Les dispositions d'IFRS 5 en matière d'évaluation ne s'appliquent toutefois pas à certains actifs non courants, ni à certains actifs compris dans un groupe d'actifs visés par IFRS 5. Ces actifs, bien que classés conformément à IFRS 5, doivent en effet continuer à être évalués selon la norme qui leur est applicable (voir nº 36965).

A. Actifs non courants (ou groupes d'actifs) détenus en vue de la vente ou d'une distribution aux propriétaires

1. Modalités de classement dans ces catégories

Actifs visés

36955 Les modalités de classement et de présentation définies par la norme IFRS 5 s'appliquent (IFRS 5.2 à .4) :

- **aux actifs non courants pris isolément destinés à être cédés ;**

Un actif non courant est défini comme étant un actif qui ne répond pas aux critères de classement en actifs courants (IAS 1.66 et IFRS 5.A). Ce peut être par exemple une immobilisation corporelle ou incorporelle, un immeuble de placement, un prêt ou encore un titre de placement.

- **et aux groupes d'actifs destinés à être cédés.**

Un groupe d'actifs peut inclure des actifs à la fois courants et non courants ainsi que des passifs directement liés à ces actifs destinés à être cédés dans le cadre d'une même transaction. La notion de groupe d'actifs peut être définie par référence à la notion d'unité génératrice de trésorerie (UGT) définie par la norme IAS 36, Dépréciation d'actifs. Ainsi, un groupe d'actifs peut être (IFRS 5.4) :
- une unité génératrice de trésorerie ;
- une partie d'une unité génératrice de trésorerie ;
- ou encore un groupe d'unités génératrices de trésorerie.

Exemple Une société a l'intention de céder une usine de production. Le groupe d'actifs destiné à être vendu peut inclure des actifs non courants (machines de production, bâtiments, etc.), des actifs courants (stocks) et des passifs non courants et courants (emprunts bancaires, dettes fiscales, etc.).

En outre, ces actifs ou groupes d'actifs peuvent également être **détenus en vue de leur distribution aux propriétaires** (IFRS 5.5A et .12A).

Pour les critères de classement, voir nº 36957.

Critères de classement en actifs non courants (ou groupes d'actifs) détenus en vue de la vente ou d'une distribution aux propriétaires

36957 La norme IFRS 5 fixe les critères de classement en actifs non courants ou groupes d'actifs détenus en vue de la vente ou d'une distribution aux propriétaires :

1. Actifs non courants (ou groupes d'actifs) détenus en vue de la vente Pour pouvoir être considéré comme **détenu en vue de la vente**, l'actif non courant ou le groupe d'actifs doit remplir les critères suivants (IFRS 5.6 et .7) :

a. il est **disponible pour une cession immédiate** dans son **état actuel**, sous réserve uniquement des conditions habituelles et coutumières pour la vente de tels actifs ;

b. la **cession** est **hautement probable** ;

Il en est ainsi lorsque (IFRS 5.8) :
- un plan de vente de l'actif (ou du groupe d'actifs) destiné à être cédé, est engagé et décidé par le niveau de direction approprié ;
- un programme actif est lancé pour trouver un acheteur et finaliser le plan ;
- l'actif ou le groupe d'actifs destiné à être cédé, est activement commercialisé en vue de la vente à un prix raisonnable au regard de sa juste valeur actuelle ;
- l'entité s'attend à ce que la vente intervienne dans un délai maximal d'un an, à partir de la date de classement en actifs non courants et groupes d'actifs détenus en vue de la vente, sauf circonstances particulières (IFRS 5.9). Ce délai de douze mois peut toutefois être prolongé si le retard est causé par des événements ou des circonstances qui ne sont pas sous le contrôle de l'entité et s'il existe suffisamment d'éléments probants que l'entité demeure engagée dans son plan de cession de l'actif (IFRS 5.9 et .B1), voir nº 37009 ; et
- compte tenu des mesures nécessaires pour finaliser le plan, il est peu probable que des changements notables du plan interviennent ou que le plan soit abandonné.

. sa valeur comptable est **recouvrée principalement par sa cession** plutôt que par son utilisation continue.

Pour les cas particuliers des cessions de titres de filiales et de titres d'entreprises associées ou de joint ventures, voir nº 37012 et 37015 respectivement.

Remarque Pour plus de détails sur l'analyse effectuée pour déterminer si les critères de classement en actifs non courants détenus en vue de la vente sont remplis, notamment sur le critère de « cession hautement probable », voir nº 37009.

2. Actifs non courants ou groupes d'actifs détenus en vue de la distribution aux propriétaires Pour pouvoir être considéré comme détenu en vue de sa distribution aux propriétaires (distribution d'actifs non monétaires), l'actif non courant ou le groupe d'actifs doit satisfaire les critères suivants (IFRS 5.12A) :

a. il est disponible pour une distribution immédiate dans son état actuel ; et

b. la distribution est hautement probable.

La distribution est considérée comme hautement probable, lorsque les conditions suivantes sont réunies (IFRS 5.12A) :
- un plan de distribution a été initié et l'opération devrait être réalisée dans un délai d'un an à compter de la date de classement en actifs détenus en vue de la distribution ;
- compte tenu des mesures nécessaires pour finaliser la distribution, il est peu probable que des changements notables du plan de distribution interviennent ou que la distribution soit annulée.

La probabilité que les actionnaires approuvent le plan (si requis dans la juridiction) devrait également être considérée dans le cadre de cette appréciation (IFRS 5.12A).

Remarque Pour les modalités d'évaluation et de comptabilisation des dividendes à payer sous forme d'actifs non monétaires, voir IFRIC 17, Distribution d'actifs non monétaires aux propriétaires, nº 37705.

3. Cas particulier des actifs destinés à être abandonnés (« abandoned ») Ces actifs ne doivent pas être classés en « actifs non courants et groupe d'actifs détenus en vue de la vente » car leur valeur comptable est généralement recouvrée principalement par le biais d'une utilisation continue jusqu'à la date d'abandon ou de mise au rebut (IFRS 5.13).

Un actif non courant temporairement mis hors service ne doit pas être classé comme étant abandonné (IFRS 5.14).

Date de classement dans ces catégories

La date de classement en actifs non courants ou groupes d'actifs détenus en vue de la vente ou d'une distribution aux propriétaires est la première date à partir de laquelle les critères de classement sont respectés (voir nº 36957). 36959

La norme apporte également les précisions suivantes :

1. Pour le cas d'un **actif non courant** (ou groupe d'actifs) **acquis exclusivement en vue de sa cession ultérieure,** le classement en « actifs non courants et groupe d'actifs détenus en vue de la vente » est opéré à la **date d'acquisition** (IFRS 5.11) :
- dès lors que l'entité s'attend à ce que la vente soit réalisée dans un délai d'un an ;

Sauf circonstances particulières justifiant une prolongation de durée (IFRS 5.9).

- et même si les autres critères de classement ne sont pas respectés à cette date, sous réserve qu'ils le soient dans une courte période après l'acquisition (habituellement trois mois).

2. Pour le cas d'un **actif non courant** (ou groupe d'actifs) **détenu en vue de sa distribution aux propriétaires,** l'appréciation du caractère hautement probable de la distribution doit prendre en compte la probabilité d'approbation de la distribution par l'assemblée générale des actionnaires (si requise par la réglementation) (IFRS 5.12A).

3. Lorsque les critères de classement sont respectés après la date de clôture, les actifs ou groupes d'actifs concernés ne doivent pas être classés dans cette catégorie dans les comptes clos, mais des informations doivent être fournies en annexe si les critères sont respectés avant la date de publication des états financiers (IFRS 5.12 renvoyant à IFRS 5.41a, .41b et .41d).

Présentation

36961 Lorsque les conditions de classement sont satisfaites (voir nº 36957 s.), l'actif non courant ou le groupe d'actifs est présenté au bilan en « actifs non courants détenus en vue de la vente ou de la distribution ».

Cette rubrique est située au sein des actifs courants, ces actifs ou groupes d'actifs ayant une durée de réalisation inférieure à un an (IAS 1.66).

Si le groupe d'actifs comporte des passifs, ceux-ci sont présentés distinctement en « passifs détenus en vue de la vente ou de la distribution » (IFRS 5.6 et .12A).

Pour plus de détails sur les aspects de présentation, voir nº 36980.

2. Evaluation et comptabilisation

36965 Les dispositions d'IFRS 5 relatives aux modalités d'évaluation ne s'appliquent pas à certains actifs non courants, ni à certains actifs compris dans un groupe d'actifs visés par IFRS 5. Ces actifs, bien que classés conformément à IFRS 5 (voir nº 36957), doivent en effet continuer à être évalués selon la norme qui leur est applicable (IFRS 5.5), voir nº 37052.

Il en est ainsi pour les actifs suivants :
- actifs d'impôts différés (application d'IAS 12) ;
- actifs générés par des avantages du personnel (application d'IAS 19) ;
- actifs financiers couverts par la norme IFRS 9 ;
- immeubles de placement évalués selon le modèle de la juste valeur prévu par la norme IAS 40 ;
- actifs non courants évalués à la juste valeur diminuée des coûts estimés du point de vente conformément à la norme IAS 41, Agriculture ;
- groupes de contrats dans le champ d'application de la norme IFRS 17, Contrats d'assurance.

Evaluation lors du classement initial

36967 L'évaluation des actifs non courants et groupes d'actifs détenus en vue de la vente ou d'une distribution aux propriétaires se décompose en deux étapes :

1. **Immédiatement avant le classement initial** en actifs non courants et groupes d'actifs détenus en vue de la vente, les actifs (ou les composants, actifs et passifs, du groupe d'actifs) sont évalués selon les normes spécifiques qui leur sont applicables (IFRS 5.18).

Par exemple :
- si des stocks sont à la date de cette évaluation dans une situation révélatrice d'une perte de valeur ils doivent faire l'objet d'une dépréciation conformément à ce que prévoit la norme IAS 2, Stocks (voir nº 34989) ;
- si une immobilisation corporelle est évaluée selon la méthode de la réévaluation, elle doit être réévaluée selon cette méthode juste avant la date de classement dans IFRS 5, conformément aux dispositions de la norme IAS 16, Immobilisations corporelles.

2. **Dès le classement** au bilan **en actifs non courants (ou groupes d'actifs) détenus en vue de la vente ou d'une distribution aux propriétaires,** ces actifs ou groupes d'actifs doivent être évalués **au montant le plus faible** (IFRS 5.15) :
- de leur valeur nette comptable, après comptabilisation des ajustements identifiés au cours de la première étape ; et
- de leur juste valeur nette de frais de cession.

L'annexe A de la norme IFRS 5 définit la juste valeur, conformément à IFRS 13, comme le prix qui serait reçu pour la vente d'un actif ou payé lors du transfert d'un passif dans une transaction normale entre des intervenants de marché, à la date de l'évaluation.
Les frais de cession sont les coûts marginaux directement attribuables à la cession, à l'exclusion des charges financières et de la charge d'impôt sur le résultat (IFRS 5.A).

Lorsque l'on s'attend à ce que la vente ait lieu dans plus d'un an, l'entité doit évaluer les frais de cession à leur valeur actualisée. Toute augmentation de cette valeur actualisée des frais de cession générée par le passage du temps doit être présentée dans le compte de résultat en tant que charges financières (IFRS 5.17).

Si la juste valeur nette des frais de cession est inférieure à la valeur comptable, l'écart constaté entre ces deux valeurs constitue une perte de valeur (IFRS 5.20). Cette charge réduit la valeur nette comptable des actifs non courants du groupe qui sont évalués selon la norme IFRS 5 (voir nº 36951). Elle est allouée entre ces actifs dans l'ordre d'attribution prévu par IAS 36.104a et .104b (IFRS 5.23) :
- tout d'abord réduction de la valeur comptable du goodwill ; et
- ensuite réduction des autres actifs non courants évalués selon IFRS 5 au prorata de leur valeur comptable.

Dans le cas d'un **actif non courant** ou groupe d'actifs **détenu en vue de sa distribution aux propriétaires,** le montant à retenir pour la valorisation est le plus faible entre (IFRS 5.15A) :
- sa valeur nette comptable ; et
- sa juste valeur nette de frais de distribution.

Les coûts de distribution sont les coûts additionnels directement attribuables à la distribution des actifs à l'exception des frais financiers et de la charge d'impôt (note de bas de page ajoutée à IFRS 5.15A).

Remarque Ces modalités sont applicables aux actifs non courants ou groupes d'actifs nouvellement acquis et détenus en vue de la vente en dehors d'un regroupement d'entreprises.

Pour le cas des **actifs non courants ou groupes d'actifs nouvellement acquis dans le cadre d'un regroupement d'entreprises,** le coût d'entrée est la juste valeur nette des frais de cession (IFRS 5.16). En conséquence, la prise en compte des frais de cession est intégrée dès la date d'acquisition dans la valeur du goodwill.

Evaluation ultérieure

Postérieurement au classement initial (à chaque arrêté comptable), les actifs (ou groupes d'actifs) détenus en vue de la vente doivent être maintenus à la **valeur la plus faible de leur valeur comptable et de leur juste valeur nette des frais de cession** (IFRS 5.19). **36969**

Ainsi, **dans un premier temps,** les actifs classés comme détenus en vue de la vente ou de la distribution aux propriétaires qui sont exclus du champ d'application d'IFRS 5 en matière d'évaluation (voir nº 36965) continuent à être évalués selon les dispositions d'évaluation prévues par les normes spécifiques qui leur sont applicables.

Puis, **dans un second temps,** l'ensemble du groupe d'actifs détenus en vue de la vente est évalué à la valeur la plus faible de sa valeur comptable et de la juste valeur nette des frais de cession (IFRS 5.19). Les pertes de valeur (ou les reprises de perte de valeur) en résultant sont allouées aux actifs évalués selon la norme IFRS 5, dans l'ordre d'attribution prévu par IAS 36.104a et b et .122 (IFRS 5.23) :
- **en cas de perte de valeur complémentaire** : réduction de la valeur comptable du goodwill et ensuite réduction des autres actifs non courants qui sont dans le champ d'application d'IFRS 5 au prorata de leur valeur comptable ;
- **en cas de reprise de perte de valeur** : augmentation de la valeur comptable des actifs non courants qui sont dans le champ d'application d'IFRS 5 au prorata de leur valeur comptable, mais dans la limite des pertes de valeur comptabilisées antérieurement selon la norme IAS 36 ou selon la norme IFRS 5. Pour le cas particulier du goodwill, voir nº 37055.

Comptabilisation des pertes de valeur ou reprises de pertes de valeur sur ces actifs

Toute perte de valeur constatée afin de ramener la valeur comptable d'un actif à sa juste valeur nette des frais de cession doit être comptabilisée en **résultat,** qu'elle intervienne à la date du classement initial ou lors des évaluations ultérieures (IFRS 5.20). **36971**

Toute augmentation ultérieure de la juste valeur nette des frais de cession constitue un profit à comptabiliser en résultat, à condition que ce montant ne dépasse pas le montant cumulé des pertes de valeur constatées (en application de la norme IFRS 5 ou de la norme IAS 36, Dépréciation d'actifs, appliquée antérieurement au classement) (IFRS 5.21 s.).

Tout profit ou perte non comptabilisé préalablement à la vente d'un actif non courant ou groupe d'actifs doit être comptabilisé à la date de cession de l'actif (IFRS 5.24).

La sortie de l'actif doit être comptabilisée selon les principes des normes IAS 16, Immobilisations corporelles ou IAS 38, Immobilisations incorporelles.

Conséquences d'une modification d'un plan de vente ou d'un plan de distribution aux propriétaires

36973 Si, du fait d'une modification d'un plan de vente ou d'un plan de distribution aux propriétaires, les critères de classement dans la catégorie « actifs non courants et groupe d'actifs détenus en vue de la vente » ou « actifs non courants et groupe d'actifs détenus en vue d'une distribution aux propriétaires » ne sont plus respectés, les actifs ne doivent plus être traités selon les principes applicables à cette catégorie (IFRS 5.26).

Ils sont alors évalués au plus faible (IFRS 5.27) :

- de la valeur comptable de l'actif (ou du groupe d'actifs) avant son classement dans cette catégorie, ajustée des amortissements, dépréciations ou réévaluations qui auraient été comptabilisés si l'actif (ou le groupe d'actifs) n'avait pas été classé en actifs détenus en vue de la vente ou en vue d'une distribution aux propriétaires ; et
- de leur valeur recouvrable à la date à laquelle la décision de ne plus les céder ou de ne plus distribuer a été prise (telle que définie par la norme IAS 36 pour les actifs corporels ou incorporels, soit le montant le plus élevé entre la juste valeur nette des frais de cession et la valeur d'utilité calculée par actualisation des flux futurs).

L'entité doit présenter l'impact de ces ajustements dans la même rubrique de l'état du résultat global que celle utilisée pour présenter tout profit ou perte provenant de l'évaluation antérieure de ces actifs ou groupe d'actifs en tant qu'actifs ou groupe d'actifs détenus en vue de la vente ou en vue d'une distribution aux propriétaires. Ces ajustements sont inclus dans le **résultat des opérations qui se poursuivent** au titre de la période au cours de laquelle les critères de la norme IFRS 5 ne sont plus remplis (IFRS 5.28).

Les états financiers des périodes postérieures au classement de cet actif ou groupe d'actifs comme détenu en vue de la vente ou en vue d'une distribution aux propriétaires doivent être modifiés en conséquence si le groupe d'actifs destiné à être cédé ou l'actif non courant qui cesse d'être classé comme détenu en vue de la vente ou en vue d'une distribution aux propriétaires est une filiale, une activité conjointe, une joint venture, une entreprise associée, ou une fraction des intérêts détenus dans une joint venture ou une entreprise associée (IFRS 5.28).

36974 En cas de modification des modalités de cession d'un actif (ou d'un groupe d'actifs) qui résulte en un reclassement direct de la catégorie « actifs non courants et groupe d'actifs détenus en vue de la vente » vers la catégorie « actifs non courants et groupe d'actifs détenus en vue d'une distribution aux propriétaires » (et inversement), ce reclassement est considéré comme la poursuite du plan de cession initial de l'actif (ou du groupe d'actifs) (IFRS 5.26A).

Dans ce cas, l'entité :

- ne doit pas appliquer les modalités exposées au n° 36973 pour comptabiliser le changement, mais doit appliquer les dispositions en matière de classement, de présentation et d'évaluation applicables aux nouvelles modalités de cession ;
- doit évaluer l'actif (ou le groupe d'actifs) destiné à être cédé et comptabiliser toute augmentation ou baisse de la juste valeur diminuée des coûts de la vente/des frais de distribution aux propriétaires conformément aux dispositions de la norme (voir n° 36967 à 36971) ;
- ne doit pas modifier la date initiale de classement en actif (ou groupe d'actifs) destiné à être cédé/distribué aux propriétaires. La prolongation de la période requise pour conclure la vente ou la distribution aux propriétaires au-delà d'un délai d'un an à compter de la date initiale de classement doit se justifier selon les dispositions d'IFRS 5.9 (voir n° 36957).

3. Présentation et informations à fournir

Présentation

36980 La norme impose de présenter distinctement **au bilan** (IFRS 5.38) :

- les actifs non courants et les groupes d'actifs détenus en vue de la vente séparément des autres actifs du bilan ; et
- les passifs faisant partie d'un groupe d'actifs détenus en vue de la vente séparément des autres passifs du bilan ;
- sans compensation ;
- parmi les éléments courants, par exemple dans une sous-rubrique distincte après les autres éléments courants (en ce sens, IFRS 5.IG Exemple 12).

Les gains et pertes relatifs aux actifs non courants et groupes d'actifs détenus en vue de la vente directement comptabilisés en autres éléments du résultat global (par exemple, les écarts de conversion sur les actifs destinés à être cédés) doivent être présentés de façon distincte des autres éléments du résultat global (OCI) (IFRS 5.38).

Une décomposition par grandes catégories des rubriques « actifs non courants ou groupes d'actifs détenus en vue de la vente » et « passifs liés à un groupe d'actifs détenus en vue de la vente » doit être présentée soit dans le bilan, soit dans les notes annexes (sauf toutefois pour un groupe d'actifs correspondant à une filiale nouvellement acquise et détenue en vue de la vente pour lequel cette décomposition n'est pas requise) (IFRS 5.38 et .39).

Remarque La norme IFRS 5 ne requiert **pas de changement de présentation ni de retraitement rétrospectif** dans les bilans des exercices antérieurs au titre de l'information comparative concernant les actifs ou groupes d'actifs, détenus en vue de la vente, identifiés et classés comme tels au cours de l'exercice (IFRS 5.40).

Informations en annexe

Les informations suivantes doivent figurer dans les notes annexes pour la période au cours de laquelle un actif non courant ou groupe d'actifs a été classé comme détenu en vue de la vente ou vendu (IFRS 5.41) : **36982**

- une description de l'actif non courant ou du groupe d'actifs détenu en vue de la vente ;
- une description des faits et des circonstances de la vente, ou conduisant à la cession attendue, ainsi que les modalités et l'échéancier prévus pour cette cession ;

Pour l'information que l'AMF encourage à fournir concernant l'analyse effectuée pour déterminer si les critères de classement en actifs non courants détenus en vue de la vente sont remplis, voir n° 37009.

- le profit ou la perte comptabilisé et, s'ils ne sont pas présentés séparément au compte de résultat, la rubrique du compte de résultat qui inclut ce profit ou cette perte ;
- le cas échéant, le secteur opérationnel dans lequel l'actif non courant ou le groupe d'actifs détenu en vue de la vente est présenté selon la norme IFRS 8, Secteurs opérationnels.

La norme indique en outre que, de manière générale, les informations présentées dans les annexes aux comptes doivent permettre à leurs utilisateurs d'évaluer les effets financiers liés à l'application de la norme (IFRS 5.30).

Recommandations de l'AMF Sur ce point, dans ses recommandations en vue de l'arrêté des comptes 2012, l'AMF encourage les sociétés concernées, compte tenu de la difficulté pour les lecteurs d'appréhender les effets de cette norme, à s'attacher à indiquer clairement les effets sur les différents postes des états financiers (IFRS 5.33b et .38).

L'AMF indique qu'il est également pertinent de présenter, lors du classement d'un actif non courant ou groupe d'actifs en actifs détenus en vue de la vente selon IFRS 5, les impacts complémentaires attendus lors de la cession (IFRS 5.38). Il s'agit notamment des montants constatés en autres éléments du résultat global (OCI) et qui seront recyclés en résultat lors de la cession (comme par exemple, les écarts de conversion).

L'AMF rappelle également que la description de la méthode de détermination de la juste valeur est requise par les normes IFRS 5.30 et IAS 1.125 (Rec. AMF 2012-16, Arrêté des Comptes 2012, § 5.2).

Enfin, des informations sont à fournir dans le cas où les critères d'actifs non courants et groupes d'actifs détenus en vue de la vente ne sont plus remplis, par exemple lors de la modification du plan : une description des faits et des circonstances qui ont mené à la décision et l'effet de cette décision sur les résultats des activités pour la période et pour toutes les périodes antérieures présentées (IFRS 5.42).

Pour l'information que l'AMF encourage à fournir lorsque le délai d'un an pour la réalisation de la cession est prolongé, voir n° 37009.

B. Activités abandonnées (« discontinued operations »)

1. Définition

Une activité abandonnée est une **composante d'une entité**, cédée ou classée comme détenue en vue de la vente, et qui respecte également l'**une des trois conditions** suivantes (IFRS 5.32) : **36985**

Une composante d'une entité comprend des activités et des flux de trésorerie qui peuvent être clairement distingués, sur le plan opérationnel et pour la communication d'informations financières, du reste de l'entité, c'est-à-dire une unité génératrice de trésorerie ou un groupe d'UGT lorsqu'elle était détenue pour être utilisée (IFRS 5.31).

Pour le cas d'une filiale détenue en vue de la vente avec conservation d'une participation significative après la perte du contrôle, voir n° 37040.

1. Cette composante constitue une **ligne d'activité ou une zone géographique principale et distincte.**

2. Cette composante, sans constituer elle-même une ligne d'activité ou une zone géographique principale et distincte, fait **partie d'un plan unique et coordonné de cession** d'une ligne d'activité ou d'une zone géographique principale et distincte.

3. Cette composante est une **filiale acquise uniquement dans l'objectif d'être cédée.**

Lorsque l'une de ces trois conditions est respectée, il s'agit donc d'une activité abandonnée et des informations complémentaires sont requises. En outre, le résultat de ces activités doit être présenté sur une ligne distincte au compte de résultat. De même, les flux nets de trésorerie doivent être présentés distinctement soit dans l'état des flux de trésorerie, soit dans les notes annexes.

Pour l'information que l'AMF recommande aux sociétés de présenter en annexe concernant les jugements clés utilisés et la manière dont la société appréhende le classement en activités abandonnées, voir n° 37035.

Pour l'impact d'un abandon d'activité sur la lisibilité de la performance, voir n° 37085.

Cas particulier des actifs destinés à être abandonnés :

1. La norme IFRS 5 prévoit expressément que les actifs **destinés** à être mis au rebut ou abandonnés (mais qui ne le sont pas encore) ne doivent pas être classés en actifs ou groupes d'actifs détenus en vue de la vente (IFRS 5.13).

2. Lorsque les actifs non courants ou groupes d'actifs sont **abandonnés au cours de l'exercice** (c'est-à-dire effectivement « arrêtés » ou « mis au rebut »), les résultats et les flux de trésorerie doivent être présentés comme ceux d'une activité abandonnée dès lors qu'ils satisfont à l'une des trois conditions énoncées ci-avant (IFRS 5.13), voir n° 37050.

2. Présentation et informations à fournir

36990 La norme impose une présentation distincte du résultat des activités abandonnées et du résultat des activités poursuivies.

Présentation sur une seule ligne au compte de résultat Le résultat des activités abandonnées doit apparaître dans une rubrique unique correspondant à la somme (IFRS 5.33a) :
- du résultat net après impôt des activités abandonnées ; et
- du gain ou de la perte après impôt lié à l'évaluation à la juste valeur nette des frais de cession, ou lié à la cession effective des activités abandonnées.

Une analyse du résultat des activités abandonnées doit être fournie, soit au compte de résultat, soit dans les notes annexes, détaillant (IFRS 5.33b) :
- les produits, les charges et le profit ou la perte avant impôt des activités abandonnées ;
- la charge d'impôt sur le résultat des activités abandonnées ;
- le gain ou la perte comptabilisé(e) résultant de l'évaluation à la juste valeur diminuée des coûts de la vente ou de la cession des actifs non courants ; et enfin
- la charge d'impôt sur le gain ou la perte de cession ou d'évaluation à la juste valeur nette des frais de cession.

Décision de l'ESMA L'ESMA s'est prononcé sur la présentation au compte de résultat des effets d'une clause de complément de prix liée à la cession de filiales classées en activités abandonnées. Selon sa décision (EECS/0214-05, 11/14), le classement du complément de prix reçu doit être présenté dans le résultat des activités abandonnées et non en résultat financier.

Retraitement de l'information comparative Une entité doit représenter les informations à fournir pour les périodes antérieures présentées au titre des activités abandonnées en les isolant sur une ligne unique (IFRS 5.34).

Pour l'impact d'un abandon d'activité sur la lisibilité de la performance, voir n° 37085.

Par ailleurs, le montant du produit des activités poursuivies et des activités abandonnées attribuables aux propriétaires de la société mère doit être présenté soit dans les notes annexes soit dans l'état du résultat global (IFRS 5.33d).

De même, doivent être mentionnés soit dans l'état des flux de trésorerie soit dans les notes annexes, les flux des activités abandonnées constituant (IFRS 5.33c) :
- des flux des activités opérationnelles ;
- des flux des activités d'investissement ; et
- des flux des activités de financement.

Ces informations ne sont pas requises pour les filiales nouvellement acquises destinées à être cédées, qui satisfont aux critères de classement comme étant détenues en vue de la vente lors de leur acquisition (IFRS 5.33c).

Pour l'information que l'AMF recommande de fournir en annexe concernant les jugements clés utilisés et la manière dont la société appréhende le classement en activités abandonnées, voir n° 37035.

QUESTIONS/REPONSES PRATIQUES

Remarque importante

Les réponses apportées aux questions présentées dans ce chapitre résultent de l'analyse des dispositions de la norme IFRS 5, Actifs non courants détenus en vue de la vente et activités abandonnées, en vigueur actuellement, sur la base des informations disponibles au 1er juin 2023. **37006**

Pour une présentation des principales dispositions de la norme IFRS 5, voir n° 36951 s.

I. Champ d'application

A. Actifs (groupes d'actifs) inclus dans le champ d'application de la norme IFRS 5

1. Cas général

Actifs (groupes d'actifs) inclus dans le champ d'application de la norme IFRS 5

Question **37009**

Quels sont les actifs (groupes d'actifs) entrant dans le champ d'application de la norme IFRS 5, Actifs non courants détenus en vue de la vente et activités abandonnées ?

Réponse

Il s'agit d'actifs non courants (ou d'un groupe d'actifs) destinés à être :

1. cédés et satisfaisant aux trois conditions suivantes :
- ils sont disponibles pour une vente immédiate dans leur état actuel, sous réserve d'éventuelles conditions suspensives habituelles pour des cessions similaires ;
- leur cession est hautement probable, ce qui implique notamment qu'elle devrait être réalisée dans les douze mois (sauf exception) ; et
- leur valeur comptable sera principalement recouvrée par leur cession plutôt que par leur utilisation.

Pour l'appréciation de ces conditions, la notion de cession doit, à notre avis, s'apprécier de manière large, voir n° 37010.

2. **distribués aux actionnaires** et satisfaisant aux deux conditions suivantes :
- ils peuvent être distribués dans leur état actuel ; et
- leur distribution est hautement probable.

En revanche, la norme IFRS 5 ne s'applique pas aux actifs (ou groupes d'actifs) qui vont être mis au rebut ou abandonnés.

37009 (suite) ***Commentaires*** Les dispositions de la norme IFRS 5 s'appliquent (IFRS 5.2 à .4) :

1. **aux actifs non courants (ou groupe d'actifs) destinés à être cédés** qui satisfont aux **trois conditions** suivantes :

Un groupe d'actifs destiné à être cédé comprend au moins un actif non courant et peut éventuellement inclure des actifs courants et des passifs courants ou non courants (IFRS 5.4).

Remarque Pour l'appréciation de ces conditions, la notion de cession doit être considérée, à notre avis, de manière élargie (voir n° 37010).

- ils sont **disponibles pour une vente immédiate dans leur état actuel**, sous réserve d'éventuelles conditions suspensives habituelles pour des cessions similaires (IFRS 5.7) ;

- leur **cession est hautement probable**, ce qui implique notamment qu'elle devrait être réalisée dans les douze mois (sauf exception) (IFRS 5.7 et .8) ;

Ce délai de douze mois peut toutefois être prolongé si le retard résulte d'événements ou de circonstances indépendants du contrôle de l'entité et s'il y a suffisamment d'éléments probants prouvant que l'entité demeure engagée dans son plan de cession de l'actif (IFRS 5.9).

La norme IFRS 5.B1 liste les circonstances dans lesquelles le délai d'un an peut être prolongé, dont notamment celle où pendant la période initiale d'un an surviennent des circonstances précédemment considérées comme peu probables. Dans ce cas, l'actif continue à être classé comme détenu en vue de la vente si :

- au cours de la période initiale d'un an, l'entité a pris les mesures nécessaires pour faire face au changement de circonstances ;
- l'actif non courant (ou le groupe d'actifs destiné à être cédé) est activement commercialisé à un prix raisonnable compte tenu du changement de circonstances ; et
- les critères de classement en actifs non courants détenus en vue de la vente, énoncés par IFRS 5.7 et .8, sont toujours respectés.

Recommandations de l'AMF Dans ses recommandations en vue de l'arrêté des comptes 2012, l'AMF indique que le maintien du classement en « actif détenu en vue de la vente » dépend des causes de retard du projet et qu'il peut s'avérer utile pour le lecteur des états financiers d'expliquer les raisons de ce maintien dans les annexes aux comptes (Rec. AMF 2012-16, Arrêté des Comptes 2012, § 5.1.5).

Décision de l'ESMA Dans une décision publiée en avril 2018, l'ESMA a rappelé que, pour que la cession soit considérée comme hautement probable, le critère relatif au délai de douze mois doit être satisfait. Ainsi, l'ESMA a considéré que ce critère n'était pas respecté dans le cas d'un émetteur qui avait signé un engagement ferme de vente à la date de clôture mais qui savait que la vente interviendrait au-delà du délai de douze mois (EECS/0118-01, 04/18).

- leur **valeur comptable** sera principalement **recouvrée par** leur **cession** plutôt que par leur utilisation continue (IFRS 5.6).

Cette dernière condition est considérée comme systématiquement remplie dans le cas de cessions de titres de filiales avec perte de contrôle. Elle peut, en revanche, être difficile à apprécier dans les cas de cession partielle de titres d'entités sous contrôle exclusif (voir n° 37012).

En outre, certains groupes d'actifs destinés à être cédés peuvent être suffisamment importants pour constituer des activités abandonnées, entraînant des règles de présentation différentes (voir n° 37035).

Recommandations de l'AMF, décisions de l'ESMA et de l'IFRS IC :

i. Dans ses recommandations en vue de l'arrêté des comptes 2012, l'AMF encourage les sociétés à clarifier, dans les cas significatifs, l'analyse effectuée pour déterminer si les critères précités de classement en actifs non courants détenus en vue de la vente sont remplis (Rec. AMF 2012-16, Arrêté des Comptes 2012, § 5.1.1).

L'AMF justifie la nécessité de fournir cette information en raison des éléments suivants :

- la norme IFRS 5 ne précise ni à quel niveau la décision de cession doit avoir été prise (conseil d'administration, assemblée générale, etc.) ni à quel moment la recherche d'un acheteur peut être jugée active ;
- de nombreux facteurs doivent être pris en compte afin de déterminer si les critères de classement en actifs non courants détenus en vue de la vente sont remplis, notamment les conditions de marché et les contraintes légales.

L'AMF précise qu'il n'est cependant pas forcément nécessaire d'attendre que l'ensemble des contraintes soient résolues pour procéder au classement si la vente est jugée hautement probable (par exemple, si la probabilité d'obtenir certaines autorisations est hautement probable).

L'**IFRS IC** a indiqué, en ce sens, qu'il ne convient pas nécessairement d'attendre que le régulateur approuve le prospectus nécessaire pour la réalisation d'une cession par le biais d'une offre publique pour classer cette cession en actifs non courants détenus en vue de la vente. Il convient en effet d'apprécier si la cession est hautement probable et notamment (IFRIC Update 09/13) : **37009** (suite)
- qu'elle interviendra dans les douze mois ;
- qu'il est peu probable que des changements interviennent qui remettent en cause le plan de cession et la probabilité d'obtention de l'accord des actionnaires (si une telle approbation est requise par la législation).

L'AMF (Rec. précitée, § 5.1.1) indique que cette information sera particulièrement importante lorsque la communication financière évoque des possibilités de cession. Un décalage peut en effet parfois survenir dans le temps entre la communication des sociétés sur les plans de cession d'actifs et le classement en actifs non courants détenus en vue de la vente ou en activités abandonnées. Ce décalage est susceptible de susciter des interrogations, notamment lorsque la cession intervient peu de temps après la clôture.

Décision de l'ESMA L'ESMA a, par ailleurs, précisé que, lorsque l'existence d'un accord de cession a été communiquée au marché et que cette information indiquait une cession hautement probable, le classement des actifs en actifs détenus en vue de la vente est nécessaire à la clôture en dépit des incertitudes ultérieures sur la finalisation de l'accord restées confidentielles (EECS/0214-06, 11/14).

ii. Dans ses recommandations en vue de l'arrêté des comptes 2022, notamment dans le contexte de la guerre en Ukraine, l'AMF recommande aux sociétés ayant annoncé un désengagement de Russie de préciser, dans leurs états financiers, l'analyse effectuée ayant conduit au classement ou non en actifs détenus en vue de la vente. A ce titre, il pourra être utile d'indiquer l'avancement du processus de cession, les contraintes existantes et l'horizon attendu de cession. L'AMF recommande également de veiller à la cohérence entre les annonces de sortie de Russie et le classement en actifs détenus en vue de la vente (Rec. AMF 2022-27, Arrêté des Comptes 2022, § 3.2).

2. aux **actifs non courants (ou groupe d'actifs) destinés à être distribués aux actionnaires** qui satisfont les **deux conditions suivantes** (IFRS 5.5A) :
- ils sont **disponibles pour une distribution immédiate dans leur état actuel** ; et
- leur **distribution** est **hautement probable**.

La distribution est considérée comme hautement probable, lorsque les conditions suivantes sont réunies (IFRS 5.12A) :
- un plan de distribution a été initié et l'opération devrait être réalisée dans un délai d'un an à compter de la date de classement en actifs détenus en vue de la distribution ;
- compte tenu des mesures nécessaires pour finaliser la distribution, il est peu probable que des changements notables du plan de distribution interviennent ou que la distribution soit annulée.

La probabilité que les actionnaires approuvent le plan (si requis dans la juridiction) devrait également être considérée dans le cadre de cette appréciation (IFRS 5.12A).

En pratique, cette distribution peut prendre la forme d'un spin-off ou d'une distribution gratuite d'actifs non courants aux actionnaires.

Sur les conséquences, en termes de présentation et d'évaluation, de l'application des principes d'IFRS 5 à un actif non courant (ou d'un groupe d'actifs) destiné à être cédé ou distribué aux actionnaires, voir nº 37052.

Pour l'application des critères d'activités abandonnées au cas spécifique des actifs (ou groupes d'actifs) destinés à être distribués aux actionnaires, (voir nº 37035).

Remarque – Actifs exclus du champ d'application d'IFRS 5 La norme IFRS 5 prévoit expressément que les actifs devant être mis au rebut ou abandonnés ne doivent pas être classés en actifs non courants ou groupes d'actifs détenus en vue de la vente ; en effet, leur valeur comptable sera recouvrée principalement par le biais de l'utilisation continue (IFRS 5.13, voir nº 37050).

Ces actifs peuvent, toutefois, répondre à la définition d'une activité abandonnée (voir nº 37035) et devoir être présentés distinctement au compte de résultat au moment où l'abandon ou la fermeture deviennent effectifs (IFRS 5.13 renvoyant à IFRS 5.33 s.).

■ *Exemple*

Actifs non courants ou groupes d'actifs détenus en vue de la vente *La société V est propriétaire d'un immeuble abritant son siège social situé dans un arrondissement parisien prestigieux. L'immeuble est en très bon état et peut être vendu sans travaux préalables, les différents contrôles effectués ayant confirmé la conformité du bâtiment au regard de la législation en vigueur (absence d'amiante, etc.).*

Le 1/07/N, la direction approuve le déménagement futur du siège social en banlieue parisienne ainsi que les modalités d'un plan de vente. L'immeuble est immédiatement mis en vente dans une agence immobilière spécialisée, à un prix défini sur la base des prix auxquels les immeubles de bureaux ont été vendus au cours des six derniers mois dans cette zone.

La direction a rencontré plusieurs acheteurs intéressés.

***Solution de l'exemple** Dans les comptes clos au 31/12/N, l'immeuble doit être classé parmi les actifs non courants détenus en vue de la vente, le siège social remplissant, dès le 1/07/N, les critères de classement dans cette catégorie. En effet :*

D'une part, l'immeuble est disponible pour une cession immédiate : il est en très bon état et ne nécessite pas de travaux préalablement à sa mise en vente. Si la société V a l'intention de céder l'immeuble après qu'elle a quitté les lieux, le temps nécessaire pour quitter les lieux est considéré comme habituel pour la vente de tels actifs. Cela n'empêche pas que l'actif soit classé comme détenu en vue de la vente si les autres critères sont remplis.

> ***Remarque** Si les travaux préalables à la vente nécessitaient une durée dépassant la durée habituelle et coutumière pour la vente d'un bien similaire, le critère de disponibilité à une cession immédiate ne serait pas respecté dans ce cas. Par conséquent, l'immeuble ne remplirait pas les conditions de classement en actifs non courants détenus en vue de la vente.*

D'autre part, la cession est hautement probable :

– un programme actif pour trouver un acheteur, approuvé par la direction, est lancé le 1/07/N, l'immeuble étant mis en vente dans une agence spécialisée ;

– le prix de vente de l'immeuble est raisonnable car estimé en fonction des prix de vente observés au cours des six derniers mois, dans la même zone géographique et pour des immeubles de nature similaire ;

– la vente devrait intervenir dans un délai d'un an à compter de la date de classement de l'immeuble en actifs non courants détenus en vue de la vente, des ventes similaires ayant eu lieu au cours des six derniers mois.

Enfin, sa valeur comptable sera recouvrée principalement par sa cession plutôt que par son utilisation continue.

Détermination de la notion de vente

37010 ***Question***

Pour l'application du critère de cession de la norme IFRS 5, la notion de vente doit-elle être appréciée de manière restrictive ou au contraire élargie, c'est-à-dire en englobant par exemple les dilutions ou les échanges d'actifs ?

Réponse

La notion de cession s'apprécie au sens large, et inclut par exemple :

- **un échange d'actifs non courants contre d'autres actifs non courants** ;
- **une cession partielle de titres de filiales, d'associées ou de joint ventures** ;
- également, à notre avis, **une dilution** du pourcentage d'intérêt de l'entité consolidante, telle qu'une augmentation de capital inégalement souscrite de l'entité détenue.

En revanche, cette notion n'inclut pas les actifs ou groupes d'actifs qui font l'objet d'une mise au rebut.

Commentaires :

1. Opérations assimilables à une cession au sens d'IFRS 5 La notion de cession s'apprécie au sens large et inclut par exemple :

– **un échange d'actifs non courants** contre d'autres actifs non courants (IFRS 5.10) ;

> Et ce, dès lors que l'échange a une substance commerciale au sens d'IAS 16 (IFRS 5.10).

– **une cession partielle de titres** de filiales (voir n° 37012), ou de joint ventures ou d'entreprises associées (voir n° 37015) ;

> Pour les autres opérations pouvant entrer dans le champ d'application de la norme IFRS 5, voir n° 37009.

– **une dilution du pourcentage d'intérêt** à la suite d'une augmentation de capital de l'entité détenue, inégalement souscrite ;

> **Décision de l'ESMA** La décision du CESR (devenu l'ESMA), relative à la perte de contrôle d'une filiale par dilution, confirme cette position (EECS/0209-04, 03/09).

Ces opérations de « cession » peuvent donc entrer dans le champ d'application d'IFRS 5 à condition toutefois de satisfaire les critères d'IFRS 5.6 s.

2. Opérations qui ne sont pas assimilables à une cession au sens d'IFRS 5 La norme IFRS 5 ne s'applique pas aux actifs ou groupes d'actifs qui vont être mis au rebut ou abandonnés (voir n° 37009).

2. Cas particulier des titres d'entités contrôlées ou sous influence notable

Titres de filiales détenus en vue de la vente

Question 37012

Dans quels cas des titres de filiales destinés à être cédés doivent-ils entrer dans le champ d'application d'IFRS 5 ?

Réponse

Dès lors que le programme de cession des titres de la filiale répond aux trois conditions générales d'entrée dans le champ d'application d'IFRS 5 (voir n° 37009).

Concernant l'appréciation de la troisième condition relative au recouvrement de la valeur comptable des titres principalement par leur cession, il convient de distinguer selon que la cession future de titres de la filiale doit ou non entraîner la perte de contrôle de cette dernière.

1. **Cession de titres d'une filiale avec perte de contrôle** Cette troisième condition est considérée comme systématiquement remplie et la perte de contrôle exclusif entraîne donc un classement de la totalité des actifs et passifs de cette entité en tant que détenus en vue de la vente.

2. **Cession de titres d'une filiale sans perte de contrôle** La troisième condition est considérée comme ne pouvant être remplie. En effet, du fait de la conservation du contrôle, le groupe est censé recouvrer la valeur comptable de l'actif net de la filiale par l'utilisation continue plutôt que par la cession partielle.

Commentaires Lors d'un plan de cession d'une filiale, il est nécessaire de déterminer si les actifs et passifs de cette filiale doivent ou non entrer dans le champ d'application de la norme IFRS 5.

Il en est ainsi lorsque les trois conditions suivantes sont simultanément remplies (voir n° 37009) :
- **les titres détenus en vue de la vente sont disponibles** pour une vente immédiate dans leur état actuel, sous réserve d'éventuelles conditions suspensives habituelles pour des cessions similaires ;
- **la cession de ces titres est hautement probable,** ce qui implique notamment qu'elle devrait être réalisée dans les douze mois (sauf exception) ;
- **la valeur comptable des titres sera principalement recouvrée** par la cession plutôt que par l'utilisation. Autrement dit, les flux de trésorerie futurs attendus des titres conservés (en cas de cession partielle) seront inférieurs au produit attendu de la cession.

Toutefois, l'appréciation de ce dernier critère diffère selon que la cession de la filiale entraîne ou non la perte de contrôle exclusif :

1. **Cession (totale ou partielle) de titres d'une filiale avec perte de contrôle** Dans ce cas, la totalité des actifs et passifs de la filiale entre dans le champ d'application de la norme IFRS 5, dès lors que l'entité est engagée dans un programme de cession qui satisfait aux critères de la norme IFRS 5 rappelés ci-avant.

IFRS 5.8A prévoit qu'une entité engagée dans un plan de cession entraînant la perte de contrôle d'une filiale doit classer tous les actifs et passifs de cette filiale comme détenus en vue de la vente dès lors que les critères de classement d'IFRS 5 sont satisfaits et ce, même si l'entité conserve une participation dans cette filiale après la cession. En effet, la cession partielle d'une filiale entraînant la perte du contrôle exclusif est un événement économique significatif qui modifie la nature de l'investissement et la relation avec la filiale (IFRS 5.BC24B). Le contrôle de la filiale étant alors, en substance, cédé en échange d'un intérêt minoritaire dans l'entité, la valeur comptable de l'investissement initial dans la filiale est considérée comme recouvrée principalement par sa cession plutôt que par son utilisation continue (IFRS 5.BC24C).

Autrement dit, la perte de contrôle exclusif d'une filiale à la suite d'une cession, même partielle, entraîne systématiquement un classement de tous les actifs et passifs de cette filiale en tant que détenus en vue de la vente (dès lors que les conditions rappelées ci-avant sont remplies) et ce, même si la part cédée est minime par rapport à la part antérieurement détenue (par exemple, cession partielle de 2 % d'une filiale précédemment détenue à 51 % avec perte de contrôle, voir n° 37060).

2. **Cession de titres d'une filiale sans perte de contrôle** Dans ce cas, l'opération n'entre pas dans le champ d'application de la norme IFRS 5, car la valeur comptable de l'actif net de la filiale sera principalement recouvrée par leur utilisation continue plutôt que par leur cession partielle.

En effet et contrairement au cas précédent (voir point 1. ci-avant), la cession partielle d'une filiale qui n'entraîne pas la perte du contrôle exclusif ne modifie pas la nature de l'investissement et la relation avec la filiale.

Titres d'entreprises associées ou de joint ventures destinés à être cédés

37015 ***Question***

Un investisseur doit-il appliquer IFRS 5 à une participation ou à une partie d'une participation dans une entreprise associée ou une joint venture qu'il a décidé de céder ?

Réponse

Oui, à condition que le programme de cession des titres de la joint venture ou de l'entreprise associée réponde aux trois conditions générales d'entrée dans le champ d'application d'IFRS 5 (voir nº 37009).

Dans le cas d'une **cession totale** des titres de l'investisseur dans l'entreprise associée ou la joint venture, les principes d'évaluation et de présentation d'IFRS 5 s'appliquent à la totalité de la participation.

Dans le cas d'une **cession partielle** de titres d'une entreprise associée ou d'une joint venture, la norme IAS 28 considère que l'entité détient deux blocs de titres : une partie conservée et une partie destinée à être cédée. La norme IFRS 5 s'applique à la portion destinée à être cédée. L'autre portion conservée continue à être comptabilisée selon la méthode de la mise en équivalence.

Commentaires Un investisseur doit appliquer IFRS 5 à une participation ou à une partie d'une participation dans une entreprise associée ou dans une joint venture qui répond aux critères de classement comme « détenue en vue de la vente ».

Il en est ainsi lorsque les trois conditions suivantes sont simultanément remplies (voir nº 37009) :
- **les titres détenus en vue de la vente sont disponibles** pour une vente immédiate dans leur état actuel, sous réserve d'éventuelles conditions suspensives habituelles pour des cessions similaires ;
- **la cession de ces titres est hautement probable**, ce qui implique notamment qu'elle devrait être réalisée dans les douze mois (sauf exception) ;
- **la valeur comptable des titres sera principalement recouvrée** par la cession plutôt que par l'utilisation.

Dans le cas d'une **cession totale** par l'investisseur de ses titres dans l'entreprise associée ou la joint venture, les principes d'évaluation et de présentation d'IFRS 5 s'appliquent à la totalité de la participation si les conditions d'entrée dans le champ d'application d'IFRS 5 sont remplies (IAS 28.20).

Dans le cas d'une **cession partielle** de titres d'une entreprise associée ou d'une joint venture (IAS 28.20) :
- les principes d'évaluation et de présentation d'IFRS 5 ne s'appliquent qu'à la partie de la participation qui remplit les critères de classement en actif détenu en vue de la vente d'IFRS 5 ;
- la partie de la participation conservée, qui n'a pas été classée comme détenue en vue de la vente, doit être comptabilisée selon la méthode de la mise en équivalence jusqu'à la sortie de la partie classée comme détenue en vue de la vente.

La norme IAS 28 considère ainsi que l'entité détient deux blocs de titres : une partie conservée et une partie destinée à être cédée. La norme IFRS 5 s'applique à la portion destinée à être cédée. L'autre portion conservée continue à être comptabilisée selon la méthode de la mise en équivalence.

En effet, la norme IAS 28 précise notamment que la perte d'influence notable ne constitue pas un événement économique significatif contrairement à la perte de contrôle exclusif (IAS 28.BC26). En conséquence, seule la quote-part destinée à être cédée des titres mis en équivalence devra être classée en actifs détenus en vue de la vente conformément à IFRS 5, la quote-part conservée devant en revanche être comptabilisée selon la méthode de la mise en équivalence jusqu'à la date de cession (IAS 28.20, .BC26 et .BC27).

Après la cession, l'investisseur doit comptabiliser les intérêts conservés dans l'entreprise associée ou la joint venture conformément à la norme IFRS 9, Instruments financiers, sauf si les intérêts conservés continuent de constituer une participation dans une entreprise associée ou dans une joint venture, auquel cas la méthode de la mise en équivalence s'applique (IAS 28.20).

■ *Exemple*

Une entité consolidante M détient 45 % d'une entreprise associée A. M décide de céder 25 % des titres de A. Les titres conservés (20 %) lui permettent de conserver une influence notable sur A.

Solution de l'exemple *Dans un tel cas, dès lors que les titres qui vont faire l'objet d'une cession sont disponibles pour une vente immédiate et que cette vente est hautement probable, il est considéré que M détient deux blocs : la portion des titres de A conservée (20 %) et la portion des titres de A destinée à être cédée (25 %). Seule la partie destinée à être cédée est alors traitée selon IFRS 5 alors que la partie conservée continue à être comptabilisée selon la méthode de la mise en équivalence.*

B. Activités abandonnées

Définition d'une activité abandonnée (« discontinued operation »)

37035

Question

Qu'est-ce qu'une activité abandonnée (« discontinued operation ») entrant dans le champ d'application de la norme IFRS 5 ?

Réponse

Une activité abandonnée est une composante dont l'entité s'est séparée ou qui est classée comme détenue en vue de la vente et qui respecte au moins l'une des conditions suivantes :
- elle représente une **ligne d'activité** ou une **région géographique principale et distincte** ; ou
- elle **fait partie d'un plan unique et coordonné de cession** d'une ligne d'activité ou d'une région géographique principale et distincte ; ou encore
- elle est une **filiale acquise** uniquement **dans l'objectif d'être cédée**.

Commentaires Une **activité abandonnée** est dans le champ d'application de la norme IFRS 5 dès lors qu'il s'agit d'une composante dont l'entité s'est séparée ou qui est classée comme détenue en vue de la vente (voir nº 37009) et qui respecte au moins l'une des conditions suivantes (IFRS 5.32) :
- elle représente une ligne d'activité ou une région géographique principale et distincte ; ou

Décision de l'ESMA L'ESMA a indiqué que le classement d'un élément cédé en activité abandonnée sur la base de l'appréciation de ce critère uniquement en considérant un seuil chiffré relatif au prix de vente de l'élément cédé ne constitue pas un élément suffisant (EECS/0114-03, 04/14).

- elle fait partie d'un plan unique et coordonné de cession d'une ligne d'activité ou d'une région géographique principale et distincte ; ou encore
- elle est une filiale acquise uniquement dans l'objectif d'être cédée.

Remarques :

1. Une **composante d'une entité** comprend des activités et des flux de trésorerie qui peuvent être clairement distingués, sur le plan opérationnel et pour la communication d'informations financières, du reste de l'entité. En d'autres termes, une composante d'une entité aura été une unité génératrice de trésorerie ou un groupe d'unités génératrices de trésorerie lorsqu'elle était détenue pour être utilisée (IFRS 5.31).
2. La notion d'**activité « principale »** n'étant pas définie par la norme, il nous paraît possible que cette notion englobe les lignes d'activités ou régions géographiques plus fines qu'un secteur opérationnel selon IFRS 8 (voir nº 57755 s.) – c'est-à-dire un secteur d'activité ou géographique exposé à des risques et une rentabilité différents des autres secteurs d'activité ou géographiques – sous réserve que ces éléments soient significatifs.
3. Pour le classement en activité abandonnée d'une filiale classée en actifs détenus en vue de la vente mais dans laquelle le groupe entend conserver une participation significative, voir nº 37040.
4. **Cas particulier d'une composante d'une entité détenue pour être distribuée aux actionnaires** Bien que la norme IFRS 5 ne le mentionne pas explicitement, nous considérons que la définition d'une activité abandonnée pourrait également s'appliquer aux groupes d'actifs détenus en vue de leur distribution aux actionnaires si les critères ci-avant sont remplis.

Des obligations spécifiques de présentation et d'information sont requises pour les activités abandonnées, et notamment une présentation du résultat de cette activité sur une ligne distincte du résultat global et des flux de trésorerie nets attribuables aux activités d'exploitation, d'investissement et de financement (IFRS 5.33 s. ; voir n° 37085).

Recommandations de l'AMF :

1. Dans ses recommandations en vue de l'arrêté des comptes 2012, l'AMF constate que le manque de précision de la norme sur la définition d'une activité abandonnée suscite des pratiques diverses. En conséquence, elle recommande de présenter en annexe, au titre d'IAS 1.122, les jugements clés utilisés et la manière dont la société appréhende les critères de classement en activité abandonnée. Elle rappelle en outre que la société doit utiliser des principes identiques d'un exercice à l'autre (IAS 8.15) (Rec. AMF 2012-16, Arrêté des Comptes 2012, § 5.1.2).

2. Dans ses recommandations en vue de l'arrêté des comptes 2022, l'AMF recommande aux sociétés, notamment dans le contexte de la guerre en Ukraine, de prendre en considération l'information sectorielle et la communication financière de la société dans l'appréciation de la notion de ligne d'activité ou de zone géographique principale et distincte (par exemple, communications passées présentant la performance de la Russie). En outre, l'AMF invite les sociétés à préciser l'analyse effectuée et à être cohérentes dans cette analyse pour la Russie avec les analyses qui ont pu être effectuées antérieurement sur d'autres cessions ou arrêts d'activité (Rec. AMF 2022-27, Arrêté des Comptes 2022, § 3.2).

Filiale détenue en vue de la vente avec conservation d'une participation significative après la perte du contrôle

37040 ***Question***

Une filiale classée en actifs détenus en vue de la vente mais dans laquelle le groupe entend conserver une participation significative peut-elle être considérée comme une activité abandonnée ?

Réponse

Oui, dès lors que les critères de classement en activité abandonnée de la norme IFRS 5 sont remplis pour cette cession partielle de titres et qu'il s'agit :
- soit d'une ligne d'activité ou d'une région géographique principale et distincte ;
- soit d'une filiale acquise uniquement dans l'objectif d'être cédée.

Aucune condition relative à l'absence d'implication résiduelle après la cession n'étant requise, une filiale peut donc être classée en actifs détenus en vue de la vente lorsqu'une participation (même significative) est conservée après la cession.

Commentaires :

1. **Pour la définition d'un abandon d'activité,** voir n° 37035.

2. **Cession partielle de titres de filiale entraînant la perte du contrôle exclusif** La cession partielle de titres d'une filiale avec perte du contrôle exclusif constitue un abandon d'activité lorsqu'elle répond à la définition d'un abandon d'activité. Et ce, même lorsqu'une quote-part significative est conservée dans la précédente filiale (conservation d'une influence notable, par exemple) (en ce sens, IFRS 5.36A).

En effet, les critères précités de classement en activités abandonnées ne comprennent aucune condition relative à l'absence d'implication résiduelle après la cession.

Remarque Ce traitement peut toutefois paraître contre-intuitif dans certains cas. Ainsi, par exemple, si un groupe a comme projet de s'associer à un partenaire pour que l'une de ses filiales, détenue à 100 % et représentant une activité distincte majeure, devienne une joint venture à 40 %, cette filiale sera classée comme activité abandonnée même si, in fine, l'activité reste contrôlée conjointement et que le groupe en détient encore une participation significative.

Décision de l'ESMA L'ESMA a accepté le classement par un émetteur (une biotech) en activité abandonnée d'une activité cédée (activité de production et de distribution d'un produit) pour laquelle l'émetteur continue à percevoir des revenus de licence (royalties). Malgré l'implication résiduelle que constituent les revenus de licence, l'ESMA a conclu que la perte de contrôle de l'émetteur sur l'opération représente un événement économique significatif qui change la nature de l'investissement de l'émetteur dans l'activité cédée et justifie le classement de cette dernière en activité abandonnée (EECS/0215-01, 11/15).

C. Actifs non courants ou groupes d'actifs dont l'utilisation va cesser

Actifs dont l'utilisation va cesser

Question 37050

Les actifs non courants ou groupes d'actifs dont l'utilisation va cesser entrent-ils dans le champ d'application de la norme IFRS 5 ?

Réponse

Non, ces actifs continuent à être évalués et présentés parmi les autres actifs détenus et utilisés par le groupe, jusqu'à la date de leur abandon ou de leur mise au rebut, conformément aux autres normes IFRS applicables.

Toutefois, à la date de leur abandon ou de leur mise au rebut effectif, ces actifs doivent suivre les règles de présentation et d'information de la norme IFRS 5, s'ils répondent à la définition d'une activité abandonnée selon cette norme.

Commentaires :

1. **Actifs non courants ou groupes d'actifs dont l'utilisation va cesser (« assets to be abandoned »)** Les règles spécifiques de la norme IFRS 5 ne s'appliquent pas aux actifs non courants ou groupes d'actifs dont l'utilisation va cesser (actifs mis au rebut, par exemple) (IFRS 5.13).

En effet, ces actifs ne répondent pas aux conditions d'entrée dans le champ d'application de cette norme (IFRS 5.6 s.), leur valeur comptable étant recouvrée principalement par leur utilisation et non par leur vente (IFRS 5.13 et .BC24).

Ces actifs continuent donc à être classés, jusqu'à la date d'abandon ou de mise au rebut, parmi les autres actifs détenus et utilisés par le groupe ; ils ne doivent donc pas être soumis aux règles d'évaluation spécifiques aux actifs destinés à être cédés.

Ainsi, par exemple, une immobilisation corporelle destinée à être mise au rebut continuera d'être évaluée selon les normes IAS 16, Immobilisations corporelles et IAS 36, Dépréciation d'actifs.

Toutefois, la décision d'arrêter l'utilisation d'un actif ou d'un groupe d'actifs constitue un indice que cet actif (groupe d'actifs) a pu perdre de la valeur (IAS 36.12f) et nécessite donc de réaliser un test de dépréciation selon les modalités précisées par la norme IAS 36.

2. **Groupe d'actifs dont l'utilisation est effectivement arrêtée** Lorsqu'un groupe d'actifs dont l'utilisation a cessé répond à la définition d'une activité abandonnée selon IFRS 5.32, ce groupe d'actifs doit suivre, à la date de cessation de son utilisation, les règles de présentation et d'information de la norme IFRS 5 (IFRS 5.13 renvoyant aux .33 s.).

Pour la définition d'une activité abandonnée, voir nº 37035.

II. Comptabilisation, évaluation et présentation des actifs (ou groupes d'actifs) détenus en vue de la vente

A. Groupes d'actifs détenus en vue de la vente

Application des principes de présentation et d'évaluation d'IFRS 5 aux actifs (ou groupes d'actifs) inclus dans son champ d'application

Question 37052

Les principes de présentation et d'évaluation d'IFRS 5 s'appliquent-ils à tous les actifs non courants (ou groupes d'actifs) destinés à être cédés ou distribués aux actionnaires ?

37052
(suite)

Réponse

S'agissant des aspects de présentation, la norme IFRS 5 s'applique aux actifs non courants destinés à être cédés (ou distribués aux actionnaires) et à l'ensemble des actifs et passifs du groupe destiné à être cédé ou à être distribué aux actionnaires (y compris les actifs courants et les passifs).

En revanche, concernant l'évaluation, seuls certains actifs non courants sont évalués conformément à IFRS 5. Ainsi, continuent à être évalués selon la norme qui leur est applicable :

1. les actifs courants ;
2. les passifs courants et non courants ;
3. certains actifs non courants, en particulier :

– les impôts différés actifs (IAS 12, Impôts) ;
– les actifs générés par des avantages du personnel (IAS 19, Avantages du personnel) ;
– les actifs financiers dans le champ d'application de la norme IFRS 9, Instruments financiers ;
– les actifs non courants comptabilisés selon le modèle de la juste valeur en application d'IAS 40, Immeubles de placement ;
– les actifs non courants évalués à la juste valeur diminuée des coûts estimés au point de vente selon IAS 41, Agriculture ;
– les groupes de contrats d'assurance (IFRS 17, Contrats d'assurance).

Commentaires :

Rappel Pour la définition des actifs destinés à être cédés ou distribués aux actionnaires, voir n° 37009.

1. **Présentation** S'agissant des aspects de présentation, la norme IFRS 5 s'applique aux actifs non courants destinés à être cédés ou distribués ainsi qu'à l'ensemble des actifs et passifs d'un groupe destiné à être cédé ou distribué (y compris les actifs courants et les passifs). Ainsi, les actifs non courants destinés à être cédés ou distribués et les actifs du groupe destiné à être cédé ou distribué (IFRS 5.38 et .5A) :

– doivent être présentés séparément des autres actifs ;
– sans compensation avec les passifs faisant partie du groupe d'actifs destiné à être cédé, qui sont également présentés séparément des autres passifs de l'état de la situation financière.

En revanche, le résultat n'est présenté sur une ligne distincte du résultat global en « résultat des activités abandonnées » que lorsque le groupe d'actif destiné à être cédé constitue une activité abandonnée au sens d'IFRS 5.32 (voir n° 36985).

2. **Evaluation** En revanche, concernant l'évaluation, la norme IFRS 5 ne s'applique qu'aux actifs non courants destinés à être cédés ou distribués (IFRS 5.2, .5A, .19 et .23) à l'exclusion (IFRS 5.5) :

– des impôts différés actifs (IAS 12) ;
– des actifs générés par des avantages du personnel (IAS 19) ;
– des actifs financiers dans le champ d'application de la norme IFRS 9 ;
– des actifs non courants comptabilisés selon le modèle de la juste valeur en application d'IAS 40, Immeubles de placement ;
– des actifs non courants évalués à la juste valeur diminuée des coûts estimés au point de vente selon IAS 41, Agriculture ;
– des groupes de contrats dans le champ d'application d'IFRS 17, Contrats d'assurance.

Ainsi, tous les actifs courants et les passifs faisant partie d'un groupe destiné à être cédé continuent à être évalués selon la norme qui leur est applicable (IFRS 5.19 et .23). De même, les actifs non courants listés ci-avant doivent continuer à être évalués conformément à la norme IFRS qui leur est applicable (IFRS 5.19 et .23).

Recommandations de l'AMF Dans ses recommandations en vue de l'arrêté des comptes 2012, l'AMF a rappelé ce principe, en l'illustrant avec le cas des actifs financiers, évalués à l'époque selon la norme IAS 39 et aujourd'hui selon la norme IFRS 9, et pour lesquels il est nécessaire de s'interroger sur une éventuelle dépréciation (IFRS 9.5.5.1 s.) avant tout reclassement (Rec. AMF 2012-16, Arrêté des Comptes 2012, § 5.1.3).

Le groupe destiné à être cédé (comprenant l'ensemble des actifs et passifs) est en revanche évalué, de manière globale, conformément à IFRS 5 (IFRS 5.19).

Pour les informations à fournir en annexe sur les actifs non courants évalués selon la norme IFRS qui leur est applicable, voir n° 37090.
Pour les modalités d'évaluation d'un groupe d'actifs destiné à être cédé, voir n° 37055.

Evaluation d'un groupe d'actifs destiné à être cédé

37055

Question

Comment évaluer un groupe d'actifs et de passifs destiné à être cédé lors de son classement en « détenus en vue de la vente » ?

Réponse

Selon les principes suivants :

1. **Immédiatement avant leur classement en « détenus en vue de la vente »** : évaluation de tous les actifs et passifs du groupe destiné à être cédé selon la norme spécifique qui leur est applicable (y compris les tests de dépréciation selon IAS 36).

2. **Après leur classement en actifs (ou groupes d'actifs) détenus en vue de la vente** :
- évaluation selon la norme qui leur est applicable des actifs et passifs exclus des principes d'évaluation de la norme IFRS 5 (voir nº 37052) ;
- arrêt de l'amortissement et de la dépréciation des actifs corporels et incorporels ;
- évaluation du groupe d'actifs destiné à être cédé (y compris les actifs et passifs exclus du champ d'application de la norme IFRS 5 en termes d'évaluation) au plus bas de sa valeur comptable et de sa juste valeur nette des frais de cession ;
- allocation de l'éventuelle perte de valeur en premier au goodwill puis au prorata entre les autres actifs non courants inclus dans le champ d'application de la norme IFRS 5 en termes d'évaluation.

En outre, avant même que la cession ne devienne hautement probable et remplisse les critères de la norme IFRS 5, l'application d'autres normes, telles que IAS 12, Impôts sur le résultat, ou encore IAS 36, Dépréciation d'actifs, est susceptible d'avoir un impact sur les comptes.

Commentaires :

1. **Principes généraux de comptabilisation et d'évaluation des actifs et passifs d'un groupe destiné à être cédé** Les actifs et passifs d'un groupe destiné à être cédé doivent être évalués comme suit (IFRS 5.15 s.) :

a. **immédiatement avant leur classement en « détenus en vue de la vente »** : évaluation de tous les actifs et passifs du groupe selon la norme spécifique qui leur est applicable (IFRS 5.18) et notamment application de la norme IAS 36, Dépréciation d'actifs, aux actifs non courants corporels et incorporels ;

b. **après leur classement en « détenus en vue de la vente »** :
- évaluation selon la norme qui leur est applicable des actifs et passifs exclus des principes d'évaluation de la norme IFRS 5 (IFRS 5.19) ;

Il s'agit des actifs courants, des passifs ainsi que des actifs non courants inclus dans le champ d'application de la norme IFRS 5 en termes de présentation mais spécifiquement exclus par IFRS 5.5 en termes d'évaluation, tels que les actifs financiers relevant de la norme IFRS 9 ou les actifs d'impôts différés relevant de la norme IAS 12 (voir nº 37052).

- arrêt de l'amortissement et de la dépréciation des actifs corporels et incorporels (IFRS 5.25) ;
- évaluation globale du groupe d'actifs destiné à être cédé (y compris les actifs et passifs exclus du champ d'application de la norme IFRS 5 en termes d'évaluation) au plus bas de sa valeur comptable et de sa juste valeur nette des frais de cession (IFRS 5.15).

Cette évaluation ne permet pas nécessairement d'anticiper les pertes attendues d'une cession.

Réserves constatées en OCI Le résultat de cette évaluation selon IFRS 5 ne tient pas compte de l'éventuel recyclage des réserves constatées en autres éléments du résultat global (OCI), telles que par exemple les réserves de change. En effet, les montants constatés directement en réserves OCI au titre des écarts de change ne sont pas inclus dans la valeur comptable du groupe d'actifs destiné à être cédé. Ces réserves ne doivent être recyclées en résultat qu'à la date de cession effective (IAS 21.48).

Cas d'une filiale non détenue à 100 % destinée à être cédée Dans le cas d'une filiale non détenue à 100 %, l'évaluation du groupe d'actifs destiné à être cédé au plus bas de sa valeur comptable et de sa juste valeur nette des frais de cession selon IFRS 5 concerne les actifs de la filiale dans leur intégralité, et non pas uniquement la quote-part du groupe dans ces actifs. En conséquence, l'éventuelle perte de valeur qui en résulte inclut une quote-part affectée aux minoritaires. Ainsi, dans le cas d'une filiale avec des minoritaires, l'évaluation selon IFRS 5 peut conduire à constater une charge plus importante que la moins-value de cession qui appartient au groupe. Cet excédent n'est pas repris au compte de résultat lors de la cession effective de la filiale.

37055 (suite) L'éventuelle perte de valeur du groupe d'actifs destiné à être cédé est allouée (IFRS 5.23) :
- en premier au goodwill ;
- puis au prorata entre les autres actifs non courants inclus dans le champ d'application de la norme IFRS 5 en termes d'évaluation.

Remarque L'allocation de la perte de valeur du groupe d'actifs destiné à être cédé peut réduire la valeur comptable des actifs non courants en dessous de leur juste valeur diminuée des coûts de la vente ou de leur valeur d'utilité, contrairement à l'allocation des dépréciations au sein d'une UGT déterminée selon IAS 36 (voir n° 35981).

En effet, si IFRS 5.23 fait référence à IAS 36.104 et .122 pour la détermination de l'ordre d'allocation de l'éventuelle perte de valeur du groupe d'actifs destiné à être cédé, la norme IFRS 5 ne renvoie pas vers IAS 36.105 qui impose qu'une perte de valeur allouée à un actif (faisant partie d'une UGT dépréciée) ne doit pas réduire sa valeur en dessous du montant le plus élevé de sa juste valeur diminuée des coûts de la vente, de sa valeur d'utilité et de zéro.

Ainsi, la restriction prévue par IAS 36.105 ne s'impose pas lors de l'allocation de la perte de valeur d'un groupe d'actifs destiné à être cédé. Cette position a été confirmée par l'IFRS IC (IFRIC Update 01/16).

Toutefois, la norme IFRS 5 ne précise pas le traitement à retenir lorsque la perte de valeur excède la valeur comptable des actifs non courants évalués selon la norme IFRS 5 (voir point 2. ci-après).

2. Cas particulier lorsque le montant de la perte de valeur globale du groupe d'actifs destiné à être cédé excède la somme du goodwill et de la valeur comptable des actifs non courants évalués selon IFRS 5 Dans un environnement économique difficile, la juste valeur d'un groupe d'actifs destiné à être cédé peut être très inférieure à la valeur comptable des actifs non courants évalués selon IFRS 5.

Parfois, cette différence est telle qu'elle excède la somme du goodwill et de la valeur comptable des actifs non courants qui sont évalués selon la norme IFRS 5. La question est alors de savoir si l'excédent peut venir réduire la valeur comptable des autres actifs du groupe destiné à être cédé (bien que ceux-ci aient déjà fait l'objet d'une évaluation selon la norme qui leur est applicable).

Cette question a été abordée par l'IFRS IC en 2009 qui avait alors recommandé à l'IASB d'amender la norme IFRS 5 (IFRIC Update 07/09). L'IASB a examiné cette question (IASB Update 07/09) mais a décidé de ne pas ajouter à son agenda de projet sur ce point (IASB Update 12/09). En septembre 2013, l'IFRS IC a réexaminé ce point mais sans aboutir en premier examen à une conclusion (IFRIC Update 09/13). Enfin, en 2016, l'IFRS IC a de nouveau relevé cette problématique, sans prendre de position mais en indiquant qu'elle pourrait faire partie des sujets à traiter par l'IASB dans un éventuel projet de recherche sur la norme IFRS 5 (IFRIC Update 01/16).

A notre avis, en l'état actuel des textes, deux approches nous paraissent possibles :
- déprécier le groupe d'actifs destiné à être cédé dans la limite de la valeur comptable des actifs non courants (y compris le goodwill) évalués selon IFRS 5 (voir n° 37052). Cette solution est conforme à IFRS 5.23 ;

Cette disposition prévoit en effet que la perte de valeur (ou tout profit ultérieur) comptabilisé(e) au titre d'un groupe d'actifs destiné à être cédé doit réduire (ou augmenter) la valeur comptable des actifs non courants du groupe qui entrent dans le champ d'application des dispositions d'IFRS 5 en matière d'évaluation (voir n° 37052), dans l'ordre d'attribution d'IAS 36.104 et .122 (IFRS 5.23).

- déprécier le groupe d'actifs destiné à être cédé y compris les actifs qui n'entrent pas dans le champ d'application d'IFRS 5 en matière d'évaluation. Cette solution est cohérente avec IFRS 5.15 qui indique qu'une entité doit évaluer un groupe d'actifs destiné à être cédé au montant le plus bas entre sa valeur nette comptable et sa juste valeur diminuée des coûts de la vente.

Si la valeur des actifs dépréciables, selon l'une ou l'autre des méthodes décrites ci-avant, est ramenée à zéro et qu'il subsiste un excédent de perte de valeur non encore alloué, cet excédent de perte de valeur ne peut être constaté que si les critères de comptabilisation d'une provision selon IAS 37 sont remplis (voir n° 39955). Dans le cas inverse, cet excédent ne sera constaté que lors de la cession effective.

Recommandations de l'AMF Dans ses recommandations en vue de l'arrêté des comptes 2012, l'AMF indique que, lorsqu'une société est confrontée à cette situation, la méthode retenue constitue un choix de politique comptable qu'il sera utile de mentionner dans les annexes aux comptes et qui doit être appliqué de manière constante et homogène (IAS 1.117 et IAS 8.15) (Rec. AMF 2012-16, Arrêté des Comptes 2012, § 5.1.3).

3. Cas particulier lorsque la reprise de la perte de valeur globale d'un groupe d'actifs destiné à être cédé concerne un goodwill Lorsque la perte de valeur d'un groupe d'actifs destiné à être

cédé a été affectée au goodwill, la question est de savoir s'il est possible de reprendre cette perte de valeur par la suite. Il existe sur ce point un conflit de textes entre (IFRIC Update 03/10) :
- IFRS 5.22, qui requiert de reprendre la perte de valeur dès lors que la juste valeur nette des frais de cession augmente ; et
- IFRS 5.23 renvoyant à IAS 36.122, qui interdit la reprise de perte de valeur constatée au titre d'un goodwill.

Comme pour le point 2. ci-avant, cette problématique pourrait faire partie des sujets à traiter par l'IASB dans un éventuel projet de recherche sur la norme IFRS 5 (IFRIC Update 01/16).

A notre avis, dans l'attente de l'évolution des textes, les deux approches sont possibles. La méthode retenue constitue un choix de méthode comptable qu'il convient de mentionner en annexe et qui doit être appliqué de manière constante et homogène.

4. Application d'autres normes dès l'intention de cession et avant même que les critères de classement IFRS 5 ne soient remplis Avant même que la cession ne devienne hautement probable et remplisse les critères de la norme IFRS 5, les normes IAS 12, Impôts sur les résultats, et IAS 36, Dépréciation d'actifs, pourraient devoir s'appliquer.

En effet, en cas de projet de cession, la revue de l'évaluation des impôts différés doit être réalisée, selon les principes de la norme IAS 12, dès l'intention de cession pour un actif, un groupe d'actifs ou une activité, et dès que la cession devient probable pour une filiale à céder en totalité.

Pour plus de précisions, voir n° 27562.

De la même façon, un projet de cession d'actifs non courants pourrait constituer en soi un indice de perte de valeur au sens de la norme IAS 36 à la date de clôture. Dans une telle situation, si les critères de classement en actifs destinés à être cédés d'IFRS 5 ne sont pas encore remplis, il y a lieu de tester les actifs concernés pour dépréciation à la date de clôture en appliquant les dispositions d'IAS 36.

Remarque La date d'« intention de vente » correspond au moment où l'entité décide de vendre un actif qui n'avait pas encore rempli les critères de classement en « actif détenu en vue de la vente » au sens de la norme IFRS 5.

■ *Exemple*

Immobilisation corporelle réévaluée *L'entité B applique la méthode de la réévaluation prévue par la norme IAS 16 pour l'évaluation de ses immobilisations corporelles. Un immeuble, appartenant à cette catégorie, présente les montants suivants au 31/12/N :*
- montant réévalué : 7 500 K€ ;
- amortissement depuis la dernière réévaluation : 500 K€ ;
- valeur comptable nette au 31/12/N : 7 000 K€ (7 500 K€ – 500 K€).
L'actif est amorti à un taux annuel de 10 % (750 K€).
Au cours de l'année N+1, l'entité B décide de vendre cet immeuble. L'actif remplit les conditions pour être classé comme détenu en vue de la vente le 30/06/N+1.

Solution de l'exemple *Au 30/06/N+1, juste avant le classement de l'immeuble selon IFRS 5, l'entité B doit comptabiliser, en application d'IAS 16, un amortissement complémentaire de 375 K€, soit une valeur comptable nette de 6 625 K€.*
En principe, cet immeuble doit être comptabilisé à sa juste valeur diminuée du cumul des amortissements, selon les dispositions de la norme IAS 16, immédiatement avant son classement en « actif détenu en vue de la vente ». Toutefois, en pratique, l'entité B ne sera pas tenue de réévaluer l'immeuble si sa valeur comptable ne diffère pas de manière significative de sa juste valeur au 30/06/N+1. Par conséquent, si la juste valeur à cette date n'a pas varié de manière significative, le montant de 6 625 K€ diminué des coûts de vente doit être utilisé comme base d'évaluation de l'actif destiné à être cédé en application de la norme IFRS 5.

B. Titres consolidés ou mis en équivalence détenus en vue de la vente

Conséquences de l'application de la norme IFRS 5 aux cessions de titres de filiales

Question 37060

Quelles sont les principales conséquences pratiques de l'application de la norme IFRS 5 avant et au moment de la cession de titres de filiales avec perte de contrôle ?

37060 (suite)

Réponse

Il s'agit des conséquences suivantes :

1. **Application des principes généraux de consolidation énoncés par la norme IFRS 10** avec poursuite notamment de la prise en compte du résultat de la filiale jusqu'à la date de cession effective.

2. **Utilisation de méthodes d'évaluation particulières** pour les actifs et passifs de la filiale couverts par la norme IFRS 5 (arrêt de l'amortissement et de la dépréciation des actifs corporels et incorporels de cette filiale compensé, le cas échéant, par une dépréciation d'ensemble de la filiale).

3. **Un résultat de cession affecté en conséquence,** la valeur comptable consolidée des titres cédés étant différente de celle qui aurait été prise en compte si la norme IFRS 5 n'avait pas été appliquée préalablement à la cession.

4. Application de **règles de présentation spécifiques** et informations à fournir complémentaires.

Ces principes sont applicables pour les cessions totales et, à notre avis, pour les cessions partielles de titres d'une filiale impliquant une perte de contrôle.

Commentaires :

Sur les conditions d'application de la norme IFRS 5 aux opérations de cession de titres de filiales, voir n° 37012.

1. **Application des principes généraux de consolidation énoncés par la norme IFRS 10 jusqu'à la date de cession effective** Les entreprises sous contrôle exclusif destinées à être cédées doivent continuer à être consolidées jusqu'à la date de cession effective, selon les principes généraux de consolidation applicables aux entreprises contrôlées exclusivement, avec poursuite de la prise en compte du résultat de la filiale. En effet, la sortie de la filiale du périmètre de consolidation et le résultat de cession correspondant ne sont comptabilisés que lors de la perte effective de contrôle (IFRS 10.25 ; voir n° 23661).

Remarques :

1. En janvier 2016, l'**IFRS IC** a confirmé la nécessité de continuer à éliminer les opérations intragroupes entre les activités abandonnées et les activités poursuivies, conformément aux dispositions d'IFRS 10. L'IFRS IC a également observé que les entités concernées peuvent devoir fournir des informations complémentaires à ce sujet pour permettre aux utilisateurs de leurs états financiers d'évaluer les effets financiers liés à l'application de la norme, conformément à l'objectif énoncé par IFRS 5.30. L'IFRS IC ne s'est toutefois pas prononcé sur la manière d'éliminer ces opérations intragroupes, notamment sur la question de savoir si l'élimination doit être ajustée pour refléter la situation des opérations intragroupes après la cession. Selon l'IFRS IC, cette problématique pourrait faire partie des sujets à traiter par l'IASB dans un éventuel projet de recherche sur la norme IFRS 5 (IFRIC Update 01/16).

2. **Recommandations de l'AMF** Dans ses recommandations en vue de l'arrêté des comptes 2012, l'AMF confirme que l'ensemble des procédures de consolidation anciennement prévues par la norme IAS 27, désormais remplacée par la norme IFRS 10, doit continuer à être appliqué, y compris celles relatives à l'élimination des soldes et des opérations intragroupes (IFRS 10.19) et ce, jusqu'à la perte effective de contrôle qui intervient au moment de la vente (Rec. AMF 2012-16, Arrêté des Comptes 2012, § 5.1.4).

2. **Cependant, avec des méthodes d'évaluation particulières applicables aux actifs et passifs de la filiale qui sont dans le champ d'application de la norme IFRS 5** Ainsi, pour ces actifs et passifs :

- immédiatement avant leur classement en actifs (ou groupes d'actifs) détenus en vue de la vente, évaluation selon la norme spécifique qui leur est applicable (IFRS 5.18) et notamment application de la norme IAS 36, Dépréciation d'actifs, aux actifs non courants corporels et incorporels ;
- après leur classement en actifs (ou groupes d'actifs) détenus en vue de la vente, arrêt de leur amortissement individuel (IFRS 5.25), sans aucune condition liée à l'arrêt d'utilisation de ces actifs, et arrêt des tests de dépréciation requis par IAS 36 (ces actifs détenus en vue de la vente étant exclus du champ d'application des normes IAS 36, IAS 16 et IAS 38) ;

En revanche, les actifs et passifs non couverts par les principes d'évaluation de la norme IFRS 5 (IFRS 5.2 et .5), comme les actifs d'impôt différé, les actifs financiers dans le champ d'application de la norme IFRS 9 ou les stocks (actifs courants), continuent à être évalués conformément aux normes IFRS qui leur sont applicables (IFRS 5.19).

Pour une liste des actifs et passifs non soumis aux principes d'évaluation de la norme IFRS 5, voir n° 37052.

– évaluation globale du groupe d'actifs et de passifs de la filiale détenue en vue de la vente au plus faible de sa valeur nette comptable et de sa juste valeur nette de frais de cession (IFRS 5.15), ce qui équivaut à un test de dépréciation mais selon des modalités particulières. **37060** (suite)

3. Conséquences pratiques de l'application de la norme IFRS 5 sur le calcul du résultat de cession Les dispositions de la norme IFRS 5 relatives à la comptabilisation et à l'évaluation des actifs détenus en vue de la vente ne modifient pas la date de comptabilisation du résultat de cession, celui-ci n'étant constaté qu'à la date de décomptabilisation effective des titres concernés. En revanche, le résultat de cession est différent selon que la norme IFRS 5 a été appliquée ou non avant la cession effective des titres.

En effet, la dernière valeur en consolidation, retenue dans le calcul du résultat de cession, est différente si la norme IFRS 5 a été appliquée dès la décision de cession. Ces différences proviennent en particulier :

– de l'impact de l'arrêt d'application des principes d'amortissement et de dépréciation tels que prévus notamment par IAS 16, IAS 36 et IAS 38 pour les actifs non courants couverts par IFRS 5 (voir point 2. ci-avant) ;

– compensé, le cas échéant, par la comptabilisation d'une perte de valeur relative à l'évaluation du groupe d'actifs de la filiale conformément aux dispositions de la norme IFRS 5 (IFRS 5.15 s.).

Voir Exemple ci-après.

4. Incidence sur la présentation et sur les informations à fournir :

– les actifs et passifs de la filiale destinée à être cédée sont présentés au bilan sur deux lignes distinctes respectivement à l'actif et au passif (IFRS 5.38) ;

– la présentation habituelle des produits et charges au compte de résultat n'est modifiée que si l'opération de cession répond à la définition restrictive d'une activité abandonnée (IFRS 5.33 à .35) ;

– davantage d'informations sont requises par la norme IFRS 5 dès lors qu'une cession de titres est qualifiée d'activité abandonnée, préalablement à la cession effective de ces titres (IFRS 5.36A et .33 à .36).

Pour la définition d'une activité abandonnée, voir n° 37035.

5. Cas particulier des cessions partielles de titres d'une filiale Les principes généraux décrits ci-avant pour les cessions totales de titres devraient s'appliquer, à notre avis, également pour les cessions partielles de titres consolidés.

Toutefois, la cession n'étant alors que partielle, la question se pose de savoir si les principes de comptabilisation et d'évaluation des actifs ou titres détenus en vue de la vente s'appliquent :

– à la totalité des actifs et passifs de l'entité consolidée ; ou

– à ces éléments mais uniquement à hauteur de la quote-part des titres détenus en vue de la vente.

S'agissant d'une cession partielle de titres d'une filiale impliquant une perte de contrôle (voir n° 37012), la norme IFRS 5 précise que le classement en actifs détenus en vue de la vente doit porter sur 100 % des actifs et passifs de la filiale (goodwill compris) et non uniquement sur la quote-part cédée (IFRS 5.8A).

■ *Exemple*

Cession d'une filiale *Un groupe décide de céder la totalité de sa participation dans une filiale détenue à 100 %.*

Le 1/01/N, la filiale entre dans le champ d'application d'IFRS 5. A cette date, sa valeur nette comptable consolidée s'élève à 60.

En N, la contribution de la filiale au résultat consolidé aurait été de 12 si la norme IFRS 5 n'avait pas été applicable.

A fin N, la juste valeur nette des frais de cession de cette filiale est estimée à 80.

Après application de la norme IFRS 5, le résultat de la filiale pour l'exercice N s'élève à 17, la différence de + 5 étant liée aux amortissements et dépréciations qui auraient été constatés dans le résultat de la filiale si la norme IFRS 5 n'avait pas été appliquée.

La valeur nette comptable consolidée après arrêt des amortissements et dépréciations des actifs non courants détenus en vue de la vente s'élève à 77. Compte tenu d'une juste valeur nette des frais de cession de 80, aucune dépréciation globale de la filiale n'est nécessaire.

Le 1/01/N+1, la filiale est cédée pour 80.

Solution de l'exemple *Le résultat de cession comptabilisé en N+1 est égal à 3 (= 80 – 77) alors qu'il aurait été de 8 (= 80 – 72) si la norme IFRS 5 n'avait pas été appliquée.*

Valeur comptable de la filiale	Actifs nets au 1/01/N	Résultat N (1)	Actifs nets au 1/01/N+1	Résultat de cession au 1/01/N+1 (2)	Résultats cumulés entre 1/01/N et 1/01/N+1 (1) + (2)
Si norme IFRS 5 non applicable	60	12	72	8 (= 80 – 72)	20
Si norme IFRS 5 applicable	60	17 (= 12 + 5)	77	3 (= 80 – 77)	20

Remarque La comparaison du résultat de cession et du résultat de la filiale, selon que la norme IFRS 5 est applicable ou non applicable, n'est effectuée ici que par souci pédagogique. L'application de la norme IFRS 5 n'est pas optionnelle mais est bel et bien obligatoire dès lors que les conditions requises par cette norme sont remplies (voir nº 37012).

Conséquences de l'application de la norme IFRS 5 aux cessions de titres d'entreprises associées et de joint ventures

37070 ***Question***

Quelles sont les principales conséquences pratiques sur le résultat du groupe de l'application de la norme IFRS 5 avant et au moment de la cession de titres d'entreprises associées et de joint ventures ?

Réponse

Essentiellement :

– arrêt de la prise en compte d'une quote-part de résultat après la date de classement en actifs détenus en vue de la vente relatif à la totalité ou partie des titres mis en équivalence destinés à être cédés ;

– résultat de cession affecté en conséquence, la valeur comptable consolidée des titres cédés étant différente de celle qui aurait été prise en compte si la norme IFRS 5 n'avait pas été appliquée préalablement à la cession.

En outre, des règles de présentation spécifiques s'appliquent.

Commentaires :

1. **Principes généraux de comptabilisation et d'évaluation des titres d'entreprises associées et de joint ventures détenus en vue de la vente (cession totale)** Les entreprises associées et les joint ventures destinées à être cédées qui entrent dans le champ d'application de la norme IFRS 5 sont comptabilisées et présentées comme suit :

Sur les conditions d'application de la norme IFRS 5 aux opérations de cession de titres d'entreprises mises en équivalence, voir nº 37015.

– la méthode de la mise en équivalence est appliquée immédiatement avant le classement des titres en actifs détenus en vue de la vente ; en particulier, la quote-part du groupe dans le résultat de l'entreprise associée ou de la joint venture jusqu'à cette date doit être comptabilisée en résultat consolidé (IFRS 5.18) ;

– à la date de classement en actifs détenus en vue de la vente, les titres de participation sont classés dans cette catégorie sur une **ligne unique** pour leur valeur comptable consolidée à cette date ;

– ces titres sont ensuite évalués au plus faible de leur valeur nette comptable (valeur de mise en équivalence à la date de classement en actifs détenus en vue de la vente) et de leur juste valeur nette des frais de cession (IAS 28.20 renvoyant à la norme IFRS 5), c'est-à-dire sans prise en compte d'une quote-part de résultat postérieurement à la date de classement en actifs détenus en vue de la vente.

Davantage d'informations sont en outre requises par la norme IFRS 5 lorsqu'une cession envisagée répond aux conditions d'application de la norme IFRS 5.

Pour les conséquences de l'application de la norme IFRS 5 préalablement à la cession sur le calcul du résultat de cession, voir point 3. ci-après.

2. Application des principes généraux de comptabilisation et d'évaluation en cas de cession partielle de titres de joint ventures ou d'entreprises associées : **37070** (suite)

Sur les conditions d'application de la norme IFRS 5 aux opérations de cession de titres d'entreprises mises en équivalence, voir nº 37015.

Le détenteur de ces titres doit appliquer IFRS 5, Actifs non courants détenus en vue de la vente et activités abandonnées, à la partie de la participation dans une entreprise associée ou une joint venture destinée à être cédée et qui répond aux critères de classement comme « détenue en vue de la vente » (IAS 28.20).

Ainsi (IAS 28.20) :
- seuls les titres destinés à être cédés sont reclassés en actifs destinés à être cédés tels que définis par IFRS 5 ;
- les titres destinés à être conservés continuant jusqu'à la date de cession à être mis en équivalence.

Pour les titres destinés à être cédés :
- la méthode de la mise en équivalence est appliquée immédiatement avant le classement des titres en actifs détenus en vue de la vente. En particulier, la quote-part du groupe dans le résultat de l'entreprise associée ou de la joint venture jusqu'à cette date doit être comptabilisée en résultat consolidé (IFRS 5.18) ;
- à la date de classement en actifs détenus en vue de la vente, ces titres sont classés dans cette catégorie sur une ligne unique pour leur valeur comptable consolidée à cette date ;
- ces titres sont ensuite évalués au plus faible de leur valeur nette comptable (valeur de mise en équivalence à la date de classement en actifs détenus en vue de la vente) et de leur juste valeur nette des frais de cession (IAS 28.20 renvoyant à la norme IFRS 5), c'est-à-dire sans prise en compte d'une quote-part de résultat postérieurement à la date de classement en actifs détenus en vue de la vente.

Davantage d'informations sont en outre requises par la norme IFRS 5 lorsqu'une cession envisagée répond aux conditions d'application de la norme IFRS 5.
Pour les conséquences de l'application de la norme IFRS 5 préalablement à la cession sur le calcul du résultat de cession, voir point 3. ci-après.

Après la cession, les titres conservés dans l'entreprise associée ou la joint venture sont comptabilisés conformément à IFRS 9, sauf si l'entité reste une entreprise associée ou une joint venture, auquel cas la méthode de la mise en équivalence s'applique (IAS 28.20).

3. Conséquences pratiques de l'application de la norme IFRS 5 sur le calcul du résultat de cession Les dispositions de la norme IFRS 5 relatives à la comptabilisation et à l'évaluation des actifs détenus en vue de la vente ne modifient pas la date de comptabilisation du résultat de cession, celui-ci n'étant constaté qu'à la date de décomptabilisation effective des titres concernés. En revanche, le résultat de cession, calculé au titre d'une cession totale ou partielle de titres d'une joint venture ou d'une entreprise associée, est différent selon que la norme IFRS 5 a été appliquée ou non avant la cession effective des titres.

La dernière valeur en consolidation, retenue dans le calcul du résultat de cession, est en effet différente si la norme IFRS 5 a été appliquée dès la décision de cession.

Les différences qui pourraient entrer dans le calcul du résultat de cession comprennent notamment pour les joint ventures et les entreprises associées :
- l'absence de comptabilisation de la quote-part de profit ou de perte de l'entité détenue en vue de la vente (s'il s'agit d'une cession totale) ou de la quote-part de profit ou de perte correspondant à la partie des titres détenus en vue de la vente (s'il s'agit d'une cession partielle) entre la date d'entrée dans le champ d'application d'IFRS 5 et la date de cession ;
- et le cas échéant, la constatation d'une perte de valeur si la juste valeur nette des frais de cession des titres traités selon IFRS 5 devient inférieure à leur valeur comptable.

Voir Exemple ci-après.
Remarque Les différences d'évaluation résultant de l'application de la norme IFRS 5 ont des impacts sur le résultat de cession du fait qu'elles ont une incidence sur les résultats accumulés entre la date d'entrée de la participation dans le champ d'application de cette norme et la date de cession des titres et donc sur la valeur nette comptable consolidée des titres cédés.
Toutefois, les résultats cumulés (y compris le résultat de cession) sur la période entre la date d'entrée de la participation dans le champ d'application de la norme IFRS 5 et la date de cession sont, sauf cas particulier, identiques à celui qui aurait été constaté sur cette même période si la norme IFRS 5 n'avait pas été appliquée (toutes choses étant égales par ailleurs ; voir Exemple ci-après).

4. **Incidence sur la présentation et sur les informations à fournir** En matière de présentation et d'information, la norme IFRS 5 fait une distinction entre :
- les actifs non courants (et groupes d'actifs) détenus en vue de la vente ; et
- les activités abandonnées.

Une activité abandonnée est définie comme une composante d'une entité qui est cédée ou classée comme détenue en vue de la vente et qui respecte l'une des trois conditions suivantes (IFRS 5.32 et .A) :
- cette composante constitue une ligne d'activité ou une zone géographique principale et distincte ;
- elle fait partie d'un plan unique et coordonné de cession d'une ligne d'activité ou d'une zone géographique principale et distincte (sans constituer elle-même une ligne d'activité ou une zone géographique principale et distincte) ; ou
- cette composante est une filiale acquise uniquement dans l'objectif d'être cédée (IFRS 5.BC72).

Davantage d'informations et des dispositions particulières en matière de présentation des états financiers sont requises par la norme IFRS 5 dès lors qu'une cession totale ou partielle de titres est qualifiée d'activité abandonnée, préalablement à la cession effective de ces titres.

Ces informations sont notamment requises par IFRS 5.33 s. et 38 à .42.

■ *Exemple*

Cession d'une entreprise associée Un groupe décide de céder la totalité de sa participation dans une entreprise associée.
Le 1/01/N, le groupe cesse d'appliquer la méthode de la mise en équivalence, les titres de l'entreprise associée entrant dans le champ d'application d'IFRS 5. A cette date, la valeur comptable de mise en équivalence s'élève à 100.
En N, aucune dépréciation sur ces titres n'a été constatée, leur valeur comptable étant inférieure à la juste valeur nette des frais de cession. En revanche, si la norme IFRS 5 n'avait pas été appliquée, la quote-part du résultat de la mise en équivalence aurait été 15.
Le 1/01/N+1, les titres sont cédés pour 120.

Solution de l'exemple *Le résultat de cession est égal à 20 (= 120 – 100) alors qu'il aurait été de 5 (= 120 – 115) si la norme IFRS 5 n'avait pas été appliquée.*

Valeur comptable de la filiale	*Actifs nets au 1/01/N*	*Résultat N (1)*	*Actifs nets au 1/01/N+1*	*Résultat de cession au 1/01/N+1 (2)*	*Résultats cumulés entre le 1/01/N et le 1/01/N+1 (1) + (2)*
Si norme IFRS 5 non applicable	*100*	*15*	*115*	*5 (= 120 – 115)*	*20*
Si norme IFRS 5 applicable	*100*	*–*	*100*	*20 (= 120 – 100)*	*20*

Remarque *La comparaison du résultat de cession et de la quote-part de résultat de l'entreprise associée, selon que la norme IFRS 5 est applicable ou non applicable, n'est effectuée ici que par souci pédagogique. L'application de la norme IFRS 5 n'est pas optionnelle mais est bel et bien obligatoire dès lors que les conditions requises par cette norme sont remplies (voir n° 37009).*

Cession partielle de titres d'une filiale avec perte du contrôle exclusif : modalités de classement en actifs détenus en vue de la vente

37080 ***Question***

Dans le cas d'une cession partielle de titres d'une filiale entraînant une perte de contrôle (par exemple de 100 % à 25 %), le classement en actifs et passifs détenus en vue de la vente concerne-t-il 100 % des actifs et passifs ou uniquement les 75 % détenus en vue de la vente ?

Réponse

Seul le reclassement de 100 % des actifs (y compris le goodwill) et passifs est autorisé et non uniquement la quote-part cédée de 75 %.

Commentaires La norme IFRS 5 prévoit des règles d'évaluation, de présentation et d'information spécifiques pour les actifs non courants (ou les groupes d'actifs) qui remplissent les critères pour être classés en actifs (groupes d'actifs) détenus en vue de la vente conformément à la norme IFRS 5 (IFRS 5.15 s. et .38 s. notamment).

Ainsi, en cas de cession partielle de titres d'une filiale entrant dans le champ d'application d'IFRS 5 (voir n° 37012), la question se pose de savoir si le classement en actifs et passifs détenus en vue de la vente (et donc les règles d'évaluation et d'information d'IFRS 5, voir n° 37060) concerne :
- 100 % des actifs et passifs de la filiale ; ou
- uniquement la quote-part de ces actifs et passifs correspondant au pourcentage d'intérêt de la filiale qui est destiné à être cédé, par exemple, 75 % dans notre précédent exemple ; les 25 % conservés dans ce cas étant alors présentés et évalués conformément aux autres normes IFRS.

La norme IFRS 5 précise que le classement en actifs détenus en vue de la vente doit porter sur 100 % des actifs et passifs de la filiale (goodwill compris) dans le cas d'une cession partielle de titres d'une filiale entraînant une perte du contrôle exclusif, et non uniquement sur la quote-part cédée (IFRS 5.8A).

Pour les autres cas de cessions partielles de titres n'impliquant pas une perte du contrôle exclusif, voir n° 37060.

C. Activités abandonnées

Impact d'un abandon d'activité sur la lisibilité de la performance

37085

Question

Quel est l'impact d'un abandon d'activité sur la lisibilité de la performance financière ?

Réponse

Il convient de distinguer selon que l'abandon d'activité :

1. **répond à la définition d'une activité abandonnée selon IFRS 5** Dans ce cas, le résultat de cette activité est présenté sur une ligne distincte au sein du résultat global, ce qui devrait généralement améliorer la lisibilité de la performance financière en assurant la comparabilité des comptes d'un exercice à l'autre ;
2. **ne répond pas à la définition d'une activité abandonnée selon IFRS 5** Dans ce cas, la lisibilité de la performance financière n'est pas optimale, les éléments composant le résultat de ces activités étant maintenus au sein du résultat opérationnel, alors qu'ils ne figureront pas dans le résultat de l'exercice suivant.

Pour pallier ce manque de lisibilité, une solution serait de fournir une information en annexe permettant de distinguer au sein du résultat opérationnel le résultat des activités conservées de celui des activités abandonnées ou en cours d'abandon. Cette information pourrait notamment être donnée dans le cadre de l'information sectorielle.

Commentaires :

1. **Abandon d'activité répondant à la définition d'une activité abandonnée selon IFRS 5** Dans ce cas, le résultat de cette activité est présenté sur une ligne distincte au sein du résultat global (IFRS 5.33 s.), ce qui devrait améliorer la lisibilité de la performance financière en assurant la comparabilité des comptes d'un exercice à l'autre.

Pour la définition d'un abandon d'activité selon IFRS 5, voir n° 37035.
Cette présentation distincte s'applique également aux autres éléments du résultat global (« Other Comprehensive Income »/OCI).

Cette meilleure lisibilité n'est toutefois pas toujours assurée dans le cas de certaines cessions partielles de titres (notamment celles induisant un passage du contrôle exclusif à l'influence notable). En effet, lorsque le classement sur une seule ligne au sein du « résultat des activités abandonnées » est appliqué à l'ensemble de la participation détenue et non uniquement à la quote-part effectivement cédée (voir n° 37040), la quote-part conservée est alors présentée comme si elle était destinée à être abandonnée. Ce qui peut nuire à la lisibilité de la performance financière puisque l'exercice suivant la quote-part conservée figurera au sein du résultat des activités poursuivies.

2. Abandon d'activité ne répondant pas à la définition d'une activité abandonnée selon IFRS 5

En pratique, il s'agit essentiellement :
- de toutes les activités destinées à être abandonnées ; et
- des activités abandonnées au cours de l'exercice qui ne sont ni des activités principales ni des activités distinctes des autres activités de l'entreprise.

Dans ces situations, les éléments composant le résultat de ces activités doivent être maintenus au sein du résultat opérationnel. La lisibilité de la performance financière n'est alors pas optimale surtout lorsque l'activité abandonnée ou en cours d'abandon a généré des pertes importantes. Ces pertes n'étant pas isolées, la comparabilité avec l'exercice suivant n'est pas assurée.

Pour pallier ce manque de lisibilité, il peut être pertinent de fournir une information en annexe permettant de distinguer au sein du résultat opérationnel le résultat des activités conservées de celui des activités abandonnées ou en cours d'abandon. Cette information peut notamment être donnée dans le cadre de l'information sectorielle.

La solution consistant à présenter au sein du résultat des opérations poursuivies un solde net de produits et de charges des opérations abandonnées ne répondant pas à la définition d'IFRS 5 ou en cours d'abandon n'est pas autorisée.

Notamment, cette présentation ne serait pas conforme au principe de non-compensation des charges et des produits d'IAS 1.33.

III. Informations sur les actifs non courants (ou groupes d'actifs) classés en tant que détenus en vue de la vente

Informations sur les actifs non courants (ou groupes d'actifs) classés en tant que « détenus en vue de la vente » et exclus du champ d'application d'IFRS 5 en termes d'évaluation

37090 ***Question***

Quelles informations publier lorsque l'actif non courant (ou groupe d'actifs) classé comme détenu en vue de la vente continue à être évalué selon la norme qui lui est applicable ?

Réponse

Toutes celles requises par la norme IFRS 5 ainsi que, le cas échéant, les informations requises par d'autres normes qui prévoient des informations spécifiques pour les actifs non courants (ou groupes d'actifs) classés comme détenus en vue de la vente ou concernant les abandons d'activité.

Commentaires D'un point de vue général, tous les actifs non courants (ou groupes d'actifs) classés comme détenus en vue de la vente ainsi que les activités abandonnées sont soumis (IFRS 5.5B) :
- aux informations requises par la norme IFRS 5 ; et
- le cas échéant, aux informations requises par d'autres normes si celles-ci prévoient des informations spécifiques pour les actifs non courants (ou groupes d'actifs) classés comme détenus en vue de la vente ou concernant les abandons d'activité.

Pour les actifs non courants qui ne relèvent pas d'IFRS 5 en termes d'évaluation (voir n° 37052), la norme IFRS 5 précise qu'il y a lieu de fournir les informations requises par les autres normes en termes d'évaluation sauf si celles-ci sont déjà communiquées dans d'autres notes annexes aux états financiers (IFRS 5.5B).

En pratique, les informations relatives à l'évaluation des actifs non courants qui ne relèvent pas d'IFRS 5 en termes d'évaluation sont généralement requises par d'autres notes annexes, ce qui permet de se limiter aux informations requises par IFRS 5.

Pour les informations à fournir sur les instruments financiers classés comme détenus en vue de la vente, voir n° 51352, point 5.

CHAPITRE 30

Distribution d'actifs non monétaires aux actionnaires (IFRIC 17)

Plan du chapitre §§ 37700

L'ESSENTIEL DE L'INTERPRETATION IFRIC 17

L'interprétation IFRIC 17, Distribution d'actifs non monétaires aux actionnaires d'une entité, précise les modalités d'évaluation des dividendes à payer sous la forme d'actifs autres que de la trésorerie (actifs non monétaires) et notamment la comptabilisation en résultat de la différence entre le montant du dividende payé, évalué à la juste valeur de l'actif distribué, et sa valeur comptable. 37705

L'interprétation IFRIC 17 n'aborde pas le traitement de ces distributions par les actionnaires qui les reçoivent (IFRIC 17.8).

Terminologie Le titre anglais de l'interprétation IFRIC 17 est « Distributions of non-cash assets to owners ». Dans les développements ci-après, afin de faciliter la lecture, nous avons retenu le terme « actionnaires » pour « owners ». Cette terminologie recouvre toute nature de propriétaires.

1. **Opérations concernées** Cette interprétation s'applique (IFRIC 17.3) :

– aux distributions d'actifs non monétaires au profit des actionnaires de l'entité, agissant en cette qualité ; et

Par exemple, les distributions d'immobilisations corporelles ou incorporelles, d'activités (spin-off), de titres d'une entité ou les groupes d'actifs destinés à être cédés tels que définis par la norme IFRS 5, Actifs non courants détenus en vue de la vente et activités abandonnées, voir n° 36951 s.

– aux distributions pour lesquelles le choix est laissé aux actionnaires de recevoir soit des dividendes sous la forme d'actifs non monétaires, soit l'équivalent en trésorerie.

Cette interprétation s'applique uniquement aux distributions pour lesquelles les propriétaires d'une même catégorie d'instruments de capitaux propres sont tous traités de manière égale (IFRIC 17.4).

Remarques :

1. Les cas de distribution de dividendes en nature visés par cette interprétation devraient être relativement rares en pratique et concerner essentiellement les cas de spin-off.

2. Les actifs destinés à être distribués doivent être traités selon IFRS 5 dès que l'opération de distribution est hautement probable (IFRS 5.5A et .12A).

Pour plus de détails, voir n° 36951 s.

L'interprétation IFRIC 17 ne s'applique pas aux distributions d'actifs non monétaires contrôlés in fine par la(les) même(s) entité(s) avant et après la distribution (IFRIC 17.5 s.).

Décision de l'ESMA L'ESMA a examiné un cas dans lequel un émetteur prévoyait d'effectuer une scission par laquelle le secteur A, l'un des secteurs de l'émetteur, était transféré à une société nouvellement créée. Les actions de la société nouvellement créée devaient ensuite être

37705 (suite) distribuées aux actionnaires de l'émetteur ; par conséquent, la scission n'aurait pas entraîné de changement de contrôle ultime du secteur A.

L'ESMA a considéré que l'opération envisagée entre bien dans le champ d'application d'IFRIC 17 pour les raisons suivantes : la distribution du secteur A aux actionnaires de l'émetteur est une distribution non réciproque d'actifs non monétaires aux actionnaires de l'entité en leur qualité d'actionnaires ; aucun des actionnaires ne contrôle individuellement l'émetteur et il n'y a pas de contrat entre eux qui permettrait de contrôler l'émetteur en tant que groupe ; en outre, étant donné que chaque actionnaire aura, après la scission, la même participation au capital de l'émetteur ainsi qu'à celui de la société nouvellement créée, tous les actionnaires seront traités de manière égale (EECS/0118-06, 04/18).

2. Date de comptabilisation du dividende à payer Un passif lié à l'obligation de payer le dividende doit être constaté dès lors que le dividende est régulièrement autorisé. C'est-à-dire lorsque la distribution de dividendes est annoncée par la direction (ce qui correspond, en pratique en France, à l'approbation de la distribution par l'assemblée générale) et que, si cette distribution doit être autorisée par les actionnaires, l'autorisation a été obtenue (IFRIC 17.10).

3. Evaluation du passif représentatif du dividende à payer Le passif correspondant à l'obligation de distribuer un dividende en nature est initialement évalué sur la base de la juste valeur de l'actif qui sera remis aux actionnaires (IFRIC 17.11).

A la fin de chaque période de reporting ainsi qu'à la date du paiement, le passif est réévalué en contrepartie des capitaux propres (IFRIC 17.13).

4. Comptabilisation en résultat de l'éventuel écart entre la valeur comptable des actifs distribués et celle du dividende à payer Lors du paiement du dividende (IFRIC 17.14) :

- l'actif non monétaire est décomptabilisé ; et
- la différence éventuelle entre la valeur comptable de l'actif distribué et le montant du dividende (passif) est constatée en résultat.

5. Présentation au compte de résultat et informations en annexe La différence entre le montant du dividende et la valeur comptable de l'actif remis doit être présentée sur une ligne distincte du compte de résultat (IFRIC 17.15), sauf s'il s'agit d'une activité abandonnée, auquel cas cette différence sera classée sur une ligne spécifique « activité abandonnée ».

L'interprétation prévoit la communication d'informations en annexe dans le cas général d'une distribution en actifs non monétaires ainsi que dans le cas où un dividende est déclaré après la fin de la période de reporting mais avant la date d'autorisation de publication des états financiers (IFRIC 17.16 et .17).

CHAPITRE 31

Coûts d'emprunt (IAS 23)

Plan du chapitre §§ 37975

L'ESSENTIEL DE LA NORME IAS 23

A. Généralités

Champ d'application

37980 La norme IAS 23, Coûts d'emprunt, doit être appliquée pour la comptabilisation des coûts d'emprunt et de leur éventuelle incorporation dans le coût d'actifs dits « qualifiés ».

Une entité peut choisir mais n'est pas obligée d'appliquer la norme IAS 23, Coûts d'emprunt, à la comptabilisation des coûts d'emprunt directement attribuables à l'acquisition, la construction ou la production :

- d'actifs qualifiés évalués à la juste valeur par résultat (par exemple, des actifs biologiques qui entrent dans le champ d'application d'IAS 41, Agriculture) ; ou
- de stocks qui sont fabriqués ou autrement produits en grandes quantités, de façon répétitive (IAS 23.4).

Définitions

37982 Les **coûts d'emprunt** sont les intérêts et autres coûts supportés par une entreprise dans le cadre d'un emprunt de fonds (IAS 23.5).

Ils peuvent inclure (IAS 23.6) :

- les charges d'intérêts calculées selon la méthode du taux d'intérêt effectif en conformité avec IFRS 9, Instruments financiers ;
- les intérêts afférents aux dettes de loyers comptabilisées selon la norme IFRS 16, Contrats de location ;

– les différences de change résultant des emprunts en monnaie étrangère, dans la mesure où elles sont assimilées à un ajustement des charges d'intérêts.

Un **actif qualifié** à la capitalisation des coûts d'emprunt est un actif qui exige une longue période de préparation avant de pouvoir être utilisé ou vendu (IAS 23.5).

Selon les circonstances, peuvent notamment être des actifs qualifiés : des stocks, des installations de fabrication, des installations de production d'énergie, des immobilisations incorporelles, des immeubles de placement, des plantes productrices (IAS 23.7).

Exemples d'actifs qualifiés :
– un immeuble de bureaux en construction destiné à être loué et dont la durée de construction est de 18 mois ;
– l'extension d'un entrepôt dont la durée prévisionnelle de construction est de 1 an ;
– des bateaux destinés à la vente dont la durée de construction est de 2 ans.
Pour d'autres exemples d'actifs qualifiés, voir nº 38020.

A l'inverse, ne sont pas des actifs qualifiés :
– les actifs financiers et les stocks qui sont fabriqués ou autrement produits sur une courte période ;
– les actifs qui sont prêts à l'emploi ou à la vente au moment de leur acquisition ;
– les actifs prêts à être utilisés ou vendus au moment de leur acquisition (IAS 23.7).

Exemples d'actifs non qualifiés à la capitalisation des coûts d'emprunt :
– des ordinateurs portables destinés à être vendus à un client de l'entreprise, la durée de production n'excédant pas 1 mois. Les ordinateurs produits ne répondent pas à la définition d'actifs qualifiés dès lors qu'ils ne nécessitent pas une longue période de préparation. Les coûts d'emprunt liés à la production de ces actifs sont directement comptabilisés en charges et ne peuvent en aucun cas être incorporés au coût des actifs produits ;
– une nouvelle ligne de production de véhicules haut de gamme dont le cycle de production est estimé à 3 mois. Le cycle de production de véhicules ne nécessitant pas une longue période de préparation avant qu'ils puissent être vendus, la production de ces actifs ne correspond pas à la définition d'un actif qualifié. On ne peut donc pas incorporer les coûts d'emprunt liés au coût de production de ces actifs.

B. Comptabilisation et évaluation

1. Comptabilisation

37986 La norme IAS 23 impose l'incorporation des coûts d'emprunt directement attribuables à l'acquisition, la construction ou la production de tous les actifs qualifiés de l'entreprise dans le coût de cet actif (IAS 23.9) (tel que défini ci-avant) lorsqu'il est probable qu'ils généreront des avantages économiques futurs et que les coûts peuvent être évalués de façon fiable.

Toutefois, l'activation des coûts d'emprunt n'est pas obligatoire lorsque les actifs qualifiés (IAS 23.4) :
– sont évalués à la juste valeur, comme par exemple les actifs biologiques qui sont dans le champ d'application d'IAS 41 ; ou

Remarque L'activation des coûts d'emprunt est obligatoire pour les plantes productrices (« bearer plants ») lorsqu'elles répondent à la définition d'actifs qualifiés. En effet, bien qu'elles constituent des actifs biologiques, les plantes productrices sont exclues du champ d'application d'IAS 41 et doivent être comptabilisées selon les dispositions d'IAS 16, voir nº 67004.

– sont des stocks qui sont fabriqués ou produits en grandes quantités, de façon répétitive.

Autrement dit dans ces cas, les entreprises ont le choix entre incorporer ces coûts d'emprunt dans le coût de l'actif conformément à la norme IAS 23 ou les constater en charges (IAS 23.8 et .9).

Les autres coûts d'emprunt des actifs non qualifiés sont constatés en charges (IAS 23.1, .8 et .9).

2. Coûts d'emprunt incorporables

Principe

37988 Les coûts d'emprunt incorporables dans le coût d'un actif qualifié sont les coûts directement attribuables à l'acquisition, la construction ou la production d'un actif qualifié et correspondent aux coûts d'emprunt qui auraient pu être évités si la dépense relative à l'actif qualifié n'avait pas été faite (IAS 23.5, .8 et .10).

Détermination du montant des coûts d'emprunt à incorporer

Les modalités de détermination de ce montant dépendent du fait que les fonds sont empruntés spécifiquement pour un actif qualifié ou non (voir n° 38050) : **37990**

1. Lorsque les **fonds sont empruntés spécifiquement** en vue de l'obtention d'un actif qualifié, le montant des coûts d'emprunt incorporables au coût de l'actif doit correspondre aux coûts d'emprunt réels encourus au cours de l'exercice diminués de tout produit obtenu du placement temporaire de ces fonds empruntés (IAS 23.10 à .12).

2. Lorsque les **fonds sont empruntés de façon générale** (emprunts dits « généraux ») et utilisés en vue de l'obtention d'un actif qualifié, le montant des coûts d'emprunt incorporables au coût de l'actif doit être déterminé en appliquant un taux de capitalisation aux dépenses relatives à l'actif (IAS 23.14).

Ce taux doit être la moyenne pondérée des coûts d'emprunt applicables aux emprunts de l'entreprise, en cours au titre de l'exercice, autres que les emprunts contractés spécifiquement dans le but d'obtenir un actif qualifié (IAS 23.14).

La norme IAS 23 précise par ailleurs que, à la suite de l'achèvement de la construction d'un actif qualifié pour lequel un emprunt spécifique a été contracté, cet emprunt spécifique non encore remboursé doit être intégré dans les emprunts généraux utilisés pour le calcul du taux de capitalisation (IAS 23.14).

Le montant des coûts incorporés au cours d'un exercice ne doit toutefois pas excéder le total des coûts d'emprunt supportés au cours de ce même exercice (IAS 23.14).

Lorsque la valeur comptable ou le coût final attendu de l'actif qualifié est supérieur à la valeur recouvrable, la valeur comptable est dépréciée ou sortie du bilan (IAS 23.16).

Période d'incorporation des coûts d'emprunt dans le coût de l'actif

L'incorporation des coûts d'emprunt dans le coût d'un actif qualifié doit commencer lorsque (IAS 23.17 s.) : **37992**

- des dépenses relatives au bien ont été encourues ;
- des coûts d'emprunt sont encourus ; et
- les activités indispensables à la préparation de l'actif préalablement à son utilisation ou à sa vente sont en cours (y compris les travaux techniques et administratifs).

Pour plus d'informations, voir n° 38110.

Cette incorporation des coûts d'emprunt dans le coût d'un actif doit être suspendue pendant les périodes longues d'interruption de l'activité productive (IAS 23.20).

Toutefois, cette incorporation n'est pas interrompue pendant les phases de travaux techniques et administratifs importants et pendant le délai temporaire nécessaire au processus de préparation de l'actif en vue de son utilisation prévue ou de sa vente (IAS 23.21).

L'incorporation des coûts d'emprunt dans le coût d'un actif qualifié doit cesser lorsque les activités indispensables à la préparation de l'actif préalablement à son utilisation ou à sa vente sont pratiquement toutes terminées. La norme précise qu'un actif est prêt à son utilisation ou sa vente lorsque sa construction physique est achevée et ce, même si les travaux administratifs de routine se poursuivent (IAS 23.22).

Ainsi par exemple, si seules des modifications mineures, telle que la décoration d'une propriété selon les spécifications de l'acheteur ou de l'utilisateur, restent à apporter, cela indique que les activités sont pratiquement toutes terminées (IAS 23.23).

Dans le cas de la construction d'un actif qualifié constitué de différentes parties, si une partie peut être utilisée alors que la construction d'autres parties se poursuit, l'incorporation des coûts d'emprunt relatifs à cette partie doit cesser (IAS 23.24).

Un complexe immobilier comprenant plusieurs immeubles, dont chacun peut être utilisé individuellement, est un exemple d'actif qualifié pour lequel chaque partie est en mesure d'être utilisée pendant que la construction d'autres parties se poursuit. Un exemple d'actif qualifié nécessitant d'être complètement achevé avant qu'une de ces parties ne puisse être utilisée peut être un établissement industriel nécessitant la mise en œuvre consécutive de plusieurs processus en différents points de cet établissement à l'intérieur du même site, par exemple une aciérie (IAS 23.25).

C. Informations en annexe

37996 Les états financiers doivent contenir les principales informations suivantes (IAS 23.26) :
- le montant des coûts d'emprunt incorporés dans le coût des actifs au cours de l'exercice ;
- le taux de capitalisation utilisé pour déterminer le montant des coûts d'emprunt pouvant être incorporés dans le coût des actifs.

QUESTIONS/REPONSES PRATIQUES

Remarque importante

38006 Les réponses apportées aux questions présentées dans ce chapitre résultent de l'analyse des dispositions de la norme IAS 23, en vigueur actuellement, sur la base des informations disponibles au 1er juin 2023.

I. Généralités

Notion d'actifs qualifiés à la capitalisation des coûts d'emprunt

38020 ***Question***

La norme IAS 23 impose, sauf exceptions, la capitalisation des coûts d'emprunt directement attribuables à l'acquisition, la construction ou la production d'un actif qualifié en tant que coût de cet actif.
Quels sont les actifs visés ?

Réponse

Tous les actifs qualifiés au sens de la norme IAS 23, c'est-à-dire ceux qui nécessitent une longue période de préparation avant de pouvoir être utilisés ou vendus.

En l'absence de précision sur la notion de « longue période de préparation », les entreprises doivent faire preuve de jugement afin de déterminer les actifs qualifiés. Ces actifs qualifiés peuvent être, par exemple, des installations de fabrication ou de production d'énergie, des immeubles de placement, des stocks comptabilisés selon IAS 2 ou encore certaines immobilisations incorporelles.

Les coûts d'emprunt directement attribuables à leur acquisition, leur construction ou leur production **doivent être capitalisés,** sauf lorsque ces actifs qualifiés :
- sont évalués à la juste valeur tels que les actifs biologiques ; ou
- sont des stocks fabriqués ou produits en grandes quantités, de façon répétitive.

Dans ces deux derniers cas, les entreprises ont le choix entre les incorporer au coût de l'actif et les comptabiliser en charges.

Commentaires :

1. Obligation de capitaliser les coûts d'emprunt directement attribuables aux actifs qualifiés

La norme IAS 23 impose la capitalisation des coûts d'emprunt directement attribuables à l'acquisition, la construction ou la production d'un actif qualifié en tant que coût de cet actif (IAS 23.8).

Par exception à ce principe, la capitalisation des coûts d'emprunt est optionnelle, et non pas obligatoire, pour (IAS 23.4) :
- les actifs qualifiés évalués à la juste valeur ; et
- les stocks fabriqués ou produits en grandes quantités de façon régulière.

Autrement dit, il est possible de capitaliser les coûts d'emprunt directement attribuables aux actifs qui nécessitent une longue période de préparation avant de pouvoir être utilisés ou vendus, tels que :
- la production d'actifs biologiques ; l'activation des coûts d'emprunt est toutefois obligatoire pour les plantes productrices (« bearer plants ») lorsqu'elles répondent à la définition d'actifs qualifiés (voir n° 37986) ;

– la construction d'immeubles de placement évalués à la juste valeur ; **38020** (suite)

– à notre avis, la production de stocks qui sont produits en grandes quantités et de façon régulière (par exemple, le vin ou le fromage).

2. Nature d'un actif qualifié Un actif qualifié est défini comme un actif qui exige une longue période de préparation avant de pouvoir être utilisé ou vendu (IAS 23.5). La notion de « longue période de préparation » n'est pas définie par la norme. En conséquence, les entreprises doivent faire preuve de jugement afin de déterminer les actifs qualifiés. Ainsi par exemple, un actif qui nécessite une période de préparation supérieure à une année devrait en principe répondre à la définition d'un actif qualifié.

En outre, les critères utilisés pour définir les actifs qualifiés et la nature des actifs concernés doivent à notre avis faire l'objet d'une information en annexe, le cas échéant.

Les actifs suivants peuvent, le cas échéant, être des actifs qualifiés (IAS 23.7) :
- des installations de fabrication ;
- des installations de production d'énergie ;
- des immeubles de placement ;
- des immobilisations incorporelles.

Remarques :

1. Cas des actifs acquis La norme IAS 23.8 prévoit que les coûts d'emprunt directement liés à l'acquisition, la construction ou la production d'un actif qualifié soient capitalisés en tant que coût de cet actif. Les actifs qualifiés nécessitant une longue période de préparation avant d'être utilisés ou vendus, peu d'actifs acquis devraient pouvoir satisfaire à cette définition.

Toutefois, dans certaines circonstances, l'analyse de l'intention du management concernant l'utilisation d'un actif acquis dans le cadre de la construction ou la production d'un actif qualifié peut conduire à conclure que les coûts d'emprunt liés à l'acquisition de cet actif doivent être capitalisés jusqu'à ce que l'actif qualifié puisse être vendu ou utilisé (voir Exemple 1 ci-après).

2. Cas des actifs construits dont le transfert du contrôle à des clients se fait en continu (« over time ») En mars 2019, l'IFRS IC a conclu que des coûts d'emprunt ne pouvaient pas être capitalisés au titre d'un complexe immobilier multi-résidentiel, vendu par lots en continu (« over time »).

Dans le cas de figure examiné par l'IFRS IC :
- le promoteur construit le complexe immobilier et le vend par lots à des clients ;
- le promoteur emprunte des fonds spécifiquement pour financer cette construction : il encourt ainsi des coûts d'emprunts ;
- certains lots du complexe immobilier sont vendus avant le début de sa construction ;
- les lots non encore vendus au début de la construction de l'ensemble le seront au fur et à mesure que le promoteur trouve des clients intéressés ;
- dès qu'un contrat de vente relatif à un lot du complexe immobilier est signé, le promoteur reconnaît un chiffre d'affaires sur la base de l'avancement de la construction (« over time »), après analyse menée selon les dispositions d'IFRS 15.35c.

Il a été demandé à l'IFRS IC si le promoteur détient un actif qualifié, lui imposant alors de capitaliser une partie des frais d'emprunt encourus à ce titre.

L'IFRS IC a observé que, dans le cadre de la construction du complexe immobilier, le promoteur peut être amené à reconnaître des créances clients, des actifs sur contrats (au sens de la norme IFRS 15) et/ou du stock (IAS 2). L'IFRS IC a conclu qu'aucun de ces actifs ne peut être un actif qualifié au sens d'IAS 23. En effet :
- les créances clients sont des actifs financiers qui ne peuvent pas être des actifs qualifiés, selon IAS 23.7 ;
- les actifs sur contrats, comptabilisés selon les dispositions d'IFRS 15, représentent le droit du promoteur à paiements par les clients, droit qui dépend d'autre chose que le passage du temps, en échange du transfert progressif aux clients du contrôle des lots vendus du complexe immobilier. En détenant de tels actifs, le promoteur vise à collecter de la trésorerie ou d'autres actifs financiers. Ainsi, les actifs sur contrats n'exigent pas une longue période de préparation avant de pouvoir être utilisés ;
- les stocks sont reconnus pour les lots non encore vendus du complexe immobilier. Dans le cas de figure examiné, ces lots peuvent être vendus dans l'état sans attendre la fin de la construction (le promoteur a l'intention de vendre les lots partiellement construits dès qu'il trouvera des clients intéressés et, dès la signature du contrat de vente, il transférera au client le contrôle de tous les travaux en cours relatifs à ce lot). Ainsi, l'utilisation des stocks ne nécessite pas une longue période de préparation.

■ *Exemple 1*

Une société de télécommunications acquiert une licence XG. Cette licence peut être vendue à un tiers. Toutefois, le management a l'intention d'utiliser cette licence pour exploiter un réseau sans fil. Le démarrage de la construction du réseau est concomitant à l'acquisition de la licence.

Solution de l'exemple 1 *La licence a été achetée exclusivement dans le but d'exploiter le réseau sans fil. Le fait que cette licence puisse être revendue ne doit pas être pris en compte car seule est considérée l'intention du management, c'est-à-dire l'utilisation de cette licence pour exploiter le réseau sans fil.*

L'acquisition de la licence est la première étape d'un projet global (l'exploitation d'un réseau). La licence est ainsi considérée comme un élément indispensable du projet de construction du réseau, lequel remplit les critères de définition d'un actif qualifié. La licence ne sera utilisée que lorsque le réseau sera opérationnel.

En conséquence, les coûts d'emprunt liés à l'acquisition de la licence doivent être capitalisés.

■ *Exemple 2*

Une société a engagé des frais afin d'obtenir un permis de construire en vue de la construction d'un immeuble. Elle achète en outre des équipements qui seront utilisés pour réaliser à la fois cette construction et d'autres constructions ultérieurement.

Solution de l'exemple 2 *Le permis de construire est, d'une part, spécifique à la construction et, d'autre part, nécessaire à la réalisation de l'immeuble. Les frais financiers supportés pour son obtention font donc partie des coûts de construction de l'immeuble, lequel remplit les critères de définition d'un actif qualifié.*

En revanche, les équipements seront utilisés dans le cadre de la construction et pourront être employés par la suite pour la construction d'autres infrastructures. Ils ne remplissent pas les critères de définition d'un actif qualifié puisqu'ils sont déjà prêts à être utilisés dès leur acquisition.

Eléments constitutifs des coûts d'emprunt à capitaliser

38025 ***Question***

Quels sont les coûts d'emprunt « capitalisables » selon la norme IAS 23 ?

Réponse

Il s'agit des coûts d'emprunt directement attribuables à l'acquisition, la construction ou la production d'un actif qualifié. Ils correspondent aux coûts d'emprunt qui auraient pu être évités si la dépense relative à l'actif qualifié n'avait pas été engagée.

Ces coûts d'emprunt peuvent inclure :

- les charges d'intérêts calculées selon la méthode du taux d'intérêt effectif, conformément à la norme IFRS 9 ;
- les charges d'intérêts relatives aux contrats de location comptabilisés selon la norme IFRS 16 ;
- les différences de change résultant des emprunts en monnaie étrangère dans la mesure où elles sont assimilées à un ajustement des charges d'intérêts.

En outre, pour être capitalisés, ces coûts doivent pouvoir être estimés de manière fiable et être porteurs d'avantages économiques futurs.

Commentaires La norme IAS 23 définit les coûts d'emprunt « capitalisables » comme les coûts directement attribuables à l'acquisition, la construction ou la production d'un actif qualifié et qui auraient pu être évités si la dépense relative à cet actif n'avait pas été engagée (IAS 23.8 et .10).

Ainsi, les coûts d'emprunt peuvent inclure (IAS 23.6) :

- les charges d'intérêts calculées selon la méthode du taux d'intérêt effectif conformément à la norme IFRS 9 ;

  Les charges d'intérêts calculées selon la méthode du taux d'intérêt effectif englobent notamment les honoraires, coûts de transaction et amortissement des primes d'émission ou de remboursement d'emprunts.

- les charges d'intérêts en rapport avec les contrats de location comptabilisés selon la norme IFRS 16 ;
- les différences de change résultant des emprunts en monnaie étrangère dans la mesure où elles sont assimilées à un ajustement des charges d'intérêts.

Remarque A notre avis, une partie des produits et charges sur instruments de couverture de dettes sont intégrés également dans le calcul des intérêts capitalisables (voir n° 38080).

Par ailleurs, les coûts sont capitalisables en tant que coûts de l'actif qualifié dès lors qu'il est probable qu'ils seront porteurs d'avantages économiques futurs et qu'ils peuvent être mesurés de manière fiable (IAS 23.9).

Sur les modalités de détermination des coûts d'emprunt à capitaliser selon que les emprunts sont spécifiques à l'actif qualifié ou sont généraux, voir n° 38050.

II. Traitement comptable

A. Coûts d'emprunt à capitaliser

Coûts d'emprunt à capitaliser (emprunts spécifiques et emprunts généraux)

Question **38050**

Comment déterminer les coûts d'emprunt à capitaliser dans le coût d'un actif qualifié selon qu'il existe des emprunts spécifiques ou, à l'inverse, des emprunts généraux ?

Réponse

Il convient de procéder comme suit :

1. **Emprunts spécifiques** Lorsqu'il existe des emprunts spécifiques, les coûts à capitaliser sont les coûts d'emprunt réellement encourus pour cet emprunt durant la période de capitalisation, nets des intérêts issus du placement des fonds non encore utilisés pour le financement de l'actif qualifié.

2. **Emprunts généraux** A l'inverse, lorsque des emprunts non spécifiques (emprunts dits « généraux ») sont utilisés pour le financement d'actifs qualifiés, les coûts d'emprunt à capitaliser sont déterminés en appliquant un taux de capitalisation aux dépenses relatives à l'actif qualifié.

Ce taux de capitalisation est la moyenne pondérée des coûts d'emprunt applicables aux emprunts généraux de la société en cours au titre de l'exercice. A notre avis, ce taux de capitalisation ne doit pas prendre en compte les intérêts issus du placement temporaire de ces fonds.

Commentaires Les modalités de détermination de ces coûts d'emprunt diffèrent selon que les emprunts relatifs à l'actif qualifié sont spécifiques ou au contraire généraux :

Pour la nature des coûts d'emprunt à capitaliser, voir n° 38025.

1. **Emprunts spécifiques** Lorsqu'un emprunt est contracté spécifiquement pour l'acquisition, la construction ou la production d'un actif qualifié particulier, les coûts directement attribuables peuvent être déterminés aisément. Les coûts d'emprunt à capitaliser sont alors les coûts réellement encourus pour cet emprunt durant la période de capitalisation, déduction faite des intérêts issus des placements de fonds non encore utilisés pour le financement de l'actif qualifié (IAS 23.12).

Dans le cas où l'intégralité des fonds empruntés n'aurait pas encore été totalement utilisée pour le financement de l'actif qualifié à la date de clôture, la totalité des coûts supportés (déduction faite des intérêts issus du placement des fonds non utilisés) doit, à notre avis, être capitalisée et non pas seulement la quote-part correspondant aux fonds effectivement utilisés pour l'acquisition, la construction ou la production de l'actif qualifié (voir Exemple 2 ci-après).

2. **Emprunts généraux** A l'inverse, lorsque la société contracte des emprunts généraux et les utilise afin d'obtenir des actifs qualifiés, les coûts d'emprunt à capitaliser doivent être déterminés en appliquant un taux de capitalisation aux dépenses relatives à l'actif qualifié.

Autrement dit, coût des emprunts généraux à capitaliser = dépenses relatives aux actifs qualifiés × taux de capitalisation.

a. **Nature des dépenses relatives aux actifs qualifiés** La norme ne définit pas les dépenses relatives aux actifs qualifiés. Une méthode acceptable serait, à notre avis, de retenir la moyenne pondérée de la valeur comptable de ces actifs sur la période considérée.

Voir Exemple 1 ci-après.

38050 (suite) En 2018, l'IFRS IC a examiné le cas d'une entité non endettée qui commence à construire des actifs qualifiés et lève ensuite des emprunts généraux en cours de construction de l'actif. La question était de savoir si l'entité pouvait inclure dans la détermination de la base servant à l'activation des coûts d'emprunt les dépenses engagées sur l'actif avant l'obtention des emprunts. L'IFRS IC a précisé qu'une fois que les emprunts ont été obtenus, il convient d'inclure dans la base servant à l'activation les dépenses relatives à l'actif qualifié engagées avant la souscription de l'emprunt. L'IFRS IC a également rappelé qu'il faut attendre que toutes les conditions requises par IAS 23.17 soient réunies pour commencer à capitaliser des coûts d'emprunt (IFRIC Update 09/18).

Pour les conditions d'IAS 23.17, voir nº 37992.

b. Définition du taux de capitalisation pour les emprunts généraux La norme définit le taux de capitalisation comme étant la moyenne pondérée des coûts d'emprunt applicables à tous les emprunts de la société en cours au titre de l'exercice (IAS 23.14).

Voir Exemple 1 ci-après.

La norme IAS 23 exclut uniquement de la détermination du taux de capitalisation les coûts encourus au titre d'emprunts contractés spécifiquement pour acquérir un actif qualifié (IAS 23.14 et IASB Update 07/09).

L'IASB, interrogé pour savoir s'il était possible d'exclure de la détermination du taux de capitalisation les coûts d'emprunts supportés dans le cadre de l'acquisition d'un actif non qualifié (par exemple des titres de participation d'une société mise en équivalence), a rappelé que seuls les coûts encourus au titre d'emprunts contractés spécifiquement pour acquérir un actif qualifié sont exclus du calcul du taux (IASB Update 07/09). La norme a ensuite été amendée en 2017 avec l'ajout du mot « tous » les emprunts pour clarifier la nécessité de retenir l'ensemble des emprunts généraux sans exception (IAS 23.BC14E).
Sur le lien entre les intentions du management concernant l'utilisation des emprunts généraux et la détermination du taux de capitalisation, voir nº 38055.

En outre, à la suite de l'achèvement de la construction d'un actif qualifié pour lequel un emprunt spécifique a été contracté, cet emprunt spécifique non encore remboursé doit être intégré dans les emprunts généraux utilisés pour le calcul du taux de capitalisation (IAS 23.14).

Le montant des coûts d'emprunt incorporés au coût de l'actif au cours d'un exercice donné ne doit pas excéder le total des coûts d'emprunt supportés au cours de ce même exercice (IAS 23.14).

A notre avis, la détermination du total des coûts d'emprunt supportés est effectuée, dans un souci de cohérence, en retenant les mêmes emprunts généraux que ceux retenus pour la détermination du taux de capitalisation (voir ci-avant).

La norme ne précise pas le traitement des intérêts issus du placement des fonds dans le cas d'emprunts généraux. A notre avis, ces intérêts ne doivent pas être pris en compte dans la détermination du taux de capitalisation. En effet, il serait difficile pour les sociétés de différencier les intérêts issus du placement des fonds empruntés des intérêts issus des autres sources de financement (fonds propres, trésorerie générée par les activités opérationnelles, etc.).

3. Autofinancement d'un actif qualifié (absence d'emprunt) Selon la norme IAS 23, ne peuvent être capitalisés que les coûts réellement supportés par la société. En conséquence, en l'absence de recours à de l'endettement externe (utilisation de fonds propres) pour financer l'acquisition, la construction ou la production d'un actif qualifié, aucun coût ne peut être capitalisé.

La société ne peut en effet arguer du fait que les fonds utilisés auraient pu porter intérêt en l'absence de dépenses relatives à l'actif qualifié pour capitaliser son « manque à gagner ».

■ ***Exemple 1***

Au 1/01/N, la société A signe un contrat pour la construction d'un immeuble sur un terrain précédemment acquis (montant de l'opération : 2 000 K€). L'immeuble est terminé en décembre N. Durant cette période, les paiements suivants sont effectués :

Date des paiements	*Montant (K€)*
1/01/N	*200*
31/03/N	*600*
30/09/N	*1 000*
31/12/N	*200*
Total des dépenses	*2 000*

Au 31/12/N, les emprunts suivants sont en cours :
– Un emprunt contracté spécifiquement pour la construction de l'immeuble. L'emprunt est effectué sur 4 ans. Au 31/12/N, le montant de l'emprunt s'élève à 700 K€. Les intérêts supportés au cours de l'exercice sont de 65 K€ et les produits perçus des placements des fonds s'élèvent à 20 K€.
– Un emprunt au taux de 12,5 % sur 10 ans. Au 1/01/N, le montant de l'emprunt s'élève à 1 M€. Aucun remboursement n'est effectué durant l'exercice.
– Un emprunt au taux de 10 % sur 10 ans. Au 1/01/N, le montant de l'emprunt s'élève à 1,5 M€. Aucun remboursement n'est effectué durant l'exercice.

Solution de l'exemple 1 *Le montant des intérêts à capitaliser en cas d'emprunts généraux doit être déterminé en appliquant le taux de capitalisation aux dépenses engagées. Dans la mesure où un emprunt spécifique est également contracté, les dépenses doivent être en priorité affectées à l'emprunt spécifique.*

	Dépenses engagées pour l'actif qualifié (K€)	*Allocation des dépenses aux emprunts généraux (K€)*	*Moyenne pondérée des dépenses de la période allouées aux emprunts généraux (K€)*
1/01/N	*200*	*0 car dépenses couvertes par l'emprunt spécifique de 700*	*0*
31/03/N	*600*	*100 car, sur les 600 de dépenses, 500 sont couvertes par l'emprunt spécifique de 700 (1)*	*75 (= 100 × 9/12 (2))*
30/09/N	*1 000*	*1 000*	*250 (= 1 000 × 3/12 (2))*
31/12/N	*200*	*200*	*0 (= 200 × 0/12 (2))*
Total	*2 000*		*325*

(1) L'emprunt spécifique est à ce stade totalement utilisé (200 + 500 = 700).
(2) Prise en compte du nombre de mois de l'exercice N pendant lesquels la dépense a dû être financée.

1. Détermination du taux de capitalisation *(emprunts généraux uniquement) :*
Taux de capitalisation = moyenne pondérée des coûts des emprunts généraux/montant des emprunts généraux = [(12,5 % × 1 000) + (10 % × 1 500)] / (1 000 + 1 500) = 11 %.
2. Détermination du montant des coûts d'emprunt à capitaliser *:*

	Montant (K€)
Emprunt spécifique	*45 (= 65 – 20)*
Emprunts généraux (325 × 11 %)	*35,75*
Coûts d'emprunt à capitaliser	*80,75*

■ ***Exemple 2***
Au 1/06/N, la société B a contracté un emprunt spécifique de 800 M€ pour le financement de plusieurs projets de développement, l'emprunt n'a pas été alloué par projet. Les projets seront mis en service à des dates différentes.
Au 31/12/N, les dépenses engagées s'élèvent à 500 M€. Les intérêts supportés au cours de l'exercice sont de 36 M€. Les fonds non utilisés (300 M€) ont été placés et ont généré un produit de 6 M€.

Solution de l'exemple 2 *Les coûts d'emprunt à capitaliser au 31/12/N dans le cas de cet emprunt spécifique sont les coûts réellement encourus pour cet emprunt au cours de l'exercice, déduction faite des intérêts issus des placements des fonds non encore utilisés, et non pas uniquement une quote-part calculée sur les dépenses réellement engagées pour la réalisation des projets de développement. Les coûts d'emprunt à capitaliser s'élèvent donc à 30 M€ (= 36 – 6).*

Incidence de l'intention du management sur la capitalisation des coûts d'emprunt

Question 38055

L'intention du management concernant l'utilisation d'un emprunt a-t-elle une incidence sur la capitalisation des coûts liés à cet emprunt ?

En d'autres termes, une entreprise qui recourt à des emprunts pour financer son activité (financement de l'activité courante, croissance externe ou encore location) et non pas pour financer spécifiquement des actifs qualifiés (ceux-ci étant considérés comme financés par des flux de trésorerie opérationnels) peut-elle se dispenser de capitaliser ces coûts d'emprunts en tant que coût des actifs qualifiés ?

Réponse

Non, à notre avis. En effet, l'argent étant fongible, il doit être présumé que les emprunts généraux contribuent en priorité au financement des actifs qualifiés, et ce quand bien même la trésorerie issue de l'activité courante est suffisante pour financer les dépenses relatives aux actifs qualifiés.

L'intention du management concernant l'utilisation des emprunts généraux ne doit donc pas être prise en compte pour le calcul des intérêts capitalisables.

Commentaires La norme IAS 23 impose, en principe, la capitalisation des coûts d'emprunt directement attribuables à l'acquisition, la construction ou la production d'un actif qualifié en tant que coût de cet actif (IAS 23.8).

Pour les exceptions à ce principe (actifs qualifiés dont les coûts d'emprunt ne sont pas obligatoirement capitalisables), voir n° 38020.

En outre, IAS 23.14 stipule que dans le cas où la société contracte des emprunts généraux et les utilise afin d'obtenir des actifs qualifiés, elle doit déterminer les montants des coûts à capitaliser en appliquant un taux de capitalisation aux dépenses relatives à l'actif qualifié.

Pour la définition des actifs qualifiés, voir n° 38020.
Pour la définition des éléments constitutifs des coûts d'emprunt, voir n° 38025.
Pour la détermination du taux de capitalisation et le calcul des coûts d'emprunts capitalisés, voir n° 38050 s.

La question se pose de savoir si une entreprise qui recourt à des emprunts pour financer son activité (financement de l'activité courante, croissance externe ou encore location) et non pas pour financer spécifiquement des actifs qualifiés (ceux-ci étant considérés comme financés par des flux de trésorerie opérationnels) peut se dispenser de capitaliser ces coûts d'emprunts en tant que coût des actifs qualifiés.

A notre avis, tel ne peut pas être le cas. En effet, IAS 23.11 précise que la détermination des coûts d'emprunt directement attribuables à l'acquisition d'un actif qualifié est difficile et exige de faire appel au jugement. En outre, le Board de l'IASB a indiqué que seuls les coûts encourus au titre d'emprunts contractés spécifiquement pour acquérir un actif qualifié sont exclus du calcul du taux de capitalisation (IASB Update 07/09). La norme a ensuite été amendée en 2017 avec l'ajout du mot « tous » les emprunts pour clarifier la nécessité de retenir l'ensemble des emprunts généraux sans exception (IAS 23.BC14E).

Ainsi, il est présumé que les emprunts sont utilisés en priorité pour financer les actifs qualifiés et ce, quand bien même la trésorerie issue de l'activité courante est suffisante pour financer les dépenses relatives aux actifs qualifiés. L'intention du management ne doit pas être prise en compte pour le calcul des intérêts capitalisables. Il n'est donc pas possible, à notre avis, d'exclure de la détermination du taux de capitalisation les coûts d'emprunts spécifiques à des actifs non qualifiés, tels que des titres de participation.

De la même manière, une société ne peut pas mettre en avant le fait qu'elle finance ses actifs qualifiés uniquement partiellement à l'aide d'emprunts pour justifier de ne capitaliser les coûts d'emprunt qu'à hauteur de cette quote-part.

Par exemple si une entité utilise à la fois des emprunts généraux et des fonds propres pour le financement d'un actif qualifié et que sa structure financière est de 20 % de fonds propres et 80 % de dettes, le taux de capitalisation des emprunts généraux s'appliquera à l'intégralité de la valeur de l'actif et non pas à hauteur de 80 % de cette valeur.

Coûts d'emprunt non supportés directement par l'entreprise

38060 ***Question***

Une filiale qui finance l'acquisition, la construction ou la production d'un actif qualifié en réalisant une augmentation de capital souscrite par sa mère – qui la finance elle-même par un emprunt – peut-elle capitaliser, dans ses propres comptes IFRS, les coûts d'emprunt supportés par sa mère ?

Réponse

Non, dès lors que la filiale n'a pas supporté ces coûts d'emprunt. En revanche, ces coûts seront capitalisés dans les comptes consolidés de la mère, la mère supportant effectivement ces coûts d'emprunt.

Commentaires La norme IAS 23 définit les coûts d'emprunt à capitaliser dans le cadre d'emprunt spécifique comme les coûts réellement encourus sur cet emprunt durant la période de capitalisation, déduction faite des intérêts issus des placements des fonds non utilisés pour financer l'actif qualifié (IAS 23.12).

Dans le cas où l'entreprise ne contracte pas d'emprunt spécifique mais qu'elle utilise des emprunts généraux afin de financer des actifs qualifiés, elle doit déterminer les montants des coûts à capitaliser en appliquant un taux de capitalisation aux dépenses relatives à ces actifs qualifiés.

Pour la détermination du taux de capitalisation et le montant des coûts d'emprunts capitalisés, voir nº 38050.

Le traitement des coûts d'emprunt dans le cas visé ici diffère selon que l'on se situe au niveau des comptes de la filiale ou de ceux de la mère.

1. Dans les comptes IFRS de la filiale Dans le cas où une société finance l'acquisition, la construction ou la production d'un actif qualifié au moyen d'une augmentation de capital, le montant des coûts d'emprunt capitalisés sera déterminé sur la base d'un taux de capitalisation qui ne prend pas en compte l'emprunt réalisé pour financer l'augmentation de capital.

En effet, la filiale ne supporte pas les coûts de l'emprunt de la mère utilisé pour le financement de l'augmentation de capital de la filiale, et ne peut donc pas capitaliser, dans ses comptes IFRS, les coûts supportés par la mère.

2. Dans les comptes consolidés IFRS de la mère Les coûts d'emprunt sont capitalisables et la méthode de calcul des intérêts capitalisables diffère selon qu'il s'agit d'un emprunt spécifique ou d'un emprunt général :

– si l'emprunt est réalisé spécifiquement pour l'obtention de l'actif qualifié, les coûts d'emprunt seront capitalisés à hauteur des coûts réellement encourus sur cet emprunt durant la période de capitalisation, déduction faite des intérêts issus des placements des fonds non utilisés pour financer l'actif qualifié (IAS 23.12) ;

– à l'inverse, si l'actif qualifié a été financé au moyen d'emprunts généraux de la mère, un taux de capitalisation doit être calculé sur la base des emprunts autres que les emprunts contractés spécifiquement pour l'obtention d'actifs qualifiés. Ce taux de capitalisation appliqué aux dépenses engagées pour financer cet actif qualifié détermine ainsi le montant des coûts d'emprunt capitalisables (voir nº 38050).

Rappelons que les montants ainsi capitalisés ne doivent pas dépasser le montant total des coûts d'emprunt supportés par le groupe au cours de l'exercice (IAS 23.14).

Coûts d'emprunt intragroupe

Question 38065

Une filiale qui finance l'acquisition, la construction ou la production d'un actif qualifié, au moyen d'un emprunt spécifique accordé par sa mère et portant intérêts, peut-elle capitaliser les coûts relatifs à cet emprunt ?

Réponse

Oui, dans la mesure où la filiale supporte bien ces coûts d'emprunt dans ses propres comptes.

En revanche, aucun coût n'est capitalisable dans les comptes consolidés de la mère, les coûts d'emprunt relatifs à un emprunt intragroupe étant éliminés en consolidation.

Toutefois, si la société mère a eu recours à un financement externe pour financer le prêt à sa filiale, l'emprunt externe doit être pris en compte dans le calcul des coûts d'emprunt capitalisables. La méthode de calcul de ces coûts d'emprunt diffère selon que l'emprunt externe est considéré ou non comme spécifique à cet actif, au niveau du groupe.

Commentaires :

1. **Rappel des principes généraux** La norme IAS 23 définit les coûts d'emprunt à capitaliser dans le cadre d'emprunt spécifique comme les coûts réellement encourus sur cet emprunt durant la période de capitalisation, déduction faite des intérêts issus des placements des fonds non utilisés pour financer l'actif qualifié (IAS 23.12).

Dans le cas où l'entreprise ne contracte pas d'emprunt spécifique mais qu'elle utilise des emprunts généraux afin d'obtenir des actifs qualifiés, elle doit déterminer les montants des coûts à capitaliser en appliquant un taux de capitalisation aux dépenses relatives à l'actif qualifié.

Pour la détermination du taux de capitalisation et le montant des coûts d'emprunts capitalisés, voir nº 38050.

En outre, IAS 23.14 précise que les coûts d'emprunt incorporés au coût de l'actif au cours d'un exercice donné ne doivent pas excéder le montant total des coûts d'emprunt supportés au cours de ce même exercice.

2. **Cas des emprunts intragroupe** Le traitement des coûts d'emprunt dans le cas visé ici diffère selon que l'on se situe au niveau des comptes de la filiale ou de ceux de la mère.

a. **Dans les comptes IFRS de la filiale** L'entreprise finance l'acquisition, la construction ou la production d'un actif qualifié au moyen d'un emprunt spécifique qu'elle contracte auprès d'une autre société du groupe (emprunt intragroupe portant intérêts). Elle supporte ainsi réellement les coûts d'emprunt, lesquels doivent donc être capitalisés.

Les coûts capitalisés correspondent alors aux coûts réellement supportés pendant la période de capitalisation, déduction faite des intérêts issus des placements des fonds non utilisés pour financer l'actif qualifié.

Pour les modalités de comptabilisation d'une dette intragroupe à des conditions hors marché, voir nº 46090.

b. **Dans les comptes consolidés IFRS du groupe** Aucun coût n'est capitalisable, les coûts d'emprunt relatifs à un emprunt intragroupe étant éliminés en consolidation. Toutefois si la société mère a eu recours à un financement externe pour financer le prêt à sa filiale, l'emprunt externe devra être pris en compte dans le calcul des coûts d'emprunt capitalisables. La méthode de calcul diffère selon que l'emprunt externe est considéré ou non comme spécifique à l'actif qualifié, au niveau du groupe.

Pour les méthodes de détermination des coûts d'emprunt, voir nº 38050.

Coûts d'emprunt finançant un actif qualifié d'une entreprise mise en équivalence

38070 ***Question***

Une entreprise A est mise en équivalence dans les comptes d'un investisseur B.

L'entreprise A réalise une augmentation de capital afin de financer l'acquisition, la construction ou la production d'un actif qualifié. L'augmentation de capital est souscrite par B qui contracte un emprunt à cet effet.

Les coûts relatifs à cet emprunt peuvent-ils être capitalisés dans les comptes de B ?

Réponse

Non. L'entreprise A étant comptabilisée selon la méthode de la mise en équivalence dans les états financiers de B, le seul actif présent chez B est la participation dans l'entreprise A, associée ou joint venture.

Cette participation ne répond pas à la définition d'un actif qualifié.

Commentaires Un actif qualifié est un actif qui exige une longue période de préparation avant de pouvoir être utilisé ou vendu (IAS 23.5).

L'entreprise A étant comptabilisée selon la méthode de la mise en équivalence dans les comptes de B, le seul actif présent chez B est l'investissement dans l'associée ou la joint venture. Cet actif ne répond pas à la définition d'un actif qualifié au sens d'IAS 23.

Pour la définition des actifs qualifiés, voir nº 38020.

Emprunt en monnaie étrangère : différences de change à prendre en compte dans les coûts d'emprunt

38075

Question

Comment déterminer les différences de change à prendre en compte dans les coûts d'emprunt à capitaliser ?

Réponse

Les coûts d'emprunt doivent inclure les différences de change, dès lors qu'elles sont assimilées à un ajustement de charges d'intérêts. Le staff de l'IFRS IC a considéré que les différences de change assimilées à un ajustement des charges d'intérêt sont constituées par le différentiel d'intérêt entre un emprunt en monnaie fonctionnelle et un emprunt en monnaie étrangère.

Les deux approches suivantes ont été envisagées pour l'estimation du montant du différentiel d'intérêt :
- soit sur la base du taux d'intérêt à terme existant à la date de l'emprunt ;
- soit sur la base de la différence entre les intérêts qui auraient été supportés dans le cadre d'un emprunt en monnaie fonctionnelle et les intérêts effectivement supportés avec l'emprunt en monnaie étrangère.

Commentaires La norme IAS 23 prévoit que les coûts d'emprunt peuvent inclure (IAS 23.6) :
- les charges d'intérêts calculées selon la méthode du taux d'intérêt effectif (TIE) conformément à la norme IFRS 9 ;
- les charges d'intérêts relatives aux contrats de location comptabilisés selon la norme IFRS 16 ;
- les différences de change résultant des emprunts en monnaie étrangère dans la mesure où elles sont assimilées à un ajustement des charges d'intérêts.

La norme IAS 23 n'indique pas quelle méthode employer pour déterminer le montant des différences de change à prendre en compte dans les coûts d'emprunt à capitaliser. L'IFRS IC a discuté des différentes méthodes de détermination des différences de change mais a toutefois refusé de traiter le sujet des différences de change dans son ensemble. En conséquence, ce thème n'a pas été retenu à l'agenda de l'IFRS IC (IFRIC Update 01/08).

Le staff de l'IFRS IC a considéré que les différences de change assimilées à un ajustement des charges d'intérêts sont constituées par le différentiel d'intérêts entre un emprunt en monnaie fonctionnelle et un emprunt en monnaie étrangère.

Les deux approches suivantes d'estimation du différentiel d'intérêts à prendre en compte ont été envisagées par l'IFRS IC, sans plus de détails pratiques concernant leur mise en œuvre :
- sur la base du taux d'intérêt à terme existant à la date de l'emprunt ;
- sur la base de la différence entre les intérêts qui auraient été supportés dans le cadre d'un emprunt en monnaie fonctionnelle et les intérêts effectivement supportés avec l'emprunt en monnaie étrangère.

L'IFRS IC a également considéré que d'autres méthodes d'estimation des différences de change peuvent être utilisées (sans toutefois les décrire). Le management doit donc faire preuve de jugement pour déterminer quelle méthode est la plus appropriée. En outre, la détermination de l'une des méthodes constituera un choix de méthode comptable et cette méthode devra être appliquée de manière permanente aux différences de change.

En pratique, la deuxième méthode envisagée par l'IFRS IC est celle couramment observée. Cette méthode est décrite dans l'exemple présenté ci-après.

■ ***Exemple***

Une entreprise contracte un emprunt en devise étrangère pour financer la construction d'un actif qualifié. Les charges d'intérêts et les pertes de change sur cet emprunt s'élèvent respectivement à 400 K€ et 700 K€. La charge financière totale liée à cet emprunt s'élève donc à 1 100 K€.

Si la société avait contracté l'emprunt à des conditions similaires en devise fonctionnelle, la charge d'intérêts se serait élevée à 1 000 K€.

L'entreprise détermine les différences de change à prendre en compte dans les coûts d'emprunt à capitaliser sur la base de la différence entre les intérêts qui auraient été supportés dans le cadre d'un emprunt en monnaie fonctionnelle et les intérêts effectivement supportés avec l'emprunt en monnaie étrangère.

Solution de l'exemple *La différence de change à prendre en compte dans le coût d'emprunt à capitaliser est de 600 K€, correspondant à [700 K€ – (1 100 K€ – 1 000 K€)]. Le montant total des coûts d'emprunt à capitaliser est de 1 000 K€ (400 K€ d'intérêts et 600 K€ de différences de change). Les 100 K€ de différences de change non capitalisées sont à constater en perte de change.*

Emprunt en monnaie étrangère : pertes/gains de couverture à prendre en compte dans les coûts d'emprunt

38080 ***Question***

Les gains et pertes sur instruments de couverture doivent-ils être pris en compte dans la détermination des coûts d'emprunt à capitaliser ?

Réponse

A notre avis, en l'absence de précision de la norme IAS 23 et de l'IFRS IC qui n'a pas souhaité se prononcer sur ce point :
– les gains et pertes sur instruments de couverture devraient être pris en compte dans la détermination des coûts d'emprunt, mais pour leur part efficace uniquement ;
– la part inefficace de la variation de juste valeur de l'instrument de couverture restant comptabilisée en résultat.

Commentaires La norme IAS 23 prévoit que les coûts d'emprunt peuvent inclure (IAS 23.6) :
– les charges d'intérêts calculées selon la méthode du taux d'intérêt effectif (TIE) conformément à IFRS 9 ;
– les charges d'intérêts relatives aux contrats de location comptabilisées selon IFRS 16 ;
– les différences de change résultant des emprunts en monnaie étrangère dans la mesure où elles sont assimilées à un ajustement des charges d'intérêts (voir n° 38075).

En revanche, la norme ne précise pas le traitement des gains et pertes sur instruments de couverture (IAS 23.BC21).

Rappel La comptabilité de couverture vise à traduire en comptabilité les résultats des opérations de couverture en enregistrant au cours d'une même période les effets de l'instrument de couverture et ceux de l'élément couvert. La comptabilité de couverture permet ainsi aux entreprises :
– soit de ne pas appliquer le traitement habituellement prévu pour les dérivés (comptabilisation à la juste valeur en résultat) en différant en capitaux propres recyclables les gains et pertes constatés sur ces derniers, pour leur part efficace (couverture de flux futurs de trésorerie) ;
– soit d'ajuster la valeur comptable des éléments couverts pour compenser dans le compte de résultat, au moins partiellement, l'impact de variation de juste valeur des dérivés qualifiés de couverture (couverture de juste valeur).

A compter du 1er janvier 2018, les principes énoncés ci-avant restent valables, que l'entité opte pour le maintien du dispositif d'IAS 39 en matière de comptabilité de couverture ou au contraire pour l'application des dispositions prévues à cet effet par IFRS 9.

Sur la possibilité de choisir le dispositif de comptabilité de couverture d'IFRS 9 ou d'IAS 39, voir n° 49060.

Pour la comptabilisation des opérations de couverture selon IFRS 9, voir n° 49050 s. ou selon IAS 39, voir n° 50001 s.

Lorsque l'IFRS IC a discuté des différentes méthodes de détermination des différences de change (voir n° 38075), il a également abordé le problème du traitement des dérivés de couverture du risque de change correspondant. Il a toutefois refusé de traiter le sujet des différences de change dans son ensemble. En conséquence, ce thème n'a pas été retenu pour inscription à l'agenda de l'IFRS IC (IFRIC Update 01/08).

Le staff de l'IFRS IC a considéré la possibilité, sous certaines conditions, d'inclure dans les coûts d'emprunt capitalisables les « coûts » (en fait, les pertes ou gains) liés aux couvertures directement attribuables à ces emprunts. Tel serait le cas lorsque la couverture est analysée comme faisant partie intégrante du financement, de sorte que les « coûts » correspondants auraient pu être évités si ce financement de l'actif qualifié, au sens de la norme IAS 23, n'avait pas existé (IAS 23.10).

A notre avis, en ne capitalisant que les coûts de l'emprunt couvert, et non ceux de l'instrument de couverture, l'entreprise pourrait se retrouver dans la situation où elle qualifierait une relation de couverture dans le cadre de la norme IFRS 9 ou de la norme IAS 39, tout en la remettant en cause dans le cadre d'IAS 23 si elle ne capitalise qu'une partie des frais financiers liés à l'emprunt correspondant. En effet, quand une entreprise applique la comptabilité de couverture selon IFRS 9 (voir nº 49110) ou selon IAS 39 (voir nº 50020), elle utilise la stratégie de couverture mise en place pour modifier le « coût » de l'emprunt correspondant. En conséquence, les gains et pertes associés aux opérations qualifiées de couverture devraient, à notre avis, faire partie des frais financiers capitalisés au titre de l'emprunt sous-jacent, mais uniquement pour la part efficace de la couverture (la part inefficace des couvertures devant toujours être enregistrée en résultat, de manière distincte).

Remarques :

1. **Couvertures économiques** Seuls les gains et pertes liés aux couvertures comptables qualifiées comme telles selon la norme IAS 39 (voir nº 50020) devraient, à notre avis, être pris en compte. Les variations de juste valeur des couvertures économiques, non reconnues comme couverture comptable au sens d'IAS 39, devraient selon nous continuer à être comptabilisées en résultat. On notera toutefois que l'IFRS IC a envisagé en 2007 une possibilité contraire. A notre avis, cette position reste applicable dans le cas où l'entité opte pour l'application des dispositions de comptabilité de couverture d'IFRS 9 (voir nº 49110).
2. **Emprunt spécifique et emprunts généraux** A notre avis et en l'absence de précision des normes, la prise en compte des gains et pertes sur les instruments de couverture devrait être effectuée de manière identique qu'il s'agisse d'emprunts spécifiques ou d'emprunts généraux. En cas d'emprunts généraux (et pour les mêmes raisons que celles évoquées dans le cas d'un emprunt spécifique), le calcul du taux de capitalisation devrait être effectué après prise en compte de la part efficace des couvertures relatives à ces emprunts et qualifiées comme telles selon la norme IFRS 9 ou selon la norme IAS 39.

Pour la détermination du taux de capitalisation, voir nº 38050.

L'appréciation du caractère directement attribuable devra être effectuée au cas par cas, en fonction des faits et circonstances mais en appliquant la même méthode d'un exercice à l'autre en ce qui concerne le fait de prendre en compte (ou non) les opérations de couverture.

Notamment lorsque le financement des actifs qualifiés se fait non pas par un emprunt (ou groupe d'emprunts) spécifique mais uniquement par des emprunts généraux non spécifiquement affectés à un actif ou groupe d'actifs identifiés, le taux de capitalisation moyen utilisé devrait être représentatif du coût de l'endettement global de la société, y compris l'ensemble des couvertures directement attribuables (par référence à IAS 23.8). Pour déterminer les « couvertures directement attribuables », le groupe devra définir précisément dans ses normes comptables les modalités d'affectation et de comptabilisation des couvertures.

Par exemple, le groupe devrait préalablement répondre aux questions suivantes :
- le financement se situe-t-il au niveau de la filiale qui réalise l'opération (financement global de la filiale) ou au niveau du groupe (financement global du groupe) (IAS 23.15) ?
- si le groupe opère une gestion dynamique de ses couvertures (couverture décalée, arrêt de certaines couvertures, retournement/empilement de certains autres instruments), quel traitement retenir dans ces différents cas (prise en compte ou non dans le coût d'endettement global) ?

Ces éléments devraient être mentionnés en annexe au titre des informations significatives sur les méthodes comptables, en application d'IAS 1.122, si les coûts d'emprunts capitalisés sont significatifs.

B. Période de capitalisation des coûts d'emprunt

Question 38110

Sur quelle période capitaliser les coûts d'emprunt directement attribuables à l'acquisition, la construction ou la production d'un actif qualifié ?

Réponse

La date de début de capitalisation est la date à laquelle les trois conditions suivantes sont remplies pour la première fois :
- des dépenses relatives au bien ont été encourues ;
- des coûts d'emprunt sont encourus ; et
- les activités indispensables à la préparation de l'actif, préalablement à son utilisation ou à sa vente, sont en cours.

L'incorporation des coûts d'emprunt dans le coût d'un actif doit toutefois être suspendue pendant les périodes longues d'interruption des activités liées à l'aménagement de l'actif.

38110 (suite) En outre, cette incorporation doit cesser lorsque les activités indispensables à la préparation de l'actif préalablement à son utilisation ou à sa vente prévue sont pratiquement toutes terminées.

Commentaires :

1. **Date de début de capitalisation** La date de début de capitalisation est la date à laquelle les trois conditions suivantes sont remplies pour la première fois (IAS 23.17) :

– des dépenses relatives au bien ont été encourues ;

Les dépenses relatives au bien ne comprennent que celles qui ont pour résultat des paiements en trésorerie, des transferts d'autres actifs ou la prise en charge de passifs portant intérêts. En outre, ces dépenses sont diminuées de tout acompte ou de toute subvention reçue liée à cet actif (IAS 23.18).

Pour la méthode de détermination des dépenses de la période allouées aux emprunts, voir Exemple au nº 38050.

– des coûts d'emprunt sont encourus ;

– les activités indispensables à la préparation de l'actif, préalablement à son utilisation ou à sa vente, sont en cours.

Les opérations nécessaires pour préparer l'actif pour son utilisation ou sa vente prévue vont au-delà de la construction physique de l'actif. Elles comprennent des travaux techniques et administratifs préalables au début de la construction physique, telles les opérations associées à l'obtention d'autorisations préalables au début de la construction physique (permis de construire et autres autorisations légales, par exemple). La norme précise toutefois que la détention d'un actif sans qu'il n'y ait ni production, ni développement modifiant l'état de l'actif, n'est pas considérée comme une opération préalable à l'utilisation de l'actif (IAS 23.19).

Remarque – Actifs qualifiés construits par un tiers Lorsque la construction d'un actif qualifié est réalisée par un tiers, les paiements d'avance versés au tiers constituent des dépenses relatives au bien. Lorsque le tiers ne démarre pas les opérations nécessaires pour construire l'actif à la date de paiement des avances, le management doit faire preuve de jugement afin de déterminer si la capitalisation doit démarrer à cette date ou au contraire être différée.

2. **Suspension de capitalisation** La norme IAS 23 requiert la suspension de l'incorporation des coûts d'emprunt dans le coût d'un actif pendant les périodes longues d'interruption des activités liées à l'aménagement de l'actif (IAS 23.20). La norme prévoit toutefois que l'incorporation des coûts d'emprunt dans le coût d'un actif n'est pas suspendue pendant (IAS 23.21) :

– la durée au cours de laquelle des travaux techniques et administratifs importants sont en cours ; ou

– le délai temporaire nécessaire au processus de préparation de l'actif en vue de son utilisation prévue ou de sa vente prévue.

Pour un exemple de délai temporaire nécessaire au processus de préparation d'un actif qualifié, voir Exemple 1 ci-après.

3. **Cessation de capitalisation** La norme IAS 23 requiert que l'incorporation des coûts d'emprunt doit cesser lorsque les activités indispensables à la préparation de l'actif préalablement à son utilisation ou à sa vente prévue sont pratiquement toutes terminées (IAS 23.22).

Un actif est en général prêt à son utilisation ou sa vente attendue lorsque sa construction physique est achevée, même si des travaux administratifs de routine peuvent se poursuivre. Si seules des modifications mineures, telles que la décoration d'une propriété selon les spécifications de l'acheteur ou de l'utilisateur, restent à apporter, cela indique que les activités sont pratiquement toutes terminées (IAS 23.23).

Lorsque la construction d'un actif est partiellement terminée et que chacune des parties constitutives est utilisable, indépendamment des autres dont la construction se poursuit, il faut cesser d'incorporer les coûts d'emprunt dans le coût de l'actif lorsque pratiquement toutes les activités indispensables à la préparation d'une de ces parties constitutives préalablement à leur utilisation ou leur vente prévue sont terminées (IAS 23.24). Chacune des phases ultérieures donnera lieu à capitalisation sur sa propre période de construction.

Décision de l'IFRS IC Dans le cas d'un terrain sur lequel un bâtiment est construit, la question se pose de savoir quand cesser de capitaliser les coûts d'emprunt engagés pour financer les dépenses foncières. Dans un tel cas, la démarche à appliquer est la suivante (IFRIC Update 09/18) :

1. L'entité doit déterminer l'utilisation prévue du terrain. Les terrains et les bâtiments peuvent être détenus par leur propriétaire à l'une des trois fins suivantes :

– ils ont vocation à être utilisés par le propriétaire en propre et sont alors comptabilisés en tant qu'immobilisations corporelles conformément à IAS 16 ;

– afin de percevoir un loyer ou de valoriser un capital. Ils sont alors comptabilisés en tant qu'immeubles de placement en application d'IAS 40 ; ou **38110** (suite)

– ils peuvent être destinés à la vente et sont alors comptabilisés en tant que stocks en application d'IAS 2.

2. En appliquant IAS 23.24, l'entité doit déterminer si le terrain peut être utilisé aux fins pour lesquelles il est prévu pendant la construction du bâtiment. Si le terrain ne peut pas être utilisé aux fins prévues alors que la construction du bâtiment se poursuit, l'entité examine le terrain et le bâtiment ensemble pour déterminer quand cesser de capitaliser les coûts d'emprunt sur les dépenses liées au terrain. Dans cette situation, le terrain ne devrait être prêt pour l'utilisation ou la vente envisagée que lorsque toutes les activités nécessaires pour préparer à la fois le terrain et le bâtiment à l'utilisation ou à la vente envisagée sont terminées.

Pour une illustration de cessation de capitalisation, voir Exemple 2 ci-après.

■ *Exemple 1*

Délai temporaire nécessaire à la préparation d'un actif qualifié *Une entreprise a acheté un terrain agricole sur lequel elle compte construire une usine.*

Un emprunt bancaire a été contracté pour acquérir le terrain ; il s'agit d'un emprunt remboursable sur 7 ans à compter de la date à partir de laquelle l'usine commencera à fonctionner.

L'entreprise effectue des démarches administratives actives auprès des autorités locales pour que le terrain agricole soit classé comme terrain industriel. Toutefois, le processus de changement de classification du terrain est bloqué pendant 6 mois en raison de l'opposition des résidents. L'entreprise reste néanmoins convaincue qu'elle parviendra à faire classer ce terrain en terrain industriel, la nouvelle usine devant créer des emplois dans la région.

Il est courant qu'un certain délai, généralement court, soit nécessaire pour obtenir le classement en terrain industriel.

Solution de l'exemple 1 *L'incorporation des coûts d'emprunt au coût d'un actif qualifié peut débuter sans attendre le début de la construction. En effet, les démarches actives de l'entreprise pour obtenir le classement du terrain agricole en terrain industriel sont en cours. Ces démarches sont assimilables à des activités indispensables à la préparation et à l'utilisation du terrain.*

En outre, le démarrage de la construction est retardé en raison de l'impossibilité d'obtenir rapidement le classement du terrain en terrain industriel suite à l'opposition des résidents. Le retard de 6 mois doit être considéré comme un délai temporaire qui est nécessaire au processus de préparation du terrain à son utilisation prévue. Ainsi l'incorporation des coûts d'emprunt n'est pas suspendue pendant les 6 mois qui ont bloqué l'obtention du classement du terrain en terrain industriel.

■ *Exemple 2*

Cessation de capitalisation *Une société a contracté un emprunt spécifique pour le financement d'un projet de développement d'un magasin, divisé en trois parties : le parking, le bâtiment et l'aménagement intérieur de ce dernier. L'emprunt n'a pas été alloué aux différentes parties du projet. A l'achèvement du parking, celui-ci est loué à un théâtre proche.*

Solution de l'exemple 2 *La capitalisation des coûts d'emprunt doit cesser pour le parking, à l'achèvement de celui-ci, et ce, même si la construction et l'aménagement du bâtiment sont toujours en cours. En effet, selon IAS 23.24, lorsqu'une partie du projet peut être utilisée indépendamment des autres, la capitalisation des coûts d'emprunt doit cesser pour cette partie, même si des activités indispensables à la préparation des autres parties préalablement à leur utilisation ou à leur vente prévue ne sont pas terminées.*

Cela nécessite en pratique que les coûts d'emprunt soient alloués aux différentes parties en considérant, par exemple, le montant des dépenses engagées au titre de chaque partie du projet. En revanche, lorsque la deuxième partie du projet (la construction du bâtiment) est achevée, la société devra continuer à capitaliser les coûts d'emprunt sur cette partie, tant que la troisième phase (l'aménagement intérieur du bâtiment) n'est pas terminée. En effet, le bâtiment ne peut pas être utilisé de la manière prévue par la société sans ses aménagements intérieurs.

CHAPITRE 32

Accords de concession de services (IFRIC 12)

Plan du chapitre §§ 38980

L'ESSENTIEL DE L'INTERPRETATION IFRIC 12

Généralités

38981 L'interprétation IFRIC 12, Accords de concession de services (« Service Concession Arrangements ») précise la comptabilisation par le concessionnaire, opérateur privé, de ses droits et obligations relatifs à un contrat de concession de services conclu avec un concédant, organisme public (IFRIC 12.4).

Remarque Dans le contexte français, l'interprétation IFRIC 12 peut devoir être appliquée tant aux contrats de délégation de service public (de type concession, par exemple) qu'aux autres types de partenariats public-privé (contrats de partenariat, baux emphytéotiques hospitaliers ou administratifs, etc.).

A. Champ d'application

Principe général

38982 L'interprétation IFRIC 12 énonce les principes de comptabilisation, par un opérateur privé, des contrats de concession de services conclus entre un organisme public et un opérateur privé (IFRIC 12.4), lorsque l'infrastructure objet du contrat est contrôlée par le concédant (IFRIC 12.5).

Remarques :

1. L'interprétation ne traite pas de la comptabilisation de ces contrats par le concédant (IFRIC 12.9).
2. Cette interprétation pourrait être appliquée, par analogie, aux contrats de concession de services entre sociétés privées (IFRIC 12.BC14).
3. Les termes « concession de services » ne sont pas définis dans l'interprétation. Toutefois, outre l'existence d'un service public rendu grâce à l'infrastructure, l'interprétation cite certaines des caractéristiques généralement communes à ce type de contrat (IFRIC 12.2 et .3), par exemple :

- l'opérateur construit une nouvelle infrastructure ou améliore une infrastructure existante, puis l'exploite et en effectue la maintenance pendant la durée du contrat ;
- l'opérateur est responsable d'au moins une partie de la gestion de l'infrastructure et des services liés ;
- le contrat fixe les tarifs initiaux que le concessionnaire doit pratiquer et réglemente les révisions de prix sur la durée du contrat de concession ;
- à la fin de la durée de la concession et en contrepartie d'une rémunération supplémentaire faible voire nulle, le concessionnaire a l'obligation de restituer l'infrastructure au concédant dans les conditions prévues au contrat, quelle que soit l'entité l'ayant initialement financée.

L'interprétation IFRIC 12 ne définit pas la notion de service public, mais cite un certain nombre d'exemples d'infrastructures (IFRIC 12.1) : routes, ponts, tunnels, prisons, hôpitaux, aéroports, réseaux de distribution d'eau, de fourniture d'énergie, de télécommunications.

Pour plus d'informations sur :
- l'étendue du champ d'application d'IFRIC 12, voir n° 39050 ;
- la notion de service public, voir n° 39051.

Contrôle de l'infrastructure par le concédant

38983 Le contrôle de l'infrastructure par le concédant (ou par toute partie liée) nécessite que les deux conditions suivantes soient satisfaites (IFRIC 12.5, .AG1 à .AG5) :

Remarque – Partie liée du concédant Si le concédant est une entité du secteur public, sont alors considérés comme parties liées du concédant (IFRIC 12.AG2) :
- le secteur public dans son ensemble ; et
- tout régulateur indépendant agissant dans l'intérêt public.

1. Le concédant (ou toute partie liée) contrôle ou réglemente les services que l'opérateur doit fournir grâce à l'infrastructure (IFRIC 12.5a) :
- la nature des services ;
- les bénéficiaires des services ; et
- le prix des services.

Remarques :

1. Le concédant contrôle ou réglemente les services que l'opérateur doit fournir grâce à l'infrastructure par le biais d'un contrat ou d'un autre moyen, notamment par le biais d'un régulateur (IFRIC 12.AG2).
2. Le concédant n'a pas nécessairement un contrôle total du prix. Il suffit, pour considérer que le prix est contrôlé, qu'il soit réglementé par le concédant, un contrat ou un régulateur (par exemple, par un mécanisme de plafonnement).

Le contrôle du prix doit toutefois être apprécié en substance, ce qui conduit à ne pas prendre en compte un mécanisme de plafonnement conçu pour ne s'appliquer que dans des situations très peu probables (IFRIC 12.AG3).

2. Le concédant (ou toute partie liée) contrôle – au travers de la propriété, l'usufruit ou tout autre moyen – **tout intérêt résiduel significatif dans l'infrastructure à la fin du contrat de concession de services** (IFRIC 12.5b et .AG4).

Remarques :

1. La notion de contrôle par le concédant est indépendante de la notion de risques et avantages attachés à la valeur résiduelle de l'infrastructure. Cette condition est ainsi considérée comme remplie, par exemple, lorsque le concédant a une option d'achat de l'infrastructure en fin de contrat (que le prix d'exercice soit à une valeur prédéterminée ou à la juste valeur à la date d'exercice).

2. Une infrastructure utilisée sur la totalité de sa durée de vie économique dans une concession de services (pour laquelle il n'existe donc pas de valeur résiduelle significative en fin de contrat) est incluse dans le champ d'application de l'interprétation dès lors que la seule condition 1. ci-avant est satisfaite (IFRIC 12.6).

Conséquence du contrôle de l'infrastructure par le concédant Dans ces cas, une infrastructure de service public ne constitue pas une immobilisation corporelle de l'opérateur car le contrat de concession de services ne lui confère pas le contrôle de l'usage de l'infrastructure (IFRIC 12.11). Les travaux de construction ou d'amélioration de l'infrastructure réalisés par l'opérateur sont alors considérés comme des prestations de services rendues au concédant (voir n° 38988).

Types d'infrastructures concernées

L'interprétation IFRIC 12 s'applique (IFRIC 12.7) : **38984**
- aux infrastructures que l'opérateur construit ou acquiert spécifiquement auprès d'un tiers pour les besoins du contrat de concession de services ; et
- aux infrastructures existantes auxquelles le concédant donne accès à l'opérateur pour les besoins du contrat de concession de services.

Remarques :
1. Les cas particuliers d'utilisation partielle d'une infrastructure au titre des activités réglementées sont traités dans le guide d'application de l'interprétation (IFRIC 12.AG7 et .AG8).
2. Pour les types d'infrastructures entrant dans le champ d'application d'IFRIC 12, voir n° 39055.

Arbre de décision

L'arbre de décision reproduit ci-après (IFRIC 12.Information note 1) permet de déterminer si le contrat entre ou non dans le champ d'application d'IFRIC 12 : **38985**

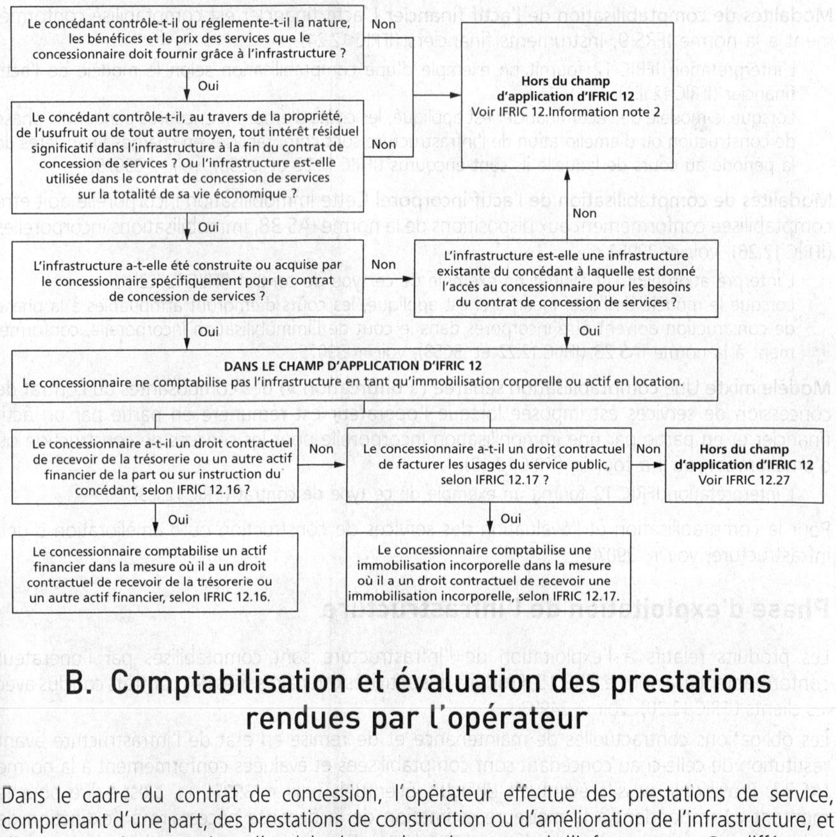

B. Comptabilisation et évaluation des prestations rendues par l'opérateur

Dans le cadre du contrat de concession, l'opérateur effectue des prestations de service, comprenant d'une part, des prestations de construction ou d'amélioration de l'infrastructure, et d'autre part, des prestations d'exploitation et de maintenance de l'infrastructure. Ces différentes prestations sont comptabilisées et évaluées conformément à IFRS 15, Produits des activités ordinaires tirés des contrats avec les clients (IFRIC 12.12 et .13). **38987**

Phase de construction ou d'amélioration de l'infrastructure

38988 Les produits relatifs à la construction ou à l'amélioration de l'infrastructure par l'opérateur doivent être comptabilisés conformément à la norme IFRS 15, Produits des activités ordinaires tirés des contrats avec les clients (IFRIC 12.14 et .15). Ces produits sont comptabilisés en contrepartie d'un actif sur contrat (voir n° 25900) pendant la phase de construction ou d'amélioration de l'infrastructure (IFRIC 12.19). L'actif sur contrat sera ultérieurement apuré, en contrepartie :
– soit d'un **actif financier** lorsque l'opérateur a un droit contractuel inconditionnel de recevoir de la trésorerie (ou un autre actif financier) de la part (ou sur instruction) du concédant (IFRIC 12.16) ;
– soit d'une **immobilisation incorporelle** lorsque l'opérateur reçoit, en échange de sa prestation de construction, une licence lui donnant le droit de facturer les usagers du service public fourni (IFRIC 12.17).

Critère de distinction entre modèle « actif financier » et modèle « actif incorporel » Un actif financier est comptabilisé lorsque l'opérateur dispose d'un droit contractuel exécutoire et inconditionnel à recevoir de la trésorerie ou un autre actif financier de la part du concédant ou sur instruction du concédant. Cette condition est remplie lorsque l'opérateur a droit à recevoir un montant déterminable de la part du concédant. Dans le cas où l'opérateur facture les usagers, la condition est également remplie si le concédant assume le risque de demande et s'engage à verser à l'opérateur l'éventuel manque à gagner entre les recettes perçues des usagers et le montant spécifié garanti par le concédant à l'opérateur (IFRIC 12.16).

Le modèle de l'actif financier s'applique même si le paiement par le concédant dépend de la satisfaction de critères de qualité ou d'efficacité requis dont l'opérateur est responsable (IFRIC 12.16).

Un actif incorporel est comptabilisé lorsque l'opérateur assume le risque de demande. En effet, le droit de facturation des usagers n'est pas un droit inconditionnel à recevoir de la trésorerie car le montant reçu dépend du niveau d'utilisation de l'infrastructure par les usagers.

Modalités de comptabilisation de l'actif financier L'actif financier est comptabilisé conformément à la norme IFRS 9, Instruments financiers (IFRIC 12.24).

L'interprétation IFRIC 12 fournit un exemple d'une comptabilisation selon le modèle de l'actif financier (IFRIC 12.IE1).
Lorsque le modèle de l'actif financier est appliqué, les coûts d'emprunt encourus pendant la phase de construction ou d'amélioration de l'infrastructure sont comptabilisés en charges financières de la période au cours de laquelle ils sont encourus (IFRIC 12.22 et .BC58), voir n° 39075.

Modalités de comptabilisation de l'actif incorporel Cette immobilisation incorporelle doit être comptabilisée conformément aux dispositions de la norme IAS 38, Immobilisations incorporelles (IFRIC 12.26), voir n° 29952 s.

L'interprétation IFRIC 12 fournit un exemple de ce type de contrat (IFRIC 12.IE2).
Lorsque le modèle de l'actif incorporel est appliqué, les coûts d'emprunt attribuables à la phase de construction doivent être incorporés dans le coût de l'immobilisation incorporelle, conformément à la norme IAS 23 (IFRIC 12.22 et .BC58), voir n° 39075.

Modèle mixte Une **comptabilisation séparée (« bifurcation »)** des composantes du contrat de concession de services est imposée lorsque l'opérateur est rémunéré en partie par un actif financier et en partie par une immobilisation incorporelle pour les services de construction ou d'amélioration qu'il a fournis (IFRIC 12.18).

L'interprétation IFRIC 12 fournit un exemple de ce type de contrat (IFRIC 12.IE3).

Pour la comptabilisation et l'évaluation des services de construction ou d'amélioration d'une infrastructure, voir n° 39070.

Phase d'exploitation de l'infrastructure

38989 Les produits relatifs à l'exploitation de l'infrastructure sont comptabilisés par l'opérateur conformément à la norme IFRS 15, Produits des activités ordinaires tirés des contrats conclus avec les clients (IFRIC 12.20), voir n° 24983 s.

Les obligations contractuelles de maintenance et de remise en état de l'infrastructure avant restitution de celle-ci au concédant sont comptabilisées et évaluées conformément à la norme IAS 37, Provisions, passifs éventuels et actifs éventuels (voir n° 39951 s.), c'est-à-dire pour le montant correspondant à la meilleure estimation de la dépense nécessaire à l'extinction de l'obligation actuelle à la date de clôture (IFRIC 12.21). En pratique, pour une obligation contractuelle de grosse réparation, une provision est comptabilisée au fur et à mesure de l'utilisation de l'infrastructure et est reprise au moment de l'exécution des travaux.

En revanche, dans les cas où les activités de maintenance ou de remise en état font l'objet d'une rémunération spécifique et suffisante par le concédant, aucune provision à ce titre n'est à constater par l'opérateur, l'activité étant alors considérée comme une « obligation de performance » dans le champ d'application d'IFRS 15 (voir exemple d'application IFRIC 12.IE1), voir n° 24983 s.

Pour le traitement des obligations contractuelles de maintenance et de remise en état d'une infrastructure, voir n° 39080.

Les obligations de remise en état ne doivent pas être confondues avec les obligations d'amélioration de l'infrastructure. Ces dernières sont traitées comme des prestations dans le cadre d'IFRS 15 (voir n° 38988).

C. Informations en annexe

Les informations que l'opérateur doit fournir en annexe au titre des contrats de concession ne sont pas prévues par l'interprétation IFRIC 12, mais sont précisées par une autre interprétation, SIC 29, Informations à fournir – Accords de concession de services. **38992**

Ces informations, notamment, description de l'accord, classification de l'accord, nature et étendue des droits et obligations, options de renouvellement, etc. (SIC 29.6 et .6A), doivent être fournies pour chaque accord de concession de services ou globalement pour chaque catégorie d'accords de concession de services (SIC 29.7).

En outre, les informations requises par les normes susceptibles d'être appliquées dans le cadre d'un accord de concession de services (notamment IFRS 15, IAS 23, IAS 37, IAS 38, IFRS 7) sont également applicables.

Pour les informations à fournir en matière de contrats de concession de services, voir n° 39085.
Pour les informations relatives à IFRS 15, voir n° 24983 s.

QUESTIONS/REPONSES PRATIQUES

Remarque importante

Les réponses aux questions présentées dans ce chapitre résultent de l'analyse des dispositions des interprétations IFRIC 12, Contrats de concession de services, et SIC 29, Informations à fournir – Accords de concession de services, en vigueur actuellement, sur la base des informations disponibles au 1er juin 2023. **39006**

Pour une présentation générale des dispositions principales d'IFRIC 12, voir n° 38981 s.

I. Champ d'application d'IFRIC 12

Etendue du champ d'application d'IFRIC 12

Question **39050**

Quels sont les contrats entrant dans le champ d'application de l'interprétation IFRIC 12 ?

Réponse

Tous les contrats de concession de service public conclus entre le secteur public et un opérateur du secteur privé qui satisfont aux deux conditions suivantes :

1. le concédant (ou toute partie liée) contrôle ou réglemente la nature, les bénéficiaires et le prix des services que l'opérateur doit fournir grâce à l'infrastructure ;

2. le concédant (ou toute partie liée) contrôle – au travers de la propriété, de l'usufruit ou de tout autre moyen – tout intérêt résiduel significatif dans l'infrastructure à la fin du contrat de concession de services.

Lorsque ces conditions sont remplies, l'opérateur privé ne peut pas comptabiliser l'infrastructure objet du contrat de concession en tant qu'actif corporel.

39050 (suite) ***Commentaires*** Tous les contrats de concession de service public conclus entre le secteur public et un opérateur du secteur privé qui satisfont aux deux conditions suivantes entrent dans le champ d'application de l'interprétation IFRIC 12 (IFRIC 12.5 et .AG1) :

Une des caractéristiques essentielles des contrats de concession est l'obligation de service public de l'opérateur (voir n° 39051).

1. le concédant (ou toute partie liée) contrôle ou réglemente la nature, les bénéficiaires et le prix des services que l'opérateur doit fournir grâce à l'infrastructure ;

Modalités de détention du contrôle Le contrôle ou la réglementation des services fournis peut être effectué par le biais d'un contrat ou d'un autre moyen, notamment par le biais d'un régulateur (IFRIC 12.AG2).

Notion de secteur public Si le concédant est une entité du secteur public, le secteur public dans son ensemble (ainsi que tout régulateur indépendant agissant dans l'intérêt public) est à considérer comme partie liée au concédant (IFRIC 12.AG2).

Modalités de contrôle du prix Il n'est pas nécessaire que le concédant ait le contrôle total du prix. Il suffit, pour considérer que le prix est contrôlé, qu'il soit réglementé par le concédant, un contrat ou un régulateur, par exemple, par un mécanisme de plafonnement.

Le contrôle du prix doit être apprécié en substance. Ainsi, un mécanisme de plafonnement conçu de telle sorte qu'il ne s'appliquerait que dans des situations très peu probables ne devrait pas être pris en compte (IFRIC 12.AG3).

Cela a été confirmé par l'IFRS IC, interrogé sur l'exclusion ou non du champ d'application d'IFRIC 12 des types de contrats suivants :

- contrats selon lesquels le prix était fixé par l'opérateur privé, mais devait être notifié, justifié ou approuvé par le concédant (cette approbation étant de fait obtenue dès lors que les révisions de tarif étaient raisonnables) ; ou
- contrats pour lesquels les révisions étaient effectuées par l'opérateur, mais selon des bases déterminées par le concédant.

Selon l'IFRS IC, la revue ou l'approbation des prix par le concédant est généralement suffisante pour en déduire que celui-ci contrôlait le prix, et qu'il serait inapproprié de considérer ces procédures comme une simple formalité devant être ignorée (IFRIC Update 07/09).

2. le concédant (ou toute partie liée) contrôle – au travers de la propriété, de l'usufruit ou de tout autre moyen – tout intérêt résiduel significatif dans l'infrastructure à la fin du contrat de concession de services.

Notion d'intérêt résiduel dans l'infrastructure L'intérêt résiduel dans l'infrastructure est sa valeur actuelle estimée si elle avait déjà atteint l'âge et l'état attendus à la fin du contrat de concession de services (IFRIC 12.AG4).

Distinction entre contrôle et exposition aux risques et avantages La notion de contrôle de l'intérêt résiduel dans l'infrastructure par le concédant est indépendante de la notion de risques et avantages attachés à la valeur résiduelle de cette même infrastructure. Cette condition est ainsi considérée comme remplie, par exemple, lorsque le concédant a une option d'achat de l'infrastructure en fin de contrat, que le prix d'exercice soit à une valeur prédéterminée ou à la juste valeur de l'infrastructure à la date d'exercice.

Caractéristiques du contrôle par le concédant de tout intérêt résiduel significatif Les conditions suivantes doivent être remplies :

- restriction de la capacité de l'opérateur de vendre ou nantir l'infrastructure (IFRIC 12.AG4) ;
- détention par le concédant d'un droit d'usage continu tout au long du contrat de concession de services (IFRIC 12.AG4).

Distinction entre contrôle et gestion de l'infrastructure Lorsque le concédant régule le service délivré au moyen de l'infrastructure et contrôle tout intérêt résiduel significatif dans l'infrastructure, le rôle de l'opérateur est limité à la gestion de l'infrastructure au nom du concédant, même s'il bénéficie, en pratique, d'une grande latitude de gestion (IFRIC 12.AG5).

Contrat de concession couvrant la totalité de la durée de vie économique de l'infrastructure Les infrastructures utilisées pour la totalité de leur durée de vie économique dans une concession de services sont incluses dans le champ d'application de l'interprétation IFRIC 12 si la condition 1. ci-avant est satisfaite (IFRIC 12.6), la satisfaction de la condition 2. ci-avant n'étant pas nécessaire dans ce cas particulier. Ainsi, les contrats de concession de services pour lesquels il n'y a aucun intérêt résiduel significatif à la fin du contrat ne sont pas exclus du champ d'application de l'interprétation IFRIC 12.

■ ***Exemple 1***

L'interprétation IFRIC 12 s'applique-t-elle aux activités régulées telles que l'électricité, le transport public, etc., lorsque les services sont réglementés par la législation ?

Solution de l'exemple 1 *Pas nécessairement. Un accord de concession de services est dans le champ d'application d'IFRIC 12 si le concédant :*

a. contrôle ou réglemente le service que l'opérateur doit fournir (nature, bénéficiaires, prix) ; et

b. contrôle également tout intérêt résiduel dans l'infrastructure à la fin de la concession de services.
Dans une activité réglementée, telle que l'électricité ou le transport public, la première condition (1.) est généralement satisfaite. En revanche, la seconde condition (2.) ne l'est pas toujours (dans certaines activités, l'obligation de transférer l'infrastructure au concédant à la fin de la concession de services n'étant pas prévue). En conséquence, chaque accord doit être analysé au cas par cas, au regard de son environnement réglementaire et de ses caractéristiques propres.

■ *Exemple 2*

Dans de nombreux accords de concession de services, les prix peuvent être indexés ou fixés en fonction d'une formule dont les variables sont en dehors du contrôle du concédant. De tels accords satisfont-ils à la condition selon laquelle le concédant contrôle ou réglemente la nature, les bénéficiaires et le prix des services que l'opérateur doit fournir grâce à l'infrastructure (IFRIC 12.5a) ?

Solution de l'exemple 2 *Oui, tant que les bases de la formule selon laquelle les prix sont fixés sont sous le contrôle ou la réglementation du concédant, la condition d'IFRIC 12.5a est satisfaite.*
Il est toutefois également nécessaire d'examiner la substance de l'accord, comme requis par IFRIC 12.AG3 (voir point 1. ci-avant).

Notion d'obligation de service public

39051

Question

Qu'est-ce que la notion d'obligation de service public de l'opérateur, au sens de l'interprétation IFRIC 12 ?

Réponse

L'interprétation IFRIC 12 ne définit pas la notion de service public, mais précise que cette dernière est relative aux services devant être rendus au public grâce à l'infrastructure considérée, indépendamment de l'identité de la partie rendant le service.

Les exemples suivants sont fournis : routes, ponts, tunnels, prisons, hôpitaux, aéroports, réseaux de distribution d'eau, fourniture d'énergie et réseaux de télécommunication.

Déterminer si un accord de concession de services satisfait à une obligation de service public est une affaire de jugement.

Commentaires Les exemples d'infrastructure fréquemment objet d'un contrat de concession de services sont donnés par l'interprétation (IFRIC 12.1).
Une des caractéristiques des contrats de concession est l'existence d'une obligation de service public pour l'opérateur (IFRIC 12.3). Cette notion de service public n'est pas définie. L'interprétation SIC 29, Informations à fournir – Accords de concession de services, précise toutefois qu'un opérateur entrant dans un contrat de concession fournit des **services permettant au public d'avoir accès à des prestations économiques et sociales majeures** (SIC 29.1).
Ainsi, toute infrastructure dont l'accès est donné au public (pour des raisons économiques ou sociales) pourrait être dans le champ d'application d'IFRIC 12 et ce, même si l'opérateur ne rend pas le service directement au public (IFRIC 12.3).
En conséquence, l'obligation de service public de l'opérateur pourrait être limitée à la construction et à la maintenance d'une infrastructure utilisée dans le cadre d'un service public.

Déterminer si un accord de concession de services satisfait à une obligation de service public est une affaire de jugement, basé sur l'ensemble des faits et circonstances.

Les situations ci-après fournissent des exemples d'existence ou non d'obligation de service public au sens d'IFRIC 12.

■ *Exemple 1*

Les termes d'un accord entre un opérateur privé et une autorité publique requièrent que l'opérateur finance, construise et assure la maintenance d'un hôpital. Les soins aux patients sont prodigués par l'autorité publique.

Solution de l'exemple 1 *Il existe bien une obligation de service public sous-jacente au contrat considéré. En effet, un hôpital est spécifiquement utilisé pour fournir un service public (celui de la santé). En conséquence, IFRIC 12 peut devoir être appliquée, même si les soins aux patients sont prodigués par l'autorité publique, et pas par l'opérateur privé.*

■ *Exemple 2*

Même contexte que l'exemple 1, l'actif sous-jacent étant une prison, et le concédant conservant la responsabilité du gardiennage des prisonniers.

Solution de l'exemple 2 Il existe bien une obligation de service public sous-jacente au contrat. En effet, bien que le public n'ait pas accès à une prison, cette dernière assure une fonction publique clé en termes de sécurité de la société.

■ *Exemple 3*

Une autorité publique conclut des contrats avec des opérateurs privés dans l'objectif de faire financer, construire et maintenir un immeuble de bureaux, ou d'externaliser des services de prestations informatiques, de nettoyage ou de restauration collective.

Solution de l'exemple 3 Ces contrats ne comportent pas d'obligation de service public au sens d'IFRIC 12. Ils correspondent à de simples externalisations de services internes généraux et les infrastructures sous-jacentes ne sont pas destinées à rendre un service au public.

Types d'infrastructures entrant dans le champ d'application d'IFRIC 12

39055 ***Question***

Quels sont les types d'infrastructures entrant dans le champ d'application de l'interprétation IFRIC 12 ?

Réponse

L'interprétation IFRIC 12 s'applique à la fois :
- aux infrastructures que l'opérateur construit ou acquiert spécifiquement auprès d'un tiers pour les besoins du contrat de concession de services ; et
- aux infrastructures existantes auxquelles le concédant donne accès à l'opérateur, pour les besoins du contrat de concession de services.

Commentaires Cela est précisé par IFRIC 12.7.

En outre, dès lors qu'une infrastructure entre dans le champ d'application d'IFRIC 12 (voir n° 39050), l'opérateur n'a pas le droit de contrôler son utilisation. En conséquence, la norme IFRS 16 n'est pas applicable à l'infrastructure (IFRIC 12.BC27), y compris à celles « louées » par l'opérateur auprès d'un tiers si celles-ci sont contrôlées par le concédant. Le concessionnaire ne dispose que d'un droit d'accès à l'infrastructure pour l'exploiter et fournir le service public pour le compte du concédant et conformément aux stipulations du contrat de concession (IFRIC 12.11, .AG5 et .BC25).

Toutefois, dès lors que l'obligation de payer les « loyers » au bailleur incombe à l'opérateur (et non au concédant), l'opérateur devra constater une dette au titre de cette obligation de paiement (en contrepartie d'un actif financier, s'il a un droit inconditionnel à recevoir de la trésorerie – ou un autre actif financier – de la part, ou sur instruction, du concédant).

Dans ce cas, une compensation entre l'actif financier et la dette financière (issue de l'obligation de paiements de « loyers ») ne sera possible que si les conditions strictes de la norme IAS 32 sont remplies (voir n° 51170 s.).

Ces principes ont été rappelés par l'IFRS IC en septembre 2016 (IFRIC Update 09/16).

Pour le modèle de l'actif financier, voir n° 39070.

Cas particulier d'une utilisation partielle de l'infrastructure au titre des activités régulées

Certaines infrastructures sont utilisées en partie seulement au titre des activités régulées par l'accord de concession de services (au sens d'IFRIC 12.5a, voir n° 39050) et en partie pour des activités non régulées.

Ces situations peuvent se présenter sous différentes formes (IFRIC 12.AG7) :

a. Lorsqu'une partie d'infrastructure :
- est physiquement séparable et peut être exploitée séparément,
- correspond à la définition d'une unité génératrice de trésorerie telle que définie par la norme IAS 36, Dépréciation d'actifs (voir n° 35967), et
- est utilisée en totalité à des fins non réglementées,

elle doit alors être analysée séparément du reste de l'infrastructure.

Ce pourrait être le cas, par exemple, de l'aile privée d'un hôpital, lorsque le reste de cet hôpital est utilisé par le concédant pour soigner les patients du secteur public.

b. Lorsqu'une partie tout à fait accessoire des activités est non réglementée, l'appréciation du contrôle devrait être effectuée sans tenir compte de ces activités, leur existence ne réduisant pas le contrôle qu'exerce le concédant sur l'infrastructure.

Tel serait le cas, par exemple, d'une boutique dans un hôpital.

II. Comptabilisation et évaluation des accords de concession de services

Conséquence de l'absence de contrôle de l'infrastructure par l'opérateur

39060

Question

Un opérateur privé ayant conclu un contrat de concession de service public peut-il comptabiliser en immobilisation corporelle l'infrastructure, objet du contrat, contrôlée par le concédant ?

Réponse

Non. Dès lors que le concédant (et non l'opérateur) contrôle l'infrastructure, l'opérateur ne peut pas la comptabiliser en tant qu'actif corporel et ce, même s'il en supporte les risques et avantages.

Commentaires :

1. **Non-comptabilisation en tant qu'immobilisation corporelle de l'opérateur** Si l'infrastructure est située dans le champ d'application d'IFRIC 12 (voir n° 39050), l'opérateur ne peut pas la comptabiliser en tant qu'immobilisation corporelle, l'accord de concession de services ne lui conférant pas le contrôle de son utilisation (IFRIC 12.11).

Principe sous-jacent L'infrastructure utilisée pour fournir un service public doit être comptabilisée en tant qu'immobilisation corporelle, à l'actif de la partie qui en contrôle l'utilisation (IFRIC 12.BC20). Une infrastructure entrant dans le champ d'application de l'interprétation étant contrôlée par le concédant (voir n° 39050), elle ne peut pas, en conséquence, être comptabilisée en tant qu'immobilisation corporelle de l'opérateur (IFRIC 12.BC21).

Contrôle de l'infrastructure par le concédant Pour les conditions de contrôle, voir n° 39050.

Droit d'utilisation de l'infrastructure L'opérateur ne dispose pas d'un droit d'utilisation de l'infrastructure tel que défini selon IFRS 16, Contrats de location. Il dispose uniquement d'un **droit d'accès** à l'infrastructure, lui permettant de l'exploiter en vue de fournir un service public au nom du concédant, conformément aux termes du contrat de concession de services (IFRIC 12.11, .BC22 à .BC25).

Cette notion de contrôle de l'utilisation de l'infrastructure est indépendante de la notion de risques et avantages qui lui sont attachés. En conséquence, une telle infrastructure ne peut pas être comptabilisée à l'actif de l'opérateur même s'il en supporte les risques et avantages (notamment ceux attachés à la valeur résiduelle, voir Exemple ci-après).

Pour le traitement dans les comptes de l'opérateur, voir n° 39070.

2. **Immobilisation corporelle préexistante de l'opérateur** Les dispositions de décomptabilisation de la norme IAS 16, Immobilisations corporelles, s'appliquent aux infrastructures qui figuraient au bilan de l'opérateur en immobilisation corporelle avant la conclusion de l'accord de concession de services (IFRIC 12.8 et .BC18).

■ *Exemple*

Selon un accord de concession de services d'une durée de 20 ans, un opérateur privé doit financer, construire et assurer la maintenance d'une prison ayant une durée de vie de 40 ans. Le concédant contrôle les services que l'opérateur fournit. A l'issue du contrat, l'opérateur a un engagement de vendre la prison au concédant à sa juste valeur.

Solution de l'exemple *Bien que l'opérateur ait l'obligation de vendre la prison au concédant à la juste valeur au terme de la concession de services, et qu'il assume en conséquence les risques et avantages significatifs attachés à l'infrastructure (liés notamment aux variations de valeur résiduelle), il n'en contrôle toutefois pas l'utilisation et ne peut donc pas la comptabiliser parmi ses immobilisations corporelles.*

Comptabilisation et évaluation des services de construction ou d'amélioration d'une infrastructure

39070 ***Question***

Comment l'opérateur doit-il comptabiliser la contrepartie des services de construction ou d'amélioration d'infrastructure fournis dans le cadre d'un accord de concession de services ?

Réponse

L'opérateur doit comptabiliser la rémunération reçue ou à recevoir au titre de sa prestation de construction ou d'amélioration de l'infrastructure conformément à la norme IFRS 15, Produits des activités ordinaires tirés de contrats conclus avec des clients, en contrepartie :
- d'un actif financier lorsqu'il a un droit contractuel inconditionnel de recevoir de la trésorerie de la part ou sur instruction du concédant ;
- d'une immobilisation incorporelle lorsqu'il reçoit, en échange de sa prestation de construction, une « licence » lui donnant le droit de facturer les usagers du service public fourni.

Lorsque sa prestation de construction est rémunérée en partie par un actif financier et en partie par une immobilisation incorporelle, l'opérateur devra comptabiliser séparément les deux composantes de sa rémunération (« bifurcation »).

Commentaires :

1. **Principe général** Dès lors que l'infrastructure, objet du contrat, est contrôlée par le concédant (voir nº 39050), l'opérateur ne peut pas la comptabiliser en tant qu'immobilisation corporelle (voir nº 39060). Les travaux de construction ou d'amélioration de l'infrastructure réalisés par l'opérateur dans le cadre du contrat de concession sont considérés comme des prestations de services rendues au concédant et doivent être comptabilisés et évalués selon IFRS 15 (voir nº 24983 s.). En fonction des termes de l'accord de concession et/ou de la législation, la rémunération de l'opérateur pour ces services est traitée soit comme un actif financier soit comme un actif incorporel.

Pendant la phase de construction ou d'amélioration, le chiffre d'affaires est comptabilisé en contrepartie d'un actif sur contrat, tel que défini dans IFRS 15 (voir nº 25900) (IFRIC 12.19). Cet actif sur contrat sera ultérieurement apuré en contrepartie soit d'un actif financier, soit d'un actif incorporel.

2. **Critère de distinction entre actif incorporel et financier** Un **actif financier** est comptabilisé lorsque l'opérateur reçoit, au titre de sa prestation de construction, le droit contractuel inconditionnel de recevoir de la trésorerie (ou un autre actif financier) de la part (ou sur instruction) du concédant (IFRIC 12.16, .BC41, .BC42 et IAS 32.11 et .13).

Notion de droit contractuel Le terme contractuel fait référence à un accord, entre deux ou plusieurs parties, ayant des conséquences économiques évidentes, auxquelles les parties ne peuvent que difficilement se soustraire, si tant est qu'elles en aient la possibilité, l'accord étant généralement juridiquement exécutoire (IAS 32.11 et .13 rappelé par IFRIC 12.16, .BC41 et .BC42).

Pour la définition d'un actif financier, voir nº 44160.

Notion de droit inconditionnel L'opérateur dispose d'un droit inconditionnel à recevoir de la trésorerie si le concédant s'engage contractuellement à payer à l'opérateur :
- des montants déterminés ou déterminables ; ou
- le manque à gagner éventuel résultant de la différence entre les montants reçus des usagers et des montants déterminés ou déterminables.

Dans ce cas, l'opérateur ne porte pas le risque de demande (risque lié à l'utilisation de l'infrastructure par les usagers).

Paiement conditionné par la performance de l'opérateur La condition d'application du modèle de l'actif financier est considérée comme respectée même si le paiement par le concédant dépend de la satisfaction de critères de qualité ou d'efficacité de l'infrastructure dont l'opérateur est responsable (IFRIC 12.16, .BC42 à .BC45).

Une **immobilisation incorporelle** est comptabilisée lorsque l'opérateur obtient, en échange de sa prestation de construction, le droit de facturer les usagers du service public fourni (IFRIC 12.17).

Ce droit n'est pas un droit inconditionnel de recevoir de la trésorerie parce que les montants dépendent du degré d'utilisation du service public par les usagers (IFRIC 12.17 et .BC48). Dans cette situation, l'opérateur supporte le risque que la demande de la part des usagers ne soit pas suffisante pour lui permettre de recouvrer l'ensemble de ses investissements (IFRIC 12.BC47).

3. Comptabilisation de la rémunération sous forme d'actif financier **39070** (suite)

Typiquement, lorsque le modèle de l'actif financier est applicable, les obligations de performance de l'opérateur vis-à-vis du concédant, telles qu'identifiées en application d'IFRS 15 (voir nº 24988) sont multiples : construction, amélioration, exploitation, remise en état de l'infrastructure. Dans ce cas, la rémunération totale du concédant à l'opérateur doit être allouée aux différentes obligations de performance au prorata de leurs prix de ventes spécifiques (voir nº 25310).

L'opérateur devra également identifier une composante de financement significative dans le cas où il existe un décalage significatif entre les paiements du concédant et le calendrier d'exécution des prestations (voir nº 25210).

L'opérateur doit déterminer à quel moment décomptabiliser l'actif sur contrat, qui avait été comptabilisé pendant la phase de construction en application d'IFRS 15, et comptabiliser un actif financier dans le champ d'IFRS 9. Deux approches sont, à notre avis, acceptables :

– se référer à IFRS 15.108 qui prescrit de reclasser un actif sur contrat en actif financier lorsque le droit à recevoir de la trésorerie n'est conditionné que par le passage du temps (et n'est donc plus conditionné par une performance future de l'opérateur) ; ou

– se référer à IFRIC 12.16 qui indique que l'entité a un droit inconditionnel à recevoir de la trésorerie même si le paiement est conditionné par des critères de qualité ou d'efficacité de l'infrastructure et de considérer que ce paragraphe ne sert pas uniquement à déterminer si le modèle de l'actif financier doit être appliqué (par opposition au modèle de l'actif incorporel) mais sert aussi à déterminer quand l'actif financier doit être comptabilisé.

L'actif financier est comptabilisé conformément à la norme IFRS 9 (IFRIC 12.24) :

– au coût amorti ;

– à la juste valeur en contrepartie des autres éléments du résultat global (OCI) ; ou

– à la juste valeur par le biais du compte de résultat, si cet actif est désigné comme tel lors de sa comptabilisation initiale et que les conditions de cette classification sont remplies.

Pour plus de précisions sur le classement et l'évaluation des actifs financiers, voir nº 45080 s.

Dans les deux premiers cas, conformément à IFRS 9, des produits financiers doivent être enregistrés selon la méthode du taux d'intérêt effectif (IFRIC 12.25), voir nº 46750 s.

En fonction de la méthode retenue pour déterminer la date de comptabilisation initiale de l'actif financier (voir ci-avant), il se peut que les flux de trésorerie de l'actif financier soient encore dépendants de la performance de l'infrastructure ou des prestations futures de l'opérateur pendant la phase d'exploitation. Dans ce cas, cette variabilité devrait être prise en compte dans le test du « prêt basique » requis par IFRS 9 pour un classement en actif financier au coût amorti.

Pour plus de précisions sur la notion de « prêt basique » (SPPI), voir nº 45140.

4. Comptabilisation de la rémunération sous forme d'une immobilisation incorporelle Cette immobilisation doit être comptabilisée et évaluée conformément à IAS 38, Immobilisations incorporelles.

Evaluation de l'immobilisation incorporelle La norme IAS 38 indique comment évaluer des immobilisations incorporelles acquises en échange d'actifs non monétaires (IFRIC 12.26 et IAS 38.45 à .47). En particulier, elle précise que le coût d'une immobilisation incorporelle acquise par voie d'échange est évalué à la juste valeur (IAS 38.45). IFRS 15 contient des dispositions similaires pour la comptabilisation d'une prestation rémunérée par une contrepartie en nature (IFRS 15.66 s.). En pratique, la juste valeur de l'actif incorporel sera déterminée de façon indirecte, par référence au prix de vente spécifique de la prestation de construction rendue par l'opérateur (IFRIC 12.IE14). Ce prix de vente spécifique pourra être déterminé sur la base des coûts de construction budgétés augmentés de la marge qu'exigerait un acteur de marché pour une prestation et un risque similaires (voir nº 25300).

Le coût d'entrée au bilan de l'immobilisation incorporelle devra également inclure la capitalisation des intérêts d'emprunts courus pendant la phase de construction (voir nº 39075).

Amortissement de l'immobilisation incorporelle L'amortissement de l'immobilisation incorporelle correspondant au droit de facturer les usagers est effectué sur la durée contractuelle du droit. La méthode d'amortissement doit se conformer aux dispositions d'IAS 38 (IAS 38.98). De la même manière que pour les autres immobilisations incorporelles, il n'est pas possible d'utiliser une méthode d'amortissement financier (IFRIC 12.BC64). La méthode linéaire pourrait être appropriée si le passage du temps reflète le mieux le profil de consommation des avantages économiques attendus de l'actif incorporel. La méthode des unités produites pourrait être appropriée si l'usage reflète le mieux le profil de consommation des avantages économiques attendus de l'actif. IAS 38 inclut une présomption, réfutable sous certaines conditions, qu'une méthode d'amortissement basée sur le revenu généré par l'actif n'est pas appropriée, voir nº 29984.

Pour un exemple illustratif, voir Exemple 2 ci-après.

5. Comptabilisation d'une rémunération mixte (actif financier et immobilisation incorporelle) Un actif financier et une immobilisation incorporelle sont comptabilisés lorsque l'opérateur est rémunéré en partie par un actif financier et en partie par une immobilisation incorporelle pour

39070 (suite) les services de construction ou d'amélioration qu'il a fournis (IFRIC 12.18). Ce type de contrat permet à l'opérateur et au concédant de se répartir le risque de demande.

La rémunération sera alors décomposée (ou « bifurquée ») (IFRIC 12.BC53) :
- en actif financier pour la valeur actualisée de tout montant garanti par le concédant ; et
- en immobilisation incorporelle pour l'excédent du prix de vente spécifique de la prestation de construction, tel que déterminé selon IFRS 15 (voir nº 25300) par rapport au montant de l'actif financier comptabilisé.

Pour un exemple illustratif, voir Exemple 3 ci-après.

6. Décision de l'ESMA – Compensation entre les produits et charges de la prestation de construction L'ESMA a rappelé que les produits et les charges relatifs à la prestation de construction de l'opérateur doivent être comptabilisés conformément à la norme applicable sur la comptabilisation des revenus, sans compensation possible entre le chiffre d'affaires et les coûts de construction. Ce mode de comptabilisation doit être appliqué que la construction soit réalisée par l'opérateur lui-même ou bien qu'elle soit sous-traitée à un tiers agissant pour le compte et selon les instructions de l'opérateur (EECS/0113-03, 04/13).

La compensation ne serait adéquate que si l'opérateur intervient en tant qu'agent et non en tant que principal, dans la prestation de construction, c'est-à-dire si l'opérateur n'obtient pas le contrôle de la construction avant qu'elle ne soit transférée au concédant.

Pour plus de précisions sur la distinction agent/principal, voir nº 25600.

■ *Exemple 1*

Un opérateur privé doit financer, construire, assurer la maintenance et exploiter une route à voies multiples. L'opérateur est rémunéré par le concédant sur la base de montants prédéterminés sauf si des voies sont fermées pendant plus d'une certaine durée (aucun paiement n'est alors effectué). Ces variations potentielles des flux de rémunération peuvent empêcher l'opérateur de recouvrir la totalité de ses investissements dans l'infrastructure.

Solution de l'exemple 1 *L'opérateur comptabilise la rémunération qu'il reçoit du concédant au titre de sa prestation de construction en tant qu'actif financier et ce, même si les paiements dépendent de la disponibilité de la route pour les usagers et peuvent ainsi connaître des variations potentielles. Il détient en effet un droit inconditionnel de recevoir cette rémunération tant que la route est disponible pour les usagers.*

■ *Exemple 2*

Dans le cadre de deux contrats de concession, un opérateur privé doit construire, exploiter et maintenir deux routes, A et B. Il est rémunéré, au titre de ses services :
- *pour la route A, par le concédant, en fonction de la fréquentation de cette route par les usagers ;*
- *pour la route B, par un droit de péage perçu auprès des usagers. Le prix facturé aux usagers est régulé par un mécanisme d'ajustement conçu pour assurer à l'opérateur une rentabilité prédéterminée sur son investissement, au-delà de laquelle l'accord de concession de services prend fin.*

Solution de l'exemple 2 *L'opérateur doit comptabiliser une immobilisation incorporelle dans les deux situations. En effet :*
- *pour la route A, bien que les paiements soient effectués par le concédant, l'opérateur ne détient pas un droit inconditionnel de recevoir de la trésorerie car ces paiements dépendent du niveau de fréquentation de la route par les usagers ;*
- *pour la route B, bien que le mécanisme de régulation du prix supprime assez largement le risque associé à la rentabilité de l'accord de concession pour l'opérateur, ce dernier ne détient pas un droit inconditionnel de recevoir de la trésorerie de la part du concédant.*

■ *Exemple 3*

Dans le cadre d'un accord de concession de services, un opérateur privé doit financer, construire, maintenir et exploiter une route à voies multiples pendant 10 ans.

Le coût estimé de la construction s'élève à 100 M€. Le taux de marge qui serait attendu par un acteur de marché pour une prestation de construction similaire est de 20 %.

L'accord de concession de services prévoit que l'opérateur facture un péage aux usagers de la route. Le concédant garantit un revenu minimum de 10 M€ par an à l'opérateur.

Solution de l'exemple 3 *La rémunération de l'opérateur comprend deux éléments :*
- *un actif financier correspondant à la valeur actualisée du montant garanti de 10 × 10 M€ ;*
- *une immobilisation incorporelle pour la partie non garantie, fonction de la fréquentation des usagers (et en conséquence sujette au risque de demande), correspondant à l'excédent du prix de vente spécifique des services de construction sur la valeur initiale de l'actif financier.*

Le prix de vente spécifique des services de construction fournis par l'opérateur, est déterminé conformément à IFRS 15 (voir nº 25300) sur la base d'une estimation des coûts de construction prévus (100 M€), augmentés du taux de marge qu'attendrait un acteur de marché pour une prestation similaire (20 %), soit ici 120 M€.

Traitement des coûts d'emprunt encourus pendant la phase de construction ou d'amélioration d'une infrastructure

Question 39075

Comment l'opérateur doit-il comptabiliser les coûts d'emprunt encourus pendant la phase de construction ou d'amélioration d'une infrastructure ?

Réponse

La réponse diffère selon que l'opérateur comptabilise en contrepartie de ses services un actif financier ou une immobilisation incorporelle :

1. Si comptabilisation d'un actif financier : les coûts d'emprunt doivent être comptabilisés en charges de la période au cours de laquelle ils sont encourus.
2. Si comptabilisation d'une immobilisation incorporelle : les coûts d'emprunt doivent être incorporés dans le coût de l'immobilisation incorporelle.

Commentaires La comptabilisation par l'opérateur des coûts d'emprunt attribuables à la phase de construction ou d'amélioration d'une infrastructure dépend de la nature de l'actif comptabilisé en contrepartie des services qu'il a fournis (IFRIC 12.22).

En effet, si, en contrepartie de ses services, l'opérateur comptabilise :

– un **actif financier,** les coûts d'emprunt doivent alors être comptabilisés en charges de la période au cours de laquelle ils sont encourus (IFRIC 12.22 et .BC58) ;

En effet, un actif financier ne satisfaisant pas à la définition d'un actif qualifié (IFRIC 12.BC58), aucun coût d'emprunt ne peut être incorporé dans son coût.

Lorsque, en contrepartie des services de construction qu'il fournit, l'opérateur comptabilise d'abord un actif sur contrat pendant la période de construction, puis un actif financier, il comptabilise également les produits d'intérêts liés à ces actifs pendant les périodes de construction et d'exploitation. Ainsi, pendant la période de construction, les produits d'intérêts générés par l'actif sur contrat viendront compenser en partie, dans le résultat net, les coûts d'emprunt comptabilisés en charges.

– une **immobilisation incorporelle,** les coûts d'emprunt doivent alors être incorporés dans le coût de l'immobilisation incorporelle (IFRIC 12.22).

Remarques :

1. **Existence d'un actif qualifié** Une immobilisation incorporelle représentative du droit de facturer les usagers du service public satisfait à la définition d'un actif qualifié selon IAS 23 (IFRIC 12.BC58).
2. **Définition d'un actif qualifié** Voir nº 38020 et 37982.
3. **Incorporation obligatoire de certains coûts d'emprunt dans le coût d'entrée d'un actif qualifié** Selon la norme IAS 23, les coûts d'emprunt directement liés à l'acquisition, construction ou production d'un actif qualifié, sont obligatoirement incorporés dans le coût d'entrée de cet actif (voir nº 37986).
4. A notre avis, l'obligation de comptabiliser d'abord un actif sur contrat pendant la période de construction, avant d'apurer cet actif sur contrat en contrepartie d'une immobilisation incorporelle, ne change rien à l'obligation de capitaliser les coûts d'emprunts.

Traitement des obligations contractuelles de maintenance et de remise en état d'une infrastructure

Question 39080

Comment comptabiliser les obligations contractuelles de maintenance et de remise en état d'une infrastructure (hors prestations d'amélioration) ?

39080 (suite)

Réponse

Dans le cas où l'obligation contractuelle ne fait pas l'objet d'une rémunération par le concédant, le coût estimé doit être provisionné selon la norme IAS 37, en contrepartie d'une charge au compte de résultat, au fur et à mesure de l'utilisation de l'infrastructure.

Dans les cas où les activités de maintenance ou de remise en état font l'objet d'une rémunération spécifique et suffisante par le concédant, aucune provision à ce titre n'est à constater par l'opérateur, et l'obligation sera traitée comme une obligation de performance selon IFRS 15.

Commentaires L'opérateur peut avoir, vis-à-vis du concédant, une obligation contractuelle de maintenir l'infrastructure à un niveau de service spécifié tout au long de la durée du contrat, ou bien encore de remise en état de l'infrastructure avant sa restitution au concédant en fin de contrat.

1. Si cette obligation contractuelle n'est pas rémunérée par le concédant, elle devra être provisionnée conformément à la norme IAS 37, Provisions, passifs éventuels et actifs éventuels, c'est-à-dire pour le montant correspondant à la meilleure estimation de la dépense nécessaire à l'extinction de l'obligation actuelle à la date de clôture (IFRIC 12.21).

Par exemple, si la rémunération de l'opérateur provient exclusivement des facturations aux usagers et non du concédant (application du modèle de l'actif incorporel), et si l'opérateur a l'obligation de procéder à des travaux significatifs de remise en état de l'infrastructure, il devra provisionner le coût estimé des travaux de remise en état. Le fait générateur de l'obligation de remise en état correspond à la dégradation continue de l'infrastructure qui résulte de son utilisation par l'opérateur. Par conséquent, la provision sera dotée progressivement pendant la phase d'exploitation de l'infrastructure.

La comptabilisation d'une provision selon IAS 37 s'applique uniquement pour les obligations de remise en état de l'infrastructure, et non pour les obligations d'amélioration de l'infrastructure, qui doivent être traitées comme des prestations dans le champ d'application d'IFRS 15 (voir n° 39070).

2. Si l'obligation contractuelle de remise en état est rémunérée par le concédant, aucune provision n'est à constituer selon IAS 37, et l'obligation sera considérée comme une obligation de performance, à laquelle devra être allouée une partie de la rémunération reçue du concédant, en application d'IFRS 15 (voir n° 25310).

Par exemple, si l'ensemble des prestations (construction, amélioration, exploitation et remise en état de l'infrastructure) sont rémunérées exclusivement par le concédant (application du modèle de l'actif financier), l'opérateur devra allouer la rémunération totale à verser par le concédant entre chacune des obligations de performance au prorata de leurs prix de vente spécifiques, en application d'IFRS 15 (voir n° 25310). L'opérateur devra également identifier une composante de financement significative dans le cas où il existe un décalage significatif entre les paiements du concédant et le timing d'exécution de ces prestations (voir n° 25210).

Pour un exemple illustratif complet, voir IFRIC 12.IE1 à .IE10.

■ *Exemple 1*

Un opérateur s'engage dans un accord de concession de services d'une route à péage pour une durée de 20 ans et comptabilise son droit de facturer les usagers en tant qu'immobilisation incorporelle. Selon les termes de cet accord, l'opérateur devra remplacer la bande de roulement au cours de la 8e année et sera spécifiquement rémunéré par le concédant pour ce remplacement.

Solution de l'exemple 1 *Dès lors que l'opérateur est spécifiquement rémunéré pour le remplacement de la bande de roulement, et que cette rémunération est suffisante, ce remplacement peut être considéré comme une prestation spécifique rendue par l'opérateur au concédant.*

L'opérateur comptabilise le revenu et les coûts au moment où il effectue le remplacement de la bande de roulement, au cours de la 8e année, en appliquant les dispositions d'IFRS 15.

Aucune provision n'est comptabilisée avant la réalisation des travaux.

Si le concédant paie l'opérateur tout au long de la période d'exploitation (20 ans), l'opérateur devra comptabiliser progressivement un passif sur contrat (c'est-à-dire un produit constaté d'avance) pendant les 8 premières années. Une fois le remplacement réalisé, l'opérateur constatera l'extinction progressive d'un actif sur contrat durant les 12 années suivantes.

■ *Exemple 2*

Un opérateur s'engage dans un accord de concession de services (une route à péage) pour une durée de 20 ans et comptabilise son droit de facturer les usagers en tant qu'immobilisation incorporelle.

Selon les termes de l'accord, l'opérateur doit maintenir la route dans un état spécifié, mais la nature exacte des travaux et leur calendrier ne sont pas contractuellement déterminés. L'opérateur n'a pas de rémunération spécifique au titre de ses obligations de maintenance. Il prévoit de remplacer la bande de roulement au cours de la 8e année.

Solution de l'exemple 2 *L'opérateur n'étant pas rémunéré spécifiquement pour son obligation contractuelle de remise en état de la route, celle-ci doit être provisionnée, conformément à la norme IAS 37, pour la meilleure estimation, à la date de clôture, de la dépense nécessaire à la réalisation des travaux, actualisée à un taux qui reflète la valeur temps de l'argent et les risques encourus. La provision doit être dotée de manière progressive, au fur et à mesure de l'usure de la bande de roulement.*

Ainsi, par exemple, en supposant que le coût de remplacement de la bande de roulement est proportionnel au nombre de véhicules ayant emprunté la route, la charge annuelle constatée sera égale à une quote-part actualisée du coût total estimé de remplacement, augmentée de l'effet d'actualisation de la provision antérieurement comptabilisée. Le montant de la provision augmente ainsi au fur et à mesure de la dégradation de l'infrastructure (c'est-à-dire, dans l'hypothèse prise, de l'usure de la bande de roulement par les véhicules).

Pour les dégradations progressives donnant lieu à provision, voir n° 31070.

Lors du remplacement, les coûts encourus seront comptabilisés en consommation de la provision antérieurement constituée. Les coûts de maintenance, tels que les réparations courantes, seront comptabilisés en charge au fur et à mesure de leur exécution.

Cas particulier : redevances versées par l'opérateur au concédant

Question 39083

Dans certains accords de concession de services (par exemple, lorsque l'infrastructure initiale a été construite par une partie autre que l'opérateur, antérieurement à l'accord de concession considéré), l'opérateur doit verser une redevance au concédant. Comment l'opérateur doit-il comptabiliser ces redevances ?

Réponse

Si les redevances à verser ne sont pas dues au titre d'un service spécifique ou d'un contrat de location, distincts du contrat de concession, leur comptabilisation diffère selon que le modèle de l'actif financier ou de l'immobilisation incorporelle s'applique au contrat de concession :

1. Si l'opérateur détient un droit inconditionnel à recevoir de la trésorerie de la part du concédant, c'est-à-dire que le modèle de l'actif financier est applicable, alors les redevances à verser au concédant sont constatées en diminution du prix de la transaction.
2. Si l'opérateur obtient du concédant le droit de facturer les usagers du service public fourni, c'est-à-dire que le modèle de l'immobilisation incorporelle s'applique, la dette de redevances à payer est comptabilisée en contrepartie du coût de revient de l'immobilisation incorporelle.

Commentaires Ces traitements ont été précisés par l'IFRS IC en juillet 2016 (IFRIC Update 07/16).

1. Il convient en premier lieu de cerner si les paiements au concédant se rapportent à des éléments séparables du contrat de concession tels que :
– des biens ou services reçus du concédant et qui sont séparés du contrat de concession ;
– ou un droit d'utilisation d'un actif distinct de l'infrastructure exploitée en concession, dont il conviendrait alors d'évaluer s'il est dans le champ d'application de la norme sur les contrats de location (IFRS 16).

2. Si les paiements de loyers ou de redevances au concédant ne sont pas séparables du contrat de concession, leur traitement dépendra du modèle comptable appliqué pour le contrat de concession, actif financier ou incorporel.

Pour les différents modèles de comptabilisation applicables dans le cadre d'un contrat de concession de service public, voir n° 39070.

3. Si les services de construction ou d'amélioration de l'infrastructure ont pour contrepartie un actif financier (droit inconditionnel à recevoir de la trésorerie), les redevances à payer au

concédant sont traitées en application des principes d'IFRS 15 sur les contreparties payables aux clients (voir nº 25220). Ces redevances sont ainsi traitées comme une réduction du prix de la transaction, ce dernier étant ensuite alloué aux différentes obligations de performance de l'opérateur.

4. Si les services de construction ou d'amélioration de l'infrastructure ont pour contrepartie un actif incorporel (droit de facturer les usagers), il est considéré dans ce cas que le droit incorporel est obtenu en échange de deux éléments : (i) la prestation de construction ou d'amélioration et (ii) le paiement des redevances.

(i) Pour rappel, la juste valeur de la prestation de construction ou d'amélioration est comptabilisée en contrepartie d'un actif sur contrat (tel que prévu par IFRS 15), puis du prix de revient de l'immobilisation incorporelle (voir nº 39070).

(ii) Le traitement comptable des redevances à payer au concédant sera différent selon que celles-ci sont fixes ou variables :
- si les redevances sont fixes, la dette de redevance à payer au concédant est comptabilisée en contrepartie du coût de revient de l'immobilisation incorporelle ;
- si les redevances sont variables, par exemple liées aux montants facturés aux utilisateurs, la comptabilisation d'une dette n'est pas obligatoire.

L'IFRS IC ne s'est en effet pas prononcé sur le traitement des redevances variables payables par l'opérateur au concédant lorsque le modèle de l'actif incorporel est applicable, compte tenu en particulier de l'absence de consensus relatif à l'existence ou non d'une dette lorsque les paiements dépendent de l'activité future. Ces discussions sont directement liées à l'acquisition d'immobilisations incorporelles ou corporelles pour un prix variable, voir nº 30054.

5. Si l'opérateur obtient du concédant à la fois le droit de facturer les usagers et un droit inconditionnel à recevoir de la trésorerie, les caractéristiques de la redevance considérée doivent être analysées afin de déterminer si elle représente une diminution du prix de la transaction ou un paiement effectué (ou à effectuer) au titre de l'acquisition du droit de facturer les usagers.

Cas particulier : éléments distincts de l'infrastructure remis en rémunération par le concédant

39085 ***Question***

Comment un opérateur doit-il comptabiliser les éléments distincts de l'infrastructure remis par le concédant en rémunération de ses services (fournis ou à fournir) ?

Réponse

L'opérateur doit comptabiliser ces éléments à son actif, à leur juste valeur, au moment où il en obtient le contrôle. Cet actif correspond à une composante en nature du prix de la transaction à allouer aux obligations de performance de l'opérateur en application d'IFRS 15. En pratique, si l'actif est obtenu au début du contrat, un passif sur contrat sera comptabilisé au titre des obligations de performance restant à exécuter par l'opérateur.

Commentaires Le concédant peut remettre à l'opérateur, en rémunération de ses services, des actifs distincts de l'infrastructure concédée et dont l'opérateur peut disposer à sa convenance (« keep or deal assets »). Ces éléments ne sont en conséquence pas contrôlés par le concédant (l'opérateur peut les conserver, les utiliser ou les vendre à son gré). Ils doivent ainsi être comptabilisés en tant qu'actifs corporels de l'opérateur, lorsque celui-ci en obtient le contrôle. En application des dispositions d'IFRS 15 sur les contreparties en nature (voir nº 25240), ces actifs reçus du concédant sont initialement évalués à la juste valeur (IFRIC 12.27).

Subventions publiques Les éléments distincts de l'infrastructure remis par le concédant à l'opérateur en tant que rémunération au titre du contrat de concession de services ne sont pas des subventions publiques au sens de la norme IAS 20 (IFRIC 12.27).

Les éléments distincts de l'infrastructure reçus par l'opérateur sont comptabilisés en contrepartie de l'apurement d'un actif sur contrat (si la prestation de l'opérateur a déjà eu lieu) ou bien en contrepartie d'un passif sur contrat (si l'opérateur n'a pas encore exécuté son obligation de performance). Dans tous les cas, l'opérateur comptabilise les produits relatifs aux services rendus selon la norme IFRS 15 (voir nº 24983 s.). Il n'est pas possible de comptabiliser un produit au moment où l'opérateur obtient le contrôle de l'actif transféré par le concédant.

■ *Exemple*

Les termes d'un accord de concession de services requièrent qu'un opérateur privé finance, construise et maintienne une infrastructure sur un terrain apporté par le concédant.
Selon cet accord, il est également prévu qu'un immeuble situé à proximité et détenu par le concédant soit rendu vacant et donné à l'opérateur afin qu'il en dispose à son gré. En rémunération de la prestation de construction, l'opérateur reçoit donc (i) l'immeuble et (ii) le droit de facturer les usagers de l'infrastructure.

Solution de l'exemple *L'infrastructure construite par l'opérateur est contrôlée par le concédant et n'est donc pas inscrite au bilan de l'opérateur. En revanche, l'immeuble transféré à l'opérateur et dont il peut disposer à son gré doit être comptabilisé comme une immobilisation corporelle, initialement à la juste valeur. Le montant de l'immobilisation incorporelle à comptabiliser sera égal à l'excédent de prix de vente spécifique des services de construction sur la juste valeur de l'immeuble. Si l'opérateur obtient le contrôle de l'immeuble au début de contrat, l'actif corporel est comptabilisé en contrepartie d'un passif sur contrat qui s'éteindra au fur et à mesure que l'opérateur comptabilise le revenu relatif à sa prestation de construction en application d'IFRS 15.*

III. Informations en annexe

Informations à fournir concernant un accord de concession de services

Question 39095

Quelles informations l'opérateur doit-il fournir en annexe concernant ses accords de concession de services ?

Réponse

L'opérateur doit fournir en annexe, pour chaque accord de concession de services ou pour chaque catégorie d'accords de concession de services, les informations suivantes :
- une description de l'accord ;
- les dispositions importantes de l'accord qui peuvent affecter le montant, l'échéance et l'existence des flux de trésorerie ;
- la nature et l'étendue des droits et obligations liés à l'accord ;
- les changements apportés à l'accord durant la période ;
- la manière dont l'accord de concession de services a été classé (actif financier ou incorporel) ; et
- le montant des produits et résultats comptabilisés au cours de la période dans le cadre de l'échange de services de construction contre un actif financier ou une immobilisation incorporelle.

En outre, les informations requises par les normes susceptibles d'être appliquées dans le cadre d'un accord de concession de services (en particulier IFRS 15, IAS 23, IAS 37, IAS 38, IFRS 7) doivent également être fournies.

Commentaires Les informations que l'opérateur doit fournir en annexe au titre des contrats de concession ne sont pas prévues par IFRIC 12 mais par l'interprétation SIC 29, Informations à fournir – Accords de concession de services. Ces informations doivent être fournies pour chaque accord de concession de services ou globalement pour chaque catégorie d'accords de concession de services (SIC 29.6, .6A et .7) :

Une catégorie est un ensemble d'accords de concession de services impliquant des services de nature similaire (par exemple, collecte de péages, services de télécommunications, de traitement de l'eau) (SIC 29.7).

1. une description de l'accord ;
2. les dispositions importantes de l'accord qui peuvent affecter le montant, l'échéance et l'existence des flux de trésorerie (par exemple, la durée de la concession de services, les dates de modification du prix et la base de détermination de la modification ou de la renégociation du prix) ;
3. la nature et l'étendue (par exemple, quantité, durée ou montant selon le cas) des éléments suivants :

- droits d'utiliser des actifs spécifiés,

39095 (suite)
– obligations de fournir ou droits d'attendre la fourniture de services,
– obligations d'acquérir ou de construire des immobilisations corporelles,
– obligations de remettre ou droits de recevoir des actifs spécifiés en fin de concession de services,
– options de renouvellement et de résiliation, et
– autres droits et obligations (révisions majeures, par exemple) ;

4. les changements apportés à l'accord durant la période ;

5. la manière dont l'accord de concession de services a été classé (actif financier ou actif incorporel) ; et

6. le montant des produits et charges (profits et pertes) comptabilisés au cours de la période dans le cadre de l'échange de services de construction contre un actif financier ou une immobilisation incorporelle.

CHAPITRE 33

Subventions publiques (IAS 20)

Plan du chapitre §§ 39500

L'ESSENTIEL DE LA NORME IAS 20

A. Généralités

Champ d'application

La norme IAS 20, Comptabilisation des subventions publiques et informations à fournir sur l'aide publique, traite (IAS 20.1) : 39510
- des subventions publiques (comptabilisation et information à fournir en annexe) ; et
- des autres formes d'aides publiques (information à fournir en annexe uniquement).

La norme IAS 20 ne traite pas (IAS 20.2 et 34 s.) :
- de l'aide publique sous forme d'avantages octroyés dans le cadre de la détermination du bénéfice imposable (ou pertes fiscales) ou de la détermination ou la limitation du passif d'impôts (exonérations fiscales, crédits d'impôt pour investissement, amortissements accélérés et taux réduits d'impôt sur le résultat) ;
- de la participation de l'Etat dans le capital de l'entreprise ;
- des subventions publiques couvertes par la norme IAS 41, Agriculture.

Pour des précisions sur la comptabilisation et la présentation au sein des états financiers d'une aide fiscale de l'Etat ayant un lien avec l'impôt sur le résultat (par exemple, le crédit impôt recherche en France), voir n° 27555.

Définitions

La norme IAS 20.3 fournit les définitions suivantes : 39512

1. L'**aide publique** est une mesure prise par l'Etat destinée à fournir un avantage économique spécifique à une entreprise ou une catégorie d'entreprises répondant à certains critères.

Dans le cadre de la norme IAS 20, la notion « d'autorité publique » recouvre à la fois l'Etat en tant que tel ainsi que les organismes publics et tout autre organisme similaire local, national ou international.

L'aide publique peut prendre des formes diverses selon la nature de l'aide apportée et selon les conditions qui y sont généralement attachées (IAS 20.4) : remboursement de dépenses, versement d'indemnités, garanties données, conseils techniques, etc.

Remarque L'aide publique, telle que définie ci avant, n'inclut pas les avantages qui ne sont fournis qu'indirectement au moyen de mesures affectant les conditions générales de l'activité économique.

Par exemple, la mise à disposition d'infrastructures dans les zones en développement ou l'imposition de contraintes commerciales à des concurrents.

39512 (suite) 2. Les **subventions publiques** sont des aides publiques qui se caractérisent par un transfert de ressources à une entreprise en échange du fait qu'elle s'est conformée ou se conformera à certaines conditions liées à ses activités opérationnelles.

Les subventions peuvent être soit liées à des actifs soit liées au résultat :

– les **subventions liées à des actifs** dont la condition principale est qu'une entreprise répondant aux conditions d'obtention doit acheter, construire ou acquérir par tout autre moyen des actifs à long terme ;

– les **subventions liées au résultat** sont des subventions publiques autres que les subventions liées à des actifs.

Les subventions publiques excluent (IAS 20.34 s.) :

– les formes d'aide publique dont la valeur ne peut être raisonnablement déterminée (par exemple, des conseils techniques ou commerciaux gratuits et des garanties données) ; et

– les transactions avec l'Etat qui ne peuvent pas être distinguées des transactions commerciales habituelles de l'entreprise (par exemple, lorsque des ventes sont réalisées avec des organismes publics).

Exemples :

1. Transactions constituant des subventions publiques :

Exemple A Afin de favoriser l'utilisation d'énergie renouvelable et non polluante, l'Etat verse une **indemnité** d'un montant plafonné à 10 000 € aux entreprises ayant **installé des capteurs d'énergie solaire.**

Cette indemnité versée par l'Etat est une **subvention publique liée à un actif** pour les raisons suivantes :

– le versement d'une indemnité constitue un transfert de ressources entre l'Etat et les entreprises bénéficiaires ;

– l'octroi de cette indemnité est sous condition de l'installation de capteurs solaires, c'est-à-dire des actifs à long terme.

Exemple B Afin de favoriser la réinsertion des chômeurs de longue durée, les employeurs bénéficient d'un **abattement de 30 % de cotisations patronales** par un organisme public pendant une durée de 12 mois.

Cet abattement de cotisations patronales pendant une durée de 12 mois est une **subvention liée au résultat** pour les raisons suivantes :

– l'abattement constitue un transfert de ressources entre cet organisme public et les entreprises bénéficiaires ;

– l'octroi de cette aide est sous condition de l'embauche d'un chômeur longue durée ;

– l'octroi de cette aide n'est pas lié à l'acquisition ou la construction d'actifs à long terme.

Exemple C Afin d'encourager les investissements industriels, l'Etat octroie des **prêts à taux d'intérêt inférieur au taux du marché** (prêt bonifié).

Le différentiel de taux d'intérêt est une **subvention publique liée à un actif** pour les raisons suivantes :

– le différentiel de taux d'intérêt constitue un transfert de ressources entre l'Etat et les entreprises bénéficiaires ;

– l'octroi de ce taux bonifié est sous condition d'investissement dans du matériel de production, c'est-à-dire dans des actifs à long terme.

Dans ce cas, le montant de la subvention est la différence entre le montant reçu en trésorerie et la valeur actualisée au taux de marché des flux de trésorerie contractuels (principal et intérêts) (IAS 20.10A).

Pour plus de détails et un exemple chiffré, voir nº 46095.

Exemple D Un organisme public, en charge de promouvoir l'innovation, accorde une avance remboursable pour le financement d'un projet de recherche et développement. **L'avance n'est remboursable qu'en cas de succès** technique et commercial du projet.

La norme IAS 20 traite du cas des prêts non remboursables sous conditions (« forgivable loans ») qui sont des prêts pour lesquels l'organisme public prêteur a accepté de renoncer au remboursement, si certaines conditions spécifiées sont remplies. Un tel prêt doit être traité comme une subvention, lorsqu'il existe une assurance raisonnable que seront atteintes les conditions requises pour la disparition de l'obligation de remboursement (au cas d'espèce, l'échec du projet) (IAS 20.3 et .10).

Pour un exemple ne constituant pas un prêt non remboursable sous conditions au sens d'IAS 20.10, voir Remarque ci-après.

2. Transactions ne constituant ni une aide publique ni une subvention publique L'Union européenne a fixé des quotas d'importation d'acier en provenance de pays hors UE destinés à ralentir la baisse des ventes des entreprises sidérurgiques en France.

Cette mesure est prise par un organisme public international. Même si cette mesure représente une forme d'avantage aux entreprises sidérurgiques de l'UE, elle impose en premier lieu des contraintes commerciales aux concurrents des entreprises européennes.

Ce type d'avantage est exclu de la définition de l'aide publique.

Remarque L'IFRS IC a traité en 2016 le cas particulier d'une **avance remboursable reçue du gouvernement pour le financement d'un projet de recherche et développement** (IFRIC Update 05/16). Dans la transaction examinée, l'entreprise n'était obligée de reverser de la trésorerie que dans le cas où elle décidait d'exploiter commercialement les résultats du projet de recherche. Dans le cas contraire, l'entreprise devait transférer au gouvernement la propriété intellectuelle qui résultait du projet.

L'IFRS IC a conclu que cette avance ne constituait pas un prêt non remboursable sous conditions (« forgivable loan », IAS 20.3). En effet, le gouvernement ne s'était pas engagé à renoncer au remboursement de l'avance, mais il offrait seulement à l'entreprise un choix entre le règlement en trésorerie ou par remise des droits de propriété intellectuelle résultant du projet. Par conséquent, la transaction ne devait pas être traitée comme une subvention selon les dispositions d'IAS 20.10.

L'IFRS IC a considéré, au contraire, que l'avance perçue constituait un passif financier au sens d'IAS 32.20a (l'entité ne pouvant éviter un paiement en trésorerie que par la remise d'un actif non financier), à comptabiliser selon IFRS 9. Dans l'hypothèse où le montant perçu en trésorerie excéderait la juste valeur initiale du passif financier, l'écart pourrait devoir être traité comme une subvention, conformément à IFRS 9.B5.1.1, et selon une logique similaire à IAS 20.10A.

B. Comptabilisation et présentation des subventions

1. Comptabilisation des subventions

1. Les subventions publiques monétaires et non monétaires ne doivent pas être comptabilisées tant qu'il n'existe pas une assurance raisonnable (IAS 20.7 et .8) : 39516
- que l'entreprise se conformera aux conditions attachées aux subventions ; et
- que les subventions seront reçues.

L'obtention d'une subvention ne fournit pas en elle-même une indication permettant de conclure que les conditions attachées à la subvention ont été ou seront remplies (IAS 20.8).
La notion d'assurance raisonnable n'est pas définie par la norme IAS 20. Toutefois, en pratique, il s'agit, à notre avis, d'un seuil significativement plus élevé que la notion de probable.

2. Les subventions publiques doivent être comptabilisées en produits, sur une base systématique et rationnelle, sur les périodes au cours desquelles sont comptabilisés en charges les coûts que ces subventions ont pour objet de compenser (IAS 20.12 s.). Par exemple, si une subvention a pour objet de financer **un actif amortissable,** le produit de la subvention est à étaler sur les exercices d'amortissement et ce, proportionnellement à ces amortissements (IAS 20.17).

3. Une subvention publique destinée à compenser des pertes ou des **dépenses déjà encourues,** ou à apporter un **soutien financier immédiat** à l'entité sans lien avec des coûts futurs, doit être comptabilisée en résultat sur la période au cours de laquelle la subvention devient acquise (IAS 20.20 s.).

4. Pour les avances non remboursables sous condition (« forgivable loans »), voir n° 39512, Exemple D.

5. Une subvention peut prendre la forme d'un **transfert d'actif non monétaire,** comme par exemple un terrain à l'usage de l'entreprise. Dans ce cas, la subvention et l'actif reçus sont habituellement comptabilisés à la **juste valeur** de l'actif non monétaire. Une méthode alternative consiste à les comptabiliser pour un **montant symbolique** (IAS 20.23). Il s'agit, à notre avis, d'un choix de méthode comptable.

2. Présentation des subventions dans les états financiers

La présentation des subventions diffère selon qu'il s'agit de subventions liées à un actif ou liées au résultat. 39518

1. **Subventions publiques liées à des actifs** (IAS 20.24 s.) : **deux méthodes** de présentation au bilan sont **autorisées** :
- en **produits constatés d'avance** au bilan avec comptabilisation en produits selon une base systématique et rationnelle sur la durée d'utilité de l'actif ;
- en **déduisant la subvention de la valeur de l'actif** pour obtenir sa valeur comptable.

Dans ce cas, la subvention est comptabilisée en résultat sur la durée de l'actif amortissable par l'intermédiaire d'une réduction de la charge d'amortissement.

2. Subventions publiques liées au résultat : deux méthodes de présentation sont également **autorisées** (IAS 20.29 s.) :
- **en produits,** séparément ou dans une rubrique générale « Autres produits » ;
- en **déduction des charges** auxquelles elles sont liées.

Il s'agit de choix de méthode comptable que l'entreprise doit appliquer de façon permanente pour toutes les subventions de nature similaire.

Déterminer si une catégorie de subvention est similaire ou non à une autre requiert l'exercice du jugement.

3. Traitement d'un remboursement de subventions

39520 Une subvention publique qui devient remboursable doit être comptabilisée en tant que changement d'estimation comptable (conformément à IAS 8, voir nº 12687) (IAS 20.32).

1. Subventions publiques liées à des actifs Le remboursement d'une telle subvention doit être comptabilisé soit en augmentant la valeur comptable de l'actif, soit en réduisant le solde du produit différé. Le cumul de l'amortissement supplémentaire qui aurait été constaté en charges jusqu'à cette date en l'absence de la subvention doit être immédiatement comptabilisé en charges (IAS 20.32).

Les circonstances donnant lieu au remboursement d'une subvention liée à un actif peuvent être un indicateur de perte de valeur de l'actif et conduire à effectuer un test de dépréciation de l'actif (IAS 20.33).

2. Subventions publiques liées au résultat Le remboursement d'une telle subvention doit être imputé en premier lieu sur tout produit différé qui restait à amortir au titre de la subvention, puis, pour le solde, immédiatement en charge (IAS 20.32).

Remarque – Cas des subventions dont l'acquisition cesse d'être raisonnablement assurée Dans l'hypothèse où une subvention aurait été initialement comptabilisée conformément à IAS 20 (voir nº 39516), mais pour laquelle, du fait d'un changement ultérieur de circonstances, il cesse d'être raisonnablement assuré que l'entité obtiendra ou conservera le bénéfice de la subvention, il convient, selon la CNCC, d'extourner à due concurrence les produits précédemment comptabilisés, en contrepartie d'un passif. Ainsi, selon la CNCC, le critère d'assurance raisonnable doit être rempli non seulement au moment de la comptabilisation initiale mais également à tout moment jusqu'à la prescription du risque de remboursement. En outre, le passif doit être comptabilisé dès l'apparition de l'incertitude, sans attendre un contrôle par l'administration ou une demande de remboursement (CNCC, Questions/Réponses relatives aux conséquences de la crise sanitaire et économique liée à l'épidémie de Covid-19 – Neuvième édition – 8 décembre 2021, § 7.2).

C. Informations en annexe

39524 Afin de permettre aux utilisateurs des états financiers de comprendre les incidences des aides publiques, les informations suivantes sont requises dans l'annexe des états financiers (IAS 20.39) :
- la méthode comptable adoptée pour les subventions publiques, y compris les méthodes de présentation ;
- la nature et l'étendue des subventions publiques comptabilisées dans les états financiers ;
- l'indication des autres formes d'aide publique dont l'entreprise a directement bénéficié ;
- les conditions non remplies ainsi que toute incertitude relative aux subventions comptabilisées.

Recommandations de l'AMF Dans ses recommandations en vue de l'arrêté des comptes 2021, l'AMF recommande aux sociétés significativement concernées par des mesures d'aides gouvernementales de préciser, par grande typologie d'aides (prêts, exonérations de charges ou d'impôt, mesures compensatoires, etc.) et, le cas échéant, par zone géographique (Rec. AMF 2021-06, Arrêté des Comptes 2021, § 3.2.3) :
- les caractéristiques des aides obtenues (durée, conditions de remboursement, etc.) ;
- le traitement comptable (en particulier pour les prêts garantis par l'Etat en cas de prorogation) ;
- le classement retenu dans les états financiers (tant au bilan qu'au compte de résultat) ; et
- leurs impacts (également dans le tableau de flux de trésorerie).

Au titre du risque de liquidité, les sociétés sont également invitées à préciser l'évolution attendue de ces aides (arrêt, remboursement, plafonnement, etc.) et les incertitudes afférentes, en indiquant les relais de croissance prévus. Pour plus de détails sur les informations à fournir au titre du risque de liquidité, voir nº 52405 s.

QUESTIONS/REPONSES PRATIQUES

Remarque importante

Les réponses aux questions présentées ci-après résultent de l'analyse des dispositions de la norme IAS 20, Comptabilisation des subventions publiques et informations à fournir sur l'aide publique, en vigueur actuellement, sur la base des informations disponibles au 1er juin 2023. **39570**

Pour la présentation des principales dispositions de la norme IAS 20, voir n° 39510 s.

A. Comptabilisation des subventions

Comptabilisation des aides reçues de l'Etat

Question **39580**

Comment comptabiliser les aides et autres mesures de soutien reçues de l'Etat ?

Réponse

En fonction des caractéristiques qu'elles présentent, les aides reçues de l'Etat peuvent revêtir des modalités de comptabilisation différentes. Une démarche en six étapes pourrait être suivie afin de déterminer le traitement comptable d'une subvention publique :

1. Déterminer si la ressource répond à la définition d'une subvention publique au sens d'IAS 20.

2. Déterminer si l'entité agit en tant que bénéficiaire principal de la subvention ou simplement en tant qu'agent de l'Etat.

3. Evaluer s'il existe une assurance raisonnable que l'entité se conformera aux conditions attachées à la subvention et qu'elle recevra la subvention.

4. Identifier la nature des coûts ou des pertes que la subvention vise à compenser, ainsi que les critères de comptabilisation qui leur sont applicables.

5. Reconnaître la subvention au compte de résultat au même rythme que les coûts ou pertes compensées.

6. Présenter la subvention au compte de résultat (en produits ou en déduction des charges) en accord avec le choix de méthode comptable retenu par l'entité.

Commentaires Afin de déterminer comment comptabiliser les subventions publiques, une entité pourrait suivre une démarche en six étapes présentées ci-après :

Etape 1 : Déterminer si la ressource reçue de l'Etat répond à la définition d'une subvention publique au sens d'IAS 20 et entre ainsi dans son champ d'application.

Selon IAS 20.3, les subventions sont des aides publiques se caractérisant par un transfert de ressources vers une entité en échange du fait qu'elle s'est conformée ou se conformera à certaines conditions liées à ses activités opérationnelles.

Un avantage économique accordé par l'Etat qui ne peut être utilisé que sous forme d'une réduction des bénéfices imposables ou de l'impôt exigible sur les bénéfices ne constitue pas une subvention dans le champ d'IAS 20 et doit être traité selon les dispositions d'IAS 12 (IAS 20.2).

Le Crédit d'Impôt Recherche, tel qu'il est actuellement en vigueur en France, constitue une subvention dans le champ d'IAS 20, puisqu'il est toujours remboursé par l'Etat, même en l'absence de bénéfice imposable ou d'impôt exigible (voir n° 27555).

Pour plus de précisions sur le champ d'application d'IAS 20, voir n° 39510 et 39512.

Etape 2 : Déterminer si l'entité est le bénéficiaire principal de l'aide ou si elle n'agit qu'en tant qu'agent pour le compte de l'Etat.

Dans certains cas, la subvention accordée à une entité peut être assortie d'une obligation pour l'entité de redistribuer les ressources à ses employés, clients ou locataires. Par exemple, lorsque les aides ont vocation à bénéficier à de petites entreprises ou à des particuliers, l'Etat peut utiliser d'autres entreprises (prêteurs, bailleurs, employeurs, etc.), comme intermédiaires,

39580 (suite) pour faciliter la distribution des aides. Dans de telles situations, un jugement significatif peut devoir être porté afin d'identifier le bénéficiaire de la subvention, en l'absence de dispositions spécifiques d'IAS 20 sur le sujet.

A notre avis, il convient de déterminer si l'entité contrôle la subvention. Une entité contrôle une ressource économique si elle a la capacité de diriger l'utilisation de cette ressource économique et d'en obtenir les avantages économiques. Si l'entité contrôle la subvention avant son transfert à un tiers, cela indique que cette entité est le bénéficiaire principal de la subvention reçue de l'Etat.

Les facteurs suivants peuvent être considérés afin de déterminer si une entité obtient le contrôle d'une subvention :
- l'entité a la capacité de décider quels tiers bénéficieront de la subvention, et pour quel montant ;
- l'entité a la capacité de décider des délais et des modalités de distribution de la subvention aux tiers ;
- l'entité a l'initiative des démarches à accomplir vis-à-vis de l'Etat pour obtenir la subvention (a contrario, si l'entité doit effectuer la démarche à la demande d'un tiers afin que ce dernier puisse bénéficier d'une subvention publique, cela indiquerait que l'entité agit comme agent et non comme principal).

Si l'entité est le bénéficiaire principal de la subvention, cette dernière doit suivre le traitement comptable requis par la norme IAS 20 et développé dans les étapes 3 à 6 ci-après. Si l'entité agit seulement en tant qu'agent de l'Etat, la subvention n'entre pas dans le champ d'application d'IAS 20 et les montants ainsi reçus n'ont pas d'incidences sur le compte de résultat.

Un actif ou un passif pourrait néanmoins devoir être comptabilisé afin de se conformer aux dispositions d'autres normes IFRS.

Etape 3 : Evaluer si l'entité dispose de l'assurance raisonnable qu'elle se conformera aux conditions attachées à la subvention et qu'elle recevra la subvention.

Cette étape requiert de s'assurer que la subvention répond aux conditions de comptabilisation énoncées par IAS 20.7.
L'ensemble des faits et circonstances propres aux conditions d'obtention de la subvention doivent être analysés.
Pour plus de précisions, voir n° 39516.

Etape 4 : Identifier la nature des coûts ou des pertes que la subvention vise à compenser, ainsi que les critères de comptabilisation qui leur sont applicables.

Etape 5 : Reconnaître la subvention au compte de résultat au même rythme que les coûts ou les pertes que la subvention a pour objet de compenser (IAS 20.12).

Etape 6 : Présenter la subvention au compte de résultat (en produits ou en déduction des charges) en accord avec le choix de méthode comptable retenu par l'entité (IAS 20.24 à .33).

■ *Exemple*

Afin de lutter contre les effets d'une crise économique majeure, un Etat octroie aux bailleurs commerciaux un abattement sur l'impôt foncier dû au titre de l'exercice. Le dispositif revêt les caractéristiques suivantes :
- cette aide doit bénéficier aux preneurs. Ainsi, les bailleurs devront rétrocéder l'aide aux preneurs (locataires). Dans le cas contraire, ils devront rembourser à l'Etat le montant non rétrocédé ;
- le montant de l'aide attribuable à chaque preneur ainsi que les modalités d'attribution (remboursement aux preneurs d'un montant mensuel fixe ou variable, versement unique, etc.) sont laissés à la discrétion du bailleur ;
- à réception de l'aide, les bailleurs disposent d'un délai raisonnable pour décider des modalités de reversement.

Solution de l'exemple :
Etape 1 *: L'aide de l'Etat est une subvention selon IAS 20 car il y a bien un transfert de ressources en échange du fait que les bailleurs se conformeront à certaines dispositions.*
Etape 2 *: Les bailleurs sont les bénéficiaires principaux de la subvention, ces derniers pouvant décider quels preneurs vont en bénéficier, dans quelles proportions et sous quelle forme. De plus, ils disposent d'un délai raisonnable pour décider des modalités de distribution aux preneurs.*
Etape 3 *: Les bailleurs doivent avoir une assurance raisonnable qu'ils vont se conformer aux conditions attachées à la subvention et qu'ils vont la recevoir. Au cas particulier, cette étape est satisfaite si les bailleurs répondent à la qualification de bailleurs commerciaux au sens de la loi en vigueur et s'ils prévoient de se conformer aux conditions de la subvention en transférant l'aide aux preneurs.*
Etape 4 *: Les bailleurs déterminent que l'aide reçue vise à compenser la diminution de leurs revenus locatifs, intervenue dans le contexte de la crise. Cette diminution de revenus locatifs est comptabilisée conformément aux dispositions de la norme IFRS 16.*
Pour plus de détails sur les dispositions d'IFRS 16 applicables aux bailleurs, voir n° 33020 s.

Etape 5 : La subvention doit être comptabilisée sur la période au cours de laquelle la perte de revenus locatifs est supportée par les bailleurs.
Etape 6 : La subvention doit être présentée en autres produits ou en autres revenus, dans une catégorie ou sous-catégorie distincte des revenus locatifs.

Mesures d'indemnisation d'activité partielle

Question 39620

En cas de réduction ou de suspension temporaire d'activité, l'Etat peut mettre en place des mesures d'accompagnement des entreprises, afin de compenser certaines de leurs dépenses de personnel.

Tel est le cas en France des allocations d'activité partielle qui viennent compenser les indemnités versées par l'entreprise aux salariés en chômage partiel.

Comment les entreprises doivent-elles comptabiliser de telles mesures d'accompagnement ?

Réponse

Si l'entité est le bénéficiaire principal des mesures d'accompagnement, elles devront être comptabilisées selon les dispositions d'IAS 20. Ces subventions devront alors être comptabilisées dès lors qu'il existe une assurance raisonnable que l'entreprise se conformera aux conditions attachées aux subventions et que les subventions seront reçues. Ces subventions seront constatées au compte de résultat au fur et à mesure de la comptabilisation des charges de personnel qu'elles ont pour objet de compenser.

Tel est le cas du régime d'activité partielle applicable en France.

Si l'entité agit en tant qu'agent pour le compte de l'Etat, les montants reçus et versés n'auront pas d'incidences sur le compte de résultat.

Commentaires :

1. L'entité doit, dans un premier temps, déterminer si elle est le bénéficiaire principal de l'aide ou si, au contraire, elle n'intervient qu'en tant qu'agent de l'Etat dans la distribution de ces aides.

a. Lorsque **l'entité est considérée comme le bénéficiaire principal,** les subventions doivent être comptabilisées selon IAS 20. Elles ne sont comptabilisées que lorsqu'il existe une assurance raisonnable :
- que l'entreprise se conformera aux conditions attachées aux subventions ; et
- que les subventions seront reçues (IAS 20.7).

Les subventions publiques doivent être comptabilisées en résultat au même rythme que les coûts liés qu'elles sont censées compenser (IAS 20.12).

b. Si, au contraire, les montants reçus par l'entité sont reçus pour le compte d'un tiers, **l'entité agit en tant qu'agent pour le compte de l'Etat** et les montants ainsi reçus de l'Etat et reversés aux salariés n'ont pas d'incidences sur le compte de résultat.

Un actif ou un passif pourrait néanmoins devoir être comptabilisé afin de se conformer aux dispositions d'autres normes IFRS.

Selon les juridictions concernées, les mesures d'aides octroyées en cas de réduction ou suspension temporaire d'activité pourront donc être analysées différemment.

2. **Application au dispositif d'activité partielle en France** En France, en cas de recours à l'activité partielle, sous réserve de respecter un certain nombre de conditions, les employeurs doivent verser aux salariés une indemnité de chômage partiel et perçoivent une allocation d'activité partielle directement de l'Etat.

Pour plus de précisions sur ce dispositif, voir Mémento Social n° 1400 s.

L'employeur étant considéré au cas particulier comme le bénéficiaire de cette subvention, l'indemnisation reçue est à traiter comme une subvention publique au sens d'IAS 20.

Un produit à recevoir est comptabilisé au même rythme que la comptabilisation en charges des rémunérations versées aux employés en activité partielle, dès lors qu'il existe une assurance raisonnable que l'entreprise respecte l'ensemble des conditions attachées à ces aides (et donc que celles-ci ne seront pas remises en cause en cas de contrôle ultérieur de l'administration) et que l'indemnisation sera reçue.

Pour la comptabilisation des coûts de chômage partiel, voir n° 40810.

39620 (suite) Le produit de la subvention peut être présenté au compte de résultat :
- en produits, séparément ou dans une rubrique générale « Autres produits d'exploitation » ; ou
- en déduction des charges auxquelles elles sont liées.

Ce choix de méthode de présentation doit être appliqué de manière constante et homogène.

Si les montants reçus sont significatifs, une information en annexe devra être fournie concernant la méthode de présentation retenue et l'impact du dispositif sur les états financiers (montants comptabilisés et ligne du compte de résultat dans laquelle ces montants sont comptabilisés).

TITRE 8

Passifs (hors instruments financiers)

CHAPITRE 34

Provisions, passifs éventuels et actifs éventuels (IAS 37)

Plan du chapitre §§ 39950

L'ESSENTIEL DE LA NORME IAS 37

A. Généralités

Champ d'application

39951 La norme IAS 37, Provisions, passifs éventuels et actifs éventuels, doit être appliquée par toutes les entreprises pour la comptabilisation des provisions, des passifs éventuels et des actifs éventuels (IAS 37.1).

La norme couvre également le traitement des provisions pour restructuration, y compris les restructurations issues d'activités abandonnées répondant aux critères énoncés par la norme IFRS 5, Actifs non courants détenus en vue de la vente et activités abandonnées (IAS 37.9). Dans ce dernier cas, des informations complémentaires peuvent être requises par la norme IFRS 5 (voir nº 37040 s.).

Les taxes (« levies ») entrant dans le champ d'application de la norme IAS 37 font l'objet de l'interprétation IFRIC 21 (pour plus de détails sur leur comptabilisation, voir nº 40380).

La norme IAS 37 exclut de son champ d'application :

1. les contrats non (entièrement) exécutés, sauf s'il s'agit de contrats déficitaires (IAS 37.1 et .3) ;
2. les provisions, passifs éventuels et actifs éventuels couverts par une autre norme tels que :

- les instruments financiers, y compris les garanties financières émises (IFRS 9) (IAS 37.2) ;
- les impôts sur les bénéfices (IAS 12) (IAS 37.5) ;
- les avantages du personnel (IAS 19) (IAS 37.5) ;
- les contrats d'assurance et autres contrats entrant dans le champ d'application d'IFRS 17 (IFRS 17) (IAS 37.5) ;
- les contrats de location (IFRS 16), sauf exceptions visées par IAS 37.5c, notamment les contrats de courte durée et ceux portant sur des actifs de faible valeur (qui continuent à être comptabilisés en charges de la période selon IFRS 16.6), dès lors qu'ils deviennent déficitaires ;
- l'ajustement éventuel du prix d'acquisition dans un regroupement d'entreprises auquel s'applique IFRS 3 (IAS 37.5) ;
- les produits des activités ordinaires tirés de contrats conclus avec des clients (IFRS 15). Cependant, comme IFRS 15 ne contient pas de dispositions particulières concernant les contrats conclus avec des clients qui sont, ou qui sont devenus, déficitaires, la présente norme s'applique en pareils cas (IAS 37.5).

Définitions

39953 La norme IAS 37 définit les termes suivants (IAS 37.10) :

1. Un **passif** est une obligation actuelle de l'entité résultant d'événements passés et dont l'extinction devrait se traduire, pour l'entité, par une sortie de ressources représentatives d'avantages économiques.

2. Une **provision** est un passif dont l'échéance ou le montant est incertain. Une provision doit être comptabilisée lorsqu'il existe une obligation actuelle (juridique ou implicite) résultant d'événements passés, dont il est probable que le règlement nécessitera une sortie de ressources, et dont le montant peut être estimé de manière fiable (voir nº 39955). Les provisions doivent être présentées au bilan séparément des autres passifs (dettes d'exploitation, charges à payer ou dettes financières) (IAS 37.11).

3. Un **passif éventuel** est :

a. une obligation potentielle résultant d'événements passés et dont l'existence ne sera confirmée que par la survenance ou la non-survenance d'un ou de plusieurs événements futurs incertains qui ne sont pas totalement sous le contrôle de l'entreprise ; ou

b. une obligation actuelle résultant d'événements passés mais qui n'est pas comptabilisée :
- soit parce qu'il n'est pas probable qu'une sortie de ressources représentatives d'avantages économiques soit nécessaire pour éteindre l'obligation ;
- soit parce que le montant de l'obligation ne peut être évalué avec une fiabilité suffisante.

Un passif éventuel ne doit pas être comptabilisé.

Remarque Une obligation pour laquelle une entité est conjointement et solidairement responsable constitue un passif éventuel dans la mesure où l'entité s'attend à ce que l'obligation soit réglée par les autres parties (IAS 37.58).

4. Un **actif éventuel** est un actif potentiel résultant d'événements passés et dont l'existence ne sera confirmée que par la survenance ou non d'un ou de plusieurs événements futurs incertains qui ne sont pas totalement sous le contrôle de l'entreprise.

Un **actif éventuel** ne doit **pas être comptabilisé** (IAS 37.31).

Lorsque des encaissements représentant des avantages économiques sont probables, des **informations** doivent être fournies dans l'annexe sur ces actifs éventuels (IAS 37.34).

Lorsque la réalisation des produits est quasiment certaine, l'actif correspondant n'est pas un actif éventuel et doit être comptabilisé (IAS 37.35).

B. Comptabilisation et évaluation

1. Comptabilisation des provisions

Trois critères cumulatifs sont requis pour justifier la comptabilisation d'une provision. Une **39955**
provision doit ainsi être comptabilisée lorsqu'il existe (IAS 37.14) :
- une **obligation actuelle** (juridique ou implicite) résultant d'un événement passé ;
- une **sortie probable de ressources représentatives d'avantages économiques** ; et
- une **estimation fiable** du montant de l'obligation.

Pour l'application de ces critères à :
- une obligation d'engager des dépenses futures au titre d'une immobilisation, voir nº 40350 ;
- des amendes, pénalités ou autres coûts liés à des infractions à la législation ou aux dispositions d'un contrat, voir nº 40806 ;
- des taxes (« levies »), voir nº 40380 s.

Si ces trois conditions ne sont pas réunies, aucune provision ne doit être comptabilisée. En revanche, certains de ces critères peuvent indiquer la présence d'un passif éventuel.

1. Obligation actuelle résultant d'un événement passé

a. Le premier critère de comptabilisation d'une provision est l'existence d'une obligation actuelle, à la fin de la période de reporting, résultant d'un événement passé, appelé fait générateur de l'obligation. L'obligation actuelle n'existe que si le fait générateur est indépendant des actions ou activités futures de l'entité (IAS 37.19).

Ainsi par exemple, une obligation réglementaire de faire réviser un avion au bout d'un certain nombre d'heures de vol ne fait pas naître une provision au fur et à mesure que les heures de vol sont accomplies, car l'entité peut toujours revendre l'avion ou cesser de l'utiliser, donc échapper à la dépense par ses actions futures. A l'inverse, une obligation de réparer un dommage causé par une action passée constitue une obligation actuelle.

Une entité ne doit pas provisionner les coûts qui sont nécessaires à l'exercice d'une activité future (IAS 37.18) ni les pertes d'exploitations futures (IAS 37.63 s.), sauf cas particulier d'un contrat déficitaire (voir nº 39979).

b. Une obligation actuelle n'existe que lorsque l'entité n'a pas d'autre solution réaliste que de régler l'obligation créée par l'événement passé, ce qui ne peut être le cas que dans l'une des situations suivantes (IAS 37.17 s.) :
- l'entité a **une obligation juridique** découlant d'un contrat, de dispositions légales ou réglementaires, ou de toute autre source de droit ; ou
- l'entité a **une obligation implicite** lorsqu'elle a indiqué aux tiers, par ses actions (pratiques passées, politique affichée, ou déclaration suffisamment explicite), qu'elle assumera certaines responsabilités, de telle sorte qu'elle a créé chez ces tiers une attente fondée qu'elle assumera ces responsabilités (IAS 37.10).

Obligation incertaine Dans certains cas, l'existence d'une obligation actuelle n'apparaît pas clairement. Il convient alors de prendre en compte toutes les informations disponibles pour apprécier cette existence. Si l'existence de l'obligation est plus probable qu'improbable (c'est-à-dire supérieure à 50 %), une provision doit être comptabilisée, sous réserve toutefois du respect des autres conditions (IAS 37.15). Ceci peut être par exemple le cas de litiges ou d'enquêtes en cours.

Impact des actions futures de l'entreprises L'IFRS IC a discuté d'un cas où les actions futures de l'entité permettent d'échapper à l'obligation, par exemple en acceptant des sanctions économiques ou en arrêtant certaines activités. Dans ce cas, la question s'est posée de savoir s'il fallait conclure à l'absence d'obligation actuelle du fait que l'obligation n'est pas indépendante des actions futures de l'entité (IAS 37.19), ou s'il fallait au contraire apprécier si ces actions futures étaient réalistes ou non, sur la base d'IAS 37.17.

39955 (suite) Sur la base des discussions de l'IFRS IC (IFRIC Update, juin 2022, Negative Low Emission Vehicle Credits et Agenda Paper 4 (Appendix A) s'y rapportant), il est important d'effectuer une distinction entre les actions futures qui affectent l'existence de l'obligation et celles qui affectent le règlement de l'obligation. En effet, le caractère économiquement réaliste ou non de ces actions futures ne sera pas apprécié pour les premières, alors qu'il devra l'être pour les secondes.

– Si une action future de l'entité affecte l'existence de l'obligation, aucune obligation actuelle n'existe tant que l'action n'a pas eu lieu, même s'il n'est pas économiquement réaliste pour l'entité de s'abstenir de conduire cette action future. Ainsi, par exemple, si l'entreprise est redevable d'une taxe calculée sur son chiffre d'affaires de l'exercice N, et que cette taxe n'est due que si l'entité exerce une activité spécifiée au 1/1/N+1, aucune obligation n'est née au 31/12/N. En conséquence, aucune provision n'est comptabilisée au 31/12/N, même s'il n'est pas économiquement réaliste pour l'entité de cesser l'activité considérée.

– Si une action future de l'entité n'affecte pas l'existence de l'obligation, mais permet d'éviter son règlement, il convient d'apprécier si cette action est économiquement réaliste ou non. Par exemple, si l'obligation résulte d'un événement passé et que l'entité peut éviter une sortie de ressources financières en acceptant dans le futur des restrictions gouvernementales sur son activité, il sera conclu qu'il existe une obligation actuelle dès lors qu'il n'est pas réaliste pour l'entité de s'exposer à ces restrictions.

2. Sortie probable de ressources représentatives d'avantages économiques Le deuxième critère de comptabilisation d'une provision est qu'une sortie de ressources représentatives d'avantages économiques est probable pour régler l'obligation de l'entreprise, c'est-à-dire qu'il est plus probable qu'improbable que cette sortie de ressources se produira (IAS 37.23 s.).

Remarques :

1. Si la probabilité de sortie de ressources est plus improbable que probable mais que la sortie de ressource est raisonnablement possible, aucune provision ne doit être constatée ; une information en annexe doit être fournie au titre d'un passif éventuel. Si la probabilité de sortie de ressources est très faible, aucune provision n'est constatée et aucune information n'est nécessaire (IAS 37.23).
2. Lorsqu'il existe un grand nombre d'obligations similaires sur un groupe d'éléments (par exemple, une clause de garantie sur des appareils électroménagers), l'évaluation de la probabilité doit être effectuée au niveau de l'ensemble des éléments et non individuellement (IAS 37.24).
3. Le Staff de l'IFRS IC a considéré que la sortie de ressources doit correspondre à une **sortie nette de ressources**. Ainsi, par exemple, l'obligation d'acquérir ou de construire un actif (grande révision d'un avion, installation de filtres à fumée sur une usine) constitue une obligation d'échanger de la trésorerie contre un autre actif, sans sortie nette de ressources. Aucune provision ne doit donc être comptabilisée, malgré l'existence d'une obligation actuelle (réunion de l'IFRS IC de juin 2022, Staff Paper n° 4A).

3. Estimation fiable de l'obligation Le troisième critère de comptabilisation d'une provision est la possibilité de réaliser une **estimation fiable** de l'obligation.

Dans le cas extrêmement rare où aucune estimation fiable ne peut être faite, il existe un passif qui ne peut pas être comptabilisé. Ce passif est alors un passif éventuel et fait l'objet d'une information en annexe.

IAS 37.IG B propose un arbre de décision reprenant les critères de comptabilisation d'une provision et d'identification de passifs éventuels :

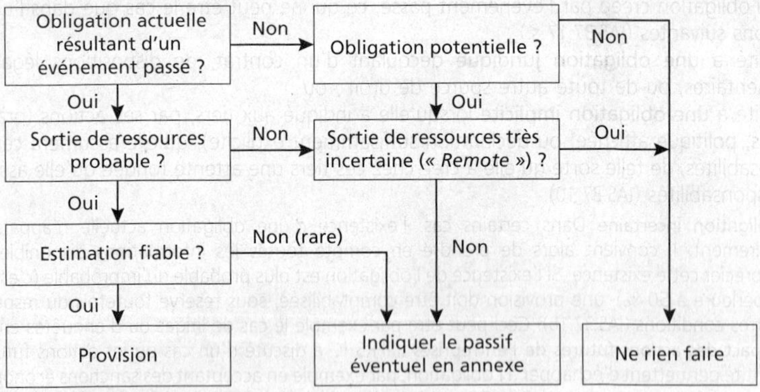

2. Evaluation des provisions

Principe général

Le montant comptabilisé en provision doit être la **meilleure estimation** de la dépense nécessaire à l'extinction de l'obligation actuelle à la fin de la période de reporting (IAS 37.36). **39957**

La provision est évaluée avant impôt, les incidences fiscales des provisions et de leurs changements étant traitées par la norme IAS 12, Impôts sur le résultat (IAS 37.41), voir n° 27450 s.

La provision doit être actualisée si l'impact est significatif (IAS 37.45), voir n° 39961.

Aucune provision ne doit être comptabilisée au titre des pertes opérationnelles futures (IAS 37.63 s.). En outre, les profits résultant de la sortie attendue d'actifs ne doivent pas être pris en compte dans l'évaluation d'une provision (IAS 37.51 s.).

Ainsi, une provision pour restructuration d'un site industriel ne peut pas être évaluée en tenant compte de la plus-value de cession d'une usine qui serait vendue dans le cadre de la restructuration. La plus-value de cession doit être reconnue lors de la vente de l'usine conformément aux dispositions d'IAS 16.

Détermination de la meilleure estimation de la dépense nécessaire au règlement de l'obligation actuelle

La meilleure estimation de la dépense imposée par l'extinction de l'obligation actuelle est le montant que l'entreprise devrait raisonnablement payer pour régler son obligation, à la fin de la période de reporting, ou pour la transférer à un tiers à cette même date. **39959**

La détermination de cette estimation peut faire appel au jugement des dirigeants, complété par l'expérience de transactions similaires et, dans certains cas, par des rapports d'experts indépendants, après prise en compte des risques et incertitudes liés aux événements et de toute indication supplémentaire fournie par des événements postérieurs à la fin de la période de reporting (IAS 37.37 s.).

L'estimation de la sortie de ressources correspond aux dépenses qui concourent directement à l'extinction de l'obligation de l'entreprise, à savoir les dépenses qui n'auraient pas été engagées en l'absence de cette obligation.

Remarques :

1. Méthodes d'évaluation La méthode d'évaluation d'une provision n'est pas un choix de méthode comptable ; elle dépend des caractéristiques de l'obligation à évaluer :

a. Valeur la plus probable (« most likely outcome ») Selon cette méthode, le montant à retenir correspond à celui résultant du scénario que l'entreprise estime être le plus probable (IAS 37.40). Cette méthode est particulièrement adaptée pour l'évaluation d'une obligation unique avec un scénario binaire.

Lorsqu'il existe une obligation unique avec plusieurs résultats possibles, l'entreprise doit, avant de retenir le résultat le plus probable, considérer les autres résultats possibles. Lorsque les autres résultats possibles sont, pour la plupart, soit plus élevés, soit plus faibles que le résultat le plus probable, la meilleure estimation sera, selon les cas, un montant supérieur ou inférieur au résultat le plus probable.

b. Valeur attendue (« expected value ») Selon cette seconde méthode, dite « statistique », le montant à retenir correspond à la moyenne des montants des différents scénarios possibles pondérée par leurs probabilités d'occurrence (IAS 37.39). Ainsi, le montant de la provision est différent selon la probabilité attribuée à chacun des scénarios de sortie de ressources futures. Dans le cas où les résultats possibles sont équiprobables dans un intervalle continu, le milieu de l'intervalle doit être retenu. Cette méthode est adaptée lorsque l'évaluation du passif comprend une population nombreuse d'éléments.

Exemple d'application de la méthode de la valeur attendue à une provision pour garantie (extrait d'IAS 37.39) Un producteur accorde à ses clients une garantie de conformité de ses produits. Au titre de la population totale des produits déjà vendus et toujours sous garantie, l'entité détermine trois scénarios de coûts et de probabilités de mise en jeu de la garantie, sur la base de son expérience historique :

Scénario envisagé	Aucun défaut	Défaut mineur	Défaut majeur
Coûts futurs attendus	0 €	1 000 000 €	4 000 000 €
Probabilité d'occurrence	75 %	20 %	5 %

Si la méthode de la valeur la plus probable (« most likely outcome ») était appliquée, les flux futurs à prendre en compte seraient nuls. Cette méthode n'est cependant pas appropriée pour ce type d'obligation.
En effet, la méthode de la valeur attendue (« expected value ») devrait être retenue dans une telle situation. Selon cette méthode, le montant des flux futurs estimés s'élève à 400 000, calculé de la manière suivante :
400 000 = (0 × 0,75 %) + (1 000 000 × 20 %) + (4 000 000 × 5 %).

2. Une incertitude ne justifie pas la constitution de provisions excessives ou une évaluation délibérément exagérée des passifs (IAS 37.43).

3. **Frais d'avocats liés à un litige** Il existe une diversité de vues sur la prise en compte ou non des frais d'avocats dans l'évaluation d'une provision :
– Selon certains, les frais d'avocats à encourir au titre d'un litige, même probables, ne correspondent pas à une obligation actuelle car ils découlent d'un contrat exécutoire (« executory contract »). Ainsi, tant que les services considérés n'ont pas été rendus, ils ne doivent pas donner lieu à reconnaissance d'un passif.
– Selon d'autres, la vue précédente ne s'applique que dans le cas où le litige sous-jacent ne remplit pas les critères de reconnaissance d'une provision. A l'inverse, dans le cas où les critères de reconnaissance d'une provision sont remplis pour le litige, les frais d'avocats sont des coûts directs et incrémentaux qui seraient pris en compte par un tiers pour déterminer le prix auquel il accepterait de reprendre l'obligation à sa charge. Ils doivent en conséquence être inclus dans l'estimation de la provision.

Actualisation de l'estimation de la provision

39961 Lorsque l'effet de la valeur temps de l'argent est significatif, le montant de la provision doit être égal à la valeur actualisée des dépenses attendues, estimées nécessaires pour régler l'obligation (IAS 37.45).

Les taux d'actualisation à retenir sont des taux avant impôts, qui reflètent les appréciations actuelles par le marché de la valeur temps de l'argent et des risques spécifiques à ce passif (IAS 37.47).

1. **Valeur temps de l'argent** La norme IAS 37 ne définit pas la notion de valeur temps de l'argent. En pratique, la prise en compte d'un taux sans risque est appropriée. Il est ainsi pertinent de retenir les taux de rendement des obligations d'Etat ayant la même maturité et la même devise que la provision considérée.

« Spread » de financement Il a été observé qu'à l'intérieur de la zone Euro, certaines dettes souveraines peuvent avoir des notations de crédit inférieures à la meilleure notation possible, et présenter des primes de rendement significatives par rapport à d'autres pays. Dans ce contexte, l'exercice du jugement est nécessaire pour apprécier si le taux de rendement des obligations d'Etat d'un pays donné représente un taux sans risque ou nécessite d'être ajusté.
Taux négatifs Des taux d'intérêt négatifs ont pu être observés pour certaines dettes souveraines. En l'absence de précisions des textes, il existe une diversité de pratique quant à la prise en compte ou non des taux d'intérêt négatifs dans la valeur temps de l'argent.

2. **Risque spécifique au passif** Le taux d'actualisation doit, si nécessaire, être ajusté du risque spécifique lié au passif, c'est-à-dire du risque que les dépenses estimées soient insuffisantes pour solder le passif. L'ajustement lié au risque spécifique vient réduire le taux d'actualisation, et ainsi accroître le montant de la provision. L'entité ne doit cependant pas ajuster à la baisse le taux d'actualisation si les incertitudes relatives aux flux de trésorerie ont déjà été prises en compte sous forme d'une majoration des flux retenus dans l'estimation (IAS 37.47).

En pratique, les entités prennent généralement en compte le risque spécifique du passif par la majoration des flux, et non par la baisse du taux d'actualisation.

3. **Risque de crédit** La norme IAS 37 n'indique pas si le risque de crédit propre à l'entité doit être pris en compte ou non dans le taux d'actualisation. L'IFRS IC a noté qu'en pratique, il n'est généralement pas inclus dans la détermination du risque spécifique au passif et a considéré qu'une clarification de la question relèverait d'une révision future d'IAS 37 (IFRIC Update 03/11).

4. **Inflation** En ce qui concerne l'inflation, il est nécessaire que les hypothèses de taux d'actualisation et de flux de trésorerie soient déterminées de façon cohérente entre elles.

Prise en compte des événements futurs

Des événements futurs pouvant avoir un effet sur le montant nécessaire à l'extinction d'une obligation doivent être traduits dans le montant de la provision lorsqu'il existe des indications objectives suffisantes que ces événements se produiront (IAS 37.48). 39963

Par exemple, pourront être pris en compte (IAS 37.49 s.) :
- des progrès technologiques futurs uniquement s'il existe des indications raisonnables et objectives d'évolution de la technologie actuelle (par exemple, dans le cas de l'évaluation du coût de décontamination d'un site à l'issue d'une période d'utilisation, si des progrès technologiques devaient effectivement conduire à une diminution du coût de décontamination) ;
- l'effet d'un projet de loi ou d'une nouvelle législation non encore promulguée, seulement s'il existe suffisamment d'éléments probants pour conclure que sa promulgation est quasi certaine. En pratique, cette prise en compte est souvent impossible tant que cette nouvelle législation n'est pas promulguée.

3. Remboursement de montants provisionnés

Tout ou partie d'une dépense nécessaire au règlement d'une provision peut être remboursée par un tiers, par exemple en cas de clauses d'indemnisation, de garanties du fournisseur ou de contrats d'assurance. 39969

Le remboursement attendu ne doit être comptabilisé que s'il est quasi certain que l'entité le recevra dès lors qu'elle aura réglé l'obligation objet de la provision (IAS 37.53). Il est présenté :
- au bilan comme un actif distinct, non compensé avec la provision comptabilisée au passif, car l'entreprise reste responsable de l'extinction de l'obligation en cas de défaillance du tiers pour le paiement du remboursement (IAS 37.53) ;
- dans la composante résultat de l'état du résultat global (compte de résultat), en produits ou en diminution de la charge correspondant à la provision (présentation de la charge en brut ou en net) (IAS 37.54).

Recommandations de l'AMF Dans ses recommandations en vue de l'arrêté des comptes 2022, et dans le cadre de la comptabilisation de remboursements attendus des assureurs au titre de pertes encourues afférentes à la guerre en Ukraine, l'AMF attire l'attention des sociétés sur la nécessité d'effectuer une analyse spécifique des clauses d'exclusion des polices d'assurance, afin de s'assurer que celles-ci n'entraînent pas un risque de non-indemnisation dans ces circonstances spécifiques (Rec. AMF 2022-06, Arrêté des Comptes 2022, § 3.4).

4. Suivi des provisions

A chaque fin de période de reporting, les provisions doivent être revues et ajustées pour refléter la meilleure estimation à cette date (IAS 37.59). En pratique, il est nécessaire d'apprécier à nouveau les trois critères de comptabilisation des provisions, c'est-à-dire l'existence d'une obligation actuelle à cette date, la probabilité de sortie de ressources et la possibilité de réaliser une estimation fiable. 39975

Ainsi :
- si la sortie de ressources représentatives d'avantages économiques nécessaires pour éteindre l'obligation n'est plus probable, la provision doit être reprise ;
- toute nouvelle indication depuis la dernière estimation nécessite l'ajustement du montant des provisions ;
- dans le cas de provision actualisée, la valeur actuelle doit être ajustée afin de refléter l'écoulement du temps depuis l'estimation précédente (en contrepartie de charges financières).

En outre, une provision ne doit être utilisée que pour les dépenses pour lesquelles elle a été comptabilisée à l'origine (IAS 37.61).

Remarque – Changements d'estimation des provisions pour démantèlement, remise en état et provisions similaires (IFRIC 1) De tels changements peuvent résulter des variations de l'échéancier ou du montant estimé des dépenses nécessaires pour éteindre l'obligation ou encore d'une variation du taux d'actualisation. L'ajustement de la provision doit être comptabilisé en contrepartie d'un ajustement de la valeur comptable de l'immobilisation concernée, sauf circonstances particulières (évaluation de l'immobilisation selon le modèle de la réévaluation, immobilisation totalement amortie ou dépréciée).

Ainsi, une augmentation du devis des dépenses de démantèlement d'une immobilisation se traduit par une augmentation de la provision et de l'immobilisation (le montant d'amortissement de l'immobilisation étant en conséquence augmenté de manière prospective). Elle est également susceptible de constituer un indicateur déclenchant la réalisation d'un test de dépréciation de l'immobilisation selon IAS 36 (IFRIC 1.5).

Dans tous les cas, l'augmentation de la provision reflétant l'effet temps de l'argent (désactualisation) doit être constatée en résultat.

5. Contrats déficitaires

39979 Une provision doit être comptabilisée pour tout contrat déficitaire, c'est-à-dire, tout contrat pour lequel les coûts inévitables pour satisfaire aux obligations contractuelles sont supérieurs aux avantages économiques à recevoir du contrat (IAS 37.10, .66 et .68).

Le montant à provisionner doit refléter le moindre coût net de sortie du contrat, c'est-à-dire le plus faible du coût net d'exécution du contrat ou de toute indemnisation ou pénalité découlant du défaut d'exécution du contrat par l'entité (IAS 37.68).

Cette évaluation ne tient donc pas compte des intentions de la direction quant à la continuation, la renégociation ou la résiliation du contrat. Elle se limite aux coûts nets inévitables résultant de l'obligation contractuelle. Un contrat qui est résiliable sans pénalité ne peut donner lieu à provision puisque son moindre coût net de sortie est nul. Les pertes d'exploitation futures ne peuvent pas être provisionnées (IAS 37.63 s.).

Dans le cadre de l'identification et de l'évaluation d'une provision pour contrats onéreux, les coûts inévitables d'exécution du contrat correspondent à l'ensemble des coûts rendus nécessaires par l'exécution du contrat, incluant non seulement les coûts incrémentaux (c'est-à-dire les coûts qui auraient été évités si l'entité n'avait pas obtenu le contrat), mais également une allocation des autres coûts se rattachant directement à l'exécution des contrats en général (y compris le contrat considéré). Ainsi, il convient d'inclure une allocation du coût des ressources utilisées en commun (pour ce contrat et d'autres contrats), telle que, par exemple, une quote-part de la charge d'amortissement des immobilisations utilisées pour exécuter ce contrat parmi d'autres.

Avant de constater une provision pour contrat onéreux, il convient de réaliser un test de dépréciation des actifs utilisés pour exécuter le contrat, en appliquant les dispositions de la norme IAS 36 (IAS 37.69).

Pour les principales dispositions de la norme IAS 36, voir n° 39951 s.

En pratique, les contrats susceptibles d'être onéreux incluent, par exemple :
- un engagement ferme d'approvisionnement en matières premières, excédant les besoins ou à des prix trop élevés, et conduisant ainsi l'entité à prévoir des pertes sur la vente des produits finis ;
- un contrat avec un client, pour lequel l'entité connaît des surcoûts d'exécution.

Pour une analyse détaillée des provisions pour contrats clients déficitaires, voir n° 25730.

Remarque – Amendement d'IAS 37 Les dispositions décrites ci-avant tiennent compte de l'amendement d'IAS 37 publié par l'IASB en mai 2020 et applicable obligatoirement pour les exercices ouverts à compter du 1er janvier 2022 à l'ensemble des contrats en cours d'exécution à la date de première application, sans retraitement des périodes comparatives présentées (l'impact cumulé de l'application initiale de l'amendement étant présenté comme un ajustement des capitaux propres d'ouverture à la date de première application).

Recommandations de l'AMF Dans ses recommandations en vue de l'arrêté des comptes 2022, et compte tenu du contexte macro-économique d'augmentation des prix, l'AMF invite les sociétés à porter une attention particulière sur les marges à terminaison des contrats afin de s'assurer qu'ils ne sont pas devenus déficitaires, en particulier en cas d'absence de clause contractuelle d'indexation des prix de vente sur les coûts. L'AMF recommande en outre aux sociétés de fournir, dans l'annexe des états financiers, des informations relatives à l'analyse du caractère déficitaire des contrats, ainsi que sur la manière dont le montant de la provision pour contrat déficitaire a été déterminé (Rec. AMF 2022-06, Arrêté des Comptes 2022, § 4.3).

6. Provisions pour restructuration

39985 Une restructuration est un programme planifié et contrôlé par la direction, qui modifie de façon significative soit le champ d'activité d'une entreprise, soit la manière dont cette activité est gérée (IAS 37.10).

Par exemple (IAS 37.70) :
- la vente ou l'arrêt d'une ligne d'activité ;
- la fermeture de sites d'activité dans un pays ou une région ou la relocalisation d'activités d'un pays dans un autre ou d'une région à une autre ;
- des réorganisations fondamentales ayant un effet significatif sur la nature et l'objet principal d'une activité de l'entreprise.

Une provision pour restructuration n'est comptabilisée que lorsque les trois critères généraux de comptabilisation des provisions sont satisfaits (IAS 37.71), voir nº 40500.

C'est-à-dire l'existence d'une obligation actuelle à la fin de la période de reporting résultant d'un événement passé, la sortie probable de ressources représentatives d'avantages économiques et une estimation fiable du montant, voir nº 39955.

Une **obligation implicite de restructurer** existe uniquement (IAS 37.72), voir nº 40510 s. :
- d'une part, si l'entité a un plan **formalisé et détaillé de la restructuration** précisant au minimum l'activité ou la partie d'activité concernée, les principaux sites affectés, la localisation, la fonction et le nombre approximatif des membres du personnel qui seront indemnisés au titre de la fin de leur contrat de travail, les dépenses qui seront engagées et la date à laquelle le plan sera mis en œuvre ;
- et d'autre part, si l'entité a créé, chez les personnes concernées (clients, fournisseurs, membres du personnel ou leurs représentants), une **attente fondée qu'elle mettra en œuvre cette restructuration,** soit en commençant à exécuter le plan (par exemple, en commençant le démantèlement d'une usine ou en vendant des actifs), soit en leur annonçant les principales caractéristiques du plan (par exemple, annonce publique des principales caractéristiques du plan).

Pour qu'un plan soit suffisant pour créer une obligation implicite, sa mise en œuvre doit être programmée pour démarrer le plus rapidement possible et s'achever dans un délai rendant improbable toute modification importante de ce plan. Si le délai est déraisonnablement long, il est peu probable que le plan crée une attente fondée chez les tiers.

Dans le cas de la vente d'une activité, aucune obligation n'existe tant que l'**accord de vente n'est pas irrévocable** (IAS 37.78).

Toutefois, lorsque la vente ne représente qu'un des éléments d'une restructuration, il peut exister une obligation implicite au titre des autres parties de la restructuration avant même qu'un accord de vente irrévocable ait été conclu (IAS 37.79).

Une provision pour restructuration inclut uniquement les dépenses liées à la restructuration, c'est-à-dire les dépenses qui sont à la fois nécessairement entraînées par la restructuration et qui ne sont pas liées aux activités poursuivies par l'entreprise (IAS 37.80), voir nº 40540.

Ainsi, une provision pour restructuration exclut les coûts liés à la conduite future de l'activité, c'est-à-dire les dépenses de reconversion ou de relocalisation du personnel conservé, de marketing ou d'investissement dans de nouveaux systèmes et réseaux de distribution (IAS 37.81).
Il en est de même pour les pertes opérationnelles futures identifiables jusqu'à la date d'une restructuration, sauf si elles concernent un contrat déficitaire (IAS 37.82), ainsi que pour les profits sur la sortie attendue d'actifs, même si la vente de ces actifs est envisagée dans le cadre de la restructuration (IAS 37.83).

7. Provisions relatives aux taxes (« Levies »)

L'interprétation IFRIC 21, « Levies », a clarifié le fait générateur de la provision relative aux taxes. **39986**

Pour une présentation générale d'IFRIC 21, voir nº 40380 s.

C. Informations en annexe

Les informations requises au titre des provisions sont les suivantes : **39995**

1. Des **informations narratives et chiffrées, par catégorie de provisions,** c'est-à-dire par groupe de provisions ayant une nature similaire (IAS 37.84 et .85).

L'**information narrative** inclut (IAS 37.85a à .85c) :
- une brève description de la nature de l'obligation et de l'échéance attendue des sorties d'avantages économiques en résultant ;

39995 (suite) – une indication des incertitudes relatives au montant ou à l'échéance de ces sorties, et si approprié, une information sur les principales hypothèses retenues concernant des événements futurs qui peuvent avoir un effet sur les montants nécessaires à l'extinction de l'obligation ;
– le montant de tout remboursement attendu et de tout actif comptabilisé pour ce remboursement attendu.

Les principales **informations chiffrées** concernent par catégorie de provisions (IAS 37.84a à .84e) :
– la valeur comptable des provisions à l'ouverture et à la clôture de la période ;
– les provisions supplémentaires constituées au cours de l'exercice, y compris l'augmentation des provisions existantes ;
– les montants utilisés ainsi que les montants non utilisés repris, au cours de l'exercice ; et
– l'augmentation au cours de l'exercice du montant actualisé résultant de l'écoulement du temps et de l'effet de toute modification du taux d'actualisation.

La fourniture de ces informations pour les périodes comparatives n'est pas imposée.

Des provisions peuvent être regroupées au sein d'une même catégorie si leur nature est suffisamment similaire pour que leur présentation, sous une rubrique unique, permette de fournir des informations satisfaisantes, par exemple en termes de risques encourus et de mode de résolution (IAS 37.87).

Recommandations de l'AMF Concernant le mode de détermination des catégories de provisions, l'AMF souligne l'importance d'adapter ces catégories à l'activité et à la situation de chaque groupe en évitant l'utilisation de libellés trop génériques ou la présence de montants significatifs non détaillés dans une catégorie « autres » (Rec. AMF 2012-16, Arrêté des Comptes 2012, § 3.1).

A titre d'exemple, l'AMF indique que des provisions pour litiges pourront être distinguées en fonction de leur nature (litiges prud'homaux, fiscaux, avec l'autorité de la concurrence, etc.).

En outre, pour chaque catégorie de provisions, l'AMF requiert une description de la méthodologie et des hypothèses retenues pour déterminer le montant des provisions significatives. Tel doit être le cas pour les provisions significatives faisant appel à une grande part de jugement, comme les provisions pour démantèlement/remise en état de sites, litiges fiscaux, restructurations.

Enfin, l'AMF recommande de fournir des informations en annexe sur les risques et litiges significatifs qui figurent dans les documents communiqués au marché (prospectus, par exemple). Il est important qu'un lien soit fait entre les litiges décrits et leurs impacts financiers (Rec. AMF 2012-16 précitée, § 3.2).

2. Des informations sur les **passifs éventuels,** sauf si la probabilité d'une sortie de ressources est très faible (IAS 37.86 s.).

C'est-à-dire, pour chaque catégorie de passifs éventuels de nature similaire, à la fin de la période de reporting :
– une description de la nature du passif ; et
– dans la mesure du possible, une estimation de son effet financier, une indication des incertitudes relatives au montant ou à l'échéance de toute sortie, et la possibilité de tout remboursement.

Recommandations de l'AMF L'AMF encourage à fournir ces informations en annexe pour tous les risques et litiges significatifs non provisionnés et considérés comme des passifs éventuels (Rec. AMF 2012-16 précitée, § 3.2).

Lorsqu'une provision et un passif éventuel résultent du même type de circonstances, l'entité fournit les informations obligatoires pour les provisions de manière à montrer le lien existant entre la provision et le passif éventuel.

3. Des informations, le cas échéant, sur les **actifs éventuels,** lorsqu'une entrée d'avantages économiques est probable (IAS 37.89 s.).

C'est-à-dire une brève description de la nature des actifs éventuels à la fin de la période de reporting et, dans la mesure du possible, une estimation de leur effet financier.

Remarque Lorsqu'il n'est pas possible de fournir une information demandée sur les passifs ou actifs éventuels, ce fait doit être mentionné (IAS 37.91).

En outre, dans des cas extrêmement rares, l'indication de tout ou partie des informations requises par la norme IAS 37 peut causer un préjudice sérieux à une entité dans un litige l'opposant à des tiers sur le sujet faisant l'objet de la provision, du passif éventuel ou de l'actif éventuel. Dans ces cas, l'information peut ne pas être fournie mais doivent être indiqués la nature générale du litige, le fait que ces informations n'ont pas été fournies, ainsi que la raison pour laquelle elles ne l'ont pas été (IAS 37.92).

Ces dispositions ont été rappelées par l'AMF dans ses recommandations (Rec. AMF 2012-16, précitée, § 3.2).

QUESTIONS/REPONSES PRATIQUES

Remarque importante

Les réponses aux questions présentées ci-après résultent de l'analyse des dispositions de la norme IAS 37, en vigueur actuellement, sur la base des informations disponibles au 1er juin 2023. 40006

Pour une présentation des principales dispositions de la norme IAS 37, voir n° 39951 s.

Evolution possible des réponses Les dispositions décrites dans ce chapitre ne tiennent pas compte du projet de l'IASB « Provisions – Targeted Improvements (Amendments to IAS 37, IFRIC 21 and the Conceptual Framework) », ayant pour but de proposer des amendements ciblés de la norme IAS 37. L'IASB devrait décider de l'orientation à donner à ce projet au cours du second semestre 2023.

A. Provisions liées à des immobilisations

Obligations de dépenses ultérieures au titre d'une immobilisation (provision ou non / charge ou immobilisation)

Question 40350

Dans quels cas une obligation d'engager des dépenses futures au titre d'une immobilisation figurant au bilan (remplacement de composants, maintenance, révision périodique, remise en état, etc.) donne-t-elle lieu à comptabilisation d'une provision ?

Réponse

Les règles générales de comptabilisation des provisions s'appliquent. Les dépenses futures donnent lieu à provision si et seulement si les conditions suivantes sont satisfaites :
- il existe une obligation née d'un événement passé et indépendant des actions futures de l'entité ;
- l'entité n'a pas d'alternative réaliste à l'exécution de l'obligation ;
- l'exécution de l'obligation se traduira par une sortie nette de ressources représentative d'avantages économiques ;
- la sortie de ressources est probable ; et
- le coût peut être estimé de manière fiable.

En conséquence :
- les coûts de remise en état de site ou de démantèlement à encourir en fin d'exploitation donnent lieu à la comptabilisation d'une provision ;
- les coûts de remplacement d'un composant, d'une révision périodique, de gros entretien ou de mise en conformité de l'actif avec des normes environnementales ou de sécurité ne doivent généralement pas être provisionnés.

Commentaires En l'absence de dispositions spécifiques prévues par la norme IAS 37 pour les dépenses futures relatives aux immobilisations corporelles, le principe général de comptabilisation des provisions d'IAS 37.14 s. s'applique. Ainsi, une provision doit être comptabilisée si et seulement si les conditions énoncées ci-avant sont respectées.

Le **tableau récapitulatif** ci-après recense les dépenses ultérieures les plus fréquemment engagées au titre d'immobilisations figurant déjà au bilan, en indiquant si elles doivent ou non donner lieu à provision avant leur engagement effectif et en précisant la contrepartie (charges ou immobilisation) de la provision ou de la dépense lorsqu'elle est engagée.

40350
(suite)

Nature des coûts	Réf. IFRS	Traitement comptable	
		Provision avant engagement de la dépense	Charge/Immobilisation
Entretien courant (autre qu'un remplacement de composant, un gros entretien ou une révision majeure)	IAS 16.12	Non (pas d'obligation actuelle)	Charge
Ajout d'éléments nouveaux	n° 30979 ; IAS 16.7 et .10	Non (pas d'obligation actuelle)	Charge si critères d'immobilisation non respectés. Immobilisation si critères d'immobilisation respectés.
Remplacement et gros entretien ou révisions majeures [1]			
a. Composant identifié à l'origine	n° 31055 ; 31060 ; IAS 16.13 et .14 ; IAS 37.IG C Exemple 11	Non (pas d'obligation actuelle et pas de sortie de ressources)	Immobilisation, avec sortie de la VNC du composant remplacé.
b. Composant non identifié à l'origine	n° 31057 ; IAS 16.13 et .14 ; IAS 37.IG C Exemple 11	Non (pas d'obligation actuelle et pas de sortie de ressources)	Immobilisation, avec sortie de la VNC estimée de l'élément remplacé qui n'avait pas été identifié à l'origine comme composant.
Mise en conformité avec des normes de sécurité ou d'environnement			
a. Dépenses conditionnant la poursuite de l'utilisation d'autres actifs et l'obtention des avantages économiques correspondants	n° 31065 ; IAS 16.11 ; IAS 37.IG C Exemple 6	Non, voir Exemples 2 et 3 ci-après	Immobilisation ; test de dépréciation de la nouvelle VNC.
b. Autres cas	n° 31065 ; 31067 ; IAS 16.11 ; IAS 37.IG C Exemple 6	Analyse au cas par cas, sur la base des critères généraux de comptabilisation des provisions	Analyse au cas par cas, sur la base des critères généraux d'immobilisation des dépenses.
Remise en état, démantèlement			
a. Dégradation immédiate (par opposition à la notion de « dégradation progressive », voir b. ci-après) [2]	n° 31070 ; IAS 16.16 ; IAS 37.IG C Exemple 2 ; IFRIC 1	Oui, si obligation actuelle, sortie probable de ressources et coût mesurable de manière fiable. Provision comptabilisée lorsque la dégradation a eu lieu, pour le montant total prévisionnel actualisé de la dépense	Charge si obligation née de l'exploitation passée. Voir Exemple 1 ci-après. Immobilisation si obligation née à l'installation ou à la construction de l'immobilisation [3] (augmentation du coût de l'actif pour le montant total prévisionnel actualisé de la dépense ; ajustement ultérieur prospectif du coût si variation du montant de la provision non liée au passage du temps).

40350 (suite)

Nature des coûts	Réf. IFRS	Traitement comptable	
		Provision avant engagement de la dépense	Charge/Immobilisation
b. Dégradation progressive (au fur et à mesure de l'exploitation) (4)	n° 31070	Oui, si obligation actuelle, sortie probable de ressources et coût mesurable de manière fiable. Provision au fur et à mesure de la dégradation, à hauteur du montant prévisionnel (actualisé) des travaux correspondant à la dégradation effective du site à la fin de la période de reporting.	Charge si dépense liée à l'apurement d'une exploitation passée (cas général). Stocks (incorporation au coût de production) si dégradation progressive liée au processus de production.

(1) Les gros entretiens/révisions majeures visent les coûts de visite et non les remplacements/réparations qui pourraient en résulter.
(2) Par exemple, obligation de démantèlement d'une immobilisation en fin d'exploitation.
(3) Lorsque l'obligation de démantèlement naît après la construction ou l'installation de l'immobilisation, la provision est constituée soit en contrepartie d'une augmentation de la valeur de l'actif en totalité, soit en contrepartie de l'actif et de charges, la répartition entre les deux contreparties (actif et charges) étant effectuée en fonction de la durée d'utilisation résiduelle de l'actif par rapport à sa durée d'utilisation totale.
Ce choix de méthode résulte de l'imprécision des textes ; la première méthode a notre préférence. En effet, l'obligation de démanteler n'est pas liée à la durée d'exploitation de l'installation mais à son existence même. Elle n'est pas non plus liée à une erreur d'appréciation au moment de l'acquisition de l'installation qui aurait dû conduire à constater la provision dès cette date.
(4) Par exemple, obligation de remise en état d'un terrain dont la dégradation survient au fur et à mesure de la production (cas des carrières).

■ *Exemple 1*

Obligation de dépollution *Une nouvelle législation votée avant le 31/12/N exige la dépollution des terrains affectés par certains produits chimiques. La dépollution des terrains est obligatoire, que ces terrains soient en exploitation ou non, et doit intervenir avant le 31/12/N+5. Une entité pourrait échapper à la dépense en revendant le terrain avant cette date, l'obligation étant alors transférée à l'acheteur.*

Au 31/12/N, l'entité A possède un terrain pollué. Le coût estimé des travaux de dépollution des terrains s'élève à 700 K€, mais l'entité n'a pas encore signé de contrats pour la réalisation des travaux.

Solution de l'exemple 1 *Une provision de 700 K€ correspondant au coût de dépollution des terrains doit être comptabilisée au 31/12/N. L'existence d'une obligation actuelle pour l'entité résulte de l'effet combiné de (i) la propriété d'un terrain pollué (événement passé) et de (ii) l'existence d'une législation obligeant à y remédier. La naissance de l'obligation de dépollution est indépendante des actions ou activités futures de l'entité. La date limite du 31/12/N+5 et la faculté de vendre l'actif avant cette date n'affectent pas l'existence l'obligation mais seulement ses modalités de règlement (voir n° 39955). La dépense ne répondant pas aux critères de comptabilisation d'un actif, la provision est comptabilisée en contrepartie d'un compte de charge.*

La comptabilisation de la provision est indépendante de la signature de contrats avec les prestataires de travaux. La signature des contrats n'a pas d'impact en matière de comptabilisation de provision car IAS 37 ne s'applique pas aux contrats dans lesquels aucune des parties n'a encore exécuté ses obligations contractuelles (IAS 37.1). L'exécution des travaux par les prestataires entraîne l'extinction de la provision pour dépollution et la constatation d'une provision pour charge à payer aux prestataires.

■ *Exemple 2*

Obligation de mise en conformité à une date future *Une nouvelle législation votée avant le 31/12/N exige l'installation de filtres à fumée dans les usines avant le 30/6/N+2. Au 31/12/N, l'entité n'a pas encore installé les filtres à fumée.*

Solution de l'exemple 2 *Aucune provision n'est à comptabiliser au 31/12/N. En effet, à cette date :*
– Il n'existe pas encore d'obligation actuelle car la création de l'obligation est dépendante des activités futures de l'entreprise. L'entité peut éviter l'obligation par ses actions futures, par exemple en cessant les activités génératrices de fumée (IAS 37.19).
– Le règlement de l'obligation n'entraînera pas une sortie nette de ressources représentatives d'avantages économiques, dans la mesure où il se traduira par un échange de trésorerie contre un

autre actif (équipements de filtres à fumée) (réunion de l'IFRS IC de juin 2022, Agenda Paper 4 Appendix A).
Remarque *L'un ou l'autre des deux facteurs évoqués ci-avant est suffisant pour conclure qu'une provision ne doit pas être comptabilisée.*

■ ***Exemple 3***

Obligation de mise en conformité non respectée *Comme dans l'exemple 2, la législation exigeait l'installation de filtres à fumée. A la date de clôture, la date limite de mise en conformité fixée par la législation est expirée et l'entité n'a toujours pas installé les filtres, se trouvant donc en infraction à la législation.*

Solution de l'exemple 3 *Il existe une obligation actuelle née d'un événement passé, puisque l'entité a exercé son activité sans respecter la législation.*
Aucune provision ne doit être comptabilisée au titre du coût des filtres à fumée, pour les raisons explicitées dans l'exemple 2. En revanche, une provision doit être comptabilisée au titre des pénalités ou amendes liées à l'infraction, si leur règlement est probable et estimable de façon fiable (IAS 37.IG C, Exemple 6).

B. Provisions relatives aux taxes (« levies »)

Normes applicables aux taxes

40370 ***Question***

Quelles sont les différentes normes IFRS applicables aux taxes ?

Réponse

Il s'agit des normes :
– IAS 12, Impôts sur le résultat, pour les impôts et taxes dus sur la base d'un bénéfice imposable ;
– IAS 19, Avantages du personnel, pour les taxes liées aux rémunérations ;
– IFRS 2, Paiement fondé sur des actions, à notre avis, pour les charges sociales afférentes aux plans de paiements fondés sur des actions ; et
– IAS 37, interprété par IFRIC 21, pour les autres taxes.

Commentaires :

1. **Normes applicables aux différents types de taxes** Il existe une grande diversité de taxes en France et dans le monde dont les caractéristiques sont différentes. Plusieurs normes IFRS sont applicables aux taxes :
– IAS 12, Impôt sur le résultat, qui traite des impôts et taxes qui sont dus sur la base d'un bénéfice imposable (IAS 12.2) (voir n° 27451) ;
– IAS 19, Avantages du personnel, qui traite des taxes liées aux rémunérations ;

La norme IAS 19 requiert qu'une entité évalue le coût final des avantages postérieurs à l'emploi et les taxes à payer par le régime font partie de ce coût (IAS 19.76b.iv et .BC121a).
Pour plus de détails, voir n° 28550.

– IFRS 2, Paiement fondé sur des actions, qui à notre avis s'applique aux charges sociales afférentes aux plans de paiements fondés sur des actions (voir n° 29300) ;
– IAS 37, Provisions, passifs éventuels et actifs éventuels, pour toutes les autres taxes.

Il convient de faire preuve de jugement pour apprécier la norme applicable à une taxe et notamment si elle entre dans le champ d'IAS 12, d'IAS 19 ou d'IAS 37 (IAS 19.BC124).

Seules les taxes qui sont dans le champ d'application d'IAS 37 sont concernées par IFRIC 21 qui vise à clarifier le fait générateur pour la comptabilisation des taxes (voir n° 40385).

2. **Enjeu de la détermination de la norme applicable à une taxe** Il est important de déterminer la norme applicable à un type de taxes car les critères de comptabilisation sont différents selon les normes :
– IAS 12 et IAS 19 permettent généralement une comptabilisation étalée des passifs relatifs aux taxes et de la charge correspondante (voir n° 54674).

- Pour les taxes concernées par IFRIC 21, cet étalement n'est pas acquis. En effet, en ce qui concerne le passif, l'interprétation précise que le fait générateur est désormais l'événement qui entraîne selon la loi l'obligation de payer la taxe. Cela nécessite donc une analyse fiscale afin de déterminer la date à laquelle l'obligation naît (voir n° 40386).

Caractéristiques des taxes visées par IFRIC 21, « Levies »

Question 40380

L'interprétation IFRIC 21, « Levies » vise à clarifier le fait générateur de la provision relative aux taxes autres que les impôts sur les résultats. Quelles sont les taxes concernées par IFRIC 21 ?

Réponse

Il s'agit de toutes les taxes :
- dont une entreprise est redevable en vertu d'une loi ou d'un règlement (ce qui exclut les paiements contractuels à une autorité publique en échange d'un actif ou d'un service) ;
- qui constituent une sortie nette de ressources (ce qui exclut la TVA collectée pour le compte de l'Etat) représentatives d'avantages économiques ;
- et qui ne sont pas des impôts sur les bénéfices couverts par la norme IAS 12 ou d'autres taxes dans le champ d'application d'IAS 19, Avantages du personnel.

Commentaires L'interprétation IFRIC 21, « Levies », s'applique aux taxes (IFRIC 21.2 et .4) :
- définies comme des sorties nettes de ressources représentatives d'avantages économiques imposées aux entités par une autorité publique en vertu de lois et règlements ;

Remarques :

1. L'autorité publique désigne l'Etat, une autorité locale ou un organisme public, ou tout autre organisme similaire local, national ou international (IFRIC 21.4).
2. Ne répondent pas à cette définition les paiements au titre de contrats entre l'autorité publique et une entité en contrepartie d'un actif ou de services (IFRIC 21.5). Ces paiements n'entrent donc pas dans le champ d'application d'IFRIC 21.
3. Ces taxes doivent représenter une sortie nette de ressources, ce qui exclut la TVA collectée pour le compte de l'Etat (IFRIC 21.BC6).

- comptabilisées en application de la norme IAS 37, y compris celles dont le montant et la date de paiement sont certains.

Cas particulier des passifs résultant des quotas d'émission de gaz à effet de serre L'interprétation IFRIC 21 peut être appliquée sur option à ces passifs (IFRIC 21.6 et .BC9), l'IFRS IC ayant indiqué que ces passifs seraient traités dans le cadre d'un projet plus large intitulé « Régime d'échange de quotas d'émission » (« emission trading schemes »), voir n° 67670.

Sont en revanche exclus du champ d'application d'IFRIC 21 (IFRIC 21.4) :
- les taxes couvertes par d'autres normes qu'IAS 37, telles que la norme IAS 12, Impôts sur le résultat, ou IAS 19, Avantages du personnel ;
- les amendes ou pénalités dues en cas de violation des lois et règlements.

En pratique, les taxes suivantes sont concernées par IFRIC 21 : les taxes sur le capital, les taxes foncières, les taxes sur la production, les taxes calculées sur les actifs ou les passifs, les taxes assises sur le chiffre d'affaires, la taxe sur les produits pétroliers, les droits de douane non remboursables et la TVA non déductible.

Pour les principales taxes françaises concernées par IFRIC 21, voir n° 40390.

Fait générateur de la provision relative à l'obligation de payer une taxe à une autorité publique

Question 40385

Quand constater le passif lié à l'obligation de payer une taxe entrant dans le champ d'application d'IFRIC 21 ?

40385 (suite)

Réponse

La reconnaissance du passif est liée au fait générateur de l'obligation de payer la taxe, telle que légalement définie. Ainsi :
- si le fait générateur intervient à une date spécifiée (par exemple, le fait que l'entreprise exerce une activité spécifique au 31 décembre), la provision est constatée à cette date ;
- si le fait générateur est étalé dans le temps (par exemple, génération du chiffre d'affaires ou paiement des salaires), la provision est constatée au fur et à mesure ;
- si l'obligation de payer est déclenchée par l'atteinte d'un seuil minimum d'activité au cours d'une période, la provision n'est constatée que lorsque ce seuil est atteint ;
- si la loi prévoit plusieurs conditions (par exemple, avoir généré du chiffre d'affaires en N et exister au 1er janvier N+1), la provision est constatée à la date à laquelle toutes les conditions sont satisfaites (1er janvier N+1 dans l'exemple).

Commentaires :

1. Date de reconnaissance du passif lié à l'obligation de payer les taxes visées par IFRIC 21
Le fait générateur de la constatation de la provision est l'activité qui déclenche l'obligation légale de payer la taxe, telle que définie par la loi ou le règlement (IFRIC 21.8 et .BC12 s.).

Remarque L'IFRS IC souligne que l'activité prise en compte pour le calcul de la taxe ne constitue pas le fait générateur du paiement.
Ainsi, dans le cas d'une taxe qui serait due dès lors que l'entité génère du chiffre d'affaires au cours de l'exercice N et dont le montant serait déterminé sur la base du chiffre d'affaires réalisé au cours de l'exercice N-1, la réalisation de chiffre d'affaires N-1 est une condition nécessaire mais non suffisante pour créer une obligation actuelle. Elle n'affecte que l'évaluation et non pas la reconnaissance de la provision (IFRIC 21.8 et .BC12 s.).

La provision représentative de l'obligation de payer la taxe est comptabilisée lors de la survenance de ce fait générateur. Elle peut ainsi intervenir, selon les conditions spécifiques prévues par la loi (IFRIC 21.8 s. et .BC23 s.) :
- à une date spécifiée. La provision est alors comptabilisée intégralement à cette date (IFRIC 21.8 et .BC23 s.) ;

Tel peut être le cas pour une taxe due si l'entreprise exerce une activité spécifiée au 31 décembre N. Le fait générateur de l'obligation est l'exercice de l'activité spécifiée au 31 décembre N, voir Exemple 3.

- progressivement lorsque le fait générateur intervient au cours d'une période. La provision est alors constatée tout au long de la période (IFRIC 21.11 et .BC24 s.) ;

Tel peut être le cas d'une taxe assise sur le chiffre d'affaires ou les salaires. Le fait générateur de l'obligation est la réalisation du chiffre d'affaires ou le paiement des salaires, voir Exemple 1.

- lors de l'atteinte d'un seuil minimum au cours de la période. La provision est alors intégralement constatée lorsque ce seuil minimum est atteint (IFRIC 21.12 et .BC27 s.) ;

Si ce seuil minimum n'est pas atteint lors d'un arrêté intermédiaire, il n'est pas possible de doter la provision de façon étalée (par exemple, au prorata du chiffre d'affaires réalisé s'il s'agit d'un seuil de chiffre d'affaires), voir n° 40386 et Exemple 2.

- lorsque l'ensemble des conditions requises sont remplies, dans le cas où la loi prévoit plusieurs conditions pour que la taxe soit exigible (IFRIC 21.BC28).

Par exemple, si la loi prévoit que l'entité existe à une date spécifiée et qu'un seuil minimum soit atteint (nombre d'employés, chiffre d'affaires, total des actifs et passifs...), la provision n'est reconnue qu'à la date où toutes les conditions sont remplies (IFRIC 21.BC28).

Remarque IFRIC 21 précise que pour une taxe dont l'exigibilité légale est liée au fait d'être en activité à une date ultérieure, ni le principe de continuité d'exploitation, ni l'existence d'une contrainte économique forte de poursuivre l'exploitation, ne constituent pour une entité une obligation actuelle ou implicite permettant de provisionner la taxe avant la date déclenchant son exigibilité (IFRIC 21.9, .10 et .BC17 s.).

2. Cas particulier des taxes dont le fait générateur est l'exercice de l'activité au cours de la période même si elles comportent une condition d'exercice d'une activité à une date spécifiée
Tel est le cas d'une taxe due si la société exerce une activité au 1er janvier N quand la société bénéficie d'un dégrèvement de taxe prorata temporis en cas d'arrêt d'activité en N. Pour ce type de taxe, comme la contribution foncière des entreprises (CFE) en France, le fait générateur de la taxe correspondrait, à notre avis et en l'état actuel des discussions de place, à l'exercice

de l'activité de la société au cours de l'exercice N, ce qui permet une constatation étalée de la charge au cours de l'exercice N (voir Exemple 4).

3. Autre cas particulier des taxes dont le fait générateur est conditionné à un niveau déterminé d'activité L'IFRS IC a été interrogé sur l'identification du fait générateur d'une taxe dont le paiement est conditionné à un niveau déterminé d'activité identifié par la loi. Le seuil d'activité est annuel mais est réduit au prorata du nombre de jours d'activité réalisée pendant l'année par l'entité si l'activité de l'entité commence ou s'arrête en cours d'année. Le fait générateur correspond, selon l'IFRS IC, à l'atteinte du seuil d'activité annuel qui s'applique à la fin de la période annuelle de référence (IFRIC Update 03/14).

L'IFRS IC a ajouté que ce cas ne correspond pas à celui d'une taxe dont le fait générateur intervient progressivement tout au long d'une période. En effet, dans le cas de la taxe décrite, tant que la condition n'est pas remplie (début ou arrêt d'activité en cours d'année) la réduction au prorata ne s'applique pas.

■ *Exemple 1*

Une entreprise A est soumise à une taxe de 1 % assise sur le chiffre d'affaires. Le chiffre d'affaires de A augmente de manière régulière sur l'année passant de 500 au 30/06/N à 1 000 au 31/12/N. Le fait générateur fiscal étant aligné sur l'assiette, pour chaque euro de chiffre d'affaires généré, l'entreprise est redevable de 1 % de ce chiffre d'affaires au titre de la taxe.

Solution de l'exemple 1 *Selon IFRIC 21 et conformément à la pratique antérieure, la dette est reconnue progressivement au fur et à mesure de la réalisation du chiffre d'affaires, donc de manière étalée sur l'exercice N.*

■ *Exemple 2*

Hypothèses identiques à celles de l'exemple 1, hormis le fait que l'entreprise n'est redevable de la taxe que si elle dépasse 600 de chiffre d'affaires sur l'exercice.

Solution de l'exemple 2 *Selon IFRIC 21, le fait générateur n'est rempli qu'une fois le seuil atteint, la taxe n'est donc comptabilisée que lorsque le chiffre d'affaires atteint 600. La provision est ensuite complétée de manière progressive en fonction du chiffre d'affaires réalisé. L'étalement est donc partiel.*

Avant l'application d'IFRIC 21, la taxe était comptabilisée de manière étalée sur l'exercice si l'entreprise estimait qu'elle dépasserait le seuil.

■ *Exemple 3*

Les hypothèses sont identiques à celles de l'exemple 1, hormis le fait que le fait générateur fiscal de la taxe est l'existence de la société au 1/01/N+1. En théorie, la société ne paiera donc pas la taxe si son activité s'arrête au 31/12/N.

Solution de l'exemple 3 *Selon IFRIC 21, la taxe est comptabilisée entièrement au 1/01/N+1 sans possibilité de provisionnement ou d'étalement sur l'exercice N.*

Avant l'application d'IFRIC 21, la taxe était comptabilisée en pratique de manière progressive sur N.

■ *Exemple 4*

Les hypothèses sont identiques à celles de l'exemple 1, hormis le fait que le la taxe est conditionnée à l'exercice d'une activité sur l'ensemble de l'année N+1. En cas d'arrêt d'activité sur N+1, l'entreprise ne paie la taxe que prorata temporis.

Solution de l'exemple 4 *Selon IFRIC 21, la taxe est comptabilisée de manière étalée mais uniquement sur N+1.*

Avant l'application d'IFRIC 21, la taxe était comptabilisée de manière étalée soit sur N, soit sur N+1.

Conséquences pratiques d'IFRIC 21 sur la comptabilisation des taxes dans les comptes intermédiaires

40386

Question

Quelles sont les conséquences pratiques de l'application d'IFRIC 21 sur la comptabilisation des taxes dans les comptes intermédiaires ?

40386 (suite)

Réponse

Les principes de reconnaissance d'un passif énoncés par IFRIC 21 s'appliquent à l'identique qu'il s'agisse d'arrêtés annuels ou intermédiaires. La provision ne peut donc pas être anticipée ou différée dans les comptes intermédiaires si elle ne peut pas l'être dans les comptes annuels.

Des conséquences contre-intuitives en résultent pour les taxes dont la base de calcul repose sur le chiffre d'affaires N mais qui nécessitent l'exercice d'une activité au 1er janvier N+1. Ces taxes sont intégralement provisionnées dans les comptes trimestriels (semestriels) N+1. Elles ne peuvent donc pas être comptabilisées dans le même exercice que celui au cours duquel le chiffre d'affaires est généré.

Commentaires :

1. **Des principes identiques pour la reconnaissance du passif dans les comptes annuels et dans les comptes intermédiaires** La détermination du fait générateur de constitution de la provision est identique qu'il s'agisse d'un arrêté de comptes annuel ou intermédiaire (IFRIC 21.13 et .BC29 s.). La provision ne peut donc pas être anticipée ou différée dans les comptes intermédiaires si elle ne peut pas l'être dans les comptes annuels.

2. **Des principes aux impacts contre-intuitifs** Dans l'hypothèse d'une taxe calculée sur la base du chiffre d'affaires de l'année N, la période/date de reconnaissance du passif pourra être radicalement différente selon les termes de la loi, comme l'illustre le tableau ci-après (établi pour une entreprise ayant une clôture au 31 décembre et publiant des comptes intermédiaires trimestriels) :

Modalités de calcul	Fait générateur prévu par la loi	Reconnaissance du passif
Taxe égale à 1 % du chiffre d'affaires de l'année N	Aucun fait générateur spécifié Etre en activité au 1/01/N	Etalé au fur et à mesure de la reconnaissance du chiffre d'affaires N
	Etre en activité au 31/12/N	Aucune provision dans les comptes intermédiaires N. Le passif est reconnu intégralement au 31/12/N (4e trim. N).
	Etre en activité au 1/01/N+1	Aucune provision constituée au cours de l'exercice N ou à la clôture N. Le passif est reconnu intégralement au 1/01/N+1 (1er trim. N+1).
	Etre en activité au 1/01/N et avoir atteint le seuil minimum de chiffre d'affaires de 10 M€ en N	Aucune provision tant que le seuil n'est pas atteint. Dans le trimestre où le seuil est atteint : reconnaissance de l'intégralité du passif égal à 1 % du chiffre d'affaires cumulé depuis le début de l'année (effet « catch-up »). Dans les trimestres ultérieurs : provision égale au taux de 1 % appliqué au chiffre d'affaires généré dans le trimestre.

Ces exemples illustrent les conséquences contre-intuitives d'IFRIC 21 sur les arrêtés intermédiaires et notamment pour les taxes qui ont une condition d'exercice d'une activité au 1/01/N+1. En effet, pour ces dernières il est impossible selon IFRIC 21 de provisionner la taxe dans le même exercice que celui au cours duquel le chiffre d'affaires est généré. De manière générale, la déconnexion entre le fait générateur et l'assiette de la taxe peut se traduire, d'une part, par le report de la comptabilisation d'une taxe sur un exercice ultérieur et, d'autre part, par une limitation dans l'étalement des taxes.

Si le montant de la taxe est significatif, il convient de fournir une information en annexe au titre des passifs éventuels non comptabilisés (IAS 1.114).

3. **Contrepartie du passif : actif ou charge ?** L'interprétation IFRIC 21 laisse aux autres normes IFRS le soin de déterminer si la contrepartie du passif est un actif ou une charge (IFRIC 21.3).

Pour une taxe annuelle dont le fait générateur prévu par la loi est le 1er janvier, s'est posée la question de la comptabilisation, en contrepartie de la provision, d'un actif dont la prise en charge serait étalée sur l'exercice.

La comptabilisation d'un actif n'est possible que si la définition générale d'un actif est remplie, c'est-à-dire uniquement s'il s'agit d'une ressource contrôlée, du fait d'événements passés, par l'entreprise, qui en attend des avantages économiques futurs (Cadre.4.3 s.).

Or, la nature même d'une taxe imposée par la loi ou la réglementation est, en général, incompatible avec l'existence d'une ressource contrôlée par l'entité. En conséquence, et sauf cas particulier, lorsque le fait générateur de la taxe est le 1er janvier, la provision doit être comptabilisée en début d'année et la charge correspondante doit également être reconnue immédiatement au compte de résultat.

En pratique, l'activation d'une taxe n'est possible qu'en application des normes sur les stocks, les immobilisations corporelles ou incorporelles.

Tel est, par exemple, le cas des droits de douane payés pour l'achat de matières premières. La taxe doit être comptabilisée en dette lors de l'achat du stock. La contrepartie de cette dette est incorporable dans la valeur du stock. La charge sera donc constatée de manière étalée au fur et à mesure de la consommation du stock.

En revanche, les taxes n'ayant pas la nature de charge de production et qui ne sont pas incorporables dans la valeur du stock devront être comptabilisées immédiatement en charge.

Taxes françaises concernées par IFRIC 21

Question 40390

En pratique en France, quelles sont les taxes entrant dans le champ d'application d'IFRIC 21 ?

Réponse

Le tableau ci-après, établi par nos soins en l'état actuel des discussions de place et des réflexions de l'IFRS IC, présente l'impact d'IFRIC 21 sur la comptabilisation de plusieurs exemples de taxes françaises.

Remarque Par hypothèse, l'année d'imposition définie par la loi est l'année N et l'exercice est du 1er janvier au 31 décembre.

L'application d'IFRIC 21 a modifié les pratiques existantes pour les taxes annuelles dont l'exigibilité est déclenchée par le fait d'être en activité à une date spécifiée (C3S par exemple) ou par l'atteinte d'un certain seuil d'activité.

Remarque Pour les autres taxes, non présentées dans le tableau ci-après, il convient de bien identifier quel est le fait générateur de l'obligation de payer la taxe selon les termes définis par la loi.

Nature de la taxe	Base d'imposition	Seuil	Fait générateur de l'obligation légale	Reconnaissance du passif selon IFRIC 21
Contribution foncière des entreprises (CFE)	Valeur locative des biens passibles d'une taxe foncière en N-2		Exercer une activité au 1/01/N. Dégrèvement de taxe prorata temporis en cas de cessation d'activité en N, mais pas en cas de cession/transfert d'activité (CGI art. 1478).	Etalement sur N (sauf cession intervenue ou probable), voir n° 40385, note 2.
Cotisation sur la valeur ajoutée (CVAE), lorsqu'elle a été jugée comme étant en dehors du champ d'application d'IAS 12	Valeur ajoutée produite en N	CA ⩾ 500 K€	Exercer une activité au 1/01/N ou bien reprendre une activité courant N	Etalement sur N mais uniquement à partir du moment où le seuil est atteint.

40390
(suite)

Nature de la taxe	Base d'imposition	Seuil	Fait générateur de l'obligation légale	Reconnaissance du passif selon IFRIC 21
Taxe foncière	Valeur locative cadastrale		Etre propriétaire au 1/01/N	Au 1/01/N
Taxe sur les salaires (si considérée comme dans le champ d'application d'IAS 37)	Salaires versés en N selon DADS		Versement des salaires N	Etalement sur N
Contribution sociale de solidarité des sociétés (C3S)	Chiffre d'affaires N-1	Abattement sur le CA, à hauteur de 19 M€	Existence de l'entreprise au 1/01/N	Au 1/01/N
Taxe pour le financement du fonds de soutien aux collectivités locales ayant souscrit un emprunt toxique	Exigence minimale en fonds propres définie en N-1	Exigence minimale en fonds propres ⩾ 500 K€	Exercer une activité bancaire au 1/01/N	Au 1/01/N
Contribution pour frais de contrôle de l'ACP (Autorité de Contrôle Prudentiel des banques et assurances)	Exigence minimale en fonds propres définie en N-1		Exercer une activité bancaire au 1/01/N	Au 1/01/N
Taxe annuelle sur les bureaux en Ile-de-France	Surfaces au 1/01/N	Surfaces supérieures à certains seuils	Etre propriétaire au 1/01/N	Au 1/01/N
Taxe sur les surfaces commerciales (voir Commentaires ci-après)	Ratio Chiffre d'affaires N-1 sur Surfaces occupées au 31/12/N-1	Surface > 400 m² CA HT > 460 K€	Existence de l'établissement au 1/01/N ou cessation d'exploitation en N-1	Etalement sur N-1

Commentaires **Taxe sur les surfaces commerciales** Depuis 2016, la loi fait coexister deux faits générateurs :

- l'existence de l'établissement au 1er janvier de l'année au titre de laquelle la taxe est due (N) ; et
- la cessation d'exploitation en cours d'année N-1.

Ce second fait générateur a pour objectif d'assurer le paiement complet de la taxe pour l'année au cours de laquelle intervient un changement d'exploitation (qu'il s'agisse d'une cession ou d'une cessation d'activité).

Dans le cas d'une cessation d'activité en cours d'année, la loi précise que le chiffre d'affaires réalisé par le redevable est annualisé pour apprécier le respect du seuil de 460 000 € et pour déterminer le taux de la taxe. Le montant de la taxe est calculé au prorata de la durée de l'exploitation.

Ainsi, depuis 2016, chaque exploitant est imposé au prorata de son activité sur un exercice donné, ce qui revient à considérer que la taxe payée au 1er janvier N est bien la taxe sur les surfaces commerciales exigible au titre de l'exercice N-1.

Sur le plan comptable, et selon les principes d'IFRIC 21, le fait générateur de l'obligation de payer une taxe résulte de l'exercice de l'activité qui engendre le paiement de cette taxe tel que prévu par la législation. En application de ce principe, le fait générateur de la taxe sur les surfaces commerciales conduit à la provisionner de façon progressive au cours de l'année N-1.

C. Provisions pour restructuration

1. Fait générateur d'une provision pour restructuration

Conditions générales de comptabilisation d'une provision pour restructuration

Question 40500

Quelles sont les conditions de comptabilisation d'une provision pour restructuration ?

Réponse

Une provision pour restructuration doit être comptabilisée lorsque, au plus tard à la fin de la période de reporting, les trois conditions générales de comptabilisation d'une provision sont remplies, à savoir :
- l'entreprise a une obligation actuelle (juridique ou implicite) résultant d'un événement passé ;
- il est probable qu'une sortie de ressources représentatives d'avantages économiques sera nécessaire pour régler l'obligation ; et
- le montant de l'obligation peut être estimé de façon fiable.

En outre, il n'existe une obligation implicite de restructurer que si, et seulement si, au plus tard à la fin de la période de reporting, l'entité :
- a formalisé et détaillé un plan de restructuration ; et
- a créé chez les personnes concernées une attente fondée qu'elle va mettre en œuvre la restructuration, soit en ayant commencé d'exécuter le plan, soit en ayant annoncé ses principales caractéristiques.

Une analyse au cas par cas est nécessaire visant à apprécier les faits et circonstances.

Commentaires :

1. **Contexte** Une **restructuration** est un programme planifié et contrôlé par la direction, qui modifie de façon significative soit le champ d'activité d'une entreprise, soit la manière dont cette activité est gérée (IAS 37.10).

Par exemple (IAS 37.70) :
- la vente ou l'arrêt d'une ligne d'activité ;
- la fermeture de sites d'activité dans un pays ou une région ou la relocalisation d'activités d'un pays à un autre ou d'une région à une autre ;
- des réorganisations fondamentales ayant un effet significatif sur la nature et l'objet principal d'une activité de l'entreprise.

Ainsi, certains plans de départs de salariés, lorsqu'ils prennent la forme de plans de départs volontaires, ne s'insèrent pas dans une restructuration, telle que définie ci-avant. Dans ce cas, il convient d'appliquer, pour déterminer le fait générateur d'une provision au titre des indemnités à verser dans le cadre d'un tel plan, les principes de la norme IAS 19, Avantages du personnel, développés en la matière (IAS 19.165 et .166).

Ces dépenses entrent en effet dans le champ d'application d'IAS 19 et sont exclues du champ d'application d'IAS 37 (IAS 37.5d).

Tel sera généralement le cas, en France, pour des accords de rupture conventionnelle collective engagés par l'entreprise (pour plus de précisions sur ce dispositif, voir Mémento Social n° 69147, et sur le fait générateur à retenir pour ce type de plans, voir n° 27988).

Les principes développés ci-après s'appliquent aux plans de restructuration incluant des plans de départs de salariés dits « contraints » (en France, de tels plans prendront la forme de plan de sauvegarde de l'emploi/PSE, pour plus de précisions sur ce dispositif, voir Mémento Social n° 48170) pour lesquels les principes édictés par la norme IAS 19 sont identiques à ceux précisés ci-après par IAS 37 (IAS 19.165 et .167, alignés sur IAS 37.72 s.).

2. **Conditions de comptabilisation d'une provision pour restructuration** Une provision pour coûts de restructuration ne doit être comptabilisée que si les **trois conditions générales** de comptabilisation des provisions **sont satisfaites au plus tard à la fin de la période de reporting** (IAS 37.18, .72 et .75).

40500 (suite) **Rappel** Ces conditions sont les suivantes (IAS 37.14) :
- l'entreprise a une obligation actuelle (juridique ou implicite) résultant d'un événement passé ;
- il est probable qu'une sortie de ressources représentatives d'avantages économiques sera nécessaire pour régler l'obligation ; et
- le montant de l'obligation peut être estimé de façon fiable.

En outre, IAS 37.72 précise les conditions d'existence d'une **obligation implicite de restructurer.**

a. Il existe un plan formalisé et détaillé de restructuration précisant au moins :
- l'activité ou la partie d'activité concernée ;
- les principaux sites affectés ;
- la localisation, la fonction et le nombre approximatif de membres du personnel qui seront indemnisés au titre de la fin de leur contrat de travail ;
- les dépenses qui seront engagées ; et
- la date à laquelle le plan sera mis en œuvre.

Par exemple, un plan de restructuration qui indique uniquement la fermeture de dix magasins sur cinquante, sans en préciser la localisation ni le planning, ne paraît pas suffisamment détaillé pour remplir cette première condition spécifique.

b. Et l'entité a créé, chez les personnes concernées, une attente fondée que la restructuration sera mise en œuvre :
- soit en commençant à exécuter le plan, par exemple, en démantelant une usine ou en vendant des actifs (IAS 37.73) ;

Le commencement d'exécution du plan n'est cependant pas toujours suffisant pour qu'une provision pour restructuration puisse être constituée pour l'ensemble de ce plan (voir n° 40510).

- soit en leur annonçant ses principales caractéristiques.

Par exemple, si une entité prépare un plan de restructuration formalisé et détaillé et annonce publiquement son intention de restructurer une de ses activités mais sans donner aucune information complémentaire ni commencer l'exécution du plan, elle ne remplit pas la seconde condition spécifique (création d'une attente fondée) et ne doit donc pas comptabiliser de provision (IAS 37.73). En revanche, si l'entité dispose de ce plan détaillé, il n'est pas nécessaire que les personnes concernées en connaissent le détail : les principales caractéristiques suffisent (IAS 37.72b).
L'annonce des principales caractéristiques du plan ne doit pas être effectuée individuellement à chaque salarié concerné, une annonce à leurs représentants suffit pour créer une obligation (IAS 37.73).
En outre, dans certains pays, les représentants du personnel participant aux réunions du conseil de direction qui prend la décision de restructurer, une décision prise par ce conseil est ainsi concomitante avec sa communication aux représentants du personnel (IAS 37.77).
La décision du management de restructurer avant la fin de la période de reporting ne génère pas à elle seule une obligation implicite à cette date, à moins que l'entité ait également commencé à exécuter le plan ou ait annoncé ses principales caractéristiques (IAS 37.75).
Ainsi en France, lors de la mise en place d'un plan de sauvegarde de l'emploi (PSE), l'annonce aux salariés de la décision de restructuration est considérée comme réalisée :
- soit lors de **l'information du comité d'entreprise** sur le projet de licenciement économique (lors de la présentation du « Livre I ») ;
- soit lors de **l'ouverture des négociations avec les organisations syndicales** (dans le cadre de l'élaboration de l'accord collectif majoritaire prévu par l'article L 1233-24-1 du Code du travail), sous réserve toutefois que les informations mises à leur disposition soient suffisamment détaillées pour constituer une annonce aux salariés au sens d'IAS 37 et d'IAS 19. Une analyse au cas par cas est donc nécessaire.
L'article L 1233-57-1 du Code du travail a également instauré une validation administrative du contenu du plan de sauvegarde de l'emploi (PSE). Les entreprises ne doivent toutefois pas attendre cette validation administrative pour provisionner la restructuration, ce contrôle n'ayant pas pour objet de remettre en cause la décision de l'entreprise de procéder à une restructuration.
Sur la notion d'« attente fondée », voir n° 40510.
Sur le détail des coûts à inclure dans une provision pour restructuration, voir n° 40540.

Dans tous les cas, il est nécessaire de procéder à une analyse approfondie des faits et circonstances propres à l'entreprise afin de déterminer si une provision pour restructuration doit ou non être constatée à la fin de la période de reporting.

■ *Exemple 1*

Une restructuration et son plan détaillé ont été annoncés avant la date de clôture. En plus de la communication au comité d'entreprise, ce plan a fait l'objet de nombreuses réunions en interne pour informer les salariés de la nature de la restructuration, du nombre de licenciements et de postes supprimés (mais sans communication d'informations nominatives).

Ce plan a toutefois été refusé, non pas en raison de la nature de la restructuration, mais pour non-respect du formalisme de la procédure.

Solution de l'exemple 1 *A la clôture, l'annonce publique du plan détaillé de restructuration aux personnes concernées est, à notre avis, réalisée et une provision doit être comptabilisée. Les contrôles administratifs attendus portent en effet sur la procédure sans remettre en cause l'obligation de l'entreprise vis-à-vis des salariés.*

■ *Exemple 2*

Une société est spécialisée dans la fabrication de baladeurs (lecteurs CD portables, lecteurs MP3). Face à la forte diminution de la demande des lecteurs CD portables, la direction décide, le 14/10/N, d'arrêter cette activité. Le 25/11/N, le groupe de travail créé dans le cadre de l'arrêt de cette activité présente à la direction un plan de restructuration formalisé et détaillé, contenant toutes les informations minimales requises. Le 29/11/N, le conseil d'administration, en présence des représentants du personnel, approuve le plan de restructuration, lequel est annoncé aux salariés le 11/01/N+1.

Solution de l'exemple 2 *Il existe une obligation actuelle au 31/12/N justifiant de comptabiliser une provision pour restructuration. En effet, les deux critères générant l'obligation implicite sont remplis dès le 29/11/N :*

– la société a, depuis le 25/11/N, un plan de restructuration formalisé et détaillé, contenant toutes les informations minimales requises par la norme IAS 37 ; et

– elle a approuvé le 29/11/N ce plan de restructuration en présence des représentants du personnel, qui peuvent donc en informer les salariés concernés.

Il en résulte une obligation implicite de restructurer dès le 29/11/N.

Il n'y a pas lieu d'attendre l'annonce du plan aux salariés concernés, le 11/01/N+1, pour comptabiliser la provision pour restructuration. Les deux autres critères requis pour la comptabilisation d'une provision pour restructuration sont également remplis :

– la mise en œuvre du plan va entraîner des dépenses qui sont listées dans le plan de restructuration détaillé ;

– les dépenses de ce plan sont estimées de manière fiable.

Décision/annonce de restructurer prise après la période de reporting

40505

Question

Un plan de restructuration décidé/annoncé après la période de reporting peut-il faire l'objet d'une provision ?

Réponse

Non. Toutefois, certaines informations peuvent être requises en annexe au titre des événements postérieurs à la période de reporting, si la restructuration décidée/annoncée après la période de reporting est d'une importance telle que le fait de ne pas la mentionner pourrait avoir un impact sur les décisions des utilisateurs sur la base des états financiers.

Commentaires Les conditions de constitution d'une provision pour restructuration, rappelées au n° 40500, doivent être remplies au plus tard à la fin de la période de reporting (IAS 37.18 et .75).

Ainsi, une entité qui prend la décision de restructurer ou annonce la restructuration après la période de reporting n'a généralement pas, à la fin de la période de reporting, formalisé de plan de restructuration détaillé, ni créé d'attente chez les personnes concernées que la restructuration aura lieu. A cette date, l'entité n'a donc pas d'engagement auquel elle ne peut se soustraire et peut, par exemple, modifier totalement son plan après la période de reporting. En conséquence, l'entité n'a pas d'obligation implicite de restructurer à la fin de la période de reporting et ne peut pas comptabiliser de provision.

Toutefois, si la restructuration décidée/annoncée après la période de reporting est d'une importance telle que le fait de ne pas la mentionner aurait un impact sur les décisions des utilisateurs sur la base des etats financiers, des informations doivent être fournies en annexe au titre des événements postérieurs à la période de reporting (IAS 37.75). Elle constitue alors un événement postérieur à la période de reporting ne donnant pas lieu à ajustement des comptes (non adjusting event) mais à information en annexe (IAS 10.21).

■ *Exemple*

Au cours de la période entre la date de clôture de l'exercice et celle d'approbation des états financiers, la direction d'une entité annonce la restructuration de l'une de ses usines, laquelle devrait engendrer de nombreux licenciements économiques. A la date d'annonce, le plan de restructuration n'est pas encore formalisé.

Solution de l'exemple *La direction de l'entité ne doit pas comptabiliser de provision pour restructuration à la clôture de l'exercice car il n'existe pas d'obligation implicite à cette date (pas de plan formalisé détaillé ni d'attente créée chez les personnes concernées).*

En revanche, si la restructuration est significative, elle nécessite une information en annexe.

> ***Remarque*** *La décision de la direction en N+1 de se désengager de l'usine peut être une indication que celle-ci n'est pas économiquement viable et que ses actifs ont pu perdre de la valeur dès la date de clôture N. La direction doit donc déterminer la valeur recouvrable des actifs de la branche (IAS 36.9) et comptabiliser des pertes de valeur si nécessaire dès la clôture N, dès lors que ces pertes de valeur sont bien liées à des circonstances existant fin N (IAS 10.9b).*

Obligation implicite de restructurer : début d'exécution d'un plan de restructuration

40510 ***Question***

Le fait de commencer à exécuter un plan de restructuration est-il toujours suffisant pour comptabiliser une provision au titre de l'ensemble des coûts liés à ce plan ?

Réponse

Non. Le démarrage d'un plan de restructuration ne génère pas systématiquement la comptabilisation d'une provision au titre de l'ensemble des coûts liés à ce plan. Il est nécessaire qu'une obligation actuelle de restructurer (obligation juridique ou implicite) existe.

Toutefois, certaines informations peuvent être requises en annexe même en l'absence de provision.

Commentaires Selon IAS 37.71, une provision pour restructuration doit être comptabilisée lorsque les trois conditions générales de constitution d'une provision sont satisfaites.

> **Rappel** Ces conditions générales sont les suivantes (IAS 37.14) :
> - l'entreprise a une obligation actuelle (juridique ou implicite) résultant d'un événement passé ;
> - il est probable qu'une sortie de ressources représentatives d'avantages économiques sera nécessaire pour régler l'obligation ; et
> - le montant de l'obligation peut être estimé de façon fiable.

En outre, IAS 37.72 spécifie qu'une **obligation implicite de restructurer existe** s'il existe un plan formalisé et détaillé et **si l'entreprise a créé chez les personnes concernées une attente fondée** qu'elle mettra en œuvre la restructuration. Cette attente peut découler :
- soit du commencement de l'exécution du plan ;
- soit de l'annonce aux personnes concernées des principales caractéristiques du plan.

Toutefois, si une entité commence la mise en œuvre de son plan sans créer chez les personnes concernées d'attente fondée qu'elle mettra en œuvre la restructuration, il n'existe pas d'obligation implicite de restructurer. Elle devra toutefois faire l'objet d'une information spécifique en annexe (IAS 37.86).

■ *Exemple*

La direction de l'entité X a pris la décision de restructurer son activité A. Cette restructuration va engendrer la fermeture des locaux abritant l'activité A ainsi que le licenciement du personnel de cette même activité. Avant la date de clôture de l'exercice N, l'entité prépare un plan détaillé et formalisé de la restructuration. Le 1/12/N, conformément à ce plan, l'entité X dénonce le contrat de location des bâtiments supportant l'activité A. La direction de l'entité X prévoit d'annoncer et de présenter en début d'année N+1 le plan de restructuration à ses salariés.

Solution de l'exemple *La Direction ne doit pas comptabiliser de provision pour licenciement dans les états financiers au 31/12/N car il n'existe pas, à cette date, chez les personnes concernées, d'attente fondée que l'entité mettra en œuvre le licenciement. En effet, la dénonciation du bail relatif aux bâtiments de l'activité A n'est pas, à notre avis, suffisante pour créer une attente fondée chez les salariés concernés. La condition ne sera remplie que lorsque la direction de l'entité aura annoncé et présenté le plan de restructuration à ses salariés. Une information spécifique doit toutefois être fournie en annexe.*

Obligation implicite de restructurer : calendrier de mise en œuvre de la restructuration

40515

Question

Quel est le délai maximal de mise en œuvre d'un plan de restructuration pour que ce plan donne lieu à provision à la fin de la période de reporting ?

Réponse

Il n'existe pas de délai maximal mais la mise en œuvre du plan doit être programmée pour démarrer le plus rapidement possible et s'achever dans un délai rendant improbable toute modification importante du plan.

Commentaires Selon IAS 37.74, un plan formalisé, détaillé et communiqué à toutes les personnes concernées est suffisant pour créer une obligation implicite et donner lieu à provision si sa mise en œuvre est programmée pour :
- démarrer le plus rapidement possible ; et
- s'achever dans un délai rendant improbable toute modification importante du plan.

Si l'on s'attend à ce qu'un délai important s'écoule avant le début de mise en œuvre de la restructuration ou à ce que celle-ci prenne un temps particulièrement long, il est peu probable que le plan crée chez les tiers une attente fondée que l'entreprise est, dès à présent, engagée à restructurer, car le délai est tel qu'il permet à l'entreprise de modifier son plan (IAS 37.74).

Toutefois, dans certains cas de restructurations longues et complexes, une attente fondée peut avoir été créée pour une première phase de la restructuration, et non pour les phases suivantes qui se dérouleront plus tard. Les coûts de la restructuration sont alors provisionnés sur plusieurs exercices.

■ *Exemple*

Cet exemple reprend les principaux éléments d'une décision du CESR (désormais l'ESMA) (EECS/0407-04, 04/07).

La direction de l'entité Y a annoncé deux plans de restructuration.

Premier plan *La cession de 50 % de l'activité cotonnière du groupe, à la suite d'un accord ferme de vente conclu avec un tiers. Toutefois, l'activité cotonnière n'étant pas disponible pour une cession immédiate, en l'état actuel, la cession se fera progressivement sur une période de trois ans, à partir de maintenant. Le délai de trois ans correspond au délai de mise en œuvre progressive d'une restructuration décidée d'un commun accord avec l'acquéreur et qui doit être achevée avant que la cession de l'activité restructurée ne devienne effective. La cession et la restructuration font l'objet d'un plan détaillé et annoncé aux tiers intéressés.*

Second plan *La réorganisation du siège du groupe sur une période d'un an débutant dans deux ans.*

Solution de l'exemple :

1. Cession de 50 % de l'activité cotonnière du groupe *Une provision doit être comptabilisée pour les coûts estimés des restructurations préalables à la cession de 50 % de l'activité cotonnière du groupe.*

En effet, le processus de cession matérialisé par l'accord de vente irrévocable commence immédiatement bien que l'ampleur et la complexité de la cession nécessitent que cette restructuration s'étale sur une longue période.

Ainsi malgré les trois ans nécessaires pour achever l'opération, l'entité Y n'a pas la possibilité de se désengager et elle doit comptabiliser une provision.

2. Réorganisation du siège social du groupe *Aucune provision pour la réorganisation du siège social du groupe ne doit être constituée à la date de clôture dès lors que cette réorganisation ne doit débuter que dans deux ans.*

Il est peu probable en effet que ce plan de restructuration crée une attente fondée chez les tiers car le délai de mise en œuvre offre de nombreuses possibilités à l'entreprise de modifier son plan, voire de l'annuler.

2. Montant de la provision pour restructuration

Nature des coûts à inclure dans une provision pour restructuration

40540 *Question*

Quelles dépenses inclure dans une provision pour restructuration ?

Réponse

Uniquement celles directement liées à la restructuration, c'est-à-dire celles :
- nécessairement entraînées par la restructuration ; et
- qui ne sont pas liées aux activités poursuivies par l'entreprise.

En pratique, il convient de distinguer les activités qui se poursuivent de celles qui ne se poursuivent pas.

Commentaires Selon IAS 37.80, une provision pour restructuration ne doit inclure que les dépenses directement liées à la restructuration, c'est-à-dire celles qui :
- sont nécessairement entraînées par la restructuration ; et
- ne sont pas liées aux activités poursuivies par l'entreprise.

En pratique, pour connaître les coûts à inclure dans une provision pour restructuration, il convient de **distinguer les activités qui se poursuivent de celles qui ne se poursuivent pas.**

a. Les **coûts entraînés par la restructuration** et **liés aux activités arrêtées** par l'entreprise doivent être inclus dans le montant de la provision pour restructuration.

Il s'agit, par exemple, à notre avis, des dépenses suivantes :
- indemnités obligatoires et additionnelles liées à la rupture des contrats de travail du personnel (attention, toutefois, à ce que ces indemnités ne soient pas considérées comme des avantages postérieurs à l'emploi, pour plus de détails, voir exemple ci-après et n° 27976 et 27978) ;
- pertes liées à la liquidation des stocks (marge négative si les stocks sont vendus à un prix inférieur à leur coût) ;
- indemnités de rupture de contrats avec des fournisseurs ;
- coûts de déménagement, à l'exception de ceux liés aux biens qui seront réutilisés ;
- coûts résiduels incompressibles d'un contrat de location, après l'arrêt des activités, non pris en compte dans l'évaluation du droit d'utilisation sous IFRS 16. Il peut s'agir, par exemple de frais de gardiennage du site imposé par le bailleur.

Remarque Concernant les coûts de démantèlement ou de remise en état des biens loués, voir n° 33001 et 40350.

b. En revanche, **les coûts liés à la conduite future de l'entité** ne constituent pas des passifs au titre de la restructuration et ne doivent **pas être inclus** dans le montant de la provision (IAS 37.81).

Il s'agit, par exemple des dépenses suivantes :
- indemnités de licenciement dont le versement est conditionné à la présence du salarié licencié. En effet, ces indemnités dites « de rétention » trouvent une contrepartie dans le travail effectif du salarié qui reste en poste jusqu'à la fin de la période de restructuration (voir n° 27988) ;
- formation ou déménagement du personnel conservé (IAS 37.81) ;
- déménagement des équipements du site fermé vers un autre site en activité ;
- frais de recrutement d'un nouveau directeur (à notre avis) ;
- harmonisation des systèmes d'information et des réseaux de distribution qui continueront à être utilisés (IAS 37.81) ;
- investissement dans de nouveaux systèmes d'information et réseaux de distribution (IAS 37.81) ;
- pertes futures identifiables jusqu'à la date de la restructuration (IAS 37.82) ;
- dépenses de marketing pour développer la nouvelle image de l'entité (IAS 37.81) ;
- honoraires des consultants chargés d'identifier la stratégie future de la société et son organisation.

Remarque Ces dépenses sont comptabilisées sur la même base que si elles se produisaient indépendamment de toute restructuration.

Les actifs de l'activité arrêtée doivent faire l'objet d'un test de dépréciation (et/ou d'une révision de leur plan d'amortissement) conformément aux règles de dépréciation des actifs (voir n° 35950 s.).

Les dépréciations d'immobilisations incorporelles, corporelles et droits d'utilisation IFRS 16 ne peuvent pas être inclus dans la provision pour restructuration.

■ *Exemple*

Une société produit et commercialise de petits outillages électriques. Elle dispose de deux sites de production, à Limoges et à Grenoble. En N, la direction décide de regrouper les deux sites afin de rationaliser les processus de production, réduire les frais de personnel administratif et supprimer les frais de transport entre les deux usines.

Elle décide ainsi de fermer le site de Grenoble et d'embaucher un nouveau directeur de la production.

L'usine de production de Grenoble étant vétuste, la société a prévu de démolir le bâtiment et de vendre le terrain nu. Les machines de production de l'usine seront déménagées pour être utilisées à Limoges. Le plan de restructuration mis en place propose notamment aux salariés grenoblois :

- d'être relocalisés à Limoges, à un poste équivalent ; ou

- de quitter la société dans le cadre d'un départ volontaire avec aide à la reconversion.

Si les salariés n'acceptent pas l'une de ces deux propositions, le plan prévoit que ces salariés seront licenciés.

Solution de l'exemple :

1. Les coûts à inclure dans l'évaluation de cette provision pour restructuration sont les coûts liés aux indemnités de départ, en cas de départ volontaire et en cas de licenciement. En effet, ces dépenses sont directement liées à la restructuration et non aux activités poursuivies.

2. En revanche, les éléments suivants sont à exclure de la provision pour restructuration :

- coût de relocalisation du personnel de l'usine grenobloise à Limoges (indemnité de réaménagement, aide à la recherche de logement, etc.). En effet, même lié à la restructuration, ce coût concerne le personnel qui continue à travailler pour la société et est donc lié aux activités poursuivies ;

- coût du déménagement des stocks de produits finis de l'usine grenobloise à celle de Limoges. En effet, les stocks de produits finis seront utilisés dans le cadre des activités qui se poursuivent ;

- coût de recrutement du nouveau directeur de la production. En effet, ce coût n'est pas directement lié à la restructuration car il s'agit d'un coût lié à une nouvelle embauche et relatif à la volonté de modifier l'organisation de la production, ce coût est donc lié aux activités qui se poursuivent ;

- dépréciation des machines de production de l'usine grenobloise. En effet, les dépréciations correspondent à des pertes de valeur et pas à des sorties de ressources probables représentatives d'avantages économiques ;

- plus-value de cession attendue sur la vente du terrain grenoblois. Les profits résultant de la sortie attendue d'actifs ne doivent pas être pris en compte dans l'évaluation d'une provision même si la sortie est étroitement liée à l'événement ayant donné lieu à la provision ;

> *La plus-value sera à comptabiliser conformément à la norme IAS 16, Immobilisations corporelles, au moment de la réalisation de l'actif.*

- pertes opérationnelles futures de l'usine jusqu'à la date de fermeture. En effet, ces coûts ne sont pas directement liés à la restructuration mais à l'activité qui est déficitaire.

Plans de restructuration : prise en compte des incertitudes et ajustements postérieurs à la période de reporting

Question 40550

Comment intégrer dans les provisions pour restructuration les incertitudes et reports liés aux réactions sociales ou autres événements ?

Réponse

Une provision pour restructuration est évaluée à la meilleure estimation des coûts à encourir pour éteindre l'obligation.

Cette estimation est basée sur :

- la situation et les incertitudes existant à la fin de la période de reporting (environnement social, implantation géographique, pratiques passées en termes d'indemnités de licenciement, etc.) ; et
- leurs évolutions entre la date de fin de la période de reporting et la date d'arrêté des comptes.

Les événements survenant entre la date de fin de la période de reporting et la date d'arrêté des comptes (événements postérieurs à la période de reporting) donnent lieu à un ajustement de la provision à comptabiliser à la clôture, s'ils viennent modifier une situation existante et/ou des hypothèses retenues à la fin de la période de reporting. Ils ne donnent pas lieu à ajustement lorsqu'ils constituent un événement nouveau, sans lien avec la situation existante et/ou les hypothèses retenues à la fin de la période de reporting.

40550 (suite)

Commentaires :

1. Prise en compte des incertitudes dans le montant de la provision pour restructuration Il arrive fréquemment que des plans de restructuration soient modifiés par rapport aux plans initialement annoncés. Par exemple :
- ils peuvent être reportés ou bloqués du fait d'actions fortes menées par les salariés (grèves, blocages d'usines) ;
- ils peuvent être remis en cause par la manifestation d'un repreneur ou par une réaction de l'Etat ou d'une collectivité locale si l'entreprise est jugée stratégique en termes d'activité ou en tant que source d'emplois dans une zone géographique particulière.

Ces éléments constituent autant d'incertitudes qui pèsent sur les plans de restructuration et sur les montants à provisionner. La question qui se pose est de savoir si ces incertitudes doivent être prises en compte dans l'évaluation de la provision et, si oui, à quelle date et comment.

Le montant d'une provision doit être égal à la **meilleure estimation**, par une entreprise, **des coûts qu'elle aura à encourir pour éteindre son obligation** (IAS 37.36 et .37). Cette estimation tient compte :
- de la situation et des incertitudes existant à la fin de la période de reporting (IAS 37.42) ; et
- de leurs évolutions entre la date de fin de la période de reporting et la date d'arrêté des comptes (IAS 10.3 et .8).

Ainsi, le montant provisionné au titre d'une restructuration prend en compte, notamment, l'environnement social de l'entreprise, son implantation géographique, ses pratiques passées en termes d'indemnités de licenciement.

Les coûts de restructuration ainsi estimés peuvent donc être différents des objectifs de restructuration annoncés et présentés aux représentants du personnel.

Les incertitudes relatives au montant et à l'échéance des coûts provisionnés doivent, en outre, être mentionnées en annexe (IAS 37.44 et .85b).

■ *Exemple 1*

Une entreprise annonce le 30/09/N un plan détaillé de 1 000 licenciements aux représentants du personnel. Elle ne provisionne toutefois que 900 licenciements au 31/12/N, pour tenir compte de l'impact probable des négociations sociales futures (qu'elle appréciera jusqu'à la date d'arrêté des comptes).

2. Prise en compte des événements postérieurs à la période de reporting dans le montant de la provision pour restructuration Selon IAS 37.38, l'évaluation de la provision pour restructuration à la date de fin de la période de reporting doit tenir compte de toute indication complémentaire fournie par des événements postérieurs à cette date. Dans le même sens, IAS 10.3 et .8 requièrent que les événements, contribuant à confirmer une situation qui existait à la date de clôture, constituent des événements postérieurs à la période de reporting donnant lieu à un ajustement des comptes.

■ *Exemple 2*

Reprise de l'Exemple 1 *Courant janvier N+1, les salariés se mettent en grève pour contester le plan de restructuration. La fin de la grève se solde en février N+1 par la conclusion d'un accord avec les syndicats qui prévoit la suppression de 800 postes au lieu des 1 000 annoncés. L'entreprise arrête ses comptes le 31/03/N+1.*

Cet accord est un événement postérieur à la période de reporting donnant lieu à ajustement de la provision à comptabiliser au 31/12/N, car il vient modifier une hypothèse existante et retenue au 31/12/N.

La provision aurait également été ajustée si aucun accord salarial n'avait encore été signé à la date d'arrêté des comptes mais que les négociations sociales étaient si avancées à cette date que la direction estimait qu'elle n'aurait d'autre alternative que de ramener à 800 le nombre de personnes concernées par la restructuration.

■ *Exemple 3*

A la suite de l'annonce du plan, des négociations ont débuté en décembre N avec la collectivité locale qui considère l'entreprise comme stratégique en termes d'emplois et qui est prête à octroyer une aide financière en contrepartie d'une réduction du nombre de licenciements. En février N+1, le principe de l'aide financière est validé avec la collectivité locale.

L'accord avec la collectivité locale est un événement postérieur à la période de reporting qui modifie une situation existant à la fin de la période de reporting et prise en compte dans l'estimation de la provision au 31/12/N. L'entreprise doit donc ajuster le montant provisionné en réduisant le nombre des licenciements pris en compte dans la provision à comptabiliser au 31/12/N.

Remarque *L'entreprise ne tient pas compte de l'aide financière que lui accordera la collectivité locale car, au 31/12/N, il s'agissait d'un actif éventuel qui ne donne pas lieu à ajustement. Elle le mentionne en annexe (IAS 37.31 s. et .89).*

---

3. Evénements postérieurs à la période de reporting ne donnant pas lieu à ajustement Les événements post-clôture, qui constituent des événements nouveaux, sans lien avec la situation existante et/ou les hypothèses retenues en fin de la période de reporting, ne modifient pas le montant de la provision à comptabiliser à la clôture.

■ *Exemple 4*

Evénements postérieurs à la période de reporting qui ne devraient pas, en principe, donner lieu à ajustement de la provision à comptabiliser à la fin de période de reporting :
– le principe d'une aide financière décidée après la période de reporting par une collectivité locale, alors qu'aucune discussion n'était en cours à la fin de la période de reporting et qu'il n'existait aucun historique d'immixtion de la collectivité locale dans des plans de restructuration similaires ;
– une offre de reprise par un tiers de l'activité en difficulté déposée entre la date de fin de la période de reporting et l'arrêté des comptes.

D. Autres provisions pour risques ou charges

Provision pour amendes, pénalités et intérêts liés à des infractions à la législation ou aux clauses d'un contrat

Question 40806

Quelles sont les conditions de comptabilisation d'une provision pour amendes, pénalités, intérêts ou autres coûts liés à des infractions à la législation ou aux clauses d'un contrat ?

Réponse

Les amendes, pénalités ou autres coûts liés à des infractions à la législation ou aux dispositions d'un contrat donnent lieu à provision si et seulement si les conditions générales des provisions de la norme IAS 37 sont remplies (voir nº 39955), à savoir :
– il existe une obligation actuelle résultant d'un événement passé ;
– il est probable qu'une sortie de ressources représentatives d'avantages économiques sera nécessaire pour régler l'obligation ; et
– le montant de l'obligation peut être estimé de façon fiable.

Remarque En septembre 2017, l'IFRS IC a précisé le traitement comptable à retenir pour les amendes, pénalités et intérêts liés aux risques fiscaux portant sur un impôt sur le résultat (pour plus de précisions sur ce thème, voir nº 27559).

Commentaires Le principe général de comptabilisation des provisions d'IAS 37.14 (voir nº 39955) s'applique pour comptabiliser les provisions au titre d'amendes, de pénalités ou autres coûts liés à des infractions à la législation ou aux clauses d'un contrat. Ainsi, une provision doit être comptabilisée si et seulement si les trois conditions ci-après sont remplies :
– il existe une obligation actuelle résultant d'un événement passé : l'obligation en matière d'amendes et de pénalités résulte de l'infraction à la législation ou aux clauses d'un contrat, commise de façon certaine ou probable à la fin de la période de reporting, qui entraîne l'obligation de payer une amende ou des pénalités ;
– il est probable qu'une sortie de ressources représentatives d'avantages économiques sera nécessaire pour régler l'obligation : si un contrôle est en cours, annoncé ou si l'entreprise estime qu'elle sera probablement contrôlée et que, lors de ce contrôle, cette infraction sera probablement découverte (infraction à la législation) et/ou s'il est probable que des pénalités contractuelles seront réclamées eu égard, par exemple, aux sanctions déjà prononcées contre d'autres entités ayant commis la même infraction, la sortie de ressources est probable ;

Selon IAS 37.23, une sortie de ressources (ou tout autre événement) est considérée comme probable, s'il est plus probable qu'improbable que l'événement se produira, c'est-à-dire si la probabilité que l'événement se produise est plus grande que la probabilité qu'il ne se produise pas.

– le montant de l'obligation peut être estimé de façon fiable : le montant à provisionner correspond à celui de l'amende ou de la pénalité, ou à une estimation de ces montants.

Il existe une présomption que, sauf dans des cas extrêmement rares, l'entreprise peut déterminer un éventail de résultats possibles, et peut donc faire une estimation suffisamment fiable de l'obligation pour comptabiliser une provision (IAS 37.25).

En outre, les évaluations sont réalisées en prenant en compte toute indication complémentaire fournie par des événements postérieurs à la période de reporting (IAS 37.38). Ainsi, si le contrôle est soldé postérieurement à la date de fin de la période de reporting, mais avant la date d'arrêté des comptes, l'entreprise sera en mesure de connaître le montant réclamé par les autorités compétentes à la suite de contrôles.

Ainsi, une provision pour infraction au droit de la concurrence (entente) devra être constituée :
- dès qu'il apparaît probable que l'entreprise sera mise en cause (et qu'elle a de bonnes raisons de l'être), à savoir, à notre avis, au plus tard à la réception de la notification de griefs ; et
- dans la mesure où dès cette date, il est possible d'évaluer la sortie de ressources.

■ *Exemple*

Provision pour amendes à la suite d'un contrôle des autorités sanitaires *Une entreprise A de distribution de plats préparés fait l'objet d'un contrôle des autorités sanitaires et s'attend à devoir payer une amende de 100 000 € pour ne pas avoir daté correctement un certain nombre de plats. A la date de clôture des comptes de l'exercice N, l'entreprise A n'a pas reçu de compte-rendu formel des autorités sanitaires, le contrôle étant en cours. Toutefois, A a estimé le montant de cette amende sur la base d'un contrôle précédent similaire subi deux ans auparavant dans une autre de ses usines. Lors de ce précédent contrôle, les autorités sanitaires avaient estimé que l'entreprise A devait former ses employés afin qu'ils connaissent la réglementation en matière d'étiquetage des produits et avaient également demandé que le système informatique de l'entreprise A soit modifié afin de fiabiliser l'étiquetage et la traçabilité des plats.*

L'entreprise A estime que les coûts de formation de son personnel s'élèveront à 80 000 € et ceux de la fiabilisation de son outil informatique à 120 000 €.

Solution de l'exemple *L'obligation de payer l'amende résulte d'un événement passé : le fait générateur de l'obligation est la vente des plats préparés mal étiquetés sur l'exercice N. Ainsi, A devra provisionner 100 000 € au titre de l'amende estimée.*

En revanche, les coûts de formation de son personnel et de fiabilisation de son système informatique concernent son activité future et en conséquence ne peuvent faire l'objet de provisions.

Remarque L'IFRS IC a précisé, en septembre 2017, le traitement comptable à retenir pour les amendes, pénalités et intérêts liés aux risques fiscaux portant sur un impôt sur le résultat (IFRIC Update 09/17).

Pour plus de précisions sur ce thème, voir nº 27559.

Paiements effectués à une administration dans le cadre d'un litige

40807 ***Question***

Comment comptabiliser un paiement effectué à une administration dans le cadre d'un litige qui ne porte pas sur un impôt sur le résultat, lorsque l'entité estime qu'il n'est pas probable qu'elle soit condamnée ?

Réponse

En janvier 2019, l'IFRS IC a considéré que le paiement donne lieu à la comptabilisation d'un actif tel que défini dans le Cadre conceptuel. En l'absence de norme IFRS applicable, l'entité doit définir la politique comptable la plus appropriée pour la comptabilisation et l'évaluation de l'actif.

La norme IAS 37 s'applique quant à elle à la comptabilisation et l'évaluation d'un passif au titre du litige, le cas échéant (IFRIC Update 01/19).

Commentaires Dans le cadre de certains contentieux avec une administration, une entité peut être amenée à payer le montant réclamé par l'administration et ce, même si elle estime qu'il n'est pas probable qu'elle soit condamnée au terme de la procédure d'instruction.

Tel pourrait être le cas, en France, dans le cadre d'un contentieux avec une administration telle que l'Autorité de la Concurrence, qui condamnerait l'entité à verser en première instance un montant à titre exécutoire, alors même que l'entité considère qu'il n'est pas probable qu'elle sera condamnée, à l'issue de la procédure, à concurrence du montant payé (voir exemple ci-après).

En janvier 2019, l'IFRS IC a apporté quelques précisions concernant la comptabilisation de paiements effectués à l'administration fiscale au titre de contentieux ne portant pas sur un impôt sur le résultat, au sens de la norme IAS 12, Impôts sur le résultat.

Ces contentieux ne portant pas sur un impôt sur le résultat, ils n'entrent pas dans le champ d'application de la norme IAS 12 et ne peuvent pas être comptabilisés ni évalués selon les principes de cette norme.

Dans le cas traité par l'IFRS IC, l'entité n'avait constitué aucune provision au titre du litige, considérant que le risque de payer le montant du redressement n'est pas probable au sens de la norme IAS 37 (IFRIC Update 05/18).

L'IFRS IC a conclu que le paiement donne lieu à la comptabilisation d'un actif tel que défini dans le Cadre conceptuel, à savoir une ressource contrôlée par l'entité résultant de transactions passées et dont des avantages économiques futurs sont attendus par l'entité. En effet, l'IFRS IC a considéré qu'à l'issue du litige, l'administration n'avait que deux possibilités : soit elle rembourse l'entité, si l'issue du différend est favorable à l'entité, soit elle conserve le paiement pour régler l'obligation liée au contentieux, si l'issue du différend est défavorable à l'entité. De fait, au moment du paiement, l'entité a le droit de recevoir des avantages économiques futurs soit sous forme d'un remboursement en trésorerie de la part de l'administration, soit en utilisant le paiement effectué pour régler la dette au titre du litige (IFRIC Update 01/19).

L'IFRS IC a également précisé que l'actif n'entre dans le champ d'application d'aucune norme IFRS. En l'absence d'une norme applicable, l'entité doit définir la méthode comptable la plus appropriée pour la comptabilisation et l'évaluation de l'actif, en application des principes d'IAS 8 (IAS 8.10 et .11) (IFRIC Update 01/19).

Les principes de comptabilisation et d'évaluation d'un passif au titre d'un tel litige doivent, quant à eux, suivre les dispositions de la norme IAS 37 (voir n° 39055 s.).

■ *Exemple*

Paiement d'avance sur contentieux payé à l'Autorité de la Concurrence *Depuis l'exercice N, l'entreprise A est engagée dans un contentieux avec l'Autorité de la Concurrence, pour lequel 50 M€ ont été provisionnés dans ses comptes au 31/12/N. En N+1, la société est condamnée en 1e instance à payer une amende de 80 M€, versée à cette date à titre conservatoire. La société fait appel de cette décision et estime son risque de paiement inchangé.*

Solution de l'exemple *Concernant le litige avec l'Autorité de la Concurrence, la norme IAS 37 s'applique pour le passif. Le risque estimé par le groupe étant toujours évalué à 50 M€, la provision est maintenue dans les comptes au 31/12/N+1. En application de la décision de l'IFRS IC précitée, le paiement réalisé auprès de l'Autorité de la Concurrence constitue un actif, correspondant en substance au paiement d'une avance permettant à l'administration de sécuriser le paiement. Seul le jugement définitif, à l'issue de la procédure, viendra confirmer ou infirmer le jugement de première instance. En conséquence, un actif, à hauteur de 80 M€, doit être comptabilisé en N+1, en contrepartie du cash versé.*

Provision pour chômage technique

40810

Question

Si, du fait de la conjoncture économique connue à la fin de la période de reporting, des périodes de chômage technique sont envisagées, voire même annoncées pour la période suivante, celles-ci peuvent-elles donner lieu à provision à la fin de la période de reporting ?

Réponse

Non, aucune provision pour chômage technique ne peut être constatée à la fin de la période de reporting car les salariés n'ont pas acquis de droit à indemnisation pour le chômage technique tant que la période travaillée ne s'est pas écoulée. La charge relative aux indemnités versées aux salariés et le passif qui en résulte doivent donc être comptabilisés au fur et à mesure de la constatation des absences liées au chômage partiel.

Commentaires La décision ou l'annonce de mettre des salariés en chômage technique ne donne pas lieu à constatation d'une provision. En effet, les périodes de chômage technique sont assimilées à des absences rémunérées non cumulables, c'est-à-dire qu'elles ne sont pas reportables et les salariés ne sont pas autorisés à percevoir les indemnités correspondantes lors de leur départ de l'entreprise si la période non travaillée ne s'est pas écoulée (IAS 19.18).

En d'autres termes, il est considéré que, durant la période d'inactivité, les salariés continuent de rendre un service, à savoir celui de se rendre de nouveau disponibles lorsque l'entreprise le souhaite, ce qui justifie la constatation de la charge au fur et à mesure de l'absence.

L'analyse est différente pour les congés payés en France dont les droits s'acquièrent en fonction des services passés et qui donnent lieu à provision à la clôture d'un exercice, dès lors que les droits à de tels congés sont reportables et ne seront apurés que sur une période ultérieure (en ce sens, voir n° 28051).

Pour le traitement des aides d'activité partielle mises en place par l'Etat, visant à couvrir les coûts encourus au titre des périodes de chômage technique, voir n° 39620.

Provisions liées aux risques environnementaux

40811 Pour les :
- provisions liées aux mécanismes réglementaires encadrant les émissions de CO_2, voir n° 67670 ;
- provisions liées aux engagements volontaires de réduction d'émission de CO_2, voir n° 67690 ;
- provisions liées aux obligations de dépollution, voir n° 31070 et 40350 (exemple illustratif).

TITRE 9

Instruments financiers

CHAPITRE 35

Instruments financiers : définitions et champ d'application (IAS 32, IFRS 9, IFRS 7)

Plan du chapitre §§ 44000

L'ESSENTIEL DES NORMES IAS 32, IFRS 9, IFRS 7

Normes applicables aux instruments financiers

En IFRS, trois normes couvrent actuellement la quasi-totalité du traitement des instruments financiers : 44020

1. IAS 32, **Instruments financiers – Présentation,** établit les règles de présentation des instruments en tant que passifs financiers (dettes) ou capitaux propres et précise les règles de compensation entre actifs et passifs financiers. La norme traite ainsi (IAS 32.2) :
– du classement des instruments financiers, du point de vue de l'émetteur, en passifs financiers (dettes), en instruments de capitaux propres et, dans certains cas, en actifs financiers (par exemple, dérivés sur actions propres) ;
– du classement des intérêts, dividendes, pertes et gains qui leur sont liés ;
– des circonstances pouvant conduire à la compensation des actifs et des passifs financiers (par exemple, compensation entre une dette et une créance).

2. IFRS 9, **Instruments financiers** :
– établit les principes de comptabilisation et d'évaluation des actifs et passifs financiers ainsi que de certains contrats d'achat et de vente d'éléments non financiers (IFRS 9.1.1) ;
– traite de la décomptabilisation des actifs et passifs financiers ;
– traite de la comptabilisation des opérations de couverture.

3. IFRS 7, **Instruments financiers – Informations à fournir,** définit les informations à fournir en matière d'instruments financiers pour permettre aux utilisateurs d'apprécier (IFRS 7.1) :
– l'importance de ces instruments au regard de la situation financière de l'entité et de ses performances économiques ;

44020 (suite) – la nature et l'ampleur des risques auxquels l'entité est exposée et provenant de ces mêmes instruments ; et
– la façon dont l'entité gère ces risques.

Les thèmes couverts par chacune de ces normes sont détaillés dans le tableau ci-après :

Thèmes	IAS 32	IFRS 9	IFRS 7	Applications pratiques
Classement Dettes/ Capitaux propres (et comptabilisation séparée/ « split accounting »)	X	X [(1)]	X	Obligations convertibles en actions (OCA/OCEANE), Obligations remboursables en actions (ORA), Titres participatifs, TSDI, TSS, Actions de préférence, etc.
Opérations sur actions propres	X		X	Rachats d'actions propres, Dérivés sur actions propres, Dérivés sur filiales consolidées.
Classement des actifs financiers		X	X	Critères du « business model » et du « prêt basique », comptabilisation des créances commerciales, reclassements autorisés entre catégories comptables.
Classement des passifs financiers		X	X	Comptabilisation du risque de crédit propre relatif aux passifs désignés à la juste valeur par résultat.
Produits dérivés		X	X	Comptabilisation des dérivés, identification et comptabilisation des dérivés cachés.
Evaluation des actifs et passifs financiers		X	X	« Day-one profit », principes d'évaluation à la juste valeur, détermination du TIE, coûts de transaction inclus dans le TIE.
Dépréciation des actifs financiers		X	X	Approche simplifiée pour les créances commerciales, évaluation de l'augmentation significative du risque de crédit, évaluation des pertes attendues (« Expected credit losses »/ECL).
Décomptabilisation d'actifs/ de passifs financiers		X	X	Escompte d'effets, Dailly (cession, nantissement), Affacturage, Titrisations (cessions à des fonds communs de créances/FCC), etc.
Opérations de couverture		X	X	Traitement des opérations de couverture du risque de change, de taux, de matières premières, etc.
Présentation des instruments financiers (hors compensation)			X	Distinction courant/non courant, etc.
Compensation (« netting »)	X		X	« In-substance defeasance », Accords de « netting », etc.
Informations à fournir en annexe			X	Analyses de sensibilité des risques, Juste valeur des instruments financiers, Méthodes comptables, Détails de certains postes, etc.

(1) Notamment dans le cas où le dérivé incorporé (l'option de conversion) ne répond pas à la définition d'un instrument de capitaux propres.

En outre, **quatre interprétations** complètent ces normes sur les thèmes suivants :
– parts sociales des entités coopératives et instruments similaires (IFRIC 2), voir nº 44590 ;
– droits aux intérêts émanant de fonds de gestion dédiés au démantèlement, à la remise en état et à la réhabilitation de l'environnement (IFRIC 5), voir nº 44150 ;
– couverture d'un investissement net dans une activité à l'étranger (IFRIC 16), voir nº 50420 ;
– extinction d'une dette financière avec des instruments de capitaux propres (IFRIC 19), voir nº 48280.

QUESTIONS/REPONSES PRATIQUES

Remarque importante

Les réponses aux questions présentées ci-après résultent de l'analyse des dispositions des normes applicables aux instruments financiers, en vigueur actuellement, sur la base des informations disponibles au 1er juin 2023. Il s'agit des normes : 44100

- IAS 32, Instruments financiers – Présentation, qui traite de la distinction entre dettes et capitaux propres ainsi que des règles de compensation entre actifs et passifs financiers ;
- IFRS 9, Instruments financiers, qui précise les principes de comptabilisation et d'évaluation des actifs et passifs financiers ;
- IFRS 7, Instruments financiers – Informations à fournir, qui traite des informations à fournir en matière d'instruments financiers.

Pour une présentation des principales dispositions des normes IAS 32, IFRS 9 et IFRS 7 relatives :

- à la distinction entre instrument de dettes/instrument de capitaux propres (IAS 32), voir n° 44320 ;
- au classement et à l'évaluation des actifs financiers (IFRS 9), voir n° 45050 s. ;
- au classement et à l'évaluation des passifs financiers (IFRS 9), voir n° 46020 s. ;
- aux bases d'évaluation : juste valeur et coût amorti (IFRS 9), voir n° 46620 ;
- à la dépréciation des actifs financiers (IFRS 9), voir n° 47050 s. ;
- à la décomptabilisation des actifs et des passifs financiers (IFRS 9), voir n° 48020 s. ;
- aux produits dérivés et dérivés incorporés (IFRS 9), voir n° 48510 ;
- à la comptabilité de couverture (IFRS 9), voir n° 49050 s. ;
- à la comptabilité de couverture (IAS 39), voir n° 50001 s. ;
- aux informations à fournir sur les instruments financiers (IFRS 7), voir n° 52010.

Evolution possible des réponses Les réponses apportées dans les développements ci-après ne prennent pas en compte les projets en cours de discussion à l'IASB et les amendements publiés non entrés en vigueur suivants :

1. Macro-couverture Le thème de la macro-couverture a fait l'objet d'un document pour discussion (« Discussion Paper »/DP publié en avril 2014 (DP/2014/1), « Accounting for Dynamic Risk Management : a Portfolio Revaluation Approach to Macro Hedging »). Ce projet a pour objectif de mieux refléter la gestion des risques de l'entité en tenant compte des limites de risques. A la suite des commentaires reçus, l'IASB a développé un nouveau modèle qui a été présenté à un panel de 25 parties prenantes (« outreach ») au cours du quatrième trimestre 2020. En mai 2022, le Board a officiellement inscrit le projet « **Dynamic Risk Management (DRM)** » à son programme de travail, l'étape suivante étant la publication d'un exposé-sondage, prévue en 2025.

2. Distinction dettes/capitaux propres L'IASB travaille depuis plusieurs années sur un projet de remplacement éventuel de la norme IAS 32. C'est dans ce cadre que s'inscrit le projet « **Financial Instruments with Characteristics of Equity (FICE)** » avec pour objectif initial d'apporter des changements fondamentaux au modèle actuel de distinction entre dettes et capitaux propres. En juin 2018, l'IASB a publié une première consultation publique, sous la forme d'un document pour discussion (« Discussion Paper »/DP) (DP/2018/1). A la suite des réponses reçues, l'IASB a décidé de façon provisoire d'abandonner l'approche présentée dans le DP de 2018 et de s'orienter vers une approche visant, non plus à refondre intégralement les principes actuels d'IAS 32, mais à les clarifier afin d'en faciliter la mise en application. L'IASB prévoit également de développer les informations requises en annexe et les modalités de présentation au bilan des instruments émis. Les travaux de réflexion qui ont débuté en octobre 2019 sont toujours en cours, l'étape suivante étant la publication d'un exposé-sondage au cours du 2nd semestre 2023.

3. Post-implementation Review (PIR) d'IFRS 9 – Dépréciation Dans le cadre du deuxième volet de son projet de revue de l'application (« Post-implementation Review »/PIR) de la norme IFRS 9 (le premier volet relatif au classement et à l'évaluation des instruments financiers s'est achevé en décembre 2022, le troisième et dernier volet portant sur la comptabilité de couverture devant suivre ultérieurement), l'IASB a publié une demande d'informations (« Request for Information ») le 30 mai 2023, avec une période d'appels à commentaires ouverte jusqu'au 27 septembre 2023.

4. Caractéristiques des flux de trésorerie contractuels des actifs financiers En mai 2022, notamment à la suite des commentaires reçus sur la PIR d'IFRS 9 relative au classement et à l'évaluation des instruments financiers, l'IASB a décidé d'initier des travaux d'amendement de la norme IFRS 9 afin de clarifier les modalités d'application du critère de « prêt basique » à certains actifs financiers. Les actifs concernés sont notamment les prêts indexés sur des critères de développement durable (voir nº 45255) et les parts de titrisation détenues contractuellement liées (voir nº 45240). L'exposé-sondage « Amendments to the Classification and Measurement of Financial Instruments – Proposed amendments to IFRS 9 and IFRS 7 » (ED/2023/2) a ainsi été publié en mars 2023. La période d'appels à commentaires sur cet exposé-sondage est ouverte jusqu'au 19 juillet 2023.

5. Opérations de financement des dettes fournisseurs (affacturage inversé et opérations similaires) En complément de l'éclairage apporté par l'IFRS IC en décembre 2020 sur les opérations de **« reverse factoring »** (voir nº 48215), l'IASB a publié, en mai 2023, un amendement des normes IAS 7 et IFRS 7 visant à améliorer l'information financière relative à ces opérations. Les amendements se traduisent par davantage d'informations à fournir en annexe, devant permettre aux utilisateurs des états financiers d'évaluer les effets de ces opérations sur les passifs et les flux de trésorerie de l'entité initiatrice de l'opération, de même que sur le risque de liquidité en découlant. Sous réserve de son adoption en Europe, l'amendement des deux normes est applicable de manière obligatoire pour les exercices ouverts à compter du 1er janvier 2024, une application anticipée étant possible.

6. Règlement de créances par paiement électronique En septembre 2022, notamment à la suite des commentaires reçus sur la PIR d'IFRS 9 mais également de la décision provisoire de l'IFRS IC sur le règlement des créances par paiement électronique (IFRIC Update 06/22), l'IASB a décidé d'amender la norme IFRS 9 afin de clarifier les modalités de décomptabilisation des passifs financiers réglés par paiement électronique. Ces travaux s'inscrivent désormais dans le cadre du projet d'amendement de la norme IFRS 9 relatif au classement et à l'évaluation des instruments financiers dont l'exposé-sondage a été publié en mars 2023. La période d'appels à commentaires sur cet exposé-sondage est ouverte jusqu'au 19 juillet 2023 (voir point 4. ci-avant).

7. Informations relatives aux instruments de capitaux propres comptabilisés sur option à la juste valeur en contrepartie des autres éléments du résultat global En octobre 2022, notamment à la suite des commentaires reçus sur la PIR d'IFRS 9, l'IASB a décidé d'initier des travaux d'amendement de la norme IFRS 7 afin de préciser les informations requises quant aux instruments de capitaux propres comptabilisés sur option à la juste valeur en contrepartie des autres éléments du résultat global. L'exposé-sondage a été publié en mars 2023. La période d'appels à commentaires sur cet exposé-sondage est ouverte jusqu'au 19 juillet 2023 (voir point 4. ci-avant).

8. Améliorations annuelles des normes IFRS En février et mai 2023, l'IASB a décidé d'inclure, dans son prochain cycle d'améliorations annuelles des normes IFRS, plusieurs amendements visant à clarifier certaines dispositions des normes IFRS 7 et IFRS 9 (par exemple, en matière d'information sur l'exposition au risque de crédit). Le Board prévoit de publier un exposé-sondage au cours du 3e trimestre 2023.

Définition des instruments financiers

44120 ***Question***

Comment définir les instruments financiers ?

Réponse

Il s'agit de tout contrat qui donne lieu à un actif financier pour l'une des parties et à un passif financier ou à un instrument de capitaux propres pour l'autre partie.

Commentaires :

1. Définition Un instrument financier est défini comme étant tout contrat qui donne lieu à la comptabilisation d'un actif financier pour l'une des parties et à la comptabilisation d'un passif financier ou d'un instrument de capitaux propres pour l'autre partie (IAS 32.11).

Le droit contractuel pour l'une des parties de recevoir (ou l'obligation de payer) de la trésorerie est contrebalancé par l'obligation correspondante pour l'autre partie de payer (ou le droit de recevoir) de la trésorerie (IAS 32.AG4). L'avantage économique à recevoir ou à donner en échange peut également être un actif financier, autre que de la trésorerie (IAS 32.AG5).

Enfin, une chaîne de droits ou d'obligations de nature contractuelle répond à la définition d'un instrument financier si elle conduit au bout du compte à recevoir ou à verser un montant de trésorerie ou à acquérir ou émettre un instrument de capitaux propres (IAS 32.AG7).

Par exemple :
- une **somme en devise ou en monnaie locale** (trésorerie) est un actif financier parce qu'elle représente le moyen d'échange et constitue l'étalon à partir duquel toutes les transactions sont évaluées et comptabilisées dans les états financiers (IAS 32.AG3) ;
- un **dépôt dans une banque** constitue un actif financier parce qu'il représente le droit contractuel pour le déposant d'obtenir de la banque de la trésorerie ou de tirer contre le solde (inscrit sur le relevé bancaire) un chèque ou un instrument similaire en faveur d'un créancier, en paiement d'un passif financier (IAS 32.AG3).

2. Instruments dits « classiques » versus produits dérivés La notion d'instruments financiers recouvre à la fois (IAS 32.AG15) :
- les instruments financiers dits « classiques » (ou « primaires »), tels que les créances commerciales, les prêts, les titres (actions ou obligations) détenus ou émis (dont les instruments de capitaux propres représentatifs du capital de l'entité), les emprunts bancaires et les dettes fournisseurs (IAS 32.AG4) ; et
- les produits dérivés, tels que les options, les contrats à terme ferme et les swaps, qui répondent également à la définition d'un actif et d'un passif financier et qui doivent faire l'objet d'une comptabilisation au bilan en IFRS, sauf de très rares exceptions (cas de certains engagements de prêts – « loan commitments », par exemple).

3. Instruments financiers comptabilisés en hors bilan Le cas est très rare et concerne essentiellement certains engagements de prêts (« loan commitments ») déjà cités. Ces instruments font néanmoins partie du champ d'application de la norme IFRS 7, Instruments financiers : Informations à fournir (IFRS 7.4).

4. Tableau récapitulatif des principaux types d'instruments financiers :

Instruments financiers	
Actifs financiers (voir n° 44160) – Actifs financiers dits « classiques » ou « primaires » (créances clients, prêts, portefeuille-titres) – Produits dérivés actifs	Instruments de capitaux propres (voir n° 44180) Passifs financiers (voir n° 44170) – Instruments de dettes dits « classiques » ou « primaires » (obligations, emprunts bancaires, dettes fournisseurs) – Produits dérivés passifs
Instruments financiers hors bilan (la plupart des « engagements de financement »)	

Remarque En IFRS, il n'existe pas de rubrique intermédiaire entre les capitaux propres et les passifs financiers. En revanche, certains instruments dits « hybrides » peuvent devoir être décomposés en un instrument hôte et un (ou plusieurs) dérivé(s) incorporé(s) et donner lieu à une comptabilisation séparée (« split accounting »), voir n° 48640 s. De la même manière, certains instruments dits « composés » peuvent présenter à la fois des caractéristiques de capitaux propres et de dette et donner lieu à la comptabilisation de deux composantes dette et capitaux propres séparées (voir n° 44390).

Notion d'engagement contractuel

Question 44130

Qu'est-ce qu'un engagement contractuel ?

Réponse

Un engagement qui relève d'un contrat entre deux ou plusieurs contreparties.

Les actifs ou passifs qui ne relèvent pas d'un engagement contractuel et qui sont, par exemple, issus d'une disposition légale (créances ou dettes d'impôt) ne sont pas des instruments financiers.

Commentaires Les engagements qui ne répondent pas à la définition d'un contrat entre une ou plusieurs contreparties ne peuvent pas être qualifiés d'instruments financiers (IAS 32.AG12). En conséquence, ils sont hors du champ d'application des normes IAS 32, IFRS 9 et IFRS 7.

Selon IAS 32.13, les termes « contrats » et « contractuels » font référence à un **accord entre deux ou plusieurs parties** et ayant des conséquences économiques évidentes auxquelles les parties ne peuvent que difficilement se soustraire, si tant est qu'elles en aient la possibilité, du fait qu'en général l'accord est **juridiquement exécutoire.**

La norme précise également que :

– les contrats et donc les instruments financiers peuvent se présenter sous des formes diverses et ne sont pas nécessairement écrits (IAS 32.13) ;

C'est le cas, par exemple, d'un ordre de bourse pour lequel un simple enregistrement vocal fait foi ou de la trésorerie qui représente l'unité selon laquelle toutes les transactions sont évaluées et comptabilisées dans les états financiers. A contrario, un lingot d'or n'est pas un instrument financier similaire à de la trésorerie dans la mesure où il ne procure pas de droit contractuel à recevoir de la trésorerie ou tout autre instrument financier.

– les passifs ou les actifs ne résultant pas d'un contrat (par exemple, les **dettes** ou **créances** d'**impôts** sur le résultat qui résultent d'obligations légales imposées par les pouvoirs publics) ne sont pas des actifs ou des passifs financiers (IAS 32.AG12) ;

– les **transactions futures** prévues, quelle que soit leur probabilité, ne sont pas des actifs ou des passifs car l'entité n'est pas encore devenue partie à un contrat (IFRS 9.B3.1.2e).

En revanche, des achats ou ventes d'options sont bien des contrats au sens d'IAS 32.

Instruments qui ne sont pas des instruments financiers au sens des normes IAS 32, IFRS 9 et IFRS 7

44140 ***Question***

Quels sont les instruments souvent considérés à tort comme des instruments financiers ?

Réponse

Les instruments :

– pour lesquels il n'existe pas d'engagement contractuel (dettes ou créances d'impôt, obligations implicites relevant de la norme IAS 37) ;

– pour lesquels la matérialisation d'avantages économiques ne correspond pas in fine à un flux de trésorerie (charges payées d'avance, produits différés, obligations découlant de garanties) ;

– qui répondent à la définition d'un instrument financier mais qui sont hors du champ d'application des normes IAS 32, IFRS 9 et IFRS 7 (voir n° 44150).

Commentaires :

1. **Absence d'engagement contractuel** Sans engagement contractuel entre deux ou plusieurs parties, la transaction ne peut être qualifiée d'instrument financier.

Sur la notion d'engagement contractuel, voir n° 44130.

Pour cette raison, ne sont pas considérés comme des instruments financiers (IAS 32.AG12) :

– les **impôts sur le résultat** (qui résultent d'obligations légales imposées par les pouvoirs publics) ;

De tels éléments relèvent de la norme IAS 12, Impôts sur le résultat.

– les **obligations implicites** (définies dans IAS 37, Provisions, passifs éventuels et actifs éventuels, et qui relèvent de cette norme).

2. **Réception ou sortie d'avantages économiques autres qu'un flux de trésorerie** Les actifs ou les passifs pour lesquels l'avantage économique futur à recevoir ou à délivrer n'est pas in fine un flux de trésorerie ne sont pas des actifs ou des passifs financiers.

Pour cette raison, ne sont pas considérés comme des instruments financiers (IAS 32.AG11) :

– les **charges payées d'avance** pour lesquelles l'avantage économique futur est la réception de biens ou services plutôt que le droit de recevoir de la trésorerie ou un autre actif financier ;

– les **produits différés** et la plupart des **obligations découlant de garanties** parce que la sortie d'avantages économiques qui leur est associée est la fourniture de biens ou de services, plutôt que l'obligation contractuelle de remise de trésorerie ou d'un autre actif financier.

Instruments financiers exclus du champ d'application des normes IAS 32, IFRS 9 et IFRS 7

44150 ***Question***

Quels sont les instruments qui, bien que répondant à la définition d'un instrument financier, sont néanmoins exclus du champ d'application des normes IAS 32, IFRS 9 et IFRS 7 ?

44150 (suite)

Réponse

Il s'agit essentiellement des instruments suivants :
- titres des sociétés consolidées ;
- contrats à terme ferme signés dans le cadre de regroupements d'entreprises (IFRS 3) ;
- contrats de location (IFRS 16), sauf précisions spécifiques ;
- avantages du personnel (IAS 19) ;
- paiements fondés sur des actions (IFRS 2) ;
- contrats d'assurance (IFRS 17) ;
- droits à remboursement (de coûts de démantèlement ou de remise en état de sites) (IAS 37) ;
- commandes d'achats ou de ventes signées dans le cadre normal de l'activité de l'entreprise (IAS 37, contrats non entièrement exécutés) ;
- certains engagements de financement.

Commentaires Le champ d'application des normes IAS 32, IFRS 9 et IFRS 7 est très large. Ces normes s'appliquent aux états financiers d'une entité préparés conformément aux IFRS, et à tous les instruments financiers, sauf exceptions spécifiques (voir ci-après).

Pour la notion d'instruments financiers, voir n° 44120 s.

Le champ d'application de chacune de ces trois normes n'est toutefois pas tout à fait identique. En effet :
- les dispositions d'IAS 32 et d'IFRS 9 s'appliquent aux instruments financiers « comptabilisés » alors que les dispositions d'IFRS 7 s'appliquent également aux instruments financiers non comptabilisés (certains instruments financiers exclus du champ d'application d'IFRS 9, par exemple les engagements de prêts) (IFRS 7.4) ;
- les dispositions d'IFRS 7 sont applicables aux contrats de location, par ailleurs exclus du champ d'application d'IFRS 9 (sauf concernant les dispositions en matière de décomptabilisation, dépréciation et dérivés incorporés).

En règle générale, les éléments sont exclus du champ d'application de ces trois normes si une autre norme non spécifique aux instruments financiers est plus prescriptive.

Tableau récapitulatif Les exclusions du champ d'application des normes relatives aux instruments financiers sont listées ci-après (par type d'instruments) :

Types d'instruments	Exclusions (référence)	Normes à appliquer
Participations dans des sociétés consolidées par intégration globale ou par mise en équivalence	IAS 32.4a, IFRS 9.2.1a et IFRS 7.3a, sauf application de l'option juste valeur et cas de certains dérivés sur ces participations [(1)]	IAS 27, IAS 28 et IFRS 10 [(1)]
Contrats à terme fermes signés dans le cadre de regroupements d'entreprises	IFRS 9.2.1f [(2)]	IFRS 3
Contrats de location	IFRS 9.2.1b, sauf dispositions relatives aux décomptabilisations, dépréciations et dérivés incorporés (qui leur restent applicables) [(3)]	IFRS 16, IFRS 7 (pas d'exclusion)
Avantages du personnel	IAS 32.4b, IFRS 9.2.1c et IFRS 7.3b	IAS 19
Transactions dont le paiement est fondé sur des actions	IFRS 9.2.1h et IFRS 7.3e sauf [(4)] : – les contrats d'achat ou de vente de matières premières payés en actions propres (« treasury shares ») et qui ne répondent pas à la notion de contrats pour usage propre ; – les rachats et autres opérations sur actions propres réalisés dans le cadre de plans d'options sur actions ou de plans d'achats d'actions relevant d'IFRS 2, qui restent dans le champ d'application d'IAS 32.	IFRS 2

44150
(suite)

Types d'instruments	Exclusions (référence)	Normes à appliquer
Contrats d'assurance et contrats d'investissement avec éléments de participation discrétionnaire (tels que définis par IFRS 17)	IAS 32.4d, IFRS 9.2.1e et IFRS 7.3d, sauf, notamment, les dérivés incorporés et les garanties financières traitées selon IFRS 9 (5)	IFRS 17
Droits à remboursement (de coûts de démantèlement et de remise en état de l'environnement)	IFRS 9.2.1i (6)	IAS 37
Commandes d'achats ou de ventes signées dans le cadre normal de l'activité de l'entreprise (dites « pour propre usage »)	IFRS 9.2.4 à .2.7, IFRS 7.5 (7)	IAS 37
Certains engagements de prêter (« Loan commitments »)	IFRS 9.2.3 (8)	IFRS 9 relative à la dépréciation, IFRS 7 (pas d'exclusion)

Commentaires du tableau :

(1) Participations dans des filiales ou sociétés sous contrôle conjoint (IFRS 10, IFRS 11 **et** IFRS 12**)** Ces participations sont exclues des normes IFRS 9 et IFRS 7, sauf dans les deux cas suivants :
- lorsqu'il s'agit d'une société d'investissement pour des participations autres que celles procurant des services relatifs aux activités d'investissement de la société d'investissement (IFRS 10.31 et .32) ;

Remarque Si ces intérêts sont évalués à la juste valeur, les dispositions d'IFRS 13, Evaluation de la juste valeur, leur sont également applicables (IFRS 7.3a).

- lorsqu'il s'agit de produits dérivés ayant comme sous-jacents des titres de ces sociétés et que ces dérivés ne répondent pas à la qualification d'un instrument de capitaux propres. Dans ce cas, les normes IFRS 9 et IFRS 7 leur sont applicables.

Remarque Ne répondent à la définition d'un instrument de capitaux propres que les dérivés qui portent sur des titres de sociétés sous contrôle exclusif.

(2) Contrats signés dans le cadre de regroupements d'entreprises (IFRS 3**)** Sont exclus du champ d'application d'IFRS 9 et d'IFRS 7 les contrats à terme fermes (options non visées) entre un acheteur et un vendeur lors d'un regroupement d'entreprises pour acheter ou vendre une entreprise **acquise à une date future.**

(3) Contrats de location (IFRS 16**)** Ces contrats :
- sont exclus du champ d'application d'IFRS 9, sauf en ce qui concerne les dispositions en matière (i) de **décomptabilisation,** (ii) de **dépréciation** d'actifs et (iii) de **dérivés incorporés** (IFRS 9.2.1b) ;

Remarques :
a. En matière de décomptabilisation, les dispositions d'IFRS 9 sont applicables à la fois aux créances locatives des bailleurs (issues des contrats de location simple ou de location-financement) et aux dettes de loyers des preneurs.
b. En matière de dépréciation, les dispositions d'IFRS 9 sont applicables aux créances locatives des bailleurs (issues des contrats de location simple ou de location-financement).
c. Enfin, en matière de produits dérivés, les dispositions d'IFRS 9 sont applicables à la fois aux bailleurs et aux preneurs.

- mais ne sont **pas exclus** du champ d'application **d'IFRS 7.**

En matière d'informations en annexe, IFRS 16.58 renvoie à IFRS 7.39 et .B11 concernant l'analyse des échéances des dettes de loyers, en plus d'un certain nombre d'informations pertinentes exigées en complément (IFRS 16.59).

(4) Paiements fondés sur des actions (IFRS 2**)** Ces instruments sont exclus des normes IAS 32, IFRS 9 et IFRS 7, sauf en ce qui concerne les dispositions relatives :
- aux contrats avec pour contrepartie la livraison d'actifs non financiers lorsque ces contrats peuvent faire l'objet d'un règlement net en trésorerie et n'entrent pas dans le cadre normal de l'activité de l'entreprise (IAS 32.4f.i), c'est-à-dire lorsqu'ils ne sont **pas qualifiables** de contrats **pour usage propre** (voir n° 48560) ;
- aux rachats et autres opérations sur actions propres (« **treasury shares** ») réalisées dans le cadre de plans d'options sur actions ou d'achats d'actions réservés aux membres du

personnel ou de tout autre accord dont le paiement est fondé sur des actions (IAS 32.4f.ii). L'acquisition, la vente, l'émission ou l'annulation d'actions propres (même issues de transactions relevant d'IFRS 2) doivent être traitées selon les dispositions d'IAS 32.33 et .34.

(5) Contrats d'assurance (IFRS 17) Les contrats d'assurance et les contrats d'investissement avec participation discrétionnaire (voir définition au nº 65920R, point 7.) sont exclus du champ d'application des normes IAS 32, IFRS 7 et IFRS 9 ; il en est de même pour les contrats de garanties financières considérés et traités par l'entité comme des contrats d'assurance. En revanche, entrent dans le champ d'application de ces normes (IFRS 7.3d, IFRS 9.2.1e, IAS 32.4d) :
- les **dérivés incorporés** dans ces contrats si IFRS 9 requiert leur comptabilisation séparée ;
- les **composantes investissements** séparées des contrats d'assurance en application d'IFRS 17, sauf si cette composante représente un contrat d'investissement avec participation discrétionnaire ;
- les **garanties financières** que l'entité ne traite pas comme des contrats d'assurance ;
- les **contrats de carte de crédit et similaires** que l'entité ne traite pas comme des contrats d'assurance ; et
- les instruments financiers découlant de contrats d'assurance **qui limitent le montant d'indemnisation** pour les événements assurés et que l'entité ne traite pas comme des contrats d'assurance.

(6) Droits à remboursement Il s'agit des droits aux intérêts émanant de fonds de gestion dédiés au remboursement des coûts de démantèlement et de remise en état de sites, comme par exemple des sites miniers (exclusion introduite par IFRIC 5.1). En effet, selon IFRIC 5, lorsque le fonds n'est pas consolidé, l'entité (le contributeur) doit comptabiliser le droit de recevoir le remboursement du fonds selon les dispositions d'IAS 37 (IFRIC 5.9).

(7) Commandes d'achats et de ventes (pour propre usage) Ces contrats répondent normalement à la définition d'un dérivé, mais ont été volontairement exclus d'IFRS 9 et d'IFRS 7 pour être traités selon les dispositions d'IAS 37, c'est-à-dire comme des contrats (non entièrement) exécutés (« **executory contracts** ») (voir nº 48560).

(8) Engagements de prêter (« loan commitments ») Bien que répondant à la définition d'un dérivé (IFRS 9.BCZ2.2), certains de ces contrats ne sont pas évalués comme des dérivés, mais les règles de dépréciation d'IFRS 9 s'appliquent à ces contrats (voir nº 45340). Il s'agit uniquement des engagements de prêter auxquels l'entité n'a pas appliqué l'option juste valeur, qui ne peuvent pas se dénouer par un règlement net en trésorerie ou encore qui ne conduisent pas à octroyer un prêt à un taux inférieur au taux du marché.

Définition d'un actif financier

44160

Question

Qu'est-ce qu'un actif financier ?

Réponse

Il s'agit d'un droit contractuel à un avantage économique qui se traduira in fine par la réception d'un flux de trésorerie ou d'un instrument de capitaux propres (action ou autre).

Commentaires :

1. **Définition** Un actif financier est tout actif qui est (IAS 32.11) :

a. de la trésorerie ;

b. un instrument de capitaux propres d'une autre entité (voir nº 44180) ;

c. un droit contractuel de recevoir d'une autre entité de la trésorerie ou un autre actif financier ;

d. un droit contractuel d'échanger des instruments financiers avec une autre entité dans des conditions potentiellement favorables ; ou

44160 (suite) e. un contrat qui sera ou pourra être réglé en instruments de capitaux propres de l'entité elle-même et qui est :

– soit un instrument non dérivé pour lequel l'entité est, ou pourrait être, tenue de recevoir un nombre variable d'instruments de capitaux propres de l'entité elle-même ;

– soit un instrument dérivé qui sera, ou pourra être, réglé autrement que par l'échange d'un montant fixe de trésorerie ou d'un autre actif financier contre un nombre fixe d'instruments de capitaux propres de l'entité elle-même. A cette fin, les instruments de capitaux propres de l'entité n'incluent pas : (i) les instruments financiers remboursables au gré du porteur classés comme instruments de capitaux propres selon IAS 32.16A et .16B, (ii) les instruments qui imposent à l'entité une obligation de remettre à une autre partie une quote-part des actifs nets de l'entité uniquement lors de la liquidation, et qui sont classés comme instruments de capitaux propres selon IAS 32.16C et .16D, ou encore (iii) les instruments constituant des contrats de réception ou de livraison future d'instruments de capitaux propres de l'entité elle-même.

Remarques :

1. **Dérivés sur instruments remboursables au gré du porteur ou en cas de liquidation (« puttable instruments »)** Par exception, ces dérivés (par exemple, achats de put ou de call) constituent systématiquement un actif financier et non pas un instrument de capitaux propres pour l'entreprise (même si les instruments sous-jacents sont qualifiés d'instruments de capitaux propres par la norme IAS 32, il n'y a pas d'extension de l'exception aux dérivés sur ce type d'instruments).
Pour plus d'informations sur ces instruments, voir nº 44520 s.

2. **Contrats de réception ou de livraison future d'instruments de capitaux propres de l'entité elle-même** Il s'agit, par exemple, d'un contrat sur les actions propres de l'entité, donnant le droit à cette dernière de vendre ou d'acheter ses propres actions mais sans que le dénouement du contrat se fasse obligatoirement par la remise ou la réception d'un nombre fixe d'actions contre un montant fixe de trésorerie. L'instrument n'étant pas alors qualifié d'instrument de capitaux propres et une prime ayant été payée, il répond à la définition d'un dérivé actif (et donc d'un actif financier).

2. **Principales caractéristiques d'un actif financier** Un actif financier possède les deux caractéristiques suivantes :

a. **existence d'un droit contractuel** (voir nº 44120, point 1.) ;

b. droit à (recevoir) un **avantage économique** qui se traduira in fine par la réception d'un **flux de trésorerie** ou la remise d'un instrument de capitaux propres (action ou autre).

3. **Exemples d'actifs financiers :**

– une somme en devises ou en monnaie locale (de la trésorerie) ou un dépôt dans une banque (IAS 32.AG3) ;

– une créance client, un effet à recevoir, un prêt ou une obligation (IAS 32.AG4) ;

– un effet qui donne le droit d'être payé par la remise d'obligations d'Etat (IAS 32.AG5) ;

– un instrument d'emprunt perpétuel (IAS 32.AG6) ;

Remarque En droit français, il peut par exemple s'agir d'un TSDI (titre subordonné à durée indéterminée) ou d'un TSS (titre super-subordonné).

– un contrat de location-financement au regard du bailleur (IAS 32.AG9) ;

– une garantie financière (IAS 32.AG8).

Remarques :

1. Certains actifs financiers, bien que répondant à la définition d'IAS 32, peuvent être hors champ d'application d'IFRS 9 (voir nº 44150).

2. Les actifs financiers peuvent être également des **dérivés actifs**, tels que, par exemple, une prime d'option (achat d'un call, d'un put ou d'un collar), un swap de taux ou de devises ou encore un contrat à terme ferme gagnant (i.e. en plus-value latente à la date de clôture).

4. **Exemples d'instruments qui ne sont pas des actifs financiers** :

– les **actifs physiques,** tels que les stocks ou les immobilisations corporelles, les **actifs représentatifs du droit d'utilisation des actifs loués** et les **immobilisations incorporelles** (brevets, marques) (IAS 32.AG10) ;

– les **charges payées d'avance** pour lesquelles l'avantage économique futur est la réception de biens ou services plutôt que le droit de recevoir de la trésorerie ou un autre actif financier (IAS 32.AG11) ;

– les **créances d'impôts,** qui ne représentent pas un droit contractuel, mais résultent d'obligations légales imposées par les pouvoirs publics (IAS 32.12).

Définition d'un passif financier

44170

Question

Qu'est-ce qu'un passif financier ?

Réponse

Il s'agit de tout passif qui est :

a. soit une obligation contractuelle :

- de remettre à une autre entité de la trésorerie ou d'autres actifs financiers ; ou
- d'échanger des instruments financiers avec une autre entité à des conditions potentiellement défavorables ;

b. soit un contrat qui sera ou pourra être réglé en instruments de capitaux propres de l'entité elle-même et qui est :

- un instrument non dérivé pour lequel l'entité est, ou pourrait être, tenue de livrer un nombre variable d'instruments de capitaux propres de l'entité elle-même ; ou
- un instrument dérivé qui ne sera ou ne pourra pas être réglé par l'échange d'un nombre fixe d'instruments de capitaux propres de l'entité elle-même contre un montant fixe de trésorerie.

Commentaires :

Remarque Dans les chapitres sur les instruments financiers, les termes « dette » et « passif » sont employés indifféremment.

1. **Définition** Un passif financier est tout passif qui est (IAS 32.11) :

a. soit **une obligation contractuelle** :

- de **remettre** à une autre entité **de la trésorerie ou un autre actif financier** ; ou
- d'**échanger** des actifs ou des passifs financiers avec une autre entité à des **conditions potentiellement défavorables** ;

b. soit un **contrat** qui sera ou pourra être **réglé en instruments de capitaux propres** de l'entité elle-même et qui est :

- un instrument **non dérivé** pour lequel l'entité est ou pourrait être tenue de livrer un nombre variable d'instruments de capitaux propres de l'entité elle-même ; ou
- un instrument **dérivé** qui sera ou pourra être réglé autrement que par l'échange d'un montant fixe de trésorerie ou d'un autre actif financier contre un nombre fixe d'instruments de capitaux propres de l'entité elle-même. A cette fin, les instruments de capitaux propres de l'entité n'incluent pas les instruments financiers remboursables au gré du porteur classés comme instruments de capitaux propres selon IAS 32.16A et .16B, les instruments qui imposent à l'entité une obligation de remettre à une autre partie une quote-part des actifs nets de l'entité uniquement lors de la liquidation, et qui sont classés comme instruments de capitaux propres selon IAS 32.16C et .16D, ou encore les instruments constituant des contrats de réception ou de livraison future d'instruments de capitaux propres de l'entité elle-même.

Sur la notion de dérivé, voir nº 48535.

Sur les dérivés sur instruments remboursables au gré du porteur ou en cas de liquidation et sur les contrats de réception ou de livraison future d'instruments de capitaux propres de l'entité elle-même, voir nº 44160, point 1.

A titre exceptionnel, un instrument qui répond à la définition d'un passif financier est classé comme un instrument de capitaux propres s'il possède toutes les caractéristiques et remplit les conditions énoncées par IAS 32.16A et .16B ou par IAS 32.16C et .16D (« puttable instruments »).

Sur la qualification et le traitement comptable d'un « puttable instrument » chez l'émetteur, voir nº 44520 s.

2. **Principales caractéristiques d'un passif financier** :

a. **Existence d'une obligation contractuelle** Pour qualifier un instrument de passif financier (dette), il doit exister une obligation contractuelle. Une simple contrainte économique ne peut en elle-même conduire à un classement en passif financier selon IAS 32 (voir nº 44360 s.).

44170 (suite)

Remarques :

1. Cette obligation peut être :

– **directe** ou **indirecte** (IAS 32.20), voir nº 44360 et 44375 ; ou

– **conditionnée** à un événement, dès lors que ce dernier est hors du contrôle à la fois de l'émetteur (l'entité) et du porteur de l'instrument (IAS 32.25), voir nº 44370.

2. Le classement en passifs financiers dépend uniquement des clauses contractuelles de l'instrument financier et non pas de la capacité financière de l'émetteur à honorer son obligation contractuelle ni de la probabilité que le règlement intervienne (IAS 32.19 et .AG25).

b. Précisions en cas de règlement en actions propres Un contrat n'est pas un instrument de capitaux propres par le seul fait qu'il peut avoir pour résultat la réception ou la livraison d'instruments de capitaux propres de l'entité. En effet, lorsque l'entité utilise un nombre variable de ses instruments de capitaux propres pour dénouer un contrat, cet instrument n'est pas un instrument de capitaux propres (IAS 32.21 et .AG27d).

Lorsque le nombre d'actions est ajusté pour valoir toujours la même somme, le contrat représente un droit ou une obligation de recevoir ou de payer un certain montant de trésorerie et répond donc à la définition d'un actif ou d'un passif financier (IAS 32.AG27d). Dans ce cas, en effet, le porteur n'est pas exposé à un risque « action » comme cela serait le cas si l'émetteur était tenu de livrer un nombre fixe d'actions. Au contraire, les actions propres de la société sont simplement utilisées comme un **moyen de paiement** (« as a currency ») (IAS 32.BC10b et .BC13 à .BC15).

Il en est de même lorsque le contrat se dénoue par la remise d'un nombre fixe d'actions propres contre un montant variable de trésorerie (IAS 32.24 et .AG27d).

c. Cas particulier des dérivés sur actions propres La norme IAS 32 précise que, lorsqu'un instrument dérivé confère à l'une des parties au contrat le choix du mode de règlement (par exemple, lorsque l'émetteur ou le porteur peut choisir d'effectuer un règlement net en trésorerie ou par l'échange d'actions contre de la trésorerie), cet instrument est un actif financier ou un passif financier, sauf si tous les modes de règlement possibles en font un instrument de capitaux propres (IAS 32.16b et .26).

Remarques :

1. Lorsqu'il s'agit d'un produit dérivé, le fait que l'entité ait le choix de dénouer le contrat par (i) la remise d'un nombre fixe d'actions propres contre un montant fixe de trésorerie ou (ii) par un paiement net en trésorerie n'est pas suffisant pour permettre un classement en capitaux propres (même si c'est elle qui a le choix et non pas la contrepartie).

L'IASB a en effet conclu que les entreprises ne devaient pas pouvoir contourner l'obligation de comptabiliser un dérivé sur actions propres comme un actif ou un passif financier, simplement en introduisant la possibilité de dénouer le contrat par l'échange d'un nombre fixe d'actions propres contre un montant fixe de trésorerie. En la matière, introduire des règles d'intention et d'habitudes passées de la direction n'aurait pas constitué des critères déterminants (IAS 32.BC20).

2. Tel est le cas, par exemple, d'une option de conversion d'une obligation convertible en actions qui permet au porteur d'échanger chaque obligation contre un nombre fixe d'actions mais qui offre également la possibilité à l'émetteur de régler chaque obligation par la remise d'un montant net de trésorerie correspondant à la juste valeur de l'obligation convertible (IAS 32.26 et .16b).

3. Exemples de passifs financiers :

– les dettes fournisseurs, les effets à payer, les emprunts bancaires ou obligataires (IAS 32.AG4) ;

– les emprunts perpétuels (dont le versement des intérêts n'est pas à l'entière discrétion de l'entité) (IAS 32.AG26) ;

– certains instruments remboursables au gré du porteur (« puttable instruments ») qui ne répondent pas à l'exception prévue au point 1b. ci-dessus, par exemple, les actions de préférence remboursables au gré du porteur (IAS 32.AG25) ;

– les actions de préférence non remboursables mais dont les dividendes à taux fixe ne sont pas entièrement discrétionnaires (IAS 32.AG26) ;

– les obligations contractuelles qui seront éteintes par l'émission d'un nombre variable d'instruments de capitaux propres (IAS 32.21) ;

– les contrats qui seront réglés par remise de trésorerie lors de la survenance d'un événement futur incertain, indépendant de la volonté des parties (IAS 32.AG28) ;

– les dérivés passifs (IAS 32.AG15) ;

– les contrats imposant à une entité d'acheter ses propres instruments de capitaux propres en contrepartie d'un versement de trésorerie ou d'un autre actif financier (IAS 32.23 et .AG27a).

4. Exemples d'instruments qui ne sont pas des passifs financiers :
- les produits différés (IAS 32.AG11) ;
- les engagements de garantie après-vente (IAS 32.AG11) ;
- les dettes d'impôts (IAS 32.AG12), parce qu'elles ne sont pas contractuelles ;

Sur ces trois points, voir également n° 44120.

- les instruments remboursables au gré du porteur ou en cas de liquidation, lorsque ces derniers répondent aux critères permettant un classement par exception en capitaux propres (IAS 32.16A à .16F).

Pour plus d'informations sur ce dernier point, voir n° 44520 s.

Définition d'un instrument de capitaux propres

Question 44180

Qu'est-ce qu'un instrument de capitaux propres ?

Réponse

Il s'agit de tout contrat mettant en évidence un intérêt résiduel dans les actifs d'une entité après déduction de tous ses passifs.

En pratique, ces instruments sont identifiés, par défaut, comme n'étant pas des dettes financières (pas d'obligation de remettre de la trésorerie).

Les instruments qui peuvent ou doivent être réglés en actions propres de l'émetteur doivent respecter la règle dite du « fixe contre fixe », c'est-à-dire :
- s'il s'agit d'un instrument non dérivé, se régler par la livraison d'un nombre fixe d'actions ;
- s'il s'agit d'un instrument dérivé, se régler par l'échange d'un nombre fixe d'actions contre un montant fixe de trésorerie.

Par exception, certains instruments remboursables au gré du porteur ou en cas de liquidation sont comptabilisés en capitaux propres du point de vue de l'émetteur, alors même qu'ils ne répondent pas à la définition d'un instrument de capitaux propres.

Commentaires :

1. Définition Un instrument de capitaux propres est défini comme tout contrat mettant en évidence un intérêt résiduel dans les actifs d'une entité après déduction de tous ses passifs (IAS 32.11).

2. En pratique, l'analyse est conduite **par défaut comme n'étant pas un instrument de dette.** Par ailleurs, la norme IAS 32 donne des précisions en cas de règlement en actions propres. Elle limite strictement la nature des instruments financiers devant être classés en capitaux propres en imposant le respect simultané des deux conditions suivantes (IAS 32.16) :

a. ils ne contiennent **pas d'obligation contractuelle** pour l'émetteur soit de **remettre de la trésorerie** ou un actif financier, soit d'échanger des actifs ou passifs financiers dans des conditions potentiellement défavorables ;

b. en cas de règlement en actions propres :
- s'il s'agit d'un contrat **non dérivé,** l'instrument doit être réglé par **livraison d'un nombre fixe d'actions** par l'émetteur ;

Pour plus d'informations sur ce point, voir n° 44170, point 2b.

- s'il s'agit d'un contrat **dérivé** (flux à l'origine nul ou faible, comme par exemple dans le cas de bons de souscription d'actions – BSA ou achat de call), l'instrument doit être réglé par **échange d'un nombre fixe d'actions contre un montant fixe de trésorerie.**

Pour plus d'informations sur ce point, voir n° 44170, point 2c.

Enfin, certains instruments remboursables au gré du porteur ou en cas de liquidation (« puttable instruments ») et qui répondent à la définition d'un passif financier sont classés, par exception, en instruments de capitaux propres s'ils possèdent toutes les caractéristiques et remplissent les conditions énoncées par IAS 32.16A et .16B ou .16C et .16D.

Pour les « puttable instruments », voir n° 44520 s.

3. Exemples d'instruments de capitaux propres (IAS 32.AG13, .AG25 et .AG26) :
- les actions ordinaires (sans droit de remboursement) ;
- certains BSA émis (dès lors qu'ils sont réglés par échange d'un nombre fixe d'actions contre un montant fixe en trésorerie) ;

44180 (suite) – certaines options de conversion incorporées dans une obligation convertible (dès lors qu'elles sont réglées par échange d'un nombre fixe d'actions contre un montant fixe en trésorerie) ;
– les actions de préférence non remboursables et à dividendes discrétionnaires ;
– les actions de préférence remboursables au gré du seul émetteur et à dividendes discrétionnaires.

Remarques :

1. **Forme juridique des instruments** La seule forme juridique d'un instrument ne suffit pas à déterminer son classement au bilan. Ainsi, certaines actions de préférence peuvent être classées en passifs financiers dès lors qu'elles donnent au porteur le droit de demander leur remboursement après une date donnée (IAS 32.18).

2. **Analyse détaillée des contrats** Une analyse détaillée de toutes les clauses d'un contrat d'obligation convertible est nécessaire pour déterminer son traitement comptable (voir n° 44450 s.).

3. **Engagement de rachat d'actions propres** Toute obligation pour l'émetteur de racheter ses propres actions doit donner lieu à la comptabilisation d'une dette (IAS 32.23, .AG27b, .BC11 à .BC12), à l'exception d'obligations qui respectent certains critères (voir n° 44520 s.).

4. **Rachat d'actions propres** (« treasury shares ») Les actions propres sont à déduire des capitaux propres, indépendamment des raisons pour lesquelles elles ont été acquises et y compris si elles sont détenues par des filiales consolidées (IAS 32.33, .34, .AG36 et .BC32).

Cas d'exemption (IAS 32.33A) Certaines entités utilisent un fonds d'investissement pour procurer aux investisseurs des avantages déterminés en fonction des parts du fonds et comptabilisent des passifs financiers au titre des sommes à payer à ces investisseurs. Certains de ces fonds incluent les actions propres de l'entité. L'entité peut alors choisir de ne pas déduire de ses capitaux propres une action propre qui est incluse dans un tel fonds lorsque, et seulement lorsque, elle rachète son propre instrument de capital à ces fins. En conséquence de ce choix, l'entité maintient le traitement de cette action propre à titre de capitaux propres et traite l'instrument racheté comme s'il s'agissait d'un actif financier, qu'elle évalue à la juste valeur par le biais du résultat net conformément à IFRS 9. Ce choix est irrévocable et se fait instrument par instrument.

CHAPITRE 36

Distinction Dettes/Capitaux propres (IAS 32)

44300

Plan du chapitre §§

Plan du chapitre *(suite et fin)* §§

L'ESSENTIEL DE LA NORME IAS 32

Généralités

44320 Le classement dans le bilan de l'émetteur d'un instrument financier émis soit en dettes, soit en capitaux propres, peut avoir un impact significatif sur le ratio d'endettement d'une entité (ratio dettes/capitaux propres), son résultat et ses réserves accumulées.

Il peut également avoir une incidence sur le respect (ou le non-respect) de certaines clauses restrictives (« covenants »). 44320 (suite)

1. **Définition d'une dette** Si une entité ne dispose pas d'un droit inconditionnel de se soustraire à la remise de trésorerie ou d'un autre actif financier pour régler une obligation contractuelle, l'instrument répond à la définition d'un passif financier (IAS 32.19).

2. **Définition d'un instrument de capitaux propres** La norme IAS 32 analyse les instruments de capitaux propres par défaut, comme n'étant pas des dettes (IAS 32.16). Ce sont donc des instruments comportant un droit inconditionnel d'éviter de verser un montant de trésorerie (ou autre actif financier), c'est-à-dire ne comprenant pas d'obligation contractuelle d'effectuer un tel versement (soit sous forme de remboursement de capital, soit sous forme de rémunération).

Par exemple, les actions ordinaires sont pour leur émetteur des instruments de capitaux propres.

En outre, les instruments suivants sont comptabilisés comme des instruments de capitaux propres en IFRS, sous réserve qu'ils aient certaines caractéristiques et remplissent certaines conditions (par exemple, « puttable instruments », parts d'OPCVM) :
- instruments remboursables au gré du porteur (le remboursement pouvant s'effectuer tout au long de la vie de l'instrument, à la demande du porteur) (IAS 32.16A) ;
- instruments, ou composantes d'instruments qui imposent à l'entité une obligation de remettre à une autre partie une quote-part des actifs nets de l'entité, uniquement lors de la liquidation (par exemple, actions émises par des entités à durée de vie restreinte) (IAS 32.16C).

3. **Distinction dettes/capitaux propres** L'analyse du contrat doit se faire « en substance », c'est-à-dire sur la base de la substance contractuelle du contrat et non de sa substance économique. En effet, le classement se fonde sur une appréciation de la substance des arrangements contractuels et sur les définitions d'un passif financier et d'un instrument de capitaux propres (IAS 32.AG26).

Pour l'exemple des actions préférentielles non remboursables (« non redeemable preference shares »), voir n° 44365.

Une analyse des caractéristiques contractuelles de chaque instrument, à la lumière des dispositions requises par la norme, est alors nécessaire. Tel est particulièrement le cas des instruments composés qui comprennent à la fois une composante dette et une composante capitaux propres (IAS 32.28) : après évaluation de la composante « dette », l'émetteur d'un tel instrument obtient, par différence avec l'évaluation globale de l'instrument composé, la composante « capitaux propres » (IAS 32.31).

4. **Traitement des intérêts et dividendes** Le traitement des intérêts, dividendes, pertes et gains dans le compte de résultat suit le classement de l'instrument auquel ils sont liés (IAS 32.36). Ainsi, les intérêts ou les dividendes sont comptabilisés :
- en charges financières, si l'instrument lié est une dette ;
- en capitaux propres, si l'instrument lié est un instrument de capitaux propres ;
- pour partie en charges financières et pour partie en capitaux propres, dans le cas d'un instrument composé.

Recommandations de l'AMF Dans ses recommandations en vue de l'arrêté des comptes 2014 (Rec. AMF 2014-13, Arrêté des Comptes 2014, § 3.1 et 3.2) :
- L'AMF rappelle qu'il est nécessaire de procéder à une analyse détaillée et documentée, au cas par cas, du classement en dettes et/ou en capitaux propres de tout instrument financier émis au regard de ses caractéristiques et des critères de la norme. En outre, le traitement comptable applicable à un instrument financier significatif envisagé étant souvent déterminant pour sa mise en place ou non par la société, il peut être utile d'initier un échange multilatéral (société, commissaires aux comptes, AMF et ACPR pour les institutions financières) concernant le traitement comptable avant que l'instrument financier soit émis sur le marché, notamment lorsque cet instrument est peu usuel pour la société et présente des caractéristiques innovantes.
- Afin de permettre aux lecteurs d'appréhender les impacts des instruments financiers significatifs émis, l'AMF indique qu'une grande transparence est de mise sur la manière dont ces instruments financiers sont retranscrits, tant dans l'état de situation financière qu'au compte de résultat ou dans les flux de trésorerie, et plus généralement au titre de la situation de liquidité de la société, notamment lorsque ces instruments comportent plusieurs composantes. A cet effet, l'AMF recommande aux émetteurs de détailler en annexe, en lien avec le traitement comptable appliqué à un instrument significatif, l'ensemble de ses caractéristiques (nominal, intérêts et clauses d'augmentation des intérêts éventuelles, conditions de versement de coupons, événements déclencheurs, dates clés contractuelles, option de conversion ou de remboursement et modalités liées).

– Lorsqu'un instrument est classé pour tout ou partie en capitaux propres, et que les montants sont significatifs, l'AMF recommande aux émetteurs de les isoler via, par exemple, une ligne séparée au sein de l'état de situation financière (comme le font déjà certains émetteurs) ou dans le tableau de variation des capitaux propres. Par ailleurs, une présentation isolant dans le tableau de flux de trésorerie l'ensemble des flux liés, et précisant en annexes le montant de coupons versés aux porteurs des instruments classés en capitaux propres (en plus des dividendes sur actions ordinaires) est utile au lecteur pour facilement identifier ces éléments. Le caractère significatif s'appréciera notamment au regard des capitaux propres, de la dette financière et de la trésorerie.

– Lorsque le classement des effets d'impôts liés à un instrument financier classé, en tout ou partie, en capitaux propres a nécessité l'exercice du jugement, l'AMF recommande aux émetteurs de décrire en annexe celui-ci, ainsi que ses incidences sur les états financiers lorsque celles-ci sont significatives.

QUESTIONS/REPONSES PRATIQUES

Remarque importante

44340 Les réponses aux questions présentées ci-après résultent de l'analyse des dispositions de la norme IAS 32, en vigueur actuellement, sur la base des informations disponibles au 1er juin 2023 (voir nº 44100 et 44320).

En particulier, pour l'essentiel des dispositions de la norme IAS 32 sur :
- la définition d'un passif financier, voir nº 44170 ;
- la définition d'un instrument de capitaux propres, voir nº 44180 ;
- la distinction entre dettes et capitaux propres, voir nº 44320.

Evolution possible des réponses Distinction Dettes/Capitaux propres : projet « Financial Instruments with Characteristics of Equity (FICE) » Voir nº 44100.

SECTION I

Généralités

A. Principes généraux d'analyse

Principe général de distinction entre dettes et capitaux propres

44350 ***Question***

Quel est le principe général de distinction entre une dette et un instrument de capitaux propres (actions ou autres) ?

Réponse

En IFRS, un instrument de capitaux propres est analysé par défaut comme n'étant pas une dette.

L'approche à retenir pour déterminer si un instrument financier est une dette diffère selon que l'instrument est ou non un dérivé.

– Si l'instrument financier n'est pas un dérivé, il sera qualifié d'instrument de capitaux propres s'il comporte un droit inconditionnel d'éviter de verser un montant de trésorerie (ou autre actif financier) ou de livrer un nombre variable d'actions propres, c'est-à-dire qu'il n'y a pas d'obligation contractuelle d'effectuer un tel versement (soit sous forme de remboursement de capital, soit sous forme de rémunération) ou une telle livraison.

44350 (suite)

– Si l'instrument financier est un dérivé, il sera qualifié d'instrument de capitaux propres uniquement s'il doit être réglé par l'émetteur en échangeant un montant fixe de trésorerie ou d'un autre actif financier contre un nombre fixe d'instruments de capitaux propres de l'émetteur lui-même (règle du « fixe contre fixe »).

Commentaires :

1. **Approche générale** Bien que la définition d'un instrument de capitaux propres fasse référence à la notion d'intérêt résiduel dans l'actif net d'une entité (IAS 32.11 ; voir nº 44180), la norme IAS 32 analyse **les instruments de capitaux propres** uniquement **par défaut comme n'étant pas des dettes,** voir point 2. ci-après.

Ainsi, pour être qualifié d'**instrument de capitaux propres,** un contrat doit comporter un **droit inconditionnel d'éviter de verser de la trésorerie** ou tout autre actif financier (voir point 3. ci-après).

L'**analyse du contrat** doit se faire « en substance », c'est-à-dire sur la base de la **substance contractuelle** du contrat et non de sa substance économique (voir nº 44365).

Il en est ainsi de la notion de versements « à l'entière discrétion de l'émetteur » (définie par la norme IAS 32 dans le cas des actions de préférence non remboursables, voir point 4. ci-après), à opposer à celle d'obligation implicite, voir nº 44375.

2. **Analyse par défaut d'un instrument de capitaux propres comme n'étant pas une dette** (IAS 32.16) L'approche à retenir pour déterminer si un instrument est un instrument de capitaux propres diffère selon que l'instrument est ou non un dérivé.

– Si l'instrument financier n'est pas un dérivé, il sera qualifié d'instrument de capitaux propres s'il comporte un droit inconditionnel d'éviter de verser un montant de trésorerie (ou autre actif financier) ou de livrer un nombre variable d'actions propres, c'est-à-dire qu'il n'y a pas d'obligation contractuelle d'effectuer un tel versement (soit sous forme de remboursement de capital, soit sous forme de rémunération) ou une telle livraison, voir point 3. ci-après.

– Si l'instrument financier est un dérivé, il sera qualifié d'instrument de capitaux propres uniquement s'il doit être réglé par l'émetteur en échangeant un montant fixe de trésorerie ou d'un autre actif financier contre un nombre fixe d'instruments de capitaux propres de l'émetteur lui-même (règle du « fixe contre fixe »), voir point 4. ci-après.

3. **Instrument non dérivé : existence d'un droit inconditionnel d'éviter de verser de la trésorerie (ou autre actif financier) ou de livrer un nombre variable d'actions propres pour la qualification en instrument de capitaux propres** Selon IAS 32.19, si une entité ne dispose pas d'un droit inconditionnel de se soustraire à la remise de trésorerie (ou d'un autre actif financier) ou à la livraison d'un nombre variable d'actions propres pour régler une obligation contractuelle, l'instrument répond à la définition d'un passif financier.

Par exemple, il n'y a pas de droit inconditionnel d'éviter de verser de la trésorerie et l'instrument est donc qualifié de dette, dans les cas suivants (IAS 32.19) :

– difficulté d'obtention de la monnaie étrangère dans laquelle doit s'effectuer le versement ou nécessité d'obtenir l'approbation du paiement par une autorité réglementaire, ces restrictions n'annulant toutefois pas l'obligation de payer ;

– obligation de verser de la trésorerie conditionnée par le fait qu'une contrepartie tierce exerce (ou non) son droit de rachat.

La seule exception porte sur certains instruments remboursables au gré du porteur ou en cas de liquidation, classés en capitaux propres en application des dispositions d'IAS 32.16A à .16D (voir nº 44525 et 44535).

4. **Instrument dérivé : règle du « fixe contre fixe »** IAS 32.11 indique qu'un instrument dérivé est un passif financier s'il sera ou pourra être réglé autrement que par l'échange d'un montant fixe de trésorerie ou d'un autre actif financier contre un nombre fixe d'instruments de capitaux propres de l'entité elle-même. En pratique toutefois, il existe des cas où soit le nombre d'instruments de capitaux propres octroyés, soit le montant de trésorerie ou d'actif financier échangé, peut varier sans que cela remette en cause le respect de la règle du « fixe contre fixe », voir nº 44615.

5. **Appréciation de la substance contractuelle (exemple de la notion de « versements à la discrétion de l'émetteur »)** Selon IAS 32.AG26 relatif aux actions de préférence non remboursables, le classement se fonde sur une appréciation de la substance des arrangements contractuels (voir nº 44365) et sur les définitions d'un passif financier et d'un instrument de capitaux propres.

Lorsque les distributions aux porteurs d'actions de préférence, à dividende cumulatif ou non, sont à la discrétion de l'émetteur, les actions sont des instruments de capitaux propres.

Le classement d'une action de préférence en instrument de capitaux propres ou en passif financier n'est pas affecté, par exemple, par (IAS 32.AG26) :
- un historique de versement de distributions ;
- une intention de procéder à des distributions à l'avenir ;
- un impact négatif possible sur le cours des actions ordinaires de l'émetteur en l'absence de distribution (en raison de restrictions affectant le versement de dividendes sur les actions ordinaires en cas de non-versement de dividendes sur les actions de préférence) ;
- le montant des réserves de l'émetteur ;
- l'anticipation par un émetteur d'un bénéfice ou d'une perte pour l'exercice ; ou
- la capacité ou l'incapacité de l'émetteur à exercer une influence sur le montant de son résultat pour l'exercice.

Principaux indicateurs de distinction entre dettes et capitaux propres

44355 ***Question***

Quels sont les principaux éléments caractéristiques (indicateurs) permettant de distinguer une dette d'un instrument de capitaux propres lorsque l'instrument est réglé en trésorerie ?

Réponse

Eléments caractéristiques d'un instrument de capitaux propres : entière discrétion de ne faire aucun paiement ; absence de date d'échéance ; paiements interdits si aucun dividende n'est payé aux actions ordinaires (« dividend stopper »).

Eléments caractéristiques d'une dette : clause de remboursement obligatoire ; clause de remboursement conditionnel (hors du contrôle de l'émetteur et du porteur) ; existence d'une date d'échéance ; absence de date d'échéance pour le capital mais paiement obligatoire d'une série de coupons à l'infini ; obligation de verser un dividende minimum.

Eléments n'empêchant pas le classement en instrument de capitaux propres : clause de « step-up » ; option de rachat détenue par l'émetteur.

Eléments n'empêchant pas le classement en dettes : existence d'une obligation indirecte ; option de remboursement détenue par le souscripteur.

Commentaires :

Eléments caractéristiques d'un instrument de capitaux propres	Eléments caractéristiques d'une dette
Entière discrétion de ne faire aucun paiement, voir point 1.	Clause de remboursement obligatoire, voir point 2. Clause de remboursement conditionnel (hors du contrôle à la fois de l'émetteur et du porteur), voir point 3.
Absence de date d'échéance, voir point 4.	Existence d'une date d'échéance, voir point 5. Absence de date d'échéance pour le capital mais paiement obligatoire d'une série de coupons à l'infini, voir point 6.
Paiements interdits si aucun dividende n'est payé aux actions ordinaires (« dividend stopper »), voir point 7.	Obligation de verser un dividende minimum, voir point 8.

Eléments n'empêchant pas le classement en instrument de capitaux propres	Eléments n'empêchant pas le classement en dettes
Clause de « step-up » (i.e. brusque augmentation des dividendes discrétionnaires si l'instrument n'a pas été remboursé à une certaine date), voir point 9.	Existence d'une obligation indirecte, voir point 10.
Option de rachat détenue par l'émetteur, voir point 11.	Option de remboursement détenue par le souscripteur, voir point 12.

44355 (suite)

Remarques :
1. Ces différents éléments se retrouvent fréquemment combinés au sein d'un seul et même contrat.
2. Si un instrument contient un élément caractéristique d'une dette, l'instrument est soit une dette dans son intégralité, soit au mieux un instrument composé d'une partie dette et d'une partie instrument de capitaux propres (par exemple, une obligation convertible en actions/OCA ou une obligation remboursable en actions/ORA), voir aussi n° 44450.

1. Entière discrétion de ne pas effectuer de paiement Le droit de ne procéder à aucun paiement (c'est-à-dire l'absence d'obligation contractuelle) est l'un des critères principaux de qualification d'un instrument de capitaux propres.

L'absence d'obligation contractuelle (de remettre de la trésorerie) porte aussi bien sur le remboursement du nominal que sur le versement d'une rémunération.

Notons, en outre, qu'une contrainte économique (même très forte) ne constitue pas une obligation contractuelle (voir n° 44360).

2. Clause de remboursement obligatoire Un instrument qui est obligatoirement remboursable est une dette.

3. Clause de remboursement conditionnel Un instrument qui est remboursable selon la survenance (ou non-survenance) d'un événement futur incertain hors du contrôle à la fois de l'émetteur et du porteur (voir n° 44370) est le plus souvent une dette.

Pour l'analyse comptable d'un instrument composé (qui comprend à la fois une composante dette et une composante capitaux propres), voir n° 44390. Dans le cas où cet instrument composé présente également une obligation de remboursement conditionnel, voir n° 44400.

4. Absence de date d'échéance Un instrument sans date d'échéance peut être un instrument de capitaux propres dès lors qu'il n'est pas porteur d'un coupon d'intérêt obligatoire ou de tout autre élément caractéristique d'une dette. Le caractère perpétuel (tant du principal, que des intérêts, même cumulatifs) équivaut à une absence d'obligation de payer un flux de trésorerie.

5. Existence d'une date d'échéance A sa date d'échéance, un instrument financier devient remboursable. Dans ce cas, la valeur actualisée du montant qui sera remboursé est comptabilisée en dettes.

6. Absence de date d'échéance pour le capital mais paiement obligatoire d'une série de coupons à l'infini Dans ce cas, l'actualisation à l'infini de la série de coupons fait que l'instrument dans son intégralité devient de la dette (voir n° 44420 s.).

7. Paiements interdits si aucun dividende n'est payé aux actions ordinaires (« dividend stopper ») Certains instruments (généralement des actions de préférence) contiennent une clause qui interdit le paiement (de dividendes) si aucun dividende n'est octroyé aux actions ordinaires. Cette clause est généralement appelée « clause d'arrêt de dividendes ». Une telle clause n'introduit pas toutefois l'obligation (contractuelle) de payer un flux de trésorerie aux actions de préférence ou aux actions ordinaires. La pression économique qui pourrait obliger l'émetteur à payer un dividende aux actions ordinaires ne fait pas des actions de préférence un instrument de dette (voir n° 44360).

8. Obligation de verser un dividende minimum Il s'agit d'une obligation contractuelle de payer un flux de trésorerie (minimum). En conséquence, l'existence d'une telle clause fait de la composante rémunération du contrat une dette. En revanche, l'instrument peut contenir une composante capitaux propres s'il donne droit par ailleurs à une quote-part dans l'actif net résiduel de l'entreprise.

Toutefois, si l'instrument est perpétuel, le fait de devoir verser une rémunération à l'infini, aussi faible soit-elle, fait de l'instrument une dette dans sa totalité (voir n° 44420 s.).

9. Clause de « step-up » Certains instruments prévoient le paiement d'un dividende minimum dès lors qu'un dividende est octroyé aux actions ordinaires. Si l'émetteur ne rachète pas l'instrument avant une certaine date, ce dividende minimum est brusquement augmenté. Cette clause dite de « step-up » – dont le but, en réalité, est de rendre le rachat obligatoire – n'empêche pas un classement en capitaux propres, dès lors que l'entité a contractuellement le droit de continuer à ne pas payer de dividendes sur l'instrument concerné (voir n° 44425).

10. Existence d'une obligation indirecte Une entité peut avoir le droit contractuel d'éteindre une dette soit par le versement d'un flux de trésorerie, soit en remettant un nombre fixe de ses propres actions. Si la juste valeur de ses actions propres excède sensiblement le montant de la trésorerie à remettre, l'entité se trouve face à l'obligation indirecte de remettre de la trésorerie et l'instrument est comptabilisé en dettes (IAS 32.20b).

11. **Option de rachat détenue par l'émetteur** Certains contrats donnent le droit à l'émetteur de racheter l'instrument à sa juste valeur ou à un prix initialement déterminé. L'exercice de l'option étant à la discrétion de l'émetteur, ce dernier n'a aucune obligation contractuelle de payer un quelconque flux de trésorerie. En conséquence, un instrument qui contient une option de rachat au gré de l'émetteur représente un instrument de capitaux propres.

12. **Simple option de remboursement détenue par le porteur** A contrario, certains instruments donnent le droit au porteur d'obtenir un remboursement auprès de l'émetteur. Lorsque ce droit existe, l'émetteur n'a aucune liberté d'éviter de payer un ou plusieurs flux de trésorerie. Les instruments remboursables au gré du porteur sont en conséquence des dettes. Toutefois, la norme IAS 32 (considérant que certains de ces instruments étant – en dehors de leur caractère « puttable » – largement équivalents à des actions ordinaires) permet de les classer en capitaux propres s'ils répondent à certains critères, voir n° 44525 s.

Incidence d'une contrainte économique sur le classement en dettes ou en capitaux propres

44360 ***Question***

La seule existence d'une contrainte économique (« economic compulsion ») est-elle suffisante pour comptabiliser un instrument financier en dettes ?

Réponse

Non. L'élément déterminant pour qualifier un instrument financier de dette est l'existence d'une obligation contractuelle de verser un flux de trésorerie ou de remettre un actif financier.

Commentaires :

1. **Rappel** Selon IAS 32.15, l'émetteur d'un instrument financier doit, lors de sa comptabilisation initiale, classer l'instrument ou ses différentes composantes en tant que passif financier, actif financier ou instrument de capitaux propres, conformément à la substance de l'accord contractuel et aux définitions d'un passif financier, d'un actif financier et d'un instrument de capitaux propres.

En outre, IAS 32.17 précise que, pour distinguer un passif financier d'un instrument de capitaux propres, une caractéristique essentielle est l'existence d'une obligation contractuelle pour l'une des parties à l'instrument financier (l'émetteur) :
- soit de remettre de la trésorerie ou un autre actif financier à l'autre partie (le porteur) ;
- soit d'échanger des actifs ou des passifs financiers avec le porteur dans des conditions potentiellement défavorables pour l'émetteur.

Pour le classement en capitaux propres, par exception, de certains instruments remboursables au gré du porteur ou en cas de liquidation, voir n° 44525 et 44535.

2. **Existence d'un accord contractuel et non seulement d'une contrainte économique pour déterminer le classement en dettes ou en capitaux propres** Concernant le classement en dettes ou en capitaux propres d'instruments ayant une durée de vie illimitée, pour lesquels il n'existe aucune obligation contractuelle de remboursement du nominal ni de paiement d'une rémunération, mais une forte incitation économique de remboursement au bout d'un certain nombre d'années (notamment à cause d'un mécanisme de dividendes cumulatifs et/ou d'une clause dite de « step-up »), l'IFRS IC a considéré que la norme IAS 32 était claire et que seule l'existence d'une obligation contractuelle de régler en trésorerie ou en un autre instrument financier conduisait à la comptabilisation d'une dette (IFRIC Update 03/06 et 05/06).

L'IASB a confirmé cette analyse en publiant une déclaration (« Statement ») dans son Update de juin 2006. Cette déclaration précise que l'obligation contractuelle peut être explicite ou indirecte, mais doit être établie dans les termes mêmes du contrat. En conséquence, une contrainte économique ne peut, à elle seule, entraîner le classement d'un instrument financier en dettes conformément à la norme IAS 32.

Selon le Board, la norme IAS 32 requiert une **analyse de la « substance du contrat »**, c'est-à-dire de la **substance des termes contractuels** (et non pas économique).

La **notion de réalité économique** (« economic reality ») fait référence au principe de prééminence de la substance sur la forme qui requiert de présenter et de comptabiliser les transactions en fonction de leur substance et de leur réalité économique et pas uniquement en fonction de leur forme juridique (Cadre 2.12).

Ce principe de prééminence de la substance s'applique et le Board précise qu'il faut s'appuyer sur les termes du contrat pour analyser la substance de ces termes contractuels.
Pour plus de précisions sur ce principe de substance des termes contractuels, voir nº 44365.

Suite à la déclaration de l'IASB, l'**IFRS IC** a décidé de **rejeter définitivement ce point** en considérant qu'il ne pouvait rien apporter de plus après la déclaration du Board de l'IASB en juin 2006 confirmant le classement en capitaux propres, en l'absence de toute obligation contractuelle (IFRIC Update 11/06).

Détermination de la « substance contractuelle »

Question **44365**

Que recouvre la notion de « substance contractuelle » lorsqu'elle est analysée pour déterminer le classement en dettes ou en capitaux propres d'un instrument financier ?

Réponse

La norme IAS 32 restreint l'analyse de la « substance » de l'instrument à la seule analyse de ses clauses contractuelles. En dehors de ces clauses, aucun élément ne doit être pris en compte pour le classement en dettes ou en capitaux propres d'un instrument financier.

Commentaires Pour être qualifié d'instruments de capitaux propres, un contrat doit comporter un droit inconditionnel d'éviter de verser de la trésorerie ou tout autre actif financier (IAS 32.16). L'analyse du contrat doit se faire « en substance » mais il s'agit d'une substance contractuelle et non pas économique (voir nº 44350).

Selon IAS 32.AG26, le classement se fonde sur une appréciation de la substance des arrangements contractuels et sur les définitions d'un passif financier et d'un instrument de capitaux propres.

Ainsi, par exemple, les actions de préférence non remboursables (« non redeemable preference shares ») pour lesquelles l'émetteur a l'entière discrétion de procéder ou non au versement d'une rémunération sont qualifiées d'instruments de capitaux propres, même si leurs dividendes sont cumulatifs et même si l'émetteur est une société cotée qui a toujours eu une politique de distribution de dividendes bien établie (voir nº 44350, point 5.).

Selon l'IFRS IC, la norme IAS 32 restreint ainsi la prise en compte de la notion de « substance » à l'analyse des clauses contractuelles. En conséquence, aucun élément, en dehors desdites clauses, ne doit être pris en compte pour le classement en dettes d'un instrument financier (IFRIC Update 03/06). Notamment, l'existence d'une simple contrainte économique n'est pas suffisante pour classer un instrument en dettes (voir nº 44360).

Obligation légale de verser des dividendes

Question **44368**

L'existence d'une obligation légale de verser des dividendes entraîne-t-elle la comptabilisation d'un instrument financier en dettes ?

Réponse

Non, car il ne s'agit pas d'une obligation contractuelle.

Commentaires Une caractéristique essentielle pour distinguer un passif financier d'un instrument de capitaux propres est l'existence d'une obligation contractuelle pour l'émetteur de remettre de la trésorerie (ou un autre actif financier) au porteur (IAS 32.17).

A ce sujet, l'IASB et l'IFRS IC ont confirmé que seules les clauses contractuelles doivent être prises en compte pour le classement en dettes d'un instrument financier (voir nº 44365). Ainsi, une obligation légale de verser des dividendes n'entraîne pas la comptabilisation d'une dette car cette obligation n'est pas contractuelle.

Notion d'obligation conditionnelle

44370 ***Question***

Qu'est-ce qu'une obligation conditionnelle (« contingent obligation ») de verser de la trésorerie (ou un autre actif financier) ?

Réponse

Il s'agit de l'obligation de verser de la trésorerie (ou un autre actif financier) liée à la survenance (ou non) d'un événement futur incertain et qui échappe au contrôle tant de l'émetteur que du porteur de l'instrument.

Le chiffre d'affaires, le résultat, le ratio d'endettement de l'une des parties au contrat, ou la variation de ces paramètres, ne sont pas considérés comme des événements sous le contrôle de cette partie.

Quand bien même le paiement en trésorerie dépend d'un événement futur incertain, l'existence d'une telle obligation conditionnelle entraîne un classement systématique de l'instrument en dettes, sauf :
- si l'événement futur n'est pas réel (« not genuine ») ; ou
- s'il n'intervient qu'en cas de liquidation de l'émetteur ; ou encore
- s'il s'agit d'un instrument remboursable au gré du porteur (« puttable instrument ») bénéficiant de l'une des exceptions prévues par la norme (voir n° 44520).

Commentaires Selon IAS 32.25, il y a classement en dettes si l'émetteur est obligé de verser de la trésorerie ou un autre actif financier ou encore de procéder au remboursement de l'instrument financier en cas de survenance ou de non-survenance d'événements futurs incertains (ou d'après le résultat de circonstances incertaines) qui échappent à la fois à son contrôle et à celui du porteur de l'instrument.

1. Evénement hors du contrôle de l'émetteur et du porteur Selon IAS 32.25, échappe au contrôle tant de l'émetteur que du porteur de l'instrument la variation d'un indice boursier, d'un indice des prix à la consommation, de taux d'intérêt ou d'obligations fiscales ou encore du chiffre d'affaires, du résultat net ou du ratio de dettes sur capitaux propres futurs de l'émetteur.

Remarque Si la clause est sous le contrôle du seul porteur, l'effet est identique (i.e. qualification en dettes car cela correspond à une option de remboursement au gré du porteur), sauf à répondre aux critères des instruments remboursables au gré du porteur « puttable instruments » (voir n° 44520).

2. Trois exemptions de classement en dettes Le classement en dettes est systématique lorsqu'il existe une obligation conditionnelle de verser de la trésorerie (ou un autre actif financier), sauf dans les trois cas suivants (IAS 32.25) :
- lorsque **l'événement auquel est liée la clause conditionnelle n'existe pas réellement** (« is not genuine »), voir n° 44380 ;
- lorsque le paiement n'est dû qu'en cas de **liquidation de l'émetteur ; ou**

  En effet, selon l'IFRS IC, une obligation de remboursement n'intervenant qu'en cas de liquidation (lorsque cette dernière n'est pas certaine) n'est pas une raison suffisante en soi pour classer un instrument en dettes. De plus, le rang de subordination en cas de liquidation n'est pas un élément pertinent dans l'analyse dettes/capitaux propres (IFRIC Update 03/06).
  Même si, en cas de liquidation, un instrument A est remboursé avant un autre instrument B qui est lui-même classé en dettes, pour autant, l'instrument A n'est pas forcément classé en dettes.
- lorsque l'instrument possède toutes les caractéristiques et remplit les conditions énoncées par la norme IAS 32 (IAS 32.16A et .16B).

Remarque Certains instruments remboursables (« puttables ») au gré du porteur ou en cas de liquidation (lorsque cette dernière est certaine et hors du contrôle de l'émetteur, ou incertaine mais au gré des porteurs) peuvent – dans certains cas, voir n° 44535 – être qualifiés d'instruments de capitaux propres.

Notion d'obligation implicite ou indirecte

44375 ***Question***

Qu'est-ce qu'une obligation implicite ou indirecte de remettre de la trésorerie (ou un autre actif financier) ?

Réponse

Il s'agit d'une obligation de remettre de la trésorerie ou tout autre actif financier générée de manière indirecte par un instrument A.

Tel est le cas, par exemple, si cet instrument A est lié à un autre instrument B qui lui-même crée une obligation expresse de remettre de la trésorerie ou un autre actif financier.

Cette obligation doit néanmoins résulter des clauses et conditions propres au contrat (il ne peut s'agir d'une simple contrainte économique).

Commentaires Selon IAS 32.20, un instrument financier qui n'établit pas expressément une obligation contractuelle de régler en trésorerie ou en un autre instrument financier peut créer une obligation indirectement par le biais de ses modalités.

Pour un exemple d'obligation indirecte, voir le cas d'un instrument dit « de base » dont la rémunération obligatoire entraîne le paiement de la rémunération d'un autre instrument dit « lié » (principe des « linkers » ou « baby preference shares ») au nº 44430.

Selon une décision définitive de l'IFRS IC (IFRIC Update 11/06), confirmant une déclaration de l'IASB (IASB Update 06/06), il doit exister une obligation financière contractuelle pour qu'un instrument financier soit classé en dettes. Cette obligation contractuelle peut être directe ou indirecte. Toutefois, l'obligation doit résulter des clauses et conditions propres au contrat. Une contrainte purement économique ne peut suffire à elle seule à classer un instrument financier en dettes (IFRIC Update 03/06 et IASB Update 06/06).

Pour l'incidence d'une contrainte économique sur le classement en dettes ou en capitaux propres, voir nº 44360.

Clause non réelle (« not genuine ») de remboursement conditionnel

Question **44380**

Qu'est-ce qu'une clause « non réelle » (« not genuine ») de remboursement conditionnel ?

Réponse

Il s'agit d'une clause de remboursement liée à un événement extrêmement rare, hautement anormal et dont la survenance est très improbable.

Cet événement ne présente en fait aucune véritable possibilité de survenance.

Commentaires :

1. **Rappel** Selon IAS 32.25, un instrument doit être comptabilisé en dettes s'il impose à l'émetteur de remettre de la trésorerie ou un autre actif financier en cas de survenance (ou de non-survenance) d'un événement futur incertain (ou d'après le résultat de circonstances incertaines) qui échappe au contrôle de l'émetteur et du porteur de l'instrument (voir nº 44370).

Par exemple, la variation d'un indice boursier, d'un indice des prix à la consommation, de taux d'intérêt ou encore du chiffre d'affaires, du résultat ou du ratio de dettes sur capitaux propres futurs de l'émetteur.

L'émetteur ne disposant pas alors du droit inconditionnel d'éviter l'obligation contractuelle ainsi créée doit comptabiliser un passif financier, sauf si la clause susceptible d'imposer un règlement en trésorerie (ou en autre actif financier) n'est pas réelle (IAS 32.25a).

L'expression « not genuine » est traduite soit par « qui n'est pas réel » (IAS 32.25), soit par « qui n'est pas authentique » (IAS 32.AG28).

2. **Notion de clause « non réelle » (« not genuine »)** Selon IAS 32.AG28, il s'agit d'une clause de remboursement liée à un événement extrêmement rare, hautement anormal et dont la survenance est très improbable. Cet événement ne présente, en fait, aucune véritable possibilité de survenance.

■ *Exemple 1*

Augmentation du taux d'impôt sur les sociétés *Un contrat qui inclut une obligation de verser de la trésorerie en cas de changement de réglementation fiscale en matière d'impôts sur les sociétés doit être classé en dettes car la clause de remboursement conditionnel a une existence réelle.*

En effet, il n'est pas hautement improbable, en général, que le taux de l'impôt sur les sociétés d'un pays soit augmenté un jour.

■ *Exemple 2*

Indice boursier FTSE 100 multiplié par deux dans le mois qui suit *Un contrat qui inclut l'obligation de verser de la trésorerie seulement dans le cas où l'indice boursier FTSE 100 est multiplié par deux, dans l'intervalle d'un mois, devrait être classé en instrument de capitaux propres parce que cet événement n'est pas « réel » (extrêmement rare, hautement anormal et très improbable).*

Importance de l'identification de l'organe de contrôle d'une société dans l'analyse dettes versus capitaux propres

44385 ***Question***

Quel est l'organe de contrôle suprême d'une société ?

Réponse

Il s'agit en principe de l'assemblée générale des actionnaires validant ses décisions par un vote collectif.

Toutefois certaines situations peuvent être délicates à analyser. Un actionnaire peut en effet s'exprimer :
- soit collectivement en tant que membre de l'organe de contrôle de la société ;
- soit individuellement en tant que simple détenteur d'un instrument financier (par exemple, une action donnant droit à des dividendes).

Il s'agit alors de savoir si les droits exercés par l'actionnaire le sont (i) en respectant le processus normal de décision de l'entreprise en matière de politique financière ou (ii) à titre individuel, en tant qu'investisseur.

Commentaires :

1. **Importance de la notion d'organe suprême de contrôle** IAS 32.25 établit une différence entre les événements qui sont sous le contrôle de l'entité et ceux qui sont en dehors de son contrôle.

Seul le second type d'événements est constitutif d'une obligation pour la société émettrice d'un instrument. IAS 32.19 précise également qu'une obligation contractuelle n'est pas en soi suffisante pour constituer un passif financier si la société possède par ailleurs le droit inconditionnel de se soustraire à l'obligation de payer (voir n° 44370).

Il est donc nécessaire de déterminer quel est l'organe suprême de contrôle de la société, représentatif de sa propre identité. A défaut, il ne sera pas possible de savoir si l'événement ou la décision analysée est sous le contrôle de la société (et est donc à son entière discrétion) ou est en dehors de son contrôle (s'imposant donc à elle). L'IFRS IC, saisi sur cette question, l'a rejetée au motif que l'IASB devrait traiter de cette problématique dans le cadre du projet « Financial Instruments with Characteristics of Equity » (IFRIC Update 01/10).

La question se pose notamment lorsque l'engagement (de payer) est conditionné par la survenance d'un événement tel que, par exemple, une introduction en bourse, un changement de contrôle de la société ou une transaction soumise à l'exercice de droits collectifs ou individuels des actionnaires (voir n° 44455, point 3.).

2. **Rôle de l'assemblée générale des actionnaires** Les droits des actionnaires sont en général exercés de manière collective au sein d'une assemblée générale. Dans la plupart des juridictions, la loi sur les sociétés stipule que l'assemblée générale des actionnaires est l'un des organes de direction de l'entreprise et en fixe les modalités de fonctionnement (conditions de tenue, quorum à atteindre pour pouvoir inscrire un point à l'ordre du jour, majorité à respecter lors du vote des résolutions, etc.).

En droit français, l'assemblée générale des actionnaires est considérée comme l'organe souverain de la société anonyme : c'est elle qui nomme, révoque ou remplace les membres du conseil d'administration ou du conseil de surveillance (lesquels désigneront à leur tour les personnes chargées d'assurer la direction de l'entreprise), désigne les commissaires aux comptes, approuve ou rejette les comptes, fixe la répartition des bénéfices et enfin modifie les statuts et prononce la dissolution de la société.

Elle réunit ainsi les actionnaires en un corps collectif qui prend les décisions clés affectant la performance et la situation financière de l'entreprise tout au long de sa vie.

3. **Distinction entre droits collectifs et droits individuels des actionnaires** A travers l'exercice de leurs droits de vote, les actionnaires détiennent (i) non seulement un droit contractuel aux

flux de trésorerie (i.e. les dividendes) mais également (ii) le droit de participer au cursus normal de gestion de la société en tant que membre de l'organe de contrôle suprême de la société. Ces actionnaires peuvent ainsi intervenir à deux titres différents :
- soit collectivement, en tant que partie prenante de la société et comme membres de l'organe de contrôle de cette dernière ;
- soit individuellement, en tant que partie tiers indépendante, comme souscripteur d'un instrument financier spécifique (l'action émise par l'entreprise).

D'un point de vue comptable, cette distinction est fondamentale pour l'entreprise, lorsqu'elle cherche à savoir comment traduire dans son bilan certains droits et obligations soumis à l'approbation des actionnaires.

4. Analyse du processus de fonctionnement normal des décisions prises par la société
L'élément clé est la bonne compréhension du processus de fonctionnement normal de l'entreprise pour déterminer si les modalités de prise de décision applicables à la transaction analysée sont conformes à ce cursus normal de fonctionnement. Lorsque la décision est prise selon le processus normal de décision de l'entreprise en matière de politique financière, elle est analysée, à notre avis, comme étant sous le contrôle de l'entité.
Dans le cas contraire, elle est, à notre avis, hors de son contrôle puisqu'un actionnaire ou une catégorie d'actionnaires peuvent lui imposer la décision concernée.

■ *Exemple*

Si un seul actionnaire peut prendre une décision qui oblige à verser un dividende à toutes les actions émises par la société alors que les autres décisions financières de la société sont prises par plusieurs actionnaires à la majorité des votes exprimés, les actions doivent être classées en dettes. Elles sont en effet porteuses d'un engagement de payer qui est hors du contrôle de la société, la décision de distribution de dividendes n'entrant pas dans le cadre d'un processus normal de décision.

Pour d'autres exemples d'analyse, voir n° 44555 (sociétés anonymes) et 44560 (sociétés en commandite par actions).

Définition d'un instrument composé

Question 44390

Qu'est-ce qu'un instrument composé (« compound instrument ») ?

Réponse

Il s'agit d'un instrument qui – du point de vue de l'émetteur – comprend à la fois :
- une composante dette ; et
- une composante capitaux propres.

Commentaires Cette définition est fournie par IAS 32.28.

Instrument composé = Composante dette + Composante capitaux propres

Sur la définition d'un instrument de capitaux propres, voir n° 44180.
Selon IAS 32.29, l'émetteur doit comptabiliser de manière séparée la composante dette et la composante capitaux propres (l'option de conversion en actions ou tout autre instrument de capitaux propres de l'entité).
Selon la norme, le fait que l'émission d'un instrument de dettes et d'un instrument de capitaux soit faite de manière séparée plutôt qu'au sein d'un seul et même instrument est plus un problème de forme que de substance. Le Board estime en conséquence que la situation financière de l'entreprise est représentée plus fidèlement lorsque les deux instruments sont comptabilisés de manière séparée à son bilan (IAS 32.BC22).
Pour l'évaluation séparée de chacune des composantes, voir n° 44395.

■ *Exemple*

Une obligation ou un instrument analogue, convertible par le porteur en un nombre fixe d'actions ordinaires de l'entité est un instrument financier composé. Du point de vue de l'émetteur (l'entité), un tel instrument comprend deux composantes :
- un passif financier (l'engagement contractuel de remettre de la trésorerie ou un autre actif financier) ; et
- un instrument de capitaux propres (une option d'achat que le porteur a le droit, pendant une durée déterminée, de convertir en un nombre fixe d'actions ordinaires de l'entité).

Sur le plan économique, l'émission d'un tel instrument a essentiellement le même effet que l'émission d'un titre de dettes assorti d'une clause de remboursement anticipé et de bons de souscription d'actions ordinaires (BSA) ou que l'émission d'un titre de dettes avec bons de souscriptions d'actions (BSA) détachables.
Dans tous les cas, l'entité présente séparément à son bilan les composantes dettes et capitaux propres (IAS 32.29).

Distinction entre instrument composé et instrument hybride

44395 ***Question***

Quelle est la différence entre un instrument composé et un instrument hybride ?

Réponse

Un instrument composé (« compound instrument ») est constitué d'une dette et d'un instrument de capitaux propres. Son traitement comptable relève d'IAS 32. Il ne peut s'agir que d'un instrument émis.

Un instrument hybride (« hybrid or combined instrument ») est constitué d'un contrat hôte (par exemple, une dette ou une commande) et d'un (de plusieurs) dérivé(s) incorporé(s) qui ne répondent pas à la définition d'un instrument de capitaux propres. Son traitement comptable relève d'IFRS 9. Il peut s'agir d'un instrument émis ou d'un instrument détenu.

Commentaires :

1. **Définitions et qualification** Un instrument composé (« compound instrument ») est un instrument qui, du point de vue de l'émetteur, contient à la fois une dette et une composante capitaux propres (voir n° 44390).

Un instrument hybride (« hybrid or combined instrument ») est constitué d'un contrat hôte (une dette ou une commande, par exemple) et d'un ou de plusieurs dérivés incorporés qui, s'ils font l'objet d'une comptabilisation séparée (« split accounting »), donnent lieu à la comptabilisation d'un dérivé actif ou passif (voir n° 48635 s.).

Pour des exemples de ces types d'instruments, voir n° 48635.

Pour rappel, la norme IFRS 9 a supprimé la notion de dérivé incorporé et de comptabilisation séparée (« split accounting ») lorsque le contrat hôte est un actif financier dans le champ d'application de la norme, voir n° 48510.

2. **Méthodes d'évaluation initiale des différentes composantes** Les approches retenues sont inverses l'une de l'autre :

- **instrument composé** : la décomposition s'effectue en évaluant d'abord la composante dette (juste valeur d'un passif ayant les mêmes caractéristiques que celle de l'instrument composé sauf l'option de conversion), puis par différence avec la juste valeur globale de l'instrument composé, la composante capitaux propres (IAS 32.31 et .32) ;

Pour l'évaluation initiale des composantes d'une obligation convertible, voir n° 44470.

- **instrument hybride** : la séparation (ou « bifurcation ») s'effectue en évaluant d'abord le (ou les) dérivé(s) incorporé(s) puis, par différence avec la juste valeur globale de l'instrument hybride, le contrat hôte (dette, par exemple) (IFRS 9.B4.3.3).

L'objectif étant de ne pas faire apparaître de résultat sur le(s) dérivé(s) incorporé(s) qui, dès le lendemain de sa (leur) comptabilisation au bilan, sera (seront) évalué(s) à la juste valeur par résultat, sauf qualification éventuelle de couverture.
Pour l'évaluation initiale des composantes d'un instrument hybride, voir n° 48700.

3. **Traitement comptable** Celui-ci diffère selon qu'il s'agit d'un instrument composé ou d'un instrument hybride :

- **instrument composé** : la composante dette est comptabilisée selon les dispositions d'IFRS 9, c'est-à-dire en général au coût amorti avec calcul d'un taux d'intérêt effectif (TIE) (voir n° 46750 s.). La composante capitaux propres (l'option de conversion, par exemple) est maintenue à son coût d'entrée, sans réévaluation ultérieure (IAS 32.AG34) ;

Pour la comptabilisation ultérieure d'un instrument composé, voir n° 44480.
Remarque Il n'est pas possible d'appliquer l'option juste valeur à un instrument composé (voir n° 48705).

– **instrument hybride** : le(s) dérivé(s) incorporé(s) est (sont) comptabilisé(s) en tant que dérivé(s) actif(s) ou dérivé(s) passif(s), puis évalué(s) à la juste valeur par résultat (IFRS 9.5.2.1 et .5.3.1), sauf qualification éventuelle de couverture.

En effet, une fois séparé, le dérivé incorporé suit les règles de comptabilisation d'un dérivé autonome (IFRS 9.4.3.3).

L'entreprise peut également décider d'appliquer l'option juste valeur à l'instrument hybride émis dans son ensemble (IFRS 9.4.3.5). Dans ce cas, c'est l'intégralité de l'instrument qui est évalué à la juste valeur par résultat.

Pour le traitement comptable d'un instrument hybride, voir n° 48635 s.

Traitement comptable chez l'émetteur d'un instrument composé contenant également une obligation conditionnelle de remboursement (ou de conversion en un nombre variable d'actions)

44400

Question

Comment s'analyse comptablement un instrument composé qui contient également une obligation conditionnelle de remboursement (ou de conversion en un nombre variable d'instruments de capitaux propres) pouvant intervenir à tout moment ?

Réponse

A notre avis, il existe un choix de méthode comptable entre les méthodes suivantes :

Méthode 1 : considérer que l'obligation de remboursement conditionnelle prime sur l'aspect composé de l'instrument. L'émetteur n'ayant pas le droit inconditionnel d'éviter de remettre de la trésorerie ou un autre actif financier (ou de régler autrement, de telle sorte que l'instrument constitue un passif financier), la totalité de l'instrument est un passif financier.

Tout intérêt, dividende ou coupon (même discrétionnaire) payé au titre de cet instrument est comptabilisé en résultat.

Méthode 2 : procéder d'abord à la décomposition de l'instrument entre une composante dette et une composante capitaux propres. La valeur de cette dernière composante étant calculée par différence entre le prix d'émission de l'instrument et la valeur de la composante dette, un autre choix de méthode comptable doit alors être fait.

Méthode 2a : la composante dette est évaluée en ne prenant pas en compte une date de remboursement estimée. Dans ce cas, la valeur de cette composante est égale à la totalité du prix d'émission et la valeur de la composante capitaux propres est nulle.

Méthode 2b : la composante dette est évaluée en actualisant le prix d'émission en fonction d'une date de remboursement estimée. Dans ce cas, la valeur de la composante dette est inférieure au prix d'émission et la valeur de la composante capitaux propres n'est pas nulle.

Si l'émetteur choisit de décomposer l'instrument, et même si la composante capitaux propres est évaluée à zéro, tout intérêt, dividende ou coupon discrétionnaire payé au titre de cet instrument est comptabilisé en capitaux propres.

Commentaires :

1. Contexte et exemple Certaines émissions présentent à la fois les caractéristiques d'instruments composés (contenant à la fois une composante dette et une composante capitaux propres, voir n° 44390) et une obligation conditionnelle de remboursement (voir n° 44370).

En réponse à la crise financière de 2007-2008, les régulateurs ont réagi, particulièrement dans le secteur bancaire, en durcissant les exigences concernant les ratios de solvabilité des banques. En outre, si une banque ne satisfait plus à ces ratios, ses investisseurs peuvent devoir prendre part à son renflouement.

Afin de respecter ces nouvelles exigences, de plus en plus de banques émettent des instruments qui sont convertis en un nombre variable de leurs actions ordinaires si elles viennent à manquer aux ratios de solvabilité.

Les modalités de conversion conditionnée de ces instruments sont souvent appelées des **clauses de non-pérennité** (« non viability clause »).

44400 (suite) Les instruments contenant ce type de clauses peuvent par ailleurs présenter des caractéristiques différentes. Toutefois, il est fréquent qu'ils présentent également les caractéristiques d'instruments composés.

Un exemple typique est une obligation remboursable en actions avec les caractéristiques suivantes :
- pas de date d'échéance ;
- obligatoirement remboursable en un nombre variable des actions de l'émetteur si ce dernier venait à manquer à une certaine exigence réglementaire (comme un seuil de capitalisation réglementaire) ;
- obligation émise au pair et la valeur des actions qui seront éventuellement émises en cas de remboursement égale son nominal ;
- coupons de l'obligation décidés à la discrétion de l'émetteur.

La norme IAS 32 n'est pas explicite sur la manière dont ces instruments doivent être analysés et comptabilisés par l'émetteur.

En janvier 2014, l'IFRS IC a discuté de la comptabilisation par l'émetteur de ce type d'émissions présentant à la fois des caractéristiques d'instruments composés et une obligation de remboursement (ou de conversion) conditionnelle. A la suite de ces discussions, l'IFRS IC n'a pas souhaité inscrire le sujet à son agenda, considérant que les problématiques posées étaient trop larges pour être résolues d'une manière efficace. Aucune position n'a été retenue (IFRIC Update 01/14).

2. Analyse comptable A notre avis, il existe deux méthodes acceptables pour analyser ces instruments :

a. Méthode 1 – Appliquer en premier lieu les dispositions relatives aux obligations conditionnelles de remboursement (IAS 32.25) (et ignorer l'aspect composé de l'instrument) : l'émetteur a l'obligation contractuelle de rembourser (ou de livrer un nombre variable de ses actions) si l'événement conditionnel se produit.

Dans la mesure où l'événement conditionnel n'est pas une clause « non réelle » (voir nº 44380), cette obligation conduit à considérer que la totalité de l'instrument est un passif financier (répondant aux définitions données par IAS 32.11), ne contenant pas de composante capitaux propres.

Tous les intérêts, dividendes ou coupons, mêmes discrétionnaires, se rattachent à un passif financier et doivent alors être comptabilisés en résultat, conformément à IAS 32.35.

b. Méthode 2 – Appliquer en premier lieu les dispositions relatives à l'instrument composé (IAS 32.28), ce qui conduit à considérer que l'instrument contient à la fois une composante dette et une composante capitaux propres.

Le choix de cette méthode nécessite d'évaluer tout d'abord la composante dette, le résiduel du montant reçu lors de l'émission étant affecté à la composante capitaux propres (voir nº 44390).

Se pose alors la question de la manière dont la composante dette doit être évaluée. Selon IAS 32.BC12, l'émetteur doit supposer que l'événement conditionnel conduisant au remboursement (ou la conversion en un nombre variable d'actions) de son émission aura lieu. Ainsi, l'évaluation de la composante dette ne doit pas probabiliser l'occurrence de cet événement (par exemple, l'émetteur ne doit pas supposer que cet événement a très peu de chances de se produire). Toutefois, la norme n'est pas claire sur la question de savoir si l'évaluation de la composante dette doit ou non prendre en compte la date d'occurrence estimée de l'événement conditionnel.

Ainsi, dans le cadre de cette méthode 2, il existe à notre avis deux méthodes pour évaluer la composante dette :

Méthode 2a L'émetteur a une obligation de rembourser la totalité de l'instrument dès le lendemain de son émission. Par analogie avec la manière dont les dépôts à vue doivent être évalués selon IFRS 13.47, la composante dette est évaluée à la totalité du montant du remboursement. La composante capitaux propres, calculée par différence, est égale à zéro.

Selon IFRS 13.47, la juste valeur d'un passif financier comportant une composante à vue (par exemple un dépôt à vue) ne peut être inférieure à la somme payable à vue, actualisée depuis la première date à laquelle le paiement peut en être exigé.

Une composante à vue est un passif dont le remboursement est à la discrétion du créancier, mais qui n'est pas au gré du débiteur. Dans la mesure où le remboursement d'un instrument avec une clause de remboursement conditionnel n'est pas au gré du débiteur et peut intervenir à tout moment, une analogie peut être faite avec les passifs financiers comportant une composante à vue.

Ainsi, la valeur de la composante dette de l'instrument contenant une obligation de remboursement conditionnelle pouvant intervenir à tout moment après son émission ne peut être inférieure au montant du remboursement exigible, correspondant au montant de l'émission.

Méthode 2b Une autre méthode serait d'évaluer initialement la composante dette sur la base de la meilleure estimation de la valeur actualisée du montant du remboursement, conformément aux dispositions d'IFRS 9.B5.1.1 relatives à l'évaluation d'un passif financier. L'émetteur peut avoir une attente raisonnable sur la date à laquelle cet événement conditionnel aura lieu, date qui pourrait être assez lointaine de l'émission de l'instrument. Prendre en compte la date estimée du remboursement (ou de la conversion obligatoire) conduirait à reconnaître une composante dette à une valeur inférieure au prix d'émission, le résiduel (non nul) étant affecté à la composante capitaux propres.

Selon cette méthode, l'événement conditionnel est en dehors du contrôle de l'émetteur et du porteur de l'instrument ; le remboursement (ou la conversion obligatoire) de l'instrument n'est à la discrétion d'aucune des parties au contrat, jusqu'à ce que l'événement conditionnel ait lieu. Ainsi, les dispositions d'IFRS 13.47 relatives à l'évaluation d'un passif financier comportant une composante à vue ne seraient pas applicables dans la mesure où le remboursement d'un passif financier comportant une composante à vue est au gré d'une des parties du contrat (le créancier). Il conviendrait juste de tenir compte de cet événement mais sans tenir compte de la probabilité de survenance du cas de remboursement en trésorerie.

Notons que si l'émetteur choisit de décomposer un tel instrument (méthodes 2a et 2b), et même si la composante capitaux propres est évaluée à zéro, tout paiement discrétionnaire (intérêt, dividende ou coupon) est comptabilisé en capitaux propres, puisqu'il se rapporte à la composante capitaux propres (IAS 32.35).

Le choix de l'une ou l'autre des méthodes exposées ci-avant (synthétisées dans le schéma suivant) constitue un choix de méthode comptable à appliquer uniformément par l'émetteur pour l'ensemble de telles émissions.

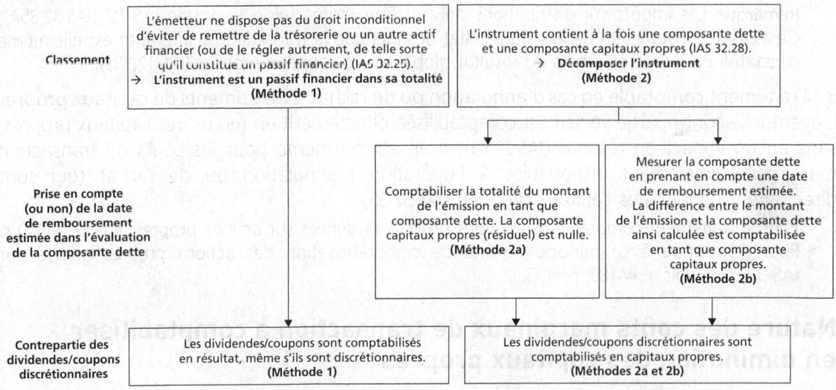

B. Traitement comptable d'un instrument de capitaux propres (vue d'ensemble)

Approche générale de traitement comptable d'un instrument de capitaux propres

Question 44405

Quel est le traitement comptable d'un instrument de capitaux propres (approche générale) ?

Réponse

L'instrument est comptabilisé lors de son émission pour son prix de transaction, déduction faite des coûts de transaction.

Par la suite, il ne donne lieu à aucune réévaluation.

Si l'instrument est ultérieurement annulé ou racheté, la contrepartie versée est directement déduite des capitaux propres. Aucun profit ou perte n'est comptabilisé en résultat.

Commentaires :

1. Traitement comptable lors de l'émission :

a. **Comptabilisation de l'instrument de capitaux propres émis** Lors de son émission, l'instrument de capitaux propres est comptabilisé pour le montant de la contrepartie reçue (IAS 32.22 et .33), c'est-à-dire pour son prix de transaction.

Contrairement à un actif ou à un passif financier qui doit être comptabilisé à sa juste valeur lors de sa comptabilisation initiale, bien que cette juste valeur corresponde souvent au prix de transaction.

b. **Traitement des coûts marginaux de transaction liés à l'émission et de l'impôt y afférent** Les coûts de transaction marginaux directement attribuables à une transaction sur instruments de capitaux propres sont comptabilisés en déduction des capitaux propres (IAS 32.35 et .37).

Pour la nature des coûts de transaction concernés, voir n° 44410.

L'impôt sur de tels frais doit être comptabilisé conformément à la norme IAS 12, Impôts sur le résultat (IAS 32.35A), c'est-à-dire constaté en dehors du résultat (au cas présent en capitaux propres) (IAS 12.58a).

Remarque Dans le cas d'une transaction sur capitaux propres abandonnée, les coûts de transaction sont comptabilisés en charges (IAS 32.37).

2. **Traitement comptable lors des arrêtés ultérieurs** L'instrument de capitaux propres émis ne fait l'objet d'aucune réévaluation ultérieure. Il reste comptabilisé en capitaux propres pour le montant de sa comptabilisation initiale (IAS 32.22).

Toute rémunération versée est traitée comme une distribution de dividendes et est également directement déduite des capitaux propres (IAS 32.35).

Remarque Les impôts sur distributions doivent être traités selon la norme IAS 12 (IAS 32.35A), c'est-à-dire constatés en dehors du résultat dès lors que la transaction y afférente est elle-même constatée en autres éléments du résultat global ou en capitaux propres (IAS 12.58a).

3. **Traitement comptable en cas d'annulation ou de rachat d'instruments de capitaux propres** L'éventuelle contrepartie versée est comptabilisée directement en moins des capitaux propres, sans aucun impact en résultat (IAS 32.33). Il en est de même pour les coûts de transaction marginaux directement attribuables à l'opération d'annulation ou de rachat (qui sont directement déduits des capitaux propres) (IAS 32.35).

Pour le traitement comptable des actions propres et dérivés sur actions propres, voir n° 44600 s. Pour l'exception à ce principe général de comptabilisation des actions propres offerte par IAS 32.33A, voir n° 44180, point 3.

Nature des coûts marginaux de transaction à comptabiliser en diminution des capitaux propres

44410 ***Question***

Quels sont les coûts de transaction (frais d'émission) qui peuvent être déduits des capitaux propres ?

Réponse

Uniquement les coûts marginaux directement attribuables à l'émission d'instruments de capitaux propres nouveaux ou au rachat d'instruments de capitaux propres existants.

Par coûts marginaux directement attribuables à une opération, il faut entendre les coûts qui n'auraient pas été engagés si ces opérations n'avaient pas eu lieu.

La cotation d'actions déjà émises n'est pas considérée comme une opération sur capitaux propres au sens d'IAS 32. En conséquence, les coûts relatifs à cette opération sont comptabilisés en charges, dans l'exercice au cours duquel ils sont engagés.

Si des coûts sont communs à plusieurs transactions (par exemple, introduction en bourse menée parallèlement à une augmentation de capital), ils doivent être répartis entre les opérations concernées de manière rationnelle et en cohérence avec ce qui se fait pour des opérations similaires. La quote-part des coûts affectée à l'introduction en bourse est comptabilisée en résultat. La quote-part affectée à l'émission d'actions nouvelles est comptabilisée en moins des capitaux propres.

Commentaires : 44410 (suite)

1. **Rappel** Les coûts relatifs à une transaction portant sur les capitaux propres sont comptabilisés en déduction des capitaux propres, dans la mesure où il s'agit de coûts marginaux directement attribuables à la transaction qui auraient été évités autrement (IAS 32.37). Les coûts de transactions communs à plusieurs transactions, par exemple, les coûts liés à un placement simultané de certaines actions et à l'admission à la cote d'autres actions, doivent être répartis entre ces transactions sur une base d'imputation rationnelle et cohérente avec des transactions similaires (IAS 32.38).

2. **Question posée à l'IFRS IC** L'IFRS IC a été sollicité pour donner plus de précisions quant à :
- l'étendue des coûts de transaction qui peuvent être comptabilisés en moins de capitaux propres en application d'IAS 32.37 ; et
- la façon d'appliquer les dispositions d'IAS 32.38 lorsque ces coûts sont communs à plusieurs transactions.

La requête portait plus spécifiquement sur la définition des notions de coûts « marginaux » (« incremental ») et de coûts « directement attribuables » aux opérations sur instruments de capitaux propres.

La question posée à l'IFRS IC visait notamment à déterminer :
- si marginal voulait dire « externe » ou si des coûts internes pouvaient également être pris en compte ? Et si la notion de coûts directs voulait dire des coûts que l'on pouvait directement attribuer à la transaction sur instruments de capitaux propres concernée ? (IFRIC Update 07/08) ;
- ce que signifiait « transaction sur instrument de capitaux propres » ? Par exemple si cela pouvait couvrir le fait d'introduire en bourse des actions déjà existantes ? Et si lorsque de nouvelles actions étaient émises en même temps que l'introduction en bourse d'actions anciennes, on pouvait allouer l'ensemble des coûts à l'augmentation de capital ? (IFRIC Update 07/08).

3. **Réponse de l'IFRS IC** Selon l'IFRS IC, seuls les coûts marginaux directement attribuables à l'émission de nouveaux instruments de capitaux propres (actions ou autres) ou aux rachats de ce même type d'instruments sont considérés comme liés à une opération de capitaux propres, au sens d'IAS 32 (IFRIC Update 09/08).

L'IFRS IC note également que les entités doivent faire appel à leur jugement pour déterminer :
- quels sont les coûts liés aux seules autres opérations (telles que l'introduction de la société en bourse ou l'admission des titres existants à la cote qui ne sont pas considérées comme des opérations de capitaux propres au sens d'IAS 32, ces opérations ne donnant pas lieu à de nouvelles ressources pour l'émetteur) ; et
- si des coûts sont communs aux deux types d'opérations visées par la norme IAS 32 (par exemple, augmentation de capital concomitante à une introduction en bourse), comment les allouer entre les différentes opérations en application du paragraphe 38 d'IAS 32 (IAS 32.38).

En conséquence, l'IFRS IC a décidé de ne pas inscrire cette question à son agenda.

Décision de l'ESMA Le cas traité par l'ESMA, repris ci-après (EECS/0114-07, 04/14), illustre une manière d'appliquer ces dispositions.

A l'occasion d'une première cotation, une entreprise a traité les coûts engagés comme suit :
- coûts de cotation : constatés soit en charges soit en capitaux propres selon leur nature ;
- coûts spécifiques à l'émission d'actions nouvelles : intégralement constatés en capitaux propres ;
- répartition des coûts en coûts de cotation ou coûts d'émission selon leur nature ;
- coûts relatifs tant à la cotation qu'à l'émission : allocation à l'une ou l'autre nature de coûts sur une base rationnelle, à savoir la proportion de titres nouvellement émis par rapport au nombre total de titres ;
- frais d'avocats : allocation aux coûts de cotation ou coûts d'émission selon leur nature ;
- « success fees » payés à la banque d'investissement : directement attribuables à l'augmentation de capital et constatés en capitaux propres ;
- coûts de préparation du prospectus, conformément aux règles en vigueur sur les marchés étrangers pour souscription des nouveaux titres par des investisseurs sur ces marchés étrangers : attribués à la promotion des ventes de titres et constatés en charges ;

Ces coûts n'auraient pas été engagés si l'entreprise n'avait pas cherché à approcher les investisseurs sur ces marchés étrangers.

- près des 2/3 des coûts relatifs à l'augmentation de capital étaient relatifs aux « success fees » et honoraires d'avocats pour la préparation du prospectus, l'émetteur voulant un prospectus conforme aux réglementations étrangères afin de cibler les investisseurs étrangers sur d'autres marchés que l'Europe.

Les exemples suivants, établis par nos soins, illustrent les principes rappelés par l'IFRS IC.

■ *Exemple 1*

Introduction en bourse et augmentation de capital simultanées *Une société s'introduit en bourse et lance parallèlement une augmentation de capital. Les frais engagés sont liés aux deux opérations (l'émission de nouvelles actions et l'introduction en bourse des actions existantes). La totalité des coûts peut-elle être comptabilisée en moins des capitaux propres ?*

Solution de l'exemple 1 *Non. Les coûts relatifs à plus d'une opération (en l'occurrence une introduction en bourse et une augmentation de capital) doivent être alloués à chaque opération sur une base rationnelle et cohérente avec ce qui se fait pour des opérations similaires (IAS 32.38). Seuls les coûts liés à l'émission des nouvelles actions sont comptabilisés en moins des capitaux propres. En conséquence, la société doit répartir les coûts engagés pour son introduction en bourse entre les nouvelles et les anciennes actions. Ainsi :*

– les coûts communs aux deux catégories d'actions doivent être répartis de manière rationnelle et cohérente (voir ci-avant IAS 32.38) ;

– les coûts (par exemple les frais de placement) relatifs aux seules nouvelles actions, sont directement déduits des capitaux propres, s'ils répondent à la qualification de « coûts marginaux directement attribuables » aux nouvelles actions (i.e. qui n'auraient pas été engagés si ces actions n'avaient pas été émises).

■ *Exemple 2*

Coûts de marketing *Une entreprise s'introduit en bourse et lance parallèlement une augmentation de capital. Pour ce faire, elle engage des coûts de marketing pour réaliser ses présentations aux analystes (road shows). Ces coûts peuvent-ils être considérés comme des coûts de transaction sur instruments de capitaux propres au sens d'IAS 32 ?*

Solution de l'exemple 2 *Généralement, non. Pour répondre à la définition de coûts de transaction, ces coûts doivent être directement attribuables à l'opération concernée (IFRS 9.A et .B5.4.8), en l'occurrence l'émission de nouvelles actions. Or, les coûts en question ont été engagés pour promouvoir l'image de la société elle-même. En conséquence et dans la plupart des cas, ces coûts ne remplissent pas la définition de coûts directement attribuables à une opération sur capitaux propres et doivent être comptabilisés en charges dans le compte de résultat.*

> **Remarque** *Il est précisé dans l'IFRIC Update 07/08 susvisé que des coûts internes peuvent être qualifiés de coûts marginaux à condition qu'ils aient été supportés en plus des dépenses courantes. Il ne peut donc pas s'agir d'une simple allocation de la rémunération du personnel permanent qui de toute façon aurait été employé sur d'autres projets (si ces opérations n'avaient pas eu lieu).*

SECTION II

Actions de préférence et dettes perpétuelles (notamment TSDI et TSS)

A. Critères de qualification en dettes ou en capitaux propres

Emission d'actions de préférence et de dettes subordonnées : démarche pratique de qualification

44420 ***Question***

Quelle démarche retenir, en pratique, pour qualifier une émission d'actions de préférence ou de dettes subordonnées (TSDI ou TSS) de dettes ou de capitaux propres ?

Réponse

L'entité émettrice doit procéder à une interrogation en deux temps :
- existe-t-il une obligation contractuelle de rembourser le nominal ?
- existe-t-il une obligation contractuelle de verser une rémunération ?

Commentaires : 44420 (suite)

Remarques :

Notion de dette perpétuelle « Les instruments d'emprunt dits perpétuels (tels que les obligations « perpétuelles » et certains titres de dette ou de capital) confèrent normalement à leur porteur le droit contractuel de recevoir des paiements au titre d'intérêts à dates fixées jusqu'à une date future indéterminée, assortis soit d'aucun droit de percevoir un remboursement du principal, soit d'un droit de percevoir un remboursement du principal selon des termes qui le rendent très improbable ou très lointain » (IAS 32.AG6).

Notion de dette subordonnée Dans une dette subordonnée, les fonds provenant de l'émission de cette dette – qui peut être à terme ou à durée indéterminée – ne sont remboursés, en cas de liquidation, qu'après désintéressement de certains ou de tous les autres créanciers (selon le degré de subordination).

1. **Interrogation en deux temps** Sachant qu'un instrument de capitaux propres se définit par défaut comme n'étant pas une dette, c'est-à-dire comme ne comportant aucune obligation contractuelle de verser un montant de trésorerie ou tout autre actif financier, soit sous forme de remboursement de capital, soit sous forme de rémunération (IAS 32.16 ; voir n° 44350), l'entreprise émettrice d'actions de préférence ou d'une dette subordonnée – titres subordonnés à durée indéterminée (TSDI) ou titres super-subordonnés (TSS) – doit se poser les deux questions suivantes :

a. existe-t-il une **obligation contractuelle de rembourser le nominal ? Si oui,** l'instrument est un instrument de **dettes** (voir point 2. ci-après) ;

b. en l'absence d'**obligation contractuelle de remboursement du nominal (action de préférence non remboursable ou dette perpétuelle),** existe-t-il une **obligation de payer une rémunération** (sachant qu'une rémunération, aussi faible soit-elle, versée à l'infini, constitue une dette à part entière) (voir point 3. ci-après) ?

Exemple de dette perpétuelle Soit une dette perpétuelle d'une valeur nominale 1 000 avec une rémunération de 5 % (taux d'intérêt nominal), la rémunération est considérée comme étant au marché pour ce type d'instruments.

Sachant que le calcul de l'actualisation à l'infini d'un flux constant annuel R au taux de i % est R/i, la juste valeur initiale de la dette est égale à son nominal, soit 1 000 (50/0,05). La charge annuelle d'intérêt est constamment égale à 50 (1 000 × 5 %). Le nominal de la dette reste par ailleurs toujours égal à 1 000, à l'infini, puisqu'il n'y a aucun remboursement.

2. **Obligation contractuelle (ou non) de rembourser le nominal** Les cas de figure peuvent varier d'un contrat à un autre. L'analyse doit être faite au cas par cas, sachant qu'il s'agit d'une analyse « en substance contractuelle » des termes du contrat et non pas d'une analyse de la substance économique de ce dernier (voir n° 44365).

Sur la distinction entre « obligation contractuelle » et « contrainte économique », voir n° 44360. Pour un classement en capitaux propres, l'émetteur doit avoir un « droit inconditionnel » d'éviter le remboursement, voir n° 44350, point 3.

Enfin, s'il existe une obligation conditionnée par la survenance d'un événement hors du contrôle de l'émetteur (évolution de la législation fiscale ou non-respect de certains ratios financiers, par exemple), le classement en dettes est automatique (voir n° 44370), sauf si la clause de remboursement ne joue qu'en cas de liquidation de la société émettrice ou si cette clause (ou événement) n'est pas réelle (voir n° 44380).

3. **Obligation (ou non) de verser une rémunération** Là encore, l'analyse doit être faite au cas par cas, à partir de la substance contractuelle des termes du contrat :

a. **Existence d'une clause de paiement conditionnel hors du contrôle de l'émetteur** Par exemple, il y a obligation de verser une rémunération (et donc classement obligatoire en dettes) si la rémunération est due dès lors qu'il existe un résultat. Dans ce cas, en effet, l'événement conditionnel (l'existence d'un résultat) est considéré comme étant « hors du contrôle » de l'émetteur par IAS 32.25.

Pour la notion d'événement hors du contrôle de l'émetteur, voir n° 44370.

b. **Versement à la discrétion de l'émetteur** En revanche, ne sont pas considérées comme des obligations de paiement, dès lors que le paiement est contractuellement « à (l'entière) discrétion de l'émetteur » (IAS 32.AG26 ; voir n° 44350, point 4.) et ce, même si l'incitation économique au remboursement peut être forte, les clauses :

- prévoyant le versement de dividendes cumulatifs ; ou
- prévoyant le versement obligatoire de dividendes sur une catégorie d'actions si les actions ordinaires sont rétribuées sur décision des actionnaires (« dividend pusher ») ; ou enfin

– les clauses dites de « step-up » sur la rémunération (par exemple, une rémunération à un taux fixe pendant 10 ans, passant ensuite à un taux variable contractuellement défini et augmenté de 100 ou 150 points de base au-delà du spread de crédit de l'émetteur, initialement compris dans le taux fixe).

Sur les clauses dites de « step-up », voir nº 44425.

4. **Autres facteurs** Contrairement à d'autres approches, ni la qualification juridique de l'instrument (titre de capital ou titre de créance) ni son rang de séniorité sont des facteurs déterminants en IFRS. Il est ainsi possible de (re)classer en capitaux propres des TSDI ou des TSS ayant la dénomination juridique de dettes mais répondant aux critères de qualification d'instruments de capitaux propres selon la norme IAS 32 (c'est-à-dire sans obligation contractuelle de verser de la trésorerie ou un autre actif financier sous quelque forme que ce soit).

Clause de « down-round » et qualification d'actions de préférence convertibles en actions ordinaires

44423 ***Question***

Comment comptabiliser des actions de préférence ne comportant aucune obligation de sortie de trésorerie, convertibles en actions ordinaires de l'émetteur selon une parité fixe, mais soumises à une clause dite de « down-round » ?

Réponse

A notre avis, deux approches sont possibles pour la comptabilisation des actions de préférence présentant de telles caractéristiques :

– soit analyser l'action de préférence dans son intégralité comme un instrument non dérivé réglé par la livraison d'actions propres : dans ce cas, les actions de préférence seront classées en capitaux propres lorsque l'émission de nouvelles actions ordinaires est sous le contrôle de l'émetteur. En effet, la clause de « down-round » (qui consiste à ajuster la parité de conversion en cas d'émission ultérieure par l'entité d'actions ordinaires à un prix de marché inférieur au cours de l'action au moment de l'émission des actions de préférence) ne constitue pas une obligation contractuelle de livrer un nombre variable d'actions ;

– soit analyser l'action de préférence comme un instrument hôte qui respecte les critères de classement en capitaux propres et un dérivé incorporé correspondant à l'option de conversion qui comprend la clause de « down-round ». Cette option de conversion donne ainsi lieu à la comptabilisation séparée d'un dérivé passif car elle ne respecte pas la règle du « fixe contre fixe ».

Ce choix de méthode comptable doit être appliqué de manière homogène à tous les instruments présentation des caractéristiques similaires.

En l'absence de clause de « down-round », les actions de préférence sans aucune obligation de sortie de trésorerie et convertibles en actions ordinaires de l'émetteur selon une parité fixe sont toujours classées en capitaux propres.

Commentaires :

1. **Contexte** Lorsque les actions de préférence ne comportent aucune obligation de sortie de trésorerie, elles répondent à la définition d'un instrument de capitaux propres. Certaines actions de préférence contiennent une option de conversion en actions ordinaires de l'émetteur, à la main du porteur. Cette conversion se fait selon une parité fixe (i.e. prévoyant un nombre fixe d'actions de préférence contre un nombre fixe d'actions ordinaires). En outre, les modalités de conversion peuvent être soumises à une clause de « down-round » selon laquelle la parité de conversion sera ajustée si l'entité émet par la suite des actions ordinaires à un prix de marché inférieur à la valeur de l'action au moment de l'émission des actions de préférence ; l'ajustement de la parité de conversion a pour objectif de compenser l'investisseur de cette différence.

2. **Analyse comptable** A notre avis, deux approches sont possibles pour la comptabilisation des actions de préférence présentant les caractéristiques décrites ci-avant :

a. **L'action de préférence est analysée dans son intégralité** Les actions de préférence décrites ci-avant sont des instruments non dérivés qui peuvent être réglés par la livraison d'actions propres de l'émetteur. Selon IAS 32.16, elles ne sont classées en capitaux propres que si l'entité dispose d'un droit inconditionnel d'éviter la livraison d'un nombre variable d'actions.

Rappel Selon IAS 32.16b.i, un instrument non dérivé qui sera ou qui peut être réglé en instruments de capitaux propres de l'émetteur lui-même ne sera classé en capitaux propres que s'il n'inclut pour l'émetteur aucune obligation contractuelle de livrer un nombre variable de ses instruments de capitaux propres (voir n° 44350, point 2.).

Dans le cas des actions de préférence convertibles avec clause de « down-round », si la parité est fixe, le nombre d'actions à délivrer ne deviendrait variable qu'en cas d'une nouvelle émission par l'entité d'actions ordinaires à un prix de marché inférieur au cours de l'action au moment de l'émission des actions de préférence. Or, lorsque l'émission de nouvelles actions est un évènement sous le contrôle de l'émetteur, si celui-ci choisit de ne pas réaliser une telle émission, il n'aura jamais à livrer un nombre variable d'actions propres. En conséquence, l'émetteur dispose d'un droit inconditionnel d'éviter la livraison d'un nombre variable d'actions (IAS 32.25).

Selon IAS 32.25, il y a classement en dettes si l'émetteur est obligé de verser de la trésorerie ou un autre actif financier ou encore de procéder au remboursement de l'instrument financier en cas de survenance ou de non-survenance d'évènements futurs incertains (ou d'après le résultat de circonstances incertaines) qui échappent à la fois à son contrôle et à celui du porteur de l'instrument (voir n° 44370).

Ainsi, les actions de préférence comprenant une clause de « down-round » sont classées en capitaux propres en intégralité dès lors que l'émission de nouvelles actions ordinaires est sous le contrôle de l'émetteur.

b. L'action de préférence est analysée comme un instrument hôte plus un dérivé incorporé correspondant à l'option de conversion Selon cette approche, l'instrument hôte correspond à l'action de préférence sans l'option de conversion. Dans la mesure où il n'y a aucune obligation de sortie de trésorerie, il donne lieu à la comptabilisation d'une composante capitaux propres. L'option de conversion correspond, quant à elle, à un dérivé sur actions propres qui ne peut pas être classée en capitaux propres car elle ne respecte pas la règle dite du « fixe contre fixe ».

Rappel Selon cette règle, un dérivé sur actions propres est qualifié d'instruments de capitaux propres si, et seulement si, il ne peut se dénouer que par l'échange d'un nombre fixe d'actions propres contre un montant fixe de trésorerie ou d'un autre actif financier (voir n° 44615). Les actions de préférence sont considérées comme un actif financier. Cependant, du fait de la clause de « down-round », l'option de conversion pourrait se dénouer autrement que par l'échange d'un nombre fixe d'actions de préférence contre un nombre fixe d'actions ordinaires que l'entité contrôle ou non la cause de cette variabilité.

L'option de conversion donnera donc lieu à la comptabilisation d'un dérivé passif.

En l'absence de clause de « down-round », l'option de conversion respecte bien la règle du fixe contre fixe et constitue donc un instrument de capitaux propres. Les actions de préférence, constituées de deux composantes capitaux propres, seront classées en totalité en capitaux propres.

Les entités doivent appliquer ce choix de méthode comptable de façon homogène à tous les instruments présentant des caractéristiques similaires.

En l'absence de clause de « down-round », les actions de préférence sans aucune obligation de sortie de trésorerie et convertibles en actions ordinaires de l'émetteur selon une parité fixe sont toujours classées en capitaux propres.

Clause de « step-up » et qualification d'une dette perpétuelle dont la rémunération est discrétionnaire

Question 44425

Comment comptabiliser une dette perpétuelle dont la rémunération est discrétionnaire mais soumise à une clause dite de « step-up » ?

Réponse

En capitaux propres.

En effet, la clause de « step-up » (qui conduit à augmenter de manière significative le montant des intérêts au-delà d'une certaine date si l'instrument n'a pas été préalablement racheté par l'émetteur) ne constitue qu'une contrainte économique et non pas une obligation contractuelle, nécessaire pour pouvoir comptabiliser l'instrument en dettes.

44425 (suite) ***Commentaires :***

Rappel Un instrument ne peut être classé en dettes que s'il contient une obligation contractuelle de remettre de la trésorerie ou un autre actif financier (IAS 32.15) à laquelle l'émetteur ne peut pas se soustraire (IAS 32.19). En effet, l'existence d'une simple contrainte économique, aussi forte soit-elle, n'est pas suffisante pour entraîner un classement en dettes (voir nº 44360).

1. **Instrument analysé par l'IFRS IC** Lors de ses réunions de mars, mai, juillet et novembre 2006, l'IFRS IC a discuté du cas d'un instrument :
- ne donnant droit à aucun intérêt résiduel ;
- non remboursable, mais rachetable au gré de l'émetteur (« callable instrument ») ;
- dont la rémunération n'est due que si des dividendes sont octroyés aux actions ordinaires (ces derniers étant eux-mêmes à son entière discrétion) ;
- comportant une très forte incitation au paiement de la rémunération et/ou au remboursement du capital (dividendes cumulatifs doublés d'une part, d'une clause de « step-up », d'autre part, d'un long historique de versement des dividendes sur les actions ordinaires déclenchant automatiquement le paiement d'une rémunération au titre de l'instrument, et enfin d'une substance économique telle que le détenteur sait qu'il recevra le paiement de la rémunération affichée) ;

Une clause de « step-up » consiste à augmenter de manière significative le montant des intérêts au-delà d'une certaine date si l'instrument n'a pas été préalablement racheté par l'émetteur.

- et enfin, portant la dénomination juridique de dettes (TSDI – titres subordonnés à durée indéterminée) et non pas d'actions.

Par ailleurs, ces titres étaient également remboursables en cas de liquidation et dans l'ordre de subordination avant d'autres instruments eux-mêmes classés en dettes.

La question était de savoir si la contrainte économique que constituait la clause de « step-up » (non listée dans les exemples d'IAS 32.AG26 relatifs aux actions de préférence) pouvait s'appliquer à un autre type d'instrument (les TSDI et les TSS) en constituant une obligation indirecte au sens d'IAS 32.20.

2. **Position de l'IFRS IC, confirmée par l'IASB** L'émetteur n'ayant **aucune obligation contractuelle** de payer une quelconque rémunération ni de racheter l'instrument, l'IFRS IC a considéré que cet instrument devait être classé en capitaux propres en application des critères d'IAS 32 (IFRIC Update 03/06, 05/06, 07/06 et 11/06). Cette position a été confirmée par une déclaration du Board (IASB Update 06/06).

Pour la distinction entre « obligation contractuelle » et « contrainte économique », voir nº 44360.

A la suite de la déclaration de l'IASB confirmant le classement en capitaux propres en l'absence de toute obligation contractuelle (voir nº 44360), l'IFRS IC a définitivement décidé que ce point ne fera pas l'objet d'une interprétation, considérant qu'il ne pouvait rien apporter de plus (IFRIC Update 11/06).

■ ***Exemple 1***

Au cours de l'année N, une entreprise industrielle et commerciale émet des actions de préférence à durée de vie illimitée mais qui peuvent être rachetées (« callable »). Ces actions se voient attribuer un dividende de 5 % payable de manière obligatoire dès lors qu'un dividende est octroyé aux actions ordinaires.

L'instrument comporte une clause de « step-up » qui porte le dividende à 7 % à partir de l'année N+10, si l'instrument n'a pas été préalablement racheté par l'émetteur.

L'entreprise prévoit effectivement de racheter les actions de préférence avant N+10 de manière à éviter le paiement de dividendes très au-dessus du marché (ce qui constitue une contrainte économique).

Solution de l'exemple 1 *Cet instrument ne contient aucune obligation contractuelle de remboursement ou de rachat ni de versement d'un dividende. Même si la clause de « step-up » est activée, l'entreprise n'a toujours aucune obligation de payer des dividendes ni de rembourser l'instrument.*

Une contrainte économique conduisant l'émetteur à effectuer des distributions ou à racheter l'instrument n'est pas une obligation contractuelle de verser une rémunération ou de rembourser ledit instrument. L'émetteur peut décider de ne jamais rembourser et de ne jamais verser de dividendes aux actions de préférence. Même si cela a pour conséquence qu'il ne versera jamais de dividendes aux actions ordinaires, pour autant, il n'est lié par aucune obligation contractuelle.

■ *Exemple 2*

Un émetteur (établissement de crédit) émet des TSDI porteurs d'une rémunération à un taux fixe pendant 10 ans, mais passant, à partir d'une certaine date, à un taux variable contractuellement défini et augmenté de 100 ou 150 points de base au-delà du spread de crédit, initialement compris dans le taux fixe, si les TSDI n'ont pas été rachetés avant cette date.

Solution de l'exemple 2 *Cet instrument ne contient aucune obligation contractuelle de remboursement ou de rachat (titres perpétuels) ni de versement d'une rémunération.*
L'existence d'une contrainte économique conduisant l'émetteur à racheter l'instrument à partir d'une certaine date n'est pas suffisante pour un classement en dettes. En conséquence, l'instrument doit être comptabilisé en capitaux propres.

Qualification d'un instrument « de base » dont la rémunération est liée à celle d'un instrument lié (« linker »)

Question 44430

Comment comptabiliser une dette perpétuelle dont la rémunération est liée (« linker ») au versement d'une rémunération obligatoire sur un autre instrument ?

Réponse

En dettes, car l'instrument (dit « de base ») auquel est liée la dette perpétuelle (« instrument lié ») crée, dans ce cas, une obligation contractuelle indirecte pour la rémunération de cette dernière.

Commentaires :

Rappel Un instrument ne peut être classé en dettes que s'il contient une obligation contractuelle de remettre de la trésorerie ou un autre actif financier (IAS 32.15) à laquelle l'émetteur ne peut pas se soustraire (IAS 32.19). La norme précise qu'il peut s'agir d'une obligation indirecte : un instrument financier qui n'établit pas expressément une obligation contractuelle de régler en trésorerie ou en un autre instrument financier peut créer une obligation indirectement par le biais de ses modalités (IAS 32.20).
Pour la notion de dette perpétuelle, voir n° 44420 s.

Classement en dettes (notion d'obligation contractuelle indirecte) Doit être classé en dettes un instrument financier (appelé « instrument lié ») dont les caractéristiques sont les suivantes (IFRIC Update 03/06 et 05/06 et IASB Update 06/06) :
- instrument non remboursable ;
- rachetable au gré de l'émetteur ; et
- dont les intérêts ne sont payés que si des intérêts sont payés sur un autre instrument (appelé « instrument de base »), l'émetteur ayant l'obligation contractuelle de payer les intérêts sur l'instrument de base.

Considérant que le lien contractuel entre les deux instruments, ajouté à l'obligation contractuelle de payer des intérêts sur l'instrument de base, crée une **obligation contractuelle de verser des intérêts sur l'instrument lié,** l'IFRS IC a conclu à un **classement en dettes** de ce dernier (IFRIC Update 03/06 et 05/06).

A notre avis, même lorsque l'obligation de payer les intérêts sur l'instrument de base est légale et non contractuelle, cela entraîne un classement en dettes de l'instrument lié. En effet, que l'obligation sur l'instrument de base soit légale ou contractuelle, l'obligation de payer des intérêts sur l'instrument lié, elle, reste bien contractuelle.

Cette position a été confirmée par une déclaration de IASB de juin 2006 à travers la **notion d'obligation contractuelle indirecte,** l'adjectif « indirect » visant l'existence d'un « linker ».

Pour le texte intégral de la déclaration de l'IASB, voir n° 44360.
Notion de « linker » Selon la législation en vigueur dans le pays d'émission, les « **linkers** » sont des instruments de capitaux propres ou des instruments de dettes porteurs d'une rémunération obligatoire (dividende ou intérêt).
Il est possible d'émettre des « linkers » (instrument de base auquel est liée la dette perpétuelle principale) de faible montant nominal, l'essentiel étant de créer une obligation de rémunération. C'est pourquoi, on appelle aussi ces instruments des « **baby preference shares** ».

Remarques :

1. **Opérations de couverture et « linkers »** Les entreprises peuvent avoir intérêt à conserver le traitement en dettes de certains instruments lorsque ces derniers font l'objet d'une opération de couverture. A défaut, l'instrument de couverture (un dérivé) se trouverait comptabilisé à la juste valeur par résultat. Or, un instrument de capitaux propres ne peut être qualifié d'instrument couvert au sens d'IFRS 9 (IFRS 9.6.3.1).
D'où l'intérêt des « linkers » qui permettent de transformer un instrument qualifié d'instrument de capitaux propres selon IAS 32 en un instrument de dettes et de conserver ainsi la relation de couverture.
2. **Suppression du « linker »** En revanche, la suppression du « linker » (modification du contrat entraînant la suppression de l'obligation contractuelle indirecte) conduit au reclassement de l'instrument en capitaux propres.

■ *Exemple*

Une entreprise émet des actions de préférence pour un montant de 500 M€. Un dividende préférentiel est obligatoirement payé à ces actions (appelé instrument lié) si un dividende est payé sur un autre instrument (appelé instrument de base) ayant un nominal beaucoup plus faible. Le dividende payé sur l'instrument de base est d'un montant minimum et est contractuellement obligatoire.

Solution de l'exemple *La conséquence indirecte est que le dividende préférentiel payé aux porteurs des actions de préférence est lui aussi contractuellement obligatoire (création d'une obligation indirecte). L'instrument de base est appelé « baby preference share » parce que son nominal est généralement très faible par rapport à celui de l'instrument lié.*

Ce faible montant offre la possibilité à l'émetteur de le rembourser quand il le souhaite, à n'importe quel moment. Une fois l'instrument de base remboursé, l'obligation indirecte de paiement des dividendes sur l'instrument lié disparaît et ce dernier peut alors retrouver sa qualification d'instrument de capitaux propres.

Remarques :

1. Selon certains avis, la création d'un instrument de base ayant un nominal très faible par rapport à celui de l'instrument lié manquait de substance économique et ne pouvait donc être prise en compte. L'IFRS IC a en revanche considéré que l'obligation contractuelle indirecte ainsi créée était effective (voir ci-avant, Remarques, point 1.).

2. Selon la législation française, il n'est pas possible de prévoir une rémunération obligatoire pour des instruments ayant la forme juridique d'actions ordinaires. En conséquence, ce type de montage est plutôt l'apanage d'instruments tels que des TSS (titres super-subordonnés) ou des actions de préférence.

Comptabilisation des effets d'impôts liés à la rémunération versée sur des dettes perpétuelles classées en capitaux propres (notamment TSDI et TSS)

44432 ***Question***

Comment comptabiliser les effets d'impôts liés à la rémunération versée sur des dettes perpétuelles classées en capitaux propres (notamment TSDI) ?

Réponse

En application des principes de la norme IAS 12, les effets d'impôts sur la rémunération de ces dettes perpétuelles sont comptabilisés en résultat si la rémunération versée répond à la définition de dividendes au sens de la norme IFRS 9.

Dans le cas contraire, les effets d'impôts seront comptabilisés en capitaux propres.

A notre avis, les entités doivent exercer leur jugement au regard des caractéristiques propres à chaque instrument afin de déterminer si la rémunération versée correspond ou non à la définition d'un dividende, même lorsque l'instrument a été qualifié d'instruments de capitaux propres.

Par ailleurs, sur les recommandations de l'AMF, les entités doivent décrire l'analyse effectuée et les montants en jeu lorsque ceux-ci sont significatifs.

Commentaires :

1. **Contexte** Certains instruments de dettes perpétuelles de type TSDI (titres subordonnés à durée indéterminée) ou TSS (titres super-subordonnés) sont classés en capitaux propres bien qu'ils aient la dénomination juridique et des caractéristiques économiques de dettes.

En général, il s'agit d'instruments sans maturité et dont le paiement d'intérêts est à l'entière discrétion de l'entité émettrice. Pour plus de détails, voir nº 44420.

La question se pose alors de savoir si les impôts relatifs aux rémunérations versées sur ces instruments doivent être comptabilisés en résultat ou en capitaux propres.

2. Principe de comptabilisation des impôts relatifs aux rémunérations versées sur les instruments de capitaux propres Selon IAS 12.57A, les conséquences fiscales des montants distribués aux détenteurs d'instruments de capitaux propres doivent être comptabilisés en résultat net, en autres éléments du résultat global (OCI) ou en capitaux propres selon le poste dans lequel les événements ou transactions passés auxquels se rapportent ces montants ont été comptabilisés à l'origine.

En application de ce principe, si les rémunérations versées sur les TSDI (ou autres instruments de dettes perpétuelles) répondent à la définition de dividendes selon IFRS 9, alors les effets d'impôts liés seront comptabilisés en résultat. Si au contraire les rémunérations versées ne répondent pas à la définition de dividendes, les impôts seront comptabilisés en capitaux propres.

Selon IFRS 9.A, un dividende est une distribution de **bénéfices** aux porteurs d'instruments de capitaux propres en proportion de leur participation dans une catégorie donnée de titres composant le capital.

3. Qualification (ou non) en tant que dividendes des rémunérations versées sur instruments de dettes perpétuelles classés en capitaux propres Les instruments de dettes perpétuelles classés en capitaux propres peuvent soulever des difficultés d'application du principe de la norme IAS 12 énoncé ci-avant. En effet, en pratique, il n'est pas toujours aisé de déterminer si les rémunérations associées à ce type d'instrument, calculées sur la base d'une formule indépendante des bénéfices réalisés par l'entité, correspondent à des dividendes (définis comme une distribution de bénéfices selon IFRS 9.A).

A notre avis, en l'absence de précisions des normes IFRS 9 et IAS 12 en la matière, les sociétés émettrices doivent exercer leur jugement pour déterminer si les rémunérations sur TSDI (ou autres instruments de dettes perpétuelles) peuvent être ou non qualifiées de dividendes. A notre avis, cette analyse est confirmée par les bases de conclusion de la norme qui renforcent l'idée que toutes les distributions ne sont pas nécessairement des dividendes. L'entité doit exercer son jugement (IAS 12.BC67). Par ailleurs, compte tenu de la difficulté pour qualifier la rémunération, la norme n'inclut aucun indicateur pour déterminer si les paiements sur des instruments de capitaux propres constituent ou non des dividendes (IAS 12.BC68).

Ce jugement s'appuie sur les caractéristiques des instruments émis et notamment sur les modalités de calcul et de versement d'une rémunération aux porteurs. Dans le cadre de leur analyse, les entités pourront notamment se poser les questions suivantes :

– le versement d'une rémunération aux porteurs des TSDI est-il conditionné à l'existence de réserves distribuables suffisantes ?

Si oui, cela pourrait indiquer que la rémunération versée constitue un dividende.

– le versement d'une rémunération aux porteurs des TSDI est-il lié au versement de dividendes aux actionnaires ordinaires ?

Certains instruments émis prévoient que la rémunération soit obligatoirement due aux porteurs de TSDI en cas de distribution de dividendes aux actionnaires ordinaires (voir n° 44420, point 3.). Une telle clause pourrait indiquer que la rémunération versée constitue un dividende.

– comment le montant à distribuer aux porteurs des TSDI est-il calculé ?

Si le montant de la rémunération est calculé selon une formule indépendante des profits de l'entité, du type taux fixe, cela pourrait indiquer que la rémunération versée ne constitue pas un dividende.

Recommandations de l'AMF Dans ses recommandations en vue de l'arrêté des comptes 2019, l'AMF invite les entités à décrire l'analyse effectuée et les montants en jeu lorsque ceux-ci sont significatifs (Rec. AMF 2019-13, Arrêté des Comptes 2019, § 5.3).

B. Reclassement de capitaux propres en dettes ou inversement

Reclassement d'instrument de capitaux propres en dettes ou inversement

Question 44435

Un instrument de capitaux propres (ou dette) peut-il être reclassé en dettes (ou instrument de capitaux propres) ?

Réponse

En cas de modification des caractéristiques contractuelles de l'instrument, l'entité émettrice doit décomptabiliser cet instrument (instrument de capitaux propres ou dette) et comptabiliser un nouvel instrument (dette ou instrument de capitaux propres) si la qualification du nouvel instrument a changé du fait de la modification des termes contractuels de l'instrument décomptabilisé.

Si ses caractéristiques ne sont pas modifiées contractuellement, en l'absence de précision de la norme et à notre avis, le reclassement de dette en instrument de capitaux propres est possible si la composante dette est éteinte. Il s'agit, à notre avis, d'un choix de méthode comptable qui doit être appliqué de manière homogène. En revanche, le reclassement d'instrument de capitaux propres en dettes est quant à lui obligatoire.

Commentaires Selon IAS 32.15, le classement en dettes ou en instrument de capitaux propres est fait lors de la comptabilisation initiale de l'instrument.

1. **Reclassement suite à la modification des caractéristiques contractuelles de l'instrument** Si les caractéristiques contractuelles de l'instrument sont modifiées ultérieurement, l'entité émettrice doit procéder à la décomptabilisation de l'instrument (dette ou instrument de capitaux propres) puis à la comptabilisation d'un nouvel instrument (capitaux propres ou dette), si et seulement si la qualification du nouvel instrument a changé du fait de la modification des termes contractuels de l'instrument décomptabilisé.

Sur le traitement comptable d'une extinction de dette, voir nº 46200.

Sur le reclassement de capitaux propres en dettes suite à l'introduction d'un « linker », voir nº 44440.

2. **Reclassement sans modification des caractéristiques contractuelles de l'instrument (changement des circonstances)** Les normes IFRS sont moins précises lorsque les caractéristiques contractuelles de l'instrument ne sont pas modifiées ultérieurement. A notre avis et en l'absence de précision de la norme :

a. **Reclassement ultérieur obligatoire** A notre avis, le reclassement de capitaux propres à dette est obligatoire au titre des flux de trésorerie à venir, dès lors que l'entité a choisi de faire une action qui rend désormais obligatoire le paiement de flux de trésorerie. Par exemple, le reclassement est obligatoire pour les dividendes que l'entité a décidé de verser tandis que jusqu'à présent ils étaient discrétionnaires.

b. **Reclassement ultérieur possible** A notre avis, le reclassement de dette à capitaux propres est au choix de l'entité. Par exemple, le reclassement est possible dans le cas d'un instrument remboursable en un nombre variable d'actions, lorsqu'il n'y a plus de variabilité et que le ratio est désormais fixe.

Autre exemple, dans le cas d'un passif dont les flux étaient rendus obligatoires du fait de la présence d'un « linker », et qui ne sont plus obligatoires suite au remboursement par anticipation du « linker » qui fait disparaître l'obligation de payer les flux de trésorerie du passif.

Pour la qualification d'un instrument « de base » dont la rémunération est liée à celle d'un instrument lié (« linker »), voir nº 44430.

Un tel choix de méthode comptable doit être appliqué de manière homogène.

Reclassement d'instrument de capitaux propres en dettes consécutif à l'introduction d'un « linker » : traitement comptable

44440 ***Question***

Comment traiter le reclassement en dette, suite à l'introduction d'un « linker », d'un instrument auparavant comptabilisé en capitaux propres ?

Réponse

Selon l'IFRS IC, considérant que les normes IAS 32 et IFRS 9 sont claires en la matière :
- la nouvelle dette doit être comptabilisée à sa juste valeur ; et
- l'écart existant entre la valeur nette comptable de l'ancien instrument (préalablement comptabilisé en capitaux propres) et la juste valeur de la nouvelle dette doit obligatoirement être comptabilisé en capitaux propres (pas d'impact en résultat).

Dans ce cas, il ne s'agit pas d'un changement comptable mais d'un reclassement consécutif à la modification du contrat.

Commentaires : 44440 (suite)

1. **Contexte** Les entreprises industrielles et commerciales, tout comme les banques et les compagnies d'assurance, ont pu émettre des instruments de dette perpétuelle porteurs d'une rémunération discrétionnaire mais comprenant une clause dite de « step-up » entraînant une brusque et importante augmentation des intérêts après un certain nombre d'années, si l'instrument n'a pas été racheté avant cette date.

Malgré l'existence de cette contrainte économique, ces instruments ont dû être classés en capitaux propres en IFRS parce que ne contenant aucune obligation contractuelle de verser de la trésorerie ou de remettre un actif financier (IAS 32.16, IFRIC Update 03/06, 05/06 et 11/06 et déclaration du Board de l'IASB de juin 2006).

Pour échapper à un classement en capitaux propres (interdisant toute possibilité de traitement comptable de couverture), certaines de ces entités ont créé des « linkers » permettant la transformation de ces instruments en un instrument de dette selon IAS 32.

Sur la non-prise en compte des contraintes économiques pour un classement en dettes, voir n° 44360.

Sur le mécanisme des « linkers », voir n° 44430.

Remarque Le reclassement visé ici est celui de capitaux propres en dettes (après ajout d'un « linker » créant une obligation contractuelle indirecte). Il ne doit pas être confondu avec le reclassement de dettes en capitaux propres de certains TSDI ou TSS initialement classés en dettes (du fait de la prise en compte de leur substance économique) et qui, suite à la déclaration susvisée du Board, doivent être reclassés en capitaux propres.

2. **Rappel des textes** Ni la norme IAS 32, ni la norme IFRS 9 ne traitent du cas de la transformation d'un instrument de capitaux propres en un instrument de dettes. L'interprétation IFRIC 2, relative aux Parts sociales des entités coopératives et instruments similaires, envisage bien le transfert d'une catégorie à l'autre de ce type de parts mais sans en préciser le traitement.

L'interprétation IFRIC 2.9 indique en effet que « dans certains cas, le nombre de parts ou le montant de capital versé soumis à une interdiction de remboursement peut changer de temps à autre. Un tel changement relatif à l'interdiction de remboursement mène à un transfert entre les passifs financiers et les capitaux propres ».

3. **Analyse de l'opération** Toute la question est de savoir si l'opération entraîne la création d'un nouvel instrument (création d'une dette alors que précédemment l'instrument était qualifié d'instrument de capitaux propres) ou si, la modification étant sans impact sur les flux de trésorerie futurs attendus de l'instrument, on considère, par analogie avec IFRS 9.B3.3.6, que c'est le même instrument qui continue d'exister et qui, dans ce cas, pourrait être reclassé à sa valeur nette comptable (sans faire apparaître d'écart).

4. **Position définitive de l'IFRS IC sur le traitement comptable** Le traitement comptable du reclassement est le suivant (IFRIC Update 07/06 et 11/06) :

a. s'agissant d'une nouvelle dette, cette dernière doit être comptabilisée, selon IFRS 9.5.1.1, à sa juste valeur (cette juste valeur étant calculée à la date de révision du contrat ayant entraîné la requalification) ;

Dans la mesure où la modification des termes contractuels aboutit à un changement du classement de l'instrument, l'IFRS IC a implicitement considéré qu'il s'agit d'un changement significatif des termes contractuels devant entraîner la décomptabilisation de l'instrument de capitaux propres et la comptabilisation d'une nouvelle dette.

b. selon IAS 32.33, l'écart existant entre la valeur nette comptable de l'ancien instrument (préalablement comptabilisé au coût en capitaux propres) et la juste valeur de la nouvelle dette doit être obligatoirement comptabilisé en capitaux propres, puisqu'aucun gain ou perte ne doit être comptabilisé en résultat lors de la cession d'un instrument de capitaux propres, sauf exception (IAS 32.33A ; voir n° 44180, point 3.).

SECTION III

Obligations convertibles et obligations remboursables en actions (OCA, OCEANE et ORA)

A. Obligations convertibles en actions (OCA et OCEANE)

1. Comptabilisation initiale

Existence (ou non) d'une composante capitaux propres

44450 ***Question***

Une obligation convertible en actions propres de l'émetteur comporte-t-elle toujours une composante capitaux propres ?

Réponse

Non. Selon les caractéristiques de l'option de conversion incorporée (option d'achat d'actions propres vendue par l'émetteur au détenteur de l'obligation convertible), une obligation convertible en actions propres de l'émetteur peut donner lieu à la comptabilisation :

– soit d'une composante dette et d'une composante capitaux propres (lorsqu'il est prévu que la conversion se fasse par la remise d'un nombre fixe d'instruments de capitaux propres contre un montant fixe de trésorerie) ;

– soit d'une composante dette et d'un dérivé passif (dans tous les autres cas).

Commentaires :

1. **Rappel** Selon IAS 32.16, un produit dérivé ne peut être qualifié d'instrument de capitaux propres que dans le cas où il se dénouera forcément pour l'émetteur au moyen de l'échange d'un montant fixe de trésorerie contre un nombre fixe d'instruments de capitaux propres de l'émetteur lui-même.

2. **Application aux obligations convertibles en actions (OCA)** La modalité de paiement que constitue la conversion ne correspond pas toujours à la remise d'un montant fixe de trésorerie contre un nombre fixe d'actions propres de l'émetteur. C'est le cas notamment dans les situations suivantes :

– absence de parité fixe (le nombre d'actions remis lors de la conversion pouvant varier selon une formule de calcul et en fonction d'un ou de plusieurs paramètres en plus du seul passage du temps) ;

Sur le cas d'une parité variable en fonction du seul passage du temps, voir n° 44455, point 3c. et 44615.

– obligation ayant une parité fixe de conversion mais offrant contractuellement à l'émetteur la possibilité de rachat à la juste valeur de cette même obligation (voir n° 44455, point 3d.) ;

– obligation convertible en actions propres de l'émetteur (avec une parité fixe de conversion), mais émise dans une devise différente de la monnaie fonctionnelle de l'émetteur (voir n° 44460).

L'option d'achat d'actions propres vendue par l'émetteur aux porteurs de l'obligation convertible ne répond pas dans ces différents cas à la qualification d'un instrument de capitaux propres au sens d'IAS 32.16. Il s'agit, au contraire, d'un **dérivé à part entière** (ayant pour variable sous-jacente les actions propres de l'émetteur) qui doit être comptabilisé comme un passif **évalué à la juste valeur par résultat** (IFRS 9.5.3.1 et .4.2.1a).

Remarques :

1. Le **dérivé incorporé** donne lieu à la comptabilisation d'un passif (évalué à la juste valeur par résultat) parce qu'il s'agit d'une prime d'option encaissée (vente d'un call).

2. Par ailleurs, l'approche retenue pour **l'évaluation des différentes composantes** de l'instrument hybride est différente de celle retenue pour l'évaluation d'un instrument composé (voir n° 44395). En effet, le dérivé incorporé (ayant pour variable sous-jacente l'action propre de l'émetteur) doit être évalué en premier, à partir des caractéristiques de l'option qu'il représente.
La juste valeur de la composante dette (instrument hôte) est ensuite obtenue par différence entre la juste valeur de l'option ainsi évaluée et la juste valeur de l'obligation convertible prise dans son ensemble (supposée être en principe son prix d'émission) (IFRS 9.B4.3.3).
L'objectif est alors de ne pas faire apparaître de résultat sur le dérivé évalué dès le lendemain de sa comptabilisation au bilan, à la juste valeur par résultat.

Obligations convertibles présentant des caractéristiques spécifiques

44455

Question

Une obligation convertible ayant l'une des caractéristiques suivantes contient-elle toujours une composante capitaux propres ?

1er cas : il existe une clause de remboursement obligatoire en cas de changement de contrôle ou d'introduction en bourse de l'émetteur (« initial public offering »/IPO) ;

2e cas : la parité de conversion est ajustée en cas d'OPA (offre publique d'achat) ou de changement de contrôle de l'émetteur ;

3e cas : l'obligation convertible offre une succession de parités d'échange ;

4e cas : la parité de conversion est ajustée en cas de versement de dividendes ;

5e cas : l'émetteur a le droit de rembourser l'obligation convertible à sa juste valeur en cas d'exercice de l'option de conversion (obligation « callable at fair value »).

Réponse

Pas forcément. En effet, si les modalités de conversion sont analysées comme violant le principe de l'échange d'un montant fixe de trésorerie contre un nombre fixe d'instruments de capitaux propres de l'émetteur (règle dite du « fixe contre fixe », voir n° 44615), alors l'obligation ne contient pas de composante capitaux propres. Dans ce cas, les deux composantes de l'obligation (l'instrument hôte et le dérivé passif) sont comptabilisées en dettes. Il y aura donc une dette et un dérivé incorporé passif à comptabiliser séparément.

Commentaires :

1. **Rappel du principe général** Une obligation convertible en actions de l'émetteur comporte deux composantes (IAS 32.29) :
- une composante dette (l'obligation nue, encore appelée « instrument hôte ») ; et
- une option de conversion qui est en fait une option d'achat sur actions propres, vendue par l'émetteur au souscripteur de l'obligation. Cette option de conversion peut être qualifiée soit d'instrument de capitaux propres, soit de dérivé. Si elle est qualifiée d'instrument de capitaux propres, la prime est comptabilisée dans les capitaux propres et il n'y a pas d'impact en résultat ultérieurement. Si elle est qualifiée de dérivé, la prime est comptabilisée en dettes au bilan (dérivé passif) et ses variations de valeur ultérieures affectent le compte de résultat.

Lorsque l'obligation convertible comprend une composante dette et une composante capitaux propres, IAS 32.29 indique alors que, sur le plan économique, l'émission (d'une obligation convertible) a essentiellement le même effet que l'émission d'un titre d'emprunt assorti d'une clause de remboursement anticipé et de bons de souscription d'actions ordinaires ou que l'émission d'un titre d'emprunt avec bons de souscription d'actions détachables.
Dans tous les cas, l'entité présente donc les deux composantes de passif et de capitaux propres séparément dans son bilan.

2. **Critères de qualification de la composante capitaux propres** L'option d'achat d'actions n'est qualifiée d'instrument de capitaux propres que si la conversion se traduit obligatoirement par la remise d'un nombre fixe d'actions contre un montant fixe de trésorerie, règle dite du « **fixe contre fixe** » (IAS 32.16b.ii).

A contrario, la remise d'un nombre variable d'instruments de capitaux propres (contre un montant fixe de trésorerie) ou la réception d'un montant variable de trésorerie (contre un nombre fixe d'instruments de capitaux propres) porte à considérer que la société utilise ses actions propres comme un simple « moyen de paiement » (« as currency »). L'option de conversion est alors traitée comme un dérivé passif, ayant pour variable sous-jacente l'action

44455 (suite) propre de l'émetteur. Sauf très rares exceptions, ce dérivé est évalué à la juste valeur par résultat (IFRS 9.5.3.1 et .4.2.1a).

IAS 32.BC10b précise en effet que, lorsque l'entreprise utilise ses propres instruments de capitaux propres comme un moyen de paiement dans un contrat, pour remettre ou recevoir un nombre variable d'instruments de capitaux propres dont la valeur est égale à un montant fixe de trésorerie, le contrat n'est pas un instrument de capitaux propres, mais un actif ou un passif financier. Autrement dit, quand un contrat est dénoué par la remise d'un nombre variable d'actions propres de l'entreprise ou par l'échange d'un nombre fixe d'actions propres contre un montant variable de trésorerie ou d'un autre actif financier, le contrat n'est pas un instrument de capitaux propres mais un actif ou un passif financier.

Le dérivé peut être maintenu au coût dans les cas très rares où l'on ne peut pas associer à l'action sous-jacente de cours sur un marché actif pour un instrument identique (donnée de niveau 1) et où sa juste valeur ne peut être calculée de manière fiable (IFRS 9.5.3.1 et .4.2.1a).

3. **Application de ce principe aux OCA présentant l'une des caractéristiques suivantes** Hormis le premier cas (obligation de remboursement), les autres situations posent toutes la question de savoir si la clause prévue au contrat d'émission des obligations convertibles viole (ou non) le principe précité d'échange d'un nombre fixe d'instruments de capitaux propres contre un montant fixe de trésorerie (IAS 32.16b.ii).

a. **Remboursement obligatoire en cas de changement de contrôle ou d'introduction en bourse (IPO)** Même si l'événement est considéré comme hors du contrôle de la société émettrice (et constitue donc une obligation de payer au sens d'IAS 32.25), il n'a d'impact que sur la composante dette de l'obligation convertible (remboursement accéléré) et non pas sur le fait d'avoir ou non une composante capitaux propres (IAS 32.31 et IFRS 9.B4.3.5e).

En effet, cet événement n'a de conséquence :

- ni sur le traitement comptable de l'instrument pris dans son ensemble (qui reste une obligation convertible) ;

La clause conditionnelle (si elle est hors du contrôle de l'entité) ne fait qu'ajouter une circonstance dans laquelle l'émetteur peut être obligé de remettre de la trésorerie. On notera que, de toute façon, dans une obligation convertible, il existe déjà une obligation de remboursement à laquelle l'émetteur ne peut pas se soustraire. Ainsi, sans le principe de comptabilisation séparée (« split accounting »), une obligation convertible serait intégralement comptabilisée en dettes (pas de droit inconditionnel pour l'émetteur d'éviter le remboursement).

- ni sur la qualification de l'option de conversion elle-même, qui reste un instrument de capitaux propres dès lors qu'en toutes circonstances (même si ces dernières sont réduites par le fait qu'un remboursement puisse survenir en cas de perte de contrôle), la conversion se traduit par la remise d'un nombre fixe d'instruments de capitaux propres contre un montant fixe de trésorerie (respect de la règle du « fixe contre fixe »).

Le fait que l'obligation convertible soit remboursable (i.e. « puttable ») en cas de changement de contrôle ou d'IPO ne conduit pas en général à la comptabilisation séparée d'un dérivé incorporé (le put vendu en l'occurrence) sur le contrat hôte (voir n° 44490).

b. **Ajustement de la parité de conversion en cas d'OPA ou de changement de contrôle** Les contrats d'émission d'obligations convertibles prévoient très souvent un ajustement du ratio de conversion en cas d'OPA ou de changement de contrôle. Il peut alors s'agir soit d'un seul autre chiffre de parité fixe (amélioré), soit de l'application d'une formule. Si l'objectif est uniquement de **compenser la perte de valeur temps** de l'option due à une conversion anticipée, le mécanisme d'ajustement n'est pas considéré comme violant la règle du « fixe contre fixe » (voir n° 44615). Dans ce cas, en effet, l'ajustement permet seulement de conserver les droits relatifs des porteurs d'obligations vis-à-vis des actionnaires.

On considère de manière indépendante les différents dénouements possibles de l'option, chacun se soldant par la remise d'un nombre fixe d'instruments de capitaux propres contre un montant fixe de trésorerie ; le tout ayant été prédéterminé à l'émission du contrat.

L'option de conversion reste alors qualifiée d'instrument de capitaux propres.

c. **Obligations convertibles offrant une succession de parités d'échange** L'approche varie selon que :

- la conversion se fait en appliquant une succession de parités, variables selon la valeur de l'instrument de capitaux propres. Dans ce cas, l'option de conversion est analysée comme un seul et même instrument offrant plusieurs parités d'échange et donc plusieurs dénouements possibles ; ce qui empêche toute qualification comme instrument de capitaux propres ;
- la conversion se fait en appliquant une succession de parités, variables uniquement selon l'année de conversion (passage du temps). Dans ce cas, l'option de conversion est analysée

comme formée de plusieurs instruments annuels, chacun se dénouant en un nombre fixe d'instruments de capitaux propres. Ainsi, chacun de ces instruments pris individuellement répond à la définition d'un instrument de capitaux propres.

Sur le cas d'une parité variable en fonction du seul passage du temps, voir nº 44615.

■ *Exemple*

Une société émet des obligations convertibles en actions dans les conditions suivantes :
- parité égale à 1 si la conversion se situe en année 1 ;
- parité égale à 0,7 si la conversion se situe en année 2 ;
- parité égale à 0,5 si la conversion se situe en année 3.

Solution de l'exemple *L'option de conversion s'analyse comme une succession d'options annuelles pour lesquelles les termes de la conversion respectent la règle du « fixe contre fixe ». En conséquence, ces options sont qualifiées d'instruments de capitaux propres. L'obligation convertible est alors analysée comme un instrument composé comprenant un contrat hôte (dette) et une succession d'instruments de capitaux propres (ventes annuelles de call sur actions propres).*

d. Ajustement de la parité de conversion en cas de versement d'un dividende A notre avis, un ajustement de la parité prévu en cas de versement d'un **dividende exceptionnel** ou particulièrement important ne viole pas le principe de l'échange d'un nombre fixe d'instruments de capitaux propres contre un montant fixe de trésorerie d'IAS 32.16b(i)i. Dans ce cas, en effet, l'ajustement ne fait que **préserver les droits économiques relatifs** des porteurs d'obligations par rapport aux actionnaires.

Il en est de même à notre avis si l'ajustement a pour but de compenser de manière partielle tout dividende versé.

En revanche, un ajustement de la parité suite au versement d'un dividende anticipé (et donc pris en compte lors de la fixation de la parité initiale) conduirait à prendre deux fois en compte le même montant et donc à modifier les droits économiques relatifs entre porteurs d'obligations et actionnaires (ce qui violerait, à notre avis, la règle du « fixe contre fixe » d'IAS 32.16b.ii).

e. Droit de rembourser l'obligation convertible à sa juste valeur en cas d'exercice de l'option de conversion (obligation « callable at fair value ») L'option de conversion vendue se double d'une option de rachat à la juste valeur de l'obligation convertible que l'émetteur peut exercer si la conversion est demandée.

Ce double mécanisme offre en fait à l'émetteur un choix dans le dénouement de l'option de conversion :
- soit la remise d'un nombre fixe d'instruments de capitaux propres contre un montant fixe de trésorerie (supposé être prévu dans les termes du contrat) ;
- soit le paiement d'un montant variable de trésorerie (celui de la juste valeur de l'obligation via son rachat).

Par exception au principe général, une telle obligation convertible ne comporte pas de composante capitaux propres, mais deux composantes dettes (l'instrument hôte et un dérivé passif ayant pour sous-jacent l'action propre de l'entité) (IAS 32.26).

Obligations convertibles en actions libellées en un montant fixe de monnaie étrangère

Question 44460

Quel traitement appliquer à une obligation convertible libellée en devises et donnant droit à un nombre fixe d'instruments de capitaux propres contre un montant fixe de trésorerie en devises ?

Plus particulièrement, doit-on traiter l'option vendue incorporée à l'obligation et qui doit faire l'objet d'une comptabilisation séparée (« split accounting ») comme un instrument de capitaux propres ou comme un produit dérivé comptabilisé à la juste valeur par résultat ?

Réponse

Il s'agit d'un produit dérivé comptabilisé à la juste valeur par résultat.

En conséquence, l'intégralité de l'obligation convertible libellée en devises (instrument hybride) est comptabilisée en dettes au passif de l'émetteur sous la forme :
- d'une dette en devises (instrument hôte), avec les variations de change (calculées au cours spot) comptabilisées en résultat ; et
- d'une vente d'option sur actions de l'émetteur qualifiée de produit dérivé (et non pas de composante capitaux propres) et, à ce titre, évaluée à la juste valeur par résultat.

Commentaires :

Rappel L'option de conversion ne peut être classée en capitaux propres que s'il y a échange d'un nombre fixe d'instruments de capitaux propres contre un montant fixe de trésorerie (IAS 32.11).

1. **Montant fixe/variable de trésorerie** Savoir si la remise d'un montant fixe en devises répond ou non à la notion de montant fixe de trésorerie n'est pas directement traité par IAS 32. L'IFRS IC souligne toutefois que, par référence à la norme IFRS 9, toute obligation libellée en monnaie étrangère représente le déboursement d'un montant variable (et non pas fixe) de trésorerie.

La justification provient de ce qu'IFRS 9 permet d'appliquer une comptabilité de couverture dite de « flux de trésorerie » (« cash-flow hedge ») à des transactions libellées en monnaie étrangère, parce que ces transactions exposent l'entité à une variabilité de flux de trésorerie (IFRIC Update 04/05).

En conséquence, toute option de conversion en un nombre fixe d'actions propres contre un montant fixe libellé en monnaie étrangère doit être comptabilisée en dettes.

Remarque – Emission de droits de souscription en devises Les droits/bons de souscription d'actions (BSA) à prix fixe, dès lors qu'ils sont octroyés à l'ensemble des porteurs d'une même classe d'actions déjà existantes et au prorata des droits de chacun, sont considérés comme des opérations entre actionnaires et ce, qu'ils soient libellés en devise ou en monnaie fonctionnelle (IAS 32.11b.ii, .BC4G et .BC4H).

Dans ces conditions, les droits de souscription d'actions à prix fixe doivent en conséquence être comptabilisés comme des instruments de capitaux propres (voir n° 44670).

Cette disposition doit être appliquée de manière stricte et ne doit pas être étendue par analogie à d'autres instruments comme par exemple des obligations convertibles en actions, dans la mesure où ces obligations convertibles ne sont pas octroyées à l'ensemble des porteurs d'une même classe d'actions déjà existantes et au prorata des droits de chacun.

2. **Cas des obligations convertibles émises par des filiales** A notre avis, ce traitement ne s'applique pas à une obligation convertible émise par une filiale étrangère (dès lors que l'obligation émise par la filiale est convertible en actions propres de cette dernière et qu'elle est émise dans sa propre monnaie fonctionnelle).

En effet, pour la comptabilisation de l'obligation convertible dans ses états financiers consolidés, un groupe peut choisir la monnaie de la fille comme monnaie fonctionnelle de référence ; l'IFRS IC ayant rappelé qu'un groupe en tant que tel n'a pas une mais plusieurs monnaies fonctionnelles (IFRIC Update 11/06).

La seule contrainte réside dans l'homogénéité de la méthode comptable retenue lors du traitement d'instruments similaires ou requérant la même analyse (par exemple, émission par la fille d'obligations convertibles en actions de la mère).

Pour le cas d'obligations convertibles en actions de la mère, voir n° 44465.

Obligations en devises convertibles en actions de la société mère

44465 ***Question***

Dans les comptes consolidés d'un groupe, comment comptabiliser une obligation émise par une filiale, convertible en un nombre fixe d'instruments de capitaux propres de la mère contre un montant fixe de trésorerie (libellé dans la monnaie de fonctionnement de la mère ou dans celle de la filiale) ?

Réponse

A notre avis, cela dépend de la monnaie fonctionnelle prise en référence pour la comptabilisation de l'opération (celle de la fille ou celle de la mère), sachant que l'approche retenue doit être appliquée de manière homogène pour tous les instruments de même nature.

Commentaires :

1. **Rappel** Un produit dérivé qui est dénoué par la remise d'un nombre fixe d'instruments de capitaux propres de l'émetteur contre un montant fixe de trésorerie libellé dans une devise autre que la monnaie fonctionnelle de cet émetteur ne répond pas à la définition d'un instrument de capitaux propres selon IAS 32 et doit être comptabilisé en dettes (IFRIC Update 04/05), voir n° 44460.
2. **Obligations convertibles en actions de la mère, cette dernière ayant une devise différente de celle de la fille émettrice** Concernant le traitement comptable, dans les comptes consolidés

d'un groupe, d'une obligation émise par une fille, convertible en un nombre fixe d'instruments de capitaux propres de la mère contre un montant fixe de trésorerie (libellé dans la devise de la société mère ou dans celle de la filiale émettrice des obligations), la question posée à l'IFRS IC vise à savoir si l'option de conversion (en actions de la mère) incorporée dans l'obligation émise par la fille peut être qualifiée d'instrument de capitaux propres dans les comptes consolidés du groupe, selon les dispositions de la norme IAS 32.

Observant qu'un groupe n'a pas une mais plusieurs monnaies fonctionnelles, l'IFRS IC n'a pas souhaité inscrire à son agenda la question de savoir quelle monnaie devrait être considérée comme le point de référence dans le cas analysé ci-avant, considérant cette question comme suffisamment spécifique pour ne pas générer de divergence en pratique. Aucune position n'a été retenue (IFRIC Update 07/06 et 11/06).

3. Que faire en pratique ? Pour la comptabilisation de l'obligation convertible dans les états financiers consolidés, un groupe peut, à notre avis, choisir comme monnaie fonctionnelle de référence, soit la monnaie fonctionnelle de la société mère (dans laquelle seront émises les actions une fois l'obligation convertie), soit la monnaie fonctionnelle de la filiale (dans laquelle le passif sera considéré comme « éteint » si l'obligation est convertie).

Le fait d'utiliser l'une ou l'autre de ces deux alternatives est, à notre avis, un choix de méthode comptable qui doit être appliqué de manière homogène à tout instrument similaire.

■ *Exemple*

Une société mère A a pour monnaie fonctionnelle l'euro. Sa filiale B émet une obligation convertible en un nombre fixe d'actions de A contre un montant fixe de trésorerie libellé soit en euros, soit en US dollars. L'entité B a pour monnaie fonctionnelle l'US dollar.
Le traitement comptable de l'obligation variera comme suit :

Monnaie fonctionnelle de la mère A	*Monnaie fonctionnelle de la filiale B*	*Monnaie de paiement du montant fixe de trésorerie*	*Monnaie fonctionnelle de référence pour le traitement de l'opération*	*Traitement comptable de l'obligation (à notre avis)*
Euro	*US dollar*	*US dollar*	*US dollar*	*Capitaux propres*
Euro	*US dollar*	*US dollar*	*Euro*	*Dettes*
Euro	*US dollar*	*Euro*	*US dollar*	*Dettes*
Euro	*US dollar*	*Euro*	*Euro*	*Capitaux propres*

Ainsi, conformément au tableau ci-avant, si la monnaie fonctionnelle prise en référence pour la comptabilisation de l'opération dans les comptes consolidés du groupe :
- est identique à la monnaie de paiement du montant fixe de trésorerie, l'option de conversion est qualifiée d'instrument de capitaux propres ;
- diffère de la monnaie de paiement du montant fixe de trésorerie, l'option de conversion doit être comptabilisée comme un dérivé passif (dette).

Comptabilisation séparée (ou « split accounting ») initiale

44470

Question

Comment comptabiliser une obligation convertible lors de son émission (chez l'émetteur) ?

Réponse

Lorsque l'option de conversion est un instrument de capitaux propres (i.e. lorsqu'il est prévu que la conversion se fasse par la remise d'un nombre fixe d'instruments de capitaux propres de l'émetteur), l'instrument comprend deux composantes distinctes (« split accounting ») :
- une composante dette (l'instrument hôte) ; et
- une composante capitaux propres (le droit pour le porteur de convertir l'instrument de dettes en un nombre fixe d'instruments de capitaux propres de l'émetteur).

La décomposition s'effectue en évaluant d'abord la composante dette, puis par différence la composante capitaux propres.

44470 (suite)

Les frais d'émission sont répartis entre les deux composantes au prorata de leurs valeurs respectives.

Enfin, rappelons qu'il n'est pas possible d'appliquer l'option juste valeur à une obligation convertible émise lorsque cette dernière répond à la définition d'un instrument composé (voir n° 44395).

Commentaires :

1. **Caractéristiques d'une obligation convertible en actions (rappel)** Selon IAS 32.29, une obligation (ou un instrument analogue) convertible par le porteur en un nombre fixe d'actions ordinaires de l'entité est un instrument composé.

Sur les cas de figure où la conversion de l'obligation ne donne pas lieu à la remise d'un nombre fixe d'actions propres de l'émetteur, voir n° 44455.

Du point de vue de l'entité émettrice, un tel instrument comprend deux composantes comptables (« split accounting ») :
- un passif financier (l'engagement contractuel de remettre de la trésorerie ou un autre actif financier) ; et
- un instrument de capitaux propres (une option d'achat que le porteur a le droit, pendant une durée déterminée, de convertir en un nombre fixe d'actions ordinaires de l'entité).

IAS 32.29 indique également que, sur le plan économique, l'émission d'un tel instrument a essentiellement le même effet que l'émission d'un titre d'emprunt assorti d'une clause de remboursement anticipé et de bons de souscription d'actions ordinaires ou que l'émission d'un titre d'emprunt avec bons de souscription d'actions détachables. Dans tous les cas, l'entité présente donc les deux composantes de passif et de capitaux propres séparément dans son bilan.

■ *Exemple*

Une entité émet une obligation convertible en actions propres dont les caractéristiques sont les suivantes :
- *nominal (pair) : 100 (dans la monnaie fonctionnelle de l'émetteur) ;*
- *prime de remboursement : 4 ;*
- *frais d'émission : 0,5 ;*
- *coupon : 2,5 % ;*
- *parité de conversion : 1 obligation contre 1 action ;*
- *maturité : 7 ans ;*
- *conversion possible avant chaque paiement de coupon (option à l'américaine). En cas de conversion, le coupon est payé mais pas la prime de remboursement.*

Solution de l'exemple *La parité de conversion prévoyant la remise d'un nombre fixe d'actions (une action en l'occurrence) contre la conversion d'une obligation, l'instrument comprend une composante dette (l'obligation porteuse d'un coupon de 2,5 % et d'une prime de remboursement égale à 4) et une composante capitaux propres (vente d'une option d'achat d'une action de l'émetteur au prix fixe de 100 exerçable avant chaque paiement de coupon tout au long des 7 années).*

La prime de remboursement fait partie intrinsèque de la composante dette. Si le porteur convertit l'obligation avant la date d'échéance, aucune prime ne lui est versée. Le porteur de l'obligation arbitre alors entre la valeur de marché de l'action et un remboursement possible au pair, augmenté de la prime de remboursement.

2. **Détermination du montant de chacune des composantes** Selon IAS 32.32, l'émetteur d'une obligation convertible en actions ordinaires détermine d'abord la valeur comptable de la composante dette en évaluant la juste valeur d'un passif analogue (y compris les composantes dérivés n'ayant pas la qualité de capitaux propres, voir n° 44490) non assorti d'une composante capitaux propres associée.

La valeur comptable de l'instrument de capitaux propres représenté par l'option de conversion de l'instrument en actions ordinaires est ensuite déterminée en déduisant la juste valeur du passif financier de la juste valeur de l'instrument financier composé pris dans son ensemble.

IAS 32.31 précise également que la somme des valeurs comptables attribuées aux composantes de passif et de capitaux propres lors de la comptabilisation initiale est toujours égale à la juste valeur qui serait attribuée à l'instrument dans sa globalité. La séparation des composantes de l'instrument ne peut donner lieu à un profit ou à une perte du fait de sa comptabilisation.

3. **Traitement des frais d'émission** IAS 32.38 précise que les coûts de transaction liés à l'émission d'un instrument financier composé sont affectés aux composantes dettes et capitaux propres de l'instrument au prorata de la répartition de la valeur de l'émission.

4. **Application pratique** En suivant les dispositions d'IAS 32.31, .32 et .38 (voir ci-avant), l'obligation convertible est décomposée de la manière suivante :

a. la **composante dette est évaluée en priorité** en actualisant les flux de trésorerie futurs (coupons et valeur de remboursement) sur la base du taux de marché d'une dette équivalente (notion de « passif analogue ») mais ne contenant pas d'option de conversion ;

L'émetteur devra donc se procurer des références de taux de marché correspondant à un instrument de mêmes caractéristiques que la dette hôte, à savoir : même date d'échéance, même nature de taux (taux fixe ou taux variable), même spread de contrepartie émetteur et mêmes options incorporées de droit à remboursement anticipé (put investisseur et/ou call émetteur).
Sur la prise en compte des dérivés autre que l'option de conversion (notamment call émetteur ou put investisseur), voir n° 44490.

b. la **composante capitaux propres** (option de conversion qui représente la vente d'une option d'achat sur les actions propres de l'émetteur) est ensuite **calculée par différence** entre la valeur d'émission de l'obligation convertible (présumée correspondre à la juste valeur de l'instrument à sa date d'émission) et la composante dette précitée (IAS 32.31) ;

c. enfin, les **frais d'émission** sont **répartis** entre les deux composantes au prorata de leurs valeurs respectives (IAS 32.38).

■ *Exemple*

Reprise de l'exemple précédent *En supposant que le taux de marché d'une dette équivalente (même date d'échéance de 5 ans, voir ci-après pour la maturité estimée de la composante dette ; même contrepartie) mais sans option de conversion est de 5 % (y compris la prime de remboursement de 4), la composante dette est estimée par hypothèse égale à 80.*
Par différence, la composante capitaux propres est évaluée à 20. La décomposition de l'obligation convertible s'effectue de la manière suivante :
- composante dette : 80 ;
- composante capitaux propres : 20 ;
- répartition des frais d'émission : 0,4 (80 % × 0,5) pour la quote-part allouée à la composante dette et 0,1 (20 % × 0,5) pour la quote-part allouée à la composante capitaux propres ;
- maturité estimée de la composante dette : 5 ans (l'émetteur estime en effet que les obligations seront en moyenne toutes converties au bout de 5 ans).

Solution de l'exemple *Lors de l'émission de l'obligation convertible, la comptabilisation est la suivante (sans impôts différés, par simplification) :*
- la composante dette est comptabilisée comme un passif financier pour un montant égal à la valeur d'émission de l'obligation convertible (100) diminuée de la valeur attribuée à l'option de conversion (20) et de la quote-part lui revenant des frais d'émission (0,4) ;
- la composante capitaux propres est comptabilisée en capitaux propres pour sa juste valeur obtenue par différence (20) également diminuée de la quote-part de frais d'émission lui revenant (0,1).

Dt	*Trésorerie (1)*	*99,5*	
Ct	*Dettes (2)*		*79,6*
Ct	*Capitaux propres (3)*		*19,9*

(1) 100 (nominal) – 0,5 (frais d'émission) = 99,5.
(2) 80 (nominal/quote-part dette) – 0,4 (quote-part frais d'émission) = 79,6.
(3) 20 (nominal/quote-part capitaux propres) – 0,1 (quote-part frais d'émission) = 19,9.

Obligations convertibles : exemples de traitement comptable

Question 44475

En pratique, en IFRS, quels sont les différents types de comptabilisation auxquels peut conduire une obligation convertible dans les comptes de l'émetteur ?

Réponse

Selon ses clauses contractuelles de règlement, une obligation convertible peut donner lieu :
- à la comptabilisation de deux composantes distinctes et différemment qualifiées (une composante dette et une composante capitaux propres) ;
- à un classement en dettes en totalité (l'instrument hôte et le dérivé incorporé étant tous deux qualifiés de passifs financiers) ;
- ou plus rarement, à un classement en capitaux propres en totalité (en cas d'absence de date de maturité).

Sur les principes généraux de comptabilisation d'une obligation convertible, voir n° 44450 s.

44475 (suite)

■ *Exemple 1*

Une composante dette et une composante capitaux propres *Le 1/01/N, une entité dont la monnaie fonctionnelle est l'euro émet une obligation convertible ayant les caractéristiques suivantes :*
- nominal : 100 M€ ;
- taux d'intérêt fixe : 4 % ;
- échéance : 31/12/N+10 ;
- convertible à l'échéance à la discrétion du détenteur en actions ordinaires de la société avec une parité de 10 actions contre 1 000 €.

Solution de l'exemple 1 *Il s'agit d'un instrument composé (IAS 32.29). En effet, du point de vue de l'émetteur, cet instrument comprend deux composantes :*
- une dette (correspondant à l'obligation contractuelle de verser des intérêts et de rembourser le nominal si le détenteur ne convertit pas l'obligation à l'échéance) ; et
- un instrument de capitaux propres (une option d'achat octroyée au détenteur qui lui permet de convertir le montant fixe de sa dette en un nombre fixe d'actions).

La conversion de la dette (dont le montant est fixe) correspond en fait à une simple modalité de paiement d'un montant fixe de trésorerie (le prix payé pour acquérir un nombre fixe d'actions).

■ *Exemple 2*

Deux composantes dettes *Le 1/01/N, une entité dont la monnaie fonctionnelle est l'euro émet une obligation convertible en devises ayant les caractéristiques suivantes :*
- nominal : 100 M$ (USD) ;
- taux d'intérêt fixe : 3 % ;
- échéance : 31/12/N+10 ;
- convertible à l'échéance à la discrétion du détenteur en actions ordinaires de la société avec une parité de 10 actions contre 1 000 $ (USD).

Solution de l'exemple 2 *L'instrument est comptabilisé en dettes dans son intégralité. En effet, du point de vue de l'émetteur, il s'agit d'un instrument hybride qui comprend deux éléments :*
- un instrument hôte qui est une dette ; et
- un dérivé incorporé, l'option d'achat accordée au détenteur qui lui permet de convertir le montant variable de sa dette (en effet, 100 M$ (USD) évalués en euros représentent un montant variable) en un nombre fixe d'actions. Ce dérivé (qui ne répond pas à la définition d'un instrument de capitaux propres, voir n° 44460) est également comptabilisé comme un passif financier (option vendue).

■ *Exemple 3*

Deux composantes dettes *Le 1/01/N, une entité dont la monnaie fonctionnelle est la livre sterling émet une obligation convertible ayant les caractéristiques suivantes :*
- nominal : 50 M£ (livres sterling) ;
- taux d'intérêt fixe : 5 % ;
- échéance : 31/12/N+10 ;
- convertible à l'échéance à la discrétion du détenteur en actions ordinaires de la société avec une parité de 10 actions contre 1 000 £ (livres sterling).
L'émetteur a par ailleurs la possibilité de racheter l'obligation convertible à sa juste valeur.

Solution de l'exemple 3 *L'instrument est comptabilisé en dettes dans son intégralité. En effet, du point de vue de l'émetteur, il s'agit d'un instrument hybride qui comprend deux éléments :*
- un instrument hôte qui est une dette ; et
- une option de conversion que l'émetteur a la possibilité de régler par un flux de trésorerie net, en rachetant l'obligation convertible pour sa juste valeur. Cette option de conversion est un produit dérivé qu'une des deux parties peut dénouer par un flux de trésorerie net. Il s'agit donc également d'un passif financier et non d'un instrument de capitaux propres (IAS 32.26).

■ *Exemple 4*

Instrument de capitaux propres à 100 % *Le 1/01/N, une entité dont la monnaie fonctionnelle est l'euro émet une dette perpétuelle ayant les caractéristiques suivantes :*
- nominal : 250 M€ ;
- taux d'intérêt variable (Libor + 120 pb mais payable uniquement si la direction de l'entité octroie un dividende aux actions ordinaires) ;
- l'émetteur peut convertir l'obligation n'importe quand après 5 ans de durée de vie.

Solution de l'exemple 4 *L'instrument est un instrument de capitaux propres dans son intégralité. En effet, l'émetteur possède le droit inconditionnel d'éviter de verser de la trésorerie :*
- il peut ne déclarer aucun dividende aux actions ordinaires ;
- il détient l'option de conversion : les modalités de la conversion en un nombre fixe ou variable d'actions ne sont pas précisées dans l'énoncé mais elles n'ont ici aucune incidence dans la mesure où l'option de conversion est à l'entière discrétion de l'émetteur.

2. Evaluation à la clôture

Traitement comptable ultérieur des deux composantes

Question 44480

Au-delà de la comptabilisation séparée initiale, quel traitement comptable appliquer à la composante dette et à la composante capitaux propres d'une obligation convertible en actions propres de l'émetteur ?

Réponse

1. La composante dette est comptabilisée selon les dispositions d'IFRS 9, c'est-à-dire en général au coût amorti, avec calcul d'un taux d'intérêt effectif (TIE) intégrant :
- les coupons d'intérêt ;
- la quote-part de frais d'émission lui revenant ; et
- la valeur de remboursement (nominal et prime de remboursement le cas échéant).

La valeur au bilan de la composante dette est ainsi progressivement augmentée (« accrued ») pour finalement reconstituer à l'échéance sa valeur de remboursement (méthode dite « du taux d'intérêt effectif »).

2. La composante capitaux propres est maintenue à son coût d'entrée (pas de réévaluation ultérieure).

La qualification des composantes en tant que dette et instrument de capitaux propres n'a pas à être révisée ultérieurement, suite par exemple à un changement dans la probabilité de conversion.

La norme IAS 32 prévoit toutefois des dispositions particulières en cas de révision des termes contractuels de l'obligation ayant notamment pour effet de provoquer une conversion anticipée, voir n° 44505.

Commentaires Les règles de comptabilisation sont les suivantes :

1. **Composante dette (instrument hôte)** La composante dette est comptabilisée selon les dispositions d'IFRS 9, c'est-à-dire généralement au coût amorti, avec calcul d'un taux d'intérêt effectif (TIE) tenant compte des éléments ou flux suivants :

a. **coupon d'intérêt contractuel** versé par l'obligation convertible ;

b. **quote-part des frais d'émission** ;

c. **valeur de remboursement** (nominal + prime de remboursement) remboursée à l'échéance ou à une date antérieure, soit lors d'une conversion (la conversion étant alors considérée comme un simple moyen de paiement), soit parce qu'il existe des options de remboursement/rachat anticipé qui n'ont pas fait l'objet d'une comptabilisation séparée.

Sur le traitement des options de remboursement/rachat anticipé (call émetteur ou put investisseurs), voir n° 44490.

Lorsque la date de conversion n'est pas fixe et/ou lorsqu'il existe des options de remboursement/rachat anticipé qui ne donnent pas elles-mêmes lieu à comptabilisation séparée (voir n° 44485), l'émetteur doit estimer la durée de vie probable des obligations convertibles pour pouvoir projeter les différents flux concernés et calculer le TIE de la composante dette.

Deux méthodes peuvent alors être retenues pour estimer cette durée de vie :
- la méthode dite de la valeur attendue (« expected value ») ;
- la durée la plus probable.

A chacun des arrêtés successifs, la valeur au bilan de la composante dette (79,6 dans l'exemple précité, voir n° 44470) est ainsi augmentée (« accrued ») des primes de remboursement (contractuelles et issues de la décomposition initiale) et des frais d'émission pour finalement reconstituer à l'échéance sa valeur de remboursement (104 dans l'exemple précité, voir n° 44470). Il s'agit de l'application de la méthode dite « du taux d'intérêt effectif » (IFRS 9.A).

Décision de l'ESMA Le CESR (devenu l'ESMA) s'est prononcé sur le traitement comptable d'une émission d'actions de préférence à dividende cumulatif convertibles (Convertible Cumulative Preference Shares/CCPS). Un dividende de 6 % étant dû dès lors qu'il existe un résultat distribuable, l'instrument est composé d'une composante dette (valeur actualisée au taux du marché d'une série de dividendes de 6 % net d'impôt versés à l'infini) et d'une composante capitaux propres (option de conversion en actions ordinaires). Le CESR a précisé que, pour déterminer le montant de la composante dette (y compris donc les intérêts courus) à la date de clôture, le calcul du TIE devait prendre en compte tous les éléments disponibles y compris une éventuelle période de non-distribution de dividendes (« **dividend holiday** ») dont l'impact est à étaler sur la période de désactualisation globale considérée (EECS/0111-05, 03/11).

2. **Composante capitaux propres** La composante capitaux propres reste figée à sa valeur initiale d'entrée, sans jamais être réévaluée.

3. **Interdiction de réviser la qualification initiale des deux composantes** Selon IAS 32.30, le classement des éléments de passif et de capitaux propres d'un instrument convertible n'est pas revu du fait de l'évolution de la probabilité d'exercice de l'option de conversion, même si la levée de l'option peut apparaître comme économiquement avantageuse pour certains porteurs.

En effet, il se peut que les porteurs n'agissent pas toujours comme prévu parce que, par exemple, les conséquences fiscales de la conversion peuvent varier d'un porteur à l'autre. De plus, la probabilité de conversion évoluera dans le temps.

L'obligation contractuelle de l'entité de pourvoir aux paiements futurs demeure jusqu'à ce qu'elle s'éteigne à travers la conversion, l'échéance de l'instrument ou toute autre transaction (IAS 32.30).

4. **Dispositions particulières en cas de révision des termes du contrat avec pour effet de provoquer une conversion anticipée** En revanche, il n'en est pas de même si les termes contractuels de l'obligation convertible sont révisés avec pour objectif d'obtenir une conversion anticipée, en offrant par exemple un rapport de conversion plus favorable ou en payant une soulte en cas de conversion avant une date déterminée. Dans ce cas, IAS 32.AG35 prévoit des dispositions spécifiques. La norme requiert ainsi de comptabiliser en perte au compte de résultat la différence, calculée à la date de révision du contrat, entre :
- la juste valeur de la contrepartie reçue par le porteur lors de la conversion de l'instrument selon les termes modifiés ; et
- la juste valeur de la contrepartie que le porteur aurait reçue sur la base des termes initiaux de ce même contrat.

La norme donne un exemple chiffré d'application de ces dispositions (IAS 32.IE47 s. Exemple 12 « Révision des termes du contrat d'une obligation convertible pour provoquer une conversion anticipée »).

Durée de vie de la composante dette d'une obligation convertible : calcul du TIE

44485 ***Question***

Sur quelle durée de vie (contractuelle ou estimée) calculer le TIE de la composante dette d'une obligation convertible ?

Réponse

Deux possibilités :
- sur la durée de vie contractuelle de remboursement de l'obligation convertible, si l'option de conversion est qualifiée d'instrument de capitaux propres et si l'obligation n'est ni « callable » ni « puttable » (sur ces notions, voir n° 44490) ; ou
- sur la durée de vie s'écoulant jusqu'à la date estimée de conversion, si l'option de conversion est qualifiée de dérivé passif et/ou si l'obligation convertible est « callable » ou « puttable ».

Commentaires :

1. **Contexte** Les contrats d'obligations convertibles en actions (OCA) offrent souvent plusieurs dates de conversion possibles :
- soit parce que l'option de conversion est dite « à l'américaine » et permet une conversion à tout moment tout au long de la durée de vie de l'instrument ;
- soit parce qu'il existe plusieurs dates ou fenêtres de conversion.

Sans savoir avec certitude si l'obligation sera convertie et à quelle date, le cas échéant, l'émetteur doit néanmoins déterminer la durée de vie de la composante dette pour être en mesure d'étaler (via le calcul de son taux d'intérêt effectif/TIE) les primes de remboursement contractuelles et/ou issues de la décomposition de l'instrument et la quote-part rattachable des frais d'émission. Il en est de même en ce qui concerne l'amortissement des impôts différés rattachés à cette composante (voir n° 44480).

2. Estimation de la durée de vie de la composante dette A notre avis, l'approche varie selon les caractéristiques de l'obligation convertible.

a. Durée de vie contractuelle L'émetteur devrait retenir la durée de vie contractuelle lorsqu'il s'agit :

– d'un instrument composé (« compound instrument »), c'est-à-dire dont la composante actions répond à la qualification d'un instrument de capitaux propres selon la norme IAS 32 (voir nº 44390) ;

Rappelons que lorsqu'il s'agit d'un instrument composé, l'entreprise émettrice évalue d'abord la composante dette puis, par différence, la composante capitaux propres.

– qui n'est ni « callable » ni « puttable », c'est-à-dire qui ne peut pas être rachetée/remboursée avant sa date d'échéance finale.

Pour les obligations « callable » ou « puttable », voir nº 44490.

Dans ce cas et par référence à IAS 32.IE34 à .IE36 (exemple illustratif 9, « Séparation d'un instrument composé lors de sa comptabilisation initiale »), la durée de vie à retenir pour la composante dette est la durée de vie contractuelle de l'obligation convertible.

Remarque L'exemple traite du cas d'une obligation convertible à tout moment avec une durée de vie contractuelle de 3 ans. Selon la solution de l'exemple, la juste valeur de la composante dette se détermine par actualisation du flux de capital remboursable au bout de 3 ans, ainsi que des trois flux contractuels annuels de paiement des intérêts. La possibilité de conversion avant la date d'échéance finale de l'instrument n'est pas prise en compte, car considérée comme faisant partie de la composante capitaux propres (option de conversion) et non pas de la composante dette. En conséquence :

– la durée de vie de la composante dette est déterminée sans tenir compte d'une conversion possible avant la date d'échéance finale ; et

– les flux de trésorerie utilisés pour le calcul du taux d'intérêt effectif (TIE) de cette composante sont ceux basés sur la date d'échéance contractuelle de l'instrument.

b. Date estimée de conversion et/ou de rachat/remboursement L'émetteur devrait au contraire retenir la date estimée à laquelle il prévoit que la conversion et/ou le rachat/remboursement de l'instrument aura lieu, dans les cas suivants :

– l'option de conversion ne répond pas à la définition d'un instrument de capitaux propres ;

– ou l'obligation convertible est « callable » ou « puttable ».

Remarques :

1. Lorsque l'option de conversion ne répond pas aux critères de qualification d'un instrument de capitaux propres, l'obligation convertible est comptabilisée comme un instrument hybride (sur la différence entre un instrument hybride et un instrument composé, voir nº 44395).
Dans ce cas, l'émetteur détermine d'abord la juste valeur du dérivé incorporé, puis en déduit par différence le montant de la composante dette.
Calculer le TIE sur une durée de vie contractuelle de, par exemple, 10 ans, alors que la décote issue du « split accounting » a été déterminée avec une hypothèse de conversion à 3 ans, pourrait dans certains cas conduire à un TIE négatif. D'où la nécessité de retenir la date estimée de conversion et non pas la date contractuelle.
2. Lorsque l'obligation convertible est « callable » ou « puttable », c'est-à-dire qu'elle peut être rachetée ou remboursée par anticipation à la demande de l'émetteur ou du porteur, cette caractéristique doit être rattachée à la composante dette (contrat hôte) selon IAS 32.31 (voir nº 44490).
Ce qui entraîne l'obligation – lorsque ce facteur ne donne pas lieu à comptabilisation d'un dérivé incorporé séparé – de retenir la durée de vie estimée et non pas contractuelle.

Pour le traitement comptable applicable à une obligation convertible lorsque la conversion intervient plus tôt que prévu, voir nº 44500.

Remarque Pour estimer la durée de vie probable d'une obligation convertible lorsque la date de conversion et/ou de remboursement/rachat anticipé n'est pas fixe et doit être prise en compte dans le TIE de la composante dette, deux méthodes peuvent, à notre avis, être retenues :

– la méthode dite de la durée de vie attendue (« expected maturity date ») ; ou

– la durée que l'entreprise estime être la plus probable.

Options de remboursement anticipé (call émetteur, put investisseur)

Question 44490

Comment traite-t-on les options de remboursement (ou de rachat) anticipé (call émetteur, put investisseur) ?

44490 (suite)

Réponse

Ces options doivent être attribuées à la composante dette lors de l'évaluation initiale des deux composantes dettes et capitaux propres.

En général, elles ne donnent pas lieu à une comptabilisation séparée de l'instrument hôte (composante dette), mais doivent être prises en compte dans l'estimation de la durée de vie de ce dernier.

Commentaires :

1. **Caractéristique de ces options** L'émetteur peut avoir accordé (vendu) une option de vente (un put) au porteur de l'obligation convertible permettant à ce dernier d'en demander le remboursement anticipé à tout moment ou à certaines dates préfixées (il s'agit alors d'une obligation dite « puttable »). Au contraire, l'émetteur peut s'être gardé le droit de racheter ou de rembourser de manière anticipée (achat d'un call) à tout moment ou à certaines dates préfixées l'obligation convertible (il s'agit alors d'une obligation dite « callable »).

2. **Evaluation des différentes composantes (rattachement obligatoire à la composante dette)** Selon IAS 32.31, tout produit dérivé incorporé dans l'obligation convertible autre que l'option de conversion elle-même doit être rattaché à la composante dette, lors de l'évaluation initiale des différentes composantes.

Voir Exemple ci-après.

3. **Comptabilisation séparée** Une option de remboursement anticipé incorporée dans un contrat d'obligation convertible est considérée comme étroitement liée au contrat hôte (l'instrument de dettes) et n'a pas à faire l'objet d'une comptabilisation séparée dès lors que le prix d'exercice de l'option est approximativement égal au coût amorti de l'instrument d'emprunt pris dans son ensemble (IFRS 9.B4.3.5e) à la date d'exercice.

En général, lorsque l'obligation convertible est dite « callable », c'est-à-dire que l'émetteur peut à tout moment ou à chaque date de détachement d'un coupon exiger son remboursement, le contrat prévoit que la prime de remboursement contractuelle (lorsqu'elle existe) soit versée pour la quote-part correspondant au temps écoulé depuis la date d'émission.

En conséquence, et sous réserve que les frais d'émission ne soient pas trop importants, on considère en général que l'obligation est remboursable pour un prix d'exercice pratiquement équivalent à son coût amorti. L'option de remboursement anticipé incorporée n'a alors pas à faire l'objet d'une comptabilisation séparée.

Exemple Une obligation convertible d'un nominal 100 est remboursable pour 100 en cas de changement de contrôle. La composante capitaux propres (l'option de conversion) est estimée à 20. Si le prix d'exercice du put (100) était comparé au coût amorti du contrat de dette hôte (80), le put devrait être comptabilisé de manière séparée.
La précision apportée par IFRS 9.B4.3.5e évite d'avoir à le faire, en comparant le prix d'exercice du put (100) au coût amorti global de l'obligation convertible (100).

4. **Impact sur le calcul du TIE** L'existence d'un possible remboursement anticipé à la demande de l'émetteur ou à la demande du porteur, si elle ne donne pas lieu à la comptabilisation séparée d'un produit dérivé (option achetée ou vendue), a toutefois un impact sur le calcul du taux d'intérêt effectif (TIE). Dans ce cas en effet, l'émetteur doit estimer la durée de vie de l'obligation convertible pour être en mesure de projeter les flux correspondants de la composante dette et en déduire son TIE.

Rappel Il existe, à notre avis, deux méthodes pour estimer cette durée de vie :
- la méthode dite de la valeur attendue (« expected value ») ;
- la durée la plus probable.

■ ***Exemple***

(repris d'IAS 32.IE38) Une obligation convertible remboursable de manière anticipée par l'émetteur (« callable ») est émise pour 60 (dans la monnaie fonctionnelle de l'émetteur). La valeur d'une obligation similaire mais sans option de conversion ni option de remboursement anticipé par l'émetteur vaut 57. Sur la base d'un modèle d'évaluation des options, la valeur d'une option de rachat d'une obligation équivalente mais sans option de conversion s'élève à 2.

Solution de l'exemple *La décomposition s'effectue de la manière suivante :*
– valeur de la composante dette de l'obligation convertible selon l'approche d'IAS 32.31 : 55 correspondant à 57 (composante dette nue sans option) moins 2 (option de remboursement anticipé) ;

- valeur de la composante capitaux propres (option de conversion vendue) : 5 calculée par différence entre 60 (obligation convertible) et 55 (composante dette, y compris l'option de remboursement anticipé).

Remarque *Du point de vue du porteur, une obligation à taux fixe avec option de remboursement anticipé (« callable ») vaut moins cher qu'une obligation équivalente mais sans possibilité de remboursement anticipé. Dans le premier cas, en effet, il y a un possible manque à gagner en cas de hausse des taux d'intérêt.*

3. Traitement comptable lors de la conversion

Principes généraux de traitement comptable d'une obligation convertible lors de la conversion

Question 44495

Quel est le traitement comptable d'une obligation convertible lors de sa conversion ?

Réponse

A l'échéance, lors de la conversion de l'obligation convertible :
- la valeur au bilan de la composante dette est soldée par contrepartie des capitaux propres ;
- la composante capitaux propres reste comptabilisée en capitaux propres ; et
- aucun profit ou perte n'est généré.

Commentaires :

1. **Principe général (rappel)** Selon IAS 32.AG32, lors de la conversion à l'échéance d'un instrument convertible, l'entité décomptabilise la composante dette et la comptabilise en capitaux propres. La composante capitaux propres initiale reste comptabilisée en capitaux propres (bien qu'elle puisse être transférée d'un poste à un autre). Aucun profit ni perte n'est généré lors de la conversion à l'échéance.

2. **Application pratique** Lors de la conversion à l'échéance d'une obligation convertible, la valeur au bilan de la composante dette (après avoir été progressivement augmentée des primes de remboursement contractuelles et/ou issues de la décomposition initiale et des frais d'émission pour finalement reconstituer sa valeur de remboursement, voir n° 44480) est considérée comme la contrepartie reçue en échange des actions nouvelles émises. Elle constitue en fait le moyen de paiement desdites actions.

Cette valeur au bilan est alors soldée par contrepartie des capitaux propres. La composante capitaux propres initialement comptabilisée en capitaux propres et représentative de la prime vendue de l'option de conversion est définitivement acquise à l'émetteur et reste comptabilisée en capitaux propres. A l'échéance, la conversion ne génère donc aucun profit ni aucune perte.

Sur l'approche à retenir en cas de conversion à une date différente de celle initialement prévue, voir n° 44500.

■ ***Exemple***

(reprise de l'exemple donné au n° 44470) A l'échéance, la valeur au bilan de la composante dette s'élève à 104 après réescompte de la prime de remboursement [contractuelle (4) et issue de la décomposition initiale (20)] et de la quote-part affectable à la composante dette des frais d'émission (0,4). Lors de la conversion, cette valeur reconstituée de 104 est virée en capitaux propres.

Le montant de 19,9 (prime de 20 de l'option de conversion diminuée de la quote-part correspondante des frais d'émission de 0,1) initialement comptabilisée en capitaux propres reste comptabilisé en capitaux propres. Une action nouvelle est émise. L'opération ne fait apparaître aucune perte ni aucun profit en résultat.

Conversion d'une OCA intervenant plus tôt que prévu

Question 44500

Quel traitement comptable appliquer à une obligation convertible lorsque la conversion intervient plus tôt que prévu ?

Réponse

Le traitement comptable applicable à l'obligation convertible (y compris le reliquat non amorti des primes de remboursement, frais d'émission et impôts différés) peut varier en fonction des caractéristiques de cette obligation, à savoir, instrument composé ou hybride, étant (ou non) « callable » ou « puttable » (voir n° 44485).

Pour toutes les obligations convertibles, la valeur nette comptable de la composante dette est virée en capitaux propres pour son montant au bilan à la date de conversion.

Pour les obligations dont l'option de conversion est qualifiée de dérivé passif uniquement, la conversion peut également être traitée comme un règlement en trésorerie pour un montant équivalent à la juste valeur des actions. Dans ce cas, toute différence entre la juste valeur des actions émises à la date de conversion et le montant cumulé de la valeur comptable du contrat hôte et du dérivé est alors comptabilisée en résultat.

Commentaires :

1. **Rappel** Les contrats d'obligations convertibles comportent souvent plusieurs dates de conversion possibles (soit parce que l'option est à l'américaine, soit parce qu'elle offre plusieurs dates ou fenêtres de conversion possible).

Pour la détermination du TIE du contrat hôte (composante dette), l'émetteur a dû retenir, en fonction des caractéristiques de l'obligation convertible (voir n° 44485) :

– soit la **date contractuelle de remboursement** de l'obligation. Cette méthode s'applique lorsque la composante actions de l'obligation convertible répond à la définition d'un instrument de capitaux propres et que l'obligation convertible (alors qualifiée d'instrument composé ou « compound instrument ») n'est ni « callable » ni « puttable » ;

Sur la définition de ces deux termes, voir n° 44490.

– soit la **date estimée de** la **conversion** et/ou du **remboursement/rachat** si l'option de conversion est qualifiée de dérivé passif (l'obligation convertible est alors qualifiée d'instrument hybride) ou lorsque l'obligation convertible est « callable » ou « puttable ».

2. **Date de conversion différente de celle initialement estimée** La norme IAS 32 ne traite pas spécifiquement du cas de la conversion d'une obligation convertible à une date antérieure à celle initialement prévue. Ainsi, à notre avis, lorsque la conversion s'effectue à une date antérieure ou différente de celle initialement prévue, le traitement varie également selon les caractéristiques de l'obligation convertible :

a. **1er traitement possible quelles que soient les caractéristiques de l'option de conversion** En application d'IAS 32.AG32, la valeur nette comptable de la composante dette (y compris le reliquat non amorti des primes et frais d'émission) est intégralement virée en capitaux propres pour son montant au bilan à la date de conversion (application du principe « ni perte ni profit » comptabilisés lors d'une conversion).

b. **2e traitement possible (pour les obligations dont l'option de conversion est qualifiée de dérivé passif uniquement)** Dans ce cas et par analogie au traitement de la restructuration d'une dette par conversion en actions de l'émetteur (IFRIC 19 ; voir n° 48280), l'augmentation de la composante capitaux propres est évaluée à la juste valeur des actions émises et toute différence entre la juste valeur des actions émises à la date de conversion et le montant cumulé de la valeur comptable du contrat hôte et du dérivé est comptabilisée en résultat. Ainsi la conversion est traitée comme un règlement en trésorerie pour un montant équivalent à la juste valeur des actions.

Cette méthode est reprise par analogie à celle d'IFRIC 19, même si les obligations convertibles sont exclues de son champ d'application.

Conversion accélérée d'une OCA résultant de la modification des termes du contrat

44505 ***Question***

Comment comptabiliser la conversion accélérée d'une obligation due à la modification contractuelle de ses conditions de conversion ?

Réponse

L'opération donne lieu à la comptabilisation d'une perte en résultat.

Le montant de cette perte est égal à la différence entre :
- la juste valeur du nombre d'actions reçues par les porteurs après modification des clauses contractuelles de l'obligation ; et
- la juste valeur du nombre d'actions qu'auraient reçues les porteurs selon les clauses initiales du contrat.

Commentaires :

1. **Contexte** Une entité qui a émis une obligation convertible peut modifier les termes de cet instrument de manière à susciter de la part des porteurs une conversion anticipée.

Elle peut, par exemple, modifier la parité de conversion en offrant un rapport de conversion plus favorable que celui initialement prévu au contrat ou octroyer le paiement d'une soulte complémentaire si les porteurs viennent à la conversion avant une certaine date (IAS 32.AG35).

2. **Traitement comptable de l'opération** Selon IAS 32.AG35, l'approche est la suivante :

a. **Evaluation de l'incidence due à la modification du contrat** Le calcul de l'impact (effet des modifications contractuelles apportées aux conditions de conversion de l'obligation convertible) est déterminé de la manière suivante, comme étant la différence entre :
- la juste valeur de la contrepartie reçue par le porteur lors de la conversion de l'instrument selon les termes modifiés ; et
- la juste valeur de la contrepartie que le porteur aurait reçue selon les termes initiaux du contrat.

b. **Comptabilisation de l'écart** Le montant de la contrepartie (supplémentaire différentielle) accordée aux porteurs est comptabilisé en perte au compte de résultat (IAS 32.AG35).

■ *Exemple*

(IAS 32.IE47 à .IE49) Le 1/01/N, une entité A émet une obligation convertible d'un montant nominal de 1 000 €, d'une durée de vie de 10 ans et porteuse d'un coupon à taux fixe de 10 %. L'obligation peut être convertie en actions de la société A au prix de conversion de 25 € l'action.

Le 1/01/N+1, pour accélérer la conversion, l'entité A réduit le prix de conversion à 20 € l'action pour ceux des porteurs qui convertiraient avant le 1/03/N+1 (ouvrant une fenêtre de conversion anticipée de 2 mois).

A la date de modification des clauses contractuelles de l'obligation, le prix de marché des actions de la société A s'établit à 40 €.

Solution de l'exemple *La juste valeur de l'impact correspondant à la réduction du prix de conversion est déterminée de la manière suivante :*
- nombre d'actions à émettre après la modification contractuelle des clauses de l'obligation convertible : 50 (1 000/20) ;
- nombre d'actions qui auraient dû être émises selon les clauses contractuelles initiales de l'obligation : 40 (1 000/25) ;
- nombre d'actions complémentaires à émettre : 10 (50 – 40) ;
- juste valeur du « cadeau » (contrepartie supplémentaire différentielle) octroyé pour forcer la conversion : 400 (10 actions × 40 €).

Les 400 sont comptabilisés en perte au compte de résultat (IAS 32.IE50).

4. Rachat ou remboursement anticipé

Rachat d'une obligation convertible en actions à sa juste valeur

Question 44508

Quel traitement comptable appliquer lorsqu'une obligation convertible en actions dont l'option de conversion est un instrument de capitaux propres (i.e. lorsqu'il est prévu que la conversion se fasse par la remise d'un nombre fixe d'instruments de capitaux propres de l'émetteur) est rachetée à sa juste valeur avant son échéance ?

44508 (suite)

Réponse

Le prix de rachat, correspondant à la juste valeur des obligations convertibles, doit être réparti entre la composante dette et la composante capitaux propres selon la même méthodologie que celle retenue pour le « split accounting » réalisé lors de la comptabilisation initiale.

Pour la méthodologie du « split accounting », voir nº 44470.

La composante dette de l'obligation convertible, comptabilisée au coût amorti chez l'émetteur, est éteinte en contrepartie de la quote-part du prix de rachat (trésorerie) correspondant à sa juste valeur. La différence entre le coût amorti et la juste valeur à la date de rachat constitue une charge ou un produit financier comptabilisé immédiatement au compte de résultat.

La quote-part du prix de rachat correspondant à la juste valeur de la composante capitaux propres est comptabilisée en capitaux propres.

Commentaires :

1. **Contexte** Une entité qui a émis une obligation convertible peut racheter auprès de l'investisseur les obligations non encore converties pour un montant correspondant à leur juste valeur.

2. **Traitement comptable de l'opération** A notre avis, l'approche est la suivante pour les obligations convertibles dont l'option de conversion est un instrument de capitaux propres :

Rappel Une obligation convertible par le porteur en un nombre fixe d'actions ordinaires de l'entité est un instrument composé comprenant un passif financier (composante dette) et un instrument de capitaux propres, voir nº 44450.

a. **Répartition du prix de rachat entre la juste valeur de la composante dette et la juste valeur de la composante capitaux propres** Le prix de rachat, correspondant à la juste valeur des obligations rachetées, doit être réparti entre les deux composantes des obligations convertibles. Cette répartition se fait selon la même méthodologie que celle retenue pour le « split accounting » réalisé lors de la comptabilisation initiale.

Pour la comptabilisation initiale (« split accounting »), voir nº 44470.

La juste valeur de la composante dette est évaluée en priorité en actualisant les flux de trésorerie futurs (coupons et valeur de remboursement) sur la base du taux de marché d'une dette équivalente, dont l'échéance correspond à la durée contractuelle restante de l'obligation à éteindre, mais ne contenant pas d'option de conversion.

La juste valeur de la composante capitaux propres est ensuite calculée par différence entre le prix de rachat de l'obligation convertible et la juste valeur de la composante dette précitée.

Enfin, les frais de rachat sont répartis entre les deux composantes au prorata de leurs valeurs respectives.

b. **Extinction de la composante dette** La composante dette de l'obligation convertible, comptabilisée au coût amorti chez l'émetteur, est éteinte en contrepartie de la quote-part du prix de rachat correspondant à sa juste valeur comme déterminée au point a. ci-avant. La différence entre le coût amorti de la composante dette à la date de rachat et sa juste valeur (y compris le prorata des frais d'émissions) est comptabilisée immédiatement au compte de résultat.

Impact en capitaux propres La quote-part du prix de rachat correspondant à la juste valeur des capitaux propres est comptabilisée en contrepartie des capitaux propres.

■ ***Exemple***

Le 1/01/N, une entité A émet une obligation convertible en actions propres dont les caractéristiques sont :

- *nominal (pair) : 100 (dans la monnaie fonctionnelle de l'émetteur) ;*
- *coupon : 6 % ;*
- *parité de conversion : 1 obligation contre 1 action ;*
- *maturité : 3 ans ;*
- *conversion possible avant chaque paiement de coupon.*

A l'issue de la 1e année, l'émetteur propose aux porteurs de racheter les obligations émises pour leur juste valeur de 105. A la date de rachat, le taux de marché d'une obligation non convertible d'une durée de deux ans est de 7 %.

Par ailleurs, l'émetteur supporte des frais de rachat des obligations pour 0,3.

A la date de remboursement, le coût amorti de la composante dette est de 95 et la valeur comptable de la composante capitaux propres, telle que déterminée en date de comptabilisation initiale, est de 7,5. Comment l'entité doit-elle comptabiliser l'opération de rachat anticipé des obligations ?

Solution de l'exemple *Le prix de rachat est réparti entre la composante dette et la composante capitaux propres selon la même méthodologie que celle retenue lors du « split accounting ». La juste valeur de la composante dette est d'abord évaluée en actualisant les flux de trésorerie résiduels (intérêts et capital) au taux d'intérêt du marché pour des obligations similaires n'ayant pas de droit de conversion, soit 7 % :*

– Juste valeur de la composante dette = 98

$$98 = \frac{6}{(1+i)} + \frac{106}{(1+i)^2}$$

$$i = 7\ \%$$

– Juste valeur de la composante capitaux propres : 105 – 98 = 7

– Répartition des frais d'émission : 0,27 (93 % × 0,3) pour la quote-part allouée à la composante dette et 0,03 (7 % × 0,3) pour la quote-part allouée à la composante capitaux propres.

Les écritures sont les suivantes :

– Extinction de la composante dette de l'obligation convertible :

CT	*Trésorerie (1)*		*98,27*
Dt	*Dettes (2)*	*95*	
Dt	*Charges financière liée au rachat des obligations (3)*	*3,27*	
(1) Juste valeur de la composante dette (98) + frais de rachat (0,27) (2) Coût amorti de la composante dette des obligations en date de rachat (3) Différence entre (1) et (2)			

– Impact en capitaux propres :

Dt	*Capitaux propres (1)*	*7,03*	
Ct	*Trésorerie*		*7,03*
(1) Juste valeur de la composante capitaux propres (7) + frais de rachat (0,03)			

B. Obligations remboursables en actions (ORA)

Analyse comptable d'une ORA avec une date de remboursement fixe

Question 44510

Comment analyse-t-on comptablement chez l'émetteur une obligation remboursable en actions (ORA) avec une date de remboursement fixe ?

Réponse

La comptabilisation d'une ORA dépend du caractère obligatoire ou non des intérêts ou coupons rattachés et du caractère fixe ou variable du nombre d'actions remis aux porteurs à l'échéance.

– Caractère obligatoire ou non des intérêts ou coupons rattachés à une ORA : des intérêts dont le versement n'est pas au gré de l'émetteur donnent nécessairement lieu à la comptabilisation d'une composante dette. A l'opposé, si le versement des intérêts est décidé par l'émetteur, l'ORA contient une composante capitaux propres.

– Caractère fixe ou variable du nombre d'actions remis aux porteurs à l'échéance : si le nombre d'actions remis aux porteurs à l'échéance est fixe, l'ORA contient une composante capitaux propres. Si le nombre d'actions remis aux porteurs à l'échéance est variable, l'ORA contient une composante dette.

Enfin, le remboursement en un nombre d'actions variable mais soumis à une limite maximum (cap) et/ou minimum (floor) conduit à qualifier l'ORA d'instrument hybride, comprenant une composante dette (contrat hôte) et un dérivé incorporé. Le contrat hôte est comptabilisé avec une prime ou une décote qui vient modifier son TIE. Le dérivé est comptabilisé à la juste valeur par résultat.

44510 (suite) Ainsi, en fonction de ses caractéristiques, une ORA peut être comptabilisée :
- en capitaux propres pour la totalité du montant de l'émission : intérêts discrétionnaires et parité de remboursement à l'échéance fixe ;
- en dettes pour la totalité du montant de l'émission : intérêts non discrétionnaires et parité de remboursement à l'échéance variable ;
- en partie en dettes et en partie en capitaux propres : intérêts non discrétionnaires et parité de remboursement à l'échéance fixe ou intérêts discrétionnaires et parité de remboursement à l'échéance variable. L'ORA est alors qualifiée d'instrument composé ;
- en partie en dettes, avec séparation (ou « bifurcation ») d'un dérivé incorporé, et en partie en capitaux propres : intérêts discrétionnaires et parité de remboursement à l'échéance variable, mais soumise à un cap et/ou à un floor ;
- en dettes, avec bifurcation d'un dérivé incorporé : intérêts non discrétionnaires et parité de remboursement à l'échéance variable, mais soumise à un cap et/ou à un floor.

Commentaires :

1. **Rappel** Les obligations remboursables en actions (ORA) sont des instruments dont le remboursement s'effectue par attribution d'actions de l'émetteur ; ce remboursement résulte d'un processus obligatoire qui n'est ni à l'initiative des porteurs ni à l'initiative de la société émettrice. Outre le remboursement du nominal, les ORA peuvent prévoir le versement obligatoire ou non obligatoire d'intérêts. Les caractéristiques contractuelles de l'ORA précisent les modalités de remboursement et notamment la parité de remboursement entre les titres obligataires et les actions remises aux porteurs.

2. **Analyse comptable** L'approche varie selon le caractère obligatoire ou non des intérêts et les modalités de remboursement de l'instrument :

a. Caractère discrétionnaire ou non des intérêts rattachés à l'ORA :

i. Intérêts obligatoires Si l'ORA prévoit le versement obligatoire d'intérêts, la société émettrice n'a pas la possibilité d'éviter un décaissement de trésorerie, en ce qui concerne la série de coupons d'intérêt versés aux porteurs. Dès lors, l'instrument comprend une composante dette, correspondant au montant actualisé de la série de coupons d'intérêt dus aux porteurs.

ii. Intérêts discrétionnaires Certaines ORA ne prévoient pas le paiement d'intérêts obligatoires ou prévoient le paiement d'intérêts uniquement quand des dividendes discrétionnaires sont décidés par l'émetteur. Dans ce cas, la série de coupons d'intérêts éventuellement versés aux porteurs constitue une composante capitaux propres.

Pour la distinction entre un instrument de capitaux propres et un instrument de dette, voir n° 44350.

b. Caractère fixe ou variable du nombre d'actions remis aux porteurs à l'échéance :

i. Remboursement effectué par la remise obligatoire d'un nombre fixe d'actions de la société émettrice Si le remboursement du nominal de l'ORA s'effectue par la remise d'un nombre fixe d'actions, la composante « nominal » de l'ORA répond à la définition d'un instrument de capitaux propres, conformément à IAS 32.16b.i (pour la définition d'un instrument de capitaux propres, voir n° 44180).

ii. Remboursement effectué autrement que par la remise d'un nombre fixe d'actions de la société émettrice Dans ce cas, le nominal de l'ORA est un instrument non dérivé pour lequel l'émetteur est tenu de livrer un nombre variable de ses instruments de capitaux propres. De ce fait, la composante « nominal » de l'ORA répond à la définition d'un passif financier donnée par IAS 32.11b.i. La comptabilisation de ce passif financier dépend de l'existence ou non de dispositions particulières relatives à une limite maximum (cap) et/ou minimum (floor) du nombre variable d'actions remis aux porteurs lors du remboursement de l'ORA.

Absence de dispositions particulières relatives à une limite maximum (cap) et/ou minimum (floor) du nombre variable d'actions remis La totalité de la composante « nominal » de l'ORA est comptabilisée en dettes.

Nombre d'actions remis soumis à une limite maximum (cap) et/ou minimum (floor) Dans certaines ORA, le nombre variable d'actions remis lors du remboursement est soumis à un maximum (cap) et/ou à un minimum (floor), si la juste valeur de l'action au moment du remboursement se situe au-dessus ou en dessous d'un certain niveau.

Exemple Une entité émet une ORA avec une échéance de remboursement fixe pour 1 000 €. A l'échéance, l'émetteur doit livrer un nombre variable de ses propres actions en remboursement du montant reçu lors de l'émission. Le nombre d'actions à livrer lors du remboursement doit être au minimum de 80 actions (floor) et est limité à 130 actions (cap).

A l'échéance de l'ORA, le nombre d'actions livré au porteur en remboursement dépendra de la juste valeur des actions de l'émetteur à cette date : 44510 (suite)

- si la juste valeur de l'action est inférieure à 7,7 €, l'émetteur ne livre que 130 actions aux porteurs ;
- si la juste valeur de l'action est supérieure à 12,5 €, l'émetteur livre 80 actions aux porteurs ;
- si la juste valeur de l'action est comprise entre 7,7 € et 12,5 €, l'émetteur livre un nombre d'actions dont la valeur au total (nombre d'actions livré × juste valeur de l'action) est égale à 1 000 €.

Dans ce cas, la composante « nominal » de l'ORA est comptabilisée comme un instrument hybride comprenant :

- une composante dette (contrat hôte), représentative de l'obligation de délivrer un nombre variable d'actions propres de l'émetteur (IAS 32.11b.i, sur la définition d'un passif financier) ; et
- un dérivé incorporé, au titre du cap et/ou du floor sur le nombre d'actions propres remis lors du remboursement.

Un cap sur le nombre d'actions livré lors du remboursement de l'ORA a pour objectif d'éviter une dilution excessive des actionnaires existants de l'émetteur. Un tel cap s'active lorsque la juste valeur des titres de l'émetteur descend en dessous d'un prix plancher. En effet, plus la juste valeur des actions de l'émetteur est faible, plus l'émetteur doit livrer d'actions en remboursement aux porteurs. Si la juste valeur des titres de l'émetteur descend en dessous du prix plancher, l'émetteur récupère la différence entre la juste valeur de ces titres et le prix plancher. Ainsi, un tel cap peut être vu comme étant une option de vente sur actions propres souscrite par l'émetteur, permettant à ce dernier de vendre le nombre d'actions défini par le cap au prix plancher et qui est réglée en autant d'actions propres de l'émetteur que la juste valeur du cap.

Suite de l'exemple A la date du remboursement, la juste valeur de l'action de l'émetteur est de 5 €. En l'absence du cap, l'émetteur devrait livrer 200 de ses actions aux porteurs (200 × 5 € = 1 000 €). Du fait du cap, il n'en livre que 130, soit 130 × 5 € = 650 €. Le gain de 70 actions correspondant à 350 € (la différence entre la valeur des actions livrées et la valeur des actions qui auraient dû être livrées) équivaut à l'exercice d'une option de vente de 130 actions au prix d'exercice de 7,7 € (130 × (7,7 € – 5 €) = 350 €).

A l'inverse, un floor sur le nombre d'actions livré lors du remboursement de l'ORA a pour objectif de garantir un nombre d'actions minimum à ses porteurs. Il s'active lorsque la juste valeur des titres de l'émetteur augmente au-dessus d'un prix maximum. En effet, plus la juste valeur des actions de l'émetteur est élevée, moins l'émetteur doit livrer d'actions aux porteurs lors du remboursement. Si la juste valeur des titres de l'émetteur augmente au-dessus du prix maximum, les porteurs récupèrent la différence entre la juste valeur de l'action au moment du remboursement et le prix maximum. Ainsi, un tel floor peut être vu comme étant une option d'achat des actions de l'émetteur vendue par ce dernier et bénéficiant aux porteurs de l'ORA ; cette option d'achat leur permettant d'acheter le nombre d'actions défini par le floor au prix maximum.

Suite de l'exemple Supposons qu'à la date du remboursement, la juste valeur de l'action de l'émetteur est de 15 €. En l'absence du floor, l'émetteur devrait livrer 67 de ses actions aux porteurs (67 × 15 € = 1 000 €). Du fait du floor, les porteurs de l'ORA en perçoivent 80, soit 80 × 15 € = 1 200 €. Pour l'émetteur, la perte de 200 € (la différence entre la valeur des actions qui auraient dû être livrées et la valeur des actions livrées) équivaut à l'exercice par les porteurs de l'ORA d'une option d'achat de 80 actions au prix d'exercice de 12,5 € (80 × (15 € – 12,5 €) = 200 €).

Le cap (option de vente souscrite par l'émetteur de l'ORA) et/ou le floor (option d'achat vendue par l'émetteur de l'ORA) font l'objet d'un règlement net en actions, puisque leur exercice vient diminuer ou augmenter le nombre d'actions livrées aux porteurs lors du remboursement de l'ORA.

Le cap et/ou le floor portent sur un nombre variable d'actions de l'émetteur et sont donc bien des dérivés entrant dans le champ d'application d'IFRS 9.

La valeur du cap et/ou du floor varie en fonction de la juste valeur du titre de l'émetteur (sous-jacent du cap et/ou du floor). Ce sous-jacent n'est pas étroitement lié aux caractéristiques de l'instrument hôte.

Ainsi, le cap et/ou le floor sont bien des dérivés incorporés au sens d'IFRS 9.4.3.1 (voir nº 48640 et 48650).

Pour les ORA présentant à la fois un cap et un floor sur le nombre d'actions remis lors du remboursement, le cap et le floor sont traités comme un dérivé incorporé composé unique, puisqu'ils se rapportent à une même exposition au risque (variation de la juste valeur de l'action propre de l'émetteur) (IFRS 9.B4.3.4).

Au total, c'est donc bien la totalité de la composante « nominal » de l'ORA qui est comptabilisée à l'actif et/ou au passif du bilan de l'émetteur, une partie sous forme d'emprunt (contrat hôte) et l'autre sous forme d'un dérivé.

3. Récapitulatif des différentes possibilités d'analyse comptable d'une ORA ayant une échéance obligatoire de remboursement et ne présentant pas de date optionnelle de règlement au gré de l'émetteur ou au gré des porteurs.

44510 (suite)

Caractère fixe ou variable de la parité de remboursement / Caractère discrétionnaire des intérêts de l'ORA	Parité de remboursement fixe	Parité de remboursement variable, non soumise à un cap, ni à un floor	Parité de remboursement variable, soumise à un cap et/ou à un floor sur le nombre d'actions livré en remboursement
Intérêts discrétionnaires au gré de l'émetteur	La totalité de l'ORA est comptabilisée en capitaux propres.	L'ORA est un instrument composé, contenant à la fois une composante dette (au titre du remboursement du nominal en un nombre variable d'actions propres) et une composante capitaux propres (au titre des intérêts discrétionnaires).	L'ORA est un instrument composé, contenant à la fois une composante dette (au titre du remboursement du nominal en un nombre variable d'actions propres) et une composante capitaux propres (au titre des intérêts discrétionnaires). Le cap et/ou le floor est un dérivé incorporé qui doit être bifurqué de la composante dette et comptabilisé séparément, sauf à appliquer l'option juste valeur à l'ensemble de la composante dette de l'ORA (voir n° 46030).
Intérêts obligatoires	L'ORA est un instrument composé, contenant à la fois une composante dette (au titre des intérêts obligatoires) et une composante capitaux propres (au titre du remboursement du nominal en un nombre fixe d'actions propres).	La totalité de l'ORA est comptabilisée en dettes.	La totalité de l'ORA est comptabilisée en dettes. Le cap et/ou le floor est un dérivé incorporé qui doit être bifurqué de la dette et comptabilisé séparément, sauf à appliquer l'option juste valeur à l'ensemble de l'ORA (voir n° 46030).

Pour les modalités de comptabilisation d'un instrument composé et d'un instrument hybride, voir n° 44395.

SECTION IV

Instruments remboursables au gré du porteur ou en cas de liquidation

Remarque préliminaire

44520 **Terminologie** L'amendement d'IAS 32 « Puttable instruments and obligations arising on liquidation » (février 2008) a introduit une distinction entre deux catégories d'instruments :

- ceux remboursables au gré du porteur (tout au long de leur vie) ; et
- les obligations survenant en cas de liquidation.

Par simplification, nous utilisons le terme « instruments remboursables » lorsque, de manière générique, nous traitons des deux catégories d'instruments précitées. En revanche, nous utilisons alternativement « obligations en cas de liquidation » ou « instruments remboursables en cas de liquidation » pour la deuxième catégorie d'instruments.

Pour plus de précisions sur les deux catégories d'instruments visées par l'amendement, voir n° 44540.

Rappel sur l'objectif de l'amendement d'IAS 32 de février 2008 – Introduction de deux exceptions ayant un champ d'application limité L'objectif de l'amendement est, avec un champ d'application limité, d'améliorer la comptabilisation de (deux) catégories particulières d'instruments financiers qui répondent à la définition d'un passif financier mais sont aussi porteurs d'un droit à l'actif net résiduel de l'entreprise.

L'amendement vise à ce que les instruments remboursables au gré du porteur (ou en cas de liquidation) mais qui représentent un intérêt résiduel dans l'actif net de l'émetteur soient classés en capitaux propres, dès lors qu'ils remplissent certaines conditions. L'amendement introduit une exception limitée à la définition d'un passif financier et constitue une solution provisoire, en attendant la finalisation du projet à long terme « FICE » (IAS 32.BC55 ; voir nº 44100).

Citant le cas des « partnerships », des entreprises à durée de vie limitée et des coopératives, le Board estime que ces instruments – qui sont largement équivalents à des actions ordinaires – doivent pouvoir être classés en capitaux propres (IAS 32.BC70).

A. Définition

Définition générale d'un instrument remboursable au gré du porteur (« puttable instrument »)

Question 44525

Qu'est-ce qu'un instrument remboursable au gré du porteur (« puttable instrument ») ?

Réponse

Tout instrument remboursable en trésorerie ou en un autre instrument financier, à la demande (au gré) du porteur, y compris lorsque :

- le remboursement est déterminé sur la base d'un indice ou d'un autre élément qui peut potentiellement augmenter ou diminuer ; ou
- ce remboursement représente une quote-part de l'actif net de l'entité.

Ce type d'instrument est qualifié de dettes selon la norme IAS 32, exception faite toutefois de certains instruments remboursables au gré du porteur ou en cas de liquidation (lorsque cette dernière est certaine et hors du contrôle de l'émetteur ou incertaine mais au gré du porteur), qui donnent droit à une quote-part proportionnelle de l'actif net de l'entité en cas de liquidation (voir nº 44520) et qui sont qualifiés d'instruments de capitaux propres lorsqu'ils remplissent certaines conditions (voir nº 44535).

Commentaires :

1. **Principe général** Un « instrument remboursable au gré du porteur » est un instrument financier qui confère à son détenteur le droit de le restituer à l'émetteur contre de la trésorerie ou un autre actif financier. Ce type d'instrument est considéré comme un passif financier et non pas comme un instrument de capitaux propres, même lorsque (IAS 32.18b) :
- le montant de trésorerie ou d'autres actifs financiers est déterminé d'après un indice ou un autre élément susceptible d'augmenter ou de diminuer ; ou
- la forme juridique de l'instrument confère à son porteur un droit à une participation résiduelle dans les actifs de l'émetteur.

L'existence d'une option permettant au porteur de restituer l'instrument à l'émetteur contre de la trésorerie ou un autre instrument financier signifie que l'instrument « remboursable au gré du porteur » répond à la définition d'un passif financier (IAS 32.18b) et non pas à celle d'un instrument de capitaux propres. Le classement en dettes est indépendant de considérations telles que la date d'exercice du droit à remboursement, la manière dont est déterminé le montant à rembourser et si l'instrument possède ou non une date de maturité (IAS 32.BC7).

Dans ce cas, en effet, l'entité ne dispose pas d'un droit inconditionnel de se soustraire à la remise de trésorerie ou d'un autre actif financier (IAS 32.17 et .19).

2. **Exceptions** Deux exceptions sont prévues par la norme, dès lors que certaines conditions restrictives sont remplies, concernant :

a. **les instruments remboursables au gré du porteur tout au long de leur vie** définis comme des instruments qui comprennent l'obligation contractuelle pour l'émetteur de les racheter ou rembourser par la remise d'un montant de trésorerie ou de tout autre actif financier si l'option de vente (put) est exercée (IAS 32.16A).

Remarque Le facteur « remboursable » existe tout au long de la vie de l'instrument.

b. les obligations survenant en cas de liquidation définies comme des instruments qui comprennent l'obligation contractuelle pour l'émetteur de remettre à une autre partie une quote-part proportionnelle de son actif net en cas de liquidation. L'obligation existe car (IAS 32.16C) :
- la liquidation est certaine et hors du contrôle de l'émetteur (par exemple, pour une entreprise ayant une durée de vie finie) ; ou
- la liquidation est incertaine mais à l'option du souscripteur (par exemple, décès ou départ à la retraite d'un associé dans un « partnership »).

Remarque Dans ce cas, le facteur « remboursable » n'existe qu'en cas de liquidation.

Sous réserve de remplir certaines conditions, dont notamment le fait de donner droit à une quote-part proportionnelle de l'actif net de l'émetteur en cas de liquidation, ces instruments sont alors qualifiés d'instruments de capitaux propres et non pas de dettes.

Pour les conditions à respecter pour un classement de ces instruments en capitaux propres, voir n° 44535.

B. Traitement comptable des instruments remboursables au gré du porteur ou en cas de liquidation

1. Comptabilisation en dettes

Comptabilisation en dettes (cas général)

44530 ***Question***

Comment comptabilise-t-on un instrument remboursable au gré du porteur ou en cas de liquidation lorsque cette dernière est certaine (cas général) ?

Réponse

Comme une dette au passif du bilan de l'émetteur (et non pas comme un instrument de capitaux propres), sauf si l'instrument répond aux conditions restrictives pour pouvoir être classé en capitaux propres (voir n° 44535).

En outre, s'agissant d'une dette, la rémunération de ce type d'instrument est comptabilisée en charges financières (et non pas comme une affectation de résultat).

Remarque Les entreprises émettrices concernées (coopératives, certains OPCVM, etc.) qui sont dès lors privées de capital, peuvent utiliser des intitulés particuliers dans leur bilan et leur compte de résultat ou donner une information appropriée en annexe.

Commentaires :

1. Qualification de dettes Selon IAS 32.18b, un instrument financier qui confère à son porteur le droit de le restituer à l'émetteur contre de la trésorerie ou un autre actif financier (un « instrument remboursable au gré du porteur ») est un passif financier, s'il ne bénéficie pas des exceptions prévues (voir n° 44535 s.). L'instrument étant comptabilisé en dettes voit, en conséquence, sa rémunération comptabilisée en charges financières et non pas comme une distribution de résultat (IAS 32.35 ; voir n° 51382).

En conséquence, en IFRS, le bilan des sociétés émettrices de tels instruments et concernées par ce traitement ne reflète qu'un financement par des dettes et la distribution des résultats apparaît comme une charge de l'exercice.

Remarque Le compte de résultat comptabilise à la fois (IAS 32.IE32 et .IE33) :
- les variations de valeur des parts ou actions émises (lorsque ces dernières sont remboursables à leur juste valeur) ou l'impact de la désactualisation (lorsque ces dernières sont remboursables pour un montant fixe) ; et
- les dividendes (considérés comme des charges financières).

2. Utilisation d'intitulés particuliers au bilan et au compte de résultat IAS 32.18b précise que le classement en tant que passif financier n'interdit pas l'utilisation d'expressions telles que « Valeur nette de l'actif attribuable aux détenteurs de parts » (au bilan) et « Variation de la valeur nette de l'actif attribuable aux détenteurs de parts » (au compte de résultat) dans les états financiers de ces entités dénuées d'apport en capital.

IAS 32.IE32 prévoit par exemple une présentation des états financiers sous la forme suivante (exemple 7 : entités sans capital ni réserves) :

Compte de résultat		Bilan	
Résultat opérationnel	XX	Actif	
Charges financières :		Courant	X
– Autres	(X)	Non courant	X
– Distributions aux membres actionnaires	(X)	Passif	
		Courant	(X)
		Non courant	(X)
Variation de la valeur nette de l'actif attribuable aux détenteurs de parts	X	Valeur nette de l'actif attribuable aux détenteurs de parts	X

3. Indication d'informations complémentaires en annexe IAS 32.18b prévoit également la possibilité de donner des informations complémentaires en annexe pour montrer que la participation totale des membres (actionnaires) de ces entités comprend des éléments tels que :
- des réserves, qui répondent à la définition d'instruments de capitaux propres ; et
- des instruments remboursables au gré du porteur, qui n'y répondent pas.

IAS 32.IE33 prévoit, par exemple, une présentation des états financiers sous la forme suivante (exemple 8 : entités avec des réserves mais pas de capital) :

Compte de résultat		Bilan	
Résultat opérationnel	XX	Actif	
Charges financières :		Courant	X
– Autres	(X)	Non courant	X
– Distributions aux membres actionnaires	(X)	Passif	
		Courant	(X)
		Non courant	(X)
		Total actif moins passif courant	X
		Passif non courant	(X)
Variation de la valeur nette de l'actif attribuable aux détenteurs de parts	X	Réserves	X
		Remarque – Participation totale des actionnaires	
		– Actions remboursables au gré des porteurs	X
		– Réserves	X
			X

Remarques :
- Sur les conditions de classement d'un instrument remboursable (« puttable instrument ») en capitaux propres, voir n° 44535.
- Sur leurs conséquences pour les OPCVM, voir n° 44570.

2. Comptabilisation en capitaux propres

Conditions de classement en capitaux propres : vue d'ensemble

Question 44535

Quelles sont les conditions de classement d'un instrument remboursable en capitaux propres, par exception au principe général de classement en dettes ?

Réponse

Ces conditions varient selon que l'instrument est remboursable au gré du porteur tout au long de sa vie ou n'est remboursable qu'en cas de liquidation.

44535 (suite) Il existe toutefois des conditions communes aux deux catégories d'instruments, à savoir :

a. donner droit, en cas de liquidation, à une quote-part proportionnelle de l'actif net de l'émetteur ;

b. appartenir à la classe d'instruments la plus subordonnée ;

c. ne pas voir son droit à un rendement résiduel dans l'entreprise restreint ou préfixé par l'existence d'autres instruments financiers ou contrats, émis par l'émetteur et qui en absorberaient la plus grande partie.

Commentaires Le tableau suivant récapitule les conditions à respecter pour aboutir à un classement en capitaux propres pour chacun des deux types d'instruments :

Instruments remboursables Conditions de classement en capitaux propres		
	Instrument remboursable au gré du porteur (1re catégorie)	Obligation survenant en cas de liquidation (2e catégorie)
Définition de l'instrument	Voir n° 44520	Voir n° 44520
Conditions communes aux deux catégories d'instruments	a. En cas de liquidation, l'instrument donne droit à une quote-part proportionnelle de l'actif net de l'émetteur (IAS 32.16Aa et .16Ca) (1). b. L'instrument appartient à la classe d'instruments la plus subordonnée (IAS 32.16Ab et .16Cb) (2). c. L'émetteur ne doit pas avoir émis d'autres instruments financiers ou contrats ayant pour effet de restreindre substantiellement ou de préfixer le rendement résiduel de l'instrument remboursable au gré du porteur ou en cas de liquidation (IAS 32.16B et .16D) (3).	
Conditions spécifiques à chaque catégorie	Tous les instruments de la classe la plus subordonnée possèdent les mêmes caractéristiques (IAS 32.16Ac) (4).	Tous les instruments de la classe la plus subordonnée doivent avoir la même obligation contractuelle pour l'émetteur de remettre une quote-part proportionnelle de son actif net en cas de liquidation (IAS 32.16Cc).
	L'instrument ne contient pas d'autre obligation de remettre de la trésorerie ou un autre actif financier ou d'échanger des actifs ou passifs financiers dans des conditions défavorables pour l'émetteur. En outre, il ne s'agit pas d'un contrat qui répond à la définition d'une dette au sens d'IAS 32.16b (IAS 32.16Ad) (4).	(5)
	Le montant total des flux de trésorerie attribués à l'instrument tout au long de sa vie est en grande partie basé sur les gains et pertes, la variation de l'actif net comptable ou la variation de la juste valeur de l'actif net comptabilisé ou non comptabilisé de l'émetteur tout au long de la vie de l'instrument (hors impact dû à l'instrument lui-même) (IAS 32.16Ae) (6).	

(1) Quote-part proportionnelle de l'actif net de l'émetteur Cette quote-part s'obtient :
– en divisant l'actif net de l'émetteur lors de sa liquidation en unités d'égal montant ; et
– en multipliant ce montant (unitaire) ainsi obtenu par le nombre d'unités détenues par le porteur de l'instrument (IAS 32.16Aa et .16Ca).

(2) Classe la plus subordonnée Pour appartenir à la classe la plus subordonnée, l'instrument (IAS 32.16Ab et .16Cb) :
– ne doit pas avoir de priorité sur aucun autre droit permettant de revendiquer les actifs de la société en cas de liquidation de cette dernière ;
– ni avoir besoin d'être préalablement converti en un autre instrument (appartenant à la classe d'instruments la plus subordonnée). Cette dernière condition contribue à exclure les warrants et autres dérivés ayant comme sous-jacent un instrument remboursable de tout classement en capitaux propres.
En outre, un instrument qui possède un droit préférentiel en cas de liquidation de l'entreprise ne peut être considéré comme donnant droit à une quote-part proportionnelle de l'actif net de cette dernière (cas par exemple d'un instrument qui donne droit à un dividende fixe en cas de liquidation) (IAS 32.AG14C).

(3) **Existence d'autres instruments restreignant le droit au revenu résiduel** (IAS 32.16B et .16D) :
– il s'agit d'instruments dont le total des flux de trésorerie est en grande partie basé sur les pertes ou les gains, la variation de valeur de l'actif net comptable ou la variation de juste valeur de l'actif net de l'entreprise (comprenant dans ce dernier cas à la fois les éléments comptabilisés et ceux non comptabilisés) ;
– les **contrats non financiers** doivent également être pris en compte dans l'analyse, sauf à justifier qu'ils ont été signés à des conditions normales de marché. Si l'entreprise ne peut pas justifier de ces conditions, l'instrument remboursable au gré du porteur ou en cas de liquidation ne peut pas, alors, être classé en capitaux propres.
Remarque L'IASB donne des exemples d'instruments qui, s'ils sont signés à des conditions de marché avec une partie non liée, ont peu de chance de déqualifier l'instrument remboursable concerné (IAS 32.AG14J) :
– instruments dont les flux de trésorerie sont essentiellement basés sur un actif spécifique de l'entreprise ;
– instruments dont les flux de trésorerie sont basés sur un pourcentage du chiffre d'affaires de la société ;
– contrats mis en place pour récompenser individuellement des employés pour des services rendus à la société ;
– contrats entraînant le versement d'un pourcentage insignifiant du résultat de la société pour des services rendus ou des marchandises livrées à cette dernière.
(4) **Pas d'autres obligations de remettre de la trésorerie (cas des instruments de la 1re catégorie)** Hormis le fait d'être remboursables au gré du porteur, les instruments de la 1re catégorie ne doivent pas contenir d'autres caractéristiques pouvant conduire à les qualifier de passif financier au sens d'IAS 32.16 (IAS 32.16Ad).
L'IASB vise l'existence éventuelle de rémunérations versées aux porteurs de parts ou actions pour d'autres fonctions que celle de propriétaire : rémunération en tant qu'employé du fonds, garantie octroyée et rémunérée des « general partners », rémunération pour service rendus et activités générées pendant l'exercice ou les exercices précédents. Ces « autres transactions » peuvent ne pas déqualifier le classement en capitaux propres de l'instrument remboursable si elles sont aux conditions d'une transaction similaire signée entre le fonds et un tiers indépendant, voir n° 44565.
Pour la définition d'un passif financier, voir n° 44170.
(5) **Pas d'autres obligations de remettre de la trésorerie (cas des instruments de la 2e catégorie)** Une telle condition n'existe pas pour la 2e catégorie d'instruments, mais voir la possibilité d'un « split accounting » au n° 44540.
(6) **Total des flux de trésorerie attribués à l'instrument** IAS 32.AG14E précise que les pertes ou les gains, et la variation de l'actif net comptable doivent être déterminés en respectant les normes IFRS applicables en la matière.

Conditions de classement en capitaux propres : principales différences entre les deux catégories d'instruments remboursables

Question 44540

Quelles sont les principales différences de critères de qualification en capitaux propres entre les deux catégories d'instruments remboursables ?

Réponse

Pour les instruments remboursables uniquement en cas de liquidation de l'émetteur :
- il n'est pas interdit d'avoir d'autres obligations de paiement (par exemple, versement d'une rémunération en tant qu'employé, au titre d'une garantie donnée ou d'apport d'activités) ;
- il n'y a pas de nécessité d'analyser le montant total des flux de trésorerie de l'instrument tout au long de sa durée de vie ;
- les instruments de la classe la plus subordonnée ne doivent avoir des caractéristiques identiques qu'en ce qui concerne l'obligation de délivrer une même quote-part d'actif net en cas de liquidation.

Commentaires L'IASB explique que ces différences se justifient par l'existence d'un calendrier différent de règlements (pour les instruments remboursables uniquement en cas de liquidation). La durée de vie de l'instrument est la même que celle de l'entreprise émettrice. L'obligation (de règlement) ne peut s'éteindre qu'avec la liquidation de la société.

En conséquence, le Board en a conclu qu'il ne fallait raisonner que sur les obligations existant à la date de liquidation. L'instrument ne doit être subordonné à toutes les autres classes d'instruments et ne représenter un droit à l'actif net résiduel qu'à ce moment-là de la vie de l'entreprise. Toutefois, si l'instrument comprend d'autres obligations contractuelles de paiement, ces obligations peuvent devoir être comptabilisées de manière séparée au titre d'IAS 32 (IAS 32.BC67).

Remarque L'IASB semble conclure qu'une comptabilisation séparée (« split accounting ») pourrait être possible si, par ailleurs, l'instrument contient d'autres obligations de paiement que celle en cas de liquidation (voir la notion « d'autres transactions » contractées à un titre autre que simple détenteur de l'instrument au n° 44565).

Qualification d'instrument de capitaux propres non définitive (réexamen)

44545 ***Question***

Une entreprise devrait-elle reclasser en dettes un instrument remboursable, préalablement qualifié d'instrument de capitaux propres ?

Réponse

Oui, si elle émet une autre catégorie d'instrument plus subordonnée.

Commentaires Quand une entreprise détermine si un instrument fait partie de la classe la plus subordonnée, elle analyse le rang de cet instrument dans son droit à l'actif net comme si elle était en état de liquidation à la date d'analyse. L'entreprise doit réexaminer le classement de l'instrument si un changement de circonstances survient, par exemple lorsqu'elle émet ou rembourse un autre instrument financier (IAS 32.AG14B).

Remarque Ce réexamen s'applique quelle que soit la catégorie d'instruments concernés (remboursable au gré du porteur tout au long de la vie de l'instrument ou remboursable en cas de liquidation seulement) (IAS 32.AG14B renvoyant à IAS 32.16Ab et .16Cb).

Modalités de reclassement de dettes à capitaux propres (et inversement) suite à un réexamen

44550 ***Question***

Quand et comment reclasse-t-on un instrument de capitaux propres à dettes (et inversement), suite à un réexamen des caractéristiques de l'instrument ?

Réponse

Dans le cas d'un reclassement de capitaux propres à dettes, la dette doit être comptabilisée à sa juste valeur lors du reclassement et tout écart entre le montant reclassé et cette juste valeur est comptabilisé en capitaux propres.

Dans le cas d'un reclassement de dettes à capitaux propres, la dette est simplement transférée en capitaux propres pour sa valeur nette comptable.

Dans les deux cas de figure, il n'y a donc pas d'impact en résultat ni de retraitement des chiffres des exercices antérieurs.

Commentaires Le réexamen des conditions de classement d'un instrument remboursable au gré du porteur ou en cas de liquidation doit se faire en cas de changement de situation, par exemple lorsque l'entreprise émet ou rembourse un autre instrument financier (IAS 32.AG14B ; voir n° 44540).

L'instrument doit être reclassé de capitaux propres à dettes à la date à partir de laquelle il cesse de remplir les conditions permettant de le qualifier d'instrument de capitaux propres selon les paragraphes 16A et 16B ou 16C et 16D d'IAS 32 (IAS 32.16Fa). Il en est de même dans le cas inverse (IAS 32.16Fb).

Le traitement comptable d'un reclassement de capitaux propres en dettes est identique à celui défini par l'IFRS IC lors de l'introduction d'un « linker », voir n° 44440.

3. Applications pratiques

Entités à durée de vie limitée à 99 ans : cas des SA

Question 44555

Pourquoi les sociétés anonymes (SA) françaises ayant – de par la loi – une durée de vie limitée à 99 ans n'ont-elles pas été touchées par l'amendement d'IAS 32 de février 2008 relatif aux instruments remboursables ?

Réponse

Parce qu'elles sont hors champ d'application de cet amendement. En effet :
- d'une part, leur durée de vie peut être prorogée autant de fois que nécessaire et sans limitation ; et
- d'autre part, la décision de prorogation reste à la discrétion et sous le contrôle de la société (vote collectif de l'assemblée générale extraordinaire).

Commentaires :

1. **Contexte (durée de vie limitée à 99 ans – cas général des SA)** La loi française impose aux sociétés commerciales d'avoir une durée de vie déterminée dans les statuts et qui ne peut excéder 99 ans (C. com. art. L 210-2).

La norme IAS 32 analyse le cas des instruments classés en dettes parce qu'ils représentent un engagement (de rachat ou de remboursement) en cas de liquidation de la société, lorsque cette liquidation est (IAS 32.BC65) :
- soit certaine et hors du contrôle de l'entité (cas des sociétés à durée de vie limitée) (par référence à IAS 32.25) ;
- soit incertaine mais au gré du porteur (cas des « partnerships », par exemple lors de la sortie ou du départ à la retraite d'un associé) (par référence à IAS 32.18b).

La question est donc de savoir si les dispositions relatives aux instruments remboursables, introduites par l'amendement d'IAS 32 de février 2008, ont des conséquences pour les sociétés commerciales françaises ayant – de par la loi – une durée de vie limitée à 99 ans.

Pour les conditions d'application de ces dispositions, voir n° 44535.

2. **Analyse** A notre avis, la réponse est « non » car ces sociétés sont hors du champ d'application des exceptions introduites par l'amendement. Elles ne se trouvent en effet dans aucun des deux cas visés ci-avant.

a. **Liquidation incertaine** Les sociétés relevant de la loi française ne sont pas plus soumises à l'obligation d'être liquidées que d'autres sociétés. En effet la liquidation – si elle est statutairement prévue – n'est pas pour autant certaine dans la mesure où la loi prévoit explicitement (et organise) la prorogation de la société. Même si cette prorogation entraîne une modification des statuts, c'est la même personne morale qui continue d'exister.

Enfin, cette prorogation peut être renouvelée autant de fois que nécessaire (pas de limitation) : le fait de prévoir une durée de vie limitée avec la possibilité de proroger indéfiniment cette durée est équivalent à ne pas avoir de durée de vie prédéterminée et à la possibilité de demander à tout moment la liquidation de la société.

b. **Impossibilité pour un actionnaire seul d'exiger la liquidation** En fin de durée de vie (maximum 99 ans), la dissolution de ces sociétés ne peut pas être requise par un associé ou un actionnaire, agissant seul. Il faut qu'une minorité de blocage se constitue et empêche toute prorogation pour que la dissolution ait lieu. Le cas est donc différent des sociétés en commandite (« partnerships ») visé par l'amendement « où la liquidation est obligatoire dès qu'un associé quitte le partnership » (IAS 32.BC65b). La prorogation (ou la non-prorogation) est une décision qui reste sous le contrôle de la société, puisque prise par l'organe suprême de contrôle de la société (l'assemblée générale extraordinaire) lors d'un vote collectif.

Sur la notion d'organe de contrôle suprême d'une entité, voir n° 44385.

En conséquence, la liquidation étant incertaine et ne pouvant pas être requise à l'initiative d'un actionnaire ou associé pris individuellement, à notre avis, le cas des sociétés françaises ayant une durée de vie limitée à 99 ans, relève des dispositions générales d'IAS 32.25 (clauses conditionnelles de règlement) qui, par exception, excluent tout classement en dettes s'il n'y a obligation de paiement en trésorerie ou par la remise d'un autre instrument financier, qu'en cas de liquidation (incertaine) de la société.

Entités à durée de vie limitée à 99 ans : cas des SCA

44560 ***Question***

Les SCA sont-elles, comme le sont, à notre avis, les SA (voir n° 44555), hors du champ d'application de l'amendement d'IAS 32 de février 2008 ?

Réponse

Les SCA ont un organe de contrôle à deux têtes constitué de l'assemblée générale des commanditaires votant de manière collective à la majorité simple ou aux deux tiers (selon la nature de la résolution) et du collège des commandités votant en général à l'unanimité. Sauf existence d'une clause contraire dans les statuts, toutes les décisions prises dans le cursus de gestion normal de la société le sont de cette manière.

Comme pour les SA, les SCA sont, à notre avis, hors champ d'application de l'amendement, ce qui entraîne les deux conséquences suivantes :

a. **Parts des commanditaires** A notre avis, le fait que la prorogation de la durée de vie de la société doive être entérinée par un vote à l'unanimité des commandités n'entraîne pas le déclassement des parts de commanditaires en dettes, sous réserve toutefois de vérifier que ce processus de décision correspond bien au processus de fonctionnement normal de la SCA.

b. **Rémunération des commandités** Il en est de même à notre avis en ce qui concerne la rémunération des commandités (considérée versée à la discrétion de la société), sauf si cette dernière leur est octroyée au titre de gérant ou selon un processus de vote ne correspondant pas au processus de fonctionnement normal de la société. Si tel est le cas, la SCA nous paraît alors confrontée aux mêmes problèmes que les fonds de capital-investissements (voir n° 44555).

Commentaires :

1. **Contexte (durée de vie limitée à 99 ans – cas des SCA)** Dans une société en commandite par action (SCA), un commandité peut individuellement s'opposer à la prorogation de la durée de vie de la société à son expiration, fixée généralement et au maximum à 99 ans. Ce qui entraîne alors la liquidation de la SCA et le remboursement au prorata de l'actif net de la société de toutes les parts de commanditaires. Par lien indirect d'une décision qui, a priori, s'impose à la société parce que provoquée par le veto d'un seul actionnaire, les parts des commanditaires seraient donc qualifiées de dettes en vertu d'IAS 32.25 (sauf à entrer dans l'une des exceptions prévues, voir n° 44525).

La question est donc de savoir si les dispositions introduites par l'amendement d'IAS 32 de février 2008 ont des conséquences pour les SCA françaises puisque – de par la loi – leur durée de vie est limitée à 99 ans et qu'un veto émis par l'un des commandités suffit à neutraliser la décision adoptée par l'assemblée des commanditaires visant à proroger la durée de vie de la société.

Sur les exceptions introduites par l'amendement d'IAS 32 de février 2008, voir n° 44535.

2. **Analyse (classement des parts de commanditaires)** A notre avis, comme pour les SA, la réponse est « non » (voir n° 44555). En effet, dans une SCA, toutes les décisions prises par le collège des commandités le sont en général à l'unanimité dès lors qu'aucune résolution des commanditaires prise en assemblée générale ordinaire ou extraordinaire ne peut être entérinée sans le contrôle ultime du collège des commandités. Le principe d'un organe de contrôle à deux têtes – l'assemblée générale des commanditaires votant de manière collective (à la majorité simple ou aux 2/3 selon la nature de la résolution) et le collège des commandités votant à l'unanimité (comme le prévoit la loi française) – est donc en général le **processus de fonctionnement et de gestion normal** d'une SCA.

Dès lors que la décision de prorogation est prise selon le même cursus de vote et par le même organe suprême de contrôle de la société que celui requis pour les autres décisions normales de gestion de la société, cette décision est réputée être sous le contrôle de l'entreprise. C'est le cas même si la décision dépend d'un vote à l'unanimité des commandités, dès lors que le fonctionnement normal de l'organe de contrôle suprême de la société opère de cette manière.

Pour plus d'informations sur la notion d'organe de contrôle suprême d'une société, voir n° 44385.

En conséquence, et sous réserve que la société vérifie qu'il n'existe pas de clause contraire dans ses statuts qui ferait que la décision de prorogation de la durée de vie serait la seule à être prise avec un vote à l'unanimité des commandités, une telle décision n'entraîne pas, à notre avis, de déclassement en dettes. Comme pour les SA (voir n° 44555), la décision de prorogation est renouvelable à l'infini et reste sous le contrôle de la société.

Remarque Le fait que la SCA soit considérée comme gérée par un organe de contrôle à deux têtes n'entraîne pas, par ailleurs, la qualification de dettes des actions de commanditaires. En effet :
- d'une part, les commanditaires sont réputés faire partie de l'organe de contrôle suprême de la société (l'assemblée générale s'exprimant à travers un vote collectif) ;
- d'autre part, les actions des commanditaires ne contiennent intrinsèquement aucune obligation de versement de trésorerie : l'octroi de dividendes, comme le remboursement d'une quote-part de l'actif net en cas de liquidation (incertaine) restent des événements sous le contrôle ultime de la société ; ces actions sont donc bien qualifiables d'instruments de capitaux propres.

3. **Rémunération des commandités** En général, les commandités ont droit au versement d'une rémunération représentant x % des résultats annuels et également dans certains cas à x % de l'actif net résiduel en cas de liquidation de la société.

Remarque Cette rémunération leur est versée au titre de leurs droits en tant que commandités et n'a rien à voir avec la rémunération qui pourrait éventuellement leur être versée par ailleurs en tant que gérant (s'ils cumulent les deux statuts).

Selon IAS 32.25, un chiffre d'affaires, un résultat ou un ratio dettes/capitaux propres sont des événements futurs incertains hors du contrôle de la société. En conséquence, tout engagement de remettre de la trésorerie ou un autre actif financier basé sur un tel événement est constitutif d'une dette. Toutefois, l'organe de contrôle à deux têtes de la SCA (l'assemblée générale des commanditaires sous le contrôle ultime des commandités) peut toujours décider de ne pas octroyer cette rémunération, en cas de renonciation des commandités à tout ou partie de cette dernière. Cette décision constitue une décision normale de gestion et suit les mêmes procédures de vote que celles applicables aux autres décisions normales de gestion de la SCA (voir ci-avant).

En conséquence, tout comme la décision de prorogation de la durée de vie de la société, l'attribution d'une rémunération aux commandités (autre qu'en tant que gérant) reste – comme les autres décisions du cursus normal de gestion de la SCA – à la discrétion et sous le contrôle de la société. Dans ces conditions, aucun passif n'est à comptabiliser. Comme dans le cas de la prorogation de leur durée de vie, les SCA doivent toutefois s'assurer que leurs statuts ne contiennent pas de clause contractuelle spécifique, contredisant cette approche.

Remarques :
1. Comme dans le cas des SA (voir n° 44555), l'analyse est hors champ d'application de l'amendement puisque ne relevant pas d'IAS 32.25 ou .18b.
2. Si la rémunération leur est versée en tant que gérant, elle relève des dispositions de la norme IFRS 2.
3. Il semble que certains contestent cette approche s'il est versé aux commandités, en plus de leur rémunération annuelle, un boni de liquidation (même alloué selon le même processus de décision).

Fonds de capital-investissement (« private equity »)

Question 44565

Les fonds d'investissement (« private equity ») peuvent-ils prétendre à un classement de leurs parts/actions émises en capitaux propres ?

Réponse

Non, les parts/actions émises par ces fonds ne répondent généralement pas aux conditions de classement en capitaux propres, parce que :
- les parts/actions des « general partners » et celles des « limited partners » ne sont pas considérées comme formant une seule et même classe d'instruments la plus subordonnée ;
- il est difficile, voire impossible, dans certains cas de justifier que les transactions signées entre les « general partners » et le fonds en dehors de leur qualité d'associés sont aux conditions de marché.

Commentaires :

1. **Contexte (durée de vie limitée des partnerships)** Certains fonds de capital-investissement donnent le droit au souscripteur d'obtenir le remboursement d'une quote-part de l'actif net du fonds en cas de liquidation, cette dernière étant (IAS 32.BC65) :
- soit certaine parce que le fonds a une durée de vie finie, non prorogeable (ou prorogeable seulement de manière limitée) ;

– soit incertaine, mais pouvant survenir à la demande d'un associé (lors d'un décès ou d'un départ à la retraite, par exemple).

Remarque L'analyse doit se faire au cas par cas, certains fonds d'investissement (constitués par exemple sous la forme de SA ou de SCA françaises) pouvant ne pas avoir de durée de vie limitée autre que celle imposée par la loi française.

Sachant que les fonds émettent en général deux catégories de parts (celles des « general partners » et celles des « limited partners »), ayant chacune des droits et rémunérations différents, deux difficultés se posent, relatives :
- à l'existence de deux classes de parts remboursables en cas de liquidation ; et
- au traitement distinct de ce que la norme appelle les « autres transactions ».

2. Existence de deux classes de parts remboursables en cas de liquidation Pour un classement en capitaux propres, la norme requiert qu'il s'agisse d'instruments de la classe la plus subordonnée et que tous les instruments de cette classe imposent à l'émetteur la même obligation contractuelle de remettre une quote-part proportionnelle d'actif net en cas de liquidation (IAS 32.16Cc).

Certaines transactions que l'associé a pu contracter à un titre autre que celui de propriétaire des parts ou actions du fonds peuvent toutefois être traitées de manière distincte (voir point 3. ci-après).

Même en considérant la possibilité d'un traitement séparé de ces transactions, il n'est pas certain que les parts de « general partners » et celles de « limited partners » donnent toutes droit en cas de liquidation aux mêmes modalités de calcul de la quote-part d'actif net, tel que déterminée par IAS 32.16Ca.

Pour plus de précisions sur ces modalités de calcul, voir n° 44535 (note de bas de tableau n° 1).

3. Traitement distinct des autres transactions L'approche est la suivante :

a. **Définition** Il s'agit de transactions engagées à un titre autre que celui de propriétaire d'actions ou de parts du fonds (IAS 32.AG14F).

b. **Transactions visées** L'IASB donne les exemples suivants :
- rémunération en tant qu'employé du fonds (IAS 32.AG14F) ;
- rémunération au titre d'une garantie donnée au fonds (IAS 32.AG14G) ;
- rémunération au titre de services rendus ou d'activités générées pendant l'exercice ou les exercices précédents.

Dans ce cas, si les modalités d'allocation des pertes et profits sont basées sur les montants nominaux respectifs des différentes catégories de parts ou d'actions, cette rémunération ne peut pas alors être traitée comme une transaction distincte et doit être prise en compte dans l'analyse de la classe la plus subordonnée (IAS 32.AG14H).

c. **Conditions d'application** Les flux de trésorerie ainsi que les termes contractuels et les conditions de la transaction signée entre le porteur de l'instrument (dans son rôle autre que propriétaire des parts ou actions du fonds) et l'entreprise émettrice (le fonds en l'occurrence) doivent être équivalents à ceux d'une transaction similaire qui aurait pu être engagée entre le fonds et un tiers non associé (IAS 32.AG14I). Autrement dit, l'opération doit être aux conditions de marché. Or, il ne sera pas toujours facile de le justifier (cas par exemple des garanties illimitées données par les « general partners » aux créanciers du fonds).

Parts ou actions d'OPCVM

44570 *Question*

Comment traiter l'émission de parts ou d'actions d'OPCVM ?

Réponse

Si l'OPCVM publie des comptes en IFRS et n'a émis qu'une seule classe de parts ou actions, ces parts ou actions sont qualifiées de capital (comme en principes comptables français).

En revanche, si l'OPCVM est détenu par une société mère qui le consolide en intégration globale, ces parts ou actions doivent être traitées comme de la dette dans les comptes consolidés de la société mère.

Commentaires :

1. **Entités concernées** Sont concernés les quelques OPCVM français qui publient des comptes en IFRS mais également l'ensemble des fonds (« mutual funds ») de droit étranger créés par des acteurs français et qui publient également des comptes en IFRS.

2. **Traitement dans les comptes individuels ou consolidés de l'OPCVM** N'émettant en principe qu'une seule catégorie de parts ou d'actions, l'OPCVM répond en général aux critères d'IAS 32 (voir n° 44535). L'ensemble des parts ou actions qu'il a émises doit donc être traité comme du capital.

> **Remarque – OPCVM émettant plusieurs catégories de parts** Certains OPCVM peuvent avoir des classes de parts différentes, soit parce que l'une distribue et l'autre pas, soit parce que les frais de gestion de l'une sont supérieurs à ceux de l'autre ou enfin parce que certaines parts sont émises dans des devises différentes. Généralement, ces OPCVM ne répondent pas aux conditions requises par IAS 32.16Ca (voir n° 44535). Leurs parts ne pourront donc pas être classées en capitaux propres.

3. **Traitement dans les comptes consolidés de la banque ou de l'entreprise sponsor** Au niveau consolidé supérieur (comptes consolidés de la mère sponsor), ces parts ou actions émises par la filiale redeviennent de la dette. L'IASB justifie ce traitement de la manière suivante :
– le classement en capitaux propres de ces instruments (« puttable instruments ») est une exception aux principes retenus par la norme IAS 32 pour la qualification des instruments entre dettes et capitaux propres. Cette exception n'est pas étendue au classement des intérêts minoritaires dans les comptes consolidés. En conséquence, les instruments qualifiés de capitaux propres dans les comptes individuels au titre des paragraphes 16A et 16B ou 16C et 16D sont reclassés en dettes dans les comptes consolidés (IAS 32.AG29A) ;
– bien que l'instrument soit qualifié d'instrument de capitaux propres dans les comptes individuels de l'émetteur, il doit être reclassé en dettes dans les comptes consolidés, car ne faisant pas partie à ce niveau-là de la classe d'instruments la plus subordonnée. En conséquence, les intérêts minoritaires qui contiennent une obligation de transfert d'un actif financier (trésorerie ou autre) envers une autre entité doivent être classés en dettes dans les comptes consolidés (IAS 32.BC68).

Engagements de rachat d'intérêts minoritaires (puts sur minoritaires)

Pour le traitement des puts et autres engagements de rachat des minoritaires, voir n° 24350 s. 44575

Warrants et autres dérivés sur instruments remboursables au gré du porteur

Question 44580

Quel est le traitement des warrants et autres dérivés sur instruments remboursables au gré du porteur ?

Réponse

Ces instruments sont qualifiés de dérivés actifs ou passifs (même si l'instrument sous-jacent lui-même est qualifié de capitaux propres).

Commentaires IAS 32.AG13 prévoit explicitement l'interdiction de classer en capitaux propres des warrants sur des instruments remboursables.

Par ailleurs, le Board indique clairement les raisons du maintien de cette interdiction dans ses bases de conclusion, à savoir le souhait de ne pas étendre une disposition ayant un champ d'application limité à un cas de figure qu'il juge inapproprié (IAS 32.BC63).

Instrument remboursable au gré du porteur coexistant avec un instrument perpétuel

Question 44585

Comment comptabiliser un instrument remboursable au gré du porteur, subordonné à tous les autres instruments, lorsque l'un de ces instruments est perpétuel ?

Réponse

En capitaux propres, dès lors que l'instrument remboursable au gré du porteur répond aux dispositions d'IAS 32.16A et .16B.

En effet, selon l'IFRS IC, le fait que l'instrument soit remboursable au gré du porteur (« puttable ») ne remet pas en cause – en cas de liquidation – sa caractéristique d'être moins subordonné que l'instrument perpétuel.

Enfin, la norme IAS 32 n'interdit pas l'existence de plusieurs classes d'instruments de capitaux propres, les unes répondant aux critères généraux de classement d'un instrument en capitaux propres (cas de l'instrument perpétuel), les autres aux critères spécifiques applicables aux instruments remboursables au gré du porteur.

Commentaires :

1. **Contexte** En novembre 2008, l'IFRS IC était interrogé sur la possibilité de classer en capitaux propres, un instrument remboursable au gré du porteur (« puttable instrument ») (IFRIC Update 11/08) :

– subordonné à toutes les autres classes d'instruments émis par l'entreprise ;

– lorsque figure parmi ces autres instruments un instrument perpétuel lui-même déjà comptabilisé en tant qu'instrument de capitaux propres.

La question portait plus spécifiquement sur le fait de savoir si l'instrument remboursable au gré du porteur répondait (ou non) au critère d'IAS 32.16Ac qui exige que les instruments de la classe la plus subordonnée aient tous les mêmes caractéristiques (« identical features ») (IFRIC Update 11/08).

Certains considéraient en effet qu'une seule classe d'instruments pouvait être représentative d'un intérêt résiduel dans l'actif net de l'entité, en cas de liquidation. En conséquence, lorsqu'il existait déjà un titre perpétuel classé en capitaux propres, un instrument remboursable au gré du porteur (n'ayant pas les mêmes caractéristiques que le titre perpétuel puisque « puttable ») ne pouvait pas être qualifié d'instrument de capitaux propres.

2. **Réponse de l'IFRS IC** (IFRIC Update 03/09) Selon l'IFRS IC, le fait que l'instrument perpétuel soit classé en capitaux propres n'empêche pas le classement de l'instrument remboursable au gré du porteur également en capitaux propres. En effet, les deux instruments relèvent de deux analyses différentes (IFRIC Update 11/08) :

– l'instrument perpétuel répond à la qualification de capitaux propres dans la mesure où aucun paiement n'est dû ni en capital ni en intérêt (application des critères généraux de distinction dettes/capitaux propres d'IAS 32) ;

– l'instrument remboursable au gré du porteur est d'abord analysé comme une dette. Il est ensuite qualifié – dans un deuxième temps – d'instrument de capitaux propres parce que répondant aux critères spécifiques d'IAS 32.16A et .16B pour classer un instrument remboursable au gré du porteur en capitaux propres.

Pour les critères exigés par IAS 32.16A et .16B, voir n° 44535.

En conséquence et parce qu'un instrument remboursable (« puttable instrument ») et un instrument perpétuel ne sont pas analysés selon les mêmes critères, tous les deux peuvent être classés en capitaux propres (IFRIC Update 11/08).

Prenant en compte ces considérations, l'IFRS IC ne s'attend pas à ce qu'il y ait des divergences d'application. Il a donc décidé de ne pas inscrire ce point à son agenda.

4. Cas particulier des coopératives

Dispositions de l'interprétation IFRIC 2

44590 ***Question***

Pourquoi certaines parts de coopératives, bien qu'en principe remboursables au gré du porteur, échappent-elles à un classement en dettes (IFRIC 2) ?

Réponse

Parce que l'émetteur a, dans certaines circonstances, le droit inconditionnel (contractuel, ou résultant de la loi, de la réglementation ou de ses statuts) de refuser de les racheter.

Commentaires : 44590 (suite)

1. **Rappel** Un « instrument remboursable au gré du porteur » (qui confère le droit à ce porteur de revendre l'instrument à l'émetteur en échange d'un montant de trésorerie ou d'un autre instrument financier) est un passif financier selon IAS 32.18b, sauf à bénéficier d'une des exceptions prévues (voir n° 44525).

2. **Cas particuliers des entités coopératives (contexte)** Les intérêts des sociétaires dans une coopérative (souvent désignés sous le nom de « parts sociales ») présentent les caractéristiques d'un instrument de capitaux propres, y compris les droits de vote et les droits de participer à la distribution de dividendes. Certaines de ces parts donnent toutefois à leur porteur le droit de demander leur remboursement en échange de trésorerie ou d'un autre actif financier. Ces parts peuvent par ailleurs inclure ou être soumises à des limites quant à ce remboursement éventuel.

L'interprétation IFRIC 2, Parts sociales des entités coopératives et instruments similaires, répond à la question de savoir comment évaluer les conditions de remboursement pour déterminer si les parts sociales concernées doivent être classées en tant que passifs financiers ou instruments de capitaux propres (IFRIC 2.1 et .4).

3. **Traitement comptable** Selon IFRIC 2, les actions ou parts – qui auraient été classées en capitaux propres en l'absence d'un droit de leurs détenteurs à en demander le rachat – sont qualifiées d'instruments de capitaux propres si elles répondent à l'une des deux conditions suivantes (IFRIC 2.6, .7 et .8) :
- l'émetteur a le droit inconditionnel de refuser de racheter ces parts ; ou
- le rachat de ces parts est interdit de manière inconditionnelle par la loi locale, la réglementation, la charte ou les statuts de l'émetteur (en vigueur à la date du classement).

Remarques Concernant l'analyse du droit inconditionnel pour les coopératives de refuser le rachat de leurs parts ou actions, l'interprétation IFRIC 2 présente les deux particularités suivantes (IFRIC 2.9) :

a. Application sur une base de portefeuille L'interprétation précise en effet que l'interdiction inconditionnelle :
- peut être absolue, en ce que tous les remboursements sont interdits ;
- mais également peut n'être que partielle, en ce qu'elle interdit le remboursement des parts sociales si ce remboursement devait entraîner la chute au-dessous d'un niveau spécifié du nombre de parts sociales ou du montant du capital versé provenant des parts sociales. Les parts sociales excédant le montant faisant l'objet de l'interdiction de remboursement sont des passifs. Dans ce dernier cas (interdiction partielle), l'approche ne peut se faire qu'en raisonnant globalement sur une base de portefeuille puisque l'on ne sait pas à l'avance sur quelle part ou action le refus de remboursement portera en cas de demande de remboursement de cette dernière.

b. Droit résultant de la loi ou de la réglementation Le droit de refus de remboursement peut ne pas être contractuel entre les deux parties (l'émetteur et le souscripteur de l'action ou de la part) mais résulter de la loi ou de la réglementation (IFRIC 2.5).

L'interprétation précise toutefois que les dépôts à vue, y compris les comptes courants, les comptes de dépôt et contrats similaires qui sont générés lorsque les sociétaires agissent en tant que clients sont des passifs financiers de l'entité (IFRIC 2.6).

SECTION V

Actions propres, dérivés sur actions propres et sur titres consolidés

A. Actions propres

Traitement comptable d'un rachat d'actions propres

44600 *Question*

Comment traite-t-on un rachat d'actions propres (« treasury shares ») ?

Réponse

Un rachat d'actions propres – comme toutes les autres transactions sur actions propres (telles que les ventes, les émissions ou les annulations d'actions propres) – est comptabilisé directement en capitaux propres, sans impact en résultat.

Commentaires :

1. **Principe général** Selon IAS 32.33 :
– si une entité rachète ses propres actions, ces dernières doivent être déduites des capitaux propres ;
– aucun profit ou perte ne doit être comptabilisé dans le résultat lors de l'achat, la vente, l'émission ou l'annulation d'instruments de capitaux propres de l'entité ;
– le traitement comptable est le même que ces actions aient été acquises et soient détenues par l'entité elle-même ou par des filiales du groupe (sous réserve, pour les filiales non détenues à 100 %, de la répartition entre la part groupe et la part des minoritaires) ;
– enfin, la contrepartie versée ou reçue doit être comptabilisée directement en capitaux propres.

Remarques :
1. Quelle que soit la raison de leur rachat, ces actions ne peuvent donc pas être comptabilisées à l'actif du bilan de l'entité (IAS 32.AG36).
2. L'IASB justifie ce traitement par le fait que l'acquisition et la revente ultérieure par une entité de ses propres actions ne représente qu'un transfert entre actionnaires et non pas une perte ou un gain en résultat (IAS 32.BC32).
3. Ce principe (pas d'impact en résultat) ne s'applique toutefois pas de manière systématique aux dérivés sur actions propres. Certains peuvent ainsi avoir un impact sur le résultat de l'entité (voir n° 44615 s.).
4. Il existe toutefois une exception au principe général de comptabilisation des actions propres (IAS 32.33A ; voir n° 44180, point 3.).

2. **Information à donner en annexe** Selon IAS 32.34, les entreprises doivent :
– indiquer séparément, soit au bilan, soit en annexe le montant d'actions propres détenues par elles-mêmes, par leurs filiales ou leurs entreprises associées (IAS 1.79a) ;
– fournir l'information d'IAS 24 relative aux parties liées, si elles ont racheté leurs actions propres (ou tout autre instrument de capitaux propres) à des parties liées (IAS 24.17 à .22).

Vente à découvert d'actions propres

44605 *Question*

Où comptabiliser les pertes/gains réalisés sur une vente à découvert sur actions propres ?

Réponse

En capitaux propres, comme n'importe quelle opération sur instruments de capitaux propres.

Commentaires :

1. **Caractéristiques de l'opération** Dans une vente à découvert sur actions propres, l'entité (une banque en général) emprunte ses propres actions auprès d'un tiers, les vend immédiatement et doit, en conséquence, les racheter ultérieurement sur le marché pour pouvoir les restituer à ce tiers à la fin de l'opération d'emprunt.

Différentes étapes de l'opération En pratique, l'opération se décompose de la manière suivante :
a. emprunt des actions propres auprès d'un tiers (une banque, par exemple). Il peut alors s'agir soit d'un emprunt en blanc (i.e. sans dépôt de garantie), soit d'un emprunt contre remise d'espèces à titre de dépôt de garantie. Dans ce dernier cas, l'entité effectue une sortie de trésorerie correspondant au prix des actions empruntées. Le montant du dépôt est en général réajusté pendant toute la durée de l'emprunt selon l'évolution du cours des actions ;
b. vente immédiate des actions empruntées sur le marché (en contrepartie, l'entité comptabilise une entrée de trésorerie qui vient compenser la trésorerie versée au titre du dépôt de garantie) ;
c. le jour de l'échéance de l'emprunt, rachat des titres sur le marché (contre un paiement en trésorerie) ;
d. remboursement de l'emprunt par livraison des actions propres et récupération du dépôt de garantie (qui vient compenser le montant de trésorerie versé pour le rachat des actions).

2. **Traitement comptable** La question se pose de savoir s'il faut comptabiliser ce type de transaction directement en capitaux propres ou bien en passifs détenus à des fins de transaction (« trading liabilities ») comme les ventes à découvert normales (en application d'IFRS 9.BA.7) et, dans ce dernier cas, évaluer la dette correspondante à la juste valeur par résultat.

Ces opérations doivent être traitées comme une transaction sur instruments de capitaux propres. En effet selon IAS 32.33, aucun profit ou perte ne doit être comptabilisé dans le résultat, lors de l'achat, de la vente, de l'émission ou de l'annulation d'instruments de capitaux propres de l'entité, sauf exception (IAS 32.33A ; voir nº 44180, point 3.).

En conséquence, lors du rachat ultérieur, le gain ou la perte réalisé à cette occasion doit être comptabilisé directement en plus ou en moins des capitaux propres par référence à IAS 32.33.

Remarques :
1. L'opération d'emprunt ne donne lieu à aucune comptabilisation (pas de décomptabilisation des actions chez le prêteur par application d'IFRS 9.B3.2.16a). En application de la règle de symétrie d'IFRS 9.B3.1.1, il n'y a pas de comptabilisation possible de ces mêmes actions chez l'emprunteur. En outre, les actions propres étant des instruments de capitaux propres, elles sont donc hors champ d'application d'IFRS 9. Toutefois, en l'absence de règles de comptabilisation/décomptabilisation spécifiques, le raisonnement ne peut se faire que par analogie à une norme existante, la plus proche possible (IAS 8.11), à savoir à notre avis, la norme IFRS 9.
2. Contrairement à une vente à découvert normale (voir IFRS 9.BA.7), l'opération ne répond pas à la définition d'une dette, puisqu'il n'y a pas d'obligation de remettre de la trésorerie ou un autre actif financier (par exemple les actions d'un tiers), mais seulement un nombre fixe d'actions propres. Sur l'assimilation d'une vente à découvert à une vente à terme par l'IFRS IC, voir nº 46105.
3. Le fait de racheter ses actions propres pour les rendre au prêteur ne relève pas d'une obligation contractuelle. En conséquence, aucune dette n'est à comptabiliser (pas d'application d'IAS 32.23). L'entité pourrait d'ailleurs fort bien décider d'émettre de nouvelles actions pour s'acquitter de son engagement.
En revanche, lorsque l'emprunt est garanti par la remise d'espèces, l'entité doit comptabiliser un dépôt de garantie à l'actif (en contrepartie du crédit du compte Trésorerie). Ce dépôt est comptabilisé de manière indépendante de l'emprunt de titres pendant toute la durée de l'opération. Il est remboursé à la fin de l'emprunt, lors de la restitution des actions propres empruntées.
Si l'opération fait l'objet d'une couverture, cette dernière ne peut être qualifiée sur le plan comptable (impossibilité de déclarer couvrir un instrument de capitaux propres puisque celui-ci n'affecte pas les résultats de l'entité) (IFRS 9.6.3.1 et .B6.3.5).
L'instrument de couverture ayant de fortes chances de se dénouer par la remise d'un montant net de trésorerie (ou pouvant être dénoué de cette manière-là) ne répondra pas à la définition d'un instrument de capitaux propres et sera comptabilisé comme un dérivé actif (à la juste valeur par résultat). L'opération se traduira alors par un impact en résultat (non compensé par la plus ou moins-value réalisée sur les actions couvertes).

Programme de rachat d'actions propres (régularisation de cours) confié à un PSI agissant de manière indépendante dans le cadre d'un contrat de liquidité

Question 44610

Comment comptabiliser un programme de rachat d'actions propres (régularisation de cours) confié à un prestataire de services d'investissement (PSI) agissant de manière indépendante dans le cadre d'un contrat de liquidité ?

Réponse

Les achats et ventes d'actions propres réalisés par le prestataire pour le compte du groupe coté sont comptabilisés directement en capitaux propres, sans devoir comptabiliser une dette pour les rachats futurs, sous réserve que le mandat confié au PSI soit contractuellement résiliable ad nutum, sans pénalité de rupture et que cette résiliation soit légalement possible (en ne contrevenant pas aux règles relatives aux délits d'initiés, par exemple). A défaut du respect de ces conditions, une dette doit être constatée, voir nº 44640.

Commentaires :

1. **Réglementation** Depuis le règlement européen du 22 décembre 2003 (Règl. CE 2273/2003) portant sur les modalités d'application de la directive 2003/6/CE relative aux abus de marché, l'AMF considère que toute activité visant à assurer la liquidité ou à animer le marché du titre doit être confiée à un prestataire de services d'investissement (PSI) agissant de manière indépendante, dans le cadre d'un contrat de liquidité (position AMF relative à la mise en œuvre du régime de rachat d'actions, Revue mensuelle de l'AMF de mars 2005, révisée à plusieurs reprises dont la dernière fois en avril 2017).

Dans le cadre du règlement européen actuellement applicable sur les abus de marché nº 596/2014 du 16 avril 2014 (règlement « MAR »), complété par deux autres règlements délégués de février et mars 2016, l'AMF a considéré que seul le contrat de liquidité sur actions pouvait être maintenu en tant que pratique de marché admise au regard des nouveaux critères d'appréciation posés par MAR (Position-recommandation AMF 2017-04 : Guide relatif aux interventions des émetteurs cotés sur leurs propres titres et aux mesures de stabilisation).

Ce n'est que sous ces conditions que les programmes de rachat d'actions propres pour régularisation de cours continuent à être autorisés.

2. **Traduction comptable** A notre avis, lorsque le mandat confié au PSI est contractuellement résiliable ad nutum, sans pénalité de rupture et que cette résiliation est légalement possible (en ne contrevenant pas aux règles relatives aux délits d'initiés, par exemple), les achats et ventes d'actions propres (réalisés par le PSI pour le compte du groupe coté) sont alors comptabilisés directement dans les capitaux propres du groupe concerné, comme toute opération directe sur actions propres, voir nº 44605.

Sur le traitement comptable applicable lorsque ces conditions ne sont pas respectées, voir nº 44640.

Dans ce cas, en effet :
- d'une part, les mouvements sur actions ordonnés par le PSI pour le compte du groupe coté sont directement comptabilisés sur son compte-titres, au titre du contrat de liquidité ouvert à son nom dans les comptes du PSI. Le groupe coté reste ainsi directement exposé aux plus/moins-values de cessions constatées sur les actions propres achetées/vendues par le PSI ;
- et d'autre part, le groupe coté conserve le contrôle final sur ces actions puisque le mandat confié au PSI est résiliable à tout moment et que les actions propres gérées par ce dernier dans le cadre du contrat de liquidité peuvent être confiées à tout moment à un autre intermédiaire de marché.

B. Dérivés sur actions propres

Qualification d'un dérivé sur actions propres (règle du « fixe contre fixe »)

44615 *Question*

Un dérivé sur actions propres est-il toujours qualifié d'instrument de capitaux propres ?

Réponse

Non. Ce n'est le cas que s'il peut se dénouer uniquement par l'échange physique d'un nombre fixe d'actions propres contre un montant fixe de trésorerie ou d'un autre actif financier (règle dite du « fixe contre fixe »).

Toutefois, en pratique, il existe des cas où soit le nombre d'instruments de capitaux propres octroyés, soit le montant de trésorerie ou d'actif financier échangé, peut varier sans que cela remette en cause le respect de la règle du « fixe contre fixe ». Il en est ainsi lorsqu'une clause contractuelle anti-dilutive prévoit un ajustement du nombre d'actions de telle sorte que : **44615** (suite)

- les droits respectifs des actionnaires et des détenteurs des BSA (« bons de souscription d'actions ») sont identiques avant et après le fractionnement des actions ; et
- les BSA auraient, sans cette clause, satisfait la règle du « fixe contre fixe ».

Par ailleurs, lorsque le nombre d'actions propres ou le montant de trésorerie échangé physiquement évolue uniquement en fonction du passage du temps, il existe, à notre avis, un choix de méthode pour qualifier l'instrument :

- soit d'instrument de capitaux propres, la règle du « fixe contre fixe » étant considérée comme respectée ;
- soit d'instrument de dette, au motif que les prix d'exercice prédéterminés introduisent une variabilité contraire à la règle du « fixe contre fixe ».

Commentaires :

1. **Dérivé sur actions propres : différentes possibilités de dénouement** Un dérivé sur actions propres (tel qu'une option d'achat, de vente ou un contrat à terme ferme) peut se dénouer de différentes manières, c'est-à-dire :

- par l'échange physique d'actions propres contre un montant de trésorerie (« gross physical settlement ») ;
- par un règlement net en actions propres (« net shares settlement ») ;

  Dans ce cas, seul le nombre d'actions équivalent à la juste valeur du dérivé (perte ou gain) est échangé

- par un règlement net en trésorerie (« net cash settlement ») ; ou enfin
- au choix de l'une ou de l'autre partie, par l'une des différentes possibilités décrites ci-avant.

Ces alternatives de dénouement peuvent être :

- soit à l'initiative de l'une ou l'autre des contreparties au contrat ;
- soit dépendre d'un événement extérieur aux parties cocontractantes et s'imposer alors à ces dernières.

2. **Qualification d'instrument de capitaux propres (règle dite du « fixe contre fixe »)** Pour pouvoir être qualifié d'instrument de capitaux propres, un dérivé sur actions propres ne doit pouvoir être dénoué que par l'échange d'un **nombre fixe d'actions propres** (ou autres instruments de capitaux propres) **contre** un **montant fixe de trésorerie** ou d'un autre actif financier (IAS 32.16b.ii) ;

Remarques :

1. A cet effet, la remise ou la réception de dérivés sur actions propres (instruments constituant eux-mêmes des contrats de réception ou de livraison future d'instruments de capitaux propres de l'émetteur) n'est pas considérée comme la remise ou réception d'un instrument de capitaux propres (IAS 32.16b.ii) et déqualifie donc l'instrument qui doit être comptabilisé comme un dérivé à part entière.
2. Concernant les droits (bons) de souscription d'actions à prix fixe émis dans une devise étrangère, voir n° 44670.

Toutefois, en pratique, il existe des cas où soit le nombre d'instruments de capitaux propres octroyés, soit le montant de trésorerie ou d'actif financier échangé, peut varier sans que la règle du « fixe contre fixe » décrite ci-avant soit considérée comme étant non respectée.

Ainsi, par exemple, une clause anti-dilutive prévoyant un ajustement du nombre d'actions suite à un fractionnement des actions de l'émetteur ne déqualifie pas le BSA d'instrument de capitaux propres si les droits respectifs des actionnaires et des détenteurs des BSA sont identiques avant et après le fractionnement des actions et si les BSA auraient, sans cette clause, satisfait à la règle du « fixe contre fixe ». Il en est de même d'un ajustement du prix d'exercice basé sur des paiements de dividendes en actions ou sur l'émission d'actions gratuites aux actionnaires.

En revanche, d'autres clauses (y compris des clauses dites « anti-dilutives ») peuvent entraîner la déqualification par rapport à la notion d'instrument de capitaux propres. L'analyse des caractéristiques juridiques du contrat et de l'opération dans son ensemble doit donc être effectuée avec la plus grande attention.

44615 (suite) ■ *Exemple 1*

Clause anti-dilutive *Soit une société au capital de 1 000 K€ représenté par 100 000 actions au pair de 10 € par action. Le 1/01/N la société émet des bons de souscription d'actions (BSA) dont les termes sont les suivants : prix d'exercice : 1 action pour 10 €, terme : 10 ans, exerçables à tout moment. En outre, une clause précise qu'en cas d'émission de capital à un prix de marché en dessous du pair des actions, le prix d'exercice des BSA sera ajusté sur la base du nouveau prix d'émission des actions. Le 1/01/N+2, la société procède à une émission de capital à 5 € l'action, car depuis le 1/01/N le cours de l'action a baissé.*

Solution de l'exemple 1 *Au 1/01/N, l'actionnaire et le porteur de BSA ont les mêmes droits. L'un possède une action de 10 € et l'autre a le droit d'en posséder une.*
Après l'émission de capital, le prix d'exercice des BSA est modifié. Si ni l'actionnaire ni le porteur de BSA n'a participé à l'émission, l'actionnaire détient une action qui ne vaut plus que 5 € mais qu'il a payée 10 €, alors que le porteur de BSA a désormais le droit de souscrire 1 action en ne versant que 5 €.
Le porteur de BSA n'est donc pas exposé aux mêmes risques de fluctuations de la valeur de l'action que ne l'est l'actionnaire. La clause d'ajustement du prix d'exercice des BSA a ainsi ici pour objectif de protéger les droits du porteur de BSA, et ce au détriment des droits de l'actionnaire. Il n'y a donc pas maintien des droits des parties.
Au cas particulier, le BSA ne peut en conséquence pas être comptabilisé comme un instrument de capitaux propres. Il doit être comptabilisé comme un instrument dérivé et évalué à la juste valeur par résultat.

■ *Exemple 2*

Clause anti-dilutive sous le contrôle de l'émetteur *Reprise de l'exemple 1 mais la société émettrice a le choix d'appliquer ou non la clause d'ajustement du prix d'exercice des BSA suite à une émission de capital à un prix de marché en dessous du pair des actions.*

Solution de l'exemple 2 *Pour déterminer si le BSA peut être comptabilisé comme un instrument de capitaux propres, il n'est pas possible de considérer que l'émetteur peut éviter d'ajuster le prix d'exercice des BSA et ainsi éviter d'appliquer la clause anti-dilutive, qui ne maintient pas le droit des parties.*
En effet, le fait qu'une obligation contractuelle de payer soit sous le contrôle de l'émetteur (c'est-à-dire qu'il a un droit inconditionnel d'éviter de payer) n'est à considérer que lorsque l'instrument n'est pas un dérivé.
Au cas particulier, un BSA est par nature un instrument dérivé. En conséquence, seul le respect ou non de la règle du « fixe contre fixe » doit être pris en considération.

Pour plus de détails, voir n° 44350.

3. Cas particulier d'un instrument dont le prix d'exercice est prédéterminé et varie en fonction de la date d'exercice de l'option L'IFRS IC a examiné la question de la nature d'un instrument dont le prix d'exercice est déterminé à l'origine mais dont la valeur dépend de la date d'exercice de l'instrument (par exemple prix d'exercice de 1 € si exercice de l'option l'année 1, et prix d'exercice de 2 € si exercice de l'option l'année 2).

L'IFRS IC a reconnu l'existence d'une diversité de la pratique sur la comptabilisation d'un tel instrument sans émettre d'interprétation sur ce point (IFRIC Update 01/10). En conséquence, il existe à notre avis un choix de méthode comptable pour qualifier cet instrument :
- soit d'instrument de capitaux propres, la règle du « fixe contre fixe » étant considérée comme respectée ;
- soit d'instrument de dette, au motif que les prix d'exercice prédéterminés introduisent une variabilité contraire à la règle du « fixe contre fixe ».

■ *Exemple 3*

Passage du temps *Soit une option d'achat sur actions propres qui prévoit l'émission de 100 actions contre la remise de 100 € en N et l'émission de 150 actions propres contre 125 € en N+1.*
Cet instrument aurait pu être divisé en deux instruments séparés et indépendants : le premier concernant l'année N (call sur 100 actions échangées contre 100 €) et le second ayant trait à l'année N+1 (call sur 150 actions échangées contre 125 €), chacun de ces deux instruments respectant la règle du « fixe contre fixe ».

4. Cas particulier d'un dérivé sur actions propres prévoyant plusieurs modes de dénouement IAS 32.26 stipule qu'en cas de choix par l'une ou l'autre des parties du mode de dénouement du contrat, tous les modes de dénouement possibles doivent uniquement conduire à l'échange d'un nombre fixe d'actions propres contre un montant fixe de trésorerie pour que le contrat soit comptabilisé en capitaux propres.

Autrement dit, il ne doit exister qu'**une seule possibilité** de dénouement (l'échange d'un nombre fixe d'actions propres contre un montant fixe de trésorerie) pour qu'un dérivé sur actions propres puisse être qualifié d'instrument de capitaux propres. Dans le cas contraire, et quand bien même le choix serait sous contrôle de l'émetteur, si le dénouement peut être effectué autrement que par l'échange d'un nombre fixe d'actions propres contre un montant fixe de trésorerie, l'instrument serait classé en dettes.

En effet, la pratique passée et l'intention de la direction ne sont pas des facteurs déterminants en la matière. En outre, les entreprises ne doivent pas avoir la possibilité de contourner la règle comptable simplement en incluant la possibilité d'un dénouement par l'échange physique d'un nombre fixe d'actions, contre un montant fixe de trésorerie (IAS 32.BC20).

■ *Exemple 4*

Une option sur actions propres qui peut être dénouée – au choix de l'entreprise émettrice – soit par un paiement net en trésorerie (« net cash settlement ») soit par l'échange d'un nombre fixe de ses propres actions contre un montant fixe de trésorerie (« gross physical settlement ») n'est pas un instrument de capitaux propres, quand bien même l'entreprise qui a émis l'option en choisit le mode de règlement (IAS 32.27).

Instrument de capitaux propres avec dérivés incorporés

Question 44620

Comment traite-t-on un instrument de capitaux propres contenant un ou plusieurs dérivés incorporés ?

Réponse

Dès lors que l'instrument répond dans son intégralité à la définition d'un instrument de capitaux propres, aucune comptabilisation séparée n'est à effectuer. L'instrument est initialement comptabilisé pour son prix de transaction et ne fait l'objet d'aucune réévaluation ultérieure, voir n° 44405.

Commentaires :

1. **Caractéristique de l'instrument** Une entreprise émet un instrument dans lequel tous les paiements éventuels (en capital ou en rémunération) sont à son entière discrétion (aucune obligation contractuelle de remettre de la trésorerie ou un autre actif financier). Toutefois, si l'entreprise décide d'effectuer un paiement, ce paiement varie en fonction d'une variable de référence, par exemple le cours d'une devise étrangère ou le prix d'une matière première.

2. **Traitement comptable** La question se pose de savoir si l'entreprise doit comptabiliser séparément le dérivé incorporé correspondant. Sachant que l'instrument ne comporte absolument aucune obligation contractuelle de remettre de la trésorerie ou un autre actif financier, ce dernier est qualifié d'instrument de capitaux propres selon IAS 32.16. Par ailleurs, l'éventuel dérivé incorporé ne répond pas à la définition d'un dérivé selon IFRS 9.A (voir n° 48535) dès lors qu'il n'y a aucune obligation de dénouement. En conséquence, ce « dérivé » n'entre pas dans le champ d'application de la norme IFRS 9.

Remarque Cette approche ne s'applique pas dans le cas d'un dérivé indépendant (« stand-alone »). Ce dernier donnera forcément lieu à comptabilisation en capitaux propres s'il respecte la règle du « fixe contre fixe » d'IAS 32.16b.ii et .26 ; voir n° 44615.

Comptabilisation d'un dérivé sur actions propres comme un instrument de capitaux propres

Question 44625

Comment comptabiliser un dérivé sur actions propres qualifié d'instrument de capitaux propres ?

Réponse

L'instrument est initialement comptabilisé pour son prix de transaction et ne fait l'objet d'aucune réévaluation ultérieure. A l'échéance, les actions acquises (ou émises) sont

44625 (suite) comptabilisées pour la contrepartie de la trésorerie versée (ou reçue). Il n'y a aucun impact en résultat.

Toutefois, l'entreprise doit comptabiliser une dette si l'instrument comporte un engagement de rachat d'actions propres (achat à terme ferme ou vente de put) se dénouant par l'échange d'un nombre fixe d'actions propres contre un montant fixe de trésorerie (« gross physical settlement »).

Commentaires La norme IAS 32 développe plusieurs exemples précisant le traitement comptable à appliquer dans le cas d'un dérivé se dénouant par l'échange d'un nombre fixe d'actions propres contre un montant fixe de trésorerie (« gross physical settlement »).

Dans ce cas, le dérivé sur actions propres répond à la qualification d'un instrument de capitaux propres (voir n° 44615) et est traité comme tel (voir Exemples 1 à 3 ci-après).

Toutefois, s'il comporte l'obligation pour l'entreprise de verser de la trésorerie contre le rachat de ses actions propres, une dette doit également être comptabilisée (voir Exemple 4 ci-après).

■ *Exemple 1*

Achat d'une option d'achat (call) sur actions propres *Le 1/02/N, une entreprise achète le droit (mais n'a pas l'obligation) de racheter 1 000 actions propres au prix unitaire de 102, contre le paiement d'une prime initiale de 5 000.*
Le 31/01/N+1, à la date d'exercice de l'option, le cours de l'action vaut 104.

Solution de l'exemple 1 *Le traitement comptable est le suivant (IAS 32.IE15) :*
*1. **Le 1/02/N,** lors du paiement de la prime :*

Dt	*Capitaux propres – Prime (achat de call sur actions propres)*	*5 000*	
Ct	*Banque*		*5 000*

*2. **Le 31/12/N,** lors de la clôture annuelle, aucune écriture n'est à comptabiliser (pas de réévaluation de l'option achetée).*
*3. **Le 31/01/N+1,** lors de l'exercice de l'option et du rachat des actions propres :*

Dt	*Capitaux propres – Actions propres rachetées*	*102 000*	
Ct	*Banque*		*102 000*

■ *Exemple 2*

Achat d'une option de vente (put) sur actions propres *Le traitement comptable est identique à celui d'un achat de call (voir ci-avant), à la différence près que l'option est exercée en cas de baisse des cours et que l'entreprise ne décaisse pas mais reçoit de la trésorerie lors de la livraison physique de ses actions (IAS 32.IE25).*

■ *Exemple 3*

Vente d'une option d'achat (call) sur actions propres *Le traitement comptable est identique à celui d'un achat de call (voir ci-avant), à la différence près que l'entreprise encaisse la prime initiale et qu'elle reçoit de la trésorerie contre la livraison de ses actions propres si l'option est exercée à l'échéance (IAS 32.IE27).*

■ *Exemple 4*

Achat ferme (« forward » ou « future ») ou vente d'une option de vente (put) *Dans ce cas, l'entreprise s'est engagée à racheter ses propres actions contre le versement d'un montant fixe de trésorerie, soit de manière ferme (cas d'un « forward » ou d'un « future »), soit à la demande de la contrepartie, si les cours baissent (cas d'une vente de put).*
*L'obligation de remettre de la trésorerie **constitue une dette** à hauteur de la valeur actualisée du montant du rachat (IAS 32.23 ; voir n° 44525).*
Le 1/02/N, une entreprise vend un put donnant le droit à la contrepartie de lui céder 1 000 de ses propres actions à un prix d'exercice de 98 par action le 1/01/N+1. Pour cela, elle encaisse une prime de 5 000.
La valeur actualisée du montant du rachat (98 000) dans un an s'élève à 95 000, les intérêts (3 000) se répartissant pour 2 750 sur l'année N et 250 sur l'année N+1.

Solution de l'exemple 4 *Le traitement comptable est le suivant (IAS 32.IE30) :*
1. Le 1/02/N, lors de la vente du put, comptabilisation de la prime encaissée et déclassement des actions sous-jacentes, de capitaux propres à dettes :

Dt	*Trésorerie*	*5 000*	
Ct	*Capitaux propres – Prime (vente de put sur actions propres)*		*5 000*

Dt	*Capitaux propres*	*95 000*	
Ct	*Dettes (valeur actualisée du montant du rachat)*		*95 000*

2. Le 31/12/N, lors de la clôture annuelle, comptabilisation des intérêts (désactualisation) liés à la dette :

Dt	*Charges financières – Désactualisation*	*2 750*	
Ct	*Dettes (valeur actualisée du montant du rachat)*		*2 750*

3. Le 31/01/N+1, à la date d'échéance de l'option :
– fin de comptabilisation des intérêts liés à la dette :

Dt	*Charges financières – Désactualisation*	*250*	
Ct	*Dettes (valeur actualisée du montant du rachat)*		*250*

– si l'option est exercée :

Dt	*Dettes*	*98 000*	
Ct	*Banque*		*98 000*

– si l'option n'est pas exercée :

Dt	*Dettes*	*98 000*	
Ct	*Capitaux propres*		*98 000*

Comptabilisation d'un dérivé sur actions propres qualifié de dérivé actif ou passif

Question 44630

Comment comptabiliser un dérivé sur actions propres qualifié de dérivé actif ou passif ?

Réponse

L'instrument est initialement comptabilisé à sa juste valeur.

Il est par la suite réévalué à la juste valeur à chaque date de clôture, les variations de cette juste valeur étant comptabilisées en résultat.

Commentaires La norme IAS 32 développe plusieurs exemples précisant le traitement comptable à appliquer dans le cas d'un dérivé se dénouant à l'échéance :
– par un règlement net en trésorerie (« net cash settlement ») ;
– par un règlement net en actions propres (« net shares settlement ») ; ou enfin
– au choix de l'une ou l'autre des parties, par un règlement net en trésorerie, un règlement net en actions ou par l'échange d'un montant fixe de trésorerie contre un nombre fixe d'actions.

Dans tous ces cas de figure, l'instrument est traité comme un **dérivé à part entière** (actif ou passif) et est évalué à la juste valeur par résultat (voir nº 44600).

Remarque Dans tous les cas, aucun déclassement en dettes des actions sous-jacentes n'a à être effectué.

■ *Exemple 1*

Achat d'une option d'achat (call) sur actions propres *Le 1/02/N-1, une entreprise achète le droit (mais n'a pas l'obligation) de racheter 1 000 actions propres au prix unitaire de 102, contre le paiement d'une prime initiale de 5 000. A cette même date, le cours de l'action vaut 100. L'option peut être dénouée par un règlement net en trésorerie, c'est-à-dire sans la réception physique des actions sous-jacentes.*

44630 (suite) *Le 31/01/N (date de clôture) et le 31/01/N+1 (date d'échéance de l'option), le cours de l'action vaut 104. La juste valeur de l'option vaut respectivement 3 000 au 31/01/N et 2 000 au 31/01/N+1.*

Solution de l'exemple 1 *Le traitement comptable est le suivant (IAS 32.IE13) :*

*1. **Le 1/02/N-1,** lors du paiement de la prime :*

Dt	Actif – Prime (achat de call sur actions propres)	5 000	
Ct	Banque		5 000

*2. **Le 31/01/N,** lors de la clôture annuelle, réévaluation du call acheté à sa juste valeur par résultat :*

Dt	Autres profits (pertes) net – Perte sur achat de call sur actions propres	2 000	
Ct	Actif – Prime (achat de call sur actions propres)		2 000

*3. **Le 31/01/N+1,** lors de l'exercice de l'option et du rachat des actions propres :*
– évaluation à la juste valeur par résultat du call acheté :

Dt	Autres profits (pertes) net – Perte sur achat de call sur actions propres	1 000	
Ct	Actif – Prime (achat de call sur actions propres)		1 000

– exercice du call et réception de la trésorerie correspondante (« net cash settlement ») :

Dt	Banque	2 000	
Ct	Actif – Prime (achat de call sur actions propres)		2 000

Remarque *Si le dénouement de l'option se fait en « **net shares settlement** », c'est-à-dire que l'entreprise reçoit un nombre d'actions propres équivalent au gain de 2 000 (soit 19,2 actions = 2 000/104), elle comptabilise les mêmes écritures, sauf la dernière, qui est alors la suivante (IAS 32.IE14) :*

Dt	Capitaux propres	2 000	
Ct	Actif – Prime (achat de call sur actions propres)		2 000

■ *Exemple 2*

Achat à terme ferme d'actions propres *Le 1/02/N, une entreprise s'engage à acheter à terme au 31/01/N+1 et de manière ferme 1 000 actions propres au prix unitaire de 104.*
*Le contrat se dénoue par le versement d'un montant net de trésorerie représentatif de la perte ou du gain correspondant (« **net cash settlement** »).*
L'évolution du cours de l'action et du contrat d'achat à terme ferme (« forward ») est la suivante :

	1/02/N	31/12/N	31/01/N+1
Cours de l'action	100	110	106
Juste valeur du contrat d'achat à terme ferme des actions propres (gain)	0	6 300	2 000 (1)
(1) (106 – 104) × 1000 = 2 000			

Solution de l'exemple 2 *Le traitement comptable est le suivant (IAS 32.IE2) :*

*1. **Le 1/02/N,** lors de la signature du contrat d'achat à terme ferme, aucune écriture n'est comptabilisée (la juste valeur du contrat étant égale à zéro) ;*

> ***Remarque*** *Si le contrat avait prévu un dénouement en « gross physical settlement », une dette aurait été comptabilisée, voir n° 44625.*

*2. **Le 31/12/N,** lors de la clôture annuelle, réévaluation du contrat d'achat à terme ferme et comptabilisation du gain correspondant :*

Dt	Actif – Contrat d'achat à terme ferme sur actions propres	6 300	
Ct	Autres profits (pertes) net – Gain sur contrat d'achat à terme ferme sur actions propres		6 300

3. Le 31/01/N+1, à l'échéance du contrat d'achat à terme ferme sur actions propres :
– réévaluation du contrat et comptabilisation de la perte correspondante (les cours ayant baissé depuis la clôture précédente) :

Dt	*Autres Profits (pertes) net – Perte sur contrat à terme ferme sur actions propres*	*4 300*	
Ct	*Actif – Contrat d'achat à terme ferme sur actions propres*		*4 300*

– dénouement du contrat d'achat à terme ferme par réception d'un montant de trésorerie (gain net de 2 000) :

Dt	*Banque*	*2 000*	
Ct	*Actif – Contrat d'achat à terme ferme sur actions propres*		*2 000*

Engagement contractuel de rachat d'actions

Question 44635

Quelles sont les conséquences comptables d'un engagement contractuel de rachat de ses actions propres ?

Réponse

Les actions sous-jacentes doivent être déclassées en dettes. Cette dette est ensuite comptabilisée selon les dispositions d'IFRS 9 qui diffèrent selon que le rachat se fait à prix fixe ou à prix variable.

Si à l'échéance les actions ne sont pas livrées, la valeur comptable de la dette est reclassée en capitaux propres.

Commentaires :

1. **Principe général** Selon IAS 32.23, sauf exceptions prévues (voir nº 44520 s.), un contrat imposant à une entité d'acheter ses propres instruments de capitaux propres en contrepartie de trésorerie ou d'un autre actif financier, crée un passif financier à hauteur de la valeur actualisée du montant du rachat (par exemple, à hauteur de la valeur actualisée du prix de rachat à terme, du prix d'exercice de l'option ou d'un autre montant de rachat). C'est le cas même si le contrat lui-même est un instrument de capitaux propres.

Cette règle impose ainsi le déclassement des actions sous-jacentes en dettes (création d'un passif financier). Elle est distincte de la comptabilisation du contrat lui-même (bien souvent un dérivé, comme par exemple une vente de puts sur actions propres). Comme indiqué par la norme, ce contrat peut être qualifié d'instrument de capitaux propres, s'il respecte la règle du « fixe contre fixe » (voir nº 44615). Pour autant, il conduit au déclassement en dettes des actions sous-jacentes, dès lors qu'il contient pour l'entreprise un engagement contractuel de rachat de ses actions propres.

IAS 32.23 donne l'exemple d'un contrat d'achat à terme ferme qui fait obligation à l'entreprise de racheter ses actions propres contre de la trésorerie.

De même, si l'engagement de rachat peut se dénouer de différentes manières, dont l'une au moins oblige à un rachat physique des actions contre la remise de trésorerie, l'émetteur doit procéder au déclassement des actions propres sous-jacentes (choix du dénouement hors de son contrôle) (IAS 32.IE31).

2. **Traitement comptable de la dette** Lors de la comptabilisation initiale du passif financier selon IFRS 9, sa juste valeur (la valeur actualisée du montant du rachat) est reclassée, en déduction des capitaux propres. Par la suite, le passif financier est évalué selon IFRS 9. Si le contrat arrive à expiration sans livraison, la valeur comptable du passif financier est reclassée en capitaux propres (IAS 32.23).

En conséquence, le traitement comptable est le suivant (IAS 32.IE5 et .IE30) :

a. **A la signature de l'engagement,** les actions sont sorties des capitaux propres pour le montant correspondant à la juste valeur de la dette sous-jacente (valeur actualisée du montant du rachat). L'écart existant entre le montant comptabilisé lors de l'émission des actions et la juste valeur de la dette apparaît en moins (ou en plus) des capitaux propres.

b. Pendant toute la durée de l'opération, la dette correspondante est évaluée selon les dispositions d'IFRS 9, à savoir :
- si le prix de rachat est fixe, la dette est comptabilisée au coût amorti et fait apparaître, en charges financières, le montant de la désactualisation ;
- si le prix de rachat est variable et que ce prix est représentatif de la juste valeur des actions (cours coté ou formule représentative de la valeur de marché des actions, pour des actions non cotées) ou dépend d'une formule le montant de la dette est réajusté selon IFRS 9.B5.4.6 (« catch up method », voir n° 46835), pour tenir compte de la réestimation des flux de trésorerie à verser à l'échéance de l'engagement (impact en résultat).

Pour la comptabilisation dans les comptes consolidés d'une option de vente octroyée à un minoritaire d'une filiale sur les actions qu'il détient, voir n° 24350 s. et pour l'évolution possible de cette comptabilisation, voir n° 24300.

c. A l'échéance de l'engagement, deux cas de figure peuvent se produire :
- soit les actions sont livrées physiquement contre un versement de trésorerie. Dans ce cas, la dette est éteinte (en contrepartie du crédit du compte Trésorerie) ;
- soit les actions ne sont pas livrées (l'option n'est pas exercée par la contrepartie, par exemple). Dans ce cas, la dette est reclassée en capitaux propres, pour sa valeur nette comptable.

Programme de rachat d'actions propres (régularisation de cours) avec engagement de rachat des actions auprès de la banque

44640 ***Question***

Comment comptabiliser un programme de rachat d'actions propres ayant pour objectif une régularisation de cours et contenant un engagement de rachat des actions auprès de la banque intermédiaire ?

Réponse

L'entreprise doit constater une dette pour le montant maximal d'actions qu'elle s'est contractuellement engagée à racheter auprès de la banque (ou de ses actionnaires) et qu'il lui reste à racheter à la date de clôture.

L'évaluation de la dette varie selon que le programme de rachat comporte un plafond en volume d'actions ou un plafond en valeur monétaire.

Par ailleurs, l'entreprise doit s'assurer que ce type de programme respecte bien la réglementation boursière en vigueur.

Commentaires :

1. Description de l'opération Une société cotée a mis en place un programme de rachat de ses propres actions en mandatant une banque pour qu'elle achète sur le marché un certain nombre (plafond en volume) ou un certain montant (plafond en valeur absolue) de ses propres actions.

La société s'engage à racheter, à la fin du programme, l'ensemble des actions que la banque aura acquis sur le marché. Les actions sont donc acquises directement sur le marché par la banque qui les cède ensuite à la société au prix payé sur le marché, majoré d'une commission ou d'une certaine marge. La banque reste libre de décider combien d'actions acheter et quand les acheter, en fonction des volumes échangés quotidiennement sur le marché et des contraintes imposées par la réglementation boursière.

Il ne s'agit donc pas d'un contrat de portage. Pour autant la société s'est engagée de manière irrévocable auprès de la banque à lui racheter la totalité des actions que cette dernière aura acquises dans le cadre du programme.

Pour le cas où le programme de rachat d'actions propres ne contient pas d'engagement de rachat des actions propres, voir n° 44610.

2. Traduction comptable L'approche est la suivante :

a. Comptabilisation d'une dette L'entreprise s'est contractuellement engagée à racheter toutes les actions (ses propres actions) que la banque aura acquises sur le marché. En application d'IAS 32.23 (voir n° 44635), l'entreprise doit comptabiliser une dette pour le montant actualisé du rachat (avec pour contrepartie un débit des capitaux propres).

b. Evaluation du montant de la dette L'approche varie selon que le programme de rachat comporte un plafond en volume ou en valeur absolue.

– **Plafond en volume (nombre maximum d'actions)** Dans ce cas, le montant initial de la dette est évalué en retenant le nombre maximal d'actions que la banque est autorisée à racheter (et que l'entreprise s'est irrévocablement engagée à reprendre) multiplié par le cours de l'action à la date de clôture (représentatif de la meilleure estimation possible du prix de rachat).

Remarque Même si l'entreprise connaît le prix exact de rachat avant la date d'arrêté des comptes, il s'agit d'un événement postérieur à la date de clôture ne donnant pas lieu à ajustement (IAS 10.11).

Par la suite, le montant est réajusté selon IFRS 9.B5.4.6 (« catch up method », voir n° 46835), pour tenir compte de l'évolution du cours de l'action sur les exercices suivants (impact en résultat). En revanche, si le nombre d'actions maximum n'est pas atteint, l'opération est traduite comme une option qui expire sans être exercée : le montant comptabilisé en dettes est recrédité en capitaux propres (extinction de la dette, et pas d'impact en résultat).

– **Plafond en valeur monétaire (montant maximum)** Dans ce cas, le montant initial de la dette est égal au montant maximum de rachat autorisé (que la société ne peut éviter de payer si la banque le lui demande), actualisé au premier jour de mise en place du programme.

Par la suite, ce montant n'est pas réévalué, sauf pour tenir compte de la désactualisation (avec impact résultat en charges financières). A la fin du programme, le montant comptabilisé en dettes est recrédité en capitaux propres que le programme ait été entièrement réalisé ou non (extinction de la dette) (IAS 32.23 et .IE30).

Remarque Les entreprises doivent toujours s'assurer que ce type de programme respecte bien la réglementation boursière en vigueur.

c. Cas particulier d'un contrat résiliable à tout moment mais avec périodes d'abstention (encore appelées « black-out ») Certains programmes de rachat d'actions prévoient la faculté pour la société de rompre le contrat confié à la banque ad nutum sauf pendant certaines périodes dites « d'abstention » (ou encore « black out periods »). Dans ce cas, il convient de déterminer si ces périodes d'abstention pendant lesquelles la société est soumise à l'obligation contractuelle de racheter ses actions propres coïncident (ou non) avec la date de clôture des comptes. Si tel est le cas, les conséquences comptables sont celles décrites au point 2.

A l'inverse, si les périodes d'abstention ne coïncident pas avec la date de clôture des comptes, l'entreprise possède alors l'entière discrétion d'éviter de racheter ses actions propres, étant en mesure de rompre le contrat conclu avec la banque avant le début de la prochaine période d'abstention.

Sur le traitement d'un programme de rachat d'actions propres (régularisation de cours) confié à un PSI agissant de manière indépendante, dans le cadre d'un contrat de liquidité, voir n° 44610.

Obligation de lancer une OPA suite à un franchissement de seuil

Question 44650

L'obligation de lancer une OPA à la suite d'un franchissement de seuil entraîne-t-elle la comptabilisation d'une dette ?

Réponse

Cette question a fait l'objet de débats au sein de l'IFRS IC et de l'IASB, initiés en 2012, et qui n'ont pas abouti à ce jour.

En effet, le sujet du traitement comptable de ces opérations avait été inscrit à l'ordre du jour d'une réunion intervenue en novembre 2012 et la question de la comptabilisation d'une dette financière a été abordée à cette occasion.

En l'absence de consensus, à notre avis, un choix de méthode comptable doit être fait : les entreprises peuvent aussi bien justifier la comptabilisation que la non-comptabilisation d'une dette au titre de cette obligation de rachat de minoritaires.

Commentaires :

1. **Contexte** A l'occasion d'une opération de regroupement d'entreprises, une entreprise peut être obligée – de par la loi – de lancer une OPA sur l'ensemble des actions non encore acquises de la cible parce qu'elle a franchi un certain seuil. La question s'est posée de savoir si cette obligation légale de lancer une OPA devait entraîner la comptabilisation d'une dette financière. L'IFRS IC a été sollicité à ce titre.

44650 (suite) **2. Historique des discussions au sein de l'IFRS IC et de l'IASB** A l'issue d'une première réunion en novembre 2012, l'IFRS IC a abouti à la conclusion que cette obligation légale ne constitue pas une dette financière au sens d'IAS 32. Le principal argument étant que l'obligation de paiement ne relève pas d'un contrat entre les parties, mais d'une obligation légale, ce qui n'est pas représentatif d'une dette financière selon IAS 32. Cette première conclusion de l'IFRS IC a soulevé des nombreuses questions et contestations. Le sujet a ainsi été inscrit à l'ordre du jour d'une deuxième réunion en mars 2013. Au cours de cette réunion, de nombreux arguments ont été avancés justifiant la comptabilisation d'une dette au titre de cette obligation légale de rachat de minoritaires (voir point 3b. ci-après). Une petite majorité du comité d'interprétation a ainsi adhéré à ce traitement. Il a alors été décidé de porter la question à l'IASB afin que le sujet soit inclus dans la Post-implementation Review (PIR) d'IFRS 3.

A l'issue d'une réunion tenue le 24 mai 2013, l'IASB a pris la décision de rediscuter du sujet lors des réflexions menées sur le traitement comptable des puts sur minoritaires, dans la mesure où ces deux opérations présentent les mêmes caractéristiques économiques.

En juin 2013, le sujet des puts sur minoritaires a été inclus dans le projet global FICE (« Financial Instruments with Characteristics of Equity », voir n° 44100) toujours en cours de développement par l'IASB. La question est donc en suspens à ce jour.

3. Analyse comptable Dans l'attente des conclusions des travaux de l'IASB sur le sujet, nous sommes d'avis qu'il existe un choix de méthode comptable, les deux options suivantes pouvant être argumentées :

a. Pas de comptabilisation d'une dette financière L'obligation légale de lancer une OPA suite à un franchissement de seuil n'entraîne pas la comptabilisation d'une dette (comme cela pourrait être le cas d'une vente de put à des minoritaires). En effet, avant le lancement de l'offre, il n'existe pas d'engagement contractuel entre les parties. Seul existe un cadre légal qui rend obligatoire le lancement de l'OPA.

En conséquence et en application d'IAS 32.17 et .AG12, il n'y a pas de dette financière à comptabiliser.

Selon IAS 32.17, pour distinguer un passif financier d'un instrument de capitaux propres, une caractéristique essentielle est l'existence d'une obligation contractuelle.

En outre, IAS 32.AG12 stipule que les actifs ou les passifs qui ne sont pas contractuels, comme les impôts sur le résultat qui résultent d'obligations légales imposées par les pouvoirs publics, ne sont pas des passifs financiers ou des actifs financiers et renvoie à la norme IAS 12, Impôts sur les résultats, pour de tels actifs ou passifs. La norme précise également que, de même, les obligations implicites définies dans IAS 37, Provisions, passifs éventuels et actifs éventuels, ne résultent pas de contrats et ne constituent pas des passifs financiers.

b. Comptabilisation d'une dette financière Nonobstant le point précédent, les arguments suivants présentés lors des travaux de l'IFRS IC permettent de justifier la comptabilisation d'une dette :

– cette obligation d'achat d'actions obéit à la définition d'un passif telle que donnée dans le Cadre conceptuel. Il s'agit d'une obligation actuelle résultant de la prise de contrôle de la société cible et dont le règlement se fera par une sortie de trésorerie pour la société ;

Selon le Cadre conceptuel, un passif est une obligation actuelle de l'entité de transférer une ressource économique résultant d'événements passés (Cadre.4.26).

– l'obligation d'OPA présente les mêmes caractéristiques économiques qu'un put sur intérêts minoritaires et de ce fait le même traitement comptable doit être appliqué, à savoir la comptabilisation d'une dette financière ;

En application d'IAS 32.AG29, la vente d'un put sur minoritaires donne lieu à la comptabilisation d'une dette selon la norme IAS 32 (voir n° 24350).

– le fait que le put sur minoritaires découlant de l'obligation de lancer une OPA soit une obligation légale et non contractuelle ne le différencie pas d'un put sur minoritaires ordinaire. En effet, cette obligation légale a un impact sur la relation contractuelle existante entre les actionnaires et l'entité via la détention des actions de celle-ci. Par analogie avec l'interprétation IFRIC 2, qui porte sur le traitement comptable de parts de coopératives, cette obligation légale doit être prise en compte dans l'analyse (IFRIC 2.5).

Le paragraphe en question stipule que, lors de l'analyse d'un instrument financier en dettes ou capitaux propres, l'entité doit plutôt prendre en compte tous les termes et conditions de l'instrument financier pour déterminer son classement en tant que passif financier ou capitaux propres. Ces termes et conditions incluent de tenir compte des législations locales, des réglementations et des statuts de l'entité en vigueur à la date du classement, mais pas les modifications futures qui pourraient être apportées à ces législations, réglementations ou statuts. Cet argument permet ainsi de classer en capitaux propres des parts de coopératives conférant à l'émetteur un droit inconditionnel de refuser de les racheter, bien que ce droit inconditionnel soit légal et non pas contractuel (voir n° 44590).

Traitement comptable des bons de souscription d'actions (BSA)

44665

Question

Comment traite-t-on l'émission d'un bon de souscription d'actions (BSA) ?

Réponse

L'approche varie selon que le bon émis répond (ou non) à la qualification d'un instrument de capitaux propres.

– Un BSA qualifié d'instrument de capitaux propres est comptabilisé en capitaux propres pour son prix de transaction (montant de la prime reçue). Il n'est pas réévalué par la suite.

– Un BSA qui ne répond pas à la qualification d'un instrument de capitaux propres est comptabilisé en dérivé passif, pour sa juste valeur à la date d'émission. Par la suite, il est évalué à la juste valeur, avec comptabilisation des variations de cette juste valeur en résultat.

Il peut toutefois exister des cas où cet instrument est hors champ d'application d'IFRS 9, parce que relevant d'une autre norme. Dans un tel cas, il suit les dispositions de la norme concernée.

Par exemple, IFRS 2, Paiement fondé sur des actions, ou IFRS 10, Etats financiers consolidés.

Concernant un BSA à prix fixe mais pour lequel le nombre de bons exerçables dépend des performances futures de l'émetteur (EBITDA ou autre), selon l'AMF et à notre avis, ce type de bons ne répond pas à la qualification d'un instrument de capitaux propres. En tout état de cause, une information adéquate doit être fournie en annexe.

Commentaires :

1. **Qualification (ou non) d'instrument de capitaux propres** Un bon de souscription d'actions (BSA) est une vente d'option d'achat (call) sur actions propres qui permet au détenteur de l'instrument de souscrire ou d'acheter des actions de la société. En IFRS, il est qualifié de dérivé (IFRS 9.B5.4.8).

En conséquence, pour pouvoir répondre à la définition d'un instrument de capitaux propres, il ne doit pouvoir se dénouer – quel que soit le cas de figure – que par l'échange d'un nombre fixe d'instruments de capitaux propres contre un montant fixe de trésorerie ou d'un autre actif financier (IAS 32.16b.ii et .26).

La norme précise ainsi qu'un contrat qui sera réglé par la livraison par l'entité d'un nombre fixe de ses instruments de capitaux propres en échange d'un montant fixe de trésorerie ou d'un autre actif financier est un instrument de capitaux propres ; comme par exemple la vente d'une option sur action qui confère à la contrepartie le droit d'acheter un nombre fixe d'instruments de capitaux propres de l'entité en échange d'un montant de trésorerie fixe (IAS 32.22 et .AG27).

Toutefois, en pratique, il existe des cas où soit le nombre d'instruments de capitaux propres octroyés, soit le montant de trésorerie ou d'actif financier échangé, peut varier sans que la règle du « fixe contre fixe » décrite ci-avant soit considérée comme étant non respectée (voir n° 44615).

L'analyse des caractéristiques juridiques du contrat et de l'opération dans son ensemble doit donc être effectuée avec la plus grande attention.

2. **Traitement comptable** L'approche varie selon que le BSA émis répond (ou non) à la définition d'un instrument de capitaux propres :

a. **BSA qualifié d'instrument de capitaux propres** Dans ce cas, le traitement comptable est le suivant (IAS 32.IE17 et .IE20 Exemple 4) :

– **comptabilisation initiale** : un BSA répondant à la définition d'un instrument de capitaux propres (voir ci-avant) est comptabilisé en capitaux propres, à hauteur de la contrepartie reçue (IAS 32.AG27a et .IE17), i.e. pour le montant de la prime reçue (prix de transaction) ;

La norme précise en effet que toute contrepartie reçue (telle que la prime reçue correspondant à l'option vendue ou au warrant sur actions propres) est directement ajoutée aux capitaux propres de l'émetteur (IAS 32.22 et .AG27a). Pour plus d'informations sur ce point, voir n° 44405.

44665 (suite) – **comptabilisation lors des arrêtés ultérieurs** : le BSA ne fait l'objet d'aucune réévaluation, s'agissant d'un instrument de capitaux propres. La norme précise en effet que les variations de la juste valeur d'un instrument de capitaux propres ne sont pas comptabilisées dans les états financiers (IAS 32.22 et .IE20) ;

– **comptabilisation lors du dénouement du BSA** : l'approche varie selon que le BSA est exercé ou pas.

Ainsi :

1. **si le BSA est exercé,** l'entité a l'obligation de remettre un nombre fixe d'instruments de capitaux propres (actions nouvellement émises ou anciennes actions rachetées) en échange du montant prédéfini de trésorerie. L'opération est comptabilisée comme une simple émission d'actions (débit : trésorerie ; crédit : capitaux propres) (IAS 32.IE21) ;
2. **si le BSA n'est pas exercé,** aucune écriture n'est comptabilisée ;
3. **si le BSA est racheté sur le marché** avant son échéance, la perte ou le gain correspondant est directement comptabilisé en capitaux propres.

b. BSA non qualifié d'instrument de capitaux propres Dans ce cas, le traitement comptable est le suivant (IAS 32.IE17, .IE18, .IE19 et .IE20 Exemple 4) :

– **comptabilisation initiale** : le BSA étant qualifié de dérivé à part entière (parce que son dénouement peut se faire par un règlement net en trésorerie, par un règlement net en actions propres, par la remise physique d'un nombre variable d'instruments de capitaux propres ou parce qu'il offre simplement un choix possible entre plusieurs formes de règlement possibles) est comptabilisé comme un dérivé passif, au bilan de l'émetteur (IAS 32.AG27c et.AG27d et .IE18 à .IE20).

Comme tout instrument financier relevant d'IFRS 9, il doit être comptabilisé à sa juste valeur lors de sa comptabilisation initiale (IFRS 9.5.1.1) ;

La norme précise en effet qu'un tel contrat est un passif financier même si la variable sous-jacente est l'action propre de la société (IAS 32.AG27d).

– **comptabilisation lors des arrêtés ultérieurs** : le BSA est évalué à sa juste valeur, les variations de cette juste valeur étant comptabilisées en résultat (IFRS 9.5.3.1 et IAS 32.IE18 à .IE20) ;

– **comptabilisation lors du dénouement du BSA** : l'approche varie selon que le BSA est exercé ou pas.

Ainsi :

1. **si le BSA est exercé,** l'entité a l'obligation :

– soit de remettre un nombre variable d'instruments de capitaux propres contre l'extinction de son obligation représentée par l'option vendue (débit : BSA – dérivé passif ; crédit : Capitaux propres – actions émises), éventuellement complété par la réception d'un montant de trésorerie (si livraison physique d'un nombre variable d'instruments de capitaux propres contre paiement en trésorerie) ;

– soit de remettre un montant net de trésorerie (débit : BSA – dérivé passif ; crédit : Trésorerie) (IAS 32.IE18 à .IE20) ;

2. **si le BSA n'est pas exercé,** aucune écriture n'est comptabilisée (la prime de l'option ayant été, entre-temps, ramenée à zéro, via les variations de valeur de cette dernière pendant toute sa durée de vie, avec pour contrepartie un gain sur dérivé de « trading » comptabilisé en résultat) ;
3. **si le BSA est racheté sur le marché avant son échéance,** ce dernier ayant été comptabilisé à la juste valeur par résultat, l'opération se traduit par la simple extinction de la dette que représente le dérivé passif (contrepartie, crédit trésorerie).

Remarque Il peut toutefois exister des situations où ce dérivé passif est **hors champ d'application d'IFRS 9**, parce que relevant d'une autre norme. Dans un tel cas, il suit les dispositions de la norme concernée.

Le BSA émis peut par exemple :

– avoir été souscrit par des salariés de l'entreprise (par exemple, managers d'un LBO) et éventuellement relever à ce titre de la norme IFRS 2, Paiement fondé sur des actions (IFRS 9.2.1h), voire de la norme IAS 19, Avantages du personnel (IFRS 9.2.1c) ; ou

– correspondre à un contrat entre un acquéreur et un vendeur pour acheter ou vendre une entreprise dans le cadre d'une opération de regroupement futur et relever à ce titre d'IFRS 3 (IFRS 9.2.1f).

Pour les dérivés exclus des dispositions de la norme IFRS 9, voir n° 48545.

c. BSA à prix d'exercice figé mais dont l'exerçabilité est conditionnée par les performances futures de l'émetteur (EBITDA ou autre) Dans sa recommandation en vue de l'arrêté des comptes 2009, l'AMF soulève le cas de BSA émis à l'occasion d'opérations de restructuration d'une dette (dans le but par exemple d'inciter les actionnaires à accepter les modalités de la restructuration) (Rec. AMF 2009-28, Arrêté des Comptes 2009, § 1.2.2).

Ce type de montage prévoit généralement des conditions d'exercice qui dépendent des performances futures de l'émetteur. Certains prévoient ainsi que chaque bon donne droit à la souscription d'un nombre fixe d'instruments de capitaux propres (le prix d'exercice de chaque bon étant figé) mais conditionnent l'exerçabilité des bons à la réalisation d'objectifs prédéfinis.

L'AMF considère que ces bons donnent droit à un nombre variable d'instruments de capitaux propres et qu'ils ne répondent donc pas à la définition d'un instrument de capitaux propres selon IAS 32.11.

Sur le respect de la règle dite du « fixe contre fixe », voir nº 44615.

L'AMF se pose ensuite la question de savoir si ces bons répondent à (ou non) la définition d'un dérivé passif sachant :
- que la condition qui sert à déterminer le nombre de BSA qui pourront être exercés est par exemple l'EBITDA ;
- et que l'on ne sait pas en l'état actuel des normes, si cet indicateur financier (lié à l'une des parties au contrat) est une variable financière ou non (IFRIC Update 01/07), voir nº 48555 s.

Remarque A notre avis, dès lors que l'une au moins des variables sous-jacentes de l'instrument est une variable financière (en l'occurrence, le prix de l'action dans ce cas), l'instrument répond à la définition d'un dérivé, selon IFRS 9.IGB8), voir nº 48540, point 3.

Considérant que des pratiques divergentes sont susceptibles d'exister, l'AMF recommande aux émetteurs de préciser comment ces BSA ont été analysés au regard d'IAS 39. Les entreprises doivent ainsi indiquer en annexe (Rec. AMF 2009-28, Arrêté des Comptes 2009, § 1.2.2) :

A notre avis, ces recommandations restent valables sous IFRS 9.

- le traitement comptable appliqué, ainsi que l'évaluation de l'incidence sur les comptes ; et
- si l'augmentation potentielle de capital porte sur des montants significatifs, le nombre de BSA en circulation, les conditions de leur exercice et l'impact maximal que cet exercice pourrait avoir en termes de dilution du capital.

Bons de souscription d'actions (BSA) à prix fixe émis dans une devise étrangère

Question 44670

Les droits (bons) de souscription d'actions à prix fixe émis dans une devise étrangère doivent-ils être qualifiés d'instruments de capitaux propres ?

Réponse

Oui, à condition toutefois qu'ils soient octroyés à l'ensemble des porteurs d'une même classe d'actions et au prorata des droits de chacun.

Commentaires Dans certains cas, une société peut décider d'émettre des droits de souscription d'actions (encore appelés « bons de souscription d'actions » – BSA) dans une devise différente de sa monnaie fonctionnelle, notamment lorsque cette société est implantée dans un pays émergent.

1. **Rappel** Pour pouvoir être qualifié d'instrument de capitaux propres, un dérivé (cas des droits/bons de souscription d'actions) ne doit pouvoir se dénouer que par l'échange d'un nombre fixe d'actions propres contre un montant fixe de trésorerie ou d'un autre actif financier (IAS 32.16b.ii et .26) (règle dite du « fixe contre fixe », voir nº 44615).

2. **Rôle de la devise d'émission dans la qualification des droits/bons de souscription d'actions à prix fixe** Les droits de souscription d'actions à prix fixe sont considérés comme des **opérations entre actionnaires** dès lors qu'ils sont octroyés à l'ensemble des porteurs d'une même classe d'actions et au prorata des droits de chacun, et ce qu'ils soient libellés en devises ou dans la monnaie fonctionnelle de l'émetteur (IAS 32.11b.ii, .BC4G et .BC4H).

Dans ces conditions, les droits de souscription d'actions à prix fixe doivent en conséquence être comptabilisés comme des instruments de capitaux propres.

Remarque Les **obligations convertibles en actions (OCA) libellées dans une devise étrangère** ne sont pas concernées par cette disposition car ne respectant pas le critère d'égalité au sein d'une même classe d'actionnaires préexistants (IAS 32.BC4K). En conséquence, leur composante action donne lieu à la comptabilisation d'un dérivé passif (vente d'option sur actions propres). Voir également sur ce point nº 44460.

C. Dérivés sur titres consolidés ou mis en équivalence

44680 Voir nº 24210 s.

SECTION VI

Distribution de dividendes (cas particuliers)

Dividende annuel cumulatif de 5 % garanti

44690 *Question*

Comment comptabiliser les actions d'une filiale détenues par des minoritaires auxquels la mère garantit un dividende annuel cumulatif de 5 % ?

Réponse

Comme une dette, dans les comptes consolidés du groupe.

Commentaires :

1. **Caractéristiques de l'opération** Un conglomérat financier qui établit des comptes consolidés en IFRS détient une filiale opérationnelle qui a émis une série d'actions A avec droits de vote. Le conglomérat détient 70 % de ces actions, le reste étant entre les mains d'actionnaires externes.

Un pacte d'actionnaires stipule que la filiale doit payer un dividende annuel de 5 %. Ce dividende est cumulatif et doit être versé même si la filiale n'a pas la trésorerie suffisante lorsque le dividende est dû.

2. **Décision du CESR** (devenu l'ESMA) Les actions détenues par les actionnaires extérieurs ne peuvent être qualifiées d'instruments de capitaux propres (intérêts minoritaires) dans les comptes consolidés du conglomérat et doivent être comptabilisées en dettes (EECS/1208, 12/08). En effet :

– IAS 32.11 définit un passif financier comme tout instrument qui comporte l'obligation contractuelle de remettre de la trésorerie ou un autre actif financier à une autre entité ;

– pour qualifier un instrument de dette ou de capitaux propres, une entreprise doit considérer l'ensemble des caractéristiques et conditions conclues entre les membres du groupe et les porteurs de cet instrument pour déterminer si le groupe pris dans son ensemble a une obligation de remettre de la trésorerie ou un autre instrument financier au titre de l'instrument ou d'éteindre ce dernier d'une manière qui en fait un instrument financier (IAS 32.AG29) ;

– enfin, lorsqu'une filiale émet un instrument et que la mère du groupe accepte de signer des clauses particulières directement avec les porteurs de l'instrument, le groupe n'a plus alors aucune discrétion sur le versement des dividendes ou le remboursement de l'instrument.

En conséquence, dès lors que le groupe est obligé de payer au titre du pacte d'actionnaires un dividende annuel cumulatif aux porteurs de l'instrument extérieurs au groupe, ce dernier n'a plus aucune discrétion en la matière et l'instrument doit être classé en dettes dans les comptes consolidés du groupe.

Remarque En revanche, si l'obligation de verser un dividende annuel ne relève pas d'un engagement signé entre les parties mais par exemple uniquement de la loi, dans ce cas, l'instrument ne répond pas à la qualification d'une dette financière (pas d'obligation contractuelle au sens d'IAS 32.17).

Distribution de dividendes en actions (chez l'émetteur)

44700 *Question*

Quel traitement comptable appliquer à une distribution de dividendes en actions (chez l'émetteur) ?

44700 (suite)

Réponse

Le traitement diffère selon qu'il existe (ou non) une alternative de paiement en trésorerie.

a. Si le paiement en actions ne comporte **aucune alternative de paiement en trésorerie,** l'opération est traitée comme une distribution d'actions gratuites (aucune écriture comptable mais incidence sur le résultat par action).

b. En revanche, si le paiement en actions offre une **alternative de paiement en trésorerie,** il existe pendant la courte période entre l'approbation du dividende et l'exercice du choix de la modalité de paiement par le souscripteur, un « mini » instrument convertible (dette de dividendes) dont la composante capitaux propres peut devoir être comptabilisée comme un dérivé passif si elle ne répond pas à la règle du « fixe contre fixe », voir n° 44615.

Commentaires L'approche varie selon qu'il existe (ou non) une alternative de paiement en trésorerie :

a. **Sans alternative de paiement en trésorerie** Dans ce cas, l'opération se comptabilise non comme une distribution de bénéfices mais comme une attribution d'actions gratuites (selon IAS 33.27a).

Cette opération ne donne lieu à aucune écriture comptable. En revanche, elle a une incidence sur le résultat par actions (IAS 33.27). Le nombre moyen pondéré d'actions ordinaires en circulation au cours de la période et pendant toutes les périodes présentées doit être ajusté rétrospectivement comme si l'augmentation (ou la réduction) du nombre d'actions était intervenue à l'ouverture de la première période présentée (IAS 33.26 et .64). Si ces changements interviennent après la date de clôture mais avant celle à laquelle la publication des états financiers est autorisée (c'est-à-dire la date d'arrêté des comptes), les calculs des résultats par action pour la période concernée et les périodes précédentes présentées doivent être faits sur la base du nouveau nombre d'actions (IAS 33.64).

b. **Avec alternative de paiement en trésorerie** Lorsque le choix est offert entre un paiement en trésorerie ou un paiement en actions, il existe – pendant la courte période s'écoulant entre la date d'approbation des dividendes et l'exercice par l'actionnaire du choix de la modalité de paiement – un « mini » instrument convertible (dette de dividendes) dont la composante actions (vente d'une option d'achat sur actions propres) répond à la définition d'un instrument de capitaux propres si la règle du « fixe contre fixe » (échange d'un montant fixe de trésorerie contre un nombre fixe d'actions) est respectée.

Le traitement comptable est alors le suivant :
- lorsque la règle du « fixe contre fixe » est respectée, ce qui est généralement le cas, les dividendes payés en actions sont prélevés sur les réserves ou le résultat à la date d'approbation des dividendes (contrepartie dettes), et sont ensuite constatés, au moment de la remise des actions, en capital pour un montant équivalent à l'alternative trésorerie qu'auraient pu choisir les actionnaires (voir exemple chiffré ci-après) ;
- lorsque la règle du « fixe contre fixe » n'est pas respectée, les dividendes sont prélevés sur les réserves ou le résultat à la date d'approbation des dividendes en contrepartie d'une dette convertible qui comprend un contrat hôte et un dérivé (vente d'une option d'achat sur actions propres répondant à la définition d'un dérivé puisque la règle du « fixe contre fixe » n'est pas respectée). Entre la date d'approbation des dividendes et le paiement du dividende en actions ou en trésorerie, les variations de juste valeur du dérivé correspondant à l'option de conversion sont constatées au compte de résultat. La dette (contrat hôte) et le dérivé sont décomptabilisés au moment du paiement des dividendes par la contrepartie des capitaux propres, lorsque les dividendes sont réglés en actions. Lorsque les dividendes sont réglés en trésorerie, la dette est éteinte en contrepartie de la trésorerie versée.

Pour la règle du « fixe contre fixe », voir n° 44180.

■ *Exemple*

Traitement comptable chez l'émetteur *Le 1/05/N, approbation par l'assemblée générale d'un dividende payable au choix de l'investisseur soit en trésorerie (100 €) soit en actions (remise de 111 actions au prix d'exercice unitaire de 90 cents, alors que la valeur de l'action vaut 1 € pour inciter au paiement en actions). Le 31/05/N l'investisseur choisit un paiement en actions.*

44700 (suite) *Solution de l'exemple* *La traduction comptable est la suivante (par simplification l'effet actualisation de la dette et valeur temps de l'option ont été négligés) :*

Le 1/05/N, lors de l'approbation du dividende par l'AG :

Dt	*Résultat ou Réserves*	*111*	
Ct	*Dette*		*100*
Ct	*Capitaux propres*		*11*

Le 31/5/N, lors du choix du paiement en actions :

Dt	*Dette*	*100*	
Ct	*Capitaux propres*		*100*

Commentaires L'approche varie selon qu'il existe (ou non) une alternative de paiement en trésorerie.

a. **Sans alternative de paiement en trésorerie** Dans ce cas, l'opération se comptabilise non comme une distribution de bénéfices mais comme une attribution d'actions gratuites (selon IAS 33.27a).

Cette opération ne donne lieu à aucune écriture comptable. En revanche, elle a une incidence sur le résultat par actions (IAS 33.27). Le nombre moyen pondéré d'actions ordinaires en circulation au cours de la période et pendant toutes les périodes présentées doit être ajusté rétrospectivement comme si l'augmentation (ou la réduction) du nombre d'actions était intervenue à l'ouverture de la première période présentée (IAS 33.26 et 64). Si ces changements interviennent après la date de clôture mais avant celle à laquelle la publication des états financiers est autorisée (c'est-à-dire la date d'arrêté des comptes), les calculs des résultats par action pour la période concernée et les périodes précédentes présentées doivent être faits sur la base du nouveau nombre d'actions (IAS 33.64).

b. **Avec alternative de paiement en trésorerie** Lorsque le choix est offert entre un paiement en trésorerie ou un paiement en actions, il existe – pendant la courte période s'écoulant entre la date d'approbation des dividendes et l'exercice par l'actionnaire du choix de la modalité de paiement – un « mini » instrument convertible (dette de dividendes) dont la composante actions (vente d'une option d'achat sur actions propres) répond à la définition d'un instrument de capitaux propres si la règle du « fixe contre fixe » (échange d'un montant fixe de trésorerie contre un nombre fixe d'actions) est respectée.

Le traitement comptable est alors le suivant :

– lorsque la règle du « fixe contre fixe » est respectée, ce qui est généralement le cas, les dividendes payés en actions sont prélevés sur les réserves ou le résultat à la date d'approbation des dividendes (contrepartie dettes) et sont ensuite constatés, au moment de la remise des actions, en capital pour un montant équivalent à l'alternative trésorerie qu'auraient pu choisir les actionnaires (voir exemple chiffré ci-après) ;

– lorsque la règle du « fixe contre fixe » n'est pas respectée, les dividendes sont prélevés sur les réserves ou le résultat à la date d'approbation des dividendes en contrepartie d'une dette convertible qui comprend un contrat hôte et un dérivé (vente d'une option d'achat sur actions propres répondant à la définition d'un dérivé puisque la règle du « fixe contre fixe » n'est pas respectée). Entre la date d'approbation des dividendes et le paiement du dividende en actions ou en trésorerie, les variations de juste valeur du dérivé correspondant à l'option de conversion sont constatées au compte de résultat. La dette (contrat hôte) et le dérivé sont décomptabilisés au moment du paiement des dividendes par la contrepartie des capitaux propres, lorsque les dividendes sont réglés en actions. Lorsque les dividendes sont réglés en trésorerie, la dette est éteinte en contrepartie de la trésorerie versée.

Pour la règle du « fixe contre fixe », voir n° 44180.

■ **Exemple**

Traitement comptable chez l'émetteur. Le 1/05/N, approbation par l'assemblée générale d'un dividende payable au choix de l'investisseur soit en trésorerie (100 €) soit en actions (remise de 11 actions au prix d'exercice unitaire de 90 cents, alors que la valeur de l'action vaut 1 € pour inciter au paiement en actions). Le 31/05/N l'investisseur choisit un paiement en actions.

CHAPITRE 37

Classement et évaluation des actifs financiers (IFRS 9)

45000

Plan du chapitre §§

45000
(suite)

Plan du chapitre *(suite et fin)* §§

L'ESSENTIEL DE LA NORME IFRS 9 (CLASSEMENT ET EVALUATION DES ACTIFS FINANCIERS)

1. Nature et caractéristiques des actifs financiers

Une entité doit comptabiliser un actif financier uniquement lorsqu'elle devient partie au contrat, c'est-à-dire qu'elle dispose de droits contractuels sur l'instrument concerné (IFRS 9.3.1.1). **45050**

Un **actif financier** peut être (IAS 32.11) :
- de la trésorerie ;
- un droit contractuel de recevoir de la trésorerie ou un autre actif financier ;
- un droit contractuel d'échanger des actifs ou passifs financiers avec une autre entité dans des conditions potentiellement favorables ; ou encore
- un instrument de capitaux propres d'une autre entité.

Pour plus de précisions sur la définition d'un actif financier, voir n° 44160.

Les actifs financiers sont évalués et comptabilisés selon les dispositions de la norme IFRS 9. En outre, des informations en annexe sont requises sur ces instruments par la norme IFRS 7.

2. Classement et évaluation des actifs financiers

Selon la norme IFRS 9, tout actif financier doit être comptabilisé dans l'une des trois catégories suivantes (IFRS 9.4.1.1) : **45080**

1. au coût amorti ;
2. à la juste valeur en contrepartie des autres éléments du résultat global (OCI) ;

   Rappel Les « autres éléments du résultat global » (« Other Comprehensive Income »/OCI) comprennent les éléments de produits et de charges non comptabilisés en résultat (IAS 1.7). Pour plus d'informations, voir n° 54050.

3. à la juste valeur par résultat.

Le classement d'un actif financier dans chacune de ces catégories est fonction **du modèle de gestion (« business model »)** qui lui est appliqué par l'entreprise **et des caractéristiques de ses flux de trésorerie contractuels** (critère du « solely payments of principal and interest »/SPPI ou du « prêt basique »).

Pour plus de précisions sur la notion de « prêt basique » (SPPI), voir n° 45140.

Le **modèle de gestion** est relatif à la manière dont la société gère ses actifs financiers afin de générer des flux de trésorerie et de créer de la valeur. La norme identifie trois modèles de gestion :
- modèle de gestion dont l'objectif est de détenir des actifs pour recouvrer les flux de trésorerie contractuels ;

  Pour les modalités de ce modèle de gestion, voir n° 45190.

- modèle de gestion dont l'objectif est de détenir des actifs pour recouvrer les flux de trésorerie contractuels et les flux de cessions ;

  Pour les modalités de ce modèle de gestion, voir n° 45210.

- autres modèles de gestion.

  Pour les modalités de ces modèles de gestion, voir n° 45215.

Toutefois, un actif financier peut être désigné, sur option irrévocable, à la juste valeur par résultat, si cela conduit à une information plus pertinente du fait de l'élimination ou la réduction significative d'une incohérence de traitement comptable (« accounting mismatch ») (IFRS 9.4.1.5).

Pour plus de détails sur l'option à la juste valeur, voir n° 46680.

De plus, la norme prévoit également une option pour les instruments de capitaux propres détenus. Ainsi, l'entité peut désigner, sur option irrévocable, un instrument de capitaux propres à la juste valeur en contrepartie des autres éléments du résultat global (OCI), si celui-ci n'est pas détenu à des fins de transaction (IFRS 9.4.1.4).

Pour plus de détails sur l'option à la juste valeur par OCI, voir n° 45260 s.

Le tableau ci-après schématise le classement des actifs financiers selon la combinaison des deux critères :

Modèle de gestion / « Prêt basique »	Détention des actifs pour collecter les flux de trésorerie contractuels (voir n° 45190)	Détention des actifs pour collecter les flux de trésorerie contractuels et les flux de cessions (voir n° 45210)	Autres modèles de gestion (voir n° 45215)
Instruments répondant à la qualification de « prêt basique » (voir n° 45215)	Coût amorti (1) (IFRS 9.4.1.2)	Juste valeur en contrepartie des autres éléments du résultat global (1) (IFRS 9.4.1.2A)	Juste valeur par résultat (IFRS 9.4.1.4)
Instruments ne répondant pas à la qualification de « prêt basique » (voir n° 45160)	Juste valeur par résultat (2) (IFRS 9.4.1.4)	Juste valeur par résultat (2) (IFRS 9.4.1.4)	Juste valeur par résultat (IFRS 9.4.1.4)

(1) Un actif financier peut être désigné, sur option irrévocable, à la juste valeur par résultat, si cela conduit à une information plus pertinente du fait de l'élimination ou de la réduction significative d'une incohérence de traitement comptable (voir n° 46680 s.).

(2) Un instrument de capitaux propres détenu peut être désigné, sur option irrévocable, à la juste valeur en contrepartie des autres éléments du résultat global, s'il n'est pas détenu à des fins de transaction (voir n° 45280).

Cette approche de classement s'applique à tous les actifs financiers, y compris ceux comprenant des dérivés incorporés (IFRS 9.4.3.2).

Pour les modalités pratiques d'analyse des deux critères, voir n° 45120.

QUESTIONS/REPONSES PRATIQUES

Remarque importante

45100 Les réponses aux questions présentées ci-après résultent de l'analyse des dispositions de la norme IFRS 9, Instruments financiers, en vigueur actuellement, sur la base des informations disponibles au 1er juin 2023.

Evolution possible des réponses Voir n° 44100.

SECTION I

Généralités

Modalités pratiques d'analyse des deux critères

45120 ***Question***

Comment mettre en pratique les principes de la norme IFRS 9 en matière de classement d'un actif financier ?

Réponse

A notre avis, toute décision de classement d'un actif financier devrait commencer par déterminer s'il s'agit d'un dérivé, d'un instrument de dette ou d'un instrument de capitaux propres.

Selon les conclusions de cette première étape, les deux critères, modèle de gestion et prêt basique, ne seront pas systématiquement analysés.

Commentaires Pour rappel, la norme détermine le classement d'un actif financier en fonction du modèle de gestion qui lui est applicable et des caractéristiques de ses flux de trésorerie contractuels (voir n° 45080).

Pour la mise en pratique des principes énoncés ci-avant, le classement d'un actif financier suppose, à notre avis, que le management détermine au préalable si cet instrument répond à la définition d'un dérivé, d'un instrument de dette ou d'un instrument de capitaux propres tel que défini par IAS 32 d'un point de vue de l'émetteur (IAS 32.11).

Pour la définition d'un dérivé, voir n° 48535.
Pour la définition d'un instrument de capitaux propres, voir n° 44180.
Pour plus de détails sur la distinction entre instrument de dette et instrument de capitaux propres, voir n° 44320 s.

En effet, seuls les instruments de dette nécessitent, à notre avis, l'analyse des deux critères (modèle de gestion et « prêt basique »), dans la mesure où :

Pour plus de détails sur les modalités de classement d'un instrument de dette, voir n° 45180.

– un dérivé (à l'exception d'un dérivé qui est un contrat de garantie financière ou un instrument de couverture désigné et efficace) est un instrument détenu à des fins de transaction (IFRS 9.A). Par conséquent, il est systématiquement évalué à la juste valeur par résultat ;
– un instrument de capitaux propres est tout contrat mettant en évidence un intérêt résiduel dans les actifs d'une entité après déduction de tous ses passifs (IAS 32.11). Ses flux de trésorerie ne représentent donc pas des paiements de principal et d'intérêts. Par conséquent, un instrument de capitaux propres détenu est systématiquement évalué à la juste valeur par résultat (IFRS 9.4.1.4).

Toutefois, l'entité peut désigner un instrument de capitaux propres qui n'est pas détenu à des fins de transaction, dès sa comptabilisation initiale et de manière irrévocable, à la juste valeur en contrepartie des autres éléments du résultat global (OCI), voir n° 45260 s.

Indicateurs pour déterminer le modèle de gestion applicable à l'actif

Question 45130

Quels sont les indicateurs à considérer pour déterminer le modèle de gestion (« business model ») ?

Réponse

Un « business model » reflète les modalités de gestion d'un groupe d'actifs financiers (prêts, créances ou obligations) dont les objectifs ont été fixés par les principaux dirigeants de l'entité.

La notion de modèle de gestion (« business model ») s'apprécie :
– à un niveau reflétant comment les groupes d'actifs financiers sont gérés pour atteindre l'objectif défini ;
– d'après la façon dont l'entité gère ses actifs financiers pour générer des flux de trésorerie (perception des flux de trésorerie contractuels et/ou réalisation de ventes) ; et
– sur la base de faits observables.

Commentaires Un « business model » est un type de gestion dont les objectifs ont été fixés par les principaux dirigeants de l'entité (« key management personnel ») tels que définis par la norme IAS 24, Informations relatives aux parties liées (IFRS 9.B4.1.1).

Pour la définition des principaux dirigeants (IAS 24.9), voir n° 60007.

1. Niveau de gestion des actifs financiers (IFRS 9.B4.1.2) Le « business model » s'apprécie à un niveau d'agrégation plus élevé que l'instrument (portefeuille ou activité).

Dans certaines circonstances toutefois, il peut être approprié de définir des sous-portefeuilles afin de refléter les modèles de gestion de ces instruments financiers.

Une entité peut, par exemple, détenir à la fois un portefeuille de placements dont l'objectif de gestion est l'encaissement des flux de trésorerie contractuels liés à ces instruments (qui sera donc évalué au coût amorti) et un autre portefeuille dont l'objectif de gestion est de recouvrer les flux de trésorerie et de réaliser des gains en juste valeur (qui sera donc évalué à la juste valeur en contrepartie des autres éléments du résultat global).

En outre, à notre avis, il est possible d'affecter un actif financier à plusieurs « business models » afin de refléter les modèles de gestion de celui-ci.

Par exemple, une banque agit comme chef de file pour la mise en place d'un crédit syndiqué pour l'un de ses clients. Bien que ce crédit entraîne une exposition supérieure à la limite tolérée par la

« politique risque » de la banque, le comité des engagements de la banque approuve la transaction, toutefois avec l'objectif de revendre la partie du crédit comportant le risque excédentaire dans un délai bien défini.

Dans ce cas, et à notre avis, la banque peut affecter la partie de l'actif qu'elle souhaite conserver et la partie de l'actif qu'elle souhaite céder à deux « business models » différents. La partie pour laquelle l'objectif de gestion est de recouvrer les flux de trésorerie contractuels peut être comptabilisée au coût amorti à condition de respecter le critère de « prêt basique » dit « SPPI » (voir n° 45140). L'autre partie, dont l'objectif de gestion correspond davantage à un « business model » de vente, doit être évaluée à la juste valeur par résultat. En revanche, si la banque considère le crédit dans sa totalité, l'actif correspond alors à un « business model » dont l'objectif est de détenir des actifs pour recouvrer les flux de trésorerie contractuels et les flux de cessions.

2. **Manière de recouvrer les flux de trésorerie** (IFRS 9.B4.1.2A) La détermination du modèle de gestion (« business model ») repose sur la provenance des flux de trésorerie perçus qui découle de la manière de les gérer :
- flux de trésorerie résultant des termes du contrat ; et/ou
- flux de trésorerie résultant de cessions d'actifs.

3. **Faits observables** (IFRS 9.B4.1.2B) Un « business model » se détermine sur la base de faits observables ; il s'agit d'un état de fait. Cette détermination, qui fait appel au jugement, repose sur l'analyse de toutes les informations disponibles à la date d'évaluation, notamment :
- la façon dont la performance de l'activité est évaluée et présentée aux principaux dirigeants ;

  Par exemple :
  - portefeuille dont l'objectif est de recouvrer les flux de trésorerie contractuels ;
  - maximisation du rendement ou gestion de la liquidité.
- les modèles de suivi des risques ;

  Par exemple, suivi des risques sur la base de la valeur en risque (« value at risk »).
- la rémunération des dirigeants ;

  Par exemple, rémunération basée sur la juste valeur des actifs gérés ou sur les flux de trésorerie contractuels recouvrés.
- le niveau et les raisons sous-jacentes des ventes réalisées, le cas échéant (voir n° 45195).

L'analyse pour déterminer le modèle de gestion ne doit pas être réalisée sur la base de scénarios peu probables tels que des scénarios « de stress ».

En outre, dès lors que l'ensemble des informations pertinentes a été pris en compte lors de l'évaluation initiale du « business model », un écart par rapport aux anticipations de l'entité ne constitue pas une erreur sur exercices antérieurs et ne nécessite pas le reclassement des actifs encore détenus par l'entité.

Définition de la notion de « prêt basique » (SPPI)

45140 ***Question***

Qu'est-ce qu'un actif dont les termes contractuels donnent droit uniquement au paiement du principal et des intérêts (notion de « prêt basique » ou de critère SPPI/« solely payments of principal and interest ») ?

Réponse

Il s'agit d'un actif financier dont les flux de trésorerie contractuels ne doivent pas donner lieu à des paiements pour autre chose que :
- la prise en compte du passage du temps ;
- le risque de crédit associé au remboursement du principal prêté sur la période de temps concernée ;
- d'autres risques et frais associés à la détention de l'actif sur une durée donnée (risque de liquidité, frais de gestion) ; et
- une marge commerciale.

Un tel actif est ainsi un instrument de dette sans effet de levier.

Commentaires Une des conditions d'éligibilité d'un instrument de dette à la comptabilisation au coût amorti est que ses termes contractuels ne donnent droit qu'au paiement du principal, qui correspond à la juste valeur de l'actif financier lors de sa comptabilisation initiale

(IFRS 9.4.1.3a et .B4.1.7B), et des intérêts (IFRS 9.4.1.2b), critère dit du « prêt basique ». L'analyse de cette condition est à mener au cas par cas, tandis que l'appréciation de la première condition relative au modèle de gestion ne repose pas sur une approche instrument par instrument (IFRS 9.B4.1.2).

Recommandations de l'AMF Dans ses recommandations en vue de l'arrêté des comptes 2018, l'AMF souligne que l'analyse des caractéristiques contractuelles d'un actif financier pour la détermination de son classement requiert parfois des jugements significatifs. Ainsi, lorsque le recours au jugement est important dans la détermination du classement d'instruments significatifs, l'AMF recommande de présenter en annexe l'analyse effectuée et les jugements mis en œuvre, en précisant les critères considérés ainsi que les typologies de produits ou d'activités concernées (Rec. AMF 2018-12, Arrêté des Comptes 2018, § 4.4).

Remarque La terminologie de « critère de prêt basique » (« basic loan features ») n'a pas été reprise par la norme IFRS 9, tandis qu'elle avait été utilisée dans l'exposé-sondage (ED) de 2009 relatif au classement et à l'évaluation des instruments financiers (2009 Exposure Draft « Financial Instruments : Classification and Measurement »). Lors de l'élaboration de la norme, l'IASB avait pris en compte les réponses faites à cet ED et avait défini un instrument financier répondant au critère de « prêt basique ». Il s'agit d'un instrument dont les caractéristiques contractuelles donnent droit uniquement aux remboursements du principal et aux paiements des intérêts sur le principal restant dû (« Solely Payments of Principal and Interest on the principal amount outstanding »/SPPI) à des dates données (IFRS 9.BC4.22).

En conséquence, nous utilisons dans cet ouvrage indifféremment les terminologies de « critère de prêt basique » et « SPPI ».

1. **Définition des intérêts** Les intérêts se composent (IFRS 9.4.1.3) :

- d'une contrepartie pour la valeur temps de l'argent (« time value of money ») ;

  La valeur temps de l'argent est la composante des intérêts qui fournit une contrepartie pour le passage du temps uniquement (IFRS 9.B4.1.9A).

- d'une contrepartie pour le risque de crédit associé au remboursement du principal prêté sur la période de temps concernée ;
- d'une contrepartie pour d'autres risques et frais associés à la détention de l'actif ;

  Les intérêts peuvent ainsi rémunérer le risque de liquidité ou compenser des frais de gestion supportés par le détenteur de l'actif financier (IFRS 9.B4.1.7A).

- d'une marge éventuelle.

2. **Critère de prêt basique et effet de levier** Un effet de levier augmente le rendement du capital restant à rembourser avec pour effet que les flux de trésorerie issus de l'instrument n'ont plus les caractéristiques économiques d'un intérêt (IFRS 9.B4.1.9). Les instruments de dette incluant un effet de levier ne peuvent donc pas répondre au critère de prêt basique (SPPI).

   Les **dérivés** (comme les swaps, les contrats à terme ferme ou les options « stand alone ») ne répondent pas à cette définition car ils comportent un effet de levier qui accroît leur rendement avec pour effet que leurs flux de trésorerie contractuels ne sont pas seulement liés à des intérêts versés sur un capital (IFRS 9.B4.1.9).

   Au cas particulier, s'agissant de dérivés, ces derniers ont bien un notionnel de référence mais pas de principal à rembourser.

Instruments répondant à la qualification de « prêt basique » (SPPI)

Question 45150

Quels pourraient être des exemples d'actifs financiers qui répondent à la qualification de « prêt basique » (SPPI) ?

Réponse

La norme IFRS 9 analyse une série d'exemples qui répondent, sous certaines conditions, à la qualification de « prêt basique » (obligations indexées sur l'inflation ; prêts à taux variable avec choix possible du taux à chaque date de révision ; obligations à taux d'intérêt variable « capé » ; prêts avec recours sécurisé par une garantie ; obligations « basiques » émises dans un environnement réglementaire particulier).

Enfin, elle précise qu'un prêt acquis avec une décote due à son risque de crédit (« distress debt ») n'est pas un obstacle, en soi, à sa qualification en prêt basique.

Commentaires :
1. **Exemples généraux** La norme IFRS 9 donne une série d'exemples (non exhaustive) d'instruments financiers qui répondent aux caractéristiques d'un prêt basique (IFRS 9.B4.1.13) :

Sur la notion de « prêt basique » (SPPI), voir n° 45140.

– une obligation avec une date de maturité déterminée dont les paiements du principal et des intérêts sont indexés sur le taux d'inflation de la devise dans laquelle l'instrument a été émis, à la condition toutefois qu'il n'existe pas d'effet de levier et que le principal soit garanti ;
– un instrument à taux d'intérêt variable avec une date de maturité déterminée qui permet à l'emprunteur, à chaque échéance de révision du taux d'intérêt, de choisir le taux de marché qu'il va payer. Ainsi, à chaque date d'ajustement du taux d'intérêt, l'emprunteur peut choisir de payer Euribor 3 mois (E3M) pour une échéance à trois mois ou E1M pour une échéance à un mois ;

Remarque En conséquence, les « **Constant Maturity Swaps** »/**CMS** (voir n° 48665), dont la maturité de l'index excède la fréquence de révision du taux de l'instrument, ne peuvent que rarement répondre à la qualification de « prêt basique ».

– une obligation avec une date de maturité déterminée et un taux d'intérêt variable ne pouvant pas dépasser une certaine limite (plafonné ou « cappé ») ;
– un prêt avec recours (« recourse loan ») sécurisé par une garantie (« collateral ») ;

Le fait qu'un prêt avec recours soit intégralement garanti n'empêche pas sa qualification en prêt « basique ».

– un instrument de dette émis par une banque réglementée avec une date de maturité déterminée. L'instrument paie un taux d'intérêt fixe et tous les flux de trésorerie contractuels sont non discrétionnaires. Toutefois, l'émetteur est soumis à une législation qui peut imposer (via une autorité nationale de résolution) des pertes aux détenteurs de l'instrument dans des circonstances particulières. Dans ce cas, les conséquences de l'intervention de l'autorité nationale de résolution ne sont pas dues aux termes contractuels de l'instrument et donc n'empêchent pas sa qualification en prêt « basique ».

Par exemple, l'autorité nationale de résolution a le pouvoir de réduire le montant nominal de l'instrument ou de le convertir en un nombre fixe d'actions ordinaires de l'émetteur, si elle estime que l'émetteur a de graves difficultés financières ou a des besoins complémentaires de capital réglementaire.

2. **Cas spécifique des prêts acquis avec une décote due au risque de crédit** Ce fait n'empêche pas en soi que de tels prêts répondent à la qualification d'un prêt basique et donc leur éligibilité à une évaluation au coût amorti (IFRS 9.BC4.37 à .BC4.40).

Instruments ne répondant pas à la qualification de « prêt basique » (SPPI)

45160 ***Question***

Quels pourraient être des exemples d'actifs financiers qui ne répondent pas à la qualification de « prêt basique » (SPPI) ?

Réponse

La norme IFRS 9 en donne les exemples suivants :
– une obligation convertible en actions ;
– un prêt porteur d'un taux d'intérêt variable inverse au marché (« inverse floating interest rate ») ;
– un instrument perpétuel à intérêts non cumulatifs pour lequel l'émetteur a une option de rachat à tout moment (au nominal plus les intérêts dus).

Commentaires La norme IFRS 9 donne une série d'exemples (non exhaustive) d'instruments financiers qui ne répondent pas aux caractéristiques d'un prêt basique (SPPI) :

Sur la notion de « prêt basique », voir n° 45140.

1. une obligation convertible en actions (IFRS 9.B4.1.14) ;

Toutefois, à la date de première application de la norme IFRS 9, une obligation convertible en actions acquise dont l'option de conversion a expiré pourrait, à notre avis, répondre à la qualification de « prêt basique ». En effet, la norme IFRS 9 ne s'appliquant pas aux actifs décomptabilisés à la date de première application (IFRS 9.7.2.1), il suffirait alors que le contrat hôte (le seul actif qui subsiste au bilan à la suite de la décomptabilisation de l'option de conversion) respecte les critères de qualification de « prêt basique ». En revanche, lors de la comptabilisation initiale après la première application de la norme IFRS 9, une obligation convertible en actions ne répond pas, selon le paragraphe IFRS 9.B4.1.14, aux caractéristiques d'un prêt basique et doit donc être comptabilisée à la juste valeur par résultat.

2. un prêt porteur d'un taux d'intérêt variable inverse au marché (« inverse floating interest rate ») (IFRS 9.B4.1.14) ;

3. un instrument perpétuel à intérêts non cumulatifs (i.e. les intérêts différés non payés ne sont pas eux-mêmes productifs d'intérêts) pour lequel l'émetteur détient une option de rachat (au nominal plus les intérêts dus) à tout moment (IFRS 9.B4.1.14).

Caractéristiques de flux de trésorerie contractuels sans incidence sur le classement d'un actif financier

Question 45170

Quelles sont les caractéristiques de flux de trésorerie contractuels qui sont sans incidence sur le classement d'un actif financier ?

Réponse

Une caractéristique de flux de trésorerie contractuels n'a pas d'incidence sur le classement d'un actif financier si elle :
- ne peut avoir qu'un effet minime (« de minimis ») sur les flux de trésorerie contractuels ; ou
- n'est pas réelle (« not genuine »).

Commentaires :

1. **Contexte** Une des conditions d'éligibilité d'un instrument de dette à la comptabilisation au coût amorti est que ses termes contractuels ne donnent droit qu'au paiement du principal (qui correspond à la juste valeur de l'actif financier lors de sa comptabilisation initiale (IFRS 9.4.1.3a et .B4.1.7B) et des intérêts (IFRS 9.4.1.2b), critère dit du « prêt basique » (SPPI).

Pour plus de précisions sur la notion de « prêt basique » (SPPI), voir n° 45140.

A ce titre, la norme donne des exemples de caractéristiques de flux de trésorerie qui ne représentent pas un « prêt basique » et par conséquent entraînent l'évaluation de l'actif financier à la juste valeur par résultat.

Pour plus de détails, voir n° 45160.

Cependant, certaines caractéristiques de flux de trésorerie contractuels, bien que faisant échec au critère SPPI, ne sont pas prises en compte pour le classement de l'actif financier. Il s'agit (IFRS 9.B4.1.18) :
- des caractéristiques qui ne peuvent avoir qu'un effet minime (« de minimis ») sur les flux de trésorerie contractuels ; ou
- des caractéristiques qui, bien que susceptibles de produire un effet plus que minime sur les flux de trésorerie, ne sont pas réelles.

L'évaluation de ces deux types de caractéristiques relève du jugement des entités, en l'absence d'indication de la norme.

En pratique, les cas où les caractéristiques de flux de trésorerie contractuels n'ont qu'un effet minime ou ne sont pas réelles devraient être rares. En effet, de telles clauses pourraient soulever la question de leur substance contractuelle.

2. **Effet minime (« de minimis ») sur les flux de trésorerie contractuels** A notre avis, le terme « de minimis » pourrait être défini comme « ayant un impact négligeable ». Ainsi, les entités doivent tenir compte de l'impact possible de la clause contractuelle sur les flux de trésorerie de l'actif financier (principal et intérêts) à chaque date de clôture et de manière globale sur la durée de vie de l'actif financier (IFRS 9.BC182). Cette évaluation doit se faire au niveau de chaque actif financier.

Contrairement à l'évaluation d'une clause non réelle, une entité ne doit pas prendre en compte la probabilité qu'un événement futur survienne pour l'évaluation d'une clause « de minimis » (IFRS 9.BC4.189).

3. **Caractéristique non réelle (« not genuine »)** Une caractéristique est non réelle si elle n'a d'incidence sur les flux de trésorerie contractuels de l'actif financier que lorsqu'un événement extrêmement rare, hautement anormal et très improbable survient (IFRS 9.B4.1.18). La définition

de « non réelle » est identique à celle d'IAS 32.AG28 pour la définition d'une clause de remboursement conditionnel en vue de la distinction d'un instrument financier entre un instrument de dette ou un instrument de capitaux propres (voir nº 44380). Une caractéristique de flux de trésorerie non réelle est ainsi liée à un événement qui ne présente (en fait) aucune véritable possibilité de survenance.

Remarques :

1. La qualification d'une caractéristique de flux de trésorerie « non réelle » dépend de la probabilité de survenance de l'événement auquel elle est liée. Ainsi, le fait que cet événement ne soit jamais survenu par le passé ne peut suffire pour considérer une caractéristique de flux de trésorerie comme non réelle.
2. Une caractéristique de flux de trésorerie non réelle n'aura pas d'impact sur la juste valeur et la tarification (pricing) d'un actif financier.

■ *Exemple*

La banque A octroie un prêt à taux fixe et remboursable in fine dans 3 ans à l'entité B. Le contrat de prêt stipule que si les revenus de l'entité B sont multipliés par 20 d'une année sur l'autre, alors l'entité B devra verser à la banque A une rémunération supplémentaire correspondant à 10 % des bénéfices réalisés.

L'entité B présente des revenus stables depuis plusieurs années.

Solution de l'exemple *La rémunération supplémentaire correspondant à 10 % des bénéfices réalisés ne correspond pas à un paiement de principal ou d'intérêts et pourrait faire échec au critère SPPI du prêt. Cependant, cette rémunération n'interviendrait qu'en cas d'une multiplication des revenus par 20 ce qui, dans les circonstances énoncées ci-avant, est un événement extrêmement rare, hautement anormal et très improbable. Par conséquent, la rémunération de 10 % des bénéfices est une caractéristique non réelle et ne doit pas être prise en compte pour l'analyse du classement du prêt.*

Le prêt peut donc être considéré comme basique et être évalué au coût amorti.

SECTION II

Classement des instruments de dette

Classement d'un instrument de dette : vue d'ensemble

45180 ***Question***

Comment définir en pratique le classement d'un instrument de dette ?

Réponse

Le diagramme ci-après, établi par nos soins, résume sous forme d'arbre décisionnel pratique les principes de classement d'IFRS 9 appliqués à un instrument de dette.

Commentaires Le classement d'un instrument de dette (par exemple, une obligation) dans l'une des catégories d'actifs financiers est fonction **du modèle de gestion (« business model »)** qui lui est appliqué par l'entreprise **et des caractéristiques des flux de trésorerie contractuels de l'instrument** (critère du « solely payments of principal and interest »/**SPPI** ou du « prêt basique »).

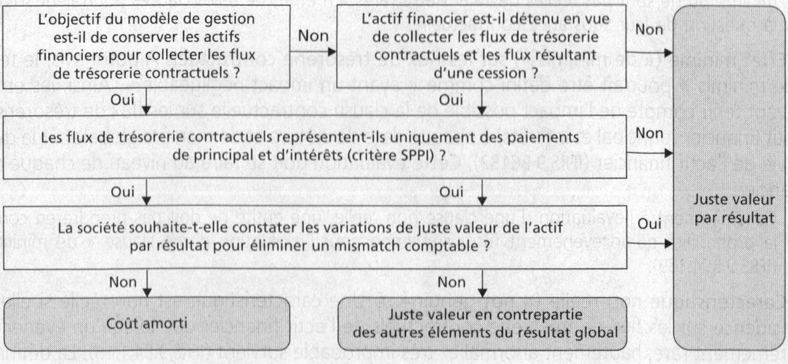

I. Critère du modèle de gestion (« business model »)

1. Modèle de gestion dont l'objectif est de détenir des actifs pour recouvrer les flux de trésorerie contractuels

Définition du modèle de gestion dont l'objectif est de détenir des actifs pour recouvrer les flux de trésorerie contractuels

Question 45190

Qu'est-ce qu'un modèle de gestion (« business model ») dont l'objectif est de détenir des actifs à des fins de recouvrement de flux de trésorerie contractuels ?

Réponse

Ce type de modèle de gestion correspond à une gestion ayant pour objectif de recouvrer les flux de trésorerie contractuels des actifs constituant le portefeuille. Sa détermination peut se réaliser notamment sur la base des indicateurs suivants :
- évaluation et suivi des risques par les dirigeants ne reposant pas sur la juste valeur des actifs ;
- des ventes réalisées mais de façon limitée, l'entité n'étant pas obligée de détenir tous les actifs jusqu'à leur échéance.

La norme IFRS 9 en donne des exemples.

Commentaires Dans un modèle de gestion dont l'objectif est de détenir des actifs afin de recouvrer les flux contractuels (« Hold To Collect »/HTC), les flux de trésorerie sont réalisés essentiellement par le recouvrement des flux contractuels sur la durée de vie des actifs financiers détenus. Toutefois, l'entité n'a pas l'obligation de détenir tous ces actifs jusqu'à leur échéance. Ce modèle de gestion peut donc consister à détenir des actifs financiers afin d'en percevoir les flux de trésorerie contractuels, même si l'entité effectue des ventes ou s'attend à en effectuer à l'avenir (IFRS 9.B4.1.3).

1. **Indicateurs** Pour déterminer si les flux de trésorerie sont réalisés par le recouvrement des flux de trésorerie contractuels des actifs financiers, il faut tenir compte des indicateurs suivants (IFRS 9.B4.1.2C) :
- **suivi et évaluation des risques** : les actifs détenus sont gérés par les dirigeants afin de percevoir les flux de trésorerie contractuels plutôt que de percevoir le rendement global issu de la détention et de la vente des actifs du portefeuille. Par conséquent, l'évaluation et le suivi des risques ne reposent pas sur la juste valeur des actifs détenus ;
- **les ventes réalisées ainsi que les prévisions de vente** : dans le cadre d'un modèle de gestion HTC, il n'est pas obligatoire que les entités détiennent tous les instruments jusqu'à leur échéance (IFRS 9.B4.1.3). Cependant, les ventes réalisées ainsi que celles attendues doivent rester cohérentes avec ce modèle de gestion, notamment limitées aussi bien en termes de fréquence ou de valeur que de répartition dans le temps. De plus, les informations sur les ventes passées doivent tenir compte des raisons pour lesquelles ces ventes ont été réalisées et des conditions qui prévalaient alors (et qui peuvent différer des conditions actuelles) (IFRS 9.B4.1.2C).

Pour des précisions sur les ventes qui seraient cohérentes avec un modèle de gestion dont l'objectif est de détenir les actifs financiers afin de recouvrer les flux contractuels, voir n° 45195.

2. **Exemples de portefeuilles** La norme fournit des exemples de portefeuilles qui, sous réserve de prise en compte de tout autre facteur pertinent, répondent aux critères d'un modèle de gestion dont l'objectif est de détenir les actifs pour en recouvrer les flux de trésorerie contractuels (IFRS 9.B4.1.4) :
- un portefeuille d'instruments détenus pour en percevoir des flux de trésorerie, et dont les flux coïncident aux besoins de liquidité de l'entité. Les besoins de liquidité de l'entité sont prévisibles et les flux de trésorerie contractuels des actifs permettent de faire face à ces besoins ;
- un portefeuille de prêts en défaut acquis pour recouvrer leurs flux de trésorerie contractuels ;

Le fait que l'ensemble des flux de trésorerie contractuels ne puissent pas être recouvrés car les prêts sont en défaut ne remet pas en cause le modèle de gestion.

– un portefeuille de prêts directement mis en place par l'entité mais aussitôt cédés à un véhicule de titrisation qu'elle consolide. Ce véhicule émet des parts auprès d'investisseurs tiers et les prêts restent comptabilisés à l'actif du bilan consolidé ;

Au niveau de l'entité, les prêts étaient destinés à être cédés au véhicule de titrisation, mais l'objectif au niveau du groupe est bel et bien de recouvrer les flux de trésorerie de ces actifs.

– un portefeuille d'actifs détenus pour faire face à un besoin de liquidités dans un scénario « de stress ». L'entité suit la performance du portefeuille sur la base non seulement des intérêts perçus et des pertes réalisées mais également de la juste valeur pour s'assurer que les flux de trésorerie perçus des ventes seront suffisants pour couvrir les besoins de liquidités. En outre, l'entité réalise périodiquement des ventes pour des montants non significatifs pour démontrer la liquidité de son portefeuille.

Ventes autorisées dans le cadre d'un modèle de gestion dont l'objectif est de détenir des actifs pour en recouvrer les flux de trésorerie contractuels

45195 ***Question***

Quelles ventes d'actifs ne remettraient pas en cause un modèle de gestion (« business model ») dont l'objectif est de détenir les actifs financiers afin d'en percevoir les flux de trésorerie contractuels ?

Réponse

Quatre types de ventes peuvent être réalisés sans remettre en cause ce modèle de gestion :
– les ventes motivées par une augmentation du risque de crédit des actifs ;
– les ventes réalisées à proximité de la date d'échéance et de telle sorte que les produits de la vente représentent approximativement les flux de trésorerie contractuels résiduels ;
– les ventes non fréquentes, même si elles sont significatives en valeur ;
– les ventes non significatives en valeur, même si elles sont fréquentes.

Commentaires :

1. **Contexte** Une entité dont le modèle de gestion est de détenir des instruments financiers en vue du recouvrement des flux de trésorerie contractuels (« Hold To Collect »/HTC) n'a pas à s'engager à détenir tous ces instruments jusqu'à leur échéance. En effet, le « business model » peut consister à détenir des instruments avec un objectif de recouvrement de leurs flux de trésorerie contractuels, même si ces instruments sont ultérieurement cédés avant leur échéance (IFRS 9.B4.1.3).

Sur le critère du modèle de gestion (« business model »), voir n° 45130 s.
Pour des précisions sur la définition d'un modèle de gestion dont l'objectif est de détenir les actifs financiers en vue d'en recouvrer les flux de trésorerie contractuels, voir n° 45190.

Cependant, les cessions réalisées doivent rester cohérentes avec le modèle de gestion dont l'objectif est de détenir des actifs financiers pour en recouvrer les flux de trésorerie contractuels (modèle HTC). De ce fait, les ventes sont autorisées mais de façon limitée. Les limites portent sur la fréquence, la valeur, la répartition dans le temps et les raisons justifiant aussi bien les ventes réalisées que celles prévues par les entités (IFRS 9.B4.1.2C).

2. **Ventes autorisées dans un modèle de gestion HTC** Quatre types de ventes peuvent être réalisées sans remettre en cause le modèle de gestion HTC (IFRS 9.B4.1.3A et .B4.1.3B) :

a. **Ventes motivées par l'augmentation du risque de crédit** La qualité de crédit d'un actif financier affecte directement le niveau des flux de trésorerie que l'entité peut recouvrer sur cet actif financier. En effet, une augmentation du risque de crédit peut occasionner des pertes sur le montant des flux de trésorerie attendus. Ainsi, les mesures prises par les entités afin de limiter ces pertes, y compris les ventes d'actifs, font partie du modèle de gestion HTC. Les ventes motivées par une augmentation du risque de crédit peuvent être réalisées sans limite de fréquence ni de montant, sans pour autant remettre en cause ce modèle de gestion. L'augmentation du risque de crédit doit tout de même être démontrée, et ce, sur la base d'informations raisonnables et justifiables, y compris des informations de nature prospective.

Remarques :

1. L'augmentation du risque de crédit est démontrée, par exemple, si la qualité de crédit de l'actif ne correspond plus à la politique d'investissement de l'entreprise. En l'absence d'une telle politique, l'entité peut toutefois démontrer par d'autres moyens que la vente a été réalisée en raison d'une augmentation du risque de crédit.
2. Pour rappel, l'application du modèle général de dépréciation nécessite d'évaluer s'il y a une augmentation significative du risque de crédit depuis la comptabilisation initiale (voir n° 47085). Cette évaluation doit également tenir compte d'informations raisonnables et justifiables qui pourraient avoir une incidence sur le risque de crédit et qu'il est possible d'obtenir sans devoir engager des coûts ou efforts excessifs (voir n° 47180). A notre avis, ces informations doivent être cohérentes avec celles utilisées pour démontrer que la vente des actifs est motivée par une augmentation du risque de crédit.
3. Les ventes réalisées pour réduire la concentration du risque de crédit ne correspondent pas à des ventes justifiées par une augmentation du risque de crédit. Ces ventes doivent rester peu fréquentes (même si leurs montants sont significatifs) ou de valeur peu significative sur une base individuelle et agrégée (même si elles sont fréquentes).

b. Ventes réalisées à proximité de la date d'échéance des actifs et de telle sorte que les produits de la vente représentent approximativement les flux de trésorerie contractuels résiduels Afin de respecter cette condition, l'appréciation des ventes devra être relative et tenir compte de la durée de vie totale des actifs concernés.

Par exemple, la cession d'un instrument de maturité 20 ans à 6 mois de l'échéance n'a pas le même impact que la cession d'un actif de maturité 12 mois à 6 mois de l'échéance.

c. Ventes qui prises individuellement et en cumulé sont d'une valeur non significative, même si elles peuvent être réalisées de façon fréquente

Pour des précisions sur ces ventes, voir n° 45200.

d. Ventes réalisées de façon non fréquente, même si elles représentent une valeur significative prises individuellement et en cumulé

Pour des précisions sur ces ventes, voir n° 45205.

A notre avis, ces deux dernières catégories de ventes nécessitent une information spécifique en annexe de manière à pouvoir les distinguer des autres cessions de titres comptabilisés au coût amorti (voir n° 52340).

En outre, la plus ou moins-value de cession doit être présentée sur une ligne séparée du compte de résultat (IAS 1.82aa).

Ventes non significatives en valeur

Question 45200

Comment apprécier le caractère significatif des ventes réalisées sur un portefeuille d'actifs gérés dans un modèle de gestion dont l'objectif est de détenir des actifs financiers pour en recouvrer les flux contractuels (« Hold To Collect »/HTC) ?

Réponse

A notre avis, il est nécessaire de mettre en place des seuils quantitatifs afin d'apprécier si les ventes réalisées et à venir sont significatives en valeur et, par conséquent, remettraient en cause le modèle de gestion.

A notre avis, ces seuils quantitatifs sont à mettre en place par rapport aux taux de rotation du portefeuille sur chaque période et doivent donc tenir compte de la durée de vie moyenne du portefeuille.

Commentaires :

1. **Contexte** Un modèle de gestion peut avoir pour objectif de détenir des actifs financiers pour recouvrer des flux de trésorerie contractuels (« Hold To Collect »/HTC) sans pour autant que ces actifs ne soient détenus jusqu'à leur échéance (IFRS 9.B4.1.3). En effet, la réalisation de ventes d'actifs n'est pas incompatible avec ce modèle de gestion, à condition qu'elles le soient de façon limitée.

Pour des précisions sur les ventes autorisées dans le cadre d'un modèle de gestion HTC, voir n° 45195.

En particulier, les ventes qui, prises individuellement et en cumulé, représentent une valeur non significative ne remettent pas en cause le modèle de gestion HTC (IFRS 9.B4.1.3B). Il nous apparaît

45200 (suite) alors nécessaire de mettre en place des seuils quantitatifs afin d'apprécier le caractère significatif des ventes autres que non fréquentes, motivées par d'autres raisons qu'une augmentation du risque de crédit, et réalisées à une date éloignée de l'échéance.

Recommandations de l'AMF La mise en place de seuils quantitatifs est cohérente avec les recommandations de l'AMF en vue de l'arrêté des comptes 2017, l'AMF ayant rappelé l'importance de définir, en interne, des indicateurs opérationnels quantitatifs et qualitatifs pour qualifier les cessions qui ne remettraient pas en cause le modèle de gestion HTC (Rec. AMF 2017-09, Arrêté des Comptes 2017, § 3.2.1.2).

Lors de la définition de tels seuils, les entités doivent s'assurer qu'ils permettent bien de mesurer le caractère significatif en valeur des cessions prises **individuellement et en cumulé.**

2. **Des cessions non significatives en valeur** L'analyse du caractère significatif des ventes ne porte que sur la valeur des actifs détenus dans le portefeuille concerné. Une vente ne sera significative et ne remettra en cause le modèle de gestion dont l'objectif est de détenir des actifs pour recouvrer des flux contractuels que si sa valeur, à savoir la valeur comptable de l'actif vendu, représente une part significative de la valeur comptable du portefeuille. Il serait également possible de rapporter le montant de la vente à la juste valeur du portefeuille.

Ainsi, à notre avis, il serait erroné d'apprécier le caractère significatif d'une vente seulement par rapport au résultat dégagé ; en effet, les gains ou pertes réalisés sur une vente ne reflètent pas la valeur de celle-ci.

Une vente peut dégager un très faible résultat mais représenter une part importante de la valeur du portefeuille. C'est le cas, par exemple, des ventes qui sont réalisées à leur valeur comptable.

3. **Des cessions non significatives prises individuellement et globalement** A notre avis, les termes « individuellement » et « en cumulé » impliquent que le caractère significatif d'une vente s'apprécie à la fois par rapport à la valeur du portefeuille au moment de sa réalisation (individuellement) et aussi sur sa durée de vie totale (en cumulé).

Ce point est particulièrement important pour les portefeuilles d'actifs qui présentent une durée de vie moyenne assez longue et font l'objet de taux de rotation importants. Il convient donc, à notre avis, de fixer des seuils de rotation par période qui tiennent compte de la durée de vie moyenne du portefeuille de manière à s'assurer que la valeur comptable cumulée des actifs cédés sur cette durée de vie moyenne ne représente pas un pourcentage significatif du portefeuille (par exemple, inférieur à 10 %).

■ *Exemple*

Une entité détient un portefeuille d'actifs de 100 M€ d'une durée de vie moyenne de 5 ans. L'entité effectue chaque année des ventes à hauteur de 4 M€ et s'interroge sur la compatibilité de ces ventes avec un modèle de gestion dont l'objectif est de détenir les actifs financiers afin de recouvrer les flux de trésorerie contractuels (modèle de gestion HTC). Ces ventes sont réalisées à leur valeur comptable.

Les ventes étant réalisées chaque année, elles ne sont pas non fréquentes. Par ailleurs, elles ne sont ni motivées par une augmentation du risque de crédit, ni réalisées à proximité de la date d'échéance des actifs détenus. Par conséquent, elles ne seraient compatibles avec un modèle de gestion HTC que si, prises individuellement et en cumulé, elles sont non significatives en valeur.

Pour des précisions sur les ventes autorisées dans le cadre d'un modèle de gestion HTC, voir n° 45195.

L'entité envisage deux approches afin de définir un seuil à partir duquel les ventes sont considérées comme significatives :

***Approche 1** : elle définit un seuil de significativité de 5 % par an sur la valeur comptable du portefeuille au moment de la cession. Selon cette approche, les cessions annuelles représentent 4 % de la valeur du portefeuille de l'actif et par conséquent ne remettent pas en cause le modèle de gestion HTC.*

***Approche 2** : l'entité définit un seuil de significativité de 10 % sur la durée de vie moyenne de 5 ans. Les cessions représentent environ 20 % de la valeur des actifs du portefeuille (4 M€ * 5 ans / 100 M€) et sont donc supérieures au seuil défini. Une cession de 4 M€ chaque année ne serait donc pas cohérente avec un modèle de gestion HTC.*

***Solution de l'exemple** Le seuil défini dans la vue 1 mesure la significativité de la valeur des ventes mais uniquement prises individuellement car le seuil est défini pour chaque année.*

Seule la vue 2, établissant un seuil à 10 % de manière cumulée, permet de mesurer le caractère significatif des cessions prises individuellement et globalement. Si ce seuil devait être annualisé, il correspondrait à un seuil de cession de l'ordre de 2 % par an. On constate ainsi que les cessions de 4 M€, représentant 4 % par an, sont significatives en valeur, prises individuellement et globalement et remettent donc en cause le modèle de gestion HTC.

Ventes réalisées de façon non fréquente

45205

Question

Qu'est-ce qu'une vente non fréquente ne remettant pas en cause le modèle de gestion dont l'objectif est de détenir des actifs financiers pour recouvrer les flux de trésorerie contractuels ?

Réponse

A notre avis, les ventes non fréquentes peuvent être définies comme des ventes réalisées en réponse à un événement isolé hors du contrôle de l'entité, non récurrent et qui ne pouvait pas être raisonnablement anticipé par celle-ci.

Commentaires :

1. **Contexte** Un modèle de gestion peut avoir pour objectif de détenir des actifs financiers pour recouvrer les flux de trésorerie contractuels (« Hold To Collect »/HTC) sans pour autant que ces actifs ne soient détenus jusqu'à leur échéance (IFRS 9.B4.1.3). En effet, la réalisation de ventes d'actifs n'est pas incompatible avec ce modèle de gestion, à condition qu'elles le soient de façon limitée.

Pour des précisions sur les ventes autorisées dans le cadre d'un modèle de gestion HTC, voir nº 45195.

En particulier, les ventes qui sont réalisées de façon non fréquente ne remettent pas en cause le modèle de gestion HTC et ce, même si elles sont significatives en valeur (IFRS 9.B4.1.3B).

Pour des précisions sur la notion de ventes significatives en valeur, voir nº 45200.

En l'absence de précisions de la norme, il appartient à chaque entité de définir, en faisant appel à son jugement, le caractère non fréquent des ventes autres que non significatives en valeur, motivées par d'autres raisons qu'une augmentation du risque de crédit, et réalisées à une date éloignée de l'échéance.

2. **Analyse** A notre avis, les ventes effectuées en réponse à un événement isolé hors du contrôle de l'entreprise, non récurrent et qui ne pouvait pas raisonnablement être anticipé par l'entité constituent des ventes réalisées de façon non fréquente. De tels événements comprennent :

- un changement de la réglementation fiscale qui supprime ou réduit significativement l'exonération fiscale dont bénéficieraient les intérêts perçus sur des actifs détenus jusqu'à l'échéance ;

En revanche, un changement du taux d'imposition n'est pas un tel événement.

- un regroupement d'entreprises majeur ou une vente d'un secteur important qui a pour conséquence d'obliger l'entreprise à céder ou transférer des actifs de cette catégorie pour maintenir sa position en termes de risque de taux ou sa politique en termes de risque de crédit ;
- un changement des dispositions statutaires ou réglementaires qui modifie de manière substantielle la nature des investissements autorisés ou le niveau maximum de certains investissements autorisés ;
- une augmentation significative des contraintes de capital réglementaire par les régulateurs qui aurait pour conséquence d'obliger l'entreprise à céder des actifs ;
- une augmentation significative du poids en risque de ces actifs pour le calcul des ratios réglementaires.

En revanche, les cessions réalisées afin d'optimiser ces ratios réglementaires ne correspondent pas à des ventes non fréquentes.

Par ailleurs, constituent également des ventes non fréquentes des ventes réalisées pour des besoins de liquidité en cas de crise, dès lors que cette dernière ne pouvait être raisonnablement anticipée par l'entité (IFRS 9.B4.1.4 Exemple 4).

2. Modèle de gestion dont l'objectif est de détenir des actifs pour recouvrer les flux de trésorerie contractuels et les flux de cessions

Définition du modèle de gestion (« business model ») dont l'objectif est de détenir des actifs pour recouvrer les flux de trésorerie contractuels et les flux de cessions

45210 *Question*

Qu'est-ce qu'un modèle de gestion (« business model ») dont l'objectif est de détenir des actifs pour recouvrer les flux de trésorerie contractuels et les flux de cessions ?

Réponse

Ce modèle de gestion (« business model ») correspond à une gestion consistant à recouvrer à la fois les flux de trésorerie contractuels des actifs et les produits résultant de cessions d'actifs. Par conséquent, ce modèle de gestion suppose des ventes plus fréquentes et de montants plus significatifs que celles prévues dans le modèle de gestion dont l'objectif est de détenir les actifs financiers pour en recouvrer les flux de trésorerie contractuels.

Plusieurs objectifs peuvent correspondre à ce modèle de gestion (« business model »), par exemple :

- faire face à des dépenses à moyen terme ;
- gérer des besoins de liquidité journalière ;
- financer les passifs de contrats d'assurance ;
- maintenir un certain profil de rendement ;
- aligner la duration des actifs aux passifs les finançant.

Commentaires Le modèle de gestion (« business model ») dont l'objectif est de détenir des actifs pour recouvrer les flux de trésorerie contractuels et les flux de cessions (« Hold To Collect and Sell »/HTCS) consiste à la fois à recouvrer les flux de trésorerie contractuels des actifs et à réaliser des cessions d'actifs (IFRS 9.B4.1.4A). Ce modèle de gestion est notamment prévu par la norme pour rendre compte du fait que les entreprises peuvent investir dans des instruments de dette pour générer un rendement sur la base des intérêts perçus mais également en réalisant des ventes si le prix de l'actif est considéré comme avantageux.

1. **Indicateurs** (IFRS 9.B4.1.4B) En comparaison avec un modèle de gestion dont l'objectif est de détenir des actifs pour recouvrer les flux de trésorerie contractuels (voir n° 45190), ce « business model » implique typiquement des ventes plus fréquentes et de montants plus significatifs.

Toutefois, aucun seuil de fréquence ou de valeur des ventes n'est défini par la norme, la perception des flux de trésorerie contractuels et la vente d'actifs financiers étant toutes deux essentielles à l'atteinte de l'objectif de ce modèle de gestion.

2. **Exemples de portefeuilles** (IFRS 9.B4.1.4A et .B4.1.4C) La norme fournit des exemples de situations qui, sous réserve de prise en compte de tout autre facteur pertinent, répondent aux critères d'un modèle de gestion HTCS :

- l'entité prévoit des dépenses d'investissement à moyen terme. Pour ce faire, elle place sa trésorerie dans des actifs qui, pour la plupart, ont une maturité supérieure à l'horizon de placement. En outre, elle s'autorise à réaliser des ventes pour réinvestir les fonds dans des actifs plus rentables ;

En revanche, si l'entité n'acquiert que des actifs à courte échéance en réinvestissant systématiquement les flux contractuels dans ce même type d'actifs et réalise peu de cessions, cette gestion correspond alors à un « business model » dont l'objectif est de détenir des actifs pour recouvrer les flux de trésorerie contractuels.

- une banque détient des actifs liquides pour assurer sa liquidité journalière. Ce portefeuille est géré activement en recouvrant les flux de trésorerie contractuels et en réalisant des ventes ;

- une compagnie d'assurance détient des actifs pour financer ses passifs financiers. Les flux de trésorerie perçus sur les actifs servent au règlement des flux de trésorerie exigibles sur les passifs financiers. Dans ce cadre, l'assureur vend également des actifs financiers afin que son portefeuille d'actifs conserve le profil recherché pour financer les flux de trésorerie à verser sur les passifs. Ainsi, un nombre significatif de ventes et d'achats est réalisé.

3. Autres modèles de gestion

Définition des autres modèles de gestion (« business models »)

Question 45215

Comment sont définis les autres modèles de gestion (« business models ») ?

Réponse

Les autres modèles de gestion (« business models »), correspondant à la catégorie par défaut, sont définis par opposition au modèle de gestion dont l'objectif est de détenir des actifs à des fins de recouvrement de flux de trésorerie contractuels et au modèle de gestion dont l'objectif est de détenir des actifs pour recouvrer les flux de trésorerie contractuels et les flux de cessions. La norme définit l'un de ces autres modèles de gestion comme un modèle dans lequel l'entité gère les actifs financiers avec l'objectif de réaliser des flux de trésorerie en vendant ces actifs.

Les caractéristiques de ces autres modèles de gestion sont les suivantes :
- un portefeuille dont l'objectif est de recouvrer les flux de cessions ;
- un portefeuille qui est géré et dont la performance est appréciée sur la base de sa juste valeur ;
- un portefeuille d'actifs financiers détenus à des fins de transaction.

Commentaires Les autres modèles de gestion (« business models »), correspondant à la catégorie par défaut, sont définis par opposition au modèle de gestion dont l'objectif est de détenir des actifs à des fins de recouvrement de flux de trésorerie contractuels et au modèle de gestion dont l'objectif est de détenir des actifs pour recouvrer les flux de trésorerie contractuels et les flux de cessions (IFRS 9.B4.1.5).

La norme en donne également les caractéristiques suivantes (IFRS 9.B4.1.5 s.) :
- un portefeuille dont l'objectif est de recouvrer les flux de cessions des actifs ;

  Même si des flux de trésorerie contractuels sont perçus, il ne s'agit pas pour autant d'un modèle de gestion dont l'objectif est de détenir des actifs pour recouvrer les flux de trésorerie contractuels et les flux de cessions. En effet, la perception de ces flux de trésorerie contractuels n'est qu'accessoire et ne constitue pas un objectif du modèle de gestion.

- un portefeuille qui est géré et dont la performance est appréciée en fonction de l'évolution de sa juste valeur ;

  Par exemple, une banque détient des « reverse repos » (voir ci-après) jusqu'à leurs dates de maturité dans ses portefeuilles. Cependant, leur performance est évaluée en fonction de l'évolution de leurs justes valeurs. Sur la base de ces justes valeurs, les traders de la banque gèrent leurs positions journalières par la reconduction ou non des reverses repos. Par conséquent, ces reverse repos ne peuvent s'inscrire ni dans un modèle de gestion dont l'objectif est de détenir des actifs pour recouvrer les flux de trésorerie contractuels ni dans un modèle de gestion dont l'objectif est de détenir les actifs pour recouvrer les flux de trésorerie contractuels et les flux de cessions (IFRS 9.B4.1.6).

  Dans le contexte anglo-saxon, les opérations de pensions de titres se dénomment :
  - « repurchase agreement » ou « repo » du point de vue du vendeur des titres ;
  - « reverse repurchase agreement » ou « reverse repo » du point de vue de l'acheteur des titres.

  Pour rappel, sur le plan juridique, la pension est une opération de cession de titres, valeurs ou effets, assortie d'un engagement ferme de rachat par le cédant et de rétrocession par le cessionnaire à un prix et une date convenus.

- un portefeuille d'actifs financiers détenus à des fins de transaction (« Held for Trading ») tels que définis dans IFRS 9.A.

4. Evaluation du modèle de gestion

Impact des activités d'affacturage sur l'évaluation du modèle de gestion

45220 ***Question***

Quels modèles de gestion sont adaptés au classement d'un portefeuille de créances sujet à des activités d'affacturage ?

Réponse

La définition du modèle de gestion (« business model ») d'un portefeuille de créances sujet à des activités d'affacturage dépend du caractère décomptabilisant de ces activités. Ainsi :

- si l'opération d'affacturage est décomptabilisante, selon les faits et circonstances, les entités pourront justifier (i) un modèle de gestion dont l'objectif est de détenir les actifs financiers pour recouvrer les flux de trésorerie contractuels et les flux de cession ou (ii) un autre modèle de gestion ;
- si l'opération d'affacturage est non décomptabilisante, un choix de méthode comptable doit alors être fait conduisant à définir soit (i) un modèle de gestion dont l'objectif est de détenir les actifs financiers pour recouvrer les flux contractuels, soit (ii) un autre modèle de gestion.

Commentaires :

1. **Contexte** Il est courant pour les entreprises d'avoir recours à des opérations d'affacturage de leurs créances commerciales dans le cadre de la gestion de leur besoin en fonds de roulement.

Pour des précisions sur la définition de l'affacturage, voir nº 48340.

Ces opérations sont habituellement réalisées sur la base d'une convention cadre (subrogation conventionnelle) prévoyant le transfert de tout ou partie des créances commerciales pendant une période donnée. Le transfert des créances se fera sur décision de l'entité cédante en prenant en compte un certain nombre de facteurs. Ainsi lorsqu'un portefeuille de créances commerciales est soumis à une convention d'affacturage, les flux de trésorerie attendus par l'entité peuvent inclure aussi bien des flux contractuels des créances commerciales que ceux provenant du transfert des actifs qui ont fait ou feront l'objet d'affacturage. La définition d'un modèle de gestion peut alors s'avérer complexe.

Rappel La norme IFRS 9 définit 3 modèles de gestion :
- un modèle de gestion dont l'objectif et de détenir les actifs afin d'en recouvrer les flux contractuels, voir nº 45190 ;
- un modèle de gestion dont l'objectif est de détenir les actifs afin d'en recouvrer les flux contractuels et les flux de cession, voir nº 45210 ; et
- les autres modèles de gestion (un modèle de gestion dans lequel l'entité gère les actifs financiers avec l'objectif de réaliser des flux de trésorerie en vendant les actifs), voir nº 45215.

2. **Analyse** La définition d'un modèle de gestion pour un portefeuille d'actifs financiers sujet à des activités d'affacturage dépend tout d'abord du caractère décomptabilisant des opérations réalisées. En effet, une opération d'affacturage, comme toute opération de transfert d'actifs financiers, peut entraîner la décomptabilisation des actifs concernés c'est-à-dire leur sortie du bilan.

La sortie (décomptabilisation) totale ou partielle d'un actif financier du bilan se fait en fonction de **trois critères appliqués de manière successive,** en respectant les différentes étapes de l'arbre de décision d'IFRS 9.B3.2.1 :
- expiration des droits contractuels aux flux de trésorerie de l'instrument ou transfert à un tiers de ces flux ;
- transfert de la quasi-totalité (« substantially all ») des risques et avantages de l'instrument ;
- transfert du contrôle de cet instrument.

Pour plus de détails sur ce point, voir nº 48065.

La décomptabilisation d'un actif financier doit être considérée au même titre qu'une vente lors de la définition et l'analyse d'un modèle de gestion car elles entraînent toutes les deux une sortie du bilan et le recouvrement de flux de trésorerie à l'occasion de cette sortie du bilan. Ainsi, si les opérations d'affacturage entraînent la décomptabilisation des actifs financiers, les flux de trésorerie recouvrés par l'entité cédante comprennent à la fois des flux de cession et le cas échéant des flux contractuels. Si au contraire, les opérations d'affacturage n'entraînent pas la décomptabilisation des actifs financiers, l'entité ne recouvre aucun flux de cession. L'analyse consistera alors à déterminer si les flux contractuels des créances commerciales cédées peuvent toujours être considérés comme recouvrés par l'entité. **45220** (suite)

a. **Modèle de gestion en cas d'opérations décomptabilisantes** Si l'entité cédante est en mesure d'identifier les créances qui feront l'objet d'une opération d'affacturage de celles qui ne le feront pas, alors, les premières seraient gérées dans un autre modèle de gestion (dans lequel l'entité gère les actifs financiers avec l'objectif de réaliser des flux de trésorerie en vendant des actifs) et les autres dans un modèle de gestion dont l'objectif est de détenir les actifs financiers afin de recouvrer les flux contractuels (« Hold to Collect »/HTC).

Or, une entité qui a régulièrement recours à l'affacturage ne sait pas nécessairement, lors de la comptabilisation initiale d'une créance commerciale, si cette dernière en particulier fera l'objet d'une opération d'affacturage. Aussi, le modèle de gestion doit être défini de façon unique au niveau du portefeuille entier des créances commerciales. A notre avis, selon les faits et circonstances, seuls les deux modèles de gestion suivants peuvent alors être justifiés :
- un modèle de gestion dont l'objectif est de détenir les actifs financiers afin de recouvrer les flux contractuels et les flux de cession (« Hold To Collect and Sell »/HTCS) ;
- un modèle de gestion dans lequel l'entité gère les actifs financiers avec l'objectif de réaliser des flux de trésorerie en vendant des actifs.

La définition de l'un ou l'autre de ces modèles dépendra de l'importance des flux qui sont recouvrés via les opérations d'affacturage : si ceux-ci ont une part prépondérante aussi bien dans les flux de trésorerie réalisés que dans ceux attendus par l'entité, alors c'est le deuxième modèle de gestion qui sera plus pertinent.

Remarque A notre avis, il n'est pas possible de définir dans le cas d'une convention cadre d'affacturage décomptabilisante un modèle de gestion HTC car ces opérations d'affacturage ne constituent pas des ventes autorisées cohérentes avec un tel modèle de gestion. En effet, ces opérations :
- ne sont pas liées à une augmentation du risque de crédit de la contrepartie des créances ;
- ne seront pas nécessairement réalisées à proximité de la date d'échéance ;
- sont en général significatives en valeur ;
- ne correspondent pas à des cessions non fréquentes, car elles sont effectuées en application d'un contrat cadre, donc anticipées par les entités cédantes.

Pour des précisions sur les ventes autorisées dans le cadre d'un modèle de gestion dont l'objectif est de détenir les actifs financiers afin de recouvrer les flux contractuels, voir n° 45195.

b. **Modèle de gestion en cas d'opérations non décomptabilisantes** Dans une opération d'affacturage non décomptabilisante, l'entité cédante transfère ses droits aux flux de trésorerie contractuels des créances cédées, mais conserve la quasi-totalité des risques et avantages attachés à ces créances. A notre avis, il existe deux méthodes acceptables pour définir le modèle de gestion :
- définition d'un modèle de gestion HTC : dans la mesure où les actifs restent comptabilisés au bilan de l'entité et que celle-ci conserve la quasi-totalité des risques et avantages liés à ces actifs financiers, l'opération d'affacturage a la même substance économique que si les droits aux flux de trésorerie contractuels n'avaient pas été transférés ;
- définition d'un autre modèle de gestion : selon cette approche, il n'est pas possible de justifier un modèle de gestion HTC car l'entité a cédé ses droits à recevoir les flux de trésorerie contractuels attachés aux créances commerciales. Dans la mesure où les opérations d'affacturage sont non décomptabilisantes, un modèle de gestion dont l'objectif est de détenir les actifs financiers afin de recouvrer les flux de cessions et les flux de ventes ne pourrait pas non plus être justifié, car il n'y a justement aucun flux de cession. Par défaut, seul un autre modèle de gestion peut être documenté.

La définition de l'un ou l'autre de ces deux modèles de gestion est un choix de méthode comptable.

Remarques :

1. Il est important de noter la différence entre les modalités de définition d'un modèle de gestion selon que l'opération d'affacturage soit décomptabilisante ou non. En effet, en cas d'opération décomptabilisante, la définition d'un modèle de gestion se fait en fonction des faits et circonstances alors qu'en cas d'opération non décomptabilisante, la définition d'un modèle de gestion se fait via un choix de méthode comptable.
2. La définition d'un autre modèle de gestion (y compris un modèle de gestion dans lequel l'entité gère les actifs financiers avec l'objectif de réaliser des flux de trésorerie en vendant des actifs) a pour conséquence la comptabilisation des créances commerciales détenues en juste valeur par résultat (voir n° 45215).

Impact de la décision de cession d'une filiale sur l'évaluation du modèle de gestion des actifs financiers de cette filiale

45221 *Question*

La décision prise par une société mère de vendre une de ses filiales qui détient un portefeuille d'actifs dont le modèle de gestion a pour objectif de recouvrer les flux de trésorerie contractuels a-t-elle un impact sur le modèle de gestion de ce portefeuille d'actifs ?

Réponse

A notre avis, deux vues sont possibles :
– si l'évaluation du modèle de gestion est réalisée au niveau du groupe consolidé, étant donné qu'il a décidé de vendre sa filiale, le modèle de gestion des actifs financiers détenus par la filiale n'a plus pour objectif de recouvrer les flux de trésorerie contractuels ;
– si l'évaluation du modèle de gestion est réalisée au niveau de la filiale, et que les indicateurs qui ont permis de déterminer que l'objectif du modèle de gestion de ces actifs était de recouvrer les flux de trésorerie contractuels sont inchangés, alors il ne devrait pas y avoir de changement de modèle de gestion pour les actifs détenus par la filiale destinée à être cédée.

Commentaires :

1. **Contexte** Le groupe bancaire A détient une filiale B incluse dans son périmètre de consolidation. B octroie des prêts à long terme à des clients, qui sont détenus dans le cadre d'un modèle de gestion qui a pour objectif de recouvrer les flux de trésorerie contractuels.

Les prêts à long terme répondent aux critères de « prêt basique » (SPPI) et sont évalués au coût amorti dans les états financiers consolidés du groupe A.

A la suite de la décision du groupe de vendre sa filiale B, celle-ci est classée comme détenue en vue de la vente, en accord avec les dispositions de la norme IFRS 5 (voir nº 36951 s.) dans les états financiers consolidés de la banque A au 31 décembre N.

La direction de la filiale B continue de gérer ses prêts à long terme de la même manière qu'auparavant.

Dans ces circonstances, la question se pose de savoir si les actifs financiers de la filiale B relèvent toujours d'un modèle de gestion qui a pour objectif de recouvrer les flux de trésorerie contractuels.

Pour la définition des modèles de gestion, voir nº 45190 (modèle de gestion qui a pour objectif de détenir des actifs financiers pour recouvrer les flux de trésorerie contractuels) et 45215 (« autre » modèle de gestion).

Pour la définition de la notion de « prêt basique » (SPPI), voir nº 45140.

2. **Analyse** Cette question a fait l'objet d'une première discussion à l'IFRS IC en novembre 2016, mais aucune décision n'a été prise. A notre avis, deux vues sont possibles :

a. La première possibilité consiste à évaluer le modèle de gestion au niveau du groupe A (par opposition au point de vue de la filiale B).

Etant donné que le groupe A a décidé de vendre sa filiale B, le modèle de gestion des actifs financiers de la filiale B n'a plus pour objectif, du point de vue du groupe, de recouvrer les flux de trésorerie contractuels mais a un « autre » objectif.

Selon ce point de vue, lorsque les critères de reclassement sont remplis, les prêts à long terme de la filiale B doivent être reclassés de la catégorie actifs financiers au coût amorti à la catégorie actifs financiers évalués à la juste valeur par résultat, à compter du début de la période de reporting suivante (IFRS 9.B4.4.1 et .5.6.1).

Pour plus d'information sur les circonstances et modalités de reclassement des actifs financiers selon IFRS 9, voir nº 45570.

b. La seconde possibilité consiste à évaluer le modèle de gestion à un niveau qui reflète la façon dont les groupes d'actifs financiers sont collectivement gérés en vue d'atteindre un objectif économique donné (IFRS 9.B4.1.2).

En conséquence, il convient d'évaluer le modèle de gestion au niveau de la filiale B, et non pas au niveau du groupe A, étant donné qu'il s'agit du niveau auquel les prêts à long terme sont gérés.

Dans ce cas, le modèle de gestion des prêts à long terme resterait inchangé car leur objectif est toujours de recouvrer les flux de trésorerie contractuels. Ainsi, les prêts à long terme de la filiale B continueraient à être évalués au coût amorti.

Le choix entre l'une ou l'autre de ces deux possibilités constitue un choix de méthode comptable qu'il convient de mentionner en annexe dès lors qu'il est jugé significatif. Ce choix doit être appliqué de manière constante et homogène.

Opération de syndication et modèle de gestion

Question 45222

Lorsqu'une banque chef de file dans une opération de syndication octroie un engagement de financement sans savoir si le prêt (ou part du prêt) en résultant sera cédé ou conservé, quel modèle de gestion doit être défini pour ce prêt ?

Réponse

A notre avis, la banque doit faire un choix de méthode comptable entre :
- considérer que le prêt (ou part du prêt) et l'engagement de financement forment une seule unité de compte : dans ce cas le prêt sera géré dans un modèle de gestion dont l'objectif est de réaliser des flux de trésorerie en vendant des actifs (« Hold to Sell »/HTS) ;
- considérer que le prêt (ou part du prêt) est un instrument distinct de l'engagement de financement : dans ce cas le prêt sera géré (i) dans un modèle de gestion dont l'objectif est de détenir des actifs afin de recouvrer les flux contractuels (« Hold to Collect »/HTC) si la banque décide de le conserver à la suite de son tirage ou (ii) dans un modèle de gestion HTS si la banque décide de le céder.

Commentaires :

1. **Contexte** Dans une opération de syndication bancaire, la banque chargée du montage de l'opération (Banque chef de file ou Arrangeur) peut s'engager à octroyer un prêt en vue de céder tout ou partie de celui-ci à d'autres banques. Lorsque la banque est capable d'estimer la part du prêt qui va être cédée et celle qui va être conservée, le prêt (ou la part du prêt) destiné à être conservé est géré selon le modèle de gestion dont l'objectif est de détenir les actifs financiers afin de recouvrer les flux contractuels (« Hold to Collect »/HTC) tandis que le prêt (ou la part du prêt) destiné à être cédé est géré selon le modèle de gestion dans lequel l'entité gère les actifs financiers avec l'objectif de réaliser des flux de trésorerie en vendant des actifs (« Hold to Sell »/HTS).

Rappel La norme IFRS 9 définit 3 modèles de gestion :
- un modèle de gestion dont l'objectif est de détenir les actifs afin d'en recouvrer les flux contractuels (HTC), voir n° 45190 ;
- un modèle de gestion dont l'objectif est de détenir les actifs afin d'en recouvrer les flux contractuels et les flux de cession (HTCS), voir n° 45210 ; et
- les autres modèles de gestion [un modèle de gestion dans lequel l'entité gère les actifs financiers avec l'objectif de réaliser des flux de trésorerie en vendant les actifs (HTS)], voir n° 45215.

La part du prêt qui sera cédée dépend à la fois des objectifs de la banque et des conditions de marché. Ainsi, au moment de l'octroi de l'engagement de financement, la banque pourrait ne pas être en mesure d'estimer si le prêt (ou part du prêt) sera cédé ou conservé. La définition du modèle de gestion de ce prêt (ou part du prêt) soulève alors des difficultés.

2. **Analyse** La principale difficulté est que l'intention de la banque quant à la cession ou la conservation du prêt (ou part du prêt) peut changer entre la date d'octroi de l'engagement de financement et la date de tirage. Ainsi, l'analyse du modèle de gestion est différente selon que le prêt (ou part du prêt) concerné est considéré ou non comme un instrument financier distinct de l'engagement de financement octroyé par la banque. A notre avis, en l'absence de précision de la norme IFRS 9, les entités devront faire un choix de méthode comptable entre les deux analyses suivantes :

a. Le prêt (ou part du prêt) est considéré comme faisant partie de la même unité de compte que l'engagement de financement. La détermination du modèle de gestion est alors faite en date d'octroi de l'engagement de financement et ne pourra pas être modifiée ultérieurement. Ainsi, le prêt (ou part du prêt) ne pourra pas être affecté au modèle de gestion HTC dans la mesure où la banque n'a pas l'assurance raisonnable de le conserver en date d'octroi de l'engagement de financement. Le modèle de gestion HTS est alors le plus adapté car la banque a pour habitude de céder une partie des prêts résultant de l'engagement de financement dans le cadre de ses activités de syndication.

Le prêt (ou part du prêt) sera alors comptabilisé à la juste valeur par résultat, traitement comptable qui est cohérent avec celui de l'engagement de financement qui sera comptabilisé comme un dérivé passif du fait que l'entité a pour habitude de céder les prêts lors des opérations de syndication (voir nº 45350, point 3.).

Ainsi, même si la banque décide au moment du tirage du prêt de le conserver, il sera défini dans un modèle de gestion HTS et évalué à la juste valeur par résultat.

b. Le prêt (ou part du prêt) est considéré comme ne faisant pas partie de la même unité de compte que l'engagement de financement. Dans ce cas, à la date de tirage, il est possible de réaffecter une partie de la portion de financement préalablement destinée à être cédée en part à conserver. Le prêt ou (part du prêt) sera alors géré dans un modèle de gestion cohérent avec l'intention de la banque à la date de tirage du prêt : si la banque décide de le conserver, il sera géré dans un modèle de gestion HTC et si la banque décide de le céder, il sera géré dans un modèle de gestion HTS.

La partie de financement conservée, dont l'objectif est de recouvrer les flux de trésorerie contractuels, peut être comptabilisée au coût amorti à condition de respecter le critère de « prêt basique » (SPPI). La comptabilisation initiale du prêt s'effectue :

– sur la base de la juste valeur du crédit pour la part du tirage qui était destinée à être cédée à la date de l'engagement. Cette juste valeur peut être différente de son montant nominal et l'écart entre cette juste valeur et le montant nominal du crédit trouve sa contrepartie dans l'engagement de financement qui est évalué en juste valeur par résultat ;

– sur la base du montant nominal pour la part du tirage qui était destinée à être conservée.

Pour la notion de « prêt basique » (SPPI), voir nº 45140.

II. Critère du « prêt basique » (SPPI)

Instruments pour lesquels il existe un décalage entre la fréquence de révision du taux et la maturité de l'index de révision

45225 ***Question***

Comment le critère dit du « prêt basique » (SPPI) est-il appliqué à des instruments pour lesquels il existe un décalage entre la fréquence de révision du taux d'intérêt et la maturité de l'index de révision ?

Réponse

Ce type d'instrument répond au critère SPPI dès lors qu'il y a adéquation entre la périodicité de révision de l'index et la maturité de l'index et que le taux d'intérêt représente une compensation du risque de crédit et de la valeur temps.

En cas d'inadéquation, la valeur temps de l'argent est modifiée (« modified time value of money ») et un test qualitatif ou quantitatif le cas échéant devient alors nécessaire.

Commentaires :

1. **Modification de la valeur temps de l'argent (« modified time value of money »)** Les entités (notamment les banques) peuvent appliquer des taux d'intérêt révisables aux prêts octroyés.

Les index (Euribor ou autre taux de marché) utilisés par les banques pour définir les taux d'intérêt des prêts à taux variables émis fournissent une compensation de la valeur temps de l'argent.

La plupart des instruments à taux variable voient leurs taux d'intérêt révisés au cours de leur vie ; cela n'empêche pas, en soi, que l'instrument réponde au critère du « prêt basique ».

Toutefois, il convient de s'assurer que la fréquence de révision du taux d'intérêt est en adéquation avec la maturité de l'index utilisé, c'est-à-dire qu'il n'y a pas de modification de la valeur temps.

Selon IFRS 9.B4.1.9B, si la valeur temps de l'argent de l'instrument est modifiée (i.e. imparfaite), l'entité doit évaluer, qualitativement ou quantitativement, les flux de trésorerie contractuels par rapport à ceux d'un instrument identique à tous égards, pour déterminer si les flux de trésorerie sont SPPI (« benchmark test »).

2. « **Benchmark test** » Le principe fondamental d'IFRS 9 est que si l'actif financier contient des termes contractuels qui introduisent une exposition à des risques ou de la volatilité non liés à un mécanisme de prêt basique (par exemple, le prix des actions ou des matières premières), l'instrument ne répond pas au critère de « prêt basique » (pour la définition de ce critère, voir nº 45140) sans avoir besoin de procéder à un « benchmark test ». **45225** (suite)

En revanche, dans le cas où une ou plusieurs clauses contractuelles de l'instrument sont considérées comme modifiées (c'est-à-dire imparfaites) selon IFRS 9 – notamment lorsque la valeur temps de l'argent est modifiée – les conditions de l'instrument doivent alors être examinées au cas par cas pour déterminer le type d'évaluation requis (qualitative ou quantitative) dans le cadre du « benchmark test » (IFRS 9.B4.1.9B).

Pour déterminer si le test doit être qualitatif ou quantitatif, voir nº 45230.

■ *Exemple 1*

L'instrument B est un instrument à date de maturité déterminée et à taux d'intérêt variable qui permet à l'emprunteur, à chaque échéance de révision du taux d'intérêt, de choisir le taux de marché qu'il va payer (IFRS 9.B4.1.13). Ainsi, à chaque date d'ajustement du taux d'intérêt, l'emprunteur peut choisir de payer E3M pour une échéance à trois mois ou E1M pour une échéance à un mois.

Solution de l'exemple 1 *Les flux de trésorerie contractuels répondent au critère SPPI tant que les intérêts payés sur la durée de vie de l'instrument reflètent la valeur temps et le risque de crédit associés à l'instrument, les éventuels risques et coûts liés au prêt basique, ainsi qu'une marge de profit (IFRS 9.B4.1.7A). Le fait que le taux d'intérêt Euribor soit révisé au cours de la vie de l'instrument ne disqualifie pas en lui-même l'instrument du critère SPPI.*

Toutefois, si l'emprunteur est en mesure de choisir de payer un taux d'intérêt E1M sur une échéance à trois mois, le taux d'intérêt est révisé avec une fréquence qui ne correspond pas à la maturité de l'index de révision.

Il en est de même si un instrument a un taux d'intérêt contractuel basé sur une échéance qui peut dépasser la durée de vie résiduelle de l'instrument (par exemple, si un instrument avec une échéance à cinq ans paie un taux variable qui est périodiquement révisé mais reflète toujours une échéance de cinq ans), la valeur temps de l'élément est modifiée car l'intérêt payable à chaque période est déconnecté de la période d'intérêt.

Dans de tels cas, l'entité doit évaluer, qualitativement ou quantitativement (voir nº 45230), si les flux de trésorerie contractuels réels sont significativement différents d'un instrument identique à tous égards – sauf pour le taux d'intérêt qui correspond à la période d'intérêt – pour déterminer si les flux de trésorerie contractuels sont SPPI (« benchmark test »).

Par exemple, dans le cas d'une obligation à échéance cinq ans, à taux variable révisable tous les six mois, mais reflétant toujours une échéance à cinq ans (et ce, quelle que soit la durée résiduelle de l'instrument), les flux de trésorerie contractuels sur un instrument dont le taux d'intérêt variable est révisable tous les six mois et dont l'index a une échéance de six mois et qui présente les mêmes caractéristiques par ailleurs devront être comparés avec les flux de trésorerie réels de l'instrument considéré.

Lorsque le « benchmark test » est nécessaire et que celui-ci est quantitatif, les flux de trésorerie contractuels doivent être comparés aux flux de trésorerie d'un instrument « parfait », dit instrument « benchmark ». Les flux de trésorerie de ce dernier sont déterminés pour refléter une valeur temps de l'argent non modifiée (IFRS 9.B4.1.9C).

■ *Exemple 2*

Considérons une obligation émise en juin N, à échéance 10 ans (en juin N+10) et comportant une composante de refixation à échéance constante où le taux d'intérêt est refixé annuellement sur la base d'un taux d'intérêt de 10 ans.

Solution de l'exemple 2 *Le test doit comparer les flux de trésorerie contractuels non actualisés sur cette obligation à ceux d'une obligation qui refixe annuellement à un taux d'un an, afin d'évaluer si les flux de trésorerie des deux obligations pourraient être substantiellement différents. Un certain nombre de scénarios de taux d'intérêt différents devraient être envisagés, afin de déterminer comment la relation entre le taux un an et un taux 10 ans pourrait changer au cours de la vie de l'instrument. Cependant, il est seulement nécessaire de considérer des scénarios raisonnablement possibles plutôt que tous les scénarios possibles. Si, dans un scénario raisonnablement possible, les flux de trésorerie sont significativement différents des flux de trésorerie de référence – « benchmark » (c'est-à-dire basés sur un taux d'un an), l'obligation ne remplira pas la condition SPPI et doit être évaluée à la juste valeur par résultat.*

Prêts dont le taux d'intérêt est ajusté contractuellement en fonction de l'évolution du risque de crédit de l'emprunteur (« ratchet loans » ou « prêts à cliquets »)

45227 *Question*

Un prêt dont le taux d'intérêt est ajusté contractuellement en fonction de l'évolution de tout ou partie du risque de crédit de l'emprunteur (« ratchet loan » ou « prêts à cliquets ») respecte-t-il le critère de « prêt basique » (SPPI) ?

Réponse

Le critère SPPI est respecté si :

1. l'événement déclenchant l'ajustement du taux reflète une augmentation du risque de crédit de l'emprunteur ; et

2. le nouveau taux, établi à l'origination du contrat, a pour effet de compenser le prêteur de tout ou partie de l'augmentation du risque de crédit du prêt.

Commentaires :

1. **Définition d'un « ratchet loan » ou « prêt à cliquets »** Il s'agit d'un prêt dont le **taux d'intérêt** est **contractuellement ajusté** selon une grille de taux pré-déterminée, notamment **en fonction de la survenance d'événements liés à l'emprunteur** (par exemple, augmentation significative de son ratio Dette/Capitaux propres). Ainsi, le taux d'intérêt augmente lorsque le risque de crédit de l'emprunteur augmente. Cette clause contractuelle permet d'éviter la renégociation du prêt lorsque le risque de crédit de l'emprunteur varie.

2. **Analyse du critère SPPI** Un instrument financier assorti d'un taux d'intérêt révisé à la hausse dès que l'emprunteur est en défaut d'un certain nombre défini de paiements respecterait le critère de « prêt basique » (IFRS 9.B4.1.10).

A notre avis, une clause de « ratchet » présente la même substance économique que l'instrument cité en exemple dans IFRS 9.B4.1.10. En effet, dans les deux cas, il existe un lien direct entre l'événement donnant lieu à modification du contrat et le risque de crédit de l'emprunteur. En conséquence, le critère SPPI est respecté pour les « ratchet loans » dès lors que les **deux conditions** suivantes sont réunies :

- l'événement déclenchant l'ajustement du taux reflète une augmentation du risque de crédit du prêt ; et
- le nouveau taux est établi, à l'origination du contrat, afin de compenser le détenteur de l'actif financier de tout ou partie de l'augmentation du risque de crédit du prêt.

Remarque Lorsque le taux d'intérêt est effectivement révisé en cas de variation du risque de crédit de l'emprunteur, la modification des flux de trésorerie qui en découle reflète, à notre avis, un mécanisme de révision de taux d'intérêt aux conditions de marché (voir n° 46210).

Benchmark test : test qualitatif versus quantitatif

45230 *Question*

Quand faut-il faire un test qualitatif versus quantitatif pour évaluer si la valeur temps de l'argent modifiée (« modified time value of money ») d'un instrument respecte le critère SPPI ?

Réponse

Les conditions de l'instrument doivent être examinées au cas par cas pour déterminer le type d'évaluation requis (qualitative ou quantitative). Une liste indicative et non exhaustive est présentée ci-après pour orienter l'analyse.

Commentaires Le principe fondamental d'IFRS 9 est que, si un actif financier contient des termes contractuels qui introduisent l'exposition à des risques ou de la volatilité non liés à un mécanisme de prêt de base (par exemple, le prix des actions ou des matières premières), l'instrument ne répond pas au critère de « prêt basique », sans avoir besoin de procéder à un « benchmark test ».

Pour la définition de la notion de « prêt basique », voir n° 45140.

En revanche, lorsqu'il existe un décalage entre la fréquence de révision du taux d'intérêt (par exemple, tous les 3 mois) et la maturité de l'index de révision (par exemple, Euribor 6 mois), la valeur temps de l'argent est modifiée (i.e. imparfaite) et un test qualitatif ou quantitatif des flux contractuels devient alors nécessaire (voir n° 45225). Ce test est appelé « benchmark test ». **45230** (suite)

Le tableau suivant, établi par nos soins, fournit une liste d'exemples de clauses contractuelles qui sont considérées comme modifiées (i.e. imparfaites) selon IFRS 9.

Cette liste n'est pas exhaustive et le type d'évaluation est fourni à titre indicatif. Les conditions de l'instrument doivent être examinées au cas par cas pour déterminer le type d'évaluation requis (qualitative ou quantitative).

Description/Exemple	Evaluation qualitative suffisante ?
Prêt portant intérêt à taux variable inversé, i.e. le taux d'intérêt est inversement corrélé avec le taux d'intérêt du marché, (6 % – 2 × E3M)	Cet instrument ne répond pas au critère SPPI (IFRS 9.B4.1.14 – instrument G). L'analyse qualitative suffit à disqualifier l'instrument.
La devise du taux d'intérêt de référence diffère de la devise de l'instrument. (obligation en $ avec des intérêts payés en $ et un taux de référence Euribor)	Si les devises ne sont pas clairement liées, une évaluation qualitative est suffisante et le critère SPPI n'est probablement pas respecté. Si les devises sont clairement liées, une analyse quantitative est nécessaire pour démontrer ou non le respect du critère SPPI.
Le taux d'intérêt de l'instrument n'est ajusté que si le taux de référence dépasse un seuil prédéfini. (taux de référence = E1M ; le taux d'intérêt de l'instrument n'est ajusté que si l'E1M varie de plus de 25 pb par rapport au précédent taux d'intérêt fixé)	Le « benchmark test » n'est pas pertinent dans ce cas. Cet instrument est un instrument à taux variable avec un cap, la valeur temps n'est donc pas modifiée. L'instrument en question devrait répondre au critère SPPI.
Les taux d'intérêt sont calculés comme une moyenne de différents taux de référence (benchmark). (le coupon est calculé en utilisant la moyenne E3M, E6M et E12M)	Une évaluation quantitative est probablement nécessaire pour déterminer si le critère SPPI est respecté.
Les taux d'intérêt sont calculés comme une moyenne de différents taux de référence (benchmark). (le taux d'intérêt est déterminé comme la moyenne de l'E3M du dernier mois)	Une évaluation qualitative devrait être suffisante, à condition que le benchmark utilisé soit une moyenne sur un court laps de temps (par exemple, trois mois), comme il est peu probable qu'il fluctue de manière significative. Si c'est le cas, le critère SPPI serait respecté. Si la moyenne du taux de référence est sur une longue période, une évaluation quantitative est probablement nécessaire.
Les taux d'intérêt sont calculés sur la base d'un taux de référence (benchmark) multiplié par un facteur autre que 1. (le taux d'intérêt est calculé ainsi : E1M × 1,5)	Une évaluation qualitative dans ce cas est suffisante : tout facteur supérieur à 1 conduirait à l'échec du test de modification et du critère SPPI, car il s'agit d'un effet de levier. Tout facteur inférieur à 1 devrait respecter le test de modification et le critère SPPI.
Le taux d'intérêt est lié à l'inflation d'une autre devise. (taux d'intérêt d'une obligation EUR est lié au US « Consumer Price Index »/CPI)	Si les devises ne sont pas clairement liées, le test qualitatif suffit à disqualifier l'instrument. Si les devises sont liées, une évaluation quantitative est peut-être nécessaire suivant les faits et circonstances pour démontrer si le critère SPPI est rempli.
Les taux d'intérêt sont basés sur un taux de référence (benchmark) décalé. (taux d'intérêt calculé en utilisant comme référence l'E3M du dernier jour du mois précédent)	Sur la base d'une évaluation qualitative, si le délai de latence n'est pas trop long et que le taux de référence n'est pas représentatif d'un environnement économique très volatile, alors le critère SPPI devrait être respecté.
Les taux d'intérêt sont largement réglementés par les instances gouvernementales.	Le test quantitatif pourrait ne pas être applicable, et une évaluation qualitative serait suffisante pour évaluer si l'actif financier répond au critère SPPI.

Application du critère de « prêt basique » à des prêts avec option de prolongation ou de remboursement anticipé

45235 *Question*

Comment le critère de « prêt basique » (SPPI) est-il analysé pour des prêts avec option de prolongation ou de remboursement anticipé ?

Réponse

En règle générale, les prêts avec option de prolongation ou de remboursement anticipé respectent le critère de « prêt basique » (SPPI) dès lors que les flux de trésorerie qui résulteraient de l'exercice de l'option correspondent au remboursement de principal et des intérêts sur le principal restant dû, quand bien même ils comprendraient un montant compensatoire rémunérant soit la prolongation, soit la résiliation du contrat.

De plus, la norme prévoit une exception à la comptabilisation à la juste valeur par résultat pour les actifs avec option de remboursement anticipé, lorsque du fait de celle-ci, ils ne respectent plus le critère SPPI. Cette exception est soumise à conditions.

Commentaires Pour les actifs financiers qui comprennent une option de prolongation ou de remboursement anticipé, l'entité doit déterminer si les flux de trésorerie contractuels qui pourraient survenir pendant la durée de vie de l'instrument du fait de ces dispositions contractuelles remplissent bien la condition SPPI (IFRS 9.B4.1.10). L'entité doit apprécier au regard du critère SPPI les flux de trésorerie contractuels qui pourraient être générés tant avant qu'après la modification du fait de l'exercice de l'option de prolongation ou de remboursement anticipé.

Pour la définition de la notion de « prêt basique » (SPPI), voir n° 45140.

Ainsi, dans le cas d'une option de prolongation, l'entité doit s'assurer que les flux de trésorerie contractuels qui résulteraient de l'exercice de l'option correspondent uniquement à des remboursements de principal et à des intérêts sur le principal restant dû et qui peuvent comprendre une somme raisonnable pour compenser la prolongation du contrat (IFRS 9.B4.1.11c).

Dans le cas d'une option de remboursement anticipé, l'entité doit s'assurer que le montant du remboursement anticipé représente essentiellement le principal restant dû et les intérêts y afférents, ce qui peut comprendre une somme raisonnable pour compenser la résiliation avant terme du contrat (IFRS 9.B4.1.11b).

Pour l'appréciation du caractère raisonnable d'une indemnité de remboursement anticipé, voir n° 45237.

En outre, la norme prévoit une **exception** pour les actifs financiers qui, en l'absence d'une option de remboursement anticipé, seraient évalués au coût amorti ou à la juste valeur en contrepartie des autres éléments du résultat global (OCI), mais du fait de l'existence d'une option de remboursement anticipé, ne respectent plus le critère de prêt basique (« SPPI »). Ces instruments pourraient être évalués au coût amorti ou à la juste valeur par OCI, lorsque les conditions suivantes sont respectées (IFRS 9.B4.1.12) :

- l'entité acquiert ou crée des actifs financiers avec une prime ou une décote sur le montant nominal contractuel ;
- le montant du remboursement anticipé représente sensiblement le montant nominal et les intérêts courus non payés contractuels, y compris une compensation raisonnable pour la résiliation anticipée du contrat ; et

Pour l'appréciation du caractère raisonnable d'une indemnité de remboursement anticipé, voir n° 45237.

- la juste valeur de l'option de remboursement anticipé est non significative lors de la comptabilisation initiale de l'actif financier.

Si toutes ces conditions sont remplies, l'actif financier est réputé respecter le critère SPPI.

Dans le cadre d'un regroupement d'entreprises ou de l'acquisition d'un portefeuille de prêts à taux d'intérêt fixe, l'acquéreur comptabilise le portefeuille de prêts à la juste valeur au bilan. L'acquéreur doit alors classer les prêts acquis sur la base de faits et circonstances qui existent à la date d'acquisition. Dans certains pays européens, les prêts hypothécaires aux particuliers doivent légalement inclure des options de remboursement anticipé avec des pénalités plafonnées à un certain seuil. Par conséquent, lorsque les taux d'intérêt baissent, la probabilité que les emprunteurs exercent leur option de remboursement anticipé augmente. Statistiquement, bien que les emprunteurs puissent être incités à rembourser par anticipation leurs prêts hypothécaires (c'est-à-dire à se voir refinancés à un taux d'intérêt plus favorable), une proportion importante des emprunteurs n'exerce pas en pratique son option de remboursement anticipé. C'est pourquoi, dans une période de baisse des taux d'intérêt, la juste valeur de ces prêts hypothécaires pourrait continuer à valoir plus que le prix d'exercice de l'option de remboursement anticipé en dépit de la juste valeur de l'option pour les emprunteurs respectifs.

Ainsi, cette option pourrait faire échouer ces prêts au test SPPI qui seraient ainsi évalués en juste valeur par résultat suivant un regroupement d'entreprises, à moins que les trois conditions décrites ci-avant (IFRS 9.B4.1.12) ne soient remplies.

Appréciation du caractère raisonnable d'une indemnité de remboursement anticipé de prêt

Question 45237

Comment déterminer si une indemnité de remboursement anticipé de prêt représente une compensation raisonnable ?

Réponse

A notre avis, une indemnité de remboursement anticipé peut être considérée comme raisonnable dès lors qu'elle ne compense que, partiellement ou totalement, un ou plusieurs des éléments constitutifs d'intérêts dans un prêt basique, à savoir :
- la valeur temps de l'argent ;
- le risque de crédit de l'émetteur et autres risques basiques comme le risque de liquidité ;
- les coûts de gestion associés à la détention de l'instrument ;
- la marge commerciale.

Commentaires :

1. **Rappel** Un prêt contenant une option de remboursement anticipé respecte le critère SPPI si les flux de trésorerie à recevoir en cas d'exercice de l'option de remboursement anticipé représentent essentiellement le remboursement du principal restant dû, les intérêts y afférents et une compensation raisonnable de la résiliation anticipée du contrat (IFRS 9.B4.1.11b), voir n° 45235.

La norme IFRS 9 apporte des précisions sur les conditions dans lesquelles une option de remboursement anticipé contrevient ou pas au critère SPPI, notamment dans le cas d'une **option de remboursement anticipé prévoyant une compensation négative.** Il s'agit d'options à la main de l'émetteur qui peuvent conduire le prêteur (souvent une banque) à devoir indemniser l'emprunteur en cas d'exercice de cette option. La norme précise que les prêts contenant une telle clause peuvent respecter le critère SPPI, même si la contrepartie choisissant de résilier le contrat bénéficie d'une compensation de l'autre contrepartie. Il n'est pas nécessaire que la contrepartie qui subit l'exercice de la clause de remboursement anticipé soit compensée pour un montant de trésorerie positif par celle qui exerce la clause. Ainsi, la compensation peut être négative et les circonstances dans lesquelles le remboursement anticipé intervient sont sans incidence sur l'analyse. La seule limite au montant de l'indemnité est que celui-ci doit être raisonnable (IFRS 9.B4.1.11b, .B4.1.12b et .B4.1.12A).

Cependant, la norme IFRS 9 ne fournit aucune indication quant à cette notion de compensation raisonnable qui est pourtant clé dans l'analyse des prêts prévoyant une indemnité en cas d'exercice de l'option de remboursement anticipé. Une entité doit donc exercer son jugement pour définir la méthode comptable à retenir pour la détermination du caractère raisonnable d'une clause spécifique de compensation. Cette méthode devra ensuite être appliquée de manière constante et homogène.

Si ce jugement a un impact significatif sur les états financiers, il doit être mentionné en annexe (IAS 1.122), voir n° 52120.

2. **Analyse** A notre avis, une rémunération en compensation de la résiliation anticipée du contrat pourrait être qualifiée de raisonnable si elle ne compense que, partiellement ou totalement, un (ou plusieurs) des éléments constitutifs d'intérêts dans un prêt basique, à savoir :
- la valeur temps de l'argent ;
- le risque de crédit de l'émetteur et autres risques basiques comme le risque de liquidité ;
- les coûts de gestion associés à la détention de l'instrument ;
- la marge commerciale.

Pour la définition de la notion de « prêt basique » (SPPI), voir n° 45140.

Lorsque la compensation inclut la rémunération d'autres facteurs, elle ne serait pas considérée raisonnable d'un point de vue qualitatif.

45237 (suite) Par exemple, lorsque le montant de remboursement anticipé varie en fonction des produits reçus d'une IPO réalisée par l'emprunteur, un risque lié au cours de l'action est introduit dans le prêt, ce qui est contraire à la notion de « prêt basique ».

3. **En pratique** Le tableau ci-après, établi par nos soins, présente une analyse des clauses de remboursement anticipé (diverses et variées dans la pratique) les plus fréquemment rencontrées :

Description de la compensation en cas d'exercice de la clause de remboursement anticipé	Analyse
L'indemnité de remboursement anticipé est calculée comme l'actualisation des flux de trésorerie restants au taux sans risque en date d'exercice de l'option augmenté du spread de crédit et de la marge initiale	L'indemnité compense la valeur temps de l'argent en prenant en compte la modification du taux de marché sans risque. L'indemnité représente donc une compensation raisonnable.
L'indemnité de remboursement anticipé est calculée en actualisant les flux de trésorerie restants au taux sans risque en date d'exercice de l'option augmenté d'une marge plus faible que la marge initiale	L'indemnité compense, d'une part, la valeur temps de l'argent via l'actualisation du taux de marché sans risque et, d'autre part, le risque de liquidité en prenant en compte une marge plus faible. En effet, malgré la compensation additionnelle liée à l'application d'une marge plus faible, l'emprunteur peut avoir intérêt malgré tout à l'exercer pour répondre à un excédent de liquidité. L'indemnité représente donc une compensation raisonnable.
L'indemnité est calculée sur la base du coût de débouclement d'un swap de couverture parfaite (qu'elle soit ou non comptable). Le swap est collatéralisé	Le dérivé considéré étant collatéralisé, la variation de sa juste valeur correspond à l'incidence de la modification du taux de marché sans risque sur l'actualisation des flux restants. L'indemnité représente donc une compensation raisonnable.
L'indemnité est calculée sur la base du coût de débouclement d'un swap de couverture parfaite (qu'elle soit ou non comptable). Le swap est non collatéralisé	Si le swap est non collatéralisé et que le risque de contrepartie est significatif, la variation de juste valeur du swap ne correspond pas uniquement à l'incidence de la modification du taux de marché sans risque sur l'actualisation des flux restants. Dans ce cas, la clause fait échec au test SPPI.
L'indemnité est calculée sur la base du coût de débouclement d'un cross-currency swap (CCS) de couverture collatéralisé	La variation de juste valeur du CCS ne reflète pas totalement celle de l'actif à cause du « basis spread » relatif à l'écart de change sur le CCS qui n'est pas reflété dans l'actif. Cette asymétrie ne permet donc pas de considérer que la juste valeur du CCS reflète bien la valeur temps de l'argent sur l'actif financier. Dans ce cas, la clause fait échec au test SPPI.
L'indemnité est calculée sur la base de la juste valeur de l'actif	La position de l'IASB sur ces clauses n'est pas très claire, aussi les entités devraient davantage faire preuve de jugement. A notre avis, la juste valeur de l'actif est bien représentative de la valeur temps de l'argent : en effet, la juste valeur de l'actif comprend les modifications de taux de marché sans risque mais également les changements des autres indicateurs de la juste valeur et notamment le risque de crédit. Dans la mesure où tous ces indicateurs complémentaires représentent bien la valeur temps de l'argent telle que définie par IFRS 9.B4.1.7A, il nous semble acceptable de considérer qu'ils soient pris en compte dans l'appréciation du caractère raisonnable de l'indemnité. Toutefois, IFRS 9.BC4.232 précise que toutes les clauses prévoyant le calcul d'une indemnité de remboursement anticipé sur la base de la juste valeur de l'actif ne rempliraient pas le critère SPPI. Ainsi, il conviendrait à notre avis de s'assurer à date de comptabilisation initiale que la fréquence d'exercice de ces options reste peu élevée.

Application du critère de « prêt basique » à des actifs financiers acquis à des conditions hors marché

Question 45238

Un actif financier (prêt, obligation) acquis à des conditions hors marché respecte-t-il le critère de « prêt basique » (SPPI) ?

Réponse

En règle générale, les actifs financiers acquis à des conditions hors marché respectent le critère de « prêt basique » (SPPI) dans la mesure où les intérêts comptabilisés selon le taux d'intérêt effectif (TIE) correspondent bien au taux de marché utilisé pour déterminer la juste valeur de l'actif financier lors de sa comptabilisation initiale.

Commentaires :

1. **Contexte** Certains actifs financiers sont représentatifs de flux d'intérêts contractuels hors marché (i.e. qui ne correspondent pas au taux d'intérêt prévalant sur le marché pour un instrument similaire). C'est le cas, par exemple, d'une obligation acquise sur un marché secondaire ou d'un prêt intragroupe ne portant pas intérêt. La question se pose de savoir si cette décorrélation du marché ne remettrait pas en cause le critère SPPI.

2. **Analyse** Un actif financier doit être comptabilisé à sa juste valeur lors de sa comptabilisation initiale (IFRS 9.5.1.1), qui est normalement son prix de transaction.

Pour la définition de la juste valeur, voir n° 46630.

Pour plus de précisions sur l'utilisation de la juste valeur dans le cas de la comptabilisation initiale des instruments financiers, voir n° 46645.

Cependant, pour un actif acquis à des conditions hors marché, tel un prêt à taux faible ou nul, la juste valeur est égale aux flux de trésorerie futurs actualisés au taux d'intérêt prévalant sur le marché pour un instrument identique. La différence avec la trésorerie mise à disposition constitue alors une prime ou une décote à prendre en compte dans la détermination du taux d'intérêt effectif (TIE).

Pour la définition du taux d'intérêt effectif (TIE), voir n° 46770.

Les flux d'intérêt comptabilisés selon ce TIE comprennent ainsi à la fois les flux d'intérêts contractuels et l'amortissement de la prime ou décote constatée sur ces prêts. Par construction, le TIE correspond bien au taux de marché (en supposant, par simplification, qu'il n'y a pas de coûts de transaction). Les intérêts représenteront ainsi une contrepartie adéquate de la valeur temps de l'argent, du risque de crédit, ainsi que des autres risques et frais associés à la détention de l'actif, soit les caractéristiques d'un prêt SPPI.

En outre, le fait qu'un actif soit acquis à des conditions hors marché n'a pas pour effet d'introduire une exposition des flux de trésorerie contractuels à des risques ou à une volatilité qui sont sans rapport avec un contrat de « prêt basique » (IFRS 9.B4.1.7A).

Remarque Pour les prêts acquis à des conditions hors marché, l'existence d'une prime ou décote à la date de comptabilisation initiale soulève d'autres questions :
- en termes de classement et d'évaluation, le respect du critère SPPI pourrait être remis en cause pour les prêts contenant également une option de prolongation ou de remboursement anticipé (voir n° 45235) ;
- en cas de comptabilisation au coût amorti ou à la juste valeur en contrepartie des autres éléments du résultat global (OCI recyclables), la prime ou décote constatée doit être prise en compte lors de l'évaluation des pertes de crédit attendues (voir n° 47690).

Application du critère de « prêt basique » à des parts de titrisation détenues contractuellement liées (« contractually linked instruments »)

Question 45240

La détention de parts de titrisation liées par contrat (« contractually linked instruments ») respecte-t-elle le critère de « prêt basique » (SPPI) ?

45240
(suite)

Réponse

Le critère de « prêt basique » (SPPI) est respecté si :

1. les autres caractéristiques des parts de titrisation détenues par l'investisseur respectent le critère SPPI ;

2. les parts détenues sont porteuses d'un risque égal ou inférieur au risque moyen du portefeuille sous-jacent ; et

3. les caractéristiques des actifs sous-jacents du pool détenus par le SPV (approche par transparence) respectent le critère SPPI. Pour ce faire, les conditions suivantes doivent être réunies :
- l'actif émis lui-même ainsi que les actifs sous-jacents répondent à la qualification de « prêt basique » ;
- les autres instruments dans le portefeuille sous-jacent ont pour unique impact soit de réduire la variabilité des flux de trésorerie du portefeuille sous-jacent d'une manière compatible avec une représentation des seuls paiements du principal et des intérêts sur le capital restant dû, soit d'aligner les flux de trésorerie des actifs financiers émis avec le portefeuille sous-jacent d'actifs financiers.

Evolution possible de la réponse Dans le cadre de son projet de revue de l'application (« Post-implementation Review »/PIR) de la norme IFRS 9, l'IASB a inscrit à son programme de travail, en mai 2022, un projet d'amendement de la norme IFRS 9 afin de clarifier les modalités d'application du critère de « prêt basique » à ce type d'actifs financiers. Un exposé-sondage a été publié en mars 2023 et la période d'appels à commentaires est ouverte jusqu'au 19 juillet 2023.

Commentaires :

1. **Définition d'une part de titrisation** Les parts de titrisation sont des instruments financiers dont le paiement est contractuellement lié aux paiements reçus sur un portefeuille (pool) d'autres instruments. Ces instruments contractuellement liés sont souvent émis par des entités ad hoc (« Special Purpose Vehicle »/SPV) en plusieurs tranches afin de créer des concentrations de risque de crédit. Chaque tranche se voit attribuer un rang de subordination qui précise sa place dans l'ordre de distribution des flux de trésorerie générés par l'émetteur. Ainsi, les tranches juniors n'ont droit à des remboursements de principal et à des versements d'intérêts sur le principal restant dû que si l'émetteur génère des flux de trésorerie suffisants pour satisfaire les tranches seniors (IFRS 9.B4.1.20). Pour appliquer le traitement décrit ci-après, il est nécessaire que le véhicule ait émis au moins deux tranches de parts.

2. **Analyse de la qualification des parts de titrisation** Pour ces instruments, le détenteur doit (IFRS 9.B4.1.21) :
- déterminer si les termes contractuels des parts de titrisation donnent lieu à des flux de trésorerie qui sont uniquement des paiements du principal et des intérêts sur le capital restant dû ;
- évaluer si le risque de crédit attaché à la part détenue est plus faible que celui attaché à l'ensemble des actifs de la structure. Si ce n'est pas le cas, la part détenue devra être mesurée à la juste valeur par résultat ;

La norme ne décrit pas explicitement comment effectuer ce dernier test. Une façon simple pourrait consister à comparer la notation de la tranche de titrisation à la notation moyenne pondérée de crédit du portefeuille sous-jacent d'actifs si cela permet d'obtenir une réponse claire. Si ce n'est pas le cas, une évaluation quantitative plus complexe pourrait être nécessaire ; il s'agit alors de comparer la variabilité de la tranche détenue basée sur une multitude de données pondérées par leur probabilité avec celle des actifs du portefeuille sous-jacent.

- et apprécier, au regard du critère SPPI, les actifs sous-jacents (approche par transparence).

Pour les conditions de l'application de l'approche par transparence, voir point 3. ci-après.

Si les critères cumulatifs ci-avant sont remplis, ces parts peuvent être comptabilisées au coût amorti.

En cas d'impossibilité d'appliquer une approche par transparence, les parts ne respectent pas le critère de « prêt basique » (puisqu'elles sont potentiellement représentatives d'un concentré de risque de crédit entraînant par là même un effet de levier).

3. **Conditions de l'application de l'approche par transparence (« look through approach »)** Pour appliquer cette approche, l'entité doit (IFRS 9.B4.1.23 et .B4.1.24) :

a. analyser le portefeuille d'actifs sous-jacents jusqu'à ce qu'elle puisse identifier les instruments qui sont à l'origine (et non pas ceux qui ne font que transférer) des flux de trésorerie et déterminer si un ou plusieurs des actifs du portefeuille sous-jacent génère des flux de trésorerie contractuels qui sont uniquement les paiements du principal et des intérêts sur le montant du capital restant dû ;

b. évaluer si d'autres instruments dans le portefeuille sous-jacent ont uniquement pour impact (IFRS 9.B4.1.24) :

– de réduire la variabilité des flux de trésorerie du portefeuille d'actifs sous-jacents afin que la combinaison des actifs sous-jacents et des autres instruments (par exemple des dérivés) donnent lieu à des flux de trésorerie qui correspondent uniquement à des remboursements de principal et à des versements d'intérêts sur le principal restant dû ; ou

– d'aligner les flux de trésorerie des actifs financiers émis avec le portefeuille sous-jacent d'actifs financiers, afin d'éliminer les différences uniquement quant aux points suivants :

(i) la fixité ou la variabilité du taux d'intérêt ;

(ii) la monnaie dans laquelle les flux de trésorerie sont libellés, y compris l'inflation dans cette monnaie ; ou

(iii) l'échéancier des flux de trésorerie.

La présence de dérivés dans la structure dont le but n'est que d'aligner les flux d'intérêts des actifs sur celui des passifs (swaps de taux ou cross-currency swaps) ne fait pas échec à ce critère (IFRS 9.B4.1.24b).

Exemple Prenons le cas d'un SPV qui verse un intérêt à taux fixe (TF) et libellé en GBP aux détenteurs des parts de titrisation, tandis que les actifs sous-jacents rémunèrent le SPV avec un intérêt à taux variable (TV) libellé en EUR. Pour aligner les flux d'intérêts reçus et versés, le SPV contracte deux swaps – l'un payeur TV EUR/receveur TV GBP et l'autre payeur TV GBP/receveur TF GBP. Ainsi, la présence des swaps dans le portefeuille d'actifs permet d'éliminer les différences quant aux points suivants :

– la fixité ou la variabilité du taux d'intérêt (versement d'un TF contre réception d'un TV) ;

– la monnaie dans laquelle les flux de trésorerie sont libellés (versement d'un intérêt libellé en GBP contre réception d'un intérêt libellé en EUR).

Dans ce cas, les détenteurs peuvent comptabiliser les parts au coût amorti, sous réserve que les parts de titrisation respectent le critère de « prêt basique » et qu'elles soient porteuses d'un risque égal ou inférieur au risque moyen des actifs sous-jacents. En revanche, si l'un des swaps avait introduit une troisième monnaie (par exemple, USD), les parts auraient dû être comptabilisées en juste valeur par résultat.

Evolution possible de la réponse Dans le cadre de son projet de revue de l'application (« Post-implementation Review »/PIR) de la norme IFRS 9, l'IASB a décidé, en mai 2022, d'initier des travaux d'amendement de la norme IFRS 9 afin de clarifier les modalités d'application du critère de « prêt basique » à ce type d'actifs financiers. Un exposé-sondage a été publié en mars 2023 et la période d'appels à commentaires est ouverte jusqu'au 19 juillet 2023 (voir n° 44100).

Application du critère de « prêt basique » à des prêts sans recours

Question 45245

Un prêt sans recours (i.e. le prêteur ne peut pas avoir de recours sur le patrimoine de l'emprunteur, mais il dispose néanmoins d'un recours direct sur le bien financé si l'emprunteur ne paie pas) peut-il respecter le critère de « prêt basique » (SPPI) ?

Réponse

Oui, dans certains cas. La distinction entre les prêts sans recours qui respectent le critère SPPI et ceux qui ne le respectent pas fait appel au jugement des entités et nécessite une analyse au cas par cas.

Commentaires :

1. **Contexte** Un prêt est dit sans recours lorsque le prêteur n'a pas de recours sur le patrimoine de l'emprunteur en cas de non-paiement du crédit ; dans ce cas, le seul recours est la garantie affectée au remboursement du crédit, par exemple la saisie du bien hypothéqué.

Ce type de prêts existe par exemple aux Etats-Unis dans le cas de prêts immobiliers où l'emprunteur a toute liberté de remettre les clés de la maison au banquier sans que celui-ci puisse exercer un quelconque recours contre le débiteur, même si la valeur du bien est inférieure au solde du crédit.

Toutefois, le fait qu'un prêt soit sans recours ne signifie pas automatiquement qu'il ne répond pas à la qualification de « prêt basique » (IFRS 9.B4.1.17). Le créditeur est alors tenu d'évaluer

45245 (suite) (« look through to ») les actifs ou flux de trésorerie sous-jacents pour déterminer si les flux de trésorerie contractuels de l'actif financier sont uniquement des remboursements de principal et d'intérêts (SPPI). Si l'instrument donne lieu à d'autres flux de trésorerie ou limite les flux de trésorerie d'une manière incohérente avec le critère de « prêt basique » (SPPI), l'instrument sera évalué dans sa globalité en juste valeur par résultat (IFRS 9.B4.1.17).

2. **Analyse** La norme donne peu d'informations sur la façon de distinguer les instruments qui respectent le critère SPPI de ceux qui ne le respectent pas. Il est ainsi nécessaire de faire preuve de jugement dans le cadre d'une analyse au cas par cas pour déterminer la qualification de tels instruments.

■ *Exemple 1*

Financement de projets *Lorsqu'un prêt est accordé pour la construction et l'entretien d'une autoroute et que les paiements reçus par le prêteur sont réduits ou annulés si le nombre de véhicules qui circulent sur cette route est inférieur à un certain niveau, le prêt a peu de chances de passer le test SPPI (IFRS 9.B4.1.16). De même, un prêt avec des flux de trésorerie liés à la performance d'une entreprise sous-jacente ne satisfera pas le test.*

Dans les cas où les paiements ne sont pas liés à la performance d'un sous-jacent et où le capital investi par les tiers dans le projet est suffisant pour absorber les pertes avant d'affecter la capacité de l'emprunteur à tenir les échéances du prêt, il est possible que le critère SPPI soit satisfait.

■ *Exemple 2*

Prêt accordé à une entité structurée *Lorsqu'un prêt est accordé à une entité structurée qui finance l'acquisition d'autres actifs, que ce prêt passe le test SPPI ou non dépendra des circonstances spécifiques de l'accord.*

Par exemple, si l'entité structurée utilise le prêt pour financer des investissements dans des actifs qui ne répondent pas eux-mêmes au critère SPPI, tels que des instruments de capitaux propres ou des actifs non financiers, et que le prêt est la seule source de financement de l'entité de sorte qu'il risque d'absorber toutes les pertes éventuelles, il est alors probable que le prêt ne respecte pas le test SPPI.

Remarque *Si l'entité est consolidée par le prêteur, la question devient moins pertinente, puisque ce prêt sera éliminé dans les états financiers consolidés du prêteur.*

■ *Exemple 3*

Financement immobilier sans recours *Une banque a une activité de financement immobilier dont le modèle de gestion est de proposer un financement sans recours aux clients afin de générer des revenus d'intérêts sur les prêts octroyés. La banque n'est pas exposée aux risques liés aux actifs sous-jacents et son modèle de gestion n'est pas de participer à la performance économique de l'actif immobilier sous-jacent (à la hausse ou à la baisse). La banque limite son exposition de plusieurs façons, notamment (liste non exhaustive) :*

1. en limitant le montant prêté à 60 % – 75 % de la valeur de l'immobilier financé au début du prêt (en fonction de la durée du prêt et de la nature du bien immobilier) ;

2. en s'assurant que les flux de trésorerie attendus par le client sont plus que suffisants pour rembourser le prêt (principal et intérêts) ; et

3. en s'assurant qu'un tiers a apporté suffisamment de fonds propres ou de financement subordonné pour absorber toutes les pertes attendues.

Par ailleurs, les intérêts reçus sont fixés au départ à un taux variable majoré d'une marge fixe (déterminée principalement en fonction de la qualité de crédit de l'emprunteur), sans référence à la performance de l'actif sous-jacent.

Ce type de prêts répondrait bien au critère SPPI (ou « prêt basique »).

■ *Exemple 4*

Prêt sans recours garanti par un portefeuille d'actions *Une banque a accordé un prêt à un emprunteur avec un taux d'intérêt fixe et une date d'échéance fixe. Le prêt est garanti, sans recours, par un portefeuille d'actions. La valeur des actions se rapproche du montant principal du prêt à la date d'émission. A l'échéance du prêt, l'emprunteur a l'intention de vendre les actions et d'utiliser le produit de la vente pour rembourser le prêt. L'emprunteur garderait pour lui toute hausse éventuelle du prix de l'action, alors que la banque subirait les pertes éventuelles. Le prix de l'action dans ce cas est le même qu'une option de vente émise sur les actions.*

Ce prêt est susceptible de ne pas satisfaire au critère SPPI, car le montant à rembourser varie en fonction de la performance des actions sous-jacentes à la garantie. Sur le plan économique, la caractéristique « sans recours » du prêt se comporte comme une option de vente émise sur les actions.

Application du critère de « prêt basique » à des obligations obligatoirement remboursables en un nombre variable d'actions

45250

Question

Une obligation obligatoirement remboursable en un nombre variable d'actions peut-elle respecter le critère de « prêt basique » (SPPI) ?

Réponse

Oui, si les conditions suivantes sont respectées :
- si la valeur des actions à remettre à la date de conversion correspond toujours au nominal de l'obligation augmenté des intérêts courus le cas échéant ; et
- si les actions sont cotées sur un marché actif et l'investisseur a la capacité de les céder immédiatement pour un montant égal ou proche du nominal de l'obligation augmenté des intérêts courus.

L'analyse s'applique également aux obligations convertibles en un nombre variable d'actions sur option de l'investisseur.
En revanche, les obligations remboursables ou convertibles en un nombre fixe d'actions ne respectent jamais le critère de « prêt basique ».

Commentaires :

1. **Contexte** Les modalités contractuelles qui exposent les flux de trésorerie de l'instrument aux variations de cours des actions ne sont pas compatibles avec le critère de « prêt basique » ou SPPI (« solely payments of principal and interest ») (IFRS 9.B4.1.7A).

Pour la définition de la notion de prêt basique, voir nº 45140.

Ainsi, les obligations convertibles en un nombre variable d'actions ne respecteraient le critère SPPI que si le remboursement en actions plutôt qu'en trésorerie ne crée aucune exposition au risque de prix des actions.

L'exposition au risque de prix des actions peut découler, d'une part, des modalités de conversion des obligations et, d'autre part, des caractéristiques des actions à recevoir à la date de conversion. Ces deux éléments doivent donc être analysés afin d'évaluer le critère SPPI.

2. **Analyse des modalités de conversion des obligations** Les modalités de conversion des obligations ne créent pas d'exposition aux variations du cours de l'action si, à la date de conversion, l'investisseur reçoit un nombre d'actions dont la juste valeur correspond au nominal des obligations augmenté des intérêts courus.

Ainsi, le nombre d'actions à remettre doit être déterminé selon la formule :

$$\frac{\text{Nominal de l'obligation augmenté des intérêts courus}}{\text{Cours spot de l'action à la date de conversion}}$$

En revanche, les clauses suivantes créent une exposition aux variations du cours de bourse de l'action car la juste valeur des actions à remettre pourrait différer du montant des obligations à rembourser :
- le nombre d'actions à remettre est soumis à une limite maximum (cap) et/ou un minimum (floor) ;
- un cours différent du cours spot de l'action à la date de conversion est pris en compte (par exemple, cours moyen sur un certain nombre de jours précédant la date de conversion).

3. **Analyse des caractéristiques des actions à émettre lors de la conversion** Même lorsque l'investisseur reçoit un nombre d'actions dont la juste valeur correspond au nominal de l'obligation augmenté des intérêts courus, il reste exposé au risque de prix sur les actions reçues si ces dernières (i) ne peuvent être cédées ou (ii) ne peuvent être cédées que pour un montant inférieur au nominal de l'obligation augmenté des intérêts courus.

Dans ces cas, le règlement de l'obligation en actions n'a pas la même valeur que le règlement de l'obligation en trésorerie.
Lorsque l'obligation est réglée en trésorerie, l'investisseur est certain de recouvrer le montant du nominal et des intérêts. Si en revanche l'obligation est réglée en actions, l'investisseur a un risque de ne pas recouvrer la totalité du nominal et des intérêts par la cession de ces actions. Si cette différence n'est pas considérée comme négligeable (« de minimis »), alors les caractéristiques de l'instrument ne sont pas compatibles avec le critère SPPI.

En conséquence, le critère SPPI ne serait respecté que s'il est possible de démontrer que l'investisseur aura la capacité de vendre immédiatement les actions reçues lors de la conversion sans subir une variabilité non négligeable des flux de trésorerie par rapport au nominal de l'obligation et des intérêts courus. Cette capacité ne peut être démontrée notamment que si les actions sont cotées sur un marché actif à la date de conversion.

4. Conclusion Les obligations convertibles en un nombre variable d'actions respectent le critère SPPI si les deux conditions suivantes sont respectées :

a. lors de la conversion, l'investisseur reçoit un nombre d'actions dont la juste valeur correspond au nominal de l'obligation augmenté des intérêts courus ;

b. les actions à recevoir lors de la conversion sont cotées sur un marché actif et l'investisseur a la capacité de les céder immédiatement à la date de conversion pour un montant proche ou égal du nominal de l'obligation augmenté des intérêts courus.

En revanche, les indicateurs suivants pourraient indiquer que de telles obligations convertibles ne respectent pas le critère de « prêt basique » (SPPI) :
- les actions de l'émetteur ne sont pas cotées sur un marché actif à la date d'émission ;
- il n'est pas certain que les actions soient cotées sur un marché actif à la date de conversion ;
- les actions remises comportent des restrictions contractuelles de cession à la date de conversion de l'obligation.

Prêts indexés sur des critères de développement durable (« Prêts à impact positif »)

45255 ***Question***

Les actifs financiers dont la rémunération est indexée sur des critères de développement durable (connus sous la dénomination « Prêts à impact positif » ou « Sustainability-Linked Loans ») respectent-ils le critère de « prêt basique » (SPPI) ?

Réponse

Oui, à notre avis, si :
- l'indexation de la rémunération sur les critères de développement durable n'a qu'un effet minime sur les flux de trésorerie contractuels ; ou
- la variation du taux d'intérêt reflète un changement du risque de crédit et n'introduit pas d'effet de levier.

Les facteurs ci-après nous semblent pertinents pour déterminer si la variabilité des flux de trésorerie reflète bien un changement du risque de crédit du prêt :
- nature de l'actif financé par le prêt accordé ;
- nature de l'emprunteur ;
- spécificité des « indicateurs verts » ;
- justification commerciale.

Evolution possible de la réponse Dans le cadre de son projet de revue de l'application (« Post-implementation Review »/PIR) de la norme IFRS 9, l'IASB a inscrit à son programme de travail, en mai 2022, un projet d'amendement de la norme IFRS 9 afin de clarifier les modalités d'application du critère de « prêt basique » à ce type d'actifs financiers. Un exposé-sondage a été publié en mars 2023 et la période d'appels à commentaires est ouverte jusqu'au 19 juillet 2023.

Commentaires Certains prêts se caractérisent par l'indexation de la rémunération sur des critères de développement durable. Il s'agit des prêts dits « à impact positif » ou, en anglais, « Sustainability-Linked Loans ».

De tels prêts contiennent des indexations notamment basées sur les émissions de CO_2 de l'emprunteur sur une période définie, sur la conformité de l'emprunteur aux normes de réglementation des émissions et des déchets ou encore aux normes de consommation d'énergie.

La variabilité des flux de trésorerie selon la performance de l'emprunteur en termes de développement durable soulève la question du respect du critère du prêt basique (SPPI).

Pour la définition de la notion de « prêt basique » (SPPI), voir nº 45140.

1. Critères de qualification de prêt basique A notre avis, les prêts dont la rémunération est indexée sur des critères de développement durable respectent le critère SPPI, si l'une des deux conditions suivantes est satisfaite :
- l'indexation de la rémunération sur les critères de développement durable n'a qu'un effet minime sur les flux de trésorerie contractuels ;

En effet, les clauses contractuelles qui n'ont qu'un effet minime (« de minimis ») sur les flux de trésorerie doivent être ignorées lors de l'évaluation des critères de « prêt basique » (voir nº 45170). A notre avis, l'effet minime de l'indexation sur les flux de trésorerie est difficile à réconcilier avec l'objectif de ces prêts qui est d'inciter les entreprises à améliorer leur performance en développement durable

- la variation du taux d'intérêt reflète un changement du risque de crédit, sans introduire un effet de levier. **45255** (suite)

En particulier :

- la variation du taux d'intérêt doit refléter l'évolution soit de la probabilité de défaillance du prêt, soit de la perte en cas de défaillance, car ces deux indicateurs sont des facteurs pertinents pour évaluer l'évolution du risque de crédit (IFRS 9.B4.1.7A) ;
- l'ampleur de la variation du taux d'intérêt doit être corrélée avec la variation du risque de crédit et la formule ne doit pas introduire d'effet de levier.

2. Analyse de la variabilité des flux de trésorerie A notre avis, pour évaluer si une variation contractuelle des flux de trésorerie basée sur une « variabilité verte » reflète un changement du risque de crédit, les facteurs suivants sont susceptibles d'être pertinents :

- **Nature de l'actif financé par le prêt accordé** Un prêt qui finance un actif spécifique, dont la valeur est affectée par des critères de développement durable ou des critères « RSE » (responsabilité sociétale des entreprises), mis en garantie de ce prêt, devrait refléter les évolutions de risque de crédit de l'emprunteur.

En effet, la valeur de la garantie pourrait être favorablement affectée si l'emprunteur respecte ou dépasse certaines mesures vertes, ce qui entraînerait une perte moindre en cas de défaillance et donc un niveau de risque de crédit plus faible. Inversement, la valeur de la garantie pourrait être défavorablement affectée si l'emprunteur ne respecte pas certaines mesures vertes.

Un prêt non garanti est, quant à lui, moins susceptible d'avoir une relation entre le risque de crédit et les mesures vertes et donc moins susceptible de répondre au critère de « prêt basique » (SPPI).

- **Nature de l'emprunteur** Pour un emprunteur directement exposé à des mesures écologiques, comme une entreprise de production d'électricité avec des limites de CO_2 réglementaires, une variation du taux d'intérêt dépendant des émissions de CO_2 est plus susceptible de refléter un changement du risque de crédit.
- **Spécificité des « indicateurs verts »** Si les flux de trésorerie varient en fonction d'un ou de plusieurs « indicateurs verts » spécifiques à l'entité, il est plus probable que la variabilité qui en résulte reflète un changement du risque de crédit de l'entité. En revanche, si la variation des flux de trésorerie est basée sur un ou plusieurs « indicateurs verts » généraux et non spécifiques à l'entité, il est moins probable que la variabilité reflète un changement du risque de crédit de l'entité.
- **Justification commerciale** Il est important de comprendre les raisons de l'inclusion de la variabilité verte dans le prêt et d'obtenir des preuves appropriées pour démontrer que l'ampleur de la variation du taux d'intérêt induite par la variabilité verte est corrélée avec le changement du risque de crédit.

3. Exemples illustratifs Le tableau suivant, élaboré par nos soins, donne des exemples « d'indicateurs verts » qui pourraient ou non satisfaire au critère de « prêt basique ».

Cette liste n'est pas exhaustive et les conditions de toute transaction doivent être examinées au cas par cas.

Indicateur pertinent	Exemple	Evaluation
Nature de l'actif	Un prêt est accordé à un investisseur pour financer la rénovation d'un bâtiment afin d'en augmenter l'efficacité énergétique, le prêt étant également garanti par une sûreté sur le bâtiment. L'immeuble génère des revenus locatifs. Le plan de rénovation comprend une série de mesures de performance qui, si elles sont respectées, garantiront que la rénovation est en bonne voie pour permettre la réduction prévue de la consommation d'énergie à l'achèvement. Le taux d'intérêt du prêt augmente si le projet n'est pas réalisé conformément aux mesures de performance convenues. Si les mesures de performance ne sont pas respectées et que la réduction de la consommation d'énergie prévue n'est pas atteinte, il est très probable que la valeur du bâtiment diminuera et, par conséquent, que la probabilité de défaut et la perte en cas de défaillance du prêt augmenteront.	Etant donné que le non-respect des mesures de performance reflète une augmentation du risque de crédit du prêt, sous réserve de la prise en compte de tous les autres facteurs pertinents, le prêt pourrait répondre au critère de « prêt basique » (SPPI), à condition qu'il puisse être démontré que l'ampleur de la variation du taux d'intérêt est corrélée avec la variation du risque de crédit.

Indicateur pertinent	Exemple	Evaluation
Nature de l'emprunteur	Un prêt est accordé à une entreprise de production d'électricité qui exploite une seule centrale. Le taux d'intérêt du prêt augmente si les émissions de CO_2 de la centrale électrique dépassent un seuil prédéfini. Si les niveaux de CO_2 dépassent certaines limites légales, la quantité d'électricité produite par la centrale devra être réduite, et dans des situations plus extrêmes, la centrale pourrait être obligée de fermer en raison de la réglementation légale en vigueur sur de telles émissions. Le dépassement des émissions de CO_2 prédéfinies dans le prêt fera : – augmenter le risque de réduction des revenus de l'emprunteur provenant de la centrale et donc augmenter la probabilité de défaut, étant donné la probabilité que l'emprunteur ne puisse pas rembourser le prêt ; et – réduire la valeur de la centrale électrique et donc augmenter la perte en cas de défaut du prêt.	Etant donné que le dépassement du seuil prédéfini d'émissions de CO_2 reflète une augmentation du risque de crédit de l'emprunteur, sous réserve de la prise en compte de tous les autres facteurs pertinents, le prêt pourrait répondre au critère de « prêt basique » (SPPI), à condition qu'il puisse être démontré que l'ampleur de la variation du taux d'intérêt est corrélée avec la variation du risque de crédit.
Spécificité des « indicateurs verts »	Un prêt est accordé à une entreprise pour rénover son siège social. Le taux d'intérêt du prêt est lié au respect de certains critères « RSE » de l'entreprise ; ces critères « RSE » combinent un large éventail d'éléments environnementaux, sociaux et de gouvernance d'entreprise. Une amélioration du score « RSE » entraîne une baisse du taux d'intérêt. Il a été estimé que, compte tenu de l'éventail des critères « RSE », une modification du score « RSE » ne reflète pas une modification du risque de crédit du prêt.	Parce qu'une amélioration du score « RSE » ne reflète pas une diminution du risque de crédit du prêt, le prêt ne répond pas au critère de « prêt basique » (SPPI) dès lors que les modifications des flux ne sont pas « de minimis ».

Recommandations de l'AMF Dans ses recommandations en vue de l'arrêté des comptes 2021, l'AMF recommande, en cas de financement au travers d'émission de produits financiers dits « verts » ou de placements dans de tels produits, de décrire les caractéristiques de ces produits et leur traitement comptable, s'ils sont considérés comme significatifs, tant pour les prêteurs que pour les emprunteurs (Rec. AMF 2021-06, Arrêté des Comptes 2021, § 2.3).

Evolution possible de la réponse Dans le cadre de son projet de revue de l'application (« Post-implementation Review »/PIR) de la norme IFRS 9, l'IASB a décidé, en mai 2022, d'initier des travaux d'amendement de la norme IFRS 9 afin de clarifier les modalités d'application du critère de « prêt basique » à ce type d'actifs financiers. Un exposé-sondage a été publié en mars 2023 et la période d'appels à commentaires est ouverte jusqu'au 19 juillet 2023 (voir n° 44100).

SECTION III

Classement des instruments de capitaux propres

I. Principes généraux

Deux catégories de comptabilisation pour les instruments de capitaux propres

45260 ***Question***

Dans quelles catégories d'actifs financiers les instruments de capitaux propres peuvent-ils être comptabilisés ?

Réponse

Les instruments qui répondent à la définition de capitaux propres au sens d'IAS 32 (actions ou autres) sont, par défaut, comptabilisés à la juste valeur par résultat.

Toutefois, un tel instrument qui n'est pas détenu à des fins de transaction peut être classé, sur option irrévocable dès sa comptabilisation initiale, à la juste valeur en contrepartie des autres éléments du résultat global (OCI non recyclables).

L'application de cette option s'effectue pour chaque achat de lot d'actions.

Commentaires Les placements qui répondent à la définition de capitaux propres au sens d'IAS 32 (actions ou autres) sont, par défaut, comptabilisés à la juste valeur par résultat (IFRS 9.4.1.4).

En effet, les instruments de capitaux propres ne peuvent pas, par nature, répondre aux conditions d'éligibilité à la comptabilisation au coût amorti et à la juste valeur en contrepartie des autres éléments du résultat global, dès lors qu'ils ne sont pas, par définition, des prêts basiques.

Pour la définition d'un instrument de capitaux propres, voir nº 44180.

Sur les instruments répondant à la qualification de « prêt basique », voir nº 45150.

Toutefois, un placement en instrument de capitaux propres peut être comptabilisé à la juste valeur en contrepartie des autres éléments du résultat global (OCI non recyclables en résultat), sur option irrévocable prise lors de sa comptabilisation initiale (IFRS 9.5.7.5).

Pour plus de précisions sur cette option et ses spécificités, voir nº 45280.

L'application de cette option s'effectue instrument par instrument (i.e. il ne s'agit pas d'un choix de méthode comptable au sens de la norme IAS 8).

Remarques :

1. Initialement, l'IASB avait décidé de n'appliquer cette option qu'aux participations dites « stratégiques ». Toutefois, devant la difficulté de définir cette notion, le Board y a renoncé et a préféré ouvrir l'option à toutes les actions (non détenues à des fins de transaction (trading), voir point 2. ci-après) (IFRS 9.BC5.25c).
Par ailleurs, l'IASB a fortement restreint le champ d'application de l'option en interdisant le recyclage en résultat des plus ou moins-values de cession.
2. Cette option n'est pas applicable aux actions détenues à des fins de transaction (IFRS 9.5.7.5), qui sont obligatoirement évaluées à la juste valeur par résultat.
3. Cette méthode n'est pas applicable non plus aux parts d'OPCVM (voir nº 45290).

II. Option à la juste valeur en contrepartie des autres éléments du résultat global (OCI)

Traitement comptable des placements en instruments de capitaux propres évalués à la juste valeur en contrepartie des autres éléments du résultat global (OCI)

Question 45280

Quel est le traitement comptable d'un instrument de capitaux propres désigné comme actif financier évalué à la juste valeur en contrepartie des autres éléments du résultat global (OCI) ?

Réponse

Lors de la comptabilisation initiale, le placement en instruments de capitaux propres est évalué à la juste valeur majorée des coûts de transaction.

Lors des arrêtés suivants, les variations de juste valeur de l'instrument sont comptabilisées en autres éléments du résultat global (OCI).

Les variations de juste valeur ainsi accumulées en capitaux propres ne seront pas reclassées en résultat au cours d'exercices ultérieurs (OCI non recyclables).

Le cas échéant, seuls les dividendes sont comptabilisés en résultat lorsque les conditions sont remplies.

45280 (suite) *Commentaires :*

1. **Rappel** Les placements en instruments de capitaux propres (par exemple, actions) auxquels l'entité a choisi d'appliquer de manière irrévocable l'option sont classés en actifs évalués à la juste valeur en contrepartie des autres éléments du résultat global (OCI).

Pour plus de détails sur cette option et ses spécificités, voir n° 45260.

2. **Comptabilisation initiale** Les placements en instruments de capitaux propres comptabilisés à la juste valeur en contrepartie des autres éléments du résultat global (JVOCI) sont comptabilisés initialement à leur juste valeur augmentée des coûts de transaction directement attribuables à leur acquisition (IFRS 9.5.1.1).

Sur la notion de juste valeur à la date de comptabilisation initiale, voir n° 46645.
Sur la définition des coûts de transaction, voir n° 46780.

3. **Comptabilisation à la date de clôture** :

a. **Evaluation à la juste valeur à chaque date d'arrêté** Après la comptabilisation initiale, les entreprises doivent évaluer les actifs financiers comptabilisés à la JVOCI à leur juste valeur sans aucune déduction au titre des coûts de transaction qui peuvent être encourus lors de leur vente (IFRS 9.5.2.1).

Les frais de transaction sont donc différés en autres éléments du résultat global et ne seront jamais recyclés au compte de résultat, même en cas de cession de l'actif (IFRS 9.5.7.1).

b. **Comptabilisation des variations de juste valeur** Selon IFRS 9.5.7.1b, les variations de juste valeur, y compris les écarts de change, sur les instruments de capitaux propres évalués à la JVOCI sont comptabilisés en autres éléments du résultat global (OCI).

Sur le traitement des écarts de change (titres en devise), voir n° 13005 s.

Ces OCI ne sont pas recyclables en résultat, même en cas de cession.

c. **Enregistrement des dividendes au compte de résultat** Les dividendes relatifs aux placements en instruments de capitaux propres (y compris lorsque ceux-ci sont évalués à la juste valeur par OCI) sont comptabilisés en résultat lorsque les conditions suivantes sont réunies (IFRS 9.5.7.6 et 5.7.1A) :
- le droit de l'entité à recevoir le paiement du dividende est établi ;
- il est probable que les avantages économiques associés à ce dividende iront à l'entité ;
- le montant du dividende peut être évalué de façon fiable.

En revanche, lorsque le dividende représente le recouvrement d'une partie du coût du placement en instruments de capitaux propres, alors il n'est pas comptabilisé en résultat.

Pour la comptabilisation d'un dividende représentant une partie du coût, voir n° 45285.

d. **Absence de dépréciation** Les placements en instruments de capitaux propres ne font l'objet d'aucune dépréciation.

Remarque Selon l'IASB, l'absence de dépréciation et l'interdiction de recycler les gains/pertes de cession en résultat vont de pair (IFRS 9.BC5.25b).

e. **Enregistrement de la sortie de l'actif** Lors de la cession d'un instrument de capitaux propres évalué en JVOCI, les montants qui ont été comptabilisés en OCI non recyclables au titre des variations de juste valeur de l'instrument ne sont pas recyclés en résultat, mais peuvent être transférés au sein d'une autre composante des capitaux propres (IFRS 9.B5.7.1).

■ *Exemple*

Cas d'une action *Le 1/01/N, une entité acquiert une action pour 100 (= juste valeur) qu'elle classe en actif évalué à la juste valeur en contrepartie des autres éléments du résultat global. Les coûts de transaction sont de 2.*
Au 31/12/N, le cours de cotation de l'action baisse et sa juste valeur est de 95.

Solution de l'exemple *En date d'acquisition, au 1/01/N, les écritures sont les suivantes :*

Dt	*Actif évalué à la JVOCI*	*102*	
Ct	*Trésorerie*		*102*

A la clôture, au 31/12/N, les écritures sont les suivantes :

Dt	*OCI*	*7*	
Ct	*Actif évalué à la JVOCI*		*7*

Comptabilisation d'un dividende spécial

45285

Question

Comment comptabiliser un dividende perçu sur des actions comptabilisées à la juste valeur en contrepartie des autres éléments du résultat global (OCI non recyclables) ? La date de versement a-t-elle un impact sur l'analyse ?

Réponse

Un dividende spécial versé juste après l'acquisition des actions n'est pas comptabilisé en résultat, car un tel dividende représente clairement le recouvrement d'une partie du coût de l'investissement, ce qui réduit directement la valeur comptable de l'investissement.

Dans les situations plus complexes, où le dividende ne représente pas clairement le « coût de l'investissement », IFRS 9 ne précise pas comment interpréter l'expression « coût de l'investissement ». Dans ce cas, l'entité devra faire un choix de méthode comptable sur la manière dont elle interprète le « coût de l'investissement » lorsqu'elle opte pour le classement en juste valeur par OCI.

Commentaires Dans certaines situations de regroupements d'entreprises, il n'est pas rare qu'une des entreprises ait à verser un dividende significatif à ses actionnaires. A notre avis, un dividende versé juste après la date d'investissement représente bien un recouvrement d'une partie du coût de l'investissement et de ce fait vient réduire directement la valeur comptable de l'investissement. Il ne doit donc pas être comptabilisé en résultat.

Prenons le cas d'une entité qui investit dans des actions au coût de C12 et les désigne comme comptabilisées à la juste valeur en contrepartie des autres éléments du résultat global (OCI). Au cours des cinq années suivantes, l'entité perçoit un revenu de dividendes qu'elle comptabilise en résultat année après année. À la fin des cinq exercices, la juste valeur des actions s'établit à C22, donnant lieu à un gain (latent) de C10 en OCI. L'émetteur verse alors un dividende spécial de C10.

Dans ce cas, IFRS 9 ne précise pas comment interpréter l'expression « coût de l'investissement ». Selon un premier point de vue, le coût pourrait être interprété comme se rapportant uniquement au coût initial, C12 dans l'exemple évoqué. Selon ce point de vue, puisque le dividende spécial ne réduit pas la valeur comptable de l'investissement en dessous de son coût d'origine, le dividende spécial de C10 est comptabilisé en résultat.

Une deuxième approche repose sur l'interprétation d'IFRS 9.BC5.25 qui indique que les dividendes qui représentent le rendement de l'investissement (« return of investment »), plutôt que le retour sur investissement (« return on investment »), devraient être comptabilisés en OCI. Si cela est considéré comme une interprétation plus large de la notion de coût, alors, puisque le dividende spécial (C10) est égal à environ la moitié de la juste valeur de l'investissement (C22), il s'agit du rendement de l'investissement (« return of investment »), le dividende spécial de C10 devrait alors être comptabilisé en OCI.

D'autres interprétations du coût pourraient également être appropriées, selon le contexte.

Une entité doit donc faire un choix de méthode comptable sur la façon dont elle interprète le « coût de l'investissement » lors de l'élection d'un classement en juste valeur par OCI. Ce choix doit être appliqué de manière constante et homogène et mentionné en annexe s'il est jugé significatif.

Non-éligibilité des parts d'OPCVM à l'option pour l'évaluation à la juste valeur en OCI

45290

Question

Les parts d'OPCVM qui sont exigibles à tout moment à la demande de l'investisseur sont-elles éligibles à l'option juste valeur en contrepartie des autres éléments du résultat global (OCI) ?

Réponse

Selon l'IFRS IC, une part d'OPCVM exigible à tout moment à la demande de l'investisseur ne répond pas à la définition d'un instrument de capitaux propres selon la norme IAS 32 et ne peut pas, en conséquence, bénéficier de la comptabilisation de ses variations en autres éléments du résultat global (OCI).

Commentaires En septembre 2017, l'IFRS IC s'est prononcé sur la question de l'éligibilité des parts d'OPCVM détenues à l'option pour l'évaluation à la juste valeur en contrepartie des autres éléments du résultat global (OCI).

Rappel A la date de comptabilisation initiale, une entité a la possibilité de faire le choix irrévocable d'enregistrer en autres éléments du résultat global (OCI) les variations de juste valeur d'un instrument de capitaux propres (actions ou autres), à l'exception de ceux détenus à des fins de transaction (IFRS 9.4.1.4 et .5.7.5).
Pour le traitement comptable des placements en instruments de capitaux propres évalués à la juste valeur en contrepartie des autres éléments du résultat global, voir n° 45280.

Les instruments éligibles à l'option pour l'évaluation à la juste valeur par OCI sont ceux qui répondent à la définition d'un instrument de capitaux propres donnée par IAS 32.11 (IFRS 9.A), voir n° 44180.

L'IFRS IC a observé que, selon IAS 32.11, un instrument remboursable au gré du porteur « puttable equity instrument » respecte la définition d'un instrument de dette, même si, par exception, dans certains cas, il pourrait être classé comme un instrument de capitaux propres côté émetteur. La norme IAS 32 fait bien ainsi la distinction entre la définition et le classement d'un tel instrument côté émetteur ; IFRS 9 précise que seule la définition est à prendre en compte.

L'IFRS IC a donc conclu qu'une part d'OPCVM ne répondant pas à la définition d'un instrument de capitaux propres ne peut pas bénéficier de l'option précitée et est comptabilisée à la juste valeur avec comptabilisation de ses variations en résultat. Cette conclusion s'appuie sur IFRS 9.BC5.21 selon laquelle un instrument exigible à la demande peut être classé comme un instrument de capitaux propres dans des circonstances particulières, alors même que cet actif ne peut pas être considéré comme respectant la définition d'un instrument de capitaux propres.
Considérant que la norme IFRS 9 est suffisamment claire sur ce sujet, l'IFRS IC a décidé de ne pas inscrire ce thème à son agenda (IFRIC Update 09/17).

SECTION IV

Comptabilisation initiale des actifs financiers

I. Principes généraux de comptabilisation

Comptabilisation des coupons courus à l'achat

45300 ***Question***

Comment comptabiliser les coupons courus à l'achat ?

Réponse

Avec le coût d'acquisition du titre.

Commentaires :

1. **Principe général** Lors de sa première comptabilisation au bilan, un actif financier est évalué à sa juste valeur majorée, dans le cas d'un actif qui n'est pas ultérieurement comptabilisé à la

juste valeur en contrepartie du résultat, des coûts de transaction directement imputables à l'acquisition de cet actif (IFRS 9.5.1.1). Cette juste valeur initiale correspond au prix d'acquisition de l'instrument, sauf exception (cas, par exemple, d'une transaction hors marché). **45300** (suite)

Le prix d'acquisition est lui-même constitué de la valeur pied de coupon du titre, mais également du coupon couru à l'achat. En IFRS, ce dernier doit donc être comptabilisé au bilan comme faisant partie intégrante de la juste valeur du titre acquis.

Par ailleurs, les flux d'intérêt (coupon ou autre) encaissés sur l'obligation (ou tout autre instrument de dettes acquis) viennent directement diminuer la valeur nette comptable de cette dernière, en contrepartie d'un compte de trésorerie.

2. En pratique Lorsque l'instrument acquis voit son coupon d'intérêt comptabilisé de manière distincte de ses variations de valeur pied de coupon, le montant du coupon couru à la date d'acquisition est amorti sur la période allant jusqu'à la date suivante de paiement du coupon ou de refixation du taux variable (IFRS 9.B5.4.4).

Tel est le cas d'un titre comptabilisé au coût amorti, à la juste valeur en contrepartie des autres éléments du résultat global (OCI recyclables) ou à la juste valeur par résultat mais avec enregistrement séparé des produits d'intérêt (voir n° 51412, point 1b.).

■ *Exemple*

Le 15/05/N, une entreprise acquiert sur le marché secondaire une obligation d'Etat d'un nominal de 100 €, à échéance 5 ans, avec un coupon payant le taux variable Euribor 3 mois, au prix pied de coupon de 99,95.

Sachant que le 31/03/N, lors de la dernière refixation du taux variable, l'Euribor 3 mois s'établissait à 4,50 %, c'est sur cette base que sera payé le prochain coupon d'intérêt au 30/06/N. A la date d'acquisition, l'Euribor 3 mois s'élève à 4,75 %.

Le 15/05/N, le prix de marché de l'obligation se détermine de la manière suivante :

100,528 = 100 × [1 + (4,50 % × 90/360)] / [1 + (4,75 % × 45/360)].

Le coupon couru à l'achat vaut : 0,5625 [soit 100 × (4,50 % × 45/360)].

La valeur pied de coupon de l'obligation vaut donc 99,966 (soit 100,528 – 0,562), soit les 99,95 annoncés ci-avant (avec arrondis).

Solution de l'exemple *La décote pied de coupon de 0,034 (soit 100 – 99,966) correspond au différentiel de taux variable sur le coupon d'intérêt trimestriel et doit donc être amortie sur la période se terminant au 30/06/N.*

Pour le traitement de la prime ou décote relative à un instrument de dettes à taux variable, voir n° 46825.

Les écritures comptables sont les suivantes :

– Le 15/05/N, à l'acquisition du titre :

Dt	*Titres évalués à la juste valeur par OCI (JVOCI, dont pied de coupon 99,95 et coupon couru à l'achat 0,562)*	*100,528*	
Ct	*Trésorerie*		*100,528*
	Enregistrement du titre acquis		

– Le 30/06/N, à la clôture semestrielle :

Dt	*Titres JVOCI*	*0,562*	
Ct	*Produits d'intérêt*		*0,562*
	Enregistrement des intérêts courus depuis la date d'acquisition		
Dt	*Titres JVOCI*	*0,034*	
Ct	*Produits d'intérêt*		*0,034*
	Etalement actuariel de la décote		
Dt	*Trésorerie*	*1,125*	
Ct	*Titres JVOCI*		*1,125*
	Enregistrement de la tombée du coupon		

Remarque *Le 30/06/N, le solde net du compte Titres fait apparaître un montant de 100 (soit le montant nominal de l'obligation à taux variable).*

Achats successifs : détermination du coût d'entrée (règle générale)

45330 ***Question***

Lorsque des titres fongibles sont évalués au coût amorti ou à la juste valeur en contrepartie des autres éléments du résultat global (OCI), quelle méthode comptable utiliser pour déterminer :
- la date de comptabilisation initiale nécessaire à l'évaluation de l'augmentation significative du risque de crédit ; et
- le coût d'entrée pour déterminer le résultat de cession d'une ligne de titres qui a fait l'objet d'achats successifs à des prix différents ?

Réponse

La norme IFRS 9 ne précise pas quelle méthode comptable retenir dans ce cas. A notre avis et en l'absence de précision des normes IFRS, l'une ou l'autre des trois méthodes suivantes peut être retenue :
- méthode « premier entré, premier sorti » (FIFO) ;
- méthode de l'allocation proportionnelle ;
- méthode dite de « l'identification spécifique » consistant à identifier chaque transaction séparément, et encore appelée « transaction par transaction » ou « lot par lot », mais seulement lorsqu'il est possible de distinguer ces lots, ce qui ne devrait pas être possible la plupart du temps.

Enfin, à notre avis, l'entité devrait utiliser la même méthode pour déterminer ses résultats de cession et le montant de ses dépréciations.

Commentaires La norme IFRS 9 ne précise pas quelle méthode comptable retenir pour déterminer la dépréciation (lorsqu'il s'agit d'un titre de dette non évalué à la juste valeur par résultat) ou le coût de cession d'une ligne de titres fongibles qui ont fait l'objet d'achats successifs à des prix différents.

Pour plus de détails sur le modèle de dépréciation IFRS 9, voir nº 47050 s.

1. Différentes méthodes possibles Différentes méthodes comptables peuvent être utilisées pour déterminer la dépréciation ou le coût de cession d'un titre, comme par exemple :
- la méthode du « premier entré, premier sorti » ou FIFO (« first in first out ») ;
- la méthode de l'allocation proportionnelle (chaque tranche de titres acquis est réduite proportionnellement par le nombre de titres cédés) ; et
- la méthode dite de l'identification spécifique, encore appelée « lot par lot » ou « transaction par transaction » (« trade by trade » or « certificate by certificate »).

Remarque Certains considèrent que cette méthode n'est pas applicable en IFRS, puisque la norme IAS 2 ne la réserve qu'aux articles en stocks non interchangeables et qu'appliquée à des instruments fongibles, elle offre trop d'opportunités aux entreprises d'externaliser le résultat de cession qu'elles souhaitent. A notre avis, cette méthode n'est pertinente que lorsqu'il est possible d'identifier les différents lots, ce qui dans la grande majorité des cas ne devrait pas être possible s'agissant de titres fongibles.

A notre avis, et en l'absence de précision des normes IFRS, l'entreprise peut choisir d'appliquer l'une de ces trois méthodes, sous réserve toutefois d'utiliser la même méthode pour déterminer à la fois ses résultats de cession et le montant de ses dépréciations et d'indiquer en annexe la méthode retenue.

Rappelons qu'en l'absence de précision d'une norme et selon la norme IAS 8, Méthodes comptables, changements d'estimations comptables et erreurs, les entreprises peuvent faire référence à une autre norme IFRS ou au Cadre conceptuel des IFRS (IAS 8.11).

Ainsi par exemple, la norme IAS 2, Stocks, précise que les produits qui d'ordinaire sont interchangeables doivent se voir appliquer la méthode FIFO ou CMP (IAS 2.25) et ceux qui ne le sont pas, la méthode dite de l'identification spécifique (IAS 2.23).

La norme IAS 8 permet également de faire référence à un autre référentiel comptable (IAS 8.10). On notera ainsi qu'en ce qui concerne les titres, les normes américaines permettent l'utilisation de l'une ou l'autre des trois méthodes citées ci-avant, y compris donc la méthode dite de l'identification spécifique, sous réserve d'indiquer le choix retenu en annexe (ASC 320-10-50-9b).

Le calcul est généralement effectué au niveau de chaque modèle de gestion de l'entité, voire le cas échéant par sous-portefeuille.

Pour la définition de la notion de modèle de gestion (« business model »), voir nº 45130.

2. Enjeu du choix d'une méthode Le choix de la méthode de détermination du coût d'entrée n'est pas neutre en termes d'impact sur le bilan et le compte de résultat. D'où l'importance de bien apprécier les avantages et inconvénients de chacune des trois méthodes. En effet, sans être exhaustif sur les inconvénients de ces méthodes, il convient de préciser que : **45330** (suite)
- l'utilisation de la méthode dite de l'identification spécifique peut conduire à comptabiliser, pour une ligne de titres donnée, un montant de dépréciation supérieur au total des moins-values latentes comptabilisées en autres éléments du résultat global (OCI). Par ailleurs, certains estiment que cette méthode ne devrait pas s'appliquer à des instruments fongibles car elle offre trop d'opportunités aux entreprises d'externaliser le résultat qu'elles souhaitent (voir exemple chiffré ci-après) ;
- l'utilisation de la méthode de l'allocation proportionnelle peut conduire à compenser les pertes et les gains des différentes lignes de titres ;
- enfin, l'utilisation de l'une ou l'autre des méthodes ne donne pas le même impact en résultat, lors des cessions (comme le montre également l'exemple 1 chiffré ci-après).

■ *Exemple 1*

Comparaison des 2 premières méthodes *Au cours de l'année N, une entité acquiert 10 000 titres (obligations) A pour un montant unitaire de 1 000.*
En N+3, elle achète 10 000 titres A pour un montant unitaire de 800.
En N+4, l'entité achète à nouveau 10 000 titres A pour un montant unitaire de 500 et vend 15 000 titres la même année pour un prix de vente unitaire de 500.

Solution de l'exemple 1 *Le tableau ci-après présente les résultats de l'entité selon qu'elle applique les méthodes :*
- « Allocation proportionnelle »

Lot	*Quantité (début)*	*Prix d'achat unitaire*	*Proportion appliquée à chaque lot*	*Titres cédés alloués à chaque tranche*	*Résultat de cession (Perte)*	*Quantité (fin)*
1	*10 000*	*1 000*	*50 %*	*5 000*	*2 500 000*	*5 000*
2	*10 000*	*800*	*50 %*	*5 000*	*1 500 000*	*5 000*
3	*10 000*	*500*	*50 %*	*5 000*	*0*	*5 000*
Total	*30 000*	*–*	*–*	*15 000*	*4 000 000*	*15 000*

- FIFO

Lot	*Quantité (début)*	*Prix d'achat unitaire*	*Proportion appliquée à chaque lot*	*Titres cédés alloués à chaque tranche*	*Résultat de cession (Perte)*	*Quantité (fin)*
1	*10 000*	*1 000*	*100 %*	*10 000*	*5 000 000*	*0*
2	*10 000*	*800*	*50 %*	*5 000*	*1 500 000*	*5 000*
3	*10 000*	*500*	*0 %*	*0*	*0*	*10 000*
Total	*30 000*	*–*	*–*	*15 000*	*6 500 000*	*15 000*

■ *Exemple 2*

(suite Exemple 1) Les obligations ci-avant sont comptabilisées en juste valeur par OCI ou au coût amorti. Le tableau suivant présente l'évolution de la probabilité de défaut pour chaque lot :

Lot	*Probabilité de défaut (PD) à l'acquisition*	*Augmentation significative du risque de crédit (1)*	*Probabilité de défaut (PD) en date d'arrêté comptable*
1	*1 %*	*6 %*	*7 %*
2	*5 %*	*2 %*	
3	*7 %*	*0 %*	

(1) La norme IFRS 9 adopte une approche en trois phases, le positionnement d'un actif financier dans l'une ou l'autre des phases dépendant de l'évolution de son risque de crédit depuis sa comptabilisation initiale. Ainsi, les actifs financiers qui ont connu une augmentation significative du risque de crédit depuis leur date de comptabilisation initiale sont classés en phase 2 et, dans ce cas, le montant de la dépréciation à comptabiliser correspond aux pertes de crédit attendues sur leur durée de vie.
Pour plus de détails sur l'évaluation d'une augmentation du risque de crédit (« Significant Increase in Credit Risk »/SICR), voir n° 47150 s.

Solution de l'exemple 2 *Le tableau ci-après présente les dépréciations de l'entité selon qu'elle applique les méthodes :*

– « Allocation proportionnelle »

Lot	*Quantité (fin)*	*Augmentation significative du risque de crédit (SICR)*	*Phase du risque de crédit*	*Dépréciation égale aux pertes de crédit attendues*	*Montant de la dépréciation par obligation*	*Montant de la dépréciation par lot*
1	*5 000*	*6 %*	*Phase 2*	*à maturité*	*300*	*1 500 000*
2	*5 000*	*2 %*	*Phase 2*	*à maturité*	*300*	*1 500 000*
3	*5 000*	*0 %*	*Phase 1*	*sur 12 mois*	*70*	*350 000*
Total	*15 000*	*–*	*–*	*–*	*–*	*3 350 000*

– FIFO

Lot	*Quantité (fin)*	*Augmentation significative du risque de crédit (SICR)*	*Phase du risque de crédit*	*Dépréciation égale aux pertes de crédit attendues*	*Montant de la dépréciation par obligation*	*Montant de la dépréciation par lot*
1	*5 000*	*6 %*	*Phase 2*	*à maturité*	*300*	*0*
2	*5 000*	*2 %*	*Phase 2*	*à maturité*	*300*	*1 500 000*
3	*5 000*	*0 %*	*Phase 1*	*sur 12 mois*	*70*	*700 000*
Total	*15 000*	*–*	*–*	*–*	*–*	*2 200 000*

Comptabilisation d'un engagement de financement (cas général)

45340 ***Question***

Comment traiter un engagement de financement (« loan commitment ») chez le prêteur (cas général) ?

Réponse

En général, un engagement de financement (ouverture de crédit) est traité comme une opération ne devant pas donner lieu à la comptabilisation d'un dérivé au bilan.

S'il est probable que le prêt sera mis en place, les commissions reçues sont différées et intégrées au TIE du futur prêt.

Cet engagement donne lieu à provisionnement pour risque de crédit selon les dispositions d'IFRS 9.

Enfin, il est soumis aux dispositions d'IFRS 7 en matière d'informations à fournir en annexe.

Commentaires :

1. **Définition** Un engagement de financement est un engagement irrévocable d'octroyer un prêt à des conditions préalablement définies (IFRS 9.BCZ2.2). Entrent à notre avis dans cette catégorie :

– les contrats de prêt n'ayant pas encore donné lieu à décaissement (i.e. pour lesquels la mise à disposition des fonds n'a pas encore eu lieu) ;

– les autorisations de crédit confirmées non encore utilisées (encore appelées « lignes d'ouverture de crédit ») ;

– les emprunts avec enveloppe d'encours donnant lieu à utilisations successives dans le cadre d'opérations multi-devises.

2. **Qualification de produit dérivé** Le fait de s'engager à mettre en place un prêt sur une durée prédéterminée et à un taux préfixé répond à la définition d'un produit dérivé. Il s'agit d'une vente d'option au bénéfice d'un emprunteur potentiel qui détient ainsi le droit d'obtenir un prêt à des conditions prédéfinies (IFRS 9.BCZ2.2).

Taux préfixé Il s'agit soit d'un taux fixe, soit d'un taux variable mais, dans ce dernier cas, avec un spread de crédit négocié une fois pour toutes (et qui n'évoluera plus même si la santé financière ultérieure du débiteur se dégrade).

Toutefois, pour simplifier le traitement comptable de ces instruments chez le prêteur (une banque, en général), certains de ces engagements sont exclus du champ d'application d'IFRS 9, afin d'éviter toute réévaluation à la juste valeur. Cette approche est cohérente avec la méthode d'évaluation du prêt qui sera ultérieurement mis en place si l'emprunteur exerce son droit de tirage (IFRS 9.BCZ2.3).

En effet et sauf exception, le futur prêt est évalué au coût amorti, sans que les variations de sa juste valeur liées à l'évolution des taux d'intérêt ou à celle des spreads de crédit ne soient prises en compte.

3. Traitement comptable (cas général) L'engagement de prêter et le prêt lui-même sont considérés comme les différentes étapes d'un seul et même instrument.

Remarque Ce traitement n'est pas applicable à certains types d'engagements de financement particuliers (voir n° 45350).

En conséquence :

a. **l'engagement de prêter** est traité comme une **opération hors bilan** et n'est pas réévalué pendant toute la période d'ouverture de la ligne de crédit (IFRS 9.2.1g, .BCZ2.3 et IFRS 7.4) ;

b. **le prêt** (ultérieurement mis en place) est comptabilisé aux **conditions de marché négociées lors de l'ouverture de la ligne de crédit,** même si entre-temps ces conditions ont évolué et font que le prêt n'est plus au marché lors de son octroi ;

Le prêt est classé dans l'une des trois catégories comptables en fonction de l'analyse du modèle de gestion (« business model ») et du critère SPPI, voir n° 45050.

c. **les commissions d'engagement** sont **différées et incluses dans le TIE du futur prêt** s'il est probable que le prêt sera mis en place. Si toutefois l'engagement vient à son terme sans que l'entité n'accorde le prêt, les commissions sont comptabilisées en produit des activités ordinaires à la date d'expiration (IFRS 9.B5.4.2) ;

d. **une provision** est constituée **dès la comptabilisation initiale de l'engagement** La norme IFRS 9 prévoit que l'émetteur d'engagements de prêt doive appliquer les critères de dépréciation de cette norme aux engagements de prêt qui n'entrent pas dans le champ d'application de la présente norme (IFRS 9.2.1g) ;

Sur les engagements d'octroi de crédit soumis au modèle de dépréciation d'IFRS 9, voir n° 47480.

Sont donc visés tous les engagements qui ne présentent pas de caractéristiques particulières.

Sur les engagements de prêt présentant des caractéristiques particulières et relevant d'IFRS 9, voir n° 45350.

e. **les dispositions d'IFRS 7,** Information à fournir sur les instruments financiers **et celles d'IFRS 9** en matière de décomptabilisation **s'appliquent.** Tous les engagements de financement (même ceux relevant d'un traitement particulier, voir n° 45350) sont soumis :

- aux dispositions d'IFRS 7, en ce qui concerne les informations à fournir en annexe en matière d'instruments financiers (IFRS 7.4) ;

Ainsi, par exemple, l'entité doit indiquer le montant de leur juste valeur en annexe (IFRS 7.25 s.).

- aux dispositions d'IFRS 9, en ce qui concerne les opérations dites de décomptabilisation (IFRS 9.2.1g).

Remarque Les engagements de financement, étant des passifs financiers (options vendues), se voient soumis en matière de décomptabilisation aux règles applicables aux passifs financiers (IFRS 9.3.3.1 à .3.3.4 et .B3.3.1 à .B3.3.7), alors qu'une fois le prêt mis en place, ce dernier sera soumis aux règles applicables aux cessions d'actifs financiers (IFRS 9.3.2.1 s. et .B3.2.1).

Comptabilisation d'un engagement de financement (cas particuliers)

Question 45350

Quels sont les cas particuliers d'engagements de financement (« loan commitment ») et leur traitement comptable chez le prêteur ?

Réponse

Des dispositions particulières existent pour certains types d'engagements de financement (entrant dans le champ d'application d'IFRS 9) :

- engagements octroyés à des conditions inférieures à celles du marché ;
- engagements avec possibilité d'un dénouement « net » (en trésorerie ou par remise d'un autre instrument financier) ;
- engagements dont les prêts sont cédés aussitôt après leur mise en place ;
- engagements auxquels la banque applique l'option juste valeur.

Commentaires Il existe plusieurs exceptions au traitement général décrit au nº 45340 :

1. **Engagements de financement dont les conditions sont inférieures aux conditions de marché** De tels engagements offrent la possibilité de mettre en place un prêt à un taux d'intérêt inférieur au taux du marché (IFRS 9.BCZ2.7).

Lors de leur comptabilisation initiale, ces engagements doivent être évalués à leur juste valeur (IFRS 9.2.3c et .5.1.1), la contrepartie de la décote étant comptabilisée en perte au compte de résultat, sauf à démontrer que la « faveur » accordée rémunère l'acquisition d'un autre actif (ce qui ne sera généralement pas le cas).

Par la suite, ces engagements sont évalués au montant le plus élevé entre (IFRS 9.2.3 et .4.2.1d) :
- le montant de la provision déterminée conformément à IFRS 9.5.5 ; et
- le montant initialement comptabilisé, diminué le cas échéant du produit déterminé selon IFRS 15 ;
- à moins que lesdits engagements ne soient évalués à la juste valeur par le biais du compte de résultat (voir ci-après).

Remarques :
1. Le Board précise qu'en l'absence d'une telle obligation, les passifs résultant de ce type d'engagements (hors marché) pourraient ne pas figurer au bilan dès lors que dans de nombreux cas, aucun versement initial n'est perçu (IFRS 9.BCZ2.7). L'obligation d'évaluer l'engagement à sa juste valeur initiale et de procéder à l'amortissement ultérieur de cette juste valeur permet de constater un passif, même en l'absence de toute provision constituée en application d'IAS 37.
2. Le « **montant initialement comptabilisé** » représente la juste valeur de l'engagement de financement accordé. Cette juste valeur sera d'autant plus élevée que les conditions du prêt seront plus favorables que celles du marché.

2. **Engagements de financement avec dénouement « en net » possible** Lorsqu'un engagement de financement peut être dénoué « en net » par remise de trésorerie ou d'un autre instrument financier, cet engagement entre dans le champ d'application d'IFRS 9 (IFRS 9.2.3b). Répondant à la définition d'un dérivé, il doit alors être évalué à la juste valeur par résultat (IFRS 9.2.3b et .4.2.1a).

Le Board estime que, dans ce cas, il est en effet difficile de justifier son exclusion du traitement applicable aux dérivés (IFRS 9.BCZ2.5), à savoir l'évaluation à la juste valeur par résultat.

Il est toutefois précisé qu'un engagement de prêt n'est pas considéré comme faisant l'objet d'un règlement net par le simple fait qu'il est décaissé par **versements échelonnés** (par exemple, un prêt hypothécaire à la construction décaissé par versements échelonnés en fonction de la progression des travaux) (IFRS 9.2.3b).

3. **Engagements dont les prêts sont cédés aussitôt après leur mise en place** Ces engagements doivent être comptabilisés comme des passifs financiers évalués à la juste valeur par le biais du compte de résultat (IFRS 9.2.3a).

Toutefois, seuls les engagements de financement appartenant à une **même classe** et pour lesquels l'entité a l'habitude de céder les prêts aussitôt que ces derniers sont mis en place doivent être déclassés (et faire l'objet d'une évaluation à la juste valeur par résultat). Le fait de céder certains prêts ne conduit pas à déclasser tout le portefeuille d'engagements de financement (IFRS 9.BCZ2.6).

Sur la notion de « classe » d'instrument financier, voir nº 52150.

4. **Engagements auxquels l'entité applique l'option juste valeur** Le Board prévoit explicitement la possibilité d'appliquer l'option juste valeur aux engagements de financement et donne comme exemple le cas où l'entité (une banque) gérerait les expositions aux risques relatives à ces engagements sur la base de leur juste valeur (IFRS 9.BCZ2.4).

Pour les cas d'application de l'option juste valeur, voir nº 46680.

Comptabilisation d'un « day-one gain or loss » constaté sur des actions évaluées à la juste valeur en contrepartie des autres éléments du résultat global (OCI)

45360 ***Question***

Lorsqu'une entité acquiert des actions pour un prix différent de leur juste valeur et applique l'option d'évaluation à la juste valeur en contrepartie des autres éléments du résultat global (OCI), comment la différence constatée doit-elle être comptabilisée ?

Réponse

Le traitement comptable diffère selon que les actions acquises sont cotées ou non sur un marché actif :
- si les actions sont cotées sur un marché actif, alors la différence constitue un « day-one gain or loss » à comptabiliser immédiatement au compte de résultat ;
- si les actions ne sont pas cotées sur un marché actif, alors la différence doit être comptabilisée en OCI à l'instar de toute variation de juste valeur des actions.

Commentaires :

1. **Contexte** A l'exception des créances commerciales, tous les actifs financiers doivent être évalués à leur juste valeur lors de leur comptabilisation initiale (IFRS 9.5.1.1). Les actifs financiers qui constituent des instruments de capitaux propres et qui ne sont pas détenus à des fins de transaction peuvent, sur option irrévocable, être évalués à la juste valeur en contrepartie des autres éléments du résultat global (OCI).

Pour le classement comptable des instruments de capitaux propres, voir nº 45260.

Dans certains cas, des actions peuvent être acquises pour un prix différent de leur juste valeur. La question se pose alors de savoir comment doit être comptabilisée la différence entre le prix payé pour les actions et leur juste valeur, notamment si elle doit être comptabilisée en OCI dans la mesure où les actions elles-mêmes seront par la suite évaluées à la juste valeur en contrepartie des OCI.

2. **Analyse comptable** Selon IFRS 9.B5.1.2A, lorsqu'une entité acquiert un actif financier pour un prix différent de sa juste valeur, elle doit comptabiliser l'actif à la date d'acquisition initiale comme suit :
- à la juste valeur, si cette juste valeur est attestée par un cours sur un marché actif pour un actif ou un passif identique (c'est-à-dire une donnée de niveau 1, voir nº 13387) ou sur la base d'une technique d'évaluation qui utilise uniquement des données provenant de marchés observables. L'entité doit alors comptabiliser la différence entre la juste valeur à la date de la comptabilisation initiale et le prix de transaction comme un profit ou une perte ;
- dans tous les autres cas, à la juste valeur ajustée pour différer la différence entre la juste valeur à la date de la comptabilisation initiale et le prix de transaction.

En appliquant ce principe aux actions, à notre avis, le traitement comptable sera différent selon que les actions sont ou non cotées sur un marché actif :

a. **Actions cotées sur un marché actif** Lorsque les actions sont cotées sur un marché actif, la différence constatée entre le prix de transaction et le cours de l'action constitue un « day-one gain or loss » qui doit être comptabilisé immédiatement en résultat et ce, même si les actions seront par la suite évaluées à la juste valeur en contrepartie des OCI.

En effet, les dispositions de la norme IFRS 9, quant à la comptabilisation d'un « day-one gain or loss » sur des instruments financiers dont la juste valeur est de niveau 1 selon IFRS 13, ne tiennent pas compte des modalités d'évaluation de ces actifs après la comptabilisation initiale.
Pour plus de précisions sur la comptabilisation d'un « day-one gain or loss », voir nº 46650.

b. **Actions non cotées sur un marché actif** Lorsque les actions ne sont pas cotées sur un marché actif, la différence constatée entre le prix de transaction et la juste valeur ne peut pas être comptabilisée au compte de résultat. Cette différence doit alors être traitée comme une variation de juste valeur des actions et par conséquent comptabilisée en OCI.

II. Exceptions au principe général appliqué lors de la comptabilisation initiale

Date de comptabilisation des achats ou ventes de titres normalisés (« regular way »)

Question 45370

Pour les achats et les ventes « normalisés » (« regular way »), quelle date de comptabilisation ou de cession retenir : la date de transaction ou la date de règlement/livraison ?

45370
(suite)

Réponse

Lorsque les transactions sont réalisées sur un marché sur lequel il existe des délais standards entre la date de transaction et la date de dénouement, l'entité peut choisir d'enregistrer les achats et ventes d'actifs financiers appartenant à une même catégorie :
- soit à la date de transaction ;
- soit à la date de règlement/livraison.

Commentaires Un achat normalisé ou une vente normalisée est l'achat ou la vente d'un actif financier en vertu d'un contrat dont les modalités imposent la livraison de l'actif dans le délai défini généralement par la réglementation ou par une convention sur le marché concerné (IFRS 9.A).

Différence avec un produit dérivé Un contrat qui impose ou autorise le règlement net de la variation de valeur du contrat n'est pas un contrat normalisé. Ce contrat est comptabilisé comme un dérivé au cours de la période comprise entre la date de transaction et la date de règlement (IFRS 9.B3.1.4).
De même, si le délai entre la date de transaction et la date de règlement est supérieur aux délais fixés par la réglementation ou par les conventions de marché, l'engagement est comptabilisé comme un instrument dérivé (IFRS 9.IG B.29).
Enfin, la réglementation ou les conventions de marché doivent être entendues comme étant celles du marché dans lequel la transaction est intervenue. Par exemple, l'acquisition de titres américains auprès d'un broker via une transaction par laquelle le dénouement interviendra six jours plus tard n'est pas un contrat « regular way » car sur le marché américain, le délai n'est généralement que de trois jours (IFRS 9.IG B.30).

Selon IFRS 9.3.1.2, un achat ou une vente « normalisé » d'actifs financiers doit être comptabilisé ou décomptabilisé, selon le cas, en utilisant le principe de la comptabilisation :
- soit à la date de transaction ;
- soit à la date de règlement.

Le choix de l'une ou l'autre méthode est optionnel. Toutefois, la méthode retenue doit être appliquée de manière homogène à toutes les opérations d'achats ou de ventes d'actifs financiers appartenant à une **même catégorie** (IFRS 9.B3.1.3).

Dans ce cadre, les actifs détenus à des fins de transaction, ceux désignés à la juste valeur par le biais du compte de résultat et les placements dans les instruments de capitaux propres à la juste valeur en contrepartie des autres éléments du résultat global constituent des catégories distinctes l'une de l'autre (IFRS 9.B3.1.3).

1. Comptabilisation à la date de transaction (« trade date ») La date de transaction (encore appelée date de négociation) est la date à laquelle l'entité s'engage à acheter ou à vendre un actif financier. Dans ce cas, l'opération d'achat (ou de vente) est comptabilisée à la date à laquelle l'entité s'engage à acheter (ou à vendre) les actifs concernés (IFRS 9.B3.1.5), de la manière suivante :

a. s'il s'agit d'un achat, l'entité enregistre un actif à recevoir en contrepartie d'une dette ;

b. s'il s'agit d'une vente, il y a, d'une part, décomptabilisation des actifs vendus et enregistrement d'un résultat de cession et, d'autre part, enregistrement d'une créance sur l'acheteur.

En règle générale, la créance ou la dette ne porte intérêt qu'à compter de la date de règlement correspondant à la date de transfert de propriété (IFRS 9.B3.1.5).

2. Comptabilisation à la date de règlement/livraison (« settlement date ») La date de règlement est la date de livraison du bien acquis ou cédé. Dans ce cas (IFRS 9.B3.1.6) :

a. s'il s'agit d'un achat, l'entité enregistre les actifs acquis le jour de leur réception ;

Dans le cas d'un achat, lorsqu'une entité choisit un enregistrement à la date de règlement, elle doit comptabiliser les variations de juste valeur des actifs à recevoir entre la date de transaction et la date de règlement de la même manière qu'elle comptabilise les actifs acquis, à savoir (IFRS 9.B3.1.6) :
- pour les actifs comptabilisés au coût amorti : pas de comptabilisation de variation de juste valeur ;
- pour les actifs évalués à leur juste valeur par résultat (c'est-à-dire les actifs détenus à des fins de transaction ou ceux pour lesquels l'option juste valeur est appliquée) : comptabilisation de la variation de juste valeur en résultat ;
- pour les actifs évalués à leur juste valeur en contrepartie des autres éléments du résultat global (OCI) : comptabilisation de la variation de juste valeur en OCI (recyclables ou non, selon le cas).

b. s'il s'agit d'une vente, l'entité décomptabilise les actifs le jour de leur livraison et enregistre corrélativement le résultat de cession.

Dans le cas d'une vente, le prix de cession est arrêté au cours du jour de la date de transaction (gain ou perte « figé » à cette date), comme illustré dans l'exemple 2 ci-après (IFRS 9.IG D.2.2) ;

le vendeur n'enregistre donc aucune variation de juste valeur entre la date de transaction et la date de règlement. **45370** (suite)

Cette variation de valeur est, par ailleurs, comptabilisée chez l'acheteur comme au point 2a. ci-avant, voir exemple 1 ci-après (IFRS 9.IG D.2.1).

■ *Exemple 1*

Achat de titres (extrait d'IFRS 9.IG D.2.1) Le 29/12/N, une entité achète des actifs pour 1 000 € (juste valeur des actifs à cette date). Elle clôture ses comptes le 31/12/N, date à laquelle les actifs valent 1 002 €. Le 4/01/N+1, date de règlement/livraison des actifs, les titres cotent 1 003 €. Par simplification, il n'est pas tenu compte des coûts de transaction. Les actifs sont classés en actifs évalués à la juste valeur en contrepartie des autres éléments du résultat global (JVOCI).

Solution de l'exemple 1 *Les écritures, constituées par nos soins, sont les suivantes :*

1. Enregistrement selon la date de transaction (négociation) *:*

– Le 29/12/N, à la date de négociation :

Dt	Actifs évalués à la JVOCI	1 000	
Ct	Dette		1 000

– Le 31/12/N, à la date de clôture :

Dt	Actifs évalués à la JVOCI	2	
Ct	Autres éléments du résultat global (OCI)		2

– Le 4/01/N+1, lors du règlement/livraison :

Dt	Dette	1 000	
Ct	Trésorerie		1 000
Dt	Actifs évalués à la JVOCI	1	
Ct	Autres éléments du résultat global (OCI)		1

Les soldes au bilan sont les suivants, respectivement au 31/12/N et au 4/01/N+1 :

Bilan au 31/12/N				Bilan au 4/01/N+1			
Actif		Passif		Actif		Passif	
Actifs évalués à la JVOCI	1 002	OCI	2	Actifs évalués à la JVOCI	1 003	OCI	3
		Dette	1 000				

2. Enregistrement selon la date de règlement/livraison *:*

– Le 29/12/N, à la date de négociation : aucune écriture au bilan.

– Le 31/12/N, à la date de clôture :

Dt	Créance (Actifs évalués à la JVOCI à recevoir)	2	
Ct	Autres éléments du résultat global (OCI)		2

– Le 4/01/N+1, lors du règlement/livraison :

Dt	Actifs évalués à la JVOCI	1 003	
Ct	Trésorerie		1 000
Ct	Autres éléments du résultat global (OCI)		1
Ct	Titres à recevoir		2

Les soldes au bilan sont les suivants, respectivement au 31/12/N et au 4/01/N+1 :

Bilan au 31/12/N				Bilan au 4/01/N+1			
Actif		Passif		Actif		Passif	
Créance (Actifs évalués à la JVOCI à recevoir)	2	OCI	2	Actifs évalués à la JVOCI	1 003	OCI	3

45370 (suite) ■ *Exemple 2*

Vente d'actifs financiers (extrait d'IFRS 9.IG D2.2) Le 29/12/N, une entité vend des actifs précédemment acquis 1 000 € pour 1 010 € (juste valeur des actifs à cette date-là). Elle clôture ses comptes le 31/12/N, date à laquelle les actifs valent 1 012 €.

Le règlement/livraison a lieu le 4/01/N+1, date à laquelle les actifs cotent 1 013 €.

Les actifs sont classés en actifs évalués à la juste valeur en contrepartie des autres éléments du résultat global (JVOCI, recyclables).

Solution de l'exemple 2 *Les écritures, constituées par nos soins, sont les suivantes :*

1. Enregistrement selon la date de transaction (négociation) :

– Le 29/12/N, à la date de négociation :

Dt	*Créance sur acheteur*	*1 010*	
Ct	*Actifs évalués à la JVOCI*		*1 010*
Dt	*Autres éléments du résultat global (OCI)*	*10*	
Ct	*Résultat de cession*		*10*

– Le 31/12/N, à la date de clôture : aucune écriture.

– Le 4/01/N+1, lors du règlement/livraison :

Dt	*Trésorerie*	*1 010*	
Ct	*Créance*		*1 010*

Les soldes au bilan sont les suivants, respectivement au 31/12/N et au 4/01/N+1 :

Bilan au 31/12/N				*Bilan au 4/01/N+1*			
Actif		*Passif*		*Actif*		*Passif*	
Créance (sur acheteur)	*1 010*	*Résultat de cession*	*10*	*Trésorerie*	*1 010*		

2. Enregistrement selon la date de règlement/livraison :

– Le 29/12/N, à la date de négociation :

Dt	*Actifs évalués à la JVOCI*	*10*	
Ct	*Autres éléments du résultat global (OCI)*		*10*

– Le 31/12/N, à la date de clôture : aucune écriture (les actifs restent évalués à 1 010 – valeur figée au prix de cession).

– Le 4/01/N+1, lors du règlement/réception :

Dt	*Trésorerie*	*1 010*	
Ct	*Actifs évalués à la JVOCI*		*1 010*
Dt	*Autres éléments du résultat global (OCI)*	*10*	
Ct	*Résultat de cession*		*10*

Les soldes au bilan sont les suivants, respectivement au 31/12/N et au 4/01/N+1 :

Bilan au 31/12/N				*Bilan au 4/01/N+1*			
Actif		*Passif*		*Actif*		*Passif*	
Actifs évalués à la JVOCI	*1 010*	*OCI*	*10*	*Trésorerie*	*1 010*	*OCI*	*(10)*
						Résultat de cession	*10*

III. Comptabilisation d'instruments comportant des particularités

Créance commerciale : principes généraux de comptabilisation

Question 45400

Quels sont les principes généraux de comptabilisation d'une créance commerciale ?

Réponse

Une créance commerciale (à court terme) est initialement comptabilisée à son prix de transaction sauf si elle contient une composante de financement significative, auquel cas elle devrait être évaluée à sa juste valeur augmentée des coûts de transaction qui lui sont directement rattachables.

La créance sera ultérieurement évaluée à son coût amorti si celle-ci ne fait pas l'objet d'un contrat d'affacturage.

Commentaires :

1. **Evaluation initiale** Les créances commerciales sont initialement évaluées à :

– leur prix de transaction tel que défini par IFRS 15 si elles ne contiennent pas de composante de financement significative ou lorsque la mesure de simplification prévue par la norme IFRS 15 est appliquée (IFRS 9.5.1.3) ;

Pour la notion de prix de transaction selon IFRS 15, voir nº 24989.
Pour la notion de composante de financement significative et de mesure de simplification d'IFRS 15, voir nº 25210.

– sinon, leur juste valeur (IFRS 9.5.1.1 s.) augmentée des coûts de transaction qui leur sont directement rattachables (sauf dans le cas où elles seraient comptabilisées à la juste valeur par résultat).

En général, il n'y a **pas de coûts de transaction** pour les créances commerciales à court terme (sur la notion de coûts de transaction, voir nº 46785).
Si le prix à recevoir est différent de la juste valeur, alors un « day-one gain or loss » est comptabilisé (voir nº 46650).

2. **Classement** Le classement d'un actif financier dans l'une ou l'autre des catégories d'évaluation d'IFRS 9 est fonction des modèles de gestion (« business model ») définies par l'entreprise et des caractéristiques des flux de trésorerie contractuels (critère du « solely payments of principal and interest »/SPPI). Une créance commerciale ne fait pas exception à ce principe.

Pour les principes de classement d'un actif financier, voir nº 45080.

En général, les créances commerciales sont détenues dans un modèle de gestion dont l'objectif est de détenir des actifs pour recouvrer les flux de trésorerie contractuels. Par conséquent, elles sont, en règle générale, évaluées au coût amorti.

Pour plus de détails sur le modèle de gestion dont l'objectif est de détenir des actifs pour recouvrer les flux de trésorerie contractuels, voir nº 45190.
Pour plus de détails sur l'évaluation au coût amorti, voir nº 46820.

Néanmoins, si l'entreprise a recours à l'affacturage, les créances commerciales pourraient devoir être comptabilisées à la juste valeur par résultat ou à la juste valeur en contrepartie des autres éléments du résultat global selon le modèle de gestion déterminé. A cet effet, il convient de s'interroger si :

Pour la définition d'un contrat d'affacturage, voir nº 48340.
Pour la définition de la notion de modèle de gestion (« business model »), voir nº 45080.

– les créances commerciales sont systématiquement cédées au factor ;
– certaines créances font spécifiquement l'objet d'un contrat d'affacturage ;
– les créances commerciales entrent dans le cadre d'un contrat d'affacturage sans précision de montant et sans identification individuelle des créances à leur création.

Pour plus d'informations sur la prise en considération des activités d'affacturage dans l'évaluation du modèle de gestion « business model », voir nº 45220.

Cas particulier des créances commerciales à long terme sans intérêts

45410 ***Question***

Comment comptabiliser une créance commerciale à long terme qui ne porte pas intérêt ?

Réponse

Ce type de créance doit faire l'objet d'une décote lors de l'enregistrement initial. Par la suite, la créance donne lieu à enregistrement d'un produit d'intérêts (correspondant à la désactualisation).

Commentaires :

1. **Rappel du principe général** Les créances commerciales sont initialement évaluées à leur prix de transaction tel que défini par IFRS 15 si elles ne contiennent pas de composante de financement significative ou à leur juste valeur augmentée des coûts de transaction, dans le cas contraire.

Pour plus de précisions sur les principes généraux de comptabilisation des créances commerciales, voir n° 45400.

En pratique, les créances commerciales sont généralement classées comme ultérieurement évaluées au coût amorti.

Pour plus de précisions sur les principes généraux de classement, voir n° 45400.

2. **Comptabilisation initiale** Les créances à long terme qui ne portent pas intérêt doivent être analysées pour identifier si elles comprennent une composante de financement significative.

Pour savoir quels sont les facteurs à considérer pour identifier une composante de financement significative, voir n° 25210.

Selon IFRS 9.5.1.1, lorsqu'une composante de financement significative est identifiée, les créances doivent être évaluées initialement à leur juste valeur et donc faire l'objet d'une décote. La juste valeur correspond à la valeur des entrées de trésorerie futures, actualisées au taux d'intérêt prévalant sur le marché pour un instrument similaire (devise, échéance, autres facteurs) (IFRS 9.B5.1.1).

Remarque Le taux d'actualisation doit tenir compte des conditions de marché, du risque de crédit du client concerné et des garanties dont le financement est assorti (IFRS 15.61 et .64). Cette approche est cohérente avec les dispositions de la norme IFRS 15, voir n° 25210.

■ ***Exemple***

Créance à long terme sans intérêts *Une créance de 1 000 non porteuse d'intérêts est remboursable dans 2 ans. Un prêt d'une durée équivalente, émis dans la même devise et accordé à un débiteur ayant le même risque de crédit, serait tarifé à 5,4 %. La créance est comptabilisée au coût amorti.*

Solution de l'exemple *La juste valeur initiale de la créance s'élève à 900, calculée de la manière suivante :*

$$X = [1\,000 * 5{,}4\,\% / (1 + 5{,}4\,\%)] + [1\,000 * (1 + 5{,}4\,\%) / (1 + 5{,}4\,\%)^2]$$

$$X = 900$$

Lors de sa comptabilisation initiale, la créance est comptabilisée pour 900 (c'est-à-dire avec une décote de 100).

Dt	*Créances*	*900*	
Ct	*Chiffre d'affaires*		*900*

Remarque *Le chiffre d'affaires comptabilisé en contrepartie est de 900 (et non pas de 1 000).*

3. **Comptabilisation lors des arrêtés ultérieurs au coût amorti (principe de désactualisation)** Pour les créances à long terme ayant fait l'objet d'une décote initiale, le coût amorti correspond au montant initial (900 dans l'exemple ci-avant) augmenté des intérêts courus calculés au taux d'intérêt effectif (TIE).

L'effet du financement (produits d'intérêts) doit être présenté, dans le compte de résultat, séparément des produits des activités ordinaires (IFRS 15.65).

Sur les notions de coût amorti et de taux d'intérêt effectif, voir n° 46750 s.

Sur le choix de présentation des produits d'intérêt dans le compte de résultat, voir n° 51412.

■ *Exemple*

Créance à long terme sans intérêts (reprise de l'exemple ci-avant) *La créance donne lieu à comptabilisation d'un produit d'intérêt de 48,60 (900 × 5,4 %) l'année 1 et de 51,22 [(900 + 48,60) × 5,4 %] l'année 2 (désactualisation au TIE de 5,4 %).*
La contrepartie (intérêts courus) vient augmenter la valeur nette comptable de la créance. In fine, la valeur reconstituée de 1 000 est soldée par le remboursement effectué par le client, fin année 2.

Dt	*Créances*	*48,60*	
Ct	*Produit d'intérêt (année 1)*		*48,60*
Dt	*Créances*	*51,22*	
Ct	*Produit d'intérêt (année 2)*		*51,22*
Dt	*Trésorerie*	*1 000*	
Ct	*Créances (année 2)*		*1 000*

4. **Dépréciation** Les créances commerciales, étant comptabilisées au coût amorti, entrent dans le champ d'application du modèle de dépréciation d'IFRS 9. Par conséquent, à chaque clôture, une correction de valeur (dépréciation) pour pertes de crédit attendues doit être envisagée.

Pour plus de précisions sur le modèle de dépréciation des créances commerciales, voir n° 47130. Pour la dépréciation des créances commerciales via une matrice de provisionnement, voir n° 47600.

Prêt à taux faible ou nul

45420

Question

Comment comptabiliser un prêt à des conditions hors marché ?

Réponse

Le prêt est comptabilisé à sa juste valeur (c'est-à-dire avec une décote). La contrepartie donne lieu à l'enregistrement d'une perte en résultat.

Sauf cas de prêts octroyés au personnel avec conditions de présence dans l'entreprise (voir n° 45430).

Par la suite, la décote est intégrée dans le calcul du taux d'intérêt effectif (TIE) du prêt pour ramener ce dernier au taux normal du marché.

Commentaires :

1. **Principe général (rappel)** Comme tous les actifs et passifs financiers, un prêt doit être comptabilisé à sa juste valeur lors de sa comptabilisation initiale (IFRS 9.5.1.1 ; voir n° 46645) – laquelle correspond normalement au montant de trésorerie décaissé – augmentée des coûts de transaction engagés pour le mettre en place et diminué des frais de dossier refacturés si le prêt est comptabilisé au coût amorti.
Toutefois, la norme IFRS 9 stipule que, par rapport à la juste valeur de la reconnaissance de dette reçue en échange (trésorerie mise à disposition), tout montant supplémentaire prêté constitue une charge, sauf à remplir les conditions d'une comptabilisation au titre d'un autre type d'actif (IFRS 9.B5.1.1).

Le « montant supplémentaire prêté » s'entend de la différence entre la juste valeur du prêt (voir ci-après) et la trésorerie mise à disposition (prix de transaction). Cette différence est en général qualifiée de « **décote** » dans les comptes du prêteur.

2. **Juste valeur d'un prêt à taux nul** La juste valeur d'un prêt à long terme qui ne porte pas intérêt peut être estimée comme la valeur actualisée de l'ensemble des entrées de trésorerie futures, actualisées au **taux d'intérêt prévalant sur le marché** pour un **instrument similaire** (quant à la devise, à l'échéance, au type de taux d'intérêt et à d'autres facteurs) **ayant une notation similaire** (IFRS 9.B5.1.1).

Pour un exemple chiffré, voir n° 45410 (créance à long terme ne portant pas intérêt).
Pour la détermination de la juste valeur d'un prêt, voir également n° 46640.

3. **Juste valeur d'un prêt à taux faible** Le principe est le même que pour un prêt à taux nul. Les flux de trésorerie futurs du prêt doivent être actualisés au taux d'intérêt prévalant sur le marché pour un prêt identique, afin de calculer le montant de la décote initiale à enregistrer en perte sur l'exercice.

4. **Juste valeur d'un prêt à taux faible compensé par des frais de dossiers importants** Dans le cas d'un prêt octroyé avec un taux plus faible que celui du marché, mais compensé par la facturation de frais de dossiers importants, l'entité doit comptabiliser le prêt à sa juste valeur, c'est-à-dire net des commissions (frais de dossier) reçues. La décote hors marché est amortie en contrepartie du résultat par la méthode du taux d'intérêt effectif (IFRS 9.B5.1.2).

■ *Exemple*

Prêt à taux faible compensé par des frais de dossier importants *Une banque octroie un prêt de 1 000 sur 2 ans à un taux de 5 % au lieu de 8 % (taux de marché). Elle facture une commission de mise en place (frais de dossier) et supporte par ailleurs des coûts, le tout pour un montant net de 54.*

Solution de l'exemple *Hors commissions, la juste valeur du prêt s'élève à 946, calculée de la manière suivante : 946 = 50 (1/1,08) + 1 050 (1/1,08 ²) ;*

– la décote de 54 (1 000 – 946) est dans les faits compensée par la commission de frais de dossier (54) ;

– l'écriture d'enregistrement du prêt est la suivante (selon IFRS 9.B5.1.2) :

Dt	*Prêt (1 000 – 54)*	*946*	
Ct	*Trésorerie*		*946*

Prêts à taux réduit octroyés aux salariés : cas général

45430 ***Question***

Comment comptabiliser les prêts à taux réduit octroyés aux salariés de l'entreprise (cas général) ?

Réponse

Avec une décote initiale traduisant le fait que ces prêts sont porteurs d'un taux d'intérêt inférieur au taux de marché.

Ces prêts étant liés à la présence du salarié dans l'entreprise, la contrepartie de cette décote (écart entre le montant prêté et la juste valeur du prêt) est comptabilisée en charges payées d'avance et amortie sur la durée de vie active attendue des salariés concernés ou sur la durée des prêts si cette dernière est plus courte.

La conséquence est essentiellement un impact sur la présentation au compte de résultat avec :
- des produits financiers plus élevés (traduisant le taux d'intérêt d'un prêt normal) ; et
- des charges de personnel plus élevées (représentatives de l'avantage octroyé).

Commentaires :

1. **Traitement comptable** Comme tout actif financier relevant d'IFRS 9, ces prêts doivent être comptabilisés à leur juste valeur lors de leur comptabilisation initiale, augmentée des coûts de transaction, sauf s'ils sont désignés à la juste valeur par résultat (IFRS 9.5.1.1). La juste valeur d'un prêt à long terme porteur d'un taux d'intérêt inférieur au taux de marché est égale à la valeur actualisée de ses flux de trésorerie futurs, en retenant comme taux d'actualisation le taux d'intérêt prévalant sur le marché pour un instrument similaire (c'est-à-dire même devise, même échéance, mêmes conditions de remboursement) et ayant une notation (c'est-à-dire un risque de crédit) similaire (IFRS 9.B5.1.1), voir nº 45420.

Ces prêts étant liés à la présence du salarié dans l'entreprise, l'écart (décote) constaté entre la somme prêtée et la juste valeur du prêt est comptabilisé en charges payées d'avance (au bénéfice du personnel) et doit être étalé sur la durée de vie active résiduelle attendue des salariés concernés (IAS 19.10) ou sur la durée du prêt si cette dernière est plus courte.

2. **Conséquence sur la présentation au compte de résultat** En général, ce traitement comptable n'a pas d'impact significatif sur le montant du résultat des exercices concernés (la durée du prêt étant en général plus courte que la durée de vie active résiduelle attendue des salariés concernés).

En revanche, la présentation n'est pas la même. En effet, au lieu d'enregistrer des produits financiers à taux réduit, l'entreprise est amenée à enregistrer :
- un montant plus élevé en produits financiers (reflétant le taux d'intérêt d'un prêt normal) ; et
- des charges du personnel plus élevées (représentatives de l'avantage octroyé).

■ *Exemple*
Des prêts à un taux préférentiel de 2 % sont octroyés au personnel pour un montant de 1 000 sur une durée de 3 ans. La durée de vie active moyenne résiduelle attendue des salariés bénéficiant de ces prêts est de 5 ans. Par hypothèse :
- ces prêts sont remboursables in fine ; et
- le taux du marché pour des prêts de mêmes caractéristiques octroyés à des personnes présentant le même risque de crédit aurait été de 5 %.
La juste valeur de ces prêts lors de leur mise en place s'élève à 918.
***Solution de l'exemple** Ces prêts sont comptabilisés avec une décote initiale de 82 (1 000 - 918) permettant de faire apparaître par la suite un TIE de 5 %. Parallèlement, les 82 de décote (comptabilisée en charges constatées d'avance) sont étalés sur les 3 années du prêt.*
Le tableau suivant récapitule l'impact du traitement comptable :

	Année N	Année N+1	Année N+2	Total
Sans retraitement				
Produits financiers	20	20	20	60
Traitement IFRS				
Produits financiers	45 (1)	47 (2)	50 (3)	142
Charges du personnel (4)	(27,33)	(27,33)	(27,33)	(82)
Total (produit net)	17,67	19,67	22,67	60

(1) 918 × 5 % = 45.
(2) (918 + 45) × 5 % = 47.
(3) (918 + 45 + 47) × 5 % = 50.
(4) 82 / 3 = 27,33.

Remarque D'autres méthodes (plus complexes qu'une répartition prorata temporis) peuvent être retenues pour répartir, sur la période de service correspondante, l'avantage octroyé aux salariés.

Prêts 1 % logement octroyés aux salariés

45440

Question
Comment enregistrer les prêts 1 % logement octroyés aux salariés de l'entreprise ?

Réponse
Avec une décote initiale traduisant le fait que ces prêts sont porteurs d'un taux d'intérêt inférieur au taux de marché. Ces prêts n'ayant pas vocation à être remboursés si le salarié quitte l'entreprise, ils ne sont donc pas liés à la présence de ce dernier dans l'entreprise. En conséquence, la contrepartie de la décote (écart entre le montant prêté et la juste valeur du prêt) est immédiatement comptabilisée en résultat.

Il en est de même si l'entreprise octroie des prêts à taux réduit à un organisme collecteur. Dans ce cas, ces prêts sont généralement mis en place avec un décalage d'un an. Ils constituent alors des engagements de prêter (« loan commitments ») accordés à des conditions inférieures au taux de marché. Ces engagements relèvent d'IFRS 9 et doivent être comptabilisés à leur juste valeur initiale avec une décote immédiate en résultat.

Commentaires :
1. **Caractéristique des prêts octroyés dans le cadre de la participation à l'effort de construction (1 % logement)** En France et conformément aux dispositions de l'article L 313-1 du Code de la construction et de l'habitation, les entreprises qui occupent au moins vingt salariés doivent investir chaque année dans la construction de logements une contribution dénommée « Action logement » au moins égale à 0,45 % des salaires payés au cours de l'année précédente. Les entreprises peuvent se libérer de cette obligation de participation à l'effort de construction en octroyant des prêts sans intérêt à leurs salariés (communément appelés « prêts 1 % logement »). Ces prêts n'ont pas vocation à être remboursés si le salarié quitte l'entreprise.

Les entreprises peuvent également se libérer de cette obligation en octroyant des prêts à taux réduit ou des subventions à des organismes spécialisés, ou enfin (à titre exceptionnel) par la construction directe de logements locatifs ou par des travaux d'amélioration d'immeubles anciens.

A défaut de s'être acquittés de ces obligations au plus tard au 31 décembre N+1, les employeurs sont soumis à une cotisation égale non plus à 0,45 % mais à 2 % du montant des salaires de l'année N.

2. Traitement comptable Comme tout actif financier relevant d'IFRS 9, ces prêts doivent être comptabilisés à leur juste valeur lors de leur comptabilisation initiale (IFRS 9.5.1.1).

Sur la juste valeur initiale d'un prêt à taux réduit, voir n° 45430.

L'écart (décote) constaté entre la somme prêtée au salarié et la juste valeur du prêt est immédiatement comptabilisé en charges, dans l'année de l'octroi du prêt, puisque ce dernier n'est pas lié à la présence du salarié dans l'entreprise.

Il en est de même lorsque ces prêts sont octroyés à des organismes spécialisés (pas d'étalement de la décote).

Par ailleurs, sachant que la contribution calculée sur les salaires de l'année N est payée le 31 décembre N+1, les entreprises doivent enregistrer dans leurs comptes au 31 décembre N, à la fois :

a. les sommes qui seront allouées en N+1 sous forme de subvention à un organisme bénéficiaire (obligatoirement 1/9e des 0,45 % ci-avant). Ces sommes donnent lieu à la constitution d'une provision au titre d'IAS 37.14 (obligation légale entraînant une sortie de ressources et à laquelle l'entreprise ne peut pas se soustraire) ; et

b. les prêts qui seront mis en place en N+1 auprès de ces mêmes organismes collecteurs. Ces futurs prêts constituent en effet des **engagements de prêter** (« loan commitments ») qui, parce qu'ils sont octroyés à un taux inférieur au taux de marché, entrent dans le champ d'application d'IFRS 9 (IFRS 9.2.3c).

A ce titre :

– ces engagements (dès lors qu'ils sont contractuels) doivent être comptabilisés à leur juste valeur initiale (la contrepartie étant une décote immédiatement traduite en résultat) ; et

– font l'objet d'une provision au titre du risque de crédit (IFRS 9.5.5.1), voir n° 45350, point 1.

En effet, ces engagements peuvent donner lieu, en plus de la comptabilisation d'une décote initiale, à la constitution d'une provision :

– si l'entreprise sait qu'elle ne va pas s'acquitter de son obligation sous forme de prêts ou de construction de logements, mais sous forme de subventions ; ou

– dans le cas où elle n'a pas pris de décision sur la forme de son versement, à notre avis, si au regard de la politique suivie habituellement par l'entreprise pour se libérer de son obligation, il apparaît probable que l'entreprise ne se libérera pas de ses obligations par des investissements (voir Mémento Comptable n° 16370).

IV. Cas particulier : instruments financiers libellés dans une monnaie étrangère

Comptabilisation initiale des instruments libellés en devise

45450 ***Question***

A quel cours de change doit-on comptabiliser un instrument financier libellé en devise lors de son acquisition ?

Réponse

Au cours du jour (cours comptant) de la date d'acquisition.

Commentaires Les dispositions de la norme IAS 21 s'appliquent aux transactions en devises étrangères, à l'exclusion toutefois des dérivés libellés en devises étrangères et des opérations de couverture d'éléments libellés en devises étrangères (IAS 21.4 et .5). Ces instruments financiers exclus du champ d'application d'IAS 21 sont couverts, sauf exception, par la norme IFRS 9.

Les titres libellés en devises n'étant pas visés par cette exclusion, ils sont donc traités par la norme IAS 21.

Par ailleurs, IFRS 9.B5.7.2 précise explicitement que les entreprises doivent appliquer les dispositions d'IAS 21 aux actifs et passifs financiers qui sont des **éléments monétaires** libellés en monnaies étrangères.

Sur la notion d'éléments monétaires, voir n° 13108.

1. Montant initial d'un instrument en devise Selon IFRS 9.5.1.1, la comptabilisation initiale d'un actif financier doit se faire à la juste valeur, augmentée des coûts de transaction directement imputables à son acquisition, sauf dans le cas d'un actif évalué à la juste valeur par résultat. Dans ce dernier cas, les coûts de transaction sont immédiatement enregistrés en charges au compte de résultat.

Les **coûts de transaction** à prendre en compte sont les coûts marginaux directement imputables à l'acquisition (voir n° 46785), un coût marginal étant défini comme un coût qui n'aurait pas été encouru si l'entité n'avait pas acquis, émis ou cédé l'instrument financier (IFRS 9.A).

2. **Cours de conversion** Une transaction en monnaie étrangère doit être enregistrée, lors de sa comptabilisation initiale dans la monnaie fonctionnelle, en appliquant au montant en monnaie étrangère le cours comptant du jour (« spot exchange rate ») entre la monnaie fonctionnelle et la monnaie étrangère à la date de la transaction (IAS 21.21).

Remarque La monnaie fonctionnelle est la monnaie de l'environnement économique principal dans lequel opère l'entité (IAS 21.8).

SECTION V

Comptabilisation ultérieure des actifs financiers

I. Principes généraux de comptabilisation ultérieure

Comptabilisation des instruments de dette évalués au coût amorti

Pour l'évaluation des instruments financiers au coût amorti (méthode du TIE), voir n° 46770 s. 45500

Traitement comptable des instruments de dette classés à la juste valeur en contrepartie des autres éléments du résultat global (OCI)

Question 45510

Quel est le traitement comptable des instruments de dette classés comme actifs financiers évalués à la juste valeur en contrepartie des autres éléments du résultat global ?

Réponse

Les variations de juste valeur de l'instrument (dont les éventuels écarts de change) sont comptabilisées en autres éléments du résultat global (OCI recyclables en résultat).

La dépréciation (perte ou reprise de perte de crédit) est comptabilisée en résultat par contrepartie des OCI.

Les revenus d'intérêts et les pertes de change sont comptabilisés au compte de résultat.

Commentaires :

1. **Rappel** Les instruments de dette (par exemple, obligations) répondant à la qualification de « prêt basique » et pour lesquels l'objectif est de recouvrer les flux de trésorerie contractuels et les flux de cessions sont classés en actifs évalués à la juste valeur en contrepartie des autres éléments du résultat global (OCI recyclables en résultat).

Sur le classement et l'évaluation des actifs financiers, voir n° 45050.

Ces instruments sont initialement comptabilisés à leur juste valeur augmentée des coûts de transaction directement attribuables à leur acquisition (IFRS 9.5.1.1).

Sur la notion de juste valeur à la date de comptabilisation initiale, voir n° 46645.
Sur la définition des coûts de transaction, voir n° 46780.

45510 (suite) 2. **Remarque** Ce modèle de classement est un modèle mixte, dans la mesure où :
– les montants qui sont comptabilisés en résultat sont les mêmes que ceux qui auraient été comptabilisés en résultat si l'actif financier avait été évalué au coût amorti (IFRS 9.5.7.11) ; et
– les gains ou les pertes issus de l'évaluation des actifs à la juste valeur au bilan (i.e. autres que ceux qui sont comptabilisés en résultat) sont comptabilisés en autres éléments du résultat global.

Lors de la décomptabilisation de ces actifs financiers, le cumul des gains ou pertes comptabilisé en OCI est reclassé en résultat, ce qui correspond au montant qui aurait été comptabilisé en résultat lors de la décomptabilisation si les actifs avaient été évalués au coût amorti (IFRS 9.5.7.1A).

3. **Comptabilisation à la date de clôture :**

a. **Evaluation à la juste valeur à chaque date d'arrêté** Après leur comptabilisation initiale, les instruments de dette sont évalués à la juste valeur par OCI sans aucune déduction au titre des coûts de transaction qui peuvent être encourus lors de leur vente (IFRS 9.5.2.1 et .IG E.1.1).

b. **Comptabilisation des variations de juste valeur** Les variations de juste valeur des instruments de dette évalués à la juste valeur par OCI sont comptabilisées en autres éléments du résultat global (OCI recyclables en résultat) (IFRS 9.5.7.1d et .5.7.10).

c. **Comptabilisation des dépréciations** Les dépréciations sur instruments de dette classés en actifs financiers évalués à la juste valeur par OCI sont comptabilisées en résultat en contrepartie des OCI (IFRS 9.5.5.2 et .5.7.10). Elles n'ont donc pas pour effet de modifier la valeur comptable de l'actif financier au bilan qui reste comptabilisé à la juste valeur.

Sur la comptabilisation de la dépréciation (correction de valeur pour pertes de crédit attendues), voir nº 47790.

d. **Comptabilisation séparée des revenus d'intérêts et des gains ou pertes de change au compte de résultat** Les intérêts calculés conformément à la méthode du taux d'intérêt effectif (TIE) (voir nº 46770) et les gains ou pertes de change sont comptabilisés en résultat (IFRS 9.5.7.10).

Sur le traitement des écarts de change (instruments en devise), voir nº 45450.

e. **Comptabilisation en cas de reclassement** Les instruments de dette sont comptabilisés à leur juste valeur en date de reclassement (voir nº 45570) au coût amorti (IFRS 9.5.6.5) ou en juste valeur par résultat (IFRS 9.5.6.7).

f. **Comptabilisation de la sortie de l'actif** Lors de la cession d'un instrument de dette évalué à la juste valeur par OCI, les montants qui ont été accumulés en autres éléments du résultat global au titre des variations de juste valeur de l'actif sont recyclés en résultat (IFRS 9.5.7.10).

■ *Exemple*

Cas d'une obligation *Le 1/01/N, une entité acquiert une obligation 100 (= juste valeur) et classée en actifs évalués à la juste valeur par OCI. L'échéance restante de l'instrument est de 5 ans. Elle perçoit un coupon fixe de 5 %. Par simplification, il n'y a pas de coûts de transaction, le TIE est donc égal à 5 %. L'obligation n'a pas été acquise en défaut. Lors de la comptabilisation initiale, une dépréciation égale aux pertes de crédit attendues sur 12 mois est déterminée pour 2.*
Au 31/12/N (date d'arrêté comptable), la juste valeur de l'instrument baisse à 95 en raison de l'augmentation des taux d'intérêt pour des obligations de mêmes caractéristiques. De plus, l'entité n'a pas déterminé d'augmentation significative du risque de crédit depuis la comptabilisation initiale. Par simplification, les effets de désactualisation des pertes de crédit attendues ne sont pas retraités. La dépréciation reste donc à 2.

Solution de l'exemple *A la date d'acquisition, les écritures sont les suivantes :*

Dt	*Actif évalué à la JVOCI*	*100*	
Ct	*Trésorerie*		*100*
Dt	*Dépréciation (Résultat)*	*2*	
Ct	*OCI*		*2*

A la clôture, les écritures sont les suivantes :

Dt	*OCI*	*5*	
Ct	*Actif évalué à la JVOCI*		*5*

La juste valeur de l'obligation est de 95. Les OCI sont de 3 et correspondent à la moins-value latente de 5 diminuée de la provision pour risque de crédit de 2.

Impôts différés sur actifs financiers évalués à la juste valeur en contrepartie des autres éléments du résultat global (OCI) : principes généraux de comptabilisation

45520

Question

Comment comptabiliser les impôts différés sur des actifs financiers évalués à la juste valeur en contrepartie des autres éléments du résultat global (OCI) ?

Réponse

En application du principe de symétrie, les impôts différés sont comptabilisés en autres éléments du résultat global, pour la part des OCI correspondant à la plus ou moins-value latente et en résultat pour la part des OCI correspondant à la dépréciation selon IFRS 9.

Commentaires :

1. **Règles d'enregistrement des impôts différés sur actifs financiers évalués à la juste valeur en contrepartie des autres éléments du résultat global (OCI)** Selon IAS 12.61A, l'impôt exigible et différé doit être comptabilisé en dehors du résultat si l'impôt concerne des éléments qui ont été comptabilisés en dehors du résultat au cours de la même période ou d'une période différente. En conséquence, l'impôt exigible et l'impôt différé relatifs à des éléments qui, au cours de la même période ou d'une période différente, sont comptabilisés :
- en autres éléments du résultat global, seront comptabilisés en autres éléments du résultat global ;
- directement en capitaux propres, seront comptabilisés directement en capitaux propres.

Ainsi, l'impôt différé relatif aux actifs financiers évalués à la juste valeur en contrepartie des autres éléments du résultat global (OCI) doit être enregistré en autres éléments du résultat global pour la part des OCI correspondant à la plus ou moins-value latente puisque celle-ci est également enregistrée en autres éléments du résultat global et en résultat pour la part des OCI correspondant à la dépréciation selon IFRS 9.

2. **Taux d'impôt différé à retenir** Selon IAS 12.47, les actifs et passifs d'impôt différé doivent être évalués aux taux d'impôt dont l'application est attendue sur l'exercice au cours duquel l'actif sera réalisé ou le passif réglé, sur la base des taux d'impôt (et des réglementations fiscales) qui ont été adoptés ou quasi adoptés à la date de clôture.

3. **Cas particulier des titres de participation (tels que définis par la réglementation comptable et fiscale française)** Sachant que le passif d'impôt différé est calculé sur la base du taux d'impôt qui sera applicable sur l'exercice au cours duquel le passif d'impôt sera payé et sur la base des taux d'impôt qui ont été votés ou quasi votés à la clôture (voir point 2. ci-avant), l'impôt différé a dû être déterminé – lors de l'acquisition des titres – en tenant compte de la façon dont l'entreprise s'attendait à recouvrer la différence temporaire, c'est-à-dire en retenant le taux d'impôt applicable au cours de l'exercice du renversement.
L'entreprise a ainsi dû déterminer la date à laquelle elle céderait ses différentes lignes de titres de participation afin d'en déduire le taux d'impôt applicable à cette date et, ainsi, le taux auquel l'impôt différé est calculé. Un réajustement doit avoir eu lieu si l'intention initiale de cession a été reculée ou au contraire avancée.

■ ***Exemple***

Une entité détient des actions d'une société cotée. Les titres ne sont pas détenus à des fins de transaction et l'entité a décidé de les comptabiliser à la juste valeur en contrepartie des autres éléments du résultat global (OCI non recyclables en résultat), sur option irrévocable (IFRS 9.5.7.5).
La base fiscale des actions est de 400 K€, soit le prix d'acquisition initial. Leur juste valeur est de 1 M€ à la clôture. A cette date, l'entité s'attend à recevoir des dividendes à hauteur de 500 K€ sur les cinq prochaines années et, au terme des 5 ans, elle prévoit de vendre les actions sur le marché.
Les actions se négocient actuellement hors dividende et on estime que les distributions futures de dividendes ne devraient pas affecter la juste valeur des actions.
Les dividendes sont non imposables. En revanche, les plus-values de cession sont imposables au taux de 10 %.

Solution de l'exemple *Selon IAS 12, l'évaluation des impôts différés doit refléter les conséquences fiscales qui résulteraient de la façon dont une entité s'attend à recouvrer la valeur comptable des actifs. Il est donc nécessaire de tenir compte du mode de recouvrement attendu par l'entité pour déterminer à la fois la base fiscale et le taux d'impôt applicable à la différence temporelle qui en résulte.*

Au cas présent, le mode de recouvrement de la valeur comptable de titres correspond à la cession puisque l'entité s'attend à recouvrer la valeur des titres essentiellement par leur cession, et dans la mesure où les dividendes futurs n'auront pas d'incidence sur la valeur des titres.
L'entité estime donc que les titres ont une valeur comptable de 1 M€ et une valeur fiscale de 400 K€. Il existe une différence temporelle imposable de 600 K€ à la clôture. Le taux d'impôt applicable est de 10 %, à savoir le taux sur les plus-values de cession. L'entité constate donc un impôt différé passif de 60 K€ au titre de ces actions. L'impôt différé doit être enregistré en autres éléments du résultat global puisque les variations de juste valeur de ces titres ont également été enregistrées en autres éléments du résultat global.

Impôt différé actif lié aux moins-values latentes sur obligations à taux fixe classées en actifs financiers évalués à la juste valeur en contrepartie des autres éléments du résultat global (OCI)

45530 ***Question***

Faut-il faire une exception au principe de vérification de l'existence d'un bénéfice fiscal imposable pour la constatation d'un impôt différé actif lié à des moins-values sur obligations à taux fixe classées en actifs financiers évalués à la juste valeur en contrepartie des autres éléments du résultat global (OCI) ?

Réponse

Non. Dès lors que ces obligations sont détenues jusqu'à l'échéance, les moins-values latentes seront mécaniquement reprises dans le futur. Ces reprises constituent une source de profits futurs à prendre en compte pour déterminer si l'entreprise disposera de bénéfices imposables suffisants.

Commentaires Les obligations à taux fixe que les entreprises ont classé en actifs financiers évalués à la juste valeur en contrepartie des autres éléments du résultat global doivent être évaluées à leur juste valeur à chaque date de clôture selon IFRS 9.5.7.5.

Dans le cas d'une évolution défavorable des taux d'intérêt (hausse des taux), le détenteur d'une telle obligation constate une moins-value latente dont la contrepartie est enregistrée parmi les autres éléments du résultat global (OCI).

1. **Existence d'une différence temporelle déductible** Sur le plan fiscal, l'Administration française n'admet pas la déductibilité d'une moins-value lorsque cette dernière est due à une simple hausse des taux et que l'obligation est enregistrée en règles françaises en « Valeurs mobilières amortissables réglementées » ou en « Titres d'investissement ».

Il en résulte une différence temporelle entre la valeur comptable IFRS et la valeur fiscale de l'obligation, génératrice d'un impôt différé actif (la valeur comptable de l'actif étant inférieure à la valeur fiscale à la date de clôture) (IAS 12.26.d).

Cette précision est insérée dans la norme IAS 12 par le biais d'un exemple (IAS 12.26.d), voir no 27478.

2. **Application aux obligations à taux fixe classées en actifs financiers à la juste valeur en contrepartie des autres éléments du résultat global (OCI)** Pour les obligations classées en actifs financiers à la juste valeur en contrepartie des autres éléments du résultat global (OCI), un impôt différé actif relatif à la différence temporelle déductible liée à la moins-value est constaté après avoir vérifié l'existence d'un bénéfice imposable suffisant, comme pour toutes les autres différences temporelles déductibles.

En effet, un impôt différé actif au titre de la moins-value latente ne doit être comptabilisé que pour autant que l'entité puisse justifier qu'elle aura des bénéfices imposables suffisants dans les exercices au cours desquels la différence temporelle se reversera, aucune exception à ce principe général ne trouvant à s'appliquer (IAS 12.24 et .27).

Cette analyse est appliquée au cas particulier évoqué au travers d'un exemple ajouté à la norme IAS 12 (IAS 12.27A, .29a.ii et .29A, IAS 12.IE Exemple 7).

Comptabilisation des instruments de dette évalués à la juste valeur par résultat

45540 Pour l'évaluation des instruments financiers à la juste valeur par résultat, voir no 46645 s.

Comptabilisation des instruments de dette désignés à la juste valeur par résultat

Pour l'évaluation des instruments financiers désignés à la juste valeur par résultat, voir nº 46680 s. **45550**

Actions comptabilisées au coût

45560

Question

Une action peut-elle être maintenue à son coût d'acquisition lors d'arrêtés ultérieurs ?

Réponse

Selon IFRS 9, le coût d'une action non cotée peut être, dans certaines circonstances limitées, une estimation appropriée de sa juste valeur. Toutefois, ces circonstances ne peuvent s'appliquer aux actions détenues par des institutions financières ou des fonds d'investissement.

Commentaires Tous les placements dans des instruments de capitaux propres doivent être évalués à la juste valeur (IFRS 9.B5.2.3).

Ainsi, la norme IFRS 9 supprime l'exception d'IAS 39.66 qui permettait de maintenir au coût les actions non cotées sur un marché actif et dont la juste valeur ne pouvait pas être déterminée de manière fiable, sauf dans certaines circonstances limitées.

1. **Possibilité de considérer, dans certains cas, le coût d'acquisition de l'action comme la meilleure estimation de sa juste valeur** Dans certaines circonstances limitées, la norme prévoit que le coût historique puisse être considéré comme une estimation appropriée de la juste valeur pour les actions non cotées (IFRS 9.B5.2.3).

Remarque Le coût n'est jamais la meilleure estimation de la juste valeur pour les actions cotées (IFRS 9.B5.2.6).

Cela peut être le cas (IFRS 9.B5.2.3) :
- si les informations récentes pour déterminer la juste valeur sont insuffisantes ; ou
- s'il existe un large éventail d'estimations possibles de la juste valeur et que le coût représente la meilleure d'entre elles.

2. **Situations dans lesquelles le maintien au coût d'une action est interdit**

a. **Cas général** La norme inclut une liste non exhaustive d'indicateurs qui permettent de déterminer les situations dans lesquelles le coût n'est pas la meilleure estimation de la juste valeur de l'action (IFRS 9.B5.2.4) :
- modification importante dans la performance de l'entreprise émettrice des actions détenues par rapport à ses budgets, plans ou jalons ;

Remarque Dans certains cas, notamment dans le cas d'une « start-up », la juste valeur de l'entité peut augmenter considérablement même si la performance de l'entreprise est conforme à ses budgets ou plans. A notre avis, dans ce cas, le coût d'acquisition de l'action ne pourra pas non plus être considéré comme la meilleure estimation de sa juste valeur.

- modifications des attentes concernant l'atteinte des jalons dans le programme de produits techniques de la société émettrice ;
- modification significative du marché des actions, des produits ou produits potentiels de l'entreprise émettrice ;
- modification significative de l'économie mondiale ou l'environnement économique dans lequel l'entreprise émettrice opère ;
- modification significative dans la performance d'entités comparables ou dans les évaluations issues du marché mondial ;
- affaires internes à l'entreprise émettrice telles que des fraudes, des litiges commerciaux ou autres, des changements de direction ou de stratégie ;
- preuve de transactions externes sur le capital de l'entreprise émettrice (par exemple, par émission de nouvelles actions ou par des transferts de titres entre parties tierces).

Remarque La liste des indicateurs donnée ci-avant n'étant pas exhaustive, l'entité détentrice des actions doit utiliser toute l'information disponible sur la performance et les opérations réalisées par l'entité émettrice des actions pour en déterminer la juste valeur (IFRS 9.B5.2.5).

b. **Cas des institutions financières et fonds d'investissements** Les circonstances dans lesquelles le coût d'acquisition peut représenter la meilleure estimation de la juste valeur sont volontairement limitées par la norme IFRS 9. L'IASB précise que cette possibilité n'est spécifiquement pas applicable aux actions (non cotées) détenues par des institutions financières ou des fonds d'investissement (IFRS 9.BC5.18).

Prêt traité comme un investissement net dans une filiale étrangère : enregistrement de l'écart de change en cas de remboursement

45565 Pour plus de précisions, voir n° 16280.

II. Reclassement d'actifs financiers

Circonstances et modalités d'un reclassement d'actifs financiers

45570 ***Question***

Quelles sont les circonstances et les modalités d'un reclassement d'actifs financiers ?

Réponse

La norme IFRS 9 impose le reclassement d'actifs financiers si, et seulement si, l'entité change de modèle de gestion pour les actifs concernés, ces changements devant être très peu fréquents en pratique.

IFRS 9 définit les critères d'appréciation permettant de savoir s'il y a (ou non) changement de modèle de gestion (« business model ») et en fournit des exemples.

Enfin, la norme précise les modalités de reclassement des actifs financiers.

Commentaires Concernant les actifs financiers, la norme impose le reclassement d'une catégorie comptable à une autre dans le cas d'un changement de modèle de gestion pour ces actifs. En conséquence, le reclassement d'actifs financiers est interdit dans tous les autres cas (IFRS 9.4.4.1).

Pour la définition du modèle de gestion, voir n° 45130.

1. **Approche générale – Critères d'appréciation d'un changement de modèle de gestion** L'IASB s'attend à ce que les changements de modèle de gestion soient des événements **très peu fréquents**, avec les caractéristiques suivantes (IFRS 9.B4.4.1) :

Décisions de l'ESMA L'ESMA a rappelé que les changements de modèle de gestion sont des événements très peu fréquents, devant répondre à toutes les caractéristiques de la norme IFRS 9 décrites ci-après (EECS/0123-10, 03/23 et EECS/0123-11, 03/23), voir n° 45580.

– **Le changement est décidé par les principaux dirigeants de l'entité** (« key management personnel ») tels que définis par la norme IAS 24, Informations relatives aux parties liées, en réaction à des évolutions externes ou internes. La décision du changement doit être approuvée par la gouvernance de l'entreprise, à travers le processus que l'entité utilise habituellement pour prendre d'autres décisions importantes. Dans de nombreux cas, cela se fera par l'intermédiaire d'un groupe collectif d'individus membres du management de l'entreprise, comme le conseil d'administration ou un comité exécutif, car l'importance du changement nécessitera une décision collective plutôt que de permettre à un individu de prendre la décision seul. Toutefois, dans certaines entités, un individu peut être chargé de prendre des décisions importantes dans le cadre du processus normal de gouvernance d'entreprise. Dans ce cas, la direction générale de l'entité pourrait être considérée comme un individu.

Pour la définition des principaux dirigeants (IAS 24.9), voir n° 60007.

– **L'impact du changement est important pour les activités de l'entité.** L'importance doit être considérée au niveau de l'entité dans son ensemble. L'évaluation du caractère significatif d'un changement est une question de jugement, pour lequel des facteurs qualitatifs et quantitatifs doivent être pris en compte.

Exemple Dans le cas d'un établissement bancaire, la gestion du capital réglementaire peut être considérée comme une activité plus critique que d'autres pour l'entité. Ainsi, un changement impliquant des montants faibles qui se rapporte au capital réglementaire pourrait être considéré comme ayant un niveau d'importance plus élevé qu'un changement impliquant des montants similaires dans une autre activité, moins critique pour l'entité.

Il est également possible qu'un changement soit jugé significatif au niveau des états financiers individuels d'une entité, mais qu'il ne le soit pas dans les états financiers consolidés du groupe auquel l'entité appartient. Cela pourrait entraîner des modèles de gestion différents dans les états financiers individuels et dans les états financiers du groupe en fonction de l'importance du changement. **45570** (suite)

– **L'entité est en mesure de prouver l'existence de ce changement, qui doit également être visible, vis-à-vis des tiers.** La communication du changement dans les états financiers de l'entité ne suffit pas à satisfaire à l'exigence de démonstration aux tiers. Les preuves contenues dans des documents tels que les procès-verbaux du conseil d'administration, qui ne sont pas accessibles aux tiers dans le cadre de l'activité normale de l'entité, ne sont pas non plus considérées comme suffisantes.

Remarque Le changement de modèle de gestion doit s'effectuer avant la date du reclassement des actifs concernés (IFRS 9.B4.4.2).

Les changements qui sont démontrables aux tiers sont donc limités. Toutefois, lorsqu'un régulateur impose la vente d'actifs, dont le modèle de gestion a pour objectif de recouvrer les flux de trésorerie contractuels (« Hold To Collect ») et qu'une annonce publique de cette modification est faite, elle sera considérée comme pouvant être démontrée aux tiers car il s'agit d'une exigence visible de l'extérieur.

Exemples Le changement est visible vis-à-vis des tiers lors de l'acquisition d'une entité, rendue publique, ou, pour un établissement de crédit, lors de l'annonce de la fermeture de son activité de prêts hypothécaires, ce qui signifie qu'un client ne peut plus obtenir de nouveau prêt hypothécaire.

En revanche, si un établissement de crédit envisageait la cession d'un portefeuille de liquidités, composé de titres d'investissement de haute qualité, afin que la banque ne soit plus exposée à sa variabilité, il est peu probable que les conditions soient remplies, car il s'agirait alors plutôt d'une décision interne qui n'aurait que peu ou pas d'impact sur les clients de la banque.

Par ailleurs, la norme précise les **circonstances qui ne sont pas considérées comme des reclassements** (IFRS 9.4.4.3) :
– un instrument financier qui était précédemment un instrument de couverture désigné et efficace dans une couverture de flux de trésorerie ou une couverture d'investissement net et qui ne peut plus être considéré comme tel ;
– un dérivé qui devient un instrument de couverture désigné et efficace dans une couverture de flux de trésorerie ou une couverture d'investissement net ;
– la modification de comptabilisation des variations de juste valeur consécutive à la désignation d'un actif financier à la juste valeur par résultat du fait de l'existence d'une couverture du risque de crédit (IFRS 9.6.7), voir n° 49240.

Enfin, à notre avis, le reclassement d'un instrument de capitaux propres, d'un actif ne répondant pas au critère de « prêt basique », d'un dérivé ou d'un actif désigné à la juste valeur par résultat est exclu des circonstances de reclassement prévues par la norme.

Pour connaître les modalités pratiques d'analyse des deux critères, voir n° 45120.

2. Exemples de changement de modèle de gestion La norme donne, à titre illustratif des critères présentés ci-avant, les deux exemples de changement de modèle de gestion suivants :
– **cas d'un regroupement d'entreprises** Une entité A détient un portefeuille de prêts commerciaux dans l'objectif de le vendre à court terme. Cette entité acquiert une autre entité B qui détient également un portefeuille de prêts commerciaux avec pour objectif d'en retirer les flux de trésorerie contractuels. Suite à cette acquisition, le portefeuille de l'entité A n'est désormais plus à vendre et va être intégré au portefeuille géré par l'entité B (IFRS 9.B4.4.1a) ;
– **cas d'une cessation d'activité** Une société de services financiers a décidé de mettre fin à son activité de prêts hypothécaires de détail. Aucune nouvelle affaire n'est acceptée dans cette activité et la société cherche activement à vendre son portefeuille (IFRS 9.B4.4.1b).

Sur ce que la norme considère comme n'étant pas un changement de modèle de gestion, voir n° 45580.

3. Modalités de reclassement d'actifs financiers Lorsque la condition du changement de modèle de gestion est satisfaite, le reclassement est alors prospectif à compter de la date de reclassement et aucun gain, perte ou intérêts comptabilisés antérieurement à cette date ne doivent être retraités (IFRS 9.5.6.1).

Remarque importante La date de reclassement est fixée au premier jour de la première période d'arrêté comptable qui suit le changement effectif de modèle de gestion ayant entraîné un

45570 (suite) reclassement d'actifs financiers (IFRS 9.A). A notre avis, il s'agit de la date de la première période intermédiaire et non pas la date de la première période annuelle.

Les modalités de reclassement d'actifs financiers d'une catégorie à l'autre, à la date du reclassement, sont synthétisées dans le tableau ci-après :

De \ Vers	Coût amorti	Juste valeur en contrepartie des autres éléments du résultat global (OCI)	Juste valeur par résultat
Coût amorti	N/A	Actif comptabilisé à sa juste valeur à la date du reclassement La différence entre le coût amorti et cette juste valeur est comptabilisée en OCI [(1)] (IFRS 9.5.6.4 et .IE111)	Actif comptabilisé à la juste valeur à la date de reclassement La différence entre le coût amorti et cette juste valeur est comptabilisée en résultat (IFRS 9.5.6.2 et .IE109)
Juste valeur en contrepartie des autres éléments du résultat global (OCI)	Actif comptabilisé à sa juste valeur à la date du reclassement [(1) (2)] Les gains ou pertes antérieurement comptabilisés en OCI et cumulés en capitaux propres sont exclus des OCI et portés en ajustement de la juste valeur de l'actif à la date du reclassement La correction de valeur pour pertes de crédit attendues comptabilisée dans les OCI (IFRS 9.5.5.2) est transférée à l'actif en réduction de la valeur comptable de l'actif reclassé (IFRS 9.5.6.5 et .IE112)	N/A	Poursuite de la comptabilisation de l'actif à la juste valeur Reclassement en résultat des gains ou pertes antérieurement comptabilisés en OCI et cumulés en capitaux propres [(3)] (IFRS 9.5.6.7 et .IE114)
Juste valeur par résultat	Actif comptabilisé à sa juste valeur à la date du reclassement [(4)] Une dépréciation est comptabilisée en résultat (IFRS 9.5.6.3 et .IE110)	Poursuite de la comptabilisation de l'actif à la juste valeur [(4)] Une dépréciation est comptabilisée en résultat en contrepartie des OCI (IFRS 9.5.6.6 et .IE113)	N/A

(1) Le TIE et les pertes de crédit attendues ne sont pas ajustés à la suite du reclassement (IFRS 9.B5.6.1).
(2) Toutefois, les gains ou pertes cumulés comptabilisés précédemment en autres éléments du résultat global (OCI recyclables) sont annulés et réintégrés dans la valeur comptable de l'actif à la date de reclassement. L'actif financier est ainsi évalué, à la date du reclassement, comme s'il avait toujours été comptabilisé au coût amorti.
(3) Ce reclassement des autres éléments du résultat global (OCI) en résultat est traité comme un ajustement de reclassement au titre d'IAS 1 (ou « recyclage en résultat »), voir nº 53973.
(4) Le TIE est déterminé sur la base de la juste valeur à la date du reclassement. Cette date est considérée comme la date de comptabilisation initiale pour la détermination des dépréciations (IFRS 9.B5.6.2).

Recommandations de l'AMF Dans ses recommandations en vue de l'arrêté des comptes 2022, dans le cas où les dispositions prévues par la norme sont remplies et que l'entreprise procède à un reclassement d'actifs financiers, l'AMF rappelle de fournir dans l'annexe des états financiers les informations demandées par IFRS 7 (date de reclassement, explication détaillée du changement de modèle économique ainsi que ses impacts, montants reclassés depuis et vers chaque catégorie, etc. ; voir nº 52520) (Rec. AMF 2022-06, Arrêté des Comptes 2022, § 4.4.1).

Situations ne constituant pas un changement de modèle de gestion (« business model »)

45580

Question

Qu'est-ce qui n'est pas considéré comme un changement de modèle de gestion (« business model ») ?

Réponse

A titre illustratif, la norme IFRS 9 donne des exemples de situations ne constituant pas des changements de modèle de gestion (« business model ») :
– un changement d'intention des dirigeants de l'entité concernant certains actifs financiers particuliers (y compris en cas de modifications importantes des conditions de marché) ;
– la disparition temporaire d'un marché particulier pour certains actifs financiers ;
– le transfert d'actifs financiers d'un département à un autre d'une même entité (ces départements ayant des « business models » différents).

Commentaires Concernant les actifs financiers, la norme impose le reclassement d'une catégorie comptable à une autre dans le cas du changement de modèle de gestion (« business model ») pour ces actifs. En conséquence, le reclassement d'actifs financiers est interdit dans tous les autres cas (IFRS 9.4.4.1).

Rappelons que le changement de modèle de gestion est considéré par la norme comme étant un événement très peu fréquent (IFRS 9.B4.4.1) et que cette dernière a défini un certain nombre de critères généraux permettant d'apprécier s'il existe ou non un changement de modèle de gestion (voir nº 45570).

A titre illustratif d'une absence de changement de modèle de gestion, la norme donne les différents exemples suivants (IFRS 9.B4.4.3) :
– un **changement d'intention** des dirigeants de l'entité concernant certains **actifs financiers particuliers** (y compris en cas de modifications importantes des conditions de marché) ;
– la **disparition temporaire d'un marché particulier** pour certains actifs financiers ;
– le **transfert d'actifs financiers d'un département à un autre** d'une même entité (ces départements ayant des modèles de gestion différents).

Recommandations de l'AMF Dans ses recommandations en vue de l'arrêté des comptes 2022, l'AMF rappelle que ces dispositions sur les reclassements d'actifs financiers s'appliquent même dans un contexte économique de changement important des conditions de marché (Rec. AMF 2022-06, Arrêté des Comptes 2022, § 4.4.1).

Décisions de l'ESMA L'ESMA s'est prononcé sur le cas d'un établissement bancaire dont les capitaux propres sont soumis à une volatilité plus importante, en particulier à la suite de la cession d'une filiale entraînant la perte de contrôle et de revenus réguliers ; la banque choisit alors de conserver jusqu'à leur échéance des actifs financiers qui appartenaient à un portefeuille « Hold To Collect and Sell »/HTCS et de les reclasser en conséquence. L'ESMA a jugé que le changement de modèle de gestion des actifs financiers concernés n'est pas démontrable aux tiers, car il ne découle pas directement de la cession de la filiale, mais provient essentiellement de la nécessité pour l'entité de faire face aux exigences réglementaires et économiques portant sur son capital disponible. Il ne s'agit que d'un changement d'intention des dirigeants de l'entité concernant ces actifs financiers particuliers et non pas d'un changement de modèle de gestion (EECS/0123-10, 03/23).

L'ESMA s'est également prononcé sur le cas d'un établissement bancaire dont le besoin de liquidité disponible a considérablement diminué à la suite d'un programme de restructuration interne (changement de gouvernance, réduction des dépenses, etc.) ; la banque décide alors de conserver jusqu'à maturité les actifs financiers qui appartenaient à un portefeuille initialement classé en « Hold To Collect and Sell »/HTCS et de les reclasser en conséquence. Au cas d'espèce, l'ESMA a considéré que les changements effectués n'affectaient pas significativement les activités de l'entité et n'étaient pas démontrables aux tiers (EECS/0123-11, 03/23).

III. Modification et renégociation des actifs financiers

45600 Pour la terminologie utilisée pour désigner des changements intervenus pour un instrument financier, voir nº 46160.

Modification de prêt : analyse et traitement comptable dans les comptes du prêteur

45620 ***Question***

Lorsqu'un prêt fait l'objet d'une modification contractuelle, comment en déterminer le traitement comptable applicable ?

Réponse

En l'absence de précision de la norme sur ce sujet, il est à notre avis cohérent d'appliquer aux actifs financiers un principe similaire à celui appliqué aux dettes.

En application de ce principe :

– lorsque la modification est estimée substantielle, le prêt modifié est décomptabilisé et un nouveau prêt doit être comptabilisé à sa juste valeur avec un nouveau taux d'intérêt effectif ;

– lorsque la modification est estimée non substantielle, selon l'approche générale, la valeur nette comptable du prêt est ajustée pour refléter la valeur des flux de trésorerie modifiés actualisés au taux d'intérêt effectif d'origine ;

– lorsque la modification est analysée comme non substantielle mais qu'elle est assimilée à un mécanisme quasi automatique d'ajustement du taux d'intérêt effectif au taux de marché, le prêt est maintenu à sa valeur nette comptable et le taux d'intérêt effectif est révisé prospectivement.

En pratique, l'analyse sera différente selon que le prêt modifié contient ou non une option de remboursement anticipé sans pénalité ou avec une pénalité non significative. Ainsi :

– en cas de modification de prêt avec option de remboursement anticipé nulle ou faible, l'entité peut appliquer au choix soit la décomptabilisation du prêt, soit un ajustement prospectif du TIE ;

– en cas de modification de prêt sans option de remboursement anticipé ou avec une option de remboursement anticipé à la juste valeur, une analyse du caractère substantiel de la modification devra être faite sur la base d'un test quantitatif éventuellement complété d'une analyse qualitative.

Commentaires :

1. Contexte Lorsque des événements conduisent à modifier les caractéristiques d'un actif financier, il convient de déterminer si l'actif doit être décomptabilisé (en tout ou partie). Il s'agit ainsi de répondre à la question posée dans l'étape 3 de l'arbre de décomptabilisation (voir nº 48060), à savoir si la modification de l'instrument entraîne une expiration des droits contractuels aux flux de trésorerie liés à l'actif (IFRS 9.3.2.3a).

La modification d'un actif financier a également des impacts sur l'application du modèle de dépréciation d'IFRS 9. Pour plus de détails sur ce point, voir nº 47810.

2. Analyse de décomptabilisation Selon IFRS 9, une dette est décomptabilisée lorsqu'il y a modification substantielle de ses modalités contractuelles, l'opération étant alors traitée comme une extinction de dette (voir nº 47810). En revanche, la norme n'inclut pas de disposition similaire pour l'extinction d'un actif financier.

Comme cela a été confirmé par l'IFRS IC, déterminer si la modification d'un actif financier entraîne une expiration des droits contractuels sur les flux de trésorerie de l'actif est affaire de jugement et il est possible d'appliquer aux actifs financiers un principe similaire à celui appliqué aux dettes. En conséquence, des modifications substantielles des flux de trésorerie d'origine de l'actif pourraient être assimilables à une extinction de ces flux, conduisant ainsi à la décomptabilisation de l'actif d'origine et à la comptabilisation d'un nouvel actif sur la base de ses nouvelles modalités.

Cette question de l'extinction d'un actif a été discutée à l'IFRS IC à la suite de la restructuration de la dette grecque (IFRIC Update 05/12 et 07/12). Ce sujet a de nouveau été discuté à l'IFRS IC lors des réunions de mars et mai 2016 (IFRIC Update 03/16 et 05/16).

Sur la transposition aux actifs financiers des modalités d'analyse d'une modification substantielle, voir nº 46170 s.

En appliquant les principes similaires aux modifications de dette, l'analyse d'une modification de prêt peut être synthétisée selon le schéma suivant, établi par nos soins :

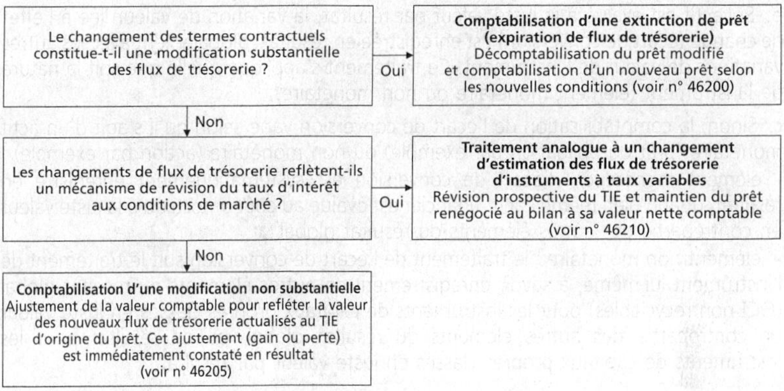

3. Analyse pratique A notre avis, le facteur déterminant du caractère substantiel de la modification dépend de la présence ou non d'une option de remboursement anticipé à pénalité faible ou nulle comme détaillé ci-après.

a. Cas de modification de prêts avec option de remboursement anticipé sans pénalité ou avec une pénalité non significative A notre avis, la présence d'une option de remboursement anticipé sans pénalité ou avec une pénalité faible peut s'interpréter comme une remise aux conditions de marché, notamment en cas de baisse des taux.

En effet, dans le contexte bancaire très concurrentiel français, les banques acceptent en général la renégociation de ces prêts pour éviter un départ de la clientèle à la concurrence. Cela justifie, à notre avis, que la renégociation puisse être analysée en substance selon deux approches :
- la renégociation est assimilée à un mécanisme d'ajustement quasi automatique du taux d'intérêt au taux de marché en cas de baisse des taux : le taux d'intérêt effectif sera dans ce cas modifié de façon prospective ;
- la renégociation est analysée comme l'exercice de l'option de remboursement anticipé prévue au contrat : décomptabilisation systématique du prêt car l'exercice de l'option de remboursement anticipé conduit à l'extinction des flux sur le prêt remboursé et à la comptabilisation du nouveau crédit pour sa juste valeur. La pénalité n'étant pas significative, la juste valeur correspondra au capital restant dû du prêt.

Le choix de méthode retenu par l'entité doit être appliqué de façon constante et homogène.

b. Cas de modification de prêts sans option de remboursement anticipé ou avec option de remboursement anticipé à la juste valeur Dans ce cas, en application des dispositions relatives aux modifications de dettes, l'analyse du caractère substantiel repose sur un test quantitatif qui doit être complété d'un test qualitatif lorsque le résultat du test quantitatif ressort à moins de 10 %.

Pour plus d'informations sur l'analyse du caractère substantiel, voir nº 46170 s.

Réforme des taux de référence

Pour la modification des actifs financiers dans le cadre de la réforme des taux de référence, voir nº 46266 s. **45630**

IV. Cas particuliers

Traitement comptable à la clôture des instruments libellés en devise

Question **45660**

Comment évaluer et enregistrer les actifs financiers libellés en devises lors d'un arrêté de comptes ?

45660 (suite)

Réponse

Selon les modalités suivantes :

a. Tous les actifs financiers sont convertis au cours comptant (« spot ») de clôture.

b. Si l'actif est évalué à la juste valeur par résultat, la variation de valeur liée à l'effet de change (écart de conversion) est enregistrée en résultat, globalement avec les autres variations de valeur de l'instrument. Ce traitement s'applique quelle que soit la nature de l'instrument (élément monétaire ou non monétaire).

c. Sinon, la comptabilisation de l'écart de conversion varie selon qu'il s'agit d'un actif monétaire (prêt ou obligation par exemple) ou non monétaire (action par exemple) :
– élément monétaire : l'écart de conversion est systématiquement enregistré en résultat, quand bien même l'actif financier est évalué au coût amorti ou à la juste valeur en contrepartie des autres éléments du résultat global ;
– élément non monétaire : le traitement de l'écart de conversion suit le traitement de l'instrument lui-même, à savoir enregistrement en autres éléments du résultat global (OCI non recyclables) pour les instruments de capitaux propres classés en juste valeur en contrepartie des autres éléments du résultat global, ou en résultat pour les instruments de capitaux propres classés en juste valeur par résultat.

Commentaires

Principes généraux de conversion La norme IAS 21 précise, selon les caractéristiques des instruments concernés, les cours de change à retenir et le traitement comptable de l'écart en résultant.

1. Cours de change à retenir :

Pour la distinction entre un élément monétaire et un élément non monétaire, voir nº 13108.

– les éléments monétaires (obligation, par exemple) sont convertis au cours de clôture (IAS 21.23a) ;
– les éléments non monétaires (action détenue, par exemple) évalués à la juste valeur sont convertis au cours du jour de détermination de la juste valeur (IAS 21.23c).

Seuls les éléments non monétaires maintenus à leur coût historique restent convertis au cours historique de change (IAS 21.23b). Sous IAS 39, étaient concernées certaines actions non cotées sur un marché actif et dont la juste valeur ne pouvait être déterminée de manière fiable. La norme IFRS 9 supprime l'exception de la norme IAS 39 qui permettait de maintenir au coût ces actions (voir nº 45560).
Ainsi en pratique, tous les actifs financiers sont convertis au cours comptant (« spot ») de clôture.

2. **Traitement comptable de l'écart de conversion** Le traitement diffère selon le caractère monétaire ou non monétaire de l'élément concerné :
– dans le cas d'**éléments monétaires,** cet écart est enregistré en résultat (IAS 21.28), même si l'actif financier en question est évalué au coût amorti ou à la juste valeur en contrepartie des autres éléments du résultat global ;

Sauf si l'élément monétaire est désigné comme instrument de couverture du risque de change dans une relation de couverture de flux de trésorerie ou d'un investissement net à l'étranger (voir nº 49630).

– dans le cas d'**éléments non monétaires,** le traitement de l'écart de conversion suit le traitement du gain ou de la perte constatée sur l'instrument concerné (IAS 21.30). Ainsi, si l'instrument de capitaux propres est évalué à la juste valeur en contrepartie des autres éléments du résultat global (OCI non recyclables), l'écart de conversion relatif aux gains ou pertes sur cet instrument est présenté dans les OCI (IFRS 9.5.7.1b).

■ ***Exemple 1***

Action en devise évaluée à la juste valeur en contrepartie des autres éléments du résultat global (JVOCI) *Acquisition d'une action en devise D ayant les caractéristiques suivantes : cours en devises (50 D) ; cours de la devise à la date d'acquisition : 1 D = 1 €.*
A la date d'arrêté suivant, le cours de la devise s'établit à 1 D = 1,2 €. Le cours de bourse du titre vaut 60 D, soit 72 € (60 × 1,2). La variation de valeur totale du titre en € sur la période s'élève à 22 (72 – 50).
L'enregistrement comptable est le suivant (en €) :
– Lors de l'acquisition de l'action :

Dt	*Actifs financiers évalués en JVOCI*	*50*	
Ct	*Trésorerie*		*50*

- *A l'arrêté suivant :* 45660 (suite)

Dt	*Actifs financiers évalués en JVOCI*	*22*	
Ct	*Autres éléments du résultat global (OCI)*		*22*

■ *Exemple 2*

Obligation en devise évaluée au coût amorti *Acquisition d'une obligation en devise D ayant les caractéristiques suivantes : valeur nominale : 100 D ; zéro coupon (intérêts 5 % payables à l'échéance dans 5 ans) ; valeur de remboursement : 125 D dans 5 ans.*

Par simplification, on suppose en effet que l'amortissement de la prime de remboursement est linéaire (5 par an).

La devise D vaut 1 € lors de l'acquisition du titre et 1,2 € à la fin de la première année avec un cours moyen s'établissant à 1,1 €. Le coût amorti de l'obligation à la fin de la première année s'établit donc à 105 D (100 + 5), soit 126 € (105 × 1,2).
L'enregistrement comptable est le suivant (en €) :
- Lors de l'acquisition de l'obligation :

Dt	*Actifs financiers évalués au coût amorti* [(1)]	*100*	
Ct	*Trésorerie*		*100*
(1) 100 D × 1 € = 100.			

- A la clôture annuelle suivante :

Dt	*Actifs financiers évalués au coût amorti*	*26*	
Ct	*Amortissement de la prime de remboursement (produit d'intérêt)* [(1)]		*5,5*
Ct	*Gain de change* [(2)]		*20,5*
(1) 5 × 1,1 € (cours moyen) = 5,5. *(2) 100 × (1,2 − 1) + 5 (1,2 − 1,1) = 20,5.*			

■ *Exemple 3*

Obligation en devise évaluée en JVOCI *Mêmes données que dans l'exemple 2, mais l'obligation est cette fois-ci classée en actifs financiers évalués à la juste valeur en contrepartie des autres éléments du résultat global (JVOCI).*
A la date d'arrêté, le cours de change de la devise D vaut 1,2. Le cours de bourse en devise de l'obligation vaut 110 D (soit 132 €). Son coût amorti s'établit toujours à 105 D (soit 126 €).
L'enregistrement comptable est le suivant (en €) :
- Lors de l'acquisition de l'obligation :

Dt	*Actifs financiers évalués en JVOCI*	*100*	
Ct	*Trésorerie*		*100*

- A la clôture annuelle suivante :

Dt	*Actifs financiers évalués en JVOCI*	*32*	
Ct	*Réserve de réévaluation (capitaux propres recyclables)* [(1)]		*6*
Ct	*Amortissement de la prime d'émission (produit d'intérêt)* [(2)]		*5,5*
Ct	*Gain de change* [(3)]		*20,5*
(1) 132 − 126 = 6. *(2) 5 × 1,1 € (cours moyen) = 5,5.* *(3) 100 × (1,2 − 1) + 5 × (1,2 − 1,1) = 20,5.*			

CHAPITRE 38

Classement et évaluation des passifs financiers (IFRS 9)

Plan du chapitre §§ 46000

L'ESSENTIEL DE LA NORME IFRS 9 (CLASSEMENT ET EVALUATION DES PASSIFS FINANCIERS)

1. Nature et caractéristiques des passifs financiers

46020 Une entité doit comptabiliser un passif financier uniquement lorsqu'elle devient partie au contrat (IFRS 9.3.1.1).

Un **passif financier** est une obligation contractuelle (IAS 32.11) :
- de remettre à une autre entité de la trésorerie ou d'autres actifs financiers ; ou
- d'échanger des instruments financiers avec une autre entité dans des conditions qui sont potentiellement défavorables.

Pour plus de précisions sur la définition de passif financier, voir n° 44170.

Les passifs financiers sont évalués et comptabilisés selon les dispositions de la norme IFRS 9. En outre, des informations en annexe sont requises sur ces instruments par la norme IFRS 7.

2. Evaluation et comptabilisation

46030 Les passifs financiers sont comptabilisés au coût amorti sauf exceptions, ou à la juste valeur par résultat (IFRS 9.4.2.1).

Pour plus de précisions sur les catégories d'évaluation et les modalités d'évaluation des passifs financiers, voir n° 46050.

Les passifs évalués à la juste valeur par résultat sont :
- les passifs désignés sur option (soumis à conditions) ; ou

Pour plus de précisions sur l'application de l'option juste valeur à une dette, voir n° 46060.

- les passifs détenus à des fins de transaction ; ou

Pour plus de précisions sur les passifs assumés à des fins de transaction (« trading liabilities »), voir n° 46055.

– des dérivés passifs (à l'exception des dérivés passifs qui sont des contrats de garantie financière ou des instruments de couverture).

Pour le traitement comptable des dérivés, voir nº 48580.

Les passifs financiers sont évalués selon leur classement dans les catégories mentionnées ci-avant :
– soit au coût amorti ;

Pour plus de précisions sur les bases d'évaluation au coût amorti, voir nº 46750 s.

– soit à la juste valeur.

Pour plus de précisions sur les bases d'évaluation à la juste valeur, voir nº 46630 s.

Pour les passifs financiers désignés en juste valeur par résultat (sauf engagements de prêts et contrats de garanties financières), les variations de juste valeur sont comptabilisées en résultat net, à l'exception de celles attribuables aux variations du risque de crédit propre de l'émetteur. Celles-ci sont comptabilisées en autres éléments du résultat global (OCI) (IFRS 9.5.7.7), voir nº 46060 s.

QUESTIONS/REPONSES PRATIQUES

Remarque importante

Les réponses aux questions présentées ci-après résultent de l'analyse des dispositions de la norme IFRS 9, Instruments financiers, en vigueur actuellement, sur la base des informations disponibles au 1er juin 2023 (voir nº 44100). 46040

SECTION I

Généralités

Catégories de passifs financiers et modalités d'évaluation

Question 46050

Quelles sont les différentes catégories de passifs financiers (ou dettes) et leurs modalités d'évaluation ?

Réponse

En IFRS, les modalités d'évaluation déterminent les catégories de passifs financiers :
– passifs financiers évalués au coût amorti (règle générale) ; ou
– passifs financiers évalués à la juste valeur par résultat.

Toutefois, des règles spécifiques s'appliquent dans des cas particuliers (passifs financiers résultant d'opérations de cessions d'actifs, certaines garanties financières, certains engagements de prêter ainsi que les passifs désignés comme instruments de couverture).

Le reclassement d'une catégorie à une autre n'est pas autorisé.

Commentaires Les catégories de passifs financiers (ou dettes) sont définies en fonction de leur modalité d'évaluation.

La règle générale est l'évaluation des passifs financiers au **coût amorti, à l'exception** (IFRS 9.5.3.1, .4.2.1 et .4.2.2) :

Sur la notion de coût amorti, voir nº 46750.

a. d'une part, des **passifs évalués à la juste valeur par résultat** (« fair value through profit or loss ») qui comprennent :
- les passifs assumés à des fins de transaction (« trading liabilities ») (voir nº 46055) ;
- les passifs évalués selon l'option juste valeur (voir nº 46060) ;

b. et, d'autre part, d'un certain nombre de **cas particuliers** qui suivent **des règles spécifiques.** Tel est le cas :
- d'un passif financier qui survient lorsqu'un transfert d'actif financier ne répond pas aux conditions de décomptabilisation ou lorsque la situation de maintien d'implication (« continuing involvement ») s'applique (voir nº 48235) ;
- d'un contrat de garantie financière tel que défini par IFRS 9.A (voir nº 46280 s.) ;
- d'un engagement de fournir un prêt (« loan commitment ») à un taux d'intérêt inférieur au marché (voir nº 45350) ;
- d'un passif financier comptabilisé à la juste valeur par résultat par un acquéreur au titre d'un ajustement éventuel de prix dans le cadre d'un regroupement d'entreprises auquel IFRS 3 s'applique ;
- d'un passif financier (produit dérivé ou autres) désigné comme instrument de couverture (voir nº 50070 s. sous IAS 39 / nº 49190 s. sous IFRS 9) ou comme élément couvert dans une relation de couverture de variation de prix (« fair value hedge », voir nº 50205 sous IAS 39 / nº 49330 sous IFRS 9).

Concernant les passifs financiers, le reclassement entre catégories n'est pas autorisé (IFRS 9.4.4.2).

Passifs assumés à des fins de transaction (« trading liabilities »)

46055 ***Question***

Qu'est-ce qu'un passif assumé à des fins de transaction ?

Réponse

Il s'agit :
- soit d'un passif assumé principalement en vue d'être racheté à court terme ;
- soit d'un passif faisant partie d'un portefeuille d'instruments financiers gérés ensemble et qui présentent des indications d'un profil récent de prise de profits à court terme ;
- soit d'un dérivé passif (non qualifié de couverture).

Commentaires La définition d'un passif assumé à des fins de transaction (« held for trading ») ci-dessus est donnée par IFRS 9.A. La norme IFRS 9 en fournit les exemples suivants (IFRS 9.BA.7) :
- les dettes liées à des **ventes à découvert** d'actifs financiers ;

  Sur le traitement comptable des ventes à découvert de titres, voir nº 46105.

- les dettes financières encourues avec l'intention de les racheter à court terme (par exemple, une dette cotée que l'émetteur pourrait racheter à court terme selon ses variations de valeur) ;
- les dettes financières qui font partie d'un portefeuille d'instruments financiers gérés en commun et pour lequel il y a des indications d'un rythme effectif récent de prise de bénéfice à court terme ;
- les instruments dérivés (passifs) sauf lorsqu'ils sont désignés en couverture.

  Remarque Sont également exclus des passifs assumés à des fins de transaction les dérivés passifs qui répondent à la définition d'une garantie financière (IFRS 9.A ; voir nº 46280) et ceux dont le sous-jacent est un instrument de capitaux propres non coté sur un marché actif et dont la juste valeur ne peut être déterminée de manière fiable (IFRS 9.B5.2.3).

La norme précise que le fait qu'un passif soit utilisé pour le refinancement d'une activité de « trading » n'est pas suffisant pour permettre son classement parmi les passifs détenus à des fins de transaction (IFRS 9.BA.8).

Application de l'option juste valeur à une dette

46060 ***Question***

Quand peut-on appliquer l'option juste valeur à une dette et quelles en sont les conséquences ?

46060 (suite)

Réponse

L'option juste valeur peut être appliquée dans les cas suivants :
- lorsque la dette contient un ou plusieurs dérivés incorporés (instrument hybride) ;
- pour réduire une distorsion de traitement comptable entre cette dette et un (ou plusieurs) autre(s) instrument(s) (dérivés ou actifs financiers) ;
- lorsque la dette fait partie d'un groupe de passifs et/ou d'actifs dont la gestion et le suivi de la performance se font à la juste valeur.

L'évaluation à la juste valeur par résultat est toutefois obligatoire dans le cas d'une dette hybride pour laquelle l'émetteur n'est pas en mesure d'évaluer de manière distincte le (les) dérivé(s) incorporé(s).

L'application de l'option juste valeur entraîne certaines contraintes dont notamment l'obligation :
- d'appliquer l'option dès la comptabilisation initiale de la dette et jusqu'à son extinction ou son transfert, l'option étant irrévocable ; et
- de présenter en autres éléments du résultat global (OCI) la variation de juste valeur attribuable à la variation du risque de crédit propre de l'émetteur relatif à cet instrument (par simplification risque de crédit émetteur) ; et
- de publier une information quantitative sur le risque de crédit émetteur.

Commentaires :

1. **Rappel** La norme IFRS 9 permet dans certains cas et sous certaines conditions d'évaluer à la juste valeur par résultat un actif ou un passif financier (IFRS 9.4.2.2, .4.3.5 et .B4.1.27 à .B4.1.36).

Pour une présentation générale de l'option juste valeur, voir n° 46680.

Pour les passifs financiers, la norme requiert la présentation de la variation de juste valeur attribuable à la variation du risque de crédit émetteur en autres éléments du résultat global (OCI) (IFRS 9.5.7.7). Toutefois, ce traitement comptable n'est possible que dans la mesure où il ne contribue pas à créer ou aggraver un « mismatch » comptable (IFRS 9.5.7.8).

Pour l'exception à la présentation en autres éléments du résultat global (OCI) des variations de juste valeur attribuables au risque de crédit propre, voir n° 46065.

Définition du risque de crédit émetteur Il s'agit du risque de crédit relatif à l'instrument de dette concerné (selon ses caractéristiques, par exemple subordonné ou non) et non pas du risque de crédit propre de l'entreprise émettrice prise dans son ensemble (IFRS 9.B5.7.13).

■ *Exemple*

En début d'exercice N, une entité émet une dette de 1 000, remboursable fin N+2, porteuse d'un taux d'intérêt de 6 % (payable chaque fin d'année). A la date d'émission, le taux d'intérêt sans risque est de 5 %. Le spread émetteur est déterminé par différence entre le taux d'intérêt de la dette et le taux sans risque : il s'établit à 1 % (100 pb).

Fin N, le taux d'intérêt sans risque s'établit à 4 %. La situation financière de l'entité s'est par ailleurs dégradée conduisant à un spread de crédit de 1,5 % (soit 150 pb).

Solution de l'exemple *La juste valeur de la dette à la fin de l'exercice N se calcule de la manière suivante :*

$$1\,009 = \frac{60}{(1 + (4\,\% + 1,5\,\%))} + \frac{1\,060}{(1 + (4\,\% + 1,5\,\%))^2}$$

L'impact lié au risque de crédit propre peut être déterminé par différence entre :
- *la juste valeur globale de la dette ; et*
- *la valeur des flux de trésorerie restant à payer sur la dette actualisée aux conditions de taux sans risque de fin d'exercice N augmenté du spread émetteur initial.*

Pour plus de détails sur la méthode de calcul du risque de crédit propre, voir n° 46130.

Ainsi, la valeur des cash-flows restant à payer fin N, actualisée à 5 % (4 % + 100 pb) s'établit à 1 019, déterminée comme suit :

$$1\,019 = \frac{60}{(1 + 5\,\%)} + \frac{1\,060}{(1 + 5\,\%)^2}$$

L'impact dû (gain) à la détérioration du spread de crédit : 1 009 – 1 019 = –10.

Si la dette est évaluée, sur option, à la juste valeur par résultat, les écritures sont les suivantes (comptabilisation de la plus-value liée à la variation de valeur de la dette) :

Dt	*Perte sur passif évalué à la juste valeur par résultat*	*19*	
Ct	*Dette*		*19*
Dt	*Dette*	*10*	
Ct	*OCI (gain au titre du risque de crédit propre)*		*10*

2. Conditions d'application de l'option juste valeur aux dettes IFRS 9 soumet l'application de l'option aux principales conditions suivantes (pas de changement par rapport aux conditions sous IAS 39) :

a. Restriction de l'application possible de l'option juste valeur aux cas suivants :

- lorsque la dette contient un ou plusieurs **dérivés incorporés** (instrument hybride) (IFRS 9.4.3.5) ;

Par exemple, lorsqu'une entité émet une dette indexée sur un indice boursier, sur les cours d'une matière première ou sur son EBITDA (sur ce dernier point, voir n° 48680).
Pour ce cas d'application de l'option juste valeur, voir n° 48705.
Sur la notion d'instrument hybride, voir n° 48635.

- pour réduire une **distorsion de traitement comptable** entre cette dette et un (ou plusieurs) autre(s) instrument(s) (dérivés ou actifs financiers) (IFRS 9.4.2.2a et .B4.1.29 à .B4.1.32) ;

Par exemple, lorsque la dette vient en refinancement d'actifs financiers évalués à la juste valeur, tels que des titres évalués à la juste valeur en contrepartie des autres éléments du résultat global. Dans ce cas, le fait d'appliquer l'option juste valeur à la fois aux titres détenus en portefeuille et à la dette correspondante permet de résoudre le problème du « mismatch » comptable (IFRS 9.B4.1.29).
Il en est de même lorsque la dette fait l'objet d'une couverture non reconnue sur le plan comptable. Le fait d'évaluer à la juste valeur par résultat à la fois la dette couverte et le (ou les) dérivé(s) de couverture permet de compenser dans le résultat les variations de valeur opérant en sens inverse de la dette et du (ou des) dérivé(s). Pour les précautions à prendre et les inconvénients liés à cette approche, voir n° 48705.

- lorsque la dette fait partie d'un **groupe de passifs** et/ou d'actifs dont la gestion et le suivi de la performance se font en juste valeur (IFRS 9.4.2.2b et .B4.1.33 à .B4.1.36).

Par exemple, lorsque l'entité (une banque, en général) émet des produits structurés contenant plusieurs dérivés et dont le risque est géré globalement en juste valeur en utilisant à la fois des instruments financiers classiques et des produits dérivés (IFRS 9.B4.1.34).
Pour ce cas d'application de l'option juste valeur, voir n° 46730.

Par ailleurs, les entités doivent également respecter les autres conditions générales d'application de l'option, dont notamment le fait de l'appliquer dès l'émission de la dette et jusqu'à son extinction ou son rachat (voir n° 46690).

b. Information sur le risque de crédit en annexe Voir n° 52275 et 52280.

3. Cas où l'application de l'option juste valeur est obligatoire L'application de l'option est obligatoire dans le cas d'une dette hybride pour laquelle l'émetteur ne serait pas en mesure d'évaluer de manière distincte le (ou les) dérivé(s) incorporé(s), ni directement ni par différence (IFRS 9.4.3.6 et .4.3.7).

Exception à la présentation en OCI des variations de juste valeur attribuables au risque de crédit propre

46065 ***Question***

Dans quel cas les variations de juste valeur attribuables au risque de crédit propre de l'émetteur relatif à un passif (par simplification risque de crédit émetteur) désigné, sur option, à la juste valeur par résultat ne sont pas présentées en OCI ?

Réponse

Lorsque ce traitement pourrait créer ou aggraver un « mismatch » comptable. Toutes les variations de juste valeur du passif sont alors présentées au compte de résultat.

Commentaires :

1. Rappel Sous IAS 39, les variations de juste valeur imputables au risque de crédit émetteur des passifs financiers désignés à la juste valeur par résultat sur option étaient comptabilisées en résultat, sans distinction des autres variations de juste valeur.

Ce traitement comptable avait soulevé deux critiques principales (IFRS 9.BCZ5.30) :

- tout d'abord, il est contre-intuitif et trompeur de comptabiliser un montant de dette plus faible quand une entité est en difficultés financières... justement parce que ses dettes sont trop élevées (cas notamment des entreprises industrielles et commerciales) ;
- ensuite, il est très difficile d'expliquer aux utilisateurs des états financiers que l'entité comptabilise un profit alors même que sa santé financière se dégrade.

Sur ce point, voir également n° 46060.

En guise de solution, il avait été question d'exclure ce gain de la juste valeur ultérieure de l'instrument. A cela, l'IASB avait répondu par la négative. Si l'émetteur est en continuité d'exploitation (IFRS 9.BCZ5.31) :
- il peut matérialiser ce gain en renégociant ou en rachetant sa dette, ou encore via l'utilisation d'un dérivé de crédit ;
- l'évolution du risque de crédit propre affecte les paramètres observables du prix de marché de la dette et donc sa juste valeur ;
- du point de vue de l'investisseur, la perte de juste valeur n'est pas contestable ;
- il est difficile, sur un plan pratique, d'exclure du prix de marché de la dette la part revenant à la variation du « spread » de crédit ; et enfin
- lorsque la dette a été comptabilisée pour la première fois, sa juste valeur initiale tenait bien compte du « spread » de crédit de l'émetteur. Pourquoi alors ne plus en tenir compte par la suite ?

Néanmoins, pour répondre aux préoccupations constantes et généralisées des utilisateurs, l'IASB a proposé deux approches dans le cadre de l'élaboration de la norme IFRS 9 :
- comptabilisation en autres éléments du résultat global ; ou
- approche alternative : comptabilisation en autres éléments du résultat global ou en résultat en cas de création ou d'aggravation d'un « mismatch » comptable.

Nombreux répondants ont fait un retour favorable à cette dernière.

2. **Présentation générale** La norme IFRS 9 requiert, pour les seuls passifs financiers désignés à la juste valeur par résultat sur option, la présentation de la variation de juste valeur attribuable au risque de crédit propre à l'entité en autres éléments du résultat global (IFRS 9.5.7.7), sauf si ce traitement risque de créer ou d'aggraver un « mismatch » comptable (IFRS 9.BC5.37).

Pour l'application de l'option juste valeur à une dette, voir nº 46060.

3. **Cas de création ou d'aggravation de « mismatch » comptable** Bien que ces cas soient rares selon l'IASB, l'entité doit évaluer la possibilité que des variations de juste valeur attribuables au risque de crédit du passif financier soient compensées par les variations de juste valeur d'un autre instrument financier. Une telle situation n'arriverait pas par coïncidence et serait contractuelle dans la plupart des cas (IFRS 9.BC5.39 à .BC5.41).

Par souci de transparence, l'entité doit fournir des informations en annexe relatives à la méthodologie adoptée pour évaluer l'existence éventuelle de tels cas **d'incohérence de traitement comptable** « accounting mismatch » (IFRS 9.BC5.42), voir nº 52275 et 52280.

En cas de création ou d'aggravation d'incohérence de traitement comptable « accounting mismatch », l'entité doit alors présenter toutes les variations de juste valeur du passif concerné, y compris celles attribuables à son propre risque de crédit, en résultat (IFRS 9.5.7.8).

SECTION II

Comptabilisation initiale des passifs financiers

A. Cas général

Date de comptabilisation d'un passif financier

Question 46070

Quand doit-on comptabiliser un passif financier ?

Réponse

Lorsque l'entité devient partie aux dispositions contractuelles du passif financier.

Commentaires Une entité doit comptabiliser un passif financier dans son bilan lorsque, et seulement lorsque, elle devient partie aux dispositions contractuelles de l'instrument (IFRS 9.3.1.1).

Sur la notion de « contrat » et d'« engagement contractuel », voir nº 44130.

La norme fournit des exemples d'application de ce principe (IFRS 9.B3.1.2).

1. **Dettes fournisseurs** Ces passifs sont constatés au bilan lorsque l'entité a juridiquement l'obligation de verser de la trésorerie (IFRS 9.B3.1.2a). Il s'agit alors en effet de passifs inconditionnels.

2. **Commandes fermes d'achat de biens ou de services** L'approche diffère selon qu'il s'agit du cas général, de contrats qualifiés de dérivés ou encore de contrats non qualifiés de dérivés bénéficiant d'une couverture.

– **Cas général** : ces passifs ne sont comptabilisés que lorsque l'autre partie au contrat a rempli son engagement de telle sorte que l'entité est dans l'obligation de remettre de la trésorerie ou un autre actif en échange de ces biens ou services. Par exemple, les commandes fermes ne sont pas comptabilisées au bilan tant que les biens ou les services commandés n'ont pas été expédiés, livrés ou rendus (IFRS 9.B3.1.2b).

Entre la date d'engagement (date de signature de la commande) et la date de livraison des biens ou services (encore appelée date d'échange), ces contrats sont qualifiés de contrats en cours d'exécution (« **executory contracts** ») et ne sont pas comptabilisés sauf en cas de nécessité d'une provision pour contrats déficitaires (« **onerous contracts** ») (IAS 37.3 et .66).

– **Contrats qualifiés de dérivés** : lorsqu'un engagement ferme d'achat de biens entre dans le champ d'application de la norme IFRS 9 (voir n° 48560), il doit être comptabilisé à la date d'engagement et non à la date à laquelle l'échange est effectif. La juste valeur nette des droits et obligations de tels contrats est généralement nulle à la date d'engagement. Lorsque la juste valeur n'est pas nulle, l'engagement est comptabilisé comme un (dérivé) actif ou passif (IFRS 9.B3.1.2c).

Par la suite, cette juste valeur varie en fonction des cours du sous-jacent et donne lieu à comptabilisation de pertes ou de gains en résultat, sauf qualification éventuelle de couverture (comme n'importe quel autre dérivé), voir n° 48580.

– **Contrats bénéficiant d'une couverture de juste valeur** : lorsqu'un engagement ferme précédemment non comptabilisé (voir cas général ci-avant) est désigné comme élément couvert dans une relation de couverture de juste valeur (« fair value hedge »), toute variation de valeur attribuable au risque couvert est comptabilisée comme un passif ou un actif à partir de la date de désignation de la relation de couverture (IFRS 9.B3.1.2b et .6.5.9).

Ce mécanisme conduit à évaluer et comptabiliser au bilan la **composante risque couverte** (et seulement cette composante-là). La contrepartie de cette réévaluation est la comptabilisation d'un gain ou d'une perte en résultat qui vient compenser la perte ou le gain comptabilisé sur le dérivé de couverture (voir n° 50205 sous IAS 39 / n° 49330 sous IFRS 9).

3. **Transactions futures prévues** Ces transactions ne sont pas comptabilisées, dans la mesure où l'entité n'est pas encore partie à un contrat (IFRS 9.B3.1.2e), voir n° 44130.

4. **Emprunt obligataire émis ou prêt octroyé par une banque** La norme IFRS 9 ne précise pas quand le passif correspondant doit être comptabilisé. Toutefois, sachant qu'il n'existe aucune obligation contractuelle de remboursement avant la mise à disposition des fonds, un passif n'est en général comptabilisé qu'après réception des fonds.

Remarques :

1. Cette solution revient à comptabiliser l'opération à la date dite de « règlement/livraison ». Une autre méthode consisterait à retenir la date de transaction et, dans ce cas, à comptabiliser l'emprunt dès sa signature, avant même l'octroi des fonds. La différence entre les deux dates est alors considérée comme un **délai d'usance** (sur la notion d'achats/ventes normalisés, voir n° 45370).

2. Sur la comptabilisation des lignes de crédit, voir n° 46100.

Prêts et pensions de titres : date de comptabilisation de la dette chez le cédant

46075 ***Question***

Lorsqu'une opération de prêt ou de pension de titres donne lieu à échange de trésorerie, à quelle date comptabiliser la dette chez le cédant : à la date de transaction ou à la date de règlement/livraison ?

Réponse

Le choix de la date de comptabilisation entre la date de transaction et la date de règlement/livraison n'est autorisé que pour les actifs financiers (donc, au cas particulier, pour l'entité cessionnaire qui reçoit les titres).

Chez le cédant, la dette née d'une opération de prêt ou de pension de titres avec échange de trésorerie ne peut être comptabilisée qu'à la date de règlement/livraison.

Commentaires Lorsqu'une société (le cédant) met en pension ou prête à une banque (le cessionnaire) des titres contre de la trésorerie, le cédant comptabilise une dette en contrepartie de la trésorerie reçue, voir n° 48265.

Rappelons que le choix de la date de comptabilisation d'un achat ou d'une vente « normalisé » (date de transaction ou date de règlement/livraison) tel que prévu par IFRS 9.3.1.2 est applicable uniquement aux actifs financiers et non pas aux passifs financiers, voir n° 45370.

Ainsi, pour déterminer la date de comptabilisation de la dette dans les comptes du cédant, il convient d'appliquer le principe général selon lequel une entité doit comptabiliser un actif ou un passif financier dans son état de situation financière lorsque, et seulement lorsqu'elle devient une partie aux dispositions contractuelles de l'instrument (IFRS 9.3.1.1).

L'opération de prêt ou de pension de titres avec échange de trésorerie ne donnera donc lieu à la comptabilisation d'une dette qu'à la date à laquelle la contrepartie aura livré la trésorerie.

Valeur initiale d'un passif financier : cas général

Question **46080**

A quelle valeur doit-on comptabiliser un passif financier lors de sa comptabilisation initiale ?

Réponse

A sa juste valeur :
- diminuée des coûts de transactions directement attribuables à son émission, lorsqu'il s'agit d'un passif financier évalué ultérieurement au coût amorti ; et
- sans déduction des coûts de transaction (qui sont alors immédiatement et en totalité comptabilisés en charges de l'exercice) si le passif financier est par la suite évalué à la juste valeur par résultat.

Sauf exceptions (voir n° 46090), la juste valeur d'un passif financier à la date de sa comptabilisation initiale correspond à son prix de transaction (i.e. au montant de la trésorerie nette reçue).

Commentaires :

1. **Principe général** Lors de leur comptabilisation initiale, les passifs financiers sont évalués à leur juste valeur sur laquelle sont imputés, pour les passifs autres que ceux classés à la juste valeur par résultat, les coûts de transaction directement attribuables à l'émission du passif (IFRS 9.5.1.1).

Pour la nature des passifs évalués à la juste valeur par résultat, voir n° 46050.
Sur la notion de coûts de transaction et leur traitement comptable, voir n° 46780 s.

Les **primes** et **décotes** n'entrent pas dans le coût initial d'un passif financier (IFRS 9.B5.4.8). Toutefois, elles entrent dans le calcul du **coût amorti** et seront donc constatées en résultat de manière actuarielle sur la durée du passif financier (voir n° 46810). Au fur et à mesure de leur amortissement, les primes et décotes viennent ainsi modifier le coût amorti du passif financier.

Sur la notion de coût amorti, voir n° 46750.

2. **Juste valeur d'une dette (cas général)** Sauf cas particuliers (voir n° 46090), la juste valeur d'un passif financier à la date de sa comptabilisation initiale correspond normalement au **prix de la transaction,** c'est-à-dire à la juste valeur de la contrepartie reçue (IFRS 9.B5.1.1).

Le prix de la transaction (la trésorerie reçue) est représentatif de la juste valeur de la dette lorsque le taux d'intérêt de cette dernière correspond au taux d'intérêt prévalant sur le marché pour un instrument similaire (quant à la devise, à l'échéance, au type de taux d'intérêt et à d'autres facteurs) ayant une notation (de risque de crédit) similaire (IFRS 9.B5.1.1).

■ *Exemple 1*

Une entité emprunte 100, remboursables in fine dans 3 ans, au taux contractuel de 5 %. Il n'y a pas de frais de transaction ni de primes d'émission ou de remboursement. Le taux de 5 % est un taux de marché pour une dette équivalente (c'est-à-dire ayant les mêmes caractéristiques d'échéance, de nature de taux et de contrepartie).

Solution de l'exemple 1 *La juste valeur initiale de l'emprunt se calcule de la manière suivante :*

$$JV = \frac{5}{(1+0{,}05)} + \frac{5}{(1+0{,}05)^2} + \frac{105}{(1+0{,}05)^3}$$

$$JV = 4{,}76 + 4{,}54 + 90{,}70 = 100$$

Conclusion *Dans ce cas, le taux contractuel de 5 % est égal au taux d'intérêt effectif (TIE) actuariel de la dette (TIE = 5 %).*

■ *Exemple 2*

Une entité a emprunté 100 et doit rembourser chaque année, pendant 5 ans, 24 (principal et intérêts). Le taux d'intérêt effectif (TIE) du marché pour un emprunt présentant les mêmes caractéristiques est de 6,402 %. Par hypothèse, il n'y a pas de frais d'émission.

Solution de l'exemple 2 *L'analyse est la suivante :*

1. La juste valeur de la contrepartie reçue est bien égale à 100 (valeur nominale de l'emprunt et montant net des fonds reçus) correspondant à la valeur actualisée au taux du marché (6,402 %) des 5 annuités de 24.

$$100 = \frac{24}{(1 + 6{,}402\ \%)} + \frac{24}{(1 + 6{,}402\ \%)^2} + \frac{24}{(1 + 6{,}402\ \%)^3} + \frac{24}{(1 + 6{,}402\ \%)^4} + \frac{24}{(1 + 6{,}402\ \%)^5}$$

2. Le plan d'amortissement de l'emprunt (selon la méthode du taux d'intérêt effectif) est le suivant :

	Valeur comptable de l'emprunt en début de période (1)	Charge d'intérêts de la période (2) = (1) × 6,402 %	Remboursement de capital de la période (3) = 24 – (2)	Sommes restant dues en fin de période (4) = (1) + (2) – 24
N	100,000	6,402	17,598	82,402
N+1	82,402	5,275	18,725	63,677
N+2	63,677	4,077	19,923	43,754
N+3	43,754	2,801	21,199	22,555
N+4	22,555	1,445	22,555	0
		20,000	100, 000	

Remarques :

1. La charge totale d'intérêt est de 20.

2. Pour ce même exemple mais avec en plus le paiement de frais d'émission de 5, voir n° 46810.

Valeur initiale d'un passif financier : cas particuliers

46090 ***Question***

Dans quels cas un passif financier peut-il être émis à des conditions hors marché ?

Réponse

Dans les cas suivants :
- dette fournisseur à long terme non rémunérée ;
- dette intragroupe ;
- dette bénéficiant d'une garantie du groupe ;
- prêt accordé par l'Etat ou une collectivité locale ;
- émission de dettes structurées (avec un « day-one profit »).

Commentaires En général (voir n° 46080), la juste valeur d'un passif financier lors de sa comptabilisation initiale correspond au montant de trésorerie reçue (i.e. le prix de la transaction).

Il existe toutefois des cas où le passif financier doit être comptabilisé pour un montant différent, notamment lorsqu'une partie de la contrepartie reçue correspond à un **élément autre** que le passif financier lui-même.

Dans ce cas, l'évaluation initiale du passif financier à la juste valeur conduit à prendre **immédiatement en produit** (plus rarement en charge) le différentiel de rémunération par rapport au taux de marché, sauf dans certains cas où le traitement peut devoir être différent (cas, par exemple, d'abandon de créances d'une mère à sa fille, de dette subventionnée par l'Etat ou de dette structurée faisant apparaître un « day-one profit »).

1. **Dette fournisseur à long terme non rémunérée** Dans ce cas, la juste valeur de la dette est évaluée comme étant la somme des flux futurs actualisés (un seul flux : le remboursement à échéance) au taux prévalant sur le marché pour un instrument similaire (c'est-à-dire similaire à la fois en termes de devise, échéance, risque de crédit, etc.) (IFRS 9.B5.1.1).

La dette est alors comptabilisée pour un montant inférieur à son montant nominal (décote) avec comme contrepartie la minoration du montant des marchandises ou services achetés.

Pour la détermination de la juste valeur d'une dette (créance) à long terme non rémunérée, voir n° 45410.

2. **Passif financier intragroupe à des conditions hors marché** Il s'agit d'une opération entre une mère et sa fille, elle-même mère de sous-groupe et établissant des comptes en IFRS, par laquelle la mère octroie à sa fille un prêt à des conditions plus favorables que celles du marché.

Si l'instrument répond à la définition d'un passif financier selon IAS 32, il doit être évalué à sa juste valeur lors de sa comptabilisation initiale (IFRS 9.5.1.1). La décote correspondant à l'obtention de cet avantage de taux doit être comptabilisée. A notre avis, elle donne lieu à la comptabilisation d'un produit ou d'une augmentation de capitaux propres, dans les comptes IFRS consolidés de la fille. Dans le premier cas, l'unité de comptabilisation étant le passif financier, sa juste valeur devrait être la valeur nominale des produits reçus par la filiale. Dans le second cas, sa juste valeur est déterminée par référence au taux d'intérêt à des conditions de marché que la filiale aurait obtenu si l'emprunt n'était pas garanti. La décote est alors considérée comme une contribution au capital de la fille par la mère.

A notre avis, l'analyse doit être faite au cas par cas, en tenant compte des caractéristiques et circonstances d'octroi de chaque emprunt (notamment, si l'emprunt possède ou non une échéance fixe, nécessite ou non l'accord des deux parties pour son remboursement, etc.).

3. **Passif financier bénéficiant d'une garantie du groupe** Dans ce cas, il s'agit d'une dette contractée directement auprès d'un banquier mais bénéficiant d'un taux plus favorable parce que la banque a reçu une garantie du groupe. L'approche est, à notre avis, identique au point 2. ci-avant.

C'est-à-dire l'instrument entrant dans le champ d'application d'IFRS 9 avec évaluation initiale à sa juste valeur, la décote (correspondant à la garantie reçue gratuitement) donnant lieu à la comptabilisation d'un produit ou d'une augmentation de capitaux propres, selon la méthode retenue et appliquée de manière constante par l'entité.

Sur le traitement comptable des opérations hors marché entre une mère et sa fille, voir point 2. ci-avant.

4. **Prêt accordé par l'Etat ou une collectivité locale** Voir n° 46095.

5. **Emission de dettes structurées (comptabilisation d'un « day-one profit »)** Dans ce cas, le profit comptabilisé lors de la comptabilisation initiale de l'instrument est représentatif de la marge prise par l'émetteur (souvent une banque) pour la structuration et la vente du produit. Cette marge ne peut être externalisée que si le modèle interne d'évaluation utilisé par l'émetteur est un modèle reconnu et si tous les paramètres de calcul utilisés sont observables sur le marché (IFRS 9.B5.1.2A).

Sur la notion de « day-one profit », voir n° 46650.

Dettes relatives à des prêts accordés par le Gouvernement à un taux d'intérêt inférieur au marché

Question 46095

Comment une entité doit-elle comptabiliser un emprunt à taux d'intérêt inférieur au marché accordé par le gouvernement, notamment conformément à :

- IAS 20, Comptabilisation des subventions publiques et informations à fournir sur l'aide publique, c'est-à-dire à leur taux contractuel, sans décote initiale ? ou
- IFRS 9, Instruments financiers, c'est-à-dire avec une décote initiale ramenant leur taux à un taux de marché ?

Réponse

Le prêt accordé par le Gouvernement doit être comptabilisé et évalué selon les dispositions d'IFRS 9.

En conséquence, l'emprunteur :

- comptabilise la dette correspondante à sa juste valeur, c'est-à-dire avec une décote (correspondant au différentiel de taux, actualisé au taux du marché), de manière à ramener son taux d'intérêt effectif (TIE) à celui d'une dette normale ; et
- traite l'avantage reçu (contrepartie de la décote) comme une subvention selon les dispositions de la norme IAS 20 (par exemple, comme une subvention d'équipement ou d'exploitation). Cet avantage est évalué par différence entre le montant reçu en trésorerie et la juste valeur initiale du prêt octroyé, calculée selon les dispositions d'IFRS 9.

Commentaires Dans le cas d'un prêt à taux inférieur au marché accordé par l'Etat, la différence entre le montant reçu en trésorerie et la juste valeur initiale du prêt octroyé (comptabilisé conformément à IFRS 9) constitue une subvention reçue selon IAS 20.10A et .BC4.

■ *Exemple*

L'Etat octroie un prêt de 1 000 sur 5 ans remboursable in fine et porteur d'un taux d'intérêt inférieur au taux du marché. Le différentiel de taux d'intérêt correspond à une décote initiale de 200. Le prêt sert à subventionner l'achat d'un équipement, amortissable sur 3 ans.

Lors de l'octroi du prêt, ***le traitement comptable*** *chez l'emprunteur est le suivant :*

Dt	*Trésorerie*	*1 000*	
Ct	*Emprunt*		*800* (1)
Ct	*Subvention d'équipement*		*200* (2)

(1) L'emprunt est comptabilisé à sa juste valeur, avec une décote de 200. Il doit être remboursé pour 1 000. La différence donne lieu à la comptabilisation d'une charge d'intérêt complémentaire sur 5 ans permettant d'obtenir un TIE au taux de marché.

(2) L'avantage octroyé (subvention de 200) est comptabilisé en produits différés ou en réduction de la valeur de l'équipement ; il est rapporté au compte de résultat sur la durée d'amortissement de l'équipement, soit 3 ans (en accord avec IAS 20.10A).

Ouverture d'une ligne de crédit confirmée : traitement chez le bénéficiaire

46100 ***Question***

Comment comptabilise-t-on l'ouverture d'une ligne de crédit confirmée et des frais financiers y afférents en IFRS chez le bénéficiaire) ?

Réponse

Comme un engagement hors bilan.

En ce qui concerne les commissions payées, leur traitement dépendra des prévisions de tirage de la ligne : étalement linéaire sur la durée de vie de l'engagement ou intégration au TIE du futur emprunt.

Commentaires :

1. **Caractéristiques de ces instruments** Les entreprises peuvent négocier deux sortes d'ouvertures de lignes de crédit (encore appelées « **facilités de crédit** ») avec leurs banques :

a. **Ouvertures de lignes de crédit non confirmées** Il s'agit en général d'accords de découvert ou de facilités de caisse octroyés par la banque mais que celle-ci peut dénoncer sous un préavis très court (30 jours par exemple). N'étant pas représentative d'un engagement réel ni pérenne, aucune commission n'est exigée par la banque.

Comptablement, ces ouvertures de ligne de crédit ne sont constitutives d'aucun engagement et n'ont donc pas lieu d'être comptabilisées, sous quelque forme que ce soit.

b. **Ouvertures de lignes de crédit confirmées** Dans ce cas, le banquier prend un réel engagement dans le temps et exige en retour une rémunération.

2. **Traitement comptable des lignes de crédit confirmées** Les **ouvertures de lignes de crédit** (encore appelées « **facilités de crédit** ») négociées par les entreprises avec leurs banques sont considérées comme des engagements **hors bilan**, par analogie au traitement comptable appliqué côté prêteurs (voir n° 45340).

Seules celles pouvant donner lieu à un règlement net en trésorerie doivent être comptabilisées (car répondant à la définition d'un dérivé) (IFRS 9.A et .2.3b).

En conséquence et à notre avis, le traitement des **commissions d'engagement** payées diffère selon les cas de figure :

a. soit la ligne n'est pas destinée à être tirée (« back-up ») ou l'entreprise ne sait pas quand elle le sera : dans ce cas, les commissions font l'objet d'un étalement linéaire sur la période de tirage ;

b. soit l'entreprise dispose d'une bonne prévision sur la manière dont la ligne sera tirée : dans ce cas, les commissions sont différées et incluses dans le TIE de (des) l'emprunt(s) ultérieurement mis en place. S'il est probable que seulement une partie du montant sera tirée, seule la part de la commission correspondant à ce montant probable sera incluse dans le TIE. Le reste de la commission suit le traitement décrit au point a. ci-avant.

A titre d'illustration, si une ligne de crédit est obtenue pour un montant total de 20 M€ mais qu'il est probable que seuls 5 M€ seront tirés, alors un quart seulement de la commission payée est considérée comme se rattachant à l'emprunt futur et doit être différée jusqu'à ce que ce dernier soit mis en place.

En matière d'**information à fournir en annexe,** les ouvertures de lignes de crédit sont soumises :
- aux informations générales requises par IFRS 7 (voir n° 52010 s.) ; et

En effet, la norme IFRS 7 inclut explicitement dans son champ d'application les instruments répondant à la définition d'un instrument financier selon IAS 32.11 , mais non comptabilisés selon la norme IFRS 9 (i.e. hors bilan), parce que hors du champ d'application de cette dernière (IFRS 7.4).

- à IAS 7.50a qui prévoit des informations spécifiques en ce qui les concerne (voir n° 52580).

Ventes de titres à découvert

46105

Question

Comment comptabiliser une vente de titres à découvert ?

Réponse

Comme une dette détenue à des fins de transaction, selon IFRS 9.BA.7.

L'IFRS IC a néanmoins précisé que ces opérations pouvaient être comptabilisées :
- soit comme un dérivé (en passif détenu à des fins de transaction) ;
- soit comme une vente normalisée d'actifs financiers (« regular way sale »).

Dans les deux cas, l'opération est comptabilisée à la juste valeur avec comptabilisation des variations de juste valeur par résultat. Seule la présentation de l'opération au bilan est différente.

Commentaires Une vente de titres à découvert consiste à emprunter un titre sur le marché pour le revendre aussitôt au comptant. L'entreprise, qui doit rendre ce titre en fin de période d'emprunt pour un prix spécifié à l'avance, devrait en principe comptabiliser une dette, traduisant l'obligation de restituer le titre (IFRS 9.BA.7). En outre, elle est exposée à l'évolution des cours pendant toute la période d'emprunt puisqu'elle doit racheter le titre sur le marché (d'où la qualification possible de dérivé).

Selon IFRS 9.BA.7b, sont notamment à compter parmi les passifs financiers détenus à des fins de transaction les obligations de remettre des actifs financiers empruntés par un vendeur à découvert (c'est-à-dire une entreprise qui vend des titres qu'elle a empruntés et ne possède pas encore).

Or, cette période peut être très courte (2 à 3 jours par exemple), ce qui conduit certains à demander l'application des dispositions prévues par IFRS 9.3.1.2 pour les achats et ventes « normalisés », qui répondraient elles aussi à la définition d'un dérivé si la norme n'avait pas prévu une exemption particulière tenant compte du délai très court de l'engagement pris entre la date de négociation et la date de règlement/livraison (quelques jours également) (IFRIC Update 01/07).

Terminologie (IFRIC Update 11/06) :
- **achat ou vente normalisé** : achat ou vente d'un actif financier en vertu d'un contrat dont les modalités imposent la livraison de l'actif dans le délai défini généralement par la réglementation ou par une convention sur le marché concerné (IFRS 9.A) ;
- **position longue** : position qui entraîne la détention de l'actif ;
- **position courte** : position par laquelle un opérateur de marché vend des actifs qu'il ne détient pas en portefeuille (vente à découvert) ;
- **vente d'une position longue** : vente d'un actif qui est déjà détenu en portefeuille au moment de la vente.

1. Problématique Il a été demandé à l'IFRS IC si une vente à découvert – dont les conditions imposent à l'entité de livrer les titres dans le laps de temps généralement défini par la loi ou les conventions de marché de la place – pouvait être comptabilisée en utilisant l'exemption d'IAS 39.38 (pas de modification du texte sous IFRS 9.3.1.2) relative aux achats ou ventes « normalisés » de titres. C'est-à-dire si les entreprises qui réalisent des ventes à découvert sont autorisées à choisir pour la comptabilisation de ces opérations entre (IFRIC Update 01/07) :
- la date de négociation ; et
- la date de règlement/livraison.

46105 (suite) 2. **Réponse de l'IFRS IC (IFRIC Update 01/07)** L'IFRS IC a définitivement décidé de ne pas inscrire ce thème à son programme de travail, au double motif :
– qu'il y a peu de divergence en pratique (dans les deux cas, l'opération étant comptabilisée en juste valeur par résultat) ; et
– qu'une obligation qui serait faite aux entités de comptabiliser leurs ventes à découvert comme des dérivés créerait des problèmes pratiques importants au niveau de leurs systèmes de comptabilisation et de contrôle, sans pour autant améliorer la qualité de l'information financière fournie.

Le traitement comptable d'une vente à découvert relève d'un choix de méthode comptable pour l'entreprise :

a. **Comptabilisation en tant que dérivé** Selon l'IFRS IC, la substance d'un contrat de vente à découvert est identique à celle d'un contrat de vente à terme (« forward sale contract ») qui oblige le vendeur à vendre un actif financier à un prix déterminé, à une date future (IFRIC Update 11/06).

Rappelons que pour répondre à la définition d'un dérivé, un contrat doit répondre aux trois conditions suivantes (IFRS 9.A ; voir n° 48535) :
– sa valeur fluctue en fonction d'une **variable** (encore appelée « sous-jacent ») ;
– il requiert un investissement net initial nul ou faible ; et
– il se dénoue à une date future.

En tant que dérivé, l'opération de vente à découvert est comptabilisée à sa juste valeur avec prise en compte des variations de juste valeur par le compte de résultat.

Remarque L'assimilation d'une vente à découvert à un contrat de vente à terme par l'IFRS IC peut paraître surprenante dans la mesure où :
– un contrat de vente à terme ferme (« forward sale contract ») peut être gagnant ou perdant et peut donc donner lieu à la comptabilisation d'un actif ou d'un passif ;
– IAS 39.AG15 (désormais IFRS 9.BA.7) prévoit explicitement la comptabilisation d'un passif (à classer dans la catégorie des passifs émis à des fins de transaction).
La position de l'IASB se justifie par le fait que le vendeur à découvert a encaissé l'intégralité (ou la quasi-intégralité) du prix de vente dès le départ. L'instrument ne répond donc pas à la définition d'un dérivé (voir ci-avant). En revanche, il s'agit bien d'un passif qui contient un dérivé incorporé (puisque sa valeur de remboursement varie en fonction du cours des titres empruntés) et qui a bien été émis en vue d'un rachat ultérieur (puisque l'entité devra racheter sur le marché les titres empruntés, pour les restituer et éteindre son engagement). Ces deux raisons justifient également la comptabilisation de la dette correspondante en « trading liabilities » (IAS 39.AG8 repris par IFRS 9.B5.4.6).

b. **Comptabilisation comme une vente normalisée** Pour les banquiers et autres opérateurs de marché, les ventes à découvert et les ventes de positions longues (voir définitions ci-avant) sont des stratégies très communes d'intervention sur les marchés. La seule différence provient de ce que la chronologie des ordres d'achat et de vente est inversée (vente puis achat des titres dans une vente à découvert ; achat puis vente des titres dans la vente d'une position longue).

Ainsi, en pratique, les ventes à découvert comme les ventes de positions longues sont comptabilisées soit à la date de négociation, soit à la date de règlement/livraison.

Dans le cas d'une vente à découvert, il y a comptabilisation initiale d'une dette financière (représentant l'obligation de livrer l'instrument financier dans le futur) et d'une créance représentant le produit à recevoir de la vente. La dette financière donne lieu à évaluation à la juste valeur avec prise en compte des variations de cette juste valeur en résultat (IFRIC Update 01/07). Enfin, elle est décomptabilisée selon IFRS 9.3.3.1 lorsque l'instrument financier est livré.

Remarques :
1. La possibilité d'opter pour une comptabilisation à la date de négociation ou à la date de règlement/livraison ne s'applique qu'aux actifs financiers, et non aux passifs (IFRS 9.IG B32). Ce qui aurait représenté une seconde raison (en plus de la qualification de dérivé) pour ne pas appliquer l'exception relative aux achats et ventes normalisés (qui ne vise que les achats et ventes d'actifs financiers).
2. La différence entre les deux méthodes de comptabilisation décrites ci-avant porte uniquement sur la présentation de l'opération au bilan, puisque la variation de la juste valeur des titres vendus à découvert est en tout état de cause systématiquement comptabilisée en résultat.

Le choix entre les deux méthodes comptables doit être appliqué de manière homogène par l'entreprise.

B. Cas des instruments hybrides

Comptabilisation d'un emprunt à taux variable dont le taux est flooré, capé ou flooré/capé

Question 46110

Un emprunt à taux flooré, capé ou flooré/capé contient-il un dérivé à comptabiliser séparément ?

Réponse

Selon l'IFRS IC, le taux global d'exercice du floor doit être comparé au taux d'intérêt pour un contrat aux conditions similaires mais non flooré. Si le floor n'induit pas d'effet de levier, le dérivé incorporé ne devrait pas être comptabilisé séparément.

Un traitement similaire s'applique également pour un emprunt à taux capé ou flooré/capé.

Commentaires :

Remarques :
1. Pour les conditions de comptabilisation d'un dérivé incorporé séparément de son contrat hôte (« split accounting » ou « bifurcation »), voir n° 48690.
2. Sur les définitions d'un cap ou d'un floor, voir n° 48775 s.

La norme IFRS 9 (IFRS 9.B4.3.8b) précise qu'un floor ou un cap incorporé dans une dette est étroitement lié au contrat hôte, lorsque :
- le taux d'exercice du floor est au ou au-dessous du taux de marché (« en dehors de la monnaie ») ; ou
- le taux d'exercice du cap est au ou au-dessus du taux de marché (« en dehors de la monnaie ») ; et
- le cap ou le floor ne contient pas d'effet de levier en lien avec le contrat hôte.

Le taux d'exercice du floor s'entend par le taux de référence, en dessous duquel le floor est exerçable par l'acheteur.

En janvier 2016, l'IFRS IC a été interrogé pour déterminer comment le test sur le taux d'exercice du floor par rapport à la monnaie doit être appliqué dans un environnement de taux bas, voire négatifs. L'IFRS IC a rejeté la question, arguant du fait qu'IAS 39.AG33b (équivalent d'IFRS 9.B4.3.8b) s'applique dans un environnement de taux tant positifs que négatifs.

Néanmoins, il a indiqué que le taux global d'exercice du floor (i.e. le taux d'intérêt benchmark du contrat plus le spread contractuel et tout élément qui serait pris en compte dans le TIE) de l'instrument flooré doit être comparé au taux d'intérêt d'un contrat similaire qui n'aurait pas de floor, qui inclut le spread de crédit d'un contrat aux caractéristiques analogues à celles du contrat hôte. Lors de l'origination du contrat d'emprunt, le floor n'est pas comptabilisé séparément de l'emprunt si le taux global d'exercice du floor est inférieur ou égal à ce taux de marché défini précédemment.

Ainsi, prenons l'exemple d'un emprunt indexé sur Euribor 3 mois avec un spread de x %. Le taux Euribor est flooré à 0 %, ce qui revient à un taux d'exercice global du floor à x % (le floor est fixé pour la durée du contrat de prêt).

Selon l'exemple de l'IFRS IC, le taux d'exercice global du floor (x %) doit être comparé au taux d'intérêt du marché sans floor.

A notre avis, cette comparaison est tautologique :
- par définition, x % est le taux d'intérêt minimum que l'emprunteur s'attend à payer ;
- le taux d'intérêt du marché pour un contrat hôte est égal ou supérieur à x %, car le spread de l'instrument à taux variable contenant un floor sera toujours inférieur à celui d'un instrument à taux variable sans floor, la différence étant la prime reçue par l'emprunteur pour la vente du floor ;
- le taux d'intérêt du floor ne peut donc pas être supérieur au taux d'intérêt du marché d'un contrat hôte aux caractéristiques similaires.

Dans ce cas, l'IFRS IC a jugé qu'il ne peut y avoir de séparation. D'une manière générale, un floor ne devrait être bifurqué que dans des situations exceptionnelles, par exemple s'il comporte un effet de levier (IFRIC Update 01/16).

SECTION III

Evaluation ultérieure des passifs financiers

A. Comptabilisation des passifs financiers évalués au coût amorti

46120 Pour l'évaluation des instruments financiers au coût amorti (méthode du TIE), voir n° 46770 s.

Passif financier au coût amorti dont la rémunération est indexée sur des critères de développement durable

46122 ***Question***

Certains passifs financiers, tels que les émissions de dettes ou les financements obtenus par une entreprise, ont une rémunération indexée sur des critères de développement durable, parfois appelés « variabilité verte » (« green variability ») ou des critères de responsabilité sociétale des entreprises (« RSE »).

Dans le cas où cette « variabilité verte » ne constitue pas un dérivé incorporé, comment doit-elle être prise en compte dans le calcul du taux d'intérêt effectif (TIE) lorsque le passif financier est évalué au coût amorti ?

Réponse

Cela dépend selon que les variations des flux de trésorerie attendus reflètent ou non les mouvements des taux d'intérêt de marché.

Si les variations des flux de trésorerie attendus reflètent les mouvements des taux d'intérêt de marché, le taux d'intérêt effectif doit alors être ajusté de manière prospective.

Dans le cas contraire, c'est la valeur comptable du passif financier qui doit être recalculée de manière à refléter les flux de trésorerie révisés. Cet ajustement est comptabilisé en contrepartie du compte de résultat de l'exercice (« catch up method »).

Commentaires Lorsqu'un contrat prévoit dès l'origine que la rémunération d'un passif financier, comptabilisé au coût amorti, repose sur des critères de développement durable ou des critères de responsabilité sociétale des entreprises (« RSE ») ne donnant pas lieu à la comptabilisation d'un dérivé incorporé, le traitement de cette « variabilité verte » diffère selon que les changements reflètent ou non les mouvements des taux d'intérêt de marché.

De tels passifs financiers contiennent des indexations notamment basées sur les émissions de CO_2 de l'émetteur sur une période définie, sur la conformité de l'émetteur aux normes de réglementation des émissions et des déchets, ou encore aux normes de consommation d'énergie. Pour la comptabilisation d'un dérivé incorporé dans le cas d'un passif financier dont la rémunération est indexée sur des critères de développement durable, voir n° 48685.

Si les variations des flux de trésorerie attendus reflètent les mouvements des taux d'intérêt de marché, ce qui devrait être le cas lorsque les changements de flux de trésorerie reflètent l'évolution du risque de crédit de l'emprunteur ou de l'émetteur, alors l'instrument financier peut être considéré comme un instrument de dette à taux variable et la réestimation des flux de trésorerie affecte le TIE (IFRS 9.B.5.4.5).

Si, au contraire, les changements des flux de trésorerie attendus ne reflètent pas les mouvements des taux d'intérêt de marché, alors la valeur comptable du passif financier doit être ajustée afin d'intégrer les flux de trésorerie révisés qui doivent être actualisés au TIE initial (IFRS 9.B.5.4.6). Cet ajustement est comptabilisé en contrepartie du compte de résultat de l'exercice (« catch up method »).

Pour la comptabilisation d'un changement d'estimation des flux de trésorerie futurs d'un passif financier, voir n° 46835.

B. Comptabilisation des passifs financiers évalués à la juste valeur par résultat

Pour l'évaluation des instruments financiers à la juste valeur par résultat, voir n° 46645 s. 46125

Evaluation du changement de juste valeur attribuable au risque de crédit propre à un passif financier

Question 46130

Comment calculer la quote-part correspondant à la variation de juste valeur du seul spread (ou risque) de crédit propre de l'émetteur relatif à une dette (par simplification risque de crédit émetteur) évaluée à la juste valeur par résultat ?

Réponse

Par différence entre les variations :
- de la juste valeur globale de la dette ; et
- celles provenant de paramètres correspondant à un risque de marché (par exemple, le taux d'intérêt sans risque).

La norme prévoit également la possibilité d'utiliser une méthode alternative, si cette dernière représente plus fidèlement le montant de variation de la juste valeur de la dette, dû à la variation du risque de crédit propre de l'instrument (mais sans autre précision).

Commentaires :

1. **Précision sur la méthode de calcul** Le montant relatif à la variation du risque de crédit est réputé correspondre à la quote-part de variation de la juste valeur de la dette financière qui ne provient pas de la variation de paramètres correspondant à un risque de marché (IFRS 9.B5.7.16a).

Remarques :

1. **Risque de crédit propre à la dette** IFRS 9.B5.7.13 fait référence à la définition fournie par la norme IFRS 7. Il s'agit du risque de crédit relatif à l'instrument de dette concerné (selon ses caractéristiques, par exemple subordonné ou non) et non pas du risque de crédit propre de l'entité émettrice prise dans son ensemble (IFRS 7.10a).
2. **Paramètres de marché** La norme précise les paramètres de marché visés : taux d'intérêt sans risque, matières premières, taux de change, index de prix ou de taux (IFRS 7.9c) et, pour les contrats en unités de compte (« unit-linked features »), performance d'un fonds d'investissement interne ou externe (IFRS 9.B5.7.15a).

En conséquence, le calcul s'effectue par différence entre la variation globale de la juste valeur de l'instrument et la variation de valeur de ce même instrument due aux paramètres visés ci-avant (IFRS 7.10a).

2. **Cas simple d'une dette avec un seul paramètre de marché** A titre d'exemple, la norme décrit la marche à suivre dans le cas simple d'une dette avec un seul paramètre de marché observable (le taux d'intérêt sans risque). Elle prend soin de préciser que cette simplification n'est valable qu'en l'absence de tout produit dérivé incorporé. La démarche est alors la suivante (IFRS 9.B5.7.18) :

a. **détermination du spread de crédit émetteur** (« instrument-specific component ») **observé en début d'exercice** en comparant :
- le TIE de la dette en début d'exercice calculé à partir du prix de marché de la dette et les cash-flows contractuels restant à payer en début d'exercice, et
- le taux d'intérêt sans risque (TIE de référence) observé en début d'exercice ;

b. **calcul de la valeur actualisée des mêmes cash-flows contractuels restant à payer en fin d'exercice,** en utilisant comme taux d'actualisation le taux d'intérêt sans risque de fin d'exercice augmenté du spread de crédit émetteur calculé en a. ;

c. **calcul de l'impact du risque de crédit** par différence entre le prix de marché de la dette en fin d'exercice et le montant obtenu en b.

La différence entre la juste valeur du passif à la fin de la période et le montant déterminé en point b. est la variation de la juste valeur qui n'est pas imputable à des variations du taux d'intérêt (de référence) observé. C'est ce montant qui doit être présenté dans les autres éléments du résultat global (OCI) selon IFRS 9.5.7.7a.

La norme précise que l'exemple pris dans ce cas part du principe que les facteurs autres que le risque de crédit émetteur et le risque de taux d'intérêt n'ont pas d'incidence significative sur les variations de juste valeur de la dette. Si, dans le même exemple, l'instrument comprenait un dérivé incorporé, la variation de valeur de ce dérivé incorporé devrait être exclue lors de la détermination de l'impact dû au risque de crédit émetteur (IFRS 9.B5.7.19).

3. **Utilisation d'une méthode alternative** La norme prévoit la possibilité d'utiliser une méthode alternative si cette dernière représente plus fidèlement le montant de variation de la juste valeur de la dette dû à la variation du risque de crédit propre de l'instrument (IFRS 9.B5.7.16b). Aucune précision supplémentaire n'est toutefois donnée dans ce cas.

■ *Exemple*

Dette à taux fixe émise début exercice N ; montant nominal (1 000) remboursable fin N+2 ; 3 coupons d'intérêt à payer de 60 (fin N, N+1 et N+2).
Début N, le taux d'intérêt sans risque s'élève à 5 % et le prix de marché de la dette vaut 1 000 ; fin N, le taux d'intérêt sans risque s'élève à 4 % et le prix de marché de la dette à 1 009 (correspondant à un spread de crédit de 150 pb).
Par simplification, on suppose qu'il n'y a pas de frais d'émission.

Solution de l'exemple *Le calcul s'effectue de la manière suivante à fin N :*
1. TIE en début d'exercice : 6 %, soit 1 000 = 60 / (1 + i) + 60 / (1 + i) ^{2} *+ 1 060 / (1 + i)* ^{3}
Le spread de crédit émetteur en début d'exercice est déterminé par différence entre ce taux et le taux d'intérêt sans risque de 5 % : 1 % (100 pb) ;
2. valeur des cash-flows restant à payer fin N, actualisée à 5 % (4 % + 100 pb) : 1 019, déterminée comme suit : 60 / (1,05) + 1 060 / (1,05) ^{2} *= 1 019 ;*
3. impact (gain) dû à la détérioration du spread de crédit : 1 009 – 1 019 = –10.

C. Particularités

Dettes fournisseurs

46140 ***Question***

Comment traiter une dette fournisseur ?

Réponse

En général, lors de sa comptabilisation initiale, une dette fournisseur est évaluée pour le montant de la facture d'origine.

Elle doit être comptabilisée avec les autres dettes fournisseurs et certaines charges à payer sur une ligne à part au passif du bilan, intitulée « Fournisseurs et autres créditeurs ».

Sa juste valeur n'a pas à être indiquée en annexe.

Commentaires :

1. **Définition d'une dette fournisseur (« trade payable »)** Selon la norme IAS 37, Provisions, passifs éventuels et actifs éventuels, les dettes fournisseurs sont des passifs à payer au titre de biens ou de services qui ont été reçus ou fournis et qui ont été facturés ou qui ont fait l'objet d'un accord formalisé avec le fournisseur (IAS 37.11).

Cette définition comprend bien la notion d'engagement contractuel nécessaire à la qualification d'un passif financier (voir n° 46070).

2. **Traitement comptable** Le traitement comptable d'une dette fournisseur relève donc d'IFRS 9 et suit les principes suivants :

a. **Evaluation initiale** Tous les passifs financiers doivent être évalués à leur juste valeur lors de leur comptabilisation initiale (IFRS 9.5.1.1). En principe donc, une dette qui ne porte pas intérêt devrait faire l'objet d'une décote correspondant à l'actualisation de la somme due sur la période correspondante (gain relatif à l'absence de rémunération).

Remarque Il n'y a en général pas de coûts de transaction à prendre en compte sur une dette fournisseur.

b. **Evaluation à la date d'arrêté** La dette fournisseur est éventuellement diminuée des remboursements partiels effectués en cours d'exercice.

c. **Présentation au bilan** Selon la norme IAS 1, les dettes fournisseurs doivent faire l'objet d'une présentation distincte des autres dettes financières sur une ligne intitulée « Fournisseurs et autres créditeurs » (IAS 1.54).

Fournisseurs et autres créditeurs Outre les dettes fournisseurs (passifs financiers), ce poste regroupe également des passifs non financiers tels que, par exemple, les charges sociales ou les taxes assises sur les salaires (sommes payables au titre d'obligations légales ou réglementaires et non pas contractuelles).

d. **En principe, pas d'indication de la juste valeur en annexe** Contrairement à la règle générale qui requiert l'indication en annexe de la juste valeur de tous les instruments financiers (IFRS 7.25), la juste valeur des dettes à court terme n'a pas à être indiquée en annexe dès lors que leur valeur nette comptable représente une approximation raisonnable de cette juste valeur (IFRS 7.29a), voir nº 52345.

Impact potentiel d'une clause d'exigibilité immédiate sur l'évaluation d'une dette

Question 46145

L'existence d'une clause d'exigibilité immédiate dans un contrat de dette peut-elle avoir un impact sur l'évaluation de cette dette dans le cas où l'entité apprend que son actionnaire principal est en train de céder sa participation ?

Réponse

Oui. Si, à la clôture, une entité apprend que son actionnaire principal est en train de céder sa participation, déclenchant ainsi la clause d'exigibilité immédiate incluse dans son contrat de dette bancaire, elle doit évaluer la dette pour sa valeur liquidative.

Commentaires Les contrats de dette incluent souvent des clauses d'exigibilité immédiate par lesquelles les banques demandent que l'emprunteur rembourse intégralement et immédiatement les fonds prêtés en cas de changement de l'actionnaire principal.

Cela permet aux banques de se prémunir contre toute dégradation du risque de crédit en cas de changement d'actionnaire.

Si une entité apprend que son actionnaire principal est en train de céder sa participation, elle a connaissance du fait que la clause d'exigibilité immédiate va devoir être appliquée. D'après IFRS 9.B5.4.6, si une entité révise ses estimations de décaissements, elle doit ajuster la valeur comptable du passif de manière à refléter les flux de trésorerie estimés, réels et révisés. En conséquence, l'entité doit comptabiliser à la clôture la dette pour sa valeur liquidative. L'ajustement, qui inclut les frais d'émission d'emprunt mais également toute éventuelle surprime ou décote, est comptabilisé au compte de résultat.

Comptabilisation d'un passif financier (dette) prorogé par un engagement de financement

Question 46150

Comment comptabiliser un passif financier (dette) prorogé suite à l'exercice de l'option d'extension de durée considérée comme un engagement de financement ?

Réponse

Deux approches nous paraissent possibles :

1. la valeur comptable de la dette est ajustée de manière à refléter les flux de trésorerie révisés et l'ajustement est comptabilisé au compte de résultat (« catch up method ») ; ou

2. l'extension de la dette est traitée comme un nouvel engagement, sans impact en résultat.

Commentaires L'option de prorogation d'une dette peut être considérée, lors de la comptabilisation initiale, soit comme un dérivé incorporé, soit comme un engagement de financement (« loan commitment »), voir nº 48670.

Dans le cas où elle est considérée comme un engagement de financement, à notre avis, deux méthodes sont possibles pour comptabiliser la prorogation de la dette lors de l'exercice de cette option :

1. **Ajustement de la valeur comptable de la dette (« catch up method »)** Selon IFRS 9.B5.4.6, si une entité révise les estimations de décaissement d'un instrument à taux fixe, elle doit ajuster la valeur comptable de cette dette de manière à refléter les flux de trésorerie révisés. L'entité recalcule ainsi la valeur comptable en recherchant la valeur actualisée des flux de trésorerie futurs attendus au taux d'intérêt effectif initial de la dette. L'ajustement qui en résulte est comptabilisé au compte de résultat.

   Pour un exemple de calcul, voir nº 46835.

2. **Traitement de l'extension comme un nouvel engagement de financement** Si l'option de prorogation est traitée comme un nouvel engagement, les flux de trésorerie attendus de la dette avec cette option sont différents de ceux attendus de la dette auparavant. Ce différentiel n'est alors pas comptabilisé au compte de résultat au moment de l'exercice de l'option, mais en engagement de financement.

Le choix entre les deux méthodes comptables doit être appliqué de manière homogène à toutes les options de prorogation.

SECTION IV

Extinction et renégociation de dette

I. Extinction et renégociation de dette dans les comptes de l'emprunteur et du prêteur

A. Principes généraux

Renégociation : terminologie utilisée

46160 ***Question***

Quelle est la terminologie utilisée pour désigner des changements intervenus pour un instrument financier ?

Réponse

Lorsque des événements conduisent à modifier les caractéristiques d'un actif ou passif financier, le plus souvent un prêt ou une dette, on peut parler de « renégociation », de « réaménagement », de « restructuration », de « modification » ou encore d'« extinction » de prêt ou de dette.

Commentaires Les termes utilisés pour évoquer les changements pouvant intervenir pour un prêt (ou une dette) sont variés. On peut ainsi parler de « renégociation », de « réaménagement », de « restructuration », de « modification » ou encore d'« extinction » de prêt (ou de dette). Les termes « renégociation », « réaménagement » et « restructuration » sont synonymes, avec toutefois les nuances suivantes :

– le terme « renégociation » est davantage employé lorsque les causes du changement ne sont pas liées à des difficultés financières de l'emprunteur, mais par exemple à des considérations commerciales ;

– le terme « restructuration » est davantage utilisé pour des cas de difficultés financières de l'emprunteur ;

– le terme « réaménagement » est plus neutre et ne préjuge en rien des causes ayant conduit à ce changement.

Le terme « extinction » signifie « mettre fin aux droits (obligations) contractuel(le)s » : il y a extinction des droits du prêteur (obligations de l'emprunteur) lorsque, par exemple, l'emprunteur a remboursé son crédit, ce qui conduit à la décomptabilisation du prêt ou de la dette.

Une « modification non substantielle des conditions contractuelles » de prêt (ou de dette) est, par convention, le terme que nous retenons pour toute renégociation de prêt (ou de dette) qui n'aboutirait pas à une extinction. A contrario, une « modification substantielle des conditions contractuelles » de prêt (ou de dette) est, par convention, le terme que nous retenons pour toute renégociation de prêt (ou de dette) qui aboutirait à une extinction.

Extinction de dette

Question 46165

Dans quels cas une renégociation s'analyse-t-elle comme une extinction de dette ?

Réponse

Une renégociation de dette s'analyse comme une extinction de dette dans l'un des cas suivants :

- la dette renégociée est contractée avec une contrepartie différente de l'ancienne ;
- la renégociation avec une même contrepartie entraîne une modification substantielle des termes du contrat de dette.

Commentaires La renégociation d'une dette s'analyse comme une extinction :
- si la dette renégociée est contractée avec une contrepartie différente de l'ancienne ; ou
- si en l'absence de changement de contrepartie, la renégociation s'analyse comme une modification substantielle des termes du contrat de dette.

1. **Changement de contrepartie** Si la nouvelle dette est contractée avec une contrepartie différente de l'ancienne, l'entité se situe dans un cas d'extinction de dette. En effet, IFRS 9.3.3.2, qui établit la distinction entre une extinction de dette et la renégociation d'une ancienne dette, ne traite que du cas « d'un échange entre un emprunteur et un prêteur existants ». En conséquence, dès lors que la nouvelle dette est signée avec une autre contrepartie, il s'agit d'une extinction de dette suivie d'une nouvelle (et non pas d'une modification de la dette existante).

Cas d'obligations cotées Dans le cas d'un rachat d'obligations cotées avec réémission simultanée d'un nouvel emprunt obligataire, l'opération ne peut être traitée que comme une extinction de dette puisque les souscripteurs de la nouvelle émission ne sont pas les mêmes que ceux de l'ancienne. En revanche, dans le cas d'une opération publique d'échange (OPE) d'une dette obligataire contre une autre, l'échange de dette se fait avec les mêmes porteurs et la question se pose donc de savoir s'il s'agit d'une extinction ou d'une modification de dette, voir n° 46170.

Cas des pools bancaires A notre avis, le fait qu'il y ait un changement (même majoritaire) des banques constitutives d'un pool bancaire ne suffit pas en soi à considérer qu'il y a extinction de dette. Si les termes et conditions mêmes de l'emprunt (constituant en substance un seul prêt ayant le pool comme contrepartie) ne sont pas modifiés, le seul fait de substituer une banque à une autre ou de réallouer les quotes-parts de risques ou de liquidité entre banques ne modifie pas la situation vue du côté emprunteur. Ce cas n'est pas différent de celui d'une obligation cotée sur un marché et qui changerait de mains (et pour autant, on ne considère pas qu'il y a renégociation de dettes dans ce cas).

Sur le **cas particulier de « reverse factoring »** (opérations tripartites), voir n° 48210.

2. **Modification substantielle d'une dette** Dès lors que la renégociation s'effectue avec une même contrepartie (ou satisfait les conditions d'un échange de dette), l'entité doit mener une analyse afin de déterminer si la modification est substantielle (voir n° 46170). Si tel est le cas, la modification s'analyse comme une extinction.

Sur le traitement comptable d'une extinction, voir n° 46200.
Sur le traitement comptable d'une modification, voir n° 46205.

Modification substantielle (ou non) de dette

Question 46170

Comment apprécier le caractère substantiel d'une modification de dette ?

Réponse

En principe, une modification est substantielle dès lors que le test relatif à la variation des flux de trésorerie, avant et après renégociation, est supérieur à 10 % ou que qualitativement les flux de trésorerie sont substantiellement modifiés (par exemple, dans le cas d'un changement de devise de remboursement de l'emprunt).

Commentaires Une modification est substantielle, dès lors que le test relatif à la variation des flux de trésorerie, avant et après renégociation, est supérieur à 10 % ou que qualitativement les flux de trésorerie sont substantiellement modifiés (par exemple, dans le cas d'un changement de devise de remboursement de l'emprunt).

Dans le cadre d'une renégociation de passif financier, cette analyse n'est applicable qu'à une dette renégociée avec une même contrepartie.

1. Test quantitatif Le test quantitatif (« test des 10 % ») consiste à comparer la valeur des flux de trésorerie futurs, selon les nouvelles conditions de la dette, actualisés au taux d'intérêt effectif (TIE) de la dette d'origine avec la valeur actualisée des flux de trésorerie restant dus sur le passif initial. Si la différence est supérieure à 10 %, la renégociation s'analyse comme une modification substantielle qui entraîne une extinction de la dette.

Pour le traitement comptable d'une extinction, voir nº 46200.
Sur le test quantitatif, voir nº 46175.

2. Test qualitatif Lorsque cette différence de flux de trésorerie est inférieure à 10 %, le test quantitatif est complété d'un test qualitatif. Le test qualitatif a pour objectif la prise en compte de toute évolution significative du profil de risque de la dette qui n'aurait pas été reflétée dans le test quantitatif.

Si l'entité conclut ainsi à une modification substantielle de la dette, la renégociation entraîne une extinction de la dette.

Pour le traitement comptable d'une extinction, voir nº 46200.
Sur le test qualitatif, voir nº 46185.

Dans le cas où l'entité n'a pas conclu à une modification substantielle de dette, elle doit alors analyser en substance la renégociation afin de déterminer le traitement comptable à appliquer (voir nº 46205 et 46210).

Remarque importante En l'absence de précision de la norme, il paraissait possible de faire un choix de méthode pour l'analyse d'une modification de dette en effectuant un test quantitatif seul ou complété par un test qualitatif. L'approche retenue devait alors être appliquée de manière homogène et permanente.

Dans son rapport d'activité publié en avril 2018, l'ESMA s'est prononcé sur le fait que toute méthode d'analyse d'une modification de dette devrait comporter à la fois des critères quantitatifs et qualitatifs (ESMA 32-63-424).

A notre avis, un émetteur supervisé par l'AMF et donc par l'ESMA doit en conséquence se conformer à cette décision. Les autres émetteurs pourraient continuer à se prévaloir du choix de méthode comptable rappelé ci-avant.

Analyse d'une modification substantielle : test quantitatif (« test des 10 % »)

46175 *Question*

En quoi consiste le test quantitatif pour apprécier si une modification est substantielle ?

Réponse

Le test quantitatif (aussi appelé « test des 10 % ») consiste à comparer la valeur des flux de trésorerie futurs selon les nouvelles conditions, actualisés au taux d'intérêt effectif de la dette d'origine, avec la valeur nette comptable de la dette.

Lorsque son résultat est égal ou supérieur à 10 %, l'entreprise conclut à l'extinction de la dette.

Lorsque son résultat est inférieur à 10 %, l'entreprise doit compléter son analyse du caractère substantiel de la modification de dette par un test qualitatif.

Commentaires D'une manière générale, IFRS 9.3.3.2 fait référence à la notion de « termes/conditions substantiellement différent(e)s ». IFRS 9.B3.3.6 prévoit un test des 10 % relatif à la variation des flux de trésorerie avant et après renégociation afin d'en apprécier l'éventuel caractère substantiel. **46175** (suite)

Selon ce test, les conditions sont substantiellement différentes si la valeur des flux de trésorerie selon les nouvelles conditions, actualisée par application du taux d'intérêt effectif (TIE) initial, est égale ou supérieure à 10 % de la valeur actualisée des flux de trésorerie restant dus du passif initial (IFRS 9.B3.3.6). Dans un tel cas, la renégociation devra être comptabilisée comme une extinction de dette.

Sur le traitement comptable d'une extinction de dette et pour un exemple chiffré, voir nº 46200.

En revanche, si la variation des flux de trésorerie avant et après renégociation est inférieure à 10 %, le test quantitatif doit être complété par un test fondé sur des critères qualitatifs (voir nº 46185).

En novembre 2016, l'IFRS IC a précisé que seuls les **honoraires** versés ou reçus entre l'entité et le prêteur (ou pour leur compte) sont à intégrer dans les flux de trésorerie du test des 10 %, les honoraires relatifs à des contreparties autres que l'entité et le prêteur étant donc exclus de ces flux (IFRIC Update 11/16).

Cette précision de l'IFRS IC a été confirmée par l'IASB dans un amendement de la norme IFRS 9 publié en mai 2020 (dans le cadre des améliorations annuelles des IFRS cycle 2018-2020), clarifiant ainsi la nature des honoraires à prendre en compte pour la réalisation du test des 10 % et le traitement comptable de ceux-ci selon que la dette modifiée est décomptabilisée ou non. L'amendement est d'application obligatoire pour les exercices ouverts à compter du 1er janvier 2022 (une application anticipée était possible dès 2021, l'amendement ayant été adopté par la Commission européenne le 28 juin 2021, Règl. UE 2021/1080).

A noter que la **soulte** payée ou reçue doit être prise en compte dans le test des 10 % (voir nº 46180).

■ *Exemple*

Soit un emprunt remboursable in fine contracté le 1/01/N, d'un nominal de 100, d'une durée de 5 ans, avec un taux fixe de 5 %. Par souci de simplification, les frais d'émission et de transaction sont considérés nuls.

A la fin de l'année N+2, l'entreprise renégocie sa dette pour un même montant (100) : elle décide de la proroger sur une durée supplémentaire de 5 ans. Cette extension de durée est combinée à une baisse de taux d'intérêt.

Le nouveau taux d'intérêt affiché est de 3,6 %. Il est composé du taux d'intérêt de la dette initiale et du taux de marché à la date de renégociation (soit 3 %).

Par souci de simplification, les frais de renégociation sont nuls.

Solution de l'exemple – Etape 1 de l'analyse du caractère substantiel d'une modification de dette : test quantitatif de 10 % :

*1. **Tableau d'amortissement de l'emprunt selon les conditions initiales** Le TIE d'origine de cet emprunt s'établit à 5 % en l'absence de frais d'émission et de transaction.*

Années	*N*	*N+1*	*N+2*	*N+3*	*N+4*
Coût amorti début période (CADP)	100	100	100	100	100
Charge d'intérêts au TIE de 5 %	5	5	5	5	5
Paiements (coupons et capital)	–5	–5	–5	–5	–105
Coût amorti fin période (CAFP)	100	100	100	100	0

*2. **Valeur nette comptable (VNC) de la dette d'origine avant renégociation***

Fin d'Années	*N+3*	*N+4*
Paiements avant renégociation	5	105
Facteurs d'actualisation au TIE initial	0,95 (= 1 / 1,05)	0,91 (= 1 / 1,05 ²)
Paiements actualisés (coupons et capital)	4,8	95,2
VNC actualisée (hors frais de renégociation)	100	

46175 (suite)

3. Valeur nette comptable (VNC) de la dette selon les nouvelles conditions renégociées (avec actualisation au TIE initial)

Années	*N+3*	*N+4*	*N+5*	*N+6*	*N+7*	*N+8*	*N+9*
Dette suite renégociation (1)	*3,6*	*3,6*	*3,6*	*3,6*	*3,6*	*3,6*	*103,6*
Facteurs d'actualisation au TIE initial	*0,95*	*0,91*	*0,86*	*0,82*	*0,78*	*0,75*	*0,71*
Paiements actualisés (coupons et capital)	*3,5*	*3,3*	*3,1*	*3,0*	*2,8*	*2,7*	*73,6*
VNC actualisée (hors frais de renégociation)				*92,03*			
(1) Aucun impact trésorerie n'est constaté dans les comptes au titre de l'augmentation du montant de la dette.							

Résultat du test des 10 % *Au 1/01/N+3, la différence entre le passif restant dû (100) et les flux actualisés aux nouvelles conditions (92,03) – soit 7,97 – représente 8 % (i.e. 7,97/100) du passif restant dû. La différence étant inférieure à 10 %, l'entreprise procède donc à un test qualitatif pour compléter son analyse (voir n° 46185).*

Prise en compte d'une éventuelle soulte dans le « test des 10 % »

46180 ***Question***

Faut-il tenir compte d'une éventuelle soulte (payée ou reçue) dans le « test des 10 % » pour apprécier si une modification est substantielle ?

Réponse

Oui, car la soulte (payée ou reçue) fait partie intégrante du réaménagement des flux de trésorerie issus de la renégociation de l'emprunt.

Commentaires En période de hausse des taux d'intérêt, une société peut demander le réaménagement des flux de trésorerie de ses dettes. La renégociation se traduit par la réception immédiate d'une soulte en contrepartie de paiements d'intérêts futurs plus élevés.

La soulte reçue fait partie intégrante du réaménagement des flux de trésorerie de l'emprunt cherchant à s'aligner sur les conditions de marché à la date de la renégociation. Elle est en conséquence sans impact sur son TIE d'origine. Cette soulte est alors comptabilisée en tant qu'ajustement de la valeur comptable de la dette et est amortie sur sa durée de vie résiduelle (de manière à rétablir le TIE d'origine).

Remarque Ne pas prendre en compte la soulte pourrait conduire à un traitement erroné, en extinction de dette. En effet, sachant que cette dernière représente la valeur actuelle (au taux d'origine) des flux futurs renégociés, le fait de la prendre en compte fera que, par construction, le « test des 10 % » sera respecté.

■ *Exemple*

Traitement comptable d'une soulte issue d'un réaménagement des flux de trésorerie *Soit un emprunt de nominal 100 avec un TIE d'origine de 8 % ayant une durée de vie résiduelle de 5 ans.*
A la date de la renégociation, les conditions du marché pour un même emprunt par le même émetteur sont de 10 % (les taux d'intérêt ont augmenté de 1,5 % et le risque de crédit de l'émetteur de 0,5 %).
La renégociation se traduit par la réception d'une soulte de 10 et le paiement d'une commission de 1.

Solution de l'exemple *Le tableau suivant présente comment prendre en compte la soulte dans le calcul du test des 10 % :*

	N (1)	*N+1*	*N+2*	*N+3*	*N+4*	*N+5*	
Flux d'intérêts et de capital (après renégociation)	*10* (2)	*(10)*	*(10)*	*(10)*	*(10)*	*(110)*	
Commission de renégociation payée	*(1)*	*–*	*–*	*–*	*–*	*–*	
Flux totaux de trésorerie	*9*	*(10)*	*(10)*	*(10)*	*(10)*	*(110)*	
Taux d'actualisation				*8 %* (3)			
Facteur d'actualisation	*1*	*0,926*	*0,857*	*0,794*	*0,735*	*0,681*	

	N [1]	N+1	N+2	N+3	N+4	N+5	
Flux de trésorerie actualisés	*9*	*(9,259)*	*(8,573)*	*(7,938)*	*(7,350)*	*(74,864)*	*(98,985)* [4]
Valeur nette comptable de l'emprunt au bilan	–	–	–	–	–	–	*(100)*
Ecart	–	–	–	–	–	–	*(1)*

(1) Exercice N : exercice de la renégociation.
(2) Soulte reçue.
(3) TIE d'origine.
(4) En tenant compte de chiffres non arrondis.

Remarque *L'écart de 1 (i.e. 1 % pour un nominal de 100) correspond bien uniquement au montant des commissions payées. La soulte de 10 reçue lors de la renégociation compense exactement la différence de taux d'intérêt (2 %) acceptée sur les 5 années restantes.*
Elle ne fait que traduire le réaménagement des flux de trésorerie sur cette période, c'est-à-dire la réception d'une somme initiale (monétisation de l'avantage existant) contre l'engagement de verser un coupon d'intérêt supérieur (10 %) par rapport au taux d'origine (8 %).

Application du « test des 10 % » à une modification d'un « credit revolving » non tiré

Question 46182

Faut-il tenir compte dans le « test des 10 % » du montant maximal de tirage d'une facilité de crédit renouvelable (« credit revolving ») non encore tirée pour apprécier si une modification est substantielle ?

Réponse

Lorsqu'une facilité de crédit renouvelable non tirée est modifiée, la méthodologie à retenir pour effectuer le « test des 10 % » varie en fonction de l'estimation des flux de trésorerie futurs relatifs aux tirages :
– le test devra, à notre avis, tenir compte des estimations de tirages futurs si ceux-ci peuvent être estimés de manière fiable par le management de l'entité ;
– sinon, le test devra être réalisé sur la base d'une hypothèse d'utilisation du montant maximal de tirage de la facilité de crédit.

Commentaires Une facilité de crédit renouvelable (« credit revolving ») non encore tirée correspond à un engagement de financement et relève des dispositions d'IFRS 9 en matière de décomptabilisation (IFRS 9.2.1g). En conséquence, tout changement des termes de la facilité avec une même contrepartie (par exemple, l'extension de maturité du contrat ou le changement des conditions d'intérêts) doit être analysé pour déterminer si la modification est substantielle ou non.

Cette analyse, qui repose en partie sur le « test des 10 % », peut s'avérer complexe dans le cas d'une facilité de crédit renouvelable qui n'a pas encore été tirée.

Rappel L'analyse du caractère substantiel ou non d'une modification repose à la fois sur un test quantitatif (i.e « test des 10 % ») et un test qualitatif (voir nº 46170).

Le « test des 10 % » consiste à comparer **la valeur des flux de trésorerie futurs selon les nouvelles conditions, actualisés au taux d'intérêt effectif de la dette d'origine,** avec la valeur actualisée des flux de trésorerie restant dus du passif initial (IFRS 9.B3.3.6).

Pour plus de détails sur ce test quantitatif, voir nº 46175.

En l'absence de précision de la norme IFRS 9 sur le « test des 10 % » dans le cas de modification d'une facilité non tirée, l'entité devra faire preuve de jugement. A notre avis, la méthodologie à retenir pour effectuer ce test dépend de la capacité du management de l'entité à estimer de manière fiable les flux futurs de tirages de la facilité.

1. Estimations fiables des tirages futurs Si le management de l'entité est en mesure d'estimer le montant et le calendrier des tirages futurs de manière fiable, il est, à notre avis, raisonnable d'utiliser ces estimations de flux de trésorerie futurs comme hypothèse pour réaliser le « test des 10 % ».

2. **Impossibilité d'estimer les montants des tirages futurs avec fiabilité** Si le management n'est pas en mesure d'estimer le montant et le calendrier des tirages futurs avec fiabilité, une approche prudente consiste, à notre avis, à supposer que la facilité sera entièrement tirée en une « seule fois ».

Cette méthodologie est cohérente avec la méthode du taux d'intérêt effectif qui requiert d'utiliser :
- les estimations de flux de trésorerie futurs sur la durée de vie attendue de l'instrument lorsque ceux-ci peuvent être déterminés avec fiabilité ; ou
- les flux de trésorerie contractuels sur la durée de vie contractuelle de l'instrument, lorsque ceux-ci ne peuvent pas être estimés de manière fiable sur la durée de vie attendue de l'instrument.

Sur la notion de taux d'intérêt effectif, voir nº 46770.

Modification substantielle (ou non) : analyse qualitative

46185 *Question*

En quoi consiste l'analyse qualitative pour apprécier si une modification est substantielle ?

Réponse

Elle consiste à prendre en considération des éléments qui peuvent affecter le profil de risque de l'instrument de manière significative et permet de conclure à l'extinction (ou non) de la dette renégociée.

A notre avis, certains critères (par exemple, le changement de devise de remboursement) sont déterminants car ils entraînent systématiquement une modification substantielle des termes du contrat de dette.

La prise en compte d'une modification d'un covenant dépendra des faits et circonstances.

La prise en compte d'un changement de la nature du taux d'intérêt, de l'existence d'une option de remboursement avec une pénalité faible ou de l'extension significative de maturité relève, à notre avis, d'un choix de méthode comptable.

Commentaires L'analyse qualitative d'une modification de dette vient compléter le test quantitatif lorsque son résultat est inférieur à 10 %. Elle permet de prendre en considération des modifications qualitatives des termes du contrat qui affectent le profil de risque de l'instrument de manière significative et qui seraient mal appréhendées dans le test des 10 %.

A notre avis, les critères à prendre en considération dans le test qualitatif sont les suivants :

1. **Critères déterminants** : le changement de l'un des éléments suivants entraîne, à notre avis, systématiquement une modification substantielle des termes du contrat de dette :
- devise de remboursement de l'emprunt ;
- date ou parité de conversion (cas d'une obligation convertible).

2. **Critères fondés sur le jugement et l'analyse des faits et circonstances** : par exemple, cas d'une modification contractuelle en prévision du non-respect d'un « covenant ».

Dans le cas d'une renégociation de dette suite au non-respect d'un « covenant », voir nº 46235.

3. **Critères résultant d'un choix de méthode comptable de l'entité** : lorsque le test quantitatif permet d'appréhender la modification de termes du contrat de dette mais de manière imparfaite, une entité peut faire le choix de considérer l'un des changements suivants comme un critère décomptabilisant :
- la nature de taux d'intérêt (taux fixe au lieu d'un taux variable ou inversement) ;
- l'extension significative de la maturité de la dette à un taux qui correspond à la moyenne (i) du taux initial sur la durée de vie résiduelle de la dette initiale et (ii) du taux de marché sur la durée de vie étendue ;
- l'existence contractuelle d'une option de remboursement anticipé, au pair ou avec pénalité non significative.

Sur le cas d'une renégociation d'un prêt avec clause de remboursement anticipé au pair ou avec une pénalité de remboursement non significative, voir nº 45620 ou 46210.

L'approche retenue par l'entité devra être appliquée de manière homogène et permanente.

Si l'analyse qualitative conclut à une modification substantielle des termes/conditions du contrat, l'entreprise devra comptabiliser la renégociation comme une extinction de dette. Dans le cas contraire, la renégociation sera comptabilisée comme une modification de dette.

Pour le traitement comptable d'une extinction de dette, voir nº 46200.
Pour le traitement comptable d'une modification de dette, voir nº 46205.

■ *Exemple*

(Reprise de l'exemple au nº 46175) Soit un emprunt remboursable in fine contracté le 1/01/N, d'un nominal de 100, d'une durée de 5 ans, avec un taux fixe de 5 %. Par souci de simplification, les frais d'émission et de transaction sont considérés nuls.
A la fin de l'année N+2, l'entreprise renégocie sa dette pour un même montant (100) : elle décide de la proroger sur une durée supplémentaire de 5 ans. Cette extension de durée est combinée à une baisse de taux d'intérêt.
Le nouveau taux d'intérêt affiché est de 3,6 %. Il est composé du taux d'intérêt de la dette initiale et du taux de marché à la date de renégociation (soit 3 %).
Par souci de simplification, les frais de renégociation sont nuls.
L'entité a réalisé le test quantitatif dont le résultat ressort à 8 % (pour plus de détails, voir nº 46175). Elle procède alors à l'analyse qualitative de la modification de dette.

Solution de l'exemple *En l'absence de critères qualitatifs déterminants (voir point 1. ci-avant) et les critères énoncés au point 2. n'étant pas non plus remplis, l'entreprise doit déterminer si elle retient l'extension significative de maturité comme critère d'analyse. En fonction du choix retenu, la renégociation sera traitée comme une extinction ou comme une modification non substantielle de dette.*

Remarque importante *A notre avis, dans cet exemple, et pour le cas où l'entité a choisi de ne pas considérer l'extension de maturité comme un critère de l'analyse qualitative, l'analyse comptable conclut à une modification non substantielle de la dette et le traitement comptable associé est économiquement contre-intuitif puisqu'il revient :*
– à constater un gain immédiat de 7,97 M€, gain qui correspond à l'écart entre le taux initial de 5 % et le taux de marché de 3 % sur les 5 années supplémentaires ; et
– à comptabiliser ensuite une charge de 5 % car la dette est maintenue à son TIE d'origine. Or cette charge ne correspond en rien aux nouvelles conditions de marché de la dette sur la durée étendue.
A notre avis, il nous semble donc préférable d'inclure, dans les critères d'analyse, l'extension de maturité.

B. Comptabilisation de la renégociation d'une dette

Comptabilisation d'une extinction de dette

46200

Question

Comment comptabilise-t-on une extinction de dette ?

Réponse

Il y a décomptabilisation de l'ancien emprunt pour la juste valeur de la contrepartie donnée en échange. Si une nouvelle dette est mise en place, cette dernière est comptabilisée aux conditions de marché.

Les coûts entraînés par l'opération sont comptabilisés dans le résultat de l'exercice concerné, sauf, dans de très rares situations, les coûts marginaux directement attribuables à l'émission de la nouvelle dette qui viennent en diminution de la valeur comptable de la dette.

Commentaires :

1. Approche générale Lors d'une extinction de dette, la différence entre la valeur comptable de la dette éteinte (ou de la partie de la dette éteinte) et la contrepartie payée doit être comptabilisée dans le compte de résultat (IFRS 9.3.3.3).

S'il s'agit d'une renégociation de dette entraînant une modification substantielle du contrat et analysée de ce fait comme une extinction de dette (voir nº 46170), il y a :

a. **décomptabilisation de l'ancienne dette** ; et

Remarque Comme indiqué ci-avant, la décomptabilisation de l'ancienne dette entraîne la constatation d'un résultat de cession (en général une perte) correspondant à l'écart entre la valeur nette comptable de la dette et la juste valeur de la contrepartie donnée en échange.

46200 (suite) Certains coûts de mise en place de l'emprunt initial auparavant étalés sur la durée de la dette selon la technique du taux d'intérêt effectif font partie de la valeur nette comptable de la dette et doivent être immédiatement comptabilisés en charge au compte de résultat.

b. **comptabilisation d'une nouvelle dette aux conditions de marché** (IFRS 9.3.3.2), c'est-à-dire à sa juste valeur, avec un nouveau taux d'intérêt effectif (TIE).

2. **Traitement comptable des coûts liés à la renégociation** Il existe une incohérence entre IFRS 9.5.1.1 qui précise que la comptabilisation initiale d'une dette correspond à sa juste valeur diminuée de tous les coûts directs de transaction et IFRS 9.B3.3.6 qui précise que – dans une renégociation de dette traitée comme une extinction de dette – tous les coûts liés à la renégociation doivent être comptabilisés en résultat.

Afin de clarifier cette incohérence sous IAS 39, l'IASB avait précisé que les frais de renégociation doivent être comptabilisés selon IAS 39.43 (repris en IFRS 9.5.1.1), c'est-à-dire en résultat, sauf si une partie de ces coûts est directement attribuable à l'émission de la nouvelle dette (IASB Update 12/09).

Les coûts directement attribuables sont les coûts marginaux qui n'auraient pas été encourus si la dette n'avait pas été renégociée. La partie de ces coûts spécifiquement liée à l'émission de la nouvelle dette est à ajouter à la juste valeur de cette dernière et à étaler selon la méthode du TIE (voir n° 46785). Cependant, en pratique, à notre avis, il sera très difficile de démontrer que tout ou partie des coûts liés à la renégociation respecte la définition de coûts de transaction directement attribuables à la nouvelle dette. Par conséquent, en général, les coûts de renégociation devront être comptabilisés immédiatement au compte de résultat.

Remarques :

1. Un exemple de coûts marginaux attribuables à la nouvelle dette serait des coûts encourus pour la notation de la dette.
2. Lorsque la nouvelle et l'ancienne dettes sont contractées avec des **contreparties différentes,** les coûts (commissions et soulte payées) sont à rattacher à chacune des opérations respectives. Dans ce cas, les commissions liées à la nouvelle dette sont incorporées à son TIE (dès lors qu'elles répondent à la définition de coûts de transaction selon IFRS 9.A et .B5.4.8, voir n° 46785).
3. En revanche, lorsqu'il s'agit d'un échange de dettes avec la **même contrepartie,** l'ensemble des commissions et soulte payées est comptabilisé en résultat (IFRS 9.B3.3.6), sauf lorsque les frais ou commissions sont clairement rattachés à l'émission de la nouvelle dette (cas par exemple de droits d'enregistrement). En tout état de cause, la nouvelle dette doit être comptabilisée à sa juste valeur, faisant apparaître un taux de marché.
4. Dans le cas d'une **extinction de dette financière par émission d'actions,** voir n° 48280.
5. A noter que le CESR (devenu l'ESMA) semblait rester sur la position antérieure d'une comptabilisation en résultat de tous les coûts de renégociation (EECS/1209-01, 12/09).

■ *Exemple*

Renégociation traitée comme une extinction de dette *Soit un emprunt remboursable in fine contracté le 1/01/N, de nominal 1 000, d'une durée de 5 ans, avec un taux fixe de 10 % payable annuellement et des frais d'émission de 5,5.*

Le 1/01/N+3, le taux est renégocié à 4 % (taux du marché) et les frais de renégociation directement attribuables à la nouvelle dette sont de 4. Aucun paiement de soulte n'est exigé par la banque (contexte de baisse des taux avec forte pression de la concurrence).

Remarque Dans le contexte indiqué ci-avant, la banque n'a pas de raison de renégocier à son désavantage et la société risque alors plutôt de se retrouver dans le cas d'une simple modification de dette (voir n° 46205).

Solution de l'exemple *Le traitement comptable est le suivant :*

*1. **Tableau d'amortissement de l'emprunt selon les conditions initiales (rappel)** Le TIE d'origine est de 10,15 % conduisant aux charges d'intérêt suivantes pour chacun des exercices concernés.*

	Charge d'intérêt	*Paiement*	*Valeur comptable de l'emprunt*
1/01/N			*994,5*
31/12/N	*100,9*	*100*	*995,4*
31/12/N+1	*101,0*	*100*	*996,4*
31/12/N+2	*101,1*	*100*	*997,5*
31/12/N+3	*101,2*	*100*	*998,7*
31/12/N+4	*101,3*	*1 100*	*0*

2. Calcul des flux selon les nouvelles conditions renégociées (avec actualisation au TIE initial)

	Paiements	*Paiements actualisés*
1/01/N+3	*4*	*4*
31/12/N+3	*40*	*36,3 (40 / 1,1015)*
31/12/N+4	*1 040*	*857,2 (1 040 / 1,1015 ²)*
Total		*897,5*

Conclusion – Test des 10 % Au 1/01/N+3, la différence entre le passif restant dû (997,5) et les flux actualisés aux nouvelles conditions (897,5) – soit 100 – est supérieure à 10 % du passif restant dû (997,5). L'opération est donc traitée comme une extinction de dette.

3. Détermination du TIE de la nouvelle dette

Valeur comptable de la nouvelle dette : 1 000 – 4 = 996

TIE de la nouvelle dette $996 = \frac{40}{(1+i)} + \frac{1\,040}{(1+i)^2}$

i = 4,21 % (calcul par itération)

4. Ecritures comptables Il y a (i) décomptabilisation de l'ancienne dette avec comptabilisation en compte de résultat de la quote-part des frais d'émission non encore amortis (2,5) et (ii) comptabilisation des frais de renégociation (4) en moins de la trésorerie et de la nouvelle dette avec son nouveau TIE (4,21 %) :

Dt	*Dette (ancienne)*	*997,5*	
Dt	*Charges financières – Perte* (1)	*2,5*	
Ct	*Trésorerie*		*4*
Ct	*Dette (nouvelle)*		*996*
(1) Frais d'émission sur ancienne dette non encore amortis (1 000 – 997,5 = 2,5)			

Comptabilisation d'une modification non substantielle d'une dette : cas général

46205

Question

Comment comptabiliser une modification non substantielle d'une dette ?

Réponse

Selon l'approche générale, la valeur comptable de la dette est ajustée pour refléter la valeur des flux de trésorerie futurs modifiés, actualisés au taux d'intérêt effectif (TIE) d'origine de la dette. Cet ajustement (gain ou perte) est constaté immédiatement en résultat.

Par ailleurs, les coûts liés à la renégociation viennent ajuster la valeur comptable de la dette et son TIE d'origine.

A notre avis, dans les cas d'une modification qui pourrait s'assimiler à un mécanisme quasi automatique d'ajustement du taux d'intérêt de la dette au taux de marché, un autre traitement comptable serait possible (voir nº 46210).

Commentaires :

1. **Contexte** Le traitement comptable d'une modification non substantielle de dette conformément à IFRS 9 met fin à la pratique précédente (IAS 39.AG62) qui consistait à lisser l'économie attendue (ou la charge supplémentaire) sur la durée résiduelle de la dette renégociée, en ajustant prospectivement le taux d'intérêt effectif (TIE) de la dette.

2. **Principe général de comptabilisation** En cas de modification (renégociation) d'une dette, sa valeur comptable est modifiée pour refléter la valeur des nouveaux flux de trésorerie actualisés au TIE d'origine de la dette existante. La contrepartie de la modification de la valeur comptable constitue un gain ou une perte qui doit être immédiatement constaté en résultat (IFRS 9.B5.4.6).

Ce traitement est généralement appelé « catch up method » ; il est similaire au traitement anciennement défini par IAS 39.AG8.

46205 (suite) La dette modifiée est ainsi maintenue au bilan à son TIE d'origine, ce dernier étant réajusté des seuls coûts liés à la renégociation.

Coûts liés à la renégociation Les coûts liés à la renégociation sont étalés sur la durée de vie résiduelle du passif financier modifié (IFRS 9.B3.3.6). Toutefois, ce traitement n'est pas cohérent avec celui d'une modification non substantielle de dette, explicité ci-avant, qui consiste à reconnaître immédiatement en résultat l'impact lié à la renégociation (IFRS 9.B5.4.6). Bien que cette incohérence ait été soulevée dans les réponses à l'appel aux commentaires de l'IFRS IC sur le sujet du traitement d'une modification de dette (IFRIC Update 06/17), l'IASB n'y a pas donné suite.

En conséquence, à notre avis, les montants à inclure dans l'ajustement du TIE d'origine correspondent aux coûts et honoraires pour lesquels l'émetteur peut démontrer qu'il s'agit de coûts marginaux directement attribuables à la modification des conditions contractuelles, c'est-à-dire à des coûts qui n'auraient pas été encourus si la dette n'avait pas été renégociée.

Ceux-ci correspondent par exemple à des frais d'enregistrement, des coûts prélevés par les agences réglementaires et les bourses de valeurs, des taxes et droits de transfert (IFRS 9.B5.4.8).

En revanche, des coûts de construction d'un business plan qui pourraient servir à d'autres usages ou encore les coûts liés à la restructuration de la société dans son ensemble ne peuvent pas être inclus dans la valeur nette comptable de la dette modifiée.

A noter que les coûts liés à la renégociation ont été pris en compte dans le calcul des 10 % permettant de déterminer s'il s'agit ou non d'une extinction de dette (voir nº 46175).

Remarque En octobre 2017, l'IASB a clarifié ce traitement dans les bases de conclusion de l'amendement sur les instruments de dette avec une clause de remboursement anticipé comportant une pénalité symétrique (IFRS 9.BC4.252 et .BC4.353). Ceci vient confirmer la position de l'IFRS IC (IFRIC Update 06/17) selon laquelle :

- une modification non substantielle des termes contractuels doit s'analyser dans la continuité de la dette d'origine comme IFRS 9 le prévoit explicitement pour les actifs financiers ; et
- le TIE d'origine doit donc être maintenu (IFRS 9.B5.4.6).

Cette clarification de la part du Board a mis fin à la confusion créée notamment par IFRS 9.5.4.3 relatif au traitement de modifications des flux de trésorerie dans le cadre de la méthode du TIE qui ne semble traiter que les actifs financiers, sans préciser que le même traitement s'applique aux passifs.

3. Cas particulier A notre avis, dans le cas d'une modification non substantielle qui pourrait s'assimiler à un mécanisme quasi automatique d'ajustement du taux d'intérêt de la dette au taux de marché, un traitement comptable différent pourrait s'appliquer, voir nº 46210.

■ *Exemple*

Soit un emprunt remboursable in fine contracté le 1/01/N, d'un nominal de 100, d'une durée de 5 ans, avec un taux fixe de 5 %. Par souci de simplification, les frais d'émission et de transaction sont considérés nuls.

A la fin de l'année N+2, l'entreprise renégocie sa dette pour un même montant (100) : elle décide de la proroger sur une durée supplémentaire de 5 ans. Cette extension de durée est combinée à une baisse de taux d'intérêt.

Le nouveau taux d'intérêt affiché est de 3,6 %. Il est composé du taux d'intérêt de la dette initiale et du taux de marché à la date de renégociation (soit 3 %).

Par souci de simplification, les frais de renégociation sont nuls.

Dans le cadre de l'analyse de la renégociation de dette, le test quantitatif est inférieur à 10 %.

De plus, l'entreprise ne considère pas l'extension significative de la maturité d'une dette comme un critère qualitatif permettant de conclure à l'extinction (choix de méthode comptable, voir nº 46175).

En conséquence, l'entreprise a analysé cette renégociation comme une modification non substantielle de dette.

Solution de l'exemple

Pour le détail des calculs, voir nº 46175.

En application d'IFRS 9.B5.4.6, la dette renégociée est maintenue à son TIE d'origine (5 %). L'application du traitement d'une modification non substantielle de dette (« catch up method ») conduit à constater immédiatement en résultat un impact de renégociation de 7,97 (gain). Cet impact correspond à l'écart entre :

- la valeur nette comptable de la dette d'origine à la date de modification (100) ; et
- la valeur comptable de la dette renégociée au TIE d'origine (92,03).

Comptabilisation d'une renégociation de dette assimilée à un mécanisme d'ajustement quasi automatique au taux de marché

46210

Question

Comment comptabiliser une modification non substantielle d'une dette dès lors qu'elle est assimilée à un mécanisme quasi automatique d'ajustement du taux d'intérêt de la dette au taux de marché ?

Réponse

A notre avis, de manière similaire à la comptabilisation d'un changement d'estimation dans les flux futurs de trésorerie d'un instrument de dettes à taux variable ; ainsi, à la date de renégociation :
- la dette est maintenue à sa valeur nette comptable sans changement ; et
- son taux d'intérêt effectif (TIE) est révisé prospectivement.

Commentaires :

1. Contexte Une modification non substantielle d'une dette entraîne un changement d'estimation de ses flux futurs de trésorerie. En pratique, il n'est pas toujours facile, à notre avis, de déterminer si ce changement d'estimation des flux de trésorerie doit s'analyser comme :
- une **réestimation des flux de trésorerie** destinée à refléter des fluctuations des taux d'intérêt de marché nécessitant une révision prospective du taux d'intérêt effectif (TIE) (IFRS 9.B5.4.5 par analogie aux instruments à taux variable) ; ou
- une **révision des flux de trésorerie** contractuels nécessitant un ajustement de la valeur comptable du passif financier (IFRS 9.B5.4.6).

Sur les notions de réestimations de flux de trésorerie et de révisions de flux de trésorerie, voir n° 46835.

L'analyse en substance de la renégociation représente un enjeu conséquent car, à notre avis, le traitement d'une modification non substantielle de dette peut dans certains cas ne pas refléter correctement l'économie de l'opération de renégociation.

Rappel Le traitement comptable d'une modification non substantielle de dette conformément à IFRS 9 met fin à la pratique précédente (IAS 39.AG62) qui consistait à lisser l'économie attendue (ou la charge complémentaire) sur la durée résiduelle de la dette renégociée, en ajustant prospectivement le taux d'intérêt effectif (TIE) de la dette.
Pour le traitement comptable d'une modification de dette dans le cas général, voir n° 46205.

2. Traitement comptable d'une renégociation de dette assimilée à un mécanisme d'ajustement quasi automatique du taux d'intérêt au taux de marché Lorsque la modification non substantielle de la dette s'assimile à un mécanisme quasi automatique d'ajustement du taux d'intérêt aux conditions de marché (voir n° 46210), le traitement comptable consiste, à notre avis :
- à réviser prospectivement le TIE de la dette renégociée ; et
- à maintenir la dette renégociée au bilan à sa valeur nette comptable à la date de renégociation.

Cela par analogie au traitement de la réestimation périodique des flux de trésorerie destinée à refléter les fluctuations des taux d'intérêt du marché sur le TIE d'un instrument financier à taux variable (IFRS 9.B5.4.5).

Remarque Les IFRS en général et IFRS 9 en particulier ne précisent pas ce qu'est un « taux variable ». Selon l'IFRS IC, un taux d'intérêt de marché inclut le taux d'intérêt « benchmark » du contrat plus le spread contractuel et tout élément qui serait pris en compte dans le TIE (IFRIC Update 01/16, voir n° 46110).

3. Exemples Les tableaux ci-après, établis par nos soins, contiennent des exemples illustratifs de modification non substantielle, leur analyse en substance et le traitement comptable qu'il convient, à notre avis, de leur appliquer.

a. Cas de renégociation qui s'analyse en substance comme un mécanisme d'ajustement quasi automatique aux conditions de marché Pour ces exemples, à notre avis, le traitement comptable le plus approprié consiste à réviser prospectivement le TIE de la dette modifiée et à maintenir la dette à sa valeur nette comptable à la date de renégociation (par analogie au traitement défini par IFRS 9.B5.4.5) :

46210
(suite)

Description de la renégociation	Analyse de la modification substantielle des termes de la dette
Ajustement contractuel du spread de crédit d'un emprunt à taux variable, en fonction de la survenance d'événements pré-déterminés liés à l'emprunteur (Exemple : ratio Dette/Capitaux propres...) Ces clauses sont incluses pour éviter de renégocier la dette lorsque le risque de crédit de l'emprunteur varie. Les emprunts comportant une telle clause contractuelle sont communément dénommés « ratchet loans ».	Le spread de crédit varie en fonction de l'évolution du risque de crédit de l'emprunteur. Il représente une composante du taux d'intérêt du marché de la dette considérée, celui-ci étant composé du « taux d'intérêt benchmark » auquel s'ajoute le spread (IFRIC Update 01/16, voir n° 46110). En conséquence, par exemple, dans le cas d'une « dette vanille », avec un taux d'intérêt défini comme Libor + spread, si le réajustement du spread qui a été défini à l'origine de la dette est une bonne approximation des fluctuations de taux d'intérêt de marché attendues, le TIE de la dette renégociée sera révisé. Si tel n'est pas le cas, c'est la valeur comptable de la dette qui devra être ajustée.
Remise aux conditions de marché du taux d'intérêt d'une dette à taux fixe comportant une option de remboursement anticipé au pair sans pénalité ou avec pénalité faible (et inclusion de la pénalité dans le nouveau taux) Exemple : une société a un emprunt à taux fixe remboursable par anticipation sans pénalité. Elle renégocie les termes de son emprunt avec la banque afin de réajuster son taux d'intérêt en fonction des conditions de marché actuelles.	La renégociation est assimilée à un mécanisme d'ajustement quasi automatique du taux d'intérêt au taux de marché. Certaines banques, pour éviter des remboursements anticipés conduisant à une perte de clientèle, acceptent de renégocier le taux du crédit et présentent donc des taux de remboursement anticipé assez faibles comparés aux taux de renégociation. Ceci justifie que la renégociation puisse être considérée en substance davantage comme un processus de refixation du taux à des conditions de marché que comme un processus de pure négociation. Dans cette approche, le taux effectif de la dette serait modifié de manière prospective (IFRS 9.B5.4.5). De plus, à notre avis, s'il existe une pénalité faible : – celle-ci vient compenser le manque à gagner potentiel de flux d'intérêts au-delà de la date d'exercice de l'option de remboursement anticipé ; et – si elle n'a pas fait l'objet d'un paiement immédiat, elle est théoriquement facturée de manière implicite dans le taux d'intérêt de la nouvelle dette. En conséquence, à notre avis, **la pénalité faible s'analyse en substance comme un coût à inclure dans le calcul du TIE de la dette renégociée** en application d'IFRS 9.B5.4.5 et .B3.3.6. **Remarque importante** Cette même analyse demeure valable dans un cas de remise du spread de crédit aux conditions de marché d'une dette à « taux variable + spread » comportant une option de remboursement anticipé au pair sans pénalité ou avec pénalité faible.
	Approche alternative La renégociation peut s'analyser, en substance, comme l'exercice de l'option de remboursement anticipé prévue au contrat sans pénalité significative. Cette analyse conduirait à une décomptabilisation systématique de l'emprunt car l'exercice de l'option de remboursement anticipé conduit à l'extinction des flux sur le prêt remboursé et à la comptabilisation du nouveau crédit pour sa juste valeur (IFRS 9.3.3.2). Dans ce cas, la commission de renégociation, qui a plus la nature d'une indemnité de remboursement anticipé que de frais de dossier, devrait être comptabilisée immédiatement en résultat. Les frais non amortis de l'ancien crédit devraient également être comptabilisés immédiatement en résultat.

b. **Cas de renégociation** pour lesquels, à notre avis, le **traitement le plus approprié consiste à comptabiliser immédiatement en résultat l'ajustement de la valeur comptable de la dette renégociée** (IFRS 9.B5.4.6), voir nº 46205 :

Description de la renégociation	Analyse de la modification substantielle des termes de la dette
Restructuration de dette en raison de difficultés financières (incluant un remboursement différé ou un abandon partiel des flux de la dette). Exemple : une entreprise contracte un emprunt à taux fixe. Quelques années plus tard, rencontrant des difficultés financières, sa dette est restructurée de manière à lui permettre de rembourser son emprunt sans être à nouveau en défaut (i.e. abandon de certains flux ou remboursements).	Les réestimations des flux de trésorerie issues de cette renégociation sont liées à une dégradation de la faculté de remboursement de l'emprunteur. La dette renégociée doit être maintenue à son TIE d'origine en application d'IFRS 9.B5.4.6 et la société constatera une économie immédiate de sa charge d'intérêt du fait de la concession faite par le prêteur pour permettre à l'emprunteur de rembourser sans faire défaut.
Remise du taux de la dette à des conditions de marché avec application d'une pénalité qui compense les effets de la renégociation.	Les réestimations des flux de trésorerie de cette renégociation ne sont pas liées à des réestimations destinées à refléter les fluctuations des taux de marché. A notre avis, le TIE reste inchangé (car la pénalité vient en compensation de la « perte de flux de trésorerie »). Quoi qu'il en soit, l'application d'IFRS 9.B5.4.6 ou .B5.4.5 devrait être équivalente dans ce cas.
Renégociation de dette résultant en une remise partielle du taux d'intérêt de la dette aux conditions de marché Cas d'une dette n'incluant pas d'option de remboursement anticipé. Exemple : une société renégocie sa dette de manière à bénéficier de la baisse des taux d'intérêt constatée sur le marché. En l'absence d'une clause de remboursement anticipé, les parties au contrat s'accordent pour partager les bénéfices de la baisse des taux. La renégociation aboutit à une diminution du taux d'intérêt, qui ne reflète que partiellement la baisse des taux constatés sur les marchés. Aucune variation du spread de crédit de l'emprunteur n'est constatée lors de cette opération.	A moins que les termes du contrat ne prévoient un réajustement du taux d'intérêt selon certaines conditions, le taux de l'emprunt ne s'analysera pas comme un taux variable. IFRS 9.B5.4.6 s'applique dans ce cas.

Comptabilisation d'une modification de dette non substantielle : traitement d'un emprunt finançant un actif qualifié à la capitalisation des coûts d'emprunt

Question 46215

Comment comptabiliser la modification non substantielle d'un emprunt qui finance spécifiquement un actif qualifié à la capitalisation des coûts d'emprunt ?

Réponse

La valeur comptable de la dette est ajustée de manière à refléter les flux de trésorerie futurs modifiés au taux d'intérêt effectif (TIE) d'origine. Deux approches nous paraissent possibles pour la comptabilisation de l'ajustement provenant de la modification :

1. constatation immédiate en résultat de cet ajustement (gain ou perte) ;
2. incorporation de l'ajustement de valeur dans le coût de l'actif qualifié, celui-ci étant limité à la période de capitalisation des intérêts.

L'approche retenue devra être appliquée de manière homogène, s'agissant d'un choix de méthode comptable pour l'entité.

Commentaires La norme IAS 23, Coûts d'emprunt, impose l'incorporation des coûts d'emprunt directement attribuables à l'acquisition, la construction ou la production d'un actif qualifié dans le coût de cet actif (IAS 23.8). Les coûts d'emprunt incluent les charges d'intérêts calculés selon la méthode du taux d'intérêt effectif (TIE) conformément à IFRS 9.

Dans le cas d'une modification non substantielle d'un emprunt qui finance spécifiquement un actif qualifié, la question se pose de savoir si l'ajustement de la valeur comptable de cette dette modifiée conformément à IFRS 9.B5.4.6 doit être incorporé ou non au coût de l'actif qualifié.

Pour le traitement comptable d'une modification non substantielle de dette, voir nº 46205. Pour la notion d'actifs qualifiés et les coûts d'emprunt capitalisables, voir respectivement nº 38020 et 38025.

A notre avis, l'entité peut choisir d'appliquer l'une des deux méthodes suivantes :

1. **Non-incorporation au coût de l'actif qualifié** Cette approche s'appuie sur une interprétation restrictive de la définition des coûts d'emprunt. Ainsi, IAS 23.6 ne cite que les charges d'intérêts calculés selon la méthode du TIE conformément à IFRS 9 à titre de coûts d'emprunt. L'ajustement de la valeur comptable de la dette pour refléter les flux de trésorerie révisés ne répondant pas à cette définition, le gain ou la perte qui résulte d'une modification de dette non substantielle selon IFRS 9 (voir nº 46205) doit être constaté(e) immédiatement en compte de résultat et ne doit pas être incorporée au coût de l'actif.

2. **Incorporation au coût de l'actif qualifié** Selon cette approche, l'ajustement de valeur de la dette modifiée résulte de l'application de la méthode du TIE (i.e. actualisation des nouveaux flux de trésorerie au TIE d'origine).

Ceci découle du fait que la liste des coûts d'emprunt présentée dans IAS 23.6 n'est pas exhaustive.

L'ajustement (gain ou perte) relatif à la modification de l'emprunt spécifique peut être ainsi assimilé à un « autre coût d'emprunt », capitalisable car il est attribuable à l'emprunt de fonds qui finance l'actif qualifié (IAS 23.5).

Cet ajustement est limité à la portion directement attribuable à l'acquisition, la construction ou la production de l'actif qualifié. Si l'emprunt a une durée de vie supérieure à la période de capitalisation des intérêts, le montant du gain ou de la perte relatif à l'application de la modification de la dette sera limité au gain ou à la perte sur la période de capitalisation.

S'agissant d'un choix de méthode comptable, l'entité devra appliquer l'approche retenue de manière constante et homogène. Cette méthode comptable doit être présentée dans les états financiers de l'entité.

C. Cas particuliers

1. Remboursement partiel d'une dette

46225 ***Question***

Comment comptabiliser le remboursement partiel d'un emprunt dont les termes contractuels sont par ailleurs modifiés ?

Réponse

Au cas particulier analysé par le CESR, devenu l'ESMA (EECS/0508-06, 05/08) :
- la transaction est traitée comme deux opérations distinctes (le remboursement, d'une part, et la modification du contrat, d'autre part), dans la mesure où le remboursement relève d'une clause contractuelle de l'emprunt (remboursement en cas d'augmentation de capital) ;
- en outre, la modification n'est pas traitée comme une extinction de dette, parce que considérée comme non substantielle (variation de 3,92 % seulement de la valeur actualisée des flux de trésorerie de l'emprunt).

Commentaires :

1. **Approche générale** A notre avis, le remboursement partiel d'une dette doit être analysé comme une extinction de dette. Il n'est donc pas approprié d'étaler une soulte payée en l'incorporant dans le TIE de la partie restant à rembourser.

2. **Cas d'un remboursement partiel d'un emprunt dont les termes sont par ailleurs modifiés** Bien que la transaction ait été analysée par le CESR (devenu l'ESMA), sous le référentiel IAS 39, la réponse reste valable sous IFRS 9.

a. **Transaction analysée par le CESR** Au 31/12/N, un émetteur a comptabilisé une dette de 88 M€ à son bilan relative à un emprunt signé en N-4. Le contrat sous-jacent précise que les

« covenants » de la dette doivent être revus tous les trimestres et que cette dernière doit être partiellement remboursée en cas d'augmentation de capital. En janvier N+1, à la suite d'une augmentation de capital, le contrat est renégocié, entraînant :
- une modification des clauses de l'emprunt ; et
- un remboursement de 50 M€.

b. **Traitement comptable** (décision du CESR, EECS/0508-06, 05/08) Deux questions ont été posées :

i. Le remboursement partiel et la modification des clauses de l'emprunt devaient-ils être analysés comme des opérations séparées ?

Le CESR a confirmé que le remboursement partiel de l'emprunt devait être traité comme une opération distincte, dès lors que ce remboursement relevait d'une obligation prévue par le contrat lui-même.

Le remboursement a été traité selon IAS 39.AG8 (« catch up method »), texte repris sous IFRS 9 (IFRS 9.B5.4.6). L'émetteur a ainsi comparé la valeur nette comptable de l'emprunt (avant remboursement et modification) à la valeur actualisée – au TIE initial de l'emprunt – des nouveaux flux de trésorerie estimés (y compris les 50 M€ de remboursement). L'écart engendré s'est avéré non significatif.

ii. La modification du contrat devait-elle être traitée comme une extinction de l'ancienne dette et la comptabilisation d'une nouvelle ?

La modification des clauses de l'emprunt n'a pas été considérée comme substantielle dès lors que la valeur actualisée des changements intervenus dans les flux de trésorerie de ce dernier ne s'élevait qu'à 3,92 %. La modification n'a donc pas été traitée comme une extinction de dette.

Pour le traitement comptable d'une simple modification de dette, voir n° 46205.

2. Renégociation de dette

Renégociation d'une dette à la suite du non-respect d'un « covenant » : approche générale

46235

Question

Comment traite-t-on une renégociation de dette à la suite du non-respect d'une clause restrictive (« covenant ») (approche générale) ?

Réponse

S'agissant d'un échange de dette avec la même contrepartie (voir n° 46170), l'entité détermine s'il s'agit d'une extinction de dette ou d'une simple modification de dette – en appliquant uniquement le test des 10 % relatif à la variation des flux de trésorerie avant et après la renégociation ou en appliquant à la fois un test quantitatif et qualitatif (voir n° 46170).

a. Dans le cas d'une **extinction de dette,** l'entreprise :
- constate l'extinction de l'ancienne dette ;
- comptabilise une nouvelle dette au nouveau taux d'intérêt effectif (TIE) renégocié ;
- inclut les frais de renégociation directement attribuables à la nouvelle dette dans la juste valeur de cette nouvelle dette et comptabilise les autres frais de renégociation au compte de résultat en une seule fois (voir n° 46200).

b. Dans le cas d'une **modification de dette** : la dette est maintenue à son TIE d'origine et l'impact lié à la renégociation (gain ou perte) est constaté immédiatement au compte de résultat.

En outre, des informations doivent être fournies en annexe.

Commentaires :

1. **Contexte** Les caractéristiques de l'opération sont en général les suivantes :

a. **Emission d'un emprunt assorti de « covenants »** Dans de nombreux cas, l'émission d'un emprunt par une banque peut être assortie de clauses restrictives ou « covenants ».

Pour la définition d'un « covenant », voir n° 51300.

46235 (suite) Le non-respect d'un « covenant » rend, le plus souvent, la dette immédiatement exigible selon les termes du contrat (remboursement du nominal restant à payer plus des intérêts courus). En conséquence, lorsqu'une entreprise est proche du non-respect d'un « covenant », ou si elle ne le respecte déjà plus, elle entreprend généralement une renégociation des conditions de son emprunt auprès de la banque concernée.

Remarque Lors de la mise en place initiale de l'emprunt, l'entreprise devrait se poser la question de la période sur laquelle étaler – via le TIE d'origine – les frais d'émission de la dette, sachant que cette dernière peut devoir être renégociée en cas de non-respect d'un « covenant ». Ainsi, par exemple, l'entreprise doit ajuster l'échéance estimée de la dette et réviser son TIE, dès lors qu'elle pense qu'elle ne respectera pas un ou plusieurs « covenants » et qu'il est probable que la négociation n'aboutisse pas.

b. Renégociation des conditions de l'emprunt Lorsqu'une entreprise renégocie une dette parce qu'une clause restrictive (« covenant ») n'a pas été respectée ou est proche de ne pas l'être, elle se retrouve en général dans la situation suivante :
- modification du taux d'intérêt et/ou de l'échéance de la dette ;
- paiement d'une soulte en trésorerie.

Ces éléments représentent à la fois :
- des frais/commissions de renégociation apparentés à des coûts de transaction (voir n° 46780) ;
- le fait que la dette est plus risquée pour la banque après renégociation (puisque l'emprunteur ne respecte plus certains ratios financiers) ; et
- le fait que les flux de trésorerie de l'entreprise ne permettraient peut-être pas le remboursement de la dette dans le délai initialement envisagé.

2. Traitement comptable S'agissant d'un échange de dette avec la même contrepartie (voir n° 46170), l'entité détermine s'il s'agit d'une extinction de dette ou d'une simple modification de dette en appliquant le « test des 10 % » (voir n° 46170) relatif à la variation des flux de trésorerie avant et après la renégociation ou en appliquant une analyse basée à la fois sur des critères quantitatifs (« test des 10 % ») et qualitatifs.

Sur la prise en compte de la soulte dans le « test des 10 % », voir n° 46180.

a. Dans le cas d'une extinction de dette L'entreprise :
- constate l'extinction de l'ancienne dette ;
- comptabilise une nouvelle dette au nouveau taux d'intérêt effectif (TIE) renégocié ;
- déduit les frais de renégociation directement attribuables à la nouvelle dette de la juste valeur de cette dernière et comptabilise tous les autres frais de renégociation au compte de résultat en une seule fois.

b. Dans le cas d'une modification de dette, une dette renégociée doit être maintenue à son taux d'intérêt effectif d'origine et l'impact lié à la renégociation (gain ou perte) constaté immédiatement en compte de résultat (IFRS 9.B5.4.6), voir n° 46205. En particulier, tel est le cas de la soulte payée par l'entreprise qui traduit généralement le fait que la dette est devenue plus risquée après renégociation.

Néanmoins, une analyse en substance sur la nature de la soulte payée doit être menée au cas par cas, en raison de l'incohérence de traitement comptable d'une modification non substantielle de dette et celui des coûts de transaction (voir n° 46205).

3. Informations à fournir en annexe Lorsqu'un manquement aux conditions d'un contrat d'emprunt (autre qu'un défaut de paiement) survient au cours de l'exercice et que ce manquement a (ou aurait) permis au prêteur d'exiger un remboursement anticipé, l'entreprise doit fournir un certain nombre d'informations :
- en application d'IFRS 7.19 ; et
- si la clause non respectée fait référence aux capitaux propres de l'entité (par exemple, non-respect d'un ratio dettes/capitaux propres), par référence à IAS 1.135e.

Pour plus de détails, voir n° 52430.

■ *Exemple*

Une entreprise est proche du non-respect d'un « covenant » sur l'une de ses dettes. Elle renégocie les conditions de l'emprunt avec sa banque de manière à supprimer le « covenant » en question. La dette devenant plus risquée, la banque exige en contrepartie le paiement d'une soulte.

Les caractéristiques de la dette avant renégociation sont les suivantes :
- *Nominal : 100*
- *Taux d'intérêt : 10 %*
- *Durée résiduelle : 3 ans*
- *Remboursement : in fine*

	Année 1	*Année 2*	*Année 3*
Flux de trésorerie	*10*	*10*	*110*

En contrepartie de la levée du « covenant », la banque exige le paiement d'une soulte de 9,3 sachant que, par hypothèse, on suppose que le taux sans risque n'a pas évolué depuis l'octroi de la dette et que le taux de marché d'un emprunt de caractéristiques équivalentes mais sans « covenant » serait de 14 % à la date de renégociation (ce nouveau taux est documenté).

Solution de l'exemple *La soulte exigée par la banque (9,3) représente la différence entre la valeur nominale de l'emprunt (100) et la valeur actualisée au taux de 14 % des flux de trésorerie restant à payer (soit 90,7). L'opération étant analysée comme une modification d'emprunt non substantielle, la réestimation des flux de trésorerie (actualisés au TIE d'origine de 10 %) conduit à comptabiliser immédiatement en résultat le montant de la soulte versée (9,3) et l'emprunt continue de porter un taux d'intérêt de 10 % (IFRS 9.B5.4.6).*

Renégociation de dette et événements postérieurs à la date de clôture

Question 46245

Peut-on modifier la valeur comptable d'une dette qui est en cours de renégociation à la date de clôture en tenant compte de la conclusion de la renégociation survenant après la date de clôture mais avant l'arrêté des comptes ou de la conclusion probable de la renégociation ?

Réponse

Non. En matière d'instruments financiers, seule la « substance contractuelle » prévaut, c'est-à-dire que seuls les termes contractuels en vigueur à la date de clôture peuvent être pris en compte.

De plus, la renégociation n'étant pas finalisée à la date de clôture, il n'est pas possible de déterminer à cette date si l'opération sera analysée in fine comme une modification ou une extinction de dette (entraînant un traitement comptable différent selon la réponse apportée).

Commentaires Dans le cas où une dette est en cours de renégociation à la date de clôture (31/12/N pour un exercice calendaire), il n'est pas possible de tenir compte des résultats de la renégociation pour modifier sa valeur nette comptable dans le bilan de l'entité, quand bien même ces résultats sont connus avant la date d'arrêté des comptes. En effet, en matière d'instruments financiers, seule la « substance contractuelle » prévaut (IFRIC Update 03/06 ; IASB statement 06/06), voir n° 44365.

Par conséquent, la dette doit être comptabilisée (et plus particulièrement sa valeur nette comptable calculée) en se fondant sur les **termes contractuels en vigueur à la date de clôture.**

En outre, si la renégociation n'est pas terminée à la date d'arrêté des comptes, elle n'entre pas à notre avis dans la catégorie des « événements postérieurs à la date de clôture donnant lieu à des ajustements » telle que définie par IAS 10.3a, seuls les termes contractuels en vigueur à la date de clôture prévalant en matière d'instruments financiers. Il en est de même – et pour la même raison – si la renégociation est terminée entre la date de clôture et la date d'arrêté des comptes.

Selon ses caractéristiques finales, la renégociation pourra être analysée sur le plan comptable soit comme une extinction de dette soit comme une simple modification, entraînant un traitement comptable différent selon la réponse apportée, voir n° 46200 et 46205.

Renégociation de dette par un échange intermédié

Question 46250

Comment traiter la renégociation d'une dette réalisée grâce à un échange intermédié ?

Réponse

Il s'agit tout d'abord de s'assurer que la renégociation s'effectue avec la même contrepartie.

Il convient ensuite de déterminer si la renégociation entraîne une modification de la dette existante ou une extinction de dette.

Commentaires :

1. **Rappels sur la distinction entre modification et extinction d'une dette** La renégociation d'une dette peut conduire soit à l'extinction de la dette, soit à sa modification ; les conséquences comptables étant différentes selon le cas (voir nº 46200 et 46205) :

– dans le **cas d'une extinction de dette,** la dette est décomptabilisée et les coûts entraînés par l'opération sont comptabilisés dans le résultat comptable de l'exercice concerné (IFRS 9.3.3.3), voir nº 46200 ;

– dans le **cas d'une modification de dette,** en revanche, la dette est maintenue à son taux d'intérêt effectif d'origine et l'impact lié à la renégociation (gain ou charge) constaté immédiatement au compte de résultat (IFRS 9.B5.4.6).

Sur la renégociation de dette, voir nº 46165 s.

2. **Echange de dette intermédié** Pour renégocier sa dette tout en respectant les critères d'une modification de dette, la société peut faire appel à une banque pour réaliser un échange de dette intermédié.

Par exemple, si la dette à renégocier est un emprunt obligataire, la banque va successivement :
– racheter les obligations auprès des porteurs, au cours de marché ;
– échanger ou modifier auprès de la société emprunteuse les anciennes obligations pour obtenir de nouvelles obligations ;
– revendre les nouvelles obligations sur le marché.

Sur le plan comptable, le rachat des obligations existantes, comme la revente des nouvelles obligations sur le marché, entraîne un changement de porteurs mais pas de changement de contrepartie. Cela implique que la banque agisse en tant que principal et supporte donc contractuellement le risque de ne pas parvenir à replacer sur le marché les nouvelles obligations.

Il convient ensuite, pour satisfaire aux critères de qualification en modification de dette, de s'assurer que la modification entre l'emprunteur et la banque pour avoir de nouvelles obligations à un taux de marché n'entraîne pas de variation des flux de trésorerie supérieure à 10 % et que qualitativement les flux de trésorerie ne sont pas substantiellement modifiés (voir nº 46175).

Nouvel emprunt obtenu auprès d'un investisseur existant

46255 *Question*

Lorsqu'une entreprise a souscrit un emprunt, dans quelles circonstances l'obtention d'un nouvel emprunt auprès de la même contrepartie peut-elle s'analyser en substance comme la modification de l'emprunt déjà existant ?

Réponse

Les entités doivent exercer leur jugement et analyser les deux critères suivants d'IFRS 9.IG.B6 afin de déterminer si le nouvel emprunt constitue ou non une unité de compte séparée de l'emprunt déjà existant :
– les deux contrats d'emprunt supportent les mêmes risques ;
– la substance économique de l'opération aurait pu être atteinte en réalisant une seule transaction et il n'existe aucune raison apparente justifiant la réalisation de deux transactions.

Si ces critères sont respectés, les deux emprunts constituent une seule unité de compte et doivent être analysés soit comme une modification non substantielle de l'emprunt initial, soit comme une extinction de l'emprunt initial. Dans le cas contraire, le nouvel emprunt constitue une unité de compte séparée.

Commentaires :

1. **Contexte** Une entité peut être amenée à souscrire un nouvel emprunt auprès d'un investisseur alors même qu'elle détient déjà une dette auprès de cet investisseur. Dans ce cas, la question se pose de savoir si ce nouvel emprunt, même lorsqu'il fait l'objet d'un contrat séparé, constitue en substance une modification de l'emprunt déjà existant auprès de l'investisseur.

Si le contrat s'analyse en substance comme une modification contractuelle de l'emprunt existant, alors cette modification peut être comptabilisée soit comme une extinction de la dette, soit comme une modification non substantielle ; les conséquences comptables étant différentes selon le cas (voir nº 46200 et 46205) : **46255** (suite)

- dans le cas d'une extinction de dette, la dette est décomptabilisée et les coûts entraînés par l'opération sont comptabilisés dans le résultat comptable de l'exercice concerné (IFRS 9.3.3.3 ; voir nº 46200) ;
- dans le cas d'une modification de dette, en revanche, la dette est maintenue à son taux d'intérêt effectif d'origine et l'impact lié à la renégociation (gain ou perte) est constaté immédiatement au compte de résultat (IFRS 9.B5.4.6).

Sur la renégociation de dette, voir nº 46165 s.

2. **Analyse** Les entités devront déterminer si le nouvel emprunt constitue une unité de compte distincte de l'emprunt existant. IFRS 9.IG.B6 fournit les quatre critères d'analyse suivants afin de déterminer si deux contrats distincts doivent être analysés et comptabilisés comme une seule et même unité de compte :

- les contrats sont conclus au même moment et en prévision l'un de l'autre ;
- ils ont la même contrepartie ;
- ils supportent le même risque ; et
- la substance économique de l'opération aurait pu être atteinte en réalisant une seule transaction et il n'existe aucune raison apparente justifiant la réalisation de deux transactions.

Le premier indicateur est non applicable dans ce cas précis car la question ne porte pas sur l'analyse des contrats à leur date de souscription. Le deuxième critère est toujours respecté, le nouvel emprunt étant souscrit auprès du même investisseur. La conclusion sur le traitement des contrats comme une seule et même unité de compte dépend donc de l'analyse des deux derniers indicateurs. Les entités devront exercer leur jugement selon les faits et circonstances.

3. Exemples

■ *Exemple 1*

Le nouvel emprunt souscrit par l'entité présente les caractéristiques suivantes :

- *le taux d'intérêt est inférieur ou égal au taux d'intérêt de l'emprunt déjà existant et ne correspond pas aux conditions de marché à la date de souscription ;*
- *les flux de trésorerie sont versés à l'entité emprunteuse en plusieurs fois, selon un calendrier presque identique à l'échéancier de remboursement de l'emprunt existant ;*
- *la trésorerie reçue est utilisée par l'entité pour rembourser le capital restant dû de l'emprunt existant ;*
- *la date de maturité est presque identique à celle de l'ancien prêt.*

Solution de l'exemple 1 *Les deux contrats d'emprunt supportent les mêmes risques de crédit et de taux. Le troisième critère d'IFRS 9.IG.B6 est donc respecté. En ce qui concerne le quatrième indicateur, étant donné les fortes similitudes entre l'ancien et le nouveau prêt, la substance économique de l'opération aurait pu être atteinte en modifiant les termes et conditions du prêt initial. Par conséquent, bien que le nouveau prêt soit documenté dans un contrat distinct, tous les indicateurs applicables montrent qu'il s'agit, en substance, d'une modification du prêt initial. La banque et l'emprunteur doivent donc comptabiliser le nouveau prêt comme s'il s'agissait d'une modification du prêt initial.*

■ *Exemple 2*

Le nouvel emprunt souscrit par l'entité présente les caractéristiques suivantes :

- *le taux d'intérêt correspond aux conditions de marché à la date de souscription de l'emprunt ;*
- *la trésorerie est intégralement versée à l'emprunteur à la date de souscription ;*
- *la trésorerie reçue au titre du nouvel emprunt n'a pas vocation à être utilisée pour rembourser le capital restant dû sur l'ancien emprunt ;*
- *la date de maturité du nouvel emprunt ne coïncide pas avec celle de l'ancien emprunt.*

Solution de l'exemple 2 *Les deux contrats d'emprunt supportent les mêmes risques de crédit et de taux. Le troisième critère d'IFRS 9.IG.B6 est donc respecté. En ce qui concerne le quatrième indicateur, étant donné les fortes différences entre l'ancien et le nouveau prêt, la substance économique de l'opération n'aurait pas pu être atteinte en modifiant les termes et conditions du prêt initial. Par conséquent, dans ce scénario, le nouvel emprunt ne peut être considéré comme une modification contractuelle de l'ancien. La banque et l'emprunteur doivent donc comptabiliser le nouveau prêt comme une transaction distincte.*

3. Remboursement anticipé d'une dette

Remboursement anticipé d'une dette au coût amorti : comptabilisation à la clôture

46265 ***Question***

Comment comptabiliser à la clôture une dette évaluée au coût amorti qui devrait faire l'objet d'un remboursement anticipé ?

Réponse

Si une clause de remboursement anticipé existe contractuellement au titre de la dette initiale, la valeur de celle-ci doit être ajustée, le cas échéant, à la clôture s'il est probable que cette clause sera exercée.

Commentaires La valeur d'une dette, comptabilisée au coût amorti selon la méthode du taux d'intérêt effectif (voir n° 46750), tient compte des flux de trésorerie futurs estimés sur la base des termes contractuels de cette dette.

Lorsqu'il est probable qu'une dette fasse prochainement l'objet d'un remboursement anticipé, la question se pose de savoir si l'évaluation de la dette à la clôture doit en tenir compte.

Pour la présentation au bilan d'une dette qui devrait faire l'objet d'un remboursement anticipé, voir n° 51310.

La réponse dépend d'une analyse en plusieurs étapes (voir schéma ci-après).

Il convient tout d'abord de mener une analyse contractuelle de la dette lors de sa comptabilisation initiale pour déterminer si le contrat comporte une option de remboursement anticipé. S'il n'existe pas d'option de remboursement anticipé, la pénalité liée à la sortie anticipée et les frais non amortis ne sont pas comptabilisés en résultat tant que la dette n'est pas éteinte.

Sur le traitement comptable d'extinction d'une dette, voir n° 46200.

S'il existe une option de remboursement anticipé et que cette option n'est pas comptabilisée séparément comme un dérivé, il convient de vérifier, à chaque clôture, si l'exercice de cette option est probable :
- le cas échéant, la valeur de la dette doit être ajustée par la contrepartie du résultat (IFRS 9.B5.4.6) pour refléter les nouveaux flux de trésorerie actualisés au TIE d'origine ; la pénalité de sortie anticipée et les frais non amortis doivent alors être comptabilisés en résultat pour une grande partie à la date de clôture (i.e. la partie qui n'est pas comptabilisée en résultat correspond à l'effet d'actualisation au TIE) ;
- dans la négative, aucun ajustement n'est à comptabiliser.

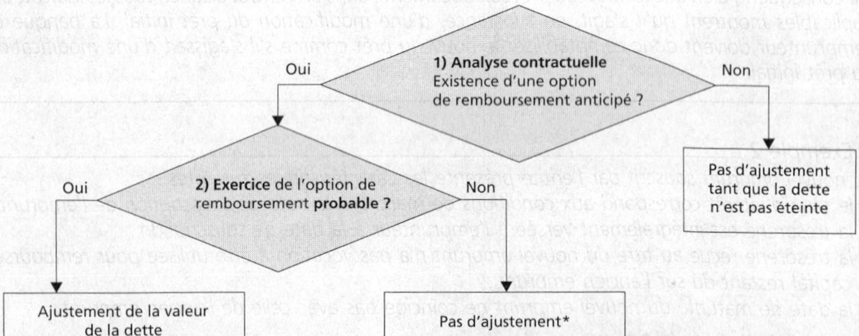

* Sauf à probabiliser l'exercice de l'option dès la comptabilisation initiale de l'emprunt (cas très rare)

■ ***Exemple***

Une entreprise a souscrit en octobre N-2 un emprunt à taux fixe et à échéance N+3. Depuis lors, les taux ont baissé et en décembre N, la société décide de se refinancer auprès de sa banque pour bénéficier de la baisse des taux.

Le contrat d'emprunt initial prévoit le remboursement anticipé, au pair, avec versement des intérêts courus non échus et une pénalité de 2 %. Cette option de remboursement anticipée n'a pas été comptabilisée séparément lors de la souscription du contrat, compte tenu du faible niveau de la pénalité.
En décembre N, la société envisage d'exercer son option de remboursement anticipé et de signer en janvier N+1 un nouvel emprunt.
Les montants de la pénalité et des frais non amortis doivent-ils être constatés en résultat au 31/12/N ?

Solution de l'exemple *Lors de la comptabilisation initiale de l'emprunt, le contrat d'emprunt comporte bien une option de remboursement anticipé qui n'est pas comptabilisée séparément de la dette.*
Au 31/12/N, l'exercice de cette option est probable. L'entreprise doit en conséquence, à la clôture N, ajuster le montant de sa dette et comptabiliser les frais non amortis et la pénalité de remboursement de 2 % en résultat.

D. Réforme des taux de référence

Assouplissements introduits dans le cadre de la réforme des taux de référence (Phase 2)

46266

Question

Quelles sont les exemptions prévues par l'amendement d'IFRS 9 dans le cadre de la réforme des taux de référence phase 2 publié par l'IASB en août 2020 ?

Réponse

L'amendement d'IFRS 9, publié dans le cadre de la réforme des taux de référence phase 2, permet aux entités de bénéficier d'exemptions concernant le traitement des changements contractuels des flux de trésorerie des instruments financiers affectés par la réforme des taux de référence, notamment de ne pas comptabiliser un gain ou une perte immédiatement en résultat lorsque la base de détermination des flux de trésorerie des instruments financiers concernés est modifiée.

Pour les conditions à respecter afin de pouvoir bénéficier de ces assouplissements, voir n° 46267 pour la notion de « conséquence directe » de la réforme des taux de référence et n° 46268 pour la notion de « base économique équivalente ».
Les autres exemptions portent sur la comptabilité de couverture : voir n° 49930 s. (IFRS 9) et n° 50530 s. (IAS 39).
Ces exemptions sont applicables aux exercices ouverts depuis le 1er janvier 2021.

Commentaires :

1. **Contexte** La réforme des taux de référence affecte directement de nombreux instruments financiers (dérivés cotés en bourse et de gré à gré, prêts et emprunts à taux variable, obligations à taux variables, etc.) qui doivent transiter vers les nouveaux taux de référence. La transition de ces instruments financiers vers les nouveaux taux de référence pourrait avoir comme conséquence des impacts immédiats en résultat.

Pour un bref rappel du contexte de la réforme des taux d'intérêt de référence et des principaux taux modifiés dans le cadre de la réforme, voir n° 49900, point 1.
Pour une synthèse des principaux nouveaux taux et dates de transition, voir n° 49920, point 2c.

2. **Réponses apportées par l'IASB** En août 2020, l'IASB a publié un amendement de la norme IFRS 9 dont l'objectif est de permettre aux entités d'atténuer les impacts comptables liés à la modification des contrats des instruments financiers transitant vers les nouveaux taux de référence. L'amendement a été adopté par la Commission européenne le 13 janvier 2021 (Règl. UE 2021/25 du 13/01/21) et est applicable obligatoirement aux exercices ouverts depuis le 1er janvier 2021.

Compte tenu de sa date d'adoption dans l'Union européenne, le texte a pu être appliqué par anticipation dans les comptes des sociétés cotées européennes dès 2020.
Pour les conditions à respecter afin de pouvoir bénéficier des assouplissements introduits par l'amendement phase 2 de la réforme des taux de référence, voir n° 46267 pour la notion de « conséquence directe » de la réforme des taux de référence et n° 46268 pour la notion de « base économique équivalente ».

L'exemption introduite par l'amendement concerne les instruments financiers évalués au coût amorti et permet de comptabiliser les changements de la base de détermination des flux de trésorerie contractuels, **lorsqu'ils sont dus à la réforme des taux de référence,** par un ajustement prospectif du taux d'intérêt effectif de l'instrument (IFRS 9.B5.4.5). Cette exemption permet ainsi d'éviter de comptabiliser immédiatement un ajustement de la valeur comptable de l'instrument en contrepartie du résultat (« catch-up method »).

Remarques :

1. Si des changements sont apportés à un instrument financier en plus de ceux que la réforme des taux de référence requiert d'apporter à la base de détermination des flux de trésorerie contractuels, l'entité doit appliquer dans un premier temps, la mesure de simplification décrite ci-avant aux changements requis par la réforme des taux de référence et dans un second temps, les dispositions pertinentes à tout autre changement auquel ne s'applique pas la mesure de simplification (IFRS 9.5.4.9). Pour une illustration, voir Exemple au nº 46268.
2. Pour la notion de « catch-up method », voir nº 46835.
3. Pour les autres exemptions introduites par l'amendement d'IFRS 9 dans le cadre de la réforme des taux de référence phase 2 publié par l'IASB en août 2020 relatives notamment aux relations de couverture existantes, voir nº 49930 s. (IFRS 9) et nº 50530 s. (IAS 39).
4. Pour les informations à communiquer en annexe lorsqu'une entité applique l'amendement d'IFRS 9 phase 2, voir nº 52515.

Notion de « conséquence directe » de la réforme des taux de référence (Phase 2)

46267 ***Question***

Quelles modifications de la base de détermination des flux de trésorerie contractuels peuvent être considérées comme étant une « conséquence directe de » ou « requises par » la réforme des taux de référence ?

Réponse

Seules les modifications contractuelles affectant uniquement le taux de référence peuvent être considérées comme une « conséquence directe de » ou « requises par » la réforme des taux de référence.

En pratique, il est nécessaire de faire preuve de jugement pour déterminer si les modifications contractuelles apportées sont considérées comme une « conséquence directe » de la réforme des taux de référence ou « requises par la réforme des taux de référence » puisque les modifications peuvent varier en fonction du type de contrat concerné et que l'amendement ne donne pas d'exemples spécifiques.

Commentaires :

1. **Contexte** Les assouplissements introduits par l'amendement phase 2 de la réforme des taux de référence ne sont applicables que si la modification de la base de détermination des flux de trésorerie contractuels est considérée comme une « conséquence directe » de la réforme des taux de référence ou « requise par la réforme des taux de référence » (IFRS 9.5.4.5 et .5.4.7a).

L'amendement ne donne pas d'exemples spécifiques de changements qui sont une conséquence directe de la réforme des taux de référence et comme les changements nécessaires peuvent varier en fonction du type de contrat (par exemple, un prêt, un dérivé ou un contrat de location), il convient de faire preuve de jugement. A notre avis, seules les modifications contractuelles n'affectant que le taux de référence peuvent être considérées comme une « conséquence directe » de la réforme des taux de référence.

Il est à noter que, même si elles ne sont pas requises par la réforme des taux de référence, les modifications contractuelles permettant de transiter vers un taux plus « robuste » et recommandé par les autorités de régulation pourraient être considérées comme une « conséquence directe » de la réforme des taux de référence.

2. **Liste non exhaustive d'exemples de changements qui pourraient être considérés comme une conséquence directe de la réforme des taux de référence** :

– passage du taux de référence actuel basé sur un taux IBOR à un nouveau taux de référence ;

- modification du spread pour refléter la différence entre l'ancien et le nouveau taux de référence ;
- modification de la méthode de calcul du taux d'intérêt applicable, de la période de réinitialisation, des dates de réinitialisation, du nombre de jours entre les paiements de coupon ou des dates de paiement qui découlent du changement du taux de référence ;
- insertion d'une clause de substitution (« fallback ») couvrant l'un des éléments ci-avant ;
- modifications apportées aux pénalités de remboursement anticipé lorsque celles-ci étaient calculées sur les taux de référence affectés par la réforme et pour les indexer sur les nouveaux taux de référence.

3. Liste non exhaustive d'exemples de changements qui ne pourraient pas être considérés comme une conséquence directe de la réforme des taux de référence :
- modification du montant notionnel ou de la date d'échéance des instruments ;
- modification de la structure de l'instrument (par exemple, passage d'un prêt à terme à une facilité de crédit renouvelable) ;
- ajout ou suppression d'un cap, d'un floor ou d'une option de remboursement anticipé ;
- modification pour inclure un taux de référence indexé par exemple sur le prix d'une marchandise ;
- changement de la contrepartie en faveur d'une partie non liée à la contrepartie initiale ;
- changement de la devise du contrat ;
- passage d'un taux d'intérêt variable à un taux d'intérêt fixe.

Pour un exemple de comptabilisation de changements additionnels non requis par la réforme des taux de référence, voir n° 46268.

Notion de « base économique équivalente » de la réforme des taux de référence (Phase 2)

46268

Question

Quand la nouvelle base de détermination des flux de trésorerie de l'instrument financier peut-elle être considérée « économiquement équivalente » à l'ancienne base ?

Réponse

Bien que la norme fournisse des exemples, il est nécessaire de faire preuve de jugement pour déterminer si la nouvelle base de détermination des flux de trésorerie de l'instrument financier est « économiquement équivalente » à l'ancienne base, notamment au regard des seuls exemples donnés par la norme.

Différentes méthodes peuvent être utilisées et, à notre avis, lorsqu'une méthode a été décidée par un groupe de place, regroupant les principaux acteurs concernés par la réforme des taux de référence, et recueillant un consensus de ces derniers, l'équivalence économique est présumée.

Commentaires :

1. **Contexte** Les assouplissements prévus par l'amendement phase 2 de la réforme des taux de référence ne sont applicables que si la modification de la base de détermination des flux de trésorerie contractuels de l'instrument financier est considérée comme « économiquement équivalente » à l'ancienne base (IFRS 9.5.4.5 et .5.4.7b).

2. **Exemples donnés par la norme de changement de base de détermination des flux de trésorerie de l'instrument financier considérés comme « économiquement équivalent »** IFRS 9.5.4.8 fournit les exemples suivants remplissant le critère d'« économiquement équivalent » :
- le remplacement du taux d'intérêt de référence existant par un nouveau taux de référence et une compensation fixe représentant la différence de base entre les deux taux d'intérêt de référence ;
- la modification de la période de réinitialisation, des dates de réinitialisation ou du nombre de jours entre les dates de paiement des coupons ;
- l'ajout d'une clause de substitution (« fallback ») permettant la mise en œuvre de toute modification décrite aux deux points ci-avant.

46268 (suite) L'IASB fournit également des exemples de modifications contractuelles ne répondant pas au critère de « base économique équivalente » :

- l'annulation d'un instrument dérivé basé sur les anciens taux de référence, remplacé par un nouveau dérivé basé sur les nouveaux taux assorti d'une soulte : une telle situation ne répond pas au critère de « base économique équivalente », même si aucun impact en résultat n'est constaté, car les caractéristiques contractuelles des deux instruments peuvent être substantiellement différentes (IFRS 9.BC6.620b) ;
- la conclusion d'un « basis swap » additionnel permettant d'échanger l'ancien taux de référence par le nouveau taux de référence : une telle situation ne répond pas au critère de « base économique équivalente ». En effet, l'IASB a observé en pratique que ce « basis swap » était conclu sur une base agrégée, ce qui permettait de couvrir l'exposition nette de l'entité plutôt que d'échanger les flux de trésorerie du dérivé initial. Seule la conclusion d'un « basis swap » directement lié au dérivé initial aboutissant à des flux de trésorerie identiques à ceux qui auraient été obtenus si le dérivé initial avait transité vers les nouveaux taux de référence serait considérée comme remplissant le critère de « base économique équivalente » (IFRS 9.BC6.620c).

En l'absence d'information supplémentaire, les entités devront faire preuve de jugement pour démontrer l'équivalence économique.

A notre avis, lorsqu'une méthode a été décidée par un groupe de place, regroupant les principaux acteurs concernés par la réforme des taux de référence, et recueillant un consensus de ces derniers, l'équivalence économique est présumée.

3. Date à laquelle les entités doivent démontrer l'équivalence économique Les entités doivent démontrer l'équivalence économique de la base de détermination des flux de trésorerie contractuels de l'instrument financier lorsque les dispositions contractuelles de l'instrument sont modifiées, c'est-à-dire à la date d'insertion d'une clause de substitution (« fallback »). Même si la clause de substitution ne prend pas effet immédiatement à la date de modification contractuelle, l'entité devra toutefois déterminer à cette date si l'on peut raisonnablement s'attendre à ce que cette clause soit économiquement équivalente lorsqu'elle affectera les flux de trésorerie de l'instrument.

■ *Exemple*

Comptabilisation de changements additionnels non requis par la réforme des taux de référence *Le 1/01/N, une entité emprunte 1 000 000 £, remboursable in fine dans 5 ans. Les intérêts, au taux contractuel LIBOR GBP 6 mois + 0,5 %, sont payables tous les 6 mois (i.e. 30 juin et 31 décembre de chaque année) jusqu'à l'échéance. Il n'y a pas de frais ni de coûts de transactions.*

Le 1/01/N+2, dans le cadre de la réforme des taux de référence, l'entité convient avec le prêteur de modifier les termes contractuels de son emprunt comme suit :

- *passage du taux LIBOR GPB 6 mois + 0,5 % à un taux SONIA + 1,25 % ;*
- *prolongement de l'échéance de l'emprunt d'un an.*

Aucune autre modification n'est apportée aux termes contractuels de l'emprunt.

A la suite de ces modifications contractuelles, l'entité estime que le passage du taux LIBOR GPB 6 mois + 0,5 % à un taux SONIA est une conséquence directe de la réforme des taux de référence. Néanmoins, l'entité considère que si une transition vers un taux SONIA + 0,75 % est requise par la réforme des taux (i.e. SONIA + 0,75 % est économiquement équivalent au LIBOR GBP 6 mois + 0,5 %), le spread additionnel de 0,5 % n'est, quant à lui, pas requis par cette réforme ; en effet, il est la conséquence du prolongement de la durée d'un an de l'emprunt.

Se pose alors la question de la comptabilisation par l'entité des changements contractuels de cet emprunt.

Hypothèses *Les modifications contractuelles de l'emprunt ne sont pas analysées comme des modifications substantielles et, par conséquent, l'emprunt initial ne doit pas être décomptabilisé.*

En date du 30/06/N+2 :

- *le taux LIBOR GBP 6 mois est de 4 % ;*
- *le taux SONIA est de 3,75 %.*

Solution de l'exemple *Jusqu'au 30/06/N+2, l'entité comptabilise les intérêts de l'emprunt au TIE initial de la dette, correspondant au taux LIBOR GBP 6 mois + 0,5 %.*

Au 1/07/N+2 :

- *les changements des flux de trésorerie contractuels qui sont la conséquence du passage du taux LIBOR GBP 6 mois + 0,5 % au taux SONIA + 0,75 % sont considérés comme une réestimation des flux de trésorerie destinée à refléter des fluctuations des taux d'intérêt de marché nécessitant une révision prospective du TIE (IFRS 9.B5.4.5) ;*
- *les changements additionnels sont considérés comme une révision des flux de trésorerie contractuels nécessitant un ajustement de la valeur comptable du passif financier (IFRS 9.B5.4.6) avec impact immédiat en résultat (« catch-up method »).*

Tableau d'amortissement initial :

	Valeur comptable de l'emprunt en début de période (1)	Charge d'intérêts de la période* (2) = (1) × (LIBOR GBP 6M + 0,5 %) / 2	Remboursement de la période (3)	Valeur comptable de l'emprunt en fin de période (4) = (1) + (2) – (3)
01/01/N	1,000,000	22,500	22,500	1,000,000
30/06/N	1,000,000	22,500	22,500	1,000,000
31/12/N	1,000,000	22,500	22,500	1,000,000
30/06/N+1	1,000,000	22,500	22,500	1,000,000
31/12/N+1	1,000,000	22,500	22,500	1,000,000
30/06/N+2	1,000,000	22,500	22,500	1,000,000
31/12/N+2	1,000,000	22,500	22,500	1,000,000
30/06/N+3	1,000,000	22,500	22,500	1,000,000
31/12/N+3	1,000,000	22,500	22,500	1,000,000
30/06/N+4	1,000,000	22,500	22,500	1,000,000
31/12/N+4	1,000,000	22,500	1,022,500	0

* Pour les besoins de cet exemple, il est fait l'hypothèse que l'entité utilise un taux LIBOR GBP 6M prévisionnel fixe de 4 %.

Tableau d'amortissement après transition du taux LIBOR GBP 6 mois + 0,5 % au taux SONIA + 1,25 % :

	Valeur comptable de l'emprunt en début de période (1)	Flux d'intérêts* (2) = 1,000,000 × (SONIA + 1,25 %) / 2	Charge d'intérêts de la période (au TIE) (3) = (1) × (SONIA + 0,75 %) / 2	Remboursement de la période (4)	Valeur comptable de l'emprunt en fin de période (5) = (1) + (3) – (4)
1/07/N+2					1,016,026**
31/12/N+2	1,016,026	25,000	22,861	25,000	1,013,887
30/06/N+3	1,013,887	25,000	22,812	25,000	1,011,699
31/12/N+3	1,011,699	25,000	22,763	25,000	1,009,462
30/06/N+4	1,009,462	25,000	22,713	25,000	1,007,175
31/12/N+4	1,007,175	25,000	22,661	25,000	1,004,836
30/06/N+5	1,004,836	25,000	22,609	25,000	1,002,445
31/12/N+5	1,002,445	25,000	22,555	1,025,000	0

* Pour les besoins de cet exemple, il est fait l'hypothèse que l'entité utilise un taux SONIA prévisionnel fixe de 3,75 %.

** Au 1/07/N+2 (date de transition vers le nouveau taux de référence), l'entité comptabilise immédiatement en résultat une perte de 16 026 £ pour tenir compte des modifications de la dette qui ne sont pas requises par la réforme des taux de référence. Cette perte est calculée de telle sorte que l'emprunt s'amortisse sur la période restante jusqu'à l'échéance, en utilisant un TIE de SONIA + 0,75 %, soit 4,5 % au 1/07/N+2.

Incidences comptables des clauses de substitution

Question 46270

En cas de disparition du taux de référence, certains instruments financiers à taux variables comportent une clause de substitution prévoyant le dernier taux connu comme taux de référence, ce qui pourrait avoir pour conséquence, en cas de disparition définitive du taux de référence, de transformer le taux variable de l'instrument financier en taux fixe.

A quelle date une telle clause de substitution produira-t-elle des impacts comptables ?

Réponse

Aucun impact comptable n'est à comptabiliser au titre de cette clause de substitution tant que le taux de référence sur lequel l'instrument financier est indexé continue d'être publié. A la date de cessation de publication du taux de référence et en l'absence de modification contractuelle additionnelle, des impacts comptables sont attendus.

Commentaires Les clauses de substitution (« fallback ») ont pour vocation de décrire les mesures applicables en cas d'indisponibilité de l'indice de référence d'un instrument financier. Les clauses habituellement insérées dans les contrats ne prévoient en général qu'une indisponibilité temporaire du taux de référence et l'utilisation du dernier taux publié comme taux de référence, ce qui pourrait avoir pour conséquence, en cas de disparition définitive du taux de référence, de transformer le taux variable de l'instrument financier en taux fixe.

De telles clauses n'auront pas d'impact comptable tant que le taux de référence sur lequel l'instrument financier est indexé continue d'être publié. En revanche, à la date de cessation de publication du taux de référence et en l'absence de modification contractuelle additionnelle, une décomptabilisation de l'instrument financier et la comptabilisation à la juste valeur du nouvel instrument sont à prévoir.

Afin d'éviter ces impacts comptables, il est fortement recommandé aux entités d'insérer de nouvelles clauses de substitution (« fallbacks »).

II. Abandon de créances

Abandon de créances de la part d'un tiers avec retour à meilleure fortune

46275 *Question*

Comment traiter un abandon de créances avec retour à meilleure fortune lorsque le créancier est un tiers indépendant (fournisseur par exemple) ?

Réponse

A notre avis :

a. Une dette doit être constatée dans la mesure où le retour à meilleure fortune constitue une obligation de remettre de la trésorerie conditionnée à la survenance d'un événement futur (un résultat, de la trésorerie) considéré par la norme IAS 32 comme étant en dehors du contrôle de l'émetteur. La nouvelle dette (signée avec la même contrepartie) ayant des caractéristiques totalement différentes de l'ancienne (paiement uniquement si retour à meilleure fortune, avec ou sans intérêts moratoires), l'opération doit se traduire comme une extinction de dette (et non pas comme une simple modification de l'ancienne).

b. La nouvelle dette est comptabilisée à sa juste valeur lors de sa première comptabilisation, avec une décote liée à la probabilité d'un retour effectif à meilleure fortune et à la date de ce retour.

c. L'écart entre la valeur nette comptable de l'ancienne dette et la juste valeur de la nouvelle (décotée) fait apparaître un gain en résultat.

d. Il n'y a pas d'obligation de comptabiliser un dérivé séparé sur la nouvelle dette, tant que l'IASB n'a pas statué sur le fait de savoir si un indicateur financier (EBITDA, trésorerie ou résultat net) lié à l'une des parties au contrat répond (ou non) à la définition d'une variable financière.

e. En revanche, à chaque date d'arrêté ultérieure, l'entreprise doit ajuster la valeur nette comptable de la nouvelle dette de manière à refléter les nouveaux flux de remboursement attendus, actualisés au TIE d'origine (« catch up method ») (voir nº 46835).

Commentaires : 46275 (suite)

1. **Caractéristiques de l'opération** Dans le cas d'un abandon de créances avec retour à meilleure fortune, il s'agit en général de dettes envers des fournisseurs, ces derniers acceptant – pour maintenir leur relation commerciale avec l'entreprise éprouvant des difficultés financières – de transformer une dette payable à court terme en une dette sans échéance fixe, remboursable uniquement lorsque la trésorerie, le résultat net ou tout autre indicateur de gestion de l'entreprise (EBITDA ou autre) sera de nouveau positif ou au-dessus d'un certain seuil.

La nouvelle dette peut être ou non porteuse d'un taux d'intérêt.

En général, ces opérations se réalisent dans le cadre d'un moratoire, signé entre la société et un groupe de fournisseurs.

2. **Traitement comptable** A notre avis :

a. **Une dette doit effectivement être comptabilisée** dans la mesure où le retour à meilleure fortune constitue pour le bénéficiaire de l'abandon de créances une obligation de remettre de la trésorerie conditionnée à la survenance d'un événement futur (un résultat, de la trésorerie) considéré par IAS 32.25 comme étant en dehors de son contrôle.

La question est alors de savoir s'il s'agit de l'ancienne dette modifiée ou d'une nouvelle dette en remplacement de l'ancienne.

La nouvelle dette (signée avec la même contrepartie) a subi une modification substantielle dans ses termes et conditions : plus d'échéance fixe à court terme mais des remboursements devenus aléatoires en fonction des capacités de remboursement de la société et une dette éventuellement porteuse d'intérêt.

Le « test des 10 % » d'IFRS 9.B3.3.6 ayant par ailleurs de fortes chances d'être rempli, l'opération doit être traitée comme une extinction de dette (voir n° 46200).

b. La nouvelle dette est comptabilisée **pour sa juste valeur** à la date de sa première comptabilisation (IFRS 9.5.1.1).

Cette dette n'est pas aux conditions de marché, soit parce que les perspectives de remboursement sont particulièrement aléatoires ou éloignées, soit parce que le taux d'intérêt est nul ou faible. Elle fait donc apparaître une décote lors de sa comptabilisation initiale (valeur de marché plus faible que son nominal).

c. L'écart entre la valeur nette comptable de l'ancienne dette et la juste valeur de la nouvelle (décotée) fait apparaître un **gain en résultat** (traduisant l'avantage tiré de l'opération, la société en ne payant pas sa dette et en obtenant un abandon de créances avec retour à meilleure fortune s'étant quelque part « enrichie »).

d. Comme l'IASB n'a pas statué sur le fait de savoir si un indicateur financier lié à l'une des parties au contrat (EBITDA, trésorerie ou résultat net) répond ou non à la définition d'une variable financière (voir n° 48540 et 48555), l'entreprise n'a **pas l'obligation de comptabiliser séparément un dérivé incorporé** ayant cet indicateur pour variable sous-jacente.

Remarques :

1. La valeur de la dette (et le montant de sa décote) varie effectivement en fonction de l'indicateur retenu à cause de l'aléa de remboursement et en raison du phénomène d'actualisation des flux de trésorerie (montant et timing des remboursements variant selon l'indicateur, même si in fine l'entreprise ne remboursera jamais plus que le nominal initialement dû, avec ou sans intérêt).
2. Le fait de considérer un indicateur de gestion comme une variable financière ou non financière est un choix de méthode comptable qui doit être appliqué de manière constante et homogène.

e. En revanche, l'entreprise doit **réestimer à chaque date de clôture** l'échéance de remboursement de sa dette et ajuster la valeur nette comptable de cette dernière de manière à refléter les nouveaux flux de trésorerie attendus, actualisés au taux d'intérêt d'origine (taux issu de la décote initiale) (application de la « catch up method », IFRS 9.B5.4.6). Tout écart (positif ou négatif) est immédiatement comptabilisé en résultat.

Pour la « catch up method », voir n° 46835.

SECTION V

Garanties financières

A. Définition

Définition d'une garantie financière

46280 ***Question***

Comment se définit une garantie financière ?

Réponse

En IFRS, un contrat est qualifié de garantie financière s'il impose à l'émetteur d'effectuer des paiements spécifiques en vue de rembourser le titulaire du contrat, pour une perte subie en raison de la défaillance d'un débiteur spécifique, ce dernier n'ayant pas effectué, à l'échéance, les paiements dus selon les termes originaux ou modifiés d'un instrument de dette.

Commentaires Les contrats de garantie financière relèvent de la norme IFRS 9, sauf ceux qui répondent également à la définition d'un contrat d'assurance et que l'entité déclare traiter comme tel.

La norme IFRS 9 ne traite que des garanties financières données (principes de comptabilisation dans les comptes de l'émetteur). Les garanties financières reçues sont hors de son champ d'application ainsi que de celui de la norme IFRS 17 (voir nº 46310).

1. **Définition** Un contrat, quelle que soit sa forme légale (garantie, caution bancaire, lettre de crédit, contrat d'assurance-crédit ou dérivé de crédit), est qualifié de garantie financière s'il impose à l'émetteur d'effectuer des paiements spécifiques en vue de rembourser le titulaire du contrat pour une perte subie en raison de la défaillance d'un débiteur spécifique, ce dernier n'ayant pas effectué, à l'échéance, les paiements dus selon les termes originaux ou modifiés d'un instrument de dette (IFRS 9.A et .B2.5).

2. **Existence d'un principe indemnitaire** La définition d'une garantie financière contient un principe indemnitaire selon lequel l'émetteur ne fait que rembourser le détenteur pour une perte qu'il a subie à la suite de la survenance d'un événement particulier (IFRS 9.A).

Il en est de même dans le cas d'un contrat d'assurance (voir point 4. ci-après).

Dans le cas d'une garantie financière, l'événement particulier est la défaillance d'un débiteur donné sur un instrument de dette donné.

Si ce principe indemnitaire n'existe pas (ou s'il existe mais de manière non systématique), le contrat ne peut être qualifié de contrat de garantie financière. Ainsi, un contrat qui compenserait le titulaire pour un montant supérieur aux pertes encourues ne pourrait être qualifié de contrat de garantie financière.

3. **Distinction entre garanties financières et dérivés de crédit** Si les versements effectués au titre du contrat le sont en fonction des variations d'une notation de crédit ou d'un indice de notation de crédit particulier, ce contrat ne répond pas à la définition d'une garantie financière au sens d'IFRS 9 ni à la définition d'un contrat d'assurance au sens d'IFRS 17.

En effet, ce contrat de garantie est un dérivé, au sens d'IFRS 9.

La norme IFRS 9 envisage toutefois expressément la possibilité d'avoir un contrat qui répond à la fois à la définition d'une garantie financière (avec principe indemnitaire) et à celle d'un produit dérivé (IFRS 9.B2.5b).

Dans ce cas, l'entité ne doit pas classer ce contrat en passif assumé à des fins de transaction, comme elle le ferait pour tout autre dérivé passif (IFRS 9.A), mais doit le traiter comme ses autres contrats de garanties financières.

La norme ne précise toutefois pas les cas de figure visés.

4. **Distinction entre garanties financières et contrats d'assurance** Si, en plus de l'existence d'un principe indemnitaire, il y a transfert d'un risque significatif, le contrat de garantie financière répond également à la définition d'un contrat d'assurance selon IFRS 17. L'émetteur peut alors déclarer sous certaines conditions (IFRS 9.B2.5a) traiter ce contrat comme un contrat d'assurance (voir nº 46300).

Définition d'un contrat d'assurance Un contrat d'assurance est un contrat selon lequel une partie (l'assureur) accepte un risque d'assurance significatif d'une autre partie (le titulaire de la police) en convenant d'indemniser le titulaire de la police si un événement futur incertain spécifié (l'événement assuré) affecte de façon défavorable le titulaire de la police (IFRS 17.A, voir nº 65920R).
Risque d'assurance significatif Selon IFRS 17.B18, le risque d'assurance est significatif si, et seulement si, un événement assuré peut obliger un assureur à payer des prestations complémentaires significatives dans n'importe quel scenario, à l'exclusion des scenarios qui manquent de substance commerciale (c'est-à-dire qui n'ont aucun effet perceptible sur l'aspect économique de la transaction).
Sur les conditions pour comptabiliser un contrat de garantie financière comme un contrat d'assurance, voir nº 46300.

5. **Qualification d'un contrat de garantie financière (arbre d'analyse établi par nos soins)** Le schéma suivant récapitule le processus d'analyse à retenir pour déterminer quel est le traitement comptable à appliquer à un contrat de garantie financière.

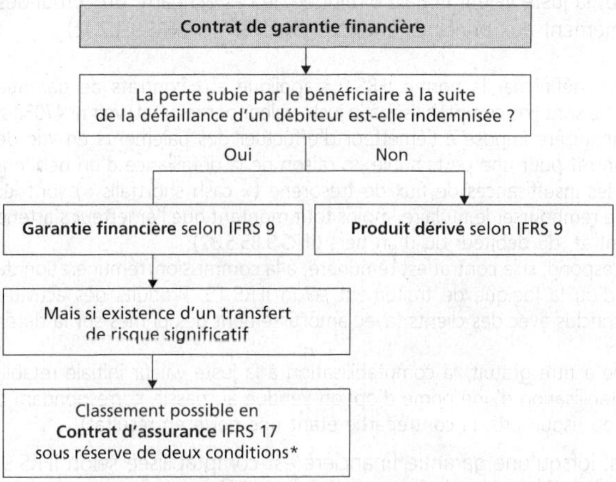

* Conditions pour le classement en **Contrat d'assurance** selon IFRS 17 (IFRS 9.B2.6) :
– choix clairement exprimé que ces contrats constituent des contrats d'assurance (communication aux clients et aux régulateurs, mention dans le corps des contrats, documentation de l'activité ou précision dans les états financiers de l'émetteur) ;
– application préalable des règles comptables propres aux contrats d'assurance pour ces contrats.

B. Garanties financières données

Traitement comptable des garanties financières données

Question 46290

Comment comptabiliser une garantie financière donnée (vue d'ensemble) ?

Réponse

Le traitement comptable diffère selon que le contrat de garantie donnée :
- est une garantie financière (avec principe indemnitaire) selon IFRS 9 ;
- est un contrat d'assurance selon IFRS 17 (avec principe indemnitaire et transfert d'un risque significatif) et est déclaré être traité comme tel ;
- est un produit dérivé selon IFRS 9 ; ou enfin
- résulte d'une opération de cession de créances.

Commentaires :

1. **Ventilation des contrats en quatre catégories** L'entité émettrice doit en premier lieu procéder à un classement des contrats concernés (garantie, caution, dérivé de crédit, contrat d'assurance-crédit ou lettre de crédit) en quatre catégories :
– ceux qui répondent à la définition d'une garantie financière (avec principe indemnitaire), voir nº 46280, point 2. ;

46290 (suite) – ceux qui répondent à la définition d'une garantie financière et d'un contrat d'assurance (avec principe indemnitaire et transfert d'un risque significatif), voir nº 46280, point 4. ;

– ceux qui répondent à la définition d'un dérivé (dont le paiement est notamment fonction de la variation d'un indice de notation ou d'une notation/rating particulier) ;

Dans ce cas, l'émetteur peut avoir à payer un montant au détenteur alors même que ce dernier n'a subi aucune perte (pas de principe indemnitaire ou principe indemnitaire non systématique).

– enfin, les garanties données dans le cadre d'opérations de cession de créances (pour lesquelles la norme IFRS 9 prévoit des dispositions de comptabilisation particulières).

2. Traitement des garanties financières (cas général) Selon IFRS 9, les contrats de garanties financières données sont :

– systématiquement comptabilisés à leur juste valeur initiale (IFRS 9.5.1.1 et .B2.5a) ;

– puis évalués au montant le plus élevé entre (a) le montant de la correction de valeur pour pertes déterminée conformément au modèle de dépréciation des actifs financiers basé sur les pertes de crédit attendues et (b) la juste valeur initiale diminuée, le cas échéant, du cumul des produits comptabilisés conformément aux principes énoncés par IFRS 15 (IFRS 9.4.2.1c).

Remarques

1. Le modèle de dépréciation défini par la norme IFRS 9 s'applique aux contrats de garantie financière émis dès lors qu'ils ne sont pas comptabilisés à la juste valeur par résultat, voir nº 47050 s.

2. Un contrat de garantie financière impose à l'émetteur d'effectuer des paiements en vue de rembourser le titulaire du contrat pour une perte subie en raison de la défaillance d'un débiteur spécifique. Par conséquent, les insuffisances de flux de trésorerie (« cash shortfalls ») sont les paiements attendus en vue de rembourser le titulaire, moins tout montant que l'émetteur s'attend à recevoir du titulaire du contrat, du débiteur ou d'un tiers (IFRS 9.B5.5.32).

3. La juste valeur initiale correspond, si le contrat est rémunéré, à la commission/rémunération du risque pris par l'émetteur ; d'où la logique de traitement selon IFRS 15, Produits des activités ordinaires tirés de contrats conclus avec des clients (avec amortissement des primes sur la durée de vie du contrat).

4. Si la garantie est octroyée à titre gratuit, la comptabilisation à la juste valeur initiale rétablit l'équilibre du contrat (comptabilisation d'une prime d'option vendue au passif, correspondant à la rémunération au marché du risque pris, la contrepartie étant une perte en résultat).

En application de ces principes, lorsqu'une garantie financière est comptabilisée selon IFRS 9, le montant à comptabiliser au passif au titre de la garantie sera différent selon le mode de paiement de la prime venant rémunérer l'émetteur du risque pris.

a. La prime est versée en une fois à l'émetteur de la garantie dès la date de souscription du contrat Le montant de la prime constitue ainsi la juste valeur de la garantie et est comptabilisé au passif en contrepartie de la trésorerie reçue. Ce passif financier sera amorti au compte de résultat selon les principes d'IFRS 15. Si le montant des pertes de crédit attendues sur la garantie déterminée selon le modèle IFRS 9 devient supérieur au montant de la prime ainsi amorti, alors le passif comptabilisé sera ajusté en contrepartie du compte de résultat afin d'égaliser le montant des ECL.

A la date d'émission du contrat, la garantie sera généralement classée en phase 1 et la provision IFRS 9 se limitera aux pertes de crédit attendues sur les 12 mois à venir. La juste valeur de la garantie représente quant à elle les pertes de crédit attendues sur l'ensemble de la durée de vie de la garantie augmentée d'une juste rémunération pour le risque pris et des frais de gestion associés. Ainsi, la juste valeur de la garantie sera en général bien supérieure au montant des pertes de crédit attendues déterminé selon IFRS 9 : l'émetteur du contrat de garantie ne constate pas une perte immédiate au titre du risque de crédit, contrairement à un prêt qu'il aurait émis présentant la même exposition au risque de crédit.

b. La prime est payée de manière étalée sur la durée de vie du contrat Dans ce cas, à notre avis, les entités peuvent faire le choix de comptabiliser le contrat de garantie sur une base brute ou sur une base nette.

i. Comptabilisation sur une base brute L'entité comptabilise à la fois un passif financier correspondant à la juste valeur de la garantie à l'exclusion des primes à recevoir et un actif financier correspondant au montant des primes à recevoir. L'actif financier sera amorti en contrepartie d'un compte de trésorerie au fur et à mesure des paiements reçus. Le passif financier sera comptabilisé de la même façon qu'en cas de paiement de la prime en une fois.

Là encore, l'émetteur du contrat de garantie ne constate pas une perte immédiate sur le contrat au titre du risque de crédit.

ii. Comptabilisation sur une base nette L'entité va comptabiliser sur une base nette la juste valeur de la garantie donnée et la juste valeur des primes à recevoir. Par définition, ces montants étant égaux, la garantie sera initialement comptabilisée pour une valeur nulle. Par la suite, la garantie sera donc toujours évaluée au montant des pertes de crédit attendues déterminées selon le modèle IFRS 9 (car supérieure à 0). **46290** (suite)

Ainsi, en cas de paiement échelonné de la prime sur une base nette, à l'instar de l'émission d'un prêt représentant la même exposition au risque de crédit, l'émetteur constate une perte immédiate au titre du risque de crédit.

En cas de paiement de la prime de façon étalée, l'émetteur ne doit pas tenir compte du montant des paiements à recevoir au titre de cette prime lors de l'évaluation des pertes de crédit attendues, voir n° 47700.

Ces contrats peuvent également se voir appliquer l'option juste valeur (voir point 6. ci-après).

3. Traitement des garanties répondant également à la définition d'un contrat d'assurance et déclarées traitées comme tel par l'émetteur Les garanties financières qui répondent également à la définition d'un contrat d'assurance et que l'entité déclare traiter comme tel (voir n° 46280, point 4.) sont comptabilisées conformément aux principes d'IFRS 17 (IFRS 9.2.1e et .B2.5a).

Pour plus de précisions, voir n° 46300.

4. Traitement des contrats répondant à la définition d'un dérivé Ces contrats (dérivés de crédit) doivent être comptabilisés à la juste valeur lors de leur comptabilisation initiale, puis à la juste valeur par résultat tout au long de leur durée de vie (IFRS 9.5.3.1 et .4.2.1a).

S'agissant d'options vendues (garanties données), ils ne peuvent pas être qualifiés d'instruments de couverture (IFRS 9.B6.2.4).

5. Traitement des garanties émises dans le cadre d'une cession de créances Le traitement varie selon le traitement retenu pour la cession elle-même. Ces garanties sont :

a. soit non comptabilisées, s'il n'y a aucune décomptabilisation de créances (« failed sale ») ;

Comme les créances restent inscrites pour leur totalité au bilan, la comptabilisation séparée de la garantie donnée reviendrait à comptabiliser deux fois le même risque de contrepartie (à travers les créances elles-mêmes et à travers la garantie) (IFRS 9.3.2.15 et .B3.2.14).

b. soit évaluées à leur juste valeur initiale, puis rapportées au compte de résultat selon IFRS 15, si la cession se traduit par une situation dite de « maintien d'implication » (« continuing involvement ») ;

Parallèlement, la quote-part d'actif maintenue au bilan et représentant le montant maximum (plafond) payable au titre de la garantie (« continuing involvement ») subit les dépréciations relatives au risque de crédit (IFRS 9.B3.2.13a).

Sur la notion de « continuing involvement » et le traitement comptable applicable dans ce cas, voir n° 48235.

c. soit, si la cession a été pleinement reconnue et en l'absence de précisions de la norme IFRS 9 dans ce cas, évaluées comme des garanties normales indépendantes, c'est-à-dire à la juste valeur initiale puis au montant le plus élevé entre le montant de la correction de valeur pour pertes déterminée conformément au modèle de dépréciation des actifs financiers basé sur les pertes de crédit attendues et la juste valeur initiale, diminuée le cas échéant du cumul des produits comptabilisés conformément aux principes énoncés par IFRS 15 (voir point 2. ci-avant).

6. Application de l'option juste valeur Un émetteur peut décider d'appliquer l'option juste valeur à un contrat de garantie financière donnée (IFRS 9.4.2.2 et .B2.5a) :

- sous réserve de respecter les dispositions générales de l'application de cette option, voir n° 46690 ; et
- en sachant toutefois que l'application de cette option est interdite aux garanties issues d'une cession d'actifs (IFRS 9.3.2.21).

Remarque L'option juste valeur n'est pas applicable non plus aux contrats de garanties traités comme des contrats d'assurance (relevant alors d'IFRS 17) ni à ceux répondant à la définition d'un produit dérivé, ce dernier type de contrats étant déjà évalué à la juste valeur par résultat mais relevant de la catégorie des « passifs assumés à des fins de transaction ».

Sur les conditions générales d'application de l'option juste valeur, voir n° 46690.

7. Différents traitements comptables applicables (tableau récapitulatif) selon les différents cas de figure :

- garanties financières comptabilisées selon IFRS 9 (dans ce cas, dispositions d'IFRS 9.5.1.1, .4.2.2 et .5.3.1 pour l'application de l'option juste valeur) ;
- garanties financières traitées comme des contrats d'assurance et comptabilisées selon IFRS 17 (IFRS 9.2.1e et .B2.5a) ;
- dérivés de crédit comptabilisés comme des produits dérivés selon IFRS 9 (IFRS 9.B2.5b) ; et

– cas particulier des garanties financières données dans le cadre d'une cession d'actifs financiers (IFRS 9.B3.2.14 si aucune décomptabilisation ou .B3.2.13a si décomptabilisation partielle).

	Garanties financières		Autres types de « garanties données »	
	IFRS 9	IFRS 17	Dérivés (IFRS 9)	Garanties données lors d'une cession d'actifs financiers (IFRS 9)
Evaluation initiale du coût d'entrée	Juste valeur	Voir IFRS 17 (n° 65905R s.)	Juste valeur	Cela dépend : – Pas de comptabilisation, si pas de sortie de créances (« failed sale ») (IFRS 9.B3.2.14). ; – Evaluation à la juste valeur initiale, puis selon IFRS 15, si maintien d'implication (« continuing involvement ») (IFRS 9.B3.2.13a) [3]. – Evaluation selon IFRS 9 si cession complète (voir ci-contre, 1e colonne).
Evaluations lors des arrêtés ultérieurs	Au montant le plus élevé entre [1] et [2] ou application de l'option juste valeur (IFRS 9.5.3.1) Si la prime est payée de façon étalée sur une base nette, le montant de la garantie sera toujours égal à [1]		Juste valeur par résultat	
Informations en annexe	Voir IFRS 7 (n° 52010 s.)		Voir IFRS 7 (n° 52010 s.)	Voir IFRS 7 (n° 52010 s.)

(1) Montant de la correction de valeur pour pertes déterminée conformément au modèle de dépréciation des actifs financiers basé sur les pertes de crédit attendues (IFRS 9).
(2) Juste valeur initiale, diminuée le cas échéant du cumul des produits comptabilisés conformément aux principes énoncés dans IFRS 15.
(3) La quote-part de créance maintenue à l'actif faisant l'objet d'une dépréciation.

C. Garanties financières assimilées à des contrats d'assurance

Traitement comptable des garanties financières assimilées à des contrats d'assurance

46300 ***Question***

Comment comptabiliser une garantie financière répondant à la définition d'un contrat d'assurance et que l'émetteur déclare traiter comme tel ?

Réponse

Selon les principes de la norme IFRS 17 relative à la comptabilisation des contrats d'assurance, sur la base d'un choix irrévocable, contrat par contrat.

Commentaires :

1. **« Business model approach »** Sachant qu'une garantie financière peut également répondre, dans certains cas, à la définition d'un contrat d'assurance, la norme IFRS 9 retient une approche fondée sur la manière dont l'émetteur considère ces contrats (« business model approach »). Si l'émetteur (en général, un assureur ou un groupe « bancassureur ») a préalablement explicitement déclaré que ces contrats constituent des contrats d'assurance (voir point 2. ci-après) et qu'il leur a jusqu'à présent appliqué des règles comptables propres aux contrats d'assurance (IFRS 9.B2.5a), il a le choix entre appliquer :
– l'approche proposée par les dispositions de la norme IFRS 9, voir n° 46290 ; ou
– les dispositions de la norme IFRS 17 sur les contrats d'assurance (voir point 3. ci-après).

2. **Formalisme de la qualification de contrat d'assurance** Le fait d'exprimer explicitement qu'un contrat de garantie financière est considéré comme un contrat d'assurance se manifeste typiquement à travers (IFRS 9.B2.6) :
- la communication faite aux clients et aux régulateurs ;
- les mentions spécifiées dans le texte des contrats ;
- la documentation de l'activité ou les précisions apportées dans les états financiers.

3. **Traitement comptable comme un contrat d'assurance** Dans ce cas, les contrats de garanties financières données sont comptabilisés conformément aux principes de la norme IFRS 17, Contrats d'assurance (IFRS 9.2.1e et .B2.6).

4. **Choix irrévocable effectué contrat par contrat** Le choix de traiter comme un contrat d'assurance un contrat de garantie financière qui répond également à la définition d'un contrat d'assurance, selon les règles spécifiques appliquées par l'émetteur, peut être fait **contrat par contrat** ; en outre, ce choix doit être **clairement exprimé** et est en tout état de cause **irrévocable** (IFRS 9.2.1e).

Sur les conditions à respecter pour pouvoir comptabiliser un contrat de garantie financière comme un contrat d'assurance, voir point 2. ci-avant.

D. Garanties financières reçues

Traitement comptable des garanties financières reçues

46310

Question

Comment comptabiliser les contrats de garanties financières reçues ?

Réponse

A notre avis et en l'absence de précision des normes IFRS, par analogie avec les dispositions des normes :
- IFRS 9, dans le cas de garanties reçues couvrant des instruments de dette (i.e. prêt ou emprunt) ; ou
- IAS 37, dans le cas de garanties reçues couvrant un passif entrant dans le champ d'application d'IAS 37 (« passif non financier ») ;

sauf toutefois s'il s'agit d'un produit dérivé (obligatoirement évalué à la juste valeur), d'un contrat d'assurance (dont l'indemnité relève d'IAS 37) ou d'un contrat de réassurance (relevant alors d'IFRS 17).

Commentaires :

1. **Contexte** Une banque A a octroyé un prêt à une entité et parallèlement à cette opération, elle souscrit auprès d'une banque B une garantie financière afin que celle-ci lui garantisse le remboursement du prêt octroyé en cas de défaillance de l'entité. En référence à la définition d'un contrat de garantie financière (voir n° 46280), le détenteur (banque A) de la garantie financière en est également le bénéficiaire.

Une entité a emprunté auprès d'une banque C et parallèlement a souscrit auprès d'une banque D une garantie financière afin que celle-ci garantisse la banque C pour le remboursement du prêt en cas de défaillance de sa part. Dans ce cas, le détenteur de la garantie financière n'est pas le bénéficiaire des sommes qui seront versées en cas de défaillance de sa part, mais le prêteur (banque C).

Le détenteur de la garantie (d'une part le prêteur, la banque A, et d'autre part, l'entité ayant emprunté auprès de la banque C) verse une prime pour l'obtention de la garantie.

2. **Absence de précision en IFRS sur le traitement des garanties financières reçues** Les contrats de garanties reçues qui répondent, du côté de l'émetteur, à la définition d'une garantie financière donnée sont hors champ d'application d'IFRS 9 et d'IFRS 17. Néanmoins, s'il s'agit d'un contrat de réassurance, la garantie financière reçue est dans le champ d'application d'IFRS 17 (voir n° 65910R).

A notre avis, les bénéficiaires ou détenteurs de contrats de garanties financières reçues, qu'ils soient prêteurs (couverture contre la défaillance de leurs débiteurs) ou emprunteurs (couverture contre sa propre défaillance), doivent alors appliquer la hiérarchie des textes IFRS prévue par

IAS 8.10 à .12 sur les dispositions à appliquer en l'absence d'une norme ou d'une interprétation spécifique. Les entités ayant souscrit de tels contrats doivent donc raisonner par analogie aux traitements comptables éventuellement prévus par d'autres normes et s'appliquant dans des situations similaires.

Pour le traitement comptable de la prime payée pour l'obtention de la garantie, voir nº 46320.

3. Contrats de garantie répondant à la définition d'un dérivé Dans ce cas (dérivé de crédit, par exemple), il y a peu de chance que l'instrument puisse être qualifié de couverture dans la mesure où, en général, la renégociation du sous-jacent constitue un événement de défaut déclenchant le paiement du dérivé de crédit, alors même que le prêt lui-même peut n'être que simplement rééchelonné, sans réelle perte de valeur (non-respect de l'objectif de gestion des risques).

Pour plus de détails sur l'objectif et la stratégie de gestion des risques, voir nº 49380.

La solution peut alors consister à appliquer l'option juste valeur en faisant référence à la notion de « réduction d'une distorsion comptable » d'IFRS 9 (IFRS 9.4.1.5 et .B4.1.30c). C'est ainsi l'intégralité du prêt (y compris sa composante taux d'intérêt) qui doit être évaluée à la juste valeur par résultat.

Sur les conditions générales d'application de l'option juste valeur et sur la notion de réduction d'une distorsion de traitement comptable voir nº 46690 et 48705 respectivement.

Traitement comptable de la prime payée pour l'obtention de la garantie

46320 ***Question***

Lorsqu'un prêt ou un emprunt sont assortis d'une garantie financière, comment comptabiliser la prime payée au titre de cette garantie reçue ?

Réponse

Selon que la garantie financière reçue fait partie intégrante ou non de l'instrument de dette (i.e. le prêt ou l'emprunt), le coût au titre de la prime payée est, à notre avis :
– traité comme un ajustement du TIE si l'instrument de dette est comptabilisé au coût amorti ;
– ou comptabilisé séparément comme un actif payé d'avance amortissable et dépréciable.

Commentaires :

1. Contexte Pour plus de détails, voir nº 46310.

2. Comptabilisation du coût pour l'obtention de la garantie Ce coût est comptabilisé différemment selon que la garantie financière fait partie intégrante ou non de l'instrument de dette garanti (i.e. le prêt ou l'emprunt).

Pour des exemples de garantie financière faisant partie intégrante ou non de l'instrument de dette, voir point 3. ci-après.

a. Si la garantie financière fait partie intégrante de l'instrument de dette garanti et si ce dernier est comptabilisé au coût amorti, alors le coût est traité, à notre avis, comme un ajustement du taux d'intérêt effectif (TIE) au même titre qu'un coût de transaction.

Pour la définition du taux d'intérêt effectif, voir nº 46770.

b. Si la garantie financière ne fait pas partie intégrante de l'instrument de dette garanti, le coût pour l'obtention de la garantie est, à notre avis, comptabilisé séparément comme un actif payé d'avance. Il est amorti sur la durée la plus courte entre la durée de la garantie et la durée de vie estimée de l'instrument financier garanti. Cet actif fait l'objet d'un test de dépréciation conformément à la norme IAS 36.

Pour connaître les principes de déclenchement d'un test de dépréciation d'actifs, voir nº 35957.

3. Exemples :

a. Garantie financière faisant partie intégrante de l'instrument de dette garanti :
– le contrat de prêt requiert explicitement de l'emprunteur la souscription d'un contrat de garantie financière dès la mise en place du prêt ;

– la souscription d'un contrat de garantie financière n'est pas explicitement requise dans le contrat de prêt, mais ce dernier contient une référence à un autre document qui mentionne la garantie financière (le tableau d'amortissement du prêt inclut la prime payée par l'emprunteur pour l'obtention de la garantie).

b. **Garantie financière ne faisant pas partie intégrante de l'instrument de dette garanti** Le contrat de prêt ne requiert pas explicitement une garantie financière. Cependant, à une date postérieure à l'émission, le prêteur décide de réduire son risque de crédit au titre du prêt et obtient une garantie financière d'une tierce partie.

c. **Garantie financière pour laquelle le traitement comptable résulte d'un choix** Le contrat de prêt et ses documents connexes ne font pas explicitement référence à une garantie financière. Cependant, à l'origination du contrat, le prêteur décide de réduire son risque de crédit au titre du prêt et obtient une garantie financière d'une tierce partie.

La garantie financière pourrait dans ce cas être considérée comme faisant partie intégrante du prêt, étant souscrite au moment de l'origination du prêt.

Traitement comptable de la garantie reçue couvrant un prêt

Question 46325

Lorsqu'une entité bénéficie d'une garantie financière pour couvrir le prêt qu'elle a octroyé, comment comptabilise-t-elle les paiements qui devraient être effectués par l'émetteur de la garantie en cas de défaillance du débiteur ?

Réponse

Selon que la garantie financière reçue fait partie intégrante ou non de l'instrument de dette (i.e. le prêt), les paiements qui devraient être effectués par l'émetteur en cas de défaillance du débiteur sont :
- pris en compte dans l'estimation des insuffisances de flux de trésorerie (IFRS 9.B5.5.55) ;
- ou, à notre avis, comptabilisés en tant qu'indemnité selon les dispositions d'IAS 37.

Commentaires :

1. **Contexte** Voir nº 46310.

2. **Traitement comptable de la garantie reçue couvrant un prêt octroyé** Les paiements qui devraient être effectués par l'émetteur de la garantie financière en cas de survenance de la défaillance du débiteur donné sont comptabilisés différemment selon que la garantie fait partie intégrante ou non de l'instrument de dette garanti (i.e. le prêt).

a. **Si la garantie financière reçue fait partie intégrante du prêt octroyé** Pour l'estimation des pertes de crédit attendues, la norme IFRS 9 requiert la prise en compte, dans l'estimation des insuffisances de flux de trésorerie, des sûretés et autres rehaussements de crédits (IFRS 9.B5.5.55). Dans ce cas, l'estimation des insuffisances en flux de trésorerie attendus d'un instrument financier garanti reflète le montant et le calendrier des flux de trésorerie attendus de la saisie des instruments de garantie, diminués des coûts de prise de possession et de vente de ces instruments, que la saisie soit probable ou non (autrement dit, l'estimation des flux de trésorerie attendus doit tenir compte de la probabilité d'une saisie et des flux de trésorerie qui en résulteraient) (IFRS 9.B5.5.55).

Pour la prise en compte de garanties dans le cadre de la détermination de la dépréciation d'un actif financier, voir nº 47660.

Selon la norme, ce traitement n'est possible que pour les garanties ou cautions individuelles qui font partie intégrante d'un prêt et sont mises en place lors de son octroi et qui ne sont pas comptabilisées séparément par l'entité (IFRS 9.B5.5.55).

Donc, ce traitement est interdit lorsque la garantie est mise en place de manière séparée et qu'il est impossible de rattacher le remboursement à un débiteur particulier au sein d'un portefeuille donné. Dans ce dernier cas, le remboursement devrait être traité, à notre avis, comme une indemnité d'assurance selon IAS 37 (voir point b. ci-après).

b. **Si la garantie financière reçue ne fait pas partie intégrante du prêt octroyé** Dans ce cas, les dispositions d'IAS 37 sur la prise en compte d'un actif éventuel (IAS 37.31 s.) et/ou d'un remboursement (IFRS 9.5.7.1 à .5.7.4) pourraient éventuellement trouver à s'appliquer.

Le montant récupérable au titre de la garantie (indemnité) :
- ne peut alors être pris en compte que lorsque l'entreprise a la quasi-certitude de l'obtenir ; et
- doit être comptabilisé de manière séparée à l'actif du bilan (IAS 37.53 à .58).

Traitement comptable des garanties financières intragroupe dans les comptes consolidés

46330 ***Question***

Comment traiter les garanties financières intragroupe dans les comptes consolidés ?

Réponse

En général, elles n'apparaissent pas dans les comptes consolidés et ce, pour les raisons suivantes :

– il s'agit d'une pure opération intragroupe (i.e. sans implication d'un tiers extérieur) : la garantie doit alors être éliminée ;

– l'opération implique un tiers extérieur (par exemple, une mère garantit à une banque l'emprunt de sa filiale) : dans la mesure où l'emprunt de la fille apparaît déjà comme un emprunt du groupe dans les comptes consolidés, la garantie n'a pas lieu d'être traduite comptablement ;

– il ne s'agit que d'une lettre de cautionnement, non exécutoire.

Toutefois, il peut exister des cas où des garanties données à un tiers ne sont pas neutres sur les comptes consolidés du groupe (cas dans la bancassurance, par exemple).

Commentaires :

1. **Contexte** Une mère, tête d'un groupe (ou d'un sous-groupe) industriel et commercial peut devoir garantir certaines opérations réalisées par ses filiales. Dans le cas des banques, ces dernières utilisent par ailleurs certaines de leurs filiales ou départements spécialisés pour couvrir les opérations bancaires réalisées par d'autres sociétés du groupe, avec des tiers extérieurs.

Le traitement comptable de ces différents cas de figure est analysé ci-après.

2. **Garantie donnée par la mère à un tiers extérieur et concernant les opérations d'une filiale (garantie pour le compte de)** Tel est le cas, par exemple, lorsque la mère garantit un emprunt ou toute autre opération de refinancement réalisé(e) par l'une de ses filiales auprès d'une banque tiers.

Dans le cas d'un groupe industriel et commercial, ce type de garantie prend souvent la forme d'une lettre de cautionnement. Pour plus d'informations, voir point 4. ci-après.

Dans ce cas, il ne s'agit pas d'une opération intragroupe puisqu'un tiers est concerné par l'opération. Toutefois, dans la mesure où l'emprunt contracté par la filiale apparaît déjà comme un emprunt du groupe dans les comptes consolidés de ce dernier, cette garantie n'a pas lieu d'être comptabilisée et est donc éliminée dans les comptes consolidés.

3. **Lettre de cautionnement non exécutoire** Dans certains cas, la lettre de cautionnement adressée à un tiers (encore appelée lettre d'intention, de confort ou de parrainage) n'a pas de réelle valeur juridique, ne possédant aucune force exécutoire dont le tiers puisse se prévaloir. Elle ne répond donc pas à la définition d'une garantie financière (pas d'obligation contractuelle selon IAS 32.13) et n'a pas lieu, à notre avis, d'être comptabilisée. La portée de la lettre d'intention et l'étendue de l'obligation de la société mère vis-à-vis de sa filiale dépendent des termes employés dans la lettre.

4. **Cas particuliers** Il s'agit d'exemples relatifs au secteur financier (groupe bancaire ou de bancassurance). Quel que soit le secteur concerné, les groupes doivent prêter attention aux possibles implications d'une garantie donnée à un tiers, ces implications n'étant pas forcément toujours neutres comme dans le cas cité au point 3. ci-avant.

a. **Garantie donnée par une filiale spécialisée à la mère (ou à une autre fille) pour une opération concernant un tiers extérieur** Tel est le cas, par exemple, d'une caution accordée par un organisme de caution, filiale spécialisée d'un groupe bancaire, qui couvre un prêt octroyé à un tiers extérieur par la mère du groupe.

La caution est rémunérée au marché, puisque la commission est payée par le débiteur extérieur, bénéficiaire du prêt. Dans ce cas, il ne s'agit ni d'une opération intragroupe (puisqu'un tiers extérieur est concerné) ni de la garantie de la propre performance du groupe (mais de celle d'un risque tiers, ce risque étant rémunéré au marché).

La seule différence par rapport à un prêt octroyé sans caution par le groupe est la localisation de la marge pour partie chez la filiale (commission rémunérant la caution) et pour partie chez la mère (spread de crédit d'un prêt bénéficiant d'une caution bancaire).

Au niveau consolidé, l'opération doit, à notre avis, se traduire dans les comptes du groupe comme si un prêt sans caution avait été directement octroyé par la mère, mais avec maintien de la marge totale dégagée sur les deux opérations (puisqu'effectivement payée par le tiers extérieur), ce qui a pour conséquences : **46330** (suite)

- l'intégration de la commission reçue dans le TIE global du prêt octroyé (entraînant un amortissement actuariel et non pas linéaire de cette commission) ;
- la suppression dans les comptes du groupe des garanties données (par la filiale spécialisée) et reçues (chez la mère) ;
- et enfin, l'obligation de provisionner le risque de crédit du prêt sur une base brute (i.e. sans tenir compte de la garantie reçue).

Au niveau consolidé, le risque supporté par le groupe est bien toujours le risque brut sur le débiteur final.

Toutefois, la provision relative à la garantie (initialement constituée dans les comptes individuels de la filiale spécialisée comme une provision pour risques et charges au passif) apparaîtra, in fine, dans les comptes du groupe comme la dépréciation du prêt sous-jacent, c'est-à-dire en moins de l'actif.

b. **Garantie donnée par la mère à un tiers extérieur pour une opération réalisée par une captive de réassurance du groupe qui réassure une opération propre au groupe** Dans ce cas, la marge facturée dans l'opération de réassurance acceptée doit être annulée, dans la mesure où l'opération de réassurance concerne une opération propre au groupe.

In fine, c'est comme si le groupe s'était directement assuré auprès du réassureur final, en payant une prime d'assurance majorée d'autant.

CHAPITRE 39

Bases d'évaluation des instruments financiers : juste valeur et coût amorti (IFRS 9)

Plan du chapitre §§ 46500

QUESTIONS/REPONSES PRATIQUES

Remarque importante

46620 Les réponses aux questions présentées ci-après résultent de l'analyse des dispositions de la norme IFRS 9, Instruments financiers, en vigueur actuellement, sur la base des informations disponibles au 1er juin 2023 (voir nº 44100).

Pour rappel, les actifs et passifs financiers sont évalués selon leur classement (voir respectivement nº 45080 s. et 46030 s.) :
- soit à la juste valeur ;
- soit au coût amorti.

Les variations de juste valeur sont comptabilisées en résultat ou en autres éléments du résultat global (OCI), recyclables ou non recyclables, selon les cas.

SECTION I

Evaluation des instruments financiers : juste valeur

I. Définition

Définition de la juste valeur

46630 ***Question***

Qu'est-ce que la juste valeur d'un instrument financier ?

Réponse

Selon la norme IFRS 13, la juste valeur est le prix qui serait reçu pour la vente d'un actif ou payé lors du transfert d'un passif dans une transaction normale, réalisée entre intervenants du marché, à la date de l'évaluation.

Commentaires La norme IFRS 13, Evaluation de la juste valeur, définit la juste valeur, son cadre d'évaluation et les informations à communiquer à son sujet (voir nº 13310 s.).

1. **Définition unique de la juste valeur** La juste valeur est le prix qui serait reçu pour la vente d'un actif ou payé lors du transfert d'un passif dans une transaction normale, réalisée entre intervenants du marché, à la date de l'évaluation (IFRS 13.9).

Pour plus de détails, voir nº 13370.

2. **Précisions** :

a. **Prix de transaction** Selon IFRS 9.B5.1.1 et .B5.1.2A, la juste valeur d'un instrument financier lors de sa comptabilisation initiale est normalement son prix de transaction (c'est-à-dire la juste valeur de la contrepartie versée ou reçue). Ainsi, le prix de transaction d'un instrument financier est présumé être sa juste valeur lors de sa comptabilisation initiale, sauf cas particulier (voir nº 46650).

b. **Dépôt à vue** La juste valeur d'un passif financier comportant une composante à vue n'est pas inférieure au montant payable à vue, actualisé à la première date à laquelle le paiement du montant peut être exigé (IFRS 13.47). En conséquence, dans le cas d'un dépôt à vue, sa juste valeur ne peut pas être inférieure à sa valeur nominale puisqu'un client peut retirer ses avoirs à tout moment.

C'est ce que l'on appelle couramment la valeur plancher du dépôt (ou « deposit floor »).

II. Principes généraux d'évaluation à la juste valeur

Méthodes d'évaluation de la juste valeur

Question 46640

Quelle est la norme précisant comment évaluer la juste valeur d'un instrument financier ?

Réponse

En IFRS, l'évaluation de la juste valeur est du ressort de la norme IFRS 13, Evaluation de la juste valeur.

Commentaires Pour plus de détails, voir n° 13310 s.

Utilisation de la juste valeur

Question 46645

En matière d'instruments financiers, quand utilise-t-on la juste valeur ?

Réponse

La juste valeur est utilisée :
- lors de la comptabilisation initiale des instruments financiers ;
- lors de l'évaluation à la clôture, pour certaines catégories d'instruments financiers ; et
- pour les informations à fournir en annexe.

Commentaires La norme IFRS 9 requiert l'utilisation de la juste valeur pour les instruments financiers dans les situations suivantes :

Sur la définition de la juste valeur, voir n° 46630.

1. **Comptabilisation initiale des instruments financiers** Tous les actifs et passifs financiers doivent être évalués à leur juste valeur lors de leur comptabilisation initiale (IFRS 9.5.1.1). Il s'agit d'un principe général auquel il ne peut être dérogé, à la seule exception des créances commerciales qui ne contiennent pas de « composante de financement significative » qui doivent être évaluées et comptabilisées à leur prix de transaction tel que défini par la norme IFRS 15 (IFRS 9.5.1.3).

Pour les modalités de détermination de la juste valeur, voir n° 13317 s.
Pour l'évaluation du prix du contrat selon la norme IFRS 15, voir n° 24989.

2. **Evaluation à la clôture pour certaines catégories d'instruments financiers** Après la comptabilisation initiale, une entité doit évaluer à la juste valeur les instruments ci-après, sans déduction des coûts de transaction qui seraient encourus en cas de cession :

Pour plus de détails sur les coûts de transaction, voir n° 46780 s.

a. les **dérivés** (IFRS 9.5.2.1 et 9.4.2.1a) ;

b. les **actifs financiers** comptabilisés en actifs évalués à la **juste valeur en contrepartie des autres éléments du résultat global** (OCI) ou en actifs évalués à la juste valeur par résultat (IFRS 9.5.2.1) ;

Rappelons que cette dernière catégorie (juste valeur par résultat) comprend trois sous-catégories (voir n° 45080) :
- les actifs détenus avec l'objectif de réaliser des flux de trésorerie en vendant ces actifs (actifs détenus à des fins de transaction) ;
- les actifs détenus à des fins de recouvrement de flux de trésorerie contractuels et éventuellement des flux de cession, mais qui ne répondent pas à la définition d'un « prêt basique » ; et
- les actifs auxquels l'option juste valeur a été appliquée.

c. les **passifs financiers** évalués à la juste valeur par résultat (IFRS 9.4.2.1a) ou auxquels l'option juste valeur a été appliquée (IFRS 9.4.2.2), voir n° 46030.

3. Information à fournir en annexe :

a. **Principe** Une entité doit indiquer la juste valeur de ses actifs et passifs financiers par classe d'instruments et de telle manière que l'on puisse comparer pour chacune de ces classes la juste valeur et la valeur comptable des instruments qui la composent (IFRS 7.25).

Sur la notion de classe, voir n° 52150.

L'entité ne peut compenser l'information sur la juste valeur entre deux classes que dans la mesure où les valeurs comptables des instruments concernés sont elles-mêmes déjà compensées au bilan (IFRS 7.26).

b. **Exceptions** Par exception, aucune information sur la juste valeur n'est exigée pour (IFRS 7.29) :

– les instruments dont la valeur comptable correspond à une **approximation raisonnable** de la juste valeur, tels que par exemple les créances clients ou les dettes fournisseurs à court terme ;

Pour plus de précisions, voir n° 45400 et 46140.

– les dettes de loyers.

Notion de « day-one gain or loss »

46650 ***Question***

Qu'est-ce que le « day-one gain or loss » et quand est-il possible d'en reconnaître un dans les états financiers ?

Réponse

Il s'agit de la différence entre le prix de transaction (payé ou reçu) pour l'acquisition ou l'émission d'un instrument financier et sa juste valeur à la date de sa comptabilisation initiale, le cas échéant.

Cette différence initiale ne peut être comptabilisée en résultat que s'il existe :

– d'autres transactions portant sur le même instrument (sans modification ni reconditionnement), observables sur le marché au moment de l'évaluation ; ou

– si tous les paramètres entrant dans le modèle interne utilisé pour son évaluation sont observables et si la technique d'évaluation appliquée a été testée par rapport à des transactions de marché.

En pratique, il ne sera pas possible de comptabiliser un tel résultat sur des instruments évalués sur la base de modèles d'évaluation complexes intégrant des données non observables.

Enfin, à notre avis, il est possible de constater un « day-one gain or loss » lors de la comptabilisation initiale d'un instrument hybride « bifurqué » entre un instrument hôte et un dérivé incorporé.

Commentaires :

1. **Notion de « day-one gain or loss »** Il s'agit de la différence existant lors de la comptabilisation initiale d'un instrument financier entre :

– le **prix de transaction** payé ou reçu (correspondant en principe à un prix dit « d'entrée »), et

– la **juste valeur** de l'actif ou du passif concerné, calculée à la date de son acquisition ou de son émission selon les dispositions de la norme IFRS 9.

2. **Conditions pour prise en compte immédiate en résultat** Selon IFRS 9.B5.1.2A, la meilleure indication de la juste valeur d'un instrument financier lors de sa comptabilisation initiale est normalement le prix de transaction. Il n'y aurait donc pas lieu a priori de comptabiliser un « day-one gain or loss ». Toutefois, si l'entité détermine que la juste valeur lors de la comptabilisation initiale diffère du prix de transaction, elle doit comptabiliser l'instrument à cette date comme suit (IFRS 9.B5.1.2A) :

a. à la juste valeur (conformément à IFRS 9.5.1.1), si cette juste valeur est attestée par un cours sur un marché actif pour un actif ou un passif identique (c'est-à-dire une donnée de niveau 1, voir n° 13387) ou sur la base d'une technique d'évaluation qui utilise uniquement des données provenant de marchés observables. L'entité doit alors comptabiliser la différence entre la juste valeur à la date de la comptabilisation initiale et le prix de transaction comme un profit ou une perte ;

b. dans tous les autres cas, à la juste valeur ajustée pour différer la différence entre la juste valeur à la date de la comptabilisation initiale et le prix de transaction (voir point 6. ci-après). **46650** (suite)

Rappel Selon IFRS 9.5.1.1, à l'exception des créances clients qui entrent dans le champ d'application d'IFRS 9.5.1.3, l'entité doit, lors de la comptabilisation initiale, évaluer à sa juste valeur majorée ou minorée, dans le cas d'un actif financier ou d'un passif financier qui n'est pas évalué à la juste valeur par résultat, des coûts de transaction directement attribuables à l'acquisition ou à l'émission de cet actif financier ou de ce passif financier.

3. Application pratique A notre avis, ce principe implique, pour pouvoir comptabiliser un résultat à l'initiation de la transaction, de démontrer :

a. l'existence de prix de sortie observables à partir de transactions identiques ou de transactions suffisamment proches pour qu'elles permettent d'en déduire le prix de sortie d'une transaction identique ;

Ainsi, à notre avis, il n'est pas suffisant de démontrer que les paramètres utilisés sont observables : la technique d'évaluation doit également avoir été testée par rapport à des transactions de marché.

b. la possibilité effective de couvrir de manière « statique » la transaction avec des instruments dont les prix sont observables.

Une couverture « statique » est une couverture, pour l'instrument dans sa totalité ou pour chacune de ses composantes, qui ne nécessite pas d'ajustement au fil du temps.

4. Situations où un « day-one gain or loss » peut exister En matière d'instruments financiers, il peut exister un « day-one gain or loss » notamment dans les deux cas suivants :

– gérants de portefeuille ou courtiers sur titres qui interviennent sur des marchés différents : marché au détail (lorsque la contrepartie est un particulier ou une entreprise) ou marché entre professionnels (lorsqu'il s'agit d'un autre courtier) ;

– banques ou assureurs qui émettent (vendent) des instruments dérivés complexes, comme par exemple des options sur actions de maturité longue, des swaps ou des dettes structurés dont la rémunération est indexée sur des indices, des paniers d'actions ou des formules complexes.

Le « day-one gain or loss » apparaît ainsi en quelque sorte comme représentatif de la marge commerciale dégagée par le courtier entre deux marchés différents ou par la banque ou l'assureur sur des instruments financiers complexes qu'ils ont eux-mêmes élaborés.

Remarque A notre avis, lorsque les techniques d'évaluation mises en place s'appuient uniquement sur des données observables, l'apparition d'un « day-one gain or loss » pour un montant significatif pourrait indiquer la non-pertinence de ces techniques d'évaluation. Les techniques d'évaluation ne sont pas pertinentes si elles ne prennent pas en compte l'ensemble des facteurs clés retenus par les participants pour déterminer un prix de marché ou si elles ne reflètent pas les circonstances de marché. Dans ces cas, elles doivent alors être ajustées par rapport aux transactions de marché. Cet ajustement pourrait se traduire par une disparition du « day-one gain or loss » ou, si l'ajustement implique de prendre en compte des données non observables, par un report du « day-one gain or loss ».

5. Cas particulier des instruments hybrides A notre avis, la comptabilisation de l'instrument hybride devrait se faire de la manière suivante :

Sur la notion d'instrument hybride, voir n° 48635.

– lors de sa comptabilisation initiale, l'instrument hybride, à l'instar de tous les actifs et passifs financiers, est comptabilisé initialement à sa juste valeur (celle de l'instrument hybride dans son ensemble). Si cette juste valeur est différente du prix de transaction, un « day-one gain or loss » peut devoir être comptabilisé ;

Notamment, le « day-one gain or loss » est comptabilisé si les conditions de prise en résultat telles que développées dans le point 2. ci-avant sont remplies, c'est-à-dire si la juste valeur de l'instrument hybride est évaluée à partir de données observables (directement ou incluses dans une technique d'évaluation).

– se pose ensuite la question de l'enregistrement comptable séparé du dérivé incorporé (« split accounting » ou « bifurcation »). En cas de « bifurcation » d'un instrument hybride en un contrat hôte (qui n'est pas un actif financier) et un instrument dérivé, la valeur comptable initiale de l'instrument hôte est le montant résiduel après séparation du dérivé incorporé, c'est-à-dire la juste valeur du contrat hybride diminuée de la juste valeur du dérivé incorporé.

Pour plus de détails sur le « split accounting », voir n° 48690.

6. Que faire en « day-two » ? Lorsqu'un gain ou une perte initial(e) (« day-one gain or loss ») a dû être différé(e) en raison des dispositions d'IFRS 9.B5.1.2A (voir point 2. ci-avant), ce gain

46650 (suite) (cette perte) ne peut alors être comptabilisé(e) ultérieurement que dans la mesure où il (elle) provient d'un changement dans l'un des paramètres d'évaluation (y compris le passage du temps) retenus par les participants du marché, pour établir le prix de l'instrument (IFRS 9.B5.1.2A).

En d'autres termes, si un « day-one gain or loss » n'a pas pu être comptabilisé le premier jour, il est interdit de le faire le lendemain (c'est-à-dire en « day two »).

Les critères ou la méthodologie à appliquer pour comptabiliser la marge au cours des exercices ultérieurs ne sont pas précisés. Dans la pratique, deux méthodes sont généralement retenues :

a. reconnaissance en résultat uniquement lorsque tous les paramètres sont devenus observables (c'est-à-dire, en général, à l'échéance ou proche de l'échéance du contrat) ; ou

b. amortissement (étalement) sur la durée de vie du contrat.

Remarque En fonction du type d'instrument et de la nature de ses risques, les entités (banques en général) seront conduites à appliquer l'une des trois méthodes suivantes :
- prise en compte immédiate, dès le premier jour (« day-one gain or loss ») ;
- gains (pertes) différés jusqu'à ce que tous les paramètres soient devenus observables ;
- gains (pertes) étalés (amortis) sur la durée de vie du contrat.

■ *Exemple*

Le 1/01/N, un dérivé passif (option vendue) est émis avec une prime de 12 (représentative de son prix de transaction). La juste valeur obtenue par le modèle d'évaluation s'élève à 10,5. Aucun « day-one gain » n'est comptabilisé car tous les paramètres ne sont pas observables lors de l'émission de l'instrument. Les 1,5 de marge sont donc différés. A la fin de l'année N, la juste valeur du dérivé (évaluée selon le même modèle) vaut 7 (option hors de la monnaie). Elle vaut 5 à la fin de l'année N+1. L'option arrive à échéance à la fin de l'année N+2 sans être exercée.

Solution de l'exemple *L'approche varie selon que l'entité conclut qu'il faut, pour ce type de produit, étaler la marge initiale ou au contraire la différer jusqu'à l'échéance.*

Montant du « day-one gain » : 1,5 (= 12 – 10,5).

1. Comptabilisation initiale :

Dt	*Trésorerie*	*12*	
Ct	*Option vendue*		*10,5*
Ct	*Profit différé (1)*		*1,5*

(1) Dans ce cas, le profit différé est comptabilisé sur la même ligne que la prime d'option encaissée (pas de distinction au bilan).

2. Evaluation à la date de clôture à fin N (avec étalement du « day-one gain or loss ») :

Dt	*Option vendue*	*3,5*	
Dt	*Profit différé*	*0,5*	
Ct	*Produits financiers (1)*		*4*

(1) Plus-value latente 3,5 (= 10,5 – 7) + étalement « day-one gain » 0,5 (= 1,5/3).

3. Evaluation à la date de clôture à fin N (avec « day-one gain » différé jusqu'à l'échéance) :

Dt	*Option vendue*	*3,5*	
Ct	*Produits financiers (1)*		*3,5*

(1) Plus-value latente 3,5 (= 10,5 – 7) + 0 (pas d'étalement du « day-one gain »).

4. Tableau récapitulatif des différentes méthodes

	Day-one (au 1/01/N)	*Année N (gain sur produits structurés)*	*Année N+1 (gain sur produits structurés)*	*Année N+2 (gain sur produits structurés)*	*Total*
Avec comptabilisation d'un « day-one » (1)	*1,5*	*3,5*	*2*	*5*	*12*
Avec étalement du « day-one » (2)	*0*	*4*	*2,5*	*5,5*	*12*
Avec « day-one » différé jusqu'à l'échéance (3)	*0*	*3,5*	*2*	*6,5*	*12*
Dérivé qualifié de position ouverte isolée (POI) (approche française) (4)	*0*	*0*	*0*	*12*	*12*

(1) « Day-one gain » comptabilisé dans sa totalité le premier jour. Prise en compte sur les exercices ultérieurs des plus-values latentes (hors marge initiale).

(2) Voir écritures ci-avant pour l'année N. Sur les années N+1 et N+2, comptabilisation des plus-values latentes (hors marge) pour un total résiduel de 7 et de la quote-part restant à étaler de marge initiale (soit 1).

(3) Sur les années N et N+1, comptabilisation de la seule plus-value (hors marge) ; sur l'année N+2 comptabilisation de la plus-value (hors marge) de 5 plus du « day-one gain » total de 1,5 (différé jusqu'à l'échéance).

(4) Selon le Règlement ANC n° 2015-05 relatif aux instruments financiers à terme et aux opérations de couverture, une POI est définie comme toute opération non qualifiée de couverture, quelle qu'en soit la nature. Elle sera classée dans une catégorie dénommée « position ouverte isolée ».

Titre coté sur un marché actif

46655

Question

Quel cours retenir à la clôture pour un titre coté (action ou obligation) sur un marché actif ?

Réponse

Lorsqu'il existe un prix coté sur un marché actif, ce prix doit être retenu pour évaluer un titre (action ou obligation) à la clôture.

En conséquence, il n'est pas possible de ne pas retenir le cours de bourse pour valoriser une action cotée, à partir du moment où son marché est actif (ce qui est le cas pour les actions du CAC 40 et du SBF 120). Il en est de même pour une obligation cotée sur un marché actif.

Commentaires :

1. **Principe** Selon IFRS 13.77, la juste valeur d'un actif ayant un cours coté sur un marché actif est déterminée sur la base de ce cours. Aucun ajustement à ce cours n'est autorisé, sauf exceptions (voir également n° 13339).

2. **Exceptions limitées** Par exception à ce principe, des ajustements peuvent être apportés au cours coté dans les cas limités suivants (IFRS 13.79) :
- si l'entité détient un grand nombre d'actifs similaires mais non identiques, pour lesquels, bien qu'un cours sur un marché actif soit disponible, il est difficile d'obtenir les informations sur le prix de chaque actif ou passif considéré individuellement ;
- si les cours cotés ne représentent pas la juste valeur ;
- si un passif ou un instrument de capitaux propres de l'entité est évalué sur la base d'un instrument identique négocié en tant qu'actif sur un marché actif et pour lequel le cours de marché a été ajusté pour obtenir la juste valeur.

3. **Absence de cours coté** Lorsqu'un actif ou un passif n'a pas de prix coté sur un marché actif, il est possible de tenir compte d'une prime ou décote liée au contrôle. En revanche, une société ne peut pas appliquer de décote en raison d'une grande quantité d'actifs détenus par rapport à la taille du marché (IFRS 13.69).

Pour plus de détails, voir n° 13385.

Baisse des cours de bourse postérieure à la date de clôture

46660 ***Question***

En cas de chute des cours de bourse postérieure à la date de clôture, peut-on retenir les cours post-clôture pour évaluer à la clôture les titres cotés correspondants ?

Réponse

Non, l'événement est relatif à l'exercice suivant (événement postérieur à la date de clôture ne donnant pas lieu à ajustement) et ne remet pas en cause la juste valeur des titres cotés à la date de clôture.

En revanche, si la baisse des cours peut avoir une incidence significative sur le patrimoine et les activités de l'entreprise, des informations doivent être fournies en annexe et une explication peut devoir être donnée dans le rapport de gestion.

Commentaires :

1. **Evénement postérieur à la date de clôture ne donnant pas lieu à ajustement** La baisse des cours constitue un événement à rattacher à l'exercice suivant, qui ne donne pas lieu à un ajustement à la date de clôture.

En effet, la norme IAS 10, Evénements postérieurs à la période de reporting, cite notamment comme exemples d'événements postérieurs à la date de clôture ne donnant pas lieu à ajustement :
- une baisse de la valeur de marché de placements entre la date de clôture et la date d'approbation des états financiers. La baisse de la valeur de marché n'est normalement pas liée à la situation des placements à la date de clôture, mais reflète des événements qui se sont produits ultérieurement (IAS 10.11) ;
- des modifications anormalement importantes du prix des actifs ou des taux de change postérieurement à la date de clôture (IAS 10.22g).

Rappelons que seuls les événements post-clôture permettant de mieux apprécier une situation ou un risque existant antérieurement à la date de clôture justifient d'ajuster les valorisations à la date de clôture (IAS 10.8 et .9 ; voir n° 12794).

En conséquence, dans le cas d'une chute des cours survenue après la date de clôture, les entreprises doivent valoriser leurs placements financiers en retenant les cours de bourse en vigueur à la date de clôture (meilleure indication de la juste valeur d'un titre coté sur un marché actif, voir n° 46655), sans tenir compte de la baisse des cours constatée au début de l'exercice suivant.

2. **Informations à fournir en annexe et mention éventuelle dans le rapport de gestion** En revanche, des informations sont à fournir en annexe dès lors que cette baisse de cours peut avoir un impact significatif sur le patrimoine et les activités de l'entreprise. L'absence d'information pourrait, en effet, avoir une incidence sur les décisions économiques prises par les investisseurs sur la base des états financiers.

Dans ce cas, IAS 10.21 prévoit les informations en annexe suivantes :
- nature de l'événement (c'est-à-dire le contexte de chute des cours de bourse) ; et
- estimation de l'effet financier ou, à défaut, une indication qu'il ne peut pas être chiffré.

En complément de ces informations requises dans les comptes, les sociétés doivent apprécier la nécessité d'expliquer dans leur rapport de gestion les incidences de la baisse des cours sur leurs activités dès lors qu'elles sont significatives.

Pour les conséquences d'une chute des cours de bourse après la date de clôture, voir n° 12810. Sur la possibilité de prendre en compte des informations devenues disponibles après la date de clôture dans l'évaluation à la juste valeur d'un actif à la clôture, voir n° 13389.

Cours acheteur et cours vendeur (« bid/ask price »)

46665 Voir n° 13386.

Evaluation d'un bloc de titres

46670 Voir n° 13385.

Principes spécifiques aux portefeuilles gérés sur une base nette

46675 Voir n° 13335.

III. Notion d'option à la juste valeur

A. Généralités

Définition de l'option juste valeur

Question 46680

Qu'est-ce que l'option juste valeur ?

Réponse

Il s'agit de la possibilité donnée aux entreprises de désigner un instrument financier à la juste valeur par résultat, sans qu'il s'agisse d'un dérivé et sans qu'il ne soit classé en actifs ou passifs évalués à la juste valeur par résultat.

Une entité peut appliquer l'option juste valeur à un **passif financier** dans l'une des trois situations suivantes :

- élimination ou réduction d'une incohérence (« mismatch ») de traitement comptable ;
- instrument hybride comprenant un ou plusieurs dérivés incorporés ;
- groupe d'actifs/passifs financiers dont la gestion et le suivi de l'évaluation de la performance se font à la juste valeur.

Une entité peut appliquer l'option juste valeur à un **actif financier** dans l'unique situation de réduction ou élimination d'une incohérence (« mismatch ») de traitement comptable.

Commentaires Lors de la comptabilisation initiale, une entité peut désigner irrévocablement un actif ou un passif financier à la juste valeur par résultat (IFRS 9.4.1.5 et .4.2.2) et permettre ainsi la comptabilisation des variations de valeur de l'instrument au compte de résultat.

Sans cette désignation, l'instrument aurait été évalué au coût amorti ou à la juste valeur avec les variations de juste valeur comptabilisées non pas en résultat mais en autres éléments du résultat global (OCI).

Cette option est soumise toutefois à une condition d'application (voir n° 46690).

Ce classement n'est possible que dans des cas limités selon que l'instrument est un actif ou un passif financier :

1. Dans le cas d'un actif financier, sa désignation à la juste valeur est autorisée si cette désignation élimine ou réduit significativement une incohérence dans l'évaluation ou la comptabilisation (parfois appelée « non-concordance comptable » – « accounting mismatch ») (IFRS 9.4.1.5).

Pour l'application de l'option juste valeur dans le cas d'une réduction d'une incohérence de traitement comptable, voir n° 46695.

2. Dans le cas d'un passif financier, sa désignation à la juste valeur est **autorisée** dans l'une des trois situations suivantes :

- élimination ou réduction significative d'une incohérence dans l'évaluation ou la comptabilisation (parfois appelée « non-concordance comptable » – « accounting mismatch ») (IFRS 9.4.2.2) ; ou

Pour l'application de l'option juste valeur dans le cas d'une réduction d'une incohérence de traitement comptable, voir n° 46695.

- gestion et appréciation de la performance sur la base de la juste valeur d'un groupe de passifs financiers (ou d'un groupe d'actifs financiers et de passifs financiers) (IFRS 9.4.2.2) ; ou
- instrument hybride dont le ou les dérivés incorporés auraient dû être séparés en l'absence de cette désignation (IFRS 9.4.3.5).

Pour la définition d'un instrument hybride, voir n° 48635.

Toutefois, la norme interdit cette désignation si :

- le ou les dérivés incorporés ne modifient pas de manière significative les flux de trésorerie contractuels ; ou
- la séparation du ou des dérivés incorporés est interdite.

Toutefois, cette désignation est **obligatoire** pour un instrument hybride lorsque le dérivé incorporé ne peut être séparé du contrat hôte en l'absence d'évaluation possible du dérivé soit à l'acquisition soit à la date de clôture d'une période comptable ultérieure (IFRS 9.4.3.6).

Option juste valeur : condition d'application

46690 ***Question***

Quelle est la condition d'application de l'option juste valeur ?

Réponse

Lorsqu'une entité décide de désigner un instrument financier à la juste valeur par résultat, elle doit appliquer cette option obligatoirement dès la date de comptabilisation initiale de l'instrument et de manière irrévocable jusqu'à son échéance ou sortie de bilan.

Commentaires Quelle que soit la situation (stratégie) à laquelle fait référence l'entité pour appliquer l'option juste valeur à un instrument financier (voir n° 46680), elle doit l'appliquer dès la date de première comptabilisation et jusqu'à l'échéance ou la sortie de bilan des instruments désignés (IFRS 9.4.1.5 et .4.2.2).

Cette condition est particulièrement contraignante pour les entités. Ainsi, la décision d'appliquer l'option juste valeur à un actif ou à un passif financier doit faire l'objet d'une réflexion approfondie dans la mesure où une fois l'élément désigné, il n'est plus possible de revenir en arrière (dans le cas, par exemple, où la volatilité sur le compte de résultat entraînée par l'application de l'option serait trop importante).

Le reclassement d'un actif financier n'est possible (voire obligatoire) que dans le cas d'un changement de modèle de gestion (« business model »). Par conséquent, les actifs désignés à la juste valeur par résultat sont classés dans cette catégorie par choix qui ne peut être révoqué.

Pour connaître les circonstances du reclassement d'actifs financiers, voir n° 45570.

Le reclassement d'un passif financier n'est pas autorisé (IFRS 9.4.4.2).

B. Elimination ou réduction significative d'une incohérence de traitement comptable

Option juste valeur : élimination ou réduction significative d'une incohérence de traitement comptable

46695 ***Question***

Comment appliquer l'option juste valeur dans le cas de la réduction ou l'élimination significative d'une incohérence de traitement comptable ?

Réponse

Outre la condition générale énoncée au n° 46690, l'entité doit justifier des points suivants :
- existence d'un traitement comptable dissymétrique ;
- existence d'une relation économique entre les éléments concernés ;
- élimination ou réduction significative de l'incohérence analysée.

Commentaires En choisissant d'appliquer l'option juste valeur aux actifs ou passifs concernés, l'entité a pour objectif de réduire l'incohérence comptable qui autrement aurait existé.

Dans ce cas, l'entreprise doit démontrer que l'option juste valeur lui permet d'éliminer ou de réduire de manière significative une incohérence dans l'évaluation ou l'enregistrement comptable d'actifs ou de passifs entre lesquels existe une relation économique (IFRS 9.4.1.5 et .4.2.2 et .B4.1.29 à .B4.1.32).

Ainsi, l'analyse de l'opération doit permettre de justifier des points suivants :

L'IASB estime que, d'une manière générale, les incohérences de traitement comptable peuvent résulter de circonstances très variées (IFRS 9.BCZ4.63).

– **traitement comptable dissymétrique** : l'incohérence peut provenir soit d'une différence de méthode d'évaluation (par exemple, coût amorti versus juste valeur), soit d'une comptabilisation à des endroits différents des pertes et gains relatifs aux instruments concernés (par exemple, comptabilisation en autres éléments du résultat global versus comptabilisation en résultat) (IFRS 9.BCZ4.61) ;

- **existence d'une relation économique** : la relation peut être établie de différentes façons, comme par exemple, l'exposition à un même risque entraînant des variations de valeur opposées qui tendent à se compenser ou lorsque l'entité considère qu'il existe un financement des actifs par les passifs concernés (IFRS 9.BCZ4.61) ;
- **élimination ou réduction significative de l'incohérence de traitement comptable** : l'IASB n'a pas souhaité préciser cette notion ni imposer de règles d'application détaillées. Toutefois, le Board note que l'option juste valeur peut être utilisée en lieu et place d'une couverture de juste valeur, évitant ainsi les contraintes fastidieuses de la qualification d'opération de couverture (IFRS 9.BCZ4.62).

Sur ce point, voir également n° 46710.

■ *Exemple 1*

Actions financées par une dette évaluée au coût amorti *Les actions sont comptabilisées par défaut en actifs évalués à la juste valeur par résultat et la dette, sans application de l'option juste valeur, au coût amorti. La dette ayant servi à financer l'acquisition des actions (notion d'adossement), l'entité a la possibilité de désigner la dette à la juste valeur par résultat (qui autrement aurait été comptabilisée au coût amorti) (IFRS 9.B4.1.29).*

■ *Exemple 2*

Immeuble de placement comptabilisé à la juste valeur financé par une dette évaluée au coût amorti
Sans application de l'option juste valeur, l'immeuble de placement serait, conformément à l'un des deux modèles d'évaluation autorisés par la norme IAS 40 , comptabilisé à la juste valeur, avec ses variations de valeur comptabilisées en résultat (IAS 40.35) et la dette serait comptabilisée au coût amorti.
En conséquence, les gains ou pertes relatifs à l'immeuble de placement n'auraient pas été comptabilisés de manière cohérente avec ceux relatifs à la dette ayant servi à financer l'immeuble (les variations de juste valeur de la dette n'étant alors pas comptabilisées).
En outre, il existe une corrélation forte via les taux d'intérêt entre les éléments qui déterminent la juste valeur de l'immeuble de placement et ceux qui déterminent la juste valeur de la dette. En conséquence, l'application de l'option juste valeur à la dette finançant l'immeuble ne peut que fournir une information financière plus pertinente en réduisant la dissymétrie comptable.
Ainsi, la possibilité d'utiliser l'option juste valeur en cas de traitement comptable dissymétrique permet d'appliquer l'option à des actifs ou passifs financiers même lorsque la dissymétrie comptable est due à des instruments non financiers.

Notion de réduction significative d'une incohérence de traitement comptable

46710

Question

Existe-t-il des précisions sur la notion de « réduction significative » d'une incohérence de traitement comptable ?

Réponse

Non. A notre avis, il s'agit essentiellement de comparer l'impact sur les états financiers (en matière d'évaluation des actifs et passifs et du résultat) de tous les éléments à prendre en considération, avec et sans application de l'option juste valeur.

Commentaires :

1. **Rappel** Une entité peut appliquer l'option juste valeur lorsque cette option permet d'éliminer ou de réduire de manière significative une incohérence dans l'évaluation ou l'enregistrement comptable d'actifs ou de passifs qui autrement auraient été évalués de manière différente ou dont les pertes et les gains auraient été comptabilisés de manière différente (IFRS 9.4.1.5 et .4.2.2), voir n° 46695.
2. **Approche à retenir** En ce qui concerne l'interprétation des termes « réduction significative », il n'existe pas de pourcentage chiffré pouvant servir de référence ni de « ligne de démarcation

46710 (suite) nette » à respecter. Il s'agit plutôt d'analyser l'objectif poursuivi par l'application de l'option juste valeur aux différents éléments désignés comme tels par l'entité.

Pour cela, il est nécessaire de comparer l'impact sur les états financiers des éléments concernés, selon que l'entité applique ou non l'option juste valeur pour s'assurer qu'effectivement l'incohérence comptable est bien réduite. Tous les éléments pertinents doivent être pris en compte à cet effet.

Ainsi, par exemple, dans le cas d'actifs à taux fixe évalués à la juste valeur et financés par des dettes à taux fixe évaluées au coût amorti, il convient de considérer la partie de financement des actifs que l'entité n'envisage pas d'évaluer à la juste valeur par résultat.

La norme IFRS 9 précise toutefois qu'il n'est pas nécessaire d'effectuer des tests d'efficacité similaires à ceux effectués dans le cadre d'une comptabilité de couverture, pour démontrer la réduction significative d'une incohérence d'évaluation ou d'enregistrement comptable (IFRS 9.BCZ4.63).

Les exemples suivants permettent d'illustrer l'approche exposée ci-avant.

■ *Exemple 1*

Actifs à taux fixe évalués à la juste valeur et partiellement financés par des passifs à taux fixe évalués au coût amorti *Une entité est sur le point d'acquérir 100 d'actifs à taux fixe qui, compte tenu de leurs caractéristiques et des modalités de gestion définies par l'entreprise, seront classés comme évalués à la juste valeur en contrepartie des autres éléments du résultat global (OCI). Elle se prépare également à émettre 50 de passifs à taux fixe qui seront évalués à leur coût amorti s'ils ne sont pas désignés à la juste valeur par résultat. Les actifs et passifs étant tous deux à taux fixe, ils partagent la même nature de risque (risque de taux d'intérêt).*

L'entité peut-elle désigner l'intégralité des actifs (100) et des passifs (50) à leur juste valeur par résultat afin de réduire significativement l'incohérence de traitement comptable entre ces deux groupes d'éléments ?

Solution de l'exemple 1 *En l'occurrence, non. La désignation de l'intégralité des 100 d'actifs à leur juste valeur par résultat éliminerait une incohérence de traitement comptable avec les 50 de passifs, mais donnerait en revanche naissance à une incohérence de traitement comptable avec le reliquat de 50 des actifs auxquels ces passifs ne sont pas rattachés.*

Dans ces circonstances, il faut s'interroger également sur la raison motivant l'entité à recourir à l'option juste valeur. Par exemple, existe-t-il un dérivé préexistant qui compense le reliquat de 50 des actifs ? L'entité anticipe-t-elle d'émettre à nouveau 50 de passifs dans un délai raisonnable (et de les désigner à leur juste valeur par résultat) de façon à intégralement éliminer l'incohérence de traitement comptable ? Si c'est le cas, la désignation de l'intégralité des 100 d'actifs pourrait être acceptable.

■ *Exemple 2*

Emission d'un emprunt à taux fixe à 10 ans et signature d'un swap prêteur à taux fixe/emprunteur à taux variable sur 9 ans *Une entité est sur le point d'émettre un passif à 10 ans qui sera évalué au coût amorti s'il n'est pas désigné à sa juste valeur par résultat, ainsi qu'un dérivé à 9 ans qu'elle considère lié au passif et dont les risques compensent ceux de ce passif.*

Elle souhaite désigner le passif à sa juste valeur par résultat afin d'éliminer l'incohérence d'évaluation et de comptabilisation avec le dérivé. L'entité peut-elle désigner le passif à sa juste valeur par résultat, en dépit du fait que la relation n'élimine pas totalement le risque économique ?

Solution de l'exemple 2 *Oui. Le fait que les échéances soient différentes n'empêche pas l'entité de désigner le passif à sa juste valeur par résultat, à condition qu'il existe un lien économique entre le dérivé et le passif. L'application de l'option juste valeur n'impose pas qu'il y ait élimination de la volatilité économique, mais requiert en revanche l'élimination ou la réduction significative d'une incohérence de traitement comptable. Comme précisé par IFRS 9.BCZ4.61, la notion d'incohérence de traitement comptable entre un actif et un passif implique nécessairement deux constatations :*

– d'une part, l'actif et le passif sont évalués, ou les profits et les pertes sont comptabilisés de façon incohérente. En l'espèce, le passif est évalué à son coût amorti et le dérivé est évalué à sa juste valeur, d'où l'existence d'une incohérence de traitement comptable ;

– d'autre part, un lien économique peut être déterminé entre l'actif et le passif, ceux-ci partageant, par exemple, un même risque générant des variations inverses de juste valeur susceptibles de se compenser.

■ *Exemple 3*

Emission d'une dette à taux fixe et signature d'un swap prêteur à taux fixe/emprunteur à taux variable avec une société du groupe *Une filiale est sur le point d'émettre un passif au profit d'un tiers et de conclure parallèlement un swap de taux d'intérêt avec sa société mère. Il existe une* *incohérence de traitement comptable dans les comptes individuels de la filiale, qui se propose de désigner le passif à la juste valeur par résultat. Le groupe peut-il également désigner le passif à la juste valeur par résultat dans les comptes consolidés ?*

***Solution de l'exemple 3** Non. Le swap ne peut être utilisé pour désigner le passif à la juste valeur par résultat dans les comptes consolidés. Le swap étant éliminé, il n'existe pas d'incohérence de traitement comptable dans les états financiers consolidés du groupe.*
Toutefois, l'identification d'un swap externe ou d'un autre instrument à l'origine d'une incohérence de traitement comptable au niveau consolidé pourrait justifier que le groupe désigne le passif à la juste valeur par résultat dans ses états financiers consolidés.

Notion de délai raisonnable

Question 46715

En cas d'élimination ou de réduction significative d'une incohérence de traitement comptable, un « délai raisonnable » est autorisé pour mettre en place l'ensemble des instruments concernés.

Qu'entend-on par « délai raisonnable » ?

Réponse

En l'absence de précision de la norme IFRS 9, cette notion doit s'apprécier au cas par cas.

Commentaires :

1. **Rappel** Dans le cas où l'option juste valeur est appliquée pour réduire une incohérence de traitement comptable, la norme IFRS 9 n'impose pas que l'entité acquière tous les actifs et les passifs concernés au même moment. Un « délai raisonnable » est autorisé à condition que la mise en place des transactions non immédiatement réalisées soit bien prévue (IFRS 9.B4.1.31).

   Pour l'application de l'option juste valeur avec pour objectif de réduire une incohérence de traitement comptable, voir n° 46695.

2. **Appréciation au cas par cas** A notre avis, la nature raisonnable du délai doit s'apprécier au cas par cas, à la lumière des circonstances particulières de chaque opération. Par exemple, un « délai raisonnable » peut être une période relativement courte dans le cas d'un dérivé acquis pour compenser une partie des risques attachés à un actif. Une période plus longue peut se justifier si le délai provient de la nécessité de constituer un portefeuille d'actifs similaires et d'organiser leur financement.

Toutefois, tous les actifs et passifs financiers désignés à la juste valeur par résultat doivent être comptabilisés sur cette base dès leur comptabilisation initiale (et non pas à compter du moment où l'élément permettant de compenser le risque est mis en place).

Option juste valeur : un substitut à la comptabilité de couverture ?

Question 46720

Quand l'option juste valeur est-elle équivalente à la comptabilité de couverture de juste valeur (« fair value hedge ») ?

Réponse

En pratique, la substitution n'est possible que dans le cas où la couverture est mise en place dès la date de comptabilisation de l'élément couvert.

L'utilisation de l'option juste valeur ne sera véritablement équivalente à celle de la comptabilité de couverture de juste valeur que si :
- la couverture porte sur l'élément couvert dans son ensemble (et non sur l'une de ses composantes) ;
- l'instrument de couverture est souscrit lors de la comptabilisation initiale de l'élément couvert ;
- la couverture est maintenue jusqu'au terme ou jusqu'à la cession de l'élément couvert.

Commentaires :

1. **Intérêt d'utiliser l'option juste valeur comme substitut à la comptabilité de couverture** La norme IFRS 9 envisage explicitement l'application de l'option juste valeur aux opérations de couverture de juste valeur (« fair value hedge »), pour lesquelles la qualification comptable de couverture ne peut pas s'appliquer, par exemple si le critère d'efficacité de la couverture n'est pas rempli (IFRS 9.B4.1.30b).

En outre, il n'est pas interdit d'appliquer l'option juste valeur aux opérations de couverture qui remplissent (ou pourraient remplir) les critères d'efficacité, sous réserve qu'elles respectent également les conditions d'utilisation de l'option juste valeur. Le Board précise en effet que l'option juste valeur peut effectivement être utilisée en lieu et place de la comptabilité de couverture de juste valeur, ce qui permet de supprimer les contraintes de désignation, suivi et analyse de l'efficacité de la relation de couverture (IFRS 9.BCZ4.63).

2. **Contraintes** Dans le cas de non-utilisation de la comptabilité de couverture, le fait de ne pas avoir à réaliser de tests d'efficacité (voir n° 50090 s. sous IAS 39 / n° 49420 s. sous IFRS 9) est remplacé par l'obligation de comptabiliser, dès l'origine et jusqu'à leur échéance ou leur cession, les éléments couverts.

Pour la condition d'application de l'option juste valeur, voir n° 46690.

Ces exigences ont deux conséquences :

– L'application de l'option juste valeur n'est réellement une alternative que dans les cas où la couverture est mise en place dès l'acquisition ou l'émission de l'élément couvert. A défaut, son application est impossible.

Si la couverture est mise en place ultérieurement, l'élément couvert ne pourra pas être désigné comme évalué à la juste valeur par résultat :

– ni à la date de sa comptabilisation initiale (absence, à cette date, de relation économique entre l'élément couvert et l'instrument de couverture) ;

– ni lors de la mise en place de la couverture (pas de possibilité de désigner un élément à la juste valeur par résultat après la date de sa comptabilisation initiale).

– Si, dans le futur, l'entité vient à dénouer sa couverture (en cédant le dérivé, par exemple), les éléments couverts et évalués selon l'option juste valeur devront continuer à l'être, entraînant une volatilité certaine dans le compte de résultat. Si la qualification de couverture comptable (couverture de juste valeur) avait été possible, les composantes risques couvertes de l'actif ou du passif concerné (et non pas d'ailleurs l'actif ou le passif dans son intégralité) auraient cessé d'être réévaluées à la juste valeur par résultat à l'arrêt de la couverture.

En conséquence, il n'est donc pas certain que cette simplification soit toujours un choix possible et/ou favorable à l'entreprise.

Sur l'arrêt d'une couverture de juste valeur, voir n° 50265 sous IAS 39 / n° 49820 sous IFRS 9.

C. Application de l'option juste valeur à un groupe de passifs financiers

Application de l'option juste valeur à un groupe de passifs financiers

46730 ***Question***

Comment appliquer l'option juste valeur à un passif financier qui fait partie d'un groupe de passifs et/ou d'actifs financiers dont la gestion et le suivi se font à la juste valeur ?

Réponse

Outre la condition énoncée au n° 46690, il faut également que l'application de l'option corresponde :

– à une stratégie de gestion des risques ou d'investissement, dûment documentée ; et
– au reporting fait sur ces opérations auprès des principaux dirigeants de l'entreprise.

Commentaires L'option juste valeur peut être appliquée à un groupe de passifs (ou un groupe d'actifs et de passifs) dont la gestion et l'évaluation de la performance sont fondées sur la juste valeur, sous réserve que cela corresponde (IFRS 9.4.2.2b, .B4.1.33 à .B4.1.36 et .BCZ4.65) :

1. à une stratégie de gestion des risques ou d'investissement, dûment documentée ; et

2. au reporting fait sur ces opérations auprès des dirigeants principaux (« key management personnel ») tels que définis par la norme IAS 24, Informations relatives aux parties liées, comme par exemple, le conseil d'administration ou le Président directeur général.

Ainsi, l'application de l'option juste valeur à un groupe de passifs (ou un groupe d'actifs et de passifs) suppose que les **conditions suivantes** soient remplies :

– **Critère de management interne** La norme précise que l'attention doit être portée sur la manière dont l'entité gère et évalue la performance des instruments concernés plutôt que sur la nature même des instruments (IFRS 9.B4.1.33).

– **Importance de la documentation** Le critère de documentation est particulièrement important dans ce cas de figure étant inclus dans la définition même de la désignation à la juste valeur d'un passif ou groupe de passifs financiers gérés sur la base de leur juste valeur (IFRS 9.4.2.2b). La norme requiert par ailleurs une information spécifique en annexe comprenant notamment une description narrative de l'application de l'option à ce cas de figure et en quoi elle est cohérente avec la stratégie appliquée (IFRS 7.11 et IFRS 9.BCZ4.66).

– **Notion de stratégie** La norme ne précise pas ce que l'on doit entendre par stratégie et n'a pas souhaité le faire. Toutefois, les entreprises doivent préciser dans leurs états financiers la stratégie poursuivie pour le groupe d'actifs/passifs concernés et en quoi l'utilisation de l'option juste valeur reflète cette stratégie (IFRS 9.BCZ4.66 et IFRS 7.B5a.iii).

Remarque Lorsqu'une entité applique l'option juste valeur à un passif financier dont la gestion et l'évaluation de la performance sont fondées sur la juste valeur, elle doit obligatoirement faire de même pour tous les passifs financiers éligibles qui sont gérés et évalués de manière globale avec ce passif (IFRS 9.B4.1.35).

■ *Exemple*

Portefeuille de dettes à taux fixe gérés en matière de risque de taux d'intérêt *L'IASB prend l'exemple d'un portefeuille de dettes (« produits structurés ») dont le risque de taux d'intérêt est géré en utilisant un mix d'instruments dérivés et d'instruments non dérivés (IFRS 9.B4.1.34). L'application de l'option juste valeur aux dettes d'une part et au mix d'instruments dérivés ou d'instruments non dérivés d'autre part permet à la banque de compenser – au titre du risque de taux d'intérêt – les variations de valeur des dettes et des autres instruments.*

Toutefois, l'application de la juste valeur aux dettes conduit également à réévaluer les autres composantes risque de ces mêmes dettes (par exemple, le risque de crédit), ce qui n'est pas sans conséquence sur le résultat et les autres éléments du résultat global.

SECTION II

Evaluation des instruments financiers – Coût amorti (méthode du TIE)

I. Définitions

Définition du coût amorti

Question 46750

Qu'est-ce que le coût amorti d'un actif ou d'un passif financier ?

Réponse

Le coût amorti, déterminé selon la méthode du taux d'intérêt effectif (TIE), sert de base pour l'évaluation de certains actifs et passifs financiers après leur évaluation initiale.

Il correspond :
- au montant de l'évaluation initiale de l'actif ou du passif financier ;
- diminué des remboursements en principal ;
- majoré ou diminué de l'amortissement cumulé (calculé selon la méthode du TIE) et de toute décote ou prime entre le montant initial et le montant à l'échéance ; et
- diminué de toute réduction pour dépréciation ou irrécouvrabilité (actif financier).

46750 (suite) ***Commentaires*** Le coût amorti d'un actif financier ou d'un passif financier est la valeur attribuée à cet actif financier ou ce passif financier lors de sa comptabilisation initiale, diminuée des remboursements en principal, majorée ou minorée de l'amortissement cumulé, calculé par la méthode du taux d'intérêt effectif (TIE), de toute différence entre cette valeur initiale et la valeur à l'échéance et, dans le cas d'un actif financier, ajustée au titre de la correction de valeur pour pertes, le cas échéant (IFRS 9.A).

Sur la notion de TIE, voir nº 46770.

Concernant les **actifs financiers** (IFRS 9.4.1.2 et .5.7.10), sont évalués au coût amorti :
- les actifs financiers détenus pour recouvrer les flux de trésorerie contractuels ; et

Sur les caractéristiques du modèle de gestion (« business model ») dont l'objectif est de détenir des actifs pour recouvrer les flux de trésorerie contractuels, voir nº 45190.

- les actifs financiers détenus pour recouvrer les flux de trésorerie contractuels et les flux de cessions ;

Sur les caractéristiques de « business model » dont l'objectif est de détenir des actifs pour recouvrer les flux de trésorerie contractuels et les flux de cessions, voir nº 45210.

dès lors qu'ils répondent à la qualification d'un « prêt basique » (SPPI).

Sur les instruments répondant à la qualification de « prêt basique » (SPPI), voir nº 45150.

Concernant les **passifs financiers,** le coût amorti représente la règle générale d'évaluation (IFRS 9.4.2.1), à laquelle existent des exceptions (voir nº 46050).

Schématiquement, le coût amorti est déterminé comme suit :

	Valeur comptable initiale de l'actif/passif financier (voir Remarque 1. ci-après)
–	Remboursements en capital
+ /–	Amortissement cumulé des différences (prime ou décote) entre le montant initial et le montant du remboursement à l'échéance (voir Remarques 2. et 3. ci-après)
–	Dépréciations cumulées (actifs financiers uniquement)
=	Coût amorti

Remarques :

1. La **valeur comptable initiale** correspond à la juste valeur de l'instrument lors de sa comptabilisation initiale, augmentée ou diminuée – si l'instrument n'est pas comptabilisé à la juste valeur par résultat – des coûts de transaction directement attribuables à l'acquisition de l'actif ou à l'émission du passif correspondant (IFRS 9.5.1.1).
Pour les coûts de transaction pris en compte, voir nº 46785.

2. L'**amortissement cumulé des différences entre le montant de remboursement à l'échéance et le montant initial** comprend :
- les produits et charges d'intérêt (calculés selon le TIE) ;
- l'amortissement des primes et décotes sur les actifs et des primes de remboursement sur les passifs ;
- l'amortissement des coûts de transaction intégrés dans la valeur comptable initiale de l'actif ou du passif financier ; et
- le cas échéant, la différence entre les conditions de marché et celles de l'instrument, évaluée à l'origine.

3. Les **primes et décotes** :
- n'entrent pas dans la détermination du coût initial d'un actif ou passif financier, n'étant pas incluses dans la détermination des coûts de transaction (IFRS 9.B5.4.8), voir nº 46785 ;
- mais entrent dans le calcul du coût amorti (par le biais de la détermination du TIE, voir Remarque 2. ci-avant) et sont donc constatées en résultat de manière actuarielle sur la durée de vie de l'instrument (voir nº 46770). Au fur et à mesure de leur amortissement, les primes et décotes viennent ainsi modifier le coût de l'actif ou du passif financier.

■ *Exemple*

Coût amorti d'une dette *Soit un emprunt de nominal 1 000, remboursable in fine, d'une durée contractuelle de 3 ans, à taux fixe de 5 % payable annuellement avec des frais d'émission de 5,5.*

Le taux d'intérêt de l'emprunt et les frais d'émission sont aux conditions de marché.

Solution de l'exemple :

1. Analyse de l'opération *La valeur initiale de la dette (après prise en compte des frais de transaction payés) s'élève à 994,5 (1 000 – 5,5). La dette étant aux conditions de marché, le prix de transaction (i.e. la trésorerie nette reçue) correspond à la juste valeur de l'instrument. Le taux actuariel qui permet de ramener la valeur actualisée des flux de trésorerie futurs de la dette* *à sa valeur au bilan est calculé par itération et s'élève à 5,2 % comme déterminé par l'équation suivante :*

$$994{,}5 = \frac{50}{(1+i)} + \frac{50}{(1+i)^2} + \frac{1\,050}{(1+i)^3}$$

i = 5,2 % (calcul par itération)

2. Enregistrement comptable

– A l'émission :

Dt	*Trésorerie (1 000 – 5,5)*	*994,5*	
Ct	*Dettes*		*994,5*

– Fin d'année 1 :

Dt	*Charge d'intérêt (TIE) (5,2 % × 994,5)*	*51,7*	
Ct	*Trésorerie (coupon)*		*50*
Ct	*Dettes*		*1,7*
+ valeur comptable initiale de la dette (nette des frais de transactions)		*994,5*	
+ intérêts calculés sur la base du TIE		*51,7*	
– sorties de trésorerie (coupon uniquement dans ce cas)		*(50)*	
= valeur comptable de la dette à la clôture (coût amorti)		*996,2*	
En pratique, cela revient à étaler séparément et de manière actuarielle les frais de transaction.			

– Fin d'année 2 :

Dt	*Charge d'intérêt (TIE) [5,2 % × (994,5 + 1,7)]*	*51,8*	
Ct	*Trésorerie (coupon)*		*50*
Ct	*Dettes*		*1,8*

– Fin d'année 3 :

Dt	*Charge d'intérêt (TIE) [5,2 % × (994,5 + 1,7 + 1,8)]*	*52*	
Ct	*Trésorerie (coupon)*		*50*
Ct	*Dettes*		*2*

– Fin d'année 3 (remboursement) :

Dt	*Dettes (994,5 + 1,7 + 1,8 + 2)*	*1 000*	
Ct	*Trésorerie*		*1 000*

Définition du taux d'intérêt effectif (TIE)

Question 46770

Qu'est-ce que le taux d'intérêt effectif (TIE) ?

Réponse

Le TIE est le taux d'intérêt qui égalise la valeur actualisée des flux de trésorerie futurs estimés sur la durée de vie attendue d'un actif ou d'un passif financier avec la valeur comptable brute de l'actif (c'est-à-dire son coût amorti hors dépréciation) ou le coût amorti du passif.

Il s'agit d'un taux actuariel.

Commentaires :

1. **Définition** Le TIE (taux d'intérêt effectif) est le taux qui égalise (IFRS 9.A) :

– la **valeur actualisée des flux de trésorerie futurs estimés** liés à l'instrument (flux à recevoir ou à payer) ;

L'actualisation doit être effectuée sur la durée de vie attendue de l'instrument financier ou sur une durée plus courte si approprié (IFRS 9.A ; voir ci-après).

46770 (suite) – et le montant inscrit au bilan (**coût amorti avant prise en compte de toute dépréciation**) de l'actif ou du passif financier.

Le TIE est un **taux actuariel,** encore appelé taux de rendement interne (TRI).

Remarque La méthode du TIE est la méthode de calcul, sur la base du TIE, du coût amorti (et des produits et charges d'intérêt), d'un actif ou passif financier (ou d'un groupe d'actifs ou de passifs financiers) (IFRS 9.A).

2. **Modalités de calcul (cas général)** La détermination du TIE prend en compte les éléments suivants (IFRS 9.A) :
– les **flux de trésorerie futurs, estimés** sur la base des termes contractuels de l'instrument (par exemple, les possibilités de remboursement anticipé, de rachat, etc.) mais **sans** prise en compte des **pertes de crédit attendues** (IFRS 9.A) sauf pour les actifs qui sont déjà en défaut dès leur acquisition ou création (POCI) ;

Remarques :
1. **Estimations de flux futurs de trésorerie à recevoir ou à payer** En pratique, le fait que le TIE soit basé sur des flux de trésorerie estimés et sur la durée de vie attendue (par opposition à des flux de trésorerie et une durée de vie contractuels) signifie notamment que lorsque des actifs sont sujets à des remboursements anticipés, la détermination du TIE doit tenir compte des estimations de remboursements anticipés (en valeur et en timing), lorsque celles-ci peuvent être déterminées de manière fiable.
Selon cette méthode, les coûts de transaction sont ainsi totalement amortis lors du remboursement, ce qui ne serait pas le cas si le calcul avait été effectué sur la base d'un échéancier contractuel.
2. **Interdiction de prendre en compte les pertes de crédit attendues** Les pertes de crédit attendues ne doivent pas être incluses dans les flux de trésorerie estimés, la norme IFRS 9 considérant la comptabilisation des produits d'intérêts séparément de celle des pertes de crédit attendues (IFRS 9.A et IFRS .BCZ5.67).
Pour plus de détails sur le modèle de dépréciation d'IFRS 9 lequel est fondé sur les pertes de crédit attendues, voir nº 47050 s.
3. Dans le cas où les **estimations** des flux de trésorerie sont **révisées,** voir nº 46835.

– les **commissions** et les **points de spread** reçus ou payés entre les parties au contrat et qui font partie intégrante du TIE du contrat ;
– les **coûts de transaction** (voir nº 46785) ; et
– les **primes et décotes.**

L'application de la méthode du TIE aboutit ainsi à amortir les éléments inclus dans la valeur comptable de l'instrument financier (commissions et points de spread reçus ou payés, coûts de transaction, primes et décotes) sur la durée de vie attendue de l'instrument.

3. **Modalités de calcul (cas particuliers)** :

a. **Cas des actifs qui sont déjà en défaut dès leur acquisition ou leur création** Pour ces actifs financiers, l'entité doit calculer un TIE ajusté en tenant compte, dans les flux de trésorerie futurs estimés, des pertes de crédit attendues déterminées lors de l'acquisition ou de la création (IFRS 9.5.4.1 et .B5.4.7).

b. **Cas des instruments à taux variable ou révisable** Dans certains cas, l'amortissement doit être réalisé sur une **période plus courte** si la variable à laquelle sont liés les commissions, les points de spread reçus ou payés, les coûts de transaction et les primes et décotes, est refixée aux conditions de marché avant la date d'échéance estimée de l'instrument. Dans ce cas, la durée d'amortissement correspond à la durée restant à courir jusqu'à la prochaine date de refixation des conditions de l'instrument (IFRS 9.B5.4.4 et .BCZ5.70).

Remarque Tout dépend de la nature de la variable concernée. Ainsi (IFRS 9.B5.4.4) :
– si la prime ou décote (payée ou reçue) sur l'instrument à taux variable représente la quote-part d'intérêt couru (coupon couru à l'achat) depuis la dernière date de paiement des intérêts ou vient compenser la variation de taux survenue depuis la dernière refixation du taux variable/révisable (faite aux conditions de marché), cette prime (décote) sera amortie sur la période courant jusqu'à la prochaine date de refixation du taux d'intérêt variable ;
– si à l'inverse, la prime ou la décote traduit une variation du « spread » de crédit du débiteur et vient s'ajouter au taux d'intérêt sans risque du contrat, l'amortissement se fera sur la durée de vie estimée (totale) de l'instrument.

■ *Exemple*

Le 15/05/N, une entité acquiert une obligation d'Etat d'un nominal de 100 €, à échéance 5 ans, avec un coupon payant le taux variable Libor 3 mois, au prix pied de coupon de 99,97.
Le 31/03/N, lors de la dernière refixation du taux variable, le Libor 3 mois s'établissait à 4,50 %. C'est sur cette base que sera payé le prochain coupon d'intérêt au 30/06/N. A la date d'acquisition, le Libor 3 mois s'élève à 4,75 %.

L'obligation est classée en actifs financiers au coût amorti, car l'entité souhaite la conserver pour en recouvrer les flux de trésorerie contractuels et ces flux répondent au critère SPPI (voir nº 45140).

Le 15/05/N, détermination du prix de marché (juste valeur) de l'obligation :
100,5281 = 100 × [1 + (4,50 % × 90 / 360)] / [1 + (4,75 % × 45 / 360)].
Le coupon couru à l'achat vaut : 0,5625, i.e. 100 × (4,50 % × 45 / 360).
La valeur pied de coupon de l'obligation vaut donc 99,97 (100,5281 – 0,5625) faisant apparaître une décote *de 0,03.*

Solution de l'exemple *La décote pied de coupon de 0,03 (100 – 99,97) correspond au différentiel de taux variable sur le coupon d'intérêt trimestriel et doit donc être amortie sur la période se terminant au 30/06/N.*
L'enregistrement comptable est le suivant :
1. Le 15/05/N, à l'acquisition du titre :

Dt	*Actifs évalués au coût amorti (dont pied de coupon 99,97 et coupon couru à l'achat 0,5625)*	*100,5281*	
Ct	*Trésorerie*		*100,5281*

2. Le 30/06/N, à la clôture semestrielle :

Comptabilisation des intérêts courus			
Dt	*Actifs évalués au coût amorti*	*0,5625*	
Ct	*Produit d'intérêt*		*0,5625*

Etalement actuariel de la décote			
Dt	*Actifs évalués au coût amorti*	*0,03*	
Ct	*Produit d'intérêt*		*0,03*

3. Le 30/06/N, lors de la tombée du coupon :

Dt	*Trésorerie*	*1,125*	
Ct	*Actifs évalués au coût amorti*		*1,125*

Remarque *Le 30/06/N, le solde net du compte Actifs financiers évalués au coût amorti fait apparaître un montant de 100 (soit le montant nominal de l'obligation à taux variable).*

c. Cas où il est impossible d'estimer les flux de trésorerie et/ou la durée de vie de l'instrument
Les flux de trésorerie futurs et la durée de vie estimés d'un instrument financier (ou groupe d'instruments financiers similaires) sont présumés pouvoir être déterminés de manière fiable. Toutefois, dans les cas rares où aucune estimation fiable n'est possible, l'entité doit retenir les flux de trésorerie **contractuels** correspondant à la durée de vie contractuelle totale de l'instrument financier (ou groupe d'instruments financiers) (IFRS 9.A et .BCZ5.66).

II. Coûts de transaction

Traitement comptable des coûts de transaction (vue d'ensemble)

Question 46780
Quel est le traitement comptable des coûts de transaction (vue d'ensemble) ?

Réponse
Les coûts de transaction encourus lors de l'acquisition ou de l'émission d'un instrument financier sont pris en compte lors de sa comptabilisation initiale, sauf si l'instrument est destiné à être évalué à la juste valeur par résultat. Dans ce cas, les coûts de transaction sont comptabilisés directement en charges dans le compte de résultat.

Les coûts de transaction qui peuvent être encourus lors d'une cession ultérieure éventuelle de l'instrument ne sont jamais pris en compte dans le calcul de sa juste valeur.

Commentaires :

1. **Coûts de transaction à l'entrée** Tous les instruments financiers doivent être évalués à leur juste valeur lors de leur comptabilisation initiale. Cette juste valeur est majorée ou minorée des coûts de transaction directement imputables à l'acquisition ou à l'émission de l'instrument lorsque l'actif ou le passif financier n'est pas évalué à la juste valeur par résultat (IFRS 9.5.1.1).
2. **Coûts de transaction à la sortie** Après la comptabilisation initiale, une entité doit évaluer à la juste valeur certaines catégories d'actifs et de passifs financiers (voir nº 45080 et 46030 respectivement). Dans ce cas, la juste valeur ne tient jamais compte des coûts de transaction qui peuvent être encourus lors d'une cession éventuelle de l'instrument (IFRS 9.IG E.1.1).

Tableau récapitulatif :

Traitement comptable des coûts de transaction		
Nature des actifs et passifs financiers ou dérivés	Ajoutés à ou soustraits de la juste valeur des actifs et passifs financiers ou dérivés :	
	Coûts de transaction à l'entrée	Coûts de transaction à la sortie
– évalués au coût amorti	Oui (1)	Non (4)
– évalués à la juste valeur avec contrepartie des variations de valeur par résultat	Non (2)	
– évalués à la juste valeur avec contrepartie des variations de valeur en autres éléments du résultat global (OCI)	Oui (3)	

(1) **Coûts de transaction pris en compte dans le TIE** (instruments comptabilisés au coût amorti)
(2) **Coûts de transaction directement** comptabilisés **en charges** au compte de résultat, lors de la comptabilisation initiale de l'instrument.
(3) **Coûts de transaction** :
– **« gelés »** en autres éléments du résultat global (OCI) recyclables et rapportés au compte de résultat lors d'une dépréciation ou de la décomptabilisation de l'instrument, uniquement s'il s'agit d'un instrument de dette ;
– **amortis** via le TIE s'il s'agit d'un instrument de dette (obligation ou autre) (IFRS 9.B5.2.2).
Pour plus de précisions sur ce point, voir nº 45280.
(4) Les **coûts de sortie** ne sont jamais pris en compte avant la cession effective de l'instrument (IFRS 9.IG E1.1).

Pour des informations sur les coûts de transaction à retenir dans le calcul du TIE, voir nº 46785.

Coûts de transaction et détermination du TIE

46785 ***Question***

Quels sont les coûts de transaction à prendre en compte dans le calcul du TIE ?

Réponse

Les coûts marginaux directement imputables à l'acquisition d'un actif financier ou à l'émission d'un passif financier.

Commentaires Pour la détermination du TIE des actifs ou passifs financiers (instruments de dette) évalués au coût amorti (ou évalués à la juste valeur en contrepartie des autres éléments du résultat global), sont pris en compte les coûts de transaction directement attribuables à l'acquisition de l'actif financier ou à l'émission du passif financier concerné (voir nº 46750 et 46770).

Pour une vue d'ensemble du traitement des coûts de transaction, voir nº 46780.

Ces coûts de transaction sont définis comme étant les **coûts marginaux directement attribuables** à l'acquisition, à l'émission ou à la sortie d'un actif ou passif financier ; un coût marginal étant un coût qui n'aurait pas été encouru si l'entreprise n'avait pas acquis ou émis ou cédé l'instrument financier (IFRS 9.A).

Cette définition restrictive écarte tous les coûts de structure et tous les coûts fixes.

Les coûts de transaction comprennent (IFRS 9.B5.4.8) :
– les honoraires et commissions versés à des agents (y compris les employés agissant comme vendeurs), conseils, courtiers et autres intermédiaires ;

- les coûts prélevés par les agences réglementaires et les bourses de valeurs ;
- les taxes et droits de transfert.

Remarque Dans le cas des banques et des assurances, les coûts de transaction (par exemple, commissions versées aux apporteurs d'affaires) s'entendent **nets des frais de dossier** refacturés au client.

En revanche, les coûts de transaction **n'incluent pas** (IFRS 9.B5.4.8) :
- la prime de remboursement ou d'émission d'une dette ;
- les coûts de financement ;
- les coûts internes administratifs ou les frais de siège.

Remarques :

a. **Coûts internes** Compte tenu de la définition restrictive des coûts de transaction, peu de coûts internes seront, à notre avis, à activer.

b. **Coûts de cession** Seuls les coûts de transaction liés à l'acquisition d'un actif sont inclus dans son coût initial : les coûts estimés en cas de cession n'y sont donc pas inclus (IFRS 9.IG E.1.1).

Traitement des honoraires et commissions

Question **46790**

Quels sont les honoraires et commissions payés entrant dans le calcul du taux d'intérêt effectif d'un prêt ?

Réponse

Il s'agit uniquement des commissions payées à des apporteurs d'affaires et éventuellement de coûts internes marginaux directement attribuables à l'octroi d'un prêt (cas rares en pratique).

Commentaires Compte tenu de la définition restrictive des coûts de transaction entrant dans le calcul du TIE, peu de coûts internes sont, à notre avis, à activer.

Pour la définition des coûts de transaction entrant dans le calcul du TIE, voir nº 46785.

Les commissions qui font partie intégrante du TIE d'un instrument financier sont spécifiquement prévues par la norme (IFRS 9.B5.4.2) :
- les commissions de montage reçues par l'entité dans le cadre de la création ou de l'acquisition d'un actif financier ;
- les commissions d'engagement reçues par l'entité pour l'émission d'un prêt lorsque l'engagement de prêt **n'est pas évalué à la juste valeur par résultat** et qu'il est **probable** que l'entité conclura un contrat de prêt ;
- les commissions de montage versées pour l'émission de passifs financiers évalués au coût amorti.

Les commissions qui ne sont pas incluses dans le calcul du TIE sont alors comptabilisées selon les dispositions de la norme IFRS 15. Elles sont spécifiquement listées par la norme (IFRS 9.B5.4.3) :
- les commissions relatives à la gestion d'un prêt ;
- les commissions d'engagement reçues pour l'émission d'un prêt lorsque l'engagement de prêt **n'est pas évalué à la juste valeur par résultat** et qu'il est **peu probable** qu'un contrat de prêt soit conclu ; et
- les commissions de syndication reçues par l'entité qui organise le montage d'un prêt et qui ne conserve aucune créance au titre du prêt (ou qui conserve une créance au même taux d'intérêt effectif que les autres participants pour un risque comparable).

En conséquence, les coûts de transaction pris en compte dans la détermination du TIE sont essentiellement :
- des commissions d'apporteurs d'affaires (coûts externes) qui sont des coûts marginaux puisque liés à la conclusion d'un dossier spécifique ; et
- des primes versées au personnel de l'établissement (commerciaux ou monteurs de dossiers) lorsque leur attribution peut être rattachée à une opération déterminée (cas rares en pratique).

Il peut s'agir aussi, à notre avis :
- de commissions facturées à l'emprunteur comme un intérêt pré-payé ou pour réduire le taux d'intérêt nominal du prêt (ajustements du rendement explicite) ;
- de commissions en compensation des activités de création du prêteur, comme l'évaluation de la condition financière de l'emprunteur, l'évaluation et la comptabilisation des garanties et autres accords de nantissement, négociation des termes contractuels, élaboration et traitement des documents, clôture de l'opération ;

– d'autres commissions directement rattachables au processus de création du prêt (par exemple, commissions payées au prêteur en compensation de la mise en place d'un prêt complexe ou de l'acceptation rapide de prêter).

Ces coûts (externes ou internes) doivent être pris en compte, **nets des refacturations** (frais de dossiers ou autres commissions) imputées au client.

Traitement des frais d'émission d'un passif financier

46800 ***Question***

Quel est le traitement des frais d'émission d'une dette ?

Réponse

Les frais d'émission (coûts de transaction) directement attribuables à l'émission d'une dette sont :

– inclus dans l'évaluation initiale de la dette (en diminution du montant emprunté), si la dette est évaluée au coût amorti. Ils viennent alors augmenter le taux d'intérêt effectif (TIE) de cette dernière ;

– immédiatement comptabilisés en charges, si la dette est évaluée à la juste valeur par résultat.

Les frais d'émission non directement attribuables à l'émission d'une dette particulière sont immédiatement comptabilisés en charges au compte de résultat.

Commentaires Les frais d'émission (et, d'une manière générale, l'ensemble des coûts de transaction) directement attribuables à l'émission d'un passif financier sont déduits de la juste valeur initiale du passif, si ce dernier n'est pas classé dans la catégorie des passifs évalués à la juste valeur par résultat (IFRS 9.5.1.1).

En conséquence, ces frais sont soit comptabilisés au bilan, soit comptabilisés au compte de résultat.

1. **Frais d'émission comptabilisés au bilan** Il s'agit des frais (i) directement attribuables au passif financier concerné (c'est-à-dire qui n'auraient pas été engagés si ce passif n'avait pas été émis) (IFRS 9.A), (ii) dans le cas où ce passif est évalué au coût amorti (IFRS 9.5.1.1).

Les frais d'émission sont alors directement déduits de la juste valeur initiale de la dette et mécaniquement étalés sur la durée de vie de cette dernière selon la méthode du taux d'intérêt effectif ou TIE (IFRS 9.A).

Sur la notion de frais (coûts de transaction) directement attribuables, voir nº 46780 et 46785.

2. **Frais d'émission comptabilisés en charges** Les frais d'émission non directement attribuables à un passif financier donné et ceux directement attribuables à un passif financier mais qui est évalué à la juste valeur par résultat sont immédiatement comptabilisés en charges au compte de résultat.

Les passifs évalués à la juste valeur par résultat regroupent :
– les passifs émis à des fins de transaction, y compris les dérivés passifs non qualifiés de couverture (voir nº 46055) ; et
– les passifs auxquels l'entité a décidé d'appliquer l'option juste valeur (voir nº 46060).

■ *Exemple*

Frais d'émission intégrés au TIE *Une entreprise a emprunté 100 et doit rembourser chaque année, pendant 5 ans, 24 (principal et intérêts). Le taux d'intérêt du marché pour un emprunt présentant les mêmes caractéristiques est de 6,402 %. En outre, l'entreprise paie des frais d'émission de 5.*

Solution de l'exemple *La détermination du TIE (y compris les frais d'émission) s'effectue de la manière suivante :*

*1. **Juste valeur de la contrepartie reçue** Elle est bien égale à 100 (valeur nominale de l'emprunt et montant net des fonds reçus) correspondant à la valeur actualisée au taux du marché (6,402 %) des 5 annuités de 24.*

$$100 = \frac{24}{(1+6{,}402\ \%)} + \frac{24}{(1+6{,}402\ \%)^2} + \frac{24}{(1+6{,}402\ \%)^3} + \frac{24}{(1+6{,}402\ \%)^4} + \frac{24}{(1+6{,}402\ \%)^5}$$

*2. **Valeur nette comptable initiale** Elle est égale à 95, correspondant à la juste valeur de l'emprunt soit 100, diminuée des frais d'émission de 5.*

*3. **Taux d'intérêt effectif (TIE)** Il correspond au taux qui permet de vérifier l'équation suivante :*

$$95^{(1)} = \frac{24}{(1+i)} + \frac{24}{(1+i)^2} + \frac{24}{(1+i)^3} + \frac{24}{(1+i)^4} + \frac{24}{(1+i)^5}$$

i = 8,329 % (calcul par itération)
(1) Valeur comptable initiale : 95 = 100 – 5.

*4. **Détermination de la charge annuelle d'intérêt** (comprenant l'étalement des frais d'émission) et plan d'amortissement de l'emprunt :*

	Valeur comptable de l'emprunt en début de période	Charge d'intérêt	Remboursement de capital	Sommes restant dues en fin de période
	(1)	(2) = (1) × 8,329 %	(3) = 24 – (2)	(4) = (1) + (2) – 24
N	95,000	7,913	16,087	78,913
N+1	78,913	6,572	17,428	61,585
N+2	61,485	5,121	18,879	42,606
N+3	42,606	3,549	20,451	22,155
N+4	22,155	1,845	22,155	0
Total		25,000	95,000	

Remarques :
1. La charge totale d'intérêts est bien égale au montant des intérêts à proprement parler, soit 20 (voir n° 46080), augmenté des frais d'émission de 5.
2. Pour un autre exemple de mécanisme d'étalement des frais d'émission via le TIE (avec les écritures comptables correspondantes), voir n° 46750.

Traitement des primes d'émission ou de remboursement d'emprunt

Question 46810

Comment les primes d'émission ou de remboursement sont-elles comptabilisées ?

Réponse

Ces primes sont obligatoirement étalées sur la durée de vie de l'emprunt via la méthode du taux d'intérêt effectif (TIE).

Commentaires En IFRS, l'étalement des primes d'émission et de remboursement d'emprunt sur la durée de l'emprunt et leur comptabilisation au passif (sommes devant être remboursées aux créanciers) sont obligatoirement effectués en utilisant la méthode du taux d'intérêt effectif (TIE).

Les flux correspondant à ces primes sont simplement intégrés comme les autres flux d'intérêt et remboursement du capital dans le tableau d'actualisation des flux permettant de déterminer, par application d'un calcul itératif, le TIE de l'emprunt.

Enfin, les primes et décotes ne font pas partie des coûts de transaction (IFRS 9.B5.4.8).

Sur le cas particulier des options de remboursement liées à des obligations convertibles, voir n° 44490.

■ ***Exemple***

Soit une dette ayant les caractéristiques suivantes :
- nominal : 1 000 ;
- date d'émission : le 1/01/N ;
- durée contractuelle : 3 ans ;
- taux facial : 5 % (payé le 31/12 de chaque année) ;
- remboursement anticipé possible à partir de fin N+1 (mais l'entité ne compte pas en faire usage) ;
- frais d'émission : 5 ;
- prime d'émission : 95 ;
- trésorerie reçue (nette de frais) : 900.

46810 (suite)

Solution de l'exemple :

1. ***Calcul du TIE*** *Sachant que le flux de trésorerie initialement reçu s'élève à 900 (1 000 – 95 – 5), le calcul du TIE initial se fait par itération à partir de l'équation suivante :*

$$900 = \frac{50}{(1+i)} + \frac{50}{(1+i)^2} + \frac{1\,050}{(1+i)^3}$$

donnant i = 9 %.

2. ***Détermination de la valeur nette comptable de la dette à chaque fin d'exercice*** *A chaque exercice comptable, le montant de la dette est augmenté de la charge d'intérêt couru (calculée au TIE de 9 %, i.e. y compris l'impact de la prime de remboursement et des frais d'émission) et diminué du coupon d'intérêt payé au taux facial (5 %).*

a. ***En fin d'année N,*** *la valeur nette comptable de la dette s'élève à 930, calculée de la manière suivante :*

– charge d'intérêt (au taux d'intérêt effectif/TIE) : 900 × 9 % = 80 ;

– valeur nette comptable de la dette : 900 + (80 – 50) = 930.

b. ***En fin d'année N+1,*** *la valeur nette comptable de la dette s'élève à 964, calculée de la manière suivante :*

– charge d'intérêt (au taux d'intérêt effectif/TIE) : 930 × 9 % = 84 ;

– valeur nette comptable de la dette : 930 + (84 – 50) = 964.

c. ***En fin d'année N+2,*** *la valeur nette comptable de la dette s'élève à 1 000, calculée de la manière suivante :*

– charge d'intérêt (au taux d'intérêt effectif/TIE) : 964 × 9 % = 87 ;

– valeur nette comptable de la dette : 964 + (87 – 50) = 1 000 (aux arrondis près).

3. ***Ecritures comptables*** *La comptabilisation des intérêts courus (y compris l'impact de la prime d'émission et des frais d'émission) et des coupons d'intérêt payés au taux facial s'effectue de la manière suivante :*

a. ***Le 1/01/N,*** *lors de l'octroi de l'emprunt :*

Dt	*Trésorerie*	*900*	
Ct	*Emprunt*		*900*

b. ***Le 31/12/N,*** *calcul des intérêts courus au TIE (9 %) :*

Dt	*Charge d'intérêt (TIE)*	*80*	
Ct	*Emprunt*		*80*

c. ***Le 31/12/N,*** *paiement des intérêts à la banque au taux facial de 5 % :*

Dt	*Emprunt*	*50*	
Ct	*Trésorerie*		*50*

Remarques :

1. En IFRS, le paiement des intérêts est traité comme les flux de remboursement du capital, par une diminution directe de la valeur nette comptable de l'emprunt (et non pas par contrepartie du compte de résultat comme en principes comptables français). En effet, le compte de résultat est impacté par la charge d'intérêts calculée sur la base du TIE.

2. En conséquence, en fin d'année N, la valeur nette comptable de l'emprunt augmente de 30 (80 – 50).

d. ***Le 31/12/N+1,*** *calcul des intérêts courus au TIE (9 %) :*

Dt	*Charge d'intérêt (TIE)*	*84*	
Ct	*Emprunt*		*84*

e. ***Le 31/12/N+1,*** *paiement des intérêts à la banque au taux facial de 5 % :*

Dt	*Emprunt*	*50*	
Ct	*Trésorerie*		*50*

Remarque *La valeur nette comptable de l'emprunt augmente de 34 (84 – 50).*

f. ***Le 31/12/N+2,*** *calcul des intérêts courus au TIE (9 %) :*

Dt	*Charge d'intérêt (TIE)*	*87*	
Ct	*Emprunt*		*87*

g. Le 31/12/N+2, paiement des intérêts à la banque au taux facial de 5 % :

Dt	*Emprunt*	*50*	
Ct	*Trésorerie*		*50*

Remarque La valeur nette comptable de l'emprunt augmente de 37 (87 – 50).

h. Le 31/12/N+2, remboursement du capital de 1 000 à la banque :

Dt	*Emprunt*	*1 000*	
Ct	*Trésorerie*		*1 000*

Remarque A la date de remboursement du capital, le montant des frais et de la prime d'émission (95 + 5 = 100) est bien inclus dans la valeur nette comptable de l'emprunt (30 + 34 + 37 = 100) aux arrondis près.

III. Estimation des flux de trésorerie et du taux

Evaluation de prêts au coût amorti

46820

Question

Comment comptabiliser un prêt à son coût amorti ?

Réponse

En pratique, la comptabilisation au coût amorti selon la méthode du taux d'intérêt effectif (TIE) aboutit à l'intégration dans le produit d'intérêt des coûts de transaction, des commissions reçues ainsi que des primes et décotes.

Par ailleurs, l'entité doit calculer le TIE sur la durée de vie estimée du prêt, en tenant compte de ses possibilités de remboursement anticipé.

Commentaires :

1. **Principe général** Sur la notion générale de coût amorti et la prise en compte des primes/décotes, des coûts de transaction et des commissions reçues dans le calcul actuariel du taux d'intérêt effectif (TIE), voir nº 46750 s.

En outre, pour les coûts de transaction et les commissions reçues à prendre en compte dans la détermination du TIE d'un prêt, voir nº 46790.

2. **Cas particuliers** La norme IFRS 9 traite de plusieurs cas particuliers :

a. **Prêts acquis avec une forte décote** Si des prêts sont acquis avec une forte décote, parce qu'il s'agit de prêts sur des créditeurs déjà en défaut, l'entité doit calculer le TIE des prêts en tenant compte, dans les flux de trésorerie futurs estimés, des pertes de crédit attendues (IFRS 9.B5.4.7).

Dans ce cas, le TIE correspond au taux d'actualisation qu'il faut appliquer aux flux de trésorerie futurs estimés recouvrables (qui seraient inférieurs aux flux de trésorerie contractuels en raison des pertes de crédit attendues) tels que retenus lors de la détermination de la juste valeur des prêts acquis dépréciés (« purchased credit-impaired loan »), pour retrouver la valeur nette comptable initiale des prêts.

Pour la définition des prêts acquis ou créés dépréciés, voir nº 47120.

b. **Prêts à taux révisable** Dans le cas de prêts à taux révisable, la durée d'amortissement de la surcote/décote peut devoir être amortie sur la période restant à courir jusqu'à la prochaine date de refixation du taux d'intérêt (IFRS 9.B5.4.4), voir nº 46770.

Prêts à taux variable En revanche, pour les prêts à taux variable, le fait de réestimer les paiements futurs d'intérêts n'a normalement pas d'impact sur la valeur comptable des prêts (IFRS 9.B5.4.5).

c. **Prêts avec option de remboursement anticipé** L'option de remboursement anticipé ne fait pas l'objet d'un enregistrement comptable séparé.

Dans le cas où le prêt est qualifié de « prêt basique », l'entité doit estimer la durée de vie future probable du prêt, en tenant compte des possibilités de remboursement anticipé (IFRS 9.A).

46820 (suite) A notre avis, l'entité doit également tenir compte, dans la projection des flux futurs estimés, du montant de la pénalité de remboursement anticipé, dans la mesure où cette pénalité est effectivement appliquée.

Pour la qualification au critère de « prêt basique » des prêts avec option d'extension ou de remboursement anticipé, voir n° 45235.

d. Impossibilité d'estimer de manière fiable la durée de vie et les flux de trésorerie futurs des prêts Il y a une présomption que les flux futurs et la durée de vie attendue d'un groupe de prêts similaires peuvent être déterminés de manière fiable. Cependant, dans les cas rares où cela s'avérerait impossible, le TIE est alors déterminé sur la base des flux de trésorerie et de la durée de vie contractuels (IFRS 9.A).

■ *Exemple*

Coût amorti d'un prêt *Le 1/01/N, une banque octroie un prêt de 1 000 à un particulier. Ce prêt porte intérêt à 6 % (taux facial). Le prêt est à échéance 3 ans et est remboursable en trois annuités constantes de 374*.*

Pour mettre en place le prêt, la banque a payé une commission d'apporteur d'affaires de 50 et refacturé des frais de dossier de 41. Les conditions du prêt sont des conditions de marché pour ce type d'emprunteur.

(*) Selon la table d'annuité constante, a = i / [1 – (1 + i) $^{-n}$] avec « a » valeur de chacun des n versements périodiques qui amortissent en n périodes un capital initial de 1 € (intérêts payables en fin de période) porteur d'un taux d'intérêt de i %. Pour un taux de 6 % et un prêt d'échéance 3 ans, a = 0,374109813.

Le tableau d'amortissement remis au client est le suivant :

	Année N	*Année N+1*	*Année N+2*
Annuité d'amortissement constante	*374*	*374*	*374*
Intérêts	*60*	*41*	*21*
Capital	*314*	*333*	*353*

Solution de l'exemple *Deux approches sont possibles selon que la banque anticipe (ou non) un remboursement anticipé du prêt :*

1. TIE tenant compte des coûts de transaction *Le TIE du prêt est calculé en tenant compte des 9 de coûts de transactions nets (50 – 41) supportés par la banque. Il s'agit du taux (calculé par itération) qui permet d'égaliser les flux futurs de remboursement (trois flux de 374 en N, N+1 et N+2) au montant initialement déboursé (1 009). Ce taux s'élève à 5,5 %.*

L'enregistrement comptable est le suivant :

a. Le 1/01/N, lors de l'octroi du prêt :

Dt	*Actif évalué au coût amorti (1 000 + 50 – 41)*	*1 009*	
Ct	*Trésorerie (1 000 – 41)*		*959*
Ct	*Apporteur d'affaires*		*50*

b. Le 31/12/N, lors de la première échéance de remboursement :

Dt	*Actif évalué au coût amorti*	*55*	
Ct	*Produit d'intérêt* *Intérêts courus (TIE = 5,5 %) : 1 009 × 5,5 % = 55*		*55*
Dt	*Trésorerie*	*374*	
Ct	*Actif évalué au coût amorti*		*374*

Remarque *Le coût amorti du prêt s'élève à 690 (1 009 + 55 – 374).*

c. Le 31/12/N+1, lors de la deuxième échéance de remboursement :

Dt	*Actif évalué au coût amorti*	*38*	
Ct	*Produit d'intérêt* *Intérêts courus (TIE = 5,5 %) : 690 × 5,5 % = 38*		*38*
Dt	*Trésorerie*	*374*	
Ct	*Actif évalué au coût amorti*		*374*

Remarque *Le coût amorti du prêt s'élève à 354 (690 + 38 – 374).*

d. Le 31/12/N+2, lors de la dernière échéance de remboursement :

Dt	*Actif évalué au coût amorti*	*20*	
Ct	*Produit d'intérêt* *Intérêts courus (TIE = 5,5 %) : 354 × 5,5 % = 20*		*20*
Dt	*Trésorerie*	*374*	
Ct	*Actif évalué au coût amorti*		*374*

Remarque Le coût amorti du prêt s'élève à 0 (354 + 20 − 374).

2. TIE tenant compte des coûts de transaction et d'un remboursement anticipé en fin d'année N+1
Lors de la mise en place du prêt, la banque estime qu'il y a de fortes chances qu'il soit remboursé par anticipation en fin d'année N+1, avec application d'une pénalité de 3 %. Dans ce cas, le règlement demandé au client en fin d'année N+1 s'élèverait à 697, calculé de la manière suivante :
– capital restant à rembourser en fin d'année N+1 = 353 (1 000 − 314 − 333) ;
– pénalité de 3 % = 11 (soit 353 × 3 %) ;
– total du remboursement effectué en fin d'année N+1 : 738 = 374 (annuité normale) + 353 (capital restant dû) + 11 (pénalité).
Le TIE recalculé en tenant compte d'un remboursement anticipé en fin d'année N+1 et de la pénalité de 3 % s'élève à 6,04 % (calcul par itération).

Emprunt à taux variable comptabilisé au coût amorti

46825

Question

Comment traiter comptablement un emprunt à taux variable évalué au coût amorti ?

Réponse

En l'absence de toute prime/décote initiale et/ou de tous frais d'émission, l'emprunt est comptabilisé pour son montant remboursable à l'échéance et ce montant est maintenu au bilan pendant toute sa durée de vie. Les variations du taux variable de référence (Euribor, par exemple) sont intégralement prises en compte dans le résultat de la période.
En cas de prime/décote ou de frais d'émission, ils sont étalés sur la durée de vie estimée totale de l'emprunt ou sur une période plus courte, allant jusqu'à la prochaine date de refixation du taux d'intérêt, selon leurs caractéristiques.

Commentaires :

1. **Principe général** L'application de la méthode du taux d'intérêt effectif (TIE) est sans difficulté particulière dans le cas d'un instrument à taux fixe.
Pour un instrument à taux variable, si la variation des taux d'intérêt entraîne une variation du TIE de l'instrument, elle n'a en revanche aucun impact sur sa juste valeur. En conséquence, lorsqu'une dette à taux variable est émise et que le montant pour lequel elle est initialement comptabilisée correspond au montant remboursable à l'échéance, le fait de réestimer les flux futurs d'intérêt à payer via le TIE ne doit pas, en principe, avoir d'impact significatif sur son montant au bilan (IFRS 9.B5.4.5).
Ce qui signifie, en pratique, que :
– le TIE est toujours égal au taux d'intérêt contractuel de l'instrument (par exemple, Euribor + × points de base) ;
– le mécanisme du coût amorti (voir nº 46750) ne modifie pas le montant du nominal inscrit au bilan (qui reste inchangé en l'absence de tout remboursement) ; et
– en conséquence, seule la variation du taux variable de référence (Euribor, par exemple) est reflétée sur l'exercice en cours.

Il n'y a pas de différence dans ce cas avec le traitement appliqué en principes comptables français.

2. **Cas où il existe des frais d'émission et/ou une prime ou décote** Lorsque l'instrument est émis avec une prime ou une décote ou nécessite d'engager des frais d'émission, la question est alors de savoir s'il faut amortir ces montants (i) sur la période allant jusqu'à la prochaine révision du taux variable (« next repricing date ») ou (ii) sur la durée de vie totale estimée de l'instrument.

L'approche varie selon la nature de ces éléments et leur relation avec les taux de marché (IFRS 9.B5.4.5) :
- s'il s'agit, par exemple, de points de « spread » (risque de crédit) venant s'ajouter au taux d'intérêt sans risque de la dette et que ces points de « spread » ne sont pas renégociés sur la durée de vie de la dette, l'amortissement est alors effectué sur la durée de vie estimée de l'instrument ;
- si, au contraire, la prime ou la décote ne sont relatives qu'à la période allant jusqu'à la prochaine révision du taux d'intérêt et doivent faire l'objet d'une renégociation à cette date-là, l'amortissement est alors effectué sur cette période plus courte.

La norme ne fournit aucune précision quant au traitement à retenir pour les frais d'émission encourus lors de la mise en place d'une dette à taux variable. Sachant que ces frais sont payés lors de l'émission et ne sont pas sujets à révision, ils doivent être amortis sur la durée de vie totale estimée de la dette.

Reclassement d'un instrument de dettes libellé en devise

46830 *Question*

Comment calculer le coût amorti d'origine d'un instrument libellé en devise à la suite de son reclassement d'actifs financiers à la juste valeur vers les actifs financiers au coût amorti ?

Réponse

Le nouveau coût amorti de l'actif reclassé est sa juste valeur en devise à la date du reclassement convertie dans la monnaie fonctionnelle au cours spot de la devise à cette même date.

Commentaires Dans des cas rares, des instruments de dette initialement évalués à la juste valeur pourraient devoir être reclassés parmi les actifs financiers évalués au coût amorti.

Pour les circonstances entraînant le reclassement d'un actif financier, voir n° 45570.

La juste valeur de l'actif à la date de reclassement devient alors son nouveau coût amorti.

Concernant le reclassement d'un actif en devise, l'évaluation de l'actif est tout d'abord déterminée dans sa devise d'origine, puis convertie dans la monnaie fonctionnelle en utilisant le cours spot de la devise à la date de reclassement (IFRS 9.IG E.3.4). Le nouveau coût amorti de l'actif est ainsi sa juste valeur en devise à la date du reclassement convertie dans la monnaie fonctionnelle au cours spot de la devise à cette même date.

Rappel La norme définit la date de reclassement comme étant le 1er jour de la 1re période d'arrêté comptable qui suit le changement de modèle de gestion ayant entraîné un reclassement d'actifs financiers (IFRS 9.A).

Changement d'estimation des flux de trésorerie futurs d'un actif ou passif financier : impact sur le TIE

46835 *Question*

Comment calculer et comptabiliser l'impact sur le taux d'intérêt effectif (TIE) d'un actif ou passif financier à la suite d'un changement d'estimation dans les flux futurs de trésorerie de l'instrument ?

Réponse

L'approche diffère selon qu'il s'agit d'un instrument de dettes à taux fixe ou à taux variable.
- Lorsqu'il s'agit d'un instrument de dettes à taux fixe ou d'un instrument de dettes assorti de droits à participation (i.e. avec allocation d'un pourcentage des revenus nets ou pertes nettes de l'émetteur), l'entreprise doit ajuster la valeur comptable de l'instrument de manière à refléter les nouveaux flux de trésorerie estimés et maintenir sur les exercices futurs le TIE d'origine. La contrepartie est immédiatement comptabilisée en charge ou en produit dans le résultat de l'exercice (« catch up method »).
- Lorsqu'il s'agit d'un instrument de dettes à taux variable, sa valeur nette comptable au bilan ne change pas ; c'est son TIE qui évolue, période après période.

46835 (suite)

Commentaires Lors d'un changement d'estimation des flux de trésorerie futurs ou de la durée de vie initialement prévue d'un instrument financier, l'approche varie selon qu'il s'agit d'un instrument de dettes à taux fixe ou à taux variable :

1. Cas d'un instrument de dettes à taux fixe (« catch up method ») Selon IFRS 9.5.4.3 et .B5.4.6, si une entité révise les estimations d'encaissements ou de décaissements d'un instrument à taux fixe (les pertes de crédit attendues étant exclues de ces estimations), elle doit ajuster la valeur comptable de l'instrument (ou du groupe d'instruments financiers) de manière à refléter les flux de trésorerie estimés, réels et révisés. L'entité **recalcule la valeur comptable** en recherchant la valeur actualisée des flux de trésorerie futurs attendus au taux d'intérêt effectif initial (TIE) de l'instrument financier. L'ajustement est comptabilisé en tant que produit ou charge au compte de résultat. Cette méthode est généralement appelée « catch up method ».

Calcul prospectif Le calcul est prospectif et l'ajustement correspondant est immédiatement comptabilisé en résultat sur l'exercice au cours duquel a lieu la réestimation, permettant ainsi de maintenir sur les exercices futurs le TIE d'origine (appliqué à la valeur révisée de l'instrument).

2. Cas d'un instrument de dettes à taux variable Pour des actifs et passifs financiers à taux variable, la réestimation périodique des flux de trésorerie pour refléter les mouvements de taux d'intérêt affecte le TIE.

Mais, lorsque le montant inscrit initialement au bilan est le montant à recevoir ou à payer à l'échéance, la réestimation des flux d'intérêt n'a pas d'impact significatif sur la valeur inscrite au bilan de l'actif ou passif financier (IFRS 9.B5.4.5). En conséquence, il n'y a pas lieu d'appliquer en pratique la « catch up method ». Les variations affectent le TIE sur chacune des périodes concernées.

Taux d'intérêt variable (définition) L'Euribor, le Libor ou l'Eonia sont des taux d'intérêt variables et constituent des variables financières car relevant d'un risque financier et non pas d'un risque spécifique (IFRS 9.BA.5, IFRS 17.A et .B8). En revanche, la rémunération d'un emprunt indexé sur l'EBITDA ou sur le chiffre d'affaires de l'emprunteur ne répond pas à la définition d'une variable financière (voir n° 48540) et ne peut donc être considérée comme un taux d'intérêt variable. Sur le traitement comptable d'emprunts à taux d'intérêt variable, voir n° 46825.

3. Cas d'un instrument contenant des droits à participation (IFRIC Update 05/09) Pour des instruments comptabilisés au coût amorti et assortis de droits à participation leur conférant l'allocation d'un pourcentage des revenus nets ou pertes nettes de l'émetteur, la question de leur traitement comptable à l'actif a été posée à l'IFRS IC qui a décidé de ne pas inscrire ce point à son agenda.

En effet, l'IFRS IC avait considéré, sous IAS 39, que IAS 39.AG6 (maintenant IFRS 9.B5.4.4) et .AG8 (maintenant IFRS 9.B5.4.6) étaient suffisamment clairs et s'appliquaient normalement à de tels instruments. Ainsi, lorsqu'une quote-part de perte est automatiquement affectée à un instrument assorti de droits de participation, l'entité recalcule la valeur comptable de cet instrument de manière à refléter les nouveaux flux de trésorerie attendus, en actualisant ses flux au TIE d'origine (application de la « catch up method », voir point 1. ci-avant).

Remarque Pour parvenir à cette conclusion, l'IFRS IC a notamment rejeté le fait qu'un tel instrument était un dérivé, ou comprenait un dérivé incorporé, ou encore qu'il s'agissait d'un instrument à taux variable.

■ *Exemple*

Instrument à taux fixe avec option de remboursement anticipé *Un instrument de dettes d'un nominal de 1 000 remboursable in fine, d'une durée de vie contractuelle de 5 ans et porteur d'un taux fixe nominal de 5 % est émis en début d'exercice N. Cet instrument comporte une option de remboursement anticipé au gré du porteur à partir de la fin de la deuxième année. Les frais d'émission s'élèvent à 5. L'instrument comporte une prime d'émission de 95.*

Hypothèse A : la durée de vie initialement estimée de l'instrument est de 3 ans.

Hypothèse B : à la fin de l'année N, les taux d'intérêt ayant baissé, la durée de vie estimée de la dette est ramenée de 3 à 2 ans.

Solution de l'exemple :

1. Calcul du TIE initial *Le taux d'intérêt effectif permettant de retrouver le flux initial encaissé de 900 (1 000 – 95 – 5) en actualisant les flux d'intérêt et le remboursement de l'emprunt à la fin de la troisième année s'obtient en résolvant par itération l'équation suivante :*

$$900 = \frac{50}{(1+i)} + \frac{50}{(1+i)^2} + \frac{1\,050}{(1+i)^3}$$

donnant i = 8,947 %

46835 (suite)

Ce qui conduit à l'amortissement suivant de la prime et des frais d'émission :

	N	N+1	N+2	Total
Quote-part d'amortissement annuelle	30,52 (1)	33,25 (2)	36,23 (3)	100

(1) (900 × 8,947 %) – 50 = 30,52.
(2) [(900 + 30,52) × 8,947 %] – 50 = 33,25.
(3) [(930,52 + 33,25) × 8,947 %] – 50 = 36,23.

2. Hypothèse A : durée de vie initialement estimée à 3 ans

a. A la fin de l'exercice N La valeur nette comptable de la dette s'élève à 930,52 calculée de la manière suivante :
– charge d'intérêt (au TIE) : 900 × 8,947 % = 80,52 ;
– valeur nette comptable de la dette : 900 + (80,52 – 50) = 930,52.

b. A la fin de l'exercice N+1 La valeur nette comptable de la dette s'élève à 963,77 calculée comme suit :
– charge d'intérêt (au TIE) : 930,52 × 8,947 % = 83,25 ;
– valeur nette comptable de la dette : 930,52 + (83,25 – 50) = 963,77.

c. A la fin de l'exercice N+2 La valeur nette comptable de la dette s'élève à 1 000 calculée comme suit :
– charge d'intérêt (au TIE) : 963,77 × 8,947 % = 86,23 ;
– valeur nette comptable de la dette : 963,77 + (86,23 – 50) = 1 000.

d. Les écritures comptables sont les suivantes :

– Le 1/01/N, lors de l'octroi de l'emprunt :

Dt	Trésorerie	900	
Ct	Emprunt		900

– Le 31/12/N, calcul des intérêts courus au TIE

Dt	Charge d'intérêt (TIE)	80,52	
Ct	Emprunt		80,52

– Le 31/12/N, paiement des intérêts à la banque

Dt	Emprunt	50	
Ct	Trésorerie		50

– Le 31/12/N+1, calcul des intérêts courus au TIE

Dt	Charge d'intérêt (TIE)	83,25	
Ct	Emprunt		83,25

– Le 31/12/N+1, paiement des intérêts à la banque

Dt	Emprunt	50	
Ct	Trésorerie		50

– Le 31/12/N+2, calcul des intérêts courus au TIE

Dt	Charge d'intérêt (TIE)	86,23	
Ct	Emprunt		86,23

– Le 31/12/N+2, paiement des intérêts à la banque

Dt	Emprunt	50	
Ct	Trésorerie		50

– Le 31/12/N+2, remboursement du capital à la banque

Dt	Emprunt	1 000 (1)	
Ct	Trésorerie		1 000

(1) avec 1 000 = 900 + (80,52 – 50) + (83,25 – 50) + (86,23 – 50).

3. Hypothèse B : durée de vie réestimée à la baisse avec remboursement en fin d'année N+1
a. La nouvelle durée résiduelle estimée de la dette étant d'un an et non plus de deux ans comme initialement prévu, l'impact de la réestimation (perte) calculé au TIE initial de 8,947 % est de : 930,50 - 963,78 [1050/(1,08947)] = (33,38) avec 930,50 correspondant à la VNC en fin d'année N et 963,78 correspondant aux nouveaux flux de trésorerie actualisés sur l'année restante au TIE d'origine.
b. Cet impact correspond à l'amortissement actuariel sur 2 ans au lieu de 3 ans de la prime et des frais d'émission. Il est comptabilisé en charge sur l'exercice N (contrepartie dette), permettant ainsi de ramener sur l'exercice N+1 la charge d'intérêt au taux d'intérêt effectif initial de 8,947 % : 1 050 - 963,78 = 86,22 soit 963,78 × 8,947 %.
Ce qui donne le nouveau tableau d'amortissement suivant de la prime et des frais d'émission (chiffres arrondis aux décimales) :

	N	N+1	N+2	Total
Quote-part d'amortissement annuelle	30,5 (1)	36,2 (2)	–	66,7
Impact de la réestimation	33,3	–	–	33,3
Total amortissement	63,8	36,2	–	100

(1) (900 × 8,947 %) - 50 = 30,5.
(2) [(900 + 63,8) × 8,947 %] - 50 = 36,2.

Le tableau suivant récapitule le montant de la charge d'intérêt sur les différents exercices :

	N	N+1	N+2
Charge d'intérêt initialement prévue	80,5	83,25	86,23
Charge d'intérêt après réestimation de la durée de vie de la dette	–	86,22	–
Impact de la réestimation	33,3	–	–
Charge d'intérêt totale après réestimation	113,8	86,22	–

Arrêt d'une couverture en juste valeur et réestimation du TIE

46840

Question

Quel est le taux d'intérêt effectif (TIE) applicable lorsque les flux de trésorerie d'un instrument doivent être réestimés en application d'IFRS 9.B5.4.6 et que cet instrument a préalablement fait l'objet d'une couverture de juste valeur aujourd'hui arrêtée ?

Réponse

Il s'agit du TIE qui tient compte de la réévaluation de la composante risque couverte (TIE ajusté) et non pas du TIE initial de l'instrument.

Commentaires Le TIE modifié suite à l'arrêt d'une couverture de juste valeur (voir n° 46845) doit être retenu en lieu et place du TIE d'origine lorsque les flux de trésorerie de cet instrument doivent être réestimés en application d'IFRS 9.B5.4.6 (« catch up method »), voir n° 46835.

IFRS 9.6.5.10 précise que l'ajustement comptabilisé lors de l'arrêt d'une couverture de juste valeur d'un élément comptabilisé au coût amorti entraîne un recalcul de son TIE (**TIE ajusté**).

En outre, IFRS 9.B5.4.6 stipule que si une entreprise révise les estimations d'encaissements ou de décaissements d'un instrument, elle doit recalculer la valeur comptable de cet instrument en actualisant, au TIE d'origine, les flux de trésorerie futurs (« catch up method »). Au cas spécifique de l'arrêt de couverture en juste valeur, la norme précise que le TIE d'origine est remplacé par le TIE ajusté, mentionné ci-avant (IFRS 9.B5.4.6 et .6.5.10).

Impact d'une opération de couverture sur le TIE d'un emprunt

46845 ***Question***

Le TIE d'une dette peut-il être affecté par l'existence d'une couverture ?

Réponse

Oui, lorsqu'il s'agit d'une couverture de juste valeur (« fair value hedge »).

Commentaires :

1. **Couverture de juste valeur (rappel du mécanisme d'enregistrement comptable)** Dans le cas d'une couverture de juste valeur (FVH), la composante risque couverte de la dette (par exemple, le risque de taux d'intérêt dans une dette à taux fixe) est évaluée à la juste valeur à chaque date d'arrêté.

L'objectif est de compenser au compte de résultat les variations de juste valeur du dérivé de couverture avec celles (en sens inverse) de l'élément couvert pour la composante risque couverte, voir nº 50205 sous IAS 39 / nº 49330 sous IFRS 9.

Le gain ou la perte sur l'élément couvert, attribuable à la composante risque couverte, vient alors ajuster la valeur comptable de l'élément couvert. La contrepartie (de ce gain/perte) est comptabilisée en résultat (IFRS 9.6.5.8b).

2. **Conséquence sur le taux d'intérêt effectif** Le fait que la valeur comptable de l'élément couvert soit mécaniquement ajustée à chaque date d'arrêté a un impact sur son TIE. En effet, selon la norme IFRS 9, tout ajustement de la valeur comptable d'un instrument financier couvert (dans une relation de couverture de juste valeur) pour lequel la méthode du taux d'intérêt effectif est utilisée doit être amorti par le compte de résultat (IFRS 9.6.5.10).

L'amortissement peut démarrer dès qu'un ajustement se produit et doit commencer au plus tard lorsque l'élément couvert cesse d'être ajusté des variations de la juste valeur attribuable à la composante risque couverte (IFRS 9.6.5.10). C'est-à-dire, au plus tard, lorsque la relation de couverture cesse d'exister.

Remarque Une relation de couverture peut cesser d'exister (en ayant toujours, au cas particulier, la dette couverte présente au bilan).

Pour des précisions sur ce point, voir nº 50260 s. sous IAS 39 / nº 49780 s. sous IFRS 9.

L'ajustement est alors fondé sur un TIE **recalculé** (TIE ajusté) à la date à laquelle l'amortissement commence. Il doit être intégralement amorti à l'échéance de l'instrument financier (IFRS 9.6.5.10).

Par ailleurs, le TIE modifié suite à l'arrêt d'une couverture de juste valeur doit être retenu en lieu et place du TIE d'origine lorsque les flux de trésorerie de cet instrument doivent être réestimés en application d'IFRS 9.B5.4.6 (« catch up method »), voir nº 46840.

■ ***Exemple***

Une entité émet un emprunt à taux fixe sur 5 ans de 4 M€ et le couvre par un swap à 5 ans, prêteur taux fixe/emprunteur taux variable.

Au bout de 2 ans, la relation de couverture doit être déqualifiée parce que l'objectif de gestion des risques change. A cette date, la valeur comptable de l'emprunt fait apparaître un ajustement de 0,2 M€ (perte), correspondant à la juste valeur de la composante taux sans risque couverte à cette date.

Solution de l'exemple *L'entité doit arrêter la relation de couverture de manière prospective (c'est-à-dire sans reprendre les écritures préalablement comptabilisées). Plus aucun ajustement n'est comptabilisé sur les exercices ultérieurs, mais les ajustements préalablement comptabilisés (pour un total de 0,2 M€) sont maintenus dans le coût amorti de l'emprunt. Ces ajustements sont amortis sur la durée de vie restante estimée de l'emprunt, en recalculant un nouveau taux d'intérêt effectif pour ce dernier.*

La nouvelle valeur comptable de l'emprunt (4,2 M€) devient la base de calcul du nouveau TIE. L'ajustement de 0,2 M€ dû à la réévaluation de la composante risque couverte est comptabilisé en résultat de manière actuarielle sur la durée de vie restante estimée de l'emprunt (via le nouveau TIE).

CHAPITRE 40

Dépréciation des actifs financiers (IFRS 9)

Plan du chapitre §§ **47000**

47000 (suite)

Plan du chapitre *(suite et fin)* §§

L'ESSENTIEL DE LA NORME IFRS 9 (DEPRECIATION DES ACTIFS FINANCIERS)

I. Généralités

A. Objectif du modèle de dépréciation d'IFRS 9

La norme IFRS 9 requiert la comptabilisation, pour certains instruments financiers (voir nº 47070), d'une correction de valeur au titre des pertes de crédit attendues (IFRS 9.5.5.1). 47050

Dans ce chapitre, nous utiliserons le terme générique « dépréciation » pour désigner cette correction de valeur pour pertes de crédit attendues, sachant que celle-ci peut être comptabilisée et présentée différemment selon la nature des instruments financiers : comptabilisée au bilan dans un compte de provision présenté en diminution de la valeur comptable de l'actif ou au contraire dans un compte de provision au passif, en contrepartie du résultat ou dans les autres éléments du résultat global (OCI), etc.

Pour plus de détails sur les modalités de comptabilisation des pertes de crédit attendues, voir nº 47790.

Le modèle de dépréciation d'IFRS 9 est fondé sur un objectif de comptabilisation des pertes de crédit attendues (« ECL ») sur la durée de vie des actifs financiers dont le risque de crédit a augmenté de façon significative depuis leur comptabilisation initiale, en tenant compte de toutes les informations raisonnables et justifiables, y compris les informations de nature prospective (IFRS 9.5.5.4).

Remarque L'utilisation du terme « ECL » afin de désigner les pertes de crédit attendues est courante dans la pratique. Il s'agit d'une abréviation de l'anglais « Expected Credit Losses », à laquelle nous aurons souvent recours tout au long de ce chapitre.
Pour plus de précisions sur l'objectif du modèle de dépréciation d'IFRS 9, voir nº 47460.

B. Champ d'application

Le modèle de dépréciation défini par la norme IFRS 9 s'applique principalement aux instruments de dette comptabilisés à l'actif au coût amorti ou à la juste valeur en contrepartie des autres éléments du résultat global (OCI), ainsi qu'aux contrats de garantie financière émis dès lors qu'ils ne sont pas comptabilisés à la juste valeur par résultat (IFRS 9.5.5.1). 47070

Par ailleurs, ce modèle s'applique également à certains instruments financiers autrement exclus du champ d'application de la norme IFRS 9, notamment :

- les engagements de prêts autres que (i) ceux désignés comme des passifs financiers à la juste valeur par résultat, (ii) ceux pouvant faire l'objet d'un règlement net en trésorerie ou par la livraison d'un autre instrument financier et (iii) les engagements de fournir un prêt à un taux inférieur au marché ;

Ainsi, les dispositions d'IFRS 9 en matière de dépréciation s'appliquent à tous les engagements de prêts – qu'ils soient dans le champ d'application de la norme IFRS 9 (notamment les trois précités, IFRS 9.2.3) ou pas – dès lors qu'ils ne sont pas comptabilisés à la juste valeur par résultat.

- les créances résultant de contrats de location comptabilisées selon la norme IFRS 16 ; et
- les actifs sur contrat comptabilisés selon la norme IFRS 15.

Rappel Les créances commerciales, quant à elles, sont bel et bien dans le champ d'application de la norme IFRS 9 (IFRS 9.2.1j et IFRS 15.108), y compris donc les dispositions relatives à la dépréciation.

Remarque Ainsi, le champ d'application des dispositions d'IFRS 9 en matière de dépréciation inclut aussi bien des instruments financiers inscrits au bilan (actif ou passif) qu'en hors bilan. Dans un souci de simplification, nous parlerons d'actifs financiers pour désigner de façon générale l'ensemble de ces instruments financiers dans la suite de ce chapitre (sauf précision contraire au cas par cas).

II. Modèle général et exceptions

A. Présentation du modèle général de dépréciation d'IFRS 9

47085 La norme IFRS 9 adopte une approche en trois phases, le positionnement d'un actif financier dans l'une ou l'autre des phases dépendant de l'évolution de son risque de crédit depuis sa comptabilisation initiale. Le montant de la dépréciation (ou de la provision pour pertes de crédit attendues) dépend de la phase à laquelle l'actif financier est alloué.

En outre, en fonction de la phase dans laquelle se trouve l'actif, les revenus d'intérêt sont calculés sur une base brute (c'est-à-dire avant dépréciation) ou nette (après dépréciation) comme présenté dans le schéma suivant.

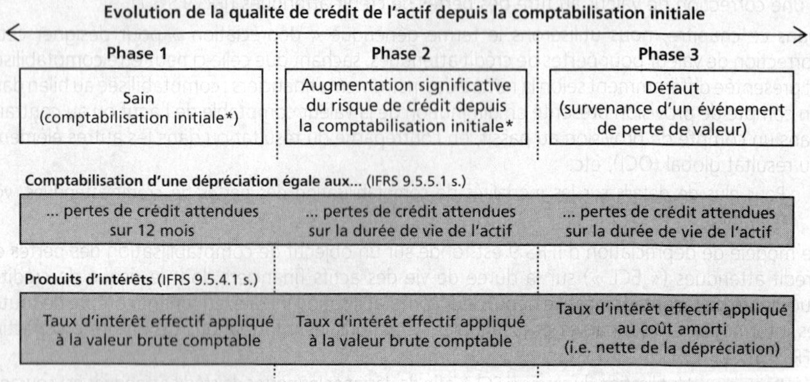

* Sauf pour les actifs qui sont déjà en défaut dès leur acquisition ou leur création

La **phase 1** comprend les actifs financiers dès leur date d'octroi/d'acquisition (sauf les actifs en défaut dès leur acquisition ou création – « Purchased or Originated Credit Impaired »/POCI) et qui n'ont pas connu une augmentation significative du risque de crédit depuis. Pour ces actifs, le montant de la dépréciation à comptabiliser correspond au montant des pertes de crédit attendues sur les 12 mois suivant la date de clôture (IFRS 9.5.5.5).

Pour des précisions sur les pertes attendues à 12 mois, voir nº 47300.

Pour les actifs en phase 1, les revenus d'intérêts sont déterminés en appliquant le taux d'intérêt effectif (TIE) à la valeur comptable brute de l'actif (c'est-à-dire avant dépréciation).

Les actifs financiers qui ont connu une augmentation significative du risque de crédit depuis leur date de comptabilisation initiale sont classés en **phase 2** et, dans ce cas, le montant de la dépréciation à comptabiliser correspond aux pertes de crédit attendues sur leur durée de vie (IFRS 9.5.5.3).

Pour les actifs en phase 2, les revenus d'intérêts sont déterminés en appliquant le TIE à la valeur comptable brute, à l'instar des actifs en phase 1.

Un actif financier dont le risque de crédit a augmenté de façon significative n'est classé en **phase 3** que s'il présente un ou plusieurs indicateurs objectifs de pertes de valeur liés à des événements survenus depuis sa comptabilisation initiale/date d'octroi et ayant un impact sur les flux de trésorerie attendus.

Pour les actifs de phase 3, les revenus d'intérêts sont alors déterminés en appliquant le TIE à la valeur comptable nette de l'actif financier (c'est-à-dire après dépréciation).

Les **dépréciations** pour pertes de crédit attendues ainsi que les variations constatées sur celles-ci d'un exercice à l'autre doivent être **comptabilisées en contrepartie du résultat** (IFRS 9.5.5.8).

B. Exceptions au modèle général

47110 Pour certains instruments financiers, le montant de la dépréciation à comptabiliser ne dépendra pas de l'évolution du risque de crédit depuis la comptabilisation initiale. Il s'agit des exceptions au modèle général de dépréciation d'IFRS 9 en trois phases (voir nº 47085).

Il existe ainsi deux exceptions au modèle général :
- un modèle spécifique pour les actifs financiers en défaut dès leur acquisition ou leur création (voir n° 47120) ; et
- un modèle simplifié pour les créances commerciales, les actifs sur contrat et les créances de location (voir n° 47130).

1. Modèle spécifique pour les actifs financiers en défaut dès leur acquisition ou leur création

Ces instruments financiers, communément désignés par « POCI » (« Purchased or Originated Credit Impaired ») sont des actifs qui présentent des indicateurs objectifs de perte de valeur dès leur comptabilisation initiale. **47120**

Pour le modèle appliqué à ces actifs, voir n° 47792.

2. Modèle simplifié pour les créances commerciales, actifs sur contrat et créances de location

Des mesures de simplification existent pour les créances commerciales, actifs sur contrat (IFRS 15) et créances de location (IFRS 16), lesquels sont souvent détenus par des entreprises ne disposant pas de systèmes sophistiqués de gestion et de suivi du risque de crédit. Ces mesures permettent d'éviter l'analyse de l'augmentation significative du risque de crédit et de toujours déprécier ces actifs à hauteur des pertes de crédit attendues sur leur durée de vie. Ainsi (IFRS 9.5.15) : **47130**

- **pour les créances commerciales et les actifs sur contrat qui ne comportent pas de composante de financement significative,** la dépréciation évaluée à la date de comptabilisation initiale et tout au long de la vie de l'actif correspond aux pertes de crédit attendues sur la durée de vie. En pratique, une matrice de dépréciation établie à partir de l'historique d'impayés peut être utilisée pour évaluer ces pertes ;

Pour plus de détails sur la notion de composante de financement significative, voir n° 25210.
Pour plus de détails sur l'utilisation d'une matrice de provisionnement, voir n° 47600.

- **pour les créances commerciales et actifs sur contrat qui comportent une composante de financement significative, ainsi que pour les créances de location,** l'entreprise doit faire un choix de méthode comptable : soit adopter le modèle simplifié tel que décrit ci-avant, soit appliquer le modèle général (qui implique de suivre l'évolution de la qualité de crédit de la créance tout au long de sa durée de vie). Le choix de méthode comptable est effectué de façon indépendante pour chacune de ces trois catégories (créances commerciales comprenant une composante de financement significative, actifs sur contrat comprenant une composante de financement significative et créances de location), mais appliqué de manière constante et homogène au sein de chaque catégorie (IFRS 9.5.5.16).

Ainsi par exemple, une même entreprise peut opter pour le modèle simplifié pour les créances commerciales et les actifs sur contrat comportant une composante de financement significative, tout en appliquant le modèle général aux créances de location. En revanche, elle est alors obligée d'appliquer le modèle général à toutes les créances de location et le modèle simplifié à toutes les créances commerciales et tous les actifs sur contrat comportant une composante de financement significative.

III. Evaluation d'une augmentation significative du risque de crédit

Principes généraux

L'application du modèle général de dépréciation d'IFRS 9 implique de déterminer, à chaque date de clôture, s'il y a eu une augmentation significative du risque de crédit de l'instrument financier concerné depuis sa comptabilisation initiale. **47150**

Pour plus de précisions sur le modèle général de dépréciation d'IFRS 9 et ses exceptions, voir n° 47085 à 47130.

Seuls les actifs financiers qui ont connu une augmentation significative de leur risque de crédit seront dépréciés à hauteur des pertes de crédit attendues sur leur durée de vie. Les autres actifs ne seront dépréciés qu'à hauteur des pertes de crédit attendues sur les 12 mois suivant la date de clôture.

Ainsi, l'évaluation du risque de crédit sous IFRS 9 est faite de façon relative et non plus de manière absolue comme sous la précédente norme IAS 39 : c'est l'évolution du niveau du risque de crédit qui compte et non pas le niveau de celui-ci à la date de clôture. Par conséquent :
– l'importance de la variation du risque de crédit d'un actif depuis sa comptabilisation initiale dépend du risque de défaut déterminé au moment de sa comptabilisation initiale (IFRS 9.B5.5.9) ;
– une entité peut être amenée à classer deux actifs financiers d'un même emprunteur dans deux phases différentes si elle les a acquis à des dates différentes (voir n° 47580).

Il appartient à chaque entité de définir les facteurs constituant une augmentation significative du risque de crédit tout en respectant les principes suivants :
– évaluation fondée sur la variation du risque de défaut depuis la comptabilisation initiale (voir n° 47170) ;
– prise en compte d'informations raisonnables et justifiables qui pourraient avoir une incidence sur le risque de crédit et qu'il est possible d'obtenir sans devoir engager des coûts ou efforts excessifs (voir n° 47180) ;
– présomption réfutable d'une augmentation significative du risque de crédit à partir de 30 jours d'impayés (voir n° 47200) ;
– évaluation sur base individuelle ou collective (voir n° 47220).

Par ailleurs, il est possible d'avoir recours à une mesure pratique afin d'évaluer l'existence d'une augmentation significative du risque de crédit pour les actifs financiers qui présentent un risque de crédit faible à la date de clôture (voir n° 47240).

A. Evaluation fondée sur la variation du risque de défaut

47170 Il s'agit d'évaluer la probabilité que l'instrument financier tombe en défaut à un moment donné au cours de sa durée de vie résiduelle.

En pratique, cela peut s'avérer complexe du fait de la corrélation entre la durée de vie des instruments financiers et leur risque de défaut. En effet, toutes choses égales par ailleurs, plus la durée de vie attendue d'un instrument est longue, plus le risque de défaut est élevé. A contrario, le risque de défaut d'un instrument financier diminue avec le temps si le risque de crédit reste inchangé, sauf cas exceptionnels (IFRS 9.B5.5.11).

Ainsi, prenons le cas d'un instrument financier mis en place en N, d'une durée de vie de 10 ans. Si, lors de l'évaluation du risque de crédit de cet instrument à la date de clôture N+3, son risque de défaut est identique à celui qui a été évalué en N, lors de sa comptabilisation initiale, cela indiquerait une augmentation potentielle du risque de crédit de l'instrument.

La démarche adéquate pour évaluer l'augmentation significative du risque de crédit à une date de clôture donnée consisterait donc à comparer le risque de défaut sur la durée de vie restante à cette date de clôture, avec le risque de défaut sur la durée de vie restante à la date de clôture mais dans les conditions d'évaluation retenues à la date de comptabilisation initiale.

Afin d'évaluer l'augmentation significative du risque de crédit sur un actif financier émis en N, d'une durée initiale de 10 ans et qui, à la date de clôture fin N+3, présente une durée de vie résiduelle de 7 ans, il faudrait comparer :
– le risque de défaut sur la durée résiduelle de 7 ans à la date de clôture ; et
– le risque de défaut attendu sur les 7 années restantes, sur la base des conditions existantes à la date de comptabilisation initiale.

En pratique, Il apparaîtrait plus simple pour les entités de baser leur évaluation d'une augmentation significative du risque de crédit sur la comparaison (entre comptabilisation initiale et date de clôture ultérieure) du risque de défaut sur les 12 mois à venir plutôt que sur la durée de vie restante. Cela n'est possible qu'à certaines conditions, voir n° 47510.

B. Données utiles à l'évaluation d'une augmentation significative du risque de crédit

47180 L'évaluation d'une augmentation significative du risque de crédit doit tenir compte de toutes les informations pertinentes, raisonnables et justifiables, dès lors que leur disponibilité ne nécessite ni coûts ni efforts excessifs (IFRS 9.5.5.9). A cet effet, les entités doivent s'assurer de prendre en compte :

1. Des informations de nature prospective (approche dite « forward-looking ») L'évaluation d'une augmentation significative du risque de crédit ne peut uniquement s'appuyer sur des informations historiques, mais doit également prendre en compte des informations de nature prospective dès lors que celles-ci peuvent être obtenues sans engager de coûts ou efforts excessifs (IFRS 9.5.5.11).

Cette approche « forward-looking » est cohérente avec le principe admis dans la norme IFRS 9 selon lequel, en général, une augmentation significative du risque de crédit précède toute survenance d'impayés (IFRS 9.B5.5.2).

2. **Des informations qualitatives** L'utilisation d'un modèle de notation ou autre modèle statistique n'est pas obligatoire, les entités pouvant tout à fait s'appuyer uniquement sur des informations qualitatives (IFRS 9.B5.5.18).

3. **Autres types d'information** L'évaluation d'une augmentation significative du risque de crédit est une analyse « multifactorielle et globale » (IFRS 9.B5.5.16). Les entités doivent alors tenir compte de tous les facteurs qui pourraient influer sur la qualité de crédit de l'actif financier considéré (IFRS 9.B5.5.16). A cet effet, la norme fournit une liste, non exhaustive, d'éléments dont l'analyse des variations pourrait être pertinente dans l'appréciation d'une augmentation significative du risque de crédit (IFRS 9.B5.5.17) :
- la performance et le comportement de la contrepartie (impayés, procédure judiciaire, baisse du chiffre d'affaires, etc.) ;
- les modalités contractuelles de l'actif financier ;
- des indicateurs de marché (prix des matières premières, cours des actions, taux d'intérêt, etc.) ;
- l'environnement économique, réglementaire et/ou technologique de l'emprunteur ;
- la notation externe ou interne de la contrepartie ;
- la valeur et la qualité des instruments de garantie ou d'autres mécanismes mis en place pour assurer le recouvrement des flux de trésorerie en cas de défaut de l'emprunteur ;

Même si les variations de valeur sur les instruments de garantie peuvent être prises en compte comme indicateur de l'évolution du risque de crédit, l'évaluation d'une augmentation significative du risque de crédit ne doit pas tenir compte de ces instruments de garantie, voir nº 47560.

- le niveau du risque de crédit observé sur d'autres instruments financiers du même emprunteur.

L'évaluation de l'augmentation significative du risque de crédit ne peut se faire pour autant au niveau de la contrepartie. En effet, le principe de contagion ne s'applique pas lors de l'évaluation d'une augmentation significative du risque de crédit, voir nº 47580.

C. Présomption réfutable d'une augmentation significative du risque de crédit dès 30 jours d'impayés

Il existe une présomption selon laquelle un instrument financier a connu une augmentation significative de son risque de crédit, dès lors qu'il présente plus de 30 jours d'impayés (IFRS 9.5.5.11). Cette présomption vise notamment à s'assurer que les entités ne font pas correspondre l'augmentation significative du risque de crédit avec le passage en phase 3 ou la définition du défaut (IFRS 9.B5.5.21). Cela assoit ainsi le pouvoir prédictif de la phase 2 : un actif financier connaît une augmentation significative de son risque de crédit avant la survenance d'un événement de défaut (IFRS 9.B5.5.2). **47200**

En introduisant cette présomption, la norme fait correspondre 30 jours d'impayés avec le moment le plus tardif auquel les pertes de crédit attendues doivent être constatées sur la durée de vie des actifs financiers.

Cette présomption ne peut être réfutée qu'à condition de démontrer, sur la base d'informations raisonnables et justifiables, que la survenance de plus de 30 jours d'impayés ne constitue pas une augmentation significative du risque de crédit.

Par exemple, si l'impayé n'est pas le fait de difficultés financières de l'emprunteur (cas d'une erreur d'ordre administratif) ou si l'entité dispose de données historiques démontrant que la corrélation entre les impayés et une augmentation significative du risque de crédit ne survient qu'au-delà de 60 jours d'impayés (IFRS 9.B5.5.21).

Remarque Appliquer la présomption selon laquelle un actif financier présentant plus de 30 jours d'impayés a connu une augmentation significative de son risque de crédit ne dispense pas l'entité de constater une augmentation significative du risque de crédit sur les actifs financiers dont la durée de vie est inférieure à 30 jours, le cas échéant. D'autres facteurs de nature qualitative peuvent justifier une augmentation significative du risque de crédit sur ces actifs financiers.

D. Evaluation d'une augmentation significative du risque de crédit sur base individuelle ou collective

47220 L'évaluation d'une augmentation significative du risque de crédit doit se faire sur une base collective si l'entreprise n'est pas en mesure d'identifier les variations du risque de crédit sur base individuelle, avant la survenance d'un impayé (IFRS 9.B5.5.1 et .B5.5.3).

C'est souvent le cas de prêts octroyés aux particuliers pour lesquels les informations pertinentes relatives au risque de crédit ne font pas l'objet de mises à jour régulières tant qu'il n'y a pas d'impayé.

Afin d'évaluer l'augmentation significative du risque de crédit sur une base collective, les entités doivent regrouper les instruments financiers en fonction de leurs caractéristiques de risque de crédit communes. Seule une telle répartition permettrait de repérer les augmentations significatives du risque de crédit en temps voulu. Voici quelques exemples de caractéristiques communes (IFRS 9.B5.5.5) :
- le type d'instrument ;
- la notation du risque de crédit ;
- le type d'instrument de garantie ;
- la date de comptabilisation initiale ;
- la durée à courir jusqu'à l'échéance ;
- le secteur d'activité ;
- l'emplacement géographique de l'emprunteur ;
- la valeur de l'instrument de garantie par rapport à l'actif financier si cela a une incidence sur la probabilité de défaut.

E. Mesure pratique pour les actifs financiers présentant un risque de crédit faible à la date de clôture

47240 Pour les actifs financiers qui présentent un risque de crédit faible à la date de clôture, il est possible (mais non obligatoire) de comptabiliser les pertes de crédit attendues sur 12 mois, sans devoir analyser au préalable si le risque de crédit a augmenté de façon significative depuis la comptabilisation initiale (IFRS 9.5.5.10). Si l'entité n'opte pas pour cette mesure de simplification pratique, c'est le modèle général de dépréciation qui s'applique alors à ces actifs présentant un risque de crédit faible à la date de clôture.

Le risque de crédit d'un actif financier n'est considéré comme faible que si les trois conditions suivantes sont respectées (IFRS 9.B5.5.22) :
- l'actif financier présente un risque de défaut faible ;
- l'emprunteur démontre une solide capacité à remplir ses obligations au titre des flux de trésorerie contractuels à verser à court terme ; et
- cette capacité qu'a l'emprunteur de remplir ses obligations contractuelles à court terme n'est pas nécessairement diminuée du fait de changements défavorables dans les conditions économiques et commerciales à plus long terme.

En particulier, un instrument considéré en « catégorie investissement » (« investment grade ») par une agence de notation externe est un exemple d'actif financier présentant un risque de crédit faible, cette notation externe constituant une définition universellement reconnue d'un risque de crédit faible.

Remarques :

1. L'analyse du niveau du risque de crédit d'un actif financier doit être effectuée de façon absolue, sans tenir compte de la valeur d'éventuels instruments de garantie. Ainsi, on ne peut considérer qu'un instrument financier a un risque de crédit faible en raison de la valeur des instruments de garantie, ni même parce qu'il présente un risque de défaut relativement faible par rapport à d'autres instruments financiers ou au risque de crédit du pays dans lequel l'entité exerce ses activités (IFRS 9.B5.5.22).

2. Une notation externe n'est pas une condition nécessaire pour qu'un instrument financier soit considéré à faible risque de crédit. En effet, les entités ont la possibilité d'utiliser des notations internes ou autres méthodes cohérentes avec la définition de « catégorie investissement » ou toute autre définition universellement reconnue de risque de crédit faible (IFRS 9.B5.5.23).

Dès lors qu'un instrument financier ne remplit plus les conditions lui permettant de bénéficier de la mesure de simplification décrite ci-avant, l'entité doit lui appliquer le modèle général de dépréciation. Toutefois, le simple fait de ne plus présenter un risque de crédit faible à la date de clôture n'implique pas nécessairement une augmentation significative du risque de crédit de l'actif et donc la comptabilisation de pertes de crédit attendues sur la durée de vie (c'est-à-dire le passage en phase 2).

IV. Evaluation des pertes de crédit attendues

A. Définition et principes clés des pertes de crédit attendues

1. Définition

Les pertes de crédit attendues représentent une estimation, établie par pondération probabiliste, 47255
des pertes de crédit sur la durée de vie attendue d'un instrument financier (IFRS 9.B5.5.28). Il y a survenance d'une perte de crédit dès lors qu'il y a une différence entre les flux de trésorerie contractuels actualisés au taux d'intérêt effectif d'origine et les flux de trésorerie que l'entité s'attend à recevoir actualisés également au taux d'intérêt effectif d'origine. Cette différence constitue un manque à gagner en flux de trésorerie. Les pertes de crédit correspondent ainsi à la valeur actualisée des manques à gagner en flux de trésorerie.

Cette définition peut être résumée par ce schéma réalisé par nos soins :

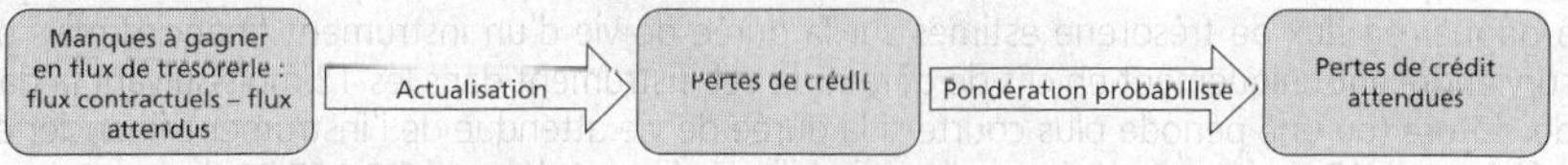

2. Principes clés

L'évaluation des pertes de crédit attendues relève d'une démarche complexe qui doit respecter 47270
des principes clés. Ainsi, les pertes de crédit attendues comptabilisées doivent refléter (IFRS 9.5.5.17 et .5.5.18) :

1. **Un montant objectif, établi par des pondérations probabilistes et déterminé par l'analyse d'un éventail de résultats possibles** Selon ce principe, l'évaluation des pertes de crédit doit toujours tenir compte du risque de subir une perte de crédit en reflétant tant la possibilité de subir une perte de crédit que la possibilité de n'en subir aucune. Il ne s'agit pas alors d'établir le scénario le plus ou le moins favorable, mais d'évaluer la probabilité de survenance d'une perte de crédit et les manques à gagner en flux de trésorerie qui en résulteraient et ce, même s'il est plus probable qu'aucune perte de crédit ne sera subie (IFRS 9.B5.5.41).

   Ce principe n'implique pas d'envisager tous les scénarios possibles et ne nécessite pas forcément la mise en place de modèles statistiques complexes visant la simulation d'un nombre important de scénarios. Il est tout à fait possible d'évaluer le montant des pertes de crédit attendues via des méthodes simples comme, par exemple, la moyenne des pertes de crédit d'un grand groupe d'instruments financiers présentant des caractéristiques communes (IFRS 9.B5.5.42).

2. **La valeur temps de l'argent** La valeur temps de l'argent est une composante importante des pertes de crédit attendues dans la mesure où celles-ci prennent en compte aussi bien le montant que le calendrier des flux de trésorerie futurs. Ainsi, il y a perte de crédit même lorsque l'entité s'attend à être payée intégralement mais en retard par rapport à l'échéancier contractuel. La prise en compte de la valeur temps de l'argent se fait via l'actualisation des pertes de crédit attendues à la date de clôture au taux d'intérêt effectif (TIE) déterminé lors de la comptabilisation initiale de l'instrument financier (IFRS 9.B5.5.44).

   Dans le cas d'instruments financiers à taux variables, le TIE sera modifié à chaque fluctuation du taux d'intérêt de marché (voir n° 46835). Les pertes de crédit attendues doivent alors être actualisées au TIE le plus récent reflétant le taux d'intérêt du marché à la date de clôture.
   Dans le cas des créances locatives, les flux de trésorerie utilisés pour évaluer les pertes de crédit attendues sur des créances locatives ainsi que le taux d'actualisation des pertes attendues devraient correspondre aux flux de trésorerie et taux d'actualisation utilisés pour évaluer ces créances selon IFRS 16, Contrats de location (IFRS 9.B5.5.34 et .B5.5.46).

3. **Les informations raisonnables** (c'est-à-dire celles qu'il est possible d'obtenir, à la date de clôture, sans devoir engager des coûts ou des efforts excessifs), justifiables et disponibles sur les événements passés, la conjoncture actuelle et les prévisions de la conjoncture économique future Ce principe implique d'intégrer, dans l'évaluation des pertes de crédit attendues, des informations prospectives (approche dite « forward-looking »).

Cependant, il est important de souligner qu'il ne s'agit pas d'une recherche d'information exhaustive, ni de la prise en compte de la conjoncture future pour la totalité de la durée de vie attendue des instruments financiers (IFRS 9.B5.5.51)

Ainsi, si les informations historiques constituent une bonne base pour l'évaluation du risque du crédit, celles-ci peuvent nécessiter quelques ajustements afin de refléter au mieux les incertitudes quant aux flux de trésorerie futurs (IFRS 9.B5.5.52). La nécessité d'effectuer des ajustements est fonction de la nature des informations historiques, de la période à laquelle elles ont été déterminées et des faits et circonstances à la date de clôture.

En effet, les données historiques peuvent ne pas refléter certains effets de la conjoncture à la date de clôture qui auraient des impacts sur les flux de trésorerie futurs. A contrario, ces mêmes données historiques peuvent refléter des effets conjoncturels de la période sur laquelle elles ont été établies mais qui sont sans incidence sur les flux de trésorerie futurs.

B. Pertes de crédit attendues sur la durée de vie versus pertes de crédit attendues à 12 mois

47300 Les pertes de crédit attendues à 12 mois sont une portion des pertes de crédit attendues sur la durée de vie des actifs financiers. En effet, les pertes de crédit à 12 mois représentent les manques à gagner en flux de trésorerie estimés sur la durée de vie d'un instrument financier mais qui surviendraient uniquement en cas de défaut de cet instrument dans les 12 mois suivant la date de clôture (ou une période plus courte si la durée de vie attendue de l'instrument financier est inférieure à 12 mois), pondérés par la probabilité qu'il y ait défaut (IFRS 9.B5.5.34).

La différence entre les pertes de crédit attendues à 12 mois et celles attendues sur la durée de vie réside donc dans l'évaluation de la probabilité de défaut : dans le premier cas, l'entité prend en compte la probabilité d'une survenance du défaut dans les 12 mois à venir, alors que dans le second cas elle tiendra compte de la probabilité d'une survenance du défaut sur sa durée de vie résiduelle.

Remarque Les pertes de crédit attendues à 12 mois ne correspondent ni :
– aux pertes de crédit attendues sur la durée de vie des instruments qui, selon les estimations de l'entité, seront en défaut au cours des 12 mois suivant la date de clôture, ni
– aux pertes de crédit qui pourraient survenir uniquement des manques à gagner en flux de trésorerie dans les 12 mois suivant la date de clôture.

C. Durée d'évaluation des pertes de crédit attendues

47315 Les pertes de crédit attendues (« Expected Credit Losses »/ECL) sont évaluées au maximum sur la période contractuelle maximale pendant laquelle l'entité est exposée au risque de crédit, en tenant compte des éventuelles options de prolongation (IFRS 9.5.5.19). Cependant, les entités peuvent devoir évaluer les ECL sur une durée plus longue que la période contractuelle maximale pour les instruments financiers présentant l'ensemble des caractéristiques suivantes (IFRS 9.5.5.20) :

– existence d'une composante de prêt et d'une composante engagement de prêt non utilisé ;

Cependant, le montant de la composante prêt peut être nul à la date de clôture.

– faculté contractuelle de résilier l'engagement de prêt non utilisé et d'exiger le remboursement du prêt en cas d'utilisation ;
– exposition au risque de crédit non limitée au délai de préavis contractuel.

Cette exception au principe énoncé ci-avant permet de répondre à la particularité des instruments financiers qui, malgré la possibilité contractuelle de résilier le contrat à tout moment, ne sont résiliés en pratique qu'en cas d'augmentation significative du risque de crédit, exposant ainsi l'entité à un risque de crédit au-delà de leur durée de vie contractuelle (soit un jour, le contrat pouvant être résilié à tout moment).

Pour plus de détails sur l'application de cette exception, voir nº 47635 et 47650.

QUESTIONS/REPONSES PRATIQUES

Remarque importante

Les réponses aux questions présentées ci-après résultent de l'analyse des dispositions de la norme IFRS 9, Instruments financiers, en vigueur actuellement, sur la base des informations disponibles au 1er juin 2023. **47450**

Evolution possible des réponses Post-implementation Review (PIR) d'IFRS 9 – Dépréciation Voir n° 44100.

I. Généralités sur le modèle de dépréciation d'IFRS 9

Comprendre l'objectif du modèle de dépréciation d'IFRS 9

Question **47460**

Quel est l'objectif du modèle de dépréciation pour risque de crédit développé dans la norme IFRS 9 ?

Réponse

Définir un modèle unique de dépréciation basé sur :
- les pertes de crédit attendues plutôt que sur les pertes de crédit avérées ;
- l'évolution du risque de crédit depuis la comptabilisation initiale de l'actif.

Commentaires La norme IFRS 9 vise à comptabiliser les pertes de crédit attendues sur la durée de vie de tous les instruments financiers qui ont connu une augmentation significative de leur risque de crédit depuis leur comptabilisation initiale.

Pour l'application de modèles spécifiques à certains types d'instruments financiers, voir n° 47120 et 47130.

La norme IFRS 9 définit ainsi un modèle général de dépréciation des actifs financiers basé sur :
- les pertes de crédit attendues plutôt que sur les pertes de crédit avérées ; et
- l'évolution du risque de crédit depuis la comptabilisation initiale de l'actif.

1. Un modèle fondé sur les pertes de crédit attendues (« Expected Credit Losses »/ECL) La comptabilisation des ECL répond aux objectifs définis par l'IASB, notamment (IFRS 9.BC5.83) :
- fournir aux utilisateurs des états financiers des informations pertinentes sur le montant, le calendrier et l'incertitude des flux de trésorerie futurs attendus par l'entité ;
- répondre aux principales critiques faites à l'encontre de l'ancienne norme IAS 39, notamment une surévaluation des revenus d'intérêts comptabilisés avant un événement de perte de crédit et une reconnaissance tardive des pertes pour risque de crédit (« too little too late ») ; le modèle d'IFRS 9 permet, en revanche, une comptabilisation anticipée des pertes pour risque de crédit en intégrant des informations de nature prospective (« forward-looking »).

2. Un modèle fondé sur l'évolution du risque de crédit depuis la comptabilisation initiale Lorsqu'un actif financier est créé, son taux d'intérêt contractuel tient compte du risque de crédit de la contrepartie et donc, d'une certaine façon, des pertes de crédit attendues sur la durée de vie de cet actif. Dans la mesure où les pertes de crédit attendues sont actualisées au taux d'intérêt effectif du contrat, comptabiliser les pertes de crédit attendues sur la durée de vie des actifs financiers en date de comptabilisation initiale reviendrait à surévaluer celles-ci dans les états financiers des entités. D'où la comptabilisation des pertes de crédit attendues sur les 12 mois suivant la date de clôture (IFRS 9.BC5.93).

En revanche, si le risque de crédit d'un actif financier augmente de façon significative, il y a une perte économique supplémentaire car le taux contractuel est basé sur le niveau de risque de crédit en date de comptabilisation initiale. Pour ces actifs financiers, la comptabilisation des pertes de crédit attendues sur leur durée de vie reflète cette perte économique supplémentaire supportée par l'entité prêteuse qui, en général, ne peut ajuster le taux contractuel de l'actif financier.

Présentation schématique du modèle de dépréciation d'IFRS 9

47470 ***Question***

Comment le modèle de dépréciation d'IFRS 9 s'applique-t-il aux différents actifs financiers ?

Réponse

A l'aide d'un arbre de décision (établi par nos soins) qui donne une vue d'ensemble du modèle de dépréciation des actifs financiers tel que défini par IFRS 9.

Commentaires La norme IFRS 9 définit un modèle général de dépréciation basé sur l'augmentation significative du risque de crédit, avec quelques exceptions ou mesures de simplification (voir nº 47085 à 47130 et 47240).

L'arbre de décision ci-dessous, établi par nos soins, permet de résumer les grands principes du modèle de dépréciation d'IFRS 9 et son application aux différents actifs financiers concernés :

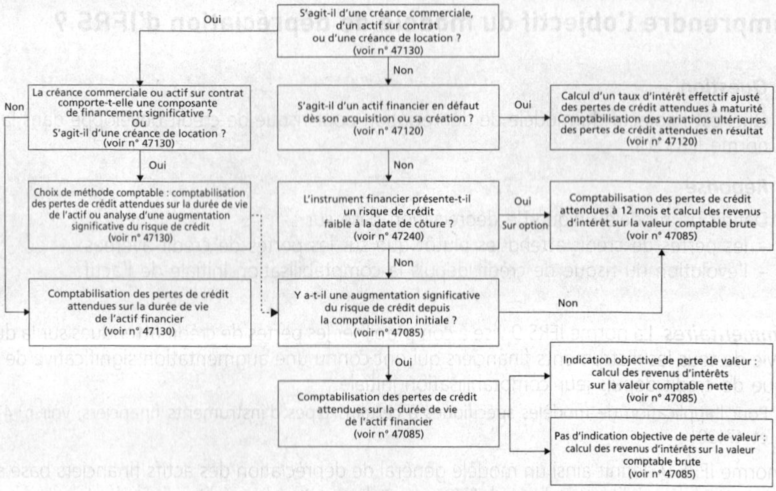

Engagements d'octroi de crédit soumis au modèle de dépréciation d'IFRS 9

47480 ***Question***

Les dispositions d'IFRS 9 relatives à la dépréciation doivent-elles être appliquées de façon plus large à certains engagements d'octroi de crédit accordés autrement que dans le cadre d'une opération de prêt classique ?

Réponse

Cela dépend des caractéristiques contractuelles de l'engagement d'octroi de crédit concerné. En effet, le modèle de dépréciation d'IFRS 9 ne s'applique qu'aux engagements d'octroi de crédit qui :

– répondent à la définition d'un instrument financier telle que donnée par la norme IAS 32 ;

– constituent un engagement de prêt selon IFRS 9, à savoir un engagement ferme de fournir un crédit sous des termes et conditions prédéfinis.

Commentaires :

1. Contexte Le modèle de dépréciation d'IFRS 9 s'applique obligatoirement à tous les engagements de prêt dès lors qu'ils ne sont pas comptabilisés à la juste valeur par résultat (voir nº 47070). Les engagements de prêts sont majoritairement émis par les établissements de crédit dans le cadre de leur activité de financement de l'économie. Outre ceux-ci, des engagements

d'octroi de crédit peuvent également être créés par d'autres acteurs économiques dans le cadre de leur activité commerciale. C'est le cas, par exemple, dans les activités de location où il existe un engagement d'octroi de crédit entre la date de prise d'effet du contrat de location et le début de la période de location. **47480** (suite)

La question est alors de savoir si les dispositions d'IFRS 9 relatives à la dépréciation devraient s'appliquer également à ces engagements particuliers d'octroi de crédit.

2. Analyse Seuls les engagements d'octroi de crédit répondant aux deux critères suivants entrent dans le champ d'application des dispositifs de dépréciation d'IFRS 9 (confirmé par l'ITG « IFRS Transition Resource Group for Impairment of Financial Instruments » en avril 2015) :

a. l'engagement d'octroi de crédit répond à la définition d'un instrument financier La norme IFRS 9 s'applique à tout type d'instruments financiers avec des cas d'exception bien précis (IFRS 9.2.1g). Le modèle de dépréciation faisant partie intégrante des dispositions d'IFRS 9, il est nécessaire que tout instrument auquel il s'applique réponde à la définition d'un instrument financier, celle-ci étant donnée par la norme IAS 32 ;

Un instrument financier est défini comme tout contrat qui donne lieu à un actif financier d'une entité et à un passif financier ou à un instrument de capitaux propres d'une autre entité (IAS 32.11).

b. il existe une obligation contractuelle d'octroyer un crédit Dès lors qu'une telle obligation existe, les engagements de prêt sont exposés au risque de perte de crédit au même titre que des prêts comptabilisés au bilan, d'où leur inclusion dans le champ d'application du modèle de dépréciation d'IFRS 9 (IFRS 9.BC5.243). Sans cet engagement ferme, les entités peuvent annuler leur engagement avant l'octroi du crédit et, par conséquent, éviter toute exposition au risque de crédit.

Remarque L'IASB entend par engagement de prêt tout engagement ferme d'accorder un crédit à des termes et conditions prédéfinis (IFRS 9.BCZ2.2). Il est donc important que tout engagement de crédit présente cette caractéristique afin d'y appliquer le modèle de dépréciation défini dans la norme IFRS 9.

■ *Exemple 1*

Engagement d'octroi de crédit en vertu d'un contrat de location *A la date de conclusion d'un contrat de location (c'est-à-dire la date de sa signature) ou, si elle est antérieure, à la date d'engagement réciproque des parties sur les principales clauses du contrat (selon IFRS 16.A), le bailleur s'engage à transférer le droit d'utilisation de l'actif au locataire en échange de paiements à recevoir. L'engagement de crédit existant entre la date de conclusion du contrat de location et le début de la période de location entre-t-il dans le champ d'application du modèle de dépréciation d'IFRS 9 ?*

Solution de l'exemple 1 *Certains contrats de location irrévocables contiennent effectivement un engagement ferme, à la date de conclusion du contrat, d'octroyer un crédit à des conditions prédéfinies. Cependant, ce n'est qu'au début de la période de location (i.e. date de prise d'effet du contrat) et non à la date de conclusion du contrat que le preneur est autorisé à exercer son droit d'utilisation de l'actif (IFRS 16.A) ; ce n'est qu'à cette date qu'une créance de location est comptabilisée dans les états financiers du bailleur (IFRS 16.67). Par conséquent, entre la date de conclusion du contrat et le début de la période de location, l'engagement de crédit ne répond pas à la définition d'un instrument financier car à cette période, le contrat ne donne pas lieu à un actif financier. Les dispositions de dépréciation pour risque de crédit définies dans la norme IFRS 9 ne peuvent pas être appliquées à cet engagement d'octroi de crédit.*

■ *Exemple 2*

Engagement d'octroi de crédit accordé dans des enseignes commerciales *Certains commerces créent des comptes au nom de leurs clients permettant à ceux-ci d'acheter des biens à crédit. Le commerçant garde la liberté de consentir le crédit au moment de l'achat effectif.*

Solution de l'exemple 2 *Ces comptes ne constituent pas des engagements de prêt dans la mesure où le commerçant a la possibilité, à tout moment, d'éviter de consentir un crédit en refusant la vente des biens. Par conséquent, ils n'entrent pas dans le champ d'application du modèle de dépréciation d'IFRS 9.*

■ *Exemple 3*

Engagement contractuel de livrer des biens ou services à crédit *Certaines entités s'engagent à vendre des biens et/ou fournir des services au titre desquels le client bénéficie d'un crédit pour en payer le prix un certain temps après leur livraison. Ainsi, selon ces contrats, les entités s'engagent à octroyer un crédit à des conditions prédéfinies.*

Solution de l'exemple 3 *Les engagements d'octroi de crédit pour le paiement de biens ou services ne constituent pas un engagement de prêt dans la mesure où ils sont relatifs à des éléments non financiers. Ces engagements ne constituent donc pas des instruments financiers. S'agissant de la livraison de biens et services, le contrat conclu entre dans le champ d'application de la norme IFRS 15. Or, les droits et obligations résultant de contrats conclus avec des clients dans le scope de la norme IFRS 15 sont exclus du champ d'application de la norme IFRS 9.*

Le contrat pourrait donner lieu à la comptabilisation d'une charge selon IAS 37 s'il est considéré comme déficitaire.

■ *Exemple 4*

Engagement d'octroi de prêt à un taux déterminé par la banque à la date de tirage *La banque s'engage à octroyer un prêt dont le taux d'intérêt sera fixé à la date de tirage et à la seule discrétion de la banque. Toutefois, la banque s'engage à définir un taux d'intérêt cohérent avec les conditions de marché. Ainsi, la banque ne pourra pas définir un taux d'intérêt fortement élevé et dissuasif afin d'éviter d'octroyer le prêt.*

Solution de l'exemple 4 *L'engagement de la banque constitue un engagement de prêt entrant dans le champ d'application du modèle de dépréciation d'IFRS 9 car la banque est bien contractuellement obligée d'octroyer un crédit. Il n'est pas nécessaire que le taux d'intérêt du prêt soit fixé à la date d'octroi de l'engagement.*

Actifs financiers présentant des indicateurs objectifs de perte de valeur dès la comptabilisation initiale (« Purchased or Originated Credit Impaired »/POCI)

47490 ***Question***

Dans quelles circonstances un actif financier peut-il présenter des indicateurs objectifs de perte de valeur dès sa comptabilisation initiale (« Purchased or Originated Credit Impaired »/POCI) ?

Réponse

Un actif financier est analysé comme un POCI :
– s'il est acquis avec une décote significative reflétant les pertes de crédit subies ;
– s'il s'agit d'un actif financier comptabilisé à la suite d'une restructuration pour difficultés financières analysée comme substantielle (décomptabilisation de l'actif financier d'origine).

Un actif financier ne doit pas être analysé comme un POCI uniquement parce qu'il présente un risque de crédit élevé à la date de comptabilisation initiale.

L'analyse du POCI s'applique de la même façon aux engagements de prêt.

Commentaires :

1. **Contexte** La norme IFRS 9 définit un modèle de dépréciation spécifique pour les actifs financiers qui présentent des indicateurs objectifs de perte de valeur (soit des actifs en défaut) dès leur comptabilisation initiale (« Purchased or Originated Credit Impaired »/POCI).

Pour plus de détails sur le modèle spécifique appliqué aux POCI, voir n° 47792.

Un actif financier présente des indicateurs objectifs de perte de valeur lorsque se sont produits un ou plusieurs évènements qui ont un effet néfaste sur ses flux de trésorerie estimés (IFRS 9.A).

Ainsi, en général, les POCI font référence à des actifs financiers acquis plutôt qu'à des actifs financiers restructurés par les entités ayant donné lieu à la décomptabilisation de l'actif financier d'origine (IFRS 9.BC5.216).

De la même façon, les engagements de prêts peuvent être considérés comme des POCI. Tel serait le cas si, à la date de comptabilisation initiale, le prêt résultant du tirage de l'engagement avait été lui-même considéré comme un POCI.

2. **Actifs financiers acquis** Un actif financier acquis est analysé comme un POCI lorsqu'il est acheté avec une décote significative reflétant les pertes de crédit subies.

C'est notamment le cas lorsqu'à l'occasion d'un regroupement d'entreprises, une entité acquiert un portefeuille d'actifs financiers qui étaient en défaut (donc classés en phase 3) chez l'entreprise acquise.

3. **Actifs financiers créés** L'IASB précise qu'un actif financier ne doit pas être considéré comme un POCI uniquement parce qu'il présente un risque de crédit élevé lors de sa création (IFRS 9.BC5.216). L'IASB donne ainsi pour exemple d'actif créé et considéré comme POCI un cas de restructuration pour cause de difficultés financières, considérées comme substantielles, et qui entraîne la décomptabilisation de l'actif modifié et la comptabilisation d'un nouvel actif financier. Le nouvel actif financier ainsi comptabilisé pourrait alors présenter des indicateurs objectifs de pertes de valeur à la date de comptabilisation initiale.

A contrario, lorsque la restructuration d'un prêt pour cause de difficultés financières de l'emprunteur conduit à octroyer un nouveau prêt à la contrepartie alors en défaut, le nouveau prêt ne doit pas systématiquement être considéré comme un POCI. En effet, bien que faisant l'objet d'un contrat séparé, ce nouveau prêt fait partie de la restructuration de l'ancien prêt et l'entité doit analyser si la restructuration du prêt, tenant compte de l'octroi du nouveau prêt, constitue ou non une modification substantielle. Si la modification est estimée non substantielle, le nouveau prêt étant analysé comme la continuation du prêt restructuré, il ne sera pas considéré comme un POCI.

Pour l'analyse comptable des modifications de flux de trésorerie d'un actif financier, voir nº 45620.
Pour l'application du modèle de dépréciation à des actifs financiers modifiés, voir nº 47810.

II. Evaluation d'une augmentation significative du risque de crédit

1. Utilisation de la probabilité de défaut

Probabilité de défaut réglementaire

47500

Question

La probabilité de défaut telle que déterminée à des fins réglementaires peut-elle être utilisée afin d'évaluer l'augmentation significative du risque de crédit ?

Réponse

Non, les modalités de détermination de la probabilité de défaut réglementaire ne correspondant pas aux exigences d'IFRS 9 quant à l'évaluation d'une augmentation significative du risque de crédit.

La probabilité de défaut réglementaire ne peut pas non plus être utilisée pour l'évaluation des pertes de crédit attendues.

Commentaires :

1. **Contexte** L'évaluation d'une augmentation significative du risque de crédit est basée sur la comparaison du risque de défaut entre la date de clôture et la date de comptabilisation initiale. Le risque de défaut utilisé à cette fin doit, en principe, être évalué sur la durée de vie de l'instrument financier, mais l'utilisation d'un risque de défaut évalué sur les 12 mois à venir est tolérée par IFRS 9 dès lors que la variation de celui-ci représente une approximation raisonnable de la variation du risque de défaut sur la durée de vie (voir nº 47510).

Les établissements de crédit doivent déterminer une probabilité de défaut à 12 mois pour l'ensemble de leurs actifs financiers dans le cadre de leur reporting réglementaire. Se pose alors la question de savoir si cette probabilité de défaut à 12 mois peut être utilisée afin d'évaluer une augmentation significative du risque de crédit dans le cadre de l'application du modèle de dépréciation d'IFRS 9.

2. **Analyse** L'estimation de la probabilité de défaut à 12 mois à des fins réglementaires obéit à des règles prudentielles qui viennent contredire certains principes clés du modèle de dépréciation tel que défini dans la norme IFRS 9. Les principales divergences entre les principes réglementaires et comptables sont les suivantes :

a. **« through the cycle » versus « point in time » et « forward-looking »** La probabilité de défaut réglementaire est estimée selon l'approche dite « through the cycle », c'est-à-dire selon des conditions économiques neutres.

En effet, les modèles réglementaires intègrent des retraitements de lissage qui viennent atténuer les impacts potentiels des pics et des creux observés au cours d'un cycle économique.

Or, la prise en compte des informations pertinentes, raisonnables et justifiables pour l'évaluation du risque de crédit est un principe clé du modèle de dépréciation d'IFRS 9 (voir nº 47180) et les conditions économiques font partie de ces informations. La probabilité de défaut estimée à des fins d'évaluation d'une augmentation significative du risque de crédit correspondrait ainsi plus à une estimation tenant compte à la fois de la conjoncture économique actuelle (« point in time ») ainsi que des prévisions futures (« forward-looking »).

Ainsi, la probabilité de défaut utilisée afin d'évaluer l'augmentation significative du risque de crédit correspond à celle utilisée afin d'évaluer les pertes de crédit attendues sur la durée de vie des actifs financiers.

De ce fait, toutes choses égales par ailleurs, la probabilité de défaut estimée à des fins réglementaires restera stable tout au long d'un cycle économique, alors que celle déterminée conformément à IFRS 9 devra fluctuer selon que les conditions économiques soient favorables ou défavorables.

b. **Approche prudentielle versus montant objectif** La probabilité de défaut estimée à des fins réglementaires s'inscrit dans un objectif large de garantir une suffisance des capitaux propres et assurer la solidité financière des établissements de crédit. De ce fait, les modèles d'estimation intègrent différentes mesures de prudence (par exemple, dans les hypothèses émises quant aux données manquantes ou les taux d'actualisation utilisés lors de l'estimation des flux à recouvrer) qui ne sont pas reconnues en IFRS en général, encore moins par le modèle de dépréciation d'IFRS 9.

En effet, un des principes clés relatifs à l'évaluation des pertes de crédit attendues est que celles-ci doivent refléter un montant objectif déterminé par l'évaluation d'un éventail de résultats possibles (voir nº 47270).

L'IASB a notamment rejeté la vue consistant à intégrer dans le modèle de dépréciation d'IFRS 9 quelques principes de prudence afin de répondre aussi bien aux attentes des investisseurs que des régulateurs, cette approche étant contraire au Cadre conceptuel et ne permettant pas la comparabilité entre les états financiers de différentes entités (IFRS 9.BC5.86).

c. **Segmentation** IFRS 9 autorise l'évaluation d'une augmentation significative du risque de crédit sur une base collective (voir nº 47220). Les instruments financiers doivent alors être regroupés en fonction de leurs caractéristiques de risque communes. La segmentation des portefeuilles effectuée lors de l'estimation de la probabilité de défaut réglementaire n'obéit pas forcément à ce critère.

Du fait de ces divergences, la probabilité de défaut réglementaire ne peut être utilisée afin d'évaluer l'augmentation significative du risque de crédit. Elle peut constituer un bon point de départ, mais des ajustements seront alors nécessaires afin de respecter les principes définis dans IFRS 9. Ces ajustements permettraient de déterminer une probabilité de défaut à 12 mois conforme aux exigences d'IFRS 9 et qui pourrait être utilisée afin d'évaluer l'augmentation significative du risque de crédit (dans les seuls cas où la variation de cette probabilité de défaut à 12 mois est une approximation raisonnable de la variation de probabilité de défaut sur la durée de vie résiduelle).

En outre, à l'exception de la phase 1 du modèle de dépréciation d'IFRS 9, les pertes de crédit attendues étant évaluées sur la durée de vie des actifs financiers et pondérées par une probabilité de défaut sur la durée de vie de l'actif, la probabilité de défaut réglementaire ne pourra pas être utilisée dans le cadre de l'évaluation des pertes de crédit attendues.

Notion de défaut : alignement comptable et réglementaire

47505 ***Question***

La définition du défaut utilisée lors de l'application du modèle de dépréciation d'IFRS 9 peut-elle être systématiquement alignée sur la définition réglementaire de défaut ?

Réponse

A notre avis, non. Cet alignement n'est possible qu'à condition de démontrer que les exigences réglementaires sont cohérentes avec les principes de la norme IFRS 9. Notamment, les éléments listés ci-après (liste non exhaustive) constituent des sources potentielles de divergences :

- seuils de matérialité sur les encours présentant plus de 90 jours d'impayés ;
- critères de sortie du défaut ou période probatoire ;
- cohérence avec le mode de gestion du risque de crédit.

47505 (suite)

Commentaires :

1. **Contexte** La notion de « défaut » est cruciale dans le modèle général de dépréciation d'IFRS 9 dans la mesure où l'évaluation d'une augmentation significative du risque de crédit depuis la comptabilisation initiale et, par conséquent, la nécessité de comptabiliser les pertes de crédit attendues sur la durée de vie des actifs financiers sont obligatoirement fondées sur la variation du risque de défaut (IFRS 9.5.5.9).

La norme IFRS 9 ne définit pas le défaut et requiert que, pour chaque entreprise, la définition du défaut corresponde à celle qu'elle utilise dans le cadre de la gestion du risque de crédit relatif aux instruments financiers qu'elle détient et tienne compte de facteurs qualitatifs pertinents, le cas échéant (IFRS 9.B5.5.37).

Cette définition doit être appliquée uniformément à tous les instruments financiers, à moins de justifier d'une autre définition plus adaptée à certains instruments.

A contrario, les textes réglementaires auxquels sont soumis les établissements de crédit donnent une définition précise du défaut basée sur des critères d'impayés et de probabilité que l'emprunteur ne puisse rembourser son emprunt. La question se pose alors de savoir si la définition réglementaire du défaut peut être reprise pour l'application du modèle de dépréciation d'IFRS 9.

2. **Analyse** Si l'IASB ne donne pas de définition du défaut, elle autorise les entités à se servir d'autres définitions existantes, y compris la définition réglementaire lorsque celle-ci est applicable (IFRS 9.BC5.248). Cependant, il faut noter que les deux référentiels n'ont pas les mêmes objectifs. En effet, l'objectif de la norme IFRS 9 est la comptabilisation des pertes de crédit attendues selon un montant non biaisé. Or, les textes réglementaires contiennent également des objectifs prudentiels qui peuvent être incohérents avec l'objectif de neutralité (montant non biaisé) recherché par la norme IFRS 9. Ainsi, à notre avis, lors de l'application du modèle de dépréciation d'IFRS 9, la définition du défaut comptable peut ne pas être systématiquement alignée sur celle du défaut réglementaire. Cet alignement n'est possible qu'à condition de démontrer que les exigences réglementaires sont cohérentes avec les principes de la norme IFRS 9. Les éléments listés ci-après (liste non exhaustive) constituent des sources potentielles de divergences et pourraient donc devoir faire l'objet d'une analyse afin de justifier l'alignement entre les définitions comptable et réglementaire du défaut :

a. **Seuils de matérialité sur les encours présentant plus de 90 jours d'impayés** IFRS 9 établit une présomption selon laquelle un instrument financier est en défaut dès lors qu'il présente plus de 90 jours d'impayés. Cette présomption peut être réfutée s'il est démontré, sur la base d'informations raisonnables et justifiables, qu'un délai plus long pour constater le défaut serait plus approprié (IFRS 9.B5.5.37). Or, les textes réglementaires peuvent contenir des seuils de matérialité et les encours présentant des impayés de plus de 90 jours ne seraient pas qualifiés de défaut dès lors que le montant de l'impayé reste inférieur à ces seuils. A notre avis, si l'application des seuils réglementaires en comptabilité a un effet significatif, les entités doivent analyser la possibilité d'appliquer ceux-ci sur le plan comptable. Notamment, les entités doivent s'interroger sur l'existence d'informations démontrant la pertinence des seuils prudentiels permettant de réfuter la présomption de défaut après 90 jours d'impayés. Ainsi :

– si l'entité dispose de telles informations et que celles-ci permettent de réfuter la présomption d'impayés dès 90 jours de défaut, alors les seuils réglementaires peuvent être appliqués en comptabilité ;

– si l'entité dispose d'informations ne permettant pas de réfuter la présomption de défaut dès 90 jours d'impayés, alors, à notre avis, les définitions comptable et réglementaire du défaut peuvent être alignées sur la présomption d'IFRS 9 de la survenance du défaut dès 90 jours d'impayés. En effet, les textes réglementaires autorisent les entités à définir des seuils plus restrictifs ;

Dans le paragraphe 34 de ses Orientations sur l'application de la définition du défaut (EBA-GL-2016-07), l'Autorité bancaire européenne autorise les établissements bancaires à appliquer un seuil inférieur s'ils peuvent démontrer que ce seuil inférieur constitue un signe pertinent d'une probable absence de paiement.

– si l'entité ne dispose d'aucune information, alors elle n'a pas la possibilité d'aligner les deux définitions du défaut comptable et réglementaire.

b. **Critères de sortie du défaut ou période probatoire** Certains textes réglementaires contiennent des dispositions selon lesquelles des encours en défaut doivent observer une période probatoire d'une certaine durée avant d'être qualifiés d'encours sains. Ces dispositions, couramment référencées comme « périodes probatoires », ne correspondent pas toujours au mode de gestion du risque de crédit des entités ou même à ce qui est observé historiquement.

Aussi, ces périodes probatoires ne peuvent être incluses dans le modèle d'IFRS 9 qu'à condition de démontrer leur pertinence sur la base de données raisonnables et justifiables.

c. **Cohérence avec le mode de gestion du risque de crédit** La définition du défaut utilisée lors de l'application du modèle de dépréciation doit correspondre à celle que l'entité utilise dans le cadre de la gestion du risque de crédit relatif aux instruments financiers qu'elle détient et tient compte de facteurs qualitatifs pertinents, le cas échéant (IFRS 9.B5.5.37). En général, la définition de défaut réglementaire correspond bien à celle utilisée dans le cadre de la gestion du risque de crédit. Mais, dans les cas rares où ce ne serait pas le cas, alors cette définition réglementaire ne pourrait être utilisée en comptabilité.

Cela pourrait être le cas par exemple si la définition réglementaire du défaut intègre des mesures de prudence importantes qui ne correspondent pas à la façon dont la banque gère son risque de crédit.

Evaluation de l'augmentation significative du risque de crédit basée sur la variation de la probabilité de défaut sur les 12 mois à venir

47510 ***Question***

Quels niveau et fréquence d'analyse sont requis pour justifier l'évaluation d'une augmentation significative du risque de crédit (« Significant Increase in Credit Risk »/SICR) sur la base de la variation de la probabilité de défaut (PD) sur les 12 mois à venir plutôt que sur la durée de vie ?

Réponse

A notre avis, à la date de comptabilisation initiale, une analyse qualitative est suffisante dans la plupart des cas. Une analyse quantitative ne serait nécessaire que si les actifs financiers considérés présentent des caractéristiques particulières laissant suggérer que la variation du risque de défaut sur les 12 mois à venir serait très différente de la variation du risque de défaut sur leur durée de vie.

Le niveau d'analyse à effectuer à chaque clôture dépendra des changements de circonstances intervenus depuis la date de comptabilisation initiale, le cas échéant.

Les entités doivent donc identifier, lors de la comptabilisation initiale, les facteurs clés justifiant l'utilisation de la variation de la PD sur les 12 mois et suivre l'évolution de ces facteurs clés de façon récurrente.

Commentaires :

1. **Contexte** Afin d'évaluer l'augmentation significative du risque de crédit (« Significant Increase in Credit Risk »/SICR), les entités doivent se baser sur la variation du risque de défaut sur la durée de vie estimée de l'instrument (IFRS 9.5.5.9). L'IASB reconnaît cependant que, dans certaines circonstances, la variation du risque de défaut sur les 12 mois à venir représente une approximation raisonnable de la variation du risque de défaut sur la durée de vie.

C'est notamment le cas des instruments financiers dont les possibilités de défaut ne sont pas concentrées autour d'un moment précis au cours de leur durée de vie attendue (IFRS 9.B5.5.13).

Ainsi, selon IFRS 9.B5.5.13, les entités peuvent se baser sur la variation du risque de défaut sur les 12 mois à venir afin d'évaluer la SICR. Cette possibilité est limitée cependant aux cas où aucune circonstance n'indique qu'une appréciation sur la durée de vie est nécessaire. En pratique, les entités calculent une probabilité de défaut (PD) afin d'évaluer le risque de défaut d'un actif financier. Elles peuvent donc se baser sur la variation de la PD sur les 12 mois à venir plutôt que sur la variation de la PD sur la durée de vie afin d'évaluer si le risque de crédit d'un actif financier a augmenté de façon significative depuis la date de comptabilisation initiale. Mais, elles doivent s'assurer au préalable que la variation de la PD à 12 mois est une approximation raisonnable de la variation de la PD sur la durée de vie de l'instrument financier. Cela soulève deux questions :

- Quel niveau d'analyse est requis à la date de comptabilisation initiale ? Notamment, une comparaison quantitative de la variation de la PD sur les 12 mois à venir et de la variation de la PD sur la durée de vie est-elle nécessaire ?
- L'analyse réalisée à la date de comptabilisation initiale doit-elle être mise à jour à chaque clôture ?

2. Niveau d'analyse requis à la date de comptabilisation initiale A notre avis, cela dépend du type d'actif financier analysé, une analyse quantitative n'étant pas toujours nécessaire. En effet, selon l'IASB, la variation du risque de défaut sur les 12 mois à venir est, en général, une approximation raisonnable de la variation du risque de défaut sur la durée de vie des instruments financiers, mais pas en toutes circonstances (IFRS 9.BC5.178 et .BC5.179).

Par exemple, il n'est pas approprié de se baser sur la variation du risque de défaut sur les 12 mois à venir dans le cadre de l'évaluation de la SICR dans les cas suivants (IFRS 9.B5.5.14) :
- les obligations contractuelles de versement de flux de trésorerie n'interviennent qu'au-delà des 12 mois à venir, c'est-à-dire que les flux de trésorerie sur les 12 prochains mois ne sont pas significatifs ;
- les changements de facteurs macroéconomiques ou autres facteurs pertinents pour l'évaluation du risque de crédit ne pourraient avoir des impacts qu'au-delà des 12 mois à venir ;
- les changements survenus sur des facteurs macroéconomiques ou autres facteurs pertinents liés au risque de crédit ne sont pas reflétés de façon adéquate dans le risque de défaut sur les 12 mois à venir.

Il nous semble que, dans la plupart des cas, une analyse qualitative des caractéristiques des actifs financiers considérés serait suffisante. Une analyse quantitative impliquant de comparer la variation des PD sur les 12 mois à venir et la variation des PD sur la durée de vie ne serait nécessaire que si les actifs financiers considérés présentent des caractéristiques particulières laissant suggérer que la variation du risque de défaut sur les 12 mois à venir serait très différente de la variation du risque de défaut sur la durée de vie.

3. Mise à jour à chaque clôture L'entité doit s'assurer en permanence que l'utilisation des variations de la PD à 12 mois continue d'être une approximation raisonnable des variations de la PD sur la durée de vie. Pour cela, le niveau d'analyse à effectuer à chaque clôture dépendra, à notre avis, des changements de circonstances intervenus depuis la date de comptabilisation initiale, le cas échéant. Ainsi, cela n'implique pas nécessairement de (re)faire une analyse quantitative à chaque clôture. Une approche pertinente serait la suivante (comme suggérée par l'ITG « IFRS Transition Resource Group for Impairment of Financial Instruments » en septembre 2015) :
- identifier les facteurs clés ayant permis de conclure, à la date de comptabilisation initiale, que la variation de la PD à 12 mois représente une approximation raisonnable de la variation de la PD sur la durée de vie ;
- suivre l'évolution de ces facteurs clés de façon récurrente ;
- en cas de changement d'un ou de plusieurs de ces facteurs clés, analyser de façon qualitative et/ou quantitative si cela remet en cause l'utilisation de la variation de PD sur les 12 mois.

Information en annexe Si une entité choisit d'utiliser la variation de la PD sur les 12 mois comme approximation raisonnable de la variation de la PD sur la durée de vie, elle doit en faire mention en annexe dans ses états financiers. En effet, les entités doivent indiquer la façon dont elles déterminent que le risque de crédit d'instruments financiers a augmenté de façon significative (IFRS 7.35G), voir n° 52390.

Durée contractuelle maximale inférieure à 90 jours

47515

Question

En application de la présomption réfutable selon laquelle un prêt présentant plus de 90 jours d'impayés est en défaut, une entité peut-elle considérer que les prêts d'une durée contractuelle maximale de moins de 90 jours ont une probabilité de défaut nulle ?

Réponse

Non. D'une part, le critère de 90 jours ne peut suffire à lui seul à définir le défaut et, d'autre part, une probabilité de défaut nulle ne répond pas aux exigences d'IFRS 9.

Commentaires :

1. Contexte Sauf démonstration contraire sur la base d'informations raisonnables et justifiables, un actif financier qui présente des impayés de plus de 90 jours est présumé être en défaut (IFRS 9.B5.5.37). Cette présomption réfutable doit être appréhendée avec précaution, notamment pour les actifs financiers qui présentent une durée contractuelle de moins de 90 jours. En effet, il serait erroné d'en déduire que tous les actifs financiers ayant une durée de vie de moins de 90 jours ne seront jamais en défaut.

Remarque Ceci est également valable pour la présomption réfutable selon laquelle un actif financier qui présente plus de 30 jours d'impayés a connu une augmentation significative de son risque de crédit. Une entité ne peut en conclure que les actifs financiers ayant une durée de vie inférieure à 30 jours ne seront jamais classés en phase 2.
Pour plus de détails sur ce point, voir n° 47200.

En effet, une telle conclusion impliquerait que :
- le critère de 90 jours à lui seul suffit à définir le défaut ;
- les actifs financiers d'une durée de vie inférieure à 90 jours ont une probabilité de défaut nulle et, par conséquent, un montant de pertes de crédit attendues nul.

Or, ces deux affirmations sont contraires aux principes définis dans le modèle de dépréciation d'IFRS 9.

2. La définition du défaut ne peut se limiter au seul critère de 90 jours d'impayés La présomption réfutable d'IFRS 9 selon laquelle un actif financier présentant plus de 90 jours d'impayés serait en défaut n'a pas pour objectif de retarder la reconnaissance du défaut jusqu'à la survenance de 90 jours d'impayés, mais plutôt de s'assurer que la reconnaissance du défaut n'intervient pas au-delà de 90 jours d'impayés (IFRS 9.BC5.253). Il s'agit alors d'un critère dit « backstop » visant à s'assurer de la cohérence de la définition du défaut par rapport au critère d'augmentation significative du risque de crédit, 90 jours d'impayés constituant ainsi le moment le plus tardif auquel survient le défaut.

Remarque C'est exactement le même principe pour le critère de 30 jours d'impayés pour la définition d'une augmentation significative du risque de crédit ; la présomption réfutable de 30 jours d'impayés représente le moment le plus tardif auquel doit être constatée l'augmentation significative du risque de crédit.

Par ailleurs, la norme requiert une définition du défaut alignée sur celle utilisée dans le cadre de la gestion du risque de crédit et la prise en compte d'informations qualitatives (voir n° 47505). Ainsi, le critère de plus de 90 jours d'impayés ne peut suffire à lui seul à définir le défaut.

Le Comité de Bâle recommande aux établissements de crédit d'aligner leurs définitions comptables du défaut sur la définition réglementaire donnée par le Règlement (UE) n° 575/2013 du Parlement européen et du Conseil du 26 juin 2013. Cette définition réglementaire prend bien en compte, en plus du critère quantitatif de 90 jours d'impayés, des critères qualitatifs « Unlikely To Pay ».

3. La probabilité de défaut d'un actif financer ne peut jamais être nulle Le montant des pertes de crédit attendues résulte d'une estimation par pondération probabiliste qui doit toujours refléter tant la possibilité de subir une perte de crédit que la possibilité de n'en subir aucune, même si la probabilité de subir une perte de crédit est très faible (IFRS 9.5.5.18). Cela revient à toujours envisager, lors de l'évaluation des pertes de crédit attendues, la possibilité d'une survenance de défaut : la probabilité de défaut ne peut être nulle.

Evaluation du risque de crédit sur une base absolue

47520 ***Question***

L'évaluation d'une augmentation significative du risque de crédit peut-elle être faite sur une base absolue plutôt que sur une base relative ?

Réponse

Oui, mais uniquement dans des cas très limités où l'évaluation sur base absolue conduirait au même résultat que l'évaluation sur base relative. C'est le cas lorsque :
- les actifs financiers évalués font partie d'un portefeuille d'actifs dont le niveau de risque de crédit à la date de comptabilisation initiale est compris dans un intervalle réduit et ce, quelle que soit la date de comptabilisation initiale de ces actifs ;
- l'entité peut démontrer (i) qu'une évolution du risque de crédit au sein de cet intervalle réduit ne constitue pas une augmentation significative et (ii) que le risque de crédit n'augmente de façon significative que lorsqu'il sort de l'intervalle ; et
- l'analyse du niveau et de l'évaluation du risque de crédit prend en compte plusieurs facteurs pertinents.

Commentaires :

1. Contexte L'évaluation d'une augmentation significative du risque de crédit (« Significant Increase in Credit Risk »/SICR) est basée sur la comparaison du risque de défaut entre la date de clôture et la date de comptabilisation initiale (IFRS 9.5.5.9). Il s'agit donc d'une analyse relative. En effet, l'IASB a rejeté l'approche absolue consistant à considérer qu'un actif financier a connu une augmentation significative de son risque de crédit dès lors que le risque de défaut est supérieur à un certain niveau (IFRS 9.BC5.161). Cependant, comme confirmé par l'ITG « IFRS Transition Resource Group for Impairment of Financial Instruments » (discussions menées en septembre 2015), l'évaluation d'une augmentation significative du risque de crédit sur une base absolue pourrait, dans certains cas, conduire aux mêmes résultats qu'une évaluation sur une base relative. Dans ces cas, qui restent limités, une évaluation sur base absolue serait possible. 47520 (suite)

2. Cas où une évaluation sur base absolue conduirait au même résultat qu'une évaluation sur base relative En s'appuyant sur un exemple de la norme (reproduit ci-après), l'ITG confirme que l'évaluation d'une SICR sur base absolue conduirait au même résultat qu'une évaluation sur base relative si les trois conditions suivantes étaient respectées de façon cumulative :

- les actifs financiers évalués font partie d'un portefeuille d'actifs dont le niveau de risque de crédit à la date de comptabilisation initiale est compris dans un intervalle réduit et ce, quelle que soit la date de comptabilisation initiale de ces actifs ;
- l'entité peut démontrer (i) qu'une évolution du risque de crédit au sein de cet intervalle réduit ne constitue pas une augmentation significative et (ii) que le risque de crédit n'augmente de façon significative que lorsqu'il sort de l'intervalle ; et
- pour analyser si le niveau de risque de crédit des actifs demeure ou sort de l'intervalle réduit, l'entité prend en compte plusieurs facteurs : indicateurs internes et externes de risque de crédit, modification des clauses contractuelles, comportement actuel et attendu de la contrepartie et prévisions des conditions futures.

■ *Exemple*

(inspiré d'IFRS 9.IG.IE40 à .IG.IE42) La Banque A a pour activité l'octroi de crédits automobile dont les clauses contractuelles sont similaires. La banque a un système de notation interne prenant en compte l'historique du client et ses comportements de paiement sur d'autres prêts. Le système de notation va d'une échelle de 1 à 10 où 1 représente le risque de crédit le plus bas et 10 le risque de crédit le plus élevé. La banque détient deux portefeuilles de prêts différents.

Portefeuille 1 *Les prêts sont octroyés uniquement à des clients existants qui présentent des caractéristiques de risque similaires. Ainsi, les prêts ne sont octroyés que s'ils présentent une notation interne de 3 ou 4. Pour ce portefeuille, la banque s'interdit d'octroyer un prêt présentant une notation interne supérieure à 4.*

Selon des analyses basées sur des informations fiables et raisonnables, la banque conclut que, pour ce type de prêt, une dégradation de la notation interne de 3 à 4 ne constitue pas une augmentation significative du risque de crédit. Mais lorsqu'un prêt du portefeuille a une notation supérieure ou égale à 5, alors cela traduit une augmentation significative du risque de crédit.

Portefeuille 2 *Les prêts sont octroyés à des nouveaux clients qui ont répondu à une campagne de publicité de la banque. Les prêts ne sont octroyés que s'ils présentent une notation interne allant de 3 à 7. Pour ce portefeuille, la banque s'interdit d'octroyer un prêt présentant une notation interne supérieure à 7.*

La banque souhaite évaluer pour l'ensemble de ces prêts l'augmentation significative du risque de crédit sur une base absolue comme suit :

- *considérer qu'un prêt du portefeuille 1 a connu une augmentation significative du risque de crédit dès lors que sa notation interne devient supérieure ou égale à 5 ;*
- *considérer qu'un prêt du portefeuille 2 a connu une augmentation significative du risque de crédit dès lors que sa notation interne devient supérieure ou égale à 8.*

Cette approche est-elle conforme au modèle de dépréciation d'IFRS 9 ?

Solution de l'exemple :

Portefeuille 1 *Pour les prêts du portefeuille 1, l'analyse de l'évaluation de l'augmentation significative du risque de crédit sur une base absolue conduirait au même résultat qu'une évaluation sur base relative car :*

- *les prêts octroyés présentant tous une notation allant de 3 à 4, leur risque de crédit se situe dans un intervalle réduit ;*
- *la banque arrive à démontrer qu'une dégradation de la notation interne de 3 à 4 ne constitue pas une augmentation significative du risque de crédit mais qu'au-delà de cet intervalle, le prêt connaît une augmentation significative du risque de crédit ;*
- *la notation interne de la banque et son analyse du risque de crédit prennent en compte plusieurs facteurs pertinents.*

Ainsi, si à la date de clôture la notation interne d'un prêt du portefeuille est supérieure ou égale à 5, celui-ci n'aura connu une augmentation significative de son risque de crédit que si sa notation en date de comptabilisation initiale était de 3 ou 4. La banque peut donc analyser l'augmentation du risque de crédit de façon absolue sans connaître la notation initiale du prêt.

Portefeuille 2 *Les prêts du portefeuille présentent une notation interne pouvant aller de 3 à 7. Cet intervalle n'est pas suffisamment réduit de façon à démontrer qu'une évolution de la notation au*

sein de l'intervalle ne peut constituer une augmentation significative du risque de crédit. Ainsi, un prêt pourrait connaître une augmentation significative de son risque de crédit si sa dégradation passait de 3 à 7 ou si elle passait de 6 à 8.
Analyser l'augmentation du risque de crédit uniquement sur une base absolue ne conduit donc pas au même résultat qu'une évaluation sur une base relative. Si la banque considère qu'il y a une augmentation du risque de crédit uniquement lorsque la notation interne du prêt est supérieure à 7, son analyse reste incomplète car elle ne permettrait pas d'identifier les augmentations significatives de risque de crédit qui pourraient survenir même lorsque la notation reste inférieure ou égale à 7. La banque doit donc mener une analyse relative en comparant la notation à la date de clôture avec la notation à la date de comptabilisation initiale.

2. Données à prendre en compte

Indicateurs comportementaux de risque de crédit

47530 ***Question***

Une entité peut-elle n'utiliser que des indicateurs comportementaux de risque de crédit en vue d'évaluer l'augmentation significative du risque de crédit depuis la comptabilisation initiale ?

Réponse

Non, les indicateurs comportementaux seuls ne suffisent pas car ils représentent des informations purement historiques ; la prise en compte d'informations prospectives (« forward-looking ») est obligatoire afin d'assurer le pouvoir prédictif de la phase 2.

Commentaires :

1. Contexte Lorsqu'une entité détient un actif financier, des comportements de la contrepartie peuvent indiquer une dégradation de la qualité du crédit de l'actif. C'est le cas, par exemple, lorsque la contrepartie emprunteuse présente des impayés ou encore ne parvient pas à effectuer les paiements mensuels minimums. Ces indicateurs comportementaux de risque de crédit sont donc très utiles, mais les entités ne peuvent s'en contenter afin d'évaluer une augmentation significative du risque de crédit.

Il est important de sélectionner les indicateurs comportementaux de façon pertinente, ce qui implique notamment :
- d'accorder la priorité à des indicateurs pré-impayés, par exemple l'augmentation des taux d'utilisation ou l'augmentation des tirages au comptant sur des produits bancaires ;
- d'établir un lien entre les indicateurs utilisés et les changements intervenant sur le risque de crédit depuis la comptabilisation initiale ;
- de s'assurer de la cohérence entre les indicateurs utilisés et la nature des actifs financiers évalués ; par exemple, si les paiements sur un prêt sont dus principalement à la fin de sa vie ou presque, les indicateurs comportementaux basés sur la rapidité du paiement ne seront pas appropriés.

2. Analyse S'ils s'avèrent très utiles, voire incontournables, les indicateurs comportementaux de risque de crédit ne peuvent suffire à eux seuls pour identifier une augmentation significative du risque de crédit. En effet, cela ne répondrait pas à un principe fondamental du modèle de dépréciation d'IFRS 9 : le caractère prédictif de la phase 2. Selon ce principe, le risque de crédit d'un actif financier connaît en général une augmentation significative bien avant la survenance d'impayés ou de tout autre événement de défaut (IFRS 9.B5.5.2).

Remarque Le caractère prédictif de la phase 2 n'implique pas que tous les actifs financiers qui ont connu une augmentation significative du risque de crédit et donc classés en phase 2 seront en défaut dans le futur et par conséquent seront classés en phase 3. En effet, les actifs financiers classés en phase 2 peuvent :
- effectivement basculer en phase 3 en cas d'impayés de plus de 90 jours ou survenance de tout autre événement de défaut ;
- revenir en phase 1 s'il ne subsiste aucune augmentation significative du risque de crédit depuis leur comptabilisation initiale ; ou
- demeurer en phase 2 jusqu'à leur extinction en l'absence d'impayés de plus de 90 jours ou de tout autre indice de perte de valeur, mais avec toutefois une augmentation significative du risque de crédit depuis la comptabilisation initiale.

Recommandations de l'AMF Dans ses recommandations en vue de l'arrêté des comptes 2019, l'AMF a insisté sur l'insuffisance des seuls critères d'impayés afin d'évaluer une augmentation significative du risque de crédit. Elle rappelle que l'évaluation d'une augmentation significative du risque de crédit est une analyse relative visant à refléter, de manière appropriée, l'évolution du risque de crédit des instruments concernés (Rec. AMF 2019-13, Arrêté des comptes 2019, § 4.1).

Ce principe justifie ainsi la prise en compte obligatoire des informations de nature prospective lors de l'évaluation d'une augmentation significative du risque de crédit (voir n° 47180, point 2.). Or, les indicateurs comportementaux de risque de crédit constituent des informations essentiellement historiques et des indicateurs tardifs d'une augmentation du risque de crédit. Ils ne permettraient pas toujours d'identifier une augmentation significative du risque de crédit avant la survenance d'un événement de défaut.

En outre, s'ils peuvent s'avérer parfois prédictifs de défauts pouvant survenir à court terme, ils sont rarement prédictifs de défauts pouvant survenir à long terme.

Encours ayant connu une augmentation significative du risque de crédit et non encore identifiés

Question **47540**

Lorsqu'une entité estime, sur la base de données macroéconomiques, qu'un pourcentage de son portefeuille devrait avoir subi une augmentation significative du risque de crédit, mais qu'elle n'a pu identifier qu'une partie de cette proportion selon ses critères et méthodologie d'évaluation, l'entité doit-elle reclasser en phase 2 l'intégralité de la proportion estimée y compris les actifs non encore identifiés ?

Réponse

Oui, si les informations macroéconomiques conduisant à l'estimation de la proportion du portefeuille d'actifs réputés avoir subi une augmentation significative du risque de crédit sont fiables et raisonnables.

Commentaires Les entités doivent exercer leur jugement afin d'évaluer si les actifs financiers qu'elles détiennent ont subi une augmentation significative du risque de crédit.

Rappel Seuls les actifs financiers qui ont connu une augmentation significative de leur risque de crédit seront dépréciés à hauteur des pertes de crédit attendues sur leur durée de vie. Les autres actifs ne seront dépréciés qu'à hauteur des pertes de crédit attendues sur les 12 mois suivant la date de clôture.

Ainsi, les entités mettent en place plusieurs critères quantitatifs et qualitatifs tout en tenant compte de la présomption selon laquelle un actif financier présentant plus de 30 jours d'impayés a connu une augmentation significative de son risque de crédit.

Pour les facteurs et critères à prendre en compte pour l'évaluation d'une augmentation significative du risque de crédit, voir n° 47545.

Dans des conditions économiques particulières, notamment en cas de crise, les entités peuvent estimer, sur la base d'informations macroéconomiques et/ou politiques, la proportion de leur portefeuille qui devrait avoir subi une augmentation significative du risque de crédit.

Par exemple, lors de la crise sanitaire liée à la Covid-19, les banques pouvaient estimer de façon fiable la part de leur portefeuille ayant connu une augmentation significative du risque de crédit à partir des annonces gouvernementales et des rapports sur les conditions économiques des différentes instances.

Dans ce cas, à notre avis, en application d'IFRS 9.B5.5.6, si cette estimation est faite sur la base d'informations fiables et raisonnables, les entités doivent classer en phase 2 l'intégralité de la proportion d'actifs réputée avoir connu une augmentation significative et ce, même si elles n'ont pu identifier qu'une partie selon leurs critères internes.

IFRS 9 requiert que les entités comptabilisent les pertes de crédit attendues sur la durée de vie relative à une partie des actifs financiers dont le risque de crédit est réputé avoir augmenté de façon importante (IFRS 9.B5.5.6).

■ ***Exemple***

Une banque détient un portefeuille de prêts aux particuliers pour 1 000 €. Lors de la crise sanitaire liée à la Covid-19, l'entité a estimé que, du fait des conditions économiques et des annonces gouvernementales, 20 % de ce portefeuille devrait avoir connu une augmentation significative du risque de crédit. Les encours identifiés par la banque comme ayant connu une augmentation significative du risque de crédit représentent 12 % du portefeuille. Quel pourcentage du portefeuille devrait être classé en phase 2 : 12 %, soit la proportion du portefeuille déjà identifié ou 20 %, soit la proportion du portefeuille estimée ?

Solution de l'exemple *En application d'IFRS 9.B5.5.6, la banque doit classer en phase 2 la proportion du portefeuille réputée avoir connu une augmentation significative du risque de crédit, soit 20 %.*

Modalités d'évaluation d'une augmentation significative du risque de crédit

47545 ***Question***

Quels facteurs une entité devrait-elle prendre en compte pour définir une augmentation significative du risque de crédit ?

Réponse

L'évaluation d'une augmentation significative du risque de crédit est une analyse relative basée sur la variation du risque de défaut depuis la comptabilisation initiale.

Cette analyse doit prendre en compte l'ensemble de ces trois éléments :
- des critères quantitatifs ;
- des critères qualitatifs ;
- la présomption réfutable de 30 jours d'impayés.

Commentaires :

1. **Contexte** L'évaluation d'une augmentation significative du risque de crédit est une étape fondamentale dans le modèle de dépréciation d'IFRS 9. En effet, selon ce modèle, les actifs financiers qui ont connu une augmentation significative du risque de crédit depuis leur comptabilisation initiale sont dépréciés à hauteur des pertes de crédit attendues sur leur durée de vie au lieu des pertes de crédit à 12 mois constatées initialement.

Sauf exceptions au modèle général, voir n° 47120 à 47130 pour plus de détails.

Bien que la norme IFRS 9 énonce un certain nombre de principes obligatoires à prendre en compte (voir n° 47150), elle ne définit pas de façon explicite ce qu'est une augmentation significative du risque de crédit. La définition d'une augmentation significative du risque de crédit est ainsi propre à chaque entité et elle fait appel au jugement en fonction, d'une part, des faits et circonstances spécifiques aux actifs financiers évalués et, d'autre part, des modèles de gestion du risque de crédit mis en place. Dans tous les cas, la définition faite par les entités doit refléter :

- une analyse relative, et non pas absolue, basée sur la variation du risque de défaut depuis la date de comptabilisation initiale (IFRS 9.5.5.9) ;

Remarques :

1. L'analyse peut être basée sur la variation du risque de défaut sur les 12 mois à venir si celle-ci est une approximation raisonnable de la variation du risque de défaut sur la durée de vie (voir n° 47510).

2. L'évaluation d'une augmentation significative du risque de crédit dépend uniquement de la variation du risque de défaut et non pas du montant des pertes de crédit attendues. Ainsi, un actif financier garanti peut tout de même être classé en phase 2 (voir n° 47560).

- la mise en place de plusieurs critères aussi bien quantitatifs que qualitatifs, tout en tenant compte de la présomption selon laquelle un actif financier présentant plus de 30 jours d'impayés a connu une augmentation significative de son risque de crédit.

2. **Analyse relative** Dans le cadre d'une analyse relative, le niveau du risque de défaut à la date de comptabilisation initiale peut influer de façon significative et parfois contre-intuitive sur l'évaluation d'une augmentation significative du risque de crédit. En effet, l'importance de la variation du risque de crédit dépend du niveau de risque à la date de comptabilisation initiale ; ainsi, la variation du risque de crédit pourrait être plus importante pour les instruments financiers présentant un risque faible à la date de comptabilisation initiale que pour ceux dont le risque était élevé à cette même date (IFRS 9.B5.5.9). Par conséquent, un actif financier peut être maintenu en phase 1 (absence d'augmentation significative du risque de crédit) alors même que des événements traduisent une dégradation objective de sa qualité de crédit.

■ *Exemple* 47545 (suite)

(inspiré d'IFRS 9.IG.IE12 à .IG.IE17) L'entité B détient des titres obligataires émis par l'entité C, société holding détenant un ensemble de filiales industrielles. Au moment de la souscription de ces titres, B considère qu'ils présentent un risque de défaut élevé en se basant sur les faits suivants :
– l'activité des filiales détenues par C est cyclique et les prix des matières premières sont très volatiles, ce qui laisse envisager une baisse du chiffre d'affaires et des marges à moyen terme ;
– la structure du groupe est très complexe du fait de nombreuses opérations de croissance externe réalisées dans le passé ; cela ne permet pas de déterminer de façon fiable si le groupe sera capable de générer suffisamment de flux de trésorerie pour le remboursement des dettes financières.
Cependant, l'entité B ne considère pas les titres émis par C comme des actifs déjà en défaut dès leur acquisition ou création (POCI) car, au moment de la souscription, le ratio de levier du groupe est acceptable. Ces titres sont donc classés en phase 1.
En N+1, l'entité C annonce une baisse significative du chiffre d'affaires sur 3 de ses 5 principales filiales en raison de conditions de marché défavorables ; mais C estime que le volume de ventes sur ces 3 filiales devrait augmenter au cours des prochains mois.
Au vu des événements constatés en N+1 et des informations disponibles, l'entité B doit-elle classer les titres émis par C en phase 2 ?

Solution de l'exemple *La baisse du chiffre d'affaires constatée en N+1 avait été anticipée par B au moment de la date de comptabilisation initiale et prise en compte pour déterminer un risque de défaut élevé à cette date. Par conséquent, cette dégradation de la qualité de crédit de C n'a pas d'impact sur l'évaluation que B a faite du risque de défaut sur les titres obligataires acquis.*
En l'absence d'autres variations sur des facteurs impactant le niveau du risque de crédit, ces titres n'ont donc pas connu une augmentation significative de leur risque de crédit en N+1 et, par conséquent, doivent rester classés en phase 1. Toutefois, le montant de la dépréciation pour pertes de crédit attendues sur les 12 mois devra être revu à la hausse car les événements constatés en N+1 ont un impact sur la probabilité de défaut et le montant des flux de trésorerie attendus.

---

3. Critères à prendre compte dans l'analyse de l'évolution du risque de crédit :

a. critères quantitatifs Il s'agit de définir, d'une part, des variables quantitatives reflétant le risque de défaut et, d'autre part, des seuils à partir desquels l'entité considère que des variations sur ces variables depuis la comptabilisation initiale constituent une augmentation significative du risque de crédit.

La probabilité de défaut et la notation interne (scoring) constituent des exemples de variables quantitatives reflétant le risque de défaut.

Il est important de veiller à ce que ces seuils ne soient :
– ni trop élevés (sinon l'identification de l'augmentation significative du risque de crédit serait trop tardive et donc au détriment du caractère prédictif de la phase 2) ;
– ni trop faibles (sinon les transferts entre les phases pourraient s'avérer trop fréquents ou intempestifs, sans réelle variation significative du risque de crédit).

b. critères qualitatifs Ces critères sont importants dans la mesure où certains actifs peuvent connaître une augmentation significative de leur risque de crédit sans que celle-ci soit identifiée via l'analyse quantitative.

La norme donne à cet effet une liste (non-exhaustive) d'exemples de facteurs à prendre en compte (IFRS 9.B5.5.17).

■ *Exemple*

(inspiré d'IFRS 9.IG.IE7 à .IG.IE11) La banque X détient à son actif un prêt octroyé à l'entité Y. A la date de comptabilisation initiale, le risque de crédit sur ce prêt est estimé faible : les ratios de levier ainsi que les perspectives de flux de trésorerie futurs sont satisfaisants.
En N+1, du fait de conditions économiques défavorables, l'entité Y n'atteint pas ses objectifs de chiffre d'affaires et de flux de trésorerie. Par ailleurs, Y a dû souscrire à d'autres emprunts, ce qui a augmenté son ratio de levier. La banque X estime ainsi qu'il est probable qu'Y ne puisse plus respecter les clauses restrictives (« covenants ») prévues au contrat de prêt. Enfin, X constate que le cours des obligations émises par ailleurs par Y sur un marché réglementé a baissé alors même que les taux d'intérêt de marché n'ont pas évolué.
La banque dispose d'un système de notation interne pour tous ses actifs financiers qui dépend essentiellement des analyses faites sur les états financiers reçus chaque année ainsi que des historiques de paiements de la contrepartie. Les événements survenus en N+1 n'ont pas eu d'impact sur la note interne attribuée au prêt.
Comment la banque X évalue-t-elle une augmentation significative du risque de crédit sur le prêt accordé à Y ?

Solution de l'exemple *Bien que la notation interne du prêt n'ait pas évolué entre la date de comptabilisation initiale et la date de clôture, la banque X considère que le prêt accordé à Y a connu une augmentation significative du risque de crédit car :*
– la Banque X s'attend à ce que la détérioration de l'environnement macroéconomique se poursuive, ce qui devrait avoir un impact sur la capacité de Y à générer suffisamment de flux de trésorerie pour effectuer les paiements dus sur le prêt ;
– la société Y est sur le point d'enfreindre ses covenants, ce qui peut entraîner la nécessité de restructurer le prêt ;
– la baisse du cours des obligations Y en l'absence de toute évolution sur les taux d'intérêt de marché pourrait traduire une dégradation de la qualité de crédit de Y.
Ainsi, c'est bien l'analyse qualitative qui permet d'identifier cette augmentation significative du risque de crédit.

---

c. Un critère « backstop » correspondant à 30 jours d'impayés Sauf à la réfuter, les entités doivent respecter la présomption d'IFRS 9 selon laquelle un instrument financier a connu une augmentation significative de son risque de crédit dès lors qu'il présente plus de 30 jours d'impayés (voir n° 47200).

Afin de pouvoir réfuter cette présomption, l'entité doit démontrer, en s'appuyant sur des informations raisonnables et justifiables, que la survenance de plus de 30 jours d'impayés ne constitue pas une augmentation significative du risque de crédit.

« Ratchet Loans » et évaluation de l'augmentation significative du risque de crédit

47550 ***Question***

Lorsque le taux d'intérêt d'un « ratchet loan » ou prêt à cliquet est ajusté à la hausse en réponse à une augmentation du risque de crédit de l'emprunteur, la hausse du taux d'intérêt justifie-t-elle à elle seule le maintien du prêt en phase 1 ?

Réponse

Non. Si le risque de défaut du prêt a augmenté de façon significative, alors le prêt devra être classé en phase 2 et ce, malgré l'augmentation du taux d'intérêt. La hausse du taux d'intérêt doit être prise en compte dans l'évaluation du risque de défaut.

Commentaires :

1. **Rappel** Le modèle général de dépréciation d'IFRS 9 est une approche en 3 phases et le positionnement d'un actif financier dans l'une ou l'autre des phases dépend de l'évolution de son risque de crédit depuis sa comptabilisation initiale. La phase 1 comprend les actifs financiers dès leur date d'octroi et la phase 2 comprend les actifs financiers qui ont connu une augmentation significative de leur risque de crédit depuis leur date de comptabilisation initiale.

Pour plus de précisions sur le modèle général de dépréciation d'IFRS 9, voir n° 47085.

Les « ratchet loans » ou prêts à cliquet sont des prêts dont le taux d'intérêt est contractuellement ajusté selon une grille de taux prédéterminée, notamment en fonction de la survenance d'événements liés à l'emprunteur (par exemple, augmentation significative de son ratio Dette/Capitaux propres). Ainsi, le taux d'intérêt augmente lorsque le risque de crédit de l'emprunteur augmente.

On retrouve notamment ces prêts dans les opérations de syndication bancaire. La clause contractuelle permet d'éviter la renégociation du prêt avec l'ensemble des banques prêteuses lorsque le risque de crédit de l'emprunteur varie.
Pour l'évaluation du caractère SPPI des « ratchet loans », voir n° 45227.
Pour le traitement comptable de l'ajustement du taux d'intérêt en cas d'augmentation du risque de crédit de l'emprunteur, voir n° 46210.

2. **Analyse de l'augmentation significative du risque de crédit des « ratchet loans »** La norme IFRS 9 ne contient pas de dispositions particulières pour les « ratchet loans » quant à l'évaluation de l'augmentation significative du risque de crédit. Ainsi, comme pour un prêt classique, l'évaluation du risque de crédit est basée sur la comparaison du risque de défaut entre la date de clôture et la date de comptabilisation initiale. L'évaluation du risque de défaut doit tenir compte de l'évolution du risque de crédit de la contrepartie et de la hausse du taux d'intérêt.

Par exemple, il peut être considéré que l'augmentation des flux de trésorerie d'intérêts augmente la probabilité de défaut.

Si le risque de défaut a augmenté de façon significative, alors le prêt doit être classé en phase 2 et ce, malgré l'ajustement contractuel du taux d'intérêt.

Regroupement d'entreprises : classement des actifs financiers en phase 2 chez la société acquise selon le modèle de dépréciation d'IFRS 9

Question 47555

Lorsque des actifs financiers sont acquis lors d'un regroupement d'entreprises, les actifs qui ont connu une augmentation significative du risque de crédit et étaient classés en phase 2 chez la société acquise peuvent-ils être maintenus en phase 2 chez l'acquéreur ?

Réponse

Non, parce que, chez l'acquéreur, la date de comptabilisation initiale des actifs correspond à la date de regroupement et un actif financier ne peut pas avoir connu une augmentation significative de son risque de crédit dès la comptabilisation initiale.

Commentaires :

1. Contexte Selon le modèle général de dépréciation d'IFRS 9, les actifs financiers qui ont connu une augmentation significative du risque de crédit depuis leur date de comptabilisation initiale sont classés en phase 2 et, dans ce cas, le montant de la dépréciation à comptabiliser correspond aux pertes de crédit attendues sur leur durée de vie.

Pour une présentation du modèle général de dépréciation d'IFRS 9, voir n° 47085.

A l'occasion d'un regroupement d'entreprises, une entité peut acquérir des actifs financiers qui ont déjà connu une augmentation significative de leur risque de crédit depuis leur comptabilisation initiale chez la société acquise. Ces actifs financiers étaient alors classés en phase 2 chez l'acquise. La question se pose de savoir si ces actifs peuvent être maintenus en phase 2 dès leur entrée au bilan de l'acquéreur.

2. Analyse comptable L'évaluation d'une augmentation significative du risque de crédit est une analyse relative basée sur la comparaison du risque de défaut entre la date de clôture et la date de comptabilisation initiale. Aussi, un actif financier ne peut avoir connu une augmentation significative de son risque de crédit en date de comptabilisation initiale et ce, même s'il présente déjà un risque de crédit élevé à cette date.

En appliquant ce principe au regroupement d'entreprises, les actifs financiers classés en phase 2 chez la société acquise ne peuvent être maintenus en phase 2 chez l'acquéreur car ils sont initialement comptabilisés chez ce dernier à la date du regroupement d'entreprises. Ainsi, les événements qui se sont produits préalablement à cette date et qui ont conduit au classement de l'actif financier en phase 2 chez l'acquise ne sont pas pris en compte.

Les actifs financiers classés en phase 2 chez l'acquise seront donc généralement classés en phase 1 chez l'acquéreur à la date de leur entrée au bilan. Par la suite, la société devra évaluer s'il y a eu une augmentation significative du risque de crédit depuis cette date et non pas depuis la date de leur comptabilisation chez l'acquise.

Si l'acquéreur estime que ces actifs financiers présentent des indicateurs objectifs de perte de valeur à la date du regroupement d'entreprises, ils seront comptabilisés comme des POCI, voir n° 47792.

Instruments de garantie et évolution du risque de crédit

Question 47560

Lors de l'évaluation d'une augmentation significative du risque de crédit, une entité tient-elle compte des garanties en sa possession qui lui permettraient de recouvrer tout ou partie des flux de trésorerie contractuels en cas de défaut ?

Réponse

Non. En effet, l'évaluation d'une augmentation significative du risque de crédit est fondée sur le risque de défaut et non pas sur l'importance des pertes encourues en cas de défaut, cette dernière reflétant plutôt le risque de perte.

Cependant, des variations significatives de la valeur des garanties peuvent constituer un indicateur de l'évolution du risque de crédit.

47560 (suite) *Commentaires :*

1. Contexte Certains actifs financiers sont contractuellement assortis d'instruments de garantie qui, en cas de défaut de l'emprunteur, généreront des flux de trésorerie qui viendront compenser tout ou partie des pertes de crédit encourues.

Par exemple, un prêt collatéralisé (prêt hypothécaire) ou un prêt assorti d'un contrat de garantie financière.

Pour ces actifs financiers, l'évaluation des pertes de crédit attendues doit tenir compte des flux de trésorerie générés par les garanties intégrées au contrat ; les pertes de crédit en sont ainsi réduites. La question se pose alors de savoir si les garanties assorties au contrat peuvent également réduire les variations du risque de crédit et par conséquent éviter de constater une augmentation significative du risque de crédit sur les actifs garantis.

Pour la prise en compte des instruments de garantie dans l'évaluation des pertes de crédit attendues, voir nº 47660.

2. Analyse L'évaluation d'une augmentation significative du risque de crédit est fondée sur la variation du risque de défaut depuis la comptabilisation initiale, et non pas sur la variation du montant des pertes de crédit attendues (IFRS 9.5.5.9). En effet, la réduction des pertes de crédit attendues grâce aux instruments de garantie ne réduit pas pour autant le risque de défaut, comme illustré dans l'exemple ci-après. Par conséquent, la valeur des garanties, même lorsque celles-ci sont contractuellement assorties à l'actif financier, ne doit pas être prise en compte dans l'évaluation d'une augmentation significative du risque de crédit. Ainsi, les entités sont libres d'appliquer différentes méthodes afin d'évaluer l'augmentation significative du risque de crédit dès lors que ces méthodes différencient les variations de risque de défaut de celles intervenant sur des instruments de garantie et autres inducteurs de pertes de crédit (IFRS 9.B5.5.12).

Remarques :

1. Les instruments de garantie ne sont pas non plus pris en compte afin de déterminer si un actif financier présente un risque de crédit faible à la date de clôture et bénéficier ainsi des mesures de simplification prévues par la norme (voir nº 47240). En effet, on ne peut considérer qu'un actif financier présente un risque de crédit faible uniquement parce qu'il présente un risque de perte faible en raison de la valeur des instruments de garantie (IFRS 9.B5.5.22).
2. Bien que la valeur des instruments de garantie ne doive pas être prise en compte, les variations importantes survenues sur ces instruments font partie des facteurs qualitatifs à prendre en compte pour l'évaluation d'une augmentation significative du risque de crédit (voir nº 47180).

■ *Exemple*

(inspiré d'IFRS 9.IG.IE18 à .IG.IE23) La banque Z octroie un prêt à la société H pour financer un actif immobilier ; le prêt est amortissable sur une durée de 5 ans. Par souci de simplification, supposons que, pour ce type de prêt, la variation de la probabilité de défaut à 12 mois est une approximation raisonnable de la variation du risque de défaut sur la durée de vie. La banque Z peut alors se baser sur la probabilité de défaut à 12 mois afin d'évaluer une augmentation significative du risque de crédit du prêt. Le prêt présente une probabilité de défaut à 12 mois de 0,5 % à la date de comptabilisation initiale.

Par la suite, les revenus et profits de la société H ont connu une baisse importante et potentiellement continue dans un contexte de crise économique. Par ailleurs, des évolutions réglementaires à venir pourraient accentuer cette baisse. Il en résulte que la société a de plus en plus de difficultés à honorer ses engagements contractuels au titre du prêt.

Suite à ces événements, la probabilité de défaut à 12 mois estimée par la banque est désormais de 15,5 %, soit une augmentation de 15 %.

Cependant, la banque estime que la perte encourue serait faible car elle pourra recouvrer les sommes dues sur le bien immobilier reçu en garantie de premier rang.

Par ailleurs, la banque ne considère pas que le prêt accordé à la société H présente un risque de crédit faible à la date de clôture.

Comment la banque doit-elle évaluer l'augmentation significative du risque de crédit ?

***Solution de l'exemple** A la date de clôture, la banque estime la probabilité de défaut à 15,5 % sur la base de la baisse des revenus de la société, des conditions macroéconomiques et des évolutions réglementaires. La probabilité de défaut de la société n'est pas revue à la baisse du fait de la garantie : même si celle-ci viendra réduire le montant des pertes de crédit attendues, il n'empêche que la probabilité d'encourir des pertes de crédit est plus élevée.*

A la date de clôture, la banque doit donc évaluer s'il y a eu une augmentation significative du risque de crédit en s'appuyant sur la variation du risque de défaut et d'autres données économiques. L'augmentation de 15 % du risque de défaut constitue une augmentation significative du risque de crédit.

Si la banque avait fondé son analyse sur le montant des pertes de crédit attendues, cette augmentation significative du risque de crédit n'aurait pas été identifiée du fait de la garantie qui vient réduire ou neutraliser les pertes de crédit attendues sur le prêt.
En application des dispositions d'IFRS 9 en matière de dépréciation, la banque Z doit comptabiliser des pertes de crédit attendues sur la durée de vie du prêt qu'elle a accordé à la société H. Cependant, l'évaluation du montant de ces pertes de crédit tiendra compte des flux de trésorerie à recouvrer sur la valeur de la garantie sur l'actif immobilier et, par conséquent, pourrait être très faible.

Changement de la définition du défaut et évaluation de l'augmentation significative du risque de crédit

Question 47570

Lorsqu'une entité modifie la définition du défaut, lors de l'évaluation d'une augmentation significative du risque de crédit des actifs comptabilisés antérieurement à ce changement, l'entité doit-elle réajuster le risque de défaut en date de comptabilisation initiale de ces actifs selon la nouvelle définition du défaut ?

Réponse

A notre avis, les entités peuvent, selon une analyse des faits et circonstances, justifier :
- le réajustement du risque de défaut en date de comptabilisation initiale afin d'avoir une analyse relative sur une base similaire ; ou
- le non-réajustement du risque de défaut en date de comptabilisation initiale afin d'avoir un risque de défaut qui reflète la vision qu'avait l'entité du risque de crédit à cette date.

L'analyse doit prendre en compte les facteurs suivants :
- le risque de transfert des actifs financiers entre les phases 1 et 2 sans évolution de leur risque de crédit ;
- le risque d'utilisation de connaissances acquises a posteriori ;
- les coûts et efforts nécessaires pour réajuster le risque de défaut en date de comptabilisation initiale.

Commentaires :
1. Contexte L'évaluation d'une augmentation significative du risque de crédit est une analyse relative basée sur la comparaison du risque de défaut entre la date de clôture et la date de comptabilisation initiale. Ainsi, la définition du défaut est un facteur important dans l'évaluation d'une augmentation significative du risque de crédit. **La présomption réfutable selon laquelle un actif financier est en défaut s'il présente plus de 90 jours d'impayés est le seul critère de défaut fourni par la norme IFRS 9. Chaque entité définit cette notion en cohérence avec sa gestion du risque de crédit.**

Pour la notion de défaut et les principes de la norme IFRS 9, voir n° 47505.

Les entités peuvent donc être amenées à faire évoluer les définitions de défaut mises en place.

Le changement de la définition du défaut peut être la conséquence d'une évolution réglementaire ou d'une modification de la politique de gestion du risque de crédit de l'entité.

Lorsque le changement de la définition du défaut intervient, la question se pose de savoir si le risque de défaut en date de comptabilisation initiale de ces actifs (qui a donc été évalué selon l'ancienne définition) doit être ajusté selon la nouvelle définition du défaut.

2. Analyse A notre avis, en l'absence de dispositions de la norme sur cette question, les entités doivent exercer leur jugement afin de déterminer la méthode la plus appropriée en cas de changement de la définition du défaut. Quelle que soit la méthode choisie, celle-ci doit permettre une évaluation de l'augmentation du risque de crédit sur une base relative. Ainsi :
- le fait d'ajuster le risque de défaut en date de comptabilisation initiale selon la nouvelle définition du défaut permettrait une comparaison du risque de défaut sur une base similaire ;
- le fait de ne pas ajuster le risque de défaut en date de comptabilisation initiale permettrait de comparer la vision qu'avait l'entité du risque de défaut en date de comptabilisation initiale avec la vision qu'elle a en date de clôture.

Afin de choisir la méthode la plus appropriée, les entités doivent tenir compte des facteurs suivants dans l'exercice de leur jugement :

1. **Risque de transfert des actifs financiers évalués entre les phases 1 et 2 alors que leur risque de crédit n'a pas évolué** Les entités doivent évaluer l'impact de l'application de la nouvelle définition du défaut sur le modèle de dépréciation et notamment sur l'allocation des actifs financiers entre les phases 1 et 2.

Pour rappel, lorsqu'un actif est analysé comme ayant connu une augmentation significative du risque de crédit, il est transféré en phase 2 et les pertes de crédit attendues sont évaluées sur sa durée de vie et non sur 12 mois.

Pour la présentation des différentes phases du modèle de dépréciation, voir nº 47085.

Ainsi, si la nouvelle définition du défaut a un impact significatif sur les risques de défaut, les entités doivent prendre en compte le risque qu'en l'absence de réajustement du risque de défaut en date de comptabilisation initiale, des actifs financiers pourraient être transférés de la phase 1 vers la phase 2 et vice-versa alors même que leur risque de défaut n'a pas évolué. De tels transferts, s'ils sont significatifs, pourraient conduire à un montant de pertes de crédit attendues non objectif.

La durée de vie restante des actifs financiers est également un facteur à prendre en compte afin de mesurer ce risque.

2. **Risque d'utilisation de connaissances acquises a posteriori** Le risque de défaut en date de comptabilisation initiale ne doit tenir compte que des seules informations disponibles à cette date. En cas de réajustement du risque de défaut en date de comptabilisation initiale, les entités prennent le risque d'utiliser des informations acquises a posteriori. Si les impacts de ces informations acquises a posteriori sont significatifs, il ne serait pas approprié de réajuster les risques de défaut en date de comptabilisation initiale.

3. **Coûts et efforts nécessaires** L'évaluation d'une augmentation significative du risque de crédit doit tenir compte de toutes les informations pertinentes, raisonnables et justifiables, dès lors que leur disponibilité ne nécessite ni coûts ni efforts excessifs (IFRS 9.5.5.9). Par conséquent, les entités ne sont pas tenues de réajuster le risque de défaut en date de comptabilisation initiale selon la nouvelle définition du défaut si ce réajustement nécessite des coûts ou efforts excessifs.

3. Unité de compte pour l'évaluation d'une augmentation significative du risque de crédit

Evaluation au niveau de la contrepartie versus de l'actif : effet de contagion

47580 ***Question***

A quel niveau une entité devrait-elle évaluer une augmentation significative du risque de crédit : actif par actif ou pour l'ensemble des actifs d'une même contrepartie (i.e. effet de contagion) ?

Réponse

Le modèle de dépréciation d'IFRS 9 s'applique actif par actif, l'unité de compte étant l'actif financier (par exemple, un prêt) et non pas la contrepartie de celui-ci (i.e. pas d'effet de contagion aux autres prêts et actifs financiers du même débiteur).

Commentaires :

1. **Contexte** L'évaluation d'une augmentation significative du risque de crédit depuis la comptabilisation initiale doit être fondée sur la variation du risque de défaut de l'actif financier. Le risque de défaut d'un actif financier tient nécessairement compte de la qualité de crédit de la contrepartie de cet actif financier. La question se pose de savoir si une entité qui détient plusieurs actifs avec la même contrepartie doit évaluer l'augmentation significative du risque de crédit actif par actif ou pour l'ensemble de ces actifs sur la base de la qualité de crédit de la contrepartie (i.e. effet de contagion).

2. **Analyse** L'évaluation d'une augmentation significative du risque de crédit par contrepartie ne répond pas toujours à l'objectif de la norme qui est la comptabilisation des pertes de crédit attendues sur la durée de vie des actifs financiers dont le risque de crédit a augmenté de façon

significative depuis la comptabilisation initiale. En effet, une analyse par contrepartie plutôt que par actif financier pourrait entraîner la dépréciation d'actifs financiers à hauteur des pertes de crédit attendues sur leur durée de vie alors même que ceux-ci n'ont pas tous connu une augmentation significative de leur risque de crédit depuis leur entrée au bilan. Pour cela, la dégradation de la qualité de crédit d'une contrepartie n'implique pas nécessairement une augmentation significative du risque de crédit de tous les actifs financiers détenus sur cette contrepartie (voir exemple ci-après). **47580** (suite)

Remarque L'évaluation d'une augmentation significative du risque de crédit par contrepartie ne doit pas être confondue avec l'évaluation sur une base collective. En effet, la norme autorise bien une évaluation sur base collective plutôt qu'individuelle, à condition toutefois de regrouper les instruments en fonction de leurs caractéristiques de risques communes (voir n° 47220). Un regroupement par contrepartie ne respecte pas forcément ce principe, notamment si les actifs d'une même contrepartie ont été acquis à des dates différentes.

En effet, tenir compte d'un effet de contagion reviendrait à comptabiliser des pertes de crédit attendues sur la durée de vie d'instruments financiers n'ayant pas connu d'augmentation significative de leur risque de crédit, entraînant par là même une double comptabilisation des pertes de crédit attendues (précisément ce que voulait éviter l'IASB en instaurant ce nouveau modèle de dépréciation).

Ainsi à la date de comptabilisation initiale et en l'absence ultérieure d'une augmentation significative du risque de crédit, les pertes de crédit attendues sur la durée de vie des actifs financiers sont déjà prises en compte dans le taux d'intérêt contractuel (voir n° 47460).

■ *Exemple*

(inspiré d'IFRS 9.IG.IE45 à .IG.IE46) La banque ABC acquiert une obligation émise par la société Y avec une durée de vie de 20 ans. A la date d'acquisition, la banque attribue une notation 4 à la société Y. L'année suivante (N+1), la société Y perd un contrat avec un de ses plus importants clients. Suite à cela, sa notation interne est dégradée de 4 à 6. En N+1, la banque souscrit à une nouvelle émission d'obligations de la société Y à un taux de marché. Selon les critères de la banque ABC, le changement de la notation interne de 4 à 6 constitue une augmentation significative du risque de crédit.

Solution de l'exemple *Les titres obligataires acquis lors de la première émission ont connu une augmentation significative du risque de crédit entre la date de comptabilisation initiale et la date de clôture du fait de la dégradation de la notation de la contrepartie. Par conséquent, ces titres doivent être dépréciés à hauteur des pertes de crédit attendues sur leur durée de vie.*

En revanche, les titres acquis lors de la seconde émission en N+1 n'ont pas connu une augmentation significative du risque de crédit, car la société Y était déjà notée 6 au moment de l'acquisition. Ces titres doivent donc être dépréciés à hauteur des pertes de crédit attendues sur les 12 mois suivant la date de clôture.

Par ailleurs, il est précisé que ces titres sont acquis à un taux de marché. Cela veut dire que le taux d'intérêt proposé prend déjà en compte le risque de crédit découlant de cette notation interne (taux plus élevé), ce qui revient implicitement à reconnaître les pertes de crédit attendues sur la durée de vie des titres.

Une analyse par contrepartie conduirait à considérer que le nouveau prêt octroyé en N+1 a connu une augmentation significative du risque de crédit et, par conséquent, devrait être déprécié à hauteur des pertes de crédit attendues sur sa durée de vie. Or, ce prêt a été octroyé alors même que la notation interne du prêt était déjà à 6. En l'absence d'autres événements, le risque de crédit n'a donc pas évolué depuis la comptabilisation initiale.

Dans le cas particulier de l'exemple, seule une évaluation de l'augmentation du risque de crédit prêt par prêt permettrait de respecter l'objectif du modèle de dépréciation d'IFRS 9.

Dans certains cas, l'évaluation d'une dégradation du risque de crédit par contrepartie conduirait au même résultat qu'une évaluation prêt par prêt et respecterait donc les principes de la norme. Cela serait le cas dans l'exemple si la dégradation de la notation interne de la contrepartie de 4 à 6 survenait avant l'octroi des deux prêts.

III. Evaluation des pertes de crédit attendues

1. Créances commerciales

Utilisation d'une matrice de provisionnement

47600 *Question*

Pour évaluer les pertes de crédit attendues sur des créances commerciales, est-il possible d'utiliser une matrice de provisionnement ?

Réponse

Oui, notamment pour des portefeuilles de créances homogènes et de faibles montants. Il est alors possible d'évaluer les pertes de crédit attendues en utilisant une matrice de provisionnement établie sur la base des taux de pertes de crédit historiques observés, ajustés d'informations prospectives (« forward-looking »).

Commentaires :

1. **Contexte** Dans certains cas, les entreprises (souvent industrielles et commerciales) ne disposent pas de systèmes sophistiqués de gestion et de suivi du risque de crédit. Pour cela, le modèle de dépréciation d'IFRS 9 leur offre des mesures de simplification pour évaluer les pertes de crédit attendues (« Expected Credit Losses »/ECL) sur leurs créances commerciales. Ainsi, une entreprise peut :

– appliquer le modèle simplifié qui consiste à toujours comptabiliser les ECL sur la durée de vie des créances, ce qui permet d'éviter ainsi l'évaluation des ECL sur 12 mois et de l'augmentation significative du risque de crédit (IFRS 9.5.5.15) ;

Rappel Ce modèle simplifié s'applique obligatoirement aux créances commerciales qui ne comportent pas de composante de financement significative. En ce qui concerne les créances commerciales qui comportent une composante de financement significative, l'application du modèle de dépréciation général ou simplifié relève d'un choix de méthode comptable.
Pour des précisions sur le modèle de dépréciation simplifié des créances commerciales, voir nº 47130.

– utiliser une matrice de provisionnement établie selon la durée d'impayés, à condition que la matrice respecte les principes clés d'évaluation des ECL (IFRS 9.B5.5.35).

Pour des précisions sur les principes clés d'évaluation des pertes de crédit attendues, voir nº 47270.

2. **Matrice de provisionnement répondant aux exigences du modèle de dépréciation d'IFRS 9** Pour satisfaire aux principes d'évaluation des ECL tels qu'énoncés par IFRS 9.5.5.17 (voir nº 47270), la matrice de provisionnement des créances commerciales peut être établie sur la base des taux de pertes de crédit historiques observés par l'entité et ajustés pour tenir compte d'informations prospectives (« forward-looking »).

L'utilisation d'une matrice de provisionnement est adaptée pour des groupes de créances commerciales homogènes et de faibles montants.

La localisation géographique, le type de produit, la notation financière du client, l'existence de garantie ou d'assurance-crédit et le type de client (par exemple, de gros ou de détail) sont des exemples de critères de segmentation du portefeuille de créances commerciales en ensembles homogènes.

En revanche, à notre avis, pour des créances qui représentent une part significative du chiffre d'affaires de l'entité, il convient d'en effectuer un suivi individuel (« ligne à ligne ») et de tenir compte, le cas échéant, des données des agences de notation externes afin d'évaluer le montant des pertes de crédit attendues.

Dans ce cas, les données des agences de notation représentent des informations plus fiables et plus objectives pour estimer la probabilité de défaut d'une contrepartie ainsi que son taux de pertes en cas de défaut.

47600 (suite)

■ *Exemple*

Pour un portefeuille de créances commerciales déterminé, une entreprise a constaté avoir encouru des pertes réelles à hauteur de 300 K€ sur un chiffre d'affaires de 10 000 K€ généré sur une période d'observation.
Elle a ainsi déduit que son taux de perte moyen sur le chiffre d'affaires généré s'élève à 3 %.
Sur cette même période d'observation, l'entreprise a également établi le profil de paiement des clients, notamment en s'appuyant sur la balance âgée de ce portefeuille de créances commerciales.
– En K€ :

Bande de maturité (à compter de la date de comptabilisation initiale de la créance)	*Chiffre d'affaires observé et encours de créances commerciales restant dû [1] + [2]*	*Paiements [1]*	*Paiements cumulés*	*Balance âgée [2]*
Entre 0 et 30 jours	*10 000*	*2 000*	*2 000*	*8 000*
Entre 31 et 60 jours	*8 000*	*3 500*	*5 500*	*4 500*
Entre 61 et 90 jours	*4 500*	*3 000*	*8 500*	*1 500*
Au-delà de 90 jours	*1 500*	*1 200*	*9 700*	*300 (1) [pertes irrécouvrables]*

(1) L'entreprise anticipe une augmentation de ces pertes liée au contexte macroéconomique : elle estime qu'elle constatera un taux de perte irrécouvrable de 4 % (au lieu de 3 %) dans les mois à venir.

A partir de ces données, comment construire une matrice de provisionnement des créances commerciales selon la durée d'impayés qui réponde aux exigences du modèle ECL de la norme IFRS 9 ?

***Solution de l'exemple** Afin de construire cette matrice, l'entreprise doit calculer les taux de perte historiques (par tranches d'ancienneté des créances commerciales), ajustés de données prospectives (« forward-looking »).*
En l'absence de prise en compte d'anticipations macroéconomiques, le taux de perte historique correspond au montant de pertes irrécouvrables rapporté à l'encours de créances commerciales restant dû sur la période. Par exemple (tableau ci-avant), pour les créances ayant une antériorité comprise entre 31 et 60 jours depuis leur comptabilisation initiale, le taux de perte historique s'élève à 3,75 % (soit 300/8 000) :
– En K€ :

Bande de maturité (à compter de la date de comptabilisation initiale de la créance)	*Chiffre d'affaires observé et encours de créances commerciales restant dû [2]*	*Paiements*	*Paiements cumulés*	*Balance âgée*	*Pertes [1]*	*Taux de perte [1] / [2] × 100*
Entre 0 et 30 jours	*10 000*	*2 000*	*2 000*	*8 000*	*300*	*3 %*
Entre 31 et 60 jours	*8 000*	*3 500*	*5 500*	*4 500*	*300*	*3.75 %*
Entre 61 et 90 jours	*4 500*	*3 000*	*8 500*	*1 500*	*300*	*6.67 %*
Au-delà de 90 jours	*1 500*	*1 200*	*9 700*	*300*	*300*	*20 %*

***Remarque** Etant donné que le calcul tient compte des règlements intervenus au fur et à mesure sur le chiffre d'affaires observé, les taux de pertes reflètent bien le fait que le risque de défaut de la contrepartie croît en fonction de la durée d'impayés de la créance.*
Lorsqu'elle prend en considération les données « forward-looking », l'entreprise estime que son taux de perte irrécouvrable moyen est de 4 %.
Le taux de perte à retenir dans la matrice de provisionnement correspond alors au montant des pertes irrécouvrables ajusté des données macroéconomiques (i.e. 400 K€) rapporté à l'encours de créances commerciales restant dû sur la période. Par exemple (tableau ci-après), pour les créances ayant une

antériorité comprise entre 31 et 60 jours depuis leur comptabilisation initiale, le taux de perte historique s'élève à 5 % (soit 400/8 000) :
– En K€ :

Bande de maturité (à compter de la date de comptabilisation initiale de la créance)	*Chiffre d'affaires observé et encours de créances commerciales restant dû [2]*	*Paiements*	*Paiements cumulés*	*Balance âgée*	*Pertes [1]*	*Taux de perte ajusté des données forward-looking [1] / [2] × 100*
Entre 0 et 30 jours	*10 000*	*2 000*	*2 000*	*8 000*	*400*	*4,0 %*
Entre 31 et 60 jours	*8 000*	*3 500*	*5 500*	*4 500*	*400*	*5,0 %*
Entre 61 et 90 jours	*4 500*	*3 000*	*8 500*	*1 500*	*400*	*8,9 %*
Au-delà de 90 jours	*1 500*	*1 200*	*9 700*	*300*	*400*	*26,7 %*

La matrice de provisionnement établie selon la durée d'impayés pour les besoins d'évaluation des ECL est donc la suivante :

Bande de maturité (à compter de la date de comptabilisation initiale de la créance)	*Taux de provisionnement*
Entre 0 et 30 jours	*4,0 %*
Entre 31 et 60 jours	*5,0 %*
Entre 61 et 90 jours	*8,9 %*
Au-delà de 90 jours	*26,7 %*

Pour l'arrêté des comptes au 31/12/N, l'entreprise se base sur cette matrice pour évaluer le montant des pertes de crédit attendues (ECL) qui s'établit alors à 120 K€, comme détaillé dans le tableau ci-après :
– En K€ :

Bande de maturité (à compter de la date de comptabilisation initiale de la créance)	*Créances au 31/12/N*	*Taux de provisionnement*	*Pertes de crédit attendues*
	(a)	*(b)*	*(a) × (b)*
Entre 0 et 30 jours	*500*	*4,0 %*	*20*
Entre 31 et 60 jours	*400*	*5,0 %*	*20*
Entre 61 et 90 jours	*300*	*8,9 %*	*26,7*
Au-delà de 90 jours	*200*	*26,7 %*	*53,3*
Total	*1 400*		*120*

2. Particularités des engagements de prêts

Difficultés liées à l'évaluation des pertes de crédit attendues sur les engagements de prêts

47620 ***Question***

A quelles difficultés les entités doivent-elles faire face lors de l'évaluation des pertes de crédit attendues sur des engagements de prêts ?

Réponse

Les principales difficultés liées à l'évaluation des pertes de crédit attendues sur les engagements de prêts sont les suivantes :
– détermination du montant de l'exposition en cas de défaut ;
– détermination de la durée d'évaluation ;
– date de comptabilisation initiale et augmentation significative du risque de crédit ;
– présentation.

Commentaires L'application du modèle de dépréciation d'IFRS 9 aux engagements de prêts est une tâche complexe qui nécessite beaucoup de jugement de la part des entités. En effet, au vu des caractéristiques particulières de ces instruments financiers, plusieurs questions se posent lors de l'évaluation des pertes de crédit attendues conformément aux principes énoncés dans la norme, les principales étant traitées ci-après. **47620** (suite)

1. **Exposition en cas de défaut (« Exposure at Default »/EAD)** Les contrats d'engagements de prêts créent souvent à la fois une partie au bilan correspondant au montant utilisé et une partie hors bilan correspondant au montant non utilisé. Or, l'engagement de prêt et l'actif financier qui pourrait en découler doivent être traités comme un seul instrument financier au regard des dispositions de dépréciation d'IFRS 9.

Ainsi, selon IFRS 9.B5.5.47, un actif financier qui est comptabilisé à la suite de l'utilisation d'un engagement de prêt doit être traité comme la continuation de cet engagement plutôt que comme un nouvel instrument financier dans la mesure où :
- les engagements de prêts sont exposés au risque de crédit de la même façon que les prêts et autres actifs inscrits au bilan (IFRS 9.BC5.243) ;
- en pratique, les expositions hors bilan et bilan sont soumises à la même gestion de risque de crédit et aux mêmes systèmes d'information.

Ainsi, les pertes de crédit attendues doivent être évaluées au niveau du contrat de l'engagement de prêt sans distinguer la partie utilisée de la partie non utilisée. La détermination de l'exposition en cas de défaut doit prendre en compte les montants à la fois au bilan et hors bilan. Cela fait appel au jugement de la part des entités qui doivent déterminer le montant de l'engagement de prêt qui serait utilisé à la date de défaut. Cela revient à estimer le pourcentage de la part de l'engagement de prêt non utilisé qui serait converti en prêt (IFRS 9.BC5.244).

Ce pourcentage est souvent dénommé « facteur de conversion de crédit » ou « taux d'utilisation ».
Par conséquent, pour des engagements de prêt :
- le manque à gagner en flux de trésorerie correspond à la différence entre les flux de trésorerie contractuels qui seront dus si le bénéficiaire de l'engagement de prêt utilise ce dernier et les flux de trésorerie que l'entité s'attend à recevoir si le prêt est octroyé ;
- les pertes de crédit doivent être actualisées au moyen du taux d'intérêt effectif (TIE) qui sera appliqué au moment de la comptabilisation du prêt octroyé ou d'une approximation de ce taux (IFRS 9.B5.5.30).

■ *Exemple*

(inspiré d'IFRS 9.IG.IE58 à .IG.IE65) La banque A octroie à ses clients des cartes de crédit en partenariat avec une enseigne commerciale. A la date de clôture, elle a un portefeuille de 100 000 euros dont 60 000 euros utilisés inscrits au bilan et 40 000 euros non utilisés inscrits en hors bilan.

Selon les contrats de ces cartes de crédit, la banque A a la possibilité à tout moment d'annuler l'engagement de prêt et de réclamer le remboursement des montants utilisés. Cette clause limite la durée de vie contractuelle de ces engagements de prêt à un jour. Cependant, la banque estime que sa capacité contractuelle à annuler l'engagement de prêt ne limite pas son exposition au risque de crédit à un jour. Les pertes de crédit attendues sur ces engagements de prêt doivent donc être évaluées sur la durée pendant laquelle la banque A est exposée au risque de crédit, sans que les mesures de gestion de risque de crédit ne puissent atténuer les pertes de crédit (voir point 2. ci-après).

Pour déterminer si les pertes de crédit d'un engagement de prêt doivent être évaluées sur une durée plus longue que le préavis contractuel d'un jour, voir n° 47635.

En faisant appel à ses statistiques, la banque détermine une durée d'évaluation de 30 mois.

Pour les modalités de détermination de la durée d'évaluation des pertes de crédit attendues sur les engagements de prêts, voir n° 47650.

A la date de clôture, la banque estime qu'une partie de son portefeuille a connu une augmentation significative du risque de crédit et, par conséquent, les pertes de crédit doivent être évaluées sur la durée de vie des engagements de prêt. Cette partie est composée de 20 000 € utilisés et 10 000 € non utilisés.

Solution de l'exemple *La banque distingue les encours pour lesquels les pertes de crédit doivent être évaluées sur leur durée de vie (augmentation significative du risque de crédit) et ceux pour lesquels les pertes de crédit doivent être évaluées à 12 mois.*

Concernant les 30 000 euros d'encours sur lesquels les pertes de crédit doivent être évaluées sur la durée de vie, l'EAD déterminé par la banque selon ses modèles de risques est de 25 000 euros comprenant un montant utilisé de 20 000 euros plus un montant de 5 000 euros correspondant à la part de l'encours hors bilan dont la banque anticipe le tirage à la date de défaut.

Les 70 000 euros d'encours résiduels, qui n'ont pas connu une augmentation significative du risque de crédit, devront être dépréciés à hauteur des pertes attendues à 12 mois. Ces 70 000 euros comprennent 40 000 euros d'encours tirés au bilan et 30 000 euros d'encours non tirés hors bilan.

La banque détermine l'EAD à 45 000 euros comprenant le montant utilisé de 40 000 euros plus un montant de 5 000 euros correspondant à la part de l'encours hors bilan dont le tirage est attendu dans les 12 mois qui suivent.

---

2. **Durée d'évaluation des pertes de crédit attendues** En général, les pertes de crédit attendues sont évaluées au maximum sur la durée contractuelle maximale des actifs financiers, soit un jour pour la plupart des engagements de prêts qui contiennent une clause selon laquelle le prêteur peut contractuellement annuler l'engagement sur les montants non utilisés et demander le remboursement des montants utilisés. Or, si la durée contractuelle maximale se trouve réduite à un jour du fait de cette clause contractuelle, les entités sont souvent exposées au risque de crédit sur ces engagements de prêt bien au-delà d'un jour, notamment sur les engagements de prêt qui sont gérés de façon collective (IFRS 9.BC5.255). En effet, les entités sont en pratique incapables de résilier ces contrats de prêts avant la survenance d'une augmentation significative du risque de crédit ou d'un événement de pertes. C'est pour répondre à cette problématique que la norme prévoit une exception pour certains engagements de prêts, dont les pertes de crédit attendues devront être évaluées sur la durée pendant laquelle l'entité est exposée au risque de crédit sans que les mesures de gestion de risque de crédit ne puissent atténuer les pertes de crédit attendues, soit une durée potentiellement plus longue que la durée contractuelle maximale.

Cette exception soulève deux difficultés lors de l'évaluation des pertes de crédit sur les engagements de prêts concernés :

– choix de l'approche : approche générale (durée contractuelle maximale) ou approche exceptionnelle (durée au-delà de la durée contractuelle maximale). Afin de répondre à cette question, il est nécessaire de déterminer si les engagements de prêts concernés répondent bien aux conditions justifiant l'évaluation des pertes de crédit attendues sur une durée plus longue que la durée contractuelle maximale ;

Pour des précisions sur ces conditions, voir nº 47315.

Cet exercice nécessite beaucoup de jugement de la part des entités (voir nº 47635).

– détermination d'une durée d'évaluation supérieure à la durée contractuelle maximale sous l'approche exceptionnelle (voir nº 47650).

3. **Date de comptabilisation initiale et évaluation d'une augmentation significative du risque de crédit** Les engagements de prêts sont susceptibles de connaître plusieurs modifications contractuelles au cours de leur vie, aussi bien dans le cadre de la gestion commerciale que de la gestion du risque de crédit : modification de la limite autorisée, prolongation, renouvellement, etc. Certains changements constituent des modifications substantielles, entraînant la décomptabilisation de l'actif et la comptabilisation d'un nouvel actif à la date de modification ; c'est alors à partir de cette date que sera évaluée l'augmentation significative du risque de crédit. En cas de modification non substantielle (i.e. n'entraînant pas de décomptabilisation), l'augmentation significative de la qualité de crédit sera évaluée depuis la date de souscription du contrat (ou depuis la date de la dernière modification substantielle). Au vu de l'importance du nombre de changements intervenant sur ce type d'instruments financiers, le suivi et l'analyse peuvent représenter un véritable défi d'un point de vue opérationnel.

Pour des précisions sur les modalités d'application du modèle de dépréciation d'IFRS 9 en cas de modification des flux de trésorerie, voir nº 47810.

4. **Présentation** Les modalités de présentation des pertes de crédit attendues diffèrent selon le type d'exposition : les pertes attendues sur la partie utilisée (prêts) doivent réduire la valeur nette de l'actif (correction de valeur à l'actif), tandis que celles sur la partie non utilisée (engagement hors bilan) doivent être comptabilisées en provision au passif. Or, comme vu au point 1. ci-avant, les pertes de crédit attendues sont évaluées sans différencier la partie utilisée (au bilan) de la partie non utilisée (en hors bilan). Il apparaît alors difficile de déterminer quel montant devrait être comptabilisé au passif au titre des pertes de crédit sur la partie non utilisée et quel montant devrait être comptabilisé en réduction de l'actif au titre de la partie utilisée.

Pertes de crédit évaluées au-delà de la durée contractuelle maximale d'engagements de prêts

47635 ***Question***

Quels sont les engagements de prêts dont les pertes de crédit attendues doivent être évaluées sur une durée supérieure à la durée contractuelle maximale (un jour en général) ?

47635 (suite)

Réponse

Uniquement les engagements de prêts qui sont exposés au risque de crédit au-delà du préavis contractuel. L'identification de ces engagements dépend des faits et circonstances et fait appel au jugement, le point clé étant la disponibilité d'informations pertinentes.

Commentaires :

1. **Contexte** Les pertes de crédit attendues doivent être évaluées au maximum sur la durée contractuelle maximale de l'actif financier, à l'exception de certains actifs financiers pour lesquels l'évaluation devra être faite sur une durée plus longue. Cette exception a été introduite par l'IASB afin de répondre à une problématique bien précise soulevée lors de l'évaluation des pertes de crédit attendues sur certains instruments financiers ; l'application de cette **exception** se veut donc **restrictive** aux seuls cas qui répondent aux trois conditions suivantes :

- existence d'une composante engagement de prêt ;
- capacité contractuelle à résilier l'engagement de prêt et exiger le remboursement des montants utilisés ;
- exposition au risque de crédit non limitée au préavis contractuel de résiliation de l'engagement.

Bien que ce traitement exceptionnel ait souvent été discuté dans le cadre des cartes de crédit et crédits renouvelables accordés aux particuliers, les entités ne doivent pas en conclure qu'il ne peut pas s'appliquer aux engagements de prêts octroyés aux entreprises. En revanche, pour ces derniers, la démonstration du respect des critères peut s'avérer plus complexe, notamment la démonstration d'une gestion collective (voir point 2c. ci-après).

2. **Analyse des conditions** Les deux premières conditions, à savoir l'existence d'une composante engagement de prêt et la faculté de résilier cet engagement ainsi que de demander le remboursement du montant utilisé le cas échéant, sont contractuelles et faciles à vérifier. La troisième condition, selon laquelle l'exposition au risque de crédit n'est pas limitée au préavis contractuel est clé et fait appel à l'exercice du jugement.

Ainsi, les engagements de prêts qui peuvent être exposés au risque de crédit au-delà de leur durée maximale contractuelle présentent, en général, les caractéristiques suivantes (IFRS 9.B5.5.39) :

a. ils n'ont ni échéance déterminée ni structure de remboursement et sont habituellement assortis d'un délai de résiliation contractuel court (par exemple, un jour) ;

b. la faculté contractuelle de résilier le contrat n'est normalement pas exercée dans le cadre de la gestion quotidienne de l'entité et le contrat ne peut être résilié que si elle prend connaissance d'une augmentation du risque de crédit au niveau de la ligne de crédit ; et

c. ils sont gérés sur une base collective.

Remarque Ces caractéristiques ne constituent pas des critères conclusifs ; par conséquent, l'existence d'une échéance déterminée ne devrait pas à elle seule empêcher l'application de l'exception.

En ce qui concerne les deux dernières caractéristiques ci-avant (b et c), il s'agit de déterminer si, dans la pratique, les entités peuvent utiliser la clause contractuelle pour résilier le contrat avant la survenance d'une augmentation significative du risque de crédit ou si le contrat est maintenu et ne sera résilié qu'à la survenance d'un événement de défaut. Selon l'ITG « IFRS Transition Resource Group for Impairment of Financial Instruments » (discussions menées en avril 2015), ce qui empêcherait une entité de résilier le contrat avant la survenance d'un événement de défaut est son incapacité à obtenir des informations permettant d'anticiper un tel événement et d'agir en conséquence. En effet, ce n'est que par l'obtention d'informations pertinentes qu'une entité pourra suivre la variation du risque de crédit et résilier le contrat avant que ce risque n'augmente de façon significative.

3. **Conclusion** A notre avis (confirmé par l'ITG ci-avant), le point clé pour déterminer si un engagement de prêt peut se voir appliquer l'exception d'évaluation des pertes de crédit au-delà de la durée de vie contractuelle est la **disponibilité des informations pertinentes.** Les informations peuvent être non disponibles :

- soit parce qu'elles ne sont pas accessibles ; c'est le cas, par exemple, des informations relatives au risque de crédit sur les particuliers ;
- soit parce que le mode de gestion des entités prêteuses ne permet pas leur obtention. C'est précisément le cas des encours gérés sur base collective où les informations sont obtenues à un niveau macro avant survenance d'un événement de perte.

Exemples d'indicateurs pertinents pour déterminer si des engagements de prêts octroyés aux entreprises respectent les conditions d'évaluation des pertes de crédit attendues sur une durée plus longue que le préavis contractuel :
- taille des entreprises concernées : les informations sont plus accessibles pour les groupes cotés que pour les PME ;
- fréquence de mise à jour des dossiers ;
- taille des portefeuilles par chargé d'affaires/gestionnaire de risque ;
- pratiques historiques.

Durée à retenir pour l'évaluation des pertes de crédit attendues sur les engagements de prêts exposés au risque de crédit au-delà de leur durée de vie contractuelle

47650 *Question*

Quelle durée retenir pour l'évaluation des pertes de crédit attendues sur les engagements de prêts qui sont exposés au risque de crédit au-delà de leur durée de vie contractuelle ?

Réponse

A notre avis, la durée à retenir dépend, d'une part, de la probabilité de survenance du défaut et, d'autre part, des actions correctrices que l'entité envisagerait de mettre en place afin de réduire les pertes encourues. Les pertes de crédit attendues devront alors être évaluées sur :
- la durée estimée jusqu'à l'extinction, pour les engagements de prêts dont la survenance de défaut est peu probable ;
- la durée estimée jusqu'au passage en défaut, pour les engagements dont la survenance du défaut est probable sans que des actions correctrices ne soient envisagées par l'entité ;
- la durée estimée jusqu'à la mise en place d'actions correctrices pour réduire cette exposition, pour les engagements dont la survenance du défaut est probable et l'entité envisage de mettre en place ces actions correctrices.

En pratique, les entités doivent procéder à une segmentation par nature et niveau de risque de ces engagements de prêts et estimer, pour chaque portefeuille, la « maturité comportementale », c'est-à-dire la durée jusqu'à l'extinction, le passage en défaut, ou la mise en place d'actions correctrices.

Commentaires :

1. **Contexte** Certains engagements de prêts contenant une clause contractuelle selon laquelle le prêteur peut annuler l'engagement sur les montants non utilisés et demander le remboursement des montants utilisés peuvent être exposés au risque de crédit au-delà de leur durée de vie contractuelle maximale. C'est le cas lorsque cette clause contractuelle vient limiter leur durée de vie à un jour mais sans que l'entité ait la possibilité de l'utiliser pour limiter son exposition au risque de crédit à ce préavis contractuel.

Pour des précisions sur ce point, voir n° 47635.

La détermination de la durée d'évaluation des pertes de crédit attendues sur ces engagements de prêts fait alors appel au jugement des entités en tenant compte de certains facteurs comme exposé ci-après.

2. **Principe pour la détermination de la durée d'exposition au risque de crédit** Pour déterminer la période au cours de laquelle des engagements de prêts exposent l'entité au risque de crédit, trois facteurs doivent être pris en compte (IFRS 9.B5.5.40) :
- la période durant laquelle l'entité a été exposée au risque de crédit sur des instruments financiers similaires (facteur A) ;
- le délai nécessaire à la survenance du défaut suite à une augmentation significative du risque de crédit pour des instruments financiers similaires (facteur B) ;
- les mesures de gestion du risque de crédit, telles que la réduction ou l'abolition des limites non utilisées, que prévoit de prendre l'entité une fois que le risque de crédit associé à l'instrument financier augmente (facteur C).

A notre avis, en fonction des faits et circonstances, un facteur serait plus pertinent que l'autre. Cela dépend, d'une part, de la probabilité de défaut des engagements de prêt concernés et, d'autre part, des actions correctrices qui sont envisagées. Trois types d'engagements peuvent ainsi être distingués :
- les engagements pour lesquels la survenance du défaut est peu probable : le facteur A est alors plus pertinent ;
- les engagements pour lesquels la survenance du défaut est probable mais sans pour autant qu'il soit prévu des mesures correctrices : le facteur B est plus approprié ;
- les engagements dont le défaut est attendu et pour lesquels des actions correctrices sont envisagées : le facteur C serait le plus pertinent.

Cette approche peut être résumée dans l'arbre suivant, tel qu'établi par nos soins :

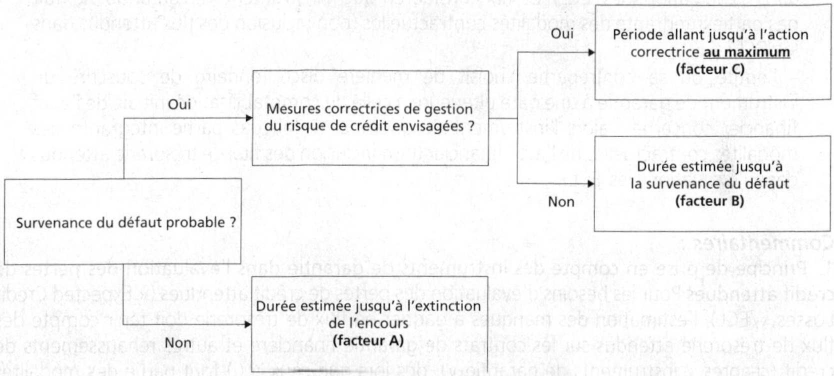

3. Aspects pratiques Ces engagements de prêt étant généralement gérés sur une base collective, il peut s'avérer difficile, voire impossible, d'identifier les encours dont la survenance du défaut est probable ou pour lesquels des actions correctrices sont envisagées. Au vu de cette difficulté, la solution la plus simple consisterait, à notre avis :
- d'une part, à segmenter le portefeuille par nature et niveau de risque ; et
- d'autre part, à estimer pour chaque portefeuille la durée jusqu'à extinction des engagements (arrivée à échéance ou résiliation anticipée), passage en défaut ou mise en place d'actions correctrices, c'est-à-dire « la maturité comportementale ». Cette maturité prend bien en compte les trois facteurs cités au point 2. ci-avant.

3. Actifs financiers couverts par des garanties financières (ou autres rehaussements de crédit)

Prise en compte des garanties financières (ou autres rehaussements de crédit) dans l'évaluation des pertes de crédit attendues

Question 47660

Lorsqu'un actif financier est couvert par un contrat de garantie financière (ou autre rehaussement de crédit), les flux attendus sur l'instrument de garantie doivent-ils être pris en compte lors de l'évaluation des pertes de crédit attendues (« Expected Credit Losses »/ECL) sur l'actif ?

Réponse

Oui, si l'instrument de garantie (ou autre rehaussement de crédit) :
- fait partie intégrante des modalités contractuelles de l'actif financier couvert ; et
- n'est pas comptabilisé séparément conformément à une norme IFRS (y compris IFRS 9).

A notre avis, la seconde condition est respectée pour tous les instruments de garantie reçue ne répondant pas à la définition d'un dérivé.

47660 (suite) Concernant la première condition, l'entité doit exercer son jugement selon les différents cas de figure suivants :

– il existe une obligation contractuelle ou légale pour l'entité ou sa contrepartie de souscrire un instrument de garantie au titre de l'actif financier concerné : alors l'instrument de garantie fait partie intégrante des modalités contractuelles de cet actif (inclusion des flux de trésorerie attendus dans l'évaluation des ECL) ;

– il n'existe aucune obligation mais l'entité ou sa contrepartie choisit de manière discrétionnaire de souscrire un instrument de garantie à la date de comptabilisation initiale de l'actif financier concerné : alors il existe, à notre avis, un choix de méthode comptable entre (i) considérer que l'instrument de garantie fait partie intégrante des modalités contractuelles de l'actif (inclusion des flux de trésorerie attendus dans l'évaluation des ECL) et (ii) considérer que l'instrument de garantie ne fait pas partie intégrante des modalités contractuelles (non-inclusion des flux attendus dans les ECL) ;

– l'entité ou sa contrepartie choisit de manière discrétionnaire de souscrire un instrument de garantie à une date ultérieure à celle de comptabilisation initiale de l'actif financier concerné : alors l'instrument de garantie ne fait pas partie intégrante des modalités contractuelles de l'actif financier (non-inclusion des flux de trésorerie attendus dans l'évaluation des ECL).

Commentaires :

1. **Principe de prise en compte des instruments de garantie dans l'évaluation des pertes de crédit attendues** Pour les besoins d'évaluation des pertes de crédit attendues (« Expected Credit Losses »/ECL), l'estimation des manques à gagner en flux de trésorerie doit tenir compte des flux de trésorerie attendus sur les contrats de garantie financière et autres rehaussements de crédit (ci-après « instruments de garantie »), dès lors que ceux-ci (i) font partie des modalités contractuelles et (ii) ne sont pas comptabilisés en tant qu'actifs distincts (IFRS 9.B5.5.55).

Ainsi, sous réserve du respect de ces deux conditions, l'évaluation des ECL sur des actifs garantis nécessite d'évaluer la probabilité de saisie des instruments de garantie ainsi que les flux de trésorerie qui en résulteraient, déduction faite des coûts. Cette analyse prend en compte les flux de trésorerie attendus de la saisie des garanties au-delà de l'échéance contractuelle.

Ce paragraphe de la norme IFRS 9 a donné lieu à une saisine de l'IFRS IC en novembre 2018. La question était de savoir si les flux de trésorerie attendus d'un instrument de garantie pouvaient être pris en compte dans l'évaluation des ECL lorsque l'instrument de garantie faisait partie intégrante des modalités contractuelles de l'actif financier couvert, mais que les normes IFRS en exigeaient une comptabilisation de façon séparée. L'IFRS IC a conclu que, lorsque la comptabilisation séparée d'un instrument de garantie est requise par les normes IFRS, l'entité ne peut pas choisir d'inclure les flux de trésorerie attendus de cet instrument dans l'évaluation des ECL de l'actif financier couvert (IFRIC Update 03/19).

Exemple Un contrat de prêt peut exiger la souscription d'un dérivé de crédit (« Credit Default Swap »/CDS) afin de couvrir le risque de crédit sur ce prêt. Les CDS répondent à la définition d'un dérivé selon IFRS 9 et, par conséquent, doivent être comptabilisés de façon séparée à la juste valeur par résultat. Quand bien même le CDS ferait partie intégrante des modalités contractuelles du prêt, dès lors qu'il doit être comptabilisé de façon distincte en tant que dérivé selon IFRS 9, les flux de trésorerie attendus de son dénouement ne peuvent être pris en compte dans l'évaluation des ECL du prêt garanti. L'IFRS IC affirme ainsi qu'IFRS 9.B5.5.55 mentionné ci-avant ne constitue en aucun cas une exception au principe de comptabilisation du CDS en tant qu'instrument dérivé.

Recommandations de l'AMF Dans ses recommandations en vue de l'arrêté des comptes 2019, l'AMF insiste sur l'importance de prendre en considération cette décision de l'IFRS IC dans les modèles de dépréciation mis en place (Rec. AMF 2019-13, Arrêté des comptes 2019, § 4.1).

Cette décision de l'IFRS IC confirme ainsi que, lorsqu'un actif financier est couvert par un instrument de garantie, les flux attendus sur cet **instrument de garantie** doivent être **pris en compte** lors de l'évaluation des ECL de l'actif **si**, et seulement si, les **deux conditions** suivantes sont **respectées de façon cumulative** :

– l'instrument de garantie fait partie intégrante des modalités contractuelles de l'actif financier ; et

– la comptabilisation séparée de l'instrument de garantie n'est pas requise par une norme IFRS.

L'analyse du respect de ces deux conditions peut s'avérer difficile en pratique :

– D'une part, outre les dispositions relatives aux contrats de garantie répondant à la définition d'un dérivé, les normes IFRS ne contiennent pas de précision sur le traitement des garanties reçues. Ainsi, à notre avis, il est défendable de considérer qu'il n'existe pas de norme IFRS qui requière la comptabilisation séparée des instruments de garantie reçue ne répondant pas à la définition d'un dérivé. La seconde condition est donc respectée pour tous les instruments de garantie ne répondant pas à la définition d'un dérivé. **47660** (suite)

Pour plus de précisions sur le traitement comptable des garanties reçues, voir n° 46310.

– D'autre part, il n'est pas nécessaire, à notre avis, que l'instrument de garantie soit explicitement mentionné dans le contrat (comme dans l'exemple ci-avant) pour être considéré comme faisant partie intégrante des modalités contractuelles. L'analyse de cette condition fait donc appel au jugement des entités.

En effet, si une entité décide de souscrire un contrat de garantie financière sans que le contrat d'actif financier n'en fasse explicitement mention, selon les faits et circonstances, l'instrument de garantie pourrait être considéré comme faisant partie intégrante des modalités contractuelles de l'actif financier.

Cette position a été confirmée par l'ITG « IFRS Transition Resource Group for Impairment of Financial Instruments » en décembre 2015.

2. **Analyse de la condition selon laquelle l'instrument de garantie fait partie intégrante des modalités contractuelles de l'actif financier** A notre avis, les deux principaux facteurs qui entrent en ligne de compte sont :

– l'existence ou non d'une obligation pour l'entité de souscrire un contrat de garantie au titre de l'actif financier ;

– la date de souscription de l'instrument de garantie par rapport à la date de comptabilisation initiale de l'actif financier.

Nous pouvons ainsi distinguer les différents scénarios suivants :

a. **Il existe une obligation contractuelle ou légale pour l'entité ou sa contrepartie de souscrire un instrument de garantie au titre de l'actif financier concerné** Dans ce cas, l'instrument de garantie fait bien partie intégrante des modalités contractuelles de l'instrument financier. Par ailleurs, si la garantie est souscrite par l'entité elle-même, le coût de la garantie répond à la définition d'un coût de transaction de l'actif financier selon IFRS 9.A ; en effet, ce coût représente bien un coût marginal qui n'aurait pas été encouru si l'entité n'avait pas émis l'actif financier garanti. Par conséquent, le coût de la garantie sera pris en compte lors de la comptabilisation initiale de l'actif et l'instrument de garantie ne sera pas comptabilisé de façon séparée.

Pour plus de précisions sur le traitement des coûts de transaction, voir n° 46780.

A notre avis, l'obligation contractuelle de souscrire un contrat de garantie peut être explicite ou implicite. Une obligation implicite peut exister lorsqu'un contrat de prêt ne contient aucune clause obligeant explicitement la souscription d'une garantie mais fait référence à un autre document mentionnant un contrat de garantie (par exemple, le tableau d'amortissement annexé au contrat de prêt tient compte de la prime sur l'instrument de garantie à régler de façon échelonnée).

b. **Il n'existe aucune obligation mais l'entité ou sa contrepartie choisit de manière discrétionnaire de souscrire un instrument de garantie à la date de comptabilisation initiale de l'actif financier concerné** Dans ce cas, l'entité peut, au choix :

– considérer que l'instrument de garantie fait partie intégrante du contrat et ne doit pas être comptabilisé séparément, dans la mesure où le contrat de garantie a été souscrit à la même date que la comptabilisation initiale de l'actif financier ;

Dans certains cas, pour des raisons opérationnelles, il peut y avoir un léger décalage de temps entre la date de comptabilisation initiale de l'actif financier et la date de souscription du contrat de garantie. Ces décalages « techniques » ne remettent pas en cause le traitement décrit ci-avant.

– considérer que l'instrument de garantie ne fait pas partie intégrante du contrat et/ou doit être comptabilisé de façon séparée, dans la mesure où les deux contrats de garantie et d'actif financier sont distincts.

Le choix de méthode comptable doit être appliqué de façon constante et homogène à l'ensemble des contrats présentant des caractéristiques similaires.

c. **L'entité ou sa contrepartie décide de souscrire un contrat de garantie relatif à un actif financier déjà existant (i.e. le contrat de garantie est souscrit bien après la date de comptabilisation initiale de l'actif financier)** Dans ce cas, l'instrument de garantie ne peut être considéré comme faisant partie intégrante des modalités contractuelles de l'actif financier et/ou doit être comptabilisé séparément de l'actif financier.

d. L'entité décide de souscrire un contrat de garantie au titre d'un portefeuille d'actifs financiers Les analyses décrites aux points b. et c. ci-avant s'appliquent également dans les cas où un contrat de garantie financière est souscrit relativement à un portefeuille d'actifs financiers :
- si le contrat de garantie financière est souscrit avant ou à la même date que les actifs constituant le portefeuille faisant en sorte que chacun des actifs du portefeuille soit garanti dès sa date de comptabilisation initiale, alors le choix de méthode comptable décrit au point b. s'applique ;
- si, en revanche, le contrat de garantie est souscrit après la date de comptabilisation initiale des actifs constituant le portefeuille, alors le contrat de garantie n'est pas considéré comme faisant partie intégrante des modalités contractuelles (point c. ci-avant).

Traitement comptable des instruments de garantie (ou autres rehaussements de crédit) non pris en compte dans l'évaluation des pertes de crédits attendues de l'actif financier garanti

47665 ***Question***

Comment doivent être comptabilisés les flux attendus sur un instrument de garantie (ou autre rehaussement de crédit) qui ne sont pas pris en compte lors de l'évaluation des pertes de crédit attendues (« Expected Credit Losses »/ECL) de l'actif financier garanti ?

Réponse

Les flux attendus des instruments de garantie qui ne sont pas inclus dans l'évaluation des ECL des actifs doivent être comptabilisés séparément en tant qu'actifs dès lors qu'une dépréciation pour ECL est comptabilisée au titre des actifs financiers garantis.

Le montant de l'actif ainsi comptabilisé ne doit pas être supérieur au montant comptabilisé au titre de la dépréciation pour ECL.

Commentaires Les flux attendus sur un instrument de garantie (ou autre rehaussement de crédit) ne sont pas toujours inclus dans l'évaluation des pertes de crédit attendues (« Expected Credit Loss »/ECL) de l'actif financier garanti.

Pour plus de détails sur les conditions de prise en compte des instruments de garantie dans l'évaluation des ECL, voir n° 47660.

Se pose alors la question de leur traitement comptable. A notre avis, lorsque les flux attendus des instruments de garantie ne sont pas pris en compte dans l'évaluation des ECL des actifs financiers auxquels ils se rapportent, les dispositions de la norme IAS 37 sur le traitement des remboursements attendus trouveraient à s'appliquer.

Ainsi, selon IAS 37.53, lorsqu'une entité s'attend à ce que la totalité ou une partie de la dépense nécessaire à l'extinction d'une provision sera remboursée par une autre partie, le remboursement attendu :
- ne peut être comptabilisé que lorsque l'entreprise a la quasi-certitude de l'obtenir si elle éteint son obligation ;
- doit être traité comme un actif distinct ; et
- ne peut être supérieur au montant de la provision comptabilisée.

En application de ces principes, si l'entité a la quasi-certitude d'être indemnisée en cas de perte liée au défaut de la contrepartie de l'actif financier, elle devra comptabiliser un actif correspondant au remboursement attendu de l'instrument de garantie et ce, à partir du moment où elle comptabilise des ECL sur l'actif financier garanti.

Ainsi, ces modalités s'appliquent à tous les actifs financiers garantis, qu'ils soient en phase 1, 2 ou 3 du modèle général de dépréciation d'IFRS 9, sans attendre que la perte de crédit soit avérée pour comptabiliser l'actif au titre du remboursement par l'instrument de garantie.

En outre, le montant de l'actif comptabilisé au titre du remboursement attendu de l'instrument de garantie ne peut être supérieur au montant des ECL comptabilisées sur l'actif financier garanti. En effet, ce montant correspond à la partie des manques à gagner en flux de trésorerie sur l'actif garanti dont l'entité s'attend à être remboursée/indemnisée par l'instrument de garantie.

Remarque Il n'est pas possible de compenser au bilan la dépréciation pour pertes de crédit attendues et l'actif comptabilisé au titre de l'instrument de garantie.

Toutefois, dans l'état du résultat global ou le compte de résultat séparé, la charge de dépréciation peut être présentée nette de l'indemnité à recevoir (IAS 37.54).

4. Autres particularités lors de l'évaluation des pertes de crédit attendues

Evaluation des pertes de crédit attendues sur des prêts dont la durée de vie peut être prolongée

47670

Question

Quelles sont les modalités d'évaluation des pertes de crédit attendues sur des prêts offrant contractuellement le droit (mais non l'obligation) au prêteur d'en prolonger la durée ?

Réponse

L'option de prolongation ne rallonge pas la durée sur laquelle les pertes de crédit attendues sont évaluées.

L'évaluation des pertes de crédit attendues sur de tels prêts doit alors :

- tenir compte des pertes de crédit résultant des défauts susceptibles d'intervenir jusqu'à la date de première prolongation ; et
- pour ces défauts, tenir compte des flux de trésorerie que l'entité s'attend à recouvrer et ce, sans limite de durée.

Commentaires :

1. **Contexte** Pour certains actifs financiers, la durée de vie contractuelle peut être rallongée à la discrétion du prêteur.

Exemples :
- Certains prêts sont tacitement reconduits à l'issue de leur échéance contractuelle, sauf si une des parties au contrat s'y oppose.
- Certains contrats de prêts offrent la possibilité à l'emprunteur de demander la prolongation de la durée et au prêteur d'accepter ou non cette demande.

L'évaluation des pertes de crédit attendues (« Expected Credit Losses »/ECL) sur ces actifs financiers soulève la question de la prise en compte ou non de l'option de prolongation pour la détermination de la durée d'évaluation des pertes de crédit attendues.

2. **Détermination de la durée d'évaluation** En principe, les pertes de crédit attendues sur un actif financier doivent être évaluées au maximum sur sa durée contractuelle maximale, y compris les options de prolongation (IFRS 9.5.5.19).

Pour des précisions sur la durée d'évaluation des pertes de crédit attendues, voir n° 47315.

Cela signifie que des options de prolongation contractuelles peuvent rallonger la durée d'évaluation des pertes de crédit attendues. Or, à notre avis, les options de prolongation ainsi visées sont uniquement celles qui sont sous le contrôle de la contrepartie emprunteuse.

En effet, il est important de comprendre que la norme impose la durée contractuelle maximale car celle-ci correspond à la période pendant laquelle le prêteur est exposé au risque de crédit. Les options de prorogation qui sont sous le contrôle du prêteur ne créent pas d'exposition au risque de crédit au-delà de la durée initiale, dans la mesure où celui-ci a la possibilité de ne pas prolonger le contrat au-delà de cette durée. Par conséquent, pour les actifs financiers dont le prêteur dispose contractuellement d'une option de prolongation, les pertes de crédit attendues devront être évaluées sur la durée contractuelle originale sans tenir compte de ces options.

Cette position a été confirmée par l'ITG (« IFRS Transition Resource Group for Impairment of Financial Instruments ») lors de sa réunion en avril 2015.

Par ailleurs, les pratiques commerciales observées ne justifieraient pas non plus la prise en compte d'une période plus longue que la durée contractuelle initiale (IFRS 9.5.5.19). Ainsi, même si une entité estime, du fait des données historiques que l'actif financier sera prolongé et par conséquent aura une durée de vie plus longue, elle ne peut évaluer les pertes de crédit attendues que sur la durée contractuelle hors prorogation.

■ ***Exemple***

Une banque octroie des prêts de courte durée, avec une durée de vie initiale de 30 jours. Le contrat de prêt stipule que la banque a le droit de proroger la durée de prêt de 30 jours supplémentaires à la demande de l'emprunteur et de façon indéfinie. Cependant, la banque n'est pas obligée

d'accorder cette prolongation et dispose d'un droit contractuel à réclamer le remboursement du prêt à l'issue de la durée initiale de 30 jours. Historiquement, ces prêts sont souvent prorogés et peuvent avoir une durée de vie allant jusqu'à 36 mois.
Sur quelle durée doivent être évaluées les pertes de crédit attendues ?

Solution de l'exemple *En application d'IFRS 9.5.5.19, les pertes de crédit attendues doivent être évaluées sur la durée initiale de 30 jours. En effet, la banque ne peut justifier une durée supérieure du fait des options de prolongation dont elle dispose et des données historiques.*

---

3. Estimation des flux de trésorerie attendus Les pertes de crédit correspondent à la valeur actuelle de la différence entre les flux de trésorerie contractuels et les flux de trésorerie que l'entité s'attend à recevoir (voir nº 47255). La durée d'évaluation des ECL détermine à quel horizon évaluer les événements de défaut pouvant entraîner des pertes de crédit mais non pas l'horizon sur lequel estimer les flux de trésorerie attendus. En effet, il y a perte de crédit même lorsque l'entité s'attend à être payée intégralement mais en retard par rapport à l'échéancier contractuel (IFRS 9.B5.5.28). Aussi, les flux de trésorerie attendus pris en compte pour le calcul des ECL ne doivent pas être limités à ceux attendus pendant la durée contractuelle initiale.

Remarque Ce traitement s'applique de façon générale à tous les instruments financiers : les flux attendus même au-delà de l'échéance contractuelle doivent être pris en compte lors de l'évaluation des pertes de crédit attendues.

Limiter la durée d'évaluation des pertes de crédit attendues à la durée contractuelle revient ainsi à exclure toutes les pertes de crédit résultant des événements de défaut pouvant survenir au-delà de la durée contractuelle initiale.

Evaluation des pertes de crédit attendues sur des obligations d'état libellées dans la devise du pays émetteur

47680 ***Question***

Une entité peut-elle considérer que le montant des pertes de crédit attendues sur des obligations d'Etat libellées dans la devise du pays émetteur est toujours nul ?

Réponse

Non. En effet :
- les pertes de crédit représentent un montant objectif qui doit toujours tenir compte du risque de subir une perte de crédit en reflétant tant la possibilité de subir une perte de crédit que la possibilité de n'en subir aucune ; et
- il existe toujours un risque, même faible, qu'en cas de difficultés financières, l'Etat ne puisse pas émettre suffisamment de monnaie pour rembourser les obligations émises dans cette monnaie.

Commentaires Certaines entités investissent dans des obligations d'Etat libellées dans la devise du pays émetteur. Les entités considèrent alors que le risque de crédit sur ces obligations est extrêmement faible dans la mesure où, en cas de difficultés financières, le pays émetteur a toujours la possibilité d'émettre sa propre monnaie afin de rembourser les obligations émises. Pour autant, le montant des pertes de crédit attendues sur ces obligations ne peut être considéré comme nul. En effet, un des principes clés de l'évaluation des pertes de crédit attendues selon IFRS 9 est que celles-ci doivent refléter un montant objectif qui doit toujours tenir compte du risque de subir une perte de crédit en reflétant tant la possibilité de subir une perte de crédit que la possibilité de n'en subir aucune.

Pour les principes clés d'évaluation des pertes de crédit attendues, voir nº 47270.

Ainsi, les entités doivent toujours tenir compte du risque que l'Etat ne puisse pas émettre suffisamment de monnaie pour rembourser les obligations émises dans cette monnaie, même si celui-ci est faible. Par conséquent, le montant des pertes de crédit attendues sur ces obligations d'Etat ne peut être considéré comme nul.

Les entités doivent notamment tenir compte des facteurs suivants dans leur évaluation :
- comportement de l'Etat émetteur par le passé ou d'Etats présentant les mêmes caractéristiques économiques et/ou difficultés financières ;
- contraintes éventuelles empêchant l'Etat d'émettre de la monnaie en cas de difficultés financières ;
- le montant, la date de maturité et le rang de priorité d'autres obligations émises par le même pays.

Evaluation des pertes de crédit attendues sur les prêts acquis avec une prime ou une décote

47690

Question

L'évaluation des pertes de crédit attendues sur un actif financier acquis avec une prime ou décote doit-elle tenir compte de cette prime/décote ?

Réponse

Oui, car la prime ou décote non encore amortie constitue généralement une perte ou un gain en cas de défaut.

Commentaires :

1. **Contexte** Lors de la comptabilisation initiale d'un actif financier, une prime ou décote (différence entre valeur de marché et valeur de remboursement) peut apparaître.

C'est le cas, par exemple, d'un actif acquis sur un marché secondaire avec un taux facial différent du taux d'intérêt du marché. Une prime ou décote peut également être constatée lors de l'acquisition de portefeuilles d'actifs ou à l'occasion de regroupement d'entreprises.

La question se pose alors de savoir si le montant de cette prime ou décote doit être pris en compte dans l'évaluation des pertes de crédit attendues sur l'actif concerné.

2. **Principe général** Les pertes de crédit attendues (« Expected Credit Losses »/ECL) sont définies comme une évaluation fondée par pondération probabiliste des pertes de crédit. Dans le cas des instruments de dette comptabilisés à l'actif au coût amorti ou à la juste valeur en contrepartie des autres éléments du résultat global (OCI), les pertes de crédit correspondent à la valeur actualisée de la différence entre les flux contractuellement dus et les flux de trésorerie attendus (IFRS 9.B5.5.29). L'actualisation se faisant au taux d'intérêt effectif (TIE) du contrat, les pertes de crédit attendues sur des instruments de dette évalués au coût amorti ou à la juste valeur par OCI correspondent ainsi à une évaluation par pondération probabiliste de la différence entre :
- les flux de trésorerie contractuellement dus à l'entité actualisés au TIE déterminé lors de la comptabilisation initiale de l'actif (TIE d'origine), soit le coût amorti de l'actif ; et

Pour des précisions sur la définition du coût amorti, voir nº 46750.

- les flux de trésorerie que l'entité s'attend à recevoir actualisés également au TIE d'origine.

Remarque Dans la pratique, l'évaluation des pertes de crédit attendues est couramment calculée selon la formule **ECL = EAD** (Exposition en cas de défaut/« Exposure at Default ») × **PD** (Probabilité de défaut/« Probability of Default ») × **LGD** (Taux de pertes en cas de défaut/« Loss Given Default »).

3. **Cas particulier des actifs acquis avec une prime ou décote** Dans le cas des actifs financiers acquis avec une prime ou décote, le coût amorti déterminé à la date de clôture selon la méthode du TIE inclut les primes et décotes non encore amorties. Or, ces primes et décotes non encore amorties ne font pas partie des flux contractuels de l'actif et, par conséquent, ne peuvent être incluses dans les flux de trésorerie dont l'entité attend le recouvrement. Les ECL, calculés par différence entre le coût amorti et les flux de trésorerie attendus, seront mécaniquement impactés par le montant des primes et décotes non encore amorties à la date de clôture :
- les primes non amorties, n'étant pas récupérables en cas de défaut, viennent augmenter le montant des pertes de crédit attendues ;
- les décotes non amorties, étant acquises en cas de défaut, viennent diminuer le montant des pertes de crédit attendues.

Remarque Dans le cas des actifs acquis avec une prime ou une décote, la formule de calcul ci-avant doit être ajustée afin de tenir compte du montant de la prime ou décote non encore amortie à la date de clôture. Celle-ci étant totalement perdue ou acquise en cas de défaut, elle doit être prise dans sa totalité dans l'évaluation des ECL, c'est-à-dire avec un taux de perte (une LGD) de 100 %. La formule EAD × PD × LGD devient alors Nominal × PD × LGD + S / D × PD × 100 %. Avec S / D = surcote (prime) ou décote non encore amortie à la date de clôture.

■ ***Exemple***

La société X acquiert sur le marché secondaire une obligation de nominal 1 000 € à un prix de 1 200 €. L'acquisition du titre se fait donc avec une prime de 200 € qui reflète la différence positive entre le taux d'intérêt facial du titre et les taux d'intérêt du marché.

Solution de l'exemple *L'obligation étant évaluée au coût amorti, la prime de 200 € – qui représente un surplus d'intérêt – sera étalée sur la durée de vie de l'actif via l'application de la méthode du taux* *d'intérêt effectif. En cas de défaut de l'émetteur de l'obligation, toute partie non encore amortie de la prime sera définitivement perdue, car la société X ne pourra exiger que le remboursement du nominal de 1 000 € plus éventuellement les intérêts courus non échus. La perte de la prime non amortie à la date de défaut doit donc être prise en compte dans l'évaluation des pertes de crédit attendues.*

Evaluation des pertes de crédit attendues sur les contrats de garantie financière émis – traitement des primes à recevoir

47700 ***Question***

Lors de l'évaluation des pertes de crédit attendues sur des contrats de garantie financière donnée, les paiements à recevoir au titre de la prime doivent-ils être pris en compte ?

Réponse

Non, car les montants à recevoir au titre de la prime sont exposés au risque de défaut du détenteur de la garantie et non au risque de défaut sur l'actif financier garanti.

Commentaires :

Rappel Les pertes de crédit correspondent à la valeur actualisée des manques à gagner en flux de trésorerie. Les manques à gagner en flux de trésorerie correspondent eux-mêmes à la différence entre les flux de trésorerie contractuels et les flux de trésorerie que l'entité s'attend à recevoir.

1. Modalités d'évaluation des pertes de crédit attendues sur les contrats de garantie financière Dans un contrat de garantie financière, l'entité n'est tenue d'effectuer des paiements qu'en cas de défaut du débiteur selon les modalités de l'instrument garanti.

Pour la définition d'un contrat de garantie financière, voir nº 46280.
Pour le traitement comptable des garanties financières données, voir nº 46290.

En conséquence, dans le cadre de l'évaluation des pertes de crédit attendues sur des contrats de garantie financière donnée, le manque à gagner en flux de trésorerie correspond (IFRS 9.B5.5.32) :
– aux sommes que l'entité s'attend à verser au détenteur de la garantie en remboursement de la perte qu'il a subie,
– diminuées des sommes que l'entité s'attend à recevoir du détenteur, du débiteur ou de toute autre partie.

2. Application en cas de paiement échelonné de la prime Dans certains contrats de garantie financière, le paiement de la prime due par le détenteur du contrat de garantie est échelonné sur la durée du contrat. Ainsi, durant la durée de vie du contrat, l'émetteur de la garantie financière s'attend à recevoir des paiements de la part du détenteur au titre de la prime. IFRS 9.B5.5.32 précité soulève alors la question de la prise en compte de la prime restant due dans l'évaluation des ECL. A notre avis, les montants à recevoir au titre de la prime ne doivent pas être pris en compte lors de l'estimation des manques à gagner en flux de trésorerie sur le contrat de garantie donnée. Cette position a été confirmée par l'ITG « IFRS Transition Resource Group for Impairment of Financial Instruments » (discussions menées en avril 2015). En effet, dans un contrat de garantie financière, les flux à verser au bénéficiaire de la garantie dépendent du risque de défaut sur l'actif financier garanti. Or, les montants à recevoir au titre de la prime dépendent eux du risque de défaut sur le détenteur de la garantie. Par conséquent, il ne serait pas pertinent de compenser ces deux flux dans le cadre de l'évaluation des pertes de crédit attendues sur les contrats de garantie.

Remarques :

1. Dans certains cas, les contrats de garantie sont souscrits par le débiteur au profit du bénéficiaire. C'est alors le débiteur, soit la contrepartie de l'actif financier garanti, qui est redevable de la prime. A notre avis, cela ne modifie pas l'analyse ci-dessus car le risque de non-paiement de la prime portant sur le débiteur reste différent du risque spécifique sur l'actif financier garanti.
2. Selon cette approche, les modalités d'évaluation des pertes de crédit attendues sont les mêmes que le paiement de la prime se fasse en une fois ou de façon échelonnée sur la durée de vie du contrat.

Obligation en devise évaluée à la juste valeur : prise en compte de l'effet de change

47710

Question

Comment prendre en compte l'effet de change dans les modalités d'évaluation des pertes de crédit attendues (« Expected Credit Losses »/ECL) sur une obligation en devise évaluée à la juste valeur en contrepartie des autres éléments du résultat global (OCI) ?

Réponse

S'agissant d'un actif monétaire, l'effet de change à enregistrer en résultat est calculé séparément et en premier.

Le montant des ECL à comptabiliser est déterminé comme étant la différence entre le montant des flux de trésorerie futurs attendus et le coût amorti, tous deux convertis au cours de clôture.

Commentaires :

1. Principe général Une obligation est un **actif monétaire** pour lequel l'effet de change (différence entre la devise d'origine et la monnaie fonctionnelle) est systématiquement comptabilisé en résultat (IFRS 9.IG E.3.2).

Dans le cas d'une obligation évaluée à la juste valeur en contrepartie des autres éléments du résultat global (OCI), cet effet de change se calcule comme si le placement était comptabilisé au coût amorti (IFRS 9.B5.7.2). L'entreprise enregistre ainsi en résultat la quote-part de variation de valeur de l'obligation correspondant à :

– la variation du cours de change de la période sur le coût amorti du titre ;

– augmenté de l'effet de change sur le produit d'intérêt (généralement calculé au cours moyen de la période dans ce dernier cas) (IFRS 9.IG E.3.2).

Concrètement, cela signifie que l'effet de change se calcule par rapport au coût d'acquisition augmenté de l'amortissement des primes/décotes et des intérêts courus de l'exercice.

2. Modalités d'évaluation des pertes de crédit attendues (« Expected Credit Losses »/ECL) L'entreprise calcule le montant des ECL libellées dans la devise fonctionnelle de l'entreprise à partir de la différence existant entre le montant des flux de trésorerie futurs attendus et le coût amorti, tous deux convertis au cours de clôture (IAS 21.21).

■ *Exemple*

Une obligation achetée 100 en devise (parité de change 1 pour 1) a un coût amorti en début et en fin d'exercice de 98 en devise d'origine, soit 80 une fois converti en devise fonctionnelle (parité 1 pour 0,8). Ce coût amorti comprend la prise en compte des pertes de crédit attendues sur 12 mois pour (2). Elle est sans évolution entre l'acquisition et la date d'arrêté comptable (par simplification, l'impact de la désactualisation des ECL n'est pas pris en compte).

La juste valeur de l'obligation est à la clôture de 96 en devise.

Le tableau ci-après récapitule les informations ci-avant :

	Date d'acquisition	*Date de clôture*
Parité de change	*1 pour 1*	*1 pour 0,8*
Juste valeur (devise)	*100*	*95*
Juste valeur (devise fonctionnelle)	*100*	*83,6*
Coût amorti (devise)	*100*	*100*
Coût amorti (devise fonctionnelle)	*100*	*88*
ECL (devise)	*2*	*2*
ECL (devise fonctionnelle)	*2*	*1,76*

Solution de l'exemple *La traduction comptable est la suivante :*

Lors de l'acquisition :

Dt	*Actif financier évalué JVOCI*	*100*	
Ct	*Trésorerie*		*100*
Dt	*Résultat/ECL*	*2*	
Ct	*OCI*		*2*

A la date de clôture :

Dt	*Résultat*	*11,76*	
Dt	*OCI*	*4,64*	
Ct	*Actif financier évalué JVOCI*		*16,4*

- l'écart (perte) à passer en résultat au titre de l'effet change est de 11,76 [(88 – 1,76) – (100 – 2)] ;
- la variation de la juste valeur en devise fonctionnelle, pour –16,4, est constatée comme un ajustement du coût amorti ; et
- la variation des gains ou pertes reconnus en OCI sur la période est une perte de 4,64, qui se traduit par l'effet de change sur la dépréciation pour –0,24 et la variation de juste valeur entre la juste valeur et le coût amorti pour –4,4.

Impact des couvertures sur le montant des pertes de crédit attendues

47720 ***Question***

Faut-il tenir compte des pertes et gains de couverture dans l'évaluation des pertes de crédit attendues (« Expected Credit Losses »/ECL) sur les actifs financiers ?

Réponse

La réponse dépend d'une part, du type de couverture (couverture de flux de trésorerie (CFH) ou couverture de juste valeur (FVH)) et, d'autre part, de la base d'évaluation de l'actif financier couvert (coût amorti ou juste valeur) :
- oui, s'il s'agit d'une couverture de juste valeur et si l'actif financier couvert est comptabilisé au coût amorti, mais uniquement à partir du moment où commence l'amortissement des ajustements en résultat ;
- non, s'il s'agit d'une couverture de flux de trésorerie ou d'une couverture de juste valeur d'un actif financier évalué à la juste valeur.

Commentaires :

1. **Contexte** Certains actifs financiers qui entrent dans le champ d'application du modèle de dépréciation d'IFRS 9 peuvent également être qualifiés d'éléments couverts dans une relation de couverture. Il s'agit notamment :
- des actifs financiers évalués au coût amorti ;
- des instruments de dette évalués à la juste valeur par les autres éléments du résultat global (OCI).

Pour des précisions sur le champ d'application du modèle de dépréciation d'IFRS 9, voir n° 47070.
Pour des précisions sur les instruments financiers pouvant être qualifiés d'éléments couverts sous IAS 39, voir n° 50030 s.
Pour des précisions sur les instruments financiers pouvant être qualifiés d'éléments couverts sous IFRS 9, voir n° 49130 s.

Ainsi, lorsqu'un actif financier est désigné dans une relation de couverture comptable, la question se pose alors de savoir s'il faut tenir compte de l'impact de la couverture pour l'évaluation des pertes de crédit attendues (« Expected Credit Losses »/ECL).

2. **Analyse comptable** A notre avis, l'approche est différente selon qu'il s'agit :
- d'une couverture de juste valeur (FVH) et dans ce cas, selon que l'élément couvert est évalué au coût amorti ou à la juste valeur ; ou
- d'une couverture de flux de trésorerie (CFH).

Pour des précisions sur les différents types de couverture sous IAS 39, voir n° 50003.
Pour des précisions sur les différents types de couverture sous IFRS 9, voir n° 49320.

a. **Couverture en juste valeur (FVH) d'un actif financier évalué au coût amorti (cas d'un prêt, par exemple)** Lorsqu'un actif financier évalué au coût amorti fait l'objet d'une couverture FVH :
- sa valeur comptable est ajustée de la variation de la juste valeur imputable à la composante risque couvert ; et
- l'ajustement ainsi constaté doit faire l'objet d'un amortissement au compte de résultat au plus tard lorsque la valeur comptable de l'élément couvert cesse d'être ajustée.

Pour des précisions sur le traitement comptable d'une couverture de juste valeur sous IAS 39, voir n° 50205.
Pour des précisions sur le traitement comptable d'une couverture de juste valeur sous IFRS 9, voir n° 49330.

L'amortissement de l'ajustement de la valeur comptable de l'élément couvert se fait via le recalcul du taux d'intérêt effectif (TIE) de l'actif financier. Or, la modification du taux d'intérêt effectif d'un actif financier a un impact sur le montant des pertes de crédit attendues au titre de cet actif financier. En effet, les pertes de crédit attendues sur un actif financier correspondent à la valeur actualisée de la différence entre les flux contractuellement dus et les flux de trésorerie attendus (IFRS 9.B5.5.29). Ainsi, dès lors que le taux d'intérêt effectif est ajusté afin d'amortir les ajustements de couverture effectués sur la valeur comptable de l'actif, c'est ce taux réajusté qui sera pris en compte pour l'actualisation des flux de trésorerie contractuels et des flux de trésorerie attendus dans le cadre de l'évaluation des ECL.

Remarques :

1. Il est ainsi précisé que, si une entreprise révise les estimations d'encaissements ou de décaissements d'un instrument, elle doit retenir le TIE ajusté (et non pas le TIE initial) de l'instrument, si ce dernier était préalablement couvert en juste valeur (FVH) et a fait l'objet d'un arrêt de couverture (IFRS 9.B5.4.6).
2. En revanche, l'ajustement de la valeur comptable de l'actif financier au titre de la couverture FVH n'a pas d'impact sur le montant et le calendrier des flux contractuels et des flux attendus pris en compte pour le calcul des ECL.

b. **Couverture en juste valeur (FVH) d'un actif financier évalué à la juste valeur (instrument de dette évalué à la juste valeur par OCI)** Lorsqu'un actif financier évalué à la juste valeur par OCI fait l'objet d'une couverture FVH, la variation de juste valeur imputable à la composante risque couvert est comptabilisée en résultat en contrepartie des OCI. La valeur nette comptable de l'actif n'est donc pas affectée par la traduction comptable de la couverture, l'actif étant déjà comptabilisé à sa juste valeur. En l'absence de réajustement de la valeur de l'actif, les impacts de la couverture ne sont pas pris en compte pour l'évaluation des ECL.

c. **Couverture de flux de trésorerie (CFH)** A l'instar du point b. ci-avant, ce type de couverture n'a aucune conséquence sur la comptabilisation de l'élément couvert.

Pour des précisions sur le traitement comptable d'une couverture de flux de trésorerie sous IAS 39, voir n° 50210.

Pour des précisions sur le traitement comptable d'une couverture de flux de trésorerie sous IFRS 9, voir n° 49340.

Par conséquent, l'impact des couvertures ne peut être pris en compte pour l'évaluation des ECL.

Prise en compte des événements postérieurs à la période de reporting

Question 47725

Les événements postérieurs à la période de reporting doivent-ils être pris en compte pour l'évaluation des pertes de crédit attendues ?

Réponse

Cela dépend du type d'événements. Ainsi, doivent être pris en compte dans l'évaluation des pertes de crédit attendues :

- les événements postérieurs à la période de reporting mais confirmant une situation existant à la date de fin de la période de reporting ;
- les événements postérieurs à la période de reporting relatifs à une situation nouvelle survenant postérieurement à la période de reporting mais qui aurait pu être anticipée lors de l'intégration des informations prospectives (« forward-looking »). Dans ce cas, les entités doivent appliquer une probabilité de l'occurrence de l'événement.

A contrario, les événements postérieurs à la période de reporting relatifs à une situation nouvelle survenant postérieurement à la clôture et qui n'aurait pas pu être anticipée à la clôture ne doivent pas être pris en compte dans l'évaluation des pertes de crédit attendues.

Les entités doivent exercer leur jugement afin de déterminer à quelle catégorie appartiennent les informations obtenues après la date de reporting.

Commentaires :

1. **Contexte** Les pertes de crédit attendues doivent refléter les informations raisonnables et justifiables sur les événements passés, la conjoncture actuelle et les prévisions de la conjoncture économique future, qu'il est possible, à la date de clôture, d'obtenir sans devoir engager des coûts ou des efforts excessifs (IFRS 9.5.5.17). Cependant, la norme IAS 10, Evénements postérieurs à la clôture, précise quand une entité doit ajuster ses états financiers en fonction

d'événements postérieurs à la période de reporting (date de clôture). Notamment, la norme développe un exemple où la dépréciation pour risque de crédit constatée sur une créance commerciale doit être ajustée à la suite du redressement judiciaire du client survenu postérieurement à la clôture (voir n° 12794).

La question se pose alors de savoir dans quelle mesure les événements survenant après la date de reporting doivent être pris en compte dans l'évaluation des pertes de crédit attendues.

2. **Analyse** A notre avis, les événements postérieurs à la date de reporting peuvent être classés en trois catégories :

– **Les événements confirmant une situation existante à la date de fin de la période de reporting** En application d'IAS 10, ces événements doivent être pris en compte dans l'évaluation des pertes de crédit attendues sur la période de reporting.

Selon IAS 10.8, si les événements contribuent à confirmer des situations qui existaient à la date de fin de la période de reporting, ils donnent lieu à des ajustements dans les états financiers de l'exercice.

Exemple Une entité établit des comptes consolidés IFRS au 30 juin. Le 2 juillet, les chiffres officiels sur le taux de chômage sont publiés et reflètent une situation plus dégradée qu'anticipée par l'entité dans son évaluation. Les chiffres publiés en juillet viennent confirmer une situation existante au 30 juin. Par conséquent, les montants de pertes de crédit attendues doivent être ajustés afin de tenir compte de ces chiffres.

– **Les événements relatifs à une situation nouvelle survenant postérieurement à la période de reporting mais qui aurait pu être anticipée lors de l'intégration des informations prospectives (« forward-looking »)** Ce type d'événements ne requiert pas un ajustement des comptes selon les dispositions d'IAS 10. Cependant, IFRS 9 requiert l'intégration d'informations prospectives selon une approche multi-scénarios. Aussi, en cas de survenance de tels événements après la clôture, les entités doivent analyser s'ils viennent confirmer ou renforcer des informations raisonnables et justifiables disponibles à la date de reporting. Le cas échéant, cela peut justifier une mise à jour des scénarios macroéconomiques ainsi que leur pondération.

Exemple Une entité établit des comptes consolidés au 30 juin 2020, durant la crise sanitaire liée à la Covid-19. Le 21 juillet 2020, le Gouvernement annonce un assouplissement des mesures de confinement autorisant l'ouverture de certains commerces non essentiels. Cette annonce fait suite à une annonce précédente du Gouvernement au 30 juin d'une revue des mesures sanitaires dans les trois semaines à venir. Aussi, l'annonce d'assouplissement vient confirmer des informations raisonnables et justifiables déjà disponibles à la date de reporting. L'entité doit donc s'assurer que les nouvelles mesures annoncées le 21 juillet ont bien été prises en compte dans les scénarios définis et la pondération de ceux-ci. Sinon, l'entité devrait procéder à une mise à jour. En revanche, il ne nous semble pas possible de considérer au 30 juin que le scénario basé sur un relâchement des mesures sanitaires ait une probabilité d'occurrence de 100 %.

– **Les événements relatifs à une situation nouvelle survenant postérieurement à la clôture et qui n'aurait pas pu être anticipée en date de clôture** L'occurrence de tels événements ne donne pas lieu à un ajustement selon IAS 10. De plus, ces événements ne peuvent être reliés à des informations raisonnables et disponibles à la clôture (c'est-à-dire celles qu'il est possible d'obtenir, à la date de clôture, sans devoir engager des coûts ou des efforts excessifs) devant être prises en compte dans l'évaluation des pertes de crédit attendues.

Exemple Une entité établit des comptes consolidés au 31 décembre 2019. Une augmentation rapide des cas de Covid-19 est survenue au début de 2020, avec des impacts économiques négatifs croissants. Au 31 décembre 2019, seul un nombre limité de cas avait été signalé à l'Organisation mondiale de la santé. Il n'y avait aucune preuve explicite de transmission interhumaine à cette date. Aussi, la progression rapide du virus début 2020 ne confirme pas une situation existante au 31 décembre 2019 et ne vient pas non plus renforcer des informations raisonnables et justifiables disponibles au 31 décembre 2019 qui auraient dû être reflétées dans l'estimation de l'ECL.

Les entités doivent exercer leur jugement afin de déterminer à quelle catégorie appartiennent les informations obtenues après la date de reporting.

Prise en compte des flux de trésorerie attendus de la cession d'actifs financiers lors de l'évaluation des pertes de crédit attendues

47730 ***Question***

Lors de l'évaluation des pertes de crédit attendues, les entités doivent-elles prendre en compte les flux de trésorerie attendus de la cession d'actifs financiers ?

47730 (suite)

Réponse

Oui et ce, quelle que soit la phase où se situent les actifs considérés dans le modèle de dépréciation d'IFRS 9 (phase 1, phase 2 ou phase 3) au moment de l'évaluation des ECL, dès lors que toutes les conditions suivantes sont réunies :
- les actifs considérés seraient en défaut au moment de la cession ;
- la cession des actifs est l'un des moyens envisagés par l'entité afin de recouvrer les flux de trésorerie en cas de défaut ;
- l'entité a le droit et la possibilité de céder les actifs financiers considérés ;
- l'entité dispose d'informations raisonnables et justifiables pour appuyer ses attentes et hypothèses de cession.

Commentaires :

Rappel Les pertes de crédit attendues (« Expected Credit Losses »/ECL) correspondent à la valeur actualisée de la différence entre les flux de trésorerie contractuels et les flux de trésorerie que l'entité s'attend à recevoir (cette différence constituant les manques à gagner en flux de trésorerie). Pour plus d'informations sur la définition des ECL, voir n° 47255.

1. Contexte Une entité peut envisager la cession d'un actif financier soumis au modèle de dépréciation d'IFRS 9 avant sa maturité. L'entité s'attend alors à recevoir des flux de trésorerie au titre de cette cession. La question se pose de savoir si ces flux doivent être pris en compte lors de l'évaluation des ECL sur l'actif financier dont la cession est envisagée.

2. Analyse A notre avis, la prise en compte ou non des flux de trésorerie attendus de la cession d'actifs financiers dépend du caractère sain ou en défaut de l'actif financier attendu au moment de la cession. En effet, lors de l'évaluation des ECL, les flux que l'entité s'attend à recevoir doivent être représentatifs uniquement du risque de crédit de l'actif financier (y compris la valeur temps). Or, lors de la cession d'un actif financier sain, les flux de trésorerie perçus sont représentatifs de sa juste valeur et sont influencés par des facteurs autres que son seul risque de crédit. A contrario, lors de la cession d'un actif financier en défaut, les flux de trésorerie attendus représentent essentiellement le risque de crédit de l'actif financier. Ainsi, lorsqu'un actif financier tombe en défaut, sa cession est une des actions pouvant être prises par l'entité afin de recouvrer tout ou partie des flux de trésorerie contractuels restants.

Les autres actions pouvant être prises comprennent la restructuration de l'actif, l'exercice de la garantie, des actions légales de recouvrement, etc. L'entreprise peut aussi choisir de ne rien faire.

En conséquence, lorsqu'une entité envisage la cession d'un actif financier, les flux de trésorerie attendus de la cession doivent, à notre avis, être pris en compte dans l'évaluation des ECL si :
- la cession est envisagée dans un scénario où l'actif financier serait en défaut au moment de la cession ; et
- la cession des actifs constitue un **scénario pertinent** de recouvrement de l'actif en cas de défaut.

Cette position a été confirmée par l'ITG (« IFRS Transition Resource Group for Impairment of Financial Instruments ») lors de sa réunion en décembre 2015.

a. Pertinence du scénario de cession des actifs en défaut A notre avis, afin de valider la pertinence d'un scénario de cession des actifs en défaut, les conditions suivantes doivent être remplies de façon cumulative :
- la cession des actifs est l'un des moyens envisagés par l'entité afin de recouvrer les flux de trésorerie en cas de défaut ;
- l'entité a le droit et la capacité de céder les actifs considérés ;

Les faits suivants constituent des exemples démontrant, au contraire, l'incapacité de l'entité à céder les actifs en défaut :
- interdiction légale ou contractuelle de céder l'actif financier ;
- conditions de marché défavorables ;
- manque de moyens (service juridique, personnel adapté, connaissance du marché, etc.).

- l'entité dispose d'informations raisonnables et justifiables pour appuyer ses attentes et hypothèses de cession.

L'entité doit ainsi appuyer son analyse sur les informations suivantes :
- historique sur les cessions d'actifs en défaut réalisées par le passé ;
- prévisions de cession d'actifs en défaut (ces prévisions pouvant différer de son historique) ;
- données de marché pertinentes sur les prix de cession ;
- demande pressante du Superviseur bancaire de réaliser des cessions d'actifs en défaut ;
- etc.

b. Modalités de prise en compte des flux attendus de la cession des actifs en défaut Les ECL sont un montant objectif reflétant tant la possibilité de subir une perte de crédit que de n'en subir aucune (IFRS 9.5.5.18). Ainsi, si les conditions décrites ci-avant sont respectées, les flux de trésorerie attendus de la cession éventuelle d'actifs qui seraient en défaut au moment de la cession doivent être pris en compte lors de l'évaluation des ECL de ces actifs, même si ces derniers ne sont pas encore en défaut (ils peuvent être en phase 1 ou 2 au moment de l'évaluation).

Remarques :

1. Pour plus d'informations sur les différentes phases du modèle général de dépréciation d'IFRS 9, voir n° 47085.
2. Dans la pratique, **les ECL sont calculées selon la formule ECL = EAD** (Exposition en cas de défaut/« Exposure at Default ») × **PD** (Probabilité de défaut/« Probability of Default ») × **LGD** (Taux de pertes en cas de défaut/« Loss Given Default »). La prise en compte des flux de trésorerie attendus de la cession des actifs en défaut revient alors à intégrer ceux-ci dans la LGD.

Les exemples simplifiés ci-après permettent d'illustrer ces principes.

■ *Exemple 1*

Une entité A détient un titre obligataire comptabilisé à la juste valeur en contrepartie des OCI. A la date de clôture, la maturité résiduelle de l'obligation est de 2 ans. Or, l'entité a l'intention de céder l'obligation sans que l'émetteur soit en défaut dans les 6 mois suivant la clôture afin de faire face à des dépenses d'investissement prévues à moyen terme.

Par ailleurs, selon l'analyse de l'entité, le titre obligataire a connu une augmentation significative du risque de crédit depuis la date de comptabilisation initiale. Les pertes de crédit attendues doivent donc être évaluées sur la durée de vie de l'instrument (phase 2).

L'évaluation des ECL doit-elle tenir compte des flux attendus de la cession de l'actif financier ?

Solution de l'exemple 1 *L'évaluation des pertes de crédit à la date de clôture ne tiendra pas compte de la cession envisagée de l'actif financier car l'actif sera sain au moment de la cession. Ainsi, l'évaluation des ECL se fera sur la base des flux contractuels restant sur les deux années suivant la date de clôture. L'entité devra estimer une probabilité de défaut sur ces flux contractuels dans le cadre de l'évaluation des ECL afin de déterminer les flux qu'elle s'attend à recevoir. Ces flux ne prendront pas en compte les flux attendus de la cession de l'actif devant intervenir dans 6 mois.*

■ *Exemple 2*

Une entité détient à son actif un portefeuille de prêts présentant des caractéristiques de risque similaires. Selon ses analyses de données historiques et ses prévisions, l'entité établit les statistiques suivantes sur la base d'une approche multi-scénarios :

– dans 10 % des cas, les prêts constituant le portefeuille tomberont en défaut (i.e. le portefeuille présente une probabilité de défaut de 10 %) ;

– en cas de défaut, dans 50 % des cas, aucune action ne sera prise et l'entité pourra recouvrer 30 % des flux contractuels ;

– toujours en cas de défaut, l'entité estime que, dans les 50 % des cas restants, les actifs seront cédés ne permettant un recouvrement qu'à hauteur de 20 % des flux contractuels.

Dans un souci de simplification, considérons que le montant des ECL à comptabiliser correspond à l'encours du portefeuille multiplié par un taux de provisionnement. Comment l'entité doit-elle évaluer ce taux de provisionnement ?

Solution de l'exemple 2 *Le taux de provisionnement du portefeuille de prêts est déterminé comme suit :*

Probabilité de défaut du portefeuille × [(probabilité de recouvrement par cession × taux de perte en cas de cession) + (probabilité de recouvrement sans prise d'action × taux de perte en cas de non-prise d'action)] =

10 % × [50 % × (100 % – 30 %) + 50 % × (100 % – 20 %)] = 10 % × [50 % × 70 % + 50 % × 80 %] = 7,5 %.

Le taux de provisionnement ainsi calculé correspond à la PD de 10 % multipliée par le taux de perte en cas de défaut (LGD). Ce dernier tient bien compte des flux de trésorerie attendus de la cession des prêts en défaut.

Prise en compte des coûts de recouvrement des actifs en défaut pour l'évaluation des pertes de crédit attendues

47735 *Question*

Les coûts supportés par une entité afin de recouvrer les flux de trésorerie contractuels sur des actifs en défaut (autres que les coûts de saisie des instruments de garantie) peuvent-ils être retenus dans l'évaluation des pertes de crédit attendues sur ces actifs ?

Réponse

A notre avis, il est possible de prendre en compte les flux de recouvrement d'actifs en défaut dès lors qu'il s'agit de coûts marginaux directement attribuables au recouvrement des flux de trésorerie contractuels sur les actifs en défaut. Cela s'applique aussi bien aux coûts externes qu'aux coûts internes.

Commentaires :

1. **Contexte** Lorsqu'un actif financier tombe en défaut, l'entité peut être amenée à supporter de nombreux coûts afin de recouvrer les flux de trésorerie contractuels restants sur cet actif. Si IFRS 9 prévoit l'inclusion, sous certaines conditions, des coûts de saisie des instruments de garantie dans l'évaluation des pertes de crédit attendues (« Expected Credit Losses »/ECL), la norme reste silencieuse sur les autres coûts de recouvrement pouvant devoir être supportés par l'entité.

Pour plus de détails sur la prise en compte des instruments de garantie dans l'évaluation des ECL, voir n° 47660.

Ces coûts de recouvrement pouvant être significatifs, se pose alors la question de leur comptabilisation : en charge de dépréciation (i.e. pris en compte dans l'évaluation des ECL) ou au sein d'une autre ligne du compte de résultat ?

Pour les établissements financiers notamment, la comptabilisation de ces coûts en charges opérationnelles impacte le coefficient d'exploitation (ratio charges d'exploitation / produit net bancaire) qui est un indicateur de performance important.

2. **Analyse comptable** A notre avis, lorsque les coûts supportés par l'entité sont marginaux et directement attribuables au recouvrement des flux de trésorerie contractuels d'un actif en défaut, ils peuvent être inclus dans l'évaluation des ECL de cet actif financier, qu'il s'agisse de coûts externes ou internes à l'entité. Cette position est cohérente avec la position de l'ITG (« IFRS Transition Resource Group for Impairment of Financial Instruments ») sur la prise en compte des flux de trésorerie attendus de la cession éventuelle d'actifs financiers. En effet, lors des discussions menées en décembre 2015, l'ITG a conclu que lorsque les flux de trésorerie attendus de la cession d'actifs financiers en défaut sont pris en compte dans l'évaluation des ECL, ceux-ci doivent être **nets des éventuels coûts de cessions.**

Exemples :

- Les commissions versées à des agences de recouvrement et calculées sur la base du montant des flux de trésorerie recouvrés sur les actifs en défaut peuvent être prises en compte dans l'évaluation des ECL de ces actifs.
- A contrario, les coûts fixes supportés par un département de recouvrement interne à l'entité ne peuvent être considérés ni comme marginaux, ni comme directement attribuables au recouvrement de certains actifs. Ces flux ne peuvent pas être pris en compte pour l'évaluation des ECL.

Pour plus de détails sur la prise en compte des flux de trésorerie attendus de la cession éventuelle d'actifs financiers en défaut, voir n° 47730.

IV. Intégration des informations prospectives (« forward-looking ») dans l'évaluation des pertes de crédit attendues

Enjeux et difficultés de l'application de l'approche « forward-looking »

Question 47740

Quelles sont les principales difficultés liées à l'intégration des informations de nature prospective dans l'évaluation des pertes de crédit attendues ?

Réponse

L'aspect prospectif du modèle de dépréciation d'IFRS 9 (« forward-looking ») nécessite la mise en place d'une approche multi-scénarios qui peut s'avérer très complexe en pratique.

Commentaires La prise en compte d'informations prospectives est un principe clé du modèle de dépréciation d'IFRS 9. Elle est requise aussi bien pour l'évaluation d'une augmentation significative du risque de crédit que pour l'évaluation des pertes de crédit attendues. En outre, l'évaluation des pertes de crédit attendues doit refléter un montant objectif et établi par pondération probabiliste de différents scénarios possibles.

Pour des précisions sur ces principes, voir n° 47180, 47255 et 47270.

En application de ces principes, l'intégration des informations prospectives dans le cadre de l'évaluation des pertes de crédit attendues nécessite d'envisager plusieurs scénarios pour déterminer le montant et le calendrier des flux de trésorerie.

En effet, le terme « attendu » dans pertes de crédit attendues fait référence non pas au scénario le plus probable, mais à une moyenne de scénarios pondérés par leur probabilité de survenance (IFRS 9.BC5.263). Il s'agit, selon l'IASB, de la méthode la plus pertinente pour refléter, dans les états financiers, les incertitudes des entités quant au calendrier et au montant des flux de trésorerie futurs (IFRS 9.BC5.264).

Toutefois, la mise en place d'une approche multi-scénarios est un exercice complexe sur le plan opérationnel, car elle nécessite beaucoup de jugement et soulève de nombreuses interrogations notamment sur :

- les facteurs macroéconomiques pouvant impacter le montant des pertes de crédit attendues (chômage, taux d'intérêt, etc.) ;
- le nombre de scénarios devant être envisagés et le poids à attribuer à chacun de ces scénarios (voir n° 47760 et 47770) ;
- la communication et les informations à fournir, voir n° 52390.

Inadéquation du scénario le plus probable

47750 ***Question***

Pourquoi le scénario le plus probable ne peut être retenu seul afin d'évaluer les pertes de crédit attendues ?

Réponse

A cause des relations non linéaires entre les scénarios économiques et les pertes de crédit qui en résultent. La considération de plusieurs scénarios est requise afin de capter les effets de non-linéarité entre variables économiques et pertes de crédit, le cas échéant.

Commentaires :

1. **Contexte** L'intégration des informations prospectives (« forward-looking ») dans l'évaluation des pertes de crédit attendues nécessite de déterminer plusieurs scénarios macroéconomiques. Si la norme (IFRS 9.5.5.18) exige de considérer au moins deux scénarios (probabilité de subir une perte de crédit et celle de n'en subir aucune), elle ne requiert ni la prise en compte de tous les scénarios envisageables, ni la mise en place de modèles statistiques complexes (voir n° 47270). Notamment, lorsqu'il y a plusieurs scénarios possibles, une entité peut utiliser un échantillon représentatif de la distribution complète des scénarios pour déterminer le montant des pertes de crédit attendues (IFRS 9.BC5.265). Dans la mesure où les pertes de crédit tiennent compte de la probabilité de défaut (ce qui revient à prendre en compte les deux scénarios minimums requis par la norme), la question se pose alors de savoir si la mise en place de l'approche « forward-looking » ne peut s'appuyer que sur le scénario le plus probable, en tant que scénario représentatif de tous les résultats possibles.

2. **Analyse** A notre avis, le scénario le plus probable n'est représentatif des pertes attendues que lorsque les variables économiques définissant ces scénarios et les pertes de crédit qui en résultent évoluent de façon simultanée et au même rythme. Si ce n'est pas le cas, c'est-à-dire en cas de relations non linéaires, une approche multi-scénarios est requise.

■ *Exemple*

Illustration des impacts de non-linéarité *Une entité détient à son actif un portefeuille de prêts octroyés à des particuliers. Les pertes de crédit sur ce portefeuille sont fortement corrélées au taux de chômage, ainsi que déterminé par l'entité :*

- Si le taux de chômage s'établit à 4 %, les pertes de crédit sont évaluées à 30 € ; la probabilité d'un taux de chômage à 4 % est de 20 %.

- Si le taux de chômage s'établit à 5 %, les pertes de crédit sont évaluées 70 € ; la probabilité d'un taux de chômage de 5 % est de 50 %.

– Si le taux de chômage s'établit à 6 %, les pertes de crédit sont évaluées à 170 € ; la probabilité d'un taux de chômage à 6 % est de 30 %.

Taux de chômage	*Probabilité de survenance*	*Pertes de crédits attendues en cas de survenance*
4 %	*20 %*	*30 €*
5 %	*50 %*	*70 €*
6 %	*30 %*	*170 €*

Solution 1 de l'exemple – Evaluation des pertes de crédit attendues selon le scénario le plus probable *Le scénario le plus probable dans l'exemple est un taux de chômage à 5 % avec une probabilité d'occurrence de 50 %. Selon l'approche du scénario le plus probable, le montant des pertes de crédit attendues serait de 70 €.*

Solution 2 de l'exemple – Evaluation des pertes de crédit attendues selon une approche multi-scénarios, chaque scénario étant pondéré par sa probabilité d'occurrence *Selon cette approche, les pertes de crédit attendues seraient la somme de :*
– 30 × 20 % = 6 € (perte de crédit résultant d'un chômage à 4 % pondérée par la probabilité d'un chômage à 4 %) ;
– 70 × 50 % = 35 € (perte de crédit résultant d'un chômage à 5 % pondérée par la probabilité d'un chômage à 5 %) ;
– 170 × 30 % = 51 € (perte de crédit résultant d'un chômage à 6 % pondérée par la probabilité d'un chômage à 6 %).
Soit un total de 92 €.
Ainsi, l'évaluation selon le scénario le plus probable ne conduit pas au même résultat qu'une approche multi-scénarios. La différence observée de 22 € est due à la non-linéarité entre l'évolution du taux de chômage et les pertes de crédit attendues. Ainsi :
– quand le taux de chômage évolue de 1 % (de 4 % à 5 %), les pertes de crédit augmentent de 133 % (de 30 € à 70 €) ;
– quand le taux de chômage évolue de 2 % (de 4 % à 6 %), les pertes de crédit augmentent de 467 % (de 30 € à 170 €).
L'augmentation des pertes de crédit n'étant pas proportionnelle à celle du taux de chômage, le scénario le plus probable d'un chômage à 5 % n'est pas représentatif de la distribution totale du taux de chômage et dans ce cas, une approche multi-scénarios est requise.

Scénarios macroéconomiques

Question **47760**

Combien de scénarios macroéconomiques doivent être pris en compte dans l'évaluation des pertes de crédit attendues ?

Réponse

La détermination du nombre approprié de scénarios à prendre en compte fait appel au jugement et dépend des faits et circonstances, tout en tenant compte des facteurs importants suivants :
- obtention des informations pertinentes sans engager de coûts ou efforts excessifs ;
- possibilité de recourir à un échantillonnage ;
- existence de relations non linéaires entre les variables économiques et le montant des pertes de crédit attendues ;
- probabilité d'occurrence des scénarios ;
- réévaluation périodique.

Commentaires :

1. **Contexte** Si IFRS 9 requiert la considération de plusieurs scénarios dans l'évaluation des pertes de crédit attendues, il appartient aux entités d'en définir le nombre le plus approprié et ce, notamment afin de capter les impacts significatifs de relations non linéaires entre les variables économiques et le montant des pertes de crédit attendues.

Pour des précisions sur les relations non linéaires, voir n° 47750.

Il est fréquent, dans la pratique, de tenir compte de 3 scénarios : le scénario le plus probable (« base case » ou « baseline »), un scénario défavorable et un scénario favorable. Cependant, la définition de 3 scénarios n'est pas requise par la norme et ne serait pas toujours l'approche la plus appropriée.

2. **Analyse** Afin de déterminer le nombre de scénarios le plus approprié à l'évaluation des pertes de crédit attendues, il est important de veiller à tenir compte des facteurs suivants :

– **Prise en compte des informations pertinentes et justifiables disponibles « sans devoir engager des coûts ou des efforts excessifs »** Il s'agit notamment d'informations internes à l'entité prêteuse telles que les pertes historiques et les prévisions de pertes de crédit potentielles futures, ainsi que les informations externes disponibles telles que les prévisions des économistes et, dans certaines juridictions et industries, les statistiques sur les pertes sectorielles.

– **Possibilité de recourir à un échantillonnage** En présence de plusieurs résultats possibles, une entité peut utiliser un échantillon représentatif de la distribution complète pour déterminer la valeur attendue (IFRS 9.BC5.265).

Il n'est donc pas nécessaire d'identifier tous les scénarios possibles et leur probabilité d'occurrence, bien que ceux choisis doivent aboutir à une évaluation objective des pertes de crédit attendues.

– **Comprendre les relations non linéaires entre variables économiques et montant des pertes de crédit** L'examen de plusieurs scénarios a pour objectif de capter les effets significatifs de non-linéarités (voir n° 47750). Aussi, le choix des scénarios représentatifs dépend de la présence et de l'importance de ces relations non-linéaires dans les portefeuilles. Les informations de gestion existantes peuvent aider une entité à comprendre les non-linéarités qui existent dans ses portefeuilles.

Par exemple, bien qu'ils soient conçus à des fins de supervision bancaire, les exercices de « stress-test » réglementaires (i.e. évaluation de la résistance des établissements de crédit aux crises économiques en simulant des scénarios de crise) pourraient aider les établissements de crédit dans leur compréhension des effets de non-linéarités et définition des scénarios représentatifs.

– **Probabilité d'occurrence des scénarios** Les scénarios les plus extrêmes tels que ceux définis dans les « stress-test » réglementaires (ci-avant) pourraient être exclus de l'évaluation des pertes de crédit attendues s'ils présentaient une très faible probabilité d'occurrence et, par conséquent, leur pondération n'aurait pas d'impact significatif sur le montant à comptabiliser. Cependant, cette exclusion ne doit pas être automatique.

– **Réévaluation périodique** Le nombre de scénarios est défini en fonction de l'activité et de la stratégie de gestion des entités, mais il ne doit pas être figé. Par exemple, si une entité modifie sa stratégie commerciale et octroie des prêts à des contreparties présentant un profil de risque différent, un ou plusieurs scénarios supplémentaires pourraient être nécessaires afin de capter les effets significatifs de non-linéarités. Il est donc important de réévaluer périodiquement le nombre de scénarios et s'assurer de la pertinence de celui-ci suite aux évolutions constatées dans l'activité et la gestion des entités.

Remarque Ce principe de réévaluation périodique s'applique également à la pondération des scénarios définis, ces deux notions devant être traitées de façon simultanée. Par exemple, un scénario défavorable initialement faiblement pondéré ne doit pas nécessairement se voir appliquer une pondération plus forte du fait de la dégradation de l'environnement économique. Il est nécessaire de s'assurer que ledit scénario ne prend pas en compte des hypothèses plus défavorables, auquel cas la pondération pourrait rester constante.

S'agissant d'une zone de jugement importante, des informations sont à fournir en annexe (voir n° 52390).

Pondération de scénarios représentatifs en nombre limité

47770 ***Question***

Lorsque l'approche multi-scénarios consiste en un nombre limité de scénarios représentatifs, comment définir la pondération de ces différents scénarios ?

Réponse

Chaque scénario représentatif sélectionné doit se voir attribuer une pondération représentative, basée notamment sur les pondérations individuelles des scénarios compris dans chaque sous-ensemble représenté.

Commentaires :

1. **Contexte** L'intégration des informations de nature prospective (« forward-looking ») est obligatoire pour l'évaluation des pertes de crédit attendues et nécessite la mise en place de plusieurs scénarios économiques, le cas échéant. Le montant des pertes de crédit attendues

correspond à la somme des pertes de crédit qui résulteraient de chaque scénario pondéré par sa probabilité d'occurrence. **47770** (suite)

Exemple simplifié L'entité A détient à son actif une créance de 1 000 € sur l'entité B. Les pertes de crédit attendues (« ECL ») sur cette créance sont fortement corrélées à une seule variable économique qui est le taux d'inflation. L'entité A détermine alors 3 scénarios :
- si le taux d'inflation est inférieur à 1 % (probabilité de 30 %), le montant des ECL sera de 100 € ;
- si le taux d'inflation est compris entre 1 % et 2 % (probabilité de 50 %), le montant des ECL sera de 200 € ;
- si le taux d'inflation est supérieur à 2 % (probabilité de 20 %), le montant des ECL sera de 300 €.

Le montant de la dépréciation à comptabiliser au titre des ECL sur cet actif financier sera alors de : (100 € × 30 %) + (200 € × 50 %) + (300 € × 20 %) = 190 €.

L'exemple ci-dessus n'est pas représentatif de la réalité car, selon les variables économiques déterminées, il peut exister plusieurs dizaines de scénarios possibles. Cependant, en présence d'un nombre important de scénarios, il est possible de recourir à la technique d'échantillonnage en sélectionnant un échantillon représentatif de la distribution totale de ces scénarios (IFRS 9.BC5.265). Ainsi, plutôt que de déterminer une multitude de scénarios possibles et les simulations statistiques complexes qui en découlent (du type Monte-Carlo), l'approche multi-scénarios peut se fonder sur un nombre limité (3 à 5 en général) de scénarios choisis de manière discrétionnaire comme étant représentatifs des différents scénarios possibles.

Chaque scénario ainsi déterminé représente donc un sous-ensemble de scénarios possibles. Par conséquent, la pondération de chaque scénario retenu doit être établie de façon à être représentative des pondérations individuelles des scénarios compris dans chaque sous-ensemble représenté.

■ *Exemple*

Pondération des scénarios représentatifs *Une banque détient un actif financier unique qui doit être déprécié à hauteur des pertes de crédit attendues sur sa durée de vie. Par souci de simplification, l'évaluation d'une augmentation significative du risque de crédit a été faite en intégrant les informations prospectives via l'application d'une approche multi-scénarios.*

Afin d'appliquer une approche multi-scénarios lors de l'évaluation des pertes de crédit attendues, la banque détermine, sur la base d'informations raisonnables et justifiables, que tous les scénarios possibles peuvent être classés par ordre de gravité : le scénario du 0e centile étant le scénario le plus défavorable et le 100e centile étant le scénario le plus favorable. Par conséquent, la banque identifie trois scénarios représentatifs de la distribution complète des scénarios :
- *le scénario du 10e centile constitue le scénario défavorable et résulte en une perte de crédit de 95 € ; ce montant représente les pertes survenant dans tous les scénarios entre les 2e et 34e centiles où les pertes se situent entre 100 et 62 € ;*
- *le scénario le plus probable (« base case ») correspond au scénario du 50e centile ; les pertes de crédit sous ce scénario s'élèvent à 30 € et représentent l'ensemble des pertes survenant entre les 34e et 57e centiles où les pertes se situent entre 62 et 16 € ;*
- *et enfin, le scénario du 90e centile constitue le scénario favorable avec une perte de crédit de 2,5 € ; cette perte représente les pertes survenant entre les 57e et 100e centiles avec des pertes de 16 € à 0 €.*

Solution de l'exemple *Afin d'évaluer le montant des pertes de crédit attendues à comptabiliser, chaque scénario doit être pondéré sur la base des sous-ensembles de scénarios qu'il représente. Par conséquent :*
- *le scénario défavorable du 10e centile sera pondéré à 34 % ;*
- *le scénario le plus probable du 50e centile sera pondéré à 23 % ;*
- *le scénario favorable du 90e centile sera pondéré à 43 %.*

Le montant des pertes de crédit attendues est ainsi évalué à 40,3 € étant la somme de :
- *95 € × 34 % = 32,3*
- *30 € × 23 % = 6,9*
- *2,5 € × 43 % = 1,1.*

L'erreur à ne pas commettre serait d'établir une pondération correspondant au centile du scénario représentatif et appliquer :
- *une pondération de 10 % au scénario défavorable du 10e centile car la probabilité qu'un scénario égal ou plus défavorable se produise est de 10 % ;*
- *une pondération de 10 % au scénario favorable du 90e centile car la probabilité qu'un scénario égal ou plus favorable se produise serait de 10 % ; et*
- *appliquer une pondération de 80 % au scénario le plus probable par différence.*

Sous cette approche, le montant des pertes de crédit serait de 33,75 € (95 × 10 % + 30 × 80 % + 2,5 × 10 %), soit une différence significative avec le montant des pertes de crédit résultant de la prise en compte de tous les scénarios (41 €).

V. Modalités de comptabilisation des pertes de crédit attendues

Comptabilisation de la dépréciation (correction de valeur pour pertes de crédit attendues)

47790 ***Question***

Comment doit être comptabilisée la dépréciation (correction de valeur pour pertes de crédit attendues) selon le type d'instrument financier concerné ?

Réponse

La dépréciation est comptabilisée en résultat (charges) en contrepartie :
- d'une correction de valeur à l'actif, pour les instruments de dette évalués au coût amorti (y compris les créances commerciales), les créances locatives et les actifs sur contrat ;
- de la diminution des OCI recyclables, pour les instruments de dette évalués à la juste valeur en contrepartie des autres éléments du résultat global (OCI) ;
- d'une provision au passif, pour les engagements de prêts et les contrats de garantie financière.

Commentaires Le modèle de dépréciation d'IFRS 9 s'applique à différents instruments financiers, qui peuvent être :
- inscrits à l'actif du bilan (prêts, titres obligataires, etc.), comptabilisés comme une provision au passif (garanties financières) ou en hors bilan (engagements de prêt) ;
- comptabilisés au coût amorti ou à la juste valeur en contrepartie des autres éléments du résultat global (OCI).

Pour des précisions sur le champ d'application du modèle de dépréciation d'IFRS 9, voir nº 47070.

Les modalités de comptabilisation des pertes de crédit attendues varient alors selon l'instrument financier concerné.

Ainsi, la correction de valeur pour pertes de crédit attendues (la dépréciation) est définie comme (IFRS 9.A) :
- la correction de valeur sur les actifs comptabilisés au coût amorti, les créances locatives et actifs sur contrat ;
- la provision pour les engagements de prêt et les contrats de garantie financière ;

Cependant, dans certains cas, tels que les cartes de crédit, l'instrument financier inclut à la fois une composante prêt (actif financier) et une composante crédit non utilisée (engagement de financement) pour lesquels il n'est pas possible d'identifier séparément les pertes de crédit attendues pour chacune de deux composantes. Dans ce cas, à notre avis, les pertes de crédit attendues de l'engagement de financement devraient être comptabilisées avec celles de l'actif financier, sans dépasser le montant de celui-ci. Au-delà de la valeur de ce dernier, les pertes de crédit attendues seraient comptabilisées par le biais d'une provision au passif.

- le cumul des pertes de valeur pour les actifs financiers comptabilisés à la juste valeur par OCI.

Remarque Les pertes de crédit attendues sur ces instruments doivent être comptabilisées en résultat avec contrepartie les OCI car ces pertes ne doivent pas venir réduire la valeur comptable des actifs financiers au bilan (IFRS 9.5.5.2). Par conséquent, la contrepartie de ces pertes de crédit qui sont comptabilisées en résultat est inscrite dans les OCI, maintenant ainsi l'actif concerné à sa juste valeur au bilan.

Ce traitement spécifique est justifié par l'objectif d'une évaluation à la juste valeur par OCI, modèle mixte consistant à présenter dans les états financiers des informations à la fois sur le coût amorti (en résultat) et sur la juste valeur des actifs (au bilan) détenus dans un modèle de gestion dont l'objectif est de détenir des actifs pour recouvrer les flux de trésorerie contractuels et les flux de cessions (IFRS 9.BC5.119) :
- présenter les informations sur le coût amorti implique que les revenus d'intérêt et les pertes pour risque de crédit doivent être évalués de la même façon que pour les actifs financiers comptabilisés au coût amorti (IFRS 9.5.7.11) ;
- afin de présenter au mieux les informations sur la juste valeur, les pertes de crédit attendues ne devront pas impacter la valeur comptable brute de ces actifs financiers, mais devront être comptabilisées en OCI.

■ *Exemple 1* 47790 (suite)

Comptabilisation de la dépréciation pour pertes de crédit attendues en diminution de la valeur comptable de l'actif financier *Le 1/05/N, une banque accorde un prêt de 1 000 € à une entreprise afin de financer l'acquisition d'une immobilisation. Le prêt est classé en actifs financiers au coût amorti. Au 31/12/N, la banque ne constate pas une augmentation significative du risque de crédit sur le prêt et, par conséquent, évalue le montant des pertes de crédit attendues sur 12 mois à 100 €.*

Solution de l'exemple 1 *Le montant des pertes de crédits attendues à 12 mois est comptabilisé comme suit :*

Dt	*Compte de résultat – pertes pour risque de crédit*	*100 €*	
Ct	*Prêts évalués au coût amorti*		*100 €*

Ainsi, une charge de 100 € est constatée en contrepartie d'une baisse de la valeur nette du prêt.

Remarque *Cette écriture comptable n'aurait pas été enregistrée si le prêt était comptabilisé autrement qu'au coût amorti :*
– s'il était comptabilisé à la juste valeur par résultat, il ne serait pas soumis aux dispositifs de dépréciation d'IFRS 9 (voir n° 47070 pour plus de détails sur le champ d'application) ;
– s'il était comptabilisé à la juste valeur par OCI, la comptabilisation des pertes de crédit attendues n'aurait pas modifié sa valeur comptable, voir exemple 3.

■ *Exemple 2*

Comptabilisation des pertes de crédit attendues sur un engagement de prêt *Le 1/05/N, une banque octroie un engagement de prêt de 1 000 € à une société. Au 31/12/N, aucune somme n'a été utilisée par la société. Cependant, la banque constate une augmentation significative du risque de crédit et évalue un montant de pertes de crédit attendues sur la durée de vie de 400 €.*

Solution de l'exemple 2 *Le montant des pertes de crédit attendues sur la durée de vie est comptabilisé selon le schéma ci-dessous :*

Dt	*Compte de résultat – pertes pour risque de crédit*	*400 €*	
Ct	*Provision*		*400 €*

En effet, dans la mesure où aucun montant n'a été utilisé, il n'existe pas d'élément d'actif à déprécier. Les pertes de crédit attendues sont alors constatées au bilan comme une provision au passif.

■ *Exemple 3*

Comptabilisation des pertes de crédit attendues sur un instrument de dette évalué à la juste valeur par OCI (inspiré d'IFRS 9.IG.IE13) *Le 15/12/N, une société acquiert un instrument de dette à 1 000 € ayant une durée de vie de 10 ans. L'instrument est classé en actif financier évalué à la juste valeur par OCI. Par ailleurs, la société ne considère pas l'instrument financier comme un actif en défaut dès son acquisition ou sa création.*
Au 31/12/N, la juste valeur de l'instrument de dette baisse à 950 € du fait de changements intervenus sur les taux d'intérêt du marché. La société ne constate pas une augmentation significative du risque de crédit et de ce fait détermine un montant de pertes de crédit attendues à 12 mois s'élevant à 30 €.
Au 1/01/N+1, la société décide de vendre l'actif à sa juste valeur, soit 950 €.
Quelles sont les écritures à passer (hors intérêts par souci de simplification) ?

Solution de l'exemple 3 :
– Au 15/12/N – Acquisition de l'instrument

Dt	*Instrument de dette à la juste valeur par OCI*	*1 000 €*	
Ct	*Trésorerie*		*1 000 €*

– Au 31/12/N – Perte de valeur liée aux risques du marché (taux d'intérêt) :

Dt	*OCI – variation de juste valeur*	*50 €*	
Ct	*Instrument de dette à la juste valeur par OCI*		*50 €*

– Au 31/12/N – Dépréciation pour pertes de crédit attendues :

Dt	*Compte de résultat – dépréciation*	*30 €*	
Ct	*OCI – variation de juste valeur*		*30 €*

Ainsi, au 31/12/N, la perte de juste valeur comptabilisée dans les autres éléments du résultat global ne s'élève plus qu'à 20 €. Ce montant correspond à la différence entre la perte de valeur totale de 50 (1 000 – 950) et le montant des pertes de crédit attendues à 12 mois de 30.

– Au 1/01/N+1 – vente de l'instrument :

Dt	*Trésorerie*	*950 €*	
Ct	*Instrument de dette à la juste valeur par OCI*		*950 €*
Dt	*Résultat de cession (perte)*	*20 €*	
Ct	*Autres éléments du résultat global*		*20 €*

Au 1/01/N+1, le montant des variations de juste valeur recyclées en résultat en date de cession n'est que de 20 € sur une variation de valeur totale de 50 € (1 000 – 950). L'application du modèle de dépréciation d'IFRS 9 conduit à accélérer le recyclage en résultat des variations de juste valeur sur les instruments de dette évalués à la juste valeur par les autres éléments du résultat global.

Traitement comptable des actifs financiers présentant des indicateurs objectifs de perte de valeur dès leur comptabilisation initiale (« Purchased or Originated Credit Impaired »/POCI)

47792 ***Question***

Quel est le modèle spécifique appliqué aux actifs financiers présentant des indicateurs objectifs de perte de valeur dès leur comptabilisation initiale (« Purchased or Originated Credit Impaired »/POCI) ?

Réponse

Le modèle spécifique défini pour les POCI diffère du modèle général comme suit :
– les pertes de crédit attendues (« Expected Credit Losses »/ECL) sont évaluées sur la durée de vie de l'actif financier dès sa comptabilisation initiale et non sur 12 mois ;
– ces ECL sont incluses dans les flux de trésorerie futurs estimés lors du calcul du taux d'intérêt effectif (TIE) et non pas comptabilisées immédiatement au compte de résultat.

A l'instar du modèle général, les variations des ECL depuis la comptabilisation initiale sont comptabilisées au compte de résultat.

Commentaires La norme IFRS 9 définit un modèle général de dépréciation basé sur l'augmentation significative du risque de crédit, avec quelques exceptions ou mesures de simplification.

Pour une présentation d'ensemble du modèle de dépréciation d'IFRS 9, y compris les exceptions et simplifications, voir n° 47470.

Une de ces exceptions concerne les actifs financiers présentant des indicateurs objectifs de perte de valeur dès la comptabilisation initiale (« Purchased or Originated Credit Impaired »/POCI).

Pour les exemples de POCI, voir n° 47490.

Le modèle spécifique défini pour les POCI diffère du modèle général comme suit :
– les pertes de crédit attendues (« Expected Credit Losses »/ECL) sont évaluées sur la durée de vie de l'actif financier dès sa comptabilisation initiale et non sur 12 mois ;
– ces ECL sont incluses dans les flux de trésorerie futurs estimés lors du calcul du taux d'intérêt effectif (TIE).

Par conséquent, aucune dépréciation n'est initialement comptabilisée en résultat, les pertes de crédit venant ainsi ajuster le TIE.

A l'instar du modèle général, à chaque date de clôture suivant la comptabilisation initiale, les gains ou pertes de crédit attendus sur la durée de vie seront comptabilisés en résultat. Ainsi, les variations positives des ECL sur les POCI doivent être comptabilisées en résultat (gain), notamment si le montant des ECL à la date de clôture concernée est inférieur au montant constaté à la date de comptabilisation initiale (IFRS 9.5.5.14).

Pour une présentation du modèle général de dépréciation d'IFRS 9, voir n° 47085.

■ *Exemple* 47792 (suite)

Le 1/01/N-1, une banque A octroie un de prêt de 1 000 € à une société. Le prêt est rémunéré à un taux fixe de 3 % et remboursable in fine dans 4 ans, soit le 31/12/N+2. Le prêt est octroyé sans coûts de transaction et le taux d'intérêt effectif (TIE) correspond donc au taux contractuel de 3 %.
Au 31/12/N-1, la contrepartie emprunteuse présente des difficultés financières importantes qui ont un effet néfaste sur les flux de trésorerie attendus du prêt. Le prêt est donc considéré comme en défaut et transféré en phase 3.
Au 1/01/N, la banque A cède à la banque B le prêt en défaut pour une juste valeur de 700 €. La juste valeur de 700 € reflète :
– les pertes de crédit subies sur le prêt car la banque s'attend à ne recouvrer que 750 € sur le nominal du prêt ;
– une augmentation des taux d'intérêt de marché. Un prêt présentant les mêmes caractéristiques serait rémunéré à 6,5 %.
La banque B analyse le prêt comme respectant le critère de prêt basique. Le prêt étant détenu dans un modèle de gestion dont l'objectif est de recouvrer les flux de trésorerie (« Hold To Collect »/HTC), le prêt doit être comptabilisé au coût amorti.

Pour le classement des prêts, voir n° 45180.

Au 31/12/N, la banque B constate que la situation financière de l'emprunteur s'est améliorée et s'attend désormais à recouvrer le nominal du prêt à hauteur de 900 €.
Au 31/12/N+1, la situation financière de l'emprunteur se dégrade de nouveau et la banque estime à 600 € le montant recouvrable.
Au 31/12/N+2, la situation de l'emprunteur n'a pas évolué et le prêt est recouvré selon les estimations de la banque, soit à hauteur de 600 €.
Comment le prêt acquis doit-il être comptabilisé chez la banque B ?

Par mesure de simplification, il n'est pas tenu compte des effets d'actualisation du montant des pertes de crédit attendues.

***Solution de l'exemple** La banque B acquiert le prêt avec une forte décote reflétant la dégradation du risque de crédit de la contrepartie et les pertes de crédit attendues sur ce prêt. Par ailleurs, le prêt est classé en phase 3 chez la banque A et présente donc déjà des indicateurs objectifs de perte de valeur. Ainsi, le prêt doit être comptabilisé chez la banque B comme un POCI.*
Le prêt sera comptabilisé pour sa juste valeur de 700 €.
La banque B détermine le TIE du prêt en incluant dans les flux de trésoreries futurs estimés le montant des pertes de crédit attendues. Le TIE est donc déterminé selon l'équation suivante :

$$700 = \frac{30}{(1+i)} + \frac{30}{(1+i)^2} + \frac{30+750}{(1+i)^3}$$

i = 6,5 %, soit le taux de marché du prêt à la date d'acquisition

30 = 1 000 × 3 % (taux contractuel du prêt)
750 = nominal – pertes de crédit attendues = montant estimé recouvrable par la banque compte tenu de la situation du défaut.
Si le prêt n'était pas considéré comme un POCI, le TIE de la dette aurait été de 16,5 % déterminé comme suit :

$$700 = \frac{30}{(1+i)} + \frac{30}{(1+i)^2} + \frac{30+1\,000}{(1+i)^3}$$

i = 16,5 %

Le TIE de 16,5 % aurait permis de comptabiliser la décote constatée lors de l'achat du prêt comme un produit financier étalé sur la durée de vie du prêt. Or, dans le cadre d'un POCI, on considère que cette décote constatée vient rémunérer les pertes de crédit subies sur le prêt. Le calcul d'un TIE ajusté des pertes de crédit attendues a pour conséquence de ne pas comptabiliser cette décote comme un produit financier.
– Au 01/01/N :
Acquisition du prêt en défaut :

Dt	POCI	700 €	
Ct	Trésorerie		700 €

En date de comptabilisation initiale, aucun montant de pertes de crédit attendues n'est comptabilisé au compte de résultat car les pertes de crédit sont déjà prises en compte dans le TIE du prêt.
Si le prêt n'était pas considéré comme un POCI, il aurait fallu comptabiliser un montant de pertes de crédit attendues sur 12 mois.

– Au 31/12/N :

1. Comptabilisation des intérêts au TIE de 6,5 % :

Ct	*Produit d'intérêts [6,5 % × (700 + 15,5)]*		*46,5 €*
Dt	*Trésorerie*	*30 €*	
Dt	*POCI*	*16,5 €*	

Si le prêt n'était pas considéré comme un POCI, les intérêts comptabilisés seraient beaucoup plus importants (taux de 16,5 %).

2. Comptabilisation de la variation des pertes de crédit attendues (750 – 900 = –150) :

Par mesure de simplification il n'est pas tenu compte des effets d'actualisation.

Ct	*Dépréciations pour pertes de crédit attendues (reprise)*		*150 €*
Dt	*POCI*	*150 €*	

– Au 31/12/N+1 :

1. Comptabilisation des intérêts au TIE de 6,5 % :

Ct	*Produit d'intérêts [6,5 % × (700 + 15,5)]*		*46,5 €*
Dt	*Trésorerie*	*30 €*	
Dt	*POCI*	*16,5 €*	

2. Comptabilisation de la variation des pertes de crédit attendues (900 – 600 = 300) :

Par mesure de simplification il n'est pas tenu compte dans l'exemple des effets d'actualisation.

Dt	*Dépréciations pour pertes de crédit attendues (reprise)*	*300 €*	
Ct	*POCI*		*300 €*

– Au 31/12/N+2 (date de remboursement du prêt) :

1. Comptabilisation des intérêts au TIE de 6,5 % :

Ct	*Produit d'intérêts [6,5 % × (700 + 15,5 + 16,5)]*		*48 €*
Dt	*Trésorerie*	*30 €*	
Dt	*POCI*	*18 €*	

2. Décomptabilisation du POCI :

Dt	*Trésorerie*	*600 €*	
Ct	*POCI*		*600 €*

Ainsi, au 31/12/N+2, la valeur comptable du POCI a été ramenée à 600 € via :
– d'une part le mécanisme du taux amorti : 700 + 15,5 (N) + 16,5 (N+1) + 18 (N+2) = 750, soit le montant recouvrable initialement prévu par l'entité ;
– les variations des pertes de crédit attendues : 750 + 150 € (reprise en N) – 300 € (dotation en N+1) = 600 €.

Traitement comptable de la sortie d'un actif financier de la phase 3 (défaut)

47795 ***Question***

Lorsqu'un actif financier sort de la phase 3, comment comptabiliser la différence résultant du calcul d'intérêts sur une base brute plutôt que sur une base nette (de la dépréciation) : en produit d'intérêts ou en reprise de dépréciation ?

Réponse

L'IFRS IC a confirmé que cette différence doit être comptabilisée en reprise de dépréciation, s'agissant d'un effet de désactualisation de la dépréciation pour pertes de crédit attendues constatée sur l'actif financier concerné.

Commentaires : **47795** (suite)

1. **Contexte** Selon le modèle général de dépréciation d'IFRS 9, lorsqu'un actif financier présente des caractéristiques de défaut, il est transféré en phase 3 et ses revenus d'intérêts sont déterminés en appliquant le taux d'intérêt effectif (TIE) à la valeur comptable nette de l'actif financier, c'est-à-dire sa valeur comptable après dépréciation pour pertes de crédit attendues (« Expected Credit Losses »/ECL) (IFRS 9.5.4.1b).

Pour plus de détails sur le modèle général de dépréciation d'IFRS 9, voir nº 47085.

Il en résulte alors une différence entre le montant des intérêts qui aurait été obtenu en appliquant le TIE sur la valeur comptable brute de l'actif et le montant des intérêts comptabilisés en appliquant le TIE sur sa valeur nette de dépréciation. Si l'actif financier ne présente plus des caractéristiques de défaut (i.e. diminution significative du risque de crédit) ou s'il est intégralement recouvré, il doit sortir de la phase 3. La question se pose alors de savoir si la différence d'intérêts ci-avant doit être comptabilisée en tant que produit d'intérêts ou reprise de dépréciation pour ECL.

2. **Analyse de l'IFRS IC** L'IFRS IC a été saisi de cette question en novembre 2018. De nombreuses parties prenantes s'inquiétaient notamment du fait que, dans certains cas, le montant de la différence résultant du calcul d'intérêts sur base nette plutôt que sur base brute excédait le montant de la dépréciation comptabilisée sur l'actif financier. Si cette différence devait être comptabilisée en tant que reprise de la dépréciation, cela reviendrait à comptabiliser une reprise supérieure au montant de la dépréciation initialement comptabilisée. Toutefois, l'IFRS IC a conclu que la différence constatée sur le calcul du montant d'intérêts d'actifs en défaut qui sortiraient de la phase 3 doit être comptabilisée en tant que reprise de dépréciation. Cela, en application d'IFRS 9.5.5.8 selon lequel la différence entre le montant des ECL sur un actif financier d'une période à l'autre doit être comptabilisée au compte de résultat comme une dotation ou une reprise de dépréciation. Selon l'IFRS IC, la différence résultant du calcul d'intérêts sur base nette plutôt que sur base brute constitue un effet de désactualisation de la dépréciation constatée sur l'actif financier. Or, les pertes de crédit attendues représentent un montant actualisé. Aussi les différences constatées d'une période à l'autre visées au paragraphe IFRS 9.5.5.8 incluent bien les effets d'actualisation et de désactualisation des ECL (IFRIC Update 03/19).

Recommandations de l'AMF Dans ses recommandations en vue de l'arrêté des comptes 2019, l'AMF insiste sur l'importance de prendre en considération cette décision de l'IFRS IC dans les modèles de dépréciation mis en place (Rec. AMF 2019-13, Arrêté des comptes 2019, § 4.1).

■ *Exemple*

Une entité détient un actif financier évalué au coût amorti au 31/12/N. L'actif financier est en défaut et classé dans la phase 3 du modèle général de dépréciation IFRS 9 du fait d'impayés. L'actif financier présente un taux d'intérêt effectif de 10 %.

Durant l'exercice N+1, l'entité n'a reçu aucun flux de trésorerie au titre de l'actif financier et celui-ci n'a subi aucune modification contractuelle ni d'évolution de son risque de crédit. Le tableau suivant présente l'évolution du coût amorti de l'actif entre le 31/12/N et le 31/12/N+1 :

	31/12/N	*Application du taux d'intérêt effectif sur l'exercice N+1*	*31/12/N+1*
Valeur comptable brute	*100*	*10*	*110*
Dépréciation pour pertes de crédit attendues	*-60*	*-6*	*-66*
Valeur comptable nette/coût amorti	*40*	*4*	*44*

Le revenu d'intérêt constaté sur l'actif financier durant l'exercice N+1 est de 4, soit l'application du TIE de 10 % sur la valeur nette comptable de l'actif au 31/12/N (40).

Ainsi, au 31/12/N+1, la dépréciation constatée pour ECL de 66 inclut un montant de 6 correspondant à la différence entre (i) l'application du TIE sur base brute (10 % × 100 = 10) et (ii) l'application du TIE sur base nette (10 % × 40 = 4).

Durant l'exercice N+2, la contrepartie règle la totalité du montant du sur l'actif financier et ne présente donc plus de caractéristiques de défaut. La dépréciation pour ECL constatée doit alors être reprise en compte de résultat. Comment doit être effectuée cette reprise :

- en reprise de dépréciation à hauteur de 60 et en revenu d'intérêt à hauteur de 6 ; ou

- en reprise de dépréciation en totalité ?

***Solution de l'exemple** En application des principes exposés ci-avant, l'entité devra comptabiliser en N+2 une reprise de la dépréciation pour ECL en totalité, pour un montant de 66. La différence de 6 entre la dépréciation au 31/12/N et au 31/12/N+1 constitue un effet de désactualisation de la dépréciation constatée au 31/12/N.*

Comptabilisation des impacts d'un changement de la définition du défaut

47798 ***Question***

Lorsque la définition du défaut utilisée afin d'évaluer les pertes de crédit attendues (« Expected Credit Loss »/ECL) est modifiée, les impacts sur le montant des ECL doivent-ils être comptabilisés comme un changement de méthode ou comme un changement d'estimation ?

Réponse

Les impacts sur le montant des ECL à la suite d'un changement de la définition du défaut constituent des changements d'estimation. Ils doivent donc être comptabilisés de façon prospective au compte de résultat.

Cette analyse s'applique à tout changement dans la méthodologie d'évaluation des ECL.

Commentaires :

1. **Contexte** Les pertes de crédit **attendues (« Expected Credit Losses »/ECL)** correspondent à **une estimation** de la valeur actualisée des manques à gagner en flux de trésorerie qui surviendraient en cas de défaut de la contrepartie.

Pour la définition des pertes de crédit attendues, voir nº 47255.

La définition du défaut représente donc un paramètre de calcul important dans la méthodologie d'évaluation des ECL.

En pratique, l'évaluation des pertes de crédit attendues est couramment calculée selon la formule ECL = EAD (Exposition en cas de défaut/« Exposure at Default ») × PD (Probabilité de défaut/« Probability of Default ») × LGD (Taux de pertes en cas de défaut/« Loss Given Default »).

Mise à part la présomption réfutable selon laquelle un actif financier est en défaut s'il présente plus de 90 jours d'impayés, la norme IFRS 9 ne présente pas les critères de défaut. Ainsi, chaque entité définit cette notion en cohérence avec sa gestion du risque de crédit.

Pour la notion de défaut et les principes de la norme IFRS 9, voir nº 47505.

Les entités peuvent donc être amenées à faire évoluer les définitions du défaut mises en place.

Le changement de définition du défaut peut être la conséquence d'une évolution réglementaire ou d'une modification de la politique de gestion de risque de crédit de l'entité.

Lorsque la définition de défaut est modifiée, la modification entraîne des impacts sur le montant des ECL. La question se pose alors de savoir si les impacts constatés sur les ECL doivent être comptabilisés comme :
- un changement de méthode comptabilisé de façon rétrospective, c'est-à-dire sans impact au compte de résultat ;
- un changement d'estimation comptabilisé de façon prospective c'est-à-dire avec un impact au compte de résultat.

Pour plus d'informations sur les méthodes rétrospective et prospective, voir nº 12681.

2. **Rappels des principes d'un changement de méthode versus un changement d'estimation** La norme IAS 8 indique qu'il est parfois difficile d'opérer la distinction entre changement de méthodes comptables et changement d'estimations (IAS 8.35).

Une estimation résulte d'un jugement basé sur l'information fiable la plus récente disponible et un changement d'estimation se produit de manière générale dans les cas suivants (IAS 8.32 et IAS.34) :
- changements concernant les circonstances sur lesquelles l'estimation était fondée ;
- nouvelles informations disponibles ou nouveaux développements ;
- une plus grande expérience.

Lorsqu'il est difficile d'opérer la distinction entre changement de méthode comptable et changement d'estimation, le changement est traité comme un changement d'estimation comptable (IAS 8.35).

3. **Application à la modification de la définition du défaut** Le défaut étant un paramètre de l'évaluation des ECL, la mise à jour de la définition du défaut reflète un changement de circonstances sur lesquelles l'évaluation des ECL est basée. Par conséquent, les impacts comptables résultant de la modification de la définition du défaut doivent être comptabilisés comme un changement d'estimation.

Les impacts comptables sur les ECL en cas de changement de la définition du défaut s'analysent de la même façon que les impacts comptables résultant de la modification d'une technique d'évaluation ou de ses modalités d'application, qui sont toujours comptabilisées comme un changement d'estimation selon IFRS 13.66.
Cette analyse s'applique à tout changement dans la méthodologie d'évaluation des ECL.

VI. Modification et réduction de la valeur comptable brute (passage en pertes ou « write-off »)

Réduction de la valeur comptable brute (passage en pertes ou « write-off ») d'un actif financier

Question 47800

Comment déterminer si la valeur comptable brute d'un actif financier en défaut doit être réduite (passage en pertes ou « write-off ») ?

Réponse

Faute de précisions de la norme IFRS 9, les entités doivent exercer leur jugement afin d'évaluer s'il existe ou non une attente raisonnable de recouvrement de tout ou partie des flux de trésorerie contractuels restants sur l'actif en défaut.

A notre avis, les éléments suivants constituent des facteurs pertinents d'analyse :
- exercice des droits à remboursement attachés à un instrument de garantie (ou autre rehaussement de crédit) ;
- arrêt des actions de recouvrement ;
- procédure de liquidation en cours chez la contrepartie ;
- nombre de jours d'impayés ;
- nombre de scénarios envisagés pour le recouvrement des flux de trésorerie restants.

En outre, à notre avis, cette évaluation peut être faite sur base individuelle ou collective selon la nature et les caractéristiques de risque de crédit des actifs financiers en défaut considérés.

Commentaires :

1. **Principe** La valeur comptable brute d'un actif financier doit être réduite dès lors que l'entité n'a plus d'attente raisonnable de recouvrement de tout ou partie des flux de trésorerie contractuels restant sur cet actif (IFRS 9.5.4.4) ; il s'agit alors d'une décomptabilisation (totale ou partielle) de l'actif financier (IFRS 9.B3.2.16r). Cette réduction de valeur (plus communément passage en pertes ou « write-off ») peut être totale ou partielle.

Par exemple, si une entité prévoit d'exercer ses droits sur l'instrument de garantie d'un actif financier de 100 et s'attend à en recouvrer ainsi au plus 30 % sans pouvoir raisonnablement s'attendre à recouvrer d'autres flux de trésorerie de l'actif financier, la valeur comptable brute de la créance devra être ramenée à 30 (IFRS 9.B5.4.9).

La norme IFRS 9 n'apportant pas plus de précisions, les entités doivent alors exercer leur jugement sur la base des faits et circonstances spécifiques afin d'évaluer si, à la date de clôture, un actif financier doit être passé en pertes (en totalité ou en partie). A cet effet, la notion d'attente raisonnable de recouvrement de flux de trésorerie est primordiale.

2. **Evaluation de l'existence d'une attente raisonnable de recouvrement de flux de trésorerie** A notre avis, les éléments suivants constituent des facteurs pertinents pour l'analyse de l'existence d'une attente raisonnable de recouvrement des flux de trésorerie contractuels restant sur un actif financier en défaut :

Remarque Il ne s'agit en aucun cas d'une liste exhaustive de ces facteurs. En outre, aucun ne saurait représenter un indicateur déterminant en soi, mais pourrait s'avérer pertinent dans le cadre d'une analyse globale.

a. **Exercice des droits à remboursement attachés à un instrument de garantie (ou autre rehaussement de crédit)** Lorsqu'un actif financier est couvert par un instrument de garantie, l'entité peut raisonnablement s'attendre à recouvrer une partie ou la totalité des flux attendus sur cet actif financier tant que les droits attachés au contrat de garantie n'ont pas encore été exercés.

Cependant, selon l'exemple développé dans IFRS 9.B5.4.9 (voir ci-avant), l'actif financier peut déjà être passé en pertes de façon partielle si l'entité ne s'attend qu'à recouvrer une partie des flux de trésorerie contractuels via l'exercice de l'instrument de garantie.

Une fois que les droits attachés à un instrument de garantie ont été exercés, il nous semble plus difficile de démontrer qu'il existe une attente raisonnable de recouvrement des flux de trésorerie contractuels restant sur l'actif. L'entité devra alors se baser sur des données historiques afin d'évaluer sa capacité à recouvrer les flux de trésorerie restants.

b. **Arrêt des actions de recouvrement** Dès lors que l'entité décide de ne plus mettre en place des actions de recouvrement sur les actifs financiers en défaut, le passage en pertes de ces actifs paraît justifiable.

Cependant, comme suggéré par IFRS 7.35Fe (qui requiert des informations en annexe sur la méthode appliquée aux actifs financiers que l'entité a sortis mais qui peuvent encore faire l'objet de mesures d'exécution) un actif financier peut être décomptabilisé de façon partielle ou totale alors même qu'il fait encore l'objet de mesures d'exécution.

c. **Procédure de liquidation en cours chez la contrepartie** Lorsque la contrepartie d'un actif financier est en procédure de liquidation et il est certain que cette contrepartie ne dispose pas d'actifs suffisants pour régler la totalité de ses passifs, l'actif financier concerné peut être passé en pertes, même si la procédure de liquidation n'est pas encore finalisée.

Toutefois, la procédure de liquidation ne justifie pas toujours en elle-même un write-off de l'actif financier. En effet, il est possible que l'entité ne puisse évaluer la possibilité de recouvrer les flux de trésorerie contractuels restants tant que la procédure n'est pas finalisée.

d. **Nombre de jours d'impayés** L'existence d'un nombre de jours d'impayés important constitue un indicateur de passage en pertes. En effet, dans certains cas, les entités peuvent démontrer sur la base de données historiques que pour un portefeuille d'actifs financiers donnés, après un certain nombre de jours d'impayés, il n'y a plus d'attente raisonnable de recouvrement des flux de trésorerie contractuels restants.

Remarque Cette approche doit être mise en place avec beaucoup de prudence. En effet, la mise en place du nombre de jours d'impayés comme critère de write-off nécessite une segmentation pertinente et rigoureuse des actifs financiers selon des caractéristiques de risque de crédit similaires. Il ne serait pas pertinent, par exemple, de déterminer un seul seuil de nombre de jours d'impayés pour tous les actifs détenus par une entité. Par ailleurs, ce critère à lui seul ne peut suffire à évaluer quand un actif financier doit faire l'objet d'un write-off.

e. **Nombre de scénarios considérés pour le recouvrement des flux de trésorerie contractuels** Lorsqu'un actif financier est en défaut, les entités peuvent envisager plusieurs scénarios quant au recouvrement des flux de trésorerie restants : cession de l'actif, exercice de la garantie, actions de recouvrement, etc. A notre avis, le nombre de scénarios considérés est un facteur pertinent pour l'analyse de write-off. En effet, plus les scénarios de recouvrement envisagés sont nombreux, plus il sera difficile pour l'entité de démontrer qu'il n'existe plus d'attente raisonnable de recouvrement des flux de trésorerie contractuels.

3. **Evaluation sur base individuelle ou sur base collective** A notre avis, l'analyse de l'existence ou non d'une attente raisonnable de recouvrement des flux de trésorerie peut se faire sur base individuelle ou collective selon la nature et les caractéristiques de risque de crédit des actifs financiers concernés.

Par exemple, il peut être pertinent pour une banque de mettre en place des critères de write-off pour un portefeuille de prêts immobiliers aux particuliers présentant des caractéristiques similaires.

Application des dispositions de dépréciation à un actif financier modifié à la suite des difficultés financières de la contrepartie

47810 *Question*

Lorsqu'un actif financier fait l'objet d'une modification de ses clauses contractuelles à la suite des difficultés financières de la contrepartie (restructuration), quels sont les impacts quant à l'application du modèle de dépréciation d'IFRS 9 ?

47810 (suite)

Réponse

Les impacts sont différents selon que la modification contractuelle des flux de trésorerie est estimée substantielle ou non.

- En cas de modification substantielle, l'actif modifié est décomptabilisé et un nouvel actif financier est comptabilisé à la date de modification. A sa date de comptabilisation initiale, le nouvel actif financier sera en général classé en phase 1, sauf s'il présente les caractéristiques d'un actif financier en défaut dès son acquisition ou création (« POCI ») nécessitant alors sa classification en phase 3.
- En cas de modification non substantielle, l'actif financier est maintenu au bilan de l'entité et sa valeur comptable est ajustée afin de tenir compte de la modification. Dans ce cas, le prêt sera classé en phase 2 ou 3 selon que la restructuration entraîne ou non un effet négatif sur les flux de trésorerie attendus.

Commentaires :

1. **Rappel** Lorsque les flux de trésorerie contractuels d'un actif financier sont modifiés, une analyse doit être faite afin de déterminer si cette modification est substantielle. Une modification substantielle des flux de trésorerie d'un actif financier entraîne la décomptabilisation de cet actif financier et la comptabilisation d'un nouvel actif. A contrario, en cas de modification non substantielle, la valeur comptable brute de l'actif modifié doit être ajustée pour tenir compte des nouveaux flux de trésorerie actualisés au taux d'intérêt effectif d'origine (selon l'approche générale).

Pour des précisions sur l'analyse comptable des modifications de flux de trésorerie d'un actif financier, voir n° 45620.

Dans les deux cas, lorsque la modification des clauses contractuelles fait suite à des difficultés de la contrepartie (i.e. restructuration), les entités doivent s'interroger sur les impacts éventuels quant à l'application du modèle général de dépréciation d'IFRS 9.

Pour des précisions sur le modèle de dépréciation général d'IFRS 9, voir n° 47085.

2. **Impact en cas de modification substantielle des flux de trésorerie : décomptabilisation de l'actif financier** (IFRS 9.B5.5.25 et .B5.5.26) En cas de modification substantielle des flux de trésorerie, la date de modification constitue la date de comptabilisation initiale (selon les modalités contractuelles du nouvel actif financier). Selon les faits et circonstances ayant conduit à cette modification substantielle, le nouvel actif financier peut ou non présenter des indications objectives de pertes de valeur à cette date. Le traitement en termes de dépréciation sera alors différent selon le cas :

- En l'absence de toute indication objective de perte de valeur à la date de modification, le nouvel actif financier sera classé en phase 1 et, par conséquent, déprécié à hauteur des pertes de crédit attendues à 12 mois. Ce n'est qu'en cas d'une augmentation significative du risque de crédit par rapport à son nouveau risque de crédit à la date de modification que l'actif financier sera ultérieurement classé en phase 2 et déprécié à hauteur des pertes de crédit attendues sur sa durée de vie.

Il est courant pour les établissements de crédit d'utiliser les définitions prudentielles d'encours « forborne » (restructurés) et « non-performing » (non-performants) afin de définir les critères de passage en phase 2 et phase 3 sous IFRS 9. Or, le traitement comptable décrit ci-avant, consistant à décomptabiliser un actif financier modifié et à le reclasser en phase 1 n'existe pas en règles prudentielles.
Selon ces règles, un actif financier « forborne » ou « non-performing » ne pourra sortir de ce statut que s'il ne présente aucun indicateur comportemental de risque de crédit durant une période probatoire de 12 ou 24 mois. Ainsi, un actif modifié peut être reclassé en phase 1 sous IFRS 9 mais rester « forborne » ou « non-performing » en règles prudentielles. Les établissements de crédit doivent faire attention à ce point de divergence inévitable lorsqu'elles s'appuient sur les règles prudentielles afin de définir les critères de passage en phases 2 ou 3 sous IFRS 9.

- Lorsque le nouvel actif comptabilisé présente à la date de modification des indications objectives de perte de valeur, il correspond à un actif financier en défaut dès son acquisition ou création (POCI). C'est alors le modèle spécifique consistant à prendre en compte les pertes de crédit attendues sur sa durée de vie dans le calcul du taux d'intérêt effectif qui s'applique (voir n° 47120).

C'est le cas, notamment, des modifications justifiées par des difficultés financières de l'emprunteur.

47810 (suite) 3. **Impact en cas de modification non substantielle : ajustement de la valeur comptable brute de l'actif financier** (IFRS 9.B5.5.27) Dans ce cas, le prêt sera classé en phase 2 ou 3 selon que la restructuration entraîne ou non un effet négatif sur les flux de trésorerie attendus. Si, par exemple, la restructuration conduit à un abandon partiel d'intérêts, alors le prêt devra être classé en phase 3.

Remarque La modification en soi de l'actif financier ne peut justifier un passage automatique en phase 1 (i.e. diminution significative de son risque de crédit). A notre avis, dans le cadre d'une modification de flux de trésorerie à la suite des difficultés financières de la contrepartie emprunteuse, l'actif financier modifié ne peut être classé en phase 1. Ce n'est qu'en l'absence d'impayés ou de tout autre indicateur comportemental du risque de crédit pendant une certaine durée que l'actif pourrait être reclassé en phase 1.

En effet, comme souligné par IFRS 9.B5.5.27, ce n'est pas parce qu'un actif financier a été renégocié ou dont les flux de trésorerie attendus ont été modifiés qu'il faut nécessairement en conclure que son risque de crédit est moins élevé. Ainsi, la modification des flux de trésorerie attendus ne justifie en aucun cas de ne pas procéder à l'évaluation d'une augmentation significative du risque de crédit de l'actif financier, le cas échéant.

CHAPITRE 41

Décomptabilisation d'actifs et de passifs financiers (IFRS 9)

48000

Plan du chapitre §§

Plan du chapitre *(suite et fin)* §§

L'ESSENTIEL DE LA NORME IFRS 9 (DECOMPTABILISATION D'ACTIFS ET DE PASSIFS FINANCIERS)

Décomptabilisation (sortie) d'un actif financier

48020 Une entité qui détient un actif financier peut lever des fonds en utilisant cet actif comme garantie ou comme première source de flux de trésorerie pour rembourser les fonds. Les dispositions de la norme IFRS 9 en matière de décomptabilisation déterminent si la transaction consiste :
- en la vente d'actifs financiers (l'entité cesse ainsi de comptabiliser ces actifs) ; ou
- en la remise de ces actifs à titre de garantie (l'entité comptabilise ainsi une dette pour les montants reçus).

Cette analyse peut être simple, par exemple lorsqu'un actif financier est transféré de manière inconditionnelle à un tiers non consolidé, avec transfert de tous les risques et avantages de cet instrument. Un tel actif doit être décomptabilisé.

La décomptabilisation n'est toutefois pas autorisée lorsqu'un actif a été transféré mais qu'en substance la quasi-totalité de ses risques et avantages sont conservés par le cédant.

En revanche, cette analyse peut s'avérer plus complexe dans d'autres cas. La titrisation et l'affacturage sont ainsi des transactions complexes pour lesquelles la décomptabilisation doit être analysée avec beaucoup de précaution.

Décomptabilisation (sortie) d'un passif financier

48030 Une entité doit sortir un passif financier de son bilan si et seulement s'il est éteint, c'est-à-dire lorsque l'obligation précisée au contrat (IFRS 9.3.3.1) :
- est éteinte ;
- est annulée ; ou
- arrive à expiration.

QUESTIONS/REPONSES PRATIQUES

Remarque importante

48040 Les réponses aux questions présentées ci-après résultent de l'analyse des dispositions de la norme IFRS 9, Instruments financiers, en vigueur actuellement, sur la base des informations disponibles au 1er juin 2023 (voir nº 44100).

Ce chapitre n'intègre pas de précisions sur les principes de présentation et d'informations à fournir en annexe en matière de décomptabilisation.

Pour plus de précisions sur la présentation au bilan et au compte de résultat d'une cession d'actifs financiers, voir n° 51365 et sur les informations à fournir en annexe en matière de décomptabilisation, voir n° 52530 s.

SECTION I

Principes généraux de décomptabilisation des actifs et passifs financiers

Champ d'application des dispositions de décomptabilisation d'IFRS 9

Question 48050

Quels sont les instruments financiers (actifs ou passifs) soumis aux dispositions de décomptabilisation d'IFRS 9 ?

Réponse

Tous les actifs et passifs financiers (y compris les dérivés) qui ne sont pas exclus du champ d'application d'IFRS 9.

En outre, sont néanmoins soumis aux règles de décomptabilisation, bien que globalement exclus d'IFRS 9 :
- les créances issues de contrats de location pour un bailleur ;
- les dettes issues de contrats de location pour un preneur ; et
- les engagements de financement.

Commentaires En matière de décomptabilisation, la norme IFRS 9 prévoit des dispositions spécifiques selon qu'il s'agit d'actifs financiers (voir n° 48060 s.) ou de passifs financiers (voir n° 48090). Les dérivés sont également soumis à ces dispositions (voir n° 48100), étant des instruments financiers au sens de la norme (IFRS 9.A).

Remarque Les dispositions d'IFRS 9 relatives à la décomptabilisation des actifs et passifs financiers sont intégralement reprises de la norme IAS 39 anciennement applicable, de manière inchangée.

Ces dispositions ne s'appliquent pas aux instruments financiers exclus du champ d'application d'IFRS 9 (voir n° 44150), sauf toutefois dans les deux cas suivants :

a. **les contrats de location** Les droits et obligations résultant de contrats de location auxquels s'applique la norme IFRS 16 sont exclus du champ d'application d'IFRS 9 (IFRS 9.2.1b). Toutefois, sont soumises aux dispositions de décomptabilisation de la présente norme :
- les créances résultant de contrats de location comptabilisés par un **bailleur** (IFRS 9.2.1b.i) ;
- les dettes résultant de contrats de location comptabilisées par un **preneur** (IFRS 9.2.1b.ii) ;

b. **les engagements de financement** (encore appelés engagements de prêt) (IFRS 9.2.1g).

Remarque Dans le cas des engagements de financement, le renvoi est fait à la fois aux paragraphes de la norme concernant la décomptabilisation des actifs et à ceux concernant la décomptabilisation des passifs (IFRS 9.3.2.1 à .3.3.4).
Voir également sur ce point n° 45340.

A. Cession d'actifs financiers

Règle de symétrie

Question 48055

Qu'est-ce que la règle de symétrie en matière de décomptabilisation ?

Réponse

Si le cédant ne décomptabilise pas l'actif cédé de son bilan, le cessionnaire (l'acquéreur) ne peut pas comptabiliser ce dernier à son bilan.

Commentaires Si le transfert d'un actif financier ne répond pas aux conditions de décomptabilisation chez le cédant, le cessionnaire (l'acquéreur) ne comptabilise pas l'actif transféré comme un actif. Le cessionnaire comptabilise alors une créance sur le cédant (IFRS 9.B3.2.15), représentant son droit à recevoir de la trésorerie de ce dernier pour l'actif transféré. De manière symétrique, le cédant comptabilise une dette envers le cessionnaire représentant son obligation de payer de la trésorerie pour l'actif transféré. Cette situation se réfère à une « failed sale », en opposition à un transfert permettant la décomptabilisation de l'actif transféré chez le cédant.

■ *Exemple*

Chez le cédant, l'opération s'analyse comme un emprunt garanti, ce qui se traduit par :

– le maintien à l'actif de son bilan des créances, prêts ou titres transférés (pas de décomptabilisation de ces derniers) ; et

– la comptabilisation d'une dette, en contrepartie de la trésorerie reçue.

Par symétrie, dans les comptes de l'acquéreur (cessionnaire), les actifs transférés (créances, prêts ou titres concernés) ne sont pas inscrits à l'actif de son bilan. En contrepartie de la trésorerie versée, l'acquéreur comptabilise simplement une créance sur le cédant (qui est garantie par les actifs juridiquement en sa propriété).

Arbre de décomptabilisation d'IFRS 9 (schéma)

48060 ***Question***

Comment est structuré l'arbre de décomptabilisation d'IFRS 9 ?

Réponse

Voir diagramme ci-après et les commentaires de ce diagramme au n° 48065.

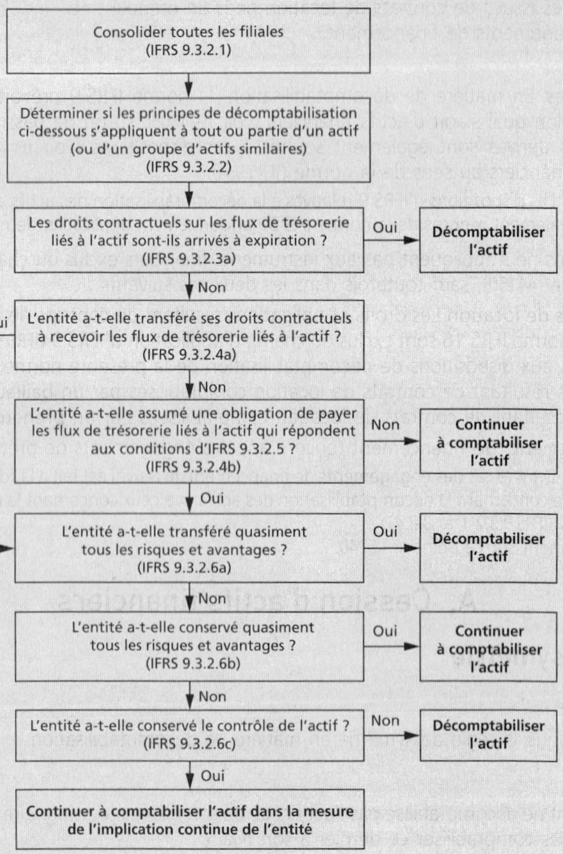

Commentaires IFRS 9.B3.2.1 illustre sous la forme d'un diagramme (voir ci-avant) les différentes étapes d'analyse permettant de savoir s'il faut décomptabiliser un actif (ou un groupe d'actifs) financier(s) cédé(s) et, si oui, de quelle manière (totale ou partielle).

Pour les commentaires de chacune des étapes de l'arbre, voir nº 48065.

Critères d'analyse d'une cession de créances : approche générale et arbre de décomptabilisation

Question 48065

Quels sont les principaux critères d'analyse d'une cession de créances selon la norme IFRS 9 (commentaires de l'arbre de décomptabilisation au nº 48060) ?

Réponse

L'approche retenue est fondée sur trois critères :
- transfert des flux de trésorerie de l'instrument ;
- transfert de la quasi-totalité des risques et avantages attachés à l'instrument ; et
- transfert du contrôle de l'instrument.

Ces critères sont appréciés de manière successive, en respectant les différentes étapes d'analyse de l'arbre de décision d'IFRS 9 (voir nº 48060), en sachant toutefois que le non-respect d'un seul des deux premiers critères, pris isolément, peut empêcher toute décomptabilisation.

Commentaires :

1. **Critères de décomptabilisation d'un actif financier** La sortie (décomptabilisation) totale ou partielle d'un actif financier du bilan ne se fait pas en fonction du seul transfert de la propriété juridique de l'instrument (prêt, titre, créance commerciale ou créance financière résultant de la comptabilisation par le bailleur d'un contrat de location-financement ou d'un contrat de location simple) mais en fonction de **trois critères appliqués de manière successive,** en respectant les différentes étapes de l'arbre de décision d'IFRS 9.B3.2.1 (voir nº 48060) :
- expiration des droits contractuels aux flux de trésorerie de l'instrument ou transfert à un tiers de ces mêmes flux ;
- transfert de la quasi-totalité (« substantially all ») des risques et avantages de l'instrument ;
- transfert du contrôle de cet instrument.

Remarques :

1. **Contrats de location** Bien que les contrats de location soient hors du champ d'application d'IFRS 9, les créances issues de la comptabilisation par les bailleurs des contrats de location sont qualifiées d'instruments financiers et soumises aux dispositions de cette norme en matière de décomptabilisation et de dépréciation (IFRS 9.2.1b.i), voir nº 48050.

2. **Terminologie** Par la suite, à titre de simplification et parce que la plupart des opérations de cession réalisées par des entreprises (autres que des banques ou des assurances) portent sur des créances commerciales, nous utiliserons le terme « créances » en lieu et place d'« actifs financiers ».

2. **Arbre de décision d'IFRS 9 (principales étapes d'analyse)** Les entreprises doivent appliquer les critères de décomptabilisation d'un actif financier en respectant la logique d'analyse de l'arbre de décision d'IFRS 9.B3.2.1 (voir nº 48060), qui comprend les différentes étapes suivantes :

a. **Consolidation de toutes les filiales, y compris l'entité (ou les entités) structurée(s) participant à l'opération de cession de créances en application d'IFRS 10** IFRS 9.3.2.1 précise, en effet, que les critères de décomptabilisation s'appliquent à un niveau consolidé.

b. **Expiration des droits contractuels aux flux de trésorerie relatifs à la créance** (IFRS 9.3.2.3a) Si les droits contractuels aux flux de trésorerie de l'actif ont expiré, l'analyse s'arrête à cette étape et l'actif est décomptabilisé.

Pour des précisions sur cette notion en cas de modification de l'instrument, voir nº 45620.

c. **Existence d'un transfert des droits contractuels aux flux de trésorerie relatifs aux créances cédées** (IFRS 9.3.2.4a) La norme IFRS 9 vise ici l'existence d'un contrat transférant les droits contractuels aux flux de trésorerie attachés aux créances concernées, du cédant au cessionnaire.

Pour des précisions sur la notion de transfert des droits contractuels, voir nº 48075 et 48120.

Remarque – Etapes intermédiaires de l'arbre de décision A l'issue de la première étape (raisonnement à un niveau consolidé, voir point a. ci-avant), l'arbre de décision soulève une question intermédiaire : la cession porte-t-elle sur l'intégralité des créances concernées ou seulement sur une partie des créances ? (voir également nº 48115). Cette partie peut être soit juridiquement distincte (le nominal versus les intérêts, par exemple), soit proportionnelle (80 % de chaque créance cédée, par exemple) (IFRS 9.3.2.2).

d. A défaut, existence d'une obligation contractuelle de reverser les flux de trésorerie au cessionnaire (« pass-through arrangement ») (IFRS 9.3.2.4b) S'il n'y a ni transfert des droits contractuels aux flux de trésorerie ni obligation de reverser les flux de trésorerie provenant des créances, l'analyse s'arrête là et le cédant doit continuer à reconnaître à son bilan l'intégralité des créances concernées.

Pour des précisions sur la notion de « pass-through arrangement », voir nº 48140.

e. Conservation ou transfert de la quasi-totalité des risques et avantages liés aux créances cédées (IFRS 9.3.2.6a et b).

Remarque Le transfert des risques et avantages liés à la propriété de l'actif est évalué en comparant avant et après le transfert l'exposition du cédant à la variabilité des flux nets de trésorerie attachés à l'actif. Une entité a transféré la quasi-totalité des risques et avantages liés à la propriété de l'actif si son exposition à cette variabilité n'est plus significative en comparaison de la variabilité totale des flux de trésorerie futurs liés à l'actif (IFRS 9.3.2.7).
Pour des précisions sur la méthode de calcul, voir nº 48160.

Pour l'appréciation de ce critère pris isolément, l'approche est binaire :

– soit l'entreprise a **conservé** la quasi-totalité (« substantially all ») des risques et avantages liés aux créances ;

Dans ce cas, il n'y a pas eu de modification substantielle dans l'exposition aux risques et avantages avant et après l'opération et aucune sortie n'est possible. Les créances restent comptabilisées pour leur intégralité à l'actif du bilan du cédant.

– soit l'entreprise a **transféré** la quasi-totalité des risques et avantages liés aux créances.

Dans ce cas, les créances cessent de figurer au bilan du cédant qui comptabilise un résultat de cession (IFRS 9.3.2.12) et comptabilise par ailleurs séparément tout engagement conservé (une garantie, par exemple) (IFRS 9.3.2.11).
Pour le traitement des garanties données dans le cadre d'une cession de créances, voir nº 46290.

f. Perte de contrôle des créances Si l'entreprise n'a ni transféré ni conservé la quasi-totalité des risques et avantages (par exemple, conservation d'une partie non négligeable d'un risque et/ou droit à un intérêt résiduel), se pose alors la question de la perte de contrôle des actifs cédés. Il y a perte de contrôle si le cessionnaire a la possibilité de vendre l'actif à un tiers non lié au cédant, de manière unilatérale, sans devoir imposer des restrictions spécifiques lors de la cession (IFRS 9.3.2.9 et .B3.2.8).

Remarques :
1. Les conditions de la perte de contrôle ci-avant sont relatives à la possibilité pratique pour le cessionnaire d'effectuer cette vente, et pas uniquement à ses droits contractuels de la réaliser.
2. La possibilité de vendre l'actif à un tiers de manière unilatérale suppose l'existence d'un marché pour cet actif. En outre, la condition additionnelle requise par la norme et relative à la possibilité de vendre sans devoir imposer de restrictions spécifiques lors de la cession peut devoir nécessiter que l'actif soit liquide et/ou qu'un marché actif existe (notamment, par exemple, en cas d'existence de garanties accordées par le cédant ou d'option de rachat par le cédant).
3. Dans la pratique, à notre avis, la perte de contrôle n'existe pas pour les créances commerciales, compte tenu en particulier des restrictions qui devraient être attachées au transfert (liées, par exemple, à l'existence d'un mandat de recouvrement, ou aux garanties relatives au risque de dilution).
Pour davantage de détails sur le risque de dilution, voir nº 48175 et 48180.

g. Situation de maintien d'implication (« continuing involvement ») Si l'entreprise n'a ni transféré ni conservé la quasi-totalité des risques et avantages et qu'il n'y a pas de perte de contrôle, elle se trouve dans une situation « intermédiaire » dite de maintien d'implication (« continuing involvement »). Dans ce cas, les créances sont maintenues à l'actif du bilan du cédant à hauteur de l'implication de ce dernier dans lesdites créances (IFRS 9.3.2.6c).

Par exemple, lorsque l'implication continue du cédant prend la forme d'une garantie sur les créances transférées, la quote-part des créances maintenue au bilan au titre du « continuing involvement » représente le montant le plus faible entre (i) la valeur nette comptable des créances et (ii) le montant maximum pouvant être reversé par le cédant au titre de la garantie donnée (IFRS 9.3.2.16 et .B3.2.13a).

Modification des caractéristiques d'un actif financier et extinction de ses droits aux flux de trésorerie

48070 Pour l'analyse et le traitement comptable dans les comptes du prêteur d'une restructuration de prêt, voir nº 45620.

Différentes catégories de transferts d'un actif financier

48075

Question

Quelles sont les différentes catégories de transferts des flux de trésorerie d'un actif financier reconnues par la norme IFRS 9 ?

Réponse

Les deux catégories de transferts des flux de trésorerie d'un actif (ou d'un groupe d'actifs) financier(s) sont les suivantes :
- le transfert des droits contractuels aux flux de trésorerie de l'actif cédé ; ou
- l'existence d'un accord de « pass-through » dans lequel le cédant conserve les droits contractuels aux flux de trésorerie mais a l'obligation contractuelle de reverser ces mêmes flux de trésorerie à un tiers.

Commentaires En matière de décomptabilisation, IFRS 9.3.2.4 distingue deux catégories de transferts des flux de trésorerie liés à un actif financier :

1re **catégorie** Le transfert des **droits contractuels** aux flux de trésorerie de l'actif cédé (IFRS 9.3.2.4a).

Il s'agit, en droit français, de la catégorie de transfert la plus répandue : les transferts réalisés par voie de subrogation conventionnelle, de cession de créances professionnelles Loi Dailly ou l'escompte d'effets entraînent, en effet, la cession juridique des droits contractuels aux flux de trésorerie de l'actif cédé (du cédant au cessionnaire).
Même soumis à des conditions d'annulation rétroactive (transferts conditionnels, voir nº 48120) et sauf exception (existence possible d'une compensation par une tierce partie, au titre du droit d'action directe des sous-traitants, voir nº 48120, point 4. et nº 48175, point 2.), ces transferts continuent en principe à bénéficier d'une qualification de transferts de première catégorie.
Enfin, le fait que le cédant conserve la gestion et le recouvrement des créances n'est pas un obstacle à leur maintien en première catégorie (voir nº 48130).

2nde **catégorie** L'existence d'un **accord de « pass-through »** (IFRS 9.3.2.4b) dans lequel le cédant conserve les droits contractuels aux flux de trésorerie mais a l'obligation contractuelle de reverser ces mêmes flux de trésorerie à un tiers (le cessionnaire).

Dans ce second cas, des conditions très strictes doivent être remplies pour que le transfert existe au sens d'IFRS 9 (IFRS 9.3.2.5).

D'où l'enjeu, en général, de relever de la première catégorie de transferts et non de la seconde pour les créances commerciales en particulier.
Sur les différentes étapes de l'arbre de décomptabilisation d'IFRS 9 (le transfert des flux de trésorerie ne constituant que la première étape de cet arbre), voir nº 48060.
Sur les critères à respecter pour qu'un transfert soit qualifié d'accord de « pass-through », voir nº 48140 s.

B. Cession de passifs financiers

Critères de décomptabilisation d'un passif financier

48090

Question

Quels sont les critères de décomptabilisation d'un passif financier ?

Réponse

Une entité ne doit sortir un passif financier de son bilan que si, et uniquement si, il est éteint, c'est-à-dire lorsque l'obligation précisée au contrat est exécutée, est annulée ou arrive à expiration.

Commentaires :

1. **Principe général** Selon IFRS 9.3.3.1, une entité doit sortir un passif financier de son bilan si, et seulement si, il est éteint, c'est-à-dire lorsque l'obligation précisée au contrat est exécutée, est annulée ou arrive à expiration.

2. Application pratique :

a. **Transfert à un tiers de la responsabilité première à l'égard du passif** La norme précise qu'un passif financier est éteint lorsque le débiteur (IFRS 9.B3.3.1) :
– soit acquitte le passif en payant le créancier (normalement en trésorerie ou par la remise d'autres actifs financiers, biens ou services) ;
– soit est **légalement dégagé** de sa responsabilité première à l'égard du passif par voie judiciaire ou par le créancier (sachant que cette condition peut être satisfaite même si le débiteur a donné une garantie).

La norme précise en effet que, dans certains cas, un créancier libère un débiteur de son obligation actuelle de paiement mais le débiteur assume une garantie de payer en cas de défaillance de la partie assumant la responsabilité première.
Dans ce cas, le débiteur comptabilise (IFRS 9.B3.3.7) :
– un nouveau passif financier pour un montant fondé sur la juste valeur de son obligation au titre de la garantie ; et
– un profit ou une perte pour un montant fondé sur la différence entre (i) les sommes payées et (ii) la valeur comptable du passif financier d'origine diminuée de la juste valeur du nouveau passif financier.

b. **Cas particulier des renégociations/restructurations de dettes** Une dette est décomptabilisée lorsqu'il y a une modification substantielle de ses modalités contractuelles, voir n° 46170 s.

3. **Traitement comptable** Lors de la décomptabilisation d'un passif financier, la différence entre la valeur comptable (« carrying amount ») du passif financier éteint ou transféré à un tiers et la contrepartie payée, y compris les actifs transférés ou les passifs assumés sans contrepartie, doit être comptabilisée en résultat (IFRS 9.3.3.3).

Rachat partiel d'une dette L'entité doit ventiler la valeur comptable antérieure de la dette entre la partie qui continue d'être comptabilisée et la partie décomptabilisée, sur la base des justes valeurs relatives de ces parties à la date de rachat.
La différence entre (a) la valeur comptable affectée à la partie décomptabilisée et (b) la contrepartie payée, y compris les actifs transférés autres que de la trésorerie ou les passifs assumés, pour la partie décomptabilisée, doit être comptabilisée en résultat (IFRS 9.3.3.4 ; voir n° 46200).
Cas d'exemption (IFRS 9.3.3.5) Certaines entités utilisent un fonds d'investissement pour procurer aux investisseurs des avantages déterminés en fonction des parts du fonds et comptabilisent des passifs financiers au titre des sommes à payer à ces investisseurs. Certains de ces fonds incluent un passif financier de l'entité (par exemple, une obligation qu'elle a émise). L'entité peut alors choisir de ne pas décomptabiliser son passif financier qui est inclus dans un tel fonds lorsque, et seulement lorsque, elle rachète son passif financier à ces fins. En conséquence de ce choix, l'entité maintient le traitement de cet instrument à titre de passif financier et traite l'instrument racheté comme s'il s'agissait d'un actif financier, qu'elle évalue à la juste valeur par le biais du résultat net conformément à IFRS 9. Ce choix est irrévocable et se fait instrument par instrument.

Désendettement de fait (« in-substance defeasance »)

48095 ***Question***

Comment sont traitées les opérations de « désendettement de fait » (« in-substance defeasance ») ?

Réponse

L'entreprise n'étant pas juridiquement libérée de son obligation initiale, ces opérations ne donnent pas lieu à décomptabilisation (la dette reste comptabilisée au bilan).

Commentaires :

1. **Définition** Selon l'avis CNC n° 36 du 15/12/88 relatif à la comptabilisation de l'opération d'« in-substance defeasance », une opération de désendettement de fait est une technique d'ingénierie financière qui permet à une entreprise donnée d'atteindre un résultat équivalent à l'extinction d'une dette figurant au passif de son bilan par le transfert de titres à une entité juridique distincte qui sera chargée du service de la dette, cette opération n'ayant pas pour effet de libérer juridiquement l'entreprise de son obligation initiale.

2. **Traitement comptable en IFRS** Selon IFRS 9.B3.3.3, en l'absence d'une libération juridique, un paiement effectué à un tiers, y compris celui fait à une fiducie (parfois appelé « désendettement de fait »), ne suffit pas à libérer le débiteur de son obligation première vis-à-vis du créancier. En conséquence, la dette reste comptabilisée au bilan.

C. Cession de dérivés

Cession d'un dérivé pouvant être tantôt un actif, tantôt un passif

Question 48100

Comment analyser la cession d'un dérivé pouvant être tantôt un actif et tantôt un passif financier (swap de taux d'intérêt, par exemple) ?

Réponse

Selon une décision provisoire de l'IFRS IC (IFRIC Update 11/06), un tel dérivé, s'il fait partie d'une opération de cession d'actifs financiers, devrait :
- être traité séparément des autres actifs non dérivés cédés (créances ou prêts) ; et
- respecter les critères de décomptabilisation applicables à la fois aux actifs et aux passifs financiers.

Sur la possibilité de traiter comme un actif unique l'actif transféré accompagné de son dérivé (par exemple, un prêt swappé), voir n° 48115.

Commentaires L'IASB et l'IFRS IC ont provisoirement confirmé (IASB Update 09/06 et IFRIC Update 11/06) :
- qu'un dérivé et un instrument non dérivé ne sont pas des « actifs similaires » au sens d'IAS 39.16 (même texte sous IFRS 9.3.2.2) ; et

Sur la notion d'actifs similaires, voir n° 48115.
- qu'un dérivé (tel que, par exemple, un swap de taux d'intérêt) qui peut être tantôt un actif ou tantôt un passif financier et qui est transféré à l'occasion d'une opération de cession d'actifs financiers, doit respecter à la fois les critères de décomptabilisation applicables aux actifs financiers et ceux applicables aux passifs financiers.

Sur les critères de décomptabilisation applicables aux actifs financiers (transfert juridique des flux de trésorerie ; transfert de la quasi-totalité des risques et avantages ; perte de contrôle) et la manière successive de les apprécier sachant qu'un seul critère pris isolément peut interdire toute décomptabilisation (IFRS 9.B3.2.1), voir n° 48060 s.

Sur les critères de décomptabilisation d'un passif financier (notamment le fait que le débiteur soit légalement dégagé de sa responsabilité première à l'égard du passif, IFRS 9.B3.3.1), voir n° 48090.

D. Cession de créances futures

Cession de créances futures ou pour lesquelles les produits ou services n'ont pas été livrés ou rendus

Question 48105

Comment comptabiliser la cession d'une créance future ou pour laquelle les produits ou les services n'ont pas encore été livrés ou rendus ?

Réponse

Comme un emprunt garanti (et non en produits).

Commentaires :

1. **Contexte** Les réserves pour risque de dilution accordées à titre de garantie par le cédant au cessionnaire peuvent dans certains cas couvrir les risques liés au transfert :

a. soit de **créances futures**, c'est-à-dire dont la facturation interviendra dans le futur, au fur et à mesure que le chiffre d'affaires correspondant sera réalisé ;

b. soit de créances pour lesquelles il existe une facture mais qui correspond à des produits ou des services qui n'ont pas encore été livrés ou rendus. C'est le cas, par exemple, lors d'**appels d'acomptes** ou de **facturation d'avance** de produits ou de services (abonnement, par exemple).

Remarque Ces deux situations se traduisent de manière différente dans les comptes du cédant, avant la cession. Ainsi :
- dans le cas de créances futures, aucune créance n'apparaît à l'actif du bilan du cédant, dans la mesure où aucune facturation n'a encore eu lieu ;

– dans le second cas, la facturation (d'avance ou sous forme d'appel d'acompte) a bien eu lieu et s'est traduite par la comptabilisation d'une créance à l'actif du bilan du cédant. Toutefois, la contrepartie n'est pas un montant de chiffre d'affaires comptabilisé au compte de résultat mais un produit constaté d'avance (PCA) comptabilisé au passif du cédant.

2. **Traitement comptable en IFRS** Dans ces cas, l'actif concerné (la créance) n'existe pas (cas de la cession d'un chiffre d'affaires futur non encore réalisé ni facturé) ou ne répond pas aux critères de comptabilisation d'un revenu selon la norme IFRS 15 (cas d'un appel d'acompte ou d'une facturation d'avance).

En conséquence, l'analyse du processus de décomptabilisation s'arrête avant même la première étape de l'arbre d'IFRS 9.B3.2.1 (voir nº 48060) en l'absence d'identification d'un actif financier à céder (selon IFRS 9.3.2.2).

En effet, dans le cas d'un appel d'acompte ou d'une facturation d'avance, la société ne sera juridiquement en droit d'exiger un paiement que si, à la date d'échéance de l'acompte ou de la facture, elle est bien opérationnellement en mesure de rendre le service et/ou de fournir les produits correspondants.

En conséquence, ces instruments ne répondent pas, à notre avis, à la définition d'un actif financier pour lequel le droit de recevoir de la trésorerie à une date donnée est un droit inconditionnel (IAS 32.11).

A notre avis, dans les deux cas de figure l'opération se traduit comme un **emprunt garanti** (la garantie donnée étant, au cas particulier, la réalisation d'un chiffre d'affaires futur).

Recommandation COB/CB du 15/11/02 « Montages déconsolidants et sorties d'actifs » Dans un document publié suite à cette recommandation et intitulé « Modalités d'application de la recommandation commune COB/CB sur les montages déconsolidants et sortie d'actifs », la CNCC indique (« Application de la recommandation à des opérations précises ») que les opérations de cession de créances futures sont assimilables à des opérations de financement à comptabiliser au passif du bilan en dettes financières (point 3 du document CNCC susvisé).

SECTION II

Précisions relatives à certaines notions (cessions d'actifs financiers)

A. Définitions

Définition d'un « groupe d'actifs similaires »

48115 ***Question***

Qu'est-ce qu'un « groupe d'actifs similaires » en matière de transfert d'actifs financiers ?

Réponse

Selon la réponse provisoire de l'IFRS IC en matière de transferts d'actifs financiers, les instruments dérivés actifs (par exemple, un swap de taux d'intérêt) mais également une garantie reçue ou un contrat d'assurance ne sont pas similaires à des actifs financiers non dérivés (par exemple, un prêt ou une créance commerciale).

En conséquence, lorsque le transfert porte sur un groupe d'actifs comprenant, par exemple, des créances commerciales et un contrat d'assurance-crédit ou des prêts bancaires et un swap de taux d'intérêt, les tests de décomptabilisation d'IAS 39 (inchangés sous IFRS 9) devraient, selon la décision provisoire de l'IFRS IC, leur être appliqués de manière séparée.

Toutefois, l'IFRS IC n'ayant pas confirmé sa décision, une entreprise peut, à notre avis, choisir – lors du transfert d'un actif financier assorti d'un dérivé (un prêt swappé, par exemple) ou d'une créance pré-assurée – d'effectuer l'analyse de décomptabilisation :
– soit sur l'actif accompagné de son dérivé ou de son contrat d'assurance (notion d'actif « unique ») ;
– soit sur l'actif, d'une part, et sur le dérivé ou le contrat d'assurance, d'autre part.

Ce choix doit être appliqué de manière homogène à toutes les opérations.

Commentaires : 48115 (suite)

1. **Rappel** La norme IFRS 9 retient la même approche que la norme IAS 39, à savoir une approche fondée sur trois critères à satisfaire pour procéder à une décomptabilisation :
- le transfert des flux de trésorerie liés à l'actif cédé ;
- le transfert de la quasi-totalité des risques et avantages attachés à l'actif cédé ; et
- le transfert du contrôle de l'actif cédé.

Ces critères sont appréciés de manière successive en respectant les différentes étapes d'analyse de l'arbre de décision donné par IFRS 9.B3.2.1, sachant toutefois qu'un seul critère pris isolément peut empêcher toute décomptabilisation.

Pour une présentation générale de l'arbre de décomptabilisation d'IFRS 9, voir nº 48060.

Préalablement à toute analyse, IFRS 9.3.2.2 requiert que le cédant définisse précisément quel est l'actif financier transféré :
- un actif unique ou un groupe d'actifs similaires ;
- une partie d'un actif unique ; ou
- une partie d'un groupe d'actifs similaires.

Toute la question est donc de savoir ce que signifie la notion de « groupe d'actifs financiers similaires ».

2. **Cession d'un groupe d'actifs comprenant à la fois des actifs financiers non dérivés et des dérivés** L'IFRS IC a été interrogé en 2006 sur la manière dont les tests successifs de l'arbre de décomptabilisation d'IAS 39 (repris dans IFRS 9) doivent être appliqués lorsque le transfert porte sur un groupe d'actifs comprenant, par exemple, des créances commerciales et un contrat d'assurance-crédit ou des prêts bancaires et un swap de taux d'intérêt.

a. **Problématique** Doit-on dans ce cas appliquer les différents tests de l'arbre (IFRIC Update 03/06) :
- globalement à l'ensemble des actifs du groupe ; ou
- séparément pour chaque type d'actifs, par exemple les créances commerciales ou les prêts d'une part et le contrat d'assurance-crédit ou les swaps de taux d'intérêt d'autre part (même si, économiquement, le groupe formé par l'ensemble « actif + dérivé » ou « actif + contrat d'assurance-crédit » peut être considéré comme formant une seule unité et un seul groupe de flux de trésorerie) ?

b. **Réponse provisoire de l'IASB et de l'IFRS IC** L'IFRS IC a transmis la question à l'IASB, lequel a provisoirement répondu :
- que des dérivés n'étaient pas « similaires » à des actifs non dérivés ; et
- qu'en conséquence, les différents tests de décomptabilisation d'IAS 39 (inchangés dans IFRS 9) devaient leur être appliqués séparément (IASB Update 09/06).

L'IASB et l'IFRS IC n'utilisent que le terme de « dérivés » alors même qu'ils prennent comme exemple un prêt hypothécaire et sa garantie. Les lettres de commentaires (envoyées en réponse à la décision provisoire de rejet de l'IFRS IC, voir ci-après) font remarquer qu'une garantie ou un contrat d'assurance-crédit ne sont pas en général des dérivés au sens d'IAS 39 (ni de IFRS 9) et demandent donc la clarification de ce point.

En novembre 2006, l'IFRS IC confirme cette approche mais uniquement semble-t-il en ce qui concerne la première étape de l'arbre de décomptabilisation, c'est-à-dire celle relative au seul transfert des flux de trésorerie et plus particulièrement dans le cas spécifique d'un accord de « pass-through » (IFRIC Update 11/06).

Sur la notion d'accord de « pass-through », voir nº 48140.

c. **Conséquence sur l'analyse du transfert des risques et avantages** Les entreprises attendaient une confirmation de l'application séparée des tests sur l'ensemble des étapes de l'arbre de décomptabilisation d'IAS 39 / IFRS 9, y compris celle relative à l'analyse du transfert des risques et avantages.

Les réponses provisoires données par l'IASB et l'IFRS IC (IASB Update 09/06 et IFRIC Update 11/06) ne permettent pas de savoir si cette position (développement d'un raisonnement séparé) s'applique uniquement à la première étape de l'arbre de décomptabilisation (analyse du transfert des flux de trésorerie) ou à l'ensemble des étapes, y compris celle relative à l'analyse du transfert des risques et avantages.

Il n'est donc toujours pas clair – dans le cas par exemple d'une cession de créances préalablement assurées – si l'analyse du transfert des risques et avantages doit se faire sur le risque brut (avant prise en compte de la couverture de l'assurance-crédit) ou sur le risque net (après couverture du risque de crédit par l'assureur crédit).

A notre avis, la logique voudrait que la notion d'actifs similaires soit la même tout au long de l'arbre de décision et qu'en conséquence l'analyse se fasse sur le risque brut (en séparant créances et contrat d'assurance-crédit et en assimilant ce dernier à un dérivé, malgré la remarque faite ci-avant). Ce qui pour autant ne résoudrait pas tous les problèmes (voir notamment ceux liés à la délégation du contrat d'assurance-crédit, nº 48185, point 4b.).

Lors de son analyse, l'IFRS IC a également provisoirement apporté des précisions sur :
- les critères à retenir pour la cession d'un dérivé (voir nº 48100) ;
- la prise en compte du risque de contrepartie sur le garant ou sur l'assureur dans un accord de « pass-through » (voir nº 48155).

3. Choix de traitement comptable A notre avis, l'IFRS IC n'ayant pas confirmé sa décision provisoire, une entreprise peut choisir, lors du transfert d'un actif financier assorti d'un dérivé (un prêt swappé par exemple) ou d'une créance pré-assurée, d'effectuer l'analyse de décomptabilisation :
- soit sur l'actif accompagné de son dérivé ou de son contrat d'assurance (notion d'actif « unique ») ;
- soit sur l'actif, d'une part, et sur le dérivé ou le contrat d'assurance, d'autre part.

Ce choix doit être appliqué de manière homogène à toutes les opérations de ce type.

Sur l'intérêt de choisir la seconde approche pour les cessions de créances pré-assurées, voir nº 48125.

B. Transfert des droits contractuels aux flux de trésorerie (1e catégorie de transferts)

Transferts conditionnels

48120 ***Question***

Le fait qu'un transfert soit soumis à conditions (transferts conditionnels) empêche-t-il ce dernier d'être qualifié de « transfert des droits contractuels aux flux de trésorerie » ?

Réponse

Non. Le fait qu'un transfert des droits contractuels aux flux de trésorerie soit conditionné à l'existence, la valeur ou la performance future d'un actif ne l'empêcherait pas de relever de la première catégorie de transfert selon IFRS 9.3.2.4a.

En revanche, l'existence de conditions relatives à la performance future des actifs cédés pourrait avoir un impact sur l'analyse du transfert des risques et avantages et en cas de situation de maintien d'implication (« continuing involvement »).

Commentaires :

1. Rappel En matière de décomptabilisation, IFRS 9.3.2.4 distingue deux catégories de transferts des flux de trésorerie liés à un actif financier :
- le transfert des **droits contractuels** aux flux de trésorerie de l'actif cédé (relevant d'IFRS 9.3.2.4a) ; et
- l'existence d'un **accord de « pass-through »** (relevant d'IFRS 9.3.2.4b), dans lequel le cédant conserve les droits contractuels aux flux de trésorerie, mais a l'obligation contractuelle de reverser ces mêmes flux de trésorerie à un tiers (le cessionnaire).

Dans ce second cas, le transfert doit – pour être validé au regard d'IFRS 9 – répondre à des conditions très strictes (IFRS 9.3.2.5) ; d'où l'enjeu de relever de la première catégorie de transferts et non de la seconde.

Sur les différentes étapes de l'arbre de décomptabilisation d'IFRS 9 (le transfert des flux de trésorerie ne constituant que la première étape de cet arbre), voir nº 48060.

Sur les critères à respecter pour qu'un transfert soit qualifié d'accord « pass-through », voir nº 48140.

2. Notion de « transferts conditionnels » Il s'agit d'opérations soumises à certaines conditions pouvant conduire à l'annulation rétroactive du transfert. L'IFRS IC a regroupé ces conditions en **trois catégories** différentes (IFRIC Update 03/06) :
- les conditions relatives à l'**existence** et au **statut juridique de l'actif cédé** au moment du transfert ;

48120 (suite)

Remarques :
1. Il semble que pourraient entrer dans cette première catégorie :
- les avoirs émis pour litiges ou pour retours de la marchandise ou des produits livrés ;
- les garanties après-vente ;
- les avoirs de fin d'année sur volume des ventes ; et
- les avoirs discrétionnaires émis pour raisons commerciales.

A notre avis, toutefois, les deux dernières causes d'avoirs sont plutôt liées d'une manière générale à la **relation avec le client** (qu'elle soit contractuelle ou non) et relèveraient d'une catégorie distincte.
2. Les termes ne sont pas les mêmes d'un Update à l'autre : l'IASB Update 09/06 fait référence « à l'existence et à la valeur » de l'actif cédé au moment du transfert, tandis que l'IFRIC Update 11/06 n'emploie plus que le terme « existence ».

- les conditions relatives à la **performance de l'actif** après la date du transfert ;

Pourraient entrer dans cette catégorie :
- les avoirs émis pour non-réalisation ultérieure d'une ou plusieurs tranches de travaux dans un contrat à long terme ;
- les garanties couvrant une évolution de l'environnement légal, fiscal ou réglementaire ;
- les garanties couvrant les défauts de paiement ;
- les retards de paiement ; et
- toute dégradation future de notation du débiteur.

- les **droits à compensation.**

Entreraient dans cette catégorie, les droits à compensation :
- entre le cédant et le débiteur, ce dernier étant alors également fournisseur du cédant ; ou
- avec une contrepartie tierce (compensation « tripartite »).

Sur la notion de compensation « tripartite » et d'action directe des sous-traitants, voir point 4. ci-après et n° 48175, point 2.

Ces conditions d'annulation rétroactive possible de la créance correspondent à ce que l'on appelle le **risque de dilution.**

Toutefois, ce risque ne doit pas être confondu avec le fait de céder une créance future pour laquelle les produits ou les services n'ont pas encore été livrés ou rendus et qui donne lieu à comptabilisation d'une dette (emprunt garanti, voir n° 48105).
Pour une présentation générale du risque de dilution, voir n° 48175.

3. Qualification de ce type de transferts L'IASB (auquel l'IFRS IC avait transmis la question) a provisoirement répondu en septembre 2006 que le fait qu'un transfert soit conditionné à **l'existence, la valeur** ou à **la performance future** d'un actif ne l'empêche pas de relever de la première catégorie de transferts selon IFRS 9.3.2.4a (transferts des droits contractuels aux flux de trésorerie).

Toutefois, l'existence de conditions relatives à la performance future des actifs cédés doit être prise en compte dans l'analyse des risques et avantages et en cas de maintien d'implication (« continuing involvement ») (IASB Update 09/06).

Sur la notion de performance future, voir n° 48175, point 3.

L'IFRS IC, reprenant pour partie les termes du Board, a confirmé également provisoirement que les conditions attachées à un transfert, comme par exemple, les déclarations faites (« representations ») ou les garanties données par le cédant (« warranties ») quant à **l'existence** de l'actif cédé, n'affectent pas nécessairement le transfert des droits contractuels aux flux de trésorerie, mais peuvent avoir un impact sur l'analyse des risques et avantages (IFRIC Update 11/06).

4. Application pratique Dans le contexte légal français, les opérations de titrisation, d'affacturage ou d'escompte reposent en général sur une **cession juridique des droits contractuels aux flux de trésorerie** (subrogation conventionnelle, cession de créances professionnelles Loi Dailly, escompte d'effets de commerce, etc.).

En conséquence, et à la suite des précisions provisoirement données par l'IASB et l'IFRS IC, ces transferts n'ont pas à notre avis à être déqualifiés. Ils relèvent donc bien de la première catégorie (IFRS 9.3.2.4a), même lorsqu'il existe des conditions pouvant entraîner le remboursement ou le rachat des créances ou des effets.

Ces transferts n'ont donc pas à respecter les critères de qualification applicables aux accords de « pass-through » (IFRS 9.3.2.4b et .3.2.5), voir n° 48140.
Compensation « tripartite » A notre avis toutefois, le seul cas pouvant poser problème dans le contexte juridique français est celui lié aux possibilités de compensation « tripartite » avec droit d'action directe des sous-traitants instauré par la loi du 31/12/75.
En effet, selon la loi précitée sur la sous-traitance, l'entrepreneur principal ne peut librement céder ou nantir les créances résultant de contrats passés avec le maître d'ouvrage qu'à concurrence des

sommes qui lui sont dues au titre des travaux qu'il effectue personnellement. Il ne peut céder des créances pour des sommes supérieures que si une caution a été préalablement obtenue (le transfert étant inopposable aux sous-traitants dans le cas contraire).
Sur ce point, voir aussi n° 48175, point 2.

5. **Conséquence sur les autres tests de l'arbre de décomptabilisation** Le fait qu'un transfert conditionnel des droits contractuels aux flux de trésorerie ne soit pas déqualifiant au niveau de la première étape de l'arbre de décomptabilisation d'IFRS 9 ne préjuge pas pour autant de la capacité de l'opération à passer également avec succès les autres étapes de l'arbre, dont notamment :
- l'analyse du transfert des risques et avantages ; et
- l'existence éventuelle d'une situation de maintien d'implication (« continuing involvement »).

Pour des précisions sur ce point, voir n° 48180.

Conséquences sur l'affacturage de l'application séparée des tests de décomptabilisation à des créances préalablement assurées

48125 ***Question***

Quelles sont les conséquences sur les opérations d'affacturage de l'application séparée des tests de décomptabilisation aux créances, d'une part, et aux contrats d'assurance, d'autre part ?

Réponse

Dans le cadre de cessions de créances préalablement assurées, l'application séparée des tests de décomptabilisation aux créances, d'une part, et aux contrats d'assurance-crédit, d'autre part, peut faciliter la sortie des créances dès lors que l'analyse du risque de crédit est faite sur une base brute (et non pas nette après couverture par le contrat d'assurance).

Commentaires L'application de tests séparés aux créances, d'une part, et aux contrats d'assurance-crédit, d'autre part (voir n° 48115), ainsi que la non-prise en compte, à notre avis et dans certaines conditions, du risque de dilution (voir n° 48175), facilitent la sortie des créances dans les cas où le risque de crédit est très largement prépondérant (transfert de la quasi-totalité des risques et avantages dus au seul risque de crédit, ce dernier étant apprécié sur base brute et non pas nette après couverture de l'assurance-crédit).

Il aurait été nécessaire que l'IFRS IC confirme (ou infirme) que l'application séparée des tests aux créances, d'une part, et aux dérivés, garanties ou contrats d'assurance-crédit, d'autre part, s'applique bien également à l'analyse des risques et avantages (IFRS 9.B3.2.1). Il semble que les débats puissent être compris de différentes manières sur ce point (voir n° 48115).

Toutefois, le cédant peut se trouver en situation de maintien d'implication (« continuing involvement ») s'il conserve le risque de retard de paiement et que ce dernier s'avère non négligeable par rapport au risque de contrepartie.

A notre avis, le risque de retard de paiement d'une créance commerciale ne peut généralement pas être considéré comme négligeable (une exception étant, par exemple, le cas particulier des cessions d'effets de commerce, compte tenu de la force du droit cambiaire qui leur est attaché).
Sur le risque de retard de paiement, voir n° 48185, point 2a.
Pour les escomptes d'effets de commerce, voir n° 48195.

Conservation de la gestion et du recouvrement des créances par le cédant

48130 ***Question***

Le fait que le cédant conserve la gestion et le recouvrement des créances est-il un obstacle au « transfert des droits contractuels aux flux de trésorerie » tel que défini par la norme IFRS 9 ?

Réponse

Non.

Commentaires :

1. **Rappel** Pour pouvoir décomptabiliser un actif financier lors d'une cession à un tiers, il faut tout d'abord qu'il existe (voir n° 48065) :
- soit un transfert des droits contractuels aux flux de trésorerie (i.e. transfert de propriété des flux de trésorerie constitutifs de la créance ou de l'actif financier cédé) selon IFRS 9.3.2.4a ;
- soit une obligation contractuelle de reverser lesdits flux de trésorerie au cessionnaire (« pass-through arrangement ») selon IFRS 9.3.2.4b et .3.2.5.

Sur la notion de « pass-through arrangement », voir n° 48140.

2. **Conservation de la gestion et du recouvrement des créances par le cédant** A la question de savoir si le fait que le cédant reste chargé du suivi et du recouvrement des créances est un obstacle au « transfert des droits contractuels aux flux de trésorerie », tels que définis par IAS 39.18a (IFRS 9.3.2.4a), l'IFRS IC a répondu que (IFRIC Update 09/05 – point non retenu à l'agenda) :
- IAS 39.18a se concentre sur le fait de savoir si les droits contractuels permettant de recevoir les flux de trésorerie d'un actif financier ont bien été transférés ;
- l'appréciation de ce transfert n'est pas affectée par le fait que le cédant ait conservé (ou non) un rôle dans la gestion et le recouvrement desdits flux de trésorerie ;
- et qu'en conséquence, la conservation par le cédant de la gestion et du recouvrement des actifs cédés ne déqualifie pas en soi le transfert au sens d'IAS 39.18a.

Absence de notification aux débiteurs Cette réponse est importante pour toutes les opérations de cession de créances pour lesquelles il n'y a pas de notification aux débiteurs, ces derniers continuant de s'acquitter des sommes dues auprès du cédant qui continue de gérer et de recouvrer les créances (cas notamment des contrats d'affacturage dits confidentiels).

Pour autant, tous les critères de l'arbre de décision d'IFRS 9 ne sont pas forcément remplis et la cession n'est pas forcément décomptabilisante (voir n° 48185).

Mandat de gestion Dans ce cas, le cédant continue d'effectuer le suivi et le recouvrement des créances transférées pour le compte du cessionnaire et sous son contrôle.

Sur la traduction comptable de ce mandat de gestion en cas de décomptabilisation des actifs transférés, voir n° 51370.

C. Accords de « pass-through » (2nde catégorie de transferts)

Notion d'accord de « pass-through »

48140

Question

Qu'est-ce qu'un contrat d'obligation contractuelle de reverser les flux de trésorerie (« pass-through arrangement ») ?

Réponse

Il s'agit d'un contrat dans lequel le cédant :
- conserve les droits contractuels de recevoir des flux de trésorerie des actifs cédés ;
- mais a l'obligation contractuelle de reverser ces mêmes flux à un tiers (le cessionnaire), en respectant certaines conditions restrictives pour pouvoir répondre à la qualification d'un transfert.

Commentaires :

1. **Définition** Dans un contrat d'obligation contractuelle de reverser les flux de trésorerie, le cédant conserve les droits contractuels aux flux de trésorerie des actifs cédés mais s'engage contractuellement à reverser lesdits flux à un bénéficiaire (IFRS 9.3.2.4b).

Rappelons que la norme IFRS 9 différencie deux sortes de transferts :
- les transferts des droits contractuels aux flux de trésorerie des actifs cédés (IFRS 9.3.2.4a) ; et
- les accords de « pass-through » (IFRS 9.3.2.4b et .3.2.5).

2. **Critères de qualification** Trois critères sont requis pour qu'un contrat d'obligation contractuelle de reverser les flux de trésorerie d'un actif financier soit qualifié de « pass-through arrangement » et traité comme un transfert d'actif (IFRS 9.3.2.5) :

a. le cédant n'a aucune obligation de verser un montant au(x) bénéficiaire(s) sauf s'il recouvre ce montant sur l'actif financier objet du contrat ;

48140 (suite) **Avances à court terme** IFRS 9.3.2.5a précise que les avances à court terme consenties par le cédant, accompagnées du droit de recouvrement intégral du montant prêté majoré des intérêts courus au taux du marché ne contreviennent pas à cette condition.

b. le cédant a l'interdiction de vendre ou de donner en nantissement (à d'autres qu'au bénéficiaire) l'actif financier objet du contrat ;

A notre avis, cette condition serait respectée en cas de vente de l'actif financier à un tiers sous réserve de son autorisation par le bénéficiaire et du reversement à ce dernier des flux de trésorerie résultant de la vente.

c. le cédant a l'obligation de remettre sans délai tout flux de trésorerie recouvré sur cet actif financier pour le compte du (des) bénéficiaire(s).

Investissement en équivalents de trésorerie (« cash and cash equivalent »/CCE) Pour cette dernière condition, IFRS 9.3.2.5c précise que le cédant n'a pas le droit de réinvestir ces flux de trésorerie, à l'exception des investissements en trésorerie ou équivalents de trésorerie (CCE) tels que définis par IAS 7, Etat des flux de trésorerie, pendant la brève période de règlement comprise entre la date de recouvrement et la date imposée pour la remise aux bénéficiaires finaux, et ce, uniquement si les intérêts acquis sur ces investissements sont transmis aux bénéficiaires finaux.
Pour la notion de « cash and cash equivalent », voir n° 51245.

Notion de « sans délai » Cette notion n'est pas définie par la norme IFRS 9. L'analyse doit être faite au cas par cas en fonction des pratiques du marché et des caractéristiques des créances cédées. Par exemple, à notre avis, un délai de 3 mois ou moins est acceptable dans le cadre d'une opération de titrisation de prêts bancaires, les intérêts étant en général versés aux investisseurs sur une base trimestrielle.

3. **Analyse** Ces trois conditions sont directement issues des définitions d'un actif et d'un passif, telles que données par le Cadre conceptuel de l'IASB (voir n° 12525). En effet :

a. la **première condition** permet de s'assurer que le cédant n'a pas d'obligation de remettre des fonds qu'il n'a pas recouvrés. Ainsi, il n'y a pas de passif dès lors qu'il n'y a pas d'obligation de verser de la trésorerie en l'absence de récupération des fonds ;

b. la **deuxième condition** (relative à l'interdiction de céder ou de nantir les actifs financiers objet de la transaction) reflète le fait que le cédant n'a pas d'actif puisqu'il n'a pas le contrôle des flux économiques futurs de l'actif cédé. Il faut, en effet, que le cessionnaire ait la capacité de matérialiser/mobiliser les avantages économiques liés à l'actif transféré. En conséquence, cette deuxième condition aide à s'assurer que le cessionnaire plutôt que le cédant détient un actif ;

c. la **troisième condition** vise à s'assurer que le cédant n'a aucun usage et ne tire aucun profit des flux de trésorerie qu'il recouvre pour le compte du cessionnaire et qu'il les lui remet sans délai significatif (« without material delay »). Là encore, cette condition est nécessaire pour s'assurer que le cédant ne détient aucun actif.

Remarque Un délai n'a été autorisé que pour des raisons pratiques (nécessité de remettre de manière groupée les sommes recouvrées sur des petits montants, issus de cartes de crédit, par exemple).

Cette troisième condition interdit également au cédant de réinvestir les flux de trésorerie pendant la brève période entre le moment où ils sont recouvrés et celui où ils sont remis au cessionnaire. Elle restreint, en outre, tout réinvestissement fait pour le compte du cessionnaire à de l'équivalent de trésorerie tel que défini par la norme IAS 7, ce qui signifie que le cédant ne peut pas réinvestir les fonds recouvrés dans des investissements à moyen terme avec un taux de rendement élevé, même si c'est pour le compte du cessionnaire.

Enfin, le cédant ne peut garder aucun revenu provenant de ces placements. Tous les intérêts reçus (et pas plus) doivent être remis au cessionnaire aussitôt qu'ils surviennent.

En pratique d'ailleurs, ces fonds sont souvent isolés sur un compte de réserve spécial (« trustee bank account » ou « escrow account » ou compte séquestre) afin d'assurer la protection du cessionnaire.

Conséquences de ces trois conditions Le fait de remplir ces trois conditions a pour conséquence que le cédant peut se retrouver sans actif (deuxième et troisième conditions) ni passif (première condition), tels que définis dans le Cadre de l'IASB.

Dans ce type de situation, le cédant agit plus en tant qu'agent pour le compte d'un bénéficiaire éventuel plutôt qu'en tant que propriétaire des actifs cédés. Ainsi, quand les trois conditions sont remplies, la transaction est traitée comme un transfert et il est alors possible de passer au stade suivant de l'analyse (celui des risques et avantages), alors même que le cédant continue de recouvrer les flux de trésorerie.

A contrario, quand ces conditions ne sont pas remplies, le cédant agit en tant que propriétaire des actifs qu'il doit alors continuer de porter à son bilan.

A titre illustratif, l'IASB donne comme exemple possible de « pass-through arrangement » une sous-participation dans un prêt bancaire, lorsqu'une banque chef de file cède à une autre banque, dite « sous-participante », une quote-part parfaitement proportionnelle des flux de trésorerie d'un prêt d'un montant plus important (IFRS 9.3.2.7).

Remarque – Traitement de certains cas particuliers :
- **cession avec rechargements** (critère déqualifiant), voir n° 48150 ;
- **conservation** par le cédant **du risque de crédit sur l'assureur ou le garant** dans le cas de créances préalablement assurées ou de prêts préalablement garantis (critère déqualifiant), voir n° 48155.

Accord de « pass-through » : utilité de cette notion

Question 48145

Quelle est l'utilité de la notion d'accord de « pass-through » dans le contexte français ?

Réponse

Cette notion serait utile lorsque le véhicule de titrisation (Fonds Commun de Titrisation ou entité structurée) doit être consolidé par le cédant.

Elle trouve également à s'appliquer dans les opérations de syndications, participations et sous-participations (cas des banques).

Commentaires Dans le contexte français, la notion d'accord de « pass-through » (voir n° 48140) pourrait trouver à s'appliquer notamment dans les deux cas suivants :

1. **Consolidation du FCT ou du SPE** Lorsque le véhicule de titrisation de type fonds commun de titrisation (FCT) ou entité structurée (« special purpose entity » ou SPE) est consolidé (voir n° 48190), les prêts ou créances qui lui ont été cédés réapparaissent mécaniquement – par le biais du processus de consolidation – à l'actif du bilan du cédant, sauf à considérer qu'il existe un accord de « pass-through » entre ces actifs et les parts (ou autres titres) émis par le véhicule et s'appliquant à l'intérieur même du FCT ou SPE.

Il existe deux types de véhicules, ceux de type « pass-through » et ceux de type « pay-through » (voir n° 48300, point 2.). Dans le cas de véhicules « pay-through » ou de cessions avec rechargements, les critères stricts de qualification d'un accord de « pass-through » selon IFRS 9.3.2.4b et .3.2.5 ne sont en général pas respectés (voir n° 48155 – notion de transfert d'une quote-part non proportionnelle d'un actif ou groupe d'actifs et n° 48150 – cessions avec rechargements).

Pour les autres cas de figure, seule une analyse détaillée au cas par cas peut permettre de conclure. Cependant, lorsqu'un cédant transfère des actifs à un FCT ou à un SPE consolidé et en même temps accorde une garantie, effectue un dépôt de trésorerie ou signe un contrat de swap de taux d'intérêt avec ce dernier, le transfert ne répond plus alors aux critères d'un contrat de « pass-through » puisque des sommes ne provenant pas des actifs cédés serviront à rembourser le nominal ou à payer la rémunération due aux parts (ou titres) émis par le FCT ou SPE.

2. **Syndications** Cette notion trouve également à s'appliquer dans le cas des opérations de syndications, participations et sous-participations mises en place par les banques.

Remarque Cette notion pourrait également trouver à s'appliquer si l'IFRS IC infirmait sa décision provisoire relative aux transferts conditionnels. Rappelons que ces transferts sont des opérations de cession d'actifs financiers relevant de la 1e catégorie de transferts des droits contractuels aux flux de trésorerie (voir n° 48075), mais soumises à certaines conditions pouvant conduire à l'annulation rétroactive du transfert (voir n° 48120).

Rappelons que :
- l'IFRS IC avait été interrogé pour savoir si ce type de transferts, bien que relevant en principe de la 1e catégorie, ne devrait pas être déqualifié et soumis aux trois conditions d'analyse des accords de « pass-through » ;
- la première condition pour aboutir à la décomptabilisation d'un actif est l'existence d'un contrat de transfert de ses flux financiers (voir diagramme au n° 48060 et commentaires au n° 48065) ; sans l'existence d'un contrat de transfert des flux, aucune décomptabilisation ne peut avoir lieu.

Cessions avec rechargements et accords de « pass-through »

Question 48150

Une cession avec rechargements (« revolving structure ») répond-elle aux critères de qualification d'une obligation contractuelle de reverser les flux de trésorerie (« pass-through arrangement ») telle que définie par la norme IFRS 9 ?

Réponse

En général, non.

Commentaires :

1. **Rappel** Pour pouvoir décomptabiliser un actif financier lors d'une cession à un tiers, il faut tout d'abord qu'il existe (voir n° 48060 et 48065) :
– soit un transfert des droits contractuels aux flux de trésorerie (i.e. transfert de propriété des flux de trésorerie constitutifs de la créance ou de l'actif financier cédé) selon IFRS 9.3.2.4a ;
– soit une obligation contractuelle de reverser lesdits flux de trésorerie au cessionnaire (« pass-through arrangement ») selon IFRS 9.3.2.4b et .3.2.5.

C'est ce second type de transferts des flux de trésorerie qui est visé ici.

Sur la notion de « pass-through arrangement », voir n° 48140.

2. **Cessions avec rechargements (« revolving structures »)** A la question de savoir si une cession avec rechargements dans laquelle les sommes recouvrées sur les cessions de créances antérieures servent à racheter de nouvelles créances est un obstacle à la qualification de « pass-through arrangement » tel que défini par IFRS 9.3.2.4b et .3.2.5, l'IFRS IC a répondu de la manière suivante (IFRIC Update 09/05 – point non retenu à l'agenda) : le fait de réinvestir les sommes recouvrées sur les premières cessions de créances dans l'acquisition de nouvelles créances plutôt que de les remettre directement aux bénéficiaires (par exemple, porteurs de parts d'un FCT dont l'échéance est beaucoup plus longue) et de ne rembourser ces mêmes parts qu'avec les sommes recouvrées sur les créances du dernier rechargement, ne répond en général pas à deux des trois critères exigés pour un « pass-through arrangement », à savoir :
– remise des sommes recouvrées « sans délai significatif » aux bénéficiaires (IFRS 9.2.3.5c) ;
– placement temporaire des sommes recouvrées uniquement dans du « cash and cash equivalent » (ce qui n'est pas le cas de créances commerciales porteuses d'un risque de crédit significatif) (IFRS 9.3.2.5c).

Remarque Dans l'environnement légal français, les cessions de créances commerciales ou de crédits à la consommation (qui sont souvent des cessions avec rechargements) ne font pas appel – en ce qui concerne le transfert des flux de trésorerie – à la notion de « pass-through arrangement » (IFRS 9.3.2.4b) mais à celle de « transfert des droits contractuels aux flux de trésorerie » (IFRS 9.3.2.4a). Elles ne seraient donc concernées par cette réponse que dans la mesure où l'entité cessionnaire (entité structurée ou silo identifié au sein de l'entité cessionnaire) serait consolidée par le cédant (pas d'application possible d'un accord de « pass-through » au sein du SPE).
Sur la notion de silo, voir n° 48325.

Conservation du risque de crédit sur l'assureur ou le garant en cas de créances préalablement assurées ou garanties

48155 *Question*

Dans le cas de créances préalablement assurées ou garanties, est-il possible de qualifier un accord de « pass-through arrangement » si le cédant conserve le risque de crédit sur l'assureur ou le garant ?

Réponse

Non, selon une position provisoire de l'IFRS IC.

Commentaires :

1. **Rappel** Dans un contrat d'obligation contractuelle de reverser les flux de trésorerie (« pass-through arrangement »), le cédant conserve les droits contractuels aux flux de trésorerie mais s'engage contractuellement à reverser lesdits flux à un ou plusieurs bénéficiaires (IFRS 9.3.2.4b). En IFRS, trois critères sont requis pour pouvoir qualifier un contrat de « pass-through arrangement » (IFRS 9.3.2.5a à .3.2.5c) :
– le cédant n'a aucune obligation de verser un montant au(x) bénéficiaire(s) sauf si ce dernier a été recouvré sur l'actif financier objet du contrat ;
– le cédant a l'interdiction de vendre ou de nantir (à d'autres qu'aux bénéficiaires) l'actif financier objet du contrat ;
– le cédant a l'obligation de remettre sans délai les flux de trésorerie recouvrés sur cet actif financier pour le compte du (des) bénéficiaire(s) du contrat.

Sur les accords de « pass-through », voir n° 48140.

2. **Cas d'actifs préalablement assurés ou garantis** Une décision provisoire de l'IFRS IC a précisé que, dans le cas d'une cession via un accord de « pass-through » et portant sur des actifs préalablement assurés ou garantis, le fait que le cédant reste redevable en cas de défaut de l'assureur ou du garant empêcherait toute sortie des actifs concernés (IFRIC Update 11/06).

L'IFRS IC prend l'exemple du transfert (via un accord de « pass-through ») d'un prêt hypothécaire et tient le raisonnement suivant (IFRIC Update 11/06) :
– le prêt et sa garantie ne sont pas des actifs similaires (sur la notion d'actifs similaires, voir nº 48115). En conséquence, les tests pour la qualification d'accord de « pass-through » doivent leur être appliqués de manière séparée ;
– le fait que le cédant soit obligé de reverser les indemnités reçues au titre de la garantie, dans le cas d'un prêt défaillant, ne déqualifie pas le transfert du prêt lui-même, puisque l'obligation de reverser les indemnités reçues est rattachée au transfert du contrat d'assurance et non à la défaillance sur le prêt ;
– en revanche, le fait que le cédant soit obligé de payer en cas de défaillance de la garantie serait analysé comme résultant d'une défaillance du prêt lui-même et empêcherait donc celui-ci de respecter les critères de qualification d'un accord de « pass-through ».

D. Analyse des risques et avantages

Calcul de la quote-part des risques et avantages conservés/cédés

Question 48160

Comment calcule-t-on la quote-part de risques et d'avantages conservés/cédés ?

Réponse

En comparant l'exposition aux risques du cédant avant et après le transfert et en tenant compte, pour ce calcul, de la variabilité des flux futurs nets de trésorerie sur les actifs transférés ainsi que de leur échelonnement dans le temps (actualisation).

Commentaires :

1. **Rappel** IFRS 9.3.2.6 stipule que lorsqu'une entité transfère un actif financier, elle doit évaluer dans quelle mesure elle conserve les risques et avantages inhérents à la propriété de l'actif, l'objectif étant de savoir si l'entité a transféré (ou non) la **quasi-totalité** (voir nº 48065) des risques et avantages liés à l'actif cédé.

Remarques :
1. Si l'entité a transféré la quasi-totalité des risques et avantages, elle décomptabilise l'actif dans son intégralité (IFRS 9.3.2.6a).
2. Si l'entité a conservé la quasi-totalité des risques et avantages, aucune décomptabilisation n'est possible (IFRS 9.3.2.6b).
3. En situation intermédiaire (l'entité ne transfère ni ne conserve la quasi-totalité des risques et avantages), les actifs sont décomptabilisés lorsqu'il s'agit d'actifs liquides (perte de contrôle). Dans le cas contraire (actifs non liquides), il y a maintien d'implication (IFRS 9.3.2.6c ; voir nº 48065).

2. **Méthode d'analyse (comparaison de l'exposition aux risques du cédant avant et après le transfert)** Pour l'analyse des risques et avantages, la norme IFRS 9 fournit les indications suivantes :

a. **Prise en compte de la variabilité des flux nets de trésorerie** Le transfert des risques et avantages liés à la propriété de l'actif est évalué en calculant et en comparant l'exposition du cédant à la variabilité de la valeur actualisée des flux nets futurs de trésorerie recouvrables sur l'actif, avant et après le transfert (IFRS 9.3.2.7 et .3.2.8).

Une entité a transféré la quasi-totalité des risques et avantages liés à la propriété de l'actif si son exposition à cette variabilité n'est plus significative en comparaison de la variabilité totale des flux de trésorerie futurs liés à l'actif (IFRS 9.3.2.7).

La norme précise que, bien souvent, il sera évident que l'entité a soit transféré soit conservé la quasi-totalité des risques et avantages inhérents à la propriété et aucun calcul ne sera nécessaire (IFRS 9.3.2.8). Dans le cas contraire, voir points b. et c. ci-après.

b. **Actualisation des flux** Le calcul et la comparaison sont effectués en utilisant pour taux d'actualisation un taux d'intérêt de marché en vigueur au moment de l'évaluation et approprié (IFRS 9.3.2.8).

c. **Pondération des différents scénarios possibles** Enfin, l'entité doit prendre en considération toutes les variabilités raisonnablement possibles des flux de trésorerie nets, une pondération supérieure étant accordée aux résultats dont la survenance est la plus probable (IFRS 9.3.2.8).

3. Application pratique La question de l'application séparée ou non des tests de décomptabilisation (et en particulier, au titre de l'analyse du transfert des risques et avantages) aux différents éléments cédés (cas des créances préassurées, par exemple) s'est posée.

A notre avis, l'entité doit déterminer les « flux nets futurs de trésorerie » de manière homogène avec celle dont elle a défini l'actif cédé, encore appelé « actif d'origine » (voir la notion de groupe d'actifs similaires au nº 48115).

SECTION III

Application aux cessions de créances commerciales

Difficultés de sortie des créances même en cas de transfert du risque de crédit

48170 ***Question***

Pourquoi est-il si difficile de décomptabiliser des créances commerciales en IFRS alors même que le risque de crédit a bien été transféré par le cédant ?

Réponse

Même en cas de transfert de la (presque) totalité du risque de crédit, et même s'il n'existe pas d'entité structurée (FCT ou autre) susceptible d'être consolidée par le cédant, les opérations de cession de créances commerciales peuvent ne pas respecter les différentes étapes de l'arbre de décision d'IFRS 9 (schéma d'analyse d'une cession en IFRS), à cause, par exemple, de :

- la conservation d'autres natures de risques (notamment, le risque de retard de paiement) ;
- l'absence d'une distinction effective entre le risque de retard de paiement et le risque de dilution ; ou
- l'absence de plafonnement des garanties par génération de créances cédées.

Commentaires Certaines entreprises – aidées des banques sponsor (dans le cas d'opérations de titrisation) ou des sociétés d'affacturage (dans le cas d'opérations d'affacturage) – cherchent à structurer leurs opérations de cession de créances commerciales de manière à répondre aux critères de décomptabilisation d'IFRS 9.B3.2.1 (voir nº 48060 s.) en externalisant notamment le risque de crédit des créances cédées. Toutefois, même dans le cas d'un transfert de la totalité ou presque totalité du risque de crédit (encore appelé risque de contrepartie), il existe d'autres facteurs pouvant empêcher la sortie (décomptabilisation) des créances :

1. Non-respect de la notion de « pass-through arrangement » Si le transfert des droits contractuels aux flux de trésorerie n'est pas reconnu, la notion d'obligation contractuelle de reverser les flux de trésorerie au cessionnaire (« pass-through arrangement ») prend tout son intérêt, étant alors la seule façon de justifier d'un transfert des flux de trésorerie, sans lequel aucune décomptabilisation n'est possible en IFRS.

Or, le fait que le cédant octroie des garanties (contre le risque de crédit, le risque de retard de paiement ou le risque de dilution) empêcherait alors de remplir le premier critère du « pass-trough arrangement » (IFRS 9.3.2.5a).

Dans ce cas, en effet, la garantie octroyée conduit le cédant à transférer au cessionnaire des montants qu'il n'a pas directement recouvrés des créances cédées.

Sur la notion d'accord de « pass-through », voir nº 48140.

Cette étape n'a généralement pas à être remplie dans le contexte juridique français, les transferts se faisant communément par voie de cession juridique (voir nº 48075). Elle pourrait toutefois trouver à s'appliquer en cas de cession à une entité structurée (« Special Purpose Entity » ou SPE) consolidée par le cédant (voir nº 48145).

2. Conservation d'autres natures de risques (retard de paiement et dilution) Le cédant peut continuer de conserver le risque de retard de paiement des créances. Ce qui peut empêcher toute décomptabilisation (dans le cas de créances de très bonne qualité, le risque de crédit étant très faible par rapport à celui de retard de paiement, son transfert n'entraîne aucun changement substantiel) ou entraîner une situation de maintien d'implication qui, si le risque conservé n'est pas plafonné, interdira là encore toute décomptabilisation des créances (voir point 3. ci-après).

Sur la notion de maintien d'implication ou « continuing involvement », voir n° 48065, point 2g.

La prise en compte du risque de dilution dans l'analyse pourrait également empêcher toute sortie des créances. En effet, ce risque, n'étant généralement pas négligeable par rapport aux autres types de risque (risque de crédit et risque de retard de paiement), conduirait soit à considérer qu'il n'y a pas de changement substantiel avant et après l'opération (le cédant conservant à cause de ce seul risque la quasi-totalité des risques et avantages sur les créances concernées), soit à entraîner une situation de « continuing involvement », interdisant toute sortie des créances.

Rappelons en effet que le risque de dilution n'est jamais transféré à l'acheteur et reste toujours à la charge du cédant.
Sur la notion de risque de dilution, voir n° 48175.

A notre avis toutefois, et dans certaines conditions (notamment une distinction claire avec le risque de retard de paiement), le risque de dilution n'a pas à être pris en compte dans l'analyse des risques et avantages (voir n° 48180).

3. **Absence de plafonnement des garanties** L'absence de plafonnement des garanties données par le cédant par créance ou par groupe de créances similaires (encore appelé « génération de créances »), empêche toute sortie des créances en cas de situation de maintien d'implication du cédant (« continuing involvement »). Dans ce cas en effet, la quote-part de la créance maintenue au bilan au titre du « continuing involvement » représente le montant le plus faible entre (IFRS 9.3.2.16a et .B3.2.13a) :
- la valeur nette comptable de la créance ; et
- le montant maximum pouvant être reversé au titre de la garantie (montant garanti).

Si le montant garanti pour une créance ou une génération de créances donnée n'est pas plafonné (plafonnement calculé en pourcentage d'un encours évolutif couvrant plusieurs générations de créances cédées, par exemple), le montant maintenu au bilan au titre du « continuing involvement » sera le montant de la créance cédée, empêchant ainsi toute sortie. Tel est le cas, par exemple, lorsque le cédant conserve le risque de retard de paiement et que ce dernier n'est pas plafonné en nombre de jours (voir n° 48185, point 2a.).

Notion de génération de créances En matière d'opérations de cession d'actifs financiers, le paragraphe IFRS 9.3.2.2 fait référence à la notion d'actif financier ou de « groupe d'actifs financiers similaires ».
Dans la pratique, il s'agit de ce que l'on appelle une « génération de créances » et qui correspond généralement aux créances cédées sur un même bordereau de cession, dès lors qu'elles ont des caractéristiques comparables (monnaie, échéance, etc.).

Cessions de créances et risque de dilution : définition

Question 48175

Qu'est-ce que le risque de dilution dans une cession de créances commerciales ?

Réponse

Le risque de dilution couvre toutes les situations et pertes correspondantes pour lesquelles une créance n'est pas payée par son débiteur pour une raison autre que la défaillance financière de ce dernier ou un simple retard de paiement (ou s'il s'agit d'une créance en devise, pour une raison autre qu'une perte de change).

Commentaires Le risque de dilution n'est pas défini ni même cité par la norme IFRS 9, alors même qu'il peut représenter, dans certains cas, la nature de risque la plus importante parmi tous les risques liés à une créance.

Ce risque n'est jamais transféré au cessionnaire et est toujours conservé par le cédant (qui le garantit). D'où l'importance de savoir s'il doit être pris en compte ou non dans l'analyse des différentes étapes d'une opération de cession de créances (IFRS 9.3.2.4, .3.2.6 et .3.2.16).

Sur la présentation des critères d'analyse d'une cession d'actifs financiers en IFRS et les différentes étapes de l'arbre de décision d'IFRS 9, voir n° 48060 s.

1. **Risque de dilution (proposition de définition)** Dans une opération de cession de créances commerciales (affacturage, titrisation, etc.), le risque de dilution correspond généralement aux

48175 (suite) situations dans lesquelles une créance n'est pas payée par son débiteur pour une raison autre que :
- la défaillance financière de ce dernier ;
- un retard de paiement, autre que se dénouant par un cas de litige avéré ; et
- s'il s'agit d'une créance en devise, pour une raison autre qu'une perte de change.

Si la créance n'est pas payée à cause de la défaillance financière du débiteur, il s'agit d'un **risque de crédit** (encore appelé risque de contrepartie ou d'insolvabilité).

Si la créance n'est pas payée à l'échéance selon ses conditions contractuelles de règlement, alors qu'il n'y a pas de litige avéré sur cette dernière, il s'agit bien d'un **risque de retard de paiement**, représentatif d'un risque de taux d'intérêt (portage plus long que prévu de la créance par le cessionnaire).

2. Différentes causes de risque de dilution (liste) Le risque de dilution peut avoir des causes de nature diverse comme, par exemple (liste non exhaustive établie par nos soins) :
- réclamations pour produits défectueux entraînant l'émission d'un avoir ;
- réclamations conduisant au remboursement des sommes versées lors du transfert portant sur les conditions de l'actif à la date du transfert (par exemple, en ce qui concerne un prêt, que l'emprunteur est la personne ou l'entité X, que le prêt a telle échéance, tel taux d'intérêt, est garanti de telle ou telle manière, n'est pas en retard de paiement, etc.) ;
- garanties après-vente pouvant entraîner la reprise d'une marchandise ou d'un produit livré et l'émission d'un avoir ;
- erreurs de facturation (prix ou quantité erroné, erreur sur dénomination sociale, services ou départements facturés d'une collectivité, etc.), conduisant à l'annulation des factures concernées et la réémission de nouvelles factures qui seront cédées lors d'un rechargement ultérieur ;
- avoirs de fin d'année (sur volume de ventes) ;
- autres avoirs contractuels ;
- autres avoirs, non contractuels, émis pour des raisons commerciales ;
- compensation client/fournisseur (le client étant également fournisseur du cédant) ;
- compensation « tripartite » (action directe des sous-traitants en France, loi du 31/12/75) ;

  Dans ce cas, le sous-traitant peut légalement exiger le paiement de ses prestations directement auprès du maître de l'ouvrage (le débiteur dans l'opération de cession de créances) si l'entrepreneur principal (le cédant) ne le paie pas.

  Sur ce point, voir également nº 48120, point 4.
- non-acceptation et/ou remise en cause d'un jalon technique (cas des contrats de construction) ;
- valeur résiduelle d'un contrat de location-financement (en cas de non-levée de l'option d'achat par le preneur, par exemple) qui peut être garanti par rachat de l'actif au cessionnaire ou remboursement de la valeur résiduelle à ce dernier par le cédant ;
- évolution de la réglementation légale ou fiscale annulant le paiement de tout ou partie d'une créance ou entraînant son remboursement anticipé (cas d'un prêt par exemple) ;
- fraude (entente entre le débiteur et le cédant – émission de fausses factures).

Sur le traitement des **créances futures** ou pour lesquelles le produit ou le service n'a pas encore été livré ou rendu au moment du transfert de la créance à un tiers, voir nº 48105.

A notre avis, d'un point de vue pratique, les entreprises qui procèdent à une cession de créances devraient être en mesure de fournir une **analyse historique** mensuelle des avoirs émis sur les **deux ou trois dernières années,** par type de cause (voir liste ci-avant), de manière à pouvoir apprécier la nature et chiffrer l'importance de leur risque de dilution.

Cette analyse est généralement exigée par les agences de notation ou les sociétés d'affacturage de manière à pouvoir dimensionner correctement le montant du dépôt de garantie réclamé pour couvrir ce risque.

3. Classement en trois catégories de ces différentes causes Dans le cadre de son analyse sur les transferts conditionnels (voir nº 48120), l'IFRS IC a établi une liste des conditions pouvant entraîner l'annulation d'une cession et proposé de regrouper ces différentes causes de dilution en trois catégories (IFRIC Update 03/06) :

Cette liste reprend en grande partie celle établie par nos soins et donnée ci-avant.

a. les conditions relatives à l'**existence** et au **statut juridique** de l'actif cédé au moment du transfert ;

b. les conditions relatives à la **performance future** de l'actif après la date du transfert ;

L'IFRS IC inclurait a priori également dans cette catégorie les garanties couvrant les défauts de paiement, le retard de paiement et les dégradations de notation futurs du débiteur. Toutefois, ces clauses d'annulation font partie des risques financiers attachés à la créance (risque de taux d'intérêt et risque de crédit) et ne relèvent pas du risque de dilution. Ces types de risques peuvent d'ailleurs être pris en charge par le cessionnaire ou faire l'objet d'un plafonnement (ce qui n'est jamais le cas pour le risque de dilution).

c. les **droits à compensation** : ces droits peuvent être bipartites (entre le cédant et l'un de ses fournisseurs, par exemple) ou tripartites (dans le cas du droit d'action directe des sous-traitants, par exemple, voir nº 48180).

Risque de dilution à prendre en compte dans l'analyse de décomptabilisation

Question 48180

Doit-on tenir compte du risque de dilution lors de l'analyse d'une cession de créances ?

Réponse

A notre avis et en l'absence de précision des normes, seuls certains types de dilution doivent obligatoirement être pris en compte dans l'analyse des risques et avantages et en cas de maintien d'implication (« continuing involvement »).

Les autres types de dilution peuvent être ignorés à condition toutefois que les risques conservés par le cédant (y compris le risque de dilution) soient contractuellement définis de manière précise.

Commentaires :

1. **Contexte** La prise en compte du risque de dilution dans les différentes étapes de l'arbre de décomptabilisation n'est pas précisée par la norme IFRS 9. L'IASB et l'IFRS IC ont provisoirement pris une position claire en ce qui concerne la première étape (celle relative au transfert juridique des flux de trésorerie).

En revanche, leur position quant à la manière de traiter ce risque dans les autres étapes de l'analyse (notamment l'analyse du transfert des risques et avantages et en cas de situation de maintien d'implication – « continuing involvement ») est beaucoup moins claire.

Sur la notion de risque de dilution, voir nº 48175.
Sur les principales étapes de l'arbre de décomptabilisation d'IFRS 9, voir nº 48060 s.

2. **Prise en compte du risque de dilution dans le transfert des flux de trésorerie** L'IASB et l'IFRS IC ont tous deux provisoirement confirmé que dès lors qu'il existait un transfert des droits contractuels aux flux de trésorerie (première catégorie de transferts selon IFRS 9.3.2.4a), le fait que ce transfert puisse être soumis à certaines conditions (**transferts conditionnels**) n'était pas déqualifiant.

Pour les transferts conditionnels, voir nº 48120.
A notre avis toutefois, le seul cas pouvant poser problème dans le contexte juridique français est celui lié aux aspects de compensation tripartite, dans le cadre du droit d'action directe des sous-traitants (voir nº 48120, point 4.).

3. **Prise en compte du risque de dilution dans l'analyse du transfert des risques et avantages** (IFRS 9.3.2.6) **et en cas de maintien d'implication (« continuing involvement »)** (IFRS 9.3.2.16) La question se pose en effet de savoir s'il faut prendre en compte dans la quote-part des risques et avantages conservée par le cédant :
- de manière générale, l'ensemble du risque de dilution, ou
- s'il ne faut tenir compte que de certaines causes de dilution ?

a. **Enjeux** :
- Dans le premier cas (en supposant que l'on tienne compte de l'intégralité du risque de dilution, quelles qu'en soient les causes), cela peut avoir pour conséquence d'empêcher toute sortie des créances si le montant de ce risque est très important par rapport aux autres natures de risques (risque de crédit, risque de retard de paiement, voire également risque de change s'il s'agit de créances en devises). Le cédant, conservant alors la **quasi-totalité** des risques simplement à cause du risque de dilution (dès lors que ce dernier est pris en compte), ne peut décomptabiliser les créances de son actif (IFRS 9.3.2.6a).

Voir également sur ce point nº 48065, point 2e.

48180 (suite) – Dans le second cas (prise en compte uniquement de certaines causes du risque de dilution ou risque de dilution relativement faible par rapport aux autres risques), il suffit que ce risque ne soit pas négligeable pour faire basculer le cédant en situation de maintien d'implication (« continuing involvement »), avec pour conséquence de bloquer également toute sortie des créances puisque le risque de dilution n'est jamais plafonné (IFRS 9.3.2.6c).

Voir également sur ce point n° 48065, point 2g.

D'où l'importance de savoir si l'on peut s'abstenir de prendre en compte le risque de dilution ou si, au contraire, certaines causes de ce risque doivent obligatoirement être prises en compte dans l'analyse du transfert des risques et avantages.

b. Réponse provisoire de l'IASB et l'IFRS IC Ni l'IASB ni l'IFRS IC ne sont clairs sur ce point :
– L'IASB semble considérer que seuls les risques relatifs à la **performance future** des créances doivent être pris en compte dans l'analyse du transfert des risques et avantages et en cas de maintien d'implication (IASB Update 9/06), sans toutefois définir la notion de « performance future ».
– L'IFRS IC indique au contraire que les risques liés à **l'existence** des créances cédées seraient à prendre en compte dans l'analyse des risques et avantages (IFRIC Update 11/06). Cela pourrait vouloir dire qu'il faut prendre en considération l'ensemble du risque de dilution, quelle que soit sa nature. Cette position empêcherait alors toute sortie de créances, dès lors qu'il s'agit d'un risque non négligeable par rapport aux autres natures de risques (risque de crédit, risque de retard de paiement et éventuellement risque de taux de change).

Remarque L'IFRS IC ne fait plus référence à la notion de maintien d'implication (« continuing involvement ») que citait l'IASB ; mais cette notion est en fait étroitement liée à celle de l'analyse du transfert des risques et avantages (voir les enjeux ci-avant).

c. Conclusion Aucune position n'a été définitivement arrêtée. A notre avis, et en l'absence de position définitive de l'IFRS IC (voir remarque en fin du commentaire), les entreprises ne devraient obligatoirement tenir compte dans l'analyse du transfert des risques et avantages que de la dilution liée à la **performance future** des créances cédées qui recouvre notamment :
– la possibilité d'émettre des avoirs sur la facturation d'une tranche précédente pour non-réalisation ultérieure d'une ou plusieurs tranches de travaux dans un contrat à long terme ; ou
– l'existence d'engagements couvrant une évolution légale ou réglementaire.

Remarques :
1. Rappelons que, dans le contexte juridique français, l'existence de sous-traitance, sauf cas particulier (par exemple, émission d'une caution bancaire ou désintéressement préalable du sous-traitant), empêche, à notre avis, toute sortie de créances dès la première étape en déqualifiant le transfert des droits contractuels aux flux de trésorerie lui-même, voir n° 48120, point 4.
2. Sur le traitement des **créances futures** ou pour lesquelles les produits de services n'ont pas encore été livrés ou rendus à la date de cession, voir n° 48105.

En revanche, toutes les autres causes de dilution (liées à des défauts ou non-conformité de produits/marchandises/services effectivement livrés ou rendus à la date de cession de la créance, aux relations avec le débiteur – avoirs de fin d'année sur volume de ventes ou pour raison purement commerciale – ou aux compensations possibles client/fournisseur) n'ont pas à notre avis à être prises en compte.

4. Application pratique A notre avis et d'un point de vue pratique, l'approche suivante peut être utilement retenue :

a. Détermination d'une frontière entre risque de dilution acceptable et non acceptable A notre avis et à l'exception des cas de compensation traités de manière séparée (voir n° 48120, point 4.), la frontière entre risque de dilution acceptable et non acceptable doit être établie par rapport à la **notion de « revenus » du cédant**. Ainsi :
– tout ce qui relève du cédant (défauts ou erreurs dans la marchandise livrée, garanties après-vente, remises de fin d'année ou avoirs à but commercial) ne serait pas pris en compte (car non considéré comme une cause de dilution déqualifiante), dès lors que les créances cédées sont relatives à des livraisons de produits finis ou de prestations de service achevées ;

Sur la problématique liée au risque de dilution dans le cadre d'un contrat long terme, voir point 3c. ci-avant.

– en revanche, tout ce qui relève du débiteur cédé (difficultés de trésorerie passagères, erreur de domiciliation d'un virement, problèmes informatiques, etc.) non vérifiable par ailleurs par le cédant, doit être considéré comme un simple risque de retard de paiement faisant partie de

la composante financement de l'opération (et à prendre en charge donc par le cessionnaire, éventuellement contre une décote initiale plus importante) ;
– restent enfin certains cas de force majeure, qui peuvent à notre avis, si leur risque d'occurrence est négligeable, ne pas être pris en compte.

b. **Définition claire des risques restant à la charge du cédant** A notre avis, il est important que la nature exacte des risques restant à la charge du cédant fasse l'objet d'une définition précise dans les contrats de titrisation ou d'affacturage. Ces risques (et notamment le risque de dilution) ne doivent pas être définis « par défaut ».

Les contrats devraient ainsi comporter des clauses spécifiques qui permettent d'identifier de façon claire et circonscrite les risques conservés par le cédant, comme par exemple, le risque de retard de paiement (plafonné ou non), une quote-part du risque de crédit et, pour la dilution, exclusivement celle que l'on accepte d'exclure de l'analyse des risques et avantages (i.e. celle relevant de la responsabilité du cédant) (voir point a. ci-avant).

■ *Exemple*

Faux litiges *Dans le cas d'une cession de créances commerciales, par exemple, la définition du risque de dilution dans le contrat lui-même doit permettre de distinguer clairement :*
– le cas des vrais litiges (pour défaut de la marchandise, retard de livraison, erreur de facturation, non-respect des conditions commerciales, etc.) ;
– de celui des faux litiges (dans lesquels le débiteur invoque l'existence d'un litige ou des difficultés de traitement informatique alors qu'en fait, la vraie raison du retard de paiement est liée à des difficultés de trésorerie ou à une volonté d'améliorer son besoin en fonds de roulement retardant les paiements de ses fournisseurs).
Les contrats de titrisation ou d'affacturage de créances commerciales devraient systématiquement prévoir des clauses spécifiant le traitement des litiges, par exemple :
– isoler le montant des créances correspondantes sur un compte spécifique avec décompte d'intérêts (compte de réserve spécial ou « escrow account ») ;
– pour réaffecter ensuite ces montants à qui de droit (cédant ou cessionnaire) selon le dénouement effectif du litige et les conditions du contrat de cession (prise en compte ou non par le cédant du risque de retard de paiement, avec ou sans plafonnement de ce dernier).

Sur ce point, voir également nº 48185.

Contrats d'affacturage et conditions de décomptabilisation

Question 48185

Les contrats d'affacturage répondent-ils aux critères de décomptabilisation d'IFRS 9 ?

Réponse

Non, en ce qui concerne les contrats par lesquels le cédant conserve le risque de crédit.

Les autres contrats, même avec transfert du risque de crédit, peuvent également ne pas répondre aux critères de décomptabilisation d'IFRS 9. Mais il est possible, à notre avis, d'envisager des décomptabilisations dans certaines situations et sous conditions.

A notre avis, les entreprises doivent indiquer en annexe l'analyse de leurs choix significatifs, en cas de décomptabilisation totale ou partielle.

Commentaires :

1. **Contrats d'affacturage sans transfert du risque de crédit** Dans ces contrats d'affacturage, l'ensemble des risques relatifs aux créances cédées étant généralement conservé par le cédant (risque de crédit, risque de retard de paiement et risque de dilution), l'opération ne se traduit pas par une modification significative de l'exposition aux risques avant et après le transfert (IFRS 9.3.2.7 et .BCZ3.11). En conséquence, la décomptabilisation des créances n'étant pas possible, ces dernières restent comptabilisées au bilan du cédant pour leur intégralité et l'opération est traitée comme un emprunt garanti (IFRS 9.B3.2.12).

2. **Contrats d'affacturage avec transfert du risque de crédit** Le risque de crédit est dans ces cas transféré par le cédant à une contrepartie tierce, ce risque étant soit pris en charge par le factor soit couvert par un contrat d'assurance-crédit.

En ce qui concerne le cas des créances préassurées, voir point 4. ci-après.

Toutefois, le cédant peut conserver le risque de retard de paiement, et ce, sans plafond (voir point a. ci-après). Par ailleurs, le mécanisme du compte courant (utilisé par les factors dans les

48185 (suite) contrats d'affacturage) peut poser un certain nombre de problèmes (voir point b. ci-après). Enfin, la possibilité d'émettre des avoirs ou de voir la créance non payée à cause d'un mécanisme de compensation (ou certaines autres causes liées au risque dit « de dilution ») peut empêcher la décomptabilisation des créances selon IFRS 9 si ce risque n'est pas clairement défini par rapport au risque de retard de paiement.

Sur la définition du risque de dilution, voir n° 48175.
Sur l'approche générale concernant la prise en compte du risque de dilution dans l'analyse de décomptabilisation, voir n° 48180.

a. **Risque de délai de paiement** Lorsque le risque de retard de paiement (encore appelé coût de portage de la créance) est conservé par le cédant, le risque doit être **plafonné en durée** (nombre de jours maximum de retard de paiement au-delà duquel la créance est considérée comme impayée et est prise en charge par le factor au titre du risque de crédit). A défaut de plafonnement en nombre de jours et en cas de situation de maintien d'implication (« continuing involvement »), c'est le montant total de la créance qui doit être maintenu à l'actif du bilan.

Notons que la conservation ou non du risque de retard de paiement par le cédant n'est pas uniquement basée sur les modalités de calcul de la commission de financement. Les modalités de détermination et de restitution des comptes de garantie, les clauses de définancement, l'encadrement contractuel du risque de dilution conservé par le cédant, sont autant d'exemples ayant un impact sur l'analyse du transfert au factor, ou de la conservation par le cédant, du risque de retard de paiement attaché aux créances cédées.

Ce risque devrait également être plafonné au titre du risque de taux (si application d'un taux variable pour le calcul du coût de portage, ce taux pouvant dans ce cas théoriquement croître à l'infini). Sur ce dernier point, il est à notre avis possible de retenir le **taux forward** correspondant pour déterminer le montant maximum possible de la garantie (« worst case »).

Remarque Rappelons, en effet, qu'en cas de « continuing involvement », la quote-part de la créance maintenue au bilan représente le montant le plus faible entre (IFRS 9.3.2.16 et .B3.2.13) :
- la valeur nette comptable de la créance ; et
- le montant maximum pouvant être reversé par le cédant au titre de la garantie (montant garanti).

En l'absence de plafonnement du montant garanti, c'est donc le montant total de la créance qui doit être maintenu au bilan du cédant.

b. **Mécanisme du compte courant** Les factors utilisent un compte courant unique dans lequel l'ensemble des opérations traitées avec le cédant en exécution du contrat d'affacturage sont inscrites (voir n° 48340, point 2c.). En ce qui concerne l'analyse d'une cession de créances selon les critères d'IFRS 9, le mécanisme de ce compte courant ne permet pas en général :
- de savoir si une créance cédée particulière a bien été payée lors de sa cession, l'inscription au débit du compte courant (matérialisation du refinancement obtenu par le cédant) ne se faisant qu'en fonction des besoins de trésorerie de ce dernier ;

L'inscription préalable au crédit du compte courant équivaut à un simple droit de tirage pour le cédant même si pour le factor il vaut juridiquement « paiement », le subrogeant ainsi dans les droits sur la créance.

- d'affecter les règlements reçus aux créances ou générations de créances correspondantes (même si, par ailleurs, les cédants ont une comptabilité analytique qui leur permet de le faire) ;

Sur la notion de génération de créances, voir n° 48170, point 3.

- de connaître, lors de la cession d'une créance (ou d'une génération de créances donnée), le montant exact de la garantie contre le risque de crédit octroyée par le factor à cette créance (ou génération de créances) cédée.

La garantie n'est en effet pas octroyée par créance (ou par génération de créances) donnée mais est valable pour un **encours global** de créances glissant dans le temps. Ainsi, une créance excédant le plafond garanti lors de sa cession peut ensuite être couverte si les générations précédentes paient mieux que prévu. En revanche, une créance garantie ne doit pas pouvoir changer de statut (une rétroactivité en la matière empêchant toute décomptabilisation).
Dans ces cas, le contrat d'affacturage prévoit en général une imputation des paiements reçus en priorité sur l'encours garanti (quelle que soit la facture effectivement réglée par le débiteur). Il est en conséquence difficile d'effectuer une analyse des risques et avantages transférés ou conservés à la date de la cession, par créance ou par génération de créances.

A notre avis, dès lors (i) que la totalité du montant disponible du compte courant est versée au cédant lors de chaque cession (et le cas échéant, de manière régulière entre deux cessions), (ii) qu'il existe une séparation claire entre les créances cédées bénéficiant d'une assurance par le factor dès leur date de cession et celles non assurées, (iii) que toute créance cédée bénéficiant d'une assurance au jour de sa cession reste assurée pendant toute sa durée de vie (pas de transfert possible entre les deux catégories de créances même en cas de modification du plafond d'encours) et (iv) que l'imputation des règlements ou récupérations obtenues auprès d'un débiteur défaillant est faite au prorata des créances non cédées et des créances cédées, et, pour ces dernières, au prorata de l'en-cours garanti et de l'en-cours non garanti, le mécanisme du compte courant n'est pas un obstacle en soi à la décomptabilisation des créances en IFRS.

En ce qui concerne le (i) ci-avant, notons en effet que, si le cédant n'utilise pas son « droit de tirage » en totalité, le calcul d'un résultat de cession par créance ou génération de créance ne sera pas possible.

3. **Distinction entre retard de paiement et dilution** A notre avis, pour que la décomptabilisation des créances soit possible en IFRS, le contrat d'affacturage doit prévoir des **clauses spécifiques** permettant de faire une distinction entre risque de retard de paiement et risque de dilution afin d'éviter que les retards de paiement ne soient à la charge du cédant, sauf en cas de litige avéré.

Sur le cas des faux litiges, voir l'exemple donné au nº 48180, point 4.

4. **Cas de créances préalablement assurées** L'approche est, à notre avis, la suivante :

a. **Analyse séparée des créances et du contrat d'assurance-crédit** L'IASB et l'IFRS IC ont provisoirement précisé que les dérivés et les instruments non dérivés n'étaient pas des actifs similaires (IASB Update 09/06, IFRIC Update 11/06), et qu'en conséquence les tests de décomptabilisation d'IFRS 9 devaient leur être appliqués de manière séparée, du moins en ce qui concerne l'analyse du transfert juridique des flux de trésorerie (première étape de l'arbre de décomptabilisation), voir nº 48115.

L'application de cette approche aux autres étapes de l'arbre de décision est moins claire. Toutefois et **à notre avis,** la logique voudrait que la notion d'actifs similaires puisse être la même tout au long de l'arbre de décision et qu'en conséquence l'analyse se fasse sur le **risque brut** (c'est-à-dire pour la créance, avant prise en compte de la couverture de l'assurance-crédit) ; ce qui devrait, en théorie (mais voir ci-après), faciliter la décomptabilisation des créances ou tout au moins permettre au cédant de basculer en situation de maintien d'implication (« continuing involvement »).

b. **Problème posé par la co-assurance** Reste toutefois la question de la co-assurance entre cédant et cessionnaire et l'incertitude qui persiste quant à l'approche à retenir en la matière. La prime du contrat d'assurance étant comptabilisée en charges, ce contrat ne constitue pas un actif et encore moins un actif financier : quels critères donc lui appliquer en matière de décomptabilisation ?

Notons que la délégation du contrat d'assurance au bénéfice du factor, classique dans certaines opérations d'affacturage, ne permet généralement pas la décomptabilisation des créances (l'assuré devra en principe, dans un tel cas, pouvoir récupérer la propriété des créances cédées, ce qui n'est pas compatible avec une décomptabilisation de celles-ci).

En outre :
- le cédant reste en général redevable du paiement des primes futures et demeure titulaire du contrat d'assurance (seul le bénéfice des indemnités à recevoir en cas de sinistres étant « délégué » au cessionnaire) ;
- selon les cas de figure, le cédant supporte ou non le risque de crédit sur l'assureur ;
- l'IFRS IC a provisoirement précisé qu'il ne pouvait y avoir qualification de « pass-through arrangement » si le cédant supportait ce risque, semblant donc dans ce cas lier les deux opérations de transferts : celle relative aux créances sous-jacentes et celle relative au contrat d'assurance (IFRIC Update 11/06), voir nº 48155 ;
- enfin, très souvent le contrat d'affacturage ne comprend pas de clauses propres quant au critère d'éligibilité des créances et au processus à suivre en cas de défaillance d'un débiteur mais renvoie sur tous ces points aux contrats d'assurance-crédit (rendant d'autant plus difficile l'analyse séparée des deux contrats).

En pratique toutefois, le fait que le cédant ne supporte pas le risque de non-paiement de l'assureur (en cas de défaillance de ce dernier ou de dépassement de la limite de décaissement de la police et pour une raison autre que celle relevant de sa responsabilité) nous paraît être une condition sine qua non pour pouvoir considérer qu'il s'agit de deux « actifs » différents.

Opérations de titrisation et conditions de décomptabilisation

Question 48190

Les opérations de titrisation permettent-elles une sortie des créances cédées du bilan du cédant ?

Réponse

Cela dépend. L'analyse doit être faite au cas par cas sachant que, pour permettre la sortie des créances du bilan du cédant, l'opération :

– ne doit pas aboutir au contrôle d'une entité structurée par le cédant selon IFRS 10 (dans le cas contraire, l'entité étant consolidée, l'analyse du transfert doit se faire selon les critères d'un « pass-through arrangement » – avec un risque très fort que les conditions restrictives de ce type de transfert rendent toute décomptabilisation impossible, notamment dans le cas d'opérations dites « revolving » et compte tenu du risque de dilution toujours conservé par le cédant) ; et

– doit respecter les critères de décomptabilisation d'un actif financier selon IFRS 9.

Commentaires Selon IFRS 9.BCZ3.23, beaucoup d'opérations de titrisation peuvent ne pas remplir les critères de décomptabilisation, soit parce qu'une ou plusieurs des trois conditions relatives à la notion d'accord de « pass-through » (IFRS 9.3.2.5) ne sont pas remplies, soit parce que le cédant a gardé la quasi-totalité des risques et avantages liés à la propriété des créances cédées.

Pour la définition et le principe de fonctionnement d'une opération de titrisation, voir nº 48300.

L'IASB semble partir du principe que le véhicule de titrisation (FCT, SPE ou éventuellement silo identifié chez le cessionnaire ou compartiment d'un fonds multi-cédants, voir nº 48320) aura de fortes chances d'être consolidé par le cédant. Dans ce cas, le seul moyen d'obtenir une décomptabilisation des créances au niveau consolidé est de pouvoir appliquer les critères d'un accord de « pass-through » (voir nº 48140) au sein même du véhicule. Or, ce n'est pas toujours possible et, au cas particulier des cessions avec rechargements (cas le plus fréquent lorsqu'il s'agit de titrisation de créances commerciales), l'IFRS IC a conclu négativement (voir nº 48150), ou en raison de la conservation du risque de dilution par le cédant (voir nº 48175 et 48180).

Toutefois, le véhicule de titrisation (ou un de ses compartiments) ne sera pas consolidé par le cédant si l'analyse menée selon IFRS 10 (voir nº 15175) prouve qu'il n'a pas le contrôle de ce véhicule.

Cette première étape étant franchie (non-consolidation de l'entité structurée), il faut alors que la cession des créances à l'entité structurée elle-même réponde bien aux critères de décomptabilisation d'IFRS 9.

L'analyse soulève alors les mêmes questions que pour une opération d'affacturage (hors problème du compte courant), voir nº 48185.

Escomptes d'effets de commerce

48195 ***Question***

Comment traiter un escompte d'effets de commerce en IFRS ?

Réponse

Aucune décomptabilisation n'est possible s'il s'agit d'un escompte dit « avec recours ».

Dans le cas d'un escompte dit « sans recours », la décomptabilisation n'est possible que si le cédant peut s'assurer que la chaîne du recours cambiaire ne pourra pas être réactivée.

Commentaires :

1. **Caractéristiques de l'opération (rappel)** Lors d'une opération d'escompte d'un effet de commerce, la banque acquiert l'effet contre le paiement immédiat d'un prix représentant le montant de l'effet diminué des intérêts (coût de portage) et de certains frais.

L'effet est ainsi remis à la banque qui décompte le montant des intérêts dus par le remettant, intérêts courant du jour de la remise de l'effet (ou toute autre date postérieure convenue d'un commun accord) jusqu'à la date d'échéance de ce dernier.

Ces intérêts, généralement augmentés de la commission d'encaissement, sont directement déduits du montant de l'effet : c'est une somme nette qui est ainsi créditée au compte ordinaire du remettant (le cédant).

La banque se charge ensuite d'encaisser l'effet qu'elle a pris à l'escompte. Elle garde toutefois le droit d'exercer le **recours cambiaire** (C. com. art. L 511-6, L 511-7, L 511-10, L 511-44 et L 512-3) contre le remettant : en cas d'incident de paiement, la banque peut se retourner alors contre ce dernier en débitant de son compte le montant de l'effet revenu impayé.

2. **Traitement comptable (cas général de l'escompte dit « avec recours »)** S'étant engagé à indemniser le cessionnaire si l'effet revient impayé, le cédant a conservé la quasi-totalité des risques et avantages liés au droit de propriété de l'effet. En conséquence, aucune décomptabilisation n'est possible (IFRS 9.B3.2.5e).

3. **Traitement comptable (cas particulier de l'escompte dit « sans recours »)** Dans l'escompte dit « sans recours », l'établissement de crédit achète les créances d'une entreprise en abandonnant la possibilité d'exercer le recours cambiaire. On pourrait alors considérer que les effets cédés sont ainsi cédés de manière définitive.

Toutefois, l'**inopposabilité des exceptions** est un principe du recours cambiaire, et les différentes parties ayant endossé l'effet (dont notamment le cédant) et qui font l'objet d'une demande d'exécution en vertu de cet endos ne peuvent opposer au porteur les exceptions fondées sur leurs rapports personnels avec le tiré ou les porteurs antérieurs de l'effet. En conséquence, l'entreprise qui a cédé l'effet peut être obligée de devoir indemniser l'un des intervenants de la chaîne cambiaire alors même qu'elle se pensait protégée, sauf à ce que le contrat de cession prévoie des clauses spécifiques empêchant la réactivation de la chaîne cambiaire (c'est-à-dire interdisant au cessionnaire l'endossement ultérieur de l'effet par voie d'endossement translatif de propriété et l'appel à un aval au sens des articles L 511-21 et L 512-4 du Code de commerce).

La décomptabilisation ne sera en conséquence possible que si la chaîne du recours cambiaire ne peut pas être réactivée.

Cessions Loi Dailly

Question 48200

Comment traiter une cession de créances professionnelles (Loi Dailly) en IFRS ?

Réponse

Les cessions de créances professionnelles (mobilisation Loi Dailly, « Dailly-cession ») doivent être analysées au cas par cas en appliquant les différentes étapes de l'arbre de décomptabilisation d'IFRS 9.

Les cessions à titre de garantie (« Dailly-nantissement ») ne donnent lieu à aucune décomptabilisation.

Commentaires L'approche varie selon qu'il s'agit d'une opération de « Dailly-cession » ou de « Dailly-nantissement » :

1. **Dailly-cession** Dans une cession de créances professionnelles (mobilisation Loi Dailly) (encore appelée Dailly-cession), les créances impayées sont en général automatiquement retournées au cédant pour indemnisation dès qu'il existe un impayé. Dans ce cas (comme pour l'escompte, voir n° 48195), aucune décomptabilisation n'est possible.

Toutefois, les professionnels peuvent aménager les contrats de cession de manière à n'exiger une indemnisation que dans certains cas (litiges, par exemple) et/ou plafonner les risques de perte. Les entreprises doivent alors procéder à une analyse détaillée au cas par cas des conditions du contrat, selon l'arbre de décomptabilisation d'IFRS 9.B3.2.1 (voir n° 48060), pour savoir comment traduire comptablement l'opération (décomptabilisation totale ou partielle ou aucune décomptabilisation).

Selon la Loi Dailly, le cédant est responsable solidaire du paiement des créances cédées (C. mon. fin. art. L 313-24, al. 2). Le contrat doit expressément prévoir la renonciation du cessionnaire à la solidarité du cédant prévue audit article pour qu'une décomptabilisation puisse être envisagée.

Les cessions de créances professionnelles Loi Dailly constituent l'une des modalités juridiques de transfert des créances commerciales dans les opérations de titrisation ; les autres modalités de transfert étant, en France, la subrogation conventionnelle (C. civ. art. 1346-1) pour les opérations d'affacturage ou pour les titrisations et les cessions Loi 1988.

2. **Dailly-nantissement** Dans une cession à titre de garantie Loi Dailly (encore appelée Dailly-nantissement), les créances ont vocation à revenir chez le cédant, sauf en cas de défaut de ce dernier ; auquel cas, ces créances sont alors conservées par la banque cessionnaire (mise en œuvre de la garantie).

En effet, la créance est transférée de manière temporaire au profit de la banque cessionnaire qui doit restituer la créance au cédant une fois que la garantie ainsi consentie est devenue sans objet (Cass. com. 22/11/05).

Dans ce cadre, en IFRS, aucune décomptabilisation n'est possible, les créances n'étant cédées qu'à titre d'instruments de garantie (« collateral ») (IFRS 9.3.2.23).

Le cédant continue de comptabiliser les créances à son actif. Le cessionnaire (la banque) ne les comptabilise pas à son bilan (IFRS 9.3.2.23d). Si le cédant est en défaut selon les termes du contrat (c'est-à-dire s'il ne rembourse pas les sommes prêtées) et s'il n'a plus le droit de racheter les créances, il doit les décomptabiliser. La banque les comptabilise alors à son actif (IFRS 9.3.2.23c).

Cessions de créances commerciales : tableau récapitulatif

48205 *Question*

En synthèse, lors d'une cession de créances commerciales, quelle est l'approche à retenir (cas simple) ?

Réponse

Le tableau de synthèse ci-après présente les différentes approches :

	Traitement comptable en IFRS	Commentaires
Conservation du risque de crédit et du risque de retard de paiement par le cédant	Pas de décomptabilisation	Opération traitée comme un emprunt garanti (voir n° 51365, point 2.)
Transfert du risque de crédit au cessionnaire Et Conservation du risque de retard de paiement par le cédant	Si le nombre de jours de retard de paiement n'est pas plafonné, pas de décomptabilisation	Opération traitée comme un emprunt garanti (voir n° 51365, point 2.)
	Si le nombre de jours de retard de paiement est plafonné, décomptabilisation partielle	Situation de maintien d'implication (voir n° 48235)
Transfert du risque de crédit et du risque de retard de paiement au cessionnaire	Décomptabilisation totale	Sortie des créances du bilan et comptabilisation d'un résultat de cession (voir n° 51365, point 1.)

Ce tableau est applicable lorsque les risques attachés aux créances commerciales cédées sont **limités au risque de crédit** et au **risque de retard de paiement** (pas de risque de change, notamment), en prenant en compte les hypothèses suivantes :

- le risque dit « de dilution » (voir n° 48175, point 1.) est ignoré dans l'analyse et est correctement défini ;
- le contrat établit clairement la frontière entre risque de retard de paiement et risque de dilution (voir n° 48180, point 4.) ;
- il n'existe aucune clause contractuelle qui remette en cause la décomptabilisation (telle qu'une option de rachat des créances à la valeur nominale, ou certains aspects de l'opération – indépendamment de la commission de financement, réserves, par exemples – faisant supporter en substance au cédant une partie non plafonnée par génération de créances du risque de portage des créances, la possibilité d'une compensation « tripartite », etc.) ;
- il ne s'agit pas de cession de créances futures (voir n° 48105) ou de créances issues de contrats à long terme ;
- les créances cédées ne sont pas des créances préassurées (voir n° 48185, point 4.) ;
- enfin, si l'opération fait intervenir un véhicule de titrisation (FCT ou autre), ce dernier n'a pas à être consolidé par le cédant.

Opérations de reverse factoring : définition et objectifs

48210

Question

Qu'est-ce qu'une opération dite de « reverse factoring » ?

Réponse

Il s'agit d'une opération de cession de créances commerciales à un factor, organisée par le client débiteur des créances (et non par le fournisseur créditeur et en position de cédant comme dans un affacturage classique).

Cette opération fait intervenir trois parties, dans deux contrats distincts :

- le(s) fournisseur(s) entre(nt) dans un contrat de cession des créances qu'il(s) détien(nen)t sur le client, avec le factor ;

En pratique, ces opérations ne sont pas réalisées avec un seul fournisseur, mais avec plusieurs fournisseurs d'un même client (celui qui organise l'opération).

- le client signe une convention avec le factor selon laquelle il s'engage à payer, à la date d'échéance, les factures cédées par son (ses) fournisseur(s) au factor (factures qu'il aura préalablement approuvées) et ce, sans se prévaloir d'aucune exception ou compensation possible (par exemple, avec des avoirs)

Commentaires Une opération de « reverse factoring » (ou opération de financement des fournisseurs sur ordre de l'acheteur) est une opération de cession de créances commerciales à un factor (« le factor ») organisée par la société débitrice des créances – encore appelée « le client » ou « l'acheteur ». Cette opération est donc organisée en sens contraire d'une opération d'affacturage classique où le fournisseur (en position de cédant) s'adresse directement au factor (d'où son nom).

Rappelons que dans une opération d'affacturage classique, la cession des créances est organisée par la société fournisseur elle-même, « le fournisseur ». Le fournisseur cède ainsi ses créances clients à une banque dite « factor ».

Généralement, les débiteurs des créances cédées (les clients) ne sont pas au courant de l'opération (si pas de notification).

Sur la notion d'affacturage avec ou sans notification, voir n° 48340.

1. Parties prenantes à l'opération Les accords de « reverse factoring » font ainsi intervenir trois parties qui signent deux contrats distincts :

- le(s) fournisseur(s) entre(nt) dans un contrat de cession des créances qu'il(s) détien(nen)t sur le client avec le factor ;
- le client signe une convention avec le factor selon laquelle il s'engage à payer à la date d'échéance les factures cédées par son(ses) fournisseur(s) au factor (factures qu'il aura préalablement approuvées) et ce, sans se prévaloir d'aucune exception ou compensation possible (par exemple avec des avoirs).

Les sociétés qui organisent des opérations de « reverse factoring » sont habituellement de grands groupes (assez fréquemment dans le secteur de la distribution, mais pas uniquement) qui ont une bonne qualité de crédit (en tout état de cause, meilleure que celle de leurs fournisseurs).

Outre le fait d'organiser l'opération avec le factor, ce sont également elles qui généralement sélectionnent les fournisseurs entrant dans l'opération de « reverse factoring ».

2. Intérêts pour une société (en position de client) d'organiser une telle opération Le client peut avoir des intérêts très divers dans une opération de « reverse factoring ». Cela peut être, par exemple, de :

- bénéficier de la différence entre le taux de financement de marché et le taux des escomptes pour paiement comptant ou anticipé négocié avec son(ses) fournisseur(s), sans pour autant décaisser la trésorerie correspondante avant la date d'échéance de la facture ;
- faire bénéficier ses principaux fournisseurs de possibilités de financement et ce, à un coût moindre, lorsque leur notation est inférieure à celle du client ;
- en contrepartie d'un financement avantageux, renégocier ses conditions de paiement avec ses fournisseurs, dans un but d'amélioration de son besoin en fonds de roulement ;
- fiabiliser sa chaîne d'approvisionnement et fluidifier sa chaîne de traitement des factures fournisseurs.

3. Intérêts pour le(s) fournisseur(s) de cette société à bénéficier de l'opération Le principal intérêt que peu(ven)t avoir le(s) fournisseur(s) à entrer dans une opération de « reverse

factoring » est de bénéficier de la qualité de signature de leur client dans l'obtention d'un nouveau financement dont le coût est ainsi diminué.

Cette opération leur donne également l'assurance d'être payés dans les délais prévus (puisque c'est le factor qui paie).

4. Traitement comptable Dans les états financiers du client, ce type d'opération entraîne notamment les questions de présentation suivantes :
– les dettes que la société (en tant que client) a vis-à-vis de ses fournisseurs peuvent-elles être maintenues en dettes d'exploitation ou doivent-elles être reclassées en dettes bancaires (ou autres) ?
– comment les flux relatifs à une telle opération doivent-ils être présentés dans le tableau de flux de trésorerie ?

Sur le traitement comptable chez le client des opérations de « reverse factoring », voir n° 48215. Chez le fournisseur, ce type d'opération peut poser la question de la décomptabilisation éventuelle des créances détenues vis-à-vis du client. Pour l'approche générale en matière de décomptabilisation d'actifs financiers, voir n° 48060.

Opérations de reverse factoring : présentation

48215 ***Question***

Comment doit être présentée une opération de reverse factoring dans les comptes du client initiateur de l'opération ?

Réponse

Il s'agit notamment de déterminer :
– si la dette que le client a vis-à-vis de son(ses) fournisseur(s) et qui devient payable au factor peut être maintenue en dettes fournisseurs ou si elle doit être reclassée (en dettes bancaires ou sur une ligne séparée du bilan) ;
– comment les flux associés à l'opération doivent être présentés dans le tableau de flux de trésorerie.

Il n'existe pas de réponse standard à ces questions, l'ensemble des faits et circonstances spécifiques à chaque opération devant être analysés avant d'en déterminer le traitement comptable.

En outre, des informations doivent être fournies dans l'annexe des états financiers, en particulier celles relatives à la méthode comptable et aux jugements importants effectués pour la présentation des dettes, objets de l'opération de reverse factoring et à l'exposition de l'entité (client initiateur de l'opération) au risque de liquidité engendré par celle-ci.

L'IFRS IC, saisi du sujet en 2020, a apporté quelques précisions, présentées ci-après.
Evolution de la réponse En complément des précisions apportées par l'IFRS IC en 2020, l'IASB a publié, en mai 2023, un amendement des normes IAS 7 et IFRS 7 visant à améliorer l'information financière relative aux opérations de « reverse factoring ». Pour plus de précisions, voir ci-après.

Commentaires :
1. Enjeu Une opération de « reverse factoring » est une opération de cession de créances commerciales à un factor, « le factor », organisée par le client débiteur des créances, « le client » (encore appelé « acheteur »). A la suite de cette opération, la dette due par le client envers son (ses) fournisseur(s) (bénéficiant de l'opération) devient ainsi payable au factor.

Sur la définition, les objectifs et les intérêts d'une opération de « reverse factoring », voir n° 48210.

Saisine de l'IFRS IC En janvier 2020, Moody's a saisi l'IFRS IC du sujet, en insistant sur :
– les problèmes de comparabilité entre les groupes utilisant ce type d'opérations et les autres ;
– l'inégalité de l'information entre les établissements financiers participant à ces opérations, qui peuvent réduire si besoin leur exposition rapidement, et les autres acteurs, tant prêteurs qu'agences de notation ;
– et enfin, le risque de défaut accru en cas d'arrêt des programmes.

Moody's a ainsi interrogé l'IFRS IC sur les modalités de présentation au bilan des dettes fournisseurs incluses dans ce type de programme et sur les informations devant être présentées dans l'annexe des états financiers.

Dans une telle opération, la première question est en effet de savoir si la dette du client vis-à-vis du fournisseur cédant peut être maintenue en dettes d'exploitation (dettes fournisseurs) ou si elle doit être reclassée en dettes bancaires (i.e. dette vis-à-vis du factor) ou sur une ligne séparée du bilan. **48215** (suite)

2. **Présentation de la dette au bilan** :

a. **Décision de l'IFRS IC** (IFRIC Update 12/20) Dans sa décision, l'IFRS IC a rappelé, par référence à IAS 37.11 et 1.70, qu'une dette fournisseurs :

- est une contrepartie à payer en échange d'un bien ou d'un service,
- dont le montant est facturé par le fournisseur ou fait l'objet d'un accord formalisé avec le fournisseur, et
- qui fait partie intégrante du besoin en fonds de roulement (BFR) relatif au cycle d'exploitation normal de l'entité.

En outre, et sur les bases d'IAS 1.29 et .57, l'IFRS IC a précisé que les dettes relatives à une opération de reverse factoring :

- ne doivent être présentées sur la même ligne que les dettes fournisseurs que lorsque la dette considérée a une nature et une fonction similaires aux dettes fournisseurs ;
- doivent être présentées sur une ligne distincte, si compte tenu de leur montant, leur nature ou leur fonction, une telle présentation permet de comprendre la situation financière de l'entité.

Pour cela, un jugement doit être effectué, en prenant en compte le montant, la nature et l'échéance des dettes considérées (IAS 1.55 et .58).

Par exemple, selon l'IFRS IC, les éléments suivants peuvent indiquer qu'une présentation séparée de la dette est pertinente :

- l'entité octroie à la banque des garanties additionnelles (par rapport à celles octroyées à ses fournisseurs) ; ou
- il existe une différence significative des termes de la dette selon qu'elle est incluse ou non dans le programme.

Enfin, l'IFRS IC a indiqué que l'analyse de décomptabilisation d'IFRS 9 devait être effectuée pour les dettes faisant l'objet d'une opération de reverse factoring, et qu'en cas de décomptabilisation, les principes d'IAS 1 précités devaient être appliqués pour déterminer la présentation de la nouvelle dette au bilan.

Ainsi, il n'y a pas de réponse standard à la question de présentation au bilan des dettes relatives aux opérations de reverse factoring. Chaque opération demande une analyse détaillée des contrats considérés (celui signé entre le client et le factor et celui signé entre le(s) fournisseur(s) et le factor), ainsi que des faits et circonstances propres à la transaction et l'exercice du jugement.

b. **Décomptabilisation (ou non) de la dette selon IFRS 9** A notre avis, une entité disposera d'une présomption forte de reclassement de la dette en dettes bancaires s'il y a extinction de la dette envers le(s) fournisseur(s) et que cette dernière doit donc être **décomptabilisée.**

En outre, en application d'IAS 1.55, une entité pourra décomposer les dettes bancaires et les présenter en plusieurs postes au bilan (en utilisant un libellé adéquat), si cela est utile à la compréhension de sa situation financière.

Selon IFRS 9, il y a extinction de dette :

- si la dette est légalement éteinte, selon IFRS 9.3.3.1 (voir point c. ci-après) ; ou
- si, sans être légalement éteinte, ses modalités sont substantiellement modifiées de manière à ce que l'opération soit également traitée comme une extinction de dette, selon IFRS 9.3.3.2. Dans ce cas, l'entreprise doit fonder son analyse sur des critères à la fois qualitatifs (voir point c. ci-après) et quantitatifs (test des 10 %, voir point d. ci-après).

Pour plus de détails sur les critères de décomptabilisation d'un passif financier, voir n° 48090.
Pour plus de détails sur les modifications substantielles de dette, voir n° 46170.

Si la dette n'est pas légalement éteinte ou si ses caractéristiques n'ont pas été substantiellement modifiées, et qu'il n'y a donc pas décomptabilisation, cette dernière ne nous paraît pas pour autant devoir être systématiquement maintenue en dettes fournisseurs.

En effet, et **par référence à** IAS 1.15, le classement de la dette au bilan du client doit permettre de présenter une image fidèle de la situation financière, de la performance financière et des flux de trésorerie de l'entité. Il en est ainsi à notre avis notamment de la réalité de son besoin en fonds de roulement (BFR) et de la cohérence de celui-ci avec le compte de résultat de l'entité (en particulier dans les transactions où il existe des rétrocessions de commissions ou d'écart de taux, voir point c. ci-après).

48215 (suite) Le tableau suivant récapitule les différentes étapes de l'approche exposée ci-avant, approche qui, **à notre avis**, devrait être retenue par les sociétés mettant en place une opération de « reverse factoring » :

Caractéristiques de l'opération et critères d'analyse	Extinction et décomptabilisation de la dette initiale (IFRS 9.3.3.1 et .3.3.2)	Présentation au bilan (IAS 1.15)
Extinction légale	Oui	A notre avis, et sauf exception (1), classement en dettes bancaires (2)
Modification substantielle des caractéristiques de la dette	Oui	A notre avis, présomption de classement en dettes bancaires (2)
Pas de modification substantielle des caractéristiques de la dette (analyse selon indicateurs quantitatifs et qualitatifs) (3)	Non	A notre avis, maintien en dettes fournisseurs ou dans un autre poste adéquat (4)

(1) Cas par exemple d'une novation où, bien qu'il y ait une extinction de la dette fournisseur sur le plan juridique, la nouvelle dette envers le factor conserverait exactement les mêmes caractéristiques que celles de l'ancienne.
(2) Comme indiqué ci-avant, selon IAS 1.55, une entité pourra décomposer les dettes bancaires en plusieurs postes au bilan (en utilisant un libellé adéquat), si cela est utile à la compréhension de sa situation financière.
(3) Comme indiqué ci-avant, selon IAS 1.15, le classement de la dette doit permettre de présenter le plus fidèlement possible la situation financière, la performance financière et les flux de trésorerie de l'entité. Ce qui nécessite à notre avis d'effectuer, outre le test quantitatif des 10 % (voir point d. ci-après) une analyse en substance de l'impact de l'opération (sur le BFR et le compte de résultat de l'entité), sur la base de la liste (non exhaustive) des indicateurs donnés au point c. ci-après.
(4) Ce qui peut par exemple conduire à reclasser la dette sur une ligne à part (avec un libellé adéquat) qui ne soit ni dettes fournisseurs ni dettes bancaires.

c. **Indicateurs d'analyse qualitatifs** Les indicateurs qualitatifs suivants (non exhaustifs et à considérer ensemble) permettent, à notre avis, d'aider à la compréhension de la substance de l'opération et à déterminer le classement approprié de la dette issue de l'opération de « reverse factoring ».

Reverse factoring : indicateurs d'analyse qualitatifs		
	Indicateurs conduisant à un reclassement en dettes bancaires ou sur une ligne distincte	Indicateurs conduisant à un maintien en dettes fournisseurs
Quelle est la nature juridique de l'opération ?	Il y a extinction de la dette considérée (et création d'une nouvelle obligation vis-à-vis de la banque/factor, au travers d'une convention qui a pour effet d'éteindre l'ancienne obligation et d'en créer une nouvelle).	Il y a seulement transfert au factor de la créance que le fournisseur détient sur le client (la dette fournisseur continue d'exister).
Quel est l'objectif de l'opération ?	Améliorer le BFR du client.	Aider le fournisseur à obtenir un financement à un meilleur taux de marché.
Les délais de paiement fournisseurs ont-ils été modifiés à la suite de la mise en place de la transaction ?	Oui. L'indicateur sera d'autant plus fort que : (a) les délais n'ont été renégociés qu'avec les fournisseurs entrant dans la transaction, ou (b) les nouveaux délais n'entrent pas dans les normes habituelles du secteur ou ne sont pas en ligne avec la réglementation locale (LME, par exemple), ou (c) ils sont contractuellement liés à l'opération de reverse factoring, ou (d) ils ne sont applicables qu'aux factures entrant dans le programme, ou (e) la date d'échéance de la dette vis-à-vis du factor est différente de celle de la facture fournisseur.	Non. Les délais de paiement ne sont pas modifiés, ou s'ils le sont, c'est à la suite d'une négociation commerciale indépendante de l'opération et avec des conditions de marché.

48215 (suite)

Reverse factoring : indicateurs d'analyse qualitatifs		
	Indicateurs conduisant à un reclassement en dettes bancaires ou sur une ligne distincte	Indicateurs conduisant à un maintien en dettes fournisseurs
Qui a négocié les termes de l'opération ?	Le client sélectionne les fournisseurs entrant dans l'opération et négocie pour eux les taux d'intérêt et conditions du financement.	Le client agit comme un agent, introduisant des fournisseurs clés à la banque, et le(s) fournisseur(s) négocie(nt) tout ou partie des modalités du financement directement avec le factor.
Le client reçoit-il des commissions du factor ou lui paye-t-il des frais (hormis le paiement de la facture considérée) ?	Oui. Le fait que le client reçoive ou paye des commissions et/ou tout ou partie des frais financiers indiquerait la nature d'une dette auprès d'un établissement de crédit (i.e. le factor).	Non. Le fait que tous les frais et commissions soient supportés par le(s) fournisseur(s) peut indiquer que la substance de la dette fournisseur n'a pas été modifiée.
Le groupe a-t-il, dans le cadre de la transaction, accordé une garantie nouvelle au titre du paiement de la dette de ses filiales ?	Oui. Dans ce cadre, l'établissement financier (le factor) a obtenu des garanties additionnelles dont le fournisseur ne bénéficiait pas.	Aucune garantie complémentaire sur les créances n'est donnée au factor.
Y a-t-il, en substance, un accord tripartite entre le client, le fournisseur et la banque ?	Oui. Dans ce cadre, le fournisseur n'a pas d'autre choix que de céder la totalité de ses créances (approuvées par son client) au factor.	Non. Le fournisseur a la possibilité (mais non l'obligation) de céder ses créances avant leur date d'échéance.
La transaction modifie-t-elle le calendrier des flux de trésorerie nets du client (date de paiement de la dette, escompte pour paiement anticipé, avoirs, paiement d'intérêts de retard) ?	Oui. Des flux de trésorerie nets significativement modifiés ou différents de ceux attachés aux dettes des fournisseurs n'étant pas partie prenante à la transaction, sont indicateurs de l'existence d'un financement bancaire.	Non (voir point d. ci-après pour les aspects liés aux modifications de la dette).

d. Indicateurs d'analyse quantitatifs (à prendre en compte dans le test des 10 %) Si la dette n'est pas éteinte, il convient de vérifier que ses termes/conditions ne font pas l'objet de modifications substantielles qui entraîneraient sa décomptabilisation, par application d'IFRS 9.3.3.2.

Pour des précisions sur la renégociation de dette, voir n° 46160 s.

A notre avis, concernant le **test quantitatif des 10 %,** les éléments suivants devraient être retenus lors de l'analyse d'une opération de « reverse factoring » :
- modification des dates d'échéance (par exemple, augmentation du délai de paiement des fournisseurs) ;
- existence d'intérêts de retard (ceux-ci étant facturés au client par le factor, si celui-ci ne respecte pas la date d'échéance, alors même qu'il ne les supporte généralement pas s'il paie son(ses) fournisseur(s) en retard) ;
- modification dans les possibilités de compensation des avoirs ;
- modification dans la capacité du client à tirer avantage d'escomptes au travers de paiements anticipés ;
- éventuelles « rétrocessions » de « commissions » pour avoir introduit des fournisseurs dans le dispositif de « reverse factoring » ;
- éventuelle rétrocession de l'écart de taux entre l'escompte qui aurait été obtenu si paiement comptant auprès du fournisseur et les frais financiers facturés par le factor.

3. Présentation dans le tableau de flux de trésorerie Dans sa décision précitée (IFRIC Update 12/20), l'IFRS IC a rappelé que la nature de l'activité et la définition des flux sous-jacents sont les principes de base du classement d'un élément dans le tableau de flux de trésorerie. Sont ainsi classés en flux opérationnels les flux des principales activités génératrices de produits ainsi que toutes les activités qui ne sont pas des activités d'investissement ou de financement, et en flux de financement les activités qui résultent des changements dans l'importance et la composition du capital apporté et des emprunts de l'entité (IAS 7.6).

48215 (suite) L'IFRS IC a, en outre, indiqué que le classement au bilan était un indicateur pertinent du classement dans le tableau de flux de trésorerie. En conséquence, au cas particulier des opérations de reverse factoring, si la dette est présentée en dette fournisseurs, les flux associés devraient être présentés en flux opérationnels. Si la dette est présentée en dette bancaire, les flux associés devraient figurer en flux de financement.

L'IFRS IC a enfin rappelé que les transactions de financement sans effet sur la trésorerie doivent être exclues du tableau de flux de trésorerie et faire l'objet d'une information en annexe (IAS 7.43).

Il convient toutefois de souligner que ni la norme IAS 7 ni la décision de l'IFRS IC précitée ne précisent la notion d'effet (ou d'absence d'effet) sur la trésorerie. Les transactions avec effet sur la trésorerie sont généralement celles qui transitent par un compte bancaire de l'entité. Cependant, à notre avis, dans une opération de reverse factoring, il peut être approprié que le client présente une sortie de trésorerie en flux opérationnels et une entrée en flux de financement, lors du paiement du fournisseur par l'établissement financier, si ce dernier agit en tant qu'agent payeur du fournisseur pour le compte du client. Déterminer si l'établissement agit en tant qu'agent du client dans une opération de reverse factoring requiert l'exercice du jugement.

4. Information en annexe Quelle que soit la conclusion à laquelle l'analyse aboutit, une information adéquate en annexe est requise. Ainsi, dans sa décision précitée (IFRIC Update 12/20), l'IFRS IC rappelle que des informations relatives aux opérations de reverse factoring doivent être fournies, conformément à IAS 1.112, dès lors qu'elles sont pertinentes pour la compréhension des états financiers. En particulier, **l'approche et la méthode comptable retenues** pour la présentation de la dette devront être décrites, en référence à IAS 1.122, au titre des jugements importants, tant qualitatifs que quantitatifs, effectués par la direction de l'entreprise en matière de méthodes comptables, et à notre avis, en référence à IAS 1.117, au titre des informations sur les méthodes comptables.

Selon les circonstances, d'autres informations peuvent s'avérer nécessaires, par référence à IAS 1.15, qui stipule que les états financiers doivent présenter une image fidèle de la situation financière, de la performance financière et des flux de trésorerie de l'entité.

L'IFRS IC a, en outre, rappelé la nécessité de fournir les informations permettant aux utilisateurs des états financiers d'évaluer la nature et l'ampleur des risques découlant des instruments financiers (IFRS 7.31) ainsi que les informations, tant qualitatives que quantitatives, relatives à son exposition aux risques et à sa politique de gestion de ceux-ci (IFRS 7.33 à .35). Dans ce cadre, l'IFRS IC a en particulier attiré l'attention sur le risque de liquidité engendré par ces opérations et sur les informations requises par la norme IFRS 7 en la matière (IFRS 7.39 à .B11F).

Le risque de liquidité est défini comme le risque qu'une entreprise rencontre des difficultés pour satisfaire ses engagements liés à des passifs financiers dont le dénouement se fait par la remise de trésorerie ou d'un autre actif financier (IFRS 7.A).

L'IFRS IC constate que les opérations de reverse factoring entraînent fréquemment un risque de liquidité accru, notamment en raison de la concentration des sources de financement (l'institution financière étant partie à l'opération au lieu de nombreux fournisseurs) et du fait qu'elles peuvent habituer les fournisseurs à des délais de règlement plus courts que ceux pratiqués sans opération comparable.

Pour plus de détails sur les informations requises en matière d'exposition aux risques financiers et leur gestion, voir n° 52370 s.

Pour plus de détails sur les informations à fournir au titre du risque de liquidité, voir n° 52405 s.

Recommandations de l'AMF Dans ses recommandations en vue de l'arrêté des comptes 2020, l'AMF a rappelé l'importance des informations fournies pour la compréhension du risque de liquidité d'un émetteur. L'AMF a ainsi recommandé une transparence particulière dans les états financiers des sociétés ayant mis en place des opérations significatives de gestion du besoin en fonds de roulement, telles que des opérations d'affacturage inversé (Rec. AMF 2020-09, Arrêté des Comptes 2020, § 4.3).

L'AMF a ainsi rappelé la nécessité de fournir une description des programmes, la mention de l'analyse effectuée et du traitement comptable retenu, la présentation des montants en jeu (total du programme, montant des dettes concernées, montants des garanties le cas échéant) et une indication du classement dans les états financiers (au bilan, tableau de flux de trésorerie et compte de résultat) (Rec. AMF 2020-09, Arrêté des Comptes 2020, § 4.3). L'AMF invitait en outre les sociétés concernées à prendre en compte, si possible, la décision de l'IFRS IC dans leurs états financiers annuels dès 2020.

Dans ses recommandations en vue de l'arrêté des comptes 2021, l'AMF réitère l'importance, pour les sociétés significativement concernées par des programmes d'affacturage inversé, de décrire ces programmes (contexte et motifs de la mise en place, caractéristiques et modalités), les montants en jeu, l'analyse effectuée, le classement comptable retenu au bilan et dans le tableau de flux de trésorerie, ainsi que de compléter l'information au titre du risque de liquidité (dépendance à ces programmes). En outre, l'AMF invite les sociétés à s'interroger sur la présentation des dettes objet du programme sur une ligne distincte au bilan, du fait de leur montant, leur nature et leur échéance, et à fournir une explication des impacts de ces transactions dans le tableau des flux de trésorerie. Enfin, pour les sociétés ayant classé les dettes concernées comme des dettes financières au bilan et analysé les flux correspondant comme des flux de financement, l'AMF recommande de mentionner cet élément dans le tableau de flux de trésorerie (par exemple, via une note de bas de page ou une ligne distincte) afin d'assurer au lecteur une bonne compréhension des variations de la période (Rec. AMF 2021-06, Arrêté des Comptes 2021, § 3.2.2).

L'AMF avait déjà attiré l'attention sur l'importance des informations à fournir au titre de ces opérations dans ses recommandations en vue de l'arrêté des comptes 2015 et 2019.

Evolution de la norme En complément des informations déjà requises par les normes existantes, sur lesquelles l'IFRS IC a apporté un éclairage en décembre 2020, l'IASB a publié, en mai 2023, un amendement des normes IAS 7 et IFRS 7 visant à améliorer l'information financière relative aux opérations de « reverse factoring ». Les amendements se traduisent par davantage d'informations à fournir en annexe, devant permettre aux utilisateurs des états financiers d'évaluer les effets de ces opérations sur les passifs et les flux de trésorerie de l'entité initiatrice de l'opération, de même que sur le risque de liquidité en découlant. L'amendement des deux normes est applicable de manière obligatoire pour les exercices ouverts à compter du 1er janvier 2024, une application anticipée étant possible.

A notre avis, l'amendement peut être appliqué par anticipation, même en l'absence d'approbation par la Commission européenne (voir n° 11134 et 11520).

SECTION IV

Traitement comptable des situations de maintien d'implication (« continuing involvement »)

Remarque importante

48230

Les situations de maintien d'implication (« continuing involvement ») sont représentatives d'un modèle comptable très particulier pour lequel la norme IFRS 9 ne donne que peu de précisions. En conséquence, il peut exister d'autres approches pour traiter comptablement les opérations présentées ci-après dans cette section IV.

Cessions de créances avec octroi d'une garantie par le cédant

48235

Question

Comment traiter une cession de créances avec octroi d'une garantie qui conduit à une situation de maintien d'implication ?

Réponse

Les créances sont maintenues au bilan pour le montant le plus faible de la garantie ou du nominal des créances.

Le passif associé est égal au montant de la garantie, augmenté de la juste valeur de cette dernière.

Si la garantie est couverte par un dépôt de trésorerie ou un prix différé, le montant du dépôt ou du prix différé est, à notre avis, comptabilisé séparément à l'actif, en plus de la quote-part de créances maintenue au bilan (« double » comptabilisation).

48235 (suite)

Commentaires :

1. **Rappel (implication continue)** Lorsque la garantie octroyée par le cédant est suffisamment importante pour empêcher la décomptabilisation complète des créances, la société se retrouve en situation de maintien d'implication (« continuing involvement ») (IFRS 9.3.2.16a).

2. **Traitement comptable** Dans ce cas, la mesure de l'implication continue (quote-part des créances maintenue au bilan) est la plus faible (IFRS 9.3.2.16a) :
- du montant des créances transférées ; et
- du montant maximal de la contrepartie reçue que la société pourrait être tenue de rembourser (« le montant de la garantie »).

Le passif associé est initialement évalué comme le montant de la garantie augmenté de la juste valeur de cette dernière (qui est normalement égale à la contrepartie reçue au titre de cette garantie).

Par la suite, la juste valeur initiale de la garantie est reprise en résultat selon les principes d'IFRS 15 (c'est-à-dire lorsque, ou à mesure que, l'obligation est remplie) et la valeur comptable de la quote-part de l'actif maintenue au bilan est diminuée des éventuelles pertes de valeur (IFRS 9.B3.2.13a).

■ *Exemple*

Une entreprise industrielle et commerciale transfère un portefeuille de créances de nominal 10 000 auprès d'une entité structurée (« special purpose entity » ou SPE), pour un prix de cession de 9 600. Le SPE émet différentes catégories de parts (seniors et subordonnées). Aucune d'entre elles n'est souscrite par le cédant.

Le SPE contracte, par ailleurs, une police d'assurance (contre le risque de crédit des créances), une ligne de liquidité et des swaps de taux d'intérêt avec d'autres contreparties, toutes indépendantes du cédant. Ce dernier accepte toutefois d'accorder une garantie plafonnée à hauteur de 300 pour couvrir à la fois le risque de dilution (avoirs émis) et 25 % des pertes dues au risque de crédit sur les créances cédées.

La juste valeur de la garantie donnée est évaluée à 100. Par rapport à la nature des risques attachés aux créances (risque de non-paiement, risque de retard de paiement, risque de dilution), ce montant est relativement faible et ne conduit ni à la consolidation du SPE ni au maintien à 100 % des créances au bilan du cédant. Il est toutefois suffisant pour empêcher la décomptabilisation totale des créances.

Solution de l'exemple *Le cédant se retrouve donc en situation de maintien d'implication. L'écriture comptable est la suivante :*

Dt	*Trésorerie*	*9 600*	
Dt	*Créances (implication continue/montant maximum de la garantie donnée)*	*300*	
Dt	*Perte sur cession (décote + juste valeur de la garantie donnée)*	*500*	
Ct	*Créances*		*10 000*
Ct	*Passif associé (300 + 100)* [(1)]		*400*
(1) 100 = juste valeur de la garantie donnée.			

Remarque *En principes comptables français, l'écriture aurait été la suivante :*

Dt	*Trésorerie*	*9 600*	
Dt	*Décote (perte sur cession)* [(1)]	*400*	
Ct	*Créances*		*10 000*
(1) Les pertes liées à la garantie (100) ne seraient prises en compte que lorsqu'une défaillance se produit ou un avoir est émis sur un ou plusieurs débiteurs.			

3. **Cas où la garantie donnée est couverte par un prix différé ou un dépôt de trésorerie** Dans ce cas, ce prix différé ou dépôt de trésorerie (encore appelé « réserve de trésorerie ») donne généralement droit à un boni de liquidation, si les créances sont mieux payées ou le sont plus rapidement que prévu. Ce boni (encore appelé « excess spread » dans le cas de la cession de prêts bancaires) est alloué soit à la clôture de chaque génération de créances (prêts), soit à la liquidation du véhicule de titrisation (FCT (fonds commun de titrisation) ou autre type d'entité structurée). La comptabilisation de ce prix différé ou dépôt de trésorerie donne lieu à une comptabilisation distincte (en plus de la garantie elle-même), entraînant alors un phénomène de **double comptabilisation.**

■ *Exemple* 48235 (suite)

Reprise de l'exemple précédent *Les créances sont cédées pour 9 600 et le cédant accepte qu'une partie du prix de cession des créances (300) soit différée et serve de garantie (contre le risque de contrepartie et de dilution) aux créances cédées.*

La juste valeur de la garantie donnée est évaluée à 100. Ce qui veut dire que la société compte récupérer 200 (en négligeant, par simplification, l'effet d'actualisation) sur les 300 différés à titre de garantie.

Solution de l'exemple *Comme précédemment, le cédant se retrouve en situation de maintien d'implication. La traduction comptable est donnée au point b., sachant que la solution indiquée au point a., ainsi que la traduction en principes français, ne sont données qu'à titre pédagogique, pour une meilleure compréhension.*

Le fil conducteur de l'analyse est de considérer le prix différé comme un maintien d'implication dans les créances (droit à un complément de trésorerie), ce droit étant lui-même donné en garantie de certains risques.

1. Sans double comptabilisation *L'enregistrement comptable aurait été le suivant :*

Dt	*Trésorerie*	*9 300*	
Dt	*Implication continue (juste valeur du prix différé)*	*200*	
Dt	*Perte sur cession (décote + juste valeur de la garantie donnée)*	*500*	
Ct	*Créances*		*10 000*

Remarque *En principes comptables français, l'écriture aurait été la suivante :*

Dt	*Trésorerie*	*9 300*	
Dt	*Prix différé*	*300*	
Dt	*Décote (perte sur cession)* (1)	*400*	
Ct	*Créances*		*10 000*

(1) Les pertes liées à la garantie (100) ne sont alors prises en compte que lorsqu'une défaillance se produit ou un avoir est émis sur un ou plusieurs débiteurs.

En IFRS, le ***bilan après l'opération de transfert de créances*** *est le suivant :*

Actif		*Passif*	
Implication continue (prix différé)	*200*	*Résultat (perte)*	*(500)*
Trésorerie	*9 300*		

2. Avec double comptabilisation *L'enregistrement comptable est le suivant :*

Dt	*Trésorerie*	*9 300*	
Dt	*Implication continue (juste valeur du prix différé × 2)* (1)	*400*	
Dt	*Perte sur cession (décote + juste valeur de la garantie donnée)*	*500*	
Ct	*Créances*		*10 000*
Ct	*Dette associée* (2)		*200*

(1) Le prix différé est comptabilisé à sa juste valeur (200) puis doublé pour tenir compte du fait qu'il est donné en garantie de certains risques.

(2) La dette associée (correspondant à la garantie donnée) est alors plafonnée à la juste valeur du prix différé (200).

Remarque *On considère en général qu'il y a* ***double comptabilisation*** *lorsque les intérêts conservés dans les actifs cédés sont donnés en garantie au cessionnaire (IFRS 9.B3.2.17).*

Le bilan après l'opération de transfert de créances *est le suivant :*

Actif		*Passif*	
Implication continue (prix différé)	*400*	*Résultat (perte)*	*(500)*
Trésorerie	*9 300*	*Dette associée*	*200*

Remarque *La question d'une* ***possible compensation*** *entre la dette associée (200) et le prix différé (400) se pose. Ce qui reviendrait à la solution précédente. A notre avis, cette compensation est interdite, le prix différé (droit à un complément de trésorerie) étant représentatif – comme la garantie donnée – d'une implication continue dans les créances transférées (voir n° 48255).*

Maintien au bilan avec vente de put (actif évalué au coût amorti)

48240 ***Question***

Comment comptabiliser la cession d'un actif non liquide préalablement évalué au coût amorti et maintenu au bilan à cause d'une vente de put ?

Réponse

L'actif est maintenu au bilan à son coût amorti.

En contrepartie de la trésorerie reçue, une dette (dite « associée » à l'actif) est comptabilisée au passif. Cette dette est évaluée à son coût (c'est-à-dire la contrepartie reçue), ajusté de l'amortissement en résultat (selon la méthode du taux d'intérêt effectif) de l'écart entre ce coût et le coût amorti de l'actif transféré à la date d'expiration de l'option.

En cas d'exercice de l'option, toute différence entre la valeur nette comptable de la dette associée et le prix d'exercice de cette dernière est comptabilisée en résultat.

Toute compensation entre l'actif et le passif associé est interdite.

Enfin, l'option vendue ne fait pas l'objet d'une comptabilisation séparée.

Commentaires :

1. **Rappel (implication continue)** Selon IFRS 9.B3.2.16i, si une entité transfère un actif financier qui ne peut être facilement obtenu sur le marché (actif non liquide) et qu'elle émet une option de vente qui n'est pas fortement hors de la monnaie, l'entité ne conserve ni ne transfère la quasi-totalité des risques et avantages liés au droit de propriété en raison de l'option de vente émise. L'entité conserve le contrôle de l'actif si l'option de vente a une valeur suffisante pour empêcher le cessionnaire de vendre l'actif, auquel cas l'actif reste comptabilisé à hauteur de l'implication continue du cédant.

Pour la notion d'option de vente hors de la monnaie, voir n° 48760.

Dans ce cas, le cessionnaire ne vendrait pas l'actif transféré à un tiers sans imposer une option ou d'autres restrictions similaires. Le cessionnaire conserverait plutôt l'actif transféré de manière à obtenir des paiements dans le cadre de la garantie ou de l'option de vente. Dans ces circonstances, le cédant a conservé le contrôle de l'actif transféré (IFRS 9.B3.2.9).

2. **Traitement comptable** L'évaluation de l'implication continue correspond au montant de l'actif transféré que l'entité peut devoir être amenée à racheter (IFRS 9.3.2.16b). En contrepartie de la trésorerie reçue, une dette (dite « associée » à cet actif) est comptabilisée au passif. Cette dette est évaluée de telle sorte que la valeur nette entre l'actif transféré (maintenu à l'actif du bilan) et le passif associé corresponde au coût amorti des droits et obligations conservés par l'entité (IFRS 9.3.2.17), à savoir la vente de put.

Remarque Pour autant, aucune présentation compensée au bilan ou dans le compte de résultat n'est autorisée (voir n° 48255).

A cet effet, le passif associé est évalué à son coût (c'est-à-dire la contrepartie reçue) ajusté de l'amortissement en résultat (selon la méthode du taux d'intérêt effectif) de tout écart entre ce coût et le coût amorti de l'actif transféré à la date d'expiration de l'option (IFRS 9.B3.2.13b).

L'option vendue ne fait l'objet d'aucune comptabilisation séparée (pour éviter une double comptabilisation des droits et obligations du cédant) (IFRS 9.B3.2.14).

Remarque Le traitement est identique que l'option soit dénouée par un montant net en trésorerie ou par la réception ou la livraison physique du sous-jacent (IFRS 9.3.2.16).

En cas d'exercice de l'option, toute différence entre la valeur nette comptable de la dette associée et le prix d'exercice de l'option est comptabilisée en résultat (IFRS 9.B3.2.13b).

Il en résulte que ce que l'on pourrait appeler le « résultat de cession » est constaté de manière étalée (et actuarielle) sur la durée de vie de l'option.

■ ***Exemple***

*(**IFRS 9.B3.2.13b, complété par nos soins**) Hypothèses :*

- *le coût amorti et la valeur comptable de l'actif à la date du transfert s'élèvent à 98 ;*
- *la contrepartie reçue s'élève à 95 ; et*
- *le coût amorti de l'actif à la date d'exercice de l'option sera de 100.*

Remarque Il peut s'agir, par exemple, d'un zéro coupon.

A l'échéance de l'option, deux situations peuvent se produire :

- *l'option de vente n'est pas exercée et la cession est entérinée ;*
- *les cours ont baissé et l'option est exercée au prix d'exercice initialement fixé à 102.*

Solution de l'exemple *La valeur comptable initiale du passif associé s'élève à 95 et la différence entre 95 et 100 est comptabilisée en résultat conformément à la méthode du taux d'intérêt effectif (TIE).*
En cas d'exercice de l'option, toute différence entre la valeur comptable initiale du passif associé (100) et le prix d'exercice (102) est comptabilisée en résultat.
Les écritures comptables sont les suivantes :

	Bilan						Compte de résultat	
	Actif au coût amorti		Dette associée		Trésorerie		Charge d'intérêt	Produit d'intérêt
Solde initial	98							
Lors de la cession des actifs				95 [(1)]	95			
A chacune des clôtures (montants cumulés)	2 [(2)]			5 [(3)]			5	2
Soldes à l'échéance de l'option	100			100	95		5	2
Cas 1 Option non exercée : cession définitive des titres		100 [(4)]	100 [(4)]		–			
	0			0	95		3	
Cas 2 Option exercée pour 102 : maintien des actifs au bilan	– [(5)]		100 [(5)]			102 [(5)]	2 [(5)]	
	100			0 [(5)]		7	5	

(1) Dette associée comptabilisée pour le montant de la trésorerie reçue (95).
(2) TIE de l'actif comptabilisé au coût amorti (qui passe de 98 à 100).
(3) TIE de la dette associée pour ajuster le montant de la dette (95) à celui de l'actif (100) à la date d'exercice de l'option.
(4) L'option n'étant pas exercée, la cession de l'actif est entérinée. Le résultat de cession (3) aura été étalé de manière actuarielle sur la durée de l'option.
(5) L'option est exercée. Aucune cession n'a lieu. Toute différence entre la valeur nette comptable de la dette associée (remboursée) et le prix d'exercice de l'option est comptabilisée en résultat (perte de 2 dans ce cas).

Remarque *La prime de l'option est systématiquement étalée sur la durée de vie de cette dernière (même dans le cas où in fine l'actif n'est pas cédé).*

Maintien au bilan avec vente de put (actif évalué à la juste valeur)

Question 48245

Comment comptabiliser la cession d'un actif non liquide, préalablement évalué à la juste valeur (par exemple, action évaluée à la juste valeur en contrepartie des autres éléments du résultat global) et maintenu au bilan à cause d'une vente de put ?

Réponse

L'évaluation de l'actif est limitée au plus faible de sa juste valeur et du prix d'exercice de l'option (le cédant n'ayant plus aucun droit sur les plus-values au-delà du prix d'exercice de l'option).

En contrepartie de la trésorerie reçue, une dette (dite « associée » à l'actif) est comptabilisée au passif, pour un montant égal au prix d'exercice de l'option augmenté de la valeur temps de cette dernière. Ainsi, la valeur nette entre (i) l'actif transféré (maintenu à l'actif du bilan) et (ii) le passif associé correspond à la juste valeur de l'obligation liée à la vente de put.

Toute compensation entre l'actif et la dette associée est interdite.

L'option vendue ne fait pas l'objet d'une comptabilisation séparée.

Enfin, aucun résultat de cession n'est constaté avant l'échéance de l'option.

48245 (suite)

Commentaires :

1. **Rappel (implication continue)** Pour les conditions d'une implication continue, voir n° 48240, point 1. Un actif non liquide est un actif financier qui ne peut être facilement obtenu sur le marché.

Un actif non liquide est un actif financier qui ne peut être facilement obtenu sur le marché.

2. **Traitement comptable** Dans le cas d'une option de vente émise sur un actif évalué à la juste valeur, l'évaluation de l'implication continue de l'entité est limitée au plus faible de la juste valeur de l'actif transféré et du prix d'exercice de l'option (IFRS 9.3.2.16b), car l'entité n'a aucun droit sur les éventuelles augmentations de juste valeur de l'actif transféré au-delà du prix d'exercice de l'option (IFRS 9.B3.2.13d). Le passif associé est évalué au prix d'exercice de l'option majoré de la valeur temps de l'option.

Cela permet de garantir que la valeur comptable nette de l'actif et du passif associé correspond bien à la juste valeur de l'obligation liée à l'option de vente (IFRS 9.B3.2.13d).

■ *Exemple*

En juin N, une société S vend à une banque B des actions représentatives d'une participation de 9 % dans le capital d'un concurrent.
La banque rémunère la cession par un paiement en trésorerie de 102. Les actions sont soumises à une vente d'option de vente (put) qui permet à la banque de les revendre à S pour un prix de 96.
La juste valeur des actions est estimée à 97 lors de la cession.
Par différence, l'option vaut donc 5 (102 – 97), représentatifs uniquement de sa valeur temps (option hors de la monnaie).

Pour la notion d'option de vente hors de la monnaie, voir n° 48760.

Les actions ne sont pas cotées sur un marché actif et étaient comptabilisées en actifs évalués à la juste valeur en contrepartie des autres éléments du résultat global (OCI).
Au 31/12/N, la juste valeur des actions a baissé et s'élève à 94. La valeur temps du put vendu ne vaut plus que 4.

Solution de l'exemple *Le put vendu, n'étant pas très en dehors de la monnaie, interdit la décomptabilisation des actions chez S. Le maintien d'implication de S dans les actions cédées correspond au fait que S peut être amené à racheter ces mêmes actions.*
Le montant de cette implication est limité au chiffre le plus bas entre la juste valeur des actions et le prix d'exercice de l'option vendue (96). En effet, S n'a plus aucun droit sur les plus-values potentielles des actions.
Aucun résultat de cession n'est constaté.
1. Les ***écritures comptables*** *sont les suivantes :*

	Titres JVOCI		*Réserve JVOCI*		*Trésorerie*		*Dette associée*	
Solde initial	*97*							
Le 1/06/N, lors de la cession des actions		*1 (1)*			*102*			*101 (2)*
Le 31/12/N, à la clôture des comptes		*2 (3)*	*1 (4)*				*1 (5)*	
Soldes au 31/12/N	*94*		*1*		*102*			*100*

(1) 1 = 97 – 96. L'implication continue doit être égale au montant le plus faible entre la juste valeur des actions transférées (97) et le prix d'exercice de l'option (96), soit 96.
(2) 101 = 96 + 5. La dette associée est égale au prix d'exercice de l'option (96) majoré de la valeur temps de l'option (5).
(3) 2 = 96 – 94. L'implication continue doit être égale au montant le plus faible entre la juste valeur des actions transférées (94) et le prix d'exercice de l'option (96), soit 94 dans ce cas.
(4) Calculée par différence, mais correspond à la valeur nette entre la moins-value constatée sur les actions (– 2) et le profit provenant de la diminution de la valeur temps de l'option (+ 1).
(5) 1 = [101 – (96 + 4)]. La dette associée doit être égale au prix d'exercice de l'option (96) majorée de la valeur temps de l'option (4), soit 100.

2. Les soldes au **bilan au 31/12/N** *s'établissent comme suit :*

Actif		Passif	
Titres JVOCI	*94* (1)	*Réserve JVOCI*	*1*
Trésorerie	*102*	*Dette associée*	*100* (1)

(1) La valeur nette des titres JVOCI maintenus au bilan (94) et de la dette associée (100) correspond à la juste valeur de l'option vendue (6), à savoir une valeur intrinsèque de 2 (96 – 94) plus la valeur temps de 4.
On rappelle toutefois qu'aucune présentation compensée n'est autorisée au bilan ou au compte de résultat (à défaut, cela nierait le principe même d'implication continue).

Remarques :
1. Les variations de valeur du put (y compris à la baisse) sont comptabilisées en autres éléments du résultat global (OCI).
2. Aucun **résultat de cession** *n'est constaté. Ce dernier ne pourra l'être qu'à l'échéance de l'option, sous réserve que cette dernière ne soit pas exercée.*

Maintien au bilan avec achat de call

48250

Question

Comment comptabiliser un actif cédé mais maintenu au bilan à cause d'un achat de call ?

Réponse

Si l'actif est évalué au coût amorti, l'approche est identique à celle retenue dans le cas d'une vente de put (voir n° 48240).

Si l'actif est évalué à la juste valeur :
- il reste évalué à la juste valeur ;
- la dette associée est évaluée (i) au prix d'exercice de l'option diminuée de sa valeur temps si l'option est dans ou à la monnaie ou (ii) à la juste valeur de l'actif transféré diminuée de la valeur temps de l'option si l'option est en dehors de la monnaie.

Les mêmes principes généraux que pour une cession accompagnée d'une vente d'option sont également applicables (voir n° 48240).

Commentaires :

1. **Rappel (implication continue)** Selon IFRS 9.B3.2.16h, si l'actif ne peut être facilement obtenu sur le marché et si l'entité qui le transfère détient une option d'achat qui n'est ni fortement dans la monnaie ni fortement hors de la monnaie (voir n° 48760), la décomptabilisation est impossible à hauteur du montant de l'actif soumis à l'option d'achat, car l'entité a conservé le contrôle de l'actif.

2. **Traitement comptable** Les mêmes principes généraux que ceux retenus pour la vente d'un put s'appliquent. Toutefois, l'évaluation de l'actif et du passif associé est différente dans le cas d'un actif évalué à la juste valeur :

a. **Principes généraux (rappel)** Voir n° 48240 :
- maintien de l'actif au bilan ;
- comptabilisation d'une dette associée ;
- pas de comptabilisation séparée de l'option (la valeur nette de l'actif et de la dette associée étant représentative de la valeur de l'option) ;
- interdiction de compenser les montants comptabilisés au bilan et au compte de résultat.

b. **Actif évalué au coût amorti** L'approche est identique à celle appliquée pour une cession accompagnée d'une vente de put (IFRS 9.B3.2.13b), voir n° 48240.

c. **Actif évalué à la juste valeur** Dans ce cas, l'actif reste évalué à la juste valeur et c'est la dette associée qui est ajustée. La norme IFRS 9 précise que l'ajustement de l'évaluation du passif associé fait en sorte que la valeur comptable nette de l'actif et du passif associé égale la juste valeur des droits liés à l'option d'achat.

En conséquence, la dette associée est évaluée (IFRS 9.B3.2.13c) :
- au prix d'exercice de l'option diminué de sa valeur temps, si l'option est dans la monnaie ou à la monnaie ; ou
- à la juste valeur de l'actif transféré diminuée de la valeur temps de l'option, si l'option est hors de la monnaie.

■ *Exemple*

Une banque D entre dans une transaction avec un assureur Z. L'assureur Z effectue un paiement en trésorerie de 65. En contrepartie de ce paiement, D vend un certain nombre d'actions à Z mais garde le droit de racheter ces actions au prix de 70.
A la date du transfert, la juste valeur des actions s'élève à 80 (l'option d'achat est donc dans la monnaie puisque la banque D peut les acheter à 70). La valeur temps de l'option d'achat vaut 5. Les actions n'étant pas cotées sur un marché actif, l'assureur Z ne peut pas matériellement céder les actions à un tiers.

Solution de l'exemple *L'option d'achat empêche toute décomptabilisation des actions chez D. La banque D continue d'évaluer les actions maintenues à son bilan à leur juste valeur. Elle comptabilise par ailleurs une dette associée qui est évaluée au prix d'exercice de l'option (70) moins la valeur temps de cette dernière (5).*
1. Les écritures comptables sont les suivantes :

	Titres JVOCI		Réserve JVOCI		Trésorerie		Dette associée	
Solde initial	*80*							
Lors de la cession des actions					*65*			*65* (1)

(1) 65 = 70 – 5. La dette associée est évaluée au prix d'exercice de l'option (dans la monnaie à la date de la transaction, i.e. 70) moins la valeur temps de l'option (5).

2. A la suite du transfert, le ***bilan (après l'opération de transfert des actions)*** *s'établit comme suit :*

Actif		*Passif*	
Titres JVOCI	*80*	*Réserve JVOCI*	*–*
Trésorerie	*65*	*Dette associée*	*65*

Remarques :
1. La valeur nette des titres JVOCI maintenus au bilan (80) et de leur dette associée (65) correspond à la ***juste valeur du call acheté*** *(15), à savoir une valeur intrinsèque de 10 (80 – 70) plus la valeur temps de 5.*
Ce montant net représente donc bien l'implication continue de la banque D dans les actions transférées. Toutefois, aucune compensation n'est autorisée dans la présentation au bilan ou au compte de résultat (à défaut, cela nierait le principe même d'implication continue) (voir nº 48255).
2. Aucun ***résultat de cession*** *n'est constaté. Ce dernier ne pourra l'être qu'à l'échéance de l'option, si cette dernière n'est pas exercée.*

Interdiction de compenser l'actif et le passif associé dans le cas d'une situation de maintien d'implication

48255 ***Question***

Est-il possible de compenser la quote-part de créances conservée au titre de l'implication continue et la dette associée ?

Réponse

Non.

Commentaires L'interdiction de compenser est rappelée aussi bien par la norme IFRS 9 que par la norme IAS 32 (avec références croisées entre les paragraphes concernés de chacune des deux normes) :
– Selon IFRS 9, si un actif transféré continue à être comptabilisé, l'actif et le passif associé ne doivent pas être compensés. De même, l'entité ne doit pas compenser un produit provenant de l'actif transféré et une charge encourue sur le passif associé (IFRS 9.3.2.19 et .3.2.22).
– Selon IAS 32, pour comptabiliser un transfert d'un actif financier qui ne répond pas aux conditions requises pour une décomptabilisation, l'entité ne doit pas compenser l'actif transféré et le passif associé (IAS 32.42).

SECTION V

Application des principes de décomptabilisation aux autres opérations

Prêts et pensions de titres

48265

Question

Comment comptabiliser un prêt ou une pension de titres ?

Réponse

Dans un prêt ou une pension de titres, le cédant (qui donne en pension ou prête les titres) garde tous les risques et avantages associés aux titres concernés. En conséquence, il maintient ces titres à son bilan et comptabilise l'opération comme un emprunt garanti, lorsqu'il y a échange de trésorerie.

Commentaires La question est de savoir si une entité qui effectue un prêt ou une mise en pension de titres doit, ou non, sortir ces titres de son bilan, c'est-à-dire les décomptabiliser.

Pension de titres Sur le plan juridique, la pension est une opération de cession de titres, valeurs ou effets, assortie d'un engagement ferme de rachat par le cédant et de rétrocession par le cessionnaire à un prix et une date convenus. Le but de cette opération est d'obtenir un financement, généralement pour une très courte période, par affectation des titres en garantie, même si techniquement le droit de propriété des titres est transféré. L'écart entre le prix de cession et le prix de rachat des titres tient lieu d'intérêt.

On distingue la pension livrée, où les titres sont effectivement livrés au cessionnaire, et la pension non livrée, dans le cas contraire. Une opération de pension entraîne toujours le transfert de propriété des titres, qu'elle soit livrée ou non.

Dans le contexte anglo-saxon, ces opérations se dénomment « **repurchase agreement** » ou « **repo** ».

Prêt de titres En France, le prêt de titres a le caractère d'un prêt à la consommation, ce qui transfère la propriété des titres à l'emprunteur sans contrepartie financière. L'emprunteur peut céder les titres à son gré mais a l'obligation, au terme du contrat, de restituer au prêteur autant de titres de même nature que ceux qu'il aura empruntés.

Le prêt de titres peut, sous certaines conditions, faire l'objet d'une garantie sous la forme d'une remise d'espèces ou d'autres titres permettant, en cas de défaillance de l'une des parties, que l'autre devienne définitivement propriétaire des éléments composant la garantie (espèces ou autres titres). Ces remises en garantie confèrent également au profit du prêteur la pleine propriété des titres ou espèces remis.

Ces opérations sont notamment réalisées pour couvrir des ventes à découvert (voir n° 46105). Dans ce cas, la banque ou l'entreprise emprunte à un prêteur les titres concernés, charge à elle de restituer des titres de même nature au prêteur à l'échéance de l'opération.

1. Traitement comptable Dans le cadre d'un contrat de prêt ou de mise en pension de titres, le cédant conserve la quasi-totalité des risques et avantages liés au droit de propriété (IFRS 9.B3.2.16a à .B3.2.16c). En conséquence, les conditions requises pour la décomptabilisation des titres ne sont pas remplies et ces derniers demeurent inscrits à son bilan. Parallèlement, le cessionnaire ne peut pas les comptabiliser à son actif (application de la règle dite de « symétrie »), voir n° 48055.

Même s'il s'agit de titres liquides avec donc perte de contrôle, c'est le critère **conservation de la quasi-totalité des risques et avantages** qui prime dans l'arbre de décomptabilisation d'IFRS 9 et empêche donc toute décomptabilisation dans ce type d'opérations (voir n° 48060 s.).

Sur les informations à fournir en annexe, voir n° 52570.

Lorsque l'opération donne lieu à échange de trésorerie, l'opération est traitée comme un **emprunt garanti** chez le cédant et comme un prêt garanti chez le cessionnaire. Dans ce cas, les titres correspondants suivent les dispositions applicables aux titres donnés (ou reçus) à titre de garantie, voir n° 48275.

Exemple Une entreprise met en pension, contre de la trésorerie auprès d'une banque, les titres d'une société non cotée qu'elle détient à son bilan. Au titre du contrat de pension, elle s'engage à racheter, et la banque à lui revendre, les titres à une date et un prix déterminés, plus une rémunération.
L'entreprise continue de faire apparaître les titres mis en pension à l'actif de son bilan et comptabilise une dette en contrepartie de la trésorerie reçue. L'opération est comptabilisée comme un **emprunt garanti.** La cession ne peut donner lieu à décomptabilisation puisque le cédant conserve tous les risques et avantages liés aux titres mis en pension.

2. **Cas particuliers** La norme précise également le traitement applicable dans certains cas particuliers.

a. **Actifs substantiellement identiques** Si un actif financier est vendu dans le cadre d'un contrat prévoyant le rachat du même actif ou d'un actif substantiellement identique, à un prix fixe ou au prix de vente majoré d'un rendement pour le prêteur, ou s'il est emprunté ou prêté dans le cadre d'un contrat prévoyant le retour au cédant de cet actif ou d'un actif substantiellement identique, cet actif **n'est pas décomptabilisé** parce que le cédant conserve la quasi-totalité des risques et avantages liés au droit de propriété (IFRS 9.B3.2.16b).

b. **Droit de substitution** Si un contrat de rachat à un prix de rachat fixe ou un prix égal au prix de vente majoré d'un rendement pour le prêteur, ou une transaction de prêt de titres similaires, confère au cessionnaire un droit de substitution d'actifs analogues et ayant une juste valeur identique à celle de l'actif transféré à la date de rachat, l'actif vendu ou prêté dans le cadre d'une transaction de rachat ou de prêt de titres **n'est pas décomptabilisé**, parce que le cédant conserve la quasi-totalité des risques et avantages liés au droit de propriété (IFRS 9.B3.2.16c).

Opération d'aller-retour (« wash sale »)

48270 *Question*

Comment comptabiliser un aller-retour sur le marché (« wash sale ») ?

Réponse

Comme une sortie d'actif, sous réserve toutefois que l'opération de vente et celle d'achat ne soient pas analysées comme des opérations concomitantes avec un prix de rachat prédéterminé ou assurant un rendement prédéterminé au prêteur.
Dans ce cas, aucune décomptabilisation (et donc aucune externalisation du résultat de cession) n'est possible.

Commentaires :

1. **Définition** Un aller-retour sur le marché (encore appelé « achetés/vendus » ou « transaction de vente fictive » par référence à la dénomination anglaise de « wash sale transaction ») consiste en la vente et au rachat, presque simultanément ou à l'intérieur d'une fourchette de temps très courte, d'un même titre (ou autre actif financier).

L'AMF et l'Autorité de contrôle prudentiel (ACP) en donnent également la définition suivante : « ces opérations, généralement réalisées sur des marchés réglementés avec une ou plusieurs contreparties, consistent en une vente assortie d'un ou plusieurs ordres concomitants ou immédiats d'achat portant sur la même quantité de titres, et ont pour effet de réévaluer les actifs sous-jacents sans modifier in fine la situation économique de l'initiateur de l'opération » (Rec. COB/CB « Montages déconsolidants et sorties d'actifs » du 15-11-2002).

2. **Traduction comptable** Selon IFRS 9.B3.2.16e, le rachat d'un actif financier peu après sa vente est parfois appelé « transaction fictive ». Un tel rachat n'empêche pas la décomptabilisation de l'actif préalablement vendu, sous réserve que la transaction initiale remplisse les conditions de décomptabilisation de la norme IFRS 9, voir nº 48060 s.

Si toutefois un contrat de vente d'un actif financier est conclu parallèlement à un contrat de rachat du même actif à un prix fixe ou au prix de vente majoré d'un rendement pour le prêteur, l'actif n'est pas décomptabilisé.

Le risque est donc bien de ne pas pouvoir traduire comptablement la cession (et donc le résultat de cession) si des ordres distincts de vente et d'achat signés avec la même contrepartie ou deux (voire plusieurs) contreparties distinctes sont donnés simultanément.

Bien que la recommandation COB/CB précitée ait été émise dans le cadre des principes comptables français, les entreprises peuvent s'y référer utilement. Selon ce texte, les situations suivantes pourraient conduire à contester la réalité de ce type de vente :
- la vente n'est pas faite à des conditions normales de marché, même si le prix affiché est celui du marché, parce qu'elle est associée à un engagement de rachat, notamment avec la même contrepartie ;
- la vente s'effectue dans le cadre d'une procédure de gré à gré aboutissant à des conditions hors marché ;
- les opérations d'achat et de vente sont simultanées et parfaitement adossées, même si un règlement est utilisé par le biais d'opérations stipulées à règlement différé (SDR), et le volume de l'opération excède notablement les capacités habituelles d'absorption du marché.

En conclusion, les éléments suivants nous paraissent être des éléments utiles pour l'analyse de ce genre d'opérations :
- les deux ordres d'achat et de vente sont effectués aux conditions de marché ;

  Par exemple, les deux ordres sont bien « appliqués » sur le marché, c'est-à-dire que le volume correspondant de titres échangés est bien comptabilisé dans le volume d'échange quotidien du titre sur le marché.
- s'il s'agit de la cession d'un bloc de titres important, l'opération est étalée sur un nombre de jours de bourse suffisant pour que les volumes échangés puissent être absorbés sur le marché (sans en perturber les cours) ;
- enfin, il existe un certain laps de temps entre l'ordre de vente et celui de rachat de manière à ce que l'entreprise cédante ait une réelle prise de risque sur le marché.

Titres donnés ou reçus en garantie (« collateral »)

Question 48275

Comment comptabiliser un titre donné ou reçu en garantie (« collateral ») ?

Réponse

Le cédant continue à comptabiliser l'instrument donné en garantie à son actif, et le cessionnaire ne comptabilise pas à son actif l'instrument reçu en garantie.

Si, et seulement si, le cédant est en défaut et s'il n'a plus le droit de récupérer le titre donné en garantie, il décomptabilise le titre pendant que le cessionnaire le comptabilise à son actif.

Commentaires Selon IFRS 9.3.2.23, si un cédant donne en garantie un instrument autre que de la trésorerie (un titre tel une obligation ou une action par exemple), il continue – sauf exception (voir ci-après) – de comptabiliser ce titre à son bilan. Le cessionnaire ne doit pas le comptabiliser à son bilan. Le traitement de l'opération varie toutefois selon que le cessionnaire dispose ou non du droit de vendre ou de nantir à son tour le titre reçu en garantie et selon que le cédant devient ou non en défaut :

a. si le cessionnaire (celui qui a reçu le titre en garantie) a le droit de céder ou de nantir à son tour le titre, le cédant (celui qui a donné le titre en garantie) doit reclasser ce dernier sur une ligne à part, à l'actif de son bilan (intitulée par exemple « Titres prêtés, mis en pension ou nantis ») (IFRS 9.3.2.23a) ;

b. si le cessionnaire vend le titre reçu en garantie, il comptabilise un résultat de cession et, pour traduire l'obligation de restitution du titre, un passif évalué à la juste valeur par résultat (vente à découvert) (IFRS 9.3.2.23b ; voir n° 46105) ;

c. enfin, si le cédant est en défaut (non-respect des termes du contrat) et s'il n'a plus le droit de récupérer le titre donné en garantie, à ce moment-là (et seulement à ce moment-là), il sort le titre de son bilan (c'est-à-dire le décomptabilise). Parallèlement, le cessionnaire comptabilise le titre à son bilan, comme étant devenu son actif (IFRS 9.3.2.23c).

Remarques :
1. Lorsqu'un titre est simplement donné en garantie, le transfert de propriété n'intervient que lorsque celui qui l'a donné en garantie ne respecte pas les engagements pris au terme du contrat sous-jacent (emprunt, par exemple).
2. En IFRS, sont également traités comme des titres donnés ou reçus en garantie tous les transferts de propriété de titres réalisés dans le cadre d'opérations de pension ou de prêts/emprunts de titres, puisque dans ce cas, les titres mis en pension ou prêtés ne sont pas décomptabilisés du bilan du cédant, voir n° 48265.

Restructuration d'une dette par conversion en actions de l'émetteur

48280 ***Question***

Quel traitement comptable appliquer à une dette restructurée par conversion en actions de l'émetteur ?

Réponse

Par application d'IFRIC 19, la dette restructurée par conversion en actions de l'émetteur doit être comptabilisée comme un rachat de dette suivi d'une augmentation de capital. L'entreprise comptabilise en résultat un gain représentatif de l'écart entre la juste valeur des actions émises au jour de la restructuration de la dette et sa valeur nette comptable au bilan.

L'augmentation de capital se fait alors pour la juste valeur des actions émises au jour de l'opération.

Toutefois, si la juste valeur des actions ne peut être évaluée de manière fiable, le gain comptabilisé est représentatif de l'écart entre la juste valeur de la dette au moment de l'échange et la valeur nette comptable de la dette au bilan. L'augmentation de capital se faisant alors pour la juste valeur de la dette au jour de l'opération.

Commentaires Certaines entreprises qui éprouvent des difficultés pour rembourser leurs dettes convertissent ces dernières (totalement ou partiellement) en actions (ou autres instruments de capitaux propres ou contenant une composante capitaux propres, comme par exemple une obligation convertible).

Pour que l'opération ne désavantage ni les actionnaires ni les porteurs de dette, ces derniers se voient attribuer autant d'actions que ce que vaut la dette (juste valeur de cette dernière), au moment de la restructuration, plus une prime éventuelle.

Selon IFRIC 19, l'extinction (totale ou partielle) d'une dette en contrepartie de l'émission d'actions s'analyse comme deux opérations distinctes : l'émission d'actions contre de la trésorerie et l'acceptation de cette même trésorerie par le porteur d'obligations en remboursement de la dette initiale.

En conséquence, la dette initiale est décomptabilisée dans son intégralité (IFRS 9.3.3.1) et les nouvelles actions sont comptabilisées pour le montant de la contrepartie reçue (IAS 32.22 ; voir n° 44405), à savoir la juste valeur de ces mêmes actions au moment de leur émission.

En général, les actions attribuées ont une juste valeur supérieure à celle de la dette (prime octroyée aux porteurs de dette pour les amener à accepter l'échange).

L'opération conduit à la comptabilisation d'un gain (ou plus rarement d'une perte) en résultat, traduisant la différence entre la valeur nette comptable de la dette et le montant de la contrepartie payée pour son extinction (IFRS 9.3.3.3) : le jour de l'opération, en effet, la juste valeur des actions émises est en général inférieure à la valeur nette comptable de la dette, conséquence de la situation financière compromise de l'émetteur et de l'envolée de son spread de crédit.

Remarques :

1. **Juste valeur de la dette échangée** L'entreprise doit retenir la juste valeur de la dette échangée pour déterminer le montant du gain ou de la perte à comptabiliser en résultat uniquement si la juste valeur des actions ne peut pas être déterminée de manière fiable.
2. **Prime octroyée aux porteurs de dette** La décomptabilisation de la dette et la comptabilisation des actions émises en échange sont deux opérations qui doivent se faire pour le montant de la contrepartie donnée (cas de la dette, IFRS 9.3.3.3) ou reçue (cas des actions, IAS 32.22).
L'opération étant réalisée aux conditions de marché mais avec souvent une prime octroyée aux porteurs de dette, la contrepartie donnée/reçue a une valeur supérieure à la juste valeur de la dette mais inférieure à la valeur nette comptable de la dette.
3. **Présentation au compte de résultat** Le montant du gain ou de la perte doit être présenté sur une ligne distincte de l'état du résultat global ou en annexe des états financiers (IFRIC 19.11).
4. **Champ d'application de l'interprétation** IFRIC 19 ne s'applique pas aux transactions avec les actionnaires (cas où le créancier est également actionnaire et agit en tant que tel) ni à la plupart des transactions entre entités sous contrôle commun.
L'interprétation IFRIC 19 n'a pas non plus d'impact sur les états financiers du créancier ni sur la comptabilisation des obligations convertibles en actions (OCA) pour lesquelles l'extinction de la dette financière par émission d'actions était initialement prévue au contrat.

Par ailleurs, selon l'ESMA, dans le cas où les titres remis en échange sont, non pas ceux de l'entité restructurant sa dette mais ceux d'une filiale détenue à 100 % – cas non traité par IFRIC 19 – l'application par analogie de l'interprétation IFRIC 19 est toutefois appropriée (EECS/0115-01, 07/15).

■ *Exemple*

En raison d'une situation financière compromise, une entreprise restructure une dette de valeur nominale 100 contre l'émission d'actions. La juste valeur des actions émises est de 70 (le cours de l'action au jour de la restructuration étant de 7). La restructuration aboutit à l'extinction de la dette, contre la remise de 10 actions aux créanciers qui deviennent donc actionnaires. La juste valeur de la dette éteinte est de 50 (à cause du risque de non-paiement par l'émetteur). L'opération ne donne lieu à aucun versement de trésorerie.

Solution de l'exemple :

1. Rachat de la dette suivi d'une augmentation de capital et comptabilisation en résultat de l'écart entre la valeur comptable de la dette et la juste valeur des actions émises

L'enregistrement comptable est le suivant :

Dt	*Dette*	*100*	
Ct	*Résultat*		*30*
Ct	*Capitaux propres (10 actions émises à un cours unitaire de 7)*		*70*

Remarques :

1. Les créanciers, eux, comptabilisent une perte correspondant à l'extinction de la dette (perte qui avait de fortes chances d'être déjà provisionnée, intégralement s'il s'agissait d'une obligation comptabilisée en actifs évalués à la juste valeur en contrepartie des autres éléments du résultat global, à hauteur du risque de crédit s'il s'agissait d'un simple prêt).

2. En référentiel français, l'opération n'a aucun impact en résultat, l'émission de capital étant considérée réalisée pour une valeur de 100. La conversion de la dette s'analyse en effet, et à notre avis, comme une augmentation de capital par compensation de créance dans laquelle le montant de l'augmentation de capital correspond à la valeur comptable de la dette, voir Mémento Comptable n° 55360.

2. Autre solution utilisée seulement si la juste valeur des actions ne peut pas être déterminée de manière fiable – Rachat de la dette suivi d'une augmentation de capital et comptabilisation en résultat de l'écart entre la juste valeur de la dette et sa valeur comptable

L'enregistrement comptable est le suivant :

Dt	*Dette*	*100*	
Ct	*Résultat*		*50*
Ct	*Capitaux propres (Juste valeur de la dette éteinte)*		*50*

SECTION VI

Opérations de titrisation et opérations d'affacturage

Titrisation : définition et principe de fonctionnement

Question 48300

Qu'est-ce qu'une titrisation ?

Réponse

Une technique financière qui transforme un portefeuille de créances (prêts, créances commerciales...) ou d'actifs non financiers (contrats d'assurance, immeubles, stocks...) en titres négociables (obligations ou autres) destinés à être cédés à des investisseurs.

Commentaires :

1. Définition Le terme titrisation (en anglais « securitisation ») est utilisé de manière générique dès lors que des créances (ou d'autres actifs) sont transformées en titres (d'où le nom de l'opération), quelles que soient les caractéristiques juridiques de l'opération mise en place.

48300 (suite) La titrisation de créances consiste pour une entreprise industrielle et commerciale à **céder des créances** qu'elle détient sur sa clientèle **à une entité** (le cas échéant, spécifiquement créée pour l'occasion) **qui finance l'acquisition** de ces créances, directement ou indirectement, **par l'émission de titres** sur les marchés de capitaux.

Le terme « titrisation » vient donc du fait que des créances cédées sont transformées en « titres » négociables par des investisseurs.

Initialement ouverte aux seuls établissements de crédit, la titrisation est également ouverte aux entreprises industrielles et commerciales depuis 1998 (Loi DDOEF du 02/07/98, L 98-6546, art. 34).

Depuis sa création, la technique a évolué et permet désormais de titriser un grand nombre d'actifs différents, toujours sélectionnés en fonction de la qualité de leurs garanties :
- des actifs financiers (créances commerciales, prêts hypothécaires ou commerciaux, encours de cartes de crédit, etc.) ; ou
- des instruments non financiers (immeubles, stocks ou contrats d'assurance, par exemple).

Cette technique présente l'intérêt d'être à la fois une **source de financement** et un **outil de gestion des risques** mais également, pour les banques qui titrisent leurs prêts bancaires ou les assureurs leurs contrats d'assurance, un **outil de gestion de leur bilan et de leurs fonds propres** (voir nº 48305).

2. Principe de fonctionnement :

a. **Description du fonctionnement** Le cédant (entreprise, banque, etc.) transfère le portefeuille de créances (ou autres actifs) à titriser à un véhicule spécialement conçu pour accueillir ce type d'opération :
- en France, les fonds communs de créances (FCC) ont été spécifiquement créés dans cet objectif en 1988 (loi 88-1201 du 23/12/88) ; ils ont depuis été remplacés par les Fonds Communs de Titrisation (FCT) (Ord. 2008-556 du 13/06/08) ;
- à l'étranger, il existe des structures similaires dans certains pays.

On parle en terme générique d'entité ad hoc (« special purpose entity »/SPE).

Remarques :

1. **Terminologie « special purpose entity »/SPE et définition des « entités structurées »** La norme IFRS 12, Informations à fournir sur les intérêts détenus dans d'autres entités, ne reprend pas la notion d'entité ad hoc à laquelle se référait SIC 12, mais traite des entités structurées, qu'elle définit comme suit (voir nº 24525) : une **entité structurée** est une entité conçue de telle manière que les droits de vote ou droits similaires ne constituent pas le facteur déterminant pour établir qui contrôle l'entité, les principales activités étant dirigées par des accords contractuels (IFRS 12.A). Les véhicules de titrisation, de financements adossés à des actifs ou certains fonds de placement, notamment, sont considérés comme des entités structurées (IFRS 12.B23).
Par simplification dans ce chapitre, nous utilisons de manière indifférenciée la dénomination SPE, entité ad hoc ou entité structurée.
Pour les informations à fournir au titre des intérêts détenus dans les entités structurées, voir nº 24525.

2. En général, le cédant garde la responsabilité de la gestion et du recouvrement des créances auprès des débiteurs, ce qui lui permet de maintenir la relation avec sa clientèle. Il signe alors un **mandat de gestion** avec le FCT ou le SPE puisque désormais ces tâches sont accomplies pour le compte de et sous le contrôle de ce dernier.

Le véhicule finance l'acquisition du portefeuille de créances par l'émission de titres négociables sur le marché des capitaux.

Le remboursement des titres et le paiement de leur rémunération proviennent uniquement des flux financiers engendrés par les prêts ou les créances commerciales cédé(e)s.

b. **Une opération sécurisée** Le fait que tout transite à travers le FCT ou le SPE sécurise l'opération. La création d'un tel véhicule permet en effet de « cantonner » les créances de manière à ce qu'elles soient en général **hors de portée du cédant,** en cas de faillite de ce dernier.

En outre, divers participants interviennent lors de la structuration de l'opération et/ou dans la gestion du FCT ou du SPE, apportant une garantie supplémentaire au bon déroulement de l'opération (banque arrangeur, société de gestion du FCT, agence de notation, avocats, etc.).

Enfin, diverses techniques de **rehaussement de crédit** permettent de sécuriser les flux de remboursement et de rémunération des titres émis (voir nº 48310).

c. **Précisions de l'AMF (rapport de janvier 2006, « La notation en matière de titrisation »)** Selon l'AMF, les titres émis par le véhicule (parts de FCT, obligations ou titres de créances négociables) peuvent tous avoir les mêmes caractéristiques et ne former qu'une seule catégorie. Il s'agit alors d'un schéma de fonctionnement du type « pass-through » (voir nº 48140).

Toutefois, d'autres véhicules structurent leur passif de manière à offrir aux investisseurs des titres présentant des caractéristiques différentes en termes d'exposition au risque de crédit notamment. Les revenus issus du portefeuille de créances ne se traduisent alors pas par une rémunération à l'identique de l'ensemble des investisseurs mais font l'objet d'une transformation (schéma du type « pay-through »). Le véhicule émet alors différentes catégories de titres (encore appelées « **tranches** ») :

- les **tranches « juniors »** dites de « premières pertes » (« first losses » ou « equity ») qui viennent absorber l'essentiel du risque attaché au portefeuille titrisé ;

  En cas de défaillance d'un ou de plusieurs débiteurs par exemple, ce sont les détenteurs de cette tranche qui assumeront les premiers les pertes éventuelles en découlant (pertes en principal et interruption du versement des intérêts).

- les **tranches « mezzanine »** qui représentent une exposition au risque intermédiaire ; et enfin
- les **tranches « seniors »** qui présentent une très faible exposition au risque de crédit.

  L'AMF précise que la dette mezzanine et la dette senior bénéficient (lorsque ces véhicules sont ouverts au public) d'une notation par une agence de rating. La position privilégiée de la dette senior lui permet en règle générale de bénéficier de la note maximum, c'est-à-dire AAA/Aaa (...).

  En fonction de son aversion au risque ou tout simplement des contraintes réglementaires auxquelles il doit faire face, un investisseur choisira d'investir dans l'une ou l'autre de ces tranches.

  L'AMF relève également que dans un nombre important de cas, c'est la banque ou l'entreprise cédant les actifs au SPE, ou encore l'arrangeur, qui prend en charge la tranche « equity » qui est la plus risquée et, de ce fait, la plus rémunératrice (rapport AMF précité, p. 4).

  Exemple Un véhicule de titrisation émet trois classes d'obligations (A, B et C), étant entendu que si le portefeuille de créances subit une perte, c'est la classe « C » qui supporte d'abord celle-ci. Lorsque les investisseurs de la classe « C » ont tout perdu, ce sont ceux de la classe « B » qui commencent à perdre puis si la perte est vraiment importante, ceux de la classe « A ».

  Dans ce cas, on dit que la classe « C » est subordonnée aux classes « A » et « B » et que la classe « B » est subordonnée à la classe « A », cette dernière étant la classe dite supérieure (ou « senior »).

d. Schéma récapitulatif Le schéma suivant synthétise le mécanisme de base d'une opération de titrisation :

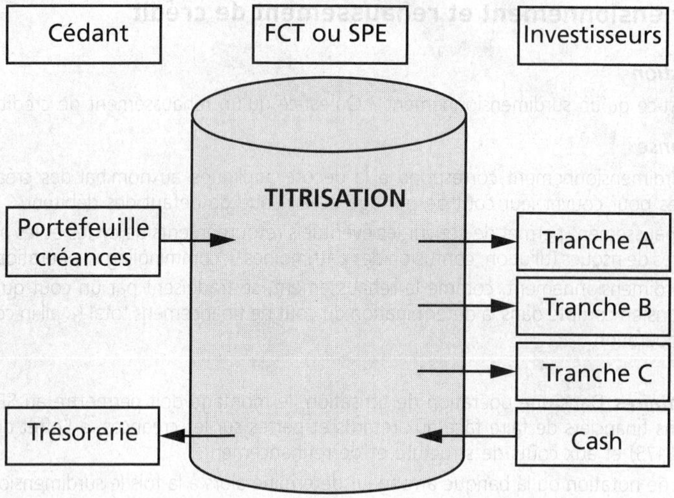

Intérêt d'une titrisation

48305

Question

Quel est l'intérêt d'une titrisation pour une entreprise industrielle et commerciale ?

Réponse

Pour les cédants, la titrisation est un moyen de financement du besoin en fonds de roulement (BFR) et un outil de diversification des sources de financement et de gestion du coût de la dette.

Pour les investisseurs, elle permet d'investir dans des titres liquides, adaptés à leur besoin d'investissement en termes d'exposition au risque et de rendement.

Commentaires Les cédants, comme les investisseurs, trouvent un intérêt dans la technique financière de la titrisation :

a. **Intérêt pour les cédants** Pour les entreprises industrielles et commerciales, la titrisation est d'abord une source de **financement de leur besoin en fonds de roulement** (BFR).

Elle est également un moyen de **gestion du coût de leur dette** puisqu'elle permet de substituer la qualité moyenne du risque de crédit de leurs créances clients à la qualité de leur propre risque de crédit. L'opération est intéressante dès que la notation de crédit moyenne du portefeuille clients est supérieure au spread de crédit que négocierait l'entreprise dans un emprunt direct auprès des banques.

Enfin, l'opération peut **améliorer le ratio d'endettement net** de l'entreprise si sur le plan comptable l'analyse permet de conclure à la fois (i) à la décomptabilisation des créances cédées et (ii) à la non-consolidation du véhicule de titrisation (FCT ou SPE).

Pour les établissements de crédit qui cèdent leur portefeuille de prêts, la titrisation constitue un outil de diversification de refinancement à des conditions qui peuvent être optimisées du fait des caractéristiques des actifs cédés et des mesures de sécurisation (surdimensionnement et rehaussement de crédit) des fonds communs de titrisation.

La titrisation peut également constituer un outil de gestion du bilan (en cas de sortie des actifs cédés) et permettre une meilleure utilisation des fonds propres réglementaires des établissements financiers, quoique dans des conditions désormais plus restreintes. En effet, des mesures prises par le régulateur et incluses dans les accords de Bâle III ont notamment renforcé les besoins en fonds propres des établissements lorsqu'ils réalisent des titrisations déconsolidantes.

b. **Intérêt pour les investisseurs** Pour les investisseurs, la technique de la titrisation permet d'**investir dans des titres liquides** (la liquidité des titres émis par les véhicules de titrisation étant souvent supérieure à celle des obligations émises par les entreprises industrielles et commerciales).

Elle permet également de bénéficier de **structures de paiement mieux adaptées** à leur besoin.

Pour le principe des tranches juniors, mezzanine et seniors, voir n° 48300.

Surdimensionnement et rehaussement de crédit

48310 ***Question***

Qu'est-ce qu'un surdimensionnement ? Qu'est-ce qu'un rehaussement de crédit ?

Réponse

Le surdimensionnement correspond à la décote appliquée au nominal des créances cédées pour couvrir leur coût de portage et le risque de défaut des débiteurs.

Le rehaussement permet de couvrir les éventuels retournements de cycles et les autres natures de risques (dilution, confusion des patrimoines/« commingling », opérationnel).

Le surdimensionnement, comme le rehaussement, se traduisent par un coût qui doit être pris en compte dans la détermination du coût de financement total (« all-in cost ») de l'opération.

Commentaires Dans une opération de titrisation, le montage doit permettre au SPE d'avoir les moyens financiers de faire face aux retards et pertes sur les créances, à l'effet de dilution (voir n° 48175) et aux coûts de structure et de refinancement.

L'agence de notation ou la banque arrangeur détermine alors à la fois le surdimensionnement et le rehaussement de crédit nécessaires pour mener à bien la titrisation du portefeuille de créances concernées.

1. **Surdimensionnement (ou « over-collateralization »)** Le surdimensionnement correspond au montant de la **décote** qui doit être appliquée au nominal des créances cédées pour payer les intérêts aux investisseurs (coût de portage des créances ne portant pas intérêt), et les pertes dues à la défaillance de certains débiteurs ;

Cette décote représente donc la différence entre le prix de cession des créances et leur montant nominal. Dans les faits, elle se traduit par la cession d'un montant de créances plus important que le prix de vente arrêté (d'où le nom de « surdimensionnement »).

2. **Rehaussement de crédit (ou « enhancement »)** Le rehaussement de crédit permet de couvrir les autres natures de risques (dilution, confusion des patrimoines/« commingling », opérationnel, etc.) et les effets de retournement de cycles (créanciers payant tous avec un retard beaucoup plus important, augmentation des défaillances des débiteurs due à un retournement de conjoncture ou à un événement particulier, etc.).

Le rehaussement de crédit peut prendre des formes aussi diverses que : **48310** (suite)

- une garantie donnée par le cédant ;
- le fait de différer le paiement d'une quote-part du prix de cession (prix différé) ;
- la création d'un fonds de réserve (type dépôt de garantie souscrit par le cédant) ;
- la création de tranches subordonnées (tranches juniors et mezzanine, voir nº 48300) ;
- un surdimensionnement ajustable à chaque cession (de manière rétroactive ou non) ;
- l'obtention d'une garantie bancaire (sous la forme d'une lettre de crédit, par exemple) ;
- la souscription d'un contrat d'assurance contre le risque de crédit ;
- le recours à des produits dérivés (swaps de taux d'intérêt, dérivés de crédit, éventuellement swaps de change s'il s'agit de prêts ou de créances en devises) ; et enfin
- la mise en place d'une ligne de liquidité (permettant de rembourser les billets de trésorerie ou les obligations venant à échéance lorsque les flux financiers issus des créances ou des prêts ne correspondent pas exactement en termes d'échéance).

Si le rehaussement est accordé par un professionnel du marché (banque arrangeur, par exemple), il donne lieu au paiement d'une rémunération qui peut être fixe et/ou variable et donner droit à un boni de liquidation, encore appelé « excess spread » (pour les parts les plus subordonnées, par exemple).

A l'inverse, s'il est accordé par le cédant, il n'y a pas toujours paiement d'une rémunération. En revanche, ce dernier a droit au boni éventuellement constaté lorsque toutes les créances d'une même génération (voir nº 48170, point 3.) ont été encaissées ou dédommagées ou lors de la liquidation du FCT ou SPE.

Le droit au boni de liquidation est le moyen d'inciter le cédant à s'impliquer au mieux dans la gestion et le recouvrement des créances (dont il conserve en général la responsabilité en même temps que la relation client, voir nº 48300).

3. **Détermination des montants correspondants** Pour déterminer le surdimensionnement et le rehaussement de crédit, l'agence de notation ou la banque arrangeur procède à une analyse qualitative et quantitative du portefeuille de créances cédées. Elle étudie, en outre, les relations existant entre le véhicule de titrisation et le cédant et définit un certain nombre de seuils d'alerte :

a. **Analyse qualitative** sur la base :
- de la nature des créances en fonction du type d'activité du cédant (services, produits de grande consommation, contrats de construction, etc.) et du type de clientèle (particuliers, professionnels, PME, grands groupes, collectivités locales, etc.) ;
- des conditions de paiement ;
- de la qualité des procédures de contrôle interne ;
- des méthodes de recouvrement ;
- des ressources internes affectées à la gestion et au recouvrement des créances.

b. **Analyse quantitative (série d'études statistiques)** sur la base de :
- la concentration des débiteurs ;
- l'historique des retards et défauts de paiement ;
- l'historique et les causes des avoirs émis (effet de dilution) ;
- etc.

c. **Structuration du véhicule de titrisation** L'agence de notation ou la banque arrangeur étudie la structure financière, juridique et fiscale du véhicule et ses relations avec le cédant afin de savoir si les créances cédées seront effectivement hors d'atteinte des créanciers du cédant en cas de faillite de ce dernier.

En outre, le cédant étant généralement en charge du suivi et du recouvrement des créances, il conserve généralement les sommes recouvrées pendant un certain temps (1 jour, 15 jours, 1 mois ou plus) et en tire rémunération (notion de « float »). Il existe dans ce cas un risque de confusion des patrimoines (« commingling risk ») en cas de faillite du cédant. Les encaissements doivent alors être contre-garantis par une entité dont la note est compatible avec celle accordée aux parts seniors émises.

Une autre solution consiste à utiliser un compte de réserve spécial (« escrow account ») qui permet de cantonner et « protéger » les sommes recouvrées.

d. **Définition de seuils d'alerte** L'agence de notation ou la banque arrangeur définit un certain nombre de seuils d'alerte (« triggers ») en termes de retard de paiement (coût de portage) et de niveau de pertes dues à la défaillance des débiteurs (risque de crédit) ou à l'émission d'avoirs (dilution).

Lorsqu'ils sont dépassés, ces seuils entraînent la suspension des cessions et/ou l'entrée en amortissement (liquidation) du FCT ou du SPE.

■ *Exemple*

Une agence de notation procède à l'analyse historique des défauts de paiement d'un portefeuille de créances commerciales. L'analyse est menée par génération de créances (par semaine ou par trimestre selon la fréquence de rechargement du FCT). Sur trois années d'historique, le portefeuille fait apparaître des pertes d'environ 2 % du nominal des créances cédées sauf une fois sur une génération où la perte est de 5 %.

Solution de l'exemple *Les montants du surdimensionnement et du rehaussement exigés par l'agence de notation sont calculés de manière à couvrir à la fois la perte moyenne anticipée (« expected loss »/EL), et la perte non attendue (« unexpected loss »/UL).*

Le montant de la décote (surdimensionnement) correspond au montant de la perte moyenne anticipée (soit 2 % dans cet exemple).

Le montant du rehaussement varie en fonction de la notation finale recherchée pour les titres émis par le véhicule de titrisation. Il se détermine en appliquant un **facteur de stress,** *variable à la perte maximale trouvée lors de l'analyse historique du portefeuille (5 dans l'exemple). Ce facteur varie en fonction de la notation recherchée (par exemple, au cas particulier, 2 pour une notation A ; 2,25 pour une notation AA et 2,50 ou 3 pour une notation AAA).*

En conséquence, si l'entreprise souhaite obtenir une notation AAA, l'agence exigera un surdimensionnement de 15 % (5 % × 3).

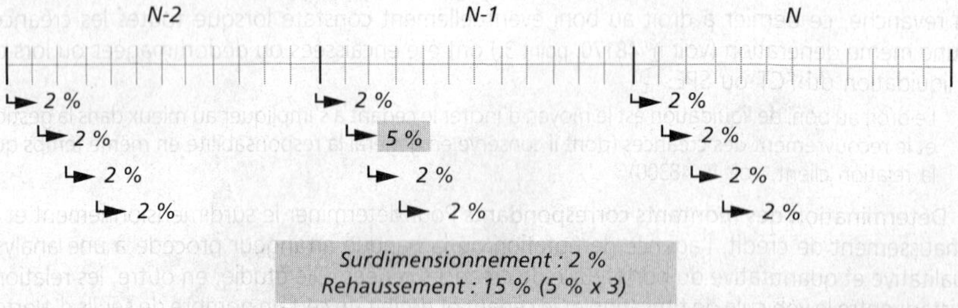

4. Détermination du coût global de financement (« all-in cost ») Le coût global de financement obtenu lors d'une opération de titrisation se calcule en général en nombre de points de base au-dessus du taux variable de référence. Il comprend :

– l'ensemble des commissions facturées, les coûts de gestion et de recouvrement des créances (personnel, système informatique, contentieux) désormais effectués pour le compte du FCT ou du SPE (voir nº 48300), la rémunération du dépôt de garantie (faible ou nulle), les frais de constitution du FCT ou du SPE, etc. ;

– nets de la rémunération éventuellement touchée pour la gestion des créances et du droit de ne reverser les sommes encaissées sur les créances qu'avec un certain délai (placement de trésorerie ou « float »).

C'est en principe à la banque sponsor d'établir le « all-in cost ».

Titrisation : analyse économique

48315 ***Question***

Comment analyse-t-on économiquement une opération de cession de créances ?

Réponse

En calculant notamment la juste valeur des créances cédées et le montant du résultat de cession compte tenu de tous les paramètres de la cession.

Commentaires L'exemple suivant est tiré de l'avis du Comité d'urgence du CNC nº 2004-D du 13/10/04 « Dispositions particulières concernant la consolidation des fonds communs de créances et des organismes étrangers » (annexe : exemple chiffré).

■ *Exemple*

Une entreprise industrielle et commerciale cède un portefeuille de créances commerciales à un FCC, dans les conditions suivantes :

1. Caractéristiques du portefeuille cédé :

– créances commerciales (analyse par génération de 1 mois de chiffre d'affaires – rechargement mensuel du FCC) ;

– créances nées (pas de créances futures, c'est-à-dire dont les produits ou marchandises n'auraient pas encore été livrés et qui n'auraient pas encore fait l'objet d'une facturation) ; **48315** (suite)
– montant nominal : 100 ;
– durée de vie moyenne (c'est-à-dire, période s'étendant entre la date d'émission de la facture et la date de paiement effectif) : 60 jours. En moyenne, les créances sont payées de la manière suivante : 80 % à l'échéance ou avant ; 10 % avec un retard inférieur ou égal à 30 jours ; 8 % avec un retard compris entre 31 et 60 jours et 2 % jamais réglées ;
– taux de perte moyenne historique (débiteurs défaillants) : 2 %, variant selon les mois entre 0,8 % et 3 % ;
– dilution (avoirs émis) : 0,4 % avec une pointe de 0,7 % en fin d'année.
*2. **Conditions de cession au FCC** (titrisation) :*
– cession/rechargement mensuel ;
– prix de cession : 98 (soit 100 moins une décote de 2, correspondant à une commission sur frais de gestion du FCC) ;
– prix différé (calculé de manière définitive par génération de créances) : 8, correspondant à un rehaussement/surdimensionnement estimé de la manière suivante :

	7,4	*soit 2 fois (*) le montant le plus élevé des pertes relatives à la défaillance des débiteurs (3 %) et aux dilutions (0,7 %)*
+	*0,6*	*commission de financement (coût de portage)*
=	*8*	

(*) Facteur de stress appliqué dans ce cas (voir n° 48310), exemple : 2 pour notation A ; 2,25 pour notation AA et 2,5 pour AAA.

– trésorerie reçue : 90 (100 – 2 – 8) ;
– conditions du mandat de gestion : reversement des sommes recouvrées sur les créances à J + 1 (risque de « commingling » très faible) et pas de rémunération.

***Solution de l'exemple** L'analyse économique de l'opération est la suivante :*

Cette analyse (financière) ne préjuge pas du traitement comptable à retenir (ni en matière de consolidation du FCC ni en matière de décomptabilisation des créances si ce dernier n'était pas consolidé).
Toutefois, au cas particulier, le cédant supportant l'intégralité du rehaussement et du surdimensionnement, aucune décomptabilisation (sortie) des créances ne serait possible en IFRS. L'opération serait traitée comme un emprunt garanti (voir n° 51365).

*1. **Le schéma suivant détaille l'analyse de la cession** :*

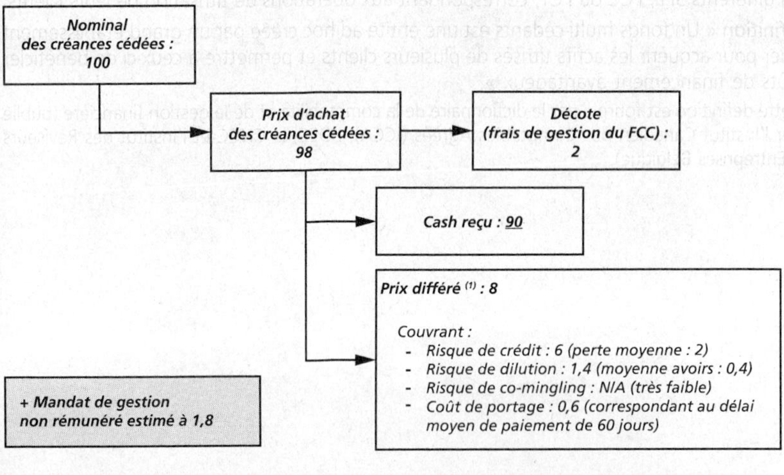

(1) La juste valeur du prix différé s'élève à 5. En effet, en fin d'opération, le cédant reçoit tout l'excédent résiduel récupéré sur le paiement des créances net des frais de gestion supportés. Si les pertes/coûts constatés (crédit, dilution et délai de paiement) sont équivalents aux estimations moyennes faites, l'entreprise récupérera un montant de 5 calculé comme suit :

$$5 = (100 - 90 - 2) - (2 + 0,4 + 0,6)$$

Cette somme doit être actualisée si le prix différé n'est pas rémunéré.

2. La ***juste valeur des créances cédées*** *s'élève à* ***93,2*** *calculée comme suit :*
90 (trésorerie reçue) + 5 (juste valeur du prix différé) – 1,8 (gestion non rémunérée) = 93,2.

Mandat de gestion non ou insuffisamment rémunéré *Le cédant engage des coûts (de personnel, notamment) pour suivre et recouvrer les créances. Une fois les créances cédées, ces tâches sont effectuées pour le compte et sous le contrôle du FCC ou du SPE.*

*Ce service doit donc être rémunéré au prix du marché ou être estimé, si ce n'est pas le cas. Il donne alors lieu à la comptabilisation d'une dette (« **servicing liability** ») (IFRS 9.B3.2.10).*

3. Le ***coût total de la cession*** *du portefeuille s'élève à* ***6,8*** *(soit 100 – 93,2) et s'analyse comme suit :*

Décote (sur prix de cession)	*2*
Commission de financement	*0,6*
Perte sur prix différé (défaillance + dilution)	*2,4*
Contrat de gestion non rémunéré	*1,8*
Coût total	*6,8*

Fonds multi-cédants ou « conduits »

48320 ***Question***

Qu'est-ce qu'un fonds multi-cédants (« conduits ») ?

Réponse

Une entité créée, en général par un grand établissement financier, pour acquérir les actifs titrisés de plusieurs clients et permettre à ceux-ci de bénéficier de coûts de financement avantageux.

Commentaires Pour faire face aux besoins de leurs clients en matière de titrisation (voir n° 48305), les banques arrangeurs ont parfois des fonds multi-cédants encore appelés « conduits ».

Ces fonds leur permettent notamment de refinancer, via l'émission d'obligations ou de billets de trésorerie ou autres titres de créances négociables (« commercial paper »), les parts émises par les différents SPE, FCC ou FCT, correspondant aux opérations de titrisation de leurs clients.

1. Définition « Un fonds multi-cédants est une entité ad hoc créée par un grand établissement financier pour acquérir les actifs titrisés de plusieurs clients et permettre à ceux-ci de bénéficier de coûts de financement avantageux ».

Cette définition est fournie par le dictionnaire de la comptabilité et de la gestion financière (publié par l'Institut Canadien des Comptables Agréés (ICCA), l'OEC, la CNCC et l'Institut des Réviseurs d'Entreprises Belgique).

2. **Principe de fonctionnement** Le schéma suivant, établi par nos soins, synthétise le fonctionnement d'un fonds multi-cédants. **48320** (suite)

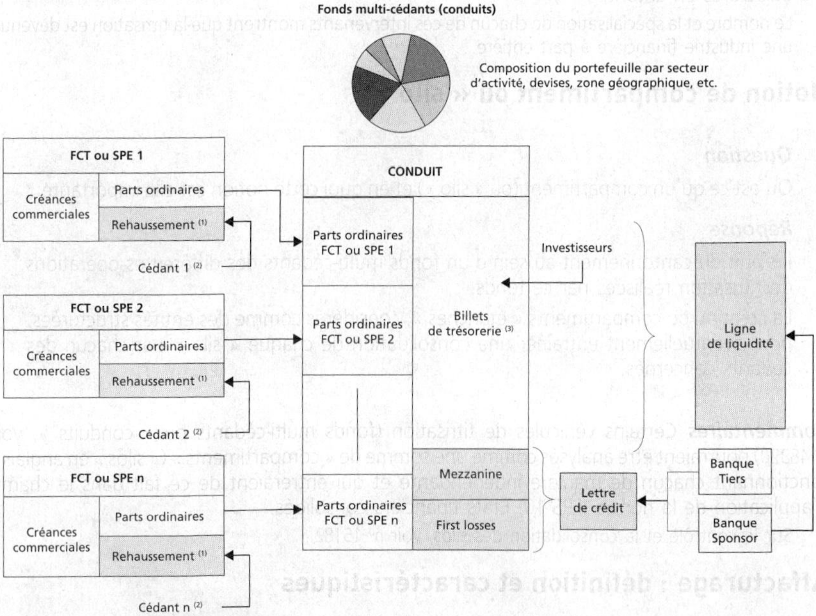

(1) Voir n° 48310.
(2) Le rehaussement peut aussi être garanti par un tiers (banque, assureur) autre que le cédant.
(3) Ou « commercial paper ».

3. **Différentes catégories d'intervenants** La gestion d'un fonds multi-cédants (et plus généralement la gestion de toute opération de titrisation) requiert l'intervention de plusieurs catégories d'intervenants afin de garantir le bon fonctionnement des opérations :

– la **banque arrangeur,** qui propose les structures adéquates (FCT ou SPE) aux différents cédants (ses clients), tout en recherchant en parallèle des opportunités de rehaussement (et donc de rémunération) en fournissant les garanties (lettre de crédit, ligne de liquidité, etc.) nécessaires au fonctionnement du conduit ;

– les **agences de notation,** qui notent les titres émis (obligations, billets de trésorerie ou autres titres de créance négociables) ;

Remarque Toutes les opérations de titrisation ne donnent pas lieu à notation. Ainsi bien souvent, ce ne sont pas les parts d'un FCT en particulier qui sont notées mais les émissions de billets de trésorerie ou autres titres de créances négociables (« commercial paper ») émis par le conduit auprès duquel le FCT se refinance.

– les **agents placeurs** (banques, en général), qui recherchent des investisseurs auprès desquels ils placent les obligations ou billets de trésorerie émis par le conduit ;

– les **agents payeurs** (banques, en général), qui effectuent les paiements (rémunération et remboursement à l'échéance) à ces mêmes investisseurs ;

– la **société de gestion (gérant) du conduit,** qui gère les différents portefeuilles de créances détenus en direct et procède au chargement et rechargement de ces derniers, sélectionne et acquiert les parts émises par les véhicules de titrisation structurés en amont (FCT ou SPE) et assure la gestion ALM (« assets and liabilities management ») du conduit ;

C'est-à-dire suivi des flux financiers, placement de la trésorerie temporairement excédentaire, couverture des risques de taux et de change, exercice si nécessaire de la ligne de liquidité ou de la lettre de crédit, etc.

– le **dépositaire,** qui ordonne les paiements à effectuer aux investisseurs et contrôle que l'acquisition (et éventuellement la cession) des portefeuilles de créances et des parts respecte les critères et la stratégie définis par les statuts (et/ou le règlement) du conduit ;

– les **organismes rehausseurs de crédit** (banques ou assurances), qui octroient les différentes garanties (ligne de liquidité, lettre de crédit, souscription des tranches couvrant les « first losses », etc.) ; et enfin

– les **cédants eux-mêmes,** qui continuent en général à assurer le suivi et le recouvrement des créances pour le compte et sous le contrôle de la société de gestion du conduit ou des FCT ou SPE structurés en amont.

Le nombre et la spécialisation de chacun de ces intervenants montrent que la titrisation est devenue une industrie financière à part entière.

Notion de compartiment ou « silo »

48325 ***Question***

Qu'est-ce qu'un compartiment (ou « silo ») et en quoi cette notion est-elle importante ?

Réponse

Il s'agit du cantonnement au sein d'un fonds multi-cédants des différentes opérations de titrisation réalisées par ce fonds.

La création de compartiments « étanches », considérés comme des entités structurées, peut éventuellement entraîner une consolidation de chaque « silo » par chacun des cédants concernés.

Commentaires Certains véhicules de titrisation (fonds multi-cédants ou « conduits », voir n° 48320) pourraient être analysés comme une somme de « compartiments » (« silos » en anglais), fonctionnant chacun de manière indépendante et qui entreraient de ce fait dans le champ d'application de la norme IFRS 10, Etats financiers consolidés.

Sur le contrôle et la consolidation des silos, voir n° 15182.

Affacturage : définition et caractéristiques

48340 ***Question***

Qu'est-ce qu'un contrat d'affacturage ?

Réponse

Il s'agit d'une convention par laquelle un cédant (encore appelé « adhérent ») cède des créances à un factor, contre règlement de leur montant et sous déduction de commissions de financement et d'affacturage.

Selon la formule retenue, le factor se charge ou non du recouvrement des créances et supporte ou non le risque de crédit et/ou de retard de paiement des créances.

Commentaires :

1. **Définition** L'affacturage (« factoring ») est une convention par laquelle une entreprise industrielle et commerciale, appelée « adhérent » (ou « cédant »), s'engage généralement par le jeu d'une **subrogation conventionnelle** et avec une clause d'exclusivité envers le factor à transférer tout ou partie de ses créances commerciales pendant une période donnée et dans un secteur d'activité donné à un « factor » (ou « cessionnaire ») contre règlement de leur montant et sous déduction de commissions (d'affacturage et de financement).

En plus du paiement par avance des créances, le factor prend, le cas échéant, à sa charge le suivi, la relance et le recouvrement de ces créances et peut garantir la bonne fin des règlements en cas de défaillance du débiteur (le factor prend alors en charge le risque d'insolvabilité du débiteur). Il peut également proposer aux sociétés exportatrices un service d'affacturage international.

Les sociétés d'affacturage (« factors ») sont, en France, des établissements de crédit soumis au contrôle de la Commission bancaire.

Subrogation conventionnelle (C. civ. art. 1346-1) En droit français, la subrogation conventionnelle permet au factor de devenir propriétaire des créances cédées ; ce qui lui donne le droit de les céder ou de les nantir à son tour.

La subrogation n'est réputée réalisée que contre paiement des créances (C. civ. art. 1346 s.). Toutefois, en ce qui concerne l'affacturage, l'inscription en compte courant (voir point 2c. ci-après) vaut paiement.

2. **Modalité de fonctionnement (précisions)** Le factor peut intervenir selon des formules plus ou moins « allégées » : par exemple, ne pas garantir la bonne fin des règlements ou ne pas se charger du recouvrement des créances. Par ailleurs, il peut accepter (ou non) de prendre en

charge le risque de retard de paiement des créances, ou de plafonner celui supporté par le cédant. Chaque contrat est différent et dépend des clauses négociées avec le factor. **48340** (suite)

Les principales caractéristiques d'un contrat d'affacturage sont les suivantes :

a. **Affacturage dit « avec » ou « sans » recours** Le transfert du **risque de crédit** diffère selon le type de contrat :
- contrat « avec recours contre le cédant », dans lequel le risque de crédit n'est pas transféré puisque le factor peut se retourner contre le cédant, en cas d'insolvabilité du débiteur (ou en cas de non-paiement des créances à une certaine date) ; et
- contrat « sans recours contre le cédant », dans lequel le factor prend à sa charge le risque d'insolvabilité (ou selon les cas, le risque de non-paiement des créances dans certaines situations).

Il existe parfois une franchise en ce qui concerne le risque de crédit ; en revanche, le factor ne prend jamais en charge les cas où le débiteur ne paie pas en raison de l'occurrence d'un risque de dilution (et garde donc toujours un droit de recours contre le cédant).

Pour la notion de risque de dilution, voir n° 48175.

Enfin, le risque de retard de paiement peut rester intégralement à la charge du cédant via le réajustement de la commission de financement, en particulier (voir point d. ci-après).

La notion d'affacturage « sans recours » prête donc à confusion, dans le sens où l'absence de recours n'est jamais totale et peut ne concerner que le risque de crédit et pas les autres natures de risque (dilution, retard de paiement).

b. **Affacturage « confidentiel » ou « non notifié »** Les entreprises peuvent souhaiter conserver la gestion et le recouvrement de leurs créances. Elles peuvent aussi souhaiter ne pas rendre publique la cession de leurs créances. Dans ce cas, les débiteurs ne sont pas notifiés de l'existence de cette cession (affacturage « non notifié », encore appelé « confidentiel »). Le cédant continue alors de recouvrer les sommes auprès des débiteurs avant de les reverser au factor (désormais propriétaire des créances).

c. **Utilisation d'un compte courant** Les factors utilisent un compte courant dans lequel est inscrit l'ensemble des opérations traitées avec le cédant en exécution du contrat d'affacturage concerné. Des sous-comptes du compte courant peuvent être ouverts afin de faciliter le suivi des transactions (créances achetées, réserve de financement disponible, etc.).

Ce compte courant – inscrit dans les livres du factor – est **unique et indivisible.** En conséquence, toutes les créances et dettes réciproques des différents sous-comptes ouverts sont considérées comme connexes et indivisibles et se compensent entre elles en se servant mutuellement de garantie.

Le compte courant est crédité du prix de cession des créances. Il est débité des « tirages » effectués par le cédant pour ses besoins de trésorerie, des commissions d'affacturage et de financement (rémunération du factor) et de toutes les sommes pour lesquelles le factor possède un droit de recours contre le cédant.

Ce compte courant ne porte pas autorisation de découvert. En conséquence, tout solde débiteur est immédiatement exigible et donne lieu à perception d'intérêts de retard.

d. **Commissions de financement et d'affacturage** Dès lors qu'une créance est financée, le factor prélève sur le montant de trésorerie « tirée » par le cédant (et qui peut être inférieure au montant de la créance cédée) une commission de financement qui correspond aux intérêts financiers.

Ces intérêts peuvent être :
- soit post-comptés, en fonction des tirages effectués et de la date effective de règlement des créances ;
- soit précomptés. Ils sont alors calculés sur la base d'une période moyenne de recouvrement, généralement estimée non pas créance par créance mais sur base statistique, en fonction des caractéristiques du portefeuille cédé. Dans certaines transactions, le factor peut régulariser par la suite, en fonction du délai de règlement effectif de la créance, le montant des intérêts en procédant à un ajustement de la commission de financement.

Dans ce cas, le risque que la créance soit payée plus tard que prévu (risque dit « de portage ») est entièrement supporté par le cédant. Toutefois, certains contrats peuvent prévoir un plafonnement en nombre de jours restant supportés par le cédant ou un transfert de l'intégralité de ce risque au factor (voir n° 48185, point 2a.).

Le factor prélève par ailleurs une commission d'affacturage (correspondant généralement à un certain pourcentage des créances cédées) lors de chaque cession de créances.

CHAPITRE 42

Produits dérivés et dérivés incorporés (IFRS 9)

Plan du chapitre §§ 48500

Plan du chapitre *(suite et fin)* §§

L'ESSENTIEL DE LA NORME IFRS 9 (PRODUITS DÉRIVÉS ET DÉRIVÉS INCORPORÉS)

Caractéristiques et traitement des dérivés incorporés

48510 Certains instruments financiers ou autres contrats peuvent combiner dans un même contrat un instrument dérivé et un instrument non dérivé. Il s'agit alors de contrats hybrides, composés d'un contrat hôte non dérivé, et d'un instrument dérivé incorporé qui a pour effet de faire varier une partie des flux de trésorerie de l'instrument composé d'une manière analogue à celle d'un dérivé autonome (IFRS 9.4.3.1).

Par exemple, le montant principal d'une obligation peut varier en fonction des variations d'un indice de marché.

Pour la définition d'un dérivé, voir n° 48535.

Un dérivé incorporé est donc un composant d'un instrument hybride – qui contient également un contrat hôte non dérivé – qui a pour effet d'affecter, sur la base d'un sous-jacent ou d'une autre variable spécifiée, tout ou partie des flux de trésorerie qui autrement seraient requis par le contrat.

Remarque Un dérivé attaché à un instrument financier mais contractuellement transférable indépendamment de cet instrument, ou dont la contrepartie diffère de celle de cet instrument, est un instrument financier distinct et non un dérivé incorporé.

La norme IFRS 9 prévoit des dispositions spécifiques pour les instruments hybrides selon que le contrat hôte est constitué d'un actif financier ou pas :

1. **Instruments hybrides dont le contrat hôte est constitué d'un actif financier** Lorsqu'un contrat hybride comporte un contrat hôte qui est un actif financier au sens de la norme IFRS 9, l'instrument hybride est alors analysé dans sa globalité pour déterminer sa comptabilisation (IFRS 9.4.3.2).

2. **Autres instruments hybrides** Si le contrat hôte n'est pas un actif financier au sens de la norme IFRS 9, le dérivé incorporé doit être comptabilisé séparément de ce contrat hôte s'il remplit les trois conditions suivantes (IFRS 9.4.3.3) :

a. les caractéristiques économiques et les risques du dérivé incorporé ne sont pas étroitement liés aux caractéristiques économiques et aux risques du contrat hôte ; et

La norme IFRS 9 ne définit pas la notion de « étroitement lié » mais fournit des exemples de dérivés étroitement liés et non étroitement liés (IFRS 9.B4.3.5 et .B4.3.8).

b. un instrument séparé ayant les mêmes caractéristiques que le dérivé incorporé répondrait à la définition d'un dérivé ; et

c. l'instrument hybride n'est pas lui-même évalué à la juste valeur par résultat.

Lorsque le dérivé doit être comptabilisé séparément du contrat hôte, l'entité doit comptabiliser le contrat hôte selon la norme IFRS dont il relève (IFRS 9.4.3.4).

Si toutefois l'instrument hybride dont l'hôte n'est pas un actif financier contient un (ou plusieurs) dérivé(s) incorporé(s), l'instrument hybride peut être, sur option, intégralement comptabilisé à la juste valeur par résultat, sauf si (IFRS 9.4.3.5) :
- le dérivé ne modifie pas de manière significative les flux de trésorerie de l'instrument hybride ; ou
- une analyse succincte montre que, de toute évidence, le dérivé ne doit pas être séparé. Cela peut être le cas, par exemple, d'une option de remboursement anticipé incorporée dans un prêt permettant à l'emprunteur de rembourser son prêt pour approximativement son coût amorti.

Pour des précisions sur l'évaluation de la juste valeur d'un dérivé incorporé, lorsqu'elle ne peut pas être déterminée de manière fiable, voir n° 48700.

QUESTIONS/REPONSES PRATIQUES

Remarque importante

Les réponses aux questions présentées ci-après résultent de l'analyse des dispositions de la norme IFRS 9, Instruments financiers, en vigueur actuellement, sur la base des informations disponibles au 1er juin 2023 (voir n° 44100). 48530

SECTION I

Dérivés

A. Généralités

Définition d'un dérivé

Question 48535

Qu'est-ce qu'un dérivé ?

Réponse

Un dérivé est un instrument financier ou un autre contrat entrant dans le champ d'application de la norme IFRS 9 qui présente les trois caractéristiques cumulatives suivantes :
- sa valeur fluctue en fonction d'une variable (encore appelée « sous-jacent ») ;
- il requiert un investissement net initial nul ou faible ; et
- il se dénoue à une date future.

Commentaires :

1. **Définition** Selon IFRS 9.A, un dérivé est un instrument financier ou un autre contrat entrant dans le champ d'application de la norme IFRS 9 (par exemple, une commande d'achat ou de vente de marchandises), qui présente les **trois caractéristiques cumulatives** suivantes :

Pour la notion d'instrument financier, voir n° 44120.
Pour les contrats dans le champ d'application d'IFRS 9, voir n° 44140 et 44150.

a. sa valeur **fluctue en fonction de l'évolution** d'une **variable** (ou « **sous-jacent** ») qui peut être un taux d'intérêt, le prix d'un instrument financier, le prix d'une marchandise, un cours de change, un indice de prix ou de cours, une notation/un indice de crédit ou une autre variable. Dans le cas d'une variable non financière, la variable ne doit pas être spécifique à l'une des parties au contrat ;

Par exemple, la valeur d'un contrat d'achat ou de vente de devises à terme (contrat à terme ferme) sur le dollar varie en fonction du cours de la devise dollar.
Pour des exemples de sous-jacents, voir n° 48550.
Pour la notion de variable non financière, voir n° 48555.

b. il ne requiert **aucun investissement net initial** ou un investissement net initial **inférieur** à celui qui serait nécessaire pour d'autres types de contrats dont on pourrait attendre des réactions similaires aux évolutions des conditions du marché ; et

Par exemple, lors de l'achat d'une option d'achat (call) qui confère à son détenteur le droit d'acquérir un titre, une marchandise, un montant de devises, etc., à un prix fixé à l'avance, le montant de la prime versée au vendeur du call est bien inférieur au montant qu'il faudrait payer pour obtenir le sous-jacent concerné.
Dans le cas d'un contrat à terme ou d'un swap, l'investissement initial est généralement nul.

c. il est réglé à une **date future.**

Par exemple, un swap de taux d'intérêt consistant à échanger un taux fixe contre un taux variable et dont l'échéance est à 9 mois.
Pour les contrats à terme fermes (« forwards » et « futures »), voir n° 48735.

2. **Application pratique** Les dérivés peuvent ainsi être :
– soit des engagements fermes par lesquels les deux parties au contrat s'engagent à régler/livrer un sous-jacent aux échéances prévues dans le contrat (par exemple, contrats d'achat à terme ou de vente à terme de devises ou contrats de swaps de taux d'intérêt) ;

Pour les swaps, voir n° 48750.

– soit des contrats optionnels par lesquels l'acheteur de l'option a le droit de demander la livraison d'un sous-jacent aux échéances prévues dans le contrat.

Pour les options, voir n° 48760.

EBITDA et notion de variable financière

48540 ***Question***

L'EBITDA (excédent brut avant intérêts, impôts, dépréciation et amortissements) d'une des parties au contrat est-il une variable financière ?

Réponse

A notre avis, non.

Commentaires :

1. **Notion de variable financière** Voir n° 48555.

2. **Application à l'EBITDA ou à tout autre indicateur de gestion** Compte tenu de la rédaction actuelle d'IFRS 9.A (définition d'un produit dérivé) et des précisions apportées par IFRS 17 (voir n° 48555), l'EBITDA d'une des parties au contrat est, à notre avis, une variable non financière spécifique à l'une des parties au contrat car :
– il s'agit d'un indicateur de gestion qui ne fait pas l'objet d'un marché en tant que tel (IFRS 17.B8) ; et
– ses principales composantes (notamment le chiffre d'affaires) ne sont pas non plus des variables financières et sont spécifiques à l'une des parties au contrat (la société concernée).

A noter toutefois que :
– certains considèrent l'EBITDA comme une variable financière à part entière, quelles que soient les circonstances ; et
– dans certains cas, l'EBITDA (considéré intrinsèquement comme une variable non financière) est utilisé dans une formule qui pourrait être représentative de la valeur d'une société prise dans son ensemble et correspondrait alors à un prix de marché (ce pourrait éventuellement être le cas, par exemple, lors de l'octroi de puts à des minoritaires). Dans ce cas, la formule correspondante, sous réserve notamment que ses paramètres soient évolutifs, pourrait être considérée comme représentative du prix d'une action non cotée, qualifiant le sous-jacent de variable financière et le contrat de produit dérivé (si les deux autres critères de qualification d'un dérivé (b) et (c) sont remplis, voir n° 48535).

Dérivés exclus du champ d'application de la norme IFRS 9

48545 ***Question***

Quels sont les dérivés exclus du champ d'application de la norme IFRS 9 ?

Réponse

La norme IFRS 9 prévoit que certains instruments, bien que répondant à la définition d'un dérivé (voir n° 48535), soient exclus de son champ d'application.

48545 (suite)

C'est le cas notamment :
- des achats ou ventes à terme de marchandises et autres contrats conclus en vue de la réception ou de la livraison d'un élément non financier dans le cadre de l'activité de l'entreprise (contrats pour usage propre, voir n° 48560) ;
- de certains dérivés indexés sur des variables non financières spécifiques à l'une des parties au contrat (voir n° 48555) ;
- des dérivés sur actions propres de l'émetteur, relevant de la norme IAS 32 ;
- des dérivés répondant à la notion de contrats à terme ferme entre un acquéreur et un vendeur lors d'un regroupement d'entreprises ;
- des achats ou ventes normalisé(e)s d'instruments financiers ; et
- de certains engagements de financement.

Commentaires La norme IFRS 9 prévoit que certains instruments, bien que répondant à la définition d'un dérivé (voir n° 48535), sont exclus de son champ d'application. Les principaux instruments exclus du champ d'application d'IFRS 9 sont les suivants :

1. **Contrats conclus en vue de la réception ou de la livraison d'un élément non financier dans le cadre de l'activité d'entreprise (« contrat pour usage propre »)** Selon IFRS 9.2.4, les contrats conclus et maintenus en vue de la réception ou de la livraison d'un élément non financier, conformément aux contraintes auxquelles s'attend l'entité en matière d'achat, de vente ou d'utilisation n'entrent pas dans le champ d'application de la norme IFRS 9, même lorsqu'ils peuvent faire l'objet d'un règlement net en trésorerie (voir n° 48560). Néanmoins, IFRS 9.2.5 permet la désignation de ces contrats à la juste valeur par résultat uniquement à la création et dans le cas de la réduction d'une incohérence de traitement comptable (voir n° 46695).

2. **Certains dérivés indexés sur des variables non financières** Selon la norme IFRS 9 (IFRS 9.A), un dérivé dont la valeur fluctue en fonction d'une variable non financière spécifique à l'une des parties au contrat n'entre pas dans le champ d'application de la norme (voir n° 48555).

3. **Dérivés sur actions propres ou titres de filiales consolidées couverts par la norme IAS 32** Un instrument dérivé répondant à la définition d'un instrument de capitaux propres selon IAS 32 est exclu du champ d'application de la norme IFRS 9 (IFRS 9.2.1a).

Selon la norme IAS 32, seuls les dérivés qui seront obligatoirement dénoués par l'échange d'un montant fixe de trésorerie, ou d'un autre actif financier, contre un montant fixe d'actions propres, sont des instruments de capitaux propres (IAS 32.11 et .16b).

Ainsi, un contrat d'option d'achat qui confère à une entité le droit de racheter un nombre fixe de ses **actions propres** en échange de la remise d'un montant fixe de trésorerie ou d'un autre actif financier (règle dite du « fixe contre fixe ») est un instrument de capitaux propres, couvert par la norme IAS 32 et donc exclu du champ d'application de la norme IFRS 9 (IAS 32.AG14).
Il en est de même pour les **actions d'une filiale** consolidée puisque cette dernière donne lieu à la création d'**intérêts minoritaires**, une fois consolidée.

4. **Dérivés répondant à la notion de contrats entre un acquéreur et un vendeur lors d'un regroupement d'entreprises** Sont exclus du champ d'application de la norme IFRS 9, les contrats à terme fermes qui résulteraient d'un engagement signé, avant la date d'acquisition, entre un acquéreur et un vendeur lors d'un regroupement d'entreprises (IFRS 3) pour acheter/vendre une entreprise à une date future déterminée (IFRS 9.2.1f).

5. **Achat ou vente normalisé(e)** Un achat ou une vente normalisé(e) (« regular way purchase or sale ») donne lieu à un engagement de prix fixe entre la date de transaction et la date de règlement, qui répond à la définition d'un dérivé. Toutefois, étant donné la brève durée de l'engagement, ce type de contrat n'est pas comptabilisé comme un instrument financier dérivé.

Un traitement comptable spécifique est prévu pour ce type d'instruments (IFRS 9.BA.4), voir n° 45370.

6. **Engagements de financement (« loan committments »)** Les engagements de financement (encore appelés « engagements de prêts ») sont exclus du champ d'application de la norme IFRS 9 (IFRS 9.2.1g), à l'exception de ceux (IFRS 9.2.3) :
- désignés comme des passifs financiers à la juste valeur par le compte de résultat ; ou
- pouvant faire l'objet d'un règlement net en trésorerie ou en un autre instrument financier ; ou
- émis à un taux d'intérêt inférieur au marché.

Pour les engagements de prêts, voir n° 45340 s.

7. **Remarque** IFRS 9.2.1 liste une série de contrats qui, sauf exception, sont exclus de son champ d'application, parce que relevant d'autres normes comme, par exemple, les participations dans

des sociétés consolidées ou mises en équivalence, les contrats de location, les contrats signés dans le cadre d'un regroupement d'entreprises, les contrats d'assurance, etc. (voir nº 44150).

Notion de sous-jacent

48550 ***Question***

Quel peut être le sous-jacent d'un dérivé (différentes natures de risques) ?

Réponse

Les dérivés peuvent avoir des sous-jacents (ou « variables ») aussi divers que notamment :
- un taux d'intérêt ;
- une devise étrangère ;
- le cours d'une action ;
- un indice boursier ou un panier d'actions, de taux d'intérêt ou de notations (« rating ») ;
- une matière première ;
- le risque de défaillance ou de dégradation de la notation d'une contrepartie particulière ;
- un indice de température ;
- un indice de niveau de pertes à la suite d'un tremblement de terre ;
- le nombre de buts marqués lors d'une rencontre sportive.

Commentaires La norme IFRS 9 répertorie certains sous-jacents possibles en fonction desquels peut varier la valeur d'un dérivé comme, notamment, les **variables financières** suivantes (IFRS 9.A) :
- un taux d'intérêt, par exemple l'Euribor ou le Libor ;
- le prix (cours) d'un instrument financier, par exemple le prix d'une action cotée au CAC 40 ;
- le prix (cours) d'une marchandise, par exemple le prix du baril de pétrole brut ;
- un cours de change, par exemple le cours US dollar/euro ;
- un indice de prix ou de cours, par exemple, le cours d'une matière première ou celui d'un indice boursier (tel que le SBF120 ou le Dow Jones) ;
- une notation de crédit (par exemple, le « rating » d'une entreprise) ou un indice de crédit (indice ou panier de notation constitué de diverses émissions obligataires en général, par exemple une notation de crédit AAA de Standard & Poors).

Dans ce dernier cas, il s'agit d'un dérivé de crédit (voir nº 48755, point 4.).

Le sous-jacent peut également être une **variable non financière** (voir nº 48555), telle que (IFRS 9.BA.5) :
- un indice de pertes à la suite d'un tremblement de terre dans une région particulière ; ou
- un indice des températures dans une ville particulière.

Dans ces deux derniers cas, il s'agit de **dérivés climatiques** ; certains dérivés climatiques peuvent répondre à la définition d'un contrat d'assurance, notamment lorsque les paiements effectués correspondent à un remboursement pour une perte que le souscripteur du contrat a effectivement subie à la suite de la survenance d'un événement particulier (principe indemnitaire), voir nº 46280.

A notre avis, la variable pourrait également être le nombre de buts marqués lors d'une rencontre sportive, dès lors que tout contrat qui a un sous-jacent peut être un dérivé (IFRS 9.IG B.2).

Par exemple, les contrats de jeux (casino) ou de paris (courses de chevaux, notamment) répondent à la définition d'un dérivé dès lors que la maison de jeux prend position contre les joueurs (IFRIC Update 07/07).

■ *Exemple 1*

Exemples de sous-jacents Dans son guide d'application (IFRS 9.IG B.2), la norme fournit les exemples de dérivés suivants en précisant à chaque fois la nature du sous-jacent correspondant :

Dérivés – Exemples de sous-jacents	
Type de contrat	*Principale variable à partir de laquelle le prix du contrat est déterminé (sous-jacent)*
Swap de taux d'intérêt	*Taux d'intérêt*
Swap de devises	*Cours d'une devise étrangère*

Dérivés – Exemples de sous-jacents	
Type de contrat	*Principale variable à partir de laquelle le prix du contrat est déterminé (sous-jacent)*
Swap sur matière première (« commodity swap »)	*Cours d'une matière première*
Swap sur rendement d'actions (« equity swap »)	*Cours d'une action*
Swap sur risque de crédit (« credit swap »)	*Notation de crédit, index de notation ou cotation d'un rating*
Swap sur rendement total (« total return swap »)	*Juste valeur globale de l'actif pris en référence et taux d'intérêt*
Achat ou vente d'une option (d'achat ou de vente) sur une obligation d'Etat	*Taux d'intérêt*
Achat ou vente d'option (d'achat ou de vente) sur devises	*Devise étrangère*
Achat ou vente d'une option (d'achat ou de vente) sur matière première	*Prix d'une matière première*
Achat ou vente d'une option (d'achat ou de vente) sur une action	*Cours d'une action (autre que celle de l'entité)*
Contrat à terme ferme coté sur une dette d'Etat (« treasury future »)	*Taux d'intérêt*
Contrat à terme ferme coté sur devises (« currency future »)	*Cours d'une devise étrangère*
Contrat à terme ferme coté d'achat ou de vente sur matière première (« commodity future »)	*Cours d'une matière première*
Contrat d'achat ou de vente à terme d'une action (« equity forward »)	*Cours d'une action (autre que celle de l'entité)*

Sur la définition d'un contrat à terme ferme, voir nº 48735 ; d'un swap, voir nº 48750 ; et d'une option, voir nº 48760.

■ *Exemple 2*

Contrat sans notionnel de référence *(IFRS 9.BA.1) Même sans notionnel de référence, un contrat peut répondre à la définition d'un dérivé. C'est le cas, par exemple, d'un contrat qui impose le paiement d'un montant fixe de 1 000 unités monétaires si le Libor 6 mois augmente de 100 points de base (i.e. 1 %). Un tel contrat est un dérivé même en l'absence d'indication d'un montant notionnel.*

Dans ce cas, la variable sous-jacente est le taux d'intérêt variable Libor 6 mois.

Variable non financière

Question 48555

Qu'est-ce qu'une variable non financière ?

Réponse

La norme IFRS 9 ne définit pas ce qu'est une variable non financière.

Elle précise toutefois que, lorsqu'une variable non financière est liée à l'une des parties au contrat, ce dernier est exclu de la définition d'un dérivé.

Commentaires La notion de « variable non financière », qui a été introduite par la norme IFRS 4, Contrats d'assurance et reprise ensuite par la norme IFRS 17, intervient dans la définition d'un produit dérivé fournie par IFRS 9. Un contrat dont le sous-jacent est une variable non financière spécifique à l'une des parties au contrat ne répond pas à la définition d'un dérivé (exclusion).

En conséquence, un tel contrat :
- n'a pas à être comptabilisé comme un produit dérivé ;
- n'a pas non plus à faire l'objet d'une comptabilisation séparée (« split accounting ») s'il est incorporé dans un instrument hybride ;
- et enfin, ne pourrait pas se voir appliquer l'option juste valeur au titre d'un instrument hybride.

1. Définition d'une variable financière/non financière Ni la norme IFRS 9 ni la norme IFRS 17 ne définissent explicitement ce que sont une variable financière et une variable non financière.

Remarques :
1. Les contrats d'assurance sont par ailleurs explicitement exclus du champ d'application d'IFRS 9 (IFRS 9.2.1e). D'où la confusion créée par cette seconde exclusion, a priori inutile.
2. Bien que l'IASB ait reconnu qu'IAS 39 prêtait à confusion (IASB Update 02/07), il n'en a pas pour autant donné une définition dans IFRS 9.

A notre avis, un chiffre d'affaires, un résultat net de l'exercice ou un EBITDA (voir nº 48680) ne constituent pas des variables financières mais seulement des indicateurs de gestion financière.

Cette analyse s'appuie sur les points suivants :
1. **Variables non financières** Les variables non financières tiennent compte des risques spécifiques de l'activité de l'entreprise. Par ailleurs, le risque de variation de la juste valeur d'un actif non financier n'est pas un risque financier si la juste valeur de cet actif reflète, non seulement les variations du prix de marché de cet actif (une variable financière), mais également les conditions de cet actif en particulier (une variable non financière) (IFRS 9.BA.5 et IFRS 17.B8).
Par exemple, l'EBITDA ou le chiffre d'affaires de l'une des parties au contrat.
2. **Variables financières** A contrario, les taux d'intérêt, les cours de change, les cours/prix d'un instrument financier, les prix des matières premières et les prix d'actifs non financiers faisant l'objet de transactions sur un marché actif sont des variables financières (selon IFRS 9.4.3.1 et IFRS 17.B27e).
Par exemple, le prix d'une action non cotée ou cours d'une action cotée.

2. **Cas d'un contrat avec plusieurs variables** Si un contrat a plusieurs variables sous-jacentes et si au moins l'une d'entre elles n'est pas une variable non financière liée à l'une des parties au contrat, alors le contrat dans son ensemble doit être traité comme un dérivé. Le contrat n'est exclu de la définition d'un dérivé que si toutes les variables sous-jacentes sont des variables non financières liées à l'une des parties au contrat.

Ainsi, par exemple :
– dans le cas d'un contrat d'achat ou de vente d'actions, l'exception « variable non financière liée à l'une des parties au contrat » ne peut jamais s'appliquer dans la mesure où le prix d'une action même non cotée est une variable financière ;
– il en est de même avec l'exemple donné par IFRS 9.IG B.8, s'agissant d'un contrat de vente à terme de devises $/€ (variable financière) basé sur le volume des ventes de l'entreprise (variable non financière).
En conséquence, ces deux types de contrats sont bien des dérivés au sens d'IFRS 9.

Commande d'achat et de vente de marchandises et contrat pour usage propre

48560 ***Question***

Une commande d'achat ou de vente de marchandises peut-elle être qualifiée de dérivé ?

Réponse

Oui, si le contrat peut se dénouer par un règlement net en trésorerie et s'il n'est pas conclu pour les besoins propres de l'activité normale de l'entreprise (contrat pour usage propre).

Commentaires :

1. **Principe général** Selon la définition d'un instrument financier, un contrat d'achat ou de vente d'un élément non financier (par exemple, de matière première) qui offre la possibilité d'un règlement net en trésorerie entre dans le champ d'application d'IFRS 9 (IFRS 9.2.4). Répondant généralement à la définition d'un produit dérivé, un tel contrat devrait donc être évalué à la juste valeur par résultat (sauf qualification éventuelle de couverture).
2. **Exemption des contrats pour usage propre** Toutefois, IFRS 9.2.4 prévoit une exemption dite d'usage propre (« own-use ») pour les contrats conclus et maintenus en vue de la réception ou de la livraison d'un élément non financier selon les contraintes auxquelles s'attend l'entité en matière d'achat, de vente ou d'utilisation. Ces contrats sont ainsi exclus du champ d'application d'IFRS 9 (voir nº 48545).

Sur la présentation en résultat des contrats de matières premières ne bénéficiant pas de l'exemption pour usage propre, voir nº 51425.

Pour qu'un contrat susceptible d'être réglé pour son montant net en trésorerie puisse bénéficier de cette exemption (i.e. exclu du champ d'application d'IFRS 9), l'entreprise doit démontrer que ce contrat offre également une possibilité de livraison physique et qu'elle utilisera cette possibilité (IFRS 9.2.6).

Les contrats dénoués physiquement pour les besoins propres de l'activité normale de l'entité (c'est-à-dire hors activité de transaction) sont qualifiés d'« executory contract » (contrats exécutoires), officiellement traduits par « contrats non entièrement exécutés ») par IFRS 9.IG A.1 et relèvent donc de la norme IAS 37.

Néanmoins, la norme IFRS 9 offre la possibilité de désigner les contrats non entièrement exécutés à la juste valeur par résultat comme s'ils étaient des instruments financiers (IFRS 9.2.5) et de les inclure de ce fait dans son champ d'application (IFRS 9.2.4), seulement si les conditions suivantes sont réunies :
- l'option de désignation, irrévocable, est prise à la création des contrats ; et
- dans le but d'éliminer ou de réduire de manière significative un traitement comptable dissymétrique (encore appelé « accounting mismatch ») qui serait né de la non-comptabilisation des contrats s'ils étaient restés hors champ d'application d'IFRS 9.

Pour la notion de « livraison physique », voir n° 48570.

Contrats sur matières premières : notion de « livraison physique »

Question 48570

Que faut-il entendre par « livraison physique » d'un élément non financier ?

Réponse

La notion de « livraison physique » ne signifie pas nécessairement la livraison physique du sous-jacent à un client particulier, cela peut être la livraison à un intermédiaire pour le compte de ce client.

Commentaires Selon la définition d'un instrument financier, un contrat d'achat ou de vente de matière première qui offre la possibilité d'un règlement net en trésorerie entre dans le champ d'application d'IFRS 9 (IFRS 9.2.4).

Répondant généralement à la définition d'un produit dérivé, un tel contrat devrait donc être évalué à la juste valeur par résultat (sauf qualification éventuelle de couverture). Toutefois, IFRS 9.2.4 prévoit une exemption (i.e. une exclusion du champ d'application d'IFRS 9) dite « d'usage propre » pour les contrats conclus et maintenus en vue de la réception ou de la livraison d'un élément non financier selon les contraintes auxquelles s'attend l'entité en matière d'achat, de vente ou d'utilisation.

Ces contrats dénoués physiquement pour les besoins propres de l'activité normale de l'entité (c'est-à-dire hors activité de transaction) sont qualifiés de « contrats non entièrement exécutés » (« executory contract ») par IFRS 9.IG A.1.

Pour plus de détails, voir n° 48560.

1. Importance de la notion de « livraison physique » Pour qu'un contrat susceptible d'être réglé net en trésorerie puisse bénéficier de l'exemption prévue par IFRS 9.2.4, l'entreprise doit démontrer que ce contrat offre également une possibilité de livraison physique et qu'elle utilisera cette possibilité (IFRS 9.2.6). D'où l'importance de la définition de cette notion.

2. Que faut-il entendre par « livraison physique » ? Concernant l'exemption du paragraphe IFRS 9.2.4 (voir ci-avant), la notion de « livraison physique » ne signifie pas nécessairement la livraison physique du sous-jacent à un client particulier, la « livraison physique » n'étant pas en soi une condition de l'exemption. Ainsi, par exemple (IFRIC Update 06/05 et 08/05) :
- dans le cas d'un marché nécessitant l'intervention d'un réseau de distribution ou d'un intermédiaire (or, électricité, etc.), la livraison au réseau ou à l'intermédiaire (réaffineur pour l'or) doublée d'une inscription au compte du client particulier vaut livraison physique ;
- en revanche, la livraison d'or à un réaffineur en échange de l'obtention d'une même quantité de métal réaffiné auprès de ce dernier, n'est pas considérée comme une livraison physique ;
- de la même façon, un arrangement synthétique consistant pour un producteur à lier a) un contrat sans livraison physique signé avec un client pour fixer le prix d'une matière première (contrat de couverture) et b) une transaction pour acheter ou vendre cette même matière première à un intermédiaire au cours « spot », ne permet pas de bénéficier de l'exemption prévue par IFRS 9.2.4.

B. Traitement comptable des dérivés

Principes généraux de comptabilisation

48580 ***Question***

Comment comptabiliser un dérivé ?

Réponse

Les principes généraux de comptabilisation d'un dérivé sont les suivants :

1. Lors de sa comptabilisation initiale, un dérivé est comptabilisé par défaut dans la catégorie des actifs ou passifs détenus à des fins de transaction (trading), sauf s'il est qualifié d'instrument de couverture selon IAS 39 ou IFRS 9 (voir nº 50070 sous IAS 39 / nº 49630 sous IFRS 9).

2. S'il ne relève pas de l'exception ci-avant, il est par la suite évalué à sa juste valeur, les variations de cette juste valeur étant comptabilisées en résultat.

Commentaires En IFRS, un dérivé répond à la définition d'un actif ou d'un passif financier (IFRS 9.A et .IG B.2). En conséquence, il doit être comptabilisé au bilan comme tous les autres actifs et passifs financiers (IFRS 9.5.1.1), aucun traitement hors bilan n'étant possible.

Il existe une seule exception qui concerne certains engagements de financement (voir nº 45340).

Au bilan, un dérivé est comptabilisé dans l'une des deux catégories d'instruments financiers suivantes (IFRS 9.A) :

a. en **actifs ou passifs détenus/émis à des fins de transaction (« trading »)** Le classement dans cette catégorie se fait par défaut dès lors que le dérivé ne répond pas au cas présenté ci-après (instrument de couverture). Le dérivé est évalué à la juste valeur à chaque date d'arrêté et les variations de sa juste valeur sont comptabilisées dans le résultat de la période ;

b. en tant qu'**instrument qualifié de couverture** Dans ce cas, le dérivé est toujours évalué à sa juste valeur mais des règles particulières de comptabilisation des variations de cette juste valeur peuvent lui être appliquées (voir nº 50200 sous IAS 39 / nº 49320 sous IFRS 9).

Comptabilisation initiale d'un dérivé

48585 ***Question***

Comment comptabilise-t-on un dérivé lors de sa comptabilisation initiale ?

Réponse

Même lorsque sa juste valeur initiale est nulle, un dérivé doit faire l'objet d'une comptabilisation au bilan (le lendemain, sa valeur aura varié traduisant l'existence d'un actif ou d'un passif financier).

Une option achetée est comptabilisée à l'actif pour le montant de la prime payée. Une option vendue est comptabilisée au passif pour le montant de la prime encaissée.

Les contrats à terme fermes et les swaps sont en général comptabilisés pour une valeur nulle sauf lorsqu'il s'agit de contrats déjà existants ayant donné lieu lors de leur souscription au paiement ou à la réception d'une soulte.

Commentaires Comme tous les autres actifs ou passifs financiers, un dérivé doit être comptabilisé au bilan à la juste valeur à la date de sa comptabilisation initiale.

Le dérivé étant, en général, évalué par la suite à la juste valeur par résultat (IFRS 9.5.2 et .5.3), tous les coûts de transaction sont immédiatement comptabilisés en charge dans l'exercice de comptabilisation initiale (IFRS 9.5.1.1).

Par ailleurs, le notionnel d'un dérivé passif doit être mentionné en annexe au titre des informations en matière de risque de liquidité (voir nº 52405).

Le montant initialement comptabilisé (représentatif de la juste valeur du dérivé à la date de sa comptabilisation initiale) varie selon la nature de l'instrument :

1. **Contrats à terme fermes et swaps** Même lorsque sa juste valeur initiale est nulle, un contrat à terme ferme ou un swap devrait faire l'objet d'une comptabilisation au bilan. Il s'agit alors d'une écriture pour mémoire puisque le montant comptabilisé dans les comptes est égal à zéro.

L'idée est d'ouvrir le compte correspondant (actif/passif – dérivé de transaction) sachant que dès le lendemain la juste valeur du contrat à terme ou du swap aura varié, faisant apparaître un gain ou une perte latente.

Dans certains cas, ces contrats peuvent donner lieu à paiement (réception) d'une soulte lorsqu'il s'agit d'anciens contrats rachetés sur le marché dont la valeur a déjà fluctué en fonction de l'évolution du sous-jacent.

Il peut également s'agir de contrats volontairement structurés dès le départ avec une soulte, à la demande de l'entreprise ou sur proposition de la banque, pour répondre à des besoins de trésorerie spécifiques.

2. **Options** Une option donne lieu à la comptabilisation :
- d'un actif, lorsqu'il s'agit d'une option achetée (pour le montant de la prime payée) ; ou
- d'un passif, lorsqu'il s'agit d'une option vendue (pour le montant de la prime encaissée).

3. **Caps, floors ou collars** Dans le cas d'un cap, d'un floor ou d'un collar, la prime nette peut être payée :
- intégralement et pour sa totalité lors de la mise en place de l'instrument (prime dite « flat ») ;

Dans ce cas, c'est le montant initialement déboursé ou reçu qui est comptabilisé à l'actif (prime payée correspondant à l'achat d'un cap, d'un floor ou d'un collar) ou au passif (prime reçue correspondant à la vente d'un cap, d'un floor ou d'un collar).

- ou de manière étalée dans le temps (série de primes annuelles, par exemple). Dans ce cas, la juste valeur initiale de l'instrument est nulle (la valeur actualisée des primes restant à payer étant équivalente à la prime « flat » représentative du prix du cap ou du floor acheté qui autrement aurait été exigée).

Remarque L'autre approche consiste à comptabiliser de manière distincte la prime du cap, floor ou collar (à l'actif pour l'acheteur ou au passif pour le vendeur) et soit une dette (pour l'acheteur de l'instrument) soit une créance (pour le vendeur).
Dans ce cas, l'instrument est analysé en deux instruments distincts : un cap/floor/collar à prime « flat », d'une part, et un emprunt ou un prêt, d'autre part. Le choix de l'une ou l'autre approche dépend, à notre avis, des caractéristiques juridiques du contrat (c'est-à-dire si le contrat prévoit ou non la compensation des flux et la détermination d'une juste valeur nette).
Pour plus de détails sur les caps, floors et collars, voir nº 48775 s.

4. **Options à prime zéro** Une option à prime zéro est constituée de la combinaison d'un achat et d'une vente d'options dont les caractéristiques ont été calibrées de manière à ce que les deux primes se compensent exactement. Comme les contrats à terme fermes ou les swaps, une option à prime zéro devrait en principe également donner lieu à une comptabilisation initiale au bilan (même si c'est pour mémoire puisque sa juste valeur initiale est nulle).

Remarque Si la combinaison d'options est réalisée au moyen de deux contrats distincts, les deux primes doivent alors être comptabilisées séparément, à l'actif et au passif.

■ *Exemple*

Swap de taux *Le 1/10/N, une entreprise contracte un swap de taux auprès d'une banque. Le swap étant aux conditions de marché lors de sa mise en place, sa juste valeur est nulle. Le swap n'est pas qualifié de couverture et aucune commission n'est payée à la banque (qui se rémunère sur le spread bid/ask).*

Dans la pratique, aucune écriture n'est comptabilisée à la signature du contrat, puisque la juste valeur de l'instrument est nulle et qu'aucun flux de trésorerie n'est décaissé : comptabilisation pour mémoire uniquement, sachant que, dès le lendemain, la juste valeur du swap aura varié et sera représentative soit d'un actif (gain), soit d'un passif (perte).

La pièce justificative de l'écriture doit clairement indiquer les caractéristiques du swap (nominal, échéance, référence des taux échangés, etc.) et sa qualification comptable (transaction au cas particulier).

Reclassement d'un instrument dérivé

Question 48590

Un instrument financier dérivé classé dans la catégorie « détenus à des fins de transaction » peut-il être reclassé hors de cette catégorie ?

Réponse

Il n'est pas possible de reclasser en dehors de la catégorie juste valeur par résultat un dérivé actif ou passif. En revanche, un dérivé détenu à des fins de transaction peut être nouvellement désigné comme un instrument de couverture dans une relation de couverture.

Commentaires La norme IFRS 9 ne permet le reclassement d'actifs financiers qu'à la suite d'un changement de « business model » (IFRS 9.4.4.1 ; voir n° 45570 s.).

Les dérivés sont contractés soit en vue d'opérations de transaction soit en vue d'être désignés dans une relation de couverture (IFRS 9.A).

Le reclassement des dérivés à l'actif du bilan est, à notre avis, impossible dans la mesure où la norme définit les dérivés comme étant détenus à des fins de transaction (IFRS 9.A). Par conséquent, ils ne peuvent être gérés selon un autre modèle de gestion.

Le reclassement des dérivés au passif du bilan est impossible dans la mesure où la norme interdit le reclassement des passifs financiers (IFRS 9.4.4.2).

En revanche, un dérivé nouvellement désigné comme instrument de couverture dans une relation de couverture de flux de trésorerie ou d'un investissement net en devise efficace peut être reclassé hors de la catégorie à la juste valeur par résultat.

La norme précise les circonstances qui ne sont pas considérées comme des reclassements (IFRS 9.4.4.3), notamment un dérivé qui était précédemment un instrument de couverture désigné et efficace dans une couverture de flux de trésorerie ou une couverture d'investissement net et qui ne peut plus être considéré comme tel. Dans ce cas, le dérivé anciennement désigné comme un instrument de couverture est détenu à des fins de transaction.

Il est également possible de désigner un dérivé qui était détenu à des fins de transaction dans une nouvelle relation de couverture de juste valeur dans la mesure où ce type de relation de couverture n'affecte pas le mode de comptabilisation du dérivé qui continue à être évalué en juste valeur par résultat (IFRS 9.B6.5.28).

Traitement comptable à une date de clôture ultérieure

48595 *Question*

Comment traite-t-on un dérivé comptabilisé en transaction (« trading »), lors d'un arrêté comptable ?

Réponse

Le dérivé est réévalué à sa juste valeur avec comptabilisation en résultat des variations de valeur correspondantes.

Commentaires :

1. Principe général Après sa comptabilisation initiale, un dérivé comptabilisé en actif ou passif détenu/émis à des fins de transaction est évalué à la juste valeur par le biais du compte de résultat (IFRS 9.5.2.1 et .5.3.1).

Toutes les variations de juste valeur du dérivé sont donc comptabilisées dans le résultat de la période.

2. Traitement des intérêts, dividendes et autres revenus Les flux de revenus (différentiels d'intérêts payés ou reçus, échange de flux d'intérêts bruts, dividendes, etc.) encaissés ou payés sur un dérivé viennent directement diminuer la valeur nette comptable du dérivé comptabilisé au bilan (en contrepartie du compte de trésorerie).

Les intérêts courus et les dividendes se rapportant à un dérivé classé en transaction ne font pas en principe l'objet d'une comptabilisation distincte par rapport aux variations de valeur globale de l'instrument. La totalité des pertes/gains (correspondant aux variations de juste valeur du dérivé) est comptabilisée en « profits ou pertes nets sur actifs/passifs évalués à la juste valeur par résultat ».

Pour le reclassement hors de la catégorie transaction, voir n° 48590.

48595 (suite)

■ *Exemple 1*

Swap de taux d'intérêt (reprise de l'exemple du n° 48585) A la date de clôture suivant l'émission de l'instrument, le 31/12/N, les taux ont baissé et le swap est perdant. Sa juste valeur s'élève à 200 (perte), après paiement d'un flux d'intérêt net de 10.

Solution de l'exemple 1 *L'entreprise comptabilise les écritures suivantes :*

– comptabilisation du flux net d'intérêt échangé le 31/12/N :

Dt	*Passif – Dérivé de transaction (swap de taux)*	*10*	
Ct	*Trésorerie*		*10*

– comptabilisation de la variation de valeur globale du swap sur la période :

Dt	*Résultat – Perte sur dérivé de transaction (1) (2)*	*210*	
Ct	*Passif – Dérivé de transaction (swap de taux)*		*210*

(1) Il n'est pas fait de différence entre le flux d'intérêt net et la variation de valeur pied de coupon du swap. L'intégralité de la variation de juste valeur du swap est comptabilisée en « Autres profits (pertes) – net » dans le résultat opérationnel ou dans le résultat financier (voir n° 52230).
(2) Dans le cas d'un dérivé de taux d'intérêt ou de change, les pertes ou profits sur cet instrument peuvent être comptabilisés en résultat financier (voir n° 51425).

■ *Exemple 2*

Achat d'un cap à prime annuelle analysé comme un seul instrument *Le 1/10/N, une entreprise souscrit un cap d'un nominal de 100 M€ d'une durée de 3 ans, avec un taux plafond (« strike ») de 5 % et une prime annuelle de 0,55 %.*
Cette prime donne lieu à compensation (lorsque le cap est gagnant) avec le différentiel d'intérêt également versé sur base annuelle.
Au 31/12/N, les taux ont monté, le cap vaut 150 K€.
Au 1/10/N+1, les taux s'établissent à 5,75 %. Le flux net (différentiel d'intérêt à recevoir sur le cap moins la prime annuelle due) s'élève à 200 K€, calculé comme suit : [(5,75 % – 5 %) – 0,55 %] × 100 M€.
Enfin, le 31/12/N+1, les taux s'étant stabilisés, la juste valeur du cap s'élève à 400 K€.
L'entreprise analyse le cap comme un seul et unique instrument (voir n° 48585, point 3.).

Solution de l'exemple 2 *Dans ce cas, les écritures sont les suivantes :*

*– **lors de l'achat du cap,** le 1/10/N : aucune écriture (ou une écriture, pour mémoire, débit Actif – dérivé de transaction : 0 ; crédit Trésorerie : 0) ;*

*– **à la clôture de l'exercice,** le 31/12/N : évaluation à la juste valeur du cap (150 K€) (en K€) :*

Dt	*Actif – Dérivé de transaction (cap – strike 5 %)*	*150*	
Ct	*Résultat – Gain sur dérivé de transaction*		*150*

*– **au 1/10/N+1,** à la date anniversaire du cap, comptabilisation du paiement net reçu (en K€) :*

Dt	*Trésorerie*	*200*	
Ct	*Actif – Dérivé de transaction (cap – strike 5 %)*		*200*

*– **au 31/12/N+1,** à la clôture du second exercice, évaluation à la juste valeur du cap (400 K€) et comptabilisation d'un gain de 450 K€ [400 – (150 – 200)] :*

Dt	*Actif – Dérivé de transaction (cap – strike 5 %)*	*450*	
Ct	*Résultat – Gain sur dérivé de transaction*		*450*

■ *Exemple 3*

Achat d'un cap à prime annuelle analysé comme deux instruments distincts *Le 1/01/N, une entreprise souscrit un cap 10 ans, avec paiement échelonné de la prime à chaque fin d'année, soit dix paiements de 100. Si la prime du cap avait été payée flat (i.e. en une seule fois lors de la mise en place du contrat), cette dernière aurait été de 800.*
Le 31/12/N, la valeur de cette même prime flat (recalculée en interne) vaut 1 300 (gain : 500). Le montant de la désactualisation de la dette (correspondant au paiement échelonné des 10 primes annuelles) s'élève à 20 sur l'année N.
L'entreprise comptabilise de manière séparée, la prime flat, d'une part et l'emprunt (série des 10 primes annuelles), d'autre part (voir n° 48585, point 3.).

Solution de l'exemple 3 Dans ce cas, les écritures sont les suivantes :
1. Le 1/01/N, lors de la mise en place du cap :

Dt	Actif – Dérivé de transaction (cap)	800	
Ct	Dette (Σ primes annuelles à payer)		800

2. Le 31/12/N, à la date de clôture :
– Comptabilisation des intérêts courus sur la dette (désactualisation) :

Dt	Charges financières	20	
Ct	Dette		20

– Paiement de la prime annuelle :

Dt	Dette	100	
Ct	Trésorerie		100

– Réévaluation de la prime « flat » du cap à la juste valeur par résultat :

Dt	Actif – Dérivé de transaction (cap)	500	
Ct	Résultat – Gain sur dérivé de transaction		500

Remarque Dans ce cas, la juste valeur du cap (telle qu'annoncée par la contrepartie bancaire) ne se retrouve pas dans les comptes de l'entreprise. En effet, la banque – pour déterminer la juste valeur nette globale du cap – réévalue à la juste valeur l'ensemble des flux de trésorerie liés au contrat, y compris donc les flux annuels de paiement des primes (composante dette). Or, dans ses comptes, l'entreprise comptabilise cette dette à son coût amorti. Il existe donc un écart entre la juste valeur globale du contrat de cap pris dans son ensemble et la somme des deux composantes comptabilisées au bilan de l'entreprise qui a acheté le cap.

Traitement comptable lors du dénouement

48600 ***Question***

Comment traiter un dérivé comptabilisé en transaction (« trading »), lors de son dénouement ?

Réponse

L'approche varie selon que le dénouement s'effectue :
– par le versement d'un montant net de trésorerie représentant le montant du gain ou de la perte constaté sur le dérivé ; ou
– par la livraison physique de l'actif sous-jacent (action, obligation, titre de créance, matière première).

Commentaires :

1. Lorsque le dénouement s'effectue par le versement d'un **montant net de trésorerie** (« net cash settlement »), le dérivé (préalablement réévalué à sa juste valeur) est tout simplement soldé par la contrepartie d'un compte de trésorerie (encaissement ou versement de la trésorerie correspondant au gain ou à la perte réalisé(e) sur ce dernier et qui représente sa juste valeur à la date du dénouement).

Remarque Les dérivés qui ne portent pas sur un actif livrable, par exemple les contrats à terme ou les contrats d'option sur indice boursier, font nécessairement l'objet d'un règlement en espèces à l'échéance.

2. Lorsque le dénouement s'effectue par la **livraison physique** (« physical settlement ») de l'actif sous-jacent (action, obligation, titre de créance, matière première), le dérivé (toujours préalablement réévalué à sa juste valeur) est soldé avec comme contreparties :
– d'une part, la sortie ou la comptabilisation de l'actif sous-jacent donné ou pris en livraison ; et
– d'autre part, le montant de trésorerie reçu ou payé en contrepartie.

Dans tous les cas, l'actif sous-jacent doit être cédé ou acquis pour sa juste valeur à la date de la livraison (dès lors que le dérivé n'a pas été initialement qualifié de couverture).

48600 (suite)

■ *Exemple 1*

Call sur indice CAC 40 – Règlement net en trésorerie *Le 1/07/N, une entreprise achète un call sur l'indice CAC 40 et paie une prime de 0,51 €.*
A la clôture de l'exercice, le 31/12/N, le call cote 0,75.
Il cote 0,98 lorsque l'entreprise clôture sa position en le revendant fin mars N+1.

Solution de l'exemple 1 *L'entreprise comptabilise les écritures suivantes :*
– lors de l'achat du call, le 1/07/N :

Dt	*Actif – Dérivé de transaction (call acheté)*	*0,51*	
Ct	*Trésorerie*		*0,51*

– au 31/12/N à la clôture de l'exercice (0,75 – 0,51 = 0,24) :

Dt	*Actif – Dérivé de transaction (call acheté)*	*0,24*	
Ct	*Résultat – Gain sur dérivé de transaction*		*0,24*

– au 31/03/N+1 lors de la cession du call (0,98 – 0,75 = 0,23) :

Dt	*Actif – Dérivé de transaction (call acheté)*	*0,23*	
Ct	*Résultat – Gain sur dérivé de transaction*		*0,23*

– au 31/03/N+1 lors de la revente du call (prise de bénéfice) :

Dt	*Trésorerie*	*0,98*	
Ct	*Actif – Dérivé de transaction (call acheté)*		*0,98*

■ *Exemple 2*

Call sur action – Livraison physique de l'actif sous-jacent *Le 1/07/N, une entité A achète un call sur l'action B au prix d'exercice de 70 € avec une échéance au 30/01/N+1, moyennant une prime de 0,2 €. Le dénouement se fait par livraison physique des actions sous-jacentes (en cas d'exercice du call).*
Au 31/12/N, le call vaut 1,1 € (cas 1) ou 0,1 € (cas 2).
A l'échéance au 30/01/N+1, le cours de l'action B vaut 72 € (cas 1) ou 68 € (cas 2).
Le call est comptabilisé en transaction (pas de qualification de couverture).

Solution de l'exemple 2 *La traduction comptable de l'opération est la suivante :*
1. Lors de l'achat du call *au 1/07/N, l'entité A comptabilise la prime payée (0,2 €) à l'actif du bilan en contrepartie d'une sortie de trésorerie.*

Dt	*Actif – Dérivé de transaction (call acheté)*	*0,2*	
Ct	*Trésorerie*		*0,2*

2. A l'arrêté du 31/12/N, *l'entité A réévalue le dérivé à sa juste valeur (1,1 € ou 0,1 €) et comptabilise soit un gain de 0,9 € en résultat (cas 1) soit une perte de 0,1 € (cas 2) :*
a. Cas 1 *Comptabilisation d'un gain de 0,9 (1,1 – 0,2) :*

Dt	*Actif – Dérivé de transaction (call acheté)*	*0,9*	
Ct	*Résultat – Gain sur dérivé de transaction*		*0,9*

b. Cas 2 *Comptabilisation d'une perte de 0,1 (0,1 – 0,2) :*

Dt	*Résultat – Perte sur dérivé de transaction*	*0,1*	
Ct	*Actif – Dérivé de transaction (call acheté)*		*0,1*

3. A l'échéance du call, *le 30/01/N, le traitement comptable varie selon que le call est exercé ou non :*
a. Cas 1 *L'action cote 72 €, l'entité A exerce son option et achète le titre B qu'elle comptabilise en actifs évalués à la juste valeur en contrepartie des autres éléments du résultat global (JVOCI) :*
– gain : 0,9 = 2 (valeur intrinsèque au 30/01/N) – 1,1 (juste valeur au 31/12/N) :

Dt	*Actif – Dérivé de transaction (call acheté)*	*0,9*	
Ct	*Autres produits d'exploitation (gain)*		*0,9*

– dénouement du dérivé par livraison physique du titre :

Dt	*Titre JVOCI (action B)*	*72*	
Ct	*Trésorerie*		*70*
Ct	*Actif – Dérivé de transaction (call acheté)*		*2*

b. Cas 2 L'entité A n'exerce pas son option (l'action B cote 68). Le dérivé a une valeur nulle à son échéance (pas de valeur intrinsèque et valeur temps égale à zéro) :

Dt	*Autres pertes d'exploitation (perte)*	*0,1*	
Ct	*Actif – Dérivé de transaction (call acheté)*		*0,1*

Dérivés sur électricité – Evaluation des contrats dits « principal to principal »

48605 ***Question***

Comment évaluer les instruments conçus pour fixer le prix d'un contrat d'approvisionnement en électricité par ailleurs conclu avec un intermédiaire (contrat dit « principal to principal ») ?

Réponse

Un tel contrat doit, en tant qu'instrument dérivé, être évalué à la juste valeur avec comptabilisation des gains et des pertes en résultat.

Commentaires :

1. Caractéristiques des contrats Les contrats dits « principal to principal » sont des instruments conçus pour fixer le prix d'un contrat d'approvisionnement en électricité conclu par ailleurs avec un intermédiaire. Il s'agit ainsi d'un arrangement synthétique consistant pour un producteur d'électricité à lier (IFRIC Update 08/05) :

a. un contrat sans livraison physique signé avec un client et permettant de fixer le prix de l'électricité (contrat de couverture pour le producteur) ; et

b. une transaction avec livraison physique pour acheter ou vendre de l'électricité à un intermédiaire au cours comptant (« spot »).

L'évaluation de ce type de contrats est difficile essentiellement en raison du fait que ces derniers ont :

– un montant notionnel variable ; et

– une échéance qui peut largement dépasser la période pour laquelle il existe des données de marché observables.

2. Qualification de dérivé Ces contrats sont de fait des produits dérivés dans la mesure où ils répondent aux trois critères de la définition d'un produit dérivé (IFRS 9.A) :

a. leur valeur fluctue en fonction de l'évolution du prix de l'électricité ;

b. ils ne requièrent aucun placement net initial ;

c. ils sont réglés à une date future (correspondant à celle du contrat de couverture).

Sur la notion d'un produit dérivé, voir également nº 48535.

En conséquence, les contrats « principal to principal » sont évalués selon le principe de base d'IFRS 9, c'est-à-dire à leur juste valeur avec comptabilisation des gains et des pertes en compte de résultat.

3. Impossibilité de bénéficier de l'exemption permettant de maintenir ces instruments au coût Selon l'IFRS IC, les contrats dits « principal to principal » ne peuvent pas bénéficier de l'**exemption dite pour usage propre (livraison physique).** Cette exemption prévue par IFRS 9.2.4 permet de maintenir au coût les « contrats conclus et maintenus en vue de la réception ou de la livraison d'un élément non financier selon les contraintes auxquelles s'attend l'entité en matière d'achat, de vente ou d'utilisation » (IFRIC Update 06/05 et 08/05).

Pour plus de détails sur l'exemption « usage propre » et la notion de « livraison physique », voir nº 48560 et 48570.

Transactions liées aux jeux d'argent

Question 48610

Comment comptabiliser les paris, commissions et autres gains encaissés par une maison de jeux ?

Réponse

Soit selon IFRS 9, en tant que dérivé, lorsque la maison de jeux prend position contre les joueurs.
Soit selon IFRS 15, en tant que produit (commission rémunérant un service rendu), dans les autres cas.

Commentaires De nombreux jeux d'argent donnent lieu à des transactions financières : paris entre deux joueurs, paris entre la maison de jeux (exemple : casino) et les joueurs, loterie, paris sur des écarts de buts, essais ou autres points dans des compétitions sportives ou sur les marchés financiers, etc. (IFRIC Update 05/07).

La décision de l'IFRS IC avait été prise sous l'angle des normes IAS 39 et IAS 18, aujourd'hui remplacées respectivement par IFRS 9 et IFRS 15. A notre avis, cette décision reste valable avec l'application des normes IFRS 9 et IFRS 15.

La question est de savoir comment comptabiliser les paris, les commissions et autres gains encaissés par une maison de jeux :
- en tant que dérivés selon IFRS 9 ? ou
- en tant que produits selon IFRS 15 ?

L'IFRS IC a décidé de ne pas inscrire ce point à son programme de travail, considérant qu'en la matière il n'y avait pas de grande diversité en pratique (IFRIC Update 07/07).

D'une manière générale, l'IFRS IC a constaté l'existence de deux cas de figure :

a. **Dérivé** (IFRS 9) Lorsqu'une maison de jeux prend une position contre un joueur, le pari non encore dénoué qui en résulte est un instrument financier qui répond probablement à la définition d'un produit dérivé et doit être comptabilisé selon les dispositions de la norme IFRS 9.

En effet, un tel pari répond tout d'abord à la définition d'un instrument financier selon IAS 32.11 et .AG8 dès lors qu'il entraîne – quelle qu'en soit l'issue – une **obligation contractuelle** pour la maison de jeux de payer le joueur et un droit contractuel d'être payé pour le joueur (IFRIC Update 05/07).

En outre, le **gain éventuel futur** qui pourrait résulter du pari et qui dépend de l'issue de ce dernier répond à la définition d'un dérivé selon IAS 39.9 / IFRS 9.A (IFRIC Update 05/07) :
- sa valeur fluctue en fonction de l'évolution d'une variable sous-jacente (nombre de points, buts ou essais ou écarts de points, buts ou essais entre les deux équipes) ;
- il ne requiert qu'un investissement faible ou nul ; et
- il est réglé à une date future.

En tout état de cause, il ne s'agit pas d'un contrat d'assurance.

b. **Produit** (IFRS 15) Dans les autres cas, notamment lorsque la maison de jeux ne prend pas position contre les joueurs mais est simplement rémunérée pour les services qu'elle rend dans l'organisation des jeux entre plusieurs joueurs, quelle que soit l'issue du jeu, le gain reçu sous forme de commission répond à la définition d'un produit et doit être comptabilisé selon les dispositions de la norme IFRS 15 (IFRIC Update 05/07).

Contrats d'achat à terme de gaz avec une clause dite « de destination »

Question 48615

Comment comptabiliser l'achat à terme d'un actif non financier qui doit faire l'objet d'une livraison physique (cas d'un contrat d'achat à terme de gaz avec une clause dite « de destination ») ?

Réponse

Un tel contrat entre dans le champ d'application de la norme IAS 2, Stocks, et non dans celui de la norme IFRS 9. Il est comptabilisé conformément aux dispositions d'IAS 2, c'est-à-dire au coût d'acquisition de l'actif non financier sous-jacent majoré des différents coûts afférents à cette acquisition.

48615 (suite)

Néanmoins, ces contrats peuvent entrer dans le champ d'application de la norme IFRS 9 s'ils sont désignés à la juste valeur par résultat dans la mesure où ils répondent à la définition de contrats pour « usage propre ».

Commentaires :

1. **Contexte (question posée au CESR, devenu l'ESMA)** Une entité a contracté plusieurs contrats d'achat à terme de gaz avec pour objectif de les utiliser pour sa production d'électricité. Ces contrats garantissent une partie de la production future de l'entité et contiennent une clause (dite « de destination ») qui assure que le gaz une fois acquis ne sera pas revendu sur le marché. Il est prévu que ces contrats se dénouent par la livraison physique du gaz (pas de règlement en trésorerie anticipé).

Par ailleurs, il existe une clause prévoyant l'application d'une pénalité dans le cas où l'entité ne prendrait pas livraison du gaz aux termes desdits contrats. L'entité a déjà contracté de tels contrats auparavant et a toujours accepté la livraison du gaz. Elle entend continuer à faire de même.

2. **Décision du CESR** (EECS/0407-14, 04/07) :

a. **« Contrats » bénéficiant de l'exclusion dite « pour usage propre » d'IFRS 9** Le CESR a confirmé que dans le contexte décrit ci-avant, les paragraphes IAS 39.5 et .6 (sous IFRS 9, respectivement IFRS 9.2.4 et .2.6) ne s'appliquent pas à de tels contrats car les éléments non financiers sous-jacents, le gaz en l'occurrence, seront effectivement livrés et utilisés dans le processus de production de l'entité.

Nous comprenons que le principe général énoncé par IFRS 9.2.4 et .2.6 (qui est de qualifier de dérivés les contrats d'achat ou de vente d'éléments non financiers dès lors qu'un règlement net en trésorerie est possible) ne trouve pas à s'appliquer mais que ces contrats bénéficient au contraire de l'exclusion dite « de propre usage » prévue par ces mêmes paragraphes (voir rappel ci-après).

Rappel (exclusion pour cause « de propre usage ») Selon IFRS 9.2.4, la norme IFRS 9 doit être appliquée aux contrats d'achat ou de vente d'un élément non financier qui peut faire l'objet d'un règlement net en trésorerie ou en un autre instrument financier, **à l'exception** des contrats conclus et maintenus en vue de la réception ou de la livraison d'un élément non financier conformément aux contraintes auxquelles s'attend l'entité en matière d'achat, de vente ou d'utilisation (contrats dits « de propre usage »). Néanmoins, ces contrats pour « usage propre » peuvent être désignés à la juste valeur par résultat uniquement à la création et dans le cas de la réduction d'une distorsion de traitement comptable (IFRS 9.2.5).

Pour plus de détails, voir nº 51335.

En revanche selon le CESR, la norme IAS 2, Stocks, leur est applicable.

b. **Traitement comptable selon IAS 2** Le CESR a confirmé que dans le contexte décrit ci-avant, le traitement comptable de ces contrats devait être le suivant :

- les commissions de courtiers, les garanties et les autres coûts liés à ces contrats d'achat à terme sont considérés comme des frais payés d'avance à inclure dans le coût d'acquisition du gaz ;
- ces contrats doivent être comptabilisés en stock à la date de réception de l'élément non financier sous-jacent (et non pas à leur date de négociation) ;

Le CESR précise en effet que ce type de contrats n'a pas à être comptabilisé ni pris en compte dans l'évaluation des stocks dès leur date de négociation. Il n'est pas non plus nécessaire de comptabiliser les variations de valeur du contrat survenues entre la date de négociation et la date de dénouement (date de livraison des éléments non financiers).

- leur coût d'entrée correspond au prix d'acquisition du gaz tel que convenu dans le contrat plus tout paiement effectué entre la date de négociation et la date de livraison non récupérable aux termes du contrat.

Rappel – Coût d'acquisition d'un stock Selon IAS 2.10, le coût des stocks doit comprendre tous les coûts d'acquisition, les coûts de transformation et les autres coûts encourus pour amener les stocks à l'endroit et dans l'état où ils se trouvent.

En outre, selon IAS 2.11, les coûts d'acquisition des stocks comprennent le prix d'achat, les droits de douane et autres taxes (autres que les taxes ultérieurement récupérables par l'entité auprès des administrations fiscales) ainsi que les frais de transport, de manutention et autres coûts directement attribuables à l'acquisition des produits finis, des matières premières et des services. Les rabais commerciaux, remises et autres éléments similaires sont déduits pour déterminer les coûts d'acquisition.

Contrat d'achat ou vente à terme ferme (forward) avec option volumétrique

Question 48620

L'exception de contrat pour usage propre peut-elle être appliquée à un contrat d'achat ou de vente à terme ferme d'éléments non financiers immédiatement convertissables en trésorerie, comportant une option volumétrique ?

Réponse

A notre avis, cela dépend.

- Si l'option volumétrique constitue une option d'achat ou de vente à prix fixe, alors un choix de méthode comptable doit être fait entre (i) analyser séparément les deux composantes (contrat à terme ferme d'une part et d'option d'achat ou vente d'autre part) et (ii) analyser globalement le contrat dans son ensemble.
- Si l'option volumétrique ne constitue pas une option d'achat ou de vente à prix fixe, une analyse des faits et circonstances est nécessaire afin de répondre à la question.

En tout état de cause, une information doit être donnée en annexe sur le traitement comptable retenu pour ces contrats.

Commentaires :

1. Contexte Les contrats d'achat ou de vente d'éléments non financiers qui peuvent être dénoués par un règlement net en trésorerie constituent des dérivés dans le champ d'application d'IFRS 9, sauf s'ils sont conclus et maintenus en vue de la réception ou de la livraison d'un élément non financier selon les contraintes auxquelles s'attend l'entité en matière d'achat, de vente ou d'utilisation ». Il s'agit de l'exemption dite pour usage propre (« own-use »).

Pour plus de détails sur l'exception « own-use », voir n° 48560.
La notion de règlement net en trésorerie couvre notamment le cas où l'élément non financier qui constitue l'objet du contrat peut être immédiatement convertible en trésorerie (IFRS 9.2.6). Répondant alors à la définition d'un produit dérivé, un tel contrat devrait donc être évalué à la juste valeur par résultat (sauf qualification éventuelle de couverture).

Certains contrats à terme offrent à la contrepartie acheteuse une flexibilité sur le volume des éléments non monétaires échangés. Il s'agit d'options volumétriques.

Exemples :
1. L'entité A, fournisseur d'électricité conclut un contrat d'achat à terme d'électricité auprès de l'entité B à un prix fixe. Le contrat prévoit l'achat de 100 unités d'électricité avec la possibilité pour B d'acheter, à la date spécifiée dans le contrat, entre 90 % et 110 % de ce volume. Ce contrat constitue un contrat pouvant être dénoué par un règlement net en trésorerie car l'entité B peut à tout moment vendre tout ou partie du volume d'électricité acquis sur le marché et par conséquent le convertir en trésorerie.
2. Une option volumétrique peut également exister lorsqu'un contrat d'achat ou de vente à terme prévoit un volume minimal sur le bien échangé sous peine d'une pénalité variable en fonction de la valeur de marché dudit bien, voir n° 48625.

La présence d'une option volumétrique pouvant remettre en cause l'application de l'exception « own-use », elle nécessite une analyse approfondie.

2. Analyse comptable A notre avis, l'analyse de l'application de l'exception « own-use » à un contrat d'achat (ou de vente) à terme avec option volumétrique varie selon que l'option volumétrique constitue ou non une vente d'option d'achat (ou de vente) à prix fixe d'un élément non financier. En effet, cette exemption n'est pas applicable aux ventes d'option, ces dernières entrant systématiquement dans le champ d'application d'IFRS 9 et devant donc être évaluées, comme n'importe quel dérivé, à la juste valeur par résultat (IFRS 9.2.7).

a. Existence d'une vente d'option d'achat ou de vente à prix fixe A notre avis, l'option volumétrique incluse dans certains contrats à terme ne constitue pas nécessairement une vente d'option d'achat ou une vente d'option de vente à prix fixe. En effet, dans un contrat d'option, le droit d'acheter ou de vendre à prix fixe un élément est accordé en contrepartie du versement d'une prime au vendeur de l'option.

Pour plus de détails sur la définition d'une option, voir n° 48760.

L'option volumétrique constitue une vente d'option d'achat ou de vente à prix fixe si le contrat à terme inclut une prime de risque en contrepartie de la flexibilité offerte sur le volume échangé.

La présence ou non d'une vente d'option d'achat ou de vente peut ainsi s'analyser sur la base de la tarification du contrat : si le prix indiqué dans le contrat avec option volumétrique est identique à celui d'un contrat similaire mais sans option volumétrique, alors l'option volumétrique ne constitue pas une option d'achat ou de vente à prix fixe car n'inclut aucune prime.

b. Analyse en cas d'existence d'une option d'achat ou de vente à un prix fixe A notre avis, les entités doivent faire un choix de méthode comptable (appliqué de manière homogène et constante à tous les contrats similaires) entre les deux approches suivantes :
- le contrat est séparé en une composante contrat à terme ferme (forward) portant sur le montant minium de quantités de biens à livrer et une composante option vendue pour le solde avec application des dispositions sur l'exception « own-use » (IFRS 9.2.4 à .2.7) de manière séparée à chacune des deux composantes ;

Ce qui veut dire que le contrat à terme ferme pourrait bénéficier de l'exception contrat pour usage propre et être hors champ d'application d'IFRS 9. Il serait alors traité comme une commande de vente de marchandise standard.
La vente d'option devrait, au contraire, être traitée comme un dérivé à part entière (entrant dans le champ d'application d'IFRS 9 car l'exception « pour usage propre » est non applicable aux contrats de vente d'option).

- le contrat est considéré comme une seule unité globale à laquelle sont appliquées les dispositions d'IFRS 9.2.4 à .2.7). Dans ce cas, le contrat dans son intégralité serait traité comme un dérivé à part entière.

c. Analyse en cas de non existence d'une option d'achat ou de vente à un prix fixe L'application de l'exception « own-use » n'est pas automatique, dès lors que l'option volumétrique ne constitue pas une option d'achat ou de vente à prix fixe. En effet, une analyse doit être faite en prenant en compte les facteurs suivants :
- rapport entre le volume indiqué dans le contrat à terme et les besoins de l'entité dans le cadre d'une utilisation normale : un volume supérieur aux besoins de l'entité remet en question la notion même d'usage propre ;
- l'intention de l'entité quant au volume acheté ;
- les pratiques habituelles de l'entité. En effet, dès lors qu'une entité qui souscrit à ce type de contrats a pour pratique de procéder à leur règlement net en trésorerie ou de vendre l'élément acheté dans un bref délai après la livraison dans le but de bénéficier des fluctuations à court terme du prix, alors les contrats souscrits ne peuvent se voir appliquer l'exception « own-use » (IFRS 9.2.6).

Ainsi, l'application de l'exception « own-use » serait justifiée si le volume spécifié dans le contrat est inférieur ou égal aux besoins de l'entité dans le cadre d'une utilisation normale et si l'entité n'a ni l'intention, ni l'habitude de procéder au règlement net en trésorerie de ces contrats ou de revendre les biens achetés après livraison.

3. Information en annexe En tout état de cause, une information doit être donnée en annexe sur le traitement comptable retenu pour ce type de contrat.

Contrat d'achat ou vente à terme ferme (forward) imposant un volume minimal

48625 ***Question***

Un contrat d'achat ou de vente à terme ferme d'instruments non financiers imposant un volume minimal sous peine de pénalité (« Take or Pay contract ») peut-il bénéficier de l'exception relative aux contrats pour usage propre (« own-use ») ?

Réponse

L'analyse varie selon que la pénalité à payer est fixe ou variable.
- Si la pénalité à payer est fixe, le contrat ne répond pas à la définition d'un dérivé et sera bien traité comme un contrat à usage propre sauf si (i) la quantité minimum prévue au contrat n'est pas moindre que les achats habituels de l'entité et qu'elle a pour pratique de revendre les quantités achetées en excès peu après réception ou (ii) que l'entité n'a de toute manière pas l'intention de prendre livraison des quantités achetées pour son usage propre.

– Si la pénalité à payer varie en fonction du prix de marché des biens échangés et (i) la quantité minimum prévue au contrat est moindre que les achats habituels de l'entité, (ii) l'entité est entrée dans le contrat avec l'intention de prendre livraison des quantités achetées pour son usage propre, alors quand bien même le contrat répond à la définition d'un dérivé, il bénéficie dans ce cas de l'exemption pour usage propre. Dans le cas contraire, il devra être évalué à la juste valeur par résultat.

Commentaires :

1. **Contexte** Certains contrats à terme imposent à la partie acheteuse un volume minimum du bien acheté au moment de la transaction. Si l'acheteur achète un volume inférieur à ce minimum, alors il devra s'acquitter d'une pénalité auprès du vendeur. Cette pénalité peut être fixe ou variable, notamment en fonction de la valeur de marché du bien échangé. Le paiement d'une pénalité pourrait remettre en cause l'application de l'exception « own-use » et par conséquent créer un dérivé entrant dans le champ d'application de la norme IFRS 9.

S'ils répondent à la définition d'un produit dérivé, ces contrats devront donc être évalués à la juste valeur par résultat (sauf qualification éventuelle de couverture).
Pour plus de détails sur l'exception « own-use » (contrat pour usage propre), voir nº 48560.

2. **Analyse comptable** A notre avis, l'existence ou non d'un dérivé dans de tels contrats dépend du caractère fixe ou variable de la pénalité à payer.

a. **Analyse en cas de pénalité fixe** Dans ce cas, le montant à payer au titre de la partie du volume minimum contractuel non respecté ne constitue pas un règlement net en flux de trésorerie car il n'est pas basé sur la différence entre le prix du contrat et le prix de marché. En l'absence de possibilité de règlement net en trésorerie, le contrat ne répond pas à la définition d'un dérivé et sera traité comme un contrat à usage propre, sauf si :
– la quantité minimum prévue au contrat n'est pas moindre que les achats habituels de l'entité et l'entité a une pratique de revendre les quantités achetées en excès peu après réception ; ou
– l'entité n'a de toute manière pas l'intention de prendre livraison des quantités achetées pour son usage propre.

b. **Analyse en cas de pénalité variable** Lorsque la pénalité à payer en cas d'un volume inférieur au minimum requis varie en fonction de la valeur de marché du bien échangé, le paiement de cette pénalité constitue un règlement net en trésorerie. Si la quantité minimum prévue au contrat est moindre que les achats habituels de l'entité et l'entité est entrée dans le contrat avec l'intention de prendre livraison des quantités achetées pour son usage propre, alors quand bien même le contrat répond à la définition d'un dérivé, il bénéficie dans ce cas de l'exemption « own-use » (IFRS 9.2.4). Dans le cas contraire, il devra être évalué à la juste valeur par résultat.

SECTION II

Dérivés incorporés

A. Introduction

Notion d'instruments hybrides

Question 48635

Qu'est-ce qu'un instrument hybride ?

Réponse

Il s'agit d'un instrument comprenant :
– un contrat hôte (non dérivé, par exemple une dette) ; et
– un (plusieurs) dérivé(s) incorporé(s).

Un instrument hybride (composé d'un contrat hôte et d'un dérivé) ne doit pas être confondu avec un instrument composé (composé d'un instrument de dette et d'un instrument de capitaux propres) : le premier relève d'IFRS 9 et le second d'IAS 32.

Commentaires :

1. **Définition** Un instrument hybride est un instrument qui comprend un contrat hôte non dérivé et un (plusieurs) dérivé(s) incorporé(s), ce(s) dernier(s) ayant pour effet de faire varier une partie des flux de trésorerie de l'instrument hybride d'une manière analogue à celle d'un dérivé autonome.

Le dérivé incorporé a pour effet d'affecter, sur la base d'un sous-jacent (répondant à certaines caractéristiques), tout ou partie des flux de trésorerie qui autrement seraient requis par le contrat (IFRS 9.4.3.1).

Instrument hybride	=	Contrat hôte	+	Dérivé(s) incorporé(s)

Sur la définition d'un dérivé incorporé, voir n° 48640.

2. **Distinction entre « instrument hybride » et « instrument composé »** Il ne faut pas confondre ces deux types d'instruments, les instruments hybrides relevant d'IFRS 9 et les instruments composés d'IAS 32.

Pour les définitions des instruments hybrides et des instruments composés, voir points a. et b. ci-après.
Pour le traitement comptable de ces instruments, voir n° 44395.

a. **Les instruments hybrides (« hybrid or combined instruments »)** sont composés d'un contrat hôte et d'un dérivé incorporé qui – s'il fait l'objet d'une comptabilisation séparée (« split accounting ») – donne lieu à la comptabilisation d'un **dérivé actif ou passif.** Ces instruments relèvent d'IFRS 9, ce qui signifie notamment que les règles de séparation éventuelle du dérivé incorporé et du contrat hôte sont celles d'IFRS 9 et qu'ils peuvent se voir appliquer (sous certaines conditions, voir n° 46680) l'option juste valeur.

Pour les règles de séparation entre contrat hôte et dérivé(s) incorporé(s) d'un instrument hybride, voir n° 48700.

Exemple d'instrument hybride – Emprunt émis dont la rémunération est indexée sur l'évolution du CAC 40 Dans ce cas, le dérivé incorporé est une option (vente d'un call) indexée sur le CAC 40. Si cette option avait été souscrite séparément, elle aurait donné lieu à la comptabilisation d'un dérivé passif (prime reçue comptabilisée au passif du bilan de l'émetteur).

Lorsque le contrat hôte est un actif financier dans le champ d'application d'IFRS 9, l'instrument hybride est alors analysé dans sa globalité pour déterminer sa comptabilisation (IFRS 9.4.3.2). En effet, la norme IFRS 9 a supprimé la notion de dérivé incorporé et de comptabilisation séparée (« split accounting ») pour les instruments hybrides dont le contrat hôte est constitué d'un actif financier.

b. **Les instruments composés (« compound instruments »)** sont définis comme un instrument financier qui, du point de vue de l'émetteur, contient à la fois une composante dette et une composante capitaux propres (IAS 32.28, .AG30 et .AG31). Ces instruments relèvent d'IAS 32, ce qui signifie notamment que les règles de séparation du dérivé incorporé (qualifié d'instrument de capitaux propres dans ce cas) et du contrat hôte sont celles d'IAS 32 et que l'option juste valeur ne peut leur être appliquée.

Sur les règles de séparation des composantes dette et capitaux propres, voir n° 44390 s.

Exemple d'instrument composé – Obligation convertible en actions de l'émetteur et pour laquelle la parité prévoit l'échange d'un nombre fixe d'actions contre un montant fixe de trésorerie Dans ce cas, le dérivé incorporé répond à la définition d'un instrument de capitaux propres (vente d'un call sur actions propres équivalent à l'émission d'un BSA) et est comptabilisé comme tel, en capitaux propres. En revanche, du point de vue du souscripteur, l'obligation convertible est analysée dans sa totalité ; une obligation convertible en actions ne répondant pas aux caractéristiques d'un « prêt basique » (voir n° 45160), elle doit donc être comptabilisée à la juste valeur par résultat (IFRS 9.B4.1.14, Instrument F).

Définition d'un dérivé incorporé

48640 ***Question***

Qu'est-ce qu'un dérivé incorporé ?

Réponse

Un dérivé incorporé est l'une des composantes d'un instrument hybride (qui inclut par ailleurs un contrat hôte non dérivé) qui a pour effet de faire varier une partie des flux de trésorerie de l'instrument hybride d'une manière analogue à celle d'un dérivé autonome.

48640 (suite)

Commentaires :

1. **Définition** Un dérivé incorporé est une composante d'un instrument hybride, qui inclut également un contrat hôte non dérivé, qui a pour effet de faire varier une partie des flux de trésorerie de l'instrument hybride d'une manière analogue à celle d'un dérivé autonome (IFRS 9.4.3.1).

Instrument hybride	=	Contrat hôte	+	Dérivé(s) incorporé(s)

Sur la notion d'instrument hybride, voir n° 48635.

Un dérivé incorporé est donc un instrument dérivé qui ne fait pas l'objet d'un contrat propre mais qui est inclus dans les caractéristiques d'un autre instrument, non dérivé, appelé « contrat hôte ». Ce dérivé incorporé a pour effet d'affecter tout ou partie des flux de trésorerie de l'instrument qui autrement auraient été uniquement ceux du contrat hôte.

Remarque Un dérivé incorporé peut également être appelé « dérivé caché » ou « dérivé implicite ».

2. **Pourquoi cette notion en IFRS ?** Selon IFRS 9.BCZ4.92, le concept de dérivé incorporé a été créé pour empêcher qu'une société puisse s'abstenir d'appliquer les règles de comptabilisation et d'évaluation relatives aux dérivés en incorporant un dérivé dans un instrument financier non dérivé ou dans tout autre contrat, comme par exemple l'incorporation d'un contrat à terme ferme sur matières premières dans un instrument de dette.

Pour obtenir l'homogénéité souhaitée entre ces dérivés (incorporés) et les dérivés classiques (encore appelés « autonomes » ou en anglais « stand-alone »), il a été décidé que tout dérivé incorporé dans un instrument financier ou non financier qui n'est pas lui-même évalué à la juste valeur par résultat devrait être comptabilisé séparément comme un dérivé autonome.

Toutefois, par simplification, la norme IFRS 9 prévoit qu'un dérivé incorporé n'a pas à être comptabilisé de manière séparée lorsqu'il est considéré comme étroitement lié au contrat hôte. En effet, dans ce cas (par exemple, un cap ou un floor bornant le taux d'intérêt d'un emprunt), il est peu probable que ce dérivé ait été incorporé uniquement pour atteindre un certain résultat comptable.

Sur la notion de « étroitement lié », voir n° 48645.

3. **Différents types de dérivés incorporés** Le dérivé incorporé peut avoir comme sous-jacent (IFRS 9.4.3.1) :
- un taux d'intérêt spécifié, par exemple s'il s'agit d'un swap de taux ;
- le prix d'un instrument financier, par exemple le cours d'une action cotée ;
- le prix d'une marchandise, par exemple le prix du pétrole ;
- un cours de change, par exemple le cours du dollar ;
- un indice de prix ou de taux, par exemple l'indice des prix à la consommation ou l'indice CAC 40 ;
- toute autre variable, à condition que, dans le cas d'une variable non financière, la variable ne soit pas spécifique à l'une des parties au contrat (voir n° 48555).

4. **Différents types de contrats hôtes** Un instrument hôte peut être :
- une **dette,** par exemple une obligation convertible en actions de l'émetteur ou d'une autre société, un BMTN CAC 40 (bon à moyen terme négociable dont le rendement est indexé sur l'indice CAC 40) ou encore un prêt comprenant une option de remboursement anticipé ;
- un **contrat de location,** par exemple un contrat de location dans lequel serait incorporé un indice des loyers lié à l'indice des prix à la consommation ;
- une **commande d'achat ou de vente (contrat exécutoire),** par exemple un contrat d'achat de charbon dont le prix est lié à celui de l'électricité à la date de livraison ;
- un **contrat d'assurance,** par exemple un contrat d'assurance de type capitalisation dans lequel le montant des intérêts versés serait indexé sur la valeur d'un panel d'actions ;
- un **instrument de capitaux propres,** par exemple une action dans laquelle serait incorporée une option d'achat permettant à l'émetteur de l'action de la racheter à un prix déterminé.

A titre d'illustration, voir le schéma ci-après élaboré par nos soins.

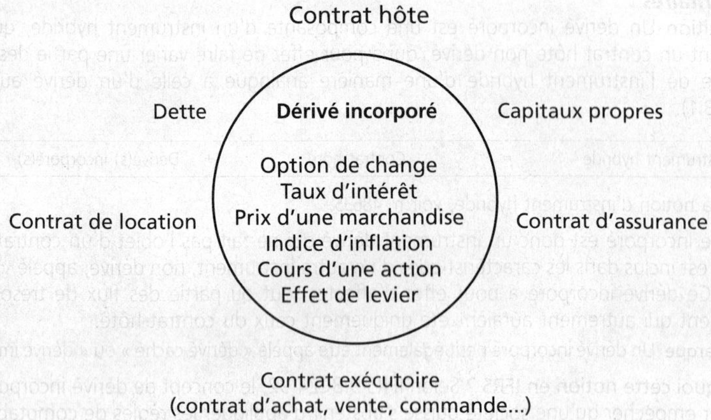

B. Notion de « étroitement lié »

1. Principes généraux

Dérivés incorporés étroitement ou non étroitement liés : exemples divers

48645 ***Question***

Quels sont les principaux exemples de dérivés incorporés ?

Réponse

La norme IFRS 9 fournit des exemples de dérivés incorporés dans un contrat hôte, en distinguant :
- ceux qui sont étroitement liés ; et
- ceux qui ne le sont pas.

Ainsi, un instrument de dette, un contrat de marchandises ou de services, un contrat d'assurance ou un contrat de location peuvent contenir un ou plusieurs dérivés incorporés.

Pour des exemples de dérivés incorporés étroitement ou non étroitement liés à un instrument de dette émis, voir nº 48650.

Commentaires :

1. **Principe général** Un dérivé est considéré comme « non étroitement lié » lorsque les caractéristiques et les risques qui lui sont associés sont sans lien clair et étroit avec ceux de l'instrument hôte **lorsque celui-ci n'est pas un actif financier** (IFRS 9.4.3.3a).

Rappel important Selon IFRS 9.4.3.2, la question de séparer un dérivé incorporé ne se pose plus (depuis le remplacement d'IAS 39 par IFRS 9) lorsque le contrat hôte est un actif financier dans le champ d'application de la norme IFRS 9 (voir nº 48635). Par conséquent, la notion d'« étroitement lié » ne s'applique pas lorsque le contrat hôte est un actif financier.

2. **Exemples de dérivés incorporés pouvant exister dans un contrat** La norme IFRS 9 donne des exemples de dérivés pouvant être incorporés dans un instrument de dette, un contrat de marchandises ou de services, un contrat d'assurance ou un contrat de location en distinguant :
- ceux qui sont **étroitement liés au contrat hôte** et qui ne donnent pas lieu à comptabilisation séparée ; et
- ceux qui ne sont **pas étroitement liés au contrat hôte** et qui donnent lieu à comptabilisation séparée (« split accounting », souvent désignée par « bifurcation »).

Pour la comptabilisation d'un dérivé incorporé (« split accounting »), voir nº 48690.

a. **Dérivés incorporés dans un instrument de dette émis,** voir nº 48650.

b. Dérivés incorporés dans un contrat de marchandises ou de services ou dans un contrat d'assurance :

	Non étroitement lié (« split accounting »)	Etroitement lié (pas de « split accounting »)
Un dérivé sur devises incorporé dans un contrat de marchandises ou de services ou encore dans un contrat d'assurance (IFRS 9.B4.3.8d)	X dans les cas contraires à ceux exposés ci-contre	Le dérivé est étroitement lié au contrat hôte, à condition : 1. qu'il ne soit pas à effet de levier ; 2. qu'il n'ait pas les caractéristiques d'une option ; et 3. qu'il impose des paiements libellés dans l'une des monnaies suivantes : – la monnaie fonctionnelle de l'une des contreparties importantes de ce contrat ; – la monnaie dans laquelle est libellé le prix de la marchandise ou du service lié acquis ou livré, si elle est habituelle dans des transactions commerciales partout dans le monde (telle que le dollar américain pour les transactions portant sur le pétrole brut) ; ou – une monnaie qui est communément utilisée dans des contrats en vue de l'achat ou de la vente d'éléments non financiers dans l'environnement économique dans lequel la transaction a lieu (par exemple, une monnaie relativement stable et liquide communément utilisée dans les transactions commerciales locales ou dans le commerce extérieur).

c. Dérivés incorporés dans un contrat de location :

	Non étroitement lié (« split accounting »)	Etroitement lié (pas de « split accounting »)
Un dérivé incorporé dans un contrat de location (IFRS 9.B4.3.8f)	X dans les cas contraires à ceux exposés ci-contre	Le dérivé est étroitement lié au contrat hôte s'il s'agit : – d'un indice lié à l'inflation, comme par exemple, un indice de loyers lié à l'indice des prix à la consommation (sous réserve que le contrat de location ne soit pas soumis à un effet de levier et que l'indice soit lié à l'inflation dans l'environnement économique propre à l'entité) ; – des loyers éventuels calculés sur la base du chiffre d'affaires correspondant ; ou – des loyers éventuels calculés sur la base des taux d'intérêt variables.

Remarque IFRS 9.B4.3.8f ne fournit aucune précision sur le seuil à partir duquel l'effet de levier est atteint.

Décision de l'ESMA Selon l'ESMA, un dérivé incorporé dans un contrat de location est soumis à un effet de levier s'il est multiplié par un chiffre supérieur à 1 et si cet effet est significatif (EECS/0116-01, 07/16). Par cette décision, l'ESMA décide de ne pas appliquer par analogie les dispositions d'IFRS 9.B4.3.8a aux dérivés incorporés dans un contrat de location.

Selon IFRS 9.B4.3.8a, s'appliquant aux dérivés incorporés dont le sous-jacent est le taux d'intérêt, le dérivé est soumis à l'effet de levier s'il peut au moins doubler le taux de rendement initial du titulaire sur le contrat hôte.

Dérivés incorporés étroitement ou non étroitement liés à un instrument de dette émis : exemples

Question 48650

Quels sont les principaux exemples de dérivés incorporés dans un instrument de dette émis ?

48650 (suite)

Réponse

La norme IFRS 9 fournit des exemples de dérivés incorporés dans un instrument de dette émis, en distinguant :
- ceux qui sont étroitement liés ; et
- ceux qui ne le sont pas.

Commentaires :

1. **Principe général** Voir n° 48645.

2. **Exemples de dérivés incorporés pouvant exister dans une dette** La norme IFRS 9 donne des exemples de dérivés pouvant être incorporés dans un instrument de dette émis (emprunt, obligations, obligations convertibles en actions (OCA), titre de créance négociable, emprunt ou bon à moyen terme négociable (EMTN, BMTN), etc.), en distinguant :
- ceux qui sont **étroitement liés au contrat hôte** et qui ne donnent pas lieu à comptabilisation séparée ; et
- ceux qui ne sont **pas étroitement liés au contrat hôte** et qui donnent lieu à comptabilisation séparée (« split accounting », souvent désigné par « bifurcation »).

Pour la comptabilisation d'un dérivé incorporé (« split accounting »), voir n° 48690.

	Non étroitement lié (« split accounting »)	Etroitement lié (pas de « split accounting »)
Existence d'**options d'achat** (call) ou de **vente** (put) **de l'instrument** (IFRS 9.B4.3.5e)	X si le prix d'exercice n'est pas approximativement le même que le coût amorti de l'instrument de dette à chaque date d'exercice.	X – si le prix d'exercice de l'option est approximativement le même que le coût amorti de l'instrument de dette à chaque date d'exercice ; ou – si indemnité actuarielle.
Indexation des intérêts et/ou du capital sur l'évolution du cours d'une **action**, d'un **indice boursier** ou de **matières premières** (IFRS 9.B4.3.5a, c et d)	X	–
Existence d'une option de **remboursement anticipé** de l'emprunt (IFRS 9.B4.3.5e et .B4.3.8e)	X **Indemnité à montant fixe** : le montant total remboursé n'est pas exactement le même que le coût amorti de l'emprunt à chaque date d'exercice.	X **Indemnité à montant fixe** : le montant total remboursé est approximativement le même que le coût amorti de l'instrument de dette à chaque date d'exercice. **Indemnité actuarielle** (1)
Existence d'un droit (automatique ou non) à **prolongation** de l'emprunt (IFRS 9.B4.3.5b)	X si le taux d'intérêt n'est pas ajusté au taux de marché à la date de prolongation.	X si le taux d'intérêt est ajusté au taux de marché à la date de prolongation.
Existence de paiements liés à un risque de crédit sur un actif particulier détenu ou non par l'émetteur (**dérivés de crédit**) (IFRS 9.B4.3.5f)	X	–
Existence d'un dérivé incorporé portant sur un **taux d'intérêt** ou un indice de taux d'intérêt pouvant modifier le montant du rendement du contrat hôte (IFRS 9.B4.3.8a) (2)	X s'il est possible que : (i) le détenteur ne récupère pas la totalité de son investissement initial ; ou (ii) le dérivé incorporé peut au moins doubler le rendement initial du contrat hôte et aboutir à un rendement au moins deux fois supérieur à celui qui aurait été obtenu sur le marché pour un contrat similaire (**effet de levier**).	X dans les cas contraires (pas d'effet de levier).

48650 (suite)

	Non étroitement lié (« split accounting »)	Etroitement lié (pas de « split accounting »)
Existence de « **caps** », « **floors** » ou « **collars** » limitant l'évolution du taux d'intérêt variable de l'emprunt (IFRS 9.B4.3.8b)	X si le cap ou le floor sont dans la monnaie à l'origine et/ou comportent un **effet de levier** (3).	X si le cap ou le floor sont en dehors de la monnaie à l'origine et ne comportent **pas d'effet de levier** (3).
Emprunt dont le capital et les intérêts sont libellés dans deux **devises différentes** (« dual-currency bonds ») (IFRS 9.B4.3.8c)	–	X
Emprunt indexé sur l'**inflation** (IFRS 9.B4.3.8f)	X si absence de corrélation entre le taux d'inflation et les taux d'intérêt et/ou si effet de levier (4).	X dans les cas contraires (5).

(1) **Indemnité actuarielle – Notion de perte d'intérêts** L'option de remboursement anticipé n'a pas à faire l'objet d'une comptabilisation séparée lorsque le prix d'exercice de l'option permet de rembourser le prêteur pour un montant approximativement équivalent ou inférieur à la valeur actuelle de la perte d'intérêts subie sur la durée de vie résiduelle de l'emprunt.
Il est en outre précisé que le gain d'intérêts est égal au produit du montant principal prépayé du contrat hôte (l'emprunt) multiplié par le différentiel de taux d'intérêt.
Le différentiel de taux d'intérêt correspond à l'excédent du taux d'intérêt effectif (TIE) du contrat hôte sur le taux d'intérêt effectif (TIE) que la banque prêteuse aurait obtenu si elle avait réinvesti le principal prépayé dans un prêt similaire avec la même durée de vie résiduelle que le contrat hôte (IFRS 9.B4.3.5e.ii).
En conséquence, dans un cas comme dans l'autre (indemnité fixe d'un montant peu important par rapport au capital restant dû du prêt ou indemnité dite « actuarielle »), les options de remboursement anticipé n'ont pas à faire l'objet d'une comptabilisation séparée.
(2) Peuvent, à notre avis, entrer dans ce cas de figure certains contrats indexés sur un index de consommation ou sur l'inflation, par exemple.
(3) Pour la définition d'un cap (taux plafond), d'un floor (taux plancher) et d'un collar (tunnel), voir n° 48775 s.
(4) Par exemple, emprunt obligataire émis en euro dont l'indexation est basée sur l'inflation d'un pays déterminé de la zone euro ou emprunt obligataire comportant un effet de levier sur l'inflation (voir n° 48660).
(5) Par exemple, emprunt obligataire émis en euro dont l'indexation est basée sur l'inflation de la zone euro dans sa totalité (voir n° 48660).

Remarque La norme IFRS 9 fait également référence à deux autres cas (plus rares) :
– les options de **remboursement anticipé** incorporées dans un instrument résultant d'un démembrement « interest-only strip » (intérêts seulement) ou « principal-only strip » (capital seulement) (IFRS 9.B4.3.8e) ;
– l'existence d'une **indexation sur une part de fonds** (i.e. indexation contractuelle des paiements sur la valeur d'un fonds d'investissement interne ou externe) (« unit-linking feature ») (IFRS 9.B4.3.8g).

3. Autres exemples On peut également citer les **instruments de dette hybrides** suivants :
– EMTN (emprunts à moyen terme négociables) indexés sur un indice boursier (l'indice CAC 40, par exemple) ;

Ces instruments donnent lieu à la comptabilisation séparée d'un dérivé (vente de call sur l'indice CAC 40), sauf à être évalués dans leur intégralité à la juste valeur par résultat (ce qui est en général le cas chez les émetteurs).
Pour le traitement comptable d'un EMTN CAC 40 émis, voir n° 48700.

– EMTN indexés sur le rendement d'un fonds ;

Selon les caractéristiques propres de l'instrument, il peut y avoir obligation (ou non) de comptabiliser un dérivé incorporé.

– obligations CMS (« constant maturity swap ») ou indexées sur le TEC 10 (taux d'emprunt constant) ;

Il s'agit d'obligations indexées sur des taux (variables) mais à échéance longue et constante et ce, quelle que soit l'échéance de l'obligation (par exemple, indexation sur un taux CMS 10 ans ou un TEC 10 ans).
En général, et sauf quand le contrat comprend un cap, ces instruments donnent lieu à la comptabilisation d'un dérivé séparé, à moins d'être évalués dans leur intégralité à la juste valeur par résultat.
Pour le traitement comptable de ces instruments, voir n° 48665.

- obligations privées indexées sur l'inflation ;

Comme pour les OATi (« Obligations Assimilables du Trésor indexées »), il s'agit d'obligations à taux réel fixe, dont le principal est à la fois garanti au pair et protégé contre l'inflation. Toutefois, ces obligations sont émises par des personnes morales privées (d'où leur dénomination), contrairement aux OATi (émises par l'Etat).
Selon les caractéristiques propres de chaque instrument, il peut y avoir (ou non) nécessité de comptabiliser un dérivé incorporé.
Pour le traitement comptable de ces instruments, voir n° 48795 (caractéristiques de l'instrument) et n° 48660 (nécessité ou non de comptabiliser un dérivé séparé).

- enfin, l'émission de titres participatifs dont une partie de la rémunération est indexée sur l'EBITDA ou le chiffre d'affaires de l'entité.

Pour l'indexation sur l'EBITDA ou le chiffre d'affaires de l'émetteur, voir n° 48680.

Notion de « prêt basique » plus restrictive que celle de dérivés incorporés d'IAS 39

48655 ***Question***

La notion de « prêt basique » d'IFRS 9 est-elle plus restrictive ou moins restrictive que la notion de « dérivés incorporés non étroitement liés au contrat hôte » d'IAS 39 ?

Réponse

La notion de « prêt basique » est plus restrictive ; ainsi, selon IFRS 9, un nombre plus important d'instruments sont évalués à la juste valeur par résultat.

C'est notamment le cas de certains instruments hybrides indexés sur des taux d'intérêt avec effet de levier (et qui selon IAS 39 respectaient la règle dite du doublement du taux de marché) et des actifs indexés sur des variables non financières.

Commentaires D'une manière générale, le critère « prêt basique » d'IFRS 9.4.1.2 est plus restrictif que celui de dérivés incorporés séparables (i.e. non étroitement liés au contrat hôte) d'IAS 39.11.

Sur la notion de prêt basique d'IFRS 9.4.1.2, voir n° 45140.

C'est notamment le cas concernant d'une part, les instruments hybrides (instruments composés d'un contrat hôte instrument de dette et d'un dérivé incorporé séparable) et, d'autre part, des actifs financiers indexés sur une variable non financière.

a. Cas des instruments hybrides (sur la définition d'un instrument hybride, voir n° 48635) Concernant les actifs financiers hybrides qui relèvent d'IFRS 9, le traitement comptable est généralement plus restrictif que celui antérieurement préconisé par la norme IAS 39.

Ainsi par exemple, les instruments indexés sur des taux d'intérêt et contenant un effet de levier – bien que respectant la **règle** dite du « **doublement du taux de marché** » d'IAS 39.AG33a reprise par IFRS 9.B4.3.8 – ne pourront pas bénéficier de la qualification de prêts basiques et devront donc être évalués dans leur totalité à la juste valeur par résultat. Selon la norme IAS 39, ces instruments ne faisaient pas l'objet d'une comptabilisation séparée (pas de « split accounting ») et pouvaient être comptabilisés au coût amorti (dès lors qu'ils n'étaient pas négociés sur un marché actif ou qu'ils étaient détenus jusqu'à leur échéance/HTM).

Règle du « doublement du taux de marché » (IAS 39.AG33a repris par IFRS 9.B4.3.8a) Lorsque le montant des intérêts d'un prêt ou d'une obligation est indexé sur un taux d'intérêt ou un indice de taux d'intérêt, il n'y a pas de dérivé incorporé à comptabiliser de manière séparée sauf :
- s'il est possible que le prêteur ne récupère pas la totalité de son investissement initial ; ou
- si le dérivé incorporé peut au moins doubler le rendement initial du prêt et aboutir à un rendement au moins deux fois supérieur à celui qui aurait été obtenu sur le marché pour un prêt similaire.

b. Cas des actifs financiers indexés sur une variable non financière Il en est de même pour les actifs financiers indexés sur des variables non financières, qui selon IAS 39 n'étaient pas considérés comme contenant un dérivé incorporé (et échappaient de ce fait à la qualification d'instrument hybride) ; ne pouvant pas être qualifiés de « prêt basique » sous IFRS 9 (existence d'un effet de levier et contrat hôte financier), ces instruments doivent être évalués dans leur totalité à la juste valeur par résultat.

Sur la notion de variable non financière, voir n° 48555.

2. Application de la notion « étroitement lié » à différents types de contrats hôtes

Instruments de dette indexés sur l'inflation (traitement chez l'émetteur)

48660

Question

Comment comptabiliser l'indexation sur l'inflation d'obligations (ou autres instruments de dette) émises ?

Réponse

L'indexation sur l'inflation peut donner lieu dans certains cas à la comptabilisation séparée d'un dérivé incorporé.

Commentaires :

1. **Principe général (existence d'un dérivé incorporé)** En IFRS, la question se pose de la comptabilisation séparée (ou non) d'un dérivé incorporé correspondant à la composante inflation dans des instruments de dette, en l'occurrence des obligations, lorsque ces instruments sont comptabilisés par l'émetteur au coût amorti.

La question n'a pas lieu de se poser lorsque ces obligations sont comptabilisées à la juste valeur par résultat – soit parce qu'elles sont classées en passifs détenus à des fins de transaction (« trading »), soit parce qu'elles se voient appliquer l'option juste valeur –, aucun dérivé incorporé n'étant alors à « bifurquer » (IFRS 9.4.3.3c).

Rappel Selon IFRS 9.4.3.2, la question de la comptabilisation séparée éventuelle d'un dérivé incorporé ne se pose plus lorsque le contrat hôte est un actif financier (voir n° 48635).

Deux références peuvent être retenues pour l'analyse du dérivé incorporé :

a. celle relative aux **contrats de location** (IFRS 9.B4.3.8f) qui précise qu'un indice lié à l'inflation dans un contrat de location est un dérivé incorporé **étroitement lié** au contrat hôte (et qui donc n'a pas à être séparé), sous réserve :
- que le contrat de location ne soit pas soumis à un effet de levier ;
- et que l'indice soit lié à l'inflation de l'environnement propre de l'entité ;

b. et une **référence plus générale** qui stipule que le dérivé incorporé n'a pas à être « bifurqué » lorsque ses caractéristiques sont étroitement liées à celles du contrat hôte (IFRS 9.4.3.3c).

2. **Application pratique** Compte tenu de ces deux références, il n'y a pas de dérivé incorporé à « bifurquer » s'il est possible :
- de démontrer l'absence de tout effet de levier dans la formule d'indexation ;
- d'un point de vue qualitatif, de rationaliser la relation entre les taux d'intérêt et l'inflation ; et
- d'un point de vue quantitatif, de démontrer l'existence d'une corrélation entre ces taux.

Compte tenu des déclarations et objectifs d'intervention de la BCE, les obligations pour lesquelles l'inflation mesurée est celle de la zone euro et qui ne contiennent pas d'effet de levier devraient pouvoir remplir ces conditions.

En revanche, cela paraît beaucoup moins certain, par exemple, pour les obligations dont l'indexation serait basée sur l'inflation d'un seul pays de la zone euro.

En l'absence de dérivé incorporé à comptabiliser de manière séparée, l'indexation sur l'inflation transforme le taux fixe en taux variable. Cela devrait conduire, à notre avis, à faire du gain ou de la perte lié(e) à l'inflation un élément entrant dans le calcul du taux d'intérêt effectif (TIE) de l'emprunt obligataire. S'agissant alors d'un instrument à taux variable, le TIE doit être recalculé à chaque variation du taux d'inflation (IFRS 9.B5.4.5).

Une approche alternative consiste à projeter l'ensemble des flux de trésorerie attendus sur toute la durée de l'instrument puis à réajuster son coût amorti au fur et à mesure de la réestimation de l'inflation, par référence à IFRS 9.B5.4.6 (« catch up method »).

Dans ce cas, l'inflation ne serait pas considérée comme une variable de marché, nécessaire pour qualifier l'obligation d'instrument à taux d'intérêt variable (IASB Update 10/08).

Obligations CMS ou indexées sur le TEC 10 (traitement chez l'émetteur)

48665 ***Question***

Y a-t-il un dérivé incorporé à séparer par l'émetteur d'une obligation CMS (constant maturity swap) ou indexée sur le TEC (taux d'emprunt constant) 10 ?

Réponse

Oui.

Commentaires Les entreprises peuvent émettre des obligations indexées sur des taux (variables) mais à échéance longue et constante et ce, quelle que soit l'échéance de l'obligation (par exemple, indexation sur un taux CMS 10 ans ou un TEC 10 ans).

1. **Principe général de comptabilisation** La norme IFRS 9 requiert qu'un dérivé de taux incorporé soit séparé si, en particulier, les deux conditions suivantes sont remplies (IFRS 9.B4.3.8a) :
– première condition : le dérivé peut faire que le taux initial de rendement du contrat hôte double ; et
– seconde condition : le dérivé peut faire, qu'à un moment quelconque de la vie de l'obligation, le taux de rendement de cette dernière puisse devenir le double de celui offert par le marché pour un instrument ayant les mêmes caractéristiques que celles du contrat hôte, à ce moment-là.

2. **Application pratique** Dans le cas des instruments décrits ci-avant, la comptabilisation séparée d'un dérivé incorporé est obligatoire, dès lors :
– que la seconde condition est toujours remplie (en effet, en fin de vie de l'instrument, lors du détachement du dernier coupon annuel/semestriel/trimestriel, les taux à 10 ans peuvent très facilement être deux fois plus élevés que les taux à court terme dans un contexte de courbe des taux pentue) ;
– et que, dans un contexte plus général de hausse des taux, la première condition a également de fortes chances d'être remplie.

Remarque La « bifurcation » est obligatoire chez l'émetteur, sauf dans le cas où l'obligation CMS ou indexée sur le TEC 10 serait déjà comptabilisée dans son intégralité à la juste valeur par résultat (classement en catégorie « passifs détenus à des fins de transaction » ou application de l'option juste valeur).

Dette avec option de prorogation

48670 ***Question***

Comment comptabiliser l'option de prorogation d'une dette ?

Réponse

A notre avis, deux approches sont possibles pour la comptabilisation de l'option de prorogation :

1. comme un dérivé incorporé non étroitement lié au contrat de dette hôte ; ou
2. comme un engagement de financement exclu du champ d'application d'IFRS 9.

Ce choix de comptabilisation doit être appliqué de manière homogène.

Commentaires Dans le cas où une dette contient une option de prorogation (extension de durée), à notre avis, deux traitements comptables sont possibles.

Tel est le cas, par exemple, d'un emprunt émis à taux fixe avec une date d'échéance à 2 ans, avec option de prorogation permettant de prolonger l'échéance de cet emprunt de 3 ans.

Quelle que soit la méthode retenue par une entité, elle doit l'appliquer de manière homogène à l'ensemble de ses contrats.

1. **L'option de prorogation est considérée comme un dérivé incorporé** Dans ce cas, il est fait référence à IFRS 9.B4.3.5b qui précise qu'une option ou une disposition automatique de report de la date d'échéance d'un instrument de dette n'est pas étroitement liée à l'instrument de dette hôte, à moins qu'il n'existe un ajustement simultané approchant étroitement le taux du marché à la date du report.

L'option de prorogation, étant accordée sans mécanisme d'ajustement prévu, ne peut être considérée comme étroitement liée au contrat hôte (évolution des taux et du spread de crédit de l'emprunteur entre-temps). En conséquence, elle doit faire l'objet d'une comptabilisation séparée (vente d'option : dérivé passif) et être réévaluée à la juste valeur par résultat à chaque date d'arrêté ultérieure.

Sauf à désigner l'ensemble du contrat à la juste valeur par résultat ; pour les conditions générales d'application de l'option juste valeur, voir nº 48705.

2. **L'option de prorogation est considérée comme un engagement de financement (« loan commitment ») hors du champ d'application d'IFRS 9** Selon IFRS 9.4.3.3, un dérivé incorporé doit être séparé du contrat hôte (qui n'est pas un actif financier) et comptabilisé en tant que dérivé selon la norme IFRS 9, si et seulement si un instrument séparé comportant les mêmes conditions que le dérivé incorporé répondrait à la définition d'un dérivé.

Or, sont hors du champ d'application d'IFRS 9 (IFRS 9.2.1g et .2.3) les engagements de financement donnés :
- qui n'offrent pas la possibilité d'un règlement net en trésorerie ;
- que l'entreprise (banque en général) n'a pas pour pratique de céder peu après leur octroi ;
- auxquels l'option juste valeur n'a pas été volontairement appliquée ; et
- qui ne sont pas à un taux d'intérêt inférieur au marché à la date de leur mise en place.

Sachant, par ailleurs, que la norme définit un dérivé comme un instrument financier ou un autre contrat entrant dans le champ d'application d'IFRS 9 et qui présente 3 caractéristiques spécifiques, les options de prorogation qui répondent aux caractéristiques d'un engagement de financement exclu du champ d'application d'IFRS 9 n'ont pas à être comptabilisées.

Sur la comptabilisation d'une dette prorogée par un engagement de financement, voir nº 46150.

Dérivé de change incorporé dans une commande ou un contrat d'assurance

48675

Question

Quand doit-on comptabiliser de manière séparée un dérivé de change incorporé dans un contrat qui n'est pas un instrument financier (commande ou contrat d'assurance) ?

Réponse

Lorsque le dérivé incorporé n'est pas étroitement lié au contrat hôte, c'est-à-dire lorsque le dérivé :

a. comprend un effet de levier ;

b. présente des caractéristiques optionnelles ; ou

c. conduit à des paiements réalisés dans une devise autre que :
- la monnaie fonctionnelle de l'une des parties substantielles au contrat ;
- la devise habituellement utilisée pour fixer le prix de la marchandise ou du service sur lequel porte le contrat (par exemple, le dollar US pour des transactions sur le pétrole brut) ;
- la devise communément utilisée dans le contexte économique où la transaction a eu lieu (par exemple, une monnaie relativement stable et liquide communément utilisée pour les transactions commerciales locales ou dans le commerce extérieur de certains pays).

Commentaires :

1. **Rappel** Lorsqu'un instrument hybride contient un contrat hôte qui n'est pas un actif financier selon IFRS 9, les dérivés incorporés qui ne lui sont pas étroitement liés (voir définition au nº 48645) doivent être séparés, sauf lorsque l'instrument hybride est comptabilisé en totalité à la juste valeur par résultat (IFRS 9.4.3.3).

2. **Commande ou contrat d'assurance libellé dans une devise étrangère** Selon IFRS 9, un dérivé de change incorporé dans un contrat d'assurance ou dans un contrat qui ne répond pas à la qualification d'un instrument financier (une commande de biens ou de services, par exemple) est étroitement lié au contrat hôte, si ce dérivé (IFRS 9.B4.3.8d) :

a. ne comprend pas d'effet de levier ;

b. n'a pas de caractéristiques optionnelles ; et

c. requiert des paiements libellés dans une devise qui correspond :
- à la monnaie de fonctionnement de l'une des parties substantielles au contrat ;
- à la devise habituellement utilisée pour fixer le prix de l'élément sur lequel porte le contrat ; ou
- à la devise communément utilisée dans le contexte économique où la transaction a eu lieu.

3. **Notion de « devise communément utilisée dans un certain contexte économique »** La norme IFRS 9 ne précise pas ce qu'elle entend par cette notion, mais en donne toutefois l'exemple d'une monnaie relativement stable et liquide communément utilisée pour les transactions commerciales locales ou dans le commerce extérieur (IFRS 9.B4.3.8d.iii).

A notre avis, une séparation ne devrait intervenir que lorsque le dérivé de change incorporé :
- contient un effet de levier ou une caractéristique optionnelle ; ou bien encore
- ne correspond pas à une stratégie d'achat ou de vente qu'un acteur du marché mettrait normalement en œuvre pour le type de transactions concernées.

Contrat indexé sur l'EBITDA ou sur le chiffre d'affaires de l'émetteur

48680 ***Question***

Un contrat indexé sur l'EBITDA ou sur le chiffre d'affaires de l'émetteur est-il un dérivé (ou contient-il un dérivé incorporé) ?

Réponse

A notre avis, non.

Commentaires :

Rappel Selon IFRS 9.A, un dérivé est un instrument financier ou un autre contrat entrant dans le champ d'application de la norme qui présente notamment la caractéristique suivante : sa valeur fluctue en fonction de l'évolution d'un taux d'intérêt, du prix d'un instrument financier, du prix d'une marchandise, d'un cours de change, d'un indice de prix ou de cours, d'une notation de crédit ou d'un indice de crédit, ou d'une autre variable (parfois appelée « sous-jacent »), à condition que dans le cas d'une variable non financière, la variable ne soit pas spécifique à l'une des parties au contrat.

La question est de savoir si l'EBITDA (excédent brut avant intérêts, impôts, dépréciation et amortissements) ou le chiffre d'affaires est une variable financière.

A notre avis, un EBITDA ou un chiffre d'affaires sont des **indicateurs financiers** (et non pas des variables financières) et en conséquence n'ont pas à faire l'objet d'une comptabilisation séparée dès lors qu'ils sont bien liés à l'une des parties au contrat.

Pour plus de précisions sur les notions de variables financière et non financière, voir n° 48555.

Remarque Toutefois, dans le cas d'une dette, le fait de qualifier ou non de variable financière (et donc de dérivé incorporé) l'indexation de cette dette sur l'EBITDA de l'émetteur n'a que peu d'impact sur les comptes de l'entreprise. En effet, même sans dérivé incorporé à « bifurquer », l'émetteur doit réestimer les flux de la dette (IFRS 9.B5.4.6) (voir « catch up method » n° 46835), ce qui aura pratiquement le même impact en résultat que d'évaluer le dérivé incorporé à sa juste valeur.

Passif financier dont la rémunération est indexée sur des critères de développement durable

48685 ***Question***

Les passifs financiers, tels que les émissions de dettes ou les financements obtenus par une entreprise, dont la rémunération est indexée sur des critères de développement durable, parfois appelés « variabilité verte » (« green variability ») ou des critères de responsabilité sociétale des entreprises (« RSE »), contiennent-ils un dérivé incorporé à comptabiliser séparément ?

Réponse

Cela dépend des caractéristiques de l'indexation sur les critères de développement durable, selon qu'une telle indexation sera ou non considérée comme une variable non financière spécifique à l'une des parties au contrat.

Commentaires Pour que la « variabilité verte » réponde à la définition d'un dérivé, la valeur du passif financier doit fluctuer en réponse à un sous-jacent qui n'est pas une variable non financière spécifique à une partie au contrat.

Pour la définition d'un dérivé, voir n° 48535.

Pour la définition d'une variable non financière, voir n° 48555.

Pour des exemples de « variabilité verte », voir n° 45255.

Lorsque l'indexation sur des critères de développement durable est une variable non financière spécifique à l'une des parties au contrat, aucun dérivé incorporé n'est à comptabiliser de manière séparée car la « variabilité verte » ne répond pas à la définition d'un dérivé.

Cela devrait être notamment le cas pour les passifs financiers qui contiennent des indexations basées sur les émissions de CO_2 de l'émetteur sur une période définie, sur la conformité de l'émetteur aux normes de réglementation des émissions et des déchets, ou encore aux normes de consommation d'énergie.

Si au contraire l'indexation de développement durable n'est pas une variable non financière spécifique à l'une des parties au contrat, et si cette indexation est réglée à une date future et n'exige aucun investissement initial net ou un investissement initial net inférieur à celui qui serait exigé pour d'autres types de contrats dont on pourrait attendre une réaction similaire aux changements des facteurs de marché, alors l'indexation répond à la définition d'un dérivé selon IFRS 9.

Dans ce cas, il convient de déterminer si ce dérivé doit être comptabilisé séparément (IFRS 9.4.3.3). Dès lors que l'indexation n'est pas spécifique à l'une des parties au contrat, à notre avis, l'indexation de développement durable n'est pas étroitement liée aux caractéristiques économiques et aux risques du contrat hôte. Ainsi, l'indexation de développement durable serait à comptabiliser séparément.

SECTION III

Comptabilisation d'un dérivé incorporé

A. Principes généraux

Comptabilisation d'un dérivé incorporé (« split accounting »)

48690

Question

Dans quels cas un dérivé incorporé doit-il être comptabilisé séparément du contrat hôte (« split accounting ») ?

Réponse

Lorsque le contrat hôte n'est pas un actif financier et que les trois conditions suivantes sont remplies :
- les caractéristiques économiques et les risques du dérivé incorporé ne sont pas étroitement liés aux caractéristiques économiques et aux risques du contrat hôte ;
- un instrument autonome comportant les mêmes conditions que le dérivé incorporé répondrait à la définition d'un dérivé ;
- l'instrument hybride n'est pas déjà lui-même évalué à la juste valeur par résultat.

Commentaires La norme IFRS 9 prévoit des dispositions spécifiques pour les instruments hybrides selon que le contrat hôte est constitué d'un actif financier ou non.

1. **Instruments hybrides dont le contrat hôte est un actif financier** Dans ce cas, l'instrument hybride est analysé dans sa globalité pour déterminer sa comptabilisation (IFRS 9.4.3.2).

En effet, la norme IFRS 9 supprime (par rapport à IAS 39) la notion de dérivé incorporé et de comptabilisation séparée (« split accounting » ou « bifurcation ») pour les instruments hybrides dont le contrat hôte est constitué d'un actif financier.

2. **Autres instruments hybrides** Si le contrat hôte n'est pas un actif financier dans le champ d'application d'IFRS 9, le dérivé incorporé doit être comptabilisé séparément de ce contrat hôte si les trois conditions cumulatives suivantes sont remplies (IFRS 9.4.3.3) :

a. les caractéristiques économiques et les risques du dérivé incorporé ne sont pas étroitement liés aux caractéristiques économiques et aux risques du contrat hôte ;

Pour des exemples de dérivés incorporés étroitement ou non étroitement liés, voir n° 48645.

b. un instrument autonome ayant les mêmes caractéristiques que le dérivé incorporé répondrait à la définition d'un dérivé ; et

c. l'instrument hybride n'est pas lui-même évalué à la juste valeur par résultat.

En effet, si l'instrument hybride est déjà dans sa totalité évalué à la juste valeur par résultat (transaction ou application de l'option juste valeur), aucune comptabilisation séparée n'est requise (IFRS 9.4.3.3).

Lorsque le contrat hybride est « bifurqué », le dérivé est alors comptabilisé sous IFRS 9 tandis que le contrat hôte est comptabilisé selon les dispositions de la norme IFRS dont il relève (IFRS 9.4.3.4).

Remarque Un dérivé attaché à un instrument financier mais qui est contractuellement transférable indépendamment de cet instrument ou dont la contrepartie diffère de celle de cet instrument n'est pas un dérivé incorporé mais un instrument financier distinct (IFRS 9.4.3.1 et .IG C.6). Il est donc nécessairement comptabilisé de manière distincte comme tous les dérivés autonomes.

Le schéma suivant, élaboré par nos soins, récapitule l'approche pratique à retenir pour déterminer si un dérivé incorporé dans un contrat hôte autre qu'actif financier doit ou non être comptabilisé de manière séparée (approche d'analyse reprenant les conditions de la définition en les ordonnant de manière pratique).

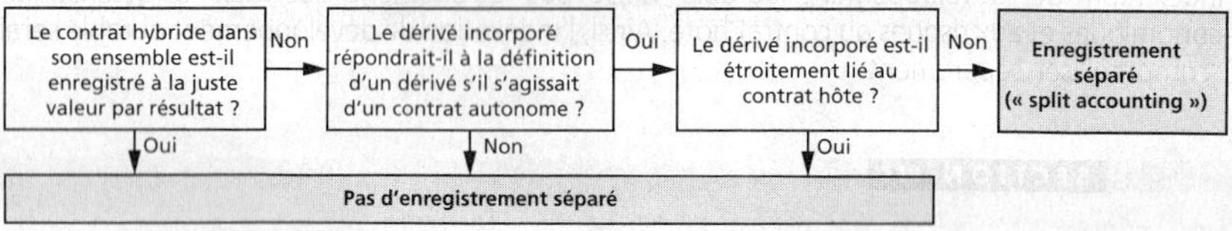

Dérivé incorporé : conséquences d'une comptabilisation séparée ou de l'absence de comptabilisation séparée

48695 ***Question***

Quelles sont les conséquences comptables d'une comptabilisation séparée ou au contraire de l'absence de comptabilisation séparée d'un dérivé incorporé ?

Réponse

Les conséquences sont les suivantes :

1. Si le dérivé incorporé est comptabilisé de manière séparée, l'entité calcule d'abord la juste valeur du dérivé avant de déterminer, par différence avec la trésorerie versée ou reçue, le montant à allouer au contrat hôte.

2. Si le dérivé incorporé n'est pas comptabilisé de manière séparée et que le contrat hôte est un instrument de dette à taux fixe, le coût amorti du contrat hôte doit être réestimé pour tenir compte des flux de trésorerie attendus du dérivé, le cas échéant (IFRS 9.B5.4.6, « catch up method »).

Commentaires :

Rappel Les dérivés incorporés dans un contrat hôte qui est un actif financier dans le champ d'application de la norme IFRS 9 sont exclus de cette démarche (IFRS 9.4.3.2). L'instrument hybride (actif financier + dérivés incorporés) est analysé dans sa globalité en fonction du critère de « prêt basique » (SPPI) (voir n° 45140).

48695 (suite)

1. **Etape préliminaire** Lors de sa comptabilisation initiale et avant de s'interroger sur l'éventuelle « bifurcation » du dérivé incorporé, un instrument hybride est évalué à sa juste valeur. Le cas échéant, un « day-one gain or loss » peut être comptabilisé (voir n° 46650, point 5.).

2. **Comptabilisation séparée du dérivé incorporé** L'approche est la suivante :

a. **Principe général** L'entité procède d'abord au calcul de la juste valeur du dérivé (qui peut être nulle s'il s'agit, par exemple, d'un contrat à terme ferme ou d'un swap) sur la base de ses termes et caractéristiques, avant de déterminer – par différence avec la juste valeur de l'instrument hybride – le montant à allouer à l'instrument hôte (IFRS 9.4.3.7 et .B4.3.3), voir n° 48700.

Si la juste valeur du dérivé incorporé ne peut pas être évaluée de manière fiable, elle peut être déterminée par différence entre la juste valeur de l'instrument hybride et celle du contrat hôte, si cela est possible. Si toutefois la juste valeur du dérivé incorporé ne peut pas être évaluée de manière fiable à la date de l'acquisition ou lors des clôtures ultérieures, l'instrument hybride doit alors être évalué dans sa globalité à la juste valeur par résultat (IFRS 9.4.3.6 s.).

Une fois séparé, le dérivé incorporé suit les règles de comptabilisation d'un dérivé autonome et peut être qualifié d'instrument de couverture (si l'entreprise respecte à son égard les règles de désignation, de documentation et les tests d'efficacité requis par la norme IFRS 9, voir n° 50020 sous IAS 39 / n° 49380 sous IFRS 9).

En effet, IFRS 9.6.2.1 précise qu'un dérivé comptabilisé à la juste valeur par résultat peut être désigné comme un instrument de couverture. En conséquence, un dérivé incorporé qui est comptabilisé de manière séparée peut être désigné comme instrument de couverture au même titre qu'un dérivé autonome dès lors qu'il respecte les critères de couverture de la norme IFRS 9.

b. **Précisions sur le contrat hôte** Lorsque le dérivé incorporé est comptabilisé séparément, le contrat hôte doit être comptabilisé selon les modalités de la norme IFRS 9 s'il s'agit d'un passif financier ou, le cas échéant, selon les modalités de la norme dont il dépend (IFRS 9.4.3.4).

Rappelons que le contrat hôte peut être un instrument de capitaux propres (action ou autres), un instrument de dette (emprunt, obligation émise, titre de créance émis, etc.) ou un contrat non financier (commande d'achat ou de vente).

En la matière, la norme IFRS 9 apporte les précisions suivantes (IFRS 9.B4.3.2) :
- **instrument de capitaux propres** : si le contrat hôte ne comporte pas d'échéance indiquée ou prédéterminée et représente une participation résiduelle dans l'actif net d'une entité, ses caractéristiques et ses risques économiques sont alors ceux d'un instrument de capitaux propres et le dérivé incorporé doit posséder des caractéristiques de capitaux propres liées à la même entité pour être considéré comme étroitement lié ;
- **instrument de dette (par défaut)** : si le contrat hôte n'est pas un instrument de capitaux propres et s'il répond à la définition d'un instrument financier, ses caractéristiques et ses risques économiques sont alors ceux d'un instrument d'emprunt.

c. **Précisions sur le (les) dérivé(s) incorporé(s)** En ce qui concerne le (les) dérivé(s) incorporé(s), la norme apporte les précisions suivantes (IFRS 9.B4.3.3 et .B4.3.4) :
- **contrats à terme fermes et swaps** : un dérivé incorporé non optionnel (tel qu'un contrat à terme de gré à gré ou un swap) est séparé de son contrat hôte sur la base de ses modalités essentielles, déclarées ou implicites, de manière à avoir une valeur nulle lors de sa comptabilisation initiale ;
- **options** : un dérivé incorporé reposant sur une option (tel qu'une option de vente, d'achat, un cap, un floor ou une option sur swap incorporé) est séparé de son contrat hôte sur la base des termes déclarés de la composante d'option ;

Sa valeur n'est pas nulle mais égale au montant de la prime qui aurait été reçue ou payée si le dérivé avait été indépendant (« free standing »).

- **dérivés multiples** : en règle générale, de multiples dérivés incorporés dans un instrument unique sont traités comme un dérivé composé unique.

Il existe toutefois deux exceptions (IFRS 9.B4.3.4) :
- les dérivés incorporés qui sont qualifiés d'instruments de capitaux propres (voir n° 48635) sont comptabilisés séparément des dérivés classés comme des dérivés actifs ou des dérivés passifs ;
- si un instrument comporte plusieurs dérivés incorporés et si ces dérivés se rapportent à des expositions à des risques différents et sont facilement séparables et indépendants l'un de l'autre, ils sont comptabilisés séparément.

d. **Présentation des dérivés incorporés au bilan** La norme IFRS 9 ne précise pas si un dérivé incorporé doit ou non faire l'objet d'une présentation séparée dans les états financiers

48695 (suite) (IFRS 9.4.3.4). A notre avis, étant donné les règles de présentation rappelées aux nº 51425 et 52225 et notamment le fait que des éléments ayant des bases d'évaluation différentes doivent être présentés de manière distincte, le dérivé incorporé (évalué à la juste valeur par résultat) doit faire l'objet d'une présentation séparée du contrat hôte (ce dernier étant évalué selon une autre règle car sinon, il n'y aurait pas eu de « split accounting »), voir nº 48690.

■ *Exemple*

Dérivé incorporé dans une commande d'équipement *Le 10/12/N, une société italienne achète une machine à tisser auprès d'une société allemande. La livraison est prévue le 15/03/N+1. Le prix de la machine libellé en dollars s'élève à 100 000 $.*

Le tableau suivant récapitule l'évolution des cours au comptant et à terme de l'euro contre dollar et les variations de la juste valeur du contrat de vente à terme ferme de 100 000 $ à 3 mois.

> ***Remarque*** *La société ayant expressément accepté ou demandé un paiement en dollars parie sur la baisse du dollar. Elle est donc bien en position de vendeur à terme du dollar (voir également, sur ce point, IFRS 9.IG C.7).*

	10/12/N	*31/12/N*	*15/03/N+1*
Cours spot €/$	*1,3540*	*1,3550*	*1,3610*
Cours à terme €/$ (1)	*1,3597*	*1,3602*	*1,3610*
Contrat de vente à terme de 100 000 $ à 3 mois (2)	*0*	*25 (gain)*	*70 (gain)*

(1) Le 10/12/N, le cours à terme à 3 mois de l'euro contre le dollar cote 1,3597 (avec un dollar en déport par rapport à l'euro ; taux monétaires à 3 mois égaux à 5,32 % pour le dollar et 3,89 % pour l'euro et supposés stables sur les 3 mois du contrat).
Sur le calcul d'un cours à terme, voir nº 48745.
(2) Le dollar ayant baissé par rapport à l'euro, le contrat de vente à terme des dollars se révèle gagnant.

Solution de l'exemple *La transaction réalisée par la société italienne s'analyse comme la commande d'une machine, doublée d'une vente à terme de devises (dollar contre euro), au cours à terme de 1,3597.*

Les écritures comptables sont les suivantes :

*1. Le **10/12/N**, lors de la passation de commande, comptabilisation – en hors bilan de la commande de la machine (contrat exécutoire comptabilisé selon les dispositions d'IAS 37) ; au bilan, pour mémoire (valeur nulle), du contrat de vente à terme dollar contre euro pour un cours à terme de 1,3597 (dollar en déport).*

*2. Le **31/12/N**, lors de la clôture annuelle, réévaluation à la juste valeur du dérivé incorporé (contrat de vente à terme du dollar) :*

Dt	*Actif – Dérivé de transaction (vente à terme du dollar)*	*25*	
Ct	*Résultat – Gain sur dérivé de transaction*		*25*

*3. **Au 15/03/N+1**, lors de la livraison de la machine, comptabilisation :*
– d'un gain complémentaire de 45 € (70 – 25) sur le contrat de vente à terme de dollars (qui est soldé) ; et
– de l'acquisition de la machine (évaluée au cours à terme $/€ de 1,3597 sur lequel s'est décidée la transaction).

Dt	*Actif – Dérivé de transaction (vente à terme du dollar)*	*45*	
Ct	*Résultat – Gain sur dérivé de transaction*		*45*
Dt	*Immobilisations – Machine textile (100 000/1,3597)*	*73 545*	
Ct	*Actif – Dérivé de transaction (vente à terme du dollar)*		*70*
Ct	*Dette fournisseur (100 000/1,3610)*		*73 475*

3. Pas de comptabilisation séparée du dérivé incorporé Dans ce cas, l'instrument hybride est comptabilisé dans son ensemble selon les règles qui lui sont applicables (instrument financier ou instrument non financier).

Toutefois, s'il s'agit d'un instrument financier à taux fixe comptabilisé au coût amorti (emprunt, par exemple), le dérivé incorporé (bien que ne faisant pas l'objet d'un enregistrement séparé) aura un impact sur le résultat, à travers la réestimation du coût amorti de l'instrument (IFRS 9.B5.4.6 « catch up method » ; voir nº 46835).

Remarques :
1. Dans la pratique, la réestimation du coût amorti de l'instrument hybride à taux fixe provoquée par l'évolution du sous-jacent du dérivé incorporé aura à peu près le même effet volatile sur le résultat que la comptabilisation de manière séparée avec évaluation à la juste valeur par résultat du dérivé incorporé.
2. Pour la comptabilisation selon la méthode du coût amorti d'une dette financière contenant un droit à participation dans les résultats de l'émetteur, voir nº 46835.

Détermination de la valeur du (des) dérivé(s) incorporé(s) et du contrat hôte

48700

Question

Comment calcule-t-on la valeur du dérivé incorporé et celle du contrat hôte d'un instrument hybride ?

Réponse

Pour les besoins de « bifurcation » d'un contrat hybride (voir nº 48690), l'émetteur d'un passif financier (ou le détenteur d'un actif/passif non financier) doit d'abord calculer la juste valeur du dérivé. La juste valeur du contrat hôte est ensuite déterminée par différence avec la trésorerie reçue.

En cas d'impossibilité, l'entité doit déterminer la valeur du dérivé par différence entre la juste valeur de l'instrument hybride et celle du contrat hôte.

Si, in fine, l'entité n'est pas capable de calculer de manière séparée la juste valeur du dérivé incorporé, c'est alors l'instrument hybride dans sa totalité qui doit être comptabilisé à la juste valeur par résultat.

Enfin, l'entité peut toujours éviter la comptabilisation séparée du (des) dérivé(s) incorporé(s) et du contrat hôte en appliquant volontairement l'option juste valeur à l'instrument hybride dans son ensemble.

Commentaires :

1. **Principe général** Lorsqu'un dérivé incorporé doit être comptabilisé de manière séparée, l'entité procède d'abord au calcul de la juste valeur du dérivé (qui peut être nulle à l'émission de l'instrument s'il s'agit, par exemple, d'un contrat à terme ferme), avant de déterminer par différence avec la trésorerie reçue le montant à allouer au contrat hôte (IFRS 9.4.3.6, .4.3.7 et .B4.3.3).

Pour la manière de séparer un dérivé incorporé de son instrument hôte, voir nº 48695.

La décote ou la prime en résultant (correspondant à la juste valeur du dérivé incorporé) est intégrée dans le calcul du taux d'intérêt effectif (TIE) du contrat hôte, ce dernier étant évalué au coût amorti (voir exemple chiffré ci-après).

Si le contrat hôte n'est pas comptabilisé au coût amorti, c'est que la dette hybride prise dans son intégralité est évaluée à la juste valeur par résultat et qu'en conséquence aucune bifurcation entre le dérivé incorporé et le contrat hôte n'est nécessaire (IFRS 9.4.3.3c).

2. **Cas où l'entité est dans l'incapacité d'évaluer séparément le dérivé incorporé** Lorsque l'entreprise n'est pas en mesure d'évaluer le (les) dérivé(s) incorporé(s) qui doi(ven)t être comptabilisé(s) séparément selon les dispositions de la norme IFRS 9, elle doit procéder de la manière suivante (IFRS 9.4.3.7) :

a. tout d'abord essayer de déterminer la juste valeur du dérivé incorporé par différence entre la juste valeur globale de l'instrument hybride et celle du contrat hôte (dans ce cas et par exception, application de la même méthode que celle retenue pour la bifurcation d'un instrument composé, voir nº 48635) ;

b. si cela est impossible, l'entreprise doit alors comptabiliser le contrat hybride dans son intégralité à la juste valeur par résultat (IFRS 9.4.3.6).

Remarques :
1. Cette règle permet d'éviter les abus de ceux qui souhaiteraient contourner l'obligation d'évaluer à la juste valeur par résultat le dérivé incorporé.
2. Toutefois, lorsque le dérivé n'a pas à être comptabilisé de manière séparée selon les principes d'IFRS 9, l'obligation de réestimer les flux de trésorerie de l'instrument hybride (évalué au coût amorti) selon la « catch up method » (IFRS 9.B5.4.6 ; voir nº 46835), entraîne à peu près autant de volatilité en résultat que le fait de réévaluer le dérivé incorporé à sa juste valeur.

3. En revanche, le fait d'exiger la réévaluation totale de l'instrument hybride à sa juste valeur conduit en plus à réévaluer les autres composantes de cet instrument (taux d'intérêt si une partie de la rémunération est à taux fixe et risque de crédit propre de l'émetteur).

3. Possibilité d'éviter la comptabilisation séparée du (des) dérivé(s) incorporé(s) en appliquant l'option juste valeur Les entreprises peuvent décider d'appliquer l'option juste valeur aux instruments hybrides émis (ou détenus) de manière à éviter toute bifurcation (IFRS 9.4.3.5 ; voir nº 46680). Cette possibilité n'est soumise à l'application d'aucune stratégie particulière. L'entité doit toutefois respecter les conditions suivantes (IFRS 9.4.3.5, .B4.3.9 et .B4.3.10) :
– s'assurer que l'impact du dérivé est bien significatif (il ne s'agit pas, par exemple, d'une option très en dehors de la monnaie) et qu'une analyse succincte ne conduirait pas à la conclusion qu'aucun dérivé incorporé n'est à détacher (respect des clauses anti-abus), voir nº 46690 ;
– appliquer l'option dès la date de comptabilisation initiale de l'instrument hybride et jusqu'à son remboursement ou son transfert à une tierce partie, voir nº 46690 ;
– donner en annexe toutes les informations requises (y compris celles conduisant à chiffrer l'impact des variations du risque de crédit propre de l'émetteur sur les autres éléments du résultat global (OCI) de la période et de manière cumulée depuis l'émission de l'instrument), voir nº 52275 et 52280.

■ *Exemple*

Dérivés incorporés (« split accounting ») *Une banque émet un EMTN (emprunt à moyen terme négociable) indexé sur l'indice CAC 40, d'un nominal de 10 000 €, à échéance 10 ans et dont la formule de remboursement donne droit à 50 % de la hausse du CAC 40, sans coupon d'intérêt intercalaire.*

Solution de l'exemple *Ce produit financier s'analyse comme la combinaison de deux instruments :*
– un contrat hôte (le zéro coupon qui rembourse 10 000 € à l'échéance) ; et
– un dérivé incorporé (la vente d'un call sur l'indice CAC 40 qui octroie 50 % de la hausse du CAC à l'échéance).

En supposant que la juste valeur du dérivé incorporé soit de 3 000 € à la date d'émission de l'EMTN, la banque obtient, par différence avec la trésorerie reçue, le coût d'entrée du contrat hôte (zéro coupon), soit 7 000 €.

La comptabilisation séparée du contrat hôte et du dérivé incorporé donne lieu aux écritures suivantes :

1. Lors de l'émission de l'EMTN :

Dt	*Trésorerie*	*10 000*	
Ct	*Contrat hôte (zéro coupon)*		*7 000*
Ct	*Dérivé incorporé (prime du call vendu sur l'indice CAC 40)*		*3 000*

2. A la clôture suivante, en supposant que le call vendu cote 3 400 :

Dt	*Charge d'intérêt (1)*	*181*	
Ct	*Contrat hôte (zéro coupon)*		*181*
Dt	*Perte*	*400*	
Ct	*Dérivé incorporé*		*400*

(1) Le TIE qui permet d'égaliser un flux positif de 7 000 € en début d'année 1 avec un flux négatif de 10 000 € au bout de la 10ᵉ année sans aucun flux intermédiaire s'élève à 3,5 %. Ce qui correspond, pour la première année, à une charge d'intérêt de 181 € (8 000 × 3,5 %).

Remarque *La banque peut également évaluer l'intégralité de l'EMTN émis à la juste valeur par résultat (application de l'option juste valeur). Dans ce cas, il n'y a pas de comptabilisation séparée, ni de comptabilisation d'une charge d'intérêt. L'EMTN est initialement comptabilisé pour 10 000 € au passif du bilan (hors « day-one profit » éventuel, voir nº 46650) et ses variations de valeur ultérieures (dans leur intégralité) sont directement comptabilisées en résultat.*

B. Application de l'option juste valeur à un instrument hybride

Option juste valeur : instruments hybrides

48705 ***Question***

Comment appliquer l'option juste valeur dans le cas d'un instrument hybride ?

Réponse

Par souci de simplification, l'utilisation de l'option juste valeur est libre dans ce cas (i.e. sans stratégie particulière), sous réserve de respecter les conditions générales d'application de l'option juste valeur (voir nº 46690).

Toutefois, il est interdit de l'appliquer si le dérivé incorporé ne modifie pas significativement les flux de trésorerie de l'instrument ou si le dérivé n'a pas, de toute évidence, à être comptabilisé séparément.

Commentaires L'objectif est de simplifier la comptabilisation de l'instrument hybride (composé d'un contrat hôte et d'un ou de plusieurs dérivés incorporés) (IFRS 9.4.3.3a) :
- en évitant la comptabilisation séparée du ou des dérivés incorporés (« split accounting » ou « bifurcation ») ;
- par l'évaluation de la totalité de l'instrument à la juste valeur par résultat, sans avoir à en faire l'analyse détaillée.

1. Interdiction d'appliquer l'option juste valeur dans certains cas (clauses anti-abus) Il est toutefois interdit d'appliquer l'option dans les deux cas suivants (IFRS 9.4.3.5 et .B4.3.10) :
- le dérivé ne modifie pas de manière significative les flux de trésorerie de l'instrument concerné, c'est-à-dire que l'impact du dérivé est non significatif ; ou

C'est le cas, par exemple, de l'existence d'une option très en dehors de la monnaie, volontairement incorporée dans l'instrument hybride dans le seul but de pouvoir évaluer ce dernier à la juste valeur par résultat.
L'appréciation du fait que l'option soit très en dehors de la monnaie doit se faire lorsque l'entreprise devient « partie prenante » au contrat hybride, c'est-à-dire lors de l'émission ou de l'acquisition de ce dernier et qu'il n'y a pas lieu de réexaminer la situation tant qu'il n'y a pas modification des termes (juridiques) du contrat (voir nº 48710).

- une analyse succincte montre que, de toute évidence, le dérivé n'a pas à être comptabilisé séparément (par exemple, option de remboursement anticipé d'un emprunt pour une valeur proche de son coût amorti, voir nº 48650).

2. Obligation d'évaluer dans certains cas l'instrument hybride, dans son ensemble, à la juste valeur par résultat Il est en revanche obligatoire d'évaluer à la juste valeur par résultat un instrument hybride qui comporte un ou plusieurs dérivés incorporés qui doivent normalement être comptabilisés séparément (« split accounting »), lorsque l'entité n'est pas en mesure d'évaluer ce (ou ces) dérivé(s) de manière distincte, ni directement ni par différence (IFRS 9.4.3.6).

Cette disposition relève également d'une clause anti-abus (mais jouant cette fois en sens inverse) interdisant à l'entité de se soustraire à l'obligation de comptabiliser de manière séparée un dérivé incorporé au motif qu'elle ne saurait pas l'évaluer.

3. Distinction entre « instrument hybride » et « instrument composé » L'option juste valeur n'utilisant explicitement que le terme « hybrid (combined) instrument » n'est applicable qu'aux instruments hybrides relevant d'IFRS 9 et non pas aux instruments composés relevant d'IAS 32.

Un instrument composé (« compound financial instrument ») est défini comme un instrument financier qui – du point de vue de l'émetteur – contient à la fois une dette et un composant de capitaux propres (IAS 32.28). En conséquence, l'option juste valeur n'est pas applicable dans les comptes de l'émetteur à une obligation convertible en actions (OCA, OCEANE), lorsque l'option de conversion donne lieu à la comptabilisation d'un instrument de capitaux propres.

C. Réexamen des dérivés incorporés

Réexamen des dérivés incorporés – Principe général

Question 48710

Quelles sont les circonstances ou conditions de réexamen d'un produit dérivé incorporé ?

Réponse

L'analyse pour déterminer s'il existe un produit dérivé incorporé et s'il doit être comptabilisé de manière séparée s'effectue lors de la comptabilisation initiale de l'instrument hybride.

Elle n'a pas à être revue ultérieurement, sauf en cas de modification des clauses du contrat qui affectent de manière significative les flux de trésorerie de ce dernier.

Toutefois, pour le cas particulier de contrats hybrides acquis lors d'un regroupement d'entreprises, voir n° 48715.

Commentaires :

1. **Principe général** Selon IFRS 9.B4.3.11, une entité doit évaluer s'il existe un dérivé incorporé et s'il doit être comptabilisé de manière séparée (voir n° 48640). Cette analyse s'effectue uniquement :

a. lorsque l'entreprise devient pour la première fois partie prenante à l'instrument hybride, c'est-à-dire à la date de sa comptabilisation initiale ; et

b. ne doit pas à être revue ultérieurement, sauf en cas de changement dans les clauses du contrat qui modifie de manière significative les flux de trésorerie de ce dernier.

Une entité apprécie si une modification des flux futurs de trésorerie est significative en analysant dans quelle mesure les flux futurs de trésorerie attendus, relatifs au contrat hôte, au dérivé incorporé ou aux deux à la fois, ont été modifiés et si cette modification est significative par rapport aux flux futurs de trésorerie antérieurement attendus (IFRS 9.B4.3.11).

Dans ce cas, la révision de l'analyse initialement faite ou la nécessité de procéder à une première analyse devient obligatoire.

2. **Précisions sur certains cas particuliers** :

a. **Exercice d'une option incorporée** L'exercice d'une option incorporée ne constitue pas un changement dans les termes du contrat (IFRIC Update 01/06).

Remarque L'exercice d'une option incorporée ne constituerait pas un changement dans les termes du contrat parce que l'option était prévue initialement dans le contrat et a dû être prise en compte dans l'estimation initiale des flux de trésorerie attendus (IFRIC Update 01/06).

En outre, de manière générale, une évolution des conditions de marché ne permet pas de justifier une nouvelle analyse du contrat (IFRS 9.BCZ4.100 à .102).

b. **Contrats d'achat ou de vente d'éléments non financiers comportant la possibilité d'un règlement net en trésorerie et déclarés « pour usage propre »** Ces contrats doivent être traités comme tous les autres contrats, un simple changement d'affectation n'étant pas considéré comme une cause de « réexamen » (IFRIC Update 01/06).

c. **Contrats hybrides acquis lors d'un regroupement d'entreprises** (IFRS 3) Voir n° 48715.

Remarque Les décisions de l'IFRS IC mentionnées ci-avant sont, à notre avis, toujours applicables sous IFRS 9.

Réexamen des dérivés incorporés – Cas d'un regroupement d'entreprises

48715 ***Question***

Faut-il procéder au réexamen des dérivés incorporés lors d'un regroupement d'entreprises ?

Réponse

Oui, ce réexamen étant obligatoire pour les regroupements comptabilisés selon la norme IFRS 3.

Commentaires Selon la norme IFRS 3, l'acquéreur a l'obligation de réexaminer les dérivés incorporés inclus dans les instruments hybrides détenus ou émis par l'acquise, en fonction des circonstances existantes à la date de prise de contrôle (IFRS 3.16c).

L'acquéreur doit également revoir le classement des actifs et passifs financiers selon les différentes catégories d'IFRS 9 (voir n° 22005) ainsi que la qualification des opérations de couverture mises en place par l'acquise (voir n° 50185 sous IAS 39 / n° 49830 sous IFRS 9).
Pour plus de détails, voir n° 22005.

Remarque Lors d'un regroupement d'entreprises, l'acquéreur peut devoir se poser la question du réexamen des dérivés incorporés et de leur enregistrement comptable séparé (« split accounting »). C'est le cas, par exemple, si l'acquise a obtenu un crédit à taux variable « cappé » (cas par exemple d'une entreprise industrielle et commerciale) ;

Lors de la mise en place de l'emprunt, l'acquise n'a pas eu à comptabiliser de manière séparée de dérivé incorporé parce que le cap était en dehors de la monnaie (IFRS 9.B4.3.8b). La situation peut être différente à la date d'acquisition si, après réévaluation à la juste valeur de l'emprunt « cappé », le cap se retrouve « dans la monnaie » et doit alors être bifurqué si l'acquéreur procède au réexamen des dérivés incorporés de l'acquise.

ANNEXE

Principaux types de produits dérivés

A. Généralités

Transactions de gré à gré et marché réglementé

Question 48725

Sur quels types de marchés un dérivé peut-il être traité ?

Réponse

Sur un marché réglementé (organisé) ou sur un marché de gré à gré.

Commentaires Les dérivés, comme toutes les transactions financières, peuvent soit se négocier sur un marché réglementé selon le même principe que celui d'une bourse de matières premières ou de marchandises, soit se traiter de gré à gré entre deux ou plusieurs partenaires distincts et identifiés.

1. **Marché réglementé** Un marché réglementé (ou marché « organisé ») est un marché d'instruments financiers, de fonctionnement régulier, dont les dispositions établies ou approuvées par les autorités compétentes définissent les conditions de fonctionnement, d'accès, d'admission aux négociations et fixent les obligations de déclarations des transactions aux autorités compétentes.

La réglementation bancaire française précise qu'un marché peut être considéré comme organisé s'il répond aux conditions suivantes (Règl. ANC 2014-07 art. 2515-1) :

- il existe une **chambre de compensation** qui organise la **liquidité** du marché et assure la bonne fin des opérations ;
- les positions fermes maintenues par les entreprises sont ajustées quotidiennement par règlement des différences **(appels de marge)** ;
- les entreprises doivent verser un **dépôt de garantie** qui permet de couvrir toute défaillance éventuelle et qui est réajusté lorsqu'il s'agit de positions vendeuses conditionnelles.

Ainsi, l'organisation d'un marché réglementé repose sur trois principes fondamentaux :

- la standardisation des produits ;
- l'assurance d'une liquidité optimale du marché ; et
- la sécurité des transactions (absence de risque de contrepartie).

2. **Transactions de gré à gré** Les transactions traitées de gré à gré permettent de répondre exactement aux besoins de l'entreprise quelles que soient ses contraintes (nominal de référence, durée ou échéance, devise, taux ou cours choisi, etc.). Ces contrats sont sur mesure, traitant chaque situation au cas par cas.

Si l'entreprise trouve une contrepartie acceptant de monter l'opération selon ses exigences, elle pourra en principe couvrir son besoin par la signature d'un seul contrat. En revanche, si l'évolution des cours ne s'effectue pas dans le sens initialement prévu ou si des opportunités plus intéressantes se présentent par la suite, l'entreprise peut éprouver des difficultés à se dégager du contrat initialement signé auprès d'une autre contrepartie. Ce sera le cas notamment si les caractéristiques de l'instrument correspondant sont trop éloignées des besoins du marché au moment du désengagement ou si la signature de la société n'est pas jugée de qualité suffisante (risque de contrepartie trop important).

En plus des risques de marché, les **risques liés aux transactions (marchés) de gré à gré** sont de deux ordres :

- **risque de liquidité**, si les caractéristiques du contrat initialement signé sont trop spécifiques et trop éloignées des habitudes des entreprises ;

Dans ce cas, l'entreprise pourra toujours en principe retourner sa position mais en supportant une décote très importante.
Les marchés de gré à gré sont toutefois plus ou moins liquides, certains pouvant être très liquides comme par exemple le marché des swaps (sauf contrats à échéance très longue ou ayant des caractéristiques particulières).

– **risque de contrepartie,** puisque le contrat est traité de gré à gré entre deux partenaires bien identifiés. En cas de défaillance de la contrepartie, la société peut se trouver confrontée à une perte en capital ou à un coût de remplacement pour reconstituer sa position antérieure (cas où le dérivé est en gain latent).

Exposition maximum au risque de crédit IFRS 7.B10b répertorie dans les activités entraînant un risque de crédit « la passation de contrats d'instruments dérivés, par exemple, des contrats de change, des swaps de taux d'intérêt et des dérivés de crédit ». Ces types de contrats sont en général traités de gré à gré.
La norme précise alors que, lorsque l'actif qui en résulte est évalué à sa juste valeur, l'exposition maximum au risque de crédit est équivalente à la valeur comptable, c'est-à-dire au gain latent comptabilisé dans les comptes à la date de clôture.

3. Différence entre un marché de gré à gré et un marché réglementé Dans un contrat à terme classique (i.e. traité de gré à gré), l'acheteur n'est jamais garanti que le vendeur exécute l'obligation à la date d'échéance. Ce dernier peut, pour diverses raisons, ne pas remplir les termes du contrat.

Sur un marché réglementé, aucun des deux protagonistes (acheteur ou vendeur) ne se connaît. La chambre de compensation s'intercale entre eux deux, pour sécuriser les transactions.

Marché de gré à gré (sans chambre de compensation)		
Acheteur	⇨	Vendeur

Marché réglementé (avec chambre de compensation)				
Acheteur	⇨	Chambre de compensation	⇨	Vendeur

Principales stratégies d'intervention

48730 ***Question***

Quelles sont les principales stratégies d'intervention sur les produits dérivés ?

Réponse

Sur le plan économique, une entité peut avoir recours à l'utilisation d'un dérivé pour les besoins :
- d'une opération de couverture ;
- d'une opération spéculative ;
- d'une opération d'arbitrage ;
- d'une stratégie alternative d'investissement ou de désinvestissement.

La qualification d'une opération sur le plan économique ne préjuge pas de sa qualification sur le plan comptable. Il existe en effet une différence entre la notion de « couverture comptable » et celle de « couverture économique ».

Commentaires D'un point de vue économique, les opérations utilisant des dérivés peuvent être classées en quatre grandes catégories qui répondent chacune à des motivations spécifiques de l'entreprise :

1. **Opérations de couverture** Les caractéristiques économiques de ces opérations sont généralement les suivantes :

a. **Définition** Une opération de couverture (économique) consiste à rechercher sur un marché à terme la compensation totale ou partielle d'une perte potentielle sur le marché au comptant (i.e. celui de l'élément couvert).

Il peut s'agir : 48730 (suite)
– d'un marché réglementé ou de gré à gré ; et
– de contrats à terme fermes ou optionnels.

Exemple d'opération de couverture Une entreprise française émet le 1/05/N une facture de 150 $. La créance doit être payée au 1/08/N. Cette entreprise anticipe une baisse prochaine du dollar.

Pour se couvrir, elle négocie avec sa banque la vente à terme ferme dans 3 mois de 150 $/€ à un cours à terme construit à partir du cours $/€ spot (i.e. cours comptant) d'aujourd'hui.

Remarque Sur la construction d'un cours à terme et la notion de report/déport, voir n° 48745.

Si le dollar baisse, l'entreprise réalisera une perte lors de l'encaissement de sa créance qui sera compensée par un gain sur le contrat de vente à terme des dollars contre euros.

Si le dollar monte, l'entreprise réalisera un gain sur sa créance, qui sera également compensé par une perte sur le contrat de vente à terme des dollars contre euros.

Dans les deux cas, l'entreprise aura fixé à l'avance le cours de change des dollars reçus en paiement de sa créance.

b. Couverture d'un risque de prix, de financement ou d'exploitation Le recours aux dérivés permet aux entreprises industrielles et commerciales de couvrir :
– soit un **risque de prix** : dans ce cas, il s'agit essentiellement de protéger des éléments d'actifs financiers (portefeuille d'obligations ou d'actions en euros ou en devises, prêts, créances, etc.) contre une perte de valeur ;
– soit un **risque de financement** : en cherchant, par exemple, à fixer à l'avance le taux d'intérêt de réinvestissements futurs (coupons, remboursements de titres, encaissements de créances) ou de ressources futures (emprunts obligataires à émettre, emprunts à contracter, etc.) ou en transformant la nature d'un taux existant (taux fixe en taux variable ou l'inverse) ;
– soit un **risque d'exploitation** : par exemple, en couvrant un chiffre d'affaires futur en devises.

c. Couverture partielle ou totale Selon sa stratégie, l'entreprise cherchera à couvrir son risque à 100 % ou décidera de ne couvrir qu'une partie du risque en acceptant une possibilité non couverte de fluctuation dans le compte de résultat, estimant la perte correspondante supportable.

d. Micro ou macro-couverture Par opposition à la démarche de couverture au cas par cas, dite « micro-couverture », l'entreprise (surtout s'il s'agit d'une banque ou d'un assureur) peut chercher une approche plus globale de prise en compte de ses risques et ne couvrir que l'exposition nette de la société, par exemple au risque de taux d'intérêt ou au risque de change.

Cette technique permet – par un suivi rigoureux de la gestion des écarts actif-passif du bilan ou « impasses » détectés lors de l'établissement de la position globale de taux ou de change – de mettre en place une couverture globale (ou « macro-couverture »).

Ainsi, par exemple, la macro-couverture s'appuie sur la construction d'échéanciers de taux où chaque actif/passif de la banque exposé au risque de taux est « échéancé » en fonction de sa date prévisible de refixation des taux, aux conditions de marché.

Le gestionnaire a alors pour objectif de réduire l'excédent net d'actifs/passifs sur chaque « bande de maturité » de manière à le ramener à un niveau compatible avec les fonds propres de la banque alloués à ce risque.

L'échéancier de taux est une bonne représentation de la réalité pour certains instruments mais pas pour tous. Lorsqu'elle est particulièrement exposée à des risques de nature optionnelle, la banque peut en complément utiliser d'autres techniques plus sophistiquées que les échéanciers de taux de manière à mieux appréhender cette nature de risques (risques de remboursement anticipé sur les prêts pour la banque de détail, risques comportementaux sur les dépôts, etc.).

e. Stratégies permettant de modifier la structure de rendement d'un portefeuille Entrent généralement dans ce type de stratégies des produits tels que les swaps, les caps, les floors ou les collars.

Exemple Mise en place d'un swap prêteur taux variable/emprunteur taux fixe adossé à un portefeuille d'obligations à taux fixe. Dans ce cas, la société cherche à bénéficier d'une hausse des taux en transformant, pour une période donnée, une partie de son portefeuille à taux fixe en un portefeuille à taux variable.

f. Distinction entre « couverture comptable » et « couverture économique » La mise en place d'une couverture économique (voir exemple ci-avant) ne répond pas toujours à la qualification d'opération de couverture sur le plan comptable.

Ainsi, des opérations engagées dans un but économique de couverture par la direction de l'entreprise peuvent se retrouver classées par défaut en « transaction » (i.e. opérations

48730 (suite) spéculatives) parce que ne répondant pas aux critères stricts de désignation, de documentation et relatifs aux tests d'efficacité requis par la norme IFRS 9 (voir nº 50020 sous IAS 39 / nº 49380 s. sous IFRS 9).

Dans ce cas, les variations de valeur du dérivé sont comptabilisées dans le résultat de la période sans possibilité d'être compensées ou différées.

Si l'opération est qualifiée de couverture sur le plan comptable (et si l'entité choisit de lui appliquer la comptabilité de couverture), elle suit alors les dispositions particulières correspondant au type de couverture concerné fixées par la norme IFRS 9 / IAS 39 (couverture de prix, de flux futurs de trésorerie ou d'un investissement net en devises, voir nº 50200 sous IAS 39 / nº 49320 sous IFRS 9 ; opérations de macro-couverture du risque de taux ou la couverture d'un portefeuille d'éléments de taux d'intérêt, voir nº 50315 sous IAS 39 / nº 49050 sous IFRS 9).

2. Opérations spéculatives Une opération spéculative consiste en une prise de risque dans l'espoir de réaliser un profit en cas d'évolution favorable des cours, des taux d'intérêt, etc.

Si l'anticipation est bonne, les gains peuvent être importants. En revanche, si elle est mauvaise, les pertes peuvent elles aussi être conséquentes.

Remarque Un dérivé utilisé dans le cadre d'une opération spéculative suit les règles générales de comptabilisation des dérivés, à savoir, comptabilisation en actif ou passif détenu à des fins de transaction (« trading ») avec évaluation à la juste valeur par le biais du compte de résultat (voir nº 48580).

Exemple d'opération spéculative Une entreprise anticipe une hausse de l'action A. Avec un objectif spéculatif, elle achète un call sur l'action A à un prix d'exercice de 90 € et moyennant une prime de 3 € en espérant revendre à terme l'action sous-jacente à un prix supérieur à 93 €.

3. Opérations d'arbitrage Une opération d'arbitrage consiste à tirer avantage des divergences de cours existant entre deux marchés ou sur un même marché entre deux échéances ou deux produits (par exemple, entre une action et une obligation convertible sur la même action).

En principe, elle ne comprend aucun risque et tire seulement parti d'une différence anormale de cours entre deux marchés ou échéances. Elle ne requiert aucun investissement initial et assure un profit certain à son dénouement.

On distingue trois grands types d'opérations d'arbitrage :

– **l'arbitrage comptant – terme (« cash and carry »)** : le principe de base de l'arbitrage comptant-terme repose sur l'achat au comptant d'un actif et sa vente simultanée à terme ou l'opération inverse (« reverse cash and carry »). L'entreprise tire alors profit des divergences momentanées existant entre le marché à terme et le marché au comptant ;

– **l'arbitrage terme à terme** : l'arbitrage entre échéances (**« straddle »**), consiste à vendre sur une échéance un certain nombre de contrats pour les racheter sur une autre échéance, en jouant là aussi sur les anomalies constatées sur la formation des cours à terme ;

– **l'arbitrage entre produits ou entre places financières** : l'arbitrage entre produits se fait, par exemple, entre les contrats à terme ou les options et les valeurs sous-jacentes.

Dans un arbitrage de place à place, l'investisseur vend une marchandise ou un actif financier sur une place et au même moment rachète cette même marchandise ou ce même actif financier sur une autre place de manière à profiter de la différence de prix, de cours ou de taux d'intérêt entre les deux places.

Ces types d'arbitrage requièrent des systèmes sophistiqués de suivi et d'analyse des marchés et une bonne maîtrise des principaux paramètres de passage des uns aux autres.

Remarque Un dérivé utilisé dans le cadre d'une opération d'arbitrage suit les règles générales de comptabilisation des dérivés, à savoir, comptabilisation en actif ou passif détenu à des fins de transaction (« trading ») avec évaluation à la juste valeur par résultat (voir nº 48580).

Exemple (opération d'arbitrage entre deux instruments) Une banque souscrit une obligation convertible en actions (OCA) et vend à découvert le nombre d'actions nécessaire en équivalent delta neutre au call acheté incorporé à l'obligation convertible (sur la gestion en delta neutre, voir nº 50080 sous IAS 39 / nº 49490 sous IFRS 9).

4. Stratégies alternatives d'investissement ou de désinvestissement Ces stratégies (encore appelées « stratégies de substitution ») ne permettent de procéder à des opérations d'investissement (achats d'actions ou d'obligations) ou de désinvestissement (vente de titres) à de meilleures conditions (liquidité des marchés, coûts de transaction, rapidité de réaction et opérations sur mesure) que si ces opérations étaient directement réalisées sur le physique sous-jacent (achat ou cession brute des titres) et ce, sans faire prendre de risques inconsidérés à la société.

Ces stratégies alternatives comportent généralement des options sur actions ou sur taux d'intérêt et des contrats à terme ferme.

Remarque Un dérivé utilisé dans le cadre d'une stratégie alternative d'investissement ou de désinvestissement ne répond pas, en général, à la qualification de couverture comptable. En conséquence, il suit les règles générales de comptabilisation des dérivés, à savoir comptabilisation en actif ou passif détenu à des fins de transaction (« trading ») avec évaluation à la juste valeur par le biais du compte de résultat, voir n° 48580.

Exemple – Vente d'un call pour céder à brève échéance un titre (obligation ou action) détenu en portefeuille et dont la société a décidé de se dessaisir Dans ce cas, la société encaisse une prime qui vient bonifier la plus-value réalisée lors de la cession du titre.

En contrepartie, la société fixe une borne maximum à son prix de cession et perd l'opportunité de pouvoir bénéficier d'une hausse des cours du titre (au-delà du prix d'exercice de son option) entre la date de vente de l'option et son échéance.

B. Contrats à terme fermes

Contrats à terme fermes : définition et caractéristiques

Question 48735

Qu'est-ce qu'un contrat à terme ferme ?

Réponse

Il s'agit d'un contrat qui consiste à acheter ou à vendre une quantité donnée d'un certain produit, à un prix donné et à une date d'échéance fixée à l'avance.

Un tel contrat peut se dénouer de différentes façons et être traité :
- soit de gré à gré entre deux contreparties (« forward ») ;
- soit sur un marché réglementé (« future »).

Commentaires :

1. **Définition** Un contrat à terme ferme consiste à acheter ou à vendre une quantité donnée d'un certain produit, à un prix donné et à une date d'échéance fixée à l'avance.

Un contrat à terme ferme peut répondre à deux appellations différentes selon la nature du marché sur lequel il est échangé. Il s'agit :
- d'un « **forward** » (contrat à terme simple), s'il est échangé sur un marché de gré à gré, c'est-à-dire faisant l'objet d'une transaction directement réalisée entre deux contreparties ;
- d'un « **future** » s'il est traité sur un marché réglementé (par exemple, sur Eurex ou Euronext Liffe).

Sur la notion de marché réglementé, voir n° 48725.

2. **Modalités de dénouement** Un contrat à terme peut se dénouer de différentes façons :

a. Livraison physique des titres ou des marchandises La livraison de l'actif sous-jacent à l'échéance est rare en pratique. Toutefois, le principe d'une livraison possible est important car il assure la corrélation entre les prix à terme et les prix au comptant. En effet, sans cette possibilité et sachant que les entreprises anticipent sans cesse sur le marché à terme l'évolution des prix sur le marché au comptant, il n'y aurait aucune assurance pour que les prix des contrats à terme convergent à l'échéance vers les prix au comptant des actifs réels.

b. Versement d'un différentiel de prix Comme la livraison physique reste une exception, l'acheteur et le vendeur peuvent convenir, comme alternative à un véritable transfert de propriété de l'instrument sous-jacent négocié, de se régler la différence entre le prix à terme convenu et la valeur de marché de l'instrument à l'échéance (valeur au comptant).

c. Opération en sens inverse soldant l'opération initiale L'entreprise a également la possibilité de dénouer sa position en négociant, au plus tard le dernier jour de cotation, un contrat de même montant et de même échéance mais de sens contraire à celui qu'elle avait contracté à l'origine. Cette opération se soldera ainsi par un écart, payé ou reçu, correspondant à la différence entre le cours d'achat et le cours de vente des deux contrats.

Différentes catégories de contrats à terme fermes

48740 ***Question***

Quelles sont les différentes catégories de contrats à terme fermes ?

Réponse

Il existe quatre grandes catégories de contrats à terme fermes :
- les contrats d'achat ou de vente à terme de devises ;
- les contrats à terme de taux d'intérêt (qui comprennent les contrats d'achat ou de vente à terme de titres négociables porteurs d'un intérêt à taux fixe et les « Future Rate Agreements »/FRA) ;
- les contrats sur indices boursiers ; et
- les contrats sur matières premières.

Commentaires Les contrats à terme fermes sont en général regroupés en quatre grandes catégories, selon la nature de leur actif sous-jacent (IFRS 9.BA.1 s. et .IG B.2) :

1. **Contrats d'achat ou de vente à terme de devises** Ces contrats ont pour objectif de fixer aujourd'hui un cours de change futur.

Exemple Une entreprise française peut garantir le montant à terme d'une créance libellée en US dollars et payable dans 4 mois en concluant avec sa banque un contrat de vente à terme de devises dans lequel la banque s'engage à acheter à l'entreprise les US dollars provenant de l'encaissement de sa créance dans 4 mois, à un cours déterminé à l'avance.

2. **Contrats à terme de taux d'intérêt** Il existe deux grands types de contrats à terme fermes de taux d'intérêt :

a. **Contrats d'achat ou de vente à terme de titres négociables porteurs d'intérêts à taux fixe** Ce sont des contrats cotés sur un marché organisé qui permettent d'acheter ou de vendre à terme une certaine quantité de titres négociables, porteurs d'intérêts à taux fixe.

Exemple Dans un contrat à terme Euro-Bund Futures (FGBL) d'Eurex, où l'acheteur s'engage à acheter et le vendeur à vendre un emprunt émis par la République fédérale allemande (le sous-jacent) :
- dont le montant nominal est de 100 000 €, porteur d'un taux nominal de 6 % et ayant une durée de vie de 8,5 à 10,5 ans ;
- à une date future (diverses échéances étant cotées, correspondant à chaque fin de trimestre sur les 9 prochains mois : mars, juin, septembre ou décembre selon le cycle) ; et
- à un cours fixé par le marché.

Si le 12/10/N, le contrat Euro-Bund Futures à échéance décembre N vaut en clôture 113,27, tout acheteur à ce cours s'engage à prendre livraison en décembre N d'un emprunt émis par la République fédérale allemande, au prix de 113 270 € (113,27 × 100 000) quel que soit son prix ce jour-là.

A contrario, le vendeur s'engage à livrer le même emprunt sous-jacent en décembre N, contre la perception de 113 270 €, quel que soit son prix ce jour-là.

Remarque Si le vendeur est dans l'obligation de livrer physiquement l'emprunt sous-jacent (parce qu'il se trouve en position courte à l'échéance concernée), il devra remettre des titres émis par la République fédérale allemande ayant notamment une durée de vie résiduelle correspondant à celle du sous-jacent du contrat Euro-Bund Futures (FGBL) à la date de livraison.

b. **Forward ou Future Rate Agreements (FRA)** Un FRA est un contrat en vertu duquel une entreprise s'engage envers une autre sur un niveau de taux d'intérêt prêteur ou emprunteur (taux contractuel ou taux garanti), appliqué à une somme déterminée (montant notionnel), pendant une période déterminée dont le point de départ se situe à une date future.

Le nominal de l'emprunt ou du prêt n'est qu'un montant fictif (notionnel) servant de base au calcul des intérêts et, à ce titre, ne donne lieu à aucune livraison des fonds empruntés ou prêtés. Ce type d'instrument dissocie en effet l'opération de garantie du taux d'intérêt de l'obtention ou de la mise à disposition des fonds empruntés ou prêtés.

Ce type de contrat permet de fixer à l'avance le taux d'intérêt d'un emprunt ou d'un prêt futur. Lorsque le contrat est traité de gré à gré, on parle de « forward rate agreement » et lorsqu'il se traite sur un marché réglementé, il s'agit d'un « Future Rate Agreement ». Ainsi, une entreprise qui souhaite se couvrir contre une hausse des taux d'intérêt dans le cadre d'un futur emprunt peut acheter un FRA qui fixe à l'avance le coût de son futur emprunt.

Exemple Une opération de FRA de 6 mois (période de garantie, par hypothèse égale à un nombre exact de jours – 183 jours) dans 3 mois (période d'attente) ou « FRA 3 contre 6 » garantit un taux de 4 % pour un montant notionnel de 1 million d'euros.
Si, à l'expiration du délai de 3 mois, le taux du marché pris comme référence dans le contrat est de 5 %, le différentiel d'intérêt (ou indemnité) versé par l'une des parties à l'autre s'élève à :

$$1\,000\,000 \times (5\,\% - 4\,\%) \times \frac{183}{360} = 5\,083\ €$$

3. Contrats sur indices boursiers Ce sont des contrats établis sur un indice boursier représentatif de l'évolution des cotations d'un portefeuille diversifié d'actions et autres valeurs mobilières. De tels contrats permettent soit de spéculer soit de couvrir globalement un portefeuille dont l'évolution suit celle d'un indice.

Exemple En mai N, une entreprise anticipant une hausse de l'indice CAC 40 achète 8 contrats à échéance octobre N à 5 995 € (10/07 CAC 40 Index 10x).
En septembre N, cette entreprise revend son contrat qui cote 6 015 € et réalise un gain de 1 600 €, calculé de la manière suivante : 1 600 € = 8 contrats × 10 × (6 015 – 5 995).

4. Contrats sur matières premières (« commodities ») Il s'agit de contrats établis sur le prix (cours) d'une matière première. Ce type de contrat porte sur des sous-jacents aussi divers que, notamment :
- les céréales (blé, maïs, etc.) ;
- le café, le cacao, le coton ;
- les métaux précieux (or, argent, nickel, cuivre, zinc, etc.) ;
- les sources d'énergie (pétrole, gaz ou électricité).

■ *Exemple*

Un producteur d'aluminium souhaite couvrir sa production future contre une baisse éventuelle des cours de l'aluminium. Il entre dans un contrat « future » de vente à terme d'aluminium dont les caractéristiques sont : notionnel (1 000 tonnes) ; cours garanti (1 550 $ la tonne) ; échéance (20/03/N).

Le 20/03/N, lors du dénouement du contrat, le cours de l'aluminium s'élève à 1 405 $ la tonne.
Le producteur réalise un gain de 145 000 $ calculé de la manière suivante :
145 000 $ = (1 550 – 1 405) × 1 000.
Ce gain lui permet de compenser la perte réalisée lors de la vente de sa production d'aluminium sur le marché.

Notion de report/déport (cours à terme d'une devise)

Question 48745

Qu'est-ce que le « report/déport » dans le cours à terme d'une devise ?

Réponse

Le report ou le déport reflète la différence entre les taux d'intérêt pratiqués sur chacune de deux devises échangées.
Une devise A est dite « en report » par rapport à une devise B si le taux d'intérêt de la devise A est inférieur au taux d'intérêt de la devise B. A l'inverse, la devise B est dite « en déport » par rapport à la devise A.

Commentaires Le cours à terme d'une devise fixé par une banque est égal au cours comptant du jour majoré du report, ou minoré du déport, existant sur la devise concernée.

Cours à terme de la devise	=	Cours au comptant	+ –	Report Déport

Le report ou le déport reflète la différence entre les taux d'intérêt pratiqués sur chacune de devises échangées. Ainsi, une devise A est dite « en report » par rapport à une devise B si le taux de la devise A est, pour la période de référence, inférieur au taux de la devise B.
A l'inverse et pour le même exemple, la devise B est dite « en déport » par rapport à la devise A.

Le report/déport est également appelé « points de terme » ou élément « intérêt » du contrat forward.

Remarque Le report/déport peut être isolé et ne pas être désigné dans une opération de couverture (IFRS 9.6.2.4b ; voir n° 50100 sous IAS 39 / n° 49690 sous IFRS 9).

■ *Exemple*

Cours à terme (3 mois) du dollar contre l'euro :
– cours du dollar au comptant : €/$: 1,3441 ;
– Libor $ 3 mois : 5,36 % ;
– Euribor 3 mois : 4,16 %.

Solution de l'exemple *Le dollar est en déport par rapport à l'euro puisque le taux d'intérêt du Libor $ 3 mois (5,36 %) est supérieur au taux de l'Euribor 3 mois (4,16 %). Toutefois, la cotation du dollar par rapport à l'euro étant toujours indiquée dans le sens €/$, toute l'analyse est inversée.*
C'est en fait l'euro qui est analysé par rapport au dollar. Dès lors, le cours à terme (3 mois) de l'euro par rapport au dollar s'établit comme suit :

*1. **Calcul du report :***

Report = 1,3441 × (5,36 % – 4,16 %) × 90/360 = 0,0040

*2. **Le cours à terme de l'euro** est égal à son cours comptant (1,3441) majoré du report (0,0040) soit 1,3481.*
L'euro à terme est donc plus cher que l'euro au comptant. Cela s'explique par le fait que la banque, contrepartie d'un contrat d'achat (vente) à terme d'euros contre dollars :
– achète (vend) les euros au comptant au cours offert par le marché (1,3441) ;
– place (emprunte) ces mêmes euros au taux de l'Euribor 3 mois (4,16 %) ; et
– emprunte (place) les dollars correspondant à l'achat (vente) des euros au taux du Libor $ 3 mois (5,36 %).
Ce mécanisme permet à la banque de construire son prix à terme sans encourir de risque de change.

Remarque Dans le sens $/€, on obtient les cotations suivantes :
– 0,7440 pour le cours comptant du dollar (1/1,3441) ; et
– 0,7418 pour le cours à terme du dollar (1/1,3481).
Le dollar à terme étant moins cher que le dollar au comptant, il s'agit bien d'une monnaie en déport par rapport à l'euro.

C. Swaps

Définition d'un Swap

48750 ***Question***

Qu'est-ce qu'un swap ?

Réponse

Un swap est une transaction par laquelle deux parties conviennent d'échanger des flux financiers selon des modalités prédéterminées prévoyant notamment un notionnel, un indice de référence, un échéancier de versement et une durée.

Commentaires Le swap permet à deux intervenants d'échanger leurs conditions d'accès au marché des capitaux ou des devises dans une opération avantageuse pour l'un et l'autre.

Cette opération peut être avantageuse pour les deux parties pour les raisons suivantes :
– les conditions d'accès au marché des capitaux ne sont pas les mêmes pour tous les intervenants. Ainsi, par exemple, une entreprise française peut généralement emprunter plus facilement et à de meilleures conditions en euros qu'en US dollars. Si elle souhaite financer un investissement en US dollars, elle a intérêt à emprunter en euros puis à swaper cet emprunt auprès d'une autre contrepartie (par exemple, une entreprise ou une banque américaine) qui à l'inverse peut emprunter plus facilement et à de meilleures conditions en US dollars ;
– l'appréciation des risques de marché est différente selon les intervenants (par exemple, un établissement de crédit ou une entreprise industrielle et commerciale).
Le paragraphe IFRS 9.BA.1 fait notamment référence aux swaps comme un exemple type de dérivés.

La technique du swap permet ainsi :
– d'intervenir indirectement sur des marchés auxquels la société n'a pas accès ;
– d'échanger des conditions d'accès à des marchés sur lesquels intervient déjà la banque ou l'entreprise concernée ;
– de transformer les caractéristiques d'une dette ou d'un emprunt existant sans avoir à procéder au remboursement initial du nominal.

Pour un exemple de swap, voir nº 48755.

Principales catégories de swaps

48755

Question

Quelles sont les principales catégories de swaps existant sur le marché ?

Réponse

Les swaps les plus courants sont :
- les swaps de taux d'intérêt ;
- les swaps de change ;
- les swaps de devises (« cross currency swap ») ;
- les swaps de crédit (« credit default swap ») ;
- les « equity swaps » (ou swaps de rendement).

D'une manière générale, il est pratiquement toujours possible d'échanger les revenus et le risque d'évolution de la valeur de deux actifs différents, pendant une période de temps donnée, quels que soient les actifs concernés. On parle alors de « swaps de rendement total » (« total return swap »).

Commentaires Les swaps peuvent être répertoriés en fonction notamment des sous-jacents échangés (IFRS 9.IG B.2) :

1. **Swaps de taux d'intérêt** Les principales caractéristiques de ces contrats sont les suivantes :

a. **Définition** Un swap de taux d'intérêt est un contrat entre deux parties qui décident d'échanger leurs conditions d'accès au marché financier (conditions d'emprunt ou de placement).

b. **Principe de fonctionnement** Les deux parties prenantes se mettent d'accord au jour de la signature du contrat sur un taux d'intérêt prêteur (jambe prêteuse) et un taux d'intérêt emprunteur (jambe emprunteuse) qui, appliqués à un montant notionnel de référence, permettent de déterminer le montant des intérêts à échanger à chaque fin de période. Les swaps les plus utilisés sont ceux qui échangent du taux fixe contre du taux variable : swap emprunteur à taux fixe/prêteur à taux variable ou swap emprunteur à taux variable/prêteur à taux fixe.

Un swap de taux d'intérêt permet ainsi de fixer le taux d'un emprunt (d'un prêt) à taux variable ou à l'inverse de rendre variable le taux fixe d'un emprunt (d'un prêt).

En pratique, si les deux jambes du swap ont les mêmes dates de paiement (tombée) d'intérêts, seul le montant net de l'échange donne lieu à un flux financier.

■ *Exemple*

Swap de taux d'intérêt *Une entité a contracté en N un emprunt de 1 000 K€ au taux variable Euribor 3 mois plus 70 points de base (pb) (soit 0,70 % correspondant à son spread de crédit) sur une durée de 5 ans. Elle craint une montée des taux d'intérêt et souhaite fixer le taux de son emprunt. Pour ce faire, elle met en place un swap emprunteur à taux fixe (TF) et prêteur à taux variable (TV).*

Les caractéristiques du swap sont les suivantes :
- *nominal : 1 000 K€ ;*
- *durée : 5 ans ;*
- *taux variable prêteur : Euribor 3 mois ;*
- *taux fixe emprunteur : 3,5 % ;*
- *échéance des intérêts : annuelle (par hypothèse et à titre de simplification, sachant que dans la pratique, il s'agit d'échéances trimestrielles).*

Une fois le swap mis en place, la situation de l'entreprise est la suivante :

Swap de taux (exemple)	
Emprunt à TV	*TV + 70 pb*
Swap : *- prêteur (receveur) TV* *- emprunteur (payeur) TF*	 *+ TV* *TF*
Résultat de l'opération (Emprunt à TF)	*TF + 70 pb*

Solution de l'exemple *A chaque échéance annuelle, le montant des intérêts échangés à travers le swap est calculé sur la jambe prêteuse et emprunteuse et varie en fonction de l'évolution des taux d'intérêt.*

1. A l'échéance N, le taux Euribor est de 4 %. L'entité :
- *paie sur la jambe emprunteuse à TF du swap, 35 K€ (soit 1 000 K€ × 3,5 %) ; et*
- *reçoit sur la jambe prêteuse à TV du swap, 40 K€ (soit 1 000 K€ × 4 %).*

48755 (suite) *En outre, l'entité paie au titre de son emprunt à TV : 47 K€ (soit 1 000 K€ × 4,7 %).*
In fine, le montant net total payé par l'entité est de 42 K€ (35 K€ + 47 K€ – 40 K€), soit le montant des intérêts qu'elle aurait payé si elle avait directement contracté un emprunt à taux fixe (avec le même spread de crédit).

2. A l'échéance ***N+1,*** *le taux Euribor est de 3 %. L'entité :*
– paie toujours sur la jambe emprunteuse à TF du swap, 35 K€ (soit 1 000 K€ × 3,5 %) ;
– mais ne reçoit sur la jambe prêteuse à TV du swap que 30 K€ (soit 1 000 K€ × 3 %).
En outre, l'entité paie au titre de son emprunt 37 K€ (soit 1 000 K€ × 3,7 %).
In fine, le montant net payé par l'entité est toujours de 42 K€ (i.e. 35 K€ + 37 K€ – 30 K€), soit le montant des intérêts que l'entité aurait payé si elle avait directement contracté un emprunt à taux fixe (avec le même spread de crédit).
Les mêmes calculs sont à faire aux échéances N+2, N+3 et N+4.

---

2. Swaps de change Les principales caractéristiques de ces contrats sont les suivantes :

a. Définition Un swap de change est une double opération de change dont l'une est faite au comptant et l'autre à terme. Elle consiste en un achat et une vente simultanés avec une seule contrepartie, d'une même devise.

b. Principe de fonctionnement Un swap de change se résume à deux opérations d'échange du montant nominal conclues sur la base de deux cours différents : le cours au comptant à l'initiation de l'opération et le cours à terme à l'échéance. Il n'y a pas de versement d'intérêt durant la période intercalaire.

Le coût d'un swap de change provient du différentiel de taux d'intérêt existant entre les deux devises concernées, de la même manière que le cours à terme d'une devise par rapport à une autre se détermine en fonction du report ou du déport existant entre les deux monnaies, voir n° 48745.

■ *Exemple*

Swap de change *Une banque française contracte un swap de change emprunteur $/prêteur € pour une durée de 6 mois. Sachant que la cotation du dollar par rapport à l'euro est toujours indiquée dans le sens €/$, cette opération correspond à la vente d'euros au comptant contre dollars, assorti de leur rachat à 6 mois. Les conditions du marché sont les suivantes :*
– cours comptant €/$: 1,3532 ;
– taux d'intérêt de l'euro à 6 mois : 3,5 % ;
– taux d'intérêt de l'US dollar à 6 mois : 2 %.

Solution de l'exemple *Le coût du swap (sans tenir compte du « spread » acheteur/vendeur qui constitue la marge de la banque) se calcule selon la formule suivante :*

$$\text{Coût du swap} = 1{,}3532^{(1)} \times \frac{180^{(2)}}{360} \times \frac{0{,}015^{(3)}}{1 + \frac{180^{(2)}}{360} \times 0{,}02^{(4)}} = 0{,}01\ \$ \text{ par € échangé}$$

(1) Cours comptant ou cours « spot ».
(2) Nombre de jours du swap de change.
(3) Différentiel de taux entre les deux monnaies.
(4) Taux d'intérêt de la monnaie de référence (dollars).

Ce qui donne un cours à terme de 1,3432 (1,3532 – 0,01) (euro en déport par rapport au dollar dans cet exemple).

Remarque *Le taux d'intérêt de l'euro à 6 mois étant, dans cet exemple, supérieur au taux d'intérêt du dollar à 6 mois, l'euro est dit en déport par rapport au dollar. La banque A, étant prêteuse de la devise en déport, encaisse le coût du swap pour compenser le fait qu'elle se dessaisit d'euros, porteurs d'un taux d'intérêt plus élevé que le dollar.*

---

3. Swap de devises (« cross currency swap ») Les principales caractéristiques de ces contrats sont les suivantes :

a. Définition Un swap de devises est un contrat entre deux parties qui décident d'échanger le service de deux dettes (principal et intérêts) libellées dans deux devises différentes.

La différence entre un swap de change et un swap de devises provient du fait que, dans ce dernier, les montants servant de base au contrat sont libellés dans une devise différente et font l'objet d'un échange.

b. Principe de fonctionnement Un swap de devises s'apparente à un crédit croisé, c'est-à-dire que les parties au contrat se substituent l'une à l'autre vis-à-vis de leur créancier d'origine. Trois étapes sont ainsi réalisées lors de la mise en place d'un swap de devises : **48755** (suite)
- **échange du principal** : les deux parties échangent les montants nominaux de chaque dette sur la base d'un taux de change convenu au contrat ;
- **échange des intérêts** : aux dates d'échéance définies, les intérêts calculés sur le nominal d'origine sont échangés dans chaque devise ;
- **remboursement du capital de l'échéance** : à l'échéance du swap, chaque partie rembourse à l'autre le montant du capital.

■ *Exemple*

Swap de devises Une entité française émet en N des obligations en euros cotées à la bourse de Paris dont les caractéristiques sont les suivantes :
- *montant nominal : 100 M€ ;*
- *durée : 7 ans ;*
- *taux d'intérêt : 4 %.*

Une entité japonaise émet en N des obligations en yen cotées à la bourse de Tokyo dont les caractéristiques sont les suivantes :
- *montant nominal : 16 000 M¥ ;*
- *durée : 7 ans ;*
- *taux d'intérêt : 0,5 %.*

Ces deux entités décident de mettre en place un swap de devises sur la base de l'émission de ces deux emprunts.

***Solution de l'exemple** L'échange des flux s'effectue de la manière suivante :*
*1. **A la date de signature du swap,** les deux entités échangent les montants nominaux de leurs emprunts. Ainsi, l'entité française verse à l'entité japonaise 100 M€ et l'entité japonaise verse à l'entité française 16 000 M¥.*
*2. **Aux dates d'échéance des intérêts,** les intérêts calculés sur le nominal d'origine sont échangés dans chaque devise. Ainsi l'entité française verse à l'entité japonaise un montant d'intérêt de 80 M¥ (i.e. 16 000 M¥ × 0,5 %) et l'entité japonaise verse à l'entité française un montant de 4 M€ (i.e. 100 M€ × 4 %).*
*3. **A l'échéance,** les deux entités se remboursent mutuellement le montant nominal de l'emprunt échangé, avec éventuellement la dernière échéance d'intérêt. Ainsi l'entité française verse à l'entité japonaise un montant de 16 080 M¥ [i.e. 16 000 M¥ + (16 000 M¥ × 0,5 %)] et l'entité japonaise verse à l'entité française un montant de 104 M€ [i.e. 100 M€ + (100 M€ × 4 %)].*

4. Swaps de crédit (« credit default swap ») Dans un swap de crédit (ou « credit default swap »), l'une des parties (le garant) s'engage – en contrepartie du paiement d'une commission (en général « x » points de base du nominal du sous-jacent) – à verser à l'autre partie (le « bénéficiaire ») la perte subie en cas de défaillance du créancier du sous-jacent (ou un certain pourcentage de cette perte).

La commission représente en fait la prime de l'option vendue par le garant qui, en contrepartie, doit s'exécuter dès qu'un incident est constaté. La nature de la défaillance (encore appelée « défaut ») est très précisément définie par le contrat (incident de paiement, dégradation de la note par les agences de rating, restructuration financière, règlement judiciaire/faillite du créancier, etc.).

Remarques :

1. **Problème de dénomination** Malgré leur nom, ces instruments fonctionnent comme des options, achetées ou vendues, selon que l'entreprise est bénéficiaire (achat d'une protection contre le risque de non-paiement d'une dette ou d'un panier de dettes) ou garant (vente de protection sur une dette ou un panier de dettes). Ces instruments doivent donc être traités comme des options (voir nº 48760).
Ils ne répondent que très rarement à la définition d'une garantie (voir nº 46280) et, en tant que dérivé, ne répondent pas non plus en général à la qualification d'instrument de couverture (voir nº 50020 sous IAS 39 / nº 49380 s. sous IFRS 9).
2. **Points de base (rappel)** 100 points de base représentent 1 %.

5. Equity swaps Outre les taux d'intérêt et les devises, l'échange peut également porter sur n'importe quel actif, indice ou panier d'actifs. Dans ce cas, le swap échange :
- le rendement de l'actif, indice ou panier d'actifs pris en référence ;
- contre une charge (produit) d'intérêt calculé soit à taux fixe soit à taux variable (Libor, par exemple).

■ *Exemple 1*

Equity swap Un « equity swap » permet d'échanger, sur une période donnée, tout ou partie de la performance d'un indice boursier (CAC 40, par exemple) ou d'une action cotée en bourse contre une rémunération sous forme de flux d'intérêt (fixe ou variable).

■ *Exemple 2*

Total Rate of Return (TROR) swap Dans un « total rate of return swap », l'une des contreparties (dite « bénéficiaire ») accepte de verser à l'autre (dite « garant ») l'ensemble des revenus (« total return ») en provenance de l'actif sous-jacent (coupons d'intérêt, dividendes ou plus-values sur la valeur du titre ou de la créance).

En contrepartie, le garant verse au bénéficiaire une rémunération égale au taux d'intérêt du marché plus le montant équivalent à toute dépréciation du titre ou de la créance.

Le garant est alors propriétaire d'un instrument synthétique « reconstituant » l'actif sous-jacent (puisqu'il bénéficie de tous les revenus attachés à cet actif et en supporte tous les risques).

D. Options

Définition d'une option

48760 ***Question***

Qu'est-ce qu'une option ?

Réponse

Dans une option, l'acheteur acquiert, moyennant le versement d'une certaine somme appelée « prime », le droit – mais non l'obligation – d'acheter ou de vendre une quantité déterminée d'un certain produit (actif sous-jacent) à un prix convenu et pendant une période de temps définie à l'avance (option à l'américaine) ou à une date d'échéance donnée (option à l'européenne).

Commentaires :

1. **Définition d'une option** Une option est un contrat qui lie deux parties, un acheteur et un vendeur et qui confère à l'acheteur le droit, et non l'obligation, d'acheter ou de vendre une quantité déterminée d'un bien, à un prix convenu et pendant une période déterminée ou à une date donnée, moyennant le versement d'un montant appelé « prime » au vendeur.

IFRS 9.BA.1 fait notamment référence aux options comme un exemple type de dérivés.

L'acheteur a ainsi la possibilité :

– d'exercer son droit et donc d'acheter ou de vendre l'objet du contrat au **prix d'exercice** (prix convenu initialement) ;

– de ne pas exercer son droit, si l'achat ou la vente du bien sur le marché est plus avantageux pour lui. Dans ce cas, il perd le montant de la prime payée lors de l'achat de l'option.

De son côté, le vendeur a l'obligation de se soumettre à la décision de l'acheteur.

2. **Principales caractéristiques d'une option** Une option se caractérise par les éléments suivants :

a. **Sens de la transaction** Il est possible soit d'acheter soit de vendre une option. L'achat d'une option confère à l'acheteur la possibilité d'exercer son droit et donc d'acheter (achat d'un call) ou de vendre (achat d'un put) l'actif sous-jacent au contrat.

A l'inverse, le vendeur d'une option a l'obligation de se soumettre à la décision de l'acheteur et donc d'acheter (vente d'un put) ou de vendre (vente d'un call) l'actif sous-jacent si l'acheteur décide d'exercer son option.

	Options : quatre positions de base	
	Call (option d'achat)	Put (option de vente)
Acheteur de l'option	Position : acheteur du sous-jacent	Position : vendeur du sous-jacent
Vendeur de l'option	Position : vendeur du sous-jacent (1)	Position : acheteur du sous-jacent (2)

(1) Engagement pris de vendre le sous-jacent si l'acheteur de l'option exerce le call.
(2) Engagement pris d'acheter le sous-jacent si l'acheteur de l'option exerce le put.

b. Nature de l'actif sous-jacent Trois grandes catégories d'options existent en fonction de la nature de l'actif sous-jacent : 48760 (suite)

– les **options de change ou options sur devises** dont le sous-jacent est constitué par la valeur d'une devise ;

C'est le cas, par exemple, d'une option d'achat €/$ d'un montant de 1 M€ au prix d'exercice de 1,37 $ qui confère à son acheteur le droit d'acheter 1 M€ pour 1,37 M$.

– les **options de taux d'intérêt** dont le sous-jacent est constitué d'un instrument porteur d'un taux d'intérêt ;

C'est le cas, par exemple, d'une option d'achat de 10 M€ au taux de 4 % qui confère à son acheteur le droit d'emprunter 10 M€ au taux fixé de 4 %.

– les **options sur actions et sur indices boursiers** dont le sous-jacent est une action ou un indice boursier.

C'est le cas, par exemple, d'une option d'achat de l'action A au prix d'exercice de 50 € qui confère à son acheteur le droit d'acheter l'action A au prix fixe de 50 €.

c. Prix d'exercice Il s'agit du prix convenu d'achat ou de vente de l'actif sous-jacent. Trois types d'options peuvent ainsi être définis selon que leur prix d'exercice est égal, inférieur ou supérieur au cours comptant de l'actif sous-jacent.

Une option est dite :

– **« à la monnaie »** (« at the money »/ATM), lorsque le prix d'exercice de l'option est égal, à un moment donné, au cours de l'actif sous-jacent ;

– **« dans la monnaie »** (« in the money »/ITM), lorsque le prix d'exercice d'une option d'achat (call) est inférieur au cours de l'actif sous-jacent ou lorsque le prix d'exercice d'une option de vente (put) est supérieur au cours de l'actif sous-jacent. Si l'option est dans la monnaie à l'échéance, l'acheteur a intérêt à l'exercer ;

– **« hors de la monnaie »** (« out of the money »/OTM), lorsque le prix d'exercice d'une option d'achat (call) est supérieur au cours de l'actif sous-jacent ou lorsque le prix d'exercice d'une option de vente (put) est inférieur au cours de l'actif sous-jacent. Si l'option est hors de la monnaie à l'échéance, l'acheteur n'a pas intérêt à l'exercer (mieux vaut pour lui acheter ou vendre le sous-jacent directement sur le marché).

	Options : trois prix d'exercice	
	Call (option d'achat)	Put (option de vente)
Dans la monnaie (« in the money »/ITM)	Prix d'exercice < Cours du sous-jacent	Prix d'exercice > Cours du sous-jacent
A la monnaie (« at the money »/ATM)	Prix d'exercice = Cours du sous-jacent	
Hors de la monnaie (« out of the money »/OTM)	Prix d'exercice > Cours du sous-jacent	Prix d'exercice < Cours du sous-jacent

d. Modalités d'exercice Les options peuvent être exercées de deux façons :

– dans une **option dite « à l'européenne »**, le droit d'acheter ou de vendre ne peut être exercé qu'à une seule date, la date d'échéance de l'option ;

– dans une **option dite « à l'américaine »**, le droit d'acheter ou de vendre peut être exercé à n'importe quel moment, entre la souscription de l'option et son échéance.

	Modalités d'exercice
Option à l'européenne	Exercice uniquement à l'échéance de l'option
Option à l'américaine	Exercice possible pendant toute la durée de vie de l'option

e. Modalités de la livraison La livraison d'une option (lorsque cette dernière est exercée) peut se faire de deux manières :

– une **livraison physique**, c'est-à-dire par la livraison physique de la variable sous-jacente (titres, matières premières, etc.) ; ou

– une **livraison nette en trésorerie** (« net cash settlement »). Dans ce cas, l'équivalent de la valeur intrinsèque de l'option (option « dans la monnaie ») est payé directement en trésorerie.

Rappelons également que, comme tous les dérivés, une option peut être rachetée ou revendue avant son échéance, même lorsqu'il s'agit d'une option de gré à gré. Dans ce cas, le dénouement (rachat/revente) se fait toujours en « net cash settlement », c'est-à-dire par la réception ou le paiement de la juste valeur de l'option (montant de sa prime) à la date du retournement.

Remarque Lorsque l'option est en dehors de la monnaie, il est fréquent que l'entreprise cherche à tirer profit de la valeur temps résiduelle, plutôt que d'aller à l'échéance (date à laquelle la valeur temps de l'option ne vaut plus rien).

Stratégies d'utilisation des options

48765 ***Question***

Comment utilise-t-on une option ?

Réponse

Sachant qu'il existe des options d'achat (calls) et des options de vente (puts) et que l'on peut être acheteur ou vendeur d'options, une entreprise peut réaliser quatre types d'opérations différentes :
- acheter une option d'achat ;
- vendre une option d'achat ;
- acheter une option de vente ;
- vendre une option de vente.

Commentaires Il existe deux grandes catégories d'options (voir n° 48760) : les options d'achat « calls » et les options de vente « puts » qui peuvent chacune faire l'objet soit d'une transaction d'achat, soit d'une transaction de vente. Une entreprise peut ainsi réaliser 4 types d'opérations différentes sur les options :

1. **Achat d'un call** Cette opération donne à l'acheteur le droit d'acheter, au prix d'exercice et à un moment déterminé, une quantité définie d'un bien. L'acheteur d'un call :
- anticipe une augmentation du prix du sous-jacent ;
- a intérêt à exercer son option à l'échéance dès lors que celle-ci est « dans la monnaie » ; son gain, égal à la différence entre le prix du sous-jacent à la date d'échéance et le prix d'exercice de l'option augmenté de la prime versée initialement, est alors potentiellement illimité ;
- n'a pas intérêt à exercer son option à l'échéance si celle-ci est « en dehors de la monnaie » ; sa perte est alors limitée au montant de la prime versée lors de l'achat de l'option.

Voir schéma ci-après.

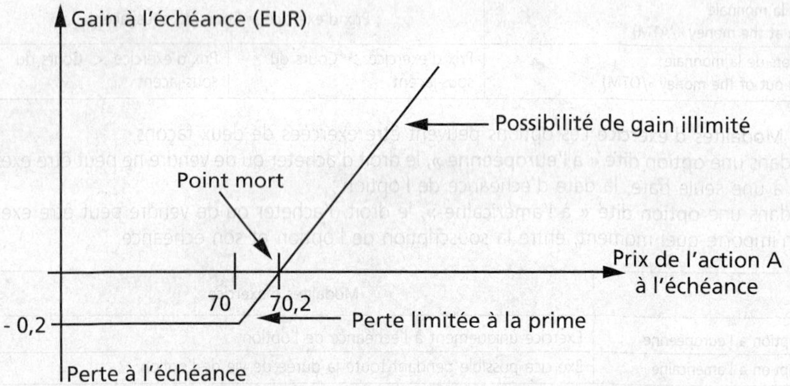

Illustration d'un achat de call Une entité achète un call « à l'européenne » sur l'action A au prix d'exercice (PE) de 70 € et à échéance 30/09/N, moyennant une prime (P) de 0,2 €. A l'échéance du 30/09/N :
- si le prix de l'action A est inférieur à 70 € (PE), le call n'est pas exercé et l'entité réalise une perte de 0,2 € correspondant au montant de la prime initialement décaissée ;
- si le prix de l'action A est compris entre 70 € (PE) et 70,2 € (PE + P), le call est exercé et l'entité réalise une perte comprise entre 0,2 € et 0 € ;
- si le prix de l'action A est supérieur à 70,2 € (PE + P), le call est exercé et l'entité réalise un gain correspondant à la différence entre le prix de l'action A et 70,2 €.

48765 (suite)

2. **Vente d'un call** Cette opération entraîne pour le vendeur l'obligation de vendre une quantité définie d'un bien au prix d'exercice et à un moment déterminé, si l'acheteur du call exerce son option. Le vendeur d'un call :
- anticipe une baisse du prix du sous-jacent ;
- réalise un gain égal au montant de la prime qu'il a reçue initialement si l'acheteur du call n'exerce pas l'option ;
- encourt une perte potentiellement illimitée, égale à la différence entre le prix du sous-jacent à la date d'échéance et le prix d'exercice de l'option diminué de la prime versée initialement.

Voir schéma ci-après.

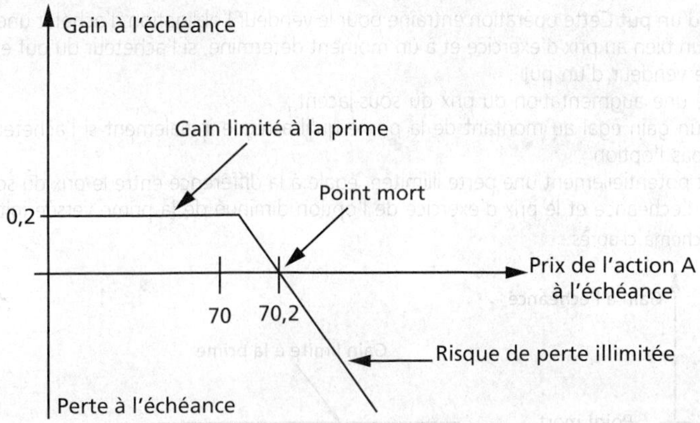

Illustration d'une vente de call Une entité vend un call « à l'européenne » sur l'action A au prix d'exercice (PE) de 70 € et à échéance 30/09/N et reçoit une prime (P) de 0,2 €. A l'échéance du 30/09/N :
- si le prix de l'action A est inférieur à 70 € (PE), le call n'est pas exercé et l'entité réalise un gain de 0,2 € correspondant au montant de la prime initialement encaissée ;
- si le prix de l'action A est compris entre 70 € (PE) et 70,2 € (PE + P), le call est exercé et l'entité réalise un gain compris entre 0,2 € et 0 € ;
- si le prix de l'action A est supérieur à 70,2 € (PE + P), le call est exercé et l'entité réalise une perte correspondant à la différence entre 70,2 € et le prix de l'action A, potentiellement illimitée.

3. **Achat d'un put** Cette opération donne à l'acheteur le droit de vendre, au prix d'exercice et à un moment déterminé, une quantité définie d'un bien. L'acheteur d'un put :
- anticipe une baisse du prix du sous-jacent ;
- a intérêt à exercer son option à l'échéance dès lors que celle-ci est « dans la monnaie » ; son gain, égal à la différence entre le prix d'exercice de l'option et le prix du sous-jacent augmenté de la prime versée initialement, est alors potentiellement très élevé (en fait, égal au maximum au prix d'exercice moins la prime) ;
- n'a pas intérêt à exercer son option à l'échéance si celle-ci est « en dehors de la monnaie » ; sa perte est alors limitée au montant de la prime versée lors de l'achat de l'option.

Voir schéma ci-après.

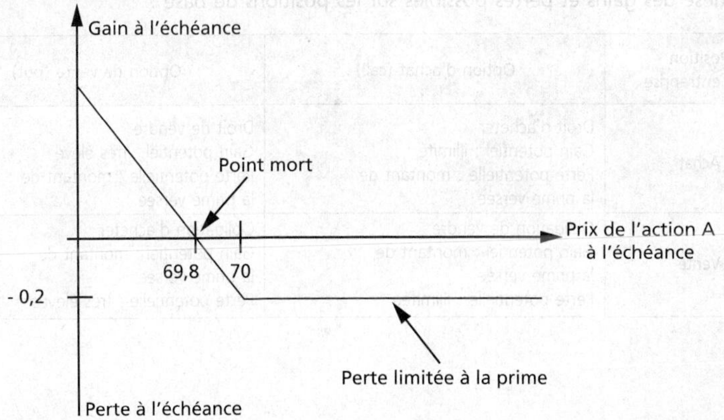

48765 (suite)

Illustration d'un achat de put Une entité achète un put « à l'européenne » sur l'action A au prix d'exercice (PE) de 70 € et à échéance 30/09/N, moyennant une prime (P) de 0,2 €. A l'échéance du 30/09/N :

– si le prix de l'action A est supérieur à 70 € (PE), le put n'est pas exercé et l'entité réalise une perte de 0,2 € correspondant au montant de la prime ;

– si le prix de l'action A est compris entre 70 € (PE) et 69,8 € (PE – P), le put est exercé et l'entité réalise une perte comprise entre 0,2 € et 0 € ;

– si le prix de l'action A est inférieur à 69,8 € (PE – P), le put est exercé et l'entité réalise un gain correspondant à la différence entre 69,8 € et le prix de l'action A (donc un gain pouvant potentiellement aller jusqu'à 69,8 € si le prix de l'action A est nul à l'échéance).

4. **Vente d'un put** Cette opération entraîne pour le vendeur l'obligation d'acheter une quantité définie d'un bien au prix d'exercice et à un moment déterminé, si l'acheteur du put exerce son option. Le vendeur d'un put :

– anticipe une augmentation du prix du sous-jacent ;

– réalise un gain égal au montant de la prime qu'il a reçue initialement si l'acheteur du put n'exerce pas l'option ;

– encourt potentiellement une perte illimitée, égale à la différence entre le prix du sous-jacent à la date d'échéance et le prix d'exercice de l'option diminué de la prime versée initialement.

Voir schéma ci-après.

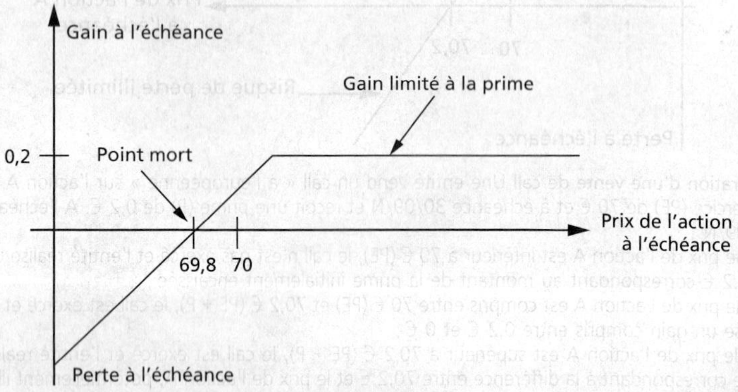

Illustration d'une vente de put Une entité vend un put « à l'européenne » sur l'action A au prix d'exercice (PE) de 70 € et à échéance 30/09/N et reçoit une prime (P) de 0,2 €. A l'échéance du 30/09/N :

– si le prix de l'action A est supérieur à 70 € (PE), le put n'est pas exercé et l'entité réalise un gain de 0,2 € correspondant au montant de la prime ;

– si le prix de l'action A est compris entre 69,8 € (PE – P) et 70 € (PE), le put est exercé et l'entité réalise un gain compris entre 0 € et 0,2 € ;

– si le prix de l'action A est inférieur à 69,8 € (PE – P), le put est exercé et l'entité réalise une perte correspondant à la différence entre 69,8 € et le prix de l'action A (donc une perte pouvant potentiellement aller jusqu'à 69,8 € si le prix de l'action A est nul à l'échéance).

5. **Synthèse des gains et pertes possibles sur les positions de base :**

Position de l'entreprise	Option d'achat (call)	Option de vente (put)
Achat	Droit d'acheter Gain potentiel : illimité Perte potentielle : montant de la prime versée	Droit de vendre Gain potentiel : très élevé Perte potentielle : montant de la prime versée
Vente	Obligation de vendre Gain potentiel : montant de la prime versée Perte potentielle : illimitée	Obligation d'acheter Gain potentiel : montant de la prime versée Perte potentielle : très élevée

Composantes d'une prime d'option

48770

Question

Quelles sont les composantes d'une prime d'option ?

Réponse

Une prime d'option se décompose en :
- une valeur intrinsèque (correspondant à l'écart entre le prix d'exercice de l'option et le cours du sous-jacent) ; et
- une valeur temps (ou valeur spéculative qui représente le risque pris par le vendeur et l'espoir pour l'acheteur de voir la prime payée s'apprécier avec le temps).

Commentaires :

1. **Facteurs déterminants du prix d'une option** Le prix d'une option – c'est-à-dire, le montant de la prime payée par l'acheteur de l'option ou reçue par le vendeur de l'option – dépend des six facteurs suivants : le prix d'exercice de l'option, le cours de l'actif sous-jacent, le taux d'intérêt en vigueur sur le marché monétaire, la date d'échéance de l'option, la volatilité des cours de l'actif sous-jacent et la nature de l'option (américaine ou européenne).

Ces six facteurs sont regroupés dans les deux éléments suivants qui composent le montant de la prime (IFRS 9.6.2.4a) :
- la **valeur intrinsèque** qui représente l'écart entre le prix d'exercice de l'option et le cours du sous-jacent ;
- la **valeur temps,** ou valeur spéculative, qui tient essentiellement compte de la volatilité du cours de l'actif sous-jacent et de la durée de l'option.

Prix d'une option	=	Valeur intrinsèque	+	Valeur temps
Facteurs déterminants		Prix d'exercice		Prix d'exercice
		Cours de l'actif sous-jacent		Cours de l'actif sous-jacent
				Date d'échéance
				Taux d'intérêt
				Volatilité
				Nature de l'option (américaine ou européenne)

2. **Valeur intrinsèque d'une option** La valeur intrinsèque d'une option correspond à l'écart existant entre le prix d'exercice de cette option et le cours de l'actif sous-jacent. A tout moment, la valeur intrinsèque de l'option correspond au gain que pourrait réaliser l'acheteur s'il optait pour l'exercice immédiat de l'option.

La valeur intrinsèque d'une option achetée ne peut être, par définition, que **positive ou nulle.**

La valeur intrinsèque d'une option est positive lorsque l'option est dans la monnaie (« in the money »/ITM), c'est-à-dire si le prix d'exercice de l'option est inférieur au cours du sous-jacent pour un call et si le prix d'exercice de l'option est supérieur au cours du sous-jacent pour un put.

Dans tous les autres cas, option à la monnaie (« at the money »/ATM) ou en dehors de la monnaie (« out of the money »/OTM), la valeur intrinsèque de l'option est nulle.

3. **Valeur temps d'une option** La valeur temps d'une option représente la rémunération du risque pris par le vendeur (dont l'engagement est irrévocable et potentiellement illimité, voir n° 48765) et l'espoir pour l'acheteur de réaliser dans le futur un gain supérieur à celui qu'il ferait aujourd'hui, s'il exerçait immédiatement l'option achetée.

Remarque La valeur temps d'une option peut ne pas être désignée dans une opération de couverture (IFRS 9.6.2.4a ; voir n° 50100 sous IAS 39/ n° 49690 sous IFRS 9).

La valeur temps d'une option est fonction des éléments suivants :
- niveau et volatilité des cours de l'actif sous-jacent ;
- prix d'exercice et durée résiduelle de l'option ;

- taux d'intérêt en vigueur sur le marché monétaire ;
- nature de l'option (américaine ou européenne).

Eventuellement, également, montant du dividende ou du coupon détachable pendant la durée de vie résiduelle de l'option, s'il s'agit d'une action.

Ainsi, plus le cours de l'actif sous-jacent est instable, plus grande est la probabilité d'une hausse ou d'une baisse du cours de cet actif et plus grande la probabilité d'un gain (potentiellement illimité) pour l'acheteur de l'option, d'une perte (potentiellement illimitée) pour le vendeur. En conséquence, l'acheteur d'une option est prêt à payer plus cher les options sur des actifs très volatiles. En contrepartie, le vendeur s'attend à une juste rémunération du risque pris.

L'évaluation de la valeur temps d'une option nécessite l'utilisation de modèles mathématiques tels que Black and Scholes ou Cox, Ross and Rubinstein, par exemple.

Le contrat d'option est un actif « **fondant** » : en effet, au fur et à mesure que la date d'échéance de l'option approche, les incertitudes diminuent et la valeur temps (valeur spéculative) de l'option tend à baisser, en général de manière rapide les derniers jours avant l'échéance pour les options « à la monnaie ».

C'est en raison de ce phénomène que certaines entreprises décident de « prendre leur bénéfice » quelques jours avant la date d'échéance de l'option, en retournant cette dernière. En effet, selon l'appréciation du risque, ces entreprises peuvent, soit conserver l'option et l'exercer à la date d'échéance, soit la céder et encaisser immédiatement une prime, montant qu'elles espèrent alors supérieur à la variation finale du cours du sous-jacent.

En conséquence, la valeur temps d'une option s'amortit bien sur la durée de vie de l'instrument (valeur nulle à l'échéance), mais pas de manière linéaire.

■ ***Exemple***

Une option d'achat sur l'action A cote 2,5. Le prix d'exercice de l'option est de 150 et le cours de l'action A à cette date est de 152.

Solution de l'exemple *La valeur intrinsèque de l'option à cette date est la différence entre le cours de l'action A (152) et le prix d'exercice de l'option (150), soit 2.*
La valeur temps de l'option s'obtient par différence entre le prix de l'option (2,5) et la valeur intrinsèque (2), soit 0,5.

E. Caps, floors et collars

Définition d'un cap

48775 ***Question***

Qu'est-ce qu'un cap ?

Réponse

Un cap est un instrument dérivé optionnel de taux d'intérêt qui permet d'emprunter à un taux plafond.

Commentaires Les principales caractéristiques d'un cap sont les suivantes :

1. **Définition** Un cap représente, pour celui qui l'achète, le droit d'emprunter, à un taux d'intérêt plafond préalablement fixé, un certain montant, sur un certain nombre de périodes, moyennant le versement d'une prime. Toutes les conditions de l'emprunt (montant, devise, taux d'intérêt, durée) sont fixées initialement, lors de la mise en place du cap.
2. **Principes de fonctionnement** Un cap est une série d'options sur différence de taux qui dissocie la mise à disposition du capital du paiement des intérêts.
3. **Principales caractéristiques** :

- **montant notionnel** : montant de l'emprunt (virtuel) sur lequel les intérêts du cap seront calculés. Ce notionnel n'est jamais versé ni reçu. Il est défini dans une devise donnée ;
- **taux d'intérêt plafond** : taux de référence, au-dessus duquel le cap est exerçable par l'acheteur. Lors de chaque période de référence, l'acheteur du cap reçoit le différentiel d'intérêt

entre le taux de référence (par exemple, l'Euribor) et le taux d'intérêt plafond si celui-ci est inférieur. Le taux de référence choisi détermine la périodicité de comparaison des taux (par exemple, si le taux de référence est l'Euribor 3 mois, la comparaison des taux et le versement éventuel du différentiel d'intérêt se feront tous les 3 mois) ; 48775 (suite)

Contrairement aux options de taux classiques, le versement de l'indemnité est automatique dans le cas d'un cap et s'effectue à chaque fin de période, dès que le niveau du taux variable de référence est supérieur au taux plafond du cap.

Taux Euribor L'Euribor (Euro interbank offered rate) est le taux de rémunération des échanges interbancaires en euros sur des durées de 1 à 12 mois. Il s'agit du taux offert entre banques de meilleures signatures pour la rémunération des dépôts dans la zone Euro. Ce taux est calculé en effectuant une moyenne quotidienne des taux prêteurs sur 12 échéances communiqués par un échantillon de 57 établissements bancaires les plus actifs de la zone Euro. L'Euribor a remplacé le Pibor pour la France.

Eonia Le taux Eonia (Euro overnight index average) est le taux de rémunération des dépôts interbancaires du jour.

Il s'agit de la moyenne, pondérée par les montants, des taux effectivement traités sur le marché monétaire interbancaire de l'euro pendant la journée par un large échantillon de banques, pour les dépôts/prêts jusqu'au lendemain ouvré. L'Eonia a remplacé le TMP qui était calculé par la Banque de France.

Le panel de banques est identique pour l'Euribor et l'Eonia.

- **échéance** : un cap possède une échéance à court terme (inférieure à 1 an) ou à long terme (de 2 à 5 ans, par exemple). Cet instrument est en fait, de par son principe de fonctionnement, une série d'options de taux ayant toutes un même prix d'exercice ;
- **paiement de la prime, échelonné ou en une seule fois** : pour les caps portant sur plusieurs années, la prime est en général payée au début de chaque année. Dans tous les cas, elle s'exprime en pourcentage du montant nominal du cap ;

Cette prime (dont le montant varie en fonction du taux plafond garanti) est versée :
- soit en début de chaque période de référence (en général selon une périodicité annuelle) ;
- soit en une seule fois, lors de la signature du cap. La contrepartie exige alors le paiement actualisé du montant total de la prime due. Il s'agit alors d'un paiement dit « **flat** ».

- **instrument de gré à gré** : il n'existe pas de marché organisé pour ce type d'instrument qui se traite exclusivement de gré à gré, entre deux contreparties précisées par les termes du contrat. Les caps sont donc des instruments sur lesquels existe un risque de contrepartie.

A noter que ce risque porte uniquement sur le montant des intérêts, puisqu'il n'y a pas transfert de capital.

4. Utilisation d'un cap L'acheteur d'un cap anticipe une hausse des taux d'intérêt au-delà du taux plafond (majoré de la prime payée) et ses gains correspondent à ce différentiel d'intérêt. Un cap est ainsi souvent mis en place pour couvrir un emprunt à taux variable qu'il soit à court terme, moyen terme ou long terme. En revanche, le vendeur d'un cap anticipe une baisse ou une stagnation des taux d'intérêt. Il est uniquement rémunéré par l'encaissement de la prime.

■ *Exemple*

L'entité A souhaite se couvrir contre une hausse des taux d'intérêt en achetant un cap ayant les caractéristiques suivantes :
- *notionnel : 10 000 K€ ;*
- *taux plafond : 4 % contre Euribor 3 mois ;*
- *prime : 2,2 % ;*
- *échéance : 5 ans.*

Solution de l'exemple *Lors de la mise en place du cap, l'entité A paie à la banque, contrepartie du contrat, une prime de 220 K€ (2,2 % × 10 000 K€).*

Puis, à chaque fin de trimestre, le niveau de l'Euribor 3 mois est comparé au taux plafond de 4 % et s'il est supérieur, le vendeur du cap verse le différentiel à l'entité A :
- *si l'Euribor 3 mois vaut 4,2 %, la banque verse à l'entité A le différentiel entre les deux taux, soit 5 K€ [10 000 K€ × (4,2 % – 4 %) × 90/360] ;*
- *si l'Euribor 3 mois vaut 3,9 %, aucun versement n'est effectué.*

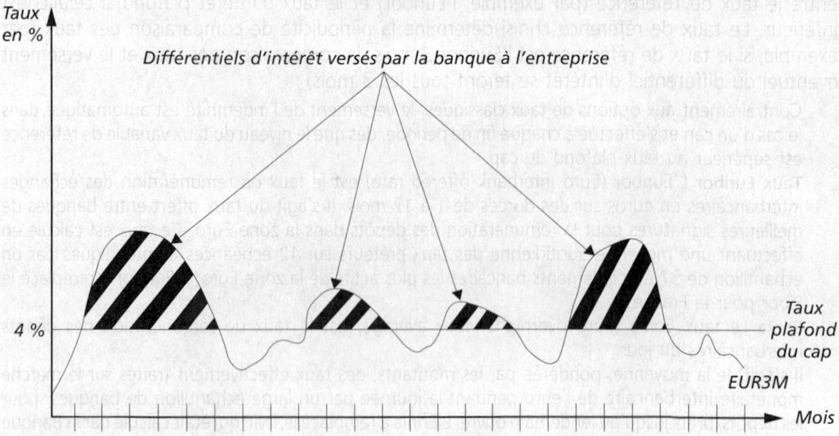

Définition d'un floor

48780 ***Question***

Qu'est-ce qu'un floor ?

Réponse

Un floor est un instrument dérivé optionnel de taux d'intérêt qui permet de prêter à un taux plancher.

Commentaires Les caractéristiques d'un floor sont les suivantes :

1. **Définition** Un floor représente, pour celui qui l'achète, le droit de prêter, à un taux d'intérêt plancher préalablement fixé, un certain montant, sur un certain nombre de périodes, moyennant le paiement d'une prime. Toutes les conditions du prêt (montant, devise, taux d'intérêt, durée) sont fixées initialement, lors de la mise en place du floor.

2. **Principes de fonctionnement** Le floor relève des mêmes principes de fonctionnement que ceux d'un cap (voir nº 48775). Ainsi, le floor :
- porte sur le versement d'un différentiel d'intérêt (ou indemnité), sans mise à disposition du capital de référence ;
- comprend un exercice automatique à chaque échéance (versement systématique de l'indemnité, dès que le taux variable de référence devient inférieur au taux plancher du floor) ;
- comporte une prime qui se verse généralement de façon annuelle à chaque date anniversaire du floor (si celui-ci s'étend sur plusieurs années) ;
- est un instrument qui se traite de gré à gré.

3. **Utilisation d'un floor** L'achat d'un floor permet de se couvrir contre une baisse des taux d'intérêt en dessous du taux plancher.

Un floor est ainsi mis en place pour assurer un rendement minimum à un placement, en établissant une limite plancher au taux d'intérêt du marché monétaire. A l'inverse, le vendeur d'un floor anticipe une hausse ou une stagnation des taux d'intérêt et il est uniquement rémunéré par l'encaissement de la prime.

■ *Exemple*

L'entité A souhaite se couvrir contre une baisse des taux d'intérêt en achetant un floor ayant les caractéristiques suivantes :
- *notionnel : 10 000 K€ ;*
- *taux plancher : 3,4 % contre Euribor 3 mois ;*
- *prime : 3 % ;*
- *échéance : 5 ans.*

Solution de l'exemple *Lors de la mise en place du floor, l'entité A paie à la banque, contrepartie du contrat, une prime de 300 K€ (3 % × 10 000 K€).*

Puis, à chaque fin de trimestre, le niveau de l'Euribor 3 mois est comparé au taux plancher de 3,4 % et s'il est inférieur, le vendeur du floor verse à l'entité A le différentiel. A la première échéance d'intérêt :
- si l'Euribor 3 mois vaut 3,2 %, la banque verse à l'entité A le différentiel entre les deux taux, soit 5 K€ [10 000 K€ × (3,4 % – 3,2 %) × 90/360] ;
- si l'Euribor 3 mois vaut 3,5 %, aucun versement n'est effectué.

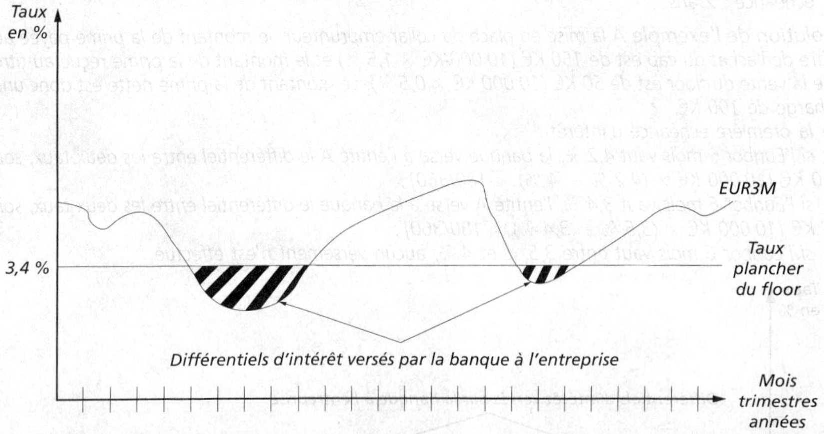

Définition d'un collar

48785

Question
Qu'est-ce qu'un collar ?

Réponse
Un collar est la combinaison d'un cap et d'un floor.

Commentaires Les caractéristiques d'un collar sont les suivantes :

1. **Définition** Un collar est la combinaison d'un cap (voir n° 48775) et d'un floor (voir n° 48780), dont la prime nette est égale à la différence entre la prime payée (sur l'option achetée) et la prime reçue (sur l'option vendue).

Il représente, pour celui qui l'a mis en place, l'assurance de pouvoir emprunter ou prêter, dans une fourchette de taux (comprise entre deux limites préalablement fixées), un certain montant, sur un certain nombre de périodes, moyennant le paiement d'une prime allégée, par rapport à un simple cap ou à un simple floor.

2. **Principe de fonctionnement** Le collar relève des mêmes principes de fonctionnement que les caps et les floors. Il présente toutefois deux particularités :
- il garantit un taux à l'intérieur d'une fourchette ;
- sa prime est réduite par rapport à celle payée lors de l'achat d'un cap ou d'un floor. Elle est égale à la différence entre la prime payée (sur l'option achetée) et la prime reçue (sur l'option vendue).

3. **Utilisation d'un collar** L'objectif de ce type d'instrument est de minimiser le montant de la prime initialement payée en abandonnant une partie du bénéfice tiré de l'évolution favorable des taux.

Une société peut négocier directement, avec la même banque, dans un contrat de gré à gré, un collar emprunteur ou prêteur, moyennant le paiement d'une prime allégée.

■ *Exemple*
*Ayant emprunté à taux variable, une entité A souhaite se couvrir contre une hausse des taux d'intérêt tout en limitant le montant de la prime versée. Elle achète donc un **collar emprunteur** composé d'un cap et d'un floor ayant les caractéristiques suivantes :*
1. Achat du cap :
- notionnel : 10 000 K€ ;
- taux plafond : 4 % contre Euribor 6 mois ;

- *prime flat : 1,5 % ;*
- *échéance : 2 ans.*

2. Vente du floor :

- *notionnel : 10 000 K€ ;*
- *taux plancher : 3,5 % contre Euribor 6 mois ;*
- *prime : 0,5 % ;*
- *échéance : 2 ans.*

***Solution de l'exemple** A la mise en place du collar emprunteur, le montant de la prime payée au titre de l'achat du cap est de 150 K€ (10 000 K€ × 1,5 %) et le montant de la prime reçue au titre de la vente du floor est de 50 K€ (10 000 K€ × 0,5 %). Le montant de la prime nette est donc une charge de 100 K€.*

A la première échéance d'intérêt :

- *si l'Euribor 6 mois vaut 4,2 %, la banque verse à l'entité A le différentiel entre les deux taux, soit 10 K€ [10 000 K€ × (4,2 % – 4 %) × 180/360] ;*
- *si l'Euribor 6 mois vaut 3,4 %, l'entité A verse à la banque le différentiel entre les deux taux, soit 5 K€ [10 000 K€ × (3,5 % – 3,4 %) × 180/360] ;*
- *si l'Euribor 6 mois vaut entre 3,5 % et 4 %, aucun versement n'est effectué.*

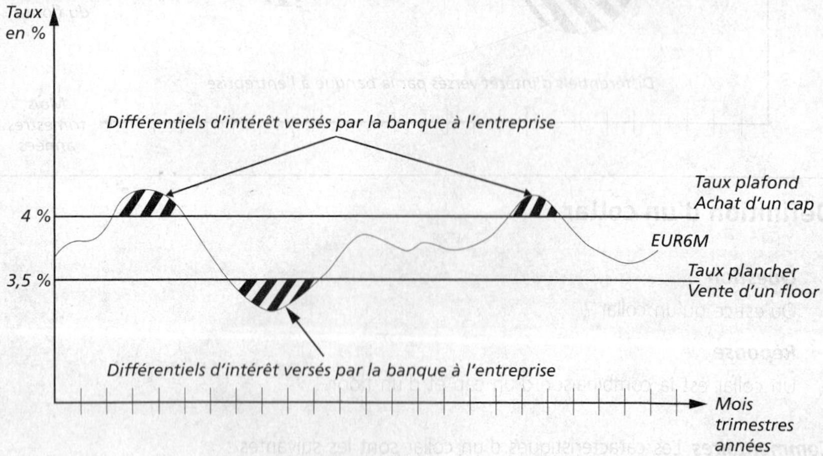

***Remarque** Bien souvent en pratique, les collars (ou « tunnels ») sont construits de telle manière que leur prime est nulle. Pour autant, l'analyse du produit doit être celle décrite ci-avant. Les entreprises doivent notamment savoir si elles sont, à un quelconque moment de la vie de l'instrument, vendeur net d'option (ce qui est le cas, dans notre exemple, si le notionnel du floor est supérieur à celui du cap ou si la durée du floor est supérieure à celle du cap). Dans ce cas, le tunnel (collar) ne peut être qualifié d'instrument de couverture (voir n° 50070, point 2b. sous IAS 39 / n° 49630 sous IFRS 9).*

F. Instruments indexés

Caractéristiques des obligations indexées sur l'inflation

48795 ***Question***

Quelles sont les caractéristiques des obligations indexées sur l'inflation ?

Réponse

Il s'agit d'obligations à taux réel fixe, dont le principal est à la fois garanti au pair et protégé contre l'inflation.

Ces obligations peuvent être émises :

- par l'Etat (obligations assimilables du Trésor indexées sur l'inflation/OATi) ;
- ou par des personnes morales privées (obligations privées indexées sur l'inflation).

Commentaires Les obligations d'Etat ou d'entreprises privées indexées sur l'inflation (OATi et obligations privées indexées sur l'inflation) sont des obligations à taux réel fixe, dont le principal est à la fois garanti au pair et protégé contre l'inflation, à savoir : **48795** (suite)

- le principal est ajusté sur un indice inflation pour tenir compte de l'évolution des prix (protection du principal contre l'inflation) ;
- si l'indice de référence sur l'inflation à échéance est inférieur à l'indice de référence de base sur l'inflation à l'émission, l'obligation est remboursée au pair (capital garanti au pair) ;
- enfin, l'obligation verse un coupon annuel calculé comme étant un pourcentage fixe du principal indexé (le coupon versé est donc lui-même indexé).

CHAPITRE 43

Comptabilité de couverture (IFRS 9)

Plan du chapitre §§ 49000

49000 (suite)

Plan du chapitre *(suite et fin)* §§

L'ESSENTIEL DE LA NORME IFRS 9 (COMPTABILITE DE COUVERTURE)

A. Comptabilité de couverture : objectif et champ d'application

Objectif de la comptabilité de couverture en IFRS

L'objectif de la comptabilité de couverture est de refléter dans les états financiers l'impact de la gestion des risques d'une entité utilisant des instruments financiers pour se couvrir contre des risques spécifiques ayant un impact sur le compte de résultat (ou sur les autres éléments du résultat global (OCI), dans le cas des instruments de capitaux propres enregistrés à la juste valeur par OCI) (IFRS 9.6.1.1). **49050**

En d'autres termes, la comptabilité de couverture est une technique qui modifie la base normale de comptabilisation des gains et pertes (ou produits et charges) découlant des instruments de couverture et éléments couverts associés, de sorte qu'ils soient tous deux comptabilisés au compte de résultat (ou en OCI) sur le même exercice comptable. Il s'agit d'un concept d'appariement qui élimine ou réduit la volatilité au compte de résultat (ou en OCI) qui se produirait autrement si l'élément couvert et l'instrument de couverture étaient comptabilisés sans appliquer la comptabilité de couverture selon IFRS 9.

Champ d'application

La norme IFRS 9 s'applique à toutes les relations de couverture, à l'exception des couvertures de juste valeur contre les variations de taux d'intérêt d'un portefeuille d'actifs ou de passifs financiers (communément appelées « macro-couvertures de juste valeur »), lesquelles devraient être dans le champ d'application du projet en cours de l'IASB sur la comptabilisation des macro-couvertures (« Dynamic Risk Management »). Dans l'attente de la finalisation de ce projet, les sociétés qui appliquent la comptabilité de couverture sous IFRS 9 peuvent continuer à appliquer les dispositions de la norme IAS 39 en ce qui concerne les macro-couvertures de juste valeur (IFRS 9.6.1.3). **49055**

Pour plus de précisions sur ce projet, voir nº 44100.

Choix de méthode comptable

Au 1er janvier 2018, date d'entrée en vigueur d'IFRS 9, les entités pouvaient faire le choix d'appliquer le dispositif relatif à la comptabilité de couverture d'IFRS 9 ou de continuer d'appliquer celui d'IAS 39. Par ailleurs, quel que soit le choix retenu, elles peuvent également continuer à appliquer les dispositions d'IAS 39 telles que validées dans l'Union européenne, pour la couverture sur base de portefeuille du risque de taux d'actifs et de passifs financiers (voir nº 49050). **49060**

Si une entreprise continue d'appliquer le dispositif de la norme IAS 39 relatif à la comptabilité de couverture :

- elle n'est pas dispensée d'appliquer les autres dispositions d'IFRS 9, notamment celles relatives au classement et à l'évaluation des instruments financiers ;
- elle doit également tenir compte des amendements apportés à la norme IFRS 7 quant à la présentation des informations en annexe sur la comptabilité de couverture ;
- il lui est toujours possible d'opter (même après le 1er janvier 2018) pour les dispositions relatives à la comptabilité de couverture de la norme IFRS 9.

Si une entreprise choisit d'appliquer les dispositions de la norme IFRS 9 en matière de comptabilité de couverture :

- il ne lui sera plus possible de revenir au volet couverture d'IAS 39 ;
- les dispositions d'IFRS 9 s'appliqueront à l'ensemble des relations de couverture existantes à la date de première application.

Remarque Dans ce cas, l'entité ne peut pas choisir d'appliquer pour certaines relations de couverture les dispositions d'IAS 39 et pour d'autres celles d'IFRS 9.

B. Comptabilisation des relations de couverture

Types de relations de couverture

49080 La norme IFRS 9 reprend les trois types de relations de couverture d'IAS 39 suivants (IFRS 9.6.5.2) :

1. **Couverture de juste valeur** Couverture de l'exposition aux variations de la juste valeur d'un actif ou d'un passif comptabilisé ou d'un engagement ferme non comptabilisé, ou encore d'une composante de l'un de ces éléments, qui est attribuable à un risque particulier et qui pourrait influer sur le résultat net (voir n° 49090).

2. **Couverture de flux de trésorerie** Couverture de l'exposition à la variabilité des flux de trésorerie qui est attribuable à un risque particulier associé à la totalité ou à une composante d'un actif ou d'un passif comptabilisé (par exemple, la totalité ou une partie des versements futurs d'intérêts sur une dette à taux variable) ou à une transaction prévue hautement probable et qui pourrait influer sur le résultat net (voir n° 49100).

3. **Couverture d'investissements nets en devises dans une activité à l'étranger** au sens d'IAS 21, Effets des variations des cours des monnaies étrangères (voir n° 49105).

Comptabilisation d'une couverture de juste valeur

49090 Le traitement comptable d'une couverture de juste valeur selon IFRS 9 (IFRS 9.6.5.8 à .6.5.10) est similaire à celui sous IAS 39 (voir n° 49330).

Une relation de couverture de juste valeur doit être comptabilisée comme suit (IFRS 9.6.5.8) :

1. le profit ou la perte sur l'instrument de couverture doit être comptabilisé en résultat net ;

   Toutefois, si l'instrument de couverture couvre un instrument de capitaux propres pour lequel l'entité a choisi de présenter les variations de la juste valeur en OCI (voir n° 49330), le profit ou la perte est comptabilisé en autres éléments du résultat global (OCI). Dans ce cas uniquement, l'inefficacité de la couverture est enregistrée en OCI (IFRS 9.6.5.3).

2. le profit ou la perte sur l'élément couvert doit venir ajuster la valeur comptable de cet élément et être comptabilisé en résultat net.

   Si l'élément couvert est une portion d'un instrument de dette évalué en juste valeur par OCI, la valeur comptable de l'actif n'est pas ajustée, mais les variations de l'élément couvert sont comptabilisées en résultat (IFRS 9.6.5.8b).

   Si l'élément couvert est un instrument de capitaux propres pour lequel l'entité a choisi de présenter les variations de la juste valeur en OCI (non recyclables), ces montants demeurent en OCI puisqu'ils ne seront pas recyclés ultérieurement (IFRS 9.6.5.8b).

   Toutefois, si l'élément couvert est un engagement ferme non comptabilisé (commande), le cumul des variations de sa juste valeur ultérieures à sa désignation est intégré à la valeur comptable d'entrée de l'actif ou du passif sous-jacent, sans être recyclé en résultat (IFRS 9.6.5.9).

Comptabilisation d'une couverture de flux de trésorerie

49100 Le traitement comptable d'une couverture de flux de trésorerie selon IFRS 9 (IFRS 9.6.5.11 et .6.5.12) est similaire à celui sous IAS 39 (voir n° 49340).

Une relation de couverture de flux de trésorerie doit être comptabilisée comme suit (IFRS 9.6.5.11) :

1. la composante des capitaux propres distincte associée à l'élément couvert est ajustée au plus faible des montants suivants :
   - les profits et pertes cumulés sur l'instrument de couverture depuis le début de la couverture ;
   - les variations cumulées de juste valeur (valeur actualisée) des flux de trésorerie attendus de l'élément couvert, depuis le début de la relation de couverture ;

2. la partie du profit ou de la perte sur l'instrument de couverture qui est considérée comme constituant une couverture efficace doit être comptabilisée en autres éléments du résultat global (OCI) ;

3. tout profit ou perte résiduel sur l'instrument de couverture représente une inefficacité de la couverture et doit être comptabilisé en résultat net ;

4. le montant du cumul porté dans la réserve de couverture de flux de trésorerie doit être traité comme suit :

   a. lorsqu'une transaction prévue couverte conduit à comptabiliser ultérieurement un actif/passif non financier ou qu'une transaction prévue couverte portant sur un actif/passif non financier devient un engagement ferme auquel est appliquée la comptabilité de couverture de juste valeur, l'entité doit sortir le montant de la réserve de couverture de flux de trésorerie et l'incorporer au coût initial ou à la valeur comptable de l'actif ou du passif couvert. Il ne s'agit pas d'un recyclage et il n'y a donc pas d'impact sur le résultat suite à cette écriture ;

Cette correction obligatoire de la valeur d'entrée au bilan de l'actif/passif non financier du montant des gains ou pertes de couverture (« basis adjustment ») représente le seul changement par rapport à IAS 39 quant à la comptabilisation d'une couverture de flux de trésorerie.
Pour le traitement selon IAS 39, voir nº 50240.
Pour un exemple de « basis adjustment », voir nº 49340.

b. dans le cas des autres couvertures de flux de trésorerie, le montant doit être sorti de la réserve de couverture de flux de trésorerie et comptabilisé en résultat net au titre du recyclage dans la (ou les) période(s) où les flux de trésorerie attendus qui sont couverts impactent le résultat net ;

c. toutefois, si le montant est une perte et que l'entité s'attend à ne pas pouvoir la recouvrer en tout ou partie au cours de périodes futures, le montant correspondant à la partie qu'elle s'attend à ne pas pouvoir recouvrer doit être recyclé immédiatement au compte de résultat.

Comptabilisation d'une couverture d'investissement net à l'étranger

Le traitement comptable d'une couverture d'investissement net à l'étranger selon IFRS 9 (IFRS 9.6.5.13 s.) est le même que pour une couverture de flux de trésorerie (voir nº 49350) et sans changement par rapport à IAS 39 (voir nº 50220). **49105**

Une relation de couverture d'investissement net doit être comptabilisée comme suit (IFRS 9.6.5.13) :

1. la partie du profit ou de la perte de l'instrument de couverture qui est considérée comme constituant une couverture efficace doit être comptabilisée en autres éléments du résultat global (OCI) ; elle vient compenser les écarts de conversion enregistrés lors de la consolidation de la participation (IAS 21.38 s.) ;
2. la part inefficace doit être comptabilisée en résultat net ;
3. le montant du cumul de la part efficace porté dans les écarts de conversion doit être sorti des capitaux propres (écarts de conversion accumulés en OCI) et est recyclé en résultat net dans le cas d'une cession totale ou partielle de l'investissement à l'étranger (IFRS 9.6.5.14).

C. Critères d'applicabilité de la comptabilité de couverture

La comptabilité de couverture en IFRS est optionnelle (IFRS 9.6.1.2). Si l'entreprise choisit de l'appliquer, elle devra s'assurer que la relation de couverture répond aux critères de qualification à la comptabilité de couverture, c'est-à-dire que la relation de couverture respecte obligatoirement tous les critères suivants (IFRS 9.6.4.1) : **49110**

1. les instruments de couverture (voir nº 49630 s.) et les éléments couverts (voir nº 49540 s.) constituant la relation de couverture sont tous éligibles à cette relation ;
2. une désignation formelle et une documentation structurée de la relation de couverture, ainsi que l'objectif et la stratégie de mise en place de la couverture, sont formellement établis au démarrage de la relation de couverture ;

   Sur la documentation d'une relation de couverture, voir nº 49410.

3. et la relation de couverture remplit tous les critères d'efficacité suivants :
- il existe un lien économique entre l'élément couvert et l'instrument de couverture ;
- l'effet du risque de crédit n'est pas l'élément dominant dans les variations de valeur qui résultent de cette relation économique ; et
- le ratio de couverture entre l'élément couvert et l'instrument de couverture est approprié, c'est-à-dire qu'il n'existe pas de déséquilibre entre les poids de l'élément couvert et de l'instrument de couverture qui pourrait créer un biais systématique de l'inefficacité aboutissant à des impacts comptables incohérents avec l'objectif de la comptabilité de couverture.

Remarque Le test rétrospectif fondé sur le respect d'un intervalle 80 % – 125 % d'efficacité selon IAS 39 (voir nº 50095 s.) n'a pas été retenu par IFRS 9.
Sur la notion de ratio de couverture, voir nº 49450.

Réajustement du ratio de couverture

49120 Si la relation de couverture cesse de répondre aux critères d'efficacité au regard du ratio de couverture (voir nº 49110, point 3.) mais que l'objectif de gestion des risques initial perdure, l'entité doit ajuster le ratio de couverture afin de répondre à nouveau à ces critères d'efficacité (IFRS 9.6.5.5), voir nº 49460.

D. Eléments couverts éligibles à la comptabilité de couverture

Nature des éléments couverts

49130 Un élément couvert peut être un actif ou un passif enregistré au bilan, un engagement ferme hors bilan, une transaction future à condition qu'elle soit hautement probable ou un investissement net dans une activité à l'étranger. Il doit être mesurable de manière fiable et conclu avec des parties externes au groupe (IFRS 9.6.3.1 à .6.3.5).

Par exception à IFRS 9.6.3.5, un élément monétaire intragroupe peut être désigné comme élément couvert contre le risque de change dans les états financiers consolidés si les pertes/gains de change qui en résultent ne sont pas totalement éliminés en consolidation selon les principes énoncés par la norme IAS 21, Effets des variations des cours des monnaies étrangères.

En outre, une transaction future intragroupe hautement probable peut être désignée comme élément couvert contre le risque de change (IFRS 9.6.3.6) :
- si cette transaction est libellée dans une monnaie différente de celle de l'entité prenant part à la transaction ; et
- si le risque de change affecte le compte de résultat consolidé à un moment donné.

En outre, il est possible de désigner comme élément couvert :
- la combinaison d'un élément éligible (cf. définition ci-dessus) et d'un dérivé (IFRS 9.6.3.4) ;
- un élément individuel, un groupe d'éléments ou un composant d'un élément individuel ou d'un groupe d'éléments (IFRS 9.6.3.1).

Remarque Pour le cas particulier des positions agrégées, sous IAS 39, un dérivé ne pouvait pas être désigné comme élément couvert et ne pouvait être combiné à une autre exposition pour constituer un élément couvert éligible. Selon IFRS 9, cette restriction a été supprimée. Une position agrégée incorporant un dérivé et une exposition non dérivée peut être désignée comme élément couvert.

Désignation des éléments couverts

49140 Une entité peut désigner comme élément couvert la totalité des variations de flux de trésorerie ou de juste valeur d'un élément ou d'un composant d'un élément, à savoir (IFRS 9.6.3.7) :
- seulement les variations de flux de trésorerie ou de juste valeur attribuables à un (des) risque(s) spécifique(s) à condition que, considéré dans le cadre de la structure spécifique de son propre marché, ce risque soit identifiable séparément et mesurable de façon fiable ;
- un ou plusieurs flux de trésorerie contractuels identifiés ; ou
- les composantes d'une valeur nominale.

Remarques :

1. La norme IFRS 9 permet désormais de couvrir toute composante d'un élément, qu'il soit financier ou non financier, à condition que la composante soit identifiable séparément et mesurable de façon fiable (IFRS 9.B6.3.8), y compris les composantes non contractuelles (IFRS 9.B6.3.10), voir nº 49570. A l'inverse, le paragraphe 82 de la norme IAS 39 (IAS 39.82) relatif aux éléments non financiers, ne considère que le risque de change comme composante distincte pouvant faire l'objet d'une couverture spécifique.
2. La désignation d'une strate comme élément couvert dans une couverture de juste valeur est possible sous certaines conditions (IFRS 9.B6.3.19) (méthode dite du « fond de cuve » voir nº 50320). Notons toutefois qu'il n'est pas possible d'appliquer la méthode dite du fond de cuve (dans une couverture de juste valeur) à une strate comprenant des éléments soumis à un risque de remboursement anticipé si la juste valeur de l'option est sensible au risque couvert (IFRS 9.B.6.3.20).
3. La portion désignée couverte devant être inférieure aux flux de trésorerie totaux de l'élément couvert, il n'est pas possible de couvrir un zéro coupon ou un élément ayant un spread négatif par un swap qui échange un taux fixe de marché contre un taux Euribor sans que cette relation ne génère de l'inefficacité systématique (IFRS 9.B6.3.21 et .B6.3.22).

Cette disposition ne constitue pas un changement par rapport à IAS 39 telle que publiée par l'IASB. En revanche, il s'agit d'un changement par rapport à IAS 39 telle qu'adoptée par l'UE, c'est-à-dire après « carve-out » (voir nº 50320).

Couverture d'un groupe d'éléments

Un groupe d'éléments (y compris un groupe d'éléments qui constituent une position nette) est éligible à la comptabilité de couverture s'il remplit les critères cumulatifs suivants (IFRS 9.6.6.1) : 49150

1. les éléments constituant le groupe (y compris les composants de ces éléments) sont éligibles individuellement à la comptabilité de couverture ;

2. les éléments constituant le groupe sont gérés en tant que groupe dans le cadre de la gestion des risques de l'entité ; et

3. dans le cas d'une couverture de flux de trésorerie d'un groupe d'éléments « non homogènes », c'est-à-dire pour lesquels on s'attend à ce que la variabilité des flux de trésorerie impacte le compte de résultat sur des exercices comptables différents, conduisant ainsi à une position nette :
- il s'agit d'une couverture de risque de change ; et
- lors de la désignation de cette position nette, l'entité spécifie la période de reporting pendant laquelle elle s'attend à ce que les transactions futures affectent le compte de résultat, ainsi que leur nature et leur volume.

Présentation de l'impact de la comptabilité de couverture de positions nettes

Dans le cas d'une couverture d'un groupe d'éléments qui constituent une position nette et dont les risques couverts affectent différentes lignes du compte de résultat, tout gain ou toute perte de couverture doit être présenté dans le compte de résultat sur une ligne à part de celle impactée par l'élément couvert. En conséquence, la ligne du compte de résultat correspondant à l'élément couvert (par exemple, chiffre d'affaires ou coût des ventes) n'est pas impactée par l'effet de la comptabilité de couverture (IFRS 9.6.6.4). 49160

Dans le cas d'une couverture de juste valeur d'un groupe d'actifs et de passifs, le gain ou la perte doit être reconnu au bilan comme un ajustement de la valeur comptable de chaque élément individuel compris dans le groupe (IFRS 9.6.5.5).

Positions nettes nulles

Quand l'élément couvert est un groupe qui présente une position nette nulle (c'est-à-dire lorsque le risque couvert est parfaitement couvert du fait de la compensation totale des variations de juste valeur liées à ce dernier sur les différents éléments couverts composant le groupe), l'entité peut désigner ce groupe dans une relation de couverture ne comportant pas d'instrument de couverture selon les conditions cumulatives suivantes (IFRS 9.6.6.6) : 49170
- la couverture est réalisée dans le cadre d'une stratégie glissante du risque net, suivant laquelle l'entité couvre systématiquement de nouvelles positions du même type au fur et à mesure du temps ;
- la position nette couverte change de taille pendant la durée de la stratégie de couverture glissante et l'entité utilise des instruments de couverture éligibles pour couvrir le risque net (i.e. lorsque la position nette n'est plus nulle) ;
- la comptabilité de couverture s'applique normalement à une telle position nette lorsque celle-ci n'est pas nulle ; et
- le fait de ne pas appliquer la comptabilité de couverture à la position nette nulle donnerait des résultats comptables incohérents, parce que la comptabilité ne reconnaîtrait pas les positions de risque se compensant qui autrement seraient reconnues dans une couverture de position nette.

Couverture d'une composante d'un groupe d'éléments

Une entité peut désigner comme élément couvert une composante correspondant à une strate d'un groupe d'éléments éligible à la comptabilité de couverture, à condition que cette composante remplisse les critères cumulatifs suivants (IFRS 9.6.6.3) : 49180
- la composante est identifiable séparément et mesurable de façon fiable ;
- l'objectif de la gestion des risques est de couvrir une strate (IFRS 9.6.6.2) ;
- les éléments du groupe dans lequel la composante est identifiée sont exposés au même risque couvert (de telle façon que la mesure de la strate couverte n'est pas significativement affectée par un ou plusieurs éléments particuliers) ; et
- pour la couverture d'éléments existants (par exemple, un engagement ferme hors bilan ou un actif enregistré au bilan), l'entité peut identifier et suivre le groupe d'éléments d'où la strate est tirée.

En effet, si une strate est désignée dans une couverture de juste valeur, l'entité doit l'identifier à partir d'un montant nominal défini. Pour se conformer aux exigences relatives aux couvertures de juste valeur, une entité doit réévaluer l'élément couvert pour les variations de juste valeur attribuables au risque couvert. L'ajustement de la juste valeur doit être comptabilisé en résultat. Si l'élément couvert est un actif ou un passif comptabilisé au coût amorti, cet ajustement doit être amorti au compte de résultat au plus tard au moment où l'élément est décomptabilisé. Par conséquent, il est nécessaire de suivre l'élément auquel se rapporte l'ajustement de couverture de la juste valeur. Les entités sont tenues de suivre le montant nominal à partir duquel la strate est définie afin de suivre la strate désignée (par exemple, le montant total défini de 100 millions de CU doit être suivi afin de suivre le fond de cuve de 20 millions ou la strate de 30 millions de ventes).

E. Instruments de couverture éligibles à la comptabilité de couverture

49190 Peuvent être désignés comme instruments de couverture :
- les dérivés, sauf dans le cas de certaines options vendues (IFRS 9.6.2.1) ;
- les actifs financiers non dérivés évalués à la juste valeur par résultat (IFRS 9.6.2.2) ;
- les passifs financiers non dérivés évalués à la juste valeur par résultat, sauf si le montant de variation de sa juste valeur attribuable aux variations de risque de crédit propre (voir nº 46050) est présenté en autres éléments du résultat global (IFRS 9.6.2.2) ;

Remarque Concernant la couverture du risque de change, la composante risque de change d'un actif ou passif financier non dérivé peut être désignée comme instrument de couverture s'il ne s'agit pas d'un placement dans un instrument de capitaux propres pour lequel l'entité a choisi de présenter les variations de juste valeur en autres éléments du résultat global (IFRS 9.6.2.2).

- toute combinaison de dérivés et d'instruments non dérivés (ou proportion de ceux-ci) (IFRS 9.6.2.5).

Toutefois, seuls les contrats conclus avec une partie extérieure à l'entité/au groupe peuvent être désignés comme instruments de couverture (IFRS 9.6.2.3).

En outre, un instrument admis comme instrument de couverture doit être désigné dans son intégralité, avec pour seules exceptions admises (IFRS 9.6.2.4) :
- la variation de la valeur intrinsèque d'une option, en excluant donc la variation de sa valeur temps ;
- la variation de la valeur de l'élément prix au comptant d'un contrat à terme de gré à gré, en excluant l'élément report/déport (IFRS 9.6.5.16 et .B.6.5.34 à .B.6.5.39) ;
- une proportion de cet instrument (par exemple 50 % de sa valeur nominale).

Comptabilisation de la valeur temps des options

49200 Lorsque l'entité sépare la valeur intrinsèque de la valeur temps d'une option (voir nº 48770) et ne désigne comme instrument de couverture que la variation de la valeur intrinsèque de l'option (voir nº 49190), elle doit comptabiliser la valeur temps de l'option de la façon suivante (IFRS 9.6.5.15) :

1. La variation de juste valeur de la valeur temps de l'option doit être comptabilisée en autres éléments du résultat global (OCI) et cumulée dans une composante distincte des capitaux propres. Cependant, la période à laquelle ce montant ainsi différé en OCI est recyclé au compte de résultat, le cas échéant, varie en fonction du type d'élément couvert :
- soit l'élément couvert est lié à une transaction ;
- soit l'élément couvert est lié à un intervalle de temps.

Remarque La valeur temps d'une option s'analyse comme un coût de couverture dont les variations de juste valeur sont comptabilisées en OCI. Ce changement de traitement introduit par la norme IFRS 9 permet de minimiser la volatilité au compte de résultat (voir nº 49640).
Sur les concepts de type d'élément couvert lié à une transaction ou à un intervalle de temps, voir nº 49690.

2. Pour un **élément couvert lié à une transaction** (voir nº 49690), le montant accumulé en OCI doit être reclassé comme suit :
- si l'élément couvert aboutit à la comptabilisation d'un actif ou passif non financier (ou à un engagement ferme pour lequel une couverture de juste valeur est appliquée), les variations de juste valeur de la valeur temps de l'option accumulées en OCI sont incluses directement dans la valeur comptable initiale de l'actif ou du passif (c'est-à-dire que ces montants ne sont pas recyclés) ;

– pour les autres relations de couverture, les variations de juste valeur de la valeur temps de l'option accumulées en OCI sont reclassées au compte de résultat au cours de la (les) même(s) période(s) que celle(s) au cours de laquelle(lesquelles) l'élément couvert affecte le compte de résultat ;
– enfin, si l'entité s'attend à ne plus recouvrer tout ou une portion de ce montant, la partie non recouvrable doit être immédiatement recyclée au compte de résultat.

3. Pour un **élément couvert lié à un intervalle de temps** (voir n° 49690), la valeur temps à la date de désignation de l'option comme instrument de couverture doit être amortie au compte de résultat de manière systématique et rationnelle sur la période au cours de laquelle l'ajustement de couverture dû à la valeur intrinsèque de l'option pourrait affecter le compte de résultat.

Toutefois, si la comptabilité de couverture est arrêtée (voir n° 49230), le montant accumulé en OCI doit être recyclé immédiatement au compte de résultat.

Comptabilisation du « cross-currency basis »

Le « cross-currency basis » est le spread de liquidité inhérent à tout échange de devises. **49210**
Lorsque l'entité sépare le « cross-currency basis » d'un instrument de couverture et l'exclut de la relation de couverture, l'entité peut appliquer aux variations de valeur du « cross-currency basis » les mêmes dispositions que celles applicables à la valeur temps des options présentées ci-avant (IFRS 9.6.2.4b et .6.5.16), voir n° 49700.

Remarque Lorsqu'une entité évalue l'inefficacité d'une relation de couverture, elle peut déterminer la juste valeur de l'élément couvert en ayant recours à un « dérivé hypothétique » ayant les mêmes caractéristiques que ceux de l'élément couvert. La norme précise que ce dérivé hypothétique ne peut pas inclure de caractéristiques qui n'existent pas dans l'élément couvert (IFRS 9.B6.5.5). Le « cross-currency basis », inclus dans les « cross-currency swaps », ne peut donc pas être retenu dans le calcul de la juste valeur de l'élément couvert si l'élément couvert est un instrument de dette libellé en devises.
Rappelons que, selon IAS 39, il était admis d'inclure le « cross-currency basis » dans l'évaluation du dérivé hypothétique dans le cas particulier d'une couverture de flux de trésorerie par un cross-currency swap (contrairement au cas d'une couverture de juste valeur), voir n° 50165.

Comptabilisation du report/déport des contrats à terme ferme

Lorsque l'entité sépare la composante comptant (élément « spot ») et la composante report/déport (voir n° 48745) et ne désigne comme instrument de couverture que la variation de valeur de la composante comptant (voir n° 49190) d'un contrat à terme ferme, elle peut comptabiliser les variations de juste valeur du report/déport en autres éléments du résultat global (OCI) (IFRS 9.6.2.4b et .5.16). **49220**

De manière analogue à la valeur temps des options, le traitement du coût de la couverture n'est applicable qu'à la composante report/déport du dérivé aligné (IFRS 9.B6.5.38), voir n° 49690.

Toutefois, si la comptabilité de couverture est arrêtée, le montant accumulé en autres éléments du résultat global (OCI) doit être immédiatement reclassé au compte de résultat (IFRS 9.6.5.16).

F. Arrêt de la relation de couverture

Une entité doit arrêter la comptabilité de couverture de manière prospective si, et seulement si, la relation de couverture (ou une partie de celle-ci) cesse de répondre aux critères d'éligibilité (voir n° 49110) et après prise en compte, le cas échéant, de tout ajustement du ratio de couverture (voir n° 49120). Cela inclut les situations dans lesquelles l'instrument de couverture expire, est vendu, résilié ou encore exercé (IFRS 9.6.5.6). **49230**

Remarques :
1. Dans ce cadre, le remplacement d'un instrument de couverture par un autre ou son renouvellement sous la forme d'un autre instrument de couverture (« roll-over ») ne constitue pas une expiration ou résiliation si ce remplacement/« roll-over » fait partie de l'objectif de gestion des risques tel que documenté (IFRS 9.6.5.6).
2. L'arrêt volontaire d'une couverture n'est pas autorisé (IFRS 9.B6.5.23). Ceci représente un changement par rapport à IAS 39 en matière de comptabilité de couverture.
3. Pour la comptabilisation d'un arrêt de couverture de juste valeur, voir n° 49820, point 1.
4. Pour la comptabilisation d'un arrêt de couverture de flux de trésorerie, voir n° 49820, point 2.

G. Option de désigner une exposition au risque de crédit à la juste valeur par résultat

Eligibilité d'une exposition au risque de crédit à l'option juste valeur par résultat

49240 Si une entité utilise un dérivé de crédit qui est évalué à la juste valeur par résultat pour gérer le risque de crédit de tout ou partie d'un instrument financier, elle peut désigner la totalité ou une proportion de cet instrument financier (dans la mesure où il est géré ainsi) comme évalué à la juste valeur par résultat, si (IFRS 9.6.7.1) :

– l'entité à laquelle se rattache l'exposition au risque de crédit (par exemple, l'emprunteur ou le bénéficiaire d'un engagement de prêt) correspond à l'entité de référence du dérivé de crédit (« même signature ») ; et

– le rang de l'instrument financier correspond à celui des instruments qui peuvent être livrés selon le dérivé de crédit.

Cette option juste valeur par résultat peut être appliquée, que l'instrument financier pour lequel l'entité se couvre soit ou non dans le champ d'application d'IFRS 9 (par exemple, l'entité peut désigner un engagement de prêt hors du périmètre d'IFRS 9). L'entité peut désigner cet instrument financier (et doit documenter alors cette désignation) soit lors de sa comptabilisation initiale ou ultérieurement, soit alors qu'il est en hors bilan.

Traitement comptable d'une exposition au risque de crédit désignée à la juste valeur par résultat

49250 Si un instrument financier est désigné comme évalué à la juste valeur par résultat après sa comptabilisation initiale, ou s'il n'était pas enregistré au bilan auparavant, la différence à la date de désignation entre la valeur comptable, le cas échéant, et la juste valeur doit être comptabilisée immédiatement en résultat (IFRS 9.6.7.2).

Arrêt obligatoire de l'option juste valeur

49260 Une entité doit arrêter d'évaluer l'instrument financier à la juste valeur par résultat si (IFRS 9.6.7.3) :

1. les critères d'éligibilité décrits au n° 49110 ne sont plus remplis, par exemple :

– le dérivé de crédit ou l'instrument financier expire, est vendu, résilié ou réglé ; ou

– le risque de crédit de l'instrument financier n'est plus géré en utilisant un dérivé de crédit ;

> Cela peut être le cas, par exemple, lorsque la qualité de crédit de l'emprunteur ou du détenteur d'un engagement de prêt s'améliore ou lorsque les montants de capitaux requis pour une entité sont modifiés.

2. il n'est pas obligatoire que l'instrument financier soit évalué à la juste valeur par résultat (c'est-à-dire que le « business model » de l'entité n'a pas changé de manière à imposer un reclassement selon IFRS 9.4.4.1).

Traitement comptable de l'arrêt de l'option juste valeur

49270 Lorsqu'une entité arrête d'évaluer l'instrument financier à la juste valeur par résultat, la juste valeur de cet instrument financier à la date d'arrêt devient sa nouvelle valeur comptable. Par la suite, le même mode d'évaluation qui était utilisé avant l'application de l'option juste valeur par résultat doit être appliqué (y compris l'amortissement résultant de la nouvelle valeur comptable) (IFRS 9.6.7.4).

> Par exemple, un actif financier qui était à l'origine évalué au coût amorti serait à nouveau évalué au coût amorti et son taux d'intérêt effectif serait recalculé en fonction de sa nouvelle valeur comptable à la date d'arrêt de l'option juste valeur par résultat.

QUESTIONS/REPONSES PRATIQUES

Remarque importante

Les réponses aux questions présentées ci-après résultent de l'analyse des dispositions de la norme IFRS 9, Instruments financiers, en vigueur actuellement, sur la base des informations disponibles au 1er juin 2023 (voir n° 49050 s.). 49310

SECTION I

Comptabilisation des relations de couverture

Types de couverture reconnus sur le plan comptable en IFRS

Question 49320

Quels sont les différents types de couverture reconnus sur le plan comptable en IFRS ?

Réponse

Trois types de couverture :
- la couverture de juste valeur (« fair value hedge »/FVH) permettant de se protéger contre une exposition à la variation de prix de l'élément couvert ;
- la couverture de flux de trésorerie (« cash-flow hedge »/CFH) permettant de se prémunir contre la variabilité de flux de trésorerie futurs ; et
- la couverture d'un investissement net en devises (« net investment hedge »/NIH) permettant de se protéger contre les variations de change d'un investissement net réalisé à l'étranger (filiale ou participation étrangère consolidée). La couverture d'un investissement net à l'étranger est comptabilisée comme une couverture de flux futurs de trésorerie.

Commentaires Selon IFRS 9.6.5.2, il existe trois types de relations de couverture :

1. **Couverture de juste valeur (« fair value hedge »/FVH)** Une couverture de juste valeur a pour objectif de se protéger contre une exposition aux variations de la juste valeur (IFRS 9.6.5.2a) :
- d'un **actif**, d'un **passif** ou d'un **engagement ferme** (ou d'une **portion identifiée** d'actif, de passif ou d'engagement ferme) ;
- qui peut être attribuée à un **risque spécifique** ; et
- qui aura un **impact sur** le **résultat net** présenté par l'entreprise.

Pour l'enregistrement comptable d'une couverture de juste valeur, voir n° 49330.

Le tableau suivant récapitule les principaux exemples de couvertures de juste valeur (FVH) :

Couvertures de juste valeur (FVH)		
Elément couvert	Instrument de couverture	Objectif de la couverture
Emprunt à taux fixe	Swap échangeant du taux fixe contre du taux variable	Couvrir les variations de juste valeur dues au risque de taux d'intérêt de l'emprunt à taux fixe (1)
Créance ou dette libellée en devise étrangère	Contrat de vente ou d'achat à terme de la devise étrangère	Couvrir les variations de juste valeur imputables au risque de change de la créance en devise étrangère
Prêt à taux fixe	Swap échangeant du taux fixe contre du taux variable	Couvrir les variations de juste valeur dues au risque de taux d'intérêt du prêt à taux fixe (2)
Ligne d'actions dans un portefeuille-titres	Achat d'options de vente (put) de ces actions	Couvrir une baisse éventuelle des cours de l'action

49320 (suite)

Couvertures de juste valeur (FVH)		
Elément couvert	**Instrument de couverture**	**Objectif de la couverture**
Commande ferme d'un client libellée en devises étrangères	Contrat de vente à terme de la devise étrangère	Couvrir la variation de juste valeur due au risque de change de la commande ferme
Stock de matières premières	Contrat de vente à terme de matières premières	Couvrir les variations de juste valeur du stock contre une variation des cours de la matière première
(1) Ce qui équivaut à se protéger contre les variations de juste valeur de l'emprunt (IFRS 9.B6.5.1), même si ce dernier est enregistré au coût amorti au bilan de l'entreprise (voir nº 49330). (2) Il est possible de couvrir le risque de variations de juste valeur de prêts ou de créances (à taux fixe) comptabilisés à leur coût amorti. La juste valeur de ces prêts et créances évoluerait en fonction de l'évolution des taux de marché.		

2. Couverture de flux de trésorerie (« cash-flow hedge »/CFH) Une couverture de flux de trésorerie a pour objectif de se prémunir contre une exposition à la variabilité des flux de trésorerie futurs (IFRS 9.6.5.2b) :
- qui est liée à un **risque particulier**, associé soit à un **actif** ou à un **passif** enregistré au bilan, soit à une **transaction future** prévue hautement probable ; et
- qui pourrait **affecter le résultat.**

Par exemple, la couverture d'un emprunt à taux variable par un swap de taux échangeant du taux variable contre du taux fixe est un exemple de couverture de flux de trésorerie. En effet, la mise en place d'un tel swap permet de « fixer » le montant des flux de trésorerie futurs, c'est-à-dire les paiements d'intérêt (IFRS 9.B6.5.2).

Pour l'enregistrement comptable d'une couverture de flux de trésorerie, voir nº 49340.

On notera par ailleurs que la couverture du **risque de change** d'un engagement ferme (par exemple, une commande) peut être comptabilisée soit comme une couverture de juste valeur, soit comme une couverture de flux de trésorerie (IFRS 9.6.5.3).

Le tableau suivant récapitule les principaux exemples de couvertures de flux de trésorerie :

Couvertures de flux de trésorerie (CFH)		
Elément couvert	**Instrument de couverture**	**Objectif de la couverture**
Emprunt à taux variable	Swap échangeant du taux variable contre du taux fixe	Couvrir la variabilité des flux de paiements à effectuer liés aux intérêts de l'emprunt
Emprunt à taux variable	Cap garantissant un taux plafond	Couvrir en la plafonnant la variabilité des flux de paiements à effectuer liés aux intérêts de l'emprunt
Budget d'achat N+1 en devises étrangères	Achat à terme de la devise étrangère	Couvrir le risque de variation des paiements à effectuer liés aux futurs achats et dépendant du cours de la devise étrangère
Créance en devises étrangères	Vente à terme de la devise étrangère	Couvrir le risque de variation du règlement à encaisser sur la créance lié à la fluctuation du cours de la devise étrangère
Couverture d'une commande de vente en devises étrangères	Vente à terme de la devise étrangère	Couvrir le risque de variation de règlement à encaisser une fois la commande livrée lié à la fluctuation du cours de la devise étrangère (1)
(1) La couverture du risque de change d'un engagement ferme en devises peut être comptabilisée comme une couverture de juste valeur (FVH) ou une couverture de flux de trésorerie (CFH) (IFRS 9.B6.5.3), voir ci-avant.		

3. Couverture d'un investissement net en devises (« net investment hedge »/NIH) La couverture d'un investissement net en devises a pour objet de se protéger contre des variations défavorables de la juste valeur d'un investissement réalisé à l'étranger dans une monnaie autre que la monnaie de fonctionnement de l'entreprise (IFRS 9.6.5.2c et .6.5.13 reprenant la définition de la norme IAS 21, Effets des variations des cours des monnaies étrangères).

Le traitement comptable requis par la norme IFRS 9 pour ces couvertures est similaire à celui d'une couverture de flux de trésorerie (CFH) (IFRS 9.6.5.13).

Pour l'enregistrement comptable d'une couverture de flux de trésorerie, voir nº 49340.
Pour les couvertures d'investissements nets en devises, voir nº 49350.

Couverture de juste valeur : traitement comptable

49330

Question

Comment comptabiliser une couverture de juste valeur (« fair value hedge »/FVH) ?

Réponse

Dans une couverture de juste valeur :
- l'instrument de couverture est comptabilisé à sa juste valeur par résultat (ou en autres éléments du résultat global (OCI)) si l'instrument couvre un instrument de capitaux propres désigné, sur option irrévocable, à la juste valeur en contrepartie des autres éléments du résultat global (OCI) ; et
- la valeur comptable de l'élément couvert est ajustée de la variation de la juste valeur imputable au risque couvert (composante risque couverte) en contrepartie du résultat.

Les variations de valeur constatées en résultat sur l'instrument de couverture et l'élément couvert se compensent donc à l'efficacité de la couverture près.

Commentaires :

1. **Rappel** Une couverture de juste valeur n'est comptabilisée que si elle satisfait aux conditions générales de qualification d'une opération de couverture selon IFRS 9.6.4.1 (voir nº 49110).

Sur la notion de couverture de juste valeur, voir nº 49080 s.

2. **Traitement comptable** (IFRS 9.6.5.8) :

a. Instrument de couverture L'instrument de couverture ne fait pas l'objet d'un traitement spécifique et suit l'enregistrement qui aurait été le sien sans comptabilité de couverture (pas d'écriture spécifique). L'approche varie toutefois selon qu'il s'agit de la couverture d'un instrument de dette ou de la couverture d'un instrument de capitaux propres pour lequel l'entité a choisi de présenter les variations de juste valeur en autres éléments du résultat global (OCI) conformément à IFRS 9 (IFRS 9.5.7.5).

Lorsque l'instrument de couverture couvre un instrument de capitaux propres pour lequel l'entité a choisi de présenter les variations de juste valeur en autres éléments du résultat global (OCI) non recyclables, il est réévalué à sa **juste valeur par le biais des autres éléments du résultat global** (IFRS 9.6.5.8a).

Dans les autres cas, l'instrument de couverture est réévalué par le biais du **résultat net.**

b. Elément couvert L'élément couvert est ajusté (réévalué) de la variation de juste valeur imputable à la composante risque couvert. Le profit ou la perte dégagé(e) en contrepartie est comptabilisé(e) en résultat, sauf s'il s'agit d'un instrument de capitaux propres évalué à la juste valeur par le biais des autres éléments du résultat global (OCI) non recyclables. Dans ce dernier cas, le profit ou la perte dégagé(e) est comptabilisé(e) en OCI (IFRS 9.6.5.8b).

Lorsque l'élément couvert est un engagement ferme non comptabilisé au bilan (commande, par exemple), la réévaluation de ce dernier (ou de sa composante risque couverte) donne lieu à l'enregistrement d'un actif ou d'un passif dont la contrepartie est un gain ou une perte enregistré(e) en résultat (IFRS 9.6.5.8b).

3. **Résultat de l'opération (impact sur les états financiers)** En conséquence de ce traitement comptable, les variations de juste valeur constatées en résultat sur l'instrument de couverture et sur l'élément couvert se compensent, à l'inefficacité de la couverture près.

Rappelons en effet que pour qu'un élément soit désigné comme instrument de couverture, il n'est pas nécessaire que la couverture soit efficace à 100 % (voir nº 49110 s.).

Toutefois, il est important de souligner que sans qualification de couverture les pertes ou les gains constaté(e)s sur l'élément couvert ne pourraient pas être compensé(e)s au compte de résultat, l'entreprise n'ayant pas le droit de réévaluer la composante risque couverte (cas des éléments enregistrés au coût ou au coût amorti) ou, si cette dernière l'était déjà (cas des titres de dette évalués à la juste valeur en contrepartie des OCI), l'entité n'aurait pas le droit d'enregistrer en résultat les variations de valeur correspondantes.

49330 (suite) D'où l'importance de satisfaire aux critères de qualification d'une opération de couverture (voir nº 49110 s.).

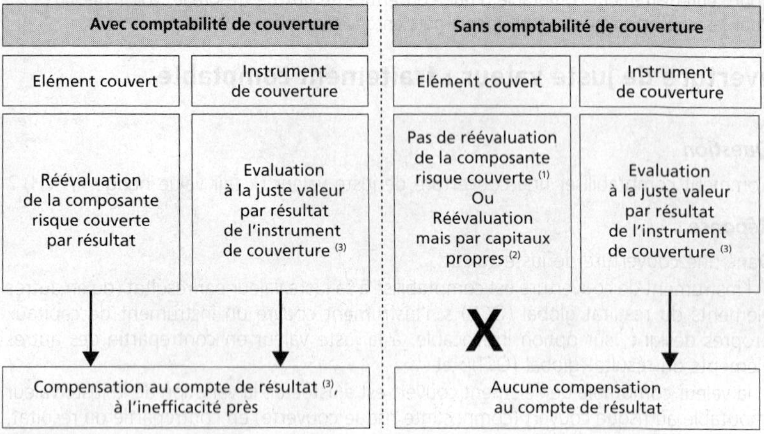

(1) Elément évalué au coût amorti
(2) Instruments de dette comptabilisés à la juste valeur par OCI
(3) Ou en autres éléments du résultat global (OCI) si l'instrument de capitaux propres désigné, sur option irrévocable, à la juste valeur en contrepartie des autres éléments du résultat global (OCI)

4. **Précisions apportées par la norme** :

a. **Couverture de certains risques seulement** S'il existe des variations de juste valeur de l'élément couvert qui sont liées à des risques autres que celui couvert, ces dernières :

– soit ne sont pas comptabilisées, si l'élément couvert est enregistré au coût ou au coût amorti ;

Si un prêt à taux fixe est couvert contre le risque de taux, ses variations de juste valeur dues à l'évolution des taux d'intérêt seront comptabilisées en résultat. En revanche, les variations de juste valeur liées, par exemple, à l'évolution du rating de l'emprunteur, ne sont pas comptabilisées en résultat car elles ne sont pas couvertes par la relation de couverture.
A noter également qu'en l'absence de relation de couverture, ce prêt serait comptabilisé à son coût amorti.
Enfin qu'il soit couvert ou non, ce prêt sera déprécié pour risque de crédit (voir nº 47050 s.).

– soit sont enregistrées, si l'élément couvert est évalué à la juste valeur par le biais des autres éléments du résultat global (OCI), mais leurs contreparties restent, dans ce cas, comptabilisées en autres éléments du résultat global (OCI).

b. **Amortissement de l'ajustement réalisé sur l'élément couvert** L'ajustement (prime/décote) réalisé au titre de la variation de juste valeur imputable à l'élément couvert (ou à la composante risque couverte de cet élément) doit faire l'objet d'un amortissement au compte de résultat s'il porte sur la valeur comptable (IFRS 9.6.5.10) d'un élément couvert, évalué au coût amorti, pour lequel la méthode du taux d'intérêt effectif est utilisée (prêt, créance ou dette à taux fixe).

L'amortissement peut démarrer dès qu'un ajustement (décote/prime) apparaît. En tout état de cause, il doit commencer au plus tard lorsque l'élément couvert cesse d'être ajusté des variations de juste valeur attribuables au risque couvert (c'est-à-dire au plus tard lors de l'arrêt de la comptabilité de couverture).

L'ajustement est fondé sur un taux d'intérêt effectif, recalculé à la date à laquelle l'amortissement commence (voir nº 46845).

Dans le cas d'un instrument de dette (ou d'une composante d'un tel actif) qui est un élément couvert et qui est évalué à la juste valeur par le biais des autres éléments du résultat global, l'amortissement est appliqué de la même manière, mais à hauteur du cumul des profits et des pertes comptabilisés antérieurement (IFRS 9.6.5.8b) plutôt que par ajustement de la valeur comptable.

Il doit être intégralement amorti à l'échéance de l'instrument financier (IFRS 9.6.5.10).

c. **Traitement de l'ajustement (réévaluation de la composante risque couverte) dans le cas d'un engagement ferme (commande)** :

– couverture d'une commande de vente (produit, service ou marchandise) : l'ajustement enregistré au bilan (perte ou gain constaté sur la commande) est rapporté au compte de résultat lorsque la vente est réalisée ;

– couverture d'une commande d'achat (stock ou bien d'équipement) : l'ajustement est intégré au coût d'acquisition de l'actif sous-jacent.

■ *Exemple*

Une entreprise couvre une commande de vente de produits manufacturés de 100 US dollars contre le risque de change. Elle souscrit auprès de son banquier un contrat de vente à terme (« forward ») de 100 US dollars contre euros. Le dollar ayant augmenté pendant la période de couverture, la vente (payée intégralement en trésorerie) se dénoue pour un montant de 110 (cours spot du jour) et le contrat forward fait apparaître une perte de 11.
L'entreprise apprécie l'efficacité de la couverture sur la base des cours forwards (y compris donc le report/déport).
Les tests d'efficacité (voir nº 49420 s.) montrent que la couverture est efficace.

Solution de l'exemple *L'enregistrement comptable de l'opération est le suivant :*

1. ***Lors de la signature*** *de la commande et de sa couverture, enregistrement pour mémoire des deux opérations (la commande et le forward ayant chacun une valeur nulle).*

2. ***A l'arrêté suivant*** *et jusqu'à la veille de la livraison, réévaluation à la fois de la commande de vente et du dérivé forward :*

Dt	*Commande ferme*	*10*	
Ct	*Autres produits d'exploitation*		*10*
Dt	*Autres charges d'exploitation*	*11*	
Ct	*Instrument dérivé de couverture – Forward*		*11*

L'impact sur le bilan et le compte de résultat est alors le suivant :

Bilan				*Compte de résultat*			
Commande ferme (1)	*10*	*Dérivé*	*11*	*Perte de change*	*11*	*Gain de change (1)*	*10*
				Inefficacité = < 1			

(1) Composante risque de change réévaluée.

3. ***A la date de livraison, facturation et encaissement*** *des produits et de dénouement du contrat de vente à terme de devises (« forward ») :*

Dt	*Instrument dérivé de couverture – Forward*	*11*	
Ct	*Trésorerie*		*11*
Dt	*Ventes*	*10*	
Ct	*Commande ferme*		*10*
Dt	*Trésorerie*	*110*	
Ct	*Ventes*		*110*

Le bilan et le compte de résultat sont alors les suivants :

Bilan				*Compte de résultat*			
Commande ferme	*0*	*Dérivé*	*0*	*–*	*–*	*Ventes*	*110*
Trésorerie (1)	*99*						*(10)*
							100

(1) 99 = 110 – 11

Ajustement des variations de juste valeur sur l'élément couvert dans une couverture de juste valeur

Question 49335

Dans une couverture de juste valeur d'un actif ou d'un passif financier évalué au coût amorti, quel traitement comptable appliquer lorsque les ajustements réalisés au titre des variations de juste valeur sur l'élément couvert ne sont pas amortis via le taux d'intérêt effectif et ne s'annulent pas naturellement sur la durée de la relation de couverture ?

Réponse

Dans ce cas, les variations de juste valeur de l'élément couvert doivent faire l'objet d'un ajustement qui garantit qu'aucun montant résiduel ne subsiste au bilan lors de l'arrêt de la relation de couverture.

Commentaires :

1. **Rappel** Dans le cas d'une couverture de juste valeur (FVH), l'élément couvert est ajusté (réévalué) de la variation de juste valeur imputable à la composante risque couvert. Le profit ou la perte dégagé(e) en contrepartie est comptabilisé(e) en résultat (IFRS 9.6.5.8b). Lorsque l'élément couvert est évalué au coût amorti, les ajustements réalisés au titre de la variation de juste valeur de l'élément couvert doivent faire l'objet d'un amortissement fondé sur le recalcul du taux d'intérêt effectif (TIE), garantissant que ces ajustements s'amortissent bien dans le compte de résultat à la fin de la durée de vie de l'élément couvert.

Pour plus de détails sur le traitement comptable d'une couverture de juste valeur, voir nº 49330. Pour plus de détails sur le recalcul du TIE permettant d'amortir les ajustements de juste valeur sur l'élément couvert, voir nº 46845.

La norme IFRS 9 offre la possibilité de procéder à cet amortissement au plus tard à la date d'arrêt de la comptabilité de couverture (IFRS 9.6.5.10). Dans le cas général où la somme cumulée sur la totalité de la durée de vie de la relation de couverture des ajustements effectués sur l'élément couvert au titre des variations de juste valeur est nulle, la norme autorise que les ajustements au titre de l'élément couvert ne soient pas amortis sur la durée de vie de la relation de couverture via un recalcul du TIE.

En effet, dans ce cas où la somme des ajustements est nul, il n'est pas besoin de procéder à leur amortissement systématique, ces ajustements s'amortissant d'eux-mêmes.

2. **Cas où les ajustements de variations de juste valeur sur l'élément couvert ne sont pas amortis via le TIE sur la durée de la relation de couverture** En général, les ajustements non amortis via le TIE s'annulent naturellement à la fin de la relation de couverture.

C'est le cas notamment lorsque dans une couverture d'actif ou de passif à taux fixe, seule la composante taux de référence est désignée comme élément couvert et la désignation de l'élément couvert a été réalisée de sorte que la juste valeur imputable au risque couvert corresponde au coût amorti à la date de désignation de la relation de couverture.

Mais parfois, les ajustements effectués au titre des variations de juste valeur sur l'élément couvert non amortis via le TIE ne s'annulent pas sur la durée de la relation de couverture. Dans ces cas, à l'échéance de l'élément couvert, il peut subsister un montant résiduel au bilan.

C'est le cas, par exemple :
- lorsque la juste valeur de l'élément couvert diffère de son nominal ;
- l'élément couvert inclut une composante autre que le taux de référence.

3. **Traitement comptable lorsque les variations de valeur cumulées sur l'élément couvert ne s'annulent pas à la date d'arrêt de la relation de couverture** Dans ce cas, la norme IFRS 9 (IFRS 9.6.5.10) requiert, en principe, que chacun des ajustements fasse l'objet d'un amortissement via le recalcul du TIE de l'élément couvert. A notre avis, à titre de simplification, un ajustement peut être effectué sur les variations de valeur de l'élément couvert de façon qu'aucun montant résiduel ne subsiste au bilan lors de l'arrêt de la relation de couverture. Cet ajustement consiste généralement à étaler, via un ajustement du taux d'intérêt effectif de l'élément couvert, l'écart entre la juste valeur imputable au risque couvert et le coût amorti de l'élément couvert à la date de désignation de la relation de couverture. En effet, cet ajustement est cohérent avec les dispositions de la norme (IFRS 9.6.5.10), selon lesquelles les ajustements réalisés au titre des variations de juste valeur de l'élément couvert sont complètement amortis à l'échéance de l'instrument financier (voir nº 49330, point 4b.). L'ajustement permet ainsi d'égaliser (i) le coût amorti de l'élément couvert augmenté/diminué des ajustements effectués au titre des variations de valeur et (ii) le montant qui sera réglé à l'échéance de l'élément couvert.

Couverture de flux de trésorerie : traitement comptable

49340 ***Question***

Comment comptabiliser une couverture de flux de trésorerie (« cash-flow hedge »/CFH) ?

49340 (suite)

Réponse

Dans une couverture de flux de trésorerie :
- l'élément couvert ne fait l'objet d'aucune écriture spécifique ;
- l'instrument de couverture est évalué à sa juste valeur. Ses variations de valeur sont comptabilisées en autres éléments du résultat global (OCI) pour la part efficace de la couverture et en résultat net pour la part inefficace. Toutefois, la part inefficace n'est pas traduite en résultat lorsque les pertes/gains globaux constatés sur l'instrument de couverture sont supérieurs (en valeur absolue) aux gains/pertes de l'élément couvert (traitement asymétrique de l'inefficacité).

Le recyclage du montant accumulé en réserve de couverture de trésorerie diffère selon la nature de l'élément couvert.

Ce montant est sorti et incorporé dans la valeur d'entrée au bilan de l'élément couvert (selon la méthode dite du « basis adjustment ») lorsque l'élément couvert est :
- une opération se dénouant par la comptabilisation d'un instrument non financier (par exemple, un stock ou une immobilisation) ;
- une opération sur un instrument non financier se dénouant par un engagement ferme faisant l'objet d'une couverture de juste valeur.

Dans tous les autres cas, le montant accumulé en réserves de flux de trésorerie est rapporté en résultat net lorsque les flux de trésorerie attendus couverts influent sur ce dernier.

Commentaires :

1. **Rappel** Une couverture de flux de trésorerie n'est comptabilisée que si elle satisfait aux conditions la qualifiant d'opération de couverture selon IFRS 9.6.4.1 (voir n° 49110).

Sur la notion de couverture de flux de trésorerie, voir n° 49080.

2. **Traitement comptable** (IFRS 9.6.5.11) :

a. **Elément couvert** L'élément couvert ne fait l'objet d'aucune écriture comptable spécifique (autres que celles qu'il générerait s'il n'était pas couvert).

Rappelons que cet élément peut être (IFRS 9.5.2b et .5.4) :
- une transaction future hautement probable (budget d'achats ou de ventes, par exemple) ; ou
- un engagement ferme en devises ; ou
- un actif ou un passif déjà comptabilisé au bilan (actif ou dette à taux variable, par exemple).

b. **Instrument de couverture** Il est réévalué à sa juste valeur au bilan. En contrepartie (IFRS 9.5.11b et .5.11c) :
- la **part efficace** de la variation de la juste valeur attribuable au risque couvert est comptabilisée **en autres éléments du résultat global (OCI).**

Sur la détermination du montant de la part efficace, voir point 4a. ci-après.

Le recyclage du montant accumulé en réserve de couverture de trésorerie diffère selon la nature de l'élément couvert. Ce montant est sorti et incorporé dans la valeur d'entrée au bilan de l'élément couvert (selon la méthode dite du « basis adjustment ») lorsque l'élément couvert est une opération se dénouant par la comptabilisation d'un instrument non financier (par exemple, un stock ou une immobilisation) ou d'un engagement ferme faisant l'objet d'une couverture de juste valeur. Dans tous les autres cas, les montants accumulés en réserve de couverture de flux de trésorerie sont recyclés en résultat lorsque les flux de trésorerie attendus couverts influent sur ce dernier.
- la **part inefficace** de la variation de la juste valeur de l'instrument de couverture est comptabilisée **en résultat net.**

La part inefficace représente les pertes/gains nécessaires pour équilibrer les variations de la réserve de couverture de flux de trésorerie.

3. **Résultat de l'opération (impact sur les états financiers)** En conséquence du traitement comptable exposé ci-avant, les montants accumulés en réserve de couverture de flux de trésorerie au titre de la part efficace sont différés en capitaux propres (OCI recyclables) jusqu'à ce que les flux de trésorerie attendus couverts influent sur le résultat net de l'entreprise ou jusqu'à ce que l'opération couverte se dénoue par la comptabilisation d'un instrument non financier ou d'un engagement ferme, à l'exception de la part inefficace qui est immédiatement enregistrée en résultat (IFRS 9.5.11d).

49340 (suite) Sans qualification de couverture, les pertes/gains constatés sur l'instrument de couverture ne pourraient pas être enregistrés (différés) en capitaux propres (OCI recyclables) et affecteraient immédiatement le compte de résultat.

D'où l'importance, là encore, de satisfaire aux critères d'applicabilité d'une opération de couverture définis par IFRS 9.6.4.1 (voir nº 49110).

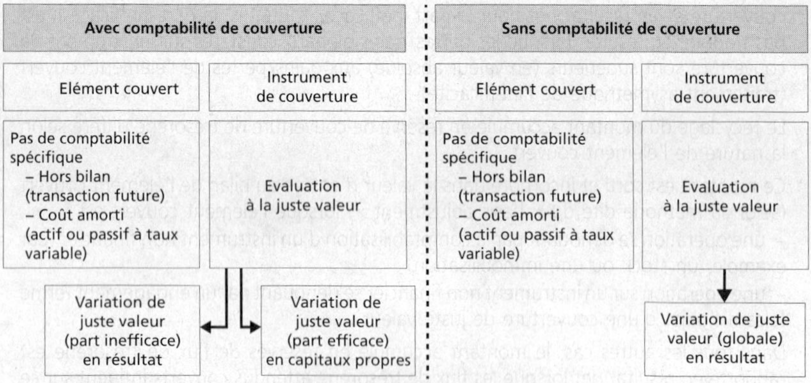

4. Précisions apportées par la norme :

a. **Asymétrie du traitement comptable de l'inefficacité** Le montant comptabilisé en autres éléments du résultat global (OCI) est ajusté au **plus faible** des deux montants suivants (en valeur absolue) (IFRS 9.5.11a) :

- gains/pertes cumulés sur l'instrument de couverture depuis le début de la relation de couverture ; ou
- variations cumulées de juste valeur (valeur actualisée) des flux de trésorerie attendus de l'élément couvert, depuis le début de la relation de couverture.

■ *Exemple*

Une entreprise industrielle et commerciale couvre un budget de vente de 100 dollars par un contrat de vente à terme de dollars. Le montant des ventes futures en dollars et le notionnel du dérivé sont identiques, de même que leur échéance. A la date du premier arrêté suivant l'opération, les variations respectives des ventes en dollars et du contrat à terme ferme de change sont les suivantes :

- cas nº 1 : le gain de change sur les ventes futures budgétées s'élève à 10 et la perte sur le dérivé à 11 ;

- cas nº 2 : le gain de change sur les ventes futures budgétées s'élève à 11 et la perte sur le dérivé à 10.

L'entreprise apprécie l'efficacité de la couverture sur la base des cours forwards (y compris donc le report/déport). Les tests d'efficacité (voir nº 49110) montrent que la couverture est hautement efficace.

Solution de l'exemple *Le montant enregistré en autres éléments du résultat global (OCI) s'élève à 10 dans les deux cas (montant le plus faible en valeur absolue). La part inefficace enregistrée en résultat s'élève à :*

- 1 (perte) dans le cas nº 1 ;

- 0 dans le cas nº 2.

Dans ce dernier cas, en effet, aucune inefficacité n'est enregistrée en résultat, parce que les pertes/gains sur le dérivé doivent au minimum couvrir les gains/pertes constatés sur l'élément couvert. Cela n'aurait pas été le cas si la relation de couverture avait cessé de répondre aux critères d'efficacité au regard du ratio de couverture (IFRS 9.4.1c.iii) et que l'entreprise avait dû procéder à un rééquilibrage.

b. **Recyclage des montants accumulés en réserve de couverture de flux de trésorerie** L'objectif de la couverture de flux de trésorerie est de différer en autres éléments du résultat global (OCI) les gains ou pertes liés à l'instrument de couverture jusqu'à ce que les flux de trésorerie attendus couverts influent sur le résultat net.

Les modalités de reclassement des montants accumulés en réserve de couverture de flux de trésorerie varient selon la nature de l'élément couvert :

b1. **Couverture de ventes futures** : la règle générale s'applique, à savoir le reclassement en résultat (recyclage) dans la période au cours de laquelle la vente prévue se réalise (IFRS 9.6.5.11d.ii).

b2. Couverture d'un instrument financier à taux variable préexistant : la règle générale s'applique, à savoir le reclassement en résultat dans la ou les périodes au cours desquelles la transaction future couverte influe sur le résultat net (IFRS 9.6.5.11d.ii), c'est-à-dire au fur et à mesure de l'enregistrement des charges ou produits d'intérêt, selon la méthode du taux d'intérêt effectif. **49340** (suite)

b3. Opération se dénouant par la comptabilisation (acquisition/émission) d'un instrument financier : les gains/pertes antérieurement différés sont maintenus en réserve de couverture de flux de trésorerie (OCI) (et ne viennent donc pas ajuster le coût d'entrée de l'actif ou du passif). Ils sont ensuite repris en résultat au même rythme que les flux de trésorerie liés à l'élément couvert (IFRS 9.6.5.11d.iii).

S'il s'agit d'**instruments de dette évalués à la juste valeur en contrepartie des autres éléments du résultat global (OCI)**, les montants sont différés jusqu'à la dépréciation ou la cession des titres acquis.

S'il s'agit d'**actifs** ou de **passifs enregistrés au coût amorti** (prêt ou emprunt, créance client ou fournisseur), le reclassement se fait de manière actuarielle sur toute la durée de vie de l'instrument, selon la méthode du taux d'intérêt effectif.

b4. Opération se dénouant par la comptabilisation (acquisition/prise en charge) d'un instrument non financier (par exemple, une immobilisation ou un stock) : l'entreprise doit appliquer la méthode dite du **« basis adjustment »** selon laquelle la valeur d'entrée au bilan de l'actif ou du passif non financier est corrigée du montant correspondant à la réserve de couverture de flux de trésorerie (IFRS 9.6.5.11d.i).

Selon cette méthode du « basis adjustment » :
- les gains ou pertes de couverture impacteront ensuite indirectement le résultat au rythme des impacts sur le résultat de l'actif acquis ou du passif émis (par exemple, au rythme des amortissements – cas d'une immobilisation – ou lors de l'enregistrement du coût des ventes – cas d'un stock) ;
- l'entreprise n'aura pas à suivre et amortir de manière spécifique et distincte les montants accumulés en réserve de couverture de flux futurs.

Remarque Ce « basis adjustment » ne doit pas être confondu avec le fait de réévaluer – dans le cas d'une couverture de juste valeur – une commande ferme couverte de stock ou d'équipement ou la composante risque couverte (change) de cette commande. Dans ce cas, en effet, l'entreprise intègre systématiquement, la perte ou le gain de couverture dans le coût d'entrée de l'actif non financier correspondant (IFRS 9.6.5.8b et .6.5.9), voir n° 49330, point 4c.

■ *Exemple*

Le 15/11/N, dans le cadre de ses activités récurrentes, une entité française dont la monnaie fonctionnelle est l'euro prévoit un achat futur de pièces détachées auprès de son principal fournisseur, situé aux Etats-Unis. La livraison des pièces détachées et leur paiement en dollars (100 K$) sont prévus le 15/01/N+1. Pour se prémunir contre la hausse du taux du dollar contre euro, elle contracte un contrat d'achat à terme ferme.

Le tableau suivant récapitule l'évolution des cours spot et des cours à terme du dollar pendant toute la durée du contrat d'achat à terme dollars contre euros.

Par simplification, aucune actualisation des flux n'a été prise en compte, notamment dans le calcul de la juste valeur du contrat d'achat à terme.

Le report sur le contrat à terme dollars/euros est considéré comme faisant partie de la part efficace de la couverture. La couverture est efficace à 100 %.

Date	*15/11/N*	*31/12/N*	*15/01/N+1*
Cours spot	*1,3000*	*1,1000*	*1,000*
Cours à terme (1)	*1,2970*	*1,0990*	*1,000*
Contrat d'achat à terme en K€ (JV cours à terme)	*0*	*13,89* (2)	*22,90* (3)

(1) Cours à terme à 2 mois.
(2) 13,89 = 90,99 (i.e. 100/1,0990) – 77,10 (i.e. 100/1,2970).
(3) 22,90 = 100 (i.e. 100/1,000) – 77,1010 (i.e. 100/1,2970).

Solution de l'exemple *Les écritures comptables sont les suivantes :*

*1. **Au 15/11/N, lors de la mise en place de la couverture,** la juste valeur de la vente à terme est égale à zéro. Aucune écriture n'est à comptabiliser au titre de l'opération de couverture (enregistrement pour mémoire du dérivé).*

49340 (suite) *2. **Au 31/12/N, lors de la clôture des comptes,** le dérivé est revalorisé à sa juste valeur, soit un gain de 13,89 K€, en contrepartie des capitaux propres pour la part efficace de la couverture (13,89) et du résultat pour la part inefficace de la couverture (0), le gain de change (calculé à partir de la variation des cours spot) sur l'achat futur des pièces détachées étant supérieur (14 = 100/1,3 – 100/1,1).*

*3. **Au 15/01/N+1,** lors de la livraison des pièces détachées :*

– le dérivé est revalorisé à sa juste valeur, soit 22,9 K€, en contrepartie des autres éléments du résultat global (OCI), pour la part efficace de la couverture (9,01), et du résultat, pour la part inefficace de la couverture (0), le gain de change cumulé (calculé à partir de la variation des cours spot) sur l'achat futur des pièces détachées étant toujours supérieur en valeur absolue (23,1 = 100/1,3 – 100/1) :

Dt	*Instrument dérivé de couverture – Vente à terme (22,9 – 13,89)*	*9,01*	
Ct	*Capitaux propres (OCI) – Ecart de réévaluation des instruments de couverture*		*9,01*
Ct	*Résultat – Variation de valeur des instruments de couverture*		*0*
Dt	*Trésorerie*	*22,9*	
Ct	*Instrument dérivé de couverture – Vente à terme*		*22,9*

– l'entreprise enregistre l'achat du stock de pièces détachées (en K€) au cours spot :

Dt	*Stocks (100/1)*	*100*	
Ct	*Banque*		*100*

*– l'entreprise corrige le coût d'entrée du stock du « **basis adjustment** » :*

Dt	*Capitaux propres (OCI) – Ecart de réévaluation des instruments de couverture*	*22,9*	
Ct	*Stocks*		*22,9*

Remarque Le gain constaté sur la couverture (22,9) n'affectera le résultat que lorsque le stock sera vendu (via l'écriture d'enregistrement du coût des ventes) (IFRS 9.6.5.11d.i).

b5. Couverture contre le risque de change lors de l'acquisition future d'une filiale en devises : en application de la méthode du basis adjustment (IFRS 9.6.11d.i), le montant accumulé en réserve de couverture de flux futurs est incorporé au coût des titres à la date d'acquisition de la filiale.

L'acquisition future d'une filiale en devises peut être désignée comme élément couvert contre le risque de change qu'elle soit certaine (« firm commitment ») ou qu'il s'agisse d'une transaction future hautement probable. Le premier cas est explicitement prévu par IFRS 9.B6.3.1 (possibilité de couvrir contre le risque de change un engagement ferme d'acquisition d'une entreprise dans le cadre d'un regroupement). Le second dépend des faits et circonstances, mais est, à notre avis, possible dès lors qu'un protocole de cession a été signé et que les autorités de tutelle ne devraient pas refuser les autorisations demandées, voir nº 49620.

b6. Couverture d'une position nette de change : les gains/pertes liés à l'instrument de couverture sont reclassés en résultat dès lors que le premier élément couvert de la position nette affecte le résultat (IFRS 9.B6.6.9).

La présentation de ce reclassement en résultat s'effectue sur une ligne distincte du compte de résultat lorsque le groupe d'éléments couverts affecte différentes lignes du compte de résultat. Pour plus d'information sur ce point, voir nº 49160.

c. Couverture de certains risques uniquement L'approche est identique à celle appliquée dans le cas d'une couverture de juste valeur (voir nº 49330).

■ ***Exemple***

Reprise de l'exemple présenté au nº 49330 *Le dollar ayant augmenté pendant la période de couverture, la vente (payée intégralement en trésorerie) se dénoue pour un montant de 110 (cours spot du jour) et le contrat forward fait apparaître une perte de 11 (cas nº 1).*

Solution de l'exemple *L'enregistrement comptable est le suivant :*

*1. **Lors de la mise en place de la couverture,** enregistrement pour mémoire de l'opération (le forward ayant une valeur nulle) ;*

2. *A l'arrêté suivant et jusqu'à la veille de la livraison, réévaluation du dérivé forward :*

Dt	*Capitaux propres recyclables (part efficace)*	*10*	
Dt	*Autres pertes d'exploitation (part inefficace)*	*1*	
Ct	*Instrument dérivé de couverture – Forward*		*11*

L'impact sur le bilan et le compte de résultat est alors le suivant :

Bilan				*Compte de résultat*		
–	*CP (OCI) recyclables*	*(10)*	*Perte de change*	*1*	*–*	*–*
					Inefficacité = (1)	

3. *A la date de livraison/facturation/encaissement de la vente et du dénouement du contrat de vente à terme de devise (forward) :*

Dt	*Instrument dérivé de couverture – Forward*	*11*	
Ct	*Trésorerie*		*11*
Dt	*Ventes*	*10*	
Ct	*Capitaux propres (OCI) recyclables*		*10*
Dt	*Trésorerie*	*110*	
Ct	*Ventes* [(1)]		*110*

(1) Chiffre d'affaires enregistré au cours comptant du jour de la vente.

Le bilan et le compte de résultat sont alors les suivants :

Bilan				*Compte de résultat*		
Trésorerie [(1)]	*99*	*Dérivé*	*0*	*–*	*–*	*Ventes*
						110
						(10)
						100

(1) 99 = 110 – 11.

Couverture d'un investissement net à l'étranger

Question 49350

Comment comptabiliser une couverture d'investissement net à l'étranger (« net investment hedge »/NIH) ?

Réponse

Dans la couverture d'un investissement net en devises :
- la partie des gains ou pertes de l'instrument de couverture (dérivé ou tout autre actif ou passif monétaire libellé en devises) qui est considérée comme efficace est comptabilisée en autres éléments du résultat global (OCI). Elle vient compenser en tout ou partie l'écart de conversion apparaissant lors de la consolidation de la participation concernée ;
- la part inefficace est comptabilisée immédiatement en résultat net.

Les montants enregistrés en OCI sont :
- rapportés au compte de résultat à la date de cession (totale ou partielle) entraînant la déconsolidation ou à la liquidation de l'investissement ;
- attribués aux intérêts minoritaires à la date de cession partielle n'entraînant pas déconsolidation.

Commentaires :

1. **Rappel** La couverture d'un investissement net à l'étranger n'est comptabilisée que si elle satisfait aux conditions la qualifiant d'opération de couverture selon IFRS 9.6.4.1 (voir n° 49110).

Sur la notion de couverture d'un investissement net à l'étranger, voir n° 49080.

Sur les précisions apportées par IFRIC 16, Couverture d'un investissement net dans une activité à l'étranger, voir n° 50420.

49350 (suite)

2. **Traitement comptable** (IFRS 9.5.13) Le traitement pour ce type de couverture est similaire à celui d'une couverture de flux de trésorerie (voir n° 49340).

Ainsi :
- l'élément couvert, c'est-à-dire l'investissement net à l'étranger, ne fait l'objet d'aucune écriture comptable spécifique (autres que celles qu'il générerait s'il n'était pas couvert) ;
- la partie des gains/pertes sur l'instrument de couverture un dérivé ou tout autre actif ou passif monétaire libellé en devises) qui est considérée comme efficace est comptabilisée en autres éléments du résultat global (OCI). Ces gains/pertes viennent compenser les écarts de conversion enregistrés lors de la consolidation de la participation (IAS 21.38 s.) ;
- la part inefficace est comptabilisée immédiatement en résultat net.

3. **Recyclage des montants accumulés en capitaux propres** La norme IFRS 9.6.5.14 prévoit que les gains ou pertes liés à la part efficace de la couverture d'un investissement net dans une entité étrangère, qui ont été comptabilisés directement en capitaux propres, sont repris en résultat en cas de cession de l'investissement net.

a. **Cas général** En pratique, ces éléments devraient, à notre avis :
- pour les cessions (totales ou partielles) de titres aboutissant à une déconsolidation, être repris en résultat en totalité et en même temps que les écarts de change relatifs à l'entité étrangère et figurant dans une composante distincte des capitaux propres du groupe (IAS 21.48 et .49) ;
- pour les cessions partielles n'entraînant pas de déconsolidation, être attribués aux intérêts minoritaires à hauteur de la quote-part des titres cédés (pas de montant repris en résultat).

■ ***Exemple***

Couverture d'un investissement net *Une entité dont la devise fonctionnelle est l'euro a acquis le 15/10/N une société anglaise pour un montant de 1 000 K£. Afin de couvrir son investissement contre le risque de change, cette entité met en place à la même date une vente à terme de 1 000 K£ au cours de 1 € = 0,6900 £. Le cours comptant à cette date est de 1 € = 0,6726 £.*

Au 31/12/N, la juste valeur du dérivé est de 10 000 €. Les tests d'efficacité effectués ont montré que la part efficace s'élevait à 9 900 €.

Au 31/03/N+1, les tests d'efficacité indiquent que la part efficace de la relation de couverture s'élève à 4 850 € pour le premier trimestre de l'année N+1. A la fin de ce trimestre, la société anglaise est vendue. La juste valeur du dérivé à la date de cession est de 15 000 €.

Solution de l'exemple *L'enregistrement comptable est le suivant :*

1. Au 15/10/N, lors de la mise en place de la couverture, *la juste valeur de la vente à terme est égale à zéro. Aucune écriture n'est à comptabiliser au titre de l'opération de couverture (sauf enregistrement pour mémoire du dérivé).*

2. Au 31/12/N+1, lors de l'arrêté suivant, *le dérivé est revalorisé à sa juste valeur, soit 10 000 €, en contrepartie des capitaux propres pour la part efficace de la couverture (9 900 €) et du résultat pour la part inefficace de la couverture (100 €).*

Dt	*Instrument dérivé de couverture – Vente à terme*	*10 000*	
Ct	*Capitaux propres – Ecart de réévaluation des instruments de couverture*		*9 900*
Ct	*Résultat – Variation de valeur des instruments de couverture*		*100*

***3. Au 31/03/N+1, lors de la cession de la filiale anglaise** :*
– le dérivé est revalorisé à sa juste valeur, soit 15 000 €, en contrepartie des capitaux propres pour la part efficace de la couverture (4 850 €) et du résultat pour la part inefficace de la couverture (150 €) ;

Dt	*Instrument dérivé de couverture – Vente à terme*	*5 000*	
Ct	*Capitaux propres – Ecart de réévaluation des instruments de couverture*		*4 850*
Ct	*Résultat – Variation de valeur des instruments de couverture*		*150*

– par ailleurs, à la suite de la cession de l'entité anglaise, les montants antérieurement accumulés en capitaux propres (soit 14 750 € = 9 900 € + 4 850 €) sont immédiatement reclassés en résultat.

Le produit dégagé sur le contrat à terme vient compenser la perte sur la vente de la société anglaise liée à la baisse du cours de la livre sterling. 49350 (suite)

Dt	*Capitaux propres – Ecart de réévaluation des instruments de couverture*	*14 750*	
Ct	*Résultat – Gain/perte sur cession de la filiale anglaise*		*14 750*

b. Cas particulier du remboursement d'un prêt faisant partie intégrante de l'investissement dans une filiale étrangère L'entreprise a couvert l'exposition au risque de change lié à son investissement net en contractant un dérivé de change à terme. A la suite du remboursement d'un prêt intragroupe par sa filiale étrangère, elle constate une réduction de son investissement net en devises. En conséquence, elle doit déqualifier la relation qui avait été initialement désignée en application de la couverture d'investissement net.

La question se pose alors de savoir si le remboursement de prêt s'analyse comme une sortie partielle de la filiale étrangère au sens d'IAS 21.49, entraînant le recyclage de la part efficace de la couverture d'investissement net comptabilisée en autres éléments du résultat global (réserve de couverture d'investissement net).

A notre avis, il s'agit d'un choix de méthode comptable de considérer le remboursement d'un prêt comme une sortie partielle de la filiale étrangère au sens d'IAS 21.49 (voir nº 16280). Si l'entreprise opte pour ce choix, les gains ou pertes liés à la part efficace de la couverture d'investissement net sont sortis des capitaux propres et repris en résultat.

Le cas d'une couverture partielle d'investissement net en devises génère de la complexité pour déterminer le montant de la part efficace de couverture à recycler, par exemple lorsque la réduction d'investissement net en devises est supérieure au montant d'exposition de change couvert. Dans ce cas, l'une des approches suivantes peut, à notre avis, être retenue pour calculer le montant de réserve de couverture d'investissement net à recycler :

– **Approche 1** : ce montant est calculé proportionnellement au rapport entre la réduction d'investissement net en devises et le montant de l'investissement net en devises initial.

– **Approche 2** : ce montant est déterminé proportionnellement à la différence entre la réduction d'investissement dans la filiale et son exposition non couverte rapportée à l'exposition couverte.

L'approche retenue s'appliquera de façon homogène s'agissant d'un choix de méthode comptable.

■ *Exemple*

Remboursement d'un prêt faisant partie intégrante de l'investissement dans une filiale étrangère

Le 15/01/N, une entité dont la devise fonctionnelle est l'euro a acquis une société anglaise pour un montant de 30 000 K£. Afin de couvrir son investissement contre le risque de change, cette entité met en place à la même date une vente à terme de 15 000 K£ qui répond aux critères d'applicabilité de la comptabilité de couverture définis par IFRS 9.6.4.1.

Le 1/06/N, la participation dans l'investissement net est diminuée de 20 000 K£, soit de deux tiers par rapport à l'investissement initial réalisé. L'entité déqualifie alors la relation de couverture. A notre avis, l'entité peut déterminer le montant à recycler selon l'une de ces deux approches :

– Approche 1 : les deux tiers des gains ou pertes liés à la part efficace de la couverture d'investissement net (« réserve de couverture d'investissement net ») sont recyclés en résultat, car l'entreprise estime que la réduction d'investissement net dans la filiale étrangère s'est réalisée selon cette proportion (20 000 K£ / 30 000 K£).

– Approche 2 : un tiers de la réserve de couverture d'investissement net est recyclé, car l'entreprise considère que seul un tiers de l'exposition couverte a été remboursée (5 000 K£ sur les 15 000 K£ soit 1/3).

L'entreprise considère alors les 15 000 K£ de remboursement restant étant affecté sur l'exposition de change d'investissement net non couverte.

SECTION II

Critères de qualification à la comptabilité de couverture

A. Stratégie de gestion des risques

Nécessité de l'existence d'une stratégie de gestion des risques

49380 ***Question***

Une stratégie de gestion des risques est-elle nécessaire pour mettre en place une comptabilité de couverture selon IFRS 9 ?

Réponse

Oui. Cette stratégie est établie à l'échelon le plus élevé auquel l'entité détermine les risques auxquels elle est exposée et sa façon de les gérer. Elle se distingue de l'objectif de gestion des risques qui s'applique directement au niveau d'une relation de couverture particulière et qui se rapporte à la façon dont un instrument de couverture désigné est utilisé pour couvrir une exposition désignée comme élément couvert.

Commentaires Selon IFRS 9.6.1.1, l'objectif de la comptabilité de couverture est de représenter, dans les états financiers, l'effet des activités de gestion des risques de l'entité qui utilise des instruments financiers pour gérer son exposition à certains risques qui pourraient avoir une incidence sur son résultat net.

L'incidence de l'exposition aux risques peut être également sur les autres éléments du résultat global de l'entité dans le cas de placements en instruments de capitaux propres pour lesquels l'entité a choisi de présenter les variations de la juste valeur en autres éléments du résultat global (OCI) selon IFRS 9.5.7.5.

En complément des critères de qualification d'une opération de couverture (voir nº 49110 s.), IFRS 9.6.4.1 exige la mise en place d'une documentation formelle et structurée sur la stratégie de gestion des risques et sur l'objectif de l'entité en matière de gestion des risques.

La notion de stratégie de gestion des risques est une nouveauté apportée par la norme IFRS 9.

1. Notion de stratégie de gestion des risques Selon IFRS 9.B6.5.24, la stratégie de gestion des risques est établie à l'échelon le plus élevé auquel l'entité détermine comment elle gère ses risques. Une stratégie de gestion des risques consiste normalement à déterminer les risques auxquels l'entité est exposée et la façon de les gérer. Elle est habituellement énoncée dans un document général et communiquée au sein de l'entité sous la forme de lignes directrices plus précises.

Une telle stratégie peut comprendre, par exemple :

- la gouvernance des activités de gestion des risques ;
- la description des risques à couvrir ;
- l'appétence au risque ou le niveau de couverture à atteindre ;
- l'horizon de temps pour la gestion d'un risque ;
- la liste des instruments éligibles pour couvrir l'exposition aux risques ;
- les limites des risques.

Il est toutefois important de noter que si l'existence d'une stratégie de gestion des risques est nécessaire à la mise en place d'une relation de couverture, l'inverse n'est pas vrai. La mise en place d'une comptabilité de couverture n'est pas obligatoire et reste une décision de gestion de l'entité (IFRS 9.6.1.2).

La norme IFRS 9 exige la mise en place d'une documentation formelle et structurée sur la stratégie de gestion des risques et sur l'objectif de l'entité en matière de gestion des risques (IFRS 9.6.4.1).

2. Distinction entre une stratégie et un objectif de gestion des risques A la différence d'une stratégie de gestion des risques, l'objectif de gestion des risques d'une relation de couverture s'applique directement au niveau de la relation de couverture elle-même. Il se rapporte à la façon dont un instrument de couverture désigné est utilisé pour couvrir une exposition désignée comme élément couvert.

Une stratégie de gestion des risques peut ainsi faire appel à de nombreuses relations de couverture différentes dont les objectifs de gestion des risques se rattachent à l'exécution de cette stratégie globale de gestion des risques. La stratégie de gestion des risques est généralement en place pour une période plus longue que les objectifs de gestion des risques et peut laisser une certaine souplesse, de manière à pouvoir tenir compte des changements de circonstances possibles une fois qu'elle est en application (par exemple, un changement dans le niveau des taux d'intérêt ou des prix d'une marchandise qui entraîne un degré de couverture différent).

La norme fournit plusieurs exemples de gestion et objectifs de gestion des risques (IFRS 9.B6.5.24a à .B6.5.24c).

B. Documentation

Documentation des relations de couverture

Question 49410

En quoi consiste la documentation obligatoire d'une relation de couverture ?

Réponse

Dès la mise en place d'une relation de couverture, une documentation structurée doit décrire cette relation de couverture et en formaliser les éléments suivants :
- stratégie et objectif de gestion des risques (voir n° 49380) ;
- nature du risque couvert (voir n° 49080) ;
- type de relation de couverture (voir n° 49320 s.) ;
- identification de l'élément couvert (voir n° 49540 s.) ;
- identification de l'instrument de couverture (voir n° 49630 s.) ;
- analyse des sources d'inefficacité (n° 49420 s.) ;
- manière dont l'entreprise évalue l'efficacité de la relation de couverture au regard des critères d'efficacité liés notamment au lien économique, à l'impact du risque de crédit et au ratio de couverture (voir n° 49450 s.).

Commentaires La comptabilité de couverture ne peut s'appliquer qu'à une relation de couverture qui répond à des critères spécifiques dont la formalisation et documentation de cette relation (IFRS 9.6.4.1).

L'appréciation du respect des contraintes d'efficacité de la couverture doit être réalisée à l'origine de la relation de couverture et régulièrement par la suite. Comme cette appréciation porte sur l'efficacité attendue de la couverture, elle est uniquement prospective (IFRS 9.B6.4.12).

En outre, la documentation devra être mise à jour si le ratio de couverture est ajusté en raison d'un rééquilibrage, lorsque les sources d'inefficacité sont modifiées ou encore si les tests d'efficacité sont modifiés (IFRS 9.B6.4.19 et .B6.5.21).

C. Efficacité de la couverture

Lien économique entre l'élément couvert et l'instrument de couverture (test qualitatif versus quantitatif)

Question 49420

Un test quantitatif est-il suffisant pour prouver l'existence d'une relation économique entre l'élément couvert et l'instrument de couverture ?

Réponse

Non, la simple existence d'une corrélation statistique entre deux variables ne permet pas en soi de conclure valablement à l'existence d'une relation économique. Par conséquent, les entités doivent aussi effectuer une analyse qualitative de la nature de la relation économique entre l'élément couvert et l'instrument de couverture.

Commentaires IFRS 9 exige, entre autres contraintes d'efficacité d'une couverture, l'existence d'une relation économique entre l'instrument de couverture et l'élément couvert (IFRS 9.6.4.1c.i). Pour qu'une telle relation existe, il faudrait en général que les valeurs respectives de l'instrument de couverture et de l'élément couvert évoluent en sens inverse l'une de l'autre, en raison de sous-jacents ou de risques couverts similaires ou liés économiquement (IFRS 9.B6.4.4).

Selon IFRS 9.B6.4.6, la simple existence d'une corrélation statistique entre deux variables ne permet pas en soi de conclure valablement qu'il existe une relation économique. Par conséquent, les entités doivent toujours effectuer une analyse qualitative de la nature de la relation économique entre l'élément couvert et l'instrument de couverture.

Dans certaines situations, une évaluation qualitative peut même suffire, à notre avis, à démontrer la relation économique. Par exemple, lorsque les caractéristiques de l'élément couvert et de l'instrument de couverture sont étroitement liées et que la relation économique sous-jacente est claire, une entité peut conclure sur l'opportunité d'appliquer la comptabilité de couverture sur la base d'une évaluation qualitative.

C'est le cas, par exemple, d'une exposition au risque de change associée à une vente prévisionnelle libellée dans une devise étrangère couverte par un contrat à terme dans la même devise, de même montant et arrivant à échéance à peu près à la même date que la vente future.

Pour plus de précisions, voir n° 49430.

En revanche, lorsque la relation économique n'est pas évidente, les entités peuvent devoir compléter leur analyse qualitative par une analyse quantitative du comportement de l'instrument de couverture et de l'élément couvert sur leurs durées de vie respectives, afin de démontrer qu'il existe une relation économique.

Ce serait le cas, par exemple, d'une exposition au risque de change sur une devise exotique liée à une autre devise (devise de référence ou « benchmark »). Dans ce cas, un contrat à terme qui correspond parfaitement à la transaction future mais libellé dans la devise de référence, pourrait être utilisé comme instrument de couverture (la devise de référence étant plus liquide que la devise d'exposition).

La documentation de couverture devrait inclure une évaluation qualitative expliquant la manière dont les deux monnaies sont indexées et la relation économique qui en résulte. En fonction de la rigueur des contrôles de change en place pour rattacher les deux devises, il peut être nécessaire de compléter la documentation de couverture par une analyse quantitative (corrélation) des taux de change historiques des deux devises afin de confirmer l'existence de la relation économique.

Différents scénarios peuvent devoir être analysés afin de démontrer que le comportement de l'instrument de couverture correspond à celui de l'élément couvert.

Dans tous les cas, la documentation de couverture doit identifier et expliquer la relation économique, en particulier dans le cas où le sous-jacent de l'instrument de couverture n'est pas le même que le risque couvert.

Méthodes retenues pour les tests d'efficacité

49430 *Question*

Quelle(s) méthode(s) retenir pour démontrer l'efficacité de la relation désignée entre l'élément couvert et l'instrument de couverture ?

Réponse

Aucune méthode n'étant imposée par la norme, les méthodes retenues peuvent être, par exemple :

- une simple comparaison des caractéristiques principales de l'élément couvert et de l'instrument de couverture ;
- une analyse du degré de compensation des justes valeurs (« dollar offset method ») ;
- une analyse de régression (« regression analysis ») si qualitativement, il y a de bonnes raisons de croire que l'élément couvert et l'instrument de couverture évoluent en sens inverse.

Commentaires La norme IFRS 9 n'impose pas de méthode spécifique pour apprécier l'efficacité d'une opération de couverture. La méthode adoptée par une entité pour mesurer l'efficacité d'une couverture dépend de sa stratégie de gestion des risques et doit figurer dans la documentation formalisée à l'origine de la couverture (IFRS 9.B6.4.1 et .B.6.4.13 à .B.6.4.19). **49430** (suite)

En pratique, les méthodes les plus utilisées pour démontrer l'efficacité de la relation de couverture (y compris l'existence du lien économique entre l'élément couvert et l'instrument de couverture) sont les suivantes :

1. Méthode dite de la comparaison des caractéristiques principales (test qualitatif) Cette méthode consiste à comparer les caractéristiques principales (« critical terms ») de l'instrument de couverture avec celles de l'élément couvert (IFRS 9.B6.4.14).

Une entreprise peut en effet s'attendre à ce qu'une relation de couverture soit hautement efficace lorsque :

- toutes les caractéristiques principales de l'instrument de couverture et de l'élément couvert correspondent ;

Par exemple, mêmes montants de notionnel et de principal ; même risque de crédit (AA) ; mêmes échéances de l'élément couvert et de l'instrument de couverture ; même date de fixation et de refixation du taux d'intérêt ; mêmes échéances, montants et devises des différents flux de trésorerie.

- et qu'il n'existe pas de facteur qui invaliderait l'hypothèse d'une efficacité parfaite.

Par exemple, le caractère optionnel de l'instrument de couverture.

Cette méthode ne nécessite aucun calcul et peut suffire lorsque les caractéristiques de l'élément couvert et de l'instrument de couverture sont étroitement liées et que la relation économique sous-jacente est claire.

■ *Exemple*

Test d'efficacité effectué par la méthode de comparaison des caractéristiques principales *Le 15/02/N, une société française dont la monnaie fonctionnelle est l'euro, s'engage à livrer une marchandise le 15/06/N à une société anglaise pour un montant de 1 M£. La société française se couvre contre le risque de change en effectuant le 15/02/N une vente à terme à 4 mois de 1 M£ contre euros.*

Solution de l'exemple *La comparaison des caractéristiques de l'instrument de couverture (contrat de vente à terme de Livres sterling contre euros) et de l'élément couvert (signature d'une commande ferme de marchandises) se présente comme suit :*

- le montant de la commande et le notionnel du contrat à terme sont identiques : 1 M£ ;
- les dates d'échéance de la commande et du contrat à terme sont identiques : 15/06/N ;
- la devise sous-jacente est la même : livres sterling contre euros.

Les caractéristiques principales étant identiques, la société française peut conclure que l'efficacité de la relation de couverture est démontrée.

---

2. Méthode « dollar-contre-dollar » (encore appelée « dollar offset method ») Les caractéristiques de cette méthode sont les suivantes :

a. Principe général Il s'agit d'une méthode quantitative qui consiste à comparer :

- les variations de juste valeur ou les variations de flux de trésorerie de l'élément couvert qui sont attribuables au risque couvert
- aux variations de juste valeur ou de flux de trésorerie de l'instrument de couverture.

$$\text{Efficacité} = \frac{\text{Variation de juste valeur de l'élément couvert au titre du risque couvert}}{\text{Variation de juste valeur de l'instrument de couverture}}$$

Cette méthode est explicitement reconnue par l'IASB (IFRS 9.BC6.285).

b. Réalisation du test sur base cumulée ou période après période Selon la stratégie de gestion des risques de l'entreprise, ce test peut être réalisé :

- sur une **base cumulée** avec une comparaison des variations à partir de la mise en place de la couverture ; ou
- séparément, **période après période** (la comparaison étant réalisée à partir de la dernière date de réalisation du test).

Pendant les périodes de stabilité du marché, de légères variations de la valeur de l'élément couvert ou de l'instrument de couverture peuvent produire des ratios extrêmes (c'est-à-dire très faibles ou très élevés), en cas de calcul période après période. De même, lorsque ces variations de juste valeur sont comparées aux variations du risque de crédit, ce dernier peut sembler dominer. Cependant, il s'agit simplement d'une conséquence fâcheuse de la méthode « dollar-contre-dollar ». Cela ne signifie pas automatiquement que la relation économique cesse d'exister, que le risque de crédit domine ou que les exigences d'efficacité de la couverture ne sont pas respectées.

49430 (suite) En pratique, le calcul sur base cumulée est plus susceptible d'être utilisé pour une couverture de flux de trésorerie (CFH), puisque IFRS 9.6.5.11 exige que le montant de toute inefficacité comptabilisé dans le compte de résultat soit calculé comme la différence des montants cumulés des variations de juste valeur de l'instrument de couverture par rapport à l'élément couvert.

■ *Exemple 1*

Une entreprise désigne un swap de taux, dont la branche variable est payeur LIBOR, comme couverture d'un emprunt rémunéré au taux de base UK plus une marge. Le taux de base UK change environ tous les trimestres, avec des variations de 25 à 50 points de base à chaque fois. Les variations du taux LIBOR se font sur base journalière.

Sur une période de 1 à 2 ans, l'entreprise s'attend à ce que la couverture soit quasiment parfaite. Toutefois, certains trimestres, le taux de base UK ne change pas du tout alors que le taux LIBOR évolue de manière significative. Cela n'interdit pas forcément la relation de couverture.

> **Remarque** *Dans ce cas, l'objectif est de transformer l'emprunt à taux variable en un emprunt à taux fixe. Mais les deux jambes variables ne sont pas tout à fait identiques (taux de base UK plus spread de crédit dans le cas de l'emprunt couvert et taux LIBOR dans le cas du swap de couverture). Pour augmenter les chances d'obtenir des tests d'efficacité probants, l'entreprise est autorisée à effectuer ces derniers sur base cumulée, dès lors qu'elle a bien indiqué, dès l'origine, avoir retenu cette méthode dans sa documentation.*

■ *Exemple 2*

L'entreprise X a une dette de 1 000 K€ à taux fixe 10 % et à échéance 2 ans. Le paiement des intérêts a lieu annuellement. L'entité souhaite se couvrir contre les variations futures des taux d'intérêt et souscrit un swap de taux d'intérêt à échéance 2 ans, pour un notionnel de 1 000 K€, emprunteur taux variable Euribor 12 mois et prêteur taux fixe 10 %. Il s'agit donc d'une couverture de juste valeur.

A l'initiation, l'Euribor s'élève à 10 % pour les deux années suivantes (taux forwards) ; mais, à la fin de l'année 1, les prévisions changent, et les taux forwards s'élèvent à 5 % pour la deuxième année (au lieu de 10 % initialement).

A la fin de l'année 1, la direction doit effectuer le calcul suivant pour identifier l'inefficacité, le cas échéant, à enregistrer en résultat :

Elément couvert (dette)	*Juste valeur initiale*	*1 000*
	Juste valeur en fin d'année 1 = 1 000 K€ × 1,10 / 1,05	*1 048*
	Variation de juste valeur	*48*
Instrument de couverture	*Juste valeur initiale*	*–*
	Juste valeur en fin d'année 1 = 1 000 K€ × (5 % – 10 %) / 1,05	*– 48*
	Variation de juste valeur	*– 48*

Les variations de juste valeur de l'élément couvert et de l'instrument de couverture sont en sens inverse, donc se compensent car parfaitement symétriques. Cette couverture est donc efficace à 100 %.

S'il y avait eu une différence contractuelle ou un retard dans le calendrier des flux de trésorerie, sur la dette ou le swap, ou si l'efficacité est testée à une date autre que la date de réévaluation du swap, il est fort probable qu'il en résulterait une certaine inefficacité. De plus, il n'a pas été tenu compte ici du risque de crédit dans les paiements de swap, ce qui aurait pu entraîner de l'inefficacité.

■ *Exemple 3*

Considérons le même exemple que ci-avant (Exemple 2), avec toutefois un changement dans les flux de trésorerie sur la dette en année 2 ; ainsi, considérons que ceux-ci diminuent d'un mois à la fin de l'année 2. Le calcul en fin d'année 1 serait le suivant :

Elément couvert (dette)	*Juste valeur initiale*	*1 000*
	Juste valeur en fin d'année 1 = 1 000 K€ × 1,10 / ($1,05^{(13/12)}$)	*1 043*
	Variation de Juste valeur	*43*

49430 (suite)

Instrument de couverture	*Juste valeur initiale*	–
	Juste valeur en fin d'année 1 = 1 000 K€ × (5 % – 10 %) / 1,05	*– 48*
	Variation de Juste valeur	*– 48*

En raison de la modification des flux de trésorerie sur la dette, une inefficacité de –5 K€ (43 – 48) a été introduite. Si la direction estime qu'il existe toujours une relation économique claire, alors la comptabilité de couverture peut se poursuivre, toutefois, l'inefficacité (–5 K€) devra être constatée en résultat.
Dans cet exemple, si nous comparons les variations des justes valeurs (communément appelée méthode du « dollar-contre-dollar »), nous constatons que la variation sur l'instrument de couverture correspond à 110 % de la variation sur l'élément couvert, ce qui permettrait de confirmer (quantitativement) l'existence d'une relation économique claire. En revanche, si la juste valeur de l'instrument de couverture avait varié de 60 (soit une inefficacité de 17 et un ratio de 138 %), il aurait été plus difficile de démontrer une relation économique continue.

Les exemples ci-avant illustrent que la méthode du « dollar-contre-dollar » présente les avantages suivants :
- elle ne nécessite pas de calcul complexe ;
- elle ne repose pas sur le maintien d'un grand nombre de données d'évaluation ;
- elle permet de calculer la part inefficace de la couverture et de fournir les montants nécessaires à l'enregistrement des écritures comptables.

c. Application pratique Plusieurs approches peuvent être utilisées pour appliquer la méthode du « dollar offset », par exemple :

– **approche dite du « dérivé hypothétique »** : cette approche consiste à construire un dérivé hypothétique (c'est-à-dire théorique) ayant les mêmes caractéristiques que l'élément couvert et à comparer les variations de juste valeur ou de flux de trésorerie de ce dérivé hypothétique aux variations de juste valeur ou de flux de trésorerie de l'instrument de couverture ;

Pour plus de détails sur cette méthode, voir n° 49470.

– **analyse de sensibilité** : cette approche consiste à évaluer les effets d'une variation hypothétique du risque couvert sous-jacent (par exemple, une augmentation de 5 % du taux de change de la devise couverte) sur l'instrument de couverture et l'élément couvert. Elle n'est applicable que dans le cadre d'un test qualitatif uniquement.

3. Analyse de régression Il s'agit d'une méthode statistique qui permet de vérifier s'il existe une corrélation élevée entre une variable dite dépendante (l'instrument de couverture) et une variable dite indépendante (l'élément couvert).

L'analyse de régression consiste à bâtir une « droite de régression » à partir d'un certain nombre de points de données statistiques, puis à évaluer la « qualité d'ajustement » que représente cette droite. S'il existe une relation statistique réelle entre les deux variables, la pente de la droite de régression peut être utilisée pour établir le ratio de couverture qui maximisera l'efficacité attendue. Une fois la couverture mise en place, cette même pente est retenue pour évaluer l'efficacité réelle de la relation de couverture.

L'analyse de régression est une méthode quantitative permettant de démontrer l'efficacité d'une relation de couverture, dès lors que l'entreprise documente explicitement sa façon d'analyser les résultats obtenus selon cette méthode (IFRS 9.BC6.285). Elle constitue un moyen d'exprimer de manière systématisée dans quelle mesure une variable dite « dépendante » évolue en fonction des fluctuations d'une autre variable, dite « indépendante ».

Remarques :
L'analyse de régression ne permet pas de calculer la part inefficace de la couverture ni de fournir les montants nécessaires à l'enregistrement des écritures comptables.
Les écritures comptables nécessitent en effet de déterminer les variations de juste valeur de l'instrument de couverture et de la composante risque couverte de l'élément couvert (variations de valeur calculées à la date du test et en utilisant des taux d'actualisation correspondant aux taux en vigueur sur le marché à cette date-là).

49430 (suite) a. Graphique : Y = a + bX + e

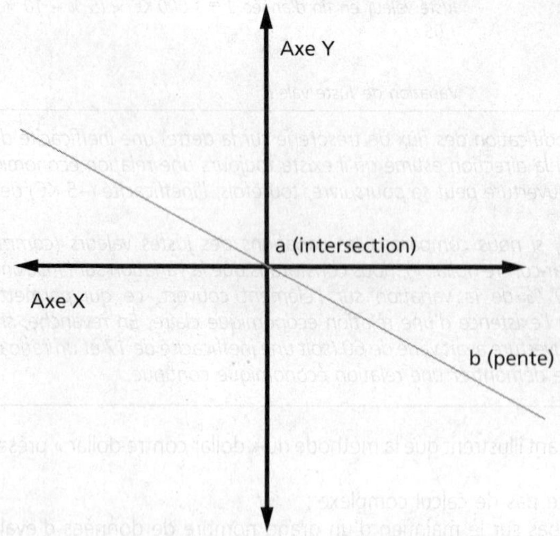

b. **Définition des variables** Dans le cas d'une opération de couverture, les variables se définissent de la manière suivante :

– **variable « Y »** : la variable dépendante « Y » représente les variations de juste valeur de l'instrument de couverture ;

– **variable « a »** : la variable « a » représente l'intersection de la droite « b » avec l'ordonnée Y ;

– **variable « X »** : la variable indépendante « X » représente les variations de valeur de l'élément couvert au titre du risque désigné ;

– **pente de la droite (coefficient « b »)** : sachant que l'analyse détermine une droite de régression, la pente de la droite ainsi obtenue (coefficient « b ») donne le ratio de couverture qui correspond à la variation la plus faible. Si l'analyse de régression est réalisée en utilisant des unités équivalentes pour l'instrument de couverture et l'élément couvert, la pente de la droite peut servir à déterminer le ratio de couverture optimal (c'est-à-dire le volume optimal de produits dérivés qu'il faut souscrire pour maximiser l'efficacité escomptée). Ce ratio peut ensuite être utilisé par l'entité pour déterminer le nombre d'unités de l'instrument de couverture qu'il convient de négocier pour atténuer au mieux le risque attaché à une position couverte spécifique ;

– **variable « e »** : représente l'erreur aléatoire.

c. **Méthode d'analyse** Une fois le ratio de couverture déterminé et la couverture mise en place, l'analyse de régression est de nouveau réalisée à l'aide des quantités réelles d'instruments de couverture et d'éléments couverts. La pente est cette fois-ci utilisée pour évaluer l'efficacité réelle de la relation de couverture. Trois critères principaux permettent, à notre avis, d'établir l'existence d'une relation de couverture efficace :

– **La pente de la droite (coefficient b) doit être négative et plus elle se rapproche de –1 plus la couverture est efficace** Dans l'hypothèse où la pente est positive, il n'existe pas de relation de couverture du tout (c'est-à-dire que l'instrument de couverture ne diminue pas le risque que l'on souhaite couvrir). Si la pente est négative mais qu'elle est trop éloignée de –1, la relation de couverture existe, mais n'est pas suffisamment forte pour permettre de démontrer le lien économique attendu. Dans les deux cas, la comptabilité de couverture n'est pas possible.

– **Le coefficient de détermination R^2 devrait être proche de 1** Le coefficient R^2 indique l'ampleur de la corrélation et représente la part de la variabilité de l'instrument de couverture qui s'explique par les variations de l'élément couvert.

Par exemple, si $R^2 = 0{,}98$, cela signifie que 98 % de la variation de l'instrument de couverture s'explique par la variation de l'élément couvert (pour le risque couvert désigné).

– **La statistique F doit être suffisamment significative pour prouver la pertinence de la relation statistique établie** La statistique F est une donnée communément tirée du modèle statistique ; elle mesure la pertinence de la relation statistique entre la variable dépendante et la variable indépendante (c'est-à-dire si la relation entre l'instrument de couverture et le risque couvert signifie quelque chose d'un point de vue statistique).

Plus la relation est pertinente, plus la statistique F sera élevée. La statistique F varie en fonction du nombre de points de données statistiques utilisés. Elle peut être obtenue à partir de tables statistiques. La statistique F doit être significative avec un intervalle de confiance égal ou supérieur à 95 %.

D'un point de vue comptable, l'analyse de régression permet de démontrer si le supposé lien économique entre l'élément couvert et l'instrument de couverture est vérifié statistiquement pour pouvoir considérer que ce lien est suffisamment efficace pour être éligible à la comptabilité de couverture. Cependant, elle ne permet pas de démontrer l'existence d'une relation économique et doit donc venir en complément d'une évaluation qualitative. En outre, elle ne permet pas de calculer le montant de l'inefficacité et ne fournit donc pas les chiffres nécessaires à la comptabilisation des écritures comptables. Les écritures comptables sont généralement fondées sur la méthode du dollar-contre-dollar.

D. Situations d'inefficacité et rééquilibrage

Notion d'efficacité et principales causes d'inefficacité d'une opération de couverture

Question 49450

Qu'est-ce que l'efficacité dans une opération de couverture et quelles sont les principales causes d'inefficacité ?

Réponse

L'efficacité d'une couverture est le degré de compensation entre les variations de valeur ou de flux de trésorerie de l'élément couvert et celles de l'instrument de couverture.

Quant aux sources d'inefficacité d'une couverture, elles peuvent être liées, par exemple :
- à une différence de variables sous-jacentes (devise, indice de taux, etc.) ;
- à une différence de dates d'échéance ou de paiement ;
- à une différence de localisation géographique (cas des matières premières) ;
- à une différence dans la quantité ou le montant du notionnel ;
- à des variations de juste valeur ou de flux de trésorerie de l'instrument de couverture liées à un risque autre que le risque couvert (par exemple, risque de contrepartie) ;
- à l'utilisation d'un dérivé déjà existant (et donc hors marché lors de la mise en place de la couverture) ;
- à des spreads de devises et points de terme ;
- au taux d'actualisation utilisé.

Commentaires :

1. **Notion d'efficacité (définition)** L'efficacité d'une couverture représente le degré de compensation entre les variations de juste valeur ou de flux de trésorerie de l'instrument de couverture et les variations de valeur ou de flux de trésorerie de l'élément couvert. Pour qu'une entité puisse appliquer la comptabilité de couverture, la relation de couverture doit satisfaire à toutes les contraintes d'efficacité telles que définies par IFRS 9.6.4.1c, notamment :
- il existe un lien économique entre l'élément couvert et l'instrument de couverture (IFRS 9.B6.4.4 à .B6.4.6), voir n° 49420 ;
- l'effet du risque de crédit ne prédomine pas sur les variations de valeur qui résultent de ce lien économique (IFRS 9.B6.4.7 et .B6.4.8), voir n° 49420 ; et
- le ratio de couverture ne doit pas montrer un déséquilibre systématique entre les pondérations respectives de l'élément couvert et de l'instrument de couverture, voir n° 49500.

Remarques :

1. Le ratio de couverture de la relation de couverture est égal au rapport entre la quantité de l'élément couvert qui est réellement couverte par l'entité et la quantité de l'instrument de couverture que l'entité utilise réellement pour couvrir cette quantité de l'élément couvert. Un déséquilibre entre les pondérations respectives de l'élément couvert et de l'instrument de couverture créerait une inefficacité de la couverture susceptible de donner un résultat comptable incompatible avec l'objet de la comptabilité de couverture.
2. Il n'y a pas de méthode de calcul unique pour prouver l'efficacité d'une relation de couverture. La méthode retenue doit être déterminée par l'entreprise et documentée de manière formalisée (voir n° 49430).
3. Sur le traitement de certaines composantes (valeur temps et report/déport) pour améliorer l'efficacité de la couverture, voir n° 49660.

49450 (suite) **2. Ratio de couverture de gestion** Le ratio de couverture est défini comme la relation entre la quantité de l'instrument de couverture et la quantité de l'élément couvert en termes de pondération relative. La norme (IFRS 9.B6.4.9) exige que le ratio de couverture utilisé à des fins de comptabilité de couverture soit le même que celui utilisé à des fins de gestion des risques. En effet, un des principaux objectifs d'IFRS 9 est d'aligner la comptabilité de couverture sur les objectifs de gestion des risques. Ainsi, bien qu'IFRS 9 n'exige pas la mise en place de tests d'efficacité rétrospectifs, il n'en demeure pas moins qu'il est nécessaire de faire une évaluation permanente pour savoir si la couverture continue de répondre aux critères d'efficacité, y compris que le ratio de couverture reste approprié.

Cela signifie que les entités devront s'assurer que le ratio de couverture est aligné sur celui requis par leur stratégie de couverture économique (ou stratégie de gestion des risques). Un déséquilibre délibéré n'est pas autorisé. Cette exigence vise à garantir que les entités n'introduisent pas de pondération entre l'élément couvert et l'instrument de couverture afin d'obtenir un résultat comptable incompatible avec l'objectif de la comptabilité de couverture. Cela ne signifie pas que la relation de couverture doit être parfaite, mais seulement que les pondérations des instruments de couverture et des éléments couverts effectivement utilisés ne sont pas sélectionnées pour introduire ou éviter l'inefficacité comptable.

3. Fréquence d'évaluation du respect des exigences d'efficacité de la couverture Une entité doit effectuer cette évaluation (IFRS 9.BC6.262) :
- lors de la mise en place de la relation de couverture ;
- puis de façon continue, si les exigences en matière d'efficacité de couverture sont toujours respectées, y compris tout ajustement (rééquilibrage) qui pourrait être nécessaire pour continuer à satisfaire à ces exigences (IFRS 9.BC6.300 à .BC6.313).

La réévaluation du ratio de couverture devrait être effectuée au début de chaque période de référence ou après un changement important. Peu importe lequel vient en premier (IFRS 9.BC6.264).

Cela s'explique par le fait que les exigences d'efficacité de couverture proposées devraient être respectées pendant toute la durée de la relation de couverture (IFRS 9.BC6.263).

L'évaluation de ces exigences est réalisée de façon prospective car liée aux attentes en matière d'efficacité de la couverture.

4. Principales sources d'inefficacité Les principales sources d'inefficacité dans une opération de couverture sont les suivantes :

a. Différence de variables sous-jacentes La juste valeur ou les flux de trésorerie de l'élément couvert dépendent d'une variable (devise, indice de taux, etc.) qui dans certains cas peut être différente de celle qui entraîne les variations de juste valeur ou de flux de trésorerie de l'instrument de couverture.

b. Différence de date Dans ce cas, les dates d'échéance ou de paiement sont différentes entre l'instrument de couverture et l'élément couvert.

C'est le cas, par exemple, d'une dette à taux variable dont les variations de flux de trésorerie sont couvertes par un swap de taux d'intérêt dont les dates de paiement des intérêts ne coïncident pas avec celles de la dette. Néanmoins, cette source d'inefficacité peut être éliminée :
- si le taux d'intérêt du swap est refixé avant celui de la dette ; et
- si l'entité ne documente qu'une seule partie de l'exposition couverte à savoir celle qui court jusqu'à la date de refixation du taux sur l'élément couvert.

c. Différence de localisation géographique (cas des matières premières) Dans ce cas, la juste valeur ou les flux de trésorerie de l'élément couvert et de l'instrument de couverture dépendent du prix de la même matière première, mais les prix de cette dernière varient selon les lieux, en fonction de la demande et de l'offre locale, du coût de transport, etc.

d. Différence dans la quantité ou le montant du notionnel L'élément couvert et l'instrument de couverture sont basés sur une quantité ou un montant de notionnel différent.

e. Variation de juste valeur ou de flux de trésorerie d'un instrument de couverture liée à des risques autres que le risque couvert, par exemple le risque de crédit.

f. Utilisation d'un dérivé déjà existant (et donc hors marché lors de la mise en place de la couverture) La juste valeur de ce dérivé n'est pas nulle et donne lieu – lorsqu'il est acquis sur le marché – au paiement ou à la réception d'une soulte. Le fait que sa juste valeur soit hors marché à la date de mise en place de la couverture peut entraîner l'enregistrement d'une certaine part d'inefficacité en résultat (même si les tests d'efficacité calibrés d'une certaine manière ne sont pas défaillants) pour les couvertures de flux de trésorerie.

g. **Spread de devises et points de terme** Le traitement différent des spreads de devise (et des points de terme) dans le calcul des variations de juste valeur d'un dérivé de couverture et de l'élément couvert pourrait créer de l'inefficacité s'ils ne sont pas exclus de la désignation de l'instrument de couverture.

h. **Le taux d'actualisation utilisé** L'instrument de couverture et tout dérivé hypothétique utilisé pour calculer la variation de juste valeur du risque couvert peuvent être évalués en utilisant différentes courbes. Par exemple, la courbe des swaps indexés overnight (« Overnight Indexed Swap »/OIS) est couramment utilisée comme taux d'actualisation lors de l'évaluation des swaps garantis, tandis que l'entité peut utiliser une courbe swap « AA LIBOR » pour mesurer la juste valeur de l'élément couvert.

■ *Exemple 1*

Cas des matières premières *Une entité couvre les variations du prix de l'achat à terme d'une matière première avec un dérivé dont les flux de trésorerie dépendent du prix d'une autre matière première et cette différence de sous-jacent (risque dit de base) est la seule source d'inefficacité possible de la couverture.*

■ *Exemple 2*

Cas du risque de crédit dans la couverture contre le risque de taux d'intérêt d'un instrument de dette *En général, le spread de crédit du dérivé (n'ayant aucun risque sur le nominal, qui n'est pas échangé, et étant la plupart du temps signé avec une contrepartie bancaire) est bien inférieur à celui de l'élément couvert (spread de crédit de l'entité qui se couvre). Dans ce cas et en supposant que le dérivé bénéficie d'une notation AA, l'entreprise peut déclarer ne couvrir que le risque lié aux mouvements des taux d'intérêt augmenté d'un spread de crédit correspondant à une notation AA dans le but d'augmenter l'efficacité de la couverture.*

Rééquilibrage d'une relation de couverture

Question 49460

En quoi consiste un rééquilibrage d'une relation de couverture et quand s'applique-t-il ?

Réponse

Une relation de couverture doit être rééquilibrée lorsqu'elle cesse de satisfaire aux contraintes d'efficacité de la couverture mais que l'objectif de gestion des risques reste le même.

Le rééquilibrage consiste alors à ajuster le ratio de couverture de manière à ce que la relation de couverture réponde à nouveau aux critères d'efficacité.

Commentaires :

1. **Définition** Une relation de couverture doit être rééquilibrée (« rebalanced ») lorsqu'elle cesse de satisfaire aux contraintes d'efficacité de la couverture mais que l'objectif de gestion des risques reste le même (IFRS 9.6.5.5). Le rééquilibrage est une opération d'ajustement apportée aux quantités désignées de l'élément couvert ou de l'instrument de couverture dans une relation de couverture déjà existante en vue de maintenir un ratio de couverture conforme aux contraintes d'efficacité de la couverture (IFRS 9.B6.5.7).

Sur la notion de ratio de couverture, voir n° 49450.

2. **Comptabilisation** Un rééquilibrage se comptabilise comme une continuation de la relation de couverture. Lors du rééquilibrage, la détermination et la comptabilisation de l'inefficacité dans la relation de couverture existante se font immédiatement avant l'ajustement de cette relation (IFRS 9.B6.5.8).

Ajuster le ratio de couverture permet à l'entité de réagir aux changements touchant le lien entre l'instrument de couverture et l'élément couvert et causés par leurs sous-jacents ou leurs variables de risque. Ainsi, dans le cas d'une relation de couverture où l'instrument de couverture et l'élément couvert ont des sous-jacents différents mais liés, un changement touchant le lien entre les deux sous-jacents (par exemple, deux indices, taux ou cours de référence différents, mais liés) modifie la relation. Le rééquilibrage permet donc de maintenir une relation de couverture dans des situations où le lien entre l'instrument de couverture et l'élément couvert subit un changement qu'il est possible de compenser par l'ajustement du ratio de couverture (IFRS 9.B6.5.9).

Dans certains cas, le rééquilibrage n'est pas applicable (par exemple, lorsque les changements dans la relation de couverture – qui pourraient résulter de variations du risque de crédit de la contrepartie ou d'un risque toujours présent mais non couvert par l'instrument de couverture – ne peuvent être compensés en ajustant le ratio de couverture). En outre, si l'objectif de gestion des risques a changé, le rééquilibrage n'est pas autorisé et la comptabilité de couverture doit être arrêtée (IFRS 9.B6.5.15).

■ *Exemple 1*

Une entité a couvert ses ventes à terme libellées en devise C. La devise C, qui n'est pas sa monnaie fonctionnelle, est arrimée à un panier de devises comprenant principalement l'US dollar et l'euro. L'entité a utilisé comme instrument de couverture une combinaison de contrats à terme en US dollar et en euro, en respectant la même proportion que celle du panier de devises auquel est arrimée la devise C.

Dans la perspective d'une évolution de l'environnement économique, les autorités décident de modifier la composition du panier de devises et d'ajuster la proportion US dollar/euro.

A la suite de cette modification du panier de devises, l'entité ajuste en conséquence son instrument de couverture pour refléter la nouvelle composition du panier. Cet ajustement est comptabilisé comme un rééquilibrage ; il n'y a donc pas d'arrêt de la relation de couverture existante. Toutefois, l'inefficacité dégagée juste avant le rééquilibrage est immédiatement comptabilisée au compte de résultat.

■ *Exemple 2*

Une entité dont la monnaie fonctionnelle est l'euro (EUR) prévoit un achat d'une valeur de 7,8 millions HKD dans un délai de six mois.

Afin de couvrir son risque de change, l'entité envisage d'acheter des devises étrangères (c'est-à-dire conclure des contrats de change à terme) afin de fixer efficacement le prix d'achat en euros.

La devise HKD est indexée à l'USD (ce qui signifie que le taux de change est maintenu dans une fourchette, ou à un taux de change fixé par l'Autorité monétaire de Hong Kong).

L'entité pourrait conclure un contrat à terme pour acheter de la devise HKD et payer de l'euro (EUR). Cependant, conclure un contrat à terme HKD/EUR coûte plus cher que de conclure un contrat à terme USD/EUR (car le marché est plus petit et la devise HKD est moins liquide comparé à l'USD). L'entité décide alors de conclure un forward USD/EUR. Tant que la devise HKD reste indexée sur l'USD, l'utilisation d'un dérivé USD en tant qu'instrument de couverture fournira une couverture économique pour la transaction future en HKD.

Dans quelles situations le rééquilibrage est-il requis ou non ?

Solution de l'exemple 2 :

*1. **Rééquilibrage non requis** Supposons que le ratio d'indexation soit 7,8 HKD = 1 USD. Cependant, même si la devise HKD est indexée, elle n'est pas complètement fixée (puisque la devise HKD peut être échangée dans la fourchette étroite de HKD 7,75 à 7,85). Étant donné que la fourchette est très petite, l'entité est prête à accepter ce risque et conclut donc un contrat à terme de 1 million d'USD (7,8 millions de HKD).*

Un rééquilibrage n'est pas requis dans ce cas, sachant que l'inefficacité survient simplement en raison des fluctuations des taux de change dans l'étroite fourchette de négociation autour du ratio de couverture.

*2. **Rééquilibrage requis** Supposons que le taux de change HKD : USD soit redéfini à, disons, 7,2 HKD = 1 USD. Si le dérivé continue d'être de 1 million d'USD, le ratio de couverture ne reflètera plus la relation entre l'instrument de couverture et l'élément couvert et entraînera donc un rééquilibrage obligatoire.*

Le rééquilibrage devrait refléter l'objectif de la relation de couverture ainsi que la stratégie de gestion des risques de l'entité et devrait donc consister soit à réduire l'élément couvert à 7,2 millions HKD au lieu des 7,8 millions HKD initialement prévus, soit à augmenter le notionnel de son instrument de couverture en achetant un autre dérivé pour couvrir les 600 000 HKD restant de l'élément couvert.

*3. **Rééquilibrage non applicable** Supposons que quelque temps après la mise en place de la couverture, l'indexation entre HKD et USD soit supprimée, de sorte que le taux de change est flottant (au lieu d'être fixé) dans une fourchette si large qu'il n'est pas possible de démontrer qu'il existe une corrélation économique entre les deux devises. Dans ce cas, une modification du ratio de couverture ne serait pas applicable, car cela ne pourrait pas garantir que la relation de couverture continue de répondre à cette exigence d'efficacité de la couverture. Par conséquent, la couverture ne peut pas être rééquilibrée mais doit être interrompue.*

Méthode du « dérivé hypothétique »

49470 ***Question***

Qu'est-ce que la méthode dite du « dérivé hypothétique » ? Peut-on l'utiliser pour prouver l'efficacité d'une relation de couverture ?

49470 (suite)

Réponse

La méthode du dérivé hypothétique consiste à comparer les variations de valeur de l'instrument dérivé aux variations de valeur d'un instrument dérivé fictif appelé « dérivé hypothétique » qui représenterait parfaitement le risque couvert.

Elle peut être utilisée dans certains cas pour prouver l'efficacité d'une couverture de flux de trésorerie.

Commentaires Cette méthode est spécifiquement mentionnée par IFRS 9 (IFRS 9.B6.5.5).

1. **Contexte** Un investissement futur dans une obligation à taux variable ou l'émission future d'un emprunt à taux variable créent une exposition au risque de taux d'intérêt dès lors que les flux d'intérêt qui seront reçus ou payés dans le futur dépendront du niveau des taux à cette date-là (que l'entreprise ne connaît pas aujourd'hui). Dans ce cas, l'objectif d'une couverture de flux de trésorerie est de fixer dès aujourd'hui le taux d'intérêt futur, en général au niveau des taux en vigueur sur le marché au moment de la mise en place de la couverture.

Sachant que, pendant la période de couverture, il est impossible de savoir à quel niveau les taux d'intérêt s'établiront au moment de l'investissement ou de l'émission de l'emprunt, comment faut-il procéder pour déterminer l'efficacité de la couverture dans ce cas ?

2. **Principe de fonctionnement** Pour pallier cette difficulté, l'entreprise peut utiliser la méthode dite du « swap théorique » encore appelée méthode du « dérivé hypothétique ». Cette méthode consiste à mesurer l'efficacité de la couverture :

- en modélisant le risque couvert sur la dette future sous la forme d'un dérivé hypothétique, c'est-à-dire en construisant un **instrument dérivé fictif** qui correspondrait parfaitement au risque de l'élément couvert ; et
- en comparant les variations de valeur de ce dérivé hypothétique avec celles du dérivé (bien réel) de couverture.

Les propriétés du « dérivé hypothétique » doivent être les suivantes :

- le taux de la branche fixe du swap doit correspondre aux taux forward en vigueur à la date de mise en place de la relation de couverture (il a donc une juste valeur nulle à la date de documentation de la relation de couverture) ;
- les autres caractéristiques doivent correspondre aux caractéristiques du risque couvert (index de révision, fréquence de révision et maturité), le dérivé hypothétique reproduisant l'élément couvert (IFRS 9.B6.5.5).

Ainsi, à titre illustratif, dans une couverture de flux de trésorerie du risque de taux d'intérêt sur un actif ou passif à taux variable, le dérivé hypothétique serait un swap avec le même montant notionnel et les mêmes dates de réévaluation que l'élément couvert. De plus, l'indice sur lequel est basé le taux variable du swap hypothétique devrait correspondre à l'indice sur lequel repose le taux variable de l'actif ou du passif (et non celui sur lequel repose le taux de l'instrument de couverture) et devrait refléter tout autre élément (cap, floor) ou dérivé incorporé non séparé de l'élément couvert.

Le swap hypothétique doit refléter parfaitement les flux de trésorerie couverts. La variation de la juste valeur du swap hypothétique « parfait » est considérée comme un indicateur de la valeur actualisée de la variation cumulée des flux de trésorerie futurs attendus de la transaction couverte.

Cependant, s'il y a un décalage entre la date de début de l'application de la comptabilité de couverture et celle de la mise en place de la relation de couverture économique (i.e. l'élément couvert et l'instrument de couverture sont à des conditions hors marché à la date de démarrage de la comptabilité de couverture), le swap hypothétique ne correspondra pas de manière identique aux éléments critiques de l'instrument de couverture. En effet, le taux applicable à la jambe fixe du dérivé hypothétique (taux de référence) correspondra au taux de marché au début de la couverture, et non au taux de l'élément couvert ou de l'instrument de couverture. Cela entraînera une inefficacité et pourrait empêcher l'utilisation de la comptabilité de couverture si l'évolution des taux est significative, remettant ainsi en question l'existence d'une relation économique.

L'utilisation de ce « dérivé hypothétique » ne constitue pas une méthode en tant que telle, mais plutôt une astuce mathématique qui ne peut être utilisée que pour calculer la valeur de l'élément couvert (IFRS 9.B6.5.5).

On ne peut donc pas y recourir pour inclure dans la valeur de l'élément couvert des caractéristiques que l'on trouve uniquement dans l'instrument de couverture (et non dans l'élément couvert).

49470 (suite) ■ *Exemple 1*

Une entreprise couvre des ventes futures en devises au moyen d'un contrat à terme ferme de devises (« forward »). Ces ventes sont considérées comme des transactions futures hautement probables.

Solution de l'exemple 1 *L'entreprise peut calculer l'efficacité de sa couverture en modélisant ses ventes futures en devises sous la forme d'un contrat d'achat à terme de devises ayant :*
- *un notionnel équivalant au montant des ventes futures ;*
- *une date d'échéance correspondant à celle des ventes anticipées ; et*
- *un cours à terme correspondant au cours en vigueur sur le marché à la date de mise en place de la couverture.*

■ *Exemple 2*

Une entité prévoit d'émettre – dans 3 mois – un emprunt de 1 M€, d'une durée de vie de 1 an et porteur d'un taux variable indexé sur l'Euribor 3 mois. Il est prévu que l'emprunt soit remboursé in fine et que ses intérêts soient payés sur base trimestrielle. L'entité étant soumise au risque de taux sur les futurs versements d'intérêt qu'elle effectuera au titre de l'emprunt, elle met en place un swap à départ décalé. Le swap, receveur taux variable (sur la base de l'Euribor 3 mois) et payeur taux fixe, a une durée de 1 an mais ne débutera que dans 3 mois pour correspondre aux caractéristiques du futur emprunt.

Solution de l'exemple 2 *Pour mesurer l'efficacité de la couverture mise en place, l'entité peut définir un dérivé hypothétique dont les caractéristiques reflètent à l'identique celles du futur prêt. Il s'agirait dans ce cas d'un swap à départ décalé dans 3 mois, de notionnel 1 M€, payeur taux variable Euribor 3 mois et receveur taux fixe.*

■ *Exemple 3*

Une entité conclut un contrat d'achat de matières premières (par exemple, des grains de café ou du pétrole brut) de qualité inférieure à la qualité standard de la matière première. Seule la matière première de qualité standard est négociée sur une bourse de marchandises. Le prix spécifié dans le contrat est le prix négocié sur la bourse moins un différentiel fixe de 10 € par unité de produit achetée (la remise de 10 € compense la différence de qualité). L'entité couvre la variabilité du prix de ses achats futurs de matières premières par un contrat à terme sur cette marchandise dont le sous-jacent est la qualité standard. Elle désigne le dérivé comme une couverture de flux de trésorerie des achats futurs de matières premières pour les changements attribuables au prix de référence de la qualité standard uniquement.

Solution de l'exemple 3 *L'ensemble des flux de trésorerie de l'élément couvert doit être désigné dans la relation de couverture (IFRS 9.B6.3.21 et .B6.3.25) – dans notre exemple, le prix de référence (prix de qualité standard) moins la marge fixe (10 €). La jambe variable du dérivé hypothétique doit être définie comme le prix de qualité standard moins 10 € et la jambe fixe du dérivé hypothétique correspond alors au prix fixe de référence (prix de qualité standard) pour la durée du contrat moins la même décote de 10 €, de sorte que le dérivé hypothétique ait une juste valeur de zéro au début de la couverture. Dans ce cas, les 10 € sont inclus à la fois dans la jambe fixe et dans la jambe variable du dérivé hypothétique et s'annulent.*

■ *Exemple 4*

Une entité conclut un contrat d'achat de matières premières dont le prix varie en fonction de deux composantes identifiables séparément et mesurables de manière fiable. Par exemple, le prix est égal à la différence entre la composante X moins la composante Y. L'entité couvre uniquement la composante X, en concluant un contrat à terme dont le sous-jacent est X. La composante Y n'est pas couverte.

Solution de l'exemple 4 *L'ensemble des flux de trésorerie de l'élément couvert doit être désigné dans la relation de couverture (IFRS 9.B6.3.21 et .B6.3.25) comme dans l'exemple précédent. Etant donné que ces flux de trésorerie sont désignés comme étant couverts pour un seul risque particulier (variations de X), par la suite, seules les variations de la composante X sont incluses dans la variation de la juste valeur de l'élément couvert et donc dans le dérivé hypothétique. Les variations positives et négatives des flux de trésorerie de la composante Y non couverte sont exclues car elles ne sont pas liées au risque couvert.*

Supposons qu'à la mise en place de la relation de couverture, le prix de marché de la matière première est de 20 €, dont 24 € pour la composante X et –4 € pour la composante de risque non couvert Y. La jambe variable du dérivé hypothétique doit être définie à l'origine comme la totalité des flux de trésorerie, c'est-à-dire la composante X (24 €) moins la composante de risque non couvert Y (–4 €) et la jambe fixe correspondrait alors au prix fixe de référence de la composante X pour la durée du contrat moins la composante de risque non couvert de –4 €, de sorte que le dérivé hypothétique ait une juste valeur de zéro au début de la couverture. La valeur de 4 € n'est pas modifiée, ni pour la jambe fixe ni pour la jambe variable, au cours des périodes ultérieures lorsque le dérivé hypothétique est réévalué.

Rééquilibrage et dérivé hypothétique

Question 49480

Le rééquilibrage d'une relation de couverture entraîne-t-il de repartir avec un dérivé hypothétique ayant une juste valeur nulle lors du rééquilibrage ?

Réponse

Non. Le rééquilibrage s'entend comme une continuation de la relation de couverture existante.

Commentaires :

1. **Dérivé hypothétique** Pour évaluer l'inefficacité d'une couverture et calculer la variation de valeur de l'élément couvert, une entité peut utiliser un « dérivé hypothétique » ayant les mêmes conditions essentielles que l'élément couvert et une juste valeur nulle à la date de documentation de la relation de couverture.

L'utilisation d'un tel dérivé est l'une des façons possibles de calculer la variation de la valeur de l'élément couvert. Le dérivé hypothétique reproduisant l'élément couvert, le résultat est le même que si la variation de la valeur avait été déterminée selon une autre méthode.

Pour plus de détails sur la méthode du « dérivé hypothétique », voir n° 49470.

2. **Rééquilibrage** Le rééquilibrage est une opération d'ajustement apportée aux quantités désignées de l'élément couvert ou de l'instrument de couverture dans une relation de couverture déjà existante en vue de maintenir un ratio de couverture conforme aux contraintes d'efficacité de la couverture (IFRS 9.B6.5.7). Le rééquilibrage ne modifie pas les caractéristiques techniques de la relation de couverture.

Les changements apportés à d'autres fins aux quantités désignées d'un élément couvert ou d'un instrument de couverture ne constituent pas un rééquilibrage (IFRS 9.B6.5.7) ; dans de tels cas, ils doivent être traités comme un arrêt de la relation de couverture. L'opération de rééquilibrage est ainsi différente de celle d'arrêt et de re-désignation de la relation de couverture.

Pour plus de détails sur le rééquilibrage d'une relation de couverture, voir n° 49460.

Il n'est dès lors pas nécessaire d'annuler un dérivé hypothétique créé pour évaluer l'inefficacité de la couverture. Ce dernier pourra faire l'objet, au même titre qu'un élément couvert, d'un ajustement en quantité. Ainsi, il devra être ajusté en fonction de l'ajustement de la quantité couverte (c'est-à-dire en tenant compte des changements dans le ratio de couverture révisé).

En outre, IFRS 9 (IFRS 9.B6.5.21) exige qu'une entité mette à jour sa documentation de l'analyse des sources d'inefficacité de couverture susceptibles d'affecter la relation de couverture pendant la durée restante lorsqu'elle rééquilibre une relation de couverture.

Stratégie dynamique de couverture au moyen d'options (gestion en delta neutre)

Question 49490

Qu'est-ce qu'une stratégie dynamique de couverture au moyen d'options (gestion en delta neutre) et cette stratégie est-elle reconnue par la norme IFRS 9 ?

Réponse

Ce type de stratégie consiste à déterminer, à partir d'un indicateur (appelé « delta ») qui mesure la sensibilité de la variation de juste valeur de l'instrument de couverture par rapport à son sous-jacent, le nombre d'options qu'il faut détenir pour couvrir le sous-jacent, de façon à ce que les variations de juste valeur des options compensent les variations de valeur (intervenant en sens inverse) de l'élément couvert.

Le delta global obtenu (sur les options et l'actif sous-jacent) ne restant égal à zéro qu'au voisinage d'un niveau de cours donné, l'entreprise doit constamment réajuster le nombre d'options détenues (d'où le nom de « stratégie dynamique »).

En IFRS, ces stratégies peuvent être qualifiées de couverture, si un certain nombre de conditions sont respectées.

Commentaires :

1. **Définition** Une stratégie dynamique de couverture en delta neutre (ou toute autre stratégie dynamique de couverture) consiste à constamment ajuster la quantité d'instruments de

49490 (suite) couverture détenus de manière à maintenir le ratio de couverture désiré, par exemple pour obtenir une position en delta neutre qui soit insensible aux variations de juste valeur de l'élément couvert.

La gestion en delta neutre repose sur l'utilisation des deux indicateurs suivants :

a. **Coefficient delta d'une option** Le coefficient delta (Δ) exprime le rapport entre la variation de la prime de l'option et la variation du cours du sous-jacent. Il traduit la probabilité que l'option soit exercée dans la monnaie à l'échéance.

Ainsi :

- pour une option à la monnaie, le delta est proche de 0,5, l'option ayant autant de chance d'être exercée que de ne pas l'être ;
- pour une option fortement dans la monnaie, le delta est proche de 1, la probabilité d'exercice de cette dernière étant proche de 1 ; enfin
- pour une option fortement en dehors de la monnaie, le delta est proche de 0, l'option n'ayant que très peu de chance d'être exercée et une variation du cours du sous-jacent n'a que peu d'effet sur le montant de la prime.

Le delta est toujours compris entre 0 et 1. Il est positif ou négatif selon qu'il s'agit d'une option d'achat (call) ou d'une option de vente (put) et selon la position de l'opérateur (acheteur ou vendeur d'option).

Lorsque le portefeuille géré en delta neutre comprend aussi l'actif sous-jacent, ce dernier est toujours affecté d'un delta égal à 1 (par définition).

Exemple Un delta de 0,5 signifie qu'à une variation de 0,60 du sous-jacent (passant par exemple de 103,10 à 103,70) correspond une variation de 0,30 (0,60 × 0,5) de la prime de l'option analysée, cette dernière variant par exemple de 3,40 à 3,70.

Sachant qu'une option joue le rôle d'amplificateur des variations de cours de l'actif sous-jacent sur lequel elle porte, le coefficient delta donne ainsi une mesure du risque attaché à l'option.

b. **Ratio de couverture** Le coefficient « delta » permet de déterminer le nombre d'options qu'il faut acheter pour couvrir une position, de façon à ce que les variations des primes des options (qualifiées de couverture) compensent le plus exactement possible les variations (intervenant en sens inverse) de l'actif sous-jacent que la société souhaite couvrir.

Exemple Pour réaliser la couverture d'une action sous-jacente, une société peut acheter :
- soit trois puts « en dehors de la monnaie » porteurs d'un delta égal à environ 0,33 ;
- soit deux puts « à la monnaie » dont le delta est proche de 0,5.

Dans la pratique, les opérateurs raisonnent en sens inverse et déterminent, à partir du ratio de couverture attribué à une option, la quantité de l'actif sous-jacent correspondant qui peut être couverte.

Reprise de l'exemple précédent A un put « en dehors de la monnaie » porteur d'un delta égal à environ 0,33 correspond un ratio de couverture de 3 (1 : 0,33). C'est-à-dire qu'il faut acheter trois puts de ce type pour effectuer une couverture correcte du sous-jacent.

Dans une gestion en delta neutre, la **part efficace de la couverture** comprend à la fois la valeur temps et la valeur intrinsèque de l'option.

2. **Traitement comptable** Contrairement à IAS 39, IFRS 9 ne permet pas de dé-désigner et re-désigner une relation de couverture à chaque fois que l'instrument de couverture est ajusté, s'il existe toujours une relation économique et que l'objectif de gestion des risques est toujours le même. Il est toutefois possible, à notre avis, de considérer que les modifications du ratio de couverture constituent un « rééquilibrage » tel que défini par IFRS 9. En appliquant un rééquilibrage, il est possible d'éviter toute dé-désignation et re-désignation qui serait autrement requise lorsque l'instrument de couverture est ajusté et peut donc être considéré comme la continuation d'une relation de couverture existante.

Pour qualifier ce type de stratégie d'opération de couverture sur le plan comptable (IFRS 9.B6.5.7 s.) :
- la documentation de couverture (notamment la manière dont l'entité gère et réajuste la couverture ainsi que la méthode retenue pour la mesure de l'inefficacité) doit être ajustée simultanément ;
- l'inefficacité doit être reconnue au moment de chaque rééquilibrage ; et

Remarque Une gestion en delta neutre doit faire l'objet d'un réajustement constant, jour après jour, car le delta global obtenu ne reste égal à zéro qu'au voisinage d'un niveau de cours donné. L'entreprise (la banque, en général) doit donc réajuster son portefeuille d'options de manière à toujours retrouver un delta égal à zéro.

Dans la pratique, les professionnels essaient de bâtir des stratégies dans lesquelles d'autres coefficients de gestion d'une option (« gamma », « vega ») sont également neutres, élargissant ainsi la **zone d'immunité** de la couverture.

– l'entité doit démontrer qu'elle s'attend à ce que la couverture soit efficace sur la période relativement courte pendant laquelle la couverture est supposée ne pas être réajustée.

Exemple Peut être qualifiée de couverture sur le plan comptable, une stratégie consistant à couvrir un portefeuille d'actifs de manière à ce que la juste valeur des actifs couverts ne baisse pas en dessous d'un certain niveau, tout en permettant à ces actifs de bénéficier d'une hausse des cours.

Impact du risque de crédit sur l'efficacité d'une couverture

49500

Question

Un changement dans l'effet du risque de crédit sur la valeur de l'instrument de couverture ou de l'élément couvert peut-il avoir un impact sur l'efficacité d'une couverture ?

Réponse

Oui, si l'effet du risque de crédit devient prédominant sur les variations de juste valeur de l'instrument de couverture ou de l'élément couvert, car le degré de compensation entre l'élément couvert et l'instrument de couverture pourrait devenir imprévisible.

Pour être considérée comme prédominante, l'ampleur de la variation doit être telle que la perte (ou le profit) attribuable au risque de crédit domine l'effet des variations des sous-jacents sur la valeur de l'instrument de couverture ou de l'élément couvert, même si ces variations sont importantes.

Commentaires Selon IFRS 9.6.4.1c.ii, la comptabilité de couverture ne peut être appliquée à une relation de couverture que si, entre autres critères, le risque de crédit n'a pas d'effet dominant sur les variations de la valeur qui résultent du lien économique entre l'élément couvert et l'instrument de couverture.

Pour plus de détails sur les contraintes d'efficacité d'une couverture, voir n° 49120 et 49450.

En effet, l'une des exigences pour démontrer l'efficacité de la couverture est que l'effet du risque de crédit ne domine pas les variations de valeur qui résultent de la relation économique. Bien qu'IFRS 9 ne définisse pas à partir de quel seuil l'effet du risque de crédit est considéré comme étant prédominant, l'effet du risque de crédit (par exemple, mesuré par le « Credit Value Adjustment » (CVA) ou « Debit Value Adjustment » (DVA) sur le dérivé) doit clairement être considéré à la fois pour l'élément couvert et l'instrument de couverture (IFRS 9.B6.4.7).

Sur les notions de CVA et DVA, voir n° 13376.

Ainsi, si les effets des variations du risque de crédit l'emportent largement sur l'effet des variations des sous-jacents sur la juste valeur de l'instrument de couverture ou de l'élément couvert, le risque de crédit pourrait être considéré comme dominant la relation économique.

Cependant, lorsque le risque de crédit semble dominer parce que les variations de la juste valeur au cours d'une période donnée sont relativement faibles, cela ne signifie pas nécessairement que le risque de crédit domine l'ensemble de la couverture (IFRS 9.B6.4.7).

Pour illustrer un cas où le risque de crédit serait prédominant sur une relation de couverture, IFRS 9.B6.4.8 donne l'exemple d'une entité qui couvre une exposition au risque de prix d'une marchandise au moyen d'un dérivé non garanti. En cas de détérioration grave de la solvabilité de l'autre partie au contrat dérivé, l'effet de ce changement sur la juste valeur de l'instrument de couverture pourrait être plus fort que celui des variations de prix de la marchandise, alors que les variations de la valeur de l'élément couvert dépendent largement des variations de prix de la marchandise.

A cet effet, et dans le cadre des tests d'efficacité, les entités devraient évaluer à chaque date de clôture si les changements de risque de crédit passés ont dominé et si les changements de risque de crédit futurs sont susceptibles de dominer la relation de couverture. Cette évaluation devrait porter sur la durée restante de la relation de couverture et non pas seulement sur la période immédiatement antérieure à la date de clôture. Cette évaluation devrait également prendre en considération la stratégie de gestion des risques de l'entité, dans la mesure où elles font partie de la documentation de couverture.

Par exemple, la politique de gestion des risques d'une entité pourrait être d'atténuer l'importance du risque de crédit en exigeant le remplacement des contreparties lorsqu'elles sont rétrogradées et/ou qu'elles subissent une grave détérioration de leur situation financière. Lorsqu'un tel remplacement de contrepartie est inclus dans la documentation de couverture (ou lorsqu'il est conforme aux critères de novation des dérivés), il n'entraîne pas l'extinction de la relation de couverture.

Si la détérioration du crédit de la contrepartie au dérivé de couverture n'est pas significative et que la variation de valeur de l'instrument de couverture dépend encore largement de la variation du prix des variables sous-jacentes, la comptabilité de couverture se poursuit, mais l'inefficacité résultant du risque de crédit de la contrepartie au dérivé de couverture doit être constatée en résultat.

Mesurer l'inefficacité dans la couverture des variations des taux de change au comptant

49510 *Question*

Lorsqu'une entité couvre les variations de taux de change au comptant, devra-t-elle tenir compte de la valeur temps de l'argent dans l'évaluation de l'inefficacité de la couverture ?

Réponse

Oui, en actualisant la valeur de l'élément couvert, de telle sorte que les variations de valeur de l'élément couvert incluent l'effet de la valeur temps de l'argent.

Plus précisément, l'inefficacité est évaluée en comparant la valeur actuelle de l'élément couvert à la composante « cours comptant » de l'instrument de couverture actualisée sur sa durée de vie.

Commentaires Selon IFRS 9.B6.5.4, une entité doit tenir compte de la valeur temps de l'argent lorsqu'elle évalue l'inefficacité de la couverture. A cet effet, l'élément couvert doit être évalué sur la base de la valeur actualisée et ce, même si l'entreprise mesure l'efficacité de l'élément couvert sur la base du taux de change au comptant.

Ceci est un changement par rapport à la norme IAS 39, puisque les entités ne tenaient souvent pas compte de l'effet d'actualisation dans la réévaluation de l'élément couvert lorsqu'elles couvraient les variations du taux de change comptant.

Il convient de noter que pour une couverture à court terme entre des monnaies à faible différentiel de taux d'intérêt, l'impact de cette actualisation peut ne pas être significatif. Cependant, il pourrait être plus important pour les couvertures à plus long terme. Les entités devront donc prendre en compte l'impact des exigences d'IFRS 9 sur leur stratégie de gestion des risques et déterminer s'il convient de désigner le taux à terme ou au comptant.

■ *Exemple*

L'entité XYZ, dont la monnaie fonctionnelle est l'euro, décide de couvrir le risque de change de 1 million USD sur une vente hautement probable dans 9 mois. Conformément à sa stratégie de gestion des risques, elle désigne les variations du taux de change « comptant » en tant que risque couvert. L'instrument de couverture désigné est la composante au comptant d'un contrat de change à terme de trois mois, qui sera reconduit jusqu'au moment où les ventes prévues auront lieu.

Solution de l'exemple *Pour l'évaluation de l'inefficacité, les ventes prévues sont converties au cours comptant à la date du test d'efficacité, puis actualisées sur neuf mois pour refléter la valeur actualisée de l'élément couvert. La valeur ainsi obtenue est comparée à la composante « comptant » du contrat à terme qui doit être actualisée sur sa maturité de trois mois. Cela créera une inefficacité, qui doit être enregistrée directement en résultat.*

Les spreads en devises étrangères peuvent également être une source d'inefficacité, sauf s'ils sont exclus de l'instrument de couverture désigné, voir n° 49690.

Nécessité de prendre en considération la valeur temps de l'argent dans la mesure de l'inefficacité dans une couverture d'investissement net à l'étranger

49520 *Question*

La valeur temps de l'argent génère-t-elle de l'inefficacité dans une relation de couverture d'investissement net à l'étranger (« Net Investment Hedge »/NIH) ?

49520 (suite)

Réponse

Cela dépend de la nature et des caractéristiques de l'instrument de couverture désigné. Dans les cas suivants, la prise en compte de la valeur temps ne générera pas d'inefficacité :

- si l'instrument de couverture est un instrument évalué au coût amorti, la valeur temps de l'argent est déjà incluse dans la valorisation de l'instrument de couverture et ne génère pas d'inefficacité ;
- si l'instrument de couverture est un contrat de change à terme et que le risque couvert désigné est le taux de change à terme, la prise en compte de la valeur temps de l'argent n'entraînera aucune inefficacité étant donné que la durée de la relation de couverture correspond à l'échéance du contrat à terme ;
- si l'instrument de couverture est un contrat de change à terme et que le risque couvert désigné est le taux de change au comptant, la relation de couverture étant considérée sans maturité, il est acceptable de ne pas tenir compte de la valeur temps de l'argent, ce qui n'entraînera pas d'inefficacité.

Commentaires :

1. **Impact comptable** Tous les gains et pertes de change liés à la conversion des actifs nets de l'activité à l'étranger sont comptabilisés en autres éléments du résultat global (OCI) (IAS 21). Les gains et pertes proviennent de la conversion de l'investissement net au cours au comptant. La partie efficace des gains et pertes sur l'instrument de couverture est également comptabilisée en autres éléments du résultat global (IFRS 9.6.5.13). Ces gains et pertes seront rapportés au compte de résultat à la date de cession (totale ou partielle) entraînant la déconsolidation ou la liquidation de l'investissement.

2. **Incidences de la prise en compte de la valeur temps de l'argent sur l'inefficacité selon la nature et les caractéristiques de l'instrument de couverture** :

a. L'instrument de couverture est un emprunt comptabilisé au coût amorti. L'instrument de couverture étant évalué au coût amorti, IAS 21 requiert de le convertir au cours de clôture, comme pour l'élément couvert. Par ailleurs, l'évaluation au coût amorti de l'instrument de couverture intègre déjà la valeur temps de l'argent.

Sur la définition du coût amorti, voir n° 46750.

Cela signifie qu'il n'est pas nécessaire d'effectuer un ajustement supplémentaire distinct pour prendre en compte la valeur temps de l'argent, que ce soit sur l'élément couvert ou sur l'instrument de couverture. Par conséquent, la prise en compte de la valeur temps de l'argent n'entraînera aucune inefficacité.

b. L'instrument de couverture est un contrat de change à terme et le risque couvert désigné est le taux de change à terme. La durée de la relation de couverture correspondant à l'échéance du contrat à terme, la prise en compte de la valeur temps de l'argent n'entraînera aucune inefficacité.

Les gains et pertes sur l'instrument de couverture sont calculés en utilisant le taux à terme et la partie efficace comprend les mouvements de valeur des points à terme, parce que le risque couvert désigné est la variation du taux de change à terme.
Par conséquent, il y aura une différence entre le montant enregistré sur l'investissement net couvert et le montant enregistré sur l'instrument de couverture (le contrat à terme).

c. L'instrument de couverture est un contrat de change à terme et le risque couvert désigné est le taux de change au comptant. La norme IAS 21 exige que les actifs nets de l'activité à l'étranger soient convertis en utilisant le taux de clôture. Il n'est pas nécessaire de prendre en compte la valeur temps de l'argent sur l'élément couvert et, en conséquence, aucune actualisation n'est requise.
Le risque couvert est le taux de change au comptant du jour et la couverture n'a donc pas d'échéance. Par conséquent, dans ces circonstances, une approche acceptable consisterait à utiliser la composante de taux au comptant non actualisée de l'instrument de couverture. Ainsi, lorsque le notionnel du contrat à terme correspond au montant de l'investissement net couvert, aucune inefficacité ne résultera de la prise en compte de la valeur temps de l'argent.

L'entité peut décider d'opter pour le modèle du coût de la couverture concernant le « currency basis », voir n° 49690.

SECTION III

Eléments couverts

Changements introduits par IFRS 9 concernant les éléments couverts

49540 ***Question***

Quels sont les changements introduits par IFRS 9 concernant les éléments couverts ?

Réponse

Quelques changements ont été apportés par rapport à IAS 39, visant principalement à éliminer les restrictions qui empêchaient certaines stratégies de couverture économiquement rationnelles d'être éligibles à la comptabilité de couverture.

Ci-dessous, la liste des principaux éléments couverts devenus éligibles à la comptabilité de couverture sous IFRS 9 :
- composante de risque d'un élément non financier ;
- positions nettes (y compris positions nettes nulles) ;
- portion (composante strate) d'un groupe d'éléments ;
- positions agrégées (incluant des dérivés).

Commentaires Les changements introduits par la norme IFRS 9 concernant les éléments couverts restent limités.

Les principales évolutions par rapport à IAS 39 sont reprises dans le tableau suivant :

IAS 39	IFRS 9
Définition d'élément couvert.	Inchangée.
Possibilité de couvrir les composantes de risque des éléments financiers uniquement.	Possibilité de couvrir les composantes de risque des éléments non financiers également, voir n° 49570.
Les positions nettes ne sont pas autorisées en tant qu'élément couvert.	Les positions nettes (y compris positions nettes nulles) sont autorisées en tant qu'élément couvert dans certaines circonstances, voir n° 49550. Pour plus de précisions sur la couverture de positions nettes nulles, voir n° 49560.
Les éléments couverts dans un groupe doivent être homogènes.	Les éléments couverts au sein d'un même groupe n'ont plus besoin d'être homogènes par rapport au risque couvert, voir n° 49550.
Couverture de portions (composante strate) relativement restreinte et possible uniquement dans les couvertures de flux de trésorerie (CFH).	Couverture de portions (composante strate) autorisée à la fois dans les couvertures de flux de trésorerie (CFH) et les couvertures de juste valeur (FVH) dans certaines circonstances. Pour plus de précisions, voir n° 49600.
Les dérivés ne peuvent être désignés comme éléments couverts.	Les expositions agrégées (incluant des dérivés) sont autorisées en tant qu'élément couvert.

Expositions agrégées (IFRS 9.6.3.4) En vertu d'IAS 39, un dérivé ne pouvait pas être un élément couvert et les dérivés ne pouvaient pas être combinés à une autre exposition pour constituer un élément couvert. IFRS 9 a supprimé cette restriction ; ainsi, une position agrégée incorporant un dérivé et une exposition non dérivée peut être désignée comme élément couvert.

Position nette

49550 ***Question***

Dans quels cas un groupe d'éléments peut-il être désigné comme élément couvert ?

49550 (suite)

Réponse

Un groupe d'éléments incorporant, le cas échéant, des positions qui se compensent peut être désigné comme élément couvert, à condition que tous les éléments inclus dans le groupe soient individuellement éligibles en tant qu'éléments couverts et que la gestion des risques soit réalisée sur une base nette.

Dans le cadre d'une couverture de flux de trésorerie portant sur des éléments couverts qui se compensent au cours de périodes différentes, cette relation de couverture ne peut être que relative au risque de change.

Commentaires Lorsque l'élément couvert est un groupe qui présente une position nette, l'entité est autorisée à le désigner dans le cadre d'une relation de couverture si les conditions suivantes sont réunies (IFRS 9.6.6.1) :

a. Le groupe est constitué d'éléments (ou de composantes d'éléments) dont chacun est un élément couvert admis et les éléments du groupe sont gérés collectivement aux fins de la gestion des risques.

Il n'y a donc plus de contrainte sur le fait que les éléments au sein du groupe aient un risque similaire.

b. Les éléments du groupe sont gérés de manière agrégée par le risk management.

Dans le cas d'une couverture de flux de trésorerie d'un groupe d'éléments dont les flux de trésorerie devraient avoir une incidence sur le compte de résultat au cours de différentes périodes, les critères d'éligibilité sont les suivants :
– il s'agit d'une couverture du risque de change ; et
– la désignation de cette position nette précise la période de présentation de l'information financière dans laquelle les transactions prévues devraient influer sur le résultat net, de même que la nature et le volume de ces transactions.

Ainsi, il n'y a pas d'autres restrictions que celles identifiées en a. et b. ci-avant pour :
- une couverture de juste valeur d'une position nette,
- une couverture de flux de trésorerie lorsque les flux couverts affectent le résultat au cours de la même période de reporting.

Enfin, lorsqu'une entité désigne une position nette comme élément couvert, l'ensemble des éléments du groupe constituant cette position nette sont désignés (IFRS 9.B6.6.4) comme éléments couverts.

■ *Exemple 1*

Une entité dont la devise fonctionnelle est l'euro a un département des ventes qui vend certains articles en USD. Dans le même temps, le département des achats achète certains produits en USD. Chaque département n'est pas au courant des activités de l'autre, mais les deux veulent couvrir respectivement leurs ventes et leurs achats en USD. Supposons que le département des ventes a un chiffre d'affaires de 100 000 USD dans six mois, de sorte qu'il conclut un contrat à terme avec le département trésorerie centrale de l'entité (c'est-à-dire, une entité distincte au sein du même groupe). Le département des achats a des achats prévisionnels hautement probables de 90 000 USD, également dans six mois, et conclut également un dérivé interne avec le département trésorerie centrale. Les départements des ventes et des achats considèrent tous deux leur dérivé comme un instrument de couverture, mais le groupe ne peut pas appliquer la comptabilité de couverture, car le dérivé est interne au groupe et donc est éliminé lors de la consolidation.
Cependant, afin de couvrir l'exposition du groupe, le département trésorerie centrale entre dans un forward avec une banque pour 10 000 USD. En faisant cela, le groupe est économiquement couvert. Cependant, selon IAS 39, il n'était pas possible de désigner la position nette de 10 000 USD (comprenant 100 000 USD de ventes et 90 000 USD d'achats) comme élément couvert. Au lieu de cela, le groupe devait désigner 10 000 USD sur les 100 000 USD de ventes futures comme élément couvert. Cela ne reflétait pas la stratégie de gestion des risques de l'entité et ne correspondait pas à la façon dont l'entité suit la pertinence de la relation de couverture économique.
Selon IFRS 9, le groupe peut-il désigner la position nette de 10 000 USD comme élément couvert ?

Solution de l'exemple 1 *Oui, une position nette incorporant des positions qui se compensent peut être désignée comme élément couvert, à condition que tous les éléments inclus dans le groupe soient individuellement éligibles en tant qu'éléments couverts et que les éléments du groupe soient gérés dans une vision d'ensemble dans le cadre de la gestion des risques. Cela signifie que le groupe peut désormais appliquer la comptabilité de couverture à une position nette composée de ventes de 100 000 USD et d'achats de 90 000 USD avec un dérivé de 10 000 USD, ce qui reflète la gestion des risques de l'entité.*

Cependant, les gains et pertes de couverture recyclés des autres éléments du résultat global (OCI) en résultat doivent être présentés séparément au compte de résultat (séparément des éléments couverts). Une entité ne peut pas présenter les résultats post-couverture de ses activités commerciales pour les postes individuels affectés (IFRS 9.B6.6.15 et .B6.6.16).

■ *Exemple 2*

Une société qui détient un portefeuille d'actions répliquant un indice boursier, classé à la juste valeur en contrepartie des autres éléments du résultat global (OCI), peut se couvrir en contractant un dérivé sur l'indice boursier. Cette désignation dans le cadre d'une couverture de juste de valeur est possible sous IFRS 9, bien que les éléments couverts du portefeuille n'aient pas un risque similaire.

Ceci représente un changement par rapport à IAS 39.

Position nette nulle

49560 ***Question***

Une position nette nulle peut-elle être désignée comme élément couvert ?

Réponse

Oui, mais seulement sous certaines conditions.

Commentaires Lorsque l'élément couvert est un groupe qui présente une position nette nulle, l'entité est autorisée à le désigner dans le cadre d'une relation de couverture ne comportant pas d'instrument de couverture, si les conditions suivantes sont réunies (IFRS 9.6.6.6) :

Un groupe présente une position nette nulle lorsque les éléments couverts compensent totalement entre eux le risque géré à l'échelle du groupe.

a. la couverture s'inscrit dans une stratégie de couverture glissante du risque net suivant laquelle l'entité couvre systématiquement les nouvelles positions nettes du même type au fil du temps (par exemple, lorsque les transactions entrent dans l'horizon temporel couvert par l'entité) ;

b. la position nette couverte change de taille pendant la durée de la couverture glissante du risque net et l'entité utilise des instruments de couverture admis pour couvrir le risque net (lorsque la position nette n'est pas nulle) ;

c. la comptabilité de couverture s'applique normalement à une telle position nette lorsque celle-ci n'est pas nulle et qu'elle est couverte au moyen d'instruments de couverture admis ;

d. ne pas appliquer la comptabilité de couverture à la position nette nulle donnerait des résultats comptables incohérents, car le traitement ne tiendrait pas compte des positions de compensation qui auraient été comptabilisées si la position nette n'avait pas été nulle.

■ *Exemple*

Une entité dont la monnaie fonctionnelle est l'euro a un engagement de payer 150 000 USD dans 9 mois et un engagement de vendre de la marchandise pour 150 000 USD dans 15 mois.

Dans ce cas, les 4 conditions mentionnées ci-avant sont bien réunies. En particulier, concernant la dernière condition, si la comptabilité de couverture n'était pas ici appliquée à la position nulle, la position couverte ne serait pas reflétée en comptabilité car les transactions portent sur des échéances différentes.

Couverture d'une composante de risque d'un élément non financier

49570 ***Question***

Est-il possible de couvrir une composante de risque d'un élément non financier ?

Réponse

Oui, à condition que la composante de risque soit identifiable séparément et que les variations des flux de trésorerie ou de la juste valeur de l'élément attribuables aux variations de cette composante de risque puissent être évaluées de façon fiable.

Commentaires Une composante de risque est un élément couvert qui n'englobe pas la totalité des flux de trésorerie ou de la juste valeur d'un élément. Par conséquent, cette composante ne reflète que quelques-uns des risques que comporte l'élément dont elle fait partie ou ne les reflète que dans une certaine mesure.

1. Rappel – Restrictions à la couverture des éléments non financiers sous IAS 39 Selon les dispositions d'IAS 39 relatives à la comptabilité de couverture, seules les composantes de risques des éléments financiers (comme le taux Euribor dans un emprunt portant un intérêt variable d'Euribor plus une marge) pouvaient être désignées comme éléments couverts, dès lors que ces composantes étaient identifiables séparément et mesurables de manière fiable. A l'inverse, une entité ne pouvait couvrir que l'intégralité de la juste valeur ou des flux de trésorerie d'un élément non financier ou uniquement le risque de change (voir n° 50045).

2. Couverture d'une composante de risque d'un élément non financier sous IFRS 9 Selon IFRS 9.B6.3.8, une composante de risque peut être désignée comme élément couvert si :

- elle constitue **une composante isolable** d'un élément financier, mais également d'un élément non financier ; et
- les variations de flux de trésorerie ou de juste valeur de l'élément attribuables aux variations de cette composante de risque peuvent être **évaluées de manière fiable.**

Sur l'appréciation du caractère fiable de l'évaluation d'une composante de risque d'un élément non financier, voir n° 49580.

Ces dispositions sont valables lorsque la composante de risque est explicitement définie par contrat (composante de risque contractuellement spécifiée) ou également lorsque cette composante de risque est inhérente à la juste valeur ou aux flux de trésorerie de l'élément auquel elle se rattache (composante de risque non contractuellement spécifiée).

Une composante de risque non contractuellement spécifiée peut se rattacher à un élément qui n'est pas un contrat (comme une transaction prévue) ou à un contrat qui ne spécifie pas la composante (comme un engagement ferme qui comporte un prix unique plutôt qu'une formule d'établissement du prix qui ferait référence à différents sous-jacents) (IFRS 9.B6.3.10).

3. Prise en compte de la structure de marché particulière dans la désignation d'une composante de risque comme élément couvert La désignation d'une composante de risque comme élément couvert nécessite d'apprécier cette composante dans le contexte de la structure de marché particulière à laquelle le risque se rattache et où les opérations de couverture ont lieu. Cette démonstration nécessite une appréciation des faits et circonstances pertinents, qui diffèrent d'un risque et d'un marché à l'autre (IFRS 9.B6.3.9).

Sur la désignation du risque inflation comme élément couvert, voir n° 49575.

Dans le cas d'un élément non financier, il sera généralement nécessaire que le prix global de l'élément soit constitué d'une conjonction de plusieurs composantes. Il convient de prendre en compte l'approche des intervenants de marché dans la définition du prix de l'élément non financier en question pour démontrer que la structure de marché justifie la désignation d'une composante de risque comme élément couvert. Par exemple, il devrait être clair que des acheteurs et des vendeurs avertis prennent en compte le prix de la composante considérée (comme la matière première, le coût du travail, les différentes charges et la marge du vendeur) dans la constitution du prix global de l'élément non financier en question.

Pour qu'elle puisse être désignée comme élément couvert, il est souvent nécessaire que la composante de risque soit un élément entrant dans le processus de production de l'élément non financier. Il peut toutefois exister des situations où la structure de marché justifie l'identification d'une composante de risque qui n'entre pas dans le processus de production de l'élément non financier comme éligible à la désignation comme élément couvert (voir n° 49590).

Couverture de la composante risque de change dans un actif non financier détenu à des fins de consommation

Question 49572

Lorsqu'une entité est exposée à un risque de change sur un actif non financier détenu afin d'être consommé, ce risque de change peut-il être désigné comme élément couvert dans une relation de couverture de juste valeur ?

49572 (suite)

Réponse

A notre avis oui, mais seulement dans les conditions suivantes :

– le risque de change sur l'actif non financier est un risque identifiable séparément et quantifiable de manière fiable. C'est le cas lorsque le risque faisant l'objet de la couverture est lié aux variations de la juste valeur résultant de la conversion dans la devise fonctionnelle de la juste valeur de l'actif non financier qui, dans la structure de marché donnée, est déterminée uniquement dans une devise particulière et que cette devise n'est pas la devise fonctionnelle de l'entité ; et

– la stratégie de gestion des risques de l'entité a pour but de couvrir la possibilité de vendre à tout moment l'actif non financier présentant une valeur résiduelle dont le montant est supérieur au montant de l'instrument de couverture à la date de cession et ce, même si cette cession n'est pas probable ni hautement probable.

Cette position fait suite à une décision de l'IFRS IC sur ce sujet (IFRS IC Update 09/19).

Commentaire :

1. **Contexte** Certaines entreprises détiennent des actifs non financiers (immobilisations corporelles, stocks de matières premières) détenus à des fins de consommation et qui ne peuvent être valorisés ou cédés que dans une devise autre que la devise fonctionnelle de l'entité. Dans ces cas, ces entités sont exposées à un risque de change sur ces actifs. Ce risque de change est susceptible d'affecter le compte de résultat si l'actif venait à être cédé. La question se pose alors de savoir si ce risque peut faire l'objet d'une relation de couverture de juste valeur. Cette question a notamment été soumise à l'IFRS IC (IFRS IC Update 09/19).

2. **Réponse apportée par l'IFRS IC** Lorsqu'une entité est exposée au risque de change sur un actif non financier, ce risque de change ne peut être désigné comme élément couvert que si les deux conditions suivantes sont respectées :

La relation de couverture doit également respecter les autres critères d'applicabilité de la comptabilité de couverture (éligibilité de l'instrument de couverture, critères d'efficacité), voir n° 49110.

– le risque de change sur l'actif non financier constitue un risque identifiable séparément et mesurable de façon fiable ;

Pour plus de détails sur la possibilité de couvrir une composante de risque d'un élément non financier, voir n° 49570.

– et la couverture de ce risque de change est cohérente avec la stratégie et la gestion des risques de l'entité.

Selon l'IFRS IC, la première condition est respectée dans les circonstances décrites ci-avant, c'est-à-dire si l'actif non financier est valorisé dans une devise différente de la devise fonctionnelle de l'entité. Concernant la deuxième condition, l'IFRS IC observe que, dès lors que l'actif non financier est détenu dans un objectif de consommation et non de cession, ses variations de juste valeur n'auraient a priori pas d'impact significatif sur l'entité. L'IFRS IC affirme ainsi que la couverture du risque de change sur un actif non financier détenu afin d'être consommé, pourrait paraître non cohérente avec la stratégie de gestion des risques de l'entité.

A notre avis, cette position de l'IFRS IC ne fait pas obstacle à la couverture du risque de change d'un actif non financier. En effet, même si l'entité n'a pas l'intention de céder l'actif non financier, elle pourrait tout de même être amenée à le faire avant la fin de sa durée d'amortissement pour des raisons stratégiques, financières, etc.

Notamment pour les actifs ayant une durée d'amortissement longue, tels que les avions par exemple.

La cession possible de l'actif non financier expose ainsi l'entité à la valeur résiduelle de l'actif qui est évaluée dans une devise différente de la devise fonctionnelle de l'entité. Si l'objectif de l'entité est de couvrir ce risque, la couverture de cette exposition est cohérente avec l'objectif et la stratégie de gestion de risques et ce, même si la cession envisagée n'est pas probable ni hautement probable.

Cette position est par ailleurs cohérente avec les dispositions d'IFRS 9 permettant de couvrir le risque de taux en juste valeur sur des actifs détenus dans un modèle de gestion dont l'objectif est de détenir des actifs pour recouvrer les flux de trésorerie contractuels (IFRS 9.BC6.54), donc a priori non détenus à des fins de cession.

Enfin, l'IFRS IC précise que seul le montant de la valeur résiduelle de l'actif à la date de vente peut être couvert. Ainsi, cette disposition ne fait pas obstacle à utiliser une dette amortissable comme instrument de couverture pourvu que le profil d'amortissement de la dette reste inférieur au profil d'amortissement de la valeur économique de l'actif.

Couverture de la composante « risque inflation » dans un instrument de dette

49575

Question

L'inflation est-elle une composante de risque d'un instrument financier qu'il est possible de désigner comme élément couvert ?

Réponse

En général, non, car il existe une présomption réfutable selon laquelle, à moins d'être spécifié contractuellement, le risque lié à l'inflation n'est ni isolable, ni mesurable de façon fiable et ne peut être désigné en tant que composante de risque d'un instrument financier éligible à la comptabilité de couverture.

Cependant, dans des circonstances limitées, le risque « inflation » représente une composante de risque éligible si les conditions suivantes sont remplies :
- condition 1 : elle représente une composante isolable ;
- condition 2 : les variations de flux de trésorerie ou de juste valeur de l'élément attribuables aux variations de cette composante peuvent être évaluées de manière fiable.

Commentaires :

1. **Contexte** Certaines entreprises ont leur chiffre d'affaires exposé au risque « inflation ». Pour se prémunir contre cette exposition au risque, elles vont mettre en place l'une des stratégies de couverture suivantes :
- stratégie 1 : elles émettent des dettes indexées sur l'inflation afin d'obtenir une couverture « naturelle » ;
- stratégie 2 : elles émettent des dettes à taux fixe et contractent des instruments dérivés leur permettant de swapper leurs dettes à taux fixe contre des paiements indexés sur l'inflation.

Quelle que soit la stratégie de couverture retenue par l'entreprise, la question se pose alors de savoir si la composante « risque inflation » peut être désignée comme élément couvert (IFRS 9.6.3.7).

2. **Notion de composante de risque d'un instrument financier** (IFRS 9.B6.3.8) Il est possible de couvrir une composante de risque d'un actif ou d'un passif financier si :
- elle constitue une composante isolable de l'élément financier (sur cette notion, voir n° 49580) ;
- les variations de flux de trésorerie ou de juste valeur de l'élément qui sont attribuables aux variations de cette composante de risque sont évaluables de façon fiable.

Par ailleurs, la partie désignée couverte des flux futurs de trésorerie ou de la juste valeur d'un élément doit a priori toujours être inférieure à la totalité des flux futurs ou de la juste valeur dudit élément (IFRS 9.6.3.7a).

3. **Application au risque inflation** :

a. **Composante de risque spécifiée contractuellement** Il est possible de déclarer couvrir séparément la composante de risque « inflation » lorsqu'elle représente :
- une composante contractuellement identifiable d'une dette indexée sur l'inflation (pour laquelle il n'y aurait aucun dérivé incorporé à comptabiliser séparément) ;
- une composante mesurable de façon fiable qui n'influe pas sur le reste de flux de trésorerie de l'instrument (IFRS 9.B6.3.15).

Exemple Lorsque l'entreprise contracte un swap qui lui permet d'échanger les paiements indexés sur l'inflation contre des paiements indexés sur un taux de référence journalier de type Overnight LIBOR, elle se prémunit contre les variations de la juste valeur de sa dette indexée sur l'inflation. Dans ce cas, il est, à notre avis, possible de désigner la composante risque inflation comme élément couvert dans une relation de couverture de juste valeur (FVH).

b. **Composante de risque non spécifiée contractuellement** Il existe une présomption réfutable selon laquelle, à moins d'être spécifié contractuellement, le risque lié à l'inflation n'est ni isolable, ni mesurable de façon fiable et ne peut être désigné en tant que composante de risque d'un instrument financier éligible à la comptabilité de couverture. Toutefois, dans des circonstances limitées liées à la structure du marché, il est possible d'isoler la composante de risque inflation et de l'évaluer de façon fiable (IFRS 9.B6.3.13). L'IASB a introduit cette notion de présomption réfutable de manière à éviter toute dérive liée à la désignation d'un risque inflation non spécifié contractuellement comme élément de couverture.

Exemple Une entité émet une dette dans un environnement où le volume des transactions et la structure des taux des obligations indexées sur l'inflation font qu'il existe un marché suffisamment liquide pour permettre l'établissement d'une courbe des taux d'intérêt réels pour des obligations à coupon zéro. Dans ce cas, pour la monnaie concernée, l'inflation représente un facteur pertinent qui est considéré séparément par les marchés. Dans ces circonstances, il serait possible de déterminer la composante de risque d'inflation en actualisant les flux de trésorerie de l'instrument d'emprunt couvert en fonction de la courbe des taux d'intérêt réels des obligations à coupon zéro (IFRS 9.B6.3.14).

Détermination du caractère fiable de la mesure d'une composante de risque d'un élément non financier

49580 ***Question***

Comment détermine-t-on qu'une composante de risque d'un élément non financier est mesurable de manière fiable ?

Réponse

Les variations de flux de trésorerie ou de juste valeur attribuables à une composante de risque sont considérées être mesurables de manière fiable quand la valeur de cette composante de risque impacte directement et de manière prévisible la valeur totale de l'élément auquel elle est rattachée.

Un tel impact est généralement établi en cas de relation linéaire entre la valeur de la composante de risque et la valeur de l'élément dans sa totalité. Un impact direct et prévisible peut toutefois être démontré en cas de relation non linéaire entre ces deux valeurs.

Commentaires La désignation d'une composante de risque comme élément couvert nécessite qu'elle constitue une composante isolable de l'élément auquel elle se rattache et que les variations des flux de trésorerie ou de la juste valeur de l'élément qui sont attribuables aux variations de cette composante de risque puissent être évaluables de façon fiable (IFRS 9.B6.3.8), voir n° 49570.

Les variations de flux de trésorerie ou de juste valeur attribuables à une composante de risque sont considérées être mesurables de manière fiable quand la valeur de cette composante de risque impacte directement et de manière prévisible la valeur totale de l'élément auquel elle est rattachée (IFRS 9.6.3.7).

1. Présomption d'une mesure fiable dans le cas d'une relation linéaire entre la composante de risque et la valeur totale de l'élément non financier Cela est généralement le cas quand il existe une relation linéaire entre les variations de valeur de la composante de risque et de l'élément auquel elle est rattachée.

2. Démonstration à mener quand la relation entre la valeur de la composante de risque et la valeur de l'élément auquel elle est rattachée n'est pas linéaire Dans certaines circonstances, une relation non linéaire entre la valeur de la composante de risque et la valeur de l'élément auquel elle est rattachée ne s'oppose pas à la désignation de composante de risque en tant qu'élément couvert.

Il peut exister une relation « en escalier » entre la valeur de la composante de risque et la valeur totale de l'élément auquel elle est rattachée. Cela peut arriver quand le prix d'un élément n'est pas mis à jour en continu, mais périodiquement, ou bien quand certaines composantes constituant le prix global de l'élément augmentent ou diminuent au-delà d'un seuil « raisonnable ».

En cas d'une relation non linéaire, la désignation de la composante de risque en tant qu'élément couvert nécessitera d'analyser la nature de cette relation et ses sous-jacents, afin d'établir si la composante de risque est implicite dans la totalité de la juste valeur ou des flux de trésorerie de l'élément auquel elle est rattachée.

Cette analyse devrait prendre en compte les facteurs suivants :

– la magnitude absolue des « marches d'escalier », avant qu'une variation de valeur de la composante de risque n'influe sur la valeur globale de l'élément auquel elle est rattachée ;

Par exemple, le prix d'un pull en laine de luxe est généralement peu corrélé au prix de la matière première (laine).

- la fréquence des mises à jour de la valeur globale de l'élément en relation avec les variations de la valeur de la composante de risque ;
- la sensibilité des variations de la valeur globale de l'élément à l'offre et la demande sur le marché (y compris l'offre et la demande des éléments similaires), comparée aux variations de valeur de la composante de risque considérée ;
- si les variations de la valeur globale de l'élément vont toujours dans le même sens (par exemple, uniquement à la hausse) ou s'il existe une inertie dans un sens en particulier (par exemple, les prix ont tendance à augmenter plus fréquemment ou plus sensiblement à la hausse qu'à la baisse) ;
- les raisons pour lesquelles les variations de valeur de la composante de risque ne sont pas immédiatement reflétées dans la valeur globale de l'élément auquel elle se rattache.

Par exemple, si la prise en compte des variations de la composante de risque n'est pas immédiate parce que le marché ne peut pas absorber ces changements, cela peut indiquer que la structure du marché n'est pas cohérente avec l'approche de la constitution du prix global par composant.

L'appréciation de savoir si une composante de risque est implicite dans la juste valeur ou les flux de trésorerie de l'élément auquel elle est rattachée, et si les variations de juste valeur ou de flux de trésorerie qui lui sont attribuables sont mesurables de manière fiable, peut être une zone de jugement significative qui peut devoir être communiquée dans les états financiers, conformément à IAS 1.122 (voir n° 55644).

Détermination du caractère séparément identifiable d'une composante de risque d'un élément non financier

49590

Question

Comment détermine-t-on qu'une composante de risque d'un élément non financier est séparément identifiable ?

Réponse

La norme IFRS 9 exige que les critères d'éligibilité d'une composante de risque soient évalués dans le contexte de la structure de marché particulière à laquelle les risques se rapportent et dans laquelle l'activité de couverture a lieu.

Bien qu'il soit nécessaire, en général, que la composante de risque soit un élément du processus de fabrication afin d'être considéré comme « identifiable séparément », il n'en demeure pas moins que le simple fait d'entrer dans le processus de fabrication n'est pas, en soi, suffisant.

Commentaires Pour qu'elle puisse être désignée comme élément couvert, il est souvent nécessaire que la composante de risque soit un élément entrant dans le processus de production de l'élément non financier. Il peut toutefois exister des situations où la structure de marché justifie l'identification d'une composante de risque qui n'entre pas dans le processus de production de l'élément non financier comme éligible à la désignation comme élément couvert (IFRS 9.B6.3.9).

Par exemple, dans certains marchés, les contrats d'approvisionnement long terme en gaz naturel peuvent être basés sur une formule contractuellement spécifiée faisant référence à des indices qui incluent, notamment, le prix du pétrole brut (IFRS 9.B6.3.10) :
- si un contrat d'approvisionnement en gaz naturel est déjà en place, la composante relative au prix du pétrole brut est une composante de risque contractuellement spécifiée : elle peut bien être désignée comme élément couvert ;
- s'il n'y a pas de contrat d'approvisionnement en gaz naturel en place mais que les prix de marché usuellement pratiqués utilisent la même formule, et même si le prix du pétrole brut n'est pas contractuellement spécifié, ce prix peut toujours constituer une composante de risque éligible à la comptabilité de couverture.

Tel est le cas, par exemple, d'un achat hautement probable de gaz naturel prévu au-delà de la période pour laquelle des dérivés liquides sont disponibles, malgré le fait que le pétrole brut n'entre pas dans le processus de production du gaz naturel. Cette conclusion peut différer dans les juridictions où le prix du gaz naturel n'est pas basé sur le prix du pétrole brut (lorsqu'il existe des marchés comptant et à terme liquides pour le gaz naturel, par exemple).

■ *Exemple 1*

Composante de risque contractuellement spécifiée éligible à la désignation comme élément couvert *Les contrats d'approvisionnement en boîtes de conserve en aluminium établissent généralement les prix selon une formule spécifiée, faisant référence à plusieurs composantes :*
– la première composante est le prix du lingot d'aluminium standard sur le LME (« London Metal Exchange ») ;
– la deuxième composante est une prime ou un rabais qui reflète la qualité de l'aluminium utilisé dans la fabrication des boîtes de conserve, comparée à la qualité standard de l'aluminium sur le LME ;
– les coûts nécessaires pour la transformation des lingots d'aluminium en boîtes de conserve et les coûts de transport ;
– la dernière composante est la marge du vendeur des boîtes de conserve.
La première composante, relative au prix du lingot d'aluminium standard, figurant explicitement dans le contrat d'approvisionnement, est une composante de risque contractuellement spécifiée. En outre, cette composante intervient dans la formule de calcul du prix des boîtes de conserve : l'exposition au prix du lingot d'aluminium est ainsi une composante isolable. Enfin, l'exposition à cette composante peut être considérée comme étant évaluable de manière fiable, puisqu'il existe sur le LME des contrats à terme sur les lingots d'aluminium. L'exposition au prix du lingot d'aluminium standard sur le LME est donc une composante de risque dans les contrats d'approvisionnement en boîtes de conserve en aluminium qui peut être désignée comme élément couvert.

■ *Exemple 2*

Prise en compte de structure de marché particulière dans l'appréciation de l'éligibilité à la comptabilité de couverture d'une composante de risque non contractuellement spécifiée *Un revendeur de pulls en laine peut souhaiter couvrir son exposition à la variation des prix de la laine en utilisant des contrats de vente à terme de laine. La laine est un élément entrant dans le processus de fabrication des pulls. Toutefois, les contrats d'approvisionnement du revendeur ne font pas référence au prix de la laine dans la détermination des prix d'achat des pulls auprès des producteurs, le prix de la laine n'est donc pas une composante de risque contractuellement spécifiée. La qualification de la laine comme élément de risque du prix global des pulls en laine éligible à la comptabilité de couverture chez le revendeur dépend de la structure de marché des différents types de pulls :*
– S'il s'agit de produits de luxe, le coût de la matière première aura généralement une faible incidence sur le prix d'achat des pulls, ce dernier reflétant principalement la valeur perçue de la marque sous laquelle ils sont vendus. Ainsi, dans le contexte d'un marché du luxe, le prix de la laine ne sera vraisemblablement pas éligible à la désignation comme élément couvert par le revendeur.
– S'il s'agit de produits standards, le prix final est susceptible de refléter significativement le coût des éléments entrant dans le processus de production (comme la laine, le coût du travail ou les autres charges d'exploitation du fabricant). Ainsi, dans ce contexte, le prix de la laine pourrait être éligible à la désignation comme élément couvert par le revendeur.

Couverture d'une portion d'un élément

49595 ***Question***

Peut-on couvrir une portion seulement d'un élément financier ou non financier ?

Réponse

Oui, s'il s'agit :
– d'une composante d'un élément (actif ou passif) financier ou non financier identifiable séparément et mesurable de façon fiable ;
– de flux contractuels choisis d'un élément financier ou non financier ; ou
– de composantes de sa valeur nominale (voir n° 49550).

Il existe par ailleurs un certain nombre de règles précisant les portions admissibles ou non à la qualification de couverture.

Commentaires :

1. Principe La norme IFRS 9 permet de ne couvrir qu'une portion d'un élément financier ou non financier, si cette portion correspond à l'un des éléments suivants (IFRS 9.B6.3.8) :
– une composante séparément identifiable de l'actif/passif financier ou non financier et dont les variations de flux de trésorerie ou de juste valeur peuvent être mesurées de manière fiable ;
– des flux de trésorerie contractuels choisis ;

– des composantes d'une valeur nominale (sur la notion de rééquilibrage du ratio de couverture, voir n° 49460). **49595** (suite)

IFRS 9 a introduit la possibilité de couvrir une portion d'un élément non financier. Pour plus de détails sur les changements introduits par IFRS 9 concernant les éléments couverts, voir n° 49540.

2. Couverture sur une partie de la durée de vie de l'élément couvert Bien qu'IFRS 9 ne traite pas spécifiquement d'un tel cas, il est, à notre avis, possible de désigner un élément sur une portion seulement de sa durée de vie (« partial term hedge ») dans certains cas, et à condition :
– que les critères d'applicabilité de la comptabilité de couverture soient remplis (IFRS 9.6.4.1), n° 49110 ;
– et que l'efficacité de la couverture de cette portion puisse être **mesurée de manière fiable.**

Une portion d'instrument de couverture ne pouvant pas être qualifiée, la notion de « partial term hedging » n'est applicable qu'à un élément couvert.
Bien que les principes édictés par la précédente norme IAS 39 dans le cas d'une couverture partielle (IAS 39.IG F2.17) n'aient pas été repris par la norme IFRS 9, ils n'ont pas été remis en cause pour autant (IFRS 9.BC6.95).

3. Exemples d'application :

a. Couverture d'une partie seulement de la durée de vie d'une obligation (« partial term hedging ») A notre avis, une obligation d'une durée résiduelle de 10 ans porteuse d'un coupon à taux fixe peut être couverte contre le risque de variation de juste valeur (« fair value hedge »/FVH) par un swap (payeur-taux fixe/receveur-taux variable) d'une durée de 5 ans seulement.

De manière analogue, une obligation d'une durée résiduelle de 10 ans porteuse d'un coupon à taux variable peut être couverte contre le risque de variation de ses flux d'intérêts (« cash-flow hedge »/CFH) par un swap (payeur-taux variable/receveur-taux fixe) sur ses trois premières années.

Cette approche repose sur celle retenue par la précédente norme IAS 39 (IAS 39.IG F2.17) qui n'a pas été remise en cause par IFRS 9 (IFRS 9.BC6.95).

b. Couverture de la composante risque de change d'une transaction future par un dérivé d'une duration inférieure à celle de la transaction couverte Il n'est pas possible de désigner comme élément couvert une portion de la composante risque de change d'une vente future prévue dans 9 mois si celle-ci est couverte par un forward qui sera échu au terme des 3 premiers mois d'exposition au risque de change.

Cependant, la composante risque de change dans son intégralité (i.e sur les 9 mois de la vente) peut être désignée comme élément couvert par un forward qui sera échu avant le terme de l'élément couvert, à condition que les critères d'efficacité d'une relation de couverture soient remplis (voir n° 49110).

La non-concordance des termes entre l'élément couvert et l'instrument de couverture pourrait invalider l'existence d'une relation économique entre ces deux éléments (voir n° 49420). Si tel n'est pas le cas, elle représentera une source d'inefficacité de la relation de couverture car le dérivé hypothétique réplique le terme de l'élément couvert.
Enfin, comme la mesure de l'inefficacité selon IFRS 9 tient compte de la valeur temps de l'argent, cette source d'inefficacité existe que l'entreprise opte pour désigner cette relation de couverture sur la base du cours comptant ou à terme (voir n° 50370).

■ *Exemple*

Mesure de l'efficacité de la couverture de risque de change d'un élément non financier En janvier N, une entreprise française dont la devise fonctionnelle est l'euro, s'engage à livrer des marchandises pour un montant de100 M$ en N+10. Afin de se prémunir contre l'exposition au risque de change sur les 2 premières années, elle souhaite contracter une vente à terme à échéance N+2. Dans ce cas, l'entreprise peut :
– désigner la composante « comptant » du risque de change de la vente prévue comme élément couvert ;
– appliquer le traitement du coût de la couverture aux variations de juste valeur de la composante report/déport (voir n° 49220).
Afin de déterminer le notionnel de l'instrument de couverture à contracter pour obtenir une couverture parfaitement efficace à la date de désignation, l'entreprise actualise la valeur de l'élément couvert afin de tenir compte de la valeur temps de l'argent (conformément à IFRS 9.B6.5.4, voir n° 49510). Ceci revient à actualiser 100 M$ à recevoir dans 10 ans en utilisant un taux de change implicite €/$ équivalent au taux de change à terme 8 ans issu de la courbe des taux forward 2 ans, ce qui donnerait, pour cet exemple, un notionnel de dérivé de 85 M$.

Après la date de désignation initiale, il n'est pas requis d'actualiser ce taux pour refléter les évolutions de courbe car l'entité a couvert sur la base du cours comptant (et non du cours à terme ou en incorporant la composante de risque de taux d'intérêt). En conséquence, le forward d'un notionnel de 85 M$ devrait constituer une couverture efficace (qui compensera le risque de change au comptant sur la vente prévue de 100 M$ sur les 2 premières années), même si d'autres sources d'inefficacité pourraient pourtant en résulter.

Bien que l'entité décide d'appliquer le traitement du coût de la couverture à la composante report/déport, une source d'inefficacité persistera car la composante report/dépôt du dérivé aligné possède une maturité de 10 ans.

Sur la notion de dérivé aligné versus réel, voir n° 49690.

Portion (composante strate) d'un groupe d'éléments

49600 ***Question***

Quels types de strate ou composante d'un groupe d'éléments peut-on désigner comme élément couvert sous IFRS 9 ?

Réponse

Une strate peut être :
- soit un pourcentage du nominal de l'élément couvert ;
- soit un des éléments ci-dessous :

a. une partie d'un volume de transactions exprimé en monnaie ;

b. une partie d'un volume physique, par exemple le fond de cuve d'un volume de 5 millions de m^3 de gaz naturel ;

c. une partie d'un volume physique (ou autre) de transactions, par exemple les 100 premiers barils de pétrole achetés en juin N ;

d. une strate de la valeur nominale de l'élément couvert, par exemple les 80 derniers millions d'UM d'un engagement ferme de 100 millions d'UM.

Elle doit être suffisamment spécifique pour que, lorsque la transaction a lieu ou que les éléments du groupe sont décomptabilisés, il soit très clair de savoir si ce sont, ou pas, les éléments couverts.

Commentaires Une composante correspondant à une strate d'un groupe d'éléments (par exemple, un « fond de cuve ») ne peut être traitée en comptabilité de couverture que si les conditions suivantes sont réunies (IFRS 9.6.6.3) :
- la composante est isolable et peut être évaluée de façon fiable ;
- l'objectif de gestion des risques est de couvrir une strate ;
- les éléments de l'ensemble du groupe dont la strate est tirée sont exposés au même risque couvert (de sorte que l'évaluation de la strate couverte n'est pas sensiblement tributaire des éléments particuliers dont celle-ci est constituée) ;
- dans le cas d'une couverture d'éléments existants (par exemple, un engagement ferme non comptabilisé ou un actif comptabilisé), l'entité peut identifier et suivre le groupe d'éléments à partir duquel la strate couverte est définie (de sorte qu'elle est en mesure de se conformer aux dispositions sur la comptabilisation des relations de couverture satisfaisant aux critères) ; et
- il n'est pas possible d'appliquer la méthode dite du fonds de cuve (dans une couverture de juste valeur) à une strate comprenant des éléments soumis à un risque de remboursement anticipé si la juste valeur de l'option est sensible au risque couvert (IFRS 9.B.6.3.20).

Par ailleurs, selon IFRS 9.B6.3.16, deux types de composantes d'une valeur nominale peuvent être désignées comme élément couvert dans une relation de couverture : une composante qui constitue une proportion d'un élément ou une strate (composante strate).

Un groupe présente une position nette nulle lorsque les éléments couverts, exposés à un même risque, se compensent totalement à l'échelle du groupe.

Une portion peut être tirée d'une population définie, mais ouverte, ou d'une valeur nominale déterminée (IFRS 9.B6.3.18).

Si une composante strate est désignée dans une couverture de juste valeur, une entité doit la spécifier à partir d'un montant nominal défini. Pour se conformer aux exigences relatives aux couvertures de juste valeur, une entité doit réévaluer l'élément couvert pour les variations de juste valeur attribuables au risque couvert. La variation de juste valeur doit être comptabilisée au compte de résultat au plus tard au moment de la décomptabilisation de l'élément couvert. Par conséquent, il est nécessaire de suivre l'élément auquel se rapportent les ajustements dus à l'application de la couverture de juste valeur. Les entités sont tenues de suivre le montant nominal à partir duquel la strate est définie afin de suivre la strate désignée (par exemple, le montant total défini de 100 millions d'euros doit être suivi afin de suivre le fonds de cuve de 20 millions ou encore la strate des premiers 30 millions de ventes).

Exemples de portions (IFRS 9.B6.3.18) :
1. partie d'un volume de transactions exprimé en monnaie : les 10 MUSD de recettes qui suivent immédiatement les 20 premiers millions USD de mars N ;
2. partie d'un volume physique : le fond de cuve, mesuré à 5 millions de mètres cubes, de gaz naturel stocké en un lieu donné ;
3. partie d'un volume physique (ou autre) de transactions : les 100 premiers barils de pétrole achetés en juin N ou les 100 premiers mégawatts-heure d'électricité vendus en juin N ;
4. portion de la valeur nominale de l'élément couvert : les 80 derniers millions d'unités monétaires d'un engagement ferme de 100 millions d'unités monétaires, les 20 premiers millions d'unités monétaires d'une obligation à taux fixe de 100 millions d'unités monétaires ou les 30 derniers millions d'unités monétaires d'un montant total de 100 millions d'unités monétaires de dette à taux fixe pouvant être remboursée par anticipation à la juste valeur (la valeur nominale déterminée est de 100 millions d'unités monétaires).

Couverture d'un budget

Question **49605**

Est-il possible de désigner comme élément couvert un budget d'achats ou de ventes futur(e)s hautement probables si l'entreprise n'est pas en mesure d'identifier, pour chacun des flux de trésorerie futurs, les transactions individuelles lui correspondant ?

Réponse

Oui, si le budget d'achats ou de ventes futur(e)s hautement probables a été désigné comme une composante « strate » exposées à un même risque.

Commentaires :

1. **Principe général** Un budget d'achats ou de ventes correspond à un ensemble de transactions futures. Il représente un groupe d'éléments similaires exposés à un même risque et qui peut être couvert par le management. IFRS 9.6.6.3 permet de désigner comme élément couvert une strate (fraction du nominal) de ce budget si :
- cette désignation est en ligne avec l'objectif de gestion des risques de l'entité ; et
- la strate couverte peut être identifiée et évaluée de façon fiable.

Si la réalisation des transactions est hautement probable, la strate peut être qualifiée d'élément couvert dans le cadre d'une relation de couverture de flux de trésorerie futurs.

Pour plus de détails sur la couverture de strates, voir n° 49600.

2. **Application pratique** La couverture d'un budget de ventes ou d'achats nécessite de découper le budget en différentes périodes de temps (« time buckets ») suffisamment fines (mois ou trimestres) pour pouvoir rattacher les différentes transactions à chacune des périodes.

A notre avis, une entité peut donc déclarer couvrir un budget d'achats ou de ventes futur(e)s même lorsqu'elle n'est pas en mesure d'identifier, pour chacun des flux de trésorerie futurs, les transactions spécifiques lui correspondant (par exemple, un grand nombre de ventes de faibles montants).

Dans ce cas, l'entité doit définir une règle d'attribution et désigner, par exemple, l'élément couvert comme étant les X premiers millions d'unités monétaires dans chaque période de temps définie. Toutefois, la désignation doit être suffisamment précise pour avoir l'assurance objective que, lorsqu'une transaction se réalise, elle fait bien partie du groupe de transactions couvertes ; le risque étant de décaler, à une période (« bucket ») suivante, la couverture prévue pour une transaction dans une période de temps antérieure et qui ne se serait pas produite.

Le budget étant évalué sur la base de sa valeur actuelle, une source d'inefficacité de la couverture peut être constatée si les termes de l'élément couvert et de l'instrument ne sont pas alignés.

Enfin, lorsque les transactions futures couvertes ne sont pas réalisées dans la période attendue, l'entité ne peut pas continuer à différer les gains ou pertes de la part efficace de l'instrument de couverture en autres éléments du résultat global (OCI). Ceux-ci doivent être transférés en résultat.

Sur les informations à fournir sur les montants à recycler en résultat versus ceux à transférer en raison de la disparition de l'élément couvert, voir n° 52500.

■ *Exemple*

Une entreprise dont la devise fonctionnelle est l'euro (EUR) réalise 30 % de ses recettes au Royaume-Uni libellées en livres sterling (GBP). Dans le cadre de son activité de ventes de crèmes glacées, elle souhaite se couvrir contre une baisse de la livre sterling sur ses ventes futures hautement probables prévues l'été prochain. Bien qu'en raison de son activité, elle ne soit pas en mesure de prévoir et suivre individuellement chacune des transactions futures, elle peut décider de couvrir une fraction de son budget, pour les X premiers MGBP de ses ventes futures mensuelles. L'entreprise peut donc effectuer un découpage de son chiffre d'affaires prévisionnel sur base mensuelle afin de calibrer le notionnel des ventes à terme GBP/EUR à mettre en place.

Transaction future hautement probable

49610 ***Question***

Quelles transactions futures hautement probables peuvent faire l'objet d'une couverture selon IFRS 9 ?

Réponse

Pour qu'une transaction future puisse faire l'objet d'une opération de couverture au sens d'IFRS 9, il doit s'agir d'une transaction :
- prévue par l'entité mais qui ne fait pas l'objet d'un engagement ferme (définition d'une transaction future) ;
- hautement probable ; et
- qui affecte les résultats futurs.

Commentaires :

1. **Définition** Selon IFRS 9.A, une transaction future est une transaction prévue par l'entité, mais qui ne fait pas l'objet d'un engagement ferme de la part de cette dernière.

Un **engagement ferme** est un accord irrévocable d'échange d'une quantité spécifiée de ressources pour un prix spécifié, à une (ou plusieurs) date(s) future(s) spécifiée(s) (IFRS 9.A).

Selon IFRS 9.6.3.1 et .6.3.3, les transactions futures peuvent faire l'objet d'une couverture (couverture de flux de trésorerie) à condition qu'elles soient **hautement probables** et qu'elles affectent les résultats futurs de l'entité (IFRS 9.6.5.2.2).

IFRS 9.B6.5.27b précise que si, à plusieurs reprises par le passé, l'entité a désigné des couvertures de transactions hautement probables pour ensuite déterminer que ces transactions n'étaient plus susceptibles de se produire, sa capacité de prévoir avec exactitude la probabilité de réalisation des transactions similaires est remise en question. Cela a une incidence sur l'appréciation du caractère hautement probable de nouvelles transactions prévues similaires et, par conséquent, de leur éligibilité en tant qu'éléments couverts répondant aux critères d'applicabilité de la comptabilité de couverture.

En outre, les transactions futures qui remplissent les conditions présentées ci-avant sont éligibles à la couverture sous IFRS 9 sous réserve que tous les critères d'éligibilité d'IFRS 9.6.4.1 soient respectés (voir n° 49110), notamment que l'intention de couvrir les variations de flux de trésorerie soit conforme à la stratégie de gestion des risques de l'entité.

2. **Critères d'appréciation de la probabilité de survenance de la transaction** A notre avis, la probabilité de survenance doit s'apprécier sur la base des mêmes critères que ceux qui s'appliquaient sous IAS 39 (IAS 39.IG F3.7 et .11).

Ainsi, l'évaluation de la probabilité qu'une transaction future se réalisera ne peut se baser uniquement sur les intentions des dirigeants, ces intentions n'étant pas vérifiables. L'évaluation du caractère hautement probable d'une transaction doit tenir compte de l'incertitude qui peut exister à la fois sur la date de réalisation et sur la magnitude du montant de l'élément couvert (IFRIC Update 03/19).

Cette évaluation ne peut tenir compte des caractéristiques de l'instrument couverture (IFRIC 03/19). En pratique, cela implique que des couvertures économiquement parfaites (telles que des couvertures Coface, désormais BPI France Assurance Export, ou des dérivés contingent) peuvent ne pas être éligibles à la comptabilité de couverture si l'élément couvert ne respecte pas ce critère.

Exemple Un dérivé, dont le notionnel varie (« load following swap ») en fonction d'un sous-jacent non financier (par exemple, la production d'un parc éolien ou d'un parc solaire), ne peut pas être désigné comme instrument de couverture d'une relation de couverture de flux de trésorerie.

En effet, l'évaluation du caractère hautement probable, qui doit tenir compte de l'incertitude qui peut exister à la fois sur la date de réalisation et sur la magnitude du montant de l'élément couvert, n'est pas rempli car il existe une incertitude (notamment sur le volume de la production qui dépend entre autres, de la force et durée du vent ou de la durée de l'ensoleillement).

De plus, le caractère hautement probable d'une transaction doit être démontré par des faits observables. Par exemple, les éléments suivants doivent être considérés :
- fréquence des transactions similaires passées ;
- possibilités opérationnelles et financières de l'entreprise de réaliser la transaction ;
- business plan de l'entreprise ;
- date à laquelle la transaction future se réalisera (toutes choses égales par ailleurs, plus cette date est lointaine, plus il sera difficile de considérer que la transaction est hautement probable) ;
- magnitude du montant de la transaction couverte (toutes choses égales par ailleurs, plus le montant de la transaction est proportionnellement élevé par rapport aux autres transactions semblables de l'entreprise, plus il est difficile de considérer que cette transaction est hautement probable) ;
- réalisation effective ou non des transactions prévisionnelles antérieurement considérées comme hautement probables.

D'autres facteurs doivent être considérés dans le cas de transaction non récurrente (par exemple, le caractère hautement probable d'une émission prévue de dette peut être démontré en fonction de l'avancement des négociations de l'opération avec la banque).

3. Exemples de transactions futures (qu'il est possible de couvrir en IFRS) Sous réserve que les conditions d'utilisation de la comptabilité de couverture soient respectées, il est possible de couvrir, par exemple :
- les flux d'intérêts d'une **émission** prévue de **dette à taux fixe** ;
- **les flux d'intérêts futurs d'une dette à taux variable émise** sur un horizon de temps moyen ou long terme ;
- l'acquisition future d'un **actif non financier en devise** ; ou
- une **vente future prévue** qui sera réglée en devises.

Couverture de change de l'acquisition d'une filiale en devises

49620

Question

Lors de l'acquisition d'une filiale en devises, comment traiter comptablement la couverture contre le risque de change du prix d'une acquisition libellée en devises ?

Réponse

Le traitement comptable d'une telle couverture dépend du caractère ferme ou hautement probable de la transaction future. Ainsi, elle sera traitée :
- comme une couverture de flux futurs de trésorerie si la transaction est hautement probable ; ou
- au choix, comme une couverture de flux de trésorerie ou de juste valeur si la transaction répond à la définition d'un engagement ferme.

Commentaires :

1. Caractéristiques de l'opération L'acquisition prévue d'une filiale en devises peut répondre à la définition d'un engagement ferme (« firm commitment ») ou à celle d'une transaction future hautement probable, sans pour autant que l'entité y soit engagée de manière ferme.

L'éligibilité du premier cas à la comptabilité de couverture est explicitement prévue par IFRS 9.B6.3.1 (possibilité de couvrir, contre le risque de change, un engagement ferme en vue d'acquérir une entreprise dans le cadre d'un regroupement d'entreprises).

Le second cas dépend des faits et circonstances. A notre avis, il est possible de le désigner comme élément couvert dès lors qu'un protocole de cession engageant les deux parties a été signé et que les autorités de tutelle (concurrentielle et de marché) ne devraient pas refuser les autorisations demandées. Dans un tel cas, l'entité a le choix d'appliquer un traitement de couverture de flux de trésorerie ou de juste valeur.

2. Traitement comptable :

a. Couverture de flux de trésorerie Si la transaction est hautement probable ou si l'entité a choisi d'appliquer un tel traitement dans le cas où la transaction répond à la définition d'un

49620 (suite) engagement ferme et si la relation de couverture répond aux autres critères de qualification à la comptabilité de couverture (voir n° 49110), elle est comptabilisée comme une couverture de flux futurs de trésorerie (« cash-flow hedge »/CFH). Dans ce cas :

i. les gains ou pertes constatés sur l'instrument de couverture (par exemple, contrat d'achat à terme de devises) sont comptabilisés en autres éléments du résultat global (OCI recyclables) et accumulés en capitaux propres (réserve de CFH), nets d'impôts différés ;

ii. à la date d'acquisition de la filiale (actif non financier), les pertes/gains ainsi accumulés sont incorporés dans le goodwill (« basis adjustment ») (IFRS 9.6.5.11d.i).

Comme les actifs acquis et passifs assumés dans le cadre d'un regroupement d'entreprises sont évalués à leur juste valeur conformément à la méthode de l'acquisition d'IFRS 3 (voir n° 21361 s.), le goodwill représente le seul élément de la considération payée qui est comptabilisé au coût. C'est pour cette raison qu'il nous semble approprié que la part efficace de la couverture soit incorporée dans le goodwill, s'agissant d'un élément non financier.
Sur la notion de « basis adjustment », voir n° 49340.

L'impôt différé est alors repris puisqu'à partir de ce moment-là, les valeurs fiscale et comptable de l'actif non financier sont identiques et le contrat à terme de couverture (en général, non comptabilisé en règles françaises, ce qui avait créé de l'impôt différé) a été dénoué ;

Remarque La reprise des impôts différés se fait également par le biais des autres éléments du résultat global (OCI).

iii. les gains et pertes de change au titre de la part efficace suivent les règles de dépréciation ou de décomptabilisation du goodwill (perte de contrôle/cession de la filiale).

b. **Couverture de juste valeur** :

i. **Jusqu'à la date d'acquisition,** l'instrument de couverture ne fait pas l'objet d'un traitement spécifique et suit l'enregistrement qui aurait été le sien sans comptabilité de couverture. Il est donc comptabilisé en juste valeur par résultat.

L'actif qui représente l'engagement ferme est réévalué par contrepartie du résultat, pour la part efficace de l'instrument de couverture (IFRS 9.6.5.8).

ii. **A la date d'acquisition de la filiale** (actif non financier), les pertes/gains ainsi accumulés au titre de la part efficace sont incorporés dans le goodwill (« basis adjustment ») (IFRS 9.6.5.9) et suivent ensuite le même traitement que les règles de dépréciation ou de décomptabilisation du goodwill (perte de contrôle/cession de la filiale).

3. **Mise en œuvre pratique** La couverture d'une acquisition prévue d'une filiale en devises peut être réalisée au moyen d'une opération d'achat à terme de devises ferme ou contingente à l'acquisition ou optionnelle à la main de l'acquéreur.

L'entité peut faire le choix d'appliquer le traitement du coût de la couverture à la composante de report/déport ou à la valeur temps de l'option (voir n° 49690).

De manière analogue, l'entité peut faire le choix d'appliquer le traitement du coût de la couverture à la composante « currency basis » du cross-currency swap qu'elle a pu contracter pour couvrir le financement émis dans sa devise fonctionnelle, le cas échéant (voir n° 49210).

Comme l'élément couvert est la composante de change qui affecte le montant de la considération payée pour l'acquisition de la cible, le coût de la couverture est à notre avis lié à une transaction (« transaction related »).

Sur la notion de « transaction related », voir n° 49200.

■ *Exemple*

Le 1/03/N, une entité A, dont la devise fonctionnelle est l'euro, entame des négociations en vue d'acquérir une entité B. Au 1/08/N, les deux entités s'accordent sur les termes clefs de la transaction, y compris le prix de l'acquisition en US dollars. Afin de se prémunir contre une évolution défavorable de l'US dollar, l'entité A contracte alors une opération d'achat à terme en devises.
Cependant, à cette date, l'entité A n'a pas encore obtenu un accord formel des autorités de tutelle.
Le 29/03/N+1, les autorités de tutelle donnent leur accord pour cette transaction, levant ainsi toute incertitude quant à la réalisation de l'acquisition.
Est-il possible d'appliquer la comptabilité de couverture dès le 1/08/N ?

Solution de l'exemple *Il est nécessaire que la transaction soit hautement probable pour appliquer la comptabilité de couverture. A notre avis, le caractère hautement probable doit être évalué en fonction des faits et circonstances ainsi que des événements contingents ayant une incidence sur la réalisation de la transaction. En effet, suivant le cas, l'accord des autorités de tutelle (par exemple, autorité de la concurrence) sera plus ou moins simple à obtenir selon les faits et circonstances.*

SECTION IV

Instruments de couverture

Notion d'instruments de couverture

49630

Question

Quels instruments peuvent être désignés comme instruments de couverture ?

Réponse

Peuvent être qualifiés d'instruments de couverture, sous réserve de remplir les conditions d'une comptabilité de couverture :

– tout produit dérivé, à l'exception en général des ventes d'options ;

– tout dérivé incorporé dans un passif financier ou dans un contrat non financier qui a été bifurqué ;

– un instrument financier non dérivé évalué à la juste valeur par le biais du résultat net, à l'exception d'un passif financier dont les effets du risque de crédit propre sont enregistrés en autres éléments du résultat global (OCI) ;

– la composante risque de change d'un instrument financier non dérivé, à l'exception de celle d'un instrument de capitaux propres évalué en juste valeur par le biais des autres éléments du résultat global (OCI).

A l'inverse, les instruments de capitaux propres de l'entité (qui ne constituent pas des actifs financiers ou des passifs financiers de celle-ci), ne peuvent pas être qualifiés d'instruments de couverture.

Commentaires :

1. **Principe général** Dans le cadre d'une relation de couverture, les instruments de couverture (comme les éléments couverts correspondants) doivent être identifiés et désignés dès la mise en place de la couverture (IFRS 9.6.4.1b). Sous réserve de remplir les conditions requises pour une comptabilité de couverture, les instruments de couverture peuvent être (IFRS 9.6.2.1 s.) :

– tout produit dérivé (généralement externe, voir point 2a. ci-après), à l'exception des ventes d'options (sauf cas particulier, voir point 2b. ci-après) ; ou

– tout dérivé incorporé dans un passif financier externe ou dans un contrat non financier externe qui a été bifurqué ; ou

– un instrument non dérivé externe évalué à la juste valeur par le biais du résultat net, sauf s'il s'agit d'un passif financier dont les variations de juste valeur liées au risque de crédit propre sont comptabilisées en contrepartie des autres éléments du résultat global (OCI) ; ou

– la composante risque de change d'un instrument financier non dérivé externe, sauf celle attribuable à un instrument de capitaux propres évalué en juste valeur par le biais des autres éléments du résultat global (OCI).

2. **Couverture par des produits dérivés** La plupart des produits dérivés peuvent être désignés comme des instruments de couverture à condition toutefois d'être généralement conclus avec un tiers (dérivés externes) et de ne pas correspondre à des ventes d'options (sauf pour compenser un achat d'option) (IFRS 9.6.2.1 et .6.2.3).

a. **Dérivés externes** Seuls les dérivés conclus avec des contreparties externes au groupe peuvent généralement être qualifiés de dérivés de couverture. Les dérivés intra-entreprise ou intragroupe (mécaniquement éliminés dans les comptes consolidés du groupe) ne remplissent pas les conditions pour être qualifiés d'instruments de couverture dans les états financiers consolidés, même s'ils peuvent satisfaire à ces mêmes conditions dans les états financiers individuels d'une des entités du groupe (IFRS 9.6.2.3).

En pratique toutefois, la norme IFRS 9 n'interdit pas, à notre avis, l'utilisation de dérivés internes pour la gestion des risques ni leur gestion centralisée au niveau d'un pool de trésorerie et accepte, sous certaines conditions, leur qualification comme instrument de couverture s'ils sont compensés par des dérivés externes.

Concernant l'utilisation de dérivés internes en couverture du risque de taux ou du risque de change et en l'absence de précision données par IFRS 9, il convient, à notre avis, de se référer au paragraphe IG F1.4 de la précédente norme IAS 39 (voir n° 49740 et 50460).

49630 (suite) **b. Ventes d'options** Selon IFRS 9.6.2.1 et .B6.2.4, les ventes d'options ne peuvent pas être désignées comme instruments de couverture, sauf dans le cas où la vente d'option est désignée en compensation d'un achat d'option, y compris lorsque celle-ci est incorporée dans un autre instrument financier.

La combinaison d'une option vendue et d'une option achetée (par exemple, un tunnel de taux) ne peut être désignée comme instrument de couverture que si la position nette des instruments ne correspond pas à une option vendue à la date de désignation (pour laquelle une prime nette aurait été perçue par l'entreprise).

c. Qualification d'une partie seulement d'un dérivé comme instrument de couverture Un dérivé ne peut être désigné comme instrument de couverture que dans son intégralité (100 %) ou pour un pourcentage (quote-part) de la totalité du contrat (par exemple 50 %) (IFRS 9.6.2.4c et .B6.5.28 ; voir n° 49660). La désignation ne peut pas porter sur une portion de la durée de vie résiduelle d'un instrument de couverture où celui-ci demeure non réglé. Par exemple, les trois premières années d'un dérivé de cinq ans ne peuvent être désignées comme instrument de couverture.

Toutefois, IFRS 9.2.4a et .4b prévoient trois autres exceptions à cette règle (exclusion possible de la valeur temps, du report/déport et du « foreign currency basis spread »), voir n° 49660.

d. Possibilité de décomposer un dérivé en plusieurs instruments de couverture Un même produit dérivé qui a plusieurs composantes risques, comme un swap de devises, peut être désigné comme instrument couvrant plusieurs types de risques différents (risque de taux d'intérêt et risque de change, par exemple), à condition que (IFRS 9.B6.2.6) :

- les différentes composantes représentant les risques couverts soient expressément désignées ;
- et l'entité puisse montrer que toutes les composantes risques du dérivé sont affectées à une relation de couverture donnée, les éléments couverts pouvant s'inscrire dans des relations de couverture différentes.

Ces deux conditions supposent notamment que l'intégralité des variations de valeur du dérivé soit affectée à une relation de couverture.

e. Possibilité de combiner plusieurs dérivés comme couverture d'un même élément (IFRS 9.6.2.5) Plusieurs dérivés (ou des fractions de ces dérivés, voir point 2c. ci-avant) peuvent être conjointement désignés comme instrument de couverture, notamment lorsque les risques associés à certains dérivés compensent les risques associés à d'autres dérivés. Cela s'avère utile lorsqu'une entreprise souhaite diminuer le montant d'une couverture, par exemple du fait d'une baisse de nominal de l'élément couvert ou parce que l'entreprise a conclu un nouveau contrat qui compense partiellement l'élément couvert précédent. L'entité peut alors acheter un nouveau dérivé qui compense partiellement les effets d'un dérivé déjà existant et désigner conjointement les deux dérivés comme formant globalement l'instrument de couverture.

Selon IFRS 9.6.2.5, il est en effet possible de désigner plusieurs dérivés qui ont été contractés en même temps ou séparément comme des instruments de couverture d'un même élément couvert, même lorsque les risques de ces dérivés se compensent, sauf toutefois lorsqu'à la date de désignation (IFRS 9.6.2.6) :

- la combinaison d'un achat d'option et d'une vente d'option au sein d'un même contrat dérivé (par exemple, un collar de taux d'intérêt) correspond à une vente nette d'option ; ou
- la combinaison de deux ou plusieurs dérivés (ou d'une portion de deux ou plusieurs dérivés) équivaut à une option vendue.

f. Désignation comme instrument de couverture à une date autre que celle de la signature du contrat de dérivé Il n'est pas nécessaire qu'un dérivé soit désigné comme instrument de couverture au moment où il est conclu pour la première fois. En effet, l'instrument de couverture peut ne pas avoir été acquis lors de la mise en place de cette dernière (IFRS 9.B6.5.28 ; voir n° 49650), mais peut l'avoir été avant.

Toutefois, le fait de désigner un dérivé comme instrument de couverture à un autre moment que lorsqu'il est initialement contracté engendre de l'inefficacité dans la mesure où les variations de juste valeur du dérivé antérieures à la désignation de couverture impactent le compte de résultat sans compensation.

3. Couverture par des dérivés incorporés Un dérivé incorporé d'un passif financier externe ou d'un contrat non financier externe qui est enregistré de manière séparée de son contrat hôte peut être désigné comme instrument de couverture. A contrario, un dérivé incorporé qui n'a pas été bifurqué ne peut être admis comme instrument de couverture (IFRS 9.B6.2.1).

Sur l'enregistrement de manière séparée d'un dérivé incorporé, voir n° 48690.
Sur l'enregistrement de manière séparée d'un cap ou d'un floor incorporé à une dette financière, voir n° 46110.

4. Couverture par des instruments financiers non dérivés évalués à la juste valeur par le biais du résultat net Sous réserve d'avoir été conclu avec une contrepartie externe (IFRS 9.6.2.3), un instrument financier non dérivé évalué à la juste valeur par résultat peut être admis comme instrument de couverture, sauf s'il s'agit d'un passif financier dont les variations de juste valeur liées au risque de crédit propre sont présentées en autres éléments du résultat global (OCI) (IFRS 9.6.2.2). Pour plus de précisions, voir n° 49720.

Ceci s'explique par le fait qu'une telle désignation aurait autorisé d'exclure le risque de crédit de la relation de couverture ou aurait exigé de reclasser en résultat les variations de juste valeur liées au risque de de crédit propre jusqu'alors constatées en OCI.

Enfin, un instrument financier comptabilisé en option juste valeur dès son origine afin de réduire une distorsion comptable peut postérieurement être désigné comme instrument de couverture (IFRS 9.BC6.136 s.).

En pratique, cela ne peut être le cas que si la distorsion à l'origine n'existe plus.

5. Composante risque de change d'instruments financiers non dérivés (sauf pour des instruments de capitaux propres évalués en JVOCI) La composante risque de change d'un instrument financier non dérivé peut être désignée comme un instrument de couverture au titre du risque de change, sauf pour un placement dans un instrument de capitaux propres évalué en juste valeur par le biais des autres éléments du résultat global (OCI) (IFRS 9.6.2.2).

Cette exception est liée au fait que la composante de change d'un tel instrument doit être identifiée séparément et comptabilisée en résultat en application d'IAS 21.

Par exemple, un placement dans un instrument de dette au sens d'IAS 32, libellé en devises enregistré au coût amorti ou en JVOCI peut être qualifié d'instrument de couverture du risque de change. De même, un emprunt en devises peut être désigné comme instrument de couverture du risque de change d'un investissement net dans une activité à l'étranger (IFRS 9.B6.2.3).

Sur la notion et la couverture d'un investissement net dans une activité à l'étranger, voir n° 49350.

Enfin, l'instrument non dérivé doit être conclu avec un tiers (instrument externe) pour pouvoir être qualifié d'instrument de couverture. Les prêts intragroupe ne sont pas des instruments de couverture autorisés dans les états financiers consolidés (IFRS 9.6.2.3).

6. Instruments ne pouvant pas être qualifiés d'instruments de couverture En plus des dispositions précédentes, il est interdit de qualifier d'instruments de couverture les instruments de capitaux propres émis par l'entreprise (actions propres ou autres), ne s'agissant pas d'actifs ou de passifs financiers de l'entité (IFRS 9.B6.2.2).

Changements introduits par IFRS 9 concernant les instruments de couverture

Question 49640

Quels sont les changements introduits par IFRS 9 concernant les instruments de couverture ?

Réponse

Peu de modifications ont été apportées par la norme par rapport à IAS 39.

Les principaux changements introduits par IFRS 9 sur les instruments de couverture concernent :
- les instruments financiers non dérivés (couverture d'autres risques que le risque de change) ;
- les dérivés incorporés (seuls les dérivés incorporés dans les passifs financiers ou non financiers ou les actifs non financiers qui sont bifurqués peuvent être désignés comme instruments de couverture) ;
- la valeur temps des options (variations de la valeur temps d'une option comptabilisées en autres éléments du résultat global (OCI)) ;
- la composante de report/déport des contrats forwards (introduction d'une troisième alternative de comptabilisation en autres éléments du résultat global (OCI)) ;
- le « currency basis » (comptabilisation identique au report/déport).

Commentaires Les changements introduits par la norme IFRS 9 concernant les instruments de couverture restent limités. Les principales évolutions par rapport à IAS 39 sont reprises dans le tableau suivant :

IAS 39	IFRS 9
Les instruments financiers non dérivés ne sont autorisés que pour la couverture du risque de change.	Les instruments financiers non dérivés continuent à être autorisés pour la couverture du risque de change (1). De plus, les instruments financiers non dérivés peuvent être utilisés pour la couverture d'autres risques, à condition qu'ils soient comptabilisés à la juste valeur par résultat (2).
Les dérivés incorporés peuvent être désignés comme instruments de couverture.	Les dérivés incorporés dans les actifs financiers ne sont plus comptabilisés séparément sous IFRS 9 (3). Par conséquent, seuls les dérivés incorporés dans les passifs financiers ou non financiers ou les actifs non financiers qui sont bifurqués peuvent être désignés comme instruments de couverture.
Les variations de la valeur temps d'une option sont comptabilisées en résultat.	Lorsque la valeur temps est exclue de la relation de couverture, les variations de la valeur temps d'une option sont comptabilisées en autres éléments du résultat global (OCI), voir nº 49690.
Deux alternatives sont proposées pour la comptabilisation du report/déport des contrats « forward » (prise en compte ou non de la composante report/déport dans la relation de couverture).	Une troisième alternative est introduite par la norme avec la comptabilisation des points de terme en autres éléments du résultat global (OCI), voir nº 49690.
Les variations du « currency basis » dans les relations de couverture désignées en FVH sont comptabilisées en résultat.	Lorsque l'entité décide d'exclure le « currency basis » de la relation de couverture, il peut être comptabilisé de la même manière que pour la composante report/déport, voir nº 49690.

(1) A condition qu'il ne s'agisse pas d'instruments de capitaux propres pour lesquels l'entité a fait le choix d'une comptabilisation à la juste valeur en contrepartie des autres éléments du résultat global (OCI), voir nº 45260.
(2) A l'exception des passifs financiers comptabilisés à la juste valeur par résultat et dont les variations de juste valeur liées au risque de crédit propre sont comptabilisées en autres éléments du résultat global (OCI), voir nº 46060 s.
(3) Une alternative consiste à désigner un actif financier évalué en juste valeur par résultat dans son intégralité (ou sur une portion) comme instrument de couverture.

Comptabilité de couverture et instrument de couverture à valeur initiale non nulle

49650 ***Question***

La comptabilité de couverture selon IFRS 9 est-elle applicable à un instrument dérivé dont la juste valeur initiale n'est pas nulle ?

Réponse

Oui, si l'utilisation de cet instrument de couverture (dérivé) répond à la stratégie de gestion des risques et si les critères d'éligibilité d'une relation de couverture sont remplis. L'inefficacité dégagée devra être enregistrée en résultat.

Commentaires L'utilisation d'un instrument de couverture dont la juste valeur initiale à la date de mise en place de la relation de couverture n'est pas nulle est possible si :
- l'utilisation d'un tel instrument répond à la stratégie de gestion des risques, voir nº 49380 ;
- et si les critères d'éligibilité d'une relation de couverture sont remplis (IFRS 9.B6.5.28b), voir nº 49110 s.

En revanche, le fait que la juste valeur du dérivé soit « hors marché » à la date de mise en place de la relation de couverture peut générer de l'inefficacité, notamment pour les relations de couverture de flux de trésorerie.

En effet, dans le cas d'une relation de couverture de flux de trésorerie, la valeur initiale de l'instrument de couverture ne trouve pas de compensation dans l'instrument couvert. Les variations de l'instrument de couverture ne vont ainsi pas compenser parfaitement les variations de l'instrument couvert, entraînant par construction de la volatilité.

Cette inefficacité doit être comptabilisée en résultat (IFRS 9.6.5.8 s.).

■ *Exemple*

Le 1/01/N, une entité a contracté un emprunt à taux variable. Conformément à sa stratégie de gestion des risques, elle souhaite le couvrir contre le risque de taux d'intérêt. Dans cet objectif, elle désigne comme instrument de couverture un swap de taux d'intérêt (receveur taux variable payeur taux fixe) déjà existant (contracté le 1/01/N-2) ayant la même maturité, le même taux d'intérêt variable et le même montant nominal que son emprunt. L'entité décide de mesurer l'inefficacité de cette relation en utilisant la méthode du dérivé hypothétique (voir nº 49470). Etant donné que la juste valeur du dérivé de couverture est non nulle, elle ne compense pas parfaitement la juste valeur du dérivé hypothétique qui modélise l'élément couvert et qui est théoriquement nulle à la date de désignation. Cela représente par construction une source d'inefficacité qui subsistera sur la durée de vie de la relation de couverture.

Exceptions à la désignation d'un instrument de couverture dans son intégralité

Question 49660

Un instrument désigné comme instrument de couverture doit l'être dans son intégralité, sauf exceptions. Quelles sont les exceptions admises par IFRS 9 ?

Réponse

La norme IFRS 9 admet trois cas d'exception au principe d'interdiction d'une désignation d'une portion d'un instrument de couverture :

1. séparation de la valeur intrinsèque et de la valeur temps d'un contrat d'option ;
2. séparation de l'élément report/déport et de l'élément prix au comptant d'un contrat à terme de gré à gré ;
3. désignation d'un pourcentage de l'intégralité d'un instrument de couverture.

Commentaires Lorsqu'un instrument admis est désigné comme instrument de couverture, il est impératif qu'il soit désigné dans son intégralité. Toutefois, la norme accepte les exceptions suivantes (IFRS 9.6.2.4) :

Ces exceptions ont été introduites par la norme IFRS 9. Elles sont applicables sur option de l'entité.

1. la séparation de la valeur intrinsèque et de la valeur temps d'un contrat d'option (IFRS 9.6.2.4a) ;

   Il est possible de désigner comme instrument de couverture uniquement la variation de la valeur intrinsèque de l'option, en excluant la variation de sa valeur temps (voir nº 49670 s.).

2. la séparation de l'élément report/déport et de l'élément prix au comptant d'un contrat à terme de gré à gré (IFRS 9.6.2.4b) ;

   Il est possible de désigner comme instrument de couverture uniquement la variation de la valeur de l'élément prix au comptant, en excluant l'élément report/déport.

   Il est également admis de séparer le « foreign currency basis spread » et de l'exclure de la désignation d'un instrument financier comme instrument de couverture.

3. la désignation d'un pourcentage de l'intégralité d'un instrument de couverture, par exemple 50 % de son montant nominal (IFRS 9.6.2.4c). Toutefois, la désignation ne peut pas porter sur une part de la variation de la juste valeur d'un instrument de couverture qui est attribuable à une partie seulement de l'intervalle de temps où l'instrument de couverture demeure non réglé.

   La quote-part de dérivé non désignée comme instrument de couverture dans cette première relation de couverture peut l'être dans une autre relation ; si tel n'est pas le cas, elle sera évaluée par contrepartie du résultat.

■ *Exemple 1*

La société K dont la monnaie fonctionnelle est l'euro souscrit un contrat à terme de 10 M$ pour couvrir des ventes futures prévues libellées en US dollars. Lors de la souscription du contrat, seulement 8 M$ de ventes futures prévues sont considérées comme hautement probables. La direction de la société K propose de désigner 80 % du contrat à terme comme couverture du montant hautement probable de ventes en dollars (i.e. pour 8 M$).

Solution de l'exemple 1 *IFRS 9.6.2.4c autorise une entreprise à ne désigner comme instrument de couverture qu'une proportion d'un dérivé (pourcentage du notionnel). La société K peut donc désigner 80 % du notionnel du contrat à terme de gré à gré comme instrument de couverture de ses ventes futures en dollars.*

■ *Exemple 2*

La société A souhaite se prémunir contre la hausse du prix du gaz naturel sur ses achats hautement probables prévus dans 6 mois. En conséquence, elle contracte un contrat d'achat à terme, à échéance 6 mois, qui réplique exactement son exposition en termes de volumes de gaz à acheter. Dans le cadre de cette relation de couverture, la société A propose de désigner :
– l'élément prix au comptant du gaz comme risque couvert ; et
– la variation de la valeur de l'élément prix au comptant du contrat d'achat à terme de gaz, comme instrument de couverture (i.e. en excluant l'élément report/déport).
Cette désignation est-elle acceptable ?

Solution de l'exemple 2 *IFRS 9.6.2.4b autorise à séparer l'élément report/déport de l'élément prix au comptant d'un contrat à terme de gré à gré ainsi qu'à désigner comme instrument de couverture uniquement la variation de la valeur de l'élément prix au comptant en excluant l'élément report/déport. De plus, l'IASB a précisé que les caractéristiques de l'élément à terme dépendent du sous-jacent et du coût de portage (celui-ci comprenant notamment les coûts de stockage) (IFRS 9.BC6.299).*
Enfin, cette désignation doit correspondre à la stratégie de gestion des risques de l'entité et doit tenir compte des particularités de la structure de marché auquel se rapporte le risque et de la place financière sur laquelle les dérivés de couverture sont traités. La désignation de l'élément prix au comptant peut ne pas être appropriée selon certaines circonstances.

L'entité doit tenir compte de l'impact de la valeur temps de l'argent en actualisant la valeur de l'élément couvert.

Couverture par achat d'option : exclusion de la valeur temps de l'option

49670 *Question*

Dans le cas d'une couverture, par achat d'option, d'un élément qui ne comporte pas de composante optionnelle, peut-on inclure la valeur temps de l'option dans la composante risque couverte ?

Réponse

Non, selon IFRS 9.B6.3.12.

Commentaires :

1. **Contexte** IFRS 9.B6.3.12 interdit d'inclure la valeur temps d'une option dans la composante risque couverte lors d'une couverture effectuée par achat d'option (voir ci-après) lorsque l'élément couvert ne comporte pas de composante optionnelle.

2. **Rappel** Une entité peut indiquer couvrir certaines (mais pas toutes) composantes de risques ou certains (mais pas tous) flux de trésorerie d'un instrument financier ou les composantes d'une valeur nominale (notion de « portion » dans ce dernier cas).

Pour être éligible à une qualification de couverture, la composante de risque couverte doit être séparément isolable et les variations de flux de trésorerie ou de juste valeur de l'élément couvert qui leur sont attribuables doivent être déterminables de manière fiable (IFRS 9.6.3.7).

3. **Couvertures asymétriques par achat d'option (ou couverture d'un risque « unilatéral »)** Dans une relation de couverture, une entité peut ne déclarer couvrir que les variations de flux de trésorerie ou les variations de juste valeur intervenant au-dessus ou en dessous d'un certain prix ou d'une autre variable (couverture dite « asymétrique ») (IFRS 9.6.3.7 et .B6.3.12)

Décomposition de la prime d'une option La prime d'une option se décompose entre :
– sa valeur intrinsèque, correspondant à l'écart entre le prix d'exercice de l'option et le cours du sous-jacent ; et
– sa valeur temps (ou valeur spéculative qui représente le risque pris par le vendeur et l'espoir pour l'acheteur de voir la prime payée s'apprécier avec le temps).
La valeur temps varie notamment en fonction du niveau et de la volatilité des cours de l'actif sous-jacent (voir nº 48760).

Dans ce cas, **seule la valeur intrinsèque** de l'option achetée et qualifiée de couverture est représentative de la composante risque couverte de l'élément concerné mais pas sa valeur temps. En effet, cette valeur temps n'est pas une composante de l'élément couvert qui influe en tant que tel sur le résultat net de l'entreprise (IFRS 9.B6.3.12).

Ainsi, lorsque seule la valeur intrinsèque de l'option a été désignée comme instrument de couverture, l'entité doit appliquer le traitement du « coût de la couverture » à la valeur temps de l'option (IFRS 9.6.5.15).

Traitement du coût de la couverture Les variations de la juste valeur de la valeur temps de l'option sont reconnues en autres éléments du résultat global (OCI) dans une composante distincte des capitaux propres et sont comptabilisées selon la nature de l'élément couvert (IFRS 9.6.2.4) (voir n° 49690).

Ce traitement permet de limiter la volatilité au compte de résultat liée à la valeur temps de l'option.

Si l'option achetée est désignée dans son intégralité (valeur intrinsèque et valeur temps) comme instrument d'une couverture asymétrique d'un élément financier ou non financier sans composante optionnelle, elle ne peut en aucun cas constituer une opération de couverture parfaitement efficace.

Sur la mesure de l'efficacité, voir n° 49420 s.

■ *Exemple*

Une entité dont la devise fonctionnelle est l'euro effectue 20 % de ses achats de marchandises en dollars (ceci correspond à un encours minimum d'achat de 500 K€). Elle décide de couvrir ses achats prévisionnels en dollars prévus dans six mois en contractant une option de change. Cette option de change permet à l'entité de se prémunir contre une hausse du dollar par rapport à l'euro, pour un notionnel de 500 K€ à un cours garanti (prix d'exercice) de 1 EUR = 1,25 USD. Pour la contracter, l'entité a payé une prime de 60 K€.

Par ailleurs, le cours comptant à la date de mise en place de la couverture est le suivant : 1 EUR = 1,1 USD.

Dans ce cas (couverture de flux de trésorerie), seules les pertes résultant d'une hausse du dollar par rapport à l'euro au-dessus du prix d'exercice sont prises en compte dans l'évaluation du risque couvert. L'évaluation du risque couvert ne peut donc pas inclure la valeur temps de l'option.

En conséquence, lors de la mise en place de cette relation de couverture, l'entité désigne la valeur intrinsèque de l'option d'achat comme élément de couverture permettant de se couvrir contre les fluctuations à la hausse du dollar contre l'euro au-delà d'une parité euro/dollar supérieure à 1,25. La valeur temps de l'option étant exclue de cette désignation, l'entité lui applique le traitement du coût de la couverture.

Couverture par achat d'option : détermination de la valeur temps d'une option

Question 49680

Comment déterminer la valeur temps d'une option ?

Réponse

La valeur temps d'une option est la valeur résiduelle de l'option après avoir retranché sa valeur intrinsèque.

Commentaires La juste valeur d'une option se décompose en deux valeurs : sa valeur intrinsèque et sa valeur temps.

1. **Valeur intrinsèque** La valeur intrinsèque d'une option est la différence entre le prix d'exercice de l'option et le cours de marché du sous-jacent. La norme IFRS 9 ne donne pas d'information sur le mode de calcul de cette valeur. En pratique, la valeur intrinsèque peut être calculée d'une des deux manières suivantes :

a. par différence entre le prix d'exercice de l'option et le cours spot du sous-jacent rapporté au notionnel de l'option (valeur spot intrinsèque) ; ou

b. par différence entre le prix d'exercice de l'option et le cours à terme du sous-jacent multiplié par le notionnel de l'option (valeur spot à terme).

A notre avis, à l'exception du cas des options américaines qui sont par définition exerçables à tout moment, le calcul de la valeur intrinsèque d'une option doit prendre en considération l'effet d'actualisation. Si tel n'est pas le cas, cela représenterait une source d'inefficacité qu'il est possible de mesurer par comparaison entre la valeur intrinsèque (non actualisée) de l'option et la valeur actualisée de l'élément couvert.

2. **Valeur temps** La valeur temps d'une option est la valeur résiduelle de cette option après avoir retranché sa valeur intrinsèque de sa valeur de marché.

Sur les composantes d'une prime d'option, voir n° 48760.

Comptabilisation du report/déport, de la valeur temps des options et du « currency basis »

49690 ***Question***

Comment comptabiliser la valeur temps des options, le report/déport et le « currency basis » ?

Réponse

Le traitement comptable de ces éléments, lorsqu'ils ne sont pas désignés dans une relation de couverture, est le suivant :
- la variation de la valeur temps des options doit être comptabilisée en autres éléments du résultat global (OCI) ;
- les variations du report/déport des forwards et du « currency basis » peuvent être comptabilisées en autres éléments du résultat global (OCI) ou en résultat.

Commentaires La norme permet de ne pas inclure le report/déport, la valeur temps des options et le « currency basis » dans une relation de couverture (IFRS 9.6.2.4).

Le fait de ne pas exclure ces éléments dans une relation de couverture constitue généralement une source d'inefficacité.

1. **Comptabilisation de la valeur temps des options (traitement du coût de la couverture)** :

a. **Principe** Lorsqu'une entité sépare la valeur intrinsèque et la valeur temps d'une option et ne désigne que la composante intrinsèque dans la relation de couverture, les variations de valeur temps de l'option doivent être comptabilisées en autres éléments du résultat global (OCI). Leur reprise dépend de la nature de l'élément couvert (IFRS 9.6.5.15) :

i. **L'élément couvert est lié à une transaction,** c'est-à-dire que l'élément couvert a la nature d'une transaction pour laquelle la valeur temps de l'option a le caractère d'un coût (IFRS 9.B6.5.29a).

Dans ce cas, les variations de la juste valeur de l'option doivent être reconnues en autres éléments du résultat global (OCI) dans une composante distincte des capitaux propres et comptabilisées de la façon suivante :
- si l'élément couvert conduit à la reconnaissance d'un actif ou d'un passif non financier (ou un engagement pour ce même type d'actif ou passif pour lequel une comptabilité de couverture de juste valeur est appliquée), l'entité doit reprendre le montant comptabilisé dans la composante distincte des capitaux propres et l'inclure dans la valeur comptable de cet élément ;
- pour les autres relations de couverture, le montant comptabilisé dans la composante distincte des capitaux propres doit être reclassé en résultat lorsque la transaction affecte le résultat (par exemple, lorsqu'une vente prévue se réalise).

Toutefois, ce montant doit être reclassé directement en résultat s'il ne peut être recouvré en partie ou en totalité.

ii. **L'élément couvert est lié à une période de temps,** c'est-à-dire que la valeur temps de l'option a le caractère d'un coût correspondant à une protection contre un risque sur une période donnée (IFRS 9.B6.5.29b).

Dans ce cas, les variations de la juste valeur de l'option doivent être reconnues en autres éléments du résultat global (OCI) dans une composante distincte des capitaux propres et la valeur temps à la date de désignation de la relation de couverture doit être amortie sur la période pendant laquelle la valeur intrinsèque de l'option peut avoir un impact sur le résultat.

Exemple Une entreprise décide de payer une prime pour conclure un « swaption » afin de se couvrir contre l'évolution des taux d'intérêt d'une dette future. La société désigne, comme instrument de couverture, uniquement la variation de la valeur intrinsèque de son « swaption » (IFRS 9.6.4.2a) et applique l'approche du coût de la couverture à la valeur temps de son « swaption ». Même si le risque couvert est le risque de variation des taux d'intérêt entre le moment où la couverture est mise en place et celui où la dette est émise, ce risque affecte le résultat de l'entreprise sur la durée de vie de la dette. Par conséquent, la valeur temps initiale qui a été comptabilisée dans la réserve de couverture des flux de trésorerie est recyclée, de cette réserve au compte de résultat, sur la durée de vie de la dette en tant que charge d'intérêt. **49690** (suite)

Toutefois, si la comptabilité de couverture est arrêtée, le montant accumulé dans la composante distincte des capitaux propres doit être reclassé immédiatement en résultat.

b. Valeur temps alignée versus valeur temps réelle Le traitement de la valeur temps d'une option ne s'applique que sur la valeur temps qui se rattache à l'élément couvert (valeur temps alignée). Lorsque l'instrument de couverture et l'élément couvert ne sont pas parfaitement alignés sur leurs termes (valeur nominale, durée ou sous-jacent), l'entité doit déterminer la partie de la valeur temps incluse dans la prime payée (valeur temps réelle) qui se rattache à l'élément couvert (IFRS 9.B6.5.32).

La valeur temps alignée peut être déterminée sur la base d'un dérivé hypothétique qui réplique les caractéristiques de l'élément couvert.

Lorsque la valeur temps réelle et la valeur temps alignée diffèrent, le montant à comptabiliser dans une composante distincte des autres éléments du résultat global (OCI) est déterminé sur la base (IFRS 9.B6.5.33) :

- de la valeur temps alignée, **si elle est inférieure à la valeur temps réelle lors de la désignation initiale de la relation de couverture.** L'écart entre les variations de juste valeur de la valeur temps alignée et celle de la valeur temps réelle est alors comptabilisé en résultat net ;
- du montant le plus faible entre (i) le cumul des variations de juste valeur de la valeur temps réelle et (ii) le cumul des variations de juste valeur de la valeur temps alignée, **si la valeur temps alignée est supérieure à la valeur temps réelle lors de la désignation initiale de la relation de couverture.** La variation résiduelle doit être comptabilisée en résultat net.

2. Comptabilisation du report/déport et du « currency basis » Lorsqu'une entité exclut le report/déport ou le « currency basis » d'une relation de couverture, elle peut appliquer à ces éléments le même traitement que celui de la valeur temps des options décrit précédemment ou les comptabiliser en résultat (IFRS 9.6.5.16).

Le traitement du coût de la couverture ne s'applique que sur le report/déport ou le « currency basis » qui se rattache à l'élément couvert (report/déport aligné ou « currency basis » aligné). Le report/déport ou le « currency basis » réel se rapporte à l'instrument de couverture.

Ainsi, lorsque le report/déport réel et le report/déport aligné diffèrent, le montant à comptabiliser dans une composante distincte des autres éléments du résultat global (OCI) est déterminé sur la base (IFRS 9.B6.5.38) :

- de la valeur absolue du report/déport aligné, **si elle est inférieure à la valeur absolue du report/déport réel lors de la désignation initiale de la relation de couverture.** L'écart entre les variations de juste valeur du report/déport aligné et celle du report/déport réel est alors comptabilisé en résultat net ;
- du montant le plus faible entre (i) le cumul des variations de juste valeur de la valeur absolue du report/déport réel et (ii) le cumul des variations de juste valeur de la valeur absolue du report/déport aligné, **si la valeur absolue du report/déport aligné est supérieure à celle du report/déport réel lors de la désignation initiale de la relation de couverture.** La variation résiduelle doit être comptabilisée en résultat net.

Les modalités de détermination du montant relatif au « currency basis » aligné sont identiques à celles décrites pour le report/déport aligné ci-avant (IFRS 9.B6.5.39).

■ ***Exemple***

Le 1/01/N, une entité, dont la monnaie fonctionnelle est l'euro, a émis une dette en dollars, à taux fixe, sur 5 ans. Conformément à sa stratégie de gestion des risques, elle souhaite la couvrir contre le risque de taux d'intérêt et le risque de change sur les 3 premières années d'émission de la dette. Dans cet objectif, elle souscrit, à la date d'émission de la dette, un cross-currency swap receveur taux fixe EUR/payeur taux variable USD (échéance 31/12/N+3).

L'entité désigne, dans le cadre d'une relation de juste valeur, la dette émise en T0 comme élément couvert par un cross-currency swap, à échéance 3 ans.

Dans ce cadre, l'entité exclut la composante du « currency basis » de l'instrument de couverture et applique le traitement du coût de la couverture conformément à IFRS 9.B5.6.16. Comment mesurer le « currency basis » aligné ?

Solution de l'exemple *Pour déterminer le « currency basis » aligné, l'entité doit modéliser un cross-currency swap dont les caractéristiques reflètent celles de l'élément couvert. Dans le cas particulier d'une couverture partielle de la juste valeur de la dette, le risque couvert inclut aussi* *les variations de juste valeur liées au remboursement du principal de la dette, dont celui-ci est ramené à une échéance de 3 ans qui correspond au risque couvert par l'entité en application d'une couverture d'une portion d'un élément couvert (sur la couverture d'une portion d'un élément, voir n° 49595).*

Au vu de la définition du risque couvert par l'entité, le dérivé aligné qui reflète l'élément couvert correspond à un cross-currency swap, avec un remboursement du principal prévu à échéance en N+3.

En conséquence, comme le dérivé aligné et le dérivé réel sont définis de manière cohérente, le montant initial du basis currency spread devrait être amorti sur la durée de vie de la relation de couverture, les variations de juste valeur de cette composante étant, par ailleurs, constatées dans une composante distincte des autres éléments du résultat global (OCI).

« Currency basis »

49700 ***Question***

Le « currency basis » génère-t-il de l'inefficacité sous IFRS 9 ?

Réponse

Oui, le « currency basis » peut générer de la volatilité en résultat s'il n'est pas exclu de la relation de couverture. En effet, le « currency basis », qui correspond à la composante liquidité qui reflète l'échange de deux monnaies, n'existe pas dans l'élément couvert dont les caractéristiques n'impliquent généralement pas un échange de devises.

Commentaires Le « currency basis » correspond à la composante liquidité résultant de l'échange de deux devises présente notamment dans un « cross-currency swap ». Comme les caractéristiques de l'élément couvert n'impliquent généralement pas un échange de devises, cette composante n'existe pas dans l'élément couvert. Or, la norme interdit explicitement d'inclure dans l'évaluation de l'élément couvert des caractéristiques qui sont présentes uniquement dans l'instrument de couverture (IFRS 9.B6.5.5). Par conséquent, il n'est pas possible d'inclure le « currency basis » dans l'évaluation de la valorisation de l'élément couvert.

Par exemple, si l'entité utilise un dérivé hypothétique pour calculer la variation de la valeur d'un instrument d'emprunt ou la valeur actualisée de la variation cumulative des flux de trésorerie qui s'y rattachent, elle ne peut pas simplement considérer que le dérivé hypothétique comporte une composante de « currency basis », même si ce peut être le cas du dérivé réel aux termes duquel des monnaies différentes sont échangées (par exemple, des swaps de devises et de taux d'intérêt).

Afin de réduire cette source d'inefficacité, la norme permet de comptabiliser cette composante en autres éléments du résultat global (OCI), voir n° 49690.

■ *Exemple*

Une entité, dont la monnaie fonctionnelle est l'euro, a émis une dette à taux variable en dollar. Conformément à sa stratégie de gestion des risques, elle souhaite la couvrir contre le risque de taux d'intérêt et le risque de change. Dans cet objectif, elle souscrit un « cross-currency swap » présentant les mêmes caractéristiques (devises correspondantes, dates de paiement, dates de fixation et taux d'intérêt sur la jambe variable).

Le dérivé hypothétique qui représente l'élément couvert ne comportera la composante « currency basis », celle-ci étant uniquement présente dans l'instrument de couverture.

En conséquence, l'entité peut décider de l'exclure de l'instrument de couverture afin de minimiser l'inefficacité la relation de couverture.

Combinaison d'instruments dérivés et non dérivés

49710 ***Question***

Dans une relation de couverture au sens d'IFRS 9, est-il possible de désigner conjointement une combinaison d'un (ou de plusieurs) instrument(s) dérivé(s) et d'un (ou de plusieurs) instrument(s) non dérivé(s) comme élément de couverture ?

Réponse

Oui. Une combinaison d'un (ou de plusieurs) instrument(s) dérivé(s) (ou une portion de ceux-ci) et d'un (ou de plusieurs) instrument(s) non dérivés (ou une portion de ceux-ci) peuvent être désignés comme des instruments de couverture dans une relation de couverture.

Commentaires En principe, l'entité peut considérer globalement et désigner conjointement comme instrument de couverture toute combinaison (y compris lorsque le risque ou les risques de certains instruments de couverture sont compensés par ceux que comportent d'autres instruments de couverture) :
- de dérivés ou d'une fraction de ceux-ci ; et
- d'instruments non dérivés ou d'une fraction de ceux-ci (IFRS 9.6.2.5).

■ *Exemple*

Une entité dont la devise fonctionnelle est la couronne suédoise (SEK) souhaite couvrir son exposition au risque de change lié à son investissement net dans sa filiale étrangère coréenne (dont la devise fonctionnelle est le won coréen (KRW)). L'entité a par ailleurs émis une dette libellée en US dollars.

Solution de l'exemple *Dans ce cas (couverture d'investissement net) et sous réserve que les conditions d'applicabilité de la comptabilité de couverture décrites par IFRS 9.6.4.1 soient remplies, l'entité peut décider de désigner comme instrument de couverture, la combinaison entre la dette externe libellée en USD dollars existante et la composante spot d'un swap de change payeur KRW/receveur USD qu'elle contracterait.*

Solution alternative de l'exemple *Afin de minimiser l'inefficacité à comptabiliser en résultat, l'entité peut sinon opter pour une autre stratégie de couverture en contractant deux dérivés de change se compensant parfaitement :*
- *le premier étant un swap payeur SEK/receveur USD venant en couverture de la dette émise en dollars ;*
- *un second étant un swap receveur SEK/payeur KRW désigné comme élément de couverture de l'investissement net dans la filiale étrangère.*

Contrat financier non dérivé évalué à la juste valeur par résultat

Question 49720

Un contrat financier non dérivé évalué à la juste valeur par résultat peut-il être admis comme instrument de couverture ?

Réponse

Oui, sauf s'il s'agit d'un passif financier désigné sur option comme étant à la juste valeur par le biais du résultat net et que le montant de la variation de sa juste valeur qui est attribuable aux variations du risque de crédit associé à ce passif est présenté en autres éléments du résultat global (OCI).

Commentaires Un actif financier non dérivé ou un passif financier non dérivé évalué à la juste valeur par le biais du résultat net peut être désigné comme instrument de couverture, sauf s'il s'agit d'un passif financier désigné sur option comme étant à la juste valeur par le biais du résultat net et que le montant de la variation de sa juste valeur qui est attribuable aux variations du risque de crédit associé à ce passif est ainsi présenté en autres éléments du résultat global (OCI) (IFRS 9.6.2.2).

■ *Exemple*

Une entité détient un actif financier à échéance un an dont le rendement est indexé sur le cours de l'or. Selon IFRS 9, cet actif est comptabilisé à la juste valeur par résultat. L'entité détient également des engagements fermes d'achat d'or dans un an, destinés à fabriquer des composants électroniques. L'entité a l'intention de désigner l'actif financier indexé sur le cours de l'or comme instrument de couverture de son exposition au risque de prix de l'or dans ses engagements d'achats d'or. Cette couverture est possible si les autres conditions de la comptabilité de couverture sont par ailleurs réunies.

Date d'échéance d'une vente prévue

49730 *Question*

La date d'échéance d'un instrument de couverture doit-elle correspondre à celle de la transaction prévue couverte ?

Réponse

La norme ne précise pas que les dates d'échéance de l'instrument de couverture et de l'élément couvert doivent correspondre. En revanche, la stratégie de gestion des risques doit prévoir et accepter qu'un tel décalage entre les dates puisse entraîner de l'inefficacité.

Commentaires La norme ne précise pas que les dates d'échéance de l'instrument de couverture et de l'élément couvert doivent correspondre. En revanche, la stratégie de gestion des risques doit prévoir et accepter qu'un tel décalage entre les dates puisse entraîner de l'inefficacité. En outre, si la date d'échéance du dérivé est plus lointaine que celle de l'élément couvert, sa désignation en tant qu'instrument de couverture sera effective jusqu'à son échéance. En effet, il n'est pas permis de désigner une part de la variation de la juste valeur d'un instrument de couverture attribuable à une partie seulement de l'intervalle de temps (IFRS 9.6.2.4c).

■ *Exemple*

Une entité établit une relation de couverture sur une vente prévue en USD et hautement probable en juin N. Elle ne peut pas prévoir la date exacte de la vente en juin N.

Cette entité a la possibilité, si elle le souhaite, de couvrir les premiers X millions de vente de juin N avec un instrument de couverture qui arrivera à échéance un jour désigné du mois de juin N. Sa stratégie de gestion des risques devra tenir compte du décalage de dates et de l'inefficacité qui pourraient en découler.

Trésorerie centrale et contrats internes

49740 *Question*

Peut-on qualifier d'instrument de couverture un dérivé intragroupe (contrat interne) ?

Réponse

Seuls les dérivés conclus avec des contreparties externes au groupe peuvent être qualifiés d'instruments de couverture.

Toutefois, en pratique et sous certaines conditions – qui varient selon qu'il s'agit d'une couverture du risque de taux d'intérêt ou d'une couverture du risque de change – les dérivés internes peuvent être qualifiés de couverture s'ils sont compensés par des dérivés externes.

Dans ce cas, les dérivés internes servent à documenter le lien (piste d'audit) entre l'instrument de couverture externe et l'élément couvert.

Commentaires :

1. **Principe général (rappel)** En matière de comptabilité de couverture, seuls les instruments qui impliquent une partie extérieure à l'entité qui présente des états financiers (c'est-à-dire extérieure au groupe, au secteur ou à l'entité qui présente des états financiers) peuvent être désignés comme des instruments de couverture. En effet, bien que les entités individuelles d'un groupe consolidé ou les différentes divisions d'une entité puissent conclure des transactions avec d'autres entités du groupe ou avec d'autres divisions de l'entité, ces transactions intragroupe sont éliminées en consolidation. Par conséquent, ces transactions ne remplissent pas les conditions requises pour la comptabilité de couverture (IFRS 9.6.2.3, .BC6.142 et .BC6.147).

   Pour ce qui concerne la désignation au niveau du secteur, voir point 6. ci-après.

2. **Contexte** Les groupes avec une **trésorerie centrale** sophistiquée font souvent des opérations de couverture internes pour transférer le risque de taux et de change à la trésorerie groupe.

   Par exemple, il peut y avoir des contrats internes de change à terme et de swaps de taux d'intérêt convertissant tous les actifs et passifs des unités opérationnelles en instruments à taux variables dans la monnaie de fonctionnement de ces unités. La trésorerie groupe appréciera ensuite son exposition nette dans les différentes devises et son exposition nette au risque de taux et passera des contrats à terme et des swaps à l'extérieur du groupe pour gérer ses risques.

3. Approche pratique A notre avis, toutefois : **49740** (suite)

a. La norme IFRS 9 n'interdit ni l'utilisation de dérivés internes pour la gestion des risques, ni leur gestion centralisée au niveau soit du pool de trésorerie, soit de tout autre département central dont l'objectif serait de gérer ces risques au niveau de l'entité légale (et non au niveau de ses divisions) ou au niveau du groupe (et non au niveau de ses divisions ou entités légales).

b. Les dérivés internes entre les divisions d'une même entité légale ou d'un même groupe peuvent être qualifiés de dérivés de couverture dans les états financiers s'ils sont compensés par des dérivés externes à cette entité légale ou à ce groupe. Ainsi :
- si des dérivés internes ne sont pas compensés par des dérivés conclus avec des contreparties externes, il n'est pas possible d'appliquer une comptabilité de couverture dans les comptes consolidés et la comptabilité de couverture appliquée par les sociétés consolidées dans leurs états financiers propres doit alors être annulée dans les comptes consolidés ;
- si des dérivés internes sont compensés par des dérivés conclus avec des contreparties externes, ces dérivés ne peuvent être qualifiés, le cas échéant, d'instruments de couverture que **s'ils répondent à certaines conditions** présentées ci-après.

Cette approche repose sur les principes retenus par la précédente norme IAS 39 (IAS 39.IG F1.4).

4. Conditions spécifiques au risque de taux d'intérêt Concernant la couverture du risque de taux, les conditions dans lesquelles la compensation des dérivés internes par des dérivés externes peut être reconnue sur le plan comptable sont, à notre avis, les suivantes :

a. **Possibilité d'agrégation de plusieurs dérivés internes de même sens** Lorsque plusieurs dérivés internes de même sens sont d'abord agrégés et que la somme agrégée de ces dérivés internes est compensée par un seul dérivé externe, le dérivé externe peut être qualifié de couverture (IFRS 9.6.2.3) sous réserve que :
- les éléments couverts soient identifiés ; et
- les autres conditions nécessaires à l'application d'une comptabilité de couverture soient respectées (IFRS 9.6.4.1).

b. **Possibilité de « netter » des dérivés de sens contraire uniquement pour une couverture de juste valeur** En revanche, lorsque plusieurs dérivés internes sont « nettés », par exemple au niveau de la trésorerie du groupe, avant de faire l'objet d'une couverture par un dérivé externe couvrant l'exposition nette au risque de taux, il est à notre avis, possible de qualifier les dérivés internes de couverture du risque de taux d'instruments de couverture dans les comptes consolidés que dans le cas seulement d'une couverture de juste valeur.

IFRS 9 autorise à désigner comme élément couvert une position nette sous respect de certaines conditions, voir n° 49150 et 49160.
Dans le cas d'une couverture de flux de trésorerie, une position nette au risque de change peut être désignée comme élément couvert (IFRS 9.6.6.1c), contrairement à une position nette au risque de taux d'intérêt. Celle-ci ne peut être désignée que dans le cadre d'une couverture de juste valeur. Par conséquent, le dérivé externe couvrant l'exposition nette au risque de taux d'intérêt ne peut être désigné comme l'instrument de couverture dans les comptes consolidés de l'entité d'une relation de couverture de flux de trésorerie.
En revanche, il est, à notre avis, possible de désigner dans une relation de couverture de flux de trésorerie le dérivé externe en couverture d'une part « brute » de l'exposition au risque de taux d'intérêt sous réserve que les critères d'applicabilité de la comptabilité de couverture soient remplis dans un tel cas (IFRS 9.6.4.1).

5. Conditions spécifiques au risque de change Concernant la couverture du risque de change, les conditions dans lesquelles la compensation des dérivés internes par des dérivés externes peut être reconnue sur le plan comptable sont les suivantes :

a. **Possibilité d'agrégation de plusieurs dérivés internes de même sens** Comme pour le risque de taux d'intérêt, il est possible de qualifier d'instruments de couverture plusieurs dérivés internes, tous de même sens, agrégés et compensés par un seul dérivé externe (voir point 4a. ci-avant).

b. **Possibilité de « netter » des dérivés de sens contraire** Il est possible de « netter », par exemple au niveau de la trésorerie du groupe, plusieurs dérivés internes de sens contraire avant de les compenser par un dérivé externe pour le montant de l'exposition nette. Dans ce cas, à notre avis, les dérivés internes peuvent être qualifiés d'instruments de couverture du risque de change dans les comptes consolidés, sous réserve de respecter les conditions suivantes :
- au niveau des comptes consolidés, la relation de couverture doit être désignée de telle sorte qu'elle n'implique que le dérivé externe désigné comme instrument de couverture d'une position nette de change ;

– les critères d'éligibilité d'une position nette de change comme élément couvert doivent être respectés (IFRS 9.6.6.1, .B6.6.1 et .B6.6.4) ;

Une position nette de change peut être désignée comme élément couvert d'une relation de couverture si :
– l'ensemble des éléments constituant la position nette sont éligibles individuellement à la comptabilité de couverture ;
– ceux-ci sont gérés collectivement par l'entité dans le cadre de sa politique de gestion des risques ;
– dans le cas d'une couverture de flux de trésorerie, l'entité a spécifié les transactions constitutives de la position nette (nature, volume) et la période de reporting pendant laquelle elles affecteront le résultat de l'entité.
Pour plus de détails, voir nº 49150 et 49160.

– les dérivés internes doivent couvrir des actifs et des passifs financiers non dérivés et non des **engagements fermes** ou des **transactions futures hautement probables**. En effet, si ces dérivés internes couvrent le risque de change d'engagements fermes ou de transactions futures hautement probables, le fait de les « netter » avant de désigner un dérivé externe en couverture aboutit, de fait, à désigner comme instrument de couverture des engagements fermes ou des transactions futures hautement probables, ce qui est interdit par IFRS 9.6.2.2.

Cette possibilité découle du raisonnement suivant :
– lorsque des dérivés internes, qui couvrent le risque de change d'actifs ou de passifs financiers identifiés, sont d'abord « nettés » avant qu'un dérivé externe couvrant la position nette soit conclu, la désignation de ces dérivés internes comme dérivés de couverture au niveau consolidé a pour effet, en réalité, de couvrir des actifs par des passifs ou vice versa ;
– IFRS 9.6.6.2 permet de désigner la composante de change d'un instrument financier (actif ou passif) non dérivé comme un instrument de couverture du risque de change sauf s'il s'agit d'un placement en instruments de capitaux propres évalués à la juste valeur en autres éléments du résultat global (OCI non recyclables).

■ *Exemple*

Risque de change *La société C utilise des dérivés conclus en interne pour transférer les expositions au risque entre différentes entités juridiques du groupe ou entre divisions à l'intérieur d'une même entité juridique. Par exemple, le risque de change d'une filiale peut être transféré au département trésorerie du groupe à l'aide d'un contrat de change à terme de gré à gré conclu en interne.*

Solution de l'exemple *Seuls les instruments qui impliquent une partie extérieure à l'entité présentant les états financiers peuvent être qualifiés de dérivés de couverture (IFRS 9.6.2.3). A notre avis, les dérivés internes peuvent être utilisés pour documenter le lien entre un instrument de couverture externe (détenu, par exemple, par la société mère ou le département trésorerie) et un élément couvert dans une autre entité du groupe, comme une filiale opérationnelle, à condition que l'ensemble des gains et des pertes découlant du dérivé interne soit éliminé lors de la consolidation.*

6. **Cas des secteurs opérationnels** La norme IFRS 8 requiert uniquement la publication de l'information qui est fournie au principal décideur opérationnel (PDO), même si cette information n'est pas fondée sur des principes comptables (IFRS 8.27b).

Les entités peuvent donc documenter à un autre niveau que le secteur concerné les opérations en question (par exemple au niveau de leur stratégie de gestion des risques).

Swap de devises et couverture de change de flux d'intérêt intragroupe futurs

49750 ***Question***

Dans une relation de couverture au sens d'IFRS 9, un swap de devises peut-il être désigné comme un instrument de couverture des flux d'intérêt payés par une filiale au titre d'un prêt intragroupe en devise accordé par la mère ?

Réponse

Oui, à notre avis, mais sous conditions. Cela pourra être le cas, par exemple, lorsque :
– les flux d'intérêt sont hautement probables ;
– le prêt intragroupe est libellé dans une devise différente de la monnaie fonctionnelle de l'entité qui contracte le prêt ; et
– si ce prêt intragroupe est directement lié à un (ou des) prêt(s) externe(s) (prêts dits « back to back »).

Commentaires : **49750** (suite)

1. **Problématique** Les transactions intragroupe ne peuvent généralement pas être désignées comme éléments couverts, étant éliminées dans les comptes consolidés (IFRS 9.6.3.5).

> **Rappel** Un élément financier ou non financier peut être qualifié d'élément couvert s'il expose l'entreprise à un risque de variation de juste valeur ou à un risque de variation de flux de trésorerie susceptible d'affecter le résultat de la période actuelle ou des périodes à venir.

Toutefois, la norme IFRS 9 (IFRS 9.6.3.6 et .B6.3.5) stipule que, dans les états financiers consolidés, le risque de change d'une **transaction intragroupe prévue hautement probable** peut être désigné comme élément couvert dans une opération de couverture de flux de trésorerie (CFH), pour autant que la transaction soit libellée dans une monnaie autre que la monnaie fonctionnelle de l'entité partie à la transaction et que le risque de change ait une incidence sur le résultat consolidé. Si le risque de change d'une transaction intragroupe prévue n'a aucune incidence sur le résultat consolidé, la transaction en question ne peut être désignée comme élément couvert. S'il existe, par exemple, **une transaction externe connexe,** il est alors probable que le risque de change ait une incidence sur le résultat consolidé.

2. **Solution pratique** En conséquence, il est possible de déclarer couvrir les flux futurs d'intérêt d'un prêt intragroupe (intérêts non encore enregistrés au bilan et, à ce titre, constitutifs d'une transaction intragroupe future), si les conditions d'IFRS 9.B6.3.5 sont respectées, et notamment si le prêt a fait l'objet d'un retournement (« back-to-back ») auprès d'une ou de plusieurs contreparties extérieures, spécifiquement identifiées. C'est à notre avis le cas **si les trois conditions suivantes sont réunies** :

a. les flux d'intérêt couverts sont hautement probables (il est effectivement prévu que la fille rembourse le prêt intragroupe octroyé par la mère) ;

b. le prêt est accordé dans une devise différente de la monnaie fonctionnelle de l'entité qui contracte le prêt ; et

c. les gains et pertes de change affectent le compte de résultat. Cette condition est remplie quand le prêt intragroupe est directement lié à un (ou des) autre(s) prêt(s) externe(s) (prêts dits « **back-to-back** »).

> **Remarque** Le principe sous-tendant les paragraphes IFRS 9.6.3.6 et .B6.3.5 est le suivant :
> – s'il existe une transaction intragroupe qui crée une exposition en devises pour l'une des entités du groupe (parce que libellée dans une devise autre que sa monnaie fonctionnelle) ; et
> – si l'entité est en mesure d'identifier le moment où cette transaction est finalement « répliquée » aux bornes du groupe, à travers une (ou plusieurs) transaction(s) externe(s) (ayant un impact sur le résultat) ;
> cela signifie alors que l'entité est en mesure de documenter – dans ses comptes consolidés – l'existence d'une perte/gain de change impactant son résultat consolidé.

■ *Exemple 1*

Une société mère, dont la monnaie fonctionnelle est l'euro, octroie à sa filiale américaine un prêt en USD à taux fixe. Cette filiale octroie elle-même des prêts en USD et à taux fixe à des clients américains, externes au groupe consolidé.

En outre la société mère contracte auprès d'une banque un swap de devises euro/USD afin de se couvrir contre le risque de change auquel elle est exposée sur le prêt en USD qu'elle a accordé à sa filiale.

Le swap de devises ainsi contracté par la société mère peut-il être désigné comme un instrument de couverture des flux d'intérêts payés par la filiale au titre du prêt intragroupe en devise accordé par la mère ?

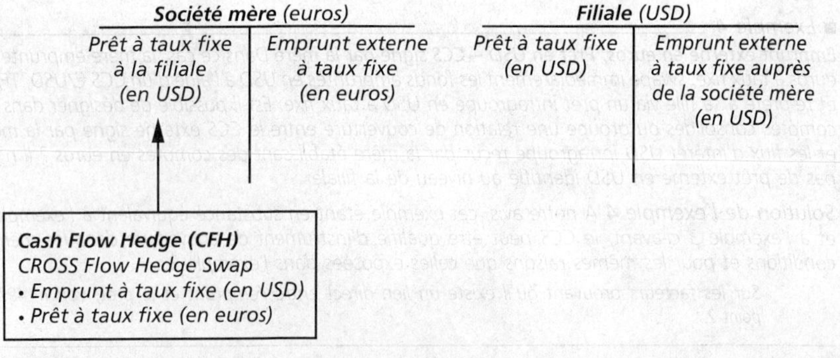

49750 (suite) *Solution de l'exemple 1* *Le swap a été contracté par la société mère, dont la monnaie fonctionnelle est l'euro et le prêt accordé par la société mère à sa fille est libellé dans une devise différente (USD). En outre, ce prêt intragroupe en USD est accordé à la filiale afin qu'elle puisse elle-même accorder des prêts en USD, en dehors du groupe. Il y a donc un* ***lien direct*** *entre le prêt intragroupe et un ensemble de prêts externes. Dans ses comptes consolidés, le groupe est bien exposé au risque de change euro/USD.*

Selon IFRS 9.6.3.6 et .B6.3.5, le swap peut donc être qualifié d'instrument de couverture au sens de la norme IFRS 9.

> ***Autres exemples sans prêt externe « back-to-back »*** *A notre avis, il existe d'autres circonstances dans lesquelles le cross currency swap (CCS) peut être qualifié d'instrument de couverture dès lors qu'aux bornes du groupe consolidé, le risque économique ayant conduit à sa mise en place est identique.*
>
> *Ainsi, les situations envisagées dans les exemples 3 et 4 ci-après sont identiques en substance à celle décrite dans l'exemple 2 (natural hedge) mais requièrent la mise en place d'un CCS. Ce dernier, du fait de sa qualification de dérivé et de sa comptabilisation obligatoire à la juste valeur par résultat, entraîne une volatilité dans le résultat du groupe consolidé, sur la partie « intérêts futurs » du CCS. Seule une qualification de couverture à travers une relation de cash-flow hedge (CFH) et sous réserve qu'un certain nombre de conditions soient remplies – peut alors éviter cela.*

■ *Exemple 2*

Emprunt direct en USD – Pas de CCS – Natural hedge *Une société mère dont la monnaie fonctionnelle est l'euro contracte directement un emprunt en USD et prête à nouveau les sommes empruntées à sa filiale américaine sous la forme d'un prêt intragroupe en USD à taux fixe.*

Solution de l'exemple 2 *Dans ce cas, aucun dérivé n'est mis en place (pas de CCS nécessaire puisque la mère emprunte directement en USD). Il n'y a pas non plus de problème de traitement comptable, puisqu'il s'agit d'une couverture dite « naturelle », le prêt intragroupe et l'emprunt n'étant réévalués au bilan que pour leur composante change « spot » dont les impacts se compensent parfaitement.*

> *Rappelons que même éliminé, le prêt intragroupe fait apparaître des écarts de change qui impactent le compte de résultat consolidé du groupe.*

■ *Exemple 3*

Refinancement et prêt interne en euros – CCS signé par la filiale US *Une société mère, dont la monnaie fonctionnelle est l'euro, contracte auprès d'une banque un emprunt en euros à taux fixe. Elle prête ensuite les fonds ainsi obtenus à sa filiale américaine (prêt intragroupe en Euros à taux fixe). Afin de se couvrir contre le risque de change euro/USD, la filiale contracte auprès d'une banque un swap de devises euro/USD, TF/TF. Le swap de devises ainsi contracté par la filiale peut-il être désigné comme un instrument de couverture des flux d'intérêt payés au titre du prêt intragroupe en devise accordé par la mère ? Il n'y a pas de prêt externe en USD identifié au niveau de la filiale.*

Solution de l'exemple 3 *A notre avis, cet exemple étant en substance équivalent à l'exemple 2, le CCS peut être qualifié d'instrument de couverture.*

En effet, le groupe est bien exposé au risque de change euro/USD puisque le CCS a été contracté par la filiale, dont la monnaie fonctionnelle est le dollar américain et que le prêt accordé par la société mère est libellé dans une devise différente (euro). En outre, la société mère a contracté un emprunt en euros dans le but de financer sa filiale au moyen d'un prêt intragroupe. Il y a donc un lien direct entre le prêt accordé à la filiale américaine et l'emprunt effectué par la mère.

■ *Exemple 4*

Emprunt externe en euros, Prêt en USD – CCS signé par la mère *Dans ce cas, la mère emprunte en euros à taux fixe, swape immédiatement les fonds empruntés en USD à l'aide d'un CCS €/USD, TF/TF et re-prête à sa fille via un prêt intragroupe en USD à taux fixe. Est-il possible de désigner dans les comptes consolidés du groupe une relation de couverture entre le CCS externe signé par la mère et les flux d'intérêt USD intragroupe reçus par la mère établissant des comptes en euros ? Il n'y a pas de prêt externe en USD identifié au niveau de la filiale.*

Solution de l'exemple 4 *A notre avis, cet exemple étant en substance équivalent à l'exemple 2 et à l'exemple 3 ci-avant, le CCS peut être qualifié d'instrument de couverture dans les mêmes conditions et pour les mêmes raisons que celles exposées dans l'exemple 3.*

> *Sur les facteurs prouvant qu'il existe un lien direct entre l'emprunt et le prêt, voir n° 49760, point 2.*

■ *Exemple 5*

Couverture des risques de change et de taux d'intérêt d'une émission externe effectuée par la filiale d'un groupe et qui prête la trésorerie ainsi obtenue à une autre filiale du groupe ayant une monnaie fonctionnelle différente *Le groupe X a deux entités de financement, UK Financing dont la devise fonctionnelle est la livre sterling (GBP) et Euro Financing dont la devise fonctionnelle est l'euro (EUR). La filiale Euro Financing émet une obligation à taux fixe en EUR, elle prête immédiatement cette trésorerie en EUR à la filiale UK Financing aux mêmes conditions. Dans le même temps, la filiale Euro Financing conclut un contrat de swap de devises receveur EUR taux fixe et payeur GBP taux variable qu'elle retourne auprès de la filiale UK Financing.*

Solution de l'exemple 5 *Le groupe propose de décomposer le swap de devises EUR taux fixe/GBP taux variable en EUR taux fixe/EUR taux variable et EUR taux variable/GBP taux variable et de désigner les relations de couverture suivantes dans les états financiers consolidés du groupe :*
- le swap de taux EUR taux fixe/EUR taux variable est désigné dans une relation de couverture de juste valeur de l'obligation à taux fixe en EUR ;
- le swap de devises EUR taux variable/GBP taux variable est désigné comme une couverture de flux de trésorerie de la réévaluation au comptant du prêt intragroupe à taux fixe en EUR entre la filiale Euro Financing et la filiale UK Financing au niveau de la filiale UK Financing (puisque le prêt interne ne fait pas partie de l'investissement net dans la filiale UK Financing et qu'il aura donc un impact sur le compte de résultat consolidé).
Ces désignations sont autorisées car les risques couverts ont un impact sur le compte de résultat consolidé du groupe et que l'ensemble de l'instrument de couverture est désigné dans une relation de couverture.
Il convient de noter que la relation de couverture de flux de trésorerie n'entraîne pas de comptabilisation en autres éléments du résultat global (OCI) au niveau du groupe, mais qu'elle est nécessaire pour que l'ensemble de l'instrument de couverture soit désigné dans une relation de couverture (IFRS 9.6.2.4).

Swaps de devises (« cross currency swaps »/CCS) et prêt intragroupe

Question 49760

Un swap de devises (« cross currency swap »/CCS) peut-il être qualifié d'instrument de couverture d'un prêt intragroupe selon la norme IFRS 9 ?

Réponse

A notre avis oui, mais sous certaines conditions.

Par exemple, dans le cas d'un emprunt à taux fixe en euros émis par la mère et swapé en USD pour couvrir un prêt intragroupe à taux fixe en USD fait à une fille, si :
- la branche en euros du swap est strictement adossée à l'emprunt externe en euros (fait par la mère pour refinancer sa fille) ; et
- si la branche en USD du swap est également strictement adossée au prêt intragroupe en USD fait à la fille.

Commentaires :

1. **Contexte** Les entreprises industrielles et commerciales peuvent financer leurs filiales étrangères par des emprunts qui ne sont pas directement émis dans la devise de la filiale. C'est notamment le cas lorsque la mère cherche à emprunter aux meilleures conditions (en général sur son marché domestique) et effectue ensuite un swap de cet emprunt dans la devise de la fille. Elle met alors en place avec une contrepartie externe un cross currency swap (CCS), par exemple taux fixe contre taux fixe. Les deux contreparties s'échangent alors un montant déterminé de devises étrangères et s'engagent mutuellement à effectuer régulièrement des paiements correspondant aux intérêts ainsi qu'à se rendre le montant échangé à une échéance déterminée.

Pour les cross currency swap (ou swap de devises), voir nº 48755.

2. **Traitement comptable** Il n'est pas possible de déclarer couvrir une opération intragroupe (éliminée en consolidation) **sauf** lorsqu'il s'agit du **risque de change d'un élément monétaire** (dette ou créance en devises d'une filiale sur une autre) dont il résulte une exposition à des profits ou pertes de change qui ne sont pas intégralement éliminés lors de la consolidation, conformément à IAS 21 (IFRS 9.6.3.6).

49760 (suite) Ce même paragraphe précise également que le risque de change d'une transaction intragroupe prévue hautement probable peut être désigné comme élément couvert dans les états financiers consolidés, pour autant que la transaction soit libellée dans une monnaie autre que la monnaie fonctionnelle de l'entité partie à la transaction et que le risque de change ait une incidence sur le résultat net consolidé. Si le risque de change d'une transaction intragroupe prévue n'a aucune incidence sur le résultat net consolidé, la transaction en question ne peut être désignée comme élément couvert. Tel est généralement le cas des paiements de redevances, d'intérêts ou de frais de gestion entre membres d'un même groupe, à moins qu'il n'y ait une transaction externe correspondante (IFRS 9.B6.3.5).

■ *Exemple 1*

Soit le cas d'une société mère dont la monnaie fonctionnelle est l'euro, qui fait un emprunt externe à taux fixe en euros, swape immédiatement les sommes empruntées en USD (mise en place d'un « cross currency swap » externe euro/USD, taux fixe/taux fixe) et les re-prête à sa filiale US sous la forme d'un prêt intragroupe en USD à taux fixe.
La question ici est de savoir si, dans les comptes consolidés de la mère, une relation de couverture peut être désignée entre le cross currency swap externe signé par la mère (instrument de couverture) et les flux d'intérêt intragroupe reçus par la mère en USD (i.e. dans la devise de sa filiale).

Solution de l'exemple 1 *A notre avis, la réponse est oui à la condition que l'emprunt externe de la mère soit parfaitement adossé au prêt de la filiale, c'est-à-dire que :*
– l'une des branches du swap soit parfaitement adossée à l'emprunt externe (la branche en euros dans notre exemple ci-après) ; et que
– l'autre branche du swap (la branche en USD dans notre exemple) soit parfaitement adossée au prêt en devises octroyé à la filiale.
Dans ce cas, le swap de devises est déclaré – dans son intégralité – comme un ***instrument de couverture de flux de trésorerie (CFH)*** *du prêt en USD à la fille, couvrant à la fois le remboursement du nominal et le paiement des flux d'intérêt futurs du prêt intragroupe en devise. Il est évalué à la juste valeur par OCI, les plus ou moins-values latentes étant recyclées en résultat au fur et à mesure que le nominal et/ou les intérêts impactent le résultat du groupe (i.e. à chaque date d'arrêté pour le nominal, puisque l'élimination du prêt intragroupe fait apparaître un écart de change dans le résultat consolidé).*

Remarques :
1. Cette situation est identique en substance à la situation de l'Exemple 3 au n° 49750 ;
2. Les critères permettant de considérer que chacune des branches est parfaitement adossée sont à notre avis les suivants :
– l'emprunt de la mère a dès l'origine pour objectif de refinancer la fille ;
– le prêt et l'emprunt sont mis en place simultanément (ou avec un espace de temps très court entre les deux) ;
– les caractéristiques de l'emprunt et du prêt sont identiques (sauf en matière de « collateral » : exigences éventuellement plus importantes pour la mère).

■ *Exemple 2*

Une société mère française cherche à financer à long terme et à taux fixe une filiale américaine en USD. Pour cela, elle peut :
– soit emprunter directement des USD à taux fixe à une banque ;
– soit utiliser un financement en euros à taux fixe et swaper les euros pour créer synthétiquement des ressources en USD qu'elle prête ensuite à taux fixe à sa fille.

Solution de l'exemple 2 *Dans le premier cas, il n'y a pas de problème de traitement comptable (couverture naturelle, le prêt et l'emprunt n'étant réévalués que pour leur composante change au bilan), mais la société n'utilise pas le marché sur lequel elle dispose des meilleures conditions financières.*
Dans le second cas, la société utilise le marché sur lequel elle obtient les meilleures conditions financières (celui de l'euro) mais elle est alors confrontée à un problème de traitement comptable dans la mesure où elle devrait comptabiliser le « cross currency swap » (CCS) en trading parce qu'une transaction intragroupe ne peut pas être désignée comme élément couvert dans une couverture contre le risque de change selon la norme IFRS 9. Comme expliqué ci-avant, et sous condition d'adosser parfaitement le prêt intragroupe à l'emprunt en euros swapé en USD, le swap nous paraît éligible à une relation de couverture de flux de trésorerie selon IFRS 9.6.3.6.

SECTION V

Arrêt de la comptabilité de couverture

Circonstances de l'arrêt de la comptabilité de couverture

Question 49780

Une entité peut-elle volontairement arrêter une relation de couverture ?

Réponse

Non. L'arrêt d'une comptabilité de couverture ne peut se faire que de façon obligatoire et uniquement lorsque la relation de couverture ne satisfait plus aux critères d'éligibilité à la comptabilité de couverture.

Commentaires :

1. **Principe** La comptabilité de couverture s'arrête obligatoirement et de façon prospective dès lors que la relation de couverture ne respecte plus les critères d'éligibilité à la comptabilité de couverture (IFRS 9.B6.5.22).

Les règles d'arrêt de la comptabilité de couverture selon IFRS 9 sont différentes de celles selon IAS 39 (voir n° 50260 s.).

En conséquence, une entité ne doit pas annuler une désignation et, ainsi, mettre fin à une relation de couverture qui (IFRS 9.B6.5.23) :

a. satisfait toujours à l'objectif de gestion des risques sur la base duquel elle a été reconnue comme répondant aux critères d'éligibilité à la comptabilité de couverture (c'est-à-dire que l'entité cherche encore à atteindre cet objectif) ;

b. continue de satisfaire à tous les autres critères d'éligibilité à la comptabilité de couverture (après rééquilibrage, s'il y a lieu).

2. **Exemples d'arrêt obligatoire de la comptabilité de couverture** En application des principes énoncés ci-avant, une entité doit arrêter d'appliquer la comptabilité de couverture dans les cas suivants (IFRS 9.B6.5.26) :

- la relation de couverture ne répond plus à l'objectif de gestion des risques. Ainsi, si l'objectif de gestion des risques change, la comptabilité de couverture doit être obligatoirement arrêtée (IFRS 9.B6.5.15) ;

  Remarque Il est important de faire la différence entre l'objectif de gestion des risques et la stratégie de gestion de risques. Notamment, une entité peut changer l'objectif de gestion de risques d'une relation de couverture alors que la stratégie de gestion de risque reste la même, voir n° 49790.

- l'instrument de couverture n'existe plus car il est arrivé à maturité, est vendu, résilié ou exercé ;

  Cependant, la comptabilité de couverture peut être maintenue dans certains cas malgré le remplacement ou le renouvellement de l'instrument de couverture, voir n° 49810.

- l'élément couvert est vendu, éteint ou n'est plus attendu ;
- la relation de couverture ne remplit plus les critères d'efficacité.

  Pour plus de détails sur les critères d'efficacité, voir n° 49420.

Changement d'objectif et changement de stratégie de gestion des risques

Question 49790

L'objectif de gestion des risques peut-il changer alors que la stratégie de gestion des risques reste la même ?

Réponse

Oui, car une stratégie de gestion des risques en général fait appel à de nombreuses relations de couverture, chacune présentant un objectif de gestion des risques différent.

Commentaires :

1. **Contexte** Dès lors qu'une entité a désigné une relation de couverture, la comptabilité de couverture appliquée pour cette relation ne peut être arrêtée que si cette relation ne répond plus aux critères d'éligibilité à la comptabilité de couverture.

Pour plus de détails sur les circonstances d'arrêt de la comptabilité de couverture, voir n° 49780.

Notamment, si l'objectif de gestion des risques auquel répond une relation de couverture change, la comptabilité de couverture doit être arrêtée (IFRS 9.B6.5.15). La question se pose alors de savoir si un changement d'objectif de gestion des risques fait forcément suite à un changement de stratégie de gestion des risques.

2. **Analyse** Selon les définitions respectives des notions de stratégie et d'objectif de gestion des risques, une stratégie peut se décliner en plusieurs objectifs de gestion des risques. En effet, la stratégie de gestion des risques est établie au niveau le plus élevé auquel l'entité détermine comment elle gère ses risques alors que l'objectif de gestion des risques se définit directement au niveau de chaque relation couverture.

Pour plus de détails sur la différence entre stratégie et objectif de gestion de risques, voir nº 49380.

Ainsi, il peut y avoir changement d'objectif de gestion des risques et, par conséquent, arrêt obligatoire de la comptabilité de couverture, alors même que la stratégie de gestion des risques n'a pas évolué.

■ *Exemple*

La stratégie de gestion des risques d'une entité est de couvrir entre 40 % et 80 % du risque de change de ses ventes en devises hautement probables. Le niveau de couverture dépend des conditions de marché mais l'objectif de gestion des risques est actuellement de couvrir 70 % de ce risque. En raison de variations dans les conditions du marché, l'entité décide de modifier ses objectifs de gestion des risques et de les diminuer à une couverture du risque de change sur les ventes en devises de 50 %. Les instruments de couverture utilisés sont des contrats à terme en devises.

Solution de l'exemple *En application du nouvel objectif de gestion des risques, l'entité va réduire sa comptabilité de couverture de 20 % même si la stratégie de gestion des risques n'a pas changé. Du fait de l'arrêt de la comptabilité de couverture, les variations de juste valeur enregistrées en autres éléments du résultat global (OCI) resteront comptabilisées jusqu'à ce que les ventes concernées impactent le résultat.*

Arrêt partiel de la comptabilité de couverture

49800 ***Question***

Une entité peut-elle mettre fin à une relation de couverture de façon partielle ?

Réponse

Oui, la comptabilité de couverture peut être arrêtée pour seulement une partie de la relation de couverture et maintenue pour la partie restante.

Commentaires :

1. **Principe** La comptabilité de couverture doit obligatoirement être arrêtée de façon prospective dès lors que la relation de couverture à laquelle elle s'applique ne répond plus aux critères d'éligibilité à la comptabilité de couverture.

Pour plus de détails sur les circonstances d'arrêt de la comptabilité de couverture, voir nº 49780.

Dans certains cas, seule une partie de la relation de couverture ne répond plus aux critères d'éligibilité à la comptabilité de couverture. Dans ce cas, la comptabilité de couverture doit être arrêtée uniquement pour cette partie. La comptabilité de couverture est alors maintenue pour la partie résiduelle qui continue de satisfaire aux critères d'éligibilité (IFRS 9.B5.5.27).

2. **Exemples d'arrêt partiel de la comptabilité de couverture** Une entité peut arrêter la comptabilité de couverture de façon partielle dans les cas suivants :

– lorsque, dans une relation de couverture, une partie du volume de l'élément couvert est revu à la baisse dans le cadre d'un réajustement du ratio de couverture (rééquilibrage de la relation de couverture). L'arrêt de la comptabilité de couverture ne concernera alors que le volume exclu de la relation de couverture ;

Pour plus de détails sur le rééquilibrage d'une relation de couverture, voir nº 49460.

– lorsque, dans une relation de couverture, l'élément couvert est constitué de transactions futures et qu'une partie du volume de ces transactions cesse d'être hautement probable. L'arrêt de la comptabilité de couverture ne portera alors que sur le volume de l'élément couvert dont la réalisation n'est plus hautement probable.

Cependant, dans le cadre d'une couverture de transactions futures, si l'entité revoit fréquemment ses prévisions sur ces transactions, cela pourrait remettre en cause leur caractère hautement probable et par conséquent leur éligibilité en tant qu'éléments couverts.

Pour plus de détails sur la couverture de transactions futures, voir nº 49610.

Impact comptable de la restructuration d'un instrument de couverture

49810

Question

Comment comptabiliser une relation de couverture suite à la restructuration d'un instrument de couverture ?

Réponse

La restructuration d'un instrument de couverture se traduit par l'arrêt de la relation de couverture lorsqu'elle ne s'inscrit pas dans le cadre de l'objectif de gestion des risques consigné par l'entité ou lorsqu'elle ne répond pas aux critères restrictifs suivants définis par IFRS 9 :
- le remplacement de l'instrument de couverture est la conséquence de l'application de textes légaux ou réglementaires ou de l'entrée en vigueur de tels textes ;
- les contreparties de l'instrument de couverture conviennent du remplacement de leur contrepartie d'origine par une ou plusieurs contreparties de compensation, celles-ci devenant la nouvelle contrepartie de chacune des parties ; et
- les autres modifications éventuelles apportées à l'instrument de couverture se limitent à celles qui sont nécessaires pour effectuer le remplacement de la contrepartie.

Toutefois, dans ce cas et à notre avis, l'arrêt de la relation de couverture dépend de l'étendue de la restructuration de l'instrument de couverture et du contenu de la documentation de couverture existante sur les modifications possibles de l'instrument de couverture.

Commentaires :

1. **Principe général** Une entité doit cesser d'appliquer la comptabilité de couverture lorsque la relation de couverture cesse de satisfaire aux critères d'éligibilité. Cela comprend les situations où l'instrument de couverture expire, est vendu, est résilié ou exercé (IFRS 9.6.5.6). La restructuration d'un instrument de couverture devrait ainsi entraîner un arrêt de la relation de couverture lorsque cette restructuration est substantielle.

Pour plus de détails sur les circonstances d'arrêt de la comptabilité de couverture, voir n° 49780.
Pour la comptabilisation d'un arrêt de la relation de couverture, voir n° 49820.

Lorsque la comptabilité de couverture existante est arrêtée, l'entité peut désigner une nouvelle relation de couverture qui inclut le nouvel instrument de couverture et l'ancien élément couvert. Dès lors, il ne s'agit pas de la continuation d'une relation de couverture mais plutôt d'une nouvelle relation de couverture (IFRS 9.B6.5.28).

2. **Exception à l'arrêt de la comptabilité de couverture dans le cas du renouvellement ou du remplacement de l'instrument de couverture** Selon la norme, le remplacement d'un instrument de couverture ou son renouvellement sous la forme d'un autre instrument de couverture n'est pas considéré comme constituant une expiration ou une résiliation si ce remplacement ou ce renouvellement s'inscrit dans le cadre de l'objectif de gestion des risques consigné par l'entité.

Ainsi, dans ce cas, l'arrêt de la relation de couverture dépend de l'étendue de la restructuration de l'instrument de couverture et du contenu de la documentation de couverture existante sur les modifications possibles de l'instrument de couverture.

3. **Cas particulier de la novation de l'instrument de couverture** Par ailleurs, le changement de contrepartie d'un instrument de couverture ne conduit pas à l'arrêt de la relation de couverture lorsque les conditions cumulatives suivantes sont réunies (IFRS 9.6.5.6) :
- le remplacement de l'instrument de couverture est la conséquence de l'application de textes légaux ou réglementaires ou de l'entrée en vigueur de tels textes ;
- les contreparties de l'instrument de couverture conviennent du remplacement de leur contrepartie d'origine par une ou plusieurs contreparties de compensation, celles-ci devenant la nouvelle contrepartie de chacune des parties ;

  Une contrepartie de compensation est soit une chambre de compensation, soit une contrepartie qui agit comme contrepartie à la chambre de compensation.

- les autres éventuelles modifications apportées à l'instrument de couverture se limitent à celles nécessaires pour effectuer le remplacement de la contrepartie.

■ *Exemple*

Une entité a mis en place une comptabilité de couverture de flux de trésorerie pour couvrir son risque de taux sur un emprunt à taux variable en utilisant un swap de taux d'intérêt. En raison de modifications dans ses prévisions de liquidité, cette entité modifie ses objectifs de gestion des risques et décide de restructurer le swap. A la date de la restructuration, les justes valeurs du swap existant et du swap restructuré sont identiques.

Les principales caractéristiques du swap avant et après restructuration sont les suivantes :

Caractéristiques	*Avant restructuration*	*Après restructuration*
Principal	*1 000*	*1 000*
Echéance	*N*	*N+4*
Intérêt payé	*5 %*	*3 %*
Intérêt reçu	*Euribor 3 mois*	*Euribor 3 mois*

La modification dans les objectifs de gestion des risques et la restructuration du swap qui en découle implique dans ce cas l'arrêt de la relation de couverture existante et la désignation d'une nouvelle relation de couverture.

Concernant la couverture initiale, les montants accumulés en capitaux propres seront recyclés en résultat lorsque l'élément couvert impactera le résultat.

Concernant la nouvelle relation de couverture, les modifications de juste valeur du nouveau swap seront comptabilisées en OCI et recyclées en résultat lorsque l'élément couvert impactera le résultat. Toute inefficacité constatée est comptabilisée en résultat.

Comptabilisation d'un arrêt de couverture : vue d'ensemble

49820 ***Question***

Comment traduire comptablement un arrêt de couverture (vue d'ensemble) ?

Réponse

Le traitement comptable varie selon le type de couverture et les circonstances de l'arrêt de la couverture.

1. **Dans le cas d'une couverture de juste valeur (FVH) :**

– l'instrument de couverture (dérivé, en général) reste comptabilisé au bilan à la juste valeur par résultat, sauf s'il n'existe plus, auquel cas il est décomptabilisé ;

– après ajustement de son montant, l'élément couvert continue d'être enregistré au bilan de la manière dont il était comptabilisé avant l'opération de couverture, sauf dans le cas où il n'existe plus, auquel cas il est décomptabilisé. L'ajustement préalable (réévaluation de la composante risque couverte) donne lieu à amortissement si l'élément couvert est comptabilisé au coût amorti (couverture d'un élément enregistré au coût amorti). S'il s'agit d'une commande d'achat ou de vente, cet ajustement reste comptabilisé au bilan jusqu'à ce que la vente ou l'achat se réalise auquel cas il sera reclassé en résultat.

2. **Dans le cas d'une couverture de flux de trésorerie (CFH) :**

– l'instrument de couverture (dérivé, en général) est désormais comptabilisé au bilan à la juste valeur par résultat sauf s'il n'existe plus, auquel cas il est décomptabilisé ;

– les montants accumulés en capitaux propres au titre de la part efficace de la couverture demeurent en capitaux propres jusqu'à ce que l'élément couvert affecte le résultat ou donne lieu à un « basis adjustment », sauf dans le cas où l'entreprise s'attend à ce que la transaction couverte ne se réalise pas, auquel cas ces montants sont immédiatement reclassés en résultat.

Commentaires Le traitement comptable d'un arrêt de couverture varie selon le type de couverture et selon les circonstances dans lesquelles l'arrêt de l'opération de couverture se produit : disparition de l'instrument de couverture, disparition de l'élément couvert, inefficacité de la couverture, changement de l'objectif de gestion de risques, etc.

Pour les circonstances dans lesquelles un arrêt de couverture peut se produire, voir n° 49780.

1. **Couverture de juste valeur (FVH)** Le tableau ci-après récapitule les traitements comptables à appliquer à l'instrument de couverture et à l'élément couvert en fonction des circonstances de l'arrêt de la couverture (IFRS 9.6.5.10).

Rappel Dans une opération de couverture de juste valeur, l'instrument de couverture est comptabilisé à sa juste valeur par résultat et l'élément couvert est ajusté des variations de juste valeur liées au risque couvert avec comptabilisation de la perte ou du gain dégagé(e) en résultat (voir n° 49330). **49820** (suite)

Circonstances de l'arrêt de la couverture	Instrument de couverture		Elément couvert	
	Poursuite de la comptabilisation à la juste valeur par résultat (1)	Décomptabilisation du bilan	Ajustement de la base comptable et retour au mode de comptabilisation initiale (2)	Décomptabilisation du bilan (3)
L'instrument de couverture n'existe plus (il est arrivé à échéance, vendu, résilié, ou exercé)	–	X	X	–
L'élément couvert est cédé, racheté, remboursé ou arrivé à échéance	X	–	–	X
La couverture ne remplit plus les autres critères d'éligibilité (objectif de gestion des risques, efficacité)	X	–	X	–

(1) L'instrument de couverture continue à être évalué à la juste valeur par résultat sauf s'il est re-désigné comme élément de couverture dans une nouvelle opération de couverture.
(2) L'élément couvert cesse d'être ajusté de la variation de juste valeur liée au risque couvert et recommence à être comptabilisé de la manière dont il était comptabilisé avant la mise en place de l'opération de couverture. L'ajustement préalable (réévaluation de la composante risque couverte) donne lieu à amortissement si l'élément couvert est comptabilisé au coût amorti (couverture d'un élément enregistré au coût amorti). S'il s'agit d'une commande d'achat ou de vente, cet ajustement reste comptabilisé au bilan jusqu'à ce que la vente ou l'achat se réalise auquel cas il sera reclassé en résultat.
(3) La décomptabilisation de l'élément couvert donne éventuellement lieu à l'enregistrement d'un résultat de cession au compte de résultat.

2. Couverture de flux de trésorerie (CFH) Le tableau ci-après récapitule les traitements comptables à appliquer à l'instrument de couverture et aux montants accumulés en OCI au titre des gains et pertes liés à l'instrument de couverture, en fonction des circonstances de l'arrêt de la couverture (IFRS 9.6.5.12).

Rappel Dans une opération de couverture de flux de trésorerie, l'élément couvert (une transaction future ou un actif/passif financier à taux variable) ne fait l'objet d'aucune écriture comptable spécifique. L'instrument de couverture (un dérivé, en général) est réévalué à sa juste valeur au bilan, en contrepartie des OCI pour la part efficace de la couverture et du compte de résultat pour la part inefficace (voir n° 49340, point 2b.). En conséquence, il n'y a pas de traitement particulier à apporter à l'élément couvert.

Circonstances de l'arrêt de la couverture	Instrument de couverture		Montants accumulés en capitaux propres	
	Poursuite de la comptabilisation à la juste valeur par résultat (1)	Décomptabilisation du bilan	Reclassement en résultat	Maintien en capitaux propres (2)
L'instrument de couverture n'existe plus (il est vendu, résilié, éteint, exercé ou arrivé à échéance)	–	X	–	X

Circonstances de l'arrêt de la couverture	Instrument de couverture		Montants accumulés en capitaux propres	
	Poursuite de la comptabilisation à la juste valeur par résultat (1)	Décomptabilisation du bilan	Reclassement en résultat	Maintien en capitaux propres (2)
La couverture ne remplit plus les critères d'efficacité	X			X
L'entité change l'objectif de gestion des risques	X	–	–	X
La transaction future prévue n'est plus hautement probable mais l'entité s'attend quand même à ce qu'elle se réalise	X	–	–	X
L'entité ne s'attend plus à ce que la transaction future prévue se réalise	X	–	X	–
Les variations de flux de trésorerie cessent (par exemple, la transaction future prévue devient un engagement ferme à prix fixe)	X	–	–	X

(1) L'instrument de couverture continue à être évalué à la juste valeur par résultat sauf s'il est re-désigné comme élément de couverture dans une nouvelle opération de couverture.
(2) Les gains et pertes cumulés sur l'instrument de couverture et enregistrés en capitaux propres pendant la période de l'efficacité de la couverture demeurent en capitaux propres et ne sont reclassés en résultat que lorsque le résultat est affecté par l'élément couvert.

Toutefois, si l'opération de couverture se dénoue par l'acquisition d'un actif non financier (stock ou immobilisation ou la prise en charge d'un passif non financier), l'entreprise doit appliquer la méthode dite du « basis adjustment » (ce traitement est obligatoire sous IFRS 9 et non plus optionnel comme c'était le cas sous IAS 39) : ainsi, les montants accumulés en capitaux propres sont intégrés au coût d'entrée de l'actif ou du passif concerné (voir nº 49340, point 4b.).

Traitement des opérations de couverture lors d'un regroupement d'entreprises

49830 ***Question***

Peut-on conserver, lors d'un regroupement d'entreprises, la qualification de couverture pour des opérations mises en place par l'acquise ?

Réponse

Non. Selon les dispositions de la norme IFRS 3, l'acquéreur doit arrêter sur le plan comptable la qualification de couverture des opérations antérieurement mises en place par l'acquise. Il peut toutefois procéder à une réinitialisation de ces couvertures, en désignant de nouvelles relations de couverture, de manière prospective à partir de la date du regroupement, sous réserve de démontrer le respect des critères d'efficacité.

Concernant les couvertures de juste valeur (FVH), ces nouvelles relations de couverture ne devraient pas créer d'inefficacité parce que les flux de l'élément couvert, relatifs à la composante risque couverte, n'ont pas été modifiés lors du regroupement (la réévaluation des autres composantes de l'élément couvert n'ayant pas d'impact sur les tests d'efficacité). **49830** (suite)

En revanche, concernant les couvertures de flux de trésorerie (CFH), l'impossibilité de reconnaître la relation de couverture préexistante au regroupement d'entreprises entraîne l'intégration définitive dans l'actif net de l'acquise des pertes/gains accumulés dans les réserves recyclables de l'acquise. Même si la transaction future couverte est toujours hautement probable à la date du regroupement, la relation de couverture ne pourra être réinitialisée qu'à partir de la date d'acquisition, perdant ainsi toute l'antériorité acquise.

En outre, le dérivé de couverture préexistant possédant une juste valeur non nulle à la date du regroupement (existence d'une soulte) risque de créer de l'inefficacité par rapport à l'utilisation d'un dérivé hypothétique, dont la juste valeur est par définition nulle lors de la désignation de la nouvelle couverture.

Sur la notion de dérivé hypothétique, voir n° 49470.

Commentaires :

1. **Principe général** Selon IFRS 3.15, l'acquéreur doit classer ou désigner les actifs acquis et les passifs assumés identifiables, sur la base des conditions contractuelles, économiques, de ses politiques comptables et opérationnelles et toute autre condition pertinente telles qu'elles existent à la date d'acquisition.

La nécessité pour l'acquéreur de reclasser, réexaminer ou requalifier les actifs acquis et passifs assumés identifiables sur la base des conditions existantes à la date d'acquisition peut notamment avoir pour conséquence la désignation d'un instrument dérivé comme instrument de couverture conformément à IFRS 9 (IFRS 3.16b).

Pour le principe général de reclassement, réexamen et requalification des actifs et passifs identifiables lors d'une acquisition selon IFRS 3, voir n° 22005.

2. **Application aux opérations de couverture** L'acquéreur a donc l'**obligation d'arrêter** (sur le plan comptable) les opérations de couverture antérieurement mises en place par l'acquise. Il peut toutefois **re-désigner** de nouvelles relations de couverture – de manière prospective – à compter de ou après la date d'acquisition. Dans ce cas, la documentation de la couverture est réalisée à cette date, en prenant en compte l'activité combinée.

3. **Conséquences comptables de l'arrêt des couvertures lors du regroupement** Les conséquences varient selon le type de couverture mis en place par l'acquise :

a. **Couverture de variation de prix (FVH)** L'élément couvert a pu n'être réévalué que partiellement dans les comptes de l'acquise, si la couverture ne portait que sur l'une de ses composantes risque (par exemple, le risque de taux d'intérêt) et non pas sur l'intégralité de son prix. Lors du regroupement, cet élément doit être réévalué dans sa totalité à la juste valeur, faisant apparaître un écart chaque fois que la couverture ne portait pas sur l'intégralité de son prix. L'instrument de couverture (dérivé en général) étant déjà intégralement évalué à la juste valeur par résultat dans les comptes de l'acquise ne fait apparaître aucun écart lors du regroupement.

Voir Exemple 1 ci-après.

b. **Couverture de flux futurs de trésorerie (CFH)** Dans ce cas, le montant des pertes ou gains constatés sur l'instrument de couverture et enregistré en autres éléments du résultat global (OCI) de l'acquise, disparaît lors du regroupement (ces montants font partie intégrante de l'actif net de l'acquise) et ne peut être reconstitué dans les capitaux propres du groupe repreneur. L'instrument de couverture (dérivé en général) est quant à lui repris dans les comptes du groupe pour sa juste valeur à la date du regroupement.

Voir Exemple 2 ci-après.

c. **Couverture d'un investissement net en devises (NIH)** Les couvertures d'investissements nets en devises étant assimilées à des couvertures de flux futurs de trésorerie (IFRS 9.6.5.13), leur traitement est identique au point b. ci-avant (disparition des pertes ou gains de couverture accumulés dans les réserves recyclables de l'acquise). Il en est de même des écarts de conversion enregistrés dans les capitaux propres de la mère faisant l'objet d'une acquisition.

4. **Réinitialisation des couvertures après le regroupement** Il est possible, dans certains cas, de réinitialiser après le regroupement, dans les comptes du groupe, l'opération de couverture initialement mise en place par l'acquise. Dans ce cas, le même instrument (dérivé en général)

49830 (suite) est qualifié de couverture de l'élément initialement déclaré couvert par l'acquise et acquis lors du regroupement. Toutefois, la requalification de l'opération en opération de couverture dans les comptes du groupe peut ne pas être possible si l'efficacité ne peut être démontrée :
- du fait de l'impact de la soulte constatée sur le produit dérivé ; et/ou
- du fait de l'impact de la prime ou décote constatée sur l'élément couvert ; ou encore
- parce que, par exemple, la monnaie fonctionnelle de l'acquise serait différente de celle du groupe acquéreur et ne permettrait pas éventuellement de conserver la relation de couverture.

Ainsi :

a. Pour les relations de **couverture en juste valeur** (FVH), l'impossibilité de reconnaître au plan comptable de manière rétrospective les relations de couverture préexistantes chez l'acquise n'empêche pas l'application de la comptabilité de couverture en juste valeur à compter de la date d'acquisition, chez l'acquéreur. Il suffit que ce dernier documente de nouvelles relations de couverture et ce, de façon prospective à compter de cette date. Dans ce cas, ces nouvelles relations de couverture ne devraient pas créer d'inefficacité parce que les flux de l'élément couvert – relatifs à la composante risque couverte – n'ont pas été modifiés. La juste valeur initiale de la composante couverte sera en général compensée par la juste valeur initiale de l'instrument de couverture (par exemple, un swap).

b. Pour les relations de **couverture de flux de trésorerie** (CFH), l'impossibilité de reconnaître la relation de couverture préexistante au regroupement d'entreprises a eu pour conséquence d'éliminer les réserves de couverture de flux de trésorerie de l'acquise accumulées avant le regroupement. Par ailleurs, la mise en place d'une nouvelle relation de couverture – à compter de la date d'acquisition – risque d'entraîner une inefficacité de la couverture. En effet, le dérivé de couverture préexistant possède une juste valeur non nulle à la date du regroupement alors que l'efficacité d'une relation de couverture de flux de trésorerie s'apprécie généralement par comparaison entre les changements de juste valeur du dérivé réel de couverture et les changements de juste valeur d'un **dérivé hypothétique** dont la juste valeur est nulle à la date de commencement de la relation de couverture. Ces deux dérivés n'étant pas identiques à la date d'acquisition, une inefficacité en résultera.

Sur la notion de dérivé hypothétique, voir n° 49470.

■ *Exemple 1*

Couverture d'un prêt à taux fixe par un swap prêteur-taux variable/emprunteur-taux fixe *S'agissant d'une couverture en juste valeur (FVH), la composante taux d'intérêt du prêt est réévaluée dans les comptes de l'acquise. Parallèlement, le swap est évalué à la juste valeur par résultat. Les variations de valeur de la composante taux d'intérêt du prêt et les variations de valeur du swap se compensent dans le compte de résultat de l'acquise (à l'inefficacité près).*

Lors du regroupement, le prêt et le swap sont réévalués à leur juste valeur en tant qu'éléments identifiables de l'actif net de l'acquise. Un écart apparaît sur le prêt dû aux autres composantes (risque de crédit, coûts de gestion et de recouvrement, marge) qui n'avaient pas préalablement fait l'objet d'une réévaluation puisque non couvertes. Cet écart se traduit par une prime ou une décote venant modifier la valeur nette comptable du prêt telle qu'apparaissant dans les comptes individuels de l'acquise.

Après le regroupement, la relation de couverture peut être réinitialisée entre les deux mêmes éléments dans les comptes du groupe (sous réserve que les critères d'efficacité soient respectés). Il convient de noter que seul l'écart de réévaluation correspondant à la composante non couverte doit faire l'objet d'un étalement selon la méthode du TIE, l'écart correspondant à la composante couverte s'amortira de lui-même via les écritures de revalorisation de la composante couverte.

■ *Exemple 2*

Couverture de ventes futures en devise D par une vente à terme de devise D *L'opération est qualifiée d'opération de couverture de flux futurs de trésorerie (CFH) dans les états financiers de l'acquise. Les pertes/gains constatés sur le dérivé de couverture (la vente à terme de devise) sont enregistrés en autres éléments du résultat global (OCI) de l'acquise et ainsi accumulés dans ses réserves en capitaux propres.*

Lors du regroupement et bien que les ventes futures en devises de l'acquise soient toujours estimées hautement probables, l'opération de couverture est considérée comme interrompue et les pertes/gains de couverture définitivement intégrés à l'actif net de l'acquise.

Une fois le regroupement effectué, l'opération de couverture peut être réinitialisée, mais seulement à partir de la date d'acquisition, ce qui fait que les ventes en devise de l'acquise ne seront effectivement couvertes dans les comptes du groupe que sur la période postérieure à la date du regroupement. Les gains/pertes de couverture antérieurs à cette date ne pourront pas venir affecter les résultats ultérieurs du groupe.

SECTION VI

Dispositions transitoires

Remarque Les dispositions transitoires de la comptabilité de couverture selon IFRS 9 s'appliquent à une entité qui décide de ne pas continuer à appliquer celles d'IAS 39 ou jusqu'à la date d'application obligatoire de la norme IFRS 9 en matière de comptabilité de couverture, à la suite de la publication future des dispositions relatives à la comptabilisation des macro-couvertures (« Dynamic Risk Management », voir n° 49055).

Modalités de transition pour la comptabilité de couverture selon IFRS 9

49850

Question

Quelles sont les modalités de transition spécifiques à la comptabilité de couverture selon IFRS 9 ?

Réponse

Au 1er janvier 2018, date d'entrée en vigueur d'IFRS 9, les entreprises pouvaient faire le choix irrévocable d'appliquer les dispositions d'IFRS 9 en matière de comptabilité de couverture (dans leur ensemble) ou de continuer d'appliquer celles d'IAS 39.

En cas d'application des dispositions d'IFRS 9 en matière de comptabilité de couverture, le principe général est une application prospective, sans retraitement des comparatifs. Toutefois, IFRS 9 prévoit des exceptions à ce principe et requiert une application rétrospective de la norme pour les sujets suivants :
- la comptabilisation de la valeur temps des options lorsque seules leurs valeurs intrinsèques ont été désignées comme instruments de couverture ;
- les modalités de comptabilisation des relations de couverture dont la restructuration des instruments de couverture a été imposée par des textes légaux ou réglementaires.

Enfin, l'application rétrospective des modalités suivantes est autorisée (mais non requise) :
- la comptabilisation du report/déport d'un contrat à terme de gré à gré si seul le changement de l'élément prix au comptant a été désigné comme instrument de couverture ;
- la comptabilisation des « foreign currency basis spreads ».

Commentaires :

1. Adoption facultative des nouvelles dispositions d'IFRS 9 en matière de comptabilité de couverture La norme IFRS 9 est applicable obligatoirement pour les exercices ouverts depuis le 1er janvier 2018 (IFRS 9.7.1.1). Toutefois, lors de cette première application, les entreprises pouvaient faire le choix de continuer d'appliquer les dispositions d'IAS 39 en matière de comptabilité de couverture ou d'appliquer celles du dispositif d'IFRS 9 dans leur ensemble (IFRS 9.7.2.21).

Dans le cas où elle continue d'appliquer les dispositions d'IAS 39, l'entreprise doit continuer à appliquer les dispositions d'IFRIC 16, Couverture d'un investissement net dans une activité à l'étranger sans tenir compte des amendements apportés par IFRS 9 (IFRS 9.7.2.21).

2. Principe général d'une application prospective Si les nouvelles dispositions d'IFRS 9 en matière de comptabilité de couverture sont adoptées, le principe général est une première application prospective (IFRS 9.7.2.22).

La méthode prospective consiste à appliquer la nouvelle méthode comptable aux transactions et situations intervenant à compter de la date du changement de méthode (IAS 8.5), c'est-à-dire tant aux éléments préexistant à la date du changement qu'à ceux survenant postérieurement à celle-ci (voir n° 12681).

Pour les exceptions d'IFRS 9 à ce principe d'application prospective des dispositions relatives à la comptabilité de couverture, voir point 3. ci-après.

Afin d'appliquer la comptabilité de couverture à compter de la date d'application d'IFRS 9 (c'est-à-dire la date à laquelle l'entité applique pour la première fois les dispositions de la norme), il est impératif que tous les critères d'applicabilité soient remplis à cette date (IFRS 9.7.2.2 et .7.2.23).

Pour les critères d'applicabilité de la comptabilité de couverture sous IFRS 9, voir n° 49560.

49850 (suite) a. Les relations de couverture reconnues sous IAS 39, et qui continuent à l'être sous IFRS 9 (après rééquilibrage, le cas échéant) sont considérées comme des relations de couverture maintenues (IFRS 9.7.2.24). Tout gain ou perte résultant d'un éventuel rééquilibrage est comptabilisé dans le résultat de la période (IFRS 9.7.2.25).

Sur le rééquilibrage d'une relation de couverture, voir nº 49460.

b. Les relations de couverture reconnues sous IAS 39, mais qui ne le sont plus sous IFRS 9, sont arrêtées à compter de la date de première application d'IFRS 9.

Sur l'arrêt d'une relation de couverture sous IFRS 9, voir nº 49780 s.

Dans les deux cas (a. et b.), l'application prospective ne nécessite pas un retraitement des exercices comparatifs.

■ *Exemple*

Comptabilisation du « basis adjustment » lors de la première application d'IFRS 9 *Selon IAS 39, un groupe a appliqué la comptabilité de couverture de flux de trésorerie d'une transaction future hautement probable qui a résulté en la comptabilisation d'un actif non financier. Comme permis par IAS 39, le groupe n'a pas fait le choix du « basis adjustment ». Ainsi, au lieu d'ajuster le coût initial de l'actif non financier du montant accumulé en autres éléments du résultat global (OCI), le groupe a choisi de conserver ce montant et de ne le recycler que quand les flux de trésorerie couverts affecteront le résultat.*

Lors de la première application d'IFRS 9, que doit faire le groupe du montant accumulé en réserves au titre de la couverture de flux de trésorerie ?

Solution de l'exemple *Contrairement à IAS 39, IFRS 9 impose l'application du « basis adjustment », c'est-à-dire l'ajustement de la valeur initiale des actifs ou des passifs non financiers (voir nº 49340). Lors de la première application d'IFRS 9, le groupe doit appliquer le « basis adjustment » à l'ensemble des relations de couverture qui existent à la date de transition. Ainsi, à la date de transition, le montant accumulé en autres éléments du résultat global (OCI) doit être reclassé dans la valeur initiale de l'actif non financier correspondant. Si le groupe établit des comptes annuels au 31 décembre, ce reclassement a lieu au 1er janvier de l'année de première application. Le bilan comparatif au 31 décembre de l'année précédente n'est pas retraité. Le reclassement n'est pas un ajustement de reclassement (recyclage) au sens d'IAS 1.93 et n'impacte pas l'état du résultat global de la période.*

---

3. Exceptions à la première application prospective de la comptabilité de couverture sous IFRS 9 La norme prévoit deux exceptions obligatoires et deux exceptions optionnelles à son principe général de première application prospective des dispositions relatives à la comptabilité de couverture.

Rappel La méthode rétrospective consiste à appliquer la nouvelle méthode comptable aux transactions, autres événements et situations, comme si cette méthode avait toujours été appliquée, sauf s'il est impossible, en pratique, de déterminer les effets du changement spécifiquement liés à la période ou de manière cumulée (IAS 8.5 et .23). L'ensemble des exercices publiés (dernier exercice et information comparative au titre des exercices précédents) doivent obligatoirement être ajustés (IAS 8.22), voir nº 12681.

a. Exceptions obligatoires Une application rétrospective est requise (obligatoire) pour :

– la comptabilisation de la valeur temps d'une option dans le cas où, sous IAS 39, seule la variation de la valeur intrinsèque de l'option avait été désignée comme instrument de couverture. Cette application rétrospective s'applique uniquement aux relations de couverture qui existaient au début de la première période comparative ou qui ont été désignées par la suite (IFRS 9.7.2.26a) ;

Sur la comptabilisation de la valeur temps d'une option dont seule la valeur intrinsèque a été désignée comme instrument de couverture, voir nº 49640 et 49690.

– le traitement des relations de couverture dont les instruments de couverture ont été remplacés en conséquence de l'application ou de l'entrée en vigueur de textes légaux ou réglementaires (IFRS 9.7.2.26c).

Sur les conditions de maintien d'une relation de couverture suite à la restructuration de l'instrument de couverture, voir nº 49810.

b. Exceptions facultatives Une application rétrospective est permise (optionnelle) pour (IFRS 9.7.2.26b) :

– le traitement comptable du report/déport des contrats à terme de gré à gré dans le cas où, sous IAS 39, seule la variation de l'élément prix au comptant a été désignée comme instrument de couverture. Cette application rétrospective s'applique uniquement aux relations de couverture qui existaient au début de la première période comparative ou qui ont été désignées par la suite ;

Sur la comptabilisation du report/déport lorsque seule la composante comptant de l'instrument de couverture a été désignée, voir nº 49690.
Si l'entreprise choisit ce traitement comptable rétrospectif, elle devra l'appliquer à l'ensemble des relations de couverture concernées s'agissant d'un choix de méthode comptable.

- le traitement comptable des « foreign currency basis spreads » pour les relations de couverture qui existaient au début de la première période comparative ou qui ont été désignées par la suite. A notre avis, en l'absence de précision de la norme (contrairement au cas précédemment décrit sur l'élément report/déport), l'application rétrospective de ce traitement ne relève pas d'un choix de méthode comptable. En conséquence, l'entité choisira d'appliquer rétrospectivement le traitement du « foreign currency basis spread » au cas par cas, selon la relation de couverture concernée.

Sur la comptabilisation du « foreign currency basis spread », voir nº 49640.

Modalités de transition liées à l'exclusion de la composante « currency basis » sous IFRS 9

Question 49860

Dans le cadre d'une couverture de flux de trésorerie, quelles sont les approches qu'il est possible de retenir, lors de la transition à IFRS 9, lorsque la composante « currency basis » du swap de devises (cross-currency swap) avait été incluse sous IAS 39 dans l'évaluation du dérivé hypothétique qui mirrore l'élément couvert ?

Réponse

A notre avis, une entreprise peut opter pour l'une des approches suivantes :
- approche 1 : exclusion rétrospective de la composante « currency basis » de l'instrument de couverture désigné dans la relation et du dérivé hypothétique mirrorant l'élément couvert ;
- approche 2 : inclusion de la composante « currency basis » de l'instrument de couverture dans la relation de couverture (en l'absence de changement de la relation de couverture reconnue sous IAS 39) et exclusion prospective de la composante du dérivé hypothétique ;
- approche 3 : exclusion prospective du « currency basis » de la relation de couverture et du dérivé hypothétique.

Seules les approches 1 et 2 permettraient de maintenir, lors de la première application d'IFRS 9, les relations de couverture reconnues sous IAS 39.

Commentaires Selon IFRS 9, dans le cadre d'une couverture de flux de trésorerie (CFH) par un swap de devises (cross-currency swap), il n'est pas possible d'inclure la composante de « currency basis » dans l'évaluation du dérivé hypothétique qui réplique les caractéristiques de l'élément couvert. Ceci représente une divergence de traitement comptable par rapport IAS 39 et soulève la question des modalités de transition à IFRS 9 dans le cas où l'entreprise l'avait incluse.

Il était admis sous IAS 39 d'inclure le « currency basis » dans l'évaluation du dérivé hypothétique dans le cas particulier d'une couverture de flux de trésorerie par un cross-currency swap, voir nº 50165.
Sur la notion de currency basis et sa comptabilisation selon IFRS 9, voir nº 49700.
Sur le dispositif d'IFRS 9 en matière de comptabilité de couverture, voir nº 49850.

1. Couverture par un cross-currency swap :

a. Exclusion du currency basis du dérivé hypothétique modélisant l'élément couvert IFRS 9 interdit explicitement d'inclure dans l'évaluation de l'élément couvert des caractéristiques qui sont présentes uniquement dans l'instrument de couverture (IFRS 9.B6.5.5). La composante « currency basis » ne peut donc pas être incluse dans le dérivé hypothétique qui modélise l'emprunt en devises qui a fait l'objet d'une couverture par un cross-currency swap.

Sur la notion de dérivé hypothétique, voir nº 49470.

b. Exception à la désignation d'un instrument de couverture dans son intégralité IFRS 9 permet de séparer le « currency basis » et de l'exclure de la désignation d'un instrument financier comme instrument de couverture (IFRS 9.6.5.15), voir nº 49660. Si tel est le cas :
- le « currency basis » ne représente plus une source d'inefficacité dans la relation de couverture, mais un coût de couverture, l'instrument de couverture duquel le coût de couverture a été extrait et qui est comptabilisé en OCI et l'élément couvert étant ainsi symétriques ;
- l'entité peut appliquer le traitement du coût de la couverture au « basis spread ».

49860 (suite) Le traitement du coût de la couverture consiste à comptabiliser les variations du « currency basis » en autres éléments du résultat global (OCI). Les montants accumulés en capitaux propres à ce titre sont recyclés en résultat au fur et à mesure que les flux liés à l'élément couvert (c'est-à-dire le prêt en devises et les intérêts afférents) impactent le résultat net, voir n° 49690.

2. Approches lors de la transition à IFRS 9 Il est possible de retenir l'une des trois approches présentées ci-après.

a. Approches permettant le maintien des relations de couverture reconnues sous IAS 39 :

i. Exclusion rétrospective de la composante « currency basis » de la relation de couverture

Cette approche se décompose en 3 étapes :

- la composante du currency basis est exclue rétrospectivement de l'instrument de couverture qui a été désigné dans la relation de couverture initiale et est traitée comme un coût de la relation de couverture ;
- le dérivé hypothétique qui représente l'élément couvert est « re-modélisé » pour tenir compte de l'exclusion de cette composante ; et
- le traitement du coût de la couverture est appliqué rétrospectivement au currency basis.

Sur le traitement du coût de la couverture, voir n° 49690.

Les dispositions en matière de comptabilité de couverture d'IFRS 9 sont d'application prospective, à l'exception principalement du traitement du coût de la couverture de la valeur temps. L'entreprise dispose d'une option facultative pour appliquer ce traitement au « currency basis » rétrospectivement. Ce choix s'effectue au cas par cas selon la relation de couverture concernée. Il ne relève pas d'un choix de méthode comptable (IFRS 9.7.2.26). Si tel est le cas, le retraitement des exercices comparatifs est optionnel, voir n° 49850.

Les impacts de transition (maintien de la relation de couverture reconnue sous IAS 39, effet(s) éventuel(s) sur l'efficacité de la relation de couverture, impact dans les capitaux propres d'ouverture) et le traitement comptable sur les arrêtés ultérieurs sont décrits dans le tableau ci-après.

A la date de première application des dispositions d'IFRS 9 en matière de comptabilité de couverture		Traitement comptable pour les arrêtés ultérieurs
Maintien de la relation de couverture reconnue sous IAS 39 et effet(s) sur l'efficacité	Impacts comptables dans les capitaux propres d'ouverture	
La relation de couverture reconnue sous IAS 39 est maintenue lors de la première application d'IFRS 9, car elle remplit les critères d'applicabilité définis par IFRS 9.6.4.1. Aucun impact sur l'efficacité de couverture n'est constaté car le « currency basis » qui avait été inclus sous IAS 39, dans l'élément couvert et dans l'élément de couverture, est rétrospectivement exclu de ces deux éléments à la date de la transition. L'efficacité de la relation couverture demeure inchangée, la relation de couverture sous IFRS 9 étant symétrique (comme elle avait pu l'être sous IAS 39).	Les variations de juste valeur de l'instrument de couverture cumulées en réserves de flux de trésorerie sous IAS 39 (part efficace) sont égales aux variations de juste valeur de l'instrument de couverture hors « currency basis » (part efficace selon IFRS 9) auxquelles s'ajoutent les variations de juste valeur du « currency basis » différé en OCI (qui suit le traitement du coût de la couverture). Les montants cumulés en réserve de flux de trésorerie ont fait l'objet d'un recyclage au fur et à mesure que les flux liés à l'élément couvert ont influé sur le résultat net. En conséquence, les variations de juste valeur liées au « currency basis » et déjà amorties en résultat sous IAS 39 sont identiques à celles qui auraient été constatées si le traitement du coût de la couverture avait été appliqué dès l'initiation de la relation de la couverture. La part des variations de juste valeur du « currency basis » qui demeure accumulée en réserves de flux de trésorerie, doit être reclassée dans une composante distincte des capitaux propres, suite à l'application rétrospective du traitement du coût de la couverture (IFRS 9.6.5.15).	La part efficace des variations de juste valeur de l'instrument de couverture est comptabilisée en réserves de flux de trésorerie. La part inefficace de la couverture est comptabilisée en résultat net. Les variations de juste valeur attribuables à la composante « currency basis » sont différées en autres éléments du résultat global (OCI) dans une composante distincte des capitaux propres. Le coût de la couverture est recyclé en résultat sur l'intervalle de temps pendant lequel les flux liés à l'élément couvert sont constatés en résultat net.

ii. Maintien **de la composante « currency basis » de la relation de couverture** L'entreprise fait le choix de laisser la relation de couverture inchangée lors de la 1ère application des dispositions d'IFRS 9 en matière de comptabilité de couverture. Ainsi : 49860 (suite)

- le « currency basis » continue d'être inclus dans la valorisation de l'instrument de couverture conformément aux principes de détermination de la juste valeur et l'entreprise ne fait pas le choix d'appliquer les dispositions relatives au coût de la couverture à cette composante ;
- en revanche, les variations de juste valeur attribuables au risque couvert de l'élément couvert excluent le « currency basis » de manière prospective (elles sont donc exclues du dérivé hypothétique) (IFRS 9.B6.5.5).

Dans ce cas, le « currency basis » représente une source d'inefficacité de la relation de couverture dont l'impact sera comptabilisé au compte de résultat lors des arrêtés ultérieurs.

Les impacts de transition (maintien de la relation de couverture reconnue sous IAS 39, effet(s) éventuel(s) sur l'efficacité de la relation de couverture, impact dans les capitaux propres d'ouverture) et le traitement comptable sur les arrêtés ultérieurs sont décrits dans le tableau ci-après.

A la date de première application des dispositions d'IFRS 9 en matière de comptabilité de couverture		Traitement comptable pour les arrêtés ultérieurs
Maintien de la relation de couverture reconnue sous IAS 39 et effet(s) sur l'efficacité de couverture	Impacts comptables	
Respectant les critères d'applicabilité de la comptabilité de couverture selon IFRS 9, la relation de couverture inchangée est maintenue à la date de transition. A la date de transition, aucun impact sur l'efficacité de cette relation n'est constaté, l'exclusion du « currency basis » du dérivé hypothétique répliquant l'élément couvert étant prospective.	Le montant de la réserve de flux de trésorerie comptabilisé sous IAS 39 (c'est-à-dire les variations de juste valeur de l'instrument de couverture au titre de la part efficace) reste inchangé à la date de transition. Toutefois, dans la première période qui suit la date de transition, l'inefficacité cumulée liée au « currency basis » sera comptabilisée dans le résultat de la période.	La part efficace des variations de juste valeur de l'instrument de couverture est comptabilisée en réserves de flux de trésorerie (CFH). La part inefficace de la couverture et qui correspond au « currency basis » est comptabilisée prospectivement en résultat net. Les variations de juste valeur attribuables à la composante « currency basis » sont différées en autres éléments du résultat global (OCI) dans une composante distincte des capitaux propres. Le coût de la couverture est recyclé en résultat sur l'intervalle de temps pendant lequel les flux liés à l'élément couvert sont constatés en résultat net.

b. **Approche entraînant la déqualification de la relation de couverture reconnue auparavant sous IAS 39** L'entreprise fait le choix d'exclure prospectivement le currency basis de la relation de couverture et du dérivé hypothétique qui modélise l'élément couvert.

Les impacts de transition (absence de maintien de la relation de couverture reconnue sous IAS 39, effet(s) éventuel(s) sur l'efficacité de la relation de couverture, impact dans les capitaux propres d'ouverture) et le traitement comptable sur les arrêtés ultérieurs sont décrits dans le tableau ci-après.

49860
(suite)

A la date de première application des dispositions d'IFRS 9 en matière de comptabilité de couverture		Traitement comptable pour les arrêtés ultérieurs
Absence de maintien de la relation de couverture reconnue sous IAS 39 et effet(s) sur l'efficacité de couverture	Impacts comptables	
Etant donné que l'exclusion de la composante du « currency basis » de l'instrument de couverture n'était pas admise sous IAS 39, il n'est pas possible d'analyser la relation de couverture modifiée comme la continuité d'une relation qui n'aurait pas pu être reconnue selon IAS 39 (IFRS 9.BC7.49). Cette approche donne lieu à la déqualification de la relation de couverture reconnue sous IAS 39 et le montant de la réserve OCI déterminée sous IAS 39 est maintenue dans les capitaux propres à la désignation d'une nouvelle relation à la date de transition. **Remarque** Aucun impact lié à l'efficacité de cette relation de couverture n'est constaté à l'ouverture du premier exercice d'application d'IFRS 9, l'approche retenue par l'entité étant d'application prospective. Néanmoins, la nouvelle relation de couverture désignée à la date de transition comporte de l'inefficacité. Celle-ci résulte du décalage entre : – le dérivé de couverture possédant une juste valeur non nulle ; et – le nouveau dérivé hypothétique (qui exclut le « currency basis ») dont la juste valeur est, par définition, nulle à la date de désignation. Cette inefficacité persistera tout au long de l'existence de la relation de couverture. **Remarque** Etant exclu de la relation de couverture désignée à la date de première application, le « currency basis » ne représente plus une source d'inefficacité dans ce cas.	Le montant de la réserve de flux de trésorerie au titre de la part efficace de la relation de couverture reconnue sous IAS 39 demeure inchangé dans les capitaux propres d'ouverture du premier exercice d'application des dispositions d'IFRS 9 en matière de comptabilité de couverture.	Les variations de juste valeur de l'instrument de couverture (hors « currency basis ») attribuables à la part efficace seront différées en réserve de flux de trésorerie (CFH). La part inefficace de la couverture est comptabilisée au compte de résultat. Les variations de valeur liées à la composante « currency basis » sont comptabilisées dans une composante distincte des capitaux propres. Le coût de la couverture est recyclé en résultat sur l'intervalle de temps pendant lequel les flux liés à l'élément couvert sont constatés en résultat net.

A notre avis, lors de la transition à IFRS 9, il nous semble pertinent de privilégier l'approche qui consiste à exclure rétrospectivement la composante « currency basis » de la relation de couverture (présentée au point 1.a.i. ci-avant) puisqu'elle permet à fois :
- de maintenir la relation de couverture existante sous IAS 39 ;
- de ne pas impacter l'efficacité de la relation de couverture à la date de première application ;
- d'appliquer le traitement du coût de la couverture au « currency basis » permettant de minimiser la volatilité en résultat.

Modalités de transition liées à la modification de la méthode de mesure de l'inefficacité

Question 49870

Lors de la première application d'IFRS 9, faut-il déqualifier les relations de couverture de risque de change sur la base du cours comptant reconnues sous IAS 39 ?

Réponse

Non. Dans le cadre de la transition à IFRS 9, le changement de méthodologie de mesure de l'inefficacité ne remet pas en cause la continuité des relations de couverture de change sur base de cours comptant reconnues auparavant sous IAS 39.

Commentaires :

1. **Contexte** La mesure de l'inefficacité d'une relation de couverture du risque de change doit tenir compte de l'effet temps de la valeur de l'argent. Cela signifie que, lorsqu'une entité qualifie une opération de couverture du risque de change sur la base du cours comptant, elle doit mesurer l'inefficacité de la relation de couverture en actualisant l'élément couvert (IFRS 9.B6.5.4). Ceci met fin à la pratique d'IAS 39 qui consistait à ne pas prendre en considération l'effet d'actualisation de l'exposition du risque de change de l'élément couvert et de l'élément de couverture. Ce changement de méthode relatif à la mesure de l'inefficacité soulève la question de la continuité des relations de couverture du risque de change reconnues sous IAS 39 lors de la transition à IFRS 9.

Dans le cas d'une couverture sur la base du cours comptant, l'entreprise désigne comme élément de couverture les variations de valeur de l'élément prix au comptant d'un contrat à terme et exclut la composante report/déport (IFRS 9.6.5.16). Sur la distinction entre la couverture sur la base du cours comptant ou du cours à terme, voir n° 49380.

La mesure de l'inefficacité d'une telle relation correspond à la différence entre la valeur actualisée de la composante au comptant de l'élément couvert sur sa durée de vie résiduelle et celle de la composante au comptant de l'instrument de couverture. Sur la mesure de l'inefficacité d'une relation de change selon IFRS 9, voir n° 50370.

■ *Exemple*

Une entreprise couvre le risque de change lié à des ventes hautement probables libellées en USD et prévues dans trois ans en contractant une vente à terme d'USD sur 12 mois. Elle désigne la composante au comptant du contrat forward dans le cadre d'une relation de couverture de flux de trésorerie (CFH). Afin de mesurer l'inefficacité, l'entreprise va prendre en considération la différence entre l'exposition au change des ventes probables actualisées sur trois ans et la composante au comptant du dérivé à terme actualisée sur 12 mois.

2. **Modalités de transition** A notre avis, lorsque l'entreprise décide de maintenir la désignation initiale de la relation de couverture sur la base du cours comptant à la date de transition, la relation reconnue sous IAS 39 doit être maintenue à la date de première application des dispositions d'IFRS 9 en matière de comptabilité de couverture. A contrario, si l'entreprise modifie la désignation de la relation initiale en désignant une couverture sur la base du cours terme, la relation reconnue sous IAS 39 n'est alors pas maintenue à la date de transition.

Les relations de couverture reconnues sous IAS 39 sont maintenues sous IFRS 9 si elles remplissent les critères d'applicabilité de la comptabilité de couverture tels que définis par IFRS 9.6.4.1. Pour plus de détails sur le dispositif transitoire d'IFRS 9, voir n° 49850.

a. **Maintien de la désignation sur la base du cours comptant** La norme n'explicite pas si un tel changement de méthodologie de mesure de l'inefficacité (tel que présenté ci-avant en point 1.) remet en question le maintien des relations de couverture de change reconnues sous IAS 39 lors de la première application des dispositions d'IFRS 9 en matière de comptabilité de couverture. A notre avis, ce changement s'analyse comme une évolution méthodologique nécessaire pour satisfaire aux contraintes d'efficacité d'une couverture du risque de change selon IFRS 9. En conséquence, elle n'entraîne pas la déqualification des relations de couverture reconnues sous IAS 39.

b. **Changement de désignation sur la base du cours à terme et déqualification à la date de transition** Une entreprise fait le choix de désigner les variations de valeur de la composante à terme au lieu de la composante au comptant lors de la transition à IFRS 9. A notre avis, dans ce cas, il s'agit d'un changement du risque couvert qui a été désigné dans la relation de couverture initiale (et non d'une modification pour satisfaire aux critères de comptabilité de couverture d'IFRS 9). En conséquence, la relation sur base de cours comptant doit être déqualifiée et une nouvelle relation de couverture devra être désignée et documentée à la date de première application.

Toute modification du risque couvert désigné initialement entraîne la déqualification de la relation de couverture selon les dispositions d'IFRS 9 et d'IAS 39.

SECTION VII

Réforme des taux de référence

Relations de couverture affectées par la réforme des taux de référence

49900 ***Question***

Quelles sont les relations de couverture directement affectées par la réforme des taux de référence ?

Réponse

Une relation de couverture est directement affectée par la réforme des taux de référence si celle-ci crée de l'incertitude sur :
– la nature des taux de référence désignés comme élément couverts ;
– le montant et le timing des flux de trésorerie indexés sur les taux de référence et désignés comme éléments couverts ou instruments de couverture.

Il s'agit donc essentiellement des relations de couverture contre le risque de variation des taux d'intérêt. Mais peuvent également être affectées les couvertures de risque de change si l'instrument de couverture est un contrat d'échange de devises (« cross-currency swap ») dont une jambe est indexée sur un taux de référence sujet à réforme.

Commentaire :

1. **Contexte** Les taux de référence interbancaires ont un rôle clé dans les marchés financiers et sont utilisés comme base de valorisation de nombreux instruments financiers tels que les dérivés ou les prêts/emprunts. Entre 2006 et 2012, ces taux ont fait l'objet de manipulations par les banques qui contribuent à leur détermination et il a donc été décidé de modifier leur méthodologie d'élaboration, afin de les rendre moins dépendants des opérateurs de marchés et plus ancrés sur des valeurs de transactions effectivement réalisées sur le marché interbancaire. Les méthodologies retenues lors de la transition des anciens taux vers les nouveaux sont très différentes d'une zone géographique à l'autre, ce qui crée des incertitudes quant à la nature et la date d'application des nouveaux taux.

Principaux taux modifiés dans le cadre de la réforme :
– De l'EONIA (« Euro OverNight Index Average ») vers l' €STR (« Euro Short Term Rate ») : en Europe, le nouveau taux €STR a été introduit en octobre 2019 en s'appuyant initialement sur les opérations de refinancement des banques entre elles, puis également sur celles des banques avec les assureurs et les gestionnaires d'actifs. Remplacé définitivement par l' €STR le 1er janvier 2022, le taux EONIA était publié jusqu'au 31 décembre 2021, en étant déterminé à partir de l' €STR depuis son introduction, grâce à un spread de 8,5 points de base. Depuis le 31 décembre 2021, les contrats indexés sur l'EONIA doivent avoir été amendés ou remplacés pour tenir compte du nouveau taux.
– De l'EURIBOR (« Euro Interbank Offered Rate ») vers l'EURIBOR Hybride : avant amendement, l'EURIBOR était déterminé à partir des contributions d'un panel de banques sur le coût estimé des transactions de financement interbancaires. Il a été remplacé par un taux hybride, déterminé selon une méthodologie validée par le European Money Market Institute (EMMI), s'appuyant en priorité sur des transactions réelles (ou sur une approximation de ces transactions réelles) mais également, en cas d'absence de transactions sur les maturités recherchées, sur des estimations internes élaborées par les banques. Le nouveau taux a définitivement remplacé le précédent depuis octobre 2019. Les contrats indexés sur l'EURIBOR n'ont pas besoin d'être amendés.
– Le taux SOFR (« Secured Overnight Financing Rate »), remplaçant du taux LIBOR USD, a été publié pour la première fois en avril 2018. Ces deux taux continueront de co-exister jusqu'au 30 juin 2023 (excepté les ténors 1w et 2m qui ont cessé d'être publiés en décembre 2021). Le mécanisme de

compensation lors du passage d'un taux à l'autre se fera sur la base de protocole de transition dans le cas de produits dérivés ou encore grâce à l'addition d'un spread de taux (négociation bilatérale).

– Le taux SONIA (« Sterling OverNight Index Average »), remplaçant du taux LIBOR GBP, a été publié en avril 2018 pour la première fois. Le LIBOR GBP a été publié jusqu'au 31 décembre 2021.

2. **Relations de couverture affectées** Une relation de couverture est directement affectée par la réforme des taux de référence si celle-ci crée de l'incertitude sur (IFRS 9.6.8.1) :
- les taux de références désignés comme élément couverts ;
- le montant et le timing des flux de trésorerie indexés sur les taux de référence et désignés comme éléments couverts ou instruments de couverture.

La réforme affecte donc essentiellement les relations mises en place afin de couvrir les risques de variation des taux d'intérêt sur tout type d'instruments financiers : instruments émis ou détenus, émissions futures, instrument à taux fixe ou variable.

Il s'agit notamment des relations de :
- couverture de juste valeur de la composante risque de taux d'un instrument de dette à taux fixe ;
- couverture de flux de trésorerie d'un instrument de dette à taux variable.

La réforme peut également affecter les couvertures de risque de change si l'instrument de couverture est un « cross-currency swap » dont une jambe est indexée sur un taux de référence sujet à réforme.

Amendement Phase 1 – Maintien des relations de couverture durant la période de transition aux nouveaux taux de référence

49910

Question

Les relations de couverture directement affectées par la réforme des taux de référence peuvent-elles être maintenues durant la période d'incertitude sur la nature et la date d'application des nouveaux taux ?

Réponse

Oui, car l'IASB a publié en septembre 2019 un amendement de la norme IFRS 9 proposant des exemptions aux critères d'application de la comptabilité de couverture, qui, sans ces exemptions, pourraient ne pas être respectés du fait de l'incertitude créée par la réforme des taux.

> **Remarque** Ces exemptions ne s'appliquent que lorsque le changement des taux de référence est dû à la réforme des taux de référence, tel que mentionné dans le rapport du Comité de Stabilité Financière.

Les exemptions concernent les critères suivants :
- le caractère séparément identifiable du risque couvert ;
- le caractère hautement probable des flux de trésorerie couverts ;
- la démonstration de l'existence d'une relation économique entre l'instrument de couverture et l'élément couvert ;
- le recyclage en résultat des montants accumulés en autres éléments du résultat global (OCI) au titre des couvertures de flux de trésorerie en cas de disparition de l'élément couvert.

Ces exemptions cessent d'être applicables dès lors qu'il n'existe plus d'incertitude sur les taux de référence ou sur les flux de trésorerie indexés sur ceux-ci, impactant les éléments couverts et/ou instruments de couverture.

Commentaires :

1. **Contexte** La réforme des taux de références affecte directement certaines relations de couverture en créant de l'incertitude sur les éléments couverts et/ou les instruments de couverture, voir n° 49900. Ces incertitudes font peser un risque de non-respect des critères d'application de la comptabilité de couverture et par conséquent d'arrêt immédiat des relations de couverture mises en place.

2. **Réponse apportée par l'IASB** En septembre 2019, l'IASB a publié un amendement de la norme IFRS 9 dont l'objectif est de permettre aux entités de maintenir les relations de couverture existantes tant que la réforme en cours fait porter des incertitudes sur le devenir des taux de

49910 (suite) référence. En effet, selon l'IASB, la disqualification des relations de couverture existantes seulement du fait de la réforme ne permettrait pas de fournir une information utile dans les états financiers.

La publication de cet amendement constitue la fin de la première phase du projet lancé en 2018 par l'IASB afin d'étudier les conséquences de la réforme des taux de référence sur les états financiers.

L'amendement est d'application obligatoire aux exercices ouverts depuis le 1er janvier 2020 et a pu être appliqué par anticipation dès les comptes 2019 (Règl. UE 2020/34 du 15/01/20).

Pour le second volet du projet, voir n° 49930 s.

L'amendement introduit les mesures d'exemption suivantes :

a. Exemption sur la détermination du caractère identifiable du risque couvert Cette exemption concerne les relations de couverture dont l'élément couvert est une composante risque liée au taux de référence.

Exemple : couverture de juste valeur d'un instrument de dette à taux fixe.

En effet, il est possible de couvrir la seule composante taux d'un élément financier à condition que celle-ci soit séparément identifiable et mesurable.

Il s'agit d'une disposition de la norme IAS 39 non modifiée par la norme IFRS 9, voir n° 50045.

Le caractère mesurable de la composante taux peut être difficile à démontrer durant la période de transition aux nouveaux taux de référence. Ainsi, lorsque ces relations de couverture sont affectées par la réforme des taux, la composante de risque couvert doit être séparément identifiable uniquement à la mise en place de la relation de couverture et non pas sur toute la durée de celle-ci (IFRS 9.6.8.7). Cette exemption permet ainsi de maintenir la relation de couverture durant la période d'incertitude des flux de trésorerie couverts.

L'amendement n'apporte pas d'exemption sur la détermination du caractère mesurable de la composante couverte qui doit être faite sur la durée de vie de la relation de couverture. En effet, si la composante risque couverte ne peut être mesurée de façon fiable, il ne sera pas possible d'évaluer et comptabiliser l'inefficacité de la relation de couverture. Par conséquent, si les anciens taux de référence cessent d'être publiés, rendant impossible la mesure de la composante risque couvert, la relation de couverture devra être interrompue. Cette problématique est adressée dans le second volet du projet de l'IASB sur les conséquences comptables de la réforme des taux de référence (voir n° 49930).

Cette exemption s'applique également aux couvertures de risque de taux de portefeuille dont les actifs et passifs financiers désignés comme éléments couverts et instruments de couverture font l'objet d'une gestion dynamique (c'est-à-dire qu'ils sont fréquemment supprimés et réintégrés dans la relation de couverture). Pour ces relations de couverture, la composante risque des éléments couverts doit être identifiée uniquement à la mise en place initiale de la relation de couverture et non à chaque mouvement sur le portefeuille couvert (IFRS 9.6.8.8).

En pratique, dans le cadre de la couverture de risque de taux de portefeuilles, ce sont les montants d'actifs et passifs qui sont désignés comme éléments couverts plutôt que les actifs et passifs eux-mêmes. Aussi, la réforme des taux de référence n'affecte pas le caractère séparément identifiable du risque couvert.

b. Exemption sur la détermination du caractère hautement probable des flux de trésorerie Une transaction future prévue peut faire l'objet d'une couverture de flux de trésorerie si elle est hautement probable et si elle comporte une exposition aux variations de flux de trésorerie qui pourrait affecter le résultat (IFRS 9.6.5.2.2 ; voir n° 49610). Lorsque les flux de trésorerie futurs sont indexés sur les taux de référence et que ces taux de référence sont affectés par la réforme, ces flux ne sont plus considérés comme hautement probables. Dans son amendement, l'IASB permet d'évaluer le caractère hautement probable des flux futurs en considérant que les taux de référence sur lesquels sont référencés les flux de trésorerie couverts ne seront pas modifiés du fait de la réforme (IFRS 9.6.8.4). Ces dispositions permettent de maintenir les relations de couverture de flux de trésorerie durant la période de transition.

c. Exemption sur l'existence d'une relation économique entre l'instrument de couverture et l'élément couvert Une des conditions de mise en place d'une relation de couverture est l'existence d'une relation économique entre l'instrument de couverture et l'élément couvert (IFRS 9.6.4.1c.i ; voir n° 49420). Il s'agit d'un des critères d'efficacité sous IFRS 9.

Pour plus de détails sur les critères d'applicabilité de la comptabilité de couverture sous IFRS 9, voir n° 49110.

La différence entre les taux de remplacement prévus et les taux actuels est source d'inefficacité et pourrait rendre difficile le respect de ce critère.

En particulier si l'élément couvert et l'instrument de couverture sont indexés sur des taux de référence différents avec des dates de transition différentes.

L'amendement de l'IASB permet de ne pas tenir compte des nouveaux taux à venir dans l'évaluation de la relation économique entre l'instrument de couverture et l'élément couvert (IFRS 9.6.8.6).

L'amendement n'exempte pas les entités de faire un test prospectif, l'exemption ne portant que sur la manière d'effectuer le test.

Ainsi, malgré cette exemption, les relations de couverture pour lesquelles l'élément couvert et l'instrument de couverture sont indexés à des taux de référence différents avec des dates de transition différentes pourraient devoir être arrêtées. C'est le cas si le taux de référence de l'instrument de couverture change alors que celui de l'élément couvert est encore en transition.

En application de l'amendement, dans les tests d'efficacité, les flux de trésorerie ou variations de juste valeur de l'élément couvert resteront basés sur l'ancien taux alors que ceux de l'instrument de couverture seront désormais basés sur les nouveaux taux. Si le différentiel est important, l'existence d'une relation économique entre l'instrument de couverture et l'élément couvert pourrait ne pas être démontrée.

d. Exemption sur le recyclage en résultat des montants accumulés en autres éléments du résultat global (OCI) au titre des couvertures de flux de trésorerie Lorsque les flux de trésorerie couverts sont indexés sur les taux de référence, la réforme de ces taux aurait eu pour conséquence de faire disparaître les éléments couverts entraînant le recyclage au compte de résultat des gains ou pertes de couverture qui avaient été différés en capitaux propres (part efficace de la couverture) (IFRS 9.6.5.12). L'amendement permet aux entités de considérer que les taux ne vont pas évoluer du fait de la réforme et par conséquent que les éléments couverts ne vont pas disparaître (IFRS 9.6.8.5).

Cette exemption s'applique même lorsque la relation de couverture doit être arrêtée du fait de la non existence d'une relation économique entre l'instrument de couverture et l'élément couvert.

Comme décrit ci-avant, malgré les dispositions de l'amendement, les relations de couverture pour lesquelles l'élément couvert et l'instrument de couverture sont indexés sur des taux de référence différents avec des dates de transition différentes peuvent ne pas respecter les critères d'efficacité. Dans ces cas, malgré l'arrêt de la relation de couverture, les gains et pertes de couverture restent comptabilisés en capitaux propres et ne seront recyclés en résultat que lorsque l'élément couvert affectera le compte de résultat.

3. Période d'application des exemptions Les exemptions décrites ci-avant cessent d'être applicables dès lors qu'il n'existe plus d'incertitude sur la nature des taux de référence ou sur les flux de trésorerie indexés sur ceux-ci (IFRS 9.6.8.9 à .6.8.12). L'IASB fournit une série d'exemples afin d'indiquer à quelle date il faut considérer qu'il n'existe plus d'incertitude liée à la réforme des taux de référence (IFRS 9.BC6.588 à .BC6.593).

L'élimination de tout ou partie de l'incertitude en raison d'événements postérieurs à la clôture ne fait que confirmer que l'incertitude existait à la date de clôture. Il ne s'agit donc pas d'un événement conduisant à ajuster les états financiers (« adjusting event ») tel que défini par IAS.10.3. Cependant, une information sur l'événement postérieur à la clôture doit être fournie, si elle est significative (IAS 10.21)

Par ailleurs, les entités appliquant ces différentes dispositions doivent communiquer un certain nombre d'information en annexe, voir n° 52515.

Amendement Phase 1 – Inefficacité des relations de couverture du fait de la réforme des taux de référence

Question 49920

Quelles sont les sources d'inefficacité liées à la réforme des taux de référence et comment cette inefficacité doit-elle être traduite comptablement ?

Réponse

Dans le cadre de la réforme des taux de référence, toute différence dans les modes de transition des taux de référence, sur lesquels sont indexés les juste valeur et/ou flux de trésorerie de l'élément couvert et de l'instrument de couverture, est source d'inefficacité. Il s'agit, par exemple, des différences sur :

– la nature des nouveaux taux (collatéralisé versus non collatéralisé, taux spot versus taux à terme) ;

49920 (suite)

- les clauses de substitution (« fallback ») ;
- les dates de transition.

L'IASB n'ayant pas prévu d'exemption au principe de traduction comptable de l'inefficacité des relations de couverture, l'inefficacité constatée du fait de la réforme des taux de référence doit être comptabilisée immédiatement en résultat.

Commentaires :

1. **Rappel** Les taux de référence, utilisés comme base de valorisation de nombreux instruments financiers, sont sujets à une importante réforme qui affecte les relations de couverture mises en place par les entités durant la période de transition, voir n° 49900. Ces réformes créent notamment de nouvelles sources d'inefficacité.

2. **Sources d'inefficacité liées à la réforme des taux de référence** L'efficacité d'une couverture représente le degré de compensation entre les variations de juste valeur ou de flux de trésorerie de l'instrument de couverture et les variations de valeur ou de flux de trésorerie de l'élément couvert. Or, les modalités de transition des taux de référence actuels aux nouveaux taux sont très différentes d'une zone géographique à l'autre. Ainsi, entre l'élément couvert et l'instrument de couverture, il peut y avoir une différence entre les modes de transition des taux de référence auxquels sont indexés la juste valeur ou les flux de trésorerie. Cette différence est source d'inefficacité. Il s'agit par exemple des différences suivantes :

a. **Différence sur la nature des nouveaux taux** Le taux de référence auquel sont indexés la juste valeur et les flux de trésorerie de l'élément couvert peut évoluer vers un taux très différent de celui vers lequel évoluera le taux de référence auquel sont indexés la juste valeur et les flux de trésorerie de l'instrument de couverture. Les taux de référence peuvent être collatéralisés ou non, spot ou à terme.

b. **Différence sur les clauses de substitution en cas de disparition temporaire ou définitive des taux de référence (clauses dites de « fallback »)** Les modalités contractuelles en cas de disparition des taux de référence peuvent différer entre l'élément couvert et l'instrument de couverture et avoir des incidences sur la juste valeur soit de l'élément couvert, soit de l'instrument de couverture. Ces incidences affectent les tests d'efficacité.

c. **Différence sur les dates de transition** Le tableau ci-après, élaboré par nos soins, présente une synthèse des nouveaux taux et dates de transition :

Anciens Taux	EONIA	EURIBOR	LIBOR USD	LIBOR GBP
Nouveaux taux	€STR	EURIBOR HYBRIDE	SOFR	SONIA
Principales caractéristiques des nouveaux taux	– S'appuie sur les prix de transactions interbancaires élargies aux assureurs et gestionnaires d'actifs. – Taux spot. – Non collatéralisé.	– S'appuie sur les prix de transactions interbancaires élargies. – Taux à terme. – Non collatéralisé.	– S'appuie sur le marché Repo des bons du trésor américains. – Taux spot. – Collatéralisé.	– S'appuie sur la moyenne quotidienne des taux d'intérêt de prêts en GBP pratiqués sur le marché interbancaire et institutionnel. – Taux spot. – Non collatéralisé.
Date de publication des nouveaux taux	Octobre 2019	Octobre 2019	Avril 2018	Avril 2018
Date de cessation des anciens taux	Janvier 2022	Octobre 2019	Juin 2023	Janvier 2022

3. **Traduction comptable de l'inefficacité** Si l'inefficacité constatée n'entraînait pas l'arrêt de la comptabilité de couverture dans la plupart des cas, elle devrait quand même être comptabilisée au compte de résultat.

Amendement Phase 2 – Assouplissements prévus dans le cadre de la réforme des taux de référence

Question 49930

Quelles sont les exemptions relatives à la comptabilité de couverture prévues par l'amendement d'IFRS 9 phase 2, dans le cadre de la réforme des taux de référence, publié par l'IASB en août 2020 ?

Réponse

Afin de permettre aux entités de maintenir les relations de couverture existantes, l'amendement d'IFRS 9 phase 2, publié dans le cadre de la réforme des taux de référence, introduit des exemptions portant sur :
- la documentation des relations de couverture ;
- les montants accumulés dans la réserve de couverture de flux de trésorerie ;
- la couverture d'un portefeuille d'éléments couverts ;
- le caractère séparément identifiable de l'élément couvert pour les relations de couverture de juste valeur.

Cependant, aucune exemption n'est prévue concernant la comptabilisation de l'inefficacité.

Ces exemptions sont applicables aux exercices ouverts depuis le 1er janvier 2021.

Commentaires :

1. **Contexte** La réforme des taux de référence affecte directement de nombreux instruments financiers (dérivés cotés en bourse et de gré à gré, prêts et emprunts à taux variable, obligations à taux variables, etc.) qui doivent transiter vers les nouveaux taux de référence. La transition de ces instruments financiers vers les nouveaux taux de référence pourrait avoir comme conséquence l'arrêt de certaines relations de couverture et des impacts immédiats en résultat.

2. **Réponses apportées par l'IASB** En août 2020, l'IASB a publié un amendement de la norme IFRS 9 dont l'objectif est de permettre aux entités d'atténuer les impacts comptables liés à la modification des contrats des instruments financiers transitant vers les nouveaux taux de référence. L'amendement a été adopté par la Commission européenne le 13 janvier 2021 (Règl. UE 2021/25 du 13/01/21) et est applicable obligatoirement aux exercices ouverts depuis le 1er janvier 2021.

Compte tenu de sa date d'adoption dans l'Union européenne, le texte a pu être appliqué par anticipation dans les comptes des sociétés cotées européennes dès 2020.

L'amendement introduit les mesures d'exemption suivantes concernant la comptabilité de couverture :

- **Exemption sur la documentation des relations de couverture** A l'issue de l'application des exemptions permises par l'amendement phase 1 de la réforme des taux de référence (voir n° 49910), des modifications doivent être apportées à la documentation des relations de couverture avant la fin de la période de reporting au cours de laquelle les contrats des instruments concernés ont été amendés. Ces changements dans la documentation n'entraînent pas l'arrêt des relations de couverture (IFRS 9.6.9.1 à .6.9.6).

  En particulier, la norme exige que la description de l'instrument de couverture soit modifiée si l'entité apporte un changement requis par la réforme des taux d'intérêt de référence en recourant à une autre méthode qu'un changement de la base de détermination des flux de trésorerie contractuels de l'instrument de couverture, et la méthode choisie est économiquement équivalente (pour cette notion, voir n° 46268) au changement de la base de détermination des flux de trésorerie contractuels de l'instrument de couverture initial, sans que ce dernier soit décomptabilisé (IFRS 9.6.9.2). Pour une illustration de cette condition, voir n° 49940.

- **Exemption sur les montants accumulés dans la réserve de couverture de flux de trésorerie** La modification de la description d'un élément couvert dans la documentation d'une relation de couverture n'entraîne pas le recyclage en résultat des montants accumulés dans la réserve de flux de trésorerie (IFRS 9.6.9.7 et .6.9.8).

- **Exemption sur la couverture d'un portefeuille d'éléments couverts** Si une entité couvre un groupe d'éléments et qu'elle modifie la documentation de sa relation de couverture pour une partie seulement des éléments couverts, alors elle doit mesurer séparément, après avoir réparti les éléments couverts en sous-groupe (en fonction du taux de référence couvert), l'efficacité de chaque sous-groupe (IFRS 9.6.9.9 et .6.9.10).

– **Exemption sur le caractère séparément identifiable de l'élément couvert pour les relations de couverture de juste valeur** Lorsqu'une entité modifie la documentation de sa relation de couverture de juste valeur et désigne un nouveau taux d'intérêt de référence comme composante couverte et qu'elle n'est pas séparément identifiable à la date de sa désignation, l'entité doit évaluer si elle peut raisonnablement s'attendre à ce que le taux devienne séparément identifiable dans les 24 mois suivant la date de désignation (IFRS 9.6.9.11 à .6.9.13).

Cependant, aucune exemption n'est prévue concernant la comptabilisation de l'inefficacité des relations de couverture.

Pour les **informations à fournir en annexe** lorsqu'une entité applique l'amendement d'IFRS 9 phase 2, voir nº 52515.

Amendement Phase 2 – Règlement partiel en trésorerie d'un dérivé

49940 ***Question***

Dans le cadre de la réforme des taux de référence, est-ce qu'un règlement partiel en trésorerie d'un dérivé visant à compenser l'écart attendu entre l'ancien et le nouveau taux de référence peut être considéré comme répondant au critère de « base économique équivalente » ?

Réponse

A notre avis oui, il est raisonnable de considérer qu'un tel règlement partiel en trésorerie respecte le critère de « base économique équivalente ».

Commentaires :

1. **Contexte** L'amendement d'IFRS 9 phase 2, publié dans le cadre de la réforme des taux de référence, introduit des exceptions permettant aux entités de modifier un ou plusieurs éléments des relations de couverture établies avant la réforme, sans que cette modification implique un arrêt de la comptabilité de couverture.

Pour plus de détails sur les exemptions prévues par l'amendement, voir nº 49930.

En particulier, les entités doivent modifier la description d'un instrument de couverture si les trois conditions suivantes sont respectées de façon cumulative (IFRS 9.6.9.2) :

a. l'entité apporte un changement requis par la réforme des taux d'intérêt de référence en recourant à une autre méthode qu'un changement de la base de détermination des flux de trésorerie contractuels de l'instrument de couverture ;

b. l'instrument de couverture initial n'est pas décomptabilisé ; et

c. la méthode choisie est économiquement équivalente au changement de la base de détermination des flux de trésorerie contractuels de l'instrument de couverture initial.

A l'occasion de la transition vers les nouveaux taux, la modification contractuelle des dérivés peut prévoir un règlement partiel en trésorerie afin de compenser l'écart attendu entre l'ancien et le nouveau taux de référence.

Cette différence de base est due au fait que les nouveaux taux de référence tendent à se rapprocher des taux sans risque, ce qui n'était pas forcément le cas des anciens taux de référence. Le règlement partiel en trésorerie vise à compenser cette différence structurelle entre les deux taux de référence sur la durée de vie de l'instrument.

La question se pose alors de savoir si un tel règlement partiel en trésorerie peut être considéré comme répondant au critère de « base économique équivalente » (i.e. condition c. ci-avant).

Pour plus de détails sur la notion de « base économique équivalente », voir nº 46268.

2. **Analyse** Le cas décrit ci-avant n'est pas spécifiquement traité par la norme. Toutefois, le cas se situe quelque part entre les deux exemples évoqués par l'IASB dans les bases de conclusions de la norme IFRS 9 (IFRS 9.BC6.620).

■ *Exemple 1*

***Dérivé hors marché ayant les mêmes caractéristiques que le dérivé d'origine** (IFRS 9.BC6.620a) L'entité appliquant cette approche conclurait deux nouveaux dérivés avec la même contrepartie :*

– un nouveau dérivé, ayant les mêmes caractéristiques que le dérivé d'origine (mais conclu en sens inverse), qui viendrait compenser le dérivé d'origine (les deux contrats étant indexés sur les anciens taux de référence) ;

– un nouveau dérivé indexé sur les nouveaux taux de référence et conclu aux mêmes conditions que le dérivé d'origine, de sorte que la juste valeur lors de sa comptabilisation initiale soit équivalente à la juste valeur du dérivé d'origine à cette date (i.e. le nouveau dérivé est hors marché). **49940** (suite)

Solution de l'exemple 1 *L'IASB a considéré que ce cas respectait le critère de « base économique équivalente ».*

■ *Exemple 2*

Dérivé au marché ayant des caractéristiques différentes du dérivé d'origine (IFRS 9.BC6.620b) *L'entité appliquant cette approche :*

– éteindrait le dérivé d'origine indexé sur les anciens taux de référence par versement d'une soulte ;

– conclurait un nouveau dérivé indexé sur les nouveaux taux de référence à des conditions de marché (i.e. juste valeur nulle à la date de comptabilisation initiale) et donc avec des caractéristiques différentes du dérivé d'origine.

Solution de l'exemple 2 *L'IASB a considéré que ce cas ne répondait pas au critère de « base économique équivalente », même si aucun impact en résultat n'est constaté, car les caractéristiques contractuelles des deux instruments peuvent être substantiellement différentes.*

En outre, l'IASB a noté qu'il était probable qu'un spread fixe soit ajouté aux nouveaux taux de référence des instruments financiers lors de leur transition, afin de compenser une différence de base avec les anciens taux de référence (IFRS 9.BC5.303). Cependant, l'IASB n'a pas donné de précisions relatives aux modalités de versement de ce spread fixe (i.e. versement immédiatement en trésorerie ou étalé sur la durée de vie de l'instrument). Il est donc nécessaire de faire preuve de jugement pour déterminer si un règlement partiel en trésorerie à la date de transition répond au critère de « base économique équivalente ».

3. **A notre avis,** il est raisonnable de considérer qu'un règlement partiel en trésorerie respecte le critère de « base économique équivalente ». En effet, même si à première vue, la « base de détermination de chacun des flux de trésorerie contractuels » n'est plus la même et pourrait laisser penser que ce test n'est pas respecté, en tenant compte néanmoins du flux de trésorerie payé/reçu de manière « upfront », alors ces flux redeviennent équivalents.

CHAPITRE 44

Comptabilité de couverture (IAS 39)

Plan du chapitre §§ 50000

Plan du chapitre *(suite et fin)* §§

L'ESSENTIEL DE LA NORME IAS 39 (COMPTABILITÉ DE COUVERTURE)

1. Notion de couverture

50001 Une opération de couverture consiste à utiliser un instrument financier, en général un instrument dérivé, pour réduire tout ou partie des risques supportés par l'élément couvert.

La comptabilité de couverture modifie le traitement comptable habituel de l'instrument de couverture (dérivé) et/ou de l'élément couvert de façon à ce que les gains et les pertes liés à l'instrument de couverture puissent être comptabilisés en résultat au cours du même exercice que les pertes et les gains de l'élément couvert.

La norme IAS 39 définit précisément les éléments qui peuvent ou non être considérés, dans le cadre d'une comptabilité de couverture, comme des éléments couverts (voir n° 50035) ou comme des instruments de couverture (voir n° 50070).

La comptabilité de couverture permet aux entreprises :
– soit de ne pas appliquer le traitement habituellement prévu pour les dérivés (comptabilisation à la juste valeur avec variations en résultat) ;

– soit d'ajuster la valeur comptable des actifs ou passifs couverts pour compenser, dans le compte de résultat, au moins partiellement, l'impact des variations de juste valeur du dérivé de couverture.

Pour le traitement des opérations de couverture, voir nº 50005 s.

2. Critères de qualification d'une opération de couverture

50002

Une relation de couverture n'est qualifiée d'opération de couverture sur le plan comptable que si toutes les conditions suivantes sont remplies (IAS 39.88) :

1. la relation de couverture est formellement désignée et documentée dès sa mise en place, ce qui signifie :
– désignation des éléments couverts, du risque couvert, des instruments de couverture ; et
– identification du mode de comptabilisation de cette dernière (couverture de juste valeur/FVH, couverture de flux de trésorerie/CFH ou couverture d'investissement net à l'étranger/NIH) ;
2. l'entreprise s'attend à ce que la couverture soit hautement efficace sur toute la durée de vie de l'opération, selon la stratégie initialement décrite ;
3. l'efficacité de la couverture doit être régulièrement testée sur toute la durée de vie de l'opération et doit se situer dans une fourchette de 80 % à 125 % ;
4. dans le cas de la couverture d'une transaction future, celle-ci doit être hautement probable.

3. Types de couverture reconnus sur le plan comptable en IFRS

50003

Il existe trois types de relations de couverture (IAS 39.86) :
– la **couverture de juste valeur (« fair value hedge »/FVH)** permettant de se protéger contre une exposition à la variation de prix de l'élément couvert ;
– la **couverture de flux de trésorerie (« cash-flow hedge »/CFH)** permettant de se prémunir contre la variabilité de flux de trésorerie futurs ; et
– la **couverture d'un investissement net en devises (« net investment hedge »/NIH)** permettant de se protéger contre les variations de change d'un investissement net réalisé à l'étranger (filiale ou participation étrangère consolidée). La couverture d'un investissement net à l'étranger est comptabilisée comme une couverture de flux futurs de trésorerie.

4. Comptabilisation d'une opération de couverture

50004

Dans une **couverture de juste valeur** (IAS 39.89) :
– l'instrument de couverture est comptabilisé à sa juste valeur par résultat, s'il s'agit d'un dérivé. S'il s'agit d'un instrument non dérivé (cas des couvertures de change seulement), la variation de change liée au montant inscrit au bilan, mesurée selon IAS 21, est enregistrée directement en résultat ; et
– la valeur comptable de l'élément couvert est ajustée de la variation de juste valeur de la composante risque couverte, en contrepartie du résultat.

Les variations de valeur constatées en résultat sur l'instrument de couverture et l'élément couvert se compensent donc, à l'efficacité de la couverture près.

Dans une **couverture de flux de trésorerie** :
– l'élément couvert ne fait l'objet d'aucune écriture spécifique ;
– l'instrument de couverture est évalué à sa juste valeur. Ses variations de valeur sont comptabilisées en capitaux propres recyclables (OCI) pour la part efficace de la couverture et en résultat pour la part inefficace.

Toutefois, la part inefficace n'est pas traduite en résultat lorsque les pertes/gains globaux constatés sur l'instrument de couverture sont inférieurs (en valeur absolue) aux gains/pertes de l'élément couvert (traitement asymétrique de l'inefficacité) (IAS 39.95).

Les montants différés en capitaux propres sont rapportés en résultat lorsque les flux de trésorerie prévus couverts affectent ce dernier.

Le traitement d'une **couverture d'un investissement net en devises** est similaire à celui d'une couverture de flux de trésorerie (IAS 39.102).

QUESTIONS/REPONSES PRATIQUES

Remarque importante

50005 Au 1er janvier 2018, date d'entrée en vigueur d'IFRS 9, les entités ont fait le choix d'appliquer le dispositif relatif à la comptabilité de couverture d'IFRS 9 ou de continuer d'appliquer celui d'IAS 39.

Par ailleurs, quel que soit le choix retenu, elles peuvent également continuer à appliquer le dispositif applicable à la couverture sur base de portefeuille du risque de taux d'actifs et de passifs financiers, en utilisant les dispositions de la norme telles que validées dans l'Union européenne.

Si une entreprise continue d'appliquer le dispositif de la norme IAS 39 relatif à la comptabilité de couverture :
- elle n'est pas dispensée d'appliquer les autres dispositions d'IFRS 9, notamment celles relatives au classement et à l'évaluation des instruments financiers ;
- elle doit également tenir compte des amendements apportés à la norme IFRS 7 quant à la présentation des informations en annexe sur la comptabilité de couverture ;
- il lui est toujours possible d'opter (même après le 1er janvier 2018) pour les dispositions de la norme IFRS 9.

En revanche, si une entreprise choisit d'appliquer le volet couverture de la norme IFRS 9, il ne lui sera plus possible de revenir au volet couverture d'IAS 39.

Ainsi, les réponses aux questions présentées ci-après résultent de l'analyse :
- du dispositif de l'ancienne norme IAS 39 relatif à la comptabilité de couverture, et
- des normes IFRS 9, IFRS 7 et IAS 32, en vigueur actuellement,

sur la base des informations disponibles au 1er juin 2023 (voir n° 44100).

Remarque Les références, figurant dans certaines réponses ci-après, au guide d'application d'IAS 39 (« Guidance on Implementing IAS 39 », IAS 39.IG s.) sont disponibles dans les Sources comptables IFRS (Code IFRS) du Navis Comptable Conso France/IFRS, rubrique Normes IAS/IFRS/ Anciennes normes (Ed. Francis Lefebvre, www.efl.fr). En effet, même si l'IASB a choisi d'arrêter de publier ce guide d'application (qui ne faisait pas partie intégrante de la norme), il ne l'a pas rejeté pour autant (IFRS 9.BC6.95). En conséquence, ces références ont été conservées dans ce chapitre.

Evolution des réponses Certaines de ces réponses vont être modifiées à la suite des dispositions de la norme IFRS 9, Instruments financiers, dans sa version publiée en juillet 2014, dont les dispositions en matière de comptabilité de couverture seront d'application obligatoire, sans aucune dérogation, dès la finalisation du projet macro-couverture de l'IASB (voir n° 44100).

Pour la comptabilité de couverture sous IFRS 9, voir n° 49050 s.

SECTION I

Généralités

A. Notion de couverture

Définition de la comptabilité de couverture (et notion de modèle mixte)

50010 ***Question***

Qu'est-ce que la comptabilité de couverture en IFRS ?

Réponse

La comptabilité de couverture vise à traduire comptablement les résultats des opérations de couverture en comptabilisant au cours d'une même période les effets de l'instrument de couverture (dérivé en général) et ceux de l'élément couvert.

Elle permet de réconcilier les instruments comptabilisés à la juste valeur par résultat et ceux qui ne le sont pas (ces deux modes d'évaluation coexistant, en IFRS, dans le cadre du modèle mixte). **50010** (suite)

Les entreprises peuvent ainsi, sous certaines conditions :
- soit ne pas appliquer le traitement habituellement prévu pour les dérivés (i.e. comptabilisation à la juste valeur par résultat), en différant en capitaux propres recyclables les pertes et gains constatés sur ces derniers (couverture de flux de trésorerie ou couverture d'un investissement net en devises) ;
- soit ajuster la valeur comptable des actifs, passifs ou engagements fermes couverts pour compenser, dans le compte de résultat, au moins partiellement, l'impact des variations de juste valeur du (des) dérivé(s) qualifié(s) de couverture (couverture de juste valeur).

Commentaires :

1. **Contexte** La plupart des entreprises couvrent leurs risques, c'est-à-dire qu'elles prennent des mesures permettant de réduire ou de compenser les risques provenant de leurs activités. Concernant les risques financiers – risque de taux d'intérêt, risque de change, risque actions, risque sur matières premières et risque de crédit – la mise en place d'opérations de couverture entraîne souvent l'utilisation de produits dérivés.

2. **Objectif de la comptabilité de couverture** La comptabilité de couverture vise à traduire comptablement les résultats des opérations de couverture en comptabilisant au cours d'une même période les effets de l'instrument de couverture (dérivé en général) et ceux de l'élément couvert.

La comptabilité de couverture permet aux entreprises :
- soit de ne pas appliquer le traitement habituellement prévu pour les dérivés (comptabilisation à la juste valeur avec variations en résultat) ;
- soit d'ajuster la valeur comptable des actifs ou passifs couverts pour compenser, dans le compte de résultat, au moins partiellement, l'impact des variations de juste valeur du dérivé de couverture.

L'application de la comptabilité de couverture n'est donc pas un droit, mais un privilège qui doit être justifié si l'entité choisit de l'appliquer (la comptabilité de couverture n'étant pas obligatoire). Les entreprises ont ainsi la possibilité (mais non pas l'obligation) de pratiquer la comptabilité de couverture sous réserve toutefois de satisfaire aux obligations imposées par la norme IAS 39, lesquelles sont nombreuses et complexes. C'est pourquoi, en pratique, une couverture économique ne sera pas nécessairement reconnue comme couverture comptable au sens d'IAS 39.

3. **Conséquences du « modèle mixte » des normes IFRS** Les normes IFRS s'appuient sur un modèle « mixte » qui requiert à la fois :
- l'évaluation de certains éléments au coût ou au coût amorti ; et
- l'évaluation d'autres éléments à la juste valeur avec variations de valeur comptabilisées en capitaux propres ou en résultat (produits dérivés notamment).

La comptabilité de couverture est l'un des moyens qui permet de **résorber les distorsions de traitement comptable** qui en résultent (l'autre moyen étant l'application de l'option juste valeur).

Pour l'application de l'option juste valeur, voir n° 46680 s.

a. **Différentes catégories d'instruments définies par IFRS 9 (rappel)** La norme IFRS 9 est d'application obligatoire pour la comptabilisation des actifs et des passifs financiers, notamment des produits dérivés, des prêts, des emprunts, des créances et des dettes ainsi que des investissements dans des instruments de capitaux propres (actions notamment) émis par d'autres entités (non consolidées).

Selon IFRS 9, tous les actifs et passifs financiers doivent être classés dans l'une des catégories indiquées dans le tableau ci-après (voir n° 45080 et 46050 respectivement). Ces catégories déterminent le mode d'évaluation de l'instrument financier postérieurement à sa comptabilisation initiale (juste valeur ou coût amorti) et le mode de comptabilisation des variations de la juste valeur de ces mêmes actifs ou passifs financiers (en résultat ou en capitaux propres).

50010
(suite)

Catégories d'actifs et de passifs financiers définies par IFRS 9	Evaluation à la date d'arrêté	Variations de la valeur nette comptable (sauf si l'actif ou le passif fait partie d'une relation de couverture désignée)	Application du modèle de dépréciation
Actifs financiers – Instruments de dette comptabilisés au coût amorti	Coût amorti	Résultat	Oui
Actifs financiers – Instruments de dette évalués à la juste valeur par les autres éléments du résultat global (OCI)	Juste valeur	Capitaux propres recyclables	Oui
Actifs financiers – Instruments de capitaux propres évalués à la juste valeur par les autres éléments du résultat (OCI)	Juste valeur	Capitaux propres non recyclables	Non
Actifs et passifs financiers évalués à la juste valeur par résultat (comprenant notamment les instruments détenus à des fins de transaction, les instruments comptabilisés selon l'option juste valeur et l'ensemble des dérivés)	Juste valeur	Résultat (1)	Non
Autres passifs financiers	Coût amorti (2)	Résultat	N/A

(1) A l'exception des variations de juste valeur attribuables au risque de crédit propre à un passif en option juste valeur (voir n° 46065).
(2) Sauf cas particuliers, par exemple les garanties financières (voir n° 46290).

b. Cas des instruments non financiers (rappel) Outre le fait que tous les instruments financiers ne sont pas comptabilisés à la juste valeur par résultat, le modèle mixte retenu par les normes IFRS conduit également les entreprises à comptabiliser dans leurs états financiers des éléments non financiers qui peuvent faire l'objet de couverture contre des risques financiers. Il peut s'agir, par exemple :
– d'achats/ventes de matières premières ou de sources d'énergie que les entreprises peuvent souhaiter couvrir contre un risque de variation de prix ou de cours ;
– d'achats/ventes de produits et/ou de services ou encore d'acquisitions/cessions d'immobilisations (corporelles ou incorporelles) libellés en devises qu'elles peuvent souhaiter couvrir contre le risque de change.

Ces éléments peuvent se traduire :
– par une comptabilisation au coût ou au coût amorti (cas de stocks ou d'immobilisations corporelles ou incorporelles, par exemple) ; ou
– par une absence de comptabilisation au bilan (cas de commandes fermes ou de transactions futures, par exemple, un budget de vente ou d'achat ou l'acquisition future d'une immobilisation).

4. Utilisation de produits dérivés comme instruments de couverture Selon le principe de base d'IFRS 9, tous les dérivés sont comptabilisés à leur juste valeur, les gains et pertes étant comptabilisés en résultat. Toutefois, les dérivés sont couramment utilisés pour couvrir :
– des actifs et des passifs évalués au coût, au coût amorti ou à la juste valeur mais dont les gains et les pertes sont comptabilisés en capitaux propres ; ou
– des éléments tels que des transactions futures ou des engagements fermes qui ne sont pas inscrits au bilan.

Ce qui explique l'existence de distorsions dans la comptabilisation des gains et des pertes.

La **comptabilité de couverture** vise donc à **corriger ces distorsions** en **modifiant les modalités de comptabilisation des gains et pertes** relatifs soit à l'**élément couvert**, soit à l'**instrument de** couverture. Elle permet ainsi de limiter considérablement la volatilité qui découlerait de la comptabilisation en résultat des gains et pertes sur le(s) produit(s) dérivé(s), comme le requièrent les principes généraux de comptabilisation des instruments financiers selon IFRS 9.

Conditions d'application de la comptabilité de couverture

Question 50015

Pourquoi existe-t-il des conditions pour pouvoir appliquer la comptabilité de couverture ?

Réponse

La comptabilité de couverture étant une exception aux principes généraux de comptabilisation des instruments financiers, elle ne peut s'appliquer que si des critères stricts sont respectés.

C'est pourquoi, en pratique, une couverture économique pourra ne pas être reconnue comme une couverture comptable au sens d'IAS 39.

Commentaires Une opération de couverture vise à limiter l'exposition à un risque économique et à réduire l'impact de ces risques sur la performance d'une entreprise.

Une entreprise peut ainsi, par exemple, contracter un emprunt en devises lorsqu'elle sait qu'elle recevra un flux de devises issu de ventes dans cette monnaie.

De nombreuses stratégies de couverture qui ont pour objectif d'atténuer le risque économique peuvent être qualifiées d'opérations de couverture selon IAS 39. A l'inverse, d'autres stratégies de couverture, bien que fondées sur le plan économique, peuvent ne pas pouvoir être reconnues sur le plan comptable.

La comptabilité de couverture modifie le traitement comptable habituel d'un instrument de couverture et/ou de l'élément couvert de façon à ce que les gains et les pertes liés à l'instrument de couverture puissent être comptabilisés en résultat au cours du même exercice que les pertes et les gains de l'élément couvert.

La norme IAS 39 définit ainsi de manière précise les éléments qui peuvent ou non être considérés, dans le cadre d'une comptabilité de couverture, comme des éléments couverts (voir n° 50030) ou comme des instruments de couverture (voir n° 50070).

Par ailleurs, l'**obligation de désigner** un instrument (généralement un dérivé) comme **« instrument de couverture »** et l'**obligation de prouver l'existence d'une « compensation »** avec les variations de la juste valeur ou les flux de trésorerie de l'élément couvert sont des conditions sine qua non d'application de la comptabilité de couverture.

Pour pouvoir appliquer la comptabilité de couverture, des critères stricts doivent être remplis, notamment l'existence d'une documentation formelle et la réalisation de tests d'efficacité (voir n° 50020), lors de la mise en place et sur toute la durée de la relation de couverture. Pour ce faire, les entreprises doivent impérativement disposer de systèmes et de procédures appropriés permettant de suivre chaque relation de couverture.

Pour la possibilité et les conditions de désignation des éléments couverts et des instruments de couverture, voir n° 50300 s.

Dans l'hypothèse où l'un des critères de la comptabilité de couverture cesse d'être rempli (par exemple, si le test d'efficacité devient défaillant), cette comptabilité particulière doit être **interrompue** (voir n° 50260). Elle l'est alors **de manière prospective,** c'est-à-dire à partir de la dernière date à laquelle les critères étaient encore remplis (IAS 39.AG113). Dans ce cas, l'instrument de couverture, lorsqu'il s'agit d'un dérivé, est déqualifié et comptabilisé – à compter de cette date – comme un instrument détenu à des fins de transaction (évaluation à la juste valeur par résultat).

Pour le traitement comptable de l'interruption d'une relation de couverture, voir n° 50265 s.

■ *Exemple*

Couverture économique *Une entreprise a contracté un emprunt à taux variable et souhaite se couvrir contre le risque de hausse des taux d'intérêt. Elle contracte à cet effet un swap payeur – taux fixe/receveur – taux variable qui lui permet de transformer son emprunt à taux variable en un emprunt à taux fixe. L'emprunt est comptabilisé au coût amorti (comptabilisation du nominal et des intérêts au taux d'intérêt effectif – TIE).*

Par hypothèse dans cet exemple, cette opération n'est pas qualifiée d'opération de couverture. En conséquence, le swap (produit dérivé) est comptabilisé à la juste valeur par résultat.

L'entreprise comptabilisera donc :
– une plus-value latente sur le swap en cas de hausse des taux d'intérêt, qui ne sera compensée par aucune moins-value sur l'emprunt (maintenu au coût amorti) ;
– une moins-value latente sur le swap en cas de baisse des taux d'intérêt, qui ne sera compensée par aucun gain latent sur l'emprunt (maintenu au coût amorti).

Critères de qualification d'une opération de couverture

50020 ***Question***

Quels sont les critères généraux à respecter pour qualifier comptablement une opération de couverture ?

Réponse

Une relation de couverture n'est qualifiée d'opération de couverture sur le plan comptable que si toutes les conditions suivantes sont remplies :
– la relation de couverture est formellement désignée et documentée dès sa mise en place, ce qui signifie désignation des éléments couverts, du risque couvert, des instruments de couverture et identification du mode de comptabilisation de cette dernière (couverture de juste valeur/FVH, couverture de flux de trésorerie/CFH ou couverture d'investissement net à l'étranger/NIH) ;
– l'entreprise s'attend à ce que la couverture soit hautement efficace sur toute la durée de vie de l'opération, selon la stratégie initialement décrite ;
– l'efficacité de la couverture doit être régulièrement testée sur toute la durée de vie de l'opération et doit se situer dans une fourchette de 80 % à 125 % ; et
– dans le cas de la couverture d'une transaction future, celle-ci doit être hautement probable.

Commentaires La comptabilité de couverture étant une exception aux principes généraux de comptabilisation des instruments dérivés (voir n° 50010), son application est soumise au respect de toutes les conditions suivantes (IAS 39.88) :

1. **Dès l'origine, désignation formelle et documentée de la relation de couverture** (IAS 39.88a) La comptabilité de couverture est une comptabilité appliquée sur une base volontaire ; la relation doit donc être formellement désignée dès l'origine de l'opération.

Remarque Il n'est pas possible de désigner de manière rétroactive (c'est-à-dire après sa mise en place effective) une relation de couverture. En outre, la comptabilité de couverture ne peut être appliquée qu'à compter de la date à laquelle l'entreprise a complété la documentation nécessaire (IAS 39.IG F.3.8).

A la mise en place de la transaction, une documentation formalisée doit être établie pour chaque relation de couverture, permettant d'identifier la stratégie de couverture, le risque couvert, l'élément couvert et l'instrument de couverture. La documentation doit également décrire la manière dont l'entité évaluera l'efficacité de l'instrument de couverture, c'est-à-dire les tests d'efficacité mis en place.

Pour la documentation à constituer, voir n° 50135.

2. **Caractère hautement efficace de la couverture** Le caractère « hautement efficace » de la couverture doit être démontré afin de pouvoir appliquer la comptabilité de couverture (IAS 39.88b et .88e). Pour que la couverture soit qualifiée de « hautement efficace » dans son objectif de compensation des variations de juste valeur ou des flux de trésorerie du risque couvert, il faut que (IAS 39.AG105) :
– la démonstration soit faite à la fois de manière prospective et rétrospective (voir ci-après) ;
– et que les résultats réels de la couverture se situent dans un **intervalle entre 80 % et 125 %** sur toute la durée de celle-ci (voir n° 50095).

Ces pourcentages correspondent à la proportion des variations de valeur ou de flux de trésorerie de l'élément de couverture et de l'élément couvert.
Le fait qu'une couverture soit jugée hautement efficace n'empêche pas, toutefois, l'existence d'une part d'inefficacité comprise dans l'intervalle 80 % à 125 % (voir n° 50095).

3. **Démonstration à la fois prospective et rétrospective de l'efficacité de couverture** L'appréciation de l'efficacité de la couverture doit être faite :

a. **d'une part, de manière prospective, à la date de mise en place de la couverture et (au minimum) à chaque date d'arrêté comptable** (IAS 39.88b et .AG106). L'efficacité prospective est démontrée lorsque l'entreprise s'attend à ce que, pendant toute la période de couverture désignée, la couverture soit hautement efficace, en termes de compensation (« offsetting ») des variations de juste valeur ou de flux de trésorerie attribuables au risque couvert ;

Dans la pratique, cette démonstration s'effectue à l'aide des tests dits « prospectifs » (voir n° 50105).

b. **et, d'autre part, de manière rétrospective, au minimum à chaque date de clôture comptable (y compris intermédiaire)** (IAS 39.88e et .AG105b). L'objectif est alors de démontrer que la couverture a effectivement été hautement efficace sur les périodes passées.

Dans la pratique, cette démonstration s'effectue à l'aide des tests dits « rétrospectifs » (voir n° 50105).

4. **Fiabilité de la mesure de l'efficacité de la couverture** Pour pouvoir utiliser la comptabilité de couverture, il est nécessaire de justifier que l'efficacité de la couverture peut être mesurée de manière fiable, c'est-à-dire que les variations de juste valeur ou de flux de trésorerie de l'élément couvert d'une part, et de l'instrument de couverture, d'autre part, peuvent être mesurées de manière fiable (IAS 39.88d).

5. **Cas particulier des transactions futures** Une couverture d'une transaction future attendue (« forecasted transaction ») ne peut être déclarée couverte que si elle est estimée « hautement probable » (voir n° 50050).

En conclusion, les critères de couverture sont des critères difficiles à respecter, qui demandent la plupart du temps une adaptation des systèmes d'information et des procédures des entreprises.

La comptabilité de couverture relève d'un choix de l'entreprise (et non d'une obligation provenant de la norme). Il est donc nécessaire d'analyser l'intérêt réel d'y avoir recours, en comparant les bénéfices retirés et les coûts engendrés liés généralement à la mise en œuvre des tests d'efficacité.

B. Eléments couverts

Désignation des éléments couverts

Question 50030

Quels sont les critères à respecter pour pouvoir désigner un élément comme étant un élément couvert selon IAS 39 ?

Réponse

Un élément financier ou non financier peut être qualifié « d'élément couvert » au sens de la norme IAS 39 s'il expose l'entreprise à un risque de variation de juste valeur ou à un risque de variation de flux de trésorerie susceptible d'affecter le résultat de la période actuelle ou des périodes à venir.

Cet élément peut être :
- un actif, un passif, un engagement ferme, une transaction future prévue hautement probable ou un investissement net dans une activité étrangère ;
- un groupe constitué de l'un des éléments précédemment cités, dès lors que ces éléments offrent tous les mêmes caractéristiques d'exposition au risque ; ou enfin
- dans le cas d'une couverture en juste valeur du risque de taux d'intérêt d'un portefeuille, un « montant » représentatif d'une portion d'un portefeuille d'actifs financiers ou de passifs financiers.

L'élément couvert doit être identifié et désigné comme tel à la mise en place de la couverture.

Commentaires :

1. **Principes généraux** Pour appliquer la comptabilité de couverture, l'élément couvert doit être identifié et désigné comme tel à la mise en place de la couverture. Cet élément peut être un actif, un passif, un engagement ferme, une transaction prévue hautement probable ou un investissement net dans une activité étrangère ou encore un groupe constitué de l'un des types d'éléments précités.

50030 (suite) Dans le cadre bien spécifique d'une couverture en juste valeur contre le risque de taux d'un portefeuille, il peut s'agir d'un « montant » (en monnaie locale ou en devises) plutôt que d'actifs (ou passifs) individuels (IAS 39.9 et .78).

Selon IAS 39.9 :
- un **engagement ferme** est un accord irrévocable d'échange d'une quantité spécifiée de ressources pour un prix spécifié, à une ou plusieurs dates futures spécifiées ;
- une **transaction future** est une transaction prévue mais ne faisant pas l'objet d'un engagement.

Selon IAS 21.8, un **investissement net** dans une activité à l'étranger est le montant de la participation de l'entité présentant les états financiers dans l'actif net de cette activité. Pour plus de précisions sur cette notion, voir n° 50415.

2. Nature des risques couverts Les risques les plus fréquemment couverts sont le risque de change, le risque de taux d'intérêt, le risque action, le risque sur matières premières et le risque de crédit.

Il n'est pas possible de couvrir l'exposition à un risque général d'activité d'une entreprise, comme par exemple le risque d'obsolescence d'une usine ou les risques liés à des conditions climatiques défavorables, parce que ces risques ne peuvent être évalués de façon fiable. Pour les mêmes raisons, l'engagement d'acquérir une autre entité lors d'un regroupement d'entreprises ne peut être couvert qu'au titre du risque de change (IAS 39.AG98).

3. Exposition à un risque ayant un impact sur le compte de résultat de l'entité L'élément couvert doit exposer l'entité à un risque de variation de prix (encore appelé risque de variation de juste valeur) ou à un risque de variation de flux de trésorerie futurs susceptibles dans les deux cas d'avoir un impact sur le résultat de l'exercice en cours ou d'un exercice futur (IAS 39.9 et .86). En conséquence, il est impossible de désigner comme éléments couverts les instruments de capitaux propres de l'entreprise elle-même ou des opérations portant sur ces instruments de capitaux propres, comme par exemple, le rachat d'actions propres ou le versement de dividendes (IAS 39.IG F2.7).

4. Couverture d'une portion séparément identifiable et mesurable d'un élément Dans des cas bien spécifiques, la norme IAS 39 permet de ne couvrir qu'une portion séparément identifiable et mesurable (composante distincte) d'un instrument financier.

Pour la notion de « portion séparément identifiable et mesurable » d'un élément couvert, voir n° 50045 (principe général), n° 50125 (couverture par achat d'option/valeur temps) et n° 50330 (inflation).

5. Couverture d'un groupe d'éléments homogènes La norme IAS 39.78 permet de couvrir un groupe d'actifs, de passifs, d'engagements fermes, de transactions futures hautement probables ou d'investissements nets dans une opération à l'étranger qui ont des caractéristiques de risques similaires. Toutefois, pour que des actifs ou passifs puissent constituer un groupe couvert (IAS 39.83) :
- les actifs individuels ou les passifs individuels à l'intérieur de chaque groupe d'actifs ou de passifs doivent avoir une même exposition au risque qui est couvert (et notamment varier dans le même sens) ; et
- on doit s'attendre à ce que les variations de juste valeur, liées au risque couvert, de chaque élément individuel du groupe soient quasiment proportionnelles à la variation de juste valeur globale, liée au risque couvert du groupe.

Cette condition peut être difficile à respecter pour certains types de couvertures économiques. Ainsi, par exemple (IAS 39.IG F2.20), lorsqu'une entreprise a acheté un portefeuille d'actions représentatif d'un **indice boursier** (par exemple, le CAC 40) et une option de vente de cet indice, l'option achetée ne peut être qualifiée d'instrument de couverture du portefeuille d'actions car ce portefeuille n'est pas constitué d'actifs similaires au sens de la norme IAS 39. En effet, les variations de valeur de chacune des actions ne seront généralement pas proportionnelles à la variation de valeur globale du portefeuille d'actions.

Par ailleurs, il est impossible d'affecter à un même groupe des éléments variant en inverse (interdiction de couvrir une **position nette,** voir n° 50040, point 2.).

6. Couverture en juste valeur d'un portefeuille d'instruments de taux d'intérêt – Cas particulier Lorsqu'un portefeuille d'instruments de taux d'intérêt est couvert en juste valeur, la partie couverte peut être désignée en termes de « montant » dans une devise donnée (par exemple, l'euro ou le dollar) plutôt que désignée en actifs/passifs individuels (macro-couverture). Les tests d'efficacité sont alors effectués sur la base de ce « montant ». Toutefois, ce montant ne peut pas être un « montant net » puisqu'IAS 39 interdit de couvrir une position nette (IAS 39.81A).

Cette possibilité de traitement n'est applicable que dans le cas de la couverture de juste valeur et non pas de la couverture de flux de trésorerie.

Sur le « carve-out » de l'Union européenne sur ce point, voir n° 50320.

Exemples d'éléments pouvant être couverts au sens d'IAS 39

Question 50035

Quels éléments peuvent être couverts au sens d'IAS 39 ?

Réponse

Les éléments suivants, par exemple (liste non exhaustive) :

a. couverture contre le risque de taux d'intérêt :

- prêts ou emprunts externes à taux fixe ou à taux variable classés au coût amorti ;
- obligations externes à taux fixe ou à taux variable acquises par l'entreprise classées en actifs financiers évalués en juste valeur par OCI ;
- obligations externes à taux fixe ou à taux variable émises par l'entreprise ;

b. couverture contre le risque de change :

- transactions futures hautement probables d'achats/ventes de marchandises ou de services libellées en devises ;
- créances, dettes, emprunts et investissements libellés en devises ;
- investissements nets en devises (filiales étrangères ayant une monnaie fonctionnelle différente de celle de la mère) ;

c. couverture contre le risque sur matières premières : transactions futures hautement probables d'achats/ventes de matières premières ;

d. couverture contre le risque de crédit :

- prêts à taux fixe ou à taux variable ;
- portefeuille de créances commerciales.

Commentaires Cette liste est uniquement fournie à titre indicatif et ne saurait être exhaustive. Elle ne répertorie que les types d'opérations les plus fréquemment réalisées et les éléments couverts correspondants.

Remarque Avant l'entrée en vigueur d'IFRS 9, IAS 39 ne permettait pas la couverture des placements détenus jusqu'à l'échéance (« Held To Maturity »/HTM) pour le risque de taux ou de remboursement anticipé. En effet, sous IAS 39, le risque de taux d'intérêt et le risque de remboursement anticipé associés à un placement en « Actifs détenus jusqu'à l'échéance » ne pouvaient pas faire l'objet d'une relation de couverture sur le plan comptable car le classement d'un élément dans cette catégorie montrait que l'entité avait l'intention ferme de détenir l'instrument jusqu'à son échéance, quelles que soient ses variations de juste valeur ou de flux de trésorerie provenant de la fluctuation des taux d'intérêt. Sous IFRS 9, la catégorie HTM n'existe plus et les actifs financiers ne peuvent être évalués au coût amorti que s'ils sont gérés dans un modèle de gestion dont l'objectif est de détenir les actifs financiers afin de percevoir des flux contractuels (« Hold To Collect »/HTC). Or, ce modèle de gestion n'étant pas incompatible avec la réalisation de ventes, les actifs financiers évalués au coût amorti ne seront pas obligatoirement détenus jusqu'à leur échéance sous IFRS 9. Par conséquent, si une entité choisit d'appliquer les dispositions de couverture d'IAS 39, l'interdiction de couvrir les HTM pour le risque de taux sous IAS 39 ne doit pas être étendue aux actifs évalués au coût amorti sous IFRS 9 (IFRS 9.BC6.156).

Eléments ne pouvant pas être couverts au sens d'IAS 39

Question 50040

Quels éléments ne peuvent pas être couverts au sens d'IAS 39 ?

Réponse

Les éléments suivants :

- les instruments de capitaux propres comptabilisés à la juste valeur par les autres éléments du résultat global (OCI) sous IFRS 9 ;
- une position nette globale (ou de macro-couverture) ;
- un produit dérivé ;

  Il est toutefois possible de couvrir une option achetée si elle est incorporée à un autre instrument et non comptabilisée séparément et, s'il s'agit d'une couverture contre un risque de variation de valeur par la vente d'une autre option, ou encore une vente de cap incorporée dans un prêt à taux variable (et non comptabilisée de manière séparée), par un achat de cap.

- les transactions internes à un groupe sauf, par exception, et dans le cadre d'une couverture de change uniquement, celles susceptibles d'affecter le résultat consolidé (y compris certaines transactions futures) ;

50040 (suite)

– les dépôts à vue et autres passifs remboursables sur demande, dans le cas d'une couverture de juste valeur du risque de taux d'intérêt d'un portefeuille, sauf application de la norme telle qu'approuvée par l'Union européenne (« carve-out ») ;
– un investissement net dans une entreprise intégrée globalement ou mise en équivalence, dans le cas d'une couverture de juste valeur ;
– un risque spécifique encouru par une entreprise intégrée globalement ou mise en équivalence ;
– un engagement ferme d'acquisition d'une entreprise, sauf dans le cas d'une couverture contre le risque de change ;
– les transactions futures qui n'affectent pas le compte de résultat ;
– les risques non spécifiques, liés par exemple à l'activité générale de l'entreprise ;
– le risque qu'une transaction ne se réalise pas.

Commentaires Concernant les éléments susceptibles d'être désignés comme éléments couverts, la norme IAS 39 comporte les restrictions supplémentaires suivantes :

1. **Instruments de capitaux propres comptabilisés à la juste valeur par les autres éléments du résultat global (OCI)** Lorsqu'une entité choisit d'appliquer les dispositions d'IAS 39 en matière de couverture alors qu'elle doit appliquer IFRS 9 pour le classement et l'évaluation des actifs financiers, les risques de variations de juste valeur (change, risque action, etc.) associés à un instrument de capitaux propres comptabilisé à la juste valeur par OCI ne peuvent pas faire l'objet d'une relation de couverture sur le plan comptable. En effet, les variations de juste valeur sur ces instruments de capitaux propres ne seront jamais recyclées en résultat.

Pour plus de détails sur le classement d'instruments de capitaux propres sous IFRS 9, voir nº 45260.

Or, selon les principes d'IAS 39 en matière de couverture, un actif financier ne peut être qualifié d'élément couvert que s'il expose l'entité à un risque de variation de juste valeur ou de flux de trésorerie susceptible d'affecter le résultat de l'entité. La norme IAS 39 n'a pas été amendée afin de permettre la couverture d'élément dont la variation de valeur est susceptible de n'affecter que les autres éléments du résultat global (OCI). Par conséquent, dans la mesure où les variations de juste valeur sur les instruments de capitaux propres comptabilisés à la juste valeur par OCI n'affecteront jamais le compte de résultat, ces instruments de capitaux propres ne sont pas éligibles à la comptabilité de couverture.

2. **Position nette globale (au titre du risque de taux)** Il est impossible de déclarer couvrir sur le plan comptable une position nette globale au titre du risque de taux (par exemple, un portefeuille comprenant à la fois des actifs et des passifs financiers) (IAS 39.84). Toutefois, il est possible de parvenir approximativement au même effet sur le résultat en désignant une position brute – un actif, un passif ou un groupe d'actifs ou de passifs qui font partie de la position nette et dont le montant équivaut à la position nette – comme étant le ou (les) élément(s) couvert(s) (IAS 39.AG101).

La norme IAS 39 (IAS 39.AG101) fournit deux exemples.

1. Une entreprise, ayant un engagement ferme d'achat en monnaie étrangère de 100 et un engagement ferme de vente dans la même monnaie de 90, peut couvrir la différence nette de 10 en achetant un dérivé de 10 et en le désignant comme instrument de couverture associé à un montant de 10 (position brute) sur un engagement ferme d'achat de 100.
Dans ce cas, seuls 10 (sur 100) des achats réalisés dans la devise concernée pourront être comptabilisés au cours couvert par l'achat à terme de devise. Les autres devront l'être au cours du jour de la transaction. Il en sera de même pour les ventes réalisées dans cette devise (comptabilisation au cours en vigueur le jour de la transaction – aucune couverture reconnue).
2. Une banque ayant un montant d'actifs de 100 et un montant de passifs de risques et de terme similaires de 90, souhaitant couvrir une exposition nette de 10, peut désigner un montant de 10 dans ces actifs en tant qu'éléments couverts. Si les actifs et les passifs sont des instruments à taux fixe, il s'agit d'une couverture de juste valeur (« fair value hedge »/FVH) ; s'ils sont à taux variable, il s'agit d'une couverture de flux de trésorerie (« cash-flow hedge »/CFH).

En effet, la norme interdit ce type de **macro-couverture** en raison, d'une part, de l'hétérogénéité des éléments couverts (au sens de la norme) et, d'autre part, de la difficulté de démontrer l'efficacité de la couverture par rapport aux éléments couverts. La norme IAS 39 permet néanmoins, dans un cadre très spécifique, de désigner comme élément couvert un « montant » représentatif d'une portion d'un portefeuille d'actifs ou de passifs financiers (IAS 39.AG81A).

Pour la couverture en juste valeur du risque de taux d'intérêt d'un portefeuille, voir nº 50030, point 6.

3. Produit dérivé (excepté dans le cas d'une option achetée ou vendue, incorporée dans un contrat hôte et non comptabilisée de manière distincte) IAS 39.IG F2.1 interdit la couverture d'un instrument financier dérivé (qu'il s'agisse d'un dérivé indépendant ou d'un dérivé incorporé), excepté dans le cas d'une option achetée qui peut être désignée comme élément couvert dans une couverture de juste valeur lorsqu'il s'agit d'une option incorporée dans un instrument financier non comptabilisée séparément et couverte dans une relation de couverture de juste valeur (FVH) par la vente d'une autre option (IAS 39.AG94). 50040 (suite)

Les dérivés sont toujours considérés comme étant détenus à des fins de transaction. Ces dérivés sont donc évalués à leur juste valeur, les variations de valeur étant comptabilisées en résultat, sauf lorsqu'ils sont désignés comme étant des instruments de couverture de flux de trésorerie futurs.

La seule exception autorisée concerne les achats d'options qui peuvent être désignés comme éléments couverts dans une relation de couverture de juste valeur et non comptabilisés séparément (IAS 39.IG F2.1 renvoyant à .AG94).

IAS 39.AG94 donne comme exemple le cas d'une option achetée incorporée dans une dette remboursable par anticipation au gré de l'émetteur (« callable liability »), qualifiée d'instrument couvert par une option d'achat vendue (« written call option »).

Un autre exemple possible est de couvrir une vente de cap incorporée dans un prêt à taux variable (et non comptabilisée de manière séparée) par un achat de cap.

4. Transactions internes à un groupe sauf, par exception et dans le cadre d'une couverture contre le risque de change, celles portant sur des éléments monétaires intragroupe susceptibles d'affecter le résultat consolidé du groupe En matière de comptabilité de couverture, seuls les actifs, passifs, engagements fermes ou transactions prévues hautement probables qui impliquent une contrepartie externe à l'entité peuvent être désignés comme étant des éléments couverts.

A titre d'exception, le risque de change sur un élément monétaire intragroupe (par exemple, un montant à payer ou à recevoir entre deux filiales) peut être qualifié d'élément couvert dans les états financiers consolidés s'il entraîne une exposition à des profits et pertes de change qui ne sont pas intégralement éliminés lors de la consolidation selon IAS 21. En outre, le risque de change sur une transaction future hautement probable intragroupe peut être qualifié d'élément couvert dans les comptes consolidés du groupe à condition que cette transaction soit libellée dans une devise autre que la monnaie fonctionnelle de l'entité qui l'a contractée et que le risque de change correspondant affecte le résultat consolidé du groupe (IAS 39.80).

Pour la couverture d'opérations intragroupe en devises, voir nº 50465 et 50475.

5. Dépôts à vue et autres passifs remboursables à demande, dans le cas d'une couverture de juste valeur du taux d'intérêt d'un portefeuille Selon IAS 39.AG118b, un dépôt à vue (ou tout autre passif remboursable à demande) ne peut être désigné comme élément couvert dans une relation de couverture de juste valeur.

6. Investissement net dans une entreprise intégrée globalement ou mise en équivalence, dans le cas d'une couverture de juste valeur Il est également impossible de déclarer couvrir, contre un risque de juste valeur, une participation prise dans une filiale (intégrée de manière globale), une joint venture ou une entreprise associée (mises en équivalence) (IAS 39.AG99).

En effet, IAS 39.AG99 précise :

- que la relation de couverture ne peut pas être reconnue parce que la méthode de mise en équivalence conduit à reconnaître la quote-part des résultats de la société en joint venture ou sous influence notable, plutôt que les variations de valeur de la participation elle-même ; et
- qu'un raisonnement analogue s'applique à une filiale.

Ce type de couverture pourrait ainsi aboutir à la double prise en compte des résultats de l'entreprise consolidée, d'une part, au titre des quotes-parts de résultat elles-mêmes et, d'autre part, au titre des variations de juste valeur des éléments couverts liées à ces résultats, lesquelles seraient également comptabilisées en résultat, si la relation de couverture était reconnue.

En revanche, l'investissement net dans une entreprise intégrée globalement ou mise en équivalence peut faire l'objet d'une couverture contre le risque de change (IAS 39.102).

7. Risque spécifique encouru par une entreprise intégrée globalement ou mise en équivalence.

Par exemple, il n'est pas possible pour un groupe de couvrir le risque de change que court une société associée sur une transaction donnée.

8. Engagement ferme d'acquisition d'une entreprise, sauf dans le cas d'une couverture contre le risque de change Selon IAS 39, il est impossible de déclarer couvrir contre un risque autre que le risque de change l'acquisition d'une société pour laquelle un engagement ferme a été signé (IAS 39.AG98).

La norme précise, en effet, que les risques autres que le risque de change ne peuvent pas être spécifiquement identifiés et évalués, s'agissant de **risques généraux d'activité** (voir ci-après).

9. **Transactions futures sur actions propres de l'entité et distribution de dividendes** De telles transactions, n'ayant pas d'impact sur le résultat net de l'entité (IAS 39.86), ne peuvent donc pas être couvertes (IAS 39.IG F2.7).

Tel est le cas des distributions de dividendes qui sont directement débités des capitaux propres une fois alloués aux actionnaires.

Toutefois, les distributions de dividendes décidées et non encore réglées, comptabilisées en dettes, peuvent être couvertes, en tant que passif financier, par exemple contre le risque de change lorsqu'elles sont libellées en monnaies étrangères (IAS 39.IG F2.7).

10. **Risques non spécifiques, liés par exemple à l'activité générale d'une entreprise** Pour pouvoir être qualifiée d'opération de couverture, l'opération doit porter sur un risque spécifique identifié et désigné comme tel et non pas simplement porter sur des risques généraux liés à l'activité de l'entreprise. De plus, ces risques doivent avoir un impact sur le compte de résultat de l'entité (IAS 39.AG110).

Par exemple, une opération de couverture du **risque d'obsolescence** d'un actif physique ou du **risque d'expropriation** d'un bien par les pouvoirs publics ne remplirait pas les conditions requises pour une comptabilité de couverture ; en effet, son efficacité ne peut être évaluée dans la mesure où ces risques ne sont pas évalués de façon fiable (IAS 39.AG110).

11. **Risque qu'une transaction ne se réalise pas** Ce type de risque ne peut être couvert dès lors qu'il s'agit d'un risque général d'activité qui n'est pas éligible en tant qu'élément couvert (IAS 39.IG F2.8).

En effet, un élément couvert ne peut être qu'un actif ou un passif comptabilisé, un engagement ferme ou une transaction future hautement probable (IAS 39.IG F2.8).

Couverture d'une partie d'un élément

50045 ***Question***

Peut-on ne couvrir qu'une partie seulement d'un élément ?

Réponse

Oui, s'il s'agit d'une portion séparément identifiable et mesurable de l'élément couvert (notion de composante distincte).

A contrario, dans le cas d'un actif ou d'un passif non financier, seul le risque de change peut être couvert séparément.

Il existe, par ailleurs, un certain nombre de règles précisant les portions admissibles/non admissibles à une qualification de couverture.

Sur l'interdiction de couvrir la composante inflation d'un instrument de dette à taux fixe, voir n° 50330.

Sur l'interdiction d'inclure la valeur temps d'une option dans la composante risque couverte (dérivé hypothétique), voir n° 49670.

Commentaires :

1. **Principe général (rappel)** La norme IAS 39 permet de ne couvrir qu'une partie d'un élément couvert, si cette partie correspond à une « portion séparément distincte et mesurable » d'un élément (notion de composante distincte) (IAS 39.81 et .82). L'approche varie toutefois selon que l'élément couvert est un instrument financier ou au contraire un instrument non financier.

a. **Instruments financiers** Si l'élément couvert est un actif ou un passif financier, il peut être couvert au titre des risques associés seulement à une certaine portion de sa juste valeur ou de ses flux de trésorerie, à condition :

– que l'efficacité de la couverture de cette portion puisse être **mesurée de manière fiable** (IAS 39.81) ; et

– que la **portion** désignée couverte soit **inférieure** aux flux de trésorerie totaux de l'élément couvert (IAS 39.AG99A dans le cas d'une couverture de flux de trésorerie et IAS 39.AG99B dans le cas d'une couverture de juste valeur). Toutefois, dans le cas d'une couverture de juste valeur d'un portefeuille, le **« carve-out »** (découpage) réalisé par la Commission européenne lors de l'adoption (partielle) de la norme IAS 39 permet aux entreprises européennes de couvrir un **taux zéro** ou un élément ayant un **spread négatif** par rapport à un taux d'intérêt sans risque ou à un taux de référence.

Pour le « carve-out » réalisé par la CE lors de l'adoption de la norme IAS 39, voir nº 50320. Sur les conséquences de l'application du « carve-out » sur la conformité de comptes (ainsi établis) aux normes IFRS, voir nº 50320, point 2. **50045** (suite)

Sur la notion de taux de référence, voir point 2a. ci-après.

b. Instruments non financiers Si l'élément couvert est un actif ou un passif non financier (par exemple, une immobilisation ou un stock), l'entité ne peut désigner couvrir que (IAS 39.82 et .AG100) :

– soit **l'intégralité** de la juste valeur ou des flux de trésorerie de l'élément (couverture de la totalité des risques associés à l'élément) ;

– soit le **risque de change** uniquement, considéré comme une composante distincte pouvant faire l'objet d'une couverture spécifique.

En effet, concernant les instruments non financiers, l'IASB considère qu'il est impossible d'isoler et de mesurer de manière fiable la partie correspondant aux variations de la juste valeur ou des flux de trésorerie d'un risque spécifique autre que le risque de change (IAS 39.82).

En revanche, il est possible, à notre avis, de ne couvrir que le risque de marché d'un élément non financier, ce risque de marché étant la différence entre la totalité des risques associés à l'élément couvert et le risque de change de ce même élément couvert. En effet, chacun des deux risques pouvant être isolé et mesuré de manière fiable, la différence peut l'être également. C'est le cas, par exemple, d'une commande de matière première en devise étrangère : cette commande expose l'entité (i) au risque de marché (prix de marché de la matière première) et (ii) au risque de change. L'entité peut alors désigner couvrir soit la totalité des risques, soit le risque de change uniquement, soit le risque de marché uniquement.

En outre, il est possible de couvrir une transaction future dans une matière première par une transaction future dans une autre matière première lorsque certaines conditions sont remplies (par exemple, dans le cas d'une couverture d'un achat futur de café brésilien au travers d'un contrat d'achat à terme de café colombien) (IAS 39.AG100).

Les conditions à remplir sont celles d'IAS 39.88 (voir nº 50020), y compris le fait que la transaction future soit hautement probable (IAS 39.AG100).

2. Exemples d'application (instruments financiers) Ainsi, dans le cas des instruments financiers, plusieurs cas de couverture d'une partie seulement (au sens entendu par la norme IAS 39) d'un élément sont possibles.

a. Couverture de la seule composante risque de taux Il est possible de ne couvrir que le taux sans risque ou un taux de référence (Libor ou Euribor) correspondant à la seule composante risque de taux (IAS 39.81 et .AG114d) sans couvrir le risque de crédit de l'instrument de dette correspondant (voir point 1a. ci-avant).

Taux de référence Pour des raisons pratiques, une entité peut utiliser, comme taux de référence, un taux général bénéficiant d'une acceptation couramment admise et aisément observable, tel que le **Libor** ou un **taux de swap.** A notre avis, puisqu'un taux tel que le Libor n'est pas le taux d'intérêt sans risque, l'ajustement approprié du risque de crédit pour l'instrument financier considéré se détermine par comparaison du risque de crédit de l'instrument financier considéré au risque de crédit inclus dans le taux de référence.

b. Couverture d'une partie seulement de la durée de vie d'une obligation (« partial term hedging ») Une obligation d'une durée résiduelle de 10 ans porteuse d'un coupon à taux fixe peut être couverte contre le risque de variation de valeur (« fair value hedge »/FVH) par un swap (payeur-taux fixe/receveur-taux variable) d'une durée de 5 ans seulement (IAS 39.IG F2.17).

c. Couverture d'une proportion seulement de l'élément couvert Une obligation d'un nominal de 100 peut être partiellement couverte par un swap de notionnel 50.

d. Couverture du risque de taux d'une obligation à taux fixe postérieurement à son inscription au bilan Lorsqu'un instrument de dette à taux fixe est couvert à une date postérieure à celle de son émission, et que les taux d'intérêt ont varié entre cette date et la date de désignation d'une relation de couverture, il est possible de désigner comme élément couvert une portion égale au taux d'intérêt de référence, supérieur au taux contractuel, dès lors que le taux d'intérêt de référence couvert est inférieur au taux d'intérêt effectif qui aurait été déterminé si l'instrument avait été acheté le jour où la couverture est désignée (IAS 39.AG99B).

Voir Exemple 3 ci-après.

e. Inclusion de la valeur temps d'une option dans la composante risque couverte (opération interdite, voir nº 50125) ;

f. Couverture de la composante inflation d'un instrument de dette à taux fixe (sauf cas particulier, opération interdite, voir nº 50330).

■ *Exemple 1*

Mesure de l'efficacité de la couverture *Une obligation évaluée à la juste valeur par les autres éléments du résultat global (OCI), rémunérée à taux fixe, est exposée à la fois à un* ***risque de taux d'intérêt*** *et à un* ***risque de crédit****. En effet, une augmentation des taux de marché, d'une part, et une dégradation du « spread » de crédit de l'emprunteur, d'autre part, sont susceptibles de diminuer la juste valeur de l'obligation et donc d'engendrer une perte lors de la revente de celle-ci.*

L'obligation peut, par conséquent, faire l'objet d'une couverture au titre :

– du risque de taux uniquement (soit le ***taux « sans » risque****, soit un* ***taux de référence****, tel que l'Euribor) ; l'instrument de couverture serait dans ce cas un swap de taux payeur taux fixe/receveur taux variable ;*

– ou du seul risque de crédit ;

– ou de ces deux risques simultanément.

Dans les trois cas, le même instrument de couverture (par exemple, un swap payeur-taux fixe/receveur-taux variable Euribor 3 mois) est utilisé.

Toutefois, en ne désignant couvrir que le taux d'intérêt (par exemple, le taux de référence Euribor 3 mois) mais pas le « spread » de crédit de l'obligation, l'entité peut accroître l'efficacité de la couverture en répondant plus facilement aux tests d'efficacité requis par la norme IAS 39 (voir nº 50315).

■ *Exemple 2*

Couverture d'une portion inférieure au flux de trésorerie total *Une entreprise ne peut pas désigner couvrir le taux d'intérêt Libor d'un passif porteur d'un taux d'intérêt inférieur à ce taux, la partie résiduelle étant alors négative (IAS 39.AG99B). Dans ce cas en effet, le taux d'intérêt étant inférieur au taux Libor, il n'est pas possible de désigner comme élément couvert (a) une portion du passif égale au principal augmenté des intérêts Libor moins (b) une portion résiduelle négative.*

En revanche, il est possible de désigner l'intégralité des flux de trésorerie du passif exposés aux variations de risque de taux comme étant l'élément couvert. Ainsi, il est possible de désigner comme élément couvert, la dette dans son intégralité (principal + intérêts au taux Libor – marge) et la couvrir contre la totalité des variations de juste valeur ou de flux de trésorerie.

Dans ce cas, l'entité peut choisir un ratio de couverture inférieur à 1 pour 1 afin d'améliorer l'efficacité de la couverture (IAS 39.AG99A), en s'appuyant par exemple sur une analyse de régression (IAS 39.AG100).

■ *Exemple 3*

Une entité A émet une obligation d'un nominal de 100 porteuse d'un taux d'intérêt effectif (taux fixe) de 6 % alors que le Libor vaut 4 %.

L'entité B souscrit initialement à cette obligation mais décide de ne la couvrir que lorsque le Libor a atteint 8 % et que l'obligation ne vaut plus que 90. Si l'entité B avait acheté l'obligation le jour où elle a mis en place la couverture, le taux d'intérêt effectif aurait été de 9,5 % (compte tenu notamment de la décote de 10).

Dans ce cas, le Libor étant inférieur à ce taux recalculé, il est possible de désigner comme faisant l'objet de couverture une portion égale au Libor de 8 %, qui correspond en partie aux intérêts contractuels et en partie à la différence entre la juste valeur (90) et le montant remboursable à l'échéance (100) (exemple reformulé à partir d'IAS 39.AG99B).

Transaction future hautement probable

50050 ***Question***

Qu'est-ce qu'une transaction future hautement probable pouvant faire l'objet d'une couverture selon IAS 39 ?

Réponse

Pour qu'une transaction future puisse faire l'objet d'une opération de couverture au sens d'IAS 39, il doit s'agir d'une transaction :

- prévue par l'entité mais qui ne fait pas l'objet d'un engagement ferme (définition d'une transaction future) ;
- hautement probable ; et
- qui affecte les résultats futurs.

Commentaires :

1. **Définition** Selon IAS 39.9, une transaction future est une transaction prévue par l'entité, mais qui ne fait pas l'objet d'un engagement ferme de la part de cette dernière.

Un **engagement ferme** est un accord irrévocable d'échange d'une quantité spécifiée de ressources pour un prix spécifié, à une (ou plusieurs) date(s) future(s) spécifiée(s) (IAS 39.9).

Selon IAS 39.78 et .88c, les transactions futures peuvent faire l'objet d'une couverture (couverture de flux de trésorerie) à condition qu'elles soient **hautement probables** et qu'elles affectent les résultats futurs de l'entité.

Par « hautement probable », la norme entend que « la possibilité de survenance de l'opération est bien supérieure à une survenance plus probable qu'improbable » (IAS 39.IG F3.7).

A notre avis, l'adjectif « probable » faisant référence à une probabilité supérieure à 50 %, la notion de « hautement probable » doit s'apprécier, en conséquence, comme étant plus proche de 100 % que de 50 %.

2. **Critères d'appréciation de la probabilité de survenance de la transaction** La probabilité de survenance doit s'apprécier sur la base des nombreux critères précisés par la norme IAS 39.IG F.3.7 et .11. Ainsi, l'évaluation de la probabilité qu'une transaction future se réalisera ne peut se baser uniquement sur les intentions des dirigeants, ces intentions n'étant pas vérifiables.

L'évaluation du caractère hautement probable d'une transaction future doit tenir compte de l'incertitude qui peut exister à la fois sur la date de réalisation et sur la magnitude de l'élément couvert (IFRIC Update 03/19). A cet effet, l'entité doit suffisamment bien documenter la transaction future, quant à sa date et ampleur, afin d'être en mesure de l'identifier en tant qu'élément couvert au moment de sa réalisation. Cette évaluation ne peut pas tenir compte des caractéristiques de l'instrument de couverture (IFRIC Update 03/19). En pratique, cela implique que des couvertures économiquement parfaites (telles que des couvertures Coface ou des dérivés conditionnés à la survenance d'un évènement) peuvent ne pas être éligibles à la comptabilité de couverture si l'élément couvert ne respecte pas le critère du caractère hautement probable.

De plus, le caractère hautement probable doit être démontré par des faits observables. Les éléments suivants doivent être considérés à cet effet, par exemple :
- fréquence des transactions similaires passées ;
- possibilités opérationnelles et financières de l'entreprise de réaliser la transaction ;
- business plan de l'entreprise ;
- date à laquelle la transaction future se réalisera (toutes choses égales par ailleurs, plus cette date est lointaine, plus il sera difficile de considérer que la transaction est hautement probable) ;
- réalisation effective ou non des transactions prévisionnelles antérieurement considérées comme hautement probables.

3. **Exemples de transactions futures (qu'il est possible de couvrir en IFRS)** Il est possible de couvrir, par exemple, sous réserve que les conditions d'utilisation de la comptabilité de couverture soient respectées :
- une **émission** prévue de **dette à taux fixe** (IAS 39.IG F2.2) ;
- l'acquisition future d'un **actif non financier en devise** (voir n° 50245 pour l'acquisition d'une filiale en devise) ; ou
- une **vente future prévue** qui sera réglée en devises (IAS 39.IG F2.4).

Sur le cas particulier des appels d'offres, voir n° 50360.

Opération de couverture utilisant plusieurs dérivés comme instruments de couverture

Question 50055

Dans une relation de couverture au sens d'IAS 39 utilisant plusieurs dérivés comme instruments de couverture, est-il possible de désigner l'un des dérivés comme « élément couvert » ?

Réponse

Non. Plusieurs dérivés peuvent être désignés comme des instruments de couverture dans une relation de couverture, mais il n'est pas possible de qualifier « d'élément couvert » un instrument synthétique, c'est-à-dire un instrument qui résulterait de la combinaison d'un dérivé et d'un instrument financier non dérivé.

Commentaires :

1. **Contexte** En référence à IAS 39.IGF.2.1, il a été demandé à l'IFRS IC si les flux de trésorerie provenant d'un dérivé pouvaient être désignés comme l'élément couvert dans une relation de couverture au sens de la norme IAS 39.

Rappel Selon IAS 39.IGF.2.1, que ce soit dans une relation de couverture de flux de trésorerie ou de juste valeur, un instrument dérivé est toujours classé comme « détenu à des fins de transaction » (« held for trading ») et est donc évalué à la juste valeur par résultat, sauf si ce dérivé est désigné comme un instrument de couverture et que cette couverture est efficace (IAS 39.9). A titre d'exception, IAS 39.AG94 permet de désigner comme élément couvert une option d'achat dans une relation de couverture de juste valeur.

2. **Question posée à l'IFRS IC** Dans le cas particulier soumis à l'IFRS IC, une entité avait émis une dette à un taux d'intérêt fixe et dans une devise étrangère. Cette entité avait ensuite contracté un swap de taux d'intérêt et de devises pour obtenir une dette à taux d'intérêt variable et en monnaie locale. L'entité avait ensuite contracté un autre swap en monnaie locale selon lequel elle devait payer des intérêts à taux fixe et recevoir des intérêts à taux variable. Ce deuxième contrat de swap avait une durée plus courte que le premier contrat de swap de taux et de devises.

3. **Réponse apportée par l'IFRS IC (IFRIC Update 07/09)** L'IFRS IC a répondu en faisant référence à IAS 39.77 qui indique qu'une combinaison de plusieurs instruments dérivés ou une combinaison d'instruments dérivés et non dérivés peuvent être qualifiés d'instruments de couverture dans une relation de couverture au sens d'IAS 39. L'IFRS IC a précisé que la norme IAS 39 ne permettait pas de qualifier « d'élément couvert » un instrument synthétique qui résulterait de la combinaison d'un dérivé et d'un instrument financier non dérivé (pour plus de précisions sur les éléments ne pouvant pas faire l'objet d'une couverture au sens de la norme IAS 39, voir n° 50040). Toutefois, compte tenu des dispositions prévues par la norme IAS 39, l'IFRS IC a considéré que cette saisine ne pouvait donner lieu à une interprétation de sa part et a donc refusé d'inscrire ce point à son agenda.

C. Instruments de couverture

Notion d'instruments de couverture

50070 ***Question***

Quels instruments peuvent être désignés comme instruments de couverture ?

Réponse

Peuvent être qualifiés d'instruments de couverture, sous réserve de remplir les conditions d'une comptabilité de couverture :

- tout produit dérivé, à l'exception en général des ventes d'options ; et
- un instrument financier non dérivé mais uniquement au titre de la couverture contre le risque de change.

A l'inverse, les instruments de capitaux propres émis ne peuvent pas être qualifiés d'instrument de couverture.

Commentaires :

1. **Principe général** Dans le cadre d'une relation de couverture, les instruments de couverture (comme les éléments couverts correspondants) doivent être identifiés et désignés dès la mise en place de la couverture (IAS 39.88a). Sous réserve de remplir les conditions requises pour une comptabilité de couverture, les instruments de couverture peuvent être (IAS 39.9 et .72) :
- tout produit dérivé (généralement externe, voir point 2a. ci-après), à l'exception des ventes d'options (sauf cas particulier, voir point 2b. ci-après) ;
- un instrument financier non dérivé externe, mais uniquement dans une relation de couverture contre le risque de change (IAS 39.9 et .72).

2. **Couverture par des produits dérivés** La plupart des produits dérivés peuvent être désignés comme instruments de couverture à condition toutefois d'être généralement conclus avec un tiers (dérivés externes) et de ne pas correspondre à des ventes d'options (sauf pour compenser un achat d'option).

a. **Dérivés externes** Seuls les dérivés conclus avec des contreparties externes au groupe peuvent généralement être qualifiés de dérivés de couverture. Les dérivés intra-entreprise ou intragroupe (mécaniquement éliminés dans les comptes consolidés du groupe) ne remplissent pas les conditions pour être qualifiés d'instruments de couverture dans les états financiers consolidés, même s'ils peuvent satisfaire à ces mêmes conditions dans les états financiers individuels d'une des entités du groupe (IAS 39.73). 50070 (suite)

En pratique toutefois, la norme IAS 39 n'interdit pas l'utilisation de dérivés internes pour la gestion des risques ni leur gestion centralisée au niveau d'un pool de trésorerie et accepte, sous certaines conditions, leur qualification comme instruments de couverture s'ils sont compensés par des dérivés externes (IAS 39.IG F1.4 pour le risque de taux et .IG F1.6 pour le risque de change).

Concernant l'utilisation de dérivés internes en couverture du risque de taux ou du risque de change, voir n° 50460.

b. Ventes d'options Selon IAS 39.AG94, les ventes d'options ne peuvent pas être désignées comme instruments de couverture, sauf dans le cas où la vente d'option est réalisée en couverture de juste valeur (FVH) d'un achat d'option incorporé dans un autre instrument financier.

En effet, une option vendue ne peut être désignée comme un instrument de couverture car la perte potentielle sur cet instrument peut s'avérer considérablement plus importante que le gain correspondant sur l'élément couvert. En revanche, un achat d'option peut être qualifié d'instrument de couverture (IAS 39.AG94).

c. Qualification d'une partie seulement d'un dérivé comme instrument de couverture Un dérivé ne peut être désigné comme instrument de couverture que dans son intégralité (100 %) ou pour un pourcentage (quote-part) de la totalité du contrat (par exemple 50 %) (IAS 39.75). Toute autre partie d'un dérivé (par exemple, la composante de taux d'intérêt d'un swap de devises ou les trois premières années d'un dérivé de cinq ans) ne peut être désignée comme instrument de couverture.

Toutefois, IAS 39.74 prévoit deux exceptions à cette règle (exclusion possible de la valeur temps et du report/déport), voir n° 50100.

d. Possibilité de décomposer un dérivé en plusieurs instruments de couverture Un produit dérivé qui a plusieurs composantes risques, comme un swap de devises, peut être désigné comme instrument couvrant plusieurs types de risques différents (risque de taux d'intérêt et risque de change, par exemple), à condition (IAS 39.76) :
- que les différentes composantes représentant les risques couverts soient clairement identifiables ;
- que l'efficacité de la couverture puisse être démontrée ; et
- que l'on puisse montrer que toutes les composantes risques du dérivé sont affectées à une relation de couverture donnée.

Ces trois conditions supposent notamment que l'intégralité des variations de valeur du dérivé soit affectée à une relation de couverture.

e. Possibilité de combiner plusieurs dérivés comme couverture d'un même élément Plusieurs dérivés (ou des quotes-parts de ces dérivés, voir point 2c. ci-avant) peuvent être conjointement désignés comme instrument de couverture, notamment lorsque les risques associés à certains dérivés compensent les risques associés à d'autres dérivés. Cela s'avère utile lorsqu'une entreprise souhaite diminuer le montant d'une couverture, par exemple du fait d'une baisse de nominal de l'élément couvert ou parce que l'entreprise a conclu un nouveau contrat qui compense partiellement l'élément couvert précédent. L'entité peut alors acheter un nouveau dérivé qui compense partiellement les effets d'un dérivé déjà existant et désigner conjointement les deux dérivés comme formant globalement l'instrument de couverture.

Selon la norme IAS 39, il est en effet possible de désigner plusieurs dérivés qui ont été contractés en même temps ou séparément comme des instruments de couverture d'un même élément couvert, même lorsque les risques de ces dérivés se compensent, sauf toutefois lorsque :
- la combinaison d'un achat d'option et d'une vente d'option au sein d'un même contrat (par exemple, un collar de taux d'intérêt) résulte en une vente nette d'option (IAS 39.77) ;
- l'un des dérivés considérés comme faisant partie de l'ensemble constitutif de l'instrument de couverture est une vente d'option ou une vente nette d'option (IAS 39.77) ; ou
- la combinaison de plusieurs dérivés n'a pas d'objectif économique majeur (IAS 39.IG F1.14).

f. Désignation comme instrument de couverture à une date autre que celle de la signature du contrat de dérivé Il n'est pas nécessaire qu'un dérivé soit désigné comme instrument de couverture au moment où il est conclu pour la première fois. En effet, l'instrument de couverture peut ne pas avoir été acquis lors de la mise en place de cette dernière (IAS 39.IG F3.9), mais peut l'avoir été avant.

Toutefois, le fait de désigner un dérivé comme instrument de couverture à un autre moment que lorsqu'il est initialement contracté engendre de l'inefficacité dans la mesure où les variations de juste valeur du dérivé antérieures à la désignation de couverture impactent le compte de résultat sans compensation.

3. Couverture par des instruments financiers non dérivés (risque de change uniquement) Les instruments financiers non dérivés peuvent être désignés comme des instruments de couverture uniquement au titre du risque de change (IAS 39.9 et .72). Par exemple, un instrument de dette évalué au coût amorti et libellé en devises peut être qualifié d'instrument de couverture du risque de change (IAS 39.AG95). De même, un emprunt en devises peut être désigné comme instrument de couverture du risque de change d'un investissement net dans une activité à l'étranger.

Sur la notion et la couverture d'un investissement net dans une activité à l'étranger voir nº 50415.

Enfin, comme dans le cas d'un produit dérivé, l'instrument non dérivé doit être conclu avec un tiers (instrument externe) pour pouvoir être qualifié d'instrument de couverture. Les prêts intra-groupe ne sont pas des instruments de couverture autorisés dans les états financiers consolidés (IAS 39.73).

4. Instruments ne pouvant pas être qualifiés d'instruments de couverture En plus des dispositions précédentes, il est interdit de qualifier comme instruments de couverture les instruments de capitaux propres émis par l'entreprise (actions propres ou autres), ne s'agissant pas d'actifs ou de passifs financiers de l'entité (IAS 39.AG97).

Qualification d'instrument de couverture d'une partie d'un dérivé

50075 ***Question***

Peut-on qualifier d'instrument de couverture une quote-part seulement d'un dérivé ?

Réponse

Oui, s'il s'agit d'une proportion de son montant notionnel (par exemple, 50 %).

En revanche, il est interdit de désigner comme instrument de couverture une partie seulement de la durée de vie résiduelle d'un dérivé.

Commentaires Un dérivé ne peut être désigné comme un instrument de couverture que dans son intégralité ou en quote-part, c'est-à-dire en pourcentage de son montant notionnel (par exemple, 50 %). Ainsi, une entité ne peut désigner comme instrument de couverture une partie seulement de la durée de vie résiduelle d'un dérivé (IAS 39.75).

Pour la qualification d'une partie seulement d'un dérivé (valeur intrinsèque ou cours spot) comme instrument de couverture, voir nº 50070, point 2c.

■ *Exemple*

La société K dont la monnaie fonctionnelle est l'euro souscrit un contrat à terme de 10 M$ pour couvrir des ventes futures prévues libellées en US dollars. Lors de la souscription du contrat, seulement 8 M$ de ventes futures prévues sont considérées comme hautement probables. La direction de la société K propose de désigner 80 % du contrat à terme comme couverture du montant hautement probable de ventes en dollars (c'est-à-dire pour 8 M$).

Solution de l'exemple *La norme IAS 39 (IAS 39.75) autorise une entreprise à ne désigner comme instrument de couverture qu'une proportion d'un dérivé (pourcentage du notionnel). La société K peut donc désigner 80 % du contrat à terme de gré à gré comme instrument de couverture de ses ventes futures en dollars.*

Stratégie dynamique de couverture au moyen d'options (gestion en delta neutre)

50080 ***Question***

Qu'est-ce qu'une stratégie dynamique de couverture au moyen d'options (gestion en delta neutre), et cette stratégie est-elle reconnue par la norme IAS 39 ?

50080 (suite)

Réponse

Ce type de stratégie consiste à déterminer, à partir d'un indicateur (appelé « delta ») qui mesure la sensibilité de la variation de juste valeur de l'instrument de couverture par rapport à son sous-jacent, le nombre d'options qu'il faut détenir pour couvrir le sous-jacent, de façon à ce que les variations de juste valeur des options compensent les variations de valeur (intervenant en sens inverse) de l'élément couvert.

Le delta global obtenu (sur les options et l'actif sous-jacent) ne restant égal à zéro qu'au voisinage d'un niveau de cours donné, l'entreprise doit constamment réajuster le nombre d'options détenues (d'où le nom de « stratégie dynamique »).

En IFRS, ces stratégies peuvent être qualifiées de couverture, si un certain nombre de conditions sont respectées.

Commentaires :

1. **Définition** Selon la norme IAS 39, une stratégie dynamique de couverture en delta neutre (ou toute autre stratégie dynamique de couverture) consiste à constamment ajuster la quantité d'instruments de couverture détenus de manière à maintenir le ratio de couverture désiré, par exemple pour obtenir une position en delta neutre qui soit insensible aux variations de juste valeur de l'élément couvert (IAS 39.IG F1.9).

La gestion en delta neutre repose sur l'utilisation des deux indicateurs suivants :

a. **Coefficient delta d'une option** Le coefficient delta (Δ) exprime le rapport entre la variation de la prime de l'option et la variation du cours du sous-jacent. Il traduit la probabilité que l'option soit dans le cours à l'échéance et soit donc exercée.

Ainsi :
- pour une option à la monnaie, le delta est proche de 0,5, l'option ayant autant de chance d'être exercée que de ne pas l'être ;
- pour une option fortement dans la monnaie, le delta est proche de 1, la probabilité d'exercice de cette dernière étant proche de 1 ; enfin
- pour une option fortement en dehors de la monnaie, le delta est proche de 0, l'option n'ayant que très peu de chance d'être exercée et une variation du cours du sous-jacent n'a que peu d'effet sur le montant de la prime.

Le delta est toujours compris entre 0 et 1. Il est positif ou négatif selon qu'il s'agit d'une option d'achat (call) ou d'une option de vente (put) et selon la position de l'opérateur (acheteur ou vendeur d'option).

Lorsque le portefeuille géré en delta neutre comprend aussi l'actif sous-jacent, ce dernier est toujours affecté d'un delta égal à 1 (par définition).

Exemple Un delta de 0,5 signifie qu'à une variation de 0,60 du sous-jacent (passant par exemple de 103,10 à 103,70) correspond une variation de 0,30 (0,60 × 0,5) de la prime de l'option analysée, cette dernière variant par exemple de 3,40 à 3,70.

Sachant qu'une option joue le rôle d'amplificateur des variations de cours de l'actif sous-jacent sur lequel elle porte, le coefficient delta donne ainsi une mesure du risque attaché à l'option.

b. **Ratio de couverture** Le coefficient « delta » permet de déterminer le nombre d'options qu'il faut acheter pour couvrir une position, de façon à ce que les variations des primes des options (qualifiées de couverture) compensent le plus exactement possible les variations (intervenant en sens inverse) de l'actif sous-jacent que la société souhaite couvrir.

Exemple Pour réaliser la couverture d'une action sous-jacente, une société peut acheter :
- soit trois puts « en dehors de la monnaie » porteurs d'un delta égal à environ 0,33 ;
- soit deux puts « à la monnaie » dont le delta est proche de 0,5.

Dans la pratique, les opérateurs raisonnent en sens inverse et déterminent, à partir du ratio de couverture attribué à une option, la quantité de l'actif sous-jacent correspondant qui peut être couverte.

Reprise de l'exemple précédent A un put « en dehors de la monnaie » porteur d'un delta égal à environ 0,33 correspond un ratio de couverture de 3 (1 : 0,33). C'est-à-dire qu'il faut acheter trois puts de ce type pour effectuer une couverture correcte du sous-jacent.

Dans une gestion en delta neutre, la **part efficace de la couverture** comprend à la fois la valeur temps et la valeur intrinsèque de l'option.

2. **Traitement comptable** La norme IAS 39 précise qu'une stratégie de couverture dynamique qui évalue à la fois la valeur intrinsèque et la valeur temps d'un contrat d'option peut remplir les conditions requises pour une relation de couverture (IAS 39.74).

Pour qualifier ce type de stratégie d'opération de couverture sur le plan comptable, l'entreprise doit (IAS 39.IG F1.9) :

- documenter la manière dont elle gère et réajuste la couverture, mais également comment elle compte mesurer l'inefficacité de cette dernière ;
- être capable de suivre correctement tous les dénouements et re-désignations de l'instrument de couverture ;

Remarque Une gestion en delta neutre doit faire l'objet d'un réajustement constant, jour après jour, car le delta global obtenu ne reste égal à zéro qu'au voisinage d'un niveau de cours donné. L'entreprise (la banque, en général) doit donc réajuster son portefeuille d'options de manière à toujours retrouver un delta égal à zéro.

Dans la pratique, les professionnels essaient de bâtir des stratégies dans lesquelles d'autres coefficients de gestion d'une option (« gamma », « vega ») sont également neutres, élargissant ainsi la **zone d'immunité** de la couverture.

- et démontrer qu'elle s'attend à ce que la couverture soit hautement efficace sur la période relativement courte pendant laquelle la couverture est supposée ne pas être réajustée.

Exemple Peut être qualifiée de couverture sur le plan comptable, une stratégie consistant à couvrir un portefeuille d'actifs de manière à ce que la juste valeur des actifs couverts ne baisse pas en dessous d'un certain niveau, tout en permettant à ces actifs de bénéficier d'une hausse des cours (IAS 39.IG F1.9 « delta neutral hedging strategy »).

D. Tests d'efficacité

1. Principes généraux

Notion d'efficacité et principales causes d'inefficacité d'une opération de couverture

50090 *Question*

Qu'est-ce que l'efficacité dans une opération de couverture et quelles sont les principales causes d'inefficacité ?

Réponse

Calculer l'efficacité d'une couverture, c'est déterminer le degré de compensation entre les variations de valeur ou de flux de trésorerie de l'élément couvert et ceux de l'instrument de couverture.

Les sources d'inefficacité peuvent être liées, par exemple, à :

- une différence de variables sous-jacentes (devise, indice de taux, etc.) ;
- une différence de dates d'échéance ou de paiement ;
- une différence de localisation géographique (cas des matières premières) ;
- une différence dans la quantité ou le montant du notionnel ;
- des variations de juste valeur ou de flux de trésorerie de l'instrument de couverture liées à un risque autre que le risque couvert (par exemple, risque de contrepartie) ;
- l'utilisation d'un dérivé déjà existant (et donc hors marché lors de la mise en place de la couverture).

Commentaires :

1. **Notion d'efficacité (définition)** L'efficacité d'une couverture représente le degré de compensation entre les variations de juste valeur ou de flux de trésorerie de l'instrument de couverture et les variations de valeur ou de flux de trésorerie de l'élément couvert. C'est un moyen de vérifier le bon fonctionnement de l'opération de couverture et le bien-fondé de son traitement comptable. La couverture doit être qualifiée de « hautement efficace » (voir n° 50020), pour que l'opération soit initialement comptabilisée et continue d'être traitée sur les exercices ultérieurs, comme une opération de couverture sur le plan comptable.

Il n'y a pas de méthode de calcul unique pour prouver l'efficacité d'une relation de couverture. La méthode retenue doit être déterminée par l'entreprise et documentée de manière formalisée (voir n° 50115). **50090** (suite)

Sur la fourchette d'efficacité de 80 % à 125 %, voir n° 50095.

Sur l'exclusion de certaines composantes (valeur temps et report/déport) pour améliorer l'efficacité de la couverture, voir n° 50100.

2. Utilité de cette notion On mesure l'efficacité d'une couverture dans plusieurs circonstances :
– lors de sa mise en place, pour qualifier la relation de couverture, à l'origine (tests dits prospectifs) (voir n° 50105) ;
– au minimum, à chaque date d'arrêté (y compris intermédiaires), pour réactualiser les tests prospectifs et apprécier rétrospectivement si la couverture a été hautement efficace (tests rétrospectifs) (voir n° 50105) ; enfin
– pour déterminer la part inefficace de la couverture (à traduire immédiatement en résultat) (voir n° 50225).

3. Principales sources d'inefficacité Les principales sources d'inefficacité dans une opération de couverture sont les suivantes :

a. Différence de variables sous-jacentes La juste valeur ou les flux de trésorerie de l'élément couvert dépendent d'une variable (devise, indice de taux, etc.) qui dans certains cas peut être différente de celle qui entraîne les variations de juste valeur ou de flux de trésorerie de l'instrument de couverture.

b. Différence de date Dans ce cas, les dates d'échéance ou de paiement sont différentes entre l'instrument de couverture et l'élément couvert.

Par exemple, une dette à taux variable dont les variations de flux de trésorerie sont couvertes par un swap de taux d'intérêt dont des dates de paiement des intérêts ne coïncident pas avec celles de la dette.

c. Différence de localisation géographique (cas des matières premières) Dans ce cas, la juste valeur ou les flux de trésorerie de l'élément couvert et de l'instrument de couverture dépendent du prix de la même matière première, mais les prix de cette dernière varient selon les lieux, en fonction de la demande et de l'offre locale, du coût de transport, etc.

d. Différence dans la quantité ou le montant du notionnel L'élément couvert et l'instrument de couverture sont basés sur une quantité ou un montant de notionnel différent.

e. Variation de juste valeur ou de flux de trésorerie d'un instrument dérivé de couverture, liée à des risques autres que le risque couvert, par exemple le risque de crédit.

f. Utilisation d'un dérivé déjà existant (et donc hors marché lors de la mise en place de la couverture) La juste valeur de ce dérivé n'est pas nulle et donne lieu – lorsqu'il est acquis sur le marché – au paiement ou à la réception d'une soulte. Le fait que sa juste valeur soit hors marché à la date de mise en place de la couverture peut entraîner la comptabilisation d'une certaine part d'inefficacité en résultat (même si les tests d'efficacité calibrés d'une certaine manière ne sont pas défaillants).

■ *Exemple 1*

Cas des matières premières *Une entité couvre les variations du prix de l'achat à terme d'une matière première avec un dérivé dont les flux de trésorerie dépendent du prix d'une autre matière première et cette différence de sous-jacent (risque dit de base) est la seule source d'inefficacité possible de la couverture.*

■ *Exemple 2*

Cas du risque de crédit dans la couverture contre le risque de taux d'intérêt d'un instrument de dette *En général, le spread de crédit du dérivé (n'ayant aucun risque sur le nominal, qui n'est pas échangé, et étant la plupart du temps signé avec une contrepartie bancaire) est bien inférieur à celui de l'élément couvert (spread de crédit de l'entité qui se couvre). Dans ce cas et en supposant que le dérivé bénéficie d'une notation AA, la norme IAS 39 propose – pour augmenter l'efficacité de la couverture – que l'entreprise ne déclare couvrir que le risque lié aux mouvements des taux d'intérêt augmenté d'un spread de crédit correspondant à une notation AA (IAS 39.IG F4.7 ; voir également n° 50315).*

Intervalle de 80 % à 125 %

50095 ***Question***

Comment détermine-t-on l'intervalle de 80 % à 125 % dans un test d'efficacité ?

Réponse

En comparant – sous forme de ratio – les variations de valeur ou de flux de trésorerie de l'instrument de couverture avec celles de l'élément couvert.

Commentaires Pour qu'une couverture soit « hautement efficace », l'une des deux conditions est que les résultats réels de l'opération se situent, par exemple, dans un intervalle compris entre 80 % et 125 % (IAS 39.AG105b ; voir n° 50020).

Selon le type de couverture retenu, l'intervalle de 80 % à 125 % est respecté lorsque les variations de juste valeur (voir n° 50205) ou de flux de trésorerie (voir n° 50210) de l'instrument de couverture couvrent les variations de valeur ou de flux de trésorerie de l'élément couvert dans une proportion comprise entre 80 % et 125 %.

Remarque Cette approche correspond à la méthode dite « dollar offset » (voir n° 50115, point 2.). En pratique toutefois, il est possible d'utiliser d'autres méthodes qui marchent mieux si les paramètres varient peu (voir également n° 50115).

■ *Exemple*

(Exemple tiré d'IAS 39.AG105) Les résultats réels d'une opération de couverture se traduisent par une perte, comptabilisée sur l'instrument de couverture, de 120 et par un profit, réalisé sur les instruments de trésorerie couverts (par exemple, des obligations comptabilisées à la juste valeur par les autres éléments du résultat global) de 100.

Solution de l'exemple *La compensation peut être mesurée par le ratio 120/100, soit 120 % ou 100/120, soit 83 %. Si l'opération de couverture répond également aux conditions de démonstration prospective de son efficacité (voir n° 50105), l'entité conclura que la couverture a été hautement efficace.*

Sur les modalités pratiques de calcul de ce ratio (et notamment la méthode dite du « dérivé hypothétique »), voir n° 50115 s.

Exclusion de certaines composantes

50100 ***Question***

Est-il possible d'exclure certaines composantes de l'instrument de couverture pour améliorer l'efficacité de la couverture ?

Réponse

Oui, mais uniquement s'il s'agit de la valeur temps d'une option ou du report/déport d'un contrat à terme ferme.

Commentaires La juste valeur d'un instrument de couverture est déterminée de manière globale et les facteurs à l'origine des variations de sa juste valeur sont interdépendants. En conséquence, lorsqu'une entité désigne une relation de couverture, elle désigne l'instrument de couverture dans sa totalité (IAS 39.74). Toutefois, la norme IAS 39 prévoit les deux exceptions suivantes :

– la **composante report/déport,** encore appelée « points de terme » d'un contrat à terme ferme (« forward contract ») ;

Il est ainsi possible (mais non obligatoire) de séparer la juste valeur d'un contrat à terme entre sa composante comptant (élément « spot ») et sa composante report/déport (élément « intérêt »), et de ne définir la relation de couverture que par référence aux variations de la composante comptant.

Dans ce cas, les variations de valeur du report/déport sont comptabilisées en résultat de la période, comme tout dérivé non qualifié de couverture (voir n° 48580).

– la **valeur temps** d'une option.

Il est ainsi possible (mais non obligatoire) de scinder la juste valeur d'une option entre sa composante « valeur intrinsèque » et sa composante « valeur temps » et de ne définir la relation de couverture que par référence aux variations de valeur intrinsèque.

Dans ce cas, les variations de la valeur temps sont comptabilisées en résultat de la période, comme tout dérivé non qualifié de couverture (voir n° 48580).

Ces exceptions sont admises parce que la valeur intrinsèque de l'option et la prime (report/déport) sur le contrat à terme traité de gré à gré peuvent généralement être évaluées séparément (IAS 39.74).

La norme précise toutefois qu'une stratégie de couverture dynamique qui évalue à la fois la valeur intrinsèque et la valeur temps d'un contrat d'option peut remplir les conditions requises pour une relation de couverture (IAS 39.74 ; voir n° 50080).

En matière de couverture, l'entreprise doit arbitrer entre :
- réduire au maximum la part inefficace pour en minimiser l'impact en résultat, mais prendre le risque que l'opération dans son ensemble soit déqualifiée (parce que la fourchette de 80 % à 125 % ne sera pas respectée) ; et
- affiner avec précision la définition de la part efficace de la couverture (pour avoir le maximum de chance de respecter la fourchette de 80 % à 125 %), mais accepter alors un impact significatif en résultat (correspondant à la part inefficace).

Concernant l'élément couvert lui-même et la notion « d'éléments éligibles à une opération de couverture », voir n° 50045.

Tests d'efficacité prospectifs et rétrospectifs

Question 50105

Quels sont les deux types de tests exigés par la norme IAS 39 pour justifier de l'efficacité d'une opération de couverture ?

Réponse

Les entreprises doivent réaliser :
- des tests prospectifs pour démontrer que l'entreprise s'attend à ce que la couverture soit hautement efficace pendant toute la période de couverture désignée ; et
- des tests rétrospectifs pour démontrer que la couverture a bien été hautement efficace durant tous les exercices passés, pour lesquels la couverture a été désignée.

Commentaires Pour démontrer l'efficacité d'une relation de couverture, deux types de tests sont exigés par la norme IAS 39 (IAS 39.AG105) :

Rappel L'efficacité d'une couverture correspond au degré de compensation existant entre les variations de valeur ou de flux de trésorerie de l'élément couvert et ceux de l'instrument de couverture (voir n° 50095).

1. **Test d'efficacité prospectif** (IAS 39.88b et .AG105) Ce type de test doit démontrer que la société s'attend à ce que la couverture soit hautement efficace pour compenser les variations de la juste valeur ou des flux de trésorerie attribuables au risque couvert pendant la période pour laquelle la couverture est désignée.

2. **Test d'efficacité rétrospectif** (IAS 39.88e et .AG105) Ce type de test sert à démontrer le caractère hautement efficace de la couverture durant tous les exercices couverts par les états financiers pour lesquels la couverture a été désignée. Les résultats réels de l'opération de couverture doivent s'inscrire dans un intervalle compris entre 80 % et 125 % (voir n° 50095).

Remarques :
1. Qu'il s'agisse de tests prospectifs ou rétrospectifs, la norme fait référence dans les deux cas à la notion de couverture « hautement efficace » (voir n° 50020, point 2.).
2. Le test rétrospectif peut être réalisé, soit sur la dernière période, soit en cumul depuis la mise en place de l'opération de couverture (voir n° 50115). La méthode choisie doit être documentée pour chaque opération de couverture et appliquée de manière constante sur toute la durée de cette dernière.

La norme IAS 39 ne préconise pas une méthode unique pour évaluer l'efficacité de la couverture et donc pour réaliser les tests d'efficacité.

Pour les méthodes à retenir pour réaliser les tests d'efficacité, voir n° 50115 s.

Sur la date, la réactualisation et/ou périodicité de réalisation des deux types de test, voir n° 50130.

Lorsqu'une opération de couverture ne satisfait plus à l'un des deux tests cités précédemment, la comptabilité de couverture est interrompue de manière prospective (voir n° 50280).

Enfin, même si une couverture satisfait aux tests d'efficacité précités, son efficacité peut ne pas être totale. Toute part inefficace doit être immédiatement comptabilisée dans le résultat (charges ou produits) de la période en cours (voir n° 50225).

2. Mise en œuvre des tests d'efficacité

Méthodes retenues pour les tests d'efficacité

50115 *Question*

Quelle méthode retenir pour les tests d'efficacité ?

Réponse

Aucune méthode n'est imposée par la norme. Les méthodes retenues peuvent être, par exemple :
- une simple comparaison des caractéristiques principales de l'élément couvert et de l'instrument de couverture (tests prospectifs uniquement) ;
- l'analyse du degré de compensation des justes valeurs (« dollar offset method »), (tests rétrospectifs uniquement) ;
- l'analyse de sensibilité (tests prospectifs uniquement) ;
- une analyse de régression (« regression analysis ») (tests prospectifs et rétrospectifs).

Commentaires La norme IAS 39 n'impose pas de méthode spécifique pour apprécier l'efficacité d'une opération de couverture. La méthode adoptée par une entité pour mesurer l'efficacité d'une couverture dépend de sa stratégie de gestion des risques et doit figurer dans la documentation formalisée à l'origine de la couverture (IAS 39.AG107 et .88b).

En pratique, les méthodes les plus utilisées pour effectuer les tests d'efficacité prospectifs et rétrospectifs sont les suivantes :

1. **Méthode dite de la comparaison des caractéristiques principales (tests prospectifs uniquement)** Cette méthode consiste à comparer les caractéristiques principales (« critical terms ») de l'instrument de couverture avec celles de l'élément couvert.

Une entreprise peut en effet s'attendre à ce qu'une relation de couverture soit hautement efficace lorsque :
- toutes les caractéristiques principales de l'instrument de couverture et de l'élément couvert correspondent ;

  Par exemple, mêmes montants de notionnel et de principal ; même risque de crédit (AA) ; mêmes échéances de l'élément couvert et de l'instrument de couverture ; même date de fixation et de refixation du taux d'intérêt ; mêmes échéances, montants et devises des différents cash-flows.
- et qu'il n'existe pas de facteur qui invaliderait l'hypothèse d'une efficacité parfaite.

  Par exemple, le caractère optionnel de l'instrument de couverture.

Cette méthode ne nécessite aucun calcul et constitue, lorsqu'elle peut être utilisée, la façon la plus simple de démontrer le caractère hautement efficace d'une couverture. Cette méthode (encore appelée « **short-cut method** ») est issue des règles comptables américaines (ASC 815-20-25 et Derivatives Implementation Group/DIG E.4). En IFRS, elle ne peut être utilisée que pour les tests d'efficacité prospectifs, elle est interdite pour les tests d'efficacité rétrospectifs (voir nº 50140).

■ *Exemple*

Test prospectif effectué par la méthode de comparaison des caractéristiques principales *Le 15/02/N, une société française dont la monnaie fonctionnelle est l'euro, s'engage à livrer une marchandise le 15/06/N à une société anglaise pour un montant de 1 M£. La société française se couvre contre le risque de change en effectuant le 15/02/N une vente à terme à 4 mois de 1 M£ contre euros.*

Solution de l'exemple *La comparaison des caractéristiques de l'instrument de couverture (contrat de vente à terme de livres sterling contre euros) et de l'élément couvert (signature d'une commande ferme de marchandises) se présente comme suit :*
- *le montant de la commande et le notionnel du contrat à terme sont identiques : 1 M£ ;*
- *les dates d'échéance de la commande et du contrat à terme sont identiques : 15/06/N ;*
- *la devise sous-jacente est la même : livres sterling contre euros.*

Les caractéristiques principales étant identiques, la société française peut conclure que le test prospectif par la méthode de comparaison des caractéristiques principales est positif.

50115 (suite)

2. Méthode « dollar-contre-dollar » (encore appelé « dollar offset method ») Les caractéristiques de cette méthode sont les suivantes :

a. Principe général Il s'agit d'une méthode quantitative qui consiste à comparer :
- les variations de juste valeur ou les variations de flux de trésorerie de l'élément couvert qui sont attribuables au risque couvert ;
- aux variations de juste valeur ou de flux de trésorerie de l'instrument de couverture.

$$\text{Efficacité} = \frac{\text{Variation de juste valeur de l'élément couvert au titre du risque couvert}}{\text{Variation de juste valeur de l'instrument de couverture}}$$

Cette méthode est explicitement reconnue par l'IASB (IAS 39.IG F4.4 et IFRIC Update 11/06).

b. Réalisation du test sur base cumulée ou période après période Selon les politiques de gestion des risques de l'entreprise, ce test peut être réalisé (IAS 39.IG F4.2) :
- sur une **base cumulée** avec une comparaison des variations à partir de la mise en place de la couverture ; ou
- séparément, **période après période** (la comparaison étant réalisée à partir de la dernière date de réalisation du test).

Quelle que soit la base retenue, une couverture est hautement efficace lorsque les résultats s'inscrivent dans un intervalle allant de 80 % à 125 % (voir n° 50095).

■ *Exemple*

(IAS 39.IG F4.2) Une entreprise désigne un swap de taux, dont la branche variable est payeur Libor, comme couverture d'un emprunt rémunéré au taux de base UK plus une marge. Le taux de base UK change environ tous les trimestres, avec des variations de 25 à 50 points de base à chaque fois. Les variations du taux Libor se font sur base journalière.

Sur une période de 1 à 2 ans, on s'attend à ce que la couverture soit quasiment parfaite. Toutefois, certains trimestres, le taux de base UK ne change pas du tout alors que le taux Libor évolue de manière significative. Cela n'interdit pas forcément la relation de couverture.

> *Remarque Dans ce cas, l'objectif est de transformer l'emprunt à taux variable en un emprunt à taux fixe. Mais les deux jambes variables ne sont pas tout à fait identiques (taux de base UK plus spread de crédit dans le cas de l'emprunt couvert et taux Libor dans le cas du swap de couverture). Pour augmenter les chances d'obtenir des tests d'efficacité probants, l'entreprise est autorisée à effectuer ces derniers sur base cumulée, dès lors qu'elle a bien dès l'origine indiqué avoir retenu cette méthode dans sa documentation.*

c. Application pratique Plusieurs approches peuvent être utilisées pour appliquer la méthode du « dollar offset », par exemple :
- **approche dite du « dérivé hypothétique »** : cette approche consiste à construire un dérivé hypothétique ayant les mêmes caractéristiques que l'élément couvert et à comparer les variations de juste valeur ou de flux de trésorerie de ce dérivé hypothétique aux variations de juste valeur ou de flux de trésorerie de l'instrument de couverture ;

  Pour cette méthode, voir n° 50120.
- **analyse de sensibilité** : cette approche consiste à évaluer les effets d'une variation hypothétique du risque couvert sous-jacent (par exemple, une augmentation de 5 % du taux de change de la devise couverte) sur l'instrument de couverture et l'élément couvert. Elle n'est applicable que dans le cadre d'un test prospectif uniquement.

■ *Exemple*

Test rétrospectif effectué par la méthode « dollar-contre-dollar » *Le 15/03/N, une entité – qui établit des comptes semestriels – émet un emprunt à taux fixe 4 % pour un montant de 1 000 K€, remboursable in fine. L'entreprise transforme immédiatement cet emprunt de taux fixe en taux variable en souscrivant à la même date un swap de notionnel et d'échéance identiques au nominal et à l'échéance de l'emprunt (emprunteur taux variable Euribor 6 mois/prêteur taux fixe 4 %).*

Au 30/06/N, la juste valeur de l'emprunt est de 1 080 K€ (hors intérêts courus) et la juste valeur du swap de 95 K€. Par hypothèse, les variations de juste valeur de ces deux instruments sont entièrement imputables au risque de taux.

Solution de l'exemple *L'efficacité de la couverture se mesure comme le rapport entre la variation de juste valeur de l'emprunt (au titre du risque de taux) et la variation de la juste valeur (globale) du swap, entre le 15/03/N et le 30/06/N.*

$$\text{Efficacité} = \frac{(1\,080 - 1\,000)}{(95 - 0)} = 84{,}2\ \%$$

Le résultat du test s'inscrivant dans l'intervalle 80 % à 125 %, l'entité peut conclure à l'efficacité rétrospective de la couverture mise en place.

50115 (suite) *Remarque L'inefficacité provient de la branche variable du swap (ayant des dates de refixation du taux généralement plus fréquentes que le coupon annuel ou semestriel de l'emprunt) et du spread de crédit de l'instrument de couverture (même si ce dernier est en général faible).*

3. **Analyse de régression** Il s'agit d'une méthode statistique qui permet de vérifier s'il existe une corrélation élevée entre une variable dite dépendante (l'instrument de couverture) et une variable dite indépendante (l'élément couvert).

L'analyse de régression consiste à bâtir une « droite de régression » à partir d'un certain nombre de points de données statistiques, puis à évaluer la « qualité d'ajustement » que représente cette droite. S'il existe une relation statistique réelle entre les deux variables, la pente de la droite de régression peut être utilisée pour établir le ratio de couverture qui maximisera l'efficacité attendue. Une fois la couverture mise en place, cette même pente est retenue pour évaluer l'efficacité réelle de la relation de couverture.

L'analyse de régression est une méthode explicitement reconnue par IAS 39, dès lors que l'entreprise documente explicitement la manière dont elle analyse les résultats obtenus selon cette méthode (IAS 39.AG100, .BC136B et .IG F4.4). Elle constitue un moyen d'exprimer de manière systématisée dans quelle mesure une variable dite « dépendante » évolue en fonction des fluctuations d'une autre variable, dite « indépendante ».

Remarques :

1. L'analyse de régression permet de vérifier s'il existe une corrélation élevée entre les variations de valeur de l'élément couvert et celles du dérivé de couverture. La « variable indépendante » reflète les variations de valeur de l'élément couvert, et la « variable dépendante » celles de l'instrument de couverture. Cette méthode apporte donc la preuve que la relation est (ou n'est pas) suffisamment efficace pour satisfaire aux critères d'une comptabilité de couverture.
2. Elle ne permet pas en revanche de calculer la part inefficace de la couverture ni de fournir les montants nécessaires à la comptabilisation des écritures comptables, une fois démontré que la couverture est « hautement efficace ».
Les écritures comptables nécessitent en effet de déterminer les variations de juste valeur du dérivé et de la composante risque couverte de l'élément couvert (variations de valeur calculées à la date du test et en utilisant des taux d'actualisation correspondant aux taux en vigueur sur le marché à cette date-là).
3. L'IFRS IC a reconnu la possibilité de qualifier une opération de couverture sur la base d'une analyse de régression positive, alors même que le test dollar-contre-dollar (voir point 2. ci-avant) était défaillant à l'initiation de la couverture.
L'IFRS IC considère en effet que le fait que la méthode dollar-contre-dollar ne respecte pas la fourchette des 80 % à 125 % (voir nº 50095) n'empêche pas l'entreprise d'obtenir la qualification de couverture, dès lors que cette méthode n'est pas celle initialement documentée par la société comme étant la méthode de calcul des tests d'efficacité. L'IFRS IC a enfin noté que, quelle que soit la manière dont l'efficacité était déterminée, la norme IAS 39 requiert la comptabilisation en résultat de toute inefficacité constatée (IFRIC Update 11/06).

a. Graphique : Y = a + bX + e

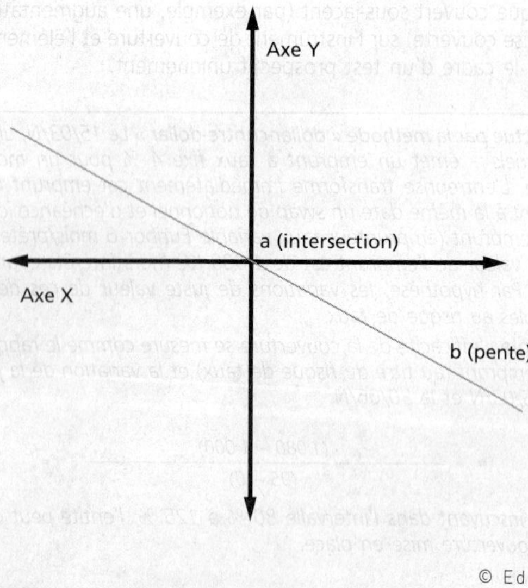

b. Définition des variables Dans le cas d'une opération de couverture, les variables se définissent de la manière suivante :
- **variable dépendante « Y »** : la variable dépendante « Y » représente les variations de juste valeur du dérivé ;
- **variable « a »** : la variable « a » représente l'intersection de la droite « b » avec l'ordonnée Y ;
- **variable « X »** : la variable indépendante « X » représente les variations de valeur de l'élément couvert au titre du risque désigné ;
- **pente de la droite (coefficient « b »)** : sachant que l'analyse détermine une droite de régression, la pente de la droite ainsi obtenue (coefficient « b ») donne le ratio de couverture qui correspond à la variation la plus faible. Si l'analyse de régression est réalisée en utilisant des unités équivalentes pour l'instrument de couverture et l'élément couvert, la pente de la droite peut servir à déterminer le ratio de couverture optimal (c'est-à-dire le volume optimal de produits dérivés qu'il faut souscrire pour maximiser l'efficacité escomptée). Ce ratio peut ensuite être utilisé par l'entité pour déterminer le nombre d'unités de l'instrument de couverture qu'il convient de négocier pour atténuer au mieux le risque attaché à une position couverte spécifique ;
- **variable « e »** : représente l'erreur aléatoire.

c. Méthode d'analyse Une fois le ratio de couverture déterminé et la couverture négociée, l'analyse de régression est de nouveau réalisée à l'aide des quantités réelles d'instruments de couverture et d'éléments couverts. La pente est cette fois-ci utilisée pour évaluer l'efficacité réelle de la relation de couverture. Trois critères principaux permettent, à notre avis, d'établir l'existence d'une relation de couverture efficace :
- **la pente de la droite (coefficient b) doit être négative et s'inscrire dans un intervalle allant de –0,8 à –1,25** : dans l'hypothèse où la pente est positive, il n'existe pas de relation de couverture du tout (c'est-à-dire que l'instrument de couverture ne diminue pas le risque que l'on souhaite couvrir). Si la pente est négative, sans toutefois être comprise dans un intervalle de –0,8 à –1,25, la relation de couverture existe, mais n'est pas suffisamment forte pour passer avec succès le test d'efficacité. Dans les deux cas, la comptabilité de couverture n'est pas autorisée ;
- **le coefficient de détermination R^2 devrait être supérieur, selon les meilleures pratiques, à 0,96 (R^2 0,96)** : le coefficient R^2 indique l'ampleur de la corrélation. Selon les meilleures pratiques, sa valeur doit être supérieure à 0,96, ce qui représente l'équivalent d'un « dollar offset » compris entre 80 % et 125 %. R^2 représente la part de la variabilité du dérivé qui s'explique par les variations de l'élément couvert ;

  Par exemple, si $R^2 = 0{,}98$, cela signifie que 98 % de la variation du dérivé s'explique par la variation de l'élément couvert (pour le risque couvert désigné).

  Remarque Une valeur de R^2 égale à 0,80 (telle que retenue en US GAAP) peut à notre avis être acceptable si tous les autres critères de l'analyse de régression sont par ailleurs remplis.

- **la statistique F doit être suffisamment significative pour prouver la pertinence de la relation statistique établie** : la statistique F est une donnée communément tirée du modèle statistique ; elle mesure la pertinence de la relation statistique entre la variable dépendante et la variable indépendante (c'est-à-dire, si la relation entre le dérivé et le risque couvert signifie quelque chose d'un point de vue statistique).

Plus la relation est pertinente, plus la statistique F sera élevée. La statistique F varie en fonction du nombre de points de données statistiques utilisés. Elle peut être obtenue à partir de tables statistiques. La statistique F doit être significative avec un intervalle de confiance égal ou supérieur à 95 %.

Méthode du « dérivé hypothétique »

Question 50120

Qu'est-ce que la méthode dite du « dérivé hypothétique » ? Peut-on l'utiliser pour prouver l'efficacité d'une relation de couverture ?

Réponse

La méthode du dérivé hypothétique consiste à comparer les variations de valeur de l'instrument dérivé aux variations de valeur d'un instrument dérivé fictif appelé « dérivé hypothétique » qui représenterait parfaitement le risque étudié.

Elle peut être utilisée dans certains cas pour prouver l'efficacité d'une couverture de flux de trésorerie.

Commentaires Cette méthode est spécifiquement mentionnée par la norme IAS 39 (IAS 39.IG F5.5).

1. **Contexte** Un investissement futur dans une obligation à taux variable ou l'émission future d'un emprunt à taux variable créent une exposition au risque de taux d'intérêt dès lors que les flux d'intérêt qui seront reçus ou payés dans le futur dépendront du niveau des taux à cette date-là (que l'entreprise ne connaît pas aujourd'hui). Dans ce cas, l'objectif d'une couverture de flux de trésorerie est de fixer dès aujourd'hui le taux d'intérêt futur, en général au niveau des taux en vigueur sur le marché au moment de la mise en place de la couverture.

Sachant que pendant la période de couverture, il est impossible de savoir à quel niveau les taux d'intérêt s'établiront au moment de l'investissement ou de l'émission de l'emprunt, comment faut-il procéder pour déterminer l'efficacité de la couverture dans ce cas ?

2. **Définition et principe de fonctionnement** Pour pallier cette difficulté, l'entreprise peut utiliser la méthode dite du « swap théorique » encore appelée méthode du « dérivé hypothétique ». Cette méthode consiste à mesurer l'efficacité de la couverture (IAS 39.IG F5.5) :

– en modélisant le risque couvert sur la dette future sous la forme d'un dérivé hypothétique, c'est-à-dire en construisant un **instrument dérivé fictif** qui correspondrait parfaitement au risque de l'élément couvert ; et

– en comparant les variations de valeur de ce dérivé hypothétique avec celles du dérivé (bien réel) de couverture.

Les propriétés du « dérivé hypothétique » doivent être les suivantes : le taux de la branche fixe du swap doit correspondre aux taux forward en vigueur à la date de mise en place de la relation de couverture ; les autres caractéristiques doivent correspondre aux caractéristiques du risque couvert (index de révision, fréquence de révision et maturité) (IAS 39.IG F5.5).

■ *Exemple 1*

Une entreprise couvre des ventes futures en devises au moyen d'un contrat à terme ferme de devises (« forward »). Ces ventes sont considérées comme des transactions futures hautement probables.

Solution de l'exemple 1 *L'entreprise peut calculer l'efficacité de sa couverture en modélisant ses ventes futures en devises sous la forme d'un contrat d'achat à terme de devises ayant :*

– un notionnel équivalant au montant des ventes futures ;

– une date d'échéance correspondant à celle des ventes anticipées ; et

– un cours à terme correspondant au cours en vigueur sur le marché à la date de mise en place de la couverture.

■ *Exemple 2*

Une entité prévoit d'émettre – dans 3 mois – un emprunt de 1 M€, d'une durée de vie de 1 an et porteur d'un taux variable indexé sur l'Euribor 3 mois. Il est prévu que l'emprunt soit remboursé in fine et que ses intérêts soient payés sur base trimestrielle. L'entité étant soumise au risque de taux sur les futurs versements d'intérêt qu'elle effectuera au titre de l'emprunt, elle met en place un swap à départ décalé. Le swap, receveur taux variable (sur la base de l'Euribor 3 mois) et payeur taux fixe, a une durée de 1 an mais ne débutera que dans 3 mois pour correspondre aux caractéristiques du futur emprunt.

Solution de l'exemple 2 *Pour mesurer l'efficacité de la couverture mise en place, l'entité peut définir un dérivé hypothétique dont les caractéristiques reflètent à l'identique celles du futur prêt. Il s'agirait dans ce cas d'un swap à départ décalé dans 3 mois, de notionnel 1 M€, payeur taux variable Euribor 3 mois et receveur taux fixe.*

Couverture par achat d'option

50125 ***Question***

Dans le cas d'une couverture par achat d'option d'un élément qui ne comporte pas de composante optionnelle, peut-on inclure la valeur temps de l'option dans la composante risque couverte ?

Réponse

Non, selon IAS 39.AG99BA.

Commentaires :

1. **Contexte** La norme IAS 39 interdit :
– d'inclure la valeur temps d'une option dans la composante risque couverte lors d'une couverture effectuée par achat d'option (voir ci-après) lorsque l'élément couvert ne comporte pas de composante optionnelle ; et
– de couvrir la composante inflation d'un instrument de dette à taux fixe, voir n° 50330.

2. **Rappel** L'entreprise peut indiquer couvrir certains (mais pas tous) types de risques ou certains (mais pas tous) flux de trésorerie d'un instrument financier (notion de « portion » dans ce dernier cas).

Pour être éligible à une qualification de couverture, le risque ou la portion d'élément couvert doivent être séparément identifiables et les variations de flux de trésorerie ou de juste valeur de l'élément couvert qui leur sont attribuables doivent être déterminables de manière fiable.

3. **Couvertures asymétriques par achat d'option** Dans une opération de couverture, une entreprise peut ne déclarer couvrir que les variations de flux de trésorerie ou les variations de juste valeur intervenant au dessus ou en dessous d'un certain prix ou autre montant (couverture dite « asymétrique »).

Décomposition de la prime d'une option La prime d'une option se décompose entre :
– sa valeur intrinsèque, correspondant à l'écart entre le prix d'exercice de l'option et le cours du sous-jacent ; et
– sa valeur temps (ou valeur spéculative qui représente le risque pris par le vendeur et l'espoir pour l'acheteur de voir la prime payée s'apprécier avec le temps).
La valeur temps varie notamment en fonction du niveau et de la volatilité des cours de l'actif sous-jacent (voir n° 48770).

Dans ce cas, **seule la valeur intrinsèque** de l'option achetée et qualifiée de couverture est représentative de la composante risque couverte de l'élément concerné mais pas sa valeur temps. En effet, cette valeur temps n'est pas une composante identifiable de l'élément couvert qui affecte en tant que tel le résultat de l'entreprise (IAS 39.AG99BA).

En conséquence, une option achetée qui est désignée dans son intégralité (valeur intrinsèque et valeur temps) comme instrument d'une couverture asymétrique d'un élément financier ou non financier ne peut en aucun cas constituer une opération de couverture parfaitement efficace. La valeur temps (part inefficace de la couverture) doit obligatoirement affecter le résultat.

Exemple Lors d'un achat futur prévisionnel de matières premières, l'entreprise peut ne vouloir couvrir que le risque de hausse des cours. Dans ce cas (couverture de flux de trésorerie), seules les pertes résultant d'une hausse du prix de la matière première au-dessus du prix spécifié couvert sont prises en compte dans l'évaluation du risque couvert. Selon l'IASB, l'évaluation du risque couvert ne peut pas inclure la valeur temps de l'option. En conséquence, l'opération aura forcément une part inefficace qui affectera le résultat de l'entreprise.

Périodicité des tests d'efficacité

Question 50130

Avec quelle périodicité minimum une entité doit-elle effectuer les tests d'efficacité ?

Réponse

Lors de la désignation de l'opération de couverture, l'entité doit réaliser un test prospectif montrant qu'elle s'attend à ce que la couverture soit hautement efficace pendant toute sa durée.

Au minimum, à chaque arrêté annuel et intermédiaire, l'entité doit :
– réactualiser le test prospectif initial ; et
– réaliser un test rétrospectif démontrant que la couverture a bien été hautement efficace pour tous les exercices pour lesquels elle a été désignée.

Des dispositions particulières s'appliquent aux couvertures périodiquement réajustées.

Enfin, lorsque la couverture cesse d'être efficace, elle est déqualifiée, de manière prospective, à partir de la dernière date à laquelle cette couverture était efficace (en pratique, à partir du moment où le test rétrospectif est devenu défaillant).

Sur le cas particulier des couvertures d'investissement net en devises, voir n° 50415 s.

Commentaires :

1. **Principe général** Selon IAS 39.88e, l'efficacité d'une couverture s'évalue de manière continue (« on-going basis »), ce qui veut dire, au minimum, lors de l'élaboration par l'entité de ses états financiers annuels ou intermédiaires (IAS 39.AG106).

Compte tenu de l'obligation d'effectuer à la fois des tests prospectifs et rétrospectifs (voir nº 50105), pour pouvoir prouver le caractère « hautement efficace » d'une couverture (voir nº 50020), l'approche est la suivante :

a. **A la mise en place de l'opération de couverture,** l'entreprise doit réaliser un test prospectif pour démontrer qu'elle s'attend à ce que la couverture soit hautement efficace sur toute la période de sa mise en place (IAS 39.88b et .AG105a).

b. **Au minimum à chaque arrêté annuel ou intermédiaire,** l'entreprise doit :
– d'une part, **réactualiser le test prospectif** initial prouvant qu'elle s'attend toujours – sur les périodes ultérieures désignées couvertes – à ce que la couverture soit hautement efficace, en accord avec la stratégie de gestion des risques décrite à l'origine, pour cette relation de couverture particulière (IAS 39.8b et .AG106a) ; et
– d'autre part, **réaliser un test rétrospectif,** démontrant que la couverture a été hautement efficace sur tous les exercices couverts par les états financiers pour lesquels la couverture a été désignée (IAS 39.88e et .AG105b). Ce test peut être réalisé sur base cumulée depuis la mise en place de la couverture ou période après période (voir nº 50115, point 2b.).

2. **Cas des couvertures périodiquement réajustées** Lorsque la politique de couverture de l'entité est d'ajuster périodiquement le montant de l'instrument de couverture pour tenir compte des changements de la position couverte, il est nécessaire de démontrer que l'on s'attend à ce que la couverture soit efficace pour la période de temps pendant laquelle elle ne sera pas ajustée (c'est-à-dire jusqu'à la prochaine date de réajustement de cette dernière) (IAS 39.AG107).

3. **Cas où la couverture cesse d'être efficace** Dans ce cas, l'entité cesse d'appliquer la comptabilité de couverture – de manière prospective – à compter de la dernière date à laquelle le test d'efficacité de la couverture a été démontré de manière positive (IAS 39.101b et .AG113), généralement à la dernière date de clôture (annuelle, trimestrielle, semestrielle).

Toutefois, si l'entité identifie l'événement ou changement de circonstances à l'origine de l'inefficacité, et démontre que la couverture était efficace avant cet événement ou changement de circonstances, l'entité cesse alors d'appliquer la comptabilité de couverture à compter de la date de celui-ci (IAS 39.AG113).

■ *Exemple*

Le 4/02/N, une entité a mis en place un swap prêteur taux fixe/emprunteur taux variable pour couvrir le risque de taux d'intérêt d'un emprunt à taux fixe d'une durée de 12 mois. Cette entité clôture ses comptes de manière semestrielle au 30 juin et au 31 décembre.

Solution de l'exemple *L'entité doit réaliser un test prospectif au 4/02/N pour démontrer le caractère hautement efficace de son opération de couverture au cours des exercices futurs. Au 30/06/N et au 31/12/N, elle doit, d'une part, réactualiser le test prospectif et, d'autre part, réaliser un test rétrospectif pour évaluer l'efficacité de la couverture sur la (ou les) période(s) déjà écoulée(s).*
Si le test rétrospectif échoue au 30/06/N, l'entreprise n'aura pu bénéficier de la comptabilité de couverture, à moins qu'elle soit en mesure d'identifier l'événement à l'origine de l'inefficacité et démontre que la couverture était efficace avant cet événement auquel cas, elle peut bénéficier de la comptabilité de couverture jusqu'à cet événement.

Documentation des tests d'efficacité

50135 ***Question***

Comment documenter les tests d'efficacité ?

Réponse

Lors de la mise en place de la couverture, l'entreprise doit formaliser une documentation décrivant de manière détaillée la stratégie appliquée et ses éléments constitutifs ainsi que la manière dont elle compte réaliser les tests d'efficacité.

Cette documentation doit être mise à jour au minimum à chaque arrêté (annuel ou intermédiaire) avec, notamment, les résultats obtenus sur les tests d'efficacité.

Commentaires :

1. **Principe général (rappel)** Une documentation formelle doit être établie pour chaque relation de couverture, qui permette d'identifier (IAS 39.88a) :
- la stratégie de couverture mise en place par l'entreprise ;
- la nature du risque couvert ;
- l'instrument de couverture ;
- l'élément couvert ;
- la nature du risque couvert ;
- le type de relation de couverture ;
- lorsqu'il s'agit d'une couverture de transaction future, le caractère hautement probable de cette transaction future ;
- la méthode d'évaluation de l'efficacité de la relation de couverture.

Il s'agit à notre avis, dans ce dernier cas, d'une **description de la méthode retenue par l'entité pour réaliser** les **tests d'efficacité prospectifs** et **rétrospectifs** (voir nº 50115).

En outre, sachant que l'efficacité doit être appréciée, au minimum, à chaque arrêté annuel ou intermédiaire (IAS 39.AG106 ; voir nº 50130), cette documentation doit contenir les résultats des tests prospectifs et rétrospectifs effectués à chacune de ces dates.

2. **Mise en œuvre pratique** A notre avis, dans la pratique, cette documentation se décompose en deux éléments :
- une **documentation globale,** détaillant la stratégie de couverture du secteur, du groupe et de l'entreprise, ainsi que la méthode de calcul retenue pour effectuer les tests d'efficacité ;
- une **documentation individualisée** par relation de couverture, décrivant l'instrument de couverture, l'élément couvert, le risque couvert et la manière dont l'entreprise prouvera l'efficacité de la couverture.

« Short-cut method »

50140

Question

Peut-on appliquer la « short-cut method » ?

Réponse

Oui, pour les tests prospectifs, mais non pour les tests rétrospectifs.

En conséquence, en IFRS, il n'est pas possible d'utiliser la « short-cut method » qui existe dans le référentiel américain et qui permet, sous certaines conditions, de passer outre un test quantitatif d'efficacité de la couverture.

Commentaires :

1. **Caractéristiques de la « short-cut method »** Cette méthode permet de ne pas réaliser de tests quantitatifs d'efficacité lorsque les caractéristiques principales (« critical terms ») de l'élément couvert et de l'instrument de couverture sont parfaitement symétriques.

2. **Cas des tests prospectifs** Cette méthode est acceptable dans le cas des tests prospectifs et correspond à la méthode dite de « comparaison des caractéristiques principales » (voir nº 50115, point 1.).

3. **Cas des tests rétrospectifs** Cette méthode n'est pas acceptable en IFRS dans le cas des tests rétrospectifs.

Dans la plupart des relations de couverture, même lorsque les caractéristiques principales de l'instrument de couverture et de l'élément couvert sont les mêmes (voir nº 50115, point 1.), il n'est pas possible de supposer que la couverture sera parfaite sans réaliser des tests d'efficacité rétrospectifs quantitatifs (IAS 39.BC134). En effet, une inefficacité peut exister du fait d'autres attributs, comme, par exemple, le risque de liquidité ou le risque de crédit liés aux instruments de couverture utilisés (IAS 39.IG F4.7).

Et même dans une couverture simple, de type couverture d'une dette à taux fixe par un swap taux fixe/taux variable, avec des caractéristiques similaires pour les deux instruments (notionnel, date de début, date d'échéance, taux fixe), il y aura de l'inefficacité du fait des variations de juste valeur de la branche variable du swap, dès lors que ce taux n'est pas un taux quotidien (tel l'Eonia) mais un taux préfixé (tel l'Euribor).

En conséquence, il n'est pas possible en IFRS d'utiliser la « short-cut method » qui existe dans le référentiel américain (ASC 815-20-25 pour le risque de taux et ASC 815-25-55 et

ASC 815-30-55 pour le risque de change) qui permet, sous certaines conditions, de passer outre un test d'efficacité rétrospectif.

En IFRS, la « short-cut method » n'est applicable – dans les faits – qu'aux tests prospectifs (voir ci-avant).

Qualification d'une opération de couverture : analyse de régression

50145 ***Question***

Peut-on qualifier une opération de couverture sur la base d'une analyse de régression positive si le test « dollar-contre-dollar » est négatif ?

Réponse

Oui.

Commentaires :

1. **Contexte** L'IFRS IC a été interrogé sur le cas d'une entité qui utilise une analyse de régression pour justifier de l'efficacité de sa relation de couverture à l'origine (tests prospectifs) et à chaque date d'arrêté (tests rétrospectifs).

Au cas particulier, lorsque cette société mesure l'efficacité de la relation à la date de mise en place de la couverture, elle constate qu'avec la méthode dite de comparaison « dollar-contre-dollar » les bornes 80 % à 125 % autorisées pour valider d'une manière générale les tests d'efficacité sont dépassées.

Rappels :

a. Pour l'analyse de régression, voir nº 50115.

b. Méthode « dollar-contre-dollar » (encore appelée « dollar offset » method) Cette méthode consiste à comparer :

– les variations de juste valeur ou les variations de flux de trésorerie de l'élément couvert qui sont attribuables au risque couvert ;

– avec les variations de juste valeur ou de flux de trésorerie de l'instrument de couverture.

2. **Conditions générales de qualification d'une comptabilité de couverture (rappel)** Pour que la relation de couverture soit reconnue sur le plan comptable en IFRS, les critères suivants doivent être remplis (IAS 39.88) :

a. l'entreprise doit documenter, lors de la mise en place d'une couverture, la méthode retenue pour le calcul de son efficacité ;

b. elle s'attend à ce que la couverture soit hautement efficace ;

Pour le caractère hautement efficace d'une couverture, voir nº 50090.

c. concernant les couvertures de flux de trésorerie, la transaction prévue qui fait l'objet de la couverture doit être hautement probable ;

d. l'efficacité de la couverture peut être mesurée de façon fiable ;

e. la couverture est évaluée de façon continue et déterminée comme ayant été effectivement hautement efficace durant toute sa durée.

3. **Conclusion** La norme IAS 39 ne définit pas de méthode précise pour déterminer l'efficacité rétrospective et prospective d'une couverture. Les entreprises doivent donc utiliser la méthode figurant dans leur documentation pour réaliser leurs tests d'efficacité.

En conséquence, selon l'IFRS IC, le fait que la méthode « dollar-contre-dollar » ne respecte pas la fourchette de 80 % à 125 % n'empêche pas l'entreprise d'obtenir la qualification de couverture, dès lors que cette méthode n'est pas celle initialement documentée par la société comme étant la méthode de calcul des tests d'efficacité (IFRIC Update 11/06).

Ainsi, l'IFRS IC a noté que quelle que soit la manière dont l'efficacité est déterminée, IAS 39 requiert la comptabilisation en résultat de toute inefficacité constatée.

Il a finalement décidé de ne pas inscrire ce point à son agenda, considérant que préciser l'application d'une méthode particulière de calcul de l'efficacité nécessiterait la rédaction d'un guide d'application (plutôt qu'une interprétation).

3. Situations d'inefficacité

Couverture d'un instrument à taux variable « flooré » par un dérivé ne répliquant pas le floor

50160

Question

En quoi une baisse des taux (en deçà du seuil de 0 %) est-elle susceptible de remettre en cause l'efficacité des relations de couverture (CFH) d'un instrument à taux variable « flooré » par un dérivé ne répliquant pas le floor ?

Réponse

Du fait de la baisse des taux en dessous de 0 % sur certains marchés, les floors incorporés dans certains instruments de dette à taux variable se retrouvent dans la monnaie. Lorsque ces instruments font l'objet d'une couverture de flux de trésorerie (CFH) par des swaps de taux qui ne répliquent pas le floor (cas général), la juste valeur du floor génère ainsi une différence entre la juste valeur du dérivé hypothétique (« flooré ») et le dérivé réel (non « flooré ») qui se traduit par de l'inefficacité.

Commentaires :

1. **Mesure de l'inefficacité** Du fait de la baisse des taux en dessous de 0 % sur certains marchés, les floors incorporés dans certains instruments de dette à taux variable se retrouvent dans la monnaie. Ces instruments peuvent faire l'objet d'une couverture de flux de trésorerie (CFH) par des swaps de taux (swap payeur taux fixe – receveur taux variable) qui ne répliquent pas le floor (cas général).

Dans le cadre du suivi de ces relations de couverture, la mesure de l'inefficacité doit tenir compte de la juste valeur du floor incorporé dans la dette. Pour ce faire, on modélise un dérivé hypothétique (voir nº 50120) qui réplique parfaitement les caractéristiques économiques de la dette (y compris le floor) et on compare sa juste valeur à celle du swap. Tant que le floor est en dehors de la monnaie, l'inefficacité est due à la valeur temps du floor qui est décroissante au fil des arrêtés. Toutefois, avec la baisse des taux, si le floor est dans la monnaie, la juste valeur de cette option (valeur temps + valeur intrinsèque) va générer de l'inefficacité plus significative et se traduire par de la volatilité en résultat.

En effet, des coupons sont versés sur la patte fixe et sur la patte variable du swap (pour ces derniers, en raison des taux négatifs), alors que la dette ne génère pas de coupon.

2. **Efficacité prospective** Dans le cas particulier d'un instrument de dette « flooré » couvert contre les variations de flux de trésorerie, le test prospectif consistera le plus souvent en une estimation des courbes de taux basée sur des projections des taux actuels et de leur volatilité (méthode Monte Carlo par exemple) permettant d'estimer dans quelle mesure le floor affecte l'efficacité prospective. Ce test permettra également de déterminer si la variabilité des flux de trésorerie est hautement probable. En effet, si le floor est dans la monnaie de façon prolongée (selon les projections), les flux de trésorerie seront « floorés » et donc la variabilité des flux de trésorerie ne sera plus hautement probable, la relation de couverture de type CFH ne sera plus justifiée.

3. **Efficacité rétrospective** Concernant l'application des tests d'efficacité rétrospectifs, il convient d'appliquer la méthode du dollar offset ou encore l'analyse de régression (présentées au nº 50115, points 2. et 3.).

4. **Arrêt de la relation de couverture** Dans le cas où les conditions nécessaires pour démontrer la relation de couverture ne sont plus réunies (voir nº 50260), il convient de l'arrêter.

Pour la comptabilisation d'un arrêt de couverture dans le cadre d'une couverture de flux de trésorerie, voir nº 50265, point 2.

5. **Solutions pour éviter la volatilité au compte de résultat suite à l'arrêt de la couverture de dettes existantes** Le débouclage du swap initial a pour effet immédiat l'arrêt de la volatilité dans le compte de résultat. En revanche, le risque de taux n'est plus couvert. Ainsi, les montants accumulés en capitaux propres au titre de la part efficace de la couverture demeurent en capitaux propres (OCI) jusqu'à ce que l'élément couvert affecte le résultat, sauf dans le cas où l'entreprise s'attend à ce que l'élément couvert ne se réalise pas, auquel cas ces montants sont

immédiatement reclassés en résultat. Le montant de la réévaluation du swap différé en réserve OCI devra être recyclé lorsque l'élément couvert aura disparu ou que ses flux ne seront plus probables.

Pour se prémunir contre la hausse des taux avec des instruments pouvant bénéficier de la comptabilité de couverture, les solutions suivantes sont possibles :

- **Mise en place d'un nouveau swap composé d'un floor** Cette combinaison swap + floor permet de refléter les intérêts de la dette et donc d'être qualifié comme instrument de couverture sans générer d'inefficacité.
- **Mise en place d'une option de taux (un cap) contre versement d'une prime** Le cap permet de se protéger contre la hausse des taux. Il peut donc être qualifié d'instrument de couverture.

Conclusion Pour poursuivre la relation de couverture, il faut que :

- l'élément couvert soit hautement probable ; et
- les tests d'efficacité prospectifs et rétrospectifs soient bien remplis.

En outre, pour justifier le maintien de la réévaluation du swap en OCI, il faut démontrer que la variabilité des flux de trésorerie (élément couvert) est toujours probable.

Augmentation de la volatilité en période de crise financière

50165 *Question*

En quoi l'augmentation des niveaux de la volatilité en cas de crise financière peut-elle mettre à mal les quatre critères de qualification de la comptabilité de couverture ?

Réponse

Une crise financière peut avoir des conséquences directes sur la qualification des opérations de couverture, à cause :

1. du risque de défaillance des tests d'efficacité, dû notamment à :
- l'inefficacité engendrée par la branche variable des swaps de taux ;
- l'envolée du risque de crédit sur l'instrument de couverture (voir nº 50170) ;
- la défaillance de certaines banques (disparition de l'instrument de couverture) ; et
- la déconnexion entre la courbe utilisée pour estimer les flux de la branche variable du swap (courbe généralement retenue pour l'actualisation des flux couverts) et la courbe d'actualisation des flux nets de trésorerie du swap.

2. de la disparition dans certains cas de l'élément couvert (emprunt roll-over ou ligne de crédit non renouvelés ; budget prévisionnel non réalisé).

Commentaires :

1. **Conditions de qualification d'une opération de couverture (rappel)** Quatre conditions doivent être remplies pour qualifier une opération de couverture en IFRS (IAS 39.88) :
- désignation formelle et documentée de la relation de couverture dès sa mise en place ;
- l'entreprise s'attend à ce que la couverture soit hautement efficace sur toute la durée de vie de l'opération, selon la stratégie initialement décrite ;
- l'efficacité de la couverture doit être régulièrement testée sur toute la durée de vie de l'opération et doit se situer dans une fourchette de 80 % à 125 % ; et
- dans le cas de la couverture d'une transaction future, cette dernière doit être hautement probable.

Pour les critères de qualification d'une opération de couverture, voir nº 50020.

2. **Conséquences d'une crise financière** Les niveaux de spreads engendrés lors d'une période de crise financière (telle que celle des subprimes en 2007-2008) peuvent challenger les quatre critères précédemment cités. Par exemple :

a. Quelle que soit la volatilité des marchés (taux, change, matières premières, cours boursiers), cela **ne peut justifier** la **désignation rétroactive** de relations de couverture. En effet, la comptabilité de couverture repose sur une intention du management qui doit être formalisée et documentée dès l'initiation de l'opération de couverture et non ultérieurement.

b. Concernant les **tests rétrospectifs d'efficacité**, ces derniers peuvent être **mis à mal** pour les raisons suivantes :

- l'inversion de la courbe des taux (avec par exemple un taux Euribor 3 mois inférieur au taux au jour le jour suite au manque de liquidité du marché) peut faire que la branche variable des swaps de taux d'intérêt rende le test inefficace ;

– l'augmentation et la plus grande volatilité de la composante liquidité du « cross currency swap », aussi dénommée « currency basis » peut générer de la volatilité en résultat. Par exemple lors de la crise de 2007-2008, pour des raisons pratiques, et parce que cette volatilité était négligeable jusqu'en 2008, la composante currency basis des dérivés était généralement incluse dans la juste valeur de l'élément couvert. A la suite de la crise, les variations de juste valeur des forwards dues à la composante currency basis n'étaient plus négligeables ;

Remarques :

1. Dans le cas d'une couverture de flux de trésorerie par un swap de devises (« cross currency swap »/CCS), l'efficacité étant mesurée par la méthode des dérivés hypothétiques, il est généralement admis que le currency basis peut être inclus dans l'évaluation des dérivés hypothétiques. Dans ces conditions, il n'existe pas d'inefficacité due à la variabilité de cette composante.
2. Dans le cas d'une couverture de juste valeur par un swap de devises (« cross currency swap »/CCS), il n'est pas possible, à notre avis, d'inclure le « currency basis » dans la mesure de la juste valeur de l'élément couvert. L'élément couvert étant un actif ou un passif en devise étrangère, il n'est pas soumis au risque de variation du « currency basis » : ses flux couverts doivent être actualisés dans la devise de l'élément couvert puis converti au taux spot. Par conséquent, dans le cadre d'une couverture de juste valeur par un CCS, la variation du currency basis est comptabilisée en résultat, et crée ainsi de l'inefficacité.

– la défaillance de certaines banques contreparties ou plus simplement l'augmentation du risque de crédit sur la contrepartie peut rendre la couverture caduque (disparition du dérivé) ou dans le meilleur des cas, nécessiter une nouvelle désignation de la relation de couverture lorsque le swap est repris par une autre contrepartie. Cette dernière exige en effet une soulte qui peut rendre la relation de couverture inefficace (problème de l'utilisation d'un dérivé hors marché dans une relation de couverture) ;

– la déconnexion entre la courbe utilisée pour estimer les flux de la branche variables du swap (courbe généralement retenue pour l'actualisation des flux couverts) et la courbe d'actualisation des flux nets de trésorerie du swap génère également de l'inefficacité. C'est notamment le cas des swaps de taux qui font l'objet d'un accord de collatéralisation et dont les flux nets sont désormais actualisés sur la courbe OIS (« Overnight Indexed Swap »), tandis que les flux de l'élément couvert sont évalués quant à eux sur la courbe désignée comme couverte et qui correspond en général à celle utilisée pour estimer les flux de la branche variable du swap. Le fait que le swap soit évalué en utilisant 2 courbes alors que les flux de l'élément couvert ne peuvent être actualisés que par référence à une seule courbe crée mécaniquement de l'inefficacité pour les couvertures de juste valeur. Cette déconnexion peut s'accroître du fait d'une crise financière.

Remarque Pour les couvertures de flux de trésorerie, il est possible, à notre avis, d'éviter cette source d'inefficacité en désignant la couverture de telle sorte que le dérivé hypothétique soit actualisé en utilisant la courbe la plus appropriée entre la courbe OIS et la courbe LIBOR, étant donné que ces deux courbes continuent à être utilisées par le marché pour évaluer les swaps (la courbe LIBOR est utilisée pour évaluer les swaps qui ne font pas l'objet d'accord de collatéralisation).

c. En outre, les tensions en matière de liquidité peuvent **rendre difficile le roll-over de certains financements** ou le renouvellement de certaines lignes de crédit qui sont les sous-jacents (éléments couverts) de certaines stratégies de couverture. Dans ce cas, les couvertures initialement mises en place peuvent voir disparaître l'élément couvert, ou faire qu'une transaction future initialement hautement probable, ne le soit plus à la date de clôture (à cause d'un problème de liquidité). La même circonstance peut arriver du fait de la situation de l'économie, par exemple pour des couvertures de ventes futures en devises adossées à des prévisions budgétaires qui seraient révisées à la baisse.

Impact du risque de crédit sur l'efficacité d'une couverture (dérivés actifs)

50170

Question

Un changement dans le niveau de risque de crédit de la contrepartie signataire du dérivé peut-il avoir un impact sur l'efficacité d'une couverture (dérivés actifs) ?

Réponse

Oui, parce que cette variation a un impact sur la juste valeur du dérivé et qu'on ne peut pas exclure la composante risque de crédit du dérivé de couverture pour la réalisation des tests d'efficacité.

Ce principe s'applique quel que soit le type de couverture concerné (couverture de juste valeur/FVH ou couverture de flux futurs de trésorerie/CFH).

Commentaires IAS 39.AG109 précise que le dérivé n'est pas pleinement efficace si une partie de la variation de sa juste valeur est attribuable au risque de crédit de la contrepartie.

Cette affirmation est la conséquence d'IAS 39.74 qui interdit d'exclure la composante risque de crédit du dérivé réel (par opposition au dérivé hypothétique, voir ci-après) mis en place à titre de couverture, dans l'appréciation de l'efficacité de l'opération de couverture. Il est en effet précisé que « lorsqu'une entité désigne une relation de couverture, elle désigne l'instrument de couverture dans son intégralité ». Les seules exceptions admises sont celles indiquées au n° 50100 (report/déport et valeur temps d'une option). Le risque de crédit de la contrepartie n'en fait pas partie.

En revanche, l'ajustement de juste valeur de l'élément couvert (dans une couverture de juste valeur/FVH) ou le dérivé hypothétique retenu pour effectuer les tests d'efficacité (dans une couverture de flux futurs de trésorerie/CFH) correspondent uniquement au risque (pur) couvert (taux, change, action, matière première, etc.).

Sur la notion de dérivé hypothétique, voir n° 50120.

Comme la composante de l'élément couvert (FVH) ou le dérivé hypothétique (CFH) ne comprennent pas le risque de crédit de la contrepartie signataire du dérivé, les variations de juste valeur du dérivé dues aux variations du risque de crédit de cette contrepartie ne sont jamais reflétées dans l'élément couvert. L'écart en résultant se traduit par de l'inefficacité dans les tests du même nom.

Voir exemple chiffré de comptabilisation de l'inefficacité provenant de variations dans le niveau de risque de crédit de la contrepartie, signataire du dérivé de couverture, cas d'une couverture de flux de trésorerie (IAS 39.IG.F.5.2).

Test d'efficacité défaillant : possibilité de re-désignation ultérieure d'une couverture

50180 ***Question***

Est-il possible – à la suite d'un test d'efficacité rétrospectif défaillant – de re-désigner une relation de couverture avec le même actif ou passif financier initialement couvert afin d'obtenir la reconnaissance de la relation de couverture sur une période ultérieure pour laquelle le test fonctionne ?

Réponse

Oui.

Commentaires :

1. **Rappel** Pour que la relation de couverture soit reconnue sur le plan comptable, il faut que les tests d'efficacité à l'origine (test prospectif) et à chaque date d'arrêté (tests prospectifs et rétrospectifs) soient probants (IAS 39.88 et .AG105). Les tests rétrospectifs (effectués selon la méthodologie initialement arrêtée lors de la mise en place de la couverture) doivent être effectués au minimum à chaque date d'arrêté (IAS 39.AG106).

Il est également obligatoire (en cas de test d'efficacité défaillant) ou possible, au choix de l'entreprise (dans les autres cas), de dé-désigner sur le plan comptable une opération de couverture sans pour autant dénouer l'instrument de couverture correspondant (IAS 39.91c).

2. **Possibilité de re-désigner une nouvelle relation de couverture avec les mêmes éléments** Selon l'IFRS IC (IFRIC Update 04/05 et 06/05), la norme n'interdit pas ultérieurement la re-désignation – sur une période suivante – d'un instrument comme instrument de couverture du même actif ou passif financier, dès lors que la nouvelle relation de couverture répond aux critères d'IAS 39 au moment de la re-désignation.

Dans ce cas, l'entité procède à **deux opérations simultanées** :
- arrêt (**dé-désignation**) de la première relation de couverture (en en tirant toutes les conséquences sur le plan comptable) ;
- puis **re-désignation** d'une seconde opération de couverture, avec le(s) même(s) instrument(s) de couverture couvrant le(s) même(s) élément(s) couvert(s) pour les périodes ultérieures.

La dé-désignation est obligatoire puisque la première opération de couverture a été déqualifiée suite à la défaillance du test d'efficacité (IAS 39.91b) alors que la re-désignation relève du libre choix de l'entreprise et peut lui permettre de partiellement résoudre son problème.

Traitement des opérations de couverture lors d'un regroupement d'entreprises

50185

Question

Peut-on conserver, lors d'un regroupement d'entreprises, la qualification de couverture pour des opérations mises en place par l'acquise ?

Réponse

Non. Selon les dispositions de la norme IFRS 3, l'acquéreur doit arrêter sur le plan comptable la qualification de couverture des opérations antérieurement mises en place par l'acquise. Il peut toutefois procéder à une réinitialisation de ces couvertures, en désignant de nouvelles relations de couverture, de manière prospective à partir de la date du regroupement, sous réserve d'en démontrer l'efficacité :

- concernant les couvertures de juste valeur (FVH), ces nouvelles relations de couverture ne devraient pas créer d'inefficacité parce que les flux de l'élément couvert – relatifs à la composante risque couverte – n'ont pas été modifiés lors du regroupement (la réévaluation des autres composantes de l'élément couvert n'ayant pas d'impact sur les tests d'efficacité) ;
- en revanche, concernant les couvertures de flux de trésorerie (CFH), l'impossibilité de reconnaître la relation de couverture préexistante au regroupement d'entreprises entraîne l'intégration définitive dans l'actif net de l'acquise des pertes/gains accumulés dans les réserves recyclables de l'acquise. Même si la transaction future couverte est toujours hautement probable à la date du regroupement, la relation de couverture ne pourra être réinitialisée qu'à partir de la date d'acquisition, perdant ainsi toute l'antériorité acquise.

En outre, le dérivé de couverture préexistant possédant une juste valeur non nulle à la date du regroupement (existence d'une soulte) risque de créer de l'inefficacité par rapport à l'utilisation d'un dérivé hypothétique, dont la juste valeur est par définition nulle lors de la désignation de la nouvelle couverture.

Sur la notion de dérivé hypothétique, voir n° 50120.

Commentaires :

1. **Principe général** Selon IFRS 3.15, l'acquéreur doit classer ou désigner les actifs acquis et les passifs assumés identifiables, sur la base des conditions contractuelles, économiques, de ses politiques comptables et opérationnelles et toute autre condition pertinente telles qu'elles existent à la date d'acquisition.

La nécessité pour l'acquéreur de reclasser, réexaminer ou requalifier les actifs acquis et passifs assumés identifiables sur la base des conditions existantes à la date d'acquisition peut notamment avoir pour conséquence la désignation d'un instrument dérivé comme instrument de couverture conformément à IAS 39 (IFRS 3.16b).

Pour le principe général de reclassement, réexamen et requalification des actifs et passifs identifiables lors d'une acquisition selon IFRS 3, voir n° 22005.

2. **Application aux opérations de couverture** L'acquéreur a donc l'**obligation d'arrêter** (sur le plan comptable) les opérations de couverture antérieurement mises en place par l'acquise. Il peut toutefois **re-désigner** de nouvelles relations de couverture – de manière prospective – à compter de ou après la date d'acquisition. Dans ce cas, la documentation de la couverture est réalisée à cette date, en prenant en compte l'activité combinée.

3. **Conséquences comptables de l'arrêt des couvertures lors du regroupement** Les conséquences varient selon le type de couverture mis en place par l'acquise :

a. **Couverture de variation de prix (FVH)** L'élément couvert a pu n'être réévalué que partiellement dans les comptes de l'acquise, si la couverture ne portait que sur l'une de ses composantes risque (par exemple, le risque de taux d'intérêt) et non pas sur l'intégralité de son prix. Lors du regroupement, cet élément doit être réévalué dans sa totalité à la juste valeur, faisant apparaître un écart chaque fois que la couverture ne portait pas sur l'intégralité de son prix. L'instrument de couverture (dérivé en général) étant déjà intégralement évalué à la juste valeur par résultat dans les comptes de l'acquise ne fait apparaître aucun écart lors du regroupement.

Voir Exemple 1 ci-après.

50185 (suite) b. **Couverture de flux futurs de trésorerie (CFH)** Dans ce cas, le montant des pertes ou gains constatés sur l'instrument de couverture et comptabilisé en autres éléments du compte de résultat (OCI) de l'acquise, disparaît lors du regroupement (ces montants font partie intégrante de l'actif net de l'acquise) et ne peut être reconstitué dans les capitaux propres du groupe repreneur. L'instrument de couverture (dérivé en général) est quant à lui repris dans les comptes du groupe pour sa juste valeur à la date du regroupement.

Voir Exemple 2 ci-après.

c. **Couverture d'un investissement net en devises (NIH)** Les couvertures d'investissements nets en devises étant assimilées à des couvertures de flux futurs de trésorerie (IAS 39.102), leur traitement est identique au point b. ci-avant (disparition des pertes ou gains de couverture accumulés dans les autres éléments du résultat global/OCI de l'acquise). Il en est de même des écarts de conversion comptabilisés dans les capitaux propres de la mère faisant l'objet d'une acquisition.

4. **Réinitialisation des couvertures après le regroupement** Il est possible dans certains cas de réinitialiser après le regroupement, dans les comptes du groupe, l'opération de couverture initialement mise en place par l'acquise. Dans ce cas, le même instrument (dérivé en général) est qualifié de couverture de l'élément initialement déclaré couvert par l'acquise et acquis lors du regroupement. Toutefois, la requalification de l'opération en opération de couverture dans les comptes du groupe peut ne pas être possible à cause de tests d'efficacité défaillants :

- dus à l'impact de la soulte constatée sur le produit dérivé ; et/ou
- dus à l'impact de la prime ou décote constatée sur l'élément couvert ; ou encore
- parce que, par exemple, la monnaie fonctionnelle de l'acquise serait différente de celle du groupe acquéreur et ne permettrait pas éventuellement de conserver la relation de couverture.

Ainsi :

a. Pour les relations de **couverture en juste valeur** (FVH), l'impossibilité de reconnaître au plan comptable de manière rétrospective les relations de couverture préexistantes chez l'acquise n'empêche pas l'application de la comptabilité de couverture en juste valeur à compter de la date d'acquisition, chez l'acquéreur. Il suffit que ce dernier documente de nouvelles relations de couverture et ce, de façon prospective à compter de cette date. Dans ce cas, ces nouvelles relations de couverture ne devraient pas créer d'inefficacité parce que les flux de l'élément couvert – relatifs à la composante risque couverte – n'ont pas été modifiés. La juste valeur initiale de la composante couverte sera en général compensée par la juste valeur initiale du swap.

b. Pour les relations de **couverture de flux de trésorerie** (CFH), l'impossibilité de reconnaître la relation de couverture préexistante au regroupement d'entreprises a eu pour conséquence d'éliminer les réserves de couverture de flux de trésorerie de l'acquise accumulées avant le regroupement. Par ailleurs, la mise en place d'une nouvelle relation de couverture – à compter de la date d'acquisition – risque d'entraîner une inefficacité de la couverture. En effet, le dérivé de couverture préexistant possède une juste valeur non nulle à la date du regroupement alors que l'efficacité d'une relation de couverture de flux de trésorerie s'apprécie généralement par comparaison entre les changements de juste valeur du dérivé réel de couverture et les changements de juste valeur d'un **dérivé hypothétique** dont la juste valeur est nulle à la date de commencement de la relation de couverture. Ces deux dérivés n'étant pas identiques à la date d'acquisition, une inefficacité en résultera.

Sur la notion de dérivé hypothétique, voir n° 50120.

■ *Exemple 1*

Couverture d'un prêt à taux fixe par un swap prêteur-taux variable/emprunteur-taux fixe *S'agissant d'une couverture de variation de prix (FVH), la composante taux d'intérêt du prêt est réévaluée dans les comptes de l'acquise. Parallèlement, le swap est évalué à la juste valeur par résultat. Les variations de valeur de la composante taux d'intérêt du prêt et les variations de valeur du swap se compensent dans le compte de résultat de l'acquise (à l'inefficacité près).*

Lors du regroupement, le prêt et le swap sont réévalués à leur juste valeur en tant qu'éléments identifiables de l'actif net de l'acquise. Un écart apparaît sur le prêt dû aux autres composantes (risque de crédit, coûts de gestion et de recouvrement, marge) qui n'avaient pas préalablement fait l'objet d'une réévaluation puisque non couvertes. Cet écart se traduit par une prime ou une décote venant modifier la valeur nette comptable du prêt telle qu'apparaissant dans les comptes individuels de l'acquise.

Après le regroupement, la relation de couverture peut être réinitialisée entre les deux mêmes éléments dans les comptes du groupe (sous réserve que les nouveaux tests d'efficacité mis en place soient performants). Il convient de noter que seul l'écart de réévaluation correspondant à la composante non couverte doit faire l'objet d'un étalement selon la méthode du TIE, l'écart correspondant à la composante couverte s'amortira de lui-même via les écritures de réévaluation de la composante couverte.

■ *Exemple 2*

Couverture de ventes futures en devise D par une vente à terme de devise D *L'opération est qualifiée d'opération de couverture de flux futurs de trésorerie (CFH) dans les états financiers de l'acquise. Les pertes/gains constatés sur le dérivé de couverture (la vente à terme de devise) sont comptabilisés dans les autres éléments du résultat global (OCI) de l'acquise.*

Lors du regroupement et bien que les ventes futures en devises de l'acquise soient toujours estimées hautement probables, l'opération de couverture est considérée comme interrompue et les pertes/gains de couverture définitivement intégrés à l'actif net de l'acquise.

Une fois le regroupement effectué, l'opération de couverture peut être réinitialisée, mais seulement à partir de la date d'acquisition, ce qui fait que les ventes en devise de l'acquise ne seront effectivement couvertes dans les comptes du groupe que sur la période postérieure à la date du regroupement. Les gains/pertes de couverture antérieurs à cette date ne pourront pas venir affecter les résultats ultérieurs du groupe.

SECTION II

Comptabilisation

A. Différents types de couverture

Types de couverture reconnus sur le plan comptable en IFRS

50200

Question

Quels sont les différents types de couverture reconnus sur le plan comptable en IFRS ?

Réponse

Trois types de couverture :

- la couverture de juste valeur (« fair value hedge »/FVH) permettant de se protéger contre une exposition à la variation de prix de l'élément couvert ;
- la couverture de flux de trésorerie (« cash-flow hedge »/CFH) permettant de se prémunir contre la variabilité de flux de trésorerie futurs ; et
- la couverture d'un investissement net en devises (« net investment hedge »/NIH) permettant de se protéger contre les variations de change d'un investissement net réalisé à l'étranger (filiale ou participation étrangère consolidée). La couverture d'un investissement net à l'étranger est comptabilisée comme une couverture de flux futurs de trésorerie.

Commentaires Selon IAS 39.86, il existe trois types de relations de couverture :

1. **Couverture de juste valeur (« fair value hedge »/FVH)** Une couverture de juste valeur a pour objectif de se protéger contre une exposition aux variations de la juste valeur (IAS 39.86a) :

- d'un **actif,** d'un **passif** ou d'un **engagement ferme** (ou d'une **portion identifiée** d'actif, de passif ou d'engagement ferme) ;
- qui peut être attribuée à un **risque spécifique** ; et
- qui aura un **impact sur** le **résultat net** présenté par l'entreprise.

Pour la comptabilisation d'une couverture de juste valeur, voir nº 50205.

Le tableau suivant récapitule les principaux exemples de couvertures de juste valeur (FVH) :

Couvertures de juste valeur (FVH)		
Elément couvert	**Instrument de couverture**	**Objectif de la couverture**
Emprunt à taux fixe	Swap échangeant du taux fixe contre du taux variable	Transformer l'emprunt à taux fixe en un emprunt à taux variable (1)
Créance ou dette libellée en devise étrangère	Contrat de vente ou d'achat à terme de la devise étrangère	Couvrir la variation à terme du cours de la devise étrangère (2)
Prêt à taux fixe	Swap échangeant du taux fixe contre du taux variable	Transformer le prêt à taux fixe en prêt à taux variable (3) (4)

50200 (suite)

Couvertures de juste valeur (FVH)		
Elément couvert	**Instrument de couverture**	**Objectif de la couverture**
Commande ferme d'un client libellée en devises étrangères	Contrat de vente à terme de la devise étrangère	Couvrir la variation à terme du cours de la devise étrangère
Stock de matières premières	Contrat de vente à terme de matières premières	Couvrir le stock contre une variation des cours de la matière première

(1) Ce qui équivaut à se protéger contre les variations de juste valeur de l'emprunt (IAS 39.AG102), même si ce dernier est comptabilisé au coût amorti au bilan de l'entreprise (voir n° 50205).
(2) Sur la couverture d'un emprunt à taux fixe par un swap de taux, voir n° 50300.
(3) Sur la couverture d'une dette/créance en devises, voir n° 50350.
(4) IAS 39.IG F2.13 confirme qu'il est possible de couvrir le risque de variations de juste valeur de prêts ou de créances (à taux fixe) bien que les prêts émis soient généralement comptabilisés à leur coût amorti (voir n° 45080). En effet, il est possible de céder ces prêts et créances, et leur éventuelle cession affecterait le résultat pour un montant différent en fonction de l'évolution des taux de marché.

2. Couverture de flux de trésorerie (« cash-flow hedge »/CFH) Une couverture de flux de trésorerie a pour objectif de se prémunir contre une exposition à la variabilité des flux de trésorerie futurs (IAS 39.86b) :
- qui est liée à un **risque particulier,** associé soit à un **actif** ou à un **passif** comptabilisé au bilan, soit à une **transaction future** prévue hautement probable ; et
- qui pourrait **affecter le résultat.**

Par exemple, la couverture d'un emprunt à taux variable par un swap de taux échangeant du taux variable contre du taux fixe est un exemple de couverture de flux de trésorerie. En effet, la mise en place d'un tel swap permet de « fixer » le montant des flux de trésorerie futurs, c'est-à-dire les paiements d'intérêt (IAS 39.AG103).
Pour la comptabilisation d'une couverture de flux de trésorerie, voir n° 50210 s.

On notera, par ailleurs, que la couverture du risque de change d'un engagement ferme (par exemple, une commande) peut être comptabilisée soit comme une couverture de juste valeur, soit comme une couverture de flux de trésorerie (IAS 39.87 ; voir n° 50350).

Le tableau suivant récapitule les principaux exemples de couvertures de flux de trésorerie :

Couverture de flux de trésorerie (CFH)		
Elément couvert	**Instrument de couverture**	**Objectif de la couverture**
Emprunt à taux variable	Swap échangeant du taux variable contre du taux fixe	Couvrir la variabilité des flux de paiements à effectuer liés aux intérêts de l'emprunt
Emprunt à taux variable	Cap garantissant un taux plafond	Couvrir en la plafonnant la variabilité des flux de paiements à effectuer liés aux intérêts de l'emprunt
Budget d'achat N+1 en devises étrangères	Achat à terme de la devise étrangère	Couvrir le risque de variation des paiements à effectuer liés aux futurs achats et dépendant du cours de la devise étrangère
Créance en devises étrangères	Vente à terme de la devise étrangère	Couvrir le risque de variation du règlement à encaisser sur la créance lié à la fluctuation du cours de la devise étrangère
Couverture d'une commande de vente en devises étrangères	Vente à terme de la devise étrangère	Couvrir le risque de variation de règlement à encaisser une fois la commande livrée lié à la fluctuation du cours de la devise étrangère (1)

(1) La couverture du risque de change d'un engagement ferme en devises peut être comptabilisée comme une couverture de juste valeur (FVH) ou une couverture de flux de trésorerie (CFH) (IAS 39.87) (voir ci-avant).

3. Couverture d'un investissement net en devises (« net investment hedge »/NIH) La couverture d'un investissement net en devises a pour objet de se protéger contre des variations défavorables de la juste valeur d'un investissement réalisé à l'étranger dans une monnaie autre que la monnaie de fonctionnement de l'entreprise (IAS 39.86c et .102 reprenant la définition de la norme IAS 21, Effets des variations des cours des monnaies étrangères).

Le traitement comptable requis par la norme IAS 39 pour ces couvertures est similaire à celui d'une couverture de flux de trésorerie (CFH) (IAS 39.102).

Pour la comptabilisation d'une couverture de flux de trésorerie, voir n° 50210.
Pour les couvertures d'investissements nets en devises, voir n° 50415.

Couverture de juste valeur : traitement comptable

50205

Question

Comment comptabiliser une couverture de juste valeur (« fair value hedge »/FVH) ?

Réponse

Dans une couverture de juste valeur :
- l'instrument de couverture est comptabilisé à sa juste valeur par résultat, s'il s'agit d'un dérivé. S'il s'agit d'un instrument non dérivé (cas des couvertures de change seulement), la variation de change liée au montant inscrit au bilan et mesurée selon IAS 21 est comptabilisée directement en résultat ; et
- la valeur comptable de l'élément couvert est ajustée de la variation de la juste valeur de cet élément imputable au risque couvert (composante risque couverte), en contrepartie du résultat.

Les variations de valeur constatées en résultat sur l'instrument de couverture et l'élément couvert se compensent donc, à l'efficacité de la couverture près.

Commentaires :

Sur la notion de couverture de juste valeur, voir n° 50200, point 1.

1. **Rappel** Une couverture de juste valeur n'est comptabilisée que si elle satisfait aux conditions générales de qualification d'une opération de couverture selon IAS 39.88 (voir n° 50020).

2. **Traitement comptable** (IAS 39.89) :

a. **Instrument de couverture** L'instrument de couverture ne fait pas l'objet d'un traitement spécifique et suit la comptabilisation qui aurait été la sienne sans comptabilité de couverture (pas d'écriture spécifique). L'approche varie toutefois selon qu'il s'agit d'un dérivé ou d'un instrument non dérivé (IAS 39.89a) :
- lorsque l'instrument de couverture est un **dérivé,** il est réévalué à sa **juste valeur par résultat** ;
- lorsque l'instrument de couverture est un instrument financier **non dérivé** – ce qui n'est possible que dans le cas d'une couverture du risque de change (IAS 39.72) – la variation de change liée au montant inscrit au bilan et mesurée selon IAS 21 est comptabilisée directement en résultat (voir n° 45660).

b. **Elément couvert** L'élément couvert est ajusté (réévalué) de la variation de juste valeur imputable à la composante risque couvert. Le profit ou la perte dégagé(e) en contrepartie est comptabilisé(e) en résultat (IAS 39.89b).

L'impact de cet ajustement varie selon qu'il s'agit :
- d'un actif ou d'un passif **évalué au coût** ou **au coût amorti** ou d'un **engagement ferme** hors bilan. Dans ce cas, en effet, en l'absence de comptabilité de couverture, l'élément couvert (ou la composante risque couverte) n'aurait pas été évalué à la juste valeur ; ou
- d'un **actif** comptabilisé à la juste valeur par les autres éléments du résultat global (OCI). Dans ce cas, en effet, en l'absence de comptabilité de couverture, l'élément couvert aurait bien fait l'objet d'une évaluation à la juste valeur, mais les variations de cette juste valeur auraient été comptabilisées en capitaux propres (et non pas en résultat).

Lorsque l'élément couvert est un engagement ferme non comptabilisé au bilan (commande, par exemple), la réévaluation de ce dernier (ou de sa composante risque couverte) donne lieu à la comptabilisation d'un actif ou d'un passif dont la contrepartie est un gain ou une perte comptabilisé(e) en résultat (IAS 39.93).

3. **Résultat de l'opération (impact sur les états financiers)** En conséquence de ce traitement comptable, les variations de juste valeur constatées en résultat sur l'instrument de couverture et sur l'élément couvert se compensent, à l'inefficacité de la couverture près.

Rappelons, en effet, que pour qu'un élément soit désigné comme instrument de couverture, il n'est pas nécessaire que la couverture soit efficace à 100 % bien qu'elle doive être hautement efficace (voir n° 50020).

50205 (suite) Toutefois, il est important de souligner que sans qualification de couverture les pertes ou les gains constaté(e)s sur le dérivé ne pourraient pas être compensé(e)s au compte de résultat, l'entreprise n'ayant pas le droit de réévaluer la composante risque couverte (cas des éléments comptabilisés au coût ou au coût amorti) ou, si cette dernière l'était déjà (cas des instruments de dette comptabilisés à la juste valeur par OCI), l'entreprise n'aurait pas le droit de comptabiliser en résultat les variations de valeur correspondantes.

D'où l'importance de satisfaire aux critères de qualification d'une opération de couverture (voir n° 50020).

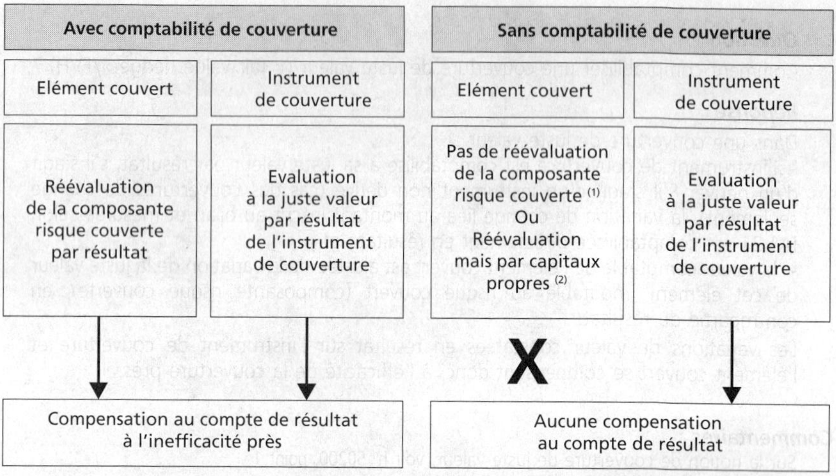

(1) Elément évalué au coût amorti
(2) Instruments de dette comptabilisés à la juste valeur par OCI

Pour des exemples chiffrés de couverture de juste valeur :
- voir n° 50300 (couverture d'un emprunt à taux fixe) ;
- voir n° 50310 (couverture d'une obligation à taux fixe évaluée à la juste valeur par OCI) ;
- voir n° 50390 (couverture d'un stock de cuivre).

4. **Précisions apportées par la norme** :

a. **Interdiction d'appliquer la « short-cut method »** La valeur comptable de l'élément couvert doit, dans tous les cas, être ajustée de la variation de juste valeur qui est imputable au risque couvert. En effet, même lorsque les termes principaux d'un instrument de couverture et de l'élément couvert sont les mêmes, il n'est pas possible de supposer une parfaite compensation entre les variations de valeur de l'élément couvert (pour le risque couvert) et l'élément de couverture.

Il n'est pas possible d'appliquer comme en US GAAP, la « short-cut method » (voir n° 50140).

b. **Couverture de certains risques seulement** S'il existe des variations de juste valeur de l'élément couvert qui sont liées à des risques autres que celui couvert, ces dernières (IAS 39.90 et .55) :
- soit ne sont pas comptabilisées, si l'élément couvert est comptabilisé au coût amorti ;

Si un prêt à taux fixe est couvert contre le risque de taux, ses variations de juste valeur dues à l'évolution des taux d'intérêt seront comptabilisées en résultat. En revanche, les variations de juste valeur liées, par exemple, à l'évolution du rating de l'emprunteur, ne sont pas comptabilisées en résultat car elles ne sont pas couvertes par la relation de couverture.
A noter également qu'en l'absence de relation de couverture, ce prêt serait comptabilisé pour son coût amorti.
Enfin qu'il soit couvert ou non, ce prêt sera déprécié pour risque de crédit (voir n° 47050 s.).

- soit sont comptabilisées, si l'élément couvert est évalué à la juste valeur, mais leurs contreparties restent dans ce cas comptabilisées en capitaux propres.

c. **Amortissement de l'ajustement réalisé sur l'élément couvert** L'ajustement (prime/décote) réalisé au titre de la variation de juste valeur imputable à l'élément couvert (ou à la composante risque couverte de cet élément) doit faire l'objet d'un amortissement au compte de résultat s'il porte sur la valeur comptable (IAS 39.92) :
- d'un élément couvert, pour lequel la méthode du taux d'intérêt effectif est utilisée (prêt, créance ou dette à taux fixe) ; ou

- d'un portefeuille d'éléments couverts contre le risque de taux d'intérêt (portefeuille de prêts bancaires à taux fixe, par exemple). **50205** (suite)

Sur la notion de portefeuille d'éléments couverts contre le risque de taux d'intérêt, voir nº 50320.

L'amortissement peut démarrer dès qu'un ajustement (décote/prime) apparaît. En tout état de cause, il doit commencer au plus tard lorsque l'élément couvert cesse d'être ajusté des variations de juste valeur attribuables au risque couvert (c'est-à-dire au plus tard lors de l'arrêt de la comptabilité de couverture).

L'ajustement est fondé sur un taux d'intérêt effectif, recalculé à la date à laquelle l'amortissement commence (voir nº 46845). Il doit être intégralement amorti à l'échéance de l'instrument financier (IAS 39.92).

Couverture contre le risque de taux d'intérêt d'un portefeuille d'éléments Dans le cas d'une couverture en juste valeur du risque de taux d'intérêt d'un portefeuille (macro-couverture), l'amortissement de l'ajustement peut être linéaire (si l'amortissement actuariel n'est pas praticable). L'ajustement doit être intégralement amorti à l'expiration de la période de refixation de prix correspondante (IAS 39.92 ; voir nº 50320, point 3.).

d. Traitement de l'ajustement (réévaluation de la composante risque couverte) dans le cas d'un engagement ferme (commande) :
- couverture d'une commande de vente (produit, service ou marchandise) : l'ajustement comptabilisé au bilan (perte ou gain constaté sur la commande) est rapporté au compte de résultat lorsque la vente est réalisée ;
- couverture d'une commande d'achat (stock ou bien d'équipement) : l'ajustement est intégré au coût d'acquisition de l'actif sous-jacent (IAS 39.94).

■ *Exemple*

Une entreprise couvre une commande de vente de produits manufacturés de 100 US dollars contre le risque de change. Elle souscrit auprès de son banquier un contrat de vente à terme (« forward ») de 100 US dollars contre euros. Le dollar ayant augmenté pendant la période de couverture, la vente (payée intégralement en trésorerie) se dénoue pour un montant de 110 (cours spot du jour) et le contrat forward fait apparaître une perte de 11.

L'entreprise apprécie l'efficacité de la couverture sur la base des cours forwards (y compris donc le report/déport).

Les tests d'efficacité (voir nº 50105), montrent que la couverture est hautement efficace.

Solution de l'exemple *La comptabilisation de l'opération est la suivante :*

*1. **Lors de la signature** de la commande et de sa couverture, comptabilisation pour mémoire des deux opérations (la commande et le forward ayant chacun une valeur nulle) ;*

*2. **A l'arrêté suivant** et jusqu'à la veille de la livraison, réévaluation à la fois de la commande de vente et du dérivé forward :*

Dt	*Commande ferme*	*10*	
Ct	*Autres produits d'exploitation*		*10*
Dt	*Autres pertes d'exploitation*	*11*	
Ct	*Instrument dérivé de couverture – Forward*		*11*

L'impact sur le bilan et le compte de résultat est alors le suivant :

Bilan				*Compte de résultat*			
Commande ferme [(1)]	*10*	*Dérivé*	*11*	*Perte de change*	*11*	*Gain de change* [(1)]	*10*
				Inefficacité $\leqslant$ ***1***			

(1) Composante risque de change réévaluée.

*3. **A la date de livraison, facturation et encaissement** des produits et de dénouement du contrat de vente à terme de devises (« forward ») :*

Dt	*Instrument dérivé de couverture – Forward*	*11*	
Ct	*Trésorerie*		*11*
Dt	*Ventes*	*10*	
Ct	*Commande ferme*		*10*
Dt	*Trésorerie*	*110*	
Ct	*Ventes*		*110*

Le bilan et le compte de résultat sont alors les suivants :

Bilan				*Compte de résultat*			
Commande ferme	*0*	*Dérivé*	*0*	-	-	*Ventes*	*110*
Trésorerie [1]	*99*						*(10)*
							100

(1) 99 = 110 − 11

Ajustement des variations de juste valeur sur l'élément couvert dans une couverture de juste valeur

50208 Voir n° 49335.

Couverture de flux de trésorerie : traitement comptable

50210 ***Question***

Comment comptabiliser une couverture de flux de trésorerie (« cash-flow hedge »/CFH) ?

Réponse

Dans une couverture de flux de trésorerie :

– l'élément couvert ne fait l'objet d'aucune écriture spécifique ;

– l'instrument de couverture est évalué à sa juste valeur. Ses variations de valeur sont comptabilisées en capitaux propres pour la part efficace de la couverture et en résultat pour la part inefficace. Toutefois, la part inefficace n'est pas traduite en résultat lorsque les pertes/gains globaux constatés sur l'instrument de couverture sont inférieurs (en valeur absolue) aux gains/pertes de l'élément couvert (traitement asymétrique de l'inefficacité).

Les montants différés en capitaux propres sont rapportés en résultat lorsque les flux de trésorerie prévus couverts affectent ce dernier.

Commentaires :

Sur la notion de couverture de flux de trésorerie, voir n° 50200, point 2.

1. Rappel Une couverture de flux de trésorerie n'est comptabilisée que si elle satisfait aux conditions la qualifiant d'opération de couverture selon IAS 39.88 (voir n° 50020).

2. Traitement comptable (IAS 39.89) :

a. Elément couvert L'élément couvert ne fait l'objet d'aucune écriture comptable spécifique (autres que celles qu'il générerait s'il n'était pas couvert).

Rappelons que cet élément peut être :

– une transaction future hautement probable (budget d'achats ou de ventes, par exemple) ; ou

– un actif ou un passif déjà comptabilisé au bilan (actif ou dette à taux variable, par exemple).

b. Instrument de couverture Il est réévalué à sa juste valeur au bilan. En contrepartie (IAS 39.95 et .96b) :

– la **part efficace** de la variation de la juste valeur attribuable au risque couvert est comptabilisée **en capitaux propres,** jusqu'à ce que l'élément couvert affecte lui-même le compte de résultat, auquel cas les montants préalablement comptabilisés en capitaux propres sont « recyclés » en résultat (voir ci-après) ;

– la **part inefficace** de la variation de la juste valeur de l'instrument de couverture est comptabilisée **en résultat.**

3. Résultat de l'opération (impact sur les états financiers) En conséquence du traitement comptable exposé ci-avant, les variations de juste valeur du dérivé qualifié de couverture sont différées en capitaux propres jusqu'à ce que les flux de trésorerie prévus couverts affectent le résultat de l'entreprise, à l'exception de la part inefficace qui est immédiatement comptabilisée en résultat.

Sans qualification de couverture, les pertes/gains constatés sur l'instrument de couverture ne pourraient pas être comptabilisés (différés) en capitaux propres et affecteraient immédiatement le compte de résultat.

D'où l'importance, là encore, de satisfaire aux critères de qualification d'une opération de couverture (voir nº 50020). **50210** (suite)

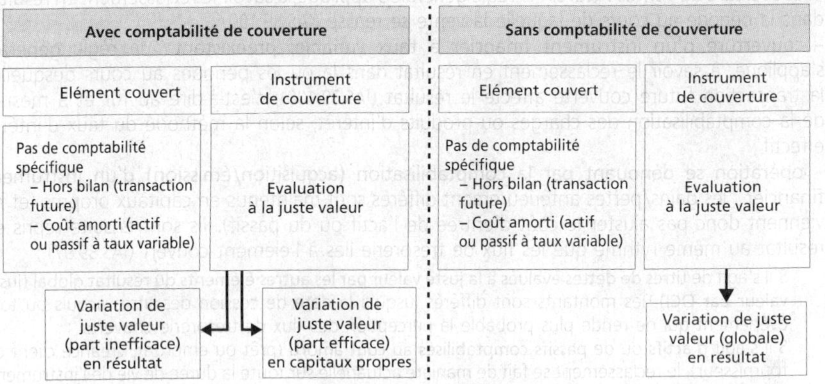

Pour des exemples chiffrés de couverture de flux futurs de trésorerie :
- voir nº 50305 (couverture d'un emprunt à taux variable) ;
- voir nº 50350 (couverture d'une commande contre le risque de change) ;
- voir nº 50355 (couverture d'un budget contre le risque de change) ;
- voir nº 50360 (couverture d'appels d'offres contre le risque de change).

4. Précisions apportées par la norme :

a. Asymétrie du traitement comptable de l'inefficacité Le montant comptabilisé en capitaux propres est ajusté au **plus faible** des deux montants suivants (en valeur absolue) (IAS 39.96a, .IG F5.2 et .IG F5.3) :
- gains/pertes cumulés sur l'instrument de couverture depuis le début de la relation de couverture ; ou
- variations cumulées de juste valeur (valeur actualisée) des flux de trésorerie estimés de l'élément couvert, depuis le début de la relation de couverture.

■ *Exemple*

Une entreprise industrielle et commerciale couvre un budget de vente de 100 dollars par un contrat de vente à terme de dollars. Le montant des ventes futures en dollars et le notionnel du dérivé sont identiques, de même que leur échéance. A la date du premier arrêté suivant l'opération, les variations respectives des ventes en dollars et du contrat à terme ferme de change sont les suivantes :
- *cas nº 1 : le gain de change sur les ventes futures budgétées s'élève à 10 et la perte sur le dérivé à 11 ;*
- *cas nº 2 : le gain de change sur les ventes futures budgétées s'élève à 11 et la perte sur le dérivé à 10.*

L'entreprise apprécie l'efficacité de la couverture sur la base des cours forwards (y compris donc le report/déport). Les tests d'efficacité (voir nº 50105), montrent que la couverture est hautement efficace.

Solution de l'exemple *Le montant comptabilisé en capitaux propres s'élève à 10 dans les deux cas (montant le plus faible en valeur absolue). La part inefficace comptabilisée en résultat s'élève à :*
- *1 (perte) dans le cas nº 1 ;*
- *0 dans le cas nº 2.*

Dans ce dernier cas, en effet, aucune inefficacité n'est comptabilisée en résultat, parce que les pertes/gains sur le dérivé doivent au minimum couvrir les gains/pertes constatés sur l'élément couvert.
Cela n'aurait pas été le cas si les tests d'efficacité n'avaient pas été probants. Dans ce cas, l'opération aurait été déqualifiée et toutes les variations de valeur du dérivé auraient été comptabilisées en résultat.

---

b. Recyclage des montants accumulés en capitaux propres L'objectif de la couverture de flux de trésorerie est de différer en capitaux propres les gains ou pertes liés à l'instrument de couverture jusqu'à ce que les flux de trésorerie prévus couverts affectent à leur tour le résultat.

50210 (suite) Les modalités de reclassement des montants accumulés en capitaux propres varient selon la nature de l'élément couvert :

– **couverture de ventes futures** : la règle générale s'applique, à savoir le reclassement en résultat dans la période au cours de laquelle la vente se réalise (IAS 39.100) ;

– **couverture d'un instrument financier à taux variable, préexistant** : la règle générale s'applique, à savoir le reclassement en résultat dans la ou les périodes au cours desquelles la transaction future couverte affecte le résultat (IAS 39.100), c'est-à-dire au fur et à mesure de la comptabilisation des charges ou produits d'intérêt, selon la méthode du taux d'intérêt effectif ;

– **opération se dénouant par la comptabilisation (acquisition/émission) d'un instrument financier** : les gains/pertes antérieurement différés sont maintenus en capitaux propres (et ne viennent donc pas ajuster le coût d'entrée de l'actif ou du passif). Ils sont ensuite repris en résultat au même rythme que les flux de trésorerie liés à l'élément couvert (IAS 39.97) ;

S'il s'agit de **titres de dettes évalués à la juste valeur par les autres éléments du résultat global (juste valeur par OCI),** les montants sont différés jusqu'à la date de cession des titres acquis ou tout événement qui ne rende plus probable la perception des flux de trésorerie couverts.

S'il s'agit d'**actifs** ou de **passifs comptabilisés au coût amorti** (prêt ou emprunt, créance client ou fournisseur), le reclassement se fait de manière actuarielle sur toute la durée de vie de l'instrument, selon la méthode du taux d'intérêt effectif.

– **opération se dénouant par la comptabilisation (acquisition/prise en charge) d'un instrument non financier** (par exemple, une immobilisation ou un stock) : l'entreprise a le choix irrévocable entre soit appliquer la méthode dite du « basis adjustment » (i.e. corriger la valeur d'entrée au bilan de l'actif ou du passif non financier du montant des gains ou pertes de couverture) (IAS 39.99 ; voir nº 50240), soit maintenir les gains ou pertes antérieurement différés en capitaux propres (IAS 39.98). Dans les deux méthodes, les gains/pertes de couverture sont repris en résultat au rythme des impacts sur le résultat de l'actif ou du passif acquis, par exemple au rythme des amortissements.

c. Couverture de certains risques uniquement L'approche est identique à celle appliquée dans le cas d'une couverture de juste valeur (voir nº 50205).

■ *Exemple*

Reprise de l'exemple présenté au nº 50205 *Le dollar ayant augmenté pendant la période de couverture, la vente (payée intégralement en trésorerie) se dénoue pour un montant de 110 (cours spot du jour) et le contrat forward fait apparaître une perte de 11 (cas nº 1).*

Solution de l'exemple La comptabilisation est la suivante :

*1. **Lors de la mise en place de la couverture,** comptabilisation pour mémoire de l'opération (le forward ayant une valeur nulle) ;*

*2. **A l'arrêté suivant** et jusqu'à la veille de la livraison, réévaluation du dérivé forward :*

Dt	*Capitaux propres recyclables (part efficace)*	*10*	
Dt	*Autres pertes d'exploitation (part inefficace)*	*1*	
Ct	*Instrument dérivé de couverture – Forward*		*11*

L'impact sur le bilan et le compte de résultat est alors le suivant :

Bilan			Compte de résultat			
–	*CP recyclables*	*(10)*	*Perte de change*	*1*	–	–
					Inefficacité = (1)	

*3. **A la date de livraison/facturation/encaissement** de la vente et du dénouement du contrat de vente à terme de devise (forward) :*

Dt	*Instrument dérivé de couverture – Forward*	*11*	
Ct	*Trésorerie*		*11*
Dt	*Ventes*	*10*	
Ct	*Capitaux propres recyclables*		*10*
Dt	*Trésorerie*	*110*	
Ct	*Ventes (1)*		*110*

(1) Chiffre d'affaires comptabilisé au cours comptant du jour de la vente.

Le bilan et le compte de résultat sont alors les suivants :

Bilan				*Compte de résultat*	
Trésorerie (1)	99	*Dérivé*	0	–	– *Ventes* 110
					(10)
					100

(1) 99 = 110 – 11.

Couverture de flux de trésorerie : quand recycler en résultat ?

Question 50215

Dans une couverture de flux futurs de trésorerie (CFH), quand doit-on recycler en résultat les montants comptabilisés en capitaux propres (pertes/gains liés à l'instrument de couverture) ?

Réponse

Le recyclage doit s'effectuer sur l'exercice pendant lequel les cash-flows futurs couverts (et non plus l'actif, le passif ou la transaction couverte elle-même) affectent le résultat de l'entité.

Commentaires Les gains (pertes) constaté(e)s sur l'instrument de couverture doivent être recyclé(e)s en résultat dans l'exercice où les cash-flows futurs couverts affectent eux-mêmes ce résultat (IAS 39.97), qu'il s'agisse de couvertures de transactions futures qui se traduisent in fine par la comptabilisation d'un instrument financier ou de couvertures d'instruments financiers existants.

■ *Exemple*

(IAS 39.IG F.6.3) Le 1/01/N, une entité couvre le risque de variation de taux d'intérêt lié à la révision du coupon d'intérêt d'un certain nombre d'instruments financiers sur un horizon de temps de 5 ans, révision prévue pour le 1/04/N. Dans ce cas, l'entité est exposée à une variation de ses cash-flows (flux d'intérêt) sur la période de 3 mois commençant à partir du 1/04/N (période sur laquelle porte la révision), le taux révisé dépendant de l'évolution des taux d'intérêt entre le 1/01/N et le 1/04/N.

Solution de l'exemple *Dans ce cas, les pertes/gains de l'instrument de couverture doivent être recyclés sur une période de 3 mois commençant le 1/04/N et non pas sur une période de 5 ans commençant à la même date (IAS 39.BC161A à .BC161G).*

Couverture d'un investissement net à l'étranger

Question 50220

Comment comptabiliser une couverture d'investissement net à l'étranger (« net investment hedge »/NIH) ?

Réponse

Dans la couverture d'un investissement net en devises :
- la partie des gains ou pertes de l'instrument de couverture (dérivé ou tout autre actif ou passif monétaire libellé en devises) qui est considérée comme efficace est comptabilisée en capitaux propres. Elle vient compenser en tout ou partie l'écart de conversion apparaissant lors de la consolidation de la participation concernée ;
- la part inefficace est comptabilisée immédiatement en résultat.

Les montants comptabilisés en capitaux propres sont :
- rapportés au compte de résultat à la date de cession (totale ou partielle) entraînant déconsolidation ou à la liquidation de l'investissement ;
- attribués aux intérêts minoritaires à la date de cession partielle n'entraînant pas déconsolidation.

50220 (suite) ***Commentaires :***

Sur la notion de couverture d'un investissement net à l'étranger, voir nº 50200, point 3.

1. Rappel La couverture d'un investissement net à l'étranger n'est comptabilisée que si elle satisfait aux conditions la qualifiant d'opération de couverture selon IAS 39.88 (voir nº 50415).

2. Traitement comptable Le traitement pour ce type de couverture est similaire à celui d'une couverture de flux de trésorerie (IAS 39.102 ; voir nº 50210).

Ainsi :

– l'élément couvert, c'est-à-dire l'investissement net à l'étranger, ne fait l'objet d'aucune écriture comptable spécifique (c'est-à-dire autres que celles qu'il générerait s'il n'était pas couvert) ;

– la partie des gains/pertes sur l'instrument de couverture (un dérivé ou tout autre actif ou passif monétaire libellé en devises) qui est considérée comme efficace est comptabilisée en capitaux propres. Ces gains/pertes viennent compenser les écarts de conversion comptabilisés lors de la consolidation de la participation (IAS 21.38 s.) ;

– la part inefficace est comptabilisée immédiatement en résultat.

3. Recyclage des montants accumulés en capitaux propres IAS 39.102 prévoit que les gains ou pertes liés à la part efficace de la couverture d'un investissement net dans une entité étrangère, qui ont été comptabilisés directement en capitaux propres, sont repris en résultat en cas de cession de l'investissement net.

En pratique, ces éléments devraient, à notre avis :

– pour les cessions (totales ou partielles) de titres aboutissant à une déconsolidation, être repris en résultat en totalité et en même temps que les écarts de change relatifs à l'entité étrangère et figurant dans une composante distincte des capitaux propres du groupe (IAS 21.48 et .49) ;

– pour les cessions partielles n'entraînant pas de déconsolidation, être attribués aux intérêts minoritaires à hauteur de la quote-part des titres cédés (pas de montant repris en résultat).

■ ***Exemple***

Couverture d'un investissement net *Une entité dont la devise fonctionnelle est l'euro a acquis le 15/10/N une société anglaise pour un montant de 1 000 K£. Afin de couvrir son investissement contre le risque de change, cette entité met en place à la même date une vente à terme de 1 000 K£ au cours de 1 € = 0,6900 £. Le cours comptant à cette date est de 1 € = 0,6726 £.*

Au 31/12/N, la juste valeur du dérivé est de 10 000 €. Les tests d'efficacité effectués ont montré que la part efficace s'élevait à 9 900 €.

Au 31/03/N+1, les tests d'efficacité indiquent que la part efficace de la relation de couverture s'élève à 4 850 € pour le premier trimestre de l'année N+1. A la fin de ce trimestre, la société anglaise est vendue. La juste valeur du dérivé à la date de cession est de 15 000 €.

Solution de l'exemple *La comptabilisation est la suivante :*

1. Au 15/10/N, lors de la mise en place de la couverture, *la juste valeur de la vente à terme est égale à zéro. Aucune écriture n'est à comptabiliser au titre de l'opération de couverture (sauf comptabilisation pour mémoire du dérivé).*

2. Au 31/12/N+1, lors de l'arrêté suivant, *le dérivé est réévalué à sa juste valeur, soit 10 000 €, en contrepartie des capitaux propres pour la part efficace de la couverture (9 900 €) et du résultat pour la part inefficace de la couverture (100 €).*

Dt	*Instrument dérivé de couverture – Vente à terme*	*10 000*	
Ct	*Capitaux propres – Ecart de réévaluation des instruments de couverture*		*9 900*
Ct	*Résultat – Variation de valeur des instruments de couverture*		*100*

3. Au 31/03/N+1, lors de la cession de la filiale anglaise *:*

– le dérivé est réévalué à sa juste valeur, soit 15 000 €, en contrepartie des capitaux propres pour la part efficace de la couverture (4 850 €) et du résultat pour la part inefficace de la couverture (150 €) ;

Dt	*Instrument dérivé de couverture – Vente à terme*	*5 000*	
Ct	*Capitaux propres – Ecart de réévaluation des instruments de couverture*		*4 850*
Ct	*Résultat – Variation de valeur des instruments de couverture*		*150*

– par ailleurs, suite à la cession de l'entité anglaise, les montants antérieurement accumulés en capitaux propres (soit 14 750 € = 9 900 € + 4 850 €) sont immédiatement reclassés en résultat. Le produit dégagé sur le contrat à terme vient compenser la perte sur la vente de la société anglaise liée à la baisse du cours de la livre sterling.

Dt	*Capitaux propres – Ecart de réévaluation des instruments de couverture*	*14 750*	
Ct	*Résultat – Gain/perte sur cession de la filiale anglaise*		*14 750*

Traduction comptable de l'inefficacité

50225

Question

Comment traduire comptablement la part inefficace d'une opération de couverture ?

Réponse

Ce montant est immédiatement constaté en résultat, sauf cas particuliers de certaines couvertures de flux de trésorerie.

Toutefois, la traduction comptable varie selon le type de couverture :

– dans une couverture de juste valeur, la part inefficace apparaît par différence au compte de résultat ;

– dans une couverture de flux de trésorerie ou d'un investissement net en devises, la comptabilisation de la part inefficace requiert une écriture spécifique (la part efficace étant comptabilisée en capitaux propres).

Sur le traitement asymétrique de l'inefficacité dans le cas d'une couverture de flux de trésorerie, voir n° 50210.

Commentaires :

1. **Rappel** Le fait qu'une couverture soit jugée hautement efficace (ratio de couverture compris entre 80 % et 125 % notamment) n'empêche pas l'existence (d'une faible) part d'inefficacité (voir n° 50020). Cette part doit être identifiée lors de la documentation de la stratégie de couverture, puis comptabilisée à chaque date d'arrêté.

Pour les causes de l'inefficacité d'une couverture, voir n° 50090, point 3.

2. **Traitement comptable** :

a. **Comptabilisation en résultat** Quel que soit le type de couverture mis en place, la part considérée comme inefficace de la couverture doit être comptabilisée en résultat (IAS 39.89, .98b et .102).

La seule exception concerne le cas particulier d'une couverture de flux de trésorerie (ou d'un investissement net en devises) dans laquelle les variations de valeur de l'instrument de couverture ne couvrent pas (en valeur absolue) les variations de valeur du risque couvert. Dans ce cas, et sous réserve que l'efficacité de la couverture ait été démontrée par les tests d'efficacité, l'intégralité des variations de valeur de l'instrument de couverture (y compris donc la part inefficace de la couverture) est en capitaux propres (voir n° 50210, point 4a.).

b. **Evaluation à la juste valeur** La part inefficace de la couverture étant toujours une différence entre deux justes valeurs (celle de l'instrument de couverture et celle de l'élément couvert), elle est toujours évaluée à la juste valeur. Ainsi, qu'il s'agisse par exemple de la valeur temps d'une option ou du report/déport d'un contrat à terme ferme, ces derniers seront pris en compte en résultat non pas prorata temporis sur la durée de l'instrument de couverture mais en suivant les variations de leur juste valeur.

3. **Application pratique** La comptabilisation en résultat de la part inefficace d'une opération de couverture varie selon le type de couverture :

a. **Couverture de juste valeur (FVH)** Dans une opération de couverture de juste valeur, les variations de valeur de l'instrument de couverture comme celles de l'élément couvert (ou de la composante risque couverte) sont comptabilisées en résultat (IAS 39.89). En conséquence, la part inefficace de la couverture apparaît mécaniquement par différence au compte de résultat, sans qu'il soit nécessaire de comptabiliser une écriture spécifique.

Pour la comptabilisation d'une couverture de juste valeur (FVH), voir n° 50205.
Voir toutefois n° 51435, pour la présentation séparée au compte de résultat de la part inefficace des couvertures.

b. **Couverture de flux de trésorerie (CFH)** Dans une opération de couverture de flux de trésorerie, les variations de juste valeur de l'instrument de couverture sont comptabilisées pour partie en capitaux propres (part efficace de la couverture) et pour partie en résultat (part inefficace). Ce qui nécessite donc une écriture spécifique (sauf application du traitement asymétrique décrit au point 2. ci-avant).

c. **Couverture d'un investissement net (NIH)** Ce type de couverture étant traité comptablement comme une couverture de flux futurs de trésorerie, l'approche est identique à celle développée au point b. ci-avant (écriture spécifique et traitement asymétrique de la part inefficace).

Pour la comptabilisation d'une couverture d'investissement net (NIH), voir nº 50220.

■ *Exemple*

Sur la période considérée, les variations de la juste valeur de l'élément couvert (ou de la composante risque couverte de cet élément) font apparaître une perte de 100. Parallèlement, le dérivé de couverture dégage un gain de 120.

Solution de l'exemple *L'analyse est la suivante :*

1. ***Test d'efficacité*** *Le test d'efficacité rétrospectif fait apparaître un ratio de couverture de 1,2 (120/100), compris dans l'intervalle de 80 % à 125 %. Le test est donc validé.*

2. ***Part inefficace de la couverture*** *Pour autant, l'opération fait apparaître une part inefficace pour un montant de 20 (gain) qui doit être comptabilisé en résultat.*

B. Ajustement du coût d'entrée de l'élément couvert (« basis adjustment »)

Conditions d'application du « basis adjustment »

50240 ***Question***

Lors de l'acquisition d'une filiale en devises, comment traiter comptablement la couverture contre le risque de change du prix d'une acquisition libellée en devises ?

Réponse

Le traitement comptable d'une telle couverture dépend du caractère ferme ou hautement probable de la transaction future. Ainsi, elle sera traitée :
- comme une couverture de flux futurs de trésorerie si la transaction est hautement probable ; ou
- au choix, comme une couverture de flux de trésorerie ou de juste valeur si la transaction répond à la définition d'un engagement ferme.

Commentaires :

1. **Caractéristiques de l'opération** L'acquisition prévue d'une filiale en devises peut répondre à la définition d'un engagement ferme (« firm commitment ») ou à celle d'une transaction future hautement probable, sans pour autant que l'entité y soit engagée de manière ferme.

L'éligibilité du premier cas à la comptabilité de couverture est explicitement prévue par IAS 39.AG98 (possibilité de couvrir, contre le risque de change, un engagement ferme en vue d'acquérir une entreprise dans le cadre d'un regroupement d'entreprises).

Le second cas dépend des faits et circonstances. A notre avis, il est possible de le désigner comme élément couvert dès lors qu'un protocole de cession engageant les deux parties a été signé et que les autorités de tutelle (concurrentielle et de marché) ne devraient pas refuser les autorisations demandées. Dans un tel cas, l'entité a le choix d'appliquer un traitement de couverture de flux de trésorerie ou de juste valeur.

2. **Traitement comptable** :

2a. **Couverture de flux de trésorerie** Si la transaction est hautement probable ou si l'entité a choisi d'appliquer un tel traitement dans le cas où la transaction répond à la définition d'un engagement ferme et si la relation de couverture répond aux autres critères de qualification à la comptabilité de couverture (voir nº 50020), elle est comptabilisée comme une couverture de flux futurs de trésorerie (« cash-flow hedge »/CFH). Dans ce cas :

i. Les gains ou pertes constatés sur l'instrument de couverture (par exemple, contrat d'achat à terme de devises) sont comptabilisés en autres éléments du résultat global (OCI recyclables) et accumulés en capitaux propres (réserve de CFH), nets d'impôts différés.

ii. A la date d'acquisition de la filiale (actif non financier), les pertes/gains ainsi accumulés sont :
- soit maintenus dans les capitaux propres recyclables ;
- soit incorporés dans le goodwill (« basis adjustment »).

Comme les actifs acquis et passifs assumés dans le cadre d'un regroupement d'entreprises sont évalués à leur juste valeur conformément à la méthode de l'acquisition d'IFRS 3 (voir n° 21361 s.), le goodwill représente le seul élément de la considération payée qui est comptabilisé au coût. C'est pour cette raison qu'il nous semble approprié que la part efficace de la couverture soit incorporée dans le goodwill, s'agissant d'un élément non financier.
Sur la notion de « basis adjustment », voir n° 50240.

L'impôt différé est alors repris puisqu'à partir de ce moment-là, les valeurs fiscale et comptable de l'actif non financier sont identiques et le contrat à terme de couverture (en général, non comptabilisé en règles françaises, ce qui avait créé de l'impôt différé) a été dénoué.

Remarque La reprise des impôts différés se fait également par le biais des autres éléments du résultat global (OCI).

iii. Les gains et pertes de change au titre de la part efficace suivent les règles de dépréciation ou de décomptabilisation du goodwill (perte de contrôle/cession de la filiale).

2b. Couverture de juste valeur :

i. Jusqu'à la date d'acquisition L'instrument de couverture ne fait pas l'objet d'un traitement spécifique et suit l'enregistrement qui aurait été le sien sans comptabilité de couverture. Il est donc comptabilisé en juste valeur par résultat.

L'actif qui représente l'engagement ferme est réévalué par contrepartie du résultat, pour la part efficace de l'instrument de couverture (IAS 39.93).

ii. A la date d'acquisition de la filiale (actif non financier), les pertes/gains ainsi accumulés au titre de la part efficace sont incorporés dans le goodwill (IAS 39.94) et suivent ensuite le même traitement que les règles de dépréciation ou de décomptabilisation du goodwill (perte de contrôle/cession de la filiale).

3. Mise en œuvre pratique La couverture d'une acquisition prévue d'une filiale en devises peut être réalisée au moyen d'une opération d'achat à terme de devises ferme ou contingente à l'acquisition ou optionnelle à la main de l'acquéreur.

Si la couverture est effectuée au moyen d'un achat à terme ferme de devise (forward) et si les titres sont acquis au cours à terme de couverture, le report/déport peut être inclus dans la part efficace de la couverture, sous réserve que ce report/déport ne rende pas les tests d'efficacité défaillants.

■ *Exemple*

Le 1/03/N, une entité A, dont la devise fonctionnelle est l'euro, entame des négociations en vue d'acquérir une entité B. Au 1/08/N, les deux entités s'accordent sur les termes clefs de la transaction, y compris le prix de l'acquisition en US dollars. Afin de se prémunir contre une évolution défavorable de l'US dollar, l'entité A contracte alors une opération d'achat à terme en devises.
Cependant, à cette date, l'entité A n'a pas encore obtenu un accord formel des autorités de tutelle.
Le 29/03/N+1, les autorités de tutelle donnent leur accord pour cette transaction, levant ainsi toute incertitude quant à la réalisation de l'acquisition.
Est-il possible d'appliquer la comptabilité de couverture dès le 1/08/N ?

Solution de l'exemple *Il est nécessaire que la transaction soit hautement probable pour appliquer la comptabilité de couverture. A notre avis, le caractère hautement probable doit être évalué en fonction des faits et circonstances ainsi que des événements contingents ayant une incidence sur la réalisation de la transaction. En effet, suivant le cas, l'accord des autorités de tutelle (par exemple, autorité de la concurrence) sera plus ou moins simple à obtenir selon les faits et circonstances.*

Couverture de change : acquisition d'une filiale en devises

Question 50245

Lors de l'acquisition d'une filiale en devises, comme traiter comptablement la couverture contre le risque de change prise à cet effet ?

Réponse

Comme une couverture de flux futurs de trésorerie, si l'acquisition est certaine (engagement ferme) ou hautement probable (si protocole de cession signé et si les autorisations demandées devraient être accordées par les autorités de tutelle).

Commentaires :

1. **Caractéristiques de l'opération** L'acquisition future peut être certaine (« firm commitment ») ou il peut s'agir d'une transaction future hautement probable.

Le premier cas est explicitement prévu par IAS 39.AG98 (possibilité de couvrir contre le risque de change un engagement ferme d'acquisition d'une entreprise dans le cadre d'un regroupement).

Le second dépend des faits et circonstances, mais est à notre avis possible dès lors qu'un protocole de cession a été signé et que les autorités de tutelle ne devraient pas refuser les autorisations demandées.

2. **Traitement comptable** Si la transaction est hautement probable et que la couverture répond aux critères d'IAS 39 (voir n° 50020), l'opération est qualifiée et comptabilisée comme une couverture de flux futurs de trésorerie (« cash-flow hedge »/CFH). Dans ce cas :

a. Les gains ou pertes constatés sur l'instrument de couverture sont comptabilisés en « Autres éléments du résultat global » (OCI/capitaux propres recyclables ou réserve de CFH), nets d'impôts différés.

b. Lors de l'acquisition de la filiale (actif non financier), les pertes/gains accumulés sont :
- soit maintenus dans les capitaux propres recyclables ;
- soit incorporés au coût des titres (« basis adjustment »).

Sur la notion de « basis adjustment », voir n° 50240.

L'impôt différé est alors repris puisqu'à partir de ce moment-là, les bases fiscale et comptable de l'actif non financier sont identiques et le contrat à terme de couverture (en général non comptabilisé en principes français, ce qui avait créé de l'impôt différé) a été dénoué.

Remarque La reprise des impôts différés se fait également par capitaux propres.

c. Dans les deux cas, ces gains et pertes de change impactent ensuite le compte de résultat au rythme auquel les titres de la fille affectent ledit résultat (c'est-à-dire lors d'une dépréciation du goodwill ou lors de la perte de contrôle/cession de la fille).

Remarques :

1. Dans le cas plus simple d'une immobilisation corporelle, la reprise s'effectue au rythme des amortissements de cette dernière et/ou d'une éventuelle dépréciation (voir n° 30993 s.).

2. Lorsque les pertes/gains accumulés ont été incorporés au coût des titres (« basis adjustment »), ils sont directement pris en compte dans le calcul du goodwill. Dès lors, l'impact de leur passage en résultat se fait en fonction soit de la constatation d'une dépréciation du goodwill soit lors de la perte de contrôle/cession de la filiale.

Dans ce cas, le suivi est plus aisé car directement lié à l'impact de tels événements sur le goodwill. En revanche, si les pertes/gains accumulés ont été maintenus en OCI dans les capitaux propres, ils impliquent un suivi particulier de manière à recycler en temps voulu, au compte de résultat, les pertes/gains accumulés pendant la période de couverture.

d. Si la couverture est effectuée au moyen d'un achat à terme ferme de devise (forward) et si les titres sont acquis au cours à terme de couverture, le report/déport peut être inclus dans la part efficace de la couverture, sous réserve que ce report/déport ne rende pas les tests d'efficacité défaillants.

C. Arrêt de la comptabilité de couverture

Circonstances de l'arrêt de la comptabilité de couverture

50260 ***Question***

Dans quelles circonstances une entreprise doit-elle arrêter une comptabilité de couverture ?

Réponse

Dans chacune des situations suivantes :
- arrivée à maturité, vente, résiliation ou exercice de l'instrument de couverture ;
- disparition de l'élément couvert ;
- arrêt volontaire de la couverture sur le plan comptable (dé-désignation) ;
- tests d'efficacité défaillants ;
- transaction future qui n'est plus hautement probable (couverture de flux de trésorerie/CFH uniquement).

Sauf si l'élément couvert disparaît, l'arrêt se fait toujours de manière prospective, à compter du dernier jour auquel l'efficacité était encore démontrée ou à partir de la date de l'événement entraînant l'arrêt de la comptabilité de couverture (si ce dernier est identifiable et si l'entité peut démontrer que, jusque-là, la couverture était bien efficace).

Commentaires Une entreprise doit procéder à l'arrêt, sur le plan comptable, d'une relation de couverture, chaque fois qu'elle se trouve dans l'une des situations suivantes (IAS 39.91 et .101) :

a. l'instrument de couverture arrive **à maturité est vendu, résilié ou exercé** (voir nº 50270) ;

b. l'élément couvert **disparaît** (voir nº 50275) ;

c. la couverture ne satisfait plus aux critères de comptabilité de couverture, c'est-à-dire que les **tests d'efficacité sont défaillants** (voir nº 50280) ;

d. l'entité **révoque volontairement** sur le plan comptable la désignation de l'instrument en tant qu'instrument de couverture, alors même qu'elle continue de le détenir à son bilan (voir nº 50285) ;

e. dans le cas d'une couverture de flux de trésorerie uniquement, l'entité s'attend à ce que la transaction future prévue initialement et couverte **ne se réalise pas** (voir nº 50290).

Sauf dans le cas de la disparition de l'élément couvert, l'arrêt de la comptabilité de couverture se fait toujours **de manière prospective** à compter du **dernier jour** auquel l'efficacité était encore démontrée ou à compter de la date de l'événement ou du changement de circonstances qui ont entraîné l'arrêt de la comptabilité de couverture (lorsque ce ou ces derniers sont identifiables et que la société peut démontrer que la couverture était efficace avant qu'ils ne surviennent) (IAS 39.AG113).

Remarque Il est important de noter que la relation de couverture n'est pas annulée rétroactivement (ce qui serait changer d'intention rétroactivement et est interdit en IFRS), mais cesse simplement ses effets – de manière prospective – à partir de sa date d'arrêt.

Sur la traduction comptable d'un arrêt de couverture, voir nº 50265 s.

Comptabilisation d'un arrêt de couverture : vue d'ensemble

Question 50265

Comment traduire comptablement un arrêt de couverture (vue d'ensemble) ?

Réponse

Le traitement comptable varie selon le type de couverture et les circonstances de l'arrêt de la couverture.

1. **Dans le cas d'une couverture de juste valeur (FVH)** :
– l'instrument de couverture (dérivé, en général) reste comptabilisé au bilan à la juste valeur par résultat, sauf s'il n'existe plus, auquel cas il est décomptabilisé ;
– après ajustement de son montant, l'élément couvert continue d'être comptabilisé au bilan de la manière dont il était comptabilisé avant l'opération de couverture, sauf dans le cas où il n'existe plus, auquel cas il est décomptabilisé. L'ajustement préalable (réévaluation de la composante risque couverte) donne éventuellement lieu à amortissement (couverture d'un élément comptabilisé au coût amorti). S'il s'agit d'une commande d'achat ou de vente, elle reste comptabilisée au bilan pour son montant réévalué jusqu'à ce que la vente ou l'achat se réalise.

2. **Dans le cas d'une couverture de flux de trésorerie (CFH)** :
– l'instrument de couverture (dérivé, en général) reste comptabilisé au bilan à la juste valeur par résultat, sauf s'il n'existe plus, auquel cas il est décomptabilisé ;
– les montants accumulés en capitaux propres au titre de la part efficace de la couverture demeurent en capitaux propres jusqu'à ce que l'élément couvert affecte le résultat ou donne lieu à un « basis adjustment », sauf dans le cas où l'entreprise s'attend à ce que la transaction couverte ne se réalise pas, auquel cas ces montants sont immédiatement reclassés en résultat.

50265 (suite) ***Commentaires*** Le traitement comptable d'un arrêt de couverture varie selon le type de couverture et selon les circonstances dans lesquelles l'arrêt de l'opération de couverture se produit (disparition de l'instrument de couverture, disparition de l'élément couvert, inefficacité de la couverture, révocation de la couverture par l'entité, etc.).

Pour les circonstances dans lesquelles un arrêt de couverture peut se produire et le traitement prospectif de cet arrêt, voir n° 50260.

1. **Couverture de juste valeur (FVH)** Le tableau ci-après récapitule les traitements comptables à appliquer à l'instrument de couverture et à l'élément couvert en fonction des circonstances de l'arrêt de la couverture (IAS 39.91 à .94).

Rappel Dans une opération de couverture de juste valeur, l'instrument de couverture est comptabilisé à sa juste valeur par le résultat et l'élément couvert est ajusté des variations de juste valeur liées au risque couvert avec comptabilisation de la perte ou du gain dégagé(e) en résultat (voir n° 50205).

Circonstances de l'arrêt de la couverture	Instrument de couverture		Elément couvert	
	Poursuite de la comptabilisation à la juste valeur par résultat	Décomptabilisation du bilan	Ajustement de la base comptable et retour au mode de comptabilisation initiale	Décomptabilisation du bilan
L'instrument de couverture n'existe plus (il est vendu, résilié, éteint, exercé ou arrivé à maturité)	–	X	X (2)	–
La couverture ne remplit plus les critères de qualification (tests d'efficacité défaillants)	X (1)	–	X (2)	–
L'entité dé-désigne l'instrument de couverture (qui continue d'exister à son bilan)	X (1)	–	X (2)	–
L'élément couvert est cédé, racheté, remboursé ou arrivé à échéance	X (1)	–	–	X (3)

(1) L'instrument de couverture continue à être évalué à la juste valeur par résultat sauf s'il est re-désigné comme élément de couverture dans une nouvelle opération de couverture.
(2) L'élément couvert cesse d'être ajusté de la variation de juste valeur liée au risque couvert et recommence à être comptabilisé de la manière dont il était comptabilisé avant la mise en place de l'opération de couverture. L'ajustement préalable (réévaluation de la composante risque couverte) donne éventuellement lieu à amortissement (couverture d'un élément comptabilisé au coût amorti). S'il s'agit d'une commande d'achat ou de vente, elle reste comptabilisée au bilan pour son montant réévalué jusqu'à ce que la vente ou l'achat se réalise (voir n° 50205, point 4d.).
(3) La décomptabilisation de l'élément couvert donne éventuellement lieu à la comptabilisation d'un résultat de cession au compte de résultat.

2. **Couverture de flux de trésorerie (CFH)** Le tableau ci-après récapitule les traitements comptables à appliquer à l'instrument de couverture et aux montants accumulés en capitaux propres au titre des gains et pertes liés à l'instrument de couverture, en fonction des circonstances de l'arrêt de la couverture (IAS 39.101).

Rappel Dans une opération de couverture de flux de trésorerie, l'élément couvert (une transaction future ou un actif/passif financier à taux variable) ne fait l'objet d'aucune écriture comptable spécifique. L'instrument de couverture (un dérivé, en général) est réévalué à sa juste valeur au bilan, en contrepartie des capitaux propres pour la part efficace de la couverture, et du compte de résultat pour la part inefficace (voir n° 50210, point 2b.). En conséquence, il n'y a pas de traitement particulier à apporter à l'élément couvert.

Circonstances de l'arrêt de la couverture	Instrument de couverture		Montants accumulés en capitaux propres	
	Poursuite de la comptabilisation à la juste valeur par résultat	Décomptabilisation du bilan	Reclassement en résultat	Maintien en capitaux propres
L'instrument de couverture n'existe plus (il est vendu, résilié, éteint, exercé ou arrivé à maturité)	–	X	–	X (2)
La couverture ne remplit plus lescritères de qualification (tests d'efficacité défaillants)	X (1)	–	–	X (2)
L'entité dé-désigne l'instrument de couverture (qui continue d'exister à son bilan)	X (1)	–	–	X (2)
La transaction future prévue n'est plus hautement probable mais l'entité s'attend quand même à ce qu'elle se réalise	X (1)	–	–	X (2)
L'entité ne s'attend plus à ce que la transaction future prévue se réalise	X (1)	–	X	–
Les variations de juste valeur cessent (par exemple, la transaction future prévue devient un engagement ferme à prix fixe)	X (1)	–	–	X (2)

(1) L'instrument de couverture continue à être évalué à la juste valeur par résultat sauf s'il est re-désigné comme élément de couverture dans une nouvelle opération de couverture.
(2) Les gains et pertes cumulés sur l'instrument de couverture et comptabilisés en capitaux propres pendant la période de l'efficacité de la couverture demeurent en capitaux propres et ne sont reclassés en résultat que lorsque le résultat est affecté par l'élément couvert.

Toutefois, si l'opération de couverture se dénoue par l'acquisition d'un actif non financier (stock ou immobilisation ou la prise en charge d'un passif non financier), l'entreprise peut décider d'appliquer la méthode dite du « basis adjustment » : dans ce cas, les montants accumulés en capitaux propres sont intégrés au coût d'entrée de l'actif ou du passif concerné (voir n° 50210, point 4b.).

Disparition de l'instrument de couverture avant échéance

Question 50270

Comment comptabiliser un arrêt de comptabilité de couverture lié à la disparition de l'instrument de couverture ?

Réponse

L'instrument de couverture (dérivé, la plupart du temps) qui est vendu, résilié ou exercé avant son échéance cesse de figurer au bilan et donne lieu, en général, à une contrepartie en trésorerie.

50270 (suite)

S'il s'agit d'une couverture de juste valeur, l'élément couvert cesse d'être ajusté des variations de juste valeur attribuables au risque couvert. Le montant correspondant aux corrections préalablement effectuées suit un traitement différent selon la nature de l'élément couvert (instrument de dette comptabilisé au coût amorti, instrument de dette comptabilisé à la juste valeur par les autres éléments du résultat global ou commande).

S'il s'agit d'une couverture de flux de trésorerie, les montants accumulés en capitaux propres au titre de la part efficace de la couverture demeurent en capitaux propres jusqu'à ce que l'élément couvert affecte le résultat ou donne lieu à un « basis adjustment ».

Commentaires Qu'il s'agisse d'une couverture de juste valeur (IAS 39.91a) ou d'une couverture de flux de trésorerie (IAS 39.101a), lorsque **l'instrument de couverture arrive à maturité ou est vendu, résilié ou exercé,** la comptabilité de couverture doit **être arrêtée, à titre prospectif.**

Il est important de noter que la relation de couverture n'est pas annulée rétroactivement (cela reviendrait à changer d'intention rétroactivement, ce qui est interdit en IFRS), mais cesse simplement ses effets de manière prospective à partir de la date de cession, retournement ou arrivée à expiration de l'instrument de couverture (voir également sur ce point nº 50260).

Remarque Le remplacement par un autre instrument ou le renouvellement (« **roll-over** ») d'un instrument de couverture n'est pas analysé comme une expiration ou une résiliation de l'instrument, si un tel remplacement ou renouvellement était prévu et documenté dans la stratégie de couverture mise en place par l'entité (IAS 39.91).

L'instrument de couverture est alors décomptabilisé (sorti du bilan), en général contre une contrepartie en trésorerie (sauf s'il s'agit d'une option arrivant à échéance sans être exercée).

Le reste des écritures varie selon qu'il s'agit d'une couverture de juste valeur ou de flux de trésorerie.

1. **Couverture de juste valeur (FVH)** Dans ce cas, l'élément couvert cesse d'être ajusté de la variation de juste valeur liée à la composante risque couverte et recommence à être comptabilisé de la manière dont il était comptabilisé avant la mise en place de l'opération de couverture.

Rappel Dans une opération de couverture de juste valeur, l'instrument de couverture est comptabilisé à sa juste valeur par le résultat et l'élément couvert est ajusté des variations de juste valeur liées au risque couvert avec comptabilisation de la perte ou du gain dégagé en résultat (voir nº 50205).

L'ajustement préalable (réévaluation de la composante risque couverte) donne lieu à amortissement lorsqu'il s'agit de la couverture d'un élément comptabilisé au coût amorti (instrument de dette à taux fixe : prêt, emprunt, obligation, etc.) (IAS 39.92).

S'il s'agit d'une commande d'achat ou de vente (engagement ferme), cette dernière reste comptabilisée au bilan pour son montant réévalué jusqu'à ce que la vente ou l'achat se réalise (IAS 39.94).

Enfin, s'il s'agit d'un instrument de dette (actif) évalué à la juste valeur par les autres éléments du résultat global (OCI), les réévaluations de juste valeur de ce dernier (ou de sa composante risque couverte) cessent d'avoir pour contrepartie le compte de résultat et recommencent à être comptabilisées en capitaux propres.

Pour la comptabilisation d'un arrêt de couverture de juste valeur, voir nº 50265, point 1.

■ *Exemple*

Une entité émet le 1/01/N un emprunt à taux fixe de 1 000 K€ et le couvre par un swap prêteur à taux fixe et emprunteur à taux variable de même notionnel et de même échéance.

– Le 1/01/N, la juste valeur du swap est de 0 K€ et la juste valeur de la composante taux d'intérêt couverte de l'emprunt est également égale à 0 K€.

– Le 31/12/N, la juste valeur du swap est de 80 K€ et la juste valeur de la composante taux d'intérêt couverte de l'emprunt est de 75 K€.

– Le 20/01/N+1, le swap est vendu pour 95 K€ et la juste valeur de la composante taux d'intérêt couverte de l'emprunt à cette date est de 95 K€.

Les tests d'efficacité démontrent que la couverture est hautement efficace.

Solution de l'exemple *La comptabilisation est la suivante :*

1. Le 1/01/N, lors de l'émission de l'emprunt et la mise en place du swap, *comptabilisation de l'emprunt (en K€). Le swap n'est comptabilisé que pour mémoire :*

Dt	*Trésorerie*	*1 000*	
Ct	*Emprunt*		*1 000*

2. Au 31/12/N, comptabilisation des variations de juste valeur du swap et de la composante taux d'intérêt couverte de l'emprunt (en K€) : **50270** (suite)

Dt	*Instrument dérivé de couverture – Swap*	*80*	
Ct	*Résultat – Produit*		*80*
Dt	*Résultat – Charge*	*75*	
Ct	*Emprunt*		*75*

Remarque *L'inefficacité de la couverture (gain) traduite en résultat s'élève à 5 K€ (80 – 75).*

3. Au 20/01/N+1, lors de la vente du swap :

*– **comptabilisation des variations de juste valeur** du swap et de la composante risque de taux couverte de l'emprunt (en K€) :*

Dt	*Instrument dérivé de couverture – Swap*	*15*	
Ct	*Résultat – Produit*		*15*
Dt	*Résultat – Charge*	*20*	
Ct	*Emprunt*		*20*

*– **comptabilisation de la vente du swap** (en K€) :*

Dt	*Trésorerie*	*95*	
Ct	*Instrument dérivé de couverture – Swap*		*95*

A partir de cette date (20/01/N+1), l'emprunt, ancien élément couvert, reste comptabilisé au bilan pour 1 095 K€ et le coût amorti de cet emprunt est calculé sur la base d'un nouveau TIE, prenant en compte la valeur nette comptable ajustée de l'emprunt.

---

2. **Couverture de flux de trésorerie** Dans ce cas, le montant des pertes ou gains constatés sur l'instrument de couverture et différés en capitaux propres (part efficace) est maintenu en capitaux propres et traité de la manière suivante :

– s'il s'agit de la couverture d'une **vente future,** reclassement en résultat lorsque cette dernière se réalise (IAS 39.100) ;

– s'il s'agit de la couverture d'un **instrument de dette à taux variable préexistant,** recyclage en résultat au fur et à mesure que la charge ou le produit d'intérêt de l'élément couvert affecte le résultat de l'entité (IAS 39.100) ;

– s'il s'agit d'une **transaction future se dénouant par l'acquisition/émission d'un instrument financier,** maintien en capitaux propres jusqu'à l'entrée au bilan de l'élément couvert, puis reprise en résultat au même rythme que les flux de trésorerie liés à ce dernier (IAS 39.97) ;

– enfin, s'il s'agit d'une **transaction future se dénouant par l'acquisition (la prise en charge) d'un actif (passif) non financier,** et suivant le choix de méthode comptable fait par l'entité, intégration dans la valeur d'entrée au bilan de l'actif (passif) (« basis adjustment ») ou maintien en capitaux propres et reprise en résultat au fur et à mesure des amortissements (immobilisations) ou lors de la comptabilisation en coût des ventes (stocks) (IAS 39.98a et .98b).

Rappel Dans une opération de couverture de flux de trésorerie, l'élément couvert (une transaction future ou un actif/passif financier à taux variable) ne fait l'objet d'aucune écriture comptable spécifique. L'instrument de couverture (un dérivé, en général) est réévalué à sa juste valeur au bilan, en contrepartie des capitaux propres pour la part efficace de la couverture et du compte de résultat pour la part inefficace (voir n° 50210).

■ ***Exemple***

Le 1/01/N, une entité émet un emprunt à taux variable et le couvre par un swap – prêteur taux variable/emprunteur – taux fixe de même notionnel et de même échéance.

– Le 31/12/N, la juste valeur du swap est de 80 K€ et la juste valeur de la composante taux d'intérêt couverte de l'emprunt est de 75 K€.

– Le 20/05/N+1, le swap est vendu pour 95 K€. La juste valeur de la composante taux d'intérêt couverte de l'emprunt à cette date est de 95 K€.

Les tests d'efficacité démontrent que la couverture est hautement efficace.

Solution de l'exemple *La traduction comptable de l'opération est la suivante :*
1. Au 31/12/N, lors de la clôture des comptes, comptabilisation des variations de juste valeur (en K€) :

Dt	*Instrument dérivé de couverture – Swap*	80	
Ct	*Capitaux propres – Réserve de profits et pertes latents sur couverture*		75
Ct	*Résultat – Produit (part inefficace de la couverture)*		5

Remarque *L'élément couvert ne fait l'objet d'aucune écriture comptable spécifique à la clôture au titre de la couverture.*

2. Au 20/05/N+1, lors du retournement du swap, comptabilisation :
– des variations de juste valeur du swap (en K€) :

Dt	*Instrument dérivé de couverture – Swap*	15	
Ct	*Capitaux propres – Réserve de profits et pertes latents sur couverture*		20
Dt	*Résultat – Produit (part inefficace de la couverture)*	5	

– et de la vente de ce dernier (en K€) :

Dt	*Trésorerie*	95	
Ct	*Instrument dérivé de couverture – Swap*		95

A partir de cette date, la part efficace des gains préalablement cumulés sur le swap de couverture (75 + 20 = 95) sera progressivement recyclée en résultat, au fur et à mesure que la charge d'intérêt variable de l'emprunt affectera les différents exercices concernés (IAS 39.100). Dans le cas où le swap aurait une maturité résiduelle longue et où la courbe des taux serait pentue, il est nécessaire de procéder à un recyclage selon un rythme qui tienne compte de la courbe des taux.

---

3. **Décision de l'ESMA** Le CESR (devenu l'ESMA) a remis en cause le traitement comptable utilisé par une entité lors de la vente d'un swap, élément de couverture d'une dette à taux variable (couverture de flux de trésorerie/CFH). En effet, l'entité avait choisi de ne pas appliquer la norme IAS 39 au motif que cette application serait contraire à l'objectif de présentation d'une image fidèle de la performance financière de l'entité (selon IAS 1.19).

Ainsi, dérogeant à la règle de l'arrêt prospectif d'une couverture (dès lors que l'instrument couvert continue d'exister), l'entité avait comptabilisé immédiatement en résultat le montant total de la soulte payée lors du retournement du swap (y compris donc le montant correspondant aux variations de valeurs qui avaient été comptabilisées en OCI « capitaux propres recyclables »).

Le CESR a indiqué que l'entité ne se trouvait pas dans une circonstance extrêmement rare où la direction estime que le respect d'une disposition d'une norme IFRS serait trompeur au point d'être contraire à l'objectif des états financiers décrit dans le Cadre conceptuel et que l'entité devait, en conséquence, appliquer le traitement prescrit par la norme IAS 39 (et décrit ci-avant) (EECS/0910-02, 10/10).

Disparition de l'élément couvert

50275 ***Question***

Comment comptabiliser un arrêt de comptabilité de couverture lié à la disparition de l'élément couvert ?

Réponse

L'instrument de couverture (dérivé, en général), n'étant plus qualifié d'instrument de couverture mais continuant d'exister, reste comptabilisé au bilan, à la juste valeur par résultat.

L'élément couvert cesse de figurer au bilan et :
– dans le cas d'une couverture de juste valeur, un résultat de cession est éventuellement comptabilisé ;
– dans le cas d'une couverture de flux de trésorerie, les montants différés en capitaux propres (part efficace de la couverture) sont immédiatement rapportés au compte de résultat.

Commentaires La disparition de l'élément couvert, c'est-à-dire sa cession ou sa dépréciation (actif), son remboursement ou son rachat (actif ou passif) ou enfin sa non-occurrence (transaction future), avant le terme de l'opération de couverture est, de facto, une cause d'arrêt de la comptabilité de couverture (IAS 39.91 et .101c). **50275** (suite)

Remarque La relation de couverture n'est pas annulée rétroactivement mais cesse simplement ses effets de manière prospective à partir du moment où l'élément couvert disparaît, voir n° 50260.

Dans le cas d'une couverture de juste valeur (FVH), cet élément est décomptabilisé (partiellement ou totalement), en donnant éventuellement lieu à un résultat de cession.

Dans le cas d'une couverture de flux de trésorerie (CFH), l'élément est également décomptabilisé (instrument de dette à taux variable), sauf s'il s'agit d'une transaction future qui cesse d'être hautement probable (voir n° 50290).

Dans les deux cas, les gains ou pertes de couverture qui avaient été différés en capitaux propres (part efficace de la couverture) sont immédiatement rapportés au compte de résultat (IAS 39.101c).

L'instrument de couverture (dérivé, en général) reste comptabilisé au bilan, à la juste valeur par résultat.

■ *Exemple*

Arrêt d'une couverture de flux de trésorerie lié à la disparition de l'élément couvert *Le 1/02/N, une entité émet un emprunt à taux variable, remboursable in fine au pair (1 200 K€) et le couvre par un swap prêteur taux variable/emprunteur taux fixe.*

– Le 31/12/N, la juste valeur du swap (gagnant) est de 80 K€ (sans part inefficace, la variation de valeur du dérivé hypothétique relatif à l'élément couvert, voir n° 50120, étant supérieure en valeur absolue à celle du swap, voir n° 50210, point 4a.).

Le 20/11/N+1, l'entité rembourse intégralement son emprunt par anticipation, sans indemnité. A cette date, la juste valeur du swap (gagnant) est de 95 K€ (sans part inefficace, pour les mêmes raisons que ci-avant).

Les tests d'efficacité démontrent que la couverture était hautement efficace jusqu'au remboursement anticipé de l'emprunt.

Solution de l'exemple *La traduction comptable de l'opération est la suivante :*

1. Au 1/02/N, lors de la signature de l'emprunt et du swap, *comptabilisation de l'emprunt (en K€) et du swap (pour mémoire) :*

Dt	*Trésorerie*	*1 200*	
Ct	*Emprunt*		*1 200*

2. Au 31/12/N, à la date de clôture, *comptabilisation des variations de juste valeur du swap (en K€) :*

Dt	*Instrument dérivé de couverture – Swap*	*80*	
Ct	*Capitaux propres – Réserve de profits et pertes latents sur couverture*		*80*

Remarque *L'élément couvert ne fait l'objet d'aucune écriture comptable particulière au titre de la couverture.*

3. Au 20/11/N+1, lors du remboursement anticipé de l'emprunt :

– comptabilisation des variations de juste valeur constatées sur le swap de couverture (en K€) :

Dt	*Instrument dérivé de couverture – Swap*	*15*	
Ct	*Capitaux propres*		*15*

– comptabilisation du remboursement anticipé de l'emprunt (en K€) :

Dt	*Emprunt*	*1 200*	
Ct	*Trésorerie*		*1 200*

– reclassement des variations de juste valeur différées en capitaux propres, en résultat (en K€) :

Dt	*Capitaux propres – Réserve de profits et pertes latents sur couverture*	*95*	
Ct	*Résultat – Produits*		*95*

Arrêt de la couverture pour cause d'inefficacité

50280 ***Question***

Comment comptabiliser un arrêt de comptabilité de couverture lié à l'inefficacité de la couverture (tests d'efficacité défaillants) ?

Réponse

L'instrument de couverture (dérivé en général) n'étant plus qualifié de couverture mais continuant d'exister, reste comptabilisé au bilan, à la juste valeur par résultat.

S'il s'agit d'une couverture de juste valeur, l'élément couvert cesse d'être réajusté des variations de valeur attribuables au risque couvert. Le montant correspondant aux corrections préalablement effectuées suit un traitement différent selon la nature de l'élément couvert (instrument de dette comptabilisé au coût amorti, instrument de dette comptabilisé à la juste valeur par les autres éléments du résultat global ou commande).

S'il s'agit d'une couverture de flux de trésorerie, les montants accumulés en capitaux propres au titre de la part efficace de la couverture demeurent en capitaux propres jusqu'à ce que l'élément couvert affecte le résultat ou donne lieu à un « basis adjustment ».

Commentaires Qu'il s'agisse d'une couverture de juste valeur (IAS 39.91b) ou de flux de trésorerie (IAS 39.101b), lorsque la **couverture ne satisfait plus aux critères d'une comptabilité de couverture** (tests d'efficacité défaillants), celle-ci doit **être arrêtée, à titre prospectif.**

Remarques :

1. L'arrêt d'une comptabilité de couverture s'effectue toujours en effet de manière prospective, à compter du dernier jour auquel l'efficacité de la couverture était encore démontrée ou à compter de la date de l'événement ou du changement de circonstances qui ont entraîné l'arrêt de la comptabilité de couverture (lorsque ce ou ces derniers sont identifiables et que la société peut démontrer que la couverture était efficace avant qu'ils ne surviennent) (IAS 39.AG113 ; voir nº 50260).
2. La couverture doit être déqualifiée même si le test d'efficacité n'est défaillant qu'une seule fois. Tout dépend cependant de la manière dont ce dernier aura été documenté. Si l'entreprise a initialement décidé de réaliser ses tests rétrospectifs sur base cumulée, la probabilité de défaillance sera moins forte que si les tests sont réalisés période après période, chacune étant traitée séparément (voir nº 50115, point 2.).
Lorsque la méthode période après période a été retenue et qu'un des tests devient défaillant, l'entreprise doit dé-désigner l'opération de couverture (avec toutes les conséquences que cela comporte) et en re-désigner une nouvelle, indiquant dans la nouvelle documentation que les tests rétrospectifs seront cette fois-ci effectués sur base cumulée. D'où l'importance des choix effectués dans la documentation initiale.

Dans ce cas, l'instrument de couverture (dérivé, en général), n'étant plus qualifié d'instrument de couverture mais continuant d'exister, reste comptabilisé au bilan, à la juste valeur par résultat.

Le traitement varie ensuite selon qu'il s'agit d'une couverture de juste valeur ou de flux de trésorerie et selon la nature de l'élément couvert. Ce traitement est identique à celui décrit au nº 50270.

■ *Exemple*

Le 1/01/N, une entité émet un emprunt obligataire à taux fixe remboursable au pair pour 4 M€ à échéance au 31/12/N+4. A la même date, elle couvre cet emprunt en mettant en place un swap prêteur taux fixe/emprunteur taux variable de même notionnel et avec la même maturité.

Au 31/12/N+1, l'entité effectue un test rétrospectif de cette couverture qui s'avère inefficace et elle ne s'attend pas à ce que la couverture soit efficace dans les 3 années suivantes. Lors de l'arrêté au 30/06/N+1, l'entité avait effectué un test d'efficacité qui s'était avéré positif et la valeur comptable de l'emprunt à cette date avait été réévaluée de 0,2 M€ au titre des variations de juste valeur de la composante risque couverte.

Solution de l'exemple *L'entité doit arrêter la comptabilité de couverture au dernier jour auquel toutes les conditions de la comptabilité de couverture étaient respectées, soit le 30/06/N+1. Les ajustements réalisés sur la valeur comptable de l'emprunt au titre des variations de la juste valeur du risque couvert, soit 0,2 M€, restent inchangés mais aucun autre ajustement au titre du 2nd semestre N+1 ne doit être pris en compte.*

Ainsi, la valeur comptable ajustée de 4,2 M€ est la nouvelle base comptable de l'emprunt comptabilisé au coût amorti. Un nouveau TIE est calculé sur la base de cette nouvelle valeur comptable à partir du 30/06/N et jusqu'au terme de l'emprunt. L'ajustement de 0,2 M€ (dont la contrepartie a été comptabilisée en résultat pendant la période de couverture) sera amorti de manière actuarielle sur la durée résiduelle de l'emprunt.

Arrêt volontaire de la couverture

50285

Question

Comment comptabiliser un arrêt volontaire de comptabilité de couverture (dé-désignation) ?

Réponse

Tout en conservant à son bilan (ou en dehors de son bilan – cas d'une transaction future) à la fois l'élément couvert et l'instrument de couverture, l'entité décide de révoquer (c'est-à-dire de dé-désigner) sur le plan comptable la relation de couverture.

Pour ce type d'opération, le traitement comptable est identique à celui appliqué dans le cas d'un arrêt de couverture dû à des tests d'efficacité défaillants (voir n° 50280).

Commentaires Selon IAS 39.91c (couverture de juste valeur) et .101d (couverture de flux de trésorerie), lorsqu'une entité révoque volontairement la désignation d'une opération de couverture, celle-ci doit **être arrêtée, à titre prospectif.**

Sur l'arrêt prospectif d'une relation de couverture, voir n° 50260.

Une entité (entreprise industrielle et commerciale, banque ou assurance) peut avoir intérêt à révoquer sur le plan comptable une relation de couverture pour les raisons suivantes, notamment :
- elle souhaite à nouveau pouvoir bénéficier des variations de cours du sous-jacent ou ne craint plus d'être exposée au risque couvert ;
- sa stratégie globale de gestion des risques a évolué (par exemple, une entreprise industrielle et commerciale souhaite augmenter sa part globale de financement à taux variable ou au contraire diminuer cette dernière) ;
- l'entité souhaite affecter le (ou les) dérivé(s) de couverture à une autre stratégie de couverture ;
- la dé-désignation suivie d'une re-désignation immédiate fait partie de la stratégie même de couverture mise en place (par exemple pour les banques, lorsqu'il s'agit d'une couverture d'un portefeuille d'éléments de taux d'intérêt, voir n° 50320, point 3., les swaps ou instruments de couverture sont périodiquement dé-désignés puis re-désignés afin d'ajuster au mieux sur la période concernée le ratio de couverture).

■ *Exemple*

Couverture de juste valeur (arrêt volontaire) Le 1/01/N, une société française dont la monnaie fonctionnelle est l'euro acquiert pour 10 M$, des obligations émises par une société américaine A, cotées en dollars et dont les coupons sont payés en dollars. Ces obligations sont comptabilisées à la juste valeur par les autres éléments du résultat global (OCI) chez la société française. Cette dernière souhaitant se prémunir contre le risque de baisse des cours du dollar, elle met en place une couverture de juste valeur par le biais d'une vente à terme de dollars contre euros dans 2 ans pour un montant notionnel de 9 M€. Cette vente à terme couvre ainsi la composante risque de change des actions pour 9 M€.

Le 1/01/N+1, l'entité française, convaincue que le cours du dollar ne va pas baisser davantage, décide de révoquer la désignation de couverture. Il est démontré que, jusqu'à cette date, la couverture a été efficace.

Solution de l'exemple Le traitement comptable de l'opération est le suivant :

1. Jusqu'au 1/01/N+1, la désignation de la couverture de juste valeur permet à l'entité française de comptabiliser les variations de juste valeur des obligations A liées au risque de change en résultat. Les variations de juste valeur qui ne sont pas liées au risque de change et ne font pas l'objet de la couverture restent comptabilisées en capitaux propres selon le principe général de comptabilisation des instruments comptabilisés à la juste valeur par OCI.

2. Au 1/01/N+1, l'entité française arrête la comptabilité de couverture de manière prospective. La vente à terme, en tant que dérivé non qualifié de couverture, reste comptabilisée à la juste valeur avec comptabilisation des variations de juste valeur en résultat. Les obligations A restent comptabilisées à la juste valeur mais avec comptabilisation de la totalité des variations de cette juste valeur en capitaux propres recyclables, à compter du 1/01/N+1.

Transaction future qui n'est plus hautement probable

50290 *Question*

Comment comptabiliser un arrêt de comptabilité de couverture lorsque la transaction future n'est plus hautement probable ?

Réponse

L'instrument de couverture (dérivé, en général) reste comptabilisé au bilan, à sa juste valeur, mais ses variations de valeur sont désormais comptabilisées en résultat.

Si l'entreprise s'attend à ce que la transaction future prévue ne se réalise pas, les montants accumulés en capitaux propres au titre des gains ou pertes liés à l'instrument de couverture pendant la période d'efficacité de la couverture sont rapportés en résultat.

Si l'entreprise s'attend néanmoins à ce que la transaction future prévue se réalise, ces mêmes montants sont maintenus en capitaux propres jusqu'à la date de réalisation de la transaction future.

Une information peut devoir être donnée en annexe si l'opération est significative ou si cette situation devient habituelle.

Commentaires :

1. **Rappel** Une transaction future prévue peut faire l'objet d'une couverture de flux de trésorerie (CFH) si elle est hautement probable et si elle comporte une exposition aux variations de flux de trésorerie qui pourrait in fine affecter le résultat (IAS 39.88c ; voir nº 50050).

2. **Arrêt de la comptabilité de couverture** Dans le cas de la couverture d'une transaction future, une entreprise doit cesser, à titre prospectif, de pratiquer la comptabilité de couverture lorsqu'elle s'attend à ce que la transaction future ne se réalise pas, auquel cas tout profit ou perte cumulé(e), dégagé(e) sur l'instrument de couverture pendant la période au cours de laquelle la couverture était efficace et comptabilisé(e) directement en capitaux propres, doit être comptabilisé(e) en résultat.

L'entité peut toujours s'attendre à ce que la transaction prévue se réalise quand bien même elle a cessé d'être hautement probable (IAS 39.101c).

Remarque Comme indiqué au nº 50260, la relation de couverture n'est pas annulée rétroactivement (ce qui serait changer d'intention rétroactivement et est interdit en IFRS), mais cesse simplement ses effets de manière prospective à partir du moment où la transaction future n'est plus considérée comme hautement probable.

3. **Application pratique** A notre avis, l'approche est la suivante :

a. **Dans tous les cas, l'instrument de couverture** (dérivé, en général) reste comptabilisé au bilan à sa juste valeur, mais ses variations de valeur sont désormais comptabilisées en résultat. En effet, la relation de couverture ayant été arrêtée, le dérivé ne peut plus bénéficier du traitement dérogatoire de couverture.

Rappel Dans une opération de couverture de flux de trésorerie, l'élément couvert (une transaction future ou un actif/passif financier à taux variable) ne fait l'objet d'aucune écriture comptable spécifique. En revanche, l'instrument de couverture est réévalué à sa juste valeur au bilan, en contrepartie des capitaux propres, pour la part efficace de la couverture, et du compte de résultat, pour la part inefficace (voir nº 50210).

b. **Si l'entreprise s'attend à ce que la transaction future prévue, qui n'est plus hautement probable, ne se réalise pas,** les montants accumulés en capitaux propres au titre des gains ou pertes lié(e)s à l'instrument de couverture pendant la période d'efficacité de la couverture sont rapportés au résultat.

c. **Si l'entreprise s'attend à ce que la transaction future prévue, qui n'est plus hautement probable, se réalise quand même,** ces montants sont maintenus en capitaux propres jusqu'à la date de réalisation de la transaction future (ou rapportés ultérieurement en résultat lorsque l'entreprise ne s'attendra plus à la réalisation de ladite transaction).

d. **Information spécifique en annexe** Concernant les couvertures de flux de trésorerie, les entreprises doivent donner « une description de toute transaction prévue pour laquelle on appliquait antérieurement une comptabilité de couverture mais dont on ne s'attend plus à ce qu'elle intervienne » (IFRS 7.23F). En conséquence, une information doit être donnée dès lors que la transaction prévue attendue et qui ne se réalise pas est d'un montant significatif et/ou lorsque ce type de situation devient habituel.

50290 (suite)

■ *Exemple*

Couverture de flux de trésorerie (transaction future) *Le 1/01/N, une entité française dont la monnaie fonctionnelle est l'euro prévoit de réaliser une vente libellée en US dollars le 31/05/N. Le paiement de cette vente est prévu pour le 30/06/N. La transaction est considérée comme hautement probable.*

Souhaitant couvrir cette vente future contre le risque de change, l'entité souscrit le 1/01/N une vente à terme de dollars contre euros à échéance au 30/06/N. Lors de la souscription du contrat, il existe toute la documentation nécessaire et la couverture est analysée comme parfaitement efficace.

Le 28/02/N, la vente à terme n'est plus considérée comme hautement probable mais l'entité s'attend toujours à ce qu'elle se réalise.

Le 31/03/N, l'entité ne s'attend plus à ce que la vente se réalise. L'entité ne souhaite toutefois pas céder l'instrument de couverture avant son terme.

La juste valeur de l'instrument de couverture, en euros, est récapitulée dans le tableau suivant :

Date	*31/01/N*	*28/02/N*	*31/03/N*	*30/04/N*	*31/05/N*	*30/06/N*
Contrat de vente à terme dollars contre euros	*35 000*	*30 000*	*25 000*	*27 000*	*28 000*	*32 000*

Solution de l'exemple *La traduction comptable de l'opération est la suivante :*

1. Le 1/01/N, lors de la signature du contrat de vente à terme de devises, *comptabilisation pour mémoire du dérivé (juste valeur égale à zéro).*

2. Le 31/01/N, lors de l'arrêté mensuel, *comptabilisation des variations de juste valeur de l'instrument de couverture en contrepartie des capitaux propres (pas de part inefficace) (en K€) :*

Dt	*Instrument dérivé de couverture – Vente à terme $ contre €*	*35*	
Ct	*Capitaux propres – Réserve de profits et pertes latents sur couverture*		*35*

3. Le 28/02/N, lorsque la transaction future n'est plus hautement probable mais l'entreprise continue de penser qu'elle va se réaliser, *comptabilisation des variations de juste valeur du contrat de vente à terme en contrepartie des capitaux propres (part efficace) et comptabilisation de l'arrêt de la couverture : les variations de valeur comptabilisées en capitaux propres jusqu'à la date d'arrêt de la couverture demeurent en capitaux propres. En revanche, le contrat de vente à terme de devises est déqualifié et ses variations ultérieures de juste valeur sont comptabilisées en résultat (en K€) :*

Dt	*Capitaux propres – Réserve de profits et pertes latents sur couverture*	*5*	
Ct	*Instrument dérivé de couverture – Vente à terme $ contre €*		*5*

4. Le 31/03/N, lors de l'arrêté mensuel suivant, *comptabilisation des variations de juste valeur du contrat de vente à terme dollars contre euros en résultat :*

Dt	*Résultat (perte)*	*5*	
Ct	*Instrument dérivé – Vente à terme $ contre €*		*5*

5. Le 30/04/N, lors de l'arrêté mensuel suivant la prise de connaissance du fait que la vente ne se fera pas, *poursuite de la comptabilisation des variations de juste valeur du contrat de vente à terme de devises dollars contre euros en résultat et reclassement des montants jusque-là différés en capitaux propres également en résultat :*

Dt	*Instrument dérivé – Vente à terme $ contre €*	*2*	
Ct	*Résultat (profit)*		*2*
Dt	*Capitaux propres – Réserve de profits et pertes latents sur couverture*	*30*	
Ct	*Résultat*		*30*

6. Le 31/03/N, *poursuite de la comptabilisation des variations de juste valeur de la vente à terme de devises dollars contre euros en contrepartie du résultat :*

Dt	*Instrument dérivé – Vente à terme $ contre €*	*1*	
Ct	*Résultat (profit)*		*1*

7. Le 30/06/N, lors du dénouement du contrat de vente à terme de devises dollars contre euros, comptabilisation des variations de juste valeur du contrat en résultat et dénouement du contrat par réception de trésorerie :

Dt	*Instrument dérivé – Vente à terme $ contre €*	*4*	
Ct	*Résultat (profit)*		*4*
Dt	*Trésorerie*	*32*	
Ct	*Instrument dérivé – Vente à terme $ contre €*		*32*

SECTION III

Cas pratiques d'application

A. Couverture du risque de taux d'intérêt

Couverture d'un emprunt à taux fixe

50300 ***Question***

Comment comptabiliser la couverture d'un emprunt à taux fixe par un swap de taux payeur – taux variable/receveur – taux fixe ?

Réponse

Il s'agit d'une couverture de juste valeur (FVH) dans laquelle l'instrument de couverture (le swap) est comptabilisé à la juste valeur par résultat.

L'emprunt (l'élément couvert) est ajusté de la variation de juste valeur de la composante risque couverte, par contrepartie du compte de résultat.

Ainsi, la variation de juste valeur de l'instrument de couverture et l'ajustement réalisé sur l'emprunt couvert viennent se compenser au compte de résultat, à l'inefficacité de la couverture près.

Commentaires :

1. **Rappel et contexte** En général, un emprunt à taux fixe est comptabilisé au coût amorti (IFRS 9.4.2.1). Comme tous les instruments comptabilisés au coût amorti, les variations de juste valeur de cet emprunt n'affectent ni le compte de résultat ni les capitaux propres, lorsque les taux d'intérêt varient. Toutefois, une entreprise peut souhaiter « variabiliser » un emprunt à taux fixe dans le cadre d'une gestion équilibrée de son risque de taux.

Tel peut être le cas d'une société ayant contracté un emprunt à taux fixe pendant une période de taux d'intérêt élevés et qui se trouverait en position défavorable vis-à-vis de ses concurrents, ces derniers ayant contracté des emprunts dans des périodes de taux plus favorables.

Les entreprises peuvent ainsi être amenées à arbitrer entre taux fixe et taux variable et choisir de couvrir un emprunt à taux fixe par un swap de taux. La « variabilisation » du taux d'intérêt permet alors de figer la juste valeur de l'emprunt. En IFRS, cette opération est traitée comme une **couverture de juste valeur (FVH),** sous réserve toutefois de satisfaire aux conditions générales de qualification d'une opération de couverture selon IAS 39.88 (voir n° 50020).

2. **Traitement comptable de l'opération** Dans ce cas, le swap (l'instrument de couverture) est comptabilisé à la juste valeur par résultat (IAS 39.89a) et l'emprunt (l'élément couvert) est ajusté de la variation de juste valeur liée à la composante risque couverte, par contrepartie du compte de résultat (IAS 39.89b). En conséquence, la variation de juste valeur du swap et l'ajustement réalisé sur l'emprunt au titre de la réévaluation de sa composante risque couverte viennent se compenser dans le compte de résultat, à l'inefficacité de la couverture près.

Pour la comptabilisation d'une couverture de juste valeur, voir n° 50205.

■ *Exemple*

50300 (suite)

Couverture d'un emprunt à taux fixe par un swap de taux *Le 1/01/N, une entité émet un emprunt obligataire de 10 M€, à taux fixe de 4 % sur 5 ans. Cet emprunt est remboursable in fine, au pair. Les intérêts sont dus annuellement au 31 décembre. Les coûts d'émission de l'emprunt sont de 150 K€. Le taux d'intérêt effectif annuel (TIE) de l'emprunt ressort à 4,34 %.*

Pour couvrir le risque de taux d'intérêt de cet emprunt, l'entité met en place, à la même date, un swap prêteur taux fixe/emprunteur taux variable dont les caractéristiques sont les suivantes :

- durée : 5 ans ;
- notionnel : 10 M€ ;
- taux prêteur : 4 % ;
- taux emprunteur : Euribor 12 mois ;
- intérêts payables annuellement au 31/12.

Au 31/12/N, l'Euribor 12 mois vaut 3,85 %. La juste valeur du swap avant paiement des intérêts est de 45 K€ et la juste valeur de la composante risque de taux couverte de l'emprunt s'élève à 10 435 K€.

Solution de l'exemple *Le traitement comptable de l'opération est le suivant :*

1. Le 1/01/N, lors de la mise en place de l'emprunt et du swap, *l'emprunt obligataire est comptabilisé pour sa juste valeur (10 M€) diminuée des coûts d'émission (150 K€), soit 9 850 K€. Le swap est comptabilisé pour mémoire (juste valeur égale à zéro) :*

Dt	*Trésorerie*	*9 850*	
Ct	*Autres passifs – Emprunt obligataire*		*9 850*

2. Le 31/12/N, à la clôture de l'exercice :

- comptabilisation des intérêts de l'emprunt *: les intérêts payés (400 K€) sont comptabilisés comme un flux de trésorerie, directement en moins de la valeur nette comptable de l'emprunt. La charge d'intérêt comptabilisée au compte de résultat est calculée selon la méthode du TIE soit pour 427 K€ (9 850 × 4,34 %) :*

Dt	*Résultat – Charges financières*	*427*	
Ct	*Autres passifs – Emprunt obligataire*		*427*
	Comptabilisation de la charge d'intérêt courue (TIE)		
Dt	*Autres passifs – Emprunt obligataire*	*400*	
Ct	*Trésorerie*		*400*
	Comptabilisation du flux de trésorerie correspondant aux intérêts payés		

- comptabilisation des intérêts sur le swap *: le 31/12/N correspond également à la première date de « tombée » d'intérêts du swap :*

Le montant des intérêts échangés sur le swap s'élève à :
- jambe prêteuse du swap (4 %) : 400 K€ (10 M€ × 4 %) ;
- jambe emprunteuse du swap (3,85 %) : 385 K€ (10 M€ × 3,85 %).
Soit un montant net d'intérêt à recevoir de 15 K€ (400 - 385).

Dt	*Trésorerie*	*15*	
Ct	*Résultat financier – Coût de l'endettement financier net (part efficace de la couverture)*		*15*
	Comptabilisation du flux de trésorerie correspondant aux intérêts payés		

- comptabilisation de la variation de juste valeur du swap et de la composante risque de taux d'intérêt couverte de l'emprunt *:*

L'approche est la suivante :
- variation de juste valeur du swap avant tombée d'intérêts = 45 - 0 = 45 K€ ;
- variation de juste valeur du swap après tombée d'intérêts = 45 - 15 = 30 K€ ;
- variation de juste valeur de l'emprunt avant tombée d'intérêts = 10 435 - 10 000 = 435 K€ ;
- variation de juste valeur de l'emprunt après tombée d'intérêts = 435 - 400 = 35 K€.

Dt	*Résultat financier – Autres charges financières (variation de valeur des autres passifs – perte)*	*35*	
Ct	*Autres passifs – Emprunt obligataire*		*35*
	Comptabilisation de la variation de juste valeur de la composante risque de taux couverte de l'emprunt		

Dt Ct	*Instruments de couverture – Swap* *Résultat financier – Autres produits financiers (variation de valeur des instruments de couverture – gain)* *Comptabilisation de la variation de juste valeur du swap*	*30*	 *30*

Remarques :
1. L'inefficacité de la couverture – traduite par différence dans le compte de résultat – est une perte de 5 (35 – 30). Pour autant, la couverture est toujours considérée comme hautement efficace au 31/12/N, avec un ratio de couverture égal à 117 % (35/30).
2. Pour la présentation du résultat financier, voir nº 51382 s.

Couverture d'un emprunt à taux variable

50305 ***Question***

Comment comptabiliser la couverture d'un emprunt à taux variable par un swap de taux payeur – taux fixe/receveur – taux variable ?

Réponse

L'opération ayant pour objectif de couvrir les variations des flux de paiement des intérêts de l'emprunt est traitée comme une couverture de flux de trésorerie (CFH).

L'emprunt à taux variable (l'élément couvert) ne fait l'objet d'aucune écriture comptable particulière au titre de la couverture.

Le swap (l'instrument de couverture) est comptabilisé à la juste valeur par résultat, ses variations de valeur (gains ou pertes) étant comptabilisées :
- en capitaux propres pour la part efficace de la couverture ; et
- en résultat pour la part inefficace de la couverture.

Les montants différés en capitaux propres sont rapportés au compte de résultat au fur et à mesure de la comptabilisation des charges d'intérêt de l'emprunt, selon la méthode du taux d'intérêt effectif (TIE).

Commentaires :

1. **Rappel et contexte** Selon la règle générale et sauf exception, un emprunt à taux variable est comptabilisé au coût amorti (IFRS 9.4.2.1).

Pour la comptabilisation d'un emprunt à taux variable au coût amorti, voir nº 46825.

La couverture d'un emprunt à taux variable permet de se protéger contre les variations des flux relatifs au paiement des intérêts de l'emprunt, liées aux variations des taux d'intérêt. Ce type de couverture peut s'effectuer par la mise en place d'un swap de taux prêteur (taux variable/emprunteur) taux fixe.

Cette opération est traitée comme une **couverture de flux de trésorerie,** sous réserve toutefois de satisfaire aux conditions générales de qualification d'une opération de couverture selon IAS 39.88 (voir nº 50020).

2. **Traduction comptable de l'opération** Dans ce cas, l'emprunt à taux variable (l'élément couvert) ne fait l'objet d'aucune écriture comptable particulière au titre de la couverture. L'instrument de couverture (le swap de taux) est évalué à sa juste valeur au bilan, les variations de cette juste valeur étant comptabilisées (IAS 39.95) :
- en capitaux propres pour la part efficace de la couverture ; et
- en résultat pour la part inefficace de la couverture (valeur temps de la prime payée).

Toutefois, pour s'assurer que la part efficace de la couverture est bien reflétée au bon moment dans les comptes, l'entreprise peut devoir comptabiliser en capitaux propres l'intégralité des variations de valeurs de l'instrument de couverture, lorsque ces dernières sont inférieures (en valeur absolue) aux variations de l'élément couvert. Dans ce cas, aucune inefficacité n'est comptabilisée en résultat (asymétrie du traitement de la part inefficace, voir nº 50210, point 4.).

Les montants accumulés en capitaux propres au titre de la part efficace de la couverture sont repris en résultat au fur et à mesure de la comptabilisation des charges d'intérêt de l'emprunt couvert (IAS 39.100).

Pour la comptabilisation d'une couverture de flux de trésorerie, voir nº 50210.
Pour un exemple de couverture d'un emprunt à taux fixe par un swap de taux, voir nº 50300.

Couverture d'une obligation comptabilisée à la juste valeur

Question 50310

Comment comptabiliser la couverture d'une obligation à taux fixe comptabilisée à la juste valeur par les autres éléments du résultat global (OCI) ?

Réponse

Par une couverture de juste valeur (FVH), dans laquelle le swap (l'instrument de couverture) est comptabilisé à la juste valeur par résultat et la composante risque de taux couverte de l'obligation (l'élément couvert), déjà réévaluée, voit ses variations de valeur également comptabilisées en résultat.

Ainsi, les variations de juste valeur du swap et de la composante risque de taux couverte de l'obligation se compensent au compte de résultat, à l'inefficacité près. Ne restent donc différées en OCI que les variations de valeur de l'obligation non couvertes (essentiellement le risque de crédit).

Commentaires :

1. **Rappel et contexte** Une obligation (i) dont les termes contractuels donnent lieu uniquement au paiement du principal et des intérêts et (ii) qui s'inscrit dans un modèle de gestion dont l'objectif est de détenir les actifs afin de recouvrer les flux de trésorerie contractuels et les flux de cession est évaluée à sa juste valeur avec comptabilisation des variations de juste valeur en autres éléments du résultat global (IFRS 9.4.1.2A).

Pour plus de détails sur le classement d'actifs financiers sous IFRS 9, voir n° 45080.

Une **obligation à taux fixe** est exposée au risque de taux d'intérêt. En effet, une hausse des taux rend sa rémunération inférieure à celle du marché, laquelle entraîne une diminution de sa juste valeur (actualisation des flux de coupon à un taux supérieur à celui du coupon versé).

Pour se couvrir contre le risque d'une hausse des taux d'intérêt, l'entreprise peut, par exemple, mettre en place un swap prêteur – taux variable/emprunteur – taux fixe, transformant ainsi l'obligation à taux fixe en une obligation à taux variable.

Sur le plan comptable, cette opération est traitée comme une **couverture de juste valeur (FVH),** sous réserve toutefois de satisfaire aux conditions générales de qualification d'une opération de couverture selon IAS 39.88 (voir n° 50020).

2. **Traitement comptable de la couverture** Le swap de taux d'intérêt (l'instrument de couverture) est comptabilisé à la juste valeur par résultat (IAS 39.89a). La composante risque de taux couverte de l'obligation – déjà réévaluée puisque l'obligation dans son intégralité est évaluée à sa juste valeur – voit ses variations de valeur déclassées pour être comptabilisées en résultat (et non plus en OCI) (IAS 39.89b). Le profit ou la perte dégagé sur la composante risque de taux couverte de l'obligation se compense ainsi dans le compte de résultat avec la perte ou le profit dégagé sur le swap, à la part inefficace de la couverture près.

Pour la comptabilisation d'une couverture de juste valeur, voir n° 50205.

■ *Exemple*

Couverture d'une obligation à taux fixe *Le 1/01/N, une entreprise souscrit une obligation d'état de nominal 100 000 € avec un coupon à taux fixe de 4 %. L'obligation est comptabilisée à la juste valeur par OCI en application du modèle de classement et d'évaluation des actifs financiers sous IFRS 9.*

Par simplification, on ne tient pas compte des frais de transaction. Le taux de 4 % est donc bien le TIE de l'obligation.

Anticipant une hausse des taux d'intérêt, l'entreprise met immédiatement en place un swap prêteur – taux variable Euribor 1 an/emprunteur – taux fixe 4 % sur le même notionnel et la même durée de vie que l'obligation. Les intérêts de l'obligation et du swap sont payables au 31 décembre de chaque année.

Au 30/06/N, les taux ont augmenté et l'Euribor 1 an cote 4,4 %. La juste valeur de l'obligation s'élève à 99 770 € et celle du swap à 200 €.

Au 31/12/N, les taux ont encore augmenté et l'Euribor 1 an cote 4,6 %. La juste valeur de l'obligation s'élève à 99 380 € et celle du swap à 600 €.

Solution de l'exemple La traduction comptable de l'opération est la suivante :
1. Le 1/01/N, lors de la mise en place de la couverture, l'obligation (préalablement détenue) est déjà comptabilisée dans les comptes de l'entité ; en conséquence, seul le swap est comptabilisé pour mémoire (ayant une juste valeur égale à zéro).
2. Le 30/06/N, lors de la clôture semestrielle, l'entreprise comptabilise les variations de juste valeur du swap et comptabilise (reclasse) en résultat celles de l'obligation :
– comptabilisation des variations de juste valeur du swap :

Dt	*Instrument dérivé de couverture – Swap*	*200*	
Ct	*Résultat – Variation de valeur des instruments de couverture (gain)*		*200*

– comptabilisation (reclassement) en résultat des variations de juste valeur de l'obligation :

Dt	*Résultat – Variation de valeur des titres couverts (100 000 – 99 770) (perte)*	*230*	
Ct	*Titres évalués à la juste valeur par OCI – Obligations*		*230*

3. Le 31/12/N, lors de la clôture annuelle, l'entreprise comptabilise le paiement des flux d'intérêt en plus des variations de juste valeur du swap et du reclassement en résultat de celles de l'obligation :
– comptabilisation des variations de juste valeur du swap :

Dt	*Instrument dérivé de couverture – Swap (600 – 200)*	*400*	
Ct	*Résultat – Variation de valeur des instruments de couverture (gain)*		*400*

– comptabilisation des variations de juste valeur de l'obligation :

Dt	*Résultat – Variation de valeur des titres couverts (99 770 – 99 380) (perte)*	*390*	
Ct	*Titres évalués à la juste valeur par OCI – Obligations*		*390*

– comptabilisation des flux d'intérêt payés et reçus :

Dt	*Banque – Intérêts nets reçus sur le swap de taux d'intérêt (4,6 % – 4 %)*	*600*	
Dt	*Banque – Intérêts reçus sur l'obligation (4 %)*	*4 000*	
Ct	*Titres évalués à la juste valeur par OCI – Intérêts reçus sur l'obligation à taux fixe*		*4 000*
Ct	*Instrument dérivé de couverture – Swap de taux*		*600*

Remarques :
1. Les pertes cumulées sur l'obligation (620 € = 230 + 390) sont compensées par les gains cumulés sur le swap (600 € = 200 + 400). Une part inefficace totale de 20 € apparaît par différence en résultat.
2. Par simplification, les écritures relatives au coupon couru n'ont pas été traitées dans cet exemple. Pour plus de précisions, voir nº 45300.

Exclusion du risque de crédit dans une couverture du risque de taux d'intérêt

50315 ***Question***

Peut-on exclure le risque de crédit pour la mesure de l'efficacité d'une couverture du risque de taux ?

Réponse

Oui, et c'est même recommandé (couverture du taux sans risque).

Commentaires :

1. **Rappel** Il est possible de ne couvrir que le taux sans risque (encore appelé taux d'intérêt de base) ou un taux de référence (Libor ou Euribor) correspondant à la seule composante risque de taux (IAS 39.81 et .AG114d) sans couvrir le risque de crédit de l'instrument de dette correspondant (prêt, emprunt, obligation détenue en portefeuille, etc.), voir nº 50045.

Pour des raisons pratiques, les entreprises peuvent, à notre avis, utiliser comme taux de référence, un taux général bénéficiant d'une acceptation couramment admise et aisément observable, tel que le **Libor** ou un **taux de swap.** Dans ce cas, le taux de référence, bien que comportant une faible part de risque de crédit (notation AA), est réputé être la composante risque couverte de l'élément couvert, afin d'éviter toute part d'inefficacité.

Rappelons, en effet, qu'une opération de couverture d'un risque de taux utilisant un dérivé n'est pas pleinement efficace si une partie de la variation de la juste valeur du dérivé est attribuable au risque de crédit de la contrepartie (IAS 39.AG109).

2. Enjeu L'efficacité d'une couverture est généralement beaucoup plus facile à démontrer lorsque le risque couvert se compense le plus exactement possible avec les variations de valeur de l'instrument de couverture. Les entreprises ont donc intérêt à désigner comme composante risque couverte, la composante qui leur permet de maximiser l'efficacité de la couverture sur toute la période de la couverture.

Comme, en général, la détérioration de la situation financière (rating) de l'entreprise est la cause majeure d'inefficacité, les entreprises ont souvent intérêt à exclure cette composante de leurs tests d'efficacité et à ne déclarer couvrir que le taux sans risque (ou son équivalent en taux de référence : Euribor, Libor, ou taux de swap, voir ci-avant). Dans ce cas, les variations de valeur de la composante risque de crédit ne pourront pas être compensées (car non déclarées couvertes), mais l'entreprise s'assure ainsi que la relation de couverture dans sa totalité ne sera pas déqualifiée pour cause d'inefficacité.

Voir toutefois l'impact de la variation du risque de crédit de la contrepartie (dérivés actifs) ou du risque de crédit propre de l'entité (dérivés passifs) sur l'efficacité de la couverture au n° 50170. Sur les conséquences de la norme IFRS 13 qui rend obligatoire l'intégration du risque de crédit propre dans l'évaluation des dérivés passifs, voir n° 13382.

■ *Exemple*

Le 1/01/N, une société J émet une obligation de nominal 1 000 porteuse d'un taux fixe de 5 %. Le même jour, la société souscrit un swap de taux d'intérêt payeur taux variable Euribor/receveur taux fixe 4 % ayant le même notionnel et les mêmes caractéristiques en termes de flux que l'obligation émise. Le swap est désigné comme instrument de couverture, dans une relation de couverture de juste valeur (FVH).

Les variations de juste valeur du swap et de l'obligation sont les suivantes :

	Justes valeurs		
	1/01/N	*31/12/N*	*Variations*
Obligation émise	*(1 000)*	*(1 024)*	*(24)*
Swap de couverture	*0*	*51*	*51*
Ecart (inefficacité)	*–*	*–*	*27*

Solution de l'exemple *L'efficacité de l'opération de couverture se détermine de la manière suivante : 27/51 = 53 %.*

Le ratio de couverture étant notoirement inférieur à la fourchette basse de l'intervalle 80 % à 125 %, l'opération ne peut être qualifiée de couverture sur le plan comptable. La raison principale de l'évolution différente des variations de valeur de l'élément couvert (l'obligation émise) et de l'instrument de couverture (le swap de taux) réside dans la détérioration de la situation financière (et donc du spread de crédit) de la société. En effet, la variation de juste valeur de l'obligation émise peut se décomposer en une variation positive de 27 liée à la dégradation du spread de crédit et en une variation négative de 51 liée à la baisse des taux d'intérêt.

En conséquence, la société aurait dû exclure de la relation de couverture sa composante risque de crédit, de manière à ne pas risquer d'avoir un test d'efficacité défaillant.

« Carve-out » de l'Union européenne

Question 50320

Sur quelles dispositions de la norme IAS 39 le découpage (« carve-out ») de l'Union européenne porte-t-il ?

50320 (suite)

Réponse

En novembre 2004, la norme IAS 39 a été adoptée par la Commission européenne, dans sa version de décembre 2003, à l'exception de deux dispositions :
- l'une relative à l'option juste valeur (cette exception a toutefois finalement été supprimée après la révision de l'option en juin 2005, voir nº 46680) ;
- l'autre relative à la couverture de juste valeur d'un portefeuille d'éléments de taux d'intérêt (cette exception est toujours en vigueur).

Commentaires :

1. **« Double carve-out » de l'Union européenne (rappel)** La Commission européenne a adopté, le 19 novembre 2004, un règlement CE nº 2086/2004 amendant le règlement CE 1725/2003 relatif à l'adoption de certaines normes IFRS et portant adoption partielle de la norme IAS 39, Instruments financiers : comptabilisation et évaluation.

Le texte adopté par la CE suivait l'avis rendu par l'ARC lors de sa réunion du 1er octobre 2004 qui préconisait d'adopter la quasi-totalité des dispositions de la norme IAS 39, à l'exception de certaines dispositions relatives à :

- **l'interdiction d'appliquer l'option juste valeur aux passifs financiers** Considérant que sous sa première forme (dite « intégrale »), l'option juste valeur n'était pas compatible avec la 4e directive européenne, la CE avait interdit son application aux passifs financiers. Par la suite, l'option ayant été révisée en juin 2005, la CE a finalement levé cette interdiction, supprimant ainsi le premier « carve-out » ;
- **l'assouplissement de certaines dispositions relatives à la couverture de juste valeur d'un portefeuille d'éléments de taux d'intérêt** Cette seconde exception (toujours en vigueur) permet notamment aux banques d'inclure leurs dépôts à vue non ou faiblement rémunérés dans une relation de couverture de juste valeur (« fair value hedge ») d'un portefeuille d'éléments de taux d'intérêt. Cette exception exclut également certaines dispositions d'IAS 39 relatives à la mise en œuvre des tests d'efficacité, considérées comme trop restrictives dans le cadre d'une couverture de portefeuille (voir détails ci-après).

Initialement, la CE pensait que cette seconde exception pourrait être levée d'ici la fin 2005. Cela supposait que le groupe de travail conjoint IASB – Fédération bancaire européenne créé pour résoudre cette question (avec éventuellement la validation d'une autre méthode de couverture dite « de la marge d'intérêt » (« interest margin hedging method ») ait pu achever ses travaux techniques à temps. A ce jour et bien que la question ait été examinée également au sein d'un autre groupe de travail (« Financial Instruments Working Group »), aucun consensus n'a encore été trouvé. Le « **carve-out** » de l'UE **sur ce point** est donc **maintenu.**

L'objectif de cette méthode est de couvrir les variations possibles de la marge future d'intérêt (calculée comme la différence entre les produits d'intérêt courus et les charges d'intérêt courues) liée à un portefeuille défini et comptabilisé d'actifs et de passifs financiers à taux fixe (IASB Update 12/06).

2. **Conformité des comptes établis avec application des exceptions offertes par le « carve-out » de la CE** Rappelons que les banques ou les entreprises qui décident de bénéficier des exceptions offertes par la CE grâce au découpage de la norme et qui donc n'appliquent que partiellement le dispositif relatif à la comptabilité de couverture d'IAS 39, ne peuvent déclarer publier des comptes consolidés conformes aux IFRS, mais seulement aux « IFRS adoptées en Europe ».

3. **Précisions sur les paragraphes « découpés » de la norme IAS 39 relatifs à la couverture d'un portefeuille d'éléments de taux d'intérêt** :

a. **Approche générale** Le texte publié par l'ARC comprend :
- non seulement les paragraphes, phrases ou morceaux de phrase d'IAS 39 à supprimer (tels que repris par le Règl. CE 1725/2003 amendé) ;
- mais également, en marge, de brèves explications précisant l'objectif visé (assouplissement des tests d'efficacité pour la couverture d'un portefeuille ; possibilité de couverture des dépôts à vue ; couverture d'un taux inférieur au taux sans risque).

Ces précisions sont à rapprocher des attendus du règlement CE nº 2086/2004 venant amender le règlement CE nº 1725/2003 susvisé.

b. **Possibilité de couvrir les dépôts à vue contre un risque de prix (couverture de juste valeur)** Considérant que la loi des grands nombres fait que la couverture d'un portefeuille de dépôts est différente de la couverture d'un simple actif ou passif, la CE a autorisé la couverture en juste valeur des dépôts à vue. Dans ce but, la définition d'un groupe d'éléments couverts a été modifiée (suppression de la nécessité de voir chaque élément du groupe varier de façon approximativement proportionnelle à la variation de juste valeur globale du groupe (IAS 39.83 ; voir n° 50030, point 5.). **50320** (suite)

Sur l'interdiction par IAS 39 de couvrir les dépôts à vue, voir n° 50040, point 5.

c. **Assouplissement des tests d'efficacité applicable dans le cas d'une couverture de juste valeur d'un portefeuille d'éléments de taux d'intérêt** Le découpage de la CE a ainsi porté sur les trois points suivants :

– suppression des références sur l'inefficacité due au cas de remboursements anticipés ;

Selon IAS 39.BC178, un instrument financier offrant une option de remboursement anticipé doit s'analyser comme la combinaison d'un instrument sans remboursement anticipé possible et d'une option de remboursement anticipé. En conséquence, lorsque les taux d'intérêt évoluent, la juste valeur de cet instrument varie pour deux raisons différentes :

– d'une part, en raison de l'impact de la variation des taux sur ses flux futurs (parce que le taux d'actualisation retenu pour le calcul de la juste valeur de cette série de flux a varié avec l'évolution des taux d'intérêt) ; et

– d'autre part, en raison de la variation de juste valeur de l'option (reflétant l'augmentation ou la diminution de la probabilité de remboursement anticipé).

L'IASB considère donc qu'une part d'inefficacité doit être calculée lorsque l'entreprise (une banque, en général) modifie la date (ou fourchette de temps « time period ») de remboursement estimé d'un instrument (modification effectuée par exemple à la lumière d'une expérience récente de remboursements anticipés) (IAS 39.BC180).

– plus d'inefficacité à constater en cas de sous-couverture ;

Dans une couverture de juste valeur d'un portefeuille de taux d'intérêt, l'entreprise (une banque en général) désigne comme élément couvert, un montant (d'actifs ou de passifs) plutôt que des actifs ou des passifs pris individuellement (IAS 39.81A et .BC193). Dans ce cas, si l'entreprise ne couvre, par exemple, que 85 % d'un portefeuille désigné, elle doit mesurer l'inefficacité de la couverture par rapport à ces 85 % (IAS 39.AG107). Ainsi, même s'il reste un montant suffisant d'actifs ou de passifs auxquels adosser les instruments de couverture, l'IASB requiert le calcul et la comptabilisation d'une part inefficace dès lors que la base initiale (les 85 %) aura varié dans le temps.

En conséquence, une inefficacité sera calculée même en cas de sous-couverture, c'est-à-dire lorsque le montant du portefeuille couvert (considéré à 100 %) reste toujours supérieur au montant de base initialement déclaré couvert. Avec le « carve-out », il n'y a de l'inefficacité que s'il y a sur-couverture.

– enfin, suppression de la méthode dite « du pourcentage » (« percentage method ») et mise en avant de la méthode dite du « fond de cuve » (« bottom layer approach »).

A contrario, IAS 39.AG126 indique que pour le calcul de la part inefficace de la couverture, c'est la méthode dite « du pourcentage » qui doit être retenue. La norme IAS 39 écarte donc les autres méthodes possibles, dont celle dite du « fond de cuve ».

Dans son exposé des motifs, le Board fournit un exemple permettant de comprendre la différence de raisonnement entre ces deux méthodes (et d'autres également envisagées mais non retenues), voir exemple ci-après.

Pour plus de précisions sur l'application de la méthode dite du « fond de cuve », voir n° 50325.

d. **Possibilité de couvrir un taux zéro ou un élément ayant un spread négatif par rapport au taux d'intérêt sans risque** Selon IAS 39.AG99B, une entreprise ne peut désigner couvrir – dans une couverture de juste valeur contre le risque de taux d'intérêt – une portion égale à un taux de référence que si cette portion est inférieure au taux d'intérêt effectif de l'élément couvert. Ce qui interdit la couverture de dépôts non rémunérés et de tout instrument financier ayant un spread négatif par rapport au taux de référence visé.

Sur la notion de taux de référence, voir n° 50045, point 2a.

Pour l'interdiction de couvrir une portion supérieure au taux d'intérêt effectif dans une couverture de juste valeur, voir n° 50045, point 1a.

En revanche, rien ne vient assouplir l'obligation de **suivi et de recyclage** des **écarts globaux d'évaluation** comptabilisés lors d'une couverture de juste valeur d'un portefeuille d'éléments de taux d'intérêt (IAS 39.AG114g et .AG128).

e. Tableau récapitulatif

Couverture d'un portefeuille d'éléments de taux d'intérêt		
Couverture des dépôts à vue	Tests d'inefficacité	Spread négatif (taux zéro)
Possible (découpage d'IAS 39.83, .AG114c, .AG118b et .AG122).	Non-reprise des références sur l'inefficacité due aux remboursements anticipés et aux dates de repricing (découpage d'IAS 39.81A, .AG114c et.AG114g, .AG126 et .AG127). Non-reprise de la précision que la sous-couverture conduit à de l'inefficacité (découpage d'IAS 39.AG107A). Mise en avant de la méthode dite du « fond de cuve » (« bottom layer approach ») et non-reprise de la méthode dite « du pourcentage » (IAS 39.AG121, .AG126, .AG129 et .AG130).	Possibilité (suppression de l'interdiction) de couvrir un taux inférieur au taux sans risque (découpage d'IAS 39.AG99A, .AG99B et .AG122).

■ *Exemple*

Une entreprise (une banque) détient un portefeuille d'actifs financiers à taux fixe d'un montant de 100, refinancés à hauteur de 80 par des passifs à taux fixe. Elle couvre initialement, contre le risque de taux (couverture de juste valeur), son exposition nette qui correspond à un montant de 20 (IAS 39.BC190). Par la suite, le portefeuille d'actifs financiers de 100 subit des remboursements anticipés plus forts que prévus et ne s'élève plus dans la période « N » analysée (« time period ») qu'à 90 (IAS 39.BC197).

Solution de l'exemple :

1. Méthode du pourcentage (« percentage method ») *Selon cette méthode (IAS 39.BC199), la portion du portefeuille couvert est réputée être 20 % de chaque actif individuel constituant ce portefeuille. En conséquence, la part inefficace de la couverture s'élèvera à 20 % des 10 sur lesquels ont porté les remboursements anticipés.*

Une part inefficace devra systématiquement calculée et comptabilisée et ce, que les remboursements anticipés surviennent plus tôt ou plus tard que prévu par rapport à la période de temps « N » analysée.

2. Méthode du fond de cuve (« bottom layer approach ») *Selon cette méthode (IAS 39.BC197), la portion du portefeuille couverte est réputée être la première « couche » de prêts dont le montant atteint 20 sur les 100 du portefeuille. En conséquence, tant que le montant du portefeuille atteindra au moins 20 dans la période de temps « N » analysée, aucune inefficacité n'aura à être comptabilisée.*

Approche générationnelle (ou « bottom layer » générationnelle)

50325 ***Question***

Dans un environnement économique prolongé de taux bas, l'approche « bottom layer » ou « fond de cuve », sans distinguer les différentes générations de crédit, est-elle acceptable ? Si non, quelle approche serait acceptable ?

Réponse

A notre avis, la méthode « bottom layer » ou « fond de cuve » toutes générations confondues n'est acceptable que si les deux conditions suivantes sont cumulativement remplies :

- les prêts sont faiblement couverts ; et
- il y a peu d'écarts entre les prévisions de remboursements anticipés/renégociations et le niveau réel de remboursements anticipés/renégociations, par rapport au pourcentage d'actifs non couverts.

Dans un environnement économique prolongé de taux bas, cette seconde condition semble difficile à remplir. Par conséquent, des approches générationnelles devraient être mises en place.

50325 (suite)

Commentaires :

1. **Contexte** Dans un environnement économique prolongé de taux bas, voire négatifs, des prêts immobiliers macro-couverts peuvent faire l'objet de remboursements anticipés ou de renégociations commerciales, générant un risque de sur-couverture sur plusieurs générations. Tel fut le cas, par exemple, en 2015 et 2016.

2. **« Carve-out » de l'Union européenne (rappel)** En Europe (voir n° 50320), les tests d'efficacité dans le cadre d'une couverture de juste valeur d'un portefeuille d'éléments de taux d'intérêt sont assouplis. En effet, dès lors qu'il reste un montant suffisant d'actifs et de passifs auxquels adosser les instruments de couverture, l'Europe ne requiert pas le calcul et la comptabilisation d'une part inefficace.

3. **Approche fond de cuve toutes générations confondues/« bottom layer approach » toutes générations confondues (rappel)** Le test d'efficacité est satisfait lorsque l'encours net des swaps toutes générations confondues est inférieur, sur chaque bande de maturité, à l'encours estimé des éléments couverts toutes générations confondues.

■ ***Exemple***

Une banque A a accordé des prêts entre N-2 et N, couverts par des swaps initiés à des taux forward qui correspondaient aux conditions de marché. Au 31/12/N, l'évolution des encours de prêts et de swaps est modélisée sur 3 bandes de maturité, N+1 à N+3.
Au 31/12/N :

En K€		*N+1*	*N+2*	*N+3*
Génération N-2	*Prêts*	*4 400*	*4 300*	*4 200*
	Nominal des swaps	*4 000*	*3 900*	*3 800*
Génération N-1	*Prêts*	*3 000*	*2 800*	*2 600*
	Nominal des swaps	*3 500*	*3 400*	*3 300*
Génération N	*Prêts*	*4 500*	*4 400*	*4 000*
	Nominal des swaps	*3 900*	*3 800*	*3 700*
Cumul	*Prêts*	*11 900*	*11 500*	*10 800*
Cumul	*Nominal des swaps*	*11 400*	*11 100*	*10 800*

Dans ce contexte, la banque se trouve-t-elle en situation de sur-couverture ?

Solution de l'exemple *Le cumul des prêts toutes générations confondues est supérieur ou égal au cumul du nominal des swaps toutes générations confondues, pour chaque bande de maturité. Par conséquent, il semble ne pas y avoir de sur-couverture.*
A notre avis, toutefois, cette méthode n'est pas acceptable, car le niveau de remboursements anticipés a dépassé les prévisions. Une approche générationnelle devrait donc être documentée.

4. **Approche fond de cuve générationnelle/« bottom layer approach » générationnelle** Le test consiste à vérifier, pour chacune des générations de swaps, et pour chacune des bandes de maturité, qu'il existe toujours un excédent de prêts à couvrir.

Ce test est satisfait lorsque, pour chaque bande de maturité future et pour chaque génération, le montant du nominal des prêts couverts est supérieur au nominal des swaps de couverture.

A notre avis, l'approche générationnelle est justifiée au regard des textes sur la base des principes suivants :

– La suppression partielle du paragraphe AG122 de la norme IAS 39, du fait du carve-out de l'UE (voir n° 50320), ne permet pas de conclure qu'il est possible de continuer à évaluer la portion d'un actif initialement couvert mais décomptabilisé ou d'attribuer à des actifs des composantes couvertes sans distinction de leur date d'origination. Il est donc nécessaire dans la réalisation du test précédemment décrit que les actifs soient originés à des dates antérieures à celles des swaps.

IAS 39.AG122 est relatif à la détermination de la variation de juste valeur de l'élément couvert attribuable au risque couvert qui est comptabilisée sur une ligne spécifique du bilan (« Ecart Global d'Evaluation »/EGE), à l'actif pour la réévaluation des actifs et au passif pour la réévaluation des passifs, quel qu'en soit le signe (IAS 39.89A et .AG123). Bien qu'il ne précise pas les techniques d'évaluation pour déterminer l'EGE, le paragraphe IAS 39.AG122 explique qu'il n'est pas approprié de prendre pour hypothèse que la variation de juste valeur de l'élément couvert est égale à celle de l'élément de couverture.

En effet, dans le cas d'une couverture par un swap taux fixe/taux variable, avec des caractéristiques similaires pour les deux instruments (notionnel, date de début, date d'échéance, taux fixe), il y aura de l'inefficacité du fait des variations de juste valeur de la branche variable du swap, dès lors que ce taux est un taux préfixé (exemple EURIBOR).

L'Europe n'a pas approuvé le fait que le résultat des variations de juste valeur de l'élément couvert, calculé à partir de techniques statistiques, soit proche de celui qui aurait été obtenu sur la base de l'évaluation de chaque actif ou passif qui constitue l'élément couvert. Cette suppression d'une partie d'IAS 39.AG122 l'a été afin de pouvoir inclure, au sein des passifs éligibles, les dépôts à vue, et de pouvoir s'exonérer de la règle qui précise que la juste valeur d'un passif exigible à vue ne peut être inférieure au montant exigible, règle dite du « deposit floor ».

Pour faciliter la lecture, la portion du paragraphe AG122 supprimée lors du carve-out de l'UE est : « If statistical or other estimation techniques are used for such measurement, management must expect the result to approximate closely that which would have been obtained from measurement of all the individual assets or liabilities that constitute the hedged item ».

– IAS 39.AG128 précise que l'écart global d'évaluation (EGE) comptabilisé lors d'une couverture de juste valeur d'un portefeuille d'éléments de taux d'intérêt doit être suivi et recyclé en résultat en cas de décomptabilisation des actifs financiers concernés.

Cet AG n'a pas fait l'objet d'une suppression ni même partielle dans le processus d'approbation par l'UE.

■ *Exemple*

Reprise de l'exemple précédent *Le suivi générationnel permet d'identifier des situations de sur-couverture que l'approche « fond de cuve » toutes générations confondues n'auraient pas identifiées.*

En K€		*N+1*	*N+2*	*N+3*
Génération N-2	*Prêts*	*4 400*	*4 300*	*4 200*
	Nominal des swaps	*4 000*	*3 900*	*3 800*
	Sous-couverture	*400*	*400*	*400*
Génération N-1	*Prêts*	*3 000*	*2 800*	*2 600*
	Nominal des swaps	*3 500*	*3 400*	*3 300*
	Sur-couverture	*– 500*	*– 600*	*– 700*
Génération N	*Prêts*	*4 500*	*4 400*	*4 000*
	Nominal des swaps	*3 900*	*3 800*	*3 700*
	Sous-couverture	*600*	*600*	*300*

Solution de l'exemple *Dans les cas de sur-couverture, cela signifie qu'une partie de la base initialement couverte a été décomptabilisée. Les solutions suivantes sont possibles :*

1. Comptabiliser un arrêt de comptabilité de couverture lié à la disparition de l'élément couvert, voir nº 50275. Les swaps de couvertures des générations en surcouverture peuvent faire l'objet soit d'une résiliation, soit d'un reclassement en trading.

2. Attribuer les vieux swaps à l'ensemble des prêts originés sur des périodes antérieures à ceux-ci (voir nº 50045, point 2d.) ou les attribuer prospectivement à l'ensemble des prêts originés sur des périodes suivantes (voir nº 50340). Dans le premier cas, cette disposition a l'avantage de limiter le recyclage en résultat de l'EGE des périodes sur-couvertes.

Couverture de la composante « risque inflation » dans un instrument de dette

50330 ***Question***

L'inflation est-elle une composante séparable du taux d'intérêt et peut-on la couvrir ?

Réponse

Non.

Commentaires :

1. Contexte Certaines entreprises mettent en place des instruments leur permettant de swaper leurs dettes à taux fixe contre des paiements indexés sur l'inflation. La question se pose alors de savoir si ces swaps peuvent être qualifiés d'instruments de couverture de la dette à taux fixe sous-jacente.

2. **Notion de « composante distincte » (rappel)** En IFRS, il est possible de ne couvrir qu'une partie (« portion ») seulement d'un actif ou d'un passif financier dès lors que l'efficacité de la couverture peut être distinctement évaluée (IAS 39.81).

Par exemple, la couverture d'un taux d'intérêt sans risque ou d'un taux d'intérêt de référence (« benchmark interest rate ») (voir nº 50315).

Par ailleurs, la partie désignée couverte des flux futurs de trésorerie ou de la juste valeur d'un élément doit a priori toujours être inférieure à la totalité des flux futurs ou de la juste valeur dudit élément (IAS 39.AG99C ; voir nº 50045).

Enfin, il est possible de couvrir une composante distincte d'un actif ou d'un passif non financier à condition que cette composante ait une « incidence prévisible et séparément mesurable » sur la juste valeur ou sur les flux de trésorerie de l'élément couvert (IAS 39.AG100).

3. **Application au risque inflation** Le risque lié à l'inflation ne peut être considéré comme une composante distincte du taux d'intérêt, notamment parce que l'impact des variations de ce risque sur les taux d'intérêt n'est ni prévisible ni mesurable séparément (approche retenue dans IAS 39.AG100). En conséquence, il n'est pas possible de déclarer couvrir séparément ce risque au sein d'un instrument de dette à taux fixe.

En effet (IAS 39.AG99F et .BC172G) :

- l'inflation n'a pas les caractéristiques d'une composante séparément identifiable et déterminable de manière fiable ; et
- en conséquence, une telle opération est interdite.

En revanche, l'opération est possible si l'inflation est une composante contractuellement identifiable de l'instrument (IAS 39.AG99F). C'est le cas, par exemple, d'une dette indexée sur l'inflation.

Swaps annulables (non qualifiables de couverture)

Question 50335

Est-il possible de décomposer un swap annulable en deux instruments (swap classique et vente d'option) afin de bénéficier de la comptabilité de couverture ?

Réponse

Non, parce qu'un swap annulable contient une vente d'option (pour laquelle toute qualification de couverture est interdite) et qu'il ne peut pas être décomposé en deux instruments distincts : un swap classique et une vente d'option.

Commentaires :

1. **Caractéristiques de l'opération** Un swap annulable est un swap dans lequel une des contreparties peut annuler le swap pendant une certaine période ou à certaines dates sans payer de soulte.

Si la contrepartie qui possède ce droit reçoit le taux fixe, on parle de swap annulable (« cancellable swap ») receveur et dans l'autre cas, de swap annulable (« cancellable swap ») payeur.

Un swap annulable contient donc une clause optionnelle assimilable à une option vendue, qui permet à la contrepartie qui détient l'option (la banque en général) d'annuler le swap sans payer de soulte dès que ce dernier devient trop perdant pour elle. En contrepartie, le taux d'intérêt échangé tant que le swap n'est pas annulé, l'est à un taux plus avantageux que si le swap n'avait pas été annulable (parce que contenant la prime d'option vendue).

2. **Traitement comptable** Ces instruments ne sont pas en eux-mêmes des instruments éligibles à la comptabilité de couverture. En effet, un swap annulable par la banque sera nécessairement annulé lorsque la banque y aura intérêt et donc lorsque ce swap aurait pu produire des effets positifs en termes de couverture pour l'entreprise.

La question est donc de savoir si l'on peut séparer le swap annulable en deux instruments, un swap classique (encore appelé swap « vanille » qui serait éligible à la comptabilité de couverture) et une vente d'option qui serait comptabilisée en trading (i.e. évaluée à la juste valeur par résultat).

La réponse est non, dans la mesure où la norme IAS 39 précise à la fois :

- qu'un instrument contenant une vente d'option ne peut pas être qualifié d'instrument de couverture (IAS 39.72, .AG 94 et .F.1.3) ; et
- qu'il est interdit de décomposer un dérivé en plusieurs autres dérivés (IAS 39.74) sans que chaque dérivé provenant de la décomposition ne soit attribué à un élément couvert.

Sur l'interdiction de qualifier une vente d'option de couverture, voir nº 50070, point 2b.
Sur l'interdiction de décomposer un dérivé en plusieurs composantes (sauf valeur temps d'une option et report/déport), voir nº 50070, point 2c.

Par ailleurs, la solution consistant à signer deux contrats distincts (un swap classique et une vente d'option) ne doit pas tomber sous le coup de la notion d'**opérations concomitantes** d'IAS 39.F.1.14 qui interdirait alors également toute qualification de couverture.

Couverture d'un nouveau prêt par un ancien swap

50340 *Question*

Dans une relation de couverture de juste valeur au sens d'IAS 39, est-il possible de couvrir un prêt nouvellement émis à taux fixe par un swap de taux d'intérêt anciennement mis en place ?

Réponse

Oui, à notre avis et sous réserve que le taux d'intérêt de la branche fixe du swap soit inférieur au taux fixe du prêt.

Il est alors possible de désigner comme élément couvert une portion spécifique du prêt nouvellement émis au même taux d'intérêt que la branche fixe du swap anciennement contracté et ainsi d'obtenir une relation de couverture efficace. Il faut alors dans ce cas désigner une composante couverte égale aux flux du prêt et amortir l'écart entre la juste valeur de cette composante couverte à la date de mise en place de la relation de couverture et la valeur comptable du prêt à cette date.

Commentaires Selon IAS 39.81, il est possible de désigner comme élément couvert une portion spécifique d'un actif ou d'un passif financier, à condition toutefois que l'efficacité de la couverture puisse être mesurée. Il est donc nécessaire que la portion de l'instrument désignée comme élément couvert soit « séparément identifiable et mesurable ».

Pour plus de précisions sur la couverture d'une partie d'un élément, voir nº 50045.

Au cas particulier d'un prêt nouvellement émis à taux fixe et d'un swap anciennement contracté, il est à notre avis possible d'établir une relation de couverture de juste valeur au sens d'IAS 39 en désignant comme élément couvert contre le risque de taux, une portion du prêt avec un taux d'intérêt égal à celui de la branche fixe du swap. Toutefois, cela implique que le taux d'intérêt de la branche fixe du swap soit inférieur à celui du prêt. Il faut alors dans ce cas désigner une composante couverte égale aux flux du prêt.

Si aucun amortissement n'est pratiqué, la somme cumulée des variations de juste valeur de la composante couverte qui sera égale à l'opposé de la soulte sur le swap ne sera pas nulle à la maturité du crédit. Il faudrait donc en principe amortir tous les changements de juste valeur de la composante couverte, comme requis par IAS 39.92.

En pratique, on peut également procéder à l'amortissement de l'écart entre la juste valeur de cette composante couverte à la date de mise en place de la relation de couverture et la valeur nette comptable du prêt à cette date.

■ *Exemple*

Une société A a contracté un swap de taux d'intérêt emprunteur taux fixe (4,75 %), prêteur LIBOR 3 mois.

Quelques mois plus tard, la société A contracte un prêt à taux fixe de 7,5 % déterminé sur la base du taux LIBOR alors en vigueur, soit 6 % plus une marge de 150 bp.

Afin d'avoir une relation de couverture de juste valeur efficace contre le risque de taux d'intérêt, la société A peut-elle désigner comme élément couvert une portion du prêt rémunérée au taux d'intérêt de 4,75 % ou doit-elle utiliser le taux LIBOR sur lequel sont calculés les intérêts du nouveau prêt (i.e. 6 %) ?

Solution de l'exemple *IAS 39.AG99C permet à la société A dans sa relation de couverture de désigner une portion du nouveau prêt rémunérée sur la base d'un taux d'intérêt de 4,75 %. Toutefois, dans ce cas, Il faudrait en principe amortir tous les changements de juste valeur de la composante couverte, comme requis par IAS 39.92. En pratique, on peut également procéder à l'amortissement de l'écart entre la juste valeur de cette composante couverte à la date de mise en place de la relation de couverture et la valeur nette comptable du prêt à cette date.*

B. Couverture du risque de change

Couverture d'une commande

50350

Question

Comment traiter comptablement la couverture d'une commande contre le risque de change ?

Réponse

Les entreprises ont le choix :
- soit comme une couverture de juste valeur (FVH) ;
- soit comme couverture de flux de trésorerie (CFH).

Commentaires Selon la norme IAS 39, la couverture du risque de change d'un engagement ferme (une commande, par exemple) peut être comptabilisée comme une couverture de juste valeur ou comme une couverture de flux de trésorerie (IAS 39.87 et .AG104).

En revanche, la couverture d'une autre nature de risque (matières premières, par exemple) ne peut se traduire comptablement que sous la forme d'une couverture de juste valeur (FVH) (IAS 39.AG104).

Dans les deux cas (couverture de juste valeur ou couverture de flux de trésorerie), l'entreprise peut décider d'inclure (ou non) dans la part efficace de la couverture, le report/déport ou la valeur temps de l'instrument de couverture (IAS 39.74), voir n° 50100.

Enfin, s'il s'agit d'une commande d'achat (stock ou immobilisation) et que le traitement retenu est celui d'une couverture de flux de trésorerie, l'entreprise a le choix entre appliquer ou non la méthode du « basis adjustment » (voir n° 50240), lors de l'entrée du stock ou de l'immobilisation à son bilan (IAS 39.98b et .IG F5.6).

Selon les choix opérés par l'entreprise, l'impact ne sera pas le même sur le(s) résultat(s) des périodes concernées par la couverture (existence d'une part inefficace ou non) et sur les capitaux propres de l'entreprise (aucun impact si couverture FVH ; impact plus ou moins important si couverture CFH selon qu'il y a ou non « basis adjustment »).

A notre avis, les entreprises doivent veiller à traiter de la même manière des opérations de même nature réalisées dans des circonstances de marché similaires. Par ailleurs, la (ou les) méthode(s) retenue(s) doit (doivent) être indiquée(s) en annexe, dans la note sur les principes comptables.

Remarque En pratique, les entreprises industrielles et commerciales traitent ces opérations comme des couvertures de flux de trésorerie (CHF), sauf si l'impact sur les capitaux propres pose problème (cas rare, en général) ou si la société gère des contrats à long terme et souhaite comptabiliser ces derniers sur la base du cours comptant à la date d'initiation, auquel cas elle choisit de traiter l'opération comme une couverture de juste valeur (FVH).

Pour un exemple de couverture d'une commande contre le risque de change traitée en CFH, voir n° 50240.

■ *Exemple*

Couverture d'une commande contre le risque de change (FVH) *Le 10/02/N, une entité dont la monnaie fonctionnelle est l'euro reçoit une commande ferme de marchandises à livrer contre règlement le 10/05/N. Cette commande est de 100 K$. L'entité souhaitant couvrir la commande contre le risque de change met en place, le 10/02/N, une vente à terme de 100 K$ contre euros au cours à terme garanti de 1 $ = 0,74180 €, alors que le cours spot dollar contre euro vaut 0,7440 (déport de 0,0022), voir n° 48745.*

Le 10/05/N, le cours spot est de 1 $ = 0,7600 €. L'entreprise considère que le déport sur le contrat à terme ne fait pas partie de l'efficacité de la couverture. La couverture est donc efficace à pratiquement 100 % (au risque de contrepartie près sur le contrat de change à terme, négligé dans cet exemple).

Solution de l'exemple *La traduction comptable de l'opération est la suivante :*

*1. **Le 10/02/N,** comptabilisation pour mémoire à la fois de la commande de vente et du contrat à terme de couverture (les deux ayant une juste valeur égale à zéro).*

2. Le 10/05/N :

– réévaluation de la composante risque de change de la commande ferme et évaluation à la juste valeur du contrat de vente à terme de devise :

Dt	*Commande ferme – Réévaluation de la composante risque de change couverte* (1)	1,6	
Ct	*Résultat financier (Autres produits financiers)*		1,6
Dt	*Résultat financier (Autres charges financières)*	2	
Ct	*Instrument dérivé de couverture – Vente à terme dollars contre euros* (2)		2

(1) 1,6 = 100 × (0,76 – 0,7440). La réévaluation se fait sur la base du cours comptant.
(2) 2 = 100 × (0,76 – 0,74).

– comptabilisation de la vente de marchandises au cours spot du jour (1 $ = 0,76 €) et reprise en résultat de la composante risque couverte de la commande :

Dt	*Trésorerie*	76	
Ct	*Vente de marchandises*		76
Dt	*Vente de marchandises*	1,6	
Ct	*Commande ferme*		1,6

– dénouement du contrat de vente à terme ferme de devises :

Dt	*Instrument dérivé de couverture – Vente à terme $ contre €*	2	
Ct	*Trésorerie*		2

Remarque Une inefficacité de 0,4 (2 – 1,6) (perte) est constatée en résultat. La vente est finalement comptabilisée pour le cours spot initial de 0,7440, soit pour 74,40 (76 – 1,6).

Couverture d'un budget

50355 ***Question***

Comment traiter comptablement la couverture d'un budget d'achat ou de vente contre le risque de change ?

Réponse

Comme une couverture de flux de trésorerie (CFH), en désignant le budget, en totalité ou en partie, comme l'élément couvert.

Commentaires :

1. **Principe général** Un budget d'achat ou de vente correspond à un ensemble de transactions futures. Si leur réalisation est hautement probable, elles peuvent être qualifiées d'élément couvert contre le risque de change dans le cadre d'une couverture de flux de trésorerie (IAS 39.78).

2. **Application pratique** La couverture d'un budget de vente ou d'achat nécessite de découper ce budget en différentes périodes de temps (« time bucket ») suffisamment fines (mois ou trimestre) pour pouvoir rattacher les différentes transactions à chacune de ces périodes.

La norme IAS 39.83 prévoit en effet que l'élément couvert peut être un groupe d'éléments à condition qu'il s'agisse d'éléments similaires présentant la même exposition au risque couvert. Des transactions aux échéances trop éloignées les unes des autres pourraient ne pas être considérées comme partageant le même risque de change, par rapport à une devise donnée.

En outre, la probabilité de réalisation du budget doit être appréciée sur la base des nombreux critères précisés par la norme (IAS 39.IG F3.7 ; voir nº 50050, point 2.). Notamment, l'entreprise doit s'assurer qu'elle ne couvre que la part « sécurisée » de son budget (c'est-à-dire la part récurrente et peu soumise à aléas).

Ainsi, IAS 39.IG F3.7 précise qu'il y aura besoin de moins d'efforts pour justifier un montant de vente de 100 000 unités monétaires pour le mois suivant qu'un montant de 950 000 unités pour ce même mois lorsque le chiffre d'affaires moyen des derniers trois mois s'élève à 950 000 unités.

Enfin, l'entreprise peut déclarer couvrir un budget de ventes futures, même lorsqu'elle n'est pas en mesure d'identifier, pour chacun des cash-flows futurs, les transactions spécifiques lui correspondant (par exemple, grand nombre de ventes de faibles montants). Dans ce cas, l'entreprise doit définir une règle d'attribution et désigner, par exemple, l'élément couvert comme étant les × premiers millions d'unités monétaires dans chaque période de temps définie. Toutefois, la désignation doit être suffisamment précise pour avoir l'assurance objective que lorsqu'une transaction arrive, elle fait bien partie du groupe de transactions couvertes ; le risque étant en effet de décaler à une période (« bucket ») suivante, la couverture prévue pour une transaction dans une période de temps antérieure et qui ne se serait pas produite. **50355** (suite)

Exemple Une entité dont la monnaie fonctionnelle est l'euro a prévu pour l'exercice suivant un budget de vente en US dollars de 50 M$. Souhaitant se couvrir contre une éventuelle baisse du dollar, cette entité met en place une série de ventes à terme dollars contre euros pour un montant total légèrement inférieur à son budget, par exemple 40 M$, et découpé de manière à s'ajuster au chiffre d'affaires prévisionnel de chacun des trimestres concernés.

3. **Interdiction de couvrir une position nette** Une entité qui dispose à la fois d'un budget d'achat et d'un budget de vente dans la même devise ne peut pas désigner comme élément couvert la position nette en résultant (IAS 39.84). En revanche, elle a la possibilité d'obtenir approximativement le même objectif en désignant comme élément couvert une quote-part de l'un de ces deux budgets (IAS 39.84 et .AG101).

Exemple Une entité dont la monnaie fonctionnelle est l'euro dispose d'un budget de vente en US dollars de 50 M$ et d'un budget d'achat de 40 M$. L'entité ne couvre que la position nette en résultant, à savoir une position longue de 10 M$. Sur le plan comptable, l'entité traitera l'opération comme une couverture de flux de trésorerie en désignant comme élément couvert 20 % de son budget de vente (soit 10 M$).

■ ***Exemple***

Couverture d'un budget d'achat en devise *Le 1/01/N, une entreprise décide de couvrir un achat futur de marchandise de 1 000 UC qu'elle prévoit de faire fin juillet N et qui sera payé 1 mois plus tard (soit le 31/08/N). Elle contracte pour cela un achat à terme de devise (« forward ») couvrant la période du 1/01/N au 31/08/N.*
L'évolution du cours de la devise est la suivante :

	1/01/N	*Juillet N*	*Août N*
Cours spot UC/€	*7*	*8,2*	*9*

Remarque *Par simplification, il n'est pas tenu compte du report/déport (ce dernier étant traité comme la part inefficace de la couverture, évalué à sa juste valeur lors de l'évaluation globale à la juste valeur du dérivé et directement comptabilisé en résultat) (voir n° 50100).*

Solution de l'exemple *Le contrat d'achat à terme de devise étant qualifié d'opération de couverture de flux de trésorerie (CFH) d'une transaction future hautement probable, la traduction comptable est la suivante :*

*1. **Jusqu'à fin juillet N,** comptabilisation des variations de valeur du contrat à terme :*

Dt	*Instrument dérivé de couverture – Achat à terme UC/€*	*1 200 (1)*	
Ct	*Autres éléments du résultat global (OCI/Capitaux propres recyclables)*		*1 200*
(1) (8,2 – 7) × 1 000 UC = 1 200 €			

*2. **Fin juillet N** :*
– comptabilisation de l'achat de marchandise au cours spot

Dt	*Stocks*	*8 200 (1)*	
Ct	*Dette fournisseur*		*8 200*
(1) 8,2 × 1 000 UC = 8 200 €			

– premier recyclage des variations de valeur du dérivé qualifié de couverture (« basis adjustment »)

Dt	*Autres éléments du résultat global (OCI/Capitaux propres recyclables)*	*1200 (1)*	
Ct	*Stocks*		*1200*
(1) 1 200 = 1 000 × (8,2 – 7)			

3. Fin août N :
– conversion de la dette fournisseur au cours spot de fin de mois

Dt	*Perte de change (autres charges d'exploitation)*	*800* [(1)]	
Ct	*Dette fournisseur*		*800*
(1) 800 = (9 – 8,2) × 1 000 UC			

– comptabilisation des variations de valeur du dérivé

Dt	*Instrument dérivé de couverture – Achat à terme UC/€*	*800* [(1)]	
Ct	*Autres éléments du résultat global (OCI/Capitaux propres recyclables)*		*800*
(1) 800 = (9 – 8,2) × 1 000 UC			

Dénouement du dérivé et deuxième recyclage de ses variations de valeur

Dt	*Trésorerie*	*2 000* [(1)]	
Ct	*Dérivé actif*		*2 000*
Dt	*Autres éléments du résultat global (OCI/Capitaux propres recyclables)*	*800* [(2)]	
Ct	*Gain sur instrument de couverture (Compte de résultat)*		*800*
(1) 2 000 = 1 000 UC × (9 – 7) *(2) 800 = 1 000 UC × (9 – 8,2)*			

Approche alternative *A partir de fin juillet N (une fois la marchandise livrée), l'entreprise peut également dé-désigner le dérivé qui n'est plus alors qualifié d'instrument de couverture. Dans ce cas, il est évalué comme un instrument spéculatif à la juste valeur par résultat. Ses gains viennent alors directement compenser dans le compte de résultat les pertes issues de la conversion de la dette fournisseur (couverture dite « naturelle »).*

Couverture d'appels d'offres

50360 ***Question***

Est-il possible de couvrir des appels d'offres contre le risque de change ?

Réponse

Oui, pour les entreprises répondant de manière régulière à des appels d'offres dans la même devise et déclarant couvrir un chiffre d'affaires futur dans la devise des appels d'offres.

Commentaires Selon IAS 39.78 et .88c, une transaction future peut faire l'objet d'une couverture de flux de trésorerie si elle est hautement probable et si elle affecte in fine les résultats futurs de l'entité.

Or, un appel d'offres est une transaction future qui reste généralement incertaine jusqu'à sa date de signature, date à laquelle l'appel d'offres se transforme en commande et devient un engagement ferme. En conséquence, il est généralement difficile, sauf exception, qu'un appel d'offres, dont le chiffre d'affaires se réaliserait dans une monnaie autre que la monnaie fonctionnelle de l'entité, puisse répondre individuellement au caractère de « transaction future hautement probable ».

En revanche, une entité qui répond de manière régulière à des appels d'offres dans une même devise, a la possibilité de couvrir contre le risque de change une partie du chiffre d'affaires qu'elle prévoit de réaliser dans cette devise. Dans ce cas, l'élément déclaré couvert est le montant futur de chiffre d'affaires, par analogie à une vente future prévue en devises (IAS 39.IG F2.4). Cette quote-part de chiffre d'affaires :
– sera réalisée au moyen des appels d'offres concernés mais sans que l'on sache déterminer à l'avance ceux qui se dénoueront par une commande ferme ; et
– ne pourra être déclarée couverte qu'à la condition que l'entité puisse prouver selon les critères d'IAS 39.IG F3.7 qu'elle est hautement probable, voir nº 50050.

■ ***Exemple***

Au cours de l'exercice N, une entité dont la monnaie fonctionnelle est l'euro a répondu à 15 appels d'offres représentant un chiffre d'affaires potentiel cumulé de 60 M$. Les résultats des appels d'offres ne sont pas encore communiqués. Toutefois, sur la base de son expérience passée, l'entité estime qu'il est hautement probable qu'elle réalise au moins 1/3 du chiffre d'affaires total que représentent ces appels d'offres.
L'entité souhaite, dans le cadre de ces appels d'offres, se couvrir contre une baisse éventuelle du dollar.

Solution de l'exemple Sur le plan comptable, l'entité a la possibilité de qualifier de couverture de flux de trésorerie contre le risque de change la couverture de change correspondant à la partie « hautement probable » du chiffre d'affaires qu'elle prévoit de réaliser, soit 20 M$ (= 60 M$ × 1/3).

Couverture de flux de trésorerie : décalage entre la date d'acquisition et la date de règlement

50365

Question

Comment traiter l'existence d'un décalage entre la date d'acquisition et la date de règlement d'un actif non financier dans une couverture de flux de trésorerie (« cash flow hedge ») contre le risque de change lorsque l'échéance de l'instrument de couverture est calée sur le flux de règlement ?

Réponse

En dé-désignant sur le plan comptable la relation de couverture à partir de la date d'acquisition de l'actif non financier (immobilisation corporelle ou stock) objet de la couverture. Suivant l'importance du décalage, le report/déport est déclaré (ou non) inclus dans la part efficace de la couverture.

Commentaires :

1. **Rappel** Selon IAS 39.87, une société peut comptabiliser une opération de couverture du risque de change d'un engagement ferme (commande pour l'achat d'un bien, par exemple) comme une couverture de juste valeur (« fair value hedge »/FVH) ou comme une couverture de flux de trésorerie (« cash-flow hedge »/CFH).

Si la société choisit d'appliquer une relation de couverture de flux de trésorerie (CFH) et que le dénouement de la transaction future donne lieu à la comptabilisation d'un actif ou d'un passif non financier (immobilisation corporelle ou stock), elle a le choix entre (IAS 39.98) :
- appliquer la méthode du « basis adjustment » (c'est-à-dire corriger la valeur d'entrée au bilan de l'actif ou du passif non financier du montant des gains ou pertes de couverture) ; ou
- maintenir les gains et pertes antérieurement différés en capitaux propres recyclables, pour les rapporter ensuite au compte de résultat au rythme des impacts sur le résultat de l'actif ou du passif acquis, par exemple, au rythme des amortissements (ou lors de la vente du stock).

Ce choix de méthode comptable doit être appliqué de manière homogène à toutes les opérations concernées (IAS 39.99).

Sur la notion de « basis adjustment », voir n° 50240.

2. **Couverture calée sur la date de règlement** En conséquence, si l'échéance de l'instrument de couverture est calée sur la date de règlement du bien acquis (ce qui est généralement le cas, les trésoriers cherchant en général à faire coïncider les deux flux), la relation de couverture ne peut continuer d'exister sur le plan comptable que jusqu'à la date d'acquisition du bien. Au-delà, il s'agit d'une couverture dite « naturelle » entre la dette fournisseur en devises (passif financier) et le dérivé.

Ces deux éléments doivent être réévalués par résultat :
- la dette fournisseur en tant qu'instrument monétaire pour sa composante change (évaluée au cours comptant) selon IAS 21.23a et .28 et IAS 39.AG83 ;

Sur la notion d'élément monétaire, voir n° 13108.

- le dérivé en tant qu'instrument du portefeuille de transaction (trading) pour l'intégralité des variations de sa juste valeur selon IFRS 9.4.2.1.a.

Les variations de la composante change de la dette (calculée au cours comptant) et celles de la juste valeur du dérivé (calculées au cours à terme actualisé) se compensent – mais seulement pour partie – dans le compte de résultat.

3. **Détermination du test d'efficacité** En pratique, la part efficace de la couverture est définie de manière différente selon l'importance du décalage entre la date d'acquisition et la date de règlement.

a. **Faible décalage** Si ce décalage est faible (1 mois dans Exemple 1 ci-après), c'est le cours à terme qui est retenu pour réaliser les tests d'efficacité, le report/déport faisant alors partie de la part efficace de la couverture. Le faible impact du report/déport sur les variations de valeur globale du contrat d'achat à terme de devise ne sera pas en effet suffisant pour faire échouer les tests d'efficacité (prospectifs comme rétrospectifs). Dans ce cas, le bien acquis sera comptabilisé – après « basis adjustment » – au cours à terme du contrat de couverture.

50365 (suite) b. **Décalage important** Si le décalage est important (1 an dans Exemple 2 ci-après), c'est le cours comptant qui sera retenu pour réaliser les tests d'efficacité, le report/déport faisant alors partie de l'inefficacité de la couverture. Dans ce cas, le bien acquis sera comptabilisé – après « basis adjustement » – au cours comptant garanti par le contrat de couverture.

4. **Traitement du dérivé au-delà de la date d'acquisition** Dans les deux cas (décalage faible ou important), la relation de couverture de flux de trésorerie doit être interrompue une fois le bien acquis puisque la transaction future couverte (acquisition d'une immobilisation corporelle ou d'un stock) n'existe plus (IAS 39.91). Le contrat d'achat à terme de devises n'étant plus qualifié de couverture, ses variations de valeur viennent impacter le résultat de la société. Ces variations sont toutefois compensées pour partie (voir ci-avant) par les variations de valeur de la composante change de la dette fournisseur (couverture dite « naturelle »).

■ *Exemples*

Une société – dont la monnaie fonctionnelle est l'euro – prévoit d'acquérir un bien d'équipement d'une valeur de 100 $ et couvre cette transaction future par un contrat d'achat à terme d'USD contre EUR dont l'échéance est calée sur le flux de paiement de la dette fournisseur (et non pas sur la date d'acquisition du bien).

Afin de simplifier l'exemple, aucune actualisation des flux n'a été prise en compte (notamment dans le calcul de la juste valeur du contrat d'achat à terme).

■ *Exemple 1*

Cas d'un décalage d'un mois *La commande du bien et la couverture sont effectuées concomitamment le 1/09/N. La date de livraison est prévue pour le 31/10/N et la date de règlement au fournisseur pour le 30/11/N.*

Le tableau suivant récapitule l'évolution des cours spot et à terme de l'USD pendant toute la durée du contrat d'achat à terme d'USD contre EUR.

Date	*1/09/N*	*30/09/N*	*31/10/N*	*30/11/N*
Cours spot	*1,3000*	*1,2000*	*1,1000*	*1,000*
Cours à terme [(1)]	*1,2970*	*1,1980*	*1,0990*	*1,000*
Contrat d'achat à terme (JV cours à terme)	*0*	*6,37* [(2)]	*13,89* [(3)]	*22,90* [(4)]
Contrat d'achat à terme (JV cours spot)	*0*	*6,41* [(5)]	*13,99* [(6)]	*23,08* [(7)]
Contrat d'achat à terme (JV entre cours spot et cours à terme)	*0*	*0,04*	*0,10*	*0,18*

(1) Cours à terme à 2 mois
(2) 6,37 = 83,47 (i.e. 100/1,1980) – 77,10 (i.e. 100/1,2970)
(3) 13,89 = 90,99 (i.e. 100/1,0990) – 77,10 (i.e. 100/1,2970)
(4) 22,90 = 100 (i.e. 100/1,000) – 77,10 (i.e. 100/1,2970)
(5) 6,41 = 83,33 (i.e. 100/1,2000) – 76,92 (i.e. 100/1,3000)
(6) 13,99 = 90,91 (i.e. 100/1,1000) – 76,92 (i.e. 100/1,3000)
(7) 23,08 = 100 (i.e. 100/1,000) – 76,92 (i.e. 100/1,3000)

Solution de l'exemple 1 *Les écritures comptables sont les suivantes :*

	Dérivé		*Banque*		*Capitaux propres recyclables*		*Résultat*		*Immo. corporelles*		*Dettes Fournisseurs*	
	Dt	*Ct*	*Dt*	*Ct*	*Dt*	*Ct*	*Dt*	*Ct*	*Dt*	*Ct*	*Dt*	*Ct*
Le 1/09/N												
Comptabilisation du dérivé	*0*											
Le 30/09/N												
Réévaluation du dérivé (JV)	*6,37*					*6,37*						
Le 31/10/N												
Réévaluation du dérivé (JV)	*7,52* [(1)]					*7,52* [(1)]						

50365 (suite)

	Dérivé		*Banque*		*Capitaux propres recyclables*		*Résultat*		*Immo. corporelles*		*Dettes Fournisseurs*	
	Dt	*Ct*	*Dt*	*Ct*	*Dt*	*Ct*	*Dt*	*Ct*	*Dt*	*Ct*	*Dt*	*Ct*
Achat immobilisation									*90,91* (2)			*90,91* (2)
Basis adjustment					*13,89* (3)					*13,89* (3)		
Le 30/11/N												
Réévaluation du dérivé (JV)	*9,01*(4)							*9,01* (4)				
Réévaluation de la dette							*9,09* (5)					*9,09* (5)
Paiement de la dette				*100*							*100*	
Dénouement du dérivé		*22,90*	*22,90*									
Solde au 30/11/N	*0*			*77,10*		*0*	*0,08*		*77,02*			*0*

(1) 7,52 = 13,89 – 6,37
(2) 90,91 = 100/1,1000
(3) 13,89 = 6,37 + 7,52
(4) 9,01 = 22,90 – 13,89
(5) 9,09 = 100 (i.e. 100/1,0000) – 90,91 (i.e. 100/1,1000)

Remarques :

1. Le bien d'équipement acquis est comptabilisé – après « basis adjustement » – au cours à terme du contrat de couverture, soit à 1,29 (100/77,02).

2. Après le 31/10/N, le contrat à terme n'est plus qualifié de couverture. Ses variations de juste valeur (9,01) viennent compenser (pour partie) les variations de valeur de la composante change de la dette fournisseur (9,09) (couverture naturelle).

3. Au total, le coût (part inefficace) de l'opération comptabilisé en charge s'élève à 0,08, ce qui correspond à la quote-part du report du contrat à terme de la période de couverture de la dette (i.e. 0, 18 – 0,10).

■ *Exemple 2*

***Cas d'un décalage d'un an** Dans ce deuxième cas de figure, la commande et la couverture sont toujours effectuées concomitamment le 1/09/N. La date de livraison est toujours prévue pour le 31/10/N mais la date de règlement du fournisseur s'effectue un an après, le 31/10/N+1.*
Le tableau suivant récapitule l'évolution des cours spot et à terme de l'USD pendant toute la durée du contrat d'achat à terme d'USD.

Date	*1/09/N*	*31/10/N*	*31/12/N*	*30/11/N+1*
Cours spot	*1,3000*	*1,2000*	*1,1000*	*1,000*
Cours à terme (1)	*1,2760*	*1,1800*	*1,0840*	*1,000*
Contrat d'achat à terme (JV – cours à terme)	*0*	*6,38* (2)	*13,89* (3)	*21,63* (4)
Contrat d'achat à terme (JV – cours spot)	*0*	*6,41* (5)	*13,99* (6)	*23,08* (7)
Contrat d'achat à terme (JV entre cours spot et cours à terme)	*0*	*0,03* (8)	*0,10* (9)	*1,45* (10)

(1) Cours à terme à 1 an et 2 mois
(2) 6,38 = 84,75 (i.e. 100/1,1800) – 78,37 (i.e. 100/1,2760)
(3) 13,89 = 92,25 (i.e. 100/1,0840) – 78,37 (i.e. 100/1,2760)
(4) 21,63 = 100 (i.e. 100/1,000) – 78,37 (i.e. 100/1,2760)
(5) 6,41 = 83,33 (i.e. 100/1,2000) – 76,92 (i.e. 100/1,3000)
(6) 13,99 = 90,91 (i.e. 100/1,1000) – 76,92 (i.e. 100/1,3000)
(7) 23,08 = 100 (i.e. 100/1,000) – 76,92 (i.e. 100/1,3000)
(8) 0,03 = 6,38 – 6,41
(9) 0,10 = 13,89 – 13,99
(10) 1,45 = 21,63 – 23,08

Solution de l'exemple 2 *Les écritures comptables sont les suivantes :*

	Dérivé		Banque		Capitaux propres recyclables		Résultat		Immo. corporelles		Dettes Fournisseurs	
	Dt	Ct	Dt	Ct	Dt	Ct	Dt	Ct	Dt	Ct	Dt	Ct
Le 1/09/N												
Comptabilisation du dérivé	0											
Le 31/10/N												
Réévaluation du dérivé (JV)	6,38					6,41	0,03					
Achat immobilisation									83,33 (1)			83,33 (1)
Basis adjustment					6,41					6,41		
Le 31/12/N												
Réévaluation du dérivé (JV)	7,51 (2)							7,51 (2)				
Réévaluation de la dette							7,58 (3)					7,58 (3)
Le 30/10/N+1												
Réévaluation du dérivé (JV)	7,74 (4)							7,74 (4)				
Réévaluation de la dette							9,09 (5)					9,09 (5)
Paiement de la dette				100							100	
Dénouement du dérivé		21,63	21,63									
Solde au 30/11/N+1	0			78,37		0	1,45		76,92			0

(1) 83,33 = 100/1,2000
(2) 7,51 = 13,89 – 6,38
(3) 7,58 = 90,91 (i.e. 100/1,1000) – 83,33 (i.e. 100/1,2000)
(4) 7,74 = 21,63 – 13,89
(5) 9,09 = 100 (i.e. 100/1,0000) – 90,91 (i.e. 100/1,1000)

Remarques :

1. Le bien d'équipement acquis est comptabilisé – après « basis adjustement » – au cours spot du contrat de couverture, soit à 1,3000 (100/76,92).

2. Après le 31/10/N, le contrat à terme n'est plus qualifié de couverture. Ses variations de juste valeur (15,25) viennent compenser (pour partie) les variations de valeur de la composante change de la dette fournisseur (16,67) (couverture naturelle).

3. Au total, le coût (part inefficace) de l'opération comptabilisé en charge s'élève à 1,45 (i.e. montant total du report du contrat à terme).

Efficacité des couvertures de change commerciales (cours comptant ou cours à terme)

50370 ***Question***

Est-il préférable de calculer l'efficacité des couvertures de change commerciales sur la base du cours comptant ou du cours à terme ?

Réponse

A notre avis, il est préférable de calculer l'efficacité de la relation de couverture sur la base du cours comptant, même si certaines devises connaissent des variations de taux d'intérêt importantes, entraînant des variations de points de terme importantes (report/déport) qui affectent le compte de résultat.

En effet, réaliser les tests d'efficacité sur la base des cours à terme suppose d'avoir une très bonne prévisibilité quant aux dates d'occurrence des flux en devises faisant l'objet d'une couverture.

A défaut, l'entreprise devra effectuer des suivis complexes pour déterminer l'inefficacité liée au décalage de dates des éléments couverts : opération qui peut entraîner une charge administrative très lourde, avec le risque que ce traitement ne soit tout simplement pas possible, en l'absence d'outils ou de systèmes adaptés.

Commentaires :

1. **Contexte** La question porte sur le mode de calcul des tests d'efficacité pour les couvertures de change des opérations commerciales. Pendant longtemps, ce sujet n'a pas été considéré comme important par les entreprises industrielles et commerciales, dans la mesure où les variations de la juste valeur des dérivés de change (qualifiés d'instruments de couverture), liées à la variation des points de terme, étaient relativement limitées.

En conséquence, la grande majorité des entreprises qui qualifiaient leurs couvertures de change dans des relations de cash-flow hedge (CFH) calculaient l'efficacité sur la base des cours comptants. Pendant toute la durée de la couverture, ces entreprises comptabilisaient alors :
- les variations de la juste valeur du dérivé liées au cours comptant (spot) en tant que part efficace dans les capitaux propres, en OCI (autres éléments du résultat global) ; et
- les variations de la juste valeur du dérivé liées aux points de terme (report/déport) en tant que part inefficace, en résultat.

A partir de l'exercice 2008, certaines devises (par exemple le rouble) ont connu des variations de taux d'intérêt très importantes entraînant des variations de points de terme très importantes dans le compte de résultat des entreprises concernées.

2. **Traitement comptable** Ces entreprises se sont donc interrogées sur la possibilité de modifier la qualification de leurs opérations de couverture et de réaliser les tests d'efficacité sur la base des cours à terme ce qui aurait permis de différer en OCI (capitaux propres) la totalité de la variation de juste valeur du dérivé pendant la durée de la relation de couverture.

Bien que cela soit tout à fait permis par IAS 39.74 (voir nº 50365), il semble qu'en pratique, cette méthode ne puisse être appliquée que dans les cas où il y a une très bonne prévisibilité quant aux dates d'occurrence des flux en devises faisant l'objet d'une couverture.

Dans le cas contraire, en effet, l'entreprise entre dans des considérations très complexes sur le calcul de l'inefficacité liée au décalage de dates sur l'élément couvert. Ces calculs entraînent une charge administrative potentiellement très lourde sans compter que, dans de nombreux cas, ce traitement ne sera tout simplement pas possible en l'absence d'outils et de systèmes adaptés.

En effet et sous réserve d'avoir mis en place les outils de calcul adaptés, lorsqu'il existe un **décalage de date**, les tests d'efficacité sont susceptibles de sortir de la fourchette de qualification (80 % à 125 %). Dans ce cas, les dérivés ne pourraient pas être qualifiés comme instruments de couverture ou devraient être déqualifiés.

Il est donc dans la plupart des cas, à notre avis, préférable de **continuer à réaliser les tests d'efficacité** sur la base des **cours comptants** même si cela peut entraîner une certaine volatilité en résultat.

Pour l'inclusion ou la non-inclusion du « cross-currency basis » dans une couverture par un swap de devises (« cross currency swap »/CCS), voir nº 50165.

Swaps de devises (« cross currency swaps »/CCS) et prêt intragroupe

50375

Question

Un swap de devises (« cross currency swap »/CCS) peut-il être qualifié d'instrument de couverture d'un prêt intragroupe selon la norme IAS 39 ?

Réponse

A notre avis oui, mais sous certaines conditions.

Par exemple, dans le cas d'un emprunt à taux fixe en euros émis par la mère et swapé en USD pour couvrir un prêt intragroupe à taux fixe en USD fait à une fille, si :
- la branche en euros du swap est strictement adossée à l'emprunt externe en euros (fait par la mère pour refinancer sa fille) ; et
- si la branche en USD du swap est également strictement adossée au prêt intragroupe en USD fait à la fille.

50375 (suite) *Commentaires :*

1. **Contexte** Les entreprises industrielles et commerciales peuvent financer leurs filiales étrangères par des emprunts qui ne sont pas directement émis dans la devise de la filiale. C'est notamment le cas lorsque la mère cherche à emprunter aux meilleures conditions (en général sur son marché domestique) et effectue ensuite un swap de cet emprunt dans la devise de la fille. Elle met alors en place avec une contrepartie externe un « cross currency swap » (CCS), par exemple taux fixe contre taux fixe. Les deux contreparties s'échangent alors un montant déterminé de devises étrangères et s'engagent mutuellement à effectuer régulièrement des paiements correspondant aux intérêts ainsi qu'à se rendre le montant échangé à une échéance déterminée.

Pour les cross currency swap (ou swap de devises), voir nº 48755.

2. **Traitement comptable** Il n'est pas possible de déclarer couvrir une opération intragroupe (éliminée en consolidation) **sauf** lorsqu'il s'agit du **risque de change d'un élément monétaire** (dette ou créance en devises) qui entraîne une exposition à des profits ou pertes de change qui ne sont pas intégralement éliminés lors de la consolidation, conformément à IAS 21 (IAS 39.80). Ce même paragraphe précise également que le risque de change d'une transaction intragroupe prévue hautement probable peut être désigné comme élément couvert dans les états financiers consolidés, pour autant que la transaction soit libellée dans une monnaie autre que la monnaie fonctionnelle de l'entité partie à la transaction et que le risque de change ait une incidence sur le résultat consolidé. Si le risque de change d'une transaction intragroupe prévue n'a aucune incidence sur le résultat consolidé, la transaction en question ne peut être désignée comme élément couvert. Tel est généralement le cas des paiements de redevances, d'intérêts ou de frais de gestion entre membres d'un même groupe, à moins qu'il n'y ait une transaction externe connexe (IAS 39.AG99A).

■ *Exemple 1*

Soit le cas d'une société mère dont la monnaie fonctionnelle est l'euro, qui fait un emprunt externe à taux fixe en euros, swape immédiatement les sommes empruntées en USD (mise en place d'un « cross currency swap » externe euro/USD, taux fixe/taux fixe) et les re-prête à sa filiale US sous la forme d'un prêt intragroupe en USD à taux fixe.

La question ici est de savoir si, dans les comptes consolidés de la mère, une relation de couverture peut être désignée entre le cross currency swap externe signé par la mère (instrument de couverture) et les flux d'intérêt intragroupe reçus par la mère en USD (i.e. dans la devise de sa filiale).

***Solution de l'exemple 1** A notre avis, la réponse est oui à la condition que l'emprunt externe de la mère soit parfaitement adossé au prêt de la filiale, c'est-à-dire que :*

– l'une des branches du swap soit parfaitement adossée à l'emprunt externe (la branche en euros dans notre exemple ci-après) ; et que

– l'autre branche du swap (la branche en USD dans notre exemple) soit parfaitement adossée au prêt en devises octroyé à la filiale.

*Dans ce cas, le swap de devise est déclaré – dans son intégralité – comme un **instrument de couverture de flux de trésorerie (CFH)** du prêt en USD à la fille, couvrant à la fois le remboursement du nominal et le paiement des flux d'intérêt futurs du prêt intragroupe en devise. Il est évalué à la juste valeur par OCI, les plus ou moins-values latentes étant recyclées en résultat au fur et à mesure que le nominal et/ou les intérêts impactent le résultat du groupe (i.e. à chaque date d'arrêté pour le nominal, puisque l'élimination du prêt intragroupe fait apparaître un écart de change dans le résultat consolidé).*

Remarques :

1. Cette situation est identique en substance à la situation de l'exemple nº 3 traité au nº 50470.

2. Les critères permettant de considérer que chacune des branches est parfaitement adossée sont à notre avis les suivants :

– l'emprunt de la mère a dès l'origine pour objectif de refinancer la fille ;

– le prêt et l'emprunt sont mis en place simultanément (ou avec un espace de temps très court entre les deux) ;

– les caractéristiques de l'emprunt et du prêt sont identiques (sauf en matière de « collateral », voir nº 48275 : exigences éventuellement plus importantes pour la mère).

■ *Exemple 2*

Une société mère française cherche à financer à long terme et à taux fixe une filiale américaine en USD. Pour cela, elle peut :

– soit emprunter directement des USD à taux fixe à une banque ;

– soit utiliser un financement en euros à taux fixe et swaper les euros pour créer synthétiquement des ressources en USD qu'elle prête ensuite à taux fixe à sa fille.

Solution de l'exemple 2 Dans le premier cas, il n'y pas de problème de traitement comptable (couverture naturelle, le prêt et l'emprunt n'étant réévalués que pour leur composante change au bilan), mais la société n'utilise pas le marché sur lequel elle dispose des meilleures conditions financières. Dans le second cas, la société utilise le marché sur lequel elle obtient les meilleures conditions financières (celui de l'euro) mais elle est alors confrontée à un problème de traitement comptable dans la mesure où elle devrait comptabiliser le « cross currency swap » (CCS) en trading parce qu'une transaction intragroupe ne peut pas être désignée comme élément couvert dans une couverture contre le risque de change selon la norme IAS 39. Comme expliqué ci-avant, et sous condition d'adosser parfaitement le prêt intragroupe à l'emprunt en euros swapé en USD, le swap nous paraît éligible à une relation de couverture de flux de trésorerie selon IAS 39.80.

C. Couverture du risque matière première

Couverture d'un stock de matières premières cotées

Question 50390

Comment traiter comptablement la couverture d'un stock de matières premières cotées (cuivre, par exemple) ?

Réponse

Au choix :
- soit comme une couverture de juste valeur ;
- soit comme une couverture de flux de trésorerie.

Commentaires :

1. **Rappel et contexte** Sous réserve que l'opération de couverture réponde aux critères de qualification d'IAS 39 (IAS 39.88 ; voir nº 50020), une entreprise qui couvre un stock de matières premières (cuivre...) – par exemple, par la vente de contrats à terme ferme sur cette matière première – peut désigner ces contrats alternativement comme (IAS 39.IG F3.6) :
- une couverture de juste valeur de ce stock inscrit à son bilan (IAS 39.86a) ; ou
- une couverture des ventes futures de ce même stock, c'est-à-dire comme une couverture de flux de trésorerie d'un chiffre d'affaires futur (IAS 39.86b).

En effet, selon IAS 39.IG F3.6 :
- une entreprise peut désigner un stock de cuivre comme l'élément couvert dans une couverture de juste valeur contre le risque de variation de prix du cuivre, même si ce stock est évalué au plus bas de son coût d'acquisition et de sa valeur nette de réalisation (selon IAS 2.9). La raison en est que les variations de juste valeur du stock de cuivre affectent le résultat de l'entreprise lorsque ce stock est vendu ou lorsqu'il doit être déprécié ;
- l'instrument de couverture utilisé dans une couverture de juste valeur d'un stock peut également être qualifié d'instrument de couverture dans une relation de couverture de flux de trésorerie de la future vente de ce stock.

2. **Traduction comptable** L'approche varie, selon la qualification sur le plan comptable de l'opération de couverture :

a. **Couverture de juste valeur** Dans ce cas, le contrat de vente à terme ferme sur matière première (l'instrument de couverture) est évalué à la juste valeur par résultat. Le stock (l'élément couvert non financier) est également ajusté (réévalué) des variations de juste valeur de la matière première, avec impact en résultat (IAS 39.89a et .89b). Les variations de valeur du contrat de vente à terme et du stock de matière première se compensent en résultat, à l'inefficacité près de la couverture.

Remarques :

1. **Risque de change** Au cas particulier de l'exemple pris par IAS 39.IG F3.6, le cuivre étant coté en US dollars, l'entreprise devrait, pour une couverture parfaite, également couvrir son stock de cuivre contre le risque de change dollars contre euros si sa monnaie fonctionnelle n'est pas le dollar (voir ci-après).

2. **Dépréciations ultérieures** La norme IAS 39.IG F3.6 précise que le montant ajusté du stock devient le (nouveau) coût d'acquisition (« cost basis ») de ce dernier lorsque l'entreprise applique à nouveau la règle du montant le plus bas entre le coût d'acquisition et la valeur nette de réalisation (par exemple, si la couverture est arrêtée à un moment donné).

b. **Couverture de flux futurs de trésorerie** Dans ce cas, la part efficace des variations de valeur du contrat de vente à terme est différée en capitaux propres pour être rapportée au compte de résultat lors de la vente du stock. Ce dernier étant alors comptabilisé en coût des ventes,

50390 (suite) la perte (gain) constatée lors de la vente sera compensée par le recyclage des gains/pertes (part efficace) dégagés sur le dérivé de couverture. La part inefficace de la couverture (report/déport par exemple) est comptabilisée en résultat sur toute la durée de la couverture.

■ *Exemple*

Couverture de juste valeur d'un stock de cuivre *Une entité, dont la monnaie fonctionnelle est le dollar, détient un stock de cuivre de 100 tonnes.*

> *Remarque Un stock de cuivre est exposé au **risque de prix de matière première** (le cours du cuivre, coté en USD sur le « London Metal Exchange »/LME) et au **risque de change** si la monnaie fonctionnelle de l'entité détenant ce stock est autre que le dollar.*
> *L'entité peut décider de couvrir ce stock contre le risque de change uniquement ou contre le risque de change et le risque de marchandises.*
> *L'entité ne peut déclarer couvrir son stock contre le risque de prix de matière première que dans le cas où elle n'est pas soumise au risque de change, c'est-à-dire lorsque sa monnaie fonctionnelle est le dollar (IAS 39.82).*

Anticipant une baisse du cours du cuivre, l'entreprise souscrit le 1/01/N un contrat de vente à terme de 100 tonnes de cuivre dans 12 mois pour un prix de 7 740 $/tonne. Le cours comptant du cuivre au LME est alors de 7 730 $.
A la mise en place du contrat, le stock de cuivre est évalué à 765 000 $, soit 100 tonnes à 7 650 $ la tonne.
Au 30/06/N, le cours comptant du cuivre est de 7 300 $ la tonne et la juste valeur du contrat à terme est de 42 000 $, par hypothèse.
Au 31/12/N, le cours du cuivre est de 6 850 $ la tonne et la juste valeur du contrat à terme s'élève à 89 000 $ [100 tonnes × (7 740 – 6 850)].

Solution de l'exemple *La traduction comptable de l'opération est la suivante :*
1. Le 1/01/N, lors de la signature du contrat de vente à terme de cuivre, *le stock de cuivre est déjà comptabilisé dans les comptes de l'entité. La valeur du contrat à terme étant égale à zéro, ce dernier n'est comptabilisé que pour mémoire dans les comptes de la société ;*
2. Le 30/06/N, lors de l'arrêté suivant, *l'entreprise comptabilise les variations de juste valeur de l'instrument de couverture et ajuste l'élément couvert (le stock) des variations de valeur des cours comptant du cuivre :*
– comptabilisation des variations de juste valeur du contrat à terme (gain) :

Dt	*Instrument dérivé de couverture – Contrat à terme*	*42 000*	
Ct	*Résultat – Variation de valeur des instruments de couverture*		*42 000*

– ajustement (réévaluation) du stock de cuivre (perte) :

Dt	*Résultat – Variation de valeur du stock de cuivre [(7 650 – 7 300) × 100] (perte)*	*35 000*	
Ct	*Stock de cuivre*		*35 000*

3. Le 31/12/N, *l'entreprise comptabilise le dénouement de l'opération de couverture :*
– comptabilisation des variations de juste valeur du contrat à terme :

Dt	*Instrument dérivé de couverture – Contrat à terme*	*47 000*	
Ct	*Résultat – Variation de valeur des instruments de couverture (89 000 – 42 000) (gain)*		*47 000*

– ajustement (réévaluation) du stock de cuivre (perte) :

Dt	*Résultat – Variation de valeur du stock de cuivre [(7 300 – 6 850) × 100] (perte)*	*45 000*	
Ct	*Stock de cuivre*		*45 000*

– dénouement du contrat à terme :

Dt	*Trésorerie*	*89 000*	
Ct	*Instrument dérivé de couverture – Contrat à terme*		*89 000*

Remarque *Ainsi, la baisse de la valeur du stock de cuivre entre le 1/01/N et le 31/12/N [soit 88 000 = (7 730 – 6 850) × 100] a été compensée par les gains sur le contrat à terme (s'élevant à 89 000). La part inefficace de la couverture (un gain de 1 000) apparaît par différence en résultat.*

Couverture du composant matière première d'un élément non financier

50395

Question

La comptabilité de couverture peut-elle être appliquée au composant matière première d'un élément non financier ?

Réponse

Non. Ainsi, par exemple le composant aluminium d'une pièce automobile ne peut pas faire l'objet d'une couverture contre le risque de variation de valeur de cette matière première.

En revanche, l'entreprise peut déclarer couvrir les variations de valeur de la pièce dans son intégralité en utilisant les possibilités offertes par l'application de tests d'efficacité statistiques (analyse de régression linéaire, voir n° 50115). Mais ces solutions ont un coût significatif.

Commentaires :

1. **Enjeu** La norme IAS 39 interdit d'appliquer la comptabilité de couverture à un dérivé qui couvre une composante d'un élément non financier (IAS 39.82). C'est le cas, par exemple, de la part aluminium dans une pièce automobile.

Or, la forte volatilité des cours des matières premières et de l'énergie sur la période récente a conduit les entreprises à rechercher la couverture de ces expositions dès qu'elles le pouvaient.

Toute la question est de savoir si ces couvertures économiques peuvent être traitées comme telles sur le plan comptable.

2. **Rappel des textes** La norme IAS 39 (IAS 39.82) traite de l'application de la comptabilité de couverture lorsqu'une entreprise couvre un élément non financier (par exemple, un baril de pétrole, un lingot d'aluminium, un pot d'échappement, un navire). IAS 39 indique que si l'élément couvert est un actif ou un passif non financier, il doit être désigné en tant qu'élément couvert :

- soit pour les risques de change (composante change) ;
- soit dans son intégralité, pour tous les risques, en raison de la difficulté d'isoler et d'évaluer la partie appropriée des variations de flux de trésorerie ou des variations de juste valeur attribuable aux risques spécifiques autres que le risque de change.

Il est également possible, à notre avis, de ne couvrir que le risque de marché si ce risque de marché est la différence entre la totalité du risque et le risque de change (voir n° 50045).

L'IFRS IC a également précisé que le prix d'un élément non financier ne pouvait pas être séparé entre différents composants, l'un de ses composants étant désigné comme l'élément couvert dans une relation de couverture (par exemple, le composant aluminium ou le composant platine d'un pot d'échappement) et cela même si dans le calcul du prix d'achat de cette pièce, le prix de ces métaux était présenté de façon séparée (IFRIC Update 10/04).

3. **Application pratique** Il est donc difficile pour une société industrielle et commerciale de couvrir le prix d'achat des matières premières qu'elle utilise sauf si elle les achète sous une forme quasi non transformée (par exemple, en lingots d'aluminium).

Toutefois, il est possible de trouver des solutions qui permettent d'appliquer la comptabilité de couverture à des produits transformés pour lesquels il paraissait a priori difficile de le faire. Dans le respect de la norme IAS 39, l'entreprise peut démontrer l'efficacité de la couverture sur l'intégralité du produit manufacturé (désigné comme élément couvert), en utilisant par exemple les possibilités offertes par l'application de tests d'efficacité statistiques (analyse de régression linéaire). Mais ces solutions ont un coût qui peut être significatif.

Sur l'analyse de régression linéaire, voir n° 50115, point 3.

D. Couverture d'un investissement net en devises

Approche générale

50415

Question

Quels sont les critères de qualification applicables en matière de couverture contre le risque de change d'un investissement net en devises (NIH) ?

50415 (suite)

Réponse

En matière de critères de qualification, les opérations de couverture d'un investissement net dans une filiale étrangère présentent en général un caractère plus souple que les autres types de couverture.

En outre, la norme IAS 21, Effets des variations des cours des monnaies étrangères, élargit les possibilités de prise en compte des prêts intragroupe dans l'investissement net d'une filiale étrangère.

Voir également les précisions apportées par IFRIC 16, Couvertures d'un investissement net dans une activité à l'étranger, au nº 50420, et le cas des couvertures surdimensionnées, au nº 50425.

Commentaires :

1. **Rappel** La couverture d'un investissement net a pour objectif de se protéger contre les variations défavorables de la juste valeur d'un investissement réalisé à l'étranger dans une monnaie autre que la monnaie de fonctionnement de l'entreprise (IAS 39.102 reprenant la définition d'IAS 21.8). Il s'agit donc de couvrir la situation nette d'une filiale ou participation étrangère consolidée contre un risque de change.

Le traitement comptable requis par IAS 39.102 est similaire à celui retenu pour les **couvertures de flux de trésorerie** (« cash-flow hedge »/CFH) :

– la partie des profits et pertes sur l'instrument de couverture considérée comme constituant la partie efficace de la couverture est comptabilisée en capitaux propres jusqu'à la date de cession de l'investissement net. Elle vient ainsi compenser les écarts de conversion comptabilisés lors de la consolidation de la filiale, coentreprise ou société sous influence notable ;

– la partie inefficace de la couverture est comptabilisée immédiatement en résultat.

Voir également nº 50220 sur les principes généraux de comptabilisation de la couverture d'un investissement net en devises.

2. **Critères de qualification d'une opération de couverture d'un investissement dans une filiale étrangère** :

a. **Principe général** En l'absence de précision de la norme IAS 39 sur ce point, hormis leur assimilation à des couvertures de flux de trésorerie, les couvertures d'investissements nets dans des filiales ou participations étrangères présentent à notre avis un caractère plus souple que les autres types de couverture. En effet :

– les tests d'efficacité sont relativement simples à respecter puisqu'il suffit en pratique de prouver que, à la date de mise en place de la couverture, le montant de l'actif net en devise couvert est supérieur ou égal au montant notionnel de l'instrument de couverture ;

Voir toutefois nº 50425 pour le traitement comptable à appliquer en cas de surdimension de la couverture et la fréquence de révision de cette dernière.

– et l'efficacité de la couverture peut être calculée soit sur la base des cours spot, soit sur la base des cours à terme (en incluant dans ce dernier cas le report/déport dans la part efficace de la couverture).

La possibilité de déclarer couvrir un taux forward et donc d'inclure le report/déport dans l'efficacité de la couverture a été entérinée par l'interprétation IFRIC 16 mais uniquement lorsque l'instrument de couverture (un dérivé dans ce cas) est sous la forme d'un contrat à terme ferme (IFRIC 16.AG2).

Pour l'interprétation IFRIC 16, voir nº 50420.

En revanche, il est interdit d'inclure la valeur temps d'une option dans la composante risque couverte (IAS 39.AG99BA), voir nº 50125.

b. **Mise en œuvre pratique (couverture basée sur les cours à terme)** Il est ainsi, à notre avis, possible de différer la totalité des variations de juste valeur de l'instrument de couverture dans les capitaux propres, aucune inefficacité ne venant alors impacter le résultat, si la couverture est réalisée au moyen :

– d'une opération de **change à terme** ;

– d'un swap de devises échangeant un taux d'intérêt variable contre un autre taux d'intérêt variable (**swap de devises variable/variable**) ; ou

– d'un swap de devises échangeant un taux d'intérêt fixe contre un autre taux d'intérêt fixe (**swap de devises fixe/fixe**).

Il est en effet possible de désigner – dans une relation de couverture de flux futurs de trésorerie (« cash-flow hedge »/CFH) – la juste valeur du sous-jacent à une date future, comme élément couvert (IAS 39.IG F1.13). Appliqué à la couverture d'un investissement net en devises, cela conduit à désigner le swap de devises comme couvrant le risque de variation de juste valeur de l'investissement à une date future.

Remarque Dans le cas d'une couverture par un swap de devises fixe/fixe, ce dernier est analysé comme une succession de contrats forwards (un pour le montant notionnel et un pour chaque échéance d'intérêt). L'entreprise doit alors s'assurer que le montant de l'actif net en devise couvert sera bien toujours supérieur à la somme du notionnel du swap et de ses intérêts.

c. Cas des swaps de devises fixe/variable En revanche, il n'est en général pas possible d'utiliser un swap de devises échangeant un taux d'intérêt fixe contre un taux d'intérêt variable (swap de devises fixe/variable) dans le cadre d'une couverture d'investissement net.

Dans ce cas, en effet, les variations globales de juste valeur du swap de couverture incluant une composante taux d'intérêt importante ont de fortes chances de faire échouer le test d'efficacité. Par ailleurs, il est impossible de décomposer l'instrument en un swap de taux et un swap de change, cette approche étant interdite par IAS 39.74.

Toutefois, il est possible de qualifier un même instrument de couverture dans plusieurs relations de couverture sur différentes natures de risques, sous réserve de remplir certaines conditions (IAS 39.76). En conséquence, la solution réside éventuellement dans la possibilité de qualifier le swap de devises comme couvrant deux éléments différents :
- l'investissement net dans la filiale étrangère d'une part ; et
- un prêt en devise d'autre part (si ce dernier existe et s'il possède les caractéristiques nécessaires correspondantes).

Voir Exemple ci-après.

3. Précisions d'IAS 21 concernant les prêts intragroupe :
- les éléments monétaires susceptibles de faire partie intégrante de l'investissement net dans une entité étrangère consolidée (par intégration globale ou par mise en équivalence) incluent non seulement les prêts/emprunts consentis par la société mère mais également ceux consentis par une filiale ;
- peut être inclus dans la notion d'investissement net dans une entité étrangère tout élément monétaire non remboursable dans un délai planifié ou prévisible, indépendamment de la devise dans laquelle il est libellé.

Exemple Soit un swap de devises emprunteur dollars/prêteur euros échangeant du taux variable en dollars contre du taux fixe en euros. Le swap est qualifié de couverture d'un investissement net en dollars à hauteur des variations de son cours spot, et d'un prêt en dollars à taux variable en ce qui concerne l'échange des coupons d'intérêts.
Le nominal du prêt en dollars est converti au cours spot à chaque fin d'exercice (en application d'IAS 21), la relation de couverture ne porte alors que sur le flux d'intérêt à taux variable du prêt en dollars qui est swapé contre un flux d'intérêt à taux fixe en euros, dans une relation de couverture de flux futurs de trésorerie (CFH).

Précisions apportées par IFRIC 16

Question 50420

Quelles sont les précisions concernant les couvertures d'investissement net en devises (NIH) ?

Réponse

L'interprétation IFRIC 16 clarifie :
- que l'instrument de couverture peut être détenu n'importe où dans le groupe ;
- que la même stratégie de couverture peut être retenue quelle que soit la méthode de consolidation appliquée (conversion directe ou par paliers) ;
- mais qu'en revanche il n'est pas possible de couvrir le risque de change lié à la seule monnaie de présentation (seul le risque relatif à la monnaie fonctionnelle peut l'être).

Commentaires L'interprétation IFRIC 16, Couvertures d'un investissement net dans une activité à l'étranger, vise à clarifier ce qui est permis ou non en matière de couvertures d'investissements nets en devises. L'interprétation apporte des précisions sur les trois points suivants :
- quelle nature de risque et quel montant peut-on couvrir ?
- où doit être détenu l'instrument de couverture au sein du groupe ?
- quelles sont les conséquences lors de la sortie de périmètre d'une activité étrangère ?

50420 (suite) **1. Nature de risque et montant pouvant être couvert** Les entreprises ne peuvent couvrir que le risque de change provenant de la différence entre la monnaie fonctionnelle de l'investissement net couvert et la monnaie fonctionnelle de la mère couvrant ce risque (IFRIC 16.10).

L'IFRS IC précise qu'il est interdit de couvrir la différence entre la monnaie fonctionnelle de l'activité étrangère et la monnaie de présentation du groupe si cette dernière est différente de la monnaie fonctionnelle de la mère concernée (IFRIC 16.BC11). En effet, sachant qu'il n'y a aucune restriction quant au choix de la monnaie de présentation d'un groupe, cette dernière ne peut être considérée comme représentative d'une réelle exposition économique (IFRIC 16.12 et .BC16).

En revanche, la mère concernée peut être la mère immédiate, une mère intermédiaire ou la mère ultime. Le fait que l'activité étrangère couverte soit détenue via une mère intermédiaire n'affecte pas la nature économique du risque supporté par la mère ultime (IFRIC 16.12 et .BC16).

En tout état de cause, le montant couvert ne peut être qu'égal ou inférieur aux actifs nets de l'activité étrangère tels qu'ils apparaissent dans les comptes consolidés de la mère concernée. En conséquence, ce montant dépend des couvertures déjà mises en place à un niveau inférieur et maintenues dans les comptes consolidés du groupe (IFRIC 16.11, .13 et .BC20). Un même instrument de couverture ne peut pas être désigné comme couvrant deux fois la même exposition (IFRIC 16.AG6 et .BC19).

2. Localisation de l'instrument de couverture au sein du groupe L'interprétation IFRIC 16 indique que l'instrument de couverture (qu'il s'agisse d'un dérivé ou d'un instrument non dérivé) peut être détenu n'importe où dans le groupe (IFRIC 16.14 et .BC23), y compris par l'entité couverte elle-même.

> **Exemple** Il est ainsi possible pour une mère dont la monnaie fonctionnelle est l'euro de couvrir le risque euro/USD d'une filiale américaine même si cette filiale américaine est détenue par une mère intermédiaire anglaise dont la monnaie fonctionnelle est le GBP (IFRIC 16.AG2).
>
> Pour apprécier l'efficacité de la couverture, la variation de valeur de l'instrument de couverture est calculée par rapport à la monnaie fonctionnelle de la mère prise comme référence dans la documentation (IFRIC 16.15 et .BC25). L'efficacité de la couverture n'est ainsi affectée par aucun des éléments suivants (IFRIC 16.15 et .AG7) :
> - le fait que l'instrument de couverture soit détenu par une autre entité ;
> - le fait que ce même instrument soit ou non un dérivé (voir cependant remarques ci-après) ;
> - ou la méthode de consolidation retenue (conversion directe ou par paliers).
>
> **Remarques :**
> 1. IFRIC 16 prévoit la possibilité de désigner le taux de change forward (en lieu et place du cours spot) comme élément couvert, uniquement lorsque l'instrument de couverture (un dérivé dans ce cas) est sous la forme d'un contrat à terme ferme (IFRIC 16.AG2).
> 2. Sur l'interdiction d'inclure la valeur temps d'une option dans la part efficace d'une couverture d'un investissement net en devises, voir nº 50125.

3. Conséquences lors de la sortie de périmètre d'une activité étrangère L'interprétation mentionne également les conséquences liées à l'application de l'une ou l'autre des deux méthodes de consolidation (conversion directe ou par paliers). Elle précise que si la même stratégie de couverture du risque de change peut être appliquée quelle que soit la méthode de consolidation retenue, le mécanisme de recyclage des gains ou pertes de couverture peut varier en fonction de cette dernière (IFRIC 16.17). L'interprétation détaille l'approche à retenir pour chacune des deux méthodes (IFRIC 16.AG8).

> L'impact en résultat peut ne pas être le même selon la méthode de consolidation retenue. En effet, si le montant à recycler sur l'instrument de couverture est toujours le même (part efficace de la couverture calculée selon IAS 39), celui relatif à l'élément couvert (calculé selon IAS 21) peut varier selon la méthode de conversion retenue (directe ou par paliers).

4. Conséquences pratiques pour les entreprises L'interdiction de couvrir le risque de change par rapport à la monnaie de présentation ne devrait avoir qu'un impact limité pour les groupes français. En effet, soit ces derniers n'utilisent pas de monnaie de présentation différente de leur monnaie fonctionnelle, soit si c'est le cas, ils déclarent couvrir leurs investissements nets à l'étranger par rapport à leur monnaie fonctionnelle.

En revanche, le fait de pouvoir détenir l'instrument de couverture n'importe où dans le groupe offre une plus grande flexibilité aux sociétés multinationales pour faire correspondre leurs expositions sur leurs dettes en devises avec leurs expositions sur leurs investissements nets en monnaies étrangères. La contrepartie est l'obligation d'indiquer très clairement dans leur documentation les stratégies mises en place en précisant (IFRIC 16.14 et .15, .BC18) :
- l'entité concernée ;
- l'exposition couverte ; et
- l'instrument de couverture, dès la mise en œuvre de cette dernière.

La documentation doit par ailleurs répondre aux exigences de la norme IAS 39.

Enfin, lors de la sortie d'une activité du périmètre de consolidation, les groupes opérant la conversion des comptes de leurs activités à l'étranger par paliers peuvent avoir à recycler en résultat un montant différent de celui utilisé pour déterminer la part efficace de la couverture. L'élimination ou non de cette différence constitue un choix de méthode comptable à appliquer de manière homogène et constante (IFRIC 16.17, .AG8b et .IE5).

Remarque Une entité qui ne couvrirait pas ses investissements nets en devises pourrait également procéder au même ajustement dans ses comptes consolidés, pour recycler in fine le montant qui aurait été comptabilisé si la méthode de conversion directe avait été appliquée (IFRIC 16.IE5).

A noter qu'IFRIC 16 contient un guide d'application et plusieurs exemples illustratifs précisant comment calculer l'efficacité de la couverture et détaillant le processus de recyclage de la réserve de conversion selon la méthode de consolidation appliquée (conversion directe ou par paliers).

Couverture surdimensionnée

50425

Question

Que faire lorsque la couverture d'un investissement net en devise (NIH) devient surdimensionnée ?

Réponse

En l'absence de précision des normes IFRS et par analogie au DIG H7 (« Derivatives implementation group »/US GAAP), l'entreprise doit dé-désigner la quote-part excédentaire de la couverture, de manière prospective.

L'entreprise doit revoir périodiquement l'ajustement de ses couvertures, indépendamment de la fréquence de publication de ses états financiers et au moins tous les 3 mois. Elle ne peut donc rester en sur-couverture sur une période supérieure à 3 mois.

Commentaires :

1. **Contexte** La couverture d'un investissement net en devises (NIH) contre le risque de change peut s'avérer surdimensionnée si en raison de pertes importantes l'actif net de la filiale concernée diminue de manière significative. La question se pose alors de savoir comment traiter comptablement l'excédent de couverture et avec quelle fréquence réajuster cette dernière, sachant qu'en général, les entités déclarent effectuer leurs tests d'efficacité à partir du montant de l'actif net existant en début d'exercice.

2. **Traitement comptable** En l'absence de précision des normes IFRS en la matière, il est à notre avis possible de se référer au DIG H7 des normes américaines. Ce dernier apporte les précisions suivantes :

- Si une entreprise documente sa relation de couverture en retenant le montant de l'actif net existant en début de période et que ce montant varie pendant la période concernée, l'entreprise doit considérer la nécessité de re-désigner la relation de couverture (pour préciser quel est l'instrument de couverture et quelle portion en valeur absolue de l'investissement net il est déclaré couvrir). Cet exercice doit être effectué quelle que soit la fréquence de publication des états financiers de l'entreprise et en tout état de cause **au moins tous les 3 mois.**
- Si l'investissement net a décru sur la période concernée, la quote-part excédentaire de couverture par rapport à la situation nette de la filiale en fin de période doit être dé-désignée de **manière prospective** (sous réserve toutefois que la précédente analyse ne date pas de plus de 3 mois).

E. Opérations de couverture intragroupe

Trésorerie centrale et contrats internes

50460

Question

Peut-on qualifier d'instrument de couverture un dérivé intragroupe (contrat interne) ?

Réponse

Seuls les dérivés conclus avec des contreparties externes au groupe peuvent être qualifiés d'instruments de couverture.

50460
(suite)

Toutefois, en pratique et sous certaines conditions – qui varient selon qu'il s'agit d'une couverture du risque de taux d'intérêt ou d'une couverture du risque de change – les dérivés internes peuvent être qualifiés de couverture s'ils sont compensés par des dérivés externes.

Dans ce cas, les dérivés internes servent à documenter le lien (piste d'audit) entre l'instrument de couverture externe et l'élément couvert.

Commentaires :

1. **Principe général (rappel)** En matière de comptabilité de couverture, seuls les instruments qui impliquent une partie extérieure à l'entité qui présente des états financiers (c'est-à-dire, extérieure au groupe, au secteur ou à l'entité qui présente des états financiers) peuvent être désignés comme des instruments de couverture. En effet, bien que les entités individuelles d'un groupe consolidé ou les différentes divisions d'une entité puissent conclure des transactions avec d'autres entités du groupe ou avec d'autres divisions de l'entité, ces transactions intragroupe sont éliminées en consolidation. Par conséquent, ces transactions ne remplissent pas les conditions requises pour la comptabilité de couverture (IAS 39.73).

Pour ce qui concerne la désignation au niveau du secteur, voir point 6., ci-après.

2. **Contexte** Les groupes avec une **trésorerie centrale** sophistiquée font souvent des opérations de couverture internes pour transférer le risque de taux et de change à la trésorerie groupe.

Par exemple, il peut y avoir des contrats internes de change à terme et de swaps de taux d'intérêt convertissant tous les actifs et passifs des unités opérationnelles en instruments à taux variables dans la monnaie de fonctionnement de ces unités. La trésorerie groupe appréciera ensuite son exposition nette dans les différentes devises et son exposition nette au risque de taux et passera des contrats à terme et des swaps à l'extérieur du groupe pour gérer ses risques.

3. **Approche pratique** En pratique toutefois (IAS 39.IG F1.4) :

a. La norme IAS 39 n'interdit ni l'utilisation de dérivés internes pour la gestion des risques, ni leur gestion centralisée au niveau soit du pool de trésorerie, soit de tout autre département central dont l'objectif serait de gérer ces risques au niveau de l'entité légale (et non au niveau de ses divisions) ou au niveau du groupe (et non au niveau de ses divisions ou entités légales).

b. Les dérivés internes entre les divisions d'une même entité légale ou d'un même groupe peuvent être qualifiés de dérivés de couverture dans les états financiers s'ils sont compensés par des dérivés externes à cette entité légale ou à ce groupe. Ainsi :
- si des dérivés internes ne sont pas compensés par des dérivés conclus avec des contreparties externes, il n'est pas possible d'appliquer une comptabilité de couverture dans les comptes consolidés et la comptabilité de couverture appliquée par les sociétés consolidées dans leurs états financiers propres doit alors être annulée dans les comptes consolidés ;
- si des dérivés internes sont compensés par des dérivés conclus avec des contreparties externes, ces dérivés ne peuvent être qualifiés, le cas échéant, d'instruments de couverture que **s'ils répondent à certaines conditions** présentées ci-après.

4. **Conditions spécifiques au risque de taux d'intérêt** Concernant la couverture du risque de taux, les conditions dans lesquelles la compensation des dérivés internes par des dérivés externes peut être reconnue sur le plan comptable sont les suivantes (IAS 39.IG F1.4) :

a. **Possibilité d'agrégation de plusieurs dérivés internes de même sens** Lorsque plusieurs dérivés internes de même sens sont d'abord agrégés et que la somme agrégée de ces dérivés internes est compensée par un seul dérivé externe, le dérivé externe peut être qualifié de couverture sous réserve que :
- les éléments couverts soient identifiés ;
- et que les autres conditions nécessaires à l'application d'une comptabilité de couverture soient respectées.

b. **Interdiction de « netter » des dérivés de sens contraire** En revanche, lorsque plusieurs dérivés internes sont « nettés », par exemple au niveau de la trésorerie du groupe, avant de faire l'objet d'une couverture par un dérivé externe couvrant l'exposition nette au risque de taux, il n'est pas possible de qualifier les dérivés internes de couverture du risque de taux d'instruments de couverture dans les comptes consolidés.

En effet (IAS 39.IG F1.5), lorsque les dérivés internes qui couvrent le risque de taux d'actifs ou de passifs identifiés sont d'abord « nettés » avant qu'un dérivé externe couvrant la position nette ne soit conclu, la désignation de ces dérivés internes comme dérivés de couverture au niveau consolidé a pour effet, en réalité, de couvrir des actifs par des passifs ou vice versa.

Or, IAS 39.72 ne permet pas que des instruments financiers non dérivés soient qualifiés d'instruments de couverture, sauf en ce qui concerne le risque de change (voir point 5. ci-après). Ainsi, les résultats de l'application d'une comptabilité de couverture avec des dérivés internes qui ne sont pas « directement » compensés par des dérivés externes doivent être annulés dans les comptes consolidés.

En pratique, le respect de ces conditions est particulièrement complexe.

5. **Conditions spécifiques au risque de change** Concernant la couverture du risque de change, les conditions dans lesquelles la compensation des dérivés internes par des dérivés externes peut être reconnue sur le plan comptable sont les suivantes (IAS 39.IG F1.6) :

a. **Possibilité d'agrégation de plusieurs dérivés internes de même sens** Comme pour le risque de taux d'intérêt, il est possible de qualifier d'instruments de couverture plusieurs dérivés internes, tous de même sens, agrégés et compensés par un seul dérivé externe (voir point 4a. ci-avant).

b. **Possibilité de « netter » des dérivés de sens contraire** En revanche et contrairement au risque de taux d'intérêt (voir point 4b. ci-avant), il est également possible de « netter », par exemple au niveau de la trésorerie du groupe, plusieurs dérivés internes de sens contraire avant de les compenser par un dérivé externe pour le montant de l'exposition nette. Dans ce cas, les dérivés internes peuvent être qualifiés d'instruments de couverture du risque de change dans les comptes consolidés, sous réserve de respecter les deux conditions suivantes (IAS 39.IG F1.6) :

- au niveau des comptes consolidés, la relation de couverture doit être désignée de telle sorte qu'elle n'implique que des dérivés externes ;
- les dérivés internes doivent couvrir des actifs et des passifs financiers non dérivés et non des **engagements fermes** ou des **transactions futures hautement probables**. En effet, si ces dérivés internes couvrent le risque de change d'engagements fermes ou de transactions futures hautement probables, le fait de les « netter » avant de désigner un dérivé externe en couverture aboutit, de fait, à désigner comme instrument de couverture des engagements fermes ou des transactions futures hautement probables, ce qui est interdit par la norme IAS 39.72.

Cette possibilité découle du raisonnement suivant :
- lorsque des dérivés internes, qui couvrent le risque de change d'actifs ou de passifs financiers identifiés, sont d'abord « nettés » avant qu'un dérivé externe couvrant la position nette soit conclu, la désignation de ces dérivés internes comme dérivés de couverture au niveau consolidé a pour effet, en réalité, de couvrir des actifs par des passifs ou vice versa ;
- IAS 39.72 permet de désigner un instrument financier (actif ou passif) non dérivé comme un instrument de couverture du risque de change (mais pas du risque de taux, voir point 4b. ci-avant).

■ *Exemple*

Risque de change *La Société C utilise des dérivés conclus en interne pour transférer les expositions au risque entre différentes entités juridiques du groupe ou entre divisions à l'intérieur d'une même entité juridique. Par exemple, le risque de change d'une filiale peut être transféré au département trésorerie du groupe à l'aide d'un contrat de change à terme de gré à gré conclu en interne.*

Solution de l'exemple *Seuls les instruments qui impliquent une partie extérieure à l'entité présentant les états financiers peuvent être qualifiés de dérivés de couverture (IAS 39.73). Les dérivés internes peuvent être utilisés pour documenter le lien entre un instrument de couverture externe (détenu, par exemple, par la société mère ou le département trésorerie) et un élément couvert dans une autre entité du groupe, comme une filiale opérationnelle, à condition que l'ensemble des gains et des pertes découlant du dérivé interne soit éliminé lors de la consolidation (IAS 39.IG F1.6).*

6. **Cas des secteurs opérationnels (IFRS 8)** La norme IFRS 8 requiert uniquement la publication de l'information qui est fournie au principal décideur opérationnel, même si cette information n'est pas fondée sur des principes comptables.

Les entités peuvent donc documenter à un autre niveau que le secteur concerné les opérations en question (par exemple au niveau de leur stratégie de gestion des risques).

Couverture de change de transactions intragroupe futures

Question 50465

En matière de couverture de change, et plus particulièrement de couverture de flux de trésorerie (« cash-flow hedge »/CFH) de transactions intragroupe futures, qu'autorise la norme IAS 39 ?

Réponse

La norme permet de désigner comme élément couvert contre le risque de change, dans une relation de couverture de flux de trésorerie (CFH), une transaction future intragroupe, à condition que cette transaction :
- soit hautement probable ;
- soit libellée dans une monnaie différente de la monnaie fonctionnelle de l'entité contractante ; et
- ait un impact sur le compte de résultat consolidé du groupe.

Commentaires Il est possible de désigner une transaction future intragroupe comme élément couvert contre le risque de change, dans une relation de couverture de flux de trésorerie (« cash-flow hedge »/CFH), à condition que cette transaction (IAS 39.80) :
- soit hautement probable ;
- soit libellée dans une monnaie différente de la monnaie fonctionnelle de l'entité contractante ;
- et ait un impact sur le résultat consolidé du groupe.

Remarque Outre ces trois conditions, la transaction de couverture doit également remplir tous les autres critères (notamment documentation et tests d'efficacité) requis par la norme IAS 39 pour l'application de la comptabilité de couverture (sauf bien évidemment celui relatif à la nécessité d'impliquer une contrepartie externe au groupe).

1. Difficultés pratiques de mise en œuvre (recyclage des résultats de la couverture) La dernière condition (impact sur le résultat consolidé du groupe) restreint en pratique les types de transactions intragroupe qui peuvent faire l'objet d'une relation de couverture reconnue sur le plan comptable. En effet, le groupe doit être capable de suivre l'opération (éventuellement externe) liée à la transaction intragroupe qui impactera effectivement le résultat consolidé du groupe afin de déterminer la date de reprise en résultat des montants comptabilisés en capitaux propres pendant toute la durée de la couverture (IAS 39.AG99B).

Cela nécessite, en pratique, de mettre en place un suivi spécifique pour définir et suivre les modalités de recyclage des résultats de la couverture, puisque :
- c'est uniquement lorsque la transaction intragroupe affecte le compte de résultat consolidé (sortie de stock ou ventes externes de l'entité concernée) que les résultats de couverture comptabilisés en capitaux propres sont recyclés ; et
- non lorsque la transaction intragroupe a lieu et affecte le résultat individuel de l'entité concernée.

2. Exemples d'opérations intragroupe futures éligibles à une couverture de change La norme IAS 39 fournit deux exemples de transactions internes, éligibles à une relation de couverture de flux de trésorerie futurs au titre de transactions intragroupe futures (IAS 39.AG99A) :
- **ventes ou achats futurs de stocks entre sociétés membres d'un même groupe**, s'il existe in fine une vente de ces stocks à une **contrepartie étrangère au groupe** ;
- **vente future d'une immobilisation corporelle entre deux sociétés du groupe, la société qui l'a construite et celle qui l'utilise** Cette opération affecte les résultats du groupe au moment de l'amortissement de l'immobilisation par l'acquéreuse, sachant que le montant initialement comptabilisé (base de l'amortissement) varie dès lors que la transaction future intragroupe est libellée dans une devise autre que la monnaie fonctionnelle de l'acquéreuse.

Couverture de change de flux d'intérêt intragroupe futurs

50470 ***Question***

Dans une relation de couverture au sens d'IAS 39, un swap de devises peut-il être désigné comme un instrument de couverture des flux d'intérêt payés par une filiale au titre d'un prêt intragroupe en devise accordé par la mère ?

Réponse

Oui, à notre avis, mais sous conditions. Cela pourra être le cas, par exemple, lorsque :
- les flux d'intérêt sont hautement probables ;
- le prêt intragroupe est libellé dans une devise différente de la monnaie fonctionnelle de l'entité qui contracte le prêt ; et
- si ce prêt intragroupe est directement lié à un (ou des) prêt(s) externe(s) (prêts dits « back to back »).

Commentaires : **50470** (suite)

1. **Problématique** Les transactions intragroupe ne peuvent généralement pas être désignées comme « éléments couverts », étant éliminées dans les comptes consolidés (voir nº 50040, point 4.).

Rappel Un élément financier ou non financier peut être qualifié « d'élément couvert » au sens de la norme IAS 39 s'il expose l'entreprise à un risque de variation de juste valeur ou à un risque de variation de flux de trésorerie susceptible d'affecter le résultat de la période actuelle ou des périodes à venir (voir nº 50030).

Toutefois, IAS 39.80 et .AG99A stipule que, dans les états financiers consolidés, le risque de change d'une **transaction intragroupe prévue hautement probable** peut être désigné comme élément couvert dans une opération de couverture de flux de trésorerie (CFH), pour autant que la transaction soit libellée dans une monnaie autre que la monnaie fonctionnelle de l'entité partie à la transaction et que le risque de change ait une incidence sur le résultat consolidé. Si le risque de change d'une transaction intragroupe prévue n'a aucune incidence sur le résultat consolidé, la transaction en question ne peut être désignée comme élément couvert. S'il existe, par exemple, **une transaction externe connexe** il est alors probable que le risque de change ait une incidence sur le résultat consolidé.

IAS 39.AG99A cite également le cas de ventes et d'achats prévus d'éléments de stocks entre les membres d'un même groupe, lorsque ces éléments doivent être revendus à un acquéreur externe.

2. **Solution pratique** En conséquence, il est possible de déclarer couvrir les flux futurs d'intérêt d'un prêt intragroupe (intérêts non encore comptabilisés au bilan et, à ce titre, constitutifs d'une transaction intragroupe future), si les conditions d'IAS 39.AG99A sont respectées, et notamment si le prêt a fait l'objet d'un retournement (back-to-back) auprès d'une ou de plusieurs contreparties extérieures, spécifiquement identifiées. C'est à notre avis le cas **si les trois conditions suivantes sont réunies** :

a. les flux d'intérêt couverts sont hautement probables (il est effectivement prévu que la fille rembourse le prêt intragroupe octroyé par la mère) ;

b. le prêt est accordé dans une devise différente de la monnaie fonctionnelle de l'entité qui contracte le swap ; et

c. les gains et pertes de change affectent le compte de résultat. Cette condition est remplie quand le prêt intragroupe est directement lié à un (ou des) autre(s) prêt(s) externe(s) (prêts dits « **back to back** »).

Remarque Le principe sous-tendant d'IAS 39.80 et .AG99A est le suivant :
1. s'il existe une transaction intragroupe qui crée une exposition en devises pour l'une des entités du groupe (parce que libellée dans une devise autre que sa monnaie fonctionnelle) ; et
2. si l'entité est en mesure d'identifier le moment où cette transaction est finalement « répliquée » aux bornes du groupe, à travers une (ou plusieurs) transaction(s) externe(s) (ayant un impact sur le résultat),
cela signifie alors que l'entité est en mesure de documenter – dans ses comptes consolidés – l'existence d'une perte/gain de change impactant son résultat consolidé.

■ *Exemple 1*

Une société mère, dont la monnaie fonctionnelle est l'euro, octroie à sa filiale américaine un prêt en USD à taux fixe. Cette filiale octroie elle-même des prêts en USD et à taux fixe à des clients américains, externes au groupe consolidé.
En outre, la société mère contracte auprès d'une banque un swap de devises euro/USD afin de se couvrir contre le risque de change auquel elle est exposée sur le prêt en USD qu'elle a accordé à sa filiale.
Le swap de devises ainsi contracté par la société mère peut-il être désigné comme un instrument de couverture des flux d'intérêts payés par la filiale au titre du prêt intragroupe en devise accordé par la mère ?

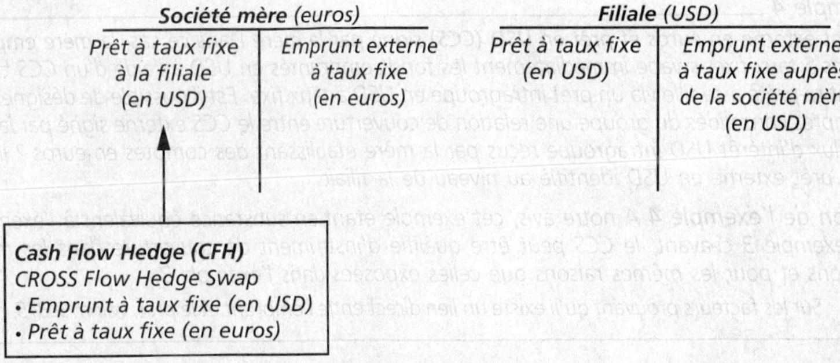

50470 (suite) *Solution de l'exemple 1 Le swap a été contracté par la société mère, dont la monnaie fonctionnelle est l'euro et le prêt accordé par la société mère à sa fille est libellé dans une devise différente (USD). En outre, ce prêt intragroupe en USD est accordé à la filiale afin qu'elle puisse elle-même accorder des prêts en USD, en dehors du groupe. Il y a donc un* ***lien direct*** *entre le prêt intragroupe et un ensemble de prêts externes. Dans ses comptes consolidés, le groupe est bien exposé au risque de change euro/USD.*
Selon IAS 39.80 et .AG99A, le swap peut donc être qualifié d'instrument de couverture au sens de la norme IAS 39.

> ***Autres exemples sans prêt externe « back-to-back »*** *A notre avis, il existe d'autres circonstances dans lesquelles le cross currency swap (CCS) peut être qualifié d'instrument de couverture dès lors qu'aux bornes du groupe consolidé, le risque économique ayant conduit à sa mise en place est identique.*
> *Ainsi, les situations envisagées dans les exemples 3 et 4 ci-après sont identiques en substance à celle décrite dans l'exemple 2 (natural hedge) mais requièrent la mise en place d'un CCS. Ce dernier, du fait de sa qualification de dérivé et de sa comptabilisation obligatoire à la juste valeur par résultat entraîne une volatilité dans le résultat du groupe consolidé, sur la partie « intérêts futurs » du CCS. Seule une qualification de couverture à travers une relation de cash-flow hedge (CFH) – et sous réserve qu'un certain nombre de conditions soient remplies – peut alors éviter cela.*

■ *Exemple 2*

Emprunt direct en USD – Pas de CCS – Natural hedge *Une société mère dont la monnaie fonctionnelle est l'euro contracte directement un emprunt en USD et prête à nouveau les sommes empruntées à sa filiale américaine sous la forme d'un prêt intragroupe en USD à taux fixe.*

Solution de l'exemple 2 *Dans ce cas, aucun dérivé n'est mis en place (pas de CCS nécessaire puisque la mère emprunte directement en USD). Il n'y a pas non plus de problème de traitement comptable, puisqu'il s'agit d'une couverture dite « naturelle », le prêt intragroupe et l'emprunt n'étant réévalués au bilan que pour leur composante change « spot » dont les impacts se compensent parfaitement.*

> *Rappelons que, même éliminé, le prêt intragroupe fait apparaître des écarts de change qui impactent le compte de résultat consolidé du groupe.*

■ *Exemple 3*

Refinancement et prêt interne en euros (CCS) signé par la filiale US *Une société mère, dont la monnaie fonctionnelle est l'euro, contracte auprès d'une banque un emprunt en euros à taux fixe. Elle prête ensuite les fonds ainsi obtenus à sa filiale américaine (prêt intragroupe en euros à taux fixe). Afin de se couvrir contre le risque de change euro/USD, la filiale contracte auprès d'une banque un swap de devises euro/USD, TF/TF. Le swap de devises ainsi contracté par la filiale peut-il être désigné comme un instrument de couverture des flux d'intérêt payés au titre du prêt intragroupe en devise accordé par la mère ? Il n'y a pas de prêt externe en USD identifié au niveau de la filiale.*

Solution de l'exemple 3 *A notre avis, cet exemple étant en substance équivalent à l'exemple 2, le CCS peut être qualifié d'instrument de couverture.*
En effet, le groupe est bien exposé au risque de change euro/USD puisque le CCS a été contracté par la filiale, dont la monnaie fonctionnelle est le dollar américain et que le prêt accordé par la société mère est libellé dans une devise différente (euro). En outre, la société mère a contracté un emprunt en euros dans le but de financer sa filiale au moyen d'un prêt intragroupe. Il y a donc un lien direct entre le prêt accordé à la filiale américaine et l'emprunt effectué par la mère.

■ *Exemple 4*

Emprunt externe en euros et prêt en USD (CCS) signé par la mère *Dans ce cas, la mère emprunte en Euros à taux fixe, swape immédiatement les fonds empruntés en USD à l'aide d'un CCS €/USD, TF/TF et re-prête à sa fille via un prêt intragroupe en USD à taux fixe. Est-il possible de désigner dans les comptes consolidés du groupe une relation de couverture entre le CCS externe signé par la mère et les flux d'intérêt USD intragroupe reçus par la mère établissant des comptes en euros ? Il n'y a pas de prêt externe en USD identifié au niveau de la filiale.*

Solution de l'exemple 4 *A notre avis, cet exemple étant en substance équivalent à l'exemple 2 et à l'exemple 3 ci-avant, le CCS peut être qualifié d'instrument de couverture dans les mêmes conditions et pour les mêmes raisons que celles exposées dans l'exemple 3.*

> *Sur les facteurs prouvant qu'il existe un lien direct entre l'emprunt et le prêt, voir n° 50375, point 2.*

Couverture de change de redevances intragroupe

50475

Question

Est-il possible de couvrir des redevances intragroupe contre le risque de change ?

Réponse

En principe, non, dans la mesure où une redevance intragroupe n'est en général pas liée à un échange de biens ou de services identifiés et ne crée donc aucun impact sur le résultat consolidé.

Commentaires :

1. **Rappel** Pour être éligible à une relation de couverture de flux futurs de trésorerie au titre de transactions intragroupe futures, la transaction concernée doit (IAS 39.80) :
- être hautement probable ;
- être libellée dans une monnaie différente de la monnaie fonctionnelle de l'entité contractante ;
- et avoir un impact sur le compte consolidé du groupe.

2. **Cas des redevances** Dans la mesure où une redevance intragroupe – qui n'est en général pas liée à un échange de biens ou de services identifié – ne crée aucun impact sur le résultat consolidé, il n'est pas possible de la rendre éligible à ce type de couverture.

La norme IAS 39 cite ainsi l'exemple des royalties, mais également celui des intérêts sur des emprunts intragroupe ou de frais de gestion pour lesquels aucune transaction externe correspondante affectant le compte de résultat consolidé ne peut en général être identifiée (IAS 39.AG99A). C'est d'ailleurs la même logique qui empêche l'application d'une relation de couverture en normes IFRS à un dérivé qui couvrirait une prévision de paiement de dividendes en devises (IAS 39.IG F2.7).

Dans ce dernier cas, seul un dividende voté mais non encore versé (i.e. comptabilisé en dette) peut faire l'objet d'une couverture contre le risque de change lorsqu'il est payable en devises (IAS 39.IG F2.7).

En pratique, les sociétés ne pourront donc couvrir que des transactions intragroupe correspondant à des échanges de biens ou de services identifiés entre deux sociétés d'un même groupe et qui peuvent être reliées à des transactions externes qui sont elles-mêmes identifiables. C'est en effet sur la base de ces transactions externes que seront définies les dates de recyclage par le compte de résultat des montants accumulés en capitaux propres au titre de l'instrument de couverture.

Pour les dates de recyclage, voir n° 50465.

SECTION IV

Réforme des taux de référence

Relations de couverture affectées par la réforme des taux de référence

50500

Question

Quelles sont les relations de couverture directement affectées par la réforme des taux de référence ?

Réponse

Une relation de couverture est directement affectée par la réforme des taux de référence si celle-ci crée de l'incertitude sur :
- la nature des taux de référence désignés comme élément couverts ;
- le montant et le timing des flux de trésorerie indexés sur les taux de référence et désignés comme éléments couverts ou instruments de couverture.

Il s'agit donc essentiellement des relations de couverture contre le risque de variation des taux d'intérêt. Mais peuvent également être affectées les couvertures de risque de change si l'instrument de couverture est un contrat d'échange de devises (« Cross Currency Swap ») dont une jambe est indexée sur un taux de référence sujet à réforme.

Commentaires :

1. **Contexte** Les taux de référence interbancaires ont un rôle clé dans les marchés financiers et sont utilisés comme bases de valorisation de nombreux instruments financiers tels que les dérivés ou les prêts/emprunts. Entre 2006 et 2012, ces taux ont fait l'objet de manipulation par les banques qui contribuent à leur détermination et il a donc été décidé de modifier leur méthodologie d'élaboration afin de les rendre moins dépendants des opérateurs de marchés et plus ancrés sur des valeurs de transactions effectivement réalisées sur le marché interbancaire. Les méthodologies retenues lors de la transition des anciens taux vers les nouveaux sont très différentes d'une zone géographique à l'autre, ce qui crée des incertitudes quant à la nature et la date d'application des nouveaux taux.

Principaux taux modifiés dans le cadre de la réforme :

– De l'EONIA (« Euro OverNight Index Average ») vers l' €STR (« Euro Short Term Rate ») : en Europe, le nouveau taux €STR a été introduit en octobre 2019 en s'appuyant initialement sur les opérations de refinancement des banques entre elles, puis également sur celles des banques avec les assureurs et les gestionnaires d'actifs. Remplacé définitivement par l' €STR le 1er janvier 2022, le taux EONIA était publié jusqu'au 31 décembre 2021, en étant déterminé à partir de l' €STR depuis son introduction, grâce à un spread de 8,5 points de base. Depuis le 31 décembre 2021, les contrats indexés sur l'EONIA doivent avoir été amendés ou remplacés pour tenir compte du nouveau taux.

– De l'EURIBOR (« Euro Interbank Offered Rate ») vers l'EURIBOR Hybride : avant amendement, l'EURIBOR était déterminé à partir des contributions d'un panel de banques sur le coût estimé des transactions de financement interbancaires. Il a été remplacé par un taux hybride, déterminé selon une méthodologie validée par l'European Money Market Institute (EMMI), s'appuyant en priorité sur des transactions réelles (ou sur une approximation de ces transactions réelles) mais également, en cas d'absence de transactions sur les maturités recherchées, sur des estimations internes élaborées par les banques. Le nouveau taux a définitivement remplacé le précédent depuis octobre 2019. Les contrats indexés sur l'EURIBOR n'ont pas besoin d'être amendés.

– Le taux SOFR (« Secured Overnight Financing Rate »), remplaçant du taux LIBOR USD, a été publié pour la première fois en avril 2018. Ces deux taux continueront de co-exister jusqu'au 30 juin 2023 (excepté les ténors 1w et 2m qui ont cessé d'être publiés en décembre 2021). Le mécanisme de compensation lors du passage d'un taux à l'autre se fera sur la base de protocole de transition dans le cas de produits dérivés ou encore grâce à l'addition d'un spread de taux (négociation bilatérale).

– Le taux SONIA (« Sterling OverNight Index Average »), remplaçant du taux LIBOR GBP, a été publié en avril 2018 pour la première fois. Le LIBOR GBP a été publié jusqu'au 31 décembre 2021.

2. **Relations de couverture affectées** Une relation de couverture est directement affectée par la réforme des taux de référence si celle-ci crée de l'incertitude sur (IAS 39.102A) :
- les taux de références désignés comme éléments couverts ;
- le montant et le timing des flux de trésorerie indexés sur les taux de référence et désignés comme éléments couverts ou instruments de couverture.

La réforme affecte donc essentiellement les relations mises en place afin de couvrir les risques de variation des taux d'intérêt sur tout type d'instruments financiers : instruments émis ou détenus, émissions futures, instrument à taux fixe ou variable.

Il s'agit notamment des relations de :
- couverture de juste valeur de la composante risque de taux d'un instrument de dette à taux fixe ;
- couverture de flux de trésorerie d'un instrument de dette à taux variable.

La réforme peut également affecter les couvertures de risque de change si l'instrument de couverture est un « cross-currency swap » dont une jambe est indexée sur un taux de référence sujet à réforme.

Amendement Phase 1 – Maintien des relations de couverture durant la période de transition aux nouveaux taux de référence

50510 ***Question***

Les relations de couverture directement affectées par la réforme des taux de référence peuvent-elles être maintenues durant la période d'incertitude sur la nature et la date d'application des nouveaux taux ?

50510 (suite)

Réponse

Oui, car l'IASB a publié en septembre 2019 un amendement de la norme IAS 39 proposant des exemptions aux critères d'application de la comptabilité de couverture qui, sans ces exemptions, pourraient ne pas être respectés du fait de l'incertitude créée par la réforme des taux.

Remarque Ces exemptions ne s'appliquent que lorsque le changement des taux de référence est dû à la réforme des taux de référence, tel que mentionné dans le rapport du Comité de Stabilité Financière.

Les exemptions concernent les critères suivants :
- le caractère séparément identifiable du risque couvert ;
- le caractère hautement probable des flux de trésorerie couverts ;
- les tests d'efficacité prospectifs et rétrospectifs ;
- le recyclage en résultat des montants accumulés en autres éléments du résultat global (OCI) au titre des couvertures de flux de trésorerie en cas de disparition de l'élément couvert.

Ces exemptions cessent d'être applicables dès lors qu'il n'existe plus d'incertitude sur les taux de référence ou sur les flux de trésorerie indexés sur ceux-ci, impactant les éléments couverts et/ou instruments de couverture.

Commentaires :

1. **Contexte** La réforme des taux de références affecte directement certaines relations de couvertures en créant de l'incertitude sur les éléments couverts et/ou les instruments de couverture, voir nº 50500. Ces incertitudes font peser un risque de non-respect des critères d'application de la comptabilité de couverture et par conséquent d'arrêt immédiat des relations de couverture mises en place.

2. **Réponses apportées par l'IASB** En septembre 2019, l'IASB a publié un amendement de la norme IAS 39 dont l'objectif est de permettre aux entités de maintenir les relations de couverture existantes tant que la réforme en cours fait porter des incertitudes sur le devenir des taux de référence. En effet, selon l'IASB, la disqualification des relations de couverture existantes seulement du fait de la réforme ne permettrait pas de fournir une information utile dans les états financiers.

La publication de cet amendement constitue la fin de la première phase du projet lancé en 2018 par l'IASB afin d'étudier les conséquences de la réforme des taux de référence sur les états financiers.
L'amendement est d'application obligatoire aux exercices ouverts depuis le 1er janvier 2020 et a pu être appliqué par anticipation dès les comptes 2019 (Règl. UE 2020/34 du 15/01/20, voir nº 11520).
Pour le second volet du projet, voir nº 50530 s.

L'amendement introduit les mesures d'exemption suivantes :

a. **Exemption sur la détermination du caractère identifiable du risque couvert** Cette exemption concerne les relations de couverture dont l'élément couvert est une composante risque liée au taux de référence.

Exemple : couverture de juste valeur d'un instrument de dette à taux fixe.

En effet, il est possible de couvrir la seule composante taux d'un élément financier à condition que celle-ci soit séparément identifiable et mesurable, voir nº 50045. Le caractère mesurable de la composante taux peut être difficile à démontrer durant la période de transition aux nouveaux taux de référence. Ainsi, lorsque ces relations de couverture sont affectées par la réforme des taux, la composante de risque couvert doit être séparément identifiable uniquement à la mise en place de la relation de couverture et non pas sur toute la durée de celle-ci (IAS 39.102H). Cette exemption permet ainsi de maintenir la relation de couverture durant la période d'incertitude des flux de trésorerie couverts.

L'amendement n'apporte pas d'exemption sur la détermination du caractère mesurable de la composante couverte qui doit être faite sur la durée de vie de la relation de couverture. En effet, si la composante risque couverte ne peut être mesurée de façon fiable, il ne sera pas possible d'évaluer et comptabiliser l'inefficacité de la relation de couverture. Par conséquent, si les anciens taux de référence cessent d'être publiés, rendant impossible la mesure de la composante risque couvert, la relation de couverture devra être interrompue. Cette problématique est adressée dans le second volet du projet de l'IASB sur les conséquences comptables de la réforme des taux de référence (voir nº 50530).

50510 (suite) Cette exemption s'applique également aux couvertures de risque de taux de portefeuille dont les actifs et passifs financiers désignés comme éléments couverts et instruments de couverture font l'objet d'une gestion dynamique (c'est-à-dire qu'ils sont fréquemment supprimés et réintégrés dans la relation de couverture). Pour ces relations de couverture, la composante risque des éléments couverts doit être identifiée uniquement à la mise en place initiale de la relation de couverture et non à chaque mouvement sur le portefeuille couvert (IAS 39.102I).

En pratique, dans le cadre de la couverture de risque de taux de portefeuilles, ce sont les montants d'actifs et passifs qui sont désignés comme éléments couverts plutôt que les actifs et passifs eux-mêmes. Aussi la réforme des taux de référence n'affecte pas le caractère séparément identifiable du risque couvert.

b. Exemption sur la détermination du caractère hautement probable des flux de trésorerie
Une transaction future prévue peut faire l'objet d'une couverture de flux de trésorerie si elle est hautement probable et si elle comporte une exposition aux variations de flux de trésorerie qui pourrait affecter le résultat (IAS 39.88c ; voir nº 50050). Lorsque les flux de trésorerie futurs sont indexés sur les taux de référence et que ces taux de référence sont affectés par la réforme, ces flux ne sont plus considérés comme hautement probables. Dans son amendement, l'IASB permet d'évaluer le caractère hautement probable des flux futurs en considérant que les taux de référence sur lesquels sont référencés les flux de trésorerie couverts ne seront pas modifiés du fait de la réforme (IAS 39.102D). Ces dispositions permettent de maintenir les relations de couverture de flux de trésorerie durant la période de transition.

c. Exemption sur le test d'efficacité prospectif Une des conditions de mise en place d'une relation de couverture est que celle-ci soit qualifiée de hautement efficace dans son objectif de compensation des variations de juste valeur ou des flux de trésorerie des risques couverts (IAS 39.88b). Il s'agit de démontrer le caractère efficace de la couverture sur base prospective. La différence entre les taux de remplacement prévus et les taux actuels est source d'inefficacité et pourrait faire échec aux tests prospectifs.

En particulier si l'élément couvert et l'instrument de couverture sont indexés sur des taux de référence différents avec des dates de transition différentes.

L'amendement de l'IASB permet de ne pas tenir compte des nouveaux taux à venir dans les tests d'efficacité prospectifs (IAS 39.102F).

L'amendement n'exempte pas les entités de faire un test prospectif, l'exemption ne porte que sur la manière d'effectuer le test.

Ainsi, malgré cette exemption, les relations de couverture pour lesquelles l'élément couvert et l'instrument de couverture sont indexés à des taux de référence différents avec des dates de transition différentes pourraient devoir être arrêtées. C'est le cas si le taux de référence de l'instrument de couverture change alors que celui de l'élément couvert est encore en transition. En application de l'amendement, dans les tests d'efficacité, les flux de trésorerie ou variations de juste valeur de l'élément couvert resteront basés sur l'ancien taux alors que ceux de l'instrument de couverture seront désormais basés sur les nouveaux taux. Si le différentiel est important, cela pourrait faire échec au test d'efficacité prospectif.

d. Exemption sur le test d'efficacité rétrospectif L'efficacité d'une relation de couverture doit également être démontrée de manière rétrospective, c'est-à-dire durant tous les exercices passés pour lesquels la couverture a été désignée. Les résultats réels de l'opération de couverture doivent s'inscrire dans un intervalle compris entre 80 % et 125 % (voir nº 50095).

La réforme des taux est source d'inefficacité et pourrait faire échec au test d'efficacité rétrospectif. Cependant, l'amendement dispense les entités de réaliser ce test pendant la période d'incertitude (39.102G) et ce, même si la source de l'inefficacité n'est pas directement liée à la réforme des taux de référence.

A l'inverse de l'exemption sur les tests prospectifs, l'exemption porte sur la réalisation du test et non sur la manière de le réaliser. Ainsi, si une relation de couverture affectée par la réforme des taux échoue au test d'efficacité rétrospectif tenant compte de la réforme, la relation pourra être maintenue même si l'échec au test est dû à d'autres facteurs que la réforme des taux. En effet, pour des raisons pratiques, il n'est pas demandé aux entités d'identifier et de séparer les sources d'inefficacité liées à la réforme et celles liées à d'autres facteurs. Par ailleurs, l'amendement ne prévoit pas d'exemption pour la comptabilisation du montant de la part inefficace au compte de résultat, voir nº 50520.

e. Exemption sur le recyclage en résultat des montants accumulés en autres éléments du résultat global (OCI) au titre des couvertures de flux de trésorerie Lorsque les flux de trésorerie couverts sont indexés sur les taux de référence, la réforme de ces taux aurait eu pour conséquence de faire disparaître les éléments couverts entraînant le recyclage au compte de résultat des gains ou pertes de couverture qui avaient été différés en capitaux propres (part efficace de la couverture) (IAS 39.101c). L'amendement permet aux entités de considérer que les taux ne vont pas évoluer du fait de la réforme et par conséquent que les éléments couverts ne vont pas disparaître (IAS 39.102E).

Cette exemption s'applique même lorsque la relation de couverture doit être arrêtée du fait d'un test prospectif qui tombe en échec. Comme décrit ci-avant, malgré les dispositions de l'amendement, les relations de couverture pour lesquelles l'élément couvert et l'instrument de couverture sont indexés sur des taux de référence différents avec des dates de transition différentes peuvent faire échec au test d'efficacité prospectif. Dans ces cas, malgré l'arrêt de la relation de couverture, les gains et pertes de couverture restent comptabilisés en capitaux propres et ne seront recyclés en résultat que lorsque l'élément couvert affectera le compte de résultat.

3. **Période d'application des exemptions** Les exemptions décrites ci-avant cessent d'être applicables dès lors qu'il n'existe plus d'incertitude sur la nature des taux de référence ou sur les flux de trésorerie indexés sur ceux-ci (IAS 39.102J à .102N). L'IASB fournit une série d'exemples afin d'indiquer à quelle date il faut considérer qu'il n'existe plus d'incertitude liée à la réforme des taux de référence (IAS 39.BC274 à .BC279).

L'élimination de tout ou partie de l'incertitude en raison d'événements postérieurs à la clôture ne fait que confirmer que l'incertitude existait à la date de clôture. Il ne s'agit donc pas d'un événement ajustant les états financiers (« adjusting event ») tel que défini par IAS 10.3. Cependant, une information sur un tel événement postérieur à la clôture doit être fournie, si elle est significative (IAS 10.21).

Par ailleurs, les entités appliquant ces différentes dispositions doivent communiquer un certain nombre d'informations en annexe, voir n° 52515.

Amendement Phase 1 – Inefficacité des relations de couverture du fait de la réforme des taux de référence

Question 50520

Quelles sont les sources d'inefficacité liées à la réforme des taux de référence et comment cette inefficacité doit-elle être traduite comptablement ?

Réponse

Dans le cadre de la réforme des taux de référence, toute différence dans les modes de transition des taux de référence sur lesquels sont indexés les juste valeur et/ou flux de trésoreries de l'élément couvert et de l'instrument de couverture est source d'inefficacité. Il s'agit, par exemple, des différences sur :
- la nature des nouveaux taux (collatéralisés versus non collatéralisés, taux spot versus taux à terme) ;
- les clauses de substitution (« fallback ») ;
- les dates de transition.

L'IASB n'ayant pas prévu d'exemption au principe de traduction comptable de l'inefficacité des relations de couverture, l'inefficacité constatée du fait de la réforme des taux de référence doit être comptabilisée immédiatement en résultat.

Commentaires :

1. **Rappel** Les taux de référence, utilisés comme base de valorisation de nombreux instruments financiers, sont sujets à une importante réforme qui affecte les relations de couverture mises en place par les entités durant la période de transition, voir n° 50500. Ces réformes créent notamment de nouvelles sources d'inefficacité.

2. **Sources d'inefficacité liées à la réforme des taux de référence** L'efficacité d'une couverture représente le degré de compensation entre les variations de juste valeur ou de flux de trésorerie de l'instrument de couverture et les variations de valeur ou de flux de trésorerie de l'élément couvert. Or, les modalités de transition des taux de référence actuels aux nouveaux taux sont très différentes d'une zone géographique à l'autre. Ainsi, entre l'élément couvert et l'instrument de couverture, il peut y avoir une différence entre les modes de transition des taux de référence auxquels sont indexés la juste valeur ou les flux de trésorerie. Cette différence est source d'inefficacité. Il s'agit par exemple des différences suivantes :

a. **Différence sur la nature des nouveaux taux** Le taux de référence auquel sont indexés la juste valeur et les flux de trésorerie de l'élément couvert peut évoluer vers un taux très différent de celui vers lequel évoluera le taux de référence auquel sont indexés la juste valeur et les flux de trésorerie de l'instrument de couverture. Les taux de référence peuvent être collatéralisés ou non, spot ou à terme.

b. Différence sur les clauses de substitution en cas de disparition temporaire ou définitive des taux de référence (clauses dites de « fallback ») Les modalités contractuelles en cas de disparition des taux de référence peuvent différer entre l'élément couvert et l'instrument de couverture et avoir des incidences sur la juste valeur soit de l'élément couvert, soit de l'instrument de couverture. Ces incidences affectent les tests d'efficacité.

c. Différence sur les dates de transition Le tableau ci-dessous, élaboré par nos soins, présente une synthèse des nouveaux taux et dates de transition :

Anciens Taux	EONIA	EURIBOR	LIBOR USD	LIBOR GBP
Nouveaux taux	€STR	EURIBOR HYBRIDE	SOFR	SONIA
Principales caractéristiques des nouveaux taux	– S'appuie sur les prix de transactions interbancaires élargies aux assureurs et gestionnaires d'actifs. – Taux spot. – Non collatéralisé.	– S'appuie sur les prix de transactions interbancaires élargies. – Taux à terme. – Non collatéralisé.	– S'appuie sur le marché Repo des bons du trésor américains. – Taux spot. – Collatéralisé.	– S'appuie sur la moyenne quotidienne des taux d'intérêt de prêts en GBP pratiqués sur le marché interbancaire et institutionnel. – Taux spot. – Non collatéralisé.
Date de publication des nouveaux taux	Octobre 2019	Octobre 2019	Avril 2018	Avril 2018
Date de cessation des anciens taux	Janvier 2022	Octobre 2019	Juin 2023	Janvier 2022

3. Traduction comptable de l'inefficacité Si l'inefficacité constatée n'entraînait pas l'arrêt de la comptabilité de couverture dans la plupart des cas, elle devrait quand même être comptabilisée au compte de résultat.

Ainsi, si une relation de couverture affectée par la réforme des taux est démontrée efficace à seulement 75 %, cette relation sera maintenue en application de l'exemption en IAS 39.102G, mais les 25 % représentant la part inefficace de la couverture devra être comptabilisée immédiatement au compte de résultat.

Amendement Phase 2 – Assouplissements prévus dans le cadre de la réforme des taux de référence

50530 ***Question***

Quelles sont les exemptions relatives à la comptabilité de couverture prévues par l'amendement d'IAS 39 phase 2, dans le cadre de la réforme des taux de référence, publié par l'IASB en août 2020 ?

Réponse

Afin de permettre aux entités de maintenir les relations de couverture existantes, l'amendement d'IAS 39 phase 2, publié dans le cadre de la réforme des taux de référence, introduit des exemptions portant sur :
- la documentation des relations de couverture ;
- les montants accumulés dans la réserve de couverture de flux de trésorerie ;
- les tests d'efficacité rétrospectifs ;
- la couverture d'un portefeuille d'éléments couverts ;
- le caractère séparément identifiable de l'élément couvert pour les relations de couverture de juste valeur.

Cependant, aucune exemption n'est prévue concernant la comptabilisation de l'inefficacité.

Ces exemptions sont applicables aux exercices ouverts depuis le 1er janvier 2021.

Commentaires :

1. **Contexte** La réforme des taux de référence affecte directement de nombreux instruments financiers (dérivés cotés en bourse et de gré à gré, prêts et emprunts à taux variable, obligations à taux variables, etc.) qui doivent transiter vers les nouveaux taux de référence. La transition de ces instruments financiers vers les nouveaux taux de référence pourrait avoir comme conséquence l'arrêt de certaines relations de couverture et des impacts immédiats en résultat.

2. **Réponses apportées par l'IASB** En août 2020, l'IASB a publié un amendement de la norme IAS 39 dont l'objectif est de permettre aux entités d'atténuer les impacts comptables liés à la modification des contrats des instruments financiers transitant vers les nouveaux taux de référence. L'amendement a été adopté par la Commission européenne le 13 janvier 2021 (Règl. UE 2021/25 du 13/01/21) et est applicable obligatoirement aux exercices ouverts depuis le 1er janvier 2021.

Compte tenu de sa date d'adoption dans l'Union européenne, le texte a pu être appliqué par anticipation dans les comptes des sociétés cotées européennes dès 2020.

En matière de comptabilité de couverture, l'amendement introduit les mesures d'exemption suivantes :

- **Exemption sur la documentation des relations de couverture** A l'issue de l'application des exemptions permises par l'amendement phase 1 de la réforme des taux de référence (voir n° 50510), des modifications doivent être apportées à la documentation des relations de couverture avant la fin de la période de reporting au cours de laquelle les contrats des instruments concernés ont été amendés. Ces changements dans la documentation n'entraînent pas l'arrêt des relations de couverture (IAS 39.102P à .102U).

En particulier, la norme exige que la description de l'instrument de couverture soit modifiée si l'entité apporte un changement requis par la réforme des taux d'intérêt de référence en recourant à une autre méthode qu'un changement de la base de détermination des flux de trésorerie contractuels de l'instrument de couverture, et la méthode choisie est économiquement équivalente (pour cette notion, voir n° 46268) au changement de la base de détermination des flux de trésorerie contractuels de l'instrument de couverture initial, sans que ce dernier soit décomptabilisé (IAS 39.102Q).

- **Exemption sur les montants accumulés dans la réserve de couverture de flux de trésorerie** La modification de la description d'un élément couvert dans la documentation d'une relation de couverture n'entraîne pas le recyclage en résultat des montants accumulés dans la réserve de flux de trésorerie (IAS 39.102W et .102X).
- **Exemption sur les tests d'efficacité rétrospectifs** L'amendement phase 2 de la réforme des taux de référence permet d'évaluer l'efficacité rétrospective des relations de couverture soit sur une base cumulée depuis la mise en place de la relation de couverture, soit en remettant à zéro les variations cumulées de la juste valeur de l'élément couvert et de l'instrument de couverture lorsque l'entité cesse d'appliquer les exemptions prévues par l'amendement phase 1 de la réforme des taux de référence (IAS 39.102V). Ce choix est fait au cas par cas et permet de diminuer le risque d'échec au test d'efficacité rétrospectif.
- **Exemption sur la couverture d'un portefeuille d'éléments couverts** Si une entité couvre un groupe d'éléments et qu'elle modifie la documentation de sa relation de couverture pour une partie seulement des éléments couverts, alors elle doit mesurer séparément, après avoir réparti les éléments couverts en sous-groupe (en fonction du taux de référence couvert), l'efficacité de chaque sous-groupe (IAS 39.102Y et .102Z).
- **Exemption sur le caractère séparément identifiable de l'élément couvert pour les relations de couverture de juste valeur** Lorsqu'une entité modifie la documentation de sa relation de couverture de juste valeur et désigne un nouveau taux d'intérêt de référence comme composante couverte et qu'elle n'est pas séparément identifiable à la date de sa désignation, l'entité doit évaluer si elle peut raisonnablement s'attendre à ce que le taux devienne séparément identifiable dans les 24 mois suivant la date de désignation (IAS 39.102Z1 à .102Z3).

Cependant, aucune exemption n'est prévue concernant la comptabilisation de l'inefficacité des relations de couverture.

Pour les **informations à fournir** en annexe lorsqu'une entité applique l'amendement d'IAS 39 phase 2, voir n° 52515.

Amendement Phase 2 – Règlement partiel en trésorerie d'un dérivé

Voir n° 49940. 50535

CHAPITRE 45

Présentation des instruments financiers dans les états financiers (IAS 32)

Plan du chapitre §§ 51000

Plan du chapitre *(suite et fin)* §§

QUESTIONS/REPONSES PRATIQUES

Remarque importante

51160 Les réponses aux questions présentées ci-après résultent de l'analyse des dispositions de la norme IAS 32, Instruments financiers : présentation, en vigueur actuellement, sur la base des informations disponibles au 1er juin 2023 (voir no 44100).

Evolution possible des réponses Les réponses apportées dans les développements ci-après ne prennent pas en compte les amendements de la norme IAS 1 relatifs au classement courant/non courant d'un passif.

Pour plus de précisions sur ces amendements, voir no 54006.

SECTION I

Présentation des instruments financiers au bilan et dans l'état des flux de trésorerie

I. Compensation d'un actif et d'un passif financiers

A. Principes généraux

Compensation entre un actif financier et un passif financier (« offsetting »)

Question 51170

Quand peut-on/doit-on compenser un passif financier (dette) et un actif financier (créance) au bilan ?

Réponse

Une entité doit compenser un actif et un passif financiers si et seulement si :

- elle détient un droit juridiquement exécutoire lui permettant de compenser les montants comptabilisés au bilan au titre de la dette et de la créance ; et
- elle a l'intention soit de ne payer que le montant net, soit d'encaisser la créance et de payer le passif simultanément.

Des informations spécifiques sont, en outre, requises sur les accords de compensation.

Commentaires :

1. **Principe général (règles de compensation en IFRS)** Les actifs, passifs, produits et charges ne doivent pas être compensés, sauf si cette compensation est imposée ou autorisée par une norme ou une interprétation (IAS 1.32). En ce qui concerne les actifs et passifs financiers, les règles de compensation sont définies par la norme IAS 32.

Selon cette norme, une entité doit compenser un actif et un passif financiers et présenter leur solde net au bilan dès lors que les deux conditions suivantes sont remplies (IAS 32.42) :

a. **Droit légal de compenser** L'entité détient, à l'instant présent, un droit juridiquement exécutoire de compenser les montants comptabilisés à son bilan. Une entité dispose d'un droit inconditionnel et juridiquement exécutoire de compenser l'actif et le passif, si ce droit (IAS 32.42a et .AG38B s.) :

- ne dépend pas de la survenance d'un événement futur ; et
- existe dans le cadre de son activité normale et également en cas de situation de défaillance, d'insolvabilité ou de faillite.

b. **Intention de compenser** L'entité a l'intention de compenser les flux de trésorerie futurs (IAS 32.42b et .AG38E s.) :

- soit en ne réglant que leur montant net ;
- soit en réalisant (encaissant) l'actif et en réglant le passif simultanément.

Remarque Des précisions sont apportées sur l'appréciation de l'intention de compenser les flux (IAS 32.AG38E s.). Il est ainsi précisé que le critère ci-avant est satisfait si l'entité peut régler les montants de telle sorte que le résultat équivaut de fait à un règlement net. Tel est le cas si le mécanisme de règlement brut possède des caractéristiques qui éliminent le risque de crédit et le risque de liquidité, ou rendent ces risques négligeables, et font que les sommes à verser et à recevoir sont traitées dans un même processus ou un même cycle de règlement (IAS 32.AG38F).

51170 (suite) Lorsque l'entité a le droit de recevoir ou de payer un montant net unique et qu'elle a l'intention de le faire, elle n'a dans les faits qu'un seul actif ou passif financier (IAS 32.43).

L'existence d'un droit juridiquement exécutoire de compenser n'est pas en soi suffisant pour procéder à une compensation. En l'absence d'intention d'exercer ce droit ou de procéder simultanément à l'encaissement de la créance et au paiement de la dette, le montant et l'échéancement des flux de trésorerie futurs ne sont pas affectés.
A l'inverse, lorsqu'une entité entend exercer son droit ou régler et encaisser simultanément les deux montants, la présentation de l'actif et du passif sur une base nette reflète de manière plus appropriée à la fois (IAS 32.46) :
- les montants et l'échéancement des flux de trésorerie futurs attendus ; et
- les risques auxquels sont exposés ces flux de trésorerie.

2. **Précisions sur le droit légal de compenser** Il s'agit d'un droit (juridiquement exécutoire) établi par contrat (ou autrement), en vertu duquel un débiteur peut régler ou éliminer de toute autre façon, en totalité ou en partie, un montant dû à un créancier en imputant sur ce montant un (autre) montant dû par ce même créancier (IAS 32.45).

Remarques :
1. **Droit variable selon les juridictions** Parce que le droit à compensation est un droit établi par la loi, ses conditions d'existence peuvent varier d'une juridiction à l'autre et il convient d'étudier les règles régissant les relations entre les parties (IAS 32.45, .AG38C et .AG38D).
2. **Droit conditionnel de compensation** Dans certains cas (accords de compensation globale – « master netting agreement », voir point 6. ci-après – ou certaines formes d'emprunt sans recours), la compensation n'est possible qu'après la survenance d'un événement futur.
De tels accords ne remplissent donc pas les conditions de compensation (IAS 32.AG38B).
3. **Cas des contrats tripartites** Dans des circonstances particulières, un débiteur peut avoir le droit d'imputer un montant dû par un tiers sur le montant dû à un créancier, à condition qu'il existe un accord entre les trois parties qui établisse clairement le droit à compensation du débiteur (IAS 32.45).

3. **Précisions sur l'intention de compenser** Cette intention peut être influencée par les pratiques commerciales habituelles de l'entité, par les exigences des marchés financiers et d'autres circonstances susceptibles de limiter la capacité de l'entité à régler un montant net ou à régler et encaisser simultanément les deux montants concernés (IAS 32.47).

4. **Précisions sur la notion de paiements simultanés** La réalisation (encaissement) d'un actif financier et le règlement d'un passif financier sont traités comme étant simultanés uniquement lorsque les transactions surviennent en même temps (IAS 32.48).

Remarques :
1. **Importance du risque de crédit et du risque de liquidité** L'objectif est ici d'éviter toute exposition de l'entité au risque de crédit (défaillance du débiteur) et au risque de liquidité (impossibilité pour ce dernier ou pour l'entité de se procurer les liquidités nécessaires au règlement de la transaction sur le marché). La norme IAS 32 précise d'ailleurs à cet effet que l'exposition à de tels risques peut être significative même si elle est relativement brève (IAS 32.48).
2. Dans le **cas des chambres de compensation et des marchés organisés,** la norme confirme l'absence de risques de crédit et de liquidité (IAS 32.48).
3. Les **transactions de gré à gré** peuvent (dans certains cas) prévoir un règlement simultané évitant tout risque de crédit ou de liquidité (IAS 32.48).

5. **Distinction entre « compensation » et « décomptabilisation »** Il ne s'agit pas des mêmes opérations. La compensation entre un actif et un passif est une simple règle de présentation au bilan et n'a jamais d'impact sur le résultat (l'actif et le passif présentés de manière compensés continuent d'exister au bilan). A contrario, la décomptabilisation d'un instrument financier entraîne non seulement sa suppression (sortie) du bilan, mais peut en plus donner lieu à la comptabilisation d'un résultat de cession (IAS 32.44).

Pour la présentation des opérations de décomptabilisation d'actifs ou de passifs financiers, voir n° 51365.

6. **Exemples de situations où la compensation est, en général, interdite** :
- instruments financiers exposés au même risque primaire (par exemple, **portefeuille de contrats** à terme de gré à gré ou d'autres instruments dérivés), mais concernant des contreparties différentes (IAS 32.49b) ;
- cas où des **actifs** (financiers ou autres) sont **donnés en garantie** de passifs financiers sans recours (IAS 32.49c) ;
- opérations de désendettement (« **defeasance** ») (IAS 32.49d) ;
- **indemnités d'assurance** à recevoir suite à la déclaration d'un sinistre (IAS 32.49e) ;
- **accords de compensation** globaux (« master netting agreements ») (IAS 32.50) ;

Master netting agreement Un accord de compensation global crée habituellement un droit à compensation qui ne devient exécutoire et qui n'affecte la réalisation ou le règlement des actifs et passifs financiers individuels que suite à une défaillance ou d'autres circonstances qui ne sont pas susceptibles de se produire dans le cadre d'une activité normale (IAS 32.50). **51170** (suite)

Sur la notion de compensation conditionnelle, voir également point 2., Remarque 2. ci-avant.

– **instruments synthétiques** (par exemple, une dette à long terme à taux variable combinée avec un swap de taux d'intérêt). Chacun des différents instruments financiers utilisés pour reproduire les caractéristiques d'un instrument financier unique (instrument synthétique) est exposé à des risques différents. En effet, chacun représente un droit (ou une obligation) contractuel(le) assorti(e) de ses propres termes et conditions et chacun peut être transféré ou réglé séparément. En conséquence, aucune compensation n'est en général possible (IAS 32.49a et .AG39).

7. Information à fournir en annexe En matière de compensation, les entités doivent indiquer l'incidence sur leur exposition au risque de crédit des accords de compensation non traduits comme tels dans leurs comptes. La norme vise le cas :
– des accords où l'entité a le droit de compenser mais n'a pas l'intention de le faire (ou de procéder simultanément à l'encaissement et au paiement) (IAS 32.47) ; et
– des accords de compensation globaux (IAS 32.50).

Sur les informations à donner en matière d'exposition de l'entité au risque de crédit (IFRS 7.35B), voir n° 52390.

La norme IFRS 7 requiert également des informations destinées à aider les utilisateurs des états financiers à évaluer l'incidence actuelle ou potentielle des accords de compensation sur la situation financière de l'entité (IFRS 7.13B).

Ces informations sont requises (IFRS 7.13A) :
– pour tous les instruments financiers comptabilisés et compensés en application d'IAS 32.42 ;
– pour les instruments financiers comptabilisés faisant l'objet d'un accord de compensation globale exécutoire ou d'un accord similaire, qu'ils soient ou non compensés selon IAS 32.42.

Ces informations, appréciées à la date de clôture et à présenter distinctement (sous forme de tableau ou tout autre format mieux adapté) pour les actifs financiers comptabilisés et les passifs financiers comptabilisés, sont les suivantes (IFRS 7.13C s. et .B40 à .B53) :

a. les montants bruts des actifs financiers comptabilisés et des passifs financiers comptabilisés (IFRS 7.13Ca) ;

b. les montants compensés selon IAS 32.42 dans l'établissement des soldes nets présentés dans le bilan (IFRS 7.13Cb) ;

c. les soldes nets présentés dans le bilan (IFRS 7.13Cc) ;

d. les montants faisant l'objet d'un accord de compensation globale exécutoire ou d'un accord similaire qui ne sont pas par ailleurs visés par IAS 32.13Cb (IFRS 7.13Cd), y compris :
– les montants se rattachant aux instruments financiers comptabilisés qui ne satisfont pas aux critères énoncés par IAS 32.42,
– les montants se rattachant à des instruments financiers (y compris de la trésorerie) utilisés comme instruments de garantie (« financial collateral ») ;

Remarques :
1. Le montant total prévu au titre d'IAS 32.13Cd ne doit pas excéder, pour un instrument donné, le montant indiqué au titre d'IAS 32.13Cc pour ce même instrument (IFRS 7.13D).
2. Les informations fournies au titre d'IAS 32.13Cd doivent inclure une description des droits à compensation rattachés aux actifs et passifs financiers comptabilisés faisant l'objet d'un accord de compensation globale exécutoire ou d'un accord similaire, indiquant notamment la nature de ces droits (IFRS 7.13E).

e. le montant net résultant de la déduction des montants décrits au point d. des montants décrits au point c. ci-avant (IFRS 7.13Ce).

Remarques :
1. Si les informations requises ci-avant sont présentées au sein de plusieurs notes dans les états financiers, il doit y avoir un renvoi vers ces notes (IFRS 7.13F).
2. Il est rappelé que les informations requises doivent être fournies dans les états financiers intermédiaires résumés établis conformément à la norme IAS 34, dès lors que leur omission pourrait rendre ces états financiers intermédiaires trompeurs (IFRS 7.BC72C).
3. Recommandations de l'AMF Dans ses recommandations en vue de l'arrêté des comptes 2015, l'AMF juge utile, compte tenu de la diversité des contrats de gestion centralisée de trésorerie et de leurs modalités opérationnelles, d'effectuer une analyse approfondie de l'ensemble des critères de compensation d'IAS 32, et notamment la question de l'intention, afin de déterminer si les

positions créditrices et débitrices de trésorerie, vis-à-vis d'une même contrepartie bancaire, sont à présenter sur une base nette ou brute. L'AMF recommande, en cas de montants significatifs et d'analyse ayant nécessité l'exercice du jugement, de détailler en annexe les caractéristiques de l'opération, l'analyse effectuée et ses effets dans les comptes (Rec. AMF 2015-08, Arrêté des Comptes 2015, § 2.3).

B. Droit légal de compenser

Dérivés contractés avec la même contrepartie

51180 *Question*

Comment présenter au bilan les instruments dérivés contractés avec la même contrepartie ?

Réponse

L'approche IFRS, fondée sur la liquidité du bilan, conduit généralement à présenter en brut (sans compensation) les instruments dérivés contractés avec la même contrepartie sauf pour les contrats traités avec des chambres de compensation qui peuvent, lorsqu'ils respectent certains critères, permettre une compensation.

Commentaires Selon IAS 32.42, une entité doit compenser un actif et un passif financiers et présenter leur solde net au bilan lorsqu'elle a un droit juridiquement exécutoire de compenser les montants comptabilisés et l'intention de régler leur montant net ou de réaliser l'actif et le passif simultanément (voir nº 51170). En outre, IAS 32.AG38B précise que ce droit juridiquement exécutoire doit l'être dans toutes les circonstances suivantes : activité normale, défaillance, insolvabilité ou faillite.

Or, un accord de compensation relatif à des dérivés contractés avec la même contrepartie ne donne le droit de compenser qu'en cas de défaut de la contrepartie. Ainsi des instruments dérivés contractés avec la même contrepartie et liés par un accord de compensation ne remplissent pas les critères ci-avant et doivent être présentés en brut au bilan.

Toutefois, lorsque la contrepartie a en sus souscrit à un accord de « collateral » qui a pour effet que les deux entités s'échangent quotidiennement les variations de juste valeur des dérivés sur une base compensée, la question se pose de savoir si cet accord ne permet pas de démontrer qu'au global les dérivés seront réglés de manière compensée (voir nº 51205).

Lorsque les dérivés sont contractés avec une chambre de compensation, il peut être possible, à notre avis et sous conditions, de les compenser (voir nº 51215).

En outre, la norme IFRS 7 requiert des informations en annexe pour refléter l'exposition nette des dérivés, voir nº 52355.

C. Intention de compenser

Compensation dans le cas de contrats de « cash-pooling notionnel »

51190 *Question*

Les comptes bancaires peuvent-ils faire l'objet d'une compensation dans le cadre d'un contrat de « cash-pooling notionnel », selon lequel les positions créditrices et débitrices des comptes bancaires des filiales sont transférées de manière régulière mais à des dates différentes de la date de clôture de la société mère ?

Réponse

Selon l'IFRS IC, la compensation n'est pas possible dans ce cas, l'absence de transfert des positions à la date de clôture laissant supposer que le groupe n'a pas l'intention de compenser les flux de trésorerie futurs.

Commentaires En mars 2016, l'IFRS IC a publié une décision sur le respect des critères d'IAS 32 en matière de compensation dans le cas de certains contrats de « cash-pooling ». **51190** (suite)

1. **Rappel des règles de compensation** La norme IAS 32 définit les règles de compensation applicables aux actifs et passifs financiers. La compensation est obligatoire si les deux conditions suivantes sont remplies :
- droit légal de compenser (IAS 32.42a et .AG38B s.) ;
- intention de compenser les flux de trésorerie futurs (IAS 32.42b et .AG38E s.).

Pour plus de détails, voir n° 51170.

2. **Contrat de cash-pooling considéré par l'IFRS IC** Le cas traité par l'IFRS IC concerne un groupe ayant signé un contrat de cash-pooling notionnel impliquant les comptes bancaires de ses filiales. Dans le cadre de sa gestion en cash-pooling, le groupe effectue le transfert des positions débitrices ou créditrices de tous les comptes bancaires de ses filiales selon les modalités spécifiques suivantes :
- sur un compte centralisateur permettant d'obtenir une position nette ;
- de manière régulière, mais à des dates différentes de celle de la clôture de la société mère.

En accord avec le contrat, les filiales utilisent leurs comptes bancaires au jour le jour dans le cadre normal de leur activité (placement des excédents de trésorerie, remboursement des découverts et règlement des dettes). Compte tenu de l'utilisation journalière des comptes bancaires des filiales, le groupe s'attend donc à ce que le solde du compte centralisateur varie entre deux consolidations des positions.

Par ailleurs, la société mère dispose d'un droit légal de compenser les soldes bancaires des différents comptes.

3. **Décision de l'IFRS IC** Dans ce cas de figure, l'IFRS IC a considéré que la compensation des comptes selon IAS 32 n'est pas possible.

Considérant que les comptes bancaires, en position positive ou en découvert, sont respectivement des actifs et des passifs financiers, ils entrent dans le champ d'application des dispositions d'IAS 32 en matière de compensation :
- le premier critère pour compenser, à savoir l'existence d'un droit légal à compenser, est respecté, dans la mesure où le groupe dispose de ce droit ;
- en revanche, le second critère n'est pas respecté car, dans ce cas, il n'est pas possible de considérer que le groupe a l'intention de compenser les flux de trésorerie futurs. En effet, dans la mesure où le groupe s'attend à ce que ses filiales utilisent leurs comptes bancaires dans le cadre de la gestion normale de leurs activités entre deux centralisations des positions et du fait que la centralisation des comptes est réalisée de manière régulière mais pas à la date de clôture, la présentation nette de ces soldes à la date de clôture ne permettrait pas de refléter les montants et les échéances des flux de trésorerie futurs.

Au cas particulier envisagé, l'IFRS IC a donc conclu que le contrat visé n'était pas un contrat général de cash-pooling et qu'en conséquence, la compensation au bilan à la date de clôture des comptes bancaires des filiales concernées n'était pas possible (IFRIC Update 03/16).

4. **Cas de cash-pooling pouvant faire l'objet d'une compensation** L'IFRS IC a considéré que, compte tenu des différents types de contrats de cash-pooling pouvant exister en pratique, l'analyse de chaque cas est nécessaire pour déterminer si les critères de compensation sont remplis.

Notamment, il est nécessaire de faire preuve de jugement pour déterminer si l'entité a l'intention de compenser les flux de trésorerie futurs en ne réglant que leur montant net (IFRIC Update 03/16).

A notre avis, la compensation pourrait être appropriée dans les cas suivants :
- lorsque l'entité s'attend à ce que les seuls mouvements de trésorerie entre deux dates de transfert des positions soient des versements dans les comptes créditeurs et/ou des retraits des comptes en découvert ; ou
- lorsqu'est maintenu un solde principal (compte centralisateur) dans lequel les fluctuations sont peu probables avant la date suivante de transfert des positions ; ou encore
- lorsque les positions des comptes bancaires sont transférées fréquemment en complément du transfert à la date de clôture.

D. Paiement simultané

Compensation entre un dérivé et son « collateral »

51205 ***Question***

Dans quels cas est-il possible de compenser des dérivés avec l'actif (« collateral ») donné en garantie ou le passif reçu en collatéral pour couvrir le risque de crédit correspondant ?

Réponse

Lorsque les appels en collatéral sont réglés en trésorerie quotidiennement et de manière simultanée à la tombée des flux de trésorerie des contrats.

Commentaires :

1. **Contexte** Deux entités (banques, assurances ou entreprises industrielles et commerciales) décident de mettre en place un contrat de collatéral pour couvrir le risque que l'une d'elles ne paie pas ce qu'elle doit à l'autre, par un dépôt de trésorerie (ou de titres) appelé « collateral ».

Le montant déposé est réajusté chaque jour pour être équivalent – à tout moment – à la juste valeur du dérivé. Ainsi, la contrepartie gagnante est toujours assurée de percevoir son dû (au complément de garantie près, correspondant aux variations de valeur du dérivé le jour de dénouement) soit à l'échéance du dérivé, soit au moment de la défaillance de l'autre contrepartie, perdante. L'appel en collatéral est simultané à la tombée des flux de trésorerie des contrats de dérivés auxquels le contrat de collatéral se rapporte.

Le principe est identique si l'entité contracte un dérivé directement avec une chambre de compensation (marché réglementé). Dans ce cas, si sa position devient perdante (dérivé passif), elle subit un appel de marge correspondant au montant de la moins-value latente générée par cette position.

Sur les notions d'instrument de gré à gré et de marché réglementé, voir n° 48725.

2. **Traitement comptable** Juridiquement, la mise en place et le réajustement quotidien du dépôt de garantie n'ont pas en général pour conséquence l'extinction de la dette de l'une des parties (celle pour laquelle le dérivé est perdant) envers l'autre. Toutefois, les caractéristiques et le fonctionnement du dépôt de garantie sont tels que le dépôt sera utilisé pour régler le contrat à sa date d'échéance (ou en cas de dénouement anticipé du dérivé, quelle qu'en soit la raison). En outre, en cas de défaillance de l'une des parties (peu importe laquelle, le contrat à terme pouvant changer de sens tout au long de la vie de l'instrument), l'autre partie sera assurée d'avoir l'entière disponibilité juridique des sommes versées au titre du dépôt.

Remarque Le fait que le dépôt de trésorerie soit ultérieurement réajusté si la juste valeur du dérivé varie est un événement postérieur à la date de clôture qui ne donne pas lieu à ajustement (IAS 10.11). Cet événement n'a donc pas à être pris en compte pour déterminer si les conditions d'IAS 32.42 sont remplies (voir n° 51170).

IAS 32.49c précise qu'en général, les conditions (de compensation) énumérées au paragraphe 42 de la norme ne sont pas satisfaites et une compensation n'est pas appropriée, notamment lorsque des actifs financiers ou d'autres actifs sont donnés en garantie de passifs financiers sans recours.

Sur les conditions requises par IAS 32.42, voir n° 51170.

A notre avis, pour que les **conditions d'une compensation** selon IAS 32.42 soient remplies, il faut que :

- l'actif donné en garantie (« collateral ») soit uniquement de la trésorerie (et non pas, par exemple, des obligations d'Etat ou d'entreprises qui peuvent encourir un risque de crédit) ;
- aucune des deux contreparties n'ait la possibilité de substituer d'autres actifs (par exemple, des obligations d'Etat) à la trésorerie initialement donnée en garantie ; cette trésorerie doit être utilisée pour dénouer le dérivé quel que soit le scénario de dénouement, i.e. y compris lors d'une liquidation ou d'un redressement judiciaire de l'une des deux contreparties ou en cas de dénouement anticipé.

Remarque Pour que cette dernière condition soit remplie, le dérivé lui-même ne doit pouvoir se dénouer que par un règlement net en trésorerie. C'est-à-dire qu'il ne doit pas y avoir de règlement ou d'échange de flux de trésorerie bruts pendant la vie du contrat ou lors de son échéance (tel que, par exemple, dans le cas d'un swap de devises où les montants nominaux bruts sont échangés en fin de contrat).

Sur le cas où l'une des contreparties est une chambre de compensation, voir n° 51215.

Si les conditions d'IAS 32.42 sont remplies, la compensation est alors obligatoire aussi bien chez le gagnant (pour qui le dérivé est un dérivé actif à compenser avec une dette correspondant au dépôt de trésorerie reçu de la contrepartie) que chez le perdant (pour qui le dérivé est un dérivé passif à compenser avec l'actif correspondant au dépôt de trésorerie effectué chez la contrepartie).

3. **Informations à fournir en annexe** Par référence à IFRS 7.14 (nature et conditions d'utilisation des actifs reçus ou donnés en garantie) et IFRS 7.15 (juste valeur et valeur nette comptable des actifs donnés en garantie), les entités devraient, à notre avis, indiquer les montants comptabilisés en compensation des justes valeurs des dérivés actifs ou passifs.

Remarque – Equivalent de trésorerie Si les conditions d'une compensation au bilan ne sont pas remplies, le dépôt de trésorerie effectué peut toutefois, sous certaines conditions, être considéré comme un équivalent de trésorerie (CCE), (voir nº 51325).
Voir également nº 51325 sur la possibilité de présenter en équivalent de trésorerie (CCE) un solde de compte courant affecté à la couverture d'appels de marge.
Sur le détail des informations à fournir en annexe, voir nº 51170, point 7.

Compensation des opérations traitées par chambre de compensation

Question 51215

Les opérations conclues avec des chambres de compensation doivent-elles être compensées ?

Réponse

Les conditions de la norme IAS 32 en matière de compensation étant très strictes, la possibilité de compenser des opérations traitées avec des chambres de compensation reste limitée. Il convient toutefois d'analyser ces accords au cas par cas.

Commentaires Selon IAS 32.42, une entité doit compenser un actif et un passif financiers et présenter leur solde net au bilan lorsqu'elle a un droit juridiquement exécutoire de compenser les montants comptabilisés et l'intention de régler leur montant net ou de réaliser l'actif et le passif simultanément (voir nº 51170).

IAS 32.AG38F précise les conditions dans lesquelles un processus de règlement peut être considéré comme éliminant ou diminuant significativement le risque de liquidité et de contrepartie et donc répondant au critère de « règlement simultané ».

Au regard de ces clarifications, les établissements bancaires doivent veiller à garder à jour les analyses juridiques de leurs accords conclus avec des chambres de compensation et tenir compte des lois qui pourraient s'appliquer.

E. Situations pour lesquelles la compensation n'est pas appropriée

Présentation au bilan de l'élément couvert et de l'instrument de couverture

Question 51220

Peut-on présenter au bilan, sur une même ligne, l'élément couvert et l'instrument de couverture ?

Réponse

Non.

Commentaires Selon IFRS 9, il existe :
- trois catégories d'actifs financiers : actifs évalués au coût amorti ; actifs évalués à la juste valeur en contrepartie des autres éléments du résultat global (OCI) et actifs évalués à la juste valeur par résultat (IFRS 9.4.1.1) ; et
- deux catégories de passifs financiers : passifs évalués à la juste valeur par résultat et passifs évalués au coût amorti (IFRS 9.4.2.1).

La norme précise que la catégorie d'actifs financiers évalués à la juste valeur par résultat comporte deux sous-catégories :
- les expositions au risque de crédit désignées comme étant évaluées à la juste valeur par résultat en application d'IFRS 9.6.7.1 ;
- les actifs financiers devant obligatoirement être évalués à la juste valeur par résultat.

Pour cette dernière catégorie, il s'agit des actifs financiers dont le business model est de les détenir à des fins de transaction (« Trading »), qui comprennent notamment les dérivés, des actifs financiers ne répondant pas à la qualification de « prêt basique » (voir nº 45140) et des actifs financiers auxquels l'entité a décidé d'appliquer l'option juste valeur (voir nº 46680).

La catégorie de passifs financiers évalués à la juste valeur par résultat comporte deux sous-catégories :
- les passifs détenus à des fins de transaction (« Trading »), qui comprennent notamment les dérivés ; et
- les passifs auxquels l'entité a décidé d'appliquer l'option juste valeur (voir nº 46060 s.).

La norme IFRS 7 rappelle que les catégories d'instruments financiers définies par IFRS 9 déterminent comment sont évalués les instruments financiers et où sont comptabilisés les changements de leur juste valeur (IFRS 7.B1). En outre, la norme exige que la valeur comptable de chacune de ces catégories figure soit directement au bilan, soit dans les notes annexes (IFRS 7.8).

Les instruments de couverture sont en général des dérivés qui, s'ils n'étaient pas qualifiés de couverture, seraient systématiquement classés en « trading » (IFRS 9.A), puisque réévalués à la juste valeur par résultat.

Seules les relations de couverture de flux de trésorerie ont une incidence sur la comptabilisation du dérivé de couverture, sa part efficace étant comptabilisée en contrepartie des autres éléments du résultat global (OCI).
Pour plus de détails, voir nº 50210 sous IAS 39 et nº 49340 sous IFRS 9.

A l'inverse, l'élément couvert est un actif ou un passif comptabilisé dans l'une des autres catégories (actifs évalués au coût amorti ou à la juste valeur en contrepartie des autres éléments du résultat global (OCI), passifs évalués au coût amorti), ce qui justifie l'application de la comptabilité de couverture (voir nº 50010, la notion de modèle comptable mixte, base de la comptabilité de couverture).

Ainsi, les instruments de couverture et les éléments couverts, étant comptabilisés dans des catégories distinctes et relevant de règles d'évaluation différentes, ne peuvent être regroupés sur une même ligne au bilan.

Remarques :
1. Les entreprises industrielles et commerciales font généralement apparaître deux rubriques distinctes à l'actif et au passif de leur bilan, intitulées « Instruments financiers dérivés ». Chacune de ces rubriques regroupe à la fois les dérivés de couverture et ceux non qualifiés de couverture.
2. Les banques peuvent éventuellement présenter sur un poste distinct les dérivés qualifiés de couverture et regrouper les autres dérivés avec les catégories « trading » (Rec. ANC 2017-02 relative au format des comptes consolidés des établissements du secteur bancaire selon les normes comptables internationales).

II. Distinction instruments financiers courants/non courants

A. Principes généraux

Présentation du bilan par les entreprises industrielles et commerciales

51225 ***Question***

Quelles sont les lignes relatives aux instruments financiers généralement présentées au bilan par les entreprises industrielles et commerciales ?

51225 (suite)

Réponse

Très souvent en pratique, les entreprises industrielles et commerciales présentent, en plus des lignes minimum obligatoires requises par IAS 1 (voir nº 52180), les rubriques suivantes :
- actifs financiers évalués à la juste valeur en autres éléments du résultat global, séparés en éléments courants et non courants ;
- instruments financiers dérivés (actifs et passifs), séparés en éléments courants et non courants ;
- autres actifs financiers évalués en juste valeur par résultat ;
- actions propres, présentées en moins des capitaux propres ;
- emprunts, séparés en éléments courants et non courants.

Commentaires Afin de respecter l'ensemble des dispositions requises par les normes IAS 1 et IFRS 7 en matière de présentation et d'information (voir nº 52180 et 52200) et pour faciliter la lecture de leurs états financiers, les entreprises industrielles et commerciales insèrent souvent des lignes supplémentaires dans leur bilan. En conséquence, les instruments financiers peuvent figurer dans différentes parties du bilan, comme le montre le bilan synthétique présenté, à titre d'illustration et établi par nos soins, ci-après.

BILAN (par ordre de liquidité croissante) (rubriques Instruments financiers)	
Actif	Capitaux propres
Actif non courant	Capital apporté
Instruments de dettes évalués à la juste valeur en autres éléments du résultat global (1)	Primes d'émission
Placements dans des instruments de capitaux propres évalués sur option à la juste valeur en autres éléments du résultat global	Actions propres (6)
Instruments financiers dérivés (2)	
Clients et autres débiteurs (3)	
	Passif
Actif courant	Passif non courant
Clients et autres débiteurs	Emprunts (7)
Actifs financiers évalués à la juste valeur en autres éléments du résultat global (1)	Instruments financiers dérivés (2)
Instruments financiers dérivés (2)	
Autres actifs financiers évalués à la juste valeur par résultat (4)	Passif courant
	Fournisseurs et autres créanciers (8)
Trésorerie et équivalents de trésorerie (CCE) (5)	Emprunts (7)
	Instruments financiers dérivés (2)
Total Actif	Total Passif

(1) Le portefeuille-titres de dettes évalué à la juste valeur en autres éléments du résultat global est scindé en deux sous-portefeuilles pour respecter la distinction éléments courants/non courants.
(2) Au total, quatre rubriques concernent les produits dérivés (dérivés actifs et passifs, dérivés courants/non courants).
(3) En général, les entreprises industrielles et commerciales ne présentent au bilan qu'une ligne intitulée « Clients et autres débiteurs » et précisent en annexe que les prêts et créances sont comptabilisés au sein de cette ligne au bilan.
A notre avis, les entreprises industrielles et commerciales qui auraient octroyé des prêts d'un montant significatif (ou consolidé une banque de groupe) doivent présenter ces derniers séparément de leurs créances commerciales, conformément aux dispositions d'IAS 1.
(4) Cette rubrique regroupe à la fois le portefeuille de transaction, les actifs ne répondant pas à la qualification de « prêt basique » et les actifs auxquels l'entreprise a appliqué l'option juste valeur. La distinction entre ces deux types d'instruments doit être fournie en annexe (IFRS 7.8a).
(5) Sur la notion de Trésorerie et équivalents de trésorerie, voir nº 51245 s.
(6) Sur l'information à donner sur les actions propres, voir nº 44600, point 2. et 52310.
(7) Les emprunts doivent être ventilés entre éléments courants/non courants.
Pour la présentation des emprunts convertibles au bilan, voir nº 51280.
(8) Sur la présentation des Fournisseurs et autres créanciers, voir nº 46140.

Application du principe général de distinction courant/non courant aux instruments financiers

51230 *Question*

Comment le principe général de distinction entre éléments courants et non courants s'applique-t-il aux instruments financiers ?

Réponse

Les actifs et passifs financiers doivent être présentés distinctement au bilan entre éléments courants et non courants, sauf lorsqu'une présentation selon le critère de liquidité est adoptée (cas rare pour les entreprises industrielles et commerciales).

Lorsque le bilan est présenté par ordre de liquidité (cas des banques et de certains assureurs), la ventilation entre éléments courants et non courants doit alors être indiquée en annexe.

Commentaires :

1. **Rappel du principe général de distinction courant/non courant** Selon IAS 1.60, une entité doit présenter séparément au bilan les actifs courants et non courants, et les passifs courants et non courants, conformément à IAS 1.66 à .67, sauf lorsqu'une présentation selon le critère de liquidité apporte des informations fiables et plus pertinentes. Lorsque cette exception s'applique, tous les actifs et passifs doivent être généralement présentés par ordre de liquidité.

Pour la définition d'un actif ou d'un passif courant et non courant, voir n° 53968 s.

Par ailleurs, selon IAS 1.61, quelle que soit la méthode de présentation adoptée au bilan (par ordre de liquidité ou selon la distinction courant/non courant), l'entité doit néanmoins donner une ventilation entre montants courants et non courants dans ses états financiers.

2. **Conséquences pratiques sur les instruments financiers** Elles diffèrent selon qu'il s'agit d'entreprises industrielles et commerciales ou d'établissements du secteur financier (banques ou assurances).

a. **Entreprises industrielles et commerciales** Les entreprises industrielles et commerciales ne retenant pas, en général, une présentation de leur bilan par ordre de liquidité, elles doivent donc ventiler leurs instruments financiers au bilan entre éléments courants et non courants. Ce qui les conduit notamment à (voir n° 51225) :

- ventiler en deux parties leur portefeuille d'instruments de capitaux propres évalués à la juste valeur par résultat (une partie en « Actif courant » et une autre en « Actif non courant ») ;
- ventiler les instruments de dettes évalués à la juste valeur par résultat entre ceux détenus à des fins de transaction, lesquels doivent être comptabilisés en éléments courants, et ceux ne répondant pas à la qualification de « prêt basique », lesquels doivent être scindés en courants/non courants ;
- ventiler en deux parties leur portefeuille d'instruments de capitaux propres évalués à la juste valeur en contrepartie des autres éléments du résultat global (une partie en « Actif courant », si leur cession est prévue dans les douze mois après la clôture, et une autre en « Actif non courant ») ;
- ventiler en deux parties leur portefeuille d'instruments de dettes évalués à la juste valeur en contrepartie des autres éléments du résultat global (une partie en « Actif courant », si leur échéance ou leur cession est prévue dans les douze mois après la clôture, et une autre en « Actif non courant ») ;
- ventiler les actifs au coût amorti (une partie en « Actif courant » et une autre en « Actif non courant ») ;
- ventiler leurs emprunts (une partie en « Passif courant » et une autre en « Passif non courant ») ;
- avoir jusqu'à quatre rubriques différentes pour les dérivés (ces instruments pouvant être des dérivés actifs ou passifs, courants ou non courants).

b. **Banques et assurances** Ces institutions choisissant, en général, une présentation par ordre de liquidité, elles doivent fournir la ventilation courant/non courant en annexe.

Actifs et passifs financiers courants/non courants

51235

Question

Quels sont les actifs et passifs financiers courants et quels sont les actifs et passifs financiers non courants ?

Réponse

Les **actifs financiers courants** comprennent :
– les créances clients émises dans le cadre du cycle d'exploitation normal de l'entreprise, même si leur encaissement n'intervient pas dans les douze mois qui suivent la date de clôture ;
– les actifs financiers détenus à des fins de transaction (« trading ») tels que définis par la norme IFRS 9 ;
– la partie courante des actifs financiers non courants.

Les **passifs financiers courants** comprennent :
– les dettes fournisseurs qui font partie du fonds de roulement utilisé dans le cadre du cycle d'exploitation normal de l'entité, même si elles doivent être réglées plus de douze mois après la date de clôture ;
– les passifs financiers émis à des fins de transaction (« trading ») tels que définis par la norme IFRS 9 ;
– les découverts bancaires ;
– les dividendes à payer ;
– la partie courante des passifs financiers non courants.

Les **actifs et passifs financiers non courants** sont définis par défaut, comme ne répondant pas à la définition d'un actif ou d'un passif courant.

Toutefois, la partie courante de ces éléments doit être classée en actifs ou passifs courants.

Commentaires :

1. **Actifs financiers courants** L'approche est la suivante :

a. **Rappel – Définition d'un actif courant** (voir n° 53968) Un actif doit être classé en tant qu'actif courant lorsqu'il satisfait à l'un des critères suivants (IAS 1.66) :
– l'entité s'attend à pouvoir réaliser l'actif, le vendre ou l'encaisser dans le cadre du cycle normal de son exploitation ;

Pour la notion de cycle d'exploitation d'une entreprise, voir n° 53968.

– l'actif est détenu essentiellement aux fins d'être négocié ;
– l'entité s'attend à réaliser l'actif dans les douze mois suivant la date de clôture ; ou
– l'actif est de la trésorerie (ou un équivalent de trésorerie tel que défini dans la norme IAS 7, voir n° 51245) dont l'échange ou l'utilisation pour régler un passif n'est soumis à aucune restriction pendant au moins les douze mois suivant la date de clôture de l'exercice.

b. **Application pratique** Les actifs financiers courants comprennent ainsi (IAS 1.68) :
– les créances clients émises dans le cadre du cycle d'exploitation normal de l'entreprise, même si leur encaissement n'intervient pas dans les douze mois qui suivent la date de clôture ;
– les actifs financiers détenus à des fins de transaction (« trading ») tels que définis par IFRS 9, voir n° 45080 ;
– la partie courante des actifs financiers non courants.

Remarque Le CESR (devenu l'ESMA) a remis en cause le classement en « courant » de tous les actifs et passifs d'un fonds dont l'objectif était d'investir à long terme (EECS/0610-03, 07/10). La direction du fonds justifiait cette classification par le fait que l'ensemble des lignes d'actifs détenues – même si elles n'étaient pas achetées dans un objectif de Trading – pouvaient être vendues avant douze mois. Le CESR a estimé que le fonds ne respectait pas les conditions d'analyse requises par la norme IAS 1.

2. **Passifs financiers courants** L'approche est la suivante :

a. **Rappel – Définition d'un passif courant** (voir n° 53969) Un passif doit être classé en tant que passif courant lorsqu'il satisfait à l'un des critères suivants (IAS 1.69) :
– l'entité s'attend à régler le passif au cours de son cycle d'exploitation normal ;
– il est détenu essentiellement aux fins d'être négocié ;
– il doit être réglé dans les douze mois après la date de clôture ;

Et ce, même si (IAS 1.72) :
- l'échéance d'origine est fixée à plus de douze mois ; et
- un accord de refinancement ou de rééchelonnement des paiements à long terme est conclu après la date de clôture et avant la date d'autorisation de publication des états financiers.

- l'entité ne dispose pas d'un **droit inconditionnel** de différer le règlement du passif pour au moins douze mois à compter de la date de clôture.

Remarque L'appréciation du fait que l'entité ne dispose pas d'un droit inconditionnel de différer le règlement du passif pour au moins douze mois à compter de la date de clôture s'effectue du point de vue de l'entité. Ainsi, par exemple, l'existence d'une clause contractuelle permettant à la contrepartie d'exiger à tout moment le règlement de la transaction en actions (et non plus en trésorerie) alors que le remboursement n'est prévu qu'au-delà de douze mois ne remet pas en cause le classement de la dette en passif non courant.

b. **Application pratique** Les passifs financiers courants comprennent ainsi (IAS 1.71) :
- les dettes fournisseurs qui font partie du fonds de roulement utilisé dans le cadre du cycle d'exploitation normal de l'entité, même si elles doivent être réglées plus de douze mois après la date de clôture ;
- les passifs financiers émis à des fins de transaction (« trading ») tels que définis par la norme IFRS 9 (voir n° 46055) ;
- les découverts bancaires ;
- les dividendes à payer ;
- la partie courante des passifs financiers non courants.

3. **Actifs et passifs financiers non courants** (voir n° 53968 et 53969) Selon la norme IAS 1 :

a. tous les actifs autres que les actifs courants doivent être classés en actifs non courants (IAS 1.66). La norme précise par ailleurs que sous le terme « actifs non courants » sont notamment regroupés les actifs financiers qui sont par nature détenus pour une longue durée (IAS 1.67) ;

Une autre dénomination qu'actifs non courants peut être utilisée dès lors que sa signification est claire (IAS 1.67).

b. tous les passifs autres que les passifs courants doivent être classés en passifs non courants (IAS 1.69).

Toutefois, qu'ils soient actifs ou passifs, la partie courante de ces éléments (voir ci-avant) doit être présentée en éléments courants (IAS 1.68 et .71).

B. Trésorerie et équivalents de trésorerie (« cash and cash equivalent »/CCE)

1. Définition

Définition d'un équivalent de trésorerie

51245 ***Question***

Qu'est-ce qu'un « équivalent de trésorerie » en IFRS ?

Réponse

Un « équivalent de trésorerie » en IFRS répond à trois critères cumulatifs. Le placement doit être :
- à court terme (généralement moins de trois mois) ;
- très liquide et facilement convertible en un montant connu de trésorerie ; et
- soumis à un risque négligeable de changement de valeur.

Commentaires :

1. **Définition** La norme IAS 7, Etat des flux de trésorerie, définit la notion d'« équivalents de trésorerie » comme des placements à court terme, très liquides qui sont facilement convertibles en un montant connu de trésorerie et soumis à un risque négligeable de changement de valeur (IAS 7.6).

La norme précise, par ailleurs, que les équivalents de trésorerie sont détenus dans le but de faire face aux engagements de trésorerie à court terme plutôt que pour un placement ou d'autres finalités.

Pour qu'un placement puisse être considéré comme un équivalent de trésorerie, il doit être facilement convertible en un montant de trésorerie connu et être soumis à un risque négligeable de changement de valeur. **51245** (suite)

En conséquence, un placement ne sera normalement qualifié d'équivalent de trésorerie que s'il a une **échéance rapprochée,** par exemple inférieure ou égale à trois mois **à partir de la date d'acquisition.**

Les investissements en actions sont exclus des équivalents de trésorerie à moins qu'ils ne soient, en substance, des équivalents de trésorerie, par exemple dans le cas d'actions de préférence acquises peu avant leur date d'échéance et ayant une date de remboursement déterminée (IAS 7.7).

2. Soldes significatifs de trésorerie et d'équivalents de trésorerie non disponibles pour le groupe (« Restricted cash ») Les fonds soumis à restriction (« restricted cash ») ne doivent être classés en « équivalents de trésorerie » que s'ils satisfont aux critères de classification en « équivalents de trésorerie », à savoir notamment que les fonds sont détenus dans le but de faire face aux engagements de trésorerie à court terme de l'entité. Le classement en « équivalents de trésorerie » de fonds soumis à restriction dépendra de la nature des restrictions.

Pour les informations à communiquer concernant le « restricted cash », voir nº 52600.

Décision de l'ESMA L'ESMA a remis en cause le classement en « équivalents de trésorerie » d'un montant maintenu par une entité sur un compte bancaire en garantie d'un emprunt. L'ESMA a considéré que le montant ne pouvait pas être classé en équivalent de trésorerie, car il n'était pas disponible pour faire face aux engagements à court terme de l'entité (EECS/0118-02, 04/18).

■ *Exemple 1*

Dépôt à terme bloqué 14 mois *Une entité souscrit un dépôt à terme le 1/01/N, bloqué pendant 14 mois. Au 31/12/N, sa maturité résiduelle est de deux mois. L'appréciation du premier critère d'analyse, le terme, doit se faire à la date de souscription de l'instrument. Dans cet exemple, la maturité de l'instrument est donc de 14 mois. Le premier critère n'étant pas respecté (généralement moins de 3 mois), le dépôt ne peut être qualifié d'équivalent de trésorerie.*

■ *Exemple 2*

Dépôt à terme d'une échéance supérieure à 3 mois, sans possibilité de remboursement anticipé

Cet exemple reprend les principaux éléments d'une décision de l'ESMA publiée en juillet 2019 (EECS/0119-03, 07/19).

Une entité a souscrit un dépôt à terme rémunéré sur une période de 6 mois sans possibilité de remboursement anticipé et l'a classé en équivalents de trésorerie à la face du bilan.

L'ESMA n'a pas accepté un tel classement, rappelant que, selon la norme IAS 7, un actif ne peut répondre à la définition d'équivalents de trésorerie que s'il a une échéance à court terme, généralement inférieure ou égale à 3 mois par rapport à sa date d'acquisition. Au cas particulier, l'ESMA a considéré que l'échéance de 6 mois couplée à l'absence de droit de remboursement anticipé empêchaient le classement de ces fonds en équivalents de trésorerie.

Cet instrument aurait pu être qualifié d'équivalent de trésorerie s'il avait eu pour caractéristique une option de remboursement anticipé sans pénalité de sortie ni perte sur intérêts acquis, le rendant facilement convertible en un montant de trésorerie connu et soumis à un risque négligeable de changement de valeur.

■ *Exemple 3*

Liquidités placées dans un compte sous séquestre *Une entité a déposé des liquidités dans un compte sous séquestre. L'utilisation des fonds est soumise à l'accord préalable d'un tiers.*

Dans cet exemple, une analyse spécifique de la nature de la restriction est nécessaire pour déterminer si ces liquidités sont disponibles pour une utilisation à court terme par l'entité (respect du premier critère). Dans le cas présent, les liquidités ne peuvent être utilisées qu'avec l'accord d'un tiers qui n'est pas sous le contrôle de l'entité. Elles ne sont donc pas disponibles à court terme pour l'entité et ne peuvent être qualifiées d'équivalents de trésorerie.

■ *Exemple 4*

Liquidités d'une filiale étrangère soumises à un contrôle des changes *Une entité détient une filiale étrangère dont les liquidités sont soumises à un contrôle des changes. A l'instar de l'exemple 2 ci-avant, il convient d'analyser spécifiquement la nature de la restriction pour déterminer si le critère de placement à court terme en vue de faire face aux engagements du Groupe est respecté. Au cas présent, les liquidités sont disponibles pour être utilisées librement dans la filiale et constituent donc de la trésorerie.*

■ *Exemple 5*

Dépôt à vue soumis à des restrictions d'utilisation en vertu d'un accord avec un tiers (autre que la banque)

Cet exemple reprend les principaux éléments d'une décision de l'IFRS IC approuvée par l'IASB (IFRIC Update 03/22 ; voir n° 56030).

Une entité a souscrit un dépôt à vue auprès d'une banque. Selon les termes et conditions du contrat signé avec la banque, l'entité a libre accès aux fonds déposés. Cependant, l'entité est engagée envers un tiers à conserver un montant déterminé de trésorerie pour des besoins spécifiques. L'utilisation des fonds pour un autre usage constituerait une rupture de son obligation contractuelle envers le tiers.

L'IFRS IC a confirmé le classement de ces dépôts en « trésorerie et équivalents de trésorerie », considérant que la restriction d'utilisation résultait d'un accord entre l'entité et un tiers (autre que la banque) et n'affectait pas la nature du dépôt à vue.

2. Cas particuliers : parts de fonds monétaires

Interprétations sur le classement des parts de fonds monétaires en équivalents de trésorerie

51255 ***Question***

Quelles sont les interprétations disponibles quant au classement des parts de fonds monétaires en équivalents de trésorerie (« cash equivalent ») ?

Réponse

L'IFRS IC n'a pas apporté de précisions utiles sur le classement des parts de fonds monétaires en équivalents de trésorerie.

En revanche, l'ANC et l'AMF ont pris position, voir n° 51265.

Commentaires Les fonds monétaires sont des outils de gestion de la liquidité à court terme offrant à la fois un degré élevé de liquidité, de diversification et de stabilité de la valeur du capital investi tout en fournissant un rendement fondé sur le marché.

1. **Absence de position de l'IFRS IC** L'IFRS IC a été interrogé sur la possibilité de classer des parts de fonds monétaires (« money market funds »/MMF), remboursables à tout moment, en équivalents de trésorerie (« cash and cash equivalent »/CCE). L'IFRS IC considère que les dispositions d'IAS 7 sont suffisamment claires tant en ce qui concerne l'objectif de détention des parts par l'entité dans le cas visé, que les critères imposés par la norme (IFRIC Update 07/09).

L'IFRS IC a en effet observé :

a. que, selon IAS 7.7, la détention de placements en équivalents de trésorerie a pour objectif de faire face à des engagements de trésorerie à court terme ; et

b. qu'en conséquence, pour respecter la définition d'équivalent de trésorerie selon IAS 7.6 (voir n° 51245), les critères clés sont les suivants :

– ces parts sont convertibles en un montant connu de trésorerie ; et

– ces parts sont soumises à un risque négligeable de perte de valeur.

En conséquence, l'IFRS IC a décidé de ne pas inscrire ce point à son agenda.

2. **Position commune de l'ANC et de l'AMF** Dans leur position du 27 novembre 2018, l'ANC et l'AMF ont confirmé que les placements en parts de fonds monétaires, au sens de la nouvelle réglementation européenne (Régl. UE 2017/1131 du 14-6-2017, « règlement MMF »), peuvent bénéficier d'une présomption d'éligibilité à un classement en équivalents de trésorerie.

Sur la classification des fonds monétaires selon le règlement européen précité, voir n° 51260.

Selon l'ANC et l'AMF, les renforcements introduits par le règlement MMF précité, qui visent à rendre les fonds plus résilients en cas de situation de stress sur les marchés financiers, et l'étude sur la volatilité des fonds français réalisée par l'AMF en octobre 2018 conduisent à pérenniser la présentation de ces actifs financiers en équivalents de trésorerie, comme cela est pratiqué depuis 2011.

Cette pratique de classement était fondée sur la position antérieure émise par l'AMF le 23 septembre 2011 devenue obsolète au 30 octobre 2018.

Pour plus de détails sur la position commune ANC/AMF, voir n° 51265.

Classification des parts de fonds monétaires agréés selon le règlement européen

51260

Question

Quelle est la classification des fonds monétaires selon le règlement européen 2017/1131 (règlement « Money Market Funds »/MMF) applicable au plus tard le 21 janvier 2019 ?

Réponse

Le règlement européen UE 2017/1131 (règlement MMF) distingue deux classes de fonds monétaires :
- les fonds monétaires « court terme » ;
- les fonds monétaires « standard ».

Parmi celles-ci, il reconnaît trois catégories de fonds :
- les fonds à valeur liquidative variable (« Variable Net Asset Value »/VNAV) ;
- les fonds à valeur liquidative constante de dette publique (« Constant Net Asset Value »/CNAV) ;
- les fonds à valeur liquidative à faible volatilité (« Low Volatility Net Asset Value »/LVNAV).

Les fonds « CNAV » et « LVNAV » sont nécessairement « court terme » tandis que les fonds « VNAV » peuvent être « court terme » ou « standard ».

Commentaires :

1. **Utilisation de l'appellation « monétaire »** L'utilisation de la dénomination de type « monétaire » est réservée aux fonds agréés au titre du règlement européen MMF (« Money Market Funds ») précité. Par ailleurs, ce règlement prévoit que les autres fonds (de type « non monétaire ») doivent avoir des caractéristiques substantiellement différentes de celles définies par le règlement MMF (voir nº 51270).

2. **Classification des fonds monétaires** Les fonds monétaires peuvent être constitués sous forme d'OPCVM ou de fonds d'investissement alternatifs (FIA). Selon son classement, un fonds présente un profil « risques/rendement » différent, avec des limites différentes de sensibilité au risque de taux, de maturité maximum des actifs éligibles, de liquidité du portefeuille et de niveau de risque de crédit. La réglementation européenne (Règl. UE 2017/1131 précité) distingue :
- **les fonds monétaires « court terme »** (« short term money market funds ») qui opèrent avec des investissements dont la maturité ne peut excéder 1 an et 1 mois (397 jours), avec une WAM* inférieure ou égale à 60 jours et une WAL** inférieure ou égale à 120 jours ; et
- **les fonds monétaires « standard »** (« money market funds »), qui opèrent avec des investissements dont la maturité peut aller jusqu'à deux ans et avec une WAM* inférieure ou égale à six mois et une WAL** inférieure ou égale à douze mois.

* La WAM (« weighted average maturity »), maturité moyenne pondérée jusqu'à la prochaine refixation du taux d'intérêt des actifs financiers, est utilisée pour mesurer la sensibilité du fonds à une évolution des taux d'intérêt sur l'indice de référence auquel est indexée la performance du fonds.

** La WAL (« weighted average life »), durée de vie moyenne pondérée, est utilisée pour mesurer le risque de crédit et de liquidité. Ainsi, plus la date de remboursement du capital est éloignée, plus le risque de défaillance de la contrepartie croît.

La qualification en fonds de type « monétaire » répond ainsi à des règles de fonctionnement strictes définies au niveau européen, dont l'objectif est de le rendre plus résilient en cas de circonstances de tension sur les marchés financiers, voir point 4. ci-après.

3. **Catégories de fonds monétaires** La réglementation européenne reconnaît trois catégories de fonds :

i. **Fonds à valeur liquidative variable (« Variable Net Asset Value »/VNAV)** Ils sont caractérisés par une valeur de rachat par part égale à la juste valeur de l'actif net du fonds divisé par le nombre de parts du fonds en circulation.

ii. **Fonds à valeur liquidative constante de dette publique (« Constant Net Asset Value »/CNAV)** Ils sont constitués à 99,5 % de titres de dette publique sans conditions particulières sur leur qualité ou sur la domiciliation des émetteurs. Les parts de fonds CNAV sont rachetées à la valeur liquidative constante égale à l'actif net du fonds évalué au coût amorti divisé par le nombre de parts du fonds en circulation.

iii. **Fonds à valeur liquidative à faible volatilité (« Low Volatility Net Asset Value »/LVNAV)** Ils se définissent comme des fonds hybrides qui affichent une valeur liquidative constante sous réserve que l'écart entre la valeur liquidative et la valeur de marché du fonds soit inférieur à 20 points de base. Dans le cas contraire, le fonds est converti irrévocablement en fonds à valeur liquidative variable.

Par ailleurs, l'actif sous-jacent du fonds ne sera évalué au coût amorti que si l'écart entre sa valeur au coût amorti et sa valeur de marché est inférieur à 10 points de base. En cas de franchissement de ce seuil, cet actif sera évalué à sa juste valeur.

Selon la réglementation, les fonds CNAV ou LVNAV sont nécessairement « court terme » tandis que les fonds VNAV peuvent être « court terme » ou « standard ».

4. **Principales règles de fonctionnement des fonds monétaires** Les catégories de fonds monétaires répondent à des règles de fonctionnement strictes :
- l'obligation d'investir dans des instruments ayant une excellente notation en termes de risque de crédit ;
- l'obligation de diversification des portefeuilles et le respect de limites d'investissement par catégories d'actifs éligibles ;
- l'interdiction de détenir des actions et des matières premières, de conclure des contrats de prêt ou d'emprunt de titres et la restriction dans l'utilisation de produits dérivés ;
- l'obligation de respecter certaines limites de sensibilité aux risques de taux et de liquidité ;
- l'obligation de constituer des coussins d'actifs liquides à échéances quotidienne et hebdomadaire (avec des limites différentes selon le type de fonds) ;
- l'utilisation encadrée du coût amorti pour les LVNAV et CNAV ; et

Parmi ces mesures sur l'utilisation encadrée du coût amorti, il est possible de citer notamment la publication quotidienne de la valeur liquidative de marché, la définition d'un seuil de matérialité entraînant le basculement en valeur liquidative de marché (de 20 points de base pour les LVNAV et à discrétion pour les CNAV), des mesures d'application de frais de liquidité et de plafonnement des rachats pour éviter une décote de la valeur des parts de ces fonds.

- l'obligation de connaissance des investisseurs et de suivi de l'évolution des souscriptions et rachat, pour anticiper des facteurs susceptibles de déstabiliser la liquidité moyenne du portefeuille.

Fonds monétaires éligibles en équivalents de trésorerie selon l'ANC et l'AMF

51265 ***Question***

Les fonds monétaires bénéficient-ils d'une présomption d'éligibilité à un classement en équivalents de trésorerie (« cash equivalent ») selon l'ANC et l'AMF ?

Réponse

Oui. Selon l'ANC et l'AMF, seuls les fonds monétaires (« court terme » et « standard », voir n° 51260) bénéficient d'une présomption d'éligibilité en équivalents de trésorerie dès lors que les parts de fonds sont détenues dans l'objectif de faire face aux engagements de trésorerie à court terme.

Cependant, la présomption d'éligibilité peut être réfutée au vu des faits et circonstances relatifs à l'évolution des marchés, notamment en période de crise ou de tension des marchés.

Commentaires :

1. **Rôle de transformation des parts de fonds monétaires** Même si les typologies de fonds définies par le règlement européen UE 2017/1131 (« règlement MMF ») aboutissent à revoir les conditions d'éligibilité des parts de fonds au classement en équivalents de trésorerie, l'AMF et l'ANC reconnaissent le principe de transformation des parts de fonds. Selon ce principe, l'analyse des critères d'IAS 7 (placement à court terme, très liquide, facilement convertible en un montant connu de trésorerie, soumis à un risque négligeable de variation de valeur) doit être effectuée :
- globalement au niveau du fonds monétaire, considéré comme un produit financier ayant ses propres caractéristiques ;

– et non pas par transparence (i.e. au niveau des actifs sous-jacents). Une telle analyse aboutirait à exclure tous les fonds monétaires détenant des actifs avec une maturité supérieure à trois mois (limite citée par IAS 7). D'où l'intérêt, pour les entités, de faire systématiquement référence à la position commune de l'ANC et de l'AMF dans leurs annexes aux états financiers.

2. Position commune de l'ANC et de l'AMF depuis le 27 novembre 2018 visant les fonds monétaires Les fonds monétaires « court terme » ou « standards » agréés au titre du règlement MMF bénéficient d'une présomption d'éligibilité en équivalents de trésorerie dès lors que les parts de fonds sont détenues dans l'objectif de faire face aux engagements de trésorerie à court terme.

Dans cette position commune, l'ANC et l'AMF élargissent ainsi cette présomption, jusqu'alors restreinte uniquement à des fonds monétaires à valeur liquidative variable (VNAV), à des fonds monétaires court terme à faible volatilité (LVNAV) et aux fonds monétaires à valeur liquidative constante (CNAV).

La position commune de l'ANC et de l'AMF exprime une présomption réfutable au vu des faits et circonstances relatifs à l'évolution des marchés, notamment en période de tension et compte tenu des expositions du fonds.

Si les entités identifient de tels faits et circonstances, elles pourront, à notre avis, suivre et analyser les indicateurs suivants afin de détecter un risque de changement de valeur non négligeable :
– pour les fonds monétaires à valeur liquidative constante (CNAV), l'écart entre la valeur liquidative et la valeur de marché, qui serait supérieur à un seuil, par exemple celui de 0,5 % ou l'application effective de frais et/ou fenêtres de liquidité ;
– pour les fonds à valeur liquidative variable (VNAV), la volatilité historique annualisée du fonds qui serait supérieure à celle de l'indice de référence majorée, par exemple, de 0,5 %, en référence aux seuils définis par l'AMF dans ses positions antérieures.

Fonds non monétaires : analyse au cas par cas pour un classement en équivalents de trésorerie

51270

Question

Les fonds non monétaires bénéficient-ils de la présomption d'éligibilité à un classement en équivalents de trésorerie (« cash equivalent ») ?

Réponse

Non. Pour les fonds non monétaires, une analyse au cas par cas à partir des critères de la norme IAS 7 doit être, à notre avis, systématiquement menée pour pouvoir les classer en équivalents de trésorerie.

Commentaires La position commune de l'ANC et de l'AMF du 27 novembre 2018 (voir n° 51265) ne vise que les fonds monétaires. Afin de lever toute ambiguïté, l'utilisation de l'appellation « monétaire » est réservée aux fonds monétaires agréés. En effet, comme le règlement européen UE 2017/1131 (MMF) prévoit que les fonds non monétaires aient des caractéristiques substantiellement différentes de celles de type « monétaires », il est légitime de considérer qu'ils ne permettent pas de bénéficier de la présomption d'éligibilité de classement en équivalents de trésorerie.

Pour les fonds non monétaires, une analyse au cas par cas à partir des critères cumulatifs de la norme IAS 7 doit être, à notre avis, systématiquement menée pour pouvoir les classer en équivalents de trésorerie.

Sur les critères cumulatifs pour un classement en équivalents de trésorerie, voir n° 51245.
A notre avis, les autres fonds européens seront exclusivement constitués sous la forme de VNAV, la réglementation européenne prévoyant un encadrement strict pour l'utilisation des fonds CNAV et LVNAV (voir n° 51260).

En particulier, cette analyse ne peut se limiter à démontrer que l'instrument est facilement convertible en un montant connu de trésorerie et possède une valeur de marché déterminable. Elle doit permettre d'établir qu'à la date d'investissement initial, la part de fonds est exposée à un risque négligeable de changement de valeur et que, par conséquent, sa valeur de revente est dès lors connue. De plus, l'entité doit effectuer cette analyse à chaque date de clôture.

51270 (suite) A notre avis, l'une des **deux approches** suivantes peut être retenue pour mener une telle analyse :

1. **Analyse des caractéristiques intrinsèques de la part de fonds** Sur la base des politiques de gestion du fonds et dispositifs de contrôles décrits dans le prospectus du fonds, l'entité devra mener une analyse pour s'assurer que les critères cumulatifs d'IAS 7.6 sont remplis, notamment :

a. **Respect des critères de « placement à court terme » et « très liquide »** Les entités pourront s'assurer que :

i. la part de fonds constitue un instrument court terme : c'est le cas lorsque l'instrument est remboursable, avec un délai de préavis/remboursement court ;

ii. les politiques d'investissement et de gestion des risques du fonds permettent de satisfaire les demandes de rachats des investisseurs, y compris en période de tensions sur les marchés ;

Elles peuvent comporter notamment :
- des ratios de liquidité : coussins d'actifs à échéance quotidienne ou hebdomadaire minimum ;
- des dispositifs de simulation de scénarios de crise (« stress-tests ») ;
- des procédures de surveillance de la liquidité moyenne du fonds dont la dépendance à un nombre limité d'investisseurs.

Par ailleurs, les clauses relatives à des frais de liquidité pour limiter les rachats en période de tensions sur les marchés doivent être analysées avec précaution : elles ne s'opposent pas nécessairement à l'éligibilité du fonds à un classement en équivalents de trésorerie.

iii. les politiques de gestion du fonds et les dispositifs de contrôles permettent de s'assurer que l'instrument est facilement convertible en un montant de trésorerie connu (voir point b. ci-après) et qu'il est par conséquent très liquide.

b. **Respect du critère du risque négligeable de changement de valeur** Les entités pourront s'assurer que :

i. le fonds a un objectif de performance linéaire, avec une sensibilité constamment inférieure à un seuil faible, par exemple limité à 0,5 %, corroborée par les performances historiques ;

ii. les frais de liquidité n'entraînent pas un changement de valeur significatif de la part du fonds ;

iii. le fonds est faiblement exposé au risque de crédit si :

– le fonds est noté, sa notation est au moins comparable à celle d'un dépôt d'une banque institutionnelle qui serait lui-même éligible à un classement en équivalents de trésorerie ;

– le portefeuille du fonds est composé d'actifs de haute qualité (et généralement à court terme) et est très diversifié (avec généralement une limite de 10 % par émetteur) ;

En particulier, le critère de durée de vie moyenne pondérée (WAL, voir nº 51260) supérieure à trois mois (en référence à l'exemple d'IAS 7.7 d'un placement d'une durée inférieure ou égale à trois mois) n'est pas, à notre avis, d'emblée disqualifiant pour un classement en équivalents de trésorerie si la diversification du fonds est suffisante (i.e. lorsqu'elle permet de ramener le risque de perte global du fonds à un risque inférieur à celui d'un placement dans une obligation à taux fixe d'une durée de trois mois). En revanche, si la WAL du fonds est supérieure à trois mois mais si la diversification de ses actifs sous-jacents est insuffisante (comme c'est le cas lorsque le fonds est quasi exclusivement constitué de titres émis par le même émetteur), le fonds est alors exposé à un risque de perte de valeur non négligeable incompatible avec une qualification en équivalents de trésorerie.

Cependant, il existe une limite dans la prise en compte des effets de diversification : le niveau de diversification ne permet pas de se prémunir contre un retournement de spread comme c'est le cas lors d'une crise de liquidité généralisée.

iv. le fonds est faiblement exposé au risque de taux d'intérêt :

– l'indice de référence du fonds est un indice du marché monétaire court terme (EONIA, EURIBOR 3 mois, etc.) ;

– il est possible de se référer à l'indicateur d'une WAM (voir nº 51260) pour mesurer son exposition au risque de marché. Le critère d'une WAM supérieure à trois mois (en référence à l'exemple d'IAS 7.7 d'un placement d'une durée inférieure ou égale à trois mois) présume d'une inéligibilité au classement en équivalents de trésorerie.

L'AMF n'a pas conduit d'étude sur la volatilité des fonds non monétaires. A notre avis, les entités devront pouvoir s'appuyer sur des arguments solides pour réfuter cette présomption, même dans le cas où ceux-ci se prévalent d'une qualification en équivalents de trésorerie dans leur prospectus.

2. **Analyse par transparence, c'est-à-dire au niveau des actifs détenus par le fonds** Seules peuvent être classées en « équivalents de trésorerie » les parts de fonds qui comportent une option de sortie à la main de l'investisseur, exerçable dans un délai court, et dont les actifs répondent individuellement aux critères de la norme IAS 7. Dans ce cas, chaque ligne d'actif détenue par le fonds devra notamment répondre aux critères stricts, dont une échéance à moins de trois mois à partir de sa date d'acquisition.

C. Passifs courants et non courants

1. Instruments obligataires

Présentation de la composante dette d'une obligation convertible à tout moment

Question 51280

Lorsqu'une obligation peut être convertie à tout moment, sa composante dette doit-elle être présentée en éléments courants ou non courants ?

Réponse

En éléments non courants dès lors que la conversion n'entraîne pas la remise de liquidités (prédominance des critères de liquidité et de solvabilité).

Commentaires Lorsqu'une obligation convertible donne lieu à une comptabilisation séparée de deux composantes (une dette et un instrument de capitaux propres), la question est de savoir si la composante dette doit être présentée en passif courant ou en passif non courant (sachant que la conversion est à la discrétion des souscripteurs et peut intervenir à tout moment, avant la date d'échéance).

A notre avis, la question se pose aussi lorsque l'option de conversion est comptabilisée en dérivé passif car conduisant l'entité à livrer un nombre variable de ses propres actions. Dans ce cas, aucun déboursement de trésorerie n'étant requis, les développements ci-après leur sont également applicables.

Cette question est clarifiée par IAS 1.69d selon lequel les clauses contractuelles qui peuvent – au choix de la contrepartie – résulter en un règlement sous forme de la remise d'instruments de capitaux propres n'affectent pas sa présentation en élément courant ou non courant. Seule l'obligation inconditionnelle de remboursement (et donc de remise de trésorerie) doit être prise en compte dans l'analyse (prédominance des critères de liquidité et de solvabilité) (IAS 1.BC38O).

Evolution possible de la réponse L'amendement de la norme IAS 1, relatif au classement courant/non courant d'un passif (voir n° 51160), apporte des précisions sur ce point et pourrait, à notre avis, venir modifier certaines pratiques actuelles.

2. Passifs financiers

Précisions dans le cas des dettes

Question 51290

Quelles sont les précisions apportées par la norme IAS 1 concernant le classement des dettes en éléments courants/non courants ?

Réponse

Ces précisions portent sur les cas suivants :
- renégociation ou rééchelonnement d'une dette ;
- accord de renouvellement d'une dette à court terme ;
- dette rendue immédiatement exigible à la suite d'un défaut de paiement ; et
- événements survenus après la date de clôture.

Pour la présentation de la composante dette d'une obligation convertible en actions à tout moment, voir n° 51280.

Commentaires :

1. **Précisions de la norme IAS 1** La norme IAS 1 apporte un certain nombre de précisions dans le cas de dettes émises par l'entité :

a. **Renégociation ou rééchelonnement d'une dette** Seul un accord de refinancement ou de rééchelonnement finalisé au plus tard à la date de clôture permet de classer une dette en passif non courant (IAS 1.72 et .73).

51290 (suite) b. **Accord de renouvellement d'une dette à court terme** Si une entité envisage de refinancer ou renouveler une dette, et a toute latitude pour cela, pour au moins douze mois après la date de clôture en vertu d'une **facilité de prêt existante,** elle classe cette dette comme non courante, même si celle-ci doit normalement arriver à échéance dans un délai plus court.

Toutefois, lorsque le refinancement/renouvellement de la dette ne relève pas de la seule discrétion de l'entité (par exemple, parce qu'il n'existe pas d'accord de refinancement), le potentiel de refinancement n'est pas pris en compte et la dette est classée en tant qu'élément courant (IAS 1.73).

c. **Dette immédiatement exigible suite au non-respect d'une clause contractuelle** En cas de violation par l'emprunteur à la date de clôture (ou avant) des clauses d'un contrat d'emprunt à long terme ayant pour effet de rendre le passif remboursable à vue, le passif doit être déclassé en passif courant, sauf si le prêteur accorde, au plus tard à la date de clôture, une **période de grâce** d'une durée supérieure à douze mois à compter de la date de clôture, pendant laquelle l'emprunteur peut régulariser cette violation sans que le prêteur puisse exiger le remboursement immédiat des sommes dues (IAS 1.74 et .75).

En conséquence, si la période de grâce est inférieure à douze mois à compter de la date de clôture, le passif restera en passif courant, même si la violation est régularisée entre la date de clôture et la date d'autorisation de publication des comptes.

Cette position est conforme à IAS 10.3 et .10 s. (voir ci-après).

Dans le cas du non-respect d'une clause (autre qu'un défaut de paiement) entraînant une accélération du remboursement de la dette, l'entité doit également donner des **informations en annexe,** sauf si la violation a été régularisée ou si l'emprunt a été renégocié avant la date de clôture (IFRS 7.19). Toutefois, si la clause violée est un ratio d'endettement faisant intervenir le capital de la société, l'information sera, en tout état de cause, obligatoire en application d'IAS 1.135b (voir nº 52325).

Pour les précisions apportées par l'AMF, voir également nº 51300.

d. **Evénements survenus après la date de clôture** Des informations doivent être données en annexe dans les cas où certains événements, concernant des éléments classés en dettes courantes, se produisent entre la date de clôture et la date d'arrêté des comptes (IAS 1.76).

Il s'agit des événements suivants :
- accord de refinancement à long terme ;
- régularisation de la violation des clauses d'un emprunt ;
- obtention d'une période de grâce d'une durée supérieure à douze mois à compter de la date de clôture permettant de rectifier la violation des clauses d'un emprunt à long terme.

Sur ce point, voir également nº 52120 pour les informations requises par IFRS 7.19 et celles requises par IAS 1.135b .

e. **Obligations convertibles** Enfin, l'IFRS IC s'est prononcé sur la présentation en courant ou non courant de la composante dette d'une obligation convertible en actions à tout moment (voir nº 51280).

2. **Décisions du CESR** Le CESR (devenu l'ESMA) a pris des décisions concernant la reclassification d'une dette en dette courante.

a. **Non-respect d'une clause entraînant l'exigibilité à la date de clôture du paiement d'obligations à long terme** Le CESR a remis en cause le classement en passifs non courants d'obligations à long terme émises par une entité et assorties de « covenants » non respectés à la clôture entraînant l'exigibilité immédiate de la dette, au titre du non-respect d'IAS 1.69 à .74 (EECS/0910-01, 10/10).

L'entité était en effet, à la date de clôture, en cours de négociation auprès de ses créanciers mais n'a obtenu la lettre d'acceptation de non-exigence immédiate du paiement de la dette qu'au mois de mars suivant la clôture annuelle du 31 décembre.

b. **Non-respect d'une clause entraînant l'exigibilité à la date de clôture du paiement d'une dette à long terme par une filiale opérationnelle entièrement consolidée par l'émetteur** Le CESR a réaffirmé qu'une dette à long terme devenue immédiatement exigible suite au non-respect d'une clause contractuelle devait être reclassée en dette courante, même si la société avait obtenu après la date de clôture (31/12/09) mais avant la date d'arrêté (« waiver letter » obtenue le 20/3/10) une lettre de la banque indiquant qu'elle n'avait pas à rembourser l'emprunt par anticipation suite au non-respect de la clause contractuelle (EECS/0111-01, 02/11).

c. **Double cas de rupture de « covenants » entraînant l'exigibilité immédiate à la clôture de deux dettes à long terme, l'une émise par la mère (contrat de location-financement) et l'autre par sa filiale (emprunt bancaire)** Le CESR a précisé que ces dettes étant devenues immédiatement exigibles suite au non-respect d'une clause contractuelle, et ce non-respect persistant à la date de clôture, elles devaient être reclassées (en totalité) en dettes courantes (EECS/0111-02, 02/11).

d. **Reclassement injustifié d'une dette en dette courante.** Dans le cadre d'un prêt effectué pour financer la mise en service d'une mine, le CESR a réfuté le traitement comptable de l'émetteur qui avait reclassé à la clôture le prêt en dette courante car il avait été remboursé par anticipation 2 mois après la date de clôture (EECS/0111-03, 02/11).

En effet, ce remboursement généré grâce à l'entrée de trésorerie liée à la signature d'un autre contrat est un événement post-clôture ne donnant pas lieu à un ajustement des états financiers selon la norme IAS 10.

En conséquence, le prêt doit continuer à être classé en dette non courante à la clôture.

Evolution possible de la réponse L'amendement de la norme IAS 1, relatif au classement courant/non courant d'un passif (voir n° 51160), clarifie les principes de la norme en la matière et pourrait, à notre avis, venir modifier certaines pratiques actuelles.

Classement au bilan de tirages à court terme réalisés dans le cadre d'une ouverture de crédit à long terme

Question 51295

Comment classer au bilan des tirages à court terme réalisés dans le cadre d'une ouverture de crédit à long terme ?

Réponse

Le classement en passif non courant est possible, si certaines conditions sont remplies.

Commentaires Les banques accordent aux entreprises des ouvertures de crédit à long terme qui peuvent être utilisées sous la forme de tirages successifs à court terme, constamment renouvelés (encore appelés « emprunts roll-over »). La question se pose alors du classement de ces dettes au bilan : en courant ou en non courant.

Pour la distinction instruments financiers courants/non courants, voir n° 51230 s. et notamment n° 51290 dans le cas des dettes.

Les tirages à court terme réalisés dans le cadre d'une ouverture de crédit à long terme sont classés en passif non courant dès lors qu'ils répondent aux conditions suivantes :
- existence d'une ligne de crédit contractuelle, ouverte pour une durée supérieure à douze mois (décomptés à partir de la date de clôture) ;
- dont l'utilisation est à l'entière discrétion de l'entreprise ; et
- sous réserve que cette dernière ait effectivement l'intention de l'utiliser sous forme de tirages successifs (« roll-over »).

Evolution possible de la réponse L'amendement de la norme IAS 1, relatif au classement courant/non courant d'un passif (voir n° 51160), clarifie les principes de la norme en la matière et pourrait, à notre avis, venir modifier certaines pratiques actuelles.

Classement au bilan d'un emprunt dont un « covenant » n'a pas été respecté (cas général)

Question 51300

Un emprunt dont un « covenant » n'a pas été respecté pendant l'exercice ou à la clôture de ce dernier et qui rend l'emprunt immédiatement exigible doit-il être forcément classé en élément courant ?

Réponse

Oui, et ce, même si le débiteur a réussi à renégocier l'emprunt après la date de clôture mais avant la date d'arrêté des comptes.

Commentaires Pour un contrat de financement long terme assorti de « covenants », il est fréquent qu'un manquement au respect de l'un des ratios entraîne l'exigibilité immédiate dudit financement. Généralement, le débiteur entreprend de renégocier les termes du contrat afin d'éviter d'avoir à classer le passif correspondant en passif courant.

Définition d'un « covenant » Un « covenant » bancaire (ou clause restrictive) se traduit par l'introduction de la part du prêteur de clauses de respect de certains ratios financiers (par exemple, un ratio « endettement net/capitaux propres » ou « frais financiers/résultat d'exploitation ») afin de servir d'alerte en cas de dégradation de la situation financière de l'emprunteur.

Rappel des caractéristiques des passifs courants Concernant le classement des emprunts en éléments courants/non courants, la norme IAS 1 apporte notamment les indications suivantes :
- une entité doit classer un passif en courant lorsque cette entité ne dispose pas d'un droit inconditionnel de différer le règlement du passif pour au moins douze mois après l'exercice en cours (IAS 1.69d) ;
- lorsqu'une entité n'a pas respecté un engagement prévu dans le cadre d'accords d'emprunt à long terme, avant ou à la date de clôture, avec pour effet de rendre le passif remboursable à vue, ce passif est classé en tant que passif courant, même si le prêteur a accepté, après la date de clôture mais avant la date d'autorisation de publication des états financiers, de ne pas exiger le paiement suite à ce manquement.

Le passif est classé en tant que passif courant parce que, à la date de clôture, l'entité ne dispose pas d'un droit inconditionnel de différer le règlement de ce passif pendant au moins douze mois à compter de cette date (IAS 1.74). Cette position a été confirmée par le CESR, devenu l'ESMA (EECS/1209-02, 12/09).

Pour la distinction éléments courants/non courants, voir n° 51230 et 51235.

Recommandations de l'AMF Renvoyant à IAS 1.74 (voir ci-avant), l'AMF a rappelé qu'un tel emprunt devait être reclassé en éléments courants et ce, même si le prêteur a accepté, après la date de clôture mais avant la date d'autorisation de publication des états financiers, de ne pas exiger le paiement suite à ce manquement (Rec. AMF 2009-28, Arrêté des Comptes 2009, § 7.3, faisant référence à la Rec. AMF 2008-22, Arrêté des Comptes 2008, § 5).

La réponse est identique lorsque le manquement n'a pas pour effet de rendre le passif remboursable à vue, parce que le contrat, par exemple :

i. définit un délai pour que le débiteur informe le créancier ; et

ii. accorde à ce dernier un délai supplémentaire pour apprécier la situation avant, éventuellement, d'exiger le remboursement de sa créance.

Dans ce cas, un classement en éléments courants paraît inévitable parce que l'entité ne dispose pas d'un droit inconditionnel de différer le règlement de ce passif pendant au moins douze mois au-delà de la date de clôture (non-respect d'IAS 1.69d).

Selon l'AMF, il est important que les émetteurs concernés fassent une analyse prospective de leur situation quelques mois avant la clôture afin d'identifier les clauses susceptibles de faire peser un risque de défaut. Ainsi, ils pourront prendre d'éventuelles dispositions préventives de façon à être libérés du risque à la date de clôture.

Par ailleurs, dans ses recommandations en vue de l'arrêté des comptes 2009 (Rec. AMF 2009-28, Arrêté des Comptes 2009, § 7.3), outre la reprise de la recommandation ci-dessus, l'AMF recommande également de :
- confirmer l'absence d'existence de « covenant » (voir n° 52420) ; et
- donner des informations lorsque de telles clauses existent même si ces dernières sont respectées (voir n° 52425).

Décision du CESR A plusieurs reprises, le CESR (devenu l'ESMA) a remis en cause le classement en passifs non courants de dettes assorties de covenants, voir n° 51290.

Evolution possible de la réponse L'amendement de la norme IAS 1, relatif au classement courant/non courant d'un passif (voir n° 51160), clarifie les principes de la norme en la matière et pourrait, à notre avis, venir modifier certaines pratiques actuelles.

Classement au bilan d'un emprunt dont un « covenant » n'a pas été respecté mais qui ne devient exigible qu'après notification par la banque

51305 ***Question***

Lorsqu'une rupture de « covenant » a eu lieu mais que la dette ne devient exigible qu'après notification par la banque (ou le pool bancaire), cette dette doit-elle être classée parmi les éléments courants à la date de clôture ?

Réponse

Oui. Dès lors qu'il y a eu rupture de « covenant », et même en l'absence de notification par la banque, la dette doit être classée parmi les éléments courants à la date de clôture parce que l'émetteur n'a pas le droit inconditionnel de différer le règlement de ce passif pour au moins douze mois.

Commentaires Dans un contrat de financement long terme assorti de « covenants » (pour la définition, voir nº 52420), il arrive que le financement ne devienne exigible que lorsque la rupture d'un ou plusieurs « covenants » a fait l'objet d'une notification de la part de la banque (ou du pool bancaire).

Lorsque la dette concernée est initialement une dette à plus d'un an, la question est de savoir si cette dernière doit être (ou non) déclassée en éléments courants.

Un passif doit être classé en élément courant si l'entité ne dispose pas du **droit inconditionnel** de différer le règlement de ce passif pour au moins douze mois après la date de clôture (IAS 1.69d), voir nº 51290.

En outre, en cas de violation par l'emprunteur à la date de clôture (ou avant) des clauses d'un contrat d'emprunt à long terme ayant pour effet de rendre le passif remboursable à vue, le passif doit être déclassé en passif courant, sauf si le prêteur accorde, au plus tard à la date de clôture, une **période de grâce** d'une durée supérieure à douze mois à compter de la date de clôture, pendant laquelle l'emprunteur peut régulariser cette violation sans que le prêteur puisse exiger le remboursement immédiat des sommes (IAS 1.75), voir nº 51290.

Dans ce cas, la rupture de « covenant » ayant eu lieu avant la date de clôture et la survenance de l'événement qui rend l'emprunt exigible étant en dehors du contrôle de l'emprunteur, celui-ci ne dispose pas à la date de clôture d'un droit inconditionnel de différer le règlement du passif pour au moins douze mois après l'exercice en cours. L'emprunteur doit donc classer ce passif en **élément courant** à la date de clôture.

> **Remarque** La question n'est pas de savoir si une dette doit être comptabilisée (ou non), puisque la dette apparaît déjà au bilan, mais seulement de savoir si elle doit être déclassée (ou non) en élément courant.
> La réponse relève donc des dispositions de la norme IAS 1 et non pas de celles d'IAS 32.25 (clause conditionnelle de règlement), voir nº 44370.
> Pour la distinction éléments courants/non courants, voir nº 51230 et 51235.
> Sur les informations à donner en annexe en cas de non-respect d'un « covenant », voir nº 52430.

Evolution possible de la réponse L'amendement de la norme IAS 1, relatif au classement courant/non courant d'un passif (voir nº 51160), clarifie les principes de la norme en la matière et pourrait, à notre avis, venir modifier certaines pratiques actuelles.

Classement au bilan d'une dette qui devrait faire l'objet d'un remboursement anticipé

Question 51310

Comment présenter à la clôture une dette qui devrait prochainement faire l'objet d'un remboursement anticipé ?

Réponse

Si l'option de remboursement est au choix de la société, la dette reste classée en passif non courant.

Commentaires Si, à la date de clôture, une dette classée en passif non courant du fait de son échéance éloignée doit être prochainement renégociée et ainsi faire l'objet d'un remboursement anticipé, la question se pose alors de savoir s'il convient de reclasser cette dette en passif courant du fait de son probable prochain remboursement.

Selon IAS 1.69, une dette doit être classée en tant que passif courant lorsqu'elle satisfait à l'un des critères suivants :
- l'entité s'attend à régler le passif au cours de son cycle d'exploitation normal ;
- le passif est détenu essentiellement aux fins d'être négocié ;
- il doit être réglé dans les douze mois après la date de clôture ;

– l'entité ne dispose pas d'un **droit inconditionnel** de différer le règlement du passif pour au moins douze mois à compter de la date de clôture.

Remarque L'appréciation du fait que l'entité ne dispose pas d'un droit inconditionnel de différer le règlement du passif pour au moins douze mois à compter de la date de clôture s'effectue du point de vue de l'entité. Ainsi, par exemple, l'existence d'une clause contractuelle permettant à la contrepartie d'exiger à tout moment le règlement de la transaction en actions (et non plus en trésorerie) alors que le remboursement n'est prévu qu'au-delà de douze mois ne remet pas en cause le classement de la dette en passif non courant.

Dans le cas présent, à la date de clôture, la société a la possibilité, si elle le souhaite, de ne pas exercer son option. Elle dispose donc toujours d'un droit inconditionnel de différer le règlement du passif pour au moins douze mois à compter de la date de clôture. En conséquence, la dette reste classée en passif non courant.

Il convient de noter que cette analyse ne tient compte ni de la probabilité d'exercice de l'option ni de l'intention de la société de rembourser l'emprunt dans les douze mois.

Evolution possible de la réponse L'amendement de la norme IAS 1, relatif au classement courant/non courant d'un passif (voir n° 51160), clarifie les principes de la norme en la matière et pourrait, à notre avis, venir modifier certaines pratiques actuelles.

3. Cas particuliers

Découverts bancaires

51318 ***Question***

Les découverts bancaires peuvent-ils (ou doivent-ils) être inclus en « trésorerie et équivalents de trésorerie » (« cash and cash equivalent »/CCE) au sein de l'état des flux de trésorerie d'une entité ?

Réponse

L'IFRS IC a précisé que les découverts bancaires sont classés en trésorerie et équivalents de trésorerie au sein de l'état des flux de trésorerie si et seulement si les conditions suivantes sont remplies :
– ils sont remboursables à vue et font partie intégrante de la gestion de la trésorerie de l'entité ;
– ils sont émis dans le but de faire face aux engagements de trésorerie à court terme ;
– le solde bancaire doit fluctuer régulièrement et ne pas être systématiquement négatif.

Si ces conditions ne sont pas remplies, les découverts bancaires constituent une forme de financement et doivent par conséquent être obligatoirement présentés en flux des activités de financement.

Commentaires :

1. **Précisions de l'IFRS IC** Les normes IFRS, et notamment la norme IAS 7, Etat des flux de trésorerie, n'indiquent pas de manière précise si les découverts bancaires doivent ou non être classés en trésorerie et équivalents de trésorerie, au sein de l'état des flux de trésorerie. En juin 2018, l'IFRS IC a été interrogé concernant les types d'emprunts qu'une entité peut inclure dans son état des flux de trésorerie en tant qu'équivalents de trésorerie. L'IFRS IC a rappelé que la norme IAS 7 précise que les emprunts bancaires sont en général considérés comme des activités de financement. Une entité inclut toutefois un emprunt bancaire en tant qu'équivalent de trésorerie si les conditions suivantes sont remplies :
– l'emprunt est un découvert bancaire remboursable à la demande qui fait partie intégrante de la gestion de la trésorerie de l'entité (IAS 7.8) ;

L'IFRS IC a jugé qu'une facilité de crédit remboursable avec une période de préavis de quelques jours ne remplit pas le critère « remboursable à la demande », même s'il est à très court terme. En pratique, en l'absence de précision de la norme, le préavis ne doit pas, à notre avis, dépasser un jour.

– l'emprunt est émis dans le but de faire face aux engagements de trésorerie à court terme (IAS 7.8 et .9) ;
– le solde bancaire doit fluctuer régulièrement et ne pas être systématiquement négatif, sinon la facilité de crédit ne sera pas considérée comme faisant partie intégrante de la gestion de trésorerie de l'entité mais comme une forme de financement.

Déterminer si un emprunt bancaire fait partie intégrante de la gestion de la trésorerie de l'entité est une question de jugement qui nécessite une analyse au cas par cas de l'ensemble des faits et circonstances.

A noter que l'IFRS IC n'a pas souhaité inscrire ce thème à son agenda (IFRIC Update 06/18).

2. **Information à fournir en annexe** L'IFRS IC a rappelé que la norme IAS 7 requiert :
- une présentation des éléments qui composent la trésorerie et les équivalents de trésorerie ;
- un rapprochement entre les montants figurant dans l'état des flux de trésorerie et les éléments correspondants présentés dans l'état de situation financière (bilan) ;
- une présentation de la méthode retenue pour déterminer la composition de la trésorerie et des équivalents de trésorerie (IAS 7.45 s.).

3. **Recommandations de l'AMF** L'AMF demande :
- aux émetteurs qui considèrent que les découverts bancaires font partie de l'agrégat « trésorerie et équivalents de trésorerie » de fournir une information détaillée en annexe afin de permettre aux utilisateurs de les comparer avec d'autres sociétés ; et
- aux émetteurs qui présentent les découverts bancaires au sein des flux de financement, que ceux-ci soient distingués des autres flux dès lors qu'ils présentent un caractère significatif (Rec. AMF 2009-28, Arrêté des comptes 2009, § 7.4).

Remarque Pour le traitement comptable d'un changement de la composition de la rubrique « Trésorerie et équivalents de trésorerie » lorsque les découverts bancaires ne remplissent plus les conditions requises par la norme IAS 7, voir n° 12681.

Comptes courants affectés à la couverture d'appels de marge

51325

Question

Peut-on présenter en équivalent de trésorerie un solde de compte courant affecté à la couverture d'appels de marge ?

Réponse

Un solde de compte courant répond en tant qu'instrument financier à la définition de trésorerie (« cash ») selon la norme IAS 7.

Toutefois, ce solde étant affecté à des opérations particulières (couverture d'appels de marge sur instruments financiers), il n'est pas disponible pour les autres besoins de liquidité du groupe.

S'agissant d'un montant soumis à restriction, deux approches peuvent, à notre avis, être retenues :
- présentation en tant qu'élément courant mais hors équivalent de trésorerie (solution qui a notre préférence) ;
- présentation en « équivalents de trésorerie », accompagnée d'une information en annexe précisant que le montant correspondant est soumis à restriction (par référence à IAS 7.48).

En outre, il est à notre avis possible, sous certaines conditions, de compenser au bilan le dérivé passif et le dépôt constitutif de l'appel de marge dans la mesure où l'entité n'a pas le droit d'obtenir le remboursement du compte courant ou de lui substituer un autre « collateral » et que ce dernier ne peut être utilisé que pour dénouer le dérivé à maturité (voir n° 51205).

Commentaires :

1. **Contexte** Afin d'organiser la liquidité des marchés, les chambres de compensation ajustent quotidiennement les positions des différents opérateurs, par règlement des différences (appels de marge). Pour assurer la bonne fin des opérations, les opérateurs doivent verser un dépôt de garantie qui permet de couvrir toute défaillance éventuelle de leur part. Ce dépôt est quotidiennement réajusté, notamment lorsque l'opérateur est vendeur d'option.

Il en est de même pour les opérations traitées de gré à gré où, pour éviter les conséquences d'une défaillance alors même que le contrat est gagnant, la contrepartie procède à des appels de marge couverts par un dépôt de garantie, par exemple sous la forme d'un compte courant en trésorerie.

2. **Traitement comptable** Un compte courant (« demand deposit ») est un instrument financier qui répond à la définition d'un instrument de trésorerie (IAS 7.6). Toutefois, le fait que ce compte

courant soit affecté à la couverture de besoins de trésorerie spécifiques (appels de marge) soulève la question de sa présentation en trésorerie ou équivalents de trésorerie.

A notre avis, **deux approches** peuvent être retenues (la première ayant notre préférence).

a. Présentation en éléments courants (mais hors équivalents de trésorerie) Selon IAS 7.7, les équivalents de trésorerie sont détenus dans le but de faire face aux engagements de trésorerie à court terme. Le compte courant étant affecté aux seuls appels de marge, et n'étant pas disponible pour les autres besoins de trésorerie du groupe, il est considéré dans ce cas que sa présentation en équivalents de trésorerie pourrait fausser la représentation de la situation de liquidité du groupe.

b. Présentation en équivalents de trésorerie, avec une information en annexe (approche alternative) Cette approche consiste :

– à présenter le solde du compte courant en « équivalents de trésorerie » puisque l'instrument lui-même répond aux critères d'une telle qualification ;

A savoir, instrument à court terme, très liquide, facilement convertible en un montant connu de trésorerie et soumis à un risque négligeable de changement de valeur (voir n° 51245).

– accompagné d'une information en annexe précisant que son montant est soumis à restriction (IAS 7.48).

L'argument développé dans ce cas est qu'un instrument – qui répond de par sa nature à la qualification d'équivalents de trésorerie – n'est pas déqualifié du fait que la trésorerie qu'il représente n'est pas disponible pour le groupe pris en général. Le raisonnement est mené par analogie au traitement appliqué à la trésorerie d'une filiale rendue indisponible pour le groupe du fait d'un contrôle des changes (IAS 7.49).

Remarque Dans le cas d'un dépôt de garantie (compte courant ouvert dans une banque ou chez la contrepartie) couvrant des appels de marge négatifs sur des contrats dérivés dont le « mark-to-market » est négatif, il faut distinguer :

1. les contrats dérivés eux-mêmes qui font l'objet d'une comptabilisation au passif (options vendues, contrats à terme fermes ou swaps en moins-value latente) et pour lesquels les pertes correspondantes sont traduites en résultat (opérations spéculatives par exemple) ; et

2. la trésorerie affectée aux appels de marge, exigée par la contrepartie en couverture des pertes sur ces contrats (protection contre le risque de défaillance de l'entité). Le support d'investissement de cette trésorerie (un compte courant comptabilisé à l'actif) répond à la définition de trésorerie d'IAS 7.7. Il est simplement affecté à un type d'opérations particulières.

A noter que c'est parce que ce compte courant représente de la trésorerie immédiatement utilisable qu'il est accepté comme dépôt de garantie des appels de marge. Dans le cas contraire, la contrepartie (une banque en général) l'aurait refusé.

c. Compensation au bilan du dérivé passif et de l'appel de marge Selon IAS 32.42, si les conditions de compensation prévues sont remplies, le dérivé passif et le dépôt correspondant à l'appel de marge devraient être compensés au bilan.

Remarques :

1. Ceci notamment dans la mesure où l'entité n'a pas le droit d'obtenir le remboursement du compte courant ou de lui substituer un autre « collateral » et que ce dernier ne peut être utilisé que pour régler le dérivé à maturité ou lors de son dénouement anticipé.

2. Concernant les contrats de gré à gré (OTC), il est nécessaire, pour que les conditions prévues par IAS 32.42 soient remplies, que les appels de marge et les règlements de flux des dérivés aient lieu de manière simultanée, ce qui est rarement le cas.

Sur la possibilité de compensation entre un dérivé et son « collateral », voir également n° 51205.

Dépôts à terme

51332 ***Question***

Un dépôt à terme ayant à l'origine une échéance supérieure à trois mois peut-il être classé en équivalents de trésorerie ?

Réponse

Oui, dès lors qu'il respecte les critères énoncés par la norme IAS 7 et qu'il remplit les conditions suivantes énoncées par l'AMF :

– il existe des options de sortie au contrat de dépôt ; et

– il n'existe pas de risque de valeur du dépôt lié au niveau de rémunération minimum acquise.

Commentaires :

1. **Rappel sur la notion d'« équivalents de trésorerie »** La norme IAS 7, Etat des flux de trésorerie, définit la notion d'« équivalents de trésorerie » comme « des placements à court terme, très liquides, qui sont facilement convertibles en un montant connu de trésorerie et qui sont soumis à un risque négligeable de changement de valeur » (IAS 7.6).

Pour plus de détails sur la définition d'équivalents de trésorerie, voir nº 51245.

2. **Recommandation de l'AMF** Dans ses recommandations pour l'arrêté des comptes 2011, l'AMF précise que les dépôts à terme ayant à l'origine une échéance supérieure à trois mois et qui prévoient des dispositions de sortie anticipée et de garantie de capital peuvent, sous conditions, être classés en équivalents de trésorerie. Le classement des dépôts à terme en équivalents de trésorerie est possible, dès lors qu'ils respectent les critères de la norme IAS 7 et s'ils remplissent les conditions suivantes (Rec. AMF 2011-16, Arrêté des Comptes 2011, § 1.1.1) :

a. il existe des options de sortie :
- exerçables à tout moment ou au maximum tous les trois mois, et
- initialement prévues au contrat, et
- pouvant être exercées sans pénalité pour le déposant ni risque significatif de variation de valeur du montant de trésorerie reçu en remboursement ;

b. et il n'existe pas de risque de valeur lié au niveau de rémunération minimum acquise (i.e. celle obtenue en cas de sortie anticipée) car, à chaque instant (c'est-à-dire à chaque clôture, selon des précisions apportées oralement par l'AMF) et sur toute la durée, cette rémunération sera identique (c'est-à-dire au moins égale, selon des précisions apportées oralement par l'AMF) à celle obtenue d'un placement de trois mois maximum répondant à la définition d'un équivalent de trésorerie. Cela peut être le cas lorsque le taux est variable ou révisable.

En outre, l'analyse doit être effectuée dès la souscription de l'instrument financier et doit prendre en compte le contexte et les besoins en trésorerie de la société.

Toutefois, lorsque le risque de changement de valeur ne peut être considéré comme négligeable (par le biais, par exemple, d'une pénalité ou d'une rémunération à taux fixe non révisable déterminé à l'initiation du contrat), le classement en équivalents de trésorerie est, de fait, interdit.

■ ***Exemple***

Au 30/09/N, plutôt que de placer sa trésorerie à Euribor 3 mois (taux de 1 %), une société choisit de la placer dans un nouveau dépôt à terme 9 mois rémunéré comme suit :
- *les 3 premiers mois : 0,2 % ;*
- *de 3 mois à 6 mois : 1 % ;*
- *de 6 mois à 9 mois : 2,35 %.*

Les fonds peuvent être retirés à tout moment, sans pénalité. Au 31/12/N, l'Euribor 3 mois reste égal à 1 %.

La trésorerie ainsi investie peut-elle être classée en équivalents de trésorerie ?

Solution de l'exemple *L'examen des conditions nécessaires à un classement en équivalents de trésorerie se fait, non pas à la date de clôture des comptes, mais à la date de souscription du dépôt, c'est-à-dire, au cas particulier, le 30/09/N.*

Le contrat prévoit dès l'origine des options de sortie à tout moment. Toutefois, si la société retire ses fonds du dépôt au cours des 3 premiers mois, par exemple le 14/12/N, sa rémunération sera de 0,2 % (contre un taux de marché de 1 %). Au cours des 3 premiers mois, la rémunération du dépôt à terme est ainsi significativement inférieure à celle d'un dépôt à terme 3 mois. Il y a donc une pénalité implicite à retirer les fonds dans un délai inférieur à 3 mois et par là même, un risque pesant sur la valeur du dépôt à terme.

En conséquence, au 30/09/N, ce dépôt à terme ne doit pas être classé en équivalents de trésorerie. Ce classement restera inchangé jusqu'au terme du dépôt car il n'est pas possible de requalifier d'équivalents de trésorerie un dépôt qui ne l'était pas à l'origine, même si à la clôture il n'y a plus de pénalité implicite à un retrait anticipé des fonds, comme c'est le cas dans le présent exemple au 31/12/N.

Contrat pour usage propre et classement des flux de trésorerie

Question 51335

Comment classer le montant de trésorerie payé pour réduire le montant nominal d'un contrat à terme, n'entrant pas dans le champ d'application d'IFRS 9 et qualifié de contrats pour usage propre ?

Réponse

Les flux de trésorerie de même nature doivent être traités de manière homogène. Ainsi, si les flux relatifs au contrat à terme sont classés en flux des activités opérationnelles, le montant de trésorerie payé pour réduire le montant nominal de ce contrat doit également être classé en flux des activités opérationnelles.

Commentaires Les contrats conclus et maintenus en vue de la réception ou de la livraison d'un élément non financier selon les contraintes auxquelles s'attend l'entité en matière d'achat, de vente ou d'utilisation peuvent ne pas être comptabilisés comme des dérivés et évalués à la juste valeur par résultat s'ils bénéficient de l'exemption dite d'usage propre (voir n° 48560).

Les ventes relatives à un contrat à terme bénéficiant de cette exemption sont comptabilisées selon la norme IFRS 15, Produits des activités ordinaires tirés des contrats avec les clients, et ainsi classées en flux opérationnels.

Pour l'Essentiel de la norme IFRS 15, Produits des activités ordinaires tirés des contrats conclus avec des clients, voir n° 24983 s.

Si un montant de trésorerie est payé pour réduire le montant nominal du contrat à terme, la question se pose de savoir comment classer ce flux de trésorerie. A notre avis, les flux de trésorerie de même nature doivent être traités de manière homogène. En conséquence, il convient de classer le montant de trésorerie en flux des activités opérationnelles.

■ *Exemple*

Contrat à terme *Une entreprise opérant dans l'industrie minière contracte auprès de sa banque un contrat à terme de vente de sa production. Ce contrat est une condition pour obtenir des financements de la banque destinés à développer les sites de production. Toutefois, le contrat à terme est indépendant du niveau de production de l'entreprise et du cours des matières produites. Le contrat bénéficie de l'exemption pour usage propre et n'est ainsi pas comptabilisé comme un dérivé. Ultérieurement, une chute de la production survient et pourrait conduire l'entreprise à ne pas remplir ses obligations de livraison de matières premières selon le contrat à terme. Pour éviter de devoir acheter ces matières premières sur le marché, l'entreprise effectue un paiement unique à la banque qui réduit le montant notionnel du contrat à terme.*

Selon la décision de l'ESMA (EECS/0213-05, 10/13), le montant de trésorerie payé pour réduire le montant nominal du contrat à terme doit être classé en flux opérationnels et non en flux de financement. En effet, le contrat à terme n'étant pas directement lié aux emprunts concédés par la banque et n'apparaissant pas au bilan avec les emprunts, son remboursement partiel n'affecte pas les emprunts de l'entreprise. Or, selon IAS 7.6, les activités de financement sont celles qui résultent de modifications dans la taille ou la composition du capital ou des emprunts de l'entité. En outre, selon l'ESMA, le classement du remboursement en flux opérationnels permet une homogénéité des traitements des flux relatifs au contrat à terme.

D. Dérivés

Dérivés classés en « transaction » et dénouables plus d'un an après la date de clôture

51342 ***Question***

Comment appliquer la distinction courant/non courant aux dérivés classés en « trading » et dénouables plus d'un an après la date de clôture ?

Réponse

Les dérivés détenus (ou émis) à des fins de transaction (trading) sont présentés en éléments courants.

Toutefois, les dérivés comptabilisés par défaut dans cette catégorie, parce que non qualifiables d'instruments de couverture ou issus d'une bifurcation (« split accounting ») entre contrat hôte et dérivés incorporés, et qui peuvent être dénoués à plus de douze mois après la date de clôture, sont classés pour partie en éléments courants et pour partie en éléments non courants, selon la répartition de leurs flux de trésorerie.

Commentaires :

Rappel Les dérivés qui ne répondent pas à la qualification de couverture ou qui proviennent d'un « split accounting » (comptabilisation séparée du contrat hôte et du dérivé incorporé d'un instrument hybride) doivent être classés – par défaut – dans la catégorie des actifs et des passifs détenus à des fins de transaction (portefeuille de trading).

Ils sont alors comptabilisés à leur juste valeur par résultat.

Par ailleurs, IAS 1.71 précise – concernant la définition des éléments courants – que d'autres passifs courants ne sont pas réglés dans le cadre du cycle d'exploitation normal, mais doivent être réglés dans les douze mois à compter de la date de clôture ou sont détenus essentiellement en vue d'être négociés. C'est le cas, par exemple, de passifs financiers classés comme étant détenus à des fins de transaction selon IFRS 9.

Compte tenu des dispositions d'IFRS 9.A (qui classe, par défaut, en trading les dérivés non qualifiables de couverture) et d'IAS 1.71 (qui semble considérer que tout dérivé passif comptabilisé en transaction relève obligatoirement de la catégorie des éléments courants), il a été demandé à l'IFRS IC comment présenter au bilan (courant/non courant) les dérivés (IFRIC Update 03/07 et 05/07) :
- qui peuvent être dénoués plus d'un an après la date de clôture ; et
- qui sont classés par défaut dans la catégorie des actifs et passifs détenus à des fins de transaction (i.e. sans intention de trading de la part de la société).

Réponse de l'IFRIS IC (IFRIC Update 05/07) Lors de sa réunion de mai 2007, l'IFRS IC avait décidé de ne pas inscrire ce point à son programme de travail considérant que seules les dispositions de la norme IAS 1 étaient applicables en la matière (IAS 1.60 à .71) et que les dispositions d'IAS 39 (remplacées depuis par IFRS 9) traitaient uniquement de l'évaluation.

L'IFRS IC rappelle, en effet, qu'IAS 1.65 vise plutôt à donner une information sur la liquidité et la solvabilité de l'entité contrairement à IAS 39 qui ne traite que de questions d'évaluation (IFRIC Update 03/07).

Les dérivés dénouables à plus d'un an de la clôture et classés par défaut en trading (parce que non qualifiables d'instruments de couverture ou issus d'une bifurcation entre contrat hôte et dérivé incorporé) n'ont pas à être systématiquement présentés en éléments courants. Ils donnent lieu, au contraire, à une présentation pour partie en éléments courants et pour partie en éléments non courants, selon la répartition de leurs flux de trésorerie (IAS 1.66 à .76).

Remarques :

1. L'IFRS IC rappelle qu'en tout état de cause, les dérivés acquis à des fins réelles de négociation (trading) doivent être présentés en éléments courants (IFRIC Update 03/07).
2. Bien que cette question ait été posée à l'IFRS IC lors de l'application de la norme IAS 39, la réponse apportée alors reste valable sous IFRS 9 (les dispositions en question n'ayant pas changé avec la nouvelle norme).

Evolution possible de la réponse L'amendement de la norme IAS 1, relatif au classement courant/non courant d'un passif (voir nº 51160), clarifie les principes de la norme en la matière et pourrait, à notre avis, venir modifier certaines pratiques actuelles.

Présentation au bilan des dérivés de couverture : distinction courant/non courant

Question **51347**

Comment appliquer la distinction courant/non courant pour la présentation au bilan des dérivés qualifiés de couverture ?

Réponse

A notre avis, les dérivés qualifiés de couverture suivent le traitement appliqué à l'élément couvert.

Commentaires :

1. **Rappel** Selon IAS 1.60, une entité doit présenter séparément au bilan les actifs courants et non courants, et les passifs courants et non courants, sauf lorsqu'une présentation selon le critère de liquidité apporte des informations fiables et plus pertinentes. Lorsque cette exception s'applique, tous les actifs et passifs doivent être généralement présentés par ordre de liquidité.

Par ailleurs, quelle que soit la méthode de présentation adoptée, pour chaque ligne d'éléments d'actif et de passif comprenant à la fois des montants qu'elle s'attend à recouvrer ou à régler (a) au plus tard dans les douze mois à compter de la date de clôture et (b) plus de douze mois après la date de clôture, l'entité doit indiquer le montant qu'elle s'attend à recouvrer ou à régler au-delà de douze mois (IAS 1.61).

2. **Application aux instruments dérivés qualifiés de couverture** Les entreprises industrielles et commerciales ne retenant pas, en général, une présentation de leur bilan par ordre de liquidité, elles doivent donc appliquer la distinction courant/non courant aux instruments dérivés (ces derniers étant des actifs et passifs à part entière).

A notre avis et en l'absence de précision des normes en la matière, le **positionnement courant/non courant** d'un dérivé qualifié de couverture **suit le positionnement de l'élément couvert.** Ainsi, si l'entité distingue dans le sous-jacent couvert une part courante et une part non courante, il est envisageable d'appliquer une distinction similaire à l'instrument dérivé qualifié de couverture. Toutefois, sachant que cette séparation entraîne en général des difficultés de calcul et de suivi significatives, une alternative est, à notre avis, possible ; elle consiste à présenter la totalité de l'instrument dérivé :
- en courant, si la durée de la relation de couverture est inférieure à douze mois ;
- en non courant, si la durée de la relation de couverture est supérieure à douze mois.

III. Autres éléments de présentation au bilan

Application de la norme IFRS 5 aux instruments financiers

51352 ***Question***

La norme IFRS 5, Actifs non courants détenus en vue de la vente et activités abandonnées, s'applique-t-elle aux instruments financiers ?

Réponse

Oui, mais uniquement pour ce qui est de leur présentation au bilan.

En revanche, ces instruments financiers restent évalués selon les principes de la norme IFRS 9.

En outre, ces instruments sont soumis non seulement aux informations requises par la norme IFRS 5 mais également aux informations requises par la norme IFRS 7.

Commentaires :

1. **Actifs non courants détenus en vue de la vente (définition)** Les « actifs non courants détenus en vue de la vente » (« non current assets held for sale ») sont définis comme étant des actifs non courants (voir n° 51235) dont la valeur comptable est recouvrée principalement par le biais d'une transaction de vente plutôt que par une utilisation continue. C'est-à-dire que ces actifs doivent être disponibles pour une cession immédiate et que la vente doit être hautement probable (IFRS 5.6 et .7).

2. **Objectif de la norme IFRS 5** La norme IFRS 5 précise les méthodes d'évaluation et de présentation dans les états financiers des actifs non courants détenus en vue de la vente et des activités abandonnées. Les dispositions de cette norme s'appliquent à tous les actifs non courants (ou groupes d'actifs non courants), financiers ou non financiers, **détenus en vue de la vente,** ainsi qu'à tous les éléments (actifs ou passifs, financiers ou non financiers) faisant partie d'une activité abandonnée.

Selon cette norme, les actifs non courants détenus en vue de la vente :
- sont normalement évalués au montant le plus bas entre leur valeur comptable et leur juste valeur moins les coûts de cession (IFRS 5.15), mais voir l'approche spécifique en ce qui concerne les instruments financiers (point 3. ci-après) ;
- doivent être présentés séparément des autres actifs du bilan (IFRS 5.38) ; et
- donnent lieu à des informations spécifiques en annexe (voir point 5. ci-après).

3. **Application d'IFRS 5 aux instruments financiers** La norme IFRS 5 s'applique aux instruments financiers, mais uniquement en matière de présentation et d'information en annexe (IFRS 5.5c).

En effet, les instruments financiers entrent bien dans le champ d'application de la norme IFRS 5, mais uniquement pour ce qui concerne les règles de présentation et d'information en annexe. Leur exclusion du champ d'application d'IFRS 5 ne porte que sur les méthodes d'évaluation qui leur sont applicables, ces instruments continuant d'être soumis aux dispositions d'IFRS 9 à cet effet (IFRS 5.BC13a).

Pour plus de détails sur l'évaluation des actifs financiers, voir n° 45080.

4. **Conséquences pratiques** Les instruments financiers qui répondent à la définition d'« actifs non courants détenus en vue de la vente » suivent des **règles de présentation** spécifiques à la norme IFRS 5. Ces actifs (ou groupes d'actifs) doivent être présentés (IFRS 5.38) :
- séparément des autres actifs du bilan ;
- sans compensation avec les passifs faisant partie d'un groupe d'actifs détenus en vue de la vente, qui sont également présentés séparément des autres passifs du bilan ; et
- au niveau des éléments courants mais dans une sous-rubrique distincte après les autres éléments courants.

Etat du résultat global Dans l'état du résultat global, la présentation séparée sur une ligne distincte n'est obligatoire que lorsqu'il s'agit d'une activité abandonnée (« discontinued operations ») (IFRS 5.33a). Dans ce cas, la présentation se fait en dehors du résultat des activités courantes. Lorsqu'il s'agit de simples actifs détenus en vue de la vente, la présentation se fait obligatoirement dans les activités courantes, mais au choix de l'entité sur une ligne distincte ou non (IFRS 5.37 et .41c).

5. **Information en annexe** L'approche est la suivante :

a. **Principe général** Les informations en annexe requises par d'autres normes que la norme IFRS 5 ne s'appliquent pas aux actifs détenus en vue de la vente, sauf si ces actifs sont en dehors du champ d'application des dispositions d'IFRS 5 en ce qui concerne leur évaluation.

Etant donné que les actifs financiers détenus en vue de la vente sont toujours évalués selon la norme IFRS 9, ils sont donc hors du champ d'application des dispositions d'IFRS 5 relatives à l'évaluation et la norme IFRS 7 leur est donc applicable, en sus des informations requises par IFRS 5.

Des informations complémentaires peuvent également être nécessaires pour répondre aux exigences générales de la norme IAS 1, en particulier pour répondre au principe de l'image fidèle (IAS 1.15) et concernant les sources d'incertitudes relatives aux estimations (IAS 1.125).

En effet, certaines normes (en particulier la norme IAS 1) demandent des informations spécifiques pour les actifs détenus en vue de la vente, en sus des informations requises par IFRS 5 (IFRS 5.BC14C).

b. **Informations requises par la norme IFRS 5** Les entités doivent donner des informations complémentaires en annexe pour la période au cours de laquelle l'actif a été soit classé comme détenu en vue de la vente, soit vendu. Ces informations sont les suivantes (IFRS 5.41) :
- description de l'actif non courant ou du groupe d'actifs détenus en vue de la vente ;
- description des faits et des circonstances de la vente, ou conduisant à la cession attendue, ainsi que les modalités et l'échéancier prévus pour cette cession ;
- le profit ou la perte comptabilisé et, s'il n'est pas présenté séparément dans l'état du résultat global (voir point 4. ci-avant), la rubrique de l'état du résultat global qui inclut ce profit ou cette perte ;
- le cas échéant, le secteur opérationnel dans lequel l'actif non courant ou le groupe d'actifs détenu(s) en vue de la vente est présenté selon la norme IFRS 8, Secteurs opérationnels.

Pour une présentation détaillée de la norme IFRS 5, voir n° 36951 s.

Présentation des titres donnés en garantie

Question 51361

Où présenter au bilan du cédant les titres donnés en garantie (« collateral ») et qui peuvent être revendus par le cessionnaire ?

Réponse

Sur une ligne à part des autres actifs.

Commentaires Une entité qui donne un titre en garantie (par exemple, lors d'une opération d'emprunt ou parce qu'elle réalise des opérations de prêt/emprunt ou de mise en pensions de titres) continue à comptabiliser ce titre à son actif et le cessionnaire ne peut pas le comptabiliser à son bilan (IFRS 9.3.2.23d).

Pour la comptabilisation des titres donnés en garantie, voir n° 48275 et de ceux prêtés ou mis en pension, voir n° 48265.

Toutefois, si le cessionnaire (celui qui a reçu le titre en garantie) a le droit de le céder ou de le nantir à son tour, le cédant doit reclasser ce titre sur une **ligne à part,** à l'actif de son bilan (intitulée par exemple « Titres prêtés, mis en pension ou nantis ») (IFRS 9.3.2.23a).

Sur les informations à donner en annexe sur les titres donnés en garantie, voir n° 52570.

Présentation au bilan et au compte de résultat d'une cession d'actifs financiers

51365 ***Question***

Quelles sont les règles de présentation à respecter dans les états financiers lors d'une cession d'actifs financiers ?

Réponse

En cas de décomptabilisation totale, l'actif cédé n'apparaît plus au bilan et le résultat de cession est comptabilisé au compte de résultat.

En l'absence de décomptabilisation totale, l'actif est maintenu au bilan et l'opération est traitée comme un emprunt garanti.

En cas de situation de maintien d'implication (« continuing involvement »), la quote-part de créances conservée au bilan et la dette associée ne peuvent pas faire l'objet d'une compensation. Il en est de même pour les charges et les produits correspondants.

Commentaires Les règles de présentation diffèrent selon la qualification comptable de la cession :

1. **Décomptabilisation totale** Dans ce cas, l'actif cesse d'apparaître au bilan et le résultat de cession – différence entre la valeur nette comptable de l'actif cédé et la contrepartie reçue (y compris tout nouvel actif reçu et moins tout nouveau passif assumé) – doit être comptabilisé au compte de résultat (IFRS 9.3.2.12).

Le nouvel actif reçu ou le nouveau passif assumé peut correspondre par exemple au **mandat de gestion (« servicing contract »)** signé avec le titriseur ou le factor pour continuer à assurer le suivi et le recouvrement des créances, voir n° 51370.

A notre avis, en l'absence de précision des normes IFRS en la matière, le résultat d'une cession de créances commerciales peut être comptabilisé en « Autres (pertes) profits nets » ou en « Autres produits » ou « Autres charges » du résultat opérationnel, dans le cas des entreprises industrielles et commerciales, ou de manière cohérente avec le classement des résultats de cession (profits ou pertes) des autres instruments financiers.

2. **Aucune décomptabilisation (comptabilisation d'un emprunt garanti)** Si un transfert n'entraîne pas de décomptabilisation parce que l'entité a conservé la quasi-totalité des risques et avantages de l'actif transféré, cette dernière continue à comptabiliser l'intégralité de l'actif transféré à son bilan et comptabilise une dette pour la contrepartie (de la trésorerie) reçue. Au cours des exercices ultérieurs, l'entité doit comptabiliser, d'une part, les produits relatifs à l'actif conservé et, d'autre part, les charges de la dette correspondante (IFRS 9.3.2.15).

Remarque Si l'opération comporte un dépôt de garantie ou un prix différé, ce dernier n'apparaît pas au bilan, l'emprunt étant comptabilisé pour le montant net de trésorerie reçue.

3. **Situation de maintien d'implication (« continuing involvement »)** Sur le traitement comptable et la présentation au bilan dans ce cas de figure, voir n° 48235 s.

Remarques :

1. **Compensation interdite** Comme rappelé au n° 48255, il est interdit de compenser la quote-part (situation de maintien d'implication) ou l'intégralité (emprunt garanti) de l'actif maintenu au bilan et la dette associée.

2. **Option juste valeur** La norme IFRS 9 interdit l'application de l'option juste valeur à la dette associée à un actif préalablement évalué au coût amorti et dont le transfert ne s'est pas traduit par une vente parfaite (IFRS 9.3.2.21). Sur l'application de l'option juste valeur, voir n° 46680 s.

3. **Garantie autre que de la trésorerie donnée par le cédant au cessionnaire** Voir n° 48235, point 3.

Conservation de la gestion des actifs transférés (« mandat de gestion »)

Question 51370

Comment comptabilise-t-on le fait de conserver le suivi et le recouvrement des actifs transférés et décomptabilisés (« mandat de gestion ») ?

Réponse

Comme un actif « prélevé » sur la valeur totale des actifs transférés ou comme un passif en fonction du montant de la rémunération éventuellement reçue par le cédant.

Commentaires Lorsque le cédant conserve la gestion d'actifs financiers qui sont décomptabilisés, il peut être amené à comptabiliser soit un actif (« servicing asset », « prélevé » sur la valeur comptable totale des actifs transférés), soit un passif (« servicing liability »), en fonction du montant de la rémunération éventuelle reçue par le cédant au titre de la gestion des actifs transférés ; cette rémunération est alors comparée à la juste valeur du service rendu.

Rappel :
1. Le fait que le cédant conserve la gestion et le recouvrement des actifs cédés n'est pas un obstacle à la qualification de transfert des droits contractuels aux flux de trésorerie (transferts de 1ère catégorie). Sous réserve que les autres critères de l'arbre de décomptabilisation soient également respectés, le transfert peut alors donner lieu à décomptabilisation complète, voir n° 48130.
2. Le droit de conserver la gestion des actifs cédés se traduit par la signature d'un **mandat de gestion (« servicing contrat »)** puisqu'une fois le transfert réalisé, ces tâches sont exécutées pour le compte et sous le contrôle du cessionnaire (factor, FCT ou SPE), voir n° 48300.

La conservation de ce droit donne lieu à la comptabilisation d'un actif de gestion (« servicing right ») ou d'un passif de gestion (« servicing liability ») (IFRS 9.3.2.10) :
– si le mandat de gestion n'est pas ou peu rémunéré, il donne lieu à la comptabilisation d'un passif (« servicing liability ») ;
– si au contraire, sa rémunération est au-dessus de celle du marché (« more than adequate compensation »), il entraîne la comptabilisation d'un actif.

Dans les deux cas, ce contrat doit être estimé à sa juste valeur lors de sa comptabilisation initiale (IFRS 9.3.2.11).

Pour un exemple de juste valeur de ce type de contrats, voir n° 48315.

Remarques :
1. La norme IFRS 9 ne précise pas comment traiter comptablement sur les exercices ultérieurs ce mandat de gestion. A notre avis, l'entité doit suivre en la matière les dispositions de la norme IFRS 15. Le revenu au titre du mandat de gestion devrait être reconnu à l'avancement en considérant que le cessionnaire bénéficie du service de suivi et de recouvrement des créances au fur et à mesure que le service est exécuté par le cédant (voir n° 25400). Il peut être approprié de reconnaître le revenu sur une base linéaire si le service s'analyse comme une obligation de type « stand ready » (voir n° 25420). Le cas échéant, l'entité doit suivre les dispositions de la norme IAS 37 en ce qui concerne les contrats déficitaires (IAS 37.66 s.).
2. IFRS 9 ne précise pas non plus les modalités de comptabilisation d'un mandat de gestion lorsque le transfert aboutit comptablement à une situation d'implication continue (« continuing involvement »). A notre avis, la même logique devrait être retenue (comptabilisation au prorata de la quote-part décomptabilisée).

En revanche, il n'y a aucune comptabilisation particulière si ces contrats sont rémunérés au prix du marché.

Pour l'appréciation de la notion d'« implication » aux fins de l'application des obligations d'information dans le cas d'un mandat de gestion, voir n° 52530, point 2.

SECTION II

Présentation des instruments financiers dans l'état du résultat net et des autres éléments du résultat global (ou « état du résultat global »)

I. Généralités de présentation des produits financiers et des charges financières

A. Principes généraux de présentation

Dividendes et intérêts payés

51382 *Question*

Quel est le principe général de présentation des dividendes et des intérêts payés ?

Réponse

Quelle que soit leur appellation, les intérêts ou les dividendes suivent la qualification de l'instrument financier auquel ils se rattachent :
- présentation en charges financières, s'il s'agit d'une dette ;
- présentation en capitaux propres, s'il s'agit d'un instrument de capitaux propres ;
- présentation pour partie en charges financières et pour partie en capitaux propres, dans le cas d'un instrument composé.

Commentaires Selon IAS 32.36, le classement d'un instrument financier en dettes ou en instruments de capitaux propres détermine si les intérêts ou les dividendes liés à cet instrument sont comptabilisés (ou non) en charges dans l'état (ou les états) du résultat net et des autres éléments du résultat global.

Ainsi, les dividendes versés sur des actions intégralement comptabilisées en dettes sont comptabilisés en charges, de la même manière que les intérêts relatifs à une obligation.

La norme précise toutefois que les dividendes présentés en charges peuvent être présentés dans l'état (ou les états) du résultat net et des autres éléments du résultat global soit avec les charges d'intérêt liées aux autres dettes, soit comme un élément distinct (IAS 32.40).

En effet, dans certaines circonstances, compte tenu des différences entre les intérêts et les dividendes, notamment en ce qui concerne leur déductibilité fiscale, il est souhaitable de les présenter séparément dans le compte de résultat (IAS 32.40).

Enfin, rappelons que selon IAS 1.82b, les charges financières font partie des rubriques obligatoires à présenter dans l'état (ou les états) du résultat net et des autres éléments du résultat global.

Pour plus de détails sur ce point, voir n° 52240.

■ *Exemple*

Une action de préférence est remboursable de manière obligatoire au bout de 5 ans, en trésorerie. Elle est porteuse de dividendes non cumulatifs versés à la discrétion de l'entité, avant sa date de maturité.

Solution de l'exemple *Pour l'entité émettrice, un tel instrument comporte une composante dette (correspondant au montant actualisé du remboursement à effectuer dans 5 ans) et une composante capitaux propres (correspondant au montant estimé de la série de dividendes qui sera versé sur les 5 ans). L'effet du passage du temps (désactualisation) sur la composante dette est comptabilisé au compte de résultat, en charges financières.*

Tout dividende versé se rapportant à la composante capitaux propres est comptabilisé directement en moins des capitaux propres.
En revanche, si le contrat prévoit que les dividendes impayés sont ajoutés au montant du remboursement effectué à l'échéance, l'instrument tout entier est qualifié de dette selon IAS 32. Dans ce cas, les dividendes sont également présentés en charges financières (IAS 32.AG37).

Compensation des charges et produits financiers

Question 51386

Quand peut-on/doit-on compenser les charges et produits financiers ?

Réponse

Le principe général est que les produits et charges financiers ne doivent pas être compensés dans l'état du résultat global ou au compte de résultat séparé (s'il est présenté), sauf si cette compensation est requise ou autorisée par une norme ou une interprétation.

Les cas dans lesquels un montant net peut (ou doit) être présenté sont les suivants :
- existence d'un accord de compensation entre un actif et un passif financiers ;
- dépréciation de créances commerciales assurées (présentation dans l'état du résultat global ou au compte de résultat séparé, mais pas au bilan, du montant à déprécier net de l'indemnité d'assurance à recevoir) ;
- opérations de couverture (présentation des charges ou produits nets des résultats de couverture) ;
- instruments de Trading (présentation du montant net des pertes ou gains réalisés ou latents) ;
- gains et pertes de change (sur instruments de Trading ou issus d'écarts de conversion).

Commentaires Selon IAS 1.32, les produits et charges ne doivent pas être compensés, sauf si cette compensation est imposée ou autorisée par une norme ou une interprétation.

En ce qui concerne les instruments financiers, les cas de figure où les charges et produits financiers donnent lieu à présentation sur une base nette dans l'état du résultat global ou au compte de résultat séparé (s'il est présenté) sont les suivants :

a. Existence d'un accord de compensation entre un actif et un passif financiers En général, lorsqu'un actif et un passif financiers répondent aux critères de compensation d'IAS 32.42 (voir n° 51170), et sont présentés sous la forme d'un montant net au bilan, les produits et charges liés à cet actif et à ce passif sont également présentés pour leur montant net dans l'état du résultat global ou le compte de résultat séparé, dès lors qu'ils répondent également aux critères de compensation d'IAS 32.42.

En effet, selon IAS 32.43, lorsqu'une entité a le droit de recevoir ou de payer un montant net unique et qu'elle a l'intention de le faire, elle n'a, en fait, qu'un seul actif ou passif financier.

b. Dépréciation de créances commerciales assurées Lorsque le contrat d'assurance ne fait pas partie intégrante des modalités contractuelles de la créance (voir n° 47660), la dépréciation de la créance doit se faire sur la base du montant brut de la perte estimée et l'indemnité d'assurance doit être comptabilisée sous forme d'un actif séparé au bilan (si l'entité est quasiment certaine de pouvoir obtenir cette indemnité). Toutefois, dans l'état du résultat global ou le compte de résultat séparé, la perte subie peut être présentée nette de l'indemnité à recevoir (IAS 37.54).

c. Opérations de couverture En général et selon les meilleures pratiques, la part efficace des gains et pertes liés aux instruments de couverture (IFRS 9.6.5.8 et .6.5.11b) est présentée dans le même poste (et en net) que les gains/pertes ou charges/produits liés à l'élément couvert. La part inefficace est en revanche présentée de manière séparée (voir n° 51435).

d. Instruments de Trading (produits dérivés et autres) En application d'IAS 1.35, les pertes et les gains sur les instruments financiers détenus à des fins de transaction sont présentés pour leur montant net dans l'état du résultat global ou dans le compte de résultat séparé, à notre avis soit en résultat opérationnel (sur la ligne « Autres produits (pertes) – net ») soit en résultat financier (en « Autres charges financières » ou « Autres produits financiers ») (voir n° 51425 pour les dérivés et n° 51460 pour les titres de transaction).

En effet, IAS 1.35 précise que les profits et pertes dégagés sur un ensemble de transactions similaires sont comptabilisés pour leur montant net. C'est le cas, par exemple, des profits et des pertes de change ou des profits et des pertes sur instruments financiers détenus à des fins de transaction. De tels pertes et profits font toutefois l'objet d'une présentation séparée lorsqu'ils sont significatifs.

e. **Gains et pertes de change** En application du même paragraphe précité (IAS 1.35), les gains et pertes de change peuvent être présentés pour leur montant net dans l'état du résultat global. En pratique :
- les gains et pertes de change relatifs à des instruments classés en trésorerie et équivalents de trésorerie ainsi qu'à des emprunts sont présentés pour leur montant net dans le « coût de l'endettement financier » ;
- les autres gains et pertes de change sont présentés pour leur montant net soit en résultat opérationnel, soit en résultat financier (voir n° 51416).

B. Présentation des instruments financiers (hors dérivés)

Notion d'activité financière

51396 ***Question***

Qu'est-ce que la notion d'« activité financière » ? En quoi cette notion est-elle utile ?

Réponse

A notre avis, pour une entreprise industrielle et commerciale, il s'agit du fait de gérer sa dette et ses instruments de trésorerie et équivalents de trésorerie (CCE).
Cette notion est utile pour savoir quels éléments sont considérés comme des charges financières au sens d'IAS 1.

Commentaires La définition de ce qui constitue l'activité financière d'une entité aide à déterminer les éléments qui doivent être comptabilisés en charges financières.

Rappelons que, selon IAS 1.82, l'état du résultat global doit comporter, notamment, deux postes présentant, d'une part les produits d'intérêts évalués selon la méthode du taux d'intérêt effectif et, d'autre part, le montant des charges financières (voir n° 52240).

A notre avis et en l'absence de précision des normes IFRS en la matière, l'activité financière d'une entité peut être interprétée :
- soit de manière relativement extensive, comme l'activité de gestion de la dette, de la trésorerie et des équivalents de trésorerie d'une entité. Cette approche est celle qui reflète le mieux la manière dont la plupart des multinationales gèrent en pratique leurs activités financières via leurs centres de trésorerie groupe. C'est également l'approche retenue par la recommandation ANC (Rec. ANC 2020-01) ;

  Sur la notion de trésorerie et d'équivalents de trésorerie, voir n° 51245 s.
  Sur les produits de trésorerie et équivalents de trésorerie, voir n° 51405.

- soit de manière restrictive, comme la seule gestion de la dette.

  Remarque Dans ce cas, la notion d'activité financière est interprétée comme le seul fait de trouver des financements et se rapproche alors de la notion de « coûts d'emprunt » telle que définie par la norme IAS 23, Coûts d'emprunt (voir n° 37980 s.).

Enfin, rappelons que la rémunération d'instruments portant l'appellation d'instruments de capitaux propres (par exemple, actions de préférence ou parts ou actions d'OPCVM consolidés) mais qui sont qualifiés de dettes selon les dispositions d'IAS 32 est également incluse dans les charges financières, voir n° 51382.

Présentation des charges et produits financiers dans l'état du résultat global

51400 ***Question***

Comment présenter les produits et charges financiers dans l'état du résultat global : en net ou distinctement ?

Réponse

En IFRS, les charges et produits financiers doivent être présentés sur deux lignes distinctes, avant le total des charges financières nettes.

L'interdiction de compenser s'applique également, à notre avis, aux produits relatifs aux instruments classés en trésorerie et équivalents de trésorerie qui ne peuvent plus être présentés en moins du « coût de l'endettement financier », voir nº 51405.

Commentaires Selon l'IFRS IC, les entités ne peuvent pas présenter les charges financières nettes sur une ligne unique du compte de résultat (ou de l'état du résultat global, s'il est présenté en un seul état, voir nº 53970), sans distinction des charges et produits correspondants qui la composent. Cela n'empêche toutefois pas la présentation au compte de résultat des produits financiers immédiatement suivis des charges financières et d'un sous-total « charges financières nettes » (IFRIC Update 10/04).

Remarque Cette interdiction s'applique également aux produits financiers relatifs aux instruments classés en Trésorerie ou Equivalents de trésorerie/CCE, voir nº 51405.

IFRS 7.IG13 renforce l'obligation de présenter séparément sur deux lignes distinctes les charges et les produits financiers.

En effet, IFRS 7.IG13 indique que la charge d'intérêt totale présentée selon IFRS 7.20b constitue un composant des coûts financiers que le paragraphe IAS 1.82 requiert également de présenter séparément dans l'état du résultat global. La ligne présentant les coûts financiers peut également inclure des montants provenant de passifs non financiers.

En outre, l'AMF a rappelé la position prise par l'IFRS IC et l'interdiction de compenser les charges et produits financiers dans l'état du résultat global (Rec. AMF 2006-022, Arrêté des Comptes 2006, § 1.4).

Présentation des produits financiers relatifs aux instruments classés en trésorerie et équivalents de trésorerie

Question 51405

Où présenter les produits financiers relatifs aux instruments classés en trésorerie et équivalents de trésorerie (« cash and cash equivalent ») ?

Réponse

A notre avis, les produits financiers relatifs aux instruments classés en trésorerie et équivalents de trésorerie sont classés en résultat financier, sans les compenser avec les charges financières, et sur deux lignes distinctes selon les caractéristiques et le classement comptable de l'instrument :

- produits d'intérêts évalués selon la méthode du taux d'intérêt effectif (TIE) ;
- autres produits financiers.

Commentaires :

1. **Notion d'équivalents de trésorerie (rappel)** La norme IAS 7, Etat des flux de trésorerie, définit la notion d'« équivalents de trésorerie » comme des placements à court terme, très liquides, facilement convertibles en un montant connu de trésorerie et soumis à un risque négligeable de changement de valeur (IAS 7.6).

En pratique, sont par exemple classés dans le poste Trésorerie et équivalents de trésorerie : les liquidités, les dépôts bancaires à court terme, les parts d'OPCVM monétaires et les découverts bancaires.

Pour plus de détails, voir nº 51245.

Ainsi, en général, les instruments classés dans ce poste sont des instruments de dette évalués au coût amorti ou des instruments de dette (parts d'OPCVM) évalués à la juste valeur par résultat.

Sur le classement des parts d'OPCVM en juste valeur par résultat, voir nº 45290.

2. **Présentation des produits financiers au sein du résultat financier, sans compensation avec les charges financières** La présentation en net, sur la ligne « Coût de l'endettement financier », ne paraît pas possible (voir nº 51400). L'ANC a confirmé cela dans sa recommandation (Rec. ANC 2020-01 du 6-3-2020) relative au format des comptes consolidés des entités établis selon les normes comptables internationales (hors établissements du secteur bancaire et organismes d'assurance), voir nº 52255.

Font partie des « Produits de trésorerie et d'équivalents de trésorerie » (Rec. ANC 2020-01 § 3.4) :
- les produits d'intérêt générés par la trésorerie brute (exemple, sur les dépôts bancaires à court terme) ;
- les résultats de cession des équivalents de trésorerie ; et
- les résultats des couvertures de taux et de change sur trésorerie et équivalents de trésorerie.

Sur l'interdiction de compenser les autres produits et charges financières, voir nº 51400.

Sur le cas particulier des produits d'intérêt négatifs, voir nº 51412.

3. **Présentation des produits financiers sur des lignes distinctes selon les caractéristiques et le classement comptable de l'instrument** IAS 1.82 prévoit la présentation dans l'état du résultat global (ou au sein du compte de résultat, s'il est présenté séparément) de notamment deux postes distincts :
- produits d'intérêts évalués selon la méthode du taux d'intérêt effectif (TIE) ;

Recommandations de l'AMF L'AMF a rappelé cette présentation dans ses recommandations en vue de l'arrêté des comptes 2018. Elle précise également que les sociétés qui le souhaitent peuvent présenter d'autres revenus d'intérêts significatifs sur une autre ligne distincte en application d'IAS 1.97 (Rec. AMF 2019-13, Arrêté des Comptes 2019, § 4.1 faisant référence à la Rec. AMF 2018-12, Arrêté des Comptes 2018, § 4.6).

- charges financières.

Ainsi, les produits financiers relatifs aux instruments classés en trésorerie et équivalents de trésorerie sont présentés au sein du résultat financier :
- soit sur la ligne séparée « produits d'intérêts évalués selon la méthode du taux d'intérêt effectif (TIE) », si les instruments de trésorerie et équivalents de trésorerie (CCE) sont évalués au coût amorti ;

Par exemple, les produits d'intérêts des dépôts bancaires.

- soit avec les autres produits financiers.

Par exemple, les produits financiers reçus des parts d'OPCVM monétaires, si l'entité décide de les présenter distinctement des variations de valeur globale de l'instrument.

Présentation des produits financiers autres que ceux relatifs aux instruments classés en trésorerie et équivalents de trésorerie

51412 ***Question***

Où présenter les produits financiers relatifs à des instruments financiers autres que ceux classés en trésorerie et équivalents de trésorerie ?

Réponse

A notre avis, les produits financiers relatifs à des instruments autres que ceux classés en trésorerie et équivalents de trésorerie peuvent être présentés comme suit :
- **en résultat opérationnel** pour les produits d'intérêts et les dividendes, dès lors qu'ils constituent des revenus opérationnels ;
- **en résultat financier** pour les produits d'intérêts et les dividendes, dès lors qu'ils ne constituent pas des revenus opérationnels ;
- **en résultat opérationnel ou en résultat financier** pour les produits d'intérêts relatifs aux prêts (lorsque le groupe consolidé intègre une entité bancaire ou une filiale portant les activités de Trading) ou à la désactualisation des créances commerciales à long terme non porteuses d'intérêt.

Quel que soit le choix de l'entité, les produits financiers sont ensuite présentés au sein de ce résultat (opérationnel ou financier) selon le classement des instruments auxquels ils se rapportent :
- **pour les instruments de dette évalués au coût amorti ou à la juste valeur en autres éléments du résultat global (OCI) et les investissements en instruments de capitaux propres désignés à la juste valeur par OCI** : présentation des produits d'intérêts, en distinguant obligatoirement les « Produits d'intérêts évalués selon la méthode du TIE », et des dividendes ;
- **pour les instruments financiers évalués à la juste valeur par résultat** : présentation de la totalité des pertes/gains correspondant aux variations de juste valeur des titres en net sur une ligne « Profits ou pertes nets sur actifs/passifs évalués à la juste valeur par le résultat », par exemple dans le poste « Autres pertes/profits – net ».

Par ailleurs, les produits d'intérêts négatifs ne sont pas présentés en déduction des produits d'intérêts positifs, mais sur une ligne séparée du compte de résultat soit dans les charges d'intérêts, soit dans les charges financières. **51412** (suite)

Commentaires :

1. **Présentation dans le résultat opérationnel ou dans le résultat financier** La norme IAS 1 ne précise pas où présenter les produits financiers dans l'état du résultat global (ou au compte de résultat s'il est présenté séparément). Ces produits doivent néanmoins être présentés sur une ligne distincte des charges financières (IAS 1.82), conformément au principe de non-compensation des charges et des produits (voir nº 51386).

En pratique et à notre avis, les produits financiers relatifs aux instruments autres que ceux classés en trésorerie et équivalents de trésorerie peuvent être classés en résultat opérationnel ou en résultat financier. La présentation retenue doit ensuite être appliquée de manière homogène et constante d'un exercice à l'autre.

Les produits relatifs aux instruments classés en trésorerie et équivalents de trésorerie (« cash and cash equivalent »/CCE) sont présentés en tant que produits financiers au sein du résultat financier et sur une ligne distincte des charges financières, voir nº 51405.

Ce choix peut être effectué sur la base des arguments suivants :

a. **Classement en résultat opérationnel** Selon IAS 18.11 et .29, les produits d'intérêts faisaient partie des activités ordinaires de l'entité. Or, selon IFRS 15 qui a remplacé la norme IAS 18, les produits d'intérêts n'entrent pas dans le champ d'application d'IFRS 15. Néanmoins, IFRS 15.A définit les produits entrant dans son champ d'application comme les produits générés dans le cours des activités ordinaires de l'entité, sans davantage de précision. Par conséquent, les produits financiers pourraient être classés en résultat opérationnel **si l'entité considère que les instruments financiers font partie de ses activités ordinaires.**

b. **Classement en résultat financier** En revanche, sont classés en résultat financier les produits financiers des instruments financiers qui, d'après l'entreprise, ne font pas partie de ses activités ordinaires. Par exemple, le fait d'accorder un crédit inhabituel à un client ne relève pas de l'activité ordinaire des entreprises industrielles et commerciales.

En effet, il existe en France un monopole bancaire avec, toutefois, certaines exceptions dont celle des prêts et autres concours à la clientèle qui restent des opérations autorisées pour une entreprise industrielle et commerciale.

Alors que la présentation en résultat opérationnel des intérêts liés à la désactualisation des créances ne permet pas de montrer les avantages financiers accordés aux clients concernés, leur présentation en produits financiers permet de neutraliser les charges financières supplémentaires induites par le crédit octroyé au client.

Par ailleurs, en application de la recommandation ANC (Rec. ANC 2020-01 du 6-3-2020, § 4.3, note 3 et 4.5.5.3), les produits financiers non liés à des instruments de trésorerie ou équivalents de trésorerie (CCE) et autres que ceux de nature opérationnelle (voir nº 52255, point 2a.) sont enregistrés et présentés distinctement des « Autres charges financières » du résultat financier.

Ainsi, à notre avis, les entités peuvent donc suivre l'une des deux approches décrites ci-avant, soit en résultat opérationnel, soit en résultat financier. Néanmoins, la meilleure pratique pour les entreprises industrielles et commerciales est, à notre avis, de présenter :

- les produits d'intérêts autres que ceux relatifs aux instruments classés en trésorerie et équivalents de trésorerie et les dividendes en **résultat opérationnel, en respectant les principes tels qu'évoqués ci-après au point 2.** ;
- les produits d'intérêts relatifs aux prêts (lorsque le groupe consolidé intègre une entité bancaire ou une filiale portant les activités de Trading) ou à la désactualisation des créances commerciales à long terme non porteuses d'intérêt soit en **résultat opérationnel,** soit en **résultat financier** selon la recommandation ANC précitée (solution généralement retenue par les entreprises industrielles et commerciales).

Remarque Selon la recommandation précitée, l'imprécision de la norme IAS 1 concernant les éléments de nature financière pourrait amener les entités à classer en revenu (opérationnel) l'ensemble des produits financiers et en coût financier la totalité des charges financières, faussant par là même la présentation de la réalité économique de leurs opérations.

2. **Rubriques de l'état du résultat global imposées par la norme (rappel)** IAS 1.82, tel qu'amendé par la norme IFRS 9, prévoit la présentation, dans l'état du résultat global (ou au compte de résultat s'il est présenté séparément), de notamment deux postes distincts :

- produits d'intérêts évalués selon la méthode du taux d'intérêt effectif (TIE) ;

Ne concernent que les produits d'intérêts des instruments évalués au coût amorti ou à la juste valeur en contrepartie des autres éléments du résultat global (OCI). Pour plus d'informations, voir nº 51414.

Recommandations de l'AMF Dans ses recommandations en vue des arrêtés des comptes 2018 et 2019, l'AMF a rappelé cette obligation de présentation. Par ailleurs, en 2018, elle a précisé que les sociétés qui le souhaitent peuvent présenter d'autres revenus d'intérêts significatifs sur une autre ligne distincte en application d'IAS 1.97 (Rec. AMF, 2019-13, Arrêté des Comptes 2019, § 4.1 faisant référence à la Rec. AMF, 2018-12, Arrêté des Comptes 2018, § 4.6).

– charges financières.

Par conséquent, quel que soit le classement décidé par l'entité (i.e. en résultat opérationnel ou en résultat financier), ces deux lignes doivent être présentées distinctement. Ainsi, la présentation des produits financiers varie selon le classement des instruments auxquels ils se rapportent :

a. **instruments de dette évalués au coût amorti ou à la juste valeur en autres éléments du résultat global (OCI)** Les produits d'intérêt sur de tels instruments de dette doivent être présentés sur une ligne séparée au sein du compte de résultat, intitulée « Produits d'intérêts évalués selon la méthode du TIE » ;

b. **investissements en instruments de capitaux propres évalués à la juste valeur en autres éléments du résultat global (OCI)** Les dividendes reçus sur de tels instruments peuvent être présentés, à notre avis, sur une ligne séparée intitulée par exemple « Autres produits ».

Remarque Les deux lignes décrites ci-avant en a. et b. pourraient être regroupées dans un sous-total « Produits des placements ».

c. **instruments financiers évalués à la juste valeur par résultat** La totalité des pertes/gains correspondant aux variations de juste valeur des instruments peut être présentée en net sur une ligne « Profits ou pertes nets sur actifs/passifs évalués à la juste valeur par le résultat » dans le poste « Autres pertes/profits – net ».

Les intérêts courus et les dividendes se rapportant à un instrument financier classé en Transaction (trading) ne font pas, en principe, l'objet d'un enregistrement distinct par rapport aux variations de valeur globale de l'instrument.

Néanmoins, par référence à IFRS 7.B5 et .BC34, certaines entités (des banques notamment) comptabilisent les intérêts courus et les dividendes attachés aux instruments de dette évalués à la juste valeur par résultat de manière séparée dans leur marge d'intérêt ou sur la ligne dividendes de leur PNB (Produit Net Bancaire). Ces deux paragraphes prévoient en effet la possibilité d'enregistrer séparément les intérêts et les produits de dividendes rattachés aux actifs et passifs évalués à la juste valeur par résultat.

Pour plus de détails, voir nº 51414.

3. **Cas particulier** Dans un environnement de taux d'intérêt négatifs (Euribor < 0), l'IFRS IC a précisé que les produits d'intérêt négatifs (charges) sur actifs financiers ne répondent pas à la définition de revenu au sens d'IAS 18 parce qu'ils correspondent à une sortie de flux de trésorerie. L'IFRS IC a ainsi rejeté la vue selon laquelle ces intérêts négatifs seraient présentés en diminution des produits d'intérêt positifs (IFRIC Update 01/15). Une entité pourrait ainsi présenter ses produits d'intérêt négatifs sur une ligne séparée du compte de résultat en tant que « Autres revenus négatifs d'intérêt » soit dans les charges d'intérêt, soit dans les charges financières. La même logique s'applique aux charges d'intérêt positives reçues de passifs financiers dont la rémunération est négative.

A notre avis, cette vue reste valable sous IFRS 15, les produits d'intérêt négatifs n'étant pas des produits au sens d'IFRS 15.

En effet, selon IFRS 15.A, les produits sont définis comme les accroissements d'avantages économiques au cours de la période comptable, sous forme d'entrées ou d'accroissements d'actifs, ou de diminutions de passifs, qui donnent lieu à des augmentations des capitaux propres autres que les augmentations provenant des apports des participants aux capitaux propres.

Présentation des produits d'intérêts relatifs aux actifs financiers évalués à la juste valeur par résultat

51414 ***Question***

Les produits d'intérêts relatifs aux actifs financiers évalués à la juste valeur par résultat (y compris ceux des dérivés non désignés dans une relation de couverture) peuvent-ils être présentés sur la ligne « produits d'intérêts calculés selon la méthode du taux d'intérêt effectif (TIE) » ?

51414 (suite)

Réponse

Non. En revanche, il est possible de les présenter, au choix, en résultat des instruments évalués à la juste valeur ou, à notre avis, sur une ligne « autres produits d'intérêts ».

Commentaires Selon IAS 1.82a, les produits d'intérêts calculés selon la méthode du taux d'intérêt effectif (TIE) doivent être isolés des autres revenus des activités ordinaires, sur une ligne séparée de l'état du résultat global (ou du compte de résultat s'il est présenté séparément).

Interrogé sur la présentation des intérêts sur dérivés n'entrant pas dans une relation de couverture (i.e. dérivés de transaction), même économique, l'IFRS IC a précisé que ceux-ci ne peuvent pas être présentés, sur la ligne « produits d'intérêts calculés selon la méthode du taux d'intérêt effectif (TIE) » au sein du compte de résultat (IFRIC Update 03/18).

A cette occasion, l'IFRS IC a également rappelé que, sur cette ligne « Produits d'intérêts calculés selon la méthode du TIE », ne peuvent être présentés que les produits d'intérêts des instruments évalués au coût amorti ou à la juste valeur en contrepartie des autres éléments du résultat global (OCI).

Sont donc exclus de cette ligne les produits d'intérêts relatifs aux actifs financiers évalués à la juste valeur par résultat, notamment :
- les intérêts des actifs qui respectent le critère du « prêt basique » mais qui sont gérés dans les autres « business model » (i.e. de transaction) ;
- les intérêts des actifs qui ne respectent pas le critère SPPI ;
- les intérêts des actifs qui sont désignés à la juste valeur par résultat.

Pour le critère du « business model », voir n° 45130.
Pour le critère du « prêt basique », voir n° 45140 s.

En effet, la définition de la méthode du TIE, selon IFRS 9.A, fait référence au coût amorti d'un actif financier ou d'un passif financier. La méthode du TIE s'applique uniquement aux instruments financiers pour lesquels le coût amorti est calculé puis ajusté, pour les actifs, par une perte de dépréciation déterminée selon la méthode de dépréciation des pertes de crédit attendues. Comme le coût amorti ne s'applique qu'aux méthodes d'évaluation du coût amorti et de la juste valeur par OCI, les actifs évalués à la juste valeur par résultat en sont exclus.

A notre avis, la part efficace d'une couverture au compte de résultat pourra continuer à être enregistrée dans le même poste que les gains/pertes ou charge/produits liés à l'élément couvert, voir n° 51440.

En outre et à **notre avis, les charges d'intérêts peuvent** être présentées selon la même granularité que celle des produits d'intérêts. Ainsi, au même titre que les « produits d'intérêts calculés selon la méthode du TIE » (i.e. ceux relatifs aux actifs évalués au coût amorti ou à la juste valeur par OCI), les charges d'intérêts calculés selon la méthode du TIE peuvent être présentées isolément.

En plus des dispositions prévues par IAS 1.82a, les produits d'intérêts, d'une part, et les charges d'intérêts, d'autre part, de tous les instruments évalués à la juste valeur par résultat, y compris ceux des dérivés de transaction, peuvent être présentés isolément au sein du compte de résultat.

Cela, conformément à IAS 1.97 selon lequel, lorsque des éléments de produits et de charges sont significatifs, leur nature et leur montant sont indiqués séparément soit directement dans le compte de résultat, soit en notes annexes.

A notre avis, ils peuvent être présentés **au choix** sur la ligne des instruments évalués à la juste valeur par résultat ou sur une ligne « Autres produits »/« Autres charges ».

En particulier, en accord avec la pratique de présentation dans les **comptes des banques et des institutions financières,** les produits sur instruments évalués à la juste valeur par résultat peuvent être présentés sur une ligne distincte « autres produits » dans le sous-total « marge nette d'intérêts ».

Par exemple, comme suit :

Produits d'intérêts calculés selon la méthode du TIE (IAS1.82a)
Autres produits d'intérêts
Charges d'intérêts calculés selon la méthode du TIE
Autres charges d'intérêts
Marge nette d'intérêts (MNI).

Présentation des pertes et gains de change

51416 ***Question***

Où enregistrer les pertes et gains de change sur instruments financiers évalués à la juste valeur par résultat ou représentatifs d'écarts de conversion ?

Réponse

En l'absence de précision des normes IFRS, à notre avis :
- en résultat financier, pour ceux relatifs aux emprunts et aux instruments de trésorerie et équivalents de trésorerie (CCE) ;
- en résultat opérationnel, pour les autres.

Toutefois, d'autres approches alternatives sont possibles.

Commentaires A notre avis et en l'absence de précision des normes IAS 1, Présentation des Etats financiers et IAS 21, Effets des variations des cours des monnaies étrangères, et de la recommandation ANC (Rec. ANC 2020-01) (voir n° 52255), les pertes et gains de change sur instruments financiers évalués à la juste valeur par résultat ou issus des écarts de conversion peuvent être enregistrés :
- en résultat financier, dans la rubrique « Coût de l'endettement financier » pour ceux relatifs aux emprunts et en « Produits financiers » pour ceux relatifs aux instruments de trésorerie et d'équivalents de trésorerie (voir n° 51245) ;
- en résultat opérationnel, dans les rubriques « Autres profits (pertes) nets », « Autres produits d'exploitation » ou « Autres charges d'exploitation » pour tous les autres.

Toutefois, d'autres approches alternatives paraissent possibles, par exemple l'enregistrement de l'ensemble de ces pertes et gains de change en résultat financier dans les rubriques « Autres produits financiers » ou « Autres charges financières ».

Remarque Le mode de présentation retenu doit être appliqué de manière homogène (notamment au regard de l'enregistrement des pertes et gains de change relatifs aux instruments de couverture correspondants, le cas échéant) et constante d'un exercice à l'autre.

C. Présentation des dérivés

Dérivés non qualifiés de couverture (entreprises industrielles et commerciales)

51425 ***Question***

Quelles sont les modalités de présentation au compte de résultat des instruments dérivés (non qualifiés de couverture) ?

Réponse

A notre avis, en l'absence de précisions des normes IFRS et dans le cas des entreprises industrielles et commerciales, les résultats relatifs aux instruments dérivés détenus à des fins de transaction sont enregistrés dans le résultat opérationnel, en « Autres profits (pertes) – net ».

Commentaires Les normes IFRS ne donnent aucune précision quant aux modalités de présentation au compte de résultat des variations de juste valeur des instruments dérivés. Néanmoins, l'IFRS IC a précisé que les résultats relatifs aux dérivés de transaction (i.e. leur variation de juste valeur) ne peuvent pas être présentés sur la ligne « Produits d'intérêts calculés selon la méthode du taux d'intérêt effectif (TIE) » (IFRIC Update 03/18).

Pour en savoir plus sur cette décision, voir n° 51414.

En revanche, la recommandation ANC (Rec. ANC 2020-01) relative au format des états financiers des entités sous référentiel comptable international (hors entreprises de banques et d'assurance) apporte quelques précisions en la matière (voir n° 54031).

D'une manière générale, qu'elles appliquent ou non cette recommandation, les entités doivent opter pour la plus grande transparence possible. Elles doivent également veiller à ce que la présentation retenue soit en ligne avec le processus de gestion des risques mis en place par le groupe et soit appliquée de façon cohérente.

En ce qui concerne les **instruments dérivés détenus à des fins de transaction** (c'est-à-dire ceux non désignés dans une relation de couverture et ceux qui ne répondent pas à la qualification de couverture en raison, par exemple, de tests d'efficacité défaillants), la meilleure pratique est, à notre avis, de présenter le résultat relatif à ces instruments au sein du **résultat opérationnel,** sur une ligne « Autres profits (pertes) – net ».

Ces montants doivent être individualisés si le résultat correspondant aux instruments dérivés est significatif par rapport au compte de résultat consolidé du groupe.

Cette ligne devrait également comprendre, à notre avis, la part inefficace des opérations de couverture (voir n° 51347).

Remarque La recommandation de l'ANC propose, quant à elle, d'enregistrer les pertes/profits constatés sur les dérivés de change et de taux d'intérêt de trading dans le poste « Autres charges financières » ou dans le poste « Autres produits financiers », selon le cas, au sein du **résultat financier** (Rec. ANC 2020-01 § 4.3, note 3), ce qui nous paraît une alternative acceptable.

De la même façon, les pertes et les profits constatés sur des contrats de matières premières qualifiés de dérivés selon IFRS 9 (par exemple des contrats d'énergie) peuvent, à notre avis, être enregistrés sur une ligne spécifique de la marge brute (mais pas en chiffre d'affaires).

Sur le cas particulier des contrats de matières premières qui ne bénéficient pas de l'exemption d'usage propre et dénoués par une livraison physique, l'IFRS IC a rappelé qu'ils s'analysent comme des dérivés évalués à la juste valeur par résultat. En conséquence, l'IFRS IC a précisé que la comptabilisation d'une écriture additionnelle d'extourne des gains ou pertes accumulés au titre du dérivé en compte de résultat par contrepartie d'un compte « autre revenu » ou « stock » (selon qu'il s'agisse d'une vente ou d'un achat) n'est pas cohérente avec IFRS 9 (IFRIC Update 03/19).

Présentation de la part inefficace des couvertures au compte de résultat

Question 51435

Où présente-t-on la part inefficace d'une couverture au compte de résultat ?

Réponse

A notre avis, la part inefficace de la couverture doit être enregistrée séparément de la part efficace de la couverture, par exemple, dans le résultat opérationnel en « Autres profits (pertes) – nets » avec les gains et pertes constatés sur les dérivés détenus à des fins de transaction, ou encore en « Autres produits financiers » ou « Autres charges financières » pour les couvertures de taux d'intérêt ou de change.

Commentaires :

1. **Contexte** Les normes IFRS ne précisent pas la manière dont les pertes et les gains liés aux dérivés doivent être présentés au compte de résultat. Toutefois, selon :

- IAS 1.82, le compte de résultat doit comporter un certain nombre de postes, listés par la norme ; des postes complémentaires peuvent, en outre, devoir être ajoutés lorsqu'une telle présentation est pertinente pour comprendre la performance financière de l'entité (IAS 1.85) ;
- IFRS 7.24B et .24C, les entités doivent indiquer séparément en annexe l'inefficacité des couvertures enregistrée en résultat, en ventilant cette dernière selon qu'elle se rattache à des couvertures de juste valeur et des couvertures de flux de trésorerie (voir n° 52500).

Enfin, d'une manière générale, la présentation au compte de résultat des gains et des pertes liés aux instruments de couverture doit être homogène avec la stratégie de gestion financière de l'entité et la manière dont l'entité traduit comptablement cette dernière.

2. **Présentation de l'inefficacité** A notre avis, la part inefficace des opérations qualifiées de couverture devrait être présentée :

- **séparément** de la part efficace (voir n° 51440) ;
- par exemple, en « Autres profits (pertes) – nets » dans le résultat opérationnel, avec les pertes et gains constatés sur les dérivés détenus à des fins de transaction (Trading) (voir n° 51425).

Méthodes alternatives D'autres méthodes sont à notre avis acceptables, sous réserve qu'elles soient homogènes avec la méthode retenue pour la présentation des dérivés de trading. Ainsi, par exemple, la part inefficace des opérations de couverture de taux d'intérêt ou de change pourrait être présentée en résultat financier en « Autres produits financiers » ou en « Autres charges financières », selon le cas, comme le propose la recommandation ANC relative au format des états financiers des entités sous référentiel comptable international (hors entreprises de banque et d'assurance) (Rec. ANC 2020-01 § 4.3), voir également nº 51425.

Présentation de la part efficace des couvertures au compte de résultat

51440 *Question*

Où enregistre-t-on la part efficace d'une couverture au compte de résultat ?

Réponse

A notre avis, dans le même poste que les gains/pertes ou charges/produits liés à l'élément couvert.

Commentaires Les normes IFRS ne précisent pas la manière dont les pertes et les gains liés aux dérivés doivent être présentés au compte de résultat.

A notre avis et selon les meilleures pratiques, la part efficace des gains et pertes liés aux instruments de couverture devrait être présentée **dans le même poste (et en net)** que les gains/pertes ou charges/produits liés à **l'élément couvert.**

Pour plus de détails sur le traitement comptable des opérations de couverture sous IFRS 9, voir nº 49320 s.

Pour plus de détails sur le traitement comptable des opérations de couverture sous IAS 39, voir nº 50200 s.

La part inefficace doit être présentée de manière séparée (voir nº 51435).

Remarques :

1. **Approche alternative** La recommandation ANC relative au format des états financiers des entités sous référentiel comptable international (hors entreprises de banque et d'assurance) offre la possibilité de présenter (Rec. ANC 2020-01 § 4.5.1) :
- la part efficace – toujours dans le résultat opérationnel courant – mais en « Autres produits et charges d'exploitation » ; et
- la part inefficace globalement regroupée avec la part efficace (soit sur chaque ligne concernée : chiffre d'affaires, achats consommés ; soit en « Autres produits d'exploitation » ou en « Autres charges d'exploitation »).

2. **Changement de présentation** Les entités qui ne présentaient pas de manière séparée la part efficace et la part inefficace ou qui présentaient la part efficace en « Autres produits et charges d'exploitation » (voir ci-avant approche alternative) et qui choisissent de changer de présentation pour adopter la présentation que nous proposons (considérée comme plus appropriée) doivent :
- retraiter les chiffres comparatifs du ou des exercices antérieurs ; et
- mentionner en annexe la nature du reclassement, les montants reclassés et les raisons du reclassement (IAS 1.41).

Présentation « pied de coupon » des swaps de couverture

51445 *Question*

Dans le cas d'un swap de taux d'intérêt qualifié de couverture d'une dette, est-il possible de présenter séparément dans le compte de résultat, d'une part, le résultat lié aux intérêts courus et, d'autre part, le reste de la variation de la juste valeur du swap, encore appelée valeur pied de coupon (ou « clean fair value ») ?

Réponse

A notre avis, cette approche est acceptable en IFRS, sous réserve :
- que le traitement soit correctement décrit dans les états financiers ; et
- que seuls les swaps de taux d'intérêt entrant dans la stratégie décrite soient traités de cette manière.

Commentaires :

1. **Rappel** Selon IFRS 9.6.2.4, la relation de couverture ne peut être définie que par référence à la totalité de la juste valeur de l'instrument de couverture. Il n'existe que trois exceptions à ce principe qui donnent la possibilité de séparer :
- la composante report/déport d'un contrat à terme de sa composante comptant (élément « spot ») et de manière similaire, le « cross-currency basis » d'un « cross-currency swap » ;

Pour la comptabilisation du « cross-currency basis », voir n° 49210.
Pour la comptabilisation du report/déport des contrats d'achat à terme ferme, voir n° 50100 sous IAS 39 et n° 49690 sous IFRS 9.

- la valeur temps d'une option, de sa valeur intrinsèque ;

Pour la comptabilisation de la valeur temps des options, voir n° 50100 sous IAS 39 et n° 49690 sous IFRS 9.

- une portion de l'instrument de couverture pris dans sa globalité (par exemple, 50 % du montant nominal).

Selon IAS 39.74, la relation de couverture ne peut être définie que par référence à la totalité de la juste valeur de l'instrument de couverture. Il n'existe que deux exceptions à ce principe qui donnent la possibilité de séparer :
- la composante report/déport d'un contrat à terme, de sa composante comptant (élément « spot ») ;
- la valeur temps d'une option, de sa valeur intrinsèque.

2. Application aux swaps de taux qualifiés de couverture d'une dette Lorsqu'une dette (évaluée au coût amorti) est couverte par un swap de taux d'intérêt dans une relation de couverture de prix (« fair value hedge ») (voir n° 50300), de nombreuses entités souhaitent pouvoir séparer dans le compte de résultat :
- d'une part, le résultat lié aux intérêts courus (à la fois sur la dette et le swap de couverture) ; et,
- d'autre part, le reste de la variation de juste valeur du swap de couverture et de la composante taux d'intérêt réévalué de la dette couverte (encore appelé « valeur pied de coupon » ou « clean fair value »).

A notre avis, cette approche pourrait être retenue pour l'établissement des comptes IFRS si le traitement est correctement décrit dans les états financiers et que seuls les swaps de taux entrant dans la stratégie décrite sont traités de cette manière.

En revanche, il n'est pas acceptable, à notre avis, d'appliquer ce traitement à un swap non affecté à une relation de couverture.

II. Autres lignes du compte de résultat

Pertes et gains sur instruments financiers évalués à la juste valeur par résultat

Question 51460

Comment présenter au compte de résultat les variations de juste valeur relatives aux instruments financiers évalués à la juste valeur par résultat ?

Réponse

A notre avis, pour leur montant net et en résultat opérationnel (en ce qui concerne les entreprises industrielles et commerciales).

Commentaires La norme IAS 1 ne précise pas comment présenter au compte de résultat les variations de valeur relatives aux instruments financiers évalués à la juste valeur par résultat. Toutefois, selon IFRS 7.20a, les entités doivent mentionner – soit dans leurs états financiers primaires, soit en annexe – les profits nets ou les pertes nettes sur les actifs/passifs financiers évalués à la juste valeur par résultat, en indiquant séparément ceux évalués selon l'option juste valeur et ceux qui sont de manière obligatoire évalués à la juste valeur par résultat (les instruments ayant retenu les autres modèles de gestion et les instruments ne répondant pas à la qualification de « prêt basique »).

Pour la définition des autres modèles de gestion, voir n° 45215.
Pour les actifs financiers ne répondant pas à la qualification de « prêt basique », voir n° 45160.

Par ailleurs, IFRS 7.B5 donne la possibilité aux entités d'inclure ou non dans ces profits ou pertes nets les intérêts et dividendes reçus (voir n° 51412, point 3.).

Enfin, en ce qui concerne les instruments en devises évalués à la juste valeur par résultat, la norme IAS 21 ne prévoit pas d'indiquer séparément le montant des pertes et gains de change enregistrés en résultat et qui leur correspondent (IAS 21.52a).

En pratique, les entreprises industrielles et commerciales qui détiennent des instruments évalués à la juste valeur par résultat (de manière obligatoire ou en application de l'option juste valeur) peuvent présenter (meilleure pratique, à notre avis) les pertes nettes ou gains nets relatifs aux variations de valeur de ces titres dans le poste « Autres (pertes)/profits nets » dans le **résultat opérationnel.** Si les intérêts et les dividendes reçus sont enregistrés séparément, ces derniers nous paraissent devoir être enregistrés dans le poste « Autres produits », toujours dans le résultat opérationnel.

Rappelons que, à notre avis, et selon la meilleure pratique, seuls les produits financiers sur les activités de financement (i.e. équivalents de trésorerie) et les produits d'intérêts sur les dépôts bancaires à court terme peuvent être directement présentés sur une ligne à part dans le **résultat financier,** après le sous-total « Charges financières » et en déduction de celui-ci (voir n° 51412). La recommandation de l'ANC relative au format des comptes consolidés des entités établis selon les normes comptables internationales (hors établissements du secteur bancaire et organismes d'assurance) prévoit quant à elle deux postes distincts, « **Autres produits financiers** » et « **Autres charges financières** », dans lesquels seraient notamment respectivement enregistrées les variations positives et les variations négatives de juste valeur des actifs et passifs financiers évalués en juste valeur (Rec. ANC 2020-01 § 4.3, note 3). Pour cette recommandation, voir n° 52255.

Dépréciation et résultat de cession sur titres

51465 ***Question***

Comment présenter dans l'état du résultat global les dépréciations et les résultats de cession sur titres ?

Réponse

Leur nature (résultat de cession ou dépréciation s'il y a lieu) et leur montant doivent être indiqués séparément, soit directement dans le compte de résultat soit en notes annexes, par catégorie de portefeuilles (coût amorti, juste valeur en contrepartie des autres éléments du résultat global et juste valeur par résultat).

Commentaires Selon IFRS 7.20, les entités doivent indiquer le résultat de cession des titres soit directement dans l'état du résultat global, soit en annexe, selon leur classement en juste valeur ou au coût amorti :

– les profits ou pertes nets sur les actifs financiers évalués à la juste valeur par résultat, en distinguant ceux à qui l'option juste valeur a été appliquée et ceux qui sont évalués de manière obligatoire à la juste valeur par résultat (IFRS 7.20a.i) ;

– les profits ou pertes nets sur les actifs évalués au coût amorti (IFRS 7.20a.vi) ; à cette fin, et conformément à une décision de l'ITG (« IFRS Transition Resource Group for Impairment of Financial Instruments ») du 11 décembre 2015, il est nécessaire de réévaluer le montant de la dépréciation à la date de cession, de manière à bien ventiler dans le résultat, la plus ou moins-value de cession qui doit être présentée sur cette ligne, du coût du risque qui correspond à la variation de dépréciation d'IFRS 9 sur la période ;

– les profits ou pertes nets sur les investissements en instruments de capitaux propres auxquels l'option juste valeur en autres éléments du résultat global (OCI) a été appliquée (IFRS 7.20a.vii) ;

Remarque Les gains et pertes hors dividendes perçus sont enregistrés en autres éléments du résultat global (OCI), sans aucun recyclage possible au compte de résultat, même en cas de cession, voir n° 45280.

– les profits ou pertes nets sur les actifs évalués à la juste valeur par OCI, en distinguant le montant de profit ou perte comptabilisé en OCI sur la période et le montant cumulé des OCI reclassé lors de la décomptabilisation des OCI vers le résultat au cours de l'exercice (IFRS 7.20a.viii).

Remarque Il s'agit ici des pertes et gains de cession.

La norme IAS 1 précise par ailleurs que :

– lorsque des éléments de produits et de charges sont significatifs, leur nature et leur montant sont indiqués séparément soit directement dans le compte de résultat, soit en notes annexes (IAS 1.97) ; et

– les circonstances pouvant donner lieu à l'indication séparée des éléments de produits et de charges comprennent notamment les sorties de placements (« disposals of investments », IAS 1.98d).

Dans le compte de résultat, les dépréciations et les pertes de cession sur instruments de dette évalués à la juste valeur en OCI devraient, à notre avis, être enregistrées au poste « Autres (pertes)/profits – nets » dans le résultat opérationnel. Les profits de cession peuvent être enregistrés soit dans ce poste, soit dans le poste « Autres produits » (voir nº 52255).

La recommandation de l'ANC relative au format des comptes consolidés des entités établis selon les normes comptables internationales (hors établissements du secteur bancaire et organismes d'assurance) prévoit deux postes distincts « Autres produits financiers » et « Autres charges financières » dans lesquels seraient notamment respectivement enregistrés les profits et les pertes sur cession de titres non consolidés (Rec. ANC 2020-01 § 4.3, note 3). Pour cette recommandation, voir nº 52255.

Rachat de dette : enregistrement de l'impact au compte de résultat (« debt buy-back transaction »)

51470

Question

Lorsqu'une entité rachète sa propre dette (« debt buy-back transaction ») avec une décote significative, dans quelle ligne du compte de résultat doit être comptabilisé le gain qui en découle ?

Réponse

En résultat financier. En effet, pour une entité qui n'est pas une institution financière, cette opération est de nature financière et non opérationnelle, puisqu'elle modifie l'endettement de l'entité.

Commentaires Une entité rachète sa propre dette sur le marché (« debt buy-back transaction ») pour un montant incluant une décote (« discount ») significative. L'entité éteint sa dette contre le paiement au prêteur d'un montant reflétant la valeur de la dette sur le marché, soit, dans ce cas, un montant inférieur à sa valeur comptable au moment du rachat.

Cette opération entraîne la **constatation d'un gain,** à hauteur du montant de la décote constatée, voir nº 48090.

Selon IFRS 9.3.3.3, l'entité doit constater en résultat la différence entre la valeur comptable de la dette éteinte et le montant payé pour l'éteindre. Ce gain est donc enregistré en résultat.

Sur le traitement comptable d'une extinction de dette, voir nº 46200.

Toutefois, les normes IFRS ne précisent pas sur quelle ligne du compte de résultat enregistrer ce gain. Pour une entité qui n'est pas une institution financière, le rachat d'un emprunt est de nature financière (et non opérationnelle), puisqu'il modifie l'endettement de l'entité.

En conséquence et par référence à IAS 1.15 (qui requiert une « représentation fidèle » des effets des transactions), le gain résultant de l'extinction de la dette devrait, à notre avis, être enregistré en **résultat financier.**

SECTION III

Notions extra-comptables

Notion d'endettement net

51480

Question

La notion d'endettement net est-elle reconnue en IFRS ?

Réponse

Non, car il s'agit d'un indicateur financier (« non-GAAP measure ») et non pas d'une notion comptable.

Commentaires :

1. **Pas de définition de la notion « d'endettement net » en IFRS** La notion « d'endettement net » ne fait l'objet d'aucune définition dans les normes IFRS : il s'agit en effet d'un indicateur financier de mesure de performance (« non-GAAP measure ») et non d'une notion comptable.

Pour la notion d'indicateurs financiers et leur présentation dans les états financiers, voir point 3. ci-après.

51480 (suite) 2. **Recommandation ANC nº 2020-01** En revanche, la recommandation ANC relative au format des comptes consolidés des entités établis selon les normes comptables internationales (hors établissements du secteur bancaire et organismes d'assurance) propose une définition de l'endettement financier net (Rec. ANC 2020-01).

a. **Notion d'endettement financier net** L'endettement financier net est constitué de l'endettement financier brut diminué de la trésorerie nette et, dans certains cas, d'autres actifs financiers qui peuvent être portés en déduction de l'endettement financier net (Rec. ANC 2020-01 § 3.5).

b. **Notion d'endettement financier brut** Selon la recommandation ANC précitée (Rec. ANC 2020-01 § 3.3), l'endettement financier brut est constitué :
- des passifs financiers à long terme : opérations d'emprunt de capitaux réalisées auprès du public – par exemple, sous forme d'emprunt obligataire – ou auprès de banques ou d'établissements financiers (crédits à moyen ou long terme, crédit-bail, etc.) ;
- des passifs financiers à court terme de même nature que ci-avant, y compris des émissions de titres de créances négociables à court terme auprès des investisseurs ;
- à titre exceptionnel, des passifs d'exploitation – dettes fournisseurs, avances clients – dès lors que les conditions de règlement sortent très largement des pratiques habituelles des entités du même secteur d'activité sur un même marché ;

Dans ce cas, l'opération commerciale s'accompagne d'une opération de financement : il s'agit, par exemple, d'opérations pour lesquelles les délais de règlement conduisent à constater des incidences très significatives au titre de l'actualisation ou dont le contrat commercial prévoit explicitement la facturation d'intérêts.

Ces dettes devraient être, dans ce cas, reclassées au bilan en dettes financières.

- des instruments financiers de couverture de juste valeur inscrits au bilan relatifs aux passifs constitutifs de l'endettement financier brut décrits ci-avant ;
- des intérêts courus sur les postes du bilan constitutifs de l'endettement financier brut.

Conformément à IAS 1.54, les passifs d'exploitation (provisions, engagements de retraite et assimilés, éléments du besoin en fonds de roulement, etc.) – sauf cas exceptionnels évoqués ci-avant – sont exclus de la dette financière (« financial liabilities »).

c. **Notion de trésorerie nette** La trésorerie nette est constituée par la trésorerie brute diminuée des découverts bancaires suivant les conditions définies par IAS 7.8. Les intérêts courus non échus se rapportant aux éléments constitutifs de la trésorerie nette sont intégrés à la trésorerie nette (Rec. ANC 2020-01 § 3.4).

d. **Notion de trésorerie brute** La trésorerie brute est constituée des disponibilités et dépôts à vue et des équivalents de trésorerie (« cash and cash equivalent »/CCE) au sens de la norme IAS 7 : il s'agit des placements à court terme, généralement moins de trois mois, aisément convertibles en un montant connu de liquidités et non soumis à des risques significatifs de variation de valeur (Rec. ANC 2020-01 § 3.4).

Pour la notion d'équivalents de trésorerie (CCE), voir nº 51245.

e. **Autres actifs financiers portés en déduction** Dans certains cas, d'autres actifs financiers peuvent être portés en déduction de l'endettement financier net. Tel est le cas notamment (Rec. ANC 2020-01 § 3.5) :
- de certains dépôts de garantie monétaires afférents aux dérivés qualifiés de couverture de juste valeur des passifs pris en compte pour le calcul de l'endettement financier brut (voir point b. ci-avant) ; et
- sous conditions, de certains actifs affectés légalement ou contractuellement au remboursement de la dette (tels certains dépôts de garantie) ou s'ils sont représentatifs de l'engagement pris par une tierce personne de se substituer à l'entité pour tout ou partie du paiement de la dette.

Conditions de déduction De tels actifs ne peuvent être portés en déduction de la dette que si ce sont des titres de dettes soumis à un risque négligeable de variation de valeur en dehors des variations de valeur liées aux taux d'intérêt et de change et au risque de contrepartie. Toutefois, en cas de dégradation importante du risque de contrepartie, l'entité devra s'interroger sur la pertinence de maintenir ces actifs en déduction de la dette financière nette (Rec. ANC 2020-01 § 3.5).

3. **Utilisation d'indicateurs financiers dans la communication financière** De nombreuses autorités, dont certains régulateurs en Europe (ESMA) et en France (AMF), ont émis des recommandations sur l'utilisation de tels indicateurs dans les états financiers.

Pour des précisions sur ces recommandations, voir nº 55660.

Ainsi, en accord avec ces recommandations, si une entité considère que la notion d'**endettement net** apporte un plus à sa communication, elle doit : **51480** (suite)
- soit se référer à la définition donnée par la recommandation de l'ANC ;
- soit, si elle choisit de ne pas suivre cette recommandation, donner une définition précise de cet indicateur financier.

Dans ses recommandations en vue de l'arrêté des comptes 2018, l'AMF a réaffirmé que les IAP (Indicateurs Alternatifs de Performance) utilisés par l'entité doivent être définis (i.e détail des éléments composant l'indicateur, hypothèses de calcul) (Rec. AMF 2018-12), en application de sa position-recommandation sur les indicateurs alternatifs de performance (Position-recommandation 2015-12, § 8).

Dans les deux cas, l'entité doit, à notre avis, indiquer la nature des instruments (dérivés ou non dérivés) dont la juste valeur est intégrée dans le calcul de cet indicateur financier.

CHAPITRE 46

Instruments financiers – Informations en annexe (IFRS 7)

Plan du chapitre §§ 52000

52000 (suite)

Plan du chapitre *(suite et fin)* §§

L'ESSENTIEL DE LA NORME IFRS 7 (INSTRUMENTS FINANCIERS – INFORMATIONS EN ANNEXE)

Généralités

Au cours des dernières années, des nouvelles techniques pour évaluer et gérer l'exposition aux risques dus aux instruments financiers ont vu le jour alors qu'une expérience sans précédent de la volatilité se produisait sur les marchés financiers. Ceci a accru le besoin : 52010

– d'une information plus pertinente ; et

– de plus de transparence dans les expositions aux risques des entités relatives aux instruments financiers et sur la façon dont ces risques étaient gérés.

Les utilisateurs des états financiers et autres investisseurs ont besoin d'une telle information pour porter des jugements plus précis sur les risques liés aux instruments financiers encourus par l'entreprise et sur les revenus (gains) qui leur sont associés.

Dans ce contexte, la norme IFRS 7 prescrit les informations à fournir dans les états financiers de façon à permettre aux utilisateurs d'évaluer (IFRS 7.1) :

– l'importance des instruments financiers au regard de la situation financière et de la performance financière de l'entité ;

– la nature et l'ampleur des risques découlant des instruments financiers auxquels l'entité est exposée au cours de l'exercice et à la date de clôture, ainsi que la façon dont l'entité gère ces risques.

Ces risques comprennent le risque de crédit, le risque de liquidité et les risques de marché (taux, change, actions, matières premières).

La norme IFRS 7 ne s'applique pas uniquement aux banques et aux institutions financières. Toutes les entités qui détiennent des instruments financiers sont concernées même s'il s'agit uniquement d'emprunts, de créances clients, de dettes fournisseurs, de liquidités ou de placements.

QUESTIONS/REPONSES PRATIQUES

Remarque importante

Les réponses aux questions présentées ci-après résultent de l'analyse des dispositions de la norme IFRS 7, en vigueur actuellement, sur la base des informations disponibles au 1er juin 2023. 52110

Evolution possible des réponses Voir nº 44100.

SECTION I

Informations à fournir sur les instruments financiers : vue d'ensemble

I. Champ d'application

Normes IFRS traitant des informations à fournir en matière d'instruments financiers

52120 ***Question***

Quelles sont les normes IFRS applicables concernant les informations à fournir en matière d'instruments financiers ?

Réponse

La norme IFRS 7 regroupe en principe l'ensemble des informations à fournir en matière d'instruments et de risques financiers. Toutefois, les normes suivantes requièrent également certaines informations relatives à ces mêmes instruments :

– IAS 1, concernant les informations sur le capital et la description des jugements et estimations comptables effectués par la direction et qui se rapportent à des instruments financiers ;

– IFRS 5, en cas d'instruments financiers détenus en vue de leur cession ou d'abandons d'activités pour la présentation au bilan.

Commentaires :

1. **IFRS 7, Instruments financiers – Informations en annexe** La norme IFRS 7 définit les informations à fournir en matière d'instruments financiers qui permettent aux utilisateurs d'apprécier (IFRS 7.1) :

– l'importance de ces instruments au regard de la situation financière de l'entité et de ses performances économiques ; ainsi que

– la nature et l'ampleur des risques auxquels l'entité est exposée et qui proviennent de ces mêmes instruments, et la façon dont l'entité gère ces risques.

Pour une présentation détaillée de la norme et des informations requises, voir n° 52125 s.

2. **IAS 1, Présentation des états financiers** :

a. **Information sur le capital** La norme IFRS 7 est complétée par la norme IAS 1 qui requiert (IAS 1.134 à .136) :

– une description qualitative et quantitative de ce que les entités considèrent et gèrent comme du capital ;

– d'indiquer si elles sont soumises à des contraintes externes (ratios d'endettement selon des « covenants », par exemple) et si elles ont respecté ces contraintes externes ;

– et enfin, d'expliquer comment elles remplissent les objectifs internes qu'elles se sont fixés en la matière.

Pour plus de détails, voir n° 52325.

b. **Jugements et estimations comptables** La norme IAS 1 requiert des informations sur :

– les jugements réalisés par la direction de l'entreprise (et ayant un impact significatif sur les montants comptabilisés) lors de l'application des méthodes comptables dans les états financiers (IAS 1.122) ;

Exemple L'appréciation du caractère raisonnable d'une indemnité de remboursement anticipé d'un prêt pour l'application du critère de « prêt basique » peut être une zone de jugement significative (voir n° 45237).

– les principales incertitudes liées aux estimations faites par la direction (IAS 1.125).

Exemple L'évaluation à la juste valeur des instruments financiers ou la détermination d'indicateurs tels que la valeur en risque (« value at risk »/VaR) impliquent souvent le recours à des modèles sophistiqués qui peuvent nécessiter des informations en annexe au titre d'IAS 1.125 (incertitudes liées aux estimations de la direction).

Ces dispositions générales trouvent souvent à s'appliquer au cas spécifique des instruments financiers.

Remarque Le paragraphe IFRS 7.B5 renvoie spécifiquement à IAS 1.122 (jugements réalisés par la direction dans l'application de certaines méthodes comptables). C'est notamment le cas, à notre avis, des opérations de décomptabilisation d'actifs ou de passifs financiers (voir n° 52530 s.).

3. IFRS 5, Actifs non courants destinés à être cédés et activités abandonnées La norme IFRS 5 s'applique aux instruments financiers, mais uniquement concernant leur présentation au bilan. Ces instruments sont également soumis aux informations requises par la norme IFRS 7 (voir n° 51352).

Entités concernées par la norme IFRS 7

52125

Question

La norme IFRS 7 concerne-t-elle vraiment les entreprises industrielles et commerciales ?

Réponse

Oui. La norme IFRS 7 s'applique sans exception à toutes les entreprises, quels que soient leur secteur d'activité, l'étendue de leur recours aux instruments financiers et le degré de complexité de leurs opérations financières.

Commentaires La norme IFRS 7 est un enjeu pour toutes les entreprises, y compris pour celles qui, par exemple, n'auraient que de la trésorerie, des créances commerciales, des dettes fournisseurs, des placements financiers ou des emprunts. Cette simple liste montre que même sans instruments financiers complexes, les sources d'exposition aux risques financiers sont nombreuses et impliquent une information selon IFRS 7 pour toutes les entreprises.

La norme IFRS 7 s'applique donc à toutes les entités, aussi bien à celles qui traitent peu d'instruments financiers (par exemple, une entreprise industrielle et commerciale n'ayant que des créances clients et des dettes fournisseurs) qu'à celles qui en traitent beaucoup (les banques par exemple) (IFRS 7.3 et .BC6 s.).

La norme IFRS 7 n'a prévu aucune exemption :

- ni pour les PME (point par ailleurs traité par la norme IFRS pour PME de l'IASB) ;

  Le Board constate seulement que le niveau d'information exigé par la norme dépend du niveau d'utilisation des instruments financiers et d'exposition aux risques correspondants de l'entité. La norme requiert peu d'informations à fournir pour les entités utilisant peu d'instruments financiers et étant exposées à peu de risques (IFRS 7.BC10).

- ni pour les sociétés membres d'un groupe publiant des comptes en IFRS et pour lesquelles les risques sont gérés de manière centralisée sur base consolidée (IFRS 7.BC11).

  Ces dernières pourront éprouver certaines difficultés pour rassembler l'information requise, mais n'en sont pas pour autant exemptées.

Instruments financiers concernés par la norme IFRS 7

52130

Question

Quels sont les instruments financiers concernés par la norme IFRS 7 ?

Réponse

Sauf exclusion spécifique de son champ d'application, la norme IFRS 7 vise aussi bien les instruments financiers comptabilisés au bilan que ceux qui ne sont pas comptabilisés dans le bilan (engagements de prêts et garanties données, par exemple).

Commentaires La norme IFRS 7 précise qu'elle s'applique aux instruments financiers comptabilisés ou non au bilan (IFRS 7.4). Ainsi, ses dispositions s'appliquent à la fois :

- **aux instruments financiers comptabilisés au bilan des entreprises,** à savoir les actifs et les passifs financiers entrant dans le champ d'application de la norme IFRS 9 (voir n° 44150) ; et

– aux instruments financiers non comptabilisés au bilan (hors bilan) à savoir certains instruments qui – bien que n'entrant pas dans le champ d'application d'IFRS 9 – entrent dans le champ d'application d'IFRS 7 (certains engagements de prêts, par exemple).

Sont également clairement concernées les garanties financières données (voir nº 52415).

II. Présentation générale de la norme IFRS 7

Principales caractéristiques d'IFRS 7

52140 *Question*

Quelles sont les principales caractéristiques de la norme IFRS 7, Instruments financiers – Informations en annexe ?

Réponse

La norme IFRS 7 est la principale norme en matière d'informations à fournir sur les instruments financiers.

La norme IFRS 7 exige deux grandes catégories d'informations :

1. des informations sur l'importance des instruments financiers au regard de la situation financière et des résultats de l'entreprise (présentation par classes d'instruments) ;
2. des informations « qualitatives » et « quantitatives » sur la nature et l'étendue des risques financiers et la manière dont l'entité gère ces risques (analyse de sensibilité aux risques de marché et information sur les risques de liquidité et de crédit).

Commentaires La norme IFRS 7 exige la présentation de deux catégories d'informations :

a. **Informations sur l'importance des instruments financiers utilisés** Les entités doivent donner des informations relatives à l'importance des instruments financiers au regard de la situation financière et des résultats de l'entreprise.

b. **Informations sur la nature, l'étendue et la gestion de risques** Les entités doivent également fournir des informations « qualitatives » et « quantitatives » sur la nature et l'étendue des risques relatifs à ces mêmes instruments et la manière dont les risques sont gérés.

Les informations « **qualitatives** » portent sur :
- l'exposition de l'entité aux risques et la manière dont cette exposition est née ;
- les objectifs, politiques, processus de gestion et méthodes de mesure des risques de l'entreprise ; et
- tout changement intervenu sur ces deux points par rapport à l'exercice précédent.

Les informations « **quantitatives** » comportent essentiellement une analyse de sensibilité aux différents risques de marché (taux d'intérêt, change, matières premières, actions et indices boursiers) auxquels est exposée l'entité. La norme requiert également des informations sur le risque de crédit et le risque de liquidité (publication d'un échéancier dans ce dernier cas). En revanche, la norme ne requiert aucune information sur les risques opérationnels (IFRS 7.BC65).

Pour cette catégorie d'informations, voir nº 52370 s.

La présentation des informations (notamment celles relatives à l'importance des instruments financiers et au risque de crédit) doit se faire par classe homogène d'instruments, voir nº 52150.

Notion de « classe » d'instruments financiers

52150 *Question*

Qu'est-ce qu'une « classe » d'instruments financiers selon la norme IFRS 7 ?

Réponse

Les classes d'instruments financiers sont déterminées par les entreprises elles-mêmes. Elles doivent être appropriées à la nature de l'information publiée et tenir compte des caractéristiques des instruments financiers concernés.

La notion de « classe » (IFRS 7) d'instruments financiers est plus fine que celle de « catégorie » (IFRS 9), notion avec laquelle elle ne doit pas être confondue.

52150 (suite)

Commentaires Pour les besoins des informations requises par la norme IFRS 7, les entités doivent regrouper leurs instruments financiers par « classe » d'instruments similaires et présenter les informations requises selon ces classes, en respectant les regroupements ainsi effectués (IFRS 7.6).

L'entreprise doit rapprocher les différentes classes avec les postes de bilan concernés (IFRS 7.6), de manière que l'utilisateur des états financiers s'y retrouve.

1. Notion de « classe » La norme précise que les classes d'instruments financiers (IFRS 7.B1 à .B3) :
- doivent être appropriées à la nature de l'information fournie ;
- doivent tenir compte des caractéristiques des instruments financiers concernés ;
- sont déterminées par l'entité elle-même et sont donc distinctes des catégories définies par la norme IFRS 9 ;
- doivent au minimum (i) distinguer les instruments évalués au coût amorti de ceux évalués à la juste valeur et (ii) traiter dans une (des) classes(s) à part les instruments hors champ d'application d'IFRS 7.

La norme indique également qu'une entité détermine, selon les circonstances, le niveau de détails qui permet de répondre de manière satisfaisante aux obligations d'IFRS 7, l'importance qu'elle accorde à chacune de ces différentes obligations et comment elle regroupe les informations pour donner une vue d'ensemble sans agréger des informations ayant des caractéristiques différentes (IFRS 7.B3 et .IG5).

2. Distinction entre « classe » et « catégorie » d'instruments financiers La notion de « classe » d'instruments financiers a été introduite par IAS 32, puis reprise par IFRS 7 qui précise explicitement que cette notion est distincte de la notion de « catégorie » d'instruments financiers telle que définie par IFRS 9 (IFRS 7.B1). La notion de « classe » est beaucoup plus fine que celle de « catégorie ».

Pour illustrer la notion de classe, la norme IFRS 7 prend l'exemple de l'information sur le risque de crédit en matière de prêts bancaires en précisant que les instruments financiers d'une même classe sont ceux qui partagent les mêmes caractéristiques économiques en matière de risque de crédit. Par exemple, une entité peut déterminer que les prêts hypothécaires à l'habitat, les prêts à la consommation non garantis et les prêts aux entreprises industrielles et commerciales ont des caractéristiques économiques différentes (IFRS 7.IG 21).

Notion de « catégorie » selon IFRS 9 Rappelons qu'IFRS 9 définit **les différentes catégories** d'instruments financiers (IFRS 9.4.1.1 et .4.2.1) :

A l'actif :
- actifs évalués à la juste valeur par résultat ;
- actifs financiers évalués à la juste valeur sur option ;
- actifs évalués au coût amorti ;
- actifs évalués à la juste valeur en autres éléments du résultat global (OCI).

Pour plus de précisions, voir n° 45080.

Au passif :
- passifs financiers évalués à la juste valeur par résultat ;
- passifs financiers évalués à la juste valeur sur option ;
- passifs financiers évalués au coût amorti.

Pour plus de précisions, voir n° 46030.

Ces catégories permettent de déterminer la méthode selon laquelle sont évalués les instruments financiers et où les variations de leur juste valeur sont comptabilisées (IFRS 7.B1).

Exemple de catégorie/classe La catégorie d'actifs financiers évalués au coût amorti comprend, en général pour les banques, plusieurs classes d'instruments financiers (des prêts d'une part et des titres d'autre part). Une répartition plus fine de la classe des prêts pourrait également être faite en fonction de certains critères :
- par contrepartie (établissements de crédit, clientèle : entreprises/particuliers) ;
- par nature (encours de cartes de crédit, prêts à l'habitat, prêts non garantis, etc.).

Dans certains cas, les prêts à la clientèle pourraient constituer une seule classe lorsque tous les prêts ont les mêmes caractéristiques. Ainsi, cela serait le cas d'une caisse d'épargne accordant uniquement des prêts à l'habitat à sa clientèle.

3. Informations concernées par une présentation par classe d'instruments financiers Les informations suivantes doivent être présentées ventilées par classes d'instruments financiers :

a. indication de la **juste valeur** des actifs et passifs financiers et comparaison avec leur valeur comptable au bilan (IFRS 7.25 et .26) ;

b. informations relatives au **risque de crédit**, à savoir (voir n° 52390) :
- information quantitative sur l'exposition au risque de crédit de l'entité (IFRS 7.36 à .38, .B9 et .B10 et .IG21) ;

– information sur la **qualité de crédit** des actifs financiers sains (IFRS 7.36c) ;
– balance âgée des actifs financiers ayant un retard de paiement (« past due ») (IFRS 7.37a et .IG28) ;
– information sur les actifs dépréciés (IFRS 7.37b et .IG29) ;

c. information sur les **dépréciations** : montant de toute perte de valeur (dépréciation) comptabilisée au cours de la période (IFRS 7.20) ;

d. information sur le « **day-one profit** » (IFRS 7.28), voir nº 52335 ;

e. **analyse de sensibilité** aux risques de marché (possibilité de retenir des indicateurs de sensibilité différents pour des classes différentes d'instruments financiers) (IFRS 7.B21), voir nº 52445 ;

f. informations relatives aux opérations de **cession d'actifs financiers** qui ne remplissent pas les critères d'une décomptabilisation selon IFRS 9, voir nº 52535.

4. **Décision du CESR** Le CESR (devenu l'ESMA) a considéré que l'information financière donnée par une entité ne satisfaisait pas les modalités requises par IFRS 7 (IFRS 7.6 et .B1 à .B3) selon lesquelles les instruments financiers devaient, pour les besoins de l'information financière, être regroupés dans des classes appropriées (EECS/0910-08, 10/10).
L'entité avait en effet distingué sur son portefeuille de prêts uniquement les prêts au coût amorti et les prêts évalués à la juste valeur. Or, les caractéristiques de son portefeuille de prêts montraient une exposition significative au risque de crédit pour les prêts immobiliers en plus d'un certain nombre d'autres expositions individuellement significatives (« large exposures ») et d'expositions sur des crédits d'investissement. Aucune information (telle que demandée par IFRS 7.34 à .36) n'était donnée sur ces différentes expositions, alors même que le rapport des auditeurs attirait l'attention sur les méthodes d'enregistrement comptable et d'évaluation des prêts et des garanties (collateral) qui leur étaient liées.

III. Localisation de l'information sur l'exposition et la gestion des risques financiers

Possibilité de fournir certaines informations en dehors des états financiers

52160 ***Question***

En matière d'instruments financiers, est-il possible de fournir certaines informations en dehors des états financiers, notamment selon la norme IFRS 7 ?

Réponse

Oui, pour la partie de l'information relative à l'étendue, la nature et la gestion des risques. En effet, selon la norme IFRS 7, ces informations peuvent être données :
– soit directement dans les états financiers (dans l'annexe) ;
– soit dans un autre état (par exemple, rapport de gestion ou rapport sur la gestion des risques), sous réserve que cet état soit mis à la disposition des utilisateurs en même temps et dans les mêmes conditions que les états financiers et qu'il existe un référencement croisé entre les différents états.

Quelle que soit sa localisation, l'information doit être auditée.

Commentaires :

1. **Rappel** Les informations qualitatives et quantitatives sur la nature, l'étendue et la gestion des risques liés aux instruments financiers (requises par IFRS 7.31 à .42) peuvent être présentées (IFRS 7.B6) :
– soit directement dans les états financiers ;
– soit dans un autre état (rapport de gestion ou rapport sur la gestion des risques), également disponible aux utilisateurs des états financiers.

Pour l'information relative à la nature, l'étendue et la gestion des risques relatifs aux instruments financiers, voir nº 52370 s.

2. **Conditions à respecter** La norme précise que cette présentation dans un document en dehors des états financiers n'est possible que (IFRS 7.B6) :
– si ce document est mis à la disposition des utilisateurs à la même date et dans les mêmes conditions que les états financiers ; et

52160 (suite)

– s'il existe un renvoi consistant en un référencement croisé adéquat (« cross reference ») entre cet autre état (rapport de gestion ou rapport spécifique sur la gestion des risques) et les états financiers.

Recommandations de l'AMF Dans ses recommandations en vue de l'arrêté des comptes 2008, l'AMF a demandé que la nature des informations fournies dans un document en dehors des états financiers soit clarifiée (Rec. AMF 2008-22, Arrêté des Comptes 2008, § 1.3) :
- en précisant quelles informations sont fournies au titre d'IFRS 7 ;
- en incorporant une référence croisée vers et depuis les comptes ; et
- en clarifiant le degré de contrôle réalisé par les commissaires aux comptes.

A défaut, la norme IFRS 7 précise que les états financiers seraient considérés comme incomplets.

3. Audit de l'information Quelle que soit la localisation de l'information (annexe des états financiers, rapport de gestion ou rapport sur la gestion des risques), cette information doit être auditée. En outre, si l'information sur les risques financiers a été incluse dans un état comprenant d'autres informations non requises par le référentiel IFRS (rapport de gestion ou rapport sur la gestion des risques), il est nécessaire de clairement identifier :
– d'une part, l'information qui fait l'objet du renvoi et qui aura donc fait l'objet de diligences d'audit (ou d'un examen limité) ; et
– d'autre part, les autres informations non couvertes par le renvoi, non requises par le référentiel IFRS et n'ayant donc pas fait l'objet de diligences d'audit (ou d'un examen limité).

Remarques :

1. Les principes comptables français prévoient de donner l'information sur les risques de marché (comprenant notamment des indicateurs de sensibilité) dans le rapport de gestion (Rec. CNC 98-R.01). Jusqu'à présent, ce type d'information n'était donc pas considéré comme faisant l'objet d'une certification au même titre que les comptes annuels ou consolidés eux-mêmes.

2. Toutefois, dans le contexte des IFRS et par analogie au principe dit « d'inclusion par référence » prévu par le règlement modifié CE n° 809/2004 relatif au prospectus européen (art. 28 et § 30), ces informations sont analysées comme faisant partie intégrante des états financiers et, à ce titre, soumises aux diligences d'audit. Dans ce cas, la partie auditée de l'information doit être clairement identifiée selon une signalétique appropriée (mention spécifique sur les pages ou paragraphes correspondants ; texte présenté dans un encadré spécifique, etc.).

3. Enfin, le CESR (devenu l'ESMA) a considéré qu'une information significative en termes de compréhension des risques et de leur impact sur les états financiers relève de la norme IFRS 7. A ce titre, bien que cette information soit publiée dans un document en dehors des états financiers, une référence croisée doit être indiquée entre les états financiers et les parties concernées dudit document. De plus, cette information doit être auditée quelle que soit sa localisation (EECS/1208-05, 12/08).

4. Communication de l'information dans la pratique En matière de communication, il semble que deux approches différentes sont retenues :
– soit un classement systématique en annexe des informations requises par les normes IFRS 7 et IAS 1 (car de nature comptable et devant être auditées) ;

Bien que non prévue spécifiquement par la norme elle-même, la pratique pourrait rendre acceptable l'application du même traitement à l'information sur le capital requise par la norme IAS 1 (voir n° 52325).

– soit le regroupement d'un nombre plus important d'informations dans le rapport sur la gestion des risques (afin de ne pas perdre le lecteur).

Dans ce cas, une signalétique appropriée (voir ci-avant) doit permettre de différencier l'information auditée de celle qui ne l'est pas.

En tout état de cause, même donnée en dehors des états financiers, l'information doit être auditée, dès lors qu'elle est requise par la norme IFRS 7 (ou IAS 1). Comme toute information financière présentée, elle doit être fiable et soumise à un bon contrôle interne.

L'AMF a recommandé, lorsqu'un émetteur choisit cette option, qu'il clarifie la nature des informations fournies :
– en précisant les informations fournies au titre d'IFRS 7 ;
– en incorporant une référence croisée vers et depuis les comptes ; et
– en clarifiant le degré de contrôle réalisé par les commissaires aux comptes.

SECTION II

Informations à fournir dans l'état de situation financière (bilan)

I. Rubriques minimum requises dans l'état de situation financière (bilan)

A. Rubriques minimum requises par la norme IAS 1

Instruments financiers : rubriques minimum obligatoires

52180 ***Question***

Quelles sont les rubriques minimums obligatoires devant figurer au bilan en matière d'instruments financiers ?

Réponse

La norme IAS 1 exige au minimum les rubriques suivantes :
- autres actifs financiers (hors participations mises en équivalence, clients et autres débiteurs, trésorerie et équivalents de trésorerie) ;
- clients et autres débiteurs ;
- trésorerie et équivalents de trésorerie (« cash and cash equivalent »/CCE) ;
- fournisseurs et autres créditeurs ;
- autres passifs financiers (hors fournisseurs et autres créditeurs et provisions) ;
- capital apporté émis et réserves attribuables aux porteurs de capitaux propres de la société mère.

Commentaires Les normes IFRS ne prescrivent aucun format de présentation des éléments des états financiers. Toutefois, la norme IAS 1, Présentation des états financiers, fournit une liste des éléments qui sont suffisamment différents de par leur nature ou leur fonction pour justifier d'être présentés séparément au bilan (IAS 1.57). La norme fournit ainsi une liste de rubriques minimales à faire figurer dans les états financiers.

Concernant les instruments financiers, il s'agit **au minimum, pour le bilan,** des **rubriques suivantes** (IAS 1.54) :
- actifs financiers (à l'exclusion des participations mises en équivalence, des clients et autres débiteurs et des éléments de trésorerie et équivalent de trésorerie) ;

  Dans la pratique, cette rubrique est souvent intitulée « autres actifs financiers ».
- clients et autres débiteurs ;
- trésorerie et équivalents de trésorerie (« cash and cash equivalent »/CCE) ;

  Sur les éléments constitutifs de cette rubrique, voir n° 51245 s.
- fournisseurs et autres créditeurs ;
- passifs financiers (à l'exclusion des fournisseurs et autres créditeurs et des provisions) ;

  Dans la pratique, cette rubrique est souvent appelée « autres passifs financiers ».
- capital émis et réserves attribuables aux porteurs de capitaux propres de la société mère.

B. Informations minimum requises par la norme IFRS 7

Présentation de la valeur comptable des actifs et passifs financiers

52190 ***Question***

Les catégories d'actifs et de passifs financiers doivent-elles figurer distinctement au bilan ?

52190 (suite)

Réponse

Non, ce n'est pas une obligation.

Les entreprises doivent, cependant, présenter au minimum :
- à l'actif du bilan, les rubriques suivantes : clients et autres débiteurs, trésorerie et équivalents de trésorerie et autres actifs financiers ; et
- au passif du bilan, les rubriques suivantes : fournisseurs et autres créditeurs ; passifs financiers (à l'exclusion des fournisseurs et autres créditeurs et des provisions).

En outre, si l'entité n'a pas opté pour une présentation au bilan des catégories d'actifs et de passifs financiers selon IFRS 9, les catégories ainsi définies doivent figurer dans les notes annexes.

Commentaires :

1. Présentation des trois catégories d'actifs financiers au bilan :

a. Selon IAS 1.54, les entreprises doivent présenter au minimum à l'actif du bilan les rubriques suivantes relatives aux actifs financiers (voir nº 52180) :
- les clients et autres débiteurs ;
- la trésorerie et équivalents de trésorerie ; et
- les autres actifs financiers.

b. En outre, IFRS 7.8 précise que la valeur comptable (« carrying amount ») de chacune des catégories suivantes, telles que définies dans la norme IFRS 9, doit être indiquée **soit au bilan, soit dans les notes annexes** aux états financiers :
- les actifs financiers évalués à la juste valeur par résultat, en indiquant séparément (i) les éléments désignés comme tels lors de leur comptabilisation initiale (option juste valeur) et (ii) les éléments évalués de manière obligatoire à la juste valeur par résultat ;

Remarques :
1. Pour ces derniers, il s'agit des instruments affectés aux autres modèles de gestion (« business model »), i.e. notamment détenus à des fins de transaction (voir nº 45215) et ceux ne répondant pas à la qualification de « prêt basique » (voir nº 45160).
2. Les instruments financiers évalués à la juste valeur par le biais du résultat net que l'entreprise comptabilise conformément aux cas d'exemption prévus par IFRS 9.3.3.5 (voir nº 48090, point 3.) et par IAS 32.33A (voir nº 44180, point 3.) doivent également être indiqués séparément (IFRS 7.8).

- les actifs financiers évalués au coût amorti ; et
- les actifs financiers évalués à la juste valeur en autres éléments du résultat global (OCI), en indiquant séparément d'une part, (i) les instruments de dette évalués dans cette catégorie en application des dispositions de la norme IFRS 9 (IFRS 9.4.1.2A),

Remarque Les actifs évalués de manière obligatoire dans cette catégorie sont ceux ayant cumulativement les caractéristiques suivantes :
- un modèle de gestion dont l'objectif est de détenir des actifs pour recouvrer les flux de trésorerie contractuels et les flux de cessions, voir nº 45190 ;
- la qualification de « prêt basique », voir nº 45160.

- et d'autre part, (ii) les instruments de capitaux propres pour lesquels l'entité a opté pour la comptabilisation à la juste valeur en autres éléments du résultat global (OCI).

Remarque Pour en savoir plus sur les conditions d'application de l'option juste valeur par OCI sur les instruments de capitaux propres et sa comptabilisation, voir nº 45260 et 45280.

2. Présentation des deux catégories de passifs financiers au bilan :

a. Selon IAS 1.54, les entreprises doivent présenter au minimum au passif du bilan les rubriques suivantes relatives aux passifs financiers (voir nº 52180) :
- fournisseurs et autres créditeurs ;
- passifs financiers (à l'exclusion des fournisseurs et autres créditeurs et des provisions).

b. En outre, le paragraphe IFRS 7.8 précise que la valeur comptable (« carrying amount ») de chacune des catégories suivantes, telles que définies dans la norme IFRS 9, doit être indiquée **soit au bilan soit dans les notes annexes** aux états financiers :
- les passifs financiers évalués à la juste valeur par résultat, en distinguant d'une part (i) ceux évalués selon l'option juste valeur de (ii) ceux détenus à des fins de transaction ; et

Remarque Il s'agit pour cette dernière catégorie des instruments ayant pour « business model » les autres modèles de gestion, voir nº 45215.

- les passifs financiers évalués au coût amorti.

3. **Pratique sectorielle** Les entreprises industrielles et commerciales (n'ayant en général pas d'activité de trading) présentent sur des lignes distinctes leurs actifs financiers évalués à la juste valeur en autres éléments du résultat global (OCI) et leurs actifs et passifs financiers évalués au coût amorti. Ces lignes doivent être ventilées entre éléments courants et éléments non courants.

Les banques et, en général, certaines entreprises d'assurance, font clairement apparaître les trois catégories d'actifs financiers à leur bilan, même si parfois les instruments évalués au coût amorti sont présentés scindés entre les titres de dette et les prêts et créances.

Autres règles générales de présentation des instruments financiers au bilan

52200 ***Question***

Quelles sont les autres règles générales de présentation des instruments financiers au bilan ?

Réponse

Les entreprises doivent choisir entre une présentation par ordre de liquidité ou selon une distinction entre éléments courants et non courants.

Les rubriques minimums obligatoires d'IAS 1 se superposent aux catégories d'instruments financiers définies par IFRS 9 (juste valeur par résultat, juste valeur en contrepartie des autres éléments du résultat global, coût amorti, voir nº 45080).

Les éléments ayant des bases d'évaluation différentes devraient être présentés dans des postes distincts du bilan.

Enfin, comme pour tous les autres éléments du bilan (financiers ou non), les entreprises peuvent regrouper ou, au contraire, ajouter certaines rubriques dans la présentation du bilan, sous réserve de respecter les règles en la matière définies par la norme IAS 1.

Commentaires :

1. **Présentation par ordre de liquidité ou selon la distinction éléments courants/non courants** Voir nº 51230.

2. **Superposition des rubriques minimum d'IAS 1 et des catégories d'IFRS 9** La norme IAS 1 exige qu'un certain nombre de rubriques minimum soit présenté au bilan concernant les instruments financiers, voir nº 52180.

Par ailleurs, la norme IFRS 9 définit différentes catégories de portefeuilles d'instruments financiers :

– **pour les actifs financiers** évalués au coût amorti, évalués à la juste valeur par le biais des autres éléments du résultat global (JVOCI), évalués à la juste valeur par résultat (JVPL), voir nº 45080 ;

Le montant des dépréciations n'est indiqué qu'en annexe, seuls les montants nets apparaissant au bilan.

– **pour les passifs financiers** évalués au coût amorti ou évalués à la juste valeur par résultat, voir nº 46050.

Sur la présentation de la valeur comptable des actifs et passifs financiers, voir nº 52190.

La ventilation par catégorie d'instruments financiers peut être donnée soit dans le bilan directement, soit en annexe (IFRS 7.8).

Dans la pratique, les entreprises, les banques et les assurances panachent souvent les deux approches en insérant directement au bilan, en plus des rubriques minimum d'IAS 1, les différentes catégories de portefeuille d'IFRS 9, voir nº 52400.

3. **Présentation distincte des éléments ayant des bases d'évaluation différentes** Selon le paragraphe IAS 1.59, l'utilisation de bases d'évaluation différentes pour différentes catégories d'actifs donne à penser que leur nature ou leur fonction diffère et que, par conséquent, ils devraient être présentés dans des postes distincts.

4. **Présentation distincte des éléments ayant une nature ou une fonction dissemblable** Selon IAS 1.30, chaque catégorie significative d'éléments similaires doit faire l'objet d'une présentation séparée dans les états financiers. Les éléments de nature ou de fonction dissemblable sont présentés séparément, sauf s'ils sont non significatifs.

5. **Ajout de rubriques supplémentaires ou regroupements de rubriques similaires** Selon le paragraphe IAS 1.57 :
- des rubriques sont ajoutées lorsque la taille, la nature ou la fonction d'un élément ou le regroupement d'éléments similaires justifient une présentation séparée pour comprendre la situation financière de l'entité ;

Pour les postes relatifs aux instruments financiers généralement présentés par les entreprises, voir n° 52400.

- les descriptions des postes utilisés et le classement ou le regroupement d'éléments similaires peuvent être modifiés selon la nature de l'entité et ses transactions afin de fournir des informations nécessaires à la compréhension de la situation financière de l'entité.

Ainsi, par exemple, une institution financière peut modifier les descriptions des postes devant être présentés a minima pour fournir des informations adaptées aux activités d'une institution financière.

II. Spécificités liées à certains instruments

Capital souscrit non encore payé

Question 52220

Comment comptabiliser et présenter au bilan la part non encore payée du capital souscrit ?

Réponse

A notre avis, séparément à l'actif du bilan, lorsqu'il existe un droit contractuel et irrévocable de recevoir de la trésorerie ou un autre actif financier.

Tel est le cas lorsque :
- le capital a déjà été appelé (capital appelé mais non encore versé) et que les actionnaires n'ont aucune possibilité de se soustraire à l'appel ; ou
- le capital n'a pas encore été appelé (capital souscrit non appelé) mais que ni l'émetteur ni le souscripteur (ni tout autre détenteur des actions souscrites) n'ont une quelconque possibilité de ne pas procéder à l'appel du capital et/ou de ne pas répondre à cet appel.

Commentaires :

1. **Rappel** Selon la norme IAS 1, Présentation des états financiers, les entreprises doivent obligatoirement indiquer dans leur bilan le capital émis (IAS 1.54). Par ailleurs, ces entreprises doivent indiquer en annexe le nombre d'actions émises et entièrement payées ainsi que le nombre d'actions émises et non encore entièrement payées (« issued but not fully paid ») (IAS 1.79a.ii).

En revanche la norme IAS 1, pas plus qu'IAS 32 ou IFRS 9, ne traitent de la contrepartie. Faut-il ainsi la comptabiliser en moins des capitaux propres (sur une ligne distincte) ou à l'actif ?

2. **Existence d'un actif financier** L'approche est la suivante :

a. **Principe général** Il doit exister un droit contractuel irrévocable de recevoir de la trésorerie ou un autre actif financier pour que la créance correspondante réponde à la définition d'un actif financier (IAS 32.11) et puisse être comptabilisée à l'actif du bilan de l'entité.

A défaut de pouvoir comptabiliser une créance, le montant du capital « émis » ne constitue pas des capitaux propres et n'apparaît donc pas au bilan (voir ci-avant).

b. **Distinction entre capital appelé et non appelé** L'analyse varie selon que le capital souscrit a (ou non) été appelé :
- **capital appelé** Une créance est comptabilisée dès lors que les actionnaires n'ont aucune possibilité de se soustraire à l'appel effectué ;
- **capital non appelé** Lorsque le capital souscrit n'a pas encore été appelé, il est nécessaire pour pouvoir comptabiliser une créance que ni l'émetteur ni le souscripteur (ni tout autre détenteur des actions souscrites) n'aient une quelconque possibilité de ne pas procéder à l'appel du capital ou de ne pas répondre à cet appel.

Tel est, par exemple, le cas lorsque les dates d'appel (en une ou plusieurs fois) sont contractuellement fixées à l'avance (suivant les phases de développement prévisionnel de la société) et que les actionnaires ont immédiatement droit à dividendes sur la totalité de leurs actions y compris la part non appelée (sans tenir compte du fait qu'une quote-part seulement des actions ait été payée).

3. **Enregistrement comptable de la créance** S'agissant d'une créance qui en général ne porte pas intérêt, cette dernière doit être décotée afin de respecter l'obligation d'une comptabilisation initiale à la juste valeur (IFRS 9.5.1.1) représentée par la valeur actualisée des montants non encore appelés.
La créance est par la suite, à notre avis, comptabilisée au coût amorti et donne lieu à la comptabilisation de produits d'intérêt au compte de résultat via le calcul d'un TIE (désactualisation).

Présentation au bilan des dérivés non qualifiés de couverture

52225 ***Question***

Où doit-on classer les instruments dérivés non qualifiés de couverture au bilan ?

Réponse

Ils doivent être classés de la manière suivante :
- si la juste valeur de ces instruments est significative au regard du total de bilan, dans des lignes séparées dénommées « Instruments dérivés » à l'actif et au passif du bilan ;
- sinon (cas en général pour les entreprises industrielles et commerciales), leur juste valeur peut être incluse dans la ligne « Autres actifs financiers » ou « Autres passifs financiers ».

Commentaires En IFRS, les entreprises doivent indiquer systématiquement sur une ligne de leur bilan la juste valeur des instruments financiers dérivés. Les normes IFRS donnant peu d'indications sur la façon dont cette information doit être présentée au bilan, les entreprises doivent donc faire appel à leur jugement pour compléter les quelques indications fournies par les différentes normes (IFRS 7.B3).

En tout état de cause, les entreprises doivent décrire clairement dans leurs états financiers, les traitements retenus et s'assurer de la cohérence de ces traitements au sein du groupe.

1. **Principes généraux de présentation au bilan (rappel)** Les instruments dérivés étant des actifs ou des passifs soit détenus à des fins de transaction, soit qualifiés d'instruments de couverture (voir nº 50020 s. sous IAS 39 et nº 49110 s. sous IFRS 9), les principes généraux de présentation au bilan leur sont applicables, à savoir :
- présentation distincte des actifs ou passifs détenus à des fins de transaction ;
- présentation distincte des éléments ayant des bases d'évaluation différentes ;
- présentation distincte des éléments ayant une nature ou une fonction dissemblable ;
- utilisation possible de subdivisions complémentaires ;
- regroupement possible des postes non significatifs.

Pour ces principes, voir nº 52200.

2. **Application aux instruments dérivés** Compte tenu des principes ci-avant et en l'absence de précisions par les normes concernant les instruments dérivés, l'approche nous paraît être la suivante :
- si la juste valeur des dérivés est significative au regard du bilan consolidé du groupe, une présentation sur des lignes séparées dénommées « Instruments dérivés » à l'actif et au passif de ce bilan est souhaitable ;
- sinon (cas en général pour les entreprises industrielles et commerciales lorsque le groupe consolidé n'intègre pas une entité bancaire ou une filiale portant les activités de Trading), la juste valeur des dérivés peut être incluse dans une ligne « Autres actifs financiers » ou « Autres passifs financiers ».

Informations à fournir en annexe sur les dérivés non qualifiés de couverture

Question 52230

Quelles sont les informations spécifiques à fournir en annexe sur les dérivés non qualifiés d'instruments de couverture ?

Réponse

En plus des informations requises pour tous les actifs ou passifs entrant dans la catégorie des actifs ou passifs financiers à la juste valeur par le résultat, les informations spécifiques suivantes sont requises par la norme IFRS 7 sur les instruments dérivés, y compris ceux non qualifiés de couverture :

- montants des profits/pertes net(te)s sur les actifs/passifs financiers détenus à des fins de transaction ;
- information sur le « day-one profit » ;
- dérivés de crédit ;
- instruments financiers composés comprenant de multiples dérivés incorporés ;
- exposition maximum au risque de crédit ;
- risque de liquidité.

Commentaires Les dérivés appartiennent à la catégorie des actifs ou passifs financiers à la juste valeur par résultat pour laquelle un certain nombre d'informations sont demandées en annexe (voir n° 52335). La norme IFRS 7 requiert par ailleurs des informations – générales ou spécifiques – qui concernent les instruments dérivés :

Sur les informations plus spécifiques aux dérivés qualifiés d'instruments de couverture, voir n° 52475 s.

1. Montants des profits ou pertes net(te)s sur les actifs financiers ou les passifs financiers détenus à des fins de transaction (IFRS 7.20a) Les dérivés enregistrés en trading sont concernés par cette information.

Signalons que les entreprises (essentiellement les banques) doivent par ailleurs préciser si les intérêts et produits de dividendes liés à ces instruments sont enregistrés séparément ou non des variations de valeur globale de ces contrats (IFRS 7.B5e et .BC34), voir n° 51412.

2. Information sur le « day-one profit » Les dérivés peuvent donner lieu à l'enregistrement d'un « day-one profit ». Dans ce cas, ils sont soumis aux informations requises par la norme IFRS 7 en la matière.

Ce point concerne plus spécifiquement les banques.

3. Dérivés de crédit Si l'entité a désigné un prêt ou une créance comme étant à la juste valeur par le biais du compte de résultat, elle doit indiquer notamment le montant à hauteur duquel tout dérivé de crédit lié ou instrument similaire limite cette exposition maximum au risque de crédit (IFRS 7.9(b)).

Sur la définition et le traitement comptable d'un dérivé de crédit, voir n° 48755.

4. Instruments financiers composés comprenant de multiples dérivés incorporés Une entité qui a émis un instrument contenant à la fois une composante passif et une composante capitaux propres selon les modalités d'IAS 32.28 et également de multiples dérivés incorporés dont les valeurs sont interdépendantes (par exemple, un instrument d'emprunt convertible), doit indiquer l'existence de tels dérivés incorporés (IFRS 7.17).

Pour les instruments financiers composés, voir n° 44390 s.

5. Exposition maximum au risque de crédit Les entreprises doivent indiquer en annexe le montant qui représente le mieux leur exposition maximum au risque de crédit (IFRS 7.36).

Intervenir sur les instruments dérivés (par exemple sur des contrats de change, des swaps de taux d'intérêt ou des dérivés de crédit) est une activité qui comporte un risque de crédit. Lorsque l'actif qui en résulte (option achetée ou contrat à terme ferme ou swap gagnants) est évalué à sa juste valeur, l'exposition maximum au risque de crédit à la date de clôture est alors équivalente à la valeur comptable de l'instrument (IFRS 7.B10).

6. Risque de liquidité Les dérivés interviennent dans l'élaboration de l'échéancier de liquidité requis par la norme IFRS 7. Rappelons que cet échéancier ne porte que sur les passifs. Ces derniers doivent être enregistrés pour leurs date et montant contractuels et sans aucune actualisation (voir n° 52405).

L'incorporation des dérivés dans l'échéancier varie selon leurs modalités de règlement (IFRS 7.B11D). Seuls les dérivés passifs (options vendues et contrats à terme fermes ou swaps perdants) dont les règlements s'effectuent sur base nette sont pris en compte dans l'échéancier. En revanche, tous les dérivés (qu'ils soient gagnants ou perdants) doivent être pris en compte dans l'échéancier, lorsque les règlements se font sur base brute (pour traduire le risque de liquidité existant sur la « jambe » payeur).

La norme propose en outre de présenter de manière séparée les flux relatifs aux dérivés et ceux relatifs aux instruments financiers classiques, notamment dans le cas de règlements sur base brute (IFRS 7.39b et .B11B).

La raison en est que la sortie de trésorerie brute peut s'accompagner d'une entrée connexe. Ce qui suggère, à notre avis, de tenir compte dans l'échéancier du (des) flux entrant(s) correspondant(s) dès lors que les dérivés concernés sont bien présentés dans un tableau (ou une partie de tableau) distinct.

A noter que la norme IFRS 13, Evaluation de la juste valeur, requiert également des informations spécifiques sur tous les instruments évalués à la juste valeur, voir n° 13345.

SECTION III

Informations à fournir dans l'état du résultat global

Présentation des instruments financiers dans l'état du résultat global

52240 *Question*

Quelles sont les spécificités de présentation des instruments financiers dans l'état du résultat global ?

Réponse

La norme IAS 1 exige la présentation de plusieurs rubriques minimum obligatoires intitulées :
- « Produits d'intérêts calculés selon la méthode du taux d'intérêt effectif » (TIE) ;
- « Gains et pertes provenant de la décomptabilisation des actifs évalués au coût amorti » ;
- « Charges financières » (encore communément appelée « Coût de l'endettement ») ;
- « Pertes constatées pour la dépréciation des actifs au titre du risque de crédit » ;
- « Gain ou perte provenant de la différence entre le coût amorti de l'actif financier et sa juste valeur en date du reclassement » ;
- « Gain ou perte cumulé reclassé des autres éléments du résultat global (OCI) vers le résultat ».

Par ailleurs, des précisions ont été apportées quant à la présentation du résultat financier par l'IFRS IC, d'une part (voir n° 51400 s.) et par l'ANC, d'autre part (voir n° 52255).

En outre, en l'absence de précisions des IFRS, et quel que soit le mode de présentation retenu (par fonction ou par nature), il est à notre avis possible de présenter :
- soit une ligne « Coût de l'endettement » en comptabilisant les autres montants non directement liés au coût de l'endettement en résultat opérationnel, par exemple, dans la rubrique « Autres produits (charges) opérationnels » (voir n° 52255) ;
- soit un sous-total « Résultat financier » (voir n° 51396) séparément du résultat opérationnel, qui permet de présenter à la fois le coût de l'endettement mais également les autres produits (charges), gains (pertes) liés aux instruments financiers.

Des rubriques supplémentaires peuvent être créées pour répondre aux exigences de la norme IFRS 7.

Par exemple, les pertes (gains) relatifs à chaque catégorie de portefeuille d'IFRS 9 ou les commissions payées/reçues non intégrées à un calcul de taux d'intérêt effectif.

Le principe de non-compensation des charges et des produits doit être respecté.

Ce principe interdit de présenter un montant net dans l'état du résultat global, sauf autorisation expresse d'une norme (voir nº 51386). **52240** (suite)

Enfin, des dispositions particulières existent concernant la présentation des dividendes et/ou variations de valeur de certains instruments classés en dettes selon IAS 32 (instruments remboursables au gré du porteur, actions de préférence, TSDI, TSS).

Commentaires Les normes IFRS ne prescrivent aucun ordre ou format de présentation des éléments des états financiers. Seule une liste des éléments qui sont suffisamment différents de par leur nature ou leur fonction pour justifier d'être présentés séparément dans l'état du résultat global est fournie par la norme IAS 1 (IAS 1.82).

Concernant les instruments financiers, l'état du résultat global doit comporter au minimum les rubriques suivantes :
- « Produits d'intérêts calculés selon la méthode du taux d'intérêt effectif » (TIE) ;
- « Gains et pertes provenant de la décomptabilisation des actifs évalués au coût amorti » ;
- « Charges financières » ;
- « Pertes constatées pour la dépréciation des actifs au titre du risque de crédit » (incluant les reprises ou gains de valeur) déterminées selon IFRS 9.5.5 s. ;
- « Gain ou perte provenant de la différence entre le coût amorti de l'actif financier et sa juste valeur en date du reclassement », lorsqu'un actif financier est reclassé de la catégorie des actifs financiers évalués au coût amorti vers la catégorie des actifs financiers évalués à la juste valeur par résultat ;
- « Gain ou perte cumulé reclassé des autres éléments du résultat global (OCI) vers le résultat », lorsqu'un actif financier est reclassé de la catégorie des actifs financiers évalués à la juste valeur en contrepartie des autres éléments du résultat global (OCI) vers la catégorie des actifs financiers évalués à la juste valeur par résultat.

Les autres spécificités de présentation des instruments financiers dans l'état du résultat global ou dans le compte de résultat séparé (le cas échéant) sont les suivantes :

1. Présentation d'un résultat financier et/ou utilisation d'autres rubriques Etant donné le principe général de non-compensation des charges et des produits (voir nº 51386) et l'obligation de présenter notamment les rubriques « Produits d'intérêts calculés selon la méthode du taux d'intérêt effectif » et « charges financières » (IAS 1.82), les entreprises doivent utiliser d'autres rubriques de l'état du résultat global pour comptabiliser les charges d'intérêts calculés selon la méthode du TIE, les produits et charges financiers calculés selon une autre méthode et les gains et pertes issus de leurs transactions financières autres que celles directement liées à leur endettement.

Pour la présentation des charges d'intérêts calculés selon la méthode du TIE et des produits et charges financiers calculés selon une autre méthode, voir nº 51414.

Selon qu'elles appliquent (ou non) la recommandation ANC (Rec. ANC 2020-01) sur le format des états financiers des entreprises sous référentiel comptable international (hors entreprises de banque et d'assurance), les entreprises peuvent, à notre avis, utiliser les rubriques suivantes :
- « Autres produits financiers » et « Autres charges financières » du résultat financier si elles appliquent cette recommandation (voir nº 52255) ; ou
- « Autres (pertes) profits – net », « Autres produits d'exploitation » et « Autres charges d'exploitation » du résultat opérationnel si elles ne l'appliquent pas.

2. Classement par nature ou par fonction Les entreprises peuvent choisir de présenter leurs charges en résultat net, par nature ou par fonction (IAS 1.99).

Lorsqu'une entreprise retient un classement par fonction, elle doit de toute manière fournir en annexe une ventilation de ses charges par nature, en précisant notamment – concernant les instruments financiers – le montant des dépréciations éventuelles (IAS 1.104).

Le mode de présentation retenu (par nature ou par fonction) n'a que peu d'impact, les entreprises présentant en général toujours un « résultat financier » distinct de leur résultat opérationnel.

3. Création de rubriques supplémentaires pour répondre aux exigences de la norme IFRS 7 Selon IFRS 7.20, les entreprises doivent indiquer soit dans l'état du résultat global, soit en annexe les informations suivantes :
- pertes nettes/gains nets correspondant aux différentes catégories de portefeuille d'IFRS 9 ;
- produits et charges d'intérêt (calculés selon le taux d'intérêt effectif/TIE) relatifs, d'une part, aux actifs financiers évalués au coût amorti ou évalués à la juste valeur en contrepartie des autres éléments du résultat global (OCI) (ces montants sont présentés séparément) et, d'autre part, aux passifs financiers qui ne sont pas évalués à la juste valeur par résultat ;

Recommandations de l'AMF Dans ses recommandations en vue de l'arrêté des comptes 2019, l'AMF rappelle que la norme IAS 1 requiert la présentation sur une ligne distincte du compte de résultat les revenus d'intérêts calculés selon la méthode du taux d'intérêt effectif, liés aux actifs financiers comptabilisés à la juste valeur par autres éléments du résultat global ou au coût amorti (Rec. AMF 2019-13, Arrêté des Comptes 2019, § 4.1).

– commissions payées ou reçues (autres que celles incluses dans un calcul de TIE).

4. Non-compensation des charges et des produits Le principe de non-compensation des charges ou des produits interdit toute présentation d'un montant net dans l'état du résultat global, sauf autorisation expresse d'une norme (voir n° 51386).

5. Résultats de cession des placements Selon IAS 1.98d, les circonstances peuvent conduire les entreprises à indiquer de manière séparée dans l'état du résultat global les résultats de cession de leurs placements (dont les placements financiers).

6. Présentation des dividendes Les entreprises doivent indiquer, soit dans l'état des variations des capitaux propres, soit dans leurs notes annexes, le montant des dividendes comptabilisés au titre de distributions allouées aux porteurs d'instruments de capitaux propres au cours de la période, ainsi que le montant correspondant par action (IAS 1.107).

Toutefois, certains instruments, bien qu'ayant l'appellation d'actions et versant des dividendes, sont qualifiés de dettes et comptabilisés comme tels en IFRS (cas notamment de certaines actions de préférence, voir n° 44420, et de certains instruments remboursables au gré du porteur, voir n° 44520 s.).

Selon la norme IAS 32, ces dividendes classés en charge peuvent être présentés dans l'état du résultat global ou dans le compte de résultat séparé (le cas échéant) soit avec les charges d'intérêt relatives aux autres dettes, soit comme un élément distinct (IAS 32.40).

Pour plus de détails sur ce point, voir n° 51382.

7. Variations de valeur des instruments remboursables au gré du porteur (« puttable instruments ») Les profits et les pertes liés aux variations de valeur comptable des instruments qui sont comptabilisés en dettes selon IAS 32.18b (car ne remplissant pas les caractéristiques permettant, malgré leur qualification de capitaux propres, d'être classés en capitaux propres, voir n° 44535 s.) sont comptabilisés en résultat même si l'instrument donne droit à un intérêt résiduel dans l'actif de l'entité émettrice.

Dans ce cas et par référence au paragraphe IAS 1.85, l'entité présente séparément dans l'état du résultat global ou dans le compte de résultat séparé (s'il est présenté) tout profit ou perte résultant de la réévaluation d'un tel instrument lorsque cela s'avère pertinent pour expliquer la performance de l'entité (IAS 32.41).

Remarque – Ajout de rubriques supplémentaires ou regroupements de certaines autres D'une manière générale, les entreprises doivent inclure des postes, rubriques et sous-totaux supplémentaires dans leur état du résultat global ou dans le compte de résultat séparé (le cas échéant) lorsqu'une telle présentation est pertinente pour comprendre leur performance financière (IAS 1.85).

Dispositions de la norme IAS 1 sur les charges et produits financiers recyclés en résultat

52250 ***Question***

Que prévoit la norme IAS 1 en matière de présentation des charges et produits financiers précédemment comptabilisés en autres éléments du résultat global (OCI) ?

Réponse

La norme IAS 1 prévoit un « état du résultat net et des autres éléments du résultat global » (ou « état du résultat global », voir n° 53957) regroupant le compte de résultat et les charges et produits comptabilisés en autres éléments du résultat global (OCI) (cumul de la variation de juste valeur – hors risque de crédit – des instruments de dette évalués à la juste valeur en autres éléments du résultat global, CFH, cumul de la variation de juste valeur attribuable à la variation du risque de crédit propre des passifs financiers évalués à la juste valeur par résultat sur option, etc.). Les entités peuvent également présenter un compte de résultat séparément d'un second état qui reprend en première ligne le résultat net de l'exercice et détaille ensuite les autres éléments du résultat global (OCI), conduisant au résultat global de l'exercice.

Commentaires Concernant plus spécifiquement les instruments financiers, la norme IAS 1 prévoit (IAS 1.92 s.) le recyclage d'une partie à l'autre de l'état du résultat global, c'est-à-dire, de la seconde partie (OCI) à la première partie (résultat net de l'exercice) ou de l'état détaillant les autres éléments du résultat global (OCI) au compte de résultat séparé si l'entreprise a choisi de présenter deux états séparés, des montants précédemment comptabilisés en autres éléments du résultat global et devant être recyclés en résultat.

Tel est le cas, par exemple de la part efficace d'une couverture de flux de trésorerie (CFH) ou d'un investissement net en devises (NIH), lors de la cession de l'élément couvert ou lorsque ce dernier affecte le résultat net (IAS 1.95).

Précisions apportées par la recommandation ANC nº 2020-01

Question 52255

Que propose la recommandation de l'ANC (Rec. ANC 2020-01) relative au format des comptes consolidés des entreprises établis selon les normes comptables internationales (hors établissements du secteur bancaire et organismes d'assurance) ?

Réponse

Cette recommandation, comme les précédentes, propose de classer les produits et charges financiers dans trois rubriques différentes du compte de résultat (ou dans l'état du résultat global selon IAS 1) :
- autres produits d'exploitation (au sein du résultat opérationnel) ;
- coût de l'endettement financier net ; et
- autres produits financiers et autres charges financières.

La recommandation précise que les produits financiers et les charges financières sont à présenter sur deux lignes distinctes du compte de résultat (ou dans l'état du résultat global selon IAS 1), au sein de chacune de ces rubriques. Ainsi, à notre avis, cette présentation est compatible avec les IFRS.

Commentaires :

1. **Approche générale** Cette recommandation ANC du 6 mars 2020 (Rec. ANC 2020-01) propose d'analyser les charges et produits financiers selon **trois catégories** différentes, dont l'une serait rattachée au résultat opérationnel et les deux autres au résultat financier, de la manière suivante :

La recommandation ANC du 6 mars 2020 relative au format des comptes consolidés des entreprises établis selon les normes comptables internationales (hors établissements du secteur bancaire et organismes d'assurance) annule et remplace la précédente version du 7 novembre 2013 (Rec. ANC 2013-03). Elle a notamment été mise à jour pour tenir compte de l'adoption des normes IFRS 9, Instruments financiers, IFRS 15, Produits des activités ordinaires tirés de contrats conclus avec des clients et IFRS 16, Contrats de location.

Compte de résultat [1] (présentation des charges et produits financiers)
…
Autres produits d'exploitation (Produits financiers de nature opérationnelle)
…
Résultat d'exploitation (opérationnel)
Produits de trésorerie et d'équivalents de trésorerie
Coût de l'endettement financier brut
Coût de l'endettement financier net [2]
Autres produits financiers

52255
(suite)

Autres charges financières
...
(1) La présentation est identique quel que soit le classement retenu (par fonction ou par nature). (2) Expliquant les raisons de son analyse en trois catégories, la recommandation indique que la norme IAS 1 requiert la présentation d'une ligne « Finance costs » dont le contenu ne fait l'objet d'aucune définition. L'imprécision de la norme concernant les éléments de nature financière pourrait amener les entreprises à classer en revenu d'exploitation (opérationnel) l'ensemble des produits financiers et en coût financier la totalité des charges financières, faussant par là même la présentation de la réalité économique de leurs opérations (Rec. ANC précitée, § 4.5.4). Cette note précise les différents montants à comptabiliser dans chacune des catégories (voir point 2. ci-après).

Pour plus d'informations, voir n° 54031.

2. Eléments constitutifs de chacune des catégories définies par la recommandation La recommandation apporte les précisions suivantes :

a. Résultats financiers de nature opérationnelle (Rec. ANC précitée, § 4.5.4.1). Ils comprennent les produits financiers provenant de l'activité principale de l'entreprise elle-même, d'une filiale consolidée (filiale bancaire d'un groupe) ou d'une branche d'activité de l'entreprise constituant un secteur opérationnel distinct, de même que les charges financières correspondantes.

b. Coût de l'endettement financier net L'endettement financier net est constitué de l'endettement financier brut diminué de la trésorerie nette (pour la définition de ces deux notions, voir n° 51480).

Le **coût de l'endettement financier net** comprend ainsi (Rec. ANC précitée, § 4.5.4.2 renvoyant au § 4.3) :
- les produits de trésorerie et d'équivalents de trésorerie (voir n° 51405) ; et
- le coût de l'endettement financier brut.

Le **coût de l'endettement financier brut** comprend quant à lui :
- les charges d'intérêt sur opérations de financement au taux d'intérêt effectif ;
- le résultat des couvertures de taux et de change sur endettement financier brut.

Le coût de l'endettement financier brut peut également comprendre la charge d'intérêts des passifs de location si l'entité considère que ces derniers sont une composante de son endettement financier. Ces intérêts peuvent également être présentés en « Autres charges financières ».

La présentation au compte de résultat (ou dans l'état du résultat global selon IAS 1) est faite en dissociant les produits financiers et les charges financières, avec un total intitulé « Coût de l'endettement financier net » et ce, même si les produits financiers sont peu importants par rapport aux charges financières (Rec. ANC précitée, § 4.5.4.2).

3. Autres produits financiers et Autres charges financières Il s'agit des produits et charges de nature financière qui ne sont pas de nature opérationnelle (voir point 2a. ci-avant) et ne font pas partie du coût de l'endettement financier net (voir point 2b. ci-avant).

Sont par exemple classés dans cette rubrique (Rec. ANC précitée, § 4.5.4.3) :
- les dividendes sur les titres de participation positionnés au bilan de l'entreprise en actifs financiers à long terme ;

Cette présentation permet d'assurer la cohérence entre bilan et compte de résultat (ou état de résultat global selon IAS 1). Elle permet également de ne pas inclure au niveau d'un résultat d'exploitation (opérationnel) des produits ayant déjà supporté l'impôt. Elle correspond enfin au cas général d'une participation dans une entité sur laquelle l'entreprise n'exerce ni contrôle exclusif ni influence notable, mais occupe uniquement la position d'un actionnaire minoritaire.

- les résultats de cession ou les dépréciations sur les actifs financiers non courants ;
- les résultats sur dérivés de trading de change et de taux ;
- les résultats de l'actualisation des créances, des dettes ou des provisions ;
- les résultats financiers sur des actifs ou passifs financiers à court terme qui ne seraient pas inclus dans la trésorerie nette, et ne constitueraient pas des revenus opérationnels ;
- les intérêts sur des éléments du besoin en fonds de roulement non reconnus en résultat d'exploitation (opérationnel), par exemple les intérêts sur escompte commercial ou sur opération de crédit gratuit quand ces opérations constituent effectivement des opérations de financement.

Ce classement est cohérent au plan économique car il assure la symétrie avec le résultat de sens opposé qui figure dans le coût de l'endettement financier net.

SECTION IV

Informations à fournir dans les notes annexes

I. Informations spécifiques liées à l'option juste valeur (en résultat ou en OCI)

A. Informations spécifiques liées à l'option juste valeur en résultat

Informations générales au titre des dettes évaluées selon l'option juste valeur

Question 52275

Quelles sont les informations à fournir en annexe en cas d'application de l'option juste valeur pour les instruments de dettes ?

Réponse

Les informations suivantes :
- précisions sur la nature des instruments et les situations (stratégies) d'application de l'option ;
- montants apparaissant au bilan (relatifs à ces instruments) ;
- pertes et gains comptabilisés en résultat sur l'exercice ;
- méthodes et hypothèses de calcul de la juste valeur ; et
- impact du risque de crédit dans les variations de juste valeur (de manière cumulée et sur l'exercice en cours).

Commentaires Une entité qui utilise l'option juste valeur est soumise aux informations spécifiques suivantes :

1. **Note sur les méthodes comptables** L'entreprise doit indiquer les informations suivantes dans sa note sur les méthodes comptables (IFRS 7.B5a et .B5aa) : la nature des instruments faisant l'objet d'une évaluation selon l'option juste valeur ; la manière dont l'entité a rempli les conditions d'utilisation de l'option juste valeur pour des actifs ou des passifs, selon les cas de figure prévus par la norme (voir n° 46680, point 2.). Notamment, en plus des informations ci-avant, et uniquement pour les passifs financiers, l'entreprise doit mentionner les critères de désignation de ces instruments (IFRS 7.B5a).

   Remarque L'entreprise doit donner une description narrative expliquant en quoi il y a réduction d'une distorsion comptable (cas d'un « mismatch » comptable) ou, uniquement pour les passifs financiers, l'existence d'une cohérence avec la stratégie de gestion des risques et investissements (cas d'un groupe d'actifs et/ou de passifs évalués et gérés à partir de la juste valeur).

2. **Montants des pertes et des gains nets comptabilisés en résultat** Là encore, l'information doit être donnée de manière séparée (gains nets, d'une part, et pertes nettes, d'autre part) (IFRS 7.20a.i).

3. **Méthodes et hypothèses retenues pour le calcul de la juste valeur** Comme chaque fois qu'un instrument est évalué à la juste valeur (même uniquement pour information en annexe), l'entreprise doit préciser à quel type de méthode elle a eu recours (utilisation de cours cotés ou au contraire de techniques d'évaluation). Si elle a utilisé des techniques d'évaluation faisant appel à des paramètres non observables (application de l'option juste valeur à des instruments de niveau 3), l'entreprise doit donner en annexe toute une série d'informations :
   - montant total des variations de juste valeur comptabilisées en résultat ;
   - analyse de sensibilité de la juste valeur des instruments (sensibilité aux principaux paramètres utilisés dans leur évaluation) ;
   - rapprochement de leurs soldes d'ouverture et de clôture, en détaillant les mouvements survenus pendant l'exercice (IFRS 7.28b).

4. **Cas particulier du risque de crédit** Les entités doivent être en mesure de chiffrer et d'indiquer en annexe l'impact du risque de crédit sur les variations de juste valeur des actifs et des passifs

financiers qu'elles ont évalués selon l'option juste valeur. La norme IFRS 7 prévoit en effet que dans chacun de ces cas (actifs financiers d'une part et passifs financiers d'autre part), l'entité calcule et indique en annexe la quote-part des pertes et gains de manière cumulée qui résulte de la variation du risque de crédit (IFRS 7.9c et .10a). Pour les actifs financiers, la norme requiert, en plus, cette information sur la période.

Remarques :

1. La norme requiert la comptabilisation de la variation de juste valeur attribuable à la variation du risque de crédit propre en autres éléments du résultat global (OCI), sauf exceptions, voir nº 46060 et 46065.

2. **Réponse à l'inquiétude des régulateurs bancaires et de l'Union européenne (UE)** Cette exigence est une réponse aux inquiétudes d'une part des régulateurs bancaires et d'autre part de l'UE en ce qui concerne la possible évaluation à la juste valeur par résultat des portefeuilles de prêts des banques et des dettes propres des émetteurs.
Dans le premier cas, les régulateurs bancaires craignent la comptabilisation de plus-values (en cas d'amélioration du risque de crédit des débiteurs) qui ne se matérialiseront jamais, les prêts étant en général conservés jusqu'à leur échéance (sauf titrisation ou cessions d'activité).
Dans le second cas, l'UE craint l'apparition au compte de résultat de gains d'autant plus importants que la situation de crédit de l'entreprise se dégrade. En restreignant les cas d'utilisation de l'option juste valeur et en exigeant le chiffrage de l'impact dû au risque de crédit, l'IASB a ainsi pu arriver à un compromis permettant la levée du « carve-out » de l'UE.

3. **Précision sur la méthode de calcul (risque de crédit propre de l'émetteur)** Sauf si une autre méthode permet d'obtenir une valeur plus fiable, le calcul (de l'impact du risque de crédit) s'effectue par différence entre la variation globale de la juste valeur de l'instrument et la variation des paramètres entraînant un risque de marché (taux, change, actions, etc.) (IFRS 7.B4 et .IG11). Pour plus d'informations sur ce point, voir nº 46130.

Informations spécifiques au titre des dettes évaluées selon l'option juste valeur

52280 ***Question***

Des informations spécifiques doivent-elles être fournies en annexe pour les dettes évaluées selon l'option juste valeur (risque de crédit propre comptabilisé en règle générale en OCI non recyclables) ?

Réponse

En plus des informations générales requises lorsque l'option juste valeur est appliquée à une dette ou un groupe de dettes financières (voir nº 52275), l'entreprise doit indiquer :
- la quote-part de la variation de la juste valeur qui provient de la variation de son risque de crédit propre ;
- l'écart existant entre la juste valeur de la dette et le montant contractuel qu'elle sera tenue de rembourser à l'échéance ;
- le montant cumulé de la quote-part de la variation de juste valeur précédemment citée transférée au sein des capitaux propres ;
- le montant présenté en OCI qui a été réalisé lors de la décomptabilisation de la dette.

Ces deux dernières informations ne sont pas requises lorsque le risque de crédit propre est comptabilisé en résultat.

Sur les informations générales requises en cas d'application de l'option juste valeur, voir nº 52275.

Commentaires :

Rappel A la date de comptabilisation initiale, un passif financier peut être désigné, sur option irrévocable, à la juste valeur par résultat (voir nº 46060). Dans ce cas, la norme requiert la comptabilisation de la variation de juste valeur attribuable à la variation du risque de crédit propre en autres éléments du résultat global (OCI, mais non recyclables en résultat). Toutefois, ce traitement comptable n'est possible que dans la mesure où il ne contribue pas à créer ou aggraver un « mismatch » comptable. Dans le cas contraire, la totalité de la variation de juste valeur est comptabilisée en résultat (voir nº 46065).

1. **Dans le cas général où les variations de juste valeur attribuables au risque de crédit propre sont comptabilisées en OCI,** l'entité indique en annexe :

a. la quote-part des pertes et gains **de manière cumulée** qui résulte de la variation de son propre risque de crédit relatif à cette dette (IFRS 7.10a) ;

Pour une méthode pratique de détermination de cette quote-part, voir nº 46130.

b. la **différence** entre la valeur comptable de la dette (sa juste valeur) et le montant que l'entité serait contractuellement tenue de payer, à l'échéance, au porteur de l'obligation (IFRS 7.10b) ;

c. le montant du cumul des OCI transférés dans une autre composante des capitaux propres durant l'exercice et les raisons de ces transferts (IFRS 7.10c) ; et

d. le montant présenté en OCI qui a été réalisé lors de la décomptabilisation de la dette (IFRS 7.10d).

La norme interdit le transfert en résultat des OCI latents devenus réalisés lors de la décomptabilisation de l'instrument. En revanche, pour les distinguer des OCI latents des passifs en cours de vie, cette information en annexe est exigée.

2. **Dans le cas où les variations de juste valeur attribuables au risque de crédit propre sont comptabilisées en résultat,** l'entité :

a. calcule et indique en annexe la quote-part des pertes et gains **de la période** et **de manière cumulée** qui résulte de la variation de son propre risque de crédit relatif à cette dette (IFRS 7.10Aa) ;

b. indique la **différence** entre la valeur comptable de la dette (sa juste valeur) et le montant que l'entité serait contractuellement tenue de payer, à l'échéance, au porteur de l'obligation (IFRS 7.10Ab) ;

3. **En pratique,** ces obligations appellent les commentaires suivants :
– elles ne s'appliquent qu'aux passifs évalués selon l'option juste valeur (et non pas aux passifs évalués de manière obligatoire à la juste valeur par résultat) (IFRS 7.10) ;
– les entités doivent s'expliquer sur la méthode appliquée (calcul par différence ou autre méthode alternative utilisée) pour déterminer la variation de juste valeur attribuable au risque de crédit propre de l'entreprise (voir nº 46130) ;
– les entités doivent anticiper le retournement de situation (amélioration du « spread » de crédit propre entraînant alors des pertes et non plus des profits) ;
– enfin, on peut se demander, compte tenu des écarts de « spreads » en période de crise financière, si ces entités ne devraient pas également fournir la même information sur l'ensemble de leurs passifs évalués à la juste valeur par résultat (dérivés de transaction notamment).

B. Informations spécifiques liées à l'option juste valeur en OCI

Informations au titre des investissements en instruments de capitaux propres comptabilisés sur option à la juste valeur en OCI

52290

Question

Pour les instruments de capitaux propres, quelles sont les informations à fournir par l'entité détentrice au titre de l'option pour la comptabilisation de leurs variations de juste valeur en contrepartie des autres éléments du résultat global (OCI) ?

Réponse

Cette option nécessite la communication d'informations en annexe au titre de ces instruments (liste des instruments concernés, justification de l'option, juste valeur des instruments, dividendes de la période, OCI transférés pendant la période).

Commentaires :

Rappel Les placements en instruments de capitaux propres sont par défaut comptabilisés à la juste valeur par résultat. Toutefois, les entités peuvent opter, de façon irrévocable, pour la comptabilisation de leurs variations de juste valeur en autres éléments du résultat global (OCI).
Pour plus d'informations sur les deux catégories de comptabilisation pour les instruments de capitaux propres, voir nº 45260.
Les instruments de capitaux propres pour lesquels l'option est possible sont principalement des actions et participations qui sont détenues à des fins stratégiques plutôt que dans le but de percevoir des gains de leur vente à court ou moyen terme.

En cas d'option, l'entité doit fournir en annexe les informations suivantes (IFRS 7.11A) :
– la liste des actions et participations concernées par l'option pour l'application de la méthode alternative ;

Selon IAS 1.31, seules les informations significatives doivent être fournies (voir nº 55016). A notre avis, est considérée comme significative la détention d'un seul investissement stratégique important pour lequel l'entité a opté pour l'application de cette méthode. Inversement, ne pourrait pas être considéré comme significatif soit un volume important d'investissements soit une faible valeur pour chacun.

Dans le cas où l'investissement ne serait pas jugé significatif, l'entité devrait néanmoins réfléchir quant à la façon de communiquer les informations requises par IFRS 7.11A (par exemple, une granularité par nature d'investissements).

Enfin, la question de la matérialité de(s) investissement(s) au regard des états financiers n'a pas d'effet sur la publication des autres informations requises par IFRS 7.11A.

- la justification du choix de cette méthode pour ces instruments ;
- la juste valeur de chaque instrument à la fin de la période comptable ;
- le montant des dividendes comptabilisés pendant la période comptable, en distinguant ceux relatifs aux instruments de capitaux propres décomptabilisés durant cette période et ceux toujours détenus à la fin de la période comptable ;

Les dividendes de ces actions et participations sont comptabilisés en résultat, à moins qu'il ne s'agisse clairement d'un remboursement de l'action, voir nº 45285.

- le montant des transferts des OCI vers une autre composante des capitaux propres pendant la période comptable ainsi que la justification de ces transferts.

Les autres gains et pertes sont comptabilisés en autres éléments du résultat global (OCI), sans aucun recyclage possible au compte de résultat, même en cas de cession, voir nº 45280.

Informations au titre des investissements en instruments de capitaux propres comptabilisés sur option à la juste valeur en OCI et décomptabilisés durant la période comptable

52300 ***Question***

Quelles sont les informations à fournir au titre de la décomptabilisation d'instruments de capitaux propres qui avaient fait l'objet de l'option pour la comptabilisation de leurs variations de juste valeur en autres éléments du résultat global (OCI) ?

Réponse

La norme IFRS 7 requiert de communiquer en annexe des informations qualitatives et quantitatives relatives à la décomptabilisation, notamment la justification de leur décomptabilisation, ainsi que la juste valeur des instruments et le cumul des OCI au moment de la décomptabilisation.

Commentaires :

Rappel Les placements en instruments de capitaux propres sont par défaut comptabilisés à la juste valeur par résultat. Toutefois, les entités peuvent opter, de façon irrévocable, pour la comptabilisation de leurs variations de juste valeur en autres éléments du résultat global (OCI).

Pour plus d'informations sur les deux catégories de comptabilisation pour les instruments de capitaux propres, voir nº 45260.

La norme IFRS 7 requiert la communication en annexe des informations suivantes, dès lors que les instruments de capitaux propres pour lesquels l'option avait été appliquée ont été décomptabilisés durant la période comptable (IFRS 7.11B) :
- la justification de leur décomptabilisation ;
- la juste valeur des instruments décomptabilisés à la date de décomptabilisation ;
- le cumul des OCI relatifs aux instruments décomptabilisés.

Les autres gains et pertes sont comptabilisés en autres éléments du résultat global (OCI) sans aucun recyclage possible au compte de résultat, même en cas de cession, voir nº 45280. Ces OCI peuvent être reclassés au sein des capitaux propres (IFRS 9.B5.7.1). Aucune précision n'étant donnée quant à l'événement déclenchant ce reclassement, à notre avis, le transfert des OCI au sein des capitaux propres peut se faire suite à la cession de l'instrument par l'entité. Par ailleurs, la norme requiert de communiquer le montant des OCI transférés et de justifier ce transfert, voir nº 52290.

II. Informations spécifiques liées aux instruments de capitaux propres émis

Informations spécifiques aux instruments de capitaux propres émis et aux instruments composés

52310

Question

Quelles sont les informations particulières à fournir en annexe sur les instruments de capitaux propres et les instruments composés émis ?

Réponse

Outre les caractéristiques de chaque classe d'instruments de capitaux propres émis, les entreprises doivent également indiquer :
- les méthodes comptables retenues pour comptabiliser ces instruments ;
- si elles ont émis des instruments composés comportant des dérivés incorporés multiples (par exemple, une obligation convertible « callable ») ;
- les actions propres détenues par elles-mêmes ou leurs filiales ainsi que des informations sur les actions réservées pour une émission dans le cadre d'options ou de contrats de vente d'actions ;
- le montant des dividendes privilégiés cumulatifs non comptabilisés ;
- les informations sur le capital (voir nº 52325).

Ces instruments sont pris en compte dans l'élaboration de l'état des variations des capitaux propres. Par ailleurs, la composante dette des instruments composés est soumise à l'ensemble des informations requises sur les passifs.

Enfin, les entreprises sans capital doivent fournir certaines informations équivalentes, quand bien même leurs actions ou parts ne sont pas qualifiées d'instruments de capitaux propres en IFRS.

Commentaires :

1. **En application de la norme IAS 1** et en relation plus spécifique avec les instruments de capitaux propres et les instruments composés émis, les entreprises doivent notamment indiquer les informations suivantes :

a. **Caractéristiques des instruments de capitaux propres émis** Les entreprises doivent fournir pour chaque classe d'instruments de capitaux propres un certain nombre d'informations telles que le nombre d'actions autorisées, émises, libérées, non entièrement libérées ; la valeur nominale de ces actions (ou le fait qu'elles n'en aient pas) ; un rapprochement entre le nombre d'actions en circulation au début et en fin de période ; les droits, privilèges et restrictions qui leur sont attachés (IAS 1.79a.i à .79a.v).

b. **Actions propres et actions réservées** Les entreprises doivent indiquer les actions de l'entité détenues par elles-mêmes ou par leurs filiales ainsi que les actions réservées pour une émission dans le cadre d'options et de contrats de vente d'actions, y compris les modalités et les montants (IAS 1.79a.vi et .79a.vii).

c. **Dividendes** Les entreprises doivent notamment préciser le montant des dividendes privilégiés cumulatifs non comptabilisés (IAS 1.137b).

d. **Entreprises sans capital social** Une entité sans capital social, telle qu'une société de personnes ou un trust, doit fournir des informations équivalentes à celles requises par IAS 1.79a (voir point a. ci-avant), indiquer les variations au cours de la période dans chaque catégorie de capitaux propres ainsi que les droits, privilèges et restrictions attachés à chaque catégorie de capitaux propres (IAS 1.80).

e. **Etat des variations des capitaux propres** (IAS 1.106) dans lequel interviennent les instruments ou certaines composantes des instruments traités dans ce chapitre.

f. **Information sur le capital,** voir nº 52325.

2. **En application de la norme IFRS 7,** les entreprises doivent :

a. fournir des **informations significatives sur les méthodes comptables** appliquées (IFRS 7.21) ;

Ces instruments contenant en général des clauses relativement complexes à analyser, à partir de notions elles-mêmes d'interprétation difficile (substance contractuelle, obligation implicite ou indirecte, obligation conditionnelle, échange d'un nombre fixe d'actions contre un montant fixe de trésorerie, instrument remboursable au gré du porteur ou en cas de liquidation, etc.) et, alors même que certaines questions restent toujours sans réponse de la part de l'IFRS IC et/ou de l'IASB (par exemple, traitement comptable des puts sur intérêts minoritaires), il nous paraît nécessaire d'expliquer en annexe l'approche retenue.

Cette information sur les méthodes comptables est également requise par la norme IAS 1 (IAS 1.117 s.).

b. dans le cas **d'instruments composés** comportant des **dérivés incorporés multiples** dont les valeurs sont interdépendantes (comme par exemple, une obligation convertible « callable », voir n° 44490), l'entreprise doit indiquer l'existence de ces caractéristiques.

Par ailleurs, la composante dette (contrat hôte) d'un instrument composé nous paraît être également soumise à l'ensemble des informations requises pour une dette classique.

Informations sur les instruments remboursables au gré du porteur ou en cas de liquidation

52320 ***Question***

Quelles sont les informations à fournir en annexe concernant les instruments remboursables au gré du porteur ou en cas de liquidation ?

Réponse

Lorsqu'un émetteur bénéficie des exceptions prévues (voir n° 44535) et comptabilise en capitaux propres certains instruments remboursables au gré du porteur ou en cas de liquidation, il doit indiquer en annexe :
- les montants, date et raison de tout reclassement éventuel entre dettes et capitaux propres d'un instrument remboursable au gré du porteur ou en cas de liquidation ;
- le montant total des instruments remboursables au gré du porteur ou en cas de liquidation, classés en capitaux propres ;
- les objectifs, politiques et processus de gestion de l'obligation de rachat ou de remboursement de ces instruments quand le porteur le demandera, y compris tout changement intervenu depuis l'exercice précédent ;
- les flux de trésorerie à débourser lors du rachat ou du remboursement de ces instruments et comment l'entreprise les a estimés (risque de liquidité) ;
- enfin, si l'entreprise a une durée de vie limitée, des informations sur cette durée de vie.

Commentaires Ces informations relèvent de la norme IAS 1 (IAS 1.80A, .136A et .138d).

Remarque La norme IFRS 7 exclut en effet de son champ d'application les instruments remboursables au gré du porteur ou en cas de liquidation classés en capitaux propres (IFRS 7.3f).

En ce qui concerne l'obligation d'indiquer les flux de trésorerie qui seront à décaisser lors du remboursement ou du rachat de l'instrument et la méthode ayant permis leur estimation, la norme précise que cette information permet de connaître le **risque de liquidité** associé à l'obligation de reprise de l'instrument remboursable (IAS 32.BC100B).

Informations sur le capital

52325 ***Question***

Quelles sont les informations requises sur le capital par la norme IAS 1 ?

Réponse

Toutes les entreprises (et pas seulement les banques et les assurances) doivent :
- fournir une description qualitative et quantitative de ce que les entités considèrent et gèrent comme du capital ;
- indiquer si elles sont soumises à des contraintes externes (ratios prudentiels des banques, par exemple) et si elles ont respecté ces contraintes externes ; et enfin,
- expliquer comment elles remplissent les objectifs internes qu'elles se sont fixés en la matière.

Commentaires :

1. **Entreprises concernées** La norme IAS 1 est applicable à toutes les entreprises quel que soit leur secteur d'activité. Les paragraphes IAS 1.134 s. ne visent pas uniquement les entités

régulées et soumises à des ratios prudentiels telles que les banques ou les assurances mais bien l'ensemble des entreprises, y compris donc les entreprises industrielles et commerciales (IAS 1.BC87).

2. Informations requises Selon IAS 1.134, une entité doit fournir les informations propres à permettre aux utilisateurs de ses états financiers d'évaluer ses objectifs, politiques et procédures de gestion de son capital. La norme requiert ainsi (IAS 1.135 et .IG10) :

– une description de ce que l'entité considère et gère comme du capital ;

Dans l'exemple donné par la norme, l'entreprise indique que ses capitaux propres ajustés comprennent le capital social, les primes d'émission, les résultats non distribués, les écarts de réévaluation, la réserve relative aux couvertures de flux de trésorerie et également certains titres subordonnés (IAS 1.IG10).

– d'indiquer si l'entité est soumise à des contraintes externes (ratios prudentiels des banques ou des assureurs, par exemple) et comment l'entité remplit les objectifs qu'elle s'est fixés en interne ;

Dans l'exemple donné par la norme, la société (une entreprise industrielle et commerciale) indique qu'elle gère son capital à partir d'un ratio dettes/capitaux propres ajustés fixé en interne. L'objectif de la société est de maintenir ce ratio entre 6 et 7 de manière à conserver une possibilité de financement à un coût raisonnable, en conservant une notation BB (IAS 1.IG10).

– de fournir une information quantitative sur ce que l'entité considère être du capital (avec inclusion, par exemple, de certaines dettes subordonnées ou exclusion de certains montants tels que les plus ou moins-values sur opérations de couverture de flux futurs de trésorerie) ;

Dans l'exemple donné par la norme, la société – en plus du détail du montant de ce qu'elle considère et gère comme étant du capital (110 de capitaux propres et 38 de dettes subordonnées) – indique également la valeur de son ratio dettes/capitaux propres ajustés (6,6 en N et 6,9 en N-1) ainsi que les principales raisons de son évolution (en l'occurrence, cession d'une filiale ayant eu pour effet la réduction de son endettement net).

– de fournir également une information sur tous changements survenus depuis l'exercice précédent sur les trois points précédents, et si l'entreprise a respecté sur l'exercice les contraintes externes qui lui étaient imposées. Dans le cas contraire, les conséquences engendrées par le non-respect desdites contraintes.

Remarque (cas particulier des banques) L'IASB n'a finalement pas imposé la publication des ratios spécifiques imposés par des contraintes externes (à notre avis, par exemple, cas du renforcement d'un ratio prudentiel imposé par l'autorité de tutelle en réponse à un profil de risque particulier ou à un contrôle interne défaillant), de manière à préserver la confidentialité des relations entre un établissement et son autorité de tutelle (IAS 1.BC96).
Toutefois, tout cas de non-respect d'un ratio (même temporaire) doit être indiqué en annexe de manière à prévenir l'utilisateur (IAS 1.BC96).

Par ailleurs, il existe des dispositions particulières concernant les conglomérats, notamment ceux de bancassurance.

3. Localisation de l'information Contrairement à la possibilité offerte par IFRS 7 de fournir certaines informations sur l'analyse des risques dans le rapport de gestion ou tout autre rapport spécifique (voir nº 52160), les informations relatives au capital requises par IAS 1 font en principe partie des états financiers et sont donc à fournir en annexe.

III. Informations relatives à l'évaluation

Informations à fournir sur la juste valeur des instruments financiers

Question 52335

Y a-t-il des informations à fournir en annexe relatives à la juste valeur des actifs et passifs financiers ?

Réponse

Oui, les informations données en annexe sur la juste valeur des actifs et des passifs financiers sont celles requises par les normes IFRS 7, Instruments financiers – Informations en annexe et IFRS 13, Evaluation de la juste valeur.

Pour la description des informations à fournir selon IFRS 13, voir nº 13345.

Commentaires :

1. **Informations relatives à la juste valeur** des actifs et des passifs financiers (requises par les normes IFRS 7 et IFRS 13) :

a. **Principe général sur les actifs et passifs financiers de la norme IFRS 7** Sauf exception, une entité doit indiquer, pour chaque classe (d'actifs et passifs financiers), la juste valeur des instruments regroupés dans cette classe de manière à permettre la comparaison avec leur valeur comptable (IFRS 7.25).

Sur la notion de « classe » d'instruments financiers, voir nº 52150.

Remarques :

1. Il n'est pas possible de fournir une information compensée (juste valeur nette d'une classe d'actifs et d'une classe de passifs financiers) si les instruments concernés n'ont pas déjà fait eux-mêmes l'objet d'une compensation lors de leur comptabilisation au bilan (IFRS 7.26).

2. Lorsqu'une entité a émis une obligation convertible en actions (OCA) ou tout autre instrument de ce type qui a donné lieu à la comptabilisation d'une composante capitaux propres, cette dernière n'est pas visée par l'information sur la juste valeur (s'agissant d'un instrument de capitaux propres, cette composante ne répond pas à la définition d'un passif financier).

b. **Exceptions** Les entreprises sont dispensées de donner en annexe la juste valeur de leurs **créances clients et leurs dettes fournisseurs,** à la condition que la valeur comptable de ces instruments représente une approximation raisonnable de leur juste valeur (IFRS 7.29), c'est-à-dire que l'effet d'actualisation (coût de portage en l'absence de toute rémunération) n'ait pas d'impact significatif.

En revanche, les instruments répondant à la définition d'un **instrument financier** mais comptabilisés **hors bilan** (parce que hors champ d'application des normes IAS 32 ou IFRS 9) sont également concernés par cette disposition (IFRS 7.4).

Cette disposition vise principalement les **engagements de financement** donnés et les **facilités** (ouvertures) **de crédit** obtenues auprès des banquiers.

Sur l'enregistrement comptable des engagements de financement donnés, voir nº 45340 s.

Sur l'enregistrement comptable des facilités (ouvertures) de crédit octroyées, voir nº 46070.

Aucune obligation d'information sur la juste valeur n'est imposée dans les cas des **dettes de loyers au sens d'IFRS 16.**

c. **Nature des informations à fournir en annexe** La norme IFRS 13 requiert des informations sur la juste valeur, voir nº 13345.

2. **Informations relatives au « day-one profit (loss) »** (requises par la norme IFRS 7), voir nº 13345.

Informations sur la cession d'instruments de dette (prêts, créances ou obligations) évalués au coût amorti

52340 ***Question***

Quelles sont les informations requises sur la cession d'actifs comptabilisés au coût amorti ?

Réponse

Selon la norme IFRS 7, l'entité doit mentionner en annexe :
- les raisons de la décomptabilisation de ces instruments ;
- une analyse des gains/pertes de cession comptabilisés dans l'état du résultat global, en présentant séparément les gains et les pertes.

Commentaires La norme IFRS 7 (telle qu'amendée par IFRS 9) exige des informations complémentaires en annexe lorsque des instruments de dette évalués au coût amorti sont cédés. L'entité doit ainsi mentionner en annexe (IFRS 7.20A) :
- les raisons de la décomptabilisation de ces actifs financiers ;
- une analyse des gains/pertes de cession comptabilisés dans l'état du résultat global, en présentant séparément les gains, d'une part, et les pertes, d'autre part.

La norme IAS 1, Présentation des états financiers (également modifiée par la norme IFRS 9), requiert la présentation distincte de ces gains/pertes au compte de résultat (IAS 1.82aa).

Ces informations permettent aux utilisateurs des états financiers de l'entité de comprendre l'effet de la décomptabilisation, avant leur échéance, d'actifs financiers évalués au coût amorti, notamment dans le cadre d'un modèle de gestion de collecte des flux de trésorerie contractuels de ces actifs (IFRS 9.BC4.45).

Information sur la juste valeur des garanties financières

52345

Question

Faut-il donner en annexe la juste valeur des garanties financières évaluées selon IAS 37 ?

Réponse

Oui, car elles relèvent du champ d'application d'IFRS 7.

Commentaires En effet, IFRS 7.4 précise que la présente norme s'applique aux instruments financiers comptabilisés ou non.

Les instruments financiers comptabilisés incluent les instruments de capitaux propres émis par l'entité et les actifs et passifs financiers entrant dans le champ d'application d'IFRS 9.

Les instruments financiers non comptabilisés incluent certains instruments financiers qui, bien que ne rentrant pas dans le champ d'application d'IFRS 9, entrent dans le champ d'application de la présente norme (certains engagements de prêts, par exemple).

Si les engagements de prêts (« loan commitments ») en font partie, a fortiori les garanties données en font également partie, puisque ces dernières donnent lieu :

- à une évaluation à la juste valeur lors de leur comptabilisation initiale (selon les dispositions d'IFRS 9) ;
- puis, par la suite, à une évaluation selon IFRS 9 (comme les engagements de prêts) ou IFRS 15.

IV. Informations à fournir au titre de la compensation entre une dette et une créance (« offsetting »)

Informations au titre de la compensation

52355

Question

Quelles sont les informations spécifiques à fournir en annexe au titre de la compensation ?

Réponse

La norme IFRS 7 requiert des informations à fournir en annexe sur l'étendue des effets de compensation sur les soldes actifs et passifs qui ont pu être compensés au bilan. En ce qui concerne des actifs et passifs non compensés au bilan pour lesquels existe un accord de compensation ou un accord de collatéralisation, IFRS 7 requiert également une information qui porte sur le risque économique de contrepartie résiduel auquel l'entité est réellement exposée après la prise en compte de ces accords.

Commentaires La norme IFRS 7 requiert des informations destinées à aider les utilisateurs de ses états financiers à évaluer l'incidence actuelle ou potentielle des accords de compensation sur sa situation financière (IFRS 7.13B). Ces informations sont les suivantes (IFRS 7.13C) :

a. les montants bruts des actifs financiers comptabilisés et des passifs financiers comptabilisés ;

b. les montants compensés selon IAS 32.42 dans l'établissement des soldes nets présentés dans le bilan ;

c. les soldes nets présentés dans le bilan ;

d. les montants faisant l'objet d'un accord de compensation globale exécutoire ou d'un accord similaire, montants non visés par ailleurs par IFRS 7.13Cb, y compris :

- les montants se rattachant aux instruments financiers comptabilisés qui ne satisfont pas aux critères énoncés par IAS 32.42,
- les montants se rattachant à des instruments financiers (y compris de la trésorerie) utilisés comme instrument de garantie (« financial collateral ») ;

e. le montant net résultant de la déduction des montants décrits au point d. des montants décrits au point c.

Ainsi pour les dérivés actifs et passifs non compensés au bilan pour lesquels existe un accord de compensation ou un accord de collatéralisation, l'information porte sur le risque économique de contrepartie résiduel auquel l'établissement est exposé après la prise en compte de cet accord.

Pour plus de détails sur la compensation entre un actif financier et un passif financier (« offsetting »), voir nº 51170.

Sur les dérivés contractés avec la même contrepartie, voir nº 51180.

■ *Exemple*

Dérivés avec accord de compensation *Une société a traité des dérivés OTC (« over the counter », i.e. dérivés traités directement avec la contrepartie) avec la société A en émettant un accord de compensation mais qui ne permet pas de compenser les dérivés au bilan. A la clôture, la société dispose des éléments suivants :*

– montant des dérivés Actifs : 100

– montant des dérivés Passifs : –95

– collatéral reçu : –12

Cette société a également traité des dérivés avec la société B qui est une chambre de compensation. Ces dérivés peuvent être compensés au bilan. A la clôture, la société dispose des éléments suivants :

– montant des dérivés Actifs : 120 ;

– montant des dérivés Passifs : –100 ;

– collatéral reçu : –5

Solution de l'exemple *Les principales informations en annexe requises par IFRS 7.13C relatives aux dérivés sont présentées dans le tableau suivant :*

					Montants se rattachant aux instruments financiers non compensés au bilan		
	Montants bruts des actifs financiers comptabilisés	*Montants bruts des passifs financiers comptabilisés*	*Montants compensés au bilan*	*Soldes nets présentés au bilan*	*Dérivés avec accord de compensation*	*Collatéral reçu*	*Net*
Société A	*100*	*(20)*	*–*	*80*	*(75)*	*(5)*	*–*
Société B	*120*		*(100)*	*20*	*–*	*(5)*	*15*
Total	*220*	*(20)*	*(100)*	*100*	*(75)*	*(10)*	*15*

Informations sur les contrats « futures »

52360 ***Question***

Les contrats « futures » doivent-ils faire l'objet d'une information en annexe au titre de la compensation ?

Réponse

Selon la nature des appels de marge quotidiens (qualifiés de règlement ou de collatéral), les informations sur la compensation des actifs et passifs au bilan (voir nº 52355) peuvent ou non être requises.

Commentaires :

Pour les informations requises par IFRS 7 destinées à refléter l'étendue des actifs et passifs qui ont été compensés dans les états financiers et l'impact des accords de compensation et de collatéralisation sur les actifs et passifs financiers qui n'ont pas pu être compensés au bilan, voir nº 52355.

La question se pose de savoir si ces informations concernent les contrats à terme fermes négociés sur un marché réglementé dits « futures » (voir nº 48735).

Il convient alors d'apprécier si les appels de marge quotidiens correspondent à un règlement. Dans ce cas, le règlement entraîne l'extinction de l'obligation et les futures sont décomptabilisés en application de la norme IFRS 9. La norme IAS 32 ne s'appliquant pas, les futures n'entrent pas dans le champ d'application de l'amendement de la norme IFRS 7.

En revanche, si les appels de marge quotidiens correspondent à un collatéral, la compensation des actifs et passifs au bilan est réalisée par application d'IAS 32.42 et les informations requises par IFRS 7 doivent être mentionnées en annexe (voir n° 52355).

A notre avis, l'appréciation de la nature des appels de marge doit être réalisée sur la base d'une analyse juridique des contrats.

V. Informations requises en matière d'exposition et de gestion des risques

A. Principes généraux

Différentes natures de risques financiers

52370

Question

Quelles sont les différentes natures de risques financiers visés par la norme IFRS 7 ?

Réponse

Il s'agit :
- du risque de crédit ;
- du risque de liquidité ; et
- des risques de marché (change, taux d'intérêt et variation de prix).

Commentaires Conformément à IFRS 7.31, les entreprises doivent fournir des informations permettant aux utilisateurs de leurs états financiers d'évaluer la nature et l'ampleur des risques liés aux instruments financiers auxquels elles sont exposées à la date de clôture. Ces risques incluent généralement, mais pas uniquement, le risque de crédit, le risque de liquidité et les risques de marché (IFRS 7.32).

Risques opérationnels Bien que la norme utilise les termes « généralement, mais pas uniquement », elle ne vise pas les risques opérationnels (IFRS 7.BC65). C'est d'ailleurs l'une des principales différences avec le ratio de solvabilité des banques (Bâle II et demain Bâle III) et la marge de solvabilité européenne des assureurs (« solvency II »).

La norme IFRS 7 définit chacun de ces risques dans son annexe A :

a. **risque de crédit** : risque qu'une partie à un instrument financier manque à l'une de ses obligations et amène de ce fait l'autre partie à subir une perte financière ;

b. **risque de change** : risque que la juste valeur ou les flux de trésorerie futurs d'un instrument financier fluctuent en raison des variations des cours des monnaies étrangères ;

c. **risque de taux d'intérêt** : risque que la juste valeur (cas d'un instrument de dette à taux fixe) ou les flux de trésorerie futurs (cas d'un instrument de dette à taux variable) d'un instrument financier fluctuent en raison des variations des taux d'intérêt du marché ;

d. **risque de liquidité** : risque qu'une entreprise éprouve des difficultés à honorer des engagements liés à des passifs financiers qui se dénouent par la remise de trésorerie ou d'un autre actif financier ;

e. **risques de marché** : risque que la juste valeur ou les flux de trésorerie futurs d'un instrument financier fluctuent en raison des variations des prix d'un marché. Le risque de marché inclut trois types de risques :
- le **risque de change,** voir définition ci-avant,
- le **risque de taux d'intérêt,** voir définition ci-avant, et
- les **autres risques de prix,** liés aux variations des prix de marché autres que le risque de change ou le risque de taux d'intérêt.

Ces autres risques de prix peuvent inclure, par exemple, des risques tels que le **risque action,** le **risque matières premières,** le **risque de remboursement anticipé** (c'est-à-dire le risque qu'une partie ait à supporter une perte sur un instrument financier parce que l'autre partie le rembourse plus tôt ou plus tard qu'elle ne l'avait initialement prévu) et le **risque de valeur résiduelle** (par exemple, lorsqu'un loueur de véhicule octroie des garanties sur les valeurs de rachat des véhicules) (IFRS 7.B25 à .B26 et .IG32).

Remarques :

1. **Facteurs propres à l'instrument ou à l'émetteur** Dans le cas des autres risques de variation de prix, la norme précise (IFRS 7.A) qu'il s'agit des variations causées aussi bien par les facteurs propres à l'instrument en cause ou à son émetteur que des facteurs affectant tous les instruments financiers similaires négociés sur le marché. Cette précision rejoint celle donnée par la norme IFRS 17, Contrats d'assurance.

2. **Comparaison avec IFRS 17** La norme IFRS 17, Contrats d'assurance définit le **risque d'assurance par défaut**, comme n'étant pas un risque financier (IFRS 17.B7).
Selon cette norme, un risque financier est défini comme « le risque d'une variation future possible d'un ou de plusieurs des éléments suivants : taux d'intérêt spécifié, prix d'un instrument financier, prix d'une marchandise, taux de change, indice de prix ou de taux, notation de crédit ou indice de crédit ou autre variable, à condition que dans le cas d'une variable non financière, la variable ne soit pas spécifique à l'une des parties au contrat » (IFRS 17.A).

Remarque D'une manière générale et quelle que soit la nature de risque concerné, la norme IFRS 7 vise à chaque fois l'impact lié à la variation :
- soit de la juste valeur de l'instrument (dans ce cas, la norme vise alors les instruments évalués à la juste valeur par résultat ou par les autres éléments du résultat global) ;
- soit de ses flux de trésorerie futurs (dans ce cas, la norme vise alors les instruments évalués au coût ou au coût amorti, l'impact sur les comptes ne se traduisant alors que via leur taux d'intérêt effectif/TIE ou un processus de dépréciation).

Informations sur la nature, l'étendue et la gestion des risques : vue d'ensemble

52375 ***Question***

Que requiert la norme IFRS 7 en matière d'information sur la nature, l'étendue et la gestion des risques liés aux instruments financiers (vue d'ensemble) ?

Réponse

Quelle que soit la nature du risque concerné (crédit, liquidité et chacun des risques de marché auxquels les entreprises sont exposées), la norme IFRS 7 requiert :
- des informations qualitatives sur les procédures de gestion et les méthodes d'évaluation utilisées par l'entreprise ;
- des informations quantitatives résumées (indicateurs clés), issues du reporting interne aux dirigeants ;
- un certain nombre d'informations quantitatives minimum ;
- les principaux changements intervenus depuis la période précédente ;
- une information sur la concentration des risques ;
- et enfin, si la situation en fin d'exercice n'est pas représentative de la période écoulée, une information complémentaire (par exemple, plus haut, plus bas et montant moyen).

Commentaires La norme IFRS 7 requiert des explications sur l'exposition aux risques liés aux instruments financiers, avec indication de la manière dont ces risques sont gérés. Quelle que soit la nature du risque concerné (crédit, liquidité ou de marché, voir définitions au n° 52370), les entreprises doivent donner, d'une manière générale, les informations suivantes :

1. **Procédures de gestion et méthodes d'évaluation** Pour chaque type de risques financiers (crédit, liquidité et chacun des risques de marché auxquels elles sont exposées), les entreprises doivent indiquer (IFRS 7.33) :
- les procédures de gestion du risque ; et
- les méthodes utilisées pour le mesurer.

2. **Informations quantitatives issues du reporting interne auprès des dirigeants** Les entreprises doivent également donner pour chaque type de risque (crédit, liquidité et chacun des risques de marché auxquels elles sont exposées) des informations quantitatives sur leur exposition au risque à la date de clôture, sous une forme abrégée. Ces informations doivent être basées sur les informations fournies, en interne, aux principaux dirigeants de l'entité (tels que définis par IAS 24, Informations relatives aux parties liées, IFRS 7.34a), voir n° 52380.

3. Informations quantitatives minimum Les entreprises doivent fournir les informations dites « minimum » exigées par IFRS 7.35A à .42, sauf si ces informations sont déjà fournies dans les informations issues du reporting interne, voir ci-avant (IFRS 7.34b).

Remarque Les informations qualitatives requises par IFRS 7.33 (voir point 1. ci-avant) doivent être **présentées de manière regroupée** avec les informations quantitatives issues du reporting interne (voir point 2. ci-avant) ou constituant des informations minimum (IFRS 7.34 à .42) de manière à appuyer et mettre en valeur ces dernières.

4. Changements intervenus depuis la période précédente Pour chaque type de risque (crédit, liquidité et de marché), les entreprises doivent indiquer les changements survenus depuis la période précédente aussi bien dans leur exposition au risque que dans leurs objectifs, politiques et processus de gestion et méthodes d'évaluation (IFRS 7.33c).

5. Information sur la concentration des risques (IFRS 7.34c) Les entreprises doivent fournir, pour chaque nature de risque (crédit, liquidité et chacun des risques de marché auxquels elles sont exposées) :
- une description de la manière dont la direction détermine les concentrations (IFRS 7.B8a) ;
- une description de la caractéristique commune à chaque concentration (par exemple, la contrepartie, la zone géographique, la monnaie ou le marché) (IFRS 7.B8b) ;
- le montant de l'exposition au risque associé à l'ensemble des instruments financiers partageant cette caractéristique (IFRS 7.B8c).

Remarque Cette information concerne tous les instruments financiers et tous les types de risques (crédit, liquidité et marché) et pas seulement, par exemple, le risque de crédit lié au portefeuille de prêts ou de créances (IFRS 7.34).

6. Situation de clôture non représentative de l'exposition en cours de période Si les informations quantitatives fournies à la date de clôture ne sont pas représentatives de l'exposition d'une entité au risque concerné pendant la période, les entreprises doivent donner un complément d'information (IFRS 7.35), par exemple **plus haut, plus bas, montant moyen** (IFRS 7.IG20).

C'est le cas, par exemple, à notre avis :
- lorsqu'une acquisition, une fusion ou une restructuration significative est intervenue en cours d'année ; ou
- en situation de crise sur les marchés (par exemple, pour certaines entreprises, impact de la crise des « subprimes » sur le niveau des spreads de crédit et/ou de liquidité).

Recommandations de l'AMF Dans ses recommandations en vue de l'arrêté des comptes 2022, notamment dans un contexte de hausse des taux d'intérêt et du coût des matières premières où les analyses d'exposition aux différents risques financiers peuvent s'avérer plus sensibles, l'AMF souligne l'importance de fournir une analyse qualitative et quantitative détaillée des risques financiers et de la manière dont ils sont gérés (Rec. AMF 2022-06, Arrêté des Comptes 2022, § 4.4.2).

Information issue du reporting interne (« through the eyes of the management »)

52380

Question

Que recouvre la notion d'« information vue à travers les yeux du management » (« through the eyes of the management ») ?

Comment cette information s'articule-t-elle avec la notion d'information minimum ?

Réponse

En matière d'exposition et de gestion des risques financiers, les entreprises doivent fournir :
- les indicateurs clés basés sur le reporting interne mis à disposition des principaux dirigeants. Il s'agit de donner la vision du management (« through the eyes of the management ») sur les risques concernés ;
- sous réserve toutefois que ce reporting interne couvre bien un certain nombre d'informations minimum (listées par la norme). A défaut, l'entreprise doit donner les informations complémentaires manquantes.

Commentaires Selon la norme IFRS 7, les informations requises doivent être basées sur le reporting fourni en interne aux principaux dirigeants de l'entreprise.

1. **Notion de « dirigeants principaux »** Il s'agit du « key management personnel » tel que défini par la norme IAS 24, Informations relatives aux parties liées, par exemple le Conseil d'administration et le Président-directeur général de l'entité (IFRS 7.34a).

Selon IAS 24.9, les principaux dirigeants sont les personnes ayant l'autorité et la responsabilité de la planification, de la direction et du contrôle des activités de l'entité, directement ou indirectement, y compris les administrateurs (dirigeants ou non) de cette entité.

2. **Information issue du reporting interne** Il s'agit d'une information résumée, c'est-à-dire d'une sélection d'indicateurs clefs. Cette information doit être basée sur les informations fournies en interne à la direction de l'entreprise. Il s'agit donc bien d'une approche fondée sur la vision du management.

L'IASB explique pourquoi il est important que l'information donnée reflète la façon dont les principaux dirigeants de l'entreprise voient et gèrent le risque analysé. Selon le Board en effet, cette approche (IFRS 7.BC47) :
- donne un aperçu utile de la manière dont ces dirigeants voient et gèrent en interne le risque en question ;
- produit une information ayant plus de valeur prédictive que toute autre information qui serait basée sur des hypothèses et des méthodes que la direction n'utilise pas, notamment en ce qui concerne l'appréciation de la capacité de réaction de l'entreprise dans les situations difficiles ;
- est plus efficace en tant que facteur d'adaptation des entreprises à de nouvelles techniques d'évaluation et de gestion des risques et en ce qui concerne leurs développements dans un environnement évolutif ;
- est également plus pratique pour ceux qui préparent les états financiers, parce qu'ils reprennent ce qui est utilisé en interne ; et enfin
- est homogène avec l'approche retenue par IFRS 8 sur l'information sectorielle (voir nº 57755 s.).

3. **Lien avec l'information minimum requise par la norme IFRS 7** Même si l'information basée sur la vision du management est considérée comme la plus importante, la norme IFRS 7 impose quand même des informations minimum (IFRS 7.35A à .42).

B. Risque de crédit

Informations sur le risque de crédit

52390 ***Question***

Quelles sont les informations que l'entité doit fournir au titre du risque de crédit ?

Réponse

L'entité doit fournir les informations suivantes au titre du risque de crédit :
- les pratiques en matière de gestion des risques et leur incidence sur la reconnaissance et l'évaluation des pertes de crédit attendues ;
- une explication sous forme de tableau des variations de la dépréciation pour pertes ;
- une explication des modifications des flux de trésorerie contractuels d'un actif financier qui n'ont pas entraîné sa décomptabilisation ;
- l'effet des garanties reçues et des mécanismes de rehaussement de crédit sur les montants résultant des pertes de crédit attendues ;
- une évaluation de l'exposition au risque de crédit et une explication des concentrations importantes au risque de crédit.

Remarque Les activités qui entraînent un risque de crédit pour les entreprises comprennent, sans y être limitées (IFRS 7.B10) :
- l'octroi de prêts et de créances et le placement dans des dépôts chez d'autres entités ;
- la mise en place de produits dérivés ;
- l'octroi de garanties financières ;
- l'ouverture de lignes de crédit (« loan commitment ») irrévocables et, dans certains cas, révocables.

Commentaires Selon IFRS 7 (IFRS 7.35B), les informations relatives au risque de crédit doivent permettre d'appréhender les effets du risque de crédit sur le montant, l'échéance et le caractère incertain des flux de trésorerie futurs.

Pour répondre à cet objectif, l'entité doit fournir les informations suivantes :

1. **Pratiques en matière de gestion des risques et leur incidence sur la reconnaissance et l'évaluation des pertes de crédit attendues (méthodes, hypothèses et informations utilisées**

pour évaluer les pertes de crédit attendues) Par exemple, l'entité doit donner les informations suivantes (IFRS 7.35F) : **52390** (suite)

a. la façon dont l'entité a déterminé si le risque de crédit des instruments financiers a augmenté de manière importante depuis la comptabilisation initiale, y compris pour ceux considérés comme présentant un risque de crédit faible selon IFRS 9 (IFRS 9.5.5.10) et pour les actifs financiers en souffrance depuis plus de 30 jours pour lesquels la présomption d'une augmentation importante du risque de crédit selon IFRS 9 (IFRS 9.5.5.11) a été réfutée ;

Recommandations de l'AMF Dans ses recommandations en vue de l'arrêté des comptes 2018, l'AMF invite les sociétés à présenter également certaines informations quantitatives telles que les indicateurs (probabilité de défaut, notation) et les méthodes de fixation des seuils, le cas échéant. Elle recommande également de présenter les critères spécifiques retenus dans l'appréciation d'une disparition de la dégradation significative du risque de crédit (passage de pertes à maturité à pertes à 12 mois) en précisant notamment la durée de la période probatoire retenue, le cas échéant (Rec. AMF 2018-12, Arrêté des Comptes 2018, § 4.3.1). L'AMF a reconduit cette recommandation pour l'arrêté des comptes 2019 (Rec. AMF 2019-13, Arrêté des Comptes 2019, § 4.2).

Dans ses recommandations en vue de l'arrêté des comptes 2020, l'AMF invite les sociétés à développer les informations relatives aux impacts de la crise sanitaire liée à la Covid-19 sur l'identification, le suivi et l'évaluation du risque de crédit. Notamment, les entités doivent communiquer des informations relatives :

– aux modifications de pratiques de gestion (garanties/collatéral, suivi des nouveaux risques, indicateurs d'identification ou suivi du niveau de risque des contreparties) ;

– à la révision, le cas échéant, de la segmentation des portefeuilles ;

– aux impacts de la prise en compte des scénarios macroéconomiques sur le « staging » (classement par phase) des encours ;

– à l'analyse de l'augmentation significative du risque de crédit : incidence des moratoires, ajustement des politiques de transfert entre phases, approche collective, approche « forward-looking » ;

– aux effets des mesures de soutien de l'économie : détail des caractéristiques des dispositifs utilisés, les montants concernés par le dispositif et le traitement comptable ainsi que la ventilation par phase des différents encours affectés par ces dispositifs (Rec. AMF 2020-09, Arrêté des Comptes 2020, § 5.1).

Selon les recommandations de l'AMF en vue de l'arrêté des comptes 2021, les sociétés devraient développer les informations présentées en matière d'évaluation de l'augmentation significative du risque de crédit, en précisant notamment (Rec. AMF 2021-06, Arrêté des Comptes 2021, § 4.1.3) :

– les critères utilisés pour déterminer l'augmentation significative du risque de crédit (i.e. seuils de détérioration de la probabilité de défaut, en distinguant cette information par portefeuille si des différences significatives existent) ;

– les périodes de probation retenues avant le transfert entre phases par principale typologie d'instruments ;

– les éventuels impacts des mesures de soutien accordées sur le « staging » des instruments financiers et l'analyse effectuée (jugements significatifs utilisés pour prendre en compte ces mesures de soutien, tendances récentes observées sur les retards et les défauts de paiement, nouveaux types d'indicateurs utilisés ou changements appliqués à certains indicateurs, niveau auquel l'analyse a été faite, etc.) ;

– l'approche et les critères utilisés pour regrouper les instruments dans le cadre de l'analyse de l'augmentation significative du risque de crédit ;

– la manière dont les scénarios macroéconomiques sont pris en compte dans l'évaluation de l'augmentation significative du risque de crédit et du « staging ».

Décision de l'ESMA Dans le cas d'un établissement bancaire qui ne donnait pas d'informations suffisamment détaillées en matière d'évaluation de l'augmentation significative du risque de crédit, notamment les critères quantitatifs appliqués justifiant le passage de la phase 1 à la phase 2 ainsi que l'existence d'une période probatoire justifiant le passage de la phase 2 à la phase 1, l'ESMA a jugé que ces omissions constituaient un défaut de conformité aux dispositions de la norme IFRS 7, pouvant être qualifié d'erreur significative (notamment combiné à d'autres manquements relatifs aux informations sur le risque de crédit) (EECS/0123-09, 03/23).

b. les définitions données par l'entité à la notion de défaillance et les raisons pour lesquelles elle les a retenues ;

c. la façon dont les instruments ont été regroupés par l'entité si les pertes de crédit attendues sont évaluées sur une base collective ;

d. la façon dont l'entité a déterminé que les actifs financiers sont des actifs financiers dépréciés ;

e. les politiques employées par l'entité pour les passages en pertes définitives, y compris les éléments indiquant qu'il n'y a aucune attente raisonnable de recouvrement, et des informations

52390 (suite) sur la méthode appliquée aux actifs financiers qu'elle a sortis mais qui peuvent encore faire l'objet de mesures d'exécution ;

f. la façon dont les dispositions d'IFRS 9 (IFRS 9.5.5.12) ont été appliquées par l'entité sur la modification de flux de trésorerie contractuels des actifs financiers.

De plus, afin de décrire les données d'entrée, les hypothèses et les techniques d'estimation qu'elle utilise selon les dispositions de la norme IFRS 9 concernant la dépréciation des instruments financiers, l'entité doit fournir des informations sur (IFRS 7.35G) :
– le fondement des données d'entrée, des hypothèses et des techniques d'estimation utilisées pour évaluer les pertes de crédit attendues (pour les 12 mois à venir et pour la durée de vie), déterminer si le risque de crédit a augmenté de manière significative depuis la comptabilisation initiale et déterminer si un actif financier est un actif financier déprécié ;
– la façon dont les informations prospectives ont été prises en compte dans la détermination des pertes de crédit attendues, y compris le recours aux informations macroéconomiques ;

Recommandations de l'AMF Dans ses recommandations en vue de l'arrêté des comptes 2018, l'AMF invite les sociétés à préciser en annexe la nature des informations macroéconomiques retenues en quantifiant les hypothèses les plus significatives et en donnant les modalités de prise en compte de ces informations (i.e. pondération des hypothèses) (Rec. AMF 2018-12, Arrêté des Comptes 2018, § 4.3.2).

L'AMF a réitéré cette recommandation pour l'arrêté des comptes 2019 en soulignant particulièrement l'importance de présenter des informations quantitatives relatives au calcul des pertes de crédit (nombre de scénarios retenus et leur pondération, nature et chiffrage des paramètres macroéconomiques pour l'élaboration des scénarios). Elle précise que présenter uniquement des informations qualitatives pourrait s'avérer insuffisant et ne pas permettre aux lecteurs de comprendre l'étendue et la nature des risques sous-jacents à la détention des instruments financiers (Rec. AMF 2019-13, Arrêté des Comptes 2019, § 4.3.3).

Dans ses recommandations en vue de l'arrêté des comptes 2020, l'AMF invite les sociétés à développer en annexe les informations sur le calcul des pertes attendues, en communiquant notamment :
– les hypothèses macroéconomiques retenues dans les différents scénarios de calcul et le cas échéant sur les changements de ces hypothèses ;
– les pondérations des différents scénarios et leur évolution sur la période ;
– les ajustements significatifs effectués aux modèles ;
– la description et la justification des ajustements réalisés : nature des incertitudes couvertes et résiduelles et chiffrage ;
– les analyses de sensibilité en décrivant les éléments pris en compte dans ces analyses (Rec. AMF 2020-09, Arrêté des Comptes 2020, § 5.2).

Dans ses recommandations en vue de l'arrêté des comptes 2021, l'AMF invite les sociétés à continuer leurs efforts pour accroître les informations présentées au titre des éléments prospectifs retenus dans le calcul des pertes de crédits attendues en communiquant notamment (Rec. AMF 2021-06, Arrêté des Comptes 2021, § 4.1.2) :
– les définitions, les pondérations et les explications des évolutions des scénarios macroéconomiques retenus ;
– les informations quantitatives au titre des hypothèses macroéconomiques retenues pour chaque scénario, en précisant les principaux secteurs et zones géographiques concernés.

En outre, l'AMF encourage les sociétés à expliquer en annexe les ajustements significatifs de modèle et post modèle, afin de permettre aux utilisateurs des états financiers de comprendre leur ampleur, nature et évolution, en communiquant notamment (Rec. AMF 2021-06, Arrêté des Comptes 2021, § 4.1.1) :
– l'impact détaillé par typologie d'ajustement ;
– les instruments financiers, les expositions, les secteurs et les zones géographiques concernés ;
– le rationnel de ces ajustements (remédiations à des limitations des modèles, prise en compte des perspectives macroéconomiques observables les plus récentes, etc.) ;
– les phases (1, 2 et 3) concernées par ces ajustements et si ces ajustements ont un impact sur le « staging » de certains instruments ;
– l'analyse effectuée pour déterminer les analyses de sensibilité à présenter et la manière de les adapter afin de prendre en considération les ajustements significatifs effectués.

L'AMF invite également les sociétés à réfléchir et à communiquer sur la manière d'appréhender les risques climatiques et environnementaux dans le calcul des pertes de crédit attendues. Ainsi, les sociétés sont encouragées à indiquer si les risques environnementaux sont pris en compte dans la gestion du risque de crédit ainsi que les jugements et incertitudes significatifs y afférents. Lorsque ces risques sont appréhendés dans le calcul du risque de crédit attendu, les sociétés doivent préciser la manière dont ils sont appréhendés, les encours potentiellement exposés aux risques environnementaux et leur niveau de concentration, ainsi que les impacts dans les états financiers (Rec. AMF 2021-06, Arrêté des Comptes 2021, § 4.3).

Enfin, dans ses recommandations en vue de l'arrêté des comptes 2022, notamment dans un contexte macroéconomique difficile à appréhender dans les modèles de détermination des pertes de crédit attendues (hausse des taux d'intérêt, inflation, détérioration de l'environnement économique, risques géopolitiques, etc.), l'AMF insiste à nouveau sur les informations relatives au risque de crédit dans les états financiers. Ainsi, elle encourage les sociétés à expliquer la manière dont les impacts des changements macroéconomiques ont été pris en compte au titre des informations prospectives dans la détermination des pertes de crédit attendues (mise à jour des scénarios et de leur pondération, modification du modèle, ajustement des paramètres de modèle). A ce titre, il serait utile de détailler ces éléments pour chaque typologie de changements apportés aux paramètres des modèles (par exemple la modification des projections de PIB, des taux de marge, de l'inflation ou encore de la pondération des scénarios utilisés). Par ailleurs, l'AMF recommande aux sociétés de développer les informations qualitatives et quantitatives présentées dans les états financiers pour les changements macroéconomiques ayant conduit à comptabiliser un ajustement post modèle significatif au montant des pertes de crédit attendues. En outre, les analyses de sensibilité effectuées devraient tenir compte de ces ajustements post modèle lorsqu'ils sont significatifs et des explications devraient être fournies sur les évolutions des ajustements post modèle d'une clôture à l'autre. L'AMF recommande également d'indiquer les étapes de classement concernées par ces ajustements et de décrire les potentiels impacts sur le classement par étape des actifs financiers concernés et l'évaluation des pertes de crédit attendues. Enfin, l'AMF souligne l'importance de donner des informations détaillées et spécifiques sur la concentration du risque de crédit par secteur, en particulier pour les secteurs très exposés aux variations de l'environnement macroéconomique (risques environnementaux, technologiques, etc.) (Rec. AMF 2022-06, Arrêté des Comptes 2022, § 4.4.3). **52390** (suite)

Décision de l'ESMA L'ESMA s'est prononcé dans le cas d'un établissement bancaire qui ne donnait pas d'informations suffisamment détaillées sur la manière dont les informations prospectives (« forward-looking ») étaient prises en compte dans la détermination des pertes de crédit attendues ainsi que sur les scénarios macroéconomiques retenus. En l'espèce, l'ESMA a jugé que ces omissions constituaient un défaut de conformité aux dispositions de la norme IFRS 7, pouvant être qualifié d'erreur significative (notamment combiné à d'autres manquements relatifs aux informations sur le risque de crédit) (EECS/0123-09, 03/23).

– tout changement des techniques d'estimation ou des hypothèses importantes utilisées durant la période de présentation de l'information financière, et les raisons de ces changements.

Remarque A notre avis et dans certains cas, des informations complémentaires devraient être fournies sur la sensibilité des pertes de crédit attendues (ECL) aux variations des hypothèses prises en compte pour leur évaluation, voir n° 52400.

2. Informations quantitatives et qualitatives sur les montants provenant des pertes de crédit attendues (IFRS 7.35G, .35H et .IG20B) Pour expliquer les variations de la dépréciation pour pertes, l'entité doit fournir, par classe d'instruments financiers (avec d'une part les actifs financiers et d'autre part les engagements de financement et les contrats de garantie financière, sauf dans le cas spécifique ci-après), un rapprochement entre les soldes d'ouverture et de clôture de la dépréciation pour pertes, présenté sous forme d'un tableau, indiquant séparément les variations survenues au cours de la période pour chacun des éléments suivants :

Sur la notion de « classe » d'instruments financiers, voir n° 52150.

Remarques :

1. Une entité qui prépare des états financiers intermédiaires comprenant de tels rapprochements a, à notre avis, le choix de présenter dans ses états financiers annuels :

- soit les mouvements bruts (incluant les mouvements précédemment communiqués dans les états financiers intermédiaires) entre le bilan d'ouverture et le bilan de clôture, reflétant tous les transferts entre les différentes phases (1, 2 et 3) des actifs financiers ;
- soit les mouvements nets des actifs financiers (ne tenant pas compte des mouvements présentés dans les états financiers intermédiaires) entre le bilan d'ouverture et le bilan de clôture, par phase (1, 2 et 3).

Il s'agit d'un choix de méthode comptable qui doit être appliqué de manière constante et homogène et mentionné en annexe lorsque les impacts sont jugés significatifs. Cependant, à notre avis, la présentation des mouvements bruts, qui permet de détailler toutes les évolutions du risque de crédit sur les créances, constitue une information plus complète et plus pertinente pour les utilisateurs des états financiers.

2. Cas spécifique d'un instrument financier composé d'une composante prêt (actif financier) et d'une composante engagement de prêt non utilisé (engagement de financement) pour lequel l'entité ne peut pas identifier les pertes de crédit attendues de l'engagement séparément de celles de la composante actif financier (IFRS 7.B8E) Dans ces conditions, les pertes de crédit attendues relatives à l'engagement de financement doivent être comptabilisées avec celles sur l'actif financier (i.e. sous la forme d'une dépréciation à l'actif) dès lors que le montant de la dépréciation totale

52390 (suite) n'excède pas celui de la valeur brute comptable de l'actif financier (IFRS 9.5.5.20). En cas d'excédent, il est comptabilisé au passif sous la forme d'une provision.

Dans ce cas, les variations de la dépréciation pour pertes sont présentées pour l'instrument composé et non pas par catégorie d'instruments.

a. **la dépréciation égale aux pertes de crédit attendues sur 12 mois** ;

b. **la dépréciation égale aux pertes de crédit attendues à échéance, avec** :

– les instruments financiers dont le risque de crédit a augmenté de manière significative depuis la comptabilisation initiale, mais qui ne sont pas des actifs financiers dépréciés ;

– les actifs financiers dépréciés à la date de clôture (mais qui ne sont pas des actifs financiers dépréciés dès leur acquisition ou leur création) ;

– les créances clients, les actifs sur contrat et les créances locatives pour lesquels les dépréciations pour pertes sont évaluées selon IFRS 9.5.5.15 (modèle simplifié, voir no 47130) ;

c. **les actifs financiers dépréciés dès leur acquisition ou leur création** L'entité doit également indiquer le montant total non actualisé des pertes de crédit attendues lors de la comptabilisation initiale pour les actifs financiers.

Selon IFRS 7 (IFRS 7.35I et .IG20B), l'entité doit décrire la façon dont les variations importantes de la valeur comptable brute des instruments financiers au cours de la période ont donné lieu aux variations de la dépréciation pour pertes telle que présentée selon le paragraphe 35H (IFRS 7.35H).

La norme donne des exemples de nature de variations intervenues au cours de la période comptable :

– création ou acquisition d'instruments financiers ;

– modification des flux de trésorerie contractuels d'actifs financiers ne donnant pas lieu à leur décomptabilisation selon IFRS 9 ;

– variations attribuables à la décomptabilisation d'instruments financiers ;

– variations découlant de la question de savoir si la dépréciation est évaluée aux pertes de crédit attendues sur 12 mois ou à échéance.

De plus, l'entité doit indiquer l'encours contractuel des actifs financiers qui ont été décomptabilisés au cours de la période comptable et qui font l'objet de mesures d'exécution (IFRS 7.35L).

Recommandations de l'AMF Dans ses recommandations en vue de l'arrêté des comptes 2018, l'AMF souligne l'importance de détailler les sources significatives de variations et d'accompagner les informations quantitatives d'explications narratives spécifiques par classe d'instruments financiers. Elle donne pour exemple de présenter le montant des transferts de la catégorie « perte attendue à 12 mois » vers la catégorie « perte à maturité » séparément des transferts dans le sens inverse si les flux concernés sont significatifs. Elle précise également que les sociétés doivent présenter, au titre des valeurs brutes des actifs, au-delà des impacts des nouveaux instruments et des impacts liés aux transferts entre catégories, le détail des autres mouvements significatifs (remboursement, passage en perte, effets change, etc.) (Rec. AMF 2018-12, Arrêté des Comptes 2018, § 4.3.3).

L'AMF a réitéré ces recommandations pour l'arrêté des comptes 2019 en soulignant également l'importance de libeller clairement les natures de variations et de ne pas laisser de mouvements significatifs qualifiés de « autres » sans explication. Par ailleurs, l'AMF invite les sociétés à présenter des ventilations pertinentes de ces informations par classe d'instruments, afin de refléter leurs caractéristiques (par exemple, par portefeuille ou activité) (Rec. AMF 2019-13, Arrêté des Comptes 2019, § 4.3.2).

Dans ses recommandations en vue de l'arrêté des comptes 2020, l'AMF souligne l'importance de détailler les informations relatives aux expositions au risque de crédit et les variations de pertes de crédit attendues, en mentionnant notamment dans le tableau de variation des encours et des pertes de crédit attendues :

– la ventilation des encours bruts et des dépréciations associées par phase, par type d'encours (typologie de crédits ou produits) et par nature de clientèle ou de contrepartie ;

– le détail des variations des encours bruts et des dépréciations en distinguant pour la phase 3 les effets des passages en pertes et des cessions ;

– la typologie et la qualité de crédit (rating ou bande de probabilité de défaut) des encours fortement impactés par la crise liée à la Covid-19 (Rec. AMF 2020-09, Arrêté des Comptes 2020, § 5.3).

Dans les recommandations de l'AMF en vue de l'arrêté des comptes 2021, les sociétés sont encouragées à continuer de développer l'information relative aux expositions et dépréciations liées au risque de crédit. Plus particulièrement, l'AMF recommande aux sociétés :

– de présenter ces expositions et dépréciations avec un niveau de désagrégation suffisant pour permettre au lecteur de comprendre la concentration du risque de crédit et de mesurer la qualité de crédit des actifs financiers (par exemple, ventilations par notations internes, par secteur, par zone géographique, par type de produits et par phase) ;

– d'affiner les catégories de probabilité de défaut permettant d'identifier les catégories les plus à risque ;

- de fournir des réconciliations des mouvements de la période au niveau de la société et par typologie d'actifs ayant des caractéristiques de risque similaires ; **52390** (suite)
- de donner une information suffisamment détaillée sur les collatéraux et autres rehaussements de crédit.

L'AMF insiste sur l'importance d'expliquer les variations de la période et d'être cohérent entre, d'une part, les informations quantitatives données sur les expositions au risque de crédit et les dépréciations et, d'autre part, les explications et commentaires fournis à ce titre dans les comptes et les autres supports de communication financière tels que le rapport de gestion (Rec. AMF 2021-06, Arrêté des Comptes 2021, § 4.2).

Décision de l'ESMA L'ESMA s'est prononcé sur le cas d'un établissement bancaire qui ne produisait pas de rapprochement entre les soldes d'ouverture et de clôture de la dépréciation pour pertes. L'ESMA relevait également que des informations quantitatives fournies dans l'annexe au titre des pertes de crédit attendues n'étaient pas réconciliables avec les montants portés au bilan et au compte de résultat. Enfin, l'ESMA notait que les montants d'encours contractuels présentés dans l'annexe étaient déterminés sur la base d'obligations réglementaires différentes de l'exposition en cas de défaut (« Exposure at Default »/EAD, voir nº 47620) utilisée pour calculer les pertes de crédit attendues conformément à IFRS 9. L'ESMA a jugé que ces omissions constituaient un défaut de conformité aux dispositions de la norme IFRS 7, pouvant être qualifié d'erreur significative (notamment combiné à d'autres manquements relatifs aux informations sur le risque de crédit) (EECS/0123-09, 03/23).

L'exemple de tableaux ci-après est issu du guide d'application (IFRS 7.IG20B) et complété par nos soins.

Tableau sur les mouvements de la dépréciation :

Prêts hypothécaires – Dépréciation	Phase 1	Phase 2	Phase 3	Actifs financiers en défaut dès leur acquisition ou leur création (POCI)
Solde des dépréciations au 1/01/N	X	X	X	X (1)
Transferts :				
Transfert de la phase 1 vers la phase 2	(X)	X		
Transfert de la phase 1 vers la phase 3	(X)		X	
Transfert de la phase 2 vers la phase 1	X	(X)		
Transfert de la phase 2 vers la phase 3		(X)	X	
Transfert de la phase 3 vers la phase 2		X	(X)	
Actifs financiers décomptabilisés sur la période écoulée	(X)	(X)	(X)	(X)
Réduction de la valeur comptable brute (« write-off »)		(X)	(X)	(X)
Actifs financiers acquis ou créés durant la période	X			X
Changement de paramètre de risque de crédit (PD, LGD et EAD) (3)	X	X	X	X
Changement de modèle et de méthodologie (3)	X	X	X	X
Variations dues à des modifications d'actifs (n'ayant pas conduit à une décomptabilisation) (3)		(X)	(X)	(X)
Effet de désactualisation (3)	X	X	X (2)	
Ecart de change et autres variations (3)	X	X	X	X

52390
(suite)

Prêts hypothécaires – Dépréciation	Phase 1	Phase 2	Phase 3	Actifs financiers en défaut dès leur acquisition ou leur création (POCI)
Solde des dépréciations au 31/12/N	X	X	X	X

(1) Lors de la comptabilisation initiale, aucune dépréciation pour risque de crédit (ECL) n'est comptabilisée sur un POCI, l'instrument étant comptabilisé pour sa valeur nette. Toute variation ultérieure de l'ECL (en positif comme en négatif) est comptabilisée en résultat. Par conséquent, le stock de dépréciation en date d'ouverture ou de clôture de l'exercice pourrait être négatif.
(2) L'effet de la désactualisation des actifs financiers en défaut est présenté au sein des produits d'intérêts, permettant ainsi aux produits d'être constatés sur la base du taux d'intérêt effectif (après déduction de la dépréciation pour perte de crédit).
(3) L'impact peut être tant positif que négatif.

Tableau sur les mouvements de la valeur brute des actifs :

Prêts hypothécaires-valeur comptable brute	Phase 1	Phase 2	Phase 3	Actifs financiers en défaut dès leur acquisition ou leur création (POCI)
Valeur comptable brute au 1/01/N	X	X	X	X
Transferts :				
Transfert de la phase 1 vers la phase 2	(X)	X		
Transfert de la phase 1 vers la phase 3	(X)		X	
Transfert de la phase 2 vers la phase 3		(X)	X	
Transfert de la phase 3 vers la phase 2		X	(X)	
Transfert de la phase 2 vers la phase 1	X	(X)		
Actifs financiers décomptabilisés sur la période écoulée	(X)	(X)	(X)	(X)
Réduction de la valeur comptable brute (« write-off »)		(X)	(X)	(X)
Variations dues à des modifications d'actifs (n'ayant pas conduit à une décomptabilisation)	(X)	(X)	(X)	(X)
Actifs financiers acquis ou créés durant la période	X			X
Variations des intérêts courus	X	X	X	X
Ecart de change et autres variations	X	X	X	X
Valeur comptable brute au 31/12/N	X	X	X	X

3. Modifications des flux de trésorerie contractuels d'un actif financier qui n'ont pas entraîné sa décomptabilisation (IFRS 7.35J) Voir nº 52395.

4. Effet des garanties reçues et des mécanismes de rehaussement de crédit (comme, par exemple, les accords de « netting ») **sur les montants résultant des pertes de crédit attendues**
L'entité doit fournir, par catégorie d'instruments financiers (IFRS 7.35K et .IG22) :

a. le montant qui représente le mieux son **exposition maximale** au risque de crédit à la date de clôture, sans tenir compte des instruments de garantie ou des autres rehaussements de crédit ;

b. une description des actifs détenus en garantie et des autres rehaussements de crédit obtenus :
– les politiques et processus pour les évaluer et les gérer,
– une description des principaux types de garanties concernées (exemples des dernières garanties existantes, des dérivés de crédit et des accords de compensation qui ne remplissent pas les conditions de compensation selon IAS 32),

> **Types de garanties concernées** Il s'agit des hypothèques et nantissements (« collateral ») détenus et de tout autre mécanisme de rehaussement de crédit qui incluent les cautions ou autres garanties financières reçues mais également, à notre avis et par exemple, les contrats d'assurance-crédit et les dérivés de crédit mis en place à titre de protection.

– leur nature et qualité ;

- les principaux types de contreparties des garanties et autres rehaussements de crédit et leur solvabilité, **52390** (suite)
- une explication des changements de qualité importants subis par ces actifs détenus en garantie et autres rehaussements de crédit en raison d'une détérioration ou de changements dans les politiques de l'entité en matière de garanties survenus au cours de la période comptable,
- des informations sur la concentration de leur risque de crédit,
- des informations sur les instruments financiers pour lesquels l'entité n'a pas comptabilisé de dépréciation du fait de l'instrument de garantie ;

c. des informations quantitatives sur les actifs détenus en garantie et les autres rehaussements de crédit au titre des actifs financiers dépréciés en date de clôture (par exemple, une quantification de la mesure dans laquelle les actifs détenus en garantie et les autres rehaussements de crédit atténuent le risque de crédit).

Lorsqu'une entité prend possession d'actifs financiers ou non financiers pendant la période comptable suite à la levée de la garantie et que ceux-ci sont comptabilisés selon les critères de normes autres qu'IFRS 9, l'entité doit fournir pour ces actifs (IFRS 7.38) :
- leur nature et valeur comptable ;
- dans le cas où ces actifs ne sont pas facilement échangeables contre un montant de trésorerie, les politiques pour en disposer ou pour les utiliser.

5. Evaluation de l'exposition au risque de crédit et compréhension des concentrations importantes au risque de crédit Une entité doit indiquer :

a. Pour les instruments financiers dans le champ d'application du modèle de reconnaissance de dépréciation de la norme IFRS 9 (IFRS 7.35M et .IG20C) :
- la valeur comptable brute des actifs financiers ;

  Elle tient toutefois compte des compensations effectuées conformément à la norme IAS 32 et des dépréciations comptabilisées selon la norme IFRS 9 (IFRS 7.B9), mais pas des garanties reçues ni d'aucun autre mécanisme de rehaussement de crédit, comme par exemple les accords de « netting » (IFRS 7.36a).

- et l'exposition au risque de crédit des engagements de financement et des contrats de garantie financière.

Cette information doit être présentée par catégorie de notation (rating) et par phase dans le modèle de dépréciation en distinguant les actifs financiers dépréciés dès leur acquisition ou leur création (IFRS 7.IG20C).

Recommandations de l'AMF Dans ses recommandations en vue de l'arrêté des comptes 2019, l'AMF encourage les sociétés à décomposer les expositions au risque de crédit selon des axes reflétant leurs activités, les caractéristiques des instruments détenus et les concentrations importantes de risque de crédit. Elle donne pour exemple de présenter la répartition des encours bruts par type de prêts (prêts immobiliers, prêts à la consommation, prêts aux PME ou prêts aux grandes entreprises) et par pays significatif, le cas échéant. L'AMF invite également les entités à présenter ces analyses pour les pertes de crédit attendues afin de permettre aux lecteurs d'apprécier les couvertures des expositions brutes au regard de leur qualité de crédit. Enfin, les entités sont invitées à spécifier les instruments présentés dans ces différentes informations (par exemple, inclusion ou exclusion des titres) et à réconcilier ces informations avec les encours bruts et les pertes attendues présentés au bilan selon les catégories d'IFRS 9 (Rec. AMF 2019-13, Arrêté des Comptes 2019, § 4.3.1).

Quant au système de notation (rating), il peut s'agir soit d'un système interne, soit d'un système externe (IFRS 7.IG20C à .IG20D). La norme précise que le nombre de catégories de notation doit refléter la façon dont ces informations sont transmises en interne aux principaux dirigeants de l'entreprise (voir Information issue du reporting interne, n° 52380).

Pour les informations à donner en matière de concentration des risques, voir n° 52375, point 5.

Remarque Pour les créances commerciales, les actifs sur contrats et les créances locatives pour lesquels la méthode simplifiée de dépréciation s'applique (voir n° 47130), les informations requises ci-dessus peuvent reposer sur une matrice de calcul (IFRS 7.35N et .IG20D).

b. Pour les instruments financiers dans le champ d'application de la norme IFRS 7 mais exclus du champ d'application du modèle de reconnaissance de dépréciation de la norme IFRS 9 (IFRS 7.36) :
- le montant qui représente le mieux son exposition maximale au risque de crédit à la date de clôture. Il s'agit d'un montant brut (déterminé de la même manière que la valeur comptable brute des actifs financiers, voir point 5a. ; IFRS 7.B9) ;

  Remarque Cette information n'est pas exigée lorsque la valeur comptable représente le mieux l'exposition maximale d'un instrument financier au risque de crédit (IFRS 7.36a).

– une description générale des systèmes de garanties et autres systèmes de rehaussement de crédit mis en place par l'entité pour se prémunir contre le risque de crédit (IFRS 7.36b et .IG22), avec mention de leur effet financier (par exemple, quantification de la mesure dans laquelle les garanties et autres rehaussements de crédit atténuent le risque de crédit) ; par rapport au montant qui représente le mieux l'exposition maximale au risque de crédit (que le montant soit mentionné en application d'IFRS 7.36a ou qu'il s'agisse de la valeur comptable d'un instrument financier).

Informations sur la modification non substantielle des conditions contractuelles d'un actif financier

52395 ***Question***

Quelles sont les informations spécifiques à fournir sur les actifs financiers ayant fait l'objet d'une modification non substantielle de leurs conditions contractuelles ?

Réponse

Pour les actifs financiers dont la modification contractuelle des flux de trésorerie n'entraîne pas leur décomptabilisation, la norme IFRS 7 requiert des informations spécifiques sur la nature de ces modifications, leur impact sur les actifs concernés et sur l'évaluation des pertes de crédit attendues.

Commentaires :

1. **Rappel** En cas de modification non substantielle des conditions contractuelles, la renégociation ne conduit pas à décomptabiliser l'actif.

Pour le traitement comptable d'une modification non substantielle des conditions contractuelles d'un actif financier, voir n° 45620.

Dans ce cas, la norme IFRS 7 requiert la communication d'informations dans les notes annexes pour ces modifications contractuelles de flux de trésorerie, quelle qu'en soit la raison (IFRS 7.35J) :

Pour les raisons à l'origine de ces modifications, voir n° 45620.

2. Lorsque les flux de trésorerie contractuels ont été modifiés **durant la période comptable** et que ceux-ci font l'objet d'une correction de valeur (dépréciation) pour risque de crédit correspondant au montant des pertes de crédit attendues **sur la durée de vie** (des actifs classés en phases 2 ou 3 selon le modèle général de dépréciation d'IFRS 9, voir n° 47085), l'entité doit indiquer :
– le coût amorti avant modification de ces actifs ; et
– l'impact comptabilisé en résultat (gain ou perte) lié à cette modification.

Pour rappel, le coût amorti correspond à la valeur brute de l'actif net de provisions.

3. Lorsque les flux de trésorerie contractuels ont été modifiés **depuis la comptabilisation initiale** des actifs et que ceux-ci font l'objet au cours de la période comptable d'une dépréciation égale au montant des pertes de crédit attendues **pour les douze mois à venir** (durant la période comptable, les actifs ont été reclassés de phase 2 ou 3 à phase 1 selon le modèle général de dépréciation d'IFRS 9, voir n° 47085), l'entité doit indiquer :
– la valeur comptable brute de ces actifs à la clôture de la période comptable ; et
– à notre avis, le montant de la provision avant la modification et celui après la modification ainsi qu'à la date de clôture.

Recommandations de l'AMF Dans ses recommandations en vue de l'arrêté des comptes 2012, l'AMF juge utile que les sociétés concernées par des renégociations de prêts présentent leur méthodologie dans leurs principes comptables (IAS 1.117 et .122) et indiquent les volumes de prêts concernés lorsqu'ils sont significatifs, l'impact comptable dans les comptes du prêteur pouvant être radicalement différent selon qu'il conclut à une extinction ou à une modification (Rec. AMF 2012-16, Arrêté des Comptes 2012, § 4.3.1).

L'AMF recommande aux sociétés concernées d'expliquer en annexes les risques et les impacts liés aux réaménagements de prêts. Les sociétés concernées pourront fournir, à cet effet, une information qualitative et quantitative sur les actifs financiers réaménagés, en distinguant les prêts réaménagés non dépréciés et les prêts réaménagés dépréciés (par exemple, en indiquant la proportion de prêts réaménagés ayant fait l'objet d'une dépréciation sur l'exercice). Enfin, à des fins de comparabilité, l'AMF encourage les sociétés à définir, dans les principes comptables, les termes utilisés dans l'analyse du risque de crédit en explicitant les critères de classement dans les différentes phases. L'AMF recommande également de clarifier l'articulation entre ces différentes phases et les critères de dépréciation (Rec. AMF 2012-16, Arrêté des Comptes 2012, § 4.3.2).

Informations sur la sensibilité du montant des pertes de crédit attendues

Question 52400

Les entités doivent-elles fournir en annexe des informations sur la sensibilité du montant des pertes de crédit attendues (« Expected Credit Losses »/ECL) comptabilisé au titre du risque de crédit ?

Réponse

Oui, dès lors que l'évaluation des ECL constitue une source majeure d'incertitudes.

Le niveau d'informations à fournir dépend du niveau d'exposition de l'entité au risque de crédit et de l'impact des ECL sur sa situation financière.

Ainsi, à notre avis, pour les entités qui sont fortement exposées au risque de crédit (par exemple, banques et autres établissements financiers), la présentation d'informations à la fois qualitatives et quantitatives sur la sensibilité des ECL aux variations des principales hypothèses prises en compte pour leur évaluation est requise.

Commentaires :

1. **Principe général** Lorsque des entités émettent des hypothèses afin d'estimer la valeur de certains actifs, passifs, produits et charges et que ces estimations génèrent une source majeure d'incertitudes, elles doivent mentionner en annexe des informations sur ces incertitudes (IAS 1.125).

Pour plus de détails sur les informations requises pour les sources d'incertitudes relatives aux estimations, voir nº 54977, point 3. et 55644.

De telles informations incluent notamment (IAS 1.129) :
- la sensibilité des valeurs comptables aux méthodes, hypothèses et estimations qui forment la base de leur calcul, y compris les raisons de cette sensibilité ;
- la résolution prévue d'une incertitude et la fourchette des issues raisonnablement possibles au cours de la période suivante concernant les valeurs comptables des actifs et passifs affectés.

L'évaluation des pertes de crédits attendues (« Expected Credit Losses »/ECL) est une estimation qui constitue une source majeure d'incertitudes pour les entités exposées au risque de crédit.

Dans la pratique, il s'agit principalement des banques et autres établissements financiers exerçant une activité de financement. Certaines sociétés industrielles et commerciales sont également exposées au risque de crédit lorsqu'elles accordent des délais de paiement à leurs clients, des contrats de location ou entrent dans toute autre opération contenant une composante de financement.

Ainsi, à notre avis, en application des principes d'IAS 1 décrits ci-avant, ces entités doivent fournir en annexe des informations sur la sensibilité des ECL aux variations des hypothèses prises en compte pour leur évaluation.

2. **Niveau d'information requis sur la sensibilité des ECL** Ni la norme IAS 1 ni la norme IFRS 7 n'apportent de précisions sur les informations à fournir quant à la sensibilité des ECL. Pour cela, les entités doivent exercer leur jugement afin de déterminer le niveau et le type d'informations à fournir en annexe à cet effet. A notre avis, le jugement exercé doit tenir compte du niveau d'exposition de l'entité au risque de crédit et de l'impact des ECL sur sa situation financière. Pour certaines entités, une information qualitative peut être suffisante (par exemple, si l'entité n'est pas en mesure de fournir une information quantitative pertinente).

3. **Cas particulier des banques et autres établissements financiers exerçant une activité de crédit** Pour ces établissements, l'évaluation des ECL en application des principes d'IFRS 9 se révèle particulièrement complexe et fait appel à beaucoup de jugement.

En effet, les banques doivent mettre en place des modèles de calcul complexes afin de tenir compte des différents principes d'IFRS 9 (augmentation significative du risque de crédit, pondération probabiliste, prise en compte d'informations prospectives, etc.). Les banques doivent notamment déterminer si la communication de la sensibilité sur des paramètres individuels ayant des incidences sur d'autres paramètres constitue une information pertinente pour l'utilisateur des états financiers.

Par conséquent, à notre avis, pour les banques et autres établissements exerçant une activité de crédit, des informations qualitatives ne peuvent suffire et il est nécessaire de fournir des informations quantitatives sur la sensibilité des ECL aux variations des principales hypothèses retenues pour leur évaluation.

Remarques :

1. Cette position est confirmée par l'EDTF (« Enhanced Disclosure Task Force ») dans son rapport en novembre 2015 relatif à l'impact du modèle de dépréciation d'IFRS 9 sur les informations à fournir en annexe par les banques (« Impact of Expected Credit Loss Approaches on Bank Disclosures »).

2. **Recommandations de l'AMF** Cette position est également partagée par l'AMF qui, dans ses recommandations en vue de l'arrêté des comptes 2019, encourage les banques et autres établissements de crédit à mener des analyses de sensibilité des pertes de crédit attendues et à présenter les hypothèses retenues et résultats de ces analyses dans les états financiers (Rec. AMF 2019-13, Arrêté des Comptes 2019, § 4.3.3).

Dans ses recommandations en vue de l'arrêté des comptes 2021, l'AMF insiste sur l'importance de fournir des analyses de sensibilité plus granulaires permettant de mesurer la sensibilité de la pondération des scénarios sur le montant des pertes attendues comptabilisées et sur le « staging » (classement par phase), afin de permettre aux utilisateurs des états financiers de faire le lien entre les analyses de sensibilité et le montant des pertes de crédit attendues comptabilisées (Rec. AMF 2021-06, Arrêté des Comptes 2021, § 4.1.2).

3. A notre avis, des exemples d'informations quantitatives sur la sensibilité des ECL incluent :
- la pondération des différents scénarios établis pour la prise en compte d'informations prospectives ou « forward-looking » (pour plus d'informations, voir n° 47740 à 47770) ;
- le montant non pondéré des ECL pour chaque scénario défini ;
- les prévisions de variation des principales variables économiques prises en compte dans le calcul des ECL et l'impact de ces variations sur le montant comptabilisé des ECL ;
- etc.

C. Risque de liquidité

Echéancier de liquidité : principales caractéristiques

52405 ***Question***

Quelles sont les informations à fournir en annexe en matière de risque de liquidité ?

Réponse

Les entreprises doivent publier un échéancier de liquidité (« maturity analysis ») :
- portant uniquement sur les passifs financiers ;
- en retenant leurs échéances contractuelles (et non pas estimées) ; et
- sans actualisation.

Il ne s'agit donc pas d'un échéancier classique d'impasses de liquidité.

Commentaires En matière de risque de liquidité (tel que défini au n° 52370), la norme IFRS 7 requiert :
- une analyse des échéances (« maturity analysis ») des passifs financiers non dérivés (y compris les garanties financières données) faisant apparaître les échéances contractuelles résiduelles (IFRS 7.39a) ;
- une analyse des échéances des dérivés passifs. Cette analyse doit être basée sur l'échéance contractuelle des dérivés lorsque cette information est essentielle à la bonne compréhension de l'échéancier des flux de trésorerie de l'entité (IFRS 7.39b) ; et
- une description de la manière dont l'entreprise gère le risque de liquidité inhérent aux deux points ci-avant (IFRS 7.39c, .B11E et .B11F).

Remarque Cette analyse des échéances est plus communément appelée « échéancier de liquidité ». Sur les difficultés pratiques de son élaboration, voir n° 52410.

Cet échéancier ne portant que sur les passifs, retenus pour leur échéance contractuelle et sans aucun mécanisme d'actualisation, n'a rien à voir avec un échéancier des « impasses » de liquidité. Ce dernier échéancier considère à la fois actifs et passifs (d'où la notion d'impasse « nette » de liquidité), pour leur échéance estimée (avec prise en compte des remboursements anticipés possibles ou, dans le cas des banques, d'une loi d'écoulement des dépôts) et avec actualisation éventuelle des montants dans chacune des fourchettes (ou bandes) d'échéances de l'échéancier.

Sur la notion de fourchette (ou bande) d'échéance, voir n° 52410.

Recommandations de l'AMF Dans ses recommandations en vue de l'arrêté des comptes 2020, l'AMF insiste sur l'importance, dans les états financiers, de présenter des informations suffisamment détaillées et spécifiques pour permettre aux utilisateurs d'apprécier la nature et l'ampleur du risque de liquidité. A ce titre, l'AMF invite les entités à présenter des informations détaillées sur les renégociations de dettes, les nouveaux financements significatifs (caractéristiques, montant, tirage, traitement comptable, classement) et, si déjà connues, les décisions de prolonger ou non les prêts présentant une option de prolongation. Ces informations sont particulièrement importantes dans un contexte de crise (Rec. AMF 2020-09, Arrêté des Comptes 2020, § 4.2).

L'AMF a réitéré ces recommandations pour l'arrêté des comptes 2021 en invitant les sociétés à continuer leurs efforts de transparence au titre des jugements clés liés au risque de liquidité (renégociations et nouveaux financements, covenants, etc.) (Rec. AMF 2021-06, Arrêté des Comptes 2021, § 3.2.1).

Décision de l'ESMA Dans une décision publiée en avril 2020, l'ESMA a précisé qu'une entité ayant émis de la dette doit classer ses émissions dans la fourchette de liquidité qui correspond à celle à laquelle les souscripteurs peuvent demander le remboursement intégral, lorsque cette dette comporte une clause de remboursement anticipé à la main du souscripteur (EECS/0120-02, 04/20).

Echéancier de liquidité : difficultés pratiques d'élaboration

Question 52410

Quelles sont les principales difficultés pratiques d'élaboration de l'échéancier de liquidité tel que requis par la norme IFRS 7 ?

Réponse

L'élaboration et la publication d'un tel échéancier soulèvent des difficultés d'interprétation, de contrôle interne et enfin de communication financière.

Commentaires L'échéancier de liquidité tel que requis par IFRS 7.39 (voir nº 52405), soulève les difficultés suivantes :

1. **Difficultés d'interprétation** Les entreprises sont confrontées à des questions d'interprétation lorsqu'elles cherchent à construire pratiquement l'échéancier, comme par exemple en ce qui concerne les points suivants :

a. **Détermination des bandes (ou « fourchettes ») d'échéance** La norme IFRS 7 n'impose pas de fourchettes d'échéance dont la détermination relève du jugement des entreprises (IFRS 7.B11).

La norme indique néanmoins, à titre d'exemple, les fourchettes suivantes (IFRS 7.B11) :
- jusqu'à 1 mois (y compris, les dépôts à vue dans le cas des banques) (IFRS 7.B11Ca) ;
- entre 1 mois et 3 mois ;
- de 3 mois à un an ;
- de 1 an à 5 ans.

Recommandations de l'AMF Dans ses recommandations en vue de l'arrêté des comptes 2008, l'AMF regrette une présentation de l'échéance des dettes focalisée exclusivement sur le long terme au détriment de la période qui suit immédiatement la date de clôture (Rec. AMF 2008-22, Arrêté des Comptes 2008, § 1.2.4).

b. **Positionnement dans des fourchettes distinctes (ou non) du nominal et des intérêts** A notre avis, les montants doivent être positionnés dans des fourchettes distinctes, la notion « d'échéances contractuelles » d'IFRS 7.39a visant aussi bien – dans le cas des emprunts – les intérêts que le capital restant dû.

Ce point a été confirmé par l'AMF en 2008 (Rec. AMF 2008-22, Arrêté des Comptes 2008, § 1.2.4).

c. **Traitement des dérivés** Il diffère selon qu'ils affichent une juste valeur positive ou négative, selon que leur règlement se fait sur une base nette ou brute et selon la manière dont l'entité les gère (transaction ou autres). En effet, selon IFRS 7.B11Dc et.B11Dd :
- en ce qui concerne les dérivés « net cash settled », seuls ceux ayant une valeur négative (dérivé passif) à la date de clôture sont à inclure dans l'échéancier ;
- au minimum, les dérivés avec engagement ferme, qui sont « gross settled » (i.e. donnant lieu à un règlement brut) et dont la juste valeur est négative à la date de clôture doivent être pris en compte dans l'échéancier. En effet, leur jambe « payeuse » entraîne systématiquement un risque de liquidité (IFRS 7.B11Dd couplé à IFRS 7.39a) ;

Remarque Les entreprises qui estiment trop difficile de traiter différemment les dérivés « gross settled » selon que leur juste valeur est positive ou négative à la date de clôture peuvent systématiquement inclure dans leur échéancier les jambes payeuses de ces instruments.

52410 (suite) – enfin, les dérivés peuvent être explicitement présentés selon la manière dont l'entité les gère (par exemple, positionnement des dérivés de « Transaction » dans la première fourchette de l'échéancier), sauf si leur échéance contractuelle constitue une information indispensable pour le lecteur (cas par exemple d'un swap qualifié de couverture d'un emprunt à taux variable ; cas également des engagements de financement qui doivent tous être inclus en retenant leur échéance contractuelle), voir nº 52415.

d. Positionnement des garanties financières données et plus généralement de toutes les ventes d'options de vente (put) Faut-il les présenter dans la première fourchette « à vue » pour le montant maximum total pouvant être appelé ? Ou dans une fourchette intitulée « échéance non déterminée » ? Ou encore selon un mix des deux solutions ?

L'approche est la suivante (voir nº 52415) :

– **cas des garanties données** : toutes les garanties financières données doivent systématiquement être prises en compte dans l'échéancier de liquidité (IFRS 7.39a) et être positionnées dans la première fourchette dans laquelle elles peuvent être appelées et pour leur montant maximum (IFRS 7.B11Cc) ;

– **cas des ventes d'options de vente (put)** : la question est de savoir si on ne positionne dans l'échéancier que les options « dans » ou « à la monnaie » à la date de clôture ou toutes les options de manière systématique. Pour quel montant, selon que le dénouement de l'option est sur base nette ou sur une base brute ? Et dans quelle fourchette, lorsqu'il s'agit d'options à l'américaine ?

A notre avis, lorsque les options « hors de la monnaie » se dénouent par un règlement net, aucun passif ne doit être présenté dans le tableau d'échéance, car il n'y a aucune obligation d'effectuer un paiement d'après les conditions existantes à la date de clôture (IFRS 7.B11D). Au contraire, les options vendues dont le dénouement est en brut et pour lesquelles la contrepartie peut exiger le paiement de la jambe payeuse, doivent voir cette jambe systématiquement positionnée dans l'échéancier (qu'il s'agisse d'options dans ou hors de la monnaie), dès lors qu'elles sont retenues pour leur échéance contractuelle. Celles-ci seront présentées dans la fourchette d'échéance la plus proche.

Sur la possibilité d'inclure les dérivés (dérivés de Transaction notamment) en se basant sur la manière dont l'entité les gère (IFRS 7.39b et .BC58B), voir nº 52415.

e. Positionnement des dettes perpétuelles Le problème est identique : doit-on les inscrire dans chaque fourchette correspondant à un flux d'intérêt ? Ou n'inscrire que leur nominal dans la fourchette « échéance non déterminée » ? Dans ce cas, où doit-on positionner cette fourchette (en début ou fin d'échéancier) ?

A notre avis, les dettes perpétuelles devraient être positionnées sur l'échéancier pour chaque coupon d'intérêt, s'agissant d'un flux contractuel à part entière. Concernant le montant nominal, ce dernier peut être positionné soit dans la dernière colonne où figure un coupon d'intérêt (généralement intitulée « au-delà »), soit dans une colonne à part intitulée « sans échéance contractuelle ».

Recommandations de l'AMF Dans ses recommandations en vue de l'arrêté des comptes 2008, l'AMF rappelle, pour apprécier les montants présentés, la nécessité d'indiquer l'échéance retenue pour les titres perpétuels (pour lesquels il n'existe pas d'échéance contractuelle). Dans le même sens, elle demande que soit précisé le taux retenu pour présenter les emprunts à taux variable ou le cours de change retenu pour présenter les emprunts en devises (Rec. AMF 2008-22, Arrêté des Comptes 2008, § 1.2.4).

f. Traitement à retenir pour les activités de Transaction Les arguments initialement avancés pour les exclure de l'échéancier (notamment le caractère non significatif du risque correspondant) paraissent désormais difficiles à défendre, notamment depuis la crise des « subprimes », cette dernière ayant entraîné une crise de liquidité généralisée touchant également les activités de transaction de la plupart des banques.

Dans ce cas, certains estiment qu'une information sur les flux de trésorerie contractuels n'a pas beaucoup de sens pour le lecteur. En conséquence, ils optent plutôt pour l'indication de la juste valeur des passifs concernés (dérivés essentiellement), ces derniers étant positionnés dans la première fourchette de l'échéancier. En ce qui concerne les dérivés passifs, cette approche est confirmée (IFRS 7.39b et .BC58B), voir nº 52415.

2. Difficultés de contrôle interne Cet échéancier étant basé sur les échéances contractuelles (et non pas estimées) et sans actualisation, il produit des montants difficiles parfois à rapprocher de ceux inscrits au bilan (IFRS 7.B11D). Il nécessite donc la collecte de données spécifiques et des travaux de contrôle interne et d'audit particuliers.

Ce rapprochement nous paraît nécessaire au titre du contrôle interne, même si la norme n'exige pas de fournir ce type de rapprochement pour les utilisateurs des états financiers.

Recommandations de l'AMF L'AMF confirme la nécessité d'un contrôle de cohérence par rapport aux catégories de passifs financiers détaillées en annexe ou au bilan (Rec. AMF 2008-22, Arrêté des Comptes 2008, § 1.2.4).

3. **Difficultés de communication financière** Ne concernant que les passifs et ne pouvant pas directement « être rapproché » des montants au bilan, l'échéancier requis par la norme IFRS 7 soulève un certain nombre de questions de la part des analystes financiers sur la manière dont l'entreprise compte faire face aux échéances annoncées.

En principe, la réponse devrait être donnée – au moins pour les points les plus importants – dans les états financiers eux-mêmes, puisque les entreprises doivent décrire la manière dont elles comptent gérer le risque de liquidité tel que mis en exergue par l'échéancier (IFRS 7.39c, .B11E et .B11F et .BC58), notamment par l'utilisation de leurs lignes de liquidités.

Sur l'information à donner sur les lignes de liquidité, voir nº 52580.

Sur les informations relatives à la manière dont l'entité indique gérer son risque de liquidité, voir nº 52415.

Informations sur le risque de liquidité

Question 52415

Quelles sont les informations à donner sur le risque de liquidité ?

Réponse

En matière d'information sur le risque de liquidité, la norme IFRS 7 précise certaines modalités d'élaboration de l'échéancier de liquidité. Ainsi :

- les garanties financières et les engagements de financement donnés (ceci concerne surtout les banques et assurances) doivent être systématiquement inclus dans cet échéancier ;
- les dérivés passifs peuvent être inclus en se basant sur la manière dont l'entreprise les gère (par exemple, positionnement des dérivés de transaction dans la première fourchette de l'échéancier), sauf si leur échéance contractuelle constitue une information indispensable pour le lecteur ;

  Tel est le cas, par exemple, d'un swap qualifié de couverture d'un emprunt à taux variable et également de tous les engagements de financement donnés, qui doivent être inclus en retenant leur échéance contractuelle.
- des informations complémentaires sont requises sur la manière dont l'entreprise gère son risque de liquidité, et notamment s'il existe des actifs financiers immédiatement cessibles ou des lignes de crédit mobilisables ou au contraire si des clauses de remboursement accéléré sur certains emprunts (« covenants ») ou des clauses d'appels de marge sur des dérivés peuvent rendre les échéances plus difficiles à respecter.

Commentaires :

1. **Définition du risque de liquidité** Selon la définition, le risque de liquidité est le risque qu'une entreprise rencontre des difficultés pour satisfaire ses engagements liés à ses passifs financiers **dont le dénouement se fait par la remise de trésorerie ou d'un autre actif financier** (IFRS 7.A). Les contrats se dénouant par la remise d'actions propres ou de marchandises ne doivent donc pas figurer dans l'échéancier de liquidité.

2. **Précisions sur les modalités d'élaboration de l'échéancier de liquidité** :

a. **intérêt de donner une information basée sur les informations fournies en interne** aux principaux dirigeants (IFRS 7.B10A et .BC58Ab) ;

b. **précisions quant à son élaboration,** dont notamment :

- l'obligation d'inclure systématiquement les garanties financières (IFRS 7.39a) et les engagements de financement donnés (IFRS 7.B11Bb),
- l'interdiction de séparer un instrument hybride (voir définition au nº 48300) pour le positionner sur l'échéancier (IFRS 7.B11A) : les instruments hybrides doivent être comptabilisés en retenant leur échéance contractuelle, comme n'importe quel passif non dérivé (IFRS 7.B11A renvoyant à IFRS 7.39a),
- la possibilité de prendre en compte des dérivés (passifs) basés non plus sur leurs échéances contractuelles, mais selon la manière dont ils sont gérés (IFRS 7.39b et .B11B), sauf si leur échéance contractuelle est une information indispensable pour comprendre comment s'échéancent les flux de trésorerie de l'entité ;

Remarque – Obligation de retenir les échéances contractuelles si cela est indispensable à une bonne compréhension des flux de trésorerie Ce devrait être le cas, par exemple (IFRS 7.B11B) :
– d'un swap de taux d'intérêt couvrant un actif ou un passif à taux variable dans une couverture de flux futur de trésorerie ; ainsi que
– de tous les engagements de financement donnés.
En conséquence, la possibilité d'inclure les dérivés en se basant uniquement sur la manière dont ils sont gérés par l'entité est restreinte (IFRS 7.39b et .B11Bb).

c. informations sur les moyens dont dispose l'entité pour gérer ses échéances de liquidités. La norme IFRS 7 fournit une liste détaillée des types de moyens à disposition de l'entreprise et sur lesquels cette dernière doit s'exprimer et notamment sur (IFRS 7.39c, .B11E et .B11F) :
– l'existence d'actifs financiers immédiatement cessibles ou générant des flux de trésorerie permettant de faire face aux sorties attendues,
– l'existence de lignes de crédit,
– la diversité des sources de financements,
– ou au contraire, l'existence d'un risque de remboursement accéléré en cas de non-respect de certains indicateurs (« covenants ») ou l'existence de clauses d'appels de marge sur des dérivés (par exemple, en cas de dégradation de la notation de l'entreprise).

Pour les informations à fournir en matière de « covenants », voir nº 52420 s.

Informations sur les clauses restrictives (« covenants ») : absence de « covenants »

52420 ***Question***

Faut-il fournir des informations en annexe sur les clauses restrictives (« covenants »), notamment en l'absence de telles clauses ?

Réponse

Oui, l'AMF a précisé qu'il pouvait être utile de confirmer l'absence de telles clauses.

Commentaires :

1. **Définition** Certaines restrictions – si elles ne sont pas respectées – constituent un « événement de défaut » qui conduit à une **exigibilité immédiate de la dette.** Ces restrictions (encore appelées « clauses de remboursement accéléré ») peuvent par exemple être relatives :
– au non-respect d'un ratio financier (par exemple, ratio Endettement net sur Capitaux propres ou Frais financiers sur EBITDA) ;
– à la dégradation de la notation de crédit de l'entité ;
– à l'émission de nouvelles dettes, plus subordonnées que l'emprunt concerné ;
– à la vente ou au nantissement d'actifs pour un montant supérieur à une certaine somme.

2. **Information en annexe en l'absence de ce type de clauses** Si l'entreprise ne s'est vu imposer aucune de ces clauses restrictives (« covenants ») dans ses emprunts, il peut être utile de confirmer l'absence de telles clauses. En effet, dans ses recommandations en vue de l'arrêté des comptes 2009, l'AMF rappelle (Rec. AMF 2009-28, Arrêté des Comptes 2009, § 7.3) :
– que cette information peut être utile en raison des difficultés observées par les sociétés en matière de financement ; et
– qu'elle est fournie par environ un tiers des grands groupes cotés français.

Informations sur les clauses restrictives (« covenants ») : respect des « covenants »

52425 ***Question***

Faut-il fournir des informations en annexe sur les clauses restrictives (« covenants ») même en l'absence de tout manquement à ces clauses ?

Réponse

Oui, au titre des informations à fournir sur la manière dont l'entreprise gère son risque de liquidité.

Commentaires Concernant les situations où l'entreprise a respecté tous ses « covenants » (voir nº 51300), une information doit être indiquée en annexe.

En effet, selon IFRS 7.39c, une entité doit décrire en annexe la manière dont elle gère le risque de liquidité inhérent à ses passifs financiers.

La norme indique, en outre, une liste (non exhaustive) de facteurs à prendre en compte pour élaborer cette information, notamment par exemple l'existence d'instruments qui contiennent des clauses de remboursement accéléré (par exemple, en cas de dégradation de la notation de crédit de l'entité) (IFRS 7.B11Ff).

Recommandations de l'AMF Selon l'AMF cette information pourrait inclure (Rec. AMF 2009-28, Arrêté des Comptes 2009, § 7.3) :

- une indication sur la nature des clauses contractuelles susceptibles d'entraîner un remboursement anticipé (non-respect de ratios financiers, changement de contrôle, etc.) ;
- une description des ratios financiers devant être respectés ;
- une information sur les conséquences du non-respect de l'une des clauses contractuelles.

L'AMF, dans ses recommandations en vue de l'arrêté des comptes 2008, avait déjà relevé une absence trop fréquente de mention et de description des « covenants » liés aux emprunts bancaires ou obligataires (Rec. AMF 2008-22, Arrêté des Comptes, 2008, § 1.2.4).

Enfin, cette information vise également, à notre avis, les ratios qui font référence aux capitaux propres de l'entreprise, si ces derniers contiennent des clauses restrictives, et qui relèvent de l'information requise par IAS 1.135a.ii et .135b.

Pour l'information à donner sur le capital, voir n° 52325.

Informations sur les clauses restrictives (« covenants ») : non-respect des « covenants »

Question 52430

Quelles informations une entreprise doit-elle donner sur ses « covenants » lorsque ceux-ci n'ont pas été respectés ?

Réponse

La réponse diffère selon que les « covenants » font ou non référence aux capitaux propres de l'entreprise :

1. Dans le cas où **les « covenants » ne font pas référence aux capitaux propres de l'entreprise** :

- si le problème a été résolu avant la date de clôture (31/12/N), aucune information n'est alors à donner en annexe au titre du non-respect ;

Voir toutefois au n° 52425 les informations à fournir même en cas de respect d'un « covenant ».

- si le problème n'a pas été résolu avant la date de clôture, l'emprunt correspondant doit être déclassé parmi les éléments courants et une information doit être donnée en annexe : information détaillée sur le défaut ; valeur comptable des emprunts concernés ; mention de la renégociation des emprunts en cours à date d'arrêté des comptes, le cas échéant.

2. Dans le cas où **les « covenants » font référence aux capitaux propres de l'entreprise** (par exemple, ratio endettement net/capitaux propres), une information doit alors être donnée en annexe et ce, même si le problème a été résolu avant la date de clôture, au titre des informations sur le capital exigées par la norme IAS 1.

En tout état de cause, le fait de résoudre le problème entre la date de clôture et la date d'arrêté des comptes n'exempte ni du déclassement en éléments courants ni de l'information à donner en annexe.

Commentaires En cas de non-respect d'une clause restrictive (« breaches of covenants »), les entreprises doivent fournir une information en annexe au titre d'IFRS 7.19. Elles peuvent également avoir à fournir une information au titre d'IAS 1.135e si la clause non respectée fait référence aux capitaux propres de l'entité (par exemple, non-respect d'un ratio dettes/capitaux propres).

Sur la définition d'un « covenant », voir n° 51300.

Si une entreprise n'a pas respecté un ou plusieurs « covenants », deux cas de figure doivent être distingués :

1. **Le « covenant » non respecté ne fait pas référence aux capitaux propres.** Dans ce cas :

- si le problème a été résolu avant la date de clôture (31/12/N), aucune information n'est à donner en annexe au titre d'une rupture de « covenants » (IFRS 7.19) ;

Mais voir au nº 52425 les informations sur les « covenants » à donner même en cas de respect.

– si le problème n'a pas été résolu avant la date de clôture et que le non-respect des « covenants » permet au prêteur d'exiger un remboursement anticipé, l'emprunt correspondant doit être déclassé en éléments courants (IAS 1.74) et des informations doivent être indiquées en annexe.

Dans ce cas, l'entreprise doit donner (IFRS 7.18 et .19) :
– des informations détaillées sur tout défaut de paiement (principal, intérêt, etc.), l'emprunt étant devenu exigible suite au non-respect d'un ou de plusieurs « covenants » ;
– la valeur comptable des emprunts pour lesquels il existe un retard de paiement ; et
– l'indication que le défaut de paiement a été réparé ou que l'emprunt a été renégocié avant la date d'autorisation de publication des états financiers (date d'arrêté des comptes), le cas échéant.

2. **Le « covenant » non respecté fait référence aux capitaux propres de l'entreprise** (par exemple « covenant » non respecté sur un ratio endettement net/capitaux propres). Dans ce cas, une information doit être donnée en annexe et ce, même si le problème a été résolu avant la date de clôture (31/12/N), en vertu des informations sur le capital exigées par la norme IAS 1.

En effet, selon IAS 1.135e, si une entité n'a pas respecté les exigences en matière de capital imposées de l'extérieur, elle précise les conséquences de ce non-respect.

Pour l'information à fournir sur le capital au titre d'IAS 1, voir nº 52120.

Enfin, le fait de résoudre le problème entre la date de clôture et la date d'arrêté des comptes n'exempte ni du déclassement en éléments courants ni de l'information à donner en annexe.

D. Risques de marché

Choix entre deux types d'indicateurs

52445 ***Question***

Quelles sont les informations à fournir en annexe en matière de risques de marché ?

Réponse

En ce qui concerne les risques de marché (taux, change, actions, matières premières, etc.), les entreprises ont le choix entre fournir :
– soit différents indicateurs de sensibilité donnant l'impact sur leurs comptes (résultat et capitaux propres) d'une variation de x % de chacun des risques concernés (voir nº 52450) ;
– soit un indicateur global (comme, par exemple, la valeur en risque/VaR), tenant compte des interdépendances entre les différents risques, à condition qu'elles utilisent cet indicateur en interne dans la gestion de leurs risques (voir nº 52460).

Le premier type d'indicateur évalue une sensibilité de nature comptable et le second (VaR) une sensibilité de nature économique.

Commentaires :

1. **Nature des risques visés (rappel)** Les risques de marché sont constitués (IFRS 7.A) :
– du risque de taux ;
– du risque de change ; et
– des autres risques de variation de prix (actions, matières premières, etc.).

Pour la définition des risques de marché, voir nº 52370.

2. **Choix entre deux types d'indicateurs** Concernant les risques de marché, les entreprises ont le choix entre fournir :

a. une **analyse** de sensibilité **pour chaque type de risque** de marché auquel elles sont exposées à la date de clôture, montrant comment leur résultat et leurs capitaux propres auraient été influencés par des changements raisonnablement possibles intervenant sur les variables de risques pertinentes (IFRS 7.40), voir nº 52450 ;

Il s'agit dans ce cas de l'utilisation d'indicateurs que l'on peut qualifier d'« indicateurs de sensibilité comptables ».

b. ou **une analyse** de sensibilité **globale,** telle que la valeur en risque (« value at risk »/VaR) qui tient compte des interdépendances entre les variables de risques (par exemple, les taux d'intérêt et les cours de change) et sous réserve qu'elles utilisent cet indicateur global de sensibilité pour gérer leurs risques financiers (IFRS 7.41), voir nº 52460.

Il s'agit dans ce cas de l'utilisation d'un « indicateur de sensibilité économique ».
Sur la notion de valeur en risque (VaR), voir également nº 52460.

3. **Précisions complémentaires (communes aux deux types d'indicateurs)** La norme IFRS 7 apporte par ailleurs les précisions complémentaires suivantes :

a. **panachage possible de plusieurs types d'indicateurs** Les entreprises doivent donner une analyse de sensibilité couvrant l'intégralité de leurs activités, mais peuvent utiliser différents indicateurs de sensibilité pour différentes classes d'instruments financiers (IFRS 7.B21) ;

Ainsi, par exemple et à notre avis, les entreprises peuvent utiliser la valeur en risque (VaR) pour leurs activités de marché (sous réserve d'utiliser cet indicateur en interne pour gérer ce type d'activité) et un indicateur de sensibilité classique pour leurs autres activités.

b. **exposition à la date de clôture non représentative de la période écoulée** Si les chiffres publiés à la date de clôture ne sont pas représentatifs de l'exposition au risque concerné tout au long de l'exercice, l'entité doit donner une information complémentaire (par exemple : plus haut, plus bas, montant moyen) (IFRS 7.IG20).

Sur les situations pouvant entraîner l'obligation de donner plusieurs montants, voir nº 52375.

Indicateurs de sensibilité sur résultat et capitaux propres : approche générale

52450

Question

Quelles informations les entreprises doivent-elles fournir lorsqu'elles publient un indicateur de sensibilité sur leur résultat et leurs capitaux propres pour un risque de marché donné ?

Réponse

Lorsqu'un tel indicateur est présenté, l'entreprise doit indiquer :
- l'indicateur lui-même chiffrant l'impact sur ses résultat et capitaux propres d'une variation de × % (ou de × points de base s'il s'agit de taux d'intérêt) du risque concerné ;
- la méthode et les hypothèses retenues pour le calcul de cet indicateur ; et
- les changements intervenus sur la méthode et les hypothèses depuis la période précédente et la justification de ces changements.

Commentaires Lorsqu'elles retiennent (pour leur analyse des risques de marché) la première approche proposée par IFRS 7.40 (voir nº 52445), les entreprises doivent fournir un indicateur de sensibilité pour chaque type de risque de marché (taux, change, actions, matières premières, etc.) auquel elles sont exposées à la date de clôture.

1. **Nature des informations à publier** Les entreprises doivent fournir pour chacun des risques concernés :
- une **analyse de sensibilité** montrant comment le résultat et les capitaux propres auraient été influencés par des changements raisonnablement possibles à la date de clôture sur les variables de risque pertinentes correspondantes (IFRS 7.40a) ;

Il s'agit de l'indicateur lui-même (montants chiffrés des impacts sur le résultat et les capitaux propres).

- les **méthodes** et **hypothèses utilisées** dans l'élaboration de l'analyse de sensibilité (IFRS 7.40b) ; et
- le cas échéant, les **changements** de méthodes et hypothèses utilisées **par rapport à la période précédente,** ainsi que les raisons motivant ces changements (IFRS 7.40c).

2. **Indicateurs de sensibilité « comptables »** Selon cette première approche, il s'agit en fait de mesurer :
- la « variabilité » de deux soldes comptables (le résultat de l'exercice et les capitaux propres) en réponse aux fluctuations du risque concerné ; et
- en se basant sur les méthodes d'évaluation comptables appliquées aux différents instruments constituant l'exposition de l'entreprise à la date de clôture (juste valeur par résultat, juste valeur par autres éléments du résultat global, coût, coût amorti).

Pour un exemple de ces impacts, voir au nº 52455 le cas du risque de taux.

D'où l'appellation – retenue à titre pédagogique – d'« indicateurs de sensibilité comptables » par opposition à l'indicateur de sensibilité économique que représente, par exemple, la VaR (voir n° 52460).

3. **Précisions apportées par la norme** Concernant plus particulièrement ce type d'indicateur « comptable », la norme donne les précisions suivantes :

a. **Evolutions raisonnablement possibles** La notion d'« évolutions raisonnablement possibles » ne prend pas en compte les scénarios les pires (« worst case ») ni les scénarios de crise (« stress test ») (IFRS 7.B19a et .BC64c).

Par ailleurs, les entreprises n'ont à décrire que les effets des changements (sur le résultat et les capitaux propres) apparaissant aux limites de la fourchette retenue (et non pas tous les changements possibles à l'intérieur de cette fourchette) (IFRS 7.B18b et .BC64d).

b. **Projection sur la période à venir** La projection s'appuie sur l'exposition au risque telle qu'elle se présente à la date de clôture et doit aller jusqu'à la prochaine présentation des comptes de l'entreprise, le plus souvent annuelle (IFRS 7.B19b et .BC64e), mais qui peut également être semestrielle (si l'entreprise présente un jeu de comptes semestriels complets).

Pour plus de détails sur ce point, voir n° 52455, point 2.

c. **Agrégation/désagrégation de l'information présentée** L'analyse doit se faire par nature de risque et par environnement économique, en distinguant par exemple les activités de transaction des autres activités et les environnements économiques avec hyperinflation de ceux sans hyperinflation. A contrario, il y a interdiction de désagréger l'information si une entreprise n'a qu'une seule exposition à une nature de risque de marché dans un seul environnement économique (IFRS 7.B17 et .BC64a).

Concernant le risque de change, la norme précise ainsi qu'une analyse de sensibilité doit être fournie pour chaque monnaie dans laquelle l'exposition de l'entreprise est importante (IFRS 7.B24).

d. **Variations favorables et défavorables des cours** Contrairement à la VaR (voir n° 52460), les entreprises doivent chiffrer l'impact correspondant à la fois à une évolution favorable et défavorable des cours sur leur résultat et leurs capitaux propres, sachant par ailleurs que cet impact peut ne pas être symétrique (dans le cas par exemple de couvertures plancher ou plafond) (IFRS 7.IG36 renvoyant à IFRS 7.40a).

4. **Recommandations de l'AMF** Dans ses recommandations en vue de l'arrêté des comptes 2008, l'AMF indique que le fait de présenter plusieurs scénarios (et non pas un seul scenario comme le prévoit IFRS 7.B18a) correspondant à l'impact d'un changement raisonnable d'hypothèses :
- pourrait être pertinent lorsqu'il existe des effets de seuil importants et que le degré d'incertitude est jugé élevé ;
- mais représente le risque, si aucun commentaire ne l'accompagne, de diminuer la pertinence de l'information produite si la quantité d'informations fournie est trop importante et que les changements raisonnables ne sont pas mis en valeur (Rec. AMF 2008-22, Arrêté des Comptes 2008, § 1.2.5).

Indicateurs de sensibilité sur résultat et capitaux propres : cas particulier du risque de taux d'intérêt

52455 ***Question***

Quelles sont les particularités de calcul de l'indicateur de sensibilité relatif au risque de taux d'intérêt sur le résultat et les capitaux propres ?

Réponse

Les instruments comptabilisés en portefeuille de transaction et ceux évalués à la juste valeur en contrepartie des autres éléments du résultat global (OCI) ont un impact de prix sur le résultat ou sur les capitaux propres.

Concernant les instruments évalués au coût amorti, seuls ceux à taux variable sont pris en compte dans le calcul de l'indicateur de sensibilité (les autres n'ayant pas d'impact ni sur le résultat ni sur les capitaux propres en cas de fluctuation des taux d'intérêt).

Le calcul se fait de manière prospective en se basant sur l'exposition à la date de clôture (et non pas en reconstituant l'exposition réelle tout au long de la période écoulée).

Commentaires Les particularités de la détermination de l'indicateur de sensibilité au risque de taux d'intérêt sur le résultat et sur les capitaux propres sont les suivantes :

Sur les caractéristiques générales de ce type d'indicateur, voir nº 52450.

1. **Risque de prix versus risque de variation des charges et produits d'intérêts** L'impact d'une variation de x % ou de × points de base des taux d'intérêt est différent selon la méthode de comptabilisation des actifs ou passifs financiers concernés :

a. il s'agit d'un **risque de prix** avec :
– impact sur le résultat, pour les instruments évalués à la juste valeur par résultat (transaction ou option juste valeur ou réévaluation de la composante taux d'un élément couvert en FVH), ou
– impact sur les capitaux propres, pour les instruments évalués à la juste valeur par les autres éléments du résultat global (OCI) (actifs évalués à la juste valeur en OCI et plus ou moins-values latentes des dérivés qualifiés de couverture de flux futurs de trésorerie/CFH) ;

b. il s'agit d'un **risque de variation** des **charges** et **produits d'intérêts** avec impact sur le résultat, pour les instruments évalués au coût amorti. Dans ce cas, seuls interviennent dans le calcul de l'indicateur de sensibilité les instruments à taux variable (IFRS 7.B18a).

Les autres instruments (à taux fixe) n'ont en effet aucun impact « comptable » sur le résultat ou sur les capitaux propres lorsque les taux d'intérêt varient.

2. **Calcul prospectif sur la période à venir** Le calcul se fait (IFRS 7.B18) :
– de manière prospective sur la période à venir (trimestrielle, semestrielle ou annuelle selon la périodicité de publication d'un jeu de comptes complets par l'entreprise) ; et
– en se basant sur l'exposition (c'est-à-dire le bilan) à la date de clôture.

Contrairement à ce que pensent certains, il ne s'agit pas de reconstituer l'impact d'une variation des taux d'intérêt (ou de tout autre risque de marché) sur l'exposition réelle, telle qu'elle s'est présentée tout au long de la période écoulée (IFRS 7.BC64b).

3. **Déformations parallèles et non parallèles de la courbe des taux** Concernant le risque de taux d'intérêt, les entreprises doivent chiffrer l'impact de déformations parallèles et non parallèles de la courbe des taux (IFRS 7.IG32, notion de « variable pertinente »).

Publication d'une valeur en risque (VaR)

Question 52460

Dans quelles conditions les entreprises peuvent-elles publier une valeur en risque (« Value at Risk »/VaR) ?

Réponse

La valeur en risque représente la perte potentielle maximale que peut subir un investisseur sur la valeur d'un actif (ou d'un portefeuille d'actifs financiers) compte tenu d'un horizon de détention et d'un intervalle de confiance donnés.

La VaR tient compte des interdépendances entre différents types de risques (par exemple, taux d'intérêt et change).

Les entreprises ne sont toutefois autorisées à publier une VaR que si :
– elles utilisent cet indicateur en interne pour la gestion de leurs risques financiers ;
– le modèle et les paramètres retenus pour la détermination de la VaR sont expliqués aux utilisateurs des états financiers ; et enfin
– la VaR a été auditée par les commissaires aux comptes.

Commentaires :

1. **Définition de la valeur en risque** La valeur en risque (VeR en français selon la traduction officielle du Comité de Bâle – ou « Value at Risk »/VaR) représente la perte potentielle maximale que peut subir un investisseur sur la valeur d'un actif ou d'un portefeuille d'actifs financiers, compte tenu d'un horizon de détention et d'un intervalle de confiance donnés. Elle se calcule à partir d'un échantillon de données historiques et de l'application de lois statistiques habituelles.

Cette méthode est encore appelée « méthode du risque potentiel de pertes maximales ».

Exemple Soit par hypothèse un portefeuille d'instruments financiers dont la VaR, calculée sur une période de détention d'un jour et avec un intervalle de confiance de 99 %, est égale à × millions d'euros. Cela veut dire qu'il y a seulement 1 % de chance que le détenteur de ce portefeuille subisse une perte quotidienne supérieure à × millions d'euros.

52460 (suite) **2. Nature des informations à publier** IFRS 7.41 indique que si une entité prépare une analyse de sensibilité, telle que la valeur en risque, qui tient compte des interdépendances entre les variables de risques (par exemple, les taux d'intérêt et les cours de change), et utilise celle-ci pour gérer des risques financiers, elle peut substituer cette analyse de sensibilité à celle prévue par IFRS 7.40 (voir n° 52450). L'entité doit alors fournir des explications (IFRS 7.41) :
– sur la **méthode utilisée** dans la préparation de cette analyse et sur les principaux **paramètres** et **hypothèses** sous-jacents aux données fournies ; ainsi que
– sur l'**objectif** et les **limites** de cette méthode qui peuvent avoir pour effet que les informations ne reflètent pas intégralement la juste valeur des actifs et des passifs concernés.

3. Précisions La norme fournit les précisions suivantes :

a. Champ d'application La VaR peut ne pas être appliquée à l'ensemble des activités de l'entreprise (mais, par exemple, seulement à ses activités de transaction), sous réserve que l'entreprise couvre ses autres activités par la publication d'indicateurs de sensibilité sur son résultat et ses capitaux propres (IFRS 7.B21 ; voir n° 52450).

b. Absence de mesure des profits Les entreprises ont la faculté de publier une VaR, même si le modèle utilisé pour la détermination de cette dernière ne mesure que les possibilités de pertes et non les possibilités de profit (IFRS 7.B20).

En revanche, si l'entreprise utilise un indicateur de sensibilité sur son résultat et ses capitaux propres (voir n° 52450), cet indicateur doit évaluer aussi bien les impacts favorables que défavorables (IFRS 7.IG36).

c. Description du modèle de VaR utilisé et de ses paramètres Pour se conformer au paragraphe d'IFRS 7.41a (voir point 2. ci-avant), l'entreprise peut décrire (IFRS 7.B20) :
– le type de modèle de valeur en risque qu'elle utilise (par exemple, si ce modèle s'appuie ou non sur une simulation Monte-Carlo, à savoir un tirage aléatoire de scénarios) et comment ce modèle fonctionne ;
– les principales hypothèses sur lesquelles il repose (notamment période de détention du portefeuille, intervalle de confiance, période d'observation historique retenue et pondérations appliquées aux observations faites au cours de cette période) ;

La **période d'observation** correspond à la période de référence retenue au cours de laquelle ont été observées les variations historiques des éléments entrant dans la composition du portefeuille soumis au calcul de la VaR.

– ou encore, la manière dont les options sont prises en considération dans les calculs et quelles volatilités et corrélations (ou alternativement, simulations de distribution de probabilités Monte-Carlo) sont utilisées.

4. Conséquence en matière de contrôle interne et d'audit La VaR publiée au titre des informations requises par IFRS 7 doit être auditée (même si elle est publiée en dehors des états financiers, dans le rapport de gestion ou le rapport sur la gestion des risques), voir n° 52160.

Cela suppose donc un dispositif de contrôle interne accru et l'intervention des auditeurs (audit du modèle utilisé, audit des bases de données historiques, validation des paramètres et hypothèses retenues, etc.).

Remarque Le Comité de Bâle a précisé les spécificités quantitatives minimum de détermination d'une valeur en risque (Convergence internationale de la mesure et des normes de fonds propres, telle que révisée en juillet 2009 – Revision to the Bâle II Market Risk Framework, article 718 (Lxxvi), page 14 s.) :
– calcul quotidien de la VaR ;
– intervalle de confiance de 99 % ;
– période de détention de 10 jours ouvrés ;
– période d'observation (échantillon historique) minimum d'un an ;
– mise à jour des séries de données de base au moins tous les 3 mois ;
– aucun type de modèle particulier n'est prescrit : possibilité de retenir des modèles fondés, par exemple, sur des matrices de variances/covariances, une simulation historique ou une simulation Monte-Carlo ;
– ces modèles doivent néanmoins appréhender avec précision les risques particuliers liés aux options (caractéristiques de prix non linéaire ; mesure de la volatilité des taux/cours/prix) ;
– toute latitude est offerte pour tenir compte des corrélations empiriques entre grandes catégories de risques (taux, change, actions, matières premières, etc.) ;
– enfin il y a l'exigence de calculer une VaR stressée.

Le Comité de Bâle a également fixé des conditions qualitatives à l'utilisation d'une VaR, notamment que cette dernière soit utilisée en interne par la banque pour fixer ses limites de négociation et de position (document de révision précité, page 10).

Informations sur les risques de marché : difficultés pratiques

52465

Question

En ce qui concerne l'information à fournir sur les risques de marché, quelles sont les difficultés pratiques de mise en œuvre (entreprises industrielles et commerciales) ?

Réponse

Les entreprises industrielles et commerciales rencontrent des difficultés, par exemple, pour :

- communiquer de manière pertinente sur leur exposition aux risques, lorsque leurs positions sont constituées à la fois d'instruments financiers (visés par la norme IFRS 7) et d'instruments non financiers (hors champ d'application de la norme) ;
- déterminer leur exposition au risque de change au niveau global groupe (difficultés pour compiler des positions longues et courtes par couple de devises euros/X ou euros/Y) ;
- et enfin transcrire de manière pratique dans leurs états financiers les indicateurs clés de leur reporting interne (difficultés d'application de la notion de « through the eyes of the management »), voir n° 52380.

Commentaires En matière d'information sur l'exposition et la gestion des risques des entreprises industrielles et commerciales, les difficultés peuvent être les suivantes :

1. **Quelle exposition au risque présenter ?** La question se pose en effet de savoir comment déterminer une **exposition** qui soit **intelligible** pour l'utilisateur des états financiers lorsqu'une grande partie de cette exposition est constituée d'instruments qui ne sont pas des instruments financiers (commandes, budgets qui se transformeront en instruments non financiers, stocks de matières premières, etc.).

Il existe plusieurs exemples en la matière :

a. **Stock de métal** Si l'on prend l'exemple de la couverture d'un stock de métal (cuivre, zinc, etc.) utilisé à des fins de production, il existe trois approches différentes pour présenter l'exposition au risque « matières premières » de l'entreprise :
- n'inclure que les dérivés de couverture (puisque ce sont des instruments financiers et que la norme IFRS 7 ne vise en principe que les risques liés aux seuls instruments financiers) ;
- inclure les dérivés de couverture plus la partie du stock couverte, parce que sinon, l'entreprise affiche une exposition qui n'existe pas. En revanche, l'entreprise ne publie alors aucune information sur la partie du stock non couverte, créatrice d'une véritable exposition au risque ;
- inclure la totalité des éléments, c'est-à-dire l'ensemble du stock (partie couverte et partie non couverte) plus les dérivés de couverture. Seule cette présentation a un sens économique. On notera toutefois qu'elle ne correspond pas à ce que demande la norme IFRS 7 (qui ne vise que les instruments financiers).

b. **Contrat d'approvisionnement pour usage propre** Ce point est également vrai pour les stocks de matières premières utilisés à des fins de production. Il s'applique d'une manière générale à tous les contrats à terme de matières premières qualifiés de contrats pour usage propre, voir n° 48560. Etant en dehors du champ d'application d'IFRS 7.5, ces contrats n'ont pas en principe à être pris en compte dans l'exposition au risque.

c. **Commandes ou budgets en devises** Il en est de même pour les commandes ou les budgets en devises qui – s'ils ne sont pas couverts contre le risque de change – n'ont aucune raison, en principe, de figurer dans l'exposition et les analyses de sensibilité au risque de change requises par la norme IFRS 7.

> **Remarque** Ce point s'applique également aux banques qui s'étonnent de n'avoir à prendre en compte pour le calcul de leur indicateur de sensibilité au risque de taux – lorsqu'elles n'utilisent pas la VaR (voir n° 52460) – que les prêts et emprunts à taux variable. En effet, en ce qui concerne les instruments enregistrés au coût amorti, seuls ceux à taux variable ont un impact sur le résultat de l'entité (voir n° 52455).

En conclusion, si sur le plan comptable la variation n'a pas d'impact sur le résultat ou les capitaux propres ou s'il ne s'agit pas d'un instrument financier, alors le risque n'est pas pris en compte dans les indicateurs de sensibilité, tels que définis par la norme IFRS 7 (sauf à utiliser un indicateur tel que la VaR).

2. **Comment déterminer l'exposition au risque de change d'un groupe ?** La question se pose lorsque, par exemple, une entreprise doit cumuler les positions dollar/euro prises par les différentes filiales du groupe sachant que, dans ce cas, il peut s'agir :
– de créances/dettes en euros comptabilisées par une filiale dont la monnaie fonctionnelle est le dollar ;
– ou au contraire de créances/dettes en dollars comptabilisées par une filiale dont la monnaie fonctionnelle est l'euro.

Il existe donc tout un ensemble de positions longues et courtes qui doivent être compilées avant de pouvoir déterminer la position globale du groupe pour un même couple de devises, par exemple dollar/euro.

Si l'information est disponible dans les trésoreries centrales, parce que ces positions sont en général couvertes, il n'en est pas de même dans les reportings par devise de présentation. Les entreprises doivent donc mettre en place des suivis complexes au niveau opérationnel pour satisfaire aux exigences de la norme IFRS 7.

3. **Comment transcrire dans les états financiers les indicateurs de gestion utilisés en interne par la direction ?** La traduction pratique de la notion de « through the eyes of the management » est somme toute assez simple à comprendre et consiste à être le plus transparent possible dans les états financiers sur les risques considérés par le management.

VI. Opérations de couverture (Référentiel IAS 39 ou IFRS 9)

Nature de l'information en annexe quel que soit le référentiel retenu : informations générales

52475 ***Question***

Quelles sont les informations générales à fournir en annexe relatives à la comptabilité de couverture, que l'entité ait décidé d'appliquer les dispositions d'IAS 39 ou celles d'IFRS 9 ?

Réponse

L'information doit mentionner les éléments suivants par catégories de risque :
– stratégie de gestion des risques et son application ;
– impact sur les caractéristiques des flux de trésorerie futurs ;
– impact sur le bilan, l'état du résultat global et l'état des variations des capitaux propres.

Le niveau de détail est à adapter par l'entité en vue de faciliter la bonne compréhension des données chiffrées par les utilisateurs des états financiers.

Commentaires Lorsque l'entité couvre et applique la comptabilité de couverture pour gérer son exposition à certains risques (par exemple, le risque de taux d'intérêt, le risque de change ou le risque matière), elle doit fournir, par catégories de risque (IFRS 7.21C), les informations suivantes (IFRS 7.21A) :
– une description de sa stratégie de gestion des risques et de son application (voir n° 52485) ;
– une explication de la manière dont les activités de couverture de l'entité influent sur le montant, le calendrier et le degré d'incertitude des flux de trésorerie futurs (voir n° 52492) ; et
– une description de l'impact de la comptabilité de couverture sur le bilan, l'état du résultat global et l'état des variations des capitaux propres (voir n° 52500).

La norme IFRS 7 indique également qu'une entité détermine, sauf précision contraire (IFRS 7.21D) :
– le niveau de détail qui permet de répondre de manière satisfaisante aux obligations d'IFRS 7 ;
– le degré d'importance à accorder à chacune de ces différentes obligations d'information ;
– le niveau d'agrégation approprié pour la présentation des informations ; celui-ci doit toutefois être identique à celui retenu pour les informations connexes d'IFRS 7 et d'IFRS 13.

L'entité doit déterminer et présenter les informations nécessaires à la bonne compréhension des données chiffrées publiées (IFRS 7.21D).

A notre avis, à la suite de l'amendement d'IFRS 7 par IFRS 9, l'entité devra fournir plus d'information pour faire le lien entre sa stratégie de couverture et ses impacts sur les comptes.

L'ensemble de ces informations doivent être présentées dans une même note. Lorsque l'une (ou plusieurs) des informations citées ci-avant a (ont) été incorporée(s) dans un autre document consultable au même titre que les états financiers et en même temps (par exemple, le rapport de gestion), l'entité est tenue de faire les renvois nécessaires si elle souhaite éviter les redites (IFRS 7.21B).

Recommandations de l'AMF Dans ses recommandations en vue de l'arrêté des comptes 2018, l'AMF rappelle aux sociétés ayant des opérations de couverture significatives qu'elles sont tenues de fournir en annexe les nouvelles informations requises par IFRS 7 sur les opérations de couverture. Ces informations doivent être proportionnées à l'étendue de la stratégie et des activités de couverture réalisées (Rec. AMF 2018-12, Arrêté des Comptes 2018, § 4.2).

Nature de l'information en annexe lorsque l'entité a décidé d'appliquer le référentiel IFRS 9 : stratégie de gestion des risques

Question **52485**

Quelles sont les informations à fournir en annexe au titre de la stratégie de gestion des risques dans le cadre d'une comptabilité de couverture ?

Réponse

Pour permettre aux utilisateurs des états financiers de comprendre la stratégie de gestion des risques de l'entité, les informations suivantes sont présentées en annexe :
- la nature des instruments de couverture utilisés ;
- la manière dont l'entreprise détermine l'existence d'un lien économique ;
- la méthode de détermination du ratio de couverture.

Certaines informations supplémentaires sont nécessaires en cas de couverture d'une composante de risque d'un élément individuel ou d'un groupe d'éléments.

En outre, d'autres informations sont à communiquer dans le cas d'une gestion dynamique de couverture.

Commentaires Lorsque l'entité applique la comptabilité de couverture, elle doit expliquer en quoi consiste sa stratégie de gestion des risques couverts au niveau de chaque catégorie de risque comprise dans son exposition (IFRS 7.22A).

Pour la nécessité de l'existence d'une stratégie de gestion des risques, voir n° 49380.
Pour la distinction entre la stratégie et l'objectif de gestion des risques, voir n° 49380.
Ces informations sont à communiquer en plus des informations à caractère général (voir n° 52475) et de celles au titre de l'appréciation de l'incidence d'une couverture de flux de trésorerie sur les flux de trésorerie futurs (voir n° 52492).

a. Cas généraux L'utilisateur des états financiers doit pouvoir comprendre, par exemple (IFRS 7.22A) :
- comment chaque risque survient ;
- comment et pourquoi chaque risque est géré, soit au niveau de l'élément couvert pour la totalité de ses risques soit une composante de risque (ou plusieurs) d'un élément ;
- l'importance des expositions de risques à gérer.

L'entité doit alors décrire (IFRS 7.22B) :
- les instruments de couverture utilisés ;
- comment elle détermine l'existence d'un lien économique entre l'élément couvert et l'instrument de couverture ;

L'existence de ce lien fait partie des trois critères d'efficacité de la couverture, voir n° 49110.

- comment elle détermine le ratio de couverture entre l'élément couvert et l'instrument de couverture et quelles sont les sources d'inefficacité de couverture ;

L'existence de ce ratio de couverture fait partie des trois critères d'efficacité de la couverture, voir n° 49110.

En outre, en cas de couverture d'une composante de risque d'un élément individuel ou d'un groupe d'éléments, IFRS 7.22C requiert une description de la manière :

Pour plus de détails, voir n° 49140.

– de déterminer ladite composante (ainsi que la nature de la relation entre la composante de risque couverte d'un élément et cet élément pris dans son intégralité) ;
– dont la composante de risque se rattache à l'élément pris dans son intégralité (par exemple, le fait que la composante de risque désignée a couvert, jusqu'ici, 80 % des variations de la juste valeur de l'élément dans son intégralité).

b. **Cas spécifiques** Dans le cas d'une gestion dynamique de couverture où l'exposition au risque et les instruments de couverture utilisés pour la gérer sont dénoués et renoués fréquemment, IFRS 7.23C requiert les informations suivantes (et non pas celles des cas généraux) :

Selon IFRS 7.24D, si le montant notionnel des relations de couverture est ajusté très fréquemment et n'est pas représentatif des montants notionnels normaux habituellement observés, l'entité mentionne ce fait ainsi que la raison pour laquelle elle estime que les volumes ne sont pas représentatifs.

– la description de la stratégie de gestion des risques à laquelle ces relations de couverture se rattachent ; et
– comment l'utilisation de la comptabilité de couverture et la désignation de ces relations de couverture reflètent cette stratégie de gestion des risques ; et
– la fréquence de dénouement et de nouveau départ dans le cadre du processus établi pour ce type de relation de couverture.

Nature de l'information en annexe : impact sur le montant, le calendrier et le degré d'incertitude des flux de trésorerie futurs

52492 ***Question***

Quelles sont les informations à fournir en annexe au titre de la stratégie de gestion des risques dans le cadre d'une comptabilité de couverture de flux de trésorerie ?

Réponse

Pour apprécier l'impact de la couverture sur les flux de trésorerie futurs, un échéancier de la valeur nominale de l'instrument de couverture et son prix, les sources d'inefficacité potentielles et le montant de l'inefficacité qui en résulte et la description de la transaction future couverte qui ne va plus se produire.

Commentaires Afin de permettre aux utilisateurs des états financiers d'apprécier l'incidence des instruments de couverture sur le montant, le calendrier et le degré d'incertitude des flux de trésorerie futurs, IFRS 7.23A s. requiert des informations quantitatives pour chaque catégorie de risques (sauf dans le cas de relations de couverture fréquemment dénouées puis renouées) :

Ces informations sont à communiquer en plus des informations à caractère général (voir nº 52475) et de celles au titre de la stratégie de gestion des risques (voir nº 52485).

– un échéancier de la valeur nominale de l'instrument de couverture ; et
– s'il y a lieu, le prix ou le taux moyen (par exemple, le prix d'exercice ou le prix à terme) de l'instrument de couverture ; et
– une description des sources d'inefficacité susceptibles d'affecter la relation de couverture et l'inefficacité qui en résulte ; et

Si de nouvelles sources d'inefficacité apparaissent, elles doivent être mentionnées par catégorie de risques. L'inefficacité qui en résulte doit également être décrite.

– une description de toute transaction future qui avait été considérée comme hautement probable pour pouvoir faire l'objet d'une couverture de flux de trésorerie au cours de la période précédente mais dont il n'est plus attendu qu'elle se produise.

Recommandations de l'AMF Dans ses recommandations en vue de l'arrêté des comptes 2022, si la disparition du caractère hautement probable de la transaction prévue générant les flux de trésorerie couverts entraîne une déqualification de la relation de couverture, et si les impacts sur les états financiers sont significatifs, l'AMF recommande de présenter dans les états financiers des informations relatives à cette disparition (disparition de la transaction, impacts) (Rec. AMF 2022-06, Arrêté des Comptes 2022, § 4.4.4).

Nature de l'information en annexe : effets de la comptabilité de couverture

52500

Question

Quelles sont les informations à fournir en annexe au titre des effets de la comptabilité de couverture ?

Réponse

L'entité doit présenter l'impact sur le bilan des différents types de couverture. La norme IFRS 7 requiert la présentation de 3 tableaux :

1. **sur les instruments de couverture** (valeur comptable, poste du bilan, variation de juste valeur, notionnel) ;

2. **sur les éléments couverts** Les informations diffèrent selon le type de comptabilité de couverture (FVH : valeur comptable, cumul des ajustements de juste valeur inclus dans la valeur comptable, poste du bilan, variation de valeur de la période calculée pour mesurer l'inefficacité, cumul non amorti des ajustements pour les instruments qui ont cessé d'être couverts ; CFH et NIH : variation de valeur de la période calculée pour mesurer l'inefficacité ; soldes de la réserve de CFH et NIH pour les relations continues et celles terminées) ;

3. **sur l'impact de la comptabilité de couverture sur l'état du résultat global** Les informations diffèrent selon le type de comptabilité de couverture (FVH : montant de l'inefficacité de couverture comptabilisé en résultat net ou en OCI et poste de l'état du résultat global ; CFH et NIH : profits ou pertes de couverture de la période, inefficacité de la couverture et poste du résultat net dans lequel elle est comptabilisée, montant recyclé en résultat net de la réserve de couverture et poste du résultat net dans lequel il est comptabilisé).

En plus de ces éléments, un tableau présentant la variation sur la période des OCI en distinguant leur nature (réserve de CFH, écarts de conversion des monnaies étrangères, juste valeur de la valeur temps de l'option, juste valeur du « cross-currency basis » et juste valeur du report/déport).

Commentaires Selon la norme IFRS 7, des informations quantitatives doivent être présentées sous forme de tableaux, en distinguant, **dans chacun des tableaux,** les différentes **catégories de risques** définies par l'entité et chaque **type de couverture** (couverture de juste valeur, couverture de flux de trésorerie et couverture de l'investissement net dans un établissement à l'étranger) :

1. **Tableau sur les instruments de couverture** :

Un exemple de tableau est fourni par IFRS 7.IG13C :

	Notionnel de l'instrument de couverture (1)	Valeur comptable de l'instrument de couverture		Poste du bilan dans lequel l'instrument de couverture est comptabilisé	Variation de la juste valeur de l'instrument utilisée aux fins de la comptabilisation de l'inefficacité de la couverture pour la période
		Actif	Passif		
Couverture de flux de trésorerie					
Risque de prix matière					
Vente à terme (Forwards)	X	X	X	Libellé du poste	X
Couverture de juste valeur					
Risque de taux					
Swaps de taux d'intérêt	X	X	X	Libellé du poste	X
Risque de change					
Prêt en devises	X	X	X	Libellé du poste	X
(1) Y compris tonnes ou mètres cubes					

52500 (suite) Le tableau fourni par l'entité doit indiquer (IFRS 7.24A) :

– la valeur comptable (en séparant les actifs financiers des passifs financiers) ;

Les instruments de couverture éligibles à la comptabilité de couverture sont évalués à la juste valeur par résultat c'est-à-dire que la valeur comptable correspond à la juste valeur de l'instrument (voir n° 50070 sous IFRS 39 et n° 49630 sous IFRS 9).

– le poste du bilan dans lequel l'instrument est inclus ;
– la variation de la juste valeur de l'instrument utilisée aux fins de la comptabilisation de l'inefficacité de la couverture pour la période ;
– le notionnel (y compris s'il s'agit de tonnes ou de mètres cubes).

2. Tableau sur les éléments couverts :

Un exemple de tableau est fourni par IFRS 7.IG13D.

	Valeur comptable de l'élément couvert après prise en compte de l'effet de la couverture		Cumul des ajustements de couverture de juste valeur apportés à l'élément couvert et inclus dans sa valeur comptable au bilan		Poste du bilan dans lequel l'instrument couvert est inclus	Variation de juste valeur de l'élément couvert utilisée pour le calcul de l'inefficacité sur la période écoulée	Réserve de flux de trésorerie (cumul)
	Actif	Passif	Actif	Passif			
Couverture de flux de trésorerie							
Risque de prix sur la matière première							
Ventes prévisionnelles	N/A	N/A	N/A	N/A	N/A	X	X
Ventes prévisionnelles pour lesquelles il y a eu un arrêt de la comptabilité de couverture	N/A	N/A	N/A	N/A	N/A	N/A	X
Couverture de juste valeur							
Risque de taux d'intérêt							
Prêts		X		X	Libellé du poste	X	N/A
Prêts pour lesquels il y a eu un arrêt de la couverture		X		X	Libellé du poste	N/A	N/A
Risque de change							
Engagement ferme	X	X	X	X	Libellé du poste	X	N/A

Le tableau fourni par l'entité doit indiquer (IFRS 7.24B) :

a. Pour les couvertures de juste valeur (FVH) :

– la valeur comptable de l'élément couvert comptabilisé dans le bilan (en séparant les actifs des passifs) ;

La valeur comptable de l'élément couvert est ajustée de la variation de juste valeur imputable à la composante risque couvert, voir n° 50205 sous IAS 39 et n° 49330 sous IFRS 9.

– le cumul des ajustements de juste valeur apportés à l'élément couvert et inclus dans la valeur comptable de l'élément couvert ;
– le poste du bilan dans lequel l'élément couvert est inclus ;
– la variation de la valeur de l'élément couvert utilisée pour la comptabilisation de l'inefficacité de la couverture pour la période ;
– le cumul non amorti des ajustements (prime/décote) réalisés au titre de la variation de juste valeur imputable à la couverture d'instruments évalués au coût amorti lorsque ces derniers ont cessé d'être ajustés des variations de juste valeur attribuables au risque couvert (c'est-à-dire lors de l'arrêt de la couverture).

Pour plus de précisions sur l'amortissement de l'ajustement réalisé sur l'élément couvert, voir nº 50205 sous IAS 39 et nº 49330 sous IFRS 9. **52500** (suite)

b. Pour les couvertures de flux de trésorerie (CFH) et les couvertures d'investissement net dans un établissement à l'étranger (NIH) :

- la variation de la valeur de l'élément couvert utilisée pour la comptabilisation de l'inefficacité de la couverture pour la période ;
- les soldes de la réserve de couverture de flux de trésorerie et des écarts de conversion des monnaies étrangères se rapportant aux relations de couverture pour lesquelles la comptabilité de couverture continue d'être appliquée ;
- les soldes de la réserve de couverture de flux de trésorerie et des écarts de conversion des monnaies étrangères se rapportant aux relations de couverture pour lesquelles la comptabilité de couverture n'est plus appliquée.

Les gains et pertes cumulés sur l'instrument de couverture et comptabilisés en capitaux propres pendant la période de l'efficacité de la couverture demeurent en capitaux propres et ne sont reclassés en résultat que lorsque le résultat est affecté par l'élément couvert. Seule exception : le reclassement est immédiat lorsque l'entité ne s'attend plus à ce que la transaction future prévue se réalise.

Pour la comptabilisation d'un arrêt de couverture : vue d'ensemble, voir nº 50265 sous IAS 39 et nº 49820 sous IFRS 9.

3. Tableau présentant l'impact de la comptabilité de couverture dans l'état du résultat global :

Un exemple de tableau est fourni par IFRS 7.IG13E.

Couverture de flux de trésorerie	Poste distinct du résultat où profits et pertes de couverture de position nette sont comptabilisés	Profits et pertes de couverture de la période d'arrêté comptable qui ont été comptabilisés en OCI	Inefficacité de la couverture comptabilisée en résultat net	Poste du résultat (incluant l'inefficacité)	Montant recyclé en résultat net de la réserve de couverture de flux de trésorerie ou des écarts de conversion des monnaies étrangères	Poste du résultat impacté par ce recyclage
Risque de prix sur la matière première						
Matière première	N/A	X	X	Libellé du poste	X	Libellé du poste
Arrêt de couverture	N/A	N/A	N/A	N/A	X	Libellé du poste

Couverture de juste valeur	Inefficacité comptabilisée en résultat net	Poste du résultat où l'inefficacité est comptabilisée
Risque de taux d'intérêt	X	Libellé du poste
Risque de change	X	Libellé du poste

Le tableau fourni par l'entité doit indiquer (IFRS 7.24C) :

a. Pour les couvertures de juste valeur (FVH) :

- l'inefficacité de la couverture comptabilisée en résultat net (ou dans les autres éléments du résultat global (OCI) pour les couvertures d'un instrument de capitaux propres évalué sur option à la juste valeur en OCI) ;

  L'inefficacité correspond à la différence entre les profits ou pertes de couverture de l'instrument de couverture et ceux de l'élément couvert.

- le poste de l'état du résultat global où l'inefficacité de la couverture est comptabilisée.

b. Pour les couvertures de flux de trésorerie (CFH) et les couvertures d'investissement net dans un établissement à l'étranger (NIH) :

- les profits et pertes de couverture de la période d'arrêté comptable qui ont été comptabilisés en autres éléments du résultat global (OCI) ;
- l'inefficacité de la couverture comptabilisée en résultat net ;
- le poste de l'état du résultat global où l'inefficacité de la couverture est comptabilisée ;

– le montant recyclé en résultat net de la réserve de couverture de flux de trésorerie ou des écarts de conversion des monnaies étrangères, en distinguant les cas d'un arrêt de couverture lorsque l'entité ne s'attend plus à ce que la transaction future prévue se réalise ; ou lorsque les flux de trésorerie futurs couverts affectent le résultat de l'entité ;
– le poste de l'état du résultat global dans lequel l'ajustement de reclassement est inclus ;
– pour les couvertures de position nette, les profits et pertes de couverture comptabilisés dans un poste distinct de l'état du résultat global.

4. **Le rapprochement par catégorie de risques pour chaque composante des capitaux propres impactée par la comptabilité de couverture et une analyse de la variation des autres éléments du résultat global (OCI)** en distinguant (IFRS 7.24E et .24F) :

A notre avis, l'information pourrait être présentée sous forme de tableau, avec en colonnes une distinction entre la réserve de couverture de flux de trésorerie, les écarts de conversion des monnaies étrangères et les autres natures d'OCI (par exemple, la juste valeur de la valeur temps de l'option) et en lignes les montants en OCI relatifs aux éléments suivants avec la granularité demandée.

a. **Pour les couvertures de flux de trésorerie (CFH) et les couvertures d'investissement net dans un établissement à l'étranger (NIH)** (IFRS 7.24Ea) :
– les profits et pertes de couverture comptabilisés en OCI au cours de la période comptable ;
– le montant recyclé en résultat de la réserve de couverture de flux de trésorerie ou des écarts de conversion des monnaies étrangères, en distinguant les cas d'un arrêt de couverture lorsque l'entité ne s'attend plus à ce que la transaction future prévue se réalise ; ou lorsque les flux de trésorerie futurs couverts affectent le résultat de l'entité ;
– le montant des OCI recyclé lors de la correction de la valeur d'entrée au bilan de l'actif ou du passif non financier (« basis adjustment »), voir nº 50240 sous IAS 39 et nº 49340 sous IFRS 9 ;
– le montant de la perte recyclé en résultat net, en raison de l'impossibilité de recouvrer cette perte sur les années futures.

b. **Pour les options dont la variation de juste valeur de la valeur temps est comptabilisée en OCI** (IFRS 7.24Eb) :

La norme IFRS 9 permet de ne désigner comme instrument de couverture que la variation de la valeur intrinsèque de l'option. Ainsi, la valeur temps de l'option est comptabilisée en OCI (IFRS 9.6.5.15), voir nº 49200, et reprise au compte de résultat de manière différenciée selon l'élément couvert, une transaction ou un intervalle de temps.

– le montant accumulé en OCI lorsque l'élément couvert est lié à une transaction ;

Dans ce cas, les OCI sont recyclés, voir nº 49200, point 2. :
– soit dans la valeur comptable initiale de l'instrument lorsque l'élément couvert aboutit à la comptabilisation d'un actif ou passif non financier ;
– soit en résultat.

– le montant accumulé en OCI lorsque l'élément couvert est lié à un intervalle de temps.

Dans ce cas, les OCI sont recyclés en résultat, voir nº 49200, point 3.

c. **Pour les « cross-currency swaps » dont la variation de juste valeur du « cross-currency basis » est comptabilisée en OCI et les contrats d'achat à terme ferme dont la variation de juste valeur de la composante report/déport est comptabilisée en OCI** (IFRS 7.24Ec) :

La norme IFRS 9 permet d'exclure de la relation de couverture le « cross-currency basis » du « cross-currency swap », voir nº 49210.
De la même manière, l'entité a la possibilité de ne désigner comme instrument de couverture que la variation de valeur de la composante comptant d'un contrat d'achat à terme ferme (et donc d'exclure la composante report/déport), voir nº 49220.
Pour ces deux cas, le traitement comptable des composantes exclues de la relation de couverture est identique à celui de la valeur temps des options, voir b. ci-dessus (IFRS 9.6.5.16).

– le montant accumulé en OCI lorsque l'élément couvert est lié à une transaction ;
– le montant accumulé en OCI lorsque l'élément couvert est lié à un intervalle de temps.

Nature de l'information en annexe lorsque l'entité a décidé d'appliquer le référentiel IFRS 9 : désignation à la juste valeur par résultat d'une exposition de crédit

52510 *Question*

Quelles sont les informations à fournir en annexe lorsque l'entité fait le choix de désigner à la juste valeur par résultat une exposition de crédit ?

Réponse

IFRS 7 (IFRS 7.24G) requiert la publication des informations suivantes :

- le montant notionnel et la juste valeur de chacun des dérivés de crédit en début et en fin de période d'arrêté comptable ;
- le montant de gain ou perte comptabilisé en résultat relatif à l'exposition de crédit ;
- lors de l'arrêt de l'évaluation de l'exposition de crédit à la juste valeur par résultat sur option, le montant de la juste valeur qui devient la nouvelle valeur comptable et le montant du nominal lié.

Commentaires Lorsqu'un dérivé de crédit est utilisé pour couvrir le risque de crédit de tout ou partie d'un instrument financier (exposition de crédit), l'entité peut désigner ce dernier comme étant évalué à la juste valeur par résultat si les conditions cumulatives sont remplies (IFRS 9.6.7.1) :

- l'entité à laquelle se rattache l'exposition au risque de crédit correspond à l'entité de référence du dérivé de crédit ;
- le rang de l'instrument financier correspond à celui des instruments qui peuvent être livrés selon le dérivé de crédit.

Pour plus de détails sur cette option juste valeur, voir nº 49240 s.

Informations en annexe lorsque l'entité applique les amendements IFRS 9/IAS 39 sur la réforme des taux de référence

Question 52515

Quelles sont les informations à fournir en annexe lorsque l'entité a décidé d'appliquer les exemptions permises par l'IASB dans le cadre de la réforme des taux de référence ?

Réponse

IFRS 7 amendée (en deux phases) dans le cadre de la réforme des taux de référence requiert la publication des informations suivantes :

- les principaux indices de référence dont la réforme affecte les relations de couverture ;
- le niveau de risque couvert directement affecté par la réforme des taux de référence, sur la base d'informations quantitatives selon les recommandations de l'AMF ;
- la manière dont l'entité gère la transition aux nouveaux taux de référence ;
- les hypothèses et jugements pris en compte pour l'application des exemptions, notamment pour déterminer les périodes d'application des exemptions ;
- le montant nominal des instruments de couverture des relations concernées ;
- les changements éventuels apportés à la stratégie de gestion des risques de l'entité ;
- les notionnels des instruments dérivés et les nominaux des actifs et passifs impactés par la réforme qui n'ont pas encore transité vers les nouveaux taux de référence.

Commentaires :

1. **Contexte** Dans le cadre de la réforme des taux de référence, l'IASB a publié, en deux phases, des amendements des normes IAS 39 et IFRS 9, afin de permettre aux entités, d'une part, d'atténuer les impacts comptables de la modification des contrats liée à la réforme des taux de référence et, d'autre part, de maintenir les relations de couverture durant et après la transition vers les nouveaux taux de référence.

En septembre 2019, l'IASB a publié un amendement des normes IFRS 9 et IAS 39 (amendement phase 1) dont l'objectif est de permettre aux entités de maintenir les relations de couverture existantes durant la période de transition aux nouveaux taux de référence.

En août 2020, l'IASB a publié un amendement des normes IFRS 9 et IAS 39 (amendement phase 2) dont l'objectif est de permettre aux entités d'atténuer les impacts comptables liés à la modification des contrats des instruments financiers transitant vers les nouveaux taux de référence.

Pour les exemptions portant sur la comptabilité de couverture, voir nº 49900 s. (IFRS 9) et 50500 s. (IAS 39).

Pour les exemptions portant sur la modification des contrats, voir nº 46266 s.

La norme IFRS 7 a également été amendée, indiquant les informations spécifiques que doivent fournir les entités dont les contrats et relations de couverture sont directement affectés par la réforme des taux de référence et qui choisissent d'appliquer les exemptions introduites par les amendements mentionnés ci-avant.

2. Informations requises par IFRS 7 amendée, Phase 1 Les entités appliquant les exemptions permettant de maintenir les relations de couverture malgré l'incertitude liée à la réforme des taux de référence doivent fournir les informations suivantes (IFRS 7.24H) :

a. les principaux indices de référence dont la réforme affecte les relations de couverture de l'entité ;

b. le niveau de risque couvert directement affecté par la réforme des taux de référence : si la norme IFRS 7 amendée ne précise pas le niveau d'informations attendu, l'AMF, dans ses recommandations en vue de l'arrêté des comptes 2019, invite les entités à communiquer des informations quantitatives permettant de mieux comprendre les enjeux de la réforme :
- valeur comptable des instruments de couverture (en séparant les actifs des passifs),
- variation de juste valeur des instruments de couverture et des éléments couverts utilisés afin de mesurer l'inefficacité de la couverture sur la période,
- valeur comptable de l'élément couvert comptabilisé (pour les couvertures de juste valeur) ;
- cumul des ajustements de juste valeur apportés à l'élément couvert (pour les couvertures de juste valeur),
- soldes des montants accumulés en capitaux propres au titre des couvertures de flux de trésorerie maintenues pendant la période,
- soldes des montants accumulés en capitaux propres au titre des couvertures de flux de trésorerie interrompues pendant la période ;

c. la manière dont l'entité gère la transition aux nouveaux taux de référence : notamment, la SEC (aux Etats-Unis) recommande de publier les informations suivantes :
- la part des contrats qui comportent des clauses dites de « fallback »,

  Il s'agit de clauses qui décrivent des mesures afin de déterminer un indice de référence de substitution en cas d'indisponibilité de l'indice (voir n° 46270).

- les actions qui vont être menées pour gérer les incertitudes sur les contrats qui ne comportent pas de clause de fallback ou des clauses qui ne s'appliquent que pour une disparition temporaire ;

d. les hypothèses et jugements pris en compte pour l'application des exemptions, notamment pour déterminer les périodes d'application de celles-ci ;

e. le montant nominal des instruments de couverture des relations concernées.

A notre avis, il ne serait pas suffisant de présenter un montant nominal global sans distinction des devises.

3. Informations supplémentaires requises par IFRS 7 amendée, Phase 2 Les entités appliquant la phase 2 de la réforme des taux de référence doivent **également** fournir les informations suivantes relatives aux (IFRS 7.24I et .24J) :
- changements éventuels apportés à la stratégie de gestion des risques de l'entité ;
- notionnels des instruments dérivés et aux nominaux des actifs et passifs impactés par la réforme des taux de référence et qui n'ont pas encore transité vers les nouveaux taux de référence. Une ventilation de ces montants par taux de référence est attendue.

VII. Informations relatives aux reclassements à la suite d'un changement de modèle de gestion (« business model »)

Informations à fournir sur les reclassements d'actifs financiers

52520 *Question*

Quelles sont les informations à fournir en annexe en cas de reclassement d'actifs financiers ?

Réponse

Lorsqu'une entité procède à des reclassements d'actifs financiers en cas de changement de modèle de gestion (« business model ») (voir n° 45570 s.), elle doit fournir en annexe un certain nombre d'informations, notamment :
- la date de reclassement ;
- les montants reclassés ;
- l'explication du changement de modèle de gestion.

Ces informations doivent être complétées selon que le reclassement concerne des actifs évalués à la juste valeur par résultat ou des actifs évalués à la juste valeur par OCI.

Commentaires La norme IFRS 7 précise les informations à donner en annexe dans le cas de reclassements d'actifs financiers. Pour chaque exercice comptable considéré ou la période de reporting précédente, les entités procédant à des reclassements doivent ainsi indiquer en annexe (IFRS 7.12B) :

- la date de reclassement ;
- une explication du changement de modèle de gestion (« business model ») ainsi qu'une description qualitative de son impact sur leurs états financiers ;
- les montants reclassés d'une catégorie de portefeuille à une autre.

De plus, la norme IFRS 7 prévoit des informations complémentaires à donner en annexe au titre de certains reclassements :

1. **Reclassements d'actifs financiers évalués à la juste valeur par résultat vers les actifs évalués au coût amorti ou évalués à la juste valeur en contrepartie des autres éléments du résultat global (OCI)** En plus des informations prévues ci-avant, les entités procédant à ce type de reclassement doivent indiquer en annexe pour chaque exercice comptable de la date de reclassement jusqu'à la cession des actifs concernés (IFRS 7.12C) :

- le taux d'intérêt effectif (TIE) à la date du reclassement ;
- les produits d'intérêts comptabilisés.

En plus des informations prévues ci-avant, les entités procédant à ce type de reclassement doivent indiquer en annexe pour chaque exercice comptable depuis la clôture de l'exercice précédent (IFRS 7.12D) :

- la juste valeur des actifs reclassés à la date de clôture ;
- le profit ou la perte lié à la variation de juste valeur de l'actif qui aurait été comptabilisé en résultat, si l'actif n'avait pas été reclassé.

2. **Reclassements d'actifs financiers évalués à la juste valeur par OCI vers les actifs évalués au coût amorti** En plus des informations prévues ci-avant, les entités procédant à ce type de reclassement doivent indiquer en annexe pour chaque exercice comptable depuis la clôture de l'exercice précédent (IFRS 7.12D) :

- la juste valeur des actifs reclassés à la date de clôture ;
- le profit ou la perte lié à la variation de juste valeur de l'actif qui aurait été comptabilisé en OCI, si l'actif n'avait pas été reclassé.

VIII. Informations relatives aux opérations de transferts d'actifs financiers

Décomptabilisation complète

Question 52530

Quelles sont les informations à fournir en annexe lorsqu'une entité décomptabilise avec succès un actif financier transféré ?

Réponse

La norme IFRS 7, Instruments financiers – Informations à fournir, requiert de fournir des informations permettant d'évaluer la nature de l'implication d'une entreprise dans les actifs décomptabilisés, de même que les risques en résultant et ce, en cas de maintien d'implication dans les actifs transférés (au sens d'IFRS 7).

En outre, à notre avis, qu'il y ait maintien d'implication ou non dans les actifs transférés, les entreprises devraient indiquer les choix significatifs retenus dans l'analyse de consolidation des entités ad hoc, dans l'analyse de décomptabilisation en matière de prise en compte (ou non) du risque de dilution (considéré par l'AMF comme un maintien d'implication) et d'analyse des risques et avantages (notamment s'il s'agit de créances préalablement assurées) compte tenu de l'incertitude sur l'interprétation de ces notions.

Enfin, les entreprises doivent fournir des informations sur les opérations hors bilan (affacturage, titrisation, externalisation, etc.) et les entités structurées non consolidées.

Commentaires Les sociétés doivent fournir, dans une note unique aux états financiers, des informations supplémentaires relatives à tous les transferts d'actifs financiers décomptabilisés afin de permettre à l'utilisateur d'évaluer la nature de l'implication de la société dans ces actifs décomptabilisés et les risques en résultant.

52530 (suite) Ces informations doivent être fournies à chaque date de clôture (indépendamment de la date du transfert lui-même), dès lors qu'une implication de l'entité dans les actifs transférés existe à cette même date (IFRS 7.42A et .42B).

1. **Notion de transfert** La notion de transfert est définie dans la norme IFRS 7 de manière plus large que dans la norme IFRS 9. En effet, elle couvre les transferts de droits contractuels aux flux de trésorerie de l'actif et les accords de « pass-through », même si ces derniers ne remplissent pas les conditions restrictives de la norme IFRS 9.

Pour les différentes catégories de transferts reconnus par la norme IFRS 9, voir nº 48075.

2. **Notion d'implication** La notion d'implication retenue dans la norme IFRS 7 est différente du modèle comptable d'« implication continue » visé par la norme IFRS 9 (voir nº 48065 et 48235) et ce, alors même que les termes utilisés sont identiques (« continuing involvement »). Une entité conserve une implication dans un actif transféré dès lors qu'elle conserve tout droit ou obligation inhérent à cet actif, ou qu'elle en a obtenu de nouveaux (IFRS 7.42C).

A l'inverse, une entité n'a aucune implication dans un actif transféré si elle ne détient aucun intérêt relatif à la performance future de l'actif ni aucune responsabilité – dans quelque circonstance que ce soit – d'effectuer un paiement au titre de ce même actif dans le futur (IFRS 7.B30).

Remarques :

1. Ainsi, une entité peut avoir conservé une implication dans des actifs au sens d'IFRS 7 alors même qu'elle a décomptabilisé ces actifs en totalité.

2. Le terme de « paiement » dans ce contexte ne comprend pas les flux de trésorerie de l'actif financier transféré que l'entité perçoit et qu'elle doit remettre au cessionnaire (IFRS 7.B30).

3. Un mandat de gestion de recouvrement des actifs financiers cédés entraîne les obligations d'informations relatives aux transferts d'actifs (IFRS 7.B30 et .B30A).

Les éléments suivants ne constituent toutefois pas une implication du cédant dans un actif transféré (IFRS 7.42C) :
- les représentations et garanties normales relatives au transfert (aspects liés à la fraude, à la bonne foi, résultat d'actions légales qui pourraient invalider le transfert, etc.) ;
- les options permettant au cédant de réacquérir l'actif cédé si leur prix d'exercice correspond à la juste valeur de l'actif ;
- les droits contractuels conservés par l'entité mais correspondant à un accord de « pass-through » respectant les conditions strictes d'IFRS 9.

Pour les accords de « pass-through », voir nº 48140.

Cas particulier des mandats de gestion, selon lesquels le cédant conserve le suivi et le recouvrement des actifs transférés La norme IFRS 7 fournit des indications permettant d'apprécier si un mandat de gestion des actifs transférés constitue ou non une implication au sens de cette norme.

Elle indique ainsi qu'il convient de se référer aux dispositions des paragraphes 42C et B30 (IFRS 7.42C et .B30). Par exemple, le gestionnaire conserve une implication avec l'actif financier transféré :
- si ses honoraires de gestion dépendent du montant ou du calendrier des flux de trésorerie recouvrés sur l'actif financier transféré ;
- des honoraires fixes ne sont pas entièrement versés en raison de l'inexécution de l'actif financier transféré.

Dans ces exemples, le gestionnaire a un droit lié à la performance future de l'actif financier transféré. Le fait que les honoraires à recevoir rémunèrent l'entité de manière adéquate ou non au titre de l'exécution du mandat de gestion n'est pas pris en compte dans l'appréciation.

Pour la comptabilisation des mandats de gestion des actifs transférés, voir nº 48130.

3. **Informations à présenter** L'implication d'une entité doit être regroupée de manière représentative de ses types d'exposition aux risques conservée (IFRS 7.42E), par exemple par type d'instrument (garanties, options d'achat, etc.), ou par type de transfert (affacturage de créances, titrisations, prêts de titres, etc.) (IFRS 7.B33).

Pour l'appréciation de la notion d'« implication » dans le cas d'un mandat de gestion, voir point 2. ci-avant.

Pour chaque nature d'implication conservée dans des actifs transférés, les informations suivantes doivent notamment être présentées (IFRS 7.42E, .42G et .42H) :
- la valeur comptable et la juste valeur des actifs et passifs qui représentent l'implication de l'entité dans l'actif financier décomptabilisé (IFRS 7.42Ea et .42Eb) ;
- le risque de perte maximal au titre de cette implication ainsi que des informations relatives à la détermination de ce risque maximal (IFRS 7.42Ec) ;

- le montant des sorties de trésorerie potentielles ou contractuelles au titre des actifs transférés ainsi qu'une analyse de maturité de ces mêmes flux (non actualisés) (IFRS 7.42Ed et .42Ee) ; **52530** (suite)
- des informations qualitatives expliquant les informations quantitatives présentées (IFRS 7.42Ef) ;

Une entité peut agréger les informations listées ci-avant et relatives à un actif particulier si elle a plus d'un type d'implication continue dans cet actif financier décomptabilisé et les publier comme un seul type d'implication continue (IFRS 7.42F).

- le résultat constaté lors du transfert, de même que les produits et charges constatés ultérieurement au titre de l'implication dans ces actifs (IFRS 7.42Ga et .42Gb) ;
- toute autre information nécessaire pour permettre au lecteur d'évaluer la nature de l'implication d'une entité dans les actifs financiers décomptabilisés et les risques en résultant (IFRS 7.42H).

En outre, des informations supplémentaires sont requises lorsque les transferts permettant une décomptabilisation ne sont pas uniformément répartis sur la période présentée (par exemple, si une partie substantielle des transferts intervient en fin de période présentée, IFRS 7.42Gc) :

- la période pendant laquelle la plus forte activité de transferts a eu lieu (par exemple, dans les 5 jours avant la date de clôture) ;
- les montants reconnus au titre de cette même activité pendant la période considérée (par exemple, montant des gains et pertes constatés) ;
- le montant total de trésorerie reçu au titre de cette activité de transferts pendant la période considérée.

Recommandations de l'AMF A ce titre, dans ses recommandations en vue de l'arrêté des comptes 2012, l'AMF invite chaque société à fournir des explications précises permettant de comprendre les caractéristiques de l'implication continue que l'entité a conservée pour ses actifs financiers transférés décomptabilisés ainsi que les risques associés. Les sociétés pourront ainsi décrire les risques résultant des droits et obligations conservés (nature des risques, événements déclencheurs, etc.) et les modalités précises de calcul de l'exposition maximale aux pertes lorsqu'il s'appuie sur de nombreuses hypothèses et que le risque n'est pas négligeable (Rec. AMF 2012-16, Arrêté des Comptes 2012, § 4.4).

En outre, dans ses recommandations en vue de l'arrêté des comptes 2015, l'AMF demande, lorsque les effets des opérations de transfert d'actifs financiers sont matériels, qu'une information sur ces effets soit fournie (que les opérations aient donné lieu à la décomptabilisation des créances ou non). L'AMF invite dans ce cas à communiquer le montant des créances transférées, le montant des créances décomptabilisées, les effets sur le résultat, etc., avec une attention particulière aux informations complémentaires à fournir lorsque les opérations de transfert ne sont pas uniformément réparties sur l'exercice (Rec. AMF 2015-08, Arrêté des Comptes 2015, § 2.1).

Enfin, dans ses recommandations en vue de l'arrêté des comptes 2021, l'AMF souligne l'importance que peuvent prendre les opérations de gestion du besoin en fonds de roulement (tels que les programmes d'affacturage ou de titrisation) dans un contexte de recherche de liquidités ou d'optimisation des flux de trésorerie.

Ainsi, pour les sociétés significativement concernées par ces programmes, l'AMF réitère les recommandations de transparence déjà émises en vue de l'arrêté des comptes 2020, et recommande de décrire les programmes (contexte et motifs de la mise en place, caractéristiques et modalités), les montants en jeu (par exemple, total du programme, montant des créances concernées, montants des garanties, le cas échéant), l'analyse effectuée ainsi que le classement comptable retenu dans les états financiers (au bilan et dans le tableau de flux de trésorerie). En outre, l'AMF recommande de compléter l'information permettant la compréhension du risque de liquidité, telle que la dépendance à ces programmes (Rec. AMF 2021-06, Arrêté des Comptes 2021, § 3.2.2).

Pour les recommandations de l'AMF en matière d'affacturage inversé en particulier, voir n° 48215.

4. Autres informations à fournir Etant donné les nombreuses incertitudes en matière d'analyse des critères de décomptabilisation et en l'absence, pour certaines, d'une position finale de l'IFRS IC (voir n° 48115 et 48120), toute décomptabilisation complète de créances commerciales ou de prêts devrait, à notre avis, faire l'objet d'une description en annexe des approches retenues en matière :

- de traitement du risque de dilution (voir n° 48180) ;

La question de savoir si le risque de dilution conservé par le cédant constitue ou non une implication au sens d'IFRS 7 peut prêter à discussion.

Recommandations de l'AMF Toutefois, l'AMF, dans ses recommandations en vue de l'arrêté des comptes 2012 (voir ci-avant), considère que les risques commerciaux associés à des créances cédées (c'est-à-dire le risque de dilution) est une implication au sens d'IFRS 7.

– d'évaluation des risques et avantages (notamment s'il s'agit de créances préalablement assurées) ;

Voir nº 48115, point 3. sur la notion d'actif d'origine (sur lequel l'analyse de décomptabilisation doit être effectuée) et nº 48160 sur la méthode d'évaluation de ces risques et avantages.

Remarques :

1. Ces informations sont à fournir par référence à IAS 1.122 (jugements importants – « critical accounting judgements » – effectués par la direction de l'entreprise en matière de méthodes comptables) et plus généralement par référence à IAS 1.117 (informations sur les méthodes comptables).

2. **Recommandations de l'AMF** Dans ses recommandations en vue de l'arrêté des comptes 2015, l'AMF a rappelé que tous les risques et avantages liés aux créances qui font l'objet d'une opération de cession doivent être analysés (risque de crédit, de dilution, garanties attachées, retard de paiement, risque de change, etc.) afin de déterminer s'il est possible ou non de décomptabiliser les créances transférées. L'AMF recommande également, en cas d'opération décomptabilisante significative, d'en préciser les principales caractéristiques, de même que les éléments clés et jugements significatifs pris en compte dans la détermination du traitement comptable retenu (Rec. AMF 2015-08, Arrêté des Comptes 2015, § 2.1).

3. A notre avis, comme dans le cas d'un emprunt garanti (voir nº 52535), ou d'une situation de maintien d'implication (voir nº 52540), cette information devrait être donnée par classe d'actifs.

– et, si la transaction fait intervenir une entité ad hoc, des raisons ayant conduit à ne pas consolider cette entité (FCT, SPE, compartiment ou silo, etc.).

Remarque La norme IFRS 12, Informations à fournir sur les participations dans d'autres entités, prévoit la publication d'informations significatives en annexe relatives notamment à l'implication du groupe et à son exposition aux risques d'entités structurées (voir nº 24525 s.).

Recommandations de l'AMF Lorsqu'une opération de cession de créances fait intervenir un véhicule ad hoc (en particulier fonds et structures de titrisation), l'AMF rappelle, dans ses recommandations en vue de l'arrêté des comptes 2015, l'importance de l'analyse du contrôle du véhicule au regard d'IFRS 10, Etats financiers consolidés, en prenant en compte toutes les caractéristiques de l'opération, et tous les faits et circonstances pertinents (Rec. AMF 2015-08, Arrêté des Comptes 2015, § 2.1).

Aucune décomptabilisation

52535 ***Question***

Quelles sont les informations à fournir en annexe lorsqu'il n'y a aucune décomptabilisation de l'actif transféré (cas d'un emprunt garanti) ?

Réponse

Selon la norme IFRS 7, Instruments financiers – Informations à fournir, le cédant doit obligatoirement indiquer en annexe dans une note unique :
- la nature des actifs transférés ;
- la nature des risques et des avantages inhérents à la propriété des actifs auxquels l'entité est exposée ;
- la nature de la relation entre les actifs transférés et les passifs associés (y compris les restrictions dans l'utilisation par l'entité des actifs considérés) ;
- la valeur comptable des actifs transférés et des passifs qui leur sont associés.

En outre, lorsque la dette constatée envers le cessionnaire est avec un recours limité aux seuls actifs transférés, la note doit également inclure un état indiquant la juste valeur des actifs transférés, la juste valeur de la dette qui leur est associée ainsi que la position nette de ces deux justes valeurs.

Commentaires Les sociétés doivent fournir dans une note unique aux états financiers des informations relatives à tous les transferts d'actifs financiers non décomptabilisés, afin de permettre à l'utilisateur de comprendre les liens entre ces actifs et les passifs financiers qui leur sont associés (IFRS 7.42A et .42B).

Cette information doit être fournie par classe d'actifs (IFRS 7.42D).

Sur la notion de classe d'instruments financiers, voir nº 52150.

Ces informations doivent être fournies à chaque date de clôture (indépendamment de la date du transfert lui-même), tant que les actifs considérés seront comptabilisés par l'entreprise (IFRS 7.42A et IFRS .B32).

En outre, des informations complémentaires doivent être publiées si les actifs transférés ont été donnés en garantie (« collateral »), voir nº 52570.

Maintien d'implication (décomptabilisation partielle)

52540

Question

Quelles sont les informations à fournir en annexe lorsque la décomptabilisation d'un actif transféré n'est que partielle (cas d'un maintien d'implication au sens d'IFRS 9) ?

Réponse

Selon la norme IFRS 7, Instruments financiers – Informations à fournir, le cédant doit obligatoirement indiquer en annexe dans une note unique :
- la nature des actifs transférés ;
- la nature des risques et des avantages inhérents à la propriété des actifs auxquels l'entité est exposée ;
- une description de la nature de la relation entre les actifs transférés et les passifs associés (y compris les restrictions dans l'utilisation par l'entité des actifs considérés) ;
- la valeur nette comptable totale des actifs considérés avant leur transfert de même que la valeur nette comptable des actifs que l'entité continue de constater et celle de la dette associée.

En outre, lorsque la dette constatée envers le cessionnaire est avec un recours limité aux seuls actifs transférés, la note doit également inclure un état indiquant la juste valeur des actifs transférés, la juste valeur de la dette qui leur est associée ainsi que la position nette de ces deux justes valeurs.

Commentaires Les sociétés doivent fournir en annexe, dans une note unique, des informations supplémentaires relatives à tous les transferts d'actifs financiers non décomptabilisés en totalité afin de permettre à l'utilisateur de comprendre les liens entre ces actifs transférés et les passifs financiers qui leur sont associés (IFRS 7.42A et IFRS 7.42B).

Pour la définition d'un transfert, voir nº 52530, point 1.

Ces informations devront être fournies à chaque date de clôture (indépendamment de la date du transfert lui-même), tant que les actifs considérés seront comptabilisés par l'entreprise (IFRS 7.42A et .B32). Cette information doit être fournie par classe d'actifs (IFRS 7.42D).

Sur la notion de classe d'instruments financiers, voir nº 52150.

Autres informations à fournir Des informations complémentaires doivent être publiées si les actifs transférés ont été donnés en garantie (« collateral »), voir nº 52570.

Comme dans le cas d'une décomptabilisation totale (voir nº 52530), l'entité cédante devrait à notre avis également indiquer en annexe les approches retenues en matière :
- de traitement du risque de dilution, voir nº 48180 ;
- d'évaluation des risques et avantages (notamment s'il s'agit de créances préalablement assurées) ;

Voir nº 48115, point 3. sur la notion d'actif d'origine (sur lequel l'analyse de décomptabilisation doit être effectuée) et nº 48160 sur la méthode d'évaluation des risques et avantages.

Enfin, elle doit indiquer que les opérations concernées ont également donné lieu à une « double comptabilisation » à son bilan (voir nº 48235, point 3.), en cas de prix différé et/ou de dépôt (réserve) de trésorerie.

IX. Informations à fournir au titre des engagements hors bilan

Titres donnés en garantie

52570 *Question*

Quelles sont les informations à fournir en annexe sur les titres donnés en garantie (« collateral ») ?

Réponse

Les informations suivantes :
- la valeur comptable des titres donnés en garantie de passifs ou de passifs éventuels ;

  Y compris les montants reclassés conformément à IFRS 9.3.2.23a, voir nº 48275.
- et les termes et conditions de cette mise en garantie.

Commentaires Ces dispositions résultent d'IFRS 7.14.

Titres reçus en garantie

52575 *Question*

Quelles sont les informations à indiquer en annexe sur les titres reçus en garantie (« collateral ») ?

Réponse

Lorsqu'une entité détient un actif financier reçu en garantie et qu'elle est autorisée à vendre cet actif, ou à le redonner en garantie (en l'absence de défaillance du propriétaire de la garantie), elle doit indiquer les informations suivantes :
- la juste valeur des titres reçus en garantie, en précisant la juste valeur de ceux vendus ou redonnés en garantie et si l'entreprise est tenue de les restituer ;
- les termes et conditions associés à l'utilisation faite des titres reçus en garantie.

Commentaires Ces dispositions résultent d'IFRS 7.15.

Informations sur les lignes de crédit

52580 *Question*

Quelles sont les informations à fournir en annexe en matière de lignes de crédit (chez le bénéficiaire) ?

Réponse

Les entreprises doivent donner des précisions détaillées sur le montant et les caractéristiques des lignes de crédit confirmées dont elles bénéficient à la date de clôture afin de permettre une appréciation la plus fidèle possible de la situation financière et de liquidité de l'entité, notamment les restrictions éventuelles imposées à l'utilisation de ces lignes.

L'information sur les lignes de crédit confirmées est particulièrement importante lorsque l'accès au crédit est plus difficile et lorsque la continuité d'exploitation de l'entreprise peut être remise en question.

Commentaires :

Rappel Chez le bénéficiaire, les lignes de crédit confirmées constituent, pour leur quote-part non tirée, des engagements reçus, traités comme des instruments hors bilan (voir nº 46100).

L'existence de lignes de crédit confirmées et leurs caractéristiques représentent toutefois une information importante pour l'utilisateur des états financiers, particulièrement dans les périodes où l'accès au crédit est difficile et où la continuité d'exploitation de l'entreprise peut être compromise. **52580** (suite)

1. Ce que prévoient les normes IFRS Deux normes IFRS contiennent des dispositions en matière d'information sur les lignes de crédit :

a. IAS 7, Etat des flux de trésorerie Selon la norme, les entreprises doivent indiquer en annexe le montant des facilités de crédit non utilisées qui pourraient être disponibles pour les activités opérationnelles futures et pour le règlement d'engagements relatifs à des dépenses en capital, en indiquant **toutes limitations** à l'utilisation de ces facilités (IAS 7.50).

b. IFRS 7, Instruments financiers – Informations à fournir Cette norme requiert :

– concernant l'**échéancier de liquidité,** une description de la manière dont l'entité gère ses échéances de liquidité (IFRS 7.39c) ;

Pour l'échéancier de liquidité, voir n° 52405 s.

A notre avis, l'entité devrait notamment indiquer si elle a refinancé par anticipation certaines de ses lignes de crédit et dans quelles conditions ce refinancement a été obtenu.

Refinancement par anticipation (« forward start facility ») Cette pratique consiste, pour une entreprise, à renégocier par anticipation des lignes de crédit arrivant à maturité à moyen ou à long terme. L'objectif pour l'emprunteur est de s'assurer que sa banque ne lui fera pas défaut au moment du renouvellement.

En contrepartie, la banque exige en général le paiement d'une commission d'engagement rehaussée par rapport à celle initialement négociée.

L'entreprise doit ainsi arbitrer entre payer plus cher dès aujourd'hui et assurer le renouvellement de sa ligne ou continuer aux conditions favorables antérieures mais rester dans l'incertitude au moment du renouvellement.

– concernant la **concentration des sources de financement,** d'une part, une information générale sur la concentration du risque de liquidité (au même titre que pour le risque de crédit ou les différents risques de marché) (IFRS 7.34c) et, d'autre part, une information plus spécifique sur la diversité des sources de financement (IFRS 7.B11Fc et .B11Fd).

2. Les autres recommandations En réponse à la crise financière de 2007-2008, la CNCC et l'AMF avaient chacune publié des recommandations concernant les lignes de liquidité :

a. Information sur les hypothèses structurantes (continuité d'exploitation) Dans son communiqué du 16 février 2008 sur l'incidence de la crise sur les rapports des commissaires aux comptes, la CNCC prévoit que les entreprises indiquent en annexe une information sur la manière dont cette crise les touche et plus particulièrement si elle peut avoir une incidence sur leur continuité d'exploitation.

La CNCC distingue trois catégories d'entreprises :

- celles qui n'ont aucun problème de continuité d'exploitation (encore appelée « zone blanche ») ;
- celles qui ont une incertitude significative faisant peser un doute important sur leur continuité d'exploitation (encore appelée « zone noire ») ;
- et celles qui – bien que n'ayant pas d'incertitude significative sur leur continuité d'exploitation – fondent le maintien de leur continuité sur des hypothèses structurantes, notamment en termes de refinancement (encore appelée « **zone grise** »).

Sans créer d'obligations nouvelles pour les entreprises (la continuité d'exploitation étant une convention comptable dont le bien-fondé doit être apprécié à chaque arrêté selon IAS 1.25), la CNCC rappelle qu'entre les deux situations extrêmes (zone blanche et zone noire), il existe dans le contexte de crise (à cette période) « de nombreuses entreprises (...) qui vont devoir fonder l'appréciation de la continuité de leur exploitation sur des hypothèses structurantes dont la réalisation s'inscrit dans les aléas de l'environnement global ou sectoriel (...).

Il en serait ainsi par exemple d'une entreprise, avec un carnet de commande en baisse qui, sans avoir pour autant une incertitude de continuité d'exploitation avec le niveau actuel de liquidité, utilise une **ligne de financement venant à échéance à court terme** (dans les 12 mois après la clôture de l'exercice) sans que sa banque n'ait pris d'engagement ferme sur son renouvellement. La direction de l'entreprise se fonde alors sur l'hypothèse que le financement sera renouvelé pour étayer sa perspective de continuité d'exploitation ».

Continuité d'exploitation Rappelons que la continuité d'exploitation s'apprécie sur une période de 12 mois (ou plus) à compter de la date de clôture (IAS 1.28).

La CNCC considère que pour les entreprises de la zone « grise », il serait utile « dès lors que la confirmation de la convention de continuité d'exploitation, sous-jacente à l'élaboration des comptes, se fonde sur des hypothèses structurantes, de les rappeler dans le cadre de l'information financière communiquée au public et de le faire de préférence dans l'annexe des comptes » (**affirmation positive** de la convention de continuité d'exploitation).

b. **Information sur les clauses restrictives d'utilisation** Dans ses recommandations en vue de l'arrêté des comptes 2008 l'AMF souligne (Rec. AMF 2008-22, Arrêté des Comptes 2008) :

– l'absence trop fréquente de mention et de descriptions de « covenants » (voir définition au nº 51300), liés aux emprunts bancaires ou obligataires (Rec. AMF précitée, § 1.2.4) ;

A notre avis, dans une période de crise financière, cette remarque nous paraît devoir s'appliquer également aux lignes de crédit.

– la nécessité de fournir une information sur les **lignes de financement** à taux fixes devant être renouvelées au cours des 12 mois qui suivent la date de clôture (Rec. AMF précitée, § 1.2.5).

A notre avis, si les caractéristiques relatives à la nature du taux (et notamment le fait que la ligne soit à taux fixe) doivent être données, a fortiori, ses conditions de renouvellement (ou les clauses empêchant tout renouvellement) devraient également l'être.

Informations sur les garanties financières données

52585 ***Question***

Quelles sont les informations particulières à communiquer en annexe concernant les garanties financières données ?

Réponse

La nature de ces informations dépend du traitement retenu par l'émetteur pour la comptabilisation des garanties financières :

– si traitement selon IFRS 9 : informations prévues par IFRS 7 ;

– si traitement selon IFRS 17 : informations prévues par IFRS 17.

Commentaires L'option retenue pour la comptabilisation et l'évaluation des garanties financières (à savoir, IFRS 9 ou IFRS 17) doit être indiquée (IFRS 9.B2.6).

La norme IFRS 7 précise par ailleurs (IFRS 7.3d) que, si l'émetteur a opté :

– pour un traitement des garanties financières selon IFRS 17, il doit donner les informations prévues par IFRS 17, voir nº 66050R ;

– pour un traitement selon IFRS 17, il doit donner les informations prévues par IFRS 17, voir nº 66050R.

Les groupes ayant une activité mixte assurance et banque ont généralement opté pour le maintien des garanties financières émises par leurs filiales d'assurance dans le champ d'IFRS 17. Ils devraient donc, en théorie, donner des informations différentes pour une même catégorie de contrats selon le statut de l'émetteur. Ainsi :

a. selon IFRS 7.B10c, le risque porté par les garanties financières relève des informations sur le **risque de crédit**.

Par ailleurs, l'émetteur :

– doit donner une information sur la juste valeur des contrats (indication de cette juste valeur et de ses principales modalités de calcul) ;

– doit inclure le montant maximum qui peut être payé au titre de la garantie dans la première période dans laquelle la garantie peut être appelée (IFRS 7.B11Cc), voir nº 52415 ;

– n'a pas à donner d'informations sur le développement des demandes d'indemnisation ;

b. selon IFRS 17.7e, les contrats de garanties financières que l'entité considère expressément comme des contrats d'assurance relèvent du champ d'application de la norme IFRS 17. En conséquence, l'entité doit également donner les informations prévues par IFRS 17 notamment sur le **risque d'assurance** (voir nº 66050R).

Informations spécifiques aux garanties intragroupe (parties liées)

52590 ***Question***

Les garanties financières intragroupe doivent-elles faire l'objet d'informations au titre des informations sur les parties liées ?

Réponse

Oui, que ce soit dans les comptes consolidés du groupe ou dans les comptes individuels ou consolidés IFRS des mères de sous-groupes.

Pour les informations en matière de parties liées, voir n° 60005 s.

Commentaires L'approche varie selon qu'il s'agit de comptes consolidés ou individuels (ou, en France, de comptes consolidés IFRS de sous-groupes) :

1. **Comptes consolidés** Sauf s'il s'agit d'une pure transaction intragroupe donnant lieu à élimination dans les comptes consolidés, le groupe doit donner une information en annexe au titre des transactions réalisées avec une partie liée.

IAS 24.20, relative aux parties liées, donne explicitement comme exemples de ce type de transactions :
– l'octroi de garanties ou de sûretés ;
– le règlement de passifs pour le compte de l'entité (liée) ou par l'entité (liée) pour le compte d'une autre partie.

2. **Comptes individuels ou, en France, comptes consolidés IFRS de sous-groupes** Toute garantie donnée à (ou reçue d') une partie liée doit donner lieu à information sur les parties liées (IAS 24.BC12 et .BC13).

Dans ce cas, peu importe qu'il s'agisse (ou non) d'une pure transaction intragroupe (i.e. impliquant ou non un tiers extérieur), l'information relative aux parties liées doit être fournie.

Remarque – Cas des garanties impliquant un tiers Dans le cas d'un cautionnement donné par la mère à un tiers extérieur (le créancier), garantissant par exemple l'emprunt fait par une filiale, la mère (la caution) enregistre bien une garantie donnée dans ses comptes individuels.
En revanche, ce n'est pas la fille qui est bénéficiaire de la garantie reçue, mais la banque prêteuse (en tant que créancier). La fille (le débiteur dans le contrat de cautionnement) n'est redevable que de la commission payée à la mère, et encore, uniquement si l'opération n'a pas été faite à titre gratuit.
L'opération relève toutefois des transactions relatives aux parties liées devant faire l'objet d'une information, dans la mesure où, sans le cautionnement de la mère, les conditions de l'emprunt n'auraient pas été aussi favorables.
Attention toutefois à ne pas présenter l'opération comme une « garantie reçue » dans les comptes de la fille.

X. Informations spécifiques aux liquidités, trésorerie et équivalents de trésorerie

Soldes de trésorerie et équivalents de trésorerie non disponibles pour le groupe

Question 52600

Une information spécifique est-elle requise sur les soldes de trésorerie et équivalents de trésorerie qui ne sont pas disponibles pour le groupe ?

Réponse

Oui. Selon la norme IAS 7, le montant des soldes importants de trésorerie et d'équivalents de trésorerie détenus par une entité et qui ne sont pas disponibles pour un groupe doit être mentionné en annexe, accompagné d'un commentaire de la direction.

Toutefois, les normes IFRS ne définissent pas la notion de « trésorerie non disponible ».

L'AMF invite les entités concernées par ces situations à fournir l'information en annexe s'il s'agit de montants significatifs et à présenter les jugements retenus pour la détermination de la disponibilité de la trésorerie.

Commentaires :

1. **Informations requises par la norme IAS 7** Une entité doit indiquer le montant des soldes significatifs de trésorerie et d'équivalents de trésorerie qu'elle détient et qui ne sont pas

disponibles pour le groupe (« restricted cash »). Cette information doit être accompagnée d'un commentaire de la direction (IAS 7.48).

Sans définir la notion de trésorerie non disponible, la norme précise que les circonstances dans lesquelles des soldes de trésorerie et d'équivalents de trésorerie ne sont pas disponibles sont diverses (IAS 7.49).

Il peut s'agir, par exemple, de soldes de trésorerie ou d'équivalents de trésorerie détenus par une filiale implantée dans un pays où le contrôle des changes et/ou des contraintes légales ne permettent pas de rendre disponibles ces montants de trésorerie pour une utilisation par le groupe ou une autre de ses filiales.

En conséquence, le recours au jugement est nécessaire pour déterminer la disponibilité ou pas de ces montants.

2. **Recommandation de l'AMF** Dans ses recommandations en vue de l'arrêté des comptes 2011, l'AMF invite les sociétés présentant des soldes significatifs de trésorerie et équivalents de trésorerie non disponibles à bien fournir cette information et à l'accompagner de commentaires de la direction, notamment en présentant les jugements significatifs retenus dans la détermination de la disponibilité ou non de la trésorerie (Rec. AMF 2011-16, Arrêté des Comptes 2011, § 1.1.2).

Contrats de liquidité portant sur le cours du titre de l'émetteur

52610 ***Question***

Une information spécifique est-elle requise sur les contrats de liquidité portant sur le cours du titre de l'émetteur ?

Réponse

L'AMF indique qu'il serait utile de fournir une information relative aux contrats de liquidité (par exemple, montant de trésorerie engagée et volumes des titres prévus dans le contrat) à l'instar des informations requises par la norme IAS 1 pour permettre d'évaluer les objectifs, procédures et processus de gestion du capital de l'entité.

Cette information pourrait ainsi être fournie parmi les commentaires exposant le processus de gestion du capital retenu par le groupe.

Commentaires Les entités doivent fournir aux utilisateurs des états financiers les informations nécessaires pour leur permettre d'évaluer les objectifs, procédures et processus de gestion du capital de l'entité (IAS 1.134).

Recommandations de l'AMF Dans ses recommandations en vue de l'arrêté des comptes 2011, l'AMF précise que les contrats de liquidité ayant pour objectif d'animer le marché des actions du groupe peuvent entrer dans le champ d'application des dispositions d'IAS 1.134 (Rec. AMF 2011-16, Arrêté des Comptes 2011, § 1.1.4).

L'AMF indique en conséquence qu'il serait utile de fournir une information relative à ces contrats de liquidité (par exemple, montant de trésorerie engagée et volumes des titres prévus dans le contrat) parmi les commentaires exposant le processus de gestion du capital retenu par le groupe.

TITRE 10

Présentation des états financiers IFRS

CHAPITRE 47

Présentation des états financiers annuels IFRS (IAS 1)

Plan du chapitre §§ 53950

L'ESSENTIEL DE LA NORME IAS 1 (PRÉSENTATION DES ETATS FINANCIERS)

A. Généralités

Objectif et champ d'application de la norme IAS 1

53955 L'objectif de la norme IAS 1, Présentation des états financiers, est de fournir une base de présentation des états financiers à usage général, afin qu'ils soient comparables d'une part à ceux présentés par l'entité pour les périodes antérieures et d'autre part aux états financiers d'autres entités.

La norme IAS 1 énonce ainsi les dispositions générales relatives à la présentation des états financiers, des lignes directrices concernant leur structure ainsi que les dispositions minimales en matière de contenu des états de synthèse et des notes annexes (IAS 1.1).

La norme IAS 1 s'applique à la présentation de tous les états financiers à usage général, établis et présentés conformément aux normes IFRS (IAS 1.2). Sont concernées toutes les entités devant préparer des états financiers consolidés conformément à la norme IFRS 10 et celles qui préparent des états financiers individuels conformément à la norme IAS 27 (IAS 1.4).

Certaines adaptations peuvent toutefois devoir être réalisées par des entités spécifiques (par exemple, les entités à but non lucratif ou encore les coopératives) (IAS 1.5).

La norme IAS 1 ne s'applique pas à la structure et au contenu des états financiers intermédiaires résumés qui doivent être préparés conformément à la norme IAS 34, Information financière intermédiaire (IAS 1.4).

Toutefois, certains principes prescrits par la norme IAS 1 sont applicables aux états financiers intermédiaires IFRS selon IAS 34. Pour plus de précisions, voir nº 54477.
Pour la présentation des états financiers intermédiaires IFRS selon IAS 34, voir nº 54455 s.

Objectif des états financiers

53956 L'objectif des états financiers est de fournir des informations sur la situation financière, la performance financière et les flux de trésorerie de l'entité, qui soient utiles à un large éventail d'utilisateurs pour la prise de décisions économiques. Pour cela, l'entité doit fournir des informations sur ses actifs, ses passifs, ses capitaux propres, ses produits et charges (y compris les profits et pertes), les apports des détenteurs de son capital et les distributions faites à ces mêmes personnes agissant en cette qualité, et ses flux de trésorerie (IAS 1.9).

Ces informations aident les utilisateurs à prévoir les flux de trésorerie, et en particulier leur échéance et leur degré de certitude (IAS 1.9).

Composantes des états financiers

53957 Un **jeu complet d'états financiers IFRS** comprend (IAS 1.10) :
- un état de situation financière (ou bilan) à la fin de la période ;
- un état du résultat net et des autres éléments du résultat global de la période ;
- un état des variations des capitaux propres de la période ;
- un état des flux de trésorerie de la période ;
- des notes, contenant les informations significatives sur les méthodes comptables et d'autres informations explicatives ;

Les notes doivent notamment fournir des informations qui ne sont pas présentées ailleurs dans les états financiers, mais qui sont pertinentes pour comprendre ces états financiers (IAS 1.112c).

- des informations comparatives au titre de la période précédente, telles que requises par IAS 1.38 et .38A ;
- un état de situation financière (bilan) supplémentaire au début de la période précédente.

Cet état supplémentaire n'est **requis que dans des circonstances spécifiques**.
Pour plus de précisions sur cet état de situation financière (bilan) supplémentaire, voir nº 53963-2.
L'entité peut utiliser des dénominations pour chaque état financier différentes de celles proposées par la norme IAS 1 (IAS 1.10) : par exemple, le « bilan » pourrait être utilisé pour dénommer « l'état de situation financière ».

Remarques :

1. La terminologie « **état du résultat net et des autres éléments du résultat global** » est celle prévue par IAS 1.10, la terminologie « **état du résultat global** » peut toutefois également être utilisée (IAS 1.10).

2. L'entité doit donner la même importance à tous les états financiers présentés dans un jeu complet d'états financiers (IAS 1.11).

Le rapport de gestion ainsi que tout autre rapport ou état présenté en dehors des états financiers, comme par exemple des rapports sur l'environnement, n'entrent pas dans le champ d'application des IFRS (IAS 1.13 et .14).

B. Principes de préparation des états financiers

Image fidèle et conformité aux IFRS

Les états financiers IFRS doivent présenter une **image fidèle** de la situation financière, de la performance financière et des flux de trésorerie d'une entité, ce qui nécessite une représentation fidèle des effets des transactions, autres événements et conditions, conformément aux définitions et aux critères de comptabilisation des actifs, des passifs, des produits et des charges définis dans le Cadre conceptuel (voir n° 12525 et 12530). L'application des dispositions des IFRS accompagnée de la présentation d'informations complémentaires jugées nécessaires conduit à des états financiers qui donnent une image fidèle (IAS 1.15). **53958**

Une **image fidèle** impose également (IAS 1.17) :

– de choisir et d'appliquer des méthodes comptables conformément à la norme IAS 8, Méthodes comptables, changements d'estimations et erreurs (voir n° 12679) ;

– de présenter des informations, y compris sur les méthodes comptables, de manière à fournir une information pertinente, fiable, comparable et compréhensible ;

– de fournir des informations supplémentaires lorsque le respect des dispositions spécifiques des IFRS est insuffisant pour la compréhension de l'incidence des transactions particulières et des événements sur la situation et la performance financières de l'entité.

L'entité doit indiquer dans ses notes annexes que ses états financiers sont conformes aux IFRS, par une **déclaration explicite et sans réserve de cette conformité**. Cette déclaration ne peut être mentionnée que si les états financiers sont conformes à toutes les dispositions des IFRS (IAS 1.16).

Remarque Des méthodes comptables inappropriées ne peuvent être corrigées ni par l'indication des méthodes comptables utilisées ni par des notes annexes ou d'autres textes explicatifs (IAS 1.18). Toutefois, la norme IAS 1 prévoit des cas extrêmement rares où le respect d'une disposition d'une norme ou d'une interprétation serait trompeur au point d'être contraire à l'objectif des états financiers. Dans ces cas, l'entité doit s'écarter de cette disposition et fournir un certain nombre d'informations en annexe (IAS 1.19 à .24).

Continuité d'exploitation et comptabilité d'engagement

Conformément aux principes directeurs du Cadre conceptuel (Cadre.3.9 ; voir n° 12510 s.), les états financiers doivent être établis sur une base de **continuité d'exploitation,** sauf si la direction a l'intention (ou n'a pas d'autre solution réaliste que) de liquider l'entité ou de cesser son activité. C'est pourquoi, lors de la préparation des états financiers, la direction doit évaluer la capacité de l'entité à poursuivre son exploitation (IAS 1.25). **53959**

Pour plus de précisions sur l'appréciation du principe de continuité d'exploitation et les informations à fournir en la matière, voir n° 55648.

Les états financiers doivent également être établis sur la base d'une **comptabilité d'engagement,** sauf pour les informations relatives aux flux de trésorerie (IAS 1.27). Une comptabilité d'engagement implique que l'entité comptabilise les éléments en tant qu'actifs, passifs, capitaux propres, charges et produits (éléments des états financiers) lorsqu'ils satisfont aux critères de définition et de comptabilisation énoncés dans le Cadre conceptuel (IAS 1.28).

Pour plus de précisions sur les éléments des états financiers et leur comptabilisation, voir n° 12525 et 12530.

Matérialité et agrégation des éléments dans les postes des états financiers

53960 Les états financiers résultent du traitement d'un grand nombre de transactions ou événements pouvant être regroupés en catégories selon leur nature ou leur fonction (IAS 1.29 et .30).

Afin de permettre la lisibilité et la compréhension des états financiers, chaque catégorie **significative** d'**éléments similaires** doit être présentée séparément (IAS 1.29). Ainsi, les éléments dont **la nature ou la fonction est dissemblable** sont **présentés distinctement**, sauf s'ils sont non significatifs, et aucun regroupement d'éléments significatifs de nature ou de fonction différentes ne doit être effectué (IAS 1.29 et .30A).

Notons qu'un élément dont le montant n'est pas suffisamment significatif pour justifier une présentation séparée dans le corps des états financiers peut néanmoins être suffisamment significatif pour nécessiter de faire l'objet d'une information distincte dans les notes annexes (IAS 1.30).

IAS 1.30A précise en outre que :

– l'entité doit tenir compte de tous les faits et circonstances pertinents pour décider de la manière dont elle regroupera les informations dans ses états financiers (c'est-à-dire, dans ses états de synthèse et ses notes annexes) ;

– la lisibilité et la compréhension des états financiers ne doivent pas être obscurcies soit par un excès d'informations **non significatives**.

Selon IAS 1, une **information est significative** (« material ») si on peut raisonnablement s'attendre à ce qu'une omission, une inexactitude ou le fait d'obscurcir des éléments influencent les décisions économiques que prennent les principaux utilisateurs des états financiers sur la base de ceux-ci (IAS 1.7). Pour davantage de précisions sur la notion d'information significative, voir n° 55016.

Remarque Un **Practice Statement** portant sur **la matérialité** a été publié en septembre 2017 (IFRS Practice Statement 2 « Making Materiality Judgements »).

Il a été amendé plusieurs fois depuis, notamment pour tenir compte de certains amendements des normes IAS 1 et IAS 8.

L'IASB a souhaité, à travers ce « Practice Statement », aider le management de l'entité à mieux apprécier et appliquer la notion de matérialité lors de la préparation des états financiers de l'entreprise, notamment pour faciliter les discussions sur les jugements effectués par le management entre les différentes parties prenantes (entreprises, auditeurs, régulateurs, etc.).

Un « Practice Statement » n'est pas une norme, il s'agit d'un guide pratique développé par l'IASB, qui vise à clarifier un concept non abordé spécifiquement par une norme existante. Son application n'est donc pas obligatoire.

Ce « Practice Statement » sur la matérialité s'attache tout d'abord à définir les caractéristiques générales de la matérialité, puis rappelle l'importance de tenir compte également des interactions avec les lois et réglementations en vigueur localement. L'IASB propose ensuite un processus en quatre étapes permettant au management d'exercer son jugement pour apprécier la matérialité. Certains cas particuliers sont par ailleurs évoqués (matérialité en période intermédiaire, en situation de correction d'erreurs, etc.). De nombreux exemples viennent illustrer les différentes explications fournies.

Un amendement du Practice Statement 2 publié en février 2021 a, quant à lui, ajouté une démarche d'analyse du caractère significatif de l'information en matière de méthodes comptables et des exemples d'application. Pour plus de détails, voir n° 55355.

Non-compensation

53961 Les actifs et passifs, les produits et charges ne doivent pas être compensés, sauf si cette compensation est imposée ou autorisée par une norme ou une interprétation (IAS 1.32). En effet, et sauf si elle traduit la substance de la transaction, la compensation ne permet pas aux utilisateurs des états financiers de comprendre les transactions réalisées et d'évaluer les flux de trésorerie futurs de l'entité (IAS 1.33).

Remarque Le fait d'évaluer des actifs nets de provision (tels que les stocks ou les créances) ne constitue pas une compensation (IAS 1.33).

Fréquence de l'information financière

Un jeu complet d'états financiers (y compris les informations comparatives) doit être présenté **au moins une fois par an.** Lorsque l'entité modifie sa date de clôture et présente ses états financiers sur une période plus longue ou plus courte qu'une année, elle doit, dans ce cas, indiquer dans ses notes annexes (IAS 1.36) : **53962**
- la durée de la période couverte par les états financiers ;
- la raison pour laquelle la période est plus longue ou plus courte ;
- le fait que les montants présentés dans ses états financiers ne sont pas totalement comparables.

Ainsi, la norme IAS 1 ne requiert pas de présenter une information comparative pro forma dans ce cas.

Information comparative obligatoire

Des informations comparatives **au titre de l'exercice précédent** doivent être présentées dans les **53963-1**
états financiers, **pour tous les montants figurant dans les états financiers de la période,** sauf autorisation ou disposition contraire d'une norme ou interprétation. En outre, doivent également être fournies des informations comparatives pour les informations de nature explicative et descriptive si cela est utile à la bonne compréhension des états financiers de la période considérée (IAS 1.38).

Dans certains cas, des informations explicatives fournies dans les états financiers de la période précédente continuent d'être pertinentes pour la période considérée (IAS 1.38B).

Par exemple, dans le cas d'un litige dont le résultat était incertain à la fin de la période précédente et qui est désormais résolu, il serait utile pour le lecteur des états financiers d'avoir une information concernant l'existence de l'incertitude à la fin de la période précédente et les mesures prises au cours de la période considérée pour lever cette incertitude (IAS 1.38B).

L'entité doit ainsi présenter au minimum deux états de situation financière (bilan), deux de chacun des autres états (état du résultat net et des autres éléments du résultat global, état des variations des capitaux propres et état des flux de trésorerie), ainsi que les notes correspondantes (IAS 1.38A).

Nécessité de fournir un état de situation financière supplémentaire à l'ouverture de la période la plus récente présentée en comparatif

Dans certaines circonstances, un état de situation financière (bilan) supplémentaire, établi à **53963-2**
l'ouverture de la période la plus récente présentée en comparatif, doit également être présenté, en complément des états financiers comparatifs exigés a minima (IAS 1.40A).

L'entité présente alors trois états de situation financière arrêtés respectivement (IAS 1.40B) :
- à la fin de la période considérée (au 31/12/N, par exemple) ;
- à la fin de la période précédente (au 31/12/N-1) ;
- au début de la période précédente (au 1/01/N-1, qui correspond au 31/12/N-2 retraité).

Cet état de situation financière supplémentaire doit être fourni (IAS 1.40A) :
- si l'entité applique une méthode comptable de façon rétrospective, effectue un retraitement rétrospectif d'éléments de ses états financiers ou procède à un reclassement d'éléments dans ses états financiers ;

Tel est le cas si l'entité effectue un changement de présentation ou de classement, un changement de méthode comptable ou une correction d'erreur.

- et si l'application rétrospective, le retraitement rétrospectif ou le reclassement a une incidence significative sur l'information fournie dans l'état de situation financière supplémentaire (à l'ouverture de la période la plus récente présentée en comparatif).

Cet état de situation financière supplémentaire ne fait pas partie des éléments minimum à présenter avec les comptes intermédiaires lorsqu'ils sont présentés sous une forme résumée (IAS 34.8et .BC33, voir n° 54590).

L'entité n'est pas tenue de présenter des notes annexes relatives à l'état de situation financière supplémentaire, à l'exception des informations requises par IAS 1 (IAS 1.41 à .44) et par IAS 8 (IAS 1.40C).

Des informations requises par d'autres normes pourraient devoir également être fournies, si elles sont impactées par le changement intervenu (tableau de variation des immobilisations requis par IAS 16, par exemple).

Information comparative supplémentaire fournie de manière volontaire

53963-3 L'entité peut présenter d'autres informations comparatives que celles exigées au minimum par les IFRS, à la condition que ces informations aient été préparées selon le référentiel IFRS (IAS 1.38C). Ces informations comparatives supplémentaires peuvent consister en un (ou plusieurs) état(s) constitutif(s) du jeu complet des états financiers IFRS (tel que mentionné par IAS 1.10), voir nº 53957.

Il n'est en revanche pas nécessaire que l'entité présente un jeu complet d'états financiers. Dans ce cas, une information pertinente doit être présentée dans les notes annexes pour les états supplémentaires fournis (IAS 1.38C).

Par exemple, l'entité peut présenter un troisième état du résultat net et des autres éléments du résultat global de façon à présenter : la période considérée, la période précédente et une période comparative supplémentaire.

L'entité n'est alors pas tenue de présenter un troisième état de situation financière, un troisième tableau des flux de trésorerie ou un troisième état de variation des capitaux propres.

Elle doit en revanche présenter, dans les notes annexes, les informations comparatives relatives à la période correspondante supplémentaire pour cet état du résultat net et des autres éléments du résultat global (IAS 1.38D).

Permanence de la présentation

53964 Pour assurer la comparabilité des états financiers d'un exercice à l'autre, la présentation et le classement des postes dans les états financiers doivent être conservés d'une période à l'autre. Deux situations peuvent toutefois justifier un changement de présentation ou de classement des postes des états financiers (IAS 1.45) :

- un changement imposé par une norme ou une interprétation ; ou
- un changement justifié par une modification importante de la nature des activités de l'entité ou jugé approprié à la suite d'un examen de la présentation des états financiers (voir IAS 8 ; nº 12681).

Tel est le cas si la présentation modifiée fournit des informations plus fiables et plus pertinentes pour les utilisateurs des états financiers et si la structure modifiée est susceptible d'être maintenue pour assurer la comparabilité entre les exercices (IAS 1.46).

Lorsque de tels changements sont réalisés, les informations comparatives doivent également être reclassées (IAS 1.46).

Dans ce cas, des informations sur la nature du reclassement, sa raison, et les montants des éléments considérés doivent être fournies (IAS 1.41).

Si le reclassement des informations comparatives n'est pas praticable, l'entité doit expliquer les raisons de cette impossibilité ainsi que la nature des ajustements qui auraient été apportés (IAS 1.42).

C. Structure et contenu des états financiers

Définition des informations à fournir

53965 La norme IAS 1 définit les informations à fournir dans l'état de situation financière (bilan), l'état du résultat net et des autres éléments du résultat global, l'état des variations des capitaux propres et les notes annexes (contenant les informations significatives sur les méthodes comptables et autres notes explicatives). La norme IAS 7 énonce les dispositions relatives à la présentation de l'état des flux de trésorerie (IAS 1.47). D'autres informations à fournir sont également requises par d'autres normes IFRS (IAS 1.48).

Pour les informations financières à fournir dans l'annexe des états financiers, voir nº 54975 s.

Principe d'identification des états financiers

53966 Les états financiers doivent être clairement identifiés et distingués des autres informations figurant dans le document dans lequel ils sont publiés (IAS 1.49). Les normes et interprétations IFRS s'appliquent uniquement aux états financiers, et non aux autres informations présentées dans le rapport annuel ou dans un autre document (IAS 1.50).

Ainsi, l'état de situation financière (bilan), l'état du résultat net et des autres éléments du résultat global, l'état des variations des capitaux propres, l'état des flux de trésorerie et les notes annexes doivent être clairement identifiés.

En outre, afin de poursuivre cet objectif d'identification, les informations suivantes doivent également être présentées de façon claire et être répétées si cela est nécessaire à une bonne compréhension (IAS 1.51) :
- le nom ou tout autre mode d'identification de l'entité de reporting ;
- le fait que les états financiers concernent des comptes individuels ou consolidés ;
- la date de clôture ou la période couverte par les états financiers ou par les notes ;
- la monnaie de présentation, telle que définie par la norme IAS 21 (voir nº 16027) ;
- le niveau d'arrondi retenu pour la présentation des montants dans les états financiers.

D. Etat de situation financière (bilan)

Informations minimales à présenter dans l'état de situation financière

La norme IAS 1 ne prescrit aucun ordre ou format de présentation des éléments constitutifs des états financiers mais son guide d'application propose des modèles. Toutefois, outre l'obligation de classer les actifs et passifs en éléments courants et non courants (voir nº 53968) elle précise, les rubriques minimales suivantes devant figurer dans l'état de situation financière (ou bilan) (IAS 1.54) : **53967**

- **à l'actif** : immobilisations corporelles, immeubles de placement, immobilisations incorporelles, actifs financiers (autres que les participations comptabilisées selon la méthode de la mise en équivalence, clients et autres débiteurs, trésorerie et équivalents de trésorerie), participations comptabilisées selon la méthode de la mise en équivalence, actifs biologiques, stocks, clients et autres débiteurs, trésorerie et équivalents de trésorerie, total des actifs classés comme détenus en vue de la vente et actifs inclus dans des groupes d'actifs classés comme détenus en vue de la vente ;
- **au passif** : fournisseurs et autres créditeurs, provisions, passifs financiers (autres que fournisseurs, autres créditeurs et provisions), passifs inclus dans des groupes d'actifs classés comme détenus en vue de la vente ;
- **à l'actif ou au passif** : actifs et passifs d'impôt exigible, actifs et passifs d'impôt différé ;
- **dans les capitaux propres** : capital émis et réserves attribuables aux détenteurs de capital de la société mère, intérêts minoritaires (« non controlling interests ») présentés au sein des capitaux propres.

Pour les précisions concernant la terminologie « intérêts minoritaires », voir nº 22165, point 1.
Pour les rubriques minimales requises par la norme IFRS 17, Contrats d'Assurance, voir nº 66045R.

Des rubriques, des postes et des sous-totaux **supplémentaires** doivent être présentés au bilan lorsque cela est pertinent pour comprendre la situation financière de l'entité (IAS 1.55).

La norme IAS 1 précise certains de ses principes en cas de présentation par l'entité de sous-totaux supplémentaires au sein de l'état de situation financière (bilan). Ainsi, de tels sous-totaux :
- doivent comprendre des éléments comptabilisés et évalués selon les IFRS ;
- doivent être présentés et libellés de manière à ce que leur contenu soit clair et compréhensible ;
- doivent être présentés de manière cohérente d'une période à l'autre ; et
- ne doivent pas être mis davantage en évidence que les totaux et sous-totaux requis par les IFRS au titre de l'état de situation financière (bilan) (IAS 1.55A).

Pour déterminer s'il convient de présenter des rubriques supplémentaires, doivent être considérés (IAS 1.58) :
- la nature et la liquidité des actifs ;
- la fonction des actifs au sein de l'entité ;
- les montants, la nature et l'échéance des passifs.

Des descriptions de postes, leur classement ou des regroupements de postes similaires peuvent être modifiés selon la nature de l'entité et de ses transactions, afin de fournir les informations nécessaires à la compréhension de la situation financière de l'entité.

Par exemple, une institution financière peut modifier les descriptions mentionnées ci-avant pour fournir des informations adaptées aux activités d'une institution financière (IAS 1.57).

En outre, la norme IAS 1 prévoit également des informations complémentaires à présenter soit dans l'état de situation financière (bilan), soit dans les notes annexes (IAS 1.77 à .80A).

En particulier, des subdivisions complémentaires aux postes présentés peuvent devoir être ajoutées soit dans les états financiers, soit dans les notes, et classées d'une manière adaptée à l'activité de l'entité. Par exemple, les immobilisations corporelles sont à ventiler par catégorie selon IAS 16, ou encore les créances sont à ventiler en clients, créances à recevoir des parties liées, paiements d'avance et autres montants.

Distinction actifs courants/non courants

53968 Les actifs et les passifs doivent être présentés dans l'état de situation financière (bilan) en distinguant séparément les éléments courants et non courants, sauf lorsqu'une présentation en fonction de la liquidité apporte des informations fiables et plus pertinentes (IAS 1.60).

Lorsque cette exception s'applique, tous les actifs et passifs doivent être présentés par ordre de liquidité.

Quelle que soit la méthode de présentation adoptée (selon la distinction courant/non courant ou par ordre de liquidité), l'entité doit donner une ventilation entre montants courants et non courants dans ses états financiers (IAS 1.61).

Un actif est classé en **actif courant** lorsqu'il satisfait à l'**un des quatre critères** suivants (IAS 1.66) :

- **l'entité s'attend à réaliser l'actif,** le vendre ou le consommer dans le cadre du cycle normal de son exploitation et ce, même s'il est réalisé dans un délai supérieur à douze mois après la date de clôture ;

Il s'agit, par exemple, des stocks ou créances clients.

Le **cycle d'exploitation d'une entité** désigne la période s'écoulant entre l'acquisition d'actifs en vue de leur transformation et leur réalisation sous forme de trésorerie ou d'un instrument immédiatement convertible en trésorerie (« équivalents de trésorerie »). Lorsque le cycle normal d'exploitation d'une entité n'est pas clairement identifiable, sa durée présumée est fixée à douze mois (IAS 1.68). Le même cycle d'exploitation normal doit être retenu pour la classification des actifs et pour celle des passifs en éléments courants et non courants (IAS 1.70).

- **l'entité le détient essentiellement aux fins d'être négocié ;**

Par exemple, certains instruments financiers détenus à des fins de transaction selon IFRS 9.

- **l'entité s'attend à réaliser l'actif dans les douze mois suivant la date de clôture** de l'exercice ;

Par exemple, certaines avances et acomptes versés aux fournisseurs à échéance de 6 mois.

- **l'actif constitue de la trésorerie ou un équivalent de trésorerie** sauf s'il ne peut être échangé ou utilisé pour régler un passif dans les douze mois qui suivent la date de clôture.

Par exemple, les comptes bancaires et dépôts à terme à échéance de trois mois.

L'IFRS IC a été interrogé sur le classement, dans l'état des flux de trésorerie et au bilan, d'un dépôt à vue soumis à des restrictions d'utilisation en vertu d'un accord avec un tiers (autre que la banque). Pour plus de détails sur la décision de l'IFRS IC, voir n° 56030.

Pour la distinction entre instruments financiers courants et non courants, voir n° 51230 s.

Tous les autres actifs doivent être classés en actifs **non courants** (notamment, les immobilisations corporelles et incorporelles, les actifs financiers par nature détenus pour une durée supérieure à douze mois (IAS 1.67) et les impôts différés (IAS 1.56).

Une dénomination autre qu'« actifs non courants » peut être utilisée dès lors que sa signification est claire (IAS 1.67).

Remarque La partie courante des actifs financiers non courants doit être enregistrée en actifs courants (IAS 1.68).

■ *Exemple*

Une société est spécialisée dans la fabrication de matériel pour les activités de sport en montagne (skis, bâtons, piolets...).

Pour établir le bilan au 31 décembre N, les éléments sont à classer comme suit en actifs courants ou non courants :

*a. les **machines industrielles** utilisées pour la fabrication des produits finis constituent des **actifs non courants,** les immobilisations corporelles étant par nature détenues pour une durée supérieure à douze mois ;*

*b. les **stocks de produits finis** (skis, surfs, bâtons...) constituent des **actifs courants** car l'entité s'attend à vendre ces actifs dans le cadre du cycle normal de son exploitation ;*

*c. la **créance** d'un client ayant bénéficié d'un délai de **règlement de 90 jours** en novembre N est à classer en **actifs courants,** l'entreprise s'attendant à réaliser cet actif dans le cadre du cycle normal de son exploitation ;*

*d. les **impôts différés** sont à classer systématiquement en **actifs non courants,** quelle que soit la date d'échéance prévisionnelle de reversement de la différence temporelle déductible ; c'est une obligation (IAS 1.56) ;*

*e. le **prêt à un fournisseur** de fils à cordage à échéance avril N+1 constitue un **actif courant** car la société s'attend à réaliser l'actif dans un délai de douze mois ;*

*f. les **Sicav** sont à classer en **actifs courants** car elles constituent des équivalents de trésorerie.*

Ce sont des placements à court terme très liquides facilement convertibles et d'un montant connu avec un risque négligeable de changement de valeur.

Distinction passifs courants/non courants

Un passif est classé en **passif courant** lorsqu'il satisfait à **l'un des quatre critères suivants** (IAS 1.69) : **53969**

– **l'entité s'attend à régler le passif au cours du cycle normal d'exploitation** et ce, même s'il doit être réglé plus de douze mois après la date de clôture (par exemple, les dettes fournisseurs et dettes envers le personnel et autres coûts opérationnels composant le besoin en fonds de roulement) ;

– **le passif est détenu essentiellement dans le but d'être négocié** ;

Par exemple, certains passifs financiers détenus à des fins de transactions selon IFRS 9.

– le **passif est à régler dans les douze mois à compter de la date de clôture** et ce, même si l'échéance d'origine est fixée à plus de douze mois et qu'un accord de refinancement ou de rééchelonnement des paiements à long terme est conclu après la date de clôture et avant la date d'approbation des comptes (IAS 1.72) ;

Par exemple, un emprunt à échéance 10 ans, remboursable en totalité à échéance le 30 juin N, est à classer en passif courant au cours de l'exercice N-1. C'est également le cas de la partie à court terme des découverts bancaires, dividendes à payer, impôts sur le résultat et autres comptes créditeurs non commerciaux.

– **l'entité ne dispose pas sur le passif d'un droit inconditionnel de différer le règlement** du passif pour au moins douze mois à compter de la date de clôture.

Les termes d'un passif qui pourraient, au gré de la contrepartie, résulter en son règlement par l'émission d'instruments de capitaux propres n'affectent pas son classement (IAS 1.69).

Pour l'application du principe général de distinction entre éléments courants et éléments non courants des actifs et passifs financiers, voir nº 51230 s.

Pour le classement en passif courant ou non courant d'une dette dont l'échéance est indéterminée ou soumise à condition, voir nº 54036.

Remarque L'appréciation du fait que l'entité ne dispose pas d'un droit inconditionnel de différer le règlement du passif pour au moins douze mois à compter de la date de clôture s'effectue du point de vue de l'entité.

Tous les **autres passifs** doivent être classés comme des **passifs non courants** (notamment les passifs d'impôts différés, et ce, quelle que soit la date d'échéance prévisionnelle de reversement de la différence temporelle imposable (IAS 1.56).

Remarque La partie courante des passifs financiers non courants doit être enregistrée en passifs courants (IAS 1.71).

Pour le **classement des dettes émises par l'entité en éléments courants/non courants** dans les cas suivants, voir nº 51290 :
- renégociation ou rééchelonnement d'une dette ;
- accord de renouvellement d'une dette à court terme ;
- dette devenant immédiatement exigible suite à un défaut de paiement ; ou
- événements survenus après la date de clôture.

Décisions de l'ESMA :

1. Le CESR (devenu l'ESMA) a pris plusieurs décisions relatives au classement d'une dette en courant ou non courant, en rappelant que ce **classement** doit s'apprécier **à la date de clôture**.

Pour plus de précisions sur ces décisions, voir nº 51290.

2. L'ESMA a rappelé en 2021 que, pour qu'une dette puisse être classée en passif non courant, l'emprunteur doit **disposer d'un droit inconditionnel** de différer le règlement du passif pour au moins 12 mois à compter de la date de clôture.

L'ESMA a rejeté le classement en non courant présenté par un émetteur au motif que ce dernier ne disposait pas de ce droit. Au cas particulier, l'émetteur avait sollicité auprès de son prêteur A un report d'échéance de son contrat de financement, sous réserve de démontrer formellement à ce dernier sa capacité à tenir sa nouvelle échéance de remboursement. Afin de respecter cette condition, l'émetteur :

- avait signé avec une autre société B, avant la date de clôture de l'exercice, un accord préalable de financement de ses opérations lui permettant, entre autres, d'honorer le remboursement de sa dette auprès de A à la nouvelle échéance ;
- avait informé le prêteur A, par le biais d'un conseil d'administration de l'émetteur, auquel participait le prêteur A, en sa qualité d'administrateur, de sa situation et de ses projections financières, ainsi que de l'existence de cet accord préalable de financement.

En conséquence, considérant la condition du report remplie, l'émetteur avait présenté la dette en non courant à la clôture.

Au cas d'espèce, l'ESMA a rejeté le classement en non courant, car il n'existait pas, à la date de clôture, de modification légale et formelle du contrat de financement initial, ni de reconnaissance formelle et juridiquement opposable au prêteur A que les conditions de report d'échéance de la dette étaient remplies. En effet, l'accord préalable conclu par l'émetteur avec la société B n'était pas ferme et irrévocable, le prêteur du contrat de financement initial n'avait pas formellement confirmé que la condition du report était remplie et le refinancement n'était pas à la discrétion de l'émetteur (EECS/0121-06, 07/21).

Evolution possible de la norme Concernant le classement d'un passif en courant ou en non courant, voir n° 54006.

■ *Exemple*

Mêmes hypothèses qu'au n° 53968. Pour établir le bilan au 31/12/N, les éléments sont à classer comme suit en passifs courants ou non courants :

1. les ***dettes envers les fournisseurs de matières premières*** *pour la fabrication des crampons, bâtons... sont à classer en* ***passifs courants*** *et ce, quelle que soit la date d'échéance du paiement. Ces dettes fournisseurs constituent des passifs à régler au cours du cycle normal d'exploitation et sont par conséquent classées en passifs courants ;*

2. une ***dette envers un fournisseur d'immobilisations*** *relative à des acquisitions de machines de production et dont la date d'échéance est le 30/03/N+1 est à classer en* ***passifs courants*** *car l'échéance de paiement est inférieure à 12 mois après la date de clôture ;*

3. la ***dette d'impôt exigible*** *sur le résultat constitue un* ***passif courant*** *au 31/12/N car l'impôt est payable en mars N+1, soit dans les 12 mois suivant la date de clôture ;*

4. un passif d'impôt a été constaté au bilan pour 130 K€. Ce montant inclut 90 K€ d'impôts différés passifs qui se résorberont en N+1 car les différences temporelles imposables sont principalement à échéance N+1. Les ***passifs d'impôts différés*** *sont à classer systématiquement en* ***passifs non courants*** *au 31/12/N, quelle que soit la date d'échéance prévisionnelle de reversement de la différence temporelle imposable (IAS 1.56) ;*

5. un emprunt a été souscrit pour 300 K€ en N-2 et est remboursable en totalité le 30/11/N+1. Cet ***emprunt*** *est à classer en* ***passifs courants*** *au 31/12/N car il est remboursable en totalité en novembre N+1, soit dans les 12 mois après la date de clôture (et ce, même si l'échéance d'origine était fixée à plus de 12 mois) ;*

6. un emprunt a été souscrit pour 250 K€ et est remboursable le 30/05/N+1. En janvier N+1, la société anticipe des difficultés de trésorerie et renégocie avec la banque un prolongement de l'échéance jusqu'au 30/05/N+2. La date d'autorisation de publication des comptes est le 15/04/N+1 ;
L'emprunt *de 250 K€ est à classer en* ***passifs courants*** *au 31/12/N même si cet emprunt a fait l'objet d'un report de remboursement après la date de clôture. A la date de clôture, l'emprunt était exigible en date du 30/05/N+1. L'accord de report de l'échéance au 30/05/N+2 est un événement de l'année N+1 qui n'existait pas à la date de clôture des comptes au 31/12/N. Il s'agit d'un événement postérieur à la clôture qui ne donne pas lieu à ajustement des comptes à la date de clôture, conformément à la norme IAS 10.*

7. la société a émis des obligations à échéance N+5 pour financer son expansion. Les ***obligations émises*** *sont à classer en* ***passifs non courants*** *car elles sont à échéance N+5, soit plus de 12 mois après la date de clôture ;*

8. la société a décidé lors de son assemblée générale de distribuer des dividendes au titre du résultat de l'exercice N-1 pour un montant de 150 K€ et de les payer le 1/02/N+1.
Les dividendes à payer sont à classer en ***passifs courants*** *au 31/12/N car ils sont payables le 1/02/N+1, soit dans les 12 mois qui suivent la date de clôture.*

E. Etat du résultat net et des autres éléments du résultat global de la période

Généralités

53970 L'état du résultat net et des autres éléments du résultat global (ou « état du résultat global ») peut être présenté (IAS 1.10A) :

a. **soit** de manière globale, sous la forme d'**un état unique**. Cet état est alors composé de deux parties :

– une première partie correspondant au compte de résultat permettant de déterminer le résultat net de l'exercice ; et

– une seconde partie intitulée « autres éléments du résultat global » (« Other Comprehensive Income »/OCI) qui regroupe tous les éléments de produits et de charges qui sont présentés en capitaux propres.

Un exemple d'état du résultat global présenté en un seul état est donné dans le guide d'application de la norme (IAS 1.IG6).

b. **soit** de manière séparée en **deux états différents,** à savoir :
– un état détaillant les composantes du résultat (état du résultat net séparé), conduisant au résultat net de l'exercice ; et
– un état qui reprend en première ligne le résultat net de l'exercice et détaille ensuite les autres éléments du résultat global (OCI) et conduit au résultat global de l'exercice.

Un exemple d'état du résultat global présenté sous la forme de deux états séparés est présenté dans le guide d'application de la norme (IAS 1.IG6).

Remarques :
1. Les « autres éléments du résultat global » (OCI) comprennent les éléments de produits et de charges non comptabilisés en résultat (IAS 1.7).
2. La norme IAS 1 impose de distinguer au sein des « autres éléments du résultat global » les éléments recyclables en résultat (par exemple, les écarts de conversion) de ceux qui ne le sont pas (par exemple les écarts actuariels liés aux engagements de retraite). Pour plus d'informations, voir n° 54050.

Informations minimales à présenter dans l'état du résultat net et des autres éléments du résultat global

De même que pour l'état de situation financière (bilan), la norme IAS 1 ne prescrit aucun ordre ou format de présentation de l'état du résultat net et des autres éléments du résultat global mais propose des modèles dans son guide d'application et prévoit une liste de **rubriques minimales** (IAS 1.81A, IAS .81B, .82 et .82A) : **53971**

Des rubriques complémentaires peuvent être requises par d'autres normes ou interprétations.

– les produits des activités ordinaires (revenus), en présentant sur une ligne distincte les produits d'intérêts calculés selon la méthode du taux d'intérêt effectif ;
– les profits et pertes résultant de la décomptabilisation d'actifs financiers évalués au coût amorti ;
– les charges financières ;

Les charges financières doivent être présentées séparément des produits financiers (IFRS 7.IG13).

– les pertes de valeur (y compris les reprises de pertes de valeur ou gains de valeur) établies selon IFRS 9.5.5.1 s. ;
– la quote-part dans le résultat net des entreprises associées et des joint ventures comptabilisées selon la méthode de la mise en équivalence (voir n° 54044 s.) ;
– lorsqu'un actif financier jusqu'alors classé comme étant évalué au coût amorti est reclassé de manière à être évalué à la juste valeur par résultat, tout profit ou perte résultant d'un écart entre son coût amorti antérieur et sa juste valeur à la date du reclassement (au sens d'IFRS 9) ;
– lorsqu'un actif financier jusqu'alors classé comme étant évalué à la juste valeur en contrepartie des autres éléments du résultat global est reclassé de manière à être évalué à la juste valeur par résultat, tout profit ou perte cumulé comptabilisé antérieurement dans les autres éléments du résultat global qui est reclassé en résultat ;
– la charge d'impôt sur le résultat ;
– un montant unique au titre des activités abandonnées (comptabilisées conformément à IFRS 5) ;
– le résultat net de la période ;
– le total des autres éléments du résultat global ainsi que ses composantes classées par nature et regroupées selon que ces composantes sont recyclables en résultat ou ne le sont pas (voir n° 54050) ;

La norme précise que **les autres éléments du résultat global provenant des entreprises associées et des coentreprises** sont présentés sur deux lignes distinctes et répartis entre (IAS 1.82A) :
– ceux qui seront reclassés en résultat, lorsque certaines conditions seront remplies ; et
– ceux qui ne seront pas reclassés ultérieurement en résultat.
Cette présentation est faite sur une seule et même ligne, pour chacune de ces catégories, sans distinguer ces éléments en fonction de leur nature.

– le résultat global total.

53971 (suite) L'état du résultat net et des autres éléments du résultat global doit également faire apparaître (IAS 1.81B) :
- le résultat net de la période attribuable aux intérêts minoritaires (« non controlling interests »), d'une part, et aux détenteurs de capital de la société mère, d'autre part ;
- le résultat global total de la période attribuable aux intérêts minoritaires, d'une part, et aux détenteurs de capital de la société mère, d'autre part.

Pour les précisions concernant la terminologie « intérêts minoritaires », voir nº 22165, point 1.
Pour les rubriques minimales requises par la norme IFRS 17, Contrats d'Assurance, voir nº 66045R.

Par ailleurs, **des postes, rubriques et sous-totaux supplémentaires** doivent être présentés dans l'état du résultat net et des autres éléments du résultat global lorsqu'une telle présentation est nécessaire pour comprendre la performance financière de l'entité (IAS 1.85).

Remarques :
1. La norme précise certains de ses principes en cas de présentation par l'entité de sous-totaux supplémentaires au sein de l'état du résultat net et des autres éléments du résultat global. Ainsi, de tels sous-totaux (IAS 1.85A) :
- doivent comprendre des éléments comptabilisés et évalués selon les IFRS ;
- doivent être présentés et libellés de manière à ce que leur contenu soit clair et compréhensible ;
- doivent être présentés de manière cohérente d'une période à l'autre ; et
- ne doivent pas être mis davantage en évidence que les totaux et sous-totaux requis par les IFRS au titre de l'état du résultat net et des autres éléments du résultat global.

Par ailleurs, les éléments permettant de rapprocher ces sous-totaux additionnels avec ceux requis par IAS 1 doivent être présentés ligne à ligne dans l'état du résultat net et des autres éléments du résultat global (IAS 1.85B).
Pour des précisions sur la présentation des indicateurs alternatifs de performance dits « non-GAAP », voir nº 55660.
2. Pour apprécier la nécessité de fournir ces informations complémentaires, il convient de considérer l'importance relative, la nature et la fonction des composantes des produits et des charges (IAS 1.86).
3. En France, la plupart des sociétés établissant des comptes IFRS présentent un agrégat intitulé « résultat opérationnel ». Bien que la norme IAS 1 ne définisse pas cette notion, il est précisé dans les bases de conclusion qu'en cas de présentation d'un tel agrégat, l'entité doit s'assurer que le résultat opérationnel regroupe bien toutes les activités qui peuvent être considérées par l'entité comme des activités opérationnelles (IAS 1.BC56).
Décisions de l'ESMA L'ESMA a illustré ce principe par deux fois (EECS/0211-08, 08/11et EECS/0118-07, 04/18) :
- avec le cas d'une société immobilière pour laquelle il est nécessaire de présenter les variations de juste valeur sur investissements immobiliers en résultat opérationnel ; et
- avec le cas d'une société qui applique la méthode de la réévaluation selon IAS 16 aux navires qu'elle utilise dans le cadre de son activité courante et dont les effets de la réévaluation doivent par conséquent être classés au sein du résultat opérationnel.

Recommandations de l'AMF Dans ses recommandations en vue de l'arrêté des comptes 2010, l'AMF a demandé aux émetteurs de fournir une définition des sous-totaux utilisés ainsi qu'une explication sur leur utilité pour évaluer la performance. Une telle explication pourrait s'appuyer sur l'usage qui en est fait par le principal décideur opérationnel en interne, et sur le fait que ces agrégats sont présentés au titre de l'information sectorielle (Rec. AMF 2010-12, Arrêté des Comptes 2010, § 1.1.2).
Dans ses recommandations en vue de l'arrêté des comptes 2016, l'AMF a par ailleurs précisé que, lorsque l'entité présente un sous-total de performance opérationnelle au compte de résultat, il doit comprendre la totalité des éléments de nature opérationnelle, notamment les impacts des regroupements d'entreprises, les dépréciations, les amortissements d'actifs ainsi que les charges de restructuration (Rec. AMF 2016-09, Arrêté des Comptes 2016, § 1.4.2).

En outre, **la présentation des éléments de produits et de charges en tant qu'éléments extraordinaires n'est pas admise,** ni dans l'état du résultat net et des autres éléments du résultat global ni dans les notes annexes (IAS 1.87).

Pour la définition et la présentation des rubriques « Autres produits opérationnels » et « Autres charges opérationnelles », voir nº 54042 s.

Lorsque des éléments de **charges ou de produits** sont **significatifs,** leur nature et leur montant doivent être **présentés distinctement, soit dans l'état du résultat net et des autres éléments du résultat global, soit dans les notes annexes** (IAS 1.97).

Ainsi, par exemple, les dépréciations des stocks à leur valeur de réalisation nette ou des immobilisations à leur valeur recouvrable ainsi que les reprises de telles dépréciations, les restructurations des activités d'une entité et la reprise de provisions pour faire face aux coûts de restructuration, le règlement de litiges, etc. (IAS 1.98).

Enfin, une entité doit présenter les charges comptabilisées en résultat net en retenant un classement soit **par nature,** soit **par fonction** (ou méthode du coût des ventes), selon le classement qui fournit les informations fiables les plus pertinentes (IAS 1.99 s.). Le choix entre ces deux méthodes dépend de facteurs historiques, de facteurs liés au secteur d'activité ainsi qu'à la nature de l'entité.

Les entités classant les charges **par fonction** doivent fournir des informations supplémentaires sur la nature des charges, y compris les dotations aux amortissements et les charges liées aux avantages au personnel (IAS 1.104).

Evolution possible de la norme Voir n° 54006.

Résultat net de la période

Tous les éléments de produits ou de charges comptabilisés au cours d'une période doivent être inclus dans le résultat net de la période, sauf si une norme ou une interprétation impose ou autorise un autre traitement (IAS 1.88). **53972**

Ainsi, certaines normes IFRS imposent ou autorisent l'exclusion du résultat net d'autres éléments du résultat global (tels que listés au n° 53971). De même, la norme IAS 8 prévoit l'exclusion du résultat net de la période des effets de certains changements de méthodes comptables ou de certaines corrections d'erreurs (voir n° 12681 et 12697).

Autres éléments du résultat global (OCI)

Les autres éléments du résultat global peuvent être présentés, au choix, selon deux présentations différentes (IAS 1.91) : **53973**

- soit présentation des **montants nets** d'impôt ;
- soit présentation des **montants bruts** et sur une ligne séparée le montant total d'impôt relatif aux autres éléments du résultat global, en distinguant la part de cet effet d'impôt relative aux éléments recyclables de celle relative aux éléments non recyclables.

Pour un exemple de ces deux types de présentation, voir le guide d'application d'IAS 1.IG6.

Les entités doivent présenter la charge d'impôt relative à chaque autre élément du résultat global, y compris celle relative aux ajustements de reclassement (recyclage en résultat), soit dans l'état du résultat net et des autres éléments du résultat global, soit dans les notes annexes (IAS 1.90).

En outre, les entités doivent fournir une information sur les ajustements de reclassement en résultat (ou « recyclage ») (IAS 1.92).

Cette information peut être donnée, au choix (IAS 1.94) :

- soit directement dans l'état du résultat net et des autres éléments du résultat global ;
- soit dans les notes annexes.

Pour un exemple de présentation de ces reclassements directement dans l'état du résultat global ou en annexe, voir le guide d'application d'IAS 1.IG6.

F. Etat des variations des capitaux propres

Informations à présenter dans l'état des variations des capitaux propres

L'état des variations des capitaux propres **fait partie intégrante des états financiers** (IAS 1.10). **53974**

La variation des capitaux propres entre le début et la fin d'une période de reporting reflète l'augmentation ou la diminution de l'actif net de l'entité au cours de la période. Hormis les opérations réalisées par les détenteurs du capital, la variation globale des capitaux propres représente le montant total des produits et des charges générés par les activités de l'entité pendant cette période, qu'ils soient comptabilisés en résultat ou en réserves (IAS 1.109).

L'état des variations des capitaux propres doit **inclure obligatoirement** les éléments suivants (IAS 1.106) :

1. le **résultat global total de l'exercice,** présentant séparément les montants totaux attribuables aux propriétaires de la société mère, d'une part, et ceux attribuables aux intérêts minoritaires (« non controlling interests »), d'autre part ;

Pour les précisions concernant la terminologie « intérêts minoritaires » retenue, voir n° 22165, point 1.

2. pour chaque composante des capitaux propres, les **effets des changements de méthodes comptables et des corrections d'erreurs** comptabilisées conformément à la norme IAS 8, voir nº 12677 s. ;

3. pour chaque composante des capitaux propres, un **rapprochement entre la valeur comptable d'ouverture et la valeur comptable à la clôture,** indiquant séparément les variations de chaque composante des capitaux propres :
- résultat net ;
- autres éléments du résultat global ; et
- transactions avec des propriétaires agissant en cette qualité (en présentant séparément les apports des propriétaires et les distributions aux propriétaires ainsi que les changements dans les participations dans des filiales qui ne donnent pas lieu à une perte de contrôle).

Les composantes des capitaux propres comprennent, par exemple (IAS 1.108) :
- chaque catégorie de capital apporté ;
- le solde cumulé de chaque catégorie d'autres éléments du résultat global ; et
- les réserves et résultats non distribués.

Un exemple d'état des variations des capitaux propres est donné dans le guide d'application de la norme (IAS 1.IG6).

Informations complémentaires à présenter soit dans l'état des variations des capitaux propres, soit dans les notes annexes

53975 Des informations complémentaires doivent être présentées soit dans l'état des variations des capitaux propres, soit dans les notes annexes. Ces informations portent sur :
- une analyse des autres éléments du résultat global élément par élément et ce, pour chaque composante des capitaux propres (IAS 1.106A) ;
- le montant des dividendes comptabilisés au titre des distributions au cours de la période (et le montant correspondant par action) (IAS 1.107).

G. Etat des flux de trésorerie

53976 L'état des flux de trésorerie, faisant l'objet de la norme spécifique IAS 7, **fait partie intégrante des états financiers** (IAS 1.10).

Pour les dispositions relatives à la présentation et aux informations à fournir sur les flux de trésorerie, selon la norme IAS 7, voir nº 56015 s.

H. Notes annexes

53977 Les notes annexes **font partie intégrante des états financiers** (IAS 1.10).

Pour plus de précisions sur l'annexe IFRS, voir nº 54975 s.

QUESTIONS/REPONSES PRATIQUES

Remarque importante

54006 Les réponses apportées aux questions présentées dans ce chapitre résultent de l'analyse des dispositions de la norme IAS 1, Présentation des états financiers, en vigueur actuellement, sur la base des informations disponibles au 1er juin 2023.

Recommandation de l'ANC Dans sa recommandation nº 2020-01, qui a remplacé la recommandation antérieure ANC 2013-03, l'ANC préconise l'utilisation du terme « exploitation » plutôt qu'« opérationnel » (voir nº 54031). Dans la série de Questions/Réponses pratiques de ce chapitre, la terminologie a été mise à jour en conséquence, dès lors que le développement faisait référence à des dispositions ou aux modalités d'application de la recommandation. Le terme « opérationnel » a cependant été conservé pour les autres Questions/Réponses.

Evolutions possibles des réponses :

1. **Amendements ciblés de la norme IAS 1 relatifs au classement d'un passif en courant ou non courant** Dans le cadre du projet de l'IASB sur le classement des passifs au bilan, deux amendements successifs ont été publiés.

Un premier amendement a été publié en janvier 2020 (« Classement des passifs en courants ou non courants »), selon lequel le classement en tant que passif courant ou non courant doit être fondé sur les droits existant à la clôture de différer le règlement du passif pour au moins douze mois après la clôture. Ainsi, l'amendement clarifie les principes de classement d'un passif en courant ou non courant, sur la base d'une analyse juridique des caractéristiques du passif et des termes du contrat. **54006** (suite)

Suite aux nombreuses questions d'application pratique formulées à la suite de cet amendement initial, un second amendement, publié en octobre 2022 (« Passifs non courants assortis de covenants »), vient corriger certaines de ses dispositions, relatives aux emprunts assortis de covenants.

En revanche, d'autres dispositions prévues par le premier amendement n'ont pas été modifiées par le second amendement, et seront donc applicables à leur date d'entrée en vigueur. Il s'agit notamment de celles relatives au classement en passifs courants ou non courants des instruments hybrides.

Ce second amendement confirme que le seul non-respect d'un covenant après la date de clôture n'entraîne pas, à cette date de clôture, le reclassement de l'emprunt en passif courant. Ainsi, seuls les covenants qui doivent être respectés avant ou à la date de clôture ont une incidence sur le classement du passif en courant ou non courant.

En conséquence, un covenant peut remettre en cause l'existence, à la date de clôture, d'un droit de différer le règlement de l'emprunt, et entraîner un reclassement de la dette en passifs courants, s'il est basé sur la situation financière de l'entité avant ou à la date de clôture et ce, même si l'appréciation du covenant est réalisée après la date de clôture.

A l'inverse, un covenant basé sur la situation financière de l'entité après la date de clôture ne peut pas remettre en cause l'existence d'un droit, à la date de clôture, de différer le règlement de l'emprunt.

Rappelons par ailleurs que si un covenant n'est pas respecté à la date de clôture et rend un emprunt immédiatement exigible, cet emprunt doit être classé en courant et ce, même si des éléments obtenus après la date de clôture mais avant la date d'arrêté des comptes permettent de s'assurer que le remboursement ne sera pas exigé. L'entité ne classera cet emprunt en passifs non courants que si le prêteur a accepté, à la date de clôture, d'accorder une période de grâce se terminant au moins douze mois après la date de clôture.

Enfin, de nouvelles informations devront être fournies dans l'annexe des états financiers, afin de permettre aux investisseurs d'apprécier les risques de remboursement anticipé liés aux passifs non courants soumis à covenants.

Devront ainsi être communiqués :
- la valeur comptable des passifs non courants assortis de covenants ;
- des informations sur les covenants eux-mêmes (nature et date à laquelle ils doivent être respectés) ;
- les faits et circonstances, qui indiqueraient que l'entité pourrait avoir des difficultés à respecter les covenants, le cas échéant.

Ces deux amendements sont applicables de manière rétrospective, aux exercices ouverts à compter du 1er janvier 2024, sous réserve de leur adoption par la Commission européenne (voir nº 11525).

2. Projet « Primary Financial Statements » Ce projet a pour objectif de répondre aux besoins des investisseurs et des régulateurs pour leur permettre de mieux comprendre la performance financière d'une entreprise et la comparer avec celle des autres.

Les discussions, entamées fin 2017, ont donné lieu à la publication d'un exposé-sondage « General Presentation and Disclosures » (ED/2019/7), le 17 décembre 2019.

L'exposé-sondage propose des améliorations ciblées des normes IAS 1 et IAS 7, relatives à la présentation de la performance financière au sein du compte de résultat, et dans une moindre mesure sur les autres éléments du résultat global (OCI) et le tableau des flux de trésorerie, aucun changement majeur n'étant par ailleurs identifié sur l'état de situation financière (bilan) et le tableau de variation des capitaux propres. Les propositions visent à remplacer les principes de présentation actuellement prévus par la norme IAS 1 au sein d'une nouvelle norme IFRS portant sur la présentation des états financiers. L'IASB est en cours de redélibération des dispositions de l'exposé-sondage.

Les principales dispositions présentées dans l'exposé-sondage au regard de la présentation du compte de résultat portent sur les éléments suivants :
- introduction à la face du compte de résultat de sous-totaux obligatoires, définis de manière claire et précise : le résultat opérationnel auquel s'ajoute la quote-part de résultat des sociétés mises en équivalence dites « intégrées », le résultat avant éléments financiers et impôts qui se

distingue de la pratique actuelle par l'introduction d'une catégorie de produits et de charges d'investissement qui ne seraient plus considérés comme du résultat financier ;
– analyse par fonction ou par nature au sein du résultat opérationnel, sans analyse mixte possible ;
– interdiction de présenter à la face du compte de résultat des indicateurs de performance clés, sauf s'il s'agit de sous-totaux obligatoires, ou des éléments dits « non courants » que l'IASB prévoit de définir de manière stricte. Leur présentation serait uniquement possible en annexe ;
– adaptation du format du compte de résultat à certaines activités (banque, assurance, investissement, etc.).

Certaines de ces dispositions ont été remises en cause au cours des redélibérations de l'IASB.

La norme définitive devrait être publiée au cours de l'année 2024.

A. Généralités

Recommandations pour la présentation des états financiers IFRS des groupes français

54031 ***Question***

Que recommande l'ANC concernant la présentation des états financiers IFRS ? Ces recommandations sont-elles compatibles avec les IFRS ?

Réponse

En termes de présentation, l'ANC propose plusieurs dénominations (sans toutes les recommander) pour l'état du résultat net et des autres éléments du résultat global et pour les autres éléments du résultat global.

Ces recommandations sont compatibles avec les IFRS.

Remarque Le terme proposé par l'ANC pour traduire l'état du résultat net et des autres éléments du résultat global (i.e. « état du résultat net et des gains et pertes comptabilisés directement en capitaux propres ») peut prêter à confusion, entre les éléments qualifiés d'autres éléments du résultat global et les autres variations des capitaux propres résultant des transactions avec les actionnaires en leur qualité d'actionnaires. En conséquence, la dénomination « Etat du résultat net et des autres éléments du résultat global » est, à notre avis, préférable.

Commentaires Deux recommandations de l'ANC sont relatives au format des états financiers établis selon les normes IFRS :
– des entreprises hors banques et assurances (Rec. ANC 2020-01, publiée le 6 mars 2020, qui annule et remplace la recommandation ANC 2013-03) ; et

Dans sa recommandation nº 2020-01, l'ANC recommande d'utiliser le terme « exploitation » plutôt qu'« opérationnel ». Ainsi, les termes « résultat opérationnel courant » et « résultat opérationnel » sont désormais remplacés respectivement par « résultat d'exploitation courant » et « résultat d'exploitation ». Les termes « autres produits/charges opérationnels » sont désormais dénommés « Autres produits/charges d'exploitation non courants ».
Selon l'ANC, le terme « opérationnel » peut toutefois continuer à être utilisé, mais pas de manière simultanée avec le terme « exploitation » au sein d'un même compte de résultat.
Dans la série de Questions/Réponses pratiques de ce chapitre, la terminologie a été mise à jour en accord avec la recommandation de l'ANC nº 2020-01 dès lors que le développement faisait référence à des dispositions ou aux modalités d'application de la recommandation. Le terme « opérationnel » a cependant été conservé pour les autres Questions/Réponses.
Au-delà de l'évolution de la terminologie à adopter à la face du compte de résultat, la recommandation de l'ANC prend notamment en compte l'incidence des normes IFRS entrées en vigueur depuis 2018, notamment IFRS 9, Instruments financiers, IFRS 15, Produits des activités ordinaires tirés de contrats conclus avec des clients et IFRS 16, Contrats de location.

– des établissements du secteur bancaire (Rec. ANC 2022-01).

Ces recommandations, dont l'application est facultative, visent à :
– faciliter la lecture d'ensemble de la performance des entreprises ; et
– renforcer la comparabilité des états financiers des entreprises du même secteur.

Elles proposent un modèle de présentation synthétique de chacun des états financiers et la définition des principaux soldes intermédiaires utilisés, sans revenir sur le contenu détaillé de chaque rubrique des états financiers. **54031** (suite)

Pour les précisions apportées par la recommandation de l'ANC en matière de présentation (Rec. ANC 2020-01) :
- du résultat d'exploitation et des autres produits et charges d'exploitation, voir n° 54042 et 54043 ;
- des instruments financiers, voir n° 51396 s.

Le tableau ci-après présente les principales dispositions de la norme IAS 1 et la recommandation de l'ANC, notamment lorsque la norme IAS 1 propose plusieurs options.

	IAS 1	Rec. ANC 2020-01
Dénomination des états de synthèse	Dénominations (facultatives) [1]	Dénominations recommandées
	Au choix : Etat de situation financière ou Bilan	Au choix : Etat de situation financière ou Bilan
	Etat du résultat net et des autres éléments du résultat global (ou Etat du résultat global)	Etat du résultat net et des gains et pertes comptabilisés directement en capitaux propres [2]
	Autres éléments du résultat global (« Other Comprehensive Income »/OCI)	Gains et pertes comptabilisés directement en capitaux propres [2]
Etat du résultat net et des autres éléments du résultat global	Présentation en un ou deux états séparés : – soit un Etat du résultat net et des autres éléments du résultat global ; – soit deux états séparés : un Etat du résultat net et un Etat aboutissant au résultat global	Présentation proposée en deux états séparés : – un Compte de résultat ; et – un Etat du résultat net et des gains et pertes comptabilisés directement en capitaux propres.
	Présentation des Autres éléments du résultat global (OCI) répartis entre : – ceux qui ne seront pas reclassés ultérieurement en résultat ; et – ceux qui seront reclassés ultérieurement en résultat lorsque certaines conditions seront remplies.	Même présentation que selon IAS 1.
	Présentation des Autres éléments du résultat global (OCI) : – soit nets d'impôts ; – soit en montants bruts avec une ligne séparée pour l'impôt.	Même choix de présentation que selon IAS 1.
	Présentation des informations sur les effets d'impôt liés à chaque autre élément du résultat global et sur les autres éléments du résultat global recyclés en résultat : – soit dans l'Etat du résultat net et des autres éléments du résultat global ; – soit en annexe. Le choix peut différer selon le type d'informations.	Présentation de ces informations en annexe.
	Non précisé	Réévaluation des instruments dérivés de couverture : – distinction possible entre couvertures de financement et d'exploitation ; – compensation possible de l'effet de la couverture d'un investissement net à l'étranger avec écarts de conversion.

	IAS 1	Rec. ANC 2020-01
Dénomination des états de synthèse	Dénominations (facultatives) (1)	Dénominations recommandées
Etat des flux de trésorerie	Utilisation de la **méthode directe** (recommandée) ou **indirecte** pour la détermination des flux de trésorerie liés aux activités opérationnelles (IAS 7.18 s.)	Utilisation de la **méthode indirecte.**
Etat des variations des capitaux propres	Présentation du **Résultat global** sur une seule ligne	Présentation du **Résultat** sur trois lignes distinctes : – Résultat net ; – Gains et pertes comptabilisés directement en capitaux propres ; – Résultat net et gains et pertes comptabilisés directement en capitaux propres.

(1) Selon IAS 1.10, les entreprises peuvent utiliser dans leurs états de synthèse des dénominations différentes de celles mentionnées par la norme, par exemple « Etat du résultat global » (« Statement of Comprehensive Income ») au lieu de « Etat du résultat net et des autres éléments du résultat global ».
(2) Conformément à IAS 1.10 qui permet l'utilisation de titres pour les états financiers, différents de ceux utilisés par cette norme, l'ANC a proposé « Gains et pertes comptabilisés directement en capitaux propres ». A notre avis, l'utilisation de cet intitulé n'est pas recommandée. En effet, il peut prêter à confusion entre les éléments qualifiés d'autres éléments du résultat global et les autres transactions réalisées avec les actionnaires en leur qualité d'actionnaires, qui sont les seuls éléments inscrits directement en capitaux propres. De fait, les éléments inscrits en autres éléments du résultat global (OCI) ne sont pas stricto sensu enregistrés directement en capitaux propres mais dans l'Etat du résultat global qui, au même titre que le résultat, se reporte ensuite dans les capitaux propres.

Remarque La notion d'endettement net n'est pas définie en IFRS. En revanche, la recommandation de l'ANC (Rec. ANC 2020-01) propose une définition de l'endettement financier net (voir nº 51480).

Cette recommandation est conforme aux normes IFRS, même si elle repose sur une interprétation très française des principes de présentation des états financiers en IFRS.

B. Présentation de l'état de situation financière (bilan)

Classement d'une dette en passif courant ou non courant : principe général et exemples d'application

54036 ***Question***

Quelles sont les conditions pour classer en passif courant ou non courant une dette dont l'échéance est indéterminée ou soumise à condition ?

Réponse

Une dette dont l'échéance est indéterminée ou soumise à condition doit être classée en passif courant si l'entreprise n'a pas un droit inconditionnel d'en différer le règlement pour une période d'au moins douze mois à compter de la date de clôture.

Les conditions contractuelles liées à cette dette doivent donc être analysées au cas par cas pour déterminer le classement en passif courant ou non courant.

Commentaires :

1. **Principe général** Un passif doit être classé en tant que passif courant lorsqu'il satisfait à l'un des critères suivants (IAS 1.69, voir nº 53969) :
– l'entité s'attend à régler le passif au cours de son cycle d'exploitation normal ;
– il est détenu essentiellement aux fins d'être négocié ;
– il doit être réglé dans les douze mois après la date de clôture ; ou
– l'entité ne dispose pas d'un droit inconditionnel d'en différer le règlement pour au moins douze mois à compter de la date de clôture.

Tous les autres passifs doivent être classés en passifs non courants.

2. **Exemples d'application** En pratique, l'analyse de certaines dettes peut s'avérer délicate, par exemple dans les cas suivants :

a. **Dette à échéance indéterminée** Si l'entité dispose d'un droit inconditionnel de différer le règlement pour au moins douze mois à partir de la date de clôture, alors la dette sera classée en non courant (IAS 1.69d). Dans le cas contraire, elle sera classée en courant. Tel serait le cas d'une dette à échéance indéterminée dont le règlement peut, à tout moment et sans motif, être exigé par le prêteur.

b. **Contrat de prêt dans lequel figure une clause de revoyure en cas de non-respect de certains ratios financiers.**

Une clause de revoyure est une clause par laquelle les parties ont convenu de se réunir lorsque certains événements surviennent afin de se prononcer sur des points prédéterminés.

A la clôture, le non-respect des ratios financiers définis dans une clause de revoyure n'entraîne pas nécessairement un remboursement à vue. Dans ce cas, l'événement n'a pas d'incidence sur le classement en courant ou non courant de la dette.

c. **Dette courante renégociée avant la clôture** Selon IAS 1.73, si l'entité envisage (et a toute latitude pour cela) de refinancer ou renouveler une obligation pour au moins douze mois après la période de reporting en vertu d'une facilité de prêt existante, l'obligation est classée en non courant, même si son échéance doit normalement intervenir dans un délai plus court.

d. **Contrat de prêt dans lequel figure une clause d'exigibilité en cas de changement de contrôle de l'entité** La question est de savoir si un classement du prêt en passif courant est requis dès lors qu'une telle clause existe, du simple fait que l'entité ne peut empêcher l'actionnaire majoritaire de céder ses titres à un tiers. A notre avis, l'existence d'une telle clause n'est pas suffisante pour requérir le classement du prêt en passif courant si aucun changement de contrôle n'est prévu à la date de clôture.

En effet, une clause d'exigibilité d'un prêt liée à un changement de contrôle est assimilable en substance à une clause reposant sur le respect d'un covenant. Dans le cas d'un covenant, la norme IAS 1 exige la classification en passif courant si le covenant n'a pas été respecté à la fin de la période de reporting, mais pas s'il y a seulement un risque potentiel de non-respect.

e. **Dette dont le covenant n'est pas respecté à la clôture** L'emprunt doit être classé en passifs courants (décision de l'ESMA, voir nº 53969 et 51290).

Evolution possible de la réponse Voir nº 54006.

C. Présentation des composantes du résultat dans l'état du résultat net et des autres éléments du résultat global

Présentation des effets de la désactualisation des provisions à long terme

Question 54040

Dans quel agrégat du résultat les effets de la désactualisation des provisions à long terme doivent-ils être présentés ?

Réponse

Au sein des éléments financiers. A noter que les effets de la désactualisation des provisions pour engagements de retraite peuvent être présentés, conformément à la norme IAS 19 et au choix de l'entreprise, soit en éléments financiers, soit en éléments opérationnels.

Commentaires :

1. **Principe général de présentation des effets de la désactualisation des provisions à long terme** Lorsque les provisions sont actualisées, leur valeur comptable augmente à chaque exercice pour refléter l'écoulement du temps ; cette augmentation est comptabilisée en charges financières (IAS 37.60).

Recommandations de l'ANC Dans sa recommandation relative au format des comptes consolidés des entreprises établis selon les normes comptables internationales (hors établissements du secteur bancaire et organismes d'assurance), l'ANC a spécifiquement mentionné que les effets liés à la désactualisation sont présentés en résultat financier, sur la ligne « Autres charges financières » (Rec. ANC 2020-01 § 4.5.4.3).

2. Cas particulier des provisions pour engagements de retraite Par exception, les effets de désactualisation des provisions de retraite peuvent, conformément à la norme IAS 19, être présentés, au choix de l'entreprise, en résultat financier ou en résultat opérationnel.

En effet, la norme IAS 19 définit précisément les composantes de la charge de retraite, constatée au compte de résultat au cours de la période, en distinguant (IAS 19.120) :
- le coût des services rendus au cours de l'exercice ;
- les intérêts sur le passif net (l'actif net) au titre des prestations définies, qui incluent la charge de désactualisation et le produit implicite du rendement des actifs.

En revanche, IAS 19 ne précise pas comment présenter ces deux composantes au sein du compte de résultat, la présentation retenue devant en tout état de cause être conforme à IAS 1 (IAS 19.134).

Ainsi, à notre avis, l'entreprise a le choix :

a. soit de présenter l'ensemble de la charge nette de la période liée aux retraites, sur une seule ligne, dans ses charges de personnel (éléments opérationnels) ;

b. soit de scinder cette charge nette entre :
- d'une part, les charges de personnel présentées en éléments opérationnels (montant relatif au coût des services, à l'exception des composantes financières) ;
- et d'autre part, les charges/produits financiers (montant regroupant les composantes financières, à savoir la charge liée à la désactualisation de la provision pour retraite et le rendement implicite des actifs du régime et des droits à remboursement).

En outre, dans sa recommandation précitée, l'ANC a autorisé le même choix de présentation de la composante financière du coût des prestations définies que celui offert par IAS 19 (Rec. ANC 2020-01 § 4.5.4).

Définition et présentation des rubriques « Autres produits d'exploitation non courants » et « Autres charges d'exploitation non courantes »

54042 *Question*

La recommandation de l'ANC relative au format des états financiers IFRS autorise la présentation des rubriques « Autres produits d'exploitation non courants » et « Autres charges d'exploitation non courantes » dans l'état du résultat net et des autres éléments du résultat global.

Quels en sont les éléments constitutifs ?

Réponse

La comptabilisation d'éléments dans les rubriques « Autres produits d'exploitation non courants » et « Autres charges d'exploitation non courantes » au sein du résultat d'exploitation ne peut intervenir :
- qu'en lien avec un événement majeur survenu pendant la période comptable ; et
- dès lors que la non-présentation de ses impacts distinctement des autres éléments du résultat fausserait la lecture de la performance de l'entreprise.

Il s'agit donc de produits ou de charges en nombre très limité, inhabituels, significatifs, anormaux et peu fréquents.

Commentaires Dans le cadre de sa recommandation relative au format des états financiers des entreprises sous référentiel comptable international (hors entreprises de banque et d'assurance), l'ANC propose la **présentation, sur option,** d'un **Résultat d'exploitation courant** défini par différence entre (i) le Résultat d'exploitation et (ii) les « Autres produits d'exploitation non courants » diminués des « Autres charges d'exploitation non courantes » (Rec. ANC 2020-01 § 3.2).

Pour des précisions sur l'évolution de la terminologie utilisée par l'ANC, préconisant l'utilisation du terme « exploitation » plutôt qu'« opérationnel », voir n° 54006.

1. Notion de « Résultat d'exploitation courant » Cette notion a été introduite par l'ANC afin de tenir compte du souhait des entreprises et des analystes de définir un niveau de performance opérationnelle pouvant servir à une approche prévisionnelle de la performance récurrente (Rec. ANC 2020-01 § 3.2). **54042** (suite)

Le résultat d'exploitation courant est ainsi, selon l'ANC, un solde de gestion devant faciliter la compréhension de la performance de l'entreprise. Les éléments qui n'en font pas partie, c'est-à-dire les « Autres produits d'exploitation non courants » et les « Autres charges d'exploitation non courantes », ne peuvent pas être qualifiés d'exceptionnels ou d'extraordinaires, mais correspondent aux événements inhabituels, anormaux et peu fréquents.

Rappelons en effet qu'IAS 1.87 interdit de présenter des éléments de produits ou de charges en tant qu'éléments extraordinaires, que ce soit dans l'état du résultat net et des autres éléments du résultat global ou dans le compte de résultat (s'il est présenté séparément) ou dans les notes annexes.

Recommandations de l'AMF Dans ses recommandations en vue de l'arrêté des comptes 2016, l'AMF a rappelé la nécessité de définir de manière claire et spécifique les critères utilisés pour distinguer les éléments courants des non courants, lorsque la société utilise un sous-total reflétant la performance issue de son activité courante (Rec. AMF 2016-09, Arrêté des Comptes 2016, § 1.4.3).

2. Notion d'« Autres produits d'exploitation non courants » et « Autres charges d'exploitation non courantes » Les « Autres produits d'exploitation non courants » et les « Autres charges d'exploitation non courantes » (positionnés sous le « résultat d'exploitation courant », lorsque l'entité a utilisé cette option), sont définis de manière très limitative et la comptabilisation d'éléments dans ces rubriques ne peut intervenir :
- qu'en lien avec un événement majeur survenu pendant la période comptable ;
- et dès lors que la non-présentation de ses impacts distinctement des autres éléments du résultat fausserait la lecture de la performance de l'entreprise.

Il s'agit donc de produits ou de charges en nombre très limité, inhabituels, anormaux et peu fréquents, et de montants particulièrement significatifs, que l'entreprise présente de manière distincte dans son compte de résultat, pour faciliter la compréhension de la performance opérationnelle courante et permettre au lecteur des comptes de disposer d'éléments utiles dans une approche prévisionnelle des résultats (conformément à IAS 1.85 et .86).

Tel est le cas, par exemple :
- d'une plus ou moins-value de cession (ou une dépréciation) importante ou inhabituelle d'actifs non courants, corporels ou incorporels ;

A l'inverse, une société dont l'activité comprend la cession régulière d'actifs non courants ne doit pas présenter le résultat des cessions sur cette ligne, mais le classer en résultat d'exploitation courant (par exemple, la revente de véhicules par les sociétés de location).

- de certaines charges de restructuration : uniquement des coûts de restructuration qui seraient de nature à perturber la lisibilité du résultat d'exploitation courant, par leur caractère inhabituel et leur importance ;
- d'autres charges et produits d'exploitation tels qu'une provision relative à un litige d'un montant très significatif.

Certains des éléments ci-avant sont également cités par IAS 1.98 comme donnant lieu à une information distincte (dans l'état du résultat net global et des autres éléments du résultat global ou en annexe) lorsqu'ils sont significatifs.
En revanche, les charges de dépréciation d'actifs et les charges de restructuration, ne répondant pas aux conditions décrites ci-avant, doivent être classées en résultat d'exploitation courant.

En pratique, dès lors que les entreprises décident de présenter ces rubriques au sein de l'état du résultat net et des autres éléments du résultat global (ou du compte de résultat, s'il est présenté séparément), elles doivent faire preuve de jugement pour affecter certains éléments de produits et de charges à ces rubriques.

Pour plus de précisions sur la présentation de la performance financière d'une entreprise dans un contexte de crise, voir n° 55650.

Recommandations de l'AMF En 2016, l'AMF a appelé les sociétés à faire preuve de vigilance dans la qualification comme non courant d'un élément de résultat, notamment en s'assurant de son caractère inhabituel et significatif. L'AMF a ainsi précisé que les amortissements d'actifs incorporels, tels que les relations clients, liés aux impacts des regroupements d'entreprises ou encore les charges récurrentes des plans de paiement en actions (IFRS 2), ne constituent pas des éléments non courants (Rec. AMF 2016-09, Arrêté des Comptes 2016, § 1.4.3).

Dans cette même recommandation, l'AMF a précisé que la reprise significative d'une provision non utilisée doit être présentée en non courant, si la dotation correspondante l'a elle-même été.

Présentation des rubriques « Autres produits d'exploitation non courants » et « Autres charges d'exploitation non courantes » dans l'état du résultat net et des autres éléments du résultat global

54043 ***Question***

Comment présenter les rubriques « Autres produits d'exploitation non courants » et « Autres charges d'exploitation non courantes » dans l'état du résultat net et des autres éléments du résultat global (compte de résultat) ?

Réponse

Les « Autres produits d'exploitation non courants » doivent être présentés distinctement des « Autres charges d'exploitation non courantes », au sein du résultat. Leur montant et leur nature doivent faire l'objet d'une description précise en annexe.

Commentaires Lorsque l'entreprise décide de présenter au sein de son état du résultat net et des autres éléments du résultat global (compte de résultat) les rubriques « Autres produits d'exploitation non courants » et « Autres charges d'exploitation non courantes », ils doivent être à notre avis présentés distinctement, en application du principe de non-compensation des charges et des produits énoncé par IAS 1.32.

Pour la définition des Autres produits et charges d'exploitation non courants, voir n° 54042.
Pour des précisions sur l'évolution de la terminologie retenue par l'ANC dans sa recommandation ANC n° 2020-01, voir n° 54006.

Des informations quant à la nature et au montant de chaque élément significatif inclus dans la rubrique des « Autres produits d'exploitation » et « Autres charges d'exploitation » doivent être fournies en annexe, conformément à la norme IAS 1.97.

Ce dernier point a été expressément indiqué par l'ANC dans sa recommandation (Rec. ANC 2020-01).
Recommandations de l'AMF Le régulateur a également rappelé ce point en 2016 et a invité les entreprises à porter une attention particulière sur de telles informations (Rec. AMF 2016-09, Arrêté des Comptes 2016, § 1.4.2).

Quote-part de résultat des sociétés mises en équivalence : présentation couramment adoptée en France dans l'état du résultat net

54044 ***Question***

Quelle est la présentation couramment adoptée en France de la quote-part de résultat des sociétés mises en équivalence dans l'état du résultat net ?

Réponse

A défaut de précision de la norme IAS 1, la pratique actuelle couramment adoptée en France est la présentation de la quote-part de résultat des sociétés mises en équivalence sur une ligne séparée de l'état du résultat net, en dehors du résultat opérationnel (résultat d'exploitation selon l'ANC) et juste en dessous du résultat financier ou en dessous du résultat financier et de la charge d'impôt.

Commentaires :

1. **Absence de précision sur le positionnement de la quote-part de résultat des sociétés MEE dans l'état du résultat net** IAS 1.82 indique que la quote-part dans le résultat net des entreprises mises en équivalence doit être présentée distinctement dans l'état du résultat net mais sans préciser où positionner cette rubrique. Toutefois, le modèle indicatif présenté dans le guide d'application de cette norme propose un classement sur une ligne séparée, juste au-dessus du résultat avant impôt (« profit before tax »).

Pour les différentes présentations possibles, voir n° 54046.

2. **Classement de la quote-part de résultat des sociétés MEE en dehors du résultat opérationnel : pratique couramment adoptée en France** La pratique couramment adoptée en France est la présentation de la quote-part de résultat des sociétés mises en équivalence sur

une ligne séparée en dehors du résultat opérationnel. A titre d'illustration, ci-après la présentation couramment adoptée en France :

Compte de résultat	
Chiffre d'affaires	
Coût des ventes	
Marge brute	
	Frais non commerciaux
	Frais généraux administratifs
	Autres produits et charges
Résultat d'exploitation courant (1)	
	Autres produits d'exploitation non courants (2)
	Autres charges d'exploitation non courantes (2)
Résultat d'exploitation	
	Produits et charges financières
Résultat avant impôt	
	Charge d'impôt
	Quote-part du résultat net des sociétés MEE (3)
Résultat net	

(1) Voir n° 54042.
(2) Voir n° 54043.
(3) Selon le modèle de compte de résultat proposé par la recommandation de l'ANC n° 2020-01. La quote-part du résultat net des sociétés mises en équivalence peut également être présentée après le résultat financier, conformément à la présentation proposée dans le guide d'application d'IAS 1 (IAS 1.IG6).

3. Enjeu Les groupes concluent de plus en plus fréquemment des accords de partenariat. En outre, dans le contexte de l'application de la norme IFRS 11, Partenariats, qui a supprimé la possibilité de consolider les joint ventures par intégration proportionnelle et impose désormais de les comptabiliser selon la méthode de la mise en équivalence, la question de la présentation de la quote-part de résultat des sociétés mises en équivalence s'est posée avec plus d'acuité. En effet, la méthode de l'intégration proportionnelle étant jusqu'en 2013 la méthode retenue par de nombreuses entreprises françaises pour la consolidation de leurs joint ventures, la suppression de cette méthode a eu comme conséquence directe le passage à la mise en équivalence. Ce changement de méthode a eu un impact important en termes de présentation des agrégats au sein de l'état du résultat global, notamment concernant le chiffre d'affaires et le résultat opérationnel.

Rappelons que, dans le cadre de la méthode de l'intégration proportionnelle (désormais non autorisée), la quote-part des produits et charges de la joint venture était présentée ligne à ligne alors que dans le cadre de la mise en équivalence, une seule ligne regroupe la quote-part du résultat des coentreprises.

La question de la présentation de la quote-part du résultat net des sociétés mises en équivalence dans l'état du résultat net concerne désormais l'ensemble des entreprises confrontées à une baisse « mécanique » de leur résultat opérationnel, consécutive aux dispositions de la norme IFRS 11. C'est dans ce contexte que l'ANC a publié une recommandation (Rec. ANC 2013-01 du 4/04/13 ; voir n° 54048) laquelle a été intégrée dans la mise à jour de la recommandation relative au format des états financiers des entreprises établis selon les IFRS (désormais Rec. ANC 2020-01 du 6/03/20).

Quote-part de résultat des sociétés mises en équivalence : présentations possibles dans l'état du résultat net

Question 54046

Quelles sont les différentes présentations possibles de la quote-part de résultat des sociétés mises en équivalence dans l'état du résultat net ?

54046 (suite)

Réponse

A défaut de précision de la norme IAS 1 sur le classement de la quote-part du résultat net des sociétés mises en équivalence dans l'état du résultat net, plusieurs présentations sont adoptées en pratique :

– présentation sur une ligne séparée en dehors du résultat opérationnel (résultat d'exploitation selon l'ANC) juste en dessous du résultat financier ou en dessous du résultat financier et de la charge d'impôt (voir nº 54044) ;

– présentation au sein du résultat d'exploitation après un sous-total « résultat d'exploitation » et avant un sous-total « résultat d'exploitation après quote-part de résultat net des sociétés mises en équivalence » dans les situations où l'entité mise en équivalence (entreprise associée ou joint venture) a une nature opérationnelle dans le prolongement de l'activité du groupe) ;

– pour les groupes qui n'appliquent pas les recommandations précitées, présentation au sein du résultat opérationnel dans les situations où l'entité mise en équivalence (entreprise associée ou joint venture) a une nature opérationnelle dans le prolongement de l'activité du groupe, sans nécessairement intégrer un sous-total « résultat opérationnel (d'exploitation selon l'ANC) après quote-part du résultat net des entreprises mises en équivalence ».

Commentaires A défaut de précision dans la norme IAS 1 sur le positionnement de la quote-part de résultat des sociétés MEE dans l'état du résultat net (voir nº 54044), plusieurs présentations soit en dehors soit dans le résultat opérationnel sont adoptées en pratique.

La norme IAS 1 n'impose pas la présentation d'un agrégat spécifique représentant les activités opérationnelles. Elle précise uniquement que si un tel agrégat est présenté, il doit alors regrouper l'ensemble des activités jugées opérationnelles (IAS 1.BC56).

En pratique, les trois présentations de la quote-part de résultat des sociétés mises en équivalence suivantes peuvent être adoptées :

1. présentation **sur une ligne séparée en dehors du résultat opérationnel** (pratique illustrée dans la norme IAS 1 et courante en France, voir nº 54044) ;

2. pour les groupes **qui appliquent la recommandation de l'ANC** relative au format des états financiers des entreprises établis selon les normes comptables internationales (Rec. ANC 2020-01 du 6/03/20), **présentation dans le résultat d'exploitation autorisée** dans les situations où l'entité mise en équivalence (entreprise associée ou joint venture, voir nº 54048, point 4.) a une nature opérationnelle dans le prolongement de l'activité du groupe. Cette recommandation indique que la quote-part du résultat net des entreprises mises en équivalence est ainsi présentée **après un sous-total « résultat d'exploitation » et avant un sous-total « résultat d'exploitation après quote-part du résultat net des entreprises mises en équivalence »** (Rec. ANC 2020-01 § 4.5.5).

Pour plus de détails sur cette recommandation et les précisions apportées par l'AMF sur ce point, voir nº 54031 et 54048.

3. pour les groupes qui **n'appliquent pas cette recommandation de l'ANC, présentation au sein du résultat opérationnel** dans les situations où l'entité mise en équivalence (entreprise associée ou joint venture) a une nature opérationnelle dans le prolongement de l'activité du groupe **sans nécessairement intégrer un sous-total « résultat opérationnel après quote-part du résultat net des entreprises mises en équivalence ».**

Décision de l'ESMA L'ESMA a indiqué que, dès lors qu'une entité présente au sein du résultat opérationnel la quote-part de résultat des sociétés mises en équivalence (entreprise associée ou joint venture) qui ont une nature opérationnelle dans le prolongement de l'activité du groupe, il convient d'appliquer cette présentation tant à celles de ces entités qui sont matures qu'à celles dont les activités sont en phase de démarrage (EECS/0114-06, 04/14).

En 2015, l'ESMA a également contesté la position retenue par un émetteur, qui avait présenté une charge de dépréciation d'actifs, liée à une entreprise associée, sur la même ligne que les autres charges de dépréciation constatées sur la période au titre des sociétés du groupe, en l'isolant de la ligne relative à la quote-part de résultat de cette même entreprise associée (EECS/0115-05, 07/15).

Evolution possible de la réponse Voir nº 54006.

Quote-part de résultat des sociétés mises en équivalence : classement en résultat d'exploitation selon la recommandation de l'ANC

54048

Question

Selon l'ANC, quelles sont les conditions pour classer la quote-part de résultat des sociétés mises en équivalence dans le résultat d'exploitation ou dans tout autre agrégat mesurant la performance opérationnelle de l'état du résultat global ?

Réponse

Cette recommandation précise qu'il est possible de rattacher les quotes-parts de résultat des sociétés mises en équivalence au résultat d'exploitation du groupe sous deux conditions :
- ces sociétés ont une nature opérationnelle dans le prolongement de l'activité du groupe (critères à définir par le groupe) ;
- ces quotes-parts sont nécessairement présentées après le résultat d'exploitation, mais avant un sous-total dénommé « résultat d'exploitation après quote-part de résultat net des sociétés mises en équivalence ».

Commentaires La recommandation de l'ANC relative au format des états financiers des entreprises établis selon les normes comptables internationales (Rec. ANC 2020-01 du 6/03/20), précise qu'il est possible de rattacher les quotes-parts de résultat des sociétés mises en équivalence au résultat d'exploitation du groupe sous deux conditions :
- ces sociétés ont une nature opérationnelle dans le prolongement de l'activité du groupe (critères à définir par le groupe) ;
- ces quotes-parts sont nécessairement présentées après le résultat d'exploitation, mais avant un sous-total dénommé « résultat d'exploitation après quote-part de résultat net des sociétés mises en équivalence ».

Pour des précisions sur l'évolution de la terminologie retenue par l'ANC dans sa recommandation, préconisant l'utilisation du terme « exploitation » plutôt qu'« opérationnel », voir n° 54006.

Recommandations de l'AMF Dans ses recommandations en vue de l'arrêté des comptes 2013, l'AMF a indiqué que lorsque les sociétés consolidées par mise en équivalence sont considérées comme étant dans le prolongement de l'activité opérationnelle du groupe, il est important que la présentation choisie n'altère pas les ratios calculés par les utilisateurs à partir de l'agrégat du compte de résultat présentant l'activité opérationnelle du groupe. Elle recommande de plus que les intitulés utilisés mentionnent clairement la prise en compte des sociétés mises en équivalence (Rec. AMF 2013-19, Arrêté des comptes 2013, § 1.1).

L'ANC offre donc désormais un choix d'inclure le résultat des entités mises en équivalence dont l'activité est opérationnelle dans le prolongement de l'activité du groupe soit dans le résultat d'exploitation, soit après la « charge d'impôt » juste avant le résultat net (voir n° 54044, point 2.).

1. Le choix de présentation de la quote-part de résultat des sociétés MEE est-il applicable à toutes les entités mises en équivalence ? Le choix de méthode de présentation s'applique à toutes les entités mises en équivalence, aussi bien aux joint ventures contrôlées conjointement qu'aux entreprises associées.

En effet, dès lors que la même méthode de consolidation, la mise en équivalence, est applicable aux joint ventures et aux entreprises associées, il n'est pas nécessaire d'opérer une distinction dans la présentation de la quote-part du résultat des sociétés mises en équivalence selon que cette quote-part est afférente à des joint ventures ou à des entreprises associées.

2. Concrètement, à quelle présentation de l'état du résultat global aboutit la recommandation de l'ANC ? Elle conduit à la présentation suivante :

Présentation possible dans des circonstances particulières
Chiffre d'affaires
Coût des ventes
Marge brute
Frais non commerciaux
Frais généraux administratifs
Autres produits et charges
Résultat d'exploitation courant [(1)]

54048 (suite)

Présentation possible dans des circonstances particulières
Autres produits d'exploitation non courants (2)
Autres charges d'exploitation non courantes (2)
Résultat d'exploitation
Quote-part de résultat net des sociétés MEE
Résultat d'exploitation après quote-part de résultat net des sociétés mises en équivalence
Produits et charges financières
Résultat avant impôt
Charge d'impôt
Résultat net
(1) Voir nº 54042. (2) Voir nº 54043. **Remarque** La recommandation de l'ANC indique que la quote-part de résultat des sociétés mises en équivalence doit être présentée après un agrégat intitulé « Résultat d'exploitation ». En conséquence, il n'est pas possible, à notre avis, qu'un groupe qui applique cette recommandation intègre la quote-part de résultat des sociétés mises en équivalence (qui comprend des éléments d'exploitation non courants) dans le résultat d'exploitation courant. Pour une autre présentation possible, voir nº 54046.

3. Qu'en est-il de cette présentation si toutes les sociétés mises en équivalence n'ont pas une nature opérationnelle dans le prolongement de l'activité du groupe ? Dans ce cas, la quote-part de résultat des sociétés mises en équivalence ne peut pas être présentée dans le résultat d'exploitation, elle est inscrite en dernière ligne juste avant le résultat net.

La recommandation de l'ANC aboutit ainsi à la présentation de la quote-part de résultat net des sociétés mises en équivalence sur deux lignes de l'état du résultat global qui distinguent celles qui ont une nature opérationnelle dans le prolongement de l'activité du groupe et les autres.

La présentation de l'état du résultat global serait alors la suivante :

Présentation possible dans des circonstances particulières
Chiffre d'affaires
Coût des ventes
Marge brute
Frais non commerciaux
Frais généraux administratifs
Autres produits et charges
Résultat d'exploitation courant (1)
Autres produits d'exploitation non courants (2)
Autres charges d'exploitation non courantes (2)
Résultat d'exploitation
Quote-part de résultat net de certaines sociétés MEE
Résultat d'exploitation après quote-part de résultat net des sociétés mises en équivalence dans le prolongement de l'activité du groupe
Produits et charges financières
Résultat avant impôt
Charge d'impôt
Quote-part de résultat net des autres sociétés MEE (3)
Résultat net
(1) Voir nº 54042. (2) Voir nº 54043. (3) Résultat des sociétés mises en équivalence qui n'ont pas une nature opérationnelle dans le prolongement de l'activité du groupe. En outre, on constate en pratique que la moitié des entreprises du CAC 40 présente cette ligne avant la charge d'impôt et non après selon le guide d'application d'IAS 1.

4. **Les deux lignes, prévues par la recommandation de l'ANC : « résultat d'exploitation » et « résultat d'exploitation après quote-part du résultat net des sociétés mises en équivalence dans le prolongement de l'activité du groupe » sont-elles obligatoires ?** Oui, la présentation de ces différents agrégats de résultat d'exploitation est explicitement prévue par l'ANC et doit donc être retenue par ceux qui appliquent cette recommandation (Rec. ANC 2020-01 § 4.5.5).

5. **Quels sont les critères permettant aux groupes de considérer que leurs sociétés mises en équivalence ont une nature opérationnelle dans le prolongement de l'activité du groupe ?** La recommandation de l'ANC ne définit pas ces critères. Chaque groupe doit ainsi faire cet exercice. Cette présentation, considérée par la recommandation de l'ANC comme une méthode, doit être appliquée de manière homogène à toutes les entités mises en équivalence de nature opérationnelle dans le prolongement de l'activité du groupe.

6. **Ces critères, spécifiques à chaque groupe, doivent-ils être mentionnés en annexe ?** La recommandation de l'ANC ne requiert pas que les critères retenus pour déterminer si l'entité mise en équivalence a une nature opérationnelle dans le prolongement de l'activité du groupe soient indiqués. Cette information doit toutefois être fournie au titre des éléments qui font appel au jugement de la direction lors de l'application des méthodes comptables de l'entité, dès lors qu'ils ont un impact significatif sur les montants comptabilisés dans les états financiers (IAS 1.122).

En outre, il convient de fournir toutes les nouvelles informations requises par IFRS 12, notamment une description de la nature des activités des joint ventures et associées et si leurs activités sont stratégiques (IFRS 12.21a.ii).

7. **Comment les groupes qui présentent pour la première fois la quote-part de résultat des sociétés mises en équivalence en résultat d'exploitation doivent-ils traiter ce changement ?** Dans la mesure où l'activité des joint ventures et entreprises associées est de nature opérationnelle dans le prolongement de l'activité du groupe, ce changement de présentation est justifié.

En effet, il fournit une information plus fiable et pertinente de la performance financière, ce qui est requis par la norme IAS 8 pour justifier de l'adoption volontaire d'une nouvelle méthode.

Le choix de modifier la présentation de la quote-part de résultat des sociétés mises en équivalence pour les entités mises en équivalence ayant une nature opérationnelle dans le prolongement de l'activité du groupe permet en effet, à notre avis, de donner une information plus fiable et pertinente de la performance financière car le résultat d'exploitation après quote-part du résultat net des sociétés mises en équivalence intègre les résultats de l'activité du groupe – réalisés au travers de filiales, joint ventures ou entreprises associées.

S'agissant d'un changement de présentation par rapport à l'exercice précédent, la norme IAS 8 requiert de l'appliquer rétrospectivement (IAS 8.19) en retraitant les exercices présentés en comparatif et d'en faire mention en annexe (IAS 8.28).

Présentation des autres éléments du résultat global

Question 54050

Quels sont les principes de présentation applicables aux autres éléments du résultat global ?

Faut-il notamment distinguer au sein des autres éléments du résultat global les éléments recyclables en résultat de ceux qui ne le sont pas ?

Réponse

Les éléments à présenter dans la rubrique « Autres éléments du résultat global » ne sont pas définis par la norme IAS 1 qui en donne uniquement la liste. Toutefois, il est obligatoire de distinguer ces éléments en fonction de leur nature et de les répartir entre ceux qui sont recyclables en résultat et ceux qui ne le sont pas.

Commentaires Il est obligatoire de distinguer au sein de la partie « Autres éléments du résultat global » de l'état du résultat net et des autres éléments du résultat global les éléments en fonction de leur nature (y compris la quote-part des autres éléments du résultat global des associées et des joint ventures, voir n° 53971) et de les répartir entre ceux qui sont recyclables et ceux qui ne le sont pas (IAS 1.82A).

Les éléments à présenter en « autres éléments du résultat global » ne sont pas définis par la norme IAS 1 qui en donne uniquement la liste (IAS 1.7). L'enregistrement de ces éléments est autorisé ou imposé par les normes spécifiques à chaque élément, ces normes prévoient également le fait qu'ils soient (ou non) recyclables en résultat et quand ces derniers doivent l'être.

Ainsi, figurent, par exemple, parmi les éléments recyclables :
- les écarts de conversion (IAS 21) ;
- la part efficace des profits et pertes sur couverture de flux de trésorerie (IFRS 9 / IAS 39).

A l'inverse, par exemple, ne constituent pas des éléments recyclables en résultat :
- les écarts actuariels liés aux engagements de retraite (IAS 19) ;
- les réévaluations d'immobilisations (IAS 16 / IAS 38) ;
- les variations de juste valeur des instruments de capitaux propres détenus (IFRS 9).

Pour les éléments à présenter en « autres éléments du résultat global » selon la norme IFRS 17, Contrats d'Assurance, voir nº 66045R.

La partie « Autres éléments du résultat global » de l'état du résultat net et des autres éléments du résultat global est présentée pour des montants (IAS 1.91) :
- soit nets d'impôts ;
- soit bruts avec un effet d'impôt présenté séparément, en distinguant la part de cet effet d'impôt relative aux éléments recyclables de celle relative aux éléments non recyclables.

En synthèse, l'état du résultat net et des autres éléments du résultat global se présentera, par exemple, comme suit :

Présentation en 1 ou 2 états

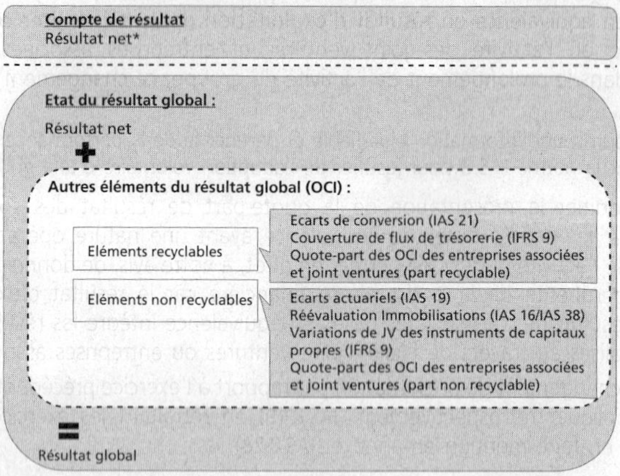

*Résultat net à la base de calcul du résultat par action

Recommandations de l'AMF Dans ses recommandations en vue de l'arrêté des comptes 2016, l'AMF souligne que, lorsque certaines lignes des autres éléments du résultat global sont significatives, une bonne pratique consiste à fournir une information complémentaire en annexe permettant au lecteur de comprendre l'origine ou la décomposition de ces montants. L'AMF recommande également de présenter, en complément des flux de l'exercice au titre des autres éléments du résultat global (IAS 1.106A), un **état du stock par nature** lorsque celui-ci est significatif (Rec. AMF 2016-09, Arrêté des Comptes 2016, § 1.6).

D. Crise économique et information financière

Incidence d'une crise économique sur la présentation des états financiers

54070 Voir nº 55650.

E. Information comparative

Documents d'enregistrement universel : information comparative en cas de changement de méthode comptable ou de correction d'erreur

54100

Question

Combien d'années comparatives retraitées faut-il présenter avec les comptes de l'exercice dans un document d'enregistrement universel, en cas de changement de méthode comptable, de correction d'erreur ou encore lors de la première application d'un nouveau texte d'application rétrospective ?

Réponse

Les sociétés publiant un document d'enregistrement universel de référence doivent y inclure les comptes des trois derniers exercices.

Deux cas sont envisageables :
- soit les sociétés présentent directement trois exercices (N, N-1 et N-2), elles doivent alors retraiter les comptes de toutes les périodes comparatives présentées (annexes comprises) ;
- soit les sociétés ne présentent que deux exercices directement (N et N-1), le troisième exercice (N-2) étant uniquement incorporé par référence, elles doivent alors retraiter uniquement l'exercice comparatif présenté de manière directe (N-1) et fournir un état de situation supplémentaire à l'ouverture N-1 si l'application rétrospective a une incidence significative sur l'information fournie dans l'état de situation financière supplémentaire.

Commentaires Les normes IFRS n'imposent de publier avec les comptes de l'exercice qu'un seul exercice comparatif (voir n° 53963-1). Les sociétés peuvent toutefois présenter volontairement plusieurs exercices comparatifs (voir n° 53963-3).

Les sociétés doivent retraiter le(les) compte(s) présenté(s) au titre des années antérieures en cas de changement de méthode comptable ou de correction d'erreur, ou encore lors de la première application d'une norme ou d'une interprétation si ces dernières sont d'application rétrospective (voir n° 12681).

Les modifications rétrospectives portent sur tous les éléments affectés par ces changements, y compris dans les notes annexes. En outre, un état de situation financière supplémentaire doit être présenté à la date d'ouverture de la période la plus récente présentée en comparatif si l'application rétrospective a une incidence significative sur l'information fournie dans l'état de situation financière supplémentaire (à l'ouverture de la période la plus récente présentée en comparatif) (IAS 1.40A).

L'entité n'est pas tenue de présenter des notes annexes relatives à l'état de situation financière supplémentaire, à l'exception des informations requises par IAS 1 (IAS 1.41 à .44) et par la norme IAS 8 (IAS 1.40C).

L'objectif est d'assurer la comparabilité entre tous les exercices présentés (IAS 1.38 et IAS 8.22 et .42).

> Par exemple, si une société change de méthode comptable au cours de l'exercice N, elle doit présenter les comptes de l'exercice antérieur N-1 ainsi qu'un état de situation financière à l'ouverture de l'exercice N-1.

Pour mémoire, le règlement européen Prospectus (dont l'Annexe I s'applique au contenu du document d'enregistrement universel) requiert que les sociétés établissant un prospectus fournissent les comptes des trois derniers exercices (Règlement Prospectus 2019/980, annexe 1, art. 18.1.1).

En pratique, en cas de changement de méthode, deux cas sont envisageables :

1. Soit les sociétés présentent directement trois exercices (N, N-1 et N-2) dans leur rapport annuel : dans ce cas, elles doivent retraiter les comptes comparatifs pour toutes les périodes comparatives présentées (N-1 et N-2), annexes comprises, l'état de situation financière au titre de l'exercice N-2 faisant office d'état de situation financière supplémentaire tel que requis par la norme IAS 1. La présentation d'un état de situation financière à l'ouverture N-2 n'est donc pas nécessaire.

54100 (suite)

2. Soit les sociétés ne présentent que deux exercices directement (N et N-1), le troisième exercice (N-2) étant uniquement incorporé par référence (i.e. comptes non repris mais mention d'un renvoi vers le document d'enregistrement universel de l'année précédente) ; dans ce cas, il convient de ne retraiter que l'exercice comparatif présenté de manière directe (N-1) et de fournir un état de situation supplémentaire à l'ouverture N-1 si l'application rétrospective a une incidence significative sur l'information fournie dans l'état de situation financière supplémentaire.

CHAPITRE 48

Présentation des états financiers intermédiaires IFRS (spécificités uniquement) (IAS 34)

Plan du chapitre §§ 54450

L'ESSENTIEL DE LA NORME IAS 34

A. Généralités

54455 La norme IAS 34, Information financière intermédiaire, vise à prescrire le contenu minimal d'un rapport financier intermédiaire ainsi que les principes de comptabilisation et d'évaluation à appliquer aux états financiers complets ou résumés d'une période intermédiaire (IAS 34.objectif).

Définitions (IAS 34.4) :
- une **période intermédiaire** désigne une période de reporting d'une durée inférieure à celle d'une période annuelle complète ;
- un **rapport financier intermédiaire** est un rapport financier contenant un jeu complet ou résumé d'états financiers pour une période intermédiaire.

La norme s'applique si une entité est tenue ou choisit de publier un rapport financier intermédiaire établi selon les normes IFRS (IAS 34.1 et .3).

Elle ne précise pas quelles entités doivent publier des rapports financiers intermédiaires, ni selon quelle fréquence ou dans quel délai à compter de la fin de la période intermédiaire (IAS 34.1).

En pratique toutefois, l'application de la norme IAS 34 est requise par les dispositions en matière d'informations périodiques de la directive Transparence qui s'applique aux sociétés cotées sur un marché réglementé, voir nº 54507.

B. Contenu d'un rapport financier intermédiaire

1. Des états financiers complets ou résumés

54458 Un rapport financier intermédiaire se compose (IAS 34.4, .5 et .6) :
- soit d'un **jeu d'états financiers complets,** tel que défini par la norme IAS 1, Présentation des états financiers (IAS 1.10), voir nº 53957 ;

  Le rapport financier intermédiaire comprend alors les mêmes états financiers que les états financiers annuels.

- soit un **jeu d'états financiers résumés.**

  En pratique, la plupart des sociétés cotées retiennent un jeu d'états financiers résumés.

Les états financiers résumés comprennent au minimum les éléments suivants (IAS 34.8, .11 et .11A) :
- un état résumé de situation financière (bilan) ;
- un état résumé du résultat net et des autres éléments du résultat global ;

  Cet état est présenté sous la forme :
  - d'un état du résultat net et des autres éléments du résultat global résumé sous forme d'un état unique ; ou
  - d'un compte de résultat résumé séparé et d'un état résumé des autres éléments du résultat global séparé.

- un état résumé des variations des capitaux propres ;
- un état résumé de flux de trésorerie ;

L'IFRS IC a précisé que l'état résumé de flux de trésorerie devrait inclure toutes les informations nécessaires pour appréhender la capacité de l'entreprise à générer de la trésorerie et des équivalents de trésorerie, ainsi que les besoins d'utilisation de cette trésorerie par l'entreprise, conformément à l'objectif général de ce tableau (IAS 7.Objectif). De ce fait, une présentation du tableau de flux de trésorerie en trois lignes correspondant aux trois catégories de flux (activités opérationnelles, d'investissement et de financement) ne respecterait pas les dispositions d'IAS 34 et notamment les paragraphes .10, .15 et .25 (IFRIC Update 03/14 et 07/14). L'IFRS IC a apporté cette précision tout en indiquant qu'il n'ajouterait pas ce thème à son agenda.

- une sélection de notes explicatives ; et
- des résultats de base et dilué par action, lorsque l'entité est dans le champ d'application d'IAS 33, Résultat par action.

Les états financiers intermédiaires résumés doivent comporter (IAS 34.10) :
- chacune des rubriques et chacun des sous-totaux présentés dans les états financiers annuels les plus récents ;
- et les postes ou notes supplémentaires dont l'omission aurait pour effet de rendre les états financiers intermédiaires trompeurs.

2. Comparatifs à présenter

Les informations comparatives suivantes doivent être fournies avec les états financiers intermédiaires (complets ou résumés) (IAS 34.20) : 54460
- un état de situation financière comparatif établi à la clôture de l'exercice qui précède immédiatement la clôture intermédiaire ;
- des états du résultat net et des autres éléments du résultat global comparatifs pour les périodes intermédiaires comparables de l'exercice qui précède immédiatement la clôture intermédiaire ;

Les périodes intermédiaires comparables visent la période considérée antérieure et la période cumulée depuis le début de la période annuelle (si le groupe publie des comptes trimestriels, voir n° 54610).

- un état des variations des capitaux propres et un état des flux de trésorerie comparatifs pour la période cumulée comparable de l'exercice qui précède immédiatement la clôture intermédiaire.

Une entité dont l'activité est hautement saisonnière est encouragée à publier des informations comparatives complémentaires (IAS 34.21), voir n° 54630.

3. Informations à fournir

Des informations différentes selon le type d'états financiers intermédiaires

Les informations à fournir dans les notes aux états financiers intermédiaires diffèrent selon le type d'états financiers intermédiaires : 54465

1. **Jeu d'états financiers complets** au sens de la norme IAS 1 : toutes les informations requises par la norme IAS 1 et par l'ensemble des normes IFRS doivent être fournies dans le rapport financier intermédiaire (comme s'il s'agissait de la publication des comptes annuels).

Les entités doivent en outre s'assurer que la sélection de notes explicatives (considérées comme étant un minimum) requise par IAS 34 est fournie (voir ci-après).

2. **Jeu d'états financiers résumés** : des informations minimales doivent être fournies. Ces informations portent notamment sur les événements et transactions importants (voir n° 54467 s.).

Transactions et événements importants depuis la dernière clôture annuelle

Le rapport financier intermédiaire doit inclure une explication des transactions et événements importants pour comprendre l'évolution de la situation et de la performance financière de l'entité depuis la fin de la dernière période annuelle. L'information fournie à ce titre doit ainsi notamment mettre à jour l'information pertinente présentée dans le rapport annuel le plus récent (IAS 34.15). 54467

Ainsi, IAS 34.15B fournit une liste non exhaustive d'événements et de transactions devant être mentionnés dès lors qu'ils sont significatifs au regard de la période intermédiaire présentée :
– dépréciation de stocks pour les ramener à leur valeur nette de réalisation ou reprise d'une telle dépréciation ;
– dépréciation d'actifs financiers, d'immobilisations corporelles, d'immobilisations incorporelles, d'actifs découlant de contrats conclus avec des clients, d'autres actifs ou reprise de telles dépréciations ;
– reprise de toute provision pour restructuration ;
– engagements d'achat, acquisitions et cessions d'immobilisations corporelles ;
– règlements de litiges ;
– corrections d'erreurs relatives à une période antérieure ;
– défauts de paiement sur un prêt ou manquement à un contrat de prêt non résolu au plus tard à la date de clôture intermédiaire ;
– transactions entre parties liées ;
– changements dans la situation de l'entité ou le contexte économique impactant la juste valeur des actifs et des passifs financiers de l'entité, que ces actifs et passifs soient comptabilisés à la juste valeur ou au coût amorti ;
– changements de niveau dans la hiérarchie d'évaluation de la juste valeur d'instruments financiers ;
– changements du classement des actifs financiers consécutifs à l'évolution de la finalité de leur détention ou de leur utilisation ;
– changements ayant affecté les passifs ou actifs éventuels.

Décisions de l'ESMA L'ESMA a apporté des précisions sur les informations à fournir au titre des événements ou des transactions significatifs intervenus depuis la fin de la dernière période annuelle (IAS 34.15). Ainsi :
– de telles informations doivent être mentionnées dans le(s) rapport(s) financier(s) intermédiaire(s) de l'exercice suivant et ne peuvent pas être omises, notamment au motif que ces informations ont déjà été communiquées au marché, dans un rapport financier précédent (annuel ou intermédiaire) ;

Dans le cas détaillé par l'ESMA, une société a comptabilisé une dépréciation d'actifs significative dans ses comptes trimestriels au 31 mars N. Selon l'ESMA, le fait qu'elle ait donné les informations adéquates dans ses notes aux états financiers au 31 mars N ne l'exonère pas de l'obligation de présenter ces mêmes informations, et leur mise à jour le cas échéant, dans les notes aux états financiers des comptes au 30/06/N ou de ceux des périodes ultérieures (intermédiaire ou annuelle) (EECS/0215-02, 11/15).

– le(s) rapport(s) financier(s) intermédiaire(s) doi(ven)t intégrer la mise à jour d'informations publiées dans les derniers états financiers annuels.

Dans une première décision en 2015, l'ESMA a évoqué le cas d'une société qui a mentionné en annexe de ses comptes annuels au 31 décembre N-1 de fortes incertitudes sur sa capacité à poursuivre son exploitation (notamment le non-respect de certains de ses covenants et un fort risque de liquidité). L'ESMA a précisé que, dans une telle situation, les rapports financiers intermédiaires ultérieurs (au 31/03/N, au 30/06/N et au 30/09/N) doivent inclure la mise à jour de telles informations et l'appréciation à date de la direction sur de telles incertitudes, en donnant des informations qualitatives mises à jour conformément aux normes applicables (IAS 1 et IFRS 7) (EECS/0215-04, 11/15).
L'ESMA a également confirmé ce principe en 2020. Au cas particulier, une société de biotechnologie n'a pas présenté en annexe une note explicative relative à la variation de ses dépenses de recherche et développement, alors même que ces dernières ont augmenté de 120 % sur la période. L'ESMA a conclu que les états financiers n'étaient pas conformes à IAS 34, l'omission de cette information, au regard de l'activité de la société, ne permettant pas au lecteur d'apprécier la performance de l'entité sur la période (EECS/0120-06, 04/20).

Autres informations à fournir

54468 La norme IAS 34 requiert également la fourniture des informations minimales suivantes, en principe présentées sur une base cumulée depuis le début de la période annuelle (IAS 34.16A) :
– le fait que les **méthodes comptables** et les modalités d'application adoptées dans les états financiers intermédiaires sont identiques à celles utilisées dans les états financiers annuels les plus récents (IAS 34.16Aa), voir n° 54475 ;

En cas de changement de méthodes comptables ou de modalités d'application, une description de la nature de ces changements et de leurs effets doit être fournie.

- le **caractère saisonnier** ou **cyclique** des activités de la période intermédiaire (IAS 34.16A(b)), une information additionnelle sur 12 mois glissants étant recommandée en cas de forte saisonnalité, voir nº 54630 ;
- la nature et le montant des **éléments inhabituels** du fait de leur nature, de leur importance ou de leur incidence, affectant les actifs, les passifs, les capitaux propres, le résultat net ou les flux de trésorerie (IAS 34.16A(c)) ;
- la nature et le montant des **changements d'estimations** d'éléments présentés lors des précédentes périodes intermédiaires de l'exercice ou lors d'exercices antérieurs (IAS 34.16A(d)) ;
- les **émissions, rachats et remboursements** de dettes et de capitaux propres émis **sous forme de titres** (IAS 34.16A(e)) ;
- les **dividendes payés** (montant total ou par action) en distinguant ceux versés au titre des actions ordinaires de ceux versés au titre des autres actions (IAS 34.16A(f)) ;
- certaines **informations sectorielles** selon IFRS 8 (IAS 34.16A(g)), voir nº 57970 ;
- les **événements** significatifs **postérieurs** à la fin de la période intermédiaire qui ne sont pas traduits dans les états financiers de la période intermédiaire (IAS 34.16A(h)) ;
- l'effet des changements qui ont affecté la composition de l'entité au cours de la période intermédiaire, y compris les **regroupements d'entreprises,** l'acquisition ou la cession de filiales et de participations à long terme, les restructurations et les abandons d'activités. En outre, dans le cas de regroupements d'entreprises, l'entité doit fournir les informations requises par la norme IFRS 3 (IAS 34.16A(i)), voir nº 21371 ;
- certaines des informations relatives à la juste valeur des **instruments financiers** requises par les normes IFRS 13, Evaluation de la juste valeur (voir nº 13345) et IFRS 7, Instruments financiers – Informations en annexe (voir nº 52010) (IAS 34.16A(j)) ;
- les informations requises par IFRS 12.9B, si l'entité devient ou cesse d'être une société d'investissement au sens d'IFRS 10, États financiers consolidés (IAS 34.16A(k)), voir nº 15188 ;
- la décomposition du chiffre d'affaires, selon les dispositions requises par IFRS 15.114 et .115 et .B87 à .B89 (IAS 34.16A(l)), voir nº 25910, point 2. Cette décomposition doit également permettre de faire le lien avec l'information sectorielle relative au chiffre d'affaires fournie dans le cadre de la norme IFRS 8 (IFRS 15.115).

Remarques :

1. Lorsque l'entité choisit de publier des états financiers résumés, et en dehors des cas évoqués ci-dessus, l'entité n'a pas à fournir les informations requises par d'autres normes qu'IAS 34.
2. Pour l'appréciation du caractère significatif des informations à fournir, voir nº 54478.

4. Déclaration de conformité à IAS 34 ou aux IFRS

La référence en matière de conformité au référentiel IFRS des états financiers intermédiaires diffère selon qu'il s'agit d'états financiers résumés ou complets. **54470**

1. **Des états financiers intermédiaires résumés conformes à IAS 34** Si les états financiers résumés sont établis conformément à la norme IAS 34, ce fait doit être indiqué dans les notes aux états financiers intermédiaires (IAS 34.19).

2. **Des états financiers intermédiaires complets conformes aux IFRS** Un rapport financier intermédiaire ne peut, en revanche, être déclaré « conforme aux IFRS » que s'il respecte toutes les dispositions des IFRS, et notamment celles de la norme IAS 1, Présentation des états financiers (IAS 34.19 et IAS 1.16). Il ne peut donc s'agir que d'un jeu d'états financiers complets (y compris les notes aux états financiers), équivalent à des états financiers annuels IFRS, les informations minimales requises par IAS 34 dans les états financiers résumés n'étant pas conformes aux dispositions d'IAS 1.

Remarque – Spécificité des entreprises cotées européennes Les entreprises cotées européennes doivent se conformer aux **« IFRS telles qu'adoptées en Europe »**. En conséquence, la formulation des déclarations de conformité aux IFRS ou à la norme IAS 34 doivent être adaptées (voir nº 54510).

Ainsi, pour pouvoir être déclarés « conformes aux IFRS », les états financiers intermédiaires des sociétés cotées européennes doivent être conformes à l'intégralité des dispositions des IFRS telles qu'adoptées en Europe à la date de clôture des états financiers intermédiaires (y compris, mais pas exclusivement, à la norme IAS 34), c'est-à-dire constituer un jeu de comptes complets équivalent aux comptes IFRS annuels.

En conséquence, des états financiers intermédiaires résumés ne peuvent pas être déclarés « conformes aux IFRS ». Ces états financiers intermédiaires résumés peuvent cependant être déclarés « conformes à la norme IAS 34 » (telle qu'adoptée en Europe), s'ils respectent l'intégralité des dispositions de cette norme.

C. Principes de comptabilisation et d'évaluation applicables à l'information financière intermédiaire

1. Principes

Identité des méthodes comptables dans les états financiers annuels et intermédiaires

54475 En principe, les méthodes comptables appliquées dans les états financiers intermédiaires d'une entreprise doivent être identiques à celles utilisées dans ses états financiers annuels les plus récents (IAS 34.28). Ainsi, les principes de comptabilisation des actifs et passifs, des produits et charges, pour les périodes intermédiaires sont identiques à ceux utilisés dans les états financiers annuels (IAS 34.29).

Il existe toutefois une exception à ce principe pour les changements de méthodes comptables intervenus après la date de clôture des états financiers annuels les plus récents. Ceux-ci devront être mis en œuvre dans les états financiers intermédiaires comme ils le seront dans les états financiers annuels de la période annuelle suivante (IAS 34.28).

La norme IAS 34 détaille le traitement à adopter en cas de changement de méthode (IAS 34.43 s.).

Indépendance des périodes intermédiaires

54476 La norme IAS 34 privilégie l'approche selon laquelle une période intermédiaire est considérée comme une période indépendante des autres périodes (IAS 34.2). Elle indique en effet que la fréquence de l'information financière (annuelle, semestrielle ou trimestrielle) ne doit pas affecter l'évaluation des résultats annuels de l'entreprise. Ainsi, pour les besoins de l'information intermédiaire, les évaluations sont faites sur une base cumulée à la date intermédiaire (IAS 34.28).

Respect des principes fondamentaux d'IAS 1

54477 La norme IAS 34 ne reprend pas les principes généraux de préparation des états financiers définis par la norme IAS 1. Ces principes, comme ceux des autres normes IFRS, s'appliquent aux entreprises qui présentent un jeu complet d'états financiers (voir n° 54470).

Les entreprises qui publient des états financiers intermédiaires résumés doivent appliquer (IAS 1.4) les dispositions d'IAS 1.15 à .35 concernant les principes relatifs à l'image fidèle, la conformité aux IFRS, la continuité d'exploitation, la comptabilité d'engagement, l'importance relative, le regroupement des éléments dans les postes des états financiers et la non-compensation.

Pour ces principes, voir n° 53958 s.

Importance relative (matérialité)

54478 L'importance relative (matérialité) est appréciée par rapport aux données de la période intermédiaire, et non par rapport aux données annuelles prévisionnelles. Ce principe s'applique pour décider comment comptabiliser, évaluer, classer ou fournir une information pour les besoins de l'information intermédiaire (IAS 34.23 à .25), voir n° 54658.

Produits perçus de façon saisonnière, cyclique ou occasionnelle

54479 Les produits des activités ordinaires qu'une entité perçoit de façon saisonnière, cyclique ou occasionnelle pendant une période annuelle ne doivent être ni anticipés ni différés à une date intermédiaire, s'il n'est pas approprié de les anticiper ou de les différer à la fin de la période annuelle (IAS 34.37).

Pour les états financiers complémentaires à publier en cas d'activité hautement saisonnière, voir n° 54630.

Coûts encourus de façon inégale au cours de la période annuelle

54480 Les coûts qu'une entité encourt de façon inégale pendant la période annuelle doivent être anticipés ou différés à une date intermédiaire si, et seulement si, il est approprié de les anticiper ou de les différer à la fin de la période annuelle (IAS 34.39).

Utilisation d'estimations et traitement des changements d'estimations

La préparation des rapports financiers intermédiaires impose, en général, de recourir davantage à des méthodes d'estimation que pour celle des rapports financiers annuels (IAS 34.41). 54481

L'annexe C d'IAS 34 fournit des exemples d'utilisation d'estimations lors de périodes intermédiaires (IAS 34.C1 s.).

La norme IAS 34 illustre notamment le traitement des changements d'estimation d'une période à une autre dans le cas des pertes résultant de dépréciations de stocks, provisions pour restructurations ou autres dépréciations. Si ces éléments, estimés au titre d'une période intermédiaire, sont estimés pour un montant différent lors d'une période intermédiaire ultérieure du même exercice, cela conduit à modifier l'estimation d'origine, dans les états financiers de la période ultérieure, par la constatation d'une perte supplémentaire ou la reprise d'un montant constaté précédemment (IAS 34.30(a)).

2. Application pratique

La norme IAS 34 précise et/ou illustre par des exemples l'application des principes d'évaluation et de comptabilisation décrits ci-avant, notamment concernant les éléments suivants : 54485

- charge d'impôt sur le résultat au titre d'une période intermédiaire : l'impôt au titre d'une période intermédiaire est calculé en appliquant au résultat avant impôt de la période intermédiaire le taux d'impôt effectif moyen pondéré attendu pour l'exercice (IAS 34.30(c) et .IE B12 à .IE B22), voir n° 54674 ;
- taxes sur les salaires et cotisations sociales (IAS 34.IE B1) ;

  Pour le traitement de l'intéressement et de la participation, voir n° 54668.

- primes et bonus de fin d'année (IAS 34.IE B5 et .B6), voir n° 54666 ;
- engagements de retraite (IAS 34.IE B9), voir n° 54680 ;
- droits à des absences rémunérées (IAS 34.IE B10) ;
- dépenses de gros entretien et révisions périodiques prévues (IAS 34.IE B2), voir n° 54664 ;
- stocks (IAS 34.IE B25 à .IE B28), voir n° 54670 ;
- paiements conditionnels au titre des contrats de location (IAS 34.IE B7) ;
- ristournes et remises liées au volume d'affaires annuel (IAS 34.IE B23) ;
- provisions (IAS 34.IE B3 et .IE B4), voir n° 54672 ;
- autres coûts prévus survenant de façon irrégulière (IAS 34.IE B11), voir n° 54654 ;
- pertes et gains de conversion de monnaies étrangères (IAS 34.IE B29 à .IE B31).

En outre, concernant la **dépréciation d'actifs,** l'interprétation IFRIC 10, Information financière intermédiaire et pertes de valeur (dépréciation), interdit qu'une dépréciation du goodwill dotée au cours d'une période intermédiaire soit reprise au cours d'une période intermédiaire ou annuelle ultérieure (IFRIC 10.8), voir n° 54686.

QUESTIONS/REPONSES PRATIQUES

Remarque importante

Les réponses aux questions présentées dans ce chapitre résultent de l'analyse des dispositions de la norme IAS 34, Information financière intermédiaire, en vigueur actuellement, sur la base des informations disponibles au 1er juin 2023. 54505

SECTION I

Principes généraux d'établissement des comptes intermédiaires IFRS

Préambule

54506 Bien que le titre de la norme IAS 34 soit « Information financière intermédiaire », cette norme traite plus spécifiquement des « rapports financiers intermédiaires », c'est-à-dire de l'information financière intermédiaire comportant au minimum (en ce sens, voir nº 54590) :
- un état résumé de situation financière (ou bilan) ;
- un état résumé du résultat net et des autres éléments du résultat global ;
- un état résumé des variations de capitaux propres ;
- un état résumé des flux de trésorerie ; et
- une sélection de notes explicatives.

Dans les développements qui suivent, les rapports financiers intermédiaires sont parfois également appelés états financiers intermédiaires, cette différence de terminologie n'ayant pas de conséquence pratique.

I. Référentiel applicable

Application obligatoire d'IAS 34

54507 ***Question***

Les comptes intermédiaires d'un exercice N doivent-ils obligatoirement être établis en totale conformité avec la norme IAS 34 ?

Réponse

Oui. Les sociétés cotées sur un marché réglementé doivent appliquer les obligations de la directive Transparence en matière d'informations périodiques qui requièrent l'application de la norme IAS 34.

Ainsi, les comptes semestriels des sociétés cotées sur un marché réglementé doivent être obligatoirement conformes à la norme IAS 34.

Ces sociétés doivent présenter un rapport semestriel comprenant, notamment, des comptes résumés ou des comptes complets établis en application de la norme IAS 34.

Commentaires Selon le règlement général de l'AMF (livre II, art. 222-4), lorsqu'un émetteur est tenu d'établir un rapport financier semestriel et d'appliquer les normes internationales, celui-ci comporte des **comptes condensés ou des comptes complets** pour le semestre écoulé **établis en application de la norme IAS 34.**

Remarque Cette disposition du règlement général de l'AMF est la transposition de la directive Transparence (Directive 2004/109/CE) qui prévoit que, lorsqu'un émetteur doit établir des comptes consolidés, le jeu d'états financiers résumés est élaboré conformément à la norme comptable internationale applicable à l'information financière intermédiaire adoptée conformément au règlement sur l'adoption des normes IFRS en Europe (Règl. CE 1606/2002), c'est-à-dire conformément à IAS 34.

Déclaration de conformité aux IFRS

54510 ***Question***

Quelles sont les conditions pour déclarer les états financiers intermédiaires conformes aux IFRS ?

Réponse

Pour pouvoir être déclarés « conformes aux IFRS », les états financiers intermédiaires doivent être conformes à l'intégralité des dispositions des IFRS telles qu'adoptées en Europe (voir nº 11120) à la date de clôture des états financiers intermédiaires (y compris, mais pas exclusivement, à la norme IAS 34), c'est-à-dire constituer un jeu de comptes complets équivalent aux comptes IFRS annuels.

En conséquence, des états financiers intermédiaires résumés ne peuvent pas être déclarés « conformes aux IFRS ». Ces états financiers intermédiaires résumés peuvent cependant être déclarés « conformes à la norme IAS 34 » (telle qu'adoptée en Europe), s'ils respectent l'intégralité des dispositions de cette norme.

Commentaires :

1. **Déclaration de conformité dans les notes annexes (dispositions des IFRS)** Un rapport financier intermédiaire ne peut être déclaré « conforme aux IFRS » que s'il se conforme à toutes les dispositions des IFRS (IAS 34.19 et IAS 1.16), y compris, mais pas exclusivement à celles de la norme IAS 34 (IAS 34.3). Il ne peut donc s'agir que d'un jeu de comptes complets (y compris les notes aux états financiers), équivalent à des comptes annuels IFRS.

Une entité dont les états financiers sont conformes aux IFRS doit faire une déclaration explicite et sans réserve de cette conformité dans les notes aux états financiers (IAS 1.16).

Ainsi, ne peuvent être déclarés « conformes aux IFRS » des états financiers intermédiaires résumés, tels que définis par IAS 34.10 (voir nº 54590), puisque, par définition, ils ne respectent pas toutes les dispositions des IFRS, et notamment pas celles de la norme IAS 1, Présentation des états financiers.

En revanche, si ces états financiers résumés sont établis conformément à la norme IAS 34, ce fait doit être indiqué dans les notes aux états financiers intermédiaires (IAS 34.19).

2. **Application aux sociétés cotées européennes** Les principes ci-avant et la formulation des déclarations de conformité aux IFRS en général, ou à la norme IAS 34 en particulier, devraient être adaptés au cas particulier des entreprises cotées européennes, celles-ci devant se conformer aux « IFRS adoptées en Europe ».

■ *Exemple*

L'entité A est cotée et publie des états financiers intermédiaires. Ces états financiers intermédiaires comportent tous les principaux états financiers intermédiaires conformes aux IFRS : état de situation financière, état du résultat net et des autres éléments du résultat global (ou état du résultat global), état des variations de capitaux propres et état des flux de trésorerie, ainsi que des notes explicatives sélectionnées.

Solution de l'exemple *Le rapport financier intermédiaire ne peut pas être déclaré conforme au référentiel IFRS (tel qu'adopté dans l'Union européenne), l'annexe étant limitée à des notes explicatives sélectionnées, donc non conformes à l'ensemble des dispositions des IFRS.*
Ce rapport peut, en revanche, être décrit dans la note relative au référentiel comptable comme un jeu résumé d'informations financières intermédiaires préparées conformément à IAS 34, dès lors que les notes explicatives sélectionnées comportent les informations minimales requises par cette norme (notamment celles requises par IAS 34.16A).

Incidence sur les comptes annuels d'une non-conformité des comptes intermédiaires aux IFRS (ou à IAS 34)

Question 54520

L'établissement de comptes intermédiaires d'une période de l'exercice N non conformes aux IFRS (ou à IAS 34) aura-t-il une incidence sur la conformité aux IFRS des comptes annuels N ?

Réponse

Non.

Commentaires En effet :
- selon IAS 34.2, la conformité aux IFRS de chaque rapport financier, annuel ou intermédiaire, est évaluée distinctement. Il est donc possible de déclarer des états financiers annuels conformes aux IFRS même si cela n'a pas été le cas des rapports financiers intermédiaires du même exercice ;
- ce principe s'applique également aux entreprises cotées françaises, en l'absence de disposition contraire spécifique.

II. Jeu de normes IFRS et interprétations IFRIC applicables aux comptes intermédiaires

Principes généraux de détermination du jeu de normes et interprétations applicables pour l'établissement de comptes intermédiaires

54540 ***Question***

Quelles sont les normes IFRS et interprétations IFRIC applicables aux comptes intermédiaires d'un exercice N pour les sociétés européennes ?

Réponse

Les normes et interprétations :

1. **applicables aux comptes intermédiaires de façon obligatoire** sont les normes et interprétations IFRS adoptées par la Commission européenne à la date de clôture de cette période intermédiaire et qui sont applicables à l'exercice N ;

Pour la liste des textes applicables de façon obligatoire, voir n° 11510.

2. **applicables aux comptes intermédiaires de façon volontaire** sont **les normes et interprétations publiées par l'IASB ou l'IFRS IC** avant la date d'arrêté des comptes de la période intermédiaire, à condition que ces IFRS soient adoptées par l'UE au plus tard à cette même date et ce, que ces IFRS soient applicables de manière obligatoire ou anticipée à l'exercice en cours.

A défaut d'adoption par l'UE au plus tard à la date d'arrêté des comptes, ces IFRS ne peuvent être appliquées que si elles ne sont pas contraires aux directives européennes et aux normes et interprétations déjà adoptées à cette date.

Les projets de normes ou d'interprétations ne devraient être utilisés dans les comptes intermédiaires que dans certains cas, rares en pratique, et uniquement à titre d'orientation, s'ils sont suffisamment avancés, dès lors qu'ils peuvent utilement servir à clarifier une position comptable, à condition toutefois qu'ils ne soient pas contraires aux directives européennes et aux normes et interprétations déjà adoptées.

Commentaires :

1. **Normes et interprétations applicables aux comptes intermédiaires** En principe, les méthodes comptables appliquées dans les états financiers intermédiaires d'une entreprise doivent être identiques à celles utilisées dans ses états financiers annuels les plus récents (IAS 34.28).

Les normes et interprétations **applicables de façon obligatoire aux comptes intermédiaires des sociétés cotées européennes établis conformément à la norme IAS 34** sont les normes et interprétations IFRS adoptées par la Commission européenne à la date de clôture de la période intermédiaire d'un exercice N et qui sont applicables à l'exercice N.

Les **normes et interprétations applicables de façon volontaire aux comptes intermédiaires d'un exercice N** sont les normes et interprétations publiées par l'IASB et l'IFRS IC avant la date d'arrêté des comptes intermédiaires que l'entreprise appliquera dans les comptes annuels de l'exercice N et ce, que ces IFRS soient applicables de manière obligatoire ou anticipée à l'exercice en cours.
A condition également :
- que ces normes et interprétations aient été adoptées par l'UE à la date d'arrêté des comptes intermédiaires ; ou
- à défaut, s'agissant des sociétés cotées européennes, qu'elles ne soient pas contraires aux directives européennes ni aux normes et interprétations déjà adoptées en Europe à cette date.

Pour les conditions d'anticipation d'un nouveau texte publié par l'IASB, voir n° 11134.
Pour la liste des textes publiés par l'IASB, non encore applicables de manière obligatoire mais pouvant être appliqués par anticipation ainsi que ceux ne pouvant pas être appliqués par anticipation, voir respectivement n° 11520 et 11525.

2. **Impossibilité d'appliquer des projets de normes ou d'interprétations dans les comptes intermédiaires, sauf dans le cadre de la hiérarchie des textes** En application de la hiérarchie des textes (IAS 8.10 à .12), il est possible d'utiliser dans certains cas, rares en pratique, et uniquement à titre d'orientation, des projets suffisamment avancés dès lors qu'ils peuvent utilement servir à clarifier une position comptable, à condition toutefois qu'ils ne soient pas contraires aux directives européennes et aux normes et interprétations déjà adoptées (voir point 1. ci-avant).

Recommandations de l'AMF Dans ses recommandations en vue de l'arrêté des comptes 2012, l'AMF a en outre indiqué que, compte tenu des incertitudes existant jusqu'à l'adoption définitive d'un texte, il n'est pas possible de s'appuyer uniquement sur un projet de norme ou d'interprétation pour justifier un changement de méthode comptable (Rec. AMF 2012-16, Arrêté des Comptes 2012, § 6.3).

Normes d'application anticipée optionnelle : possibilité ou non de modifier l'option entre les 1er et 2nd semestres

Question 54560

Un groupe peut-il changer d'option pour l'application anticipée d'une norme ou interprétation entre les premier et second semestres ?

Réponse

La réponse diffère selon les cas :

1. en cas de choix d'application anticipée d'une norme ou interprétation au 30 juin N, l'entité ne pourra pas revenir sur sa décision d'anticipation dans ses comptes annuels au 31 décembre N ;

2. en revanche, une entité qui aurait choisi de ne pas anticiper l'application d'une norme ou interprétation dans ses comptes semestriels au 30 juin N pourrait toutefois choisir d'anticiper l'application de cette même norme ou interprétation dans ses comptes annuels au 31 décembre N.

Ce changement de méthode, intervenu au cours du second semestre, devra être traité selon les modalités décrites au n° 54580.

Commentaires En effet :

1. **Une entité ne pourra pas revenir pour la clôture au 31 décembre N sur son choix d'application anticipée d'une norme ou interprétation dans des comptes intermédiaires de l'exercice N** IAS 8.15 indique en effet que les mêmes méthodes comptables sont appliquées au sein de chaque période et d'une période à l'autre, à moins qu'un changement de méthodes comptables ne réponde à l'un des deux critères énoncés par IAS 8.14, à savoir :
- soit le changement de méthode comptable est imposé par une norme ou une interprétation ;
- soit le changement de méthode comptable conduit à ce que les états financiers fournissent des informations fiables et plus pertinentes.

Or, l'entité qui choisit d'appliquer par anticipation une norme ou interprétation lors d'une période intermédiaire de l'exercice N, utilise le critère de l'amélioration de l'information financière et ne peut donc se prévaloir d'aucun des deux critères d'IAS 8.14 pour justifier un « retour en arrière » au 31 décembre N.

2. Sur la base des mêmes textes (IAS 8.14 et .15), **une entité aura la possibilité d'anticiper une norme ou interprétation dans les comptes annuels au 31 décembre N alors que ce choix n'aura pas été effectué au 30 juin N,** dans la mesure où cette application anticipée est autorisée par la norme ou l'interprétation.

Remarques :

a. Le fait de ne pas anticiper une nouvelle norme ou interprétation dans les comptes intermédiaires ne signifie pas nécessairement qu'il faille fournir dans les notes annexes à ces comptes intermédiaires les informations requises par IAS 8.30 concernant les conséquences futures de ces normes et interprétations.

Rappelons que selon IAS 8.30, lorsqu'une entité n'applique pas une nouvelle norme ou interprétation publiée mais non encore entrée en vigueur, elle doit fournir les informations suivantes (voir n° 55335) :
- référence et libellé de la norme ou interprétation adoptée en Europe au cours du premier semestre, non encore en vigueur et non appliquée par anticipation ; et
- si l'une de ces normes ou interprétations pourrait avoir un impact significatif sur l'entité, mention de cet impact s'il n'a pas déjà été fourni dans les comptes annuels IFRS en N-1.

Ces informations ne doivent être données que :
- si le groupe présente des comptes intermédiaires complets conformes aux IFRS. En effet, pour des comptes intermédiaires résumés, la norme IAS 34 n'impose pas de fournir cette information en tant que telle ;

Pour les informations minimales requises dans des comptes intermédiaires résumés conformes à IAS 34, voir n° 54600 et 54690.

– et si une nouvelle norme ou interprétation adoptée en Europe au 1er semestre N n'entre en vigueur qu'au cours d'un exercice ultérieur (à compter de N+1) et n'est pas appliquée par anticipation.

En ce sens, IAS 34.6 indique que le rapport financier intermédiaire constitue une actualisation du rapport annuel de l'exercice précédent.

b. En cas de changement de méthode, appliqué de manière rétrospective selon les principes d'IAS 8, les groupes qui établissent des états financiers intermédiaires complets doivent présenter un état de situation financière au début de la période la plus récente présentée en comparatif, alors que cet état n'est pas requis pour les groupes qui établissent des états financiers intermédiaires résumés (voir n° 54590).

c. Lors de l'établissement des comptes intermédiaires de l'exercice N+1, les comptes intermédiaires présentés en comparatif devront être retraités selon la nouvelle méthode.

Possibilité ou non de changer de méthode comptable entre les 1er et 2nd semestres

54570 *Question*

Un groupe peut-il changer de méthode comptable au sein d'une norme ou interprétation entre les premier et second semestres ?

Réponse

Oui, si ce changement répond aux conditions générales de la norme IAS 8, c'est-à-dire, en pratique et s'agissant d'un changement de méthode comptable au sein d'une même norme ou interprétation, s'il permet d'aboutir à des informations fiables et plus pertinentes.

Commentaires En effet, en l'absence de disposition contraire d'IAS 34, ce sont les dispositions générales de la norme IAS 8 relatives aux conditions et modalités de mise en œuvre des changements de méthodes comptables qui s'appliquent.

Ainsi, conformément à IAS 8.14 et .15, une entité aura la possibilité de changer de méthode comptable au sein d'une même norme ou interprétation, entre le premier et le second semestre si ce changement aboutit à ce que les états financiers fournissent des informations fiables et plus pertinentes (critère d'IAS 8.14(b)), voir n° 12681.

Un tel changement de méthode devra être traité conformément aux dispositions générales de la norme IAS 8 relatives aux changements de méthode comptable (voir n° 54580).

Comptabilisation des changements de méthode comptable entre les 1er et 2nd semestres

54580 *Question*

Comment traiter dans les comptes annuels N un changement de méthode comptable réalisé au cours du second semestre N ?

Réponse

En l'absence de dispositions transitoires spécifiques :

– application rétrospective de la nouvelle méthode comptable à l'ensemble de l'exercice N ;

– retraitement des comptes des exercices présentés en comparatif des comptes annuels N (N-1 et N-2 en cas de fourniture d'un document de référence avec ces trois exercices présentés directement), sauf s'il n'est pas possible en pratique de déterminer l'impact de l'application rétrospective sur ces exercices.

Commentaires :

1. **Dispositions générales de la norme IAS 34** Un changement de méthode comptable, autre qu'un changement pour lequel des dispositions transitoires sont spécifiées par une nouvelle norme ou interprétation, doit être traduit comme suit (IAS 34.43 et .44) :

– de manière rétrospective, en retraitant les états financiers des périodes intermédiaires précédentes de l'exercice en cours et les périodes intermédiaires comparables des exercices

antérieurs (uniquement si, en application d'IAS 8, les comptes de ces exercices antérieurs doivent être retraités dans les états financiers de l'exercice en cours) ; ou
- lorsqu'il n'est pas possible en pratique de déterminer au début de la période en cours l'effet cumulé de l'application d'une nouvelle méthode comptable à toutes les périodes antérieures, les états financiers – des périodes intermédiaires précédentes de la période en cours et des périodes intermédiaires comparables des périodes antérieures – doivent être retraités afin d'appliquer la nouvelle méthode comptable de manière prospective à partir de la première date possible.

Remarque Ces dispositions sont le reflet des dispositions générales de la norme IAS 8 relatives aux changements de méthodes comptables (IAS 8.19 s.), voir n° 12681.

2. Application pratique aux changements de méthode comptable intervenant au 2nd semestre N Un changement de méthode réalisé au second semestre N doit être comptabilisé comme suit dans les comptes annuels de l'exercice N (sauf dispositions transitoires spécifiques) :
- application rétrospective de la nouvelle méthode à l'ensemble de l'exercice N ;
- retraitement des comptes des exercices fournis en comparatif des comptes annuels N (N-1 et N-2 si présentation d'un document de référence avec ces trois exercices fournis directement), sauf s'il n'est pas possible en pratique de déterminer l'impact de l'application rétrospective sur ces exercices.

En outre, pour les comptes du premier semestre N+1, les comptes semestriels N établis avant le changement de méthode comptable devront être retraités pour être présentés à titre d'information comparative.

Pour les informations à fournir en annexe sur les changements de méthode comptable, voir n° 54690 (comptes intermédiaires résumés) et IAS 8.28 et .29 (comptes intermédiaires complets).

III. Forme et contenu du rapport financier intermédiaire établi conformément à IAS 34

Choix entre des états financiers complets ou résumés

54590

Question

Les comptes intermédiaires établis en application d'IAS 34 peuvent-ils être des comptes résumés ?

Réponse

Oui. L'entreprise a le choix, conformément à la norme IAS 34, entre présenter :
- un jeu complet d'états financiers tel que défini par la norme IAS 1, Présentation des états financiers ; ou
- un jeu d'états financiers résumés dont les composants minimaux sont prescrits par la norme IAS 34.

Commentaires :

1. Possibilité de choisir entre comptes semestriels complets et comptes semestriels résumés L'application d'IAS 34 est requise pour les sociétés françaises cotées sur un marché réglementé par le règlement général de l'AMF au paragraphe 222-4, à la suite de la transposition de la directive Transparence (voir n° 54507).

La définition du rapport financier intermédiaire donnée par la norme IAS 34 prévoit que celui-ci comporte soit un jeu complet d'états financiers, soit un jeu d'états financiers résumés (IAS 34.4).

a. Un **jeu complet d'états financiers intermédiaires** comprend, comme les états financiers annuels (IAS 1.10), les éléments suivants (IAS 34.5) :
- un état de situation financière (bilan) à la fin de la période ;
- un état du résultat net et des autres éléments du résultat global de la période ;
- un état des variations de capitaux propres de la période ;
- un état des flux de trésorerie de la période ;
- des notes, contenant les informations significatives sur les méthodes comptables (voir n° 55355) et d'autres notes explicatives ;

– et un état de situation financière au début de la période précédente présentée en comparatif lorsque l'entité applique une méthode comptable à titre rétrospectif ou qu'elle comptabilise une correction d'erreur ou encore lorsqu'elle procède à un reclassement d'éléments dans ses états financiers.

Lorsque l'entreprise choisit de publier des états financiers complets dans son rapport financier intermédiaire, l'ensemble des dispositions de la norme IAS 1 doit être respecté (IAS 34.9).

Pour les cas dans lesquels un état de situation financière supplémentaire doit être présenté, voir nº 53963-2.

Pour les comparatifs à présenter dans les états financiers intermédiaires, voir nº 54610.

b. Un **jeu d'états financiers intermédiaires résumés** comprend, au minimum, les éléments suivants (IAS 34.8) :
– un état résumé de situation financière (bilan) ;
– un état résumé du résultat net et des autres éléments du résultat global, présenté sous la forme d'un état du résultat net et des autres éléments du résultat global résumé unique ou d'un compte de résultat résumé séparé et d'un état résumé des autres éléments du résultat global ;

Remarque Si l'entité a opté, dans ses comptes annuels, pour une présentation du résultat global en deux états séparés (l'état du résultat net et l'état des autres éléments du résultat global), elle doit faire de même dans ses états financiers intermédiaires résumés (IAS 34.8A). Dans ce cas, l'état des autres éléments du résultat global doit suivre immédiatement l'état du résultat net. Il convient de distinguer, au sein de la partie « Autres éléments du résultat global », les éléments recyclables en résultat (par exemple, les écarts de conversion) de ceux qui ne le sont pas (par exemple, les écarts actuariels liés aux engagements de retraite).

– un état résumé des variations des capitaux propres ;
– un état résumé de flux de trésorerie ; et
– une sélection de notes explicatives (voir nº 54690).

Remarque Une entité présentant des états financiers intermédiaires résumés n'a pas à établir d'état résumé de la situation financière à l'ouverture de l'exercice précédent présenté en comparatif lorsqu'elle effectue un retraitement rétrospectif à l'occasion d'un changement de méthode ou d'une correction d'erreur par exemple (IAS 34.8 et IAS 1.BC33).

2. **Pas de préférence pour l'un des deux formats** La norme IAS 34 ne privilégie pas un format (complet ou résumé) au détriment de l'autre (IAS 34.7). Au contraire :
– elle justifie clairement la possibilité de publier moins d'informations aux dates intermédiaires (en cas d'option pour des comptes résumés) que dans les états financiers annuels pour des raisons tant de rapidité de diffusion de l'information que de coût et afin d'éviter la répétition d'informations publiées antérieurement ;

Le rapport financier intermédiaire est en effet destiné à actualiser les informations fournies dans le jeu complet (et conforme à l'intégralité du référentiel IFRS) d'états financiers annuels le plus récent (IAS 34.6), en s'intéressant essentiellement aux événements et transactions importants pour comprendre l'évolution de la situation financière et des performances de l'entité depuis la date de clôture de ces comptes annuels (IAS 34.6 et .15 s.).

En ce sens également, dans son communiqué publié en mai 2022 dans le contexte de l'invasion de l'Ukraine par la Russie (ESMA32-63-1277), l'ESMA rappelle aux émetteurs, qui préparent leurs états financiers intermédiaires conformément à la norme IAS 34, que l'étendue des informations fournies doit être proportionnelle à l'objectif de fournir une mise à jour du dernier jeu complet d'états financiers annuels, y compris, comme indiqué au paragraphe 6 d'IAS 34, les nouveaux événements, activités et circonstances qui n'ont pas été pris en compte dans les états financiers annuels les plus récents.

– mais ne dissuade pas les entreprises d'inclure dans leurs états financiers résumés d'autres informations que les postes minimaux ou la sélection de notes explicatives minimales telles que requises par la norme IAS 34 ni d'établir des comptes intermédiaires complets (IAS 34.7).

Toutefois, **en pratique,** la plupart des sociétés cotées choisissent de publier des comptes résumés.

Rubriques et informations minimales à présenter dans des états financiers intermédiaires résumés

54600 ***Question***

Quelles sont les rubriques et informations minimales devant figurer dans des états financiers intermédiaires résumés conformes à IAS 34 ?

54600 (suite)

Réponse

Les éléments suivants :
- chacune des rubriques et chacun des sous-totaux présentés dans les états financiers annuels les plus récents ;
- la sélection de notes explicatives imposée par IAS 34 ; et
- les postes et les notes supplémentaires dont l'omission aurait pour effet de rendre trompeurs les états financiers intermédiaires.

Ainsi, en pratique, les comptes résumés sont généralement moins « volumineux » et détaillés que des comptes complets, notamment en ce qui concerne les notes annexes. En effet, les informations requises par les autres normes IFRS n'ont pas à être fournies dans des comptes résumés, sauf notamment en ce qui concerne les regroupements d'entreprises réalisés au cours de la période intermédiaire présentée.

Commentaires Les états financiers intermédiaires résumés doivent comporter **au minimum** (IAS 34.10) :

1. **chaque rubrique et sous-total présentés dans les états financiers annuels les plus récents** ;
Y compris le résultat par action (de base et dilué), qui doit être indiqué dans l'état présentant les composantes de résultat de la période intermédiaire et non dans les notes aux états financiers (IAS 34.11). Si l'entité présente les composantes de résultat dans un état séparé conformément à IAS 1.81, le résultat par action (de base et dilué) doit être présenté dans cet état séparé (IAS 34.11A).
Remarque A notre avis, la présentation uniquement des totaux ne devrait généralement pas suffire. En effet, le principe énoncé par la norme IAS 34 ne devrait pas, à notre avis, être interprété de façon restrictive, l'information donnée ayant pour but de permettre aux utilisateurs des états financiers intermédiaires de comprendre les performances et tendances de la période à l'aide des indicateurs clés de l'activité (en ce sens, IAS 34.6 et .15).
Par exemple, présenter uniquement la ligne « Marge brute », sans les agrégats « Chiffre d'affaires » et « Coût des ventes », ne correspondrait pas à l'esprit de la norme. De même, il ne paraît pas opportun de présenter dans l'état résumé de situation financière (ou bilan) intermédiaire uniquement les sous-totaux « Actifs non courants », « Actifs courants », « Capitaux propres », « Passifs non courants » et « Passifs courants ».
Décision de l'ESMA L'ESMA a confirmé ce principe au cas particulier d'une société de biotechnologie. Dans ses états financiers intermédiaires résumés, la présentation du compte de résultat était allégée par rapport à celle retenue dans les derniers états financiers annuels. En effet, seuls quelques sous-totaux étaient présentés à la face du compte de résultat.
L'ESMA a conclu que cette présentation n'était pas conforme à IAS 34 car trop condensée. L'ESMA a en effet rappelé qu'IAS 34.10 requiert a minima de présenter dans les états financiers condensés les mêmes rubriques que celles présentées dans les états financiers les plus récents (EECS/0120-06, 04/20).

2. la **sélection de notes explicatives** prescrites par IAS 34.15 à .16A (voir n° 54690) ;
Ces notes annexes doivent principalement permettre d'expliquer les transactions et les événements importants, pour que l'utilisateur du rapport financier intermédiaire puisse comprendre l'évolution de la situation financière et des performances de l'entreprise depuis le dernier rapport annuel (IAS 34.15).
Il n'est pas nécessaire en effet de fournir toutes les informations déjà fournies dans le rapport financier annuel le plus récent (IAS 34.15A).
Pour des précisions sur les décisions de l'ESMA en matière d'informations à fournir au titre des transactions et événements importants de la période, voir n° 54467.

3. les **postes** ou les **notes supplémentaires** dont l'omission aurait pour effet de rendre trompeurs les états financiers intermédiaires (IAS 34.10) (voir Exemple ci-après) ;
Remarque Ces rubriques supplémentaires doivent être ajoutées dans les états financiers intermédiaires même si elles n'existaient pas dans les états financiers annuels les plus récents.

4. les **informations requises** par IFRS 3.59 à .63 **pour chaque regroupement d'entreprises significatif intervenu au cours de la période intermédiaire** (IAS 34.16Ai).

Pour les autres informations requises par IAS 34 concernant les instruments financiers et lorsque l'entité devient ou cesse d'être une société d'investissement, voir n° 54468.

■ *Exemple*

Postes et notes supplémentaires dont l'omission rendrait trompeurs les états financiers intermédiaires résumés *L'entité A a procédé à des licenciements pendant le premier semestre de l'exercice N. Les coûts correspondants sont significatifs pour ce semestre mais ne le seront pas (par hypothèse) au* *regard de l'ensemble de l'exercice. Les états financiers annuels de l'exercice N-1 ne comportaient pas de coûts similaires.*

Solution de l'exemple *Pour permettre une compréhension correcte des événements du premier semestre N, une information doit être fournie sur les coûts de licenciement car ils sont significatifs pour la période intermédiaire présentée (IAS 34.25). Par conséquent (IAS 34.16Ac et .25) :*
– un poste supplémentaire pourrait être inséré dans la composante résultat de l'état résumé du résultat global (présenté par nature), relatif aux coûts de licenciement, même si ce poste n'existait pas dans les comptes annuels de l'exercice précédent et n'existera pas dans les comptes annuels de l'exercice en cours (car non significatif par hypothèse) ;
– une explication sur ces coûts doit être fournie dans les notes aux états financiers (nature des coûts, coûts supplémentaires attendus, le cas échéant, sur le reste de l'exercice, etc.) pour permettre au lecteur de comprendre la performance financière de l'entité A au cours du premier semestre.

Etats financiers et comparatifs à présenter en application d'IAS 34

54610 ***Question***

Quels sont les états financiers et comparatifs à présenter dans les états financiers intermédiaires établis au 30 juin N, en conformité avec la norme IAS 34 ?

Réponse

Un groupe doit **au minimum** présenter les états financiers suivants :

1. états de situation financière (bilans) au 30 juin N et au 31 décembre N-1 ;
2. états du résultat net et des autres éléments du résultat global du premier semestre N et N-1 ;

   En outre, si le groupe établit des comptes trimestriels, doivent également être présentés les états du résultat net et des autres éléments du résultat global du second trimestre N et du second trimestre N-1.

3. états de variations de capitaux propres du premier semestre N et N-1 ;
4. états des flux de trésorerie du premier semestre N et N-1.

Commentaires Ces dispositions résultent d'IAS 34.8, .20 et .IE A1 et A2, et s'appliquent aux comptes semestriels complets ou résumés.

Pour le cas particulier des entreprises dont l'activité est très saisonnière, voir nº 54630.

■ ***Exemple 1***

*Une entité clôture ses états financiers annuels au 31/12/N et prépare des **états financiers intermédiaires au 30/06/N** sur la base de la norme IAS 34. Cette entité n'établit pas de comptes trimestriels.*

Solution de l'exemple 1 *L'entité doit présenter les périodes suivantes dans ses états financiers intermédiaires N :*

	Période en cours	*Période comparative* (1)
Etat de situation financière (bilan)		
Période clôturant le :	*30/06/N*	*31/12/N-1*
Etat du résultat net et des autres éléments du résultat global (ou Etat du résultat global)		
– sur 6 mois	*1/01/N au 30/06/N*	*1/01/N-1 au 30/06/N-1*
Etat des variations des capitaux propres		
– sur 6 mois	*1/01/N au 30/06/N*	*1/01/N-1 au 30/06/N-1*
Etat des flux de trésorerie		
– sur 6 mois	*1/01/N au 30/06/N*	*1/01/N-1 au 30/06/N-1*

(1) Un état de situation financière supplémentaire établi au 1/01/N-1 doit être présenté par les entités qui produisent un jeu complet d'états financiers intermédiaires dès lors qu'un changement de méthode ou une correction d'erreur donnant lieu à un retraitement rétrospectif est intervenu depuis l'ouverture de l'exercice N (IAS 34.5(f)), voir nº 54590.

■ *Exemple 2*

Une entité clôture ses états financiers annuels au 31/12/N et prépare des ***états financiers intermédiaires*** *au 30/06/N sur la base de la norme IAS 34. Cette entité publie des comptes trimestriels.*

Solution de l'exemple 2 *L'entité doit présenter les périodes suivantes dans ses états financiers intermédiaires au 30/06/N :*

	Période en cours	*Période comparative* (1)
Etat de situation financière (Bilan)		
Période clôturant le :	*30/06/N*	*31/12/N-1*
Etat du résultat net et des autres éléments du résultat global (ou Etat du résultat global)		
– sur 6 mois *– sur 3 mois*	*1/01/N au 30/06/N* *1/04/N au 30/06/N*	*1/01/N-1 au 30/06/N-1* *1/04/N-1 au 30/06/N-1*
Etat des variations des capitaux propres		
– sur 6 mois	*1/01/N au 30/06/N*	*1/01/N-1 au 30/06/N-1*
Etat des flux de trésorerie		
– sur 6 mois	*1/01/N au 30/06/N*	*1/01/N-1 au 30/06/N-1*

(1) Un état de situation financière supplémentaire établi au 1/01/N-1 doit être présenté par les entités qui produisent un jeu complet d'états financiers intermédiaires, dès lors qu'un changement de méthode ou une correction d'erreur donnant lieu à un retraitement rétrospectif est intervenu depuis l'ouverture de l'exercice N (IAS 34.5(f)), voir n° 54590.

Etats financiers complémentaires en cas d'activité saisonnière

54630

Question

Une activité hautement saisonnière peut-elle nécessiter la publication d'états financiers intermédiaires complémentaires ?

Réponse

Oui. La norme IAS 34 recommande (mais n'impose pas) de publier :
- des états financiers complémentaires pour la période de douze mois prenant fin à la date de l'information intermédiaire ; et
- des informations comparatives pour la période précédente de douze mois (informations sur douze mois glissants).

Commentaires La norme IAS 34 privilégie généralement une approche basée sur le principe d'indépendance des périodes intermédiaires (IAS 34.28 s.) et interdit en conséquence tout lissage de l'activité sur l'année.

Toutefois, afin de neutraliser l'impact de la saisonnalité sur les variations des performances financières entre les périodes intermédiaires, IAS 34.21 encourage les entreprises dont l'activité est hautement saisonnière à publier les informations suivantes, en complément des informations comparatives générales requises par IAS 34.20 (voir n° 54610) :
- informations financières pour la période de douze mois prenant fin à la date de l'information financière intermédiaire ; et
- informations comparatives pour la période précédente de douze mois.

La norme IAS 34 ne précise pas quels états financiers pourraient être présentés sur douze mois glissants. A notre avis, les composants des états financiers concernés devraient être ceux sur lesquels la saisonnalité de l'activité a une incidence significative, c'est-à-dire soit tous les états de synthèse (état de situation financière (bilan), état du résultat global, état des flux de trésorerie et état des variations des capitaux propres), soit uniquement certains de ces états.

Pour la comptabilisation dans les comptes intermédiaires des produits perçus de façon saisonnière ou cyclique, voir n° 54652.
Pour les informations à fournir en annexe sur le caractère saisonnier ou cyclique de la période intermédiaire, voir n° 54690.

■ *Exemple*

L'entité A cultive des fleurs pour les vendre à des fleuristes et des chaînes de supermarchés. 60 % des ventes de l'entité sont réalisées pendant la période de février à mai, en raison notamment de fêtes telles que la Saint-Valentin ou la fête des Mères.

La direction de l'entité A établit des comptes intermédiaires semestriels au 30/06/N.

Solution de l'exemple *Les comptes intermédiaires semestriels de l'entité A pourraient être améliorés par la présentation d'états financiers complémentaires sur douze mois glissants.*

Le tableau suivant récapitule les périodes pour lesquelles la publication d'informations intermédiaires est requise ou recommandée.

	Période en cours	*Période comparative*
Etat de situation financière (bilan)		
Période clôturant le :	*30/06/N (requis)*	*31/12/N-1 (requis)* *30/06/N-1 (recommandé si impact significatif)*
Etat du résultat net et des autres éléments du résultat global		
– sur 6 mois	*1/01/N au 30/06/N (requis)*	*1/01/N-1 au 30/06/N-1 (requis)*
– sur 12 mois glissants	*1/07/N-1 au 30/06/N (recommandé si impact significatif)*	*1/07/N-2 au 30/06/N-1 (requis si présenté pour la période en cours)* [(1)]
Etat des variations des capitaux propres		
– sur 6 mois	*1/01/N au 30/06/N (requis)*	*1/01/N-1 au 30/06/N-1 (requis)*
– sur 12 mois glissants	*1/07/N-1 au 30/06/N (recommandé si impact significatif)*	*1/07N-2 au 30/06/N-1 (requis si présenté pour la période en cours)* [(1)]
Etat des flux de trésorerie		
– sur 6 mois	*1/01/N au 30/06/N (requis)*	*1/01/N-1 au 30/06/N-1 (requis)*
– sur 12 mois glissants	*1/07/N-1 au 30/06/N (recommandé si impact significatif)*	*1/07/N-2 au 30/06/N-1 (requis si présenté pour la période en cours)* [(1)]
(1) Dès lors qu'une information est donnée pour la période en cours, l'information comparative correspondante doit être communiquée (IAS 34.21 et IAS 1.38).		

SECTION II

Méthodes comptables applicables à l'information financière intermédiaire

I. Principes généraux de comptabilisation et d'évaluation

A. Enoncé des principes généraux

Absence de règles spécifiques

54650 ***Question***

Les règles de comptabilisation et d'évaluation doivent-elles être mises en œuvre de la même manière pour l'établissement des états financiers intermédiaires que pour les états financiers annuels ?

Réponse

Oui, une période intermédiaire devrait généralement être traitée de la même manière que s'il s'agissait d'un exercice complet.

Par exception à ce principe général, l'impôt sur les résultats d'une période intermédiaire est calculé en appliquant au résultat avant impôt de cette période intermédiaire le taux effectif d'impôt moyen pondéré attendu pour l'exercice. Ce principe s'applique également, à notre avis, aux primes à verser aux salariés (voir n° 54666) et à l'intéressement et à la participation des salariés (voir n° 54668). **54650** (suite)

En outre, en matière d'évaluations, voir n° 54656 et 54658 respectivement pour l'utilisation plus fréquente des estimations, et pour l'appréciation de l'importance relative.

Commentaires :

1. **Principe général** La norme IAS 34 privilégie une approche « marginale » selon laquelle une période intermédiaire doit être considérée comme une période indépendante des autres périodes (voir point a. ci-après).

Par opposition à l'approche « globale » qui considère la période intermédiaire comme faisant partie intégrante de l'exercice annuel.

En effet, la norme IAS 34 précise que :

– les principes de comptabilisation et d'évaluation des actifs, des passifs, des produits et des charges pour les périodes intermédiaires sont identiques à ceux utilisés dans les états financiers annuels (IAS 34.28 et .29) ;

Concernant les évaluations, IAS 34.41 reconnaît cependant que la préparation des rapports financiers intermédiaires impose en général de recourir davantage à des méthodes d'estimation que celle des rapports financiers annuels. Elle précise toutefois que :

– les informations significatives pertinentes pour la compréhension de la situation financière ou de la performance de l'entité doivent être fournies de manière appropriée (voir n° 54690) ; et

– le caractère significatif ou non d'une information doit être apprécié par rapport à la période intermédiaire présentée prise isolément (voir n° 54658).

– les produits sont comptabilisés au moment où ils sont acquis et les charges sont comptabilisées au moment où elles sont encourues, leur étalement n'étant possible que s'il l'est également à la clôture d'un exercice complet (IAS 34.37 à .39).

Notamment :

– un élément ne peut être comptabilisé dans l'état de situation financière (bilan) de clôture d'une période intermédiaire que si, et seulement si, il répond à la définition et aux conditions de comptabilisation des actifs ou passifs (IAS 34.31 à .33) ;

Par exemple (IAS 34.32) :

– pour les actifs, l'appréciation de la probabilité d'avantages économiques futurs est réalisée à l'identique, qu'il s'agisse de périodes intermédiaires ou d'une période annuelle ;

– un passif comptabilisé lors d'une période intermédiaire doit constituer une obligation existant à cette date, exactement comme dans le cas d'un passif qui serait comptabilisé dans les états financiers annuels.

Pour les conséquences de ce principe sur la comptabilisation dans les comptes intermédiaires du passif relatif aux taxes qui entrent dans le champ d'application de l'interprétation IFRIC 21 « Levies » (voir n° 39986, point 3.), les actifs et passifs sont classés dans l'état de situation financière (bilan) en courant et non courant suivant les dispositions d'IAS 1.60 s., c'est-à-dire selon les mêmes critères que ceux applicables dans les comptes annuels.

Par exemple, un passif doit être classé en passif non courant si l'entité ne dispose pas d'un droit inconditionnel d'en différer le règlement pour au moins douze mois à compter de la date de clôture (IAS 1.69(d)).

– des coûts engagés au cours d'une période intermédiaire et qui ne satisfont pas aux conditions de comptabilisation à l'actif au titre de cette période ne pourront pas être comptabilisés à l'actif au cours d'une période intermédiaire ultérieure ou à la clôture de l'exercice, même si les conditions de comptabilisation à l'actif sont ultérieurement remplies (IAS 34.30(b) et .IE B8).

Tel devrait être le cas, par exemple, des frais de développement encourus au titre d'une période intermédiaire et ne répondant pas, à la date de clôture de cette période, aux conditions de comptabilisation à l'actif énoncées par la norme IAS 38 (voir également n° 54652 et 54654).

2. **Cas particulier de l'impôt sur les résultats** Par exception au principe général ci-avant, l'impôt sur les résultats d'une période intermédiaire est calculé en appliquant au résultat avant impôt de cette période intermédiaire le taux effectif d'impôt moyen pondéré attendu pour l'exercice, permettant ainsi de tenir compte, par exemple, de l'existence de taux progressifs (voir n° 54674).

Ce principe d'évaluation s'applique également, en pratique, aux primes à verser aux salariés (voir n° 54666) et à l'intéressement et à la participation des salariés (voir n° 54668).

Produits perçus de façon saisonnière, cyclique ou occasionnelle

54652 *Question*

Les produits des activités ordinaires perçus de manière saisonnière, cyclique ou occasionnelle peuvent-ils être anticipés ou différés pour un arrêté intermédiaire ?

Réponse

Non, sauf s'il serait approprié d'anticiper ou de différer ce type de produits à la fin de l'exercice (par exemple, si le produit répond à la définition d'un produit constaté d'avance/passif sur contrat).

En effet, le principe d'indépendance des périodes comptables est applicable aux périodes intermédiaires de la même manière que pour une clôture annuelle.

Commentaires La norme IAS 34 privilégie une approche « marginale » selon laquelle une période intermédiaire doit être considérée comme une période indépendante des autres (IAS 34.28).

Cette approche conduit notamment à appliquer le principe d'indépendance des périodes comptables de la même façon qu'à la clôture de l'exercice. Ainsi, les produits des activités ordinaires qu'une entreprise perçoit de façon saisonnière, cyclique ou occasionnelle pendant un exercice (IAS 34.37 et .38) :

a. sont comptabilisés à la date à laquelle ils sont acquis au sens des IFRS ; et

b. ne doivent donc être ni anticipés ni différés à une date intermédiaire s'il ne serait pas approprié de les anticiper ou de les différer à la fin de l'exercice.

Aucun « lissage » des produits sur les différentes périodes intermédiaires n'est donc autorisé.

Ainsi, par exemple, les dividendes à recevoir sont comptabilisés en produits de la période intermédiaire au cours de laquelle ils sont acquis (par exemple, à la date de décision de distribution par l'assemblée générale de l'émetteur) et ne font l'objet d'aucun étalement ni d'aucune anticipation sur les autres périodes intermédiaires (IAS 34.38).

A l'inverse, si le prix total d'un abonnement annuel est perçu avant la clôture d'une période intermédiaire, la partie de ce prix qui correspond aux prestations restant à rendre au cours de périodes ultérieures est comptabilisée en produit constaté d'avance/passif sur contrat, selon le même principe que celui qui serait appliqué pour une clôture annuelle.

Une information doit cependant être fournie en annexe sur le caractère saisonnier ou cyclique des activités (IAS 34.16A(b)). En outre, IAS 34.21 encourage les entreprises soumises à une forte saisonnalité à publier, dans le cadre de leur information financière intermédiaire, des états financiers complémentaires pour la période de douze mois prenant fin à la date de l'information intermédiaire présentée ainsi que des informations comparatives pour la période précédente de douze mois (informations sur douze mois glissants, voir n° 54630).

■ *Exemple*

Une agence de voyage clôture ses comptes annuels en décembre et publie un rapport semestriel au 30 juin. La majorité de ses ventes (75 %) concerne des séjours d'été pour lesquels les réservations ont lieu en janvier et février.

La méthode comptable de prise en compte des produits est de reconnaître le chiffre d'affaires à la date à laquelle les vacances sont prises.

Chaque année, l'agence de voyage réalise une campagne publicitaire en décembre et janvier, juste avant les réservations.

Solution de l'exemple *Dans les états financiers intermédiaires au 30 juin, les produits des ventes de séjours ne peuvent pas être lissés. Ainsi, conformément à la méthode de prise en compte des produits, seuls doivent donc être comptabilisés dans les comptes semestriels les produits des séjours intervenus jusqu'au 30 juin, même si ces séjours ne représentent que 25 % environ des ventes annuelles.*

Par ailleurs, les coûts publicitaires ne peuvent pas être portés à l'actif, les conditions de comptabilisation à l'actif n'étant généralement pas remplies. Par conséquent, le résultat du 1er semestre (comprenant les coûts publicitaires) sera très différent de celui du second semestre (lequel inclut la majorité des produits). Une explication dans les notes aux comptes intermédiaires devra donc être fournie (voir n° 54690).

En outre, l'entité peut choisir d'améliorer l'information financière intermédiaire produite en présentant des états de synthèse additionnels sur 12 mois glissants (voir n° 54630).

Coûts encourus de façon inégale au cours de l'exercice

54654

Question

Les coûts encourus de façon inégale au cours de l'exercice peuvent-ils être anticipés ou différés dans les états financiers intermédiaires ?

Réponse

Non, sauf s'il serait approprié d'anticiper ou de différer ce type de coûts à la fin de l'exercice, par exemple, si les coûts répondent à la définition d'une charge constatée d'avance (voir n° 30050), à la clôture de la période intermédiaire.

Commentaires Conformément au principe général d'indépendance des périodes comptables intermédiaires (approche « marginale », voir n° 54650), les coûts qu'une entreprise encourt de façon inégale durant l'exercice ne doivent pas être anticipés ou différés à une date intermédiaire, sauf s'il serait approprié de le faire à la fin de l'exercice (IAS 34.39).

Autrement dit, ces coûts ne sont :
- différés que s'ils répondent à la définition et aux conditions de comptabilisation d'un actif à la fin de la période intermédiaire (par exemple en charges constatées d'avance) ;
- anticipés que s'ils répondent à la définition et aux conditions de comptabilisation d'un passif, c'est-à-dire s'il existe une obligation légale ou implicite à la date de clôture de la période intermédiaire, s'il est probable qu'il y aura une sortie de ressources et si celle-ci peut être évaluée de façon fiable.

D'où, en pratique, l'interdiction de lisser les charges sur les différentes périodes intermédiaires de l'année.

Il en est ainsi, par exemple, des éléments suivants :
- dépenses de gros entretien et de révision (IAS 34.IE B2), voir n° 54664 ;
- autres provisions (IAS 34.IE B3 et .IE B4) ;
- droits non cumulatifs à des absences rémunérées (IAS 34.IE B10) ;
- dépréciation et évaluation des stocks (IAS 34.IE B25 à .IE B28), n° 54670 ;
- profits et pertes de conversion de monnaies étrangères (IAS 34.IE B29 à .IE B31) ;
- impacts financiers liés aux activités situées dans des économies hyper-inflationnistes (IAS 34.IE B32 à .IE B34) ;
- dépréciation d'actifs (IAS 34.IE B35 et .IE B36) ;
- autres coûts prévus mais survenant de façon irrégulière (IAS 34.IE B11), y compris les frais de publicité.

Toutefois, il ne faut pas déduire de l'interdiction de lissage des charges sur les périodes intermédiaires que les charges à caractère annuel – c'est-à-dire celles dont le montant dépend du niveau annuel d'une certaine variable – ne peuvent pas être anticipées ou au contraire différées.

La norme IAS 34 fournit des exemples d'application de ce principe, en particulier pour les éléments suivants :
- taxes sur les salaires et cotisations sociales (IAS 34.IE B1) ;
- primes et bonus de fin d'année (IAS 34.IE B5 et .IE B6), voir n° 54666 ;
- paiements conditionnels au titre de contrats de location (IAS 34.IE B7) ;
- retraites (IAS 34.IE B9) ;
- charges d'impôt (IAS 34.IE B12 à .IE B22), voir n° 54674 ;
- ristournes et remises liées au volume d'affaires annuel (IAS 34.IE B23).

Utilisation fréquente d'estimations dans la préparation de l'information financière intermédiaire

54656

Question

Les méthodes comptables applicables doivent-elles être mises en œuvre avec le même degré de précision pour les comptes intermédiaires que pour les comptes annuels ?

Réponse

Non. En effet, la norme IAS 34 admet que l'établissement de rapports financiers intermédiaires impose de recourir davantage à des méthodes d'estimation que lors de la préparation des rapports financiers annuels.

54656 (suite) Elle rappelle toutefois que les modalités d'évaluation des données intermédiaires doivent conduire à une information fiable et que toute information significative pertinente pour la compréhension de la situation financière ou de la performance doit être fournie.

Commentaires La norme IAS 34 rappelle que les modalités d'évaluation mises en œuvre pour l'établissement d'un rapport financier intermédiaire doivent conduire à des informations fiables et que toute information significative pertinente doit être fournie de manière appropriée pour la compréhension de la situation financière et de la performance de l'entreprise (IAS 34.41).

Toutefois, même si le recours aux estimations est fréquent, tant pour les arrêtés intermédiaires que pour les arrêtés annuels, IAS 34.41 admet que l'établissement de rapports financiers intermédiaires impose généralement de recourir davantage à des méthodes d'estimation que lors de la préparation des rapports financiers annuels.

Remarques :

1. Le recours plus important à des estimations au cours des périodes intermédiaires doit être pris en compte pour l'appréciation de l'importance relative des éléments des états financiers (IAS 34.23 ; voir n° 54658).

La norme IAS 34 fournit des **exemples** d'utilisation plus fréquente des estimations à la fin d'une période intermédiaire qu'à la fin de l'exercice (IAS 34.IE C) :

– **stocks** : il n'y a pas nécessairement d'obligation à mettre en œuvre aux périodes intermédiaires des procédures complètes d'inventaire et d'évaluation des stocks même si ces procédures sont généralement mises en œuvre à la date de clôture annuelle ; il est ainsi possible d'estimer les stocks sur la base des marges brutes (IAS 34.IE C1) ;

– **classification des actifs et passifs en courants et non courants** : l'analyse peut être moins approfondie dans le cadre d'une information financière intermédiaire (IAS 34.IE C2) ;

– **provisions complexes (garanties, environnement, remise en état, notamment)** : lors des arrêtés intermédiaires, le montant des provisions est généralement établi plutôt par une mise à jour des provisions annuelles antérieures que par recours à des experts extérieurs, même si ce recours est systématique à la date de clôture (IAS 34.IE C3) ;

– **engagements de retraite** : extrapolation de l'évaluation actuarielle la plus récente (IAS 34.IE C4), pour des précisions sur l'évaluation des engagements de retraite en période intermédiaire, voir n° 54680 ;

– **impôt sur le résultat** : la charge d'impôt sur le résultat d'une période intermédiaire est évaluée sur la base de la meilleure estimation du taux d'impôt effectif moyen pondéré attendu pour l'ensemble de l'exercice, calculé notamment pour chaque juridiction fiscale et chaque catégorie de revenus soumise à des taux distincts (voir n° 54674). En cas d'impossibilité de déterminer des taux spécifiques à chaque juridiction et à chaque catégorie de revenus, utilisation acceptable pour un arrêté intermédiaire d'une moyenne pondérée des taux pour l'ensemble des juridictions ou l'ensemble des catégories de revenus, dès lors que cette moyenne pondérée est une approximation raisonnable de l'incidence de l'utilisation de taux plus spécifiques (IAS 34.IE C5) ;

– **actifs et passifs éventuels** : possibilité de ne pas recourir systématiquement en fin de période intermédiaire à des conseillers juridiques afin d'apprécier les éventualités (IAS 34.IE C6) ;

– **évaluation à la juste valeur des immobilisations corporelles et des immeubles de placement** : possibilité de ne pas faire appel à des évaluateurs professionnels qualifiés en fin de période intermédiaire, contrairement aux arrêtés annuels (IAS 34.IE C7) ;

– **rapprochements intragroupes** : possibilité d'effectuer des rapprochements moins détaillés en fin de période intermédiaire qu'en fin d'exercice (IAS 34.IE C8) ;

– **secteurs d'activité spécifiques** : évaluations intermédiaires moins précises que celles de fin d'exercice (par exemple, l'évaluation des réserves d'assurance par les entreprises d'assurance) (IAS 34.IE C9).

2. La nature et les montants des changements d'estimation significatifs intervenus entre deux périodes intermédiaires doivent être expliqués (IAS 34.16A(d), .26 et .35) :

– soit dans les prochains comptes intermédiaires de l'exercice en cours ;

– soit dans les annexes aux états financiers, s'il n'y a pas d'autres comptes intermédiaires avant la clôture de l'exercice.

Ces informations liées aux changements d'estimation devront également être fournies avec les comptes intermédiaires correspondants, présentés en comparatif des comptes intermédiaires de l'exercice suivant, afin de ne pas fausser la compréhension des données comparatives (qui ne sont pas retraitées, s'agissant de changements d'estimation) (voir n° 54660).

Pour plus de précisions sur les changements d'estimation comptable et leur comptabilisation, voir n° 12687 et 12691.

Appréciation de l'importance relative

Question 54658

Comment apprécier l'importance relative dans le cadre de l'information financière intermédiaire ?

Réponse

En tenant compte des données financières de la période intermédiaire en cours prise isolément.

Commentaires Selon IAS 34, pour décider comment comptabiliser, évaluer, classer un élément ou fournir une information dans un rapport financier intermédiaire, l'importance relative s'apprécie par rapport aux données financières de la période intermédiaire présentée prise isolément et non par rapport aux données cumulées à la date de clôture de cette période intermédiaire ou à celles prévues pour l'exercice (IAS 34.23).

L'objectif primordial de ce principe est de favoriser une meilleure compréhension des données propres à la période intermédiaire présentée et de faire en sorte qu'un rapport financier intermédiaire contienne toutes les informations pertinentes pour comprendre la situation et la performance financière d'une entité au titre de cette période (IAS 34.25).

Remarques :

1. L'appréciation de l'importance relative suppose de faire appel au jugement, en tenant compte du fait que les données intermédiaires reposent davantage sur des estimations que les données financières annuelles (IAS 34.23), voir nº 54656.
2. Une information doit être fournie en annexe sur la nature et le montant des éléments inhabituels du fait de leur nature, de leur importance ou de leur incidence, affectant les actifs, les passifs, les capitaux propres, le résultat ou les flux de trésorerie (IAS 34.16A(c)). Dans ce cadre, l'importance d'un élément ou son caractère inhabituel doivent être appréciés sur la base des données et circonstances spécifiques de la période intermédiaire en cours.
3. Le choix de l'entité de publier un jeu de comptes complets ou un jeu de comptes résumés ne doit pas avoir d'impact sur l'appréciation de l'importance relative dans le cadre de l'information financière intermédiaire.

■ *Exemple*

A est une entreprise cotée et publie une information financière semestrielle conformément à IAS 34. Pendant le semestre, l'entité a constaté des dépenses de restructuration importantes qui sont significatives au regard du résultat de la période intermédiaire. En revanche, il est peu probable que ces dépenses le seront au regard du résultat cumulé de l'exercice.

Solution de l'exemple *L'appréciation de la matérialité doit s'appuyer sur les données de la période intermédiaire prise isolément, et non pas sur les données cumulées prévisionnelles de l'exercice. Les charges de restructuration constatées au cours du premier semestre étant significatives au regard du résultat de cette période, il en résulte qu'une information en annexe doit être fournie sur la nature et le montant des coûts de restructuration engagés.*

Changements d'estimations entre deux périodes intermédiaires ou en fin d'exercice

Question 54660

Comment comptabiliser les changements d'estimations des montants précédemment présentés dans les états financiers d'une période intermédiaire antérieure ?

Réponse

Ces changements d'estimations doivent être comptabilisés en résultat (sauf disposition contraire d'une norme spécifique) au cours de la période intermédiaire présentée la plus récente (par exemple si l'entité présente des comptes trimestriels) ou à la clôture de l'exercice (si l'entité ne présente que des comptes semestriels), sans retraitement rétrospectif des périodes intermédiaires antérieures.

Des informations spécifiques doivent être fournies en annexe.

Commentaires La norme IAS 34 précise que la fréquence (annuelle, semestrielle ou trimestrielle) des rapports financiers d'une entreprise ne doit pas affecter l'évaluation de ses résultats annuels (IAS 34.28 et .29). Ainsi, les évaluations effectuées pour les besoins de l'information financière d'une période intermédiaire (trimestrielle ou semestrielle) doivent être faites sur une base cumulée depuis le début de l'exercice jusqu'à la date intermédiaire en prenant en compte les dernières informations disponibles à cette date.

La norme IAS 34 fournit les illustrations suivantes (IAS 34.30) :

– les principes de comptabilisation et d'évaluation des pertes résultant de la dépréciation de stocks ou d'autres actifs, de restructurations au cours d'une période intermédiaire sont identiques à ceux qu'utiliserait une entreprise si elle établissait uniquement des états financiers annuels. Toutefois, si ces éléments sont comptabilisés et évalués au titre d'une période intermédiaire (trimestrielle ou semestrielle) et si les montants estimés changent lors d'une période intermédiaire ultérieure du même exercice (par exemple, si l'entité publie des comptes trimestriels) ou à la clôture de l'exercice (si l'entité ne publie que des comptes semestriels), l'estimation d'origine est modifiée lors de la période intermédiaire ultérieure ou dans les comptes annuels par constatation d'un montant de perte supplémentaire ou par reprise d'un montant comptabilisé précédemment (IAS 34.30(a)) ;

Pour le cas particulier des provisions pour dépréciation du goodwill au cours d'une période intermédiaire, voir n° 54686.

Remarque A notre avis, en application du principe de neutralité de la fréquence des rapports financiers sur les comptes annuels, les dotations et reprises de provision pour dépréciation sur un même actif, comptabilisées sur des périodes intermédiaires différentes d'un même exercice peuvent être compensées pour la présentation du résultat annuel.

– la charge d'impôt sur le résultat est comptabilisée au titre de chaque période intermédiaire sur la base de la meilleure estimation du taux d'impôt annuel moyen pondéré attendu pour l'exercice. Cette estimation peut devoir être modifiée si le taux annuel attendu évolue au cours des périodes intermédiaires ultérieures (voir n° 54674).

Les éventuels changements d'estimation par rapport à une information financière antérieurement publiée :

– sont comptabilisés, conformément au principe général d'IAS 8.36 et .37, en résultat de la période de changement d'estimation, sauf disposition contraire d'une norme spécifique ;

Tel est le cas par exemple d'IAS 12.60, qui précise que les changements des actifs et passifs d'impôt sont comptabilisés en résultat sauf s'ils se rapportent à un élément comptabilisé directement parmi les autres éléments du résultat global (OCI) ou en capitaux propres au cours de la même période ou d'une période différente.

– ne donnent pas lieu à retraitement rétrospectif des états financiers des périodes intermédiaires précédentes présentées en comparatif de périodes intermédiaires ultérieures (IAS 34.35 et .36) ;

Par exemple, si un changement d'estimation est intervenu entre les 1er et 2nd semestres N-1, les états financiers du 1er semestre N-1, tels qu'ils avaient été publiés en N-1, n'ont pas à être retraités du changement d'estimation pour être présentés à titre d'information comparative dans les comptes du 1er semestre N.

– doivent faire l'objet d'une information en annexe s'ils sont significatifs (IAS 34.16A(d) et .26).

Ces principes s'appliquent de la même manière aux changements d'estimation survenus entre la dernière période intermédiaire présentée (par exemple 3e trimestre ou 1er semestre) et la clôture annuelle, lorsqu'il n'est pas présenté de rapport financier distinct au titre de la dernière période intermédiaire de l'exercice (par exemple, 4e trimestre ou 2nd semestre) (IAS 34.26 et .27).

B. Exemples d'application

1. Modalités de comptabilisation

Gros entretien et révisions périodiques prévus

54664 *Question*

L'anticipation des dépenses de gros entretien et de révisions périodiques est-elle possible dans les états financiers intermédiaires ?

Réponse

Non, tant qu'il n'existe pas d'obligation (légale ou implicite) d'effectuer de telles dépenses.

Commentaires Le coût d'un gros entretien ou d'une révision périodique prévus, ou de toute autre dépense saisonnière devant se produire plus tard dans l'année, ne doit pas être anticipé pour les besoins de l'information financière intermédiaire sauf si l'entreprise a, à la clôture de la période intermédiaire, une obligation légale ou implicite d'effectuer ces dépenses (IAS 34.IE B2).

La norme précise que la seule intention ou nécessité d'effectuer une dépense liée à une période future ne suffit pas à générer une obligation (IAS 34.IE B2).

Lorsque les dépenses de gros entretien ou de révision périodique ont été engagées avant la date de publication du rapport financier intermédiaire, une information doit être fournie dans le rapport dès lors qu'il s'agit d'un événement significatif (IAS 34.16A(h)).

Lorsque les dépenses de gros entretien ou de révision périodique sont envisagées mais pas encore engagées à la date de publication du rapport financier intermédiaire, une information peut, à notre avis, être fournie dans ce rapport dès lors qu'il s'agit d'un événement significatif.

■ *Exemple*

L'entité A possède des usines pour lesquelles elle doit engager des coûts de maintenance. Ces coûts sont engagés en août, pendant la période de fermeture des usines.

Solution de l'exemple *Avant la réalisation effective de la maintenance des usines, le coût de cette maintenance ne peut pas être provisionné dans les comptes intermédiaires ni étalé sur l'ensemble de l'exercice, aucune obligation (légale ou implicite) de procéder à cette maintenance n'existant vis-à-vis d'un tiers.*

Ces dépenses doivent donc, lors de leur survenance, soit être comptabilisées en charges, soit être inscrites à l'actif si elles répondent à la définition d'un composant.

Primes à verser aux salariés

Question 54666

Les paiements futurs en faveur des salariés au titre de primes doivent-ils être provisionnés dans les états financiers intermédiaires ?

Réponse

Oui, si les deux conditions suivantes sont remplies :
- le versement de la prime résulte d'une obligation légale ou contractuelle ou de la pratique passée qui en fait une obligation implicite pour laquelle l'entreprise n'a d'autre alternative réaliste que le paiement ; et
- une estimation fiable de l'obligation peut être effectuée.

Commentaires La nature des primes versées aux salariés varie considérablement d'une entreprise à une autre. Certaines sont acquises du simple fait de l'ancienneté. D'autres sont calculées sur la base du résultat mensuel, trimestriel ou annuel. Le montant de ces primes peut être purement discrétionnaire, contractuel ou être établi sur la base des primes versées lors des exercices antérieurs (en ce sens, IAS 34.IE B5).

En conséquence, la comptabilisation d'une prime en charges à payer doit être effectuée dans les états financiers intermédiaires (IAS 34.IE B6) :
- si son versement résulte d'une obligation légale ou contractuelle ou si la pratique passée en fait une obligation implicite pour laquelle l'entreprise n'a d'autre alternative réaliste que le paiement ; et
- si l'on peut effectuer une estimation fiable de l'obligation (IAS 19.22 fournit des indications à cet égard).

L'estimation des primes devant être versées aux salariés au titre de la période intermédiaire doit être effectuée, comme pour les comptes annuels, conformément aux dispositions d'IAS 19.19 à .24 (en ce sens également, IAS 34.B6). Ainsi, lorsqu'un membre du personnel a rendu des services à une entreprise durant la période intermédiaire, l'entreprise doit comptabiliser les avantages qu'elle s'attend à lui payer en contrepartie de ces services (en ce sens, IAS 19.11).

■ *Exemple*

Prime de fin d'année *L'entité A, dont les bonnes performances se sont maintenues malgré un contexte de crise générale, continue à pouvoir verser chaque année des bonus aux salariés, selon des modalités prévues dans leur contrat de travail (calcul sur la base d'une comparaison entre les ventes annuelles et le budget).*

Les ventes du premier semestre, qui représentent habituellement 35 % des ventes annuelles, ont dépassé le budget dudit semestre. Sur la base de ces bons résultats, la direction estime que cette tendance devrait se poursuivre au cours du second semestre et que les ventes de l'exercice devraient dépasser le budget.

Solution de l'exemple *L'entité A a donc une obligation contractuelle de verser des primes en fin d'année. Cette obligation, calculée sur la base des ventes annuelles réalisées comparées au budget, peut être estimée de façon fiable.*

Il en résulte que la direction doit, dans ses états financiers intermédiaires du premier semestre, comptabiliser en charges à payer 35 % des primes annuelles attendues.

Intéressement et participation des salariés

54668 ***Question***

Comment évaluer la participation et l'intéressement dans les états financiers intermédiaires ?

Réponse

En général, en appliquant un taux moyen annuel estimé de participation (ou d'intéressement) au résultat de la période (ou, pour l'intéressement, à tout autre agrégat sur lequel celui-ci est assis).

D'autres méthodes peuvent cependant être plus appropriées dans certains cas.

Commentaires En effet, à la fin de la période intermédiaire, les salariés ont acquis des droits au titre de la participation et de l'intéressement. Ces droits constituent pour l'entreprise une obligation (respectivement légale et contractuelle) devant se traduire par la comptabilisation d'une charge à payer.

En effet, la constatation d'un passif dans les états financiers intermédiaires représente l'obligation existant à cette date, exactement comme dans le cas d'un passif à la date de clôture de l'exercice annuel (en ce sens, IAS 34.31 et .32).

La norme IAS 34 ne fournit aucune précision sur les méthodes d'estimation de la participation et de l'intéressement à la fin d'une période intermédiaire.

Elle rappelle uniquement que les principes de comptabilisation et d'évaluation des actifs, des passifs, des produits et des charges sont identiques à ceux utilisés dans les états financiers annuels (IAS 34.28 et .29, voir nº 54650).

A notre avis, les charges à payer de participation et d'intéressement à la fin de la période intermédiaire devraient **généralement** être évaluées, par analogie à l'impôt sur les sociétés (voir nº 54674), en appliquant un taux moyen annuel estimé de participation (ou d'intéressement) au résultat de la période (ou, pour l'intéressement, à tout autre agrégat sur lequel celui-ci est assis).

En effet, comme pour l'impôt, la participation et l'intéressement :
- sont basés sur les résultats annuels (ou, pour l'intéressement, sur d'autres indicateurs de performance annuels) ;
- peuvent ne pas être proportionnels au résultat ou, pour l'intéressement, à l'agrégat sur lequel celui-ci est assis : ainsi, par exemple, l'existence d'une participation des salariés aux bénéfices – dont la formule de calcul est égale à $1/2 \times (B - 5\ \%\ C) \times S/VA$ avec B = bénéfice fiscal après impôt correspondant, C = capitaux propres, S = salaires, VA = Valeur Ajoutée – suppose qu'un certain niveau de résultat soit atteint.

Cette approche est également cohérente avec celle retenue par IAS 34.IE B1 pour les taxes sur les salaires et les cotisations sociales versées par l'employeur sur la base de salaires annuels plafonnés.

En effet, IAS 34.IE B1 prévoit que les taxes sur les salaires et les cotisations sociales versées par l'employeur doivent être évaluées, lors de la période intermédiaire, sur la base du taux annuel moyen estimé effectif de taxes ou de cotisations.

Toutefois, d'autres approches pourraient être appliquées, à condition que les estimations en résultant soient fiables.

Ainsi, par exemple, pour la participation des salariés, il serait possible de l'estimer à partir des chiffres issus de la période intermédiaire (bénéfice fiscal, valeur ajoutée, salaires, capitaux propres) et de déterminer le taux applicable aux capitaux propres en fonction de la durée de la période intermédiaire (le taux de 5 % étant considéré comme un taux annuel, il conviendrait, par exemple, de retenir un taux de 2,5 % pour une durée de six mois).
Cette méthode pourrait, dans certains cas, être plus appropriée que l'approche par le taux moyen annuel, en particulier si le ratio S/VA ou si le bénéfice fiscal après impôt (B) varient fortement d'une période intermédiaire à une autre.

■ *Exemple*

Une entreprise souhaite évaluer la charge de participation des salariés du 1er semestre N.
Elle a réalisé un bénéfice fiscal après impôt de 400 au 1er semestre N. Ses prévisions sont les suivantes :
- bénéfice fiscal prévisionnel après impôt pour N = 1 000. Taux S/VA et taux d'imposition effectif stables sur l'ensemble de l'exercice ;
- participation des salariés N = 50, d'où un taux moyen de participation de 5 % (50/1 000).

Solution de l'exemple *Le taux moyen annuel de participation étant de 5 % par rapport au bénéfice fiscal après impôt, une charge à payer égale à 20 (400 × 5 %) doit être constatée au 30/06/N.*

2. Modalités d'évaluation

Evaluation des stocks

Question 54670

Comment évaluer les stocks à la fin de la période intermédiaire ?

Réponse

Selon les mêmes principes qu'en fin d'exercice, notamment en ce qui concerne l'incorporation des écarts sur coûts standards des entreprises industrielles ou la détermination de la valeur nette de réalisation.

Toutefois, la nécessité de retenir les mêmes principes de comptabilisation et d'évaluation qu'en fin d'exercice n'interdit pas de recourir plus largement aux estimations dans les comptes de périodes intermédiaires.

Commentaires Les principes d'évaluation des stocks aux dates de clôture intermédiaires sont les mêmes que ceux appliqués aux stocks de fin d'exercice (voir nº 54650), qu'il s'agisse de la détermination des quantités en stocks, de leur coût ou de leur valeur nette de réalisation (IAS 34.IE B25).

Ce qui n'empêche pas de recourir plus largement à des estimations pour évaluer les stocks en fin de période intermédiaire (IAS 34.IE B25), voir nº 54656.

Par conséquent :
- les écarts sur prix, productivité, coûts et quantité d'une entreprise industrielle sont incorporés à la valeur comptable des stocks ou constatés en résultat selon les mêmes principes que ceux appliqués pour l'information financière annuelle, c'est-à-dire conformément à la norme IAS 2 (IAS 34.IE B28) ;

Notamment, les écarts sur coûts standards non incorporables au coût des stocks à la fin de la période intermédiaire mais qui devraient être absorbés avant la clôture de l'exercice (par exemple, les écarts de sous-activité ou de suractivité) ne peuvent pas être reportés sur les périodes intermédiaires ultérieures, un tel report aboutissant à une surévaluation ou sous-évaluation des stocks et/ou du résultat par rapport aux principes d'évaluation énoncés par la norme IAS 2 (IAS 34.IE B28).

- la valeur nette de réalisation des stocks – servant de base de calcul à la provision pour dépréciation des stocks – est déterminée en se référant au prix de vente, aux coûts estimés pour l'achèvement et aux coûts estimés nécessaires pour réaliser la vente à la date intermédiaire

(IAS 34.IE B26 et IAS 2.6). La provision pour dépréciation ainsi calculée n'est reprise lors d'une période intermédiaire ultérieure que s'il conviendrait de le faire à la clôture de l'exercice (IAS 34.IE B26).

Remarque A notre avis, la fréquence des arrêtés intermédiaires ne devant pas avoir d'impact sur la détermination des résultats annuels (voir n° 54650), les dotations et reprises de provisions pour dépréciation des stocks pratiquées au cours de l'exercice devraient être présentées de manière compensée dans les comptes annuels.

Provision pour garantie

54672 ***Question***

Comment calculer une provision pour garantie à la clôture d'une période intermédiaire ?

Réponse

Comme à la date de clôture d'un exercice, c'est-à-dire notamment en fonction des ventes qui sont toujours sous garantie à la clôture de la période intermédiaire et du coût estimé de la garantie à cette date.

Commentaires Conformément au principe général énoncé par la norme IAS 34 (voir n° 54650), les provisions pour garantie doivent être calculées de la même manière à chaque clôture, qu'elle soit intermédiaire ou annuelle. En conséquence :
– une provision pour garantie doit être comptabilisée à la date de clôture d'une période intermédiaire s'il existe une obligation (légale ou implicite) de remettre en état ou de remplacer les articles vendus et qui se révéleraient défectueux (IAS 37.IG C, Examples : recognition, Example 1) ;
– cette provision pour garantie doit être évaluée au montant estimé nécessaire à la remise en état ou au remplacement des produits vendus jusqu'à la date de clôture de la période intermédiaire et qui sont toujours sous garantie à cette date, ce montant étant déterminé en fonction des informations les plus récentes disponibles à cette date (IAS 37.36 et .IG C, Examples : recognition, Example 1) ;
– toute variation entre l'estimation de la provision pour garantie à la date de clôture de la période intermédiaire présentée et celle comptabilisée à la date de clôture de la période intermédiaire ou annuelle précédente est comptabilisée en résultat de la période intermédiaire présentée et fait l'objet d'une information spécifique en annexe si elle est significative (IAS 34.16Ad).

■ *Exemple*

Evaluation d'une provision pour garantie *L'entité A vend des aspirateurs pour lesquels elle fournit une garantie d'un an pour les pièces détachées et le service après-vente. Statistiquement, le coût de la garantie pendant cette période d'un an représente 3 % du chiffre d'affaires correspondant. La provision pour garantie du premier trimestre a été évaluée sur cette base.*

Au cours du second trimestre, l'entité A a identifié un défaut de fabrication des aspirateurs vendus au cours des 1er et 2e trimestres N, ce qui augmente le coût de la garantie de 3 % à 5 % du chiffre d'affaires. En revanche, le coût de la garantie pour les ventes antérieures à l'exercice N est inchangé. Au 1er trimestre, la provision pour garantie a été évaluée, pour la partie relative aux ventes du trimestre, à 3 000 (correspondant à 3 % des ventes du premier trimestre d'un montant de 100 000). Les ventes du second trimestre s'élèvent à 100 000.

Solution de l'exemple *La direction doit calculer la provision pour garantie à la clôture du 2e trimestre sur la base cumulée des ventes qui sont toujours sous garantie à cette date (T3 et T4 N-1 et T1 et T2 N), en retenant un coût statistique de 3 % et 5 % respectivement.*

Le montant de la provision pour garantie doit ainsi être augmenté au cours du 2e trimestre de 7 000, calculé comme suit :

Ventes cumulées des 1er et 2e trimestres (100 000 + 100 000)	*200 000*
Provision pour garantie au titre des ventes des 1er et 2e trimestres (200 000 × 5 %)	*10 000*
Provision pour garantie comptabilisée au 1er trimestre	*3 000*
Dotation comptabilisée au 2e trimestre (10 000 – 3 000)	*7 000*

La prise en compte uniquement des ventes du 2e trimestre aurait eu pour effet de minorer la provision pour garantie. L'augmentation du coût de la garantie au titre des ventes du 1er trimestre est comptabilisée comme un changement d'estimation, en résultat du 2e trimestre et fait l'objet d'une information en annexe car son impact est significatif.

Impôt sur le résultat

54674

Question

Comment évaluer la charge d'impôt sur le résultat d'une période intermédiaire ?

Réponse

Sur la base de la meilleure estimation du taux d'impôt annuel moyen pondéré attendu pour l'ensemble de l'exercice appliqué au résultat de la période.

Commentaires Selon IAS 34.30(c) et .IE B12, l'impôt au titre d'une période intermédiaire est calculé au moyen du taux d'impôt qui serait applicable au résultat de l'exercice, c'est-à-dire en appliquant au résultat avant impôt de la période intermédiaire le taux effectif moyen pondéré attendu pour l'exercice (IAS 34.30(c) et .IE B12).

L'impôt sur le résultat étant évalué sur une base annuelle, l'utilisation d'un taux moyen effectif attendu permet notamment de refléter la combinaison des structures de taux d'impôt progressifs qui seraient applicables au résultat de l'exercice, y compris les modifications des taux d'impôt votées ou quasi votées devant prendre effet un peu plus tard dans l'exercice (IAS 34.IE B13).

A notre avis, les **effets d'impôt liés aux éléments comptabilisés parmi les autres éléments du résultat global** (« Other Comprehensive Income »/OCI) ne doivent pas être pris en compte dans la détermination du taux d'impôt effectif moyen (par exemple, les gains et pertes sur les titres disponibles à la vente, les écarts de conversion sur les filiales étrangères, les écarts actuariels).

Remarque – Cas particulier des effets d'impôts liés à un événement particulier Les effets d'impôt liés à un événement particulier devant intervenir au cours d'une période intermédiaire ultérieure ne devraient pas être pris en compte dans le calcul du taux moyen d'imposition de l'exercice. Ils devraient être comptabilisés en même temps que cet événement lui-même (IAS 34.IE B19).

En réalité, **plusieurs taux d'impôt effectifs moyens annuels** doivent être estimés pour l'exercice. Ils sont calculés :

a. sur la base des taux d'impôt en vigueur ou pratiquement en vigueur à la fin de la période intermédiaire (IAS 34.IE B13) ;

Remarques :

1. Notion de taux d'impôt voté ou quasi voté Selon IAS 12.46, l'impôt relatif à une période intermédiaire doit être évalué en utilisant les taux d'impôt et les réglementations fiscales qui ont été adoptés ou quasi adoptés à la clôture. La norme précise en outre (IAS 12.48) que, dans certaines juridictions, l'annonce des taux d'impôt et réglementations fiscales par l'Etat a pratiquement l'effet d'une adoption effective, laquelle peut suivre l'annonce de plusieurs mois. Dans ce dernier cas, les actifs et passifs d'impôts sont évalués en utilisant les taux d'impôt et réglementations fiscales annoncés.

2. Changement dans l'estimation du taux d'impôt attendu Dans le cas où ce taux d'impôt serait modifié au cours du second semestre de l'exercice, les montants constatés au premier semestre au titre de l'impôt devront être ajustés au cours du second semestre afin de refléter ce changement d'estimation du taux d'impôt effectif (IAS 34.30(c)).

b. pour chaque juridiction fiscale dans laquelle le groupe opère, si cela est possible ; chaque taux ainsi déterminé est appliqué au résultat avant impôt de la période intermédiaire de chaque juridiction (IAS 34.IE B14 s.) ;

c. pour chaque catégorie de revenus soumise à un taux distinct, si cela est possible ; un taux différent est appliqué à chacune des catégories de revenus avant impôt de la période intermédiaire (IAS 34.IE B14 s. et .IE B19). Il est cependant possible de retenir un taux moyen pour différentes juridictions fiscales ou différentes catégories de revenus dans la mesure où il constitue une approximation raisonnable de l'effet lié à l'utilisation des taux individuels (IAS 34.IE B14) ;

Ainsi, les entreprises françaises qui ont analysé la CVAE comme étant un impôt sur le résultat doivent en principe estimer deux taux d'impôts moyens annuels :
- le taux d'impôt sur les sociétés qui est appliqué au résultat comptable avant impôt de la période intermédiaire ; et
- le taux de CVAE qui est appliqué à la valeur ajoutée avant impôt de la période intermédiaire.

Toutefois, un taux moyen avant impôt pourrait être retenu et appliqué au résultat comptable intermédiaire s'il donne une approximation raisonnable de l'effet lié à l'utilisation de taux individuels. Une information devra être donnée en annexe sur la méthode retenue pour le calcul de l'impôt.

d. en tenant compte des pertes fiscales et des crédits d'impôt imputables sur l'exercice (IAS 34.IE B19 s.).

Par ailleurs, les autres éléments du résultat global devant être présentés nets d'impôt (sous-total obligatoirement présenté dans l'état résumé du résultat global, IAS 1.90 et IAS 34.10), l'impôt correspondant devrait, à notre avis, être calculé spécifiquement pour chacun de ces éléments à chaque clôture intermédiaire.

Les montants à payer au titre de l'impôt sur le résultat d'une période intermédiaire peuvent devoir être ajustés lors d'une période intermédiaire ultérieure du même exercice si l'estimation relative au taux d'impôt annuel change (IAS 34.30(c)). Cette réestimation doit être effectuée sur une base cumulée depuis le début de l'exercice jusqu'à la date intermédiaire (IAS 34.IE B13).

Si ces changements ont un effet significatif sur la période intermédiaire, une information doit être fournie en annexe sur la nature et le montant des changements d'estimations de montants présentés lors des précédentes périodes intermédiaires de l'exercice (IAS 34.16A(d) et .IE B13).

■ *Exemple*

Une entité prépare son rapport financier intermédiaire du 1er semestre N sur la base des informations financières suivantes :

– 1er semestre déficitaire (100) avec un résultat prévisionnel de l'exercice bénéficiaire de 1 000 ;

– taux voté au 30/06/N = 50 % ;

– crédits d'impôt prévisionnels pour l'exercice N = 50 et réintégration d'une provision non déductible fiscalement pour 200.

***Solution de l'exemple** La direction doit calculer l'impôt sur le résultat intermédiaire en deux phases :*

***1. Calcul du taux d'imposition exigible sur le résultat annuel attendu** Résultat comptable avant impôt prévisionnel pour l'exercice N = 1 000 (soit (100) sur le 1er semestre et 1 100 sur le 2e semestre) :*

	Evaluation annuelle
Profit avant impôt	*1 000*
Charges non déductibles – réintégration fiscale d'une provision dotée sur le 1er semestre	*200*
	1 200
Taux d'imposition	*50 %*
IS	*600*
Crédits d'impôt	*(50)*
IS exigible prévisionnel : soit 55 % du résultat comptable prévisionnel	*550*
Produit d'impôts différés prévisionnel (50 % × 200) soit –10 % du résultat comptable prévisionnel [(100) / 1 000]	*(100)*
IS global prévisionnel	*450*

2. Calcul de la charge d'impôt (exigible et différée) du 1er semestre :

Taux effectif moyen estimé pour l'exercice : 45 % (450 / 1 000)

D'où produit d'IS à constater sur le 1er semestre : (100) × 45 % = (45) se décomposant en :

Impôt exigible : (100) × 55 %	*(55)*
Impôt différé : (100) × –10 %	*10*

II. Compléments pratiques

Engagements de retraite : évaluation actuarielle spécifique en situation intermédiaire

54680 ***Question***

Les entités doivent-elles effectuer une nouvelle évaluation actuarielle de leurs engagements de retraite (régimes d'avantages postérieurs à l'emploi à prestations définies) pour les comptes intermédiaires au 30 juin N ?

54680 (suite)

Réponse

Non, pas nécessairement.

L'évaluation des engagements au 30 juin N peut consister à retenir l'évaluation actuarielle effectuée à la clôture annuelle précédente, ajustée de toute variation significative des hypothèses actuarielles (taux d'actualisation notamment). En pratique, l'évaluation peut ainsi consister en une évaluation actuarielle simplifiée ou utiliser l'analyse de sensibilité publiée au 31 décembre N-1.

En revanche, tout événement majeur (amendement, réduction ou liquidation de régime) intervenu au cours de la période intermédiaire devrait généralement nécessiter une nouvelle évaluation actuarielle.

Commentaires Ni la norme IAS 19, ni la norme IAS 34 n'imposent de procéder à des évaluations systématiques des engagements de retraite à chaque période comptable, intermédiaire ou annuelle.

Ainsi, IAS 19 requiert seulement que la détermination du passif net (de l'actif net) au titre des prestations définies soit réalisée avec une régularité suffisante pour que les montants comptabilisés dans les états financiers d'une période intermédiaire ne diffèrent pas de manière significative des montants qui seraient déterminés à la clôture (IAS 19.58).

La fréquence de réalisation des évaluations des engagements va donc dépendre des faits et circonstances propres à chaque plan ou régime et requiert de l'entité l'exercice du jugement (IAS 19.BC59).

Selon la norme IAS 34, la charge de retraite à comptabiliser sur la période intermédiaire est évaluée sur la base de l'évaluation effectuée à la clôture de l'exercice précédent, ajustée des fluctuations de marché significatives survenues depuis, de tout amendement, réduction ou liquidation de régime et de tout autre événement significatif (IAS 34.IE B9).

Ainsi, **en cas de fluctuation de marché significative** (changement des hypothèses actuarielles, notamment), qui pourrait être fréquente compte tenu du contexte économique, parfois très volatil et de la nécessité, selon IAS 19, de comptabiliser l'intégralité des écarts actuariels parmi les autres éléments du résultat global (OCI), une nouvelle évaluation des engagements de retraite pourrait devoir être effectuée à chaque clôture intermédiaire.

Toutefois, cette nouvelle évaluation des engagements relatifs aux régimes d'avantages du personnel postérieurs à l'emploi à prestations définies, à la date de clôture des périodes intermédiaires, pourrait, conformément à IAS 34.IE C4, être effectuée par extrapolation de l'évaluation actuarielle annuelle la plus récente.

En pratique, cette évaluation simplifiée est basée sur l'évaluation actuarielle effectuée au 31 décembre de l'année précédente (31/12/N-1) en ajustant les hypothèses actuarielles financières, à savoir le taux d'actualisation et le taux d'inflation. Il s'agit donc de mesurer l'impact de la variation des hypothèses financières sur la base des effectifs retenus lors de la dernière évaluation.

Pour réaliser cette évaluation simplifiée, il convient :
- soit de repartir de l'analyse de sensibilité produite par les actuaires à la fin de l'exercice précédent (31/12/N-1) ; une telle analyse permet de mettre en évidence la sensibilité des évaluations actuarielles aux principales hypothèses clés (notamment taux d'actualisation et taux d'inflation), de faciliter l'évaluation simplifiée et d'évaluer le caractère significatif ou non des écarts actuariels à comptabiliser lors de la clôture intermédiaire au 30 juin N ;
- soit de demander aux actuaires ayant effectué l'évaluation au 31 décembre N-1 de faire une évaluation simplifiée pour la clôture intermédiaire au 30 juin N.

En cas **d'amendement, réduction ou liquidation de régime et de tout autre événement significatif** se produisant au cours de la période intermédiaire, une nouvelle évaluation actuarielle devra généralement être effectuée à la clôture intermédiaire. Tel peut être le cas, si le barème des droits octroyés aux salariés est modifié ou si un événement significatif tel qu'une restructuration se réalise au cours de la période.

Impact sur les comptes annuels des dépréciations comptabilisées au 1er semestre relatives au goodwill

54686 ***Question***

Une dépréciation enregistrée au cours du premier semestre N relative à un goodwill pourra-t-elle être reprise dans les comptes annuels N ?

Réponse

Non. L'interprétation IFRIC 10, Information financière intermédiaire et pertes de valeur (dépréciation), interdit qu'une dépréciation d'un goodwill, dotée au cours d'une période intermédiaire, soit reprise au cours d'une période intermédiaire ou annuelle ultérieure.

Commentaires L'interprétation IFRIC 10 interdit qu'une dépréciation du goodwill, dotée au cours d'une période intermédiaire, soit reprise au cours d'une période intermédiaire ou annuelle ultérieure (IFRIC 10.8).

SECTION III

Informations à fournir dans les notes annexes du rapport financier intermédiaire

Nature des informations à fournir

54690 ***Question***

Quelles sont les informations à fournir dans les notes aux états financiers intermédiaires établis conformément à IAS 34 ?

Réponse

La réponse diffère selon le type d'états financiers intermédiaires.

1. Si ces états financiers intermédiaires constituent un **jeu complet d'états financiers** au sens de la norme IAS 1, Présentation des états financiers, il y a lieu de fournir l'intégralité des informations requises par l'ensemble des IFRS, y compris celles requises par la norme IAS 34, Information financière intermédiaire.

2. S'il s'agit **d'états financiers résumés,** ces derniers doivent comprendre au minimum la sélection de notes explicatives prévue par IAS 34, si elles sont significatives.

Doivent, par exemple, être mentionnés : le caractère saisonnier ou cyclique des activités de la période, les dividendes payés ou encore les changements ayant affecté la composition de l'entité au cours de la période intermédiaire.

En revanche, les informations spécifiques prévues par les autres normes ne sont pas requises, sauf cas de regroupement d'entreprises survenu pendant la période, concernant les instruments financiers et concernant une entité qui devient, ou cesse d'être, une société d'investissement, au sens d'IFRS 10.

3. Enfin, pour les entités qui présentent des **comptes trimestriels,** l'information donnée dans les notes annexes doit être déterminée sur une base cumulée depuis le début de l'exercice, dans les deux cas (jeu complet ou états financiers résumés), sauf lorsqu'il s'agit d'informations importantes pour la compréhension de la période trimestrielle présentée, ces informations devant alors être présentées séparément.

Commentaires :

1. **Cas d'un jeu de comptes complets (publication d'une annexe complète)** Lorsque l'entité a décidé de publier un jeu de comptes complets au sens de la norme IAS 1, toutes les informations requises par la norme IAS 1 et par l'ensemble des normes IFRS doivent être données (comme

s'il s'agissait de la publication des comptes annuels). Les entités doivent de plus fournir la sélection de notes explicatives (considérées comme étant un minimum) requise par IAS 34.15 à .19 (voir ci-après). **54690** (suite)

2. **Cas d'états financiers résumés (sélection de notes explicatives)** Dans le cas de la publication d'états financiers résumés, les états financiers intermédiaires peuvent ne pas inclure l'intégralité des informations requises par l'ensemble des IFRS. Dans ce cas, ils doivent présenter en annexe au minimum :

– toute information sur les événements et transactions qui sont importants pour la compréhension de la période intermédiaire présentée et de l'évolution de la situation financière et de la performance de l'entité depuis la fin de la dernière période annuelle présentée (IAS 34.15) ;

Par exemple, lorsqu'il y a des doutes sur la continuité d'exploitation de l'entité lors de l'arrêté intermédiaire, cette dernière doit indiquer ces incertitudes en annexe même si les comptes sont préparés selon le principe de continuité d'exploitation.

Par exemple, lorsqu'une augmentation très significative des autres actifs financiers intervient au cours de la période intermédiaire en raison de l'acquisition de titres d'une autre entité (en ce sens, décision de de l'ESMA, EECS/0113-06, 04/13).

Pour d'autres précisions sur les décisions de l'ESMA en matière d'informations à fournir au titre des transactions et événements importants de la période, voir n° 54467.

– ainsi que les informations prévues par IAS 34.16A (sélection de notes explicatives), si ces informations sont significatives et si elles ne sont pas fournies par ailleurs dans son rapport financier intermédiaire (voir point a. ci-après).

La norme IAS 34 précise que ces informations doivent être présentées soit directement dans le rapport financier intermédiaire, soit dans un autre état (par exemple, rapport de gestion ou rapport sur la gestion des risques) (IAS 34.16A).

Cette présentation dans un document en dehors du rapport financier intermédiaire n'est possible que si ce document est mis à la disposition des utilisateurs à la même date et dans les mêmes conditions que le rapport financier intermédiaire et s'il existe un référencement croisé adéquat entre les différents états. A défaut, le rapport financier intermédiaire serait considéré comme incomplet.

La norme IAS 34 fournit une liste non exhaustive d'exemples d'informations requises en application de la sélection susvisée (voir point b. ci-après).

a. **Informations minimales obligatoires** Les informations minimales requises sont les suivantes :

– le fait que les **méthodes comptables** et les modalités d'application adoptées dans les états financiers intermédiaires sont identiques à celles utilisées dans les états financiers annuels les plus récents. En cas de changement de méthodes comptables ou de modalités d'application, une description de la nature de ces changements et de leurs effets doit être fournie (IAS 34.16A(a)) ;

– le **caractère saisonnier** ou **cyclique** des activités de la période intermédiaire (IAS 34.16A(b)), une information additionnelle sur 12 mois glissants étant recommandée en cas de forte saisonnalité (voir n° 54630) ;

– la nature et le montant des **éléments inhabituels** du fait de leur nature, de leur importance ou de leur incidence affectant les actifs, les passifs, les capitaux propres, le résultat net ou les flux de trésorerie (IAS 34.16A(c)) ;

Pour l'appréciation du caractère significatif de ces éléments, il convient de prendre en compte les données de la période intermédiaire présentée, prise isolément, voir n° 54658.

– la nature et le montant des **changements d'estimations** de montants présentés lors des précédentes périodes intermédiaires de l'exercice ou des changements d'estimations de montants présentés lors d'exercices antérieurs (IAS 34.16A(d)), si ces changements ont un effet significatif sur la période intermédiaire présentée (voir n° 54660) ;

– les **émissions,** rachats et remboursements de dettes et de capitaux propres émis sous forme de titres (IAS 34.16A(e)) ;

– les **dividendes** payés (montant total ou par action) en distinguant ceux versés au titre des actions ordinaires de ceux versés au titre des autres actions (IAS 34.16A(f)) ;

– les **informations sectorielles** indiquées par IAS 34.16A(g).

Pour plus de détails sur ces informations, voir n° 57970.

– les **événements** significatifs **postérieurs** à la fin de la période intermédiaire qui ne sont pas traduits dans les états financiers de la période intermédiaire (IAS 34.16A(h)) ;

– l'effet des changements qui ont affecté la composition de l'entité au cours de la période intermédiaire, y compris les **regroupements d'entreprises,** l'acquisition ou la cession de filiales

54690 (suite) et de participations à long terme, les restructurations et les abandons d'activités. En outre, dans le cas de regroupements d'entreprises, l'entité doit fournir les informations requises par IAS 34.16A(i) (voir nº 21371) ;

Pour chaque regroupement d'entreprises intervenu au cours de la période intermédiaire, la norme IFRS 3 requiert un certain nombre d'informations et notamment relatives (IFRS 3.B64 à .B67) :
– au regroupement d'entreprises d'un point de vue général (nom et description de l'acquise, date d'acquisition, pourcentage de droits de vote acquis...) ;
– à la juste valeur, à la date d'acquisition du prix d'acquisition du regroupement et à ses composantes principales ;
– aux ajustements éventuels du prix d'acquisition ;
– au montant comptabilisé à la date d'acquisition pour chaque catégorie principale d'actifs acquis et de passifs assumés de l'entité acquise ;
– au goodwill et, le cas échéant, au gain résultant d'une acquisition à des conditions avantageuses.
Des informations sont également requises dans des circonstances spécifiques, par exemple si la comptabilisation initiale d'un regroupement d'entreprises est effectuée de manière provisoire au cours de la période d'acquisition (IFRS 3.B67(a)) ou si un regroupement d'entreprises, constaté initialement au cours d'une période précédente, a des impacts sur la période en cours (IFRS 3.61).

– les informations relatives aux **instruments financiers** requises par IFRS 13, Evaluation de la juste valeur (IFRS 13.91 à .93h, .94 à .96, .98 et .99) et IFRS 7, Instruments financiers : Informations à fournir (IFRS 7.25, .26 et .28 à .30), (IAS 34.16A(j)) ;

La norme IAS 34 prévoit les informations à fournir sur les instruments financiers et n'indique pas celles à fournir concernant les actifs non financiers. Les informations relatives aux instruments financiers pourraient toutefois, à notre avis, être appropriées pour certains actifs non financiers, comme les terrains et les constructions qui ont été réévalués.

– les informations requises par IFRS 12.9B, si l'entité devient ou cesse d'être une société d'investissement au sens d'IFRS 10, Etats financiers consolidés (voir nº 15188), (IAS 34.16A(k)) ;
– les informations requises par IFRS 15.114 s. relatives à la décomposition du chiffre d'affaires (IAS 34.16A(l)) (voir nº 25910, point 2.). Cette décomposition doit également permettre de faire le lien avec l'information sectorielle relative au chiffre d'affaires fournie dans le cadre de la norme IFRS 8 (IFRS 15.115).

b. Autres informations à fournir Par ailleurs, IAS 34.15B fournit une liste non exhaustive d'informations requises (dès lors qu'elles sont significatives au regard de la période intermédiaire présentée) :
– dépréciation des stocks pour les ramener à leur valeur nette de réalisation ou reprise d'une telle dépréciation ;
– comptabilisation d'une dépréciation des actifs financiers, des immobilisations corporelles, des immobilisations incorporelles, des actifs découlant de contrats conclus avec des clients, ou d'autres actifs et reprise de telles dépréciations ;
– reprise de toute provision pour restructuration ;
– acquisitions et cessions d'immobilisations corporelles ;
– engagements d'achat d'immobilisations corporelles ;
– règlements de litiges ;
– corrections d'erreur d'une période antérieure ;
– défaut de paiement sur un prêt ou manquement à un contrat de prêt non solutionné au plus tard à la date de clôture intermédiaire ;
– transactions avec les parties liées ;
– changements dans la situation de l'entité ou le contexte économique qui influent sur la juste valeur des actifs financiers et des passifs financiers de l'entité, que ces actifs et passifs soient comptabilisés à la juste valeur ou au coût amorti ;
– changements dans les niveaux de la hiérarchie utilisée pour évaluer la juste valeur d'instruments financiers ;
– changements dans le classement des actifs financiers suite à une évolution de leur finalité ou de leur utilisation ;
– changements ayant affecté les passifs éventuels ou les actifs éventuels.

c. Pas d'obligation de donner les informations requises par les autres normes (sauf en cas de regroupements d'entreprises) Lorsque l'entité a choisi de publier des états financiers résumés, elle n'est pas obligée de donner les informations requises par les autres normes, sauf en cas de regroupement d'entreprises où les informations exigées par IFRS 3 sont obligatoires (IAS 34.16A(i)), concernant les instruments financiers où les informations requises par IFRS 13 et IFRS 7 sont requises (IAS 34.16A(j)) et concernant une entité qui devient, ou cesse d'être, une société d'investissement où les informations d'IFRS 12.9B sont requises (IAS 34.16A(k)).

Toutefois, si certaines de ces informations s'avèrent indispensables à la bonne compréhension des événements et transactions survenus pendant la période, elles doivent être indiquées (IAS 34.15).

d. Niveau de détails des informations à fournir La norme IAS 34 ne spécifie pas le niveau de détails demandé par IAS 34.16A (voir point a. ci-avant). Toutefois, les informations communiquées doivent permettre de comprendre l'évolution de la situation financière et de la performance de l'entité depuis l'ouverture de l'exercice en cours.

3. Précision concernant les entités présentant des comptes trimestriels Selon IAS 34.16A, les informations à fournir dans les notes annexes des comptes intermédiaires semestriels doivent normalement être présentées sur une base cumulée depuis le début de l'exercice, c'est-à-dire sans faire de distinction entre les données relatives au 1er trimestre et celles relatives au 2e trimestre.

Toutefois, il est précisé que l'entité doit également indiquer tout événement ou toute transaction significatif pour la compréhension de la période intermédiaire présentée (IAS 34.15), c'est-à-dire, pour une entité qui présente des comptes trimestriels, toute information significative pour la compréhension du 2e trimestre. Ainsi, en pratique, certaines informations semestrielles peuvent devoir faire l'objet d'une « décomposition » entre les 1er et 2e trimestres.

■ *Exemple 1*

Informations sur les stocks *IAS 2.37 préconise que le montant des stocks à la date de clôture et leur évolution sur la période soient présentés en différenciant les marchandises, les matières premières, travaux en cours et produits finis.*

Ce niveau de détail n'est pas requis dans les comptes intermédiaires s'il ne constitue pas une information significative permettant de comprendre l'évolution de la situation financière et de la performance de l'entité depuis l'ouverture de l'exercice en cours. De ce fait, une augmentation (ou une diminution) d'une provision pour dépréciation des stocks pourra être présentée pour son montant global, sans être détaillée par nature de stocks.

■ *Exemple 2*

Informations sur le caractère saisonnier des activités de la période intermédiaire *L'entité A exploite un système important de pipeline et gère la majeure partie de la production et de la distribution en Europe. Ses clients sont des particuliers et des entreprises. Les variations de température selon les saisons ont un impact significatif sur les ventes de gaz.*

Les notes annexes des états financiers intermédiaires doivent contenir des commentaires expliquant que les produits des activités ordinaires de la période intermédiaire sont affectés par la saisonnalité des opérations.

> *Par exemple : « Caractère saisonnier des opérations – Les activités principales de l'entité sont la production et la distribution de gaz naturel à travers l'Europe. Les conditions climatiques ont un impact significatif sur les ventes de gaz. En moyenne, 45 % des ventes annuelles de gaz naturel (produits des activités ordinaires) sont réalisées pendant le premier trimestre. »*
>
> *Pour la présentation d'états financiers sur douze mois glissants dans le cas d'une activité saisonnière, voir n° 54630.*

Note sur la base de préparation des états financiers et méthodes comptables utilisés

Question 54692

Quelles informations fournir dans la note sur la base de préparation des états financiers et les méthodes comptables au titre des comptes intermédiaires ?

Réponse

En pratique, si l'entité a choisi de présenter des comptes semestriels résumés conformes à la norme IAS 34, la note sur la base de préparation des états financiers et sur les méthodes comptables appliquées devrait mentionner :

1. la conformité des comptes intermédiaires avec IAS 34, en précisant que ces comptes n'incluent pas l'intégralité des informations requises par l'ensemble du référentiel IFRS et doivent être lus en relation avec les derniers comptes annuels établis au 31 décembre N-1 ;

54692 (suite)

2. le fait que les méthodes comptables appliquées sont identiques à celles appliquées **dans les derniers comptes annuels au 31 décembre N-1,** à l'exception (le cas échéant) des changements de méthodes comptables intervenus (nouvelles normes et interprétations d'application obligatoire ou optionnelle au 30 juin N).

Commentaires L'approche varie selon que l'entité publie un jeu de comptes résumés ou un jeu de comptes complets.

1. **Publication d'un jeu de comptes résumés selon IAS 34** Si l'entité publie un jeu de comptes intermédiaires résumés conformes à la norme IAS 34, la note relative à la base de préparation et aux méthodes comptables (requise par IAS 34.16A) pourrait, par exemple, être rédigée comme suit :

> « Les états financiers intermédiaires résumés portant sur la période de 6 mois close au 30 juin N du groupe X ont été préparés conformément à la norme IAS 34. S'agissant de comptes résumés, ils n'incluent pas toute l'information requise par le référentiel IFRS pour l'établissement des états financiers annuels et doivent donc être lus en relation avec les états financiers consolidés du groupe établis conformément au référentiel IFRS tel qu'adopté dans l'Union européenne au titre de l'exercice clos le 31 décembre N-1.
> Les méthodes comptables appliquées sont identiques à celles appliquées dans les états financiers annuels au 31 décembre N-1, à l'exception (le cas échéant) des changements de méthodes comptables décrits (nature et impacts) en Note Y et résultant de la première application au premier semestre N de nouvelles normes et interprétations.
> Ainsi :
> – toutes les normes et interprétations d'application obligatoire en IFRS en N, ayant déjà été adoptées par la Commission européenne, ont été appliquées dans les états financiers intermédiaires au 30 juin N ;
> – en revanche, le groupe n'a pas anticipé de normes et interprétations dont l'application n'est pas obligatoire en N, et a (ou n'a pas) l'intention, à la date d'établissement des états financiers semestriels (juillet N), de les appliquer dans ses comptes annuels N ; ou
> – par ailleurs, le groupe a anticipé dans ses états financiers intermédiaires résumés au 30 juin N les interprétations suivantes, déjà adoptées en Europe à cette date et/ou conformes aux normes IFRS adoptées en Europe à cette date : (lister) »

2. **Publication d'un jeu de comptes complets selon IAS 34** Si l'entité publie des comptes semestriels complets selon IAS 34, les notes relatives à la base de préparation des états financiers et aux méthodes comptables devraient être des notes complètes, similaires à celles des états financiers IFRS annuels.

Notamment, ces notes devraient comporter les informations suivantes (IAS 1.117 s.) :

- description du référentiel utilisé (référentiel IFRS tel qu'adopté dans l'Union européenne) ;

  Le descriptif du référentiel utilisé devrait notamment comporter :
  - la liste des normes et interprétations entrées en vigueur en N, avec indication de leur impact sur les états financiers ;
  - la liste des normes et interprétations non encore en vigueur et appliquées par anticipation, avec indication de leur impact sur les états financiers ;
  - la liste des normes et interprétations publiées, non encore en vigueur et que le groupe n'a pas anticipées.

  Remarque Sur la détermination du jeu de normes à appliquer pour les comptes intermédiaires, voir nº 54540 s.

- informations significatives sur les méthodes comptables appliquées, celles-ci étant décrites de manière autonome – c'est-à-dire sans faire référence aux méthodes antérieurement appliquées et/ou aux divergences par rapport à ces méthodes – et de manière aussi complète qu'au 31 décembre N-1 ;
- modalités de comptabilisation et d'évaluation spécifiques aux comptes intermédiaires, telles que précisées par la norme IAS 34.

TITRE 11

Informations financières

CHAPITRE 49

Annexe IFRS (IAS 1)

Plan du chapitre §§ 54970

L'ESSENTIEL DE LA NORME IAS 1 (ANNEXE)

Généralités

Les notes annexes font partie intégrante des états financiers (IAS 1.10e) : 54975
– Elles contiennent des informations complémentaires à celles présentées dans le reste des états financiers (i.e. état de situation financière, état du résultat global, compte de résultat séparé s'il est présenté, état des variations des capitaux propres et tableau des flux de trésorerie) (IAS 1.7).
– Elles fournissent des descriptions narratives ou des décompositions d'éléments présentés dans les états financiers primaires ainsi que des informations relatives aux éléments qui ne répondent pas aux critères de comptabilisation dans ces états (IAS 1.7).

Les notes annexes doivent remplir, en particulier, les caractéristiques qualitatives suivantes :
- l'intelligibilité (IAS 1.17b) ;
- la pertinence (IAS 1.17b) ;
- la fiabilité (IAS 1.17b) et ;
- la comparabilité (IAS 1.17b et .38 s.).

Pour l'application du principe de matérialité, voir nº 55016.

54975 (suite) Remarques :

1. **Recommandations de l'ANC** En France, l'ANC, ayant constaté l'allongement et l'alourdissement de l'annexe des comptes consolidés établis en normes IFRS, et ce quelle que soit la taille des sociétés, a jugé nécessaire de faire évoluer les pratiques en matière d'annexe des comptes consolidés. A cette fin, deux recommandations ont été publiées en décembre 2012 :
– la première rappelle les principes généraux à prendre en compte pour l'élaboration de l'annexe des comptes consolidés en normes IFRS (Rec. ANC 2012-01) ;

Pour plus de précisions sur les principes généraux définis par la recommandation de l'ANC nº 2012-01, voir nº 55020.

– la seconde propose un **modèle d'annexe simplifiée pour les sociétés moyennes et petites établissant leurs comptes consolidés selon les IFRS** (Rec. ANC 2012-02). Ces sociétés sont définies comme celles dont les capitaux propres consolidés sont inférieurs ou égaux à 1 milliard d'euros à la date de clôture de leur exercice (Rec. ANC précitée, § 4 introductif).

Cette recommandation vise à ce que les obligations imposées aux entreprises soient proportionnelles aux besoins des utilisateurs et que le rapport coûts/avantages soit raisonnable.
L'objectif du modèle d'annexe simplifiée proposé est d'améliorer la lisibilité de l'annexe IFRS pour ce type de sociétés.
Le modèle définit un cadre listant les informations identifiées comme les plus fréquemment mentionnées dans les annexes des comptes par les sociétés moyennes et petites. Ces informations doivent être complétées des données spécifiques à chaque entreprise. En outre, toute donnée non reprise dans le modèle doit impérativement être mentionnée dans l'annexe si elle est pertinente et significative pour les utilisateurs des états financiers.

2. **Recommandations de l'AMF** En juin 2015, l'AMF a contribué au débat sur les notes annexes, en publiant un **guide sur la pertinence, la cohérence et la lisibilité des états financiers,** disponible sur www.amf-france.org/fr/actualites-publications/publications/guides/guides-professionnels. Pour chacun de ces trois objectifs, l'AMF propose des pistes de réflexion illustrées par des exemples pratiques et de nombreux extraits de comptes publiés.

Par exemple :
– **sur la pertinence,** l'AMF encourage à présenter des informations pertinentes et spécifiques, notamment en ne détaillant que les principes comptables applicables à l'entreprise ;
– **sur la cohérence,** l'AMF suggère de présenter dans les états financiers les faits majeurs de l'exercice, leurs impacts comptables et les agrégats présentés dans la communication financière de la société ;
– **sur la lisibilité,** l'AMF propose notamment de réorganiser les annexes en regroupant dans chaque note, les principes comptables, les éléments chiffrés ainsi que les explications sur les principales évolutions et éléments significatifs.

Dans cette démarche, dans ses recommandations en vue de l'arrêté des comptes 2018, l'AMF a insisté sur la cohérence nécessaire au sein des états financiers (ainsi qu'entre les états financiers et les autres éléments de la communication financière) lors de la détermination du niveau de détail adopté sur chaque sujet.
Elle cite en exemple le fait qu'un sujet mentionné comme un événement majeur ou un jugement clé de la société (dans les états financiers ou un communiqué de la société) devrait logiquement faire l'objet de développements complémentaires au sein de l'annexe sous les différents angles comptables nécessaires (impact, sensibilité, analyse effectuée, etc.). Il devrait en être de même lorsqu'un sujet est spécifié comme un point clé de l'audit dans le rapport des commissaires aux comptes et qu'il porte sur des chiffres ou agrégats des états financiers (Rec. AMF 2018-12, Arrêté des Comptes 2018, § 2).

3. **Projet « Disclosure Initiative – Targeted Standards-level Review of Disclosures »** Ce projet de l'IASB visait à préparer une procédure standardisée lui permettant de développer les informations à fournir en annexe qui seraient requises pour toute nouvelle norme lors de son élaboration. Cette approche novatrice reposait sur la définition d'objectifs généraux et spécifiques avec deux niveaux d'informations définis : celles à fournir de manière obligatoire (sauf si non significatives) et celles pour lesquelles un jugement doit être exercé par l'entreprise pour apprécier s'il est pertinent de communiquer l'information (par opposition à une approche « compliance checklist »). Le Board a décidé de tester ces principes sur les normes IAS 19, Avantages du personnel, et IFRS 13, Evaluation de la juste valeur. Un exposé-sondage (ED/2021/3, « Disclosure Requirements in IFRS Standards – A Pilot Approach – Proposed amendments to IFRS 13 and IAS 19 ») a été publié en mars 2021, présentant la procédure ainsi développée et testant celle-ci sur les informations à fournir en annexe au titre de l'évaluation de la juste valeur et des avantages du personnel. La période d'appel à commentaires s'est clôturée le 12 janvier 2022.

Suite à l'analyse des commentaires reçus et de ses redélibérations, le Board a décidé, au cours de sa réunion d'octobre 2022, de ne pas poursuivre ses travaux sur les informations à fournir au titre des normes IFRS 13 et IAS 19. En revanche, le Board a documenté la méthodologie de développement et de rédaction des informations devant être fournies dans l'annexe des états financiers pour les nouvelles normes (« Guidance for the Board »), publiée sur le site de l'IFRS Foundation en mars 2023.

Un rapport de synthèse du projet (« Project Summary ») a été publié de manière simultanée. Pour plus de précisions sur l'IFRS Foundation, voir n° 11010.

Structure des notes annexes des états financiers

Afin d'aider les utilisateurs à comprendre les états financiers et à pouvoir les comparer entre eux, les notes annexes doivent être **présentées de manière organisée.** La norme IAS 1 n'impose pas d'ordre spécifique pour la présentation des notes annexes, même si elle recommande d'adopter un ordre pertinent logique et comparable d'une année sur l'autre. Chaque élément des états financiers de synthèse doit faire l'objet d'une **référence croisée** vers l'information liée figurant dans les notes (IAS 1.113). 54976

La norme propose des principes de présentation des notes annexes basés sur (IAS 1.114) :

a. la mise en évidence des domaines d'activité du groupe que l'entité considère comme étant les plus pertinents pour comprendre sa performance et sa situation financière, par exemple en regroupant les informations relatives à certaines activités opérationnelles ; ou

b. le regroupement d'informations relatives à des éléments évalués de manière similaire, par exemple les actifs évalués à leur juste valeur ; ou encore

c. le suivi des postes de l'état de situation financière (bilan) ou de l'état du résultat net et des autres éléments du résultat global, en présentant dans l'ordre suivant :
- une déclaration de conformité aux IFRS (voir n° 55330) ;
- les informations significatives sur les méthodes comptables ;
- des informations supplémentaires sur les éléments de l'état de situation financière (bilan), de l'état du résultat global, du compte de résultat (s'il est présenté séparément), de l'état des variations des capitaux propres et du tableau des flux de trésorerie, dans l'ordre dans lequel apparaissent chacun des états financiers et chacun des postes ;

Recommandations de l'AMF Dans ses recommandations en vue de l'arrêté des comptes 2016, l'AMF invite les sociétés à détailler et/ou commenter en annexe l'ensemble des lignes présentées distinctement au compte de résultat, en référençant ces lignes spécifiques aux notes y afférentes (Rec. AMF 2016-09, Arrêté des Comptes 2016, § 1.6).

- d'autres informations dont les passifs éventuels et les engagements contractuels non comptabilisés, ainsi que des informations non financières (par exemple, les objectifs et méthodes de gestion des risques financiers).

Nature des informations générales à fournir dans les notes annexes des états financiers

Les catégories d'informations générales à fournir requises par la norme IAS 1 concernent : 54977

1. **les informations significatives sur les méthodes comptables** (IAS 1.117 ; voir n° 55355 s.) ;

2. **les éléments ayant fait appel au jugement de la direction** lors de l'application des méthodes comptables de l'entité et qui ont un impact significatif sur les montants comptabilisés dans les états financiers (IAS 1.122 ; voir n° 55644) ;

Cette information peut être fournie soit dans les principales méthodes comptables, soit dans les autres notes annexes.

3. **les hypothèses clés relatives à l'avenir et les sources principales d'incertitudes sur les estimations à la date de clôture** : pour les actifs et passifs concernés, indication de leur nature et leur valeur comptable à la date de clôture (IAS 1.125 ; voir n° 55644) ;

Par exemple (IAS 1.129) :
- la nature de l'hypothèse ou incertitude sur les estimations ;
- la sensibilité des valeurs comptables aux méthodes, hypothèses et estimations qui forment la base de leur calcul, y compris les raisons de cette sensibilité ;
- la résolution prévue d'une incertitude et l'ampleur des issues raisonnablement possibles au cours de la période suivante concernant les valeurs comptables des actifs et passifs affectés ;
- une explication des modifications apportées aux anciennes hypothèses relatives à ces actifs et passifs si l'incertitude perdure.

4. **le capital**, notamment :

a. **une information qualitative** sur les objectifs, les politiques et la manière dont la direction gère le capital de l'entité (IAS 1.134) ;

En indiquant notamment (IAS 1.135) :
- une description de ce qui est géré comme du capital ;
- si l'entité est soumise à des contraintes externes : la nature de ces contraintes et comment la direction en tient compte dans sa gestion du capital ;
- comment l'entité remplit les objectifs qu'elle s'est fixés en matière de gestion du capital.

b. **une information quantitative** : données récapitulatives sur les éléments gérés comme du capital ;

Par exemple, prise en compte de certaines dettes subordonnées et exclusion au contraire des plus ou moins-values sur les instruments de couverture des flux de trésorerie.
Pour plus de précisions sur ces informations, voir nº 52325.

5. **les dividendes** : dividendes proposés ou décidés avant l'autorisation de publication des états financiers, mais non comptabilisés en tant que distribution aux propriétaires pendant la période, y compris le montant correspondant par action, ainsi que le montant des dividendes préférentiels cumulatifs non comptabilisés (IAS 1.137) ;

6. **l'identité du groupe** (si non communiquée par ailleurs) : l'adresse et la forme juridique de l'entité, le pays d'enregistrement ainsi que l'adresse du siège social ; une description de la nature des opérations de l'entité et de ses principales activités ; le nom de la société mère et de la société tête de groupe ; et s'il s'agit d'une entité à durée de vie limitée, des informations concernant sa durée de vie (IAS 1.138).

QUESTIONS/REPONSES PRATIQUES

Remarque importante

55006 Les réponses aux questions présentées dans ce chapitre résultent de l'analyse des dispositions de la norme IAS 1, en vigueur actuellement, sur la base des informations disponibles au 1er juin 2023.

Pour une présentation des principales dispositions de la norme IAS 1, voir nº 53955 s. (Etats financiers primaires) et 54975 s. (Annexe).

Evolution possible des réponses Pour une présentation des projets en cours à l'IASB et des textes non encore applicables ayant une incidence sur les informations à fournir en annexe selon IAS 1, voir nº 54006.

I. Conditions d'établissement d'une annexe IFRS de qualité

1. Dispositions générales d'IAS 1

Informations en annexe et principe de matérialité

55016 ***Question***

Le principe de matérialité s'applique-t-il aux informations requises en annexe ?

Réponse

Oui. Seules les informations significatives doivent être fournies.

En outre, le caractère significatif d'une information doit s'apprécier au regard tant de la situation actuelle que de la situation potentielle ou à terme.

Commentaires :
1. **Application du principe de matérialité** La norme IAS 1 précise de manière explicite que le principe de matérialité implique qu'il n'est pas nécessaire de fournir une information spécifiquement requise par une norme ou interprétation si cette information n'est pas significative (IAS 1.31).
A l'inverse, l'entité doit envisager de fournir des informations supplémentaires, lorsque le respect des dispositions requises par les IFRS lui paraît insuffisant pour permettre aux utilisateurs des états financiers de comprendre l'incidence de transactions particulières, d'autres événements ou conditions sur la situation financière de l'entité et sur sa performance financière (IAS 1.31).
2. **Appréciation du caractère significatif d'une information** Selon IAS 1.7, une **information est significative** si on peut raisonnablement s'attendre à ce qu'une omission, une inexactitude ou le fait d'obscurcir des éléments influencent les décisions économiques que prennent les principaux utilisateurs des états financiers sur la base de ceux-ci. En outre, IAS 1.7 donne des exemples de circonstances qui « obscurcissent » une information, notamment :
- utiliser un langage vague ou peu clair ;
- éparpiller des informations sur un élément dans différentes notes sans faire de lien entre elles ;
- désagréger de manière inappropriée des informations similaires ou au contraire agréger des informations non similaires ; ou encore
- donner trop de volume à des éléments non significatifs, noyant ainsi une information moins détaillée mais plus significative.

Notons que certains des exemples ci-avant sont applicables tant pour la présentation des états primaires (voir n° 53960) que pour les informations communiquées en annexe.

La détermination de l'aspect significatif d'une information (prise individuellement ou conjointement avec d'autres informations) doit :
- être effectuée de manière spécifique à l'entité, en prenant en compte ses états financiers dans leur ensemble ; et
- tenir compte du montant et/ou de la nature des éléments considérés dans le contexte propre de l'entité (IAS 1.7).

Pour des informations sur le Practice Statement portant sur la matérialité, publié par l'IASB, voir n° 53960.
Pour plus de précisions sur le caractère significatif des informations sur les **méthodes comptables**, voir n° 55355.

Recommandations de l'AMF Tenant compte des critiques récurrentes relatives au volume trop important des annexes, l'AMF encourage les émetteurs à privilégier la pertinence de l'information fournie plutôt que le volume.
Ainsi, l'AMF invite les émetteurs :
- à supprimer de l'annexe les informations non significatives (telles que les méthodes comptables non applicables au groupe, ou des descriptions de simplifications pratiques ou opérationnelles dont les impacts sont non significatifs pour le groupe). Ceci peut en effet, comme indiqué par IAS 1.30A, diluer les informations significatives ;
- à développer de manière plus spécifique les informations qui sont qualitativement ou quantitativement significatives (Rec. AMF 2013-19, Arrêté des Comptes 2013, § 1 ; Rec. AMF 2017-09, Arrêté des Comptes 2017, § 1.1 ; Rec. AMF 2018-12, Arrêté des comptes 2018, § 2).

2. Principes jugés pertinents par l'ANC pour l'élaboration de l'annexe

Six principes pertinents définis par l'ANC pour l'élaboration de l'annexe

Question 55020

Quels sont les principes généraux définis par l'ANC pour guider l'élaboration de l'annexe des comptes consolidés en normes IFRS ?

Réponse

L'ANC recommande que six principes soient respectés afin d'améliorer la lisibilité et l'intelligibilité de l'annexe des comptes consolidés établis en normes IFRS.

Ces principes ont pour objet de recommander une approche sobre et mesurée dans l'élaboration des annexes des comptes, tout en appliquant strictement les normes IFRS en vigueur.

Commentaires Selon la recommandation de l'ANC n° 2012-01, les six principes à appliquer pour l'élaboration de l'annexe des comptes consolidés IFRS sont les suivants (Rec. ANC 2012-01) :

D'une part, concernant l'objet et le contenu de l'annexe des comptes :

1. **L'objet de l'annexe** est de fournir une **description pertinente des éléments présentés dans les comptes, ainsi que des accords, droits et obligations de l'entreprise non comptabilisés à la date de clôture.**

2. En conséquence :
- l'annexe doit fournir **une information qui développe et explique les comptes** ;
- l'information figurant dans l'annexe doit porter sur les **transactions passées et sur les autres événements existant à la date de clôture** ; l'information relative au futur qui n'est pas liée à ces transactions passées et autres événements existant à la date de clôture n'est pas fournie dans l'annexe, à l'exception des informations requises spécifiquement par certaines normes ;
- l'information figurant dans l'annexe doit être **spécifique au groupe concerné.**

3. En complément des montants comptabilisés au titre de la situation financière et de la **performance de l'entreprise** dans le bilan et le compte de résultat, l'annexe doit notamment fournir une information sur :
- les hypothèses utilisées et leur sensibilité, ainsi que les jugements exercés pour comptabiliser ces éléments ;
- les **informations sur les risques** qui pourraient affecter ces montants comptabilisés ; et
- l'impact des méthodes d'évaluation alternatives lorsque cette information est pertinente.

4. Les **effets des choix en matière de méthodes comptables sur les informations à fournir dans l'annexe** doivent être pris en considération afin de pouvoir apprécier l'utilité de l'information fournie par les comptes dans son ensemble.

   En particulier, plus l'évaluation des montants comptabilisés dans les états de synthèse repose sur des estimations, plus des informations complémentaires dans l'annexe sont nécessaires.

D'autre part, **concernant l'application des dispositions normatives lors de l'établissement de l'annexe** :

5. Le principe de matérialité doit être mis en œuvre en pratique avec attention.

   Il est rappelé à ce titre que la publication d'informations non significatives (et d'informations relatives à des situations qui ne s'appliquent pas en pratique à l'entreprise concernée) réduit la pertinence et l'intelligibilité des informations publiées.

   Pour plus de précisions, voir n° 55016.

Enfin, concernant les informations à fournir par l'entreprise :

6. La mise en œuvre des dispositions normatives relatives à l'établissement de l'annexe doit avoir pour objectif de transmettre une **information pertinente aux utilisateurs des comptes, et non relever d'un exercice mécanique de conformité.**

   Recommandations de l'AMF Dans la droite ligne de la recommandation de l'ANC précitée, l'AMF a insisté sur la nécessité d'élaborer des informations en annexe portant sur les éléments pertinents et adaptés aux spécificités de l'entité et de son environnement (Rec. AMF 2013-19, Arrêté des Comptes 2013, § 1).

   Pour plus de précisions sur les initiatives de l'AMF en matière de pertinence des états financiers, voir n° 54975.

3. Informations requises par l'ANC dans les comptes consolidés IFRS

Règlement de l'ANC relatif aux informations à mentionner dans l'annexe des comptes consolidés établis selon les normes IFRS

55022 ***Question***

Quelles sont les informations à mentionner dans l'annexe des comptes consolidés établis en IFRS en application du Règlement ANC n° 2016-09 ?

55022 (suite)

Réponse

L'ANC a publié en 2016 un règlement relatif aux informations à mentionner dans l'annexe des comptes consolidés établis selon les normes IFRS.

Ce règlement :

a. **introduit**, dans le droit français applicable aux sociétés établissant des comptes consolidés en normes IFRS, de **nouvelles obligations d'informations non prévues par ailleurs par les normes IFRS** :
- une information sur l'effectif ;
- une information sur les honoraires des commissaires aux comptes.

b. **précise/complète** certaines informations déjà prévues par les normes IFRS, relatives au périmètre de consolidation et aux titres de participation non consolidés.

Ces dispositions s'appliquent aux sociétés cotées pour lesquelles l'application des normes internationales est obligatoire, ainsi qu'aux sociétés ayant opté pour l'établissement de leurs comptes consolidés en normes internationales (option prévue à l'article L 233-24 du Code de commerce).

Remarque Conformément à sa mission, l'ANC impose, au moyen de ce règlement, aux sociétés établissant des comptes consolidés en normes IFRS, de mentionner dans leur annexe des informations non prévues par les normes IFRS mais obligatoires au regard du droit européen applicable, en application de la directive comptable européenne n° 2013/34/UE.

Commentaires Le règlement ANC n° 2016-09 impose la présentation des informations suivantes, en partie non requises par les normes IFRS :

Ce règlement a été complété par la recommandation ANC n° 2016-01 du 2 décembre 2016.

1. **Informations relatives au périmètre de consolidation et aux titres de participation non consolidés** Sont à mentionner les informations suivantes :

Au sens du Code de commerce, le périmètre de consolidation s'entend de la société consolidante et des sociétés contrôlées, sous contrôle conjoint ou encore sous influence notable.

a. **Pour les entreprises comprises dans la consolidation,** dès lors qu'elles sont significatives (y compris la société consolidante) :
- le nom et le lieu du siège social des entreprises comprises dans la consolidation ;
- la fraction du capital détenu directement ou indirectement ; et
- leur mode de consolidation.

Ces informations sont déjà requises par la norme IFRS 12 (voir n° 24520).

b. **Pour les sociétés du périmètre exclues de la consolidation par le groupe** :
- la justification des motifs de non-consolidation ;
- le nom et le lieu du siège social des entreprises ; et
- la fraction de leur capital détenu directement ou indirectement.

Il convient en outre de noter que la norme IFRS 12 requiert des informations spécifiques pour les entités structurées non consolidées (voir n° 24525, point 2.).

c. **Pour les titres de participation n'entrant pas dans le périmètre de consolidation mais jugés significatifs** :

Sont concernés les titres de participation (au sens de l'article R 123-184 du Code de commerce ; voir Mémento Comptable n° 35175) qui ne sont ni contrôlés, ni sous contrôle conjoint, ni sous influence notable.

- la liste des entreprises en précisant leur nom et leur siège ;
- la fraction du capital détenu directement ou indirectement ; et
- le montant de leurs capitaux propres et le résultat du dernier exercice.

Ces informations ne sont pas requises par les normes IFRS.

Remarque Par exception, ces informations **peuvent être omises** lorsque leur divulgation porterait gravement préjudice à l'entreprise auxquelles elles se rapportent. Dans ce cas, le caractère incomplet de l'information donnée doit être mentionné.

Par ailleurs, conformément au principe général d'IAS 1 (IAS 1.30), ces informations ne sont à fournir que si elles présentent un **caractère significatif.** Cependant l'ANC considère que les utilisateurs de comptes consolidés devraient pouvoir disposer de la liste **exhaustive**

des entreprises consolidées, des entreprises exclues de la consolidation et des entreprises composant le poste de titres de participations non consolidés. Dans ce cadre, **l'ANC recommande,** pour les entreprises qui ne publient pas dans leur annexe la liste exhaustive de ces entreprises (Rec. ANC 2016-01 du 2/12/16) :
- de permettre aux tiers d'avoir accès à la liste exhaustive par tout moyen, notamment sur le site internet du groupe ; et
- de fournir dans l'annexe les modalités pratiques d'accès à cette communication.

2. **Information sur l'effectif** Doivent être indiqués, ventilés par catégorie, les éléments suivants :
- l'effectif moyen employé au cours de l'exercice par les entreprises consolidées par intégration globale ; et
- la quote-part contrôlée des effectifs moyens employés par les entreprises consolidées par intégration proportionnelle.

3. **Informations sur les honoraires des commissaires aux comptes** Doit être indiqué, **pour chaque commissaire aux comptes,** le montant total de ses honoraires sur l'exercice, tels que comptabilisés au compte de résultat consolidé, en séparant les honoraires afférents à la certification des comptes des autres services.

Cela inclut, par exemple, les honoraires en tant que commissaire aux comptes de l'entité mère établissant les comptes consolidés, ainsi que ceux de filiales françaises.

Bien que non requise par les normes IFRS, cette information était généralement déjà donnée dans l'annexe des comptes IFRS des groupes français.

II. Difficultés d'établissement de l'annexe IFRS

1. Référentiel appliqué

Référentiel IFRS et déclaration de conformité

55330 ***Question***

A quel référentiel IFRS les groupes européens doivent-ils faire référence dans les annexes lorsque les comptes sont établis en normes IFRS ?

Réponse

Il doit être fait référence au « référentiel IFRS tel qu'adopté dans l'Union européenne », et ce au moyen d'une déclaration explicite et sans réserve de conformité à ce référentiel.

Les groupes européens doivent également expliciter les différences éventuelles entre le référentiel tel qu'adopté dans l'Union européenne et le référentiel tel que publié par l'IASB.

Commentaires Les groupes cotés européens doivent :

1. **Faire référence au référentiel IFRS tel qu'adopté dans l'Union européenne et indiquer le site internet de la Commission européenne sur lequel ce référentiel est disponible.**

Dans l'annexe et le rapport d'audit, le référentiel utilisé par les sociétés cotées européennes pour leurs comptes consolidés 2005 devait être désigné comme suit (décision ARC et CE prise lors de la réunion de l'ARC du 30/11/05) :
- « in accordance with International Financial Reporting Standards as adopted by the EU » ; ou
- dans sa variante abrégée : « in accordance with IFRSs as adopted by the EU ».

Cette formulation nous semble pouvoir être retenue en vitesse de croisière par les groupes publiant des comptes IFRS.

Précisions apportées par l'ARC et la CE sur le texte en anglais :
1. La référence spécifique au sigle IFRS mis au pluriel « IFRSs » met l'accent sur le fait que les normes (et interprétations) font l'objet d'une procédure d'adoption norme par norme et non en tant que référentiel pris dans son ensemble.
2. L'expression « IFRSs as adopted by the EU » (IFRS telles qu'adoptées par l'UE) implique très clairement qu'il s'agit des « IFRS telles qu'elles ont été adoptées par l'UE » et non simplement

des « IFRS qui ont été adoptées » ; la différence entre les deux pouvant être, par exemple, des textes non encore adoptés par l'UE, ou l'utilisation par l'UE de procédures de « carve-out » (temporaires ou permanents) lors de l'adoption des normes et interprétations.
3. Cette formule standard ne mentionne aucune date d'adoption des IFRS, les sociétés disposant d'une certaine flexibilité pour décider ou non de l'application anticipée d'une norme ; mais, dans cette hypothèse, il y a lieu de le mentionner, comme le requièrent les IFRS (voir n° 55334).

Pour ce qui est de l'application en France de cette formule standard, à la demande de la FEE (désormais Accountancy Europe, voir n° 11162), la CNCC a communiqué la traduction française qui devrait être retenue pour les rapports d'audit en France : « **conformément au référentiel IFRS tel qu'adopté dans l'Union européenne** ».

2. Inclure dans leurs annexes une déclaration de conformité La référence au référentiel IFRS tel qu'adopté dans l'Union européenne doit être faite au moyen d'une déclaration de conformité dans les annexes (déclaration explicite et sans réserve). Cette déclaration couvre les définitions, les modalités de comptabilisation, d'évaluation et de présentation préconisées par les IFRS ainsi que l'ensemble des informations (significatives) requises par les normes. En effet, les états financiers ne doivent être déclarés conformes aux IFRS que s'ils sont conformes à toutes les dispositions des IFRS (IAS 1.16).

A défaut d'une telle déclaration dans les notes annexes, le groupe ne peut se prévaloir de présenter ses états financiers sous référentiel IFRS.

3. Faire référence au référentiel IFRS tel que publié par l'IASB Dans un communiqué de presse du 12 février 2008, intitulé « L'Autorité des marchés financiers invite les émetteurs à suivre la recommandation de l'Organisation internationale des commissions de valeur sur la transparence en matière de référentiel comptable utilisé », l'AMF faisait suite à la publication par l'OICV d'une recommandation sur la transparence en matière de référentiel comptable utilisé.

Il s'agit du communiqué du 12 février 2008, intitulé « Statement on providing investors with appropriate and complete information on accounting frameworks used to prepare financial statements ».

L'AMF avait ainsi rappelé qu'avec la convergence des référentiels comptables mondiaux, les investisseurs peuvent penser que les états financiers des entreprises sont comparables alors qu'ils sont préparés conformément à des référentiels comptables relativement différents. Cela peut être le cas lorsque des référentiels nationaux ou régionaux sont fondés sur les normes comptables internationales (IFRS) émises par l'IASB sans pour autant correspondre exactement à ces dernières.

Ainsi, sur la base des recommandations de l'OICV, l'AMF demandait notamment de faire figurer dans les notes annexes les éléments suivants :
- une mention claire du référentiel comptable utilisé, celui-ci constituant le fondement des méthodes comptables suivies, en l'espèce, pour les sociétés cotées européennes, les IFRS telles qu'adoptées par l'Union européenne (voir points 1. et 2. ci-avant) ;
- une déclaration précisant que les états financiers sont conformes aux IFRS de l'IASB, si tel est le cas ;
- une explication des différences entre le référentiel utilisé et les IFRS de l'IASB, si tel est le cas (c'est-à-dire, par exemple, si l'émetteur est concerné par des normes ou interprétations applicables selon l'IASB mais non encore adoptées par l'Union européenne), l'indication explicite de ce fait et la description narrative des différences entre les principes utilisés et les IFRS.

Recommandations de l'AMF Dans ses recommandations en vue de l'arrêté des comptes 2010, l'AMF a insisté sur ce point en précisant qu'il conviendrait :
- soit d'indiquer clairement que le référentiel utilisé est conforme aux IFRS publié par l'IASB ;
- soit d'expliquer succinctement les différences entre le référentiel utilisé et les normes adoptées par l'IASB dont l'application est obligatoire lors de l'exercice présenté (Rec. AMF 2010-12, Arrêté des Comptes 2010, § 4.2).

Incidence sur la mention du référentiel de l'anticipation ou non de nouveaux textes

Question 55334

Le fait d'anticiper ou non certaines normes ou interprétations a-t-il une incidence sur la mention du référentiel dans l'annexe ?

Réponse

Non. En particulier, il n'est pas nécessaire d'indiquer la date du référentiel (voir n° 55330, point 1.).

En revanche, il est nécessaire de lister en annexe les textes anticipés ainsi que l'estimation de l'impact de leur première application sur les comptes de l'exercice et des périodes antérieures.

Commentaires :

1. **Indication des normes et interprétations anticipées au 31 décembre N** Les dispositions transitoires des normes et interprétations IFRS permettent dans la quasi-totalité des cas leur application anticipée. Si cette application anticipée est retenue, l'entité doit comme pour toute première application d'une norme ou interprétation donner notamment dans l'annexe (IAS 8.28) :
- le nom de la norme ou de l'interprétation ;
- une description des impacts de la première application sur les comptes de l'exercice et des périodes antérieures, le cas échéant (changement de méthode comptable, application rétrospective ou application des dispositions transitoires, etc.).

Pour plus de précisions sur l'ensemble des informations à fournir lors de la première application d'une norme ou d'une interprétation, voir n° 12683.

Rappel Une norme ou interprétation publiée par l'IASB et l'IFRS Interpretations Committee peut être appliquée par anticipation dans les comptes IFRS au 31 décembre N des sociétés cotées européennes si elle respecte l'une des deux conditions suivantes :
- elle a été adoptée en Europe par un règlement publié au JOUE et est entrée en vigueur (à la date spécifiée dans le règlement ou, à défaut, dans les 20 jours de la publication) au plus tard à la date d'arrêté des comptes, elle prévoit la possibilité d'une application anticipée et cette possibilité est également prévue par le règlement d'adoption (communication de la CE du 30/11/05) ; ou
- elle est compatible avec les IFRS adoptées en Europe au plus tard à la date d'arrêté des comptes et avec les directives comptables européennes (communication de la CE de novembre 2003 portant sur le règlement « IFRS 2005 » – Application de la hiérarchie des textes). Dans le cas d'une anticipation de tels textes, les dispositions transitoires éventuelles ne s'appliquent pas et il convient de faire une application rétrospective telle que prévue par la norme IAS 8 (Rec. AMF 2008-22, Arrêté des Comptes 2008, § 9.1).

Pour les textes applicables pour les comptes IFRS, voir n° 11510 s.

2. **Information à fournir sur les normes et interprétations publiées mais non encore entrées en vigueur et/ou non encore adoptées par l'Union européenne et non appliquées par anticipation au 31 décembre N** Voir n° 55335.

Informations sur les nouveaux textes dont l'application n'est pas obligatoire et qui n'ont pas été anticipés

55335 ***Question***

Quelles informations fournir dans l'annexe concernant les normes/interprétations IFRS publiées dont l'application n'est pas obligatoire pour les comptes IFRS de l'exercice N (clôture annuelle ou semestrielle) et qui n'ont pas été anticipées à cette date ?

Réponse

Dans le cas de comptes annuels ou de comptes intermédiaires complets, les informations à fournir sont obligatoires et diffèrent selon que la norme ou interprétation :
- modifiera les modalités de comptabilisation ou d'évaluation ; ou
- imposera de fournir des informations plus complètes.

En revanche, aucune information n'est obligatoire si l'entreprise établit des comptes semestriels condensés.

L'entité doit mentionner le fait qu'elle n'a pas appliqué le texte par anticipation et fournir des informations concernant l'évaluation de l'impact futur éventuel de l'application de la nouvelle norme/interprétation sur ses états financiers.

A notre avis, seuls les textes susceptibles d'avoir un impact significatif sur les états financiers devraient être présentés.

Commentaires :

1. La norme IAS 8 prévoit que lorsqu'une entité n'a pas appliqué par anticipation une nouvelle norme ou interprétation publiée mais non encore entrée en vigueur de manière obligatoire, elle doit indiquer dans les notes aux états financiers :
- ce fait (IAS 8.30a) ; et
- des informations connues ou pouvant raisonnablement être estimées concernant l'évaluation de l'impact éventuel de l'application de la nouvelle norme/interprétation sur ses états financiers au cours de la période de sa première application (IAS 8.30b).

Pour ce faire, IAS 8.31 prévoit que l'entité fournisse les informations suivantes :
- le nom de la nouvelle norme ou interprétation ;
- la nature du ou des changements imminent(s) de méthodes comptables ;
- la date à laquelle la norme ou l'interprétation doit être appliquée ;
- la date à partir de laquelle elle prévoit d'appliquer le nouveau texte pour la première fois ; et
- une description de l'impact prévu de la première application de ce texte sur les états financiers.

De manière générale, la présentation, dans les états financiers N+1, d'une information comparative relative à l'exercice N, devrait inciter les entités à anticiper dès à présent la collecte de l'information qui leur sera nécessaire en N+1.

Toutefois, si cet impact n'est pas connu ou ne peut être raisonnablement estimé en N, une déclaration en ce sens doit être mentionnée (IAS 8.31) ; l'impact attendu en N+1 pourrait alors être formulé uniquement en termes de tendances, donc sans chiffrage (par exemple, baisse du chiffre d'affaires, augmentation des amortissements, augmentation de l'endettement, etc.).

A notre avis, en l'absence de précision complémentaire de la norme, ces informations devraient figurer au sein de la note générale sur le référentiel appliqué, dans la partie mentionnant les normes et interprétations non appliquées (bien qu'applicables) par anticipation.

2. En pratique, à notre avis :

a. **pour les normes et interprétations qui sont applicables à l'entité mais dont l'impact attendu n'est pas ou ne devrait pas (si évaluation en cours) être significatif,** les informations prévues par IAS 8.30 ne sont pas obligatoires ;

Recommandations de l'ANC Dans sa recommandation 2012-01, l'ANC indique notamment que le principe de matérialité doit être mis en œuvre en pratique avec attention (Rec. ANC 2012-01), voir n° 55020.

b. **pour les normes et interprétations qui proposent une option qui pourrait avoir un impact (même non significatif) sur les états financiers,** la direction devrait exprimer le choix qui sera vraisemblablement effectué par l'entité (retenir ou non l'option offerte), les informations prévues par IAS 8.30 étant par ailleurs obligatoires ;

Toutefois, à notre avis, si les impacts attendus sont jugés non significatifs ou non applicables pour le groupe, ces informations pourraient être omises.

c. **pour les normes et interprétations dont l'impact porte uniquement sur des informations complémentaires ou différentes à fournir,** l'information à produire en N pourrait se résumer à l'énoncé de l'étendue générale de ces nouveautés ;

d. **pour les normes et interprétations non encore approuvées par l'Union européenne,** les informations prévues par IAS 8.30 sont à fournir et notamment lorsque l'impact potentiel de l'application de ces normes devrait être significatif pour l'entité (voir en ce sens décision de l'ESMA, EECS/0213-12, 10/13) ;

e. **pour les normes et interprétations qui ne sont pas applicables à l'entité,** aucune information n'est à fournir dans les notes aux états financiers sur leur impact attendu. La mention de ces normes et interprétations pourrait dès lors être omise.

Pour les comptes semestriels, ces dispositions sont également applicables. Toutefois, lorsque l'entreprise présente des comptes semestriels condensés, elle n'a pas à indiquer la liste des textes non appliqués.

2. Méthodes comptables

Contenu de la note sur les méthodes comptables

Question 55355

Quel doit être le contenu de la note annexe sur les méthodes comptables ?

55355 (suite)

Réponse

Cette note doit indiquer les **informations significatives** sur les méthodes comptables utilisées par le groupe. L'arbre de décision ci-après, inclus dans le Practice Statement de l'IASB portant sur la matérialité et traduit par nos soins, peut être utilisé pour déterminer si des informations sur les méthodes comptables sont significatives et doivent donc être fournies au titre des transactions ou d'un événement particulier.

Pour des informations sur le Practice Statement de l'IASB portant sur la matérialité (IFRS Practice Statement 2 « Making Materiality Judgements », voir nº 53960.

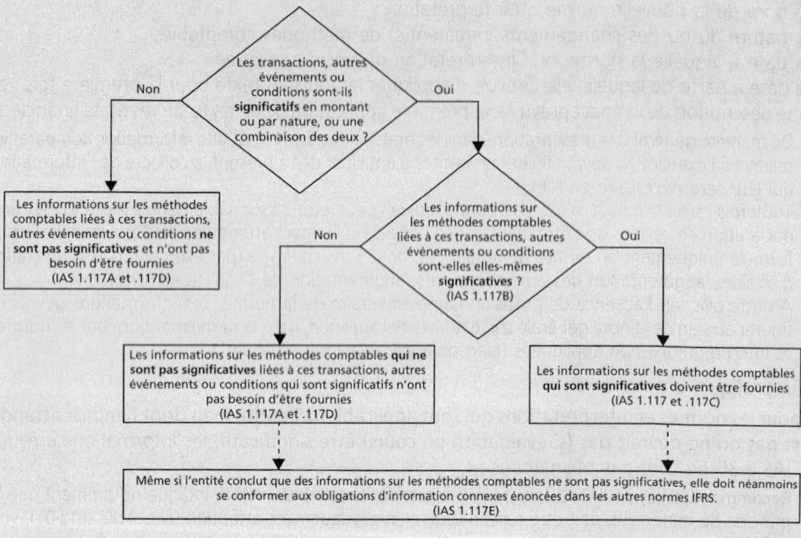

Ainsi, une information sur les méthodes comptables est significative si elle remplit les deux conditions suivantes :

– elle se rapporte à des transactions ou événements significatifs, en raison de leur montant ou de leur nature ; et

– elle est elle-même significative, c'est-à-dire qu'il s'agit d'une information dont on peut raisonnablement s'attendre à ce qu'elle influence les décisions prises par les utilisateurs des états financiers, lorsqu'elle est considérée conjointement avec d'autres informations contenues dans ces états financiers.

Par exemple, et dès lors qu'elle se rapporte à une transaction ou un événement significatif (en montant ou en nature), l'information sur les méthodes comptables devrait être considérée comme significative dans les situations suivantes :

– changement de méthode comptable au cours de la période de reporting ;

– choix de méthode comptable parmi plusieurs options autorisées par les normes IFRS ;

– absence de norme spécifiquement applicable au cas particulier rencontré par le groupe, ou dispositions du référentiel IFRS prêtant à interprétation ;

– méthode comptable qui, lors de son application, implique des jugements ou hypothèses importants, pour lesquels des informations sont fournies conformément à IAS 1.122 et .125 ;

– traitement comptable complexe.

Notons enfin, comme souligné tant par la norme IAS 1 que par l'ANC et l'AMF dans leurs recommandations en matière d'élaboration d'annexe, que des informations propres et spécifiques à l'entité sont plus utiles pour les utilisateurs des états financiers que des formules génériques ou des informations qui ne font que reproduire ou résumer les dispositions des normes.

Commentaires La note annexe sur les méthodes comptables doit décrire les **informations significatives sur les méthodes comptables** utilisées par le groupe, c'est-à-dire, celles dont on peut raisonnablement s'attendre à ce qu'elles influencent les décisions prises par les utilisateurs des états financiers, lorsqu'elles sont considérées conjointement avec d'autres informations contenues dans ces états financiers (IAS 1.117).

IAS 1.117C précise que les informations axées sur la manière dont l'entité a appliqué les normes IFRS à ses circonstances propres sont plus utiles pour l'utilisateur des états financiers que des formules génériques ou des informations ne faisant que reproduire ou résumer les dispositions des normes IFRS. **55355** (suite)

L'ANC et l'AMF, dans leurs recommandations en matière d'élaboration d'annexe, ont également insisté sur la nécessité de fournir des informations spécifiques à l'entité et à son environnement (voir n° 55016 et 55020).

Il convient de souligner que les informations sur les méthodes comptables peuvent être **significatives en raison de la nature** même des transactions, des autres événements ou des conditions connexes, et ce, **même si les montants sont non significatifs** (IAS 1.117A).

A l'inverse, les informations sur les méthodes comptables se rapportant à des transactions, à d'autres événements ou à des conditions qui sont significatifs ne sont pas forcément elles-mêmes significatives (IAS 1.117A).

Ainsi, une information sur les méthodes comptables sera significative et devra être indiquée dans la note correspondante si :
- elle se rapporte à des **transactions, autres événements ou conditions significatifs en montant ou par nature** (ou une combinaison des deux) ; **et**
- elle est **nécessaire à l'utilisateur des états financiers pour comprendre ces états financiers**.

Les informations non significatives sur les méthodes comptables (c'est-à-dire, celles pour lesquelles les conditions précitées ne sont pas remplies) n'ont pas à être communiquées en annexe (IAS 1.117A). Si le groupe décide toutefois de fournir des informations non significatives sur les méthodes comptables, celles-ci ne doivent pas obscurcir les informations significatives (IAS 1.117D).

En outre, même si l'entité conclut que des informations sur les méthodes comptables ne sont pas significatives, elle doit se conformer aux obligations d'information requises par les autres normes IFRS, dès lors qu'elles se rapportent à des transactions ou événements significatifs, en montant et/ou par nature (IAS 1.117E). Ainsi, par exemple, une entité, devra fournir les informations requises par la norme IAS 38, dès lors que celles-ci sont significatives, et ce, même si elle a déterminé que l'information sur les méthodes comptables relatives aux immobilisations incorporelles n'était, quant à elle, pas significative (IAS 1.BC76V et .76W, IAS 1.31).

Pour des précisions sur la notion d'information significative dans les états financiers, voir n° 55016.

Recommandations de l'AMF Dans ses recommandations en vue de l'arrêté des comptes 2017, l'AMF a rappelé qu'il est important que les sociétés poursuivent leurs efforts sur la notion de matérialité des informations fournies dans leurs états financiers, en s'interrogeant sur les éléments à présenter dans le contexte des périodes présentées, en supprimant les informations non significatives et en développant de manière plus spécifique les informations significatives tant sur le plan qualitatif que quantitatif.

S'appuyant par ailleurs sur le « Practice Statement » portant sur la matérialité, publié par l'IASB (voir n° 53960), l'AMF encourage les sociétés à ne pas mentionner en annexe des informations qui contribueraient à diluer des informations significatives, comme par exemple des principes qui ne trouveraient pas à s'appliquer (couverture, méthode de comptabilisation d'une joint venture, etc.) ou des simplifications pratiques ou opérationnelles dont les impacts ne sont pas significatifs (Rec. AMF 2017-09, Arrêté des Comptes 2017, § 1.1).

IAS 1.117B fournit des exemples dans lesquelles l'information sur les méthodes comptables devrait être considérée comme significative, dès lors qu'elle se rapporte à des transactions ou événements significatifs (en montant et/ou en nature) et qu'elle est nécessaire aux utilisateurs des états financiers du groupe pour comprendre d'autres informations significatives contenues dans ces derniers :

a. **changement de méthode comptable au cours de la période de reporting** et ayant eu un impact significatif dans les états financiers ;

Sur les informations à fournir en cas de changement de méthode comptable, voir n° 12683.

b. **choix d'une méthode comptable** parmi plusieurs options autorisées par les normes IFRS ;

Par exemple, le groupe a choisi d'évaluer les immeubles de placement au coût historique plutôt qu'à la juste valeur (voir n° 31991).

c. absence de norme spécifiquement applicable au cas particulier rencontré par le groupe, ayant entraîné l'élaboration d'une **méthode comptable conformément à IAS 8** ;

Pour plus d'informations sur le choix des méthodes comptables, voir n° 12679.

Tel est le cas, par exemple, de la comptabilisation des engagements d'achats d'intérêts minoritaires (voir n° 24300 s.).

Recommandations de l'AMF Dans ses recommandations en vue de l'arrêté des comptes 2016, l'AMF a précisé que, lorsque les IFRS ne sont pas prescriptifs pour le classement d'un élément au sein du compte de résultat, les sociétés sont invitées à préciser en annexe le classement retenu (Rec. AMF 2016-09, Arrêté des Comptes 2016, § 1.4.1).

Remarque Le CESR (devenu l'ESMA) avait insisté, dans sa communication du 12 janvier 2006, sur l'importance de la clarté et de la transparence des informations communiquées dans les notes aux états financiers, notamment concernant les sujets qui ne sont pas spécifiquement traités par le référentiel IFRS.

d. méthode comptable qui, lors de son application, implique des **jugements ou hypothèses importants** pour lesquels des informations sont fournies conformément à IAS 1.122 et .125 ;

Sur les informations à fournir en matière de description des principaux jugements comptables et des principales incertitudes liées aux estimations, voir n° 55644.

Recommandations de l'AMF Dans ses recommandations en vue de l'arrêté des comptes 2013, l'AMF a insisté sur la nécessité d'indiquer dans la description des principes comptables comment ceux-ci ont été appliqués et les principaux jugements effectués afin de déterminer le mode de comptabilisation des transactions majeures (Rec. AMF 2013-19, Arrêté des Comptes 2013, § 1).

e. **traitement comptable complexe** d'une transaction, nécessitant une information pour que les utilisateurs des états financiers en aient une **bonne compréhension**.

Une telle situation pourrait se produire si l'entité applique plus d'une norme IFRS à une transaction significative.

■ *Exemple*

Une entité X opère dans l'industrie des télécoms. Elle vend des téléphones et des forfaits mobiles à des particuliers. L'entité a conclu que ces deux promesses constituaient deux obligations de performance distinctes en application des dispositions de la norme IFRS 15. Elle comptabilise le revenu alloué à l'obligation de performance de la vente du téléphone au moment de la livraison du téléphone et celui alloué à l'obligation de performance du forfait téléphonique de façon étalée sur la durée des services rendus.

Le chiffre d'affaires lié à la vente de ces téléphones et forfaits est significatif dans les états financiers de l'entité. L'entité doit donc analyser si les informations sur les méthodes comptables liées à ces transactions significatives sont elle-même significatives. Il est par ailleurs à noter que :

– l'entité n'a pas changé de méthode comptable sur la période de reporting ;
– l'entité n'a pas eu à choisir de méthode comptable parmi plusieurs possibilités permises ;
– l'entité n'a pas eu à élaborer une méthode comptable conformément à IAS 8 ;
– l'entité n'a pas eu à appliquer une méthode complexe.

Toutefois, l'entité X a dû porter des jugements importants lors de l'application des méthodes comptables liées à ces transactions – par exemple en analysant si les promesses constituaient deux obligations de performance distinctes, en décidant comment est alloué le prix de transaction aux deux obligations de prestation ou encore en déterminant le rythme de reconnaissance du revenu. Par conséquent, pour comprendre les montants présentés dans les états financiers de X, les utilisateurs de ces derniers devraient avoir besoin d'informations sur la manière dont le groupe a appliqué les dispositions des IFRS à sa propre situation, en plus des informations sur les jugements importants requis par l'application des paragraphes 123 à 126 d'IFRS 15 (IFRS 15.123 à .126) et des autres obligations d'informations d'IFRS 15 (voir n° 25910).

Thèmes dont le traitement comptable ne fait pas l'objet d'un consensus

55360 *Question*

Quel niveau d'information fournir dans l'annexe concernant les thèmes dont le traitement comptable n'a pas fait l'objet d'un consensus à la date de clôture N ?

Réponse

Des informations particulièrement explicites quant au traitement comptable retenu sur ces éléments doivent obligatoirement figurer dans les notes aux états financiers de l'entité au 31 décembre N.

Commentaires Selon IAS 8.10, en l'absence d'une norme ou d'une interprétation spécifiquement applicable à une transaction, un autre événement ou condition, la direction doit faire preuve de jugement pour développer et appliquer une méthode comptable permettant d'obtenir des informations pertinentes et fiables pour les utilisateurs ayant des décisions économiques à prendre.

Pour ce faire, les sources suivantes doivent être considérées par ordre décroissant :

– les normes et interprétations IFRS traitant de questions similaires (IAS 8.11) ;

- les définitions, critères de comptabilisation et d'évaluation des actifs, des passifs, des produits et des charges énoncés dans le Cadre conceptuel (IAS 8.11) ;
- les positions officielles les plus récentes d'autres organismes de normalisation comptable qui utilisent un cadre conceptuel similaire (IAS 8.12) ; ou encore
- la littérature comptable et les pratiques admises du secteur d'activité, dans la mesure où celles-ci ne sont pas contraires aux deux premiers types de sources déjà indiquées (IAS 8.12).

Recommandations de l'AMF Dans ses recommandations en vue de l'arrêté des comptes 2012, l'AMF a indiqué que, compte tenu des incertitudes existant jusqu'à l'adoption définitive d'un texte, il n'est pas possible de s'appuyer uniquement sur un projet de norme ou d'interprétation pour justifier un changement de méthode comptable (Rec. AMF 2012-16, Arrêté des Comptes 2012, § 6.3).

Informations de transition aux normes IFRS à maintenir en N+1

55366

Question

Les groupes ayant réalisé leur transition aux normes IFRS en N doivent-ils encore fournir des informations sur ce point en annexe au 31 décembre N+1 ?

Réponse

Par hypothèse, l'exercice de première application des normes IFRS ayant été l'exercice N, plus aucun rapprochement avec le référentiel antérieur n'est à produire dans les comptes au 31 décembre N+1.

Toutefois, au cas par cas, et dans un souci de donner toute l'information nécessaire à la bonne compréhension des comptes, il peut être encore utile au 31 décembre N+1, comme en période de croisière, de fournir certaines informations relatives aux conséquences des options de première application des normes IFRS prévues par la norme IFRS 1 et retenues par l'entité.

Ce peut être le cas si l'entité a choisi une option de la norme IFRS 1 qui lui a permis de conserver un traitement en règles françaises dont les impacts, en cas de survenance d'un élément nouveau en N+1 (par exemple, une cession d'activité), auraient pu être significatifs (si l'option n'avait pas été retenue).

Commentaires En effet :

a. **concernant les rapprochements avec le référentiel antérieur** : l'ensemble de ces rapprochements, prévus par IFRS 1.24 à .28, a été publié dans les premiers comptes IFRS au 31 décembre N. En N+1, le Groupe est en « période de croisière » et n'a plus aucun rapprochement à fournir dans ses comptes annuels ;

b. **concernant les autres informations non liées à la transition** : certaines informations peuvent devoir encore être nécessaires au 31 décembre N+1 dans le cas, par exemple, d'une entité qui a choisi une option de la norme IFRS 1 lui ayant permis de conserver un traitement en règles françaises dont les impacts, en cas de survenance d'un élément nouveau en N+1 (par exemple, une cession d'activité), auraient pu être significatifs (si l'option n'avait pas été retenue).

Ainsi, un groupe pourrait devoir continuer de rappeler le traitement qu'il a choisi lors du passage aux normes IFRS concernant par exemple (date de transition 1/01/N-1) :
- un regroupement d'entreprises antérieur au 1er janvier N-1, qui n'aurait pas été retraité en normes IFRS (IFRS 1.C) ;
- des paiements fondés sur des actions accordés jusqu'au 7 novembre 2002 et non retraités (IFRS 1.D2 et .D3) ;
- une réévaluation d'immobilisations corporelles pour des montants significatifs (IFRS 1.D5 s.) ;
- la remise à zéro des écarts de conversion pour toutes les activités à l'étranger (IFRS 1.D12 et .D13).

3. Principaux jugements comptables et incertitudes liées aux estimations

Description et informations à fournir en annexe

55644

Question

Quelles sont les informations à fournir en annexe en matière de description des jugements comptables déterminants effectués par la direction et des principales sources d'incertitudes liées aux estimations utilisées dans la préparation des états financiers IFRS ?

55644 (suite)

Réponse

La norme IAS 1 requiert que des informations spécifiques soient fournies en annexe concernant les jugements réalisés par la direction et ayant un impact significatif sur les montants comptabilisés lors de l'application des méthodes comptables dans les états financiers.

Elle impose également de fournir des informations spécifiques sur les incertitudes liées aux estimations faites par la direction.

L'ANC et l'AMF ont émis à plusieurs reprises des recommandations en la matière.

Commentaires **Informations requises par IAS 1 concernant les jugements déterminants et les principales incertitudes liées aux estimations** La norme IAS 1 requiert en effet que les informations suivantes soient fournies en annexe, sans toutefois en préciser le format :

1. Les jugements réalisés par la direction (et ayant un impact significatif sur les montants comptabilisés) lors de l'application des méthodes comptables dans les états financiers (IAS 1.122).

La norme IAS 1 fournit des exemples de situations illustrant que la direction doit exercer son jugement pour déterminer (IAS 1.123) :
– les circonstances où, en substance, tous les risques et avantages significatifs inhérents à la propriété d'actifs financiers et, pour les bailleurs, d'actifs faisant l'objet de contrats de location, sont transférés à d'autres entités ;
– si, en substance, les ventes particulières de marchandises sont des modes de financement et en conséquence ne génèrent pas de produits des activités ordinaires ;
– si les conditions contractuelles d'un actif financier donnent lieu, à des dates spécifiées, à des flux de trésorerie qui correspondent uniquement à des remboursements de principal et à des versements d'intérêts sur le principal restant dû (« Solely payments of principal and interest/SPPI »).
D'autres normes requièrent également d'indiquer les jugements réalisés par la direction. Tel est le cas par exemple d'IFRS 12 qui requiert une information sur les jugements de l'entité pour déterminer si elle contrôle une autre entité.

2. Les informations sur les incertitudes liées aux estimations faites par la direction (IAS 1.125).

En effet, la direction de l'entité doit émettre des hypothèses afin d'estimer la valeur de certains actifs, passifs, produits et charges. Ces estimations dépendant fortement des hypothèses retenues, cela génère donc des zones d'incertitude. De ce fait, IAS 1.125 prescrit que l'entité doit fournir dans les notes des informations concernant les hypothèses clés relatives à l'avenir et les autres sources principales d'incertitudes relatives aux estimations à la date de clôture, qui présentent un risque important d'entraîner un ajustement significatif des montants des actifs et passifs au cours de la période suivante.

La nature et l'étendue des informations à fournir au titre des incertitudes liées aux estimations dépendent de la nature des hypothèses et circonstances considérées. Des exemples sont fournis par IAS 1.129 :
– la nature de l'hypothèse ou d'une autre incertitude d'estimation ;
– la sensibilité des valeurs comptables aux méthodes, hypothèses et estimations qui forment la base de leur calcul, y compris les raisons de cette sensibilité ;
– la résolution prévue d'une incertitude et l'ampleur des issues raisonnablement possibles au cours de la période suivante pour ce qui concerne les valeurs comptables des actifs et passifs affectés ; et
– une explication des modifications apportées aux anciennes hypothèses relatives à ces actifs et passifs, si l'incertitude perdure.

Les principales sources d'incertitudes généralement mentionnées dans les annexes IFRS ont trait aux éléments suivants :
– appréciation du contrôle de fait d'une filiale (pour les informations requises par IFRS 12 sur les hypothèses et jugements pour déterminer le contrôle, voir nº 24515) ;
– pertes de valeur des actifs immobilisés (y compris goodwill) et des actifs financiers non courants ;
– évaluations des actifs incorporels ;
– durées d'utilisation et valeurs résiduelles des immobilisations corporelles ;
– juste valeur des instruments financiers ;
– actifs d'impôts différés ;
– provisions pour avantages postérieurs à l'emploi ;
– paiements en actions ;
– provisions pour risques et risques fiscaux.

Recommandations de l'AMF Dans ses recommandations en vue de l'arrêté des comptes 2013, l'AMF a insisté sur la nécessité d'indiquer dans la description des principes comptables comment ceux-ci ont été appliqués et les principaux jugements effectués afin de déterminer le mode de comptabilisation des transactions majeures. L'AMF a également rappelé qu'il convient de s'assurer chaque année que les éléments présentés sont toujours pertinents, notamment les sources majeures d'incertitude et les sensibilités choisies (Rec. AMF 2013-19, Arrêté des Comptes 2013, § 1).

En outre, dans ses recommandations en vue de l'arrêté des comptes 2018, l'AMF a insisté sur la cohérence nécessaire (entre les états financiers et les autres éléments de la communication financière, mais également à l'intérieur des états financiers) pour la détermination du détail à communiquer sur un sujet particulier. Ainsi, par exemple, un sujet mentionné comme un événement majeur ou un jugement clé de la société, dans les états financiers ou un communiqué de la société, devra faire l'objet de développements complémentaires dans l'annexe (impact, sensibilité, analyse effectuée, etc.). De même, lorsqu'un sujet est spécifié comme un point clé de l'audit dans le rapport des commissaires aux comptes et qu'il porte sur des chiffres ou agrégats des états financiers, celui-ci devra avoir fait préalablement l'objet de développements spécifiques, par exemple au titre des jugements clés (Rec. AMF 2018-12, Arrêté des comptes 2018, § 2).

Par ailleurs, dans un contexte de fortes incertitudes, tel que celui rencontré en 2020 et en 2021 à la suite de la crise sanitaire liée à la Covid-19, l'AMF a rappelé que les utilisateurs des états financiers sont particulièrement attentifs aux estimations et jugements clés effectués par les sociétés. Dans l'identification de ces sujets, l'AMF recommande de prendre également en compte les éléments ayant entraîné des discussions particulières avec la direction, les commissaires aux comptes et/ou les régulateurs ainsi que les éléments mis en exergue par la société dans les facteurs de risques et/ou les points clés de l'audit.

L'AMF a enfin rappelé la nécessité de s'assurer de la cohérence des hypothèses entre les diverses évaluations menées et les différentes informations communiquées à la clôture (Rec. AMF 2020-09, Arrêté des Comptes 2020, § 2.1.2).

Recommandations de l'ANC En complément des montants comptabilisés au titre de la situation financière et de la performance de l'entreprise dans le bilan et le compte de résultat, l'ANC recommande que l'annexe fournisse notamment une information sur (Rec. ANC 2012-01) :
- les hypothèses utilisées et leur sensibilité, ainsi que les jugements exercés pour comptabiliser ces éléments ;
- les informations sur les risques qui pourraient affecter ces montants comptabilisés ; et
- l'impact des méthodes d'évaluation alternatives lorsque cette information est pertinente.

Pour plus de détails sur cette recommandation, voir n° 55020.

Informations à fournir en matière de continuité d'exploitation

55648

Question

Quelles sont les informations à fournir en annexe en matière de continuité d'exploitation ?

Réponse

Une fois que l'entreprise a évalué, dans le cadre de la préparation de ses états financiers, sa capacité à poursuivre son exploitation, elle doit établir les informations à communiquer en annexe à ce titre.

Le niveau d'informations à fournir et leur nature varient selon la situation de l'entreprise face à l'hypothèse de continuité d'exploitation et, si l'entreprise est en hypothèse de continuité d'exploitation, selon le niveau d'incertitudes qu'elle a pu rencontrer pour l'apprécier.

Commentaires :

1. Rappel – Appréciation du principe de continuité d'exploitation Lors de l'établissement de ses états financiers, la direction doit évaluer la capacité de l'entreprise à poursuivre son exploitation (IAS 1.25). Cette appréciation doit être réalisée en tenant compte :
- de toutes les informations disponibles sur l'avenir, c'est-à-dire sur une période d'au moins douze mois après la clôture de l'exercice (IAS 1.26) ; et
- des événements survenant jusqu'à la date d'arrêté des comptes (IAS 10.14).

55648 (suite) Dans le cadre de la publication, le 13 janvier 2021, d'un document pédagogique (« Educational material »), intitulé « Going concern – A focus on disclosures », l'IASB a rappelé les principes de la norme IAS 1 sur la manière pour l'entreprise d'exercer son jugement en matière de continuité d'exploitation.

Recommandations de l'AMF Dans le cadre de ses recommandations en vue de l'arrêté des comptes 2021, l'AMF encourage les émetteurs à prendre en compte cette publication de l'IASB et à s'assurer que les informations fournies sont spécifiques et mises à jour à la date d'arrêté des comptes. L'AMF a également souligné que l'analyse doit être effectuée a minima sur la période de 12 mois après la date de clôture, mais qu'elle ne doit pas forcément se limiter à 12 mois (Rec. AMF 2021-06, Arrêté des Comptes 2021, § 3.2.1).

Lorsque la direction a l'intention, ou n'a pas d'autre solution réaliste que, de liquider l'entité ou de cesser son activité, elle n'est plus en mesure de retenir l'hypothèse de continuité d'exploitation pour l'établissement de ses états financiers. Elle doit dans ce cas établir ses comptes selon une autre base d'évaluation, à définir (IAS 1.25).

IAS 1 n'apporte pas de précision sur la base d'évaluation à retenir lorsque l'entreprise n'est pas en hypothèse de continuité d'exploitation. En pratique, en France, dans une telle situation, les états financiers sont établis en valeurs liquidatives (pour les principales conséquences de l'établissement des comptes en valeurs liquidatives, voir Mémento Comptable n° 61125).

2. Informations à communiquer en annexe A minima, l'entreprise doit mentionner en annexe la base de préparation de ses états financiers en matière de continuité d'exploitation (c'est-à-dire le fait que les comptes sont établis, ou non, selon le principe de la continuité d'exploitation).

Pour les recommandations de l'AMF sur les informations spécifiques à fournir en annexe dans un contexte de crise économique, voir n° 55650.

a. Lorsque l'entité a des **incertitudes significatives** liées à des événements ou conditions susceptibles de jeter un doute important sur la capacité de l'entité à poursuivre son activité, elle doit mentionner ces incertitudes en annexe (IAS 1.25).

Selon l'IFRS IC, en cas de survenance de tels événements ou conditions, pour lesquels l'entité a conclu à l'absence d'incertitude significative nécessitant de fournir les informations requises par IAS 1.25, les informations requises par IAS 1.122, concernant les éléments faisant appel au jugement de la direction lors de l'application des méthodes comptables de l'entité, devraient toutefois être fournies, dès lors que ces événements ont un impact significatif sur les montants comptabilisés dans les états financiers (IFRIC Update 03/14 et 07/14).

Lorsque les états financiers **ne sont pas établis sur une base de continuité d'exploitation,** outre la mention de ce fait, l'entreprise doit mentionner en annexe la base d'évaluation retenue pour l'établissement de ses états financiers et la raison pour laquelle l'entité n'est pas considérée en situation de continuité d'exploitation (IAS 1.25).

b. Dans son document précité, publié en janvier 2021, l'IASB est venu apporter des **précisions sur la nature des informations à fournir en annexe.** Ainsi, ces dernières doivent :

– reprendre les informations spécifiques requises par IAS 1 au titre de la continuité d'exploitation et rappelées ci-avant (IAS 1.25), notamment les incertitudes auxquelles l'entité fait face ; et

– être complétées des jugements exercés par l'entité (comme requis par IAS 1.122) pour évaluer sa capacité à poursuivre son activité ainsi que des sources d'incertitudes portant sur les estimations inhérentes au contexte actuel (IAS 1.125 à .133).

L'IASB a identifié quatre scénarios possibles pour une entité face à l'hypothèse de continuité d'exploitation et indique pour chacun les informations à communiquer en annexe. Le tableau ci-après, établi par nos soins à partir du tableau de synthèse du document précité, résume pour chaque scénario les informations à communiquer :

<table>
<tr><th colspan="5">Situation de l'entreprise face à la continuité d'exploitation</th></tr>
<tr><td rowspan="3">Scénario</td><td rowspan="3">Pas de doute significatif (1)</td><td colspan="2">Existence de doutes significatifs...</td><td rowspan="3">L'entreprise a l'intention, ou n'a pas d'autre solution réaliste que, de liquider l'entité ou de cesser son activité (4)</td></tr>
<tr><td colspan="2">... et mise en place de mesures correctives jugées suffisantes pour maintenir la continuité d'exploitation et...</td></tr>
<tr><td>... ces mesures permettent de lever toutes les incertitudes (2)</td><td>... ces mesures ne permettent pas de lever toutes les incertitudes (3)</td></tr>
</table>

Situation de l'entreprise face à la continuité d'exploitation			
Base de préparation (IAS 1.25)	Hypothèse de continuité d'exploitation		Hypothèse de non-continuité d'exploitation
Informations complémentaires à fournir en annexe	Pas d'information spécifique à fournir	Jugements significatifs exercés (IAS 1.122)	Jugements significatifs exercés (IAS 1.122) et Incertitudes significatives (IAS 1.25 et IAS 1.125 à .133)	Autres informations à définir au cas par cas

(1) **Sociétés qui n'ont aucun problème de continuité d'exploitation** Les entreprises n'ayant pas eu d'analyse particulière à mener et qui n'ont pas de doute sur leur continuité d'exploitation ne sont pas tenues de présenter d'informations spécifiques en dehors de la mention de la base de préparation.

(2) **Sociétés pour lesquelles il existe des doutes significatifs et où la mise en place de mesures correctives leur a permis de lever ces incertitudes** Si la société a dû exercer des jugements importants pour conclure à l'absence d'incertitudes significatives sur sa capacité à poursuivre son exploitation, alors ces jugements doivent être indiqués dans les notes aux états financiers (IAS 1.122).

La situation d'incertitude peut provenir par exemple de difficultés en matière de chiffre d'affaires ou d'obtention de nouveaux financements. Si les mesures prises montrent leurs effets, par exemple avec la vente de nouveaux produits augmentant son chiffre d'affaires, ou l'obtention d'un nouveau financement, les incertitudes peuvent être levées. L'entreprise indiquera alors les jugements qui lui ont permis de conclure à la levée de ces incertitudes.

(3) **Sociétés pour lesquelles il existe des doutes significatifs et où la mise en place de mesures correctives ne leur a pas permis de lever toutes les incertitudes** Dans ce cas, l'entité a exercé son jugement et a conclu que les actions correctives ne permettaient pas de lever toutes les incertitudes.

Par exemple, sa stratégie en matière de chiffre d'affaires ne porte pas ses fruits ou un nouveau financement pourrait lui être refusé.

L'entité doit décrire les jugements importants exercés qui ont conduit l'entité à conclure que l'hypothèse de préparation des états financiers en date de clôture selon le principe de continuité d'exploitation est appropriée malgré les incertitudes existantes (IAS 1.122). Ces incertitudes devront également être mentionnées en annexe (IAS 1.25 et IAS 1.125 à .133).

(4) **Sociétés pour lesquelles la situation de continuité d'exploitation est définitivement compromise** Lorsque les états financiers ne sont plus établis sur une base de continuité d'exploitation, la société doit mentionner en annexe ce fait, la base d'évaluation retenue pour l'établissement de ses états financiers et la raison pour laquelle l'entité n'est pas considérée en situation de continuité d'exploitation (IAS 1.25).

III. Crise économique et information financière

Incidence d'une crise économique sur l'information financière

55650

Question

Quelles informations financières les entreprises doivent-elles fournir dans leurs états financiers dans un contexte de crise économique ?

Réponse

Les perturbations économiques causées par une crise majeure peuvent générer des impacts significatifs sur la performance de l'entreprise et nécessiter des informations spécifiques en annexe. A ce titre, les principes généraux des IFRS en matière de présentation de l'information financière doivent continuer à s'appliquer dans l'objectif de maintenir la stabilité et la comparabilité de la présentation des états financiers, notamment celle du compte de résultat.

55650
(suite)

Ainsi, à notre avis, l'approche la plus pertinente pour présenter les effets d'une crise majeure est de maintenir la présentation du compte de résultat afin d'en assurer sa comparabilité avec les exercices antérieurs et de détailler en annexe, dans une note spécifique, les effets de la crise sur chacune des lignes du compte de résultat ou du reste des états financiers.

Les incertitudes accrues dans un contexte de crise rendent d'autant plus nécessaire une information pertinente en annexe, notamment sur la continuité d'exploitation, les principaux jugements exercés et les estimations réalisées, ainsi que sur la gestion des risques et les échéances des passifs financiers.

Commentaires :

1. **Contexte** Dans le contexte d'une crise économique majeure, la question de la présentation de la performance et de la nature des informations à fournir en annexe s'avère complexe et les incertitudes sont plus nombreuses.

2. **Recommandations publiées par les organismes de place** L'ESMA, l'AMF, la CNCC et l'ANC ont publié en 2020 et en 2021 des recommandations sur les implications comptables de la crise liée à la Covid-19, incluant notamment des considérations sur les informations à fournir au titre de la crise et la manière de les présenter dans les états financiers.

– ESMA : Implications of the Covid-19 outbreak on the half-yearly financial reports – 20 mai 2020 (ESMA 32-63-972), European common enforcement priorities for 2021 annual financial reports (ESMA 32-63-1186) ;
– AMF : Publication du rapport financier semestriel dans le contexte Covid-19 : l'AMF présente quelques principes à respecter – 20 mai 2020 ;
– AMF : Arrêté des comptes 2020 et 2021 et travaux de revue des états financiers – 28 octobre 2020 et 29 octobre 2021 ;
– CNCC/CSOEC : Questions/Réponses relatives aux conséquences de la crise sanitaire et économique liée à la pandémie de Covid-19 – Neuvième édition – 9 décembre 2021 ;
– ANC : Recommandations et observations relatives à la prise en compte des conséquences de l'événement Covid-19 dans les comptes et situations établis à compter du 1er janvier 2020 – 7 juin 2021.

L'ESMA et l'AMF ont également publié en 2022 des communiqués et recommandations, relatifs aux implications de l'invasion de l'Ukraine par la Russie, et rappelant un certain nombre d'éléments déjà développés dans les publications précitées.

– ESMA : Public Statement – Implications of Russia's invasion of Ukraine on half-yearly financial reports – 13 mai 2022 – ESMA 32-63-1277 ;
– ESMA : European common enforcement priorities for 2022 annual financial reports – 28 octobre 2022 ;
– AMF : Arrêté des comptes 2022 et travaux de revue des états financiers – 28 octobre 2022.

Les développements ci-après s'inspirent de ces recommandations et sont, à notre avis, valables pour toute crise économique majeure.

3. **Présentation de la performance financière de l'entreprise dans un contexte de crise économique** Une crise économique majeure peut affecter de manière directe ou indirecte la plupart des sociétés, dans des proportions plus ou moins significatives en fonction des secteurs d'activité dans lesquels ces sociétés opèrent ou des zones géographiques où elles sont présentes. Pour les sociétés concernées, toutes les lignes du compte de résultat peuvent être impactées.

Ainsi, de nombreux postes du résultat d'exploitation peuvent être affectés par une crise : baisse de chiffre d'affaires, dépenses discrétionnaires supprimées, coûts liés à des ressources inutilisées ou sous-utilisées (salariés inoccupés, sites provisoirement fermés ; voir n° 35050), coûts dits « incrémentaux » qui n'auraient pas été engagés si la crise n'était pas intervenue (par exemple, mesures de protection sanitaire pour la crise liée à la Covid-19), produits liés à des mesures mises en place par l'Etat, etc. En dehors du résultat d'exploitation, peuvent être également cités des impacts liés à des renégociations de dettes financières, des recyclages de réserve de couverture de flux de trésorerie ou encore des dépréciations d'impôts différés actifs.

Dans ce contexte, en dehors des principes généraux d'IAS 1 en matière de présentation des états financiers qui continuent à s'appliquer (permanence des méthodes, information pertinente, fiable, comparable et compréhensible pour l'utilisateur, possibilité d'utiliser au compte de résultat des lignes additionnelles ou des sous-totaux, dès lors que cela est jugé pertinent pour la compréhension de la performance de la période, ou présentation possible de manière distincte d'éléments s'ils sont jugés significatifs), il convient de retenir les principes suivants pour la présentation des enjeux liés à une crise économique :

Pour des précisions sur les principes généraux d'IAS 1, voir n° 53958 s.

A noter également, pour rappel, la pratique en France recommandée par l'ANC qui consiste à présenter de manière isolée au sein du résultat opérationnel des produits et charges non courants, qualifiés d'« autres produits (autres charges) d'exploitation non courants » selon la terminologie de l'ANC, dès lors qu'il s'agit d'éléments en nombre très limité, bien identifiés, significatifs, inhabituels, anormaux et peu fréquents (Rec. ANC 2020-01). Pour plus de précisions, voir n° 54042 et 54043. **55650** (suite)

– Il n'apparaît pas pertinent de présenter séparément, à la face du compte de résultat, les impacts liés à la crise, compte tenu de l'impossibilité d'isoler ces impacts de manière fiable et exhaustive, et ce, quelle que soit la manière envisagée : agrégation de tous les impacts sur une ligne unique, présentation dans une colonne séparée ou encore sous forme de sous-total sur chaque ligne concernée du compte de résultat (Rec. AMF 2020-09, Arrêté des Comptes 2020, § 2.2).

– Il n'apparaît pas pertinent non plus de présenter les effets de la crise au sein des éléments non courants, hormis les éléments de résultat qui ont pu être considérés comme non courants par le passé (par exemple, certaines dépréciations d'actifs ou les coûts de restructuration ou de certains litiges) quand bien même ils seraient liés à la crise considérée (Rec. AMF 2020-09, Arrêté des Comptes 2020, § 2.2).

Ainsi et à notre avis, dans le contexte – par exemple – de la crise sanitaire liée à la Covid-19, les éléments de rémunération tels que les primes versées aux salariés dans le cadre de la poursuite de l'activité de l'entreprise pendant la période de confinement ou les compléments de salaires versés dans le cadre du chômage partiel et non pris en charge par l'Etat constituent par nature des éléments de charges de personnel qui doivent être classés en résultat courant.

Décision de l'ESMA L'ESMA a également indiqué qu'il n'était pas approprié de présenter les coûts liés à la pandémie de Covid-19, tels que les primes exceptionnelles versées aux salariés, les frais de nettoyage et de désinfection et les coûts des mesures de protection des salariés, de manière distincte à la face du compte de résultat, en dehors du résultat opérationnel courant. L'ESMA a indiqué que ces coûts doivent être présentés au sein des charges opérationnelles courantes selon leur nature (EECS/0121-05, 07/21).

Recommandations de l'AMF Dans ses recommandations en vue de l'arrêté des comptes 2022, l'AMF a recommandé de ne pas classer certains effets, directs et indirects, liés à l'invasion de l'Ukraine par la Russie parmi les produits et charges non courants, que les montants soient significatifs ou non (sauf pour les impacts significatifs portant sur des natures de produits et charges habituellement classés en non courants par la société, comme par exemple les dépréciations de goodwill ou les charges de restructuration). L'AMF considère en effet qu'un tel classement nuit à la bonne compréhension de la performance de l'entité (Rec. AMF 2022-06, Arrêté des Comptes 2022, § 3.1).

– Enfin, il n'apparaît pas pertinent d'inclure de nouveaux indicateurs alternatifs de performance (« IAP », dit « indicateurs non-GAAP » – voir n° 55660) ou d'ajuster les indicateurs déjà existants.

Décision de l'ESMA En 2020, l'ESMA a observé qu'il pourrait ne pas être approprié d'inclure de nouveaux IAP ou d'ajuster des IAP déjà existants lorsque les impacts de la crise sanitaire liée à la Covid-19 ont un effet omniprésent sur l'ensemble de la performance financière, la position et/ou les flux de trésorerie d'un émetteur car ces IAP, qu'ils soient nouveaux ou ajustés, ne fournissent pas une information fiable ou plus utile au marché et peuvent induire en erreur les utilisateurs (question 18 des questions-réponses publiées par l'ESMA en avril 2020, ESMA – Questions and answers – Guidelines on Alternative Performance Measures).

En l'absence de présentation spécifique possible à la face du compte de résultat, la présentation la plus pertinente des effets liés à une crise majeure dans les états financiers nous paraît être sous forme d'informations en annexe. Ainsi, il serait pertinent de présenter ces effets dans une note unique, récapitulant l'ensemble des conséquences de la crise sur les comptes, en veillant à ce que l'information soit complète et non biaisée, et à ce que les méthodologies retenues pour l'établir soient clairement explicitées (typologie de charges et produits concernés, calcul des effets par rapport à l'historique, un budget, des estimés, des impacts incrémentaux, etc.).

Il convient également de s'assurer de la cohérence de l'information fournie dans les états financiers avec celle présentée par ailleurs dans l'ensemble de la communication financière de l'entité, et notamment de l'articulation entre l'information fournie dans les états financiers et celle relayée dans le rapport de gestion.

4. Autres informations à fournir en annexe dans un contexte de crise économique (déjà requises par les normes IAS 1 et IFRS 7) :

a. La norme IAS 1 requiert des informations concernant :

– la continuité d'exploitation ;

La direction doit évaluer la capacité de l'entreprise à poursuivre son exploitation et indiquer dans l'annexe les incertitudes significatives liées à des événements ou à des conditions

55650 (suite) susceptibles de jeter un doute important sur la capacité de l'entreprise à poursuivre son activité (IAS 1.25 et .26).

Dans leurs recommandations précitées, l'ESMA et l'AMF ont insisté en 2020 sur la nécessité de fournir cette information, notamment pour les sociétés ayant des enjeux de liquidité dans les douze mois suivant la date de clôture des états financiers concernés. L'AMF recommande notamment aux entités ayant identifié des enjeux de continuité d'exploitation de présenter en annexe l'ensemble des hypothèses utilisées (indicateurs retenus, horizon considéré, etc.) qui ont toutefois permis d'établir les états selon le principe de continuité, ainsi que les incertitudes associées. Le niveau et la nature des informations doivent être adaptés à la situation de l'entité (magnitude des impacts de la crise, situation de trésorerie et de dette, zone d'implantation, etc.) (Rec. AMF 2020-09, Arrêté des Comptes 2020, § 4.1).

L'AMF recommande également, lorsque l'entité conclut, à la suite de son analyse, que le principe de continuité d'exploitation ne comprend pas d'incertitude significative, d'être spécifique et détaillée dans la présentation des jugements étayant cette analyse. Les informations permettant de conclure à une absence d'incertitude significative dans ce contexte peuvent être : des lignes de crédit non tirées, le recours aux aides et financement d'Etat les plus significatifs, des réductions de loyers, de nouveaux contrats ou activités significatifs, le maintien du carnet de commandes, la reprise de l'activité cohérente avec les perspectives, des ressources disponibles suffisantes pour satisfaire des échéances à venir, l'obtention de nouveaux financements ou encore le report d'échéance de remboursement (Rec. AMF 2020-09, Arrêté des Comptes 2020, § 4.1).

L'AMF et l'ESMA ont de nouveau insisté sur ces éléments en 2021 (Rec. AMF 2021-06, Arrêté des Comptes 2021, § 3.2.1).

Dans son communiqué publié en mai 2022 dans le contexte de l'invasion de l'Ukraine par la Russie, l'ESMA rappelle ces principes et précise, en outre, que lors de l'évaluation de leur capacité à poursuivre leur activité, les groupes doivent prendre en compte toutes les informations prévisionnelles dont ils disposent, y compris en matière de rentabilité attendue et de toute restriction d'accès au financement. A ce titre, l'ESMA attend des groupes qu'ils fournissent les montants des soldes significatifs de trésorerie et équivalents de trésorerie, non disponibles pour le groupe.

Pour plus de précisions sur les informations à communiquer en matière de continuité d'exploitation, voir n° 55648.

– les jugements de la direction ;

Doivent être détaillés en annexe les jugements réalisés par la direction dans le processus d'application des méthodes comptables dès lors qu'ils ont un impact significatif sur les montants comptabilisés dans les états financiers (IAS 1.122 à .124), voir n° 55644.

Dans un contexte de fortes incertitudes, tel que celui rencontré en 2020 et en 2021 lors de la crise sanitaire liée à la Covid-19, l'AMF rappelle que les utilisateurs des états financiers sont particulièrement attentifs aux estimations et jugements clés effectués par les sociétés. Dans l'identification de ces sujets, l'AMF recommande de prendre également en compte les éléments ayant entraîné des discussions particulières avec la direction, les commissaires aux comptes et/ou les régulateurs ainsi que les éléments mis en exergue par la société dans les facteurs de risques et/ou les points clés de l'audit. En outre, il convient de s'assurer de la cohérence des hypothèses entre les diverses évaluations menées et les différentes informations communiquées à la clôture (Rec. AMF 2020-09, Arrêté des Comptes 2020, § 2.1.2).

De même, dans le communiqué précité publié dans le cadre de l'invasion de l'Ukraine par la Russie, l'ESMA a rappelé qu'il était nécessaire que les groupes mettent à jour et communiquent leurs appréciations des jugements significatifs, des perspectives et des sources majeures d'incertitude relative aux estimations, conformément à IAS 1.122 et .125.

– et les hypothèses clés concernant l'avenir.

Doivent être fournies en annexe les hypothèses clés concernant l'avenir ainsi que les autres sources principales d'incertitudes relatives aux estimations à la date de clôture, dès lors que ces incertitudes présentent un risque important d'entraîner un ajustement significatif des montants d'actifs et de passifs au cours de la période suivante (IAS 1.125 à .133), voir n° 55644.

Dans un contexte de crise, telle que celle que nous avons rencontrée en 2020 et 2021, lors de la crise sanitaire liée à la Covid-19, des informations devraient notamment être fournies au titre des tests de pertes de valeur des actifs non financiers, de la recouvrabilité des impôts différés actifs, de l'évaluation à la juste valeur de certains actifs et passifs financiers, des provisions éventuelles ou encore de la prise en compte et du mode de comptabilisation de certaines mesures gouvernementales.

Dans le communiqué précité, l'ESMA a également rappelé l'importance de mettre à jour et de communiquer les informations relatives aux analyses de sensibilité (par exemple, en élargissant les fourchettes des principales hypothèses raisonnablement possibles ou en revoyant les hypothèses utilisées dans les projections de flux de trésorerie).

b. La norme IFRS 7 requiert des informations concernant : 55650 (suite)
- la gestion des risques ;

Les informations permettant aux utilisateurs des états financiers d'évaluer la nature et l'ampleur des risques découlant des instruments financiers auxquels l'entité est exposée à la date de clôture doivent être données en annexe (IFRS 7.31 à .35). Dans un contexte économique caractérisé notamment par la forte hausse de la volatilité (ou la chute brutale) de nombreux marchés, l'accroissement des défaillances d'entreprises, ainsi que des tensions exacerbées sur la trésorerie, il convient d'accorder une attention particulière :
- aux différents risques de marché (taux d'intérêt, change, matières premières, actions et indices boursiers) (IFRS 7.40 à .42), voir nº 52445 s. ;
- au risque de crédit (IFRS 7.36 à .38), voir nº 52390 s. ; et
- au risque de liquidité (IFRS 7.39), voir échéancier des passifs financiers ci-après et nº 52405 s.

Pour une vue d'ensemble des informations à fournir quant à la nature, l'étendue et la gestion des risques liés aux instruments financiers, voir nº 52375.

Recommandations de l'AMF Au titre des risques de marché, dans ses recommandations en vue de l'arrêté des comptes 2015, l'AMF avait invité les émetteurs à présenter une information précise sur les impacts des variations de prix des matières premières lorsqu'ils étaient significatifs dans les comptes (par exemple, impact sur les agrégats clés des états primaires de la société), ainsi que les effets comptables liés aux décisions opérationnelles prises au regard des conditions de marché (par exemple, arrêts ou reports de projets). En outre, lorsque le prix d'une matière première est une hypothèse clé dans l'évaluation des éléments des états financiers (stocks, tests de dépréciation d'incorporels ou corporels, regroupements d'entreprises), l'AMF a indiqué qu'il était pertinent de présenter la nature et la valeur du paramètre utilisé (par exemple, cours spot ou à terme) et l'évolution retenue pour ce paramètre dans le plan d'affaires, ainsi qu'une sensibilité de l'évaluation à une variation ou évolution différente (Rec. AMF 2015-08, Arrêté des Comptes 2015, § 1.2). Dans ces mêmes recommandations, l'AMF avait recommandé, en cas d'exposition significative dans un pays soumis à de graves difficultés économiques ou politiques, de présenter la nature des expositions comptables (par exemple, actifs corporels, incorporels et financiers, stocks, ou trésorerie), les impacts sur les comptes des décisions opérationnelles prises au regard de la situation (dépréciations d'actifs, provisions pour restructuration, etc.), ainsi qu'une description des incertitudes résiduelles. L'AMF avait également invité les sociétés ayant une exposition significative dans un pays avec plusieurs taux de change, à présenter ces expositions, le taux de change utilisé, l'analyse effectuée pour déterminer le taux à utiliser au regard des critères d'IAS 21.26 et, le cas échéant, une sensibilité au choix d'un autre taux (Rec. AMF 2015-08, Arrêté des Comptes 2015, § 1.3).

En mai 2022, l'ESMA a rappelé ces éléments dans le contexte de l'invasion de l'Ukraine par la Russie et a en outre souligné l'importance de la présentation d'informations relatives aux analyses de sensibilité concernant le risque de change, le risque lié aux matières premières ou à d'autres types de risque de marché.

En effet, l'invasion de l'Ukraine par la Russie et les sanctions imposées à cette dernière et à la Biélorussie ont entraîné un degré élevé d'incertitudes, relatives au développement attendu des activités commerciales et aux conséquences sur le système économique et financier, tant au niveau européen qu'international. En conséquence, les régulateurs attendent des émetteurs qui exercent des activités sur les marchés concernés ou qui sont exposés de manière significative aux matières premières affectées par cette situation (par exemple, l'énergie ou l'agriculture) qu'ils en expliquent l'impact ou qu'ils expliquent les raisons pour lesquelles les impacts ne sont pas significatifs malgré l'exposition à des risques importants.

- et **l'échéancier des passifs financiers.**

Doivent être communiquées une analyse des échéances des passifs financiers faisant apparaître les échéances contractuelles résiduelles et une description de la façon dont la société gère le risque de liquidité inhérent à ces échéances (IFRS 7.39), voir nº 52405 s.

D'une manière générale, dans le cadre de la crise économique liée à la Covid-19, l'AMF a invité les sociétés à poursuivre leurs efforts de transparence au titre des jugements clés relatifs à la continuité d'exploitation, à l'endettement et au risque de liquidité (renégociations et nouveaux financements, covenants, etc.) (Rec. AMF 2021-06, Arrêté des Comptes 2021, § 3.2.1).

IV. Transparence et information financière

Utilisation d'indicateurs de performance non-GAAP (« alternative performance measures ») : flexibilité des IFRS

55660 ***Question***

Quelle flexibilité les IFRS laissent-elles aux entreprises dans l'utilisation d'indicateurs de performance non-GAAP ?

Réponse

Afin d'être mieux comprises par les analystes financiers et les investisseurs, de nombreuses sociétés cotées intègrent dans leurs états financiers des indicateurs alternatifs de performance (« IAP », dits indicateurs non-GAAP), c'est-à-dire non définis par les IFRS, tels que l'EBITDA, le résultat hors éléments non récurrents, etc.

A notre avis, de tels indicateurs peuvent être présentés dans les états financiers en IFRS, sous réserve qu'ils respectent notamment les principes suivants :

- ils doivent être clairement définis en annexe et il ne doit y avoir aucune ambiguïté sur leurs modalités de détermination ;
- le principe de permanence des méthodes doit être respecté et les données comparatives doivent être présentées ;
- les indicateurs présentés doivent être réconciliés avec les éléments issus des comptes établis selon les IFRS ;
- l'intérêt de ces indicateurs doit être expliqué et permettre à l'utilisateur des comptes d'appréhender la performance de la société, par exemple, par référence à leur utilité dans le cadre du pilotage interne ; et
- il est nécessaire de s'assurer de la cohérence des indicateurs non-GAAP présentés dans les états financiers avec ceux fournis par ailleurs dans la communication financière de l'entreprise.

Sur la base de ces éléments, l'entité devra exercer son jugement pour déterminer si l'indicateur peut être présenté dans les états financiers, à la face du compte de résultat (en accord avec les principes d'IAS 1 en matière de présentation de postes, rubriques et sous-totaux supplémentaires, voir n° 53971), ou simplement en annexe.

Remarque Depuis 2015, les régulateurs en France (l'AMF), en Europe (l'ESMA) et ailleurs (notamment la SEC aux Etats-Unis) ont émis à plusieurs reprises des recommandations visant à veiller à la cohérence des indicateurs non-GAAP utilisés dans la communication financière des entreprises par rapport à l'information présentée dans leurs états financiers IFRS.

Evolution possible de la réponse Dans le cadre du projet « Primary Financial Statements », l'exposé-sondage publié par l'IASB en décembre 2019 revoit en profondeur les principes de présentation d'indicateurs non-GAAP dans les états financiers IFRS.
Pour plus de précisions sur ce projet, voir n° 54006.

Commentaires Les indicateurs alternatifs de performance les plus couramment utilisés sont l'EBITDA, le résultat courant, le résultat hors éléments non récurrents, l'excédent brut d'exploitation, etc.

Si les IFRS n'interdisent pas d'inclure des indicateurs non-GAAP dans les états financiers, leur publication dans les états financiers IFRS doit, à notre avis, tenir compte notamment des éléments suivants, en lien avec les recommandations émises par les régulateurs et ce, afin d'entourer leur usage de certaines précautions :

- ils doivent être clairement définis en annexe et il ne doit y avoir aucune ambiguïté sur leurs modalités de détermination ;
- le principe de permanence des méthodes doit être respecté et les données comparatives doivent être présentées ;
- les indicateurs présentés doivent être réconciliés avec les éléments issus des comptes établis selon les IFRS ;
- l'intérêt de ces indicateurs doit être expliqué et permettre à l'utilisateur des comptes d'appréhender la performance de la société, par exemple, par référence à leur utilité dans le cadre du pilotage interne ; et
- il est nécessaire de s'assurer de la cohérence des indicateurs non-GAAP présentés dans les états financiers avec ceux fournis par ailleurs dans la communication financière de l'entreprise.

Sur la base de ces éléments, l'entité devra exercer son jugement pour déterminer si l'indicateur envisagé peut être présenté dans les états financiers, à la face du compte de résultat (en accord avec les principes d'IAS 1 en matière de présentation de postes, rubriques et sous-totaux supplémentaires, voir nº 53971), ou simplement en annexe. **55660** (suite)

Ainsi, lorsque les IAP présentés sont des sous-totaux ou des éléments présentés sur des lignes additionnelles à la face du compte de résultat et sont directement déterminés à partir d'éléments du résultat IFRS, leur inclusion dans le compte de résultat IFRS permettra vraisemblablement aux utilisateurs des comptes d'en comprendre la mesure de la performance. Par exemple, la présentation d'un résultat opérationnel ou d'un EBIT (Earnings before Interest and Tax) dans un compte de résultat IFRS est communément admise et facilement compréhensible par les utilisateurs.

En revanche, des IAP qui seraient calculés sur la base d'éléments non directement dérivés des états financiers IFRS ne permettront pas une présentation distincte à la face du compte de résultat IFRS et nécessiteront des informations complémentaires en annexe. Ces informations devraient inclure, à notre avis, une description des éléments inclus dans le calcul de l'IAP, un rapprochement avec les éléments IFRS inclus dans le compte de résultat ainsi que l'intérêt pour l'utilisateur de présenter un tel élément dans les états financiers IFRS. L'entreprise doit également s'assurer qu'elle n'utilise pas un terme couramment admis sur la place, alors que la définition qu'elle en donne utilise des éléments de calcul différents de ceux qu'un utilisateur pourrait s'attendre à trouver.

Quelle que soit la présentation retenue, les IAP présentés dans les états financiers IFRS ne doivent pas être mis en exergue par rapport aux autres sous-totaux ou totaux requis par les normes IFRS, afin de ne pas tromper l'utilisateur sur la mesure de la performance de l'entreprise.

Recommandations de l'AMF et de l'ESMA Les régulateurs en France (l'AMF), en Europe (l'ESMA) et ailleurs (notamment la SEC aux Etats-Unis) ont émis à plusieurs reprises des recommandations en matière d'IAP, afin de veiller à la cohérence des indicateurs non-GAAP utilisés dans la communication financière des entreprises par rapport à l'information présentée dans les états financiers IFRS.

Pour les IAP dans un contexte de crise économique, voir nº 55650, point 3.

Ainsi, des « guidelines » ont été publiées par l'ESMA en juin 2015 et par l'AMF en décembre 2015 (Position AMF 2015-12).

Depuis 2017, l'ESMA met à jour régulièrement des « Questions-Réponses », dont l'objectif est d'illustrer ces « guidelines » (« Questions and answers – ESMA Guidelines on Alternative Performance Measures (APMs) »).

Ces « guidelines » visent à améliorer la comparabilité, la fiabilité et la compréhension des indicateurs alternatifs de performance.

En 2016, l'AMF a confirmé l'importance de ces éléments, en rappelant aux sociétés la nécessité de s'assurer que leur communication financière respecte les principes de sa position sur les indicateurs alternatifs de performance et en les encourageant à s'assurer de la pertinence et de l'utilité des IAP utilisés dans leur communication financière (Rec. AMF 2016-09, Arrêté des Comptes 2016, § 1.1).

De plus, l'AMF a rappelé qu'en cas de présentation dans les états financiers d'indicateurs financiers non sectoriels non définis ou non requis par les IFRS, il est recommandé de (i) s'assurer qu'ils ne reposent pas sur des principes non conformes aux IFRS, (ii) s'assurer de leur pertinence et (iii) les réconcilier avec les états primaires (Rec. AMF 2016-09, Arrêté des Comptes 2016, § 1.2).

Remarque Les « guidelines » précitées ne s'appliquent pas aux IAP communiqués dans les états financiers IFRS, mais uniquement à ceux publiés dans un prospectus ou dans une information réglementée (rapport de gestion, etc.). Toutefois, les principes présentés dans ces guidelines doivent, à notre avis, être appliqués de manière homogène dans l'ensemble de la communication financière du groupe.

A titre d'illustration, parmi les principes mentionnés par les régulateurs dans les documents précités figurent les précisions suivantes, qui sont similaires à nos recommandations énoncées ci-avant :

- les IAP ne doivent pas être présentés avec plus d'importance, d'emphase ou de prééminence que les indicateurs directement issus des états financiers IFRS (pour des précisions et des exemples utiles dans ce cadre, voir la question 9 des questions-réponses publiées par l'ESMA précitées) ;
- les intitulés utilisés doivent refléter le contenu de l'IAP afin de ne pas transmettre de messages trompeurs ;

55660 (suite) – la raison de l'utilisation de l'IAP doit être expliquée afin que les utilisateurs comprennent sa pertinence et sa fiabilité ;

– la définition et le calcul d'un IAP doivent être uniformes dans le temps ;

– un rapprochement entre les indicateurs non-GAAP et ceux issus des états financiers IFRS, pour l'exercice N et l'exercice N-1 présenté en comparatif, doit être présenté ;

– concernant le rapprochement avec l'indicateur des états financiers le plus pertinent, lorsqu'un élément en rapprochement ne provient pas directement des états financiers, le rapprochement doit montrer comment le chiffre a été calculé ;

– les IAP utilisés doivent être définis (détail des éléments composant l'indicateur, hypothèses de calcul). En cas d'utilisation d'une mesure de croissance organique (par exemple, un chiffre d'affaires organique), les effets « change » et « périmètre » doivent être présentés distinctement (voir la question 15 des questions-réponses publiées par l'ESMA précitées) ;

– il convient de ne pas qualifier à tort des éléments comme étant non récurrents, inhabituels ou peu fréquents (par exemple, des éléments avérés sur des périodes antérieures et susceptibles de se reproduire sur des périodes futures ne seront vraisemblablement pas qualifiés comme tels) ;

– en cas de redéfinition d'un IAP, la société doit expliquer les modifications et ses raisons et fournir des données comparatives modifiées.

CHAPITRE 50

Etat des flux de trésorerie (IAS 7)

Plan du chapitre §§ 56000

L'ESSENTIEL DE LA NORME IAS 7

A. Généralités

Objectif et champ d'application de la norme IAS 7

L'objectif de la norme IAS 7 est d'imposer la fourniture d'une information sur l'historique des évolutions de la trésorerie et des équivalents de trésorerie au moyen d'un état des flux de trésorerie classant les flux de l'exercice en activités opérationnelles, activités d'investissement et activités de financement. 56015

Cet état des flux de trésorerie est destiné à fournir une information sur la capacité de l'entreprise à générer de la trésorerie et des équivalents de trésorerie ainsi que sur les besoins d'utilisation de cette trésorerie par l'entreprise (IAS 7.Objectif).

Pour l'information à fournir dans le tableau des flux de trésorerie présenté dans les comptes intermédiaires, voir nº 54458.

Cet état doit être établi par toutes les entreprises, y compris par les établissements financiers, pour chaque période présentée dans les états financiers. L'état des flux de trésorerie fait partie intégrante des états financiers d'une entreprise (IAS 7.1).

Définition de la trésorerie et des équivalents de trésorerie

La trésorerie correspond à la somme des fonds en caisse et des dépôts à vue (IAS 7.6). 56030

Décision de l'IFRS IC L'IFRS IC a été interrogé sur le classement, dans l'état des flux de trésorerie et au bilan, d'un dépôt à vue soumis à des restrictions d'utilisation en vertu d'un accord avec un tiers (autre que la banque).

Dans le cas examiné par l'IFRS IC, les termes et les conditions du dépôt à vue n'empêchent pas l'entité d'accéder librement aux fonds. Toutefois, l'entité est engagée envers un tiers à conserver un montant déterminé de trésorerie pour des besoins spécifiques. L'utilisation des fonds pour un autre usage constituerait une rupture de son obligation contractuelle.

Dans sa décision approuvée par l'IASB (IFRIC Update 03/22), l'IFRS IC a confirmé le classement de ces dépôts dans la rubrique « Trésorerie et équivalents de trésorerie » considérant que la restriction d'utilisation résultait d'un accord entre l'entité et un tiers (autre que la banque) et n'affectait pas la nature du dépôt à vue, l'entité disposant de l'accès libre aux fonds.

L'IFRS IC a, en outre, rappelé que des informations devaient être fournies dans l'annexe des états financiers, notamment :

- les composantes de la trésorerie et des équivalents de trésorerie (IAS 7.45 ; voir nº 56180) ;
- le cas échéant, des informations additionnelles sur le risque de liquidité, conformément à IFRS 7 (voir nº 52415 s.) ;
- toute information additionnelle nécessaire, notamment si le respect des dispositions spécifiques des normes IAS 7 et IFRS 7 est insuffisant pour permettre aux utilisateurs des états financiers de comprendre l'incidence des restrictions considérées sur la situation financière de l'entité et sur sa performance financière, conformément à IAS 1.31 (voir nº 53960).

Rappelons enfin que les soldes importants de trésorerie et d'équivalents de trésorerie non disponibles pour une utilisation par le groupe doivent également être indiqués dans l'annexe des états financiers (IAS 7.48 ; voir nº 52600).

Les **équivalents de trésorerie** sont les placements à court terme, très liquides, facilement convertibles en un montant connu de trésorerie, et qui sont soumis à un risque négligeable de changement de valeur (IAS 7.6). Ces placements ont donc une échéance rapprochée, par exemple inférieure ou égale à trois mois à partir de la date d'acquisition (IAS 7.7).

Pour la définition des équivalents de trésorerie, voir nº 51245.
Pour le classement des parts de fonds monétaires en équivalents de trésorerie, voir nº 51255 à 51270.
Pour le classement des découverts bancaires en trésorerie et équivalents de trésorerie, voir nº 51318.
Pour le classement des dépôts à terme en équivalents de trésorerie, voir nº 51332.
Pour le traitement comptable d'un changement de la composition de la rubrique « Trésorerie et équivalents de trésorerie » en raison d'un changement de circonstances, voir nº 12681.

B. Présentation des flux de trésorerie

Structure de l'état des flux de trésorerie

56070 L'état des flux de trésorerie doit présenter les entrées et les sorties de trésorerie et d'équivalents de trésorerie classées en trois catégories (IAS 7.10) :

- flux de trésorerie des activités opérationnelles ;
- flux de trésorerie des activités d'investissement ; et
- flux de trésorerie des activités de financement.

Une entreprise présente ses flux de trésorerie liés aux activités opérationnelles, d'investissement et de financement de la façon la plus appropriée à son activité (IAS 7.11).
Une transaction unique peut inclure des flux de trésorerie qui sont classés différemment (IAS 7.12).

L'IFRS IC, interrogé à plusieurs reprises sur la classification de certains flux dans ces trois catégories (voir nº 56210), a indiqué que le principe de base du classement devrait être la nature de l'activité (IAS 7.11) et la définition des flux (IAS 7.6). L'IFRS IC a également précisé que la clarification de l'application des principes de base d'IAS 7 au classement des flux était un sujet trop large et qu'il ne pouvait pas adopter une approche d'ensemble pour traiter les différents cas qui lui avaient été soumis (IFRIC Update 03/13).

Présentation des flux en montants bruts ou en montants nets

56080 Les flux opérationnels, d'investissement et de financement sont généralement présentés en **montants bruts** (IAS 7.18 et .21). Toutefois, il est également possible, **dans certaines circonstances,** de présenter des **montants nets** notamment lorsque (IAS 7.22) :

- les entrées et sorties de trésorerie sont réalisées pour le compte de clients et les flux de trésorerie découlent des activités du client et non de celles de l'entreprise ;

Par exemple, l'acceptation et le remboursement de dépôts à vue par une banque, la trésorerie détenue pour le compte de clients par une entité spécialisée dans les placements, ou encore les loyers reversés aux propriétaires de biens après avoir été collectés pour leur compte (IAS 7.23).

– les entrées et sorties de trésorerie concernent des éléments ayant un rythme de rotation rapide, des montants élevés et des échéances courtes.

Par exemple, des avances et remboursements de montants en principal relatifs aux cartes de crédit des clients, l'acquisition ou la cession de placements ou encore d'autres emprunts à court terme (dont l'échéance est inférieure ou égale à 3 mois) (IAS 7.23A).

Remarque La norme prévoit des dispositions spécifiques de présentation des flux de trésorerie liés aux activités d'une institution financière. Ainsi, les flux de trésorerie suivants, liés à de telles entités, peuvent être présentés pour leur montant net :
- les entrées et sorties de trésorerie liées à l'acceptation et au remboursement de dépôts à échéance fixe ;
- les placements de dépôts auprès d'autres institutions financières et leur retrait ; et
- les prêts et avances consentis à des clients et leurs remboursements (IAS 7.24).

En conséquence, à notre avis, dans les cas décrits ci-avant, la présentation des flux sur une base nette ou brute constitue un choix de méthode comptable et doit être appliquée de manière homogène.

Présentation des flux de l'activité opérationnelle

Les flux des **activités opérationnelles** sont les flux des principales activités génératrices de produits de l'entreprise (IAS 7.14) ainsi que toutes les autres activités qui ne sont pas des activités d'investissement ou de financement (IAS 7.6). **56090**

Il peut s'agir, par exemple (IAS 7.14) :
- d'entrées de trésorerie provenant de la vente de biens et de prestation de services, de redevances, d'honoraires, de commissions et d'autres produits ;
- de sorties de trésorerie versées aux fournisseurs de biens et services ou aux membres du personnel ou pour le compte de ces derniers ;
- de paiements ou de remboursements d'impôt sur le résultat, à moins qu'ils puissent être spécifiquement associés aux activités de financement et d'investissement ;
- des entrées et sorties de trésorerie provenant de contrats détenus à des fins de négoce ou de transaction.

Dans le cas particulier d'actifs détenus en vue d'être loués à des tiers puis détenus en vue de la vente, les sorties de trésorerie résultant de la fabrication ou de l'acquisition de tels actifs, de même que les entrées de trésorerie provenant des loyers et de la vente consécutive de ces actifs, doivent être présentées en tant que flux de trésorerie opérationnels dans l'état des flux de trésorerie (IAS 7.14).

Le montant de trésorerie payé pour réduire le montant nominal d'un contrat à terme est à classer en flux opérationnels lorsque les flux relatifs au contrat à terme sont eux-mêmes classés en flux des activités opérationnelles (voir n° 51335).

Recommandations de l'AMF Dans ses recommandations en vue de l'arrêté des comptes 2014, l'AMF a insisté sur la nécessité pour les sociétés de s'interroger sur les éléments à présenter comme des flux opérationnels et de s'assurer que les éléments présentés dans cette catégorie ne remplissent pas la définition de flux d'investissement ou financier et qu'inversement tous les flux classés en financement et investissement répondent à la définition de ces catégories de flux (Rec. AMF 2014-13, Arrêté des Comptes 2014, § 4.3).

Ces flux résultent en général de transactions ou d'événements qui entrent dans la détermination du résultat. Ils sont donc à définir en fonction de l'activité opérationnelle de l'entreprise.

Décision de l'ESMA – Flux résultant du transfert d'actifs précédemment loués à classer en flux des activités opérationnelles Selon l'ESMA (EECS/2014-04, 11/14), les flux de trésorerie provenant d'une activité régulière d'achat et de vente d'actifs précédemment donnés en location dans le cadre de contrat de location simple (véhicules dans le cas présent) doivent être présentés dans le tableau des flux de trésorerie comme des flux de l'activité opérationnelle et non pas comme des flux de l'activité de financement (IAS 7.14).

Ils doivent être présentés en utilisant soit la méthode directe, soit la méthode indirecte (IAS 7.18 s.) :
- la **méthode directe**, recommandée par la norme IAS 7, consiste à présenter les flux de trésorerie bruts à partir des transactions monétaires de l'exercice ;
- la **méthode indirecte** consiste à présenter les flux de trésorerie nets à partir du résultat, en l'ajustant des effets des transactions sans effet sur la trésorerie, de tout décalage ou régularisation de flux de trésorerie des activités opérationnelles passés ou futurs et des éléments de produits et charges liés aux flux de trésorerie concernant les investissements et le financement.

Le tableau suivant résume ces deux méthodes :

Méthode directe	Méthode indirecte
Base : transactions de nature monétaire identifiées à partir des enregistrements comptables	Base : transactions de nature non monétaire identifiées à partir du compte de résultat
Trésorerie reçue des clients	Résultat net
– Trésorerie versée aux fournisseurs et au personnel	– Produits de nature non monétaire
= Trésorerie provenant des opérations	+ Charges de nature non monétaire
– Intérêts payés	+/– Besoin en fonds de roulement (variations sur l'exercice des stocks, créances et dettes opérationnelles)
– Impôts sur le résultat payés	+/– Produits et charges des activités de financement et d'investissement
= Flux de trésorerie des activités opérationnelles	= Flux de trésorerie des activités opérationnelles

Evolution possible de la norme Dans le cadre du projet « Primary Financial Statements » (pour plus de précisions, voir nº 54006), de nouveaux sous-totaux obligatoires seraient introduits à la face du compte de résultat. Dans ce contexte, l'exposé-sondage publié prévoit que, si l'état des flux de trésorerie est présenté en utilisant la méthode indirecte, l'agrégat de départ retenu soit obligatoirement le nouveau sous-total intitulé « résultat opérationnel ».

Pour plus de détails sur les impacts du projet sur l'état des flux de trésorerie, voir nº 56305.

Présentation des flux de l'activité d'investissement

56100 Les activités d'investissement correspondent à l'acquisition et la sortie d'actifs à long terme et aux autres placements qui ne sont pas inclus dans les équivalents de trésorerie (IAS 7.6).

La présentation distincte des flux de trésorerie provenant des activités d'investissement est importante car ces flux indiquent dans quelle mesure des dépenses ont été effectuées pour l'accroissement de ressources destinées à générer des produits et des flux de trésorerie futurs (IAS 7.16).

La norme précise que les dépenses – dont les flux de trésorerie liés sont des flux d'investissement – sont uniquement celles qui ont conduit à la comptabilisation d'un actif dans l'état de situation financière (ou bilan) (IAS 7.16). Ainsi, les flux de trésorerie liés à des coûts d'exploration ou de recherche interne qui ont la nature d'investissement mais n'ont pas donné lieu à comptabilisation d'un actif doivent être classés en flux de trésorerie opérationnels.

Les flux de trésorerie provenant des activités d'investissement sont composés de flux de trésorerie tels que ceux (IAS 7.16) :

– issus de l'acquisition ou de la vente d'immobilisations corporelles, incorporelles et d'autres actifs à long terme ;

– relatifs à l'acquisition ou à la vente d'instruments de capitaux propres ou d'emprunts d'autres entreprises et de participations dans des joint ventures (autres que les sorties effectuées pour les instruments considérés comme des équivalents de trésorerie ou détenus à des fins de négoce ou de transaction) ;

– relatifs aux avances de trésorerie et prêts faits à des tiers (autres que les avances et prêts consentis par une institution financière) ;

– au titre de contrats à terme, de contrats d'option ou de contrats de swap, sauf lorsque ces contrats sont détenus à des fins de négoce ou de transaction ou que ces sorties sont classées parmi les activités de financement.

La norme indique également que lorsqu'un contrat est comptabilisé en tant que couverture d'une position identifiable, les flux de trésorerie relatifs à ce contrat sont classés de la même façon que les flux de trésorerie de la position ainsi couverte (IAS 7.16).

Recommandations de l'AMF L'AMF recommande aux sociétés qui ont des flux de trésorerie significatifs sur des contrats non qualifiés comptablement de couverture, d'indiquer le classement retenu pour présenter ces flux (Rec. AMF 2014-13, Arrêté des Comptes 2014, § 4.2).

Les principales catégories de flux d'investissement doivent être présentées en montants bruts, sauf dans des circonstances particulières où la norme autorise une présentation en net (IAS 7.21 ; voir nº 56080).

Les flux de trésorerie cumulés résultant de transactions d'obtention ou de perte du contrôle de filiales ou d'autres activités doivent être présentés distinctement (en cas d'obtention du contrôle, d'une part, et de perte de celui-ci, d'autre part) et classés parmi les flux des activités d'investissement (IAS 7.39 s.). Le montant global de trésorerie versé ou reçu en contrepartie de l'obtention ou de la perte du contrôle de filiales ou d'autres activités est présenté après déduction du montant de trésorerie et d'équivalents de trésorerie dont dispose la filiale ou l'activité acquise ou cédée (IAS 7.42).

Remarque Les flux de trésorerie résultant de variations d'intérêts sans prise ni perte de contrôle ne sont pas considérés comme des flux d'investissement et doivent être classés parmi les flux des activités de financement dans les états financiers consolidés (voir n° 56110).

Evolution possible de la norme Dans le cadre du projet « Primary Financial Statements » (pour plus de détails, voir n° 54006), des précisions seraient apportées quant au classement des flux de trésorerie liés à l'acquisition ou à la cession de participations dans des entreprises associées, qui seraient à présenter au sein des activités d'investissement, au même titre que les flux liés aux participations dans des joint ventures (IAS 7.16).

Pour plus de détails sur les impacts du projet sur l'état des flux de trésorerie, voir n° 56305.

Présentation des flux de l'activité de financement

Les flux des activités de financement sont ceux provenant des activités qui résultent des 56110
changements dans le montant et la composition des capitaux propres et des emprunts de l'entreprise (IAS 7.6).

Par exemple (IAS 7.17) :

- les entrées de trésorerie provenant de l'émission d'actions ou d'autres instruments de capitaux propres ;
- les sorties de trésorerie pour acquérir les actions de l'entité aux actionnaires ;
- les produits de l'émission d'emprunts ordinaires ou obligataires, de billets de trésorerie, d'emprunts hypothécaires et d'autres emprunts à court ou à long terme ;
- les sorties de trésorerie pour le remboursement d'emprunts ou, le cas échéant, pour réduire le solde de la dette relative à un contrat de location.

En outre, les flux de trésorerie résultant d'une augmentation de pourcentage d'intérêts sans prise de contrôle (voir n° 23730) ou d'une diminution de pourcentage d'intérêts sans perte de contrôle (voir n° 23820) sont classés en flux de financement, sauf si la filiale est détenue par une société d'investissement au sens d'IFRS 10 (voir n° 15007) et qu'elle est évaluée à la juste valeur par résultat (IAS 7.42A et .42B).

Remarque Les flux de trésorerie résultant des transactions de prise/perte de contrôle doivent être classés en flux d'investissement (voir n° 56100). Pour le classement des flux de trésorerie découlant de telles transactions, voir n° 56130.

Les principales catégories de flux de financement doivent être présentées en montants bruts, sauf dans des circonstances particulières où la norme autorise une présentation en net (IAS 7.21 ; voir n° 56080).

Remarque La renégociation (extinction ou modification) d'une dette avec une banque est prise en compte dans le tableau des flux de trésorerie en flux de financement uniquement si elle donne lieu à des mouvements de trésorerie.

Pour la distinction entre une modification et une extinction de dette, voir n° 46165.

Démarche pratique de classement des flux par type d'activité (investissement, financement, opérationnelle)

Le classement des flux par activité doit permettre aux utilisateurs d'appréhender l'impact des 56120
activités de l'entité sur les éléments constatés au bilan et sur le montant de la trésorerie et des équivalents de trésorerie (IAS 7.11). Le graphe suivant, établi par nos soins, propose une démarche pratique d'analyse des flux par activité.

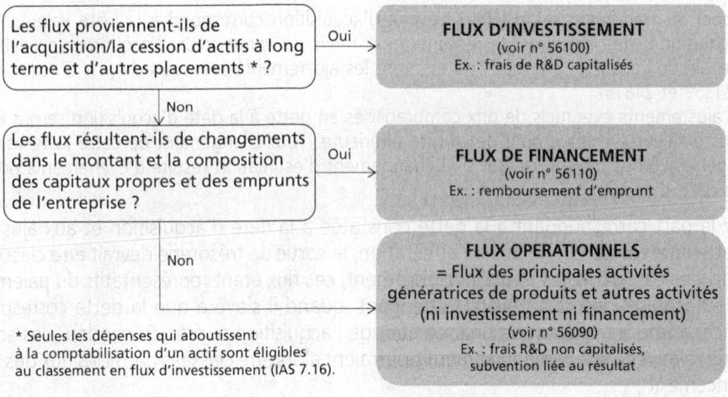

Présentation des flux liés aux opérations de prise/perte de contrôle de filiales ou d'autres activités

56130 Les flux de trésorerie cumulés résultant de transactions aboutissant à l'obtention ou à la perte du contrôle de filiales ou d'autres activités doivent être présentés séparément parmi les flux des activités d'investissement (IAS 7.39 s.).

De la même manière que l'acquisition d'une filiale ou d'une activité (telle que définie par la norme IFRS 3, voir nº 21490) constitue un regroupement d'entreprises selon la norme IFRS 3, les flux de trésorerie aboutissant à la prise de contrôle d'une activité sont traités comme ceux liés à la prise de contrôle d'une filiale.

Remarque Les flux de trésorerie résultant de variations d'intérêts sans prise ni perte de contrôle doivent être classés parmi les flux des activités de financement (voir nº 56110).

Une transaction aboutissant à la prise de contrôle d'une filiale génère fréquemment des flux de trésorerie correspondant :

1. **aux coûts encourus par l'acquéreur pour réaliser un regroupement d'entreprises** Ces coûts sont classés parmi les flux des activités opérationnelles ;

Ces coûts sont en effet comptabilisés en charges, ne pouvant pas être incorporés au prix d'acquisition (voir nº 21850).

2. **au remboursement d'une dette de l'entité acquise** Le classement du flux de trésorerie dépend des circonstances :

a. lorsque ce remboursement est réalisé à la seule initiative de l'acquéreur, les flux de trésorerie correspondants sont à classer parmi les flux de financement ;

b. en revanche, lorsque ce remboursement s'impose à l'acquéreur du fait de l'acquisition – par exemple en raison d'une clause préexistante prévoyant le remboursement de l'emprunt en cas de changement d'actionnaire de l'acquise – les flux de trésorerie résultant du remboursement de la dette peuvent, à notre avis, être présentés :

– soit parmi les flux des activités d'investissement, comme les flux de trésorerie résultant de la prise de contrôle ;

Les flux résultant du remboursement sont alors analysés comme faisant partie des flux relatifs au regroupement d'entreprises.

– soit parmi les flux de financement, comme les flux liés au remboursement d'une dette ;

3. **au paiement différé du prix d'acquisition d'une filiale** :

a. pour la part du paiement différé correspondant à la dette constatée à la date d'acquisition, la sortie de trésorerie peut, à notre avis, être présentée :

– soit parmi les flux des activités d'investissement, ces flux étant représentatifs du paiement des actifs de l'acquise inscrits au bilan ;

– soit parmi les flux des activités de financement, le paiement différé étant alors considéré comme une transaction de financement ;

b. pour la part du paiement différé qui excède le montant de la juste valeur de la dette à la date d'acquisition – part correspondant à la désactualisation de la dette – la sortie de trésorerie est classée selon la présentation retenue dans le tableau de flux de trésorerie pour les intérêts payés, c'est-à-dire parmi les flux des activités opérationnelles ou des activités de financement, selon le choix effectué par l'entité (voir nº 56160) ;

4. **aux ajustements éventuels du prix de l'entité acquise** :

Rappel du traitement selon IFRS 3 Le prix d'acquisition correspond à la juste valeur, à la date d'acquisition, des éléments de rémunération remis au vendeur par l'acquéreur en échange du contrôle de l'acquise, y compris notamment les ajustements éventuels du prix d'acquisition (voir nº 21359 et 21815).

Les ajustements éventuels de prix comptabilisés en dette à la date d'acquisition seront évalués à la juste valeur à chaque date de clôture ultérieure. Tout changement de cette juste valeur sera, en général, constaté en résultat si le changement d'estimation résulte d'événements postérieurs à la date d'acquisition.

a. pour la part correspondant à la dette constatée à la date d'acquisition et aux ajustements de la dette intervenus dans le délai d'affectation, la sortie de trésorerie devrait être classée, dans la plupart des cas, parmi les flux d'investissement, ces flux étant représentatifs du paiement des actifs de l'acquise inscrits au bilan. Cependant, quand il s'avère que la dette correspond, en substance, à une transaction de financement de l'acquisition auprès du vendeur, les sorties de trésorerie relatives à son remboursement pourraient alors être classées parmi les flux des activités de financement ;

b. pour la part relative aux variations ultérieures de la dette intervenues en dehors du délai d'affectation, à notre avis :
- soit parmi les flux des activités opérationnelles, ces variations ultérieures de la dette ayant été constatées en charges ;
- soit parmi les flux des activités de financement si telle est la substance de la variation de la dette.

Remarque – Permanence du classement des flux Le classement par activité de l'ensemble de ces flux est un choix de méthode comptable à appliquer de manière permanente (IAS 8.13).

Présentation des flux en monnaies étrangères

Dans le cas de transactions en monnaies étrangères, de même que pour les flux de trésorerie d'une filiale étrangère, les flux de trésorerie doivent être présentés dans la monnaie fonctionnelle de l'entreprise qui présente les états financiers. La conversion des transactions et des états financiers doit être effectuée en appliquant le cours de change entre cette monnaie fonctionnelle et la monnaie étrangère à la date des flux de trésorerie (IAS 7.25 et .26). **56150**

Conformément à la norme IAS 21, un cours moyen pondéré pour l'exercice peut être utilisé. L'utilisation d'un cours de change à la date de clôture n'est pas autorisée (IAS 7.27), voir nº 16015.

Les gains et pertes latents provenant des variations des cours de change ne sont pas des flux de trésorerie. Toutefois, l'effet des variations des cours de change sur la trésorerie ou les équivalents de trésorerie détenus ou dus en monnaies étrangères est présenté dans l'état des flux de trésorerie séparément, de façon à permettre le rapprochement de la trésorerie et des équivalents de trésorerie à l'ouverture et à la clôture de l'exercice (IAS 7.28).

Présentation des intérêts et dividendes

La présentation des intérêts et des dividendes dans les différentes catégories (opérationnel, investissement, financement) ne fait pas consensus pour les entités autres que les institutions financières (IAS 7.33). **56160**

Pour les institutions financières, les intérêts versés et les intérêts et dividendes reçus sont généralement classés en flux de trésorerie opérationnelle (IAS 7.33).

Le montant total des intérêts versés au cours de l'exercice doit être indiqué dans l'état des flux de trésorerie (intérêts versés comptabilisés en charges ou incorporés au coût d'un actif conformément à la norme IAS 23) (IAS 7.32), voir nº 37980 s.

Toutefois, deux principes sont à respecter (IAS 7.31) :
- une présentation sur des **lignes distinctes** des flux des intérêts et des dividendes, perçus et versés ; et
- une **affectation** de ces flux aux différentes catégories (opérationnelle, investissement ou financement) **permanente d'une période à l'autre.**

Le tableau ci-après récapitule les possibilités concernant le classement des intérêts et dividendes (IAS 7.31 à .34) :

	Institutions financières	Entreprises industrielles et commerciales
Intérêts versés	Activités opérationnelles	Activités opérationnelles ou de financement (1)
Intérêts reçus	Activités opérationnelles	Activités opérationnelles ou d'investissement
Dividendes versés	Activités opérationnelles ou de financement	Activités opérationnelles ou de financement
Dividendes reçus	Activités opérationnelles	Activités opérationnelles ou d'investissement

(1) Selon l'IFRS IC, les intérêts payés capitalisés selon IAS 23, Coûts d'emprunt, devraient être présentés de la même manière que les flux de trésorerie relatifs à l'actif ayant fait l'objet de la capitalisation des intérêts (IFRIC Update 05/11). Ainsi, les intérêts payés capitalisés au titre d'actifs corporels devraient être présentés en flux de l'activité d'investissement ; ceux liés à des stocks, en flux de l'activité opérationnelle.
Cette précision a fait l'objet d'une proposition d'amendement de la norme IAS 7 dans le cadre du processus d'amélioration annuelle des normes IFRS cycle 2010 – 2012 (ED/2012/1), proposition qui n'a toutefois pas été retenue dans le texte définitif publié en décembre 2013.
Les intérêts capitalisés payés au cours d'une période peuvent ainsi être inclus dans le total des intérêts versés au cours de la période, avec une information permettant d'identifier leur montant. Ils peuvent être également classés séparément parmi les flux de l'activité d'investissement (avec une information relative au montant total des intérêts payés).
Lorsque les intérêts capitalisés sont significatifs, il convient d'indiquer en annexe le classement retenu pour ce flux.

Recommandations de l'AMF Au vu de la diversité des pratiques observées sur la présentation des intérêts et des dividendes dans le tableau des flux de trésorerie, l'AMF recommande aux sociétés ayant des flux significatifs liés aux intérêts et aux dividendes de préciser le classement retenu (Rec. AMF 2014-13, Arrêté des Comptes 2014, § 4.2).

Evolution possible de la norme Dans le cadre du projet « Primary Financial Statements »/PFS (pour plus de précisions, voir n° 54006), les options actuellement offertes par la norme IAS 7 en matière de classement des intérêts et dividendes reçus et versés seraient supprimées. Le tableau ci-après, établi par nos soins, présente les changements envisagés dans le cadre du projet, pour les **entreprises industrielles et commerciales** :

	IAS 7 actuelle	IAS 7 amendée (proposition du projet PFS)
Intérêts versés	Activités opérationnelles ou de financement	Activités de financement
Intérêts reçus	Activités opérationnelles ou d'investissement	Activités d'investissement
Dividendes versés	Activités opérationnelles ou de financement	Activités de financement
Dividendes reçus	Activités opérationnelles ou d'investissement	Activités d'investissement

Ces principes ne s'appliqueraient pas aux **institutions financières,** pour lesquelles la présentation des flux liés aux intérêts et dividendes versés et reçus serait à appréhender en cohérence avec la présentation de ces mêmes charges et produits au compte de résultat.

Pour plus de détails sur les impacts du projet PFS sur l'état des flux de trésorerie, voir n° 56305.

Présentation des impôts sur le résultat

56170 Les flux de trésorerie provenant des impôts sur le résultat doivent être **présentés séparément** et classés comme des **flux des activités opérationnelles,** à moins qu'ils puissent être spécifiquement rattachés aux activités de financement et d'investissement (IAS 7.35).

Lorsque les flux de trésorerie d'impôts sont répartis sur plus d'une catégorie d'activité, le montant total d'impôts payés doit être indiqué en annexe (IAS 7.36).

Remarque Les impôts différés ne sont pas inclus dans l'état des flux de trésorerie car ils ne sont pas représentatifs de flux de trésorerie (IAS 7.20).

Présentation des composantes de la trésorerie et des équivalents de trésorerie

56180 Les flux de trésorerie sont les entrées et sorties de trésorerie et d'équivalents de trésorerie (IAS 7.6).

L'entreprise doit indiquer les composantes de la trésorerie et des équivalents de trésorerie et présenter un rapprochement entre les montants figurant dans l'état des flux de trésorerie et les éléments correspondants présentés dans l'état de situation financière (bilan) (IAS 7.45 s.).

L'annexe doit, en outre, comporter des informations sur la méthode que l'entité utilise pour déterminer la composition de la trésorerie et des équivalents de trésorerie (IAS 7.46).

Pour des précisions sur l'inclusion ou non des découverts bancaires en trésorerie et équivalents de trésorerie, voir n° 51318.

Recommandations de l'AMF Dans ses recommandations en vue de l'arrêté des comptes 2007, l'AMF a insisté sur la nécessité pour les sociétés d'indiquer les éléments composant la « trésorerie et équivalent de trésorerie » comme le requiert IAS 7.45. Elle a rappelé, par ailleurs, que l'effet de tout changement de méthode de détermination des composantes de « trésorerie et équivalent de trésorerie » (par exemple, un changement dans la classification des instruments financiers considérés antérieurement comme faisant partie du portefeuille de placement) doit être présenté comme un changement de méthode comptable au sens d'IAS 8 (voir n° 12681), et ce conformément à IAS 7.47 (Rec. AMF 2007-23, Arrêté des Comptes 2007, § 7.2.2).

Présentation des flux des participations dans les filiales, entreprises associées et partenariats

56190 La présentation des flux de trésorerie des participations dépend de la méthode de consolidation retenue comme le résume le tableau ci-après (IAS 7.37 à .38) :

Participation	Méthode de consolidation	Présentation des flux de trésorerie dans l'état des flux de trésorerie consolidé
Filiale – contrôle exclusif	Intégration globale	Tous les flux de trésorerie
Joint operation [(1)] – contrôle conjoint	Constatation des droits et obligations du partenaire en reconnaissant : – les actifs qu'il contrôle et/ou sa quote-part des actifs détenus conjointement ; – les passifs assumés et/ou sa quote-part des passifs détenus conjointement ; – les charges qu'il engage directement et/ou sa quote-part des charges encourues conjointement ; – sa quote-part de chiffre d'affaires correspondant à la vente de biens ou de services réalisée par la joint operation ou de chiffre d'affaires provenant de la vente ou de l'utilisation d'une quote-part de la production de la joint operation.	Flux liés aux éléments contrôlés ou quote-part des flux de trésorerie des éléments contrôlés conjointement
Joint venture [(1)] – contrôle conjoint Entreprise associée – influence notable	Mise en équivalence	Flux liés à la participation, aux distributions et autres entrées et sorties de trésorerie, entre le groupe consolidé et l'entité concernée

(1) La norme IFRS 11 définit deux types de partenariats : la joint venture (coentreprise) et la joint operation (activité conjointe). La distinction entre ces deux catégories dépend de la nature des droits et des obligations des partenaires sur le partenariat dans le cadre normal de l'activité. Ainsi, si les partenaires ont des droits et des obligations sur l'actif net du partenariat, ce dernier sera une joint venture. En revanche, si les partenaires ont des droits directs sur les actifs et des obligations directes sur les passifs relatifs au partenariat, ce dernier sera une joint operation (pour plus de détails, voir nº 15430).

Présentation des transactions sans effet sur la trésorerie

Les transactions d'investissement et de financement sans effet sur la trésorerie sont exclues de l'état des flux de trésorerie et doivent être mentionnées par ailleurs dans les états financiers (IAS 7.43). 56200

Exemple de **transactions d'investissement** sans effet sur la trésorerie : une acquisition d'actifs, soit par la prise en charge de passifs directement liés, soit par un contrat de location, ou encore l'acquisition d'une entreprise au moyen d'une émission d'actions (IAS 7.44).

Exemple de **transactions de financement** sans effet sur la trésorerie : la conversion de dettes en capitaux propres (IAS 7.44).

Pour le cas particulier des transactions de reverse factoring, voir nº 48215.

C. Informations en annexe

La norme IAS 7 impose de fournir des informations obligatoires dans certaines circonstances et en recommande d'autres. 56210

1. Soldes significatifs de trésorerie et d'équivalents de trésorerie non disponibles pour le groupe (« Restricted cash ») La norme requiert d'indiquer le montant des soldes significatifs de trésorerie et d'équivalents de trésorerie détenus par l'entreprise mais qui ne sont pas disponibles pour le groupe (« restricted cash »). Cette information doit, en outre, faire l'objet d'un commentaire de la direction (IAS 7.48 et .49).

Pour le classement en trésorerie ou équivalents de trésorerie du « restricted cash », voir nº 51245.
Pour des précisions sur les informations à communiquer concernant le « restricted cash », voir nº 52600.

Recommandations de l'AMF Dans ses recommandations en vue de l'arrêté des comptes 2011, l'AMF a invité les sociétés à fournir cette information s'il s'agit de montants significatifs et à l'accompagner de commentaires de la direction (IAS 7.48) dont notamment les jugements significatifs retenus afin de déterminer si la trésorerie en question était disponible ou non (Rec. AMF 2011-16, Arrêté des Comptes 2011, § 1.1.2).

56210 (suite) **2. Acquisitions et cessions** L'entité doit indiquer les informations suivantes en global pour les acquisitions et cessions de filiales ou d'autres activités (IAS 7.40) :
- le prix total d'acquisition ou de cession ;
- la partie du prix d'acquisition ou de cession payée en trésorerie et en équivalents de trésorerie ;
- le montant de trésorerie et d'équivalents de trésorerie dont dispose la filiale ou l'activité acquise ou cédée ; et
- le montant des actifs et passifs, autres que la trésorerie et équivalents de trésorerie, de la filiale ou de l'activité acquise ou cédée, par grandes catégories.

Remarque Une société d'investissement, au sens d'IFRS 10, Etats financiers consolidés (voir nº 15007), n'est pas tenue de fournir les informations requises par les paragraphes .40c ou .40d concernant une participation dans une filiale qui doit être évaluée à la juste valeur par résultat (IAS 7.40A).

3. Variations des passifs liés aux activités de financement Afin de faciliter le rapprochement entre les variations de bilan et de l'état des flux de trésorerie en matière de financement, la norme IAS 7 requiert que les entreprises présentent en annexe les changements intervenus sur la période au titre des dettes financières présentées au bilan (IAS 7.44A), en distinguant :
- les changements qui résultent des flux de trésorerie, tels que ceux liés à de nouveaux emprunts ou des remboursements, ce qui permet de faire directement le lien avec les variations liées aux activités de financement, présentées dans l'état des flux de trésorerie ; et
- les effets « non-cash », comme par exemple, les variations liées à des regroupements d'entreprises et les effets de change si les emprunts sont constatés en devises (IAS 7.44B), ou encore la conclusion de contrats de location.

Le format de présentation de ces informations n'est pas imposé (IAS 7.44D). Ainsi, à notre avis, elles peuvent être présentées soit sous forme de tableau, avec un rapprochement entre les soldes d'ouverture et de clôture des principales dettes financières présentées au bilan, soit sous forme narrative. Cette dernière présentation est plus appropriée lorsqu'il y a peu d'éléments en rapprochement.

Pour plus de détails sur les modalités de présentation de ces informations, voir nº 56600.

4. Autres informations Par ailleurs, les informations suivantes peuvent s'avérer pertinentes à la compréhension de la situation financière et la liquidité d'une entité, et leur communication est en conséquence recommandée (IAS 7.50) :
- le montant des lignes de crédit non utilisées qui pourraient être disponibles pour les activités opérationnelles futures et pour le règlement d'engagements relatifs à des dépenses en capital, en indiquant toutes limitations à l'utilisation de ces facilités de crédit ;
- le montant global des flux de trésorerie qui représentent des augmentations de la capacité de production séparément des flux de trésorerie qui sont nécessaires pour maintenir la capacité de production (utile pour déterminer si l'entreprise investit suffisamment pour maintenir sa capacité de production, IAS 7.51) ;
- les montants des flux de trésorerie provenant des activités opérationnelles, d'investissement et de financement pour chaque secteur à présenter (selon IFRS 8, Secteurs opérationnels, voir nº 57750 s.).

Recommandations de l'AMF Dans ses recommandations en vue des arrêtés des comptes 2009 (Rec. AMF 2009-28, Arrêté des Comptes 2009, § 7.4) et 2012 (Rec. AMF 2012-16, Arrêté des Comptes 2012, § 6.1.1), l'AMF a recommandé que soient améliorées les informations suivantes, conformément à la norme IAS 1 :
- les principaux éléments du tableau de flux doivent faire l'objet d'une référence croisée avec les notes annexes correspondantes (par exemple, en donnant le détail des différents éléments composant la variation du besoin en fonds de roulement : clients, stocks, fournisseurs (IAS 1.113) ;
- des commentaires sur les principaux flux devraient être donnés (IAS 1.114c).

Il est en effet primordial selon l'AMF que, pour les éléments significatifs du tableau de flux de trésorerie, des liens soient faits avec les autres éléments des états financiers (bilan, compte de résultat et notes annexes). L'AMF constate que les renvois effectués vers les notes annexes ne permettent parfois pas de retrouver les chiffres présentés dans le tableau des flux de trésorerie. Les informations requises permettront notamment :
- de distinguer au sein du tableau des flux de trésorerie les charges ayant un impact sur la trésorerie de celles n'en ayant pas et de faire un lien avec le compte de résultat ;
- d'identifier certaines transactions qui ont des impacts significatifs sur le montant des flux de trésorerie, parfois de manière ponctuelle. De telles transactions incluent, par exemple, des transferts d'actifs non financiers comme une créance fiscale ou un droit légal au remboursement de sommes préalablement versées (comme le précompte) ou des soultes payées ou encaissées pour résilier par anticipation des instruments financiers optionnels.

En outre, l'AMF constate des disparités parmi les émetteurs français dans la définition de la « Trésorerie et équivalents de trésorerie », qui inclut ou non les découverts bancaires remboursables à vue. Sur ce point, elle recommande de présenter la composition de la trésorerie disponible et de préciser ce que recouvre la notion de « Trésorerie et équivalents de trésorerie », et notamment lorsque l'entité y inclut les découverts bancaires.

Si tel n'est pas le cas, l'entité doit préciser ce fait et indiquer que les découverts bancaires sont présentés au sein des flux de financement. Ils doivent en outre être présentés distinctement des autres flux dès lors qu'ils sont considérés comme significatifs.
Pour des précisions sur l'inclusion ou non des découverts bancaires en trésorerie et équivalents de trésorerie, voir nº 51318.

En lien avec la problématique de présentation du tableau de flux de trésorerie soumise à l'IFRS IC (IFRIC Update 03/12, 07/12 et 03/13), l'AMF a indiqué qu'il est nécessaire de préciser le classement retenu pour certains flux lorsque plusieurs classements de ces flux sont possibles (Rec. AMF 2012-16, Arrêté des Comptes 2012, § 6.1.2).

Selon l'analyse de l'**IFRS IC**, plusieurs classements sont envisageables, notamment par exemple :
- les flux liés à la construction ou l'amélioration d'une infrastructure dans le cadre d'un contrat de concession couvert par IFRIC 12 ;
- les paiements reçus dans le cadre d'un contrat d'assurance à la suite d'un dommage sur une immobilisation ;
- les paiements effectués dans le cadre d'une obligation de démantèlement ;
- les contributions volontaires versées à un fonds de pension ;
- les paiements reçus dans le cadre d'une subvention ;
- le classement des compléments de prix payés lors de regroupements d'entreprises ;
- les paiements effectués liés à la partie différée d'un achat d'immobilisations.

L'IFRS IC a indiqué que la clarification de l'application des principes de base d'IAS 7 au classement des flux était un sujet trop large et qu'il ne pouvait pas adopter une approche d'ensemble pour traiter les différents cas qui lui avaient été soumis (IFRIC Update 03/13).

QUESTIONS/REPONSES PRATIQUES

Remarque importante

Les réponses aux questions présentées ci-après résultent de l'analyse des dispositions de la norme IAS 7, Etat des flux de trésorerie, en vigueur actuellement, sur la base des informations disponibles au 1er juin 2023. **56305**

Pour une présentation des principales dispositions de la norme IAS 7, voir nº 56015 s.

Evolution possible des réponses Les réponses apportées dans les développements ci-après ne prennent pas en compte les projets en cours de discussion à l'IASB et les amendements publiés non entrés en vigueur suivants :

1. **Projet « Primary Financial Statements »** Dans le cadre du projet « Primary Financial Statements », l'IASB a proposé dans son exposé-sondage publié en décembre 2019 (ED/2019/7) des améliorations à la norme IAS 7. Les principales dispositions présentées dans l'exposé-sondage au regard de la présentation de l'état des flux de trésorerie portent sur les éléments suivants :
- modification de l'agrégat de départ utilisé dans le cadre de la méthode indirecte (voir nº 56090) ;
- précision sur le classement des flux d'acquisition et de vente des participations dans les entreprises associées (voir nº 56100) ;
- classement des intérêts et dividendes reçus et versés (voir nº 56160).

2. **Opérations de « reverse factoring »** En mai 2023, l'IASB a publié un amendement des normes IAS 7 et IFRS 7 visant à améliorer l'information financière relative aux opérations de « reverse factoring ». Les amendements se traduisent par davantage d'informations à fournir en annexe, devant permettre aux utilisateurs des états financiers d'évaluer les effets de ces opérations sur les passifs et les flux de trésorerie de l'entité initiatrice de l'opération, de même que sur le risque de liquidité en découlant.

Pour plus de précisions sur les opérations de « reverse factoring », et sur cet amendement, voir nº 48215.

Informations en annexe concernant les variations des passifs liés aux activités de financement

56600 ***Question***

Quelles sont les informations requises en annexe concernant les variations des passifs liés aux activités de financement ?

Réponse

La norme IAS 7 requiert que les entreprises présentent en annexe des informations permettant aux utilisateurs des états financiers d'évaluer les variations des passifs issus des activités de financement, en distinguant :
– les changements résultant des flux de trésorerie (nouveaux emprunts, remboursements, etc.) ;
– les changements sans contrepartie de trésorerie (conséquence des regroupements d'entreprise, effets de change en cas d'emprunts constatés en devises ou variations des justes valeurs des passifs).

L'IFRS IC ainsi que l'ESMA ont apporté des précisions sur ce thème.

Ces éclairages viennent compléter les recommandations de l'AMF formulées en 2017 en la matière.

Commentaires Selon IAS 7.44A, l'entité doit fournir des informations permettant aux utilisateurs des états financiers d'évaluer les variations des passifs issus des activités de financement, comprenant les changements résultant des flux de trésorerie, mais également les changements sans contrepartie de trésorerie.

Pour plus de précisions sur les informations requises par la norme IAS 7, voir n° 56210, point 3.

D'un point de vue pratique, IAS 7.44D n'impose pas de format de présentation mais indique que l'une des présentations possibles réside en un rapprochement entre les soldes de clôture et d'ouverture, structuré en flux d'origine « cash » et « non cash » (IAS 7.44A). IAS 7.44B indique les variations à présenter suivantes :
– les changements issus des flux de trésorerie de financement ;
– les changements découlant de l'obtention ou de la perte de contrôle des filiales ou d'autres entreprises ;
– l'effet des variations des cours des monnaies étrangères ;
– les variations de juste valeur ; et
– les autres changements.

A notre avis, un format tabulaire ou narratif peut être utilisé, la présentation sous forme narrative étant plus appropriée lorsqu'il y a peu d'éléments en rapprochement.

1. Décision de l'IFRS IC En 2019, l'IFRS IC a apporté des précisions sur ce thème. Le Comité a, en effet, été consulté par un groupe d'investisseurs qui s'interrogeaient sur la pertinence des informations présentées par les émetteurs en la matière et leur adéquation avec l'objectif édicté par IAS 7, tel que rappelé ci-avant (IAS 7.44A).

L'IFRS IC a indiqué dans sa décision que les informations requises par la norme aux paragraphes IAS 7.44B à 7.44E permettaient d'atteindre cet objectif et a rappelé en quoi ces informations y répondaient et comment elles devaient être présentées par les émetteurs afin d'y répondre (IFRIC Update 09/19).

Notamment, lorsque l'émetteur présente un rapprochement entre soldes d'ouverture et de clôture de ses dettes financières dans l'état de situation financière (bilan), en distinguant les catégories mentionnées par IAS 7.44B, il fournit aux investisseurs une information leur permettant de relier les éléments présentés en rapprochement avec d'autres éléments des états financiers, tels que les éléments présentés dans l'état des flux de trésorerie ou ceux mentionnés par ailleurs en annexe (IAS 7.44D).

A ce titre, l'entité doit :
– identifier les passifs résultant des activités de financement, en s'appuyant sur la définition qui en est fournie par IAS 7.44C (c'est-à-dire les passifs pour lesquels des flux de trésorerie ont été classés, ou pour lesquels des flux de trésorerie futurs seront classés, dans l'état des flux de trésorerie en tant que flux de trésorerie liés aux activités de financement). Si l'entité utilise une autre définition, basée sur la notion d'endettement net par exemple, cela ne l'exonère pas de présenter le rapprochement tel que requis par IAS 7 ;
– présenter les variations des passifs financiers séparément de ses autres actifs et passifs (IAS 7.44D).

Enfin, l'IFRS IC rappelle que l'exercice du jugement par les entités est nécessaire afin de déterminer le niveau approprié de désagrégation des variations « cash » et « non cash » présentées selon IAS 7.44B, cette désagrégation devant permettre de conserver l'intelligibilité des états financiers (IAS 1.30A). D'autres informations pourraient également devoir être fournies, même si elles ne sont pas présentées ailleurs dans les états financiers, dès lors qu'elles sont pertinentes pour comprendre les variations présentées (IAS 1.112c). **56600** (suite)

2. Décisions de l'ESMA

a. Présentation du rapprochement des variations des passifs liés aux activités de financement En juillet 2019, l'ESMA a rejeté la présentation retenue par un émetteur qui n'avait fourni aucune information sur la variation de ses passifs financiers alors qu'ils représentaient 30 % des passifs de son bilan et avaient augmenté de 80 % depuis la dernière clôture. L'ESMA a rejeté la présentation retenue par l'émetteur car IAS 7 requiert que soient expliquées en annexe les variations des passifs résultant de ses activités de financement (IAS 7.44A à .44D). L'ESMA a recommandé dans ce cas, même si la norme n'impose pas ce format de présentation, l'utilisation d'un tableau réconciliant les passifs financiers au bilan, entre ouverture et clôture de l'exercice, en distinguant les changements résultant de flux de trésorerie de ceux qui résultent d'effets « non-cash ». L'ESMA a rappelé que le guide d'application d'IAS 7 inclut, à titre illustratif, des exemples d'un tel tableau (EECS/0119-02, 07/19).

b. Présentation du rapprochement basé sur la dette nette définie par l'entité En juillet 2021, l'ESMA a rejeté la présentation retenue par un émetteur qui avait communiqué un rapprochement basé sur sa dette nette, sans distinguer les variations liées aux activités de financement telles que requises par IAS 7.44A à .44D, et notamment sans fournir distinctement les variations résultant des changements sans contrepartie de trésorerie. Bien que l'émetteur ait produit une information en annexe sur la nature et les principaux changements résultant des flux de trésorerie des activités de financement, l'ESMA a considéré que ces informations ne permettaient pas d'apprécier correctement la nature de ces variations. Pour les besoins de ce rapprochement, l'ESMA a indiqué qu'il était possible d'utiliser un autre agrégat basé sur la notion d'endettement net et a rappelé les dispositions d'IAS 7.44A, à savoir que les variations des passifs liés aux activités de financement doivent être présentées distinctement des autres variations de passifs financiers (EECS/0121-07, 07/21).

3. Recommandations de l'AMF Dans ses recommandations en vue de l'arrêté des comptes 2017, l'AMF a recommandé aux entreprises de présenter les variations des passifs issus des activités de financement en utilisant un format tabulaire tel que proposé par IAS 7.44D et l'exemple illustratif E, lorsque cela est jugé plus approprié pour présenter une information claire et concise et répondre aux objectifs de l'amendement. En outre, les entreprises sont invitées à commenter ces variations en lien avec les autres éléments fournis dans les états financiers, en application d'IAS 1.111 et .113 (Rec. AMF 2017-09, Arrêté des Comptes 2017, § 1.2).

4. Exemples d'informations à fournir au titre des variations des passifs liés aux activités de financement élaborés par nos soins :

a. Information sous forme de tableau

En M€	1/01/N	Flux de trésorerie	Variations « non-cash »			31/12/N
			Acquisition	Effet de change	Juste valeur	
Emprunts long terme	22 000	(1 000)	–	–	–	21 000
Emprunts court terme	10 000	(500)	–	200	–	9 700
Dettes liées aux contrats de location	4 000	(800)	300	–	–	3 500
Actifs en couverture d'emprunts à long terme	(675)	150	–	–	(25)	(550)
Dette long terme	35 325	(2 150)	300	200	(25)	33 650

b. Information narrative « Au cours de l'exercice clos le 31 décembre N, les variations sur emprunts bancaires à long terme, hors mouvements de trésorerie, se sont élevées à 3 millions d'USD provenant de différences de change non réalisées. »

CHAPITRE 51

Secteurs opérationnels (Information sectorielle) (IFRS 8)

Plan du chapitre §§ 57750

Plan du chapitre *(suite et fin)* §§

L'ESSENTIEL DE LA NORME IFRS 8

A. Généralités

57755 Les caractéristiques générales de la norme IFRS 8, Secteurs opérationnels, sont décrites ci-après :

1. **Objectif de la norme** Selon la norme IFRS 8, Secteurs opérationnels, une entité doit fournir des informations qui permettent aux utilisateurs de ses états financiers d'évaluer la nature et les effets financiers des activités qu'elle mène et des environnements économiques dans lesquels elle opère (IFRS 8.1). La norme détaille ainsi comment une entité doit présenter l'information sectorielle dans ses états financiers annuels (IFRS 8.20 s.) et intermédiaires (IAS 34.16Ag) et les informations requises sur les produits et services, les zones géographiques et les principaux clients (IFRS 8.31 s.).

2. **Champ d'application** La norme IFRS 8 s'applique, de manière obligatoire, aux états financiers des sociétés émettant des actions ou des obligations cotées sur un marché réglementé et des sociétés en voie de cotation (IFRS 8.2), voir nº 57822.

3. **Norme d'information** La norme IFRS 8 est avant tout une norme d'information financière. En effet, elle ne prévoit pas de manière détaillée comment évaluer l'information sectorielle, au-delà du principe suivant lequel cette information doit être basée sur les données communiquées au principal décideur opérationnel.

La norme requiert en outre de réconcilier les éléments présentés au titre de l'information sectorielle avec les éléments des états financiers (voir nº 57777) et d'expliquer dans les notes annexes comment les secteurs sont identifiés et comment les éléments sectoriels ont été évalués (voir nº 57775).

4. **Management approach** La norme IFRS 8 est fondée sur la « management approach » selon laquelle l'information sectorielle résulte du reporting interne soumis à la revue du principal décideur opérationnel de l'entité présentant les états financiers (IFRS 8.BC9 à .BC17). Les utilisateurs peuvent ainsi avoir une vision de l'entreprise avec les yeux de la direction (« through the eyes of management ») (IFRS 8.BC6b).

Pour les conséquences de cette approche, voir nº 57810.

La notion de « **principal décideur opérationnel** » **(PDO)** identifie une fonction et pas nécessairement un dirigeant ayant un titre particulier (IFRS 8.7). Cette fonction consiste à affecter des ressources aux secteurs opérationnels d'une entité et à en évaluer les performances. Ces affectations et évaluations sont souvent effectuées au plus haut niveau hiérarchique.

Pour la notion de PDO, voir nº 57850.

B. Détermination des secteurs opérationnels à présenter

Définition des secteurs opérationnels

Un secteur opérationnel est défini comme une composante d'une entité (IFRS 8.5 et .A) : 57760
- qui mène des activités pouvant générer des produits et pour laquelle des dépenses sont encourues, y compris lorsque ces produits et ces charges sont liés aux transactions avec d'autres composantes de la même entité ;
- dont les résultats opérationnels sont régulièrement examinés par le principal décideur opérationnel de l'entité afin de permettre l'allocation des ressources aux différents secteurs ainsi que l'évaluation de leurs performances ;
- pour laquelle une information financière distincte est disponible.

Pour plus de détails, voir nº 57845.

Identification des secteurs opérationnels à partir du reporting interne

Conformément à la « management approach » (voir nº 57755), les secteurs opérationnels sont déterminés sur la base des données internes de gestion de l'entreprise qui sont régulièrement utilisées par le principal décideur opérationnel pour allouer les ressources aux différents secteurs et pour évaluer leurs performances (IFRS 8.5b). 57762

La définition d'un secteur opérationnel (nº 57760) inclut une composante d'une entité dont la production est vendue principalement ou intégralement à d'autres secteurs opérationnels, si cette entité est gérée de cette façon. Ainsi par exemple, dans le cas d'une activité intégrée verticalement, une activité d'extraction de pétrole dont la totalité de la production est vendue à une autre activité qui raffine le pétrole constituera un secteur opérationnel distinct si elle est gérée comme tel (IFRS 8.BC.A.79 et .A.80).

Pour les activités intégrées verticalement, voir nº 57865.

Présentation des secteurs opérationnels distincts

Les secteurs opérationnels à présenter distinctement sont ceux (IFRS 8.11) : 57764
- identifiés sur la base du reporting interne ou résultant du regroupement de tels secteurs ;

Le regroupement de secteurs identifiés est possible si certaines conditions sont remplies, la principale étant que ces secteurs aient des caractéristiques économiques similaires (IFRS 8.12). Pour plus de précisions, voir nº 57900.

- et dépassant les seuils quantitatifs de présentation obligatoire.

Un secteur opérationnel ou un regroupement de tels secteurs doit être présenté séparément lorsque l'**un des seuils quantitatifs** suivants est rempli (IFRS 8.13) :
- ses **produits** (externes et intersecteurs) représentent **au moins 10 % des produits** (externes et intersecteurs) **totaux** des secteurs opérationnels ;
- le **résultat sectoriel** est **au moins** égal à **10 % du total des résultats des secteurs opérationnels,** en prenant comme base le montant le plus élevé, en valeur absolue, entre le résultat cumulé de tous les secteurs bénéficiaires et celui de tous les secteurs déficitaires ;
- ses **actifs** représentent **au moins 10 % des actifs cumulés** de tous les secteurs opérationnels.

Il convient en outre de s'assurer que les secteurs présentés représentent au moins 75 % des ventes totales consolidées de l'entité (IFRS 8.15).

Remarque On entend par « ventes totales consolidées de l'entité » uniquement les ventes externes, et ce, contrairement au seuil quantitatif de 10 % relatif aux produits qui comprend aussi bien les ventes externes que les ventes intersecteurs (IFRS 8.13 et .15).

Pour plus de détails :
- sur ces seuils, voir nº 57910 ;
- sur la présentation des secteurs ne dépassant pas le seuil de 10 % au-delà duquel une information séparée doit être fournie, voir nº 57915.

C. Base d'évaluation des éléments sectoriels

Une information sectorielle établie selon les principes comptables du reporting interne

57770 Le montant de chaque élément sectoriel présenté doit être l'indicateur utilisé par le principal décideur opérationnel (PDO) pour l'allocation des ressources au secteur et l'évaluation de sa performance (IFRS 8.25).

Les principes comptables sectoriels doivent ainsi être **conformes aux principes adoptés pour le reporting interne** (voir nº 57935). Ces principes peuvent donc ne pas être conformes aux IFRS, les principaux décideurs opérationnels pouvant avoir recours à des **évaluations ou niveaux de résultats ou d'actifs et de passifs différents des informations fournies par les états financiers.**

Pour la nécessité d'un rapprochement avec les états financiers IFRS, voir nº 57950.

De même, les ajustements et éliminations effectués pour l'établissement des états financiers de l'entité ne sont pris en compte pour la détermination du résultat sectoriel que s'ils sont soumis à la revue du principal décideur opérationnel de l'entité (IFRS 8.25).

L'entité doit fournir une explication des évaluations du résultat sectoriel, des actifs et passifs sectoriels pour chaque secteur présenté comprenant au minimum (IFRS 8.27) :
- la convention comptable utilisée pour les transactions intersecteurs (par exemple, les prix de transfert) ;
- la **nature des différences entre l'évaluation du résultat et des actifs sectoriels et le résultat avant charge ou produit d'impôt et avant activités abandonnées et les actifs totaux** (si cette information ne ressort pas des rapprochements, voir nº 57777), comprenant notamment les différences de méthodes comptables et les méthodes d'affectation de certains coûts communs entre les différents secteurs ;
- la **nature des différences entre les évaluations des passifs sectoriels et les passifs**, si cette information ne ressort pas des rapprochements, voir nº 57777 ;
- la **nature et l'effet des changements dans les méthodes d'évaluation** de l'information sectorielle **d'une période à l'autre** et l'effet éventuel de ces changements sur l'évaluation du résultat sectoriel ;
- la nature et l'effet des **affectations asymétriques** (par exemple, actifs dans un secteur et amortissement dans un autre).

D. Informations à fournir

Pour les informations à fournir concernant la base d'évaluation des éléments sectoriels, voir nº 57770.

Informations générales

57775 Afin de faciliter la lecture des états financiers par les utilisateurs, il convient de préciser en annexe (IFRS 8.22) :
- les facteurs utilisés pour identifier les secteurs de l'entité à présenter, y compris la base d'organisation retenue ;

Par exemple, le choix de l'entité de présenter ses secteurs par nature de produits ou services, ou par zone géographique, ou encore le fait que des secteurs opérationnels ont été regroupés.

- les jugements exercés par la direction pour procéder à des regroupements de secteurs opérationnels, en accord avec les critères d'IFRS 8.12, et notamment une brève description des secteurs ayant fait l'objet d'un tel regroupement ainsi que les indicateurs économiques utilisés pour démontrer que les secteurs regroupés ont des caractéristiques économiques similaires ;
- le type de produits ou services dont découlent les produits de chaque secteur présenté.

Informations par secteur

57776 Les informations suivantes sont également nécessaires (IFRS 8.23) :
- une évaluation du résultat pour chaque secteur présenté ;
- une évaluation des actifs et des passifs de chaque secteur présenté, si ces montants sont régulièrement fournis au principal décideur opérationnel.

Enfin, les informations suivantes sont requises, mais uniquement si elles sont incluses dans l'évaluation du résultat sectoriel ou si elles sont soumises à la revue régulière du principal décideur opérationnel de l'entité (IFRS 8.23 et .24) :

- produits provenant de clients externes ;
- produits provenant des transactions intersecteurs ;
- produits et charges d'intérêt ;

Les produits et charges d'intérêts sectoriels doivent être présentés distinctement.
Une présentation en net est toutefois autorisée lorsque la majorité des produits du secteur sont des produits d'intérêts et que le principal décideur opérationnel s'appuie sur le montant net d'intérêts pour évaluer la performance du secteur et allouer des ressources à celui-ci. Une précision doit alors indiquer que tel est le cas (IFRS 8.23).

- amortissements et dépréciations ;
- produits ou charges significatifs ;
- quote-part de l'entité dans le résultat net des entreprises associées ou joint ventures mises en équivalence ;
- charge ou produit d'impôt sur les résultats ;
- éléments significatifs sans contrepartie en trésorerie autres que les amortissements et dépréciations ;
- investissement dans les sociétés consolidées selon la méthode de la mise en équivalence ;
- dépenses d'investissement au titre d'actifs non courants (y compris les incorporels) autres que les instruments financiers, les actifs d'impôt différé, les actifs relatifs aux avantages postérieurs à l'emploi et les droits issus de contrats d'assurance.

Pour ces informations, voir nº 57945.

Rapprochement de l'information sectorielle et des états financiers

Les rapprochements suivants doivent être fournis (IFRS 8.28) : 57777

- le total des produits sectoriels avec les produits de l'entité ;
- les évaluations des résultats sectoriels avec le résultat avant impôt et activités abandonnées de l'entité (sauf si les évaluations des résultats sectoriels sont après impôt) ;
- le total des actifs sectoriels avec les actifs de l'entité, si les actifs sectoriels sont présentés ;
- le total des passifs sectoriels avec les passifs de l'entité, si les passifs sectoriels sont présentés ;
- le total des montants de tout autre élément significatif présenté avec le montant correspondant dans les comptes de l'entité.

Tout montant important en rapprochement doit être identifié et décrit séparément, notamment tout montant lié à des différences de méthodes comptables.

Informations globales relatives à l'entité

Des informations complémentaires globales doivent être fournies concernant l'entité dans son ensemble, si elles n'ont pas déjà été fournies dans le cadre des informations sur les secteurs opérationnels (voir nº 57776). Ces informations sont les suivantes (IFRS 8.32 à .34) : 57778

Pour plus de précisions sur ces informations, voir nº 57955.

a. **Informations sur les produits et services** L'entité doit mentionner les produits externes (correspondant au chiffre d'affaires externe) pour chaque produit et service (ou groupe de produits et services similaires) (IFRS 8.32). Ces montants doivent être basés sur les informations financières utilisées pour l'établissement des états financiers.

b. **Informations sur les zones géographiques** (IFRS 8.33) L'entité doit mentionner, en distinguant la partie relative au pays de résidence de l'entité et celle des autres pays :

- les produits provenant de clients externes ;
- les actifs (hors instruments financiers) non courants, les actifs d'impôts différés, les actifs relatifs aux avantages post-emploi ainsi que les droits afférents aux contrats d'assurance.

Si les produits externes ou les actifs non courants d'un pays étranger pris individuellement sont significatifs, ils doivent être présentés séparément. En outre, la base d'affectation des produits provenant de clients externes aux différents pays doit être indiquée.

Remarque Il est possible de fournir des sous-totaux d'informations géographiques concernant des groupes de pays, en complément des informations précitées.

c. **Informations relatives aux clients importants** (IFRS 8.34) Le degré de dépendance de l'entité à l'égard de ses principaux clients doit être mentionné. Tel est le cas si les produits des activités ordinaires provenant de transactions avec un client externe s'élèvent à plus de 10 % des produits des activités ordinaires d'une entité.

Informations en cas de changement des secteurs présentés

57779 En cas de modification des secteurs opérationnels présentés, les informations comparatives doivent également être retraitées, à moins que les informations ne soient pas disponibles ou que le coût de leur élaboration soit excessif (IFRS 8.29 et .30).

Le fait que les informations comparatives ont été (ou pas) retraitées doit être indiqué. Si l'information comparative n'a pas pu être retraitée, l'entité doit indiquer les informations sectorielles au titre de l'exercice pendant lequel le changement est intervenu, déterminées selon l'ancienne et selon la nouvelle base de segmentation, sauf si les informations nécessaires ne sont pas disponibles ou que le coût de leur élaboration est excessif (IFRS 8.30).

Pour plus de détails, voir nº 57977 s.

QUESTIONS/REPONSES PRATIQUES

Remarque importante

57806 Les réponses apportées aux questions présentées dans ce chapitre sont basées sur les dispositions de la norme IFRS 8, Secteurs opérationnels, en vigueur actuellement, sur la base des informations disponibles au 1er juin 2023.

Pour une présentation des principales dispositions de la norme IFRS 8, voir nº 57755 s.

I. Conséquences pratiques de la norme IFRS 8

« Management approach » : principales conséquences stratégiques

57810 ***Question***

Quelles sont les principales conséquences stratégiques de la « management approach » requise par la norme IFRS 8 ?

Réponse

Plusieurs conséquences ont pu être identifiées :
– possibilité pour les utilisateurs des états financiers d'avoir accès aux analyses de performance telles que réalisées par la direction de l'entreprise ;
– cohérence accrue avec les autres informations existantes (rapport de gestion, autres informations fournies par ailleurs dans le rapport annuel, communiqués de presse) ;
– diversité des mesures de performance fournies et réduction de la comparabilité entre entités, y compris au sein d'un même secteur.

Commentaires :

1. **Pour les utilisateurs des états financiers, accès aux analyses de performance telles que réalisées par la direction de l'entreprise** L'information sectorielle étant strictement fondée sur le reporting interne en ce qui concerne tant le découpage sectoriel (voir nº 57835), que, par exemple, l'évaluation du résultat sectoriel (voir nº 57935), les utilisateurs devraient « voir » l'entreprise « avec les yeux de la direction » (« through the eyes of management »).

Par exemple, si l'entreprise est organisée en intégration verticale et si son reporting interne analyse chaque étape du processus comme un secteur distinct, l'information sectorielle doit obligatoirement faire apparaître séparément les différents secteurs intégrés, avec une évaluation spécifique du résultat de chaque étape d'intégration, ce qui améliore la compréhension des résultats par les utilisateurs des états financiers.

La compréhension par les utilisateurs des états financiers de l'organisation interne de l'entité est également améliorée par la présentation séparée de certaines divisions fonctionnelles.

Les indicateurs sectoriels à présenter (et notamment le résultat sectoriel) doivent correspondre aux indicateurs utilisés par la direction, que ceux-ci soient IFRS ou non.

Pour les mêmes raisons de transparence, de diffusion et de concurrence que celles évoquées précédemment, la direction doit analyser le choix des indicateurs sectoriels non-GAAP sur la base du reporting interne et des processus internes de revue par le principal décideur opérationnel.

En outre, ces informations du reporting interne faisant partie intégrante de l'information financière publiée, elles doivent être soumises aux mêmes systèmes et contrôles que les autres données figurant dans les états financiers.

2. Cohérence entre l'information sectorielle et d'autres informations existantes Une entité fournit généralement des informations relatives à ses activités tant dans ses états financiers à proprement parler (information sectorielle notamment) que dans d'autres documents (rapport de gestion, autres parties du rapport annuel, etc.) ou à l'occasion d'autres événements (réunion d'analystes, par exemple).

Les commentaires de la direction sur ses activités étant généralement fondés sur les données de gestion interne de l'entreprise, la cohérence de l'ensemble devrait être accrue car l'information sectorielle est elle-même alignée sur ces mêmes données de gestion interne.

Remarque – Articulation de la communication sur les performances sectorielles avec celle sur les performances du groupe au niveau global Une attention particulière doit être portée à la cohérence d'ensemble de la communication de l'entreprise en matière de description de l'activité, de performance et de stratégie tant sectorielles que globales. La cohérence doit également être assurée entre tous les vecteurs de communication financière utilisés par l'entreprise, qu'il s'agisse des rapports financiers, des communiqués de presse, du rapport de gestion ou de tout autre support de communication financière. Au-delà de cette cohérence relative à une même période, il convient d'assurer une cohérence dans le temps entre l'information sectorielle actuelle et future, en cas de changement envisagé dans l'organisation de l'entreprise.

Pour plus de détails, voir n° 57975 s.

Recommandation de l'AMF L'AMF a rappelé l'importance d'avoir une cohérence entre l'information par activités au sein du rapport de gestion et l'information sectorielle attachée aux comptes (Rec. AMF 2008-22, Arrêté des Comptes 2008, § 8.1.1).

3. Moindre comparabilité entre les différentes entités Une des limites d'une information sectorielle plus proche des informations disponibles en interne (voir ci-avant) réside, en effet, dans la perte de comparabilité entre entités qui pourrait en résulter concernant :
- les secteurs identifiés, du fait notamment de l'absence de critères de segmentation précis autres que la simple référence à la segmentation retenue en interne (voir n° 57845) ;
- les principes comptables sectoriels, ceux-ci n'étant pas nécessairement conformes aux IFRS et pouvant donc être différents d'une entité à l'autre (voir n° 57935) ;
- ou encore les indicateurs utilisés, les évaluations de performance présentées étant celles utilisées par la direction et donc parfois différentes d'une entité à l'autre (évaluation du résultat sectoriel plus ou moins complète, intégration ou au contraire exclusion de coûts différents, etc.) (voir n° 57945).

Remarque L'utilisation d'indicateurs ou de données sectoriels non conformes aux IFRS implique un rapprochement obligatoire avec les éléments IFRS résultant des états financiers (voir n° 57950). Il convient d'apprécier si ce rapprochement, requis pour l'ensemble des secteurs, ne devrait pas plutôt être présenté secteur par secteur, facilitant ainsi, pour les analystes financiers et investisseurs, la comparaison avec d'autres entreprises par secteurs.

Recommandation de l'AMF Dans ses recommandations en vue de l'arrêté des comptes 2008, l'AMF a recommandé aux entreprises de s'interroger sur l'opportunité de présenter ce rapprochement de façon volontaire (Rec. AMF 2008-22, Arrêté des Comptes 2008, § 8.1.3).

II. Sociétés et comptes concernés par la norme IFRS 8

La norme IFRS 8 est constituée des trois textes suivants : 57820
- le texte de la norme (ci-après « IFRS 8.xx ») ;
- les bases des conclusions (généralement « IFRS 8.BCxx »), lesquelles incorporent notamment les bases de conclusions de la norme FAS 131 en annexe A (référencées comme suit : « IFRS 8.BC A.xx ») ; et

– un guide d'application.

Certaines des questions/réponses ci-après sont inspirées de l'Implementation Guidance du FASB relative à la norme FAS 131.

La norme américaine FAS 131 est intégrée dans la partie 280-10 de la codification du FASB.

Champ d'application

57822 ***Question***

Quelles sont les sociétés devant appliquer la norme IFRS 8 ?

Réponse

De manière obligatoire :

– les sociétés émettant des actions ou des obligations cotées sur un marché réglementé ; et

– les sociétés en voie de cotation.

En outre, une entité qui n'est pas tenue d'appliquer IFRS 8, mais qui choisit cependant de fournir une information sectorielle non conforme à cette norme, ne peut pas décrire cette information comme étant une information sectorielle.

Commentaires Cette disposition résulte de la norme IFRS 8.2 et .3.

Remarque Si une entité qui n'est pas tenue d'appliquer IFRS 8 choisit de présenter une information sectorielle non conforme à cette norme ou incomplète, elle ne peut décrire cette information comme étant une information sectorielle (IFRS 8.3). Ainsi, à titre d'exemple, si une entité fournit en annexe des informations sectorielles, mais que ces informations ne sont pas celles transmises au principal décideur opérationnel, ces informations ne doivent pas être décrites comme une information sectorielle, au sens de la norme IFRS 8.

Pour la définition du principal décideur opérationnel, voir nº 57850.

III. Détermination des secteurs à présenter

A. Introduction

57830 La détermination des secteurs est le **point clé de l'information sectorielle.** En effet, elle conditionne le niveau de détail de l'information à fournir et constitue donc un élément essentiel de la communication de l'entreprise sur ses performances. C'est également l'un des points les plus délicats de l'élaboration de l'information sectorielle.

Etapes de détermination des secteurs

57835 ***Question***

Quelles sont les principales étapes d'identification des secteurs devant faire l'objet d'une information sectorielle séparée ?

Réponse

Quatre étapes majeures permettent d'identifier les secteurs devant faire l'objet d'une information sectorielle séparée :

– identification du principal décideur opérationnel (PDO) (voir nº 57850) ;

– identification des secteurs opérationnels à partir du reporting interne (voir nº 57845 s.) ;

– détermination des secteurs opérationnels à présenter séparément (voir nº 57900 s.) ;

– présentation des secteurs n'atteignant pas les seuils de présentation séparée (voir nº 57915).

Les deux dernières étapes peuvent aboutir à des regroupements de secteurs.

Commentaires Ces quatre étapes sont :
- l'identification du principal décideur opérationnel (PDO) ;

  Il s'agit de la personne (CEO...) ou de l'organe (Comex...) qui affecte les ressources aux secteurs et évalue leur performance, voir n° 57850.

- l'identification des secteurs opérationnels à partir du reporting interne (voir n° 57845 à 57895) ;
- la détermination des secteurs opérationnels à présenter séparément (voir n° 57900 s.) ;
- la présentation des secteurs n'atteignant pas les seuils de présentation séparée (voir n° 57915).

Les deux dernières étapes peuvent aboutir à des regroupements de secteurs.

Ces étapes sont synthétisées sur le graphe suivant :

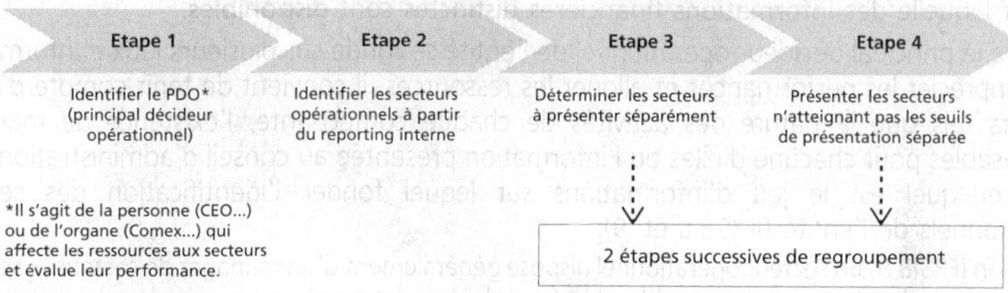

Dans son guide de mise en œuvre (« implementation guidance »), IFRS 8.IG7 fournit un arbre de décision qui permet, en complément du graphe présenté ci-avant, de mettre en évidence les différentes étapes de détermination des secteurs devant donner lieu à une information sectorielle séparée.

B. Identification des secteurs opérationnels à partir du reporting interne

Définition d'un secteur opérationnel

Question 57845

Comment les secteurs opérationnels sont-ils définis ?

Réponse

Comme une composante de l'entité :

- correspondant à une activité pouvant générer des produits et pour laquelle des dépenses sont engagées, même lorsque ces produits et charges sont relatifs à d'autres composantes de l'entité ;
- dont les résultats opérationnels sont régulièrement examinés par le principal décideur opérationnel de l'entité afin de permettre l'allocation des ressources aux différents secteurs ainsi que l'évaluation de leurs performances ;
- pour laquelle une information financière distincte est disponible.

Commentaires Les secteurs sont déterminés sur la base de la « **management approach** » qui requiert que l'information sectorielle soit, pour l'essentiel, fondée sur le reporting interne de gestion de l'entreprise.

Un secteur opérationnel est défini comme une **composante de l'entité** (IFRS 8.5) :

- qui s'engage dans des activités susceptibles de lui faire percevoir **des produits et de supporter des charges,** y compris les produits et les charges liés aux transactions avec d'autres composantes de la même entité ;

  Ainsi :

  - les activités en création (« start up operations ») peuvent être identifiées en tant que secteur, avant même qu'elles ne perçoivent des produits (IFRS 8.5 ; voir n° 57860) ;
  - les secteurs intégrés verticalement doivent être présentés séparément si tel est le cas dans le reporting interne (IFRS 8.BC A.79 et .80 ; voir n° 57865) ;
  - les composantes faisant l'objet d'un suivi interne mais dont la perception de produits ne constitue qu'une activité accessoire par rapport aux activités de l'entité (par exemple, les services chargés de gérer les biens immobiliers productifs de l'entité ou son siège social) ne constituent pas un secteur opérationnel (IFRS 8.6 ; voir n° 57870).

– dont les **résultats opérationnels** sont **régulièrement examinés par le principal décideur opérationnel** de l'entité afin de prendre des décisions quant aux ressources à affecter au secteur et d'évaluer ses performances ;

Le terme de « principal décideur opérationnel » (« chief operating decision maker ») fait référence à une fonction et non à un dirigeant ayant un titre particulier (IFRS 8.7 et .9).

Décision de l'ESMA L'ESMA (EECS/0122-10, 05/22) a notamment précisé que des « business units » géographiques, pour lesquelles le résultat opérationnel est revu par le principal décideur opérationnel du groupe, pourraient constituer, chacune, un secteur opérationnel, et ce, même si le résultat revu ne reflète pas l'exhaustivité des coûts alloués dans l'information financière publiée au niveau local.

– pour laquelle des **informations financières distinctes** sont **disponibles.**

Lorsque le principal décideur opérationnel de l'entité se fonde sur plusieurs jeux d'informations pour apprécier les performances et allouer les ressources, il convient de tenir compte d'autres facteurs tels que la nature des activités de chaque composante, l'existence de managers responsables pour chacune d'elles ou l'information présentée au conseil d'administration, pour identifier quel est le jeu d'informations sur lequel fonder l'identification des secteurs opérationnels de l'entité (IFRS 8.8 et .9).

Selon IFRS 8.9, un secteur opérationnel dispose généralement d'un manager de secteur (« segment manager ») qui en est responsable et qui est en interaction régulière avec le principal décideur opérationnel de l'entité pour discuter des activités opérationnelles, des résultats financiers, des prévisions ou des plans liés au secteur.

Ainsi, si les 3 critères d'IFRS 8.5 listés précédemment s'appliquent concurremment à plusieurs séries de composantes différentes de l'entité, dont les informations sont revues par le principal décideur opérationnel, et qu'il n'y a qu'une seule série de composantes pour laquelle il existe des managers directement responsables devant le principal décideur opérationnel, c'est cette dernière série qui doit être retenue pour définir les secteurs opérationnels, au sens d'IFRS 8.

Pour le cas d'une structure matricielle, c'est-à-dire dans laquelle il existe des managers responsables selon plusieurs axes, voir nº 57855.

Identification du principal décideur opérationnel de l'entité (PDO)

57850 ***Question***

Le principal décideur opérationnel de l'entité (PDO) est-il toujours celui situé au plus haut niveau hiérarchique auquel les décisions sont prises ?

Réponse

En général, oui.

Commentaires En effet, selon IFRS 8.7, ce terme identifie **une fonction** et pas nécessairement un gestionnaire avec un titre spécifique.

Dans pratiquement l'ensemble des organisations, les décisions sur l'affectation des ressources globales aux différents domaines d'activité de l'entreprise sont prises au plus haut niveau hiérarchique, bien que certaines décisions puissent être prises à des niveaux inférieurs de gestion lorsqu'une information distincte plus détaillée est analysée à ces niveaux.

Le principal décideur opérationnel peut être, par exemple, le directeur général, le directeur de l'exploitation ou un groupe constitué du président et de directeurs généraux.

Le principal décideur opérationnel de l'entité ne doit pas être confondu avec les gestionnaires de secteurs (voir nº 57845) – généralement situés à un niveau hiérarchique inférieur – même si le principal décideur opérationnel de l'entité peut également être gestionnaire d'un ou plusieurs secteurs (IFRS 8.9).

Pour le cas des organisations matricielles, voir nº 57855.

En pratique, la définition du principal décideur opérationnel (PDO – « chief operating decision maker »/CODM en anglais) peut s'avérer très délicate. Le principal décideur opérationnel doit exercer les fonctions d'affectation des ressources aux secteurs opérationnels et d'évaluation régulière de leurs performances.

Devant la multiplicité à la fois des types de reportings (rapports d'activité, rapports financiers, hebdomadaires, mensuels, trimestriels...) mais également des destinataires de ces reportings (managers, managers opérationnels, managers de division, managers géographiques, etc., voire groupes de managers cités ci-avant) au sein d'une société, il convient, lors de la mise en œuvre de la norme IFRS 8, d'analyser l'organisation interne de la société pour déterminer la fonction de pilotage régulier des ressources et performances des secteurs. Le mot-clé est ici le mot « secteurs » (voir nº 57845). Dans cette analyse de l'organisation, il convient notamment d'identifier la personne/la fonction qui valide le budget in fine.

Au-delà des différences juridiques entre juridictions, chaque société ayant sa propre organisation, la fonction de PDO lui sera propre. Celui-ci ayant pour mission d'allouer les ressources aux secteurs et d'en évaluer les performances et donc de définir les priorités entre ces secteurs, il est certain que cette fonction est à rechercher à un niveau assez élevé dans la hiérarchie.

Ce sera ainsi généralement le président-directeur général ou le directeur général, mais il peut également s'agir d'un groupe de directeurs ou d'autres décideurs. En revanche, ce ne devrait pas être les membres du Conseil de surveillance, dont le rôle est d'approuver ou d'opposer leur veto aux décisions sur les secteurs opérationnels.

Il convient également de se demander si un changement de personne ou de fonction du PDO a un impact sur l'information sectorielle présentée selon IFRS 8 et ce, à chaque fois qu'un tel changement survient (voir nº 57980 à 57990).

Structures matricielles

Question 57855

Comment identifier les secteurs dans le cas d'une organisation matricielle de l'activité, c'est-à-dire avec des managers responsables devant le principal décideur opérationnel (PDO) selon plusieurs axes se recoupant (par exemple, organisation à la fois par lignes de produits et par zones géographiques) ?

Réponse

Dans le cas de structures matricielles, lorsque le PDO revoit les informations sur les composantes de l'entité selon plusieurs axes se chevauchant, et lorsqu'il existe, pour chacun de ces axes, des managers responsables devant le PDO, l'axe à retenir pour identifier les secteurs opérationnels est celui qui permet le mieux aux utilisateurs des états financiers d'apprécier la nature et les impacts financiers des activités de l'entreprise ainsi que des différents environnements économiques dans lesquels elle opère.

Commentaires Les structures internes matricielles ont les caractéristiques suivantes :
– Il existe des managers de secteurs responsables devant le PDO selon plusieurs axes se chevauchant. C'est le cas, par exemple, lorsque coexistent (i) des managers par ligne de produits ou services, toutes zones géographiques confondues, et (ii) des managers par zones géographiques, tous produits confondus.
– Il existe, pour chacun de ces axes, des informations sur les résultats opérationnels des composantes de l'entité qui sont revus par le principal décideur opérationnel de l'entité.

Dans ce cas, pour identifier les secteurs opérationnels au sens d'IFRS 8, il convient de se référer au principe fondamental de la norme IFRS 8 et d'identifier, parmi ces composantes de l'entité, celui qui permet le mieux aux utilisateurs des états financiers d'évaluer la nature et les effets financiers des activités de l'entité et des environnements économiques dans lesquels elle opère (IFRS 8.1 et .10).

En pratique, en cas de difficulté à départager les axes géographiques et les activités dans une structure matricielle, il convient de s'appuyer sur les objectifs stratégiques du groupe.

Ainsi, par exemple, si la priorité est donnée à l'augmentation des ventes dans leur ensemble, à la part de marché et à l'implantation géographique, il est alors probable que les secteurs opérationnels soient géographiques. Au contraire, si la croissance du groupe repose davantage sur le développement de certaines lignes de produits dans toutes les régions, l'information la plus pertinente pour les utilisateurs serait alors plutôt fondée sur les produits.

Dans ce cas, bien qu'IFRS 8.10 impose de présenter une seule information sectorielle, c'est-à-dire, une information sectorielle soit par secteurs d'activité, soit par zones géographiques, il est possible, à notre avis, que l'entité présente une information additionnelle par zones géographiques (si ce sont les secteurs d'activité qui ont été retenus pour l'information sectorielle selon IFRS 8), dès lors que l'entité considère cette information comme utile à la compréhension des états financiers. L'information peut ainsi être donnée sous forme matricielle.

■ *Exemple*

Le directeur général est identifié comme étant le principal décideur opérationnel de l'entité. Il revoit deux jeux d'informations : l'un présentant les différentes gammes de produits et l'autre les zones géographiques.
Des vice-présidents sont responsables de chaque gamme de produits et d'autres vice-présidents sont responsables des zones géographiques.
Tous les vice-présidents rapportent directement au directeur général.
En outre, les deux jeux d'informations sectorielles sont présentés au conseil d'administration.
L'entreprise, pour ses besoins d'informations sectorielles externes, peut-elle présenter les deux jeux d'informations sectorielles ?

Solution de l'exemple *Non, selon la norme IFRS 8, un seul jeu d'informations sectorielles est requis. En effet, le jeu d'informations sectorielles à retenir sera celui qui permet le mieux aux utilisateurs des états financiers d'apprécier la nature et les impacts financiers des activités dans lesquelles elle est engagée et des environnements économiques dans lesquels elle opère. Il sera donc nécessaire d'analyser lequel des deux reportings (par gamme de produits ou bien par zone géographique) permet de mieux comprendre, par exemple, la stratégie de développement de l'entreprise ou encore ses retours sur investissements.*
Toutefois, à notre avis, l'entité pourra présenter une information additionnelle sur l'autre jeu d'informations, non retenu selon IFRS 8, si elle est jugée utile à la compréhension des états financiers.

Division en cours de création

57860 ***Question***

Une division en cours de création peut-elle constituer un secteur donnant lieu à une information sectorielle séparée ?

Réponse

Oui, dans la mesure où cette division est créée afin de percevoir des produits dans le futur.

Commentaires En effet, IFRS 8.5 précise qu'une activité en cours de création peut constituer un secteur opérationnel (si elle est identifiée en tant que telle dans le reporting interne) et donc devoir être présentée avant même de percevoir des produits, dès lors que son objectif est d'en percevoir dans le futur, et ce que ces produits futurs soient externes ou internes à l'entité.

En pratique, il faut également que cette division soit suivie comme telle dans le reporting interne, qu'elle ne soit pas regroupée avec d'autres secteurs et que, bien qu'elle n'atteigne pas les critères quantitatifs minimaux, la direction considère cette information utile aux utilisateurs des états financiers.

■ *Exemple*

Soit une entreprise de biotechnologie qui présente une information sectorielle pour deux secteurs d'activité « pesticides » et « graines ».
Une nouvelle division « nouvelles technologies » a été créée au cours de la période pour mener des activités de recherche et développement afin de réaliser de nouveaux produits qui seront vendus, à long terme, à des tiers externes. La division est financée par le siège et par les deux secteurs « pesticides » et « graines » ; ces deux secteurs ne devraient cependant tirer aucun avantage direct de cette nouvelle division.
Le responsable du centre de recherche et développement de l'entreprise sera responsable également de cette nouvelle division et rendra compte directement au président.

Solution de l'exemple *Selon IFRS 8.5, cette nouvelle division « nouvelles technologies », dès lors qu'elle fait partie des divisions identifiées dans le reporting interne et qu'elle est susceptible de générer des produits dans le futur, répond à la définition d'un secteur opérationnel.*
En conséquence, cette division doit donner lieu à une information sectorielle distincte, à moins qu'elle puisse être regroupée avec d'autres secteurs et/ou qu'elle n'atteigne pas les critères quantitatifs minimaux.

Les activités de recherche et développement de cette division ne devant pas bénéficier aux deux secteurs existants, cette division ne peut leur être rattachée sur une base raisonnable et cohérente (voir n° 57910). En conséquence, cette division ne devrait pas être regroupée avec les deux autres secteurs ; elle devrait au contraire être présentée séparément ou avec les autres éléments en rapprochement non affectés.

Activités intégrées verticalement

57865

Question

Les activités intégrées verticalement auxquelles aucun produit externe n'est alloué constituent-elles un secteur opérationnel devant donner lieu à information sectorielle distincte ?

Réponse

Oui, si tel est le cas dans le reporting interne et si elles répondent aux autres conditions de présentation séparée.

Commentaires Selon la norme IFRS 8, les secteurs intégrés verticalement doivent obligatoirement être présentés séparément si tel est le cas dans le reporting interne et s'ils répondent aux autres conditions de présentation séparée (IFRS 8.13).

En effet, un secteur opérationnel est défini comme une partie de l'activité qui peut percevoir des produits et supporter des charges.

Un secteur intégré verticalement est un secteur qui ne tire pas la majorité de ses produits de ventes effectuées avec des clients externes. Les secteurs intégrés se rencontrent fréquemment, par exemple dans les industries du gaz et du pétrole (activités d'extraction et de raffinage, d'une part, et activités de vente et distribution, d'autre part).

De la même manière, les entreprises industrielles organisées par centres de coûts peuvent ne pas présenter de produits distincts par centre de coûts car le chiffre d'affaires global de l'entreprise n'est pas réparti entre ces centres de coûts. Toutefois, dans la mesure où les critères d'IFRS 8.5 sont satisfaits, ces centres de coûts peuvent être considérés comme des secteurs opérationnels car, en substance, ils sont assimilables à des secteurs intégrés verticalement.

Division fonctionnelle : principe d'identification des secteurs opérationnels (cas général)

57870

Question

Une division fonctionnelle (par exemple, les services administratifs chargés du suivi de l'immobilier d'exploitation) répond-elle à la définition d'un secteur opérationnel ?

Réponse

En général non (voir toutefois n° 57875).

Commentaires Les activités faisant l'objet d'un suivi interne mais qui génèrent des produits de manière accessoire par rapport aux activités de l'entité (par exemple, les services administratifs rendus par le siège de l'entité) ne constituent pas un secteur opérationnel (IFRS 8.6).

Lorsqu'une division fonctionnelle perçoit des produits non accessoires (par exemple, grâce à la gestion de la trésorerie) par rapport aux activités de l'entité, voir n° 57875.

Les frais de siège ou de fonctions support ne doivent pas être affectés aux secteurs opérationnels pour les besoins de l'information sectorielle si cette allocation n'est pas faite dans le reporting interne revu par le PDO, les principes comptables sectoriels étant ceux retenus par la direction de l'entité pour ce reporting interne.

Pour la présentation, au titre de l'information sectorielle, d'une division fonctionnelle ne constituant pas un secteur opérationnel, voir n° 57872.

■ *Exemple*

Les fonctions suivantes sont gérées au niveau du siège social d'une entreprise : comptabilité, gestion de la trésorerie, services informatique et juridique, ressources humaines ainsi que la rémunération des cadres dirigeants tels que le PDG et les présidents des unités sectorielles.

Les coûts engagés par ces différentes fonctions ne sont pas directement attribuables à un ou des secteurs retenus dans le reporting interne.

Pour des raisons d'organisation interne, le siège social est présenté en interne comme un secteur d'activité distinct. Répond-il à la définition d'un secteur opérationnel ?

Solution de l'exemple *Non, le siège social ne peut pas, dans ce cas, être considéré comme un secteur opérationnel. En effet, selon IFRS 8.6, les sièges sociaux ne sont pas des secteurs opérationnels même si une information financière interne spécifique est revue par le principal décideur opérationnel de l'entité et même si ces sièges sociaux peuvent percevoir des produits et supporter des charges, dès lors que ces revenus sont uniquement accessoires par rapport aux activités de l'entreprise.*

Division fonctionnelle : présentation au sein de l'information sectorielle

57872 ***Question***

Comment présenter les éléments liés à une division fonctionnelle dans le cas général où cette division ne constitue pas un secteur opérationnel ?

Réponse

A notre avis, soit dans la colonne « Autres secteurs », soit dans la colonne « Eléments de rapprochement », soit encore dans une colonne spécifique, en indiquant expressément que la division fonctionnelle ne constitue pas un secteur opérationnel au sens de la norme IFRS 8.

Une fois l'option retenue, l'entité doit indiquer clairement dans ses états financiers comment ces éléments ont été présentés et conserver cette présentation d'une période à l'autre, conformément au principe de permanence des méthodes.

Commentaires La norme IFRS 8 requiert le rapprochement des éléments présentés au titre de l'information sectorielle avec les éléments des états financiers IFRS (IFRS 8.28).

En pratique, une colonne supplémentaire, intitulée par exemple « Eléments de rapprochement », est présentée à côté des données sectorielles afin de permettre le rapprochement avec les données des états financiers IFRS. Dans cette colonne, figurent notamment l'élimination des ventes intersecteurs ainsi que certains produits, charges, actifs ou passifs non alloués à des secteurs identifiés.

Le détail des éléments en rapprochement doit être fourni dès lors que les éléments pris individuellement sont significatifs (IFRS 8.28).

Par ailleurs, selon IFRS 8.16, l'information relative aux autres activités ainsi qu'aux secteurs opérationnels non présentés séparément (car ne respectant pas les seuils de présentation obligatoire en tant que secteurs opérationnels distincts, voir n° 57910 s.) est combinée et présentée dans une colonne intitulée « Autres secteurs », distincte de la colonne « Eléments de rapprochement » décrite ci-avant (IFRS 8.16).

A notre avis, les éléments affectés à une division fonctionnelle ne répondant pas à la définition d'un secteur opérationnel peuvent ou non être présentés dans la colonne « Autres secteurs ». En effet, il est possible de considérer :

- que les éléments de la division fonctionnelle constituent d'« autres activités de l'entité » (comme indiqué dans IFRS 8.16) et peuvent, de ce fait, être inclus dans la colonne « Autres secteurs », cette colonne reprenant des éléments de secteurs opérationnels répondant à la définition retenue par IFRS 8 mais n'étant pas assez significatifs pour être présentés séparément ;
- ou à l'inverse, que les éléments affectés à une division fonctionnelle ne répondant pas à la définition d'un secteur opérationnel ne peuvent pas être présentés dans la colonne « Autres secteurs », mais devraient être classés parmi les « Eléments de rapprochement ».

Une autre solution possible serait, à notre avis, de présenter les éléments de la division fonctionnelle dans une colonne spécifique, dès lors que l'on considère que ces éléments sont significatifs et que leur présentation séparée est utile à la compréhension des états financiers, en précisant toutefois expressément que ces éléments ne constituent pas un secteur opérationnel au sens de la norme IFRS 8.

En application du principe de permanence des méthodes (voir n° 53964), il convient d'indiquer clairement dans les états financiers l'option de présentation retenue (par exemple, à notre avis, dans la note relative aux méthodes comptables ou encore dans une note en bas de page).

Division fonctionnelle générant des produits non accessoires

Question 57875

Une division fonctionnelle qui perçoit des produits non accessoires (par exemple, grâce à la gestion de la trésorerie) et supporte des charges peut-elle constituer un secteur ?

Réponse

Oui, dès lors que les critères de définition d'un secteur opérationnel sont respectés (voir nº 57845).

Commentaires En général, une division fonctionnelle ne constitue pas un secteur opérationnel (voir nº 57870).

Toutefois, dans certains cas, une division fonctionnelle peut constituer un secteur, dès lors que les critères d'IFRS 8.5 sont respectés (voir nº 57845). Tel pourra notamment être le cas si une activité de la division fonctionnelle génère des produits non accessoires et ce, même si ces produits sont des produits intersecteurs (IFRS 8.5a).

Par exemple, une division chargée de la gestion centralisée de la trésorerie du groupe qui perçoit des produits financiers sur les placements de trésorerie (internes ou externes), dès lors que cette division est identifiée dans le reporting interne revu par le principal décideur opérationnel de l'entité et qu'il existe des données financières distinctes (IFRS 8.5b).

Unités de recherche et développement

Question 57880

Une unité de recherche et développement doit-elle être considérée comme un secteur opérationnel devant être présenté séparément ou est-elle assimilable à un département fonctionnel ne répondant pas à la définition d'un secteur ?

Réponse

En général, une unité de recherche et développement doit être considérée comme un secteur devant être présenté séparément, si les activités de cette unité sont revues et suivies séparément.

Commentaires En général, lorsque les activités d'une unité de recherche et développement (R&D) sont revues séparément, cette unité de R&D doit être considérée comme une activité séparée au sein d'une intégration verticale, et donc être présentée séparément si les autres conditions sont remplies (IFRS 8.5 ; voir nº 57845).

Pour la notion d'intégration verticale, voir nº 57810.

■ *Exemple*

Une entreprise est organisée en cinq unités : logiciels, processeurs, écrans, imprimantes et recherche et développement (R&D), chacune de ces activités étant gérée par un manager distinct présentant au président les résultats financiers et opérationnels.

Alors que le président revoit séparément les activités de R&D et les données qui lui sont présentées, les coûts de R&D engagés au niveau global sont répartis entre les quatre autres unités pour lesquelles la R&D est effectuée.

Solution de l'exemple *Dans cet exemple, l'unité de R&D répond à la définition d'un secteur opérationnel tel que défini par IFRS 8.*

En effet, bien que ce secteur ne génère pas de revenus, il ne peut être assimilé à un département fonctionnel dans la mesure où l'activité R&D n'est pas accessoire à l'activité de l'entreprise. Dans ce cas, l'activité R&D constitue une composante distincte de l'entreprise. La norme IFRS 8 indique clairement que de telles activités doivent être présentées comme des secteurs opérationnels distincts dans la mesure où l'entreprise est gérée de cette manière (voir nº 57865).

Participations mises en équivalence

Question 57885

Une participation mise en équivalence peut-elle répondre à la définition d'un secteur ?

Réponse

Oui, si elle est suivie en tant que composante distincte du reporting interne revu par le principal décideur opérationnel du groupe.

Commentaires Il s'agit dans ce cas simplement d'appliquer les critères de définition d'un secteur opérationnel (IFRS 8.5 ; voir n° 57845).

Tel pourrait être le cas, par exemple, si la participation mise en équivalence est suivie en tant que telle comme composante distincte du reporting interne revu par le principal décideur opérationnel du groupe.

Lorsqu'une entreprise mise en équivalence est suivie dans le reporting interne en tant que partie intégrante d'un secteur opérationnel comportant également d'autres « composantes », l'information sectorielle relative à ce secteur doit faire apparaître de manière distincte la quote-part de résultat des entreprises mises en équivalence relevant de ce secteur (IFRS 8.23g) ainsi que la valeur des titres mis en équivalence de ces entreprises (IFRS 8.24a ; voir n° 57945).

Remarque Les principes ci-avant s'appliquent tant aux entreprises associées qu'aux joint ventures ; ces entités étant mises en équivalence conformément à IAS 28.16.

Secteurs de sous-groupes et secteurs du groupe

57895 *Question*

Les secteurs identifiés au niveau d'un sous-groupe publiant des comptes consolidés doivent-ils également donner lieu à une information séparée dans les comptes consolidés du groupe le plus grand ?

Réponse

Non, pas nécessairement, l'identification des secteurs devant être opérée sur la base du reporting interne soumis à revue du principal décideur opérationnel de l'entité présentant les états financiers.

Commentaires En l'absence de disposition contraire de la norme IFRS 8, et compte tenu du principe général d'identification des secteurs selon la « management approach » et de la définition du « principal décideur opérationnel » d'une entité (voir respectivement n° 57755 et 57850), l'identification des secteurs opérationnels doit être opérée sur la base du reporting interne soumis à la revue du principal décideur opérationnel de l'entité qui présente ses états financiers.

Par exemple, si un sous-groupe identifie trois secteurs opérationnels dans son reporting interne et dans son information sectorielle externe (notamment, respect des seuils de présentation séparée et non-respect des critères de regroupement) mais ne soumet à la revue du principal décideur opérationnel du groupe que les « résultats consolidés » des trois secteurs du sous-groupe (sans désagrégation), le sous-groupe constitue un secteur opérationnel unique pour l'information sectorielle du groupe (sous-groupe éventuellement inclus dans un secteur plus large si tel est le cas dans le reporting interne du groupe).

C. Regroupement des secteurs identifiés

Conditions de regroupement des secteurs identifiés sur la base du reporting interne

57900 *Question*

Dans quelles conditions peut-on regrouper, pour l'information sectorielle publiée, les secteurs identifiés sur la base du reporting interne ?

Réponse

Uniquement dans la mesure où :

1. l'information présentée permet aux utilisateurs des états financiers d'apprécier la nature et les impacts financiers des activités dans lesquelles l'entreprise est engagée et des environnements économiques dans lesquels elle opère ;

2. ces secteurs sont similaires d'un point de vue économique ; et 57900 (suite)

3. ces secteurs sont similaires pour tous les critères qualitatifs suivants :
- nature des produits et services ;
- nature des procédés de fabrication ;
- type ou catégorie de clients auxquels sont destinés les produits et services ;
- méthodes de distribution des produits ou de fourniture des services ; et
- le cas échéant, nature de l'environnement réglementaire.

Commentaires Deux ou plusieurs secteurs opérationnels identifiés en interne ne peuvent être présentés comme un secteur opérationnel unique pour les besoins de l'information sectorielle que s'ils répondent aux conditions suivantes (IFRS 8.12 et .1) :

1. l'information sectorielle qui en résulte permet de fournir une information fiable sur la nature et les impacts financiers des activités opérationnelles dans lesquelles est engagée l'entité et sur les environnements économiques dans lesquels elle opère (IFRS 8.1) ;

2. ils ont des caractéristiques économiques similaires, illustrées par exemple par des performances financières à long terme (marge brute par exemple) similaires (IFRS 8.12) ; et

A notre avis, d'autres indicateurs – tels que les tendances de croissance de chiffre d'affaires, le taux de rendement de l'actif investi, ou encore les flux de trésorerie provenant des activités, et les risques de concurrence et d'exploitation associés – peuvent également être pris en compte pour déterminer la similarité des caractéristiques économiques des secteurs.

3. ils sont similaires pour chacun des cinq critères qualitatifs suivants (IFRS 8.12a à .12e) :
- nature des produits et services ;
- nature des procédés de fabrication ;
- type ou catégorie de clients auxquels sont destinés les produits et services ;
- méthodes de distribution des produits ou de fourniture des services ; et
- le cas échéant, nature de l'environnement réglementaire, par exemple les banques, l'assurance, les services publics.

Regroupement de secteurs ne répondant pas aux seuils quantitatifs de présentation séparée Une dérogation à la nécessité de respecter **chacun** de ces cinq critères qualitatifs de similarité décrits ci-avant existe pour le cas particulier du regroupement de deux ou de plusieurs secteurs opérationnels qui, **individuellement, ne répondent pas aux seuils quantitatifs** de présentation séparée. En effet, dans ce cas, lesdits secteurs peuvent être regroupés si la **majorité** des critères qualitatifs de similarité est satisfaite (voir n° 57915).

Pour les seuils quantitatifs de présentation séparée, voir n° 57910.

Recommandations de l'AMF A plusieurs reprises, l'AMF a rappelé la nécessité de s'assurer que tous les critères de regroupement sont bien respectés avant toute agrégation de secteurs opérationnels (Rec. AMF 2016-09, Arrêté des Comptes 2016, § 1.3, Rec. AMF 2011-16, Arrêté des Comptes 2011, § 3.1.2).

Décisions de l'ESMA :

1. L'ESMA a rappelé (EECS/0211-04, 08/11) que deux secteurs opérationnels identifiés en interne et répondant aux seuils quantitatifs de présentation séparée ne peuvent pas être regroupés en un secteur opérationnel unique pour les besoins de l'information sectorielle, si l'un des critères cumulatifs donnés dans IFRS 8.12 n'est pas respecté. Au cas d'espèce, l'ESMA a considéré que le regroupement de deux secteurs ayant des clients différents n'était pas possible.

2. L'ESMA a contesté (EECS/0123-02, 03/23) un regroupement de secteurs opérationnels qui avait été effectué uniquement sur la base des cinq critères qualitatifs de similarité (voir point 3. ci-avant) et a rappelé que le critère des caractéristiques économiques similaires, telles que les marges moyennes à long terme (voir point 2. ci-avant), est un critère autonome qui doit être également rempli. Par ailleurs, le régulateur a jugé au cas d'espèce que les marges brutes et les marges d'exploitation à long terme présentaient des différences significatives, conduisant à conclure que le critère des caractéristiques économiques similaires n'était pas rempli, et donc que les secteurs opérationnels ne pouvaient pas être regroupés.

L'appréciation de la similarité des caractéristiques économiques des secteurs doit être basée sur les tendances à long terme et non sur les performances instantanées. A notre avis, elle devrait exclure les effets conjoncturels et temporaires. En revanche, cette appréciation doit être reconsidérée lorsque des changements durables ou structurels apparaissent. Par exemple, les changements de « business model » et de perspectives économiques causés par l'adaptation de l'entreprise aux risques climatiques pourraient nécessiter de reconsidérer les critères de similarité, qu'il s'agisse des caractéristiques économiques ou des cinq critères qualitatifs visés ci-avant.

Information en annexe Les facteurs utilisés pour identifier les secteurs à présenter (notamment si des secteurs opérationnels ont été regroupés) doivent être précisés en annexe (IFRS 8.22a).

De plus, une information doit être fournie sur les jugements portés par la direction lors de l'application des critères de regroupement (IFRS 8.12), notamment une description des secteurs opérationnels ainsi regroupés et des indicateurs économiques considérés ayant permis de déterminer que les secteurs opérationnels regroupés présentent des caractéristiques économiques similaires (IFRS 8.22aa).

A plusieurs reprises, l'AMF a rappelé la nécessité de fournir ces informations, après avoir noté, au cours de ses revues, des cas de regroupements de secteurs opérationnels pour lesquels la description de l'analyse effectuée et de la justification n'était pas toujours fournie (Rec. AMF 2016-09, Arrêté des Comptes 2016, § 1.3). Elle a également précisé qu'en application d'IFRS 8.22a, il est pertinent d'indiquer clairement si les secteurs opérationnels présentés dans l'information sectorielle proviennent de regroupements ou s'ils correspondent aux secteurs tels que revus par le principal décideur opérationnel (Rec. AMF 2011-16, Arrêté des Comptes 2011, § 3.1.2).

Entités mono-secteur

57905 ***Question***

Une entité peut-elle être mono-secteur ?

Réponse

En théorie, oui, du fait de l'identification des secteurs sur la base du reporting interne et des critères de regroupement.

Toutefois, en pratique, il est rare qu'une entité n'ait qu'un seul secteur opérationnel dans son reporting interne et il convient donc que les critères de regroupement des secteurs opérationnels identifiés dans le reporting interne soient remplis.

Commentaires La norme IFRS 8 reconnaît explicitement (IFRS 8.31) qu'une entité puisse être mono-secteur, et requiert, dans ce cas, que l'entité fournisse un certain nombre d'informations relatives à l'entité prise dans son ensemble sur ses produits et services, ses activités d'un point de vue géographique et ses clients principaux (voir n° 57955).

Toutefois, en pratique, une telle situation ne pourrait se présenter que si :
– le reporting interne de l'entreprise n'identifie qu'un seul secteur ; ou
– tous les secteurs identifiés dans le reporting interne remplissent toutes les conditions de regroupement entre eux (voir n° 57900).

Tel pourrait être le cas, par exemple, d'une chaîne de magasins de détail qui a 10 magasins remplissant de manière individuelle les critères de définition d'un secteur opérationnel mais qui sont pour l'essentiel similaires les uns aux autres, de sorte que le bénéfice d'une information distincte pour chaque magasin serait insuffisant pour en justifier la présentation.

Cette situation devrait donc être peu fréquente en pratique, notamment dans les grands groupes.

On notera en outre à cet égard que :
– en France, depuis la mise en place d'IFRS 8 en 2009, l'AMF a régulièrement posé des questions précises aux émetteurs sur la détermination de leurs secteurs opérationnels et les regroupements éventuellement effectués, notamment lorsque l'entité présentait un seul secteur dans ses états financiers ou lorsque les communications externes faites par l'entité (aux analystes financiers par exemple) n'étaient pas cohérentes avec les secteurs présentés dans les états financiers ;
– aux Etats-Unis, avec le recul que peut apporter l'application de la norme FAS 131 (en vigueur depuis 1998), la SEC a systématiquement « remis en cause » tous les grands groupes se présentant comme mono-secteur en faisant des recoupements avec des informations communiquées aux analystes, mais également en se faisant communiquer les reportings internes de ces groupes.

Décision de l'ESMA L'ESMA a présenté un cas pour lequel elle a pu conclure que l'entité concernée était mono-secteur. Il s'agit d'une société assurant le transport de produits chimiques par bateau, pour laquelle il a été démontré que le PDO alloue les ressources et évalue la performance de l'entité uniquement au niveau consolidé, un seul secteur étant ainsi défini (EECS/0112-05, 10/12).

D. Application des seuils de signification aux secteurs identifiés pour déterminer les secteurs à présenter

Seuils chiffrés d'identification des secteurs opérationnels à présenter séparément

57910

Question

Quels secteurs opérationnels identifiés sur la base du reporting interne doivent être présentés séparément au titre de l'information sectorielle ?

Réponse

Les secteurs opérationnels à présenter séparément sont ceux :
- identifiés sur la base du reporting comme étant les secteurs opérationnels de l'entité ou qui résultent du regroupement de ces secteurs si certaines conditions restrictives sont remplies (voir nº 57900) ; et
- dépassant les seuils quantitatifs de présentation obligatoire.

Il convient par ailleurs de s'assurer que les secteurs présentés représentent au moins 75 % des ventes totales consolidées de l'entité.

Commentaires Selon les dispositions d'IFRS 8 (voir nº 57764), un secteur opérationnel identifié sur la base du reporting interne (voir nº 57845), ou résultant du regroupement de secteurs opérationnels similaires (voir nº 57900), doit être présenté séparément lorsque l'**un des seuils quantitatifs** suivants est rempli (IFRS 8.13) :
- ses **produits** (externes et intersecteurs) **représentent au moins 10 % des produits** (externes et intersecteurs) **totaux des secteurs opérationnels** ;
- le **résultat sectoriel** est **au moins** égal à **10 % du total des résultats des secteurs opérationnels,** en prenant comme base le montant le plus élevé, en valeur absolue, entre le résultat cumulé de tous les secteurs bénéficiaires et celui de tous les secteurs déficitaires ;
- ses **actifs** représentent **au moins 10 % des actifs cumulés de tous les secteurs opérationnels.**

La norme prévoit :

a. que si les **produits externes totaux** revenant aux secteurs présentés séparément, et non dans la catégorie « Autres secteurs », sont **inférieurs à 75 % des produits totaux consolidés,** des secteurs supplémentaires doivent être présentés, même s'ils ne respectent pas le seuil de 10 % et ce, jusqu'à ce que le total de 75 % des produits totaux consolidés soit atteint (IFRS 8.15) ;

b. que les autres secteurs opérationnels qui ne respectent pas les critères quantitatifs de présentation séparée pourront être (IFRS 8.14 et .16 ; voir nº 57915) :
- soit présentés séparément si l'entité le souhaite,
- soit regroupés (pour certains d'entre eux) dans un secteur opérationnel qui sera présenté séparément, mais uniquement si ces secteurs opérationnels ont des caractéristiques économiques similaires et ont en commun une majorité des critères de regroupement d'IFRS 8.12 (mais pas nécessairement l'ensemble),
- soit regroupés dans une catégorie intitulée « Autres secteurs », présentée séparément des autres éléments en rapprochement dans les tableaux de rapprochement requis.

La nature des revenus relatifs à ces secteurs devra être mentionnée (IFRS 8.16).

Remarques :

1. Le seuil relatif aux produits se calcule en tenant compte à la fois des ventes aux clients externes et des ventes ou transferts intersectoriels. Ces produits cumulés seront différents du total des produits consolidés (utilisé par ailleurs pour déterminer si les secteurs présentés représentent au moins 75 % des ventes totales consolidées de l'entité) en raison de l'inclusion de ventes intersecteurs et de la possibilité que toutes les ventes ne soient pas reportées et revues par le PDO.

2. Le seuil relatif au résultat se calcule en comparant la valeur absolue du résultat du secteur avec la plus grande des valeurs suivantes : les profits cumulés de tous les secteurs opérationnels bénéficiaires ou les pertes cumulées de tous les secteurs opérationnels déficitaires.

La nature du profit ou de la perte considérée n'est toutefois pas précisée ; il devrait s'agir du niveau de résultat suivi par le PDO que ce soit un résultat opérationnel, un résultat avant ou après impôts, voire un indicateur de résultat non-GAAP comme, par exemple, un résultat qui exclut les éléments non récurrents. Un rapprochement avec les données IFRS doit être réalisé (voir n° 57950). Enfin, si les indicateurs de résultats suivis par le PDO diffèrent selon les secteurs, il conviendra de déterminer un indicateur commun servant de base aux tests des seuils.

Présentation des secteurs ne remplissant pas les seuils quantitatifs de présentation séparée

57915 ***Question***

Comment présenter les secteurs opérationnels ne dépassant pas le seuil de 10 % au-delà duquel une information séparée doit obligatoirement être fournie ?

Réponse

Des secteurs opérationnels ne dépassant pas les seuils quantitatifs pourraient être présentés :
- séparément si l'entité le souhaite (et doivent même l'être si le minimum de 75 % des produits de l'entité n'est pas atteint par la présentation des secteurs dépassant ces seuils quantitatifs) ;
- de manière regroupée avec un secteur dépassant les seuils quantitatifs de présentation séparée, uniquement s'ils ont des caractéristiques économiques similaires et si tous les critères qualitatifs de similarité sont satisfaits ;
- de manière regroupée avec d'autres secteurs ne dépassant pas les seuils quantitatifs de présentation séparée, uniquement s'ils ont des caractéristiques économiques similaires et si une majorité des critères qualitatifs de similarité est satisfaite ; ou
- dans une rubrique « Autres secteurs », séparément des autres éléments de rapprochement avec les états financiers.

Commentaires IFRS 8.13 précise que la direction peut présenter séparément des secteurs opérationnels ne remplissant pas les seuils quantitatifs, si elle considère que cette information est utile aux utilisateurs des états financiers. En outre, selon IFRS 8.15, des secteurs opérationnels ne remplissant pas les seuils quantitatifs doivent néanmoins être présentés séparément si le minimum de 75 % des produits de l'entité n'est pas atteint par les secteurs dépassant les seuils quantitatifs.

Pour les seuils quantitatifs de présentation séparée définis par IFRS 8.13, voir n° 57910.

Par ailleurs, IFRS 8.12 autorise le regroupement de deux ou de plusieurs secteurs opérationnels s'ils ont les mêmes caractéristiques économiques (c'est-à-dire des performances financières à long terme similaires) et s'ils sont similaires pour **chacun** des critères qualitatifs suivants (voir n° 57900) : nature des produits et services, procédés de fabrication, types de clients, circuits de distribution des produits ou services, nature de l'environnement réglementaire (par exemple : banque, assurance ou service public).

Enfin, IFRS 8.14 permet de regrouper un secteur qui ne satisfait pas aux seuils quantitatifs de présentation séparée avec d'autres secteurs ne satisfaisant pas aux seuils quantitatifs, s'ils ont des caractéristiques économiques similaires et si la **majorité** des critères qualitatifs de similarité (énoncés par IFRS 8.12) est satisfaite.

Ainsi :
- regrouper un secteur n'atteignant pas les seuils quantitatifs de présentation séparée (définis par IFRS 8.13) avec un secteur dépassant ces seuils n'est possible que dans la mesure où ces secteurs sont similaires sur l'**intégralité** des critères qualitatifs de similarité requis par IFRS 8.12 ;
- regrouper des secteurs qui, individuellement, ne satisfont pas aux seuils quantitatifs de présentation séparée, n'est possible que s'ils ont des caractéristiques économiques similaires et si la **majorité** des critères qualitatifs de similarité prévus par IFRS 8.12 est satisfaite (IFRS 8.14).

Les secteurs n'atteignant pas les seuils quantitatifs, qui ne sont pas présentés séparément et ne sont pas regroupés avec d'autres secteurs conformément à ce qui précède, doivent être tous regroupés dans une rubrique « Autres secteurs », présentée distinctement des autres éléments de rapprochement avec les états financiers. En outre, l'entité doit décrire les sources de produits de cette rubrique (IFRS 8.16).

Recommandations de l'AMF A plusieurs reprises, l'AMF a rappelé que l'entité doit mentionner le jugement exercé ayant permis d'effectuer des regroupements de secteurs, en application d'IFRS 8.22aa et du paragraphe relatif aux jugements d'IAS 1 (IAS 1.122) (Rec. AMF 2011-16, Arrêté des Comptes 2011, § 3.1.2 ; Rec. AMF 2016-09, Arrêté des Comptes 2016, § 1.3).

Nombre de secteurs à présenter

57930

Question

Y a-t-il une limite au nombre de secteurs à présenter ?

Réponse

Non, la norme IFRS 8 ne prévoit pas de limitation théorique du nombre de secteurs à présenter.

Toutefois, si sur la base des critères énumérés aux nº 57910 s., le nombre de secteurs à présenter devenait supérieur à 10, l'entité est invitée à se demander si une limite pratique n'a pas été atteinte.

Commentaires Ces dispositions, prévues par IFRS 8.19, ne permettent cependant pas de limiter le nombre des secteurs à présenter si tous les seuils quantitatifs n'ont pas été atteints. En particulier, IFRS 8.15 indique que des secteurs complémentaires devront être présentés de manière à satisfaire le seuil de 75 %.

Ainsi, si une entreprise a 20 secteurs différents, tous d'une taille identique, aucun ne pouvant être regroupé, l'entreprise devra présenter au minimum 15 secteurs (soit 75 % des montants devant faire l'objet d'une information). A notre avis, toutefois, cette situation devrait être rare en pratique.

IV. Nature et évaluation de l'information sectorielle à fournir

A. Principes comptables sectoriels

Principe de préparation des informations sectorielles

57935

Question

Sur la base de quels principes comptables les informations à fournir doivent-elles être préparées ?

Réponse

Sur la base des mêmes principes comptables que ceux adoptés pour le reporting interne.

Ceux-ci pourraient donc être différents des IFRS, impliquant un rapprochement avec les états financiers IFRS.

Ces principes internes doivent donc être fiables, cohérents avec d'autres informations sur l'activité publiée par ailleurs et audités par les commissaires aux comptes.

Commentaires L'information sectorielle IFRS 8 étant fondée sur le reporting interne de l'entreprise, les principes comptables sectoriels doivent être **conformes aux principes comptables adoptés pour le reporting interne**, c'est-à-dire aux principes comptables utilisés pour l'évaluation des données sectorielles soumises à la revue du principal décideur opérationnel de l'entité (IFRS 8.25).

En conséquence, ces principes peuvent ne pas être conformes aux IFRS, les principaux décideurs opérationnels pouvant avoir recours à des **évaluations ou des niveaux de résultats ou d'actifs différents des informations fournies par les états financiers.**

L'objectif spécifié dans les bases des conclusions (IFRS 8.BC6b) est que les utilisateurs des états financiers puissent « voir » l'entreprise « avec les yeux de la direction » (« through the eyes of management »).

En outre, la norme IFRS 8 insiste sur le fait que les ajustements et éliminations effectués pour l'établissement des états financiers de l'entité ne sont pris en compte pour la détermination du résultat sectoriel que si ces ajustements et éliminations sont soumis à la revue du principal décideur opérationnel de l'entité (IFRS 8.25).

57935 (suite) Toutefois, si le principal décideur opérationnel utilise plusieurs évaluations du résultat sectoriel ou des actifs sectoriels, l'évaluation à présenter pour chaque élément doit être celle qui, aux yeux du management, est la plus conforme aux méthodes d'évaluation utilisées pour l'établissement des états financiers (IFRS 8.26).

Ainsi, si l'entreprise utilise plusieurs évaluations de résultat après impôt dont une évaluation après impôt mesurée sur la même base que dans les états financiers, celle-ci doit être retenue comme évaluation du résultat sectoriel.

En outre, des informations spécifiques devraient être fournies concernant les méthodes d'évaluation du résultat et des actifs sectoriels (voir nº 57960).

Notamment, si un PDO revoit les performances des joint ventures du groupe sur la base de leurs états financiers consolidés en intégration proportionnelle voire en intégration globale, ces performances doivent être présentées de la même manière dans l'information sectorielle, un rapprochement avec les chiffres IFRS (joint ventures mises en équivalence) devant être fourni (voir nº 57950 et 15456).

Rappelons que la méthode de l'intégration proportionnelle est interdite en IFRS depuis l'entrée en vigueur de la norme IFRS 11.

Il peut également arriver que les indicateurs reportés au PDO diffèrent selon les secteurs. Dans ce cas, leur présentation doit être claire et explicitée, notamment par le biais d'un rapprochement avec les chiffres IFRS.

Les données, conformes ou non aux IFRS, étant communiquées au marché, les procédures d'évaluation doivent s'avérer fiables et les méthodes utilisées permanentes d'une période à l'autre. En outre, faisant partie intégrante des états financiers, les procédures doivent permettre leur audit par les commissaires aux comptes.

Il convient également de s'assurer de la cohérence entre l'information sectorielle et les informations communiquées par ailleurs (rapport d'activité, communiqués de presse, etc.) pour décrire l'activité, la performance et la stratégie du groupe, le marché étant susceptible de mal comprendre pourquoi ces éléments seraient différents, compte tenu de l'utilisation du reporting interne dans l'information sectorielle.

Recommandations de l'AMF Dans ses recommandations en vue de l'arrêté des comptes 2010, l'AMF a observé quelques cas dans lesquels les émetteurs n'avaient pas affecté aux secteurs opérationnels certains éléments qui semblaient, à première vue, affectables (pertes de valeur sur écarts d'acquisitions, impacts de restructurations), alors même que ces éléments étaient affectés aux unités génératrices de trésorerie.

Ainsi, l'AMF a estimé que la cohérence entre l'affectation aux unités génératrices de trésorerie et aux secteurs opérationnels est utile pour la compréhension des états financiers et rappelle que différents cas de figure peuvent se présenter (Rec. AMF 2010-12, Arrêté des Comptes 2010, § 3.3) :

– la situation peut être temporaire (par exemple, lorsqu'une acquisition est réalisée en fin d'exercice et que l'affectation n'a pas encore été achevée à la date de clôture). Dans ce cas, l'AMF recommande, lorsque cela est significatif, de préciser le caractère temporaire de l'affectation ;

– l'affectation correspond à un choix de présentation retenu dans le cadre du reporting au PDO. Dans ce cas, l'AMF recommande de mentionner clairement les éléments ayant fait l'objet d'une affectation différente entre unités génératrices de trésorerie et information sectorielle présentée.

Par ailleurs, dans ses recommandations en vue de l'arrêté des comptes 2016, l'AMF invite les sociétés à s'assurer de la cohérence et de l'homogénéité entre les indicateurs présentés au titre de l'information sectorielle dans les états financiers et ceux présentés dans les autres supports de communication financière (par exemple, communiqués sur les résultats, rapport de gestion, document de référence), en termes d'identification des secteurs (activités versus zone géographique) et de nature de ces indicateurs (Rec. AMF 2016-09, Arrêté des Comptes 2016, § 1.3).

En outre, le rapprochement des données non-GAAP aux éléments résultant des comptes IFRS, imposé par la norme IFRS 8, et donc soumis à l'audit des commissaires aux comptes, devrait renforcer pour les tiers la fiabilité de l'ensemble des données reprises dans les composantes de la communication financière.

Pour plus de détails sur l'utilisation d'indicateurs non-GAAP, voir nº 55660.

B. Informations en annexe

Informations à fournir par secteur

57945

Question

Quelles sont les informations à fournir en annexe pour chaque secteur présenté séparément ?

Réponse

D'une part, une **évaluation du résultat sectoriel** ainsi que le **type de produits ou services** dont découlent les produits de ce secteur.

D'autre part, une **évaluation des actifs sectoriels et des passifs sectoriels**, si ce montant est régulièrement fourni au principal décideur opérationnel.

Enfin, les informations suivantes, mais uniquement si elles sont incluses dans l'évaluation du résultat sectoriel ou des actifs sectoriels ou, à défaut, si elles sont soumises à la revue régulière du principal décideur opérationnel de l'entité :
- produits provenant de clients externes ;
- produits provenant des transactions intersecteurs ;
- produits d'intérêt ;
- charges d'intérêt ;
- amortissements ;
- produits ou charges significatifs ;
- quote-part de l'entité dans le résultat net des entreprises associées ou joint ventures mises en équivalence ;
- charge ou produit d'impôt sur les résultats ;
- éléments matériels sans contrepartie en trésorerie autres que les amortissements (pertes de valeur, par exemple) ;
- investissement dans les sociétés consolidées selon la méthode de la mise en équivalence ;
- dépenses d'investissement au titre d'actifs non courants (y compris les incorporels) autres que les instruments financiers, les actifs d'impôt différé, les actifs relatifs aux avantages postérieurs à l'emploi et les droits issus de contrats d'assurance.

Commentaires Ces dispositions résultent d'IFRS 8.22b, .23 et .24.

Il est également précisé que les produits et charges d'intérêts sectoriels doivent être présentés séparément, une présentation en net étant toutefois autorisée lorsque la majorité des produits du secteur sont des produits d'intérêt et que le principal décideur opérationnel s'appuie sur le montant net d'intérêt pour évaluer la performance du secteur et allouer des ressources à celui-ci. L'entité doit alors inclure une précision indiquant que tel est le cas (IFRS 8.23).

Remarque Le fait de ne pas fournir certaines informations requises par la norme IFRS 8 au motif que cela pourrait nuire à l'entreprise (car ces informations sont confidentielles ou pourraient affecter sa position concurrentielle) n'est pas autorisé par la norme IFRS 8 (IFRS.8 BC43 à .BC45).

Décisions de l'ESMA Ceci a été rappelé par le CESR (devenu l'ESMA) dans une de ses décisions (EECS/1209-07, 12/09).

Recommandations de l'AMF Par ailleurs, une entité peut devoir détailler, dans son information sectorielle, certains agrégats ou indicateurs, dont des lignes du compte de résultat, qui reposent parfois sur des principes non conformes aux IFRS, parce qu'ils sont présentés au principal décideur opérationnel. Dans ce cas, ces éléments doivent être ventilés par secteur, et non présentés pour l'ensemble du groupe. Ce point a été rappelé par l'AMF dans ses recommandations en vue de l'arrêté des comptes 2016 (Rec. AMF 2016-09, Arrêté des Comptes 2016, § 1.3).

Informations sectorielles fournies dans une monnaie autre que la monnaie de présentation du groupe

57947

Question

Est-il acceptable de communiquer des informations sectorielles dans une monnaie autre que la monnaie de présentation du groupe ?

Réponse

Oui, dès lors que l'information fournie et revue régulièrement par le principal décideur opérationnel lui est présentée en monnaie étrangère (autre que la monnaie de présentation des états financiers).

Commentaires L'objectif de l'information sectorielle est de fournir une information qui permette aux utilisateurs des états financiers de l'entité d'évaluer la nature et les effets financiers des activités dans lesquelles elle est engagée ainsi que les environnements économiques dans lesquels elle opère (IFRS 8.1).

En d'autres termes, l'entité doit **donner aux utilisateurs de ses états financiers la même information que celle qu'utilise le principal décideur opérationnel** (PDO) pour évaluer la performance des secteurs et leur allouer des ressources.

En conséquence, à notre avis, dès lors que l'information utilisée par le PDO est libellée dans une monnaie différente de la monnaie de présentation des états financiers, c'est cette information qui doit être donnée dans les états financiers. Cette approche peut toutefois rendre plus difficile la compréhension par le lecteur des informations communiquées et requiert un rapprochement avec les données présentées dans les états financiers.

Plusieurs solutions alternatives existent :

- une première solution consiste à convertir ces données dans la monnaie de présentation selon la norme IAS 21, en utilisant les mêmes taux que ceux retenus pour la conversion des éléments d'une filiale étrangère dans les états financiers consolidés ;
- une seconde solution consiste à utiliser un taux de change unique pour tous les éléments présentés au titre de l'information sectorielle.

Par exemple, l'entité peut utiliser un taux unique, standard ou budgété, pour convertir les éléments dans la monnaie de présentation du groupe.

La norme IFRS 8 n'étant pas restrictive sur le sujet, il convient de considérer la solution la plus adaptée. Un rapprochement avec les états financiers devra nécessairement être fourni dès lors que l'information sectorielle présentée est élaborée sur des bases différentes de celles retenues pour l'établissement de ces états financiers.

Pour les données sectorielles à rapprocher avec les états financiers, voir nº 57950.

Rapprochement de certaines rubriques sectorielles avec les états financiers

57950 ***Question***

Quelles sont les données sectorielles à rapprocher avec les états financiers ?

Réponse

Les éléments sectoriels suivants sont à rapprocher des éléments correspondants des états financiers :

- le total des produits sectoriels avec les produits de l'entité ;
- les évaluations des résultats sectoriels avec le résultat avant impôt et activités abandonnées de l'entité (sauf si les évaluations des résultats sectoriels sont après impôt) ;
- le total des actifs sectoriels avec les actifs de l'entité, si les actifs sectoriels sont présentés ;
- le total des passifs sectoriels avec les passifs de l'entité, si les passifs sectoriels sont présentés ;
- le total des montants de tous les autres éléments significatifs présentés avec le montant correspondant pour l'entité.

Commentaires Ces éléments de rapprochement sont requis par IFRS 8.28 qui précise que tout montant important en rapprochement doit être identifié et décrit séparément, notamment tout montant lié à des différences de méthodes comptables.

Le rapprochement des données non-GAAP avec les éléments résultant des comptes IFRS, imposé par IFRS 8 et donc soumis à l'audit des commissaires aux comptes, devrait renforcer pour les tiers la fiabilité de l'ensemble des données reprises dans les composantes de la communication financière.

Informations à fournir concernant l'ensemble de l'entité

57955

Question

Quelles sont les informations à fournir concernant l'ensemble de l'entité ?

Réponse

Si ces informations ne sont pas fournies dans le cadre des informations sur les secteurs opérationnels, l'entité doit présenter :
- des informations relatives à ses produits et services ;
- des informations relatives aux zones géographiques dans lesquelles elle opère ;
- des informations relatives à ses clients importants.

Commentaires IFRS 8.31 à .34 s'appliquent à toutes les entités présentant une information sectorielle, y compris les entités qui ne présentent qu'un seul secteur (voir n° 57905).

Décision de l'ESMA En 2014, l'ESMA a rappelé que toute entreprise est visée par cette disposition, y compris celles n'ayant qu'un seul secteur (IFRS 8.31) et que, en outre, la norme IFRS 8 (IFRS 8.BC43 à .BC45) ne contient pas d'exemption d'information pour informations sensibles susceptibles d'être commercialement préjudiciables (EECS/2014-11, 11/14).

Ces paragraphes décrivent les informations supplémentaires à fournir, lorsqu'elles n'ont pas été fournies au niveau des secteurs.

Tel pourrait être le cas, par exemple, pour :
- les entreprises organisées par entités juridiques : des informations supplémentaires sur les produits et services et zones géographiques sont requises ;
- les entreprises organisées par zones géographiques : des informations supplémentaires sur les produits et services ainsi que d'autres informations sur les zones géographiques sont requises.

a. Informations sur les produits et services L'entité doit mentionner les produits externes (correspondant au chiffre d'affaires externe) pour chaque produit et service (ou groupe de produits et services similaires) (IFRS 8.32). Ces montants doivent être basés sur les informations financières utilisées pour l'établissement des états financiers.

b. Informations sur les zones géographiques (IFRS 8.33) L'entité doit mentionner, en distinguant la partie relative au pays de résidence de l'entité et celle des autres pays, d'une part les produits provenant de clients externes et, d'autre part, les actifs non courants (y compris les actifs incorporels et donc le goodwill, en ce sens décision de l'ESMA EECS/0213-11, 10/13) autres que les instruments financiers, les actifs d'impôts différés, les actifs relatifs aux avantages post-emploi ainsi que les droits afférents aux contrats d'assurance.

Ces montants doivent être évalués conformément aux IFRS.

Les produits externes à présenter doivent être les produits réalisés dans le pays considéré (pays de résidence ou autre pays étranger jugé significatif), et non pas les produits externes réalisés par l'entité juridique située dans le pays concerné.

Ainsi, par exemple, les produits externes à retenir pour une société française seront ceux réalisés en France (avec des clients français) et non pas ceux réalisés par l'entité juridique française (qui pourrait aussi vendre à des clients étrangers).

Il en est de même des actifs à présenter : ils sont répartis entre les pays en fonction de leur situation géographique.

Si les produits externes ou les actifs non courants d'un pays étranger pris individuellement sont significatifs, ils doivent être présentés séparément. A notre avis, le caractère significatif doit s'apprécier de façon qualitative et quantitative. Pour la partie quantitative, le seuil de 10 % pourrait, à notre avis, être retenu par référence aux seuils retenus pour déterminer si un secteur opérationnel doit être présenté séparément (IFRS 8.13).

S'il n'est pas possible de présenter les informations ci-avant car elles ne sont pas disponibles et que le coût de leur élaboration est excessif, ce fait doit être mentionné.

Ces dispositions permettent, lorsque les secteurs définis par la norme IFRS 8 le sont sur la base des produits et services, de disposer également d'informations relatives aux zones géographiques dans lesquelles l'entité opère.

c. Informations relatives aux clients importants Au sens de la norme IFRS 8, un client important est celui avec lequel l'entité réalise 10 % au moins de ses produits (IFRS 8.34).

A ce titre, la norme précise que doit être considéré comme **un seul client un groupe d'entités sous contrôle commun** (cas par exemple des entités faisant partie d'un même groupe consolidé).

Dans le cas particulier d'un groupe d'entités contrôlées par une même autorité publique, il est nécessaire de faire preuve de jugement pour déterminer si l'autorité publique et les entités qu'elle contrôle sont considérées ou non comme un seul client. L'entité doit, pour ce faire, considérer le degré d'intégration économique existant entre ces entités.

Au titre de ses clients importants, l'entité doit fournir des informations sur son degré de dépendance à leur égard en précisant :
- le fait que l'entité réalise plus de 10 % de ses produits avec un client ; et
- les secteurs concernés.

Recommandations de l'AMF Dans ses recommandations en vue de l'arrêté des comptes 2010, l'AMF a rappelé la nécessité pour les émetteurs de fournir ce type d'information donnant un éclairage non seulement sur les risques à la date de clôture mais également sur ceux qui peuvent peser sur l'activité future (Rec. AMF 2010-12, Arrêté des Comptes 2010, § 3.2).
La communication de telles informations pouvant être préjudiciable à l'entreprise en matière de concurrence, l'entité n'est pas tenue de dévoiler l'identité du client ni le montant des ventes par secteur réalisées avec ce client.

Informations narratives

57960 ***Question***

Y a-t-il des informations narratives à fournir ?

Réponse

Oui. Afin de permettre à l'utilisateur des états financiers de bien comprendre la nature, les montants de l'information sectorielle ainsi que les circonstances ayant pu l'affecter.

Commentaires Les informations narratives suivantes doivent être fournies :
- les **facteurs** utilisés dans la **détermination des secteurs** à présenter dont, par exemple, la base d'organisation interne de l'entité (par produit ou service, par zone géographique, par activité, etc.) et le regroupement éventuel de secteurs présentés en interne (IFRS 8.22a) ;
- les **jugements** exercés par la direction **pour procéder à des regroupements** de secteurs opérationnels, en accord avec les critères d'IFRS 8.12, et notamment une brève description des secteurs ayant fait l'objet d'un tel regroupement ainsi que les indicateurs économiques utilisés pour démontrer que les secteurs regroupés ont des caractéristiques économiques similaires (IFRS 8.22aa) ;
- les **types de produits et services** générant les revenus de chaque secteur (IFRS 8.22b) ;
- le **référentiel comptable pour comptabiliser les transactions intersecteurs** (IFRS 8.27a), par exemple, les prix de transfert ;
- la **nature des différences entre l'évaluation du résultat et des actifs sectoriels et le résultat avant charge ou produit d'impôt et activités abandonnées et les actifs totaux,** comprenant notamment les différences de méthodes comptables et les méthodes d'affectation de certains coûts communs entre les différents secteurs (IFRS 8.27b et .27c) ;
- la nature des différences entre les évaluations des passifs sectoriels et les passifs de l'entité, (IFRS 8.27d) ;
- la **nature** et l'**effet des changements dans les méthodes d'évaluation** de l'information sectorielle **d'une période à l'autre** et l'effet éventuel de ces changements sur l'évaluation du résultat sectoriel (IFRS 8.27e) ;
- la nature et l'effet des **affectations asymétriques** (actifs dans un secteur et amortissement dans un autre, par exemple) (IFRS 8.27f).

Informations sectorielles fournies dans les états financiers bien que non requises par IFRS 8

57962 ***Question***

Quels sont les enjeux liés à la présentation d'informations sectorielles non requises par la norme IFRS 8 ?

Réponse

A notre avis, des informations relatives à l'information sectorielle fournies dans les états financiers, alors qu'elles ne sont pas requises par la norme IFRS 8, ne doivent être communiquées que si elles sont fournies et revues régulièrement par le principal décideur opérationnel (PDO).

Si elles sont communiquées, alors qu'elles ne sont pas utilisées par le PDO, ce fait doit être mentionné et leur utilité pour le lecteur des états financiers doit être justifiée.

Commentaires A notre avis, lorsque des informations sectorielles supplémentaires sont fournies en annexe par rapport à celles requises par IFRS 8 (dispositions d'IFRS 8.20 à .27) :
- il faut mentionner si elles sont utilisées par le PDO, car l'objectif de la norme IFRS 8 est d'indiquer aux lecteurs des états financiers quelles sont les données financières que le PDO utilise pour conduire les activités de l'entité ;
- si elles ne sont pas revues par le PDO, ces informations ne devraient pas, à notre avis, être communiquées ;
- si elles sont néanmoins communiquées en annexe, il convient de préciser qu'elles ne sont pas requises par la norme IFRS 8, de justifier pourquoi elles sont communiquées et en quoi elles sont utiles à la compréhension des états financiers.

De telles informations peuvent par exemple concerner :
- le nombre d'employés par secteur opérationnel ;
- les commandes de produits en cours ;
- les dépenses de recherche et développement ; ou encore
- les dépenses liées à l'environnement, la santé, la sécurité ou toute autre donnée non financière, présentées par secteur opérationnel.

Remarque Si de telles informations sont communiquées en annexe de l'exercice N, il semblerait difficile de ne plus les donner les années suivantes, sauf à justifier d'un changement d'organisation interne ou d'un changement du principal décideur opérationnel.

Informations à fournir dans les états financiers intermédiaires

57970

Question

Quelle est l'information sectorielle à fournir dans les états financiers intermédiaires établis conformément à la norme IAS 34 ?

Réponse

La norme IAS 34, sans imposer de présenter la totalité des informations à fournir selon la norme IFRS 8 dans les comptes annuels, requiert un certain nombre d'informations par secteur telles que :
- une description des différences en matière de détermination des secteurs ou d'évaluation du résultat sectoriel par rapport à la dernière clôture annuelle ;
- un rapprochement du total des résultats sectoriels avec le niveau de résultat consolidé avant impôts et opérations abandonnées.

Commentaires Selon IAS 34.16Ag, l'entité doit fournir dans ses états financiers intermédiaires :
- les **produits provenant de clients externes,** à fournir s'ils sont inclus dans l'évaluation du résultat sectoriel examiné par le principal décideur opérationnel ou s'ils sont régulièrement fournis d'une autre manière au principal décideur opérationnel ;
- les **produits intersecteurs** (de manière distincte des ventes externes), s'ils sont inclus dans l'évaluation du résultat sectoriel examiné par le principal décideur opérationnel ou s'ils sont régulièrement fournis d'une autre manière au principal décideur opérationnel ;
- une évaluation du **résultat sectoriel** ;
- le total des **actifs et passifs sectoriels** dès lors qu'ils sont régulièrement fournis au principal décideur opérationnel et dont le montant a varié significativement depuis la dernière clôture annuelle ;
- une **description des différences par rapport à la dernière clôture annuelle** en matière de détermination des secteurs ou d'évaluation du résultat sectoriel ;

– le **rapprochement** du total des résultats sectoriels avec le niveau de résultat consolidé avant impôts et opérations abandonnées.

Si l'entité affecte aux secteurs des éléments tels que l'impôt, elle peut effectuer le rapprochement avec le résultat consolidé après ces éléments. Les éléments de rapprochement significatifs doivent être identifiés et décrits séparément dans ce rapprochement (IAS 34.16Ag.vi).

V. Comparabilité de l'information dans le temps et dans l'espace

57975 L'information sectorielle à fournir selon IFRS 8 est la vue du management. Dès lors se posent les questions de comparabilité de cette information :

– tant dans le temps, le management pouvant modifier son reporting ou pouvant changer ou évoluer lui-même ;

– que dans l'espace, entre les différentes sociétés, chacune ayant un management avec des visions et des méthodes de gestion différentes.

A. Informations à fournir en cas de changement dans les secteurs à présenter

57977 ***Question***

Dans quels cas les informations présentées en comparatif doivent-elles être modifiées ?

Réponse

Les secteurs présentés en comparatif doivent être modifiés, dans la mesure où l'information est disponible, lorsque :

– la structure de l'organisation interne est modifiée (voir n° 57980 s.) ;

– un secteur est présenté séparément au cours de l'année N, alors qu'il ne l'était pas au cours des périodes précédentes (voir n° 57985).

En revanche, les informations présentées en comparatif n'ont pas à être modifiées lorsque :

– un secteur n'est plus présenté séparément au cours de l'année N (car ne dépasse plus les seuils de présentation séparée), alors qu'il l'était au cours de la période précédente (voir n° 57986) ;

– la mesure d'une information sectorielle est modifiée. Dans ce dernier cas, le retraitement des secteurs présentés en comparatif est toutefois, à notre avis, préférable car il améliore la comparabilité dans le temps (voir n° 57990).

Commentaires Recommandations de l'AMF Dans ses recommandations en vue de l'arrêté des comptes 2011, l'AMF a rappelé qu'en cas de modification des secteurs opérationnels présentés, et en application d'IFRS 8.29 et .30, les informations comparatives doivent également être retraitées, à moins que les informations ne soient pas disponibles ou que le coût de leur élaboration soit excessif.

Il lui paraît également essentiel de justifier et d'expliquer clairement en annexe les modifications effectuées (Rec. AMF 2011-16, Arrêté des Comptes 2011, § 3.1.2).

En pratique, il convient également de s'assurer de la cohérence d'ensemble entre :

– l'information sectorielle après modification ; et

– les informations données par ailleurs par le groupe dans le rapport d'activité, les communiqués de presse, etc.

Types d'informations à fournir en cas de changement de la structure de l'organisation interne

57980 ***Question***

En cas de changement de la structure de l'organisation interne, l'information sectorielle des périodes antérieures présentées doit-elle être retraitée ?

Réponse

Oui, dans la mesure où l'information est disponible et que le coût pour la préparer n'est pas excessif.

A défaut, l'entité doit présenter, au cours de l'année du changement, l'information sectorielle selon l'ancienne et la nouvelle organisation, dans la mesure où l'information est disponible et que le coût pour la préparer n'est pas excessif.

Commentaires IFRS 8.29 impose le retraitement des informations antérieurement présentées dans le cas où la structure de l'organisation interne a changé, et ce, lorsque l'information est disponible et que le coût de leur élaboration n'est pas excessif.

Si l'information n'est pas disponible et que le coût pour la préparer est excessif, IFRS 8.30 impose d'indiquer, dans l'année au cours de laquelle le changement a lieu, les informations sectorielles pour l'exercice en cours à la fois selon l'ancienne et selon la nouvelle base de segmentation, sauf si les informations nécessaires ne sont pas disponibles et que le coût de leur élaboration est excessif.

Recommandations de l'AMF :

- Dans ses recommandations en vue de l'arrêté des comptes 2008, l'AMF ayant parfois constaté que le périmètre des secteurs présentés était modifié alors même que le libellé ou la nature des secteurs présentés ne semblait pas changer, avait rappelé l'utilité d'indiquer les modifications de périmètre et les raisons de ces modifications (Rec. AMF 2008-22, Arrêté des Comptes 2008, § 8.1.2).
- Dans ses recommandations en vue de l'arrêté des comptes 2011, l'AMF a renouvelé ses précédentes recommandations en rappelant qu'en cas de modification des secteurs opérationnels présentés, et en application d'IFRS 8.29 et .30, les informations comparatives doivent également être retraitées, à moins que les informations ne soient pas disponibles ou que le coût de leur élaboration soit excessif. Il lui paraît également essentiel de justifier et d'expliquer clairement en annexe les modifications effectuées (Rec. AMF 2011-16, Arrêté des Comptes 2011, § 3.1.2).

Identification d'un changement d'organisation interne justifiant un changement dans l'information sectorielle Il convient d'apprécier si un ou plusieurs des éléments suivants a changé :

- le PDO ;
- le contenu du « reporting package » revu par le PDO ;
- l'organigramme interne (y compris la composition du comité de direction) ;
- les managers avec lesquels le PDO interagit régulièrement ;
- le processus budgétaire, notamment les niveaux de granularité auxquels les budgets sont définis ;
- les éléments communiqués par la société aux investisseurs, prêteurs et autres tiers.

En pratique, les scénarios suivants modifiant l'organisation interne peuvent avoir un impact sur l'information sectorielle :

- le lancement d'une nouvelle ligne d'activité ;
- une réorganisation/restructuration stratégique ;
- l'acquisition ou la cession d'une activité ;
- un changement de l'organisation des responsabilités de management (faisant passer par exemple une organisation basée sur les secteurs géographiques vers une organisation basée sur les produits).

Il importe, à notre avis, que le changement dans l'organisation et la structure du reporting interne soit substantif.

Conséquences d'un changement de la structure de l'organisation interne sur la présentation des goodwills au sein de l'information sectorielle

Question 57982

Quelles sont les conséquences d'un changement de la structure de l'organisation interne sur la présentation des goodwills au sein de l'information sectorielle ?

Réponse

Les goodwills doivent être réalloués pour les besoins de l'information sectorielle comparative, de manière rétrospective, aux nouveaux secteurs opérationnels (comme pour tous les actifs et passifs des secteurs).

Commentaires Tout changement dans la structure de l'organisation interne conduisant à un changement dans la composition des segments opérationnels nécessite de modifier l'information comparative donnée dans les notes annexes relatives à l'information sectorielle, à moins que l'information ne soit pas disponible ou que les coûts pour retraiter l'information soient excessifs (IFRS 8.29).

De plus, le goodwill doit être réalloué aux secteurs opérationnels tels que nouvellement définis (IAS 36.87 et IFRS 8.29).

Il en résulte que pour la présentation de l'information sectorielle comparative, la réallocation du goodwill est, comme pour tous les autres actifs et passifs des secteurs, rétrospective.

Pour les incidences d'une réorganisation interne sur la fréquence de réalisation des tests de dépréciation, voir nº 36560.

Pour les principes généraux d'affectation du goodwill aux UGT ou groupes d'UGT, et plus particulièrement pour le lien avec le reporting interne et les secteurs définis pour l'information sectorielle, voir nº 22660.

Secteur non significatif en N-1/significatif en N

57985 *Question*

Un secteur non significatif l'année N-1 (présenté dans la rubrique « Autres secteurs ») devenant significatif l'année N et satisfaisant aux seuils doit-il faire l'objet d'une information distincte en N ?

Réponse

Oui, et l'information comparative doit être retraitée.

Commentaires En cas d'identification d'un nouveau secteur à présenter au cours d'une période, l'information comparative doit être également présentée, lorsque l'information est disponible et que le coût pour la retraiter n'est pas excessif (IFRS 8.18).

L'information comparative doit être présentée, même si le nouveau secteur identifié ne répond pas, pour la période antérieure, aux critères quantitatifs (seuils de 10 %) de présentation séparée requis par la norme IFRS 8 (IFRS 8.13).

Secteur significatif en N-1/non significatif en N

57986 *Question*

Un secteur qui ne satisfait plus au test des 10 % au cours de l'année N, alors que c'était le cas l'année N-1, doit-il continuer à être présenté distinctement en N ?

Réponse

Pas nécessairement ; cela dépend si la direction estime ou non que le secteur en question continue à être significatif.

Commentaires Un secteur n'atteignant plus les seuils de 10 % doit continuer à être présenté séparément si la direction considère que ce secteur continue à être significatif, l'information fournie étant utile aux utilisateurs des états financiers (IFRS 8.17).

Dans le cas contraire, le secteur n'atteignant plus les seuils de 10 % ne doit plus être présenté séparément et l'information comparative n'a pas à être retraitée. En effet, la présentation séparée du secteur était requise en N-1 puisqu'il atteignait les seuils de 10 %.

En revanche, si au cours de l'exercice suivant celui du changement (N+1), le secteur ne dépasse toujours pas les seuils de 10 % mais que la direction considère qu'il n'est plus significatif, alors le secteur ne doit plus être présenté séparément. De plus, à notre avis, ce secteur pourrait ne pas être présenté dans l'information comparative, car une présentation séparée n'était pas requise en N.

B. Informations à fournir en cas de changement d'indicateurs

Question 57990

En cas de changement de la mesure d'une information sectorielle, par exemple du résultat sectoriel, l'information des périodes antérieures présentées doit-elle être retraitée ?

Réponse

Non, mais il convient de fournir des informations narratives sur la nature des changements des méthodes d'évaluation de l'information sectorielle d'une période à l'autre ainsi que l'effet, le cas échéant, de ces changements (voir n° 57960).

Toutefois, à notre avis, il est préférable d'effectuer le retraitement des périodes antérieures, car il améliore la comparabilité dans le temps et est utile à la compréhension des états financiers par les utilisateurs.

Commentaires IFRS 8.29 impose le retraitement des informations antérieurement présentées dans le cas où la structure de l'organisation interne a changé (voir n° 57980) et lorsque des seuils deviennent significatifs (voir n° 57985) et ce, dès lors que l'information est disponible et que le coût de leur élaboration n'est pas excessif.

En revanche, IFRS 8.27 impose d'indiquer la nature des changements éventuels, par rapport aux exercices précédents, des méthodes d'évaluation employées pour déterminer les données chiffrées sectorielles (résultat, actifs, passifs, etc.) ainsi que l'effet, le cas échéant, de ces changements.

A notre avis, il est préférable de retraiter les exercices antérieurs présentés afin d'améliorer la comparabilité dans le temps des états financiers, information qui est toujours utile à la compréhension des états financiers par les utilisateurs.

Notons, en outre, que des changements trop fréquents d'indicateurs ou de modes d'allocation d'actifs, de passifs, de charges et de produits aux différents secteurs, et ce, même si l'information comparative est retraitée, pourraient être contraires au principe de permanence des méthodes.

VI. Revue de l'application d'IFRS 8 (Post-implementation Review/PIR)

Conséquences de la Post-implementation Review (PIR) d'IFRS 8

Question 57992

Suite à la « Post-implementation Review » de la norme IFRS 8, initiée par l'IASB en 2012, trois ans après son application obligatoire, quels sont les enseignements de la consultation menée par l'IASB et ses conclusions ?

Réponse

Dans son premier rapport (« Report and feedback statement »), publié en juin 2013 suite à sa consultation de « Post-implementation Review » d'IFRS 8, l'IASB a conclu que la norme est appliquée de manière satisfaisante dans son ensemble, répond bien aux objectifs fixés lors de son élaboration et contribue à l'amélioration de l'information financière, avec un coût de mise en œuvre limité.

Les investisseurs ont toutefois exprimé un certain nombre de critiques parmi lesquelles le manque de comparabilité de l'information sectorielle publiée, le manque de visibilité sur la structure réelle de l'activité (par souci de confidentialité vis-à-vis des concurrents notamment) ou encore le risque de masquer des activités déficitaires au sein de secteurs opérationnels.

57992 (suite) Malgré des propositions émises par l'IASB en 2017 visant à amender la norme qui concernaient :
- la notion de « principal décideur opérationnel » (« chief operating decision maker ») ;
- les critères de regroupement des secteurs, notamment la notion de « caractéristiques économiques similaires » ;
- le rapprochement des éléments sectoriels présentés avec l'information financière globale ;
- les informations à fournir en cas de changement dans les principes de détermination des secteurs,

l'IASB a finalement décidé de ne pas amender la norme IFRS 8, considérant que ces propositions n'amélioreraient pas de manière significative les dispositions actuelles de cette norme (IASB Update 03/18). La publication en 2019 d'un rapport de synthèse (« feedback statement ») a mis fin à la PIR d'IFRS 8.

Commentaires :

1. **Historique** L'IASB a lancé en mars 2012 la « Post-implementation Review » (PIR) d'IFRS 8.

Il s'agissait pour l'IASB de déterminer :
- si la norme est appliquée conformément aux objectifs déterminés lors de son élaboration ;
- si les parties intéressées sont satisfaites ;
- quelles sont les difficultés de mise en œuvre rencontrées ou les critiques formulées.

L'IASB a publié en juillet 2013 une synthèse des commentaires reçus dans un « Report and feedback statement ». Ce rapport, après avoir rappelé les différentes étapes de la revue :
- analyse les réponses reçues à ses appels à commentaires par type de répondants-préparateurs (cabinets d'audit, normalisateurs, régulateurs, investisseurs) et zones géographiques (en majorité européens) ;
- présente les constats et commente les résultats obtenus ;
- statue sur les prochaines étapes à suivre.

A la suite de cette consultation, l'IASB a conclu que la norme est satisfaisante dans son ensemble, répond bien aux objectifs fixés lors de son élaboration et a contribué à l'amélioration de l'information financière.

Notamment, la présentation d'une information sectorielle calée sur le reporting interne permet de mieux comprendre le modèle économique de la société et rend l'information financière publiée plus cohérente. Enfin, la convergence avec les US GAAP est atteinte. Ce rapport souligne en outre que ces améliorations ont été apportées avec un coût de mise en œuvre limité.

Il convient toutefois de noter que les points de vue diffèrent sensiblement selon le type de répondants :
- les préparateurs sont généralement satisfaits ;
- les normalisateurs, auditeurs et régulateurs sont globalement satisfaits bien qu'identifiant des points spécifiques d'amélioration ;
- les investisseurs expriment une position plus mitigée : même si l'approche « through the eyes of management » ainsi que l'audit des informations sectorielles sont salués, certains critiquent le manque de comparabilité de l'information sectorielle publiée. Il est en outre craint que l'information publiée conduise à limiter la visibilité sur la structure réelle de l'activité (par souci de confidentialité vis-à-vis des concurrents notamment) ou à masquer des activités déficitaires au sein de secteurs opérationnels.

A ce titre, la SFAF (Société Française des Analystes Financiers) a relevé ces critiques dans le cadre d'une étude publiée en juin 2013 sur l'application d'IFRS 8.

Concernant l'information géographique, les réponses varient également. Pour certains, une information géographique sectorielle complémentaire devrait également être fournie. D'autres estiment qu'une information sectorielle géographique ne présente un intérêt que si le découpage géographique répond aux besoins des investisseurs (par exemple, sur la base de zones dont les pays présentent des caractéristiques similaires, et non pas sur la base de zones regroupant des pays selon leur proximité). A noter toutefois que l'information géographique concernant le chiffre d'affaires par client, imposée par IFRS 8 (voir nº 57778 et 57955), est jugée utile par nombre de répondants.

Tenant compte des commentaires formulés, les thèmes d'amélioration proposés dans le rapport portent sur :

- **la notion de « principal décideur opérationnel » (« chief operating decision maker »)** : cette notion (voir nº 57850) nécessite d'être clarifiée ; les répondants ont proposé soit qu'elle fasse l'objet de guidance supplémentaire, soit qu'elle soit remplacée par une notion déjà utilisée par ailleurs

en IFRS (par exemple celle de « key management personnel » retenue dans la norme IAS 24, Parties liées (voir n° 60007) ou celle d'organe de direction retenue dans le Cadre conceptuel) ; **57992** (suite)
- **les agrégats utilisés pour décrire la performance des secteurs** : ces agrégats, souvent des données non-GAAP (« résultat opérationnel », « cash-flows opérationnels », etc.), sont difficiles à comparer et analyser. Les investisseurs suggèrent qu'une information complémentaire soit requise pour certaines lignes spécifiques des états financiers, leur permettant ainsi de calculer directement les indicateurs qu'ils jugent utiles ;
- **les critères de regroupement des secteurs** : beaucoup d'investisseurs estiment que le regroupement des secteurs (voir n° 57900) n'est pas fait correctement. La notion de « caractéristiques économiques similaires » pourrait ainsi être précisée ;
- **le rapprochement des éléments présentés par secteurs avec l'information financière globale** : certains répondants ont proposé qu'un guide d'application supplémentaire avec des exemples de rapprochements soit élaboré. D'autres relèvent la difficulté à appréhender les éléments réconciliés secteur par secteur ;
- **les informations à fournir en cas de changement dans les principes de détermination des secteurs** : les investisseurs soulignent la perte d'informations que peut entraîner un changement dans les principes de détermination des secteurs d'un exercice à l'autre. Ils proposent, dans le cas d'une telle réorganisation, que des informations comparatives sur 3 à 5 ans soient présentées.

2. Publication d'un exposé-sondage Le 29 mars 2017, l'IASB a publié un exposé-sondage « Améliorations apportées à IFRS 8 » (ED/2017/2), apportant des propositions d'amendements sur les éléments suivants :
- concernant le **principal décideur opérationnel,** il est précisé qu'il peut s'agir d'un invididu mais aussi d'un groupe de directeurs, y compris des membres non-exécutifs, en insistant sur le fait que la fonction du PDO est de prendre des décisions opérationnelles, d'allouer des ressources aux secteurs et d'évaluer leur performance ; de plus, l'annexe devrait mentionner le titre et le rôle de la personne ou du groupe qui remplit les fonctions de PDO de l'entité ;
- concernant le cas des **regroupements de secteurs,** l'amendement propose de clarifier la démarche applicable en la matière et ajoute des exemples de mesures justifiant la notion de « caractéristiques économiques similaires » (taux de marge moyen à long terme, taux de croissance du chiffre d'affaires à long terme, taux de rendement des actifs à long terme) ;
- l'amendement propose de rappeler que l'information sectorielle fournie dans les états financiers **doit être cohérente avec les éléments fournis dans le reste de la communication financière** ; dans le cas contraire, l'entreprise doit expliquer les causes de ces différences ;
- l'amendement propose de clarifier qu'une entité peut publier des informations supplémentaires à celles consultées régulièrement par le PDO si cela facilite la compréhension et répond aux objectifs de la norme IFRS 8 ;
- l'amendement propose de **fournir en annexe des explications sur la nature des éléments en rapprochement** (entre les secteurs « consolidés » et le compte de résultat consolidé tel qu'il apparaît dans les états primaires) ou **non alloués** ; des exemples de tels éléments (éliminations intersecteurs, charges « corporate » non allouées, etc.) ont par ailleurs été ajoutés.

L'exposé-sondage propose également d'**amender la norme IAS 34,** Information financière intermédiaire : **en cas de modification de secteurs intervenant au cours d'une période,** les entreprises devraient fournir, dès les premiers comptes intermédiaires publiés (semestriels ou trimestriels si applicable), l'information sectorielle de l'ensemble des périodes comparatives intermédiaires retraitées des effets du changement.

> La norme précise que ces informations peuvent ne pas être retraitées si les informations ne sont pas disponibles ou si le coût de leur élaboration est excessif.
> Ainsi, en cas de changement de secteurs intervenant en janvier N, dans ses comptes trimestriels clos au 31/03/N, le groupe devrait présenter l'information sectorielle requise par IAS 34 retraitée des effets du changement, pour les périodes closes au 31/3/N-1, 30/06/N-1, 30/09/N-1 et 31/12/N-1.

L'IASB a invité les utilisateurs à faire part de leurs commentaires sur ces propositions jusqu'au 31 juillet 2017.

3. Conclusion de la PIR d'IFRS 8 en 2018 A la suite des commentaires reçus dans le cadre de cet exposé-sondage, et après analyse, l'IASB a finalement décidé de ne pas amender la norme IFRS 8, considérant que ces propositions n'amélioreraient pas de manière suffisamment significative les dispositions actuelles de cette norme pour justifier les coûts supplémentaires qui seraient induits afin de procéder à ces modifications (IASB Update 03/18).

Un rapport de synthèse (« feedback statement ») actant ces décisions a été publié en février 2019.

CHAPITRE 52

Résultats par action (IAS 33)

Plan du chapitre §§ 59000

L'ESSENTIEL DE LA NORME IAS 33

Généralités

L'objectif de la norme IAS 33, Résultats par action, est de prescrire les principes de détermination et de présentation concernant les résultats par action, de manière à permettre la comparaison de la performance (IAS 33.1) : 59010
- d'entités différentes au cours d'une même période comptable ; ou
- d'une même entité au cours de différentes périodes comptables.

La norme IAS 33 doit être appliquée par les entités dont les actions ordinaires ou les actions ordinaires potentielles sont cotées et par les entités qui sont engagées dans un processus d'émission d'actions ordinaires ou d'actions ordinaires potentielles sur des marchés organisés (IAS 33.2).

En outre, une entité qui indique son résultat par action doit le calculer et fournir des informations sur ce résultat par action selon la présente norme (IAS 33.3).

Toute société cotée doit présenter deux types de résultats par action dans ses états financiers : le résultat de base par action (IAS 33.9 à .29) et le résultat dilué par action (IAS 33.30 à .63).

Lorsque les états financiers de la société mère sont présentés avec les états financiers consolidés, seuls les résultats par action sur une base consolidée doivent être présentés (IAS 33.4).

A. Résultat de base par action

Définition

L'objectif du résultat de base par action est de fournir une mesure de la quote-part de chaque action ordinaire d'une entité mère dans la performance de l'entité au cours d'une période comptable (IAS 33.11). 59012

Le résultat de base par action est égal au résultat attribuable aux porteurs d'actions ordinaires de l'entité mère divisé par le nombre moyen pondéré d'actions ordinaires en circulation au cours de la période (IAS 33.10).

Lorsqu'un résultat des activités ordinaires poursuivies est présenté (en cas d'existence d'activités abandonnées, voir nº 36985), il doit donner lieu également à la détermination d'un résultat de base par action au titre de ce résultat attribuable aux activités ordinaires poursuivies (IAS 33.9).

Une **action ordinaire** est un instrument de capitaux propres qui est subordonné à toutes les autres catégories d'instruments de capitaux propres (IAS 33.5).

Remarque Certains instruments de capitaux propres émis par l'entité ne constituent pas des actions ordinaires ou ne sont pas convertibles en actions ordinaires. Entreraient, par exemple, dans cette catégorie des actions de préférence non convertibles en actions ordinaires et qualifiées d'instruments de capitaux propres au sens de la norme IAS 32. La norme IAS 33 précise que, dans ce cas, ces instruments ne sont pas pris en compte dans le dénominateur du résultat de base par action, s'agissant d'actions qui ne sont pas des actions ordinaires. En revanche, le résultat net retenu au numérateur du résultat de base par action doit être ajusté de la rémunération consentie aux porteurs d'actions de préférence, pour refléter uniquement la quote-part de résultat qui reviendrait aux porteurs d'actions ordinaires, selon leurs droits à dividendes ou tout autre droit sur les résultats non distribués. La norme précise les principes d'allocation du résultat aux différentes catégories d'actionnaires dans ce cas particulier (IAS 33.A14 et .IE Exemple 11).

L'IFRS IC a été interrogé en 2017 sur la prise en compte, dans le calcul du résultat de base par action, de l'avantage fiscal constaté en capitaux propres au titre de dividendes versés à des instruments participatifs eux-mêmes classés en capitaux propres. L'IFRS IC a tout d'abord rappelé que, selon les principes de la norme IAS 33, tels que détaillés ci-avant, le calcul du résultat par action doit être réalisé en simulant une distribution de la totalité du résultat de la période sur la base des droits de chaque classe d'actionnaires. L'IFRS IC a précisé que l'économie d'impôt liée à la distribution (réelle ou hypothétique) vient augmenter le résultat (numérateur) attribuable aux actionnaires ordinaires (IFRIC Update 06/17).

Résultat de base (numérateur)

59014 Pour le calcul du résultat de base par action, le numérateur correspond au résultat attribuable aux porteurs d'actions ordinaires de l'entité mère (ou au résultat attribuable aux activités poursuivies, si calculé), ajusté, le cas échéant, des éléments suivants (IAS 33.12) :

–	Dividendes préférentiels après impôts sur actions préférentielles classées en capitaux propres (a)
+ / –	Ecarts résultant du règlement de ces actions préférentielles (b)
+ / –	Autres effets similaires d'actions préférentielles classées en capitaux propres

La norme IAS 33 apporte des précisions sur ces ajustements :

a. **Dividendes préférentiels à déduire du résultat** Les actions à dividendes préférentiels peuvent être comptabilisées, selon la substance des droits attachés, en passifs financiers ou en capitaux propres conformément à la norme IAS 32, Instruments financiers – Présentation.
Lorsque les actions préférentielles sont comptabilisées en capitaux propres, elles sont rémunérées par un dividende non comptabilisé au compte de résultat (IAS 32.36), qu'il convient de déduire pour la détermination du résultat attribuable aux porteurs d'actions ordinaires (IAS 33.12).

A l'inverse, tout élément constaté dans le résultat de la période relatif à des actions préférentielles, classées en dettes, n'est pas retraité du résultat pris en compte pour le calcul du résultat par action (IAS 33.13). Il peut s'agir, par exemple, de rémunérations sous la forme d'intérêts.

Les dividendes préférentiels après impôts à déduire du résultat incluent tout dividende préférentiel non cumulatif décidé au cours de la période (celui-ci ne bénéficiant pas aux porteurs d'actions ordinaires et le résultat pris en compte étant celui attribuable aux porteurs d'actions ordinaires), ainsi que tout dividende préférentiel cumulatif prélevé sur le résultat de la période, qu'il soit déclaré ou non (IAS 33.14).

Le dividende cumulatif permet le report du paiement du dividende sur les exercices suivants en cas d'insuffisance des résultats et est alors prélevé sur les bénéfices ultérieurs.

En outre, toute décote ou surcote relative à une émission d'actions préférentielles dites « à taux croissant » doit être traitée comme un dividende préférentiel aux fins du calcul du résultat par action (IAS 33.15).

Sont désignées par « actions préférentielles à taux croissant » les actions préférentielles assorties d'un dividende initial faible destiné à offrir une compensation à l'entité qui a vendu ces actions préférentielles moyennant une décote, ou assorties d'un dividende supérieur au marché au cours de périodes ultérieures pour offrir une compensation aux investisseurs qui ont acquis des actions préférentielles moyennant une surcote (IAS 33.15).

b. Ecarts résultant du règlement des actions préférentielles Les écarts entre valeur de remboursement et valeur comptable liés au règlement des actions préférentielles peuvent avoir une incidence sur le résultat attribuable aux porteurs d'actions ordinaires.

Ainsi :

– dans le cas d'**actions préférentielles** faisant l'objet d'un **rachat par voie d'offre publique d'achat** aux porteurs : si la juste valeur de la contrepartie versée lors du rachat de ces actions préférentielles est supérieure à la valeur comptable, l'excédent est à déduire du résultat attribuable aux porteurs d'actions ordinaires car il représente un rendement pour les porteurs des actions préférentielles, et une réduction du résultat non distribué pour l'entité (IAS 33.16) ;

– dans le cas d'**actions préférentielles convertibles** faisant l'objet d'une **conversion anticipée à l'initiative de l'entité à des conditions plus favorables que les conditions de conversion initiale ou en payant une contrepartie supplémentaire** : si la juste valeur des actions ordinaires ou de la contrepartie versée est supérieure à la juste valeur des actions ordinaires susceptibles d'être émises dans les conditions initiales, l'excédent est à déduire du résultat attribuable aux porteurs d'actions ordinaires car il constitue un rendement pour les porteurs d'actions préférentielles (IAS 33.17) ;

– dans le cas d'un **excédent de la valeur comptable des actions préférentielles sur la juste valeur de la contrepartie payée** en règlement de celles-ci, l'excédent vient augmenter le calcul du résultat attribuable aux porteurs d'actions ordinaires (IAS 33.18).

Nombre d'actions ordinaires à retenir pour le calcul du résultat de base par action (dénominateur)

Le dénominateur est le **nombre moyen pondéré d'actions ordinaires en circulation au cours de la période** (IAS 33.19), c'est-à-dire le nombre d'actions ordinaires en circulation en début de période diminué des actions propres, ajusté des actions ordinaires remboursées ou émises au cours de la période en pondérant par un facteur temps (IAS 33.20). **59016**

Pour la définition d'une action ordinaire, voir nº 59012.

Le facteur de pondération est égal au nombre de jours où les actions sont en circulation par rapport au nombre total de jours de la période, une approximation raisonnable de la moyenne pondérée étant toutefois autorisée (IAS 33.20).

Les actions ordinaires sont prises en compte dans le nombre moyen pondéré d'actions en circulation au cours de la période, à compter de la date à laquelle la contrepartie est recouvrable (généralement la date d'émission, en tenant compte des modalités de leur émission et de la substance de tout contrat associé à l'émission) (IAS 33.21), par exemple :

- les actions ordinaires émises en contrepartie de trésorerie sont incluses lorsque la trésorerie est exigible ;
- les actions ordinaires émises lors du réinvestissement volontaire des dividendes d'actions ordinaires ou préférentielles sont incluses lorsque les dividendes sont réinvestis ;
- les actions ordinaires résultant de la conversion d'un instrument de dette en actions ordinaires sont incluses à compter de la date à laquelle l'intérêt cesse de courir ;
- les actions ordinaires émises en remplacement de l'intérêt ou du principal sur d'autres instruments financiers sont incluses à compter de la date à laquelle l'intérêt cesse de courir ;
- les actions ordinaires émises en échange du règlement d'un passif de l'entité sont incluses à compter de la date du règlement ;
- les actions ordinaires émises en contrepartie de l'acquisition d'un actif autre que de la trésorerie sont incluses à compter de la date de comptabilisation de l'acquisition ;
- les actions ordinaires émises pour des services rendus à l'entité sont incluses lorsque ces services sont rendus.

Sont également considérées comme étant en circulation :

- les actions ordinaires émises dans le cadre d'un regroupement d'entreprises, à compter de la date d'acquisition de la société acquise (IAS 33.22) ;
- les actions ordinaires à émettre dans le cadre de la conversion d'un instrument obligatoirement convertible, à compter de la date de conclusion du contrat (IAS 33.23) ;
- les actions dont l'émission est conditionnelle, uniquement à compter de la date à laquelle toutes les conditions d'émission sont satisfaites. Toutefois, les actions dont la seule condition pour l'émission est le passage du temps ne sont pas considérées comme étant des actions dont

l'émission est conditionnelle, puisque le passage du temps est une donnée certaine (IAS 33.24) ; par conséquent, elles sont considérées comme étant en circulation dès la naissance de l'obligation inconditionnelle de les émettre.

Le nombre moyen pondéré d'actions ordinaires en circulation au cours de la période et pendant toutes les périodes présentées doit être **ajusté des événements qui ont modifié le nombre d'actions en circulation** (autres que la conversion d'actions ordinaires potentielles) **sans toutefois générer de modification correspondante en termes de ressources pour l'entité** (IAS 33.26).

Par exemple (IAS 33.27) :
- une émission d'actions gratuites par capitalisation de réserves ou distribution de dividendes en actions ;
- un fractionnement du nombre d'actions (par exemple, lors de la réduction de la valeur nominale des titres) ; ou
- un fractionnement inversé correspondant à un regroupement d'actions (par exemple, lors de l'augmentation de la valeur nominale des titres).

Le nombre d'actions ordinaires en circulation est ajusté au prorata de la modification comme si l'événement s'était produit **à l'ouverture de la première période présentée** (IAS 33.28).

Remarque – Actions partiellement libérées Les actions partiellement libérées sont à prendre en compte dans le nombre moyen pondéré d'actions ordinaires en circulation comme une fraction d'une action ordinaire, dans la mesure où elles donnent droit à participer aux dividendes de la période relatifs aux actions totalement libérées (IAS 33.A15).
Les actions ordinaires partiellement libérées ne sont en conséquence retenues que dans la proportion des fonds qui ont été versés.

Exemple de calcul du résultat de base par action

59018 Le capital d'une société est composé de 193 000 actions ordinaires au 1/01/N, augmentées de 27 000 actions ordinaires émises le 1/09/N, réglées en numéraire et intégralement libérées dès leur émission.

Le compte de résultat de cette société au 31/12/N est le suivant :

Libellé	31/12/N (€)
Produits	833 024
Coûts des ventes	(255 955)
Marge brute	577 069
Autres produits	23 900
Coûts de distribution	(142 860)
Charges administratives	(61 100)
Autres charges	(5 076)
Quote-part des résultats des entreprises associées et coentreprises	(1 210)
Résultat avant impôt	390 723
Impôt sur le bénéfice	(78 145)
Résultat de la période après impôts	312 578
Résultat attribuable aux intérêts minoritaires	18 493
Résultat attribuable à la société mère	294 085
Résultat de la période	312 578

1. Le numérateur du résultat de base par action est le résultat attribuable aux porteurs des actions ordinaires de la société revenant à la société mère, soit 294 085.

2. Le dénominateur est égal au nombre moyen pondéré d'actions ordinaires en circulation au cours de l'exercice N, déterminé comme suit :
- nombre d'actions ordinaires en circulation au 1/01/N, 193 000, prorata temporis sur 8 mois (entre le 1/01/N et le 1/09/N) ;
- augmenté du nombre d'actions ordinaires en circulation après l'augmentation de capital entièrement libérée, 220 000 (193 000 + 27 000), prorata temporis pendant 4 mois (entre le 1/09/N et le 31/12/N) ;
- soit un dénominateur de 202 000 (= 193 000 × 8/12 + 220 000 × 4/12).

3. Le résultat de base par action au 31/12/N est donc de 1,46 €/action (294 085/202 000).

B. Résultat dilué par action

Définition

Le résultat dilué par action fournit une mesure de la quote-part de chaque action ordinaire dans la performance de l'entité, en tenant compte également de toutes les actions ordinaires potentielles dilutives en circulation au cours de la période (IAS 33.32). **59024**

Le résultat dilué par action est ainsi égal au résultat attribuable aux porteurs d'actions ordinaires de l'entité mère divisé par le nombre moyen pondéré d'actions ordinaires en circulation au cours de la période, après ajustement du numérateur et du dénominateur des effets de toutes les actions ordinaires potentielles dilutives (IAS 33.31).

De même que pour le résultat de base, lorsqu'un résultat des activités ordinaires poursuivies est présenté (en cas d'existence d'activités abandonnées), il doit donner lieu également à la détermination d'un résultat dilué par action au titre de ce résultat attribuable aux activités ordinaires poursuivies (IAS 33.30).

Résultat dilué (numérateur)

Le résultat dilué est égal à la somme des éléments suivants (IAS 33.33 à .35) : **59026**

	Résultat attribuable aux porteurs des actions ordinaires de l'entité mère (utilisé pour le calcul du résultat de base par action)
+	Dividendes ou autres éléments nets d'impôt au titre des actions ordinaires potentielles dilutives (par exemple, les dividendes comptabilisés au titre des actions de préférence), qui avaient été retranchés du numérateur pour le calcul du résultat de base par action (voir nº 59014)
+	Intérêts comptabilisés nets d'impôt au titre des actions ordinaires potentielles dilutives (par exemple, la charge d'intérêt comptabilisée selon la méthode du taux d'intérêt effectif sur la composante dette des obligations convertibles en actions, lorsque celles-ci sont dilutives)
+ / –	Tout autre changement des produits ou des charges (nets d'impôt) qui résulterait de la conversion des actions ordinaires potentielles dilutives Par exemple, la suppression de la charge d'intérêt liée aux actions ordinaires potentielles et l'accroissement du bénéfice net qui en résulte peuvent conduire à une augmentation de la charge liée à un plan d'intéressement du personnel aux bénéfices (IAS 33.35).
=	Résultat dilué

Remarque Le résultat des activités poursuivies – part du groupe – retenu pour déterminer l'effet dilutif est le même que celui retenu pour le résultat de base par action, à l'exclusion des éléments expliqués ci-avant (IAS 33.12 s. ; voir nº 59014) et des éléments relatifs aux activités abandonnées définies par la norme IFRS 5 (IAS 33.42).

Exemple de détermination du résultat dilué

Une société a émis, en N-1, 30 000 obligations convertibles en actions, décomposées en composantes dettes et capitaux propres au bilan. **59028**

La composante dette a été évaluée à la juste valeur d'une dette de maturité et de qualité de crédit équivalentes mais sans option de conversion. Une charge d'intérêt sur la composante dette a été comptabilisée au compte de résultat pour un montant avant impôt de 125 000 €.

La parité de conversion en actions ordinaires est de 1 obligation convertible pour 2 actions ordinaires. La conversion peut être exercée à tout moment jusqu'au 31/12/N+10. Par ailleurs, la direction de la société reçoit un bonus à hauteur de 2 % du résultat avant impôt.

Au 31/12/N, le résultat attribuable aux porteurs des actions ordinaires de l'entité mère est de 1 500 K€. Le taux d'impôt est de 34 %.

Le résultat dilué servant au calcul du résultat dilué par action s'élève à 1 581 411 €.

	Résultat attribuable aux porteurs d'actions ordinaires de l'entité mère	1 500 000 €
+	Intérêts comptabilisés après impôts sur l'emprunt obligataire comptabilisé au passif du bilan 82 500 € = 125 000 € × (1 – 34 %)	+ 82 500 €
+ / –	Impact du retraitement des intérêts sur le bonus accordé à la Direction après impôts 1 089 € = 82 500 € × 2 % × (1 – 34 %)	– 1 089 €
=	Résultat dilué	= 1 581 411 €

L'objectif de ces retraitements est de calculer le résultat attribuable aux détenteurs des actions ordinaires **comme si toutes les actions ordinaires potentielles avaient été converties.** Si toutes les actions avaient été converties, la société n'aurait pas comptabilisé la charge d'intérêt au compte de résultat pour un montant net d'impôt de 82 500 € et le bonus versé aux dirigeants aurait été majoré de 1 089 € net d'impôt.

Ces obligations convertibles ne seront retenues dans le calcul du résultat dilué par action que si leur effet sur le résultat par action est dilutif (voir n° 59032, point 7.).

Nombre d'actions ordinaires à retenir pour le calcul du résultat dilué par action (dénominateur)

59030 Le nombre d'actions pris en compte dans le calcul du résultat dilué par action est le nombre moyen pondéré d'actions ordinaires (tel que pris en compte pour le calcul du résultat de base), augmenté du nombre moyen pondéré d'actions ordinaires qui seraient émises lors de la conversion en actions ordinaires de toutes les actions ordinaires potentielles dilutives (IAS 33.36).

Le nombre d'actions ordinaires qui seraient émises dans le cadre de la conversion d'actions ordinaires potentielles dilutives est déterminé selon les conditions de la conversion, par exemple, le prix d'exercice d'une option. Le calcul doit être déterminé sur la base d'une hypothèse du taux de conversion le plus avantageux du point de vue du détenteur de ces actions ordinaires potentielles (IAS 33.39).

Une filiale, joint venture ou entreprise associée peut émettre des actions ordinaires potentielles au bénéfice de parties autres que la société mère ou les investisseurs exerçant sur elle un contrôle conjoint ou une influence notable, convertibles en actions ordinaires soit de la filiale, la joint venture ou l'entreprise associée, soit de la société mère ou des investisseurs exerçant sur elle un contrôle conjoint ou une influence notable. Ces actions ordinaires potentielles doivent être prises en compte pour le calcul du résultat dilué par action de l'entité présentant les états financiers dans la mesure où elles ont un effet dilutif sur le résultat de base par action de l'entité présentant les états financiers (IAS 33.40).

Actions ordinaires potentielles dilutives

59032 Le résultat dilué par action est égal au résultat dilué divisé par le nombre moyen pondéré d'actions ordinaires en circulation, auquel s'ajoute le nombre d'actions ordinaires qui seraient émises lors de la conversion en actions ordinaires de toutes les actions ordinaires potentielles dilutives (IAS 33.36).

Une **action ordinaire potentielle** est un instrument financier ou tout autre contrat qui peut donner droit à des actions ordinaires à son détenteur (IAS 33.5). Les actions ordinaires potentielles incluent notamment :
- les instruments de passifs financiers ou de capitaux propres, y compris les actions préférentielles, qui sont convertibles en actions ordinaires ;
- les options et les bons de souscription d'actions ;
- les actions qui seraient émises si des conditions résultant d'engagements contractuels tels que l'acquisition d'une entreprise ou d'autres actifs étaient remplies (IAS 33.7).

L'objectif du résultat dilué par action est de présenter un résultat par action en tenant compte de la dilution maximale, c'est-à-dire de la conversion maximale des actions ordinaires potentielles dilutives (IAS 33.44).

Le résultat des activités poursuivies est utilisé comme indicateur pour déterminer si des actions ordinaires potentielles sont à considérer comme dilutives ou anti-dilutives et donc à prendre en compte dans la détermination du résultat dilué par action (IAS 33.42). Ainsi :
- les actions potentielles ordinaires sont considérées comme dilutives lorsque leur conversion a pour effet une réduction du bénéfice par action des activités poursuivies ou une augmentation de la perte par action des activités poursuivies ;
- les actions potentielles ordinaires sont dites anti-dilutives lorsque leur conversion a pour effet d'augmenter le bénéfice par action lié aux activités poursuivies ou de diminuer la perte par action des activités poursuivies (IAS 33.5 et 33.41 à .43).

La norme IAS 33 fournit les précisions suivantes :
- les actions ordinaires potentielles qui sont en circulation au début de la période sont supposées être converties en actions ordinaires au début de la période (IAS 33.36) ;
- les actions ordinaires potentielles qui sont émises au cours de la période sont supposées être converties en actions ordinaires dès la date de leur émission (IAS 33.36) ;

– les actions ordinaires potentielles qui sont annulées ou qui ont expiré au cours de la période sont prises en compte dans le calcul du résultat dilué par action, uniquement durant la période pendant laquelle elles étaient en circulation (IAS 33.38) ; **59032** (suite)

– les actions ordinaires potentielles qui sont converties au cours de la période sont prises en compte dans le résultat dilué par action de la date de début de la période jusqu'à la date de leur conversion. Les actions ordinaires en résultant sont ainsi à la fois incluses dans le résultat de base par action et dans le résultat dilué par action (IAS 33.38).

1. **Distinction entre actions dilutives et anti-dilutives** Le calcul du résultat dilué par action n'inclut tant au numérateur qu'au dénominateur que les actions ordinaires potentiellement dilutives et les éléments de résultat correspondants. Il exclut les actions potentielles anti-dilutives (voir nº 59026 et 59030).

Pour déterminer si des actions ordinaires potentielles sont dilutives ou anti-dilutives, il faut comparer le résultat de base par action et le résultat dilué par action et analyser si l'effet de la conversion de ces actions ordinaires potentielles implique une hausse du résultat par action (effet anti-dilutif) ou une baisse de celui-ci (effet dilutif). Cette analyse est à réaliser à partir du résultat des activités poursuivies attribuables à l'entité mère (IAS 33.41 s.).

2. **Prise en compte des options, bons de souscription ou autres instruments équivalents, dans le résultat dilué par action** Les options et les bons de souscription n'ont un effet dilutif que lorsque le cours moyen de marché des actions ordinaires sur la période excède leur prix d'exercice, c'est-à-dire lorsqu'ils sont « dans la monnaie ». L'effet sur le résultat dilué est d'autant plus fort que le cours moyen de marché des actions ordinaires pendant la période est supérieur au prix d'émission (IAS 33.46 et .47).

Ainsi, pour calculer le résultat dilué par action, les actions ordinaires potentielles (qui seraient émises lors de l'exercice d'options) sont décomposées en deux catégories (IAS 33.46) :

– la première catégorie correspond aux actions dont le nombre est égal au montant de trésorerie qui serait reçu lors de l'exercice des options, divisé par le cours moyen du marché de la période. Cette catégorie est assimilable à un contrat d'émission d'actions ordinaires à leur cours moyen de marché de la période ; ces actions ne sont ainsi ni dilutives ni anti-dilutives et ne doivent pas être prises en compte dans le calcul du résultat dilué par action ;

– la seconde catégorie correspond au reste des actions potentielles. Elle est assimilée à un contrat d'émission d'actions ordinaires sans contrepartie. Ces actions sont ainsi dilutives et sont ajoutées au nombre d'actions ordinaires en circulation dans le calcul du résultat dilué par action.

Cette méthode est appelée la « **méthode du rachat d'actions** », car elle revient à considérer que le produit de l'exercice des options est utilisé par l'entité pour racheter ses actions ordinaires au cours moyen de la période ; ceci vient ainsi réduire d'autant le nombre d'actions dilutives retenu au dénominateur.

Pour les **options sur action et autres accords dont le paiement est fondé sur des actions (IFRS 2)**, le prix d'exercice doit être ajusté pour inclure la juste valeur (évaluée conformément à IFRS 2) de tout bien ou service futur à fournir à l'entité dans le cadre du plan d'options sur action ou de tout autre contrat dont le paiement est fondé sur des actions (IAS 33.47A).

3. **Traitement des actions dont l'émission est conditionnelle** En sus des actions conditionnelles incluses dans le calcul du résultat de base par action dès lors que les conditions sont remplies (voir nº 59016), il convient d'inclure dans le calcul du résultat dilué par action les actions conditionnelles, si elles sont dilutives, pour lesquelles les conditions ne sont pas remplies, et qui seraient à émettre si la date de clôture était la fin de la période de conditionnalité (IAS 33.52 s.).

4. **Traitement des contrats qui peuvent être réglés en actions ou en trésorerie, au choix de l'entité** Lorsqu'un contrat peut être réglé en actions ordinaires ou en trésorerie, au choix de l'entité, il est présumé que celui-ci sera réglé en actions ordinaires. En conséquence, ces actions ordinaires potentielles sont prises en compte dans le calcul du résultat dilué par action si leur effet est dilutif (IAS 33.58).

Si, à l'inverse, le mode de règlement est au choix du porteur, le mode de règlement le plus dilutif doit être retenu pour le calcul du résultat dilué (IAS 33.60).

5. **Traitement des options (de vente ou d'achat) acquises** Les options de vente ou d'achat acquises (options détenues par l'entité sur ses propres actions ordinaires) ne sont pas prises en compte pour le calcul du résultat dilué par action car les inclure serait anti-dilutif (IAS 33.62).

6. **Traitement des options de vente émises** Les contrats qui imposent à l'entité de racheter ses propres actions, telles que les options de vente émises et les contrats d'achat à terme de gré à gré, interviennent dans le calcul du résultat dilué par action si leur effet est dilutif (IAS 33.63).

Si ces contrats sont « dans la monnaie » pendant la période (c'est-à-dire que le prix d'exercice ou de règlement est supérieur au cours moyen pour cette période), l'effet dilutif potentiel sur le résultat par action doit être calculé comme suit (IAS 33.63) :
- l'entité doit supposer qu'au début de la période des actions ordinaires seront émises en nombre suffisant (au cours moyen du marché pendant la période) pour augmenter le produit de manière à honorer le contrat ;
- l'entité doit supposer que le produit de l'émission doit être utilisé pour honorer le contrat (c'est-à-dire pour procéder au rachat d'actions ordinaires) ;
- les actions ordinaires supplémentaires (la différence entre le nombre d'actions ordinaires supposées émises et le nombre d'actions ordinaires reçues lors de l'exécution du contrat) doivent être incluses dans le calcul du résultat dilué par action.

7. **Instruments convertibles** Comme pour les autres instruments potentiellement dilutifs, les instruments convertibles doivent être pris en compte dans le calcul du résultat dilué par action dès lors qu'ils sont dilutifs (IAS 33.49).

Sont considérées comme anti-dilutives les actions préférentielles convertibles en actions ordinaires lorsque le montant du dividende sur ces actions est supérieur au résultat de base par action.
De même, une dette convertible est anti-dilutive lorsque l'intérêt (net d'impôt et d'autres variations du résultat) par action ordinaire susceptible de résulter de la conversion excède le résultat de base par action (IAS 33.50).

■ *Exemple*

Emission d'obligations convertibles en actions *Une entité a émis 10 000 obligations convertibles en actions ordinaires. Chaque obligation convertible donne droit à deux actions ordinaires. L'option de conversion a été classée en capitaux propres selon IAS 32 et la composante dette génère sur la période une charge d'intérêt de 50 000 € selon la méthode du taux d'intérêt effectif.*
En outre, les informations suivantes sont fournies :
- *bénéfice net des activités poursuivies : 200 000 000 € ;*
- *nombre d'actions en circulation : 15 000 000 ;*
- *taux d'impôt : 40 %.*

Solution de l'exemple :
1. Calcul du résultat par action supplémentaire :
- *résultat supplémentaire : 50 000 × (1 – 0,40) = 30 000 ;*
- *nombre d'actions potentielles qui seront émises : 10 000 × 2 = 20 000 ;*
- *résultat supplémentaire par action potentielle supplémentaire : 30 000 / 20 000 = 1,5.*

2. Calcul du résultat dilué par action :
- *résultat de base par action pour les activités poursuivies : 200 000 000 / 15 000 000 = 13,33 ;*
- *résultat dilué par action y compris les obligations convertibles en actions : (200 000 000 + 30 000) / (15 000 000 + 20 000) = 13,32.*

Le résultat dilué par action étant inférieur au résultat de base, les obligations convertibles sont dilutives.

Calcul du résultat dilué par action en présence de différentes actions potentielles dilutives

59034 Lors de la détermination de l'effet dilutif ou anti-dilutif des actions ordinaires potentielles, et afin de maximiser la dilution du résultat de base par action, il convient de procéder à l'analyse de chaque émission ou série d'actions séparément et de déterminer l'effet dilutif ou anti-dilutif de chacune. Ainsi, pour le calcul du résultat dilué par action, chaque émission ou série d'actions ordinaires potentielles doit être considérée de manière successive et séquentielle en partant de la plus dilutive vers la moins dilutive (IAS 33.44).

En d'autres termes, les actions ordinaires potentielles dilutives ayant un « résultat par action supplémentaire » (augmentation du résultat qui proviendrait de la conversion du titre, divisée par l'augmentation moyenne pondérée du nombre d'actions ordinaires qui résulterait de la conversion) le plus faible sont à prendre en compte avant celles ayant un « résultat par action supplémentaire » le plus élevé. Les options et les bons de souscription d'action sont généralement inclus en premier puisqu'ils n'affectent pas le résultat attribuable (numérateur) (IAS 33.44).
Pour plus de précisions sur les modalités de calcul du résultat dilué par action en présence de différentes actions ordinaires potentielles dilutives, voir n° 59150.

C. Ajustements rétrospectifs

Lorsque le nombre d'actions en circulation augmente en raison d'une capitalisation ou d'une émission d'actions gratuites, ou d'un fractionnement d'actions, ou diminue à la suite d'un regroupement d'actions, le calcul du résultat par action, de base et dilué, est ajusté de manière rétrospective pour toutes les périodes présentées. 59036

Si ces changements interviennent après la date de clôture mais avant la date de publication des comptes, les calculs des résultats par action doivent être faits pour la période concernée et les périodes précédentes sur la base du nouveau nombre d'actions (IAS 33.64).

Une information doit également mentionner ce fait (IAS 33.64).

En outre, les résultats par action doivent également être ajustés des effets des erreurs et changements de méthodes comptabilisés rétrospectivement (IAS 33.64).

Le retraitement des résultats par actions des périodes précédentes n'est toutefois pas autorisé s'il s'agit de refléter les changements intervenus dans les hypothèses retenues, par exemple celles liées à la conversion des émissions éventuelles d'actions ou de la conversion d'actions ordinaires potentielles en actions ordinaires en circulation (IAS 33.65).

D. Présentation

Une entité doit présenter dans l'état du résultat global le résultat de base et le résultat dilué par action pour chaque catégorie d'actions ordinaires (IAS 33.66 à .69) : 59040

- pour le résultat des activités poursuivies attribuable aux porteurs d'actions ordinaires de l'entité mère ; et
- pour le résultat net (c'est-à-dire le résultat des activités poursuivies et des activités abandonnées) attribuable aux porteurs d'actions ordinaires de l'entité mère sur la période.

Recommandations de l'AMF Dans ses recommandations en vue de l'arrêté des comptes 2016, l'AMF rappelle que la présentation au sein du compte de résultat d'un résultat par action basé sur d'autres agrégats que ceux imposés par IAS 33 n'est pas conforme à cette norme (Rec. AMF 2016-09, Arrêté des Comptes 2016, § 1.5). Ces résultats par action basés sur des agrégats additionnels doivent être présentés obligatoirement dans les notes (voir n° 59044).

Si l'entité présente un état du résultat net dans un état séparé, conformément à IAS 1.10A, le résultat de base par action et le résultat dilué par action doivent être présentés dans cet état séparé (IAS 33.4A et .67A).

Dans le cas où le résultat de base et le résultat dilué par action sont égaux, il est possible de les présenter tous les deux sur une même ligne dans l'état du résultat global ou au compte de résultat, s'il est présenté séparément (IAS 33.67).

Ces résultats par action doivent être fournis pour toutes les périodes des états financiers présentées et pour chaque catégorie d'actions ordinaires assortie d'un droit différent à une quote-part du bénéfice pour la période (IAS 33.66) et ce, **même lorsque les résultats sont négatifs** (IAS 33.69). En outre, le résultat de base et le résultat dilué par action relatif aux activités abandonnées doivent être présentés, le cas échéant, soit au compte de résultat soit dans les notes annexes (IAS 33.68 et .68A).

E. Informations en annexe

Les informations requises concernent notamment (IAS 33.70 s.) : 59044

- les montants utilisés aux numérateurs pour le calcul du résultat de base et dilué par action ainsi qu'une réconciliation de ces montants avec le résultat net de la période ;

  Le rapprochement doit comprendre l'effet individuel de chaque catégorie d'instruments qui affecte le résultat par action.

- le nombre moyen pondéré d'actions ordinaires utilisé au dénominateur dans le calcul du résultat de base et dilué par action ainsi qu'un rapprochement de ces deux montants entre eux ;

  Le rapprochement doit comprendre l'effet individuel de chaque catégorie d'instruments qui affecte le résultat par action.

– les instruments (y compris les actions dont l'émission est conditionnelle) qui pourraient diluer le résultat de base par action à l'avenir, mais qui ne sont pas inclus dans le calcul du résultat dilué par action car ils sont anti-dilutifs pour les périodes présentées ;

Recommandations de l'AMF Dans ses recommandations en vue de l'arrêté des comptes 2010, l'AMF estime qu'il s'agit d'une information importante pour pouvoir juger la performance de la société. Elle encourage vivement les émetteurs à présenter cette information en indiquant par exemple le nombre d'actions potentielles concernées et en effectuant un lien avec l'information sur les plans de paiement en actions (Rec. AMF 2010-12, Arrêté des Comptes 2010, § 2.1). Ces points ont été rappelés par l'AMF dans ses recommandations en vue de l'arrêté des comptes 2016 (Rec. AMF 2016-09, Arrêté des Comptes 2016, § 1.5).

– une description des transactions sur actions ordinaires ou sur actions ordinaires potentielles intervenant après la date de clôture non incluses dans le résultat de base ou dilué par action et qui auraient modifié de manière significative le nombre d'actions ordinaires ou d'actions ordinaires potentielles en circulation à la fin de la période si ces transactions étaient intervenues avant la date de clôture.

Recommandations de l'AMF Dans ses recommandations en vue de l'arrêté des comptes 2010, l'AMF indique que lorsque cette situation se présente, l'information est importante pour les investisseurs (Rec. AMF 2010-12, Arrêté des Comptes 2010, § 2.1).

Cas particulier de résultat par action ajusté Si une entité fournit, en plus des résultats de base et dilué par action, des résultats par action « ajustés », en utilisant une composante présentée au compte de résultat autres que ceux imposés par la norme (IAS 33.73) :

– ces montants doivent être calculés en utilisant le nombre moyen pondéré d'actions ordinaires déterminé selon IAS 33 ;

– ils doivent être indiqués avec la même importance et présentés dans les notes.

Recommandations de l'AMF Ces points ont été rappelés par l'AMF dans ses recommandations en vue de l'arrêté des comptes 2010 (Rec. AMF 2010-12, Arrêté des Comptes 2010, § 2.2) et de l'arrêté des comptes 2016 (Rec. AMF 2016-09, Arrêté des Comptes 2016, § 1.5)

Si l'entité utilise une composante du résultat qui n'est pas présentée comme un poste du compte de résultat, elle doit fournir un rapprochement de la composante utilisée avec un poste présenté dans le compte de résultat.

QUESTIONS/REPONSES PRATIQUES

Remarque importante

59100 Les réponses aux questions présentées ci-après résultent de l'analyse des dispositions de la norme IAS 33, Résultats par action, en vigueur actuellement, sur la base des informations disponibles au 1er juin 2023.

Pour une présentation des principales dispositions de la norme IAS 33, voir n° 59010 s.

Calcul du résultat dilué par action en présence de différentes actions potentielles dilutives

59150 ***Question***

Comment doit être calculé le résultat dilué par action lorsque l'entreprise dispose de plusieurs catégories ou types d'actions ordinaires potentielles (par exemple, des obligations convertibles en actions, des options ou des BSA, etc.) ?

Réponse

Pour déterminer le résultat dilué par action lorsqu'il existe plusieurs catégories ou types d'actions ordinaires potentielles, chaque émission ou série d'actions ordinaires potentielles doit être considérée de manière successive et séquentielle en partant de la plus dilutive vers la moins dilutive. Seules les actions ordinaires potentielles ayant un effet dilutif sur le résultat par action doivent être prises en compte dans le calcul du résultat dilué.

Commentaires Lors de la détermination de l'effet dilutif ou anti-dilutif des actions ordinaires potentielles, et afin de maximiser la dilution du résultat de base par action, il convient de procéder à l'analyse de chaque émission ou série d'actions séparément et de déterminer l'effet dilutif ou anti-dilutif de chacune. Ainsi, pour le calcul du résultat dilué par action, chaque émission ou série d'actions ordinaires potentielles doit être considérée de manière successive et séquentielle en partant de la plus dilutive vers la moins dilutive (IAS 33.44). **59150** (suite)

En d'autres termes, les actions ordinaires potentielles dilutives ayant un « résultat par action supplémentaire » le plus faible sont à prendre en compte avant celles ayant un « résultat par action supplémentaire » le plus élevé. Les options et les bons de souscription d'action sont généralement inclus en premier puisqu'ils n'affectent pas le résultat attribuable (numérateur) (IAS 33.44). Le résultat par action supplémentaire correspond à l'augmentation du résultat (ou, plus rarement, à la diminution) qui proviendrait de l'exercice ou de la conversion du titre, divisée par l'augmentation moyenne pondérée du nombre d'actions ordinaires qui résulterait de la conversion.

Cette prise en compte doit se faire, à notre avis, selon les étapes suivantes :

1. calcul du résultat attribuable aux porteurs d'actions ordinaires ;
2. calcul du résultat par action supplémentaire pour chaque type d'action ordinaire potentielle ;
3. classement de toutes les actions ordinaires potentielles, de la plus dilutive (résultat par action supplémentaire le plus faible) à la moins dilutive (résultat par action supplémentaire le plus élevé) ;

   Les options et les bons de souscription sont généralement inclus en premier, car ils n'affectent pas le numérateur du calcul et sont donc les plus dilutifs.
4. calcul du résultat de base par action, en utilisant comme numérateur le résultat attribuable aux porteurs d'actions ordinaires ;
5. inclusion de l'action ordinaire potentielle la plus dilutive dont le résultat par action supplémentaire est le plus faible, et calcul du nouveau résultat par action ;

   Si ce nouveau chiffre est inférieur au précédent, il convient de recalculer le résultat de base par action en incluant les actions ordinaires potentielles dont le résultat par action supplémentaire suivant est le plus faible.
6. ce processus d'inclusion d'actions de moins en moins dilutives se poursuit jusqu'à ce que le résultat par action augmente ou qu'il n'y ait plus d'actions ordinaires potentielles à prendre en compte ;
7. toute action ordinaire potentielle qui a pour effet d'augmenter le résultat de base par action cumulé est considérée comme anti-dilutive et est exclue du calcul du résultat dilué par action ;
8. toutes les autres actions ordinaires potentielles mieux classées, considérées comme des actions ordinaires potentielles dilutives, sont incluses dans le calcul du résultat dilué par action de la manière habituelle.

■ *Exemple*

Le capital social émis de l'entité A au 31/12/N-1 et au 31/12/N comprend 2 000 000 d'actions ordinaires de 10 € chacune.

En N-2, l'entité A a attribué des options sur 100 000 actions ordinaires. Les options peuvent être exercées entre N+1 et N+3 à 60 € par action. Le cours moyen des actions de l'entité A en N était de 75 €.

En outre, tout au long de l'exercice N, l'entité A a émis 800 000 actions préférentielles cumulatives convertibles à 8 % (traitées en instruments de capitaux propres selon IAS 32) et 1 000 000 d'obligations convertibles à 5 %. Chaque action préférentielle et obligation est convertible en 2 actions ordinaires.

Le résultat de l'entité A pour l'exercice clos le 31/12/N est de 300 M€. Les charges d'intérêts s'élèvent à 76 M€. Les dividendes déclarés au titre des actions préférentielles au cours de la période s'élèvent à 64 M€.

Le taux d'impôt est de 30 %.

Comment déterminer le résultat dilué par action ?

Solution de l'exemple *Les étapes nécessaires pour calculer le résultat dilué par action de l'entité A pour N sont présentées ci-après (les chiffres comparatifs pour N-1 n'ont pas été inclus dans cet exemple).*

La séquence consistant à inclure chaque émission ou série d'actions ordinaires potentielles, de la plus dilutive à la moins dilutive, garantit que le chiffre final du résultat dilué par action exprime la dilution maximale du résultat de base par action.

59150 (suite) *Etape 1 : Calcul du résultat attribuable aux détenteurs des actions ordinaires*

	Montants (K€)
Résultat avant charges d'intérêts	*300 000*
Charges d'intérêt	*(76 000)*
Résultat après intérêts	*224 000*
Impôts (30 %)	*(67 200)*
Résultat après impôts	*156 800*
Dividendes préférentiels	*(64 000)*
Résultat attribuable aux détenteurs des actions ordinaires	*92 800*

Etape 2 : Détermination du résultat par action supplémentaire pour chaque catégorie d'actions ordinaires potentielles et leur classement de la plus dilutive à la moins dilutive

	Augmentation du résultat (K€)	*Augmentation du nombre d'actions ordinaires*	*Résultat par action supplémentaire (€)*	*Rang*
Options				
Augmentation du résultat	*0*			
Actions supplémentaires émises pour une contrepartie nulle 100 000 × (75 – 60) / 75		*20 000*	*0*	*1*
Actions préférentielles convertibles à 8 %				
Augmentation du résultat 8 % × 800 000	*64 000*			
Actions supplémentaires 2 × 800 000		*1 600 000*	*4,00*	*3*
Obligations convertibles à 5 %				
Augmentation du résultat après impôts 1 000 000 × 5 % × 70 %	*35 000*			
Actions supplémentaires 1 000 000 × 2		*2 000 000*	*1,75*	*2*

Le classement est fait dans l'ordre croissant du résultat par action supplémentaire.
Comme les actions préférentielles convertibles et les obligations convertibles ont été émises tout au long de N, l'augmentation du nombre d'actions ordinaires est également leur moyenne pondérée pour l'année.

Etape 3 : Calcul de l'effet de dilution cumulé sur le résultat par action

Actions potentielles	*Résultat (K€)*	*Nombre moyen pondéré d'actions*	*Résultat par action (€)*	*Effet*
Situation de départ	*92 800*	*2 000 000*	*4,64*	
Options	*–*	*20 000*		
	92 800	*2 020 000*	*4,59*	*Dilutif*
Obligations convertibles à 5 %	*35 000*	*2 000 000*		
	127 800	*4 020 000*	*3,18*	*Dilutif*
Actions préférentielles convertibles à 8 %	*64 000*	*1 600 000*		
	191 800	*5 620 000*	*3,41*	*Anti-dilutif*

Etant donné que le résultat dilué augmente lorsqu'on prend en compte les actions préférentielles convertibles (de 3,18 à 3,41), les actions préférentielles convertibles sont anti-dilutives et ne doivent pas être considérées dans le calcul du résultat dilué par action.

Etape 4 : Calcul du résultat dilué par action en ne tenant compte que des actions ordinaires potentielles dilutives **59150** (suite)

	Résultat (K€)	*Nombre moyen pondéré d'actions*	*Résultat par action (€)*
Résultat attribuable aux détenteurs des actions ordinaires	*92 800*	*2 000 000*	*4,64*
Options		*20 000*	–
	92 800	*2 020 000*	–
Obligations convertibles à 5 %	*35 000*	*2 000 000*	–
Résultat dilué	*127 800*	*4 020 000*	*3,18*

CHAPITRE 53

Informations relatives aux parties liées (IAS 24)

Plan du chapitre §§ 60000

L'ESSENTIEL DE LA NORME IAS 24

Généralités

60005 La norme IAS 24, Information relative aux parties liées, a pour objectif d'assurer que les états financiers d'une entité contiennent les informations nécessaires sur le fait que sa situation financière et son résultat puissent être affectés par l'existence de parties liées ainsi que par des transactions, soldes et engagements avec ces parties (IAS 24.1 et .5 à .8).

I. Identification des parties liées

Définition d'une partie liée

60006 Une partie liée est soit une personne physique soit une entité (ayant ou non la personnalité morale) qui est liée à l'entité préparant ses états financiers, cette dernière étant dénommée l'entité de reporting, « reporting entity » (IAS 24.9).

Il convient dans un premier temps d'identifier les parties liées, personnes physiques (voir nº 60007) ou entités (voir nº 60008 s.), puis de déterminer quelles sont les informations à fournir (voir nº 60020 s.).

Remarques :

1. Pour identifier une relation entre parties liées, il est nécessaire de prêter attention à la substance des relations et pas simplement à leur forme juridique (IAS 24.10), voir nº 60150.
2. A notre avis, la notion de parties liées doit être appréciée en tenant compte de toute situation ayant existé au cours d'une période de l'exercice, même si cette situation n'existe plus à la date de clôture (voir nº 60152).

A. Parties liées – Personnes physiques

60007 La norme IAS 24 définit comme parties liées d'une entité présentant ses états financiers (dénommée « A » ci-après), les personnes physiques (ou membres de leur famille proche, « close members of the family ») qui (IAS 24.9a) :

- exercent un contrôle exclusif ou un contrôle conjoint sur A ;
- exercent une influence notable sur A ; ou
- font partie des principaux dirigeants de A ou de l'une de ses sociétés mères.

Remarques :

1. Les **principaux dirigeants** sont définis comme les personnes ayant l'autorité et la responsabilité de la planification, de la direction et du contrôle des activités de l'entité, directement ou indirectement, y compris les administrateurs (dirigeants ou non) de cette entité (IAS 24.9).
2. Les **membres de la famille proche** d'une personne sont définis comme les membres de la famille dont on peut s'attendre à ce qu'ils influencent cette personne, ou soient influencés par elle, dans leurs relations avec l'entité. Ils incluent (IAS 24.9a) :
   - les enfants de cette personne ;
   - le conjoint ou concubin de cette personne ainsi que leurs enfants et les personnes à leur charge.

   Pour plus d'informations, voir nº 60100 s.
3. Un sujet soumis à l'IFRS IC suggérait d'intégrer dans la définition donnée par IAS 24.9 les parents de la personne. L'IFRS IC rappelle, d'une part, qu'il doit être fait preuve de jugement pour l'application de cette définition afin d'apprécier la qualité de partie liée et que, d'autre part, les illustrations fournies par IAS 24.9 ne sont pas exhaustives. En conséquence, l'IFRS IC a conclu qu'il n'était pas nécessaire d'amender la norme sur ce point ni de prévoir une interprétation (IFRIC Update 05/15).

B. Parties liées – Entités

Cas général

60008 Sont considérées comme des parties liées de l'entité présentant ses états financiers (A) les entités suivantes (IAS 24.9b) :

1. les entités contrôlées par A, ou contrôlant A (en contrôle exclusif directement ou indirectement) (IAS 24.9b.i) ;

2. les entités exerçant (directement ou indirectement) une influence notable sur A, ou soumises à une influence notable de A (IAS 24.9b.ii) ;

3. les entités qui sont des joint ventures du partenaire A ou des joint ventures d'un membre du groupe dont A fait également partie (IAS 24.9b.ii) ;

4. les joint ventures sur lesquelles un tiers (entité ou personne physique) exerce un contrôle conjoint alors que A est aussi une joint venture de ce tiers (IAS 24.9b.iii) ;

5. les joint ventures ou entreprises associées sur lesquelles un tiers (entité ou personne physique) exerce un contrôle conjoint ou une influence notable alors que ce tiers exerce aussi respectivement une influence notable ou un contrôle conjoint (joint venture) sur A (IAS 24.9b.iv) ;

6. les entités contrôlées exclusivement ou conjointement par une personne (ou un membre de sa famille proche) si cette personne (IAS 24.9b.vi) :
- a le contrôle (exclusif ou conjoint) ou une influence notable sur A,
- est l'un des principaux dirigeants de A ou de la société mère de A ;

7. les entités sur lesquelles une personne (ou un membre de sa famille proche), qui a le contrôle (exclusif ou conjoint) de A, exerce une influence notable sur ces entités ou est un des principaux dirigeants de ces entités (ou de la société mère de ces entités) (IAS 24.9b.vii) ;

8. les régimes d'avantages postérieurs à l'emploi au profit des membres du personnel de A ou d'une entité qui lui est liée (IAS 24.9b.v) ;

Si A est elle-même un régime d'avantages postérieurs à l'emploi, les employeurs finançant le régime sont aussi des parties liées de A.

Pour plus d'informations, voir n° 60050 s.

9. l'entité (« management entity »), ou un membre du groupe auquel elle appartient, qui fournit à A des services de personnes agissant à titre de principaux dirigeants de A (« key management personnel services ») (IAS 24.9b.viii).

Ne sont toutefois pas considérées comme des parties liées :
- deux entités, par le simple fait qu'elles ont un administrateur ou un autre de leurs principaux dirigeants en commun, ou qu'un des principaux dirigeants de l'une d'elles exerce une influence notable sur l'autre (IAS 24.11a), voir n° 60060 ;
- deux partenaires (« joint venturers »), par le simple fait qu'ils exercent un contrôle conjoint d'une même joint venture (IAS 24.11b), voir n° 60065 ;
- un client, fournisseur, distributeur ou agent général unique avec lequel un volume de transactions important est réalisé, par le simple fait de la dépendance économique qui en résulte (IAS 24.11d), voir n° 60070 ;
- les bailleurs de fonds, les syndicats, les entreprises de services publics et les services et organismes publics (qui n'exercent pas le contrôle, contrôle conjoint ou influence notable sur l'entité présentant ses états financiers), par le simple fait de leurs transactions normales avec une entité (IAS 24.11c).

Relation avec une entité publique ou entre entités publiques

La définition des parties liées fournie par la norme IAS 24 (voir n° 60006) ne prévoit pas d'exclusion spécifique pour les entités publiques. **60010**

La norme prévoit toutefois des informations simplifiées concernant les relations impliquant des entités publiques et les relations entre l'Etat et une entreprise publique (voir n° 60030).

Ainsi, une entité sous le contrôle exclusif, le contrôle conjoint ou une influence notable d'une entité publique est considérée comme une partie liée de cette entité publique.

IAS 24.9 précise qu'une entité publique est une entité sous le contrôle exclusif, le contrôle conjoint ou une influence notable d'un Etat au sens large, c'est-à-dire de l'Etat, un organisme public ou tout organisme similaire local, national ou international. En outre, deux entités publiques sont considérées comme des parties liées l'une de l'autre, dès lors que l'une des entités est une joint venture de l'Etat et que l'Etat a au moins une influence notable sur l'autre (voir n° 60055).

Remarque Pour l'identification d'une relation de partie liée :
- entre le dirigeant d'une filiale et sa société mère, voir n° 60110 ;
- entre une entité et le représentant permanent (personne physique) d'un administrateur (personne morale) de cette entité, voir n° 60112 ;
- entre une entité et des personnes physiques qui la contrôlent par le biais d'un trust, voir n° 60115.

II. Informations relatives aux parties liées

60020 La norme IAS 24 (IAS 24.3 et .9) impose de fournir des informations sur les relations, transactions et soldes y compris les engagements, entre parties liées, dans les états financiers consolidés et individuels d'une société qualifiée d'entité de reporting (« reporting entity »), ou d'un investisseur qui exerce un contrôle conjoint ou une influence notable sur une entité, présentés en application d'IFRS 10, Etats financiers consolidés ou d'IAS 27, Etats financiers individuels.

Dans les états financiers consolidés, les critères pour déterminer les parties liées seront appliqués au niveau du groupe.

Relations mère-filiales

60022 Dans les états financiers consolidés, les transactions ou soldes entre entités d'un même groupe sont éliminés lors de la préparation des états financiers consolidés du groupe, à l'exception des transactions et soldes entre une société d'investissement et ses filiales évaluées à la juste valeur par résultat (IAS 24.4). Toutefois, un certain nombre d'autres informations sont à fournir au titre des relations mère-fille, qu'il y ait eu ou non des transactions entre elles.

Ainsi, si cette information n'est pas fournie ailleurs dans les états financiers, l'entité doit fournir le nom de sa société mère immédiate et, s'il est différent, celui de l'entité ou de la personne qui exerce le contrôle ultime. Si ni la société mère immédiate de l'entité ni la société tête ultime du groupe ne produit d'états financiers consolidés mis à la disposition du public, l'entité doit mentionner le nom de la société mère la plus proche de la mère immédiate qui produit des états financiers consolidés (IAS 24.13), voir également nº 60315.

La « société mère la plus proche de la mère immédiate » est la première société mère dans le groupe situé au-dessus de la société mère immédiate, qui produit des états financiers consolidés mis à la disposition du public (IAS 24.16).

Remarque Ces informations, requises par la norme IAS 24, s'ajoutent à celles prévues par la norme IFRS 12, Informations à fournir sur les intérêts détenus dans d'autres entités (IAS 24.15).

Pour des compléments sur les informations à fournir entre entités d'un même groupe (filiales, entreprises associées, joint ventures et joint operations), voir nº 60415.

Rémunération des principaux dirigeants

60024 L'entité doit indiquer le montant cumulé des rémunérations des principaux dirigeants ainsi que le montant pour chacune des catégories suivantes (IAS 24.17) :
- avantages à court terme ;
- avantages postérieurs à l'emploi ;
- autres avantages à long terme ;
- indemnités de fin de contrat de travail ; et
- paiements fondés sur des actions.

Lorsque l'entité obtient des prestations de direction d'une autre entité (« management entity »), elle n'est pas tenue d'appliquer les dispositions du paragraphe 17 à la rémunération versée ou à verser par la « management entity » aux membres du personnel ou aux administrateurs de l'entité, même si ces personnes agissent en tant que principaux dirigeants de l'entité (IAS 24.17A).

Pour des compléments sur les informations à fournir au titre des principaux dirigeants, voir nº 60450.

Transactions entre parties liées

60026 En cas d'existence d'une relation de parties liées pendant les périodes couvertes par les états financiers, l'entité doit fournir les informations sur la nature des relations entre les parties liées ainsi que sur les transactions et les soldes, y compris les engagements, qui sont nécessaires à la compréhension de l'impact potentiel de ces relations sur les états financiers (IAS 24.18), voir également nº 60410.

Exemples de transactions devant faire l'objet d'informations dès lors qu'elles sont réalisées avec une partie liée (IAS 24.21) :
- les achats et ventes de biens ;
- les achats et ventes de biens immobiliers ou d'autres actifs ;
- les prestations de services données ou reçues ;
- les contrats de location ;
- les transferts de recherche et de développement ;
- les transferts dans le cadre de contrats de licence ;

- les transferts dans le cadre d'accords de financement ;
- la fourniture de garanties ou de sûretés ;
- les engagements à exécuter une action si un événement particulier se produit ou non dans le futur, y compris les contrats non (entièrement) exécutés (comptabilisés ou non) ; et
- le règlement de passifs pour le compte de l'entité ou par l'entité pour le compte de cette partie liée.

Les informations à fournir doivent porter au minimum sur les éléments suivants (IAS 24.18) :
- montant des transactions entre parties liées ;
- montant des soldes y compris des engagements (ainsi que leurs termes et conditions, les garanties éventuelles données et reçues et la nature de la contrepartie éventuelle attendue lors du règlement) ;
- les provisions pour créances douteuses liées au montant des soldes et les charges comptabilisées pendant la période au titre des créances douteuses sur parties liées.

Les montants engagés par l'entité au titre des prestations de services de personnes agissant à titre de principaux dirigeants fournis par une « management entity » doivent être mentionnés (IAS 24.18A).

En outre, ces informations doivent être fournies séparément pour chacune des catégories suivantes (IAS 24.19), voir également n° 60480 :
- la société mère ;
- les entités qui exercent un contrôle conjoint ou une influence notable sur l'entité ;
- les filiales ;
- les entreprises associées ;
- les joint ventures dans lesquelles l'entité est un partenaire (« joint venturer ») ;
- les principaux dirigeants de l'entité ou de sa société mère ;
- les autres parties liées.

Remarques :

1. L'information sur les transactions entre parties liées doit être communiquée même si les transactions ont été réalisées dans des conditions de concurrence normale (voir n° 60420). En outre, la norme IAS 24 précise que l'information selon laquelle les transactions sont effectuées selon des modalités équivalentes à celles prévalant dans des situations de concurrence normales ne peut être fournie que si ces modalités peuvent être démontrées (IAS 24.23).

2. Comme les autres informations, l'information relative aux parties liées n'est requise que si elle est significative (IAS 1.31). L'appréciation du caractère significatif doit être effectuée sur une base quantitative et qualitative, c'est-à-dire en déterminant si l'existence d'une relation est de nature à influencer les décisions des utilisateurs des états financiers (voir n° 60435).

3. Les transactions de nature similaire sont présentées globalement au sein de chaque catégorie de parties liées, sauf si une information distincte est nécessaire pour comprendre les effets des transactions entre parties liées sur les états financiers de l'entité présentant l'information financière (IAS 24.24).

Relations de parties liées impliquant des entités publiques

La norme IAS 24 dispense les entités de fournir les informations requises par IAS 24.18 (voir n° 60026), dès lors que les transactions, soldes et engagements ont été effectués avec (IAS 24.25) : **60030**
- un Etat qui exerce un contrôle exclusif, un contrôle conjoint ou une influence notable sur l'entité ;
- une autre entité qui est une partie liée dans la mesure où le même Etat exerce un contrôle, un contrôle conjoint ou une influence notable à la fois sur l'entité présentant les états financiers et sur l'autre entité.

S'il est fait usage de cette dispense, il est nécessaire de fournir au titre des relations et transactions avec l'Etat et d'autres entreprises publiques (IAS 24.26), voir également n° 60470 :

a. le nom de l'autorité publique ainsi que la nature de la relation avec l'entité (contrôle exclusif, contrôle conjoint ou influence notable) ;

b. les informations suivantes, de manière suffisamment détaillée pour permettre de comprendre les impacts sur les états financiers des transactions avec de telles parties liées :
- la nature et le montant de chaque transaction significative individuellement, et
- pour les autres transactions collectivement mais pas individuellement significatives, une information qualitative ou quantitative de leur importance.

Remarques :
1. IAS 24.26 précise que les transactions visées incluent celles citées en exemple par IAS 24.21 (voir n° 60026).
2. Le jugement nécessaire pour apprécier le niveau de détail des informations à fournir doit considérer à la fois la proximité de la relation entre parties liées ainsi que les facteurs pertinents pour déterminer le caractère significatif de la transaction, par exemple (IAS 24.27) :
- volume ;
- conditions dans/hors marché ;
- dans/hors opérations quotidiennes normales (par exemple, achats/ventes d'activités) ;
- communication aux autorités de réglementation ou de surveillance ;
- communication à la direction (« senior management ») ;
- soumission à l'approbation des actionnaires.

QUESTIONS/REPONSES PRATIQUES

Remarque importante

60035 Les réponses aux questions présentées dans ce chapitre résultent de l'analyse des dispositions de la norme IAS 24, en vigueur actuellement, sur la base des informations disponibles au 1er juin 2023.

Pour la présentation des principales dispositions de la norme IAS 24, voir n° 60005 s.

I. Identification des parties liées

Remarque Les parties liées peuvent être soit des entités ayant ou non la personnalité morale (voir n° 60050 s.), soit des personnes physiques (voir n° 60100 s.).

A. Identification des parties liées – Entités

Définition des parties liées – Entités

60050 ***Question***

Quelles sont les entités, ayant ou non la personnalité morale, considérées comme des parties liées d'une entité A ?

Réponse

Deux entités sont liées l'une à l'autre si l'une des situations suivantes existe :
- les entités ont l'une sur l'autre, directement ou indirectement, le contrôle exclusif, le contrôle conjoint (joint venture) ou une influence notable ;
- dans des situations tripartites, lorsque le tiers (entité ou personne physique) a au moins le contrôle conjoint sur une entité qui est une joint venture et au moins une influence notable ou fait partie des principaux dirigeants de l'autre entité (ou d'une société mère de celle-ci) ;
- l'une des deux entités est un régime d'avantages postérieurs à l'emploi au bénéfice des salariés de l'autre entité ou d'une entité qui lui est liée ;
- l'une des entités (« management entity ») fournit des prestations de services de personnes agissant à titre de principaux dirigeants à l'autre entité ou à sa société mère.

La détermination d'une relation entre parties liées doit prendre en compte la substance de la relation et toute situation ayant existé au cours de l'exercice, même si cette situation ne s'applique plus à la date de clôture.

Commentaires : **60050** (suite)

1. **Identification des parties liées** Deux entités sont liées l'une à l'autre si l'une des situations suivantes existe (IAS 24.9) :

Remarques :

1. La notion d'entités recouvre les entités ayant la personnalité morale comme celles sans personnalité morale.
2. Les relations énoncées ci-après doivent être appréciées par rapport à leur substance et non pas uniquement par rapport à leur forme juridique (IAS 24.10 ; voir nº 60150).

a. **Les entités ont l'une sur l'autre**, directement ou indirectement, **le contrôle exclusif, le contrôle conjoint (joint venture) ou une influence notable.**

Cette situation correspond aux cas où :

– les entités A et B font partie du même groupe, ce qui signifie que chaque société mère, filiale et filiale apparentée est liée aux autres (IAS 24.9b.i) ;

– une des deux entités est une entreprise associée ou une joint venture de l'autre (ou une entreprise associée ou une joint venture d'un membre du groupe dont l'autre entité fait partie, c'est-à-dire est filiale) (IAS 24.9b.ii).

Cela inclut les sociétés mères et les filiales.

b. Dans des situations tripartites, lorsque **le tiers** (entité ou personne physique) **a au moins le contrôle conjoint sur une entité qui est une joint venture et au moins une influence notable ou fait partie des principaux dirigeants de l'autre entité** (ou d'une société mère de celle-ci).

Cette situation correspond aux cas où :

– les entités A et B sont des joint ventures du même tiers (IAS 24.9b.iii) ;

Remarques :

1. Inversement, si A et B sont les deux partenaires de C, A et B sont des parties liées de C alors que A et B ne sont pas nécessairement parties liées l'une de l'autre, voir nº 60065.
2. Si un tiers a une influence notable sur deux entités X et Y, X et Y ne sont pas parties liées.
3. Pour un exemple d'illustration, voir le schéma 1 ci-après.

– une entité est une joint venture d'une entité tierce et l'autre entité est une entreprise associée de l'entité tierce (IAS 24.9b.iv) ;

Pour un exemple d'illustration, voir le schéma 2 ci-après.

– l'une des deux entités est contrôlée ou contrôlée conjointement par une personne ou un membre de sa famille proche qui exerce le contrôle, le contrôle conjoint ou une influence notable sur l'autre entité ou fait partie de ses principaux dirigeants ou de ceux d'une de ses sociétés mères (IAS 24.9b.vi) ;

Pour un exemple d'illustration, voir le schéma 3 ci-après.

– une personne physique a le contrôle ou participe au contrôle conjoint d'une entité et exerce une influence notable sur l'autre entité ou fait partie des principaux dirigeants de l'entité (ou de ceux d'une de ses sociétés mères) (IAS 24.9b.vii).

Pour les situations dans lesquelles les personnes physiques sont des parties liées d'une entité, voir nº 60100 s.

Pour un exemple d'illustration, voir le schéma 4 ci-après.

c. Lorsqu'**une entité est un régime d'avantages postérieurs à l'emploi au bénéfice des salariés de l'autre entité ou d'une entité qui lui est liée** (IAS 24.9b.v).

A notre avis, cette disposition recouvre également les régimes d'avantages postérieurs à l'emploi qui ne bénéficieraient qu'à certaines catégories du personnel de l'entité (par exemple, ses dirigeants et ses cadres supérieurs).

A l'inverse, les régimes qui ne sont pas réservés au personnel de l'entité (tels que par exemple les régimes généraux de retraite) ne seraient pas considérés comme des parties liées de l'entité.

En outre, la notion de régime d'avantages postérieurs à l'emploi doit être interprétée largement afin d'y inclure, par exemple, les régimes mis en place pour gérer les pensions versées aux employés en incapacité de travail.

Enfin, le fait qu'un régime d'avantages postérieurs à l'emploi soit géré de manière indépendante de l'entité et dans l'intérêt de ses employés ne remet pas en cause le fait qu'il soit considéré comme une partie liée de cette entité devant donner lieu à information.

d. Lorsqu'une entité (« management entity »), ou un membre du groupe auquel elle appartient, fournit à l'autre entité (ou à sa mère) des prestations de services de personnes agissant à titre de principaux dirigeants de cette autre entité (« key management personnel services ») (IAS 24.9b.viii).

60050 (suite) **Remarque** Ne sont généralement pas considérées comme des parties liées :
– deux entités, par le simple fait qu'elles ont un administrateur ou un autre de leurs principaux dirigeants en commun, ou qu'un des principaux dirigeants de l'une d'elles exerce une influence notable sur l'autre (IAS 24.11a) ;

Pour la notion de « principaux dirigeants », voir n° 60007.

– deux partenaires, par le simple fait qu'ils exercent un contrôle conjoint d'une même joint venture (IAS 24.11b) ;
– un client, fournisseur, distributeur ou agent général unique avec lequel un volume de transactions important est réalisé, par le simple fait de la dépendance économique qui en résulte (IAS 24.11d) ;
– les bailleurs de fonds, les syndicats, les entreprises de services publics et les services et organismes publics (qui n'exercent pas le contrôle, contrôle conjoint ou influence notable sur l'entité présentant ses états financiers), par le simple fait de leurs transactions normales avec une entité (IAS 24.11c).

Toutefois, dans certaines circonstances, il est possible de considérer ces parties comme des parties liées, dès lors que d'autres indicateurs permettent de conduire à ce constat, par exemple :
– facteurs indiquant l'existence d'une relation de partie liée ;

Par exemple, un bailleur de fonds de l'entité qui serait également un actionnaire significatif de celle-ci.

– ou un degré inhabituel d'implication de l'entité dans l'activité de l'autre partie.

Tel serait le cas, par exemple, d'un client avec lequel l'entité réalise plus de 50 % de ses ventes et qui est en mesure d'influer significativement sur les calendriers de production et la détermination des prix, de sorte que l'entité n'est pas en mesure de poursuivre librement ses propres intérêts.
Dans ce cas, à notre avis, l'information en annexe doit concerner l'ensemble des transactions réalisées par cette partie liée avec l'entité, y compris celles non directement dans le champ de la relation de parties liées.
Par exemple, devraient être mentionnés les prêts consentis par un bailleur de fonds qui serait partie liée en raison d'une participation significative détenue dans l'entité.

2. Appréciation de la relation de parties liées La détermination d'une relation de parties liées doit prendre en compte toute situation ayant existé au cours de l'exercice, même si ce n'est plus le cas à la date de clôture (voir n° 60152). En outre, une relation de parties liées n'est pas forcément réciproque.

Schémas illustratifs Les schémas ci-après illustrent des exemples de relations de parties liées de l'entité A présentant ses états financiers, ces exemples sont relatifs aux :

1. Entités qui sont des joint ventures d'un tiers (entité ou personne physique), les entités A et B sont contrôlées conjointement par l'entité C (IAS 24.9b.iii).

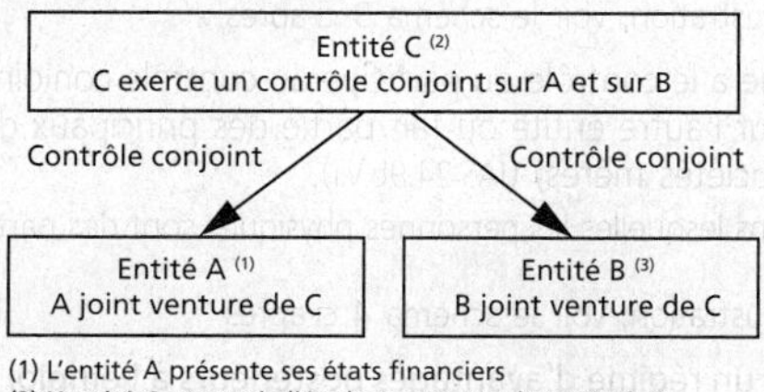

(1) L'entité A présente ses états financiers
(2) L'entité C est partie liée de A en vertu d'IAS 24.9b.ii.
(3) L'entité B est partie liée de A en vertu d'IAS 24.9b.iii.

2. Entités qui sont des joint ventures d'un tiers (entité ou personne physique) ou sur lesquelles un tiers exerce une influence notable, A est contrôlée conjointement par l'entité C, qui détient une influence notable sur l'entité B (IAS 24.9b.iv).

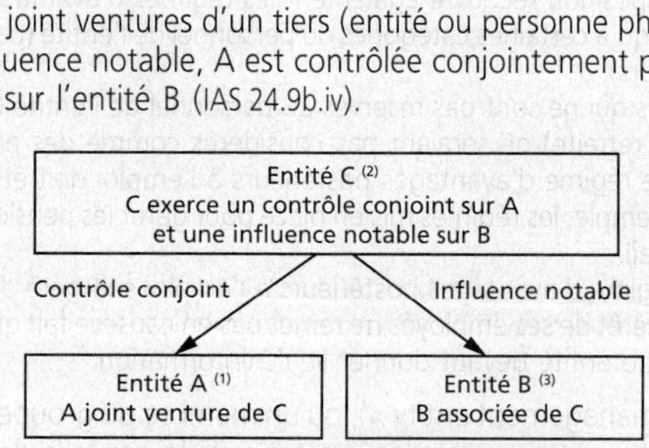

(1) L'entité A présente ses états financiers
(2) L'entité C est partie liée de A en vertu d'IAS 24.9b.ii.
(3) L'entité B est partie liée de A en vertu d'IAS 24.9b.iv.

3. Entités contrôlées exclusivement ou conjointement par une personne (ou un membre de sa famille proche) si cette personne (IAS 24.9b.vi) : **60050** (suite)
- a le contrôle (exclusif ou conjoint) ou une influence notable sur A ;
- est un des principaux dirigeants de A ou de la société mère de A.

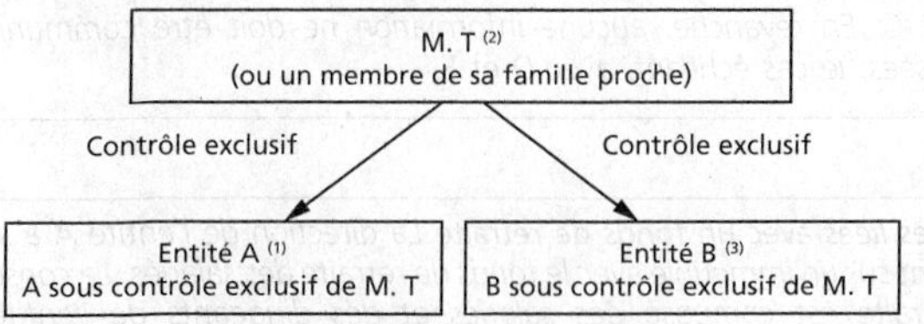

(1) L'entité A présente ses états financiers
(2) M. T est partie liée de A en vertu d'IAS 24.9a.i
(3) L'entité B est partie liée de A en vertu d'IAS 24.9b.vi.

4. Entités sur lesquelles une personne (ou un membre de sa famille proche), qui a le contrôle (exclusif ou conjoint) de A, exerce une influence notable sur ces entités ou est un des principaux dirigeants de ces entités (ou de la société mère de ces entités) (IAS 24.9b.vii).

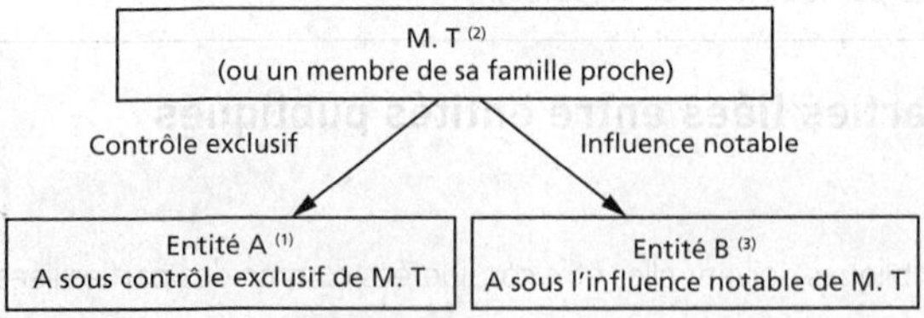

(1) L'entité A présente ses états financiers
(2) M. T est partie liée de A en vertu d'IAS 24.9a.i
(3) L'entité B est partie liée de A en vertu d'IAS 24.9b.vii.

■ *Exemple 1*

Identification des parties liées d'une entité A dans le cadre de relations d'influence notable *L'entité A détient 30 % de l'entité B, ce qui lui permet d'exercer une influence notable sur B.*
L'entité B détient les participations suivantes :
- 70 % de l'entité C ;
- 50 % de l'entité D qui est une joint venture, contrôlée conjointement avec une entité externe ;
- et 30 % de l'entité E (B exerce une influence notable sur E).
A n'exerce aucune influence notable sur E.
La structure se présente comme suit :

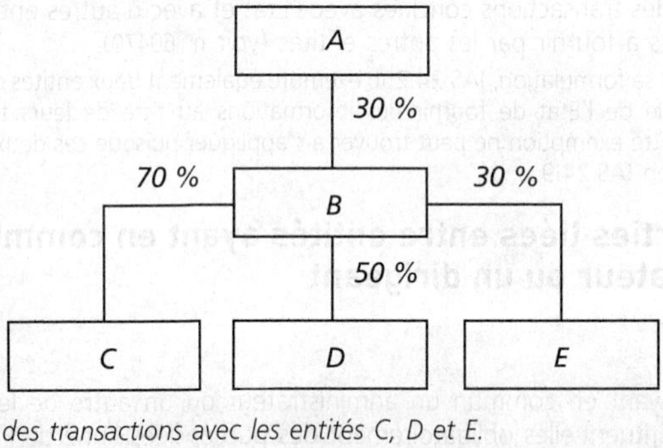

L'entité A effectue des transactions avec les entités C, D et E.

Solution de l'exemple 1 :
*- **Relation A/B** L'entité B est une entreprise associée de A (IAS 28.3). En conséquence, **B est une partie liée de A** (IAS 24.9b.ii).*
*- **Relation A/C** L'entité A exerce une influence notable sur B qui contrôle l'entité C. Ainsi, par le biais d'un intermédiaire (B), l'entité A détient une influence notable sur l'entité C. En conséquence, **C est une partie liée de A** (IAS 24.9b.ii).*
*- **Relation A/D** Compte tenu de ses participations successives, l'entité A n'a pas la capacité d'exercer le contrôle ou une influence notable sur l'entité D. En effet, une influence notable puis le contrôle conjoint ne donnent ni une influence notable ni le contrôle conjoint. En conséquence, **D n'est pas une partie liée de A.***

*– **Relation A/E** Compte tenu de ses participations successives, l'entité A n'a pas la capacité d'exercer le contrôle ni une influence notable sur l'entité E. En effet, une première influence notable puis une seconde influence notable ne donnent pas nécessairement une influence notable. En conséquence, **E n'est pas une partie liée de A.***

L'entité A devra donc fournir dans ses états financiers des informations sur ses relations avec ses parties liées B et C. En revanche, aucune information ne doit être communiquée au titre des transactions réalisées, le cas échéant, avec D et E.

■ *Exemple 2*

***Relation de parties liées avec un fonds de retraite** La direction de l'entité A a signé un accord de cession-bail portant sur un immeuble avec le fonds de retraite des salariés. Le conseil d'administration du fonds de retraite est composé des salariés et des dirigeants de l'entité A. Une banque d'investissement assure la gestion quotidienne du fonds.*

***Solution de l'exemple 2** Le fonds de retraite est une partie liée de l'entité A au même titre que tout régime d'avantages postérieurs à l'emploi au profit des employés de l'entité (IAS 24.9b.v). En conséquence, l'entité A doit fournir, dans ses états financiers, les informations sur les transactions réalisées avec le fonds.*

En outre, la substance, et pas seulement la forme juridique, des relations doit être analysée pour identifier toutes les parties liées (voir n° 60150).

Notion de parties liées entre entités publiques

60055 ***Question***

Les entités publiques doivent-elles être considérées comme des parties liées les unes des autres ?

Réponse

Oui, dès lors que l'une des entités est une joint venture de l'Etat et que l'Etat a au moins une influence notable sur l'autre.

Notons que les informations à fournir concernant les relations et transactions entre entités publiques sont différentes et réduites par rapport à celles à fournir par les autres entités.

Commentaires La définition des parties liées n'exclut pas les entités publiques. Aussi, dès lors que l'une des entités est une joint venture de l'Etat et que l'Etat a au moins une influence notable sur l'autre, elles sont alors parties liées (IAS 24.9).

Bien que la définition des parties liées soit la même, les informations à fournir par les entités publiques au titre des transactions conclues avec l'Etat et avec d'autres entités publiques sont différentes de celles à fournir par les autres entités (voir n° 60470).

Remarque Dans sa formulation, IAS 24.25b exempte également deux entités qui seraient sous une influence notable de l'Etat de fournir des informations au titre de leurs transactions. Notons toutefois que cette exemption ne peut trouver à s'appliquer puisque ces deux entités ne sont pas parties liées selon IAS 24.9.

Notion de parties liées entre entités ayant en commun un administrateur ou un dirigeant

60060 ***Question***

Deux entités ayant en commun un administrateur ou un autre de leurs principaux dirigeants constituent-elles obligatoirement des parties liées l'une de l'autre ?

Réponse

Non, pas obligatoirement.

Commentaires Cette disposition résulte explicitement d'IAS 24.11a. En effet, dans le cas d'un dirigeant commun, une entité A et une entité B sont parties liées lorsque l'un des principaux dirigeants de l'une a le contrôle ou participe au contrôle conjoint de l'autre qui est une joint venture (voir n° 60050).

Pour la définition des principaux dirigeants, voir n° 60100.

Notion de parties liées entre partenaires exerçant un contrôle conjoint sur une même entité

Question 60065

Deux partenaires exerçant un contrôle conjoint sur une joint venture (entité tierce) constituent-ils obligatoirement des parties liées ?

Réponse

Non, pas obligatoirement.

Commentaires Cette disposition résulte explicitement d'IAS 24.11b.

Deux partenaires ne peuvent être parties liées du fait du contrôle qu'ils exercent en commun sur une joint venture. En effet, du fait de cette relation, ils n'ont pas de pouvoir l'un sur l'autre.

Pour déterminer s'ils sont parties liées, il convient donc d'analyser leur situation par rapport à la définition générale des parties liées (voir nº 60050).

Notion de parties liées entre une entité et un fournisseur dont l'actionnaire majoritaire est l'un des principaux dirigeants de l'entité

Question 60070

Une entité doit-elle considérer comme une partie liée un fournisseur dont l'actionnaire majoritaire est l'un de ses principaux dirigeants ?

Réponse

Oui.

Commentaires Si l'un des principaux dirigeants d'une entité A exerce sur l'entité B, par ailleurs fournisseur de A, un contrôle exclusif en raison de son statut d'actionnaire majoritaire de B, B est alors définie comme une partie liée de A (IAS 24.9b.vii).

Dans ce cas, si B établit également des comptes consolidés, A est une partie liée de B (IAS 24.9).

En revanche, un fournisseur avec lequel une entité réalise un volume de transactions important n'est pas obligatoirement une partie liée de l'entité par le seul fait de la dépendance économique qui en résulte (IAS 24.11d).

Pour plus de précisions, voir nº 60050.

Sur les informations à fournir sur les transactions entre parties liées, voir nº 60410 s.

■ *Exemple*

Une société mère M détient une filiale F à 100 %. Un des principaux dirigeants de M est un actionnaire majoritaire d'une entité indépendante A, sur laquelle il détient de ce fait un contrôle exclusif, et qui vend à F des marchandises dans des conditions de concurrence normale.

Solution de l'exemple *L'entité A est une partie liée de la filiale F parce que l'un des dirigeants clés de M contrôle l'entité A.*

Dans les comptes de l'entité A et de l'entité F, doivent être fournies notamment les informations sur la nature des relations entre A et F (achats effectués par la filiale à ce fournisseur A) ainsi que sur le montant des transactions réalisées sur l'exercice et des engagements en cours à la date de clôture (IAS 24.18 et .21).

B. Identification des parties liées – Personnes physiques

Définition des parties liées – Personnes physiques

Question 60100

Quelles sont les personnes physiques parties liées d'une entité A ?

60100 (suite)

Réponse

Une personne ou un membre de la famille proche de cette personne est une partie liée de A, si cette personne :
- a le contrôle ou participe au contrôle conjoint de A ;
- exerce une influence notable sur A ; ou
- est l'un des principaux dirigeants de A ou d'une société mère de A.

Commentaires En effet, la norme IAS 24 englobe dans sa définition de « parties liées » d'une entité A toute personne physique qui :

a. contrôle A, participe au contrôle conjoint de A ou exerce une influence notable sur A (IAS 24.9a.i et .9a.ii) ;

Recommandations de l'AMF Dans ses recommandations en vue de l'arrêté des comptes 2007, l'AMF a précisé que dans des sociétés cotées dont le capital est parfois très dispersé, un actionnaire disposant d'une très faible part du capital peut néanmoins exercer une influence notable (Rec. AMF 2007-23, Arrêté des Comptes 2007, § 4.3).

b. fait partie des principaux dirigeants (dirigeants clés) de A ou de sa société mère (IAS 24.9a.iii) ;

Les principaux dirigeants sont les personnes ayant l'autorité et la responsabilité de la planification, de la direction et du contrôle des activités de l'entité, directement ou indirectement, y compris les administrateurs (dirigeants ou non) de cette entité (IAS 24.9), sans en avoir nécessairement le titre.

En pratique, en font partie les membres du conseil d'administration, du conseil de surveillance et les membres du comité exécutif ou organe équivalent ainsi que, à notre avis, les directeurs non-administrateurs même si leurs décisions sont soumises à l'approbation à un niveau supérieur.

Recommandations de l'AMF Dans ses recommandations pour l'arrêté des comptes 2007, l'AMF a rappelé que la notion de dirigeants ne se limite pas au seul président du conseil d'administration (Rec. AMF 2007-23, Arrêté des Comptes 2007, § 4.6). En outre, l'AMF a rappelé que l'appréciation de la situation des directeurs généraux délégués et des principaux dirigeants des filiales doit également être examinée (Rec. AMF 2007-23, Arrêté des Comptes 2007, § 4.1).

En ce sens, tous les membres de comité de direction qui ont une responsabilité directe dans la planification, la direction et le contrôle des activités du groupe, soit directement au sein de la société mère, soit au niveau des principales filiales, et ce, même si ces personnes ne participent pas au conseil d'administration de la société mère, font partie des principaux dirigeants.

Ainsi, un directeur de division ou un directeur de filiale fait partie des principaux dirigeants s'il dirige ou contrôle une des activités principales ou une part majeure des ressources du groupe. En d'autres termes, il peut y avoir différents niveaux de management au sein du groupe (en ce sens, décision du CESR, devenu ESMA, EECS/0508-09, 05/08).

c. ou est un membre de la famille proche des personnes visées aux points a. ou b. ci-avant (IAS 24.9a).

Recommandations de l'AMF Dans ses recommandations pour l'arrêté des comptes 2007, l'AMF a indiqué que l'information requise par la norme IAS 24 au titre de ces parties liées doit généralement être considérée comme significative (Rec. AMF 2007-23, Arrêté des Comptes 2007, § 4.2).

Remarque Les membres de la famille proche d'une personne physique sont définis comme étant les membres de la famille dont on peut s'attendre à ce qu'ils influencent cette personne, ou qu'ils soient influencés par elle, dans le cadre de leurs relations avec l'entité, par exemple (IAS 24.9) :
- les enfants et le conjoint ou concubin de la personne ;
- les enfants du conjoint ou concubin de la personne ;
- les individus à la charge de la personne ou de son concubin.

Un sujet soumis à l'IFRS IC suggérait d'intégrer dans la définition donnée par IAS 24.9 les parents de la personne. L'IFRS IC a rappelé, d'une part, qu'il doit être fait preuve de jugement pour l'application de cette définition afin d'apprécier la qualité de partie liée et que, d'autre part, les illustrations fournies par IAS 24.9 ne sont pas exhaustives. En conséquence, l'IFRS IC a conclu qu'il n'était pas nécessaire d'amender la norme ni de prévoir une interprétation sur ce point (IFRIC Update 05/15).

A titre illustratif, le schéma ci-après présente des exemples de parties liées (personnes physiques) pouvant exister avec une entité A.

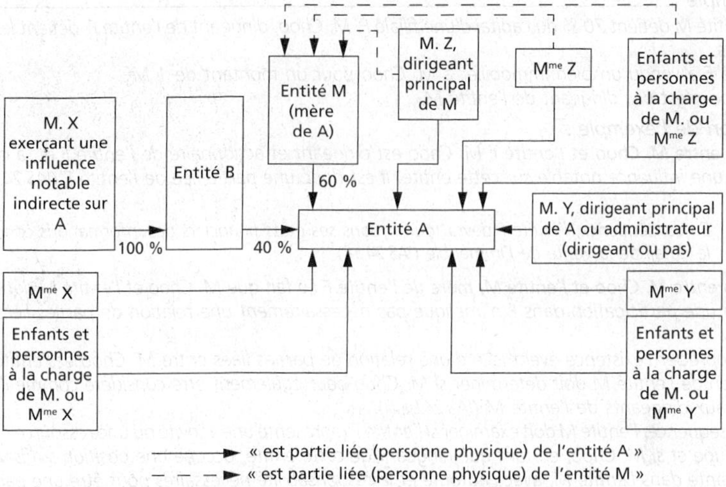

■ *Exemple*

Une société est organisée en deux divisions opérationnelles de taille identique, gérées chacune par un manager. Aucun de ces deux managers n'est administrateur de la société. Chacun est toutefois responsable de sa division opérationnelle et reporte au conseil d'administration.

Solution de l'exemple *Bien que les managers des deux divisions ne soient pas administrateurs de la société, ils font partie des principaux dirigeants au sens d'IAS 24 car ils ont chacun l'autorité et la responsabilité de la planification, de la direction et du contrôle de la moitié des activités de l'entité.*

Notion de parties liées entre un dirigeant d'une filiale et sa société mère

Question 60110

Un dirigeant de filiale est-il systématiquement une partie liée de la société mère de cette filiale ?

Réponse

Non. Le dirigeant d'une filiale n'est une partie liée de la société mère de cette filiale que :
- s'il exerce (ou un membre de sa famille proche) un contrôle (exclusif ou conjoint) ou une influence notable sur la société mère ;
- s'il fait partie (ou un membre de sa famille proche) des principaux dirigeants de la société mère, c'est-à-dire s'il fait partie des personnes ayant l'autorité et la responsabilité de la planification, de la direction et du contrôle des activités de l'entité, directement ou indirectement.

Commentaires En effet, un dirigeant de filiale ne sera partie liée de la société mère que :
- s'il exerce (ou un membre de sa famille proche) un contrôle exclusif ou conjoint ou une influence notable sur la société mère (IAS 24.9a.i et .9a.ii) ; ou
- s'il fait partie (ou un membre de sa famille proche) des principaux dirigeants de la société mère elle-même (IAS 24.9a.iii) – c'est-à-dire s'il a l'autorité et la responsabilité de la planification, de la direction et du contrôle d'une part importante des activités de l'entité mère, directement ou indirectement.

Recommandations de l'AMF et décision de l'ESMA Ce point a été précisé par l'AMF dans ses recommandations en vue de l'arrêté des comptes 2007 (Rec. AMF 2007-23, Arrêté des Comptes 2007, § 4.1) ainsi que par le CESR (devenu l'ESMA) dans ses décisions d'application des IFRS (EECS/0508-09, 05/08), voir n° 60100.
Pour la définition des principaux dirigeants, voir n° 60100.

■ *Exemple*

Une entité M détient 70 % du capital d'une filiale F. M. Choo, dirigeant de l'entité F, détient les 30 % restants.
L'entité F a vendu un bien immobilier à M. Choo pour un montant de 1 M€.
M. Choo n'est pas dirigeant de l'entité M.

Solution de l'exemple :

*1. **Lien entre M. Choo et l'entité F** M. Choo est dirigeant et actionnaire de l'entité F et, à ce titre, exerce une influence notable sur cette entité. Il est donc une partie liée de l'entité F (IAS 24.9a.ii et .9a.iii).*

En conséquence, l'entité F devra fournir dans ses états financiers des informations concernant le détail de la vente de l'immeuble (IAS 24.18).

*2. **Lien entre M. Choo et l'entité M, mère de l'entité F** Le fait que M. Choo et l'entité M détiennent chacun une participation dans F n'implique pas nécessairement une relation de parties liées entre eux.*
Pour apprécier l'existence éventuelle d'une relation de parties liées entre M. Choo et l'entité M, la direction de l'entité M doit déterminer si M. Choo peut également être considéré comme l'un des principaux dirigeants de l'entité M (IAS 24.9a.iii).
En conséquence, l'entité M doit examiner si l'entité F représente une activité ou une ressource majeure du groupe et si M. Choo, en tant que dirigeant de cette entité, occupe une position suffisamment importante dans l'entité M, avec l'autorité et la responsabilité nécessaires pour être une partie liée de cette entité (appréciation de la notion de parties liées sur la base de la substance des relations et pas uniquement sur leur forme juridique, conformément à IAS 24.10), voir n° 60150.
Si M. Choo est une partie liée de l'entité M, l'entité M devra fournir dans ses comptes consolidés des informations concernant le détail de la vente de l'immeuble.

Notion de parties liées entre une entité A et le représentant permanent (personne physique) d'un administrateur (personne morale) de A

60112 *Question*

Existe-t-il une relation de parties liées entre une entité A et le représentant légal (personne physique) de l'entité B, administrateur (personne morale) de A ?

Réponse

Oui, à notre avis. En effet, le représentant légal de B, exerçant un mandat social dans A, est considéré comme l'un des principaux dirigeants et est, à ce titre, une partie liée de A.

La réponse est identique pour un administrateur représentant l'Etat.

Commentaires Le schéma ci-après permet de visualiser la situation.

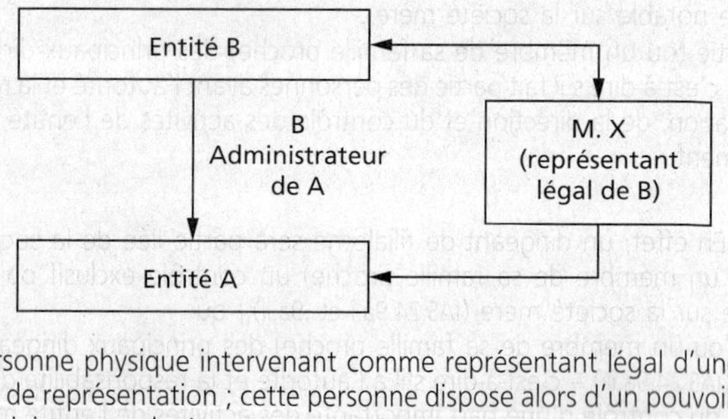

En effet, une personne physique intervenant comme représentant légal d'une entité B exerce un mandat social de représentation ; cette personne dispose alors d'un pouvoir sur les décisions prises par B, administrateur de A.

Ce représentant légal est donc considéré comme l'un des dirigeants principaux de B – c'est-à-dire qu'il a l'autorité et la responsabilité de la planification, de la direction et du contrôle des activités de cette entité – (IAS 24.9a.iii). A ce titre, le représentant légal de l'entité administrateur est bien une partie liée de A.

Il en est de même dans le cas d'une personne physique administrateur représentant l'Etat.

Notion de parties liées lorsque des personnes physiques contrôlent une entité par l'intermédiaire d'un trust

60115

Question

Existe-t-il une relation de parties liées entre une entité et des personnes physiques, membres d'une même famille qui la contrôlent indirectement par l'intermédiaire d'un trust ?

Réponse

Oui.

Commentaires En effet, la relation de parties liées s'apprécie, d'une part, que le contrôle soit direct ou indirect (IAS 24.9b.vi) et, d'autre part, après analyse de la substance de la relation (voir n° 60150).

■ *Exemple*

La direction prépare les états financiers de l'entité A.

M. Burger détient directement 30 % de A, Mme Burger en détient 10 % et 40 % sont détenus par un trust basé au Liechtenstein. Les bénéficiaires du trust sont les enfants de M. Burger, qui sont tous les deux âgés de moins de 18 ans, et M. Burger est un des mandataires du trust.

Au cours de l'année, la seule transaction entre l'entité A et les actionnaires a été le paiement des dividendes.

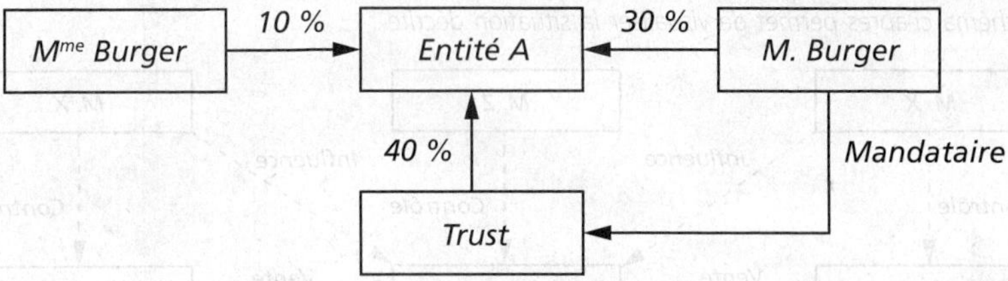

Solution de l'exemple *La famille Burger contrôle l'entité A et son nom doit être mentionné dans les états financiers de A, qu'il y ait eu ou non des transactions entre eux au cours de l'année. Il n'est pas nécessaire d'indiquer le montant des dividendes versés à chaque actionnaire. L'entité peut présenter une information globale.*

C. Appréciation de la notion de parties liées

Prise en compte de la substance de la relation entre les parties

60150

Question

La notion de parties liées doit-elle être appréciée uniquement sur la base des liens juridiques régissant les relations entre les entités ?

Réponse

Non, la notion de parties liées doit également être appréciée en tenant compte de la substance de la relation.

Commentaires Selon IAS 24.10, pour identifier toutes les relations entre parties liées, il faut prêter attention à la substance des relations, et pas simplement à leur forme juridique. Les exemples ci-après illustrent la mise en œuvre de cette disposition.

■ *Exemple*

Utilisation d'une société-écran *Une entité A est détenue par M. X qui est son seul dirigeant. Cette entité a d'importantes difficultés financières. L'entité A possède un immeuble, d'une valeur nette comptable de 100 000, qu'elle vend pour une valeur de 50 000, à l'entité B, détenue par M. Z qui est également son unique dirigeant.*

L'entité B revend alors l'immeuble à l'entité C (pour la valeur à laquelle elle a acheté l'immeuble, 50 000), entité également détenue par M. X et dont il est le dirigeant.

Solution de l'exemple *L'entité A a ostensiblement vendu un immeuble pour un prix sous-évalué à une entité tierce n'ayant pas de lien avec ses dirigeants. Compte tenu des difficultés financières que connaît l'entité, il peut être compréhensible que la vente ait été réalisée pour un montant sous-évalué, dès lors qu'il peut s'agir d'une vente forcée.*
Toutefois, l'entité B ne réalisant aucun profit lors de la revente à C de l'immeuble ainsi acquis, et agissant uniquement en tant qu'intermédiaire entre A et C, il est à notre avis très probable que M. Z et l'entité B soient, en substance, des parties liées de l'entité A et de l'entité C. En effet, il est peu probable que M. Z et l'entité B aient accepté d'intervenir dans le cadre de cette transaction (légalement douteuse), s'ils n'avaient été contrôlés ou sous une influence de M. X.
Il est clair que les entités A et C sont contrôlées par M. X et que l'entité B et M. Z servent uniquement d'intermédiaire afin de masquer le fait que la vente est in fine réalisée entre les deux parties liées A et C. En substance, l'entité B est contrôlée par M. X et est, en conséquence, une partie liée tant de l'entité A que de l'entité C.
La transaction avec l'entité B devra ainsi faire l'objet d'une information tant dans les états financiers de A que dans ceux de C. En outre, dans les états financiers de A, les détails de la vente de B à C devront également être fournis avec mention que les actionnaires et dirigeants de C sont également ceux de A. De la même manière, dans les états financiers de C, des informations complémentaires devront être fournies sur la vente de A à B avec mention du fait que A et C sont sous contrôle commun.
Ces compléments d'information permettent de satisfaire à la disposition de la norme selon laquelle doit être fournie toute information nécessaire à la compréhension des effets potentiels de la relation sur les états financiers (IAS 24.18).
Le schéma ci-après permet de visualiser la situation décrite :

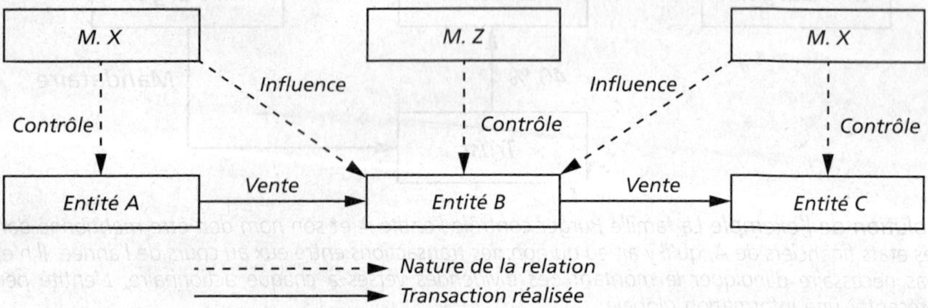

Remarque *Pour un autre exemple d'application de ce principe d'appréciation de la substance de la relation de parties liées entre une entité et une personne physique, voir n° 60110.*

Appréciation de l'existence de parties liées tout au long de l'exercice

60152 ***Question***

La notion de parties liées doit-elle être appréciée uniquement sur la base de la situation existant à la date de clôture ?

Réponse

Non, à notre avis, la notion de parties liées doit également être appréciée en tenant compte de toute situation ayant existé au cours d'une période de l'exercice, même si cette situation n'existe plus à la date de clôture.

Commentaires L'objectif de la norme IAS 24 est d'assurer que les états financiers d'une entité contiennent les informations nécessaires pour attirer l'attention sur la possibilité que la position financière et le résultat puissent avoir été affectés par l'existence de parties liées et par des transactions et soldes avec celles-ci (IAS 24.1).
En conséquence, une relation de parties liées, même de courte durée, peut avoir affecté les états financiers de l'exercice.

C'est la raison pour laquelle il est nécessaire, à notre avis, de ne pas se limiter à un examen des relations entre parties liées existant à la date de clôture mais d'analyser et de fournir, le cas échéant, les informations requises sur de telles relations qui n'existeraient plus à cette date et qui auraient existé au cours de l'exercice.

Pour ce faire, il est indispensable d'analyser certaines transactions ayant pu intervenir au cours de l'exercice sous un angle « parties liées », telles que par exemple :
- les cessions d'entités sous contrôle exclusif, sous influence notable ou sous contrôle conjoint ;
- les départs de dirigeants principaux.

Pour les informations à fournir, à notre avis, dans le cas de parties ayant été liées au cours de l'exercice mais ne l'étant plus à la date de clôture, c'est-à-dire pendant la période pendant laquelle la partie était liée, voir n° 60440.

II. Informations à fournir relatives aux parties liées

Absence d'exemption d'informations relatives aux parties liées

Question 60305

Une filiale, appartenant à un groupe qui établit des comptes consolidés en IFRS, est-elle exemptée de fournir les informations sur les parties liées dans ses propres comptes en IFRS ?

Réponse

Non, la seule exemption de fourniture des informations sur les parties liées qui est relative aux entités publiques ne s'applique pas au cas présent.

Commentaires A l'exception du cas particulier des entités publiques (voir n° 60055 et 60470), toutes les informations relatives aux parties liées requises par la norme IAS 24 doivent être fournies, dans les comptes individuels et/ou comptes consolidés de sous-groupes établis en IFRS par :
- la société mère qui établit, en plus de ses comptes consolidés en IFRS, des comptes individuels en IFRS ;
- sa filiale détenue à 100 %, immatriculée dans le même pays et publiant des états financiers consolidés dans ce pays.

Remarque Dans les comptes consolidés, les transactions ou soldes entre les entités d'un même groupe qui ont été éliminés en consolidation ne doivent pas être mentionnés en annexe, à l'exception des transactions et soldes entre une société d'investissement et ses filiales évaluées à la juste valeur par résultat (IAS 24.4).

Ce n'est pas le cas du contrôle et des relations entre les sociétés mères et les filiales qui doivent être mentionnés en annexe, qu'il y ait eu ou non des transactions entre ces parties liées (IAS 24.13).

■ *Exemple*

L'entité A est une filiale détenue à 100 % et établit des comptes consolidés en IFRS. La société M, mère de A, est immatriculée dans le même pays et prépare également des états financiers consolidés en IFRS. Il a été attribué aux directeurs de A un bonus basé sur le bénéfice d'exploitation de l'année.

Solution de l'exemple *La direction de A doit fournir les détails des bonus et autres rémunérations des directeurs dans ses états financiers consolidés établis en IFRS (IAS 24.17). Et ce, même si ces informations ont déjà été fournies dans les comptes consolidés de l'entité M, la norme IAS 24 ne comportant aucune exemption de cette nature.*

A. Informations concernant les relations entre parties liées – Entités

Informations concernant les relations entre une mère et ses filiales dans le cas où la mère ne publie pas d'états financiers

60315 ***Question***

Quelles sont les informations à fournir dans les comptes d'une entité lorsque ni sa société mère ni la société tête ultime de groupe ne produisent d'états financiers consolidés mis à la disposition du public ?

Réponse

L'entité doit obligatoirement indiquer :
- le nom de sa société mère immédiate et, s'il est différent, celui de l'entité ou de la personne qui exerce le contrôle ultime ;
- ainsi que le nom de la société mère la plus proche de la mère immédiate qui publie des états financiers consolidés.

Commentaires Que la société mère d'une entité (directe ou ultime) publie des états financiers en IFRS ou non, les informations à donner par cette entité seront identiques au titre des relations entre société mère et filiales. En effet, selon IAS 24.13, une entité doit fournir le nom de sa société mère immédiate et, s'il est différent, celui de l'entité ou de la personne qui exerce le contrôle ultime. Si ni la société mère immédiate de l'entité ni la société tête ultime de groupe ne produit d'états financiers consolidés mis à la disposition du public, l'entité doit mentionner le nom de la société mère la plus proche de sa mère immédiate, qui produit des états financiers consolidés.

La société mère la plus proche de la société mère immédiate est la première société mère dans le groupe située au-dessus de la société mère immédiate, qui produit des états financiers consolidés mis à la disposition du public (IAS 24.16).

Remarque Si aucune de ces sociétés mères ne publie des états financiers consolidés, l'entité doit, à notre avis, indiquer le fait qu'elle n'a pas d'entité mère qui publie des états financiers consolidés.

■ *Exemple 1*

La direction prépare les états financiers de l'entité A. La société Parent SA détient directement 100 % de A et la société tête ultime de groupe est Ultimate Parent SA. Ni Parent SA ni Ultimate Parent SA ne produisent d'états financiers consolidés mis à la disposition du public.
Au cours de l'année, il n'y a eu aucune transaction entre eux.

Solution de l'exemple 1 *Même en l'absence de transaction entre A et les deux autres entités, une information doit être fournie en annexe. L'entité A doit obligatoirement fournir le nom de sa société mère immédiate Parent SA et de sa société mère ultime tête de groupe Ultimate Parent SA (IAS 24.13). Il convient également, à notre avis, de mentionner le fait que A n'a pas d'entité mère qui publie des états financiers consolidés.*

■ *Exemple 2*

La direction prépare les états financiers de l'entité B. La société Haven SA détient directement 100 % de B et la société tête de groupe est Ultimate Haven SA.
Ultimate Haven SA est contrôlée par M. Brown par l'intermédiaire d'un trust basé dans les îles Vierges britanniques. Ni Haven SA, ni Ultimate Haven SA, ni le trust ne produisent d'états financiers consolidés mis à la disposition du public. Au cours de l'année, il n'y a eu aucune transaction entre eux.

Solution de l'exemple 2 *Même en l'absence de transaction entre B et les deux autres entités, le trust et M. Brown, une information doit être fournie en annexe (IAS 24.13). L'entité B doit obligatoirement indiquer le nom de sa société mère immédiate Haven SA ainsi que le nom de M. Brown, qui détient le contrôle ultime de l'entité B. Elle doit également indiquer le nom de la société tête de groupe Ultimate Haven SA conformément à IAS 1.138c.*
En outre, il convient, à notre avis, de mentionner le fait que B n'a pas d'entité mère qui publie des états financiers consolidés.

■ *Exemple 3*

La société A détient directement 100 % de l'entité C. L'entité XYZ SA est la mère immédiate de A et Ultimate XYZ SA la société tête ultime de groupe. Ni A, mère immédiate de C, ni Ultimate XYZ SA, société mère ultime tête de groupe de C, ne publient d'états financiers consolidés. En revanche, XYZ SA établit des états financiers consolidés publiés à la bourse locale.

Solution de l'exemple 3 *L'entité C devra fournir le nom de la société A en tant que société mère immédiate et le nom de Ultimate XYZ SA en tant que société tête ultime de groupe. Par ailleurs, l'entité C devra indiquer le nom de l'entité XYZ SA en tant que société mère la plus proche de la mère immédiate publiant des états financiers consolidés.*

B. Informations concernant les transactions entre parties liées

Nature des informations à fournir en cas de transactions entre parties liées

Question 60410

Quelles sont les informations à fournir en cas d'existence d'une relation entre parties liées ?

Réponse

Il convient de communiquer la nature des relations entre les parties liées, ainsi que les informations sur les montants des transactions, les soldes au bilan et les engagements. Les informations communiquées doivent être suffisantes pour permettre de comprendre l'impact potentiel de ces relations sur les états financiers.

Commentaires Ces dispositions résultent d'IAS 24.18. Les informations concernent les transactions réalisées avec toutes les parties liées, qu'il s'agisse d'autres entités ou de personnes physiques.

La norme précise que ces informations doivent comprendre au minimum :

1. le montant des transactions ;

IAS 24.21 et .22 mentionnent en outre des **exemples de transactions** devant faire l'objet d'une information dès lors qu'elles sont réalisées avec une partie liée :
- achats ou ventes de produits (finis ou non) ;
- achats ou ventes de biens immobiliers et d'autres actifs ;
- prestations de services données ou reçues ;
- contrats de location ;
- transferts de recherche et développement ;
- transferts dans le cadre de contrats de licence ;
- transferts dans le cadre d'accords de financement (y compris les prêts et les apports de capital en numéraire ou en nature) ;
- octroi de garanties ou de sûretés ;
- engagements de faire quelque chose si un événement particulier se réalise ou non dans le futur, y compris les contrats non (entièrement) exécutés (comptabilisés ou non). Ces engagements constituent des transactions qui n'ont pas encore eu lieu mais qui font l'objet d'un contrat ou qui résultent d'une obligation implicite. Il s'agit, à notre avis, par exemple, des engagements, entre une entité et une partie liée (i) d'achat d'un actif provenant de l'entité (en ce sens, décision de l'ESMA, EECS/0113-06, 09/11) ou (ii) de mise en place d'un contrat de location d'un actif entre ces deux entités. Ces engagements doivent faire l'objet d'une mention en annexe et ce, même si l'achat ou la conclusion du contrat de location n'a pas encore eu lieu. De même, les engagements d'une entité envers les principaux dirigeants, tel un engagement de leur accorder des programmes d'intéressement ou des golden parachutes, doivent aussi faire l'objet d'une information en annexe ;
- règlement de passifs pour le compte de l'entité ou par l'entité pour le compte d'une autre partie ;
- participation d'une société mère ou d'une filiale à un régime d'avantages du personnel à prestations définies qui répartit les risques entre les entités du groupe (mère et filiales). Pour les informations à fournir dans ce cas, voir IAS 19.42.

2. le montant des soldes au bilan, y compris des engagements :

- leurs termes et conditions, y compris l'existence éventuelle de garanties et la nature de la contrepartie attendue lors du règlement, et
- les modalités des garanties données ou reçues ;

3. les provisions pour créances douteuses liées au montant des soldes ; et

4. les charges comptabilisées pendant la période au titre des créances douteuses sur parties liées.

Remarque Une transaction entre parties liées existe **même dans le cas où aucun prix n'est facturé.** En effet, IAS 24.9 précise qu'une transaction entre parties liées correspond à un transfert de ressources, de services ou d'obligations entre des parties liées, indépendamment du fait qu'un prix est facturé ou non.

Recommandations de l'AMF IAS 24.13 précise que les relations entre les sociétés mères et les filiales doivent être indiquées qu'il y ait ou non des transactions entre ces parties liées. C'est pourquoi l'AMF considère, dans ses recommandations en vue de l'arrêté des comptes 2007, que la présentation d'une liste des filiales significatives, incluant une mention du pourcentage de détention et de droits de vote, constitue une information utile à communiquer (Rec. AMF 2007-23, Arrêté des Comptes 2007, § 4.5). Les informations requises par IFRS 12 pour permettre aux utilisateurs des états financiers de comprendre la composition du groupe vont aussi dans ce sens (IFRS 12.10a).

Sur la prise en compte du caractère significatif des informations à communiquer, voir n° 60435.

Au-delà de ces informations minimums, d'autres devraient être fournies lorsqu'elles sont jugées nécessaires à la compréhension de l'impact potentiel des relations avec les parties liées sur les états financiers.

Par exemple, fournir en annexe le montant d'une transaction de cession d'un actif à une partie liée peut être insuffisant lorsque le prix de cession est significativement différent de celui qui aurait été obtenu à des conditions commerciales normales.

En outre, des informations complémentaires sont prévues au titre de la **rémunération des principaux dirigeants** de l'entité (IAS 24.17), voir n° 60450.

Des informations comparatives au titre de la période précédente doivent également être mentionnées (IAS 1.38). Ces informations comparatives doivent être présentées si elles concernent des transactions qui interviennent avec des parties liées à l'entité au moment où ces transactions ont lieu. En revanche, aucune information comparative n'est à fournir :
- si la contrepartie de la transaction n'était pas une partie liée au cours de la période précédente ; ou
- si elle l'était au cours de la période précédente mais ne l'est plus au cours de l'exercice.

Par exemple, si un cadre devient dirigeant d'une entité en N, il n'est pas nécessaire de donner sa rémunération versée en N-1, au titre des parties liées, le cadre n'était en effet pas dirigeant à l'époque.

Informations sur des transactions entre parties liées effectuées au sein d'un groupe

60415 ***Question***

Quelles informations une entité doit-elle fournir au titre des transactions réalisées avec ses parties liées au sein du groupe au niveau duquel les états financiers consolidés sont établis ?

Réponse

Seules les informations relatives aux transactions et soldes intragroupes non éliminés doivent être mentionnées. Les transactions et soldes intragroupes qui sont éliminés lors de la préparation des états financiers consolidés du groupe ne donnent pas lieu, en conséquence, à information au titre des transactions entre parties liées.

Commentaires Dans le cas particulier des groupes, les informations à fournir dépendent du type de contrôle exercé par la mère :
- pour les sociétés sur lesquelles la mère exerce un contrôle exclusif (filiales), outre la nature des relations existant entre la mère et ses filiales (IAS 24.13 ; voir n° 60022), aucune autre information n'est à indiquer dans la mesure où les transactions sont éliminées à 100 % dans les comptes consolidés ;

Les sociétés d'investissement, exemptées de consolider certaines filiales selon IFRS 10 (voir n° 15188), doivent fournir des informations dans les états financiers sur les transactions et soldes avec les parties liées, ces transactions et soldes n'étant pas éliminés dans les comptes consolidés.

- pour les joint ventures et les entreprises associées consolidées par mises en équivalence, toutes les informations relatives aux transactions non éliminées avec ces entités doivent être mentionnées ;

- pour les joint operations, les transactions intervenues entre le coparticipant et la joint operation ne sont pas à présenter comme des transactions entre parties liées dans les comptes du coparticipant.

En effet, le coparticipant comptabilise déjà dans ses états financiers (IFRS 11.20) :
- ses actifs, y compris sa quote-part des actifs détenus conjointement, le cas échéant ;
- ses passifs, y compris sa quote-part des passifs assumés conjointement, le cas échéant ;
- sa quote-part des produits issus des ventes ; et
- les charges qu'il a engagées, y compris sa quote-part des charges engagées conjointement, le cas échéant.

■ *Exemple 1*

Soit un prêt de 100 accordé par l'entité consolidante à une entité du groupe :
- si l'entité bénéficiaire du prêt est une filiale consolidée par intégration globale, le prêt/emprunt est éliminé à 100 % en consolidation et aucun solde ne doit être mentionné ;
- si l'entité bénéficiaire est une entreprise associée ou une joint venture, rien n'est éliminé et les 100 doivent être mentionnés.

■ *Exemple 2*

Soit une immobilisation de 100, cédée par la société consolidante pour 120 à une entité du groupe, générant un résultat de cession de 20 ; le règlement est comptant :
- si l'acquéreur est une filiale consolidée par intégration globale, le résultat de cession est éliminé à 100 % en consolidation et aucun solde ne doit être mentionné ;
- si l'acquéreur est une joint venture ou une entreprise associée détenue pour 20 %, le résultat de cession est éliminé en consolidation à hauteur de la quote-part détenue (20 % × 20 = 4) et le solde non éliminé de 80 % × 20 = 16 doit être mentionné.

Informations sur des transactions entre parties liées effectuées dans des conditions de concurrence normale

60420

Question

Une entité doit-elle indiquer toutes les transactions réalisées avec ses parties liées, même si celles-ci ont été réalisées à des conditions de concurrence normale ?

Réponse

Oui, sauf les transactions et soldes intragroupes qui, étant éliminés lors de la préparation des états financiers consolidés du groupe, ne donnent pas lieu, en conséquence, à information au titre des transactions entre parties liées (voir n° 60415).

En outre, le fait que des transactions entre parties liées aient été conclues à des conditions de concurrence normale ne peut être mentionné que si cela peut être démontré.

Commentaires :

1. **Transactions intragroupes** Voir n° 60415.

2. **Transactions conclues à des conditions de concurrence normale** Toutes les transactions réalisées avec les parties liées doivent être mentionnées même si les transactions ont été réalisées à des conditions de concurrence normale. Il ne peut être précisé qu'il s'agit de conditions de concurrence normale que si ces modalités peuvent être démontrées (IAS 24.23).

Remarque La terminologie « conditions de concurrence normale » est généralement comprise comme étant relative à une transaction qui aurait été conclue aux mêmes conditions si elle avait été conclue avec un tiers externe.

■ *Exemple*

Une entité génère une partie de ses revenus par des ventes à des parties liées. Ces ventes sont effectuées aux mêmes prix, selon les mêmes conditions de crédit et autres conditions que ceux pratiqués avec des tiers. La direction de A se demande si elle doit indiquer dans ses états financiers que les prix facturés aux parties liées sont déterminés dans des conditions de concurrence normale.

Solution de l'exemple *La direction de l'entité A peut effectivement indiquer que les ventes réalisées avec les parties liées sont réalisées selon des conditions de concurrence normale. En effet, dans son cas, ces conditions (prix et conditions identiques) peuvent être démontrées et objectivement vérifiées.*

Appréciation du caractère significatif des transactions entre parties liées

60435 ***Question***

Comment le caractère significatif des transactions doit-il être pris en compte dans les informations à communiquer en annexe ?

Réponse

L'appréciation du caractère significatif doit être effectuée sur une base quantitative et qualitative, c'est-à-dire en appréciant si l'existence d'une relation est de nature à influencer les décisions des utilisateurs des états financiers.

Commentaires Comme les autres informations, l'information relative aux parties liées n'est requise que si elle est significative (IAS 1.31). Selon IAS 1.7, une information est significative si on peut raisonnablement s'attendre à ce que son omission, son inexactitude ou son obscurcissement influence les décisions que prennent les principaux utilisateurs sur la base des états financiers.

La norme IAS 24 illustre ce principe de matérialité et met en avant la nécessité de tenir compte du **caractère qualitatif des relations** en rappelant que :
- le résultat et la situation financière d'une entité peuvent être affectés par une relation entre parties liées même si aucune transaction n'a encore eu lieu. La **simple existence d'une relation** peut suffire à affecter les transactions de l'entité avec d'autres parties (IAS 24.7) ;
- une transaction entre parties liées est un transfert de ressources, de services ou d'obligations entre des parties liées, **indépendamment du fait qu'un prix soit facturé ou non** (IAS 24.9).

Recommandations de l'AMF Dans ses recommandations en vue de l'arrêté des comptes 2007, l'AMF a constaté qu'il n'est pas rare que l'information sur les parties liées ne soit pas fournie au motif que l'incidence de ces transactions sur les comptes n'est pas significative (Rec. AMF 2007-23, Arrêté des Comptes 2007, § 4.7). Aussi, l'AMF considère que si un émetteur souhaite appliquer un **filtre à la communication des informations sur les parties liées,** par exemple en définissant un seuil de matérialité, certaines précautions doivent être prises :
- nécessité d'appliquer un **seuil de matérialité adapté** au type de transaction concerné ;

  Cela paraît particulièrement utile dès lors qu'il s'agit de présenter des informations relatives à des transactions avec des personnes physiques.

- **agrégation possible des éléments de nature similaire** si l'absence de communication séparée de l'un des éléments agrégés ne nuit pas à la compréhension des états financiers (IAS 24.24) ;
- **présentation appropriée en annexe** des transactions dont les montants sont non significatifs, mais dont la description est nécessaire aux utilisateurs des états financiers.

  Ce pourrait être le cas, par exemple :
  - d'engagements donnés à une joint venture pour assurer son développement, si ce développement est perçu comme un élément important de valorisation par le marché (IFRS 12 requiert par ailleurs des informations sur les engagements qu'une entité a contractés concernant les joint ventures, IFRS 12.23a et .B18 s.) ; ou
  - de transactions à titre gratuit portant sur des biens ou des services dont la juste valeur est sensiblement plus élevée.

Cas particulier d'une transaction avec une personne physique La matérialité peut être difficile à apprécier lorsque la partie liée avec laquelle la transaction est conclue est une personne physique. Dans ce cas, la transaction peut ne pas être matérielle pour l'entité mais l'être pour la personne physique. La matérialité est-elle alors à apprécier au niveau de l'entité ou de la personne physique ?

Concernant les rémunérations octroyées aux dirigeants, il est apparu ces dernières années un intérêt croissant des actionnaires pour les rémunérations/packages qui leur sont versés.
Des règles ont été mises en place dans bon nombre de pays pour requérir des groupes cotés une communication transparente, notamment en matière de politique de rémunération. Dans ce contexte, les rémunérations octroyées ne peuvent être jugées non significatives selon IAS 24.
Ces règles se sont généralement concentrées sur le coût pour l'entreprise et l'avantage pour l'individu, la matérialité devrait donc à notre avis être appréciée à la fois du point de vue de l'entité et de la personne physique.

Informations à fournir lorsqu'une entité est partie liée uniquement au cours d'une période de l'exercice mais ne l'est plus à la clôture

Question 60440

Quelle information une entité doit-elle fournir, dans ses états financiers annuels, lorsqu'elle n'est partie liée que pour une période donnée de l'exercice, par exemple lorsque l'entité a fait l'objet d'une cession au cours de l'exercice et qu'elle n'est plus partie liée à la date de clôture ?

Réponse

Une information doit être fournie sur la nature des relations et le détail des transactions, soldes et engagements qui ont eu lieu au cours de la période pendant laquelle cette entité était partie liée.

Commentaires L'objectif de la norme IAS 24 est de permettre au lecteur des états financiers d'appréhender l'effet des transactions entre parties liées sur les états financiers (IAS 24.1), et non simplement à un instant « T ». Une relation de partie liée, même de courte durée, peut avoir affecté les états financiers de l'exercice.

En conséquence, il convient de fournir une telle information même si la relation ne perdure plus à la date de clôture de l'exercice.

■ *Exemple*

Une entité A est acquise dans le cadre d'un regroupement d'entreprises en février N. Acquise avec une intention de cession ultérieure, l'entité est revendue en novembre N.

L'entité A étant un fournisseur régulier du groupe avant même son acquisition, elle a toutefois continué à fournir des marchandises au groupe tout au long de l'année N.

Solution de l'exemple *La direction doit indiquer, dans les états financiers consolidés, la nature des relations et le détail des transactions/soldes (dans la mesure où ils n'auraient pas été éliminés dans les comptes consolidés), ainsi que les engagements entre l'entité A et le reste du groupe pendant la période où A répondait à la définition d'une partie liée, c'est-à-dire de février N à novembre N. Le détail des transactions entre A et le reste du groupe en janvier N et en décembre N, ainsi que les soldes aux 31/12/N-1 et N n'ont pas à être donnés puisque l'entité A n'était pas une partie liée du groupe à ces périodes et dates.*

C. Informations concernant les parties liées – Personnes physiques

Informations concernant la rémunération des principaux dirigeants

Question 60450

Quelles sont les informations à fournir par une entité concernant ses principaux dirigeants (considérés comme parties liées, voir nº 60100) ?

Réponse

Une entité doit indiquer :

– la rémunération des principaux dirigeants, en cumul, et pour chacune des catégories suivantes : avantages à court terme ; avantages postérieurs à l'emploi ; autres avantages à long terme ; indemnités de fin de contrat de travail et paiements en actions ;

– les mêmes informations sur les transactions réalisées avec les principaux dirigeants que pour toutes les autres parties liées (exemples : prêts, avances, garanties...).

Commentaires Les informations au titre des principaux dirigeants concernent à la fois leur rémunération et les transactions réalisées avec eux.

1. La rémunération des principaux dirigeants (correspondant aux montants comptabilisés en charges au cours de la période et aux engagements) doit être fournie en annexe, en distinguant

60450 (suite) les avantages du personnel à court terme, les avantages du personnel postérieurs à l'emploi, les autres avantages à long terme, les indemnités de fin de contrat de travail et les paiements fondés sur les actions (IAS 24.17).

Recommandations de l'AMF Dans ses recommandations en vue de l'arrêté des comptes 2007, l'AMF a rappelé cette exigence de la norme. En outre, l'AMF a souligné qu'en application d'IAS 24.18, les entités devaient également fournir le montant des passifs comptabilisés et des engagements hors bilan (tels que les indemnités de rupture) relatifs aux éléments de rémunération des dirigeants (Rec. AMF 2007-23, Arrêté des Comptes 2007, § 4.4).

Lorsque l'entité présentant ses états financiers reçoit d'une autre entité (« management entity ») des services de personnes agissant en tant que principaux dirigeants (« key management personnel services »), l'entité doit indiquer en annexe le montant des honoraires versés à la « management entity » (IAS 24.18A). Ainsi, elle n'est pas tenue de mentionner dans ses états financiers les différentes natures de rémunérations, telles que décrites ci-avant, versées ou à verser par la « management entity » aux personnes agissant pour elle-même à titre de principaux dirigeants (IAS 24.17A).

IAS 24 précise en effet que la « management entity » qui fournit de telles prestations de services à l'entité est une partie liée de celle-ci (IAS 24.9b.viii).

Des informations comparatives au titre de la période précédente doivent également être mentionnées pour toutes les catégories d'avantages au personnel (IAS 1.38).

Les éléments de rémunération étant généralement de nature similaire, l'information à fournir est globale (et non individuelle) pour l'ensemble des principaux dirigeants. Toutefois, une information individuelle peut devoir être fournie si un élément de rémunération d'un des principaux dirigeants est de nature différente des autres rémunérations et que sa mention en annexe est nécessaire pour la compréhension des effets des transactions entre parties liées sur les états financiers consolidés (IAS 24.24).

En outre, dans le cas où l'un des principaux dirigeants aurait cessé d'être partie liée à la clôture de l'exercice, il est nécessaire de fournir une information sur les indemnités de fin de contrat qui lui auront été versées (IAS 24.17d) ainsi que sur toutes les autres formes de rémunérations versées au cours de l'exercice, en sa qualité de principal dirigeant et lorsqu'il remplissait ce rôle au cours de l'exercice. En effet, l'objectif de la norme IAS 24 étant de permettre au lecteur des états financiers d'appréhender l'effet des transactions entre parties liées sur les états financiers (IAS 24.1), et non à un instant « T », il convient de fournir une telle information même si la relation ne perdure plus à la date de clôture de l'exercice (voir en ce sens n° 60440).

Remarques :

1. Les informations concernant la rémunération des principaux dirigeants présentent un caractère sensible. Toutefois, il ne devrait pas être possible d'invoquer le principe de matérialité défini par IAS 1.31 pour éviter de fournir une telle information. En effet, IAS 24.9 précise qu'une transaction entre parties liées doit faire l'objet d'une information, indépendamment du fait qu'une rémunération ait été versée ou non.

2. Sont incluses dans la rémunération des dirigeants (IAS 24.9) :

- toutes les formes de contreparties payées, payables ou fournies par l'entité ou au nom de celle-ci, en échange des services rendus à l'entité ; ainsi que
- la contrepartie payée pour le compte d'une société mère de l'entité en échange de services rendus à l'entité.

Par exemple, si les principaux dirigeants d'une filiale F de l'entité M reçoivent, au titre des services qu'ils rendent à F, un salaire, versé par F, et un bonus, versé par la mère M, et bénéficient également d'un plan en actions groupe (M) et d'un régime de retraite groupe (M), les informations suivantes doivent dans ce cas être fournies en annexe des comptes de F : la rémunération payée directement par F, ainsi que les autres rémunérations qui sont payées par la société mère M au titre de services rendus à F (bonus, plan d'actions et régime de retraite).

3. Décision de l'ESMA Le CESR (devenu l'ESMA) a remis en cause la conformité à la norme IAS 24 d'une annexe qui ne présentait pas les informations relatives aux rémunérations des principaux dirigeants et qui invitait, en lieu et place, le lecteur à consulter des sections du rapport annuel où l'information était mentionnée (EECS/0610-11, 05/09).

Au cas particulier, les sections du rapport annuel présentant la rémunération des principaux dirigeants ne faisaient pas partie des états financiers, n'étaient pas auditées et ne présentaient pas l'exhaustivité des informations requises par IAS 24.17.

2. Les informations concernant les **transactions effectuées avec des principaux dirigeants** s'ajoutent à celles concernant la rémunération. Il est ainsi nécessaire d'indiquer les différents éléments requis par IAS 24.18 (voir n° 60410), ces éléments étant présentés en cumul pour l'ensemble de la catégorie « principaux dirigeants de l'entité ou de sa société mère » (IAS 24.19).

En particulier, les transactions ou engagements liés à la réalisation ou non d'un événement futur devant aussi être mentionnés (IAS 24.21), les indemnités de départ (golden parachutes) négociées avec les dirigeants constituent des engagements entre parties liées pour lesquels une information est à fournir, même si les montants ne sont pas comptabilisés en charges au cours de la période.

D. Informations à fournir par les entités publiques

Nature des informations à fournir par les entités publiques

60470

Question

Quelles sont les informations à fournir par les entités publiques au titre de leurs relations et transactions avec l'Etat et d'autres entités publiques ?

Réponse

Au titre de leurs relations et transactions avec l'Etat et d'autres entités publiques, les entités publiques doivent mentionner :
- le nom de l'autorité publique ainsi que la nature de leurs relations avec cet organe (contrôle exclusif, contrôle conjoint ou influence notable) ;
- la nature et le montant des transactions individuellement significatives ; et
- pour les autres transactions qui sont ensemble, mais pas individuellement, significatives, une information qualitative ou quantitative de leur importance.

Commentaires Une entité sous le contrôle exclusif, conjoint ou sous une influence notable de l'Etat, qui établit des états financiers est exemptée de présenter les informations concernant ses transactions avec l'Etat et avec d'autres entités si ces entités ne sont des parties liées que parce qu'elles sont sous le contrôle (exclusif ou conjoint) ou sous une influence notable de l'Etat (IAS 24.25 et .26).

Remarques :
1. Dans sa formulation, IAS 24.25b exempte également deux entités qui seraient sous une influence notable de l'Etat de fournir des informations au titre de leurs transactions. Notons que cette exemption ne peut trouver lieu à s'appliquer puisque ces deux entités ne sont pas parties liées selon IAS 24.9.
2. Cette exemption a été introduite en raison du poids trop important que représentait pour les entités la collecte des informations relatives aux parties liées dans les pays dans lesquels le gouvernement est très présent.
Par exemple, une compagnie ferroviaire contrôlée par l'Etat était tenue théoriquement de fournir le détail de toutes ses transactions avec le service postal contrôlé lui aussi par l'Etat. Or, une telle information n'est pas forcément utile aux lecteurs des états financiers et sa collecte est coûteuse.

Pour les entités qui se prévalent de l'exemption, les informations suivantes doivent être mentionnées en annexe (IAS 24.26) :
- le nom de l'autorité publique, la nature de sa relation avec l'entité présentant des états financiers (contrôle, contrôle conjoint, influence notable) ;
- la nature et le montant des transactions individuellement significatives ; et
- pour les autres transactions qui sont ensemble, mais pas individuellement, significatives, une information qualitative ou quantitative de leur importance.

Une entité doit faire preuve de jugement pour définir le niveau de détail des informations à mentionner et le caractère significatif des transactions (IAS 24.27). Elle doit notamment considérer la proximité de la relation entre parties liées et d'autres facteurs pertinents relatifs à la transaction, tels que :
- sa taille ;
- sa réalisation à des conditions non commerciales ;
- sa réalisation en dehors des opérations quotidiennes normales, par exemple l'achat et la vente d'entités ;
- sa communication aux autorités de réglementation ou de surveillance ;
- sa communication aux cadres supérieurs ;
- son approbation aux actionnaires.

■ *Exemple*

Le gouvernement G contrôle une entité E. L'entité F est une joint venture de E. L'entité E exerce aussi une influence notable sur l'entité H. M. Z fait partie des principaux dirigeants de l'entité E.

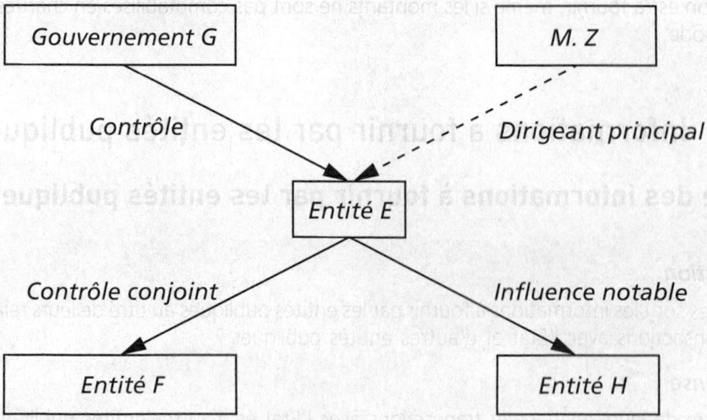

Solution de l'exemple *Les entités E, F et H bénéficient de l'exemption d'informations au titre des parties liées car le gouvernement G a directement ou indirectement le contrôle, le contrôle conjoint ou une influence notable sur chacune d'elles.*

En revanche, l'exemption ne s'applique pas aux transactions entre l'entité E et M. Z.

M. Z n'est pas une partie liée des entités F et H car l'entité E n'est pas mère de ces entités.

E. Présentation des informations sur les parties liées

Format de présentation des informations

60480 ***Question***

Les transactions avec les parties liées peuvent-elles faire l'objet d'une information globale ?

Réponse

Oui, pour ce qui concerne les transactions de nature similaire, conclues avec une même catégorie de parties liées, sauf si une information distincte est nécessaire pour comprendre les effets des transactions entre les parties liées sur les états financiers de l'entité qui les présente.

Commentaires L'objectif d'IAS 24.1 est d'assurer que les états financiers contiennent les informations nécessaires pour attirer l'attention du lecteur sur la possibilité que la situation financière et le résultat net puissent avoir été affectés par l'existence de parties liées. En ce sens, IAS 24.19 prévoit que les informations requises pour les parties liées soient présentées par nature de parties liées, c'est-à-dire distinctement pour :

- la société mère de l'entité ;
- les entités exerçant un contrôle conjoint ou une influence notable sur l'entité ;
- les filiales de l'entité ;
- les entreprises associées de l'entité ;
- les joint ventures dont l'entité est l'un des partenaires ;
- les principaux dirigeants de l'entité ou de sa société mère ;

  Pour les informations spécifiques concernant les principaux dirigeants, voir nº 60450.
- les autres parties liées.

Les transactions de nature similaire sont présentées globalement au sein de chaque catégorie de parties liées, sauf si une information distincte est nécessaire pour comprendre les effets des transactions entre parties liées (IAS 24.24).

Remarque La norme IAS 24 n'impose pas de fournir l'information dans une note spécifique. Il peut être toutefois utile de présenter l'information dans une note explicative (récapitulative) plutôt que de disséminer les informations sur les parties liées dans différentes notes des états financiers.

Des informations comparatives au titre de la période précédente doivent également être mentionnées (IAS 1.38). **60480** (suite)

■ *Exemple*

L'entité A conclut des transactions avec les parties liées suivantes :

Entité	*Type de vente*	*Nombre de transactions*	*Valeur*
Entité B	*Equipements de sécurité*	*1*	*10 000*
Entité C	*Services de sécurité*	*10*	*5 000*
Entité D	*Services de sécurité*	*12*	*6 000*
Entité D	*Equipements de sécurité*	*1*	*10 000*
Entité E	*Services de sécurité*	*8*	*4 500*

Les entités B, D et E sont des filiales de l'entité G, qui est aussi une partie liée de l'entité A. L'entité C est une entreprise associée de A.

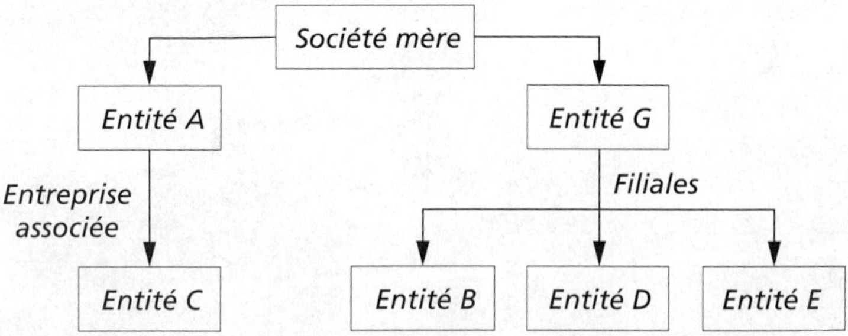

Solution de l'exemple *Les ventes similaires à une même catégorie de parties liées peuvent être globalisées.*
Le tableau suivant est une proposition d'information globalisée :

Ventes d'équipements de sécurité	
Groupe G (B : 10 000 + D : 10 000)	*20 000*
Ventes de services de sécurité	
Entité C	*5 000*
Groupe G (D : 6 000 + E : 4 500)	*10 500*
Total des ventes d'équipements et de services de sécurité	*35 500*

TITRE 12

Spécificités sectorielles

CHAPITRE 54

Entreprises d'assurance (spécificités IFRS 4)

Plan du chapitre §§ 65900

L'ESSENTIEL DE LA NORME IFRS 4

A. Généralités

Préambule

65901 La norme IFRS 17, applicable de manière obligatoire aux exercices ouverts à compter du 1er janvier 2023, a considérablement modifié les modalités d'évaluation et de comptabilisation des contrats d'assurance.

Les développements ci-après reprennent, pour rappel, les modalités d'évaluation et de comptabilisation des contrats d'assurance qui étaient applicables jusqu'au 31 décembre 2022, sous l'ancienne norme IFRS 4.

Pour les exercices ouverts à compter du 1er janvier 2023, les contrats d'assurance sont désormais régis par la norme IFRS 17, voir nº 65900R s.

Sur le plan des principes, la norme IFRS 4 maintient dans une large mesure l'usage des pratiques comptables antérieures pour l'évaluation des passifs d'assurance (avec des approches très variables selon la nature des engagements et les référentiels comptables ou réglementaires, allant du coût historique à la valeur actuelle des flux de trésorerie).

La norme IFRS 4 a fait l'objet d'amendements, publiés par l'IASB en septembre 2016 et approuvés par la Commission européenne le 3 novembre 2017 (Règl. UE 2017/1988), puis en juin 2020 et approuvés dans l'UE le 15 décembre 2020 (Règl. UE 2020/2097). Ces amendements traitent des modalités de mise en œuvre de la norme IFRS 9 relative aux instruments financiers pour les entités qui émettent des contrats d'assurance relevant de la norme IFRS 4 (voir nº 65970 s.).

Dans le présent chapitre, pour les entités ayant une activité d'assurance prédominante, qui avaient opté pour l'option d'exemption temporaire d'entrée en vigueur de la norme IFRS 9, il convenait de continuer d'appliquer les dispositions de la norme IAS 39. Pour les autres entités, il convenait d'appliquer les dispositions de la norme IFRS 9.

Champ d'application

65902 Les dispositions de la norme IFRS 4, Contrats d'assurance, doivent être appliquées par une entité (IFRS 4.2) aux :
- contrats d'assurance et contrats de réassurance (réassurance acceptée) qu'elle a émis ;
- traités de réassurance qu'elle détient (réassurance cédée) ; et
- instruments financiers (contrats d'investissement) qu'elle a émis et qui comportent un élément de participation discrétionnaire (voir nº 65920).

Eléments exclus du champ d'application de la norme IFRS 4 La norme IFRS 4.3 exclut la comptabilisation des actifs financiers détenus par les assureurs et les passifs financiers émis par ces derniers, qui relèvent des normes relatives aux instruments financiers (IAS 32, IAS 39 / IFRS 9 et IFRS 7), sauf toutefois dans le cas d'un changement de méthode comptable relatif aux passifs d'assurance (IFRS 4.45), voir nº 65916.

En effet, la norme prévoit la possibilité pour un assureur de reclasser certains ou la totalité de ses actifs financiers en juste valeur en contrepartie du résultat dans le cas d'un changement des méthodes comptables relatives à ses passifs d'assurance :
- lors de la première application de la norme IFRS 4 ; et
- ultérieurement, si ce changement de méthode correspond à ceux autorisés par la norme (IFRS 4.22), voir nº 65916.

De même, sont exclus les éléments suivants couverts par d'autres normes (IFRS 4.4) :
- les garanties liées aux produits directement émises par un fabricant, un distributeur ou un détaillant (IFRS 15, IAS 37) ;
- les actifs et passifs des employeurs résultant des régimes d'avantages du personnel (IAS 19, IFRS 2) et les obligations au titre des prestations de retraite comptabilisées par des régimes à prestations définies (IAS 26) ;
- les droits ou obligations contractuels qui dépendent de l'utilisation future ou du droit d'utiliser un élément non financier (par exemple droits de licence, redevances, paiements éventuels au titre de la location), ainsi que ceux relatifs à une garantie de valeur résiduelle du preneur incorporée dans un contrat de location (IFRS 16, IFRS 15, IAS 38) ;
- les contrats de garantie financière (qui relèvent d'IAS 37, IAS 32 et IFRS 7) à moins que l'émetteur n'ait précédemment expressément indiqué qu'il considère ces contrats comme des contrats d'assurance et les comptabilise comme tels (voir nº 46300 et 66215 s.) ;

– la contrepartie éventuelle à payer ou à recevoir lors d'un regroupement d'entreprises (IFRS 3) ;
– les contrats d'assurance directe que l'entité détient (c'est-à-dire pour lesquels l'entité est le titulaire de la police). Toutefois, une entité qui procède à des cessions en réassurance (« une cédante ») doit appliquer la présente norme aux traités de réassurance qu'elle détient (IFRS 4.2).

Définition d'un contrat d'assurance

Un contrat d'assurance est un contrat selon lequel une partie (l'assureur) accepte un risque d'assurance significatif d'une autre partie (le titulaire de la police) en convenant d'indemniser le titulaire de la police si un événement futur incertain spécifié (l'événement assuré) affecte de façon défavorable le titulaire de la police (IFRS 4.A). **65904**

Remarque Un contrat qui remplit les conditions d'un contrat d'assurance demeure un contrat d'assurance jusqu'à l'extinction ou l'expiration de l'ensemble des droits et obligations (IFRS 4.B30).

1. **Evénement futur incertain** L'incertitude (ou le risque) étant l'essence d'un contrat d'assurance, au moins l'un des éléments suivants est incertain à l'origine d'un tel contrat (IFRS 4.B2) :
- la survenance ou non d'un événement assuré ;
- le moment où cet événement surviendra ; ou
- la somme que l'assureur sera tenu de payer s'il survient.

Exemples d'événements assurés Selon les contrats, l'événement assuré peut correspondre (IFRS 4.B3 et .B4) :
- à la découverte d'une perte pendant la durée du contrat même si celle-ci résulte d'un événement qui s'est produit avant la prise d'effet du contrat ;
- à un événement qui survient pendant la durée du contrat même si la perte qui en résulte est découverte après la fin de la durée du contrat ;
- à un événement déjà survenu mais dont le coût final demeure incertain.

2. **Indemnisation en nature** Certains contrats d'assurance imposent ou permettent que les indemnisations par les assureurs soient effectuées en nature (IFRS 4.B5).

Par exemple :
- le remplacement par l'assureur d'un article volé plutôt que le versement d'une indemnisation au titulaire de la police ;
- l'utilisation des hôpitaux et du personnel médical de l'assureur pour les services médicaux couverts par les contrats.

Remarques :
1. La qualification de contrat d'assurance n'est donc pas liée à une indemnisation de nature financière.
2. Certains contrats de services à redevances forfaitaires dans lesquels le niveau de service dépend d'un événement incertain satisfont à la définition d'un contrat d'assurance de la norme IFRS 4. Toutefois, dans certains pays, ils ne sont pas réglementés en tant que contrats d'assurance (IFRS 4.B6).

3. **Distinction entre risque d'assurance et autres risques** Sachant qu'un contrat d'assurance est un contrat transférant un risque d'assurance significatif (voir ci-avant), le risque d'assurance est lui-même défini comme le risque, autre que le risque financier, transféré du titulaire d'un contrat à l'émetteur (IFRS 4.A).

Un contrat qui expose l'émetteur au risque financier sans qu'il existe un risque d'assurance significatif n'est pas un contrat d'assurance (IFRS 4.B8).

Remarques :
1. **Définition du risque financier** Le risque financier est défini comme le risque d'une variation future possible d'un ou de plusieurs des éléments suivants : taux d'intérêt spécifié, prix d'un instrument financier, prix d'une marchandise, taux de change, indice de prix ou de taux, notation de crédit ou indice de crédit ou autre variable, à condition que, dans le cas d'une variable non financière, la variable ne soit pas spécifique à une des parties au contrat (IFRS 4.A).
2. **Variable non financière spécifique (ou non) à l'une des parties au contrat** Le risque financier :
– inclut également des variables non financières qui ne sont pas spécifiques à l'une des parties au contrat (par exemple, un indice de pertes subies à la suite d'un tremblement de terre dans une région particulière ou un indice de températures dans une ville particulière) ;
– mais exclut des variables non financières spécifiques à l'une des parties au contrat (par exemple, la survenance ou la non-survenance d'un incendie qui endommage ou détruit un actif de cette partie).

En outre, le risque de variations de la juste valeur d'un actif non financier n'est pas un risque financier si la juste valeur reflète non seulement les variations des prix de marché de ces actifs (variable financière) mais également l'état d'un actif non financier spécifique détenu par l'une des parties au contrat (variable non financière).

65904 (suite) Par exemple, si une garantie de la valeur résiduelle d'une voiture spécifique expose le garant au risque de modifications de l'état physique de la voiture, ce risque est un risque d'assurance, pas un risque financier (IFRS 4.B9).

4. **Mise en œuvre de la définition** L'annexe B de la norme IFRS 4 illustre comment la nature et l'importance de chaque risque permettent d'identifier les contrats d'assurance.

a. Est un **contrat d'assurance** :

– un contrat qui expose l'émetteur au risque financier qui s'ajoute à un risque d'assurance significatif (IFRS 4.B10) ;

Exemple De nombreux contrats d'assurance-vie garantissent à la fois un taux de rendement minimum aux titulaires de polices (créant un risque financier) et promettent un capital apporté en cas de décès qui parfois excède de manière significative le solde du compte du titulaire de la police (créant un risque d'assurance sous la forme du risque de mortalité).

– un contrat dans lequel un événement assuré déclenche le paiement d'un montant lié à un indice de prix à condition que le paiement qui dépend de l'événement assuré puisse être significatif (IFRS 4.B11) ;

Exemple Une rente viagère liée à un indice du coût de la vie transfère un risque d'assurance car le paiement est déclenché par un événement incertain – la survie du bénéficiaire de la rente. Le lien à l'indice des prix est un dérivé incorporé mais il transfère également un risque d'assurance. Si le transfert consécutif du risque d'assurance est significatif, le dérivé incorporé satisfait à la définition d'un contrat d'assurance (il n'est donc pas nécessaire qu'il soit séparé et évalué à la juste valeur) (voir IFRS 4.7).

– un contrat qui paie un montant supérieur à la perte financière subie. En effet, la définition du risque d'assurance ne limite pas le paiement par l'assureur à un montant égal à l'impact financier de l'événement défavorable auquel il est fait référence dans la définition d'un contrat d'assurance (IFRS 4.B13).

Exemples La définition des contrats d'assurance n'exclut pas la couverture « de la différence du vieux au neuf » qui conduit à un paiement suffisant au titulaire de la police pour permettre le remplacement d'un vieil actif endommagé par un nouvel actif.
De même, la définition ne limite pas le paiement dans le cas d'un contrat temporaire décès à la perte financière subie par les ayants droit de la personne décédée, ni n'interdit le paiement de montants prédéterminés pour quantifier la perte causée par le décès ou un accident.

b. A l'inverse, **n'est pas un contrat d'assurance** :

– un contrat dans lequel le risque couvert n'est pas un risque préexistant au contrat, mais une conséquence de celui-ci. En effet, de par sa définition (« risque que l'assureur accepte de la part du titulaire de la police »), le risque d'assurance est un risque préexistant transféré du titulaire de la police à l'assureur. Ainsi, un nouveau risque créé par le contrat n'est pas un risque d'assurance (IFRS 4.B12) ;

– un contrat qui impose un paiement si un événement incertain spécifié se produit, sans qu'un effet défavorable affectant le titulaire de la police soit la condition préalable du paiement, et ce même si le titulaire utilise le contrat pour atténuer une exposition au risque sous-jacent (IFRS 4.B14) ;

Remarques :

1. Si le titulaire utilise un dérivé pour couvrir une variable non financière sous-jacente qui est corrélée aux flux de trésorerie générés par un actif de l'entité, le dérivé n'est pas un contrat d'assurance car le paiement ne dépend pas du fait que le titulaire soit défavorablement affecté ou non par une réduction des flux de trésorerie générés par l'actif.

2. Inversement, la définition d'un contrat d'assurance fait référence à un événement incertain dont l'effet défavorable sur le titulaire de la police est une condition contractuelle préalable au paiement. Cette condition préalable n'impose pas à l'assureur de rechercher si l'événement a en fait causé un effet défavorable, mais permet à l'assureur de refuser le paiement si l'effet défavorable n'est pas avéré (IFRS 4.B14).

– un contrat qui expose son émetteur au risque de chute (sortie avant terme), de maintien (prolongation) ou de charges (surcoût de gestion) sans pour autant l'exposer également au risque d'assurance. Toutefois, si l'émetteur d'un tel contrat atténue ce risque en utilisant un second contrat pour transférer une partie de ce risque à un tiers, le second contrat expose ce tiers au risque d'assurance (IFRS 4.B16) ;

En effet, les risques suivants ne sont pas considérés comme des risques d'assurance (IFRS 4.B15) :
– le risque de chute ou de maintien (c'est-à-dire le risque que la contrepartie résilie le contrat à une date antérieure ou postérieure à celle à laquelle l'émetteur s'attendait lors de l'établissement du prix du contrat) car le paiement à la contrepartie ne dépend pas d'un événement futur incertain qui affecte la contrepartie de manière défavorable ;

– le risque de charges (c'est-à-dire le risque d'augmentations inattendues des frais administratifs afférents à la gestion d'un contrat, plutôt que des coûts liés aux événements assurés) car une augmentation inattendue des charges n'affecte pas la contrepartie de manière défavorable. **65904** (suite)

– un contrat d'auto-assurance.

Un assureur peut accepter un risque d'assurance significatif en provenance du titulaire de la police seulement si l'assureur est une entité séparée du titulaire de la police.

Dans le cas d'un assureur mutualiste, la mutuelle accepte le risque de chaque sociétaire et procède à la mise en commun de ce risque. Bien qu'en leur qualité d'adhérents à la mutuelle, les sociétaires supportent collectivement ce risque mis en commun, la mutuelle (en tant qu'entité) a quand même accepté le risque qui est l'essence d'un contrat d'assurance (IFRS 4.B17).

5. **Appréciation du caractère significatif du risque d'assurance** Le risque d'assurance est significatif si et seulement si un événement assuré peut obliger un assureur à payer des prestations complémentaires significatives dans n'importe quel scénario, à l'exclusion des scénarios qui manquent de substance commerciale (c'est-à-dire qui n'ont aucun effet perceptible sur l'économie de la transaction) (IFRS 4.B23).

Si des prestations complémentaires significatives étaient payables dans des scénarios qui ont une substance commerciale, la condition ci-avant peut être remplie même si l'événement assuré est extrêmement improbable ou même si la valeur actualisée attendue (c'est-à-dire pondérée par la probabilité de survenance) des flux de trésorerie qui en résultent représente une faible part de la valeur actualisée attendue de tous les autres flux de trésorerie contractuels qui subsistent.

Remarques :

1. **Prestations complémentaires** Les prestations complémentaires font référence aux montants qui excèdent ceux qui seraient payables si aucun événement assuré ne se produisait (à l'exclusion des scénarios qui manquent de substance commerciale).

Ces montants complémentaires incluent les coûts de gestion de sinistres et les coûts d'évaluation des sinistres, mais excluent les éléments suivants (IFRS 4.B24) :

a. **Perte de la capacité de facturer le titulaire de la police au titre de services futurs** Par exemple, dans un contrat d'assurance-vie lié à des placements, le décès du titulaire de la police signifie que l'assureur ne peut plus exécuter des services de gestion des placements et encaisser des honoraires à ce titre. Toutefois, cette perte économique pour l'assureur ne reflète pas un risque d'assurance, pas plus qu'un gérant de fonds de placement mutuel n'assume de risque d'assurance en ce qui concerne le décès éventuel du client.

Par conséquent, la perte potentielle de futurs honoraires de gestion des placements n'est pas pertinente pour apprécier l'importance du risque d'assurance transféré par un contrat.

b. **Non-prélèvement en cas de décès des frais qui sont imputés en cas d'annulation ou de rachat** Le contrat ayant fait naître ces frais, le fait de ne pas les prélever n'indemnise pas le titulaire de la police au titre d'un risque préexistant.

Par conséquent, ils ne sont pas pertinents pour apprécier quel risque d'assurance est transféré par un contrat.

c. **Paiement dépendant d'un événement qui ne cause pas de perte significative au titulaire du contrat** Par exemple, soit un contrat qui impose à l'émetteur de payer un million d'unités monétaires (UM) si un actif subit un dommage matériel causant au titulaire une perte économique insignifiante d'une UM. Dans ce contrat, le titulaire transfère à l'assureur un risque insignifiant de la perte d'une UM. En parallèle, le contrat crée le risque, qui n'est pas un risque d'assurance, que l'émetteur sera tenu de payer 999 999 UM si l'événement spécifié se produit.

L'émetteur n'acceptant pas de risque d'assurance significatif du titulaire, ce contrat n'est pas un contrat d'assurance.

d. **Récupérations possibles par le biais de la réassurance cédée** L'assureur doit comptabiliser les montants récupérables dans le cadre de cessions en réassurance séparément des contrats d'assurance directe.

2. Les prestations complémentaires peuvent inclure une disposition stipulant le paiement des prestations à une date antérieure si l'événement assuré se produit plus tôt et si les paiements ne sont pas ajustés pour tenir compte de la valeur temps de l'argent (IFRS 4.B27).

Par exemple, dans le cas de l'assurance-vie entière pour un montant fixe (i.e. l'assurance qui prévoit le paiement d'un capital apporté fixe en cas de décès, quelle que soit la date à laquelle le titulaire de la police décède, sans date d'expiration de la couverture), il est certain que le titulaire de la police décédera, mais la date du décès est incertaine. L'assureur subira une perte sur les contrats individuels dont les titulaires des polices décéderont prématurément, même s'il n'y a pas de perte globale sur l'ensemble du portefeuille entier de contrats.

Un assureur doit **apprécier le caractère significatif** du risque d'assurance **contrat par contrat**, plutôt qu'en se référant à l'importance relative par rapport aux états financiers (IFRS 4.B25).

Pour cette analyse, les contrats conclus simultanément avec une unique contrepartie (ou les contrats qui sont par ailleurs interdépendants) forment un contrat unique.

Ainsi, le risque d'assurance peut être significatif même s'il y a une probabilité minimale de pertes d'importance relative pour un portefeuille entier de contrats.

Cette appréciation contrat par contrat facilite la classification d'un contrat en tant que contrat d'assurance. Toutefois, si un portefeuille relativement homogène composé de petits contrats comprend des contrats qui transfèrent tous un risque d'assurance, un assureur n'est alors pas tenu d'examiner chaque contrat au sein de ce portefeuille pour identifier quelques contrats non dérivés transférant des risques d'assurance insignifiants (IFRS 4.B25).

Le caractère significatif du transfert du risque d'assurance est apprécié (IFRS 4.B28) par rapport :
- à la composante « assurance » dans le cas d'un contrat d'assurance décomposé en une composante « dépôt » et une composante « assurance » ;
- au dérivé incorporé, dans le cas d'un dérivé transférant un risque d'assurance.

6. **Variations du niveau du risque d'assurance** Certains contrats ne transfèrent pas de risque d'assurance à l'émetteur à l'origine bien qu'ils transfèrent un risque d'assurance à une date ultérieure (IFRS 4.B29).

Exemple Soit un contrat qui prévoit un rendement de placement spécifié et inclut une option permettant au titulaire de la police d'utiliser à l'échéance les produits du placement pour acheter une rente viagère aux taux de rente qui seront appliqués à cette date par l'assureur aux autres nouveaux bénéficiaires de rentes lorsque le titulaire de la police exercera l'option.
Un tel contrat ne transfère aucun risque d'assurance à l'émetteur avant la date d'exercice de l'option car l'assureur reste libre d'établir le prix de la rente sur une base qui reflète le risque d'assurance transféré à l'assureur à cette date. Toutefois, si le contrat spécifie les taux de la rente (ou une base permettant de déterminer les taux de la rente), le contrat transfère le risque d'assurance à l'émetteur dès l'origine.

7. **Illustration pratique** L'annexe B de la norme IFRS 4 fournit des exemples pratiques permettant de différencier les contrats d'assurance de contrats d'une autre nature :
- contrats considérés comme des contrats d'assurance (dès lors que le risque d'assurance est significatif) (IFRS 4.B18) ;
- contrats qui ne sont pas des contrats d'assurance et dans ce cas la norme apporte des précisions quant à leur traitement comptable (IFRS 4.B19 s.).

En outre, le Guide d'application de la norme IFRS 4.IG2 fournit plusieurs exemples additionnels.

Traitement d'un dérivé incorporé dans un contrat d'assurance

65908 Le principe de séparation des dérivés incorporés résultant d'IAS 39 / d'IFRS 9 s'applique aux dérivés incorporés dans un contrat d'assurance sauf **si le dérivé incorporé est lui-même un contrat d'assurance** (IFRS 4.7).

La norme relative aux instruments financiers (IAS 39.11 / IFRS 9.4.3.3) impose à une entité de séparer certains dérivés incorporés de leur contrat hôte, de les évaluer à leur juste valeur et d'inclure en résultat les variations de leur juste valeur.

Par dérogation aux dispositions d'IAS 39 / d'IFRS 9, un assureur n'a pas besoin de séparer (et d'évaluer à la juste valeur) l'option de rachat pour un montant fixe (ou pour un montant basé sur un montant fixe et sur un taux d'intérêt) :
- d'un contrat d'assurance, option détenue par un titulaire de police même si le prix d'exercice diffère de la valeur comptable du passif d'assurance hôte (IFRS 4.8) ;
- d'un instrument financier contenant un élément de participation discrétionnaire (IFRS 4.9).

Toutefois, la disposition d'IAS 39.11 ou d'IFRS 9.4.3.3 s'applique à une option de vente ou à une option de rachat immédiat incorporée dans un contrat d'assurance si la valeur de rachat varie en fonction d'une variable financière (telle qu'un cours ou un indice d'instruments de capitaux propres ou de marchandises) ou d'une variable non financière qui n'est pas spécifique à l'une des parties au contrat.
De plus, cette disposition s'applique également si la capacité du titulaire d'exercer une option de vente ou option de rachat immédiate est déclenchée par un changement de cette variable (par exemple, une option de vente qui peut être exercée si un indice boursier atteint un niveau spécifié) (IFRS 4.8).

Le Guide d'application d'IFRS 4 fournit différents exemples de dérivés incorporés soit dans des contrats d'assurance, soit dans des contrats d'investissement, et du traitement à leur appliquer (IFRS 4.IG4).

Traitement de la composante dépôt d'un contrat d'assurance

Certains contrats d'assurance contiennent à la fois une composante assurance et une composante dépôt. Trois cas sont possibles pour la séparation de ces deux composantes (IFRS 4.10). 65910

a. **Décomposition obligatoire** La décomposition est obligatoire si les deux conditions suivantes sont simultanément remplies :
- l'assureur peut évaluer la composante dépôt (y compris toute option de rachat incorporée) séparément (c'est-à-dire sans prendre en compte la composante assurance) ; et
- les méthodes comptables de l'assureur ne lui imposent pas par ailleurs de comptabiliser l'ensemble des obligations et des droits générés par la composante dépôt.

> **Exemple de décomposition obligatoire** Une cédante reçoit une indemnisation pour pertes d'un réassureur, mais le contrat l'oblige à rembourser l'indemnisation au cours des années à venir, obligation générée par une composante dépôt.
> Si les méthodes comptables de la cédante lui permettent de comptabiliser l'indemnisation comme un produit sans comptabiliser l'obligation de remboursement qui résulte de la composante dépôt, la décomposition est nécessaire (IFRS 4.11).

b. **Décomposition facultative** La décomposition est autorisée mais n'est pas imposée dans le cas où :
- l'assureur peut évaluer séparément la composante dépôt ;
- mais ses méthodes comptables lui imposent de comptabiliser l'ensemble des obligations et des droits générés par la composante dépôt, quelle que soit la base utilisée pour évaluer ces droits et ces obligations.

c. **Décomposition interdite** Dans le cas où un assureur ne peut pas évaluer séparément la composante dépôt de la manière mentionnée ci-avant, la décomposition est interdite.

Pour décomposer un contrat, un assureur doit appliquer la norme IFRS 4 à la composante assurance et la norme IAS 39 / IFRS 9 à la composante dépôt (IFRS 4.12).

Le Guide d'application d'IFRS 4 fournit un exemple détaillé de décomposition d'un traité de réassurance (IFRS 4.IG5).

B. Principes d'évaluation et de comptabilisation

Méthodes comptables (possibilité de maintien des pratiques existantes)

La norme IAS 8, Méthodes comptables, changements d'estimations comptables et erreurs, spécifie les critères qu'une entité doit utiliser pour élaborer une méthode comptable si aucune norme ne s'applique spécifiquement à un élément (IAS 8.10 à .12). Toutefois, la norme IFRS 4 exempte un assureur d'appliquer ces critères à ses méthodes comptables en ce qui concerne (IFRS 4.13) : 65912
- les **contrats d'assurance (et de réassurance) qu'il émet** (y compris les coûts d'acquisition correspondants et les immobilisations incorporelles liées, telles que celles décrites par IFRS 4.31 et .32) ; et
- les **traités de réassurance** qu'il détient.

Ce paragraphe de la norme a pour importante conséquence de permettre à un assureur de **maintenir**, pour la comptabilisation des contrats d'assurance et de réassurance, **les pratiques existantes** avant sa transition aux IFRS.

> Pour les entreprises d'assurance qui font référence aux principes existants dans les normes locales françaises pour l'établissement des états financiers en normes IFRS, ces principes sont définis par :
> - le règlement ANC n° 2020-01 relatif aux comptes consolidés ;
> - le règlement ANC n° 2015-11 relatif aux comptes annuels des entreprises d'assurance.
>
> **Remarques** Dans le cadre de la transposition de la directive Solvabilité II, une dissociation des référentiels utilisés pour le contrôle prudentiel et pour l'établissement des comptes annuels des entreprises d'assurance a été établie en droit français.
> Dans ce contexte, l'Autorité des Normes Comptables a défini les prescriptions comptables applicables aux entreprises d'assurance en normes françaises et a repris dans un règlement spécifique qui s'applique au secteur de l'assurance, « à prescriptions comptables constantes », les dispositions comptables des codes assurantiels abrogées à compter du 1er janvier 2016 ainsi que les dispositions réglementaires ou de doctrine issues des différents textes publiés par le CNC, CRC ou l'ANC.

A la suite de la publication du règlement ANC n° 2020-01 relatif aux comptes consolidés, les dispositions du règlement CRC n° 2000-05 relatif aux comptes consolidés des organismes d'assurance ont été abrogées à compter du 1er janvier 2021. Les dispositions existantes dans le règlement CRC n° 2000-05 liées aux modalités d'évaluation et de comptabilisation des passifs des contrats d'assurance ont été reprises dans le nouveau règlement ANC n° 2020-01 regroupant au sein d'un règlement unique les dispositions applicables pour les comptes consolidés des groupes exerçant une activité industrielle ou commerciale, une activité bancaire ou une activité d'assurance. Sur le traitement en IFRS de spécificités des entreprises d'assurance françaises, voir n° 66315 s.

La norme IFRS 4 n'exempte toutefois pas un assureur de certaines implications des critères stipulés par IAS 8.10 à .12. Plus spécifiquement, un assureur (IFRS 4.14) :

- ne doit pas comptabiliser en tant que passif des provisions au titre de demandes d'indemnisation éventuelles futures si ces demandes sont générées par des contrats d'assurance qui ne sont pas encore souscrits à la date de reporting ;

Par exemple, les provisions pour risque de catastrophe et les provisions pour égalisation.

- doit effectuer le test de suffisance du passif (voir n° 65914) ;
- doit décomptabiliser un passif d'assurance (ou une partie d'un passif d'assurance) de son bilan si et seulement si ce passif est éteint, c'est-à-dire lorsque l'obligation précisée au contrat est acquittée, annulée ou a expiré ;
- ne doit pas compenser des actifs au titre des cessions en réassurance avec les passifs d'assurance correspondants, ou les produits ou les charges provenant de traités de réassurance avec les charges ou les produits résultant des contrats d'assurance correspondants ;
- doit examiner si ses actifs au titre des cessions en réassurance sont dépréciés.

Un actif au titre des cessions en réassurance est déprécié si, et seulement si (IFRS 4.20) :

- il existe des preuves tangibles, par suite d'un événement qui est survenu après la comptabilisation initiale de l'actif au titre des cessions en réassurance, que la cédante peut ne pas recevoir tous les montants qui lui sont dus aux termes du contrat ; et
- cet événement a un impact évaluable de façon fiable sur les montants que la cédante recevra du réassureur.

Si un actif de réassurance d'une cédante est déprécié, celle-ci doit réduire sa valeur comptable en conséquence et comptabiliser en résultat cette perte de valeur.

Test de suffisance du passif (« Liability Adequacy Test »)

65914 L'une des exceptions à l'exemption d'application d'IAS 8 (voir n° 65912) réside dans la nécessité de procéder à un test de suffisance du passif (« Liability Adequacy Test »/LAT).

1. Principe Un assureur doit évaluer à chaque date de reporting si ses passifs d'assurance comptabilisés sont suffisants, en considérant les estimations actuelles de flux de trésorerie futurs générées par ses contrats d'assurance (IFRS 4.15).

Si cette évaluation indique que la valeur comptable de ses passifs d'assurance (diminuée des coûts d'acquisition différés correspondants et des immobilisations incorporelles liées, telles que celles traitées dans IFRS 4.31 et .32 ; voir n° 65918) est insuffisante au regard des flux de trésorerie futurs estimés, l'insuffisance totale doit être comptabilisée en résultat.

Deux cas de figure sont à distinguer, selon que l'assureur réalise déjà ou pas encore un test répondant aux conditions minimales imposées par la norme.

2. Conditions d'admissibilité d'un test existant Dans le cas où un assureur effectue déjà un test de suffisance du passif, aucune autre contrainte n'est imposée si ce test satisfait aux dispositions minimales spécifiées ci-après (IFRS 4.16) :

- le test prend en considération les estimations actuelles de tous les flux de trésorerie contractuels et des flux de trésorerie liés, tels que les coûts de traitement des demandes d'indemnisation, ainsi que les flux de trésorerie résultant d'options et de garanties incorporées ;
- si le test indique que le passif est insuffisant, l'insuffisance totale est comptabilisée en résultat.

Si le test de suffisance du passif d'un assureur satisfait à ces dispositions minimales, le test est appliqué au niveau de regroupement spécifié dans ce test (IFRS 4.18).

3. Modalités de réalisation du LAT en l'absence d'un test satisfaisant aux conditions (test non satisfaisant ou absence de test) Si les méthodes comptables d'un assureur n'imposent pas de test de suffisance du passif qui satisfait aux dispositions minimales spécifiées par IFRS 4.16 (voir point 2. ci-avant), l'assureur doit (IFRS 4.17) :

a. d'abord déterminer la valeur comptable des passifs d'assurance concernés diminuée de la valeur comptable de :

- tous les coûts d'acquisition différés correspondants ; et

– toutes les immobilisations incorporelles liées, telles que celles acquises lors d'un regroupement d'entreprises ou d'un transfert de portefeuille (voir n° 65918). Toutefois, les actifs au titre des cessions en réassurance liés ne sont pas pris en compte car un assureur les comptabilise séparément ;

Les passifs d'assurance concernés sont les passifs d'assurance (et les coûts d'acquisition différés liés ainsi que les immobilisations incorporelles liées) au titre desquels les méthodes comptables de l'assureur n'imposent pas de test de suffisance du passif répondant aux dispositions minimales mentionnées ci-avant.

b. ensuite, comparer ce montant décrit en a. à la valeur comptable qui serait nécessaire si les passifs d'assurance concernés étaient dans le champ d'application d'IAS 37.

Ce montant (c'est-à-dire le résultat de l'application d'IAS 37) doit refléter les marges d'investissement futures (voir IFRS 4.27 à .29) si, et seulement si, le montant décrit au point a. ci-avant reflète aussi ces marges (IFRS 4.19).
Pour plus de précisions sur la norme IAS 37, voir n° 39951 s.

Si le montant déterminé au point a. ci-avant est inférieur à une évaluation selon IAS 37, l'assureur doit alors comptabiliser la totalité de la différence en résultat et diminuer la valeur comptable des coûts d'acquisition correspondants ou des immobilisations incorporelles liées ou augmenter la valeur comptable des passifs d'assurance concernés.

Dans ce cas (test de suffisance du passif ne satisfaisant pas aux dispositions minimales), la comparaison décrite ci-avant doit être effectuée au niveau d'un portefeuille de contrats soumis à des risques largement similaires et gérés ensemble comme un portefeuille unique (IFRS 4.18).

Changement de méthode comptable

Les dispositions de la norme IFRS 4 en matière de changement de méthode comptable s'appliquent à la fois aux changements effectués par un assureur qui applique déjà les normes IFRS et à ceux effectués par un assureur qui adopte les normes IFRS pour la première fois (IFRS 4.21). Elles sont les suivantes : **65916**

1. **Principe** Un assureur peut changer ses méthodes comptables appliquées aux contrats d'assurance si, et seulement si, pour les besoins de prise de décision économique des utilisateurs, le changement (IFRS 4.22) :
- rend les états financiers plus pertinents et ne les rend pas moins fiables ; ou
- les rend plus fiables et pas moins pertinents par rapport à ces besoins ;
- la pertinence et la fiabilité étant appréciées d'après les critères d'IAS 8.

Pour justifier le changement de ses méthodes comptables relatives aux contrats d'assurance, un assureur doit démontrer que le changement conduit à ce que ses états financiers répondent mieux aux critères d'IAS 8, mais il n'est pas nécessaire que le changement assure une conformité totale avec ces critères (IFRS 4.23).

2. **Taux d'intérêt actuels du marché** Un changement de méthodes comptables est autorisé afin de procéder à une nouvelle évaluation de passifs d'assurance désignés pour refléter les taux d'intérêt actuels du marché et comptabiliser les variations d'évaluation de ces passifs en résultat (IFRS 4.24).

Pour l'application de ces dispositions, les passifs d'assurance incluent les coûts d'acquisition différés correspondants et les immobilisations incorporelles mentionnées dans IFRS 4.31 et .32 (valeurs de portefeuilles de contrats mises en évidence lors d'un regroupement d'entreprises ou d'un transfert de contrats) (voir n° 65918).

Simultanément, des méthodes comptables qui exigent l'usage d'autres estimations et hypothèses actuelles relatives à ces passifs désignés peuvent être introduites.

Un assureur a ainsi la possibilité de changer ses méthodes comptables en ce qui concerne des passifs désignés sans appliquer ces méthodes de manière cohérente à tous les passifs similaires comme le requiert par ailleurs la norme IAS 8.

Si un assureur fait ce choix pour certains de ces passifs, il doit continuer à appliquer les taux d'intérêt actuels du marché (et, s'il y a lieu, les autres estimations et hypothèses actuelles) de manière cohérente, pour toutes les périodes, à tous ces passifs jusqu'à leur extinction.

Remarque La norme prévoit ainsi la possibilité de changer de méthode d'évaluation uniquement pour certains « passifs désignés », sous réserve du caractère irréversible du changement. En revanche, elle n'oblige pas à appliquer ce changement à l'ensemble des passifs de même nature. Il peut donc en résulter des méthodes d'évaluation hétérogènes pour des passifs équivalents au sein d'une même entité.

65916 (suite) 3. **Poursuite de pratiques existantes** Un assureur peut poursuivre les pratiques suivantes mais ne peut pas changer de méthodes pour adopter l'une quelconque d'entre elles (IFRS 4.25) :

Un tel changement ne satisfait pas au principe régissant les changements de méthodes d'IFRS 4.22 (voir ci-avant).

– évaluation des passifs d'assurance sur une base non actualisée ;
– évaluation des droits contractuels sur les futurs honoraires de gestion des placements à un montant qui excède leur juste valeur telle qu'elle résulterait de la comparaison avec les honoraires actuels demandés par d'autres acteurs du marché pour des services similaires ;

Il est probable que la juste valeur à l'origine de ces droits contractuels est égale aux coûts payés pour l'acquisition et la mise en place des contrats sauf si les futurs honoraires de gestion de placements et les coûts liés ne sont pas en phase avec des données de marché comparables.

– utilisation de méthodes comptables non uniformes pour les contrats d'assurance des filiales (et pour les coûts d'acquisition correspondants ainsi que pour les immobilisations incorporelles liées, s'il y a lieu), sauf dans les cas autorisés par IFRS 4.24 (voir ci-avant). Si ces méthodes comptables ne sont pas uniformes, un assureur peut les modifier si la modification ne les rend pas plus diverses et satisfait également aux autres dispositions de la norme IFRS 4.

4. **Prudence** Un assureur n'est pas tenu de changer ses méthodes comptables relatives aux contrats d'assurance pour éliminer une prudence excessive (IFRS 4.26).

Toutefois, si un assureur évalue déjà ses contrats d'assurance avec une prudence suffisante, il ne doit pas introduire de prudence supplémentaire.

5. **Marges de placements futures** Un assureur n'est pas tenu de changer ses méthodes comptables relatives aux contrats d'assurance pour éliminer les marges de placements futures (IFRS 4.27).

Toutefois, il existe une présomption réfutable que les états financiers d'un assureur deviendront moins pertinents et moins fiables s'il introduit une méthode comptable qui reflète les marges de placements futures dans l'évaluation des contrats d'assurance sauf si ces marges affectent les paiements contractuels.

Exemples de méthodes comptables reflétant les marges de placements futures :
– l'utilisation d'un taux d'actualisation qui reflète le rendement estimé des actifs de l'assureur ;
– ou la projection des rendements de ses actifs à un taux de rendement estimé avec actualisation de ces rendements projetés à un taux différent et l'inclusion du résultat dans l'évaluation du passif.

Cette présomption peut être réfutée si, et seulement si, les autres composantes du changement de méthodes comptables accroissent suffisamment la pertinence et la fiabilité de ses états financiers pour l'emporter sur la diminution de pertinence et de fiabilité causée par la prise en compte de marges de placements futures (IFRS 4.28).

Remarques :
1. Dans le cas par exemple où les méthodes comptables existantes appliquées à des contrats d'assurance :
– d'une part, mettent en œuvre des hypothèses excessivement prudentes fixées à l'origine et un taux d'actualisation prescrit par des autorités de réglementation sans référence directe aux conditions du marché ; et
– d'autre part, ne tiennent pas compte de certaines options et garanties incorporées,
l'assureur pourrait rendre ses états financiers plus pertinents, sans toutefois diminuer leur fiabilité, en changeant pour des méthodes comptables plus orientées vers l'investisseur.
De telles méthodes, largement utilisées, nécessitent :
– des estimations et hypothèses actuelles ;
– un ajustement raisonnable prenant en compte le risque et l'incertitude ;
– des évaluations qui reflètent à la fois la valeur intrinsèque et la valeur temps des options et garanties incorporées ; et
– un taux d'actualisation de marché actuel même si ce taux d'actualisation reflète le rendement estimé des actifs de l'assureur.
2. Dans certaines approches d'évaluation, le taux d'actualisation est utilisé pour déterminer la valeur actualisée des marges futures, ces marges étant ensuite affectées à différentes périodes à l'aide d'une formule. Le taux d'actualisation n'affecte alors qu'indirectement l'évaluation du passif. En particulier, l'utilisation d'un taux d'actualisation moins approprié a un effet limité ou n'a aucun effet sur l'évaluation du passif à l'origine.
Toutefois, dans d'autres approches, le taux d'actualisation détermine directement l'évaluation du passif. L'introduction d'un taux d'actualisation fondé sur des actifs ayant un impact plus important, il est hautement improbable que la présomption décrite ci-avant ne sera pas réfutée (IFRS 4.29).

6. Comptabilité reflet Dans certains modèles comptables, les plus ou moins-values réalisées sur les actifs d'un assureur ont un effet direct sur l'évaluation de tout ou partie (IFRS 4.30) :
- de ses passifs d'assurance ;
- des coûts d'acquisition différés correspondants ; et
- des immobilisations incorporelles liées, telles que celles décrites dans IFRS 4.31 et .32 (voir nº 65918).

Un assureur est autorisé à changer de méthodes comptables afin qu'une plus ou moins-value latente comptabilisée sur un actif affecte ces évaluations, comme c'est le cas pour une plus ou moins-value réalisée.

L'ajustement correspondant du passif d'assurance (des coûts d'acquisition différés ou des immobilisations incorporelles) doit être comptabilisé en autres éléments du résultat global (OCI) si, et seulement si, les plus ou moins-values latentes sont directement comptabilisées en autres éléments du résultat global. Cette pratique est parfois décrite comme une « comptabilité reflet » (« shadow accounting »).

Pour plus de détails, voir IFRS 4.IG6 à .IG10 et nº 66340 s.

7. Nouvelle désignation des actifs financiers Lorsqu'un assureur modifie ses méthodes comptables relatives aux passifs d'assurance, il est autorisé à reclasser certains ou la totalité de ses actifs financiers en juste valeur en contrepartie du résultat (IFRS 4.45). Ce reclassement est autorisé :
- si un assureur change de méthodes comptables lorsqu'il applique pour la première fois la norme IFRS 4 ; et
- s'il effectue ultérieurement un changement de méthode autorisé par la norme (IFRS 4.22), voir point 1. ci-avant.

Toutefois, un tel reclassement d'actifs est un changement de méthode comptable et la norme IAS 8 s'applique.

Sur les dispositions de la norme IAS 8, voir nº 12677 s.

Contrats d'assurance acquis lors d'un regroupement d'entreprises ou d'un transfert de portefeuille

Pour se conformer à la norme IFRS 3, Regroupements d'entreprises, un assureur doit, à la date d'acquisition, évaluer à leur juste valeur les passifs d'assurance assumés et les actifs acquis au titre de contrats d'assurance lors d'un regroupement d'entreprises. Il est toutefois autorisé à utiliser une présentation développée qui scinde la juste valeur des contrats d'assurance acquis en deux composantes (IFRS 4.31) : **65918**

a. un passif évalué selon les méthodes comptables de l'assureur relatives aux contrats d'assurance qu'il émet ; et

b. une immobilisation incorporelle, représentant la différence entre :
- la juste valeur des droits d'assurance contractuels acquis et des obligations d'assurance prises en charge ; et
- le montant décrit au point a. ci-avant.

Remarques :

1. En pratique, ces dispositions ont été appliquées à la fois aux contrats d'assurance et aux contrats d'investissement à participation aux bénéfices discrétionnaire.

2. Les immobilisations incorporelles décrites ci-avant sont exclues du champ d'application des normes IAS 36, Dépréciations des actifs, et IAS 38, Immobilisations incorporelles. Ces deux normes s'appliquent toutefois aux listes clients et aux relations clients qui reflètent le potentiel de contrats futurs distinctement des droits d'assurance contractuels et des obligations d'assurance contractuelles existant à la date du regroupement d'entreprises ou du transfert de portefeuille (IFRS 4.33).
Sur les dispositions des normes IAS 36 et IAS 38, voir nº 35955 s. et 29952 s. respectivement.

3. L'utilisation de la présentation développée permet de présenter les passifs d'assurance de manière homogène au bilan, l'écart résultant de l'utilisation de la juste valeur pour ceux acquis lors du regroupement d'entreprises (ou du transfert de portefeuille) étant isolé à l'actif.

L'évaluation ultérieure de cet actif doit être cohérente avec l'évaluation du passif d'assurance correspondant (IFRS 4.31).

Ces dispositions peuvent également s'appliquer en cas de transfert de portefeuille de contrats d'assurance (IFRS 4.32).

Eléments de participation discrétionnaire

65920 La norme IFRS 4 apporte des précisions sur la notion d'élément de participation discrétionnaire (« Discretionary Participation Feature »/DPF).

1. **Définition** Un élément de participation discrétionnaire est défini comme le droit contractuel de recevoir, en tant que supplément aux prestations garanties, des prestations complémentaires (IFRS 4.A) :

a. dont il est probable qu'elles constitueront une quote-part importante du total des avantages contractuels ;

b. dont le montant ou l'échéance est contractuellement à la discrétion de l'émetteur ; et

c. qui sont contractuellement fondées sur :
- la performance d'un ensemble défini de contrats ou d'un type de contrat spécifié ;
- les rendements de placements réalisés et/ou latents d'un portefeuille d'actifs spécifiés détenus par l'émetteur ; ou
- le résultat de la société, d'un fonds ou d'une autre entité qui émet le contrat.

Remarques :
1. Dans le cas des contrats d'assurance français, la participation aux bénéfices correspond en général à la notion d'élément de participation discrétionnaire car elle satisfait à ces trois conditions.
2. En janvier 2010, l'IFRS IC, saisi d'une question sur l'application de cette définition à des véhicules d'investissement immobilier, a refusé d'inscrire celle-ci à son agenda, au motif que la définition de la participation discrétionnaire supposait l'existence de prestations garanties (IFRIC Update 01/10).

2. **Eléments de participation discrétionnaire contenus dans des contrats d'assurance** Certains contrats d'assurance contiennent un élément de participation discrétionnaire ainsi qu'un élément garanti. L'émetteur d'un tel contrat (IFRS 4.34) :

a. peut comptabiliser l'élément garanti séparément de l'élément de participation discrétionnaire ;

Si l'émetteur ne les comptabilise pas séparément, il doit classer le contrat dans son ensemble comme un passif.

b. doit, s'il comptabilise l'élément de participation discrétionnaire séparément de l'élément garanti, classer cet élément soit comme un passif soit comme une composante de capitaux propres séparée ;

La norme IFRS 4 ne spécifie pas comment l'émetteur détermine si cet élément est un passif ou fait partie des capitaux propres. L'émetteur peut ventiler cet élément en une composante passif et une composante capitaux propres et doit appliquer une méthode comptable cohérente pour cette ventilation. Le classement dans une catégorie intermédiaire (ni passif, ni capitaux propres) n'est pas autorisé.

c. peut comptabiliser en produits toutes les primes reçues sans séparer la part liée à la composante capitaux propres ;

Les changements en résultant qui affectent l'élément garanti et la partie de l'élément de participation discrétionnaire classée comme un passif doivent être comptabilisés en résultat.
Si l'élément de participation discrétionnaire est, en tout ou partie, classé en capitaux propres, une quote-part du résultat peut être attribuable à cet élément (de la même façon qu'une quote-part peut être attribuable aux intérêts minoritaires). L'émetteur doit comptabiliser la quote-part du résultat attribuable à toute composante de capitaux propres d'un élément de participation discrétionnaire comme une répartition du résultat, non comme une charge ou un produit (voir IAS 1).
Remarque Bien qu'IFRS 4 ne précise pas les paragraphes d'IAS 1 qui justifient ce traitement, il s'agit à notre avis d'IAS 1.IN16.

d. doit, si le contrat contient un dérivé incorporé dans le champ d'application d'IAS 39 / d'IFRS 9, appliquer IAS 39 / IFRS 9 à ce dérivé incorporé ;

e. doit, pour tous les aspects non décrits dans IFRS 4.14 à .20 (voir n° 65912 et 65914), et les points a. et d. ci-avant, poursuivre l'application de ses méthodes comptables existantes relatives à de tels contrats sauf s'il change ces méthodes comptables en conformité avec les dispositions de la norme IFRS 4 (voir n° 65916).

3. **Eléments de participation discrétionnaire contenus dans des instruments financiers** Les dispositions d'IFRS 4.34 (voir point 2. ci-avant) s'appliquent également à un instrument financier qui contient un élément de participation discrétionnaire.

En outre (IFRS 4.35) :

a. si l'émetteur classe la totalité de l'élément de participation discrétionnaire en tant que passif, il doit appliquer au contrat dans son ensemble (c'est-à-dire à la fois à l'élément garanti et à l'élément de participation discrétionnaire) le test de suffisance du passif (voir n° 65914) ;

L'émetteur n'est cependant pas tenu de déterminer le montant qui résulterait de l'application d'IAS 39 / d'IFRS 9 à l'élément garanti.

b. si l'émetteur classe tout ou partie de cet élément en tant que composante séparée des capitaux propres, le passif comptabilisé pour l'ensemble du contrat ne doit pas être inférieur au montant qui résulterait de l'application d'IAS 39 / IFRS 9 à l'élément garanti. Ce montant doit inclure la valeur intrinsèque de l'option de rachat du contrat mais n'a pas à inclure sa valeur temps si IFRS 4.9 exempte cette option de l'évaluation à la juste valeur (voir n° 65908) ;

L'émetteur n'est pas tenu :
- d'indiquer le montant qui résulterait de l'application d'IAS 39 / d'IFRS 9 à l'élément garanti ;
- de présenter ce montant séparément ;
- de déterminer ce montant si le passif total comptabilisé est nettement supérieur.

c. bien que ces contrats soient des instruments financiers, l'émetteur peut continuer à comptabiliser :
- en produits, les primes relatives à ces contrats ; et
- en charges, l'augmentation consécutive de la valeur comptable du passif ;

d. bien que ces contrats soient des instruments financiers, l'émetteur qui applique IFRS 7.20b aux contrats comprenant un élément de participation discrétionnaire indique le montant total des charges d'intérêts comptabilisées dans le résultat mais n'est pas tenu de calculer ces charges selon la méthode du taux d'intérêt effectif.

L'entité doit mentionner le produit d'intérêt total et la charge d'intérêt totale (calculés par la méthode du taux d'intérêt effectif) pour les actifs et passifs financiers qui ne sont pas comptabilisés à leur juste valeur par le biais du résultat dans l'état du résultat global ou dans les notes (IFRS 7.20b).

C. Evolution de la norme IFRS 4 : amendement relatif à l'application de la norme IFRS 9, Instruments financiers

En septembre 2016, l'IASB a publié un amendement de la norme IFRS 4 qui traite des modalités de mise en œuvre de la norme IFRS 9, Instruments financiers, pour les entités qui émettent des contrats d'assurance relevant de la norme IFRS 4. 65970

Cet amendement, applicable aux exercices ouverts depuis le 1er janvier 2018, a été adopté par la Commission européenne le 3 novembre 2017 (Règl. UE 2017/1988).

Lors de son adoption par la Commission européenne, le champ d'application de cet amendement a été modifié, pour y traiter le cas de sous-groupes d'assurance de conglomérat financier. Pour plus de précisions, voir n° 65971, point 4.

La norme IFRS 9 relative aux instruments financiers, pour laquelle la date d'application obligatoire a été fixée au 1er janvier 2018 et la norme IFRS 17 relative aux contrats d'assurance, pour laquelle la date d'application obligatoire est fixée au 1er janvier 2023 (voir n° 65900R s.), sont deux normes majeures pour les compagnies d'assurance. Une entrée en application obligatoire de la norme IFRS 9, avant l'entrée en application de la norme IFRS 17, aurait généré des « mismatchs » comptables et une volatilité en résultat additionnels ainsi que des surcoûts d'implémentation.

L'amendement publié par l'IASB en septembre 2016, modifié par l'amendement du 25 juin 2020, lui-même adopté par la Commission européenne le 15 décembre 2020 (Règl. UE 2020/2097), offre deux options pour traiter les difficultés induites, pour le secteur de l'assurance, par des dates d'entrée en vigueur différentes des normes IFRS 9 et IFRS 17 :
- pour les entités qui ont une activité d'assurance prédominante : une exemption temporaire de l'application d'IFRS 9, jusqu'au 1er janvier 2023, sous certaines conditions (voir n° 65971) ;
- pour toutes les entités qui émettent des contrats d'assurance : une approche dite par superposition (« overlay ») pouvait être retenue jusqu'à la date de première application de la norme IFRS 17 (IFRS 4.3 ; voir n° 65972).

Option sous conditions pour une exemption temporaire de l'application d'IFRS 9

65971 Pour les entités qui ont une activité d'assurance prédominante, cette option permet de continuer d'appliquer la norme IAS 39, Instruments financiers – Comptabilisation et évaluation, au lieu de la norme IFRS 9, Instruments financiers, pour toutes les périodes comptables ouvertes avant le 1er janvier 2023 (IFRS 4.20A), voir no 65970.

1. **Activité d'assurance prédominante** L'activité d'assurance d'une entité est jugée prédominante si elle satisfait aux deux critères quantitatifs suivants (IFRS 4.20D) :
– le montant des passifs issus des contrats relevant d'IFRS 4 est significatif au regard du montant total des passifs ; et
– le rapport entre le montant des passifs liés à l'activité d'assurance et le total des passifs est supérieur à 90 %. Ce seuil est abaissé à 80 % dans le cas où l'entité n'exerce pas d'activité significative sans lien avec une activité d'assurance.

Pour le test du deuxième critère, la notion de passifs liés à l'activité d'assurance est plus large que pour le test du premier critère et intègre (IFRS 4.20E) :
– les passifs issus de contrats d'assurance relevant d'IFRS 4 ;
– les passifs issus de contrats d'investissement sans participation discrétionnaire relevant d'une évaluation à la juste valeur par résultat selon les dispositions d'IAS 39 ;
– des passifs issus de l'activité induite par la réalisation des contrats ci-avant, comme le recours aux instruments dérivés pour la couverture des risques induits par les contrats, les impôts différés sur les éventuelles différences temporaires des passifs issus de ces contrats, les instruments de dette admis en couverture des exigences de capital réglementaire, ou encore les passifs issus des salaires et avantages accordés au personnel affecté à l'exécution des contrats.

2. **Date d'évaluation des critères d'activité d'assurance prédominante** L'évaluation de ces deux critères doit être effectuée à la date de clôture qui précède immédiatement le 1er avril 2016 (soit au 31 décembre 2015 pour les groupes dont la date de clôture coïncide avec l'année civile).

Lors des clôtures ultérieures, une nouvelle évaluation de ces critères n'est obligatoire que si un changement significatif est survenu dans l'activité de l'entité, comme l'acquisition ou la cession d'une ligne de produits par exemple (IFRS 4.20Ga).

3. **Application des critères au niveau de l'entité de reporting** En application des dispositions de la norme publiée par l'IASB, l'analyse du critère d'activité d'assurance prédominante s'apprécie au niveau de l'entité mère de reporting. Par conséquent, si l'activité d'assurance est qualifiée de prépondérante au niveau des états financiers du groupe et que l'entité opte pour l'application différée d'IFRS 9, l'ensemble des instruments financiers détenus par les filiales du groupe continuera à être comptabilisé et évalué selon les dispositions d'IAS 39 (IFRS 4.BC260).

L'amendement d'IFRS 4 a par ailleurs introduit une exemption temporaire à la règle d'homogénéité des méthodes comptables ordinairement requise par la norme IAS 28. Ainsi, pour les participations dans des entreprises associées et les joint ventures mises en équivalence dans les états financiers du groupe en application d'IAS 28, l'entité de reporting peut choisir ou non d'appliquer l'exemption temporaire au niveau des états financiers de l'entreprise associée ou de la joint venture, quelle que soit l'option retenue dans ses propres états financiers (IFRS 4.20O).

Cas des entités mises en équivalence dans les comptes de conglomérat financier Si un groupe décide d'opter pour l'option d'application de l'exemption d'IFRS 9 pour la valeur de mise en équivalence d'une entité respectant les critères d'activité d'assurance prédominante, des informations devront néanmoins être communiquées dans les annexes des états financiers du groupe (IFRS 4.39J).

4. **« Top up » de la Commission européenne** Dans le cadre de la procédure d'adoption des normes publiées par l'IASB, la Commission européenne a estimé que le champ d'application de l'amendement apportant des modifications à IFRS 4 n'était pas suffisamment large pour répondre aux besoins de toutes les entités d'assurance importantes situées dans l'Union européenne. Par conséquent, le champ d'application de l'amendement d'IFRS 4, tel qu'adopté par la Commission européenne en novembre 2017, a été étendu par rapport à celui adopté par l'IASB. Ainsi, un conglomérat financier peut également décider qu'aucune de ses entités exerçant des activités dans le secteur de l'assurance n'appliquera IFRS 9 dans ses états financiers consolidés pour les exercices débutant avant le 1er janvier 2023 (Règl. UE 2020/2097).

En particulier, afin d'empêcher le groupe de transférer des instruments financiers entre secteurs dans le but de bénéficier d'un traitement comptable plus favorable, aucun instrument financier ne peut être transféré entre le secteur de l'assurance et tout autre secteur du conglomérat financier après le 29 novembre 2017, hormis des instruments financiers qui sont évalués à la juste valeur par le biais du résultat net.

Option pour une superposition des normes IFRS 9 et IAS 39 (option dite « overlay »)

Pour toutes les entités qui émettent des contrats d'assurance, cette option permet de retraiter l'effet sur le résultat net de l'application d'IFRS 9 sur certains actifs financiers spécifiquement désignés, en le reclassant en autres éléments du résultat global (OCI) (IFRS 4.35B). Cette option ne peut être choisie qu'au moment de la première application d'IFRS 9 (IFRS 4.35C). **65972**

L'ajustement correspond à la différence entre le montant constaté en résultat à la suite de l'application d'IFRS 9 aux actifs financiers désignés et le montant qui aurait été constaté en résultat si IAS 39 leur avait été appliqué. La valeur des actifs financiers au bilan demeure conforme à IFRS 9.

Le montant reclassé au titre de l'option « overlay » doit être mentionné sur une ligne distincte au sein du compte de résultat et des autres éléments du résultat global (IFRS 4.35D).

Actifs financiers éligibles désignés Seuls certains actifs financiers sont éligibles à l'option « overlay » ; il s'agit de ceux répondant aux critères cumulatifs suivants (IFRS 4.35E) :

– être valorisés à la juste valeur par résultat alors qu'ils auraient été valorisés selon une autre méthode si IAS 39 avait été appliquée ;

Remarque L'écriture d'« overlay » consistant à reclasser en autres éléments du résultat global (« Other Comprehensive Income »/OCI) une partie de la volatilité induite en compte de résultat suite à l'application d'IFRS 9 ne permet pas de neutraliser les dépréciations comptabilisées en résultat au titre des pertes de crédit attendues sur les actifs répondant au critère de « SPPI » et classés dans le modèle « HTCS » (modèle de gestion dont l'objectif est de détenir les actifs pour recouvrer les flux de trésorerie contractuels et les flux de cession).

– ne pas être détenus dans le cadre d'une activité non liée à la réalisation des contrats relevant d'IFRS 4.

Remarque Les actifs éligibles peuvent être détenus par une entité juridique distincte de celle qui émet les contrats d'assurance (IFRS 4.39Lc) et peuvent être des actifs en représentation des fonds propres pour des raisons de contraintes réglementaires (IFRS 4.BC240).

En outre, un actif financier éligible à l'option « overlay » doit avoir été désigné comme tel soit au moment de l'option soit, ultérieurement, lors de son acquisition. Cette désignation est irrévocable jusqu'à la cession de l'actif financier ou son transfert vers un portefeuille non lié aux contrats d'assurance. Tous les actifs financiers éligibles ne sont pas nécessairement désignés par l'entité, qui a le choix de l'étendue de la mise en œuvre de l'option (IFRS 4.35F et .35G).

QUESTIONS/REPONSES PRATIQUES

Remarque importante

Les questions/réponses présentées ci-après concernent uniquement les spécificités des normes IFRS applicables aux entreprises d'assurance. Les réponses résultent de l'analyse des dispositions de la norme IFRS 4 jusqu'au 31 décembre 2022. **66006**

Pour une présentation générale des dispositions principales de la norme IFRS 4, voir n° 65902 s.

Pour tous les thèmes non spécifiques, y compris les instruments financiers (sauf cas particuliers), il convient de se référer aux questions/réponses traitées dans le cadre plus général des entreprises industrielles et commerciales.

Pour les entités ayant une activité d'assurance prédominante, qui ont opté pour l'option d'exemption temporaire d'entrée en vigueur de la norme IFRS 9, les dispositions de la norme IAS 39 ont pu être maintenues jusqu'au 31 décembre 2022.

Evolution des réponses La norme IFRS 17 relative aux contrats d'assurance applicable de manière obligatoire aux exercices ouverts à compter du 1er janvier 2023 a considérablement modifié les réponses apportées ci-après (voir n° 65900R s.).

SECTION I

Garanties financières – Champ d'application de la norme IFRS 4

Approche générale d'IAS 39 / IFRS 9 en matière de garanties financières

66215 *Question*

D'une manière générale, comment traiter les contrats de garanties financières en IFRS ?

Réponse

Ces contrats relèvent de la norme relative aux instruments financiers (IAS 39 / IFRS 9), sauf pour ceux qui répondent également à la définition d'un contrat d'assurance et que l'entreprise déclare traiter comme tel.

La norme relative aux instruments financiers (IAS 39 / IFRS 9) définit ce qu'est une garantie financière et opère une distinction avec un contrat d'assurance (et enregistré selon IFRS 4) et un produit dérivé.

La norme concerne toutes les entités (banques, assurances et entreprises industrielles et commerciales) dès lors qu'elles sont émetteurs (traitement des garanties financières données) ; en revanche, les garanties financières reçues ne sont pas traitées.

Commentaires Pour plus de détails sur les dispositions de la norme IFRS 9 en matière de garanties financières, voir n° 46280 s.

Difficultés d'application des dispositions d'IAS 39 / IFRS 9 en matière de garanties financières pour les assureurs-crédit ou caution

66220 *Question*

Les dispositions d'IAS 39 / IFRS 9 en matière de garanties financières présentent-elles des difficultés particulières d'application pour les assureurs-crédit ou les assureurs-caution ?

Réponse

Non, si l'assureur-crédit ou caution continue à enregistrer ces contrats comme des contrats d'assurance.

Oui, si l'assureur (ou le groupe auquel il appartient) décide pour des raisons d'homogénéité d'enregistrer les contrats d'assurance-crédit ou de caution comme des garanties financières entrant dans le champ d'application d'IAS 39 / IFRS 9.

Enfin, certains contrats doivent être enregistrés comme des produits dérivés (parce que ne répondant ni à la définition d'un contrat d'assurance, ni à celle d'une garantie financière).

Commentaires :

1. **Remarque** Pour plus de détails sur les dispositions d'IFRS 9 en matière de garanties financières, voir n° 46280 s.

2. **Situations des assureurs-crédit ou caution (rappel)** En général et sauf cas particulier où le contrat est qualifié de produit dérivé (en l'absence de principe indemnitaire) (voir point 4. ci-après), les contrats mis en place par les assureurs-crédit ou caution répondent à la fois à la définition d'un contrat d'assurance et à celle d'une garantie financière.

En conséquence, l'assureur peut décider :

– soit de traiter ces contrats comme des contrats d'assurance (s'il a auparavant explicitement affirmé qu'il considérait ces contrats comme des contrats d'assurance et qu'il a utilisé le traitement comptable applicable aux contrats d'assurance) (voir point 3. ci-après) ;

– soit de les traiter comme des garanties financières (voir point 4. ci-après).

66220 (suite)

3. **Enregistrement des contrats selon IFRS 4** L'assureur peut décider de continuer à enregistrer ces contrats comme des contrats d'assurance selon IFRS 4.

En effet, les assureurs remplissent en général sans difficulté les conditions des dispositions d'IAS 39 / IFRS 9 en matière de garanties financières pour être autorisés à effectuer ce choix, à savoir notamment (IAS 39.2e, .AG4 et .AG4A / IFRS 9.2.1e, .B2.5, .B2.6) :
– que ces contrats aient toujours été présentés comme des contrats d'assurance (que ce soit auprès des souscripteurs, des autorités de contrôle ou dans les états financiers de l'émetteur) ;
– et qu'ils aient toujours été comptabilisés comme des contrats d'assurance par ce même émetteur.

Le choix peut être fait contrat par contrat, mais il est alors irrévocable (IFRS 4.4d).

L'enregistrement du contrat s'effectue alors selon les règles de comptabilisation des contrats d'assurance.

4. **Enregistrement des contrats selon IAS 39 / IFRS 9 (contrats qualifiés de garanties financières)** L'assureur-crédit ou le groupe auquel il appartient (par exemple bancaire) peut décider – pour des raisons d'homogénéité de traitement – d'enregistrer les contrats d'assurance-crédit ou de caution comme des garanties financières entrant dans le champ d'IAS 39 / IFRS 9.

Dans ce cas, l'assureur doit identifier une nouvelle catégorie de contrats (en plus des contrats d'investissements) soumis à un traitement comptable approprié pour respecter les dispositions d'IAS 39 / IFRS 9, à savoir :

a. la **prime** est enregistrée directement au passif sans transiter par le compte de résultat (puisque les garanties financières données sont des instruments financiers passifs) ;

b. les **frais d'acquisition** sont portés en déduction du passif pour un montant éventuellement plus faible que celui qui était reconnu antérieurement ;

En effet, selon IAS 39 / IFRS 9, seuls les coûts marginaux directement imputables à l'émission du contrat et nets des montants correspondants refacturés au client (l'assuré dans ce cas) doivent être retenus dans le prix d'émission/d'acquisition de ce dernier (IAS 39.9 et .AG13 / IFRS 9.A).

c. le **mode d'amortissement** de la **prime** doit être déterminé selon IFRS 15 ;

d. les **recours** sont enregistrés à l'actif et non plus en déduction du passif, et sont par ailleurs soumis à des dispositions très restrictives en matière de date de reconnaissance (notion d'« actif éventuel » ne pouvant être reconnu que lorsqu'il est quasiment certain – « virtually certain » – selon IAS 37.53) ;

e. le traitement des contrats qui viseraient à transférer à un tiers le risque supporté par l'émetteur entraîne des difficultés particulières. En effet, si la **réassurance cédée** est bien dans le champ d'application d'IFRS 4, cette qualification présuppose que le contrat sous-jacent est lui-même qualifié de contrat d'assurance. Du point de vue du porteur, si le contrat ne correspond pas à un contrat de réassurance, il est alors en dehors du champ d'IFRS 4 et de celui d'IAS 39 / IFRS 9 (IFRS 4.IG Example 1.11) et relève donc d'IAS 8, ce qui peut entraîner une dissymétrie de traitement entre les garanties données et la protection de ces garanties au travers d'un autre contrat ;

f. enfin, selon IAS 39.47c, les **garanties financières octroyées** sont évaluées en considérant le montant déterminé selon les principes de la norme IAS 37 (meilleure estimation des dépenses pour éteindre l'obligation). En revanche, pour les entités qui n'ont pas opté pour l'exemption temporaire d'application d'IFRS 9 (voir n° 65971), selon IFRS 9.4.2.1c, les garanties financières octroyées entrent dans le champ d'application de cette norme et les principes d'IFRS 9 en matière de dépréciation leur sont en conséquence applicables. Ainsi, elles sont évaluées en considérant le montant de la correction de valeur pour pertes de crédit attendues.

Pour le champ d'application du modèle de dépréciation d'IFRS 9, voir n° 47070.
Pour la présentation du modèle général de dépréciation d'IFRS 9, voir n° 47085.

5. **Cas des contrats qualifiés de produits dérivés** :

a. **Caractéristiques** Certains contrats ne répondent pas à la définition d'un contrat d'assurance et/ou d'une garantie financière, notamment parce que :
– le bénéficiaire du contrat ne détient pas l'instrument de dette sous-jacent ;

Il existe toutefois quelques exceptions à ce principe. Ainsi, dans le cas d'un traité de réassurance venant couvrir un contrat d'assurance répondant lui-même à la définition d'une garantie financière (opération parfois qualifiée de « back to back arrangement »), il a été admis que le traité de réassurance soit lui-même assimilé à une garantie financière, alors même que le réassureur est amené à payer l'assureur direct qui ne détient donc pas lui-même l'instrument de dette sous-jacent. Ce cas de figure, correspondant à une succession de protections jouant en cascade (la réassurance n'étant que le prolongement du contrat d'assurance directe), ne doit toutefois pas être généralisé.

– ou parce que l'indemnisation peut s'avérer indépendante de la perte subie.

C'est notamment le cas de certains contrats d'assurance caution dont le paiement est déclenché, par exemple, par la variation d'un indice ou d'une notation de crédit (IFRS 4.IG Example 1.12). Sur la définition d'un contrat de garantie financière, voir n° 66215 renvoyant au n° 46280 s.

b. **Traitement comptable** Ces contrats sont en fait des dérivés de crédit et doivent être comptabilisés comme tels, à savoir en juste valeur par résultat à l'origine et pendant toute la durée du contrat. Ceci entraîne les conséquences suivantes :
– un impact non nécessairement attendu sur le résultat (enregistrement des variations de valeur du contrat en résultat) ;
– la difficulté d'évaluer de tels contrats dans la mesure où, sauf exception, ces contrats n'ont pas de juste valeur observable sur un marché.

c. **Modalités pratiques d'application** Les assureurs doivent ainsi :
– recourir à l'**utilisation de modèles** ;
– **ne plus enregistrer** de **provisions de sinistres futurs** (en cas d'un enregistrement des sinistres par exercice de souscription), puisque les estimations de sinistres constituent l'un des éléments d'estimation de leur juste valeur ;
– **ne plus constater** de **provisions pour primes non acquises,** pour la même raison (l'estimation des sinistres futurs représentés par les primes non acquises est déjà incluse dans la valeur du dérivé) ;
– et enfin, **cesser de constater** des **frais d'acquisition reportés** puisque les frais d'acquisition d'un instrument financier évalué à la juste valeur par résultat sont immédiatement enregistrés en charges selon IAS 39 (IAS 39.43) / IFRS 9 (IFRS 9.5.1.1).

En revanche, la **survenance d'un sinistre entraîne** à notre avis la décomptabilisation du dérivé (totalement ou partiellement) et la **comptabilisation d'une dette financière** correspondant à l'estimation du sinistre à payer.

SECTION II

Passifs d'assurance sous IFRS 4

A. Réserve de capitalisation

Classement et traitement comptable de la réserve de capitalisation

66315 ***Question***

Quelle est la position du groupe de travail du CNC sur les spécificités de mise en œuvre des normes IFRS par les organismes d'assurance concernant la comptabilisation de la réserve de capitalisation en IFRS ?

Réponse

Le stock et les mouvements de la réserve de capitalisation enregistrés dans les comptes individuels doivent être annulés en IFRS car la réserve de capitalisation ne constitue ni un passif ni un élément de capitaux propres au sens des normes IFRS.

Commentaires :

1. **Fonctionnement de la réserve de capitalisation en principes français (rappel)** Selon les articles R 343-14 (ex R 333-1), R 343-16 et A 343-3-1 (ex A 333-3) du Code des assurances, en cas de cession de valeurs amortissables soumises à l'article R 343-9 (ex R 332-19), à l'exception des obligations à taux variable, les entreprises d'assurance pratiquant des opérations d'assurance-vie et les entreprises d'assurance mixte dont les provisions techniques des opérations d'assurance-vie représentaient plus de 10 % des provisions techniques au 31 décembre 2015 doivent, dans leurs comptes individuels établis en principes français :

a. **en cas de plus-value de cession,** doter la réserve de capitalisation à hauteur du profit de cession, puis constater une reprise « non technique » de celle-ci pour le montant de l'économie d'impôt théorique qu'aurait eu la dotation si elle avait été déductible fiscalement ;

b. en cas de moins-value de cession, prélever sur la réserve de capitalisation, dans la limite de son montant disponible, un montant égal à la perte de cession éventuellement constatée, puis constater une dotation « non technique » à celle-ci pour le montant de la charge d'impôt théorique qu'aurait eu la reprise si elle avait été taxable.

La réserve de capitalisation contribue ainsi à différer les plus-values réalisées suite à la cession de certaines obligations (nettes de l'effet théorique d'impôt suite à l'introduction des mouvements « non techniques ») avec pour objectif de maintenir le rendement global de l'actif.

Remarque Le traitement comptable indiqué ci-avant (constitué de deux mouvements de sens inverse) résulte de l'exclusion des variations de la réserve de capitalisation du champ de l'impôt sur les sociétés (voir n° 66325). Il vise à corriger le déséquilibre sur le résultat comptable induit par l'assujettissement à l'IS du résultat de cession obligataire, alors que le mouvement de la réserve de capitalisation n'est plus taxable. Il est également à noter que le mouvement complémentaire « non technique » de la réserve de capitalisation n'entre pas dans l'assiette de calcul de la participation aux bénéfices minimums des assurés vie de l'exercice (mais dans le cas d'une dotation « non technique », la fraction de la réserve de capitalisation correspondante peut en revanche entrer dans cette assiette de calcul en cas de reprise ultérieure, voir n° 66320).

2. Classement et traitement comptable de la réserve de capitalisation en IFRS Le groupe de travail du CNC sur les spécificités de mise en œuvre des normes IFRS par les organismes d'assurance a conclu (synthèse mise à jour en janvier 2007, § 4.1.1) que la réserve de capitalisation ne répondait ni à la définition IFRS d'un passif, ni à celle d'un élément spécifique des capitaux propres. En conséquence, **le montant de cette réserve ainsi que ses mouvements,** constatés en compte de résultat, ne peuvent être maintenus dans les états financiers établis selon les IFRS et **doivent** donc **être annulés.**

Les mêmes principes s'appliquent également à notre avis aux mouvements « non techniques » de la réserve de capitalisation introduits à compter de 2010 dans le fonctionnement de la réserve de capitalisation.

Le règlement ANC n° 2020-01 relatif aux comptes consolidés prévoit également que les « mouvements de l'exercice affectant cette réserve de capitalisation, constatés par résultat dans les comptes individuels, sont annulés » (Règl. ANC 2020-01 art. 272-33 / ex-CRC 2000-05 § 30013). Il n'y a donc pas de divergence sur cet aspect entre les IFRS et les comptes consolidés établis selon les règles françaises.

Dans le cas particulier des contrats faisant l'objet d'un « patrimoine d'affectation » pour lesquels les résultats de la gestion financière reviennent en totalité aux assurés (cas par exemple des Plans d'épargne retraite populaires), le règlement CRC n° 2004-11 relatif aux opérations d'assurance légalement cantonnées dans une comptabilité auxiliaire d'affectation (Règl. CRC 2004-11 § 2.2.2) précisait que la réserve de capitalisation des PERP doit être **retraitée dans les comptes consolidés** (conformément au Règl. CRC 2000-05 § 30013, voir ci-avant), mais que cette annulation donne droit à **constatation d'une participation aux bénéfices différée inconditionnelle.**

Les dispositions relatives au retraitement de consolidation de la réserve de capitalisation des PERP anciennement mentionnées au § 2.2.2 du règlement CRC n° 2004-11 n'ont été reprises ni dans le règlement ANC n° 2015-11 relatif aux comptes sociaux des entreprises d'assurance qui est venu abroger le règlement CRC n° 2014-11, ni dans le règlement ANC n° 2020-01 relatif aux comptes consolidés qui est venu abroger le règlement CRC n° 2000-05. Néanmoins, à notre avis, les principes liés à ces dispositions trouvent toujours à s'appliquer.

Incidence de l'annulation de la réserve de capitalisation sur la participation aux bénéfices différée

Question 66320

Dans le cas des sociétés d'assurance-vie assujetties à la distribution aux assurés d'une participation aux bénéfices financiers, quelle est la position du groupe de travail du CNC sur les spécificités de mise en œuvre des normes IFRS par les organismes d'assurance concernant l'incidence de l'annulation de la réserve de capitalisation sur la participation aux bénéfices des assurés dans les comptes IFRS ?

Réponse

En application des dispositions du règlement ANC n° 2020-01 (ex-CRC 2000-05) relatives aux participations conditionnelles, l'annulation de la réserve de capitalisation et de ses mouvements ne conduit pas à constater de participation aux bénéfices différée, sauf en cas de forte probabilité de cession en moins-value de titres passibles de la réserve de capitalisation ou dans certains cas particuliers comme celui des Plans d'épargne de retraite populaire (PERP).

66320 (suite) ***Commentaires :***

1. **Enjeu** L'annulation de la réserve de capitalisation en IFRS crée en général, dans les entreprises d'assurance-vie, une **différence temporaire** entre les bases de calcul des droits futurs des assurés tels que comptabilisés dans les comptes individuels et ces mêmes bases de calcul résultant des comptes IFRS. Cette différence temporaire s'accompagne également d'un écart sur les bases elles-mêmes depuis la modification réglementaire intervenue fin 2010 (voir n° 66315).

La réserve de capitalisation (et ses mouvements) intervient dans le calcul de la participation contractuelle comme dans celui de la participation minimum légale.

a. **Participation contractuelle** Les conditions générales des contrats d'assurance-vie précisent en effet le plus souvent que les mouvements de la réserve de capitalisation doivent être pris en compte dans le calcul de la participation aux bénéfices contractuelle.

En conséquence, et même si cette prise en compte n'est pas une obligation, l'annulation de la réserve de capitalisation en IFRS crée une différence temporaire.

b. **Participation minimum légale** Il en est de même pour le calcul de la participation minimale légale, qui inclut dans ce cas obligatoirement les mouvements de la réserve de capitalisation.

> Le Code des assurances (art. L 132-29, ex-L 331-3) impose le versement d'un montant minimal annuel de participation (participation minimum légale). Ces dispositions s'appliquent globalement et ne sont amenées à jouer que si la somme des participations contractuelles est inférieure à ce montant minimal.

Toutefois, à la suite de la modification réglementaire introduite fin 2010, seule la dotation (reprise) correspondant à la plus-value (moins-value) obligataire entre dans l'assiette de la participation minimum réglementaire. En revanche, la variation « non technique » de la réserve de capitalisation (voir n° 66315), est sans incidence sur la participation des assurés, du fait du classement comptable retenu (les opérations non techniques étant par définition étrangères à l'activité d'assurance).

Ceci n'implique pas, à notre avis, qu'il soit nécessaire de scinder la réserve de capitalisation entre une fraction « technique » et une autre « non technique » en fonction de l'origine des dotations ou des reprises. En effet, c'est le montant total de la réserve de capitalisation existant à la date de cession d'une obligation qui peut servir à couvrir une éventuelle moins-value obligataire et donc faire l'objet d'une reprise qui entrera alors dans l'assiette de calcul de la participation minimum réglementaire.

> Cette interprétation a été confirmée dans la note de la Compagnie Nationale des Commissaires aux Comptes relative à l'arrêté des comptes des organismes d'assurance pour l'exercice 2012.

2. **Principes généraux d'évaluation et de comptabilisation des contrats d'assurance, de réassurance et d'investissement avec participation aux bénéfices discrétionnaire selon IFRS 4 (rappel)** La norme IFRS 4 prévoit que les entreprises d'assurance peuvent continuer à appliquer les méthodes comptables qu'elles appliquaient à la date de transition aux normes IFRS, pour l'évaluation et la comptabilisation des contrats d'assurance, des contrats de réassurance et des contrats d'investissement avec participation aux bénéfices discrétionnaire, jusqu'à ce qu'une norme définitive soit mise en œuvre.

> Toutefois, la norme prévoit (IFRS 4.21 s.) qu'un assureur peut changer ses méthodes et principes comptables relatifs aux contrats si, et seulement si, le changement rend les états financiers plus pertinents ou plus fiables au regard des besoins des utilisateurs.
> L'assureur devra alors juger les critères de pertinence et de fiabilité au regard de la norme IAS 8. La norme IFRS 4 précise en effet que, pour justifier d'un changement de méthode, l'assureur doit démontrer une amélioration de l'information financière selon les critères définis par la norme IAS 8 ; il n'est pas nécessaire toutefois que le changement soit en complète conformité avec les critères d'IAS 8 (IFRS 4.23).

En conséquence, les entreprises d'assurance peuvent décider de maintenir l'application des normes existantes (voir point 3.) mais peuvent sous certaines conditions changer de méthode comptable.

3. **Maintien des normes existantes en Phase I** Si un assureur français maintient les principes qu'il pratiquait lors de la transition, il applique alors les dispositions prévues par le règlement ANC n° 2020-01 (ex-CRC 2000-05 relatif aux comptes consolidés des groupes d'assurance).

a. **Approche générale (rappel)** Ce règlement définit (Règl. ANC 2020-01 art. 272-37 / ex-CRC 2000-05 § 3112) :

– un principe de base, selon lequel les **participations différées** dites **« inconditionnelles »** doivent être enregistrées toutes les fois qu'une différence est constatée entre les bases de calcul des droits futurs dans les comptes individuels et ces mêmes bases de calcul dans les comptes consolidés ; et

– une exception qui vise les **participations différées** dites « **conditionnelles** », c'est-à-dire dont l'exigibilité dépend soit d'une décision de gestion, soit de la réalisation d'un événement. Dans ce cas, ces participations différées ne peuvent être constatées que s'il existe une **forte probabilité** que l'événement se produise ou que la décision de gestion soit effectivement prise par l'entité concernée. **66320** (suite)

Parmi les exemples donnés par le règlement ANC nº 2020-01 au titre des participations conditionnelles, figurent les droits des bénéficiaires des contrats attachés à l'annulation de la réserve de capitalisation.

Ainsi, selon ces dispositions dérogatoires, les retraitements de la réserve de capitalisation ne donnent pas lieu à la constatation d'une participation aux bénéfices différée, sauf en cas de forte probabilité de cession en moins-value de titres passibles de la réserve de capitalisation.

Le groupe de travail du CNC sur les spécificités de mise en œuvre des normes IFRS par les organismes d'assurance a par ailleurs rappelé, dans le contexte de la mise en œuvre de la comptabilité reflet pour les obligations soumises à la réserve de capitalisation (synthèse de janvier 2007, § 4.2.2), la nécessité de prendre en compte les intentions de gestion pour évaluer les droits des assurés dans le cadre du retraitement de la réserve de capitalisation, comme le prévoit le règlement ANC nº 2020-01 (art. 272-37 / ex-CRC 2000-05 § 3112).

b. Précisions apportées par le groupe de travail du CNC Le groupe de travail du CNC sur les spécificités de mise en œuvre des normes IFRS par les organismes d'assurance (synthèse de janvier 2005, mise à jour en janvier 2007) a apporté les précisions suivantes :

i. Mouvements de la réserve de capitalisation sans effet sur le calcul de la participation aux résultats Certains contrats peuvent prévoir que les mouvements de la réserve de capitalisation sont sans effet sur le calcul de la participation aux résultats des assurés. Dans ce cas, le groupe de travail (synthèse de janvier 2007, § 4.1.3) précise que les assurés ont déjà bénéficié sous forme de participation aux bénéfices de la plus-value obligataire ayant déclenché la dotation à la réserve de capitalisation. En conséquence, les assurés n'ayant en principe plus de droits sur la réserve de capitalisation (qui donc appartient à l'assureur), il n'y a aucune raison de calculer une participation aux bénéfices différée.

A notre avis, cette précision résulte de l'application des principes énoncés ci-avant en ce qui concerne les participations aux bénéfices inconditionnelles.

Cette précision ne peut viser à notre avis que les participations aux bénéfices contractuelles excédant la participation minimum légale.

ii. Plans d'épargne retraite populaire (PERP) La réserve de capitalisation figurant dans le patrimoine d'affectation, qui est enregistrée dans les comptes individuels en « autres provisions techniques vie » en application des dispositions de l'article 232-19 du règlement ANC nº 2015-11, est à notre avis retraitée dans les comptes consolidés et donne lieu à constatation d'une participation aux bénéfices différée inconditionnelle (passive), voir nº 66315.

Le groupe de travail du CNC avait à l'époque considéré que la réserve de capitalisation des PERP constituait bien un passif, mais n'avait pas envisagé de la retraiter (et donc de constituer à ce titre une participation différée).

4. Modalités d'évaluation de la participation différée Dans les comptes consolidés, le retraitement porte à la fois sur le stock de réserve de capitalisation à l'ouverture de l'exercice (modifiant les réserves consolidées) et les mouvements techniques et non techniques de l'exercice (impactant alors le résultat consolidé).

Dans les comptes individuels, seule la variation de la réserve de capitalisation enregistrée en compte technique est prise en compte pour le calcul de la participation des assurés.

Pour un exercice donné, il existe donc bien un écart entre l'assiette des droits des assurés et le montant de la variation de la réserve de capitalisation retraité au niveau du résultat consolidé.

Toutefois, la participation aux bénéfices différée se mesure sur la base des **droits futurs** des assurés. Or, la totalité de la réserve de capitalisation pouvant, à notre avis, servir à couvrir dans le futur des moins-values obligataires (voir ci-avant) et étant donc susceptible d'entrer dans le calcul de la participation future des assurés en cas de reprise, la participation aux bénéfices différée doit ainsi, à notre avis, être évaluée sur la base du stock de réserve de capitalisation à la date du retraitement.

Il n'y a donc pas lieu de scinder la réserve de capitalisation entre une fraction « technique » assujettie à la participation différée et une fraction « non technique » non assujettie. Ceci exclut également la possibilité que le montant de la participation différée passive sur le retraitement de la réserve de capitalisation puisse être supérieur au montant de cette dernière.

Incidence de l'annulation de la réserve de capitalisation sur l'impôt différé

66325 *Question*

Quelle est l'incidence de l'annulation de la réserve de capitalisation sur l'impôt différé en IFRS ?

Réponse

Les mouvements de la réserve de capitalisation étant exclus de l'assiette de l'impôt sur les sociétés, l'annulation de celle-ci ne constitue pas une différence temporelle au sens d'IAS 12 et n'entraîne donc pas constatation d'un impôt différé.

Commentaires :

1. **Régime fiscal de la réserve de capitalisation** Depuis 2010, les mouvements de la réserve de capitalisation sont exclus de l'assiette de l'impôt sur les sociétés. Les dotations (ou reprises) de la réserve de capitalisation enregistrées dans les comptes individuels doivent donc être retraitées pour la détermination du résultat imposable.

2. **Incidence de l'annulation de la réserve de capitalisation sur l'impôt différé en IFRS** Le groupe de travail du CNC ayant conclu (synthèse mise à jour en janvier 2007, § 4.1.1 ; voir n° 66315) que la réserve de capitalisation enregistrée dans les comptes individuels devait être annulée en IFRS, la valeur comptable de celle-ci est donc nulle dans les comptes IFRS.

Sachant que la valeur fiscale de la réserve de capitalisation est également nulle (les mouvements de celle-ci n'étant pas pris en compte dans le résultat imposable depuis la réforme du régime fiscal sur la réserve de capitalisation initiée en 2010), il n'existe donc plus de différence temporelle au sens d'IAS 12.5 entre la valeur comptable de la réserve de capitalisation et sa base taxable, qui justifierait la constatation d'un impôt différé passif en application d'IAS 12.15.

Selon la réglementation fiscale en vigueur, l'**annulation de la réserve de capitalisation** est donc **sans incidence sur l'impôt différé.**

En revanche, lorsque l'annulation de la réserve de capitalisation entraîne la comptabilisation d'une participation aux bénéfices différée passive (voir n° 66320), il existe alors effectivement une différence temporelle entre la valeur comptable de cette participation différée et sa valeur fiscale actuelle, pouvant donner lieu à constatation d'un impôt différé en application et dans les conditions fixées par IAS 12.24.

Pour plus de détails sur les conditions de comptabilisation d'un impôt différé actif, voir n° 27610 s.

B. Mise en œuvre de la comptabilité reflet

Comptabilité reflet en cas de moins-values latentes sur les placements : possibilité de reconnaissance d'une participation aux bénéfices différée active

66340 *Question*

Dans le cas des sociétés d'assurance-vie assujetties à la distribution aux assurés d'une participation aux bénéfices financiers, est-il possible de constater une participation aux bénéfices différée active dans le cas de l'application de la comptabilité reflet ?

Réponse

Le groupe de travail du CNC sur les spécificités de mise en œuvre des normes IFRS par les organismes d'assurance a estimé qu'en cas de moins-values latentes sur les placements entrant dans le champ de la participation aux bénéfices des assurés, une participation différée active doit être :
- constatée pour son seul montant recouvrable ; et

– enregistrée de manière symétrique avec les modalités d'enregistrement des moins-values (selon la classification des placements, en « autres éléments du résultat global »/ OCI ou en résultat). **66340** (suite)

La recommandation du CNC du 19 décembre 2008 sur les modalités de reconnaissance des participations aux bénéfices différées actives a confirmé cette position.

Commentaires :

1. **Comptabilité reflet (rappel)** Lorsque les plus ou moins-values réalisées sur les actifs financiers ont un impact direct sur l'évaluation des passifs d'assurance, le principe de la comptabilité reflet (« shadow accounting ») prévu par IFRS 4.30 autorise, en cas de reconnaissance des plus ou moins-values latentes, à ajuster ces passifs d'assurance de la même manière que si ces résultats étaient réalisés.

Dans le cas de la comptabilisation d'un résultat latent sur des placements donnant lieu au calcul d'une participation aux bénéfices lorsqu'ils sont cédés, l'application de ce principe entraîne donc la comptabilisation d'une participation aux bénéfices différée.

La norme IFRS 4.30 fait référence à des ajustements possibles sur l'évaluation :
- des passifs d'assurance ;
- des frais d'acquisition ; et
- de certains actifs incorporels tels que les valeurs de portefeuille ;

qui « impacteraient l'évaluation de la même façon que le ferait une plus-value ou une moins-value réalisée ».

Les assureurs ont considéré que cette règle pouvait s'appliquer dès lors que des plus ou moins-values latentes étaient comptabilisées, même si l'entreprise n'avait pas l'intention de céder l'actif (et donc de réaliser effectivement la plus ou moins-value latente). C'est en tout cas l'analyse faite par le groupe de travail du CNC dans le cas d'obligations en moins-values latentes (voir ci-après).

Même si cette règle n'autorise pas explicitement à constater des provisions d'assurance négatives portées de ce fait à l'actif (ce qui est le cas d'une participation aux bénéfices différée active nette), les sociétés d'assurance ont estimé sur la base du règlement ANC n° 2020-01 (ex-CRC 2000-05) que la constatation d'un tel actif était possible dans le cadre de la mise en œuvre de la comptabilité reflet.

2. **Conséquence du principe de la comptabilité reflet en cas de moins-values latentes** Le groupe de travail du CNC (synthèse de janvier 2007, § 2.2.7.1.) a examiné les conséquences de moins-values latentes sur les placements donnant lieu au calcul d'une participation aux bénéfices et les conditions de reconnaissance d'une participation différée active.

3. **Obligation de constater une participation différée active** Le groupe de travail a rappelé qu'IFRS 4.30 ne fait pas de distinction entre les plus et moins-values latentes. De ce fait, il y a donc obligation de comptabiliser une participation aux bénéfices différée active (PBDA) (synthèse de janvier 2007, § 2.2.7.1.1).

Le montant susceptible d'être reconnu à l'actif fait toutefois l'objet de limitations, voir point 5. ci-après.

4. **Présentation à l'actif du bilan** Le groupe de travail du CNC a rappelé (synthèse de janvier 2007, § 2.2.7.1.2) que :
- la réglementation française sur les comptes consolidés autorise la comptabilisation d'une participation différée active (Règl. ANC 2020-01 art. 272-37 / ex-CRC 2000-05 § 3112) ;
- la norme IFRS 4.13 prévoit pour les assureurs des exemptions à l'application d'IAS 8.10 à .12 dans le cas de certains actifs liés aux contrats d'assurance, mais cite uniquement les frais d'acquisition reportés et les incorporels liés aux contrats d'assurance (valeurs de portefeuille) sans toutefois mentionner l'exemple de la participation au bénéfice différée active.

En dépit de ce dernier point, une majorité des participants est favorable à une présentation à l'actif du bilan d'une participation aux bénéfices nette active, par analogie avec IAS 12 et pour faciliter la lisibilité des comptes.

Une minorité de participants considère qu'une participation aux bénéfices différée ne répond pas à la définition d'un actif en IFRS et qu'il serait nécessaire de faire appel à IFRS 4.22 (qui autorise le calcul des passifs aux taux d'intérêt de marché) pour la constater.

Le groupe de travail du CNC n'a pas précisé dans cette partie s'il s'agissait d'une participation aux bénéfices différée active « nette » d'une participation aux bénéfices différée passive constatée par ailleurs.

En revanche, dans le cas des moins-values relatives à des obligations soumises à la réserve de capitalisation, la synthèse fait bien référence aux « moins-values latentes nettes ».

5. Modalités de reconnaissance d'une participation aux bénéfices différée active (PBDA) Le groupe de travail (synthèse de janvier 2007, § 2.2.7.2) a estimé qu'une participation aux bénéfices différée active ne pouvait être comptabilisée que pour son montant recouvrable sur les assurés et de manière symétrique avec l'enregistrement des moins-values latentes.

Le groupe de travail du CNC a envisagé trois approches possibles de reconnaissance d'une participation aux bénéfices différée active :

a. Première approche : reconnaissance du seul montant recouvrable Dans cette approche, le montant de la participation aux bénéfices différée active reconnu dans les comptes est limité au montant imputable aux assurés, « par utilisation d'un taux de participation aux bénéfices adéquat ». Il est constaté de manière symétrique à l'enregistrement des moins-values latentes, en capitaux propres ou en résultat selon la classification des placements.

b. Deuxième approche : reconnaissance selon une méthode d'évaluation identique à celle d'une participation aux bénéfices différée passive et dépréciation éventuelle Selon cette approche, la participation aux bénéfices différée active serait dans un premier temps calculée comme la participation aux bénéfices différée passive (même taux) puis ferait ensuite l'objet d'un test spécifique de recouvrabilité, distinct et préalable à la mise en œuvre du test de suffisance des passifs (« liability adequacy test »). La fraction non imputable aux assurés ferait l'objet d'une dépréciation enregistrée par résultat.

c. Troisième approche : reconnaissance selon une méthode d'évaluation identique à celle d'une participation aux bénéfices différée passive et application du test de suffisance des passifs Comme dans la seconde approche, la participation aux bénéfices différée active serait calculée de manière identique à la participation aux bénéfices différée passive (même taux). En revanche, aucun test spécifique n'étant prévu, seule la mise en œuvre du test de suffisance des passifs pourrait conduire à enregistrer en résultat la fraction non imputable aux assurés qui serait d'ailleurs déterminée après compensation éventuelle avec des excédents d'une autre nature.

En s'appuyant sur, d'une part, le règlement ANC nº 2020-01 (ex-CRC 2000-05) selon lequel les actifs de participation différée ne peuvent être constatés « que si leur imputation, par entreprise, sur des participations futures, constatées ou potentielles (notamment si les plus-values latentes des placements) est fortement probable » (Règl. ANC 2020-01 art. 272-37 / ex-CRC 2000-05 § 3112) et, d'autre part, sur les modalités de comptabilisation d'un impôt différé selon IAS 12 (voir nº 45530), le groupe de travail a finalement retenu la première approche (comptabilisation du seul montant recouvrable et de manière symétrique avec l'enregistrement des moins-values latentes).

Depuis la publication de la synthèse du groupe de travail, le CNC a confirmé que seule la première approche devait être retenue. Il a apporté en outre les précisions suivantes (Rec. du 19/12/08 sur les modalités de reconnaissance des participations différées actives, § III) :

– la répartition entre les capitaux propres et le résultat de la partie recouvrable doit être cohérente avec les éléments ayant permis de justifier la recouvrabilité de la participation différée active ;

– à défaut d'éléments contraires, cette répartition est réalisée dans les mêmes proportions que les moins-values existantes par catégories de titres (par exemple, selon IAS 39, par capitaux propres pour les titres AFS non dépréciés et par résultat pour les titres AFS dépréciés et les titres en juste valeur par résultat).

Enfin, le CNC a indiqué (Rec. du 19/12/08, § V) les informations devant figurer dans l'annexe des états financiers en cas de comptabilisation d'une participation aux bénéfices différée active.

Comptabilité reflet en cas de moins-values latentes sur les placements : appréciation du montant recouvrable d'une participation aux bénéfices différée active

66341 ***Question***

Le CNC ayant estimé qu'une participation aux bénéfices différée active ne pouvait être constatée que pour son montant recouvrable sur les assurés, quels sont les critères d'appréciation de ce montant recouvrable ?

66341 (suite)

Réponse

Selon le CNC, le montant recouvrable doit être apprécié de manière prospective en tenant compte de la capacité et de l'intention de l'entreprise d'imputer les moins-values latentes aux assurés, la démonstration reposant sur :
- des hypothèses de comportement et de marché cohérentes entre elles et avec celles retenues dans les autres informations publiées ;
- la capacité à détenir les actifs ;
- la capacité à imputer aux seuls assurés les moins-values latentes.

Lorsque l'entreprise a la capacité et l'intention de détenir des obligations en moins-values latentes jusqu'à échéance, la participation différée correspondante est présumée recouvrable.

Commentaires :

1. Position du groupe de travail du CNC sur la mise en œuvre des normes IFRS par les organismes d'assurance Selon le groupe de travail (synthèse de janvier 2007, § 2.2.7.3), le montant recouvrable de la participation aux bénéfices différée active doit être déterminé en tenant compte des éléments suivants :
- existence d'une participation différée passive sur le retraitement de la réserve de capitalisation (voir n° 66320) ;
- existence d'une participation différée passive (sur retraitement de consolidation ou par un ajustement de comptabilité reflet) qui excéderait le minimum réglementaire ou contractuel lorsqu'elle est liée à l'actif de contrats non cantonnés contractuellement ;
- contraintes limitant les possibilités d'imputation aux assurés de participations « négatives » : marché, impact sur les probabilités de rachats (si non prises en compte par ailleurs), etc.

Enfin, le groupe de travail (synthèse de janvier 2007, § 2.2.7.3.2) a abordé la question des éléments de passifs susceptibles d'être pris en compte pour mesurer la recouvrabilité de la participation différée active. Selon ses réflexions :
- une participation différée passive résultant d'autres facteurs peut être compensée avec la participation différée active dans le cas des contrats non cantonnés ;
- une compensation entre actifs cantonnés n'est en revanche pas admise ;
- deux provisions sont exclues du test de recouvrabilité car elles présentent le caractère d'une dette envers les assurés et ne peuvent donc pas être réduites par imputation d'une participation différée active : la provision pour participation aux excédents (PPE) et les provisions mathématiques.

La synthèse du groupe de travail du CNC de janvier 2007 a donc présenté des indices de recouvrabilité d'une participation aux bénéfices différée active, mais ne définit pas les modalités de calcul du montant recouvrable.

2. Recommandation du 19 décembre 2008 sur les modalités de reconnaissance des participations différées actives Depuis la publication de la synthèse du groupe de travail, le CNC a apporté (recommandation du 19 décembre 2008, IV) différentes précisions sur la notion de la recouvrabilité d'une participation aux bénéfices différée active (PBDA).

Le CNC a tout d'abord rappelé que l'analyse de la recouvrabilité de la PBDA devait s'effectuer avant la vérification de la suffisance des passifs telle que prévue par IFRS 4.15 (« liability adequacy test »).

Le CNC a ensuite indiqué que « le caractère recouvrable de l'actif de participation aux bénéfices différée visé par l'article 3112 du règlement CRC n° 2000-05 (dispositions reprises à l'art. 272-37 du Règl. ANC 2020-01) doit être apprécié en tenant compte de la capacité et de l'intention de l'entreprise d'imputer les moins-values latentes aux assurés. La détermination du montant recouvrable repose donc sur une analyse de l'incidence des moins-values latentes sur les participations futures (...). ». Outre le rappel du cadre de référence dans lequel s'inscrit la PBDA (Règl. ANC 2020-01 / ex-Règl. CRC 2000-05), il en résulte que l'appréciation et la détermination de la PBDA s'inscrit donc dans une démarche d'analyse prospective.

Le CNC a apporté enfin les précisions suivantes :

a. Cohérence des hypothèses Les hypothèses retenues doivent être cohérentes entre elles (notamment entre les hypothèses de rachat et le taux servi aux assurés), cohérentes avec toute autre information figurant dans la communication financière (notamment avec celles retenues pour la comptabilisation des frais d'acquisition reportés, des immobilisations

66341 (suite) incorporelles et pour l'« embedded value » lorsque celle-ci est publiée), ainsi qu'avec les « pratiques et stratégies de l'entreprise telles qu'exposées dans les documentations remises aux organes de décision ».

La nécessité d'une cohérence entre hypothèses de répartition de la richesse latente entre assurés et actionnaires utilisées pour la mise en œuvre de la « comptabilité reflet » et celles retenues dans le calcul de l'« embedded value » avait été soulevée dès la transition aux IFRS, mais n'avait toutefois jamais été formellement exprimée.

La comptabilisation d'une PBDA implique non seulement la capacité de pouvoir imputer des moins-values sur les assurés (voir ci-après), mais également l'intention de le faire, ce qui suppose une cohérence avec les intentions affichées par le management de l'entreprise.

b. Probabilité de réaliser des moins-values et capacité de détenir des actifs en moins-values latentes Elles doivent s'apprécier sur la base des moins-values latentes à la date de clôture, sous une hypothèse de continuité d'exploitation, étayée par une analyse prévisionnelle des flux de trésorerie. Celle-ci peut tenir compte :

– d'encaissements futurs de primes, sous réserve de leur caractère « fortement probable », donc sous réserve d'hypothèses prudentes et sur un horizon limité ;

– de plus-values non comptabilisées dans les comptes, par exemple sur des actifs de placement immobiliers enregistrés au coût (selon IAS 40.56) ;

– de liquidités suffisantes au bilan permettant de justifier de l'absence de réalisation à court terme d'actifs en moins-values latentes.

c. Capacité d'imputer les moins-values latentes aux assurés Elle est subordonnée au respect des conditions suivantes :

– modélisation des flux de trésorerie futurs tenant compte des caractéristiques des portefeuilles considérés et d'hypothèses d'entrées/sorties cohérentes avec l'intention d'imputer les moins-values latentes aux assurés ;

– respect des clauses contractuelles et réglementaires de participation aux bénéfices (financiers) ainsi que des règles de cantonnement légales ou contractuelles (à l'exclusion des cantons « de gestion » non contractuels) ;

– prise en compte le cas échéant des éléments non financiers entrant dans le calcul des participations (solde technique et de gestion).

La capacité à pouvoir imputer les moins-values latentes aux assurés exclut une démonstration sur la base de la capacité des actionnaires à pouvoir supporter un manque à gagner.

La participation des contrats légalement cantonnés (PERP, etc.) étant déterminée à partir du canton légal, il ne peut y avoir mutualisation des actifs de ces cantons avec ceux du patrimoine général.

d. Cas particulier des moins-values latentes obligataires Dans le cas d'un titre obligataire en moins-value latente que l'entreprise a la capacité et l'intention de détenir jusqu'à son échéance, il est rappelé que :

– la moins-value latente correspond à un moindre rendement par rapport à celui escompté du marché dans le futur ;

– la participation différée active correspondante est donc en principe intégralement recouvrable (du fait de la détention jusqu'à l'échéance), dans la mesure où ce moindre rendement s'inscrit dans la cohérence d'ensemble des hypothèses en matière de rachat, de rémunération future des assurés et de partage des résultats ;

– une insuffisance de rendement futur par rapport aux engagements de taux garantis devrait déjà être prise en compte soit par un ajustement du taux d'actualisation des provisions mathématiques dans la méthode préférentielle, soit par la constitution d'une provision pour aléas financiers.

Le fait que la moins-value latente soit uniquement représentative d'un écart de rendement suppose bien évidemment que les dépréciations nécessaires en cas de risque de contrepartie aient été constituées.

Le règlement ANC n° 2020-01 (art. 273-4 / ex-CRC 2000-05 § 30013) prévoit le retraitement de la provision pour aléas financiers mais uniquement dans le cas où les provisions mathématiques sont calculées selon la méthode préférentielle (donc sur la base d'un taux d'actualisation au plus égal aux taux de rendement prévisionnels, prudemment estimés, des actifs affectés à leur représentation).

Sur le traitement applicable à la provision pour aléas financiers dans les comptes IFRS, voir n° 66370.

C. Evaluation des provisions techniques

Traitement d'un changement de table de mortalité réglementaire (rentes viagères) en IFRS

Question 66350

Dans le cas où la réglementation française autorise les sociétés d'assurance à étaler, dans leurs comptes individuels, l'impact de changements réglementaires concernant le calcul de provisions techniques (comme par exemple pour les changements de tables de mortalité utilisées pour le calcul des provisions mathématiques relatives aux rentes viagères), comment les sociétés doivent-elles comptabiliser les effets de ces changements dans leurs comptes IFRS ?

Réponse

Dans les comptes IFRS (comme dans les comptes consolidés établis selon le règlement ANC n° 2020-01 (ex-CRC 2000-05), un changement de table de mortalité est traité comme un changement d'estimation comptable et aucun étalement de l'effet de ce changement n'est possible.

En cas d'écart de traitement comptable entre comptes individuels et comptes consolidés, il doit être tenu compte de l'effet en matière d'impôt différé et, éventuellement, de participation aux bénéfices différée.

Commentaires Pour traiter un changement de table de mortalité dans les comptes IFRS, l'approche est la suivante :

a. **Qualification du changement comptable en IFRS** La mise à jour de la table de mortalité utilisée pour calculer une provision technique d'assurance ne modifie pas le principe d'évaluation de ce passif : il ne s'agit donc pas d'un changement de méthode comptable mais d'un simple changement d'estimation comptable, comme dans le cas des principes français applicables aux comptes consolidés. En conséquence, l'incidence de ce changement dans les comptes IFRS doit s'analyser au regard des dispositions d'IAS 8.32 à .38 (voir ci-après).

A l'inverse, le fait d'évaluer un passif d'assurance en tenant compte (ou non) de l'espérance de décès ou de survie constituerait une méthode d'évaluation de ce passif, tout comme le fait de tenir compte (ou non) d'un taux d'actualisation (voir n° 65916). Ainsi, le passage d'une évaluation de passifs d'assurance sur une base non actualisée à une évaluation sur une base actualisée selon des taux de marché est un exemple de changement de méthode comptable autorisé (IFRS 4.24), sachant que le changement inverse est en revanche interdit (IFRS 4.25).

Il en serait de même, à notre avis, si l'on passait d'une évaluation non probabilisée à une évaluation probabilisée : il s'agirait également d'un changement de méthode comptable.

Même si certaines dispositions de la norme IAS 8 (IAS 8.10 à .12) ne sont pas applicables aux contrats d'assurance (IFRS 4.13), ces exclusions ne concernent pas les changements d'estimation comptable. En conséquence, ce sont bien les dispositions d'IAS 8 en la matière qui s'appliquent dans le cas d'un changement de table de mortalité, à savoir :

- en principe, l'effet du changement doit être comptabilisé de manière prospective et inclus dans le résultat de la période du changement et des périodes ultérieures si celles-ci sont également concernées (IAS 8.36) ;

En conséquence, il n'y a pas de retraitement des chiffres comparatifs à effectuer.

- toutefois, dans le cas présent, le changement conduisant à une variation de passifs doit être comptabilisé par ajustement de la valeur comptable des éléments concernés, dans la période du changement (IAS 8.37).

b. **Prise en compte immédiate et sans étalement des nouvelles tables** Dès lors que les tables réglementaires sont considérées par l'entreprise d'assurance comme la meilleure estimation disponible pour l'évaluation de ses engagements, ces tables doivent être prises en compte dès le premier arrêté suivant la date de leur publication.

1. Selon IAS 8.32 et .34, une estimation implique des jugements fondés sur les dernières informations fiables disponibles et peut devoir être changée par suite de nouvelles informations ou d'un surcroît d'expérience. Lorsque ce changement intervient, il est pris en compte immédiatement dans la période de changement (IAS 8.37).

66350 (suite) De manière générale, les normes IFRS privilégient des évaluations faites sur des bases courantes. La norme IFRS 4, notamment, indique explicitement que de telles évaluations donnent une information plus pertinente (IFRS 4.24 à .28). Si les tables réglementaires les plus récentes correspondent à la meilleure estimation disponible dans les comptes consolidés établis selon les principes français (Règl. ANC 2020-01 art. 271-5 IR3 / ex-CRC 2000-05 § 30013, voir ci-avant), il en est, à notre avis, de même en IFRS.

2. Selon le règlement ANC n° 2020-01 (art. 272-29 / ex-CRC 2000-05 § 30013), aucun étalement de l'incidence des changements d'estimation n'est possible. Il en est de même en IFRS.

En revanche, si l'entreprise dispose d'informations montrant que les tables réglementaires ne sont pas représentatives du risque de la population assurée, elle a la possibilité d'utiliser des tables d'expérience certifiées reflétant mieux le risque couvert.

Selon la norme IFRS 4 :

1. Les passifs d'assurance comptabilisés doivent être suffisants (IFRS 4.15). Le caractère suffisant des passifs se vérifie a posteriori par la mise en œuvre du test de suffisance des passifs visé par IFRS 4.15 à .19.

2. A contrario, si un assureur évalue déjà ses contrats d'assurance avec une prudence suffisante, il ne doit pas introduire de prudence supplémentaire (IFRS 4.26). Cette disposition concerne les changements de méthodes comptables mais paraît également susceptible de s'appliquer, à notre avis, aux changements d'estimation dès lors qu'un tel changement introduirait une marge de prudence supérieure à celle utilisée antérieurement.

c. Impôts différés La mise en évidence d'une différence entre la valeur comptable d'un actif ou d'un passif au bilan IFRS et sa valeur fiscale constitue une différence temporelle imposable ou déductible qui donne lieu à un impôt différé selon les dispositions prévues par IAS 12.

Notamment, les principes d'IAS 12 trouveront à s'appliquer s'il existe des différences entre les comptes individuels et les comptes IFRS au titre :
- d'une part, des ajustements du passif lié au changement de tables ; et
- d'autre part, de la participation aux bénéfices différée.

d. Prise en compte possible ou non d'une participation aux bénéfices différée Lorsque les provisions sont constatées intégralement dans les comptes IFRS alors que le complément de provision, calculé avec la même table, est imputé de manière étalée pour le calcul de la participation des assurés (déterminée sur la base des comptes individuels), il existe un écart de base de calcul de la participation qui est source d'une participation aux bénéfices différée active, sous certaines conditions. Seul le montant recouvrable de cette participation aux bénéfices différée active peut alors être constaté.

Au cas particulier du changement des tables réglementaires des rentes viagères publiées en 2006, dans un communiqué du 10 janvier 2007, le CNC avait apporté les précisions suivantes :
- dans les comptes consolidés établis selon les normes IFRS, les dispositions du règlement CRC n° 2000-05 (désormais Règl. ANC 2020-01) s'appliquent aux actifs et passifs relatifs aux contrats d'assurance par application d'IFRS 4.13, lorsque l'assureur a maintenu les principes comptables qu'il pratiquait avant la transition ;
- le supplément de dotation aux provisions mathématiques des rentes viagères constitue un retraitement de consolidation qui donne lieu à la constatation d'une participation active différée lorsque son imputation sur des participations futures constatées ou potentielles est fortement probable ;
- une participation différée active est enregistrée à la double condition : i) qu'elle soit relative à des contrats de rente viagère possédant une clause de participation au résultat technique (et non pas uniquement une clause de participation au résultat financier) et ii) que l'entité ait, sur toute la durée des contrats, l'intention et la capacité d'imputer aux assurés l'impact du changement des tables. Cette capacité dépend notamment des ressources futures des contrats, après prise en compte de l'effet éventuel de la valorisation des titres à la juste valeur et des clauses de revalorisation minimum des rentes.

D. Provision pour risque d'exigibilité des engagements techniques (PRE)

Traitement de la provision pour risque d'exigibilité des engagements techniques (PRE) en IFRS

66360

Question

Lorsque leurs placements relevant de l'article R 343-10 (ex-R 332-20) du Code des assurances (à l'exception des valeurs amortissables que l'entreprise d'assurance a la capacité et l'intention de détenir jusqu'à leur maturité) sont en situation de moins-value latente nette globale, les entreprises d'assurance doivent constituer dans leurs comptes individuels – de manière échelonnée ou intégralement – une provision technique spécifique, la provision pour risque d'exigibilité des engagements techniques (PRE), calculée sur la base de cette moins-value latente nette globale.

Comment les entreprises d'assurance doivent-elles traiter, dans leurs comptes consolidés IFRS, la PRE constatée dans les comptes individuels ?

Réponse

La PRE doit être éliminée dans les comptes consolidés IFRS comme elle doit déjà l'être dans les comptes consolidés établis selon les principes français (Règl. ANC 2020-01 / ex-Règl. CRC 2000-05).

En effet, même si elle figure parmi les provisions techniques, la PRE ne reflète pas un engagement au titre des contrats d'assurance existants, mais un risque sur des actifs financiers déjà appréhendé par ailleurs.

Ce retraitement de consolidation doit s'accompagner des ajustements corrélatifs en matière d'impôt différé et, éventuellement, de participation aux bénéfices différée.

Commentaires :

1. **Evaluation et comptabilisation de la provision pour risque d'exigibilité des engagements techniques (PRE) dans les comptes individuels** Lorsque leurs placements relevant de l'article R 343-10 (ex-R 332-20) du Code des assurances (à l'exception des valeurs amortissables que l'entreprise d'assurance a la capacité et l'intention de détenir jusqu'à leur maturité) sont en situation de moins-value latente nette, les entreprises d'assurance doivent constituer une provision pour risque d'exigibilité de leurs engagements techniques (PRE), selon les modalités suivantes (art. R 343-5, ex-R 331-5-1 du Code des assurances) :

Remarques :

1. Depuis les décrets n° 2013-717 et 2014-1530, une provision pour risque d'exigibilité tel que défini à l'article R 345-5 (ex-R 331-5-1) du Code des assurances doit être constituée lorsque les placements mentionnés à l'article R 343-10 (ex-R 332-20) à l'exception des valeurs amortissables que l'entreprise d'assurance a la capacité et l'intention de détenir jusqu'à leur maturité se trouvent en situation de moins-value latente nette globale.

2. Les placements relevant de l'article R 343-10 (ex-R 332-20) du Code des assurances sont tous les placements autres que les valeurs mobilières amortissables relevant de l'article R 343-9 (ex- R 332-19) de ce même Code :

- valeurs mobilières et autres titres cotés (autres que celles classées en R 343-9) ;
- actions ou parts d'OPCVM ;
- titres non cotés ;
- immeubles et parts ou actions de sociétés immobilières ;
- prêts.

L'article R 343-09 comportant une liste limitative de valeurs amortissables, les autres valeurs amortissables relèvent donc de l'article R 343-10.

a. **Calcul de la moins-value nette latente globale** La moins-value nette globale est calculée (art. R 343-5) sur la base :

- pour les valeurs mobilières cotées, du cours moyen sur les trente derniers jours précédant le jour de l'inventaire ou, à défaut, du dernier cours coté à cette date ;
- pour les actions ou parts d'OPCVM, de la moyenne des valeurs de rachats publiées au cours des trente derniers jours précédant le jour de l'inventaire ou, à défaut, de la dernière valeur de rachat publiée à cette date ;

66360 (suite) – pour les autres actifs, des règles de l'article R 343-11 (ex-R 332-20-1) (valeur vénale pour les titres non cotés, valeur d'expertise pour les immeubles, valeur comptable pour les autres placements).

b. Dotation par tiers de la moins-value nette globale La dotation annuelle à la PRE au titre de l'exercice est égale au tiers du montant de la moins-value nette globale constatée sur les placements concernés, sans que cette dotation puisse conduire à ce que le montant total de la provision inscrite au bilan au titre de l'exercice excède le montant de la moins-value nette globale constatée sur ces placements (art. R 343-5, ex-R 331-5-1).

c. Possibilité d'un étalement sur une durée supérieure La dotation à la PRE (par tiers) peut être étalée sur une durée supérieure (art. R 343-6, ex-R 331-5-4), sans que cette durée puisse excéder huit ans.

La période maximum d'étalement est la duration des passifs, définie « comme une estimation prudente de l'échéance moyenne pondérée des paiements futurs relatifs aux engagements réglementés » (art. A 343-1-2, ex-A 331-26).

Dans le cas où l'étalement est pratiqué, le report de charge est enregistré au passif du bilan dans les « autres provisions techniques » dans un sous-compte de la PRE, avec pour contrepartie dans le compte non technique un sous-compte des « produits non techniques ».

Dans le cas d'une option d'étalement de la PRE sur la duration des passifs, deux particularités doivent être soulignées :

1. lorsqu'une PRE est constituée dans une comptabilité auxiliaire d'affectation (correspondant à un actif légalement cantonné au sens du Code des assurances, le report de charge est constaté dans les comptes de l'entreprise mais pas dans la comptabilité auxiliaire d'affectation (art. R 343-6, ex-R 331-5-4) ;

2. à compter du 1er janvier 2020, suite aux évolutions sur les modalités de prise en compte des variations de la PRE dans les règles de participation minimum réglementaire, lorsque la charge constituée par la dotation à la PRE est étalée en application de l'article R 343-6 du Code des assurances, cet étalement doit être maintenu dans le calcul de la participation aux bénéfices minimums réglementaire des assurés.

2. Traitement de la PRE dans les comptes consolidés :

a. Comptes consolidés en principes français Selon le règlement ANC n° 2020-01 (art. 272-34 / ex-CRC 2000-05 § 30013), « la provision pour risque d'exigibilité est éliminée dans les comptes consolidés.

Ce retraitement doit s'accompagner des ajustements corrélatifs en termes d'impôts différés (dans la limite du montant fiscalement admis) et, éventuellement, de participation aux bénéfices différée dès lors que les variations de la provision pour risque d'exigibilité dans les comptes sociaux sont prises en compte pour la détermination d'une telle participation ».

Lors de l'élaboration du règlement CRC 2004-10, modifiant le règlement CRC n° 2000-05, le groupe de travail du CNC, pour justifier le retraitement de la PRE, avait relevé (note de présentation de l'avis CNC 2004-14) :

– que la PRE est une provision fortement influencée par des considérations prudentielles, qui soulève des difficultés dans le cadre des comptes consolidés fondées sur une approche privilégiant la substance sur la forme ;

– que la PRE est une provision technique passive calculée sur des éléments d'actifs, supposée refléter le risque qu'une entreprise soit amenée à vendre des actifs en représentation des engagements techniques. Toutefois, les risques portant sur les actifs étant déjà couverts par les provisions pour dépréciation constituées selon les dispositions du règlement ANC n° 2015-11 (donc en tenant compte à la fois de l'intention et de la capacité de l'entreprise à conserver des actifs en moins-values latentes), « le risque couvert par la PRE est la survenance d'événements difficilement prévisibles à la date d'arrêté des comptes ayant une incidence sur la valeur de recouvrement des titres évalués, ces événements n'ayant pas de lien avec la période sous revue, ne serait-ce que sur la base de l'expérience passée ».

b. Comptes établis en normes IFRS La PRE constituée dans les comptes individuels doit également être retraitée dans les comptes établis en normes IFRS. Les arguments avancés par le groupe de travail du CNC sont, dans une certaine mesure, également valables dans le contexte des comptes IFRS.

La norme IFRS 4.13 exempte un assureur d'appliquer les dispositions d'IAS 8.10 à .12 aux contrats d'assurance (ou de réassurance qu'il émet) et donc de continuer à appliquer ses méthodes comptables. Pour l'application de cette exemption, les méthodes comptables de référence sont celles applicables aux comptes consolidés. Or, celles-ci prévoient le retraitement de la PRE.

En outre, la PRE est calculée sur la base des placements relevant de l'article R 343-10 (ex-R 332-20) du Code des assurances. Or, ces placements (à l'exception des obligations détenues jusqu'à échéance et des placements non cotés ou immobiliers, qui seraient évalués au coût) sont évalués à la juste valeur dans les comptes IFRS (par résultat ou par OCI), donc de facto en valeur de réalisation, ce qui rend la PRE sans objet. **66360** (suite)

3. Evaluation de l'impôt différé sur le retraitement de la PRE Comme indiqué dans le règlement ANC nº 2020-01 (art. 272-34 / ex-CRC 2000-05 § 30013) précité, le retraitement de la PRE s'accompagne de la constatation d'un impôt différé « dans la limite du montant fiscalement admis ». En effet, les règles fiscales de déduction de la PRE sont fondées sur celles applicables aux dépréciations ligne à ligne et sont donc fonction de la nature des titres en moins-value latente. Ce principe nous paraît également valable pour l'établissement des comptes IFRS.

4. Evaluation de la participation différée sur le retraitement de la PRE Comme indiqué dans le règlement ANC nº 2020-01 (art. 272-34 / ex-CRC 2000-05 § 30013), le retraitement de la PRE s'accompagne de la constatation d'une participation aux bénéfices différée « dès lors que les variations de la provision pour risque d'exigibilité dans les comptes sociaux sont prises en compte pour la détermination d'une telle participation ». L'application de ce principe nécessite donc d'analyser les cas où la PRE a effectivement un impact sur la détermination de la participation aux bénéfices des assurés.

a. Modalités de prise en compte de la PRE dans le calcul de la participation des assurés Les variations de la PRE sont susceptibles d'avoir un effet sur les droits des assurés :
- soit, par le biais de la participation aux bénéfices minimums réglementaire, via le solde technique incluant les variations de la PRE (hors report de charge, voir point 1.c. ci-avant) ;
- soit, parce que les clauses contractuelles prévoient la prise en compte d'un solde technique dans le calcul des droits des assurés ;
- soit, parce que les règles de participation applicables à certains types de contrats particuliers reposent sur une comptabilité auxiliaire d'affectation dans laquelle une PRE est constituée.

Dans quelques cas très particuliers, la participation aux bénéfices minimums réglementaire ne jouera pas, dans la mesure où les contrats concernés sont exclus du champ de celle-ci ou lorsque, même si leur résultat technique intervient dans son calcul, le Code des assurances ne fixe aucune modalité de distribution de ce montant aux assurés (cas d'une entreprise qui ne commercialiserait que des contrats de prévoyance collective en cas de décès).

b. Incidence du calcul de participation minimale sur la constatation d'une participation aux bénéfices différée L'application stricte du règlement ANC nº 2020-01 (ex-CRC 2000-05) devrait donc conduire à constater systématiquement une participation aux bénéfices différée sur le retraitement de la PRE, puisque les variations de celle-ci interviennent toujours dans le calcul des droits des assurés, que ce soit contractuellement ou réglementairement.

Toutefois, certains estiment que, lorsque les dispositions contractuelles relatives à la participation excluent la prise en compte de la PRE, le calcul de la participation minimum réglementaire constitue seulement un plancher à respecter par l'assureur et qu'il n'y a pas lieu de constituer de participation aux bénéfices différée lorsque celui-ci revalorise les contrats concernés systématiquement au-delà du montant réglementaire et que ceci sera également le cas lorsque la PRE sera reprise.

A l'exception des cas très particuliers évoqués ci-avant, les situations envisagées par les partisans de cette approche relèvent d'une appréciation « économique » de la participation des assurés, supposée se fonder sur une contrainte commerciale indépendante de la contrainte réglementaire, conduisant à constater des charges de participation qui ne seraient pas affectées par l'incidence de la PRE sur le montant minimal de participation.

En conséquence et à notre avis, le retraitement de la PRE devrait nécessairement entraîner la constatation d'une participation aux bénéfices différée, sauf dans le cas où l'assureur serait en mesure de démontrer avec certitude que la reprise de celle-ci n'affectera pas le calcul d'une telle participation.

En revanche, l'approche selon laquelle une reprise ultérieure de la PRE sera compensée par des pertes techniques subies au cours de l'exercice de reprise nous paraît devoir être écartée : elle revient en pratique à compenser implicitement la participation différée passive qui serait à constater au titre de la PRE avec une participation différée active correspondant à des pertes futures, qui ne sont pas reconnues par ailleurs dans les comptes. Cette approche ne nous paraît donc pas appropriée.

Par ailleurs, les entités dont les placements sont en situation de moins-values latentes nettes doivent s'assurer que leur jugement concernant la reconnaissance ou non d'une participation aux bénéfices différée passive suite à l'annulation de la PRE est cohérent avec celui retenu au titre de la recouvrabilité de la participation différée active (voir nº 66341), constatée dans le cadre de la comptabilité reflet.

Ainsi, il serait par exemple nécessaire pour une entité de justifier une situation et des conditions futures qui lui permettraient de constater une participation aux bénéfices différée active sur des moins-values latentes relatives à des titres de capital (considérant qu'il est fortement probable que l'actionnaire ne sera pas affecté par leur réalisation) et de ne pas constater de participation aux bénéfices différée passive sur l'annulation de la PRE (considérant au contraire qu'il est fortement probable que la reprise de la PRE n'affectera que l'actionnaire).

E. Provision pour aléas financiers (PAF)

Traitement de la provision pour aléas financiers (PAF) en IFRS

66370 ***Question***

Dans certaines conditions, les sociétés d'assurance peuvent être amenées à constituer dans leurs comptes individuels, en sus des provisions mathématiques calculées sur les bases réglementaires, une provision technique additionnelle, la provision pour aléas financiers (PAF).

Comment les sociétés d'assurance doivent-elles traiter la PAF constatée dans les comptes individuels dans leurs comptes IFRS ?

Réponse

Dans les comptes consolidés établis en principes français (Règl. ANC 2020-01 art. 273-4 / ex-Règl. CRC 2000-05) :

– dans le cas où le groupe actualise ses provisions techniques sur la base de taux d'actualisation au plus égaux aux taux de rendement prévisionnels, prudemment estimés, des actifs affectés à leur représentation, la PAF doit être retraitée ;

– dans le cas contraire, elle est maintenue.

La norme IFRS 4.13 autorisant les assureurs à continuer à appliquer leurs normes locales pour évaluer leurs contrats d'assurance, les dispositions du règlement ANC n° 2020-01 (ex-Règl. CRC 2000-05) sont également applicables par les sociétés d'assurance françaises dans leurs comptes IFRS, celles-ci ne paraissant pas incompatibles avec les dispositions d'IFRS 4.27 qui s'appliquent en cas de changement de taux d'actualisation.

Commentaires :

1. Constitution et évaluation de la provision pour aléas financiers (PAF) dans les comptes individuels La provision pour aléas financiers (PAF) vise à couvrir une insuffisance de rendement des actifs par rapport aux engagements pris par l'assureur en matière de rémunération des assurés (intérêt technique et participation garantie). Le critère de déclenchement et les modalités d'évaluation de la PAF sont fixés par l'article 142-8 du règlement ANC n° 2015-11 (ex-art. A 331-2 du Code des assurances).

a. Critère de déclenchement Les calculs pouvant conduire à la constitution de la PAF doivent être effectués si, à la date d'inventaire, le taux de rendement réel des actifs, diminué d'un cinquième, est inférieur au quotient du montant total des intérêts techniques et du minimum contractuellement garanti de participation aux bénéfices dans les conditions définies à l'article A 132-2 du Code des assurances des contrats par le montant moyen des provisions mathématiques constituées.

Selon les articles A 132-2 et A 132-3 du Code des assurances, il est possible, sous certaines conditions liées au rendement des actifs, de fixer une participation minimum pour un exercice donné.

b. Modalités de calcul Dans le cas où le critère conduit au déclenchement de la PAF, les modalités de calcul de la provision pour aléas financiers résultant de l'article 142-8 du règlement ANC n° 2015-11 prévoient un double calcul des provisions mathématiques :

b.1. l'un effectué avec le plus élevé des trois taux d'actualisation mentionnés ci-après :

i. un taux unique égal à 60 % du taux moyen des emprunts de l'Etat français calculé sur base semestrielle ;

ii. un taux égal, pour chacune des échéances futures de paiement, à la moyenne pondérée, par le montant au bilan de chacune des catégories d'actifs auxquels ils se rapportent, des taux suivants : 66370 (suite)

– pour les obligations et titres assimilés mentionnés aux 1°, 2°, 2° bis et 2° ter de l'article R 332-2 qui ne sont pas arrivés à terme à la date d'échéance de paiement considérée, le taux moyen des emprunts de l'Etat français calculé sur base semestrielle ;

– pour les autres actifs, le réemploi des coupons et des obligations et titres assimilés échus : 75 % du taux moyen des emprunts de l'Etat français calculé sur base semestrielle si la date d'échéance de paiement considérée est inférieure à 5 ans ;

– 60 % de ce même taux moyen sinon ;

iii. sur demande de l'entreprise et après accord de l'Autorité de contrôle, un taux égal au taux de rendement futur prudemment estimé des actifs affectés à la représentation des engagements réglementés ;

b.2. l'autre correspondant au calcul avec les taux réglementaires.

Si le premier montant est supérieur au second, une dotation égale à leur différence est affectée à la PAF.

Le test de déclenchement de la PAF ainsi que le calcul de la provision sont réalisés à chaque clôture.

2. Traitement de la PAF dans les comptes consolidés en principes français Selon le règlement ANC n° 2020-01 (art. 273-4 / ex-CRC 2000-05 § 30013) : « Dès lors que les provisions mathématiques sont constituées sur la base de taux d'actualisation au plus égaux aux taux de rendement prévisionnels, prudemment estimés, des actifs affectés à leur représentation, la provision pour aléas financiers devient sans objet. »

a. Selon le règlement ANC n° 2020-01 (art. 273-4 / ex-CRC 2000-05 § 3002 – Méthodes préférentielles), les provisions d'assurance-vie peuvent être évaluées sur la base de taux d'actualisation au plus égaux aux taux de rendement prévisionnels, prudemment estimés, des actifs affectés à leur représentation. En effet, les taux d'actualisation réglementaires sont généralement fixés de telle sorte qu'ils soient, à l'origine des contrats, inférieurs aux taux de rendement réels des actifs.

b. Le calcul de la PAF peut s'effectuer selon trois méthodes différentes. Dans le cas où la méthode iii ci-avant serait utilisée, les provisions ainsi recalculées ne seraient pas incompatibles avec la méthode optionnelle mentionnée ci-avant en a). Toutefois, ce serait alors la somme des provisions qui correspondrait à l'application de la méthode optionnelle visée par le règlement ANC n° 2020-01 (art. 273-4 / ex-CRC 2000-05 § 30013 – Méthode préférentielle). En conséquence, même dans ce cas, la PAF devrait être maintenue dans les comptes consolidés.

3. Traitement de la PAF dans les comptes établis en normes IFRS IFRS 4.13 exempte un assureur d'appliquer les dispositions d'IAS 8.10 à .12 aux contrats d'assurance (ou de réassurance qu'il émet) et donc de continuer à appliquer les méthodes comptables qu'il utilise déjà (voir n° 65912). Pour l'application de cette exemption, les méthodes comptables de référence sont celles applicables aux comptes consolidés.

Le règlement ANC n° 2020-01 (ex-CRC 2000-05) (voir point 2.) prévoit deux traitements différents selon que le groupe utilise ou non la méthode optionnelle prévue à l'article 273-4 pour évaluer ses provisions d'assurance-vie :

– en cas d'actualisation des provisions techniques sur la base de taux d'actualisation au plus égaux aux taux de rendement prévisionnels prudemment estimés des actifs, retraitement de la PAF ;

– dans le cas contraire, maintien de celle-ci.

Selon IFRS 4.27, lors de la première application des normes IFRS, un assureur n'est pas tenu de changer ses méthodes comptables concernant les contrats d'assurance afin d'éliminer les marges futures sur les placements financiers. Toutefois, le fait pour un assureur de procéder, lors de la première application des normes IFRS ou ultérieurement, à un changement qui conduit à introduire des marges futures de placements dans l'évaluation des passifs constitue une présomption (réfutable) de dégradation de la pertinence et de la fiabilité des comptes (donc un changement de méthode non autorisé), voir n° 65916.

Deux exemples sont fournis, dont l'un consiste à utiliser le taux de rendement réel des actifs pour actualiser les provisions techniques.

A notre avis, l'application de la méthode préférentielle ou celle du principe d'application de la PAF ne constituent pas à proprement parler des changements de méthode comptable.

Il s'agit plutôt d'un maintien des principes existants, comptables dans le premier cas, prudentiels dans le second, dont l'objectif n'est pas d'intégrer une marge future de placements dans l'évaluation des passifs, mais au contraire de s'assurer que cette évaluation reste prudente par rapport à une valorisation qui serait faite en retenant un taux trop élevé par rapport au taux de rendement réel des actifs.

Cette position semble partagée par le CNC qui l'a indirectement confirmée dans le cadre de sa recommandation du 19 décembre 2008 relative à la participation différée active (voir n° 66341).

F. Opérations en devises

Traitement comptable des opérations en devises par les entreprises d'assurance qui continuent d'appliquer les principes de comptabilisation et d'évaluation de la norme IAS 39 : divergences entre principes français et normes IFRS

66380 ***Question***

Les règles comptables applicables aux opérations en devises des entreprises d'assurance dans les comptes individuels sont-elles conformes aux IFRS ?

Réponse

En la matière, il existe des divergences de principe entre les principes français applicables aux entreprises d'assurance et les normes IFRS.

Les principes français reposent sur l'utilisation d'une comptabilité multidevises (plurimonétaire) et les opérations en monnaies étrangères sont donc enregistrées dans la comptabilité devise correspondante (sauf exceptions).

En revanche, la norme IAS 21, Effets des variations des cours des monnaies étrangères, prévoit une comptabilisation initiale au cours historique dans la monnaie fonctionnelle.

Toutefois, pour certains actifs et passifs, il existe finalement peu ou pas de divergence de traitement comptable des écarts de change entre les deux référentiels.

Commentaires :

1. **Traitement comptable des opérations en devises par les entreprises d'assurance françaises (principes généraux)** Le traitement comptable des opérations en devises par les entreprises d'assurance dans leurs comptes individuels, fixé à l'origine par le Plan Comptable des Assurances, a fait l'objet de modifications substantielles depuis la publication du règlement CRC n° 2007-07, abrogé à compter du 1er janvier 2016 et dont les dispositions sont reprises au sein du titre IV du Livre II du règlement ANC n° 2015-11.

a. Tenue d'une comptabilité en devises L'obligation d'enregistrer les opérations dans leur devise de négociation ou de règlement, prévue par les dispositions réglementaires, n'est pas remise en cause. Si des opérations sont réalisées dans des devises différentes de l'euro, il en résulte l'obligation de tenir une comptabilité multidevises (ou plurimonétaire). En revanche, les modalités de traitement des variations de change en cas d'utilisation de cette comptabilité ont été modifiées.

L'utilisation d'une comptabilité multidevises implique que toute opération effectuée dans une devise soit enregistrée dans la comptabilité correspondante. Lorsqu'une opération concerne une devise et l'euro (par exemple) (« opération de change »), elle est enregistrée :
- dans la comptabilité devise, en devises, par contrepartie d'un compte de position de change ;
- dans la comptabilité euro, en euros sur la base du cours de change à la date de l'opération, par contrepartie d'un compte de contre-valeur de position de change.

A l'inventaire, chaque comptabilité devise étant convertie en euros au cours de change à cette date, l'écart entre le solde du compte de position de change converti et sa contre-valeur en euros est représentatif de la variation de change depuis la création de cette position.

b. Distinction entre deux catégories d'opérations Le traitement comptable de l'effet des variations des cours de change repose sur la distinction des opérations de change selon deux catégories :

– opérations portant sur des actifs ou passifs générant une position de change dite « structurelle », qui ne sont pas destinés à être réalisés et dont la valorisation ne doit pas être affectée par la volatilité des cours de change ;

Il s'agit des titres de participation stratégiques négociés en devises, des dotations en devises aux succursales et des financements en devises de ces titres et dotations (sauf s'ils sont remboursés). Il est toutefois possible par exception d'enregistrer les titres de participation directement en euros au cours de change historique. **66380** (suite)

– opérations générant une position de change dite « opérationnelle », qui représentent des expositions en devises assumées par l'entreprise dans son exploitation courante, à court ou moyen terme, donc soumises à la volatilité des cours de change.

Elles concernent les autres opérations en devises, c'est-à-dire l'ensemble des opérations techniques (primes, prestations et provisions) ainsi que les placements en devises correspondants.
Par exception :
– les immobilisations corporelles et incorporelles, qui ne sont pas détenues par des succursales étrangères, sont toujours considérées comme des actifs en euros ;
– la réserve de capitalisation (voir n° 66315) et la provision pour risques d'exigibilité des engagements techniques (PRE, voir n° 66360) sont des passifs toujours exprimés en euros.

Des comptes de position de change (et de contre-valeur de ces positions) différents doivent être utilisés pour les positions structurelles et les positions opérationnelles, que ce soit au bilan ou au hors bilan.

c. Traitement comptable de la variation de change Afin de refléter le risque de change selon la nature des opérations, le traitement comptable est donc le suivant :

Des dispositions particulières, qui ne sont pas décrites ci-après, ont été introduites pour les instruments dérivés en couverture d'opérations de change afin de refléter le traitement différencié entre opérations structurelles et opérationnelles.

– les différences de conversion sur les positions de change structurelles, évaluées par différence entre le cours de change de la devise concernée au jour de l'opération (cours historique) et le cours de clôture, sont constatées au bilan (et hors bilan pour les dérivés) ;

Les différences de conversion sur les actifs structurels et leurs financements sont enregistrées dans un sous-compte du compte principal, regroupé avec celui-ci pour la présentation au bilan (comme s'ils avaient été maintenus aux cours de conversion historique).
Une exception existe pour les comptes de liaison avec les succursales ; ces derniers étant soldés à l'inventaire, l'écart de conversion figure donc en compte de régularisation.

– les différences de change sur les positions de change opérationnelles sont constatées en résultat de change.

Les comptes à utiliser sont les comptes 665 « Pertes de change » ou 765 « Profits de change ».

Il en résulte donc que les variations de change sont systématiquement enregistrées en résultat, sauf dans le cas des opérations structurelles où elles sont maintenues au bilan.

Enfin, concernant les règles de dépréciation des actifs, la provision à constituer est évaluée :
– en euros, pour les actifs structurels ;
– en devises (dans la comptabilité devise correspondante), pour les actifs opérationnels.

2. Traitement comptable des opérations en devises en IFRS (rappel) Les principes définis par les IFRS pour les opérations en devises sont les suivants.

Pour une présentation des dispositions générales de la norme IAS 21, voir n° 13005 s. (transactions en devises) et n° 16005 s. (conversion des états financiers).

a. Définition des opérations en monnaie étrangère Les opérations en monnaie étrangère sont celles libellées dans une monnaie autre que la monnaie fonctionnelle (IAS 21.18 et .20). Toute entreprise est ainsi tenue d'établir ses comptes dans sa monnaie fonctionnelle, les opérations libellées dans une monnaie autre que cette monnaie étant comptabilisées comme des opérations en monnaie étrangère (IAS 21.17 et .20).

Lorsqu'une entreprise ne tient pas, au jour le jour, ses comptes dans sa monnaie fonctionnelle, elle convertit ses comptes dans cette monnaie en utilisant la méthode du cours historique afin d'aboutir aux mêmes états financiers que ceux qui auraient été établis directement dans sa monnaie fonctionnelle (IAS 21.34).

b. Comptabilisation initiale des opérations en devises Lors de la comptabilisation initiale d'une opération en monnaie étrangère, IAS 21.21 s. impose la conversion des montants libellés dans cette monnaie au cours de change en vigueur à la date de transaction, c'est-à-dire à la date à laquelle l'opération remplit les conditions de comptabilisation initiale.

Toutefois, pour des raisons pratiques, il est possible d'utiliser un cours proche du cours réel en vigueur à la date de l'opération comme, par exemple, un cours moyen périodique hebdomadaire ou mensuel, à condition cependant que les cours de change ne connaissent pas de variations significatives pendant cette période (IAS 21.22).

66380 (suite)

c. Distinction entre éléments monétaires et non monétaires La norme fait une distinction entre les éléments monétaires et non monétaires qui font l'objet d'un traitement différent à la clôture. La principale caractéristique d'un élément monétaire est le droit de recevoir (ou l'obligation de payer) un montant déterminé ou déterminable d'unités monétaires (IAS 21.8 et .16). Ceci permet de définir par défaut et a contrario un élément non monétaire.

d. Conversion des éléments monétaires et non monétaires Elle diffère selon la nature des éléments :

d.1. élément monétaire : à la clôture de l'exercice, la valeur des éléments monétaires exprimés en monnaie étrangère est modifiée pour tenir compte de l'évolution des cours de change entre la date de comptabilisation initiale de l'opération (ou le cours de clôture de la période comptable précédente) et la date de clôture. Ces éléments exprimés en monnaie étrangère sont ainsi convertis, en IFRS (IAS 21.23a), au cours de change en vigueur à la date de clôture ;

d.2. élément non monétaire : des dispositions particulières existent concernant les éléments non monétaires évalués à la juste valeur qui sont détaillées ci-après :
- les éléments non monétaires, évalués à leur coût historique (par exemple, un titre non coté ayant une juste valeur difficilement mesurable de façon fiable), sont convertis à leur cours historique de change (IAS 21.23b) à la date de transaction (cours figé) ;
- les éléments non monétaires évalués à la juste valeur sont convertis au cours de la date à laquelle cette juste valeur est déterminée (IAS 21.23c), i.e. au cours de clôture.

e. Comptabilisation des différences de change Le traitement comptable des différences de change diffère également selon la nature de l'élément :

e.1. élément monétaire : les écarts de change résultant du règlement d'éléments monétaires ou de la conversion d'éléments monétaires à des cours différents de ceux utilisés lors de leur comptabilisation initiale au cours de la période ou dans les états financiers antérieurs doivent être comptabilisés en produits ou charges de la période au cours de laquelle ils surviennent (IAS 21.28), sauf s'ils font partie de l'investissement net dans une activité à l'étranger de l'entité présentant les états financiers (IAS 21.15 et .15A) ;

e.2. élément non monétaire : des dispositions particulières existent concernant les éléments non monétaires évalués à la juste valeur. Pour ces derniers, le traitement de l'écart de conversion est identique à celui retenu pour le gain ou la perte latente ou réalisée sur cet instrument (IAS 21.30) à savoir :
- en autres éléments du résultat global (« Other Comprehensive Income »/OCI) ;

  Par exemple, plus ou moins-values latentes sur titres AFS ou réévaluation des immeubles d'exploitation selon IAS 16.39 et .40.
- ou en résultat.

  Par exemple, cession ou dépréciation des titres AFS, réévaluations à la juste valeur des titres classés en Trading ou évalués selon l'option juste valeur, évaluation à la juste valeur des immeubles de placement selon IAS 40.35 et cession d'immeubles.

3. Divergences entre principes comptables français et IFRS Sur le plan des principes, il existe de nombreuses divergences entre les deux référentiels comptables, que l'on peut résumer dans le tableau suivant :

Principes français (entreprises d'assurance)	Principes IFRS (IAS 21)
Tenue d'une comptabilité multidevises (plurimonétaire).	Tenue d'une comptabilité dans la monnaie fonctionnelle.
Enregistrement initial d'une opération en devise dans la comptabilité devise (sauf exceptions). Enregistrement d'une opération de change dans la comptabilité devise et dans la comptabilité euro (en contrepartie de comptes de positions de change et de contre-valeur de ces comptes).	Enregistrement initial d'une opération en monnaie étrangère dans la monnaie fonctionnelle au cours de change à la date d'opération.
Conversion au cours de clôture de chaque comptabilité devise.	Conversion au cours de clôture : – de la valeur comptable des éléments monétaires ; – des éléments non monétaires évalués à la juste valeur. Pas de conversion des éléments non monétaires évalués au coût (cours figé à la date de transaction).

66380 (suite)

Principes français (entreprises d'assurance)	Principes IFRS (IAS 21)
Enregistrement de l'écart de change : – en résultat pour les éléments « opérationnels » ; – au bilan pour les éléments « structurels ».	Enregistrement de l'écart de change : – en résultat pour les éléments monétaires et les éléments non monétaires évalués à la juste valeur par résultat ; – en autre élément du résultat global (OCI) pour les éléments non monétaires réévalués par OCI.

Exemple des placements en actions Les placements en actions négociés en devises constituent une bonne illustration des divergences de traitement entre les principes comptables français et les normes IFRS :

a. Principes français propres aux entreprises d'assurance Une action en devise est à enregistrer dans la comptabilité correspondant à sa devise de négociation. A l'inventaire, la dépréciation est calculée dans la devise et comptabilisée dans la comptabilité devise. S'agissant d'un actif opérationnel, la variation de la position de change liée à ce placement est enregistrée en résultat.

b. Normes IFRS Une action en monnaie étrangère est un actif financier représentatif d'un élément de capitaux propres. A l'inventaire, en fonction de son classement selon IAS 39, un placement doit être :
- dans le cas d'un classement en titre de transaction ou en juste valeur sur option, évalué à la juste valeur par contrepartie du résultat, la juste valeur en monnaie étrangère étant convertie dans la monnaie fonctionnelle et l'écart de change n'étant pas dissocié de la variation de la juste valeur ;
- dans le cas d'un classement en titre disponible à la vente (AFS), évalué à la juste valeur en autre élément du résultat global (« Other Comprehensive Income »/OCI), l'écart de change n'étant pas non plus dissocié et étant donc également comptabilisé en OCI ;

La dépréciation est toutefois calculée sur la base du montant converti.

- dans le cas particulier des titres évalués au coût, maintenu au coût d'acquisition et donc au cours de change historique de transaction (sans ajustement à l'inventaire).

4. Convergence de fait entre les deux référentiels pour certaines opérations Au-delà des divergences entre les principes français et les dispositions d'IAS 21, il s'avère toutefois que le traitement comptable aboutit à un résultat qui peut être identique ou proche dans certains cas.

a. Titres de participation non cotés En principes français, qu'ils soient convertis au cours de clôture ou directement enregistrés en euros, les titres de participation sont présentés au bilan en euros et dépréciés par rapport à une valeur en euros.

Il s'agit d'actifs structurels pour lesquels l'écart de conversion est directement rattaché au compte principal ; la somme des comptes conduit donc à afficher au bilan la valeur au cours de conversion historique.

En IFRS, selon IAS 39, les titres de capital qui ne sont pas cotés sur un marché actif et dont la juste valeur ne peut pas être évaluée de manière fiable sont maintenus au coût. Dans ce cas, il n'y a pas de conversion à la clôture.

Dans le cas de titres de participation non cotés, même si une valeur d'utilité peut être déterminée, elle ne répond pas nécessairement à une « juste valeur fiable » au sens d'IAS 39.

b. Placements correspondant à des titres de dettes En principes français, ces titres seront en principe enregistrés dans la comptabilité devise correspondante, y compris les intérêts courus et les amortissements de primes/décotes, et convertis au cours de clôture, avec enregistrement de la variation de change en résultat. S'agissant d'actifs monétaires, il en est de même en IFRS que ces titres soient enregistrés selon IAS 39 au coût amorti ou en titres disponibles à la vente (AFS), car la conversion s'effectue dans les deux cas sur la base du coût amorti.

Dans les principes français, si le placement libellé en monnaie étrangère a été payé en euros, une position de change opérationnelle est créée à la date de transaction. La variation de change calculée sur la base de cette position correspond à celle qui est calculée en IFRS par rapport au cours de change historique et, dans tous les cas, elle est enregistrée en résultat.

c. Provisions techniques Les provisions techniques (pour celles qui sont conservées en IFRS) ont été traitées en principes français comme des passifs opérationnels et leur variation liée au change enregistrée en résultat. En IFRS, il n'y aura donc pas de divergence dès lors qu'une provision technique est assimilée à un passif monétaire.

66380 (suite) Il existe toutefois des divergences d'interprétation sur le caractère monétaire ou non de certaines provisions, selon qu'elles sont analysées comme des reports de produits (élément non monétaire) ou représentatives de sinistres à venir (élément monétaire). C'est le cas notamment pour :
- les provisions pour primes non acquises (PPNA) ;
- les provisions pour sinistres non encore manifestés (PSNEM) en assurance construction.

En l'absence de règles précises dans IFRS 4, il subsiste une certaine latitude d'interprétation, même si certains se réfèrent sur ce sujet à la doctrine américaine (ASC 255).

d. Autres actifs et passifs Les autres éléments d'actifs ou de passifs opérationnels (créances de primes, dettes de prestations, etc.) qui répondent à la définition d'actifs ou de passifs monétaires sont convertis au cours de clôture et l'écart de change correspondant est enregistré en résultat dans les deux référentiels.

La présentation est toutefois différente en résultat selon le référentiel :
- en IFRS, une prime ou une prestation figure au compte de résultat au cours historique et l'écart de change sur la créance ou dette est isolé ;
- en principes français, cette même prime ou prestation apparaît au cours de clôture sans dissociation de l'effet change.

CHAPITRE 54R

Contrats d'assurance (IFRS 17)

Plan du chapitre §§ 65900R

L'ESSENTIEL DE LA NORME IFRS 17

A. Généralités

Préambule

65905R Vingt ans après le lancement du projet par son prédécesseur l'IASC, l'IASB a publié le 18 mai 2017 la nouvelle norme IFRS 17 relative aux contrats d'assurance. Par la suite, l'IASB a publié des amendements de la norme en juin 2020 et en décembre 2021.

La norme IFRS 17, applicable de manière obligatoire aux exercices ouverts à compter du 1er janvier 2023, a considérablement modifié les modalités d'évaluation et de comptabilisation des contrats d'assurance et des contrats d'investissement avec participation discrétionnaire ainsi que les indicateurs de performance des émetteurs de tels contrats.

La Commission européenne a décidé, à la suite d'un vote de l'ARC (Accounting Regulatory Committee) le 16 juillet 2021, de donner la possibilité de déroger, dans certains cas, à la règle des cohortes annuelles imposée par l'IASB (voir nº 65940R, point 3.).

Le règlement européen d'adoption de la norme IFRS 17 incluant le « carve-out » sur les cohortes annuelles a été publié le 23 novembre 2021 (Règl. UE 2021/2036).

Ce chapitre présente les grands principes de la norme IFRS 17, incluant les amendements de juin 2020 et de décembre 2021.

Pour les détails du calendrier de mise en œuvre de la nouvelle norme, voir nº 66060R.

Champ d'application

65910R La norme IFRS 17 concerne toutes les entités et pas seulement les compagnies d'assurance. Tous les contrats qui répondent à la définition de contrats d'assurance au sens d'IFRS 17 et qui ne sont pas admissibles à l'une des exceptions au champ d'application sont dans le champ d'application de la norme, quelle que soit l'entité qui les émet.

Le tableau suivant, établi par nos soins, résume les contrats qui entrent obligatoirement dans le champ d'application d'IFRS 17, qui peuvent y entrer sur option ou qui sont hors du champ d'application de la norme :

Remarque La norme donne par ailleurs des exemples de contrats qui sont ou qui ne sont pas des contrats d'assurance dans le champ d'application d'IFRS 17 (voir IFRS 17.B26 à .B30).

Nature du contrat	Dans le champ d'application	Potentiellement dans le champ d'application	Norme IFRS 17 non applicable	Référence
Contrats d'assurance émis (voir n° 65920R s.)	X (1)			IFRS 17.3(a)
Contrats de réassurance émis (voir n° 65920R, point 6.)	X			IFRS 17.3(a)
Contrats de réassurance détenus (voir n° 65920R, point 6. et 66010R)	X			IFRS 17.3(b)
Contrats d'investissement avec éléments de participation discrétionnaire (voir n° 65920R, point 7.)	X (2)			IFRS 17.3(c)
Contrats de garantie financière		X (3)		IFRS 17.7(e)
Prestations de services à tarif forfaitaire		X (4)		IFRS 17.8
Contrats d'assurance limitant l'indemnisation aux événements assurés pour le montant requis pour régler l'obligation du titulaire de la police créée par le contrat		X (5)		IFRS 17.8A
Contrats de carte de crédit ou contrats similaires qui prévoient des accords de crédit ou de paiement qui répondent à la définition d'un contrat d'assurance	X	X (6)		IFRS 17.7(h)
Contrats d'investissement sans éléments de participation discrétionnaire (IFRS 9)			X	
Garanties fournies à un client par un fabricant, un distributeur ou un détaillant, liées à la vente d'un bien ou à la prestation d'un service (IFRS 15)			X	IFRS 17.7(a)
Actifs et passifs des employeurs résultant des régimes d'avantages du personnel (IAS 19, IFRS 2) et les obligations au titre des prestations de retraite comptabilisées par des régimes à prestations définies (IAS 26)			X	IFRS 17.7(b)
Droits contractuels ou obligations contractuelles qui dépendent de l'utilisation future ou du droit d'utiliser un élément non financier (IFRS 15, IAS 38 ou IFRS 16)			X (7)	IFRS 17.7(c)

Nature du contrat	Dans le champ d'application	Potentiellement dans le champ d'application	Norme IFRS 17 non applicable	Référence
Garanties de valeurs résiduelles émises dans le cadre d'une garantie de produit fournie par un fabricant, un concessionnaire, un détaillant, ou d'un contrat de location (IFRS 15ou IFRS 16)			X	IFRS 17.7(d)
Contreparties éventuelles à payer ou à recevoir relativement à un regroupement d'entreprises (IFRS 3)			X	IFRS 17.7(f)
Contrats d'assurance dont l'entité est le titulaire de police (IAS 37)			X (8)	IFRS 17.7(g)

(1) Y compris les contrats d'assurance acquis par l'entité lors d'un transfert de contrats d'assurance ou d'un regroupement d'entreprises, autres que les contrats de réassurance détenus (IFRS 17.5).
(2) A condition que l'entité émette également des contrats d'assurance.
(3) Les contrats de garantie financière relèvent d'IFRS 9, IAS 32 et IFRS 7 à moins que l'émetteur n'ait précédemment expressément indiqué qu'il considère ces contrats comme des contrats d'assurance et les comptabilise comme tels (voir n° 46300 et 66215 s.).
(4) Certains contrats peuvent répondre à la définition d'un contrat d'assurance alors qu'ils ont pour objectif principal de fournir une prestation de services à prix forfaitaire. Une entité peut alors faire le choix d'appliquer IFRS 15 au lieu d'IFRS 17 à ces contrats, si toutes les conditions suivantes sont remplies (IFRS 17.8) :
– le prix du contrat ne reflète pas l'évaluation du risque associé à ce client en particulier ;
– le contrat prévoit l'indemnisation du client en lui fournissant un service plutôt que des paiements en trésorerie ; et
– le risque d'assurance associé à ce contrat résulte principalement de l'utilisation des services par le client plutôt que de l'incertitude sur le coût du service.
Ce choix peut être fait contrat par contrat, mais le choix fait pour chaque contrat est irrévocable.
(5) Il peut s'agir, par exemple, des prêts assortis d'une exonération en cas de décès. L'entité peut choisir d'appliquer IFRS 17 ou IFRS 9 à ces contrats, à moins qu'ils ne soient exclus du champ d'application d'IFRS 17. Ce choix est irrévocable et doit être effectué pour chaque portefeuille de contrats d'assurance.
(6) Toutefois, si, et seulement si, IFRS 9 exige que l'entité sépare la composante couverture d'assurance (voir IFRS 9.2.1(e)(iv)) incorporée dans un tel contrat, l'entité doit appliquer IFRS 17 à cette composante.
(7) Par exemple, des droits de licence, des redevances, des paiements de loyers variables ou éventuels et des éléments similaires.
(8) A moins qu'il ne s'agisse de contrats de réassurance détenus (voir IFRS 17.3(b)).

Définition d'un contrat d'assurance

Un contrat d'assurance est un contrat en vertu duquel une partie (l'émetteur) accepte un **risque d'assurance significatif** d'une autre partie (le titulaire de la police) en convenant d'indemniser le titulaire si un **événement futur incertain spécifié** (l'événement assuré) **affecte de façon défavorable le titulaire de la police** (IFRS 17.A). **65920R**

1. **Evénement futur incertain** L'incertitude (ou le risque) étant l'essence même d'un contrat d'assurance, au moins un des aspects suivants doit être incertain à l'origine d'un contrat d'assurance (IFRS 17.B3) :
- la probabilité qu'un événement assuré se produise ;
- le moment où il se produira ; ou
- le montant que l'entité devra payer s'il se produit.

Exemples d'événements assurés Selon les contrats, l'événement assuré peut correspondre à (IFRS 17.B4 et .B5) :
- la découverte d'une perte pendant la durée du contrat même si celle-ci résulte d'un événement qui s'est produit avant la prise d'effet du contrat ;
- un événement qui survient pendant la durée du contrat même si la perte qui en résulte est découverte après la fin de la durée du contrat ;
- un événement déjà survenu mais dont le coût final demeure incertain.

2. **Distinction entre risque d'assurance et autres risques** Sachant qu'un contrat d'assurance est un contrat transférant un risque d'assurance significatif (voir ci-avant), le risque d'assurance est lui-même défini comme le risque, autre que le risque financier, transféré du titulaire d'un contrat à l'émetteur. Un contrat qui expose l'émetteur au risque financier sans qu'il existe un risque d'assurance significatif n'est pas un contrat d'assurance (IFRS 17.B7).

Définition du risque financier Le risque financier est défini comme le risque d'une variation future possible d'un ou de plusieurs des éléments suivants : taux d'intérêt spécifié, prix d'un instrument financier, prix d'une marchandise, taux de change, indice de prix ou de taux, notation de crédit ou indice de crédit ou autre variable, à condition que, dans le cas d'une variable non financière, la variable ne soit pas spécifique à une des parties au contrat (IFRS 17.A).

65920R (suite) 3. **Appréciation du caractère significatif du risque d'assurance** Le risque d'assurance est significatif si, et seulement si, un événement assuré peut obliger un assureur à payer des montants supplémentaires significatifs dans n'importe quel scénario, à l'exclusion des scénarios qui manquent de substance commerciale (c'est-à-dire qui n'ont aucun effet perceptible sur l'économie de la transaction).

Si un événement assuré peut donner lieu au paiement de montants supplémentaires significatifs dans des scénarios qui ont une substance commerciale, la condition ci-avant peut être remplie même si l'événement assuré est extrêmement improbable, ou même si la valeur actualisée attendue (c'est-à-dire, pondérée par la probabilité de survenance) des flux de trésorerie qui en résultent représente une faible part de la valeur actualisée attendue de tous les autres flux de trésorerie contractuels qui subsistent (IFRS 17.B18).

Remarque Cette évaluation doit être effectuée sur la base de la valeur actuelle (IFRS 17.B20).

Un assureur doit **apprécier le caractère significatif** du risque d'assurance **contrat par contrat**. Ainsi, le risque d'assurance peut être significatif même s'il y a une probabilité minimale de pertes d'importance relative pour un portefeuille entier de contrats (IFRS 17.B22).

4. **Variations du niveau du risque d'assurance** Certains contrats ne transfèrent le risque d'assurance à l'émetteur qu'après un certain temps (IFRS 17.B24). Pour de tels contrats, une entité doit évaluer s'il existe un transfert de risque d'assurance significatif du titulaire de la police résultant de flux de trésorerie qui se situent dans les limites de la frontière du contrat (voir nº 65980R, point 1.). Un contrat répond à la définition d'un contrat d'assurance à l'origine s'il y a un transfert de risque d'assurance significatif résultant de flux de trésorerie dans la frontière du contrat.

Un contrat qui remplit les conditions d'un contrat d'assurance demeure un contrat d'assurance jusqu'à l'extinction ou l'expiration de l'ensemble des droits et obligations, à moins qu'il soit décomptabilisé parce qu'une modification lui est apportée (IFRS 17.B25).

5. **Impact défavorable pour le titulaire** Si la définition d'un contrat d'assurance fait mention d'un préjudice qu'un événement porte au titulaire, les paiements au titre des contrats d'assurance peuvent être prédéterminés et il n'est pas nécessaire qu'ils compensent exactement l'impact financier de l'événement défavorable pour le titulaire de la police. Par ailleurs, les paiements au titre des contrats d'assurance peuvent être supérieurs à la perte subie. C'est le cas notamment de la couverture d'assurance « valeur à neuf », qui prévoit le versement au titulaire d'une somme suffisante pour permettre le remplacement d'un bien usagé endommagé par un bien neuf (IFRS 17.B12).

6. **Contrat de réassurance** La norme IFRS 17 définit un contrat de réassurance comme un contrat d'assurance émis par une entité (le réassureur) pour indemniser une autre entité pour des sinistres découlant d'un ou de plusieurs contrats d'assurance émis par cette autre entité (IFRS 17.A).

Remarque Les exigences relatives à l'évaluation du risque d'assurance significatif dans un contrat de réassurance sont les mêmes que pour un contrat d'assurance. Toutefois, un contrat de réassurance transfère un risque d'assurance significatif s'il transfère la quasi-totalité du risque d'assurance résultant de la partie réassurée du contrat d'assurance sous-jacent, même s'il n'expose pas le réassureur à la possibilité d'une perte significative (IFRS 17.B19).

7. **Contrat d'investissement avec participation discrétionnaire** La norme IFRS 17 définit un contrat d'investissement avec participation discrétionnaire comme un instrument financier qui confère à un investisseur le droit contractuel de recevoir, en complément d'un montant non soumis à la discrétion de l'émetteur, des sommes additionnelles présentant les caractéristiques suivantes (IFRS 17.A) :

a. elles sont susceptibles de représenter une part importante du total des prestations ;

b. leur échéancier ou leur montant sont contractuellement laissés à la discrétion de l'émetteur ; et

c. elles sont contractuellement basées sur :
- les rendements tirés d'un ensemble défini de contrats ou d'un type de contrats ;
- les rendements d'investissement réalisés et/ou latents d'un ensemble défini d'actifs détenus par l'émetteur ; ou
- le résultat de l'entité ou du fonds qui émet le contrat.

Ces contrats n'ayant pas pour effet de transférer un risque d'assurance important, les dispositions de la norme IFRS 17 sur la date de comptabilisation initiale, sur les frontières des contrats et sur la répartition de la marge sur services contractuels font l'objet d'adaptation.

Pour plus de détails, voir IFRS 17.71.

Combinaison et séparation de contrats d'assurance

Une entité peut conclure une série de contrats d'assurance avec la même contrepartie ou une contrepartie liée pour exercer un effet commercial d'ensemble. Afin de s'assurer que la comptabilité reflète la substance de ces contrats, il peut être nécessaire de combiner l'ensemble ou la série de contrats. Si, par exemple, une entité conclut, en même temps, deux contrats d'assurance distincts avec la même contrepartie, assortis de droits et d'obligations exactement opposés, l'effet combiné des deux contrats est l'inexistence de droits ou d'obligations (IFRS 17.9). **65930R**

Avant qu'une entité ne comptabilise un contrat d'assurance en appliquant IFRS 17, elle doit analyser si la norme exige qu'une ou plusieurs composantes du contrat soient séparées et comptabilisées en appliquant d'autres normes. IFRS 17 identifie trois composantes différentes qui doivent être séparées d'un contrat d'assurance hôte si certains critères sont remplis (IFRS 17.10 et .11) :

- les dérivés incorporés ;
- les composantes d'investissement ; et
- les services autres que ceux prévus au contrat d'assurance.

1. Traitement d'un dérivé incorporé dans un contrat d'assurance Les dispositions d'IFRS 9 s'appliquent pour déterminer si un dérivé incorporé doit être séparé et comptabilisé selon cette norme (IFRS 17.11(a)).

Remarque Pour les critères de séparation des dérivés incorporés des contrats hôtes, voir nº 48510, point 2.

Un contrat qui pourrait déclencher le paiement d'un montant lié à un indice de prix ne donne pas lieu à la comptabilisation d'une composante qui est un dérivé incorporé non étroitement lié si le paiement est lui-même déclenché par un événement assuré et si le transfert du risque d'assurance est significatif (IFRS 17.B10).

2. Traitement de la « composante investissement » Après avoir déterminé si un contrat d'assurance hôte contient un dérivé incorporé, il convient ensuite de séparer toute composante investissement distincte (IFRS 17.11(b)).

La norme IFRS 17 définit une composante investissement comme les sommes que l'entité est tenue de rembourser à un titulaire de police en toutes circonstances, qu'un événement assuré se produise ou non (IFRS 17.A). Par ailleurs, une composante investissement est distincte si les deux conditions cumulatives suivantes sont remplies (IFRS 17.B31) :

a. la composante investissement et la composante assurance ne sont pas étroitement liées ; et

Une composante investissement et une composante assurance sont étroitement liées si (IFRS 17.B32) :

- la valeur d'une composante varie avec la valeur de l'autre et l'entité n'est donc pas en mesure d'évaluer chaque composante indépendamment de l'autre, ou
- le titulaire de la police ne peut bénéficier d'une composante sans que l'autre ne soit également présente. C'est le cas, par exemple, si l'échéance ou le rachat d'une composante entraîne l'échéance ou le rachat de l'autre composante.

b. un contrat dont les conditions sont équivalentes à celles de la composante investissement est vendu, ou pourrait être vendu, séparément sur le même marché ou dans la même juridiction.

Pour apprécier si cette seconde condition est respectée, l'entité doit tenir compte de toutes les informations raisonnablement disponibles, mais elle n'est pas tenue d'en entreprendre une recherche exhaustive.

Une composante investissement distincte qui est séparée du contrat d'assurance est comptabilisée comme un instrument financier dans le champ d'application d'IFRS 9, sauf s'il s'agit d'un contrat d'investissement avec éléments de participation discrétionnaire entrant dans le champ d'application d'IFRS 17 (IFRS 17.11(b)).

Une composante investissement qui n'est pas distincte et qui n'est pas séparée pour l'évaluation du contrat d'assurance doit, en revanche, être exclue à la fois des produits et des charges des services d'assurance (IFRS 17.85 ; voir nº 66045R).

3. Traitement de la « composante services » Après avoir séparé les dérivés incorporés non étroitement liés et les composantes investissement distinctes, le cas échéant, il convient de séparer du contrat d'assurance hôte toute promesse de fournir au titulaire de la police des biens ou des services distincts des services prévus au contrat d'assurance. Cette composante services doit être comptabilisée selon IFRS 15 et il convient de répartir les entrées et les sorties de trésorerie entre la composante assurance et la composante services (IFRS 17.12).

La composante services est distincte si le titulaire de police peut bénéficier du bien ou du service soit seul, soit avec d'autres ressources qui sont aisément disponibles pour le titulaire de police. Une ressource est aisément disponible si elle est vendue séparément ou si le titulaire de la police la possède déjà (IFRS 17.B34).

La composante services n'est pas distincte si (IFRS 17.B35) :
– les flux de trésorerie et les risques associés à ce bien ou à ce service sont étroitement liés aux composantes assurance ; et
– l'entité fournit un important service d'intégration du bien ou du service aux composantes assurance.

Les activités qu'une entité doit réaliser pour exécuter ses contrats d'assurance, telles que les tâches administratives pour établir un contrat, ne transfèrent pas un service au titulaire de la police et ne constituent donc pas une composante services à comptabiliser selon IFRS 15 (IFRS 17.B33).

Niveau d'agrégation des contrats

65940R L'unité de compte sous IFRS 17 repose sur trois dimensions :
– les portefeuilles de contrats qui comportent des risques similaires et sont gérés ensemble (IFRS 17.14) ;
– les groupes de contrats par niveaux de profitabilité au sein des portefeuilles, permettant notamment d'isoler les contrats déficitaires (IFRS 17.16) ;
– les cohortes annuelles, qui consistent à ne pas regrouper, au sein de l'unité de compte, des contrats émis à plus d'un an d'intervalle (IFRS 17.22).

Pour le « **carve-out** » **européen** sur ce dernier point, voir point 3. ci-après.

Les contrats doivent être regroupés, dès leur comptabilisation initiale, pour la comptabilisation, l'évaluation, la présentation et les informations à fournir en annexe (IFRS 17.24).

Hormis en cas d'ajout de contrats conformément à IFRS 17.28, la composition des groupes ne doit pas être reconsidérée après leur comptabilisation initiale.

Enfin, un groupe de contrats peut n'être constitué que d'un seul contrat, si tel est le résultat de l'application des dispositions relatives à l'agrégation des contrats (IFRS 17.23) telles que décrites ci-après.

1. **Portefeuille de contrats** Les portefeuilles de contrats d'assurance doivent être identifiés lors de la comptabilisation initiale des contrats. Un portefeuille de contrats d'assurance est constitué des contrats d'assurance qui sont soumis à des risques similaires et sont gérés ensemble.

Les contrats appartenant à une même ligne de produits devraient comporter des risques similaires et devraient donc faire partie d'un même portefeuille s'ils sont gérés ensemble. En revanche, les contrats appartenant à des lignes de produits différents (par exemple une rente fixe à prime unique et une assurance-vie temporaire classique) ne devraient pas comporter des risques similaires et devraient faire partie de portefeuilles différents (IFRS 17.14).

2. **Groupe de contrats par niveaux de profitabilité** Les portefeuilles doivent être subdivisés en constituant, au moins, les groupes de contrats suivants s'il existe de tels contrats (IFRS 17.16) :
– un groupe de contrats qui, au moment de la comptabilisation initiale, sont déficitaires ;
– un groupe de contrats pour lesquels, au moment de la comptabilisation initiale, il n'y a pas de possibilité importante qu'ils deviennent déficitaires par la suite ; et
– un groupe constitué des autres contrats du portefeuille.

Il est possible que, pour un portefeuille individuel, il n'y ait aucun contrat dans un ou même deux des trois groupes présentés précédemment. Par exemple, si une entité s'attend à ce que tous les contrats d'assurance d'un portefeuille ne soient pas déficitaires et n'ont aucune possibilité significative de le devenir, un seul des trois groupes sera requis. En revanche, il est possible de subdiviser davantage les trois groupes décrits précédemment (IFRS 17.21).

Un contrat est déficitaire (voir n° 65980R, point 6.) lors de sa comptabilisation initiale, si la somme des flux de trésorerie d'exécution affectés au contrat, des flux de trésorerie liés aux frais d'acquisition comptabilisés antérieurement et des flux de trésorerie découlant du contrat à la date de la comptabilisation initiale correspond à une sortie de trésorerie nette (IFRS 17.47).

Dans certaines juridictions, les dispositions légales ou réglementaires peuvent limiter la capacité pratique d'une entité à fixer un prix ou un niveau de prestation qui diffère en fonction des caractéristiques des titulaires de la police (comme les dispositions contre la discrimination en fonction du sexe). La norme ne requiert pas de répartir les contrats entre ces différents groupes sur la base d'une rentabilité différente résultant de telles contraintes (IFRS 17.20).

Il peut ne pas être nécessaire d'évaluer la profitabilité de chaque contrat d'assurance lors de sa comptabilisation initiale, si l'entité dispose d'informations raisonnables et justifiables pour conclure que chaque contrat d'un ensemble de contrats fera partie du même groupe. La profitabilité des contrats d'assurance doit être évaluée individuellement à l'origine, si l'entité ne dispose pas de telles informations (IFRS 17.17).

Pour les contrats qui ne sont pas comptabilisés selon le modèle PAA (voir nº 65990R), il convient d'évaluer s'il n'existe pas de possibilité importante que les contrats deviennent déficitaires ultérieurement, en se fondant sur la probabilité de changements dans les hypothèses qui, si elles se produisaient, auraient pour effet de rendre les contrats déficitaires (IFRS 17.19).

Cette évaluation doit utiliser les informations sur les estimations fournies par le reporting interne de l'entité (IFRS 17.19(b)).

3. Cohortes annuelles Un groupe ne peut inclure que des contrats qui ont été émis à moins d'un an les uns des autres (IFRS 17.22).

Remarque – « Carve-out » européen La Commission européenne a adopté, le 19 novembre 2021, le règlement UE 2021/2036 permettant, sous conditions, de ne pas appliquer l'exigence de regroupement des contrats en cohortes annuelles imposé par les dispositions d'IFRS 17.22. Cette option peut s'appliquer aux groupes de contrats suivants, notamment pour lesquels il existe une mutualisation intergénérationnelle (art. 2 du règlement précité) :
- groupes de contrats d'assurance avec éléments de participation directe et groupes de contrats d'investissement avec éléments de participation discrétionnaire, et dont les flux de trésorerie ont une incidence sur les flux de trésorerie d'autres contrats versés aux titulaires de polices, ou subissent l'incidence de tels flux conformément à IFRS 17.B67 et .B68 ;
- groupes de contrats d'assurance ayant obtenu l'accord des autorités de contrôle pour ajuster la courbe des taux d'intérêt sans risque sous le référentiel prudentiel selon les modalités de l'article 77 ter de la directive solvabilité II (directive 2009/138/CE).

En France, ce « carve-out » concerne une part significative des contrats émis sur le marché français.

Lorsqu'une entité décide d'appliquer cette option, elle doit l'indiquer dans l'annexe des états financiers comme faisant partie de ses principes et méthodes comptables conformément à la norme IAS 1 (voir nº 55355) et fournir d'autres informations explicatives, telles que les portefeuilles pour lesquels elle a appliqué cette exemption (Régl. UE 2021/2036, art. 2).

La Commission européenne a prévu de réexaminer cette exemption au plus tard le 31 décembre 2027 ; le cas échéant, elle pourrait alors proposer de la modifier ou d'y mettre fin (Régl. UE 2021/2036, art. 3).

Date de comptabilisation initiale des contrats d'assurance

Les groupes de contrats d'assurance sont initialement comptabilisés à compter de la première des dates suivantes (IFRS 17.25 et .26) : **65950R**
- la date de début de la période de couverture du groupe de contrats ;
- la date à laquelle le premier paiement d'un titulaire de police du groupe devient exigible (ou est effectivement payé, s'il n'y a pas de date d'échéance) ;
- lorsque le groupe de contrats est déficitaire, la date à laquelle le groupe devient déficitaire.

La période de couverture est la période pendant laquelle l'entité fournit des services de contrats d'assurance. Cette période comprend les services du contrat d'assurance qui se rapportent à toutes les primes comprises dans la frontière du contrat d'assurance (IFRS 17.A) (voir nº 65980R, point 5.).

Traitement des frais d'acquisition des contrats d'assurance

1. Définition Les flux de trésorerie liés aux frais d'acquisition des contrats d'assurance inclus dans la frontière des contrats d'assurance (voir nº 65980R) sont définis comme des flux de trésorerie résultant des frais de vente, de souscription et de création d'un groupe de contrats d'assurance (émis ou dont l'émission est prévue) qui sont directement attribuables au portefeuille de contrats d'assurance dont fait partie le groupe (IFRS 17.A). **65960R**

Remarque Il n'est pas nécessaire que les flux de trésorerie soient directement attribuables à un contrat d'assurance particulier ou à un groupe de contrats tant qu'ils sont directement attribuables à un portefeuille.

2. Comptabilisation d'un actif Une entité doit utiliser une méthode systématique et rationnelle pour affecter (IFRS 17.28A et .B35A) :

a. les frais d'acquisition directement attribuables à un groupe de contrats d'assurance :
- à ce groupe ; et
- aux groupes qui incluront des contrats d'assurance dont on s'attend à ce qu'ils découlent des renouvellements des contrats d'assurance de ce groupe ;

b. les frais d'acquisition directement attribuables à un portefeuille de contrats d'assurance, autres que ceux du point a., aux groupes de contrats dont est constitué le portefeuille.

Dans ce contexte, les frais d'acquisition payés avant la comptabilisation du groupe de contrats correspondant doivent être comptabilisés en tant qu'actif. Un tel actif doit être comptabilisé pour chaque groupe de contrats correspondant (IFRS 17.28B). Une entité doit décomptabiliser cet actif dès lors que les coûts d'acquisition sont inclus dans l'évaluation du groupe de contrats correspondant (IFRS 17.28C).

En cas d'ajout de contrats à un groupe, la partie de l'actif correspondant aux frais d'acquisition qui se rapportent aux contrats ajoutés au groupe au cours de cette période doivent être décomptabilisés (IFRS 17.B35C).

Remarque Pour le modèle simplifié PAA, une entité peut choisir de comptabiliser immédiatement en charges les flux de trésorerie liés aux frais d'acquisition en application d'IFRS 17.59(a) (voir n° 65990R).

3. Recouvrabilité de l'actif A chaque date de clôture, il convient d'évaluer la recouvrabilité d'un actif comptabilisé au titre des frais d'acquisition des contrats d'assurance, si les faits et circonstances indiquent que l'actif pourrait se déprécier. Si une perte de valeur est identifiée, la valeur comptable de l'actif doit être ajustée en comptabilisant cette perte de valeur en résultat (IFRS 17.28E).

Une reprise de tout ou partie de la perte de valeur précédemment constatée doit être comptabilisée en résultat dans la mesure où les conditions à l'origine de la dépréciation n'existent plus ou se sont améliorées (IFRS 17.28F).

Les modalités de mise en œuvre des tests de dépréciation des actifs comptabilisés au titre des frais d'acquisition des contrats d'assurance sont précisées par la norme IFRS 17 qui prévoit la réalisation de deux tests distincts :

– un premier test pour s'assurer que le montant des frais d'acquisition comptabilisés au titre des contrats d'un groupe n'excède pas le montant des entrées de flux de trésorerie nettes de ce groupe (IFRS 17.B35D(a)) ;

– un second test pour s'assurer que le montant des frais d'acquisition alloués aux contrats qui seront renouvelés n'excède pas le montant des entrées de flux de trésorerie nettes des contrats renouvelés attendus (IFRS 17.B35D(b)).

B. Principes de comptabilisation et d'évaluation

Introduction

65970R En application de la norme IFRS 17, les contrats d'assurance sont évalués selon un des trois modèles proposés par la norme (IFRS 17.29).

1. Modèle général de base dit « GMM – General Measurement Model » (voir n° 65980R) Le modèle général s'applique à tous les contrats d'assurance, sauf aux contrats participatifs directs qui doivent être comptabilisés selon le modèle VFA, et aux contrats éligibles auxquels l'entité choisit d'appliquer le modèle simplifié PAA.

2. Modèle simplifié dit « PAA – Premium Allocation Approach » (voir n° 65990R) Cette approche est une simplification facultative de l'évaluation du passif au titre de la couverture restante. Elle est applicable aux contrats d'assurance dont la période de couverture n'excède pas un an, ou lorsque l'entité s'attend raisonnablement à ce que l'évaluation du passif au titre de la couverture restante selon cette approche donne lieu à une évaluation qui ne serait pas sensiblement différente de celle obtenue en utilisant le modèle général ou le modèle VFA.

3. Modèle adapté dit « VFA – Variable Fee Approach » (voir n° 66000R) Ce modèle est appliqué aux contrats d'assurance participatifs dits « directs ». Ces contrats sont essentiellement des contrats de services liés à l'investissement en vertu desquels une entité promet un retour sur investissement basé sur des éléments sous-jacents.

Le modèle général

65980R L'évaluation des contrats fondée sur la valeur de réalisation des passifs chez le détenteur du portefeuille repose sur trois composantes (IFRS 17.32).

65980R (suite)

Composantes	Références
Flux de trésorerie futurs attendus au titre du contrat (flux sur les primes, les prestations, les frais) pondérés par leur probabilité et actualisés pour tenir compte de la valeur temps de l'argent	Points 1., 2. et 3.
Ajustement au titre du risque non financier qui représente la marge/compensation que demanderait un acteur du marché pour couvrir l'incertitude sur les flux de trésorerie futurs	Point 4.
Marge sur services contractuels, calibrée sur la prime versée par l'assuré, de façon à ne pas dégager de résultat à la souscription du contrat (sauf dans les cas de pertes à la souscription) et représentant le profit non acquis au titre du contrat	Point 5.

Pour les **contrats libellés en devise étrangère,** les flux de trésorerie générés ainsi que la marge sur services contractuels doivent être traités comme un élément monétaire en application d'IAS 21 (IFRS 17.30), voir nº 13015.

1. **Flux de trésorerie intégrés dans la frontière des contrats** La notion de frontière d'un contrat d'assurance est utilisée pour déterminer les flux de trésorerie qui doivent être pris en compte dans l'évaluation d'un contrat d'assurance. Les flux de trésorerie qui sont en dehors des frontières d'un contrat d'assurance concernent des contrats d'assurance futurs (IFRS 17.35).

Les flux de trésorerie sont compris dans la frontière d'un contrat d'assurance s'ils découlent de droits et obligations substantiels existant dans une période pendant laquelle le titulaire du contrat d'assurance est contraint de payer les primes ou pendant laquelle l'entité a une obligation substantielle de lui fournir des services. Une obligation substantielle de fournir des services cesse lorsque (IFRS 17.34) :

a. l'entité a la **capacité pratique de réévaluer les risques spécifiques à ce contrat d'assurance** et peut, en conséquence, fixer un prix ou un niveau de prestations qui reflète intégralement ces risques réévalués ; **ou**

b. les deux critères suivants sont remplis :

- l'entité a la **capacité pratique de réévaluer les risques induits par le portefeuille de contrats d'assurance** dont fait partie le contrat en cause et peut, en conséquence, fixer un prix ou un niveau de prestations qui reflète intégralement le risque induit par le portefeuille ; **et**
- l'établissement du **montant des primes** s'étendant jusqu'à la date de réévaluation des risques **ne tient pas compte des risques liés aux périodes postérieures à la date de réévaluation.**

Le tableau ci-après reprend des exemples fournis par la norme de flux de trésorerie intégrés ou exclus de l'évaluation des contrats.

Flux de trésorerie dans la frontière des contrats intégrés dans l'évaluation	Référence IFRS 17	Flux de trésorerie exclus de l'évaluation des contrats	Référence IFRS 17
Primes à recevoir	IFRS 17.B65(a)	Flux de trésorerie (à recevoir ou à payer) des contrats futurs (en dehors de la frontière des contrats)	IFRS 17.B66(c)
Sinistres et prestations à verser à l'assuré	IFRS 17.B65(b)		
Paiements à verser à l'assuré variant en fonction des rendements d'éléments sous-jacents	IFRS 17.B65(c)	Flux de trésorerie entre les différentes composantes de l'entité, tels que les fonds des assurés et les fonds des actionnaires, si ces flux de trésorerie ne changent pas le montant qui sera versé à l'assuré	IFRS 17.B66(g)
Paiements à verser à l'assuré résultant de dérivés non séparés du contrat (options et garanties)	IFRS 17.B65(d)	Flux de trésorerie liés à des composantes séparées du contrat ou comptabilisés selon d'autres normes IFRS	IFRS 17.B66(h)
Frais d'acquisition affectés aux contrats	IFRS 17.B65(e)		

65980R
(suite)

Flux de trésorerie dans la frontière des contrats intégrés dans l'évaluation	Référence IFRS 17	Flux de trésorerie exclus de l'évaluation des contrats	Référence IFRS 17
Coûts de gestion des sinistres	IFRS 17.B65(f)		
Coûts engagés pour fournir les prestations en nature prévues au contrat	IFRS 17.B65(g)		
Coûts administratifs de tenue et gestion des contrats y compris rémunération des intermédiaires	IFRS 17.B65(h)		
Taxes et prélèvements basés sur les transactions	IFRS 17.B65(i)	Impôts sur le résultat	IFRS 17.B66(f)
Sommes versées et reçues en tant que fiduciaire du contrat pour honorer les obligations fiscales de l'assuré	IFRS 17.B65(j)		
Recouvrements sur des sinistres futurs et passés	IFRS 17.B65(k)		
Coûts engagés pour fournir une activité d'investissement, des services de rendement d'investissement, des services liés à l'investissement	IFRS 17.B65(ka)	Rendements des placements (comptabilisés séparément selon IFRS 9)	IFRS 17.B66(a)
Allocation des frais généraux fixes et variables attribuables à l'exécution des contrats	IFRS 17.B65(l)	Flux de trésorerie relatifs à des coûts qui ne sont pas directement attribuables au portefeuille de contrats d'assurance (développement produits, formation)	IFRS 17.B66(d)
Autres coûts pouvant spécifiquement être imputés à l'assuré selon les modalités du contrat	IFRS 17.B65(m)	Flux de trésorerie correspondant à des montants anormaux	IFRS 17.B66(e)
		Flux de trésorerie des contrats de réassurance détenus (comptabilisés de manière séparée)	IFRS 17.B66(b)

2. Estimation des flux de trésorerie d'exécution La norme fournit plusieurs principes à prendre en compte pour estimer les flux de trésorerie d'exécution des contrats :

a. « Mutualisation » des flux de trésorerie Certains contrats participatifs comportent des clauses de « mutualisation » avec d'autres contrats. Il s'agit de clauses qui exigent que (IFRS 17.B67) :
– soit le titulaire de la police partage, avec les titulaires d'autres contrats, les rendements du même ensemble d'éléments sous-jacents ;
– soit les titulaires de la police d'autres contrats subissent une réduction de leur part des rendements des éléments sous-jacents, en raison des paiements effectués au profit d'autres titulaires qui participent à ce portefeuille.

IFRS 17 requiert de refléter cet effet de la « mutualisation » dans les flux de trésorerie liés à l'exécution des contrats. En revanche, les paiements aux titulaires de polices du groupe qui ont été inclus dans les flux de trésorerie d'exécution d'un autre groupe ne doivent pas être pris en compte (IFRS 17.B68).

b. Prix de marché observables Les estimations des flux de trésorerie d'exécution doivent refléter le point de vue de l'entité, pour autant que les estimations des variables de marché pertinentes cadrent avec les prix de marché observables pour ces variables (IFRS 17.33(b)).

Remarque La norme fournit plus d'informations à ce sujet dans IFRS 17.B42 à .B53.

c. Utilisation d'estimations actuelles Les estimations des flux de trésorerie doivent refléter les conditions prévalant à la date d'évaluation, notamment les hypothèses à cette date quant à l'avenir (IFRS 17.33(c)).

Remarque La norme fournit plus d'informations à ce sujet dans IFRS 17.B54 à .B60.

3. Taux d'actualisation Les estimations des flux de trésorerie doivent refléter la valeur temps de l'argent et les risques financiers (risque de change, risque de liquidité) liés à ces flux de trésorerie, dans la mesure où ces risques financiers n'ont pas été inclus dans les estimations des flux de trésorerie. Ainsi, les taux d'actualisation doivent (IFRS 17.36) : **65980R** (suite)

- refléter la valeur temps de l'argent, les caractéristiques des flux de trésorerie et les caractéristiques de liquidité des contrats d'assurance ;
- être cohérents avec les prix de marché actuels observables pour des instruments financiers dont les flux de trésorerie ont des caractéristiques cohérentes avec celles des contrats d'assurance, en termes, par exemple, d'échéancier, de devise et de liquidité ; et
- exclure l'effet des facteurs qui influent sur ces prix de marché observables mais qui n'affectent pas les flux de trésorerie d'exécution des contrats d'assurance.

Au-delà des principes généraux, la norme IFRS 17 n'étant pas prescriptive sur les modalités de détermination des taux d'actualisation, les entités peuvent utiliser soit une approche descendante (dite approche « top-down »), soit une approche ascendante (dite approche « bottom-up »).

a. Approche descendante « **top-down** » En utilisant une approche descendante, la courbe de taux est déterminée, autant que possible, sur la base de données de marché observables pertinentes, afin de refléter les taux de rendement actuels du marché pour un portefeuille d'actifs de référence (IFRS 17.B81).

La courbe des taux est ensuite ajustée pour tenir compte des différences entre les caractéristiques du portefeuille de référence et celles des contrats d'assurance évalués. Ces différences comprennent les différences d'échéancier et les primes de risque de crédit du marché. Toutefois, il n'est pas nécessaire d'ajuster les différences entre les caractéristiques de liquidité des contrats d'assurance et celles du portefeuille de référence (IFRS 17.B81 à .B83).

b. Approche ascendante « bottom-up » Pour les flux de trésorerie qui ne varient pas en fonction des rendements des éléments sous-jacents, l'entité peut déterminer les taux d'actualisation en utilisant une approche ascendante. La courbe de taux est d'abord déterminée sur la base d'instruments, dans la devise appropriée, qui exposent le porteur à un risque de crédit nul ou négligeable. Elle est ensuite ajustée en fonction des caractéristiques de liquidité du groupe de contrats d'assurance par rapport à l'instrument pour lequel des données de marché sont disponibles (IFRS 17.B79 et .B80).

> **Remarque** Au même titre que pour l'approche descendante, des données de marché observables pertinentes doivent être utilisées autant que possible pour déterminer la courbe des taux. L'ajustement sur la liquidité reflète le fait que les titulaires de polices ne peuvent souvent pas résilier les contrats d'assurance ou ne peuvent les résilier que moyennant des pénalités de rachat. Ainsi, le taux d'actualisation selon l'approche ascendante représente un taux sans risque plus une prime d'illiquidité.

4. Ajustement au titre du risque non financier L'ajustement au titre du risque non financier correspond à la compensation qu'une entité exige pour prendre en charge l'incertitude quant au montant et à l'échéancier des flux de trésorerie qui découlent du risque non financier lorsque l'entité exécute le contrat d'assurance (IFRS 17.A).

Cet ajustement est conceptuellement distinct des autres composantes des flux de trésorerie d'exécution des contrats. Les ajustements pour les risques financiers sont, quant à eux, inclus soit dans les estimations des flux de trésorerie d'exécution, soit dans le taux d'actualisation (IFRS 17.32 et .37).

> L'ajustement au titre du risque non financier doit être inclus dans l'évaluation de manière explicite. Une entité doit éviter le double comptage lors de son évaluation, en veillant notamment à ne pas ajuster également les flux de trésorerie d'exécution ou les taux d'actualisation implicitement pour refléter les risques non financiers associés (IFRS 17.B90).

Comme l'ajustement au titre du risque non financier représente la compensation requise pour supporter le risque non financier découlant de l'incertitude des flux de trésorerie d'exécution, il doit également refléter les éléments suivants (IFRS 17.B88) :

- le degré de diversification que l'entité inclut lorsqu'elle détermine cette compensation ; et
- les résultats tant favorables que défavorables, d'une manière qui reflète le degré d'aversion au risque de l'entité.

L'ajustement au titre du risque non financier ne doit pas refléter les risques qui ne découlent pas du contrat d'assurance, tels que le risque général d'exploitation (IFRS 17.B89).

La norme IFRS 17 n'impose pas de méthode d'estimation particulière pour la détermination de cet ajustement. Cependant, les caractéristiques de l'ajustement sont telles qu'il sera d'un montant d'autant plus élevé que (IFRS 17.B91) :

- les risques sont peu fréquents mais graves ;

65980R (suite)

- pour des risques similaires, les contrats sont de longue durée ;
- la distribution des probabilités des risques est large ;
- l'estimation des flux de trésorerie et sa tendance comportent de nombreuses inconnues.

En revanche, l'ajustement au titre du risque non financier sera d'autant moins élevé que les statistiques récentes réduisent l'incertitude entourant le montant et l'échéancier des flux de trésorerie.

5. Marge sur services contractuels « CSM » La marge sur services contractuels (« Contractual Service Margin/CSM ») est une composante de la valeur comptable de l'actif ou du passif d'un groupe de contrats d'assurance, représentant le profit non acquis que l'entité comptabilisera en résultat à mesure qu'elle fournira des services prévus aux contrats d'assurance de ce groupe (IFRS 17.A).

Les **services prévus au contrat d'assurance** correspondent aux services suivants (IFRS 17.A) :
- une couverture à l'égard d'un événement assuré (couverture d'assurance) ;
- dans le cas des contrats d'assurance sans éléments de participation directe (voir nº 66000R, point 1.), la génération d'un rendement d'investissement pour le titulaire de police, le cas échéant (services de rendement d'investissement) ; et
- dans le cas des contrats d'assurance avec éléments de participation directe, la gestion des éléments sous-jacents au nom du titulaire de la police (services liés à l'investissement).

a. Comptabilisation initiale Une entité doit évaluer la CSM lors de la comptabilisation initiale d'un groupe de contrats d'assurance (qui n'est pas déficitaire à l'origine, voir point 6. ci-après), à un montant qui fait qu'aucun produit ou charge ne découle (IFRS 17.38) :
- de la comptabilisation initiale des flux de trésorerie d'exécution ;
- des flux de trésorerie générés par les contrats du groupe à cette date ;
- de la décomptabilisation, à la date de la comptabilisation initiale de tout actif comptabilisé au titre des flux de trésorerie liés aux frais d'acquisition d'assurance (voir nº 65960R).

b. Comptabilisation ultérieure A chaque date de clôture, la CSM est évaluée à partir de la CSM d'ouverture, ajustée des éléments suivants (IFRS 17.44) :
- les nouveaux contrats ajoutés au groupe ;
- la désactualisation des intérêts ;
- les variations des flux de trésorerie d'exécution qui se rapportent à des services futurs ;
- l'effet des écarts de change ; et
- le montant comptabilisé en produit des activités d'assurance reflétant la fourniture des services de contrats d'assurance au cours de la période écoulée.

L'ajustement visant à comptabiliser la CSM en produit des activités d'assurance afin de refléter le transfert de services de contrats d'assurance au cours de la période de reporting doit être effectué après tous les autres ajustements (IFRS 17.44(e)).

c. Actualisation Les intérêts sont capitalisés sur la CSM en utilisant des taux d'actualisation bloqués déterminés lors de la comptabilisation initiale du groupe de contrats d'assurance (IFRS 17.B72(b)).

d. Variation des flux de trésorerie d'exécution se rapportant à des périodes futures Les variations des flux de trésorerie d'exécution qui concernent des services futurs ajustent la CSM et comprennent (IFRS17.B96) :
- les écarts d'expérience sur les primes reçues qui se rapportent à des services futurs et à des flux de trésorerie connexes (tels que les taxes basées sur les primes et les coûts d'acquisition) ;

Les écarts d'expérience correspondent aux différences entre l'estimation, réalisée en début de période, des montants attendus au cours de la période et les flux de trésorerie réels au cours de la période (IFRS 17.A).

- les changements dans les estimations de la valeur actuelle des flux de trésorerie d'exécution du passif au titre de la couverture restante (comme un changement dans les hypothèses de mortalité), à l'exception des changements résultant de l'effet de la valeur temps de l'argent et des risques financiers liés aux flux de trésorerie ;
- les écarts d'expérience sur les composantes investissement non-distinctes ;
- les écarts entre tout prêt à un titulaire de police dont on s'attend à ce qu'il devienne remboursable au cours de la période et les prêts qui deviennent effectivement remboursables au cours de la période ;
- les variations dans l'ajustement au titre du risque non financier qui se rapportent à des services futurs.

Les changements listés ci-après ne se rapportent pas à des services futurs. Ils n'ajustent donc pas la CSM et sont comptabilisés dans le résultat de la période (IFRS 17.B97) :
- l'effet de la valeur temps de l'argent et ses variations, ainsi que l'effet du risque financier et de ses variations (ces effets sont comptabilisés dans l'état du résultat global, comme indiqué en relation avec les produits ou les charges de financement de l'assurance, voir nº 66045R) ;
- les changements d'estimation des flux de trésorerie d'exécution constituant le passif au titre des sinistres survenus ; et
- les écarts d'expérience, à l'exception de ceux qui découlent des primes reçues au cours de la période et qui se rapportent à des services futurs.

e. **Amortissement de la marge sur services contractuels** Par groupes de contrats d'assurance, une entité doit comptabiliser en résultat la CSM afin de refléter les services prévus aux contrats d'assurance fournis au cours de la période, sur la base des unités de couverture (IFRS 17.B119). Pour déterminer ce montant, l'entité :
- définit les unités de couverture du groupe en considérant, pour chaque contrat, le volume de services fournis en vertu des contrats et la durée de couverture prévue ;
- répartit la CSM à la date de clôture (avant de comptabiliser en résultat tout montant au titre des services prévus aux contrats d'assurance fournis au cours de la période, mais après tous les autres ajustements) entre chacune des unités de couverture qu'elle a fournies dans la période considérée et qu'elle s'attend à fournir ultérieurement ;
- comptabilise en résultat la CSM affectée aux unités de couverture fournies dans la période en cours.

Remarque Le solde relatif aux périodes futures représente le bénéfice non acquis pour le groupe de contrats d'assurance en vigueur.

6. **Contrats déficitaires** Un groupe de contrats d'assurance est déficitaire si la somme des flux de trésorerie d'exécution, des flux de trésorerie liés aux frais d'acquisition et des flux de trésorerie découlant du contrat à la date de la comptabilisation initiale correspond à une sortie de trésorerie nette (IFRS 17.47). Lors de leur évaluation ultérieure, les contrats d'assurance peuvent devenir déficitaires lorsque les ajustements qui réduisent la CSM dépassent le montant de la CSM (IFRS 17.48).

Dès lors qu'un groupe de contrats est déficitaire, l'entité doit comptabiliser immédiatement une perte en résultat en contrepartie des éléments de perte comptabilisés au passif au titre de la couverture restante (IFRS 17.47 et .49).

Lors des évaluations ultérieures, l'entité doit affecter les variations des flux de trésorerie d'exécution du passif au titre de la couverture restante de façon systématique entre la composante perte et le passif au titre de la couverture restante hors élément de perte (IFRS 17.50 et .51). Cette affectation est effectuée de sorte que la somme des montants affectés à l'élément de perte est ramenée à zéro à la fin de la période de couverture du groupe de contrats d'assurance (IFRS 17.52). Toute diminution des flux de trésorerie d'exécution au cours des périodes ultérieures doit être affectée à la composante de perte restante, jusqu'à ce qu'elle devienne nulle, avant que l'entité puisse rétablir toute CSM (IFRS 17.50).

Le modèle simplifié dit « PAA – Premium Allocation Approach »

Le modèle simplifié dit « PAA – Premium Allocation Approach » est une méthode optionnelle simplifiée pour mesurer le passif au titre de la couverture restante des contrats. En revanche, le passif au titre des sinistres encourus est toujours évalué en ayant recours au modèle général. **65990R**

1. **Eligibilité** Un groupe de contrats est éligible au modèle PPA si, à la date de création du groupe, une des deux conditions suivantes est satisfaite (IFRS 17.53) :
- chaque contrat du groupe a une période de couverture (c'est-à-dire, la période pendant laquelle l'entité fournit des services prévus au contrat d'assurance) qui n'excède pas un an ; ou
- l'entité s'attend raisonnablement à ce que l'évaluation du passif au titre de la couverture restante obtenue selon cette approche ne serait pas sensiblement différente de celle obtenue en utilisant le modèle général (voir nº 65980R) ou le modèle VFA (voir nº 66000R).

Le deuxième critère mentionné ci-dessus n'est pas satisfait si, au moment de la création du groupe, l'entité s'attend à une variabilité importante des flux de trésorerie d'exécution qui affecterait l'évaluation du passif au titre de la couverture restante au cours de la période précédant la survenance d'un sinistre (IFRS 17.54).

2. Simplifications Les simplifications permises par le modèle PPA portent sur les aspects suivants :

a. Evaluation des passifs pour couverture restante A la différence du modèle général (voir n° 65980R), les passifs pour couverture restante du modèle PAA ne sont pas évalués par composantes distinctes (flux de trésorerie futurs, ajustement pour risque non financier et CSM) mais selon un mécanisme dit « de report des primes ».

Selon cette approche, l'**évaluation initiale** du groupe de contrats est égale (IFRS 17.55(a)) :
– au montant des primes reçues ;
– minoré des flux de trésorerie liés aux frais d'acquisition payés (à moins que l'entité n'ait choisi de les comptabiliser en charges, voir point b. ci-après) ;
– plus ou moins tout montant découlant de la décomptabilisation de tout actif au titre des flux de trésorerie liés aux frais d'acquisition.

Lors des **évaluations ultérieures,** la valeur comptable du passif au titre de la couverture restante est égale à sa valeur comptable à la date d'ouverture (IFRS 17.55(b)) :
– plus les primes reçues au cours de la période ;
– moins les flux de trésorerie liés aux frais d'acquisition, plus tout montant relatif à l'amortissement de ces frais (sauf si l'entité a choisi de comptabiliser ces frais directement en charges) ;
– plus tout ajustement pour tenir compte du passage du temps (désactualisation des passifs) ;
– moins toute composante investissement payée ou transférée au passif pour les sinistres survenus ;
– moins le montant comptabilisé en produit des activités d'assurance pour les services fournis durant cette période.

b. Frais d'acquisition Une entité peut choisir de comptabiliser les flux de trésorerie liés aux frais d'acquisition en charges, au moment où elle engage ces coûts, si chacun des contrats du groupe a une période de couverture inférieure à un an (IFRS 17.59(a)).

c. Actualisation Pour les contrats dont la période de couverture n'excède pas un an, l'entité n'est pas tenue d'ajuster les passifs au titre de la couverture restante pour refléter les effets de la valeur temps de l'argent (IFRS 17.56). En ce qui concerne les passifs au titre des sinistres survenus, l'entité n'est pas tenue de les ajuster pour refléter les effets de la valeur temps de l'argent, si le versement ou l'encaissement des flux de trésorerie est attendu dans un délai n'excédant pas un an à compter de la date du sinistre (IFRS 17.59(b)).

d. Contrats déficitaires Dans le cadre du modèle PAA, il existe une présomption selon laquelle l'identification des contrats déficitaires à l'origine n'est réalisée que s'il existe des faits et circonstances qui indiquent qu'un groupe de contrats est déficitaire (IFRS 17.57). La perte sur contrats déficitaires, venant majorer le passif au titre de la couverture restante, est évaluée comme la différence entre les flux de trésorerie d'exécution liés à la couverture restante du groupe en utilisant le modèle général et le passif pour la couverture restante en utilisant le modèle PAA (IFRS 17.58).

Le modèle adapté « VFA – Variable Fee Approach » pour les contrats « participatifs directs »

66000R Le modèle « VFA – Variable Fee Approach » est une adaptation du modèle général qui s'applique obligatoirement aux contrats d'assurance ou d'investissement avec éléments de participation discrétionnaire, dès lors que ceux-ci répondent à la définition des contrats participatifs dits « directs ».

1. Eligibilité Les contrats participatifs qui, en substance, constituent des contrats de services liés à l'investissement en vertu desquels une entité promet un retour sur investissement basé sur des éléments sous-jacents sont qualifiés de contrats participatifs dits « directs » lorsqu'ils respectent les critères cumulatifs suivants (IFRS 17.A et .B101) :
– les termes contractuels prévoient que le titulaire de police a droit à une part d'un portefeuille d'éléments sous-jacents clairement identifiés (IFRS 17.B101(a)) ;
– l'entité s'attend à payer au titulaire de police une part substantielle du rendement obtenu sur la juste valeur des éléments sous-jacents (IFRS 17.B101(b)) ; et
– l'entité s'attend à ce que toute variation des sommes à verser au titulaire de police soit attribuable, dans une proportion substantielle, à la variation de la juste valeur des éléments sous-jacents (IFRS 17.B101(c)).

Les éléments sous-jacents sont des éléments qui déterminent une part des montants à payer à un titulaire de police. Ils peuvent être de tout ordre et notamment correspondre à un portefeuille d'actifs de référence, à l'actif net de l'entité ou à un sous-ensemble spécifié de celui-ci (IFRS 17.A). **66000R** (suite)

La norme IFRS 17 apporte plus de précisions sur les modalités d'appréciation de ces critères en indiquant notamment que :

– l'appréciation de ces critères est réalisée à l'origine du contrat et ne doit pas être reconsidérée ultérieurement, sauf en cas de modification du contrat entraînant sa décomptabilisation (IFRS 17.B102) ;

Pour les modifications entraînant la décomptabilisation du contrat initial, voir n° 66030R.

– les deux derniers critères énoncés ci-avant sont évalués à l'origine, sur la durée du contrat et sur la base de la valeur actuelle de la moyenne pondérée par la probabilité des scénarios attendus (IFRS 17.B107 et .B108).

En outre, sans apporter de précision permettant d'apprécier le niveau « substantiel » requis par ces critères, la norme indique que cette appréciation doit être réalisée dans l'objectif d'identifier les contrats qui sont essentiellement des contrats de services liés à des investissements (IFRS 17.B107(a)).

Pour les contrats participatifs qui répondent à la définition des contrats participatifs directs, l'obligation d'une entité à l'égard du titulaire de la police correspond donc à l'écart net entre (IFRS 17.B104) :

– l'obligation de payer au titulaire de la police un montant correspondant à la juste valeur des éléments sous-jacents ; et

– une commission variable en contrepartie des services futurs prévus au contrat d'assurance.

Cette commission variable correspond au montant de la part de l'entité dans la juste valeur des éléments sous-jacents, moins les flux de trésorerie d'exécution qui ne varient pas en fonction des rendements des éléments sous-jacents (IFRS 17.B104).

2. Comptabilisation Les contrats participatifs directs sont évalués à l'origine selon les mêmes modalités que celles prévues par le modèle général (voir n° 65980R). En revanche, les adaptations du modèle « Variable Fee Approach » modifient le traitement ultérieur de la CSM des contrats afin de refléter les caractéristiques propres aux contrats participatifs, de telle sorte que la CSM représente systématiquement la part revenant à l'assureur du rendement des éléments sous-jacents au contrat et des profits futurs sur les autres services inclus dans le contrat (service d'assurance correspondant à une part non substantielle).

Ainsi, à chaque date de clôture, la CSM est évaluée à partir de la CSM d'ouverture ajustée des éléments suivants (IFRS 17.45 et .B110 s.) :

– l'effet de tout nouveau contrat ajouté au groupe ;

– la variation du montant de la part revenant à l'entité des variations de juste valeur des éléments sous-jacents ;

– les variations dans les estimations des flux de trésorerie d'exécution des services futurs ;

– les écarts de change ; et

– le montant comptabilisé en produits d'assurance pour les services de contrats d'assurance fournis au cours de la période.

En appliquant le modèle VFA, les ajustements de la CSM sont déterminés à l'aide des taux d'actualisation en cours (IFRS 17.B113(a)).

Remarque Selon le modèle général, les ajustements sont déterminés à l'aide des taux d'actualisation bloqués déterminés lors de la comptabilisation initiale du groupe de contrats d'assurance (voir n° 65980R, point 5.).

Ainsi, la CSM pour les contrats participatifs directs n'est pas explicitement ajustée pour la désactualisation des intérêts, contrairement au modèle général. L'ajustement de la CSM pour les variations du montant de la part de l'entité dans la juste valeur des éléments sous-jacents incorpore déjà un ajustement pour les risques financiers, et il représente un ajustement implicite utilisant les taux actuels pour la valeur temps de l'argent et les autres risques financiers (IFRS 17.B112 et .B113).

3. Principe de couverture pour les contrats participatifs directs : « Risk mitigation option » Une entité peut utiliser des instruments financiers évalués à la juste valeur par résultat (notamment des dérivés) ou des contrats de réassurance pour atténuer les risques financiers découlant de contrats participatifs directs.

Le principe de l'option de comptabilisation d'atténuation des risques consiste à permettre à une entité de comptabiliser certains effets des variations des flux de trésorerie des contrats participatifs directs liés aux risques financiers qui devraient être reflétés au sein de la CSM, directement au sein du compte de résultat pour être compensés avec les effets sur les instruments de « couverture » utilisés (instruments financiers évalués à la juste valeur par résultat ou contrat de réassurance) (IFRS 17.B115).

Pour pouvoir bénéficier de cette option, l'entité doit avoir préalablement documenté un objectif et une stratégie de gestion des risques visant à atténuer le risque financier du groupe de contrats d'assurance. Par ailleurs, l'application de cet objectif et de cette stratégie doit démontrer une compensation économique des effets des variations des risques financiers sur les contrats participatifs directs avec ceux sur les contrats de réassurance ou instruments financiers, sans que le risque de crédit n'ait d'effet dominant sur la compensation économique (IFRS 17.B116).

Lorsqu'une entité choisit d'appliquer la « risk mitigation option » à un groupe de contrats d'assurance, elle doit l'appliquer d'une façon cohérente à ce groupe d'une période de reporting à l'autre (IFRS 17.B117).

Comptabilisation des contrats de réassurance

66010R 1. **Définition et principes généraux** Un contrat de réassurance est un contrat d'assurance émis par une entité (le réassureur) pour indemniser une autre entité (la cédante) au titre de sinistres résultant d'un ou de plusieurs contrats d'assurance émis par cette autre entité (contrats sous-jacents) (IFRS 17.A).

La norme IFRS 17 ne contient pas de dispositions spécifiques au traitement comptable des **contrats de réassurance émis** par un réassureur. En conséquence, les dispositions relatives à la comptabilisation et l'évaluation des contrats d'assurance d'IFRS 17 s'appliquent également, côté cessionnaire, aux contrats de réassurance émis (IFRS 17.BC296).

Chez les entités cédantes, les **contrats de réassurance détenus** sont comptabilisés, séparément des contrats d'assurance sous-jacents qu'ils couvrent, selon des modalités adaptées par rapport aux dispositions applicables aux contrats d'assurance émis, comme détaillé ci-après (IFRS 17.60 et .BC298).

2. **Modalités de comptabilisation des contrats de réassurance détenus**

a. **Niveau d'agrégation** Pour les contrats de réassurance détenus, la CSM évaluée à l'origine n'est pas considérée comme des profits non acquis à l'origine, mais comme un coût net ou profit net pour l'entité lorsque celle-ci met en place un contrat de réassurance (IFRS 17.65).

Les contrats de réassurance détenus ne pouvant être qualifiés de contrats déficitaires (IFRS 17.68), ils doivent être regroupés selon les mêmes dispositions que celles applicables aux contrats d'assurance émis (voir n° 65940R, point 2.), en remplaçant la notion de contrats déficitaires par la notion de « profit net ». Ainsi, les portefeuilles de contrats sont séparés entre (IFRS 17.61 renvoyant à IFRS 17.14 à .24) :

- les contrats de réassurance en situation de profit net à l'émission ;
- les contrats de réassurance pour lesquels, au moment de la comptabilisation initiale, il n'y a pas de possibilité importante qu'ils deviennent ultérieurement en situation de profit net ;
- les autres contrats.

Pour certains contrats de réassurance détenus, l'application des dispositions d'IFRS 17 peut aboutir à un groupe qui ne comprendra qu'un seul contrat (IFRS 17.61).

b. **Date de comptabilisation initiale** La date de comptabilisation des contrats de réassurance détenus dépend de leurs caractéristiques, en distinguant les contrats de réassurance fournissant une couverture proportionnelle des autres contrats de réassurance (IFRS 17.62 et .62A).

La norme IFRS 17 ne définit pas la notion de couverture proportionnelle. Seule la Base de conclusions cite, comme exemple de contrats non proportionnels, les contrats de réassurance couvrant un montant global de perte sur contrats d'assurance au-delà d'un certain seuil (IFRS 17.BC304).

Pour les contrats de réassurance dits non proportionnels, la date de comptabilisation initiale correspond à la première des deux dates suivantes (IFRS 17.62) :

- le début de la période de couverture du groupe de contrats de réassurance détenus ;
- la date à laquelle l'entité comptabilise un groupe de contrats d'assurance sous-jacents déficitaire.

Pour les contrats de réassurance fournissant une couverture proportionnelle, la date de comptabilisation initiale correspond à la date à laquelle l'entité comptabilise un groupe de contrats d'assurance sous-jacents (IFRS 17.62A). Cela signifie que les contrats de réassurance proportionnelle ne peuvent être comptabilisés tant que l'entité cédante n'a pas comptabilisé au moins un des contrats sous-jacents.

c. **Frontière des contrats** Les frontières des contrats de réassurance détenus sont définies selon les mêmes dispositions que celles applicables aux contrats d'assurance émis (voir nº 65980R, point 1.). Les flux intégrés dans la frontière des contrats correspondent : **66010R** (suite)
- aux flux résultant des droits substantiels de recevoir des services du réassureur ; ou
- aux flux résultant des obligations substantielles de l'entité cédante de payer des primes au réassureur.

Le droit substantiel de la cédante de recevoir des services du réassureur prend fin, soit lorsque le réassureur peut modifier le prix du contrat pour refléter pleinement le risque réassuré, soit lorsque le réassureur a un droit substantiel de résilier la couverture.

Si l'entité cédante a un droit substantiel de recevoir des services du réassureur pour des contrats sous-jacents qui devraient être émis dans le futur, les flux de trésorerie dans le cadre du contrat de réassurance détenu comprendront les flux de trésorerie liés à ces contrats sous-jacents futurs.

Cette disposition implique donc pour l'entité d'estimer, dans ses projections de flux de trésorerie des contrats de réassurance, les flux liés aux contrats d'assurance non encore émis.

3. Modalités d'évaluation des contrats de réassurance détenus

a. **Les flux de trésorerie d'exécution** d'un groupe de contrats de réassurance détenus sont évalués de la même manière que pour le modèle général (voir nº 65980R), en utilisant des hypothèses cohérentes pour évaluer la valeur actualisée des flux de trésorerie futurs du groupe de contrats de réassurance détenus et celle des flux de trésorerie futurs des groupes de contrats d'assurance sous-jacents (IFRS 17.63).

Le risque de non-exécution du réassureur doit être inclus dans les estimations de la valeur actuelle des flux de trésorerie futurs, et les variations ultérieures du risque de non-exécution doivent être comptabilisées immédiatement en résultat (IFRS 17.63).

b. **L'ajustement du risque non financier** pour les contrats de réassurance détenus représente le montant du risque transféré par le détenteur du groupe de contrats de réassurance à l'émetteur de ces contrats (IFRS 17.64). Le risque de non-exécution du réassureur n'étant pas un risque transféré par la cédante, celui-ci n'est pas intégré dans l'ajustement pour risque des contrats mais dans les estimations des flux de trésorerie (voir ci-avant).

c. **La CSM** évaluée à l'origine n'est pas considérée comme les profits non acquis à l'origine mais comme un coût net ou un profit net lors de l'achat du groupe de contrats de réassurance détenus (IFRS 17.65). Les coûts et profits nets de réassurance sont étalés, sur la période de couverture des contrats de réassurance, au rythme des unités de couverture des contrats en fonction des services fournis par le réassureur, à l'exception des situations suivantes :
- le contrat de réassurance couvre des contrats dont les évènements assurés sont survenus avant la comptabilisation initiale du contrat de réassurance détenu ; dans ce cas, le coût net est comptabilisé directement en charge lors de la mise en place du contrat de réassurance (IFRS 17.65A) ;
- le contrat de réassurance couvre des contrats d'assurance déficitaires et un profit net de réassurance est comptabilisé immédiatement en résultat en compensation de la perte sur les contrats d'assurance sous-jacents (voir point 4.).

d. **Modèles applicables** Le modèle simplifié dit « PAA – Premium Allocation Approach » peut être appliqué sur option par l'entité si les contrats de réassurance détenus respectent les critères d'éligibilité au modèle PAA (voir nº 65990R).

En revanche, le modèle adapté dit « VFA – Variable Fee Approach » applicable aux contrats participatifs directs ne peut être appliqué ni aux contrats de réassurance émis (acceptation), ni aux contrats de réassurance détenus (cession) (IFRS 17.B109).

4. **Contrats sous-jacents déficitaires** La norme IFRS 17 permet de reconnaître les effets de couverture de contrats d'assurance déficitaires par des contrats de réassurance, en compensant la perte enregistrée au titre des contrats sous-jacents dans les deux situations décrites ci-après.

a. Lorsque l'entité reconnaît une perte lors de la comptabilisation initiale de contrats d'assurance déficitaires couverts par un contrat de réassurance détenu, le coût ou gain net des contrats de réassurance détenus, ou l'actif pour couverture restant des contrats de réassurance évalués selon le modèle dit « PAA », doit être ajusté pour comptabiliser un profit en compensation de la perte constatée sur les contrats d'assurance sous-jacents (IFRS 17.66A).

Cet ajustement de recouvrement de perte ne peut être réalisé que lorsque le contrat de réassurance détenu est conclu, au plus tard, au moment de la comptabilisation des contrats d'assurance déficitaires (IFRS 17.B119C). L'ajustement correspond (IFRS 17.B119D) :
- au montant de perte comptabilisée sur les contrats d'assurance déficitaires sous-jacents, multiplié par

– le pourcentage des demandes d'indemnisation relatives aux contrats d'assurance sous-jacents que l'entité s'attend à recouvrer au moyen du groupe de contrats de réassurance détenus.

b. Lorsque les variations des flux de trésorerie relatives aux services futurs des contrats sous-jacents ne viennent pas ajuster la CSM de ces derniers mais sont comptabilisées en résultat, les effets correspondants des variations des flux de trésorerie relatives aux services futurs des contrats de réassurance en couverture sont également reconnus en résultat (IFRS 17.66(c)). Ce qui peut être le cas lorsqu'un groupe de contrats d'assurance devient déficitaire après sa comptabilisation initiale.

Lorsqu'un contrat de réassurance ne couvre que certains contrats sous-jacents inclus dans un groupe de contrats déficitaires, l'entité doit utiliser une méthode d'affectation systématique et rationnelle, pour déterminer la partie des pertes comptabilisées au titre du groupe de contrats d'assurance qui se rattache aux contrats d'assurance couverts par le groupe de contrats de réassurance détenus (IFRS 17.B119E).

Décomptabilisation et modifications des contrats d'assurance

66030R 1. **Décomptabilisation** Un contrat d'assurance doit être décomptabilisé (IFRS 17.74) :
– lorsque le contrat d'assurance est éteint, c'est-à-dire lorsque l'obligation qui y est précisée expire ou qu'elle est acquittée ou résiliée ; ou
– lorsque les modifications apportées au contrat entraînent sa décomptabilisation (voir point 2.).

2. **Modifications entraînant la décomptabilisation du contrat initial** Si les termes d'un contrat d'assurance sont modifiés, une entité doit évaluer si ce changement entraîne la décomptabilisation du contrat initial et la comptabilisation du nouveau contrat modifié.

> Une modification peut être déclenchée par un accord entre les parties au contrat ou par un changement de réglementation. En outre, l'exercice d'un droit qui faisait partie des conditions initiales du contrat ne constitue pas une modification (IFRS 17.72).

Une modification des termes entraîne la décomptabilisation du contrat initial et la comptabilisation d'un nouveau contrat, si l'un des critères ci-dessous est rempli (IFRS 17.72) :
– le contrat modifié aurait été exclu du champ d'application de la norme IFRS 17 (voir nº 65910R) si les termes modifiés avaient déjà été inclus lors de la création du contrat ;
– l'entité aurait séparé les différentes composantes du contrat d'assurance hôte (voir nº 65930R) si les conditions modifiées avaient déjà été incluses à l'origine du contrat ;
– le contrat modifié aurait eu une frontière (voir nº 65980R, point 1.) substantiellement différente si les clauses modifiées avaient déjà été incluses à l'origine du contrat ;
– le contrat modifié aurait été inclus dans un groupe de contrats (voir nº 65940R) différent si les clauses modifiées avaient déjà été incluses à l'origine du contrat ;
– le contrat modifié ne répond plus à la définition d'un contrat d'assurance avec éléments de participation directe (voir nº 66000R), alors que le contrat initial y répondait (ou vice versa) ;
– l'entité a appliqué le modèle PAA (voir nº 65990R) au contrat initial, mais les critères d'éligibilité à ce modèle ne sont plus remplis pour le contrat modifié.

La décomptabilisation du contrat initial d'un groupe de contrats entraîne un certain nombre d'ajustements sur (IFRS 17.76) :
– les flux de trésorerie d'exécution se rapportant au contrat décomptabilisé qui sont éliminés ;
– la CSM du groupe qui est ajustée ;
– le nombre d'unités de couverture pour les services restants qui est ajusté pour refléter les unités de couverture du contrat décomptabilisé du groupe.

Sauf si la diminution des flux de trésorerie d'exécution est affectée à la composante perte du passif au titre de la couverture restante, la CSM du groupe duquel le contrat est décomptabilisé est ajustée comme suit (IFRS 17.77(a)) :
– ajustement de la CSM pour les flux de trésorerie d'exécution liés aux droits ou aux obligations du titulaire de la police dans le contrat décomptabilisé ;
– augmentation de la CSM pour toute prime supplémentaire facturée pour la modification ;
– réduction de la CSM pour toute prime hypothétique non reçue mais qu'un tiers aurait facturée pour un contrat à des conditions équivalentes.

Contrats d'assurance acquis lors d'un regroupement d'entreprises ou d'un transfert de portefeuille

66040R Une entité peut acquérir des contrats d'assurance émis ou des contrats de réassurance détenus soit lors d'un transfert de ces contrats, soit lors d'un regroupement d'entreprises. Ces contrats sont comptabilisés de la même manière que tous les autres contrats d'assurance (IFRS 17.5).

66040R (suite)

1. **Transfert de contrats d'assurance** Une entité comptabilise les contrats d'assurance acquis lors d'un transfert comme si elle avait conclu les contrats à la date de la transaction (IFRS 17.B93). Lors du calcul de la CSM, la contrepartie reçue ou payée est considérée comme une approximation de la prime reçue (IFRS 17.B94).

Néanmoins, dans une transaction qui comprend d'autres éléments que le transfert de contrats d'assurance, la partie de la contrepartie qui se rapporte à d'autres actifs et/ou passifs ne fait pas partie de la contrepartie des contrats d'assurance (IFRS 17.B94).

Pour les contrats déficitaires, une entité comptabilise l'excédent des flux de trésorerie d'exécution sur la contrepartie payée ou reçue comme une perte en résultat (IFRS 17.B95A).

Pour un groupe de contrats de réassurance détenus, la composante recouvrement des pertes de l'actif pour la couverture restante (voir n° 66010R, point 2.) à la date de la transaction est calculée en multipliant (IFRS 17.B95B) :
- l'élément de perte du passif au titre de la couverture restante des contrats d'assurance sous-jacents à la date de la transaction ; par
- le pourcentage des sinistres sur les contrats d'assurance sous-jacents que l'entité s'attend, à la date de la transaction, à recouvrer au moyen du groupe de contrats de réassurance détenus.

Ce montant de composante recouvrement des pertes est comptabilisé en produit pour les contrats acquis lors d'un transfert (IFRS 17.B95C).

2. **Regroupement d'entreprises** La comptabilisation d'un groupe de contrats d'assurance acquis lors d'un regroupement d'entreprises dans le cadre d'IFRS 3 est similaire à la comptabilisation des contrats d'assurance acquis lors d'un transfert (IFRS 17.B94).

La contrepartie reçue ou payée (et donc le montant de la prime reçue qui est pris en compte pour déterminer la CSM) est la juste valeur des contrats à la date d'acquisition. Pour les contrats comportant une clause d'exigibilité, la norme IFRS 13 précise que la juste valeur n'est pas inférieure au montant payable sur demande, actualisé à partir de la première date à laquelle on pourrait exiger le paiement du montant (IFRS 13.47). Toutefois, cette disposition d'IFRS 13 n'est pas appliquée lors de l'évaluation des contrats d'assurance dans un regroupement d'entreprises (IFRS 17.B94).

Pour les contrats déficitaires, l'entité comptabilise l'excédent des flux de trésorerie d'exécution sur la contrepartie payée ou reçue comme faisant partie du goodwill ou comme un profit résultant d'une acquisition à des conditions avantageuses. Pour tous les autres contrats, la différence donne lieu à une marge sur services contractuels (IFRS 17.B95A).

Pour un groupe de contrats de réassurance détenus, la composante recouvrement des pertes (voir n° 66010R, point 2.) est comptabilisée comme faisant partie du goodwill ou comme un profit pour une acquisition à des conditions avantageuses (IFRS 17.B95C).

3. **Actif au titre des flux de trésorerie liés aux frais d'acquisition** Pour les contrats d'assurance acquis lors d'un transfert de contrats d'assurance ou lors d'un regroupement d'entreprises, une entité doit comptabiliser un actif pour les flux de trésorerie liés aux frais d'acquisition correspondant aux droits d'obtenir (IFRS 17.B95E) :
- les contrats d'assurance futurs résultant du renouvellement des contrats d'assurance comptabilisés à la date de la transaction ; et
- les contrats d'assurance futurs, autres que ceux mentionnés ci-dessus, après la date de la transaction, sans payer à nouveau les flux de trésorerie liés aux frais d'acquisition que l'entreprise acquise a déjà payés et qui sont directement attribuables au portefeuille de contrats d'assurance auquel appartiennent ces contrats.

Le montant d'un actif comptabilisé au titre des flux de trésorerie liés aux frais d'acquisition n'est pas inclus dans l'évaluation du groupe de contrats d'assurance acquis (IFRS 17.B95F).

4. **Contrats acquis pendant leur période de gestion des sinistres** Les engagements des contrats acquis pendant leur période de gestion des sinistres, dans le cadre de transfert ou de regroupement d'entreprises, sont considérés comme des passifs au titre de la couverture restante et non comme des passifs au titre des sinistres survenus avec reconnaissance de produits des activités d'assurance tout au long de la période d'extinction des sinistres correspondant à l'écoulement des sinistres, à l'amortissement de la CSM et au relâchement de l'ajustement pour risque non financier constatés lors de l'acquisition (IFRS 17.5 et .B5).

C. Présentation et informations en annexe

Modalités de présentation dans les états financiers

66045R 1. **Présentation au bilan** Une entité présente séparément au bilan la valeur comptable des portefeuilles de (IFRS 17.78) :
- contrats d'assurance émis qui sont des actifs ;
- contrats d'assurance émis qui sont des passifs ;
- contrats de réassurance détenus qui sont des actifs ;
- contrats de réassurance détenus qui sont des passifs.

Remarque La norme IFRS 17 ne requiert pas une information plus granulaire au niveau du bilan. Néanmoins, des informations plus détaillées sont communiquées en annexe (voir nº 66050R).

2. **Présentation au sein du résultat net** Une entité présente séparément au sein du résultat net les postes suivants relatifs aux contrats d'assurance (IFRS 17.80 et IAS 1.82) :
- les résultats des activités d'assurance, en présentant séparément les produits des activités d'assurance et les charges afférentes à ces activités ;
- les produits ou charges financières d'assurance.

a. **Produit des activités d'assurance** Les produits des activités d'assurance reconnus en résultat net pendant la période totale de couverture des contrats correspondent aux primes reçues ajustées pour tenir compte des effets de désactualisation et exclusion faite des composantes investissement (IFRS 17.B120).

Les composantes investissement exclues des produits des activités d'assurance correspondent aux montants encaissés que l'entité est tenue de rembourser au titulaire d'un contrat d'assurance en toutes circonstances, que l'événement assuré se produise ou non (IFRS 17.85).

Les produits des activités d'assurance alloués en résultat net de la période ne sont donc pas reflétés par les primes reçues sur la période, mais par le montant auquel l'entité s'attend à avoir droit en échange des prestations de services réalisées sur la période (IFRS 17.83 et .85).

Dans le cadre du modèle général (voir nº 65980R) **et du modèle VFA** (voir nº 66000R), le résultat des activités d'assurance peut être calculé de deux manières différentes qui aboutissent au même résultat.

La première **approche directe** consiste à considérer les produits des activités d'assurance de la période comme la somme des variations du passif au titre de la couverture restante de la période qui se rapporte aux services pour lesquels l'entité s'attend à recevoir une contrepartie. Il s'agit des éléments suivants (IFRS 17.B124) :

i. Les charges afférentes aux activités d'assurance engagées au cours de la période (évaluées aux montants attendus au début de la période), à l'exclusion des :
- montants affectés à la composante perte du passif pour la couverture restante ;
- remboursements de composantes d'investissement ;
- montants liés aux taxes transactionnelles perçues pour le compte de tiers ;
- frais d'acquisition d'assurance ; et
- montants liés à l'ajustement du risque non financier (voir ci-après).

ii. Les variations de l'ajustement au titre du risque non financier au cours de la période, à l'exclusion des :
- variations incluses dans les produits ou charges de financement de l'assurance ;
- variations qui, étant liées aux services futurs, entraînent un ajustement de la CSM ; et
- montants affectés à la composante perte du passif au titre de la couverture restante.

iii. Le montant de la CSM comptabilisé en résultat au cours de la période.

iv. Les autres montants, le cas échéant, tels que les écarts d'expérience découlant des encaissements de primes autres que ceux afférents aux services futurs.

La deuxième **approche indirecte** consiste à considérer la réduction du passif au titre de la couverture restante moins les variations qui ne sont pas liées aux services fournis au cours de la période ou pour lesquels l'entité n'attend pas de contrepartie. Il peut s'agir notamment (IFRS 17.B123) :

i. Des variations qui ne sont pas liées aux services fournis au cours de la période, par exemple :
- les variations qui découlent des entrées de trésorerie relatives aux primes reçues ;
- les variations au cours de la période qui sont liées aux composantes investissement ;
- les variations qui découlent des flux de trésorerie afférents aux prêts consentis aux titulaires de polices ;
- les variations qui sont liées aux taxes transactionnelles perçues pour le compte de tiers ;

- les produits financiers ou charges financières d'assurance ; **66045R** (suite)
- les flux de trésorerie liés aux frais d'acquisition ; et
- la décomptabilisation des passifs transférés à un tiers.

ii. Des variations qui sont liées à des services fournis au cours de la période, mais pour lesquels aucune contrepartie n'est attendue, comme les augmentations et les diminutions de la composante perte du passif au titre de la couverture restante.

Dans les deux méthodes, les flux de trésorerie liés aux frais d'acquisition sont alloués de manière systématique sur la base du passage du temps. Le montant alloué à chaque période est inclus dans les produits d'assurance et les charges des services d'assurance (IFRS 17.B125).

Les entités appliquant le **modèle PAA** (voir n° 65990R) déterminent les produits de la période en affectant le montant des encaissements de primes attendus (à l'exclusion de toute composante investissement et ajusté pour refléter la valeur temps de l'argent et le risque financier) à la période :
- soit sur la base du passage du temps ;
- soit sur la base de l'échéancier attendu des charges afférentes aux activités d'assurance, si le rythme attendu de dégagement du risque est significativement différent du passage du temps (IFRS 17.B126).

b. Charges des activités d'assurance Les charges des activités d'assurance comprennent (IFRS 17.84 et .103(b)) :
- les charges de sinistres (à l'exclusion des remboursements de composantes investissement) ;
- les autres charges attribuables aux activités d'assurance (voir n° 65980R, point 1.) ;
- l'amortissement des flux de trésorerie liés aux frais d'acquisition ;
- les variations liées aux services passés (variations des flux de trésorerie d'exécution liés au passif au titre des sinistres survenus) ; et
- dans le cas des contrats déficitaires, les variations liées aux services futurs correspondant aux pertes sur les groupes de contrats déficitaires et les reprises de telles pertes.

Les paiements relatifs aux composantes investissement sont exclus des charges des activités d'assurance au même titre que les produits (IFRS 17.85).

c. Produits et charges des contrats de réassurance détenus Les produits ou les charges afférents aux contrats de réassurance détenus sont présentés séparément des charges ou des produits afférents aux contrats d'assurance émis (IFRS 17.82 et IAS 1.82).

Pour un groupe de contrats de réassurance détenus, la norme autorise deux méthodes de présentation des produits et charges (autres que les produits et charges financiers d'assurance) au compte de résultat. Ainsi, une entité peut présenter (IFRS 17.86) :
- séparément les sommes recouvrées auprès du réassureur et l'imputation des primes payées ; ou
- un seul montant net.

Si l'entité décide de présenter séparément les montants recouvrés auprès du réassureur et l'imputation des primes payées, elle doit (IFRS 17.86) :
- traiter les flux de trésorerie liés à la réassurance qui dépendent de la survenance de sinistres couverts par les contrats sous-jacents comme faisant partie des indemnisations dont le contrat de réassurance détenu prévoit le remboursement ;
- traiter les flux de trésorerie liés à la réassurance qui ne dépendent pas de la survenance de sinistres couverts par les contrats sous-jacents comme une réduction des primes à payer au réassureur (par exemple, certains types de commission de cession) ;
- traiter les montants comptabilisés relatifs au recouvrement des pertes comme des montants recouvrés auprès du réassureur (voir n° 66010R, point 4.) ;
- ne pas présenter l'imputation des primes payées comme une réduction des produits.

d. Produits financiers ou charges financières d'assurance Les produits financiers ou charges financières d'assurance sont constitués de la variation de la valeur comptable du groupe de contrats d'assurance résultant de (IFRS 17.87) :
- l'effet de la valeur temps de l'argent (c'est-à-dire, l'accroissement des intérêts sur tous les flux de trésorerie d'exécution, l'ajustement du risque pour le risque non financier et la marge sur services contractuels) ; et
- l'effet du risque financier et de ses variations.

Pour les groupes de contrats d'assurance participatifs directs, des pertes peuvent survenir, si la part de l'entité dans une diminution de la juste valeur des éléments sous-jacents ou dans une augmentation des flux de trésorerie d'exécution relatifs aux services futurs dépasse la valeur comptable de la CSM (voir n° 66000R, point 2.). Ces variations font partie des charges des activités

66045R (suite) d'assurance, même si elles découlent de la valeur temps de l'argent ou de risques financiers (IFRS 17.87).

Une entité n'est pas tenue de ventiler la variation de l'ajustement au titre du risque non financier entre le résultat des activités d'assurance et les produits financiers ou charges financières d'assurance. Si elle ne ventile pas cette variation, elle doit l'inclure en totalité dans le résultat des activités d'assurance (IFRS 17.81).

3. Présentation au sein des autres éléments du résultat global – « Option OCI » Une entité peut choisir de présenter les produits financiers ou les charges financières d'assurance (IFRS 17.88 et .89) :

– dans le compte de résultat en totalité ; ou

– en partie dans le compte de résultat et en partie dans les autres éléments du résultat global.

Remarque Cette option est communément appelée « option OCI » (pour « Other Comprehensive Income ») sur les contrats d'assurance. Par exemple, les entités qui détiennent des actifs financiers dans le cadre d'un « business model » dont l'objectif est de détenir des actifs pour en recouvrer les flux de trésorerie contractuels et les flux de cessions (voir nº 45210) et qui, par conséquent, comptabilisent les variations de juste valeur de ces titres dans les autres éléments du résultat global, conformément à IFRS 9, peuvent appliquer l'« option OCI » afin de minimiser les divergences comptables entre l'actif et le passif.

Ce choix de méthode comptable est appliqué au niveau de chaque portefeuille de contrats (IFRS 17.B129).

Lorsqu'une entité choisit de retenir l'option OCI, la manière dont elle répartit les produits ou charges financiers d'assurance entre le compte de résultat et l'OCI dépend du modèle comptable qu'elle applique pour comptabiliser le contrat d'assurance (IFRS 17.88(b) et .89(b)).

Pour tous les contrats, à l'exception des contrats participatifs directs dont les éléments sous-jacents sont détenus, la répartition systématique du total attendu des produits financiers ou des charges financières d'assurance doit (IFRS 17.B130) :

– être fondée uniquement sur les caractéristiques du contrat, l'affectation des produits financiers ou des charges financières ne devant pas, par exemple, être fondée sur des rendements que l'entité s'attend à comptabiliser pour des actifs si ces rendements attendus n'affectent pas les flux de trésorerie du contrat ; et

– faire en sorte que le montant total comptabilisé dans les autres éléments du résultat global sur la durée de vie du groupe de contrats est égal à zéro.

Tout écart de change lié aux variations des valeurs comptables incluses dans les autres éléments du résultat global est également comptabilisé dans les autres éléments du résultat global, et tous les autres écarts de change sont comptabilisés en résultat (IFRS 17.92).

Le tableau suivant récapitule, en fonction des différentes typologies de contrat, les modalités de répartition des produits financiers ou charges financières d'assurance entre le compte de résultat et l'OCI, lorsque l'option OCI est appliquée :

Typologies de contrat	Comptabilisation	Référence
Contrats participatifs directs (voir nº 66000R) dont les éléments sous-jacents sont détenus	**Méthode dite « current period book yield »** Le montant présenté au compte de résultat en produits financiers ou charges financières d'assurance correspond exactement aux charges ou produits comptabilisés en résultat net sur les éléments sous-jacents. Par conséquent, l'impact net de ces éléments, présentés séparément dans le compte de résultat, est nul. Des dispositions particulières s'appliquent lorsque l'entité cesse de détenir les éléments sous-jacents.	IFRS 17.B134 à .B136
Contrats sans éléments de participation directe (voir nº 65980R) pour lesquels les changements d'hypothèses relatives au risque financier n'ont pas une incidence substantielle sur les sommes payées aux titulaires de polices	**Méthode dite « taux d'origine »** Le montant présenté au compte de résultat en produits financiers ou charges financières d'assurance est déterminé en utilisant les taux d'actualisation à la date de la comptabilisation initiale du groupe de contrats. Pour les contrats comptabilisés selon le modèle général, la CSM n'est pas réévaluée en utilisant les taux actuels ; tous les produits financiers ou charges financières d'assurance résultant de la désactualisation de la CSM sont comptabilisés dans le résultat.	IFRS 17.B131

Typologies de contrat	Comptabilisation	Référence
Contrats participatifs directs (voir nº 66000R) dont les éléments sous-jacents ne sont pas détenus Contrats sans éléments de participation directe (voir nº 65980R) pour lesquels les changements d'hypothèses relatives au risque financier ont une incidence substantielle sur les sommes payées aux titulaires de polices	Le montant présenté au compte de résultat en produits financiers ou charges financières d'assurance au titre des flux de trésorerie futurs peut être déterminé de la manière suivante : – à l'aide d'un taux qui répartit, à un taux constant sur la durée restante du groupe de contrats, le montant attendu révisé restant des produits financiers ou charges financières (méthode dite « effective yield ») ; ou – lorsqu'un taux crédité sert à déterminer les sommes à payer aux titulaires de polices, en fonction des sommes créditées au cours de la période et des sommes que l'entité s'attend à créditer dans les périodes ultérieures (méthode dite « crediting approach »). Pour la marge sur services contractuels, ce montant est déterminé comme suit : – pour les contrats sans éléments de participation directe, en utilisant les taux d'actualisation à la date de la comptabilisation initiale du groupe de contrats ; et – pour les contrats participatifs directs, d'une façon cohérente avec l'affectation des produits financiers ou charges financières liés aux flux de trésorerie futurs.	IFRS 17.B132
Contrats comptabilisés selon le modèle simplifié PAA (voir nº 65990R)	Si l'entité est tenue d'actualiser le passif au titre des sinistres survenus ou choisit de le faire, le montant présenté au compte de résultat en produits financiers ou charges financières d'assurance est déterminé en utilisant le taux d'actualisation déterminé à la date de survenance du sinistre.	IFRS 17.B133

Informations en annexe

Les informations à fournir en annexe selon IFRS 17 doivent permettre aux utilisateurs des états financiers d'évaluer l'effet que les contrats d'assurance ont sur le bilan, le compte de résultat et les flux de trésorerie de l'entité. Il existe trois types différents d'informations à fournir, à savoir des informations qualitatives et quantitatives sur (IFRS 17.93) : **66050R**

- les montants comptabilisés dans les états financiers ;
- les jugements significatifs et les changements dans ces jugements ; et
- la nature et l'étendue des risques afférents aux contrats.

L'entité doit regrouper ou ventiler les informations de manière à ne pas noyer des informations utiles dans une profusion de détails peu importants ou dans un regroupement d'éléments disparates (IFRS 17.95). La norme donne des exemples de regroupements qui pourraient être appropriés (IFRS 17.96) :

- type de contrats (par exemple, les principales lignes de produits) ;
- zone géographique (par exemple, pays ou régions) ; ou
- secteur à présenter, au sens d'IFRS 8 (voir nº 57750 s.).

La norme IFRS 17 requiert un niveau d'information important. La longue liste des informations détaillées exigées par IFRS 17 (IFRS 17.93 à .132) peut être regroupée selon les thématiques suivantes.

1. Explication des montants comptabilisés Les analyses quantitatives sur les montants comptabilisés couvrent notamment :

Pour plus de détails, voir IFRS 17.97 à .109.

a. des analyses de mouvements, entre l'ouverture et la clôture, des montants comptabilisés au bilan au titre des contrats, en séparant notamment (IFRS 17.98 à .105) :
- les différentes sources de variations résultant des variations des flux de trésorerie et des produits et charges comptabilisés dans le résultat global de la période ;
- les différentes composantes des contrats (flux de trésorerie, ajustement au titre du risque non financier, marge sur services contractuels) ;

66050R (suite)
– les passifs au titre de la couverture restante, les passifs au titre des sinistres survenus, les composantes pertes des contrats déficitaires ;
– les effets des nouveaux contrats émis au cours de la période ;
– les contrats d'assurance des contrats de réassurance détenus ;

b. des analyses sur les frais d'acquisition des contrats (IFRS 17.105, .106 et .109) ;

c. des analyses sur la décomposition des produits des activités d'assurance (IFRS 17.106) ;

d. des analyses sur les effets des nouveaux contrats émis sur la période (IFRS 17.107) ;

e. des analyses sur les échéanciers d'écoulement de la CSM (IFRS 17.109).

2. Identification et justification des produits financiers ou charges financières d'assurance

Pour plus de détails, voir IFRS 17.110 à .113.

3. Incidence sur les périodes ultérieures des contrats d'assurance selon leur méthode d'évaluation à la date de transition

Pour plus de détails, voir IFRS 17.114 à .116.

4. Jugements significatifs portés aux fins de l'application d'IFRS 17 L'entité doit indiquer les jugements ainsi que les changements dans les jugements appliqués dans la mise en œuvre d'IFRS 17 en précisant :

Pour plus de détails, voir IFRS 17.117 à .120.

a. les données d'entrées, les hypothèses et les techniques d'estimations utilisées, notamment :
– les méthodes utilisées pour l'évaluation des contrats d'assurance et les processus employés pour estimer les données d'entrée ainsi que les changements dans les méthodes et les processus,
– des informations quantitatives sur ces données, à moins que ce ne soit impraticable,
– les approches adoptées pour déterminer l'ajustement pour risque non financier,
– les approches adoptées pour déterminer les taux d'actualisation, les composantes investissement, les poids pondérés des unités de couverture des services d'assurance et d'investissement ;

b. le niveau de confiance utilisé pour l'ajustement pour risque non financier, lorsque l'entité utilise une technique autre que celle des intervalles de confiance ;

c. la courbe des taux ou l'éventail de courbe des taux utilisés pour actualiser les flux de trésorerie qui ne varient pas en fonction des rendements des éléments sous-jacents.

5. Nature et importance des risques découlant des contrats qui entrent dans le champ d'application d'IFRS 17 L'entité doit fournir des informations permettant d'évaluer la nature, le montant, l'échéancier et l'incertitude des flux de trésorerie futurs issus des contrats. Les informations portent sur le risque d'assurance, les risques financiers et sur la gestion de ces risques.

Pour plus de détails, voir IFRS 17.121 à .132.

Pour chaque type de risque, l'entité doit fournir :
– ses expositions aux risques et leurs origines ;
– ses objectifs politiques, processus de gestion des risques et méthodes d'évaluation des risques ;
– tout changement dans les expositions et la gestion des risques.

L'entité doit fournir des informations quantitatives, selon les modalités précisées par la norme, sur les expositions suivantes :
– informations sur le niveau de concentration des risques ;
– analyses de sensibilité sur le risque d'assurance ;
– analyses de sensibilité sur le risque de marché ;
– informations sur les triangles de liquidation des sinistres ;
– informations sur le risque de crédit ;
– informations sur le risque de liquidité.

D. Modalités de transition

Calendrier et dispositions de première application

1. Date de première application La norme IFRS 17 doit être obligatoirement appliquée aux exercices ouverts à compter du 1er janvier 2023. **66060R**

Pour son adoption en Europe, voir n° 65905R.
Une application anticipée est autorisée si l'entité applique IFRS 9 au plus tard à la date d'application initiale d'IFRS 17 (IFRS 17.C1).

Pour les entités dont l'exercice est calé sur l'année civile et qui n'ont pas appliqué la norme par anticipation, la date de première application d'IFRS 17 est le 1er janvier 2023 et la **date de transition** (c'est-à-dire, le début de l'exercice qui précède immédiatement la date d'application initiale) est le 1er janvier 2022 (IFRS 17.C2).

2. Informations comparatives Au titre de la première application de la norme IFRS 17 au 1er janvier 2023, les entités devront présenter obligatoirement une information comparative retraitée au titre de l'exercice 2022 (IFRS 17.C2 à .C4).

Pour les entités qui ont opté pour l'exemption temporaire d'IFRS 9 (voir n° 65971), l'IASB a publié, le 9 décembre 2021, un amendement de la norme IFRS 17 pour permettre à ces entités de présenter des informations comparatives IFRS 9 de l'ensemble des actifs financiers de l'exercice comparatif 2022, y compris ceux décomptabilisés pendant l'exercice comparatif, grâce à une « classification overlay » optionnelle.

Cette option peut être retenue instrument par instrument et les entités disposent de la possibilité d'appliquer ou non les principes de dépréciation d'IFRS 9 aux actifs décomptabilisés en 2022, sous réserve de fournir des informations qualitatives en annexe (IFRS 17.C28A à .C28E et .C33A).

Le règlement européen d'adoption de cet amendement a été publié le 8 septembre 2022 (Règl. UE 2022/1491).

3. Dispositions transitoires Une entité doit, à la date de transition, comptabiliser et évaluer chaque groupe de contrats d'assurance en vigueur à cette date comme si IFRS 17 avait toujours été appliquée et décomptabiliser tout solde comptable n'ayant plus lieu d'être (IFRS 17.C4(a) et (b)).

Toute différence entre les montants comptabilisés selon le précédent référentiel et IFRS 17 est comptabilisée en net en capitaux propres à la date de transition (soit au 1er janvier 2022, voir point 1. ci-avant) (IFRS 17.C4(c)).

A moins que cela ne soit impraticable, la nouvelle norme IFRS 17 doit être appliquée de manière totalement rétrospective, comme si les contrats d'assurance avaient toujours été comptabilisés selon les nouveaux principes d'IFRS 17 (IFRS 17.C3).

L'application d'une exigence est impraticable lorsque l'entité ne peut pas l'appliquer après avoir déployé tous les efforts raisonnables pour le faire (IAS 8.5 ; voir n° 12681).

S'il est impraticable d'appliquer IFRS 17 de manière rétrospective pour un groupe de contrats d'assurance, l'entité peut choisir d'appliquer soit une approche rétrospective modifiée (voir n° 66070R), soit une approche fondée sur la juste valeur (IFRS 17.C5) (voir n° 66080R).

Approche rétrospective modifiée

1. **Principes généraux** L'objectif de l'approche rétrospective modifiée est de parvenir à un résultat aussi proche que possible de l'application rétrospective, en utilisant des informations raisonnables et justifiables disponibles sans coûts ni efforts excessifs (IFRS 17.C6). **66070R**

L'approche rétrospective modifiée d'IFRS 17 autorise une liste de simplifications précises qui ne peuvent être utilisées, pour chacune d'entre elles, que lorsque l'entité ne dispose pas des informations raisonnables et justifiables pour appliquer l'approche rétrospective (IFRS 17.C8).

Les simplifications permises sont détaillées dans les tableaux ci-après.

66070R (suite) 2. Evaluations à la date d'origine ou de comptabilisation initiale

Simplification	Description	Référence
Recours aux informations disponibles à la date de transition au lieu de date de comptabilisation initiale	– Pour évaluer si un contrat d'assurance présente des caractéristiques de participation directe. – Pour identifier des flux de trésorerie discrétionnaires pour les contrats sans éléments de participation directe. – Pour évaluer si un contrat répond à la définition d'un contrat d'investissement avec éléments de participation discrétionnaire.	IFRS 17.C9
Contrats acquis dans le cadre de transfert ou regroupement d'entreprises (voir nº 66040R, point 4.)	Possibilité de considérer les passifs au titre des sinistres survenus des contrats acquis dans le cadre d'un transfert ou de regroupement d'entreprises comme des passifs au titre des sinistres survenus et non comme des passifs au titre des couvertures restantes.	IFRS 17.C9A
Cohortes annuelles (voir nº 65940R, point 3.)	Possibilité de regrouper des contrats émis à plus d'un an d'intervalle.	IFRS 17.C10

3. Dispositions applicables aux contrats d'assurance sans éléments de participation directe Le tableau suivant synthétise les principales dispositions applicables. Pour plus de détails sur la liste exhaustive des simplifications portant notamment sur le traitement des frais d'acquisitions ou les contrats de réassurance détenus, voir IFRS 17.C12 à .C16C et .C18 à .C19A.

Simplification	Description	Référence
Flux de trésorerie futurs (voir nº 65980R, point 2.)	Possibilité d'estimer les flux de trésorerie futurs à la date de création du groupe de contrats d'assurance comme le montant : – des flux de trésorerie futurs à la date de transition, – ajustés des flux de trésorerie réalisés entre la date de création du groupe et la date de transition, y compris pour les flux de trésorerie des contrats qui ont cessé d'exister avant la date de transition.	IFRS 17.C12
Ajustement au titre du risque non financier (voir nº 65980R, point 4.)	Possibilité d'estimer l'ajustement pour risque à la date de comptabilisation initiale comme : – l'ajustement au titre du risque non financier à la date de transition, – ajusté de l'estimation de l'ajustement pour risque des contrats pour lesquels l'entité s'est désengagée avant la date de transition en appuyant l'analyse sur des contrats similaires que l'entité émet à la date de transition.	IFRS 17.C14
Taux d'actualisation (voir nº 65980R, point 3.)	Possibilité de déterminer les taux d'actualisation d'origine sur la base des courbes des taux observables sur les trois années précédant immédiatement la transition.	IFRS 17.C13
Taux d'actualisation pour la désactualisation de la CSM et pour l'option OCI (voir nº 66045R, point 3.)	Les simplifications dépendent du principe retenu pour l'application des cohortes annuelles avant la transition. Suivant les situations, les simplifications portent sur la possibilité : – d'utiliser les taux estimés en utilisant la simplification d'IFRS 17.C13 (voir ci-avant) ; – d'utiliser le taux d'actualisation évalué à la transition plutôt que le taux d'origine prévu par IFRS 17 ; – de valoriser le stock d'OCI sur les contrats à zéro.	IFRS 17.C18 et .C19

4. Dispositions applicables aux contrats participatifs directs Le tableau suivant synthétise les principales dispositions applicables pour les groupes de contrats évalués selon le modèle VFA (voir nº 66000R) :

Simplification	Description	Référence
Marge sur services contractuels et composante de perte (voir nº 66000R, point 2.)	Possibilité d'estimer la CSM de transition selon une approche en 3 étapes : **Etape 1** + Juste valeur des éléments sous-jacents à la transition – Flux de trésorerie d'exécution à la transition **Etape 2** – Ajustements au titre : – des montants imputés aux titulaires des contrats avant la date de transition ; – des montants payés avant la date de transition qui n'auraient pas varié en fonction des éléments sous-jacents ; – du risque des contrats pour lesquels l'entité s'est désengagée avant la date de transition ; – des frais d'acquisitions. = CSM d'origine estimée **Etape 3** – Amortissement en fonction des unités de couverture consommées au titre des services fournis avant la date de transition = CSM de transition estimée	IFRS 17.C17
Option OCI (voir nº 66045R, point 3.)	Possibilité de valoriser le stock d'OCI des contrats à la transition comme égal au montant cumulatif comptabilisé en OCI au titre des éléments sous-jacents.	IFRS 17.C18(b)(ii)

Approche fondée sur la juste valeur

1. Eligibilité Une entité peut choisir d'utiliser l'approche fondée sur la juste valeur si l'approche rétrospective est impraticable (IFRS 17.C5). En revanche, une entité doit obligatoirement utiliser l'approche fondée sur la juste valeur si l'approche rétrospective est impraticable et elle ne dispose pas des informations raisonnables et justifiables nécessaires pour appliquer l'approche rétrospective modifiée sans coûts ni efforts excessifs (IFRS 17.C6(a)). **66080R**

2. Principes généraux Selon l'approche fondée sur la juste valeur, la CSM est déterminée comme étant la différence entre la juste valeur d'un groupe de contrats d'assurance, évaluée selon la norme IFRS 13, et ses flux de trésorerie d'exécution à la date de transition (IFRS 17.C20).

Toutefois, l'entité ne doit pas déterminer cette juste valeur sur la base du montant qui serait payable à vue, comme l'exige le paragraphe 47 d'IFRS 13 (IFRS 17.C20 ; voir nº 46630, point 2b.).

Selon l'approche fondée sur la juste valeur, une entité peut choisir d'inclure, dans un groupe, des contrats émis à plus d'un an d'intervalle (IFRS 17.C23).

Indépendamment de ce choix, l'entité est autorisée à déterminer le taux d'actualisation lors de la comptabilisation initiale d'un groupe de contrats ou à la date de survenance du sinistre sur la base du taux à la date de transition (IFRS 17.C23).

En appliquant l'approche fondée sur la juste valeur, une entité peut choisir de déterminer les éléments suivants, soit de manière rétrospective (compte tenu des conditions du contrat et des conditions du marché à la date d'origine du contrat ou à la date de comptabilisation initiale), soit en utilisant les informations raisonnables et justifiables disponibles à la date de transition (IFRS 17.C21 et .C22) :

- l'agrégation des contrats d'assurance en groupes de contrats ;
- si un contrat d'assurance répond à la définition d'un contrat participatif direct ;
- la définition du pouvoir discrétionnaire pour les contrats sans éléments de participation directe ; et
- si un contrat d'investissement répond à la définition d'un contrat d'investissement avec éléments de participation discrétionnaire.

Si une entité choisit d'appliquer l'option OCI (voir nº 66045R, point 3.), elle peut alors choisir de déterminer le montant cumulé comptabilisé en autres éléments du résultat global avant la date de transition, comme décrit ci-dessous (IFRS 17.C24) :

- de manière rétrospective, si des informations raisonnables et justifiables sont disponibles ;
- comme étant égal au montant cumulé des éléments sous-jacents comptabilisés dans les autres éléments du résultat global, pour les contrats d'assurance avec éléments de participation directe ; ou
- comme étant nul, dans toutes les autres circonstances.

CHAPITRE 55

Agriculture (IAS 41)

Plan du chapitre — §§ 67000

L'ESSENTIEL DE LA NORME IAS 41

A. Généralités

1. Champ d'application

La norme IAS 41 doit être appliquée pour la comptabilisation (IAS 41.1) : 67002
- des actifs biologiques à l'exception des plantes productrices ;
- de la production agricole lors de la récolte ; et
- des subventions publiques relatives à l'activité agricole.

Pour la définition des subventions telle que prévue par la norme IAS 20, voir no 39512.

Remarques :

1. **Terrains agricoles** De nombreux actifs biologiques sont physiquement attachés à un terrain, par exemple les arbres d'une plantation forestière.

La norme IAS 41 ne prévoit pas de principes spécifiques de comptabilisation du terrain lié à l'activité agricole. Il doit être comptabilisé conformément aux principes énoncés par les normes IAS 16, Immobilisations corporelles (voir no 31006 s.) ou IAS 40, Immeubles de placement (voir no 32006 s., le cas échéant) (IAS 41.2).

2. **Immobilisations incorporelles** De même, la norme IAS 41 ne s'applique pas aux immobilisations incorporelles relatives à l'activité agricole (IAS 41.2).

3. **Actifs biologiques faisant l'objet d'accords de location** Les contrats détenus par un preneur portant sur la location d'actifs biologiques, tels que définis par IAS 41, sont exclus du champ d'application d'IFRS 16 (IFRS 16.3b). Ils doivent en conséquence être comptabilisés et évalués selon les principes de la norme IAS 41. En revanche, les contrats de location de terrains liés à l'activité agricole sont exclus du champ d'application de la norme IAS 41 (IAS 41.2e). Ils sont en conséquence couverts par la norme IFRS 16 et nécessitent la comptabilisation d'un droit d'utilisation (voir no 32972 s.).

2. Définitions

La norme IAS 41 définit les termes spécifiques à l'agriculture : 67004

1. **L'activité agricole** est la gestion par une entreprise de la transformation biologique et de la récolte d'actifs biologiques (animaux ou végétaux vivants) pour la vente ou pour la transformation en production agricole ou en d'autres actifs biologiques (IAS 41.5).

67004 (suite) Bien que l'activité agricole soit diversifiée, certaines caractéristiques communes existent toutefois. Les activités agricoles se distinguent des autres activités par le fait que leur gestion (IAS 41.6) :
- facilite et organise la transformation biologique en améliorant, ou au moins en stabilisant, les conditions nécessaires pour que le processus de transformation ait lieu (par exemple, les niveaux nutritifs, l'humidité, la température, la fertilité et la luminosité) ; et
- est capable de mesurer la transformation biologique ou la récolte, c'est-à-dire les changements apportés à la qualité (qualité génétique, densité, mûrissement, etc.) ou à la quantité (descendance, poids, volume, longueur, etc.).

La récolte d'actifs biologiques à partir de ressources non gérées (telle que la pêche en mer ou la déforestation) n'est pas considérée comme une activité agricole (IAS 41.6).

2. Les actifs biologiques sont des animaux ou des végétaux vivants tels que les moutons, les arbres d'une plantation ou les vignes (IAS 41.4).

Ils se distinguent de la production agricole, laquelle est comptabilisée en stocks (IAS 41.3).

Les actifs biologiques peuvent être vendus en l'état, transformés en production agricole (par exemple, la laine, les rondins de bois, les raisins) ou en d'autres actifs biologiques (création d'animaux ou de végétaux vivants supplémentaires) (IAS 41.5 et .7).

La production agricole telle que la laine, les rondins de bois ou les raisins, est constituée des produits récoltés des actifs biologiques (IAS 41.4).

Les actifs biologiques peuvent être consommables ou producteurs (IAS 41.43).

Les actifs biologiques consommables sont ceux qui doivent être récoltés comme produits agricoles ou vendus comme actifs biologiques, par exemple les cheptels destinés à la production de viande, les poissons des piscicultures, les récoltes telles que celles du maïs ou du blé et les arbres cultivés pour le bois.
Les actifs biologiques producteurs sont ceux autres que les actifs biologiques consommables, par exemple les cheptels producteurs de lait, les vignes, les arbres fruitiers et les arbres dont une partie est coupée pour en faire du bois de chauffage alors que l'arbre reste sur pied. Les actifs biologiques producteurs ne sont pas des produits agricoles, mais plutôt des produits autorégénérants (IAS 41.44).

Ils peuvent être matures/adultes ou non matures.

Les actifs biologiques matures/adultes sont ceux qui ont atteint le stade récoltable (pour les actifs biologiques consommables) ou qui peuvent supporter des récoltes successives (pour des actifs biologiques producteurs) (IAS 41.45).

Bien qu'étant qualifiées d'actifs biologiques, les plantes productrices (« bearer plants ») sont exclues du champ d'application d'IAS 41. Pour ces actifs, il convient de se référer à la norme IAS 16 qui permet soit la méthode du coût, soit la méthode de la réévaluation (voir nº 30987 pour le coût d'entrée). Toutefois, les produits des plantes productrices restent dans le champ d'IAS 41 jusqu'à leur récolte (IAS 41.2b).

Remarque Une plante productrice est définie dans la norme comme une plante vivante qui (IAS 41.5) :
- est utilisée dans la production ou la fourniture de produits agricoles ;
- est susceptible de produire sur plus d'une période ; et
- n'a qu'une faible probabilité d'être vendue comme produits agricoles, sauf à titre accessoire en tant que rebut.

Les actifs biologiques n'incluent pas les actifs récoltés de ressources non gérées (IAS 41.6, voir point 1. ci-avant).

3. La production agricole est le produit récolté des actifs biologiques de l'entreprise. La norme IAS 41 s'applique à la production agricole uniquement au moment de la récolte (IAS 41.1b et .3).
Par la suite, la norme IAS 2, Stocks (ou toute autre norme applicable) s'applique (voir nº 35006 s.).

La norme IAS 41 ne couvre donc pas la transformation des produits agricoles au-delà de la récolte (par exemple, transformation des raisins récoltés en vin).

4. La transformation biologique comprend les processus de croissance, de dégénérescence, de production et de procréation, qui engendrent les changements qualitatifs et quantitatifs d'un actif biologique (IAS 41.5).

5. Un groupe d'actifs biologiques est un regroupement d'animaux ou de végétaux vivants similaires (IAS 41.5).

6. La récolte est le détachement de la production d'un actif biologique ou l'arrêt des processus vitaux d'un actif biologique (IAS 41.5).

Le tableau ci-après fournit des exemples d'actifs biologiques, production agricole et produits résultant du processus après la récolte (IAS 41.4), complété par nos soins de la référence à la norme qu'il convient, à notre avis, d'appliquer :

Actifs biologiques (IAS 41 ou IAS 16)	Production agricole (IAS 41 à la récolte puis IAS 2)	Produits résultant de la transformation après récolte (IAS 2)
Moutons (IAS 41)	Laine	Fil de tissage, tapis
Arbres dans une plantation forestière (IAS 41)	Arbres abattus	Grumes, bois débité
Cotonnier (en général IAS 41)	Coton	Fils, vêtements
Bovins laitiers (IAS 41)	Lait	Fromage
Porcs (IAS 41)	Carcasses	Saucisses, jambons fumés
Théiers (IAS 16)	Feuilles récoltées	Thé
Plants de tabac (IAS 41)	Feuilles récoltées	Tabac traité
Ceps de vignes (IAS 16)	Raisins	Vin
Arbres fruitiers (IAS 16)	Fruits cueillis	Fruits transformés
Arbres à caoutchouc (IAS 16)	Latex récolté	Produits en caoutchouc

Les plantes annuelles comme le blé ou le maïs ne sont pas des plantes productrices et relèvent donc d'IAS 41 (IAS 41.5Ac).

B. Traitement comptable

1. Comptabilisation et évaluation initiales des actifs biologiques et de la production agricole

Comptabilisation initiale

La comptabilisation initiale des actifs biologiques et des productions agricoles doit suivre les critères généraux énoncés dans le Cadre conceptuel de l'IASB. Ainsi, l'entreprise doit comptabiliser un actif biologique ou une production agricole (IAS 41.10) : **67015**

- si l'actif est contrôlé du fait d'événements passés ;

  L'entreprise doit démontrer le contrôle des actifs qui généreront des avantages pouvant être évalués de manière fiable (IAS 41.10). Le contrôle d'actifs biologiques devrait généralement être mis en évidence par la propriété juridique du bétail ainsi que, par exemple, par son marquage ou tatouage lors de l'achat, de la naissance ou du sevrage (IAS 41.11).

- s'il est probable que les avantages économiques futurs bénéficieront à l'entreprise ;

  Ces avantages sont normalement évalués en mesurant les attributs physiques significatifs (âge, qualité, etc.) (IAS 41.11).

- et si la juste valeur ou le coût peuvent être évalués de manière fiable.

La comptabilisation initiale doit intervenir lors de l'achat ou lorsque les actifs biologiques sont générés par les actifs existants (mises à bas).

Remarque Pour le traitement des subventions publiques attachées à l'activité agricole, voir n° 67021.

Evaluation initiale

La norme IAS 41 énonce les dispositions suivantes : **67017**

1. **Principe** Lors de la comptabilisation initiale :

- les actifs biologiques doivent être évalués à leur juste valeur diminuée des coûts de vente, sauf lorsque la juste valeur ne peut être déterminée de manière fiable (IAS 41.12) ;

  L'évaluation à la juste valeur des actifs biologiques se justifie car les variations de leur juste valeur reflètent les changements induits par leur transformation biologique au fur et à mesure du temps (IAS 41.B14 à .B17).

- de la même manière, la production agricole doit être évaluée, au moment de la récolte, à sa juste valeur diminuée des coûts de vente (IAS 41.13).

67017 (suite) Cette évaluation est le coût à cette date tel que déterminé selon la norme IAS 2, Stocks, ou selon une autre norme comptable applicable (IAS 41.13).

Remarque Un profit ou une perte résultant de la comptabilisation initiale d'un actif biologique à sa juste valeur diminuée des coûts de vente doivent être inclus dans le résultat de la période au cours de laquelle ils sont générés (IAS 41.26 et .28).

La comptabilisation initiale d'un actif biologique à sa juste valeur diminuée des coûts de vente peut générer (IAS 41.27) :

- une perte, parce que les coûts de vente sont déduits pour la détermination de la valeur d'un actif biologique ;
- un profit, comme dans le cas par exemple de la naissance d'un veau.

De même, un profit ou une perte peut survenir lors de la comptabilisation initiale d'une production agricole, du fait de la récolte, par exemple (IAS 41.28 et .29).

Une entreprise est présumée être en mesure d'évaluer la juste valeur des actifs biologiques. Cette présomption peut toutefois être réfutée dans les circonstances rares où il n'existe pas de prix cotés et lorsque les autres méthodes d'évaluation de la juste valeur sont reconnues comme n'étant manifestement pas fiables. Dans ce cas, l'entreprise comptabilise les actifs biologiques à leur coût diminué du cumul des amortissements et des pertes de valeur (IAS 41.30).

La présomption selon laquelle la juste valeur des actifs biologiques peut être évaluée de manière fiable ne peut être réfutée que lors de la comptabilisation initiale. Ainsi, les actifs biologiques préalablement évalués à leur juste valeur ne peuvent pas être ultérieurement comptabilisés à leur coût (IAS 41.31).

En outre, une fois que la juste valeur d'un actif biologique initialement comptabilisé au coût est susceptible d'être évaluée de manière fiable, l'entreprise doit l'évaluer à sa juste valeur diminuée des coûts de la vente (IAS 41.30).

En tout état de cause, la production agricole doit être évaluée lors de la récolte, à la juste valeur diminuée des coûts de vente (IAS 41.32).

Les coûts de vente sont les coûts supplémentaires engagés pour vendre les actifs. Ils comprennent les commissions des intermédiaires et les taxes. Ils ne comprennent pas les coûts compris dans la juste valeur des actifs biologiques tels que les coûts de transport (IAS 41.BC22).

2. Evaluation de la juste valeur Pour l'évaluation des actifs biologiques et de la production agricole et pour les informations à fournir concernant l'évaluation à la juste valeur, il convient d'appliquer la norme IFRS 13, Evaluation de la juste valeur.

La juste valeur est le prix qui serait reçu de la vente d'un actif dans le cadre d'une transaction normale entre des intervenants de marché à la date de l'évaluation (IAS 41.8). La norme IFRS 13 impose l'obligation d'une estimation sur la base des hypothèses et caractéristiques qui seraient retenues par des intervenants de marché (« market based »), c'est-à-dire des hypothèses de marché propres à l'actif (IFRS 13.11), et non sur la base des hypothèses spécifiques à l'entité qui détient l'actif. En outre, la transaction doit avoir lieu sur le marché principal ou, à défaut, le marché le plus avantageux (IFRS 13.16 ; voir n° 13317).

Le marché principal est défini comme celui ayant les volumes et le niveau d'activité les plus élevés pour un actif donné (IFRS 13.A). Le marché sur lequel une entité réalise normalement ses transactions est supposé être le marché principal, sauf preuve du contraire (IFRS 13.17).

Conformément à la hiérarchie d'évaluation de la juste valeur (qui comprend trois niveaux classés par ordre décroissant de priorité) (IFRS 13.72 s. ; voir n° 13387), la juste valeur des actifs biologiques et de la production agricole est déterminée comme suit :

a. Lorsqu'il existe un prix coté sur un marché actif pour ces actifs biologiques et cette production agricole dans leur situation et leur état actuels (données de niveau 1), ce prix (sans ajustement) constitue la base appropriée pour l'évaluation de leur juste valeur (IFRS 13.76 s.).

Remarque Un marché actif est un marché sur lequel ont lieu des transactions sur l'actif selon une fréquence et un volume suffisants pour fournir de façon continue de l'information sur le prix (IFRS 13.A).

b. En l'absence de prix coté sur un marché actif, l'évaluation est réalisée en utilisant uniquement des données observables sur un marché actif pour un instrument similaire (données de niveau 2), telles que par exemple :

- les prix cotés pour des actifs similaires, avec ajustement, pour refléter les différences entre ces actifs ; et
- des données corroborées par les marchés (par exemple, des références sectorielles) (IFRS 13.81 et .82).

Exemple La valeur du bétail exprimée par kilogramme de viande.

c. En l'absence de données de niveau 1 et de niveau 2, l'évaluation est réalisée en utilisant principalement des données non observables (données de niveau 3) (IFRS 13.86 s.). Il s'agit, par exemple, d'une évaluation faite sur la base de la valeur actualisée des flux nets de trésorerie attendus de l'actif biologique, actualisés à un taux déterminé par les conditions actuelles du marché (IFRS 13.B13).

Le but du calcul de la valeur actualisée des flux de trésorerie nets attendus est de déterminer la juste valeur d'un actif biologique dans sa situation et son état actuels. Pour déterminer la valeur actualisée des flux nets de trésorerie attendus, une entité inclut les flux de trésorerie nets que les intervenants du marché utiliseraient lors de la détermination du prix de cet actif sur son marché principal ou le plus avantageux (IFRS 13.B14).

En outre, il ne doit pas être tenu compte des flux de trésorerie destinés à financer les actifs ou à rétablir les actifs biologiques après la récolte (par exemple, le coût de replantation des arbres dans une plantation forestière après la récolte) (IAS 41.22).

Remarques :

1. Les coûts peuvent parfois être proches de la juste valeur, en particulier lorsque (IAS 41.24) :
- peu de transformations biologiques ont eu lieu depuis la prise en compte des coûts initiaux (par exemple, pour des arbres fruitiers ou semi-plantés juste avant la date de clôture des comptes) ; ou
- l'impact de la transformation biologique sur le prix ne devrait pas être significatif (par exemple, pour la croissance initiale dans un cycle de production de trente ans d'une plantation de pins).

2. **Actifs biologiques liés à un terrain** Les actifs biologiques sont souvent physiquement liés à un terrain. Il se peut qu'il n'y ait pas de marché actif pour l'actif biologique en tant que tel mais qu'il en existe un pour l'actif combiné (c'est-à-dire pour les actifs biologiques, le terrain nu et les améliorations foncières). L'entreprise peut alors utiliser le prix de marché de l'actif combiné pour évaluer la juste valeur des actifs biologiques (IAS 41.25).

Par exemple, la juste valeur du terrain inculte et les améliorations foncières peuvent être déduites de la juste valeur des actifs associés pour parvenir à la juste valeur des actifs biologiques (IAS 41.25). L'IFRS IC, interrogé sur la valorisation d'un actif biologique lié à un terrain, a décidé de ne pas retenir ce thème trop vaste à son agenda. L'IASB a rappelé que la « méthode résiduelle » telle qu'énoncée par IAS 41.25 n'est pas obligatoire et que la norme IFRS 13, Evaluation de la juste valeur, recommande l'utilisation de techniques d'évaluation quand elles sont appropriées (IASB Update 05/13).

3. **Existence d'accords de vente à terme** Lorsqu'il existe des accords de vente à terme des actifs biologiques ou de la production agricole, les prix contractuels ne sont pas nécessairement pertinents pour évaluer la juste valeur dès lors qu'ils reflètent les conditions de marché anticipées à une date future, et non pas les conditions actuelles du marché. En conséquence, la juste valeur n'est pas modifiée du fait de l'existence de ces contrats (IAS 41.16).

2. Evaluation ultérieure

Les dispositions de la norme IAS 41 sont les suivantes : **67019**

1. **Principe** A chaque date de clôture, après la comptabilisation initiale, les actifs biologiques doivent être évalués à leur juste valeur diminuée des coûts de vente (IAS 41.12).

Les actifs biologiques évalués à leur coût (voir n° 67017, point 1.) doivent être amortis et faire l'objet de tests de dépréciation en cas d'indice de pertes de valeur (IAS 41.30).

2. **Traitement des variations de la juste valeur** Les augmentations ou diminutions de juste valeur des actifs biologiques doivent être comptabilisées en gains ou pertes dans le résultat de la période au cours de laquelle elles surviennent (IAS 41.26).

Le changement de juste valeur peut résulter de changements physiques ou de changements dans les prix de marché des actifs biologiques (IAS 41.51).

3. **Traitement des coûts ultérieurs** Une entreprise engage généralement des dépenses tout au long de l'existence d'un actif biologique. Le principe d'évaluation étant celui de la juste valeur, la norme IAS 41 ne traite pas de la comptabilisation des dépenses ultérieures engagées sur des actifs biologiques (IAS 41.B62).

La question de la comptabilisation des coûts ultérieurs a été posée à l'IFRS IC afin de déterminer s'ils devaient être comptabilisés immédiatement en charges au moment où ils sont encourus ou, au contraire, immobilisés dans le coût de l'actif. En septembre 2019, l'IFRS IC a conclu que les deux méthodes sont possibles. La méthode retenue constitue un choix de méthode comptable qu'il conviendra de mentionner en annexe et qui devra être appliqué de manière cohérente et homogène à chaque groupe d'actifs biologiques (IAS 1.117 et IAS 8.15).

L'IFRS IC a également précisé que la méthode retenue n'aura aucun impact ni sur l'évaluation à la juste valeur de l'actif, ni sur le compte de résultat. Elle pourrait toutefois avoir un impact en termes de présentation au compte de résultat (IFRIC Update 09/19).

Exemple La juste valeur d'un actif biologique est de 200 K€ au 31/12/N-1 et 600 K€ au 31/12/N, soit une augmentation de 400 K€. Au cours de l'année N, des dépenses ultérieures ont été engagées pour 300 K€.

a. Si l'entité choisit d'immobiliser les dépenses ultérieures (300 K€), la valeur de l'actif biologique sera de 500 K€ (200 K€ + 300 K€) au 31/12/N avant réévaluation de l'actif à sa juste valeur. Pour réévaluer l'actif à sa juste valeur au 31/12/N, un ajustement de + 100 K€ devra être comptabilisé en contrepartie du compte de résultat.

b. Si l'entité choisit de comptabiliser en charges les dépenses ultérieures de 300 K€, la valeur de l'actif biologique est de 200 K€ au 31/12/N avant réévaluation de l'actif à sa juste valeur. Pour réévaluer l'actif à sa juste valeur au 31/12/N, un ajustement de + 400 K€ devra être comptabilisé en contrepartie du compte de résultat. L'impact total au compte de résultat sera de + 100 K€ (– 300 K€ + 400 K€).

3. Traitement des subventions publiques attachées à l'activité agricole

67021 Bien que la norme IAS 20 traite de la comptabilisation des subventions publiques, la norme IAS 41 apporte des précisions pour les subventions reçues au titre d'actifs biologiques évalués à leur juste valeur diminuée des coûts de vente estimés.

La comptabilisation de subventions publiques relatives aux actifs biologiques diffère selon le mode d'évaluation de l'actif biologique :

1. Actif biologique évalué à la juste valeur diminuée des coûts de vente :

– s'il s'agit d'une subvention octroyée sans condition, elle doit être constatée en produits lorsqu'elle est due (IAS 41.34) ;

– s'il existe des conditions attachées à l'obtention de la subvention, telles que l'engagement ou le non-engagement de l'entreprise dans une activité agricole spécifique, la subvention ne doit être comptabilisée que lorsque les conditions sont satisfaites (IAS 41.35).

Remarque Cette méthode de comptabilisation des subventions liées à l'activité agricole diffère de celle prévue par la norme IAS 20 (IAS 41.38).

2. Actif biologique évalué au coût Les subventions reçues relatives à des actifs biologiques comptabilisés à leur coût amorti (et dépréciés, le cas échéant) doivent être comptabilisées conformément à la norme IAS 20 (IAS 41.37), c'est-à-dire en produits sur les périodes nécessaires pour les rapporter aux coûts qu'elles sont censées compenser, et ce, de manière systématique (IAS 20.12).

C. Présentation

67024 La norme IAS 41 ne contient pas de disposition particulière sur la présentation dans les états financiers des données relatives aux actifs biologiques et à la production agricole, mais seulement un exemple indicatif en annexe de la norme sur la présentation des états financiers.

Remarque Une présentation séparée dans l'état de situation financière et dans le compte de résultat étant possible si elle correspond à l'activité de l'entreprise et si elle conduit à une meilleure compréhension des états financiers (IAS 1.77 et .85), il est possible, à notre avis, de présenter dans les états financiers, de façon séparée, les informations requises en annexe par la norme.

Les paragraphes ci-après sont développés sur cette base.

Les entreprises ont toutefois le choix de la présentation de leurs états financiers.

1. Etat de situation financière Les actifs biologiques doivent être présentés séparément dans l'état de situation financière (IAS 1.54f).

En outre, une entité devant donner une description narrative ou quantifiée de chaque groupe d'actifs biologiques (IAS 41.41), elle pourrait la présenter en distinguant entre les actifs consommables et les actifs producteurs ou entre les actifs arrivés à maturité et les autres (IAS 41.A Exemple 1).

Leur classement courant ou non courant dépendra de la nature des actifs biologiques. Normalement, les actifs consommables comme le blé ou le sucre devraient être présentés en actifs courants alors que les actifs producteurs comme le cheptel reproducteur ou les arbres fruitiers devraient être présentés en actifs non courants.

2. **Etat du résultat global** Il serait possible, à notre avis, de présenter séparément certaines informations qui doivent être données en annexe (IAS 41.40) :
- les gains et pertes initiaux sur les actifs biologiques ;
- les changements de juste valeur diminuée des coûts de vente des actifs biologiques ;
- les gains et pertes initiaux sur les productions agricoles.

Considérant que ces résultats reflètent les activités de l'entreprise, sur la base des exemples d'IAS 41 et de la pratique, il est, à notre avis, approprié de présenter ces informations après les lignes « produits » et « autres produits » mais avant les charges.

En revanche, ces gains et pertes liés à la reconnaissance initiale des actifs biologiques et au changement de leur juste valeur sont exclus du champ d'application de la norme IFRS 15 puisqu'ils ne sont pas liés à des contrats avec des clients. Ils ne peuvent donc pas être présentés sur la ligne « Produits des activités ordinaires » (IFRS 15.6).

D. Informations en annexe

La norme IAS 41 prévoit des informations générales ainsi que des informations complémentaires lorsque la juste valeur des actifs biologiques ne peut être déterminée de manière fiable et/ou lorsque l'entreprise a perçu des subventions publiques : **67027**

1. **Informations générales** La norme IAS 41 requiert de fournir les informations suivantes :
- le cumul des gains et pertes de la période relatif à la comptabilisation initiale des actifs biologiques et de la production agricole et aux variations de juste valeur diminuée des coûts de vente des actifs biologiques (IAS 41.40) ;
- une description de chaque groupe d'actifs biologiques (sous forme soit narrative, soit quantifiée) (IAS 41.41 et .42) ;
- un rapprochement des variations de la valeur comptable des actifs biologiques entre le début et la fin de la période (IAS 41.50) ;

  La norme IAS 41 détaille les éléments devant figurer dans ce rapprochement.

- une information sur l'existence et les valeurs comptables des actifs biologiques dont la propriété est soumise à restrictions ainsi que les valeurs comptables des actifs biologiques donnés en nantissement de dettes, sur le montant des engagements pour le développement ou l'acquisition d'actifs biologiques ainsi qu'une description des stratégies de gestion des risques financiers concernant l'activité agricole (IAS 41.49) ;
- en cas de survenance d'un événement climatique, de maladie et d'un autre risque naturel, une description de sa nature et des montants relatifs à cet événement (IAS 41.53) ; et
- le gain net ou la perte nette comptabilisés lors de la cession d'actifs biologiques évalués à leur coût (IAS 41.55).

Les informations non financières suivantes doivent également être fournies si elles ne sont pas disponibles par ailleurs dans les états financiers (IAS 41.46) :
- une description de la nature des activités pour chaque groupe d'actifs biologiques ;
- les évaluations ou estimations non financières des quantités physiques de chaque groupe d'actifs biologiques à la date de clôture et de la production de produits agricoles au cours de l'exercice.

Les informations requises par IFRS 13 concernant l'évaluation des actifs à la juste valeur sont également nécessaires pour les actifs biologiques et la production agricole (IFRS 13.93 s.), voir n° 13345.

2. **Informations complémentaires en cas de juste valeur des actifs biologiques non déterminable de manière fiable** Lorsque la juste valeur des actifs biologiques ne peut pas être déterminée de manière fiable à la fin de l'exercice (les actifs biologiques étant alors évalués à leur coût diminué du cumul des amortissements et du cumul des pertes de valeurs), l'entreprise doit fournir les informations complémentaires suivantes (IAS 41.54 s.), notamment :
- une description des actifs biologiques ;
- une explication de la raison pour laquelle la juste valeur ne peut pas être déterminée de manière fiable ;
- si possible, une fourchette d'estimations à l'intérieur de laquelle il est hautement probable que la juste valeur se situe ;

67027 (suite)
– le mode d'amortissement utilisé ;
– les durées d'utilité ou les taux d'amortissement utilisés ; et
– la valeur comptable brute et le cumul des amortissements (regroupé avec le cumul des pertes de valeur) à l'ouverture et à la clôture de la période.

3. Informations sur les subventions publiques relatives à l'activité agricole La norme requiert également des informations concernant les subventions publiques relatives à l'activité agricole (IAS 41.57) :
– une description de la nature et de l'étendue des subventions comptabilisées ;
– les conditions non satisfaites et toute autre éventualité relative à de telles subventions ;
– toute baisse significative attendue du niveau des subventions publiques.

TITRE 13

Enjeux climatiques dans les états financiers

Chapitre 56

Enjeux climatiques dans les états financiers

Plan du chapitre §§ 67500

L'ESSENTIEL DES ENJEUX CLIMATIQUES DANS LES ETATS FINANCIERS

Enjeux climatiques et double matérialité

Ces dernières années, toutes les parties prenantes ont pris conscience des enjeux climatiques et de leurs conséquences, représentant des enjeux stratégiques pour la société civile, les Etats et les entreprises. 67530

Ce sujet représente aujourd'hui un enjeu sociétal essentiel, et constitue déjà, pour un certain nombre d'acteurs économiques, un risque stratégique d'exécution de leurs activités.

Tel est le cas, par exemple, des secteurs des transports, du tourisme ou de l'agroalimentaire.

La stratégie d'une entreprise face au changement climatique s'apprécie par la **notion de double matérialité,** un double regard qui structure son approche vis-à-vis du climat.

1. **L'impact du climat sur l'entité** Les impacts peuvent être liés (i) à la **transition** (impacts des **nouvelles réglementations** sur l'activité et les coûts de production ou sur le prix du carbone ; impacts des **évolutions du marché** liées, par exemple, aux changements de comportement des consommateurs vers des produits « verts » ; impacts des **risques réputationnels**, par exemple, pour une entreprise restant fortement émettrice de carbone ; impacts de la **technologie**, liés notamment à l'obsolescence des moyens de production fortement émetteurs) ; et (ii) aux **risques physiques** (impacts de **risques chroniques** plus sévères tels que d'importants changements dans la disponibilité de l'eau ; impacts d'**aléas climatiques** plus fréquents tels que des sécheresses, inondations, tempêtes sur les sites industriels). En outre, l'entité pourrait être indirectement affectée par l'impact du climat sur les fournisseurs, les clients, la chaîne logistique, etc.

2. **L'impact de l'entité sur le réchauffement climatique** A cet effet, l'entité quantifie ses émissions de gaz à effet de serre sur l'ensemble de la chaîne de valeur (en amont chez ses fournisseurs, jusqu'en aval du fait de la vente des produits aux clients), puis identifie les leviers de réduction des émissions, se fixe des objectifs de réduction et met en œuvre ces réductions dès que possible.

Evolutions réglementaires internationales et européennes

67550 Les évolutions réglementaires doivent être prises en compte dans la stratégie climat des entités. Depuis 2015, les régulateurs deviennent de plus en plus dynamiques sur ces questions. Parmi les principales évolutions et initiatives, on peut citer :

1. Au niveau international :

a. Un **accord sur les objectifs de développement durable (ODD) sur la période 2015-2030,** adopté en 2015 par l'ensemble des Etats membres de l'Organisation des Nations unies (ONU), et constitué de 17 grands objectifs mondiaux de développement durable déclinés pays par pays. Parmi les objectifs identifiés, on retrouve la lutte contre les changements climatiques et leurs répercussions.

b. L'**Accord de Paris,** adopté lors de la COP21 en 2015, est un traité international juridiquement contraignant sur les changements climatiques. Il constitue un premier engagement international vers la limitation du réchauffement climatique à un niveau bien inférieur à 2 °C, de préférence à 1,5 °C, par rapport au niveau préindustriel.

La COP26 qui s'est tenue en novembre 2021 a abouti à l'adoption du « Pacte de Glasgow » permettant notamment de finaliser les règles d'application de l'Accord de Paris. Lors de la COP27 qui s'est tenue en novembre 2022, les Etats sont parvenus à un accord sur l'établissement d'un mécanisme de financement pour indemniser les pays vulnérables au titre des « pertes et dommages » dus aux catastrophes induites par le climat.

c. La création par l'IFRS Foundation de l'ISSB (« **International Sustainability Standards Board** »), responsable de l'élaboration d'un ensemble de normes de reporting de durabilité (voir nº 11010). En février 2023, l'ISSB s'est réuni pour finaliser ses décisions sur l'ensemble du contenu technique de ses normes initiales, « General Sustainability-related Disclosures » (IFRS S1) et « Climate-related Disclosures » (IFRS S2). Les normes IFRS S1 et IFRS S2 devraient être publiées avant fin juin 2023 avec une date d'entrée en vigueur au 1er janvier 2024.

2. Au niveau européen :

a. Le **« Green Deal »** (Pacte vert pour l'Europe) marque l'ambition européenne pour le climat avec une série de décisions et de financements des entreprises en lien avec le changement climatique. Le pacte prévoit un objectif commun de neutralité carbone à horizon 2050 avec un palier à atteindre en 2030, c'est-à-dire –55 % des émissions de gaz à effet de serre par rapport au niveau de 1990 pour arriver en 2050 à « zéro » émission nette, c'est-à-dire une Europe neutre sur le plan climatique.

Face à ces objectifs exigeants, une réorganisation massive des flux de capitaux vers les secteurs en phase avec la transition énergétique, une économie durable avec des stratégies climat de plus en plus ambitieuses et une information qui circule plus librement entre les entreprises et la sphère financière sont nécessaires.

> Le plan d'action européen **« Finance durable »** est un des 4 piliers du « Green Deal » européen (les trois autres piliers étant « la croissance », « l'environnement » et « l'énergie et le climat »).
> Le plan Finance durable a trois objectifs : réorienter les flux de capitaux vers une économie plus durable, intégrer systématiquement la durabilité dans la gestion des risques et favoriser la transparence et une vision de long terme.
> Le plan prévoit notamment :
> – d'établir une Taxonomie des activités durables/vertes ;
> – d'améliorer la transparence du reporting de durabilité (révision de la « Non Financial Reporting Directive »/NFRD, en adoptant la « Corporate Sustainability Reporting Directive »/CSRD) ;
> – de clarifier les devoirs des investisseurs institutionnels et des gestionnaires d'actifs en matière de durabilité (« Sustainable Finance Disclosure Regulation »/SFDR) ;
> – de créer des standards et des labels sur les produits financiers « verts » (« EU Green Bond Standard », « EU Ecolabel ») ;
> – de favoriser une gouvernance durable des entreprises et d'atténuer le court-termisme des marchés de capitaux.

b. L'extension de la mission de **l'EFRAG** au développement de projets de **normes de reporting de durabilité** pour la Commission européenne, applicables aux entreprises de l'Union européenne (voir nº 11124). En novembre 2022, l'EFRAG a remis à la Commission européenne un premier ensemble (« Set 1 ») de normes européennes d'information en matière de durabilité (« European Sustainability Reporting Standards »/ESRS). Le « Set 1 » devrait être adopté avant le 31 août 2023, pour une date d'entrée en vigueur au 1er janvier 2024.

Attente des investisseurs pour la prise en compte du changement climatique dans les états financiers et le reporting de durabilité

Le secteur financier a un rôle central dans l'économie au travers du financement et de l'investissement. Il est en cela un puissant levier d'accélération de ces transitions. Les investisseurs se mobilisent avec des exigences croissantes en matière de prise en compte du changement climatique. **67570**

Depuis 2020, on observe une accélération des initiatives de groupes d'investisseurs autour du risque climatique, tant en matière de reporting financier que de reporting de durabilité. Ces investisseurs interpellent directement les entreprises avec des attentes très précises en matière de risque climatique. Il s'agit par exemple :
- de l'**initiative climate Action 100 +,** qui regroupe plus de 700 investisseurs, et qui a identifié les entreprises responsables de plus de 80 % des émissions mondiales de gaz à effet de serre (environ 150 entreprises, dont un tiers sont européennes) qu'elle souhaite voir s'engager pour la lutte contre le changement climatique ;
- de l'**IIGCC** (« Institutional Investors Group on Climate Change »), le relais européen de l'initiative climate Action 100 +.

Le groupe a publié en septembre 2020 une lettre ouverte intitulée « Open Letter – Investor Groups call on companies to reflect climate-related risks in financial reporting ».

En novembre 2020, un nouveau document intitulé « Investor Expectations for Paris-Aligned Accounts » a été publié et complété par des lettres adressées aux présidents de comités d'audit de 36 grandes entreprises européennes, dont certaines du CAC 40 en France.

Les groupes d'investisseurs demandent aux entreprises, à leurs administrateurs et à leurs auditeurs, que les risques liés aux enjeux climatiques soient pris en compte dans les hypothèses et les estimations sous-tendant les états financiers et plus particulièrement, qu'ils soient :
- transparents (publication d'informations permettant d'évaluer les risques liés au climat et leur impact sur les états financiers) ;
- cohérents avec les informations narratives du reporting de durabilité sur le risque climatique.

Mais également :
- de mettre en œuvre un cadre de gouvernance solide qui articule clairement la responsabilité du conseil et la surveillance des risques climatiques ;
- de réduire les émissions de gaz à effet de serre, notamment par la prise d'engagements ambitieux alignés sur l'objectif de l'Accord de Paris et validés, à titre volontaire, par des tiers (comme la « Science Based Targets Initiative ») ;

Lancée en juin 2015, l'initiative Science Based Targets (SBTi ou iSBT en français) est un projet conjoint du Carbon Disclosure Project (CDP), du Global Compact des Nations Unies, du World Ressource Institute (WRI) et du World Wildlife Fund (WWF). L'initiative SBT a vocation à valider les objectifs fixés par les entreprises et ainsi apporter de la crédibilité à la démarche de l'entreprise vis-à-vis des tiers, dès lors qu'elles définissent un plan dont les objectifs de réduction de leur empreinte carbone sont clairs, transparents et alignés avec les études scientifiques.

- d'améliorer le reporting de durabilité sur le risque climat en se conformant aux référentiels existants, notamment la « Task Force on Climate-related Financial Disclosures »/TCFD et le « Climate Disclosure Project »/CDP.

Les entreprises du CAC 40 se sont engagées, le 12 décembre 2020, à plus de transparence dans leurs rapports financiers en matière d'impacts du changement climatique en appliquant dès 2021 les recommandations TCFD.

La TCFD fournit des recommandations pour présenter l'impact financier du changement climatique avec plus de transparence sur les risques et les opportunités liés au climat. Le document « Guidance on Risk Management Integration and Disclosure » de 2020 fournit des exemples de bonnes pratiques.

L'objectif est de permettre aux investisseurs d'évaluer la robustesse des plans d'affaires des entreprises par rapport à différents scénarios climatiques et d'améliorer la prise de décision en matière d'investissement.

En septembre 2021, c'est un rapport rédigé par l'initiative Carbone Tracker qui a été relayé dans la presse (Financial Times). Il présente des conclusions plutôt critiques sur les états financiers des groupes ainsi que sur les travaux des auditeurs. Les résultats sont donnés nominativement.

A la suite de l'examen des états financiers de 107 groupes de secteurs et de localisation géographique différents, le rapport fait ressortir 6 points clés :
- l'absence d'informations dans les comptes qui permettent de s'assurer que les enjeux climatiques significatifs sont pris en compte dans les états financiers ;

– pas ou peu de visibilité sur les hypothèses et estimations liées au climat ;
– pour la plupart des entreprises, pas de cohérence entre leurs différents reportings ;
– la présence de peu d'éléments probants indiquant que les auditeurs prennent en considération les effets du risque climat ou des engagements environnementaux pris par les entreprises ;
– même lorsqu'il y a des contradictions évidentes entre l'information financière et extra-financière, l'absence de commentaire des auditeurs ;
– enfin, les entreprises ne semblent pas utiliser des hypothèses alignées avec l'Accord de Paris.

Ce rapport a fait l'objet d'une nouvelle publication en octobre 2022, intitulée « Still Flying Blind : The Absence of Climate Risk in Financial Reporting ». A la suite de l'examen des états financiers de 134 groupes parmi les plus émetteurs de gaz à effet de serre du monde, il s'avère que les engagements ainsi que l'information extra-financière liés au climat sont en augmentation. Toutefois, le rapport indique qu'il n'y a pas ou peu d'amélioration au regard des constats énoncés dans le précédent rapport concernant le lien fait entre les états financiers et l'information fournie par ailleurs.

Incidences organisationnelles de la prise en compte des enjeux relatifs au climat

67590 Toutes les entreprises sont concernées par le changement climatique et ses enjeux, même si les impacts financiers peuvent être variables en fonction, par exemple, du secteur d'activité ou de la zone géographique des actifs de l'entité. Ainsi, les évolutions climatiques auront des conséquences sur de nombreuses activités soit de manière directe, soit de manière indirecte (par exemple, avec l'évolution de la réglementation). A notre avis, les incidences organisationnelles liées à la prise en compte des enjeux relatifs au climat doivent être anticipées.

1. **Les dirigeants doivent comprendre les impacts du climat sur leur entreprise,** certaines industries ou certains secteurs (industrie pétrolière ou agroalimentaire, par exemple) pouvant être plus ou moins exposés aux effets liés au climat. Pour les aider dans cette démarche, ils peuvent s'appuyer sur les travaux des départements « RSE » (responsabilité sociale des entreprises) ou « développement durable » lorsqu'ils existent au sein de l'entité.

La direction des entreprises est invitée à identifier et évaluer les risques, et s'interroger sur les impacts des enjeux climatiques sur leurs opérations et leurs comptes.

L'incertitude des évolutions et de leur ampleur rend l'exercice complexe mais nécessaire pour traduire dans les états financiers la stratégie climatique de l'entreprise et éclairer le lecteur sur ses conséquences en matière d'évaluation des actifs et des passifs et sur les hypothèses retenues, dès lors que ces conséquences peuvent être significatives.

2. **L'équipe chargée de la préparation des comptes doit être impliquée** et informée par les dirigeants car elle doit prendre en compte des hypothèses et des estimations qui soient cohérentes avec les engagements pris par l'entité en matière de développement durable.

3. **L'entité est invitée à revoir les processus et contrôles mis en place pour fiabiliser la collecte d'informations relatives au risque climat.** Dans la mesure où il s'agit pour certains groupes d'un sujet émergent, les contrôles des entreprises sur la collecte des informations liées au risque climat peuvent ne pas être aussi développés ou robustes que les contrôles existants dans d'autres domaines. Les entreprises devraient se demander si les processus de contrôle interne ne devraient pas être renforcés pour fiabiliser les informations et mieux répondre aux attentes. A notre avis, un bon exercice pourrait consister à cartographier toutes les estimations clés nécessaires à l'élaboration des états financiers de manière à pouvoir ensuite analyser le niveau d'influence que le changement climatique pourrait avoir sur ces hypothèses et revoir, le cas échéant, l'adéquation des processus existants avec le niveau d'exigence attendu.

4. **Une prise de recul** est nécessaire pour s'assurer de la cohérence entre le reporting financier et le reporting de durabilité.

Recommandations de l'AMF Dans le cadre de l'arrêté des comptes 2021 (Rec. AMF 2021-06, Arrêté des Comptes 2021, § 2.1), l'AMF a recommandé, bien qu'elle reconnaisse que toutes les sociétés ne soient pas impactées de la même manière, que l'ensemble des sociétés mettent en œuvre les travaux leur permettant d'identifier les impacts, sur leur performance financière et leurs états financiers, des changements climatiques, des mesures mises en place et des engagements pris pour y faire face.

En particulier, l'AMF encourage les sociétés à impliquer l'ensemble des directions concernées, leurs instances de gouvernance (conseil d'administration, comité d'audit) ainsi que leurs commissaires aux comptes dans ces travaux qui seront amenés à se poursuivre sur les exercices à venir, notamment au regard des évolutions réglementaires.

En outre, l'AMF recommande aux sociétés de s'organiser en interne afin de s'assurer de la cohérence et du lien entre les informations données dans les états financiers, dans les autres supports de communication (parmi lesquels notamment le rapport de gestion dont la déclaration de performance extra-financière/DPEF et les facteurs de risques) et, le cas échéant, dans les points clés de l'audit mentionnés dans le rapport des commissaires aux comptes.

Dans ses recommandations en vue de l'arrêté des comptes 2022, l'AMF recommande aux sociétés de continuer d'accroître l'implication de leurs organes de gouvernance et de leurs comités d'audit dans l'analyse des effets du changement climatique sur leurs activités, dans la préparation et le contrôle des informations relatives à la durabilité communiquées au marché et la cohérence entre les informations présentées dans les états financiers et les autres éléments de communication de la société, la DPEF en particulier (Rec. AMF 2022-06, Arrêté des Comptes 2022, § 2.1).

L'AMF insiste également sur la connectivité entre les états financiers et les autres éléments d'information financière au regard des risques et des opportunités identifiés, ainsi que des engagements pris en matière de contribution à la neutralité carbone. Ainsi, l'AMF recommande aux sociétés de s'assurer de la cohérence entre les jugements et estimations utilisés et décrits dans les états financiers et les conséquences des risques et opportunités liées aux enjeux climatiques décrits dans le rapport de gestion et les autres informations. L'AMF souligne également l'importance de développer les informations permettant de comprendre la manière dont les engagements et objectifs de la société (étapes et jalons prévus, actions effectuées) ont été pris en compte et analysés lors de la préparation des états financiers et ainsi de mieux justifier les conclusions en termes d'impacts financiers, en particulier pour les sociétés qui communiquent sur des stratégies de neutralité carbone ambitieuses dans un horizon court (Rec. AMF 2022-06, Arrêté des Comptes 2022, § 2.2.2).

Par exemple, une attention particulière pourra être portée à la réciprocité entre l'information fournie en dehors des états financiers (dont les facteurs de risques) et l'information relative aux risques fournie au sein des états financiers. L'existence d'un risque n'emporte pas nécessairement un impact financier mais, lorsque ces sujets sont majeurs pour l'entité, des explications additionnelles peuvent être nécessaires pour comprendre les travaux ayant permis d'aboutir à la conclusion retenue en matière d'impacts (estimations effectuées, horizon retenu) (Rec. AMF 2022-06, Arrêté des Comptes 2022, § 2.2.2).

Enfin, en cas de réflexion sur la mise en place de montages structurants afin d'atteindre des engagements de réduction ou de compensation de son empreinte carbone, il est important que l'entité analyse en amont le traitement comptable des contrats afférents. Ainsi, lors de la mise en place de ce type de contrats significatifs, l'AMF invite les sociétés à préciser dans leurs états financiers les caractéristiques des contrats, l'analyse comptable effectuée et les impacts financiers identifiés (Rec. AMF 2022-06, Arrêté des Comptes 2022, § 2.4.2).

QUESTIONS/REPONSES PRATIQUES

Remarque importante

Il n'existe pas de norme IFRS spécifique préconisant le traitement comptable des enjeux relatifs au climat. Les réponses aux questions présentées dans ce chapitre résultent de l'analyse des dispositions des normes actuellement en vigueur, sur la base des informations disponibles au 1er juin 2023. 67620

Evolution possible des réponses Lors de sa réunion de mars 2023, l'IASB a lancé son **projet « Climate-related Risks in the Financial Statements »**, visant à déterminer si et comment les états financiers des entreprises peuvent être améliorés en matière d'information sur les risques liés au climat. Il s'agit d'un projet de maintenance des IFRS actuellement en vigueur qui devrait aboutir à la publication d'amendements limités, à un guide d'application ou à des exemples illustratifs, mais pas à la publication d'une norme spécifique. Dans un souci de connectivité et de complémentarité entre les reportings financier et de durabilité, ce projet, dont le calendrier n'a pas été communiqué, s'appuiera sur les travaux de l'ISSB.

En outre, en juin 2022, l'EFRAG a inscrit à son agenda un **projet sur la connectivité entre le reporting financier et le reporting de durabilité**. Les objectifs de ce projet sont multiples, notamment :
– influencer l'élaboration des normes de reporting financier et de reporting de durabilité développées par l'IASB et l'ISSB ;

- contribuer à la recherche sur le thème de la connectivité, domaine naissant et hautement prioritaire pour les parties prenantes ;
- proposer de bonnes pratiques en matière de reporting ; et
- fournir un document pédagogique, en marge des développements importants attendus sur le reporting de durabilité et la connectivité avec les états financiers.

Remarque préliminaire Le présent chapitre évoque uniquement les enjeux liés au climat dans les états financiers. D'autres enjeux en matière de développement durable sont abordés dans les différents chapitres de cet ouvrage. La liste ci-après recense les chapitres et les Questions/Réponses qui traitent des sujets relatifs au développement durable.

Chapitre	Titre du chapitre	Réf.	Sujet
13	IFRS 3, Regroupements d'entreprises	nº 21945	Exemple d'obligations implicites de l'acquéreur de dépolluer en fin d'exploitation les terrains détenus par le groupe, alors qu'une telle obligation n'existe pas dans l'entreprise acquise
22	IFRS 2, Paiement fondé sur des actions	nº 29222	Traitement des conditions de performance liées à la réalisation ou l'atteinte de critères de développement durable (RSE) dans un plan « equity settled »
23	IAS 38, Immobilisations incorporelles	nº 30160	Comptabilisation des dépenses engagées dans le cadre du règlement REACH
24	IAS 16, Immobilisations corporelles	nº 30985	Immobilisations corporelles acquises pour des raisons liées à l'environnement
		nº 31065	Dépenses de sécurité et d'environnement
		nº 31070	Dépenses de remise en état des sites et de démantèlement
33	IAS 20, Subventions publiques	nº 39512	Exemple d'une subvention liée à l'utilisation d'une énergie renouvelable et non polluante
34	IAS 37, Provisions, passifs éventuels et actifs éventuels	nº 40350	Obligations de dépenses ultérieures au titre d'une immobilisation (notamment dépenses de sécurité et environnement, démantèlement)
37	IFRS 9, Classement et évaluation des actifs financiers	nº 45255	Prêts indexés sur des critères de développement durable (qualification de « prêt basique »/SPPI)
38	IFRS 9, Classement et évaluation des passifs financiers	nº 46122	Passifs financiers au coût amorti dont la rémunération est indexée sur des critères de développement durable (prise en compte du critère dans le calcul du TIE)
42	IFRS 9, Produits dérivés et dérivés incorporés	nº 48685	Passif financier dont la rémunération est indexée sur des critères de développement durable

Clarifications apportées par l'IASB sur la prise en compte des enjeux climatiques dans l'application des normes IFRS

67630 ***Question***

Quelles sont les clarifications apportées par l'IASB sur la prise en compte des enjeux climatiques dans l'application des normes IFRS ?

Réponse

Dans un document à vocation pédagogique (« Educational material ») publié en novembre 2020, l'IASB rappelle que, même si les normes IFRS existantes ne mentionnent pas explicitement les enjeux liés au climat, les risques climatiques doivent déjà être pris en compte dans l'application des normes actuelles. En outre, les informations relatives à la façon dont la direction d'une entité a appréhendé les impacts du changement climatique doivent être considérées comme significatives si leur omission ou leur altération peut influencer les décisions des utilisateurs des états financiers, en l'occurrence les investisseurs.

67630 (suite)

Ce document fait lui-même référence à un document synthétique (« In Brief »), publié sur le site de l'IASB en novembre 2019, qui évoque l'attention portée par les investisseurs aux facteurs liés au climat dans leurs prises de décision, et qui développe comment les préparateurs peuvent utiliser le « Practice Statement » de l'IASB portant sur la matérialité, intitulé « Making Materiality Judgments », pour identifier les informations pertinentes et spécifiques à fournir dans les états financiers au titre des risques climatiques.

Le document de l'IASB précise et illustre les cas dans lesquels les risques liés au changement climatique pourraient devoir être pris en compte dans le cadre de l'application des normes.

Commentaires **L'IASB a publié un document à vocation pédagogique (« Educational material ») en novembre 2020 pour guider les entités** dans la prise en compte des effets du changement climatique dans l'établissement des états financiers. Ce document fait lui-même référence à un document synthétique (« In Brief »), publié sur le site de l'IASB en novembre 2019, qui évoque l'attention portée par les investisseurs aux facteurs liés au climat dans leurs prises de décision.

Dans ces publications, l'IASB a rappelé que, même si les normes IFRS existantes ne mentionnent pas explicitement les enjeux liés au climat, les risques climatiques doivent déjà être pris en compte dans l'application des normes actuelles.

1. Détermination du caractère significatif des effets liés au changement climatique L'IASB rappelle l'attention prêtée par les investisseurs aux effets liés au changement climatique dans leurs prises de décision et développe la façon dont les préparateurs peuvent utiliser le « Practice Statement » de l'IASB (« Making Materiality Judgments »), afin d'identifier les informations pertinentes et spécifiques à fournir dans les états financiers au titre des risques climatiques.

Bien que ce document n'ait pas de portée obligatoire, les investisseurs s'attendent à ce que les préparateurs des états financiers ainsi que les auditeurs le prennent en considération.

Pour plus d'information sur le « Practice Statement », voir n° 53960.

Dans ce cadre, il est souligné que les **facteurs externes qualitatifs** (comme le secteur d'activité ou les attentes des investisseurs) peuvent rendre certains risques significatifs et justifier des explications dans les états financiers, **quel que soit leur impact quantitatif.**

En effet, et conformément à la définition de la matérialité d'IAS 1.7, les informations relatives à la façon dont la direction d'une entité a appréhendé les impacts du changement climatique doivent être considérées comme **significatives si leur omission ou leur altération peut influencer les décisions des utilisateurs des états financiers,** en l'occurrence les investisseurs.

Pour la notion de matérialité, voir n° 53960.

Ainsi, une information au titre des risques climatiques peut devoir être fournie en annexe, quand bien même lesdits risques n'ont pas eu d'impact sur les valeurs comptables retenues dans les états financiers (voir point 3. ci-après).

Pour un exemple de prise en compte de la nature de l'information pour déterminer la matérialité, voir Exemple 1 ci-après.

En outre, les informations sur la manière dont les sujets liés au climat ont été (ou non) pris en compte dans la préparation des états financiers peuvent devoir être communiquées, au titre des jugements et estimations clés faits par la direction (IAS 1.122).

Enfin, l'IASB rappelle qu'outre les dispositions spécifiques de chaque norme, certains principes fondamentaux de la norme IAS 1 peuvent amener une entité à devoir fournir des informations relatives à la prise en compte des sujets climatiques dans les états financiers.

C'est notamment le cas d'IAS 1.112 qui requiert la présentation en annexe d'informations non spécifiquement requises par les normes IFRS et non présentées ailleurs dans les états financiers, mais qui sont pertinentes pour la compréhension des états financiers.

C'est également le cas d'IAS 1.31 qui prévoit que l'entité doit fournir des informations supplémentaires lorsque le respect des dispositions spécifiques des IFRS est insuffisant pour permettre aux utilisateurs des états financiers de comprendre l'incidence de transactions particulières, d'autres événements ou conditions sur la situation financière de l'entité et sur sa performance financière.

Ces informations viennent s'ajouter aux dispositions éventuellement requises en application des autres normes IFRS.

67630 (suite) En conséquence, **les entités doivent s'assurer qu'il n'y a pas d'informations significatives manquantes dans leurs états financiers, qui seraient nécessaires pour que les utilisateurs des comptes puissent être en mesure de comprendre les impacts des sujets climatiques sur l'entité.**

Pour un exemple d'application du jugement concernant la matérialité conduisant à la nécessité de présenter une information non spécifiquement requise par IAS 1, voir Exemple 2 ci-après.

2. Prise en compte des effets liés au changement climatique dans l'application des normes IFRS L'IASB rappelle que, même si les normes IFRS existantes ne mentionnent pas explicitement les enjeux liés au climat, **les textes actuels permettent de répondre aux attentes des investisseurs** et donnent des précisions sur la façon dont les effets liés au changement climatique doivent être pris en compte dans l'application des normes IFRS.

Dans l'« Educational Material » précité, l'IASB a illustré les cas dans lesquels les risques liés au changement climatique pourraient devoir être pris en compte dans le cadre de l'application des normes IFRS actuellement en vigueur. Ces exemples sont repris dans le tableau ci-après.

L'IASB a précisé que ces illustrations ne sont données qu'à titre d'exemple et ne pouvaient pas être considérées comme une liste exhaustive.

Pour des exemples pratiques de prise en compte des risques liés au climat, voir nº 67650.

Normes IFRS applicables	Exemples de situations relatives au risque climat pouvant nécessiter d'être prises en considération dans l'application des normes IFRS
IAS 1, Présentation des états financiers IAS 1.25 à .26, .122 à .124 et .125 à .133 Informations à fournir sur les incertitudes relatives aux estimations et sur les jugements comptables	Secteur industriel particulièrement affecté par un risque climat Evénement climatique spécifique, dégradation du chiffre d'affaires, évolution de la réglementation remettant en cause la continuité d'exploitation sur les 12 prochains mois
IAS 2, Stocks IAS 2.28 à .33 Valeur nette de réalisation	Obsolescence des stocks, baisse du prix de vente, augmentation du coût de production
IAS 12, Impôts sur le résultat IAS 12.24, .27 à .31, .34, .56 Reconnaissance et évaluation des impôts différés actifs	Profits taxables futurs en baisse
IAS 16, Immobilisations corporelles IAS 16.7, .51, .73, .76 IAS 38, Immobilisations incorporelles IAS 38.9 à .64, .102, .104, .118, .121, 126 Révision des durées d'utilité et des valeurs résiduelles	Valeur résiduelle et/ou durée d'utilisation revue à la baisse du fait de l'obsolescence des immobilisations, de nouvelles restrictions légales
IAS 36, Dépréciation d'actifs IAS 36.9 à .14, .30, .33, .44, .130, .132, .134 à .135 Indicateurs de perte de valeur, estimation des valeurs recouvrables, informations sur les hypothèses clés et sur les sensibilités	Baisse de la demande de produits à forte émission de gaz à effet de serre Changement significatif de la réglementation défavorable au business model de l'entité Evolution des coûts de production en raison d'un changement réglementaire ou d'engagements environnementaux pris par l'entité
IAS 37, Provisions, passifs éventuels et actifs éventuels IAS 37.14 à .83, .85 à .86 Existence d'une obligation, restructuration, contrat déficitaire, informations relatives aux incertitudes ou sur les principales hypothèses retenues	Contrat devenant déficitaire du fait de l'augmentation du coût de production Restructuration planifiée pour répondre à un objectif lié au risque climat Nouvelle obligation réglementaire
IFRS 7, Instruments financiers – Informations à fournir IFRS 7.31 à .42, .B8	Risque climat impactant les autres risques (par exemple, augmentation du risque de crédit ou du risque de liquidité, exposition à un risque sectoriel considéré)
IFRS 9, Instruments financiers IFRS 9.4.1.1b, .4.1.2Ab, .5.5.1 à .5.5.20, .B4.1.7 Classification et évaluation des actifs, détermination des pertes de crédit attendues	Termes du contrat déterminés en fonction de l'atteinte d'objectifs en faveur des enjeux climatiques (seuil d'émissions de gaz à effet de serre par exemple) Taux de pertes de crédit attendues (secteur financier notamment) : incendies, inondations, évolution réglementaire qui pourrait avoir une incidence négative sur la capacité de remboursement des emprunteurs

67630
(suite)

Normes IFRS applicables	Exemples de situations relatives au risque climat pouvant nécessiter d'être prises en considération dans l'application des normes IFRS
IFRS 13, Evaluation de la juste valeur IFRS 13.22, .73 à .75, .87, .93 Evaluation des actifs et passifs, informations en annexe (y compris analyse de sensibilité)	Evaluations des actifs et des passifs du point de vue des participants de marché et ajustement nécessaire des évaluations basées sur des données non observables (y compris des hypothèses d'un participant de marché relatives aux risques liés au climat)

3. Informations à fournir en annexe Dans la mesure où il n'existe pas de norme spécifique traitant des enjeux liés au climat, il n'est pas possible de se référer à une liste d'informations à fournir sur ce thème, comme celles qui existent à la fin de la plupart des normes. Afin de déterminer la nature et l'étendue des informations à fournir, il convient donc d'appliquer les principes généraux en matière d'information financière et de fournir des informations non requises spécifiquement par les normes mais qui sont **pertinentes** et **significatives** pour la compréhension des comptes (IAS 1.112), en lien avec l'appréciation du concept de matérialité (voir point 1. ci-avant).

A notre avis, afin de déterminer si l'entité doit fournir des informations en lien avec le risque climat, et si oui de quelle nature, **la première étape** est de savoir si les effets liés au changement climatique sont susceptibles d'avoir un impact financier significatif sur l'entité et son activité. Pour cela, un examen de l'information extra-financière (description des facteurs de risques, déclaration de performance extra-financière, etc.) permettra d'identifier si l'activité est fortement émettrice de gaz à effet de serre, s'il existe des risques physiques ou de transition majeurs, ou encore si des engagements de décarbonation ambitieux ont été pris. A l'issue de cet examen, deux situations sont à distinguer :
– si l'impact climatique s'avère faible, aucune mention n'est attendue dans les états financiers ;
– si, à l'inverse, les effets liés au changement climatique sont susceptibles d'avoir un impact significatif sur l'entité et son activité, **la seconde étape** consistera en une analyse permettant de déterminer l'impact financier potentiel du risque climatique identifié. Si les comptes ont été impactés significativement, des informations pertinentes doivent alors être fournies. Dans le cas contraire, une information devrait également être fournie en annexe afin de justifier notamment l'absence d'impact financier significatif, dans la mesure où l'existence de risques élevés mentionnés dans l'information extra-financière a créé chez les investisseurs une attente d'information dans les états financiers.

Ainsi, dans les industries identifiées (par les investisseurs notamment) comme étant particulièrement exposées au risque climat (c'est-à-dire, exposées à des risques physiques et/ou des risques de transition notamment du fait de leurs activités fortement émettrices de gaz à effet de serre), il est fort probable qu'il soit nécessaire que les entités concernées expliquent en annexe dans quelle mesure elles ont pris en compte le risque climat dans la comptabilisation et l'évaluation de leurs actifs et passifs, de même que les jugements correspondants.

La « Task Force on Climate-related Financial Disclosures » (TCFD, voir n° 67570) a identifié les secteurs les plus exposés aux risques liés au climat : les entreprises du secteur financier comme les banques, les compagnies d'assurance, les gestionnaires d'actifs et les entreprises du secteur non financier comme celui de l'énergie, des transports, du BTP, de l'agroalimentaire, des technologies et média, ou des biens de consommation, entre autres.

Une entité devrait donc fournir des informations sur les risques liés au climat, même si l'entité n'a pas comptabilisé de perte de valeur significative ou d'autre impact dans les états financiers, ou même si l'entité n'est pas exposée à ces risques, mais que les investisseurs s'attendent raisonnablement à ce qu'elle le soit, compte tenu de son secteur d'activité, de sa situation spécifique et/ou de ses engagements pris en matière de conformité avec l'Accord de Paris.

Recommandations de l'AMF Dans ses recommandations en vue de l'arrêté des comptes 2021, l'AMF souligne que, dans certains cas, il pourrait être pertinent d'expliquer pourquoi certains aspects qui semblent importants n'ont pas d'effet significatif dans les comptes (par exemple, s'il s'avère que les engagements pris par la société en matière de transition vers une économie bas carbone n'emportent pas de conséquence significative) (Rec. AMF 2021-06, Arrêté des Comptes 2021, § 2.2).

L'IASB rappelle que les informations sur le risque climatique doivent figurer dans les états financiers, même si elles sont également mentionnées par ailleurs dans d'autres supports de communication. En outre, l'IASB insiste sur l'importance de présenter uniquement des informations pertinentes et spécifiques aux hypothèses et estimations faites pour les montants des états financiers et non des informations génériques.

La description de l'approche générale de l'entité concernant les actions qu'elle met en œuvre pour lutter contre le changement climatique dans le cadre de sa démarche RSE fait, quant à elle, l'objet de commentaires en dehors des états financiers, notamment dans son reporting de durabilité.

Quant à la **présentation dans les états financiers de ces informations**, afin de faciliter notamment leur lecture et la compréhension des travaux et analyses effectués pour apprécier les impacts financiers liés aux enjeux climatiques, l'AMF recommande aux sociétés concernées de regrouper l'ensemble de ces informations dans une **note spécifique ou de faire un lien explicite entre les différentes notes des états financiers couvrant ce sujet** (Rec. AMF 2021-06, Arrêté des Comptes 2021, § 2.2 et Rec. AMF 2022-06, Arrêté des Comptes 2022, § 2.2.1).

Dans le même objectif, les entreprises peuvent utilement, à notre avis, présenter de façon regroupée les incertitudes qui ont un impact sur plusieurs actifs et/ou passifs (plan de transition énergétique ayant des impacts sur l'évaluation de la valeur des actifs, l'estimation de la durée d'utilité des immobilisations, la recouvrabilité des impôts différés actifs, le rythme de provisionnement des passifs de démantèlement, etc.).

■ *Exemple 1*

Prise en compte de la nature de l'information pour déterminer la matérialité *Une entité faisant partie d'une industrie identifiée par les investisseurs comme étant susceptible d'être impactée par un risque climatique estime que, compte tenu de sa situation particulière et notamment de sa stratégie climat à venir, ses tests de dépréciation ne doivent pas inclure une hypothèse spécifique à un tel risque.*

Solution de l'exemple 1 *Dans la mesure où les investisseurs prennent en compte de tels risques dans leur décision d'investissement et compte tenu de leur attente raisonnable que la valeur recouvrable des actifs de la société soit affectée par ce risque, l'entité devrait conclure à la nécessité d'expliquer clairement en annexe pourquoi, compte tenu de sa situation particulière, les valeurs comptables de ses actifs ne sont pas exposées aux aléas de tels risques climatiques.*

■ *Exemple 2*

Jugement concernant la matérialité conduisant à la nécessité de présenter une information non spécifiquement requise par une norme IFRS *Une entité exerce ses principales activités dans un pays qui, dans le cadre d'un accord international, s'engage à introduire une réglementation visant à réduire l'utilisation d'énergie émettant des gaz à effet de serre. Le nouveau règlement n'a pas encore été adopté à la date de clôture. L'entité possède une centrale électrique au charbon dans ce pays. Au cours de la période, l'entité a enregistré une perte de valeur sur sa centrale afin de réduire la valeur comptable de la centrale à sa valeur recouvrable. L'unité génératrice de trésorerie ne comprend pas de goodwill ou d'immobilisation incorporelle à durée d'utilité indéterminée.*

Solution de l'exemple 2 *La norme IAS 36 Dépréciation des actifs immobilisés n'impose pas à une entité d'indiquer les hypothèses utilisées pour déterminer la valeur recouvrable d'une immobilisation corporelle, à moins qu'un goodwill ou des immobilisations incorporelles à durée d'utilité indéterminée ne soient inclus dans la valeur comptable de l'unité génératrice de trésorerie testée (IAS 36.132).*

Néanmoins, l'entité a conclu que l'hypothèse concernant la probabilité d'adoption de la nouvelle réglementation devait être prise en compte dans l'évaluation de la valeur recouvrable de sa centrale électrique au charbon, car elle pourrait raisonnablement influencer les décisions que prennent les utilisateurs sur la base des états financiers de l'entité.

Par conséquent, la présentation d'informations sur ces hypothèses est nécessaire pour que les utilisateurs puissent comprendre l'impact de la dépréciation sur la situation financière et la performance et les flux de trésorerie de l'entité. Ainsi, même si cela n'est pas spécifiquement requis par IAS 36, l'entité a conclu que ses hypothèses sur la probabilité d'adoption d'un règlement visant à réduire l'utilisation d'énergie émettant des gaz à effet de serre constituent des informations significatives et explique les hypothèses retenues en annexe de ses états financiers.

Exemples pratiques de prise en compte des effets liés au climat dans les états financiers

67650 ***Question***

Quelles sont les principales normes IFRS permettant de prendre en compte les enjeux liés au climat dans les états financiers IFRS ?

67650 (suite)

Réponse

Il s'agit des normes suivantes :

- IAS 1, Présentation des états financiers ;
- IAS 16, Immobilisations corporelles ;
- IAS 38, Immobilisations incorporelles ;
- IAS 36, Dépréciation d'actifs ;
- IAS 37, Provisions, passifs éventuels et actifs éventuels ;
- IFRS 7, Instruments financiers – Informations à fournir.

Dans la suite du commentaire, les principales conséquences des risques liés au changement climatique sont présentées et illustrées pour chacune de ces normes.

Commentaires Sont présentés ci-après des exemples de situations où il convient de prendre en compte les enjeux climatiques dans l'application des normes IFRS.

1. IAS 1, Présentation des états financiers

a. Contexte et rappel normatif Les effets liés au changement climatique peuvent entraîner un risque d'ajustement significatif des actifs et des passifs. Ces effets regroupent les impacts financiers des risques et opportunités climatiques et les conséquences des engagements pris par l'entité en matière de transition climatique. La prise en compte de ces effets peut être source d'incertitudes nécessitant la formulation d'estimations et de jugements potentiellement déterminants. Les hypothèses qu'une entité fait sur les scénarios futurs et la probabilité que ces scénarios se produisent peuvent avoir un impact significatif sur les comptes.

b. Source d'incertitude pour les estimations IAS 1 requiert la publication d'informations sur ces hypothèses ainsi que la nature et la valeur comptable de ces actifs et passifs, si les hypothèses qu'une entité fait sur l'avenir comportent un risque important d'entraîner un ajustement significatif des valeurs comptables des actifs et des passifs au cours du prochain exercice (IAS 1.125).

IAS 1 requiert notamment la présentation en annexe de la nature de ces hypothèses et estimations incertaines, la sensibilité de la valeur comptable des actifs et passifs aux estimations et la raison de la sensibilité, de manière à aider les investisseurs à comprendre les jugements de la direction à propos du futur (IAS 1.129).

Exemples :

- d'hypothèses à long terme : impacts de divers scénarios climatiques ;
- d'hypothèses à court terme : réglementation future, mécanismes de soutien gouvernementaux, scénarios d'évolution de la demande, plans de transition énergétique (modalités, rythme, etc.).

Recommandations de l'AMF Dans ses recommandations en vue de l'arrêté des comptes 2021, pour l'ensemble des sociétés, et même lorsqu'aucun engagement climatique n'a été pris, l'AMF recommande de présenter dans les états financiers les jugements effectués et les sources majeures d'incertitude, de sorte que les hypothèses utilisées dans le cadre de l'arrêté des états financiers soient cohérentes avec les informations présentées dans les autres supports de communication (DPEF, rapport de gestion, etc.) (Rec. AMF 2021-06, Arrêté des Comptes 2021, § 2.2).

Dans ses recommandations en vue de l'arrêté des comptes 2022, l'AMF recommande aux sociétés dont l'exposition aux risques climatiques et les engagements pris en matière de lutte contre le réchauffement climatique sont susceptibles d'avoir un impact significatif de détailler davantage les jugements et hypothèses mis en œuvre pour apprécier les effets, ou l'absence d'effet, de ces risques et engagements dans leurs états financiers (notamment sur la performance financière et la valorisation des actifs et passifs de la société). A titre d'exemple, l'AMF invite les sociétés à indiquer plus clairement sur quels horizons de temps leurs jugements et conclusions concernant l'impact ou l'absence d'impact se fondent, ainsi que le ou les scénarios de changements climatiques retenus en matière de réchauffement (Rec. AMF 2022-06, Arrêté des Comptes 2022, § 2.2.1).

Décision de l'ESMA Dans une décision publiée en mars 2023 (EECS/0123-08, 03/23), l'ESMA a conclu que les informations fournies dans les états financiers d'un émetteur, propriétaire d'une importante flotte de navires, au titre de la prise en compte du risque climatique n'étaient pas suffisantes pour satisfaire aux exigences d'IAS 1 sur les méthodes comptables, les jugements et les sources d'incertitude relatives aux estimations. En effet, sur la base des informations présentées par l'émetteur dans son reporting non financier, de son secteur d'activité et de l'accent mis par l'émetteur sur les risques climatiques, l'ESMA a conclu que les risques climatiques étaient significatifs pour l'émetteur et une source majeure d'incertitude. A ce titre, l'émetteur devrait fournir davantage d'informations pour permettre aux utilisateurs des états financiers de comprendre les jugements portés et les hypothèses utilisées, en particulier :

- la prise en compte de tout facteur lié au climat comme source d'incertitude ou cause de jugements significatifs concernant les actifs entrant dans le champ d'application d'IAS 16 ; et

67650 (suite)

– des informations indiquant que l'émetteur a bien pris en compte le changement climatique afin d'évaluer si les durées d'utilité attendues des navires et leurs valeurs résiduelles estimées doivent être revues et pour quelles raisons.

c. Informations non présentées ailleurs IAS 1 requiert d'une entité qu'elle vérifie si elle doit fournir des informations complémentaires lorsque la conformité aux exigences spécifiques des normes IFRS est insuffisante pour permettre aux investisseurs de comprendre l'impact de transactions particulières, d'autres événements et conditions sur la situation financière de l'entreprise et sa performance financière (IAS 1.17(c).31).

IAS 1 requiert également la présentation en annexe d'informations non spécifiquement requises par les normes IFRS et non présentées ailleurs dans les états financiers, mais qui sont pertinentes pour la compréhension des états financiers (IAS 1.112).

Pour un exemple d'informations à fournir selon IAS 1, non spécifiquement requises par les autres normes IFRS et non présentées par ailleurs, voir nº 67630, Exemple 2.

d. Continuité d'exploitation IAS 1 requiert de la direction qu'elle évalue, lors de la préparation des états financiers, la capacité de l'entité à poursuivre son exploitation (IAS 1.25). L'appréciation de la base de préparation des états financiers sur une base de continuité d'exploitation doit être réalisée en tenant compte de toutes les informations disponibles sur l'avenir, c'est-à-dire sur une période d'au moins douze mois après la clôture de l'exercice (IAS 1.26).

e. Conséquences pratiques de l'application de la norme Bien que la nature et l'étendue des informations fournies puissent varier, elles peuvent inclure, par exemple, la nature des hypothèses ou la sensibilité des valeurs comptables aux méthodes, hypothèses et estimations sous-jacentes à leur calcul, y compris les éléments qui expliquent la sensibilité.

Par exemple, une entité opérant dans une industrie particulièrement touchée par les questions liées au climat pourrait tester un actif pour dépréciation en application des dispositions d'IAS 36, Dépréciation d'actifs, mais ne pas comptabiliser de perte de valeur. Cette entité serait tenue de présenter en annexe les jugements que la direction a portés, par exemple, pour identifier le niveau auquel l'actif doit être testé (seul ou à l'intérieur d'une unité génératrice de trésorerie) si de tels jugements ont un impact significatif sur la performance et/ou la situation financière de l'entité.

Si les enjeux liés au climat créent des incertitudes significatives liées à des événements ou des conditions qui jettent un doute significatif sur la capacité d'une entité à poursuivre son exploitation, IAS 1 requiert la présentation en annexe de ces incertitudes.

Quand la direction conclut qu'il n'y a pas de doute matériel quant à la continuité d'exploitation qui nécessiterait une explication, mais que cette conclusion est la résultante d'un jugement significatif (par exemple, la faisabilité et l'efficacité d'une mesure d'atténuation planifiée dans l'avenir), IAS 1 requiert qu'une information sur ce jugement soit donnée.

Pour plus de précisions sur l'appréciation du principe de continuité d'exploitation et les informations à fournir en la matière, voir nº 53959 et 55648.

2. IAS 16, Immobilisations corporelles, et IAS 38, Immobilisations incorporelles

a. Contexte et rappel normatif Les effets liés au climat peuvent entraîner de nouvelles dépenses pour modifier/adapter l'outil de production ou les activités de recherche et développement. Ils peuvent également affecter la durée d'utilité attendue des actifs ou leur valeur résiduelle est imée en raison, par exemple, d'une obsolescence plus rapide qu'initialement attendue, de restrictions légales ou réglementaires, de la modification du comportement des consommateurs entraînant un changement de la stratégie de l'entité, ou d'engagements environnementaux pris par l'entité.

La valeur résiduelle et la durée d'utilité d'une immobilisation doivent être réexaminées au moins à chaque clôture annuelle. Si les prévisions d'utilisation sont sensiblement différentes des estimations antérieures, les dotations aux amortissements au titre de l'exercice en cours et des exercices futurs doivent être ajustées de manière prospective, s'agissant d'une révision d'estimation (IAS 16.51, IAS 38.102, .104 et IAS 8.36).

Les entités sont également tenues de présenter en annexe les durées d'utilité attendues pour chaque catégorie d'actifs et la nature ainsi que le montant de tout changement dans les valeurs résiduelles estimées ou les durées d'utilité attendues (IAS 16.73 s.).

Pour les informations à fournir en annexe en cas de changement d'estimation, voir nº 12693.

Recommandations de l'AMF Dans le cadre de l'arrêté des comptes 2021, pour les sociétés susceptibles d'être impactées de manière significative, l'AMF recommande d'analyser si la durée d'utilité et les valeurs résiduelles des actifs non financiers doivent être révisées (Rec. AMF 2021-06, Arrêté des Comptes 2021, § 2.3).

b. Conséquences pratiques de l'application de la norme La durée d'utilité des actifs ainsi que leur valeur résiduelle sont **susceptibles d'être révisées en lien avec les enjeux climatiques,** à la fois au titre des risques encourus par l'entité mais également de la stratégie mise en place. **67650** (suite)

Les éléments suivants, par exemple, peuvent devoir être pris en considération :
- modifications de la réglementation (avérées ou attendues) dans l'industrie dans laquelle l'entité opère ;
- engagements en matière d'émissions pris par l'entité, par ses pairs et son industrie dans son ensemble ;
- changements (avérés ou attendus) dans le comportement des consommateurs ;
- évolution (avérée ou attendue) des technologies, par exemple, l'utilisation de nouvelles sources d'énergie ;
- possibilité ou non qu'un actif, à la fin de sa durée d'utilité pour l'entité, puisse générer des avantages économiques pour d'autres entités.

Informations en annexe Outre les informations spécifiquement requises par IAS 16 (voir point 2a. ci-avant), d'autres informations peuvent devoir être fournies en vertu des dispositions d'IAS 1 relatives aux jugements de la direction, aux hypothèses clés relatives à l'avenir et aux sources principales d'incertitudes sur les estimations à la date de clôture (IAS 1.122, .125 et .129).

Pour plus de précisions sur les dispositions d'IAS 1 en la matière, voir n° 55644.
Décision de l'ESMA (EECS/0123-08, 03/23), voir ci-avant, point 1b.

■ *Exemple 1*

Révision des durées d'utilité et valeurs résiduelles de certains actifs immobilisés en raison d'engagements environnementaux pris par une entité *En N, l'entité A s'est engagée, comme indiqué dans le reporting de durabilité de son rapport annuel et dans divers communiqués de presse, à devenir neutre en carbone d'ici N+20. L'entité A estime que, d'ici N+20, environ 50 % de ses actifs immobilisés devront être remplacés par des équipements moins énergivores ou utilisant des combustibles non fossiles.*

Une analyse a été effectuée et il a été identifié que la durée de vie économique de certains des actifs corporels devait être raccourcie en conséquence.

Solution de l'exemple 1 *L'ajustement des tableaux d'amortissement a été effectué de manière prospective, en tant que changement d'estimation. La norme IAS 8 requiert que soient fournies des informations sur les effets des changements d'estimation. Même si le montant peut ne pas être significatif, la direction a volontairement fourni une explication narrative de ce changement d'estimation dans sa note annexe sur les immobilisations corporelles afin de montrer que les hypothèses retenues pour l'établissement des états financiers ont été alignées sur la stratégie environnementale de l'entité.*

L'entité A a également révisé à la baisse les valeurs résiduelles des actifs considérés pour tenir compte du fait que les équipements utilisant des combustibles fossiles auront une valeur de revente inférieure au moment de leur cession. Elle a expliqué cette information en annexe pour les mêmes raisons que pour la révision des durées d'utilité.

■ *Exemple 2*

Révision des durées d'utilité et des valeurs résiduelles de certains actifs immobilisés en anticipation d'évolutions légales *Une société de croisière anticipe une évolution législative environnementale impactant son activité. Un certain nombre de ports ont déjà interdit leur accès aux navires de croisière les plus anciens et les plus émetteurs de carbone et la société s'attend à ce que ce nombre augmente à l'avenir. Elle anticipe en particulier que l'Europe et l'Amérique du Nord interdiront à certains de ses navires de croisière d'entrer dans leurs ports dans les dix prochaines années.*

Afin de poursuivre son activité dans ces régions, la société est contrainte de remplacer sa flotte actuelle par des navires moins polluants au cours des dix prochaines années.

Solution de l'exemple 2 *En raison de la législation à venir et de son programme de remplacement, la compagnie pourrait être tenue de réduire la durée d'utilité de ses navires. Leur valeur résiduelle peut devoir également être diminuée, dans la mesure où la société anticipe une baisse des prix de ce type de navires sur le marché de l'occasion.*

3. IAS 36, Dépréciation d'actifs En matière de dépréciation d'actifs, les effets liés au climat sont susceptibles d'impacter, notamment :
- la fréquence des tests de dépréciation avec la survenance de nouveaux indicateurs de perte de valeur ;
- les hypothèses retenues dans les modèles d'évaluation de la valeur recouvrable ;
- l'étendue et la profondeur des informations à fournir en annexe.

67650 (suite) a. **Un effet lié au climat pourrait constituer un indice de perte de valeur nécessitant de revoir les évaluations des actifs immobilisés** En application des dispositions d'IAS 36.8 à .14, une entité est tenue d'évaluer s'il existe un indice de perte de valeur à la fin de chaque clôture annuelle ou intermédiaire. Les effets liés au climat peuvent constituer des indices de pertes de valeur nécessitant d'effectuer un test de dépréciation d'un actif ou un groupe d'actifs immobilisés. Sont notamment à prendre en considération des changements significatifs défavorables, qu'ils soient avérés ou attendus, dans l'environnement économique ou réglementaire de l'actif (IAS 36.12b) ou dans les conditions d'utilisation d'un actif (IAS 36.12f).

Par exemple, les situations suivantes pourraient constituer des indices de perte de valeur d'actifs :
- un changement de comportement des consommateurs, réorientant leur demande vers des produits considérés comme écologiques, et conduisant l'entité à anticiper une baisse de ses ventes de produits émettant des gaz à effet de serre ;
- l'annonce d'une nouvelle législation, telle qu'une taxation accrue du carbone, ou une interdiction programmée de certains produits, susceptibles d'entraîner une hausse future des coûts de production, ou de conduire l'entité à reconsidérer la viabilité d'une gamme de produits ;
- l'identification de risques réputationnels liés à la poursuite d'activités considérées comme potentiellement dommageables pour l'environnement, qui pourraient entraîner le départ de clients et avoir ainsi un impact négatif sur la valeur des marques et autres actifs incorporels ;
- les engagements environnementaux publiquement annoncés par l'entité, tels que : un engagement d'interrompre une gamme de produits ; un engagement de réorienter le sourcing vers des matières premières recyclées entraînant une augmentation des coûts de production ; ou bien encore un engagement volontaire de neutralité carbone entraînant des surcoûts futurs liés à des achats de crédits carbone ;
- l'identification de risques physiques accrus liés au changement climatique, tels que des risques d'inondation de sites critiques situés très près des côtes ;
- l'identification de risques indirects, par exemple un client significatif dont l'activité pourrait péricliter sous l'influence de la transition énergétique.

Pour le déclenchement d'un test de dépréciation, voir n° 35957.

Recommandations de l'AMF Dans ses recommandations en vue de l'arrêté des comptes 2021 puis 2022, l'AMF recommande aux sociétés de s'interroger sur l'existence d'indices de perte de valeur liés aux changements climatiques nécessitant la réalisation de tests de dépréciation sur certains actifs ou UGT, en plus des tests requis annuellement sur les goodwill et les autres incorporels à durée de vie indéterminée. L'AMF invite les sociétés concernées à s'interroger sur la manière la plus pertinente de refléter les risques climatiques et les engagements pris dans les tests de dépréciation (flux de trésorerie, taux d'actualisation, taux de croissance et plus généralement valeur terminale) (Rec. AMF 2021-06, Arrêté des Comptes 2021, § 2.3 et Rec. AMF 2022-06, Arrêté des Comptes 2022, § 2.3).

b. **Prise en compte du risque climat dans les hypothèses des modèles d'évaluation** Dans le cas où la valeur recouvrable est déterminée sur la base de la valeur d'utilité, l'entité doit fonder ses projections de flux de trésorerie sur des hypothèses raisonnables et justifiables et doit intégrer les incertitudes relatives à ces flux de trésorerie soit en ajustant les flux, soit en ajustant les taux d'actualisation (IAS 36.30 à .33). Les questions liées au climat affectent les flux de trésorerie actualisés de diverses façons :

- **Impact sur le niveau des flux de trésorerie** Les effets liés au climat peuvent nécessiter d'ajuster les prévisions de revenus qui devaient être générés par un actif, par exemple, pour refléter les changements de comportement des consommateurs. Ils peuvent également nécessiter de modifier les prévisions des coûts nécessaires à la génération de ces revenus, par exemple, pour refléter la tarification du carbone, l'utilisation de matières premières écoresponsables plus coûteuses dans la production, ou bien encore des augmentations des primes d'assurance dans les zones exposées aux risques climatiques physiques. Une entité doit également estimer dans quelle mesure elle pourra répercuter ces augmentations de coûts sur les prix facturés à ses clients.

A noter que les impacts liés au climat peuvent également présenter des opportunités, l'entité ajustant alors ses prévisions dans un sens favorable. Cependant, pour un calcul de valeur d'utilité, IAS 36 requiert que les flux de trésorerie futurs soient estimés pour un actif dans son état actuel, excluant ainsi l'effet des plans d'amélioration de la performance de l'actif s'ils ne sont pas déjà engagés (IAS 36.44).

- **Impact sur la durée de la période de prévision des flux de trésorerie et sur les hypothèses de taux de croissance à long terme** Il pourrait être nécessaire de réviser les estimations de durées d'utilité et de valeurs résiduelles pour les actifs dans les industries à forte intensité énergétique, ou pour les actifs basés dans les pays faisant de la décarbonation une priorité de leurs politiques. Souvent, les modèles de dépréciation incluent une hypothèse de taux de croissance perpétuelle positive. Cependant, pour certaines activités, un taux de croissance négatif ou une période de prévision finie pourraient devoir être considérés. **67650** (suite)

– **Prise en compte des incertitudes inhérentes aux effets des changements climatiques** Il peut exister des incertitudes significatives sur les effets du changement climatique, par exemple, en ce qui concerne les horizons d'entrée en vigueur des réglementations environnementales, ainsi que leur degré de rigueur. Pour traduire ces incertitudes, la meilleure pratique pourrait consister à les intégrer dans des scénarios multiples de flux de trésorerie, pondérés en fonction de leur probabilité d'occurrence, plutôt que d'ajuster le taux d'actualisation avec une prime de risque. Les entités doivent veiller à ce que les risques ne soient ni omis ni comptabilisés deux fois, dans le taux d'actualisation et les flux de trésorerie.

– **Cohérence nécessaire entre hypothèses financières et reporting de durabilité** Une vigilance particulière doit être accordée à la cohérence entre les hypothèses des tests de dépréciation retenues dans les états financiers et les informations communiquées par l'entité concernant sa stratégie de développement durable. Les plans et engagements publiquement annoncés en matière de changement climatique devraient être reflétés dans les prévisions de flux de trésorerie sous-tendant les valeurs recouvrables des actifs.

c. **Information à fournir sur les hypothèses relatives à la prise en compte du risque climat dans les tests de dépréciation** Les entités doivent expliciter en annexe les hypothèses clés utilisées pour estimer la valeur recouvrable des actifs (incluant, le cas échéant, une explication des changements d'hypothèses), et présenter une analyse de sensibilité des valeurs comptables aux variations de ces hypothèses clés (IAS 1.125 à .129, IAS 36.134 à .135).

Lorsque les risques liés au climat pourraient avoir un impact significatif sur les activités de l'entité, des informations sur la manière dont ces risques ont été pris en compte dans les calculs de la valeur recouvrable sont pertinentes pour les utilisateurs des états financiers. Les régulateurs et les investisseurs ont exprimé une attente forte que les entités évitent les informations génériques au profit d'une analyse spécifique et circonstanciée de l'exposition de l'entité aux risques climatiques.

Dans le cas où une entité arriverait à la conclusion qu'il n'est pas nécessaire d'intégrer les risques climatiques dans ses hypothèses de tests de dépréciation, cela pourrait constituer en soi, en fonction du secteur d'activité, un jugement critique qui devrait être explicité en annexe.

Recommandations de l'AMF Dans ses recommandations en vue de l'arrêté des comptes 2021, l'AMF recommande aux sociétés concernées par la réalisation de tests de dépréciation de s'assurer que les hypothèses clés utilisées prennent en compte les risques et impacts liés aux changements climatiques et à leurs engagements pris dans ce domaine. L'AMF encourage également ces sociétés à indiquer, dans leurs états financiers, de quelle manière ces hypothèses ont été prises en compte (plan d'affaires, taux de croissance, taux d'actualisation). En outre, l'AMF encourage les sociétés à s'interroger sur la pertinence d'adapter les analyses de sensibilité réalisées afin de refléter le risque climatique (sensibilité à de nouvelles variables comme un décalage par rapport à des échéances clés de la stratégie climatique poursuivie, changement des variations jugées raisonnablement possibles des hypothèses clés) (Rec. AMF 2021-06, Arrêté des Comptes 2021, § 2.3).

Dans ses recommandations en vue de l'arrêté des comptes 2022, l'AMF recommande aux sociétés concernées d'accroître le niveau et la précision des informations données sur les principaux jugements et estimations utilisés ainsi que sur les modifications éventuellement apportées aux modalités des tests de dépréciation en explicitant, le cas échéant, les nouvelles hypothèses retenues et l'amplitude chiffrée des changements. En outre, lorsque des hypothèses clés n'ont pas été modifiées alors que la société est dans un secteur particulièrement sensible aux conséquences du changement climatique, à des évolutions du comportement des clients, aux réglementations en la matière et/ou a pris des engagements structurants en termes de réduction d'émission de gaz à effet de serre, l'AMF invite les sociétés à expliciter les raisons pour lesquelles elles estiment que leur exposition aux conséquences du changement climatique n'est pas de nature à impacter les hypothèses des tests de dépréciation (plans d'affaires et/ou valeur terminale) qu'elles ont retenues. Enfin, les risques climatiques pouvant aussi avoir des effets sur les analyses de sensibilité, l'AMF recommande aux sociétés de s'interroger sur la pertinence d'adapter les hypothèses clés et les fourchettes utilisées dans ces tests au regard des facteurs de risques et opportunités pris en compte dans les tests de dépréciation. Au titre des explications données, les sociétés pourront indiquer, par exemple, si et comment les risques liés au changement climatique ont été reflétés dans les flux (renchérissement de certains approvisionnements et/ou coûts d'exploitation, dépenses pour atteindre les objectifs de décarbonation de la société, scénarios climatiques retenus, sources externes utilisées, nouvelles hypothèses clés liées aux prix de l'énergie par exemple), le taux d'actualisation (prise en compte de risques climatiques via une prime de risque) et/ou le taux de croissance ou la valeur terminale (croissance réduite ou nulle au-delà d'une certaine durée) (Rec. AMF 2022-06, Arrêté des Comptes 2022, § 2.3).

67650 (suite) Décision de l'ESMA Dans une décision publiée en mars 2023 (EECS/0123-07, 03/23), l'ESMA a jugé que l'information fournie par un émetteur dans ses états financiers ne satisfait pas aux exigences d'IAS 36, dans un contexte où (i) le montant des goodwill et immobilisations incorporelles à durée de vie indéterminée de l'émetteur est significatif, (ii) l'émetteur est fortement exposé aux risques climatiques du fait notamment de ses engagements de décarbonation et (iii) les informations fournies dans les états financiers ne sont pas cohérentes avec les risques et engagements figurant dans le reporting non financier. Bien que l'émetteur ait confirmé qu'il avait pris en compte le risque climatique dans la réalisation de ses tests de dépréciation (qui n'ont pas abouti à la comptabilisation d'une perte de valeur), le régulateur a demandé à l'entité de spécifier et d'expliquer les hypothèses liées au climat utilisées pour déterminer la valeur d'utilité dans les états financiers et d'ajouter une analyse de sensibilité des hypothèses liées au changement climatique.

■ *Exemple 1*

Modification des estimations de flux de trésorerie futurs pour prendre en compte les coûts supplémentaires associés aux émissions de gaz à effet de serre *Un groupe opère dans un secteur à forte intensité carbone. Les débouchés pour les produits ne sont pas impactés par le changement climatique, mais le management estime qu'il est probable que les émissions de gaz à effet de serre entraîneront des coûts supplémentaires dans le futur en raison d'un système d'échange de crédits carbone ou similaire.*

Solution de l'exemple 1 Pour le calcul de valeur d'utilité, le management a réduit de 1 % le taux de marge opérationnelle sous-tendant le calcul de valeur terminale (valeur actualisée des flux de trésorerie au-delà de l'horizon des prévisions), de façon à prendre en compte le surcoût attendu pour l'acquisition de crédits carbone, et après avoir estimé qu'une partie du surcoût de production serait répercutée sur les prix de vente aux clients.

■ *Exemple 2*

Prise en compte du risque climat dans les hypothèses des modèles d'évaluation *L'entité A avait comptabilisé un goodwill important au moment de l'acquisition d'une activité B, qui est principalement dépendante d'une usine située tout près de la côte dans le pays X. L'usine a une durée de vie résiduelle estimée à 20 ans. Il est désormais attendu que la hausse du niveau des eaux entraîne des risques significatifs en cas de poursuite de l'activité sur le même site au-delà des 20 ans prévus. Pour maintenir sa capacité actuelle de production, la direction devra envisager de construire des barrières hydrauliques coûteuses autour de la nouvelle usine, ou bien décider de vendre le site actuel devenu inutilisable, et engager des dépenses significatives pour acquérir un site de remplacement susceptible d'accueillir la nouvelle usine.*

Solution de l'exemple 2 L'usine existante n'est pas dépréciée si ses conditions d'utilisation ne sont pas affectées, si sa durée d'utilité n'est pas réduite et si ses provisions pour démantèlement ne sont pas augmentées. En revanche, pour le calcul de la valeur d'utilité de l'UGT B qui intègre le goodwill, les hypothèses de valeur terminale devront tenir compte des sorties de trésorerie nécessaires pour maintenir les capacités actuelles de production, en reflétant les probabilités des différents scénarios : construction d'une nouvelle usine sur le même site avec des défenses hydrauliques ou démantèlement du site existant et acquisition d'un site de remplacement. De telles dépenses peuvent signifier que le goodwill doit être déprécié.

4. **IAS 37, Provisions, passifs éventuels et actifs éventuels** (conformément à IAS 37.14 à .83, .85 à .86)

En matière de provision, les risques liés au climat pourraient entraîner :

– **l'identification et la comptabilisation de nouvelles provisions** : par exemple, à la suite de l'adoption d'une loi mettant en place une nouvelle taxe ou une obligation de démantèlement anticipée d'une usine fortement émettrice de gaz à effet de serre ou encore, à la suite de l'anticipation d'une sortie de ressources qui deviendrait alors probable du fait d'un jugement défavorable concernant des activités polluantes. Même dans un pays sans législation environnementale, une entité pourrait se trouver dans une situation où, du fait de pratiques passées en matière de dépollution, elle se serait créé une obligation implicite générale de dépollution ;

– **la réévaluation du montant d'une provision existante** : les entreprises ayant identifié des risques relatifs au climat peuvent devoir réviser l'évaluation des scénarios envisagés en matière de sorties de ressources nécessaires à l'extinction de leurs provisions, ainsi que leur probabilité d'occurrence. Les flux de trésorerie ou les taux d'actualisation retenus pour évaluer la provision peuvent également devoir être révisés, pour prendre en compte des coûts supplémentaires ou un calendrier différent d'extinction de la provision ;

- la nécessité de fournir davantage d'informations dans les notes annexes, y compris pour les passifs éventuels : il est nécessaire d'intégrer en annexe des explications sur la façon dont les risques climatiques ont été pris en compte dans l'évaluation de la meilleure estimation d'une obligation ainsi que les sensibilités à une variation des estimations. Il est également nécessaire de mentionner les nouveaux passifs éventuels en lien avec les risques climatiques. **67650** (suite)

Recommandations de l'AMF Dans ses recommandations en vue de l'arrêté des comptes 2022, l'AMF invite les sociétés dont l'exposition aux risques climatiques est susceptible d'avoir un impact significatif à s'interroger sur les effets de ces changements climatiques, des nouvelles réglementations, des engagements qu'elles ont pris sur le montant des provisions (démantèlement, remise en état, nouveaux risques) et des passifs éventuels (Rec. AMF 2022-06, Arrêté des Comptes 2022, § 2.4.1).

■ *Exemple*

Evaluation des provisions pour démantèlement *L'entité A exploite une usine fortement dépendante des énergies fossiles et pour laquelle elle a constitué une provision pour démantèlement. La stratégie de développement durable de la direction a annoncé un objectif de neutralité carbone d'ici N+30. Cet objectif ne peut être réalisé de manière réaliste qu'en remplaçant l'usine actuelle par une nouvelle usine à fonctionnement hybride à moyen terme. Le calendrier de démantèlement de l'usine est donc accéléré.*

Solution de l'exemple *La direction doit expliquer dans ses comptes la façon dont la transition climatique a été prise en compte dans l'estimation du montant de la provision pour démantèlement et fournir une analyse de la sensibilité à l'hypothèse du calendrier accéléré de sortie attendue.*

5. **IFRS 7, Instruments financiers – informations à fournir** (conformément à IFRS 7.31 à .42, .B8)
Les risques liés au climat peuvent exposer une entité à des risques sur ses instruments financiers, notamment en matière de risque de crédit, risque de marché et risque de liquidité. IFRS 7 requiert la présentation en annexe d'informations sur les instruments financiers d'une entité, comprenant des informations sur la nature et l'étendue des risques découlant des instruments et comment l'entité gère ces risques (IFRS 7.33).

Pour une vue d'ensemble des informations sur la nature, l'étendue et la gestion des risques, voir n° 52375.

En pratique :

- **En matière de risque de crédit** dans les états financiers des prêteurs, il peut être nécessaire de fournir des informations sur la prise en compte du risque climat dans la détermination des pertes de crédit attendues ou sur la concentration du risque de crédit. Davantage d'informations pourraient être fournies sur la concentration géographique des clients pour refléter un risque accru dans certaines zones plus exposées aux risques climatiques (inondation, sécheresse, feu de forêt, etc.) ou davantage de précisions sur les secteurs industriels avec un niveau de granularité plus fin, en fonction de l'intensité de carbone émis, par exemple.

Recommandations de l'AMF Dans ses recommandations en vue de l'arrêté des comptes 2022, l'AMF recommande aux établissements financiers de continuer à travailler à l'intégration de données climatiques dans leurs estimations des pertes de crédit attendues et d'accroître les informations fournies sur ce sujet. Les sociétés pourront, par exemple, indiquer si les risques environnementaux sont pris en compte dans le système de notation, par un calibrage de certains paramètres des modèles, la construction d'un ou de plusieurs scénarios macroéconomiques dédiés ou encore des ajustements post modèle. En ce qui concerne leurs travaux, les informations qui pourraient être présentées sont, par exemple, un détail des encours par secteur en lien avec les risques climatiques, des précisions sur la prise en compte ou non des risques climatiques dans les probabilités de défaut et/ou les pertes en cas de défaillance (Rec. AMF 2022-06, Arrêté des Comptes 2022, § 2.4.3).

- **En matière de risque de marché** pour les détenteurs de participations, il peut être nécessaire de fournir des informations sur les investissements par industrie ou secteur, en identifiant ceux qui sont particulièrement exposés aux risques climatiques. En outre, la sensibilité de la valeur des investissements à la probabilité de survenance de ces risques pourrait être pertinente dans certains cas.
- **En matière de risque de liquidité**, l'exposition accrue d'une entité au risque climat peut mettre sous pression sa capacité à respecter ses covenants. Dans ce contexte, l'information sur les covenants peut devenir de plus en plus significative. Un accès restreint au financement pour les industries à forte intensité carbone est également un risque qui devrait faire l'objet d'une information spécifique.

Droits d'émission de gaz à effet de serre (quotas de CO_2)

67670 ***Question***

Comment comptabiliser les droits et obligations liés aux systèmes réglementaires de plafonnement et d'échange des quotas d'émission de gaz à effet de serre ?

Réponse

A notre avis, en l'absence de traitement comptable spécifiquement prévu par les normes IFRS, plusieurs approches sont acceptables. Les principales options existantes portent sur les éléments suivants :

- évaluation de l'**actif incorporel** lié aux droits d'émission détenus : modèle du coût ou réévaluation à la juste valeur ;
- évaluation de la **subvention** liée aux quotas attribués à un prix inférieur au prix de marché : juste valeur ou montant nominal ;
- évaluation de la **provision** liée à l'obligation de restitution de quotas en fonction des émissions réalisées : coût de règlement ou juste valeur des quotas.

Les groupes doivent indiquer dans l'annexe des états financiers la méthode comptable retenue ainsi que les impacts sur les états financiers.

Commentaires :

1. **Contexte** Plusieurs juridictions nationales ou internationales (dont l'Union européenne) ont introduit des **systèmes de plafonnement et d'échange** (« cap and trade ») de droits (ou quotas) d'émission pour encourager une réduction des émissions de gaz à effet de serre. Les régimes impliquent généralement :

- l'évaluation d'un nombre total de quotas attribués chaque année (« cap »). Ce nombre de quotas se restreignant d'année en année, les droits d'émission de gaz à effet de serre concernés par l'échange (« trade ») se réduisent de la même manière ;
- l'attribution par l'autorité publique d'un nombre limité de quotas d'émission, au début d'une période de référence (appelée « période de conformité »). Cette allocation peut être gratuite ou payante par voie d'enchères ;

Dans le cas de l'UE, pour inciter à la réduction des émissions de gaz à effet de serre, ce nombre de quotas gratuits distribués diminue d'année en année.

- la faculté pour les entités d'acheter ou de vendre librement des quotas, à tout moment ;
- une obligation pour les entités de restituer annuellement un nombre de droits d'émission permettant de couvrir le volume réel de leurs émissions pendant l'année écoulée, volume validé par un tiers indépendant avant restitution.

Ainsi, les entités en situation déficitaire, c'est-à-dire celles dont les quotas détenus sont inférieurs aux obligations nées de leurs émissions, doivent acheter sur le marché les quotas nécessaires manquants. En cas de non-restitution de la quantité requise de quotas à la date prévue, une pénalité financière non libératoire doit alors être acquittée à l'autorité publique. Symétriquement, les entités ayant réduit leurs émissions peuvent vendre leurs quotas excédentaires et contribuer ainsi à réduire les coûts d'investissements éventuels requis pour réduire leurs émissions de gaz à effet de serre.

L'Union européenne a adopté un tel dispositif, appelé « EU Emission Trading Scheme » ou « EU-ETS ». Le dispositif prévoyait historiquement l'attribution de quotas gratuits, mais s'oriente vers la suppression progressive de cette attribution à titre gratuit pour certains secteurs et la généralisation d'attribution de quotas payants par mise aux enchères. Les droits d'émission sont échangés sur un marché actif. Le Royaume-Uni applique un dispositif relativement similaire à celui de l'UE.

2. **Diversité des modèles de comptabilisation des quotas d'émission de gaz à effet de serre** L'IFRS IC avait publié, en 2004, l'interprétation IFRIC 3, relative au traitement comptable des droits d'émission de gaz à effet de serre, mais à la suite de nombreux débats et de son rejet par l'EFRAG, l'IASB l'a définitivement retirée en 2005.

En l'absence de règle obligatoire et spécifique pour la comptabilisation des quotas d'émission de gaz à effet de serre, une entité peut choisir soit d'appliquer volontairement les dispositions d'IFRIC 3, soit de développer une méthode comptable dans le respect des dispositions d'IAS 8 (IAS 8.10 s.).

Plusieurs modèles coexistent pour évaluer l'actif correspondant aux quotas détenus, en particulier les quotas attribués par l'autorité publique, ainsi que le passif (provision) correspondant à l'obligation de restitution de quotas. **67670** (suite)

a. Droits d'émission détenus Ceux-ci peuvent provenir d'attributions gratuites ou payantes de l'autorité publique, ou d'acquisitions faites sur le marché. En pratique, ces droits sont traités comme des actifs incorporels dans le champ d'application d'IAS 38.

IAS 38 prévoit deux méthodes possibles d'évaluation de l'actif (voir nº 29980) :
- le modèle du coût ; ou
- le modèle de la réévaluation à la juste valeur à chaque clôture, en contrepartie des autres éléments du résultat global (OCI), si les quotas sont échangés sur un marché actif (IAS 38.75 s.).

b. Subvention L'entité bénéficie d'une subvention publique, dans le champ d'application d'IAS 20, dans le cas où l'autorité publique lui attribue des quotas à titre gratuit ou à un prix inférieur à celui du marché. IAS 20 autorise deux méthodes d'évaluation des subventions reçues sous la forme d'un actif non monétaire (IAS 20.23) :
- Evaluation à la juste valeur : dans les approches IFRIC 3 et « subvention à la juste valeur », les droits d'émission attribués par l'Etat sont initialement comptabilisés sur la base de leur juste valeur à la date d'attribution. La subvention est en conséquence égale à l'excédent de la juste valeur des droits attribués par rapport au prix payé (qui est nul en cas d'attribution gratuite). Ultérieurement, et conformément à IAS 20.12, la subvention doit être comptabilisée au compte de résultat, sur une base systématique et rationnelle, sur les périodes au cours desquelles sont comptabilisés en charges les coûts que la subvention a pour objet de compenser. Ainsi, la subvention est initialement constatée en produit différé au passif du bilan, puis reprise au compte de résultat sur une base systématique.

  Pour des précisions sur le rythme de reprise de la subvention au compte de résultat, voir point 6. ci-après.
- Evaluation à la valeur nominale : dans ce cas, les quotas attribués par l'Etat sont comptabilisés à l'actif pour la valeur payée (nulle en cas d'allocation gratuite). Ainsi, dans cette approche, aucune subvention n'est reconnue.

c. Obligation de restitution L'obligation de restituer des quotas en fonction des émissions réelles est dans le champ d'application d'IAS 37. Elle doit être comptabilisée au fur et à mesure des émissions réelles (qui font naître l'obligation actuelle au sens d'IAS 37.14(a)). Il existe plusieurs approches pour son évaluation :
- dans l'approche IFRIC 3, elle est comptabilisée à la juste valeur des droits qui seraient nécessaires pour éteindre l'obligation, à la date de clôture ;
- dans les approches alternatives, elle est évaluée au « coût de règlement » qui tient compte (i) de la valeur nette comptable des droits d'émission détenus à la date de clôture, (ii) du prix contractuel des achats à terme souscrits à la date de clôture, et (iii) pour le solde éventuel de l'obligation, de la juste valeur, à la date de clôture, des droits d'émission restant à acquérir pour satisfaire l'obligation de restitution.

  Dans l'approche « coût de règlement », et lorsque la date de clôture ne coïncide pas avec la date de fin de la période de référence pour le calcul de l'obligation, les méthodes Fifo et CMP ont un impact différent (voir point 5. ci-après).

3. Tableau récapitulatif Le tableau ci-après, établi par nos soins, récapitule trois modèles de comptabilisation observés en pratique et, à notre avis, conformes aux IFRS :

	Approche IFRIC 3	Approche « coût de règlement »	
		Subvention en juste valeur	Subvention en montant nominal
Actif incorporel – droits d'émission détenus (attribués par l'Etat et acquis sur le marché)			
Date de comptabilisation	Lorsque l'entité obtient le contrôle		
Evaluation initiale	Juste valeur à la date de comptabilisation initiale		Montant payé en trésorerie (nul pour les quotas alloués gratuitement par l'Etat)
Evaluation ultérieure	Choix de méthode comptable : – montant initialement comptabilisé (**modèle du coût**) ; ou – juste valeur réévaluée (**modèle de la réévaluation** permis par IAS 38 si les quotas sont échangés sur un marché actif)		

67670
(suite)

<table>
<tr><th rowspan="2"></th><th rowspan="2">Approche IFRIC 3</th><th colspan="2">Approche « coût de règlement »</th></tr>
<tr><th>Subvention en juste valeur</th><th>Subvention en montant nominal</th></tr>
<tr><td colspan="4">Subvention</td></tr>
<tr><td>Date de comptabilisation du produit différé</td><td colspan="3">A la même date que la comptabilisation des quotas attribués par l'Etat</td></tr>
<tr><td>Evaluation</td><td colspan="2">Sur la base de l'écart entre le montant payé et la juste valeur des quotas lors de leur attribution initiale</td><td rowspan="2">Montant nominal (en pratique, nul)</td></tr>
<tr><td>Rythme de reconnaissance au compte de résultat</td><td colspan="2">Sur la période de conformité (période pendant laquelle l'entité comptabilise en charge l'obligation de restitution)</td></tr>
<tr><td colspan="4">Provision</td></tr>
<tr><td>Date de comptabilisation</td><td colspan="3">Au fur et à mesure des émissions réelles faisant naître une obligation de restitution</td></tr>
<tr><td rowspan="2">Evaluation</td><td rowspan="2">Juste valeur, à la date de chaque clôture, des droits d'émission qui seraient nécessaires pour éteindre l'obligation, et ce, que le règlement prévu de l'obligation soit à partir de quotas déjà détenus ou restant à acquérir</td><td colspan="2">Réévaluée à la fin de chaque période sur la base :
– de la valeur nette comptable des quotas déjà détenus ;
– du prix de souscription des achats à terme (non qualifiés de dérivés) ; et
– pour le solde de l'obligation, de la valeur de marché à la date de clôture des quotas restant à acquérir sur le marché</td></tr>
<tr><td>La valeur comptable des quotas détenus provenant d'attributions par l'Etat est leur juste valeur à la date de l'attribution initiale.</td><td>La valeur comptable des quotas détenus provenant d'attributions par l'Etat reflète le prix payé, qui est nul pour les quotas alloués gratuitement.</td></tr>
</table>

4. Utilisation pratique des différentes approches L'approche **IFRIC 3** est en pratique peu utilisée, car elle se traduit par une dissymétrie (« mismatch ») dans le rythme de comptabilisation des charges et produits, entraînant une volatilité dans le compte de résultat (voir ci-après l'exemple chiffré comparant les 3 approches).

5. Evaluation des provisions – Variantes de l'approche « coût de règlement » – Fifo et CMP L'approche « coût de règlement » consiste à évaluer la provision en tenant compte de la valeur comptable des quotas détenus qui serviront au règlement de l'obligation. Les méthodes Fifo (« First in First out ») et CMP (coût moyen pondéré) diffèrent dans le mode d'allocation à l'obligation de la valeur comptable des quotas détenus. En particulier, ces deux méthodes produisent des impacts différents dans tous les cas où la date de clôture est différente de la date de fin de la période de conformité (période de référence pour le calcul de l'obligation de restitution).

– Dans l'approche Fifo, les quotas détenus sont alloués en priorité à l'obligation déjà née à la clôture. La provision est donc d'abord mesurée sur la base de la valeur comptable des quotas détenus à la date de clôture, à concurrence du total des quotas détenus, puis sur la base du prix de marché des quotas, pour le solde de l'obligation existante non couverte par les quotas détenus à la date de clôture.

– L'approche CMP consiste à évaluer l'obligation à la date de clôture sur la base du coût moyen pondéré de règlement de l'obligation estimé pour l'ensemble de la période de conformité. Cette méthode nécessite d'effectuer une projection du déficit en fin de période de conformité, correspondant à la différence entre, d'une part, les émissions estimées pour l'ensemble de la période de conformité et, d'autre part, les droits d'émission qui seront détenus à la date de clôture. Le coût moyen pondéré par unité d'émission est calculé en additionnant (i) la valeur comptable des droits détenus à la clôture et (ii) la valeur des quotas additionnels qu'il sera nécessaire d'acquérir post-clôture, correspondant au déficit attendu en fin de période de conformité valorisé au prix de marché à la date de clôture, puis en divisant cette somme par le volume d'émission attendu pour l'ensemble de la période de conformité.

■ *Exemple illustratif*

Une entité arrête ses comptes au 30/06/N. La période de conformité correspond à l'année civile. L'entité applique la méthode de la « subvention en montant nominal ». En début d'année civile, l'entité a reçu de l'Etat 1 000 quotas gratuits représentant le droit d'émettre 1 000 tonnes de CO_2 (chaque quota donne en effet le droit d'émettre une tonne de CO_2). Elle a émis 800 tonnes de CO_2

au 30/06/N et projette d'émettre également 800 tonnes sur le second semestre. L'entité projette donc qu'elle devra acquérir 600 quotas pour couvrir le déficit prévu à la fin de l'année civile. Au 30/06/N, le prix de marché d'un quota est de 10 €. **67670** (suite)

Pour simplification de l'exemple, l'hypothèse est prise que les prix de marché restent inchangés, et que les quantités réellement émises sont égales aux estimations initiales.

En janvier N+1, l'entité dépense 6 000 € (600 × 10 €) pour acheter les quotas manquants nécessaires. Le 30/04/N+1, l'entité se libère de son obligation de restitution au titre de l'année N en remettant 1 600 quotas à l'Etat.

Dans l'approche Fifo, aucune provision n'est à comptabiliser au 30/06/N puisque les émissions du semestre (800 t) sont inférieures aux droits d'émission correspondants aux quotas gratuits détenus (1 000 t). Le déficit de 600 tonnes prévu en fin d'année ne peut pas être provisionné au 30/06/N. Au cours du second semestre, l'entité doit constater une provision de 6 000 €, au fur et à mesure de ses émissions, afin de couvrir le déficit de 600 quotas existant au 31/12/N. La charge par tonne de CO_2 émise est ainsi beaucoup plus élevée au second semestre (7,5 €/t) qu'au premier semestre (0 €/t).

Dans l'approche CMP, la charge par tonne de CO_2 émise sera identique aux 1er et 2nd semestres, soit 3,75 €/t.

---

6. Rythme de reconnaissance de la subvention au compte de résultat – variantes Fifo et CMP
Comme indiqué au point 2. ci-avant, lorsque la subvention est valorisée à la juste valeur, elle doit être reprise au compte de résultat sur une base systématique et rationnelle, sur les périodes au cours desquelles sont comptabilisées en charges les coûts que la subvention a pour objet de compenser. En pratique, deux méthodes d'allocation sont observées :
- la subvention est reprise au compte de résultat selon une méthode Fifo, en imputant la subvention sur les premières émissions de la période de référence ; ou
- la subvention est reprise au compte de résultat sur toute la durée de la période de conformité pour laquelle les quotas ont été alloués, au prorata des émissions réalisées à date rapportées aux émissions estimées pour l'ensemble de la période (méthode CMP).

■ *Exemple illustratif*

Les données sont les mêmes que dans l'exemple du point 5. Cependant, contrairement au point 5., l'entité applique la méthode de la « subvention en juste valeur ». La subvention est donc initialement reconnue en produit différé, pour un montant de 10 000 € (1 000 quotas × 10 €).
- Dans la méthode Fifo, la subvention reprise au compte de résultat au 30/06/N est égale à 8 000 €, soit 10 000 € × (800/1 000).
- Dans la méthode CMP, la subvention reprise au compte de résultat au 30/06/N est égale à 5 000 €, soit 10 000 € × (800/1 600).

---

7. Amortissement et dépréciation des actifs incorporels Les quotas de CO_2 ne sont pas amortis en pratique, dans la mesure où leur valeur résiduelle attendue n'est pas inférieure à leur coût d'acquisition (IAS 38.103). Par ailleurs, s'agissant d'actifs incorporels, ils doivent faire l'objet d'un test de dépréciation en cas de survenance d'un indice de perte de valeur, conformément aux dispositions d'IAS 36. Le fait que la valeur de marché devienne inférieure à la valeur comptable n'entraîne pas mécaniquement une charge de dépréciation, car les quotas destinés à être utilisés pour les besoins de la production, en l'occurrence pour satisfaire les obligations nées des émissions, ne génèrent pas de cash-flows indépendants et ne sont donc pas testés individuellement.

En revanche, les tests de perte de valeur des actifs générant des émissions de CO_2 doivent tenir compte du coût desdites émissions. Ainsi, un surenchérissement des prix des quotas de CO_2 pourrait constituer un indicateur de perte de valeur des actifs dont l'utilisation génère des émissions de CO_2.

8. Prix du marché versus prix d'achat à terme Dans les cas où :
- l'entité a conclu des contrats d'achat à terme de quotas de CO_2 pour faire face à ses obligations de restitution, et
- lesdits contrats remplissent la définition d'un contrat pour usage propre (« own-use exemption ») telle que prévue par IFRS 9.2.4, et ne sont donc pas qualifiés de dérivés (voir point 10. ci-après),

la provision pour quotas à restituer est évaluée sur la base du prix à terme, et non sur la base du prix de marché à la date de clôture. En effet, le prix à terme représente la meilleure estimation du montant qui sera déboursé pour régler l'obligation.

67670 (suite) 9. **Droits d'émission destinés aux activités de négoce** Seuls sont dans le champ d'application d'IAS 38 les droits d'émission destinés à être utilisés en interne pour satisfaire aux obligations nées des émissions générées par les activités de production. Les droits d'émission que l'entité détient en vue d'être vendus dans le cours ordinaire des affaires sont dans le champ d'application d'IAS 2, Stocks. Si ces actifs sont destinés à des activités de négoce, l'entité peut choisir entre deux modes d'évaluation :
– la juste valeur (à la date de clôture) moins les coûts nécessaires à la vente, avec comptabilisation des variations de juste valeur en résultat (IAS 2.3b) ; ou
– le plus faible du coût d'acquisition et de la valeur de réalisation nette (voir nº 34975 s.).

10. **Achats et ventes à terme** Les achats et ventes à terme de droits d'émission répondent à la définition d'instruments dérivés s'ils peuvent faire l'objet d'un règlement net de trésorerie (« net cash settlement »).

En conséquence, ils ne peuvent être traités en engagement hors bilan (comme un contrat exécutoire, « executory contract ») que s'ils remplissent les conditions permettant de bénéficier de l'exemption d'usage propre (« own-use ») d'IFRS 9.2.4. L'exemption s'applique pour des achats à terme affectés exclusivement à la satisfaction des obligations de restitution de quotas par l'entité.

En outre, le contrat doit permettre une possibilité de livraison physique du sous-jacent, et l'entité doit démontrer qu'elle utilisera cette possibilité de livraison.

Dans tous les cas où les opérations à terme sur droits d'émission peuvent faire l'objet d'un règlement net, mais ne sont pas éligibles à l'exemption d'usage propre, elles doivent alors être traitées comme des instruments financiers dérivés dans le champ d'application d'IFRS 9, à comptabiliser en juste valeur par résultat (sauf en cas d'application des règles de la couverture de flux de trésorerie).

Pour plus de détails sur l'exception d'usage propre, voir nº 48560.

11. **Informations en annexe** Les entités doivent expliciter la nature de leurs droits et obligations liés aux émissions de gaz à effet de serre. En l'absence de règles spécifiques, les entités doivent expliciter les méthodes comptables retenues en la matière (IAS 1.117 et .122).

Recommandations AMF Dans le cadre de l'arrêté des comptes 2021, l'AMF recommande, lorsque les droits de gaz à effet de serre sont significatifs pour la société, de préciser les montants en jeu, les traitements comptables retenus ainsi que les impacts sur les états financiers (Rec. AMF 2021-06, Arrêté des Comptes 2021, § 2.3).

■ ***Exemple***

Comparaison des différentes approches de comptabilisation des droits et obligations liés aux quotas d'émission de gaz à effet de serre *Au 1/01/N, l'Etat alloue gratuitement à une entité 10 000 quotas lui permettant d'émettre 10 000 t d'équivalent de dioxyde de carbone (CO_2) au cours de l'année N (chaque quota donne en effet le droit d'émettre une tonne de CO_2). La période de référence (du 1/01/N au 31/12/N) correspond à l'exercice comptable du groupe. Le prix de marché d'un quota au 1/01/N est de 10 €. A la clôture au 31/12/N, le groupe a émis 12 500 t et le prix de marché d'un quota à cette date est de 12 €. En janvier N+1, le groupe achète sur le marché 2 500 quotas au prix unitaire de 12 €, pour un prix total de 30 000 €, de façon à pouvoir se libérer de son obligation de restituer 12 500 quotas d'émission au 30/04/N+1.*
Comment le groupe peut-il comptabiliser le système d'échange de quotas d'émission de gaz à effet de serre ?

Solution de l'exemple *Le tableau ci-après récapitule les impacts des différentes approches sur le compte de résultat et le bilan du groupe au 31/12/N.*

	Approche IFRIC 3	*Approche « coût de règlement »*	
		Subvention en juste valeur	*Subvention au montant nominal*
	*Evaluation de l'actif incorporel selon le **modèle de réévaluation** (1)*	*Evaluation de l'actif incorporel selon le **modèle du coût** (1)*	
Compte de résultat			
Reprise de la subvention (PCA)	*100 000 (2)*	*100 000 (2)*	*0*
Coût des émissions	*(150 000) (3)*	*(130 000) (5)*	*(30 000)*
Sous-total : résultat net	*(50 000)*	*(30 000)*	*(30 000) (6)*
Autres éléments du Résultat Global	*20 000 (7)*	*N/A*	*N/A*

	Approche IFRIC 3	Approche « coût de règlement »	
		Subvention en juste valeur	Subvention au montant nominal
	Evaluation de l'actif incorporel selon le **modèle de réévaluation** (1)	Evaluation de l'actif incorporel selon le **modèle du coût** (1)	
Bilan			
Actif incorporel	120 000 (4)	100 000 (2)	0
Provision	(150 000) (3)	(130 000) (5)	(30 000) (6)
Sous-total (passif net)	(30 000)	(30 000)	(30 000)
Résultat de l'exercice	(50 000)	(30 000)	(30 000)
Réserve de réévaluation	20 000	N/A	N/A
Sous-total : capitaux propres	(30 000)	(30 000)	(30 000)

(1) Pour rappel, dans ces deux approches, l'actif incorporel peut être évalué selon le modèle du coût ou, dès lors qu'il existe un marché actif, selon le modèle de la réévaluation (voir point 1. ci-avant).
(2) 10 000 quotas d'émission reçus et valorisés à la date de réception à la juste valeur de 10 €/quota.
(3) Obligation de restitution de 12 500 quotas (compte tenu de l'émission de 12 500 t), valorisée à la fin de la période à 12 €/quota.
(4) 10 000 quotas d'émission reçus et valorisés à la fin de la période à la juste valeur de 12 €/quota.
(5) Obligation de restitution de 12 500 quotas (compte tenu de l'émission de 12 500 t), valorisée à la fin de la période sur la base de la valeur nette comptable des quotas détenus et la juste valeur à la date de clôture pour les quotas restant à acquérir, soit (10 000 × 10 €) + (2 500 × 12 €) = 130 000 €.
(6) 2 500 quotas à acquérir, correspondant à l'excédent des émissions (12 500 t) sur les quotas gratuits détenus (10 000), valorisés à la juste valeur à la fin de la période à 12 €/quota.
(7) Augmentation du prix de marché des quotas entre la date de leur réception (10 000 × 10 €) et la date de clôture (10 000 × 12 €).

Remarque *Quel que soit le modèle utilisé parmi les trois exposés ci-avant, l'actif net (au cas particulier, le passif net) de la société reflète bien le coût que l'entité aura à sa charge, c'est-à-dire 2 500 quotas à 12 €/quota, soit 30 000 €.*

Inconvénients du modèle IFRIC 3 *In fine, le coût net à décaisser par l'entité est de 30 000 €. Cependant, l'approche IFRIC 3 entraîne dans tous les cas une plus grande volatilité des résultats que les modèles alternatifs qui évaluent l'obligation sur la base du coût de règlement et non à la juste valeur, et ce, quel que soit le modèle d'évaluation de l'actif incorporel. En effet :*
- lorsque le modèle de la réévaluation de l'actif incorporel à la juste valeur est appliqué, l'entité doit comptabiliser une charge nette de 50 000 € au compte de résultat et un gain de 20 000 € dans les autres éléments du résultat global (voir tableau ci-avant) ;
- si l'entité avait appliqué le modèle du coût pour évaluer l'actif incorporel (non présenté dans le tableau ci-avant), elle aurait également dû comptabiliser une charge nette de 50 000 € au compte de résultat en N, compte tenu de l'évaluation de la provision à la juste valeur, et aurait dû ensuite constater un gain de 20 000 € au compte de résultat en N+1, au moment du règlement de l'obligation (restitution des quotas détenus à la date de clôture pour 100 000 € et achat des quotas manquants pour 30 000 €, en contrepartie d'une reprise de provision pour 150 000 €).

Engagement de neutralité carbone

Question 67690

Une entité ayant pris un engagement volontaire de neutralité carbone à un horizon défini doit-elle constituer une provision ?

Réponse

En ce qui concerne les dépenses futures nécessaires à la réduction des émissions de gaz à effet de serre de l'entité, aucune provision ne doit être comptabilisée si ces dépenses ne sont pas indépendantes de l'activité future de l'entité ou sont génératrices d'avantages économiques futurs.

En ce qui concerne les crédits carbone qui seront utilisés pour compenser les émissions de l'entité, une provision ne doit être constituée qu'une fois les émissions excédentaires réalisées, et seulement si l'entité n'a pas d'autre solution réaliste que l'exécution de son engagement de compenser ces émissions.

67690 (suite) ***Commentaires :***

1. **Contexte** Certaines entreprises communiquent sur leur engagement pour atteindre la neutralité carbone à un horizon défini. Les plans de neutralité carbone impliquent des actions de réduction des émissions ainsi que des achats de crédits carbone, qui seront ensuite annulés pour compenser les émissions excédentaires de l'entité.

2. **Le principe général de comptabilisation des provisions s'applique** L'annonce publique par une entité d'un objectif de neutralité carbone, à un horizon défini, pourrait constituer une obligation implicite, si l'entité a effectivement créé, vis-à-vis des tiers, une attente fondée qu'elle assumera ses responsabilités.

L'entité a une obligation implicite lorsqu'elle a, par ses pratiques passées, par sa politique affichée ou par une déclaration récente suffisamment explicite, créé chez les tiers une attente fondée qu'elle assumera un engagement (IAS 37.17).

A notre avis, l'appréciation de cette condition nécessite l'exercice du jugement.

Cependant, une telle annonce ne suffit pas à déclencher la comptabilisation d'une provision. Une provision ne sera comptabilisée que si l'ensemble des autres critères de comptabilisation d'une provision sont remplis, notamment :
- l'obligation résulte d'un événement passé (l'annonce ne constituant pas en soi cet événement passé), et existant indépendamment des actions ou activités futures de l'entité ;
- l'entité n'a pas d'autre solution réaliste que d'exécuter l'obligation ;
- l'exécution de l'obligation se traduira par une sortie de ressources représentatives d'avantages économiques ;
- cette sortie de ressources est probable ;
- le montant de la sortie de ressources peut être estimé de façon fiable.

Pour plus de précisions sur les critères généraux de comptabilisation d'une provision, voir n° 39955.

3. **Dépenses de réduction des émissions** L'entité peut s'être engagée à effectuer certaines dépenses qui lui permettront de réduire ses émissions futures. Cependant, un tel engagement ne correspond à une obligation actuelle que s'il est indépendant de l'activité future de l'entité. Ne doivent donc pas être provisionnées des dépenses qui sont nécessaires à la conduite d'une activité future (IAS 37.18).

Ne doivent pas non plus être provisionnées les dépenses futures qui ne constituent pas des sorties de ressources représentatives d'avantages économiques, mais qui correspondent à des investissements générateurs d'avantages économiques futurs. Ainsi, l'obligation d'installer un équipement s'analyse comme une obligation d'échanger de la trésorerie contre un autre actif, n'entraînant pas de sortie nette de ressources, et ne répondant donc pas à la définition d'une provision (réunion de l'IFRS IC de juin 2022, Agenda Paper 4 (Appendix A)).

Pour plus de détails sur les dépenses de mise en conformité liées à l'environnement, voir n° 31065, 31070 et 40350.

En revanche, dans le cas d'un plan de réduction des émissions qui implique une accélération du remplacement de certains actifs existants par des actifs à plus faible intensité carbone :
- cela pourrait être un indicateur de dépréciation des actifs existants considérés, au sens de la norme IAS 36 (voir n° 35957) ;
- la durée d'utilité des actifs existants pourrait devoir être réduite ;

Dans ce cas, il s'agirait d'un changement d'estimation et les dotations aux amortissements des exercices futurs devront donc être ajustées de manière prospective (voir n° 30993).

- la provision pour coûts de démantèlement des actifs existants pourrait devoir faire l'objet d'un ajustement, en termes de montant et/ou d'horizon.

Pour plus de détails sur les dépenses de démantèlement, voir n° 31070 et 40350.

Enfin, si un plan de réduction des émissions ayant été publiquement annoncé implique des fermetures de sites à haute intensité carbone, une provision pour coûts de restructuration ne pourra être constituée que lorsque seront remplis les critères spécifiquement prévus par la norme IAS 37 en la matière.

Pour plus d'informations sur les conditions de comptabilisation d'une provision pour restructuration, voir n° 39985 et 40500 s.

4. **Dépenses de compensation des émissions** Dans le cadre d'un engagement de neutralité carbone, une entité peut avoir publiquement annoncé qu'elle compensera ses émissions futures en annulant, à due concurrence, des crédits carbone qu'elle aura préalablement obtenus. L'annulation de crédits carbone correspond à une sortie de ressources représentatives

d'avantages économiques futurs. Un tel coût doit être provisionné seulement si une obligation actuelle est née à la date de clôture. A notre avis, l'obligation actuelle est née lorsque deux événements cumulatifs ont eu lieu : **67690** (suite)

- l'obligation est née d'un événement passé : l'engagement est échu et l'entité a déjà généré des émissions de CO_2 excédentaires par rapport à son engagement ; et
- l'entité n'a pas d'autre solution réaliste que d'éteindre l'obligation par la compensation de ces émissions excédentaires.

L'appréciation de cette condition nécessite l'exercice du jugement, fondé notamment sur le caractère spécifique et explicite des annonces publiques effectuées, et sur les pratiques passées de la société.

Ainsi, en pratique, pour une entité qui s'est engagée à atteindre la neutralité carbone avant une date N :

- pour une date de clôture antérieure à cette date N, aucune provision n'est à comptabiliser car il n'existe pas d'événement passé ayant créé une obligation ;
- pour une clôture postérieure à cette date N, une provision ne doit être comptabilisée que si l'entité a généré des émissions excédentaires depuis la date N, et l'entité n'a pas d'autre solution réaliste qu'une sortie de ressources (annulation de crédits carbone) pour remédier à ces émissions excédentaires.

Titre 14

Divergences France/IFRS

CHAPITRE 57

Principales divergences France/IFRS

Plan du chapitre §§ 69000

PRINCIPALES DIVERGENCES FRANCE/IFRS

Remarque importante

Les tableaux présentés ci-après identifient les principales divergences entre, d'une part, **les principes comptables français des entreprises industrielles et commerciales** applicables dans leurs comptes sociaux (Règl. ANC 2014-03) et comptes consolidés (Règl. ANC 2020-01) et, d'autre part, **les normes IFRS.** 69004

Ces divergences sont établies par nos soins et sur la base des textes obligatoirement en vigueur pour les exercices ouverts à compter du 1er janvier 2023, ainsi que des informations disponibles au 1er juin 2023.

Pour mieux faire ressortir l'essentiel de l'analyse, ces divergences sont présentées par thème sous forme de tableaux synthétiques.

Pour aller plus loin, des renvois sont systématiquement faits aux paragraphes détaillant les traitements visés de cet ouvrage (MIFRS ci-après) ainsi que de nos Mémento Comptes consolidés (MConso ci-après) et Mémento Comptable (MC ci-après), disponibles dans le Navis Comptable Conso France/IFRS.

I. Cadre pour la préparation et la présentation des états financiers

A. Changements comptables

69005

		Règles françaises	IFRS
1	Corrections d'erreurs	– Impact comptabilisé en résultat ou en capitaux propres selon que les conséquences de l'erreur étaient passées respectivement en résultat ou en capitaux propres. – Pas de retraitement des périodes antérieures présentées mais une information en annexe présentant les principaux postes des exercices antérieurs corrigés de l'erreur. Voir MConso n° 7442 ; MC n° 8545 et 8560	– Impact calculé et comptabilisé de manière rétrospective, avec retraitement des montants comparatifs de la ou des périodes antérieures présentées au cours desquelles l'erreur est intervenue. – Etablissement d'un état de situation financière (bilan) supplémentaire à l'ouverture de l'exercice le plus récent présenté en comparatif, ajusté des effets de la correction d'erreurs. Voir MIFRS n° 12697 s.
2	Changement de méthode	– Impact calculé de manière rétrospective, sauf en cas de difficulté d'estimation du calcul rétrospectif. – Impact comptabilisé au sein des capitaux propres à l'ouverture de l'exercice. Exception spécifique aux comptes individuels (non applicable dans les comptes consolidés) : possibilité de comptabiliser l'impact en résultat de la période si justifié pour des raisons fiscales. – Pas de retraitement des périodes antérieures présentées mais une information en annexe présentant les principaux postes des exercices antérieurs retraités selon la nouvelle méthode. Voir MConso n° 7442 ; MC n° 8545 et 8560	En l'absence de dispositions transitoires spécifiques lorsque le changement de méthode est requis par une norme ou une interprétation, ou en cas de changement de méthode volontaire : – impact calculé de manière rétrospective et comptabilisé au sein des capitaux propres à l'ouverture de l'exercice de la période la plus ancienne présentée en comparatif ; – retraitement de toutes les périodes antérieures présentées ; – établissement d'un état de situation financière à l'ouverture de l'exercice le plus récent présenté en comparatif, ajusté des effets du changement de méthode. Voir MIFRS n° 12681 s.

B. Etats financiers

69010

		Règles françaises	IFRS
3	Bilan (« état de situation financière » en IFRS)	Pas de classement obligatoire en éléments courants et non courants. Dans les comptes individuels, les petites entreprises peuvent retenir une présentation simplifiée de leur bilan. Voir MConso n° 7036 ; MC n° 64190	Classement obligatoire des actifs et passifs dans l'état de situation financière (bilan) en éléments courants et non courants, sauf lorsqu'une présentation en fonction de la liquidité apporte des informations fiables et plus pertinentes. Voir MIFRS n° 53968 et 53969

69010 (suite)

		Règles françaises	IFRS
4	Compte de résultat et éléments du résultat global	– Pas de notion d'« Other Comprehensive Income »/OCI. – Comptabilisation d'éléments en capitaux propres limitée aux seuls changements de méthode et corrections d'erreurs selon les situations. Voir MConso n° 7036 ; MC n° 8545	Présentation des autres éléments du résultat global (« Other Comprehensive Income »/OCI) : – dans le même état que le compte de résultat (état unique du résultat global) ; ou – dans un état distinct, présenté juste après l'état détaillant les composantes du résultat. Voir MIFRS n° 53970 s.
5	Présentation du compte de résultat	Dans les comptes individuels, obligation de présenter les charges au sein du compte de résultat par nature. Les petites et moyennes entreprises peuvent retenir une présentation simplifiée de leur compte de résultat. Dans les comptes consolidés, possibilité de présenter les charges soit par nature, soit par destination. Voir MConso n° 7209 ; MC n° 15020 et 64190	Possibilité de présenter les charges comptabilisées au sein du compte de résultat soit par nature, soit par fonction. Voir MIFRS n° 53971
6	Résultat exceptionnel	Le référentiel français requiert une distinction entre le résultat courant (résultat d'exploitation plus résultat financier) et les charges et produits exceptionnels. Toutefois, en l'absence de définition (1), deux conceptions du résultat exceptionnel sont possibles : 1. selon le plan de comptes du PCG ; 2. selon une qualification de chaque opération (conception proche de celle retenue en IFRS). Voir MConso n° 7437 ; MC n° 52030 s.	Interdiction de présenter des éléments de charges et de produits en tant qu'éléments extraordinaires. Toutefois, l'ANC a introduit les rubriques « Autres produits d'exploitation non courants » (auparavant « Autres produits opérationnels ») et « Autres charges d'exploitation non courantes » (auparavant « Autres charges opérationnelles ») entre le résultat d'exploitation (opérationnel) courant et le résultat d'exploitation (opérationnel) total pour y inclure les produits et charges en nombre très limité, inhabituels et significatifs, anormaux et peu fréquents. Voir MIFRS n° 53971, 54042 et 54043
7	Remise en cause de la continuité d'exploitation	En cas de survenance d'un événement postérieur à la date de clôture, compromettant définitivement la continuité d'exploitation, les états financiers ne sont modifiés que si, et seulement si, l'événement a un lien direct et prépondérant avec une situation existant à la date de clôture (dans le cas contraire, des informations sur les valeurs liquidatives sont fournies en annexe). Voir MC n° 61120	Lorsqu'un événement postérieur à la date de clôture remet en cause la continuité d'exploitation, les états financiers ne doivent pas être établis sur une base de continuité d'exploitation si la direction détermine, après la date de clôture, qu'elle a l'intention ou qu'elle n'a pas d'autre solution réaliste que de liquider l'entité ou de cesser son activité. Et ce, même si l'événement ayant conduit à cette décision n'a pas de lien direct et prépondérant avec une situation existant à la date de clôture. Voir MIFRS n° 12794, point 4.

(1) Le règlement ANC n° 2022-06 relatif à la modernisation des états financiers et de la nomenclature des comptes (en cours d'homologation), applicable aux exercices ouverts à compter du 1er janvier 2025 (avec possibilité d'une application anticipée), comporte une nouvelle définition du résultat exceptionnel, laissant place au jugement et excluant les opérations et événements qui sont liés à l'exploitation normale et courante de l'entité (voir MC n° 52030).

C. Annexe

69015

		Règles françaises	IFRS
8	Informations en annexe	Informations moins développées qu'en IFRS. Existence, pour les comptes individuels uniquement, de modèles simplifiés pour les petites entreprises et certaines informations parfois non requises sous certains seuils. Voir MConso nº 7405 s. ; MC nº 64525 s.	Informations à fournir en annexe beaucoup plus importantes (en particulier, impôts sur le résultat, avantages du personnel, regroupements d'entreprises, intérêts détenus dans d'autres entités, instruments financiers ; pour les sociétés cotées uniquement, information sectorielle, résultat par action, etc.). Voir MIFRS nº 54975 s.

II. Actifs non financiers

A. Divergences communes aux stocks, immobilisations et immeubles de placement

69020

		Règles françaises	IFRS
9	Coûts d'emprunt	Deux méthodes de comptabilisation possibles, aucune ne constituant une méthode de référence : – en charges de la période au cours de laquelle ils ont couru ; – à l'actif par incorporation au coût de l'actif concerné. Voir MConso nº 3526 ; MC nº 20945 s. et 26340 s.	Activation obligatoire de ces coûts par incorporation dans le coût d'entrée des actifs éligibles. Voir MIFRS nº 37986 s.

B. Immobilisations corporelles/ contrats de location

69025 Pour les divergences portant sur les contrats de location « cachés », voir nº 69080, Divergence nº 63.

Pour les divergences portant sur les contrats de concession et partenariats public-privé (PPP), voir nº 69080, Divergence nº 65.

		Règles françaises	IFRS
10	Frais d'acquisition d'immobilisations	Dans les comptes individuels, deux méthodes de comptabilisation possibles : – à l'actif par incorporation dans le coût d'entrée de l'immobilisation (méthode de référence) ; – en charges de la période au cours de laquelle ils sont encourus. Dans les comptes consolidés, incorporation dans le coût d'entrée de l'immobilisation obligatoire. Voir MConso nº 3418 ; MC nº 26260	Activation obligatoire et comptabilisation dans le coût d'entrée des immobilisations. Voir MIFRS nº 30987

69025
(suite)

		Règles françaises	IFRS
11	Dépenses de gros entretien/révisions majeures	Deux méthodes de comptabilisation possibles, aucune ne constituant une méthode de référence : – constitution d'une provision pour gros entretien et grosses réparations anticipant les dépenses à venir qui seront, selon cette méthode, comptabilisées en charges ; – comptabilisation selon l'approche par composants. Voir MConso nº 3530 et 3357 ; MC nº 25750	Les provisions pour grosses réparations ne sont pas autorisées. L'approche par composant est obligatoire. Voir MIFRS nº 30989
12	Amortissements dérogatoires	Dans les comptes individuels, possibilité de comptabiliser des amortissements dérogatoires (en sus des amortissements économiques) au titre de la différence entre la durée d'utilisation et la durée d'amortissement fiscalement admise. Dans les comptes consolidés, seuls les amortissements économiques sont autorisés ; élimination obligatoire donc des amortissements dérogatoires. Voir MConso nº 3327 ; MC nº 27370 s.	Obligation d'amortir les actifs sur leur durée d'utilisation (durée d'utilité). Les amortissements dérogatoires sont donc interdits. Voir MIFRS nº 30993
13	Réévaluation des immobilisations corporelles	Autorisation de réévaluer de façon ponctuelle à condition que cette réévaluation porte sur l'ensemble des immobilisations corporelles (et des immobilisations financières). Voir MConso nº 3443 s. ; MC nº 56785 s.	La réévaluation est un choix de méthode comptable qui s'opère par catégorie d'immobilisation corporelle de manière permanente. Voir MIFRS nº 30991
		L'écart de réévaluation est comptabilisé, en présence de **plus-value latente** uniquement, dans un compte spécifique de capitaux propres. Une dépréciation sur une immobilisation réévaluée est à constater en résultat en cas de **moins-value latente**. Voir MC nº 56790	En cas de **plus-value latente**, comptabilisation de l'écart de réévaluation positif au sein des autres éléments du résultat global (OCI). En cas de **moins-value latente**, comptabilisation de l'écart de réévaluation négatif en résultat net de la période, après imputation préalable sur l'écart de réévaluation créditeur pour ce même actif. Voir MIFRS nº 30991
14	Contrats de location – Location-financement/ Crédit-bail	**Chez le preneur** Dans les comptes individuels, interdiction de comptabiliser à l'actif du bilan les contrats de crédit-bail (comptabilisation comme un contrat de location simple). Dans les comptes consolidés, inscription au bilan obligatoire des contrats de crédit-bail et contrats assimilés, sous forme d'une immobilisation et d'un emprunt correspondant.	**Chez le preneur** Pas de distinction entre location simple et location-financement. Retraitement obligatoire au bilan des contrats de location (y compris à la suite d'un regroupement d'entreprises), sauf exemptions (contrats de courte durée ou portant sur des actifs de faible valeur) permises par IFRS 16, avec constatation d'un actif (représentatif d'un droit d'utilisation de l'actif loué pendant la durée du contrat) et d'une dette (au titre de l'obligation de paiement des loyers). Voir MIFRS nº 32995 s.

		Règles françaises	IFRS
14	Contrats de location – Location-financement/ Crédit-bail *(suite)*	**Chez le bailleur** Dans les comptes individuels, comptabilisation en immobilisations des biens donnés en location ou en crédit-bail, même en cas de perte de contrôle. Dans les comptes consolidés, les contrats de crédit-bail et contrats assimilés doivent être obligatoirement retraités comme s'il s'agissait d'une vente à crédit, par décomptabilisation de l'immobilisation et enregistrement d'un prêt. Voir MConso nº 3376 s. ; MC nº 28455	**Chez le bailleur** Distinction entre location simple et location-financement. – En cas de location simple, voir Divergence nº 15 – En cas de location-financement, décomptabilisation de l'immobilisation louée et enregistrement d'une créance pour un montant égal à son investissement net dans le contrat de location. Voir MIFRS nº 33025 s.
15	Contrats de location – Location simple	Dans les comptes individuels comme dans les comptes consolidés, le bien reste comptabilisé à l'actif du bailleur. Interdiction de le comptabiliser à l'actif du preneur. **Chez le preneur** En général, enregistrement des loyers selon les échéances contractuelles (même en cas de franchise) mais possibilité de linéariser des loyers sur la durée du contrat. **Chez le bailleur** Pas de divergence avec les IFRS. Voir MC nº 15740, 15745 et 28455	**Chez le preneur** Voir Divergence nº 14 **Chez le bailleur** Au bilan, maintien de l'actif loué. Au compte de résultat, comptabilisation des loyers en produits de manière linéaire sur la durée du contrat (ou selon une autre base systématique si davantage représentative de la diminution de l'avantage retiré de l'utilisation de l'actif). Voir MIFRS nº 33029

C. Immeubles de placement

69030

		Règles françaises	IFRS
16	Evaluation des immeubles de placement au bilan	Seul le modèle du coût est autorisé pour valoriser les immeubles de placement, lesquels ne sont en outre pas distingués séparément des immobilisations corporelles au bilan. Sur les possibilités de réévaluation, voir Divergence nº 13. Voir MC nº 26170 s.	Deux modèles d'évaluation sont autorisés pour évaluer les immeubles de placement après leur comptabilisation initiale : le modèle du coût ou le modèle de la juste valeur. Une fois la méthode choisie, elle doit être appliquée à l'ensemble des immeubles de placement (sauf exception). Voir MIFRS nº 31991 s.

D. Immobilisations incorporelles

69035

		Règles françaises	IFRS
17	Frais de développement	Dans les comptes individuels, deux méthodes de comptabilisation possibles : – en immobilisations incorporelles (méthode de référence) ; – en charges de la période au cours de laquelle ils sont encourus. Dans les comptes consolidés, inscription obligatoire à l'actif dès lors que les critères requis sont remplis. Voir MConso nº 3415 ; MC nº 30285 et 30840 s.	Inscription obligatoire à l'actif dès lors que les critères requis sont remplis. Voir MIFRS nº 29973

		Règles françaises	IFRS
18	Frais d'établissement (frais de constitution, de transformation ou de premier établissement)	Dans les comptes individuels, deux méthodes de comptabilisation possibles : – en charges de la période au cours de laquelle ils sont encourus (méthode de référence) ; – en immobilisations incorporelles. Dans les comptes consolidés, obligatoirement en charges de la période au cours de laquelle ils sont encourus. Voir MConso nº 3403 ; MC nº 45110 s.	Obligatoirement en charges de la période au cours de laquelle ils sont encourus. Voir MIFRS nº 29962
19	Frais d'augmentation de capital, de fusion, de scission, d'apport	Dans les comptes individuels, trois méthodes de comptabilisation possibles : – imputés sur le montant des primes d'émission et de fusion ; – en charges de la période au cours de laquelle ils sont encourus ; – en immobilisations incorporelles. Dans les comptes consolidés, imputation obligatoire sur les primes d'émission de la société mère. Voir MConso nº 3413 ; MC nº 45150	Imputés sur le montant des primes d'émission et de fusion de la société mère ou en déduction des capitaux propres consolidés pour les autres sociétés du groupe. Voir MIFRS nº 44410
20	Frais d'acquisition d'immobilisations	Voir Divergence nº 10 Voir MConso nº 3418 ; MC nº 26260	Voir Divergence nº 10 Voir MIFRS nº 30055
21	Réévaluation des immobilisations incorporelles	Impossible. Voir MC nº 56785	Possibilité d'évaluer les immobilisations incorporelles selon la méthode de la réévaluation uniquement s'il existe un « marché actif » (rare en pratique). Cette méthode est alors appliquée à tous les actifs d'une même catégorie d'immobilisations incorporelles. Voir MIFRS nº 29980

E. Dépréciation des immobilisations

69040

		Règles françaises	IFRS
22	Méthodologie de dépréciation des immobilisations	Il n'y a pas de différence de définition entre la valeur recouvrable en IFRS et la valeur actuelle en règles françaises. Toutes deux désignent la plus élevée de la juste valeur diminuée des coûts de sortie et la valeur d'utilité (valeur d'usage en règles françaises). Concernant **la valeur d'usage**, celle-ci est calculée sur la base des flux futurs de trésorerie actualisés dont les modalités de détermination sont compatibles avec les IFRS mais restent moins précises. Le groupe d'actifs, au niveau duquel est réalisé le test de dépréciation, est déterminé en fonction du mode de gestion et de suivi des activités de l'entité (sans qu'il soit requis, comme en IFRS, d'identifier le plus petit groupe d'actifs générant des flux de trésorerie largement indépendants de ceux générés par d'autres actifs). Il peut en résulter des dépréciations moins systématiques et en général moins élevées qu'en IFRS. Voir MC nº 26915 et 27720 s.	**La valeur d'utilité** se calcule selon des règles précises qui définissent : – les flux futurs de trésorerie à actualiser ; – le regroupement des actifs au niveau duquel est réalisé le test de dépréciation (regroupés par unités génératrices de trésorerie selon des modalités précises, c'est-à-dire le plus petit groupe d'actifs générant des flux de trésorerie largement indépendants de ceux générés par d'autres actifs). Voir MIFRS nº 35955 s.

F. Impôts

69045

		Règles françaises	IFRS
23	Comptabilisation d'impôts différés actifs sur les différences temporelles déductibles	Dans les comptes individuels, non prévue par les règles françaises mais possible en pratique. Dans les comptes consolidés, obligatoire. Voir MConso nº 3644 s. ; MC nº 52950 s.	Obligatoire. Voir MIFRS nº 27474

Remarque S'agissant des impôts différés, sur les divergences en cas de regroupement d'entreprises, voir Divergence nº 81, nº 69100.

G. Stocks

69048

		Règles françaises	IFRS
24	Valorisation des stocks	Dans les comptes consolidés uniquement, les éléments fongibles de l'actif circulant peuvent être évalués en considérant que, pour chaque catégorie, le premier bien sorti est le dernier entré (Lifo – « Last in first out »). Dans les comptes individuels, cette méthode est interdite. Voir MConso nº 3473 ; MC nº 20810 s.	Les méthodes du Fifo (« First in first out ») ou du Cump (« Coût unitaire moyen pondéré ») sont autorisées. En revanche, la méthode du Lifo (« Last in first out ») est interdite. Voir MIFRS nº 34987 s.

III. Passifs non financiers

A. Provisions pour risques et charges

69050

		Règles françaises	IFRS
25	Actualisation	Possible lorsque l'effet de la valeur temps de l'argent est significatif mais non obligatoire (sauf exception). Voir MC nº 48310	Obligatoire lorsque l'effet de la valeur temps de l'argent est significatif. Voir MIFRS nº 39961
26	Comptabilisation des impôts et taxes non assis sur le résultat (non liés au personnel)	Deux méthodes de comptabilisation possibles : – comptabilisation des impôts et taxes en charges de l'exercice au cours duquel le fait générateur fiscal entraînant leur exigibilité est intervenu ; – provisionnement de ces impôts et taxes dès que la base sur laquelle ils sont assis est constatée en résultat. Voir MC nº 16240	Seule la première méthode décrite ci-contre en règles françaises est possible en IFRS. Voir MIFRS nº 40385

B. Avantages du personnel

69055

		Règles françaises	IFRS
27	Engagements de retraite et avantages similaires (indemnités de fin de carrière, pensions, prévoyance et assurance-vie postemploi, etc.)	Provision possible des engagements de retraite (méthode de référence dans les comptes individuels et dans les comptes consolidés) mais non obligatoire. Obligation de fournir une évaluation des engagements dans l'annexe lorsqu'ils ne sont pas provisionnés. Voir MConso n° 3504 s. ; MC n° 17705 s.	Obligation de provisionner en totalité ces engagements de retraite et avantages similaires. Voir MIFRS n° 27974 s.
28	Méthode d'évaluation des engagements	L'utilisation d'une méthode d'évaluation rétrospective actuarielle, en l'occurrence la méthode des unités de crédit projetées, avec salaire de fin de carrière (identique à l'évaluation en IFRS) est recommandée mais non obligatoire. Voir MC n° 17740	Obligation d'utiliser une méthode d'évaluation rétrospective actuarielle, en l'occurrence la méthode des unités de crédit projetées, avec salaire de fin de carrière. Voir MIFRS n° 27978 s.
29	Ecarts actuariels	Deux méthodes de comptabilisation possibles : – comptabilisation immédiate et en totalité en résultat de la période au cours de laquelle ils sont générés ; – comptabilisation étalée en résultat selon la méthode du corridor (ou toute autre méthode permettant de comptabiliser plus rapidement en résultat les écarts actuariels générés). Voir MC n° 17735 et 17805	Comptabilisation obligatoire, immédiatement et en totalité, des écarts actuariels générés sur une période, en autres éléments du résultat global (OCI). Voir MIFRS n° 28400 s.
30	Coût des services passés (droits non encore acquis)	Deux méthodes de comptabilisation possibles : – en résultat de manière étalée ; ou – immédiatement en résultat. Voir MC n° 17735 et 17825	Comptabilisation obligatoire immédiatement en résultat. Voir MIFRS n° 28511
31	Attribution des avantages aux périodes de service	Pour les régimes prévoyant le versement d'une indemnité au salarié, s'il est présent à la date de son départ en retraite, dont le montant dépend de l'ancienneté et est plafonné à un certain nombre d'années de services, deux méthodes possibles : – répartition linéaire des droits sur l'ensemble de la période d'emploi du salarié à compter de la date d'embauche ; – répartition linéaire de l'engagement sur les années de services précédant le départ en retraite, au titre desquelles le salarié génère un droit à l'avantage. Voir MConso n° 3514 ; MC n° 17735 s.	Pour les régimes décrits ci-contre, l'engagement doit être constitué de manière linéaire uniquement sur les années de services précédant le départ en retraite au titre desquelles le salarié génère un droit à l'avantage. L'approche alternative qui consiste à attribuer l'avantage à l'ensemble de la carrière du salarié (sans tenir compte du plafond de calcul de l'indemnité) n'est pas jugée acceptable. Voir MIFRS n° 28325

C. Impôts

69057

		Règles françaises	IFRS
32	Comptabilisation d'impôts différés passifs sur les différences temporelles imposables	Voir Divergence n° 23 Voir MConso n° 3644 s. ; MC n° 52950 s.	Voir Divergence n° 23 Voir MIFRS n° 27472

IV. Capitaux propres

69060

		Règles françaises	IFRS
33	Autres fonds propres	Existence d'une rubrique intermédiaire « Autres fonds propres » entre dettes et capitaux propres, qui permet de classer certains instruments financiers (titres participatifs, ORA classiques, TSDI non reconditionnés, etc.) [1]. Voir MConso n° 3476 s. ; MC n° 55100 s.	Absence de rubrique intermédiaire entre dettes et capitaux propres. Voir MIFRS n° 53967
34	Dettes financières vs Capitaux propres	Définition juridique des dettes et des capitaux propres. Voir MConso n° 3476 s. ; MC n° 55025 s.	Définition en substance des dettes et des capitaux propres (obligation de classer les instruments conformément à des critères précisément définis en IFRS, selon les caractéristiques des instruments). Voir MIFRS n° 44320 s.
		Les instruments financiers composés sont intégralement comptabilisés soit en « Dettes », soit en « Autres fonds propres ». Les dérivés incorporés des instruments financiers hybrides ne sont pas comptabilisés séparément de l'instrument hôte (voir Divergence n° 44). Voir MConso n° 3478 s. ; MC n° 55100 s.	Obligation de comptabiliser séparément la composante « Dette » de la composante « Capitaux propres » des instruments composés. Obligation d'analyser les instruments financiers hybrides et d'enregistrer séparément l'instrument hôte et le dérivé incorporé, dès lors que certaines conditions sont réunies (voir Divergence n° 44). Voir MIFRS n° 44390 s.

(1) Un groupe ad hoc à l'ANC travaille actuellement sur la définition des autres fonds propres (voir MC n° 55120).

V. Instruments financiers

A. Créances et dettes, prêts, emprunts et obligations (hors couverture)

69065

		Règles françaises	IFRS
35	Classification et évaluation des actifs financiers	Pour toutes les catégories de titres définies par le PCG (titres de participation non consolidés, titres immobilisés de l'activité de portefeuille, autres titres immobilisés et valeurs mobilières de placement), seules les moins-values affectent le résultat de l'exercice et doivent être comptabilisées sous forme d'une dépréciation au compte de résultat. Aucune compensation n'est, en principe, pratiquée avec les plus-values des titres en hausse, mais des exceptions peuvent concerner certaines catégories de titres (notamment les autres titres immobilisés et valeurs mobilières de placement). Voir MConso n° 2566 ; MC n° 36805	Evaluation initiale à la juste valeur. Evaluation ultérieure selon trois catégories comptables : – coût amorti ; – juste valeur en contrepartie des autres éléments du résultat global (« Other Comprehensive Income »/OCI), recyclables ou non en résultat, selon les cas ; – juste valeur en contrepartie du résultat. La classification des actifs financiers dans une de ces catégories comptables est fonction de leur nature (instrument de dette ou instrument de capitaux propres) et, pour les instruments de dette, du modèle de gestion (« Business Model ») qui s'applique et des caractéristiques des flux de trésorerie contractuels (critère SPPI, « Solely Payments of Principal and Interests »). Voir MIFRS n° 45080
36	Dépréciation pour risque de crédit (prêts et créances commerciales)	En pratique, le modèle de reconnaissance de dépréciation est en général basé sur les pertes de crédit avérées. Selon ce modèle, les actifs financiers ne feront l'objet d'une dépréciation que s'il existe une indication objective de perte liée à un événement intervenu avant la date de clôture. Voir MC n° 11340	Modèle de reconnaissance de dépréciation basé sur les pertes de crédit attendues. Selon ce modèle, les actifs financiers ainsi que certains éléments hors bilan (engagements de financement et garanties données) font l'objet d'une dépréciation dès leur comptabilisation initiale. Voir MIFRS n° 47050 s.
37	Evaluation initiale des passifs financiers	Au coût amorti, sur la base de l'échéancier contractuel. Voir MC n° 40090 s.	A la juste valeur. Voir MIFRS n° 46080
38	Evaluation ultérieure des passifs financiers	Au coût amorti pendant toute la durée du contrat, sur la base de l'échéancier contractuel. Voir MC n° 40940 s.	Après la comptabilisation initiale, évaluation de tous les passifs financiers au coût amorti en utilisant la méthode du TIE « taux d'intérêt effectif » (indépendamment de l'échéancier contractuel), sauf : – les passifs financiers à la juste valeur par résultat (sur option ou pas) ; et – certains cas particuliers (par exemple, garanties financières données). Voir MIFRS n° 46050
39	Intérêts liés	En charges de la période conformément au plan d'amortissement contractuel. Voir MC n° 40970	Etalés sur la durée de vie de l'instrument selon la méthode du TIE. Voir MIFRS n° 46770

69065
(suite)

		Règles françaises	IFRS
40	Frais d'émission d'emprunt	Dans les comptes individuels, deux méthodes de comptabilisation possibles : – soit inscrits à l'actif et répartis sur la durée de l'emprunt ; – soit maintenus en charges pour la totalité dans l'exercice où ils sont exposés. Dans les comptes consolidés, obligatoirement inscrits à l'actif et étalés sur la durée de l'emprunt. Voir MConso n° 3391 s. ; MC n° 41020	Déduits de la juste valeur initiale de la dette et étalés sur la durée de vie de l'instrument selon la méthode du TIE, si la dette est évaluée au coût amorti. Enregistrés immédiatement en résultat, si la dette est évaluée à la juste valeur par résultat. Voir MIFRS n° 46800
41	Décomptabilisation des actifs financiers	Sortie du bilan si transfert juridique de propriété (par exemple via une cession Dailly) sans nécessité d'une analyse du transfert des risques et avantages. Voir MC n° 40800 s.	Décomptabilisation en fonction de critères spécifiques (incluant le transfert de la quasi-totalité des risques et avantages). La décomptabilisation ne dépend donc pas uniquement du transfert de la propriété juridique de l'instrument. Dans certaines situations, le cédant maintient au bilan les actifs transférés à hauteur de son implication (« continuing involvement »). Voir MIFRS n° 48020 s.
42	Gains latents de change	Interdiction de les comptabiliser en résultat dans les comptes individuels et dans les comptes consolidés. Dans le cas particulier de la comptabilité de couverture, voir n° 69075. Voir MConso n° 3346 ; MC n° 40390	Comptabilisation obligatoire en résultat. Voir MIFRS n° 13017
43	Actualisation	Possible lorsque l'effet temps est significatif, mais non obligatoire. Voir MC n° 40190 s.	Obligatoire, sauf si l'effet temps n'est pas significatif. Voir MIFRS n° 46770

B. Instruments financiers dérivés (hors couverture)

69070

		Règles françaises	IFRS
44	Dérivés incorporés	Pas d'identification séparée des dérivés incorporés. Voir MC n° 41255 s.	Les passifs financiers qui correspondent à des contrats hybrides, c'est-à-dire constitués d'un contrat hôte (dette) et d'un dérivé incorporé, doivent faire l'objet d'une analyse pour déterminer si le dérivé incorporé doit être bifurqué, c'est-à-dire séparé du contrat hôte, ou non. Le dérivé incorporé est ainsi bifurqué, s'il remplit les trois conditions cumulatives suivantes : – les caractéristiques économiques et les risques du dérivé incorporé ne sont pas étroitement liés aux caractéristiques économiques et aux risques du contrat hôte ; – un instrument séparé ayant les mêmes caractéristiques que le dérivé incorporé répondrait à la définition d'un dérivé ; – l'instrument hybride n'est pas lui-même évalué à la juste valeur par résultat. S'il doit être bifurqué, le dérivé est enregistré à la juste valeur par résultat. Dans le cas où la juste valeur du dérivé incorporé ne peut être définie indépendamment du reste du contrat, tout le passif doit être enregistré à la juste valeur par résultat. **Remarque** Ces dispositions s'appliquent à tous les dérivés incorporés dans des contrats hybrides sauf si l'hôte est un actif financier, c'est-à-dire l'hôte peut être un actif/passif non financier ou un passif financier. Voir MIFRS n° 48510 s.
45	Variations de valeurs	– Provision en cas de moins-value latente. – Pas de comptabilisation des plus-values latentes en résultat. Dans le cas particulier de la comptabilité de couverture, voir n° 69075. Voir MC n° 42125	Intégralité des variations de juste valeur en résultat. Dans le cas particulier de la comptabilité de couverture, voir n° 69075. Voir MIFRS n° 48580

C. Comptabilité de couverture

69075

Remarque Les sociétés qui appliquent déjà les IFRS sont tenues, depuis le 1er janvier 2018, de faire le choix soit d'appliquer le dispositif relatif à la comptabilité de couverture d'IFRS 9, tel que présenté ci-après, de façon irrévocable, soit de continuer d'appliquer celui d'IAS 39 (en ce sens, voir n° 49060).

L'identification des divergences entre les deux référentiels (français et IFRS) décrites ci-après est faite **par rapport aux dispositions de la norme IFRS 9.**

		Règles françaises	IFRS
46	Application de la comptabilité de couverture	Obligatoire dès lors qu'une relation de couverture existe en gestion. Voir MC n° 41565	Optionnelle, prospective et dûment documentée. Voir MIFRS n° 49050

69075
(suite)

		Règles françaises	IFRS
47	Conditions d'efficacité de la couverture	Pas de degré d'efficacité minimal requis. Toutefois, si l'inefficacité devient significative en cours de couverture, elle peut être de nature à remettre en cause la relation de couverture. Voir MC n° 41770	L'analyse de l'efficacité repose sur les critères qualitatifs suivants : – il existe un lien économique entre l'élément couvert et l'instrument de couverture ; – l'effet du risque de crédit n'est pas l'élément dominant dans les variations de valeur qui résultent de cette relation économique ; et – le ratio de couverture entre l'élément couvert et l'instrument de couverture est approprié, c'est-à-dire qu'il n'existe pas de déséquilibre entre les poids de l'élément couvert et de l'instrument de couverture qui pourrait créer de l'inefficacité aboutissant à des impacts comptables incohérents avec l'objectif de comptabilité de couverture. Voir MIFRS n° 49110
48	Ventes d'option et couvertures optimisées	Qualifiables en tant qu'instruments de couverture à condition qu'elles ne fassent pas prendre de risque supplémentaire. Voir MC n° 41615	Non qualifiables en tant qu'instruments de couverture, à moins d'être désignées comme compensant une option achetée. Voir MIFRS n° 49630
49	Types de couverture	Application des mêmes principes pour toutes les couvertures : – prééminence du mode de comptabilisation de l'élément couvert ; – enregistrement symétrique des effets de l'instrument de couverture et du résultat réalisé sur l'élément couvert. Voir MC n° 41735	Il existe trois types de couvertures : – fair value hedge (FVH) ; – cash-flow hedge (CFH) ; – net investment hedge (NIH). Voir MIFRS n° 49080
50	Couvertures d'un actif ou d'un passif existant : – risque de change d'une créance ou d'une dette ; – risque de prix d'une marchandise détenue	L'élément couvert continue à être comptabilisé selon les règles qui lui sont propres (avec prise en compte, le cas échéant, de la couverture pour déterminer les dépréciations correspondantes). L'instrument dérivé de couverture n'est généralement pas comptabilisé au bilan (engagement hors bilan), sauf : – en cas d'appels de marge ; – si le résultat sur l'élément couvert est lui-même réalisé. L'instrument non dérivé de couverture (créance ou dette) est réévalué au bilan à la clôture. Les écarts se compensent au bilan avec les écarts constatés sur les créances/dettes couvertes. La perte latente résiduelle, le cas échéant, est constatée en résultat. Les variations de valeur de l'instrument de couverture (hors prime ou report/déport, voir Divergence n° 53) sont comptabilisées en résultat en même temps que l'élément couvert. Les pertes et gains réalisés sur instruments de couverture peuvent ainsi être différés si le résultat sur l'élément couvert n'est toujours pas réalisé. Voir MC n° 41765	Principes de la « fair value hedge » (FVH) : – l'élément couvert et l'instrument de couverture sont comptabilisés au bilan à leur juste valeur ; – les variations de juste valeur de l'élément couvert et de l'instrument de couverture sont entièrement comptabilisées en résultat à la clôture. Elles se compensent en résultat pour la part efficace de la couverture. Sur la valeur temps des options et report/déport des dérivés à terme, voir Divergence n° 53. Voir MIFRS n° 49330

		Règles françaises	IFRS
51	Couverture d'une commande ferme	Voir Divergence n° 52.	Choix de méthode comptable : FVH ou CFH. Voir Divergences n° 50 et 52 respectivement.
52	Couvertures de flux de trésorerie : – risque de taux d'intérêt variable d'un instrument financier comptabilisé ; – risque de change d'un budget d'achats ou de ventes ; – risque de prix d'une marchandise lors d'une transaction future	L'élément couvert ne fait l'objet d'aucune écriture comptable spécifique à la couverture. Sur l'instrument de couverture et ses variations de valeur, voir Divergence n° 50. Voir MC n° 41765	Principes du « cash-flow hedge » (CFH) : – l'élément couvert ne fait l'objet d'aucune écriture comptable spécifique à la couverture ; – l'instrument de couverture est comptabilisé au bilan à sa juste valeur ; – la partie du profit ou de la perte sur l'instrument de couverture qui est considérée comme constituant une couverture efficace doit être comptabilisée en autres éléments du résultat global (OCI) ; dans certains cas, le montant ainsi accumulé dans la réserve de couverture de flux de trésorerie est recyclé en résultat lorsque les flux de trésorerie prévus couverts impactent le résultat net ; – tout profit ou perte résiduel(le) sur l'instrument de couverture représente une inefficacité de la couverture et doit être comptabilisé(e) en résultat net. Sur la valeur temps des options et report/déport des dérivés à terme, voir Divergence n° 53. Voir MIFRS n° 49340
53	Valeur temps des options et report/déport des contrats à terme fermes	La valeur temps d'une option et le report/déport d'un contrat à terme ferme sont, sur option : – soit étalés dans le compte de résultat sur la période de couverture (sauf le report/déport des dérivés sur matières premières) ; – soit constatés en résultat symétriquement au résultat de l'élément couvert (sauf le report/déport des dérivés à terme de change en cas de couverture de créances ou dettes en devises). Voir MC n° 41800 à 41825	S'ils ne sont pas désignés dans la relation de couverture (couverture de juste valeur ou couverture de flux de trésorerie) : – les variations de valeur de la valeur temps d'une option ou du report/déport sont comptabilisées en autres éléments du résultat global (OCI) ; – elles font l'objet d'un recyclage en résultat symétriquement à l'élément couvert. Voir MIFRS n° 49690

VI. Produits et charges

A. Produits des activités ordinaires

Remarque L'ANC a engagé depuis septembre 2016 des travaux de revue des règles comptables françaises relatives à la reconnaissance du chiffre d'affaires (voir Mémento Comptes consolidés n° 1180). A ce titre, les divergences ci-après sont susceptibles d'évoluer au cours des prochaines années. 69080

69080
(suite)

		Règles françaises	IFRS
54	Incertitude sur le prix de vente final	Un produit variable n'est pas certain à la date de clôture même s'il peut être probable. Les produits probables (à l'inverse des charges probables) ne peuvent pas être comptabilisés (même si le produit probable est devenu certain post-clôture). Si une partie seulement du produit est incertaine, seule cette partie n'est pas comptabilisée. Voir MC n° 10350, 10505 et 32155	L'entité doit estimer les « contreparties variables » et plafonner le montant reconnu en revenu à hauteur du montant pour lequel il est hautement probable que le revenu ne sera pas ultérieurement ajusté à la baisse au moment de la résolution des incertitudes. Voir MIFRS n° 25200
55	Contrats à éléments multiples	La notion de contrat à éléments multiples n'est pas définie en règles françaises. En pratique, lorsque plusieurs prestations sont identifiées (selon des critères actuellement proposés par la doctrine de la CNCC), la comptabilisation des produits correspond à la ventilation des prix des différents biens et prestations prévus dans le contrat. En l'absence de ventilation dans le contrat. le produit est constaté à la date du fait générateur de la prestation globale. Si une prestation (ou vente de bien) principale et une prestation accessoire ont pu être identifiées, le produit est constaté à la date du fait générateur de la prestation (ou vente de bien) principale et une provision pour prestations à fournir est constatée. Voir MC n° 11155	La norme IFRS 15 prévoit des règles particulières pour identifier les éléments à reconnaître séparément en revenu – ces éléments sont appelés « obligations de performance » (OP) – et pour allouer le prix total du contrat à chacune des obligations de performance identifiées. En pratique, l'allocation peut aboutir à reconnaître, pour un élément donné, un montant différent du prix spécifié dans le contrat et facturable au titre de cet élément (exemple d'un smartphone combiné avec un abonnement téléphonique). Voir MIFRS n° 24988 et 24990
56	Paiements différés ou étalés et paiements d'avance	En l'absence de règle spécifique, et compte tenu du principe général du nominalisme, les produits sont, en général, comptabilisés pour la valeur nominale du prix convenu entre les parties. Voir MC n° 3550, 10485 et 40195	En cas de décalage significatif entre date de paiement du client et date de transfert des biens ou services, il peut être nécessaire d'identifier une « composante de financement significatif » dans le contrat, conduisant à retraiter le revenu et à comptabiliser des charges financières (si l'entité a bénéficié d'un financement du client) ou des produits financiers (si l'entité a accordé un financement au client). Voir MIFRS n° 25210
57	Revente de biens et services – opérations faites pour le compte de tiers	Lorsque l'entreprise agit comme : – mandataire au nom du tiers, les opérations sont comptabilisées au bilan et seule la rémunération du mandataire est comptabilisée en résultat ; – intermédiaire en son nom seul, les opérations sont comptabilisées selon leur nature en produits et en charges. Voir MC n° 73300 s.	Lorsque l'entité revend des biens ou services provenant de tiers, elle doit déterminer si, en substance, elle agit comme principal ou comme agent dans la transaction. Dans le second cas, elle doit présenter au compte de résultat, sur une base nette, les montants payables aux fournisseurs et facturables au client. Voir MIFRS n° 25600
58	Recouvrabilité	Possibilité de comptabiliser un produit dont le recouvrement n'est pas probable à la date de réalisation de l'opération. Voir MC n° 10350	Interdiction de comptabiliser un produit dont le recouvrement n'est pas probable à la date de réalisation de l'opération. Voir MIFRS n° 25010

69080 (suite)

		Règles françaises	IFRS
59	Escomptes accordés en cas de paiement anticipé	En charges financières. Voir MC n° 43030	En déduction du chiffre d'affaires. Voir MIFRS n° 25220
60	Cas d'application de la méthode à l'avancement	La méthode à l'avancement peut être retenue pour les contrats à long terme mais sans constituer une méthode de référence. Il en est de même dans les comptes consolidés. Elle est également retenue pour les prestations continues ou discontinues à échéances successives. Voir MConso n° 3520 ; MC n° 10575 s. et 10760 s.	Selon IFRS 15, la notion de contrat de construction ou de contrat à long terme n'existe plus. IFRS 15.35 définit une grille unique de trois critères applicable à tous les types de biens ou services. La méthode de l'avancement doit être appliquée dans tous les cas où au moins l'un des trois critères est rempli. Si aucun critère n'est rempli, le revenu doit obligatoirement être reconnu à une date donnée. Voir MIFRS n° 25400
61	Modalités de mesure de l'avancement – méthode des jalons techniques (« milestones »)	Dans le cadre des contrats à long terme, le pourcentage d'avancement est déterminé en utilisant la méthode qui mesure, de la manière la plus fiable, les travaux exécutés et acceptés. Peuvent être retenues selon le PCG : – soit la mesure par les coûts ; – soit la mesure par les jalons techniques (« milestones »). Voir MC n° 10840	La mesure de l'avancement sur la base de la méthode des jalons techniques ou « milestones » n'est pas autorisée s'il existe des travaux significatifs exécutés entre deux jalons ou « milestones ». Voir MIFRS n° 25430
62	Contrats de maintenance d'équipements et « lissage de marge »	En pratique : – le chiffre d'affaires est reconnu à l'avancement par les produits (en général linéairement) ; et – les charges sont rattachées aux produits par le biais d'une provision (prévue par l'avis CNC n° 2000-01). Voir MC n° 10625	Si le profil des coûts d'exécution du contrat n'est pas linéaire (par exemple à cause de grosses révisions prévisibles) la mesure de l'avancement devra refléter le profil des coûts. IFRS 15 ne permet pas de différer ou de provisionner les coûts d'exécution du contrat dans le seul but de normaliser la marge du contrat. Voir MIFRS n° 25420 et 25720
63	Contrats de location « cachés »	Contrats traités comptablement selon leur forme juridique, pas d'obligation d'identification de contrats de location cachés dans un contrat de vente de biens ou services. Voir MC n° 10000 s.	Obligation d'identifier un droit d'utilisation d'un actif qui n'aurait pas la forme juridique d'un contrat de location, mais qui serait incorporé dans un contrat de fourniture de biens ou de prestation de services. Comptabilisation séparée comme un contrat de location. Voir MIFRS n° 32978 s.
64	Date de reconnaissance du revenu (vente de biens)	En pratique, pour des raisons juridiques et fiscales, les ventes de biens sont comptabilisées en résultat au transfert de propriété. En cas de vente avec accord de rachat constituant une modalité de financement (absence de transfert de contrôle), le chiffre d'affaires est comptabilisé au transfert de propriété mais, à notre avis, la plus-value est retraitée. Voir MC n° 10360, 10700 et 11070	La date de reconnaissance du revenu est fondée sur la date de transfert du contrôle de l'actif. Le transfert de propriété n'est qu'un indicateur parmi d'autres pour définir la date de transfert du contrôle. Voir MIFRS n° 25410

69080
(suite)

		Règles françaises	IFRS
65	Contrats de concession et Partenariats public-privé (PPP)	**Contrats de concession** Les biens mis en concession par le concédant et le concessionnaire sont toujours inscrits à l'actif du concessionnaire en tant qu'immobilisations. Les contrats de concession ne sont pas comptabilisés comme des contrats à long terme. **Partenariats public-privé (PPP)** En l'absence de règle spécifique, deux approches sont, en pratique, envisageables : – soit l'opérateur comptabilise l'ouvrage en immobilisation : les produits et les charges ne sont constatés en résultat que pendant la phase d'exploitation (selon une approche contrat à long terme) ; – soit l'opérateur comptabilise l'ouvrage comme un contrat à long terme pendant la période de construction, puis en créance : le chiffre d'affaires et le résultat sont reconnus en partie au cours de la phase de construction (à l'avancement ou à l'achèvement) et en partie au cours de la phase d'exploitation. Voir MC n° 72245 s. et 72865	Les principes relatifs aux contrats de concession (IFRIC 12) sont applicables si le concédant régule la nature et le prix du service et contrôle tout intérêt résiduel dans l'infrastructure. Ces principes conduisent à : – ne pas comptabiliser les biens mis en concession en immobilisations corporelles du concessionnaire ; – reconnaître le revenu au titre des travaux de construction ou d'amélioration de l'infrastructure concédée, en contrepartie de la comptabilisation d'un actif incorporel ou financier (selon que le concessionnaire porte ou non le risque de demande relatif à l'utilisation de l'infrastructure par les usagers). Voir MIFRS n° 38981 s.
66	Programmes de fidélité	En général, les droits et avantages accordés à l'occasion de la vente initiale donnent lieu à la comptabilisation d'une provision (et, dans certains cas, à la comptabilisation d'un produit constaté d'avance). Voir MC n° 11600	Les ventes de produits ou services assorties de points de fidélité doivent systématiquement donner lieu à comptabilisation d'un revenu différé correspondant à la valeur des droits accordés aux clients d'obtenir dans le futur des biens ou services gratuits ou à prix préférentiels. Voir MIFRS n° 25810 et 25830
67	Licences	Il convient, à notre avis, de distinguer les produits de licences qui correspondent : – à une véritable cession d'actif qui entraîne la comptabilisation immédiate en produit des redevances, perçues et à percevoir ; – à la concession d'actif dans laquelle le concédant conserve des obligations, même implicites (entretien d'une marque, maintien d'une technologie, etc.). Dans ce cas, le produit des redevances doit être étalé sur la durée de la concession. Voir MC n° 10605 et 12135	La reconnaissance du revenu sur des licences est déterminée par leur nature et non par leur durée. En pratique, les licences portant sur un contenu fonctionnel (software, technologie, media) sont reconnues à une date donnée et les licences de marque sont reconnues de façon étalée. Voir MIFRS n° 25510

		Règles françaises	IFRS
68	Commissions sur ventes (encourues pour obtenir un contrat)	En l'absence de règle spécifique, les commissions sur ventes peuvent, à notre avis, être comptabilisées : – soit directement en charges (développement de l'activité) ; – soit en immobilisations incorporelles (coût accessoire d'un droit contractuel à bénéficier des avantages liés au contrat) ou en charges constatées d'avance (notamment lorsque les coûts sont directement payés au client). Ces coûts sont alors constatés en résultat sur la durée du contrat. Voir MC n° 30605	Obligation de capitaliser les coûts de commissions encourus pour obtenir un contrat client et de les amortir au rythme où sont transférés les biens et services au client. Capitalisation optionnelle si la durée d'amortissement est inférieure à douze mois. Voir MIFRS n° 25700

B. Subventions publiques

69085

		Règles françaises	IFRS
69	Comptabilisation des subventions d'investissement	Interdiction de les comptabiliser en moins de l'actif. Aussi bien dans les comptes individuels que dans les comptes consolidés, elles sont en général comptabilisées au passif (capitaux propres) et reprises en résultat au rythme des amortissements des immobilisations qu'elles financent. Autrement, elles peuvent être prises en compte immédiatement en produit. Voir MConso n° 3942 s. ; MC n° 56440 s.	Les subventions publiques liées à des actifs peuvent être présentées soit en produits différés, soit en déduction de la valeur de l'actif. Voir MIFRS n° 39518

C. Paiement en actions

69090

		Règles françaises	IFRS
70	Paiement en actions	En cas d'attribution aux salariés d'options de souscription d'actions ou de nouvelles actions émises, aucune charge n'est comptabilisée. En cas d'attribution d'options d'achat, une provision est constituée pour la moins-value probable égale à la différence entre : – le coût d'entrée des actions à la date de leur affectation au plan ou le coût probable de leur rachat évalué à la date de clôture ; – et le prix d'exercice de l'option. En cas d'attribution d'actions existantes, seule la moins-value latente entre la valeur nette comptable des titres et le prix d'attribution est provisionnée. Voir MC n° 55770 et 55875	Obligation de reconnaître une charge pour toutes transactions payées en actions (plans de stock-options, attributions gratuites d'actions, etc.) reflétant la juste valeur du coût des services rendus. Voir MIFRS n° 28955 s.

VII. Périmètre de consolidation

69095

		Règles françaises	IFRS
71	Définition du contrôle exclusif	Le contrôle exclusif est défini comme le pouvoir de diriger les politiques financière et opérationnelle d'une entité afin de tirer avantage de ses activités. Le contrôle de droit résulte de la détention de la majorité des droits de vote. Le contrôle contractuel (entités ad hoc) résulte d'une influence dominante exercée en vertu d'un contrat ou de clauses statutaires. Voir MConso n° 2019 s.	Une définition unique du contrôle qui s'applique tant aux sociétés classiques qu'aux entités structurées (entités ad hoc). Un investisseur contrôle une entité s'il détient cumulativement : – le pouvoir sur cette entité ; – une exposition ou des droits aux rendements variables de cette entité ; et – la capacité d'agir sur ces rendements, c'est-à-dire qu'il existe un lien entre les rendements et le pouvoir. Voir MIFRS n° 15010 s.
72	Exclusion du périmètre de consolidation	Cas rares d'exclusion du périmètre de consolidation des entités au seul motif que des restrictions sévères et durables remettent en cause leur capacité à transférer des fonds au sein du groupe. Voir MConso n° 2027-1 et 2527 s.	Impossibilité d'exclure du périmètre des entités au seul motif que des restrictions sévères et durables remettent en cause leur capacité à transférer des fonds au sein du groupe. En outre, application stricte des critères de contrôle aux entités structurées. Voir MIFRS n° 15010 s.
73	Appréciation des droits de vote potentiels	Pas de prise en compte des droits de vote potentiels dans la détermination du pourcentage de contrôle. Voir MConso n° 2070 s.	L'appréciation du pouvoir doit prendre en compte le caractère substantif de l'ensemble des droits y compris des droits de vote potentiels. Voir MIFRS n° 15016
74	Contrôle de fait	Le contrôle de fait par l'entité consolidante peut être : – présumé par la détention pendant deux exercices successifs de plus de 40 % des droits de vote et le fait qu'aucun autre actionnaire n'en détienne une fraction supérieure ; ou – démontré lorsqu'elle désigne pendant deux exercices consécutifs la majorité des membres des organes d'administration, de direction ou de surveillance. Voir MConso n° 2030 s.	Aucune présomption, le contrôle doit être apprécié au cas par cas. Le contrôle peut être démontré en analysant les faits et circonstances, tels que le nombre de droits de vote détenus par rapport au total des droits et à leur dispersion, les droits de vote potentiels détenus par l'investisseur par rapport à ceux détenus par les autres parties, les droits découlant d'autres accords contractuels ou encore tout autre fait et circonstance indiquant la capacité ou non de diriger les activités pertinentes au moment où les décisions doivent être prises. Voir MIFRS n° 15155

VIII. Regroupements d'entreprises, consolidation des filiales et des partenariats

A. Regroupements d'entreprises et consolidation des filiales

69100

		Règles françaises	IFRS
75	Regroupement d'entreprises / Prise de contrôle d'une activité	La notion de regroupement d'entreprises n'est pas définie en tant que telle. Toutefois, une entrée dans le périmètre de consolidation résulte de la prise de contrôle d'une entité, quelles que soient les modalités juridiques de l'opération (par exemple, l'acquisition d'une branche autonome d'activité ; voir MConso nº 5011-1). Tous les regroupements d'entreprises doivent être comptabilisés selon la méthode générale de la comptabilité d'acquisition (dont les modalités sont assez similaires à la méthode de l'acquisition en IFRS), sauf dérogations possibles notamment pour : – la méthode optionnelle applicable à certaines opérations entre entités sous contrôle commun [1] (voir Divergence nº 79) ; – les restructurations internes (voir MConso nº 5015-1). Voir MConso nº 5001 s.	Un regroupement d'entreprises désigne une transaction permettant de prendre le contrôle d'une activité. Tous les regroupements d'entreprises, sauf rares exceptions, notamment les regroupements sous contrôle commun (voir MIFRS nº 21500), doivent être comptabilisés selon la méthode de l'acquisition. L'application de cette méthode implique différentes étapes de mise en œuvre : identification de l'acquéreur, détermination de la date d'acquisition, comptabilisation et évaluation des actifs acquis et passifs assumés identifiables, etc. Voir MIFRS nº 21470 et 21550 s.
76	Identification d'un regroupement d'entreprises / Notion d'activité (« business »)	L'activité est définie par la doctrine comme une branche autonome, c'est-à-dire une division d'une entité qui constitue, du point de vue de l'organisation, une exploitation autonome, c'est-à-dire un ensemble capable de fonctionner par ses propres moyens. Voir MConso nº 5011-1	Une activité est un ensemble intégré d'opérations et d'actifs susceptible d'être géré en vue de fournir des biens ou services à des clients, de produire des revenus de placement (tels que des dividendes ou des intérêts) ou de tirer d'autres produits d'activités ordinaires. Voir MIFRS nº 21470 et 21490 s.
77	Reconnaissance du goodwill	Méthode du goodwill partiel obligatoire. Voir MConso nº 5166	Méthode du goodwill partiel ou méthode du goodwill complet (comme si l'acquisition était de 100 %), le choix étant effectué pour chaque acquisition. Voir MIFRS nº 21365 s.
78	Valeur d'entrée des actifs et passifs identifiables acquis	Prix que l'entité acquéreuse aurait accepté de payer si elle avait acquis les actifs et passifs identifiés séparément. La valeur d'entrée ainsi définie doit être déterminée, pour un actif, sur la base de son utilisation telle qu'envisagée par l'acquéreur. Voir MConso nº 5122 s.	Prix qui serait reçu pour la vente d'un actif ou payé lors du transfert d'un passif dans une transaction normale entre des intervenants de marché. La juste valeur ainsi définie doit être déterminée, pour un actif, sur la base de l'utilisation optimale qu'en feraient d'autres intervenants de marché. Voir MIFRS nº 22030 et 22035

69100 (suite)

		Règles françaises	IFRS
79	Possibilité de comptabiliser les actifs acquis et les passifs assumés à la valeur nette comptable en cas de regroupement d'entreprises sous contrôle commun	Uniquement pour les regroupements d'entreprises réalisés entre entités sous contrôle commun et rémunérés principalement par émission de titres. Choix opération par opération. Voir MConso nº 5409 s. et 5621 s.	Pour tous les regroupements d'entreprises sous contrôle commun. Il n'est donc pas nécessaire en IFRS que le regroupement d'entreprises soit rémunéré par émission de titres. Choix de méthode comptable, pour tous les regroupements sous contrôle commun. Voir MIFRS nº 23210 et 23220
80	Frais d'acquisition engagés lors d'un regroupement d'entreprises	Obligatoirement inclus dans le coût d'acquisition pour leur montant net d'impôt. Voir MConso nº 5060 et 5062	Obligatoirement en charges de la période au cours de laquelle ils sont encourus (à l'exception de certains frais d'émission d'instruments de capitaux propres et coûts liés aux dettes financières). Voir MIFRS nº 21360
81	Impôts différés passifs sur actifs incorporels non amortis ne pouvant être cédés séparément de l'entreprise acquise (marques, brevets, etc.)	Pas de reconnaissance à l'acquisition. Voir MConso nº 7526	Obligation de les reconnaître à l'acquisition, aucune exception n'étant prévue à leur reconnaissance selon les normes IAS 12 et IFRS 3. Voir MIFRS nº 21965 et 27580
82	Goodwill négatif (ou badwill)	Constaté en provision pour risques et charges et repris en résultat ; – soit de manière étalée ; – soit immédiatement s'il s'agit d'une acquisition effectuée dans des conditions avantageuses. Voir MConso nº 5200 s.	Obligatoirement en résultat de l'exercice au cours duquel a eu lieu l'acquisition. Voir MIFRS nº 21365
83	Période d'affectation pour identifier les actifs et passifs acquis ou corriger les valeurs qui leur sont initialement attribuées, ainsi qu'au goodwill	Jusqu'à la fin de l'exercice suivant celui au cours duquel l'acquisition a eu lieu. Voir MConso nº 5117 s.	Douze mois à compter de la date d'acquisition. Voir MIFRS nº 21368
84	Amortissement du goodwill	L'écart d'acquisition positif : – dont la durée d'utilisation est non limitée, n'est pas amorti (en revanche, il fait l'objet d'un test de dépréciation au moins une fois par exercice) ; – dont la durée d'utilisation est limitée, est amorti linéairement sur cette durée. Exceptionnellement, lorsque la durée d'utilisation est limitée mais ne peut être estimée de façon fiable, une durée de 10 ans est retenue par défaut. Voir MConso nº 5188 s.	Interdiction d'amortir le goodwill, celui-ci étant soumis chaque année à un test de dépréciation. Voir MIFRS nº 21366
85	Puts sur intérêts minoritaires	Engagements hors bilan. Voir MConso nº 7526	Obligatoirement comptabilisés en dettes au bilan. Voir MIFRS nº 24300 s.

		Règles françaises	IFRS
86	Acquisition par étapes lorsque le contrôle est obtenu	Réévaluation de la quote-part antérieurement détenue à la date de prise de contrôle. Impact de cette réévaluation imputé sur l'écart d'acquisition. Voir MConso n° 5218 s.	Réévaluation de la quote-part antérieurement détenue en date d'acquisition. Dégagement d'une plus ou moins-value au compte de résultat lors de la réévaluation. Voir MIFRS n° 23659 s.
87	Vente partielle d'intérêts dans une filiale résultant en une perte de contrôle exclusif	Dégagement d'une plus ou moins-value uniquement sur la part cédée. Voir MConso n° 6501 s.	Dégagement d'une plus ou moins-value au compte de résultat sur la totalité de la part détenue avant la perte de contrôle (part cédée et part conservée). Comptabilisation de la nouvelle part détenue évaluée à la juste valeur. Voir MIFRS n° 23661
88	Cession partielle de titres ou dilution sans perte de contrôle exclusif	Constatation en résultat de la plus ou moins-value dégagée sur la part cédée. Voir MConso n° 6047 et 6585	Comptabilisation de l'écart entre le prix de cession des titres et la quote-part de capitaux propres consolidés en Capitaux propres – Part du groupe sans impact sur le résultat conformément à l'approche de « l'entité économique ». Voir MIFRS n° 23820

(1) Un groupe de travail ad hoc à l'ANC mène des réflexions sur la possibilité d'élargir le champ d'application de la méthode optionnelle.

B. Consolidation des partenariats

69105

		Règles françaises	IFRS
89	Consolidation des partenariats / des entités sous contrôle conjoint	Le contrôle conjoint suppose l'existence de deux éléments essentiels : – le partage du contrôle par un nombre limité d'actionnaires ou d'associés ; – et un accord contractuel. Il n'y a pas de distinction entre les joint ventures et les joint operations. Les entités contrôlées conjointement sont obligatoirement consolidées par intégration proportionnelle. Voir MConso n° 2042 s. et 4244 s.	Distinction entre deux catégories de partenariats : – les joint ventures ; et – les joint operations. Mode de comptabilisation différent : – pour les joint ventures, comptabilisation selon la méthode de la mise en équivalence ; – pour les joint operations, comptabilisation des intérêts dans l'activité conjointe : • les actifs, y compris la quote-part des actifs détenus conjointement, le cas échéant, • les passifs, y compris la quote-part des passifs assumés conjointement, le cas échéant, • la quote-part des produits issus des ventes, • les charges engagées, y compris la quote-part des charges engagées conjointement, le cas échéant. Voir MIFRS n° 15375 s.

Table alphabétique

A

B

D

E

Evaluation de la juste valeur :

F

G

H

I

Instruments hybrides :

Instruments perpétuels :

Instruments remboursables au gré du porteur ou en cas de liquidation (« puttable instruments ») :

J

L

M

O

Opérations de couverture (IFRS 9) :

P

Q

R

S

T

U

V

W

Z